DAS GROSSE LEXIKON DER MUSIK

1

DAS GROSSE LEXIKON DER MUSIK

in acht Bänden

herausgegeben von
Marc Honegger und Günther Massenkeil

Erster Band

A bis Byzantinischer Gesang

Herder
Freiburg · Basel · Wien

DAS GROSSE LEXIKON DER MUSIK
herausgegeben von Günther Massenkeil, Bonn

auf der Grundlage des
DICTIONNAIRE DE LA MUSIQUE
herausgegeben von Marc Honegger, Straßburg,
Verlag Bordas, Paris

Redaktionelle Bearbeitung der deutschen Ausgabe:
Karin Andrae, Hamburg; Christian Berger, Kiel; Charles Biegala, Baden-Baden; Marianne Bröcker, Bonn; Marie-Agnes Dittrich, Hamburg; Ursula Eckart-Bäcker, Aachen; Ingela Flotzinger, Graz; Maria Franke, Au bei Freiburg i. Br.; Maximilian Herbstmeier, München; Thomas B. H. Knospe, Kiel; Dieter Kroll, Oststeinbek bei Hamburg; Ulrich Kurth, Kiel; Dieter Möller, Hamburg; Ulrike Patow, Hamburg; Friedemann Pods, Kiel; Barbara Progscha-Weiner, Hamburg; Gertrud Rinderle, Kirchzarten; Peter Ruschenburg, Hamburg; Roswitha Schlager, Erlangen; Angelus Seipt, Köln; Jerg Trescher, Freiburg i. Br.; Petra Weber-Bockholdt, München; Elisabeth Winkler, Graz; Wolfgang Winkler, Graz

sowie die Lexikonredaktion des Verlages Herder

Sonderausgabe für den
Zweiburgen Verlag

Herstellung: Freiburger Graphische Betriebe 1992
ISBN 3-451-22921-8

Vorwort zur Sonderausgabe

Es bedarf wohl keiner näheren Begründung dafür, auch von umfangreichen Nachschlagewerken wohlfeile Sonderausgaben herzustellen und einem breiteren Kreis von Interessenten anzubieten. Gerade das „Große Lexikon der Musik“, das in seiner Konzeption und in allen Einzelheiten seiner Realisation mehr als andere vergleichbare Werke weit über den Kreis der professionellen Musikpraktiker und Musikwissenschaftler hinaus zielte, ist wie geschaffen für eine solche Edition. Die überaus günstige Resonanz dieses Werkes bei Fachleuten und Laien bezeugen die zahllosen Zuschriften und persönlichen Mitteilungen an Herausgeber und Verlag wie auch die Kritiken in der regionalen und überregionalen Presse und im Rundfunk anläßlich des Erscheinens der einzelnen Bände. Wir möchten an dieser Stelle ausdrücklich unseren verbindlichen Dank für jede einzelne Mitteilung bekunden und sind stolz darauf, aus all dem entnehmen zu können, daß wir sozusagen auf Anhieb in der deutschen und internationalen Musiklexikographie festen Fuß gefaßt haben und zudem ein Stück deutsch-französischer Gemeinsamkeit dokumentieren konnten. Dank sagen möchten wir auch auf diesem Wege allen Mitarbeitern, den Autoren und den Redakteuren, daß sie mitgeholfen haben, das wissenschaftliche und sprachliche Profil des „Großen Lexikons der Musik“ in so unverwechselbarer Weise zu prägen.

Die vorliegende Sonderausgabe erscheint nun nicht, wie es vorstellbar gewesen wäre, als ein unveränderter Nachdruck, sondern in aktualisierter und teilweise revidierter Form. Aktualisierung, das bedeutet vor allem, daß in den Personenartikeln die evtl. Sterbedaten, in einzelnen Fällen auch wichtige biographische Ereignisse nachgetragen sind, wo dies ohne aufwendige Recherchen möglich war. Gelegentlich wird auch wichtige neuere Literatur zu bestimmten Komponisten (z. B. Werkverzeichnisse) und Sachverhalte ergänzt.

Bonn, im Mai 1987 GÜNTHER MASSENKEIL

Vorwort zur deutschen Ausgabe

DAS GROSSE LEXIKON DER MUSIK wurde geplant als deutsche Ausgabe des im Verlag Bordas, Paris, erschienenen DICTIONNAIRE DE LA MUSIQUE von Marc Honegger, um dieses Werk, das unter den modernen Musiklexika binnen kurzem einen beachtlichen Platz eingenommen hat, dem deutschen Benutzer unmittelbar zugänglich zu machen. Bei der Verwirklichung dieses Planes ist es eine wesentliche Aufgabe, eine bewährte Konzeption beizubehalten, nämlich ein wissenschaftlich fundiertes Nachschlagewerk vor allem auch für den Musikliebhaber zu schaffen, d. h. das heutige Wissen über Musik und Musiker gut lesbar und verständlich zu vermitteln und durch eine umfangreiche und wohldurchdachte Bebilderung zu illustrieren. Verlag und Herausgeber sind sich bewußt, daß DAS GROSSE LEXIKON DER MUSIK nicht eine bloße Übersetzung sein kann, daß vielmehr die gestellte Aufgabe allein durch eine durchgehende Bearbeitung des DICTIONNAIRE zu erreichen ist. Dazu gehört selbstverständlich, daß alle Informationen auf den gegenwärtigen Stand der musikwissenschaftlichen Forschung gebracht werden: das betrifft die Werkverzeichnisse lebender Komponisten wie die Ausgaben- und Literaturverzeichnisse insgesamt, die zu ergänzen sind, das betrifft aber auch die Aussagen über Leben und Werk der Komponisten, über musikalische Formen und Gattungen und andere Sachverhalte. Hier führt die Berücksichtigung neuer Erkenntnisse mitunter zu neuer Bewertung und eigener Akzentsetzung. Als unerläßlich erwies es sich bei der Planung des GROSSEN LEXIKONS DER MUSIK ferner, den Stichwortbestand und den Inhalt von Artikeln generell an den Erwartungen des deutschen Benutzers zu orientieren; auch die von Marc Honegger betreute französische Ausgabe verdankt ja ihre Eigenart und Beliebtheit nicht zuletzt der klugen Anpassung an die Gegebenheiten des französischen Musiklebens der Gegenwart. Der Herausgeber dankt dem Verlag ausdrücklich dafür, daß ihm für die notwendigen Veränderungen und Ergänzungen ein großzügiger Ermessensspielraum gewährt wird und daß ihm dafür auch zusätzlicher Raum zur Verfügung steht. Er bleibt bei alledem darauf bedacht, die spezifische Kompetenz des DICTIONNAIRE insbesondere hinsichtlich der Darstellung und Bewertung von Fakten und Ereignissen der französischen Musik- und Geistesgeschichte weitgehend zu wahren.

Was die äußere Anlage des GROSSEN LEXIKONS DER MUSIK betrifft, so werden die in der französischen Ausgabe getrennt erschienenen Personen- und Sachteile nun unter einem Alphabet vereinigt, um die praktische Benutzbarkeit des Werkes zu erleichtern.

Die *Personenartikel* werden durch zahlreiche Neuaufnahmen von Artikeln über Interpreten (u.a. Dirigenten, Instrumentalisten, Sänger) aus allen Bereichen des Musiklebens ergänzt. Selbstverständlich werden auch die in den letzten Jahren neu zu Rang und Namen gelangten modernen Komponisten der verschiedenen stilistischen Richtungen durch neue Artikel berücksichtigt. Die Notwendigkeit einer Revision ergibt sich sodann für die Werkverzeichnisse von Komponisten vor 1800. Hier bietet neuerdings vor allem das Einzeldruckverzeichnis des *Internationalen Quellenlexikons der Musik* (RISM A I, 1971ff.) eine verläßliche bibliographische Basis. Beibehalten werden dabei aber die besonders für französische Quellen und Ausgaben weiterreichenden Informationen des DICTIONNAIRE.

Auf den Bestand der *Sachartikel* wirkt sich die Umfangerweiterung vornehmlich dahingehend aus, daß ein ganzer Komplex von Stichworten neu aufgenommen wird: Über 600 Artikel behandeln Opern, Operetten und Musicals und andere Bühnenwerke, die zum festen Bestand des heutigen Musiktheaters gehören, und die in der Geschichte der genannten Gattungen von Bedeutung sind. Daneben finden sich im GROSSEN LEXIKON DER MUSIK neue Sachstichwörter auch aus vielen anderen musikalischen Gebieten.

Veränderungen ergeben sich in den Sachartikeln vor allem aus den Divergenzen zwischen der französischen und deutschen Terminologie. Sie werfen für die lexikalische Anlage und Darstellung mancher Sachgebiete Probleme auf, die oft nur durch neue Artikel befriedigend gelöst werden können. Insbesondere gilt das für Stichworte aus dem Bereich der Harmonie- und Satzlehre sowie der musikalischen Analyse und Interpretation.

Der Herausgeber weiß sich zahlreichen Hilfen und Helfern verpflichtet. Die ständig zu Rate gezogenen Nachschlagewerke sind auf S.XXIV zusammengestellt. Von ihnen seien hier ausdrücklich das *Riemann Musik-Lexikon* und *Die Musik in Geschichte und Gegenwart* (MGG) genannt. Dank gilt den Autoren, die auf S.IX–XII namentlich verzeichnet sind. Sie geben durch ihre musikologische Kompetenz dem GROSSEN LEXIKON DER MUSIK einen entscheidenden Teil seines charakteristischen Gepräges und sind in ihrer stattlichen Zahl zugleich ein Zeichen für eine breite internationale wissenschaftliche Zusammenarbeit. Gedankt sei sodann den redaktionellen Mitarbeitern (siehe das Verzeichnis auf S.IV), die die Hauptlast der Übersetzung tragen und die zahlreichen Probleme sprachlicher und sachlicher Art mitdenkend zu bewältigen haben. Gedankt sei auch vielen ungenannten Fachkollegen für ihren Rat und ihre Auskünfte; von ihnen erhofft sich der Herausgeber auch in Zukunft Anregung und Kritik. Dank gilt schließlich ganz besonders der Lexikonredaktion des Verlags Herder für die vorbildliche Zusammenarbeit auch in schwierigen Fragen.

Mit diesem ersten Band möge DAS GROSSE LEXIKON DER MUSIK nun seinen Weg zum Leser finden als ein zuverlässiges Mittel der Information über alle Gebiete der Musik. Der Herausgeber wünscht ihm, daß es vor allem helfen möge, Musik nicht zu konsumieren, sondern sie im Wissen um ihr Wesen und ihre lange Tradition denkend zu hören.

Bonn, im September 1978

GÜNTHER MASSENKEIL

Aus dem Vorwort zur französischen Ausgabe

Die Initiatoren dieses Werkes hatten sich die Aufgabe gestellt, durch eine wissenschaftlich fundierte Darstellung der Musik dem Musikleben unserer Zeit neue Impulse zu geben. In enger und kollegialer Zusammenarbeit haben namhafte in- und ausländische Musikwissenschaftler an dieser Aufgabe mitgewirkt. Sie bürgen mit ihrem Namen für Objektivität, Genauigkeit und den Informationsgehalt des Werkes, das in allen Bereichen der Musik den aktuellen Stand des Wissens wiedergibt. Stets war es das Bestreben, neben den Forderungen der Wissenschaft gleichermaßen den Ansprüchen einer lebendigen Musikkultur zu genügen. Der Unterzeichnende nimmt am Ende einer langjährigen und sorgfältigen Arbeit gerne die Gelegenheit wahr, sich bei Kollegen und Mitarbeitern für die Bereitwilligkeit zu bedanken, mit der sie ihr Wissen und ihre pädagogischen Fähigkeiten zur Verfügung gestellt haben, so daß nun der französischsprachigen Musikwelt ein Nachschlagewerk von hoher Qualität übergeben werden kann.

Insbesondere gilt es zu danken:
M. Robert Brécy, dessen redaktioneller Sorgfalt die Qualität der Darstellung zu verdanken ist; Mlle May Veber, die Organisation und Technik verantwortlich betreut und sowohl auf die große Linie des Werkes als auch auf die zahllosen Kleinigkeiten geachtet hat, die nicht zuletzt den Wert eines Nachschlagewerkes ausmachen; Mme Dominique Arnulf-Duhot, Mme Marguerite de Mlodzianowski und M. Daniel Paquette, die sich um die Bildtafeln verdient gemacht haben; M. Jean Rivallan, der sachkundig und beharrlich auf die verbindlichen Gesetze der französischen Sprache achtete.

Einen besonderen Dank möchte der Herausgeber seinem Vater Max Honegger für das Interesse abstatten, das er auf die Abbildungen der Musikinstrumente und die Genauigkeit ihrer Wiedergabe verwendete. Er dankt auch seiner Frau für ihre Mitarbeit in allen Phasen der Entstehung dieses Werkes. Ohne ihre aufopfernde und sachkundige Anteilnahme hätte es nicht erscheinen können.

M. Pierre Bordas, selbst kenntnisreicher Musikliebhaber, hat sich in besonderem Maße um die vorliegende Musikenzyklopädie verdient gemacht. Ihm ist es zu danken, daß der Musikwelt ein Werk zur Verfügung gestellt werden konnte, auf das sie kaum noch zu hoffen gewagt hatte. Sein geduldiges Interesse war auch eine Voraussetzung für die Qualität des Werkes.

MARC HONEGGER
Université des Sciences humaines
de Strasbourg

Autoren-Verzeichnis

ABERT, Anna Amalie, Kiel
AHRENS, Christian, Bochum
ALAIN, Olivier, Paris
ALBRECHT, Hartwig, Hamburg
ALLORTO, Riccardo, Mailand
ALTENBURG, Detlef, Köln
ALTWEIN, Erich F. W., Bad Homburg
ALTMANN, Klaus, Bonn
AMONEIT, Antje, Groß Lengden
ANDRASCHKE, Peter, Freiburg i. Br.
ANGERMÜLLER, Rudolph, Salzburg
ANTHOLZ, Heinz, Meckenheim
ANTOINE, Michel, Paris
ANTONICEK, Theophil, Wien
AROM, Simha, Paris
AUBÉ, Jocelyne, Nantes
AUCLERT, Pierre, Paris (†)
AVENARY, Hanoch, Tel-Aviv

BACH, Hans-Elmar, Köln
BACHMANN, Klaus Robert, Freiburg i. Br.
BAILEY, Terence W., London (Kanada)
BAINES, Anthony, Oxford
BARBOSÁ, Maria Augusta, Lissabon
BARKECHLI, Mehdi, Teheran
BARTHÉLEMY, Maurice, Lüttich
BARZUN, Jacques, New York
BAUER, Hans-Joachim, Bayreuth
BAUMANN, Dorothea, Feldmeilen (Schweiz)
BECKER, Heinz, Bochum
BEHREND, Siegfried, Wall in Bayern
BELTRANDO, Éric, Paris
BELTRANDO-PATIER, Marie-Claire, Straßburg u. Paris
BENGTSSON, Ingmar, Stockholm
BENOIT, Marcelle, Paris
BENTON, Rita, Iowa City
BERNANDT, Grigori Borissowitsch, Moskau
BERNARD, Robert, Paris (†)
BERNET KEMPERS, Karel Philippus, Amsterdam (†)
BIBA, Otto, Wien
BIEGALA, Charles, Baden-Baden
BIRKNER, Günter, Küssaberg
BLANKENBURG, Walter, Schlüchtern
BLOCH, Marie-Françoise, Straßburg u. Paris
BLOUNT, Gilbert L., Faringdon (Großbritannien)
BOBÉTH, Marek, Berlin
BOCKHOLDT, Rudolf, München
BONET, Narcis, Madrid
BÓNIS, Ferenc, Budapest
BORTHWICK, E. Kerr, Edinburgh
BOETTICHER, Wolfgang, Göttingen
BOUQUET, Marie-Thérèse, Sciolze (Italien)
BOURLIGUEUX, Guy, Nantes
BRAGARD, Anne-Marie, Lüttich
BRANDENBURG, Sieghard, Bonn
BRAN-RICCI, Josiane, Paris
BRAUN, Luc, Straßburg
BRAUN, Werner, Saarbrücken
BREIG, Werner, Freiburg i. Br.
BRELET, Gisèle, Paris (†)
BRETSCHNEIDER, Wolfgang, Bonn
BRIDGMAN, Nanie, Paris
BRÖCKER, Marianne, Bonn
BROOK, Barry S., New York
BROSSARD, Yolande de, Paris
BRUNET, Jean, Paris
BRUSNIAK, Friedhelm, Augsburg
BRUYR, José, Paris
BUBERT, Eva, Straßburg
BUNGERT, Günther, Freiburg i. Br.
BURGARD, Michel, Bar-le-Duc
BURKOWITZ, Peter K., Hannover
BUSCH, Hermann J., Siegen-Eiserfeld
BUSCH-SALMEN, Gabriele, Innsbruck

CADENBACH, Rainer, Bonn
CALDWELL, John, Oxford
CAPPELLI, Mariangela, Mailand
CAZEAUX, Isabelle, New York
CHADD, David, Norwich
CHAPPUIS, Claude, Rouen
CHARNASSÉ, Hélène, Paris
CHENUT, Régis, Straßburg
CLAIRE, Jean, Solesmes
CLERCX-LEJEUNE, Suzanne, Lüttich
COCHERIL, Maur, Entrammes (Frankreich)
COCKSHOOT, John, Oxford
COLLAER, Paul, Brüssel
COMBES, Pierre, Solesmes
CONSTANTINI, Franz Peter, Stift Göttweig
CORNUT, Guy, Lyon
CORRÊA DE AZEVEDO, Luiz Heitor, Paris
COSMA, Viorel, Bukarest
COTTE, Roger, Paris
CROLL, Gerhard, Salzburg
CZESLA, Werner, Detmold

DADELSEN, Georg von, Tübingen
DAHLHAUS, Carl, Berlin
DAHMS, Sibylle, Salzburg
DALTROFF, Marc, Metz
DANIÉLOU, Alain, Venedig
DANUSER, Hermann, Berlin
DEAN, Winton, Godalming (Großbritannien)
DECHANT, Hermann, Eschborn
DEGRADA, Francesco, Mailand
DELAGE, Robert, Straßburg
DELCKER, Barbara, Nürnberg
DELORME, Henri, Straßburg
DENNERLEIN, Hanns, Bamberg
DEVOTO, Daniel, Paris
DIAZ, Mario Simões, Coimbra
DI BENEDETTO, Renato, Neapel
DICKREITER, Michael, Nürnberg

DILLENSCHNEIDER, Eugène, Straßburg
DOBBINS, Frank, London
DOE, Paul, Birmingham
DÖHRING, Sieghart, Marburg
DÖMLING, Wolfgang, Hamburg
DORFMÜLLER, Joachim, Wuppertal
DOTTIN, Georges, Lille
DRECHSLER, Nanny, Freiburg i. Br.
DRÜNER, Ulrich, Stuttgart
DUCHESNE-GUILLEMIN, Marcelle, Lüttich
DUFOURCQ, Norbert, Paris
DUMESNIL, René, Paris (†)
DUNNING, Albert, Loenen (Niederlande)
DURING, Jean, Straßburg u. Teheran
DÜRR, Walther, Tübingen
DUVERGER, Anne, Paris

ECKART-BÄCKER, Ursula, Aachen
ECKHARDT, Andreas, Remagen-Oberwinter
EGGEBRECHT, Hans Heinrich, Freiburg i. Br.
EIBL, Sepp, Kreuth
ESTÈVE, Laurence, Straßburg
ESTREICHER, Zygmunt, Genf

FASSBENDER, Carl, Bonn
FAVRE, Max, Muri (Schweiz)
FEDER, Georg, Köln
FEDERHOFER, Hellmut, Mainz-Finthen
FEDERHOFER-KÖNIGS, Renate, Mainz-Finthen
FÉDOROV, Vladimir, Paris (†)
FERCHAULT, Guy, Paris
FERRARI BARASSI, Elena, Mailand
FINK, Siegfried, Würzburg
FISCHER, Erik, Wuppertal
FISCHER, Peter, Amsterdam
FISCHER, Wilfried, Köln
FITZPATRICK, Horace, Oxford
FLOROS, Constantin, Hamburg
FLOTZINGER, Rudolf, Graz
FORÊT, Félicien, Tournon-sur-Rhône
FORTASSIER, Pierre, Paris
FRICKE, Jobst, Köln
FRIEDRICH, Lothar, Mainz
FRISIUS, Rudolf, Karlsruhe
FÜHRKÖTTER, Adelgundis, Rüdesheim-Eibingen

GAGNEPAIN, Bernard, Paris
GAILLARD, Paul-André, Pully-Lausanne
GARDEN, Greer, Paris
GARDIEN, Jacques, Paris
GÁRDONYI, Zoltán, Budapest
GAROVI, Angelo, Bern
GARROS, Madeleine, Paris
GAUKSTADT, Øystein, Oslo
GECK, Martin, Dortmund
GERGELY, Jean, Paris
GERSON-KIWI, Edith, Jerusalem
GERSTENBERG, Walter, Tübingen
GHEUSI, Jacques, Paris
GIRAUD, Yves, Les Contamines-Montjoie
GIRDLESTONE, Cuthbert M., Paris (†)
GOLDINE, Nicole, Lüttich
GOLDSCHMIDT, Harry, Berlin
GOLDSTEIN, Michael, Hamburg
GÖLLNER, Theodor, Hechendorf
GOSLICH, Siegfried, Feldafing
GOTTWALD, Adolf Karl, Grafrath
GOUGELOT, Henri, Paris
GOURDET, Georges, Paris
GOWERS, Patrick, London
GRÄWE, Karl Dietrich, Berlin
GRIBENSKI, Jean, Paris
GRUBER, Gernot, Vaterstetten
GUILCHER, Jean-Michel, Paris
GÜNTHER, Ursula, Göttingen
GUT, Serge, Paris
GUTIÉRREZ, Martella, Bonn
GUY-LAMBERT, Paris

HABENICHT, Gottfried, Freiburg i. Br.
HAJDU, André, Jerusalem
HAMEL, Christiane, Straßburg
HAMMERSTEIN, Reinhold, Freiburg i. Br.
HANSSON, Karl-Johan, Åbo (Finnland)
HARDING, James, London
HARDOUIN, Pierre, Paris
HARE, Nicholas, Oxford
HARRISON, Francis Llewellyn, Oxford
HARTMANN, Günter, Lahnstein
HEIN, Ulrich, München
HEINRICH, Johannes, Siegen
HELL, Helmut, Olching
HELLWIG, Gerhard, Konstanz
HELMER, Axel, Stockholm
HELMS, Siegmund, Köln
HERBSTMEIER, Max, München
HERMELINK, Siegfried, Heidelberg (†)
HESS, Reimund, Baden-Baden
HESS, Willy, Winterthur
HEYMAN, Alan C., Seoul
HIAO TSIUN MA, New York
HINTERMAIER, Ernst, Salzburg
HIRSBRUNNER, Theo, Bern
HOCHSTEIN, Wolfgang, Geesthacht
HODEIR, André, Paris
HOÉRÉE, Arthur, Paris
HÖFELE, Bernhard, Bonn-Holzlar
HOFFMANN, Bruno, Stuttgart
HOFFMANN-AXTHELM, Dagmar, Basel
HOFFMANN-ERBRECHT, Lothar, Frankfurt a. M.
HOFMAN, Michel Rostislav, Paris (†)
HOHMANN, Manfred, München
HOLM, Marita, Åbo (Finnland)
HONEGGER, Geneviève, Straßburg
HONEGGER, Marc, Straßburg
HOOGEN, Eckardt van den, Köln
HOWES, Frank, Standlake (Großbritannien) (†)
HUBMANN, Heinrich, Erlangen
HÜBSCH, Lini, Heidelberg
HUCHER, Yves, Paris
HUCKE, Helmut, Friedrichsdorf
HUGLO, Michel, Fontenay-le-Fleury
HUMPERT, Hans-Ulrich, Köln
HUNKEMÖLLER, Jürgen, Mutlangen

IMBERTY, Michel, Épinay

JACOBSEN, Jens Peter, Lystrup (Dänemark)
JAKSCH, Werner, Freiburg i. Br.
JANKOVIČ, Pavle, Belgrad
JARGY, Simon, Genf
JEFFERY, Brian, London
JENNY, Markus, Zürich
JUNG, Hermann, Neckargemünd

KÄMPER, Dietrich, Köln
KARBUSICKÝ, Vladimír, Buchholz
KARSTÄDT, Georg, Lübeck
KELKEL, Manfred, Paris
KEMPSKI-RACOSZYNA-GANDER, Irina von, Freiburg i. Br.
KEUSEN, Raimund, Bonn
KIEM, Eckehard, Freiburg i. Br.
KISHIBE, Shigeo, Tokio
KJELLBERG, Erik, Lindingö (Schweden)
KLEINICKE, Konrad-Jürgen, Wiesbaden
KLOTZ, Hans, Köln
KLÜPPELHOLZ, Werner, Köln
KLUSEN, Ernst, Viersen
KNEIF, Tibor, Berlin
KOHL, Bernhard Albert, Ostfildern-Kemnat
KOLNEDER, Walter, Karlsruhe
KONOLD, Wulf, Nürnberg
KONRAD, Ulrich, Bonn
KOPFF, René, Straßburg
KOUBA, Jan, Prag
KRAUS, Ulrich, München

KROPFINGER, Klaus, Berlin
KROSS, Siegfried, Bonn
KRUMMACHER, Friedhelm, Kiel
KRÜTZFELD, Werner, Hamburg
KUCKERTZ, Josef, Berlin
KÜHN, Clemens, Berlin
KÜHN, Hellmut, Hannover
KÜMMERLING, Harald, Köln
KUNZE, Stefan, Muri (Schweiz)
KUOSA, Kalevi, Åbo (Finnland)
KURTH, Ulrich, Kiel
KÜTHEN, Hans-Werner, Bonn

LAAFF, Ernst, Baden-Baden
LACOUE-LABARTHE, Philippe, Straßburg
LAMPILA, Hannu Ilari, Helsinki
LANG-BECKER, Elke, Dossenheim
LANGE, Wolf-Dieter, Bonn-Bad Godesberg
LANGROCK, Klaus, Dortmund
LANZKE, Heinz, Berlin
LAUNAY, Denise, Paris
LAUX, Karl, Dresden (†)
LEHNIGK, Christiane, Köln
LEIPP, Émile, Paris
LENAERTS, René B., Löwen
LEOPOLD, Silke, Berlin
LESURE, François, Paris
LETAILLEUR, Paris
LICHTENHAHN, Ernst, Basel
LINDE, Hans-Martin, Basel
LINDENBERG, Christoph, Kirchzarten
LINDLAR, Heinrich, Bonn-Bad Godesberg
LIPPHARDT, Walther, Frankfurt a. M. (†)
LISSA, Zofia, Warschau (†)
LJUNG, Lars Olaf, Uppsala
LOEBELL, Ernst, Hannover
LOCKSPEISER, Edward, London (†)
LÖHLEIN, Heinz-Harald, Tübingen
LOMNÄS, Erling, Ektorp (Schweden)
LOOS, Helmut, Bonn
LORTAT-JACOB, Bernard, Paris
LUDIN, Gabriele, Bochum
LYON, Raymond, Paris

MAAS, Chris, Bussum (Niederlande)
MACEDA, José, Quezón City (Philippinen)
MACHABEY, Armand, Paris (†)
MACKAMUL, Roland, Breitbrunn
MAEHDER, Jürgen, Bern u. München
MAILLARD, Jean, Fontainebleau
MAKUS, Wilhelm Albert, Bochum
MANDELLI, Alfredo, Mailand
MANGE, Christine, Gex (Frankreich)
MARCENARO HUYGENS, Marion, Amsterdam
MARCO, Tomás, Madrid
MARTENOT, Maurice, Paris (†)
MARX, Hans-Joachim, Hamburg
MARX-WEBER, Magda, Hamburg
MASSENKEIL, Günther, Bonn
MASSON, Chantal, Quebec
MASSON, Renée P.-M., Montpellier
MATHIASSEN, Finn, Aarhus (Dänemark)
MAUGUIN, Bernard, Épinay
MAURICE-AMOUR, Lila, Paris
MAZALEYRAT, Jean, Paris
MEIER, Adolf, Worms
MELKUS, Eduard, Wien
MELLNÄS, Arne, Stockholm
MENGER, Reinhard, Lich-Arnsburg
MENGER, Thomas, Bad Driburg
MEYER, Gabriele E., München
MEYER, Peter, Bern
MEYER-SIAT, Pie, Straßburg
MEYLAN, Pierre, Pully-Lausanne (†)
MEYLAN, Raymond, Münchenstein (Schweiz)
MILLIOT, Sylvette, Paris
MONICHON, Pierre, Quincy-Voisins (Frankreich)
MORBACH, Bernhard, Berlin
MORCHE, Gunter, Heidelberg
MORISSET, Michel, Rouen
MORTENSEN, Otto, Aarhus (Dänemark)
MORTON, David, Los Angeles
MOTTE-HABER, Helga de la, Hamburg u. Berlin
MOUTSOPOULOS, Evangelos, Athen
MULLER, Francis, Eckwersheim (Frankreich)
MÜLLER, Karl-Josef, Mainz
MÜLLER-DOMBOIS, Richard, Detmold
MÜNCH, Marc, Straßburg
MÜNXELHAUS, Barbara, Bonn
MUSCH, Hans, Freiburg i. Br.

NEUPERT, Wolf Dieter, Bamberg
NEWCOMB, Wilburn, Columbus (USA)
NIEMÖLLER, Klaus Wolfgang, Köln
NITZ, Genoveva, München
NOSKE, Frits, Amstelveen (Niederlande)
NOWAK, Adolf, Lorsch
NYS, Carl de, Valprivas (Frankreich)

OSTHOFF, Helmuth, Würzburg
OTTERBACH, Friedemann, Freiburg i. Br.
OURY, Guy, Solesmes

PACHL, Peter P., München
PAPADÉMÉTRIOU, Basile, Athen
PAQUETTE, Daniel, Lyon
PATIER, Dominique, Poitiers
PATIER, Marie-Claire, Straßburg
PFANNKUCH, Wilhelm, Kiel
PHILIPPOT, Michel, Paris
PIDOUX, Pierre, Montreux (Schweiz)
PIGUET, Jean-Claude, Lausanne
PILOTE, Gilles, Anjou (Kanada)
PINCHARD, Max, Rouen
PISTONE, Danièle, Paris
PLAMENAC, Dragan, Urbana (USA)
PLATEN, Emil, Bonn-Bad Godesberg
PLATT, Peter, Dunedin (Neuseeland)
POCHE, Christian, Paris
POIRIER, Lucien, Loretteville (Kanada)
POPP, Susanne, Wachtberg-Ließem
PORTE, Dominique, Genf
POTIRON, Henri, Paris (†)

QUANDT, Reinhold, Winsen/Aller

RAUCHHAUPT, Ursula von, Hamburg
RAUGEL, Félix, Paris (†)
RAYNOR, Henry, Reigate (Großbritannien)
REHM, Wolfgang, Kassel
REICHARD, Kathryn, Cambridge (USA)
REINECKE, Hans-Peter, Berlin
RENNINGS, Heinrich, Paderborn
REXROTH, Dieter, Frankfurt a. M.
RICHTER, Winfried, Kiel
RIEDEL, Friedrich Wilhelm, Mainz
RIETHMÜLLER, Albrecht, Freiburg i. Br.
RITSCHER, M. Immaculata, Rüdesheim-Eibingen
ROBERT, Léon, Solesmes
ROCHE, Martine, Paris
ROHLFS, Eckart, Gräfelfing-Lochham
RÖHRICH, Lutz, Freiburg i. Br.
ROLLIN, Monique, Paris
ROSAS, John, Åbo (Finnland)
ROSE, Bernard, Oxford
RÖSING, Helmut, Kassel
ROSS, Peter, Schlosswil (Schweiz)
RÜGER, Otto, Würzburg
RUHNKE, Martin, Erlangen
RUMMENHÖLLER, Peter, Berlin
RUSCHENBURG, Peter, Hamburg
RYBARIČ, Richard, Preßburg

SAINT-GUIRONS, Gérard, Paris
SARTORI, Claudio, Mailand
SCHÄFER, Hans Joachim, Münster

SCHAEFER, Marc, Straßburg
SCHAEFFNER, André, Paris
SCHAUMKELL, Claus-Dieter, München
SCHEIER, Helmut, Wermelskirchen
SCHEPPING, Wilhelm, Neuss
SCHERLIESS, Volker, Trossingen
SCHLÄDER, Jürgen, Bochum
SCHLAGER, Karl-Heinz, Erlangen
SCHMID, Hans, München
SCHMID, Manfred Hermann, München
SCHMIDT, Hans, Koblenz
SCHMIDT, Hans-Christian, Osnabrück
SCHNEIDER, Helmut, München
SCHNEIDER, Herbert, Mainz
SCHNEIDER, Othon, Straßburg
SCHNEIDER, Reinhard, Greven
SCHOENBAUM, Camillo, Drago (Dänemark)
SCHORTEMEIER, Dirk, Köln
SCHREIBER, Ulrich, Düsseldorf
SCHRÖDER, Heribert, Bonn
SCHUHMACHER, Gerhard, Vellmar
SCHÜRMANN, Hans G., Bonn
SCHUTTE, Sabine, Siegen
SEIDEL, Elmar, Mainz
SEIDEL, Wilhelm, Marburg
SEVESTRE, Nicole, Paris
SHIGIHARA, Susanne, Bonn
SHILOAH, Amnon, Jerusalem
SIETZ, Reinhold, Köln (†)
SIMON, Artur, Berlin
SIMON, Péla, Straßburg
SIMON, Rolf-Michael, Essen
SIMON, Sabine, Essen
SIOHAN, Robert, Paris
SKYLLSTAD, Kjell, Oslo
SLONIMSKY, Nicolas, Los Angeles
SMITS VAN WAESBERGHE, Joseph, Amsterdam
SOFFER, Robert, Upper Montclair (USA)
SØRENSEN, Søren, Aarhus (Dänemark)
SPANGEMACHER, Friedrich, Köln
SPITTLER, Karin, Pfaffenweiler
STAEHELIN, Martin, Bonn
STANDRING, Enid M., New Yrok
STANTSCHEWA-BRASCHOWANOWA, Lada, Sofia
STEELE, John, Christchurch (Neuseeland)
STEHMAN, Jacques, Brüssel (†)
STEIN, Franz A., Regensburg
STELZLE, Roswitha, München
STENZL, Jürg, Neyruz (Schweiz)
STEPHAN, Rudolf, Berlin
STERNFELD, Frederick W., Oxford
STÖCKL, Ernst, Jena
STREICH, Hildemarie, Berlin
STUCKENSCHMIDT, Hans Heinz, Berlin
SUBIRÁ, José, Madrid (†)
SUCHLA, Beate Regina, Göttingen
SULLIVAN, Henry W., Hamburg
SUPPAN, Wolfgang, Graz
SYDOW-SAAK, Brigitte, Hannover
SZMOLYAN, Walter, Mödling
SZÖKE, Peter, Budapest

TARR, Edward H., Basel
TAPPOLET, Willy, Genf (†)
TERNES, Hans, Boppard-Udenhausen
TERVOOREN, Helmut, Meckenheim-Merl
THIBAULT, Geneviève, Paris (†)
THIELEN, Hugo, Hannover
THOMA, Dieter, München
THOMAS, Günther, Mönchengladbach
TINTORI, Giampiero, Mailand
TRÂN VAN KHÊ, Paris
TUBEUF, André, Straßburg
TYSSENS, Madeleine, Lüttich

UNVERRICHT, Hubert, Mainz

VAL, Jean-Louis, Paris
VALENTIN, Erich, Bad Aibling
VALLS GORINA, Manuel, Barcelona
VERCHALY, André, Paris (†)
VERNILLAT, France, Sceaux (Frankreich)
VICTORY, Gerard, Dublin
VIGUÉ, Jean, Paris
VIOLLIER, Renée, Paris
VIRET, Jacques, Straßburg

WAGNER, Günther, Mainz
WALCKER-MAYER, Werner, Murrhardt-Hausen
WALLON, Simone, Paris
WALLRAF, Rainer, München
WANGERMÉE, Robert, Brüssel
WASSNER, Hermann, Stuttgart
WEBER, Edith, Paris
WEBER, Horst, Essen
WEBER-BOCKHOLDT, Petra, München
WEHMEYER, Grete, Köln
WEISSENBACHER, Christiane, Straßburg
WESSELY, Othmar, Wien
WESTERNHAGEN, Curt von, Preetz (Holstein)
WEYER, Martin, Marbach
WEYER, Rolf-Dieter, Bergisch Gladbach
WIDMAIER, Tobias, Freiburg i. Br.
WILD, Nicole, Paris
WILDGRUBER, Jens, Bochum
WINTER, Helmut, Hamburg
WIRSTA, Aristide, Bourg-la-Reine (Frankreich)
WIRTH, Helmut, Hamburg
WITZENMANN, Wolfgang, Rom
WOHLFARTH, Hannsdieter, Freiburg i. Br.
WOLFF, Stéphane, Marolles-en-Brie (Frankreich)
WOUTERS, Jos, Hilversum
WUCHER, Diethard, Bonn-Bad Godesberg
WÜRTZ, Roland, Weisenheim

ZAMINER, Frieder, Berlin
ZELM, Klaus, Bochum
ZIMMERMAN, Franklin B., Philadelphia

Hinweise für den Benutzer

Die Stichworte stehen in streng alphabetischer Reihenfolge. Die Umlaute ä, ö, ü werden dabei wie die Grundlaute a, o, u behandelt, auch wenn sie ae, oe, ue geschrieben werden. Ebenso wird das Dehnungs-e nicht berücksichtigt. Sind aber ae, oe, ue getrennt zu sprechen, zählt das e auch für die Alphabetisierung als eigener Laut.

Adelsprädikate und ihnen gleichzusetzende Namensteile (de, du, la, von, van u. ä.) sowie bestimmte Teile arabischer Namen (Abu, al, Ibn u. ä.) sind dem Stichwort nachgestellt bzw. mit dem Vornamen verbunden. Bei der Alphabetisierung werden sie daher nicht berücksichtigt. In Zweifelsfällen sind aber beide Namensformen als Stichworte aufgenommen, so daß der Benutzer den Artikel auf jeden Fall finden kann.

Ursprünglich kyrillisch geschriebene Namen werden nach den im Duden festgelegten Transkriptionsregeln umgeschrieben, es sei denn, eine andere Schreibweise ist – vor allem durch Verwendung seitens der betreffenden Personen selbst – im deutschen Musikleben so Allgemeingut geworden, daß eine genaue Transkription als Verfremdung erscheinen würde.

Werden in einem Artikel mehrere Personen behandelt, so erfolgt ihre Nennung in chronologischer Reihenfolge.

Innerhalb eines Artikels wird das Stichwort gewöhnlich nur mit dem Anfangsbuchstaben abgekürzt; bei mehrteiligen Stichworten werden aber auch die einzelnen Teile für sich abgekürzt, wenn dadurch Mißverständnisse vermieden werden. Aus dem gleichen Grund werden gelegentlich auch die Kasus-Endungen hinzugefügt.

Alle benützten Abkürzungen und Siglen sind in den folgenden Verzeichnissen aufgelöst. Nicht aufgeführt sind die Abkürzungen der biblischen Bücher, deren Schreibung nach den Loccumer Richtlinien erfolgt, sowie jener Namen und Wörter, deren Sinn sich umgangssprachlich von selbst erschließt. In Einzelfällen werden im Verlauf eines Artikels Abkürzungen eingeführt, die aber nur für diesen gelten.

Auf ein anderes Stichwort wird durch einen Verweispfeil (↗) hingewiesen; das geschieht im allgemeinen aber nur dann, wenn auf einen weiterführenden Zusammenhang besonders aufmerksam gemacht werden soll oder auf ein bestimmtes Stichwort.

Die Werkverzeichnisse der Komponisten sind in der Regel so eingerichtet, daß weltliche vor geistlichen Werken, instrumentale vor vokalen zu stehen kommen. In den einzelnen Abteilungen erfolgt die Angabe fortschreitend von kleiner zu größerer Besetzung. Bühnenwerke und kleinere Werkverzeichnisse sowie die Ausgaben- und die Literaturverzeichnisse sind chronologisch geordnet, beginnend mit den ältesten Werken.

In den Werkverzeichnissen geben die ohne jeden Zusatz in Klammern gesetzten Jahreszahlen gewöhnlich die Entstehungszeit der Werke an; die Angabe von Ort und Jahreszahl bedeutet hier – wie auch in den Literaturverzeichnissen – Erscheinungsort und Erscheinungsjahr (eine hochgestellte Ziffer bedeutet die Auflage).

Für die Schreibweise älterer Musikdrucke werden im allgemeinen die Angaben in RISM zugrunde gelegt.

Die Titel der Kompositionen und der theoretischen und literarischen Werke werden sowohl in den Werk- und Ausgabenverzeichnissen als auch im Text selbst durch Schrägdruck hervorgehoben.

Die Abbildungen auf den Kunstdrucktafeln des vorliegenden Bandes sind auf der Seite XXIII verzeichnet. Besonders hingewiesen sei auf die 64 Farbtafeln, die eine Geschichte des Musizierens von den frühen Hochkulturen bis in die Gegenwart darstellen. Sie begleiten das Lexikon durch alle acht Bände.

Warenzeichen, Patente oder Gebrauchsmuster sind nicht als solche angegeben. Aus dem Fehlen dieses Hinweises folgt also nicht, daß der betreffende Name oder die betreffende Sache frei ist.

Allgemeine Abkürzungen

Abb.	Abbildung
Abh.	Abhandlung
Abk.	Abkürzung
Abt.	Abteilung
Acad., Accad.	Academia, Académie, Accademia
a cap., a capp.	a cappella
ad lib.	ad libitum
AG.	Aktien-Gesellschaft
ahd.	althochdeutsch
Akad.	Akademie
amerik.	amerikanisch
anglik.	anglikanisch
Anh.	Anhang
Anm.	Anmerkung
Anon.	Anonymus
anon.	anonym
Ant., Anth.	Antologia, Anthologie
Arch.	Archiv
Art.	Artikel
Assoc., assoc.	Association, associé, associated
AT	Altes Testament
Auff.	Aufführung
Aufl.	Auflage
Ausg.	Ausgabe
ausgew.	ausgewählt
Ausw.	Auswahl
Bar.	Bariton
B.c.	Basso continuo
Bd., Bde.	Band, Bände
bearb., Bearb.	bearbeitet, Bearbeitung
Beitr.	Beitrag, Beiträge
Ber.	Bericht
bes.	besonders
Bibl.	Bibliothek
Bibliogr., bibliogr.	Bibliographie, bibliographisch
Bol., Boll.	Boletin, Bolletino
Br.	Bratsche
Bsp.	Beispiel
Bull.	Bulletin
Bz.	Bezeichnung
bzw.	beziehungsweise
C.	Cantus
ca.	circa
Cat.	Catalog
Cemb.	Cembalo
C.f.	Cantus firmus
Ch.	Chor
Cie.	Compagnie
Co.	Compagnie
Cod.	Codex
dB	Dezibel
ders., dies., dass.	derselbe, dieselbe, dasselbe
d. h.	das heißt
d. i.	das ist
Diss.	Dissertation
Diss. masch.	Dissertation maschinengeschrieben
Doz.	Dozent
dt.	deutsch
EA	Erstaufführung
ebd.	ebenda
ed., Ed.	edidit, Edition
eig.	eigentlich
engl.	englisch
Enz.	Enzyklopädie
etc.	et cetera (= und so weiter)
ev.	evangelisch
f.	für
f., ff.	folgend, folgende
f., fol.	Folio
Fag.	Fagott
Faks.	Faksimile
Fl.	Flöte
folkl.	folkloristisch
Forsch.	Forschungen
frz.	französisch
FS	Festschrift
GA	Gesamtausgabe
Gb.	Generalbaß
gegr.	gegründet
gem.	gemischt

Ges.	Gesellschaft
Gesch.	Geschichte
Ggs.	Gegensatz
GmbH.	Gesellschaft mit beschränkter Haftung
GMD	Generalmusikdirektor
gregor.	gregorianisch
griech.	griechisch
H.	Heft
Hdb.	Handbuch
Hist., hist.	Historia, historisch
hl.	heilig
Hrsg., hrsg.	Herausgeber, herausgegeben
Hs(s)., hsl.	Handschrift(en), handschriftlich
Hz	Hertz
Inc.	Incorporated
Inst.	Institut
Instr., instr.	Instrument, instrumental
int.	international, internazionale
it.	italienisch
Jb., Jbb.	Jahrbuch, Jahrbücher
Jg.	Jahrgang
Jh(h).	Jahrhundert(e)
Jt.	Jahrtausend
Kap.	Kapitel
Kat.	Katalog
kath.	katholisch
Kb.	Kontrabaß
KG.	Kommandit-Gesellschaft
Kgr.-Ber.	Kongreß-Bericht
Klar.	Klarinette
klass.	klassisch
Klv.	Klavier
Klv.-A.	Klavier-Auszug
KMD	Kirchenmusikdirektor
Kod.	Kodex
Komp.	Komponist, Komposition
Kons.	Konservatorium
Kpm.	Kapellmeister
lat.	lateinisch
Libr.	Libretto
Lit.	Literatur
liturg.	liturgisch
LP	Longplay, Long Player, Langspielplatte
Ltd.	Limited
lyr.	lyrisch
MA, ma.	Mittelalter, mittelalterlich
Man.	Manuale
MD	Musikdirektor
MH	Musikhochschule
mhd.	mittelhochdeutsch
Mitt.	Mitteilung(en)
Ms(s).	Manuskript(e)
musikal.	musikalisch
Musikwiss., musikwiss.	Musikwissenschaft, musikwissenschaftlich
NA	Neuausgabe
Nachdr.	Nachdruck
nat.	national
ndl.	niederländisch
N.F.	Neue Folge
nhd.	neuhochdeutsch
Nr(n).	Nummer(n)
N.S.	Neue Serie
NT	Neues Testament
Ob.	Oboe
OFM	Ordo Fratrum Minorum (Franziskaner)
OHG	Offene Handelsgesellschaft
o.J.	ohne Jahr
o.Nr.	ohne Nummer
o.O.	ohne Ort
op.	opus
Orch.	Orchester
Org.	Orgel
OSB	Ordo Sancti Benedicti (Benediktiner)
Östr., östr.	Österreich, österreichisch
Philos., philos.	Philosophie, philosophisch
Pk.	Pauke
Plur.	Plural
poln.	polnisch
port.	portugiesisch
Pos.	Posaune
Präs.	Präsident
Prof.	Professor
prot.	protestantisch
Prov.	Provinz
Ps(s).	Psalm(en)
pseud.	pseudonym
Reg.	Register
rel.	religiös
Rev.	Revue, Revista
Riv.	Rivista
russ.	russisch
S.	Seite(n)
SA	Société Anonyme
Sb.	Sitzungsbericht(e)
Sing.	Singular
SingSt	Singstimme
SJ	Societas Jesu (Jesuiten)
Slg(en).	Sammlung(en)
s.o.	siehe oben
Soc.	Societá, Société
SOCist	Sacer Ordo Cisterciensis (Zisterzienser)
sog.	sogenannt
span.	spanisch
St., st.	Stimme(en), stimmig
staatl.	staatlich
städt.	städtisch
Str.	Streicher
Stud.	Studien
s.u.	siehe unten
Suppl.	Supplement
Syn., syn.	Synonym, synonym
Trp.	Trompete
TU	Technische Universität
u.	und
UA	Uraufführung
u.a.	und andere, unter anderem

u. ä.	und ähnliches
Übers.	Übersetzung
ung.	ungarisch
Univ.	Universität
Unters.	Untersuchung(en)
unveröff.	unveröffentlicht
u. ö.	und öfter
urspr.	ursprünglich
usf., usw.	und so fort, und so weiter
u. v. a.	und viele andere, unter vielen anderen
V.	Violine
v.	von
v.	voce, voice, voix (Sing. u. Plur.)
Va.	Viola
Var.	Variation
Vc.	Violoncello
Ver.	Verein
Veröff.	Veröffentlichung(en)
veröff.	veröffentlicht
versch.	verschiedene
Verz.	Verzeichnis
vgl.	vergleiche
Vorb.	Vorbereitung
Vorw.	Vorwort
wahrsch.	wahrscheinlich
Wiss., wiss.	Wissenschaft, wissenschaftlich
WoO	Werke ohne Opuszahl (nur bei Beethoven)
z.	zu, zum, zur
zahlr.	zahlreich(e)
z. B.	zum Beispiel
zeitgen.	zeitgenössisch
Zschr.	Zeitschrift
z. T.	zum Teil
zus.	zusammen
zw.	zwischen
z. Z.	zur Zeit

Spezielle Abkürzungen und Siglen

AfMf	Archiv für Musikforschung
AfMw	Archiv für Musikwissenschaft
AM	Année Musicale
AMG	Allgemeine Musikgesellschaft
AMl	Acta musicologica
AMP	Associated Music Publishers, New York
AMS	Association des Musiciens Suisses (Schweizer Tonkünstler-Verein)
AmZ	Allgemeine musikalische Zeitung
AMz	Allgemeine Musikzeitung
Anal. Hymn.	Analecta Hymnica Medii Aevi
Anal. Mus.	Analecta Musicologica
Ann. Mus.	Annales Musicologiques
Anuario Mus.	Anuario Musical
Arch. mus. lat.	Archivio musicale lateranense
ARD	Arbeitsgemeinschaft der öffentlich-rechtlichen Rundfunkanstalten der Bundesrepublik Deutschland, Bonn
BBC	The British Broadcasting Corporation, London
Bibl. Nat.	Bibliothèque Nationale, Paris
BIMG	Publikationen der Internationalen Musikgesellschaft, Beihefte
Boll. Bibl. Mus.	Bolletino Bibliografico Musicale
BR	Bayerischer Rundfunk, München
BrM	The British Museum, London; neuerdings The British Library
BWV	W. Schmieder, Thematisch-systematisches Verzeichnis der musikalischen Werke von J.S. Bach, Leipzig 1950, Wiesbaden ⁵1973
BzMw	Beiträge zur Musikwissenschaft
Cebedem	Centre Belge de Documentation Musicale, Brüssel
ČHS	Československý hudební slovník osob a institucí, Band I: A–L Prag 1963, Band II: M–Ž, ebd. 1965
Chw	Das Chorwerk, Wolfenbüttel 1929ff.
CMM	Corpus Mensurabilis Musicae, Rom – Antwerpen 1947ff.
CNRS	Centre National de la Recherche Scientifique, Paris
Coll. Mus.	Collegium Musicum, Leipzig
COUSSEMAKER Scr.	E. H. de Coussemaker, Scriptorum de musica medii aevi nova series, 4 Bde., Paris 1864–76, Nachdruck Graz 1908, Hildesheim 1963
CSM	Corpus Scriptorum de Musica, Rom 1950ff.
D	O. E. Deutsch. Schubert. Thematic Catalogue of all his Works in Chronological Order (zusammen mit D. R. Wakeling), London 1951, 2. Auflage: Franz Schubert. Thematisches Verzeichnis seiner Werke in chronologischer Folge, Kassel 1978
DAVISON-APEL Anth.	A. T. Davison – W. Apel, Historical Anthology of Music, 2 Bde., Cambridge/Mass. 1946 bis 1950, ⁷1964
DDT	Denkmäler Deutscher Tonkunst, Leipzig 1892–1931, Neuaufl. hrsg. von H. J. Moser, Wiesbaden – Graz 1959–61
DJbMw	Deutsches Jahrbuch der Musikwissenschaft (früher: Jahrbuch der Musikbibliothek Peters), Leipzig
DMl	Documenta musicologica, Kassel 1951ff.

DMS	Dictionnaire des Musiciens Suisses / Schweizer Musiker-Lexikon, hrsg. v. W. Schuh u. a., Zürich 1964, Nachtrag 1965.
DTB	Denkmäler der Tonkunst in Bayern (= Denkmäler Deutscher Tonkunst, 2. Folge), Leipzig 1900–38, N. F. Wiesbaden 1967 ff.
DTÖ	Denkmäler der Tonkunst in Österreich, Wien 1894 ff.
DVfLG	Deutsche Vierteljahrsschrift für Literaturwissenschaft und Geistesgeschichte
EDM	Das Erbe deutscher Musik, Reihen: Reichsdenkmale (RD) und Landschaftsdenkmale (LD)
EEChM	Early English Church Music
EXPERT Florilège	H. Expert, Florilège du Concert vocal de la Renaissance, 8 Faszikel, Paris 1928–29
EXPERT Maîtres	H. Expert, Les Maîtres Musiciens de la Renaissance, 23 Bde., Paris 1894–1908
EXPERT Monuments	H. Expert, Les Monuments de la Musique française au temps de la Renaissance, 10 Bde., Paris 1924–29
FAM	Fontes Artis Musicae
GalpinJ	Galpin Society Journal
Gazette Mus.	Gazette Musicale
GERBERT Scr.	M. Gerbert, Scriptores ecclesiastici de musica sacra, 3 Bde., St. Blasien 1784, Nachdruck Graz 1905, Hildesheim 1963
G + L	Gitarre + Laute
Grove	Grove's Dictionary of Music and Musicians, hrsg. v. E. Blom, 9 Bde., London ^{5}1954, Suppl. 1961
Grove^{6}	The New Grove Dictionary of Music and Musicians, 20 Bde, London 1980
GUILMANT-PIRRO	A. Guilmant, Archives des maîtres de l'orgue des XVIe, XVIIe et XVIIIe siècles…, 10 Bde. (mit Einleitungen v. A. Pirro), Paris 1898–1914, Nachdr. New York 1972
HJbMw	Hamburger Jahrbuch für Musikwissenschaft
HMT	Handwörterbuch der musikalischen Terminologie, hrsg. v. H. H. Eggebrecht, Wiesbaden 1972 ff.
HMUB	Hudební Matice Umělecké Besedy, Prag
Hob.	A. van Hoboken, J. Haydn. Thematisch-bibliographisches Werkverzeichnis, Band I: Instrumentalwerke, Mainz 1957, Band II: Vokalwerke, 1971, Band III: Register, 1978
Hortus Mus.	Hortus Musicus
HR	Hessischer Rundfunk, Frankfurt am Main
IGNM	Internationale Gesellschaft für Neue Musik
IMD	Internationales Musikinstitut Darmstadt
IRASM	International Review of the Aesthetics and Sociology of Music
JAMS	Journal of the American Musicological Society
JAZU	Jugoslavenska akademija znanosti i umjetnosti, Zagreb
JbLH	Jahrbuch für Liturgik und Hymnologie
Jb. Peters	Jahrbuch der Musikbibliothek Peters
JMTh	Journal of Music Theory
KmJb	Kirchenmusikalisches Jahrbuch
KV	L. Ritter von Köchel, Chronologisch-thematisches Verzeichnis sämtlicher Tonwerke W. A. Mozarts, Leipzig ^{3}1937, Wiesbaden ^{6}1964 und Leipzig ^{6}1969 (= Köchel-Verzeichnis)
Kwart. Muz.	Kwartalnik Muzyczny
LAVIGNAC	Encyclopédie de la Musique et Dictionnaire du Conservatoire, hrsg. v. A. Lavignac, fortgesetzt v. L. de la Laurencie. 1. Teil: Histoire de la musique (= LAVIGNAC Hist.), 5 Bde., Paris 1913–22, 2. Teil: Technique de la musique (= LAVIGNAC Techn.), 6 Bde., Paris 1925–31
LD	Das Erbe deutscher Musik (EDM), Reihe Landschaftsdenkmale
MAB	Musica Antiqua Bohemica, Prag 1934–72
MD	Musica Disciplina
M. de Fr.	Mercure de France
Melos	Melos, seit 1975 Melos/NZ
Melos/NZ	Melos u. Neue Zeitschrift für Musik
Mercure Mus.	Mercure Musical
Mf	Die Musikforschung
MfM	Monatshefte für Musikgeschichte

MGG	Die Musik in Geschichte und Gegenwart, hrsg. v. F. Blume, 14 Bde., Kassel 1949–68, 2 Suppl.-Bde. und 1 Register-Bd., ebd. 1973 ff.
MGkK	Monatsschrift für Gottesdienst und kirchliche Kunst
MIGNE PG	Patrologiae cursus completus, series graeca, hrsg. v. J.-P. Migne, 161 Bde., Paris 1857–66
MIGNE PL	Patrologiae cursus completus, series latina, hrsg. v. J.-P. Migne, 217 Bde. u. 4 Register-Bde., Paris 1844–55
Mk	Die Musik
ML	Music and Letters
MMASt	Miscellanea musicologica. Adelaide Studies, Adelaide (Australien)
MMB	Monumenta Musicae Byzantinae, Kopenhagen – Boston – Rom 1935 ff.
MMBelg	Monumenta Musicae Belgicae, Berchem – Antwerpen 1932 ff.
MMEsp	Monumentos de la Música Española, Madrid – Barcelona 1941 ff.
MMMLF	Monuments of Music and Music Literature in Facsimile, New York 1965 ff.
MMus	Miscellanea musicologica, Prag
MQ	The Musical Quarterly
MR	The Music Review
MS	Musica Sacra
MSD	Musicological Studies and Documents
MT	The Musical Times
MuA	Musik und Altar
MuG	Musik und Gottesdienst
MuGes	Musik und Gesellschaft
MuK	Musik und Kirche
Mus. Brit.	Musica Britannica, London 1951 ff.
Nagels MA	Nagels Musikarchiv, Kassel
NDB	Neue Deutsche Biographie, ca. 20 Bände, Berlin, später München 1953 ff.
NDR	Norddeutscher Rundfunk, Hamburg
NMZ	Neue Musik Zeitung
NRMI	Nuova Rivista Musicale Italiana
NRF	Nouvelle Revue Française
NWDR	Nordwestdeutscher Rundfunk, Hamburg
NZfM	Neue Zeitschrift für Musik, 1975 bis 1978 Melos/NZ, seit 1979 NZ
NZH	Nakladni Zavod Hrvatske, Zagreb
OCORA	Office de Coopération radiophonique
ÖMZ	Österreichische Musikzeitschrift
ORF	Österreichischer Rundfunk GmbH, Wien
Organum	Organum. Ausgewählte ältere vokale und instrumentale Meisterwerke, Lippstadt
ORTF	Office de Radiodiffusion-Télévision Française, Paris
OYb	The Organ Yearbook
Paléogr. Mus.	Paléographie musicale, hrsg. v. A. Mocquereau, fortgesetzt v. J. Gajard, Solesmes 1889 ff.
PäM	Publikationen älterer Musik, 11 Bde., Leipzig 1926–41, Nachdruck Hildesheim – Wiesbaden 1967–68
PGfM	Publikationen der Gesellschaft für Musikforschung, 29 Bde., Berlin – Leipzig 1873–1905
PIW	Pánstwowy Instytut Wydawniczny
Pol. Rocznik Muzykol.	Polski Rocznik Muzykologiczny
Proc. Mus. Assoc.	Proceedings of Musical Association
Proc. R. Mus. Assoc.	Proceedings of the Royal Musical Association
40 Comp. suisses	40 Compositeurs suisses contemporains, Amriswil 1956
RAI	Radiotelevisione Italiana, Rom
Rass. Mus.	Rassegna Musicale
RB	Radio Bremen, Bremen
RBMie	Revue Belge de Musicologie
RD	Das Erbe deutscher Musik (EDM), Reihe Reichsdenkmale
Rech. Mus.	Recherches sur la musique française classique
REF	Revista de etnografie şi folclor
Rev. Bras. de Música	Revista Brasileira de Música
Rev. Mus. Chilena	Revista Musical Chilena
RIAS	Rundfunk im amerikanischen Sektor, Berlin (West)
RIEMANN ML	H. Riemann, Musik-Lexikon, Leipzig 1882, 12. Auflage: Personenteil, 2 Bde., Mainz 1959–61, Sachteil, ebd. 1967, 2 Erg.-Bde. Personenteil, ebd. 1972–75
RIMus	Rivista Italiana di Musicologia
RISM	Répertoire International des Sources Musicales / Internationales Quellenlexikon der Musik / International Inventory of Musical Sources, Serie A I: Einzeldrucke vor 1800, Kassel 1971 ff., Serie B (Systematische Reihe), München 1960 ff., Serie C: Directory of Music Research Libraries, Kassel 1967 ff. (wenn nichts anderes angegeben, wird Reihe B, Band I/1 zitiert)

RM	Revue Musicale, La
RMI	Rivista Musicale Italiana
RMie	Revue de Musicologie
RMS	Revue Musicale Suisse (Schweizerische Musikzeitung = SMZ)
RRMBar	Recent Researches in the Music of the Baroque
RRMPre	Recent Researches in the Music of the Preclassical, Classical, and Early Romantic Eras
RRMRen	Recent Researches in the Music of the Renaissance
RTF	Radiodiffusion et Télévision Française, Paris
SACEM	Société des Auteurs, Compositeurs et Éditeurs de Musique
SAZU	Slovenska akademija znanosti in i umetnosti, Ljubljana
SDR	Süddeutscher Rundfunk, Stuttgart
SEFI	Société des Éditeurs français et internationaux, Paris
SFB	Sender Freies Berlin, Berlin (West)
SIM	Société Internationale de Musique
SIMC	Société Internationale pour la Musique Contemporaine
SIMG	Sammelbände der Internationalen Musikgesellschaft
SJbMw	Schweizer Jahrbuch für Musikwissenschaft
SKJ	Savez kompozitora Jugoslavije, Belgrad
SKZ	Srpska knijževna zadruga, Belgrad
SMD	Schweizerische Musikdenkmäler/Monuments de la musique suisse, Basel 1955–66, Kassel 1967 ff.
SML	Schweizer Musiker-Lexikon/ Dictionnaire des Musiciens Suisses, hrsg. v. W. Schuh u. a., Zürich 1964, Nachtrag 1965
SMZ	Schweizerische Musikzeitung (Revue Musicale Suisse = RMS)
Soc. Fr. de Mie	Société Française de Musicologie
Soc. Nat. de Mus.	Société Nationale de Musique
SR	Saarländischer Rundfunk, Saarbrücken
SRG	Schweizerische Radio- und Fernsehgesellschaft, Bern
StidMg	Studien zur italienisch-deutschen Musikgeschichte
STMf	Svensk Tidskrift för Musikforskning
StMw	Studien zur Musikwissenschaft
SVKL	Slovenské Vydavatelstvo Krásnej Literatúry, Preßburg
SWF	Südwestfunk, Baden-Baden
TMw	Tijdschrift voor Muziekwetenschap
TORCHI Arte Mus.	L'Arte Musicale in Italia nei secoli XIV–XVIII, hrsg. v. L. Torchi, 7 Bde., Mailand 1897–1907
TVer	Tijdschrift der Vereeniging voor Nederlandse Muziekgeschiedenis
TWMP	Towarzystwo Wydawnicze Muzyki Polskiej, Warschau
VfMw	Vierteljahrsschrift für Musikwissenschaft
WDMP	Wydawnictwo Dawnej Muzyki Polskiej, Warschau 1928–38, Krakau 1947 ff.
WDR	Westdeutscher Rundfunk, Köln
WoO	Werke ohne Opuszahl. Angegeben nach G. Kinsky, Das Werk Beethovens. Thematisch-Bibliographisches Verzeichnis seiner sämtlichen vollendeten Kompositionen, abgeschlossen u. hrsg. v. W. Halm, München – Duisburg 1955
YbIFMC	Yearbook of the International Folk Music Council
ZDF	Zweites Deutsches Fernsehen, Mainz
ZfIb	Zeitschrift für Instrumentenbau
ZfM	Zeitschrift für Musik
ZfMth	Zeitschrift für Musiktheorie
ZfMw	Zeitschrift für Musikwissenschaft
ZIMG	Zeitschrift der Internationalen Musikgesellschaft

Abkürzungen oft verwendeter Verlagsorte

A	Amsterdam	H	Hamburg	NY	New York
An	Anvers (Antwerpen)	He	Helsinki	O	Oxford
Au	Augsburg	Hei	Heidelberg	P	Paris
B	Berlin	Hil	Hildesheim	Pa	Palermo
Ba	Barcelona	Hl	Halle/Saale	Pd	Potsdam
Bas	Basel	I	Innsbruck	Pr	Prag
Be	Bern	Kas	Kassel	R	Roma (Rom)
Bol	Bologna	Kö	Köln	Rb	Regensburg
Brau	Braunschweig	Kop	Kopenhagen	St	Stuttgart
Bru	Bruxelles (Brüssel)	L	Leipzig	Sto	Stockholm
C	Cambridge	Lau	Lausanne	Str	Strasbourg (Straßburg)
C/M	Cambridge/Mass.	Lei	Leiden	Tn	Torino (Turin)
Ch	Chicago	Lis	Lisboa (Lissabon)	Tou	Tournai
Da	Darmstadt	Lo	London	Tü	Tübingen
E	Edinburgh	Ly	Lyon	V	Venezia (Venedig)
Erl	Erlangen	Ma	Madrid	W	Wien
F	Frankfurt am Main	Mi	Milano (Mailand)	War	Warschau
Fi	Firenze (Florenz)	Mn	München	Wb	Wolfenbüttel
Fr	Freiburg im Breisgau	Mos	Moskau	Wie	Wiesbaden
G	Genf	Mr	Münster	Wr	Weimar
Gö	Göttingen	Mz	Mainz	Wü	Würzburg
Gr	Graz	Nü	Nürnberg	Z	Zürich

Ständig benutzte Nachschlagwerke

R. Eitner, Biographisch-bibliographisches Quellen-Lexikon der Musiker und Musikgelehrten …, 10 Bde, Leipzig 1900–04, Nachdr. in 11 Bänden, Graz – Wiesbaden 1959–60.

C. Sachs, Real-Lexikon der Musikinstrumente, Berlin 1913, neu hrsg. v. E. Winternitz, New York 1964.

R. Vannes – A. Souris, Dictionnaire des musiciens belges, Brüssel 1947.

Sohlmans Musiklexikon, hrsg. v. G. Morin – C.-A. Moberg – E. Sundström, 4 Bde., Stockholm 1948–52.

Die Musik in Geschichte und Gegenwart, hrsg. v. Fr. Blume, 14 Bde., Kassel 1949–69, 2 Suppl.-Bde. und Register-Bd., ebd. 1973 ff.

Diccionario de la Música Labor, hrsg. v. J. Pena – H. Anglès, 2 Bde., Barcelona 1954.

Grove's Dictionary of Music and Musicians, hrsg. v. E. Blom, 9 Bde., London ^{5}1954, Suppl.-Bd., ebd. 1961.

Larousse de la musique, hrsg. v. N. Dufourcq, 2 Bde., Paris 1957.

Algemeene muziekencyclopedie, 6 Bde., Amsterdam 1957–63.

Baker's Biographical Dictionary of Musicians, New York ^{5}1958, Suppl.-Bd., ebd. 1965.

Encyclopédie de la Musique, hrsg. v. Fr. Michel, 3 Bde., Paris 1958–61.

H. Riemann, Musik-Lexikon, 12. Auflage: Personenteil, hrsg. v. W. Gurlitt, 2 Bde., Mainz 1959–61, Sachteil, hrsg. v. H. H. Eggebrecht, ebd. 1967, 2 Erg.-Bde. Personenteil, hrsg. v. C. Dahlhaus, ebd. 1972–75.

R. Schaal, Verzeichnis deutschsprachiger musikwissenschaftlicher Dissertationen 1861–1960, Kassel 1963, 1961–70, ebd. 1974.

Schweizer Musiker-Lexikon / Dictionnaire des Musiciens Suisses, Zürich 1964, Nachtrag 1965.

H. Seeger, Musiklexikon, 2 Bde., Leipzig 1966.

RILM abstracts of music literature, New York 1967 ff. (RILM: Répertoire International de Littérature Musicale / International Repertory of Music Literature / Internationales Repertorium der Musikliteratur)

Répertoire International des Sources Musicales (RISM), Serie A I: Einzeldrucke vor 1800, Kassel 1971 ff. und Serie B, Bd. I/1: Sammeldrucke des 16.–17. Jahrhunderts, München–Duisburg 1960.

Doctoral Dissertations of Musicology, hrsg. v. C. Adkins, Philadelphia ^{5}1971.

Rizzoli Riccordi. Enciclopedia della musica, 6 Bde., Mailand 1972–74.

Handwörterbuch der musikalischen Terminologie. Im Auftrag der Kommission für Musikwissenschaft der Akademie der Wissenschaften und Literatur zu Mainz hrsg. v. H. H. Eggebrecht, Wiesbaden 1972 ff.

Terminorum Musicae Index Septem Linguis Redactus. Polyglottes Wörterbuch der musikalischen Terminologie, Budapest – Kassel 1978.

A

A, a 1) Im germanischen Sprachraum ↗Tonname für den 6. Ton der C-Dur-Tonleiter. Er wird in Frankreich und Italien mit der in der ↗Solmisation gebräuchlichen Tonsilbe *la* bezeichnet. Der einfach oder doppelt erniedrigte Ton A heißt As bzw. Asas, der einfach oder doppelt erhöhte Ton Ais bzw. Aisis. Diese ↗Alterationen werden in England, Frankreich und Italien wie folgt benannt:

dt.	engl.	frz.	it.
As	A flat	la bémol	la bemolle
Asas	A double flat	la double bémol	la doppio bemolle
Ais	A sharp	la dièse	la diesis
Aisis	A double sharp	la double dièse	la doppio diesis

Das eingestrichene A (a^1) wird im allgemeinen als ↗Stimmton verwendet, dessen Höhe als Kammerton heute international verbindlich festgelegt ist. – **2)** Abk. für ↗Alt und ↗Antiphon.

AARON (Aron), **Pietro,** * um 1490 Florenz, † 1545 Florenz oder Venedig; it. Musiktheoretiker. Er war Domherr an der Kathedrale von Rimini und wurde 1536 Mönch, zunächst in Bergamo, dann in Padua und Venedig.

Schriften: *Libri tres de Institutione Harmonica* (Bol 1516); *Thoscanello de la Musica* (V 1523); *Trattato della Natura e Cognizione di tutti gli tuoni di canto figurato* (V 1525); *Lucidario in musica* (V 1545); *Compendiolo di molti dubbi* (Mi o.J.). Außerdem sind wichtige Schriftwechsel mit Spataro und G. del Lago erhalten.

A. kann auf seinem Gebiet als eine der einflußreichsten Persönlichkeiten des frühen 16. Jh. gelten. In seinen Schriften, die (ungewöhnlich für ihre Zeit) nicht in Latein, sondern in der Landessprache verfaßt, und die im Ganzen stark auf die musikalische Praxis bezogen sind, behandelt er in z. T. origineller Weise u. a. Fragen der Stimmung von Tasteninstrumenten, der Dissonanzbehandlung, der ↗Musica ficta. Er wurde auch in langwierige Kunststreitigkeiten (z. B. mit Gafforius) hineingezogen.

Ausg.: *Trattato della natura* (Faks.-Nachdr. Utrecht 1966).

Lit.: (E.) P. BERGQUIST JR., The Theoretical Writings of P. A. (1964) (= Diss. Columbia Univ.).

ABACO, it. Musikerfamilie, ↗Dall'Abaco.

ABAELARD (Abélard, Abailard, Abaelardus), **Petrus,** * 1079 Palais bei Nantes, † 21. 4. 1142 Kloster St-Marcel bei Chalon-sur-Saône; frz. Theologe, Philosoph und Musiker. Während seine philosophischen und theologischen Schriften keinerlei Bezug auf die Musik nehmen, findet sich in dem berühmten und literarhistorisch bedeutsamen Briefwechsel mit Heloïse ein Hinweis auf von ihm komponierte (verlorengegangene) Liebeslieder. Überliefert sind von ihm *6 Planctus* (Klagelieder) mit linienlosen Neumen (Hs. Rom, Bibl. Vat. Reg. Christ. 228).

Ausg.: W. MEYER, P. Abaelardi planctus I–VI, in: Romanische Forsch. 5 (1890), auch separat (Erl 1890, Nachdr. NY 1967); Anal. hymn. 48, S. 225–232.

A BATTUTA (it., = im Takt), kennzeichnet den Wiedereintritt streng taktmäßiger Gliederung nach einer im Takt freien Stelle (↗ad libitum, ↗a piacere, ↗colla parte). Syn.: misurato, ↗a tempo.

ABBADO, Claudio, * 26. 6. 1933 Mailand; it. Dirigent und Pianist. Seine Ausbildung erhielt er am Kons. in Mailand, im Dirigieren an der Wiener Musikakademie bei H. Swarowsky. 1968 wurde A. ständiger Dirigent der Mailänder Scala, 1971 auch deren Musikdirektor, im gleichen Jahr auch, neben Karl Böhm, Hauptdirigent der Wiener Philharmoniker, 1974 außerdem erster Gastdirigent des London Symphony Orchestra. 1976 trat er als Musikdirektor der Scala zurück, übernahm aber aber 1977 die künstlerische Leitung. 1978 wurde er zum Chefdirigenten des London Symphony Orchestra ernannt. Eine besondere Aufgabe sieht A. darin, die Arbeiter an die Musik heranzuführen. Im Industriegebiet von Reggio nell'Emilia veranstaltete er, zusammen mit L. Nono und M. Pollini, Diskussionen und Konzerte für Werktätige.

ABBATINI, Antonio Maria, * um 1597 Tiferno (heute Città di Castello), † 1679 ebd.; it. Komponist. Schüler der beiden Nanino. Er wirkte als Kapellmeister an verschiedenen Kirchen in Rom, Orvieto und Loreto. Seine meist mehrchörigen kirchenmusikalischen Werke spiegeln den Glanz kirchlicher Repräsentation im barocken Rom wider. A. übernahm jedoch auch den monodischen Stil und schrieb mehrere Opern, darunter (zusammen mit M. Marazzoli) *Dal male il bene,* die als eine der ersten heiteren Opern zu gelten hat. In diesem Werk sind die Aktschlüsse erstmals als Ensembleszenen gestaltet.

WW: **1) Geistliche Musik:** *Missa 16 vocibus concinenda* (R 1627); 6 (?) Bücher *Sacre canzoni,* für 2–6 St., davon erhalten III (Orvieto 1634), V (R 1638), VI (R 1638); *Antifone* (Beatus ille servus, Euge serve bone), für 8 Chöre (12 Tenöre u. 12 Bässe) (R 1677); *Antiphona per S. Domenico: Gaude felix* (o. J.); *Sequenza per S. Domenico: Pie pater Dominice* (o. J.); zahlr. Motetten in Sammeldrucken. – **2) Weltliche Musik:** *Il pianto di Rodomonte,* für 4 St. (Orvieto 1633); *Dal male il bene,* Oper in 3 Akten (der 2. Akt stammt von M. Marazzoli; Libr.: G. Rospigliosi, der spätere Papst Clemens IX.), UA: Rom 1654; *Ione,* Oper, UA: Wien 1666; *La Baltasara (La comica del cielo),* Oper, UA: Rom 1668.

Lit.: H. GOLDSCHMIDT, Studien zur Gesch. der it. Oper im 17. Jh., 2 Bde. (L 1901); F. CORADINI, A.M.A. (Arezzo 1922); N. PIRROTTA, Cesti e A. – Opera, in: Santa Cecilia 2 (1953).

ABBEY, frz. Orgelbauerfamilie engl. Herkunft. – **1) John,** * 22. 12. 1785 Whilton (England), † 19. 2. 1859 Versailles. Er wurde 1826 von S. Érard nach Paris gerufen, um eine Orgel in dessen Schloß zu La Muette (bei Passy) und eine weitere in der Kapelle der Tuilerien zu bauen. Danach ließ er sich dauernd in Paris nieder. – **2) John Albert,** Sohn von 1), * 1. 9. 1843 Le Chesnay (Yvelines), † 1930 Versailles. Er renovierte vor allem die Orgeln von Notre-Dame von Louviers und der Kathedrale von Châlons-sur-Marne. – **3) Johan Mary,** Sohn von 2), * 1886 Versailles, † 1931 Paris. Er baute u. a. die Chororgel der Kathedrale von Noyon. – Die Familie A. stellte ungefähr 500 Instrumente her.

ABBIATI, Franco, * 14. 9. 1898 Verdello (Bergamo), † 22. 1. 1981 Bergamo; it. Musikkritiker. Er studierte Komposition am Liceo Musicale zu Turin und Musikwissenschaft bei G. Cedari. A. war Mitarbeiter am *Secolo sera* und am *Corriere della sera* und gründete 1949 die Monatszeitschrift *La Scala,* die bis 1963 erschien.

Schriften: *Scritti inediti di G. Cedari* (Mi 1937); *Storia della musica,* 5 Bde. (Mi 1939–46, ²1967–68), in 1 Bd. (Mi 1952, ²1961); *Peter Grimes di B. Britten* (Mi 1948); *Verdi,* 4 Bde. (Mi 1959).

ABBLASEN ↗Turmmusik.

ABBREVIATUREN, Abkürzungen der Notation durch Zeichen, vor allem
1. bei mehrmaliger Wiederholung von Tönen, Tonfiguren oder Takten:

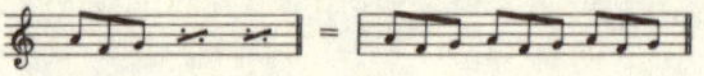

2. bei Verzierungen:

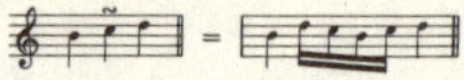

3. beim Glissando oder bei gleichartiger Fortsetzung einer Passage oder Figuration:

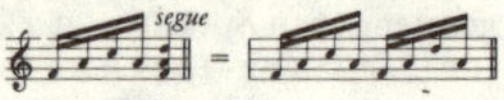

4. bei Oktavversetzungen: 8 ..... oder 8 .....
Auch die ↗Vorzeichnung kann als eine A. angesehen werden.

ABD AL-QÂDIR, Ibn Ġaibî al-Hâfiz al Marâġî, * Maraga (Aserbeidschan) um die Mitte des 14. Jh., † März 1435 Herat; persischer Musiker und Musikschriftsteller. Er war zunächst Sänger am persischen Hof. Nach der Eroberung Bagdads durch die Türken ging er 1393 nach Samarkand, 1397 kehrte er nach Bagdad zurück. Bei der erneuten Eroberung der Stadt wurde er gefangengenommen. Er blieb dann in Samarkand im Dienste des Sultans. Von seinen vier Schriften sind drei erhalten, eine behandelt die arabische und persische Musik und befindet sich autograph in Oxford, Bodl. Libr.

Ausg.: Maqāsid al-alḥān (Der Zweck der Melodien), hrsg. v. TAQĪ BĪNAŠ (Teheran 1965).

Lit.: H. G. FARMER, A History of Arabian Music to the 13th Century (Lo 1929, Nachdr. 1967); DERS., in: Enzyklopaedie des Islam, Suppl. (Lei – L 1934), DERS., in: Encyclopaedia of Islam, NA Bd. I (Lei – P 1960); DERS., Abdalqādir I. G. on Mus. Instr., in: Oriens 15 (1962); DERS., The Sources of Arabian Music (Lei 1965).

ABEL, dt. Musikerfamilie des 17. und 18. Jahrhunderts. – **1) Clamor Heinrich;** wurde 1665 Kammermusikus des Herzogs von Braunschweig in Hannover. Er veröffentlichte 1674–77 unter dem Titel *Erstlinge musicalischer Blumen* eine Sammlung von Kammersonaten (für 4 Instr. und B.c. und für V., Viola da gamba discordata und B.c.). – **2) Christian Ferdinand,** Sohn von 1), * um 1695; war 1715–37 Cellist und Gambist am Hofe zu Köthen. J.S. Bach, von dessen drittem Kind er Pate war, hat wahrscheinlich für ihn seine 6 Suiten für Violoncello solo geschrieben. – **3) Leopold August,** Sohn von 2), * 24. 3. 1718 Köthen, † 25. 8. 1794 Ludwigslust; Violinist. Er war Schüler von Franz Benda und wirkte als Konzertmeister in den Kapellen zu Sondershausen (1758–66), Berlin (1766–69) und Ludwigslust (1769–94). Er schrieb u. a. Violinetüden. – **4) Carl Friedrich,** Sohn von 2), * 22. 12. 1723 Köthen, † 20. 6. 1787 London; Gambist und Komponist. Er war Schüler seines Vaters und (als Schüler der Leipziger Thomasschule) vielleicht auch J. S. Bachs. 1748–58 wirkte er als Gambist in der Hofkapelle in Dresden. Danach unternahm er Konzertreisen, die ihn bis London führten, wo er sich 1759 endgültig niederließ. Sein Ruhm als Gambenvirtuose wuchs rasch, doch war er auch als Cembalist und Hornist tätig. Er wurde Kammermusiker der Königin Sophie Charlotte. 1765, drei Jahre nach der Ankunft J. Chr. Bachs in London, gründete er mit diesem die „Bach-Abel-Konzerte", die neben dem Pariser Concert Spirituel das wichtigste europäische Konzertunternehmen zwischen 1765 und 1780 darstellten. Doch noch vor Bachs Tod (1782) nahm der Erfolg ab. Das musikalische Schaffen Abels, das stilistisch der Mannheimer Schule nahesteht, enthält zahlreiche Werke für Viola da gamba und Baß, Sonaten für Cembalo mit verschiedenen Instrumenten, ferner Streichquartette, viele Sinfonien, eine *Sinfonia concertante* sowie Cembalo-, Flöten- und Violoncello-Konzerte.

Ausg.: **Carl Friedrich:** Sonate u. 2 Stücke für Viola da gamba, hrsg. v. L. LEFKOVITCH (Lo 1953); 2 Sonaten für V. u. Klv., hrsg. v. F. PIERSIG (L 1928); Sonate für Viola da gamba u. B.c. in e-moll, hrsg. v. CHR. DÖBEREINER (Mz 1928), hrsg. v. R. ENGLÄNDER (L 1930), hrsg. v. J. BACHER–W. WOEHL, in: Hortus Mus. 39 u. 40 (1937–42); Trio für 2 V. u. Vc., hrsg. v. H. HÖCKNER (L 1937); *Streichquartett* op. 8/3, hrsg. v. H. RIEMANN, in: Coll. Mus. 61; op. 8/1, hrsg. v. H. u. W. HÖCKNER (Kop 1931); *Sinfonien* op. 10/5–6, Faks.-Ausg., hrsg. v. H. HÖCKNER (Zwenkau 1932); *Sinfonie* op. 10/3, hrsg. v. A. CARSE (Lo 1935); *Sinfonie* Es-Dur, als Werk Mozarts (KV 18) gedruckt in der alten Gesamtausgabe VIII/1 (1879); Kompositionen, hrsg. v. W. KNAPE (Cuxhaven 1958ff.), bisher erschienen: Reihe A, Sinfonien I (1958, ²1966), II (1962), dazu Suppl. (1969), III u. IV (1960), V (1962), VI (1966), VII u. VIII (1968); Reihe B, Konzerte IX (1960), X (1958); Reihe C, Quartette XI–XII (1964).

Lit.: **Clamor Heinrich:** G. BECKMANN, Das Violinspiel in Deutschland vor 1700 (L 1918); A. MOSER, Gesch. des Violinspiels (B 1923). – **Carl Friedrich:** C. F. POHL, Mozart u. Haydn in London I (W 1867); T. DE WYZEWA – G. DE SAINT-FOIX, W. A. Mozart I (P 1912); CH. S. TERRY, J. Chr. Bach (Lo 1929); S. F. HELM, C. F. A., Symphonist (1953) (= Diss. Univ. of Michigan); W. KNAPE, K. F. A., ein zu Unrecht vergessener Zeitgenosse Mozarts, in: Musik u. Ges. 7 (1957); GW. BEECHY, C. F. A.s Six Symphonies, op. 14, in: ML 51 (1970).

ABELL, John, * 1650 Grafschaft Aberdeenshire, † 1724 Cambridge; schottischer Komponist, Sänger und Lautenspieler. Es ist sicher, daß er an der königlichen Kapelle ausgebildet wurde und bis 1688 im königlichen Dienst stand. 1680–81 unternahm er eine Studienreise nach Italien. 1688 vertrieb ihn die Revolution aus England; er flüchtete zunächst nach Holland, später nach Deutschland. Sein bewegtes Leben führte ihn bis nach Polen. 1698–99 war er Intendant in Kassel. 1700 kehrte er nach England zurück. Er veröffentlichte mehrere Sammlungen von Liedern mit engl., ital. u. a. Texten.

Ausg.: *Airs* (A 1694), hrsg. v. Å. DAVIDSSON (Norrköping 1967).

Lit.: H. G. FARMER, A King's Musician for the Lute and Voice, J. A., in: Hinrichsen's Music Book 7 (1952); Å. DAVIDSSON, in: Musikbibliogr. Beitr. (Uppsala 1954).

ABENDMUSIK. Im 17. und 18. Jh. Bz. für eine Art Zyklus öffentlicher Konzerte in der Lübecker Marienkirche, die jährlich an den beiden letzten Sonntagen nach Trinitatis und am 2., 3. und 4. Adventssonntag im Anschluß an die Nachmittagspredigt stattfanden. Bei diesen Konzerten erklang jeweils eine fünfteilige, inhaltlich zusammenhängende oratorienartige Komposition, die ebenfalls als A. bezeichnet wurde. Die Ursprünge der A. reichen in die Zeit F. Tunders zurück; ihr eigentlicher Schöpfer war D. Buxtehude. Er führte während seiner Amtszeit in Lübeck zahlreiche eigene A.en auf. Von ihnen haben sich jedoch nur einige Titel, Textbücher und Aufführungsdaten erhalten, so z. B. *Die himmlische Seelenlust, Der verlorene Sohn, Das Allerschröcklichste und Allererfreulichste* (das vielleicht identisch ist mit einem anonym überlieferten Werk *Das jüngste Gericht,* 1939 von W. Maxton in Uppsala hrsg.). Neben diesen regulären gab es auch „extraordinäre" A.en, von denen J. S. Bach 1705 in Lübeck eine Aufführung erlebte (*Castrum doloris* und *Templum honoris*). Buxtehudes Amtsnachfolger hielten an der Einrichtung der A.en bis ins frühe 19. Jh. fest. Eine beträchtliche Anzahl entsprechender Werke ist aber nur von J. W. C. von Königslöw überliefert. – Heute ist „Geistliche A." oft die Bz. für ein Kirchenkonzert. W. Fortner nennt seine Kantate *Herr, bleibe bei uns* (1945) eine „geistliche Abendmusik".

Lit.: C. STIEHL, Die Organisten an der St. Marienkirche u. die A.en in Lübeck (L 1886); W. STAHL, F. Tunder u. D. Buxtehude (L 1926); DERS., Die Lübecker A.en im 17. u. 18. Jh. (Lübeck 1937); O. SÖHNGEN, Die Lübecker A.en als kirchengesch. u. theolog. Problem, in: MuK 27 (1957); M. GECK, Die Authentizität des Vokalwerks D. Buxtehude in quellenkritischer Sicht, in: Mf 14 (1961); G. KARSTÄDT, Die „Extraordinairen" A.en D. Buxtehudes (Lübeck 1962); DERS., Die Lübecker A.en (in Vorb.).

ABENDROTH, Hermann, * 19. 1. 1883 Frankfurt a. Main, † 29. 5. 1956 Jena; dt. Dirigent. Nach dem Studium in München (u.a. bei F. Mottl) war A. 1903–04 Dirigent des dortigen Orchestervereins, 1905–11 Orchester- und Theaterkapellmeister in

Lübeck, dann Städtischer Musikdirektor in Essen. 1915 ging er nach Köln als Dirigent der Gürzenich-Konzerte und als Direktor des Konservatoriums. 1922–23 dirigierte er auch die Symphoniekonzerte des Orchesters der Staatsoper Berlin. 1934 übernahm er das Gewandhaus-Orchester in Leipzig. 1945 wurde er Prof. an der Musikhochschule und musikalischer Oberleiter in Weimar, 1949 auch Dirigent des Rundfunk-Symphonieorchesters Leipzig.

A BENE PLACITO (it.), ↗ad libitum.

ABENTEUER DES HÁRY JÁNOS, DIE, Oper von Z. Kodály, meistens: Die ↗kaiserlichen Abenteuer des Háry János.

ABENTEUER DES KÖNIGS PAUSOLE, DIE *(Les Aventures du Roi Pausole),* Operette in 3 Akten von Arthur Honegger (1892–1955), Text von Albert Willemetz nach dem gleichnamigen Roman von Pierre Louys. Ort und Zeit der Handlung: In und bei Tryphème, der Sommerresidenz des Königs, zu unbestimmter, gegenwärtiger Zeit. UA: 12. 12. 1930 in Paris (Théâtre des Bouffes-Parisiens). Dt. Textfassung von Hans Zimmermann, Neufassung von Werner Schneyder.

Im Mittelpunkt der Handlung stehen der wenig königliche König P., seine 365 Frauen sowie seine Tochter Aline. Diese Operette, das bekannteste der wenigen leichteren Werke des Komponisten, steht in konsequenter Fortsetzung der Tradition der „opéra-bouffe" Jacques Offenbachs. Aus der Partitur, an der man bisweilen einen Mangel an einfacher und faßlicher Melodik kritisiert, ragen keine Einzelnummern hervor. Der Reiz des Werkes liegt vielmehr in der Atmosphäre, mit der der frz. Esprit vorzüglich getroffen ist. Insbesondere gilt dies für Honeggers Musik. Bislang konnte sich die Operette auf dt. Bühnen noch nicht durchsetzen; der Erfolg der Neufassung bleibt abzuwarten.

S. KUROCK – R.-M. SIMON

ABERT, 1) Johann Joseph, * 20. 9. 1832 Kochowitz (Böhmen), † 1. 4. 1915 Stuttgart; böhmischer Komponist. Er studierte am Prager Konservatorium und trat 1853 als Bassist in die Hofkapelle in Stuttgart ein, die er 1867–88 leitete. Er schuf Kammermusikwerke, 7 Symphonien und mehrere Opern, darunter *Ekkehard* (nach Scheffel, UA Berlin 1878) und *Die Almohaden* (UA Leipzig 1890). – **2) Hermann,** Sohn von 1), * 25. 3. 1871 Stuttgart, † 13. 8. 1927 ebd.; dt. Musikwissenschaftler. Nach einer musikalischen Ausbildung studierte er Klassische Philologie in Berlin und Tübingen, dann Musikwissenschaft in Berlin (1897–1901). 1902–20 lehrte er Musikwissenschaft an der Univ. Halle, 1920–23 als Nachfolger Riemanns an der Univ. Leipzig und danach an der Univ. Berlin. Seine Forschungen galten vor allem der älteren Musik und der Geschichte der Oper. Seine Mozart-Biographie zählt zu den Standardwerken der musikgeschichtlichen Literatur.

Schriften: *Die Lehre v. Ethos in der griech. Musik* (L 1899, Nachdr. Tutzing – Wie 1968); *Die ästhetischen Grundsätze der ma. Melodiebildung* (Hl 1902); *R. Schumann* (B 1903, [4]1920); *Die Musikanschauung des MA. u. ihre Grundlagen* (Hl 1905, Nachdr. Tutzing 1968); *Niccolo Jomelli als Opernkomponist* (Hl 1908); *W. A. Mozart,* 2 Bde. (L 1919–24); *Goethe u. die Musik* (St 1922); *Gesammelte Schriften u. Vorträge,* hrsg. F. Blume (1929, Nachdr. Tutzing 1968).

3) Anna Amalie, Tochter von 2), * 19. 9. 1906 Halle, dt. Musikwissenschaftlerin. Sie studierte Musikwissenschaft bei ihrem Vater, Fr. Blume, H. J. Moser, C. Sachs und E. von Hornbostel. Seit 1943 lehrt sie an der Univ. Kiel. Ihre Habilitationsschrift erschien unter dem Titel *Claudio Monteverdi und das musikalische Drama* (Lippstadt 1954). Sie arbeitete hauptsächlich über das Musiktheater und das Werk Mozarts. Sie ist Mitarbeiterin u. a. an der Neuen Mozart-Ausgabe u. an der Gesamtausgabe der Werke Glucks.

Schriften: *Die stilistischen Voraussetzungen der „Cantiones sacrae" von H. Schütz* (Wolfenbüttel-B 1935); Die Oper (Köln o. J.) (= Das Musikwerk, 5); *Chr. W. Gluck* (Mn 1959, Z 1960); *St. Zweigs Bedeutung für das Alterswerk von R. Strauss,* in: FS F. Blume (Kas 1963); *Opernkomponist u. Textbuch,* in: Kongr.-Ber. Bonn 1970 (Kas usw. o. J.); *Die Opern Mozarts* (Wolfenbüttel 1970); *R. Strauss. Die Opern* (Velber 1972); *Zu Cornelius' Oper „Gunlöd"* in: P. Cornelius als Komponist, Dichter… (Rb 1977) (= Stud. z. Musikgesch. des 19. Jh. 48).

Lit.: H. ABERT, J. J. A. (L 1916); Gedenkschrift für H. A., hrsg. v. F. BLUME (Hl 1928) (mit WW-Verz.); A. A. ABERT, H. A.s Weg zur Mw., in: DJbMw 9 (1964), u. in: Musa – Mens – Musici, Gedenkschrift W. Vetter (L 1970); H. A. BROCKHAUS, H. A.s Konzeption der musik. Historiographie (B 1966).

ABGESANG ↗Bar.

ABOS (Avos, Avossa), **Girolamo,** * 16. 11. 1715 La Valette (Malta), † Okt. 1760 Neapel; it. Komponist. Er war Schüler von I. Prota und F. Feo am Conservatorio S. Onofrio in Neapel, wo er 1742–43 selbst unterrichtete. Zur selben Zeit lehrte er auch am Conservatorio dei Poveri di Gesù Cristo. A. war zweiter Kapellmeister am Conservatorio della Pietà dei Turchini (1754–59) und Kapellmeister der Kathedrale von Neapel. Er schrieb 13 Opern, von denen eine einzige, *Tito Manlio* (UA Neapel 1751), erhalten blieb. A. ist häufig mit seinem Zeitgenossen **Giuseppe Avossa** (Abos, d'Avossa), * 1708 Paola (Kalabrien), † 9. 1. 1796 Neapel, verwechselt worden, der 4 Buffa-Opern und einige Messen komponierte.

ABRAHAM, Gerald, * 9. 3. 1904 Newport (Insel Wight); engl. Musikwissenschaftler. Er leitete 1935–47 musikalische Sendungen der BBC, war 1947–62 Professor für Musik an der Univ. Liverpool, danach (bis 1967) wieder bei der BBC tätig. A. gehört zu den anregendsten englischen Musikologen der Gegenwart.

Schriften: *Studies in Russian Music* (Lo 1935); *Masters of Russian Music* (zus. mit M. D. Calvocoressi) (NY 1936, Freeport/NY 1968); *A Hundred Years of Music* (NY 1938, Lo [3]1964); *On Russian Music* (Lo 1939), dt. Teil-Ausg.: Über russ. Musik (Bas 1947); *Beethovens Second Period Quartets* (Lo 1942); *Eight Soviet Composers* (Lo 1943); Hrsg. der Symposia *Tschaikowsky* (Lo 1946, Port Washington/NY 1969) u. *Schubert* (ebd. 1947); G. A. leitet die Sammlung „Music of the Masters"; Hrsg. vom *Monthly Musical Record* (seit 1945) u. der Bde. III u. IV der *New Oxford History of Music.*

ABRAHAM, Otto, * 30. 5. 1872 Berlin, † 24. 1. 1926 ebd.; dt. Psychologe. Er studierte Medizin und Naturwissenschaften in Berlin. Seit 1896 war er Assistent von C. Stumpf am Psychologischen Institut der Berliner Universität, wo er sich vorwiegend den Problemen der Musik- und Tonpsychologie zuwandte. Mit diesen Bereichen sowie mit der außereuropäischen Musik beschäftigte er sich auch in seinen Veröffentlichungen. Seine Studie *Das absolute Tonbewußtsein*... war grundlegend für die Erforschung des absoluten Gehörs. Er half auch E. von Hornbostel bei der Gründung und Verwaltung seines Phonogrammarchivs.

ABRAHAM, Paul, * 2. 11. 1892 Apatin (Südungarn), † 6. 5. 1960 Hamburg; ungar. Komponist. Seine musikalische Ausbildung erhielt er 1910–16 an der Musikakademie in Budapest. 1921 ging er nach Berlin, wo er einer der erfolgreichsten Operettenkomponisten seiner Zeit wurde. 1933 emigrierte er nach Paris und kam 1940 in die USA. 1952 kehrte er nach größeren Schwierigkeiten nach Deutschland zurück und ließ sich in Hamburg nieder. A. schrieb neben Operetten Musicals, Filmmusiken, Orchesterstücke, Konzerte, Kammermusik und ein Requiem.

WW (Operetten): *Viktoria und ihr Husar* (UA: Wien 1930); *Die Blume von Hawaii* (UA: Leipzig 1931); *Ball im Savoy* (UA: Berlin 1932).

ÁBRÁNYI (eig. Eördögh), **1) Kornél,** * 15. 10. 1822 Szentgyörgyábrány, † 20. 12. 1903 Budapest; ung. Komponist, Pianist und Musikschriftsteller. Er studierte anfangs in Ungarn, 1843 in Paris bei Kalkbrenner und Chopin, 1846 in Wien bei Fischhof. A. entfaltete sodann in seiner Heimat eine reiche Tätigkeit und wurde zu einem der wichtigsten Anreger des musikalischen Lebens im Ungarn des 19. Jh. Seine Kompositionen (Fantasien, volkstümliche Gesänge, ungarische Tänze, Klaviermusik) tragen meist nationales Gepräge. Seine Schriften über Zeitgenossen (Mosonyi, Erkel usw.), über ungarische Musik und Musik des 19. Jh. stellen heute wertvolle Quellen dar. – **2) Emil,** Enkel von 1), * 22. 9. 1882 Budapest, † 11. 2. 1970 ebd.; ung. Komponist und Dirigent. Er war Schüler von H. Koessler an der Akademie Franz Liszt. 1920 wurde er Leiter der Oper, 1921 des Städtischen Theaters von Budapest, 1922 Gründer des Budapester Symphonieorchesters, später Orchesterleiter in Debrecen und Szeged. Er komponierte Opern und symphonische Werke.

ABREU, Antonio, genannt „El Portugués", port. Gitarrist des 18. Jahrhunderts. Er verbrachte sein Leben in Madrid, wo er einen großen Ruf genoß. A. veröffentlichte Gitarrenkompositionen (Ma 1780 bis 1800) und das pädagogische Werk *L'Escuela para tocar con perfección la guitarra* (Salamanca 1799).

ABSETZEN ↗Intavolieren.

ABSIL, Jean, * 23. 10. 1893 Bonsecours (Hennegau), † 2. 2. 1974 Brüssel; belgischer Komponist. Er war Schüler am Kons. in Brüssel (Orgel und Komposition) und erhielt u. a. den belgischen Prix de Rome. Er war 1922–58 Leiter der Musikakademie Etterbeck, die seinen Namen trägt, außerdem lehrte er am Kons. in Brüssel Fugenkomposition. A. war Mitglied der Académie Royale de Belgique und dort Direktor der Classe des Beaux-Arts. Er galt als ein energischer Förderer der modernen Musik in seinem Lande. Seine Arbeiten über Polytonalität und Atonalität faßte er in einer kurzen Studie, *Postulats de la musique contemporaine,* zusammen (das Vorwort dazu schrieb D. Milhaud). Allerdings hat A. mit diesen Techniken niemals systematisch gearbeitet.

WW: **1. Instr.-WW:** Für Klv.: *3 Impromptus* (Bru 1932); *Sonatine* (Bru 1937); *Marines* (Bru 1939); *3e Quatuors à cordes* (Bru 1935); *4e Quatuors à cordes* (Bru 1941); *Quatuor à clavier,* op. 33 (1938); für Orch.: *La Mort de Tintagiles* (1923–26), symph. Dichtung; *2. Symphonie* (1936), für großes Orch.: *Le Zodiaque* (1949), Symphonie concertante; *Concerto* für Klv., op. 30 (Lo 1937); *Rhapsodie roumaine* für V. u. Orch. (W 1943). – **2. Vokal-WW:** *Zoo* (P 1944), 7 Stücke für ein Vokalquartett; *Le Bestiaire* (P 1944), für ein Vokalquartett; *Les Bénédictions* (1941), Kantate; *Les Chants du Mort* (1943), Kantate nach rumänischer Volksmusik; *Thrène pour le Vendredi Saint* (1945), Kantate; *Chansons plaisantes* (P 1955), für 2 Kinder-St. u. Orch. über volkstümliche rumänische Themen; *Chansons plaisantes* (P 1956), für 2 Kinder-St. u. Orch. über verschied. volkstümliche Themen; *4. Symphonie* op. 142 (1969); *Concertino* für Va. u. Streichorch. op. 122 (1964); *2. Violinkonzert* op. 124 (1964); *Konzert* op. 131 u. *Allegro brillante* op. 133 (1967) für Klv. u. Orch.; *Sonate* für V. solo op. 134 (1967). – **3. Bühnen-WW:** *Peau d'Ane* (1937); *Les Voix de la mer* (1951), Oper; *Le Chapeau chinois* (1944), Comédie lyrique.

Lit.: R. DE GUIDE, J. A. Vie et œuvre (P – Tou 1965).

ABSOLUTE MUSIK, im Gegensatz zu Musik, die an einen Text, an ein Programm oder einen Zweck gebunden ist, eine selbständige, eigengesetzliche Musik, die frei ist von außermusikalischen Bindungen und Einflüssen. Die Vorstellung einer a.n M., primär entwickelt an den Instrumentalwerken Beethovens, kam zu Beginn des 19. Jh. auf. In Abkehr von der seit der Antike herrschenden Auffassung, daß Musik zu ihrer Vollkommenheit der Sprache bedürfe, gewann die Überzeugung Raum, daß nur die text- und programmlose Instrumentalmusik „reine, absolute Tonkunst" sei, „die keinen anderen Zweck als sich selbst hat" (E. Hanslick). Unabhängig von dem Streit, der sich im 19. Jh. an der Frage entzündete, ob absolute oder programmatische Musik dem Wesen und Inhalt der Musik näherkomme, spiegelt dieser tiefgreifende Wandel der musikästhetischen Auffassung zugleich den Rang der Instrumentalmusik, die sich aus der Abhängigkeit von der Vokal- bzw. Tanzmusik – ihren historischen Wurzeln – zur Eigenständigkeit befreit hatte.

Lit.: E. HANSLICK, Vom Musikalisch-Schönen (L 1854); W. WIORA, Zwischen absoluter u. Programmusik, in: FS F. Blume (Kas 1963); C. DAHLHAUS, Musikästhetik (Kö 1967); DERS., Die Idee der a.n M. (Kas 1978).

ABSOLUTES GEHÖR ↗Gehör.

ABSOLUTIO SUPER TUMULUM (lat., = Lossprechung über dem Grab), in der röm.-kath. Liturgie eine Gruppe von Gebeten (auch Tumba-Gebete genannt), die vor dem 2. Vatikanischen Konzil im Anschluß an die Totenmesse in Gegenwart des Verstorbenen oder eines diesen repräsentierenden Katafalks (Tumba) gebetet oder gesungen wurden, um göttlichen Schuld- und Straferlaß für den Verstorbenen zu erbitten. Kernstück der A., die Teil des Begräbnisritus (↗Exequien) war, war seit dem 16. Jh. das Responsorium *Libera me, Domine, de morte aeterna;* es wurde mit einer ausdrucksvollen, stark melismatisch gehaltenen Choralmelodie vorgetragen. Den Text dieses Responsoriums bezog Verdi – abweichend von der sonstigen Praxis der Requiemvertonung – in die Komposition seiner *Messa da Requiem* ein.

ABSORPTION, Begriff der Akustik. Trifft eine Schallwelle auf ein Hindernis, z. B. eine Wand, wird ein Teil der Welle von der Oberfläche reflektiert, ein anderer Teil dringt in das Material des Hindernisses ein. Der Teil der Welle, der das Hindernis durchdringt, wird durch A., d. h. durch Umwandlung (durch Reibung in Wärme), abgeschwächt *(A. im Material).* Der zurückgeworfene Teil der Welle wird bei der Reflexion ebenfalls mehr oder weniger gedämpft, wobei die Oberflächenbeschaffenheit des Materials (Poren, Mulden usw.) eine Rolle spielt *(A. durch Reflexion).* Jeder Stoff besitzt einen bestimmten Absorptionskoeffizienten, der den Prozentsatz der bei Reflexion oder Durchstrahlung „verschluckten" Energie angibt. Der Absorptionsgrad der reflektierten Schallwelle ist zum Teil für die Qualität der Raumakustik verantwortlich, insofern er Klang und Lautstärke der Musik beeinflußt.

ABSTRAKTEN, Bestandteile der Traktur der ↗Orgel; Vorrichtungen aus langen Holzstangen, die die einzelnen Tasten mit den korrespondierenden Spielventilen verbinden und beim Niederdrükken einer Taste deren Öffnung wirken.

ABSTRAKTE OPER NR. 1, 7 Szenen von Boris Blacher (1903–75), Idee und Text von Werner Egk. Ursendung im HR: 28.6.1953; erste szenische Aufführung: 17.10.1953 in Mannheim.

Sowohl dramaturgisches Konzept als auch musikalisch-textliche Gestaltung des Werkes sind experimentellen Charakters: Unter Verzicht auf eine in sich geschlossene Handlung wird in den Szenen versucht, jeweils eine für unsere Zeit charakteristische Grundsituation musikalisch-gestisch darzustellen. So finden Angst, Kommunikationsschwierigkeiten und auf kitschige Sentimentalität reduzierte Liebe ihren künstlerischen Ausdruck in überwiegend phonetisch-lautmalerisch erfundenen Phantasiewörtern: Die Sprache fungiert nicht mehr als Mittel konkreter Beschreibung, sondern nur mehr als Assoziationsstimulus. Das Klangbild wird durch freie Tonalität, variable Metrik sowie parodistische Anspielungen auf melodische Phrasen etablierter Gattungen, insbesondere des Musicals, geprägt. Die unkonventionelle und äußerlich bescheidene Anlage des nur 35 Minuten dauernden Werkes mit drei Solisten und einem kleinen, gemischten Chor, die, abgesehen von Klavier und Kontrabaß, von einem auf Bläser und Schlagzeug beschränkten Instrumentarium begleitet werden, mag dazu geführt haben, daß die UA dieses überaus humorvoll-geistreichen Stückes kein Erfolg wurde.

W. A. MAKUS

ABSTRICH, AUFSTRICH (engl.: downstroke, upstroke; frz.: tiré, poussé; it.: in giù, in su), im Streichinstrumentenspiel Bz. für die Bewegungsrichtungen des Bogens: abwärts vom Frosch zur Spitze bzw. umgekehrt. Abstrich (Zeichen: ⊓ über der Note) und Aufstrich (∨) werden auch als Artikulations- und Phrasierungsmittel benutzt.

ABT, Franz, * 22.12.1819 Eilenburg (Sachsen), † 31.3.1885 Wiesbaden; dt. Komponist. A. studierte zunächst Theologie und Jura an der Universität Leipzig. 1841 wurde er Hofmusikdirektor zu Bernburg und bald danach Leiter der Allgemeinen Musikgesellschaft in Zürich. 1852–82 wirkte er als Hofkapellmeister in Braunschweig. Sein kompositorisches Schaffen umfaßt ausschließlich Vokalmusik, vor allem Lieder mit Klavierbegleitung, die seinerzeit außerordentlich beliebt waren *(Wenn die Schwalben heimwärts zieh'n; Es hat nicht sollen sein);* Männerchöre und gemischte Chöre *(O Schwarzwald, o Heimat; Z'Basel a mim Rhy);* ferner Kantaten und Opern *(Des Königs Scharfschütz,* UA 1873 in Braunschweig).

Lit.: H. WEBER, F.A., in: Neujahrsblatt der AMG Nr. 74 (Z 1886); B. ROST, Vom Meister des volkstümlichen dt. Liedes, F.A. (Chemnitz 1924).

ABU HASSAN, Komische Oper in 1 Akt von Carl Maria von Weber (1786–1826), Text von Franz Carl Hiemer nach einem Märchen aus *1001 Nacht.* Ort der Handlung: Bagdad. UA: 4.6.1811 in München (Hofoper).

Das Singspiel, eine durch gesprochenen Dialog verbundene Reihung musikalischer Nummern, ist Webers dritter vollendeter Opernversuch. Es gehört in die Reihe der sogenannten Türkenopern, für die Mozarts *Entführung aus dem Serail* das Vorbild abgab. Konzertierende Soloinstrumente, wie Violine und Violoncello, sowie der Chor der Gläubiger fallen in der Partitur besonders auf. Weber übernahm eine Arie aus seinem Opern-Erstling *Peter Schmoll* und komponierte mehrere Nummern, unter anderem Fatimas heuchlerischen Klagegesang (Nr. 8), für die Dresdner Aufführung 1823 nach. Die Oper trägt autobiographische Züge, denn das Schicksal des Abu Hassan spiegelt Webers Stuttgarter Sturm-und-Drang-Zeit, die mit Verhaftung und Landesverweisung endete. Obwohl Weber das Werk dem Großherzog Ludwig I. von Hessen widmete, wofür dieser sich mit einem Geldgeschenk bedankte, ging es nicht in Darmstadt in Szene, sondern in München – ein Jahr nach Vollendung und auf ausdrücklichen Wunsch König Maximilians I. –, wo es beifällig aufgenommen wurde.

J. SCHLÄDER

ABZUG, Vorschrift, die beim Lautenspiel eine tiefere Stimmung mittels gelockerter Saitenspannung verlangt. Die umgestimmte Laute „steht im Abzug" und klingt einen Halbton tiefer als in der Normalstimmung.

A CAPPELLA, a capella, alla capella (it., = nach Art der Kapelle, d.h. des Chores; Abk. a capp.). Seit etwa 1600 Bezeichnung für eine musikalische Satzweise vor allem im Bereich der geistlichen Mehrstimmigkeit, die die Tradition des an Palestrina und anderen Komponisten des 16. Jh. orientierten strengen Kontrapunkts fortsetzt und sich gegenüber den modernen Satzweisen des 17. Jh., namentlich gegenüber dem konzertierenden Stil, deutlich abgrenzt. Das Gegenüber dieser beiden Satzweisen, das typisch für das 17. Jh. ist und das man als Stildualismus bezeichnen kann, drückt sich auch in den Begriffspaaren *stile antico – stile moderno* bzw. *stylus gravis – stylus luxurians* aus, die vornehmlich in der Musiktheorie der Zeit gebraucht werden, während die Bezeichnung *a cappella* auch in den Titeln von Musikwerken erscheint (der Gegenbegriff lautet *da concerto*). Dieser Stildualismus bedeutet jedoch keine ausschließende Verschiedenheit der genannten Satzweisen; vielmehr war der a.c.-Stil im 17. Jh. die unangefochtene Grundlage, von der aus die modernen Satzweisen verstanden und gelehrt wurden.

Merkmale des a.c.-Stils, der meist an die Stimmenkombination Sopran-Alt-Tenor-Baß gebunden ist und dieser den Anschein einer Norm verleiht, sind: melodische Selbständigkeit und Sangbarkeit aller Stimmen, sparsamer Dissonanzgebrauch, Ebenmaß des rhythmischen Ablaufs, häufige Imitationen. Im 17. und 18. Jh. gehört zum a.c.-Stil (= *stile antico*) die chorische Besetzung der einzelnen Stimmen; Instrumente können die Singstimmen (↗colla parte) verstärken; ferner kann Generalbaßbegleitung hinzutreten, wobei der Basso continuo meist mit dem Vokalbaß bzw. mit der jeweils tiefsten Stimme identisch ist (↗Basso seguente, ↗Generalbaß).

Vom 17. Jh. an läßt sich der a.c.-Stil – der zeitweise von der katholischen Kirche für die liturgische Musik favorisiert wurde – als eine Art Enklave in der allgemeinen Entwicklung der abendländischen Musik betrachten. Im musikalisch-satztechnischen Bereich wurden zu allen Zeiten einerseits Werke geschrieben, die lediglich als Stilkopie à la Palestrina angelegt sind, andererseits solche, die dem jeweiligen Zeit- oder Personalstil entsprechen (z.B. die Geistliche Chormusik von Schütz, die Motetten J.S. Bachs, aus späterer Zeit die Motetten Mendelssohns, Brahms' und Bruckners, aus unserem Jahrhundert Werke von Strawinski, Hindemith u.a.). Auch in der Verwendung von Instrumenten gibt es mannigfache Differenzierungen. Was den formgeschichtlichen Aspekt angeht, so ist zu beobachten, daß es sowohl ganze Werke (vornehmlich Messen u.a. Kirchenmusik) im a.c.-Stil gibt als auch – namentlich im späten 17. und im 18. Jh. – komplexere Werke, in denen a.c.-Sätze oder -Abschnitte mit Sätzen im konzertierenden Stil, mit Arien usw. abwechseln. Ein bekanntes Beispiel dafür ist J.S. Bachs *Messe in h-moll:* hier sind 2. *Kyrie, Gratias agimus, Confiteor unum baptisma* auf jeweils differenzierte Weise im a.c.-Stil gehalten.

Eine besondere Bedeutung erlangte der a.c.-Stil in Deutschland kurz nach 1800 im Umkreis romantisch-historisierenden Denkens, das eine besondere Vorliebe für die Musik Palestrinas und seiner Zeit zeigte. Man sah in dieser Musik, die man gemäß der römischen Aufführungstradition (etwa der Cappella Sistina) nur ohne Beteiligung irgendwelcher Instrumente kannte, das Ideal einer kirchlichen und religiösen Tonsprache. Seit dieser Zeit ist a.c. nicht mehr nur ein Stilbegriff, sondern bezeichnet auch und meist in erster Linie eine bestimmte Art der musikalischen Aufführung, nämlich eine rein vokale. Die Fixierung auf das a.c.-Ideal beeinflußte im weiteren Verlauf des 19. Jh. auch die Reformbestrebungen auf dem Gebiet der katholischen Kirchenmusik und führte in Deutschland zum ↗Cäcilianismus.

Teilweise als Gegengewicht zu den spätromantischen und modernen Strömungen in der Oper und in der Orchestermusik zu Beginn unseres Jahrhunderts kam es in den zwanziger Jahren zu einer Neubelebung der a.c.-Musik, nun auch im weltlichen Bereich. Bedeutende Werke stammen von Hindemith, Distler, E. Pepping und J.N. David, von D. Milhaud, F. Poulenc und G. Migot, von B. Bartók und Z. Kodály. Aber auch jüngere Komponisten unserer unmittelbaren Gegenwart schrieben a.c.-Werke, die gelegentlich sogar markante Stationen in der Entwicklung der modernen Tonsprache bedeuten, wie etwa *Lux aeterna* von G. Ligeti (1966).

Lit.: A. SCHERING, Die ndl. Orgelmesse im Zeitalter des Josquin (L 1912); DERS., Aufführungspraxis alter Musik (L 1931); T. KROYER, A.C. oder Conserto, in: FS H. Kretschmar (L 1918); DERS., Zur a.c.-Frage, in: AfMw 2 (1919–20); DERS., Das a.c.-Ideal, in: AMI (1934); K. G. FELLERER, Der Palestrina-Stil... (Au 1929); J. HANDSCHIN, Die Grundlagen des a.c.-Stils, in: H. Häusermann u. der Häusermannsche Privatchor (Z 1929); R. HAAS, Aufführungspraxis der Musik (Pd 1931); CH. WOLFF, Der stile antico in der Musik J.S. Bachs. Stud. zu Bachs Spätwerk (Wie 1968).

G. MASSENKEIL

A CAPRICCIO (it.), ↗ad libitum.

ACCELERANDO (it., = beschleunigend; Abk.: accel.), Vortrags-Bz. für die Beschleunigung des Tempos. Syn.: *stringendo, affrettando.*

ACCENT (frz.), eine vor allem im Gesang vorkommende Verzierung in der frz. Barockmusik, bei der am Ende einer längeren Note der nächsthöhere Ton leicht anklingt, wie „ein Hauch oder ein schmerzliches Anheben der Stimme" (Montéclair):

ACCENTUS. 1) Seit dem 16. Jh. in der Chorallehre gebräuchliche Sammelbezeichnung für diejenigen liturgischen Gattungen, deren Hauptmerkmale das Rezitieren auf einem Ton und die Verwendung melodischer Formeln für die Akzentuierung und die syntaktische Gliederung des Textes sind, d.h. für Lektionen und Orationen. Mit „Accentus ecclesiastici" werden auch die Singweisen für diese Gattungen selbst bezeichnet. Der Gegenbegriff zu A. ist ↗Concentus. – **2)** Meist it. accento, eine Gesangsmanier des 17. Jh. (M. Praetorius, Chr. Bernhard, dort auch „Superjectio" genannt): eine Art Nachschlag, „wenn über eine Consonanz oder Dissonanz eine Note im nächsten Intervallo drüber gesetzet wird" (Bernhard, *Ausführlicher Bericht vom Gebrauche der Con- und Dissonantien,* hrsg. von J.M. Müller-Blattau, in: Die Kompositionslehre Heinrich Schützens in der Fassung seines Schülers Chr. Bernhard, L 1926).

ACCIACCATURA (it., = Zusammenschlag, von acciaccare = zerdrücken; engl.: crushed oder simultaneous appoggiatura; frz.: pincé étouffé), eine nur auf Tasteninstrumenten ausführbare ↗Verzierung nach Art einer kurzen Appoggiatura (↗Vorschlag), bei der eine Taste gleichzeitig mit der ihr nächsttieferen, meist im Halbtonabstand stehenden Taste niedergedrückt, letztere aber sofort nach dem Anschlag wieder losgelassen wird. Erstmalig wird die A. in der *L'armonica pratica al cimbalo* (1708) von Fr. Gasparini erwähnt. C.Ph.E. Bach und Fr. W. Marpurg bezeichnen sie als ↗Mordent.

Die A. kann auch mit mehreren Tönen durchgeführt werden:

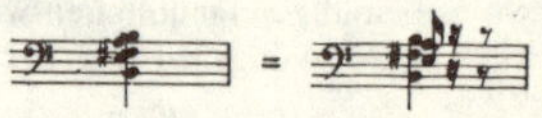

Unter A. versteht man auch die Einfügung akkordfremder (diatonischer wie chromatischer) Töne in arpeggierte Akkorde, wie sie im 18. Jh. häufig angewendet wurde (vgl. ↗Chute).

ACCOMPAGNAMENTO (it.), **Accompagnement** (frz.), ↗Begleitung.

ACCOMPAGNATO (it., = begleitet), abgekürzt für *Recitativo accompagnato.* – ↗Rezitativ.

ACCORDATURA ↗Scordatura.

ACCORD PARFAIT (frz.), ↗Dreiklang.

ACHILL UNTER DEN MÄDCHEN, Oper von G. Fr. Händel, ↗Deidamia.

ACHTELNOTE (amerik.: eighth note; engl.: quaver; frz.: croche; it.: croma; span.: corchea), aus der ↗Fusa entwickelte Notenfigur. Zeichen: ♪.

ACHTELPAUSE (engl.: quaver rest oder quaver pause; frz.: demi-soupir; it.: pausa di croma; span.: silencio de corchea), Pause von der Dauer einer Achtelnote. Zeichen: 𝄾. Die Achtelpause (seltener die Viertelpause) wird in der Vokalmusik des 17./18. Jh. gelegentlich benutzt, um den Ausdruck des Seufzens u. dergl. sinnfällig zu machen.

ACHTFUSS, Tonhöhenbezeichnung eines Orgelregisters nach dessen tiefster Pfeife, die ein C erklingen läßt. Diese hat theoretisch eine Länge von 8 Fuß (= 8′), d. h. 2,40 m bis 2,60 m. Alle Register, die beim Anschlagen der Taste C den Ton C hören lassen, heißen 8′-Register. In diesem Sinne wird der Begriff auch beim Cembalo angewendet. Als 8′ gelten auch gedackte 4′-Pfeifen, die dann als Gedackt 8′ gekennzeichnet werden. Der 4′ klingt eine Oktave, der 2′ zwei Oktaven höher als der 8′, während der 16′ und der 32′ eine bzw. zwei Oktaven tiefer erklingen. – ↗Fuß.

ACIS UND GALATHEA, Pastoraloper in 3 Akten von Georg Friedrich Händel (1685–1759), Text von John Gay. Ort und Zeit der Handlung: Ländliche Gegend am Fuße des Ätna, in mythischer Vergangenheit. UA: 17. 5. 1732 in London (The Little Haymarket Theatre); dt. EA: 8. 5. 1888 in Karlsruhe unter Felix Mottl.
Bei der UA wurde Händels erste Vertonung eines engl. Librettos je nach Nationalität der Sänger englisch oder italienisch gesungen. Händel griff damit seine 1708 in Neapel komponierte it. Kantate wieder auf; die für den Herzog von Chandos umgearbeitete, als „Masque" bezeichnete Fassung, wurde 1720 auf dessen Schloß Cannons aufgeführt. Die Natur wie auch die Natürlichkeit der handelnden Personen (Nymphen und Hirten) werden durch zahlreiche tonmalerische Mittel dargestellt: das Zwitschern der Vögel durch Triller, das Rieseln der Quelle durch rhythmische Bewegtheit.

B. DELCKER

ACKERMANN, Otto, * 5. 10. 1909 Bukarest, † 9. 3. 1960 Wabern bei Bern; Schweizer Dirigent. Nach Ausbildung in Bukarest und Berlin war er seit 1927 an der Düsseldorfer Oper, seit 1932 als erster Dirigent an der Oper in Brünn, 1935–47 am Stadttheater Bern und kurze Zeit an der Zürcher Oper, danach bis 1952 als musikalischer Oberleiter an der Wiener Volksoper tätig. Nach dem 2. Weltkrieg dirigierte A. auf ausgedehnten Auslandstourneen an bedeutenden Opernhäusern. 1953 wurde er GMD der Städtischen Bühnen in Köln, 1959 musikalischer Oberleiter am Zürcher Theater.

ACKTÉ, Aïno, * 23. 4. 1876 Helsinki, † 8. 8. 1944 Nummela; finn. Sängerin (Sopran). Tochter der Sopranistin Emmy Strömer-Achte, bei der sie ihren ersten Gesangsunterricht erhielt. Die weitere Ausbildung erfolgte am Conservatoire in Paris. 1897 debütierte sie an der Grand Opéra als Margarethe in Gounods *Faust*. Es folgten Gastspiele in allen Opern-Metropolen. 1903–05 war sie Mitglied des Metropolitan Opera House in New York. 1910 wurde sie als Salome bei der britischen Premiere der gleichnamigen Oper von R. Strauss am Londoner Covent Garden gefeiert. Um 1915 zog sie sich von der Bühne zurück. 1938–39 leitete sie das Opernhaus von Helsinki. Sie schrieb u. a. 2 Bde. Erinnerungen (Helsinki 1925 und 1935).

ACT MUSIC oder **act tune,** auch **curtain tune** (engl.), bezeichnet in England während der Zeit Elisabeths I., Jakobs I. und der Restauration musikalische Vor- und Zwischenspiele zu einem Theaterstück. An der Universität Oxford wurde die A. M. anläßlich des „Act", der mündlichen Prüfung, aufgeführt. Bei der A. M. handelte es sich im allgemeinen um eine kurze Komposition für Soli, Chor und Orchester mit einem lateinischen Text.

ACUTA, Orgelregister, hohe Klangkrone der ↗Gemischten Stimmen, 3- bis 5fach besetzt zu $1' + \frac{1}{2}' + \frac{1}{3}' + \frac{1}{4}'$, auch ↗Scharff genannt.

ADAGIETTO (it., = kleines Adagio), Bz. für einen kürzeren Adagio-Satz, z. B. den 4. Satz der *5. Symphonie* von G. Mahler; Nr. 4 der *Pièces brèves* für Klavier op. 84 von G. Fauré.

ADAGIO (it., = gemächlich, bequem), eine der ältesten musikalischen Tempovorschriften. Sie kam zu Beginn des 17. Jh. auf und forderte entweder ein leichtes Verlangsamen des Grundtempos im Verlauf des Vortrags oder bei den Schlußtakten, oder aber den Übergang zu einer Taktart mit größeren Notenwerten (z. B. Adagio 𝅗𝅥 𝅗𝅥 statt Allegro ♩ ♩). Im 18. Jh. galt A. bei den meisten Komponisten als Zeitmaß zwischen ↗Largo u. ↗Andante; dagegen wurde z. B. von G. F. Händel und J. S. Bach die Bz. A. für einen Satz verwendet, der langsamer ist als Largo. Überhaupt ist A. seit dem 18. Jh. auch die Bezeichnung für einen ganzen Satz mit der Tempovorschrift A. (A.-Satz), meist im Verband zyklischer Formen, Sonate, Streichquartett, Symphonie. Der musikalische Charakter eines A.-Satzes kann mannigfaltig sein. Haydn etwa hat (besonders in den Streichquartetten) eine Vorliebe für das liedhafte *Adagio cantabile;* Beethoven gestaltet seine A.-Sätze ungemein differenziert, neben dem *Adagio cantabile* (z. B. in der Sonate *Pathétique* op. 13 und in der IX. Symphonie) gibt es bei ihm Sätze u. a. mit den Bezeichnungen *Adagio sostenuto* (z. B. in der sog. *Mondscheinsonate* op. 27, Nr. 1), *A. grazioso* (Klaviersonate op. 31, Nr. 1). Häufig sind Bz.en wie *Adagio molto, Adagio assai, Un poco Adagio.* Bei Bach begegnet auch *Adagissimo.*

ADAM, frz. Komponist des 15. Jh., von dem einzig 3 dreistimmige Rondeaux aus einer Hs. in Oxford bekannt sind. Er war ein Zeitgenosse des jungen Dufay und ist vielleicht identisch mit Adam Fabri (1415 Geistlicher an Notre-Dame in Paris), mit Adam Maigret (1422 Erster Kaplan Karls VI.) oder mit einem Sänger Erasmus Adam, der in einer Motette der Hs. Aosta erwähnt wird.

Ausg.: Die 3 Rondeaux, in: J. STAINER: Dufay and his Contemporaries (Lo 1898); hrsg. v. G. REANEY, in: Early 15th Cent. Music (1959) (= CMM 11/2).

Lit.: G. REANEY, The Ms. Oxford, Bodl. Libr., Can. Misc. 213, in: MD 9 (1955).

ADAM, 1) Louis (Johann Ludwig), * 3. 12. 1758 Müttersholtz (Elsaß), † 8. 4. 1848 Paris; frz. Pianist und Komponist. 1775 ging er nach Paris, wo er sich, von Gluck unterstützt, mit zwei *Symphonies concertantes* einen Namen machte. Er lehrte 1797–1842 als Prof. am Conservatoire. Zu seinen Schülern gehörten u. a. Kalkbrenner und Hérold. In Zusammenarbeit mit Lachnith veröffentlichte er eine *Méthode ou principe général du doigté pour le forte-piano* (P 1798) und eine *Méthode nouvelle pour le piano* (P 1802, dt. Übersetzung von Czerny 1826; zahlreiche Neuauflagen). Außerdem schrieb er Sonaten und Variationen für Klavier.

Lit.: M. VOGELEIS, Quellen u. Bausteine zu einer Gesch. der Musik im Elsaß (Str 1911).

2) Adolphe Charles, Sohn von 1), * 24. 7. 1803 Paris, † 3. 5. 1856 ebd.; frz. Komponist. Seit 1817 studierte er am Conservatoire. Hier entdeckte Boieldieu sein Talent und nahm ihn in seine Klasse auf. 1825 erhielt er den 2. Rompreis. 1844 wurde er zum Mitglied des Institut de France ernannt, 1849 trat er die Nachfolge seines Vaters als Professor für Klavier am Conservatoire an. Er gründete ein eigenes Theater, das Théâtre National, das aber nur kurze Zeit (1847–48) bestand. Seinen Ruhm verdankt A. einigen der 53 Opern, die er im Verlaufe von 27 Jahren schrieb, vor allem *Le Postillon de Longjumeau* (Der Postillon von Lonjumeau; 1836), *Si j'étais roi* (Wenn ich König wär'; UA 1852), in weniger als drei Wochen geschrieben. A. schrieb auch zahlreiche Ballettmusiken, von denen eine dank ihrer vielen reizvollen musikalischen Einfälle die Zeit überdauert hat: *Giselle* (1841). Besonders berühmt wurde auch sein Weihnachtslied *Minuit, chrétiens.*

Lit.: A. ADAM, Souvenirs d'un musicien (P 1857, ^{2}1871); DERS., Derniers souvenirs d'un musicien (P 1859, ^{2}1871); J. HALÉVY, Notice sur la vie et les ouvrages de A. A. (P 1859); P. SCUDO, Critique et littérature musicale II (P 1859); A. POUGIN, A. A. (P 1877); C. W. BEAUMONT, The Ballet called Giselle (Lo 1944).

ADAM, Theo, * 1. 8. 1926 Dresden; dt. Sänger (Baß-Bariton). Als Kind war er Chorsänger im Dresdner Kreuzchor. 1949 erfolgte sein Debüt an der Dresdner Staatsoper. Seit 1952 wirkte A. häufig bei den Bayreuther Festspielen mit. Bedeutsam wurde vor allem seine Interpretation des Hans Sachs. In dieser Partie debütierte er 1969 auch am Metropolitan Opera House in New York. Gastspiele führten ihn, der sich insbesondere als Wagner-Interpret und durch seine Darstellung der Baßpartien der dt. Spieloper einen Namen machte, an alle führenden Opernhäuser Europas. Er veröffentlichte autobiographisch *Seht, hier ist Tinte, Feder, Papier ...* (Mn 1981).

ADAM DE GIVENCHI, * um 1220, † um 1270; ein Trouvère, der in Arras tätig war. Von ihm sind acht Kompositionen bekannt, darunter zwei Descorts. Gemeinsam mit Jehan Bretel und Guillaume Le Vinier schuf er mehrere Jeux.

Lit.: E. ULRIX, Les chansons du trouvère artésien A. de G., in: Mélanges De Bormann (Liège 1919).

ADAM DE LA BASSÉE, † 26. 2. 1286; Domherr zu St-Pierre in Lille. Er verfaßte um 1280–85 einen *Ludus super anticlaudianum* (über den *Anticlaudianus* des Alanus ab Insulis), in dem auch 40 einstimmige Chansons enthalten sind.

Lit.: P. BAYARD, Ludus super anticlaudianum (Tourcoing 1930).

ADAM DE LA HALLE, * um 1245 Arras, † um 1288 (1306?). Als Trouvère der Gruppe von Arras gehört er zu den bemerkenswertesten Persönlichkeiten der frz. Literatur- und Musikgeschichte. Er war ein Sohn jenes Maître Henri mit dem Beinamen „le Bossu" (der Bucklige), der am Gericht zu Arras angestellt war und der „de la Halle" (Bezeichnung eines Wohnviertels oder eines Aufgabenbereichs?) genannt wurde. Im Ortsregister wird er überwiegend als „Maître Adam" bezeichnet. Er begann seine Studien vermutlich an der Zisterzienserabtei zu Vauxchelles. Um 1272 heiratete er. Seit dieser Zeit trat er auch als Mitautor von „Jeux" (↗Jeu) in Erscheinung, u.a. neben Jehan Bretel († 1272). Um die gleiche Zeit mußte er wegen Differenzen mit der Steuerbehörde Arras verlassen und ging vorübergehend nach Douai. Nach seiner Rückkehr 1274 führte er sein *Jeu de la Feuillée* auf, ein kleines Geniewerk, das wie eine Vorwegnahme Shakespeares anmutet und in dem der Trouvère die kleine Welt von Arras auf die Bühne bringt. Zur Fortsetzung seiner Studien ging er nach Paris. An der Sorbonne erlangte er wahrscheinlich den Grad eines „Maître ès Arts". In Paris lernte er vermutlich auch die Kunst der Mehrstimmigkeit. Gefördert von Graf Robert II. von Artois, einem Neffen König Ludwigs IX. des Heiligen, traf er um 1280 vermutlich in dessen Dienst. Beim Anrücken des Herzogs von Salerno folgte er ihm 1283 nach Neapel, wo es, unterstützt von frz. Königstruppen, die dortige Revolte („Sizilianische Vesper") zu bekämpfen galt. Hier führte A. zum Entzücken der Franzosen am Hofe König Karls I. sein *Jeu de Robin et Marion* auf; in diesem Spiel begegnet man den Gattungen Pastourelle und Schäferspiel in dramatisierter Ausformung. Ein dem Andenken Karls gewidmetes Heldenepos *Le Roi de Sicile* blieb wahrscheinlich unvollendet. Bisher wurde allgemein angenommen, daß A. um 1288 in Neapel gestorben sei, wobei man sich vorwiegend auf eine entsprechende Bemerkung Jean Madots, seines Neffen, berief, die sich im kommentierenden Anhang zu der an Lichtmeß 1288 fertiggestellten Abschrift des *Roman de Troie* findet. Erst in neuerer Zeit hat eine andere Quelle Beachtung gefunden: In einem Ausgabenverzeichnis der engl. Krone wird unter dem Datum des Pfingstfestes 1306 ein „Adam le Boscu" („Adam der Bucklige") mit dem Titel eines Masters unter den Musikern genannt. Demnach hätte A. seinen Förderer Robert II. von Artois um mindestens 4 Jahre überlebt. – Die Bedeutung A. de la Halles ist sowohl in literarhistorischer als auch in musikgeschichtlicher Hinsicht bemerkenswert. Sie beruht zum einen auf zwei großangelegten dramatischen Spielen *(Jeu de la Feuillée* und *Jeu de Robin et Marion),* die als die frühesten Zeugnisse des frz. weltlichen Theaters zu gelten haben. In pikardischem Dialekt geschrieben, wird darin der Gesang (einstimmig) mit dem gesprochenen Dialog verbunden. Das monodische Schaffen A.s umfaßt ferner 34 Chansons, von denen einige eine äußerst hochstilisierte Kompositionsweise zeigen *(Chansons royales),* sowie eine Reihe von verlorengegangenen Werken: einige umfangreiche Lais, musikalische Teile eines „Congé", den A. anläßlich der Abreise von Arras gedichtet hat, sowie eines *Vers sur l'Amour* und der Verschronik *Le Roi de Sicile*. Bedeutsam ist zum anderen A.s Anteil an der Entwicklung der Polyphonie. Er ist der einzige namentlich bekannte Trouvère, der mit seinen Werken über die sonst übliche Einstimmigkeit hinausging. Wir kennen von ihm 7 Motetten über eigene Rondeau-Refrains sowie eine Sammlung von 16 dreistimmigen Kompositionen (14 Rondeaux und je ein Rondeau-Virelai und eine Ballade). In ihnen wird erstmalig die mehrstimmige Schreibart auf weltliche Gattungen angewendet.

Ausg.: Œuvres complètes, hrsg. v. E. DE COUSSEMAKER (P 1872, Nachdr. Lo 1965); R. BERGER, Canchons u. Partures des altfrz. Trouvère Adan de la Hale le Bochu d'Aras (Hl 1900); L. NICOD, Les jeux-partis d'A. del la H., in: Bibl. de l'École des Hautes Études 224 (P 1917); F. GENNRICH, Rondeaux, Virelais u. Balladen (Dresden 1921); E. LANGLOIS, Le Jeu de la Feuillée d'A. de la H., in: Classiques fr. du M. A. (P 1923); DERS., Le Jeu de Robin et Marion d'A. de la H., suivi du Jeu du Pèlerin, in: ebd. (1924); A. LANGFORS (zus. mit Jeanroy-Brandin), Recueil général de jeux-partis, 2 Bde. (P 1926); G. COHEN, Le Jeu de Robin et Marion, adaptation, transcription et translitération (P 1935); J. CHAILLEY, A. de la H., Rondeaux für 3 St. (P 1942); F. GENNRICH, Le Jeu de Robin et Marion (Langen 1962) (= Musikwiss. Studien-Bibl. 20); 3 Lieder, in: Das Liederbuch des J. Heer v. Glarns, hrsg. v. A. GEERING–H. TRÜMPY (Bas 1967) (= SMD V); The Lyric Works of A. de la H. (Chansons, Jeux-partis, Rondeaux, Motets), hrsg. v. N. WILKINS (Dallas/Tex. 1967) (= CMM XLIV).

Lit.: H. GUY, Essai sur la vie et les œuvres litt. du trouvère A. de la H. (P 1898); F. HELFENBEIN, Die Sprache des Troubadours A. de la H. aus Arras, in: Zschr. für romanische Philologie 35 (1911); J. CHAILLEY, La nature musicale du Jeu de Robin et Marion, in: Mélanges G. Cohen (P 1950); J. MAILLARD, A. de la H. et ses Jeux chantés, in: L'Éducation Musicale 21–22 (1956–57); G. REANEY, The Development of the Rondeau, Virelai and Ballade Forms from A. de la H. to G. de Machaut, in: FS K. G. Fellerer (Rb 1962).

J. MAILLARD

ADAM VON FULDA, * um 1445 Fulda, † 1505 Wittenberg; dt. Komponist. Er gehörte seit 1490 dem sächsischen Hofe an und wirkte dort als Historiograph und Kapellmeister Herzog Friedrichs des Weisen und lehrte seit 1502 Musik an der Univ. Wittenberg. Er schrieb den Traktat *De Musica* (1490 abgeschlossen) sowie ein Andachtsbuch mit dem Titel *Ein ser andechtig Christenlich Buchlein aus hailigen schriften und lerern von Adam von Fulda in deutsch reymen gesetzt* (hrsg. 1512 von Wolff Cyclopius; Faks.-Neuausg. Berlin 1914). Das kompositorische Schaffen umfaßt u.a. eine Messe, ein Responsorium, zwei Antiphonen, ein Magnificat, ferner 7 Hymnen. Drei mehrstimmige weltliche Lieder sind in der Liedsammlung des Arnt von Aich enthalten. Eines davon, *Ach hülf mich leid*, war zu seiner Zeit überaus berühmt. Durch seine Kompositionen, die denen Busnois' nahestehen, trug er zur Verbreitung des burgundischen Stils in Deutschland bei und ebnete den Weg zum Tenorlied des 16. Jh. und zur Choralbearbeitung der lutherischen Kirchenmusik.

Ausg.: geistl. WW, hrsg. v. W. NIEMANN (vgl. Lit.); hrsg. v. W. EHMANN (vgl. Lit.); Hymne, hrsg. v. R. GERBER, in: Chw 32 (1935); 7 Stücke, hrsg. v. R. GERBER, in: EDM XXXII; Lieder, hrsg. v. H. J. MOSER (vgl. Lit.); hrsg. v. E. BERNOULLI – H. J. MOSER, in: Liederbuch des A. von Aich (Kas 1930, BV); *De Musica*, in: GERBERT Scr. III; 3 Stücke, in: Der Mensuralkod. des N. Apel, Teil II, hrsg. v. R. GERBER (Kas 1960) (= EDM XXXIII, Abt. MA V); 1 Stück, in: Die Orgeltabulatur des Cl. Hör, hrsg. v. H. J. Marx (Bas 1970) (= SMD VII).

Lit.: W. NIEMANN, Stud. z. Musikgesch. des 15. Jh., in: KmJb 17 (1902); H. J. MOSER, Leben u. Lieder des A. von F., in: Jb. der staatl. Akad. für Kirchen- u. Schulmusik 1 (1927–28, Nachdr. Kas 1971); W. EHMANN, A. von F.... (B 1936); F. FELDMANN, Musiktheoretiker in eigenen Kompositionen, in: DJbMw 1 (1956); CHR. PETZSCH, Die rhythmische Struktur des Liedtenores des A. v. F., in: AfMw 15 (1958); DERS., Glareans lat. Textparodie zum „Ach hülff mich leid" des A. v. F., in: Mf 11 (1958).

ADDERLEY, Julian „Cannonball", amerik. Jazzmusiker, * 15. 9. 1928 Tampa (Florida), † 8. 8. 1975 Gary (Indiana); Altsaxophonist, und dessen Bruder **Nat** (Nathaniel), * 25. 11. 1931 Tampa; Trompeter und Kornettist. Die Brüder, Söhne eines Jazztrompeters, gingen in den 50er Jahren zunächst verschiedene Wege. „Cannonball" spielte u.a. 1955 in einer Gruppe von O. Pettiford. 1956 gründete er in New York ein eigenes Quintett mit Nat als Trompeter, das zu einem großen Erfolg wurde, sich aber 1958 auflöste. Cannonball spielte dann (zusammen mit John Coltrane) bei Miles Davis, später als Solist in der George Shearing Big Band. Nat hatte 1954–55 bei Lionel Hampton gespielt, nach Auflösung des Quintetts trat er in den Gruppen von Woody Herman und Jay Jay Johnson auf. 1959 spielten die Brüder in dem erneuerten Quintett wieder zusammen. In San Francisco hatte die Gruppe einen triumphalen Erfolg. Ihr Stil war ein kräftig von Blues und Gospel gefärbter Soul-Jazz. 1960–65 bestand die Gruppe mit dem Flötisten Yusef Lateef als Sextett. Seit 1961 gehört ihr als Pianist und Arrangeur Joe Zawinul an. Typische Kompositionen sind u.a. Cannonballs *African Waltz* und Nats *Work Song*. Stilistisch hatte Cannonball von Charlie Parker das zupackende Timing, das spitze Stakkato des Altsaxophons, von John Coltrane die ausgreifende Flächenwirkung übernommen; Nat von Dizzy Gillespie das Attackenspiel, von Miles Davis eine gewisse Glättung mit einem melancholischen Unterton. Beide trugen ein Wechselspiel zwischen Ekstase und Nüchternheit aus.

Lit.: D. ZIMMERLE, C. A. in: Jazz Podium 24 (1975) Nr. 9.

ADDINSELL, Richard Stewart, * 13.1.1904 London, † 14. 11. 1977 ebd.; engl. Komponist; studierte am Royal College of Music in London, dann in Berlin und Wien (1929–32); komponierte Lieder, Bühnen- und Filmmusik. Sein bekanntestes Werk ist das *Warschauer Konzert* für Kl. u. Orch. aus dem Film *Dangerous Moonlight*.

ADELGASSER, Anton Cajetan, ↗Adlgasser.

ADLER, Guido, * 1. 11. 1855 Eibenschütz (Mähren), † 15. 2. 1941 Wien; östr. Musikwissenschaftler. Er war Schüler von Bruckner, W. Schenner, J. Dachs und O. Dessoff am Wiener Konservatorium. 1878 wurde er in Wien zum Dr. jur. promoviert u. 1880 zum Dr. phil. mit: *Die historischen Grundklassen der christlich-abendländischen Musik bis 1600* (in: AmZ 44–47, 1880). 1882 habilitierte er sich in Wien mit einer *Studie zur Geschichte der Harmonik* (in: Sitzungsberichte der Wiener... Akad. der Wissenschaften, 1881). Im selben Jahr wurde er Prof. an der dt. Univ. Prag, 1898 Nachfolger von Ed. Hanslick an der Univ. Wien, wo er bis 1927 lehrte. Mit Fr. Chrysander und Ph. Spitta gründete er 1885 die *Vierteljahrschrift für Musikwissenschaft*. 1894–1938 leitete er die Herausgabe der von ihm initiierten *Denkmäler der Tonkunst in Österreich*. A. hat mit seinen musikhistorischen, stilkundlichen, methodologischen und organisatorischen Leistungen entscheidend zur Entwicklung der Musikwissenschaft des 20. Jh. beigetragen und wirkte auch auf zahlreiche Komponisten stark ein, so z.B. auf A. Schönberg, A. Berg, E. Křenek.

Schriften: *Umfang, Methode u. Ziel der Musikwiss.*, in: VfMw 1 (1885); *R. Wagner* (L 1904, [2]1923); *Der Stil in der Musik*

(L 1911, [2]1929); *G. Mahler* (W 1916); *Methode der Musikgesch.* (L 1919); Hrsg. des *Hdb. der Musikgesch.* (F 1924), 2 Bde. (B [2]1931, Nachdr. Tutzing 1961); *Wollen u. Wirken* (W 1935) (Autobiographie).

Lit.: W. FISCHER, G. A.s „Methode der Musikgesch.", in: ZfMw 7 (1924/25); E. BIENENFELD, G. A., in: Mk 18 (1925/26); M. CARNER, A pioneer in Musicology G. A., in: Of Men and Music (Lo 1944); R. VON FICKER, G. A. u. die Wiener Schule, in: ÖMZ 1 (1946); R. HEINZ, Gesch.-Begriff u. Wissenschaftscharakter der Musikwiss. in der 2. Hälfte des 19. Jh. (Rb 1968) (= Studien z. Musikgesch. des 19. Jh. 11); DERS., G. A.s Musikhistorik als hist. Dokument, in: Die Ausbreitung des Historismus über die Musik, hrsg. v. W. Wiora (1969) (= ebd. 14).

ADLGASSER (Adelgasser), **Anton Cajetan,** * 1. 10. 1729 Inzell (Bayern), † 22. 12. 1777 Salzburg; dt. Organist und Komponist. Schüler von J. E. Eberlin, dessen Tochter er heiratete. Von 1750 bis zu seinem Tod war A. Hoforganist des Fürsterzbischofs von Salzburg und in diesem Amt W. A. Mozarts Vorgänger. Er kam zu großem Ansehen, obwohl man ihm zu starke Abhängigkeit von Eberlin vorwarf, dessen Einfluß aber durch den der Neapolitanischen Schule gemildert wurde. A. schrieb zahlreiche Opern (Schulopern mit lat. oder deutschem Text) und Oratorien, ferner viel Kirchenmusik, einige Symphonien, ein Klavierkonzert, Kammermusik und den letzten (3.) Akt des Schuldramas *Die Schuldigkeit des ersten Gebotes,* dessen 1. Akt Mozart (KV 35) und dessen 2. Akt M. Haydn vertonten.

Ausg.: 2 Motetten, in: DTÖ XLIII/1 (1936).

Lit.: S. KELLER – R. SCHLECHT, Biogr. Mitt. über A. C. A., in: MfM 5 (B 1873); C. SCHNEIDER, Die Oratorien u. Schuldramen A. C. A.s, in: StMw 18 (W 1931); W. RAINER, Verz. der Werke A. C. A.s, in: Mozart-Jb. 1962/63; DERS., Das Instrumentalwerk A. C. A.s (Diss. I 1964); DERS., A. C. A., in: Mitteilungen der Gesellschaft für Salzburger Landeskunde 105 (1965).

AD LIBITUM (lat., = nach Belieben, Abk. ad lib. oder ad libit.), **1)** Vortragsbezeichnung, die die Wahl des Tempos in einem Abschnitt, einer Kadenz oder in der Ausführung eines Orgelpunkts dem Spieler überläßt (syn.: *recitativo, senza misura, senza tempo, a suo arbitrio, a piacere, a capriccio, a piacimento, a bene placito).* Die Rückkehr zum vorangehenden Zeitmaß wird durch *a tempo* gefordert. – **2)** Besetzungsvorschrift, die das Mitwirken einer Vokal- oder Instrumentalstimme in einem Ensemble freistellt. Gegensatz: ↗Obligato.

ADLUNG (Adelung), **Jakob,** * 14. 1. 1699 Bindersleben bei Erfurt, † 5. 7. 1762 Erfurt; dt. Musiktheoretiker. A. war mit J. G. Walther verwandt. Er studierte an der Univ. Jena und wurde außerdem von J. N. Bach musikalisch ausgebildet. 1727 wurde er Nachfolger von J. H. Buttstedt als Organist in Erfurt. Drei der von A. verfaßten Musiktraktate wurden 1736 bei einem Brand in Erfurt vernichtet. Erhalten sind die für die Orgelbaukunde der Bachzeit bedeutsame *Musica mechanica organoedi* (posthum gedruckt B 1768), die auch für Einzelheiten der Biographie J. S. Bachs wichtig ist, die *Anleitung zu der musikalischen Gelahrtheit* (Erfurt 1758), die aufschlußreich ist für die zeitgenössische Musikauffassung, sowie *Musikalisches Siebengestirn* (B 1768). A. schrieb auch außermusikalische Werke.

Schriften: *Anleitung zu der musikal. Gelahrtheit* (Erfurt 1758, [2]1783); *Musica mechanica organoedi* (1726), posthum hrsg. v. J. L. Albrecht – J. F. Agricola (B 1768, [2]1783); *Musikalisches Siebengestirn* (1754), hrsg. v. J. L. Albrecht (B 1768).

Ausg.: *Musica mechanica organoedi,* Faks.-Ausg. v. CHR. MAHRENHOLZ (Kas 1953, Nachdr. 1961); *Anleitung zu der musikal. Gelahrtheit,* Faks.-Ausg. v. H. J. MOSER (Kas 1953).

Lit.: J. A. HILLER, Mag. J. A., in: Lebensbeschreibungen berühmter Musikgelehrten u. Tonkünstler, 1. Theil (L 1784); S. ORTH, J. J. A. ..., ein dt. Musiker der Bachzeit als Angehöriger der Erfurter Univ., in: Beitr. zur Gesch. der Univ. Erfurt 8 (1961); F. F. JAKISCH, Org. Building in Germany During the Baroque Era (1966) (= Diss. Ohio State Univ.).

ADORNO, Theodor W.[= Wiesengrund], * 11. 9. 1903 Frankfurt a. Main, † 6. 8. 1969 Visp (Wallis); dt. Philosoph und Soziologe. Studierte an der Universität Frankfurt, an der er 1924 promoviert wurde und sich 1931 mit der Schrift *Kierkegaard. Konstruktion des Ästhetischen* (Tübingen 1933, F [4]1974) habilitierte. 1934 emigrierte er nach England und ging 1938 in die USA, kehrte aber 1950 an die Univ. Frankfurt zurück, an der er 1956 zum o. Prof. und Direktor des Instituts für Sozialforschung ernannt wurde. – Grundlegend für A.s Schriften zur Musik wurde die „Kritische Theorie", an deren Entwicklung er neben Max Horkheimer und Herbert Marcuse seit den vierziger Jahren entscheidenden Anteil hatte (*Dialektik der Aufklärung,* zusammen mit M. Horkheimer, A 1947, NA F 1969; *Negative Dialektik,* F 1966), und seine künstlerischen Erfahrungen, die nach ersten Studien bei B. Sekles in Frankfurt durch den Kompositionsunterricht bei A. Berg in Wien (ab 1925) entscheidend geprägt wurden. (An Kompositionen hat A. u. a. Lieder, ein Streichquartett und Orchesterstücke hinterlassen.) In den zwanziger Jahren publizierte A. seine ersten Kritiken und Aufsätze über Musik (in: „Neue Blätter für Kunst u. Literatur", „Zschr. für Musik" und „Die Musik"); 1928–31 redigierte er die Wiener Zeitschrift „Musikblätter des Anbruch" („Der Anbruch") und lieferte ferner Beiträge zu Zeitschriften wie „Pult und Taktstock", „Der Auftakt" und „23". In der Emigration entstanden Reflexionen zur Geschichte der Kompositionstechnik *(Über Beethovens Spätstil; Fragmente zu Wagner)* sowie Analysen zur Situation der Musik in der „Kulturindustrie" (*Über Jazz,* in: Zschr. für Sozialforschung 7, 1938; *Über den Fetischcharakter in der Musik und die Regression des Hörens,* ebd.). Sie fanden ihren Höhepunkt in dem gemeinsam mit H. Eisler verfaßten Buch *Komposition für den Film* (unter Eislers Namen: engl. NY 1947, dt. B 1949, unter beider Namen: Mn 1969, B 1977, hrsg. v. E. Klemm als Bd. 4 der Serie III von Eislers Gesammelten Werken) und in der *Philosophie der neuen Musik* (Tübingen 1949, NA B 1972). Mit diesem Buch und weiteren Veröffentlichungen hat A. in den fünfziger Jahren entscheidend dazu beigetragen, unser Bild von der Musik des 20. Jahrhunderts zu verändern, indem er den Komponisten des Neoklassizismus die der ↗Wiener Schule als die eigentlich relevante Moderne gegenüberstellte. Dabei entwickelte er einen historisch fundierten Begriff des musikalischen Materials, der es verbietet, dieses als etwas Naturgegebenes aufzufassen. – Zu seinem 60. Geburtstag wurde A. mit der Festschrift *Zeugnisse* (F 1963, hrsg. v. M. Horkheimer) geehrt.

Schriften zur Musik (außer den bereits genannten): *Zur gesellschaftlichen Lage der Musik,* in: Zschr. für Sozialforschung 1 (1932); *Versuch über Wagner* (F 1952, NA 1974); *Prismen. Kulturkritik u. Gesellschaft* (F 1955, NA 1976); *Dissonanzen. Musik in der verwalteten Welt* (Gö 1956, [5]1972); *Klangfiguren (= Musikal. Schriften I)* (F 1959), Auswahl als: *Nervenpunkte der Neuen Musik* (Reinbek 1969); *Mahler. Eine musikal. Physiognomik* (F 1960, NA 1976); *Einleitung in die Musiksoziologie* (F 1962, NA Reinbek 1968, F 1975); *Quasi una fantasia (= Musikal. Schriften II)* (F 1963); *Der getreue Korrepetitor. Lehrschriften zur musikal. Praxis* (F 1963); *Moments musicaux* (F 1964); *Richard Strauss,* in: Neue Rundschau 75 (1964); *Form in der Neuen Musik,* in: ebd. 77 (1966) und in: Darmstädter Beiträge zur Neuen Musik 10 (Mz 1966); *Impromptus* (F 1968); *Berg. Der Meister des kleinsten Übergangs* (W 1968, NA F 1978); *Reflexionen über Musikkritik,* in: Symposion über Musikkritik = Stud. zur Wertungsforschung 1 (Gr 1968); *Ästhetische Theorie* (F 1970, NA 1973). – *Theodor W. A. und E. Krenek, Briefwechsel* (F 1974). – A. Kompositionen 1, hrsg. v. *H.-K. Metzger–R. Riehn* (Mn 1980).

Lit.: Über Th. W. A. (F 1968) (= Ed. Suhrkamp 249); Die neue Linke nach A., hrsg. v. Fr. SCHOELLER (Mn 1969); FR. GRENZ, A.s Philosophie in Grundbegriffen. Auflösung einiger Deutungsprobleme (F 1974); Th. W. A., hrsg. v. H. L. ARNOLD (Mn 1977); H. GÜNTHER – CL. u. R. WILLEKE, Die Gewalt der Verneinung. Die Kritische Theorie u. ihre Folgen (St 1978). – C. DAHLHAUS, Dialektik des ästhetischen Scheins, in: Dt. Universitätszeitung 12 (1957); B. HEIMANN, Th. Manns „Doktor Faustus" u. die Musikphilos. A.s, in: Dt. Viertjahresschrift für Literaturwiss. u. Geistesgesch. 38 (1964); A. SILBERMANN, Anmerkungen zur Musiksoziologie. Eine Antwort auf Theodor W. A.s „Thesen zur Kunstsoziologie", in: Kölner Zschr. für Soziologie u. Sozialpsychologie 19 (1967); R. STEPHAN, Th. W. A., in: Mf 22 (1969); C. DAHLHAUS, Soziologische Dechiffrierung von Musik. Zu Th. W. A.s Wagnerkritik, in: The Int. Rev. of Music Aesthetics and Sociology 1 (1970); A.-Heft der Zschr. für Musiktheorie 4 (1973); L. SZIBORSKY, Das Problem des Verstehens bei Th. W. A., in: Musik u. Verstehen, hrsg. v. P. Faltin – H.-P. Reinecke (Kö 1973); R. BRINKMANN, Von Pfeifen und alten Dampfmaschinen. Zwei Texte auf Texte Th. W. A.s, in: Stud. zur Musikgesch. des 19. Jh., 43 (Rb 1975); M. DE LA FONTAINE, Der Begriff der künstlerischen Erfahrung bei Th. W. A. (Diss. F 1977); M. ZENCK, Kunst als begriffslose Erkenntnis. Zum Kunstbegriff von Th. W. A. (Mn 1977).

H. WEBER

ADRIANA LECOUVREUR, Commediadramma in 4 Akten von Francesco Cilèa (1866–1950), Text von Arturo Colautti nach dem damals sehr bekannten Schauspiel *Adrienne Lecouvreur* (1849) von Eugène Scribe und Gabriel Jean Baptiste Legouvé. Ort und Zeit der Handlung: Paris, die Comédie Française im März 1730. UA: 6. 11. 1902 in Mailand (Teatro Lirico internazionale), dt. EA (in dt. Sprache): 15. 11. 1903 in Hamburg.

Die Oper um die in ihrer Zeit berühmteste Schauspielerin A. L., Rivalin der Prinzessin von Bouillon in der Liebe zu Moritz von Sachsen, ist Cilèas erfolgreichstes Werk und wird wegen ihrer geschlossenen symphonisch-thematischen Gestaltung gern als bleibendes Zeugnis aus der letzten Periode des musikalischen Dramas bezeichnet. Stilistisch steht das Werk in der Nachfolge der veristischen Oper von Puccini und Mascagni, obwohl nur der letzte Akt von typischen Stilmitteln des Verismo beherrscht wird. Die ungewöhnliche Gattungsbezeichnung stellt eine Rekurrenz auf Scribes Werktitel dar. Der Erfolg der UA gründete nicht zuletzt in der Mitwirkung Enrico Carusos als Moritz von Sachsen. Die Oper erlebte rasche Verbreitung, wurde am 8. 11. 1904 im Covent Garden Theatre in London aufgeführt und eröffnete 1907 in einer glanzvollen Besetzung, erneut mit Caruso, die Theatersaison an der Metropolitan Opera in New York.

J. SCHLÄDER

ADRIANO DA BOLOGNA ↗Banchieri, Adriano.

ADRIAENSEN (Hadrianus), **Emmanuel,** † 1604; Lautenist und Komponist des 16. Jahrhunderts aus Antwerpen. Er veröffentlichte zwei Lautentabulaturen, *Pratum musicum longe amoenissimum* ... (An 1584; Phalèse; neue, erweiterte Ausgabe 1600) und *Novum pratum musicum* ... (An 1592, Phalèse und Bellère), die Übertragungen von Vokalsätzen zeitgenössischer Meister und Tanzsuiten enthalten.

Ausg.: *Luitmuziek* v. E. A., hrsg. v. G. SPIESSENS (An 1966) (= MMBelg X).

Lit.: P. HAMBURGER, Die Fantasien in E. A.s Pratum musicum (1600), in: ZfMw 12 (1929–30); F. NOSKE, Remarques sur les luthistes des Pays-Bas, in: Le luth et sa musique (P 1958);

G. SPIESSENS, E. A. et son Pratum musicum, in: AMI 36 (1964); DERS., Bijdrage tot de studie v. de Antwerpse schilders A. in de XVIIde eeuw, in: Miscellanea J. Duverger (Gent 1968) (zu A.s Söhnen); C. MAC CLINTOCK, Two Lute Intabulations of Wert's „Cara la vita", in: Essays in Musicology. FS W. Apel (Bloomington 1968).

AEROPHONE, Musikinstrumente, deren Klang durch eine in einer Röhre eingeschlossene, schwingende Luftsäule hervorgebracht wird. Man bezeichnet sie gewöhnlich als Blasinstrumente. Mitunter werden zu den A. auch Instrumente mit frei schwingender Luft gezählt (Schwirrhölzer, Sirenen u. a.). Die wichtigsten Verfahren, eine Luftsäule in Schwingung zu versetzen, sind das Anblasen eines Luftstroms gegen den scharfen Rand einer Öffnung oder eines seitlich in die Wandung geschnittenen Loches, eine oder zwei schwingende Zungen und schließlich die gespannten, schwingenden Lippen eines Spielers, die in einem Mundstück (Kessel) als Zungen dienen. – ↗Musikinstrumentenkunde.

AETHEROPHON ↗Thérémine, Léon.

AEUIA, durch Auslassung der Konsonanten gebildete Abkürzung des Wortes ↗Alleluia; seit dem 9. Jh. in Choralhandschriften nachweisbar. – ↗EUOUAE.

AFFEKTENLEHRE (frz.: théorie des passions), Lehre, nach der die Musik seelische Zustände wiedergeben und beeinflussen kann. Sie kam im 18. Jh. in Deutschland und Frankreich auf, ihre Anfänge reichen jedoch weit zurück. So faßten schon die Inder die Rāgas (Tonarten) als Repräsentanten seelischer Zustände auf. In der griech. Antike maßen die Pythagoräer (6. Jh. v. Chr.) der Musik sittlichen und erzieherischen Wert bei: Ein mannhaftes, pädagogisches „Ethos" wurde der dorischen Tonart, dem diatonischen Tongeschlecht, dem daktylischen Rhythmus und der Kithara zugeschrieben, der hypolydischen Tonart, dem chromatischen Tongeschlecht, dem jonischen Rhythmus und dem Aulos dagegen ein ausgelassenes, bacchantisches „Ethos". Eine solche Verbindung zwischen Musik und seelischen Zuständen wurde erneut betont von Cassiodor (6. Jh. n. Chr.), Isidor von Sevilla (7. Jh.), Johannes Affligemensis (*De musica cum tonario,* um 1110–21) und B. Ramos de Pareja (*Musica practica,* 1482), der den 4 Kirchentönen die 4 Temperamente (phlegmatisch, cholerisch, sanguinisch, melancholisch) zuordnete. In der Renaissance war häufig der Text Anknüpfungspunkt, was kompositorisch zu den musikalischen ↗Figuren führte. Der Zusammenhang von Musik und Gefühl wurde durch Glarean (1516) hervorgehoben. G. Zarlino (*Istitutioni harmoniche,* 1558, Kap. X) schrieb den Intervallen psychologische Bedeutung zu: Intervalle ohne Halbton (Sekund, große Terz, große Sext, große Tredezim) drücken Freude aus, Intervalle mit Halbton (kleine Terz, kleine Sext, kleine Tredezim) Trauer. Im 16. und 17. Jh. erscheint der Ausdruck „affetto" immer häufiger in der Kompositionslehre, aber auch in Kompositionen, in Form der Bezeichnung „con affetto" (= mit Ausdruck), in Werktiteln (B. Marini, *Affetti musicali,* 1617; G. Stefani, *Affetti amorosi,* 1621) und als Bezeichnung von Verzierungen in frühen Violinsonaten.

Im Barockzeitalter standen der „stile concitato" und der „stile espressivo" (die G. B. Doni in seinen *Annotazioni,* 1640, definiert) in direktem Bezug zur A., die sich ankündigte bei Cl. Monteverdi, Nicolas Bergier (*La musique spéculative,* um 1625), Bernard Lamy (*Art de parler;* dieses Werk war Ende des 17. Jh. Grundlage für die Schriften von Fr. Marpurg, J. Scheibe und J. Mattheson), A. Kircher (*Musurgia universalis,* 1650) und M. Mersenne, der behauptete: „Kraft und Wirkung der Tonarten hängen in erster Linie von ihren großen und kleinen Terzen bzw. Sexten ab, denn die kleinen Intervalle sind geeignet, die Leidenschaften angenehm zu berühren, sie zu besänftigen und Trauer und Schmerz auszudrücken" (*Harmonie universelle,* 1636, II/2, Proposition XVIII), Im Vergleich zu Mersenne war R. Descartes (*Les passions de l'âme,* 1649) weniger kategorisch: er nahm an, daß ein und dieselbe Ursache in verschiedenen Menschen verschiedene Leidenschaften hervorrufen können (A. Pirro, *Descartes et la musique,* P 1907). In der Folgezeit kam es vor allem in Deutschland zu einer Weiterentwicklung der A. durch J. D. Heinichen (1711), A. Werckmeister (*Harmonologia musica,* 1702), J. Mattheson (*Der vollkommene Capellmeister,* 1739) – er zählt etwa zwanzig Gefühlsregungen auf, zeigt ihre musikalische Umsetzung und gibt verschiedene Tanzcharakteristika an –, durch Fr. Marpurg (*Kritische Briefe,* II, 1763) und die Mannheimer Schule. Schließlich strebte die A. nicht mehr die Nachahmung der Natur, sondern den Ausdruck menschlicher Gefühle an (der Übergang von der nachahmenden zur expressiven Musik wird besonders deutlich bei Johann Jakob Engel, *Über die musikalische Malerey,* B 1780) und erreichte ihren Höhepunkt in der Zeit der sog. ↗Empfindsamkeit mit J. J. Quantz (1752) und C. Ph. E. Bach, für den Musik fast ausschließlich in der Darstellung von Gefühlen eine Daseinsberechtigung findet. Wenig später vertrat J. G. Sulzer in seiner *Allgemeinen Theorie der schönen Künste* (1771 ff.) die Auffassung, eine Komposition, die keine großen Empfindungen ausdrücke, sei nur überflüssiger Lärm. Dieser am Menschen orientierte Stil verdrängt den uns oft oberflächlich anmutenden ↗Galanten Stil. Obwohl die A. mit dem Barockzeitalter verschwand, lebte sie in den expressiven Werken Beethovens (die *6. Symphonie [Pastorale]* ist nach Beethovens eigener Bekundung „mehr Ausdruck der Empfindung als Mahlerey") und vor allem der dt. Romantiker weiter, bei denen die Bezeichnung „innig" oder „mit innigem Ausdruck" eine Steigerung des „con affetto" der früheren Epoche darstellen. Zentrale Gedanken der A. lassen sich auch bei anderen Komponisten feststellen. Musikwissenschaftler versuchten, bei einigen Klassikern den Gebrauch satztechnischer Mittel für die Darstellung von Gefühlen nachzuweisen. So soll Mozart durch den plötzlichen Eintritt eines Septakkords, eines Mollakkords oder einer neapolitanischen Sext, durch ein „piano" oder, seltener, durch chromatisch absteigende Motive melancholische Gefühle ausdrükken (E. Herttrich, *Studien zum Ausdruck des Melancholischen und seiner kompositionstechnischen Mittel in der Musik von W. A. Mozart,* Wü 1969).

Lit.: M. KRAMER, Beitr. zu einer Gesch. des Affektbegriffs in der Musik, 1500–1700 (Diss. Hl 1924); F. T. Wessel, The Affektenlehre in the 18th Cent. (Bloomington 1955) (= Diss. Univ. of Indiana); R. DAMMANN, Der Musikbegriff im dt. Barock (Kö 1967).

D. PISTONE

AFFETTUOSO (it., = mit innerer Bewegung, ausdrucksvoll), Vortragsbezeichnung seit dem Ende des 16. Jh. (G. Gastoldi, *Balletti a 3 v.,* 1594), die den Ausdruck eines Stückes näher kennzeichnet und vor allem im Barockzeitalter verwendet wurde (J. G. Walther, *Musicalisches Lexicon,* L 1732). Nach H. Chr. Koch (*Musikalisches Lexikon,* F 1802) dient a. auch als Tempovorschrift und gibt ein Zeitmaß zwischen Adagio und Andante an (Mittelsatz des *5. Brandenburgischen Konzerts* von J. S. Bach).

AFFRETTANDO (it.), ↗accelerando.

AFRIKA. In A. bestehen heute verschiedene Musikkulturen nebeneinander: die europäisch geprägte städtische mit der Musik aus dem „high-life" englischsprachiger und die sog. kongolesische Musik einiger französischsprachiger Länder, die durch den Rundfunk weite Verbreitung finden, die Musik des islamischen Kulturbereiches (↗Arabisch-islamische Musik), die der Kopten in Teilen Äthiopiens und die – hier ausschließlich zu behandelnde – Musik der Negervölker in den Ländern des Savannengürtels südlich der Sahara, der tropischen Urwälder und der Bantu-Länder in Zentral-, Süd- und Ostafrika.

Es ist kaum möglich, die Musik afrikanischer Neger als Einheit zu behandeln. Ihre Erscheinungsformen sind so vielfältig wie die Vielzahl der Stämme und Sprachen. Eine Gemeinsamkeit kann am ehesten noch in der Funktion und in der Überlieferung dieser Musik gesehen werden.

Fast immer handelt es sich um anonyme gemeinschaftliche Stammesschöpfungen; ebenso sind Bewahrung und Überlieferung Sache der ganzen Gemeinschaft. Da die Musik meist an Wort und Tanz gebunden ist, nimmt die gesamte Bevölkerung an ihr teil. Sie besitzt keine theoretische Grundlage und kann im allgemeinen auch nicht datiert werden. Schriftliche Aufzeichnungen gibt es nicht. Die Musik ist daher ständiger Veränderung und Erneuerung unterworfen. Eine weitere Gemeinsamkeit ist der Bezug der Musik zu allen wichtigen Ereignissen des sozialen und religiösen Lebens. Für alle diese Anlässe sind Musik und die Rolle der Instrumente sehr häufig vorgeschrieben, zuweilen auch unter genauer Angabe der Instrumente; jede Zeremonie erfordert ein ganz bestimmtes Instrumentarium.

In einigen Gebieten gibt es Berufsmusiker. Es gibt sogar Musiker-Kasten, etwa an den Höfen alter, streng hierarchisch geordneter Stämme in West-A., die vornehmlich die Aufgabe haben, historische Begebenheiten, vor allem die Ahnenreihe der Herrscher festzuhalten und zu überliefern. Andere Gebiete kennen den Berufsmusikerstand nicht. Bei keinem afrikanischen Stamm gibt es aber die im abendländischen Musikleben übliche Trennung zwischen aktivem Musiker und passivem Zuhörer. Bei allen sozialen Aktivitäten ist die Musik streng geregelt. Musiktypen, die in Form oder Instrumentarium einander ähneln, können aber bei verschiedenen Stämmen mit verschiedenen sozialen Funktionen verbunden sein. So werden die in A. weitverbreiteten großen, zylindrischen, mit einem Fell bespannten Trommeln von Stämmen in Zaire bei einfachen Freudentänzen eingesetzt, von Stämmen der Elfenbeinküste dagegen bei Begräbniszeremonien und Maskenumzügen. In Burundi findet man ähnliche Instrumente am Königshof; sie symbolisieren hier traditionell die Macht.

Musikinstrumente. Obwohl keine großen technischen und materiellen Hilfsmittel zur Verfügung stehen, sind die Instrumente im allgemeinen sehr kunstvoll gearbeitet. Beispiele dafür sind die *Kora,* eine Harfenlaute aus West-A., oder das *Balafon,* ein Xylophon, dessen Bauweise – Befestigung der Holzplatten, Anordnung und Größe der Resonanzkörper, Hinzufügen von Klangverstärkern – von

großer technischer Erfindungskraft zeugt. Es gibt in Schwarz-A. eine beträchtliche Zahl verschiedener Musikinstrumente.
Unter den *Idiophonen* ist als einziges Instrument afrikanischen Ursprungs die *Sansa* zu nennen. Sie besteht aus einer Anzahl von Bambus- oder Eisenzungen, die mit dem Daumen gezupft werden und auf einem als Resonanzboden dienenden kleinen Brett oder Kasten befestigt sind. Ferner gibt es einfache und hochentwickelte Xylophone, Holztrommeln, eine Vielzahl von Klappern, Schellen, Glokken, Rasseln und Klangstäben, die aneinandergeschlagen werden; schließlich die Wassertrommeln, bei denen eine umgedrehte, in einem Wasserbehälter schwimmende Kalebassenhälfte mit Trommelstäben geschlagen wird.
Die *Membranophone* spielen in der afrikanischen Musik als Rhythmusinstrumente eine besonders wichtige Rolle. Es gibt eine große Zahl verschiedener Trommeln, die sich durch Material, Form und Bespannung unterscheiden. Unter den *Aerophonen* sind die *Rhomben* zu nennen (kleine Brettchen, die mit Hilfe einer Schnur herumgewirbelt werden), ferner Längs-Flöten (mit oder ohne Einkerbungen), Gefäß-Flöten (wie die Okarina), Pan-Flöten, Quer-Flöten, Trompeten und Hörner (längs und quer) aus Holz, Elfenbein oder Horn; schließlich einfache und doppelte Rohrblattinstrumente, vor allem die aus einem Hirsestiel gearbeitete Klarinette, die fast überall im Gebiet der nördlichen Savanne zu finden ist.
Zu den *Chordophonen* gehören der *Musikbogen*, mehrsaitige Fideln, Harfen (Winkel- und Bogenharfen), Harfenzithern, Lauten und Harfenlauten, verschiedene Zithertypen und schließlich – oft einsaitige – Leiern.
Der *Musikbogen* ist ein bemerkenswertes Beispiel dafür, wie mit einfachen Mitteln eine Vielfalt musikalischer Wirkungen erzielt wird. Dabei wird eine Pflanzenfaser zwischen die Enden eines biegsamen Zweiges gespannt. Diese Faser dient als Saite; ihr schwingender Teil kann durch Druck mit einem Holz- oder Metallstab verkürzt oder verlängert werden. Durch Schlag mit einem Stab, dessen Ende verdickt ist, versetzt man sie in Schwingungen. Auf diese Weise werden die beiden Grundtöne des Instruments erzeugt. Der Mund des Spielers dient als Resonanzraum. Durch Veränderung der Lippen-, Zungen- und Gaumenstellung kann der Spieler bestimmte Obertöne auswählen und verstärken, so daß sich aus ihnen eine ganze Reihe traditioneller Melodien bilden lassen. Die beiden bordunartig gespielten Grundtöne dienen hier lediglich als „Ausgangsmaterial" für die Melodien.
In der Instrumentalpraxis lassen sich zwei Arten unterscheiden: die eine erfordert eine oft sehr umfassende technische Meisterschaft, z.B. das Spiel von Sansa, Harfen und Xylophonen; die andere setzt keine besonderen Fähigkeiten voraus: Jeder kann eine Glocke schlagen, eine Klapper rhythmisch schütteln oder mit Hilfe von Schellen, die am Körper angebracht sind, die den Tanzbewegungen entsprechenden Rhythmen hervorbringen.
Das Tonideal in A. unterscheidet sich völlig vom abendländischen. Man zieht einem reinen Ton das Geräusch vor, das etwa durch trockene Körner in den Resonanzkörpern oder durch Metallstreifen mit schwingenden Ringen, die den Lautenhals verlängern, erzeugt wird. Bei einigen Instrumenten werden auch Mirlitone verwendet, sehr feine Membrane, die den Einschwingvorgang verändern. Eine solche Klangtrübung zeigt sich auch im sehr unterschiedlichen Gebrauch der menschlichen Stimme. Je nach Kulturbereich und Melodienrepertoire wird geschrien, geflüstert, gejodelt, gefistelt und geheult, werden nasale oder gutturale Laute hervorgebracht oder wird die Stimme verstellt.
Die Musik. Vokal- und Instrumentalmusik unterscheiden sich nicht sehr stark; sie sind vielmehr eng miteinander verbunden. Die Vokalmusik überwiegt jedoch. Es gibt relativ wenig reine Instrumentalmusik. Auch wenn sie mit Melodieinstrumenten aufgeführt wird, handelt es sich in den meisten Fällen um Übertragung oder Umwandlung ursprünglich gesungener Musik. Am weitesten verbreitet ist die pentatonische Tonleiter, mit und ohne Halbtönen, mit und ohne Gleittönen. Es gibt aber auch zahlreiche andere Tonsysteme: diatonische, chromatische, equiheptatonische Skalen mit veränderlichen Stufen als Funktion verschiedener melodischer Schwerpunkte. Die Stellung der Mehrstimmigkeit und ihre Verfahrensweisen (Imitation, Parallelgesang, ostinate Melodiewiederholungen, hoquetusartiger Einsatz und Gegenbewegung der Stimmen) sind von Stamm zu Stamm sehr unterschiedlich.
Der Rhythmus stützt sich im wesentlichen auf formelhafte, gleich lange, aber meist kurze zyklische Einheiten. In den meisten Fällen beziehen sich ungleichmäßige rhythmische Werte auf einen realen oder gedachten gleichbleibenden Pulsschlag. Das gleichzeitige Spiel verschiedener rhythmischer Formeln auf mehreren Trommeln, die sich auf das gleiche Metrum beziehen, läßt Raum für außerordentlich differenzierte Rhythmik, die man Polyrhythmik nennt.
Bezüglich der musikalischen Formen ist ein grundlegender Unterschied zwischen offenen und geschlossenen Formen festzustellen. Bei beiden spielt das Wiederholungsprinzip eine große Rolle. Die

offenen Formen, besonders für Zentral-A. charakteristisch, beruhen auf dem Prinzip der improvisierten Variation. Die geschlossenen Formen sind durchweg viel stärker ausgearbeitet. Sie beherrschen vor allem die Musik der Riten, Zeremonien und die der Höfe. Hier ist alles streng geordnet, sowohl die Folge der zeremoniellen Phasen als auch der Einsatz jedes einzelnen Instruments oder jeder Instrumentengruppe. Hier ist die musikalische Form eng an eine sozial geregelte Praxis gebunden: Improvisation kommt nur selten vor, dem Zufall wird nur beschränkt Raum gegeben.

Musikethnologie. Die Erforschung der traditionellen afrikanischen Musik hat mit der Entwicklung der Tonaufnahmetechnik einen großen Aufschwung genommen. Die ersten Klangdokumente wurden am Ende des 19. Jh. auf Wachswalzen gesammelt; am Beginn des 20. Jh. wurden die ersten Musikarchive gegründet, so das berühmte Phonogrammarchiv in Berlin (1902). Das tragbare Tonbandgerät ermöglicht heute unter befriedigenden technischen Bedingungen Tonaufzeichnungen, die der Musikethnologie eine wesentliche Arbeitsgrundlage bieten. Ihre verschiedenen Arbeitsgebiete betreffen die Stellung der Musik in der Gesellschaft, die Tonsysteme und die Analyse des Repertoires. Die bisherigen Arbeiten erbrachten zwar eine Vielzahl von Abhandlungen, Tonaufzeichnungen und Dokumentarfilmen, aber nur sehr wenige zusammenfassende Darstellungen. Meist handelt es sich um Studien über die Musik einzelner Stämme, eines speziellen Repertoires oder eines einzelnen Instruments. Die Größe des Kontinents, die Vielzahl seiner Stämme und die damit verbundene Vielfalt der Musik, aber auch die relativ junge Disziplin und die begrenzte Zahl der Forscher sind Gründe dafür, daß die Erforschung afrikanischer Musik noch nicht über das Anfangsstadium hinausgelangt ist.

Lit.: E. M. VON HORNBOSTEL, African negro music (O 1928); A. SCHAEFFNER, Origine des instr. de musique (P 1936, NA P – Den Haag 1968); DERS., Les Kissi, une société noire et ses instr. de musique (P 1951); K. P. WACHSMANN, Tribal Crafts of Uganda, II: The sound Instr. (Lo 1953); P. KIRBY, The musical instr. of the native races of South Africa (Johannesburg [2]1953); T. K. EKUNDAYO PHILLIPS, Yoruba music – African Fusion of speech and music (ebd. 1953); L. MARFURT, Musik in Afrika (Mn 1957); A. M. DAUER, Der Jazz (Kas 1958, [3]1977) (darin: Einführung in die Musik Westafrikas, seine Ursprünge u. seine Entwicklung); A. JONES, Studies in African Music, 2 Bde. (Lo 1959); G. ROUGET, La musique d'Afrique noire, in: Encycl. de la Pléiade, Hist. de la musique I (P 1960); F. J. DE HEN, Beitr. zur Kenntnis der Musikinstr. aus Belgisch-Kongo u. Ruanda-Urundi (Tervuren 1960) (= Diss. Kö 1960); R. BRANDEL, The Music of Central Africa (1961); J. H. NKETIA, African music in Ghana (Accra – Lo 1962); DERS., Folk Songs of Ghana (Legon 1963); D. THIEME, African Music. An briefly annotated bibliography (Washington/D. C. 1964); R. GÜNTHER, Musik in Rwanda (Tervuren 1964); L. P. L. GASKIN, A select bibliography of music in Africa (Lo 1965); M. S. ENO-BELINGA, Littérature et musique populaire en Afrique Noire (P 1965); E. H. DIETZ, Musical Instruments of Africa (NY 1965); G. KUBIK, Mehrstimmigkeit u. Tonsysteme in Zentral- u. Ostafrika (W – Gr 1968); A. M. DAUER, Zum Bewegungsverhalten afrikanischer Tänzer, in: Research film 6 (1969); F. BEBEY, Musique de l'Afrique (P 1969); W. LAADE, Die Situation v. Musikleben u. Musikforschung in den Ländern Afrikas u. Asiens u. die neuen Aufgaben der Musikethnologie (Tutzing 1969); DERS., Gegenwartsfragen der Musik in Afrika u. Asien. Bibliographie (Baden-Baden 1971); H. ZEMP, Les Dan. La musique dans la pensée et la vie sociale d'une société africaine (P – Den Haag 1971); S. AROM, Situation de la Musique dans quelques Pays d'Afrique Centrale et Occidentale, in: AMl 48 (1976).

S. AROM – B. LORTAT-JACOB

AFRIKANERIN, DIE *(L'Africaine)*, Oper in 5 Akten von Giacomo Meyerbeer (1791–1864), Text von Eugène Scribe (1791–1861). Ort und Zeit der Handlung: Lissabon, an Bord eines Admiralsschiffes und ein indischer Tempelhain im 16. Jh.; frei angelehnt an die historische Figur des Vasco da Gama. UA: 28. 4. 1865 in Paris (Opéra); dt. EA (in dt. Sprache): 18. 11. 1865 in Berlin (Königliches Opernhaus).

Der Vertrag zwischen Scribe und Meyerbeer wurde schon 1837 unterzeichnet, die Aufführung war für 1840 vorgesehen. Besetzungsschwierigkeiten führten zur Unterbrechung der Komposition, die Meyerbeer erst 1853 wieder aufgriff und seit 1860 stringent zu Ende führte. Nach dem Tode des Komponisten, der diesen während der Proben ereilte, übernahm François Joseph Fétis die endgültige Bühneneinrichtung des Werkes. Die UA wurde ein Welterfolg, der bis weit ins 20. Jahrhundert anhielt. Vascos Arie *Land so wunderbar* gehört noch heute zum Repertoire aller Spitzentenöre. Die Schlußszene, Selicas Tod unter dem Manzanillobaum, beeinflußte Verdi für den Schluß seiner *Aida*. Mit der A. neigte sich die Blütezeit der Grand Opéra ihrem Ende zu.

AFROAMERIKANISCHE MUSIK, Oberbegriff für die musikalischen Ausdrucksformen der seit dem 16. Jh. als Sklaven nach Amerika verschleppten Afrikaner. Sie entstand aus der Berührung afrikanischer und europäischer Musikkultur. Die Ausdrucksmittel der afrikanischen Musik (Parallelharmonik, Ruf-Antwort-Schema, Hot-Intonation, Polymetrik und -rhythmik usw.), ihr sprachähnlicher Duktus und inhaltlich ihre soziale und metaphysische Eingebundenheit dominierten. Die europäischen Elemente wurden einer „Afrikanisierung“ unterzogen. – Je nach den soziokulturellen Verhältnissen hat sich die a. M. verschieden entwickelt: in den span. und frz. Kolonien (Westindien,

Süd- und Lateinamerika, Louisiana) konnten die Afrikaner eine weitgehende kulturelle Eigenständigkeit bewahren, was ihnen im britischen Norden verwehrt wurde. Vor allem durften sie ihre Trommeln behalten, die unerläßlich für die afrikanische Polymetrie sind. Daher ist die südliche a. M. mehr polymetrisch, die nördliche mehr polyrhythmisch ausgebildet. Ein weiterer Grund für die unterschiedliche Entwicklung liegt in den europäischen Einflüssen: im Süden fand man iberische und französische Musik vor, im Norden vor allem britische und deutsche. Am reinsten hat sich afrikanisches Erbe in der Kultmusik Südamerikas (Shango, Macumba) erhalten. – Die wichtigen, aus Nordamerika stammenden Gattungen der a. M. sind *Worksong, Spiritual, Blues* und *Jazz,* wobei sich letzterer aus Blues und Spiritual entwickelte und in vielen seiner Richtungen weitgehend europäisch ausgeprägt wurde, so daß hier richtiger von „euro-amerikanischer Musik" zu sprechen wäre. Im Süden gab es analoge Entwicklungen. Dort entstand die „lateinamerikanische Musik", eine Tanzmusik (z.B. Rumba, Cha-Cha-Cha), deren wesentliches Kennzeichen die Stilisierung afrikanischer Rhythmen ist.

Lit.: M. CUNEY-HARE, Negro Musicians and their Music (Washington 1936, Nachdr. 1974); M. J. HERSKOVITS, El estudio de la música negra en el hemisferio occidental, in: Boletín Latino-Americano de Música 5 (1941); DERS., The Myth of the Negro Past (NY 1944); N. R. ORTIZ-ODERIGO, Panorama de la música Afro-americana (Buenos Aires 1944); F. ORTIZ, La Africanía de la Música Folklórica de Cuba (Habana 1950); DERS., Los Bailes y el Teatro de los Negros en el Folklore de Cuba (Habana 1951); DERS., Los Instromentos de la Música Afrocuban, 5 Bde. (ebd. 1952–55); G. SCHULLER, Early Jazz (NY 1968); L. JONES, Blues People (dt. Da 1969); S. J. ROBERTS, Black Music of Two Worlds (NY 1972); P. CARLES – J. L. COMOLLI, Free Jazz Black Power (dt. F 1974); A. M. DAUER, Der Jazz (Kas ^{3}1977); K. KUHNKE – M. MILLER – P. SCHULZE, Gesch. der Pop-Musik 1 (Lilienthal ^{2}1977); A. RAMOS, Die Negerkulturen in der Neuen Welt (Z o.J.).

AFRO-CUBAN JAZZ, Richtung des modernen Jazz, die rhythmische und melodische Elemente afroamerikanischer Musik aus dem karibischen Raum und Südamerika verarbeitet, vor allem polymetrische Strukturen unter Einbeziehung eines oder mehrerer der für diesen Raum typischen Perkussionsinstrumente in die Rhythmengruppe: Trommeln (Bongo, Conga, Timbales) und eine große Zahl von Geräuschinstrumenten, die geschüttelt, geschabt, gezupft und geblasen werden (Berimbau, Maracas, Guiro, Claves, Cow-Bell, Brummtopf, Trillerpfeife usw.). Zeitlich wird der Afro-Cuban-Jazz meist auf die Jahre um 1950 begrenzt, als D. Gillespie den Kubanischen Conga-Trommler Chano Pozo für seine Be-bop-Band verpflichtete und S. Kenton mit dem Ensemble von Machito auftrat, doch haben sich seine typischen Merkmale auch weiterhin im Jazz erhalten. Ende der 50er Jahre kam der Bossa Nova (S. Getz, A. C. Jobim) auf, und auch im Hard-Bop gab es Anklänge an karibische Rhythmen, etwa im Tenorsaxophonspiel von S. Rollins. Südamerikanische Schlaginstrumente wurden verstärkt wieder in den Fusionstendenzen der 60er Jahre eingesetzt, so in den Bands von C. Santana und M. Santamaria, aber auch im Free Jazz (Art Ensemble of Chicago). Heute sind sie integraler Bestandteil vieler Bands der Jazz- und Rockmusik, z. B. bei McCoy Tyner und Patrick Moraz.

Lit.: ↗Jazz.

AGAZZARI, Agostino, * 2.12.1578 Siena, † 10.4.1640 ebd.; it. Organist und Komponist. Vielleicht Schüler von Viadana; wurde 1602 als Nachfolger von G. F. Anerio „praefectus musicae" am Collegium Germanicum in Rom, 1606 Kapellmeister am Seminario Romano, 1630 Kapellmeister an der Kathedrale von Siena. Werke von ihm (meist geringstimmige geistliche Konzerte mit Generalbaß) finden sich in vielen Sammeldrucken der Zeit. Mit seinem Traktat *Del sonare sopra il basso*... ist A. einer der ersten Theoretiker des Generalbasses. In dieser Hinsicht wirkte er über M. Praetorius, der den Traktat in seinem *Syntagma musicum* übersetzte und kommentierte, auf die deutsche Musik der Schütz-Zeit.

WW: **1) Geistliche Musik:** 6 Bücher *Sacrae cantiones* für 2–8 St. mit B.c. (R 1602–15); Psalmen (V 1609, 1611); *Sertum roseum* für 1–4 St. mit B.c. (V 1611); *Dialogi concentus* (V 1613); *Missae quatuor* für 4, 5 u. 8 St. mit B.c. (V 1614); *Stille soavi di celeste aurora* für 3–5 St. mit B.c. (V 1620); *Eucharisticum melos* (R 1625); *Litaniae Beatissimae Virginis* für 4–8 St. (R 1639); *Musicum encomium* für 2–5 St. (R 1640). – **2) Weltliche Musik:** 4 Bücher Madrigale für 5 u. 6 St. (V 1596–1606); 2 Bücher *Madrigaletti* für 3 St. (V 1607); *Eumelio, dramma pastorale* (V 1606). – **3) Schriften:** *Del sonare sopra il basso con tutti li stromenti e dell'uso loro nel conserto* (Siena 1607); *La musica ecclesiastica* (Siena 1638).

Ausg.: *Del sonare sopra il basso,* dt. Übers. mit Anm.en in: M. PRAETORIUS, Syntagma musicum III (1619); dass., in: O. KINKELDEY, Org. u. Klv. in der Musik des 16. Jh. (L 1910); dass., Faks. der Ausg. Siena 1607 (Bol 1969) (= Bibl. musica Bononiensis II/37); eine Motette in: Musica Divina I/2; 2 Stücke in: ebd. I/4.

Lit.: M. SCHNEIDER, Die Anfänge des B.c. u. seiner Bezifferung (L 1918); F. T. ARNOLD, The Art of Accompaniment from a Thorough-Bass (O 1931); S. A. LUCIANI, A. A. e l'orchestrazione del Seicento, in: Musica d'oggi (1931); A. ADRIO, Die Anfänge des geistl. Konzerts, in: Neue dt. Forsch. 31 (= Abt. Musikwiss. 1) (B 1935); G. BARBLAN, Contributo a una biografia critica di A. A., in: Collectanea Historiae Musicae 2 (Fi 1957); G. ROSE, A. and the Improvising Orch., in: JAMS 18 (1965).

AGENDE (von lat. agenda = was getan werden soll), ursprünglich Bz. für jede liturgische Funktion, dann Name für ein handliches Buch mit den Texten und Anweisungen für die Spendung von Sakramenten und Sakramentalien, für Prozessionen, Begräbnisse usw. (auch als Manuale, Obsequiale, Pastorale, Rituale u. ä. bezeichnet). Nach der Reformation setzte sich in der kath. Kirche dafür der Name ↗Rituale durch, während man in den ev. Kirchen unter einer A. nunmehr das Buch verstand, das den gesamten Gottesdienst regelt. Zu den A.n zählen Luthers *Formula Missae* (1523) und *Deudsche Messe und Ordnung Gottesdiensts* (1526). Die A. der anglik. Kirche heißt *Book of Common Prayer,* in der reformierten Schweiz und in Katholisch-apostolischen Gemeinden ist die Bz. „Liturgie" bzw. „Liturgie der Kirche" üblich. In den ev. Kirchen setzt sich in neuerer Zeit immer mehr die Bz. „Kirchenbuch" durch. – In ihrem musikalischen Teil enthalten die A.n meist nur die für den Liturgen bestimmten Gesangsstücke; Gemeindelieder sind in eigenen Gesangbüchern zusammengefaßt. Die in den lutherischen Gottesdienst übernommenen Gregorianischen Gesänge wurden in den sog. Kantionalien gesammelt.

AEGIDIUS DE MURINO (Morino), Musiktheoretiker und Komponist des 14. Jh.; Zeitgenosse von G. de Machaut. Er schrieb den *Tractatus cantus mensurabilis* (Coussemaker, Scr. III). Einige seiner Motetten sind in Handschriften überliefert.

AGINCOUR (Agincourt, Dagincour), **François d',** * 1684 Rouen, † 30. 4. 1758 ebd.; frz. Organist und Komponist. Er war Schüler von Boyvin in Rouen und N. Lebègue in Paris, wurde 1701 Organist an Ste-Madelaine-en-la-Cité in Paris, 1706 an der Kathedrale in Rouen. Gleichzeitig war er Titularorganist an der Abtei von St-Ouen. 1726 übernahm A. die Organistenstelle an St-Jean in Rouen. In seinen Cembalostücken, die in vier „ordres" gegliedert sind, ist der Einfluß Couperins spürbar. Seine in sechs Folgen zusammengestellten Orgelstücke sind nach den Kirchentönen geordnet.

WW: *1er Livre de pièces de clv.* (P 1733); *Pièces d'orgue,* Ms. in BN; *Airs* 1 st. mit B.c. in den Sammlungen v. Ballard (P 1713–16).

Ausg.: 2 Orgelstücke, in: Les Maîtres français de l'orgue, hrsg. v. F. RAUGEL, II (P 1933, ²1949); L'orgue d'autrefois, F. d'A., hrsg. v. L. PANEL (P 1934); Pièces de clavecin, hrsg. v. H. FERGUSON (P 1969) (= Le pupitre XII).

Lit.: A. PIRRO, L'art des organistes, in: LAVIGNAC Techn. II; N. DUFOURCQ, La musique d'orgue française (P 1941); L. PANEL, F. d'A., in: Études normandes 15 (1955); H. DREYFUS, L'œuvre de clavecin de D'Agincour, in: RMFC 1 (1960).

AGITATO (it., = erregt), Vortrags-Bz., die vor allem von Beethoven (z. B. Finale der *Klaviersonate* op. 27 Nr. 1), Mendelssohn *(Lieder ohne Worte* Nr. 5, 10, 17, 21, 38 und 46) und Chopin (*Études* op. 25 Nr. 4; *Préludes* op. 28 Nr. 1, 8 und 22) verwendet wurde.

AGNELLI (Agnello), **Salvatore,** * 1817 Palermo, † 1874 Marseille; it. Komponist. Er war Schüler u. a. von Zingarelli und Donizetti in Neapel. Dort wurden auch seine ersten Opern aufgeführt: *I due Pedanti* (1834); *Il Lazzarone napolitano* (1838) und *La Locandiera di spirito* (1839). 1846 ließ er sich endgültig in Marseille nieder, wo er die Opern *La Jacquerie* (1849), *Léonore de Médicis* (1855), *Les deux avares* (1860) zur Aufführung brachte. Er schrieb auch Ballette und geistliche Werke.

AGNES VON HOHENSTAUFEN, Große Oper in 3 Akten von Gasparo Spontini (1774–1851), Text von Ernst Raupach. Ort und Zeit der Handlung: Mainz im Jahre 1194. UA: 12. 6. 1829 in Berlin (Königliches Opernhaus).
Anlaß für die Komposition war die Vermählung des Prinzen Wilhelm von Preußen. Der Stoff aus der mittelalterlichen deutschen Geschichte beschreibt die Auseinandersetzungen zwischen Welfen und Staufern (Heinrich VI. von Hohenstaufen und Heinrich der Löwe). Das Sujet der Oper kam dem damals in Deutschland herrschenden patriotischen Gefühl entgegen, und Spontini gestaltete das Lokalkolorit des Librettos in großangelegten musikalisch-dramatischen Szenen (Antizipation der späteren Grand opéra). Bereits am 28. 5. 1827 war der erste Akt der Oper aufgeführt worden und erhielt eine vernichtende Kritik. Am 6. 12. 1837 wurde eine den politischen Zeitumständen angepaßte Fassung (Textbearbeitung: Baron Lichtenstein) ebenfalls in Berlin auf die Bühne gebracht. Spontini, dem zum ersten Mal in der Musikgeschichte der Titel eines Generalmusikdirektors verliehen wurde, konnte sich mit dieser Oper nicht gegen den erfolgreichen *Freischütz* von C. M. v. Weber durchsetzen. B. DELCKER

AGNUS DEI, Gebet bzw. Gesang, der in der Messe unmittelbar auf die Brechung der Hostie folgt. Der Text *Agnus Dei, qui tollis peccata mundi: miserere nobis,* der sich genau so auch im Gloria der Messe sowie am Schluß der Allerheiligen-Litanei findet und auf Joh 1,29 fußt *(Ecce agnus Dei, ecce qui tollit peccatum mundi),* wird dreimal nacheinander gebetet, beim dritten Mal heißt es statt *miserere nobis* mit Bezug auf den liturgischen Friedenskuß vor der Kommunion *dona nobis pacem.* Im ↗Requiem lautet der Text der Bitte *dona eis requiem* (zweimal) und *dona eis requiem sempiternam.*
Der gesungene Vortrag des A. D. in der Messe

wurde von Papst Sergius I. (687–701) vorgeschrieben, und zwar „a clero et populo". Seitdem gehört das A. D. zum ↗Ordinarium missae. Die älteste erhaltene chorale A. D.-Melodie ist das A. D. XVIII der Editio Vaticana. Sie paßt in ihrer einfachen Gestalt durchaus zu einer Beteiligung des Volkes am Gesang. Demgegenüber sind die anderen choralen A. D.-Gesänge melodisch reicher und deuten auf ihren Vortrag durch den Chor bzw. die Schola im mittelalterlichen Gottesdienst hin. Wie die anderen Teile des Ordinarium missae wurde im Mittelalter auch das A. D. häufig tropiert (↗Tropus). A. D.-Tropen finden sich u. a. in einem Tropar aus St-Martial in Limoges.

In der mehrstimmigen Vertonung begegnet das A. D. zunächst nur als einzeln überlieferter Satz im Organumstil. Vom 14. Jh. ab konstituiert es dann zusammen mit den anderen Teilen des Ordinariums endgültig die ↗Messe als musikalische Gattung und nimmt an deren geschichtlicher Entwicklung bis zur Gegenwart teil. Seit dem 17. Jh. lassen sich gelegentlich Besonderheiten der A. D.-Komposition beobachten, so vor allem die Anspielung auf die Worte *dona nobis pacem* durch kriegerisch gefärbte Musik, etwa bei J. Haydn (z. B. *Missa in tempore belli)* und Beethoven *(Missa solemnis,* mit dem ausdrücklichen Hinweis des Komponisten: „Bitte um innern und äußern Frieden"). Andererseits haben viele Komponisten des 18. und 19. Jahrhunderts das A. D. auch als Träger lyrischen Ausdrucks verstanden.

Ausg.: Anal. Hymn. 47 (1905, [2]1961); P. EVANS, The Early Trope Repertory of St-Martial de Limoges (Princeton 1970).

Lit.: P. WAGNER, Einführung in die gregorianischen Melodien, I: Ursprung u. Entwicklung (Fr 1895, L [3]1911), III: Gregorianische Formenlehre (L 1921), I–III (Nachdr. Hildesheim 1962); DERS., Gesch. der Messe I (L 1913) (= Kleines Hdb. der Musikgesch. nach Gattungen XI/1); J. A. JUNGMANN, Missarum sollemnia II (W 1948, [5]1962); W. APEL, Gregorian Chant (Bloomington 1958); M. SCHILDBACH, Das einstimmige A. D. und seine hsl. Überlieferung (Erl 1967); M. LÜTOLF, Die mehrstimmigen Ordinarium missae-Sätze vom ausgehenden 11. bis zur Wende des 13. zum 14. Jh. (Be 1970).

AGOGIK (von griech. agein = führen, und agōgē, Bz. für Temponuancierungen in der griech. Rhythmik), von H. Riemann geprägter Begriff zur Kennzeichnung feiner Temposchwankungen, die im Notenbild nicht vermerkt sind, aber beim Vortrag mit Veränderungen der Tonstärke (Dynamik) entstehen. In weiterem Sinne bezieht sich der Begriff auf alles, was mit dem musikalischen Bewegungsablauf beim Vortrag zusammenhängt.

Lit.: H. RIEMANN, Musikalische Dynamik u. A. (H – St. Petersburg 1884); DERS., Über A., in: Präludien u. Studien II (L 1900).

AGOSTINI, Lodovico, * 1534 Ferrara, † 20.9. 1590 ebd.; it. Komponist. Er war Kaplan am Hofe des Herzogs Alfonso II. in Ferrara.

WW: *Musica sopra le rime bizarre di M. Andrea Calmo,* für 4 St. (Mi 1567); 3 Bücher Madrigale für 4–6 St. (V 1570. 1572, 1582); *Enigmi musicali,* für 6–8 St. (V 1571); *Canones et echo,* I/II, für 6 St. (V 1572/81), III für 5 St. (Ferrara 1583); *Canzoni alla napolitana,* für 5 St. (V 1574); *Le lagrime del peccatore,* für 6 St. (V 1586).
Ausg.: *Canzoni alla napolitana a 5 v.,* 1. Buch, hrsg. v. A. CAVICCHI – R. NIELSEN (Brescia 1963) (= Monumenti di musica ital. II/1).

Lit.: A. CAVICCHI, Lettere di musicisti ferraresi: L. A., in: Ferrara viva 4 (1962).

AGOSTINI, Paolo, * 1583 (?) Vallerano, † 3. 10. 1629 Rom; it. Komponist. Er studierte bei seinem Schwiegervater G. B. Nanini und bei Allegri, wurde dann Kapellmeister an mehreren Kirchen in Rom und in Benevent, 1626 als Nachfolger V. Ugolinis Leiter der Cappella Giulia im Vatikan. Seit 1631 wirkte er an S. Luigi dei Francesi in Rom. A. ist mit seinen vielstimmigen und mehrchörigen Kirchenwerken einer der ersten Repräsentanten des römischen Barock.

WW: *Salmi della Madonna* (R 1619); 5 Bücher Messen u. Motetten (R 1627); *Missarum liber posthumus* (R 1630).

Ausg.: 2 Motetten, in: Musica Divina I/2 u. I/4; *Missa sine nomine* für gem. Ch. a cappella (A 1953); Motette *Ego sum panis vivus* für 4st. Ch. (Hei 1959) (= Die Motette im Wandel des Kirchenjahres 27).

Lit.: R. CASIMIRI, R. Micheli e la Cappella Sistina del suo tempo, in: Note d'archivio 4 (1926).

AGOSTINI, Pietro Simone, * um 1650 Monte Baroccio bei Pesaro, † 1. 10. 1680 Parma; it. Komponist. 1674 wurde er Kapellmeister am Oratorio del SS. Crocefisso in Rom. 1679 berief ihn Herzog Ranuccio II. Farnese an seinen Hof in Parma. Als Opernkomponist, von dem sich jedoch nur 2 Opern erhalten haben, gehört A. zur Venezianischen Schule.

WW: 60 Opern, u. a. *Il Tolomeo,* UA: Venedig 1658; *La regina Floridea* (mit F. Rossi u. L. Busca), UA: Mailand 1669; *Ippolita, regina delle Amazzoni* (mit L. Busca u. P. A. Ziani), UA: Mailand 1670; *La Costanza di Rosmonda,* UA: Genua 1670; *L'Adalinda,* UA: Ariccia 1673; Oratorium *Il Primo e il Secondo miracolo di S. Antonio,* UA: Modena 1687; 12 weltl. Kantaten; *Sicut erat,* für 5 St.; *Improperium expectavit,* für 4 St.

Ausg.: Verschiedene Stücke bei M. ZANON, Raccolta di 24 Arie di vari autori del secolo XVII (Mi 1914).

Lit.: B. LIGI, La cappella musicale del duomo d'Urbino, in: Note d'archivio 3 (1925).

AGRELL, Johan Joachim, * 1. 2. 1701 Löth (Schweden), † 19. 1. 1765 Nürnberg; schwedischer Violinist, Pianist und Komponist; 1734 wurde er Violinist am Hofe zu Kassel, 1746 Musikdirektor in

Nürnberg. Im Druck erschienen von ihm u. a. Cembalosonaten und -konzerte, hs. sind Symphonien erhalten.

Ausg.: *Sonata per il cembalo G-Dur,* hrsg. v. K. BRODIN (1932); 2 Sätze aus einer *Symphonie E-Dur,* hrsg. u. bearb. v. S. E. SVENSSON (1947).

Lit.: K. VALENTIN, J. A., in: Svensk musiktidning 30 (1911); P. LINDFORS, En studie over Johan Agrells liv och musikaliska stil, in: STMf 19 (1937); H. HEUSSNER, Zur Musizierpraxis der Klv.-Konzerte im 18. Jh., in: Mozart-Jb. 1967.

AGRÉMENTS (frz., = Verzierungen), seit dem 16. Jh. in der frz. Vokal- und Instrumentalmusik Bz. für Abbreviaturen, mit denen Verzierungen oder Variierungen einer Melodie angezeigt werden. Da die Abbreviaturen von den einzelnen Komponisten oft mit unterschiedlicher Bedeutung verwendet wurden, verlangt ihre Ausführung vom Interpreten eine gründliche Kenntnis der alten Technik, die Beachtung der vom „Geschmack" vorgeschriebenen Regeln und eine besondere Fähigkeit zur Improvisation. Die Lautenisten waren die ersten, die A. häufig verwendeten, wobei oft Komponisten und Spieler ihr eigenes System hatten. Im 17. und 18. Jh. verfaßten zahlreiche Theoretiker und Komponisten Traktate über die Ausführung der Agréments. Obwohl keine allgemeinverbindlichen Regeln eingeführt werden konnten, wurde stets betont, daß die A., weit davon entfernt, bloße Verzierungen zu sein, eng an den Ausdruck gebunden sein sollten. – ↗Verzierungen.

Lit.: J. BASSET, L'art de toucher le luth, in: M. Mersenne, Thesaurus Harmonicus (Kö 1603); L'AFFILARD, Principes ... pour bien apprendre la musique (P 1694); B. DE BACILLY, Remarques curieuses sur l'art de bien chanter (P 1679, Faks.-Ausg. G 1971); F. COUPERIN, L'art de toucher le clavecin (P 1716, ²1717); J. PH. RAMEAU, Pièces de clavecin ... avec une table des a. (P 1724), NA v. E. Jacobi (Kas 1958); J. ARGER, Les a. et le rythme (P 1917); H. SCHENKER, Ein Beitrag zur Ornamentik (W 1908); P. BRUNOLD, Traité des signes et a. employés par les clavecinistes français des XVIIᵉ et XVIIIᵉ siècle (Ly 1925, Nizza ²1965); E. BORREL, L'interprétation de la musique française de Lully à la Révolution (P 1934); H. LUNGERSHAUSEN, Zur instr. Kolorierungspraxis des 18. Jh., in: ZfMw 16 (1934); A. KREUTZ, Die Ornamentik in J. S. Bachs Klavierwerken. Beilage zur Ausg. v. J. S. Bachs Engl. Suiten (L 1950); H. M. LINDE, Kleine Anleitung zum Verzieren alter Musik (Mz 1958).

AGRICOLA (Ackermann, de Alamania), **Alexander,** * um 1446, † 1506 Valladolid. Nach einem 1538 gedruckten Epitaph stammte er aus den Niederlanden oder aus Deutschland. 1470 heiratete er in Florenz. 1471–74 wirkte er als Musiker beim Herzog Galeazzo Maria Sforza in Mailand, der ihn lobend in einem Brief an Lorenzo de' Medici vom 10. Juni 1474 erwähnt. 1474 hielt er sich auch in Mantua auf. 1476 gehörte er als „petit vicaire" der Kathedrale von Cambrai an. Am 1. 10. 1491 wurde er Kantor am Dom zu Florenz, der unter dem Patronat des Lorenzo de' Medici stand. Nach dessen Tod am 9. 4. 1492 verließ A. Florenz, wo zu jener Zeit die Wirren um Savonarola ausbrachen. Ein Brief des frz. Königs Karl VIII. läßt darauf schließen, daß A. sich damals an den frz. Hof begab. 1500 wurde er in die Kapelle Philipps des Schönen von Burgund nach Brüssel berufen. Als Angehöriger des burgundischen Hofes nahm er 1501 und 1506 an Reisen nach Spanien teil. Während der zweiten Spanienreise starb er in Valladolid an der Pest. A. hatte einen Sohn, **Alexander,** der 1515 als Sänger in Ferrara bezeugt ist.

WW: (hsl.; einige davon erscheinen in den Slgen. v. Petrucci, Newsidler, Heyden, Formschneyder u. Rhaw) 9 Messen, davon 8 für 4 St. u. 1 für 3 St.; 2 *Patrem* für 4 St.; 25 Motetten, davon 13 für 4 St. u. 12 für 3 St.; 82 Chansons, davon 1 für 6 St., 10 für 4 St., 68 für 3 St. u. 3 für 2 Stimmen.

Mit Josquin, Obrecht und Isaac gehört A., der auch in den frühen it. Musikdrucken stark vertreten ist, zu den bedeutendsten Komponisten seiner Generation. Sein Stil, der Tradition Ockeghems verpflichtet, ist kraftvoll und groß in der Anlage, in der Führung der Stimmen zeigt sich eine Vorliebe für weitgespannte Melodiebögen und für einen höchst differenzierten Rhythmus. In einigen seiner Messen finden wir weltliche Tenores, die mit größter Freiheit abgewandelt werden (z. B. in der Messe *Malheur me bat*). In den Motetten findet der imitatorische Satz reiche Anwendung *(O quam glorifica).*

Ausg.: Opera omnia, hrsg. v. E. R. LERNER, in: CMM XXII/1–5 (1961–70); Kyrie der Messe *Malheur me bat,* in: J. SONNLEITHNER–J. N. FORKEL, Gesch. der Musik in Denkmälern I (1805); 4 Motetten, in: R. J. VAN MALDEGHEM, Trésor musical III; *Comme femme,* in: A. W. AMBROS, Gesch. der Musik V, hrsg. v. O. Kade (L ³1911); *In Pace,* in: H. RIEMANN, Hdb. der Musikgesch. II/1 (L 1907); *Oublier veuil,* in: J. WOLF, Sing- u. Spielmusik (L 1926, ²1931); *Si dedero,* in: Werken van J. Obrecht, hrsg. v. J. WOLF (A–L 1912–21); 2 Lieder u. 2 Kyrie, in: O. GOMBOSI, J. Obrecht (L 1925); *Belle sur toutes,* in: A. SCHERING, Gesch. der Musik in Beispielen (L 1931); *O quam glorifica,* hrsg. v. J. DELPORTE, in: Rev. liturgique et musicale 25 (1942); Gloria der Messe *Je ne demande,* in: H. BESSELER, Die Musik des MA u. der Renaissance (Pd 1931–34); Doppelkanon, hrsg. v. F. J. GIESBERT, in: Ein altes Spielbuch. Cod. 461 der Stiftsbibl. St. Gallen (Mz 1936).

Lit.: O. GOMBOSI, J. Obrecht (L 1925); H. KINZEL, Der deutsche Musiker A. A. in seinen weltlichen Werken (Diss. Pr 1934); P. MÜLLER, A. A., Seine Missa In minen zin, chansonale Grundl. u. Analyse (Diss. Marburg 1939); G. REESE, Music in the Renaissance (NY 1954); E. R. LERNER, The Sacred Music of A. A., 4 Bde. (1958) (= Diss. Yale Univ.) (enthält Übertragung der Motetten u. Messen); DERS., The „German" Work of A. A., in: MQ 46 (1960); CHR. MAAS, Josquin – A. – Brumel – De la Rue. Een Authenticiteitsprobleem, in: TVer 20/3 (1966); M. PICKER, A letter of Charles VIII of France concerning A. A., in: Aspects of Medieval and Renaissance Music (NY 1966).

AGRICOLA, Georg Ludwig, * 25. 10. 1643 Großen-Forra (Thüringen), † 20. 2. 1676 Gotha; dt. Komponist. Er studierte Theologie an den Univ. Leipzig und Wittenberg und erwarb den Magistergrad. Nach einer Erziehertätigkeit (seit 1667) wurde A. 1670 als Kapellmeister nach Gotha berufen. Von seinen Werken haben sich nur eine Psalmkomposition und 2 Motetten handschriftlich erhalten.

AGRICOLA, Johann Friedrich, * 4. 1. 1720 Dobitschen bei Altenburg (Thür.), † 2. 12. 1774 Berlin; dt. Komponist und Musiktheoretiker. Er studierte an der Universität Leipzig und erhielt gleichzeitig Unterricht von J. S. Bach. In Berlin trat er 1741 mit J. Quantz und C. Ph. E. Bach in Verbindung. Der Erfolg seiner Oper *Il filosofo convinto in amore* trug ihm 1751 die Ernennung zum Hofkomponisten in Berlin ein. 1759 wurde er Leiter der königlichen Kapelle als Nachfolger von K. H. Graun. A. schrieb 9 Opern, eine Bühnenmusik zu Voltaires *Semiramis,* weltliche und geistliche Kantaten, Lieder und Klaviermusik, deren Stil K. H. Graun und J. A. Hasse nahesteht. Von großer Bedeutung sind seine theoretischen Werke: *Anleitung zur Singkunst* (B 1757), eine Übersetzung von Tosis *Opinioni de' cantori antichi e moderni;* die Bearbeitung von J. Adlungs Schrift *Musica mechanica organoedi* (B 1768); *Beleuchtung von der Frage vom Vorzuge der Melodie vor der Harmonie* (1771, in: Cramer, *Magazin der Musik II,* 1786); *Lebensbeschreibung des Kapellmeisters Graun* (in: *Duetti, Terzetti... von Graun,* hrsg. v. Kirnberger, B 1773); *Nekrolog für J. S. Bach* (in: Mizlers Musik-Bibl. IV, L 1754), zusammen mit C. Ph. E. Bach.

Ausg.: Der Nekrolog auf Seb. Bach, hrsg. v. B. F. RICHTER, in: Bach-Jb. 17 (1920); Weihnachtskantate *Kündlich groß...,* Partitur u. St., hrsg. v. F. BOSE (B 1963) (= Veröff. des Staatl. Inst. für Musikforschung...); *Anleitung zur Singkunst,* Faks. der Ausg. Berlin 1757, hrsg. v. E. R. JACOBI (Celle 1966); DASS., hrsg. v. K. WICHMANN (L 1966).

Lit.: H. WUCHERPFENNIG, J. Fr. A. (Diss. B 1922); H. LÖFFLER, Die Schüler J. S. Bachs, in: Bach-Jb. 40 (1953); K. WICHMANN, Der Ziergesang u. die Ausführung der Appoggiatura (L 1966); A. DÜRR, Zur Chronologie der Hss. J. Chr. Altnikols u. J. F. A.s, in: Bach-Jb. 56 (1970).

AGRICOLA, Martin (eigentlich Martin Sore), * 6. 1. 1486 (?) Schwiebus (Schlesien), † 10. 6. 1556 Magdeburg; dt. Komponist und Musiktheoretiker. Er ließ sich um 1519/20 in Magdeburg nieder. Durch den Übertritt der Stadt zum Protestantismus (Mai 1524) wurde ihm um 1527 eine Anstellung als Kantor der städtischen Schule ermöglicht. Dieses Amt übte er bis zu seinem Tode aus. Er veröffentlichte bei G. Rhau in Wittenberg *Ein kurtz Deudsche Musica* (1528, ^{3}1533 unter dem Titel *Musica choralis deudsch*); *Musica instrumentalis deudsch* (1529), ausgestattet mit zahlr. Illustrationen, und die *Musica figuralis deudsch* (1532). A. förderte die Entwicklung des protestantischen Choralgesangs durch seine für den Schulunterricht geschriebenen Traktate: *Scholia in musicam planam* (1538); *Rudimenta musices* (1539); *Ein Sangbuchlein aller Sontag Evangelia* (Magdeburg 1541); *Quaestiones vulgariores in musicam* (Magdeburg 1543). Bei der Zerstörung Magdeburgs 1632 wurde der größte Teil seiner Kompositionen vernichtet. Die wenigen erhaltenen Werke stehen ganz in der Tradition von Josquin des Prés. Dies gilt auch für die in seinen Traktaten angeführten Beispiele sowie für die Hymnen und Motetten, die 1544, 1552 und nach seinem Tod (in den *Melodiae scholasticae,* 1557) bei G. Rhau erschienen.

Ausg.: *Musica figuralis deudsch* (Wittenberg 1532) nebst (im Anh.) *Musica instrumentalis deudsch* (ebbd. 1529), *Musica choralis deudsch* (ebd. 1533) u. *Rudimenta musices* (ebd. 1539), Faks.-Ausg. (Hildesheim 1669); *Musica instrumentalis deudsch,* hrsg. v. R. Eitner, in: PGfM XX (1896); 4 Choralbearbeitungen, in: G. Rhau, *Neue deutsche geistliche Gesänge* (Wittenberg 1544), hrsg. v. J. Wolf, in: DDT XXXIV (1908); *Rudimenta musices,* Faks. der Ausg. Wittenberg 1539, in: MMMLF II/34 (NY 1966).

Lit.: H. FUNCK, M. A., ein frühprot. Schulmusiker (Wb 1933).

AGRIPPINA, Oper in 3 Akten von Georg Friedrich Händel (1685–1759), Text von Kardinal Vincenzo Grimani (1655–1710). Ort und Zeit der Handlung: Rom zur Zeit des Kaisers Claudius (10 v. Chr.–54 n. Chr.). UA: 26. 2. 1709 in Venedig (Teatro S. Giovanni Chrisostomo); dt. EA: 3. 11. 1718 in Hamburg.
Die Oper, die bereits bei der UA stürmisch gefeiert wurde, erlebte 27 Aufführungen, was für die damalige Situation an it. Opernhäusern einen großen Erfolg bedeutete. Der satirische Text spielt in historischer Verbrämung auf die politische Situation unter Papst Clemens XI. an. Die von politischem Ehrgeiz besessene Agrippina versucht, durch Intrigenspiel die Macht im Staate für sich und ihren Sohn zu gewinnen. Händel verwandte dem Brauch der Zeit entsprechend auch in der A. Stücke anderer Komponisten ebenso wie eigene frühere Kompositionen. Aus Reinhard Keisers Oper *Octavian* wurden sechs Nummern in umgearbeiteter Fassung übernommen. Wichtiges Strukturmerkmal ist in dieser Oper die Kontrastkomik, die durch die zahlreichen sogenannten „a-parte-Partien" entsteht.

B. DELCKER

AGUADO Y GARCÍA, Dionisio, * 8. 4. 1784 Madrid, † 20. 12. 1849 ebd.; span. Gitarrist und

Komponist, Schüler von Miguel García. Nach Aufenthalten in Aranjuez (1803–24) und Paris (1825–38) lebte er bis zu seinem Tode in Madrid. Von ihm stammen einige Werke für Gitarre, darunter *3 Rondos brillantes* (Ma 1822), die *Colección de estudios para la guitarra* (Ma 1820) und insbesondere ein *Método de guitarra* (Ma 1825).

Ausg.: *Colección de estudios para la guitarra*, hrsg. v. B. HENZE (B 1926); 24 Etüden u. 10 Tonleiterstudien, hrsg. v. F. WÖRSCHING (Mz 1929).

Lit.: Ph. J. BONE, Guitar and Mandolin (Lo 1914); G. CHASE, La música de España (Buenos Aires 1943).

AGUILERA DE HEREDIA, Sebastián, * um 1565, † 16. 12. 1627 Saragossa; span. Priester und Komponist. 1585–1603 wirkte er als Organist in Huesca, danach in La Seo (Saragossa). Neben Werken für Orgel schrieb er vierstimmige *Psalmos* und ein *Canticum beatissimae Virginis* für 4–8 Stimmen (Saragossa 1618).

Ausg.: *Magnificat en sus 8 tonos*, für 4 St., hrsg. v. H. ESLAVA, in: Lira Sacrorum Hispana II (Ma 1869); 14 Orgelstücke, hrsg. v. F. PEDRELLI, in: Ant. de organistas clásicos españoles I (Ba 1908); 10 Orgelstücke, hrsg. v. P. L. VILLALBA MUÑOZ, in: Ant. de organistos clásicos (Ma 1914); *Enslada* für Org., hrsg. v. J. BONNET, in: Hist. Organ Recitals 6 (NY 1940). 14 Tientos u. andere liturg. Stücke, in: Ant. de organistas españoles del s. XVII, I, hrsg. v. H. ANGLÈS (Ba 1965).

Lit.: H. ANGLÈS, La música en España (Ba 1934); G. FROTSCHER, Gesch. des Orgelspiels I (B 1935); S. KASTNER, Contribución al estudio de la música española y portuguesa (Lis 1941); H. ANGLÈS, in: Anuario Mus. 21 (1966); L. SIEMENS HERNÁNDEZ, in: ebd.

ÄGYPTEN. Unsere Kenntnis der altägyptischen Musik – von ihr ist hier ausschließlich die Rede – beruht auf bildlichen Darstellungen, schriftlichen Quellen und wenigen Funden von Instrumenten, die aber dank der günstigen klimatischen Bedingungen zum Teil gut erhalten sind. Neben den Namen der wichtigsten Instrumentenfamilien sind die Namen und biographischen Daten von zahlreichen berühmten Musikern (auch deren Funktionen) und die Namen ihrer Dienstherren überliefert. Bei kultischen Handlungen waren auch hochgestellte Persönlichkeiten als Musiker beteiligt. Schriftliche Aufzeichnungen von Musik sind bislang nicht entdeckt worden. Daher sind die Instrumente die wichtigsten Zeugnisse, aus denen sowohl die Eigenart der altägyptischen Musik als auch mögliche fremde Einflüsse erschlossen werden können.

Idiophone. Sie wurden im Zusammenhang mit Rhythmus und Tanz entwickelt und gehören zu den ältesten Instrumentengruppen. *Schlagstöcke* wurden schon auf prähistorischen Tongefäßen abgebildet. Sie ähneln einem Bumerang und scheinen gebündelt auch als Klappern benutzt worden zu sein. Ebenfalls aus prähistorischer Zeit stammen eiförmige, mit Körnern oder kleinen Muscheln gefüllte *Rasseln*. In thinitischer Zeit (um 3000–2700 v. Chr.) wurden auch Schlagstöcke aus Elfenbein von ca. 30 cm Länge hergestellt, die am oberen Ende mit einem kleinen geschnitzten Tier- oder Menschenkopf verziert sind und auch paarweise miteinander verbunden werden konnten. Im Mittleren Reich (2040–1780 v. Chr.) finden sich auch Schlagstöcke in Form eines Unterarms mit einer Hand. Im Laufe der Zeit nahm die Größe dieser Instrumente ab. Sie glichen in Klang und Form mehr den Kastagnetten. Diese selbst treten erst spät auf, sind meist aus Holz hergestellt und haben die Form u. a. von Tannenzapfen, Granatäpfeln und kleinen Schminktöpfchen. Die V-förmigen, ebenfalls aus Holz gefertigten und nach oben leicht gebogenen *Klappern* stammen aus der Zeit des Neuen Reiches (1552–1306 v. Chr.; Relief 4872, Museum Kairo). Sie wurden später von Griechen und Etruskern übernommen. Formen, die am oberen Ende der Schenkel ein kleines Becken tragen, gehen auf die ersten nachchristlichen Jahrhunderte zurück und finden sich u. a. auch auf Mosaiken aus Syrien (Museum in Hama), Nordafrika (aus Karthago; British Museum, London) und auf römischen Sarkophagen (Museo delle Terme, Rom) abgebildet. Die Herkunft dieser Instrumente, die auch noch aus byzantinischer Zeit erhalten und noch in Hss. des Hochmittelalters abgebildet sind, ist ungeklärt. Darstellungen auf Silbergeschirr aus sassanidischer Zeit deuten aber auf persischen Ursprung hin. – Rhythmus und unterschiedliche Klangfarben spielten bei den Ägyptern eine große Rolle. Es gab eine Vielfalt von Rasseln, die aus Rohr oder Ton und in unterschiedlichen Formen hergestellt wurden. Obwohl C. Sachs das *Mainit* nicht mehr zu den Musikinstrumeten zählt, sei dagegen der von V. Loret zitierte Text erwähnt, in dem die Rückkehr einer bedeutenden Persönlichkeit „mit dem Klang von Mainit und Sistren" gefeiert wurde. Das Mainit findet sich auch auf Darstellungen aus dem Mittleren und Neuen Reich. Es besteht aus einer Bündelung zahlreicher, aus großen Perlen zusammengesetzter Glieder, die eine Art Halskette bilden. Eine Darstellung aus einem thebanischen Grab zeigt eine Frau, die abwechselnd das Sistrum und das Mainit schwingt (Abb. S. 25, Nr. 1). Die Platte eines im Louvre aufbewahrten Mainit weist eine leichte Abnutzung der Ornamente auf, die vermutlich vom Schlag der gegeneinander prasselnden Perlen herrührt. – Das bekannteste Instrument unter den Idiophonen ist das ↗*Sistrum*. Es lassen sich drei Formen aus verschiedenen Epochen unterscheiden: 1. Auf einem Relief aus der 6. Dynastie (Museum

MUSIKINSTRUMENTE IM ALTEN ÄGYPTEN
nach Fresken und Reliefs von Grabgewölben

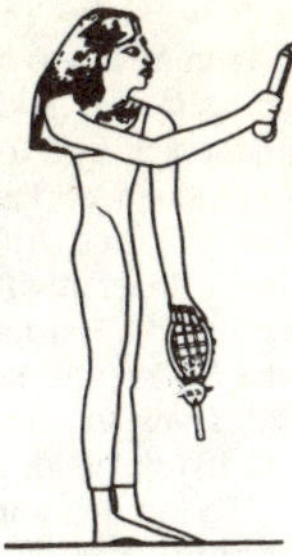

1. Spiel des Mainit.

2. Schnürtrommel und Harfen, Saïtische Zeit. 25. Dynastie.

3. Runde und viereckige Handtrommel.

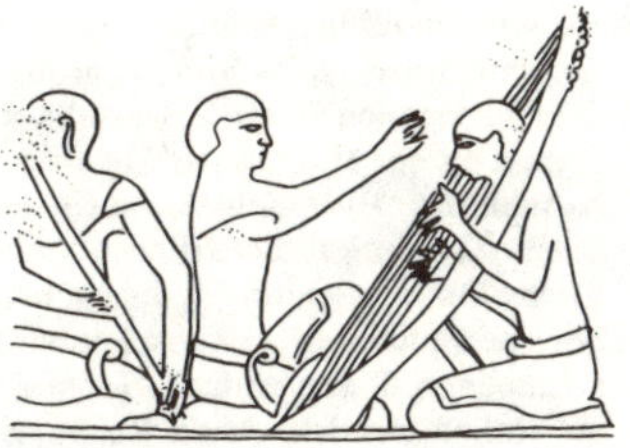

4. Flöte und Harfe. Saqqarah. Altes Reich. 6. Dynastie. London, British Museum.

5. Doppelaulos, Laute und Harfe. Theben. Neues Reich. 18. Dynastie.

6. Harfe und Leier. Theben. Neues Reich. 18. Dynastie.

7. Harfe aus dem Alten Reich.

8. Sogenannte Schulterharfe aus dem Neuen Reich. Theben. 18. Dynastie.

in Wien) besteht das Sistrum aus einem einfachen, geraden Griff mit einer anschließenden Gabel. Zwischen deren Verzweigungen befindet sich ein wahrscheinlich bewegliches Stäbchen. Diese Form ist auch in den Händen eines kleinen musizierenden Wesens auf einer Platte aus Ur dargestellt. Da zwischen Sumerern und Ägyptern schon in sehr früher Zeit Verbindungen bestanden haben, könnte diese Form des Sistrums auch von den Sumerern übernommen worden sein. Um 2100 v. Chr. wurde in Anatolien ein Bronze-Instrument mit viereckigem Rahmen und ebenfalls beweglichem Stäbchen nach Art des Sistrums verwendet. 2. Eine zweite typische, ausschließlich ägyptische Form erinnert an ein kleines Gebäude oder einen Naos. In die Innenwände sind seitlich zwei oder drei Metallstäbe eingelassen, die mit runden, beweglichen Plättchen besetzt sind. Der Klangkörper ist an einem Griff befestigt. Eine gute Darstellung aus der Zeit von Beni-Hasan findet sich in einem Grab der 12. Dynastie (1991–1786 v. Chr.), doch gab es diese Form des Sistrums schon in der 6. oder 7. Dynastie (um 2340–2040 v. Chr.) in Denderah. Der Griff aus Bronze, Silber oder Elfenbein ist mit verschiedenen Ornamenten geschmückt, häufig mit dem Kopf der Göttin Hathor. Einige als Opfergaben bestimmte Instrumente sind aus glasiertem Ton hergestellt (Louvre, Paris). 3. Die bekannteste, freilich wesentlich spätere Form (Abb. 1) stammt aus dem Neuen Reich (1552–1070 v. Chr.). Sie kam gleichzeitig mit dem Isis-Kult nach Griechenland, Pompeji und ins ganze Römische Reich. Das aus Metall gefertigte Instrument besteht aus einem oben gerundeten und sich zum Griff hin verjüngenden Rahmen, in den seitlich schmale, teilweise mit runden Plättchen besetzte Stäbe eingesetzt sind. Der Klang ist sehr fein. Das Instrument erfreute sich großer Beliebtheit. – Die aus Asien stammenden *Becken* aus Bronze mit einem Durchmesser von ca. 15 cm, hatten einen sehr viel härteren Klang. Abbildungen finden sich nur auf einigen Terrakotten der griechischen Zeit. Das British Museum (Nr. 6375) besitzt ein Paar aus der Zeit um 850, das mit einer Schnur zusammengebunden ist.

Membranophone. Die Familie der Trommeln ist nur schwach vertreten. Reliefs aus dem Alten Reich zeigen keine entsprechenden Abbildungen, ausgenommen das Grab 183 in Beni-Hasan, in dem ein großes Instrument (1 m) mit zylindrischem Kessel und mit zwei Häuten bespannt dargestellt ist, das aus der 12. Dynastie stammt (Museum Kairo). Erst im Neuen Reich wurden die Trommeln heimischer. Sie wurden nicht beim Osiris-Kult, aber bei bestimmten kriegerischen oder privaten Anlässen verwendet. Sie bestanden aus zwei Häuten, wurden mit der Hand gespielt und hatten die Form eines kleinen Fasses. Häufig hingen sie an einem Band, das der Musiker um den Hals trug (Abb. 2). Die Bespannung erfolgte durch ein Netz von Schnüren, was auf afrikanische Herkunft verweist (nach H. Hickmann: Nubien), da bei Trommeln aus Mesopotamien die Bespannung genagelt oder geklebt ist. Im Berliner Museum befindet sich eine Tonvasentrommel, bei der es sich um einen Vorläufer der arabischen *Darabukka* handelt. Eine Abbildung dieses Instruments auf einem Relief aus Theben zeigt, daß die Vase konisch und die Haut aufgeklebt ist (Abb. 3). Eine flache Rahmentrommel auf einer Darstellung aus der 22. Dynastie, die bei V. Loret (in: Lavignac, Hist. I, S. 13) abgebildet ist, hat einen Durchmesser von ca. 75 cm und ähnelt zeitgenössischen hethitischen Instrumenten, die auf einem Relief aus Karkemisch (Museum von Ankara) abgebildet sind. Besonders bemerkenswert ist eine bis 70 cm lange Trommel mit rechteckigem Rahmen und einwärts gebogenen Seiten, die in der 18. Dynastie vorkommt. Die runde Trommel war aber verbreiteter. Beide Formen (Abb. 3) stammen aus Asien. Die rechteckige Form kam auch in Persien vor, wurde jedoch in Ä. größer und mit einwärtsgebogenen Seiten hergestellt, was sich auf die Spannung der Haut auswirkte.

Aerophone. Eine Schieferplatte aus vordynastischer Zeit zeigt die früheste Abbildung einer *Längsflöte* aus Schilfrohr, die nach C. Sachs von einem verkleideten Jäger gespielt wird, um das Wild anzulocken. Diese einfache Flöte findet sich auch auf Reliefs aus dem Alten Reich als Teil eines Instrumenten-Ensembles (Abb. 4). Sie ist sehr lang (über 1 m), schmal und wird schräg gehalten, was darauf hindeutet, daß das Mundstück ein einfacher, schrägkantiger Schlitz war. Der Klang dieser Flöte muß ein wenig gedämpft und ziemlich dunkel gewesen sein, denn die wenigen Löcher befinden sich weit unten am Instrument. Eine zweite, viel kürzere Form wird vom Spieler gerade und in Höhe des Mundes gehalten, was für das Vorhandensein eines Schnabels oder Rohrblattes spricht. Die *Querflöte* kam erst unter den Ptolemäern (4. Jh. v. Chr.) auf. – Die *Doppelklarinette* mit einem einfachen, schlagenden Rohrblatt aus einem dreiseitig eingekerbten Schilfrohr war seit dem Alten Reich sehr populär und stammt vermutlich aus Ägypten selbst. Die früheste Darstellung findet sich auf einem Relief aus der Zeit um 2700 v. Chr. (Museum Kairo). Die doppelten Röhren weisen Löcher in gleicher Höhe auf, die gleichzeitig mit einem Finger geschlossen werden konnten. Da die Röhren nicht ganz genau aufeinander abgestimmt waren, hatte das Instrument wahrscheinlich einen vibrierenden, näselnden Klang, von dem die heute in arabischen Ländern gebräuchliche *Zummâra,* die entfernt mit diesem Instrument verwandt ist, eine Vorstellung vermitteln kann. – Der *Aulos* kam während des Neuen Reiches aus Kleinasien nach Ägypten (Abb. 5). – Seit dem Fund des schönen Silber-Instruments im Grab des Tutanchamun ist die *Trompete* genauer bekannt. Sie wurde vor allem bei kriegerischen Anlässen verwendet, obwohl ihre Erfindung Osiris zugeschrieben wird, in dessen Kult sie wahrscheinlich eine Rolle spielte. Ihr Klang wurde wenig geschätzt und von Plutarch mit dem Geschrei des Esels verglichen. Es sind noch zwei weitere Exemplare aus Bronze bekannt: das im Louvre befindliche Instrument hat ein gerades, 54 cm langes Rohr und einen konischen Schalltrichter von 15 cm Durchmesser. Die aus mehreren Röhren bestehende sog. *Panflöte* wurde erst in griechisch-römischer Zeit eingeführt. – Auf dem Boden Ägyptens dagegen entstand Ende des 3. Jh. v. Chr. ein Blasinstrument, das zu den interessantesten aus der Antike stammenden Instrumenten gehört, die *↗Hydraulis* (Wasserorgel). Ihre geniale Erfindung wird von Heron und Vitruv dem Mechaniker Ktesibios in Alexandrien zugeschrieben. Sie wurde bis zum Ende der Antike ausschließlich im profanen Bereich verwendet.

Chordophone. Im Grab des Harmose, der um 1490 v. Chr. in Theben lebte, wurde eine vollständig erhaltene, noch mit Saiten versehene *Laute* gefunden. Sie ist das älteste bekannte ägyptische Exemplar dieses aus Asien stammenden Instruments (Museum in Kairo). Es ist 1,195 m lang. Der ovale Resonanzkörper aus Zedernholz ist 43 cm lang, ca. 11,5 cm breit und 8 cm tief; die sehr feinen Seitenwände sind nur 3 mm stark. Als obere Resonanzdecke dient eine Tierhaut, die naß befestigt wurde, so daß sich ihre Spannung nach dem Trocknen vergrößerte. Die Haut enthält 8 Einschnitte, durch die der Hals hindurchgeführt wird. An dessen Ende befindet sich ein erhabenes, dreieckiges Holzstück mit drei Rillen, durch die die Darmsaiten laufen. Diese sind an einem Knopf befestigt, der den unteren Abschluß des Halses bildet. Am anderen Ende laufen die Saiten über einen Sattel und werden durch ein sechsfach geschlungenes und geknotetes Band zusammengefaßt. Die schwingungsfähige Länge beträgt 97 cm. Um die Befestigung zu sichern und möglicherweise die Stimmung durch Spannen zu verändern, ist ein kleiner Aufsatz in einer Schlinge der verknoteten Saite befestigt. Der Hals ist fast rund (3 cm); er hat keinen abgeflachten Teil, der als Griffbrett dienen könnte und weist auch keine querlaufenden Linien auf. Verschiedene Darstellungen von Lauteninstrumenten weisen aber solche Linien auf. Man hat darin Bünde sehen und aus ihrem Abstand die gespielten Intervalle feststellen wollen. Die Abstände sind jedoch sehr unregelmäßig und vor allem zur Höhe hin nicht verkürzt, wie dies normalerweise der Fall sein müßte, so daß sich daraus keine weiteren Schlußfolgerungen ziehen lassen. Andere Formen mit mehr rundem (Abb. 5) oder ovalem Korpus sind ebenfalls bezeugt, so bei einem Terrakotta-Instrument aus dem Neuen Reich (British Museum, Nr. 5114). Ein Fresko im Museum von Turin zeigt ein am unteren Ende viereckiges Korpus, das sich zum Griff hin verjüngt. Das ist bereits die Form einiger griechischer Lauten. Ä. hat also dieses Instrument, wenn nicht hervorgebracht, so doch zumindest abgewandelt. – Die *Leier,* erstmalig auf einem Fresko in Beni-Hasan aus dem 19. Jh. v. Chr. in den Händen eines syrischen Nomaden dargestellt, war in jener Zeit in Ägypten selbst ein noch fremdes Instrument. Sie ist rechteckig, kunstlos gearbeitet, ganz aus Holz und wurde mit einem großen Plektrum gespielt. Einige Jahrhunderte später ist sie jedoch völlig heimisch und kommt in verschiedenen Formen auf. Neben leicht und elegant gestalteten Exemplaren mit fein geschwungenen Jocharmen finden sich auch stabilere mit rechteckigem Korpus und bis zu 13 Saiten (Museum in Berlin). Einige Tierornamente auf den Jocharmen weisen auf Mesopotamien hin; auch der als Saitenhalter dienende Bügel an einer Leier im Museum von Leiden hat eine Parallele oder ein Vorbild in einer großen babylonischen Leier aus Terrakotta in Ishali (↗Mesopotamien). Auf Abbildungen aus Amarna sind sehr große Instrumente dargestellt. Eines davon scheint von zwei Musikern gespielt zu werden. Bei Ausgrabungen im hethitischen Inandyk wurde eine Vase aus dem 16. Jh. v. Chr. gefunden, die ebenfalls mit einem sehr großen Instrument dekoriert ist, das auf dem Boden steht und von zwei Musikern gespielt wird, die in Rückenansicht zu sehen sind (Museum in Ankara). Vermutlich haben die ununterbrochen gepflegten politischen und kulturellen Beziehungen zwischen Ägypten und den Hethitern dazu beigetragen, daß dieses übergroße Instrument, das sich durch eine besondere Spielweise auszeichnete, bis in die Hauptstadt Amenophis' IV. gelangte. Aus den zahlreichen Darstellungen der Leier ist eine fortschreitende Umwandlung (Abb. 6) zu einem neuen Typ erkennbar. Das zunächst an gleich langen Jocharmen befestigte Querholz erhielt durch Verkürzung eines Jocharmes eine schräge Lage, so daß die daran befestigten Saiten nun verschiedene Längen besaßen. Dabei sind die Saiten im Vergleich zu einer sumerischen Leier (Mesopotamien) in umgekehrter Reihenfolge angeordnet. Die neue Anordnung der Saiten bedingte auch einen Wechsel der Spielweise. Dieser Typ breitete sich bis nach Palästina (Darstellungen auf Elfenbeinbildern aus Megiddo), nach Phönizien (Abbildungen auf Bronze- und Silberschalen) und bis nach Assyrien aus, wo er auf Reliefs neben der traditionellen symmetrischen Form dargestellt ist. – Das bei weitem beliebteste Musikinstrument im alten Ägypten war die *Harfe*. Sie ist häufig dargestellt und ihre verschiedenen Formen zeugen für eine jahrhundertelange Beschäftigung mit diesem Instrument. Bei allen Formen handelt es sich immer um mit den Fingern gezupfte Instrumente. Formen, die mit einem Plektrum gespielt wurden, gab es in Ägypten nicht. Die Harfe gehört zu den aufrechtstehenden Instrumenten. Sie wurde gegen die Schulter des Musikers gelehnt gespielt. Die Saiten verlaufen senkrecht oder leicht schräg und die längste befindet sich an der Außenseite. Anordnung und Umfang des Resonanzraumes änderten sich im Laufe der Entwicklung. Die Vorgeschichte der Harfe ist unbekannt. Möglicherweise haben ägyptische und sumerisch-elamitische Instrumente, die seit dem 4. Jt. bekannt sind, eine gemeinsame Herkunft. Auf Reliefs aus der 4. Dynastie hat die Harfe einen am Boden ruhenden Resonanzkörper, durch den der Bogen hindurchgeht, ein archaischer Zug, der an den Musikbogen der Naturvölker erinnert (Abb. 7). Das Instrument überragt den knienden oder hockenden Spieler. Wie bei den Sumerern haben die Saiten Befestigungsknöpfe, die nicht mit den senkrecht angebrachten Wirbeln zu verwechseln sind, von denen es nicht mehr als 8 gibt. Im Mittleren Reich sind die Instrumente reich verziert. Einige sind mit einem geschnitzten Kopf bekrönt. Das Neue Reich kannte sehr große Instrumente mit bis zu 18 Saiten. Sie wurden im Stehen gespielt (Abb. 5). Das Korpus ist nun wesentlich größer. Es ist bemalt und mit der Skulptur eines Pharao verziert. Eine zweite Form mit stark gekrümmtem Bügel war tragbar und wurde auf eine Unterlage gestellt. Eine dritte, noch leichtere Form, wird von der Musikwissenschaft als Schulterharfe bezeichnet, weil sie auf der (linken) Schulter des Spielers getragen wurde. Sie wurde nicht nur in dieser Stellung benutzt, sondern auch halb auf dem Arm liegend. Der Resonanzkörper ist verlängert. Im Louvre befindet sich ein Instrument, dessen Resonanzkörper 65 cm mißt. Seit dem 15. Jh. v. Chr. kannte Ägypten auch die schöne eckige, aufrechtstehende Harfe aus Babylonien, die sich wohl deshalb so großer Beliebtheit erfreute, weil sich die Stimmung aufgrund der eckigen Bauweise gut hielt. Ein im Louvre befindliches, sehr schönes Exemplar ist geröntgt worden, so daß man auch die innere Bauweise des Korpus genauer kennt. Instrumente dieses Typs haben 21 Saiten, zuweilen noch mehr. In späterer Zeit entwickelte sich aus der Bogenharfe die Winkelharfe, bei der Resonanzkörper und Hals nicht ineinander übergeben, sondern einen fast rechten Winkel zueinander bilden. Der Resonanzkörper liegt auch bei diesem Typ auf dem Boden auf (umgekehrt wie bei der asiatischen Harfe). Man benutzte ferner auch sehr kleine, gebogene Instrumente, die auf einen Schemel gestellt wurden (Orientalisches Institut Chicago).

Allgemeines. Die Namen der Instrumente sind ziemlich genau aus Hierolgyphen bekannt, doch im allgemeinen nur die der Instrumentenfamilien, nicht der Einzeltypen. So wird das Wort „Mat“ (Stange) sowohl für Flöte als auch für Klarinette verwendet. Musikpraxis und Musiktheorie scheinen nur mündlich überliefert worden zu sein. Schriftliche Zeugnisse sind bisher jedenfalls nicht entdeckt worden. Bei Stämmen des oberen Niltales und in abgelegenen Oasen (wie in der Oase Siwa) konnte sich die altägyptische Musik vermutlich bis zu einem gewissen Grade erhalten. Das legen jedenfalls einige satirische Gesänge in Form von Tierszenen nahe, die dem Charakter der auf Papyrus und auf Ostraka aufgezeichneten Fabeln und Szenen entsprechen. Die von H. Hickmann vorgelegten Tonaufnahmen dieser Gesänge geben einen besseren Einblick in die ägyptische Musik als die von ihm in zahlreichen Veröffentlichungen vertretenen Thesen über die ↗Cheironomie und über das Spiel der Saiteninstrumente. Die Ansichten von C. Sachs (die sich auf Darstellungen von Harfenspielern stützen) über Pentatonik in der altorientalischen Musik sind nicht haltbar. Das gilt auch für die Mehrstimmigkeit, da ein gleichzeitiges Spiel beider Hände des Harfenspielers nicht nachgewiesen werden kann. Als sicher darf dagegen gelten, daß die ägyptische Musik zur Zeit des Neuen Reiches unter dem Einfluß asiatischer Musik siebenstufig und modal wurde (falls sie es nicht schon vorher war) wie die syrische und babylonische Musik (↗Mesopotamien). Andeutungen späterer griechischer Autoren, vor allem des Dion Cassius, und die Gesänge von Siwa erhärten diese Ansicht. Die Überlieferung alter pentatonischer oder sechsstufiger Melodien spricht nicht dagegen.

Lit.: V. LORET, Égypte, in: LAVIGNAC Hist. I (1913); C. SACHS, Die Musikinstr. des alten Ägyptens (B 1921); DERS., The Hist. of Musical Instr. (NY 1940); BR. SCHIFFER, Die Oase Siwa u. ihre Musik (Diss. B 1936); N. E. SCOTT, The Lute of the Singer Harmosè, in: Bull. of the Metropolitan Museum (NY 1944); H. HICKMANN, Cat. des instr. de mus. du Musée du Caire (Kairo 1949); DERS., Mus. Pharaonique (Kehl 1956); DERS., Ägypten, in: Musikgesch. in Bildern II/1 (L 1961); DERS., Altägyptische Musik, in: Hdb. der Orientalistik I/4

(Lei 1970) (mit Bibliogr.); F. BEHN, Musikleben im Altertum u. frühen MA (St 1954); H. HICKMANN – CH. GR. DE MECKLENBOURG, Cat. d'enregistrements de musique folklorique égyptienne (Str – Baden-Baden 1958) (= Slg. musikwiss. Abh.en 38); CH. GROSSHERZOG ZU MECKLENBURG, Ägyptische Rhythmik, Rhythmen u. Rhythmusinstr. im heutigen Ägypten (ebd. 1960) (= ebd. 40); J. PERROT, L'orgue de ses origines hellénistique à la fin du XIIIe siècle (P 1965, engl. Lo 1971); M. DUCHESNE-GUILLEMIN, Sur la typologie des harpes égyptiennes, in: Chronique d'Égypte XLIV (1969) Nr. 87.

M. DUCHESNE-GUILLEMIN

ÄGYPTISCHE HELENA, DIE, Oper in 2 Aufzügen von Richard Strauss (1864–1949), op. 75, Text von Hugo von Hofmannsthal (1874–1929). Ort und Zeit der Handlung: Insel Aithra bei Ägypten, Palmenhain zu Füßen des Atlas zur Zeit von Trojas Fall. UA: 6.6.1928 in Dresden (Staatsoper) unter Fritz Busch.

Hofmannsthal knüpft an die Ilias von Homer an und schildert in freier Nachdichtung die Erlebnisse zwischen Menelaos und Helena nach Trojas Fall. Das Werk, eine Musizier- und Gesangsoper, errang mit Elisabeth Rethberg in der Titelrolle nur einen Achtungserfolg und steht bis heute im Schatten der Meisterwerke von Richard Strauss. Nur wenige Tage nach der UA erfolgte am 11. 6. 1928 die Aufführung in der Wiener Staatsoper unter der Leitung des Komponisten.

H. BECKER

AHLE, 1) Johann Rudolf, * 24.12.1625 Mühlhausen (Thüringen), † 9. 7. 1673 ebd.; dt. Organist und Komponist. 1646 wurde er Kantor von St. Andreas in Erfurt und 1654 Nachfolger von J. Vockerodt als Organist an der Kirche St. Blasius in Mühlhausen. 1673 wurde er Bürgermeister seiner Heimatstadt. A. genoß großes Ansehen bei seinen Zeitgenossen. Mit seinen zahlreichen Geistlichen Konzerten und a cappella-Werken, die in der heutigen kirchenmusikalischen Praxis einen festen Platz haben, gehört er zu den wichtigsten Erscheinungen der evangelischen Kirchen- und Hausmusik des 17. Jahrhunderts.

WW: **1) Instr.-WW:** *Dreyfaches Zehn allerhand Sinfonien, Paduanen, Balletten, Allemanden* (für 3–5 Instr.) (Erfurt 1654); 64 Orgelstücke (hsl.). – **2) Vokal-WW:** *Himmelsüsse Jesusfreude* (Erfurt 1648); *Geistliche Dialoge* (ebd. 1648); *Neu gepflantzter Thüringischer Lustgarten*, 4 Bde. (ebd. 1657–65); *Neue geistliche Arien*, 5 Bde. (Mühlhausen 1662–73); *Neue geistliche Andachten* (ebd. 1662); *Neue geistliche Chorstücke* (ebd. 1663); *Musikalische Frühlingslust* (ebd. 1668); *Neue geistliche Communion* (ebd. 1668); *Neuverfassete Chormusik* (Erfurt 1668). – **3) Schriften:** *Compendium pro tenellis* (Erfurt 1648); *De Progressionibus consonantiarum* (o.J.) (beide WW sind verloren); *Deutsche kurze u. deutliche Anleitung zu der lieblich u. löblichen Singekunst*, Übers. des *Compendium*, durchgesehen u. hrsg. v. Johann Georg A. (Mühlhausen 1690, ²1704).

2) Johann Georg, Sohn und Schüler von 1), getauft 12.6.1651 Mühlhausen, † 2.12.1706 ebd.; dt. Musiktheoretiker und Komponist. Er wurde Nachfolger seines Vaters an der Orgel von St. Blasius und somit Amtsvorgänger von J. S. Bach. Wie sein Vater war auch er ein trefflicher Komponist, der zahlreiche Vokal- und Instrumentalwerke hinterlassen hat. Von seinen theoretischen Schriften zählt das vierteilige Werk *Musikalische Frühlings-, Sommer-, Herbst- und Wintergespräche* (Mühlhausen 1695–1701) zu jenen deutschen Musiktraktaten des 17. Jh., die grundlegend für die Ausprägung der musikalischen Figurenlehre waren.

Ausg.: **Johann Rudolf A.:** 14 Vokal-Kompositionen, in: C. VON WINTERFELD, Der ev. Kirchengesang II (L 1845); Toccata für Org., in: A. G. RITTER, Zur Gesch. des Orgelspiels II (L 1884); J. R. A.s ausgewählte Gesangswerke, hrsg. v. J. WOLF, in: DDT V (1901); 2 Sätze, in: Hdb. der dt. ev. Kirchenmusik, hrsg. v. K. AMELN – CHR. MAHRENHOLZ – W. THOMAS, II: Das gesungene Bibelwort, Teil 1: Die A-cappella-Werke (Gö 1935); 2 Orgelchoräle, hrsg. v. G. FROTSCHER, in: EDM Ser. 1, IX (1937); Weihnachtskonzert *Merk auf, mein Herz*, hrsg. v. A. ADRIO (B 1948); Weihnachtskantate für Doppelchor, 4 Pos. u. B.c., hrsg. v. L. A. LILLEHAUG (St. Louis 1964).

Lit.: J. WOLF, J.R.A., in: SIMG 2 (1900–01); E. BRINKMANN, in: FS J.A. Tille (Wr 1930); G. FROTSCHER, Gesch. des Orgelspiels I (B 1935); J. P. JOHNSON, An Analysis and Ed. of Selected Choral Works of J.R.A., 2 Bde. (1969) (= Diss. Southern Baptist Theological Seminary/Texas).

AHLERSMEYER, Mathieu, * 29. 6. 1896 Köln, † 23. 7. 1979 Garmisch; dt. Sänger (Bariton). Seine Ausbildung erhielt er bei Karl Niemann in Köln. 1929 debütierte er in Mönchengladbach als Wolfram in Wagners *Tannhäuser*. Es folgten Engagements an der Berliner Kroll-Oper (1930–31) und an der Hamburgischen Staatsoper (bis 1934). Nach 1934 sang A. vornehmlich an der Dresdner Staatsoper; 1945–62 war er Mitglied der Hamburger Staatsoper. Noch 1973 trat A. öffentlich auf. Bedeutung erlangte er besonders durch sein Eintreten für die moderne Oper des 20. Jh. (G. von Einem, P. Hindemith, W. Egk, J. Haas).

AHLGRIMM, Isolde, * 31.7.1914 Wien; östr. Pianistin und Cembalistin. Nach Musikstudium in Wien (bei Franz Schmidt und Emil von Sauer) schlug sie zunächst eine Laufbahn als Pianistin ein, wechselte jedoch schon bald zum Cembalo über. Seit 1945 Lehrerin an der Wiener Musikakademie, unterrichtete sie 1958–62 am Salzburger Mozarteum, dann wieder an der Musikakademie in Wien. Anfang der 50er Jahre spielte sie alle Cembalo-Werke von J. S. Bach für die Schallplatte (Philips) ein. A. gilt als hervorragende Bach-Interpretin.

AHREND & BRUNZEMA, dt. Orgelbaufirma, 1954 in Loga bei Leer (Ostfriesland) von **Jürgen**

Ahrend (* 28. 4. 1930 in Treuenhagen bei Göttingen) und **Gerhard Brunzema** (* 6. 7. 1927 in Emden/Ostfriesland) gegründet. Beide haben zuvor bei Paul Ott in Göttingen gearbeitet. Sie bauten bisher mehrere Instrumente mit mechanischer Traktur: Den Haag-Scheveningen, Zorgvlietkerk (26 Register); Aurich, St. Lamberti (25 Register); Bremen, St. Martini (33 Register); Amsterdam, Oude Kerk (eine kleine Orgel, 17 Register). Sie restaurierten die Orgeln von Westerhusen (1642), Uttum (um 1660), Rysum (um 1530) und die der Waalse Kerk in Amsterdam.

AHRENS, Joseph Johannes Clemens, * 17. 4. 1904 Sommersell (Westfalen); dt. Organist und Komponist. Er studierte bei Fr. Volbach in Münster, seit 1928 bei A. Sittard und M. Seiffert an der Akademie für Kirchen- und Schulmusik in Berlin, an der er nach Abschluß seines Studiums als Dozent lehrte. Als Organist wirkte er seit 1934 an der St.-Hedwigs-Kathedrale, dann 1945–57 an der Salvatorkirche. Nach dem Kriege war er an der Staatlichen Hochschule für Musik Berlin bis 1969 Professor für Kirchenmusik. Bekannt geworden ist A. durch den virtuosen Stil seiner Orgelkompositionen (Konzerte, Toccaten, Präludien, Fugen usw.). Er schrieb ferner Messen, Motetten, 2 Passionen (1950, 1961), ein Weihnachtsevangelium (1952) und den Chor-Zyklus *Das heilige Jahr* (1957). An neueren Werken sind zu nennen die *Missa dodekaphonica* (1960), *Die deutschen Cantica der Osternacht* für Chor a cap. (1962), die Fantasie und Ricercare über ein Thema von Joannis Cabanilles für Orgel (1967) und die *Missa pro unitate fidei: Aus tiefer Not schrei ich zu Dir* für vierstimmigen Chor und Orchester (1974). Er schrieb *Die Formprinzipien des Gregorianischen Chorals und mein Orgelstil* (Hei 1978).

Lit.: W. DAVID, Das Orgelschaffen v. J. A., in: Musik u. Altar 1 (1948); R. WALTER, J. A., Der Schöpfer eines neuen Orgelstils, in: ebd.; FS J. A. zum 50. Geburtstag (B 1954); O. RIEMER, Musik der Verkündung, in: Musica 11 (1957); G. BERGER, Zu den Cantiones Gregorianae v. J. A., in: Musik und Altar 13 (1960–61); W. KAEMPFER, in: Musica sacra 84 (1964); J. SCHELL, in: Kath. Kirchenmusik 89 (St. Gallen 1964); W. BRUNE, Missa dodekaphonica v. J. A., in: Musica sacra 88 (1968); DERS., in: ebd. 89 (1969); J. SCHELL, J. A., in: ebd. 94 (1974).

AIBL, Josef, dt. Musikverlag, ↗Universal-Edition.

AIBLINGER, Johann Kaspar, 23. 2. 1779 Wasserburg am Inn, † 6. 5. 1867 München; dt. Komponist und Orchesterleiter. Er erhielt seine erste musikalische Ausbildung in Tegernsee und München, studierte dann bei S. Mayr in Bergamo. 1804–11 lebte er in Vicenza, dann in Mailand und Venedig. 1819 wurde er als Orchesterleiter nach München berufen, zuerst an die Italienische Oper, 1823 an die Königliche Oper. Seine einzige dt. Oper, *Rodrigo und Ximene* (1821), hatte nur geringen Erfolg. 1833 wurde A. von König Ludwig I. nach Italien gesandt mit dem Auftrag, alte Musik zu sammeln. 1837–64 war er Kapellmeister an der Allerheiligenhofkirche zu München und widmete sich fast ausschließlich der geistlichen Musik. Die hierher gehörigen Kompositionen sind respektable Beispiele eines klassizistischen Stils.

Ausg.: Eine Messe, hrsg. v. K. G. FELLERER (Kö 1956).

Lit.: P. HÖTZL, Zum Gedächtnis A.s (Mn 1867); L. SCHIEDERMAIR, Aus A.s it. Briefwechsel, in: KmJb 24 (1911); F. X. WITT, Ein vergessener Komponist, in: F. X. Witt, Ausgew. Aufsätze, hrsg. v. K. G. Fellerer (Kö 1934).

AICH, Arnt von, † um 1530 Köln; dt. Buchdrukker. Zwischen 1510 und 1530 veröffentlichte er in Köln eine Sammlung von 75 Tenorliedern (vgl. RISM 1519^5), die wahrscheinlich das Repertoire der Kapelle des Augsburger Bischofs Friedrich v. Zollern († 1505) umfaßt. Sie enthält Kompositionen von Adam von Fulda (3), G. Brack, W. Grefinger, P. Hofhaimer (3), H. Isaac, E. Lapicida, M. Pipelare und A. Rener.

Ausg.: Liederbuch des A. v. A., hrsg. v. E. BERNOULLI – H. J. MOSER (Kas 1930).

Lit.: W. KAHL, in: Stud. z. Kölner Musikgesch. (Kö-Krefeld 1953) (= Beitr. z. rheinischen Musikgesch. 3); B. SCHWENDOWIUS, in: Rheinische Musiker V, hrsg. v. K. G. Fellerer (Kö 1967) (= Beitr. z. rheinischen Musikgesch. 69).

AICHINGER, Gregor, * 1564 Regensburg, † 21. 1. 1628 Augsburg; dt. Komponist. A. war möglicherweise Schüler von Orlando di Lasso in München und wurde nach Universitätsstudien in Ingolstadt Organist an St. Ulrich in Augsburg. Der Familie Fugger verdankte er eine Italienreise (1584–87), auf der er seine musikalische Ausbildung in Venedig (bei G. Gabrieli) und Rom vervollständigte. Danach setzte er sein Studium in Ingolstadt fort. 1600 nach Rom zurückgekehrt, wurde er dort 1603 zum Priester geweiht und ging darauf als Vikar und Organist wieder nach Augsburg. Sein Schaffen, überwiegend vokal, ist typisch für die Übergangszeit von der motettischen Vokalpolyphonie der Palestrinazeit zum konzertierenden Stil des 17. Jahrhunderts. Es umfaßt einerseits Messen und Motetten älteren Stils (u. a. *Sacrae Cantiones,* 3 Bde., V 1590, 1595 und Nürnberg 1697), zahlreiche 3st. Kompositionen (u. a. *Tricinia Mariana,* I 1598; *Divinae Laudes,* 2 Bde., Au 1602, Dillingen 1608; *Teutsche Gesenglein,* ebd. 1609) und geistliche Madrigale *(Ghirlanda di canzonette spirituali,*

Au 1603). Andererseits veröffentlichte A. auch Werke mit Generalbaß und trug mit seinen Sammlungen von Geistlichen Konzerten zur Verbreitung des neuen Stils in Deutschland bei. Zu nennen sind hier: *Cantiones ecclesiasticae trium et quatuor vocum... cum basso generali* (Dillingen 1607), die eine kurze Einführung in das Generalbaßspiel enthalten, und *Flores Musici* (Au 1626).

Ausg.: Ausgew. WW, hrsg. v. TH. KROYER, in: DTB X/1 (1909); Einzel-Ausg. in: Musik der Oberpfalz, Bd. 1, 2 u. 7 (Rb 1972 u. 1976).

Lit.: E. LEIPOLD, G. A.s Motette ... „Omnes sancti angeli custodes“, in: Musica sacra 78 (1958); W. E. HETTRICK III; The Thorough-bass in the Works of Gr. A. (1968) (= Diss. Univ. of Michigan).

AIDA, Oper in 4 Akten von Giuseppe Verdi (1813–1901), Text von Du Locle und Antonio Ghislanzoni unter Mitarbeit von Verdi nach einer Erzählung des Ägyptologen Edouard Mariette. Ort und Zeit der Handlung: Ägypten zur Zeit der Pharaonen. UA: 24. 12. 1871 in Kairo (Hofoper); dt. EA (in dt. Sprache): 20. 4. 1874 in Berlin (Königliches Opernhaus).
Verdi komponierte die Oper im Auftrage des Vizekönigs von Ägypten zur Eröffnung des Suez-Kanals für eine Gage von 150 000 Francs. Der die Handlung prägende Sieg der Ägypter über die Äthiopier gab ihm die Möglichkeit zur Komposition des großartigen festlichen Triumphmarsches, dem die eigens dafür konstruierten Aida-Trompeten strahlenden Glanz verleihen. Zu den beliebtesten Stücken des Werkes gehört die Tenorarie des Radames *Holde Aida*. Schwungvolle Chöre unterstreichen den repräsentativen Charakter der Oper, der es auch nicht an orientalischem Kolorit, vor allem im Orchestersatz, fehlt. Die UA war eine Weltsensation, die EA in Italien wenige Wochen später erregte fast noch größere Begeisterung – eine Begeisterung, die bis heute das Werk begleitet.

H. BECKER

AIDA-TROMPETE (frz.: trompette thébaine; it. tromba egiziana), lange, schlanke Fanfarentrompete mit 1–3 Ventilen. Sie wird in C, B, H oder As gebaut und hat einen scharfen, glänzenden Ton. Die A.-T. ist ausschließlich ein Bühneninstrument und entstand als Imitation der altägyptischen Trompete für Verdis Oper *Aida*. Für dieses Werk wurde sie in As (Röhrenlänge ca. 155 cm) und H (ca. 130 cm) gebaut und hatte nur 1 Ganztonventil, das von der Hand des Spielers verdeckt wurde.

Lit.: P. RIGHINI, Dalle trombe egizie par l'Aida alle trombe di Tut-Ankh-Amon, in: RMI 11 (1977).

AILEY, Alvin, * 5. 1. 1931 Rogers (Texas); am. Tänzer, Choreograph und Tanzpädagoge. Er war Schüler von Lester Horton, Martha Graham und Ch. Weidman. 1950 debütierte er in Hortons Dance Theater, das er nach dem Tode Hortons 1953 übernahm. Er wirkte in Musicals (u. a. *House of Flowers*, 1954) und Filmen (u. a. *Carmen Jones*, 1954) mit. 1958 gründete A. ein eigenes Alvin Ailey American Dance Theater, mit dem er viele Gastspielreisen, u. a. auch nach Europa (erstmals 1964), unternahm. Seine Ballettschöpfung *Revelations* (NY 1960) gilt als einer der Höhepunkte des Jazztanzes. Weitere Choreographien A.s sind: *Blue suite* (1958), *Feast of Ashes* (1962), *Labyrinth* (später umbenannt in *Ariadne*, 1963/65), *Reflections in D* (1964), *Streams* (1970), *The River* (1970), *Flowers* (1971), *Choral Dances* (1971). A. verbindet in seinen experimentierenden Ballettschöpfungen Bestandteile des primitiven Tanzes mit denen des klassischen Balletts, des modernen Tanzes und des Jazztanzes in überzeugender Weise.

AIMERIC DE PÉGUILHAN, um 1170–1230; Troubadour aus Toulouse, dessen Familie aus Péguilhan bei Saint-Gaudens stammte. Ein Pons de Péguilhan war 1202 „consul“ in Toulouse. A. wurde gefördert von Alfons VIII. von Kastilien, Peter II. von Aragón, von den Familien Este, Montferrat, Agout und Malaspina, schließlich von Kaiser Friedrich II. Seine zahlreichen Reisen führten ihn seit 1197 nach Spanien und Italien, wo er als Ketzer starb. Sein überliefertes Werk, das sich weiter Verbreitung erfreute, umfaßt 53 Dichtungen; allerdings sind dazu nur 6 Melodien erhalten. Beziehungen zu anderen Troubadours sind nachweisbar, vor allem zu Gaucelm Faidit, Elias d'Ussel, Blacatz, Guilhelm de Berguedan und Peire Vidal.

Ausg.: W. P. SHEPARD – F. M. CHAMBERS, The Poems of A. de P. (Evanston 1950); F. GENNRICH, Der musikal. Nachlaß der Troubadours (mit den Melodien), 3 Bde. (Da 1958–65) (= Summa musicae medii aevi III, IV u. XV).

Lit.: J. BOUTIÈRE – A. H. SCHUTZ – I. M. CLUZEL, Biogr. des troubadours (P 1964); J. MAILLARD, Anthologie de chants de troubadours (Nizza 1967) (mit einem Descort).

AIMON, Pamphile Léopold François, * 4. 10. 1779 L'Isle-sur-la-Sorgue (Vaucluse), † 2. 2. 1866 Paris; frz. Komponist und Kapellmeister. Bereits im Alter von 17 Jahren dirigierte er das Orchester des Theaters von Marseille. 1817 ließ er sich in Paris nieder, wo ein Jahr später die Académie Royale de Musique seine Opéra-comique *Les Jeux floraux* aufführte. 1821 wurde A. Leiter des Orchesters am Gymnase Dramatique und 1822 am Théâtre-Français. Er schrieb 5 weitere Opern, von denen keine aufgeführt wurde, ferner Vaudevilles, Duos, Trios, zahlreiche Quartette, zwei Konzerte für Fagott, ein *Concertino* für Violoncello sowie didaktische Werke wie *Abécédaire musical* (P 1831), das zahlreiche Auflagen erlebte.

AIOLLA (Ajolla), **Francesco dell',** ↗Layolle, François de.

AIR. In der französischen Musik eine vokale oder instrumentale Melodie, weltlich oder geistlich, begleitet oder unbegleitet, die für sich allein stehen oder in eine größere, mehrere Sätze umfassende Komposition eingegliedert sein kann. Das A. entstand aus der Lautenchanson des 16. Jh., die in Frankreich seit 1571 ↗Air de cour genannt wurde und dort in verschiedenen Formen *(air à danser, air à boire, air de ballet, air spirituel)* besonders durch die Veröffentlichungen G. Batailles rasch Beliebtheit errang. Um 1650 ersetzen M. Lambert und P. de La Barre diese Form durch das *air en rondeau* und vor allem durch das *air sérieux*, das im Umfang erweitert und durch ein zweites Couplet („double") in Diminution ausgeschmückt wurde. Ein analoges Repertoire erscheint zur selben Zeit in England und in Deutschland bei H. Albert (*Arien*, 1638 bis 1650). Wenn es sich auch um Sologesang handelt, so hat doch das strophisch gebaute A. nichts mit der it. Monodie gemein. Es besteht aus zwei kurzen Abschnitten, deren zweiter ausdrucksvoller und reicher verziert ist, und entwickelte später (im 18. Jh.) kompliziertere Formen, ohne jedoch seinen einheitlichen Charakter einzubüßen. Vor allem in der frz. Oper, wo dem A. im allgemeinen ein Rezitativ vorausgeht, wurde es seit Lully in sehr verschiedenen Gestaltungsweisen verwendet, indem man auf ältere Formen zurückgriff oder völlig neue Formen schuf. So entlehnte man die Dacapo-Form aus Italien (↗Arie); daneben gab es das einteilige, dem Arioso verwandte A. und das zweiteilige A. ohne Reprise, das häufig in der Großen Oper des 19. Jh. erscheint. Nach Charakter und Schwierigkeitsgrad unterscheidet man *air de charactère, air tendre* (↗Brunette), *air de bravoure* usw. Das A. drang auch in Konzert, Oratorium, Kantate und Instrumentalmusik ein. Seit dem Ende des 19. Jh. vermischte sich das A. in der dramatischen Musik mit dem Rezitativ und wies keinerlei feste Form mehr auf (Debussy). – ↗Arie.

Ausg.: H. ALBERT, Arien, hrsg. v. E. BERNOULLI, in: DDT 12 (1903) u. 13 (1904); H. PRUNIÈRES, Airs français, 6 Hefte (P 1924–27); FR. NOSKE, Das außerdeutsche Sololied (Kö 1958) (= Das Musikwerk 16).

Lit.: H. KRETZSCHMAR, Gesch. des neuen dt. Liedes I (von Albert bis Zelter) (L 1911); A. EINSTEIN, Ein unbekannter Druck aus der Frühzeit der dt. Monodie, in: SIMG 13 (1912); TH. GÉROLD, L'art du chant en France au XVIIe siècle (Str 1921); P. COIRAULT, Notre chanson folklorique (P 1941).

A. VERCHALY

AIR À BOIRE, kleine lyrische Komposition bacchantischen Charakters für eine oder mehrere Stimmen, mit oder ohne Begleitung. Das A. à b. reicht bis in das griech. Altertum zurück. Hier war es Brauch, am Ende eines festlichen Mahles mit der „Skolie" Liebe und Wein zu besingen, eine Tradition, die auch im Römischen Reich und in der christlichen Welt beibehalten wurde. Im Mittelalter gehörte die *Chanson à boire* zum Repertoire der Troubadours, Trouvères und Goliarden. Sie erlebte eine neue Blütezeit in der Renaissance, als die Volkskunst die Kunstmusik durchdrang und in den ersten gedruckten Sammlungen die „Chansons rustiques et musicales" nebeneinandergestellt wurden. Die mehrstimmige Chanson entlehnte Themen und charakteristische Züge der ländlichen Chanson à boire, von der sich Beispiele in dem von Charles de Bourbon 1514 gesammelten *Ms. de Bayeux* finden. Dennoch erfreute sich die Chanson à boire erst durch die Lautenchanson und das strophische ↗Air de cour Ende des 17. Jh. wachsender Beliebtheit. 1615 veröffentlichte J. Mangeant in Caen seine *Chansons des Comédiens françois*, in dem die A. à b. unter dem Titel *Bacchanales* zusammengestellt sind. In der Folgezeit veröffentlichten, mit Ausnahme von P. Guédron und A. Boesset, die meisten Komponisten A.s à b., so J. Boyer, E. Moulinié, Fr. de Chancy, A. de Rosiers, D. Macé, G. Michel und De La Marre. Diese Stücke waren für eine oder mehrere Stimmen, mit oder ohne Lautenbegleitung gesetzt. 1627–62 veröffentlichte Ballard 21 Sammlungen mit dem Titel *Chansons pour dancer et pour boire* für eine und zwei Stimmen. Ab 1663 wurde diese Sammlung durch B. de Bacilly fortgeführt, von dem selbst die *Airs bachiques* stammen (1671). Im selben Zeitraum erschienen die Sammlungen von R. Cambert (1665) und die 17 Bücher von *Airs sérieux et à boire* von J. Sicard (1666–83). Seit 1694 unternahm J. B. Chr. Ballard die Veröffentlichung einer neuen Sammlung, die etwa 30 Jahre lang fortgeführt wurde. Bis um 1660 blieb das A. à b. der Volkskunst verpflichtet. Schließlich wurde es musikalisch kunstvoller gestaltet, was dazu führte, daß auch Komponisten wie Lully, M. A. Charpentier, Fr. Couperin, A. Campra, J. J. Mouret und J. Ph. Rameau sich dieser Gattung annahmen. Dennoch blieb der Einbruch in die Kunstmusik nur vorübergehend. Schon bald beeinflußte das A. à b. die Chansonniers der „Caveaux", die in Paris seit 1729 bis zum Anfang des 19. Jh. aufeinander folgten. Im 19. und 20. Jh. wurde das A. à b. von Komponisten wie H. Berlioz *(La Damnation de Faust),* C. Saint-Saëns, Fr. Poulenc, M. Ravel *(Don Quichotte à Dulcinée,* 1932) und G. Migot (Kantate *Vini vinoque amor,* 1937) wieder aufgegriffen.

Ausg.: *Le Ms. de Bayeux,* hrsg. v. TH. GÉROLD (P 1921); H. PRUNIÈRES, Airs français (P 1925); *Airs sérieux et à boire,* hrsg. v. F. ROBERT (P 1968).

Lit.: A. ARNHEIM, Ein Beitrag z. Gesch. des einstimmigen weltlichen Kunstliedes in Frankreich im 17. Jh., in: SIMG 10 (1908–09); TH. GÉROLD, L'art du chant en France au XVIIe s. (P 1936); P. CHAILLON, La chanson française en Europe occidentale à l'époque de Josquin des Prés, in: Encycl. de la Pléiade. Hist. de la musique I (P 1960); F. LESURE, La chanson française au XVIe s., in: ebd.

A. VERCHALY

AIR DE COUR, Form eines liedhaften Gesangsstückes; eine spezifisch frz. Erscheinung. Der Ausdruck wurde zum ersten Mal von A. Le Roy in seinem *Livre d'air de cour mis sur le luth* (1571) gebraucht und bezeichnet die Übertragung einer mehrstimmigen Chanson für Sologesang und Laute, wobei sich das Stück in seiner strophischen Anlage und einfachen homophonen Struktur an volksmusikalische Tradition anlehnte. Gegen Ende des 16. Jh. (1596) nannte man so alle Lieder (↗Air), ob sie nun mehrstimmig oder solistisch, mit oder ohne Instrumentalbegleitung ausgeführt wurden, da sie sich alle in einem wesentlichen Punkt glichen: Die Oberstimme war die wichtigste Stimme und verlieh so dem Text eine vorrangige Stellung. In diesem Sinne entsprach das A. de c. den Vorstellungen der humanistischen Dichter, die ihre Verse verständlich und klar deklamiert hören wollten. Die Komponisten verwendeten daher bevorzugt eine bekannte Melodie und verzichteten auf einen kunstvoll gearbeiteten Satz. Wegen seiner einfachen Struktur und großen „Geschmeidigkeit" („malléabilité", P. Coirault) spielte das A. de c. anfangs eine ähnliche Rolle wie ein solches Melodiemodell: Aus der beliebig vorgenommenen Veränderung von Text, Melodie und Harmonie entstanden zu einem A. de c. oft eine große Zahl von Versionen. Das A. de c. zeigt entweder eine zweiteilige Anlage (ABB oder AABB) oder die des Refrainlieds. Im Gegensatz zur Monodie in Italien entwickelte es sich nur langsam. Im letzten Drittel des 16. Jh. geriet es gleichzeitig unter den Einfluß des Vaudevilles und der ↗Musique mesurée à l'antique, woraus zwei Typen entstanden: die dem Tanz verbundene „musique légère" und die unregelmäßig rhythmisierte, aus ungleichmäßigen Takten aufgebaute „musique d'air". Das A. de c. nahm seinen eigentlichen Aufschwung erst ab 1600 mit dem Erscheinen der Bücher von P. Guédron, G. Bataille, J. Boyer, A. Boesset, Fr. Richard, E. Moulinié, Fr. de Chancy und J. de Cambefort. Diese zunächst mehrstimmig vokal konzipierten Stücke erfreuten sich größter Beliebtheit durch die Sammlung von *Airs,* die G. Bataille nach dem Vorbild A. Le Roys mit einer Lautentabulatur ab 1608 veröffentlichte; diese Publikation wurde von A. Boesset bis 1643 (16. Band) fortgesetzt. Diese Sammlungen, die den Sologesang in Frankreich begründeten, umfassen Trink- und Tanzlieder, sog. „airs précieux", „airs galants", „airs de ballet" und auch Psalmvertonungen. Um 1630 kehrte das A. de c. allmählich zu einem geregelten Rhythmus zurück. Seit 1632 wurde der bis dahin nur sporadisch praktizierte Generalbaß die Regel und machte die Tabulatur überflüssig, die 1645 völlig verschwand. In der Folgezeit kam das A. de c. außer Gebrauch. Man zog das *air sérieux* vor, das wie das *air en rondeau* älteren Formen größeren Raum gab; diese beiden Typen machen das Repertoire aus, das die Voraussetzung zur Schaffung der frz. Oper durch Lully bildete. – ↗Air, ↗Air à boire.

Ausg.: Chants de France et d'Italie, 2e série (Nr. 90–130), hrsg. v. H. EXPERT (P.o.J.); Airs français I, hrsg. v. H. PRUNIÈRES (P 1924); P. WARLOCK, French Ayres from G. Bataille's „Airs de différents autheurs" (O 1926); Chansons au luth et a. de c. françaises du XVIe siècle, hrsg. v. A. MAIRY – L. DE LA LAURENCIE I/3–4 (P 1934); Chansons et a.s de c. (1587–1617), hrsg. v. A. VERCHALY (P 1954); A.s de c. pour voix et luth, hrsg. v. DEMS. (P 1961); J. PLANSON, Airs mis en mus. à 4 parties (1587), hrsg. v. A. Verchaly (P 1966).

Lit.: M. MERSENNE, Harmonie universelle (P 1636). Faks.-Ausg., hrsg. v. Fr. Lesure (P 1963); TH. GÉROLD, L'art du chant en France au XVIIe siècle (Str 1921); D. P. WALKER, The Influence of Mus. mesurée à l'antique particularly on the A. de c. of the Early 17th Century, in: MD 2 (1948); K. J. LEVY, Vaudeville, vers mesurés et a. de c., in: Musique et poésie au XVIe siècle (P 1954); A. VERCHALY, Poésie et a. de c. en France jusqu'à 1620 (ebd.); DERS., La tablature dans les recueils français pour chant et luth (1603–43), in: Le luth et sa musique (P 1958); DERS., La métrique et le rythme musical au temps de l'humanisme, in: Congress Report New York 1961 (NY – Kas 1961–62).

A. VERCHALY

AKADEMIE (engl.: academy; frz.: académie; it.: accademia; span.: academia), ursprünglich die von Platon im Hain des attischen Heros Akademos in der Nähe Athens um 387 v. Chr. gegründete Philosophenschule. Sie sollte der geistigen Auseinandersetzung Gleichgesinnter als Forum dienen. Während die *ältere A.* unter Platons Nachfolgern an Bedeutung verlor, wurde die *mittlere A.* (3. Jh. v. Chr.) und die *neuere A.* (2. Jh. v. Chr.) bedeutsam für das Weiterleben der Platonischen A. im Römischen Reich bis zu ihrer Auflösung 529 n. Chr.

1. An diese Tradition knüpften im Humanismus jene A.n an, die zuerst in Florenz (Accademia Platonica, 1474), auf Anregung des Marsilio Ficino, dann in Neapel, Rom und Venedig entstanden. In diesen

nach bestimmten Regeln organisierten Gemeinschaften kamen Gelehrte zusammen, die sich mit Wissenschaft und Kultur der klassischen Antike befaßten. Die A.n verbreiteten sich im 16. Jh. rasch über ganz Italien, wurden durch fürstliche Mäzene oder Beiträge ihrer Mitglieder unterstützt und spielten eine wichtige Rolle bei der Entwicklung des Humanismus. Florenz blieb jedoch auch im 16. Jh. das Zentrum der Akademie-Bewegung. Die dort in dieser Zeit gegründeten A.n *Accademia degli Infocati, Accademia degli Immobili* (die erste dieses Namens) und *Accademia della Crusca* hatten europäischen Ruhm. In ihren Aktivitäten spielte die Musik eine wichtige Rolle. Eine eigene musikgeschichtliche Bedeutung bekam, ebenfalls in Florenz, in den letzten Dezennien des 16. Jh. die unter dem Namen ↗Camerata fiorentina bekannte A. des Grafen Bardi; von ihr gingen entscheidende Anstöße für die Entstehung des monodischen Stils und der Oper aus. Ihr Erbe trat die 1607 in Florenz von M. da Gagliano gegründete *Accademia degli Elevati* an. Im gleichen Jahr entstand in Mantua die *Accademia degli Invaghiti*, vor deren Mitgliedern Monteverdis *Orfeo* uraufgeführt wurde. Erwähnt sei noch die 1651 in Florenz entstandene zweite *Accademia degli Immobili*, deren Mitglieder maßgeblich an der Gründung des *Teatro della Pergola* (1657) beteiligt waren. Auch in Bologna gab es in dieser Zeit vier Akademien. Es waren solche, die sich ausschließlich mit Musik befaßten: die *Accademia degli Accesi*, die 1614 von A. Banchieri gegründete *Accademia dei Floridi*, aus der 1622 die *Accademia dei Filomusi* hervorging, die *Accademia dei Filaschi* und die *Accademia dei Filarmonici* (1666 gegründet), der später u. a. A. Corelli, G. Torelli, G. B. Martini, Mozart, Rossini und Busoni angehörten. Eine wichtige Aufgabe dieser A.n war die Förderung der klassischen Vokalpolyphonie.

Die Gründung und Entwicklung solcher A.n blieb indes nicht auf Italien beschränkt, sondern vollzog sich im 16./17. Jh. besonders auch in Frankreich. Es ist ferner zu berücksichtigen, daß die Bezeichnung A. seit dieser Zeit für verschiedenartige kulturelle Institutionen gilt. Zu unterscheiden sind: 1. die (traditionelle) A. als Zusammenschluß von Gelehrten, Künstlern u. ä.; 2. die A. als Institution privaten oder öffentlichen Musizierens; 3. die A. als Konzert; 4. die A. als Unterrichtsstätte.

1. Ein Markstein in der Geschichte des neueren Akademiewesens war in Frankreich die Gründung einer *Académie de Poésie et de Musique* 1570 durch J. A. de Baïf und J. Thibault de Courville unter dem Patronat König Karls IX. Mitglieder dieser A.n waren Poeten, Musiker und Dilettanten. Ein Ergebnis der Überlegungen, die man in diesem Kreise unter vorwiegend antikisierenden Aspekten zum Verhältnis von Dichtung und Musik anstellte, war die ↗Musique mesurée à l'antique. Nach dem Tode Karls IX. (1573) ging aus der A. Baïfs die *Académie du Palais* hervor. Im 17. Jh. entstanden dann in Frankreich zwei bedeutende und noch heute existierende A.n, die *Académie Française* (1635) und die *Académie des Sciences* (1666). Diese wurden später mit der *Académie des Inscriptions et Belles-Lettres*, der *Académie des Sciences Morales* und der *Académie des Beaux-Arts* zu dem *Institut de France* zusammengeschlossen. Die Wahl in diese A.n galt und gilt als höchste wissenschaftliche und künstlerische Auszeichnung. Die Musik ist – als „Composition" – eine von 5 Sektionen der *Académie des Beaux-Arts* (neben Malerei, Bildhauerkunst, Architektur und Graphik). Zu den Aufgaben der „Section de Composition" gehört die Verleihung des ↗Prix de Rome. – Nach dem Vorbild der französischen A.n wurden seit dem 18. Jh. auch in anderen europäischen Ländern entsprechende Einrichtungen geschaffen. So existieren heute in Deutschland *A.n der Wissenschaften* in Berlin, Göttingen, München, Leipzig, Heidelberg, Mainz und Düsseldorf. In ihrem Rahmen wird auch musikwissenschaftliche Forschung betrieben (Studien, Denkmälerreihen, Lexika). Daneben gibt es eine *A. der Künste* in Berlin und eine *A. der Schönen Künste* in München.

2. Die Idee der A. kam in Frankreich in besonderer Weise auch auf dem Gebiet des musikalischen Theaters zum Ausdruck. Unter Berufung auf die musikalischen A.n Italiens und – ähnlich wie im 16. Jh. bei Baïf – kunsttheoretisch auf eine ideale Verbindung von Dichtung und Musik abzielend, erhielt der Poet Perrin zusammen mit Cambert 1669 das königliche Privileg zur Errichtung von „Académies d'Opéra", die der Aufführung von musikalischen Bühnenwerken dienen sollten. Dies bedeutete die Gründung der Pariser „Opéra", die einige Jahre später in die Leitung Lullys überging und den Titel *Académie Royale de Musique et de Danse* – später *A. Impériale* bzw. *Nationale* – erhielt. Die Aufführungen der *Académie* fanden zuerst im Theater des Palais-Royal, dann in verschiedenen anderen Theatern statt. Seit 1875 besitzt die Pariser Oper in dem *Palais Garnier* ein repräsentatives Haus, das an der Fassade noch heute die Aufschrift *Académie Nationale de Musique* trägt.

In London gründete Cambert 1673 nach Pariser Vorbild eine allerdings nur kurze Zeit bestehende *Royal Academy of Music*. Sie lebte 1719–28 wieder auf als ein Unternehmen, das die italienischen Opern Händels, Bononcinis und Ariostis zur Aufführung brachte.

Im 18. Jh. entstanden in vielen europäischen Ländern weitere ähnliche A.n als private oder öffentliche Gesellschaften zur Veranstaltung von Konzerten. Berühmt war in London die *Academy of Ancient Music,* die 1710–92 wirkte. Eine große Bedeutung gewann die von C. F. Fasch 1791 gegründete Berliner Singakademie, die noch heute besteht. Unter der Leitung von Zelter und Mendelssohn war sie nach 1820 an der Wiederentdekkung Bachs beteiligt und wirkte auch maßgebend auf das deutsche Chorwesen des 19. Jahrhunderts ein.

3. Mit A. wurden im 18./19. Jh. im deutschen Sprachgebiet auch bestimmte Konzerte und Konzertreihen bezeichnet, so z. B. die Abonnementskonzerte des Mannheimer Theaterorchesters (seit 1779) und des Münchner Theaterorchesters (seit 1811). Bekannt sind insbesondere die unter dem Titel A. veranstalteten Konzerte in Wien, bei denen Werke Beethovens z. T. uraufgeführt wurden (z. B. Akademie am 7. Mai 1824 mit der Aufführung der 9. Symphonie).

4. Nachdem schon im 17./18. Jh. im Rahmen der unter 2. genannten A.n vereinzelt auch musikalischer Unterricht erteilt wurde (so etwa in vielen französischen Musik-A.n), entstanden seit dem 19. Jh. unter der Bezeichnung A. zahlreiche musikalische Ausbildungsstätten mit unterschiedlicher pädagogischer Zielsetzung und schulrechtlicher Struktur. Als Anstalten mit dem Status einer Musikhochschule seien genannt: die *Royal Academy of Music* in London (gegründet 1822, die älteste dieser Art und dritte A. dieses Namens, s. o. unter 2.), die *Accademia di S. Cecilia* in Rom (1839 durch Umbildung einer älteren Institution entstanden), die *A. der Tonkunst* in München (1892 gegr., heute *Staatliche Hochschule für Musik),* die *Nordwestdeutsche Musikakademie* in Detmold (1946 gegründet, heute Abteilung der „Staatl. Musikhochschule Westfalen-Lippe"). In der Bundesrepublik Deutschland gibt es heute ferner eine Reihe von musikalischen Ausbildungsstätten mit dem Titel „Fachakademie" und mit dem Status einer Fachhochschule, so z. B. die *Fachakademie für Kirchenmusik und Musikerziehung* in Regensburg.

Lit.: J. C. C. OELRICHS, Hist. Nachrichten von den akademischen Würden in der Musik u. öffentl. musikal. Akad. (B 1752); A. v. HARNACK, Gesch. der Königl. Preußischen Akad. der Wiss. zu Berlin, 3 Bde. (B 1900); M. MAYLENDER, Storia delle accademie d'Italia, 5 Bde. (Bol 1926–30); G. SCHÜNEMANN, Die Singakademie zu Berlin (Rb 1941); D. P. Walker, Musical Humanism in the 16th and Early 17th Century, in: MR 2/3 (1941/42), dt.: Der musikal. Humanismus im 16. u. frühen 17. Jh. (Kas 1949); F. A. YATES, The French A. in the 16th Century (Lo 1947); H. BURTON, Les académies de musique en France au XVIIIe siècle, in: RMie 37 (1955).

M. HONEGGER – G. MASSENKEIL

AKADEMISMUS, in der Musikgeschichte des 19. Jh. eine kunstästhetisch und -politisch motivierte Bewegung gegen die als „fortschrittlich" disqualifizierte Musik Wagners und der „Neudeutschen Schule" um Liszt. Das Wort A. verweist auf die Berliner „Akademie der Künste", deren Mitglieder sich in der Mitte des 19. Jh. als entschiedene Wahrer der Tradition und ihrer Evolution verstanden. Von den Komponisten dieser Zeit zeigen Mendelssohn, Brahms, Bruch, Rheinberger u. a. eine Nähe zum A., ohne daß hierdurch ein präziser stilgeschichtlicher Standort bezeichnet wäre.

Lit.: K. G. FELLERER, Der A. in der dt. Musik des 19. Jh. (Opladen 1976) (= Rhein.-Westf. Akademie der Wiss., Geisteswiss. Vorträge G 212).

AKEROYDE, Samuel, engl. Komponist des 17. Jahrhunderts aus Yorkshire. A. ist 1687 als Musiker am Hof König Jakobs II. bezeugt. Er schrieb zahlreiche für die szenische Aufführung bestimmte „Airs", die in Sammlungen jener Zeit gedruckt wurden. Außerdem arbeitete er am 3. Teil von Durfeys Oper *The Comical History of Don Quixote* (1695) mit.

AKIMENKO, Fjodor Stepanowitsch (Thédore), * 20. 2. 1876 Charkow, † 3. 1. 1945 Paris; russ. Komponist. Schüler von Balakirew und später von Rimski-Korsakow. 1914–23 unterrichtete er Musiktheorie und Komposition am St. Petersburger Konservatorium. 1923 emigrierte er nach Prag aus und ließ sich 1929 in Frankreich nieder. A. verwendete zwar Elemente seiner heimatlichen Musik, stand aber doch insgesamt dem französischen Impressionismus nahe. Seine (112) Werke liegen handschriftlich in der Bibliothèque nationale in Paris, einige sind bei Belaieff veröffentlicht.

Lit.: A. WIRSTA, Th. A., in: Ber. über den internat. musikwiss. Kgr. Köln 1958 (Kas 1959); L. SABANEJEW, Modern Russ. Composers, engl. v. J. A. Joffe (NY 1927, Neudruck 1967).

AKKLAMATION, ursprünglich Freude oder Zustimmung bekundender Zuruf einer Menschenmenge. Die A. findet sich im religiösen wie im profanen Bereich. Im Römischen Reich waren A.en vor allem bei Gericht, im Senat, im Theater und im Zirkus üblich. Der Brauch der A., der schon in jüdischen Gottesdiensten gepflegt wurde, erhielt sich auch in christlichen Gemeinden. Bei Bischofswahlen und Priesterweihen war die Zustimmung des Volkes erforderlich, die sich in festgelegten A.en äußerte. Konzilsbeschlüsse wurden in ähnlicher Form gefaßt, wobei die A.en gewöhnlich von einer Geste der Zustimmung begleitet wurden.

Liturgische Akklamationen. Die allgemeinsten

A.en übernahmen die Christen von den Juden; einige blieben mit nur geringfügigen lautlichen Veränderungen in der Originalsprache erhalten wie *Amen, Alleluia* und *Hosanna.* Andere wurden in übersetzter Form übernommen wie *Sanctus* und *Benedictus,* die Grußformel *Dominus vobiscum* oder die Benediktion *Sit nomen Domini benedictum.* A.en haben Wunsch, Glaubensbekräftigung, Anrufung oder inständige Bitte zum Inhalt. – Es lassen sich kurze und ausgedehntere Formeln unterscheiden. Kurze Formeln werden beim Wechselgesang oder bei den Antworten der Gemeinde auf ein Gebet des Priesters gebraucht. Besonders häufig sind *Amen, Deo gratias, Kyrie eleison, Miserere nobis* sowie die Bestandteile des Wechselgesangs, der das Eucharistiegebet einleitet und sich in zum Teil abgewandelten Formen in fast allen christlichen Liturgien findet (C. A. Bouman, *Variants in the Introduction to the Eucharistic Prayer,* in: Vigiliae christianae IV, 1950, S. 94–115). Die längeren Formeln sind meist biblischen Ursprungs (z. B. Psalmverse). Zu ihnen zählen auch die ↗Doxologien. – Eine Sonderform der A. bilden die ↗Laudes regiae.

Die A.en werden im Choral musikalisch sehr verschieden behandelt. In Wechselgesängen finden sich A.en häufig nur in Form einfacher Rezitationen, doch können selbst einfache Antworten wie *Amen, Kyrie eleison* oder *Deo gratias* musikalisch reich ausgeziert sein, was nicht unbedingt auf eine spätere Entstehungszeit schließen läßt. Meist haben lange Formeln eine weitgespannte Melodie, für die als typisches Beispiel die Doxologie *Te decet laus* zu nennen ist, die sich im Abendland innerhalb der klösterlichen Liturgie erhalten hat. – Insgesamt läßt sich für die chorale Melodik akklamatorischer Texte feststellen, daß deren ursprünglicher und theologischer Sinn als Rufe der Gemeinde nicht eigentlich zum Ausdruck kommt. Das hängt mit der generellen Ausschließung der Gemeinde vom liturgischen Gesang des Mittelalters und dessen Zuweisung an die kirchlichen Funktionsträger (Kantoren usw.) zusammen. Ähnliches gilt auch für die mehrstimmige Vertonung jener Texte bis ins 17. Jahrhundert. Erst bei Händel findet sich (vielleicht in Fortführung entsprechender Traditionen in der anglikanischen Kirchenmusik) erstmals in der Musikgeschichte das Bemühen um einen spezifisch musikalischen, vielfach differenzierten Ausdruck von Akklamationen. Das *Hallelujah* aus dem *Messias,* mit dem der Chor (und das Orchester) die (himmlische und irdische) Gemeinde repräsentiert, ist hierfür das treffendste Beispiel. Unter dem Einfluß Händels berücksichtigt auch Beethoven – besonders im *Gloria* der *Missa solemnis* – den akklamatorischen Charakter des Textes durch eine entsprechende musikalische Gestaltung. Spätere Beispiele ähnlicher Art finden sich u. a. bei Bruckner *(Te Deum).*

Lit.: F. CABROL, Acclamation, in: Dictionnaire d'archéologie chrétienne et de liturgie I/1, S. 240–265; M. RIGHETTI, Storia liturgica I (Mi [2]1950) S. 170–177; J. GÉLINEAU, Chant et musique dans le culte chrétien (P 1962); A. SCHMITZ, Zum Verständnis des Gloria in Beethovens „Missa solemnis", in: FS für Friedrich Blume (Kas 1963) S. 320ff.; L. DEISS, Concile et chant nouveau (P 1969); N. MORAN, Zwei Herrscherakklamationen in einer griech. Hs. aus Süditalien (Cod. Messina gr. 161), in: Mf. 30 (1977).

AKKOLADE (dt.: Klammer; engl.: brace; frz.: accolade; it.: sgraffa), senkrechte, geschweifte Klammer; wird in der Partitur von Musik für oder mit Orchester und in der Notierung von Musik für oder mit Klavier und Orgel verwendet, um mehrere Notensysteme als zusammenklingend bzw. zusammengehörig zu kennzeichnen. In der Orchesterpartitur werden gewöhnlich entweder die Instrumentengruppen (Holz-, Blechbläser, Streicher) sowie die Chorstimmen oder paarweise notierte Instrumentalstimmen (Fl. I/Fl. II, V. I/II) geklammert, in der Klaviermusik zwei Systeme, in der Orgelmusik die beiden Systeme, die dem Manualspiel zugewiesen sind. – A. bezeichnet auch die Gesamtheit der Systeme.

AKKORD, Zusammenklang von mindestens drei verschiedenen Tönen. Die einfachste Form eines A. ist der Dreiklang als Zusammenklang von Grundton, Terz und Quint . Dur- und Molldreiklang wurden von Zarlino (1558) als jene beiden A.e erkannt, auf die sich die tonale Vielfalt mehrstimmiger Musik zurückführen läßt; der Durdreiklang ist aufgebaut aus großer und kleiner Terz , der Molldreiklang umgekehrt aus kleiner und großer Terz . Waren im 15. Jh. A.e die sekundäre Folge von Stimmführungen – die Folge  z. B. beruht primär auf der horizontalen Fortschreitung der Außenstimmen –, so wurden mit der Entstehung der modernen Harmonielehre (Rameau 1722) A.e als vertikale Einheit, als primär und unmittelbar Gegebenes begriffen. A.e und A.-Folgen konstituieren als Grundlage des harmonischen Geschehens den tonalen Zusammenhang. Die Lehre vom Terzaufbau der A.e geht auf Rameau zurück. Neben die konsonanten Grundformen des Dur- und Molldreiklangs stellen sich als dissonante A.e verminderte Dreiklänge, aufgebaut aus zwei kleinen Terzen (die Quint ist vermindert), und übermäßige, gebildet aus zwei großen Terzen (übermäßige Quint). Jeder Dur- und Molldreiklang ist umkehrbar, ohne seine harmonische Identität einzubüßen: im Sext-A. liegt die Terz im Baß, im Quartsext-A. bildet die Quint den tiefsten Ton. Bei vierstimmiger Darstellung eines Dreiklangs wird in der Regel der Grundton verdoppelt; je nach dem Dreiklangston in der Oberstimme ist ein A. in Oktav-, Terz- oder Quintlage gegeben.

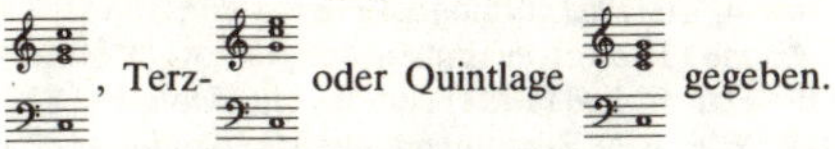

Von weiter Lage spricht man, wenn zwischen den Oberstimmen jeweils noch ein A.-Ton Platz finden kann (Vorbild ist der Chorsatz) , andernfalls von enger Lage (Vorbild ist der Griff auf Tasteninstrumenten).  In der Musik des 17.–19. Jh. werden A.e nicht nur nach ihrer Qualität als konsonant oder dissonant qualifiziert, sondern auch nach ihrer Funktion und Hierarchie innerhalb des tonalen Zusammenhangs bestimmt. Die Dreiklänge der I., IV. und V. Stufe werden nach ihrer Funktion als Tonika (T), Subdominante (S) und Dominante (D) bezeichnet; die Tonika bildet das harmonische Zentrum, auf das alle Klänge bezogen sind. T, S und D sind die Hauptfunktionen, die, zur Schlußformel der Kadenz geordnet, eine Tonart eindeutig festlegen:

Die anderen A.e werden als Vertreter der Hauptfunktionen aufgefaßt: die II. kann für die IV., die VI. für die I. Stufe eintreten und deren Funktion erfüllen: 

. Die Funktionsschrift – Dur-A.e werden durch große, Moll-A.e durch kleine Buchstaben dargestellt – zeigt diese Bezüge: z. B. ist die Tp die Mollparallele (p) einer Durtonika (T), also von c-e-g (als Tonika) a-c-e. Solche A.e, deren Grundtöne im Verhältnis einer Terz zueinander stehen, heißen terzverwandt; analog gibt es quintverwandte A.e (z. B. c-e-g / g-h-d). Jeder Durdreiklang kann durch Hinzufügung der kleinen Sept zum Vierklang des Dominantsept-A.s (D^7) (D^7) erweitert werden; die Umkehrungen eines D^7 werden als Quintsext-A. (D^7_5), Terzquart-A. (D^7_3) und Sekund-A. (D_7) benannt. Die kleine Sept im D^7 und die – einem Dur- oder Molldreiklang – hinzugefügte große Sext (sixte ajoutée) (S^6_5, s^6_5) heißen „charakteristische Dissonanzen", da die jeweiligen Dreiklänge durch sie dominantischen bzw. subdominantischen Charakter erhalten. Die Erweiterung des D^7 um eine große Terz läßt den Dominantseptnon-A. entstehen, der mit (D^9_7) oder ohne Grundton ($\not{D}^9_7$) auftreten kann; in Moll erscheint der $\not{D}^9_7$ als verminderter Sept-A. (D^v), der aufgrund seiner tonalen Vieldeutigkeit – jeder Ton kann als Leitton aufgefaßt werden – gern bei Modulationen eingesetzt wird.

Fortschreitende Chromatisierung (Alteration) beraubte die A.e immer stärker ihrer funktionalen Eindeutigkeit. Schon in der Klassik treten häufig alterierte A.e auf, denen durch die zusätzlichen Leittöne eine intensivierte Zielstrebigkeit erwächst, z. B. ($D^{5<}$ T) oder ($D^{7}_{5>}$ T). Von dort aus führte die Entwicklung im 19. Jh. zu funktionsfreien Klangfolgen, die allein durch leittönige Bewegungen legitimiert und fortgetragen werden; das Streben nach dichter Klangverknüpfung ist dabei ebenso beherrschend wie das Eindringen farblicher Momente. Eben jene Leittönigkeit, die in Abkehr von den Kirchentonarten zur Konstituierung des Dur-Moll-tonalen Systems geführt hatte, begünstigte durch Übersteigerung dessen Auflösung. Die atonale Musik postulierte die „Emanzipation der Dissonanz" (Schönberg), den Verzicht auf die Auflösungsbedürftigkeit eines Klanges: in ihr sind die Klänge qualitativ gleichrangig und keinem harmonischen Zentrum verpflichtet. In der Dodekaphonie werden die Klangbildungen durch die zugrunde liegende Reihe reguliert.

Lit.: H. RIEMANN, Gesch. der Musiktheorie im 9.–19. Jh. (L 1898, B [2]1921); E. KURTH, Die Voraussetzungen der theoretischen Harmonik u. der tonalen Darstellungssysteme (B 1913); H. FEDERHOFER, Akkordik u. Harmonik in frühen Motetten der Trienter Kodices (Diss. W 1936); M. KOLINSKI, Konsonanz als Grundlage einer neuen Akkordlehre (Brünn – Pr – L – W 1936); P. HINDEMITH, Unterweisung im Tonsatz I (Mz 1937, [2]1940), II (Mz 1939); H. H. EGGEBRECHT, Stud. zur musikal. Terminologie (Mz–Wie 1955) (= Abh. der Akad. der Wiss. u. der Lit., Geistes- u. sozialwiss. Klasse).

C. KÜHN

AKKORDBEZIFFERUNG ↗Gitarre.

AKKORDEON (engl.: accordion; frz.: accordéon; it.: fisarmonica; span.: acordeón), Blasinstrument mit durchschlagenden (freischwingenden) Metallzungen; im allgemeinen Sprachgebrauch heute Bz. für alle Arten der Hand- oder Ziehharmonikas. Die wechselnde Windzufuhr wird durch einen Handblasebalg besorgt, der beständige Kontrolle des Luftdrucks erlaubt. Für das Einsetzen der freischwingenden Metallzungen oder „Stimmen" in ihren Metallrahmen, der Stimmplatte, werden zwei verschiedene Verfahren, das wechseltönige und das gleichtönige, angewendet. Beim älteren wechseltönigen Verfahren sind 2 verschieden gestimmte Zungen auf einer Stimmplatte befestigt, die durch Druck einer Taste (eines Knopfes) 2 Töne unterschiedlicher Tonhöhe hervorbringen, je nachdem ob der Balg herausgezogen oder zusammengedrückt wird (z. B. wechseltönig: c-d). Beim gleichtönigen, auch chromatisch genannten, Verfahren werden auf Zug und Druck des Balges zwei identische Töne je Stimmplatte erzeugt (gleichtönig: c-c). Obwohl sich im Verlauf der historischen Entwicklung des A. eine Vielzahl von verschiedenen Instrumenten herausbildete, lassen sich die Handharmonika-Instrumente bis heute auf 2 Grundtypen zurückführen, das wechseltönige und das gleichtönige Akkordeon. Bis zur Mitte des 19. Jh. gab es sowohl Instrumente mit diatonischer als auch solche mit chromatischer Tonfolge, die jedoch alle wechseltönig waren. Erst die 1850 von dem Wiener Musiker Walter entwickelte Gleichtönigkeit für die Melodieseite führte dann zur Entwicklung der Gleichtönigkeit auch auf der Baßseite des Instruments. Bedingt durch diese Entwicklung, bürgerte sich die Unterscheidung von „diatonischem" (= wechseltönigem) und „chromatischem" (= gleichtönigem) A. ein. Das älteste bekannte Instrument mit durchschlagenden Zungen ist die chinesische Sheng (um 2700 v. Chr.), die „Mundorgel". Sie erschien in Europa vermutlich zu Beginn des 17. Jh. und wurde erstmals von M. Mersenne 1635 abgebildet *(Harmonicarum libri XII)*. Um die Mitte des 18. Jh. war das Prinzip der durchschlagenden Zungen vermutlich in Europa allgemein bekannt, denn nur wenige Zeit später setzen die zahlreichen Versuche ein, Instrumente mit freischwingenden Zungen zu konstruieren. Eine dieser Entwicklungslinien führte schließlich auch zum Akkordeon. Unter den damals neu entwickelten Instrumenten finden sich die *Organoviolinè* (1814) von Eschenbach, die *Äoline* (1816) von Schlimbach, das *Terpodion* (1817) von J. D. Buschmann, das *Äolomelodikon* (1818) von Brunner und Hoffmann, die *Physharmonika* (1818) von Häckl, die *Äoline* (1820) von Eschenbach, die *Aura* (1821), die *Handäoline* (1822) und die *Mundäoline* (1822) von Chr. F. L. Buschmann, die *Mundäoline* (1823) von Chr. Meßner, das von Chopin gespielte *Äolopantalon* (1824) von Długosz, das *Symphonium* (1825) von Wheatstone, die „harmonica métallique" (1827) von C. Buffet, die *Mundharmonika* (1828) von Chr. F. L. Buschmann, die ↗*Concertina* (1829) von Wheatstone. Schließlich war es Cyrillus Demian, Orgel- und Klavierbauer in Wien, der, zusammen mit seinen Söhnen Karl und Guido, am 6. Mai 1829 ein Patent für ein neues Musikinstrument, das „Accordion", erhielt, das die Gestalt eines kleinen Holzkastens von 21 cm Länge, 9 cm Breite und 6 cm Höhe (einschließlich eines Blasebalgs mit zwei Falten) hatte und mit 6–20 Melodietasten und den entsprechenden Akkorden der Baßseite versehen war. Dieses Instrument verbreitete sich rasch und wurde bald vielfach verändert und verbessert. In Frankreich waren die ersten Hersteller Isoart, Pichenot, Fourneaux, Douce, Busson; in Italien Soprani, Savoïa, Pancotti, Socin, Dallapé; in Rußland Sisow, Woronzow, Schkunajew; in Österreich Demian, Bichler, Klein, Simon; in Polen Stamirowski, Leonhardt, Burucki. Das Demiansche Accordion entwickelte sich zum sog. Wiener Modell, während die von Buschmann erfundene Handäoline in Deutschland zur sog. Deutschen Harmonika führte. Die Einführung einer 2. und 3. Spielreihe (im Quintabstand) auf der Melodieseite erweiterte zwar die musikalischen Möglichkeiten, so daß diese Instrumente Eingang in die Volksmusik verschiedener Länder fanden, sie blieben aber wechseltönig. Parallel dazu verlief die Entwicklung des gleichtönigen, chromatischen A. durch Erweiterung der Akkordreihen auf der Baßseite und vor allem durch die Einführung von Registern seit den 1930er Jahren. Beim chromatischen A. unterscheidet man nach der Art der Tastenform das Piano-A. von dem geschichtlich älteren Knopfgriffakkordeon. Bei beiden Instrumenten sind die

Baßseiten identisch, der Umfang des Knopfgriff-A. ist jedoch auf der Melodieseite wegen der engeren Lage der Knopftasten meist größer. In jüngster Zeit versuchte man durch Neuentwicklung die als nachteilig empfundene Koppelung von Akkorden auf der Baßseite mit der Melodie auf der Diskantseite zu vermeiden, indem man auch die Baßseite sowohl zum Akkordspiel als auch durch zusätzliche Knopfreihen zum Melodiespiel einrichtete. Musikalisch wird das A. verschieden verwendet, in Frankreich früher vor allem als Tanzinstrument der städtischen „Musette"-Bälle, mit denen heute die Namen von Vacher, Peguri, Gardoni, Marceau, Duleu, Prud'homme, Horner, Azzola, Verchuren verbunden sind. Durch die technischen Verbesserungen seit 1940 angeregt, sind aber auch Komponisten wie G. Auric, J. Françaix, Jean Lutèce, J. Wiener, A. Hoérée und Interpreten wie Balta, Di Maccio und Roussel zu nennen. Außerdem wurden wichtige klassische Werke für A.-Ensembles übertragen, u. a. durch É. Lorin, R. Dewaele. In Deutschland, wo die 1857 von Matthias Hohner gegründete Fabrik zunächst nur Mundharmonikas, seit 1900 auch A.s herstellt, ist es bes. Ernst Hohner zu danken, daß es Originalkompositionen für A. gibt, u. a. von H. Herrmann, H. Ambrosius, A. v. Beckerath, H. Brehme, H. Erdlen, F. Haag, W. Jacobi, E.-L. v. Knorr, H. Lang, G. Maasz, Ph. Mohler, W. Rein, K. Roeseling, J. Schelb, F. Stege, G. Strecke, B. Stürmer, E. L. Wittmer, H. Zilcher.

Lit.: A. FETT, Harmonika-Tabellen (Trossingen 1953, [4]1964) (= Kleine Bücherei des Harmonikafreundes 1); DERS., Die Register u. ihre Anwendung (ebd. 1955, [2]1964) (= ebd. 12); H. HERMANN, Einführung in die Komp. des A. (ebd. 1955); A. FETT, Das A. (Trossingen 1956) (= Kleine Bücherei des Harmonikafreundes 14); DERS., 30 Jahre Neue Musik für Harmonika 1927–57 (ebd. 1957, [3]1964); P. MONICHON, Petite histoire de l'accordéon (P 1958); H. GERBERTH – W. SÄMANN – G. RICHTER – A. WOLF, Das Akkordeon (Klingenthal 1964); P. MONICHON, L'accordéon, in: Coll. Que sais-je? (P 1971).

M. BRÖCKER

AKM, Abk. für *Staatlich genehmigte Gesellschaft der Autoren, Komponisten und Musikverleger,* eine Musikverwertungsgesellschaft in Österreich zur Wahrung und Nutzung von Werken der Tonkunst, gegr. 1895 in Wien; Mitglied der ↗CISAC.

AKT, seit der Antike Bz. für die größeren Gliederungs- und Sinneinheiten in dramatischen Werken (seit dem 17. Jh. auch synonym mit *Aufzug*), die auch in der Oper gebraucht wird und in der Regel im Libretto vorgegeben ist. Wie im Drama der Neuzeit ist auch in der Oper die Anzahl der Akte mehr oder weniger reguliert. Am häufigsten ist die Aufteilung in 3 oder 5 Akte (Ausnahmen sind etwa Mozarts *Don Giovanni* mit 2, Bizets *Carmen* und Verdis *Aida* mit 4 Akten). Die Binnengliederung der einzelnen A. zeigt im Verlauf der Operngeschichte mannigfache Typen und Erscheinungsformen. So ist etwa für die neapolitanische Oper (z. B. Händels) die ständige Abfolge von Rezitativen und Arien charakteristisch, für die Opera buffa Mozarts dagegen der Wechsel hauptsächlich von Arien, Rezitativen, Ensembles und Chören, die zu ↗Szenen zusammengefaßt werden und oft als eine planvolle musikalisch-dramatische Steigerung nach dem Aktschluß hin konzipiert sind. Der Übergang von einem Akt zum nächsten kann durch eine – gelegentlich auch eigens so bezeichnete – ↗Zwischenaktmusik erfolgen.

AKUSTIK (von griech. akustikos = hörbar), die Lehre vom Schall; sie wird heute in drei Hauptgebiete gegliedert: *physikalische, physiologische* u. *psychologische* Akustik. Die physikalische A. erforscht die physikalischen Eigenschaften des Schalls, untersucht also die auf das Ohr treffenden Schallwellen; die physiologische A. befaßt sich mit den Vorgängen im Sinnesorgan „Ohr", mit der Umwandlung des aufgenommenen Schalleindrucks in die an das Gehirn weitergeleitete Nervenerregung; die psychologische A. versucht die Vorgänge zu analysieren, die schließlich den Gesamteindruck, die eigentliche Tonempfindung, hervorrufen.

Die physikalisch faßbaren Phänomene des Schalls sind heute weitgehend erforscht. Die in diesem Bereich gewonnenen Erkenntnisse und Erfahrungen werden vor allem für den Bereich der Technik (Klangübertragung und -wiedergabe; Bildung neuer synthetischer Klänge in der elektronischen Musik; ↗Raumakustik) nutzbar gemacht. Auch lassen sich mit modernen klanganalytischen Methoden (↗Oszillograph, ↗Sonagraph) Qualitätsunterschiede bei Instrumenten objektiv ermitteln; ebenso ist damit die Identifikation wertvoller Geigen möglich.

Die Anfänge der physikalischen A. gehen bis ins griechische Altertum zurück. Die Pythagoreer erkannten als erste, daß zwischen Tonhöhe und Länge der schwingenden Saite ein direkter Zusammenhang besteht, der sich in Verhältnissen kleiner, natürlicher Zahlen ausdrücken läßt. Diese Zahlenverhältnisse wurden empirisch durch Messungen am ↗Monochord ermittelt bzw. überprüft. Die weitere Erkenntnis, daß die Tonhöhe auch von der Schwingungsgeschwindigkeit des klangerzeugenden Körpers abhängt, fand ihren Niederschlag in der Lehre von der Sphärenharmonie, weshalb die A. in dieser Zeit auch als die Wissenschaft schlechthin galt, da man in ihr eine Erklärung für die Erscheinungen der Himmelskörper suchte. Weitere entscheidende Fortschritte auf diesem Gebiet konnten jedoch erst zu Beginn der Neuzeit durch den allgemeinen Aufschwung der Naturwissenschaften seit Galilei erzielt werden. Namhafte Musiktheoretiker und Naturwissenschaftler (Mersenne, Rameau, Tartini, Sorge, Chladni, Helmholtz) setzten sich in der Folgezeit auch mit Klangzusammensetzungen und z. T. auch mit subjektiven Klangerscheinungen auseinander. Die Entdeckung und der Nachweis differenzierterer Schwingungsgebilde (↗Obertöne, ↗Schwebungen, ↗Differenztöne, ↗Kombinationstöne) sowie damit verbundene gehörsphysiologische Erkenntnisse (Bildung subjektiver Obertöne und Kombinationstöne im menschlichen Ohr) waren für die besonders im 19. Jh. einsetzende musikalische Grundlagenforschung bedeutsam. Ein für die Musikwissenschaft zentrales und bis heute nicht befriedigend gelöstes Problem betrifft hauptsächlich die Frage, welche Zusammenhänge zwischen den physikalischen Eigenschaften eines Tones (Klanges) bzw. der physiologischen Gehördisposition des Menschen und der Tonempfindung bestehen, beispielsweise die Frage, ob die Sonanz eines Klanges eindeutig mit seiner (in Zahlen ausdrückbaren) physikalischen Struktur verknüpft ist. Ein direkter kausaler Zusammenhang wird von den meisten Musikwissenschaftlern abgelehnt. So sind etwa Handschin und Wolff der Auffassung, daß alles musikalisch Wesentliche auf psychische Vorgänge zurückzuführen ist. Es wird jedoch von verschiedenen Forschern betont, daß gehörphysiologische Gegebenheiten die Musikentwicklung beeinflußten, wenn auch nicht alle musikalischen Erscheinungsformen durch diese erklärbar sind. Klassische Beispiele und Problemfälle sind in diesem Zusammenhang die zunächst konsonante, im späteren Verlauf der Musikentwicklung (satztechnisch) dissonante Auffassung der Quart sowie die Erklärung des Molldreiklangs. Als sicher darf gelten, daß die objektiv erfaßbaren, d. h. meßbaren Eigenschaften des Klanges nicht den Inhalt der Hörwahrnehmung schlechthin darstellen. Es ist daher vor allem der Anteil zu prüfen und zu klären, den die mit den Besonderheiten eines bestimmten Musikstils verknüpften Hörgewohnheiten und Hörerfahrungen besitzen.

Die musikwissenschaftlicher Problematik besonders nahestehende physiologische und psychologische A. schlägt, vor allem durch die Heranziehung hoch spezialisierter Einzelwissenschaften wie Informationstheorie und Statistik, heute besondere Wege ein; ihre Problemstellungen und Lösungen bedürfen daher einer nicht immer einfachen Übertragung und Umsetzung für die musikwissenschaftliche Forschung.

Lit.: E. F. F. CHLADNI, Die A. (L 1802); DERS., Neue Beitr. zu A. (L 1817); H. VON HELMHOLTZ, Die Lehre v. den Tonempfindungen ... (Brau 1863, [6]1913); C. STUMPF, Tonpsychologie, 2 Bde. (L 1883–90); H. RIEMANN, Katechismus der A. (L 1918); E. SCHUMANN, A. (Breslau 1925); DERS., Die Physik der Klangfarben (B 1929); H. MATZKE, Unser technisches Wissen v. der Musik (Lindau 1949); W. HARDMEIER, Tonpsychologie u. A., in: SMZ 91 (1951); Akustische Beihefte (Z 1951 ff.); H. HUSMANN, Der Aufbau der Gehörswahrnehmungen, in: AfMw 10 (1953); E. SKUDRZYK, Grundlagen der A. (W 1954); F. WINCKEL, Klangstrukturen der Musik (B 1955); Soviet Physics – Acoustics (NY 1955 f.); W. MEYER-EPPLER, Grundlagen u. Anwendungen der Informationstheorie (B – Gö – Hei 1959); H. P. REINECKE, Stellung u. Grenzen akustischer Forsch. innerhalb der systematischen Musikwiss., in: AMl 31 (1959); F. WINCKEL, Phänomene des musikal. Hörens (B – Wunsiedel 1960); Le Bulletin du Groupe d'Acoustique Musicale (P 1963 ff.); H. P. REINECKE, Experimentelle Beitr. zur Psychologie des musikal. Hörens (H 1964) (= Schriftenreihe des Musikwiss. Inst. der Univ. Hamburg 3); R. HAASE, Die harmonikalen Wurzeln der Musik (W 1969); Revista de Acustica (Ma 1970 ff.); E. LEIPP, Acoustique et musique (P 1971); W. GRAF, Musikal. Klangforsch., in: AMl 44 (1972); R. HAASE, Gehörsdisposition u. griech. Skalen, in: Musicae Scientiae Collectanea. FS K. G. Fellerer (Kö 1973); H. KRATOCHWIL, Gehördisposition u. Musikentwicklung, in: ÖMZ 30 (1975). – ↗Elektroakustik.

AKUSTISCHE RÖHRE ↗Röhre.

AKZENT (von lat. accentus = Beitönen; aus ad und cano) nennt man spätestens seit dem 18. Jh. die Betonung eines Klangs. Die systematische Erfassung der musikalischen A.e orientiert sich an den Mitteln, durch die sie hervorgebracht werden. Es gibt demnach A.e, die sich der plötzlichen oder allmählichen dynamischen Hervorhebung eines Klangs verdanken, es gibt A.e, die durch Melodie und Rhythmus, etwa durch den Duktus eines Motivs, oder durch die außergewöhnliche Harmonisierung eines Tons herbeigeführt werden, es gibt A.e, die vom Metrum der Sprache herrühren, die die Musik vertont, und es gibt „innerliche" A.e, die sich ganz oder hauptsächlich in der Vorstellung der Hörer ereignen. Die historische Erfassung der A.e bemüht sich, ihren Ort in den rhythmischen Systemen zu bestimmen. In der Theorie der mittelalterlichen Modal- und Mensuralmusik spielt der A. keine Rolle. Dennoch glauben manche Forscher (so Husmann), daß modal notierte Musik im Vortrag akzentuiert worden sei. In mensural notierter Musik, vor allem in Liedern niederen Stils, wechseln gelegentlich betonte und unbetonte Töne gleichmäßig miteinander ab. Hier wird die Akzentuation durch das Metrum der Texte in die Musik hineingetragen. In einer Zeile der im übrigen mensural verfaßten, akzentfernen Hofweise *Jetz bringt Sankt Martin G'sellschaft viel* läßt Senfl († 1542) das jambische

Metrum des Verses gleichmäßig in kurzen Noten vortragen,

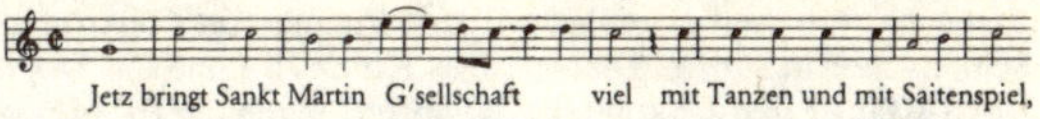

so daß für kurze Zeit der Rhythmus der poetischen Zeile und mit ihr der Rhythmus des Tanzes, von dem darin die Rede ist, aufklingen.
Die Theorie nimmt die Akzentuation erst zu Beginn des 17. Jh. wahr. Sie ist darin peripher. Nach Descartes (1618) erleichtert die Akzentuation der Töne, die am Beginn der elementaren Mensureinheiten stehen, die Perzeption dieser Glieder und damit die Apperzeption ihres wechselseitigen Verhältnisses. Descartes empfiehlt deshalb, das Verfahren nicht nur in der Tanzmusik, wo es üblich sei, sondern auch bei der Interpretation rhythmisch verwickelter polyphoner Werke anzuwenden. Dies erhöhe ihre Faßlichkeit und vermehre Freude und Bewegung der Hörer. Printz (1696) berücksichtigt den A. in der Theorie der elementaren musikalischen Einheiten, die er in Analogie zur Poetik „Pedes“ nennt. Er schaut infolgedessen weniger auf die Länge und Kürze der Klänge als auf ihren inneren Wert. So kann sich der Jambus (◡ –) musikalisch auch in zwei gleichlangen Tönen verschiedener innerlicher Qualität verwirklichen, etwa so: ♩ | ♩. Mattheson (1722) bringt die musikalische Akzentuation auf eine einfache Regel. Demnach fällt in einer gleichmäßigen Notenfolge der A. auf die geradzahligen Noten, und in einer ungleichmäßigen weisen die Taktteile, Nieder- und Aufschlag, auf ihren inneren Wert. Die Formel 3/4 ♩. ♪♩ faßt Mattheson (1739) nicht als Amphimacer (– ◡ –), sondern als Daktylus (– ◡◡) auf, weil sich die dritte Note im Aufschlag des Taktes ereignet. Vom „natürlichen“ A. unterscheidet Mattheson die Emphase. Sie stellt sich unabhängig davon in einem affektuosen Tonschritt dar, meist in einer kleinen Sekunde, mit der die melodische Einheit ihren Hochton erreicht. In der zweiten Hälfte des 18. Jh., im Bann der Klassik, wird die Akzentuation zu einem zentralen Faktor der Musik und infolgedessen zum Hauptgegenstand der Rhythmik. Eine ausführliche Theorie bietet schon Rousseau (1767). Er versteht unter A. die Modifikation der Sprache und der Musik durch Rhythmus und Intonation. Rousseau unterscheidet, hier der Rhetorik folgend, den grammatischen, logischen und pathetischen A.: den Wort-, den Sinn- und den Gefühlsakzent. Die Musik, vor allem die Vokalmusik, ahmt diese A.e nach. Ihr Reiz und ihre Schönheit hängen von der Dichte und Kraft der Akzentuation ab. Allerdings vertragen sich in der Musik die verschiedenen Arten der A.e nicht so gut wie in der Sprache. Deshalb kehrt der Komponist meist eine Art hervor, im Rezitativ den grammatischen, in der Arie den pathetischen.

Verschiedene Gattungen realisieren zudem die A.e auf unterschiedliche Weise, die Tänze eher rhythmisch, die Symphonie (d. h. die Instrumentalmusik) eher melodisch, durch einen eigentümlichen musikalischen A., der den grammatischen und pathetischen umgreift. Den Grund der neuzeitlichen A.-Theorie legen Sulzer (1771–74), Kirnberger (1771–79) und Koch (1782–93). Ihre Theorie basiert auf der schlichten Erfahrung, daß die menschliche Vorstellungskraft eine einförmige Folge gleicher Schläge oder Töne unwillkürlich in Gruppen gleicher Größe, je nach Zählmodus in Gruppen von zwei, drei oder vier Schlägen abteilt. Auf diesen natürlichen Zählzwang wird der Takt gegründet. Er stellt sich als Folge einer betonten und einer oder mehrerer unbetonter Zeiten dar, der 4/4-Takt etwa in der Folge eines betonten und dreier unbetonter Schläge (♩♩♩♩), der 3/4-Takt in der Folge eines betonten und zweier unbetonter (♩♩♩). Bisweilen werden die Zeiten weiter abgestuft. Es entsteht der von Besseler (1959) so genannte Akzentstufentakt. Kirnberger unterscheidet etwa im 4/4-Takt einen Haupt- von einem Nebenakzent (♩♩♩♩). Fink (1808) rechnet zudem den Anstoß mit ein, der der letzten Zeit des Taktes, dem Auftakt, eigen ist. In seinem Schema des 4/4-Taktes hat jede Zeit ihr eigenes Gewicht (♩♩♩♩). Die von Riemann (1884) so genannte Akzenttheorie wird von vielen Theoretikern des 19. Jh. vertreten, u. a. von G. Weber (1817), A. B. Marx (1837), M. Hauptmann (1853) und M. Lussy (1883).
Von den „natürlichen“ metrischen A.en, die den Takt bilden, setzen schon Theoretiker des 18. Jh. und entschiedener noch die des 19. Jh. andersartige A.e ab. Einige, so Lussy, haben sie in rhythmische und pathetische unterteilt. Rhythmische A.e heben die Anfänge musikalischer Sinneinheiten, wo immer sie sich im Takt ereignen, etwas hervor, mehr durch einen inneren, agogischen als durch einen äußeren Akzent. Sie verdeutlichen den musikalischen Satz- und Periodenbau. Im pathetischen A. versammelt sich die Ausdrucksenergie, die ein Komponist dem regelmäßigen Taktmetrum entgegensetzt. Fink veröffentlicht 1808 eine Liste der den Takt „nuancierenden Gefühlsakzente“; dazu zählen: f, <>, sfz, p, dolce, ritard., mf. Er warnt davor, die Musik damit zu überlasten, weil dies ihren metrischen Grund erschüttere. Der pathetische A. ist nach Lussy unvorhersehbar; er kann sich über jeder Zeit des Taktes ereignen. Er kann plötzlich,

etwa als Synkope, oder als Gipfel einer dynamisch-agogischen Aufwölbung allmählich eintreten. Mittel, durch die pathetische A.e herbeigeführt werden, zählt J. A. P. Schulz schon in Sulzers *Theorie* auf. Demnach nehmen Klänge den Charakter eines pathetischen A.s an, die außergewöhnlich hoch oder lang sind, seltsam harmonisiert oder alteriert werden oder sich, etwa synkopisch, vom Metrum des Taktes absetzen. Lussy hält die Spannung zwischen den regelmäßigen metrischen A.en und den willkürlichen pathetischen für ein Kennzeichen der „modernen", seit J. S. Bach gültigen Kunst. Wiehmayer (1917) überträgt die Akzenttheorie auf die Satztheorie und versucht, damit das Verhältnis der Takte zueinander zu bestimmen. Riemann setzt der Akzenttheorie ein neues System gegenüber. Es erhebt die Dynamik des Tönens zum Prinzip des musikalischen Rhythmus und erklärt den A. für unmusikalisch. Damit verliert die Akzenttheorie ihre allgemeine Geltung.

Die Musik des 20. Jh. verabschiedet den metrisch und den dynamisch definierten Takt. Die Unterscheidung regelmäßiger metrischer und unregelmäßiger pathetischer A.e wird damit hinfällig. Die serielle Musik isoliert die Akzentuation von den übrigen Faktoren der musikalischen Zeitordnung und macht sie damit zu einem eigens organisierbaren Parameter.

Lit.: R. DESCARTES, Compendium musicae, in: Œuvres de Descartes, hrsg. v. CH. ADAM–P. TANNERY, Tome 10 (P 1908), Faks. der Erstausgabe v. 1650, hrsg. v. G. BIRKNER (Str 1967); W. C. PRINTZ, Phrynis oder Satyrischer Componist, 3 Teile (Quedlinburg 1676, Sagan 1677, Dresden – L 1696); J. MATTHESON, Critica Musica (H 1722, 1725, Faks.-Ausg. A 1964); DERS., Der vollkommene Capellmeister (H 1739), Faks.-Ausg. hrsg. v. M. REIMANN (Kas–Bas 1954); J. J. ROUSSEAU, Dictionnaire de Musique (P 1768); J. G. SULZER, Allgemeine Theorie der schönen Künste, 2 Teile (1771–74, Faks.-Ausg. Hil 1967); J. PH. KIRNBERGER, Die Kunst des reinen Satzes in der Musik, 2 Bde. (B – Königsberg 1771–79); H. CHR. KOCH, Versuch einer Anleitung zur Composition, 3 Bde. (1782–93, Faks.-Ausg. Hil 1969); G. W. FINK, Über Takt, Taktarten u. ihr Charakteristisches, in: Allgemeine musikal. Zeitung 11 (1808); G. WEBER, Versuch einer geordneten Theorie der Tonsetzkunst, 4 Bde. (Mz 1817–21); A. B. MARX, Die Lehre v. der musikal. Komp., 4 Bde. (L 1837–47); M. HAUPTMANN, Die Natur der Harmonik u. Metrik. Zur Theorie der Musik (L 1853); M. LUSSY, Le Rythme musical, son origine, sa fonction et son accentuation (P 1883); H. RIEMANN, Musikal Dynamik u. Agogik (H – St. Petersburg 1884); DERS., System der musikal. Rhythmik u. Metrik (L 1903, Nachdruck Wie 1971); TH. WIEHMAYER, Musikal. Rhythmik u. Metrik (Magdeburg 1917); K. STOCKHAUSEN, Texte zur elektronischen u. instrumentalen Musik, 3 Bde. (Kö 1963–71); H. HUSMANN, Das System der modalen Rhythmik, in: AfMw 11 (1954); H. BESSELER, Das musikal. Hören der Neuzeit (B 1959); W. SEIDEL, Über Rhythmustheorien der Neuzeit (Be – Mn 1975).

W. SEIDEL

AKZIDENTIEN, auch **Versetzungszeichen, Vorzeichen** (engl.: accidentals; frz.: accidents; it.: accidenti; span.: accidentes), musikalische Notationszeichen, die zur Alteration, d. h. zur Erhöhung oder Erniedrigung von Tönen der Grundskala dienen. Das Kreuz (♯) und das Doppelkreuz (♯♯ oder 𝄪) kennzeichneten die Erhöhung um einen bzw. zwei chromatische Halbtöne, das b (♭) und das Doppel-b (♭♭) die Erniedrigung um einen bzw. zwei chromatische Halbtöne. Das Auflösungszeichen (♮) fordert die Aufhebung einer vorangegangenen Erhöhung oder Erniedrigung. Diese Zeichen gehen auf den Tonbuchstaben b zurück, der in der mittelalterlichen Theorie zwei Tonstufen vertrat: zum einen das b „rotundum" oder b „molle" (b) (unser modernes ♭), zum anderen das b „quadratum" oder b „durum" (♮) (unser modernes h). Aus dem ♮ entwickelten sich Kreuz und Auflösungszeichen, deren eigentliche Funktionen kaum vor dem 16. Jh. unterschieden wurden.

Mit der Möglichkeit, Dur und Moll auf alle Tonstufen zu transponieren (↗Temperatur), konnten seit dem 17. Jh. die durch A. eingeführten Töne die Bedeutung leitereigener Töne annehmen. Die alterierten Stufen einer Tonart werden zu Beginn eines Stückes in der ↗Vorzeichnung angegeben. Die so festgelegten Alterationen gelten das ganze Stück hindurch, sofern sie nicht durch ein Auflösungszeichen oder einen Vorzeichnungswechsel aufgehoben werden. Die in der Vorzeichnungstonart nicht enthaltenen A. werden im Verlauf des Stückes vor die betreffende Note gesetzt und bleiben für den ganzen Takt im Oktavraum, in dem sie auftreten, gültig. Sie werden von Takt zu Takt wiederholt, solange es nötig ist. In der Musik vor 1700 galt ein Akzidenz nur für die unmittelbar nachfolgende Note und für ihre Wiederholung, wenn diese sofort folgte. Diese Praxis geht auf die Zeit zurück, in der noch keine Taktstriche gesetzt wurden. Eine Ausnahme bildete das b, das eine ↗Mutation in das Hexachordum molle anzeigte und gültig blieb, solange sich die Melodie in den Grenzen dieses ↗Hexachords bewegte (↗Solmisation). Dies ist der Fall in der Baßstimme des letzten *Kyrie* der Messe „Hercules dux Ferrariae" von Josquin des Prés (Takt 46 der Smijers-Ausgabe).

In der Musik vor 1550 wurden A. selten angezeigt. Bei der Ausführung wurden sie jedoch von Sängern und Instrumentalisten gefühlsmäßig oder nach bestimmten Regeln ergänzt (↗Musica ficta, ↗Kadenz). Die Ergänzung solcher A. stellt heute bei der Erarbeitung einwandfreier wissenschaftlicher Ausgaben alter Musik ein besonderes Problem dar. Die gegenüber der alten Schreibweise neu eingefügten A. werden in der Regel eigens kenntlich gemacht (meist durch Setzung über den Noten).

Lit.: J. WOLF, Die A. im 15. u. 16. Jh., in: Kgr.-Ber. W 1909;

R. SCHWARTZ, Zur Akzidentienfrage im 16. Jh., in: ebd.; W. APEL, Accidentien u. Tonalität in den Musikdenkmälern des 15. u. 16. Jh. (Str 1937). M. HONEGGER

ALAIN, frz. Organistenfamilie. – **1) Albert,** * 1. 3. 1880 St-Germain-en Laye, † 15. 10. 1971 ebd. Er war seit 1924 Organist in St-Germain und komponierte u. a. viele Orgelstücke. – **2) Jehan,** Sohn von 1), * 3. 2. 1911 St-Germain-en-Laye, † 20. 6. 1940 bei Saumur; Organist und Komponist. Am Conservatoire in Paris studierte er bei G. Caussade, P. Dukas, J.-J. A. Roger-Ducasse, M. Dupré. Er errang zahlreiche Preise. Er war Organist in Maisons-Laffite und galt als bedeutender Improvisator. 1929 bis 1939 komponierte er sehr persönlich geprägte Orgelstücke, Klaviermusik, Messen, Motetten usw., insgesamt 93 Werke. Der Verlag Leduc publizierte *L'Œuvre d'orgue* (3 Bde.) und *Trois Mouvements* für Klavier und Flöte. Seine *Litanies* sind von Organisten in aller Welt geschätzt. – **3) Olivier,** Bruder von 2), * 3. 8. 1918 St-Germain-en-Laye; Organist, Komponist und Musikkritiker. Er war 1950–64 Leiter des Kons. von St-Germain-en-Laye; seit 1961 Leiter der École César Franck.

WW: *L'œuvre d'orgue de J. A.*, 3 Bde. (P 1943–59); *Chant funèbre* (1950), Oratorium; zahlr. unveröffentl. Motetten u. eine Studie, *L'Harmonie* (P 1965).

4) Marie-Claire, Schwester von 3), * 10. 8. 1926 St-Germain-en-Laye; Organistin von internationalem Renommé, die auch zahlreiche Schallplatten eingespielt hat. Sie schrieb u. a.: *L'œuvre d'orgue de J.-S. Bach* (P 1967).

Lit.: N. DUFOURCQ, La mus. d'orgue française de J. Titelouze à J. Alain (P 1941); B. GAVOTY, J. A. (P 1945, 21950); J. PICCAND, Trois organistes français II, in: SMZ 105 (1965); M.-CL. ALAIN, L'œuvre d'orgue de J. A. Conseils pour l'exécution, in: L'Organo VI/2 (1968).

ALALEONA, Domenico, * 16. 11. 1881 Montegiorgio (Ascoli Piceno), † 28. 12. 1928 ebd.; it. Komponist und Musikwissenschaftler. Er studierte am Liceo di S. Cecilia in Rom und promovierte 1907 an der dortigen Universität. 1907–11 lehrte A. am Istituto Nazionale di Musica in Rom, dann am Liceo di S. Cecilia. Seine Forschungen über die Frühgeschichte des it. Oratoriums waren bahnbrechend.

WW: **1) Kompositionen:** *Canzoni italiane* u. *Laudi italiane*, für Orch.; Melodien u. Romanzen; *Requiem pro defuncto rege;* eine Oper, *Mirra* (Libr. nach einer Tragödie v. V. Alfieri), UA: Rom 1920. – **2) Schriften:** *Studi sulla storia dell'oratorio musicale in Italia* (Tn 1908, NA 1945); *Le laudi spirituali ital. nei secoli XVI° et XVII° e il loro rapporto coi canti profani*, in: RMI 26 (1909); *L'armonia modernissima: le tonalità neutre e l'arte di stupore*, in: RMI 28 (1911); *I moderni orizzonti della tecnica musicale*, in: ebd.; *Linguaggio materno e umanità musicale* (R 1914); *Il Libro d'oro del musicista* (R 31923, NA Mi 1944); *Educazione musicale del popolo...*, in: Kgr.-Ber. Turin 1921.

Lit.: G. CARDI, D. A. musicista e musicologo (Ascoli Piceno 1957).

ALARD, Delphin Jean, * 8. 3. 1815 Bayonne, † 22. 2. 1888 Paris; frz. Violinist und Komponist. Er studierte bei Habeneck und Fétis am Pariser Conservatoire. 1843–1875 leitete er dort die Violinklasse. Napoleon III. ernannte A. 1858 zum 1. Solisten der Chapelle Impériale. Sein berühmtester Schüler war Sarasate. Er schrieb Etuden, ein Konzert für Violine und Orchester, Fantasien, ein Quartett, Duos für Klavier und Violine sowie Lehrbücher, darunter *L'École du violon* (P 1844).

Lit.: F. J. FÉTIS, Biogr. unverselle... (Bru 1837–44, P 21860 bis 1865); H. C. LAHEE, Famous Violonists (Lo 1902).

ALAYRAC (Dalayrac), **Nicolas-Marie d',** getauft 8.6.1753 Muret (Haute-Garonne), † 27.11.1809 Paris; frz. Komponist. Seine musikalische Ausbildung erhielt er bei H. Langlé. Er wurde von Marie-Antoinette und später von Napoleon gefördert. 1798 wurde er Mitglied der Akad. für Musik in Stockholm und 1808 Ritter der Ehrenlegion. D'A, der hauptsächlich Opern komponierte, zeichnete sich durch sicheren Theatersinn aus, vor allem in komischen Szenen. Große Sorgfalt verwendete d'A. auf die instrumentalen Teile; die Ouvertüren zeugen von echtem dramatischem Empfinden. D'A.s Werke waren zu ihrer Zeit sehr erfolgreich.

WW: Instr.-WW (6 Duos für 2 V., 6 Quartette, 6 Terzette, Ouvertüren), Vokal-WW (Hymnen u. Revolutionslieder, Romanzen, Duette, Kirchenlieder) u. 54 Opern, darunter: *Nina ou la Folle par amour* (Libr.: Marsollier), UA: Paris, Comédie Italienne, 1786; *Azémia ou Les Sauvages* (Libr.: Lachabeaussière), UA: Fontainebleau, 1786 Paris, Comédie Italienne, 1787; *Raoul, sire de Créqui* (Libr.: Monvel), UA: ebd. 1789; *Les deux petits Savoyards* (Die beiden Savoyarden; Libr.: B. J. Marsollier), UA: Paris 1789; *Maison à vendre* (Libr.: Duval), UA: Paris 1801; *Gulistan ou le Hulla de Samarcande* (Libr.: Étienne u. Lachabeaussière), UA: Paris 1805.

Ausg.: 2 *Quatuors*, hrsg. v. LA LAURENCIE (P 1921); Opernauszüge, hrsg. v. H. EXPERT (P 1921–25).

Lit.: PIXÉRÉCOURT, Vie de D. (P 1810); A. ADAM, Souvenirs d'un musicien (P 1857); H. QUITTARD, La Nina de D., in: RM (1908).

ALBA ↗Tagelied.

ALBAN (Albani), **Matthias,** * 29.12.1634 Kaltern bei Bozen, † 7. 2. 1712 Bozen; Tiroler Geigenbauer. Seine Geigen sind in der Qualität mit denen von Amati und Stainer (bei dem A. möglicherweise gelernt hat) vergleichbar. – Seine Söhne, **Johann Michael** (* 1677 Bozen, † 27. 3. 1730 Graz) und **Joseph** (* 1682 Bozen, † 1722 ebd.) waren ebenfalls Geigenbauer.

Lit.: W. L. VON LÜTGENDORFF, Die Geigen- u. Lautenmacher vom MA bis zur Gegenwart II (F 1904, 5-61966); R. VANNES, Dictionnaire universel des luthiers (Bru 1951, 21954).

ALBANESE, Licia, * 22. 7. 1913 Bari; it. Sängerin (Sopran). Nach dem Studium u. a. bei G. Baldassare-Tedeschi debütierte sie in ihrer Heimatstadt als Mimi in Puccinis *La Bohème.* Es schloß sich eine erfolgreiche Karriere in Italien an, u. a. mit Auftritten bei den Festspielen in Verona sowie an der Mailänder Scala. 1940 ging sie an das New Yorker Metropolitan Opera House, dessen Mitglied sie über 20 Jahre lang blieb. Weltweite Bedeutung erlangte sie besonders als Puccini-Sängerin und als Violetta in Verdis *Traviata.*

ALBÉNIZ, Isaac, * 29. 5. 1860 Camprodón (Katalonien), † 18. 5. 1909 Cambo-les-Bains (Basses-Pyrénées); span. Pianist und Komponist. Sein erstes Konzert gab er bereits mit 4 Jahren in Madrid. Mit 6 Jahren wurde er zur weiteren Ausbildung nach Paris zu A. Fr. Marmontel geschickt. Nach längeren Konzertreisen durch Spanien und Amerika studierte A. mit Unterstützung der belgischen Königsfamilie kurze Zeit auch am Brüsseler Konservatorium; in der Folge besuchte er Liszt in Weimar und Rom und ließ sich nach 1892 in Paris nieder. Seine Großherzigkeit gegenüber seinen Kollegen war sprichwörtlich: er bezahlte Editionen von Musikerkollegen, u. a. von E. Chausson und J. Turina. Von seinen zahlreichen Kompositionen haben einige Orchesterwerke und vor allem die Suite für Klavier, *Iberia,* überlebt, die sich durch ihre Melodik und durch eine reichhaltige Harmonik auszeichnet. Debussy war ein großer Verehrer von A., den man als Schöpfer der modernen spanischen Schule ansehen kann.

WW: **1) Instr.-WW:** Zahlreiche WW für Klv., darunter *Suite española,* op. 47, 8 Stücke (Madrid); 3 *Suites anciennes,* I op. 54, II op. 64, III (Madrid); 6 *Danzas españolas* (ebd.); 12 *Piezas características,* op. 92 (ebd.); *España,* op. 165, 6 Stücke (Paris); *Chants d'Espagne,* op. 232, 5 Stücke (Madrid); *Iberia* (1905–09), 12 Stücke in 4 Heften, I: 1. *Evocación,* 2. *El puerto,* 3. *Fête-Dieu à Séville,* II: 1. *Rondeña,* 2. *Almeria,* 3. *Triana,* III: 1. *El Albaicín,* 2. *El polo,* 3. *Lavapiès,* IV: 1. *Malaga,* 2. *Jerez,* 3. Eritaña (ebd.); für Orch.: *Catalonia* (Paris). – **2) Vokal- u. Bühnen-WW:** *6 Baladas* für Gesang u. Klv. (Madrid); *To Nellie,* 6 Lieder (P 1896); 4 *Lieder* auf frz. u. engl. Texte (P 1908); *San Antonio de la Florida* (Libr.: E. Serra), Zarzuela, UA: Madrid 1894; *The Magic Opal* (Libr.: A. Law), Opéra comique, UA: London 1893; *Henry Clifford* (Libr.: F. B. Money-Coutts), Oper, UA: Barcelona 1895; *King Arthur* (1897–1906), unvollendete Trilogie; *Pepita Jiménez* (Libr.: F. B. Money-Coutts), Oper, UA: Barcelona 1896.

Lit.: H. COLLET, A. et Granados (P 1926, ²1948); V. R. ALBÉNIZ, I. A. (Ma 1948); G. LAPLANE, A., sa vie, son œuvre (P 1956) (WW-Verz.).

ALBÉNIZ, 1) Mateo Pérez de, * um 1755, † 23. 6. 1831 San Sebastián; span. Komponist. Er wirkte als Kapellmeister in Logroño und San Sebastián und schrieb das Lehrwerk *Instrucción … para enseñar e cantar y tañer la música antigua* (San Sebastián 1802). – **2) Pedro** (A. y Basanta), Sohn und Schüler von 1), * 14. 4. 1795 Logroño, † 12. 4. 1855 Madrid; spanischer Pianist, Organist und Komponist. Er studierte in Paris bei Kalkbrenner und Herz und wurde von Rossini gefördert. Nachdem A. kurze Zeit als Kapellmeister in San Sebastián gewirkt hatte, wurde er 1830 Prof. für Klavier am Kons. in Madrid. 1834 wurde er Organist an der Königlichen Kapelle und später auch Klavierlehrer der Königin Isabella. Neben dem Lehrwerk *Método completo de piano* (Ma 1840) schrieb A. zahlreiche Lieder für Singstimme und Klavier. Er gilt als der Begründer des modernen Klavierspiels in Spanien.

Ausg.: **Mateo Pérez de A.:** Eine Sonate, hrsg. v. J. NIN, in: Classiques espagnols du piano (P 1925).

ALBERGATI CAPACELLI (d'Albergati), Conte **Pirro,** * 20. 9. 1663 Bologna, † 22. 6. 1735 ebd.; it. Komponist. Als Angehöriger des Adels war er wirtschaftlich unabhängig und bekleidete anscheinend keine berufliche Stellung als Musiker. A. trug mit seinen Werken entscheidend zu der großen Bedeutung bei, die Bologna in der zweiten Hälfte des 17. und in der ersten Hälfte des 18. Jh. auf allen Gebieten der Musik hatte. Sein Schaffen umfaßt 16 Oratorien (darunter *San Petronio,* UA 1732), die wie seine beiden Opern hsl. erhalten sind, und die stilistisch in der Nähe von A. Stradella stehen, ferner Kirchenmusik, darunter besonders Solomotetten (u. a. *Motetti e Antifone della B. V.,* Bol 1691), Messen, Antiphonen, Psalmen, geistliche und weltliche Kammerkantaten (u. a. *Cantate morali a voce sola,* Bol 1685) sowie Instrumentalmusik, die von Corelli und von Torelli beeinflußt zu sein scheint; hier sind zu nennen: *Balletti* (Bol 1682), Sonaten für 2 Violinen und B.c., Triosonaten, *Concerti da camera* (Modena 1702), *Capricci varii da camera* (V 1721).

ALBERT, Eugen d', * 10. 4. 1864 Glasgow, † 3. 3. 1932 Riga; dt. Pianist und Komponist. Nach Klavierstudien bei Emil Pauer in London und bei Franz Liszt in Weimar machte er sich im Konzertleben seiner Zeit vor allem als Interpret der Werke Beethovens und Bachs einen hervorragenden Namen. D'A war eine kraftvolle künstlerische Persönlichkeit; anregende Freundschaften verbanden ihn u. a. mit Grieg, Humperdinck, Pfitzner und Reger. Sein kompositorisches Schaffen, das stilistisch besonders von Brahms beeinflußt ist, umfaßt neben Klavierstücken, Liedern, Kammermusikwerken, einer Symphonie (1886), 2 Klavierkonzerten (1884, 1893), einem Cellokonzert (1899) und dem Chorwerk *Der Mensch und das Leben* (1893) 22 Opern, deren erste noch deutlich den Einfluß Wagners zeigen. Von diesem Einfluß löst er sich aber in den komischen Opern *Die Abreise* (UA Frankfurt a. M. 1898) und *Flauto solo* (UA Prag 1905), während vor allem *Tiefland* (UA Prag 1903) und *Die toten Augen* (UA Dresden 1916) deutlich dem ↗Verismo verpflichtet sind. Beide Opern sind auch die einzigen Werke d'A.s, die heute noch zu interessieren vermögen.

Lit.: W. RAUPP, E. d'A. (L 1930); H. HEISIG, E. d'A.s Opernschaffen (Diss. L 1942); L. BERG, Klaviervirtuose u. Opernmeister, in: Musik u. Ges. 14 (1964).

ALBERT, Heinrich, * 8. 7. 1604 Lobenstein (Thüringen), † 6. 10. 1651 Königsberg; dt. Komponist. Seinen ersten Musikunterricht erhielt er 1622 bei seinem Vetter H. Schütz in Dresden, 1623–26 setzte er seine Ausbildung während des Jurastudiums in Leipzig bei J. H. Schein fort. Schließlich nahm er noch einmal in Königsberg, wo er 1630 Domorganist geworden war, Musikunterricht bei Stobaeus. Mit seinem Freund, dem Dichter Simon Dach, gehört A. zu den wichtigsten Vertretern des deutschen Barockliedes. Er bezog den durch Monteverdi bekanntgewordenen italienischen monodischen Stil in sein Liedschaffen ein und beeinflußte damit die Geschichte des Sololiedes im 17. Jahrhundert. Die beiden Singspiele *Cleomedes* (1635; davon sind nur 2 Arien erhalten) und *Prussiarchus* (1645) gehören zu den frühesten Werken dieser Art in Deutschland. Von großer Bedeutung wurde die Sammlung *Arien oder Melodeien...* (Königsberg, zwischen 1638 und 1650), in der ein- und mehrstimmige Kompositionen auf geistliche und weltliche Texte mit Instrumentalbegleitung vereinigt sind. A. verfaßte die Texte zu der aus 12 dreistimmigen Kompositionen bestehenden Sammlung *Musicalische Kürbshütte* (Königsberg 1641).

Ausg.: *Arien*, hrsg. v. F. BERNOULLI, in: DDT 12 (1903) u. 13 (1904); Lieder für 1 Sing-St. mit Gb., hrsg. v. F. DIETRICH (Kas o.J.); je 2 Stücke im 4. (1931) u. 6. Teil (1930) des Chorbuchs, hrsg. v. F. JÖDE; *Musikalische Kürbshütte*, hrsg. v. J. M. MÜLLER-BLATTAU (Kas 1932); Ausgewählte Lieder für eine oder 2 St. mit B.c., in: Organum 11/6; 7 Stücke in: Preußische Festlieder, hrsg. v. J. MÜLLER-BLATTAU (Kas 1939) (= EDM, Reihe LD, Ostpreußen u. Danzig).

Lit.: H. KRETZSCHMAR, Gesch. des neuen dt. Liedes I (L 1911); J. MÜLLER-BLATTAU, Musikgesch. v. Ost- u. Westpreußen (Königsberg 1931); H. J. MOSER, Corydon, 2 Bde. (Brau 1933); J. M. MÜLLER-BLATTAU, H. A. u. das dt. Barocklied, in: DVfLG 25 (1951).

ALBERT HERRING, Komische Oper in 3 Akten von Benjamin Britten (1913–76), op. 39, Text von Eric Crozier frei nach der Novelle *Le Rosier de Madame Husson* (*Der Tugendpreis;* 1888) von Maupassant. Ort und Zeit der Handlung: Loxford, kleines Marktstädtchen in der englischen Grafschaft East Suffolk, Mai 1900. UA: 20. 7. 1947 in Glyndebourne; dt. EA (in dt. Sprache): 11. 6. 1950 in Hannover (Übersetzung von Fritz Schröder). Die Oper um den als bläßlich-solide bekannten Tölpel Albert Herring, der zum Maienkönig gewählt wird und das ausgerechnet zum Lohn für seine Tugendhaftigkeit erhaltene Geld in üblen Großstadtspelunken verpraßt, ist Brittens erste Komödie. Das als Satire auf die Spießermoral englischen Kleinbürgertums um die Jh.wende gedachte und speziell für die „English Opera Group" geschriebene Werk ist kammermusikalisch gehalten: Das auf einen kleinen Klangkörper reduzierte Instrumentarium sowie die schlichte Klavierbegleitung der Rezitative lassen die Komposition als eine Opera buffa en miniature erscheinen, in der es Britten gelingt, parodistische Zitate, Anklänge an die traditionelle komische Oper und eigene musikalische Ideen zu einem äußerlich schlichten, jedoch höchst wirksamen und originellen Ganzen zu vereinigen.

W. A. MAKUS

ALBERTI, Domenico, * um 1710 oder 1717 Venedig, † um 1740 Rom (?); it. Komponist. Schüler von Lotti. A. war ein talentierter Cembalist, wurde aber insbesondere als Sänger bekannt. Die Bezeichnung ↗Albertische Bässe geht auf ein von A. gepflegtes Kompositionsverfahren zurück. Wenn er auch wohl nicht dessen Erfinder war, so verwendete er es doch systematisch in seinen 8 *Sonate per cembalo,* op. 1 (London, um 1730, neu hrsg. Amsterdam 1761 unter dem Namen seines Schülers Giuseppe Jozzi). Außer Kantaten, Motetten und Opern hinterließ er 21 *Sonate d'intavolatura* (hsl. in London, Brit. Museum).

Lit.: F. TORREFRANCA, Le Origini ital. del romanticismo musicale (Tn 1930); W. WÖRMANN, Die Klaviersonaten D. A.s, in: AMl 27 (1955); G. A. MARCO, The A. Bass Before A., in: MR 20 (1959); W. S. NEWMAN, The Sonata in the Classic Era (Chapel Hill/N.C. 1963).

ALBERTI, Giuseppe Matteo, * 20. 9. 1685 Bologna, † 18. 2. 1751 ebd.; it. Komponist. A. wirkte als Violinist an der Kapelle von S. Petronio in Bologna. Er veröffentlichte Sammlungen mit Violinkonzerten (op. 1, Bol 1713, mit Nachdrucken in Amsterdam und London), Violinsonaten (u. a. op. 2, Bol 1721), außerdem schrieb er ein Oratorium *(La vergine annunziata)* und andere Vokalmusik.

Ausg.: *Concerti*, op. 1, 3 u. 7, hrsg. v. E. DESDERI (Padua 1955).

ALBERTI, Innocenzo, * 1535 Trevisa, † 15. 6. 1615 Ferrara; it. Musiker. A. stand im Dienste des Herzogs von Ferrara. Er veröffentlichte

Salmi penitenziali a 6 voci, Lib. 1 und *Motetti a 6 voci, Lib. 2* (Ferrara 1594) sowie 3 Bücher *Madrigali a 4 v.* (V 1602, 1604 u. 1607); ein 4. Band blieb Manuskript. Mehrere Vokalkompositionen A.s erschienen in Sammeldrucken.

ALBERTISCHE BÄSSE, Alberti-Bässe, im Klaviersatz die Begleitung einer Melodie durch fortgesetzte, gleichartig gebrochene Akkordfiguren, die meist von der linken Hand ausgeführt werden:

usw.

Die A. B. sind nach D. ↗Alberti benannt, der sie um 1730 in seinen Cembalosonaten verwendet. A. B. finden sich u.a. in den Klaviersonaten Mozarts und Haydns.

ALBERTUS (Magister Albertus Parisiensis), † 1180 (?) Paris; frz. Komponist. Sänger an Notre-Dame in Paris und Verfasser eines 3stimmigen Benedicamus-Tropus *(Congaudeant catholici)* im Conductusstil, den der *Codex Calixtinus* (um 1140) aus Santiago de Compostela überliefert; es ist die erste bekannte 3stimmige Komposition überhaupt.

ALBICASTRO, Henricus (eig. Heinrich Weissenburg von Biswang); Schweizer Violinist und Komponist, der gegen Ende des 17. bzw. Anfang des 18. Jahrhunderts lebte. 1686 war er an der Univ. Leiden immatrikuliert. Wahrscheinlich nahm er am Span. Erbfolgekrieg teil (1701–1714). A.s Solo- und Ensemblemusik bietet nach Zahl und künstlerischem Gewicht einen beachtenswerten Anteil an der Entwicklung der Sonate u. des Concerto außerhalb Italiens zu Beginn des 18. Jh.

WW (veröff. v. Estienne Roger in Amsterdam zwischen 1700 u. 1706): *Sonaten* für 2 V. u. B.c., op. 1, 4 u. 8; *Sonaten* für V. u. B.c., op. 2, 3, 5 u. 6; *12 Concerti a 4,* op. 7; *Coelestes angelici chori,* Kantate für S., Streicher u. B. c. (Ms.: Bibl. du Cons. de Bruxelles).

Ausg.: Sonate in a-moll, hrsg. v. G. BECKMANN, in: Das Violinspiel 5 (B–L 1921); *Passaglia,* hrsg. v. E. PENTE (Lo 1922); Triosonate h-moll aus op. 1, hrsg. v. R. MOSER (B 1927); 2 *Sonates* A-Dur u. e-moll aus op. 5, hrsg. v. FR. MARTIN (G 1931); Suite in G in H. H. ROSENWALD, Niederländische Klaviermusik um 1700 (B 1931); *12 Concerti a 4,* hrsg. v. M. ZULAUF (= SMD 1, 1955).

Lit.: G. BECKMANN, Das Violinspiel in Deutschland vor 1700 (L 1918); J. ZWART, A. in Nederland, in: De Muziek (A 1928); W. S. NEWMAN, The Sonata in the Baroque Era (Chapel Hill/N.C. 1959, NA 1966).

ALBIN, Roger, * 30.9.1920 Beausoleil (Alpes Maritimes); frz. Violoncellist, Dirigent und Komponist. Seine Ausbildung erhielt er hauptsächlich seit 1933 am Pariser Conservatoire, war danach u.a. Solocellist an der Grand Opéra in Paris, studierte 1945–48 Komposition am Pariser Conservatoire u.a. bei D. Milhaud und O. Messiaen. Nach 1948 Solocellist im Orchestre de la Société des Concerts du Conservatoire de Paris, gründete er zur gleichen Zeit ein Duo mit dem Pianisten Claude Helffer. 1960–66 wirkte er als Dirigent und Musikdirektor zunächst in Nancy, dann in Toulouse und leitet seitdem das Orchester der ORTF in Straßburg. A. komponierte u.a.: *Concertino für Vc. und Orch.* (1947); *Suite für Vc. solo* (1950) und 2 Symphonien (1962 und 1965).

ALBINONI, Tomaso, * 8.6.1671 Venedig, † 17.1.1750 ebd.; it. Komponist. Als unabhängiger Musiker verbrachte er den größten Teil seines Lebens in seiner Vaterstadt, wo er vielleicht Schüler von G. Legrenzi war. Er schrieb über 50 Opern und veröffentlichte zahlreiche Instrumentalwerke.

Gedruckte WW: *Sonate a tre,* op. 1 (V 1694); *Concerti a cinque,* op. 2 (V 1700); *Sonate a due,* op. 4 (A um 1704); *Concerti a cinque,* op. 5 (V 1707); *Trattenimenti per camera a due,* op. 6 (A um 1711); *Concerti a cinque,* op. 7 (A o.J.); *Sonate e Balletti a tre,* op. 8 (A um 1722); *Concerti a cinque,* op. 9 (A 1722); 5 *Sonate per Violino solo, Violone e b.c.* (A um 1716).

A., den auch J. S. Bach hochschätzte, gebührt neben B. Marcello und A. Vivaldi ein hervorragender Platz unter den venezianischen Musikern jener Zeit. Insbesondere gehört A. mit seinem op. 2 und anderen Werken zu den ersten Komponisten von Solokonzerten (z.B. für V., Ob. und Str.). Seine Werke nehmen heute im Repertoire von Kammerorchestern einen breiten Raum ein.

Ausg.: 5 Sonaten, hrsg. v. W. UPMEYER – L. SCHÄFFLER, in: Nagels MA 9, 34, 74; Sonate op. 2 Nr. 6, hrsg. v. F. GIEGLING, in: ebd. 189; Kantate *Vorrei scuoprir,* hrsg. v. H. RIEMANN, in: Ausgew. Kammer-Kantaten (L o.J.); Sonate d-moll (Lo o.J.); Konzert in C-Dur, hrsg. v. W. UPMEYER (B o.J.); Konzert in G-Dur, hrsg. v. E. PENTE (Lo 1927); 3 Konzerte aus op. 7, hrsg. v. B. PAUMGARTNER (Lo 1948).

Lit.: A. MOSER, Gesch. des Violinspiels (B 1923, Neudr. Tutzing 1966–67); A. SCHERING, Gesch. des Instrumental-Konzerts (L 1927); R. GIAZOTTO, T. A. (Mi 1945) (mit Werk-Verz.); W. S. NEWMAN, The Sonatas of A. and Vivaldi, in: JAMS 5 (1952).

ALBORADA (span.), in Spanien, vor allem in Galicien verbreitete populäre Instrumentalmusik, die auf der ↗Gaita (Sackpfeife) gespielt und von einem Tamburin begleitet wird. Die Melodik ist durch große rhythmische Freizügigkeit gekennzeichnet, während die Begleitung einen streng gleichmäßigen Rhythmus beibehält. – In der Kunstmusik begegnet die Bezeichnung A. als Titel und in stilisierter Nachahmung der volkstümlichen A. bei N. Rimski-Korsakow (im *Capriccio espagnol*) und bei M.

Ravel (*Alborado del gracioso* als 4. Stück der *Miroirs*). – ↗Aubade.

ALBRECHT, Hans, * 31.3.1902 Magdeburg, † 20.1.1961 Kiel; dt. Musikforscher. A. wurde 1925 in Berlin promoviert und habilitierte sich 1942 mit einer Monographie über C. Othmayr (Kas 1943, NA 1950) in Kiel. Er leitete 1942–44 das Staatliche Institut für deutsche Musikforschung Berlin, seit 1947 das Landesinstitut für Musikforschung Kiel, seit 1951 das Johann-Sebastian-Bach-Institut Göttingen, seit 1954 das Deutsche Musikgeschichtliche Archiv Kassel. Seit 1955 lehrte er an der Univ. Kiel. Er war Herausgeber mehrerer musikwissenschaftlicher Zeitschriften und Editionsreihen. A. hat mit seinen Arbeiten, die vor allem der Musik des 15. und 16. Jh. gelten, und mit seiner organisatorischen Tätigkeit entscheidenden Anteil am Neuaufbau der deutschen Musikwissenschaft nach 1945.

Schriften: *Lupus Hellinck u. Joh. Lupi,* in: AMI 6 (1934); *Die deutschen Psalmen u. Kirchengesänge des Jobst vom Brandt,* in: AfMf 7 (1942); *Zwei Quellen zur deutschen Musikgesch. der Reformationszeit,* in: Mf 1 (1948); *Musikdrucke aus den Jahren 1576–80 in Wilster,* in Mf 2 (1949); *Caspar Othmayr. Leben u. Werk* (Kas 1950). – Editionen: *Th. Stoltzer. Sämtl. lat. Hymnen u. Psalmen* (mit Gombosi) (= DDT 64, 1931); *Joh. Lupi. 10 weltliche Lieder* (= Chw 15, 1932); *Th. Stoltzer. Ausgewählte Werke I* (= EDM, Reihe RD, 22, 1942); *Georg Rhau. Symphoniae jucundae...* (Kas 1959); *Caspar Othmayr. Ausgewählte Werke* I u. II (= EDM, Reihe RD, 16, 1941, u. 26, 1956).

Lit.: F. BLUME, H. A., in: AMI 33 (1961); A. A. ABERT, in: Mf 14 (1961); W. BRENNECKE, in: RBMie 15 (1961); B. WIECHENS, in: Rheinische Musiker IV, hrsg. v. K. G. Fellerer (Kö 1966) (= Beitr. zur rheinischen Musikgesch. 64).

ALBRECHT, Johann Lorenz, Magister, * 8.1.1732 Görmar (Thüringen), † 29.11.1768 Mühlhausen (Thüringen), dt. Dichter und Musiktheoretiker. Er erhielt seine musikalische Ausbildung am Gymnasium von Mühlhausen, studierte 1752–56 Theologie in Leipzig. 1758 wurde er Musikdirektor und Kantor in Mühlhausen und lehrte gleichzeitig am Gymnasium. A. hinterließ nur wenige Kompositionen, hat aber eine Reihe von theoretischen Schriften von einigem Rang veröffentlicht: *Gründliche Einleitung in die Anfangslehren der Tonkunst* (Langensalza 1761); *Gedanken eines thüringischen Tonkünstlers über den Streit zwischen Sorge und Marpurg* (1761–62); *Abhandlung über die Frage: Ob die Musik bei dem Gottesdienste der Christen zu dulden, oder nicht* (B 1764); *Versuch einer Abhandlung von den Ursachen des Hasses, welchen einige Menschen gegen die Musik von sich blicken lassen* (Frankenhausen 1765). A. schrieb auch einige Aufsätze in F. W. Marpurgs *Historisch-kritische Beyträge zur Aufnahme der Musik* und gab die Schriften J. Adlungs heraus: *Musica mechanica organoedi* (B 1768) und *Musikalisches Siebengestirn* (B 1768).

ALBRECHTSBERGER, Johann Georg, * 3.2.1736 Klosterneuburg, † 7.3.1809 Wien; östr. Komponist und Musiktheoretiker. Er war im wesentlichen Autodidakt. 1755–66 war er Organist, zunächst in Raab, dann in Maria Taferl und Melk, 1772–93 Hoforganist, anschließend bis zu seinem Tod Kapellmeister am Stephansdom in Wien. A. war ein Komponist von beachtlichem Können, dessen Werke sich jedoch gegenüber denen Haydns (mit dem er befreundet war) und Mozarts nicht vor der Nachwelt behaupten konnten. Sein musikgeschichtlicher Rang beruht auf seinen theoretischen Schriften sowie auf den Kenntnissen im Kontrapunkt, die er 1794–95 in Wien Beethoven vermitteln konnte.

WW: **1) Gedruckte WW:** Zwischenaktmusik zu *Heinrich IV.;* Präludien u. Fugen für Org.; Fugen für Klv.; 18 Streichquartette; 6 Quartettfugen; 1 Streichquintett; 3 Doppelquartette; 1 Klv.-Quartett; 6 Streichtrios. – **2) Ungedruckte WW:** 26 Messen (darunter 3 Requiems); 6 Oratorien; 4 Symphonien; 42 Streichquartette; 38 Quintette; 28 Streichtrios; zahlr. Hymnen, Offertorien, Graduale. – **3) Schriften:** *Gründliche Anweisung zur Komposition* (L 1790. [2]1818); *Kurzgefaßte Methode den Generalbaß zu erlernen* (W – Mz 1792); *Klavierschule für Anfänger* (W 1808).

Ausg.: J. G. A.s sämtl. Schriften..., hrsg. von I. RITTER VON SEYFRIED (W o.J., [2]1837); 30 Fugues pour divers instr. à clavier, Hrsg. v. L. FARRENC, in: Le Trésor des pianistes 15 (P 1866, 1868); Ausw. der Instr.- WW, hrsg. v. O. KAPP, in: DTÖ XVI/2 (1909).

Lit.: G. NOTTEBOHM, Beethoven's Studien, Bd. I: Unterricht bei J. Haydn, A. u. Salieri (L – Winterthur 1873, Faks.-Nachdr. Niederwalluf 1971); J. FUSS (Nekrolog), in: AmZ 9 (1807, S. 455; I. RITTER VON SEYFRIED (s.o.); R. OPPEL, A. als Bindeglied zw. Bach u. Beethoven, in: NZfM 78 (1911); A. WEISSENBÄCK, J. G. A. als Kirchenkomponist (W 1927); A. M. SCHRAMEK-KIRCHNER, J. G. A.s Fugenkompositionen in seinen Werken für Tasteninstrumente (Diss. W 1954); M. RASMUSSEN, A Concerto for Chromatic Trumpet by J. G. A., in: Brass Quarterly 5 (1961/62).

ALBRICI, Vincenzo, * 26.6.1631 Rom, † 8.8.1696 Prag; it. Komponist. 1652 stand er als Leiter einer it. Musiktruppe im Dienste der Königin Christine von Schweden. 1654 trat er in den Dienst der ausschließlich aus Italienern bestehenden kurfürstlichen Kapelle in Dresden. 1662 hielt A. sich am pfälzischen Hof zu Neuburg an der Donau auf und kehrte im folgenden Jahr als Kapellmeister nach Dresden zurück, um allerdings gleich darauf für 3 Jahre nach London zu gehen. 1667–72 und 1676–80 ist er wieder in Dresden bezeugt. Nach der Auflösung der Hofkapelle war er ein Jahr lang Thomaskantor in Leipzig und wirkte von 1682 bis an sein Lebensende als Musikdirektor an St. Augustin in Prag. A.s Werke, die zu seiner Zeit sehr geschätzt wurden, befinden sich hsl. in den Bibliotheken von Dresden, Upsala, Darmstadt und Wien; sie umfassen Kirchenmusik, Sinfonien und Kammersonaten. Eine *Sonata à* 5 für 2 V., 2 Trp., Fag. und B.c., 1654 komponoiert, wurde von A. Schering (*Gesch. der Musik in Beispielen,* L 1931) neu herausgegeben.

ALBUMBLATT, im 19. und frühen 20. Jh. Titel für ein meist kurzes Klavierstück, das gattungsgeschichtlich in den Bereich des ↗Charakterstücks gehört. Die Bezeichnung A. spielt auf den seinerzeit beliebten Brauch an, Freunden und Bekannten sinnvolle Sentenzen in ein Album, ein Stammbuch u.ä. zu schreiben. Wenn es auch gelegentlich einzeln überlieferte und veröffentlichte Albumblätter gibt (z.B. Beethovens *Für Elise,* das aber nicht als A. bezeichnet ist; *Albumblatt* von Schubert), so wurden solche Stücke doch meist zu Sammlungen zusammengefaßt. Zu nennen sind hier namentlich Schumanns *Fünf Albumblätter* in op. 99 und die *Albumblätter* op. 124; E. Grieg, op. 28; M. Reger, op. 36, Nr. 2 und op. 44, Nr. 1.

ALCESTE, Musikalische Tragödie in 3 Akten von Christoph Willibald Gluck (1714–87), Text von Ranieri di Calzabigi nach dem gleichnamigen Drama des Euripides, frz. Umdichtung nach dem it. Vorbild von Arnaud Le Blanc du Roullet. Ort und Zeit der Handlung: Phereae (Thessalien), in mythischer Vergangenheit. UA (it. Fassung): 26. 12. 1767 in Wien (Hofburg), der frz. Fassung: 23. 4. 1776 in Paris (Académie royale de musique); dt. EA (in frz. Sprache): 6. 4. 1778 in Kassel, EA in dt. Sprache: April 1784 in Frankfurt/Main.
Der zunächst mäßige Erfolg des als „Seelenmesse" oder „Bußoper" bezeichneten Werkes wuchs von Aufführung zu Aufführung. Das Werk, fünf Jahre nach ↗*Orpheus und Euridike* entstanden, griff dessen dramatische Grundidee der reinen Gattenliebe wieder auf. Gluck vermied jegliche Anlehnung an frz. Opernvorbilder (Lully), alles wurde der eigentlichen Bestimmung der Musik untergeordnet: „den Ausdruck der Gefühle und das Interesse der Situationen zu verstärken, ohne die Handlung zu unterbrechen oder durch unnütze Verzierung zu entstellen" (Widmungsschreiben zu *Alceste*). Berühmte, auch unter anderen Titeln bekannt gewordene Arien der heute kaum noch aufgeführten Oper (frz. Fassung) sind: Alcestes *Erhabener Gott des Styx* (I, 7), *O Zeus! Leih mir Kraft* (III, 3) und Admets *Welche Stunde voller Glück* (II, 3) (Arienanfänge nach der Gluck-GA).

B. DELCKER

ALCESTE, OU LE TRIOMPHE D'ALCIDE, Große Oper mit Prolog in 5 Akten von Jean-Baptiste Lully (1632–87), Text von Philippe Quinault nach dem gleichnamigen Drama des Euripides. Ort und Zeit der Handlung: Yolkos (Griechenland), in mythischer Vergangenheit. UA: 19.1.1674 in Paris (Académie royale de musique); dt. EA (in frz. Sprache): 1681 in Hamburg.
In ihrer einzigen Bearbeitung eines antiken Stoffes halten sich Lully und Quinault nur sehr wenig an das Vorbild des Euripides. Nach venezianischem Opernvorbild wird eine heitere Zwischenhandlung eingefügt, die den Gang der Haupthandlung mehrfach unterbricht: Pathetische Szenen stehen unmittelbar neben heiteren. Lully versucht, dieser barokken Mischung durch die Verwendung einer Vielzahl musikalischer Ausdrucksmittel gerecht zu werden. Dramatische Rezitative, streng an den Deklamationsstil des Schauspiels angelehnt, Pauken- und Trompetenmotive und der im Stil der antiken Tragödie kommentierende Chor stehen für die heroisch-tragische Seite der Oper, die mit Ballettszenen, Arietten und Brunetten in der Nebenhandlung kontrastiert wird. Der große Erfolg der A. am Hof und in Paris wurde erst durch Glucks Neuschöpfung gebrochen, und die Oper geriet darüber in Vergessenheit.

B. DELCKER

ALCINA, Opera seria in 3 Akten von Georg Friedrich Händel (1685–1759). Der Textdichter des Librettos ist unbekannt, der Text basiert auf einer Episode aus Ariostos *Orlando furioso.* Ort und Zeit der Handlung: Südliche Berglandschaft, in unbestimmter Zeit. UA: 16. 4. 1735 in London (Covent Garden Theatre); dt. EA: 14. 6. 1928 in Leipzig (in einer dt. Neufassung).
Händel lernte die Textvorlage *L'isola d'Alcina* in einer Vertonung des Ricardo Broschi auf seiner Italienreise 1729 kennen, übernahm sie unverändert und gruppierte nur die Arientexte um. Die Arie des Ruggiero, *Verdi Prati,* gesungen von dem berühmten Kastraten Carestini, verdankte der dramatisch günstigen Placierung ihre Wirkung und ihren Erfolg. Händels Arbeitsweise zeigt sich in der unveränderten (tongetreuen) Übernahme der Anfangstakte des Orgelkonzertes F-Dur op. 4, Nr. 4 (gedruckt erschienen 1738) in das 1. Chorstück (Version B) seiner Alcina.

B. DELCKER

ALCOCK, 1) John (I), * 11.4.1715 London, † 23.2.1806 Lichfield; engl. Komponist. Schüler von Stanley. 1737 wurde er Organist an der Kirche St. Andrew's in Plymouth, 1742 an der St.-Law-

ÄGYPTEN, 11. oder 10. Jahrhundert v. Chr. (Neues Reich, 21. oder 22. Dynastie): Ein Harfenspieler verehrt den Sonnengott; Paris, Louvre.

Ph. © Scala - Photeb

Ph. © Scala - Photeb

ANTIKE, 1. Jahrhundert v. Chr.: Musikanten mit Lyra und Panflöte auf ei-nem Fries in Pompeji (oben); Straßenmusikan-ten mit Tibia, kleinen Zimbeln und Rahmen-trommel auf einem Mo-saik aus Pompeji (links).

ARABISCH-ISLAMISCH, 13. Jahrhundert: Musikan-ten mit Trompeten und Naqqarat in einer Pilger-karawane (rechte Seite).

وكاد يزعزع الجمال الشمر وانشد
ما الحج سيرك تأويبا وإدلاجا ولا اختيارك أجمالا وأحداجا
الحج أن تقصد البيت الحرام على تجريدك الحج لا تبغي به حاجا
وتمتطي كاهل الإنصاف متخذا ردع الهوى هاديا والحق منهاجا

BELGIEN, 16. Jahrhundert: Musikalischer Empfang von Gesandten in Gegenwart Katharinas von Medici; Brüsseler Bildteppich (1582–84); Florenz, Uffizien.

rence-Kirche in Reading. Seit 1750 leitete er die Chöre der Kathedrale von Lichfield. Die Univ. Oxford verlieh ihm 1761 den Grad eines Doktors der Musik. Er hinterließ Instrumentalmusik (gedruckt in London) und Sammlungen von Psalmen und Hymnen, darunter *26 Select Anthems* (Lo 1771); er war Herausgeber u. a. einer Sammlung 4stimmiger Psalmen mit dem Titel *The Harmony of Sion* (Lo 1752). – **2) John (II),** Sohn von 1), * 1740 Plymouth, † 30. 3. 1791 Walsall; er war 1758–68 Organist an der Kirche St. Mary Magdalen in Newark-on-Trent, später (um 1773) an der Kirche von Walsall. Er veröffentlichte Sammlungen von Anthems, Glees und Kantaten.

ALDAY, engl. Musikerfamilie, in Frankreich ansässig. – **1) François** (A. père); von ihm sind erhalten: Streichquartette, *Trois grand duos concertants* (alle in Lyon gedruckt), *Polonaise* für Streichquartett (P o. J.). – **2) Paul** (A. l'ainé), Sohn von 1), * um 1763, veröffentlichte in Paris und London u. a. ein Violinkonzert, Streichquartette und ein methodisches Werk für Violine. – **3) F.** (François?) (A. le jeune), Bruder von 2), * um 1764, † um 1835; er ging nach 1791 nach England und wurde 1806 Musikdirektor in Edinburgh. Er schrieb 4 Violinkonzerte, eine *Symphonie concertante, Airs variés* für Violine und *28 Études pour le violon,* op. 4, die dem berühmten Geiger Baillot gewidmet sind.

ALDER, Cosmas, * um 1497 Baden (Aargau), † 7. 11. 1550 Bern; Schweizer Komponist. Bis 1511 war er Chorknabe am Münster zu Bern, wo er 1524 das Kantorenamt bekleidete. Nach Einführung der Reformation (1528) hatte er verschiedene städtische Ämter inne. Mit J. Wannenmacher gehört A. zu den wenigen schweizerischen Komponisten seiner Zeit im prot. Bereich.

WW: Einige lat. Motetten, 2 dt. Motetten; *Inclytus antistes,* Epitaph-Motette für H. Zwingli; *Hymni sacri* (Be 1553) (57 Hymnen für 3–5 St.). Mehrere Komp. hsl. in der Univ.-Bibl. Basel.

Ausg.: Ein 4st. dt. Lied, hrsg. v. R. EITNER, in: MfM 24 (1894), u. v. A. GEERING, in: Schweizer Musikbuch (Z 1939); *Inclytus antistes,* hrsg. v. E. BERNOULLI, in: Zwingliana (1907); zwei 4st. dt. Lieder, hrsg. v. E. BERNOULLI, in: Aus Liederbüchern der Humanistenzeit (L 1910); 3 Psalmen u. 3 geistl. Gesänge, in: Psalmen u. geistl. Gesänge v. J. Wannenmacher u. C. A., hrsg. v. A. GEERING (G 1934).

Lit.: E. BERNOULLI, A.s Komp. auf Zwinglis Tod, in: Zwingliana (Z 1907); A. FLURY – A. THÜRLINGS, C. A., in: ebd. (Z 1908); H. DÜBI, C. A. u. die bernische Reformation (Be 1930); A. GEERING, Die Volksmusik in der Schweiz zur Zeit der Reformation, in: SJbMw 6 (1933).

ALDRICH (Aldridge), **Henry,** * 1648 Westminster, † 14. 12. 1710 Oxford; engl. Baumeister, Theologe und Komponist. Er studierte an der Universität Oxford, an der er den Grad eines Master of Arts erwarb. Als Dekan an der Christ Church von Oxford (seit 1681) komponierte er zahlreiche Anthems, Songs und Catches, die er in Sammelwerken veröffentlichte. In den Anthems werden oft Teile von Werken von Palestrina u. a. älteren Komponisten verwendet. A.s umfangreiche und bedeutende Musikbibliothek vermachte er dem Christ Church College.

ALDROVANDINI (Aldovrandini), **Giuseppe Antonio Vincenzo,** * 1673 Bologna, † 9. 2. 1707 ebd., it. Komponist. Er studierte am Konservatorium zu Bologna, das damals von G. A. Perti geleitet wurde. 1695 gehörte er der Accademia dei Filarmonici an und wurde 1702 Kapellmeister beim Herzog von Mantua.

WW (erschienen in Bologna): *Armonia sacra concertata in motetti* für 2–3 St., mit oder ohne V. (1701); *Cantate a voce sola* (1701); *Concerti a 2* (1703); *Concerti sacri a voce sola* (1703); *Sonate a 3* (1706). – Ungedruckt: 6 Oratorien, 14 Opern (insgesamt hat er 20 komponiert), Kammermusik u. Kirchenmusik.

ALEATORIK (von lat. alea = Würfel), Kompositionsverfahren, das ein Zufallsmoment enthält. Der Begriff kam in der Neuen Musik um 1951 auf. Hauptsächlicher Initiator der aleatorischen Musik ist J. Cage, der durch das chinesische Wahrsage- und Weisheitsbuch *I Ching* angeregt wurde, den unkontrollierten Zufall als kompositorisches Prinzip einzusetzen. Von seinen zahlreichen aleatorischen Kompositionen sind zu nennen: *Imaginary Landscape No 4* (1951) für 12 Radios, *Imaginary Landscape No 5* (1952) für 42 Tonbandgeräte sowie zahlreiche Klavierstücke und insbesondere die *Music for prepared piano,* die der Komponist selbst 1954 in Darmstadt aufführte. Als Reaktion gegen die mathematischen Verfahrensweisen und den allzu starren Ablaufmechanismus der Seriellen Musik wurde die Idee einer aleatorischen Musik auch von den Nachfolgern A. von Weberns aufgegriffen. Die Bedeutung des aleatorischen Prinzips liegt darin, daß es zu einer neuen Auffassung von Musik geführt hat, die die festgelegte, geschlossene Form durch eine offene und bewegliche ersetzt. Der Vortrag *Alea* von P. Boulez bei den Darmstädter Internationalen Ferienkursen für Neue Musik (1957) bleibt für die Nachfolger Weberns die grundlegende Charta der Aleatorik. Im Gegensatz zu Cage läßt Boulez, von der Ästhetik Mallarmés beeinflußt, nur den vom Komponisten „dirigierten Zufall" gelten. In der Praxis erscheint aleatorische Musik als Vorlage, deren Unbestimmtheitsgrad mehr oder weniger stark die Improvisation durch den Interpreten verlangt: der Komponist legt diesem vollständig ausgearbeitete Teilstücke oder Abfolgen von Partikeln vor und überläßt ihm die freie Wahl bezüglich einer gewissen Anzahl von Kombinationen oder Fortschreitungsmöglichkeiten, die somit alle von vornherein im Werk enthalten sein müssen. Diese Konzeption wurde zum erstenmal 1957 im *Klavierstück XI* von K. Stockhausen und in der *3. Klaviersonate* von P. Boulez verwirklicht, wobei Boulez im Gegensatz zu Stockhausen das Verfahren in mehr restriktiver Weise anwendet. Ziel der aleatorischen Musik ist es, den Interpreten zur Mitwirkung aufzufordern und ihm eine Freiheit wiederzugeben, die er im Lauf der historischen Entwicklung immer mehr verloren hat.

Lit.: P. BOULEZ, Alea, in: Darmstädter Beiträge zur Neuen Musik 1 (Mz 1958); J. CAGE, Unbestimmtheit, in: Die Reihe 5 (W 1959); E. THOMAS, Was ist A.?, in: Melos 28 (1961); U. ECO, L'œuvre ouverte (P 1965); G. DELIÈGE, Indétermination et improvisation, in: Int. Review of the Aesthetics and Sociology of Music 2/2 (1971).

ALECTORIUS, Johannes, ↗Galliculus.

ALEMBERT, Jean le Rond d', * 16. 11. 1717 Paris, † 29. 10. 1783 ebd.; frz. Philosoph und Mathematiker. Für die Musik wurde er bekannt durch sein Werk *Éléments de musique théorique et pratique, suivant les principes de M. Rameau* (1752, dt. Übers. v. F. W. Marpurg, L 1757), das dank seiner Klarheit den Theorien Rameaus eine viel größere Resonanz verschaffte, als Rameau selbst sie hatte erzielen können. Neben die „musique naturelle", die direkt zur Seele spricht, setzt d'A. an erste Stelle die traditionelle „musique imitative", womit er sich zum alten ästhetischen Grundsatz der Naturnachahmung bekennt. Als Mathematiker und Naturwissenschaftler (Mitglied der Académie des Sciences seit 1741) behandelte er Fragen der Akustik, u. a. für die Akademie der Wissenschaften in Berlin. Seine ästhetischen Anschauungen sind am deutlichsten niedergelegt in seinem *Discours préliminaire de l'Encyclopédie* (1751). Weitere Schriften über Musik: *Réflexions sur la musique en général et sur la musique française en particulier* (1754); *Fragments sur l'opéra* und *Réflexions sur la théorie de la musique.*

Ausg.: Œuvres et correspondances inédites, hrsg. v. CH. HENRY (Abbeville 1887).

Lit.: J. BERTRAND, D'A. (P 1889) R. MÜLLER, D'A.s Aesthetik (Diss. B 1924); H. GOLDSCHMIDT, Die Musikästhetik des 18. Jh. (Z 1915); W. SERAUKY, Die musikalische Nachahmungsästhetik im Zeitraum v. 1700 bis 1850 (Mr 1929).

ALESSANDRI, Felice, * 24. 11. 1747 Rom, † 15. 8. 1798 Casinalbo; it. Komponist. Nach Studien am Kons. in Neapel debütierte er als Dirigent in Turin. 1767 wurde in Venedig seine erste Oper *(Il matrimonio per concorso)* aufgeführt. 1767–70 hielt sich A. mit seiner Frau, der Sängerin Lavinia Maria Guadagni, in London auf und kehrte dann nach Italien zurück. 1789–92 wirkte er als 2. Kapellmeister an der Berliner Hofoper. A. schrieb 35 Opern, von denen nur 17 vollständig erhalten sind, 2 Oratorien, eine in Paris veröffentlichte *Sinfonie a 8*, 6 Cembalokonzerte (Lo 1769) und andere Instrumental- und Vokalwerke.

ALESSANDRO, Raffaele d', * 17. 3. 1911 St. Gallen, † 17. 3. 1959 Lausanne; Schweizer Komponist. Nach Studien in Zürich wurde er in Paris Schüler von N. Boulanger und M. Dupré. Seit 1940 war er in Lausanne als Organist, Pianist und Komponist tätig. A. versuchte in seinen Werken einen eigenen Weg abseits der großen Strömungen des 20. Jh. zu gehen, ohne daß ihnen ein breiterer Erfolg vergönnt war.

WW: **1) Instr.-WW:** für Klv.: *24 Préludes* (Lausanne 1940), u. *12 Etüden* (ebd. 1952); Org.-WW; Sonaten; 2 *Sonaten für Streichquartett* (1947 u. 1952); *Sinfonietta* (1944), für Kammerorch. u. obligates Klv.; *Concerto grosso* (o. O. 1946), für Streicher; *Divertissement* (Mn 1948), für Kammerorch.; 2 Symphonien (1948, 1953); 3 Klv.-Konzerte (1939, 1945, 1951), Konzerte für V., Fl., Ob., Fag. – **2) Vokal-WW:** Chorstücke, Gesänge mit Orch. oder Instr. – **3) Bühnen-WW:** *Isla persa* (1952), Tanzlegende.

Lit.: H. JACCARD, Initiation à la mus. contemporaine (Lausanne 1955); C. REGAMEY, Musiques du XXe siècle (ebd. 1966).

ALESSANDRO STRADELLA, Romantische Oper in 3 Akten von Friedrich von Flotow (1812–83), Text von Wilhelm Friedrich (d. i. Friedrich Wilhelm Riese). Ort und Zeit der Handlung: Venedig und eine Gegend bei Rom in der 2. Hälfte des 17. Jh. UA: 30. 12. 1844 in Hamburg (Stadttheater).
Grundlage des Librettos ist das abenteuerliche Leben des venezianischen Opernkomponisten A. Stradella. Die Darstellung der Liebesaffäre ist bis auf den gattungsgerechten versöhnlichen Ausgang historisch getreu. Riese benutzte als Vorlage eine am 4. 2. 1837 im Palais Royal in Paris aufgeführte „comédie mêlée de chant" (Vaudeville) von P. A. A. Pittaud de Forge und P. Dupont, für die Flotow bereits einige neue musikalische Nummern komponiert hatte. Das nach ↗*Martha* erfolgreichste Werk des Komponisten, im Stile der frz. „opéra comique", jedoch ohne gesprochenen Dialog komponiert, hatte bei der UA außerordentlichen Erfolg und fand seitdem rasche Verbreitung im In- und Ausland. Die Gattungsbezeichnung „Romantische Oper" stützt sich sowohl auf die

kompositorische Anlage des Werkes als auch auf die abenteuerliche Handlung. Auffällig sind in der Partitur die zweifache erinnerungsmotivische Wiederholung des Glockenchores und die Tanzeinlagen, eine Tarantella im 1. und ein Pas de deux im 2. Akt.

J. SCHLÄDER

ALEXANDER, dt. Instrumentenbauerfamilie. **Franz Ambros** (1753–1802) gründete 1782 in Mainz eine Werkstatt für die Herstellung hauptsächlich von Holzblasinstrumenten; später erfolgte immer mehr eine Spezialisierung auf Blechblasinstrumente, die bis heute in aller Welt anerkannt sind. Besondere Bedeutung erhielten die um 1890 von der Werkstatt A. zur endgültigen Form entwikkelten Wagnertuben. Die Firma heißt heute *Gebr. Alexander, Rheinische Musikinstrumenten-Fabrik GmbH in Mainz* und wird in der 7. Generation von der Familie geleitet.

ALEXANDER, Meister, mit dem Beinamen „der Wilde", dt. Minnesänger, lebte in der 2. Hälfte des 13. Jahrhunderts. Von ihm sind 5 Melodien (davon eine nur fragmentarisch) erhalten. Sein Beiname deutet auf eine für jene Zeit ungewöhnliche Eigenart seiner Melodien hin.

Ausg.: Sämtliche Melodien, in: G. HOLZ – F. SARAN – E. BERNOULLI, Die Jenaer Liederhandschrift, 2 Bde. (L 1901); H. MOSER – J. MÜLLER-BLATTAU, Dt. Lieder des MA (St 1958) (2 Lieder).

Lit.: F. J. VON DER HAGEN, Minnesinger, 5 Bde. (L 1831–39, NA 1926); FR. LOEWENTHAL, Das Rätsel des wilden A., in: Zschr. für dt. Altertum 57 (1920); G. HASE, Der Minneleich M. A.s (Hl 1921); R. HALLER, Der wilde A. (Wü 1935).

ALEXANDRE, Jacob, * 1804 Paris, † 11. 6. 1876 ebd.; frz. Instrumentenbauer. Er gehört zu den ersten Herstellern von Harmoniums, die er unter dem Namen „Orgue de cent francs" (Hundert-Francs-Orgel) populär machte. In Zusammenarbeit mit seinem Sohn **Édouard** (1824–88) gründete er 1858 eine Fabrik in Ivry, die aber zehn Jahre später in Konkurs ging. 1874 brachte A. die „Orgue Alexandre" auf den Markt, eine Verbesserung der „Amerikanischen Orgel", deren Prinzip 1835 von einem seiner Arbeiter entdeckt worden war; dieser wanderte später nach Amerika aus, wo er mit seiner Erfindung unter dem Namen „Melodium" großen Erfolg hatte. A. schrieb eine *Méthode pour l'accordéon* (P 1839) und *Notice sur les Orgues Melodium d'Alexandre et fils inventeurs* (P 1844, 1848).

ALFANO, Franco, * 8. 3. 1876 Neapel, † 27. 10. 1954 San Remo; it. Komponist. Nach Studien bei De Nardis und Serrao in Neapel setzte er seine Ausbildung bei Jadassohn in Leipzig fort. Aufenthalte in Berlin und Paris schlossen sich an, bevor er 1916 Kompositionslehrer, später auch Direktor des Liceo musicale in Bologna wurde. Danach leitete A. das Konservatorium in Turin und wurde 1940 Intendant des Teatro Massimo in Palermo. 1942–47 lebte er in Rom, wo er mit der Leitung der Opernklasse an der Accademia di Santa Cecilia betraut wurde. Schließlich war er 1947–50 Direktor des Konservatoriums in Pesaro. – A.s Stil, vor allem in seiner ziemlich erfolgreichen Oper *Risurrezione (Auferstehung),* ist dem Verismo zuzuordnen und steht im Gefolge von Puccini, Mascagni und Giordano. Die geistige Verwandtschaft zu diesen Komponisten wie auch seine instrumentatorische Begabung legitimierten ihn dazu, den unvollendet gebliebenen 3. Akt von Puccinis *Turandot* zu vervollständigen.

WW: 12 Opern, darunter *Resurrezione* (Libr.: C. Hanau, nach L. Tolstoi), UA: Turin 1904 (Mi o. J.); *L'Ombra di Giovanni* (Libr.: E. Moschino), UA: Mailand, Scala 1914 (1941 umgearbeitet unter dem Titel *Don Giovanni de Manara*); *La Leggenda di Sakuntala* (Libr.: Fr. A., nach Kâlidâsa), UA: Bologna 1921 (o.O. 1921, ²1950); Instr.-WW (2 Symphonien, ein Tripelkonzert, eine Suite, eine Sinfonia breve, Ballette, 2 Quartette, Sonaten, Klv.-Stücke ...) u. Lieder.

Lit.: G. PANNAIN, La Leggenda di Sakuntala (Mi 1923); Werk-Verz. v. E. DESDERI, in: Boll. Bibl. Mus. (1931); A. DELLA CORTE, Ritratto di Fr. A. (Tn 1935).

ALFIERI, Pietro, * 29. 6. 1801 Rom, † 12. 6. 1863 ebd.; it. Musikforscher; Kamaldulensermönch; lehrte am engl. Kolleg in Rom. Er setzte sich intensiv für die Reform der Kirchenmusik ein. Seine Schriften umfassen mehrere Werke über den Gregorianischen Choral (u. a. *Ristabilimento del canto e della musica ecclesiastica,* R 1843; *Saggio storico-teorico-pratico del canto gregoriano,* R 1855), eine Abhandlung über die *Congregazione dei maestri e professori di musica di Roma,* biographische Essays u. a. über Bittoni und Jommelli und Anthologien mit Werken von Palestrina, Victoria und Allegri, dessen berühmtes *Miserere* er 1840 veröffentlichte. Seine wohl wichtigste Leistung war die erste moderne Ausgabe der Werke Palestrinas: *Raccolta di musica sacra* (7 Bände, R 1841–46).

ALFONSO DELLA VIOLA ↗Della Viola.

ALFONSO EL SABIO, 23. 11. 1221 Toledo, † 4. 4. 1284 Sevilla; als Alfons X. „der Weise", König von Kastilien und León (1252–82). Als Mäzen förderte er die Künste, die Literatur und die Wissenschaften. Er war selbst Dichter und Musiker (einige Miniaturen stellen ihn als König David mit der Harfe dar). Als Verehrer der Troubadours – von denen einige, wie Bonifacio Calco, Giraut

Riquier und Guilhelm de Cervera, durch ihn gefördert wurden – dichtete und vertonte er nach ihrem Vorbild 500 Lieder (Cantigas) im galicischen Dialekt. Davon sind 418 Lieder zu Ehren Marias. Sie sind in dem (in mehreren Fassungen erhaltenen) *Cancionero de Santa Maria* Alfonsos überliefert und gehören zu den bedeutendsten Zeugnissen der mittelalterlichen Liedkunst.

Lit.: H. ANGLÉS, La música de las Cantigas de Santa Maria del Rey A. el S., 3 Bde. (Ba 1943–64); DERS., Der Rhythmus in der Melodik ma. Lyrik, in: Kgr.-Ber. NY 1961; Cantigas de Santa Maria, hrsg. v. W. METTMANN, 3 Bde. (Coimbra 1959–64); H. ANGLÉS, Les cantigues del rei Alfons el Savi i la seva importancia mus., in: Analecta Montserratensia 9 (1962); R. PERALES, Las „Cantigas de Santa Maria" y su notación mus., in: Sonda 2 (1968).

ALFONSO UND ESTRELLA, Romantische Oper in 3 Akten von Franz Schubert (1797–1828), D. 732, Text von Franz von Schober. Ort der Handlung: das spanische Königreich León. UA: 24. 6. 1854 in Weimar unter Franz Liszt (in gekürzter Fassung).

Schubert vertonte die Geschichte vom verbannten Königssohn Alfonso, der die Tochter des Gegenspielers seines Vaters liebt und nach mancherlei Intrigen zusammen mit Estrella dank der Abdankung ihrer beiden versöhnten Väter auf den Thron von León gelangt, in den Jahren 1821–22. Das mit 34 Nummern sehr umfangreiche Singspiel zeichnet sich durch breit angelegte Aktfinali aus. Der lyrische Charakter der einzelnen Vokalnummern dominiert jedoch deutlich über deren dramaturgische Funktion in der Gesamtkomposition. Den Part des verbannten Königs Froila schrieb Schubert für den berühmten Hofopernsänger Johann Michael Vogl, der zahlreichen Schubert-Liedern zum Durchbruch verhalf. Die Ouvertüre schien dem Komponisten später zu geräuschvoll; er komponierte für A. u. E. eine neue, während die erste Fassung am 20. 12. 1823 im Theater an der Wien als Vorspiel zur Aufführung von *Rosamunde* gegeben wurde. F. Liszt würdigte das Singspiel in einer differenzierten und äußerst objektiven Rezension am 1. 9. 1854 in Schumanns „Neuer Zschr. für Musik" und bezeichnete es als Schuberts bedeutendsten Bühnenversuch. Für den 22. 3. 1881 ist in Karlsruhe eine weitere Aufführung in einer Neufassung von Johann Nepomuk Fuchs belegt.

J. SCHLÄDER

ALFVÉN, Hugo, * 1. 5. 1872 Stockholm, † 8. 5. 1960 Falun; schwedischer Dirigent und Komponist. War zunächst Geiger in der Schwedischen Hofkapelle, dann Kompositionslehrer am Stockholmer Konservatorium. Nach weiteren Studien wirkte er 1910–39 als „director musices" an der Univ. Uppsala und als Dirigent des Studentenchors „Orphei drängar" und leitete andere Männerchöre, so den „Svenska Sängar förbundet". 1908 wurde er zum Mitglied der Königlichen Akademie der Musik gewählt. Stark beeinflußt durch Wagner und R. Strauss, griff A. in seinen Kompositionen vielfach auf die Volksmusik seines Landes zurück, indem er z. B. typisch schwedische Tanzthemen in seine Rhapsodien aufnahm. Als Dirigent übte er großen und nachhaltigen Einfluß insbesondere auf das schwedische Chorwesen aus.

WW: **1) Instr.-WW:** Stücke für Klv., Kammermusik, Ouvertüren, Märsche; 5 Symphonien: in f-moll (1897), in E-Dur (1899), in E-Dur (1906), in c-moll (1918), in a-moll (1952); symphonische Dichtungen, darunter *En skärgärdssägen* (1905) u. *Drapa*, die schwedische Rhapsodie *Midsommarvaka*, UA: Paris 1904 (in Ballettform als *La Nuit de St-Jean*), *Uppsalarapsodi* (1907) u. *Dalarapsodi* (1937). – **2) Vokal- u. Bühnen-WW:** Gesänge u. Lieder; 10 Kantaten für Solo-St., Chor u. Orch.; 2 Kantaten für Männerchor u. Orch.; *Sten Sture* (1912) , *Manhem* (1928); eine Pantomime *Bergakungen* („Der Bergkönig"), UA: Stockholm 1923; Bühnenmusik zu *Spåmannen* (1912) u. *Vi* (1932); Filmmusik. – **3) Autobiographie:** Bd. I: *Första satsen* (Sto 1946), Bd. II: *Tempo furioso* (Sto 1948), Bd. III: *I Dur och moll* (Sto 1949), Bd. IV: *Final* (Sto 1952).

Lit.: S. I. SVENSSON, H. A. (Uppsala 1946) (mit Werkverz. u. Bibliogr.).

ALGAROTTI, Francesco Graf, * 11. 12. 1712 Venedig, † 3. 5. 1764 Pisa; it. Schriftsteller. Bei einem Aufenthalt in Paris (1733), wo seine *Dialogues* über Newton berühmt wurden, lernte er Voltaire kennen. 1740 berief ihn Friedrich der Große nach Berlin; er wurde Ratgeber des Königs und stand lange mit ihm im Briefwechsel. Als Schriftsteller interessierte sich A. besonders für die zeitgenössische Oper wie auch für den Gesang. Seine scharfsinnige Analyse der Schwächen der it. Oper, *Saggio sopra l'opera in musica* (3 Bde., Livorno 1755; erweiterte Aufl. 1762; Übers. ins Frz., Engl. u. Dt.), kann als Vorläufer der Opernreform Glucks angesehen werden. Eine Gesamtausgabe seiner Schriften wurde von ihm selbst herausgegeben (14 Bde., 1791–94).

Ausg.: Saggi, hrsg. v. G. DA POZZO (Bari 1963).

Lit.: D. MICHELESSI, Memorie intorno alla vita ed agli scritti del Fr. A. (V 1770); M. SICCARDI, L'A. Critico e scrittore di belle arti (Asti 1811); F. FÖRSTER, Friedrich II., Briefwechsel mit dem Grafen A. (B 1837); E. WELLESZ, Fr. A. u. seine Stellung zur Musik, in: SIMG 15 (1913–14); G. SCHMITT, Fr. A. (1712 bis 1764) u. Frankreich (Diss. Hei 1945).

ALGORITHMISCHE MUSIK. Die a. M. beruht auf dem Versuch, mathematische Verfahren in die musikalische Komposition einzuführen. Sie wurde in den 50er Jahren in Frankreich von Pierre Barbaud und seinem Mitarbeiter Roger Blanchard entwickelt („Groupe algorithmique"). Ausgangspunkt der a. M. ist die serielle Technik, die hier dahingehend modifiziert wird, daß die 12 Halbtöne durch Parameter ersetzt und ein Algorithmus gewählt werden. Ein Algorithmus ist ein abgeschlossener Rechenvorgang mit zyklisch sich wiederholender Gesetzmäßigkeit, der also eine Vielzahl von Permutationen zuläßt, sie allerdings determiniert, wenn beim Rechenvorgang kein Zufallsfaktor zugelassen wird. Das trifft für die a. M. zu. Die Permutationen werden von einem entsprechend programmierten Computer ausgeführt. Dabei bedient man sich der sogenannten algorithmischen Sprachen, von denen – auch in der demographischen und sozialwissenschaftlichen Statistik – Fortran, Algol und Cobol die verbreitetsten sind. Die Komposition wird praktisch vom Komponisten in den Computer programmiert, der sie dann fertig „ausspuckt". Barbauds ästhetisches Ziel war es, mit Hilfe der Mathematik und des Computers die Musik in kalkulierbare Bahnen zu lenken, den im Subjektiven und Metaphysischen liegenden Faktor „Inspiration" des Tonschöpfers zu überwinden und zu einem Teil der rationalen Kontrolle zu machen. – ↗Computer-Musik.

Lit.: P. BARBAUD, Musique Algorithmique, in: Esprit 28 (1960) S. 92–97; A. A. MOLES, Les Musiques Expérimentales (Bru – Z – P 1960); P. BARBAUD, Initiation à la composition musicale automatique (P 1966).

ALI BABA *(Ali-Baba ou Les Quarante Voleurs)*, Opera seria in 4 Akten mit Prolog von Luigi Cherubini (1760–1842), Text von A. Eugène Scribe und A. H. J. Mélesville. Ort der Handlung: Wald um den Berg Sesam. UA: 22. 7. 1833 in Paris (Opéra), dt. EA: 22. 11. 1834 in Dresden.
Die Musik zu der letzten seiner 32 Opern übernahm Cherubini auf Anregung der Librettisten teilweise aus seiner romantischen Chinesenoper *Koukourgi* (1793), einen Marsch nahm er aus *Faniska* (1806). Mit den hinzukomponierten Teilen ergab sich eine autographe Partitur von mehr als 1000 Seiten. Cherubini war mit notwendigen Streichungen nicht einverstanden und blieb daher der UA demonstrativ fern. Im Zuge des mit der Wiederaufnahme von ↗*Medea* angeregten Interesses an Cherubinis Opern im 20. Jh. wurde auch A. B. ins Repertoire aufgenommen. Für die Aufführung in Essen (1963) aktualisierte Helmut Käutner die Textvorlage und hob deren humorvolle Züge hervor. Das bekannteste Stück dieser „Komischen Oper" ist die Ouvertüre; Cherubinis Meisterschaft in Kontrapunkt und Harmonielehre wird an den Stellen deutlich, wo überraschende Modulationen die dramatische Spannung verstärken.

K. LANGROCK

ALINE, KÖNIGIN VON GOLCONDA *(Aline, Reine de Golconde)*, Opéra ballet in 3 Akten von Pierre Alexandre Monsigny (1729–1817), Text von Jean Michel Sedaine nach dem gleichnamigen Schauspiel von Stanislas de Boufflers. Ort und Zeit der Handlung: Schloß im Lande Golconda an den Ufern des Ganges, zu unbestimmter Zeit. UA: 15. 4. 1766 in Paris (Opéra); dt. EA (in dt. Sprache): 1782 in Berlin.
Einzige Oper Monsignys, die an der Pariser Opéra aufgeführt wurde. Monsigny gilt als einer der Mitbegründer der Gattung Opéra comique. Mit A. setzte Monsigny in der äußeren Aufmachung die seit Lully herrschende Tradition der prunkvoll ausgestatteten Ballettoper fort, während er inhaltlich eine Wendung zur romantischen Märchenoper vollzog. Als eine die Teile verbindende Rahmenidee fungiert die Liebe der Königin Aline zu dem frz. Botschafter Saint-Phar. Der Sonnenaufgang („Lever de l'Aurore") zu Beginn des 2. Aktes ist ein Merkmal für die „malende" Musik Monsignys. Tanzsätze wie Menuett, Gavotte, Gigue und Contredance beleben das bunte Bild der Oper, die im Gegensatz zu anderen Werken Monsignys nicht sehr erfolgreich war.

B. DELCKER

ALIQUOTSAITEN (von lat. aliquot = einige; engl.: sympathetic strings; frz.: cordes sympathiques), Resonanzsaiten, unterhalb der Spielsaiten oder auf der Decke eines Streichinstruments angebrachte Metallsaiten, die nicht gespielt werden, sondern beim Anstreichen der Spielsaiten mit in Schwingung geraten. Sie sind in Europa charakteristisch u. a. für die ↗Viola d'amore und das ↗Baryton.

ALIQUOTSTIMMEN, Orgelregister, die dadurch charakterisiert sind, daß einer Taste nicht der eigentliche Ton (wie bei den Registern mit der Angabe 8′) oder eine Oktave (4′, 2′, 1′, 16′, 32′) zugeordnet ist, sondern ein bestimmter ungeradzahliger Teilton (↗Obertöne) namentlich der 3. und 5. Die Registerbezeichnungen für die gebräuchlichsten A. sind Quinte $2^2/_3$′ (d. h. bei c erklingt g^1 usw.), Terz $1^3/_5$′ (bei c erklingt e^2). Die üblichen Einzel-A. sind außer Quinte, Terz, Septime und None u. a. Weitquinte, Hohl(flöten)quinte, Nachthornquinte, Gemsquinte, Spitzquinte, Weitterz, Nachthornterz. Die aus mehreren A. zusammengesetzten Register (Mixtur, Sesquialter u. a.) tragen die Sammelbezeichnung ↗Gemischte Stimmen.

ALIQUOTTÖNE ↗Obertöne.

ALISON (Allison), **Richard,** * Mitte 16. Jh., † wahrscheinlich vor 1609; engl. Komponist. Er wirkte als Musiklehrer in London und veröffentlichte zwei Sammlungen mit vierstimmigen Kompositionen, *The Psalmes of David in Meter* (mit Instrumentalbegleitung für Laute und Cister; Lo 1599) und *An Howres Recreation in Musicke*... (Madrigale für Singstimmen und Instrumente; Lo 1606). A. ist auch in zahlreichen Sammeldrukken und Sammelhandschriften von Vokal-, Consort- und Lautenmusik vertreten.

Lit.: R. SPENCER, Two Missing Lute Parts for Morley's Consort Lessons, in: The Lute Soc. Journal 4 (1962).

ALIX, René, * 14. 9. 1907 Sotteville-lès-Rouen, † 30. 12. 1966 Orly; frz. Komponist. Nach Klavier- und Orgelausbildung studierte er bei G. Caussade Harmonielehre und Kontrapunkt, bei A. Bertelin Komposition. A. war mit 11 Jahren Organist an Notre-Dame von Sotteville, mit 21 Jahren Organist an St-Michel in Le Havre, dann Organist an Notre-Dame in Paris. Er wurde später Lehrer für Kontrapunkt und Fuge an der École César Franck, deren Leitung er 1953 übernahm, 1945 wurde er zum Leiter der Chöre des frz. Rundfunks ernannt. 1962 erhielt er den Grand Prix Musical der Stadt Paris.

WW: **1) Instr.-WW:** Stücke für Klv. u. V.; eine *Sonate* für V. u. Klv. (1938); *2 Quatuors à cordes* (1954); *Danses et confidences*, Orchestersuite (1950); *Suite brève pour p. et cordes* (1948); *Revenants*, symphonische Ballade (1945); *Concerto*, für Klv. u. Orch. (1949). – **2) Vokal-WW:** Eine Slg. von Gesängen, *Féerie provençale* (1937); Motetten, Chöre; *Messe* für Soli, Chor u. Orch. (1955); *Messe matutinale*, a cap. (1958); *Les très Saintes Heures de Jeanne d'Arc*, Oratorium (1954). – **3) Bühnen-WW:** Eine komische Oper, *Yolande*, UA: Le Havre 1937. – A. schrieb auch eine *Grammaire musicale* (P 1953).

ALJABJEW (Alabjew), **Alexander Alexandrowitsch,** * 4. (15.) 8. 1787 Tobolsk, † 22. 2. (6. 3.) 1851 Moskau; russ. Komponist. 1812–23 war er Offizier in der russischen Armee. Aufgrund einer Anklage wegen Mordes im Zusammenhang mit dem Dekabristenaufstand wurde er 1825 bis in die späten 30er Jahre nach Sibirien verbannt. A. schrieb drei Streichquartette, eine Symphonie und mehrere Opern, wurde aber besonders als Komponist von Romanzen und Liedern bekannt, die sich durch Eleganz der Melodik auszeichnen. Von ihm stammt auch *Die Nachtigall* (Solowej), ein Lied, das gelegentlich als Einlage in der Unterrichtsstunden-Szene von Rossinis *Barbier von Sevilla* gesungen wurde und in der Unterhaltungsmusik überaus beliebt ist.

Ausg.: GA der Romanzen u. Lieder, 4 Bde. (Mos 1898).

Lit.: G. TIMOFEJEV, A. A. A. (Mos 1912); V. DOBROCHOTOV, A. A., in: Sovietskaja Muzyka Nr. 4 (1951); DERS., A. A., Twortšeskij put („A.s Schaffensweg") (ebd. 1966); VL. JA. TRAININ, A. A. A. (Leningrad 1969)

ALKAN (eig. Morhange), **Charles Henri Valentin,** * 30. 11. 1813 Paris, † 29. 3. 1888 ebd.; frz. Komponist und Pianist. Schon in sehr jungen Jahren studierte er am Conservatoire in Paris. A. ist einer der profiliertesten Vertreter der frz. Pianistenschule. Als kultivierte Künstlerpersönlichkeit konnte er die Freundschaft von Chopin, Liszt, George Sand, Hugo und Lamennais gewinnen. Sein Hauptwerk sind die *Études* für Klavier, in denen er tonmalerische Effekte mit einer systematischen Erarbeitung technischer Schwierigkeiten verbindet. Er galt als feinsinniger Komponist.

WW: Für Klv., *Études* in allen Tonarten; *Études descriptives: Le Chemin de fer, Le Preux, L'Amitié; 25 Préludes* in allen Dur- u. moll-Tonarten, in 3 Folgen; *Les Mois*, 12 Stücke in 4 Folgen,; eine *Sonate* für Klv.; eine *Sonate* für Vc. u. Klv.; ein *Trio*, ein *Concerto da camera*, ein *Concerto* für Klv. u. Orch.; Gesangsstücke.

Ausg.: The Piano Music of A., hrsg. v. R. LEWENTHAL (NY 1964); Œuvres choisies für Klv., hrsg. v. G. BECK (P 1969) (= Le Pupitre 16).

Lit.: A. MARMONTEL, Les pianistes célèbres (P 1878); K. S. SORABJI, Around Music (Lo 1932); H. SEARLE, A Plea for A., in: ML 18 (1937); R. SIETZ, Ein Vorläufer v. Bartóks „Allegro barbaro", in: Mf 5 (1952); D. DILLE, L'Allegro barbaro de Bartók, in: Studia musicologica 12 (1970).

ALKMENE, Oper in 3 Akten von Giselher Klebe (* 1925), Text vom Komponisten nach Heinrich von Kleists Lustspiel *Amphitryon* (1807). Ort und Zeit der Handlung: Theben, vor dem Palast des Amphitryon, mythologische Zeit. UA: 25. 9. 1961 in Berlin (Deutsche Oper).

Jupiter begehrt Alkmene, die Frau des Feldherrn Amphitryon. Um sie zu erobern, tritt er ihr in Gestalt ihres Gatten entgegen. Weil sich der am nächsten Tage nach langer Abwesenheit heimkehrende Amphitryon über die vertrauliche Begrüßung durch seine Frau wundert und – zutreffende – Schlüsse zieht, entbrennt eine Auseinandersetzung, die erst durch Jupiters Eingeständnis seiner Schuld beendet wird. Klebe verdeutlicht den Ausgangspunkt der Verkleidungskomödie, indem er dem Beginn der Handlung eine Tanzszene voranstellt, während welcher Jupiter sich das Aussehen Amphitryons gibt. Durch diesen dramaturgischen Kunstgriff wird das Publikum in eine größere innere Distanz zur Bühnenhandlung gerückt. Vor dem Zuschauer läuft ein musikalisches Spiel mit der klaren Gliederung einer Nummernoper ab, denn der Komponist gewinnt aus serieller Technik bekannte Gattungen und Formen wie Märsche und Arien. Schon bei der UA erzielte das Werk herzlichen Beifall.

K. LANGROCK

ALKUIN (Alcuin), * um 735 York, † 19.5.804 Tours; angelsächsischer Mönch, 796 Abt von St. Martin in Tours. Als Ratgeber Karls des Großen im Bildungswesen und in den Wissenschaften wurde er von grundlegender Bedeutung für die Frühzeit der christlich-mittelalterlichen Kultur. Sigulf erwähnt in seiner *Vita Alcuini* (um 825) unter den Schriften A.s ein musiktheoretisches Werk, das aber nicht erhalten ist. Die Zuschreibung eines Traktatfragments an A. bei Gerbert (Gerbert Scr. I, 26/27) ist aller Wahrscheinlichkeit nach irrtümlich.

Lit.: E. M. WILMOT-BUXTON, Alcuin (Lo 1922); G. ELLARD, Master A., Liturgist (Ch 1956).

ALLA BREVE (it.), Zeichen: ₵, 4/4-Takt, in dem die halbe Note Schlag- und Zähleinheit ist, so daß der a.b.-Takt im wesentlichen dem 2/2-Takt entspricht. – Die Bz. a.b. (abgekürzt für *Tactus alla breve*) stammt aus der Terminologie der Mensuralnotation des 15./16. Jh. und bedeutete ursprünglich, daß im *Tempus imperfectum diminutum* (Vorzeichnung wie oben ₵, aber auch C2 oder 2) ein ↗Tactus eine ↗Brevis (die unserer heutigen Doppelganzen vergleichbar ist) umfaßt, und nicht wie im unverkürzten *Tempus imperfectum* (C) eine Semibrevis. Mit der Verkleinerung der Notenwerte seit dem 15./16. Jh. hat diese Bedeutung jedoch ihren buchstäblichen Sinn verloren, während die Bezeichnung selbst unverändert beibehalten wurde und bis heute eine der gebräuchlichsten Taktarten darstellt. In Besinnung auf die Tradition des a cappella-Stils galt im 18./19. Jh. die a.b.-Vorzeichnung als dessen charakteristisches Signum, das nun häufig bei Werken in diesem Stil verwendet wurde, so z.B. im 2. *Kyrie* und im *Gratias agimus tibi* der *Messe in h-moll* von J. S. Bach; beide Stücke sind im 4/2-Takt notiert und tragen die ausdrückliche Angabe *Alla breve* zusätzlich zu der Vorzeichnung ₵. Bach verwendet a.b. auch als Satz-Bz. (*Allabreve* für Orgel, BWV 589).

ALLACCI (Allatios, Allacio, Allazios), **Leone,** * 1586 Chios, † 19.1.1669 Rom; it. Gelehrter griech. Abstammung. Er studierte in Rom u. erwarb 1616 den medizinischen Doktorgrad. Danach Scrittore an der Biblioteca Vaticana (brachte die 1622 geraubten Bestände der Heidelberger Palatina nach Rom); 1661 wurde er z. 1. Custos ernannt.

Schriften: *De melodiis Graecorum* (verschollen); *De mensura temporum antiquorum et praecipue Graecorum* (Kö 1645); *Drammaturgia* (Kat. der it. Opern u. Oratorien vom Ende des 16. Jh. bis 1666) (R 1666), fortgesetzt u. neu hrsg. v. G. Cendoni – A. Zeno – G. degli Agostini (V 1755).

Ausg.: *Drammaturgia* (1755), hrsg. v. F. BERNARDELLI (Tn 1961).

ALLA DIRITTA (it.), Bez. für eine stufenweise auf- und absteigende melodische Bewegung.

ALLA MENTE ↗Contrappunto alla mente.

ALLA OTTAVA, all'ottava (it., = in der Oktave), stets in Form der Abkürzung 8va oder (häufiger) 8 angezeigt, schreibt über den Noten stehend die Höherversetzung, unter den Noten die Tieferversetzung eines musikalischen Abschnitts um eine Oktave vor, um eine schlecht lesbare Häufung von Hilfslinien zu vermeiden. Der Geltungsbereich wird durch eine gestrichelte waagrechte Linie angegeben und durch eine senkrechte Linie begrenzt (8˙˙˙˙˙˙˙'). Der Widerruf der Vorschrift kann auch durch das Wort *loco* (= an seinem [normalen] Ort) erfolgen.

ALLA POLACCA (it.), Vortrags-Bz.: nach Art einer ↗Polonaise, im Polonaisentakt.

ALLARGANDO (it., = breiter werdend), Vorschrift für ein langsamer werdendes Tempo.

ALLA SICILIANA (it.), Vortrags-Bz.: nach Art des ↗Siciliano.

ALLA TURCA (it.), nach türkischer Art, d.h. dem Charakter der (türkischen) ↗Janitscharenmusik entsprechend.

ALLEGRETTO (it., = gemäßigt lebhaft; Abk.: all^{tto}), Diminutiv von ↗Allegro, bezeichnet eine „graziöse und leichte Bewegung" (Castil-Blaze, 1821) zwischen Allegro moderato und Andante con moto. A. erscheint bei Mozart oft als Tempoangabe von Menuetten: Symphonie in g-moll, KV 550; Symphonie in C-Dur, KV 551; *Kleine Nachtmusik*, KV 525. Bei Beethoven kommt A. als Satzbezeichnung, teils mit verschiedenen Zusätzen, besonders häufig vor, z.B. im 4. Satz der 6., im 3. Satz der 7. und im 2. Satz der 8. Symphonie (dort als „A. scherzando").

ALLEGRI, Gregorio, * 1582 Rom, † 17.2.1652 ebd.; it. Komponist. 1591–96 Sängerknabe, 1601–07 Tenorsänger unter G.M. Nanino an S. Luigi dei Francesi in Rom; nach seiner Priesterweihe war er 1607–21 Kapellmeister der Kathedrale von Fermo. 1629 kehrte er als päpstlicher Kapellsänger nach Rom zurück. 1638 (?) schrieb A. ein *Miserere*, dem er in erster Linie seine Berühmtheit verdankt. Das für die Karwoche geschriebene 9st. Werk im a cappella-Stil war strikt der Sixtinischen Kapelle vorbehalten und durfte lange Zeit bei Strafe der Exkommunikation nicht kopiert werden.

Mozart hat es im Alter von 14 Jahren in Rom gehört und aus dem Gedächtnis aufgeschrieben. Die anderen Kompositionen A.s sind teilweise auch im konzertierenden Stil gehalten. Die beiden Brüder Gegorios waren Sänger: **Domenico** (* 1585 Rom, † 5. 9. 1629 ebd.), Kapellmeister an Santa Maria in Trastevere (1609–10) u. Santa Maria Maggiore (1610–29) in Rom, und **Bartolomeo** (* 1592 Rom), 1602–09 Sänger an San Luigi dei Francesi.

WW: *Concerti* (lat. Gesänge) für 2–4 St. mit B.c. (nur das 2. Buch erhalten: R 1619 = RISM 1619[12]); *Motecta* für 2–6 St. mit B.c. (R 1621); einige Motetten in Sammeldrucken des 17. Jh.; viele kirchenmusikal. WW (u.a. Motetten, Lamentationen) sind hsl. überliefert.

Ausg.: 2 *Miserere* u. andere kirchenmusik. WW, hrsg. v. L. NIEDERMEYER, in: Recueil de mus. ancienne 2 (P o.J.[1843]); *Miserere*, hrsg. v. F. HABERL (Au 1936); 2 Komp. für 4 St., hrsg. v. A. NEITHARDT, in: Musica Sacra 6 (B – Posen o.J.)

Lit.: A. CAMETTI, La scuola dei „pueri cantus“ di S. Luigi dei Francesi in Roma, in: RMI 22 (1915); J. AMANN, A.s Miserere u. die Aufführungspraxis in der Sixtina (Rb 1935); L. VIRGILI, La cappella musicale della chiesa metropolitana di Fermo, in: Note d'Archivio 17 (1940).

ALLEGRI, Lorenzo, * um 1573, † 16. 7. 1648 Florenz; it. Lautenist und Komponist dt. Abstammung. Er wurde Mitglied der Hofkapelle zu Florenz, wo er bis zu seinem Tod „Sonatore“ und „Maestro di Liuto“ war. A. hat im Umkreis jener Florentiner Künstler, die die Frühgeschichte der Oper bestimmten, entscheidend zur Entwicklung des Balletts beigetragen. Sein einzig erhaltenes Werk ist eine Sammlung von 1–6st. Madrigalen und 5–6st. Ballettsuiten mit B.c. (*Il primo libro delle musiche*, V. 1618). Es enthält eine bemerkenswerte *Sinfonia a 6*, die als das früheste Beispiel für den Typus der – später so genannten und von dem gebürtigen Florentiner Lully voll ausgebildeten – Französischen Ouvertüre zu gelten hat.

Lit.: A. SOLERTI, Musica, ballo e drammatica alla Corte Medicea (Fi 1905); B. PAUMGARTNER, in: MGG I; H. BECK, L. A.s „Primo Libro Delle Musiche“ 1618, in: AfMw 22 (1965).

ALLEGRO (it., = lustig, munter), seit dem frühen 17. Jh. Bz. für eine lebhafte Bewegung, die ursprünglich mehr die Bedeutung einer Vortragsdenn einer bestimmten Tempovorschrift hatte. Erst im 18. Jh. charakterisierte man A. im Sinne einer eindeutigen Tempobezeichnung als weniger rasch als das ↗Presto. Eine genauere Bestimmung erfolgte oft mit den Zusätzen „commodo“, „con moto“, „giusto“, „moderato“ usw. Gelegentlich findet sich auch der Superlativ „allegrissimo“ (z. B. bei V. Jelich, 1622, später u. a. bei M. Clementi). In zyklischen Formen (Sonate, Symphonie, Streichquartett usw.) trägt der erste Satz häufig die Bezeichnung A., doch kann A. auch Titel eines einzelnen Stückes sein (z. B. F. Chopin, *Allegro de concert*, op. 46; B. Bartók, *Allegro barbaro*).

ALLELUIA, aus dem Hebräischen stammender Freudenruf als Aufforderung zum Lobpreis Gottes, der sich im alttestamentlichen Buch Tobias (13, 17 [22]) und als Zusatz zu etwa 20 Psalmen findet. Das Wort wurde unverändert in die griech. Psalter-Übersetzungen und über die Septuaginta ins Lateinische übernommen. Vermutlich wurde das A. aufgrund seiner Herkunft aus dem Psalter ganz natürlicherweise eine „responsa“ in der frühen responsorialen Psalmodie (↗Responsorialer Gesang). Folgt man dem byzantinischen Historiker Sozomenos (um 440 bis 450), so blieb das A. zunächst dem Ostersonntag vorbehalten. Sehr bald jedoch wurde das A. auf die Osterwoche, dann auf die ganze Osterzeit und schließlich auf alle Sonntage des Jahres ausgedehnt. Die *Regula monasteriorum*, auch *Regula S. Benedicti* genannt (Kap. 11–12), schreibt beim nächtlichen Stundengebet für jeden Sonntag mit Ausnahme der Fastenzeit die Cantica der 3. Nokturn, den ersten Psalm der Laudes und die Psalmen der kleinen Horen mit der A.-Antiphon vor. Dagegen wurde wie im ambrosianischen Ritus in der Fastenzeit kein A. gesungen (Kap. 15). Später wurde diese Vorschrift bis zum Sonntag Septuagesima, also bis 3 Sonntage vor der Fastenzeit ausgedehnt. Es erscheint merkwürdig, daß in der mozarabischen und altgallikanischen Liturgie an dem Tag, an dem man das A. „verabschiedete“, ein gänzlich aus dem A. zusammengesetztes Offizium gesungen wurde, das aus diesen Liturgien in das gregorianische Antiphonar überging. Nach dem Liturgiker Bernhold von Konstanz wurde dieses Offizium durch ein Dekret Alexanders II. (1061–1073) abgeschafft. Wie bei den A.-Antiphonen der Osterzeit wurden auch hier die Bibeltexte der Antiphonen durch das Wort A. ersetzt:

ANT.	Mi-	se-	re-	re	me-	i,	De-	us	
ANT.	Al-	le-	lu-	ja,	al-	le-	lu-	ja	

In den Antiphonarien ist zur Orientierung der Sänger häufig der Textanfang der Vorlage angegeben. **Form des Alleluia.** Wenn Liturgiker und Musikwissenschaftler das A. „sine addito“ behandeln, dann ist damit der melodisch reiche Meßgesang unmittelbar vor dem Evangelium gemeint. Gewöhnlich wird das A. zwischen der Lesung aus dem Neuen Testament (Epistel) und dem Evangelium eingefügt, während das ↗Graduale ursprünglich auf eine heute nicht mehr übliche Lesung aus dem Alten Testament folgte. Das A. stellt eine eigenständige Gesangsgattung dar: es ist kein Responsorium wie das

Graduale und keine Antiphon wie der Introitus. Obwohl es von seinen Ursprüngen her der responsorialen Psalmodie nahesteht, hat es sich zu einer besonderen liturgisch-musikalischen Form entwikkelt. Es wird wie folgt ausgeführt: Ein Sänger intoniert das A. und hält nach der ersten Kadenz inne, die der Schlußsilbe des Wortes folgt (in der lateinischen Sprache bilden die beiden Schlußvokale einen Diphthong, während in byzantinischen Gesangbüchern die beiden Schlußvokale getrennt werden: -lu-ï-a). Ein weiterer Sänger oder kleiner Chor schließt sich dem Vorsänger an, um das A. fortzusetzen oder zu wiederholen, wobei das A. nun durch eine lange Vokalise, den sog. „Jubilus", verlängert wird. Der Jubilus ist eine seit dem 5. Jh. nachweisbare Vokalise und wurde von Augustinus mehrmals in seinen Predigten behandelt. Später wird die Bezeichnung „Jubilus" durch die Bezeichnung „Neuma" ersetzt. Das „Neuma" des A. wird in einem Bericht über die Eroberung der Bretagne erwähnt, der Gildas le Sage zugeschrieben wird (in Wirklichkeit am Ende des 8. Jh.). Nach dem Jubilus trägt ein Solist zu einer melodisch reich ausgeschmückten Melodie den Vers vor. Wenn der Text des Verses dem Psalter entnommen ist, wird gewöhnlich der erste Vers eines Psalms verwendet – ein Relikt der alten responsorialen Psalmodie, bei der ein ganzer Psalm „ab initio" verwendet und das A. als eine Art „responsa" nach jedem Vers wiederholt wurde. Die vollständige Form des A. ist somit die folgende: A., A. mit anschließendem Jubilus, Vers, Wiederholung des A. mit Jubilus.

Melodietypen. Die alt-beneventanische Liturgie kennt nur einen einzigen Melodietyp für alle A. und die verschiedenen Verse. Im Mailänder Repertoire zählt man etwa acht Melodietypen für das ganze Jahr. Die ursprüngliche Fassung des gregorianischen Graduale im 8. Jh. war etwas reichhaltiger und zählte knapp 100 Verstexte für etwa 40 Melodien, wobei ein- und dieselbe Melodie mehreren Texten gleicher Länge und Anlage zugeordnet wurde. Die Zahl der Vers-Texte nahm unaufhörlich zu. Die meisten wurden in Italien (110 gezählte Melodien, davon etwa 40 ausschließlich beneventanische) und in Südwestfrankreich (120 gezählte Melodien) vertont. Durch die Verzeichnisse und Ausgaben von K. H. Schlager (vgl. die Bibliographie) wurde eine Anzahl von Versen bekannt, die für diese beiden Traditionen des gregorianischen Gesangs charakteristisch sind, wie beispielsweise im Graduale Romanum die A. für Allerheiligen und für den 8. Dezember. Doch bedeutet die Zunahme an Versen noch keine Erweiterung des Melodienrepertoires. Viele der neuen Verstexte wurden vorhandenen Melodien unterlegt, die bereits für andere Texte gleicher Länge komponiert worden waren. Nach Schlager, der Hss. bis 1100 untersuchte (s. u. Lit.), diente die Melodie des Verses *Letabitur* auch als Grundlage für 18 andere Verse (Nr. 274), die des *Justus ut palma* für 35 Verse (Nr. 38) und schließlich die des *Dies sanctificatus* für 43 Verse (Nr. 27).

„Melodiae secundae" und Prosae. In der mailändischen Liturgie wird das A. nach dem Vers wieder aufgenommen, doch mit etwas veränderter Melodie. Nach zunächst gleichem Beginn geht die Melodie in sehr lange, manchmal mehr als 200 Noten umfassende Vokalisen über. Dieser lange „Jubilus", der echoartige „Motiv"-Wiederholungen aufweist, wird als „melodiae secundae" bezeichnet, was an die von Notker so genannten „melodiae longissimae" erinnert, die in den Tropen- und Sequenzenhandschriften bis zum 11. Jh. gesammelt wurden und die zum Teil ein Erbe der altgallikanischen Liturgie waren. Diese „melodiae" wurden von den Kopisten der Hss. „sequentiae" (↗Sequenz) genannt. Sie stehen am Ursprung der „prose" („prosa") genannten Texte, die seit dem 9. Jh. den langen Vokalisen syllabisch unterlegt wurden. Der Terminus „prosa", der in den Ländern romanischer Sprache verwendet wird, ist gleichbedeutend mit Sequenz („sequentia") in den Ländern germanischer Sprache: in der Schweiz und in Deutschland bedeutet Sequenz die dem A. folgende musikalische Weiterführung, in neuerer Zeit gelegentlich auch „sequela" genannt, aber auch den Text, der diesen Vokalisen unterlegt wurde.

Verse mit mehreren Melodien. Zu einigen A.-Versen gibt es in den einzelnen Regionen verschiedene Melodien. Für das A. der Weihnachts-Vigil, *Crastina die,* konnten sieben, für den Vers *Gloria et honore* (K. H. Schlager, Thematischer Katalog, S. 32) neun Melodien festgestellt werden. Es handelt sich hier um Verse, die nicht zum Grundbestand gehören, und die erst nach der ersten Verbreitung des gregorianischen Graduale, also im 9., 10. oder auch erst im 11. Jh. vertont wurden. Diese sog. Verse der 2. Periode sind beim Vergleich der Gradual-Hss. durch die große Zahl der Melodien erkennbar, denen sie unterlegt wurden. Sie sind heute durch die Verzeichnisse K. H. Schlagers bekannt und stellen gleichzeitig ein Kriterium zur Identifikation der Hss. dar, in denen sie enthalten sind. Unter diesem Gesichtspunkt bietet auch die Beobachtung der Auswahl und Reihenfolge der A.-Verse für die gewöhnlichen Sonntage, speziell die Sonntage der österlichen Zeit und nach Pfingsten, eine Möglichkeit, Handschriften einzuordnen.

Verschiedenartigkeit der Verstexte. Für die hohen Festtage des Kirchenjahres war der jeweilige A.-

Vers genau festgelegt. Dagegen konnten für gewöhnliche Sonntage mit Ausnahme der Fastensonntage, an denen das A. durch einen ↗Tractus ersetzt wurde, die Verse lange Zeit beliebig ausgewählt werden. In alten Gradual-Hss. zeigt die Wendung „Quale volueris" an, daß hier der Vers aus der am Ende der Hss. enthaltenen Liste ausgewählt wurde, die etwa 30 A.-Verse enthielt, dem Psalter entommen und nach der numerischen Reihenfolge der Psalmen geordnet. Doch wurde in der Regel die einmal getroffene Wahl beibehalten, so daß in jedem Jahr an den verschiedenen Sonntagen dieselben Verse wie im Vorjahr gesungen wurden. Da diese Festlegung in jeder Kirche unabhängig vollzogen wurde und da die ursprüngliche Liste der Verse da und dort mit einigen neuen Unika oft sehr eingeschränkter Verbreitung erweitert worden war (s.o.), ergibt sich aus dem Vergleich der A.-Verzeichnisse aller möglichen Provenienzen, daß bis zum 16. Jh. jede Kirche ihre Eigenständigkeit bewahrt hat. Aufgrund der Beständigkeit dieser Verzeichnisse kann zuweilen auch die Herkunft eines bisher unbekannten Graduales festgestellt werden, indem das in ihm enthaltene Verzeichnis mit bereits identifizierten Verzeichnissen verglichen wird. Die mit dem A.-Vers für den 1. Sonntag nach Pfingsten beginnenden A.-Listen bilden regional verschiedene, eigenständige Gruppen. Sie beginnen 1. mit *In te Domine speravi* (Metz, Reims, Corbie, Saint-Denis, Winchester), 2. mit *Dominus regnavit* (Lyon, Tours, Bretagne), 3. mit *Deus judex* (Nordfrankreich, Paris usw.), 4. mit *Domine Deus meus* (Deutschland, Österreich, Osteuropa, einige Hss. in Norditalien), 5. mit *Verba mea* (Aquitanien, Spanien, Italien). Die meisten Verstexte sind in Prosa gehalten, entsprechend ihrer Herkunft aus der Bibel, doch weisen einige auch metrisch oder rhythmisch gebundene Formen auf, wie der in Hexametern stehende Versus *Solve jubente Deo.* Im 12., besonders aber im 13. und 14. Jh. waren vor allem die rhythmisch gebundenen Verse sehr beliebt. Einige wurden für neue Feste geschrieben, wie das A. *Dyadema spineum* anläßlich der Überführung der hl. Krone nach Paris unter Ludwig dem Heiligen oder A.-Verse für das Fest der Visitatio B.M.V. Andere rhythmische A.-Verse ersetzten die alten, in Prosa gehaltenen und vor allem für Heiligen- und Marienfeste bestimmten Verse, so das dem Kardinal Latino Frangipane zugeschriebene A. *Felix corpus* (veröffentlicht in: RMie 54, 1968, S. 96–97). In den gedruckten Missalien findet sich eine größere Zahl rhythmisch gebundener A., deren Melodien jedoch nicht immer erhalten sind. Ihre Veröffentlichung war im Rahmen der *Analecta hymnica* und der Sammlung Henry Bradshaw in London angekündigt worden: das für diese Editionen vorbereitete Material ist nicht verloren.

Das chorale A., vor allem in Verbindung mit seiner Erweiterung (der Sequenz), verdient vom musikalischen Gesichtspunkt her besondere Beachtung. Die langen Vokalisen sind als absolute Musik konzipiert und regten die musikalische Erfindungskraft an, neue oder noch nicht ausgeschöpfte Techniken der Melodiebildung zu erproben: „Motiv"-Wiederholungen in der Quinte, Wiederkehr eines „Themas", Echowirkungen, „harmonische Sequenzen" usw. In dieser Hinsicht stellen A. und Sequenz das eigentlich liedhafte Element des musikalischen Repertoires der ma. Liturgie dar. – In der mehrstimmigen Musik gibt es im allgemeinen keine spezifische Vertonungsweise des Alleluia. Einzig das *Halleluja* in Händels *Messias* verdient hier eine eigene Erwähnung. In diesem Satz wird mit musikalischen Mitteln der akklamatorische Charakter des A. zum Ausdruck gebracht, was weder in den choralen A.-Melodien noch in den sonstigen mehrstimmigen Vertonungen dieses Wortes der Fall ist. – ↗Akklamation.

Lit.: P. WAGNER – D. F. CABROL – A. GASTOUÉ, in: Dict. d'archéologie chrétienne et de liturgie I (P 1913); J. HURÉ, St-Augustin musicien (P 1924); F. GENNRICH, Grundriß einer Formenlehre des ma. Liedes (Hl 1932); D. P. FERRETTI, Estetica gregoriana I (R 1934); A. HUGHES, Anglo-French Sequelae. Edited from the Papers of the Late Dr. H. M. Bannister (Lo 1934); J. GLIBOTIC, De cantu A. in patribus sec. 7 antiquioribus, in: Ephemerides liturgicae 50 (1936): D. J. FROGER, L'a. dans l'usage romain et la réforme de St. Grégoire, in: ebd. 62 (1948); J. A. JUNGMANN, Missarum sollemnia II (W – Fr [5]1962); E. WELLESZ, Gregory the Great's Letter on the A., in: Ann. Mus. 2 (1954); M. B. COCHRANE, The A. in Gregorian Chant, in: JAMS 7 (1954); K. H. SCHLAGER, Thematischer Kat. der ältesten A.-Melodien (Mn 1965); A.-Melodien, I: bis 1100, hrsg. v. DEMS. (Kas 1968); K. W. GÜMPEL, in: RIEMANN ML, Sachteil; M. HUGLO, Les listes alléluiatiques dans les témoins du Graduel grégorien, in: Speculum Musicae Artis, FS H. Husmann (Mn 1970); E. JAMMERS, Das A. in der gregorianischen Messe (Mr 1973) (= Liturgiewiss. Quellen u. Forsch., H. 55); Two Anonymous Alleluias from the Worcester Fragments, hrsg. v. G. REANEY (1977).

M. HUGLO

ALLEMANDE (frz., eig. „danse allemande" = deutscher Tanz; it.: allemanda; engl.: alman), geradtaktiger Tanz des 16.–18. Jahrhunderts. Der dem Namen entsprechende deutsche Ursprung der A. ist in den bürgerlichen deutschen Schreittänzen zu suchen, die im 16. Jh. unter der Bz. „Dantz" bzw. „Tantz" bekannt waren und die mit einem gesprungenen „Nachtantz" eine choreographische und musikalische Einheit bildeten. Die Geschichte der A. beginnt dann außerhalb Deutschlands um 1550 mit der Veröffentlichung einiger A.n für Laute bzw. für Instrumentalensemble in Sammeldrucken von Phalèse (RISM 1546[28]), Le Roy & Ballard (RISM 1551[24]) und Susato (1551, nicht in RISM). Es handelt sich hier um mehrteilige Tanzstücke im geraden Takt mit paarweise wiederholten 4-, 6- oder 8-Takt-Gruppen:

Oberstimme der *VII. Allemaigne* für 4 Instr. aus T. Susato, *Het derde musyck boexken,* An 1551.

Der A. kann – wie dem deutschen „Tantz-" auch – ein schneller Nachtanz (Recoupe, Saltarello) im Dreiertakt folgen:

Almanda für Laute aus *Carminum pro Testudine Liber IV,* Löwen 1546.

Bull, *The Queen's Alman* von Byrd). In der Ensemblemusik (für Violen und andere Instrumente) wurde die A. außer in England vor allem in Deutschland heimisch, nachdem der Engländer W. Brade dort die Bz. A. durch seine 1609–21 in Hamburg gedruckten Tanzsammlungen eingeführt hatte (um 1600 war bei Haßler, Hausmann u. a. noch die Bezeichnung „Deutscher Tanz" gebräuchlich). A.n finden sich nun häufig bei Schein (*Banchetto musicale,* 1617), Scheidt und ihren Zeitgenossen, und in der Mitte des 17. Jh. wurde die A. fester Bestandteil der deutschen Orchester- und Klaviersuite (↗Suite), wo sie regelmäßig als 1. Satz steht. Gleichzeitig normalisiert sich ihre formale Gestaltung; sie ist meist zweiteilig mit Wiederholung der beiden Teile und zeigt den auch für andere Tanzsätze dieser Zeit charakteristischen harmonischen Verlauf ‖: Tonika →Dominante :‖: Dominante →Tonika :‖.

In Frankreich entwickelte sich im 17. Jh. im Bereich der Lautenmusik ein eigener A.n-Typ ohne die ausgeprägte 4-, 6- oder 8-Taktigkeit und die tanzmäßige Rhythmik. Statt dessen läßt sich hier in Verbindung mit dem ↗Style brisé eine kontrapunktische Auflockerung beobachten. A.n dieser Art, die keine Tanz-, sondern Charakterstücke sind, begegnen im 17. Jh. u. a. bei D. Gaultier, im 18. Jh. u. a. in der Klaviermusik von J. S. Bach (z. B. in der 2. Französischen Suite):

Nach Th. Arbeau (*Orchésographie,* 1589) wurde die A. („une danse pleine de médiocre gravité"), die zu den hoffähigen Tänzen zählte, von mehreren Paaren getanzt.

Seit dem frühen 17. Jh. gehört die A. zu den beliebtesten Tanztypen sowohl in der Musik für Tasteninstrumente als auch in der Ensemble- und Lautenmusik. Für Virginal schrieben in England namentlich J. Bull und W. Byrd zahlreiche A.n, die manchmal mit Widmungsbezeichnungen versehen sind (z. B. *The Duke of Brunswick's Alman* von

In Italien erscheint die A. in der 1. Hälfte des 17. Jh. vor allem in der Ensemblemusik, z. B. bei B. Marini (als *Balletto Alemano* oder *Baletto alla Alemana*). Später prägt sich dort auch ein besonderer A.-Typ aus. Er ist von flüssigerer und kontinuierlicher rhythmischer Bewegung und im allgemeinen homophon gehalten. Dieser italienische Typ erscheint u. a. in den Triosonaten von Vivaldi sowie in der Klaviermusik Rameaus *(Nouvelles Suites de clavecin);* auch Bach verwendet diesen Typ (z. B. in der Partita Nr. 1):

In der formalen Gestaltung aller A.n-Typen bleibt es bei der herkömmlichen Zweiteiligkeit mit Wiederholung der beiden Teile, die im 18. Jh. in zunehmendem Maße durch melodische Fortspinnung und einen farbigeren harmonischen Verlauf gekennzeichnet sind. Jedoch geht im wesentlichen mit J. S. Bach die Geschichte der A. als einer musikalischen Gattung zu Ende, wenn auch noch um 1760 die A. in Paris als beliebter bürgerlicher Tanz bezeugt ist. Der „Deutsche Tanz" freilich lebt in der Folgezeit wieder auf, ohne direkt die Tradition der A. fortzusetzen (↗Deutscher Tanz).

Lit.: TH. ARBEAU, Orchésographie (1589), NA v. C. W. Beaumont (Lo 1925, Nachdr. NY 1966); F. M. BÖHME, Gesch. des Tanzes in Deutschland, 2 Bde. (L 1886); E. DACHER, Les caractères de la danse, in: RM 5 (1905); P. NETTL, Die Wiener Tanzkomp. in der 2. Hälfte des 17. Jh., in: StMw 8 (1921); F. BLUME, Studien zur Vorgesch. der Orchestersuite des 15. u. 16. Jh. (L 1925); O. BIE, Der Tanz (B ²1925); G. OBERST, J.S. Bachs frz. u. engl. Suiten, in: FS H. Abert (Hl 1928); E. MOHR, Die A. (Z 1932); C. SACHS, Eine Weltgesch. des Tanzes (B 1933); A. ANDERS, Unters. über die A. als Volksliedtypus des 16. Jh. (Diss. F 1940); P. NETTL, The Story of Dance Music (NY 1947); N. SCHIØRRING, A. og fransk Ouverture, in FS Univ. Kopenhagen (Kop 1957); J. BARIL, Dict. de danse (P 1964); P. NETTL, The Dance in Classical Music (Lo 1964); K. H. TAUBERT, Höfische Tänze, ihre Gesch. u. Choreographie (Mz 1968).

ALLEN, „Red" (Henry jr.), * 7. 1. 1908 Algiers (Louisiana), † 17. 4. 1967 New York; amerik. Jazztrompeter und -sänger. Er spielte zunächst in der Band seines Vaters und Lehrers Henry Allen († 1952), fiel dann während der 30er Jahre solistisch zunächst im Orchester von Fletcher Henderson auf, spielte 1937–40 mit Louis Armstrong, neben dem er damals als der bedeutendste Jazztrompeter galt. In den 40er Jahren leitete A. eigene Gruppen. In den 50er Jahren griff er auf den traditionellen Jazz der Band von Kid Ory zurück. Sprichwörtlich geworden ist die Kennzeichnung seiner jazzgeschichtlichen Einordnung „zwischen Armstrong und Roy Eldridge". Schon früh wich A. aber von Armstrong ab, dämpfte das Stakkato, bevorzugte mehr flüssige Legati, wobei seine Intonation satt und rauh, seine Phrasierung aber vorausweisend modern wirkte. Damit gilt A. als Anreger für Swing- und Be-bop-Trompeter.

ALLENDE-BLIN, Juan, * 28. 2. 1928 Santiago de Chile; chilenischer Komponist. A.-B. stammt aus einer chilenischen Musikerfamilie. Nach seinem Studium in Santiago und Paris (bei O. Messiaen) kam er 1957 nach Deutschland und wurde 1962 Mitarbeiter des NDR. Er ist nicht nur durch seine Kompositionen, sondern auch durch zahlreiche Beiträge zur neueren Musik in Rundfunk und Zeitschriften bekannt geworden. Heute lebt er als freischaffender Komponist in Essen.

WW: *Transformations pour Orgue* (1952); *Transformationen* für Schlagzeug (1953); *Transformationen* für Bläser, Schlagzeug, Celesta und Klv. (1961); Ballett *Séquence* für Fl., Vibraphon, Harfe u. Schlagzeug (1961), UA Berlin 1962; *Profils* für Klar., Trp., Pos., Vc. u. Schlagzeug (1964), als Ballett *Recueil* UA Essen 1965; *Echelons: I Sonorités* (1962–64), *II Arrétages* (1968), III *Sons brisés* (1966/67) für Org.; *Les champs magnétiques* für Klv., Klar., Kb. u. Tonband (1969); *Silences interrompues* für Klar., Kb. u. Klv.; *„Mein blaues Klavier"* für Org. (1971); *„Souffle"* für kleinen Chor (mit Maultrommeln) u. großen Chor (1972); *open air & watermusic* (1973); Konzertante Bearbeitung und Einrichtung von Cl. Debussys unvollendeter Oper *La chute de la maison Usher* (Text nach E. A. Poe) (1977).

ALLENDE SARÓN, Pedro Humberto, 29. 6. 1885 Santiago de Chile, † 16. 8. 1959 ebd.; chilenischer Komponist. Er war Schüler des Kons. in Santiago, wo er später als Kompositionslehrer wirkte. 1945 erhielt er den Premio Nacional de Arte. Er schrieb u. a. die Symphonische Suite *Escenas campesinas chilenas* und die Tondichtung *La voz de las calles*, ein Violin- und ein Violoncellokonzert, Kammermusik, Chorwerke u. Lieder. Die meisten seiner Werke sind unveröffentlicht. A.S. hatte sich jahrelang in Indianergebieten aufgehalten, um die Musik der Indios zu studieren.

Lit.: N. SLONIMSKY, H. A., the first modernist of Chile, in: Musical America (1942); A.-Sonder-H. (1945) (= Rev. Mus. Chilena 1, H. 5); P. H. ALLENDE, in: Compositores de América II (Washington/D. C. 1956); A. LETELIER, in: Rev. Mus. Chilena 14, H. 69 (1960).

ALLITERATION ↗Stabreim.

ALLORTO, Riccardo, * 31. 1. 1921 Mosso Santa Maria bei Vercelli; it. Musikwissenschaftler. Er studierte an der Univ. Turin (Geschichte und Literatur) sowie an den Konservatorien von Turin und Parma, wo er später Musikgeschichte unterrichtete. Seit 1954 ist A. Professor für Musikgeschichte am Kons. in Mailand. Er war Mitherausgeber der *Enciclopedia della Musica Ricordi*, Redakteur der Zeitschrift *Musica d'oggi* und ist Schriftleiter der Zeitschrift *Educazione musicale*.

Schriften: *Stefano Arteaga e „Le Revoluzioni de teatro musicale in Italia"*, in: RMI 52 (1950); *Storia della musica* (Mi 1955, ⁶1966); *La moderna didattica dell'educazione musicale in Europa* (Mi 1957) (zus. mit V. d'Agostino); *Le sonate per pianoforte di M. Clementi* (Fi 1959); *L'educazione ritmica* (Mi 1965) (zus. mit P. Bernardi). – Ausgaben: WW v. Banchieri, Corelli, Boccherini, Salieri, Sarti, Carissimi.

ALL'OTTAVA ↗alla ottava.

ALMA REDEMPTORIS MATER ↗Marianische Antiphonen.

ALMEIDA, Antonio de, * 20.1.1928 Paris; frz. Dirigent. Nach Studien 1949–53 in den USA bei P. Hindemith, S. Kussewitzky und G. Szell war er 1956–60 Dirigent des Symphonieorchesters und des Opernorchesters in Lissabon, 1963–64 Chefdirigent der Stuttgarter Philharmoniker, danach bis 1968 Dirigent der Pariser Opéra. Er ist Gastdirigent führender Orchester Europas und Amerikas. 1976 wurde er zum MD der Oper in Nizza ernannt. A. ist auch Herausgeber der Urtextausgaben von Orchestermusik *L'offrande musicale* (P 1963ff.), der Gesamtausgabe der Symphonien L. Boccherinis (W 1969ff.) und des geplanten *Catalogue thématique des œuvres complètes de J. Offenbach.*

ALMEIDA, Francisco Antonio di, port. Komponist, lebte in der 1. Hälfte des 18. Jahrhunderts. Nach einem Italienaufenthalt schrieb er *La Pacienza di Socrate,* die als die erste Oper in portugiesischer Sprache zu gelten hat (UA Lissabon 1733; nur der 3. Akt erhalten); eine andere Oper von ihm ist vollständig erhalten (*La Spinalba,* UA Lissabon 1735), eine weitere verschollen (*La Finta Pazza,* 1739).

ALMENRÄDER, Karl, * 3.10.1786 Ronsdorf bei Düsseldorf, † 14.9.1843 Biebrich bei Wiesbaden; dt. Fagottist und Instrumentenbauer. A. wurde 1810 Lehrer für Fagott an der Kölner Musikschule, 1812 Fagottist im Frankfurter Opernorchester. Er war 1815–16 Militärkapellmeister in Köln, 1817–20 Mitglied des Mainzer Theaterorchesters. In dieser Zeit stand er in enger Verbindung mit G. Weber und erwarb sich (zum Teil unter dessen Anregung) spezielle instrumentenkundliche Kenntnisse, die ihn befähigten, die Technik und den Klang des Fagotts entscheidend zu verbessern. Nachdem A. 1820–22 in Köln eine eigene Werkstatt für Blasinstrumente betrieben hatte, ging er nach Biebrich, von wo aus er in der Mainzer Instrumentenfabrik von Schott mitarbeitete. 1831 gründete er in Biebrich mit J. A. Heckel eine eigene, später berühmt gewordene Instrumentenfabrik. A. schrieb mehrere Werke über das Fagott (u.a. *Abhandlung über die Verbesserung des Fagotts,* Mz um 1820; *Fagottschule,* Mz 1843) und komponierte Werke vor allem für und mit Fagott.

ALMÉRIE (Anagramm von Lemaire), eine Lautenart des 17. Jh.; ihr Erfinder war der frz. Mathematiker J. ↗Lemaire.

ALPAR, Gitta, * 5.3.1903 Budapest; ungar. Sängerin (Sopran). 1923 debütierte sie in ihrer Heimatstadt. Nach 1925 wurde sie durch Gastspiele in München, Wien und Berlin über Ungarn hinaus bekannt. Besonders in Berlin hatte sie seit 1927 an der Staatsoper großen Erfolg. Seit 1930 wandte sie sich nahezu ausschließlich der Operette zu und beherrschte bis 1933 in Berlin als gefeierte Diva (etwa neben Richard Tauber) die Musikszene. 1933 mußte sie als Jüdin Deutschland verlassen und wirkte vor allem in Wien. Nach 1936 war sie in Nordamerika noch einige Jahre als Operetten- und Filmsängerin erfolgreich.

ALPAERTS, Florent, genannt **Flor,** 12.9.1876 Antwerpen, 5.10.1954 ebd.; belgischer Komponist. Er war Schüler von Blockx am Kons. von Antwerpen, an dem er seit 1924 Kontrapunkt lehrte und dessen Direktor er zeitweilig (1934–41) war. Außerdem leitete er 1919–51 die Symphonie-Konzerte der Zoologischen Gesellschaft in Antwerpen.

WW: *Poème* für Fl. und Orch. (1903); Oper *Shylock,* UA: Antwerpen 1912; Symphonische Dichtungen: *Psyche* (1900); *Cyrus* (1905); *Lentesymphonie* (Frühlings-S.) (1906); *Herleving* (Erneuerung) (1928); 4 Streichquartette; 2 Suiten (*Pallieter,* 1921, und *James-Ensor,* 1929); Violinkonzert (1948).

Lit.: A. CORBET, Fl. A. (An 1941); Cat. van werken van Belgische Componisten, XI (Bru 1954) (WW-Verz.).

ALPHORN, bis zu 4 m lange Hirtentrompete aus Holz oder Rinde in gerader oder leicht gekrümmter, seltener (in Anpassung an Metalltrompeten) in trompetenförmig gewundener Form; in Europa meist mit Holz- oder Metallmundstück versehen, jedoch ohne Grifflöcher oder weitere Spielhilfen. Durch die im Verhältnis zur Länge enge Bohrung sprechen bes. die höheren Überblastöne (6.–12., nur selten 4. und 5.) an, so daß sich eine annähernd diatonische Folge ergibt, zu der noch der für dieses Instrument charakteristische, etwas zu hohe 11. Naturton, das sog. A.-fa hinzutritt. In den Alpengebieten, vor allem in der Schweiz, ist das A. mindestens seit dem 16. Jh. literarisch bezeugt und auch heute wieder verbreitet. Es war vermutlich schon den Germanen bekannt (Tacitus spricht von *cornua alpina*) wie auch im europäischen Mittelalter. Verwandte Formen finden sich in den Pyrenäen, in Skandinavien (Lur), Estland (Luik), Polen (Ligawka), Rumänien (Bucium), Nord-Hindustan, Kirgisistan und im Amurgebiet; daher könnte das A. sehr altes indogermanisches Gemeingut sein. Allerdings sind ähnliche Instrumente auch bei südamerikanischen Indianern bekannt. Die Vermutung liegt daher nahe, daß das Instrument ursprünglich nicht als Musikinstrument, sondern, wegen seines weittragenden Tones, als Verständigungsmittel diente und auch nicht auf Gebirgslandschaften beschränkt war. In der Kunstmusik wurde das A. seit dem 19. Jh. gelegentlich verwendet oder nachgeahmt, um den Charakter alpenländischer Musik wiederzugeben (z. B. Rossini, *Wilhelm Tell;* G. Meyerbeer, *Appenzeller Kuhreigen*).

Lit.: C. SACHS, Reallexikon der Musik-Instr. (B 1913, Nachdr. Hildesheim 1964); DERS., Geist u. Werden der Musik-Instr., (B 1928) 84f.; A. L. GASSMANN, 's Alphorn (Z–L 1913); DERS., Blast mir das Alphorn noch einmal (Z–L 1938); B. GEISER, Das Alphorn in der Schweiz (Be 1976) (= Schweizer Heimatbücher 177/178).

ALPSEGEN (volkstümlich: Alpen-Bet-Ruf), Anrufung oder Gebet in den deutschsprachigen katholischen Alpenregionen der Zentral- und Ostschweiz. Bei Einbruch der Dunkelheit stimmt der Hirte so laut wie möglich einen Gesang an, der den Schutz für die Weiden und Herden während der Nacht erfleht. Zur Verstärkung der Stimme wird oft ein großer Trichter benutzt, der sonst zum Filtrieren der Milch dient. Die Texte deuten auf älteren Ursprung hin: Vergleichsmomente verweisen mit Bestimmtheit ins 16. Jh., linguistische Analysen in vorchristliche oder sogar vorkeltische Jahrhunderte. Der A. wurde erstmals 1565 von dem Luzerner R. Cysat erwähnt. Der erste bekannte Text datiert aus dem Jahre 1767 (Cappeler) und weist Beziehungen u. a. zum *Ave Maria, Credo* und *Pater noster* auf, was zum Teil auch für die heute gesungenen Versionen gilt. Den A. gibt es in zahlreichen mündlich überlieferten Versionen. Gemeinsam ist ihnen, daß sie immer die Anrufungen Gottes, der Jungfrau Maria sowie die Aufzählung einer Reihe von Heiligen (im allgemeinen der Schutzheiligen der Hirten) enthalten; fast immer ist eine dreiteilige Struktur des Textes erkennbar. Musikalisch ist der A., der Parallelen u. a. in Beschwörungsgesängen der Naturvölker hat, eine Art Rezitativ (Wiora) mit mehrmaliger Wiederholung einer Singzeile bzw. eines Zeilenpaars in freien Varianten, die sich aus der Länge der Verse ergeben. Wie alle anderen alten Gesänge ist auch der A. im Schwinden begriffen; neuere Versuche, ihn wieder zu beleben und sogar in reformierten Gebieten einzuführen (A. Breu), sind im allgemeinen ohne Erfolg geblieben. Der A. darf nicht mit der „Alpsegnung", der Einsegnung der Bergweiden durch den Priester zu Beginn des Sommers, verwechselt werden.

Lit.: W. SICHARDT, Der alpenländische Jodler (B 1939); B. MAERKER, Gregorianischer Gesang u. dt. Volkslied, in: Jb. für Volksliedforschung 7 (1941); R. WEISS, Volkskunde der Schweiz (Erlenbach – Z 1946); W. WIORA, Zur Frühgesch. der Musik in den Alpenländern (Bas 1949).

AL SEGNO ↗Segno.

ALSINA, Carlos Roqué, ↗Roqué Alsina, Carlos.

ALT, Alto, Altus (von lat. altus = hoch; engl.: contralto; frz.: haute-contre; it.: contr'alto), bezeichnet heute in der Regel die tiefe Lage der Frauen- und Knabenstimme, d. h. den Bereich von etwa f bis e². Der Widerspruch zwischen der Bz. für eine tiefe Stimme und dem Wortsinn (hoch) erklärt sich aus der Geschichte des musikalischen Satzes. Etwa 1430 erfolgte (erstmals bei Dufay) eine entscheidende Umwandlung des musikalischen Satzes, die verbunden war mit einer Erweiterung der bis dahin fast allein üblichen dreistimmigen Kompositionsweise (mit der Stimmbezeichnung *Discantus – Contratenor – Tenor*) zur Vierstimmigkeit. Die Umwandlung betraf die Funktion des ↗Tenors, der nun seine ursprüngliche Bedeutung als „Träger" einer vorgegebenen Melodie und als kontrapunktisch wichtigste Stimme verlor, sowie die Ausprägung einer neuartigen tiefsten Stimme als Klang- und Harmoniefundament mit der Bz. *Contratenor bassus.* Entsprechend erhielt dann die höhere Stimme die Bz. *Contratenor altus,* so daß die Stimmenfolge jetzt war: *Discantus – Contratenor altus* (später einfach Altus) – *Tenor – Contratenor bassus* (später Bassus).

Der A. wurde bis zum 17. Jh. meist von hohen (falsettierenden) Männerstimmen gesungen, die in England unter dem Namen ↗Countertenor noch heute in Kirchenchören üblich sind. In der Opera seria gibt es bis hin zu Mozart (z. B. im *Idomeneo*) A.-Partien für männliche Darsteller. Seit dem 18. Jh. wird die solistisch eingesetzte Altstimme gern zum Ausdruck bestimmter Affekte (vgl. die Alt-Arien in den Passionen J. S. Bachs, aber auch in den Oratorien Mendelssohns) sowie – vor allem in der Oper des 19. Jh. – zur Charakterisierung von Personen und Personentypen benutzt, wobei die Ausdrucksskala vom Komischen (z. B. Gräfin in A. Lortzings *Der Wildschütz*) bis zum Dämonischen reicht (Azucena in Verdis *Troubadour,* Ortrud in R. Wagners *Lohengrin*). Auch die *Altrhapsodie* von J. Brahms ist in diesem Zusammenhang zu nennen. Die Notierung der A.-Stimme erfolgte bis ins späte 19. Jh. generell im C-Schlüssel auf der 3. Linie (sog. A.-Schlüssel); seitdem werden die Gesangspartien für A.-Stimmen im Violinschlüssel notiert.

A. in Verbindung mit einem Instrumentennamen bezeichnet ein Instrument, dessen Tonlage in seiner „Familie" der Stellung des A. im vokalen Verband (Sopran, Alt, Tenor, Baß) entspricht. Im allgemeinen ist die Tonlage solcher Instrumente eine Quart oder Quint tiefer (bzw. höher) als die Tonlage der entsprechenden Sopran- (bzw. Tenor-)Instrumente. So gibt es z. B. A.-Blockflöten, -Posaunen, -Saxophone.

ALTA (it. und span.; von lat. altus, hier in der Bedeutung von „laut, hell"), wahrscheinlich abgekürzt für *alta musica*, im 15. Jh. Bz. für ein Ensemble aus drei starken, lauten Instrumenten (Schalmei, Bomhart und Posaune), das zur Begleitung von Tänzen und Festzügen herangezogen wurde. Neben dem Namen A. und seiner Begriffsbestimmung bei J. Tinctoris ist auch ein als A. bezeichnetes dreistimmiges Stück von F. de la Torre überliefert (in einer Madrider Hs., dem *Cancionero musical de Palacio* aus dem 15./16. Jh., veröffentlicht in MME 10, S. 84/85). Es enthält im Tenor in langen Notenwerten die Melodie einer ↗Basse danse, die auch als *Il Re di Spagna* und *La Spagna* bekannt ist und offenbar auf eine mit der A. verbundene Improvisationspraxis hinweist. Manche Merkmale der A.-Praxis finden sich noch heute in der Tanzmusik der katalanischen ↗Cobla. – ↗Haut.

Lit.: H. BESSELER, Katalanische Cobla- u. A.-Tanzkapelle, in: Kgr.-Ber. Basel 1949 (Kas 1951); DERS., Die Entstehung der Posaune, in: AMI 21 (1949).

ALTCHRISTLICHE MUSIK ↗Frühchristliche Musik.

ALTE JUNGFER UND DER DIEB, DIE *(The Old Maid and the Thief)*, Grotesk-Oper in einem Akt (14 Szenen) von Gian Carlo Menotti (* 7. 7. 1911), Text vom Komponisten (erstmalig in engl. Sprache). Ort und Zeit der Handlung: Kleinstadt in den USA, Gegenwart. UA: 22. 4. 1939 über das Netz der National Broadcasting Company (NBC), UA der Bühnenfassung: 11. 2. 1941 in Philadelphia (Academy of Music), dt. EA (in dt. Sprache): 1951 in Darmstadt.

Das Werk mit dem Untertitel *A virtuous woman makes a thief of an honest man* wurde vom Komponisten im Auftrage der NBC ausdrücklich für das Medium Rundfunk konzipiert. Inhalt des witzigen Einakters: Um dem Landstreicher Bob, den sie bei einem Einbruch ertappt und in ihre Wohnung aufgenommen hat, zu imponieren, wird die ältliche Miss Todd selbst zur Diebin. Ihr verspäteter Gang zur Polizei reicht für Bob aus, um mit Schmuck und Hausgehilfin das Weite zu suchen. Menotti konnte mit dieser in der Tradition des veristischen Musiktheaters stehenden Oper an seinen ersten amerik. Opernerfolg, ↗*Amelia geht zum Ball*, anknüpfen.

R. QUANDT

ALTENBURG, Johann Ernst, * 15. 6. 1734 Weißenfels, † 14. 5. 1801 Bitterfeld; dt. Trompeter und Organist. Nach musikalischen Lehrjahren bei seinem Vater, der Hoftrompeter in Weißenfels und ein weitgereister und erfolgreicher Virtuose war, nach Studien u. a. bei dem Bach-Schwiegersohn Altnikol in Naumburg und nach längeren Wanderjahren stand A. als Feldtrompeter während des Siebenjährigen Krieges im Dienste der französischen Armee. Später wurde er Organist in Merseburg, in Landsberg bei Halle (1767) und in Bitterfeld (1769). Sein Leben, das ursprünglich eine ähnliche Entwicklung wie das des Vaters nehmen sollte, fiel in eine Zeit, in der die zünftige Kunst des Clarinblasens zu Ende ging. Vielleicht war das der Grund, warum dieses Leben – freilich auch nicht ohne eigenes Verschulden – äußerlich glück- und erfolglos verlief. Um so größer ist A.s Bedeutung als Autor einer der wichtigsten Quellenschriften der neuzeitlichen Instrumentenkunde: *Versuch einer Anleitung zur heroisch-musikal. Trompeter- und Pauker-Kunst* (Hl 1795, NA Dresden 1911, A 1966).

Lit.: A. WERNER, Die Thüringer Musikerfamilie Altenburg, in: SIMG 7 (1905–06); DERS., Musikpflege in Stadt u. Kreis Bitterfeld (Bitterfeld 1931) (mit einer Autobiogr. v. A., 1769); DERS., J. E. A., der letzte Vertreter der heroischen Trompeter- u. Paukerkunst, in: ZfMw 15 (1932/33); D. ALTENBURG, Unters. z. Gesch. der Trompete im Zeitalter der Clarinblaskunst (1500–1800), 3 Bde. (Rb 1973).

ALTENBURG, Michael, * 27. 5. 1584 Alach (Thüringen), † 12. 2. 1640 Erfurt; dt. Komponist. Er studierte Theologie in Erfurt, war seit 1601 Kantor an der dortigen St.-Andreas-Kirche und seit 1610 als Pastor an verschiedenen Orten in Thüringen. Obwohl sein Leben und Wirken überaus stark von den Wirren des 30jährigen Krieges in Mitleidenschaft gezogen wurde, hat A. ein beachtliches musikalisches Œuvre hinterlassen, das fast ausschließlich protestantische Kirchenmusik umfaßt. Seine Werke stehen generell in der mitteldeutschen Tradition des 16. Jh., lassen aber in der Buntheit vokalinstrumentaler Besetzung auch das Vorbild der Concerto-Technik A. und G. Gabrielis erkennen. Jedoch verzichtet A. anders als seine Landsleute und Altersgenossen Schein, Scheidt und Schütz auf den Generalbaß.

WW: *Gaudium Christianum*, für 5–18 St. (Jena 1617); *Erster Teil neuer lieblicher u. zierlicher Intraden*, für 6 St. (Erfurt 1620); *Cantiones de adventu Domini ac salvatoris nostri Jesu Christi*, für 5, 6 u. 8 St. (ebd. 1620) (11 Motetten, 1 mit lat., 10 mit dt. Text); 4 Teile *Christliche ... Kirchen- u. Hausgesänge*, für 5–8 St. (ebd. 1620–21); *Musikalische Weihnachts- u. Neujahrs-Zierde*, für 4–9 St. (ebd. 1621).

Ausg.: Die Choral-Intraden v. 1620, hrsg. v. H. ERDLEN–E. RABSCH (L 1932).

Lit.: A. AUBERLEN, M. A., in: MfM 11 (1879); L. MEINECKE, M. A., in: SIMG 5 (1903/04); K. AMELN, in: Jb. für Liturgik u. Hymnologie 8 (1963).

ALTERATION. 1) A. (von lat. alteratio = Änderung) nennt man die aufwärts oder abwärts gerichtete chromatische Veränderung eines Tons, die durch in der ↗Vorzeichnung enthaltene oder akzidentelle, unmittelbar vor der Note stehende ↗Akzidentien angezeigt wird. In der Vorzeichnung werden die A.en notiert, die sich bei der Höher- oder Tiefertransposition eines Tongeschlechts ergeben. Die einstimmige Vokalmusik des MA kennt noch keine Vorzeichnung; die Transposition einer Melodie bedeutet für den Sänger auch keine Schwierigkeiten. Es begegnen aber in der Notation dieser Zeit bereits zwei Akzidentien: das *b quadratum* (aus dem sich später das Auflösungszeichen entwickelte) und das *b rotundum* (das unser heutiges b wurde). Sie kennzeichnen die Transposition des Hexachordum naturale *(c-d-e-f-g-a)* auf f *(Hexachordum molle* mit *b rotundum)* bzw. auf g (*Hexachordum durum* mit *b quadratum*, ↗Solmisation). Mit Beginn der Generalbaßzeit (Ende 16. Jh.) wurde die Vorzeichnung immer häufiger notiert, da bei der Instrumentalbegleitung für jedes Instrument die der vorgegebenen Tonart entsprechenden absoluten Tonhöhen angegeben werden mußten und bei Instrumentalkompositionen vor allem solche Tonarten ausgewählt wurden, die den technischen und expressiven Möglichkeiten eines Instruments besonders entsprachen. Eine Ausschöpfung aller Möglichkeiten der A., d.h. ein Musizieren durch alle Tonarten, ist erst mit Beginn des 18. Jh. durch die Einführung der gleichschwebenden ↗Temperatur ermöglicht worden (J. S. Bach, *Wohltemperiertes Klavier*). – Akzidentelle A.en kommen vor allem in der klassischen und romantischen Musik vor: in Modulationen längerer oder kürzerer Dauer, als harmoniefremde Nebennoten oder als chromatische Veränderungen leitereigener Töne. Während im folgenden Beispiel der Ton h einen Übergang von F-Dur nach C-Dur ankündigt, stellen die mit einem Kreuz versehenen Noten lediglich chromatische Nebentöne des zugrundeliegenden F-Klangs dar:

W. A. Mozart, *Rondo* für Klavier in F-Dur, KV 494.

Während die chromatischen Nebennoten die leitereigenen Töne nur umspielen, bedeutet die chromatische A. eine Erhöhung oder Erniedrigung des leitereigenen Tons selbst und berührt damit die eigentliche tonale Substanz. Die chromatisch alterierten Töne nehmen die Bedeutung von ↗Leittönen an, werden in der traditionellen Harmonielehre auch als solche behandelt und verlangen eine entsprechende Auflösung. Die Töne des Tonika-Dreiklanges werden normalerweise nicht alteriert. – A.en wurden auch aufgrund von Analogiebildungen eingeführt. Das harmonische Moll erhielt wie das Dur einen Leitton der 7. Stufe; die Erniedrigung der 6. Stufe in Dur entspricht der kleinen Sext des natürlichen und harmonischen Moll. Diese neuen Tonstufen verloren bald den Charakter leiterfremder Töne, die chromatisch alterierten Akkordtöne behielten dagegen ihre charakteristische Leittonspannung. Die häufigsten chromatischen A.en sind:

Der Begriff „chromatische A." setzt die Verwendung diatonischer Leitern voraus. Er ist daher auf freie Atonalität, Dodekaphonie oder eine erweiterte Tonalität (Hindemith) nicht anwendbar. – ↗Musica ficta.

„Alterierte Akkorde" nennt man die ursprünglich leitereigenen Akkorde, bei denen mindestens ein Ton chromatisch verändert ist. Diese Akkorde können dem Klang nach auch konsonant sein, verlangen aber nach den Regeln der Harmonielehre in jedem Fall die Auflösung der alterierten Töne:

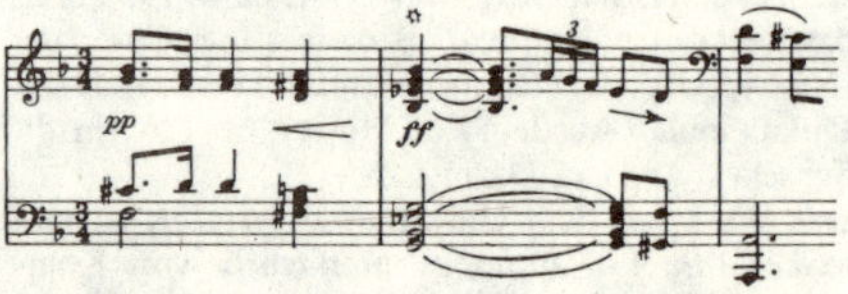

J. Haydn, 2. Satz der Klaviersonate in D-Dur, Hoboken-Verz. XVI, 37.

Viele alterierte Akkorde bewirken nicht nur eine Steigerung der harmonischen Spannung, sondern ermöglichen auch, vor allem durch enharmonische Verwechslung, die Modulation in entfernte Tonarten. Durch enharmonische Verwechslung kann ein alterierter Akkord zu einem leitereigenen Akkord einer neuen Tonart werden und umgekehrt:

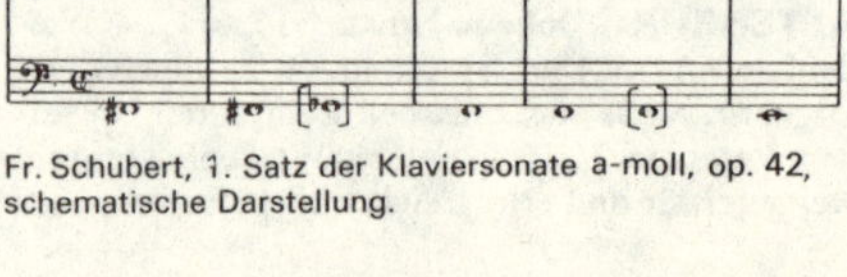

Fr. Schubert, 1. Satz der Klaviersonate a-moll, op. 42, schematische Darstellung.

2) A. (von lat. alter = der andere, der zweite) ist ein bis ins 15. Jh. gebräuchlicher Begriff der Mensuralnotation. Er bezieht sich auf eine Regel, die besagt: Stehen zwei Semibreves zwischen zwei Breves, so wird die zweite Semibrevis im Wert verdoppelt („alteriert"): ○ ▭ ◇ ◇ ▭ wird in moderner Notenschrift zu $\frac{3}{4}$ 𝅗𝅥. | ♩ 𝅗𝅥 | 𝅗𝅥.

ALTERNATIM (lat., = wechselweise). Als Bz. für den wechselweisen Vortrag zwischen Solist und Sängergruppe bzw. zwei Sängergruppen umfaßt der Begriff die beiden wichtigsten Ausführungsweisen liturgischer Stücke, einerseits die der responsorialen Formen (Responsorium prolixum, Responsorium breve; ↗Responsorialer Gesang), andererseits die der antiphonischen Gattungen (Psalmen, Hymnen, Sequenz; ↗Antiphon). Eine besondere Stellung nimmt der ↗Tractus ein, der ursprünglich, als Sologesang, „tractim", d. h. „in einem Zug", gesungen werden sollte. Das Graduale der Zisterzienser des 12. Jh. versieht jedoch einen Tractus mit dem Zusatz „alternatim". Auch das Vatikanische Graduale sieht eine A.-Ausführung des Tractus vor. Mit der Entwicklung der Mehrstimmigkeit ergaben sich durch die Gegenüberstellung einstimmiger und mehrstimmiger Teile, vor allem in Hymnen, Sequenzen und Cantica, neue Möglichkeiten für die A.-Praxis. Auch ist seit dem 15. Jh. der Wechsel zwischen Sängern und Orgel üblich, bes. in ↗Messe und ↗Magnificat. Die Orgel hatte dabei auch einstimmige Passagen vorzutragen. In der lutherischen Kirche wurde die A.-Praxis weiter gepflegt und hielt sich bis ins 18. Jahrhundert. Ihre verschiedenen Formen wurden von M. Praetorius beschrieben.

Lit.: Y. ROKSETH, Deux livres d'orgue parus chez P. Attaingnant en 1531 (P 1925, ²1965); DIES., La musique d'orgue au XVe siècle (P 1930); A. SCHERING, Zur Alternatim-Orgelmesse, in: ZfMw 17 (1935); L. SCHRADE, Die Messe in der Orgelmusik des 15. Jh., in: AfMf 1 (1936); N. DUFOURCQ, Au temps de N. Lebègue. Une messe avec orgue à St-Merry (P 1958) (mit kurzem Ber. über die Platten-Aufnahme der Messe „Cunctipotens"); SISTER THOMAS MORE, The Performance of Plainsong in the Later Middle Ages and the 16th Century, in: Proc. R. Mus. Assoc. (1965–66); DIES., The Practice of A., Organ Playing and Polyphony in the 15th and 16th Century, in: Journal of Ecclesiastic History 18 (1967); W. APEL, Gesch. der Org.- u. Klv.-Musik bis 1700 (Kas 1967).

M. HUGLO

ALTNIKOL (Altnickol), **Johann Christoph,** getauft 1. 1. 1720 Berna (Schlesien), begraben 25. 7. 1759 Naumburg (Saale); dt. Organist und Komponist. Er begann 1744 das Theologiestudium in Leipzig, wandte sich aber bald ganz der Musik zu und wurde Schüler J. S. Bachs. 1748 wurde er Organist in Niederwiesa bei Greiffenberg (Schlesien), noch im gleichen Jahr Organist an St. Wenzel in Naumburg. Dort heiratete er 1749 Bachs Tochter Elisabeth. Bach schätzte A. als geschickten Instrumentalisten, Sänger und Komponisten und schenkte ihm auch sein persönliches Vertrauen. Er diktierte ihm, der ihm in den letzten Stunden beistand, seinen letzten Choral *Vor deinen Thron tret ich hiermit* in die Feder. A. ist auch als Kopist vieler Bachscher Werke bekannt geworden. Dagegen haben sich nur einige wenige eigene Werke erhalten.

Ausg.: *Kyrie*, in: Veröff. der Neuen Bach-Ges. 5 (1904); *Befiehl du deine Wege*, Motette, in: ebd. 35 (1934).

Lit.: F. HAMAN, J. Chr. A. in Greiffenberg, in: Bach-Jb. 36 (1939); J. S. Bach. Gesammelte Briefe, hrsg. v. E. H. MÜLLER VON ASOW (Rb 1938, ²1950); H. LÖFFLER, Die Schüler J. S. Bachs, in: Bach-Jb. 40 (1953); A. DÜRR, Zu Chronologie der Handschrift J. Chr. A.s und J. F. Agricolas, in: ebd. 56 (1970).

ALTO (it.). **1)** Stimmlagenbezeichnung, ↗Alt. – **2)** Bz. für Altvioline, ↗Bratsche.

ALTRÖMISCHER GESANG, von D. A. Mocquereau 1890 in Hss. des 11. Jh. entdeckter liturgischer Gesang, der große Ähnlichkeit mit dem Gregorianischen Gesang aufweist. Es konnte bisher noch nicht festgestellt werden, ob beide Arten auf eine gemeinsame Wurzel zurückgehen oder ob der A. G. im 9. Jh. durch jenen ersetzt wurde. Archaische Wendungen (z. B. in modaler Hinsicht) und andere Eigentümlichkeiten (z. B. oftmaliges Wiederholen gleicher Neumengruppen) lassen sowohl an eine Vorstufe als auch eine Art Dekadenzerscheinung des Gregorianischen Gesangs denken. Die altrömischen Hss., die teilweise auch gregorianische Ergänzungen enthalten, weisen im allgemeinen die gleiche liturgische Ordnung wie die gregorianischen Hss. auf, nur das Antiphonarium des Offiziums ist viel weniger entwickelt; an verschiedenen Stellen wird der römische (und nicht der gallikanische) Psalter verwendet, dessen Verbreitungsbereich sich mit dem des A. G. deckt.

Lit.: ↗Gregorianischer Gesang.

ALTSCHLÜSSEL ↗Notenschlüssel.

ALTUS ↗Alt.

ALT-WIEN, Operette in 3 Akten nach Motiven von Josef Lanner (1801–43), für die Bühne bearbeitet von Emil Stern, Text von Gustav Kadelburg, Julius Wilhelm und A. M. Welkone. Ort und Zeit der Handlung: Wien um 1840. UA: 23. 12. 1911 in Wien (Carl-Theater). Verfilmt 1933 unter dem Titel *Das Häuserl in Grinzing.*
Der Handlung liegt eine typische Verwechslungs-

komödie zugrunde. Lini, die angenommene Tochter eines Gastwirts, wird für das Kind eines Grafen gehalten. Da sich dies zu guter Letzt als Irrtum herausstellt, steht dem Happy-End nichts mehr im Wege. Die Autoren arbeiteten mit viel Geschick die prägnantesten Melodien (Walzer, Ländler und Märsche) Lanners in diese Operette ein. Damit schufen sie ein getreues Abbild des alt-österreichischen Biedermeier. A.-W. war zwar kein sensationeller Erfolg beschieden wie Heinrich Bertés vergleichbarer Operette *Das Dreimäderlhaus* wenige Jahre später, das Werk konnte jedoch bis heute seinen Platz auf den Spielplänen dt. Theater behaupten.

S. KUROCK – R.-M. SIMON

ÁLVAREZ SOLAR-QUINTES, Nicolás, * 23.7. 1893 Gijón (Prov. Oviedo), † 9. 8. 1967 Madrid; spanischer Komponist, Musikwissenschaftler und Volkskundler. Kompositionen: 3 Sainetes, 2 Zarzuelas, 1 Suite, 1 Fantasie, 1 Serenade und zahlreiche asturische Lieder. Er befaßte sich außerdem mit der Geschichte der Musik am span. Hof von Philipp II. bis Karl IV. und veröffentlichte darüber verschiedene Arbeiten, bes. im *Anuario Musical* (Barcelona).

Lit.: G. BOURLIGUEUX, La obra de Don Nicolás A. S.-Q., in: Boletín del Instituto de Estudios Asturianos 21, Nr. 62 (1967).

ALYPIOS, griech. Musiktheoretiker des 4. Jh. n. Chr. Er schrieb um 350 eine *Eisagogē mousikē (Einführung in die Musik),* die die Hauptquelle für unsere Kenntnis der altgriechischen Notation ist. Der Traktat enthält u.a. die 15 altgriechischen Tonreihen (Transpositions-Skalen) nach dem diatonischen, chromatischen und nach dem enharmonischen Tongeschlecht mit den einzelnen Zeichen für die Vokal- und Instrumentalnotation.

Ausg. der *Eisagogē* in: Musici scriptores graeci, hrsg. v. K. VON JAN (L 1895, Nachdr. Hildesheim 1962).

Lit.: C. FORTLAGE, Das musikal. System der Griechen in seiner Urgestalt. Aus den Tonleitern des A. zum ersten Mal entwickelt (L 1847, Nachdr. A 1964); C. SACHS, Die griech. Instrumentalnotenschrift, in: ZfMw 6 (1923–24); DERS., Die griech. Gesangsnotenschrift, in: ebd. 7 (1924–25); A. SAMOILOFF, Die Alypiusschen Reihen der altgriech. Tonbezeichnung, in: AfMw 6 (1924).

AMABILE (it., = liebenswürdig), Bz., die zur näheren Charakterisierung eines Stückes (z.B. *Andante amabile*) oder einer musikalischen Passage verwendet wird; auch Vortragsbezeichnung.

AMADEUS-QUARTETT, 1947 gegründetes engl. Streichquartett; debütierte 1948 in der Wigmore-Hall in London und spielt seitdem in der Besetzung: *Norbert Brainin* (* 1923 Wien), 1. Violine, *Siegmund Nissel* (* 3. 1. 1922 München), 2. Violine, *Peter Schidloff* (* 9. 7. 1922), Bratsche und *Martin Lovett* (* 3. 3. 1927 London), Violoncello. Das Quartett, das Virtuosität, Klangschönheit und interpretatorische Sicherheit auszeichnet, gehört zu den führenden Kammermusikensembles der Gegenwart.

AMADINO, Ricciardo, it. Musikverleger, stammte aus Brescia. Er ließ sich in Venedig nieder und war dort 1583–86 mit Giacomo Vincenti assoziiert, um dann selbständig zu arbeiten. Seine letzten Drucke erschienen 1617. A. bildete mit Angelo Gardano und G. Vincenti die Trias der größten venezianischen Musikdrucker am Ende des 16. und Anfang des 17. Jahrhunderts.

Lit.: C. SARTORI, Dizionario degli editori musicali italiani (Fi 1958).

AMAR, Licco (Liko), * 4. 12. 1891 Budapest, † 19.7.1959 Freiburg i. Br.; türk. Violinist; erhielt seine Ausbildung in Berlin bei Henri Marteau, in dessen Streichquartett er 1912 2. Geiger wurde. Seit 1915 war A. Konzertmeister des Philharmonischen Orchesters Berlin, seit 1920 am Mannheimer Nationaltheater, 1922–29 Primarius des von ihm gegründeten und nach ihm benannten Quartetts, in dem zeitweilig auch Paul Hindemith (Bratsche), Maurits Frank, später Rudolf Hindemith (Violoncello) mitwirkten. Mit seinem Quartett, das bei den ersten Donaueschinger Musikfesten eine wesentliche Rolle spielte, wurde A. einer der bedeutendsten Vorkämpfer moderner Kammermusik. 1933 mußte A. Deutschland verlassen. Seit 1935 lehrte er am Kons. in Ankara, nach seiner Rückkehr nach Deutschland 1957 an der Freiburger Musikhochschule.

AMAT, Juan Carlos, * um 1572 Monistrol (Katalonien), † 10. 2. 1642 ebd.; span. Musiker und Arzt. Er verfaßte neben mehreren kleinen Traktaten über Astrologie, Arithmetik und Medizin und einer weitverbreiteten Aphorismensammlung eine Schrift *Guitarra Española y vandola, en dos maneras de guitarra castellana y cathalana de cinco órdenes,* (Ba 1596), die als das früheste Werk über die Gitarre zu gelten hat.

Lit.: E. PUJOL, Significación de J. C. A. … en la hist. de la guitarra, in: Anuario Mus. 5 (1950).

AMATI, berühmte it. Geigenbauerfamilie, die vom 16.–18. Jahrhundert in Cremona wirkte. **1) Andrea,** * um 1500/05, † 1580. Er schuf den heute noch gebräuchlichen Violin-Typus. Seine zierlichen und sehr sorgfältig hergestellten Instrumente haben einen besonders weichen Klang. – **2) Antonio,** Sohn von 1), * um 1538, † 1595, und **3) Girolamo,** Sohn von 1), * um 1561, † 2. 11. 1630. Die Brüder führten lange Zeit gemeinsam eine Werkstatt und bauten Violinen mit großer, aber gedämpfter Klangfülle. – **4) Nicola,** Sohn von 3), * 3. 12. 1596, † 12. 4. 1683. Er ist der berühmteste der Familie. Seine Violinen erreichten höchste Vollkommenheit. Er verfeinerte die Proportionen des Instruments und schuf einen größeren Typ mit ausdrucksvollstem Klang. Er war Lehrer von A. Stradivari und A. Guarneri. – **5) Girolamo II,** 3. Sohn und Nachfolger von 4), * 26. 2. 1649, † 21. 2. 1740. Seine Instrumente sind denen seines Vaters noch sehr ähnlich, lassen aber bereits den Einfluß von A. Stradivari erkennen.

Lit.: G. DE PICOLELLIS, Liutai antichi e moderni (Fi 1885); W. L. VON LÜTGENDORFF, Die Geigen- und Lautenmacher (F 1904, [6]1922); A. FUCHS, Taxe der Streichinstr. (L 1907), NA, hrsg. v. H. Edler ([5]1955); F. HAMMA, Meisterwerke it. Geigenbaukunst (St 1932); Catalogo della Mostra di liuteria antica Cremonese (Cremona 1937); C. BONETTI, La genealogia degli A. liutai, in: Boll. stor. cremonese (ebd. 1938); F. FARGA, Geigen u. Geiger (Z 1940, [3]1950); K. JALOVEC, Ital. Geigenbauer (Pr 1957); D. D. BOYDEN, The History of Violin Playing from Its Origins to 1761 (Lo 1965).

AMATI (Amato, Amatus), **Vincenzo,** * 6. 1. 1629 Cimmina (Sizilien), † 29. 7. 1670 Palermo; it. Komponist. Er erhielt seine Ausbildung am Seminar in Palermo und wurde Kapellmeister am dortigen Dom. Von ihm erschienen im Druck *Sacri concenti* und *Messe e salmi di vespro e di compieta* (Pa 1656). Er schrieb ferner 2 Passionen nach Matthäus und Johannes sowie eine (nicht erhaltene) Oper, *L'Isaura* (UA Palermo 1664).

AMATO, Pasquale, * 21. 3. 1878 Neapel, † 13. 8. 1942 New York; it. Sänger (Bariton). Nach seinem Debüt als Lescaut in Puccinis *Manon Lescaut* 1900 am Teatro Bellini in Neapel schloß sich bis 1908 eine erfolgreiche Karriere zunächst in Italien an mit Auftritten in Rom, Genua, Palermo, Mailand. 1908–21 war er Mitglied des Metropolitan Opera House in New York und dort häufiger Partner von Enrico Caruso, mit dem er 1910 auch bei der Uraufführung von Puccinis *La Fanciulla del West* (Das Mädchen aus dem goldenen Westen) sang. Gastspiele führten ihn mit triumphalen Erfolgen in alle Musikzentren der Welt. Ende 1934 zog A. sich von der Bühne zurück und gründete in New York eine Gesangsschule.

AMBITUS (lat., = Umkreis, Umfang), die Ausdehnung einer Melodie und der Umfang einer Stimme oder eines Instruments vom tiefsten bis zum höchsten möglichen oder üblichen Ton. In der Lehre von den ↗Kirchentönen erlaubt in erster Linie der A. die Unterscheidung zwischen einem *Modus authenticus* und einem *Modus plagalis.* In der Satzlehre des 16./17. Jh. war die Einhaltung der Grenzen des A. der einzelnen Stimmen eine Grundregel. Die Grenzen wurden durch das Liniensystem mit den entsprechenden Schlüsseln gesetzt (z. B. Sopran: C-Schlüssel auf der 1. Linie). Ein Über- bzw. Unterschreiten des A. diente im 17. Jh. oft einem besonderen Wortausdruck, etwa der Darstellung von etwas Hohem oder Tiefem.

AMBO (von griech. ambon = Erhöhung), offenes Podium in frühchristlichen und mittelalterlichen Kirchen für Lesung und Predigt. Größere Kirchen besaßen in nachkarolingischer Zeit häufig zwei Ambonen, von denen der eine rechts, der andere links in die Chorschranken eingebaut war. Sie waren für die Lesung von Epistel und Evangelium bestimmt; während der Karwoche wurde von dort die Passion vorgetragen.

AMBOSS (engl.: anvil; frz.: enclume; it.: incudine; span.: bigornia), Schlaginstrument, bestehend aus Metallstangen unterschiedlicher Länge, die auf einem Resonanzkasten stehen. Sie werden mit einem Hammer aus Metall oder hartem Holz angeschlagen. Der Klang erinnert an den trockenen, scharfen Ton des Hammers, der auf den Schmiedeamboß fällt. Der A. findet in verschiedenen Opern sinngemäße Verwendung, u. a. in: *Der Troubadour* von G. Verdi; *Das Rheingold* von R. Wagner; *Antigone* von C. Orff.

AMBROS, August Wilhelm, 17. 11. 1816 Mauth bei Prag, † 28. 6. 1876 Wien; östr. Musikwissenschaftler und Komponist. Neben dem Studium der Rechtswissenschaft in Prag (1839 Dr. jur.) bildete er sich auch musikalisch aus. 1840 trat er in den Staatsdienst, entfaltete aber bald eine reiche musikschriftstellerische und musikhistorische Tätigkeit. So war er u. a. Mitarbeiter an der *Neuen Zeitschrift für Musik* R. Schumanns und veröffentlichte 1856 sein erstes Buch *(Die Grenzen der Musik und Poesie),* das ihm ein hohes Ansehen sicherte. Neben anderen Arbeiten sammelte er in den Jahren 1861–68 auf mehreren Italienreisen Material für eine großangelegte Darstellung der Musikgeschichte. 1869 wurde er zum Professor für Musik an der Universität Prag ernannt. 1871 folgte er einem Ruf nach Wien, lehrte dort am Konservatorium und leitete die kunst- und musikgeschichtlichen Studien des Erzherzogs Rudolf.

A. ist einer der bedeutendsten Musikhistoriker des

19. Jahrhunderts. Insbesondere seine unvollendet gebliebene *Geschichte der Musik* – sie endet bei Frescobaldi –, die er „kulturhistorisch" und „mit dem Blick auf gleichzeitige bildende Kunst" wie auf „politische und soziale Verhältnisse" konzipierte (Vorwort zum 1. Band), hat das musikhistorische Denken bis weit ins 20. Jh. hinein stark beeinflußt.

Schriften: *Die Grenzen der Poesie u. Musik* (Pr 1856, L ²1872) (Antwort auf: *Vom musikalisch Schönen* v. E. Hanslick); *Das Conservatorium zu Prag* (Pr 1858), NA als Einleitung für J. Branberger, Gesch. des Konservatoriums in Prag (Pr 1911); *Zur Lehre vom Quintenverbote* (L 1859); *Culturhistorische Bilder aus dem Musikleben der Gegenwart* (L 1860, ²1865); *Gesch. der Musik*, 5 Bde. (Breslau 1862–81).

Lit.: PH. O. NAEGELE, A. W. A., His Hist. and Critical Thought, 2 Bde. (Diss. NY 1954); P. VIT, A. W. A. und seine Beziehung zur Geschichte der Musik in Böhmen und der tschech. Musik, in: Mf 31 (1978).

AMBROSIANISCHER GESANG, eine der wichtigsten Gesangstraditionen der röm.-kath. Kirche. Der A. G. zählt zu den drei heute bekannten norditalienischen Gesangsrepertoires und konnte sich als einziger bis in unsere Tage in der Diöz. Mailand und in einigen Kirchen der Schweiz erhalten. Als Urheber des A. G. gilt der hl. Ambrosius († 397). Sicher ist, daß Ambrosius Hymnen komponiert hat, deren Text und Melodie in Mailand treu überliefert wurden. In der Mailänder Sammlung sind 14 Hymnen enthalten, von denen sich einige, wenn auch in verschiedenen melodischen Versionen, in allen ma. Hymnensammlungen wiederfinden. Die Autorschaft des Ambrosius gilt für 4 Hymnen als gesichert (↗Ambrosius), von der neueren Forschung werden 10 weitere als authentisch angesehen. Neben der Hymnenkomposition ist vor allem die von Ambrosius anstelle der responsorialen Psalmodie eingeführte antiphonale Singweise zu erwähnen. Diese Neuerung konnte sich im MA zunächst durchsetzen, wurde jedoch später nur noch innerhalb der mailändischen Liturgie weitergepflegt. Augustinus berichtet, daß Ambrosius diese Singweise anläßlich der Belagerung der mailändischen Basilika durch Valentinian einführte, um die in der Kirche versammelten und erschöpften Gläubigen wachzuhalten. – Die ambrosianische Psalmodie enthält unbestreitbar archaische Züge, und die Antiphonen weisen verschiedentlich die Verwendung unvollständiger Skalen auf, wie sie im allgemeinen für das älteste Liedgut charakteristisch ist. Im Gegensatz zu den liturgischen Reformen, die die Karolingerzeit für Franken und Alemannen brachte, hat die mailändische Liturgie keine tiefergreifenden Veränderungen erfahren; sie nahm jedoch ständig fremde Einflüsse auf, weshalb das mailändische Repertoire weniger homogen erscheint als das gregorianische und verschiedene Schichten aufweist. Das ambrosianische *Gloria*, ursprünglich ein Bestandteil der Matutin, geht dem Text der Schlußverse zufolge auf den Anfang des 4. Jh. zurück. – Die ambrosianische Psalmodie ähnelt in ihrer Einfachheit der responsorialen Psalmodie, die nach Augustinus (*Confessiones* X, 50) dem Vortrag „recto tono" ähnlicher war als einem richtigen Gesang. Sie enthält in der Versmitte keine Mediatio, sondern nur eine Pause. Die Schlußkadenzen haben die Form eines einfachen Schlußfalls auf der letzten Silbe. – Hinsichtlich der Melodiebildung ist auf den ziemlich wichtigen Anteil der kleinen, syllabisch gehaltenen Psalmantiphonen hinzuweisen, die den ursprünglichen Kern des Antiphonariums bilden. – Der Grundstock des Hymnariums wurde von Ambrosius geschaffen und im 5. Jh. durch das Hymnar des Maximianus vervollständigt, das 12 außerhalb Mailands nicht verbreitete Stücke (bes. für das Sanctorale) enthält. – In den folgenden Jh. verliehen orientalische, zum Teil syrische Einflüsse dem Repertoire einen gewissen exotischen Charakter. Zahlreiche Meßgesänge sind wörtliche Übertragungen byzantinischer Stichera (↗Sticheron), und ihre Melodien weisen im Vergleich zu den ins Lateinische übersetzten Stücken eine gewisse Ähnlichkeit auf, obgleich Intonationsformeln und Kadenzen in Übereinstimmung mit dem ursprünglichen Repertoire verwendet werden. – Gallikanische Einflüsse schließlich weist eine weitere Reihe von Stücken auf wie das *Venite populi*, dessen Text auf einem Palimpsest des 8. Jh. gefunden wurde. Das ambrosianische *Alleluia*, das in den heutigen Ausgaben lange, „melodiae" genannte Vokalisen enthält, steht in Zusammenhang mit den „melodiae longissimae" des Alleluia, die in Gallien vor dem gregorianischen Graduale verbreitet waren und sich gelegentlich bis ins 11. Jh. hielten.

Das Repertoire der mailändischen Meßgesänge ist weniger reichhaltig als das römische. Mailand hatte aber im Laufe des 9. Jh. dem gregorianischen Graduale mehr als 130 Stücke entlehnt, deren Melodien so verändert wurden, daß sie die für das ambrosianische Repertoire typischen Eigenschaften aufwiesen: Die für die Gregorianik charakteristischen Intonations- und Kadenzformeln wurden durch ambrosianische ersetzt und die Melodik den Stücken alten mailändischen Ursprungs angeglichen. – Die Melodien des A. G. wurden bis zum Ende des 11. Jh. nur mündlich überliefert. Die ersten schriftlich fixierten ambrosianischen Antiphonarien, die in einem einzigen Band alle Gesänge des Offiziums und der Messe enthalten, wurden in Schlüsselbuchstaben auf farbigen Linien notiert, wie sie seit etwa 1030 durch Guido von Arezzo eingeführt worden waren. Die ambrosianischen Antiphonarien gliedern sich in zwei Teile, die „pars hiemalis" und die „pars estiva". Tatsächlich übersiedelte man in der Kathedrale von Mailand und in den anderen Hauptkirchen nach der Vigil des Karsamstags von der Winter- in die Sommerbasilika, von denen jede ihre eigenen liturgischen Bücher besaß. Im übrigen gibt die Benennung der Stücke oft ihre genaue liturgische Funktion an, so „responsorium in choro", „in baptisterio", „antiphona ad crucem", „lucernarium" usw. Außerdem gibt es nicht wie in Rom zwei Schemata für das Offizium (Sonn- und Feiertag bzw. Wochentag), sondern mehrere, die der liturgischen Ordnung des Kirchenjahres entsprechen. – Trotz der großen Mannigfaltigkeit in der Benennung der Gesangstücke lassen sich die liturgisch-ambrosianischen Gattungen in die drei üblichen Kategorien einteilen: Antiphonen, Responsorien und Hymnen, zu denen noch als besondere Kategorie die „preces" (Litaneien der Fastenzeit) kommen, die sich in orientalischen und gallikanischen Liturgien finden. Das ambrosianische Repertoire ist von grundlegender Bedeutung für die Kenntnis der frühen Entwicklungsformen des abendländischen einstimmigen Gesangs.

Ausg.: Antiphonarium Ambrosianum (London, Brit. Mus. Cod. Add. 34 209), in: Paléogr. Mus. 5–6 (1896); Antiphonale Missarum ... Mediolanensis, hrsg. v. D. G. SUNYOL (Tou 1935); Liber Vesperalis ... Mediolanensis, hrsg. v. DEMS. (Tou 1939).

Lit.: E. GARBAGNATI, Gli inni del Breviario ambrosiano (Mi 1897); M. MAGISTRETTI, Monumenta veteris liturgicae ambrosianae 2–3, in: Manuale ambrosianum (Mi 1905); E. CATTANEO, Note storiche sul Canto ambrosiano, in: Archivio ambrosiano 3 (Mi 1950); M. HUGLO – E. MONETA CAGLIO u.a., Fonti e paleografia del Canto ambrosiano, in: ebd. 7 (Mi 1956); E. MONETA CAGLIO, I responsori cum infantibus nella liturgia ambrosiana, in: Studi in onore di Mons. O. Castiglioni (Mi 1957); G. BAROFFIO, Die Offertorien der ambrosianischen Kirche (Diss. Kö 1964); E. MONETA CAGLIO, Il canto nel duomo prima della costituzione della cappella musicale, in: Atti del congresso int. 1968 sul duomo di Milano (Mi 1969).

AMBROSIANISCHER LOBGESANG ↗Te Deum laudamus.

AMBROSIUS, * um 339 Trier, † 4.4.397 Mailand; Bischof von Mailand (seit 374), Heiliger und einer der vier großen lat. Kirchenlehrer. A. war auch für die Musikgeschichte bedeutsam durch die Einführung der aus dem Orient stammenden antiphonischen Psalmodie in Mailand und durch die Dichtung volkstümlicher Hymnen, die der Durchsetzung der reinen (athanasianischen) gegenüber der arianischen Lehre dienen sollten. Mit ihm beginnt die Geschichte des lat. liturgischen Hymnus. Für vier der im ↗Ambrosianischen Gesang erhaltenen Hymnen gilt seine Autorschaft als gesichert: *Aeterne rerum conditor, Deus creator omnium, Iam surgit hora tertia* und *Intende qui regis Israel;* von diesen ist eine einzige Hymne ohne Variante überliefert. Diese als „Ambrosiani" bezeichneten Hymnen stellen keine völlig originalen Schöpfungen dar; man nimmt an, daß A. dazu durch die orientalische Liturgie und speziell durch die berühmten Hymnen Ephraims angeregt wurde. Als „Ambrosiani" wurden auch die seinerzeit in Mailand gebräuchlichen liturgischen Melodien bezeichnet, die (wie die sog. Gregorianischen Melodien nicht von Gregor) deswegen keineswegs von A. stammen müssen.

Ausg.: MIGNE PL 14–17.

Lit.: G. M. DREVES, A. A. (Fr 1893, Nachdruck A 1968); A. STEIER, Unters. über die Echtheit der Ambrosianischen Hymnen (Diss. L 1904); R. WIRTZ, Der hl. A. u. seine Zeit (Trier 1924); G. BAROFFIO, Die Offertorien der ambrosianischen Kirche (Diss. Kö 1964); A. PAYER, Die Liturgie u. die Hymnen des hl. Bischofs A. v. Mailand, in: Heiliger Dienst 20 (1966); H. LEEB, Die Psalmodie bei A., in: Wiener Beitr. zur Theologie 18 (W 1967).

AMELIA GEHT ZUM BALL *(Amelia al ballo),* Opera buffa in einem Akt von Gian Carlo Menotti (* 7.7.1911), Text vom Komponisten. Ort: Haus in einer europäischen Großstadt, Zeit: um 1900. UA: 1.4.1937 in Philadelphia (Academy of Music) in einer engl. Fassung von George Meade, EA der italienischsprachigen Fassung am 4.4.1938 in San Remo, dt. EA (in dt. Sprache): 18.2.1947 an der Staatsoper Berlin.
Mit dieser Oper gelang es dem erst 22jährigen Menotti, der seinen Text noch in italienischer Sprache abgefaßt hatte, seinen Erfolg als Komponist in den USA zu begründen. Die Heldin des Werkes kämpft mit allen Mitteln um einen Ballbesuch. Sie schlägt ihren Ehemann mit einer Vase nieder, beschuldigt gegenüber der herbeigerufenen Polizei ihren Liebhaber, die Attacke auf ihren Gatten verübt zu haben und geht endlich zum Ball – in Begleitung des Polizeikommissars. Die positive Aufnahme, die das in der Tradition der italienischen Buffo-Oper stehende Werk fand, veranlaßte die Rundfunkgesellschaft NBC, Menotti den Auftrag für eine Radio-Oper *(Die ↗alte Jungfer und der Dieb)* zu erteilen.

R. QUANDT

AMELING, Elly, * 8.2.1938 Rotterdam; ndl. Sängerin (Sopran). Nach Erfolgen in der 2. Hälfte der 50er Jahre bei verschiedenen Gesangswettbewerben begann sie eine bedeutende Karriere zunächst als Konzert- und Oratoriensängerin (vor allem in Bach-Partien), dann auch als ebenso bewunderte Liedsängerin mit Auftritten in den Musikzentren Europas und Nordamerikas. Erst 1973 wandte sie sich der Oper zu (Debüt in Amsterdam in der Rolle der Ilia in Mozarts *Idomeneo*). Sie gilt als eine der bedeutendsten Mozart-Interpretinnen der Gegenwart.

AMELLER, André Charles Gabriel, * 2. 1. 1912 Arnaville (Meurthe-et-Moselle); frz. Komponist. Er studierte Kontrabaß bei E. Nanny am Conservatoire in Paris. Nach Tätigkeiten in verschiedenen Orchestern trat er 1937 als Bassist in das Orchester der Opéra in Paris ein. Seine Studien setzte er u. a. bei S. Plé-Caussade, Roger-Ducasse und T. Aubin fort. Seit 1953 leitet A. das Konservatorium in Dijon und entfaltete eine rege Tätigkeit als Dirigent. Daneben entstand ein umfangreiches kompositorisches Werk.

WW: **1) Instr.-WW:** Bläserquintett (1944); Streichquartett (1944); kleine Instrumentalstücke; Klv.-Quintett (1947); *Synergie concertante,* für 6 Klv.; *Serenade* für Vc. u. Klv.; *Trompette française,* für Trp. u. Klv.; *Kryptos,* für Pos. u. Klv.; *Jeux de table,* für Altsaxophon u. Klv.; *Alborada para la Fiesta de las Flores* (1955), für Klv. u. Orch.; Orchesterwerke: Konzert für Vc. u. Orch. (1946); eine Symphonie; *Tryptique symphonique* (1950); Tanzsuite *La Moresca; Concertino* für Kb. u. Orch. (1951); Konzert für Tuba u. Orch.; *Suite concertante,* für Ob. u. Streich-Orch. (1957); *Hétérodoxes* (1969), für 2 Fl., 2 Trp., Streichquartett u. Streich-Orch.; *Airs hétérogènes* (1966), für Blasorch. – **2) Vokal-WW:** *Evocations* für einen Vokalsolisten, Org. u. Orch. (1956); Chorwerke; Lieder u. Bearbeitungen. – **3) Bühnen-WW:** Opern: *La Lance de Fingale* (1947), Einakter; *Sampiero Corso* (1957); *Monsieur Personne* (1957); *Cyrnos* (Nancy 1962); Rundfunkoper: *Croix au cœur,* UA: ORTF 1963; Ballette: *La Danse de Séléné* (1949), UA: Algier 1962; *Légende du Rhin* (1949); *Le Merle blanc* (1967); *Oiseaux du vieux* (P 1967); Bühnenmusik zu der Komödie v. A. Musset, *A quoi rêvent les jeunes filles* (1957). – **4) Schriften:** *Jean Philippe Rameau et la Critique de son Temps,* in: RM, Sonderheft 260 (P 1965).

AMELN, Konrad, * 6. 7. 1899 Neuß; dt. Musikwissenschaftler. A. studierte in Göttingen bei F. Ludwig und in Freiburg i. Br. bei W. Gurlitt. Er war aktiv an der Jugendmusikbewegung beteiligt und gab 1925 die Zeitschrift *Die Singgemeinde* heraus. 1930–39 hielt er Vorlesungen über protestantische Kirchenmusik an der Univ. Münster i. W., war dann Dozent an den Pädagogischen Akademien in Elbing und Dortmund, später u. a. an der Kirchenmusikschule Kaiserswerth. 1935–74 veranstaltete A. in Lüdenscheid die „Kleinen Musikfeste" mit alter Musik. 1959–67 leitete er die von ihm gegründete „Arbeitsgemeinschaft für Hymnologie". Zu seinem 75. Geburtstag erschien eine FS *Tradition und Reformen in der Kirchenmusik* (Kas 1974). 1980 erhielt er vom Land Nordrhein-Westfalen den Professorentitel. – A.s Quellenpublikationen sind grundlegend für die Kenntnis des frühdeutschen Liedes und protestantischen Chorals des 16. Jh. und trugen zur Erneuerung des modernen Kirchenlieds bei. Seine Neuveröffentlichungen älterer mehrstimmiger Musik sind seit vielen Jahren für das kirchenmusikalische und geistliche Repertoire weit über den protestantischen Raum hinaus wegweisend.

Schriften: **1) Faks.-Ausgaben:** *Das Locheimer Liederbuch* (B 1925); *Das Babstsche Gesangbuch* (Kas 1929, ^{2}1966); *Der Hugenottenpsalter* (mit P. Pidoux) (Kas 1935); *Das Klug'sche Gesangbuch* 1533 (Kas 1954); *Michael Weiße, Gesangbuch der Böhmischen Brüder* 1531 (Kas ^{2}1957); *Das Achtliederbuch* 1523/24 (Kas 1957). – **2) Neuausgaben in Sammlungen:** *Das deutsche Kirchenlied mit seinen Weisen* (mit W. Thomas), 5 Bde. (Kas 1926–35); *Das Quempas-Heft* (Kas 1930); *Luthers Kirchenlieder in Tonsätzen seiner Zeit* (Kas 1934); *Handbuch der deutschen evangelischen Kirchenmusik* (mit C. Mahrenholz und W. Thomas) (Gö 1932 ff.), bisher erschienen die Bde. I/1, I/2, II/1, III/1, III/2. A. ist Hrsg. der Gesamtausgabe der WW von L. Lechner (Kas 1954 ff.), Mitarbeiter an der *Neuen Bach-Ausgabe* und der *Hallischen Händelausgabe,* ferner Mit-Hrsg. des *Jahrbuchs für Liturgik und Hymnologie* (Kas 1955 ff.) und Mit-Hrsg. von *Das deutsche Kirchenlied. Kritische Gesamtausgabe der Melodien von den Anfängen bis zur Mitte des 18. Jh.* (Kas 1975 ff.) – **3) Schriften:** *Johann Walter und die ältesten deutschen Passionshistorien* (mit C. Gerhardt) (Gö 1939); *Leonhard Lechner* (Lüdenscheid 1957), zahlreiche Aufsätze. – Bibliographie der Arbeiten von A. in: Rhaw, Newe deudsche geistliche Gesenge, Faks.-Ausg., hrsg. v. L. FINSCHER, III (Kas 1969).

AMEN (hebr. Wort, dessen sprachliche Wurzel „fest sein" bedeutet). Im AT wird A. als Bekräftigung der Worte eines anderen (niemals der eigenen Worte) verwendet, z. B. als Zustimmung zu Gebet, Schwur wie auch als Antwort des Volkes auf den Lobpreis Gottes im Sinne eines bestätigenden „ja". Im NT findet sich A., meist unübersetzt, einerseits als emphatische Einleitung zu Worten Jesu, die so (d. h. unübersetzt) auch in die Vulgata übernommen wurde („Amen, dico vobis" in allen Evangelien), nicht jedoch in die volkssprachigen Übersetzungen (Luther: „Wahrlich, ich sage euch"). Andererseits dient A. im NT – wie im AT – als akklamatorische Antwort des Volkes (1 Kor 14, 16), als Bestandteil eines Gebets (z. B. Röm 15,33) und als Schluß von Doxologien (z. B. Gal 1,5).

In der römischen Liturgie wird A. als Abschluß von Gebeten, Hymnen, Cantica (so auch am Ende von Gloria und Credo), als Abschluß der Doxologie am Ende der Offiziumspsalmen (Gloria Patri … saeculorum. Amen) gebraucht, ferner bei Segnungen und bei der Sakramentenspendung. Die choralen A.-Melodien sind meistens einfache Formeln, die dem akklamatorischen Charakter des A. entsprechen,
c c h c
z. B. bei Orationen u. ä.: A – men oder A-men. Am Schluß von Gloria- und Credo-Gesängen finden sich jedoch auch längere melismatische Gebilde, z. B. im Gloria I das Graduale Romanum:
d d c d e d c d c h a h
A – – – – men. Etwas Ähnliches läßt sich in der frühen Mehrstimmigkeit beobachten. Auch in der *Messe de Nostre Dame* von Machaut (14. Jh.) sind

die A. des Gloria und des Credo längere melismatische Abschnitte; überdies erscheinen sie in ihrem streng isometrischen Bau gegenüber der vorausgehenden strikten Homorhythmie von starkem musikalischen Eigengewicht. Erst sehr viel später kommt es vereinzelt zu einer damit vergleichbaren musikalischen Behandlung des Amen. Händel drückt am Schluß des *Messias* das A. (wohl als erster) auch musikalisch als Akklamation aus, was auch für Beethovens A.-Vertonung im Gloria der *Missa solemnis* gilt. Andererseits gibt es in der Meßkomposition des 17.–19. Jh. den Typus des fugierten A. (sog. Amen-Fuge).

Lit.: F. CABROL, in: Dict. d'Achéologie chrétienne et de liturgie I, Sp. 1554–73; I. CECCHETTI, L'A. nella Scrittura e nella liturgia (R 1942); J. JEREMIAS, Kennzeichen der ipsissima vox Jesu, in: Synoptische Studien. A. Wikenhauser ... dargebracht (Mn 1953).

AMERBACH, Elias Nikolaus, ↗Ammerbach.

AMERIKA, Oper in 2 Teilen von Roman Haubenstock-Ramati (* 1919), Text vom Komponisten nach Franz Kafkas gleichnamigem Roman in der Bühnenfassung von Max Brod (1927). Ort und Zeit der Handlung: Amerika vor dem 1. Weltkrieg. UA: 8. 10. 1966 in Berlin (Deutsche Oper).
Ein Versuch, die Schilderung von der Einsamkeit eines jungen Menschen und dessen Hilflosigkeit gegenüber seiner realen Umwelt mit musikalischen Mitteln zu verdeutlichen: Die Realität in der Erzählung läßt der Komponist von erkennbaren Personen in verständlicher Sprache kantabel darstellen; zur Schilderung des Hintergründigen, Irrealen verwendet er eine deformierte Sprache oder auch absurde Pantomimen. Bei der konsequent begleitenden Untermalung des leidenschaftslosen Textes entsteht eine untheatralische Monotonie der Musik, die auch durch die vorgeschriebene Verwendung eines Vierspur-Magnettonbandes nicht belebt wird. Die letzte der 25 Szenen, „Das große Naturtheater", besteht aus vier Teilen, die auch voneinander getrennt dargestellt werden können (Teil II der Oper wurde vom Komponisten in drei nebeneinander gültigen Fassungen konzipiert). Kritiker bezeichneten das Werk bei der UA als einen „Versuch, die Oper abzuschaffen".
K. LANGROCK

AMERIKANISCHE ORGEL ↗Harmonium, ↗Alexandre, Jacob.

AMERUS (Aumerus), engl. Musiktheoretiker des 13. Jahrhunderts. Er verfaßte 1271, wahrsch. in Italien, einen Traktat *Practica artis musicae* (Abschrift im sog. Bamberger Motettenkodex, Staatsbibliothek Bamberg Ms lit. 115; Ausg. in: Anal. Oxon. Med. and Mod. Ser. 9, 1902, 28).

Lit.: J. KROMOLICKI, Die Practica artis musicae des A. u. ihre Stellung in der Musiktheorie des MA (Diss. B 1909); P. BLANCHARD, Alfred le Musicien et Alfred le Philosophe, in: Rassegna gregoriana 8 (1909).

AMEZUA, Ramón G. de, * 27. 10. 1921 Madrid; 1941 Gründer der spanischen Orgelbauwerkstatt Organeria Española; arbeitete zuvor als Orgelbauer bei Victor Gonzales. Er baute u. a. die Orgeln im Escorial (5 Man., 155 Reg.), der Kathedrale von San Sebastián (5 Man., 126 Reg.), im Konzertsaal des Orquesta Nacional in Madrid (1966, 4 Man., 74 Reg.) und restaurierte Orgeln in den Kathedralen von Toledo und Segovia.

AMICO FRITZ *(L'amico Fritz),* Oper von P. Mascagni, ↗Freund Fritz.

AMIROW, Fikret Mechadi Dschamil Ogly, * 22. 11. 1922 Gandscha (heute Kirowabad/Aserbaidschan), † 20. 2. 1984 Baku; sowjetischer Komponist. Er studierte Komposition in Baku; später wurde er dort Direktor des Opernhauses. A. schrieb symphonische Werke und Kammermusik sowie Opern im nationalen aserbaidschanischen Stil. 1965 erhielt er den Titel „Künstler des Volkes der UdSSR".

WW: „Sinfonisches Mugamen" *Šur* u. *Kjurdi-Ovšary* (1948) (Mos–Baku 1950, 1951); Suite *Azerbaidshan* (1950) (Mos 1957); *Simfoničeskie tanzy* (1964) (Mos 1965); Oper *Sevil* (1953, 2. Version 1955, 3. Version 1959; Libr.: T. Ejubov) (Baku 1957).

Lit.: G. ISMAILOVA, F. A. (Baku 1956); D. K. DANILOV, F. A. Mos 1959, NA Baku 1965); D. MAMEDBEKOV, Simfoničeskie mugamy Amirova (Mos 1961).

AMMERBACH (Amerbach), **Elias Nikolaus,** * um 1530 Naumburg, begraben 29. 1. 1597 Leipzig; dt. Organist. Er studierte in Leipzig und war dort 1561–95 Organist an der Thomaskirche. In seinen zwei Tabulaturbüchern *Orgel- oder Instrument-Tabulatur* (L 1571, Nürnberg ²1583) und *Ein neu künstlich Tabulaturbuch* (L 1575), bediente er sich als erster ausschließlich der Buchstabennotation.

Ausg.: 5 Tänze, hrsg. v. W. MERIAN, in: Der Tanz in den dt. Tabulaturbüchern (L 1927); 5 Stücke (1571), hrsg. v. W. HALBIG, in: Klaviertänze des 16. Jh. (St 1928).

Lit.: R. WUSTMANN, E. A., in SIMG 11 (1909/10); W. EHMANN, Orgel u. Volkslied, in: Ber. über die zweite Freiburger Tagung für dt. Orgelkunst (Kas 1939); S. GOLDMAN, Bach's Copies of A.'s „Orgel- oder Instrument-Tabulatur", in: ML 38 (1957).

AMON, Blasius, * um 1558 Hall (Tirol), † Juni 1590 Wien; östr. Komponist. Zunächst Sängerknabe in der Hofkapelle Erzherzog Ferdinands I. in Innsbruck; setzte 1575–77 seine musikalische Ausbildung in Venedig fort. Nach Österreich zurückgekehrt, wurde A. Kantor in Innsbruck; 1587 trat er in Wien dem Franziskanerorden bei und erhielt später die Priesterweihe. Er gilt als der erste östr. Komponist, der in seinen Werken die venezianische Doppelchörigkeit verwendet.

WW: *Liber sacratissimarum ... cantionum* (W 1582); *Missae*, für 4 St. (W 1588); *Sacrae cantiones*, für 4–8 St. (Mn 1590); *Breves et selectae quaedam Motetae*, für 4–6 St. (Mn 1593); *Introitus dominicales per totum annum*, für 4 St. (W 1601); andere WW in: RISM 1603[1], 1609[1], 1627[1], 1682[2], oder in Hss. erhalten.

Ausg.: Die Introitus aus dem *Liber... cantionum* v. 1582 u. die *Sacrae cantiones* v. 1590, hrsg. v. C. HUIGENS, in: DTÖ 38/1.

Lit.: C. HUIGENS, B. A., in: StMw 18 (1931); W. SENN, Musik u. Theater am Hof zu Innsbruck (I 1954).

AMON, Johann Andreas, * 1763 Bamberg, † 29. 3. 1825 Wallerstein (Bayern); dt. Komponist und Dirigent. A. war Schüler von W. Stich (Horn), 1781–83 in Paris von Sacchini (Komposition). Bis 1789 begleitete er Stich auf dessen Konzert-Tourneen, die ihn auch in Verbindung zu Mozart, Haydn und Abbé Vogler brachten. Seit 1789 wirkte A. als Musikdirektor und als Verleger in Heilbronn. 1817 wurde er Kapellmeister des Prinzen Öttingen-Wallerstein. Seine zahlreichen veröffentlichten Werke umfassen Lieder, Kammermusik, Flöten-, Viola- und Klavierkonzerte, eine Symphonie. Handschriftlich sind 2 Messen, ein Requiem in dt. Sprache und 2 Singspiele überliefert.

AMPHION, Gestalt aus der griech. Mythologie. Sohn der Antiope und des Zeus; herrschte mit seinem Zwillingsbruder Zethos über die Stadt Theben. Beim Bau der Stadtmauer von Theben sollen sich die Steine durch sein Lyraspiel von selbst zusammengefügt haben. Mehrere gedruckte Liedersammlungen des 17. und 18. Jh. tragen emblematisch den Namen A. (z. B. *Amphion sacré* = RISM 1615[9]; J. Blow, *Amphion anglicus*, 1700). Die A.-Sage diente A. Honegger als Vorwurf für sein Melodram *Amphion* (1929).

AMPLITUDE, bei Schwingungsvorgängen die maximale Abweichung des schwingenden Mediums von der Ruhelage, d. h. bei der schwingenden Saite die größte Auslenkung oder maximale Schwingungsweite.

AMUSIE, die Unfähigkeit, musikalische Zusammenhänge zu verstehen, insbesondere die Unfähigkeit, Tonfolgen zu erkennen *(sensorische A.)* oder wiederzugeben *(motorische A.)*.

AMY, Gilbert, * 29. 8. 1936 Paris; frz. Komponist und Dirigent. Nach dem Studium der Philosophie studierte er am Conservatoire in Paris u. a. bei O. Messiaen (Analyse), S. Plé-Caussade (Kontrapunkt) und D. Milhaud (Komposition). Entscheidend für seine künstlerische Entwicklung wurde 1957 die Begegnung mit P. Boulez, von dem er 1967 die Leitung der Konzertreihe „Domaine musical" übernahm.

WW: Stücke für Org., *Variations pour 4 instr.* (1956); *Oeil de fumée* (1956); 5 Lieder für Sopran u. Klv. (1956); *Cantate brève*, für Sopran u. 3 Instr. (1957); *Sonate*, für Klv. (1957–60) (Paris o. J.); *Mouvements*, für 17 Instr. (1958) (ebd.); *Epigrammes*, für Klv. (1961) (ebd.); *Diaphonies*, für 2 Ensemble von je 12 Instr. (1962); *Antiphonies*, für 3 Orch.-Gruppen (1963); *Inventions 1 et 2* für Klv., Celesta, Fl., Harfe u. Vibraphon/Marimba (1965); 2 Bücher *Alpha-Beth*, für 6 Blasinstr. (1963); *Triade*, für Orch. (1965); *Cahiers d'épigrammes* für Klv. (1966); *Cycles*, für Schlaginstr. (1966); *Strophe*, für dramat. Sopran u. Orch. (1966); *Trajectoires*, für V. u. Orch. (1966); *Relais*, für 5 Streichinstr. (1967); *Chant*, für Orch. (1968); *„... d'un desastre obscur: Calme bloc ici bas chu"*, für Messosopran u. Klar. in A-Dur (Text: St. Mallarmé) (1971); *D'un Espace déployé*, für Orch. (1972).

ANALYSE (von griech. analysis = Auflösung), Zergliederung eines Ganzen (einer Komposition) in seine Bauelemente und/oder Formteile. Methodisch lassen sich drei – voneinander abhängige – Phasen der A. unterscheiden: In einer ersten Phase werden einzelne Dimensionen des musikalischen Satzes wie Melodie, Rhythmus oder Harmonie isoliert untersucht; von entscheidender Bedeutung ist dabei die dem historischen Gegenstand angemessene Wahl der Kriterien und Begriffe, die eine differenzierte Beschreibung – z. B. die Unterscheidung zwischen essentiellen und akzidentiellen Elementen – ermöglicht (Verfahren, die in vermeintlicher Objektivität einer Differenzierung des Materials aus dem Wege gehen, übertragen im Grunde das Werk lediglich in eine andere, wie immer geartete Notation; eine eigentliche A. wird nicht vorgenommen). In einer zweiten Phase ist, auf den Ergebnissen der ersten aufbauend, das wechselseitige Verhältnis zwischen den einzelnen Dimensionen des Satzes und ihren Elementen darzustellen (↗Thematische Arbeit, ↗Takt, ↗Tonalität). In einer dritten Phase sind die gewonnenen Einsichten – in einer Analyse der Analyse – einem Bedeutungszusammenhang einzuordnen und die ästhetischen Voraussetzungen der A. zu reflektieren; in dieser Phase können die Resultate der A. etwa zur Demonstration einer Theorie, als Beispiel für einen Epochen- oder Personalstil oder als Nachweis der Besonderheit eines Werkes in einer bestimmten historischen Situation dienen. Diese drei Phasen der A., die auch als Beschreibung, Erklärung und Deutung bezeichnet werden, sind in ihren Übergängen fließend, setzen sich sogar gegenseitig voraus (↗Interpretation, ↗Hermeneutik). – Ansätze zu musikalischen A.n reichen zurück ins Zeitalter der Aufklärung, seit im 18. Jh. die satztechnischen Normen kompositorischer Gattungen nicht mehr nur allgemein beschrieben, sondern auch ihre Verwirklichung in einzelnen Kompositionen diskutiert wurde, vor allem in musikalischen Zeitschriften durch Kritik und in Kompositionslehren durch Zitierung von Beispielen. Während die musikalische Kritik zu Beginn des 19. Jh. unter dem Einfluß der Romantik (R. Schumann, E.T.A. Hoffmann) sich weniger der Diskussion der Satztechnik und Form zuwandte als vielmehr „dem Geist, der über Form, Stoff und Idee waltet" (Schumann), wurden in den Kompositionslehren Werke der Wiener Klassik als „Muster" (A. B. Marx) vorgestellt, aus denen sich ein Kanon von „Meisterwerken" bildete, der im 19. und frühen 20. Jh. für den Kompositionsunterricht bestimmend war. Der Begriff der musikalischen A. wurde erst um 1900 gebräuchlich. A. diente vornehmlich zur Demonstration einer Theorie, wobei diese entweder auf die Erklärung formaler Beziehungen (Riemann) oder auf Erläuterung des „Inhalts" (Kretzschmar, Schering) einer Komposition abzielte. Unter dem Einfluß der Kunstgeschichte (H. Wölfflin) stand die A. in den zwanziger Jahren vor allem im Dienste einer musikhistorischen Stilistik (G. Adler, E. Kurth, E. Bücken), nach dem Zweiten Weltkrieg unter dem Einfluß der Literaturwissenschaft (E. Staiger, L. Spitzer) im Dienste der „werkimmanenten Interpretation", der es nicht um die Erkenntnis von Gemeinsamkeiten eines Stils, sondern um die Besonderheit und Einmaligkeit des einzelnen Werkes geht. Gegenüber dieser Art von Werkbetrachtung, für die A. als Teil der Interpretation eine „Kunst" ist, die letztlich nicht lernbar ist, wurden in jüngerer Zeit, abermals unter dem Einfluß der Literatur-, vor allem aber der Sprachwissenschaft, A.-Methoden entwickelt, die auf der Zeichentheorie basieren oder an Methoden der Rezeptionsforschung anknüpfen. – Von besonderer Art – nicht in der Methode, wohl aber in der Zielsetzung – sind A.n, die Komponisten an eigenen und fremden Werken vornehmen, um sich auf diese Weise historisch zu legitimieren; sie reichen von Wagners Deutung der 7. und 9. Symphonie Beethovens über die Schriften Schönbergs, Weberns und Bergs bis zu den A.n von Stockhausen, Boulez und D. Schnebel zu eigenen Kompositionen und Werken Weberns und Debussys. Sie geben nicht nur Aufschluß über das analysierte Werk, sondern auch über das Selbstverständnis des Komponisten und sind daher Dokumente von besonderem Rang.

Lit.: H. SCHENKER, Beethovens Neunte Symphonie (W 1912, Nachdr. Wie 1969); DERS., Der freie Satz (W 1935, [2]1956); D. F. TOVEY, Essays in Musical Analysis, 6 Bde. (Lo 1935–39, NA 1972); E. RATZ, Einführung in die musikal. Formenlehre (W 1951, [3]1973 [erweitert]); R. RÉTI, Thematic Process in Music (NY 1951, NA Lo 1966); F. SALZER, Structural Hearing (NY 1952, dt. Wilhelmshaven 1960); R. RÉTI, Thematic Patterns in Sonatas of Beethoven (Lo 1965, NA NY 1967); A. BROCKHAUS, Probleme der musikal. A., in: Musik u. Ges. 17 (1967); THR. GEORGIADES, Schubert. Musik u. Lyrik (Gö 1967); Neue Wege der musikal. A., hrsg. v. R. STEPHAN (B 1967) (= Veröff. des Inst. für Musik u. Musikerziehung 6); Versuche musikal. A., hrsg. v. DEMS. (B 1967) (= ebd. 8); D. DE LA MOTTE, Musikal. A. (Kas 1968); C. DAHLHAUS, A. u. Werturteil (Mz 1970); J. LA RUE, Guidelines for style analysis (NY 1970); R. STEPHAN, Über die Schwierigkeiten der Bewertung u. A. neuester Musik, in: Musica 26 (1971); E. BUDDE, Anton Webern: op. 5/IV. Versuch einer A., in: FS Erich Doflein (Mz 1972); H. H. EGGEBRECHT, Zur Methode musikal. A., in: ebd.; H. BECK, Methoden der Werkanalyse in Musikgesch. u. Gegenwart (Wilhelmshaven 1974); Zur musikal. A., hrsg. v. G. SCHUMACHER (Da 1974); J.-J. NATTIEZ, Fondements d'une sémiologie de la musique (P 1975); H. FLECHSIG, Stud. zu Theorie u. Methode musikal. A. (Mn–Salzburg 1977); FR. NOSKE, The Signifier and the Signified. Studies in the operas of Mozart and Verdi (Den Haag 1977). – Siehe auch unter den Schriften der genannten Autoren.

H. WEBER

ANAPÄST ↗Metrum.

ANATEVKA *(Fiddler on the Roof)*, amerik. Musical in 2 Akten von Jerry Bock (* 1928), Buch von Joseph Stein nach Motiven aus der gleichnamigen Erzählung von Sholem Aleichem, Song-Texte von Sheldon Harnick. Ort und Zeit der Handlung: das russische Dörfchen Anatevka um 1905. UA: 22. 9. 1964 in New York (Imperial Theater). Dt. Übersetzung von Rolf Merz, dt. EA (in dt. Sprache): 1. 2. 1968 in Hamburg.

A. wurde nicht zuletzt auf Grund seiner außerordentlich exakt nachempfundenen Situationsschilderung, auch in der Musik, mit insgesamt 3242 Vorstellungen das bislang erfolgreichste Broadway-Musical; ein Erfolg, den die Film-Fassung über die ganze Welt trug. Die Story um den jüdischen Milchmann Tevye, der sich mit unterschiedlichem Erfolg bemüht, seine fünf Töchter zu verheiraten, bietet Darstellern verschiedenster Sprachen Gelegenheit, ihr komödiantisches Talent auszuspielen. In Deutschland wurde das Musical besonders durch eine Tourneeproduktion mit Shmuel Rodensky bekannt. *Wenn ich einmal reich wär (If I were a rich man)*, Tevyes humorvoll-nachdenkliche Zwiesprache mit Gott, gilt als populärster Song. Daneben wurden auch andere Tanz- und Gesangsnummern zu Weltschlagern *(Sunrise-Sunset; To Life!; Matchmaker-Matchmaker)*.

S. KUROCK – R.-M. SIMON

ANCELIN, Pierre, * 25. 10. 1934 Cannes; frz.

Komponist. Nach dem Studium der Musikpädagogik und Musikgeschichte in Marseille nahm A. an Ästhetik-Kursen von Messiaen am Conservatoire in Paris teil. A. bemühte sich um einen eigenen, tonal sehr freien Stil.

WW: **1) Instr.-WW:** versch. Stücke für Klv.; Sonatine, für 2 Vc. (P 1963); Sonate, für V. u. Klv. (1966) unveröff.; *Stèle à la mémoire de B. Bartók*, Streichtrio (P 1965); *2ᵉ Trio à cordes* (1967) u. *Quatuors* (1966), für Fl., V., Vc. u. Klv., unveröff.; Symphonie für großes Orch. (P 1951–62); Symphonie für kleines Orch. (P 1964); 6 *Concerts:* I für Fl., Streichorch. u. Schlagzeug (1957), II für V. u. Orch. (1958), III für Orch. (1959), alle unveröff., IV *Concerto pour vlc.* (P 1960), V für Ob., Klv. u. Streichorch. (P 1962), VI für 4 Fl., Streichorch. u. Schlagzeug (1963), unveröff.; *2ᵉ Concerto pour vlc.* (1967), unveröff. – **2) Vokal-WW:** *Offrande lyrique* (1957), für Sopran u. 7 Instr., unveröff.; *Poèmes de guerre* (1958), für Bar. u. Orch. (P o. J.).

ANČERL, Karel, * 11. 4. 1908 Tucapy (Böhmen), † 3. 7. 1973 Toronto; tschechoslowakischer Dirigent. Nach dem Studium am Prager Konservatorium (u. a. Komposition bei A. Hába, Dirigieren bei H. Scherchen) erhielt er seine weitere Ausbildung als Dirigent bei E. Kleiber, B. Walter und vor allem bei W. Furtwängler. Nach kurzer Tätigkeit als Korrepetitor in Genf war er 1931–33 Theaterkapellmeister, dann bis 1939 beim Rundfunk in Prag. Die Jahre 1939–45 mußte er in Konzentrationslagern verbringen, in denen er seine Familie verlor. Nach dem Krieg war A. Dramaturg, dann Dirigent der neugegründeten avantgardistischen „Oper des 5. Mai“, 1948–50 des Rundfunkorchesters Prag, anschließend bis 1968 Chefdirigent der Tschechischen Philharmonie Prag, mit der er auch zahlreiche große Konzerttourneen unternahm. Seit 1969 leitete er das Toronto Symphony Orchestra. A. komponierte einige Stücke im Vierteltonsystem.

Lit.: K. ŠROM, K. A. (Pr 1968).

ANCHIETA, Juan de, * 1462 Azpeitia (Gascogne), † 30. 7. 1523 ebd.; span. Komponist. Er wurde 1489 Kaplan und Kantor der Königin Isabella von Kastilien, 1495–97 Kapellmeister des Infanten Don Juan, danach wieder am Kastilischen Hof, wurde er 1517 Mitglied der Hofkapelle König Ferdinands in Aragon. Er erhielt u. a. eine Domherrenpfründe in Granada und war Abt von Arbos. Er wurde Rektor von San Sebastián de Soreazu, dann übernahm er die Pfarrei von Azpeitia. A. gilt als Schöpfer der mehrstimmigen religiösen Musik in Spanien. Er schrieb auch einige weltliche Kompositionen.

Ausg.: 2 Messen, hrsg. v. H. ANGLÉS, in: MMEsp. 1; 2 weltl. Gesänge aus dem sog. Canciero musical del Palacio in:MMEsp. 5 u. 10; 2 Motetten u. eine *Salve Regina*, hrsg. v. J. DE ELUSTIZA – G. CASTRILLO (Ba 1933).

Lit.: A. COSTER, J. de A. et la famille de Loyola, in: Revue Hispanique 79 (1930); H. ANGLÉS, Un ms. inconnu…, in: AMI 8 (1936).

ANDA, Géza, * 19. 11. 1921 Budapest, † 13. 6. 1976 Zürich; Schweizer Pianist ungarischer Herkunft. Schüler von E. von Dohnányi u. Z. Kodály in Budapest. Hier debütierte er auch 1938 unter W. Mengelberg. Seit 1958 war er auch als Dirigent tätig, vor allem mit der Camerata Academica des Salzburger Mozarteums (Wiedergabe aller Klavierkonzerte Mozarts). 1960 übernahm er von Edwin Fischer die Pianistenklasse der Meisterkurse in Luzern, seit 1969 lehrte er in Zürich. A. besaß ein weit gespanntes Repertoire. Er engagierte sich besonders für das Klavierwerk Bartóks, zu dessen Anerkennung er entscheidend beitrug.

Lit.: J. KAISER, Große Pianisten in unserer Zeit (Mn [3]1977) 227 ff.; Géza Anda. Ein Erinnerungsbild (Z 1977).

ANDAMENTO (it., = Gang). **1)** Im 18. Jh. Synonym für Sequenz, d. h. die Wiederholung eines kurzen musikalischen Motivs in derselben Stimme auf verschiedenen Tonstufen. – **2)** Fugenthema von größerer Ausdehnung, das mit Hilfe verschiedener rhythmischer Werte in zwei kontrastierende Phrasenabschnitte aufgeteilt ist, z. B.: Bach, *Fuge in a-moll,* BWV 543. – **3)** Bei einigen, vor allem deutschen Musiktheoretikern Bz. für die Zwischenspiele in einer Fuge.

ANDANTE (it., = gehend), Bz. für eine mäßige Bewegung, seit dem Ende des 17. Jh. belegt. Dem Wortsinn entsprechend ist A. als Satzbezeichnung im 18. Jh. häufig bei solchen Stücken anzutreffen, deren rhythmische Faktur tatsächlich den Eindruck des Gehens vermittelt. Dabei kann sich das „Schrittmaß“ auf Achtel- wie auf Viertelnoten beziehen. Die Satzbezeichnung A. wird oft durch Angaben ergänzt, die die Charakter des betreffenden Satzes näher umschreiben, z. B. *Andante grazioso* für den Beginn des Variationensatzes von Mozarts Klaviersonate A-Dur, KV 300i, *Andante cantabile* für viele langsame Sätze von Beethoven u. a. Komponisten. Der Wortsinn wird besonders deutlich in Satzbezeichnungen wie *Andante ma adagio* (Arie der Giunia *Dalla sponda tenebrosa* in Mozarts *Lucio Silla*) oder *Andante vivace* (Beethoven, Duett *Odi l'aura* op. 82,5); diese Angaben verbinden keine widersprüchlichen Tempobezeichnungen, sondern sind wörtlich als „Gehend, aber langsam“ bzw. „Lebhaft gehend“ zu deuten. Vgl. dazu auch die Bz. „Maestoso andante“ für den Trauermarsch von Beethovens Klaviersonate op. 26. Erst im Laufe des 19. Jh. wird A. generell Bz. für ein langsames Tempo zwischen Allegro und Adagio. A. kann auch der Titel von einzelnen Instrumentalstücken sein, die nicht Bestandteil zyklischer Formen (Symphonie, Sonate usw.) sind (z. B. Chopin, *Andante spianato* für Klavier und Orchester, A. Jolivet, *Andante* für Streichorchester).

Lit.: I. HERRMANN-BENGEN, Tempobezeichnungen. Ursprung und Wandel im 17. u. 18. Jh. (Tutzing 1959) (= Münchner Veröff. z. Musikgesch. 1); W. GERSTENBERG, A., in: Kgr.-Ber. Kassel 1962 (Kas 1963).

ANDANTINO (it., Diminutiv von ↗Andante), Satz-Bz., die sich ähnlich wie Andante dem Wortsinn entsprechend in erster Linie auf den Bewegungscharakter eines Satzes bezieht. Dabei ist unbestimmt (vgl. die widersprüchlichen Aussagen in den Musiklexika von Rousseau und Castil-Blaze und eine Bemerkung Beethovens in seinem Brief vom 19. 2. 1813 an G. Thomson), ob A. ein schnelleres oder ein langsameres Tempo als Andante bezeichnet. A.-Sätze finden sich u. a. bei Mozart: Konzertarie *Io non chiedo, eterni Dei,* KV 300b („A. sostenuto e cantabile"), *Andantino* für Klv. und Orch., KV 588b, Arie des Ottavio *Dalla sua pace* aus *Don Giovanni* („A. sostenuto").

ANDERS, Peter, * 1. 7. 1908 Essen, † 10. 9. 1954 Hamburg (Autounfall); dt. Sänger (Tenor). Nach Ausbildung an der Berliner Musikhochschule und bei Lula Mysz-Gmeiner debütierte er 1932 in Heidelberg. Es folgten Engagements in Darmstadt, Köln, Hannover, 1938–40 an der Staatsoper München, 1940–48 an der Staatsoper Berlin. Gastspiele führten ihn, der besonders als Mozart-Interpret geschätzt wurde, u. a. zu den Festspielen nach Salzburg, London und Edinburgh. A. wandte sich zunehmend auch den schweren Partien zu (u. a. dem Florestan in Beethovens *Fidelio,* dem Walther in den *Meistersingern von Nürnberg*). Nach 1948 sang er in Hamburg und Düsseldorf, als Gast u. a. an den Staatsopern in Wien und Stuttgart.

Lit.: F. W. PAULI, P. A. (B 1963).

ANDERSEN, dänische Orgelbauwerkstatt, 1963 in Kopenhagen von **Poul Gerhard A.** gegründet, der vorher Direktor der Kopenhagener Filiale des Hauses Marcussen & Søn war. Er baute u. a. die Orgeln der Frelsers Kirke in Kopenhagen (1965; 4 Man., 54 Reg.), der Kathedrale von Skara in Schweden (3 Man., 45 Reg.) und von St. Marcus in Aarhus (3 Man., 43 Reg.) um.

ANDERSON, Marian, * 17. 2. 1902 Philadelphia; amerik. Sängerin (Alt). Nach ersten Konzertauftritten 1925 in den USA war ihr als Farbiger eine rasche Karriere zunächst erschwert. Erst nach einer triumphalen Europa-Tournee in den frühen 30er Jahren erlangte sie allgemeine Anerkennung und wurde in den folgenden Jahren eine der populärsten Künstlerinnen auch in den USA. Sie sang oft unter Toscanini und gab glanzvolle Gastspiele an den führenden Opernhäusern Europas und Australiens. 1955 wurde sie als erste Farbige ständiges Mitglied der New Yorker Met (Debüt als Ulrica in Verdis *Ein Maskenball*). M. A. war auch bedeutend als Oratorien- und Liedsängerin (vor allem auch mit Negro Spirituels). 1965 beendete sie ihre Laufbahn als Sängerin.

Lit.: M. ANDERSON, My Lord, what a Morning (NY 1956), dt. Übers.: Mein Leben (W 1960) (Autobiographie); SH. P. NEWMAN, M. A., Lady from Philadelphia (Philadelphia 1965).

ANDRADE, Francisco d', * 11. 1. 1859 Lissabon, † 8. 2. 1921 Berlin; port. Sänger (Bariton). Nach seinem Debüt 1882 in San Remo als Amonasro in Verdis *Aida* gastierte er in den folgenden Jahren mit großem Erfolg an Opernbühnen in Westeuropa, besonders in Rom, Mailand und London. Seit seinem ersten Auftreten 1889 in Berlin war er besonders mit der dortigen Opernszene verbunden, 1906 bis zum Ende seiner Karriere als Mitglied der Berliner Hofoper. Weltruf errang d'A. durch seine Darstellung des Don Giovanni, in der er nicht zuletzt durch sein dramatisches Talent als unerreicht galt. Max Slevogt hat ihn in dieser Rolle wiederholt gemalt.

Lit.: B. BUSHART, M. Slevogt. Der Sänger d'A. als Don Giovanni (St 1959).

ANDRÉ, deutsche Musiker- und Verlegerfamilie. – **1) Johann,** * 28. 3. 1741 Offenbach, † 18. 6. 1799 ebd. Er sollte eigentlich die Seidenspinnerei seines Vaters übernehmen, wandte sich aber der Musik zu. Bereits seine ersten Singspiele hatten großen Erfolg; *Der Töpfer* (UA 1773 Hanau) und *Erwin und Elmire* (nach Goethe; UA 1775 Frankfurt am Main). 1777 wurde er, einer Einladung Marpurgs folgend, Direktor des Döbbelinschen Theaters in Berlin, wo er 13 eigene Singspiele dirigierte. 1784 kehrte er nach Offenbach zurück; dort baute er eine bereits früher gegründete Notenstecherei zu einem bedeutenden Musikverlag aus. Er schrieb 26 Singspiele (darunter außer den genannten eine *Entführung aus dem Serail*), Bühnenmusiken u. a. zu *Macbeth, König Lear* und *Der Barbier von Sevilien,* einige kirchenmusikalische Werke, Balladen und Lieder, darunter *Leonore* nach dem Text von Bürger und das berühmt gewordene Rheinweinlied „Bekränzt mit Laub den lieben vollen Becher" (M. Claudius). – **2) Johann Anton,** Sohn von 1), * 6. 10. 1775 Offenbach, † 6. 4. 1842 ebd. Er war zunächst Schüler von J. G. Vollweiler (Komposition) und F. Fränzl (Violine) in Mannheim, dann besuchte er die Univ. Jena. 1799 übernahm er das Unternehmen seines Vaters, das er durch Verwendung des Lithographieverfahrens sowie nicht zuletzt durch den Kauf (1800) des gesamten handschriftlichen Nachlasses Mozarts (280 Manuskripte) und dessen verlegerische Verwertung zu einem der führenden Musikverlage in Europa machte. Der Mozartforschung dienten seine Veröffentlichungen mehrerer Werkverzeichnisse und die *Beiträge zur Geschichte des Requiems von W. A. Mozart* (1829). A. komponierte auch Klavier- und Kammermusik, Ouvertüren und Symphonien, Konzerte, weltliche und geistliche Chorwerke sowie 2 Opern und verfaßte eine Violinschule. Sein *Lehrbuch der Tonsetzkunst* (1832) war im 19. Jh. weit verbreitet. – **3) Karl August,** Sohn von 2), * 15. 6. 1806 Offenbach, † 15. 2. 1887 Frankfurt a. M. Seit 1835 leitete er die seit 1828 in Frankfurt am Main bestehende Niederlassung des Verlages und erweiterte die Firma 1839 durch eine Klavierfabrik. Er schrieb *Der Clavierbau in seiner Geschichte, seiner technischen und musikalischen Bedeutung* (1855). – Die Firma Johann André Musikverlag besteht noch heute in Offenbach.

Lit.: O. PRETZSCH, J. A. u. seine Stellung in der Berliner Liederschule (Diss. L 1924); W. STAUDER, J. A., ein Beitr. zur Gesch. des dt. Singspiels, in: AfMf 1 (1936); A. EINSTEIN, in: KV (L ³1937), Einleitung; E. LEBEAU, Une succursale officieuse de J.A.A., 1802–06, in: Kgr.-Ber. W 1956; A. H. ANDRÉ, Zur Gesch. der Familie A. (Offenbach 1962) (= Offenbacher Geschichtsblätter 11).

ANDRÉ, Franz, * 10. 6. 1893 Brüssel, † 20. 1. 1975 Brüssel; belg. Dirigent. Er studierte Violine (bei C. Thomson), Komposition und Dirigieren (bei F. von Weingartner) am Brüsseler Conservatoire, an dem er anschließend als Dirigent und (bis 1944) als Leiter der Dirigentenklasse wirkte. 1935 gründete er das Orchestre de la Radiodiffusion Belge, das er bis 1958 leitete. Danach übernahm er die Leitung des Concours Reine Élisabeth de Belgique.

ANDRÉ, Maurice, * 21. 5. 1933 Alès (Südfrankreich); frz. Trompeter. Nach Ausbildung am Conservatoire in Paris und Gewinn des Genfer Wettbewerbs war er sechs Jahre Solotrompeter der Association des Concerts Lamoureux in Paris. 1963 gewann er auch den Münchener Wettbewerb der Rundfunkanstalten der ARD. A. gilt als der bedeutendste Trompetenvirtuose der Gegenwart. Sein Repertoire reicht von der altitalienischen Trompetenliteratur bis zur zeitgenössischen Musik und bis zum Jazz. Er hat sich um die Renaissance der Trompetenmusik große Verdienste erworben. A. lehrt am Conservatoire in Paris.

ANDREA CHÉNIER *(André Chénier),* Musikalisches Drama mit geschichtlichem Hintergrund in 4 Bildern von Umberto Giordano (1867–1948), Text von Luigi Illica. Ort und Zeit der Handlung: Paris zur Zeit der Frz. Revolution. UA: 28. 3. 1896 in Mailand (Teatro alla Scala); dt. EA (in dt. Sprache): 28. 1. 1897 in Breslau (Übersetzung von Max Kalbeck).

Giordanos erfolgreichstes Werk errang bei der UA einen glänzenden Erfolg, der sich an weiteren zehn Abenden wiederholte, und trat bald seinen Siegeszug um die Welt an. Schon am 13. 11. 1896 fand die erste Aufführung in New York (Academy of Music) in der Originalsprache statt. Die Oper ist dem Stil des it. Verismo verpflichtet; die Titelfigur des klassizistischen, in der Todeszelle Verse schreibenden Dichters ist historisch belegt. Üppige Melodik an den affektiven Höhepunkten der Handlung und die Kunst, die einzelnen Figuren in Rezitativen und Arien musikalisch in zuvor kaum gekanntem Ausmaß zu charakterisieren, haben zur Popularität des Werkes entscheidend beigetragen. Berühmt sind Madeleines *La mamma morta* aus dem 3. und das Schlußduett Madeleine/Andrea *Vicino a te s'aqueta* aus dem 4. Akt.

J. SCHLÄDER

ANDREAE, Volkmar, * 5. 7. 1879 Bern, † 19. 6. 1962 Zürich; Schweizer Dirigent und Komponist. Schüler von K. Munzinger in Bern und des Kölner Konservatoriums, u. a. bei F. Wüllner. Seit 1902 war er Chordirigent in Winterthur (bis 1904) und Zürich (bis 1949). Hier übernahm er 1906 auch das Orchester der Tonhalle-Gesellschaft, das er bis 1949 leitete. 1914–39 war A. Direktor des Konservatoriums in Zürich, 1920–25 Präsident des Schweizerischen Tonkünstlervereins. Als Dirigent setzte er sich besonders für Bruckner und für die zeitgenössische Musik der Schweiz ein. A. schrieb Orchester- und Kammermusik, Lieder und Chorwerke, Bühnenmusiken sowie zwei Opern in einem nachromantischen Stil.

Lit.: Festgabe an V. A. (Z 1949); W. HESS, V. A.s Kompositionsunterricht, in: SMZ 102 (1962).

ANDREAS DE FLORENTIA (Magister Frater Andreas Horganista de Florentia, Andrea degli organi, Frate Andrea de' Servi, Fra Andrea di Giovanni), † 1415; it. Komponist; Mitglied des Servitenordens. Im Kloster von SS. Annunziata in

Florenz war er 1375 Novize, 1378 Organist, 1379 Novizenmeister und ab 1380 längere Zeit Prior. 1393 ist er als Prior eines Klosters in Pistoia nachweisbar, wo er wahrscheinlich schon seit 1366 als Organist wirkte. 1402–03 war er Berater des Ordensgenerals, 1406 Vikar und 1407–10 Provinzial der Toskana. Zusammen mit Fr. Landini überwachte er den Bau der Orgel von SS. Annunziata (1378) und entwarf einen Plan für die Orgel des Domes. 1379–80 war er Lehrer des Komponisten B. Corsini.

WW: 30 Ballate italiane, 18 für 2 St. u. 12 für 3 St. (29 im Anh. des Ms. Squarcialupi; 1 in Ms. Paris, BN, fonds ital. 568; eine einzelne in Ms. London, BrM Add. 29987); eine frz. Ballade für 2 St. (hsl. in Modena).

A. komponierte Ballate mit unterschiedlichen Texten meist amourösen Inhalts. In seinen rein vokalen Werken (16 zweistimmigen und 3 dreistimmigen) überwiegt die gleichzeitige Textdeklamation mit langen Schlußmelismen. Man findet Imitationen kurzer Motive im Quintabstand oder als Hoquetus. Französische Stilmittel, etwa instrumentale Begleitung zu vokalsolistisch konzipierter Oberstimme und unterschiedlich kadenzierende „piedi", sind im zweistimmigen Satz selten, im dreistimmigen dagegen häufig. Der geschmeidige Rhythmus mit synkopierten Passagen und Mensuren von unterschiedlicher Länge sowie die $^3/_8$-Bewegung und die Verwendung der Augmentation sind Charakteristika des von frz. Einflüssen geprägten Stils des späten 14. Jahrhunderts. Einzigartig geblieben sind hingegen Stimmtausch und ostinater Rhythmus in Nr. 3 sowie die kanonische Ballata Nr. 6 mit ihrem cacciaartigen Instrumentaltenor.

Ausg.: GA, hrsg. v. N. PIRROTTA, in: The Music of 14th Cent. Italy (1964) (= CMM 8/5); 29 Stücke, hrsg. v. J. WOLF, in: Der Squarcialupi-Codex Pal. 87... (Lippstadt 1955), dazu Ber. von K. VON FISCHER, in: Mf 9 (1956).

Lit.: R. TAUCCI, Fra Andrea dei Servi, in: Studi Storici sull'Ordine dei Servi di Maria 2 (1935); F. GHISI, Un frammento musicale dell' Ars Nova it., in: RMI 42 (1938); A. VON KÖNIGSLÖW, Die it. Madrigalisten des Trecento (Wü 1940); E. LI GOTTI, La poesia musicale it. del secolo XIV (Pa 1944); N. PIRROTTA, Il Codice Estense lat. 568..., in: Atti della Reale Accad. di Scienze, Lettere e Arti di Palermo, Reihe 4, Bd. 5/2 (Pa 1946); K. V. FISCHER, Stud. zur it. Musik des Trecento u. frühen Quattrocento (Be 1956); F. D'ACCONE, A Documentary Hist. of Music at the Florentine Cathedral and Baptistry during the XVth Cent. (Diss. Harvard 1960); G. REANEY, The Ms. Paris, BN, fonds ital. 568, in: MD 14 (1960); DERS., The Ms. London, BrM Add. 29987, in: MSD 13 (1965).

ANDREAS VON KRETA, * um 660 Damaskus, † 4. 7. 740 Hierissos auf Mytilene; griech. Dichter und Musiker (?). Um 692 Bischof von Gortyna (Kreta), später heiliggesprochen. Mit dem Kanon, der in der byzantinischen Liturgie das Kontakion verdrängte, schuf er eine neue Form religiöser Dichtung. Sein Hauptwerk, der 250 Strophen umfassende *Große Kanon,* wird noch heute in den orthodoxen Kirchen während der Fastenzeit gesungen.

ANDREINI, it. Sänger- und Schauspielerfamilie des 16. und 17. Jahrhunderts. – **1) Francesco,** * 1548 in der Toskana, † 20. 8. 1624 Mantua. 1577 trat er in die Schauspieltruppe der „Gelosi" ein und wurde durch mehrere Rollen berühmt. Seine Frau Isabella Canali (1562–1604) war eine hervorragende Musikerin; beide beeindruckten den französischen Hof während ihres Aufenthalts 1603 und 1604. Er schrieb ein für die Geschichte der Commedia dell'arte interessant gewordenes Werk, *Ragionamenti fantastici* (V 1612). – **2) Giovanni Battista,** genannt „Lelio", Sohn von 1), * 9. 2. 1579 (?) Florenz, † 7. (oder 8.) 6. 1654 Reggio (Emilia); Librettist und Sänger. Er zeigte sehr früh Neigung zum Theater und trat 1544 ebenfalls in die Truppe der „Gelosi" ein. 1601 heiratete er Virginia Ramponi, genannt „la Florinda" (1583–1630), deren Auftritte in der Titelrolle der *Arianna* von Monteverdi Aufsehen erregten. Nach Auflösung der „Gelosi" (1604) trat G. B. A. bei den „Fedeli" ein und stand, wie seine Frau, im Dienst des Herzogs von Mantua. Sie hielten sich mehrmals in Frankreich auf, wo sie die besondere Gunst der Königin Maria de'Medici besaßen. G. B. A. schrieb die Libretti zu zahlreichen Stücken: *L'Adamo* (1610); *La Centaura; La Ferinda; La Sultana* (1622). Von ihm stammt auch der Text und ein Teil der Musik von *La Maddalena, sacra rappresentatione* (1617; Musik außerdem von Monteverdi, S. Rossi, M. Effrem, A. Guinizzoni).

Ausg.: *L'Adamo* (Lanciano 1913).

Lit.: A. BASCHET, Les comédiens it. à la cour de France (P 1882); H. PRUNIÈRES, L'opéra it. en France avant Lulli (P 1913); V. MAZZETTI, Un famoso comico e autore drammatico del Seicento (Reggio 1915).

ANDREOZZI, Gaetano (genannt Jommellino, da er der Neffe von N. Jommelli war), * 22. 5. 1755 Aversa bei Neapel, † 21. (oder 24.) 12. 1826 Paris; it. Komponist. Am Kons. S. Maria di Loreto in Neapel war er Mitschüler von Cimarosa, Zingarelli und Giordani. Nach Beginn einer vielversprechenden Karriere als Opernkomponist versuchte A. ohne Erfolg sein Glück in Rußland. Nach Italien zurückgekehrt, wurde er in Pisa, Neapel (1785) und Florenz (1786) gut aufgenommen. 1806 war er Mitglied des Teatro San Carlo in Neapel, das er aber nach der frz. Besetzung der Stadt verlassen mußte. Mit abnehmender Berühmtheit bemühte sich A.

vergeblich um Erfolge in Paris. Seine Werke überlebten ihn nicht.

WW: 6 *Quartetti per archi*, UA: Florenz 1786; 3 *Quintetti* für 2 V., Va., Vc. u. Fl., UA: 1793; 3 *Quintetti* für 2 V., Va., Vc. u. Ob.; Opern: *L'Equivoco*, UA: Florenz 1781; *L'Arbace*, UA: Livorno 1781; *Bajazet*, UA: Florenz 1783; *La Vergine del Sole*, UA: Genua 1783; *Agesilao re di Sparta*, UA: Venedig 1787; *Sesostri*, UA: Neapel 1789; *Sofronia ed Olindo*, UA: ebd. 1793; *Giasone e Medea*, UA: ebd. 1793; *La principesa filosofa*, UA: Venedig 1794; *Arsinoe*, UA: Neapel 1795; *Il trionfo d'Arsace*, UA: Rom 1795; *Pamela nubile*, UA: Parma 1800; *Armida e Rinaldo*, UA: Neapel 1802; *Piramo e Tisbe*, UA: ebd. 1803; *Il Trionfo di Claudia*, UA: Florenz 1803; *Il Trionfo di Tomiri*, UA: Neapel 1807; *Il Trionfo di Alessandro Magno il Macedone*, UA: ebd. 1816.

Lit.: F. PIOVANO, Notizie storico-bibliogr. sulle opere de P. C. Guglielmi, in: RMI 16 (1909); A. DELLA CORTE, L'opera comica it. nel '700 (Bari 1923); U. PROTA GIURLEO, Jommellino e signora, in: Nostro Tempo 4 (Neapel 1955).

ANDRÉSEN, Ivar, * 27. 7. 1896 Oslo, † 24. 11. 1940 Stockholm; norwegischer Sänger (Baß); debütierte 1919 an der Königlichen Oper als Landgraf in Wagners *Tannhäuser*. Von Stockholm ging er 1925 an die Dresdner Staatsoper, der er bis 1934 angehörte. Anschließend war er bis 1936 Mitglied der Berliner Staatsoper. A. galt zwischen den Weltkriegen in Deutschland als bedeutender Wagner-Interpret. 1927–36 wirkte er jährlich bei den Bayreuther Festspielen mit. Erfolgreiche Gastspiele führten ihn vor allem nach London, Wien und New York.

ANDREVI, Francisco, * 16.11.1786 Sanahuja (Katalonien), † 23.11.1853 Barcelona; katalanischer Komponist it. Herkunft. Er war Geistlicher, studierte Orgel und Komposition und wurde 1818 Kapellmeister der Kathedrale in Tarragona, später an Santa Maria del Mar in Barcelona, an der Kathedrale in Valencia, 1830 an der Real Capilla in Madrid. 1836 wanderte A. nach Frankreich aus und wirkte als Kapellmeister zunächst in Bordeaux, dann (1845–49) in Paris. Er schrieb Kirchenmusik, u. a. ein *Stabat Mater* (komponiert in Bordeaux) und eine *Misa de Requiem* (1834) zum Tode König Ferdinands VII.; 2 Oratorien, *La Dulzura de la Virtud* (818) u. *El juicio final* (1822). In Paris veröffentlichte er auch einen *Traité d'harmonie et de composition*, der 1848 in Barcelona unter dem Titel *Tratado Teórico-Práctico de Armonia y Composición* erschien.

Ausg.: *Nunc dimittis* u. *Salve Regina*, hrsg. v. H. ESLAVA, in: Lira Sacro-Hispana, Siglo XIX, Reihe 1, Bd. 2.

Lit.: J. SUBIRÁ, Pretéritos músicos hispánicos, in: Academia 15 (Ma 1965).

ANDRIESSEN, 1) Willem, * 25.10.1887 Haarlem, † 29.3.1964 Amsterdam; ndl. Pianist und Komponist. Er unterrichtete seit 1910 Klavier am Kons. in Den Haag, seit 1917 an der Musikschule in Rotterdam. 1937–53 leitete A. das Kons. in Amsterdam. Er schrieb u. a. Lieder, ein Klavierkonzert und eine Messe. – **2) Hendrik,** Bruder von 1), * 17. 9. 1892 Haarlem, † 12. 4. 1981 ebd. Er studierte in Amsterdam Orgel, Klavier und Komposition. Dann war er Organist in Haarlem, seit 1934 an der Kathedrale in Utrecht und seit 1937 Kompositionslehrer am Kons. in Amsterdam und Leiter des Kons. in Utrecht. 1949–57 leitete er das Kons. in Den Haag. 1952–63 lehrte er zudem Musikwissenschaft an der Katholischen Universität in Nijmegen. Sein kompositorisches Schaffen steht in der Tradition der Nach-Romantik.

WW (alle in Amsterdam erschienen): **1) Instr.-WW:** 2 Klv.-Sonaten; Sonaten für Vc. allein, für Vc. und Klv., für V. u. Klv.; Trio für Klv., V. u. Vc. (1939); Bläserquintett (1951); für Orch. 5 Symphonien (1930–62). – **2) Vokal-WW:** Zahlr. Lieder, darunter *Trois Pastorales* (Text: A. Rimbaud); Messen; *Magnificat* für Chor u. Org. – **3) Bühnen-WW:** Oper *Philomela* (Libr.: J. Engelmann nach Ovid). – **4) Schriften:** *C. Franck* (A. o.J.).

3) Jurriaan, Sohn von 2), * 15. 11. 1925 Haarlem. Er studierte 1942–48 bei seinem Vater am Kons. in Utrecht, dazwischen 1947 Filmmusik in Paris. 1949 ging er in die USA, wo er 1949–50 an den Sommerkursen am Berkshire Music Center in Tanglewood/Mass. teilnahm. 1952 kehrte er aus den USA zurück. Seit 1957 schrieb er Auftragskompositionen für die Haager Schauspielgesellschaft „De Haagse Comedie". Sein umfangreiches Werk umfaßt 5 Symphonien, 3 Opern (die Funkoper *Perdita*, 1958; die einaktige Oper *Kalchas* nach Tschechow; die Schuloper *Het zwarte Blondje*, 1964), Orchesterwerke, Konzerte, Kammermusik, 2 Messen (*Grande messe pour la gloire de Dieu* für Soli, Chor und Orchester, 1949; *Missa Deo gratias* für Chor und Orchester, 1953), Lieder und zahlreiche Bühnen- und Filmmusiken.

ANDRIEU, 1) Pierre d', * 1660, † Oktober 1733 Paris; frz. Organist und Komponist. Er komponierte *Noëls* für Orgel und *Airs sérieux* (1697–99).

Ausg.: *3 Noëls*, hrsg. v. F. RAUGEL, in: Les Maîtres français de l'orgue au XVIIe et XVIIIe s., II: Orgue et Liturgie, H. 4 u. 15 (P o.J., [2]1949).

2) Jean-François (Dandrieu), Neffe von 1), * 1682 Paris, † 17. 1. 1738 Paris; frz. Organist und Komponist. 1705 veröffentlichte er ein Buch mit *Sonates en trio*, das er der frz. Königin widmete. Zu dieser Zeit war er Organist an St-Merry. 1721 wurde er als Nachfolger Buternes Organist der Königlichen Kapelle. 1733 übernahm er die Organistenstelle seines Onkels an der Kirche St-Barthélemy. Seine Klavierstücke sind im Stile Couperins geschrieben, der neben Lully und Corelli sein Vorbild war. Seine Delalande gewidmeten Sonaten für Violine solo stehen der Suite näher als der Sonate. Seine Orgelmusik umfaßt außer *Noëls,* mit denen er die schon von seinem Onkel gepflegte Gattung weiterführte, Offertorien in Form von Praeludien und Fugen.

WW: *Livre de sonates en trio,* 1re œuvre (P 1705); *Les Caractères de la Guerre, ou suite de Symphonies ajoutées à l'opéra...* (P 1718, [2]1733); *Principes de l'accompagnement du clavecin* (P 1718, L'Auteur – Veuve Boivin); *Livre de sonates à violon seul* (P o.J.) *1er Livre de clavecin...,* dem König gewidmet (P 1724); *2e Livre de pièces de clavecin...,* dem Prinzen Conti gewidmet (P 1727); *3e Livre de pièces de clavecin* (P 1734); *1er Livre de pièces d'orgue* (P 1739); einige *Airs sérieux ou à boire* in den Slgen von Ballard (P 1718–19).

Ausg.: *1er Livre de pièces d'orgue,* in: GUILMANT-PIRRO VII (1906); 9 Stücke für Cemb., hrsg. v. L. FARRENC, in: Le Trésor des pianistes IX (P 1872); G. GROVLEZ, Les plus belles pièces de clavecin de L'école français (Lo 1919); 15 Stücke für Cemb., hrsg. v. P. BRUNOLD, in: Les Maîtres français du clavecin (P o.J.); *Sonate en trio* in e-moll (P o.J.); *Sonate pour violon* in G-Dur (P o.J.); Noëls für Org., hrsg. v. J. BONFILS (P 1955) (= L'organiste liturgique XII); 6 Klv.-Stücke, hrsg. v. Z. HORUSITZKY (Budapest 1959); Music for Harpsichord, hrsg. v. J. WHITE (University Park/Pa. 1965) (= The Penn. State Univ. Music Series 6); Triosonate op. 1 Nr. 6, hrsg. v. E. SCHENK (W 1969) (= Diletto musicale Nr. 458).

Lit.: H. QUITTARD, Les principes de l'accompagnement de d'A., in: RM 8 (1907); L. DE LA LAURENCIE, L'école française de violon I (P 1922); G. SERVIÈRES, Documents inéd. sur les organistes français des XVIIe et XVIIIe siècle (P 1923); A. PIRRO, Les clavecinistes (P 1924); DERS., L'art des organistes, in: LAVIGNAC Techn. II (P 1926); P. BRUNOLD, Trois livres de pièces de clavecin de F. Fr. D., in: RMie 16 (1932); DERS., Les Dandrieu, in: L'orgue Nr. 76–79 (1955–56); N. DUFOURCQ, La musique d'orgue française (P 1941, [2]1949); J. BONFILS, Les Noëls de P. et J. Fr. Dandrieu, in: L'Orgue Nr. 83 (1957).

ANDRIEU CONTREDIT, * um 1200, † 1248 Arras; Trouvère und Menestrel, gehörte der Sänger- und Dichtervereinigung von Arras (Pui d'Arras) an. Von seinen erhaltenen lyrischen Dichtungen sind 16 mit Melodien überliefert.

Lit.: R. SCHMIDT, Die Lieder des A. C. d'Arras (Hl 1903).

ANERIO, it. Musikerfamilie. – **1) Maurizio,** * Borgaria di Narni (bei Terni), † 28. 1. 1593 Rom; er war „musico" an der Engelsburg in Rom, wahrscheinlich Sänger der päpstlichen Kapelle und 1575–82 Posaunist an San Luigi dei Francesi. – **2) Bernardino,** Sohn von 1), † 9. 9. 1595 Rom; er war Chorsänger und Kornettist. – **3) Felice,** Sohn von 1) * um 1560 Rom, † 27. 9. 1614 ebd.; Schüler von G. M. Nanino, Chorsänger an Santa Maria Maggiore, am Petersdom und an San Luigi dei Francesi. 1584–85 war er Kapellmeister am Collegio degli Inglesi, 1594 Nachfolger Palestrinas als Komponist der päpstlichen Kapelle; danach leitete er die Hofkapelle des Herzogs Altemps, für die er mehrere (unveröffentlichte) Werke schrieb. 1607 wurde er zum Priester geweiht. A.s Kirchenmusik – sie enthält noch keinen Generalbaß – steht in der Tradition Palestrinas und kann als typisch für die römische Vokalpolyphonie des frühen 17. Jh. gelten. Sein zwölfstimmiges *Stabat Mater* wurde lange Zeit Palestrina zugeschrieben.

WW: *Madrigali spirituali* für 5 St. (R 1585); *Canzonette* für 4 St. (V 1586); *Madrigali a 5 v.* (V 1587); *Madrigali a 6 v.* (V 1590); *Concerti spirituali* (R 1593); 2 Bücher *Sacri hymni et cantica a 5–8 v.,* I (V 1596), II (R 1602); *Madrigali a 3 v.* (V 1598); *Responsoria a 4 v.* (R 1606).

4) Giovanni Francesco, Sohn von 1), * um 1567 Rom, † 11. 6. 1630 Graz; er war Singknabe am Petersdom unter Palestrina, danach Kapellmeister an San Giovanni in Laterano. Nach dreijähriger Tätigkeit am Hof König Sigismunds III. in Krakau übernahm A. 1609 das Amt des Kapellmeisters am Dom zu Verona; seit 1611 war er Musikdirektor am Collegio Romano der Jesuiten und Kapellmeister an Santa Maria ai Monti in Rom. 1616 wurde er Priester. Zu seinen Schülern gehörte u.a. Marco Scacchi. A.s Schaffen umfaßt weltliche und geistliche Werke. Seine Kirchenmusik ist teils im stile antico (mit Generalbaß), teils im konzertierenden Stil geschrieben. Entwicklungsgeschichtlich bedeutsam ist seine Sammlung geistlicher Madrigale *Teatro armonico spirituale* (1619). Sie enthält Stücke („Dialoghi"), die als Vorläufer des it. Oratoriums zu gelten haben.

WW: 2 Bücher *Madrigali a 5 v.,* I (V 1599), II (R 1608); *Il Dialogo pastorale al presepio a 3 v.* (R 1600); *Messe a 4 v.* (R 1605); *Gagliarde intavolate per sonare sul cembalo et sul liuto* für 4 St. (V 1607); *Motetti a 1–3 v. con organo* (R 1609); *Concentuum compositoris* für 1–3 v. (R 1609); 3 Bücher mit Motetten für 1–6 St., I–II (R 1611), III (R 1613); *Recreatione armonica,* Madrigale für 1–2 St. (V 1611); *Litaniae* für 7–8 St. (R 1611); *Antiphonae* für 1–4 St. (R 1613); *Sacri concentus* für 4–6 St. (R 1613); *Missae* für 4–6 St. (R 1614); *Psalmi vesperarum* für 3–4 St. (R 1614); *Responsoria* für 3–8 St. (R 1614); 4. Buch mit Motetten (R 1617); 5. Buch *Sacrarum cantionum* für 2–5 St. (R 1618); *Teatro armonico spirituale di madrigali concertati* (R 1619); *Motetti a 1–3 v.* (R 1619); *Ghirlanda di sacre rose* für 5 St. (R 1619); *Salmi di Vespro* für 3–4 St. (R 1620); *Rime sacre concertate* (R o.J.); *I lieti scherzi,* Madrigale u. Airs für 1–4 St. (R 1621).

Ausg.: **Zu 3):** Motetten, hrsg. v. A. MENDELSSOHN (L 1932); 11 Motetten, in: Musica Divina I/2; 2 8st. Sätze, in: Musica Sacra 6 u. 7; 5 4st. Sätze, in: ebd. 15 u. 16; Messe *„Hor le tue forze adopra",* hrsg. v. H. BÄUERLE (L 1931). – **Zu 4):** *Missa brevis,* hrsg. v. H. BÄUERLE (L 1931); *Missa della Battaglia,* hrsg. v. K. G. FELLERER (Rb 1955); ein Dialog aus *Teatro armonico* in: G. MASSENKEIL, Das Oratorium (Kö 1970).

Lit.: F. X. HABERL, F. A., in: KmJb 18 (1903); D. ALALEONA, Studi sulla storia dell'Oratorio musicale in Italia (Tu 1908, NA Mi 1945); R. CASIMIRI, M. F. e G. Fr. A., in: RMI 27 (1920); B. BECHERINI, G. F. A. e le sue Gagliarde per cembalo, in: La Bibliofilia (1939); F. HABERL, F. u. F. Fr. A., in: Zschr. für Kirchenmusik 74 (1954); A. DE ANGELIS, I fratelli A., in: Santa

Cecilia 5 (1956); J. M. LLORENS, F. A., compositor pontificio, en las cód. ottoboniani de la Bibl. Vaticana, in: AM 19 (1964); J. ARMSTRONG, The Antiphonae, seu Sacrae Cantiones (1613) of Fr. Anerio. A Liturgical Study, in: Stud. z. it.-dt. Musikgesch. 9 (Kö 1974) (= Analecta Musicologica 14).

C. SARTORI

ANET, frz. Musiker lothringischer Herkunft. **1) Jean-Baptiste „l'ainé",** * 1651, † 28. 4. 1710 Paris. Er war Schüler Lullys. Seit 1673 gehörte er der Hofkapelle des Herzogs von Orléans, seit 1699 der „grande bande des violons" des frz. Königs an. **2) Jean-Baptiste,** genannt **Petit Baptiste** oder **Baptiste,** getauft 2. 1. 1676, † 14. 8. 1755 Lunéville; frz. Violinist und Komponist. Er war Schüler von Corelli in Rom und wurde als der „beste Violinist seiner Zeit" gerühmt. Seit 1712 war er als Musiker am königlichen Hof in Paris. 1725 trat er bei der Eröffnung der Concerts Spirituels auf, bei denen er öfter mitwirkte und auch eigene Sonaten aufführte. 1729 wurde er Mitglied der Akademie des Herzogs von Clermont. 1736 ging er als 1. Violinist des ehemaligen poln. Königs Stanislaus Leszczyński an dessen Hof nach Lunéville (Lothringen). A. gehört mit Chédeville d. Ä., Boismortier und Hotteterre zu den frz. Instrumentalkomponisten des 18. Jh., die besonders die Gattung der Musette gepflegt haben.

WW: *1er Livre de sonates à vl. seul et b.c.,* (P 1724); *2e Œuvre contenant 2 suittes de pièces à 2 musettes qui conviennent à la fl. trav., htb., violons, vielles* (P 1726); *Sonates à vl. seul et b.c., œuvre III* (P 1729); *1re Œuvre de musettes* (P 1730) (korrig. u. erweiterter Neudr. des *2e Œuvre* von 1726); *3e Œuvre de musettes pour le vl., fl. trav. et vielles* (P 1734); ein 3. Buch mit Sonaten wird von F. J. Fétis angegeben.

Ausg.: *10e Sonate,* für V. u. B.c., hrsg. v. GUY-LAMBERT (G 1953).

Lit.: M. BRENET, Les Concerts en France sous l'ancien régime (P 1900); LA LAURENCIE, Un grand violoniste de l'ancien régime, in: RM vom 15. Nov. u. 15. Dez. (1905); DERS., L'école français de violon, I (P 1922); M. PINCHERLE (P 1933); A. MICHEL, Naissance et mort de J.-B. A., in: RMie 41–42 (1958); DERS., Note sur les violinistes A., in: Recherches sur la musique française classique 2 (1961–62).

ANFOSSI, Pasquale, * 25. 4. 1727 Neapel, † Februar 1797 Rom; it. Komponist. Seine Ausbildung erhielt er 1737–47 am Conservatorio di S. Maria di Loreto in Neapel. Er studierte Violine, danach Komposition bei Durante, der ihn anschließend als „maestrino" weiterbeschäftigte. Nach dem Mißerfolg seiner Buffa-Oper *La Serva spiritosa* 1763 in Rom setzte A. sich mit *Il finto medico* 1764 in Neapel durch. In Venedig unterrichtete er am Conservatorio dell'Ospedaletto. 1780 wurde er nach Paris, 1781 nach London als Musikdirektor an das Italienische Theater, 1784 nach Prag, schließlich nach Berlin und Florenz verpflichtet. 1792 wurde er Kapellmeister an S. Giovanni in Laterano in Rom und widmete sich nun ganz der Kirchenmusik. A. ist mit seinen 76 Opern und 12 Oratorien der neapolitanischen Schule zuzuordnen. Von seinen Buffa-Opern hat *La furta Giardiniera* (1774) auf Mozarts gleichnamiges Werk eingewirkt. A.'s Bruder **Vincenzo** († 1795) war Kapellmeister an S. Giovanni di Gerusalemme alla Valletta (Malta).

Lit.: G. TINTORI, L'opera napoletana (Mi 1958) (= Piccola bibl. Ricordi 7; mit vollständigem Werkverz.)

ANGELICA (it.; frz.: angélique). **1)** Erstmals um 1620 erscheinendes Zupfinstrument, eine Art vereinfachter ↗Chitarrone. Der Resonanzkörper der A. gleicht dem einer kleinen Tenorlaute, der Hals jedoch ähnelt dem der ↗Theorbe: der erste Wirbelkasten nimmt die Saiten auf, die über das Griffbrett laufen; etwa 40 cm oberhalb des 1. Kragens sind im zweiten, nach vorn gebogenen Wirbelkasten die neben dem Hals entlanggezogenen Bordunsaiten befestigt. Die A. hat 16–20 einfache, diatonisch gestimmte Saiten, davon 8 neben dem Hals. – **2)** Orgelregister mit aufschlagender Zunge und kurzem, breitem Aufsatz vom Typ der ↗Vox humana.

ANGELINA, Oper von G. Rossini, ↗Aschenbrödel.

ANGIOLINI, Domenico Maria Gasparo (Pseud.: Angelo Gasparini) * 9. 2. 1731 Florenz, † 5. 2. 1803 Mailand; it. Tänzer, Choreograph und Komponist. Er war 1747–50 Tänzer in Venedig und wirkte 1751 bei der Eröffnung des Theaters in Spoleto mit. 1754 heiratete er die Tänzerin Maria Teresa Fogliazzi; mit ihr zusammen war er in Wien (kurze Zeit auch in Turin) engagiert, seit 1760 als Ballettmeister. 1761 wurde dort sein erstes Ballett *Don Juan ou le Festin de Pierre* mit der Musik von Gluck aufgeführt. Mit Gluck arbeitete A. in der folgenden Zeit noch öfter zusammen. 1765–72 war er Kaiserlicher Ballettmeister in St. Petersburg, wohin er auch später mehrmals zurückkehrte, nachdem er 1774 wieder nach Wien gegangen war. Ferner wirkte er in mehreren italienischen Städten und nahm 1791 seinen Abschied von der Bühne.

Von den insgesamt fast 100 eigenen Balletten A.s, deren Aufführung nachzuweisen ist, schrieb er zu etwa 50 Werken selbst die Musik. Erhalten hat sich davon jedoch nur weniges (z. B. *Le Départ d'Énée,* mit dem A. 1766 in St. Petersburg debütierte). A. zählt mit Noverre und Hilverding (den A. als seinen Lehrer bezeichnet und mit dem er in Wien und St. Petersburg zusammenarbeitete) zu den bedeutendsten Ballettschöpfern zur Zeit der Wiener Klassik. Er bemühte sich auch in einigen Schriften um eine inhaltliche Erneuerung des Balletts und geriet darüber mit Noverre in eine Kontroverse (vgl. *Lettere a Monsieur Noverre sopra i balli pantomimi,* Mi 1773).

Ausg.: Programm u. Szenarium von *Le Festin de Pierre* u. *Semiramis* (Faks.), in: Ch. W. Gluck, Sämtliche WW, 2. Abt. I, hrsg. v. R. ENGLÄNDER (Kas 1966).

Lit.: R. A. MOOSER, Annales de la musique... en Russie II (G 1951); G. WINKLER, Das Wiener Ballett von Noverre bis Fanny Elßler (Diss. W 1967); K. HORTSCHANSKY, Parodie und Entlehnung im Schaffen Chr. W. Glucks (Kö 1974) (= Anal. Mus. 13).

ANGLAISE (frz., Abk. für Danse Anglaise = „Englischer Tanz"), auf dem europäischen Festland gebräuchlicher Name für schnelle, auf den Britischen Inseln beheimatete Bauerntänze, z.B. der ↗*Country dances, Ballads* oder ↗*Balletts* und ↗*Hornpipes,* die häufig als Reihentänze getanzt wurden und im 17. Jh. nach Frankreich gelangten. Dort wurden diese Tänze auch in die Instrumentalsuite übernommen und erhielten so ihren französischen Namen. In Deutschland wurde die A. zuweilen als *Française* bezeichnet. J. S. Bachs 3. *Französische Suite* in g-moll, BWV 814, enthält eine Anglaise. Musikalisch ist die A. verwandt mit der ↗Écossaise.

ANGLEBERT, Jean Henri d', * 1628 Paris, † 23. 4. 1691 ebd.; frz. Komponist, Organist und Clavecinist. Er war Schüler von Champion de Chambonnières und übernahm 1662 dessen Amt als Hofclavecinist Ludwigs XIV. Er gehört zu den Hauptvertretern der frz. Clavecinisten-Schule des 17. Jahrhunderts. Sein Hauptwerk, die in 4 Suiten zusammengefaßten 60 *Pièces de clavecin* (P 1689, ²1703) enthalten auch 5 Fugen für Orgel und ein *Quatuor sur le Kyrie* sowie Angaben zur Ausführung von Agréments. Andere Stücke sind handschriftlich überliefert (Paris, Bibl. Nat.). Seine Söhne, **Jean-Baptiste-Henri** (* 5. 9. 1661 Paris, † Ende 1735 ebd.) und **Jean Henri** (* ca. 1667, † 9. 3. 1747 Paris) waren beide Clavecinisten. Der ältere übernahm 1674 von seinem Vater das Amt des Clavecinisten beim König.

Ausg.: *Pièces de clavecin,* hrsg. v. M. ROESGEN-CHAMPION (P 1934) (= Publ. de la Soc. Fr. de Mie, 1. Serie, Bd. 8); *Pièces de clavecin,* Faks.-Nachdr. der Ausgabe v. 1689 (NY 1965); dies., hrsg. v. K. Gilbert (P 1975) (= Le pupitre 54).

Lit.: CH. BOUVET, Les deux d'A., in: RMie 12 (1928).

ANGLÉS, Higinio (Higino; A. selbst bevorzugte die katalanische Schreibweise Higini Anglès), * 1. 1. 1888 Maspujols (bei Tarragona), † 8. 12. 1969 Rom, span. Musikforscher (Geistlicher). Er studierte Theologie in Tarragona, Musik und Musikwissenschaft (bei F. Pedrell) in Barcelona, wo er dann 1917 Leiter der Musikabteilung der Biblioteca de Catalunya wurde. 1923–24 vervollkommnete er seine musikwissenschaftlichen Studien bei W. Gurlitt in Freiburg i. Br. und bei F. Ludwig in Göttingen. 1927 wurde A. Professor am Konservatorium, 1933 Professor an der Universität in Barcelona. Nachdem er 1936–39 in München gelebt hatte, leitete er seit 1943 das von ihm gegründete Istituto Español de Musicología in Barcelona. A., der auch Mitglied der Real Academia de Bellas Artes de San Fernando war, wurde 1947 Präses des Päpstlichen Instituts für Kirchenmusik in Rom und war der erste Präsident der (1963 gegründeten) Consociatio Internationalis Musicae Sacrae. A. widmete sich als Musikhistoriker vor allem der Erforschung und Erschließung der älteren spanischen Musik und setzte damit das Werk seines Lehrers Pedrell fort. Seine Quellenpublikationen sowie seine bibliographischen und stilgeschichtlichen Arbeiten sind über den spanischen Bereich hinaus grundlegend für die Kenntnis insgesamt der europäischen Musikgeschichte des 13.–16. Jh. Nicht zuletzt durch seine musikwissenschaftliche Kompetenz war A. in seinem römischen Amt eine der einflußreichsten Persönlichkeiten für die kirchenmusikalische Praxis und Organisation vor dem 2. Vatikanischen Konzil. Zu seinem 70. Geburtstag wurde A. durch eine Festschrift geehrt *(Miscelánea en homenaje a ... H. A.,* 2 Bde, Ba 1958–61, mit Schriftenverzeichnis; Ergänzungen dazu in: Anuario Mus. 24, 1969).

WW: **1) Editionen:** Publicaciones del Departamento de Música de la Biblioteca de Cataluña, I: *Els Madrigals i la Missa de Difunts d'En Brudieu* (1921) (mit F. Pedrell); II: *Catàleg dels Manuscrits Musicals de la collecció Pedrell* (1921); III u. VII: *J. Pujol... Opera omnia,* (1926 u. 1932); IV, VIII, XIII u. XVII: *J. Cabanilles... Opera omnia* (1927, 1933, 1936, 1956); VI: *El Còdex Musical de Las Huelgas,* 3 Bde. (1931); IX: *A. Soler, Sis Quintets* (1933) (mit R. Gerhard); X: *La música a Catalunya fins al segle XIII* (1935); XV, XVIII u. XIX: *La música de las Cantigas del rey Alfonso el Sabio* (1943, 1959, 1964); MMEsp I, V u. X: *La música en la corte de los Reyes Católicos* (Bd. V u. X = *Cancionero Musical de Palacio)* (1941, 1947, 1951) (u. der XIV. Bd. mit Kommentaren v. J. Rubió u. J. Romeu Figueras); II: *La Música en la Corte de Carlos V* (1944, ²1965) (mit der Ausg. des *Libro de Cifra Nueva* v. L. Venegas de Henestrosa); IV: *Recopilación de sonetos y villancicos a quatro y a cinco de J. Vásquez* (1946); XI, XIII, XV u. XVII: *Cr. Morales, Opera omnia* (I–VIII) (R 1952–69); *Catálogo Musical de la Biblioteca Nacional de Madrid* (mit J. Subirá), 3 Bde. (Ba 1946, 1949 u. 1951); *Antología de organistas españoles del siglo XVII,* 2 Bde. (Ba 1965–67) (= Publicacion de la Diputación Provincial); *A. de Cabezón, Obras de música para tecla, arpa y vihuela,* korrig. Ausg., 3 Bde. (Ba 1966). – **2) Schriften** (vgl. auch Miscelánea en homenaje a Monseñor H. A., 2 Bde. [Ba 1958–61]): *Les mélodies del trobador Guiraut Riquier,* in: Estudis universitaris Catalans 11/2 (1926); *Les Cantigues del rei N'Anfós el Savi,* in: Vida Cristiana 14 (1927); *El „Chansonnier français" de la Colombina de Sevilla,* in: Estudis universitaris Catalans 14 (1929); *Historia de la Música Española* (Ba 1934, ²1944); *La música en Toledo hasta* *el s. XI,* in: Span. Forsch. der Görres-Ges. I/7 (1938); *La música en la corte del rey D. Alfonso V de Aragón,* in: ebd. I/8 (1939); *La música española desde la Edad Media hasta nuestro dias* (Ba 1941); *La notación musical española de la segunda mitad del s. XV,* in: Anuario Mus. 2 (1947); *La Música conservada en la Bibl. Colombina y en la Catedral de Sevilla,* in: ebd.; *Cristóbal de Morales y Francisco Guerrero,* in: ebd. 9 (1954); *L'opera di Morales e lo sviluppo della polifonia sacra spagnola nel 1500* (R 1954); *El „Llibre Vermell" de Montserrat y los cantos y la danza sacra de los peregrinos durante el siglo XIV,* in: Anuario Mus. 10 (1955); *Spanien in der Musikgesch. des 15. Jh.,* in: FS J. Vincke (Ma 1962–63); *Sakraler Gesang u. Musik in den Schriften Gregors des Großen,* in: Essays..., FS E. Wellesz (O 1966); *La musique juive dans l'Espagne médiévale,* in: Yuval, hrsg. v. I. ADLER (Jerusalem 1968); *Latin Church Music on the Continent..., Spain,* in: The Age of Humanism, hrsg. v. G. ABRAHAM (Lo 1968) (= The New Oxford History of Music 4).

Lit.: H. A., in: Anuario Mus. 24 (1969) (mit Bibliogr.).

ANGLÈS, Rafael, * um 1731 Rafales (Teruel), † 19. 2. 1816 Valencia; span. Organist und Komponist. Er war 1762–72 Organist an der Kathedrale von Valencia. Seine Kompositionen, die hsl. in den Bibliotheken von Barcelona, in Orihuela und Valladolid überliefert sind, wurden teilweise von J. Nin in *Classiques espagnols du piano* (P 1925) herausgegeben.

ANHEMITONISCH (griech.; halbtonlos), nennt man eine Tonleiter, die keine Halbtöne enthält (z. B. die Ganztonleiter) – ↗Pentatonik.

ANIARA, Oper in 2 Akten (7 Bildern) von Karl-Birger Blomdahl (1916–1968), Text von Erik Lindegren nach dem gleichnamigen Versepos (1956) des Literaturnobelpreisträgers Harry Martinson. UA: 1959 in Stockholm, dt. EA (in dt. Sprache): 1960 in Hamburg. Ort der Handlung: das Raumschiff „Aniara", das mit 8000 Passagieren an Bord die verseuchte Erde verlassen hat und nach einem Steuerungsdefekt zu unendlichem Flug im All verurteilt ist.
An der Abfassung des Textbuches für Blomdahls erste Oper beteiligte sich Harry Martinson selbst, indem er zur Vermeidung von Bruchstellen im Libretto einzelne Abschnitte neu dichtete. Dem Grundproblem des Werkes, „Verhältnis von Individuum und Kollektiv im Relief der Zeit", entspricht in der musikalischen Ausarbeitung das Spannungsverhältnis von Soli und Chor. Die „Weltraumoper", die alle Stilebenen der Moderne bis hin zur elektronischen und konkreten Musik vereinigt, erzielte bei der UA einen beachtlichen Erfolg und brachte es bis 1968 auf 100 Aufführungen; sie gilt heute als erste schwedische Nationaloper.

R. QUANDT

ANIMATO (it., = lebhaft, beseelt), dient zur näheren Bestimmung einer Vortragsbezeichnung, z. B. Allegro animato.

ANIMUCCIA, Giovanni, * um 1514 Florenz, † 25. 3. 1571 Rom; it. Komponist. Er kam um 1550 im Dienst des Kardinals Guido Ascanio Sforza nach Rom und wurde 1555 Nachfolger Palestrinas als Leiter der Cappella Giulia. A.s Schaffen ist, obgleich nicht sehr umfangreich, in seiner stilistischen Eigenart mit dem Schaffen Palestrinas verwandt, ist aber auch von dessen Ruhm überstrahlt worden. Eine individuelle Leistung von geschichtlicher Tragweite stellen die beiden Bücher mit *Laudi* dar, die geistliche Madrigale mit betrachtendem it. Text sowie lat. Motetten und Psalmen enthalten. Sie sind für das römische Oratorio von San Girolamo des hl. Filippo Neri geschrieben und haben in der kunstvollen Einfachheit des musikalischen Satzes den Hauptzweck, die gesungenen Worte möglichst direkt auf den Hörer wirken zu lassen und so die religiösen Bestrebungen Neris und sein Bemühen um eine Vertiefung der Frömmigkeit zu unterstützen. Insofern bereiteten diese Werke auf ihre Art den Weg für das spätere Oratorium.

WW: *1º libro de i madrigali* für 4–6 St. (V 1547); *Il 2º libro de i madrigali* für 5 St. (R 1551); Motetten für 5 St. (R 1552); *Madrigali* für 5 St. (R 1554); *Il 1º libro de Madrigali a 3 v. ... con alcuni Motetti e Madrigali spirituali* (R 1565); *Laudi* für 4 St. (R 1563); *Laudi* für 2–8 St. (R 1570); Messen für 4–6 St. (R 1567); *Magnificat* (R 1568); Kanon *Sancta Maria,* dessen Auflösung im 18. Jh. einen Streit zwischen P. Martini, T. Redi u. a. hervorrief; verschiedene Kompositionen in Sammelwerken (RISM 1574[4], 1577[3a] u. 1599[6]) u. als Hss.

Ausg.: Kyrie u. Gloria aus der Messe *„Conditor alme siderum",* ein *Magnificat* u. ein Madrigal, in: TORCHI Arte mus. I (1897); Messe *„Ave Maris Stella",* hrsg. v. B. SOMMA (R 1940).

Lit.: L. CERVELLI, Le laudi spirituali di G. A. e le origini dell' oratorio musicale a Roma, in: Rass. Mus. 20 (1950); DERS., Attualità di G. A., in: Musicisti Toscani (Siena 1955); L. PANNELLA, in: Dizionario Biogr. degli Italiani III (R 1961); F. MOMPELLIO, San Filippo Neri e la musica „pescatrice di anime", in: Chigiana 22, Neue Reihe 2 (Fi 1965).

ANNA AMALIA, Prinzessin von Preußen, * 9. 11. 1723 Berlin, † 30. 9. 1789 ebd.; Schwester des Königs Friedrich II. Sie erhielt Musikunterricht bei G. Hayne und J. Ph. Kirnberger und komponierte Choräle, Instrumentalstücke sowie das Oratorium *Der Tod Jesu.* Ihre umfangreiche Musikaliensammlung vermachte sie dem Joachimsthalschen Gymnasium in Berlin, dessen Bibl. seit 1914 Bestandteil der Staatsbibliothek Berlin ist.

Lit.: F. C. KÖPKE, Gesch. der Bibl. des Joachimsthalschen Gymnasiums (B 1831); R. EITNER, Kat. der Musikalien-Slg. des Joachimsthalschen Gymnasiums zu Berlin (B 1884); C. SACHS, Prinzessin Amalia von Preußen als Musikerin, in: Hohenzollern-

Jb. (1910); F. BOSE, A. A. von Preußen u. Ph. Kirnberger, in: Mf 10 (1957); E. R. BLECHSCHMIDT, Die Amalien-Bibl. (B 1965) (= Berliner Studien zur Musikwiss. 8).

ANNA AMALIA, Herzogin von Sachsen-Weimar, * 24. 10. 1739 Wolfenbüttel, † 10. 4. 1807 Weimar; Tochter Herzog Karls I. von Braunschweig und Nichte Friedrichs des Großen, vermählt mit Herzog Ernst August Konstantin von Sachsen-Weimar. 1758–75 übte sie die Regentschaft für ihren Sohn Carl August aus. Sie hatte Musikunterricht bei dem Organisten F. F. Fleischer und dem Kapellmeister E. E. Wolf erhalten und verkehrte mit Musikern und Dichtern, so mit Herder, Wieland und bes. mit Goethe. Ein *Divertimento* von ihr für Klv., Klar., Va. und Vc. wurde in Weimar gedruckt. Weitere Werke: 2 *Sonatinen* für Klv., 2 Hörner, 2 Fl., Fg., 2 V., Va. und Vc. (Ms.), Musik zu Goethes *Erwin und Elmire* (UA 1776) und dessen *Jahrmarktsfest von Plundersweilern* (UA 1778). Ihre Schriften über Musik sind verlorengegangen.

Ausg.: *Erwin u. Elmire*, hrsg. v. M. FRIEDLÄNDER (L 1921).

Lit.: W. BODE, Amalie, Herzogin von Weimar, 3 Bde. (B 1908); R. MÜNNICH, Aus der Musikaliensammlung der Weimarer Landesbibl. besonders dem Nachlaß der A. A., in: Aus der Gesch. der Landesbibl. zu Weimar u. ihrer Slgen., FS zur Feier ihres 250jährigen Bestehens (Jena 1941); O. HEUSCHELE, Herzogin A. A. (Mn 1947).

ANNA BOLENA, Tragedia lirica in 2 Akten von Gaetano Donizetti (1797–1848), Text von Felice Romani. Ort und Zeit der Handlung: Windsor und London im Jahre 1536. UA: 26. 12. 1830 in Mailand (Teatro Carcano); EA in dt. Sprache: 31. 1. 1833 in Wien (Josefstädter Theater), dt. EA: 26. 8. 1833 in Berlin (Königstädtisches Theater); am 1. 7. 1841 ebd. die erste Aufführung für Deutschland in der Originalsprache.
Donizettis 30. Bühnenwerk verschaffte ihm den ersten Rang unter den it. Komponisten neben Rossini und Bellini. *Anna Bolena,* in der er sich von Rossinis stilistischem Einfluß endgültig löste, gilt als seine erste Oper mit eigenem Personalstil. Trotz der damals bedeutsamen Aufführung in Paris (Théâtre Italien) am 1. 9. 1831, mit der Donizetti in Frankreich als Opernkomponist debütierte, war das Werk in der Folgezeit nicht so erfolgreich wie andere seiner Opern, weil in ihm die zündenden und allseits bekannten Melodien fehlen. Dennoch wird die lyrische Tragödie von Fachleuten als Donizettis bestes musikdramatisches Werk angesehen. 1957 erlebte es mit Maria Callas als Anna in einer aufsehenerregenden Visconti-Inszenierung an der Mailänder Scala eine triumphale Wiederaufnahme nach langer Bühnenpause.

J. SCHLÄDER

ANNIBALE PADOVANO (Padoano), * 1527 Padua, † 15. 3. 1575 Graz; it. Organist und Komponist. 1552–65 war er erster Organist an San Marco in Venedig unter den Kapellmeistern A. Willaert, C. de Rore und G. Zarlino (als zweiter Organist wirkte seit 1557 Cl. Merulo). 1566 wurde er Hoforganist, 1570 Hofkapellmeister Erzherzog Karls von Österreich in Graz.

WW: *Ricercari a 4 v.* (V 1556); *Madrigali a 5 v.* (V 1564); *Liber Motectorum 5 et 6 v.* (V 1567); *Missarum 5 v. liber primus* (V 1573); *Toccate e Ricercari d'organo* (V 1604); einige Motetten für 4–8 St., eine Messe, Madrigale u. eine *Aria della battaglia per sonar... a 8* in Sammelwerken u. in versch. Hss.

Ausg.: 3 *Madrigali*, in: TORCHI Arte mus. I; 2 *Ricercari d' organo*, in: ebd. III; *Aria della battaglia*, in: G. BENVENUTI, A. e G. Gabrieli..., Istituzioni e Monumenti dell'Arte Musicale Italiano II (Mi 1931); 4 *Madrigali*, in: G. DEL VALLE DE PAZ, A. P. nella storia della musica del cinquecento (Tn 1933); 2 *Madrigali* für 5 St., in: DTÖ 41 (1934); die *Ricercari a 4 v.*, hrsg. v. N. PIERRONT – J.P. HENNEBAINS (P 1934); *Composizioni per organo* (1604), hrsg. v. G. BENETTI (Padua 1962).

Lit.: F. W. WELTER, Spiel und Kompositionen zu mehreren Orgeln vom 16. bis 19. Jh., vornehmlich in Oberitalien (Diss. masch. B 1923); A. EINSTEIN, A.P.s Madrigalbuch, in: FS Adler (W 1930); G. DEL VALLE DE PAZ (s. o.); H. FEDERHOFER, Musikpflege u. Musiker am Grazer Habsburgerhof der Erzherzöge Karl u. Ferdinand von Innerösterreich (Mz 1967).

ANNIE GET YOUR GUN, amerik. Musical in 2 Akten von Irving Berlin (* 1888), Buch von Herbert und Dorothy Fields. Ort und Zeit der Handlung: Cincinnati, ein Ozeandampfer, New York; um 1890. UA: 16. 5. 1946 in New York (Imperial Theater). Dt. Übersetzung von Robert Gilbert, EA in dt. Sprache: 5. 9. 1963 in Berlin (Theater des Westens). Filmfassung 1950.
Mit 1147 en-suite-Vorstellungen am Broadway ist dieses Musical das erfolgreichste Bühnenwerk des Komponisten I. Berlin. Es gilt als Musterbeispiel für die Gattung der „musical comedy". In den Hauptrollen die historischen Figuren der Kunstschützen Annie Oakley und Frank Buttler sowie „Buffalo Bill" Cody. Nach anfänglicher Rivalität *(Anything you can do I can do better)* gibt es schließlich das obligatorische Happy-End. Die meisten Songs des Musicals, zu denen Berlin die Musik und die Texte schrieb, wurden zu Schlagern und Evergreens, auch in Deutschland. So *They say it's wonderful* und *I got the sun in the Morning. There's no business like Showbusiness* gilt als die inoffizielle Hymne des Broadway. Nach der erfolgreichen EA der dt. Fassung übernahmen viele dt. Bühnen dieses Musical. Allerdings wird das Werk in Deutschland sehr häufig in die Nähe einer Wildwest-Revue oder -Operette gerückt.

S. KUROCK – R.-M. SIMON

ANSATZ. 1) Beim Blasinstrumentenspiel die Stellung der Lippen beim Anblasen. Je nach der Art der Tonerzeugung erfordern die einzelnen Instrumente einen besonderen Ansatz. – **2)** Beim Gesang versteht man unter A. (meist als Tonansatz bezeichnet) die Einstellung des Stimmorgans im Moment des Tonbeginns. Der Bereich, in dem der A. gebildet wird, heißt Ansatzrohr. – ↗Stimme.

ANSCHLAG (engl.: touch; frz.: toucher; it.: tocco; span.: pulsación). „Anschlagen", „schlagen" bedeutete früher: (ein Tasteninstrument, eine Laute o. ä.) spielen; z. B. hieß es „die Orgel schlagen". A. ist heute einmal der Bewegungsvorgang, der bei Tasteninstrumenten den Ton auslöst, zum anderen auch die Art der Tongebung auf Tasteninstrumenten. Der A. ist von elementarer Bedeutung vor allem für das Klavierspiel. Er bewirkt dort im einzelnen Lautstärke, Artikulation und Phrasierung und ist generell für die künstlerische Qualität bestimmend. In der Klavierpädagogik spielt deshalb die Lehre vom A. eine besondere Rolle.

ANSERMET, Ernest, * 11. 11. 1883 Vevey, † 20. 2. 1969 Genf; Schweizer Dirigent und Komponist. Er war seit 1906–10 Prof. für Mathematik in Lausanne, widmete sich aber schon seit 1905 stärker der Musik. Seine musikalische Ausbildung erhielt er in Paris, Lausanne, Genf, München (bei F. Mottl) und Berlin (bei A. Nikisch). 1912–14 leitete A. das Kursaal-Orchester in Montreux, wo er besonders mit Ramuz und Strawinski zusammenarbeitete. 1915 bis 1923 stand er dem Orchester der Ballets Russes vor. 1918 gründete er das Orchestre de la Suisse Romande, das er bis 1967 leitete. Besonders mit diesem Orchester setzte er sich für die moderne (vor allem russische und französische) Musik ein. Er war aber ein erklärter Gegner der Neuen Musik und vertrat in einem vielgelesenen Buch seine ästhetischen Auffassungen mit Eloquenz und Nachdruck.

WW: 2 *Poèmes de Baudelaire,* für Sopran u. Orch., Ms.; *Chansons de guerre* (Text: Ch.-F. Ramuz), für Einzelstimmen u. Klv. oder für kleines Instr.-Ensemble oder für Frauenchor oder für Männerchor (Lausanne o.J.); *Printemps des feuilles,* symphon. Gedicht (ebd. o.J.). – Orch.-Bearbeitungen: *Epigraphes antiques* v. C. Debussy (P o.J.); *Ballade* für Klv. u. Orch. v. É. R. Blanchet (P o.J.). – Schriften: *Les Fondements de la musique dans la conscience humaine* (Neuchâtel 1961), dt. Übers.: *Die Grundlagen der Musik im menschlichen Bewußtsein* (Mn 1965, [3]1973).

Lit.: W. TAPPOLET, E. A., in: Neue Schweizerische Rundschau 19 (1926); P. BUDRY – G. AUGSBOURG, E. A. et l'Orch. de la Suisse Romande (Lausanne 1943); W. TAPPOLET, Hommage à E. A., in: SMZ 93 (1953); B. GAVOTY – J. MOHR, E. A. (G–F 1961) (= Die großen Interpreten 29); R. GOLDRON, E. A. (Lausanne 1965); G. AUGSBOURG, E. A. Un vie dessinée (Neuchâtel – P 1966); K. H. RUPPEL, in: Melos 36 (1969); E. ANSERMET – J.-C. PIGUET, Gespräche über Musik (Mn 1973); E. A.–F. Martin. Correspondance 1934–1968, hrsg. v. J.-C. PIGUET – J. BURDET (Neuchâtel 1976).

ANSORGE, Conrad, * 15. 10. 1862 Buchwald (Schlesien), † 13. 2. 1930 Berlin; dt. Pianist und Komponist. Seine Ausbildung erhielt er am Konservatorium in Leipzig und bei Liszt in Weimar und Rom. Nach ausgedehnten Konzerttourneen in Nordamerika und Europa ließ er sich zunächst in Weimar, 1895 in Berlin nieder. 1898–1903 lehrte er am Klindworth-Scharwenka-Konservatorium, seit 1920 in Prag an der Akad. für Musik und darstellende Kunst. A. galt als bedeutender Interpret besonders der Klavierwerke Beethovens und der dt. Romantik. Von seinen Kompositionen sind vor allem die Klavierwerke (u. a. 3 Sonaten, ein Konzert) und die Kammermusik (2 Streichquartette, ein Streichsextett) erwähnenswert.

ANSSEAU, Fernand, * 6. 3. 1890, † 1. 5. 1972 Brüssel; belgischer Sänger (Tenor). Nachdem seine Karriere durch den 1. Weltkrieg unterbrochen worden war, wurde er 1918 Mitglied der Brüsseler Oper; Gastspiele führten ihn vor allem nach London und Paris. 1923–28 sang er an der Chicago Opera, nach 1930 nur noch in Belgien und Frankreich. 1939 beendete A. seine Laufbahn und lehrte danach am Brüsseler Konservatorium. Er wurde vor allem in Puccini-Partien bewundert.

ANSTIMMEN ↗Intonation.

ANTARA, eine ↗Panflöte der Indianer im Andenraum Südamerikas; in einigen Gebieten auch unter dem Namen *Sicu* bekannt. Die Anzahl der aus Schilfrohr oder Keramik gefertigten Röhren variiert.

ANTEGNATI, it. Orgelbauerfamilie, die seit dem Ende des 15. Jh. bis in die zweite Hälfte des 17. Jh. hauptsächlich in Norditalien wirkte. Der Name stammt evtl. von der kleinen Stadt Antegnate bei Cremona. Die Antegnatis waren meist auch Organisten. Der von ihnen entwickelte Orgeltyp zeichnete sich u. a. durch eine weiche und präzise Intonation aus; Frescobaldi schrieb seine Werke für diese Orgeln. – **1) Giovanni** erlangte 1436 das Bürgerrecht von Brescia. – Sein Sohn, **2) Bartolomeo,** baute 1481 die Domorgel zu Brescia sowie die Domorgeln zu Bergamo, Como, Mantua, Mailand und Lodi. – **3) Giovanni Battista,** Sohn von 2), * um 1500; er wirkte in Padua und Lodi, wo er auch eine Organistenstelle innehatte. – **4) Gian Giacomo,** Bruder von 3), * 1501; er baute 1533 die Orgel für Santa Maria delle Grazie in Brescia, bevor er sich in Mailand niederließ, dort arbeitete er 1552 an den Domorgeln. – **5) Graziadio,** Sohn von 3), * 1525; er galt als der beste Orgelbauer seiner Zeit. Er war in Chiari, Bergamo, Mantua, Brescia, Bellinzona und Meda (Mailand) tätig. – **6) Constanzo,** Sohn von 5), getauft 9.12.1549 Brescia, † 14.11.1624 ebd.; er war auch Komponist und Schriftsteller. Er schuf Orgeln u.a. in Parma, Brescia, Bergamo und Salò. Sein Einfluß auf den it. Orgelbau des 17. Jh. war maßgeblich und ist auch noch bei A. und G. Silbermann festzustellen. Seit 1584 wirkte A. als Domorganist in Brescia. Er veröffentlichte 4st. Madrigale (1571), 5st. Motetten (1575), 6–8st., 3chörige Messen (1578, 1589, 1603), ferner *L'Antegnata, intavolatura de' ricercari d'organo,* op. 16 (V 1608). Für die Geschichte des Orgelbaus wichtig ist seine Schrift *L'arte organica* (V 1608). Sein Sohn, **Giovanni Francesco,** * 1587, und sein Enkel, **Graziadio,** * 1609, waren ebenfalls Orgelbauer.

Ausg.: NA der *Arte organica* mit dt. Übers. v. P. Smets, hrsg. v. R. LUNELLI (Mz 1938, ²1958) (mit wichtigem Vorwort); 3 *Ricercari,* in: TORCHI Arte Mus. III; *L'Antegnata, intavolatura de' ricercari d'organo,* hrsg. v. W. APEL (Dallas 1965), hrsg. v. S. MAREGA (NY 1966).

Lit.: D. MUONI, Gli A. organari insigni (Mi 1883); P. GUERRINI, La bottega organaria degli A. (Brescia 1930); J. MERTIN, Über den alten it. Orgelbau, in: ZfIb (1935); L. SALAMINA, Un decennio a Lodi di A., in: Archivio Storico Lodigiano (1943).

ANTHEAUME, frz. Musikerfamilie des 17. und 18. Jahrhunderts. – **1) Éloi Augustin,** Sänger und Musiker; wurde 1694 Sänger an der Sainte-Chapelle in Paris. Nach 1699 war er Kantor der königlichen Hofkapelle. – **2) A.,** Sohn von 1), genannt **l'aîné (der Ältere).** Das berühmteste Mitglied der Familie. Er war seit 1748 Kapellmeister der Kathedrale von Senlis, 1762 Mitglied der Académie Royale de Musique. Sein Werk, fast nur hsl. überliefert (Paris, B.N.), umfaßt Instrumentalmusik, religiöse und weltliche Vokalmusik, eine Kantate für T. und Orch. *La Tempête du Sorcier,* 6 Arien für 1 oder 2 Stimmen ohne B.c. und einige Arietten. Ein Bruder stand 1747 im Dienst des Prinzen von Carignan.

Lit.: M. BRENET, Les Musiciens de la Ste-Chapelle du Palais (P 1900); N. DUFOURCQ – M. BENOIT, La vie musicale en Ile-de-France sous la Régence; 12 années à la Chapelle royale de Musique, in: RMie 37 (1955).

ANTHEIL, George, * 8.7.1900 Trenton (New Jersey), † 12.2.1959 New York; amerik. Pianist, Journalist und (Film-)Komponist. Nach dem Studium am Konservatorium Sternberg in Philadelphia war er Kompositionsschüler von E. Bloch (1919 bis 1921). In den 20er und 30er Jahren war er in Europa und den USA einer der Repräsentanten der musikalischen Avantgarde. 1922–23 bereiste er als Pianist Europa. Bekannt wurde besonders sein *Ballet mécanique* für Xylophon, elektrische Glocken, 8 Klaviere und ein mechanisches Klavier. Wichtig waren ihm seine Begegnungen mit Igor Strawinski, James Joyce, Gertrude Stein, Leopold Stokowsky, Hedi Lamarr, Ernst Křenek, Ernest Hemmingway u.a. Außer Musik betrieb er Hormonforschung, fertigte Militär-Expertisen an und erhielt ein Patent für die Erfindung eines Lufttorpedos.

WW: **1) Instr.-WW:** Klv.-Stücke, darunter 4 Sonaten; Trompetensonate (1952); 3 V.-Sonaten; 1 Fl.-Sonate (1951); 2 Streichquartette; 1 Quintett (1924); 1 Kammerkonzert für 8 Instr. (1932); 6 Symphonien; *Jazz Symphony* (1926), für 22 Instr.; *Crucifixion* (1927), für Str.; 1 Klavier-Konzert (1946); 1 Violin-Konzert (1946); 1 Konzert für Fl., Fag. u. Klv. (1930); *Ballet mécanique* (1925, revidiert 1954), für Orch. – **2) Bühnen-WW:** Opern: *Flight* (1927), Einakter; *Transatlantic,* UA: Frankfurt a.M. 1930; *Volpone* (1950), komische Oper, UA: Los Angeles 1953; *The Rascal,* UA: ebd. 1953; *The Brothers* (1954), Einakter, UA: Denver/Colo. 1954; *Venus in Africa* (1954), Einakter, UA: ebd. 1957; *The Wish* (1954), Einakter, UA: Louisville 1955; *Dreams* (1935); *The Cave Within* (1948); Ballett *The Capital of the World* (NY 1953); Filmmusik. – **3) Schriften:** *Bad Boy of Music* (NY 1945), dt. Übers. *Enfant terrible der Musik* (Mn 1960) (Autobiographie; wurde auch noch in viele andere Sprachen übers.)

Lit.: E. L. POUND, A. and the Treatise of Harmony (P 1924, Chicago 1927, NA NY 1968) (mit neuer Einleitung v. N. Rorem); J. T. HOWARD, Our American Music (NY 1931, ³1956); H. HEINSHEIMER, G. A., in: Musik u. Bildung 2 (1976).

ANTHEM (engl.; von lat. antiphona), bezeichnet seit dem 16. Jh. in England eine liturgisch nicht gebundene kirchenmusikalische Komposition mit engl. Text. – Das *Book of Common Prayer* von 1662 vermerkt jeweils am Ende der Morgen- und Abendgottesdienste: „Auf Chöre und Choralgesänge folgt das Anthem", womit eine Anordnung Königin Elisabeths I. erfüllt wurde, „in der Kirche eine Hymne oder einen ähnlichen Gesang" zu singen. – Seit dem Ende des 16. Jh. und in den Kompositionen von Byrd, Morley, Gibbons u.a. unterschied man zwei A.-Typen: das *Full Anthem* und das *Verse Anthem.* Das Full A. stand in der Tradition der a cappella-Motette und wurde chorisch (z.T. mit Orgelbegleitung) aufgeführt. Das Verse A. enthielt neben den chorischen Partien auch konzertierende Abschnitte für Solostimme (teils mit Violenbegleitung). Während der Restauration (1660–1710), besonders bei H. Purcell, hatte das Verse A. eine ähnliche Gestalt wie die instrumental begleitete Kirchenkantate auf dem europäischen Festland. Händel übernahm diese Form in seinen Huldigungs-A.s *(Chandos A.s* und *Coronation A.s),* deren Stil auch in den Chorsätzen seiner Oratorien spürbar ist. Sonst setzte sich in dieser Zeit aber wieder ein einfacherer A.-Stil ohne Orchesterbegleitung, mit und ohne solistische Abschnitte durch. Solche A.s beruhen teilweise auf Adaptionen von Werken älterer Komponisten (Palestrina u.a.). Noch bis ins 19. Jh. griffen engl. Komponisten auf die Form des A. zurück. – In England wird heute die Nationalhymne als *National Anthem* bezeichnet.

Lit.: M. B. FOSTER, A. and A. Composers (Lo 1901); The Chapel Royal A. Book of 1635, in: Musical Antiquary 2 (1910/11); E. H. FELLOWES, English Cathedral Music (Lo 1925, ²1943); M. BUKOFZER, Music in the Baroque Era (NY 1947); P. LE HURAY, The English A. 1580–1640, in: Proc. R. Mus. Assoc. 86 (1959/60); W. J. KING, The English A. from the Early Tudor Period through the Restoration Era (Diss. Boston 1962); E. A. WIENANDT – R. H. YOUNG, The A. in England and America (NY 1970).

ANTHONELLO DA CASERTA (Antonellus, Tonellus, A. Marotus de Caserta abbas, Marot), it. Komponist aus der Gegend von Neapel, der im späten 14. und frühen 15. Jahrhundert vor allem in Norditalien und am Hof der Anjou in Neapel wirkte. Erhalten sind 8 3st. frz. Chansons (5 Balladen, 2 Rondeaux und 1 Virelai), die im komplizierten Stil der ↗Ars subtilior geschrieben sind, und 7 it. Gesänge (ein 2st. Madrigal, 5 2st. Ballate und eine 3st. Ballata).

Ausg.: Die 8 frz. Lieder, hrsg. v. W. APEL, in: French Secular Music of the Late XIVth Century (C/M 1950); die Texte der it. Stücke wurden veröff. v. E. LI GOTTI, Il Codice di Lucca II, in: MD 4 (1950).

Lit.: N. PIRROTTA, Il Codice Estense lat. 568..., in: Atti della Reale Accad. di Scienze, Lettere e Arti di Palermo, Reihe 4, 5/2 (1946); A. MANCINI, Frammenti di un nuovo codice dell'Ars Nova, in: Rendiconti dell' Accad. Nazionale dei Lincei, Reihe 8, 2 (1947); A. BONACCORSI, Un nuovo codice dell'Ars Nova. Il codice Lucchese, in: ebd. Reihe 8, 1 (1948); N. PIRROTTA – E. LI GOTTI, Il Codice di Lucca I–III, in: MD 3–5 (1949–51); N. PIRROTTA, Scuole polifoniche italiane durante il secolo XIV, in: Collectanea Historiae Musicae 1 (1953); K. VON FISCHER, Studien zur it. Musik des Trecento u. frühen Quattrocento (Be 1956) (= Publ. der Schweizerischen Musikforschenden Ges. 2/5); DERS., Trecentomusik – Trecentoprobleme, in: AMI 30 (1958).

ANTICO (De Antiquis, Antiquus, Anticho, Antigo), **Andrea,** * um 1470/80 Montona (Istrien); it. Komponist und Musikverleger. Nachdem er 1505–08 mehrere Sammlungen mit eigenen *Frottole* bei Petrucci veröffentlicht hatte, widmete er sich in der Folgezeit ausschließlich dem Musikdruck. 1509–10 hielt er sich in Rom auf und gab dort eine erste Sammlung von *Canzoni nove* (3–4 st.) heraus. Anders als Petrucci benutzte er nicht die neue Technik des Druckes mit beweglichen Lettern, sondern arbeitete nach wie vor mit Holzdrucken. Papst Leo X. gab ihm 1516 eine Anstellung auf 10 Jahre. Im gleichen Jahr veröffentlichte er sein *Liber quindecim missarum* für 4 Stimmen. 1517 gab er seine erste Orgeltabulatur heraus *(Frottole intabulate da sonare organi libro 1°)*. Nach Venedig zurückgekehrt, tat er sich dort mit mehreren Verlegern, so Petrucci, zusammen. 1520 ließ er, in Zusammenarbeit mit L. A. Giunta, das erste Buch mit gesondert notierten Stimmen, *Chansons à troys*, erscheinen, das Kompositionen von Févin, Mouton und Penet enthielt.

Ausg. der *Frottole* v. 1517 in: K. JEPPESEN, Die it. Orgelmusik am Anfang des Cinquecento (Kop 1943).

Lit.: CL. SARTORI, Dizionario degli editori musicali italiani (Fi 1958); D. PLAMENAC, The Recently Discovered Complete Copy of A. A.s Frottole Intabulate, in: Aspects of Medieval and Renaissance Music (NY 1966).

ANTIGONAE, ein Trauerspiel des Sophokles von Friedrich Hölderlin, Musik von Carl Orff (* 1895), Text: Hölderlins Übertragung (1804) der Tragödie des Sophokles (441 v. Chr.). Ort und Zeit der Handlung: Theben in mythischer Vergangenheit. UA: 9. 8. 1949 in Salzburg im Rahmen der Festspiele.
Das Werk mit seiner Handlung um Antigonae, die ihren im Kampf auf der Seite des Feindes gefallenen Bruder Polyneikes gegen den Willen ihres Vaters begräbt, zur Strafe lebendig eingemauert werden soll und sich das Leben nimmt, ist weniger eine Oper denn der Versuch einer zeitgenössischen Erneuerung des antiken Chordramas. Der Hölderlins Text wörtlich wiedergebende psalmodierende Sprechgesang (häufig auf bloß rhythmisch fixiertes Sprechen reduziert) und ein Orchester, das nur aus einem großen Schlagwerk, Kontrabässen und Bläsern besteht, formen ein Klangbild, das mit seiner Dominanz der alten Rezitationston-Praxis und der Orff eigenen Ostinatotechnik ganz auf Klarheit und Eindringlichkeit angelegt ist.

W. A. MAKUS

ANTIGONE, Musikalische Tragödie in 3 Akten von Arthur Honegger (1892–1955), Text von Jean Cocteau nach der Tragödie des Sophokles (441 v. Chr.). Ort und Zeit der Handlung: Theben, in mythischer Vergangenheit. UA: 28. 12. 1927 in Brüssel (Théâtre de la Monnaie); dt. EA (in dt. Sprache): 11. 1. 1928 in Essen (Übersetzung von Leo Melitz).
Die Oper um A., die ihren im Kampf auf feindlicher Seite gefallenen Bruder Polyneikes gegen den Willen ihres Vaters begräbt, zur Strafe lebendig eingemauert werden soll und sich das Leben nimmt, entstand gleichzeitig mit Strawinskys *Oedipus Rex* und ist wie dieser Ausdruck einer neuen Rückbesinnung auf die Antike. Prägnantestes musikalisches Merkmal ist die konsequente Einhaltung des melodischen Prinzips der gesungenen Deklamation, bei der durch Anpassung der Melodie an die natürliche

Akzentfolge der gesprochenen Sprache ein Höchstmaß an Textverständlichkeit ohne Verzicht auf Gesanglichkeit erreicht wird.

W. A. MAKUS

ANTIKE ZIMBELN ↗Becken.

ANTIPHON (aus dem Griech., = Gegengesang; engl.: antiphon, antiphony; frz.: antienne; it. und span.: antifona). Die lat. Bz. „antiphona" für einen bestimmten Gesang trat im Abendland zum erstenmal in dem aus dem Ende des 4. Jh. stammenden Bericht (Itinerar) der Nonne Aetheria (Egeria) über eine Pilgerfahrt ins Hl. Land auf. Doch finden sich weder hier noch in anderen Texten der beiden folgenden Jahrhunderte (Cassian, Paulus Diaconus, Regula S. Benedicti) nähere Hinweise auf die musikalische Form der Antiphon. Vielleicht wurde die A. jeweils nach zwei Psalmversen vom ganzen Chor gesungen, wie es im MA bei den feierlichen Vespern oder auch nur beim *Magnificat* üblich war. Später wurde die A. nur vor und nach dem Psalm vorgetragen, manchmal zusätzlich auch vor der Doxologie *Gloria Patri,* insbesondere beim *Magnificat* der Vespern.

Auch musikalisch ist die A. eng mit der Psalmodie verbunden: Initium und Finalis sind modal aufeinander abgestimmt. Die Finalis, das entscheidende Kriterium für die Bestimmung des Modus, legt den ↗Psalmton fest. Das Initium dagegen bestimmt die Wahl der melodischen Schlußformel des jeweiligen Psalmtons (Differentia). Auf diese Weise ist ein melodisch glatter Übergang der Folge A. – Psalmodie – A. gegeben.

Je nach Art des Textes lassen sich verschiedene Formen der A. unterscheiden:

Psalmantiphonen. Einer Psalmantiphon liegt nicht immer ein grammatikalisch vollständiger Satz zugrunde. Sie beschränkt sich sehr oft auf eine einfache Anrufung oder Akklamation nach Art der „responsa" in der alten responsorialen Psalmodie. In den Psalm-Hss. und in den ↗Antiphonarien werden die Psalmantiphonen am Anfang und Ende, seltener nur am Anfang oder am Ende eines jeden Psalms notiert. Die Melodien der Psalmantiphonen sind fast immer syllabisch; wegen ihrer Kürze zeigen sie keine ausgedehntere musikalische Entwicklung. In der Anlage ähneln sie manchmal dem ihnen korrespondierenden Psalmton. Die handschriftliche Überlieferung ist – gerade wegen ihrer extremen melodischen Einfachheit – unsicher. Es gibt nicht nur zahlreiche Varianten, sondern von einigen A.en existieren sogar ganz unterschiedliche Versionen.

Nokturn- und Vesperantiphonen. Sie sind die repräsentativsten A.-Typen und bilden den Grundbestand des zu Beginn der Karolingerzeit reformierten Antiphonars. Die Offiziums-A.en der Nokturnen (9 für jeden Festtag; nach klösterlichem Ritus 12) und diejenigen für die Laudes und Vespern (5 je Festtag, manchmal auch 10 bei hohen Festtagen, wenn die Vespern eine Reihe verschiedener Laudes enthalten wie an Weihnachten) sind textlich meist der Bibel, manchmal auch den Erbauungsschriften der Kirchenväter, für die Heiligenfeste den *Acta martyrum* entnommen. Etwa hundert A.en liegen metrisch oder rhythmisch gebundene Verse zugrunde, und eine beträchtliche Anzahl älterer A.en weist den vokalischen Halbreim auf. Bei den biblischen und patristischen Texten zeigt sich oft eine Freiheit gegenüber den jeweiligen Quellen. So glich man die einzelnen Abschnitte durch Zusätze (z. B. „Dominus" vor „Jesus" oder, am Schluß, „Alleluia") oder durch Streichungen (z. B. des in den Evangelien häufigen „abęr") so einander an, daß man zwei Teile erhielt, die selbst wieder in je zwei Abschnitte gegliedert waren. Daneben gibt es auch Texte mit unpaariger, vor allem dreiteiliger Gliederung. Im 10. und 11. Jh. entstanden Heiligenoffizien, deren A.en sehr viel länger waren als die des alten Repertoires. So schrieb Odo von Cluny für den 11. November 12 große A.en zu Ehren des hl. Martin († 942), die durch die Cluniazensischen Antiphonarien überliefert sind. Anläßlich des 1. Kreuzzugs entstand die große A. *Salve Regina.* Die anderen ↗Marianischen Antiphonen sind in derselben Art gehalten.

Die Melodien der normalen vierteiligen A.en bestehen meist aus Melodietypen, die sich durch Synhärese (Zusammenziehung) oder Dihärese (Erweiterung) der Neumenformeln ohne Schwierigkeit mehreren Texten derselben Bauart anpassen lassen. Für jeden Modus gibt es verschiedene Melodietypen oder -modelle: so für den 1. Modus *Antequam convenirent* (Nr. 1 bei D. Ferretti, Estetica greg., S. 118 f.), für den 4. Modus *(Benedicta tu, Post partum,* mehr als hundertmal im Antiphonar verwendet), für den 6. (*Cognoverunt Dominum,* häufig in der österlichen Zeit), für den 7. *(Non est inventus)* und schließlich für den 8. Modus *(Ecce ancilla Domini).* Durch Verwendung dieser Melodietypen für neue Texte oder durch Zusammenfügen verschiedener Psalmformeln (↗Cento) konnte sich das Repertoire ohne eigentliche musikalische Neuschöpfungen sehr rasch erweitern.

Antiphonen „ad Canticum". Dem Canticum der Laudes, *Benedictus,* und dem Canticum der Vesper, *Magnificat,* beide aus dem NT stammend (Lk 1, 68 ff.; 1, 46 ff.), ist eine große A. zugeordnet, die in der Regel dem Evangelium des Tages entstammt. Manchmal, an hohen Festtagen, wird beim Magnificat in einer A. mit dem Anfang *Hodie*... auf das Fest Bezug genommen nach dem Vorbild der byzantinischen Stichera, die mit dem griech. Wort „semeron" (= heute) beginnen. In ihrer Melodik sind die A.en „ad Canticum" reicher an Melismen als die Nokturn-Antiphonen.

Introitus- und Communio-Antiphonen. Wie die Introitus- und Communio-Psalmodie melodisch reicher ist als die Offiziums-Psalmodie, so sind auch die zugehörigen A.en geschmückter angelegt. In ihnen erscheinen besonders Kadenzformeln, die für das Responsorium prolixum charakteristisch sind. – ↗Introitus, ↗Communio.

Prozessionsantiphonen. Früher waren diese A.en (ohne Psalmodie) am Ende der Gradualien zusammengestellt. Eine große Zahl von ihnen besteht allerdings in nicht mehr verwendeten Stücken der altgallikanischen Liturgie (ältere Responsorien oder Offertorien), was ihre übermäßige Länge, den Umfang der Schlußmelismen und den Unterschied ihrer musikalischen Form gegenüber den A.en des originären Gregorianischen Gesangs erklärt.

Lit.: W. H. FRERE, Antiphonale Sarisburiense (Lo 1901) (Einleitung); A. GASTOUÉ, Les origines du chant romain. L'Antiphonaire grégorien (P 1907); L. KUNZ, Aus der Formenwelt des gregor. Chorals, I: Antiphonen u. Responsorien der hl. Messe (Mr 1946); BR. STÄBLEIN, in: MGG I; B. BOTTE, Antiphona, in: Sacris erudiri 4 (1952); H. HUCKE, Unters. z. Begriff „Antiphon" u. z. Melodik der Offiziumsantiphonen (Diss. Fr 1952), Auszüge in: Römische Quartalschrift 48 (1953) u. in: KmJb 37 (1953); R. J. HESBERT, Corpus antiphonalium officii, III: Invitatoria et antiphonae (R 1968).

M. HUGLO

ANTIPHONALER GESANG, das wechselchörige Singen der Psalmen, im Mittelalter auch Antiphon (antiphona) genannt (vgl. die Definition von Isidor von Sevilla, um 630: „antiphona, vox reciproca duobus scilicet choris alternatim psallentibus, *Etymologiae* VI 19,7). Diese Vortragsweise löste im 4. Jh. die ältere Form des Psalmsingens ab, die darin bestand, daß der solistische Gesang der Psalmverse von refrainartigen Rufen des Volkes unterbrochen wurde. Der antiphonale Gesang ist zuerst in Antiochien bezeugt, wurde Ende des 4. Jh. von Ambrosius in Mailand eingeführt und breitete sich rasch in ganz Europa aus. Er bildet seitdem mit dem ↗Responsorialen Gesang und dem rein chorischen und solistischen Singen eine Hauptform des choralen Vortrags.

Lit.: ↗Antiphon

M. HUGLO

ANTIPHONAR, heute Bz. für das Buch, das die Antiphonen und Responsorien des ↗Offiziums enthält, daneben auch Psalmen, Psalmtöne und Hymnen, Lektionen und Versikel für die Tageshoren. Im MA umfaßte das Offiziums-A. nur die Antiphonen des Stundengebets, während die Responsorien im ↗Responsoriale gesammelt und erst später ins A. übernommen wurden. Die während der Messe gesungenen Antiphonen (Introitus, Offertorium und Communio) waren im Meß-A. enthalten, die responsorialen Meßgesänge im ↗Cantatorium. Das Meß-A., auch „Antiphonale" genannt, verschwand mit der Einführung des ↗Graduale, das nun alle Meßgesänge enthielt. An den älteren Meß-Antiphonarien läßt sich die Entwicklung des ↗Proprium Missae und des Kalenders verfolgen. So enthalten die ersten Antiphonarien, die bis auf die Karolingerzeit zurückgehen, anstelle des heute üblichen einzigen Verses noch den ganzen Text des Introituspsalms.

Lit.: L. DELISLE, Mémoire sur d'anciens sacramentaires (P 1886); D. CAGIN, Un mot sur l'Antiphonale missarum (Solesmes 1890); A. GASTOUÉ, Les origines du chant romain. L'Antiphonaire grégorien (P 1907); DERS., Le graduel et l'antiphonaire romains (Ly 1913); V. LEROQUAIS, Les sacramentaires et les missels des bibl. publiques de France, 4 Bde. (Mâcon 1924); D. CABROL, Antiphonaire, in: Dict. d'archéologie chrétienne et de liturgie I, 2440–2461; R. J. HESBERT, Antiphonale missarum sextuplex (Bru 1935); W. LIPPHARDT, Gregor der Große und sein Anteil am römischen A., in: Kgr.-Ber. Rom 1950.

ANTIQUIS, Giovanni de, it. Komponist in der zweiten Hälfte des 16. Jahrhunderts. Er war Kapellmeister an der Kirche S. Nicola zu Bari. Der von ihm herausgegebene Sammeldruck *Villanelle alla Napolitana* für 3 St. (2 Bücher, V 1574 = RISM 1574[5 u. 6]) enthält auch eigene Kompositionen.

ANTISTROPHE ↗Strophe.

ANTIZIPATION (von lat. anticipatio = Vorwegnahme; engl. und frz.: anticipation; it.: anticipazione; span.: anticipación), beim Akkordwechsel der verfrühte Eintritt eines oder mehrerer Akkordtöne der folgenden Harmonie. Die so vorweggenommenen Töne werden zum gleichzeitig erklingenden Akkord als fremd und dissonant empfunden. Die im 18. Jh. häufig vorkommende A. der Tonika in einem Dominantseptakkord wirkt besonders dissonant, wenn sie nicht den Leitton ersetzt, sondern gleichzeitig mit ihm erklingt (Bsp. 1). Im 19. Jh. bevorzugte man häufig eine weichere Form, bei der nicht der Grundton, sondern die Terz der Tonika antizipiert wird. Der antizipierte Ton kann im Auflösungsakkord auch in einer anderen Stimme liegen (Bsp. 2). Normalerweise tritt die A. nicht gleichzeitig mit dem aufzulösenden Akkord, sondern auf der folgenden leichteren Taktzeit ein, doch kann sie in einem harmonisch reicheren Stil auch auf die gleiche Taktzeit eintreten und damit Klang und tonale Funktion verschleiern (Bsp. 3).

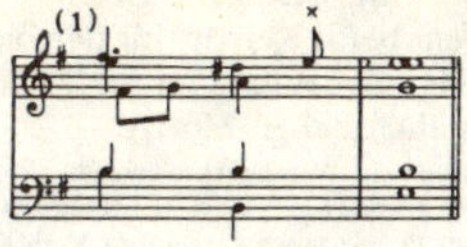

J. S. Bach, Choral aus der Motette *Jesu, meine Freude.*

Chopin, *Prélude* op. 28, Nr. 10.

Fauré, *Prélude* op. 103, Nr. 6.

ANTONI ↗Degli Antoni.

ANTONIO DA CIVIDALE (de Cividal, Frater Antonius de Civitato, Antonius de Civitate Austriae), it. Komponist des frühen 15. Jh. aus Cividale del Friuli (Provinz Udine); er gehörte dem Dominikanerorden an. Von ihm sind erhalten: 3 Messen, 3 Rondeaux (Ms. Lucca), ein Virelai mit kanonischen Oberstimmen und eine Ballata (Ms. Siena, Bibl. Com. L. V. 30). Die aus Venedig stammende Hs. Oxford, Bodl. Libr., Can. Misc. 213 enthält zwei 1422 bzw. 1423 datierte Motetten. 3 weitere Motetten (2 4st. und eine 3st.) sind in der Hs. Bologna, Lic. mus. Q 15, überliefert.

Ausg.: *Gloria*, in: Gesch. der Mensuralnotation, hrsg. v. J. WOLF, Tl. 2 u. 3 (L 1904); 2 Motetten, hrsg. v. CH. VAN DEN BORREN, in: Polyphonia Sacra (Burnham 1932, Neudr. University Park/Pa. 1963).

Lit.: G. DE VAN, Inventory of Ms. Bologna, Liceo mus., Q 15 (olim 37), in: MD 2 (1948); N. PIRROTTA – E. LI GOTTI, Il Codice di Lucca I–III, in: ebd. 3–5 (1949–51); G. REANEY, The Ms. Oxford, Bodl. Libr. Can. Misc. 213, in: MD 9 (1955).

ANTONIOU, Theodore, * 10.2.1935 Athen; griech. Komponist. A. studierte 1947–61 in Athen (Violine, Gesang und Komposition), 1961–65 an der Musikhochschule in München (bei G. Bialas). 1963 und 1966 besuchte er die Darmstädter Ferienkurse für Neue Musik, 1964–66 arbeitete er am Studio für elektronische Musik des BR in München. 1956–60 hatte er Lehraufträge für Komposition am Nationalkonservatorium in Athen, 1969 an der Stanford University in San Francisco. Heute lebt A. in Paris.

WW (in Kassel erschienen): *Concertino* op. 16 für Klv., Str. u. Schlagzeug (1962); *Meli* ... op. 17 für mittlere St. u. Klv., auch mit Orch. (Text: Sappho) (1962); *Antithesen* op. 18 für Str., 4 Bläser, Harfe u. Schlagzeug (1962); *Epilog* für Mezzosopran, Sprecher u. Kammerensemble (Text: nach Homer) (1963); *Jeux* op. 22 für Vc. u. Streichorch. (1963); *Quartetto giocoso* op. 26 für Ob., V., Vc. u. Klv. (1965); *Kinesis* op. 31 für 2 Streichergruppen (1966); *Katharsis* für Fl., Orch., Diaprojektoren u. Lautsprechergruppen (1968); *Events I* für V., Klv. u. Orch. (1968), *II* für großes Orch. (1969), *III* für Orch. Tonband u. Diaprojektoren (1969); *Cheironomies* (1971); *Three Likes* für Klar. (1973); *Chorochronos III* (1975).

AÖDE (von griech. aoïdos, = Sänger), im alten Griechenland Name von Dichter-Musikern, die bei Festen Hymnen und Epen zur Lyra vortrugen. Der bekannteste A. ist Homer.

ÄOLINE (engl.: aeoline; frz.: éoline). **1)** Harmoniumartiges Tasteninstrument, um 1815 von B. Eschenbach (Königshofen) erfunden, mit einem Umfang von 6 Oktaven. Die Tonerzeugung erfolgt mittels durchschlagender (freischwingender) Metallzungen, die durch den Wind eines Blasebalgs in Schwingung versetzt werden. Der Blasebalg sowie ein Schwellhebel wurden vom Spieler mit dem Knie bedient. Der Klang der Ä. war in der Höhe flöten- oder klarinettenartig, in der Tiefe kontrafagottähnlich. Die langsame Ansprache der Töne machte das Instrument jedoch für jedes schnellere Zeitmaß unbrauchbar. – ↗Harmonium. – **2)** Orgelregister mit durchschlagenden Zungen und engem Aufsatz (19. Jh.). – **3)** Enge, geschlossene Labialstimme, die in deutschen Orgeln des 19. Jahrhunderts, gelegentlich auch in französischen Orgeln zu finden ist.

ÄOLISCH, in der antiken griech. Musiktheorie Bz. für eine Tonart, die identisch mit Hypodorisch ist und durch die Tonleiter AHcdefga dargestellt werden kann. Als Glarean (*Dodekachordon,* 1547) in seinem System der ↗Kirchentöne die herkömmlichen 8 Töne auf 12 erweiterte, nannte er den 9. Ton (a-a^1 mit a als Finalis) äolisch. Der 10. Ton (e-e^1 mit a als Finalis) hieß hypoäolisch.

ÄOLSHARFE (engl.: aeolian harp; frz.: harpe éolienne, harpe d'Éole; it.: arpa eolia, arpa eolica; benannt nach Aíolos, dem griech. Gott der Winde, lat. Aeolus), Saiteninstrument, dessen Saiten ausschließlich durch Windbewegung erklingen (daher auch manchmal Windharfe genannt). Die Ä. ist ein psalteriumartiges Saiteninstrument, dessen Resonanzkörper aus einem langen, schmalen

Kasten besteht, auf den beliebig viele, am häufigsten aber sechs im Einklang gestimmte Saiten gespannt werden. Das Instrument kann in einer Wohnung in der Nähe einer Tür, an einem halbgeöffneten Fenster oder im Freien angebracht werden. Die Wirkung des Windes wird erleichtert, wenn die Saiten verhältnismäßig lang, fein und nicht zu straff gespannt sind; wenn sie schwingen, lassen sie nicht nur ihren Grundton, sondern auch dessen Obertöne hören. Die Ä. hat einen beachtlichen Tonumfang, die höheren Obertöne ergeben sich sehr leicht. Die Musik der Ä. besteht aus einer Folge von melodischen Klängen und harmonischen Anhäufungen, die in Höhe und Intensität ständigen Schwankungen unterworfen sind, mit allen Arten von unmerklichen Übergängen bis zu abrupten Abbrüchen und sogar rhythmischen Veränderungen, je nach Laune des Windes.
Schon sehr früh scheint man die Beobachtung gemacht zu haben, daß Saiteninstrumente von selbst erklingen können. Erzählungen über dieses Phänomen, die sich meist auf die Harfe oder ein ähnliches Instrument beziehen, überliefern keltische Epen, aber auch der Talmud, demzufolge die Harfe Davids nachts über seinem Bett durch den Wind zum Klingen gebracht wurde. In geschichtlicher Zeit widmete sich erstmals der Jesuit A. Kircher im 17. Jahrhundert der Erforschung und dem Bau der Äolsharfe. Ihm verdanken wir auch eine detaillierte Beschreibung des Instruments als aus einem großen Resonanzkasten mit Fangdeckeln und meist 6 locker gespannten Saiten bestehend (*Musurgia universalis,* R 1650, *Phonurgia nova,* 1673). Eine enorme Verbreitung erlangte die Ä. im 18. Jh., und zwar von England aus, wo der Dichter A. Pope als ihr Wiederentdecker anzusehen ist. Die Ä. wurde nun, frei aufgestellt oder in die Fenster von Gartenhäusern und Ruinen eingefügt, als „Element empfindsam getönten Naturgefühls" (Langen) fester Bestand der englischen Parks und Gärten – auch außerhalb von England, so daß selbst so berühmte Instrumentenbauer wie Longman und Broderip in England und I. Pleyel in Frankreich Ä.n herstellten und verkauften. Für Deutschland sind Ä.n bezeugt z. B. im Wörlitzer Park bei Dessau. Über diese Verwendung hinaus erlangt die Ä. im 18./19. Jh. ihre besondere Bedeutung als dichterisches Thema und Motiv. Dabei wurde die Art der Tonerzeugung, das Von-selbst-Erklingen ohne menschliches Zutun, Anlaß zu vielfältiger symbolischer und metaphysischer Sinndeutung der Äolsharfe. Zeugnisse hierfür finden sich u. a. bei A. Pope, J. Macpherson (in der berühmten *Ossian*-Dichtung), J. G. Herder, J. W. von Goethe (z. B. Gedicht *Äolsharfen* und in der *Zueignung* des *Faust,* 1. Teil: „Es schwebet nun in unbestimmten Tönen / Mein lispelnd Lied, der Äolsharfe gleich"), J. Paul, später vor allem bei J. Kerner (für den die Ä. in ihrer symbolischen Bedeutung in der Nähe der Maultrommel steht) und E. Mörike.

Lit.: A. KIRCHER, Musurgia universalis (R 1650); DERS., Phonurgia nova (R 1673); G. C. LICHTENBERG, Von der Aeolus-Harfe, in: Vermischte Schriften V (Nachdr. W 1837); J. F. VON DALBERG, Die Ä. (Erfurt 1801); G. KASTNER, La harpe d'Éole et la musique cosmique (P 1836); A. LANGEN, Zum Symbol der Ä. in der dt. Dichtung, in: FS zum 70. Geburtstag von J. Müller-Blattau (Kas 1966) (= Saarbrücker Stud. zur Musikwiss. 1); Aeolian Harp, I: J. MANSFIELD, The Design and Construction of an Ae. H. (C 1970), II/1: S. BONNER, The History and Organology of the Ae. H. (ebd.), II/2: S. BONNER, Illustrations (C 1971), III: A. BROWN, The Ae. H. in European Literature 1591–1892 (C 1970), IV: S. BONNER – M. G. DAVIES, The Acoustics of the Ae. H., Suppl. to volumes I–III (Harlow/Essex 1971).

M. BRÖCKER

APEL, Nikolaus, * um 1470/75 Königshofen (Unterfranken), † 1537 Leipzig; dt. Gelehrter. Seit 1507 Prof. der Philosophie an der Univ. Leipzig. Seine umfangreiche Sammlung zeitgenössischer Kompositionen ist eine wichtige Quelle der dt. und ndl. Musik des ausgehenden 15. Jh. (Ms. 1494 der Univ.-Bibl. Leipzig; seit 1945 verschollen).

Ausg.: Der Mensuralkodex des N. A., hrsg. v. R. GERBER, Teil I, in: EDM 32 (Kas 1956), Teil II, in: EDM 33 (1960), Teil III, in: EDM 34 (1975); 5 Hymnen, hrsg. v. DEMS., in: Chw 32 (1935).

Lit.: H. RIEMANN, Der Mensuralkodex des Magisters N. A., in: KmJb 12 (1897); R. GERBER, Die Hymnen des A.schen Kodex, in: FS Schering (B 1937), wiederabgedruckt in: Zur Gesch. des mehrst. Hymnus, hrsg. v. G. Croll (Kas 1965) (= Musikwiss. Arbeiten 21); G. PIETZSCH, Zur Pflege der Musik an den dt. Universitäten, in: AfMf 3 (1938).

APEL, Willi, * 10. 10. 1893 Konitz (Westpreußen); amerik. Musikwissenschaftler dt. Abstammung. Neben dem Mathematikstudium ließ er sich im Klavierspiel ausbilden (u. a. bei E. Fischer und C. A. Martienssen). Während seiner Tätigkeit als Lehrer an der Freien Schulgemeinde Wickersdorf und in Berlin studierte er Musikwissenschaft und wurde 1936 zum Dr. phil. promoviert. Im selben Jahr emigrierte er in die Vereinigten Staaten. Als „Lecturer of music" war er 1936–43 an der Longy School of Music in Cambridge (Mass.), 1938–42 auch an der Harvard University tätig. 1937–50 lehrte er am Boston Centre for Adult Education, 1950 bis zu seiner Emeritierung 1963 als Prof. für Musikwissenschaft an der University of Indiana in Bloomington. – A. ist ein profunder Kenner der Quellen älterer Musik und ihrer Überlieferung. Sein Musiklexikon und seine *Notation der polyphonen Musik* wurden musikwiss. Standardwerke.

Schriften: *Accidentien u. Tonalität in den Musikdenkmälern des 15. u. 16. Jh.* (Diss. B 1936) (Str 1937); *The Notation of Polyphonic Music, 900–1600* (C/M 1942, [5]1961), dt. Übers.: *Die Notation der polyphonen Musik, 900–1600* (L 1962); *Harvard Dictionary of Music* (C/M 1944, [15]1964); *Masters of the Keyboard* (ebd. 1947); *Gregorian Chant* (Bloomington 1958); *The Harvard Brief Dictionary of Music* (zus. mit R. Daniel (C/M 1960); *Gesch. der Orgel- u. Klaviermusik bis 1700* (Kas 1967); *Bach erede della tradizione,* in: Nuova RMI 3 (1969); *Der dt. Orgelchoral um 1600,* in: Musa – Mens – Musici. FS W. Vetter (L 1970). – Editionen: *Musik aus früher Zeit,* 2 Bde. (Mz 1934); *Concord Classics for the Piano,* 2 Bde. (Boston 1938); *Historical Anthology of Music* (zus. mit A. T. Davison), 2 Bde. (C/M 1946–50); *French Secular Music of the Late 14th Century* (C/M 1950); *Keyboard Music of the 14th and 15th Century* (R 1963); *Marco Facoli: Collected Works* (R 1963); *Costanzo Antegnati: L'Antegnata Intavolatura* (R 1965); *Adam Reincken: Collected Keyboard Works* (R 1967).

Lit.: Essays in Musicology. FS W. Apel, hrsg. v. H. TISCHLER (Bloomington 1968) (mit Schriftenverz.).

A PIACERE, a piacimento (it., = nach Belieben, frei im Vortrag), gleichbedeutend mit ↗ad libitum, Bz., die die Wahl des Tempos und der Vortragsweise eines musikalischen Abschnitts oder eines Stückes freistellt.

APIARIUS, Matthias (eig. Biener), * um 1500 Berchingen (Franken), † September 1554 Bern; Schweizer Musikdrucker. Er arbeitete zunächst in Basel als Buchbinder, war 1534–37 in Straßburg mit P. Schöffer dem Jüngeren als Notendrucker tätig und gründete 1537 die erste Druckerei in Bern. Hier veröffentlichte er 1553 J. Wannenmachers *Bicinia,* C. Alders *Hymni sacri* (1537 und später) sowie Abhandlungen von N. Listenius und A. Lampadius. Ein Sohn, Samuel A., wurde ebenfalls Drucker.

Ausg.: H. BLOESCH, Dreißig Volkslieder aus den ersten Pressen der A., Faks.-Ausg. (Be 1937); 65 dt. Lieder für 4–5st. Chor nach dem Liederbuch v. P. Schöffer u. M. A. (Straßburg spätestens 1536), hrsg. v. H. J. MOSER (Wie 1967).

Lit.: A. FLURY, M. A., in: Neues Berner Taschenbuch (1897); DERS., Die Brüder Samuel u. Sigfried A., in: ebd. (1898); DERS., M. A., in: Schweizer Gutenbergmuseum 1928 (1930).

APIVOR, Denis, * 14. 4. 1916 Collinstown (Irland); irischer Komponist. Während seines Medizinstudiums in London ließ er sich in Komposition bei P. Hadley und A. Rawsthorne, später auch bei dem Schönbergschüler E. Clark ausbilden. A.s Werke gehören im wesentlichen zur seriellen Musik.

WW: Eine Symphonie; Konzerte für Klar., op. 7 (1946); für Klv., op. 13 (1948); für V., op. 16; *Concertino* für Gitarre, op. 26 (Lo o. J.); Lieder, darunter *Seis Canciones de F. Garcia Lorca,* op. 8 (1946); *The Hollow Men,* op. 5 (Text nach T. S. Eliot), Kantate für Bar., Frauenchor u. Orch. (1939, überarbeitet 1946) (Lo o. J.); *Estella Marina* op. 10, für Soli, Chor u. Orch. (1946); Oper *Yerma* (1957–58) (Libr. nach F. Garcia Lorca); Ballette: *A Mirror for Witches* (1952); *Blood Wedding* (1953) (nach einem Werk von F. Garcia Lorca); *Saudades* (1954); *Bläserquintett* (1961); *Overtones* (nach Gemälden v. P. Klee), für Orch. (1962); *2. Symphonie* (1963); *Streichquartett* (1964); *The Secret Sea,* für Chor u. Instr. (1964); die satirische Oper *Ubu Roi* (dt.: *König Ubu*) (1966); Fernsehballett *Corporal Jan* (1967).

APOLLON (Apollo), Gottheit der griech. Mythologie. Er galt als Erfinder des Saitenspiels und wurde in Dichtungen und auf Bildern oft als Spieler der Phorminx, der Kithara und der Lyra dargestellt. Die antiken Vorstellungen lassen ihn auch als Gott der Poesie im Kreise der Musen *(A. Musagetes),* als Sonnen- und Lichtgott *(Phoibos A.)* und als Gott des Orakels erscheinen. Der A.-Kult war in Griechenland durch zahlreiche Heiligtümer (z. B. Delphi) weit verbreitet und prägte sich auch in Festspielen und Wettkämpfen (Delphi, Sparta) aus. Als Gegenstand der bildenden Kunst verkörperte A. für die Griechen das Ideal menschlicher Schönheit. – In dem Gott der Harmonie, des Maßes und der Form sah Schelling das Gegenbild zum rauschhaften, ungebändigten Wesen des ↗Dionysos. Das von ihm geprägte Begriffspaar apollinisch–dionysisch wurde von Nietzsche übernommen, der damit die beiden extremen Pole künstlerischen Schaffens charakterisierte.

Lit.: M. WEGNER, Das Musikleben der Griechen (B 1949); M. VOGEL, Apollinisch u. Dionysisch. Gesch. eines genialen Irrtums (Rb 1966) (= Stud. zur Musikgesch. des 19. Jh. 6).

APOLLO UND HYAZINTHUS seu Hyacinthi Metamorphosis, Lateinische Komödie von Wolfgang Amadeus Mozart (1756–91), KV 38, Text von Pater Rufinus Widl. UA: 13. 5. 1767 in Salzburg (Aula der Universität).

Mozarts früheste Oper ist ein lateinisches Intermedium zum Schuldrama *Clementia Croesi* des P. R. Widl, der die Bearbeitung des Mythos von Apollo und Hyazinth eng mit der Handlung seines Schuldramas verband. Mozart erhielt den Auftrag zur Komposition des Intermediums für die jährlichen Aufführungen der Salzburger Schüler. Der gerade elfjährige Komponist bestätigte mit dieser kantatenhaften Reihung von Rezitativen, Arien, Duetten, einem Terzett und Chören seinen großen öffentlichen Erfolg, der ihm 1767 in Salzburg schon bei zahlreichen Auftritten zuteil geworden war. Die gesamte Aufführung des Schuldramas wurde ein voller Erfolg. Erst im 20. Jh. kam das Werk in mehreren dt. Übersetzungen und musikalischen Arrangements wieder zur Aufführung, zuerst am 29. 4. 1922 in Rostock in einer Übersetzung von H. C. Schott und G. Schulz und musikalisch bearbeitet von P. G. Scholz und J. Turnau.

J. SCHLÄDER

APOSTEL, Hans Erich, * 22. 1. 1901 Karlsruhe, † 30. 11. 1972 Wien; östr. Komponist. Nach Ausbildung am Munzschen Konservatorium in Karlsruhe war A. Dirigent und Chorleiter am Badischen Landestheater in Karlsruhe und studierte danach in Wien bei A. Schönberg und A. Berg Komposition. Seit 1921 unterrichtete er in Wien Klavier, später auch Komposition; er war auch zeitweilig Lektor der Universal-Edition und 1947–50 Vorsitzender der östr. Sektion der Int. Ges. für Neue Musik. Danach lebte er als freischaffender Komponist in Wien. A. bediente sich in den fünfziger Jahren nach dem Vorbild seines Lehrers Berg in sehr freier Weise der Zwölftontechnik, ohne dabei tonale Anklänge zu vermeiden.

WW (alle in Wien erschienen): **1) Instr.-WW:** Klaviermusik: *Variationen nach einer Kokoschka-Mappe,* op. 1 (1928); *Sonate,* op. 2 (1929); *Kubiniana,* op. 13 (1945–50); *Suite Concise,* op. 24 (1955); Kammermusik: Sonatinen für Soloinstr. op. 19 (1951), Nr. 1 (Fl.), 2 (Klar.), 3 (Fag.) und op. 39 (1964), a (Ob.), b (Horn); Sonate für Vc. u. Klv., op. 35 (1962); *Kleines Kammerkonzert* für Fl., Br. und Gitarre, op. 38 (1964); 2 Streichquartette, op. 7 (1935) u. 26 (1956); *6 Epigramme* für Streichquartett, op. 33 (1962); Bläserquartett, op. 14 (1947–49); Orch.-WW: *Adagio,* op. 11 (1937); *Variationen über ein Thema von Haydn,* op. 17 (1949); *Ballade,* op. 21 (1955); *Rondo ritmico,* op. 27 (1957); Klavierkonzert, op. 30 (1958); *Kammersymphonie,* op. 41 (1968); *Paralipomena dodekaphonica (Haydn-Variationen Teil II),* op. 44 (1969), *Passacaglia,* op. 50 (1972). – **2) Vokal-WW:** Lieder für Gesang und Klv., op. 3 (1930–31), op. 6 (1935), op. 12 (1923–26); op. 15 (1948), op. 40 (1964); *Ode,* op. 36, für Alt u. Orch.; *Requiem* (Text: nach R. M. Rilke), op. 4 für 8st. gemischten Chor u. Orch. (1933). – A. veröffentlichte einen Aufsatz: *Ethik und Ästhetik der musikalischen Aussage,* in: ÖMZ 25 (1970).

Lit.: H. KAUFMANN, H. E. A. (W 1965); W. SZMOLYAN, H. E. A.s Kammersymphonie op. 41, in: ÖMZ 23 (1968).

APOSTROPHA ↗Neumen.

APOTHEKER, DER *(Lo Speziale),* Dramma giocoso in 3 Akten von Joseph Haydn (1732–1809), Text von einem unbekannten Bearbeiter nach Carlo Goldonis gleichnamigem Schauspiel (1752). Ort und Zeit der Handlung: Eine Apotheke in Italien, Mitte des 18. Jhs. UA: Herbst 1768 im Opernhaus des Fürsten Esterházy. Dt. EA (in dt. Sprache): 22. 6. 1895 in Dresden.

Haydns komische Oper um die junge, hübsche und vermögende Griletta geriet nach Aufführungen in Wien (März 1770) in Vergessenheit, Teile des Originalmanuskripts gingen verloren. Robert Hirschfeld faßte 1895 die zugänglich gebliebenen Musiknummern bis auf zwei Arien unter Hinzufügung eines Duetts aus *Orlando Paladino* zu einem Einakter zusammen und übertrug den Text ins Deutsche. In dieser Neufassung (es existieren weitere – jüngere – Bearbeitungen) wird die Verkleidungskomödie der beiden Nebenbuhler, die dem alten Apotheker dessen Mündel wegheiraten wollen, auch heute noch häufig gespielt. Die Typen – ähnliche bestimmen auch die Handlung in der *Hochzeit des Figaro* und im *Barbier von Sevilla* – werden von Haydn einfallsreich, amüsant und liebevoll charakterisiert.

K. LANGROCK

APOTHÉLOZ, Jean, * 12. 5. 1900 Lausanne, † 10. 7. 1965 Nyon; Schweizer Komponist. Er studierte gleichzeitig Malerei und Musik (bei A. Fornerod). Nach 15jähriger Tätigkeit als Zeichenlehrer in Lausanne lebte er als anerkannter Maler und Komponist in Begnins (Vaadt). Sein Schaffen ist an der französischen Musik orientiert.

WW: **1) Instr.-WW:** *Aubade* (1940), für Fl. u. Ob.; *2 Sonatines* (1952), für V. u. Klv.; *2 Divertissements* (1937, 1939), für Fl., Klar., Fag., Klv. u. Kammerorch.; *Nocturne* (1942), für Violincello-Ensemble; *Pastorale* (1950), für Orch.; *Concertino* (1940), für Fl., Klv. u. Streicher. – **2) Vokal-WW:** *Cahier vaudois* (1931–50), 7 Lieder für Gesang u. Klv.; andere Lieder mit Klv., Instr. oder Orch., auf Gedichte v. T. Derème, P. J. Toulet, Ch.-F. Ramuz, G. Apollinaire; Chöre a cappella oder mit Begleitung (Lausanne o. J.). – **3) Bühnen-WW:** *La Rose et le violon* (1961) (Libr.: P. Walker) choreographisches Spiel für Solo-Bar. u. Orch. – A. schrieb: *Histoire univ. en tableaux synoptiques* (Lausanne 1953).

Lit.: H. GAGNEBIN, in: 40 Comp. suisses; Art. A., in: DMS.

APOTOME ↗Intervall.

APPASSIONATO (it., = leidenschaftlich, mit Hingabe). Der Ausdruck wurde berühmt durch Beethovens *Sonata appassionata* für Klavier op. 57, stammt in diesem Fall aber nicht vom Komponisten selbst, sondern von seinem Hamburger Verleger Cranz. Beethoven hat aber selbst diese Bz. in den Sonaten für Klavier op. 106 (3. Satz *Adagio sostenuto. Appassionato e con molto sentimento)* und op. 111 (schneller Teil des 1. Satzes *Allegro con brio ed appassionato*) benutzt. Sie erscheint später auch besonders in Werken romantischer Komponisten (z. B. bei R. Schumann im *Allegro appassionato* des *Concertstück* für Klavier und Orchester op. 92).

APPENZELLER (Appenzelder), **Benedictus,** * Oudenaarde (Niederlande), franko-flämischer Komponist der ersten Hälfte des 16. Jh., dessen Name auf Schweizer Abstammung hindeutet. Seit 1539 gehörte A. als Maître des enfants de chœur der Kapelle der Maria von Ungarn in Brüssel, Statthalterin der Niederlande, an, die er 1551 mit einem Teil seines Chors nach Spanien begleitete. Sein Stil hat große Ähnlichkeit mit dem der letzten Werke von Josquin des Prés, auf dessen Tod er eine 4st.

Klage-Motette *(Musae Jovis ter maximi)* komponierte. A. hat als erster einen mehrstimmigen Psalm von Cl. Marot *(Du fond de ma pensée)* vertont. – A. wurde lange mit Benedictus Ducis verwechselt.

WW: eine Messe, mehr als 30 Psalmen, Responsorien u. lat. Motetten, mehr als 40 Lieder, die in Sammel-WW veröffentlicht (vgl. RISM 1529–97) oder in versch. Mss. kopiert sind; *Chansons a quattre parties, composez par M. Benedictus*... (An 1542) (enthält den Psalm 130 u. 22 Lieder).

Ausg.: *Musae Jovis,* 11 Lieder u. eine Pavane, die B. Ducis zugeschrieben werden, bei R. J. MALDEGHEM, Trésor musical. Musique profane XIV, XV u. XVIII (1878–82); *Musae Jovis,* hrsg. v. A. SMIJERS, in: Œuvres de Josquin des Prés. Œuvres profanes I (L 1925); *Musea Jovis,* hrsg. v. M. MARTENS (NY 1959) (= Brooklyn College Choral Series 1).

Lit.: W. BARCLAY SQUIRE, Who was „Benedictus"?, in: SIMG 13 (1911–12); D. BARTHA, Benedictus Ducis u. A. (Wb 1930); DERS., Probleme der Chansongesch. im 16. Jh., in: ZfMw 13 (1931); M. HONEGGER, Les Chansons spirituelles de D. Lupi Second et les débuts de la mus. protestante en France au XVIe s. (Diss. Str 1970).

APPLIKATUR ↗Fingersatz.

APPOGIATURA (it.), ↗Vorschlag.

AP RHYS, Philip, † nach 1559; engl. (oder walisischer) Komponist. Er wurde 1547 Leiter des Chores der St. Paul's Cathedral in London, nachdem er seine Stelle als Organist an der Kirche St. Mary-at-Hill in London aufgegeben hatte. In der Hs. London, British Museum Add. 29996, sind von ihm überliefert: eine Orgelmesse, ein *Felix namque* und ein *Miserere*; es sind Werke, denen gregorianische Melodien zugrunde liegen.

Ausg.: *Messe* für Org., in: Altengl. Orgelmusik (Kas 1953); *Miserere,* in: Early English Church Music 6 (Lo 1966).

Lit.: D. STEVENS, A Unique Tudor Organ Mass, in: MD 6 (1952); H. BAILLIE, A London Church in Early Tudor Times, in: ML 36 (1955).

APRILE, Giuseppe, gen. Sciroletto oder Scirolino (nach seinem Lehrer G. Sciroli), * 28. 10. 1731 Martina Franca (Apulien), † 11. 1. 1813 ebd.; it. Altist (Kastrat); einer der gefeiertsten Sänger seines Jahrhunderts. Er sang mehrere Jahre auch in Stuttgart, wo er in zahlreichen dort uraufgeführten Opern von N. Jommelli auftrat. Nach 1789 lebte er als berühmter Gesanglehrer in Neapel. Aus seiner 1791 erschienenen Gesangschule werden die 36 Solfeggien noch heute gelegentlich im Gesangunterricht verwendet.

AEQUAL (von lat. aequalis = gleich), kurze Komposition (meist Trauermusik) für Stimmen gleicher Lage oder für gleiche Instrumente, besonders für Posaunen. Beethoven schrieb drei *Equale* (WoO 30) für 4 Posaunen (1812), A. Bruckner ein *Aequale* für 3 Posaunen (1847).

ARABELLA, Lyrische Komödie in 3 Aufzügen von Richard Strauss (1864–1949), op. 79, Text von Hugo von Hofmannsthal (1874–1929). Gestalten und Motive entnahm Hofmannsthal der Novelle *Lucidor, Figuren zu einer ungeschriebenen Komödie* (1910) und dem Lustspielentwurf *Der Fiaker als Graf* (1925). Ort und Zeit der Handlung: Wien, Faschingsdienstag 1860, Salon und Treppenhaus eines Wiener Stadthotels, öffentlicher Ballsaal. UA: 1. 7. 1933 in Dresden (Staatsoper) unter Clemens Krauss, Berliner Premiere unter Wilhelm Furtwängler am 12. 10. 1933 (Staatsoper).
Strauss verarbeitete in dieser konventionellen tragikomischen Oper originale kroatische Volksmelodien, um der Gestalt des Mandryka ein überzeugendes Kolorit zu geben. Trotz des durchkomponierten Stils werden einzelne Solonummern formal herausgehoben. Sogar die alte Technik der Einlagearie (Koloraturnummer der Fiakermilli) wird neu belebt.

H. BECKER

ARABESKE (von frz. arabesque = Rankenornament in arabischer Art). Seit dem 19. Jh. Bz. für ein mehrgliedriges ↗Charakterstück, meist für Klavier; z. B. op. 18 und op. 19 *(Blumenstück)* von R. Schumann, op. 49 von St. Heller und das 4. Heft aus op. 82 *(Aus meinem Tagebuch)* von M. Reger. – Cl. Debussy, der selbst 2 *Arabesques* schrieb, sah im Arabeskenhaften ein Schaffensprinzip, einen wesentlichen Ausdruck des Gesanglichen. C. M. von Weber nannte sein Fragment *Tonkünstlers Leben* „Roman in Arabesken".

Lit.: R. SCHUMANN, Briefe, N. F., hrsg. v. F. G. Jansen (L 1886, ²1904); C. DEBUSSY, Monsieur Croche (P 1921, dt. St 1974); F. GERVAIS, La notion d'arabesque chez Debussy (P 1958).

ARABISCH-ISLAMISCHE MUSIK, Bz. für die Musik des islamischen Kulturkreises mit den drei Hauptgebieten Arabien, Türkei und Persien (Iran). Unter arabischer Musik ist dagegen nur die Musik des vorislamischen Arabien (also vor 622) zu verstehen, die sich teilweise bis heute bei den Beduinen auf der arabischen Halbinsel erhalten hat. Die a.-i. M., die in den großen Städten des Islam, vom Indus bis Córdoba, in Blüte stand, wurde durch verschiedene Einflüsse, vor allem iranische, hellenistische, byzantinische, in geringerem Maße auch türkische, geprägt. Erst in neuerer Zeit kam es zu einer unterschiedlichen Entwicklung der Kunstmusik bei Arabern, Türken und Persern (↗Türkei, ↗Iran).

Arabisch-islamische Musik

Die arabische Musik, die nur die Lieder der Beduinen mit ihrem geringen Tonumfang und einfachen Rhythmus kannte, geriet unter den Einfluß der schon weiter entwickelten Musik der von Arabern eroberten und islamisierten Städte. Besonders stark machten sich persische Einflüsse, zumal in der Ausbildung des Tonsystems, geltend. Das griechische Altertum hingegen lieferte die theoretischen Grundlagen, auf denen im MA die islamischen Musiktheoretiker aufbauten. So bildete sich am Hof der abbasidischen Kalifen (8.–13. Jh.) eine gelehrte Musikkultur heraus, deren Schicksal mit der Entwicklung der arabisch-islamischen Kultur im Orient, im Maghreb und bis nach Andalusien verbunden war. Die Völker und Kulturgemeinschaften dieses großen islamischen Gebietes übernahmen dieses Erbe in ihre Volksmusik. Die a.-i. M. zeigt aber auch Merkmale, die für die Musik Vorder- und Zentralasiens charakteristisch sind: mündliche Überlieferung und Fehlen einer kodifizierten Notation, Homophonie, Tonartensystem nach traditionellen Mustern, wohldurchdachte Melodik und Rhythmik.

Die der a.-i. M. eigene modale und tonale Anlage zeigt sich in der Theorie wie in der Praxis der Maqāmāt (↗Maqām), melodischer Formeln, die sich nach bestimmten Grundregeln auf den Stufen eines Tetrachords oder einer Folge von Tetrachorden entwickeln. In tonaler Hinsicht ist die Musik dadurch gekennzeichnet, daß sie neben der diatonischen und chromatischen auch eine Tonleiter mit Dreivierteltönen verwendet. Die Musiktheoretiker des MA unterschieden, unter Berücksichtigung der verschiedenen Kombinationsmöglichkeiten, mehr als 300 Maqāmāt, von denen heute noch etwa 30 bekannt sind und von denen 12 ständig verwendet werden. Nachstehend einige Maqāmāt-Beispiele der arabischen Grundtonleiter:

Einige Maqāmāt finden sich, wenn auch zuweilen unter anderen Bezeichnungen, im Maghreb wieder, doch wird dort im allgemeinen die diatonische Tonleiter bevorzugt.

Mehr noch als die Maqāmāt sind die als 'Īkā' bezeichneten Rhythmen wesentliche Elemente der a.-i. Musik. Im Unterschied zu den Maqāmāt, die persische Namen haben, sind die Bezeichnungen für die 'Īkā' arabischen Ursprungs. Die 'Īkā' geben der Melodie ein metrisches Gerüst durch die Bildung gleich langer Perioden, die durch abwechselnd gleichmäßiges oder ungleichmäßiges, dumpfes oder helles (dum und tak) Stampfen oder Schlagen hervorgehoben werden. Der asymmetrische Rhythmus ist für die a.-i. M. typisch, z. B. der A'aradsch (hinkend; türkisch: aksāk), bei dem der letzte Ton der 2. Rhythmusgruppe verkürzt wird, um den Wiederanschluß an die 1. Rhythmusgruppe zu gewinnen:

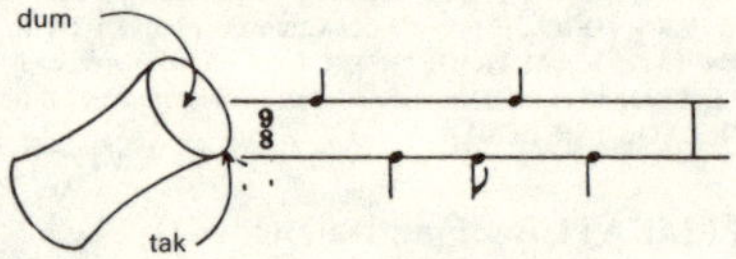

Die als arabisch bezeichneten Instrumente gehören größtenteils dem geographischen und kulturellen Bereich des Islam an. Sie finden sich unter verschiedenen Namen in allen islamischen Ländern wieder. Von ihnen sind hauptsächlich drei – davon zwei Saiteninstrumente, der ↗'Ūd und der Kānūn, sowie ein Blasinstrument, der ↗Nāy, – eng mit der traditionellen Musik verbunden. Bei Schlaginstrumenten gilt dies für die ↗Darabukka und den Duff.

Im 9. Jh. brachten orientalische Sänger und Musiker Theorie und Praxis der Musik, wie sie auch am Hofe der Abbasiden geübt wurde, ins Maghreb und nach Spanien, womit der Grundstein für die a.-i. M. gelegt wurde. Sie zeichnet sich vor allem durch die Ausformung einer Muwaschschah genannten literarisch-musikalischen Gattung aus, bei der mannigfaltige Metren und Rhythmen miteinander abwechseln. In verschiedensten Formen ist der Muwaschschah noch heute die wichtigste musikalische Form im Maghreb. – Nach ihrer Blütezeit blieb der Wirkungskreis der a.-i. M. beschränkt, und sie verschmolz in der osmanischen Zeit mit der sog. türkischen Musik. Ihr Wiederaufleben in neuerer Zeit brachte Theorie und Praxis sowohl der vokalen als auch der instrumentalen klassischen Traditionen wieder zu Ehren, und zwar durch die Meister der Ghina und durch die Virtuosen, die mit dem Taksīm, einer Art von instrumentaler Improvisation, das alte Erbe der Abbasiden-Zeit wieder aufleben ließen. Ägypten war Hauptzentrum dieser Renaissance, während der Irak ein eigenes Maqām-System pflegte.

In ihrer Kontinuität echter sind die verschiedenen Ausprägungen der Voksmusik in der arabisch-islamischen Welt. Die Volksmusik, die sich der lokalen Mundarten bedient, stützt sich auf eine Schlüsselfigur der arabischen Folklore: den Scha'ir, der Dichter, Komponist und Sänger in einer Person ist. Er ist der Bewahrer der mündlich überlieferten, anonymen und uralten Tradition. Hinsichtlich ihrer Anlage stimmt die Volksmusik der arabisch-islamischen Länder mit den Vorbildern ihrer klassischen Zeit in grundlegenden Merkmalen überein: sie ist melodisch und homophon. Allerdings unterscheidet sich die Homophonie von der Mehrstimmigkeit der früheren Kunstmusik: sie kennt zwar auch ein Tonartensystem und den Gebrauch der diatonischen Leiter, ist aber nicht, wie in der klassischen Zeit, an bestimmte Regeln gebunden. Zum anderen verwendet die Volksmusik Instrumente, die im traditionellen Orchester der arabisch-islamischen Kunstmusik nicht zu finden sind (↗Takht).

Lit.: R. D'ERLANGER, La musique arabe, 5 Bde. (P 1930–49); H. G. FARMER, A Hist. of Arabian Music to the 13th Century (Lo 1929); A. CHOTTIN – H. HICKMANN, in: MGG I (reiche Lit.); A. CHOTTIN, La musique arabe, in: Encycl. de la Pléiade, Histoire de la musique I, hrsg. v. Roland-Manuel (P 1960); S. JARGY, La musique populaire du Proche-Orient arabe, in: ebd.; DERS., La poésie pop. chantée de Proche-Orient, I: Les Textes (P – Den Haag 1970); DERS., La musique arabe, in: Slg. „Que sais-je?" (P 1971); SALAH EL MAHDI, La musique arabe (P 1972); H. H. TOUMA, La musique arabe (P 1975), dt. Übers.: Die Musik der Araber (Wilhelmshaven 1975).

S. JARGY

ARAJA (Araia, Araya), **Francesco,** * 25. 6. 1709 Neapel, † um 1770 Bologna oder Neapel; it. Komponist. Er war Kapellmeister von S. Maria Nuova von Neapel und danach (1735–59) Dirigent am Theater von St. Petersburg. Erst 1761 kehrte er endgültig nach Italien zurück. Er schrieb über 20 it. Opern, die erste *(Lo Matremmonejo pe' vennetta)* für Neapel, eine weitere für Mailand und die meisten anderen für St. Petersburg. Mit *Cefal i Prokris,* der ersten Oper überhaupt mit russ. Text (UA 1755), trug er entscheidend zur Entwicklung einer eigenständigen russ. Opernkunst bei. Nur zu wenigen seiner Werke lassen sich Quellen nachweisen: *La forza dell'amore e dell'odio* (UA 1734), *Il finto Nino* (UA 1737), außerdem *Capricci per cembalo.* Weitere Werke, darunter ein Oratorium *S. Andrea Corsini* (1731) scheinen verloren.

Lit.: R. A. MOOSER, Annales de la musique et des musiciens en Russie au XVIIIe siècle, 3 Bde. (G 1948–51).

ARÁMBARRI Y GARATE, Jesús, * 13.4.1902 Bilbao, † 11.7.1960 Madrid; span. Dirigent und Komponist. Er studierte (Gesang, Klavier, Komposition) am Conservatorio Vizcaíno da Música in Bilbao, dann in Paris (Komposition bei P. Dukas), Dirigieren bei F. Weingartner. Nach Spanien zurückgekehrt, übernahm A. die Leitung der städtischen Blaskapelle *(Nada Municipal)* in Bilbao, die er 1939 zum ersten Städtischen Sinfonieorchester Spaniens erweiterte. Weitere Stationen als Dirigent waren Barcelona, Valencia und (seit 1952) Madrid, wo er zugleich am Konservatorium lehrte. A. schrieb ein Streichquartett, Orchesterwerke *(In memoriam; Fantasia española;* 4 *Impromptus),* ferner 8 *Baskische Gesänge* für Sopran und Orchester (1932), das Oratorium *Castilla* (1941) sowie die lyrische Erzählung *Viento Sur* (1952).

ARANAZ Y VIDES, Pedro, * um 1742 Tudela (Navarra), † 23. 9. 1821 Cuenca; span. Komponist. Er wirkte als Kapellmeister seit 1763 in San Domingo de la Calzada; danach in Zamora (León), sodann von 1769 bis zu seinem Tode an der Kathedrale zu Cuenca. A. schrieb mehrere Bühnenwerke (hauptsächlich Tonadillas) und viel Kirchenmusik, meist im a cappella-Stil, u. a. über 20 Messen, von denen einige die Bewunderung Cherubinis fanden. A. ist auch als Verfasser von theoretischen Schriften bekannt (u. a. eines *Curso completo de Composición,* 1807).

Ausg.: 3 Offertorien für 4 St. u. eine Motette *Laudate Dominum* für 6 St., V. u. Trp., hrsg. v. H. ESLAVA, in: Lira Sacro-Hispana, siglo XIX, Serie 1, Bd. I (Ma 1869).

Lit.: M. SOR I ANO FUERTES, Hist. de la música española, 5 Bde. (Ma – Ba 1855–59); F. PEDRELL, Los músicos españoles en sus Libros (Ba 1888).

ARANYI, Jelly d', * 30. 5. 1893 Budapest, † 30. 3. 1966 Florenz; englische Violinistin ungar. Herkunft. Großnichte von J. Joachim, Schwester der Violinistin *Adila Fachiri,* mit der sie auch gemeinsam konzertierte. Nach Ausbildung in Budapest debütierte sie zunächst als Pianistin, nach weiterer Ausbildung 1909 als Violinistin. Fast 15 Jahre lang trat sie mit großem Erfolg in Europa und Amerika auf. 1923 nahm sie ihren Wohnsitz in London.

Bartók widmete ihr seine beiden Violinsonaten, Ravel sein *Tzigane* für Violine und Klavier, Vaughan Williams sein Violinkonzert.

Lit.: J. MACLEOD, The Sisters d'A. (Lo 1968).

ARAUJO oder **AURAUXO, Francisco,** ↗Corrêa de Araujo.

ARBATSKIJ, Jurij, * 15.4.1911 Moskau, † 3.9. 1963 New Hartford (N.Y.); amerikanischer Volksmusikforscher und Komponist russ. Herkunft. Er studierte in Berlin, Dresden (bei S. Rachmaninow) und Leipzig (bei H. Grabner). 1924 ging er nach Prag, 1933 nach Jugoslawien und widmete sich intensiv der Erforschung der Volksmusik auf dem Balkan. 1935 wurde er Chorleiter und Organist an der Kathedrale von Belgrad. Seit 1942 war er wieder in Prag. Nach dem Krieg wanderte er in die USA aus, wo er an verschiedenen Universitäten lehrte, aber vor allem seine folkloristischen Studien auswertete, u.a. in *Beating the Tupan in the Central Balkans* (Ch 1953). 1956 erschienen von ihm Studien zur Geschichte der russ. Musik (in russ. Sprache). Er komponierte auch Klavier- und Orgelmusik, Chor- und Kammermusik und 8 Symphonien.

ARBEAU, Thoinot (Anagramm für Jehan Tabourot), * 1519 Dijon, † um 1595 Langres. 1530 zum Priester geweiht, wurde er 1574 Domherr in Langres. Sein Werk *Orchésographie. Traité en forme de dialogue par lequel toutes personnes peuvent facilement apprendre pratiquer l'honnête exercice des danses* (Langres 1589; ²1596) mit genauer Beschreibung der zeitgenössischen Tänze und zahlreichen Abbildungen stellt die wichtigste Quelle zur Geschichte des Tanzes im 16. Jh. dar. A. entwarf darin u.a. ein vollständiges choreograph. System.

Ausg.: *Orchésographie,* hrsg. v. C. W. BEAUMONT (Lo 1925, Nachdr. NY 1966), übers. v. M. St. Evans (Lo 1948), Paperback-Nachdr. (Lo – NY 1967) (mit neuer Einleitung u. Anm. v. J. Sutton); Pavane *Belle qui tiens ma vie,* hrsg. v. H. EXPERT (P o. J.); 6 Sixteenth Century Quartetts from Tabourots „Orchésographie", hrsg. v. W. BERGMANN (Lo 1954).

Lit.: C. SACHS, Eine Weltgesch. des Tanzes (B 1933); A. MAIRY, L'Orchésographie de Th. A., in: Les trésors des bibl. de France 5 (1935); P. NETTL, The Story of Dance Music (NY 1947).

ARBEITERLIEDER ↗Politisches Lied.

ARBEITSLIEDER ↗Worksongs.

ARBÓS, Enrique Fernández, ↗Fernández Arbós.

ARCADELT (Archadelt, Arcadet, Harchadelt), **Jacobus,** * um 1500, † 14.10.1568 Paris; franco-flämischer Komponist. Er war vielleicht Schüler von Josquin des Prés, wahrscheinlicher aber von Ph. Verdelot. Um 1530 ist er in Florenz nachweisbar, wo er Verbindung zum Hause Medici aufnahm. Bald darauf mußte A. gemeinsam mit Verdelot die Stadt verlassen und ging nach Lyon. 1532 nach Florenz zurückgekehrt, verließ er nach dem Tode von Alessandro de'Medici erneut die Stadt. Die Veröffentlichung von 4 Madrigalbüchern bei dem venezianischen Drucker Gardane (1539) läßt vermuten, daß A. sich zu dieser Zeit in Venedig aufhielt. Er war bereits berühmt, als er am 30.12.1540 als Kapellmeister an die Sixtinische Kapelle in Rom berufen wurde. Als der Papst ihm ein Kanonikat in Lüttich übertrug, verbrachte A. ein Jahr in Frankreich, wo er mehrere Werke veröffentlichte, bevor er am 28.5.1547 nach Rom zurückkehrte. Im Juni 1550 gehörte er noch der Sixtinischen Kapelle an. Im folgenden Jahr verließ er Rom und ging vermutlich wieder nach Frankreich. Eine in dieser Zeit gedruckte Sammlung von Kompositionen weist ihn als „musicien du roy et maistre de chapelle" des Kardinals von Lothringen aus. Obgleich A. alle damaligen musikalischen Gattungen seiner Zeit gepflegt hat, wirkte er besonders auf dem Gebiet der weltlichen Musik und zählt mit C. Festa und Verdelot zu den frühen Meistern des it. Madrigals, das er, ausgehend von der Frottola, zu seiner klassischen Gestalt entwickelte. Bereits sein erstes Madrigalbuch war ein einzigartiger Erfolg: bis 1654 erfuhr es 40 Auflagen. Auch A.s Chansons waren in Druckwerken des 16. und 17. Jh. und hsl. weit verbreitet. Rabelais, Olivier de Magny und seine verschiedenen Verleger feierten ihn als „divin Arcadelt". Zu seinen Bewunderern zählte auch Cl. Monteverdi, der 1627 eine Auswahl seiner Madrigale herausgab. – Ein in vielen Neuausgaben veröffentlichtes 4st. *Ave Maria* Arcadelts ist keine Originalkomposition, sondern die Bearbeitung einer 3st. Chanson *(Nous voyons que les hommes)* aus dem 19. Jh.

WW: **1) Geistliche Musik:** *Missae tres* für 4 u. 5 St. (P 1557); *Canticum B.M.V.* (1557); *Six Psaumes de David* (P 1559); Motetten in Sammeldrucken seit 1532. – **2) Weltliche Musik:** 5 Bücher mit *Madrigali* für 4 St. (alle mit z.T. zahlr. Nachdr.), I u. II (V ²1539), III (V ²1539), IV (V 1539), V (V ²1544); 1 Buch *Madrigali* für 3 St. (V 1542); *Madrigali, motetti et canzone francesi a tre v.* (V 1587); *Livre des Trios* (P 1601); frz. Chansons für 3–6 St. in Sammeldrucken zw. 1538 u. 1575 (vgl. RISM).

Ausg.: Opera omnia, hrsg. v. A. SEAY (An 1965ff.) (= CMM 31).

Lit.: R. EITNER, J. A., in: MfM 19 (1887); E. CELANI, I Cantori della Capp. Pontificale, in: RMI (1907); W. KLEFISCH, A. als Madrigalist (Kö 1938); A. EINSTEIN, The Ital. Madrigal (C/M 1949); E. LOWINSKY, A Newly Discovered 16th Century Motet Ms., in: JAMS 3 (1950); A.-M. BRAGARD, J. A. (Diss. Lüttich 1956); W. KURTHEN, Ave Maria von J. A., in: Musica sacra 78 (1958); F. LESURE, A. est mort en 1568, in: RMie 47 (1961); A. SEAY, A. and Michelangelo, in: Renaissance News 18 (1965).

ARCHICEMBALO (it., = „Erzcembalo"), um die Mitte des 16. Jh. entwickeltes Cembalo, das von seinem Erfinder N. Vicentino für die Ausführung eigener Werke bestimmt war, in denen er die drei antiken griechischen Tongeschlechter in die kompositorische Praxis umzusetzen versuchte. Im 5. Buch seines Werkes *L'antica musica ridotto alla moderna prattica* (1555) gibt er eine Beschreibung dieses Instruments, das 6 Tastenreihen umfaßte und 31 Töne je Oktave besaß. M. Praetorius beschreibt 1618 ein ähnliches, in Wien hergestelltes und „Universalklavicymbel" genanntes Instrument mit 18 Tönen in der Oktave und 77 Tasten, das er bei dem Organisten K. Luython in Prag bewundert hatte. Andere Instrumente dieses Typs wurden bis in die Mitte des 17. Jh., u. a. von G. B. Doni, gebaut. Auch heute baut man noch ähnliche, vorwiegend Harmonium-Instrumente zur Demonstration verschiedener Stimmungen, insbesondere der Reinen Stimmung.

Lit.: N. VICENTINO, L'antica musica ridotta alla moderna prattica (R 1555), Faks.-Ausg. v. E. E. Lowinsky (Kas 1959); DERS., Descrizione dell'arciorgano (V 1561); M. PRAETORIUS, Sytagma musicum, II: De organographia (Wb 1618, ²1619), NA v. R. Eitner, in: PGfM 12 (1884), Faks.-Ausg. v. W. Gurlitt (Kas 1958–59); H. W. KAUFMANN, More on the Tuning of the A., in: JAMS 23 (1970).

ARCHIVIOLA DA LIRA (it.), andere Bz. für *Lira da gamba*. – ↗Lira.

ARCO ↗Coll' arco.

ARCY, François Joseph, ↗Darcis.

ARDÉVOL, José, *13. 3. 1911 Barcelona, † 9. 1. 1981 Havanna; kubanischer Komponist span. Herkunft. Er studierte bei seinem Vater Fernando A. und lebte seit 1930 als Kompositionslehrer in Havanna. 1942 begründete A. mit seinen Schülern den „Grupo de Renovación Musical", dessen Ziele von J. Orbón und H. González in der Studie *Presencia cubana en la música universal* (Havanna 1945) dargestellt wurden. Die Kompositionen von A. umfassen u. a.: das Ballett *Forma* (1943), die Kantate *Burla de Don Pedro a caballo* (1943) für Soli, Chor und Orchester, Symphonien, zahlreiche Kammermusikwerke sowie Klavierstücke und Vokalmusik.

Lit.: O. MAYER-SERRA, Música y Músicos de Latino-América (Mexico 1947); Compositores de América. Datos biográficos y catálogos de sus obras I (Washington 1955).

ARDITI, Luigi, * 22. 7. 1822 Crescentino (Piemont), † 1. 5. 1903 Hove bei Brighton (England); it. Dirigent und Komponist. Er studierte 1836–42 Violine und Komposition am Konservatorium zu Mailand und wurde 1846 Kapellmeister am Teatro Real in Havanna. Weitere Stationen seiner erfolgreichen Tätigkeit als Kapellmeister und Gastdirigent waren Konstantinopel, St. Petersburg, Dublin, London, Wien und Madrid. A. schrieb die Opern *Il Corsaro* (UA Havanna 1846) und *La Spia* (UA New York 1856), Chor- und Instrumentalmusik sowie mehrere gesungene Walzer, von denen der „Kußwalzer" (*Il bacio,* 1860) ein beliebtes Stück der Unterhaltungsmusik wurde.

ARENSKI, Anton Stepanowitsch, * 30. 6. (12. 7.) 1861 Nowgorod, † 12. (25.) 2. 1906 Terioki (Finnland); russ. Komponist. Am Konservatorium von St. Petersburg war er Schüler Rimskij-Kórsakows. 1882 wurde er Prof. für Harmonielehre und Kontrapunkt am Moskauer Konservatorium. 1895 bis 1901 leitete er als Nachfolger Balakirews die kaiserliche Hofsängerkapelle in St. Petersburg. A. war einer der letzten Vertreter der eklektischen Moskauer Schule. Er lehnte sich eng an Tschaikowsky an. A. schrieb u. a. Werke für Klavier, Kammermusik, zwei Symphonien, Kantaten, darunter *Die Fontäne von Bachtschissarai* (über Puschkins Erzählung) für Soli, Chor und Orchester, Lieder, drei Opern, *Der Traum auf der Wolga* (UA Moskau 1892), *Raphael* (Moskau 1894) und *Nal und Damajanti* (1899), ein Ballett, *Nuit d'Égypte* (P 1908). Er verfaßte ein Lehrbuch über Harmonielehre (1891; dt. Übersetzung 1900 von P. Juon) und ein Handbuch der musikalischen Formenlehre (2 Bände 1893–94, ⁴1914).

ARGENTINIEN. Kolonialzeit. Unter den Ländern des amerikanischen Kontinents ist A. am meisten von der europäischen Kultur geprägt worden. Auch die traditionelle argentinische Musik besteht größtenteils aus von Europa eingeführten Tänzen, die bei der Stadtbevölkerung in Vergessenheit gerieten, jedoch auf dem Land erhalten blieben. Menuett, Gavotte, Kontretanz, Mazurka und Polka wurden von der Landbevölkerung getanzt und bildeten die Grundlage für die typischen Volksmusikgattungen Argentiniens. Europäische Musik wurde schon früh bei den Indianern in den Reduktionen der Jesuiten von Paraguay (von denen die meisten auf argentinischem Boden lagen) aufgeführt. In den Kirchen, die zum Teil mit Orgeln ausgestattet waren, herrschte eine lebhafte Musikpflege. Nachweislich wurden auch Opern aufgeführt. Zu den musikalischen Lehrmeistern unter den Missionaren gehörte u. a. D. Zipoli, der berühmte it. Komponist und Organist, der 1716 dem Jesuitenorden beigetreten war. Die ↗Tonadilla wurde 1757 in Buenos Aires mit der Eröffnung der „Casa de Comedia" und des „Teatro de la Rancheria" (das 1783–92 bestand) eingeführt.

Seit der Unabhängigkeit. Bis zur Unabhängigkeit Argentiniens, d. h. bis in die zwanziger Jahre des 19. Jh., verzeichnet das Musikleben in Buenos Aires keine besonderen Aktivitäten. Dann aber wanderten viele mittellose Musiker von Europa nach A. aus, und es kam zu jener eigenartigen Mischung aus italienischen, spanischen und kreolischen Elementen, die bis heute für das dortige Musikleben charakteristisch geblieben ist. Musikschulen und Konzerte wurden eingerichtet. Besonders bedeutsam wurde das Wirken des Spaniers José Antonio Picazzarri. Dessen Neffe Juan Pedro Esnaola bildete dann über ein halbes Jahrhundert die Zentralfigur des argentinischen Musiklebens. Mit ihm gehören Amancio Alcorta und Juan Bautista Alberdi zu den drei Vätern der künftigen Musik des Landes. Die erste von Berufssängern in Buenos Aires aufgeführte it. Oper war der *Barbier von Sevilla* von Rossini (im Teatro Coliseo, am 3. 10. 1825); 1827 wurde Mozarts *Don Giovanni* aufgeführt. Die Machtergreifung des Diktators Rosas brachte diese Aktivitäten zum Erliegen. Opernaufführungen durften erst 1848 wiederaufgenommen werden, nahmen dann jedoch eine stete Aufwärtsentwicklung. Vor allem durch die Opernaufführungen wurde Buenos Aires ein weltweit bekanntes Zentrum der Musik. Das alte Teatro Colón (mit 2500 Plätzen) wurde 1857 eröffnet. 1872 folgte das Teatro de Opera (calle de Corrientes) und 1879 das Politeama Argentino, die an die Stelle des Teatro Colón traten, als dieses 1888 geschlossen wurde. Das jetzige Teatro Colón wurde 1908 eröffnet.

Komponisten. A. brachte zahlreiche bedeutende Komponisten hervor. A. Williams, ein Enkel von Amancio Alcorta, übte im Laufe seines langen Lebens durch seine Lehrtätigkeit und sein Engagement in fast allen Bereichen der Musik beträchtlichen Einfluß auf deren Entwicklung in A. aus. Julián Aguirre, Carlos López Buchardo, Felipe Boero, Floro Ugarte und Gilardo Gilardi, die der zwischen 1880 und 1890 geborenen Generation angehören, sowie die nach 1890 geborenen Juan José Castro und Luis Gianneo gehören zu den Komponisten, die in der Nachfolge von A. Williams mit zur Entwicklung der argentinischen Musik beigetragen haben. Dieser Richtung gegenüber wirkte J. C. Paz als ein Pionier neuer Techniken. Als führender Kopf der Gruppe nonkonformistischer Komponisten seiner Generation – darunter José Maria und Washington Castro (Brüder von J. J. Castro), J. Ficher, Juan Francisco Giacobbe – beeinflußte er auch jüngere Musiker wie Daniel Devoto (bekannt durch seine musikwissenschaftlichen Arbeiten), Esteban Eitler, Miguel Gielen, Sergio de Castro und M. Kagel. Neben A. Williams und J. C. Paz war auch A. Ginastera für die jüngere Generation von Bedeutung. Zu erwähnen sind ferner Roberto García Morillo, Hector Iglesias Villoud, R. Caamaño, A. Tauriello, Rodolfo Arizaga, Mario Davidovsky, Tirso de Olazábal und Armando Krieger.

Institutionen. Der Musikunterricht wurde von Anfang an von zahlreichen privaten Musikschulen getragen. Für das bedeutende Musikleben der Hauptstadt spielt das Konservatorium M. de Falla eine wichtige Rolle. In neuerer Zeit wurde ein Nationalkonservatorium mit Carlos Lope Buchardo als erstem Direktor gegründet. In anderen Städten, so in La Plata, Santa Fé, Tucumán oder Mendoza, entstanden an den Universitäten eigene Musikinstitute.

Für das Musikleben ist neben einem größeren Opernhaus in La Plata vor allem das am 25. Mai 1908 wiedereröffnete Teatro Colón in Buenos Aires zu nennen, das zu den bedeutendsten Opernhäusern unserer Zeit zählt. Neben der Oper gibt es in Buenos Aires auch ein reges Konzertleben, das von mehreren Symphonie-Orchestern getragen wird. Als führende Konzertgesellschaft sind zu nennen: die Wagner-Gesellschaft, die Gesellschaft für Kammerkonzerte und die Gesellschaft der Musikfreunde. Buenos Aires ist auch Sitz der Ricordi Americana, eines der wichtigsten Musikverlage des Kontinents.

Lit. (wenn nichts anderes angegeben, alle in Buenos Aires erschienen): **1) Tondenkmäler-Ausg.:** Antología de Compositores argentinos. Obras para piano y para canto escogidas, hrsg. v. A. WILLIAMS, I: Los Precursores (1941); Antología de compositores argentinos, hrsg. v. C. L. BUCHARDO – A. PALMA – P. SOFÍA, 13 Bde. (1941–47); I. ARETZ-THIELE, Canciones y Danzas tradicionales argentinas (1943); DIES., Selección de melodias populares de Tucumán (1946). – **2) Studien:** M. G. BOSCH, Hist. de la ópera en Buenos Aires (1905); P. GRENÓN, Nuestra primera mús. instrumental (1929); A. C. SCHIANCA, Hist. de la mús. argentina. Origen y características (1933); A. FIORDA KELLY, Cronología de las óperas, dramas líricos, oratorios, himnos, etc. cantados en Buenos Aires (1934); C. VEGA, Danzas y canciones argentinas (1936); DERS., La mús. popular argentina, canciones y danzas criollas (1941); DERS., Panorama de la mús. popular argentina (1944); DERS., Los instrumentos musicales aborígenes y criollos de la Argentina (1946); M. GARCÍA ACEVEDO, Estética musical y comunidad argentina (Mendoza 1949); C. VEGA, Las danzas populares argentinas (1952); I. ARETZ-THIELE, Mús. tradicional argentina (Tucumán 1946); DIES., El folklore musical argentino (1952); F. C. LANGE, La mús. eclesiástica en Cordoba durante la dóminación hispánica (Cordoba 1956); J. SUBIRÁ – A. E. CHERBULIEZ, Musikgesch. v. Spanien, Portugal, Lateinamerika (St – Z 1957); M. GARCÍA ACEVEDO, La mús. argentina durante el periodo de la organización nacional (1961); V. GESUALDO, Hist. de la mús. en la Argentina 1836–51 (1961); M. GARCÍA ACEVEDO, La mús. argentina contemporanea (1963); E. EPSTEIN, Buenos Aires, in: MGG XV.

L. H. CORRÊA DE AZEVEDO

ARGERICH, Martha, * 5. 6. 1941 Buenos Aires; argentinische Pianistin. Sie erhielt ihre Ausbildung u. a. bei Scaramuzza, A. Benedetti Michelangeli, F. Gulda, Madeleine Lipatti und N. Magaloff und debütierte 1949 in ihrer Vaterstadt. 1957 war sie 1. Preisträgerin beim Busoni-Wettbewerb in Bozen, beim Wettbewerb in Genf, 1965 beim Chopin-Wettbewerb in Warschau. Seither konzertiert sie in allen bedeutenden Musikmetropolen der Welt. Sie zählt zu den ausgesprochen virtuosen Pianisten der Gegenwart.

Lit.: J. KAISER, Große Pianisten in unserer Zeit (Mn [3]1977).

ARGHŪL, ein im Nahen Osten verbreitetetes Instrument, das aus den alten Kulturen des Mittelmeerraums stammt. Es handelt sich dabei um eine Doppelschalmei aus Schilfrohr, deren rechte Rohrpfeife mit 6 Grifflöchern versehen ist und deren linke, ohne Grifflöcher, zur Bordunbegleitung dient. Oft sind die beiden Rohrpfeifen von unterschiedlicher Länge: In der Gegend von Port-Saïd in Ägypten findet man Instrumente, bei denen der Unterschied zwischen den Röhren bis zu 2 Meter beträgt. Zum Spielen werden die beiden Zungen, die aus dem Ende des Schilfrohrs herausgeschnitten worden sind, ganz in den Mund genommen. Haben beide Pfeifen dieselbe Länge, wird das Instrument *Mejwez* (Syrien, Libanon, Jordanien), *Qourma* oder *Zoummar* (Ägypten), *Juzale* oder *Duzele* (Kurdistan) genannt. Der Tonumfang dieser Instrumente übersteigt selten eine Quarte.

ARIADNE, Oper in 3 Akten von Georg Friedrich Händel (1685–1759), Textdichter unbekannt. Ort und Zeit der Handlung: Kreta, in mythischer Vergangenheit. UA: 26. 1. 1734 in London (The Little Haymarket Theatre); dt. EA: 1737 in Braunschweig.
A. ist eine nach it. Vorbild geformte Kastratenoper, die Händel im Hinblick auf die beiden aus Italien kommenden Kastraten Carestini und Scalzi (in der Oper die Partien des Theseus und Tauridius) komponierte. Händel benutzte als Vorlage das Schauspiel von Pietro Pariatis, das er auf seiner Italienreise 1729 in einer mit Musik von Leonardo Leo versehenen Fassung am Teatro della Pace in Rom kennengelernt hatte. Die UA der nicht sehr erfolgreichen Oper fiel in Händels letzte Spielzeit am King's Theatre in the Haymarket und in die erste Spielzeit der neugegründeten „Opera of the Nobility", einer Organisation, die Händels Opern nicht nur Konkurrenz machen, sondern sie vielmehr verdrängen wollte.

B. DELCKER

ARIADNE *(Ariane)*, Oper in 1 Akt von Bohuslav Martinů (1890–1959), frz. Text vom Komponisten nach dem Bühnenwerk *Le Voyage de Thésée* von Georges Neveux. Ort und Zeit der Handlung: das mythologische Knossos. UA (in dt. Sprache): 2. 3. 1961 in Gelsenkirchen.
Martinů schrieb diese lyrische Oper 1958 zur Entspannung während der Überarbeitung seiner Oper ↗*Griechische Passion.* Der psychoanalytische Text stellt eine Persönlichkeitsspaltung in den Mittelpunkt der Handlung: Minotaurus tritt Theseus in dessen Gestalt entgegen; obwohl der Athener erkennt, daß sein Gegner ihn selbst in seiner erfüllten Liebe zu Ariadne verkörpert, tötet er ihn und zerstört dadurch ihr Gefühl zu ihm selbst. Der Komponist verwendet zur Darstellung des mythologischen Stoffes mit ein- und überleitenden „Sinfonien" sowie mit oftmals kadenzierender Harmonik Stilelemente der frühesten Oper. Dennoch wirkt die Komposition mit farbigen Klängen (Schlagwerk, Celesta, Harfe und Klavier) und langen bitonalen Passagen durchaus modern. Martinů verzichtete auf Chor und Ballettszenen, abgesehen von den Liedern der Athener Jünglinge. Die Hauptaufgabe der Titelrolle (Koloratursopran) liegt in der zwölf Minuten (und damit ein Viertel der Oper) langen Abschiedsarie.

K. LANGROCK

ARIADNE AUF NAXOS, Oper in einem Aufzug nebst einem Vorspiel von Richard Strauss (1864–1949), op. 60, Text von Hugo von Hofmannsthal (1874–1929), Max Reinhardt gewidmet. Ort und Zeit der Handlung des Vorspiels: im Hause eines reichen Herrn Ende des 17. Jahrhunderts. Thema des Hauptwerks ist der mythologische Stoff um Ariadne. UA: 4. 10. 1916 in Wien (Hofoperntheater) unter Franz Schalk.
Die Erstfassung (UA: 25. 10. 1912 in Stuttgart) wurde als Nachspiel zu Molières *Bürger als Edelmann* konzipiert. Teile daraus wurden 1917 zur Schauspielmusik für Hofmannsthals freie Bühnenbearbeitung des Molière umgearbeitet; sie existiert auch als Orchestersuite und Ballettmusik. Strauss wandte sich mit dieser Oper vom überdimensionierten Orchester ab und trat für das zukunftsträchtige Kammerorchester ein, glich aber, namentlich im Finale, die geringere Besetzung durch eine geschickt aufgefächerte Instrumentation aus. Dem Werk liegt die Idee zugrunde, die klassische Opera seria mit der Opera buffa zu gleichzeitiger Darstellung zu bringen.

H. BECKER

ARIANE, Oper von B. Martinů, ↗Ariadne.

ARIANE ET BARBE-BLEUE ↗Blaubart.

ARIANNA, Oper von Claudio Monteverdi (1567–1643), Text von Ottaviano Rinuccini. Ort und Zeit der Handlung: Kreta, in mythischer Vergangenheit. UA: 28. 5. 1608 in Mantua.
Von der Musik ist nur das in Form einer dramatischen Monodie komponierte *Lamento d'Arianna* neben einem größeren Rezitativfragment überliefert; das Textbuch ist vollständig erhalten. Schon nach kurzer Zeit wurde die Klage der von Theseus verlassenen Arianna in ganz Italien gesungen. Anlaß für die Komposition war die Hochzeit von Francesco Gonzaga mit Margherita von Savoyen 1608. Bereits 1610 formte Monteverdi die Monodie zu einem fünfstimmigen Madrigal *(Lasciate mi morire)* um (veröffentlicht 1614 in seinem 6. Madrigalbuch), 1640 folgte eine zweite Neubearbeitung des Lamentos als geistliche Kontrafaktur mit lateinischem Text unter dem Titel *Pianto della Madonna.* Das Lamento gilt als beispielhaft für den „stile nuovo", die musikalische Nachahmung des affektgeladenen Sprechens.

B. DELCKER

ARIBO SCHOLASTICUS (Aribon), OSB, Musiktheoretiker des 11. Jh., wahrscheinlich süddt. Herkunft. In seinem Bischof Ellenhard von Freising († 1078) gewidmeten Traktat *De musica,* entstanden 1068–78, behandelt er u.a. die mathematischen Grundlagen der Musik und die ethische Bedeutung der Musik für die Betrachtung des Lebens Christi. Die Abhandlung enthält auch einen Abschnitt über das Monochord und über die 8 Kirchentöne, deren Eigentümlichkeiten A. mit Hilfe der Form eines Quadrats übersichtlich beschreibt.

Ausg.: Aribonis De Musica, hrsg. v. J. SMITS VAN WAESBERGHE, in: CSM 2 (1951); Commentarius..., in: Expositiones in micrologum Guidonis Aretini, hrsg. v. DEMS., in: Musicologia medii aevi I (A 1957).

Lit.: J. SMITS VAN WAESBERGHE, De Luikse Muziekschool, in: Muziekgesch. der Middeleuwen 1 (Tilburg 1939); DERS., in: Aribonis De Musica (s. o. unter Ausg.); C. H. RAWSKI, Notes on A. Sch., in: Natalicia musicologica. FS Kn. Jeppesen (Kop 1962).

ARIE (von altfrz. air, aire = Herkunft, Art und Weise; später dem it. aria = Luft, Atmosphäre nachgebildet), kunstvoller, in sich geschlossener und gegliederter mehrteiliger Sologesang mit Instrumentalbegleitung in Oper, Oratorium und Kantate, auch selbständiges Konzertstück. – Ursprünglich war A. die Bz. für ein Melodiemodell mit strophischer Form, das in der Improvisationspraxis des 15. Jh. eine wichtige Rolle spielte. In Italien war „aria" im 16. Jh. die Bz. für bestimmte melodische (meist Baß-)Formeln, die dem improvisierten Vortrag von Versmaßen dienten, so für die Ottavarime des beliebten Heldenepos *Orlando furioso* von Ariost. Zu diesen Baßmelodien oder Strophenbässen konnten weitere Stimmen hinzugefügt werden. Es gab eine größere Zahl regional verschiedener Formeln: „aria di Genova", „aria di Firenze", „aria della Romanesca" usw. Zur selben Zeit wurden mit Aria auch homophon gebaute strophische Lieder wie die ↗Frottola, die ↗Villanella und die ↗Kanzonette bezeichnet. Im 17. Jh. wurden im Rahmen der generalbaßbegleiteten Monodie nach dem Vorbild der improvisierten A.n Vokalarien komponiert, wobei sich innerhalb der madrigalesken Monodie verschiedene Formen (Caccini, *Nuove musiche*) unterscheiden lassen: A.n mit gleichbleibender Melodie für alle Strophen, A.n mit wechselnder Melodie bei gleichbleibendem Baß und schließlich solche mit wechselnder Melodie und wechselndem Baß. Während die A.n bei Caccini zum Teil rezitativischen Charakter aufweisen, neigt L. Luzzaschi (*Madrigali,* 1601) stärker zu liedhafter Melodik. Auch bei Cl. Monteverdi setzte sich, vor allem in den späten Madrigalbüchern, immer mehr der lyrische monodische Stil durch, der schließlich für A. und Kantate chrakteristisch wird. Um 1635 entstand die zyklische Kantatenform mit der Folge Rezitativ – A. – Rezitativ – A., die in der Mitte des 17. Jh. insbesondere von G. Carissimi und L. Rossi gepflegt wurde und auch die Oper beeinflußte. Es bildeten sich vor allem drei charakteristische Typen der A. heraus: die über einem Basso ostinato variierende, die strophische mit instrumentalem Ritornell und die ↗Da capo-Arie (A. „con da capo") mit der Anlage A B A. Vor allem die Da capo-A. erfreute sich im beginnenden 18. Jh. besonderer Beliebtheit, wurde von A. Scarlatti und seinen Nachfolgern in Kantate und Oper übernommen und setzte sich auch in der Kirchenmusik (Messe, Motette, Kantate) durch. Es bildeten sich, vor allem in der Neapolitanischen Oper, nach Stimmungs-, Situations- und Charaktertypen klassifizierte A.n heraus: *aria cantabile,* melodisch, ausdrucksvoll und zurückhaltend begleitet (in der frz. Oper *air tendre,* ↗Brunette); *aria di portamento* mit langen Haltetönen, die das „Tragen der Stimme" demonstrieren sollten; *aria di mezzo carattere,* leidenschaftlich, mit ziemlich ausgearbeiteter Orchesterbegleitung; *aria di bravura,* lebhaft, brillant und reich an Trillern, Koloraturen, Verzierungen, Läufen; *aria parlante,* der Darstellung heftiger Gefühlsausbrüche vorbehalten; *aria concertata* mit einem oder mehreren obligaten Instrumenten; *aria di guerra* (mit Trompeten); *aria di caccia* (mit Horn, Flöte und Oboe), eine Jagdszene vorstellend; *aria del sonno,* wird vor einer schlafenden Person gesungen; *aria di sorbetto,* vom Darsteller einer Nebenrolle vorgetragen, während die Zuschauer sich durch Getränke („sorbetti") erfrischen; *aria di baule* (Kofferarie), beliebtes Stück, das der Sänger in jeder Oper anbringen kann. Die Da-capo-A. wurde auch von Bach in den Kantaten verwendet, wobei er eine Reihe von obligaten Instrumenten (Flöte, Oboe d'amore, Horn, Fagott, Violine, Violoncello) hinzuzog. Bei Händel kommen reine Generalbaß-A.n, konzertierende und kontrapunktisch gearbeitete A.n, zuweilen auch die einfachere, reprisenlose ↗Kavatine (A B) vor. Chr. W. Gluck vermeidet die dreiteilige Form, wenn sie den Handlungsablauf stört. In der lebhafteren und beweglicheren Opera buffa traten an die Stelle der Da-capo-A. allmählich weniger starre Formen, die sich bruchloser an das Rezitativ anschlossen: strophische A., A. in Rondoform, die kurze einteilige A. und die Kavatine. Gleichzeitig nahm der Umfang der A. zu. Sie konnte durch Rezitative und ariose Partien in mehrere Teile gegliedert werden und schließlich ganze Szenen bestreiten („Szene und A."). Diese dramaturgisch anpassungsfähige und beweglichere Form der A. wurde u.a. von Piccinni, Cimarosa und vor allem von W. A. Mozart gepflegt; Beispiele finden sich auch bei Cherubini, Spontini und Beethoven. Im 19. Jh. wurde die Kavatine bevorzugt, die lange Wortwiederholungen und stimmliche Verzierungen vermeidet und damit den Handlungsverlauf weniger unterbricht. Berühmte Beispiele sind die Kavatine der Rosine *Una voce poco fa* (Frag' ich mein beklommnes Herz) in Rossinis *Barbier von Sevilla* (1816), die Kavatine der Agathe im 3. Akt des *Freischütz* (1820) von C. M. von Weber, die Kavatine der Leonore im 1. Akt von Verdis *Troubadour* (1853) und Faustens Kavatine *Salut, demeure chaste et pure* aus *Magarethe* von Gounod (1859). Rossini und Verdi verwenden auch die „Cavatinetta" oder „Cabaletta", eine kleine A., deren eingängige Wirkung auf der fortlaufenden Wiederholung eines bestimmten rhythmischen Motivs beruht. In der Oper Verdis treten kaum mehr geschlossene Formen auf; bei Wagner vermischen sich Elemente von Rezitativ und A. in einer neuen Form deklamierenden Gesangs. Auch im 20. Jh. wird die geschlossene Form zunächst vermieden (Debussy, *Pelléas et Mélisande*, 1902; P. Dukas, *Ariane et Barbe-Bleue*, 1907), doch taucht die A. im Zuge neoklassizistischer Tendenzen in moderner Form wieder auf, u. a. bei R. Strauss (*Ariadne auf Naxos*, 1915) und vor allem bei I. Strawinski (*Ödipus Rex*, 1927; *The Rake's Progress*, 1951). Hindemith greift in *Cardillac* (1926, 2. Fassung 1952) ebenfalls auf die klassische Oper zurück und verwendet die Da-capo-A. in zeitgemäßer Form *(Mein Geliebter kommt)*. Als Vertreter der Wiener Schule ist A. Berg zu nennen, der in *Wozzeck* (1921) alle Möglichkeiten der menschlichen Stimme bis zum Belcanto erschöpft, aber die vokalen Partien sehr stark in den äußerst differenzierten Orchesterpart integriert, während er sich in der Konzert-A. *Der Wein* (1929) und in *Lulu* (1935) traditioneller Schemata bedient.

Die instrumentale Form der A. ist seit der Mitte des 16. Jh. nachweisbar. Sie zeichnet sich durch schlichte und kantable, zuweilen auch lebhafte und muntere Melodik aus. Beispiele finden sich bei M. A. Ingegneri, L. Viadana, A. Padovano und G. Gabrieli. Im 17. und 18. Jh. wurden A.n-Themen in Ricercar, Partita und Variationssatz verwendet (G. Frescobaldi, *Partite 14 sopra l'Aria della* Romanesca; A. Poglietti, *Aria Allemagna;* G. B. Martini, *Aria con variazioni;* J. S. Bach, *Goldbergvariationen*). Als, meist zweiteiliger, Tanzsatz erscheint die Aria häufig in Suiten, wo sie sich von den übrigen Sätzen vor allem durch stärkere Ausprägung des melodischen Elementes unterscheidet (J. S. Bach, *Französische Suiten* in c-moll und Es-Dur; *Orchestersuite* in D-Dur). Freiere Formen nahm die Aria im 19. Jh. an, so in dem mit „Cavatina" überschriebenen 5. Satz des Streichquartetts op. 130 von Beethoven oder im 3. Satz der Klaviersonate fis-moll op. 11 von R. Schumann. Nach 1850 tritt sie seltener auf (C. Franck, *Prélude, Aria et Finale* für Klavier, 1886–87), wird aber noch im 20. Jh. in klassizistischen Stücken verwendet: *Violinkonzert* in D (1931) von I. Strawinski, *Nachtstücke und Arien* (1957) für drei Orchester und zwei Dirigenten von H. W. Henze.

Lit.: L. TORCHI, Canzoni ed arie italiane ad una voce nel s. XVII, in: RMI 1 (1894); H. GOLDSCHMIDT, Stud. zur Gesch. der it. Oper im 17. Jh., 2 Bde. (L 1901–04); D. ALALEONA, Studi su la storia dell'oratorio musicale in Italia (Tn 1908); A. DELLA CORTE, L'opera comica italiana nel' 700 (Bari 1923); B. FLÖGEL, Stud. zur Arientechnik in den Opern Händels, in: Händel-Jb. 2 (1929); H. PRUNIÈRES, La cantate it. à voix seule au XVIIe siècle, in: LAVIGNAC Techn. V (1930); I. SCHREIBER, Dichtung u. Musik der dt. Opern-Arien, 1680–1700 (Diss. B 1934); J. V. GODEFROY, Some Aspects of the Aria, in: ML 17 (1936); F. GHISI, Alle fonti della monodia (Mi 1940); L. WALTHER, Die konstruktive u. thematische Ostinatotechnik in den Chaconne- u. Arienformen des 17. u. 18. Jh. (Wü 1940); R. GERBER, in: MGG I; A. MACHABEY, G. Frescobaldi (1583–1643) (P 1952); M. F. ROBINSON, The Aria in Opera Seria (1725–80), in: Proc. R. Mus. Assoc. 88 (1961–62); B. HJELMBORG, Aspects of the Aria in the Early Operas of F. Cavalli, in: Natalicia Musicologica, FS K. Jeppesen (Kop 1962).

A. VERCHALY

ARIETTA (it., Diminutiv von Aria), Bz. für eine kleine Arie in Oper und Singspiel, auch für ein Sololied (z.B. Beethoven, *In questa tomba oscura;* Schubert, *Liebe schwärmt auf allen Wegen*). A. kommt zuweilen auch als Satzbezeichnung in Instrumentalwerken vor (Beethoven, letzter Satz der Klaviersonate op. 111). In Deutschland wird anstelle von A. auch die Bz. „Ariette" verwendet.

ARIETTE (frz., von it. Arietta; in Deutschland zuweilen auch synonym mit Arietta gebraucht), eine der ↗Da-capo-Arie nachgebildete Arienform in Frankreich, die vor allem im 18. Jh. gepflegt wurde. Die Namengebung („kleine Arie") trifft die Sache nicht genau, diente damals jedoch als Unterscheidung zum schlichteren, liedhaften ↗Air. Die A. stand in der frz. Oper und im Opernballett als ein von der Handlung unabhängiges Solo meist in den Zwischenakten und gab dem Sänger Gelegenheit zur Entfaltung seines Könnens. – Als Lied volkstümlichen Charakters wurde die A. vor allem in der „Comédie à ariettes" (einer Vorform der ↗Opéra-comique) verwendet, wo sie zunehmend die auf bereits vorhandene, bekannte Melodien zurückgreifenden ↗Vaudevilles verdrängte. Die A. wurde auch in Deutschland gepflegt (Mozart, KV 307, 308) und fand hier Eingang in die Instrumentalmusik (J. Haydn, *Ariettes con variazioni*, 1768 und 1774; W. A. Mozart, *Variationen über „Lison dormait"*). In der neueren Zeit erscheint die Bz. A. bei Debussy *(Ariettes oubliées)*.

Lit.: F. PARFAICT, Mémoires pour servir à l'histoire des spectacles de la Foire (P 1743); C. CUCUEL, Les créateurs de l'opéra-comique française (P 1914); P. M. MASSON, L'opéra de Rameau (P 1930); L. DE LA LAURENCIE, La musique française de Lully à Gluck, 2. Teil: L'opéra-comique, in: LAVIGNAC Hist. III (1914).

ARIGOT, alter Name für ein ↗Flageolett mit 6 Grifflöchern, dessen Spiel kraftvolles Anblasen verlangte. Das A. gehörte im 16. Jh. in Frankreich zur Militärmusik und wurde dort zusammen mit der Trommel gespielt. – ↗Larigot.

ARION, griech. Dichter und Musiker aus Methymna (Lesbos); lebte in Korinth unter dem Tyrannen Periander (625–585). Er soll den Dithyrambos (als Vorstufe der Tragödie) erfunden haben. Nach der Sage wurde er auf einer Seefahrt von einem Delphin vor dem Ertrinken gerettet, den er durch seinen Gesang zur Kithara herbeigelockt hatte, als ihn Schiffer berauben wollten und ins Meer warfen.

ARIOSO, seit dem 18. Jh. Bz. für ein arienmäßiges, kürzeres Gesangsstück. Es läßt sich in zwei Erscheinungsformen beobachten.

1. Als A. bezeichnet man eine Episode, die in ein Rezitativ eingefügt ist, so in vielen Kantaten von J. S. Bach, z. B. in der Kantate 159 *(Arioso-Recitativo* am Anfang), z. T. auch ohne ausdrückliche Bezeichnung als Arioso. Das ist der Fall etwa bei den Einsetzungsworten in Bachs *Matthäus-Passion*. An solchen Stellen hebt das A. durch den Kontrast zur rezitativischen Umgebung den jeweiligen Text als besonders bedeutungsvoll hervor.

2. Mit A. kann auch eine kurze Arie bezeichnet sein, z. B. *Betrachte meine Seel'*, Nr. 31 in Bachs *Johannes-Passion*, *Behold and see*, Nr. 28 in Händels *Messiah*, *Ja, es sollen wohl Berge weichen*, Nr. 37 in Mendelssohns *Elias*. In diesen Ariosi – sie sind in den betreffenden Werken Einzelerscheinungen – wird durch die komprimierte musikalische Form der Ausdrucksgehalt der Texte stark pointiert. – Neuere Beispiele für das A. finden sich u. a. bei Hindemith *(Cardillac)* und Strawinski *(The Rake's Progress)*.

A. wird vereinzelt auch als Bezeichnung von Instrumentalstücken verwendet, so von Beethoven im 3. Satz der Klaviersonate op. 110, wo sich das *Arioso dolente* ähnlich wie in den unter 2. genannten Beispielen unmittelbar an einen (instrumentalen) rezitativischen Abschnitt anschließt.

ARIOSTI, Attilio Malachia, * 5. 11. 1666 Bologna, † um 1730; it. Komponist. Seit 1688 Mitglied des Servitenordens (Ordensname Ottavio). Er war vielleicht Schüler von G. M. Bononcini und G. P. Colonna und wirkte zunächst als Organist von Santa Maria dei Servi in Bologna. Nachdem er zwischen 1694 und 1696 mit Dispens seiner Oberen sein Kloster verlassen hatte, trat er zunächst in den Dienst des Grafen von Mantua, dann in den des Großherzogs von Toscana. 1697–1703 war A. Hofkomponist der Kurfürstin Sophie Charlotte von Brandenburg (der späteren Königin in Preußen) in Berlin. Hier schrieb er 5 Opern und ein Ballett. 1703–09 hielt er sich in Wien, danach (im Dienste Kaiser Josephs I.) in Italien auf. 1716 ging er nach London, wo er mit *Coriolano* (1723) und *Lucio vero* (1726) große Erfolge feierte und mit Händel und mit G. B. Bononcini zu den Hauptvertretern der it. Oper gehörte, jedoch wurde sein Ruhm von dem Händels überschattet. Von seinen letzten Lebensjahren fehlt jede Spur. Von den mindestens 25 Opern und anderen Bühnenwerken, deren Aufführung in Berlin, Wien und London bezeugt ist, sind 8 hsl. vollständig überliefert (die meisten in Wien), von den anderen existieren nur Auswahldrucke und (in London gedruckte) Sammlungen von *Favourite songs;* 3 Opern sind ganz verschollen. A. schrieb auch Oratorien (darunter *La Passione*, UA Bologna 1693), Solokantaten sowie Instrumentalmusik: *Divertimenti* für V. und Vc. (Bol 1695), *Lezioni* für Viola d'amore und B.c. (Lo[?] 1728). A. ist auch als Viola d'amore-Spieler bezeugt, so in einer Aufführung von Händels *Amadigi* 1716 in London.

Lit.: A. EBERT, A.A. in Berlin (Diss. Bonn 1905); L. FRATI,

A. O. A., in: RMI 32 (1926); F. BOSE, A. u. Bononcini am Berliner Hof, in: AfMw 22 (1965); G. DARDO, La „Passione" di A. A., in: Chigiana 23, N.S. 3 (1966); G. WEISS, 57 unbekannte Instrumentalstücke (15 Sonaten) v. A. A. in einer Abschrift v. J. H. Roman, in: Mf 23 (1970); E. VOGGENREITER, Unters. zu den Opern von A. A. (Diss. Bonn 1978).

ARIOSTO, Ludovico, getauft 8. 9. 1474 d'Emilia, † 6. 7. 1533 Ferrara; it. Dichter. Sein 1516–21 und 1532 (erweitert) veröffentlichtes Hauptwerk, das Epos *Orlando furioso (Der rasende Roland),* war eine der beliebtesten Textquellen für die it. Vokalmusik des 16. Jahrhunderts. Die erste Komposition von Stanzen des *Orlando furioso* stammt von B. Tromboncino (in RISM 1517²). Von 1540–80 wurden dann besonders die Klagegesänge aus dem *Orlando* als Madrigale vertont, und noch in Caccinis *Le nuove musiche* (1601) liegt ein solcher Text einer Aria zugrunde. – Im 16. Jh. existierte in Italien ein Brauch, Stanzen aus dem *Orlando* in volkstümlicher Art liedhaft improvisierend vorzutragen.

ARISTIDES QUINTILIANUS, griech. Musikschriftsteller des 2. oder 3. Jh. n. Chr. Seine 3 weitgehend kompilierten Bücher *Peri musikēs,* die vorwiegend an Aristoxenos, Ptolemäus und Platon anknüpfen, zählen zu den umfassendsten Darstellungen der griech. Musiktheorie, insbesondere auf dem Gebiet der Musikästhetik und Ethoslehre.

Ausg.: M. MEIBOM, Antiquae musicae auctores septem II (A 1652); Zahlen- u. Naturlehre der Musik, in: W. RÜEGG, Antike Geisteswelt I (Da 1955) (= Geist des Abendlandes, ohne Nr.); De musica libri tres, hrsg. v. R. P. WINNINGTON – INGRAM (L 1963) (= Bibl. scriptorum Graecorum et Romanorum Teubneriana, ohne Nr.).

Lit.: K. VON JAN, De codicibus manuscriptis, in: Musici scriptores graeci ... (L 1895); C. RUELLE, Le musicographe A. Q., in: SIMG 11 (1910); R. SCHÄFKE, A. Q. Von der Musik (B 1937); H. POTIRON, Les notations d'A. Q., in: RMie 47 (1961); J. LOHMANN, Musikē u. Logos, hrsg. v. A. Giannarás (St 1970).

ARISTOTELES, * 384 (oder 383) v. Chr. Stagira in Thrakien, † 322 v. Chr. Chalkis auf Euböa; griech. Philosoph; Schüler Platons und neben ihm der bedeutendste Philosoph der Antike. Ihm gelang von wenigen Grundbegriffen aus eine streng systematische Bewältigung des damaligen Wissens. In seinen Schriften, besonders in der *Nikomachischen Ethik,* finden sich auch wertvolle Hinweise zur antiken Musik, der er aber kein eigenes Werk gewidmet hat. A. führte die Musik, wie die anderen Künste, auf das natürliche Nachahmungsbedürfnis der Menschen zurück. Sie ist in besonderer Weise befähigt, seelische Zustände wiederzugeben. Ihr ethischer Wert weist ihr eine besondere Rolle in der Bildung des Staatsbürgers sowie in der künstlerischen Erziehung der Jugend zu. Die aristotelische Lehre von der Nachahmung wurde seit der Renaissance Ausgangspunkt vieler kunsttheoretischer Auffassungen. Sie beeinflußte entscheidend auch die musikalische Affektenlehre des 17. und 18. Jahrhunderts.

Ausg.: F. A. GEVAERT – C. VOLLGRAF, Les problèmes musicaux d'Aristote (Gent 1903); K. VON JAN, Musici scriptores Graeci (L 1895, Nachdr. Hildesheim 1962).

Lit.: H. ABERT, Die Lehre vom Ethos in der griech. Musik (L 1899); G. TISCHER, Die aristotelischen Musikprobleme (Diss. B 1902); W. VETTER, Die antike Musik in der Beleuchtung durch A., in: AfMw 1 (1936); E. A. LIPPMAN, Musical thought in Ancient Greece (NY – Lo 1964); L. ELDERS, A.'s Cosmology (Assen 1966); J. LOHMANN, Musikē u. Logos, hrsg. v. A. Giannarás (St 1970).

ARISTOXENOS, um 354–300 v. Chr., griech. Musiktheoretiker. A. wurde zunächst von seinem Vater Spintharos, Musiker und ein Schüler des Sokrates, unterrichtet. Später wurde er Schüler des Pythagoreers Xenophiles und von Aristoteles. Seine Schriften, die nur fragmentarisch überliefert sind (2 Bücher *Elemente der Harmonik,* die *Elemente der Rhythmik* sowie die im plutarchischen Musikdialog enthaltenen Bruchstücke der *Vermischten Tischgespräche*) setzen sich mit der peripatetischen und pythagoreischen Schule auseinander. Gegenüber der einseitigen mathematischen Denkungsweise der Pythagoreer erkannte A. die wichtige Rolle des wahrnehmenden Subjekts: Betonung der qualitativen Bestimmtheiten des Tons gegenüber quantitativ meßbaren Tonunterschieden, das Gehör wird oberste Instanz. In Weiterführung der aristotelischen Lehre behandelte A. die Musik nicht nur als ethische, sondern auch als ästhetische Kategorie. Von A. stammt die Nomenklatur und das System von 13 Transpositionsskalen. Als besondere Leistung ist hervorzuheben, daß A. die Oktave bereits auch als gleichmäßige chromatische Struktur erfaßte. Wegen des Verzichts auf akustische Reinheit des Tons gilt A. vielfach als der erste Vertreter einer temperierten Stimmung. Bedeutend ist auch seine Rhythmuslehre. Sie unterscheidet drei elementare rhythmische Geschlechter (daktylisch, jambisch und pajonisch), die jeweils um ein Vielfaches erweitert werden können (bis zur Fünfundzwanzigzeitigkeit). A. wird allgemein als der Begründer einer eigentlichen antiken Musikwissenschaft angesehen und galt schon zu seiner Zeit als die größte Autorität auf dem Gebiete der Musik.

Ausg.: A. von T. Melik und Rhythmik des classischen Hellenenthums, I: Übers. u. Kommentar v. R. WESTPHAL (L 1883), II: Texte, hrsg. v. F. SARAN (L 1893), Nachdr. 2 Bde. (Hildesheim 1965).

Lit.: R. WESTPHAL (s.o.); H. S. MACRAN, The Harmonics of

A. (O 1902); G. URBAIN, Le Tombeau d'A., essai sur la musique (P 1924); R. L. CROCKER, A. and Greek Mathematics, in: Aspects of Medieval and Renaissance Music, FS G. Reese (NY 1966).

ARITHMETISCHE TEILUNG ↗Harmonische Teilung.

ARLECCHINO oder Die Fenster, Theatralisches Capriccio von Ferrucio Busoni (1866–1924), Text vom Komponisten. Ort und Zeit der Handlung: Bergamo im 18. Jh. UA: 11. 5. 1917 in Zürich unter Leitung Busonis; dt. EA: 21. 10. 1918 in Frankfurt a. M.; Deutschsprachige EA: Juni 1928 in Prag. Busoni erweist sich mit dieser Komposition als Vertreter des in anti-illusionistischer Gegenbewegung zu Wagners Musikdrama entstandenen Musiktheaters des frühen 20. Jh. Die durch kurze Dialoge verbundenen traditionellen Nummern wie Arie, Ensemble und Tanz sowie die großformale Unterteilung in vier Sätze lassen den Einakter als eine am Ideal der Buffooper ausgerichtete heitere Suite erscheinen: Die Handlung des Stückes, eine ironische Mischung aus Eifersuchtsdrama und Verwechselungskomödie um den als Sprechrolle konzipierten A., bietet gute Gelegenheiten für musikalische Späße. Da das Werk nicht abendfüllend ist, wurde es am Zürcher Stadttheater zusammen mit Busonis Zweiakter *Turandot* uraufgeführt. Ungeachtet des Erfolges der UA wurde der A. wegen seiner antibürgerlichen Tendenz oft angefeindet.

W. A. MAKUS

ARLEN, Harold (eig. Hyman Arluck), * 15. 2. 1905 Buffalo (NY), † April 1986 New York; amerik. Komponist. Er studierte bei E. Cornelissen und S. Bucharoff. Zunächst betätigte er sich als Jazzpianist. Mit den Schlagern *Get Happy* wurde er als Komponist bekannt. A. schrieb für Duke Ellington und den Cotton Club in Haarlem Revuemusiken und Songs (u. a. *Stormy Weather* und *I Love a Parade*). Er komponierte Orchesterwerke *(Americanegro Suite* und *Mood in Six Minutes)* und Filmmusiken, aus denen viele Schlager bekannt wurden: *Let's Fall in Love, Over the Rainbow, Blues in the Night,* sowie Broadway-Musicals und die Bluesoper *Free and Easy.*

ARMA, Paul, eig. Imre Weisshaus, * 22. 10. 1905 Budapest; frz. Pianist, Folklorist und Komponist ungar. Herkunft. Er studierte 1920–24 an der Franz-Liszt-Akademie in Budapest bei Bartók. Nach Konzertreisen als Pianist durch Europa und die USA leitete er 1931–33 Volkschöre in Berlin und Leipzig. 1933 ließ er sich in Paris nieder und ist seit 1949 als Lehrbeauftragter auch an der Univ. tätig. A. hat sich intensiv als Sammler mit der Volksmusik vieler Länder beschäftigt. Folkloristische Elemente finden sich auch in seinen Vokal- und Instrumentalkompositionen. In den 50er Jahren wandte er sich der Elektronischen Musik zu und war mehrere Jahre Leiter der Forschungsgruppe „Musique concrète" bei Radio Paris.

WW: **1) Instr.-WW:** Verschiedene Klv.-Stücke; *12 Danses roumaines de Transylvanie* für Fl. u. Klv. (P 1940); *Divertimentos, nº 1* für Fl. u. Klv. (P 1951), *nº 4* für Vc. u. Klv. (P 1952), *nº 6* für Klar. oder Br. u. Klv. (P 1956); *3 Mouvements* (1949); Holzbläsertrio (P o.J.); für Streichorch.: *Suite de Danses,* mit Fl. (P 1940); *Symphonie* (P 1950); *Variations* (P 1959); *Polydiaphonie,* für Symphonie-Orch. (P 1962). – **2) Vokal-WW:** *Chants du silence,* für Gesang u. Klv. (P 1942–44); zahlreiche a-cappella-Chöre, u. a. *Cantate de la Terre* (P 1952) u. *Concerto* (P 1954); *Cantate da camera* für Bar., Chor, Klv. u. Str. (P 1957).

Lit.: J. MEDWEDEJEWA, in: Sovetskaja muzyka, H. 5 (1968).

ARME HEINRICH, DER, Musikdrama in 3 Akten von Hans Pfitzner (1869–1949), Text von James Grun nach dem Versepos Hartmanns von Aue. Ort und Zeit der Handlung: Heinrichs Burg in Schwaben, ein Kloster zu Salerno, um 1100. UA: 2. 4. 1895 in Mainz unter Leitung des Komponisten. Pfitzner schrieb seine erste Oper bereits in den Jahren 1891–93. Da zunächst keine Bühne bereit war, das Werk aufzunehmen, verdingte sich der Komponist 1894 als unbezahlter Korrepetitor beim Stadttheater Mainz gegen die Zusage, dort den A. H. zur UA zu bringen. Diese geriet zu einem großen Erfolg, denn das Publikum vermeinte, einen würdigen Bewahrer des Erbes von Richard Wagner entdeckt zu haben. Als Indizien dafür galten die literarische und musikalische Darstellung ähnlicher Charaktere (Heinrich – Gurnemanz), die scheinbare Übernahme von Szenen (Dietrichs Bericht von seiner Italienreise – Tannhäusers Erzählung) und konsequente Anwendung der Leitmotivtechnik mit ungewohnter Harmonik. Doch wegen ihrer tiefen Mystik wurde die Musik als zu wenig abwechslungsreich kritisiert. Diese – nur im Hinblick auf Wagners Musikdramen verständliche – Einschätzung ließ den A. H. in die Zweitklassigkeit verschwinden.

K. LANGROCK

ARME MATROSE, DER *(Le pauvre matelot),* Klagelied in 3 Akten von Darius Milhaud (1892–1974), Text von Jean Cocteau. Ort und Zeit der Handlung: in einer frz. Hafenstadt zu Beginn des 20. Jahrhunderts. UA: 12. 12. 1927 in Paris (Opéra Comique); dt. EA (in dt. Sprache): 29. 9. 1929 in Berlin (Übersetzung von Marie Pappenheim; Inszenierung von Gustav Gründgens). Die Handlung um ein tragisches Verbrechen trägt veristische Züge: Eine in bedrückender materieller Armut lebende Frau hält ihren nach langer Abwesenheit heimkehrenden Ehemann für einen Fremden und ermordet ihn, um in den Besitz eines kostbaren Schmuckstückes zu gelangen, durch das sie sich und ihrem Gatten ein besseres Leben zu verschaffen gedenkt. Das an eine Moritat im Bänkelsängerton anklingende Stück gilt als Milhauds erfolgreichstes Bühnenwerk und ist konsequent auf eindringlich-drastische Charakterisierung von Milieu und Empfindungen mit sparsamen orchestralen Mitteln angelegt. Im Klangbild kontrastieren auf reizvolle Weise melodische und formale Schlichtheit mit dem Raffinement bizarrer Rhythmen und polytonaler Harmonik.

W. A. MAKUS

ARMIDA, Tragédie lyrique (Drame héroïque) in 5 Akten von Christoph Willibald Gluck (1714–87), Text von Philippe Quinault nach Torquato Tassos Drama *Das befreite Jerusalem* (1577). Ort und Zeit der Handlung: Damaskus im Jahre 1099. UA: 23.9.1777 in Paris (Académie Royale de Musique); dt. EA (in it. Sprache): 18.11.1782 in Hannover, 4. 4. 1783 in Kassel (in frz. Sprache), 20.5. 1805 in Berlin (in dt. Sprache).

Der 1. Kreuzzug und die Begegnung des Kreuzfahrers Rinaldo mit der Zauberin Armida sind Gegenstand der Oper. Gluck vertonte hier zum ersten Mal keinen antiken Tragödienstoff in der Form der heroischen Oper. Er behielt den Text Quinaults unverändert bei, obwohl dem Opernreformer Gluck eine solch lockere Handlungsführung nicht unbedingt entsprach. Vor dem Hintergrund des auch musikalisch-lyrisch gestalteten Stimmungsbildes der Zauberlandschaft in der „Wunder-Oper" spielt sich A.s Seelendrama zwischen Liebe und Haß ab, das seinen Höhepunkt in der Beschwörung der Furie des Hasses (III, 3) hat. Gluck hat bei der Komposition auf Teile aus älteren Opern zurückgegriffen; so verwendet er hier die C-Dur-Ouvertüre aus seiner Oper *Telemacco.*

B. DELCKER

ARMIDA UND RENAUD, Tragédie lyrique mit Prolog in 5 Akten von Jean Baptiste Lully (1632–87), Text von Philippe Quinault nach einer Episode aus Torquato Tassos Drama *Das befreite Jerusalem.* Ort und Zeit der Handlung: Damaskus im Jahre 1099. UA: 15. 2. 1686 in Paris (Académie royale de musique).

Die dramatische Liebesbeziehung zwischen der Prinzessin Armida und dem Kreuzfahrer Renaud wird auch musikalisch gestaltet. Es handelt sich um einen ersten Versuch Lullys, die Gefühle und Leidenschaften der handelnden Personen in der Komposition zum Ausdruck zu bringen. Die Arie *Sommeil de Renaud* (II,3) und die große Szene der Armida *Je ne triomphe pas du plus vaillant de tous* (I, 1) zeigen, daß Lully die strenge Typisierung der Personen aufgegeben hat. Unstimmigkeiten zwischen Lully und dem König (Ludwig XIV.) waren der Grund für den Mißerfolg bei der UA. Der König erkannte später, nachdem er von der speziell für Lully inszenierten Aufführung gehört hatte, das Werk mit den Worten an: „Wenn das Stück nach Lullys Geschmack ist, dann gebührt dem Stück, was es verdient, Applaus!" Damit war auch der Oper A. u. R. der Erfolg sicher.

B. DELCKER

ARMINIO, Oper in 3 Akten von Georg Friedrich Händel (1685–1759), Text von Antonio Salvi. Ort und Zeit der Handlung: Nordgermanien zur Zeit des Kaisers Augustus. UA: 12. 1. 1737 in London (Covent Garden Theatre); dt. EA: 23. 2. 1935 in Leipzig in einer dt. Neufassung von Hans Joachim Moser.

Thema, wie auch in Händels Opern *Ottone* und *Lotario,* ist die germanisch-deutsche Geschichte. Das individuelle Schicksal von Arminius und Thusnelda kann als Motiv für die Bearbeitung des Stoffes gelten und war möglicherweise eine Anspielung auf den Prince of Wales und seine Frau. Die Tonarten werden entsprechend der dramatischen Situation gewählt; so wird in der Arie des Arminio *Vado a morir* das tragische Schicksal auch harmonisch (Es-Dur – f-moll – es-moll) nachvollzogen. A. gehört mit zu den Opern, die in der sogenannten Händel-Renaissance der zwanziger Jahre von dem Kunsthistoriker Oskar Hagen wiederentdeckt wurden.

B. DELCKER

ARMINIO, Oper in 3 Akten von Johann Adolf Hasse (1699–1783), Text der ersten *Arminio*-Oper von Antonio Salvi, Text der zweiten Version von dem Hofpoeten Abbate Giovanni Claudio Pasquini. Ort und Zeit der Handlung: Das nördliche Germanien zur Zeit des Kaisers Augustus. UA: 28. 8. 1730 in Mailand (1. Fassung); UA: 7. 10. 1745 in Dresden auf Wunsch Friedrichs des Großen (2. Fassung).

Die Befreiung Germaniens von den Römern wird im individuellen Schicksal von Arminius und Thusnelda dargestellt. Hasse gilt als deutscher Hauptvertreter der it. Belcanto-Oper in ihrer galanten Ausprägung. Die Musik ist gefällig und schmeichelt den Stimmen der Sänger. Die heroischen Gesten der handelnden Personen, wie etwa in der großen Soloszene der Thusnelda, in der sich die verzweifelte Gattin selbst den Tod geben will (1. Akt), sind dennoch nur Kostüm für das ablaufende rokokohafte Spiel. Immer totgeschwiegen, findet Hasses

2. *Arminio*-Komposition zwar vom historischen Standpunkt aus Anerkennung, ist aber nie zum Repertoirestück geworden.

B. DELCKER

ARMINIUS UND THUSNELDA, Oper von G. Fr. Händel, ↗Arminio.

ARMSTRONG, Louis, genannt Satchmo, * 4.7. 1900 New Orleans (Louisiana), † 6. 7. 1971 New York; amerik. Jazztrompeter und -sänger. Nach ersten aufsehenerregenden Erfolgen in New Orleans spielte er 1920–22 bei Joe „King" Oliver in Chicago, 1924 im Orchester von Fletcher Henderson in New York. Darauf kehrte er nach Chicago zurück, wo seine ersten Schallplatten – historisch gewordene Studioaufnahmen mit den „Hot Five" und den „Hot Seven" – entstanden. Seit 1929 trat A., wieder in New York, mit verschiedenen Orchestern als Trompeter und als Sänger auf. 1947 übernahm er die Leitung einer kleinen Combo („Louis A. All Stars"), mit der er wieder an die musikalische Tradition seiner Heimatstadt New Orleans anknüpfte, ohne aber jene „scies" aufzugeben, die ihn weltbekannt gemacht und die besonders sein Entertainer-Talent zur Geltung gebracht haben. In der Geschichte des Jazz, den er entscheidend beeinflußt hat, nimmt A. einen herausragenden Platz ein. Er gilt als der bedeutendste Trompeter des Jazz mit einer überragenden Spieltechnik. Sein Gesang mit der typischen rauchigen Stimme und mit der speziellen Technik des ↗Scat fand neben Bewunderung auch Ablehnung.

Autobiographien: *Swing that Music* (NY 1936); *Ma vie, ma Nouvelle-Orléans* (P 1952), mehrere dt. Übers.en, zuletzt: *Mein Leben in New Orleans* (Z 1977).

Lit.: H. PANASSIÉ, L. A. (P 1947, NA P 1969); J. SLAWE, L. A. Zehn monograph. Stud. (Bas 1953); J. G. JEPSEN, Discography of L. A., 3 Bde. (Brande [Dänemark] 1959–60); M. JONES – J. CHILTON, Die L. A. Story (dt. Fr [2]1974).

ARNAULT, Henri (Arnault von Zwolle), * Zwolle (Niederlande), † 6. 9. 1466 Paris; niederländ. Astronom, Mediziner und Ingenieur. Er lebte am Hof der frz. Könige und verfaßte Abhandlungen über Bauweise und Herstellung von Musikinstrumenten (Paris, Bibl. Nat., Ms. lat. 7295).

Ausg.: Les traités d'Henri-Arnault de Zwolle et de divers anonymes, hrsg. v. F. LESURE (Kas 1972).

ARNAUT DANIEL, provenzalischer Troubadour der zweiten Hälfte des 12. Jh. aus Ribérac (Dordogne). Als Jongleur kam er u. a. auch an den Hof von Richard Löwenherz. A. ist einer der bedeutendsten Meister einer esoterischen „dunklen" Dichtkunst, des sog. „trobar clus", die sich auch in einem geradezu virtuosen Umgang mit den Worten ausprägt. Die von ihm aus der Kanzone entwickelte Sestine wurde auch von Dante, Petrarca und von späteren Dichtern verwendet. Dante widmete ihm im „Purgatorio" der „Divina Commedia" mehrere Verse in provenzalischer Sprache, in denen er ihn nachahmt. Petrarca nannte ihn den „grand maestro d'amor". Von A. D. sind 18 Liedtexte überliefert, davon jedoch nur 2 mit Melodien.

Lit.: F. GENNRICH, Der musikal. Nachlaß der Troubadours, 3 Bde. (Da 1958–65) (mit 2 Liedern); G. TOJA, A. D. Canzoni (Fi 1961); J. MAILLARD, Anthologie de chants de troubadours (Nizza 1967).

ARNAUT DE MAREUIL, provenzalischer Troubadour vom ausgehenden 12. und Anfang des 13. Jahrhunderts aus der Dordogne. Er wurde wegen seiner Literaturkenntnisse sehr geschätzt. A. verliebte sich in die Frau seines Gönners, des Grafen Roger II. von Béziers, und korrespondierte mit ihr durch Vermittlung des Spielmanns Pistoleta. Als er deswegen den Hof verlassen mußte, fand er einen neuen Mäzen in Wilhelm VII. von Montpellier. Ihm sind 39 Lieder gewidmet, von denen aber nur 26 als gesichert gelten und 6 mit Noten erhalten sind. In seinen Liedertexten verwendete er neben der Kanzonenform auch die Form des Salut d'Amour, eine Art poetischer Liebesbriefe.

Lit.: W. FRIEDMANN, A. de M. (Hl 1910); R. C. JOHNSTON, Les poésies lyriques du troubadour A. de M. (P 1935); F. GENNRICH, Der musikal. Nachlaß der Troubadours, 3 Bde. (Da 1958–65); P. BEC, Les saluts d'amour du troubadour A. de M. (Toulouse 1961).

ARNDT, Günther, * 1. 4. 1907 Berlin, † 25. 12. 1976 ebd.; dt. Dirigent. Er studierte Schul- u. Kirchenmusik sowie Musikwissenschaft in Berlin, lehrte seit 1934 an der Volkshochschule und leitete außerdem den Heinrich-Schütz-Kreis. Nach dem Kriege wurde er Leiter der Kammermusikabteilung beim Berliner Rundfunk, 1949 Referent in der Musikabteilung des RIAS Berlin. 1949 gründete A. den Berliner Motettenchor, den er bis 1964 leitete. 1955 übernahm er den RIAS-Kammerchor und 1964 wurde er stellvertretender Hauptabteilungsleiter Musik beim RIAS. Seit 1965 war er Universitätsmusikdirektor an der Freien Univ. und an der Technischen Univ. Berlin.

ARNE, 1) Thomas Augustine, * 12. 3. 1710 London, † 5. 3. 1778 ebd.; engl. Komponist. Er schrieb zahlreiche Opern, Masques und Bühnenmusiken (u. a. zu Dramen von Shakespeare), 2 Oratorien, *The Death of Abel* (1744) und *Judith* (1761), 8 *Ouvertures in 8 Parts* (um 1751), 7 Triosonaten (1757), Klavier- und Orgelmusik, Glees, Kantaten, Catches und Kanons. A. gehört mit W. Boyce zu den beliebtesten engl. Komponisten seiner Zeit. Von ihm stammt auch die Melodie zu *Rule Britannia* (Finale aus der Masque *Alfred*, 1740). – **2) Michael,** Sohn von 1), * 1740 (oder 1741) London, † 14.1.1786 ebd.; er komponierte Opern, Bühnenmusiken und Lieder. – Von beiden A.s erschienen u.a. zahlreiche Einzelgesänge im Druck.

Ausg. (in London erschienen): **Thomas A.:** *Comus* (1738, Libr.: J. Dalton nach J. Milton), Masque, hrsg. v. J. HERBAGE, in: Mus. Brit. 3 (1951); *Concerto n⁰ 4* für Cemb. oder Klv., hrsg. v. A. CARSE (1952); dass. *n⁰5* (1954); *The Morning*, Kantate, hrsg. v. R. SALKELD (1954); Triosonaten op. 3, Nrn. 4, 5, 7, hrsg. v. H. MURRILL (1960); *9 Shakespeare Songs*, hrsg. v. P. YOUNG (1963); *8 Sonatas or Lessons for the Harpsichord*, Faks. der Originalausg. v. 1758, hrsg. v. G. BEECHEY – TH. DART (Lo 1969).

Lit.: H. LANGLEY, Dr. A. (C 1938); J. HERBAGE, The Vocal Style of Th. A.A., in: Proc. R. Mus. Assoc. 78 (1951–52); A.E.F. DICKINSSON, A. and the Keyboard Sonata, in: The Monthly Musical Record 85 (1955); S. SADIE, The Chamber Music of Boyce and A., in: MQ 46 (1960); C. CUDWORTH, Boyce and A., „The Generation of 1710", in: ML 41 (1960).

ARNELL, Richard Anthony Sayer, * 15.9.1917 London; engl. Komponist und Dirigent. 1935–38 Schüler von J. Ireland am Royal College of Music; ging 1939 nach New York, dort 1943–48 musikal. Berater der BBC für Nordamerika. 1948 wurde er Prof. für Komposition am Trinity College of Music in London. 1967–69 lehrte er in den USA.

WW: Kammermusik, Lieder, Stücke für Org.; für Orch.: *Symphonic Portrait; Lord Byron; Landscapes and Figures; Robert Flaherty-Impression; Concertos* für V., Cemb. u. für Klv.; Ballette: *Punch and the Child* (1948); *Harlequin in April* (1951); *The Great Detective* (1953); *The Angels; Love in Transit*, Fernsehoper, UA: London 1955; *Moon Flowers*, einaktige Oper, UA: Kent 1958; *The Petrified Princess*, Marionettenoper, UA: BBC 1959; *Combat Zone*, Multi-Media-Stück für 2 Sprecher, Sopran, Bariton, Chor, Blechbläser, Jazz group, Tonband u. Film (1969); Filmmusik.

ARNOLD, Georg, * Feldsberg (Östr.), † 16.1. 1676 Bamberg; östr. Organist und Komponist. Er lebte in Innsbruck, bevor er in den Dienst des Fürstbischofs von Bamberg trat.

WW: *Liber I Sacrarum cantionum* für 2–5 St. mit Instr. (Nürnberg 1651); *Liber I Missarum* für 5 St. mit Instr. u. Supplement-Chor (I 1656); *Canzoni ariae et sonatae* für 1–4 Va. mit B.c. (I 1659); *Liber II Sacrarum cantionum* für 4–7 St. mit Instr. (I 1661); *Psalmi de Beata Virgine* für 3 St. mit Instr. (I 1662); *Psalmi vespertini* für 2 St. mit Instr. (Bamberg 1663); *Tres missae pro defunctis* (ebd. 1665); *Quatuor missae* (ebd. 1672); *Motettae tredecim selectissimae* (Kempten 1672). – Die Besetzung der nach 1656 entstandenen WW weist außer den angegebenen noch vokale u. instrumentale Partien ad libitum auf.

ARNOLD, Malcolm Henry, * 21.10.1921 Northampton; engl. Komponist. Er war Schüler von G. Jacob am Royal College of Music in London und „Mendelssohn Scholar" in Italien, 1942–44 und 1946–48 1. Solo-Trompeter des London Philharmonic Orchestra. A.s Schaffen ist überaus reich und vielseitig; es umfaßt auch einen witzigen Beitrag zu den Konzerten des „Hoffnung-Festival": *A Grand Grand Ouverture for 3 Vacuum-Cleaners, 1 Floor-Polisher, 4 Rifles and Full Orchestra* (1956).

WW: Kammermusik; 6 Symphonien; 7 Ouvertüren; Suiten für Orch.; Konzerte für Fl., Ob., Klar., Horn, Org., Akkordeon, Gitarre, 2 Klv., 2 V.; Kirchenmusik; *Song of Simeon*, Maskenspiel für Pantomimen, Soli, Chor u. Orch.; Opern: *The Dancing Master* u. *The Open Window* (1956); Ballette, darunter: *Hommage to the Queen* (1953) (zur Krönung v. Königin Elisabeth II.); *Rinaldo and Armida, Solitaire* (1956); *The Demon Barber* (1959); *Electra* (1963); 8 Solofantasien für Blasinstr., op. 86–90, 100–102 (1966); Filmmusik, u.a. zu *Bridge on the River Kwai*.

Lit.: D. MITCHELL, M.A., in: The Musical Times 96 (1955); M. SCHAFER, in: British Composers in Interview (Lo 1963).

ARNOLD, Samuel, * 10.8.1740 London, † 22.10. 1802 ebd.; engl. Organist, Dirigent und Komponist. 1765 debütierte er in Covent Garden mit dem Pasticcio *The Maid of the Mill.* 1777 wurde er Musikdirektor des Königlichen Theaters in Haymarket, 1783 Organist und Komponist der Königlichen Kapelle, 1789 Direktor der Academy of Ancient Music und 1793 Organist an der Westminster-Abbey. A. schrieb fast 100 Bühnenwerke, 5 Oratorien, Lieder sowie auch Musik für Cembalo. A. hat es als erster unternommen, die Werke Händels in einer Gesamtausgabe zu veröffentlichen (180 Nrn., 1787–97), die jedoch unvollständig blieb und nur geringen Quellenwert besitzt. Historisch bedeutender ist seine *Cathedral-Music* (Lo 1790), eine Neuausgabe von Werken engl. Komponisten des 16.–18. Jahrhunderts.

ARNOLD VON BRUCK, * um 1490 Brügge, † 6.2.1554 Linz; flämischer Komponist. Wahrscheinlich war er zwischen 1506 und 1519 Mitglied der Hofkapelle Kaiser Karls V.; 1527–46 war er Kapellmeister Kaiser Ferdinands I. in Wien und zog sich dann in den Ruhestand nach Linz zurück. Er war Priester und besaß mehrere Pfründen in Zagreb, Laibach, Laas und Linz. 1536 gravierte Ludwig Neufarer von ihm eine Ehrenmedaille. A.s lat. Kompositionen stehen in vielen stilistischen Einzelheiten den Motetten Josquins und der niederländischen Tradition nahe, während seine deutschen Liedbearbeitungen (die in den Sammlungen der prominenten deutschen Musikdrucker des 16. Jh. erschienen) mit ähnlichen Werken L. Senfls vergleichbar sind. Auffällig ist, daß A. als katholischer Geistlicher viele – liedmäßige und motettische – Bearbeitungen prot. Choralmelodien geschrieben hat und so zu den gar nicht wenigen Musikern des 16. Jh. gehörte, die sich künstlerisch über die konfessionellen Grenzen hinwegsetzen konnten.

WW: 22 Motetten (1 für 2, 4 für 3, 12 für 4, 4 für 5 u. 1 für 6 St.), 16 Stücke, geschrieben auf lutherische Choräle (14 für 4, 1 für 5, 1 für 6 St.), 22 dt. Lieder (1 für 3, 16 für 4, 3 für 5, 2 für 6 St.); etwa 50 Stücke wurden 1534–68 in Sammeldrucken veröffentlicht; zahlreiche Stücke sind hsl. erhalten.

NA des Gesamtwerkes in: O. KADE, Auserwählte Tonwerke … des 15. u. 16. Jh. (L 1882); DDT 34 (1908); DTÖ 37/2 (1930), 99 (1961).

Lit.: J. WIRTH, A. v. Br. (Diss. W 1910); L. NOWAK, Das dt. Gesellschaftslied in Östr., in: StMw 17 (1930); H. OSTHOFF, Die Niederländer u. das dt. Lied. 1400–1640 (B 1938, Nachdr. Tutzing 1967) (mit einem Anh. über A. v. B.); O. WESSELY, Zur Frage nach der Herkunft A.s von Br., in: Anzeiger der phil.-hist. Klasse der Östr. Akad. der Wiss. 92 (1955); H. OSTHOFF, Das Te Deum des A. v. B., in: FS Fr. Blume (Kas 1963).

ARNOULD, Madeleine Sophie, * 13. 2. 1740 Paris, † 22. 10. 1802 ebd.; frz. Sopranistin. Sie war Schülerin von Marie Fel (Gesang) und H. Clairon (Schauspiel). 1757 debutierte sie an der Opéra in Paris. Sie feierte große Erfolge in Hauptrollen der Werke von Rameau *(Castor et Pollux; Dardanus)* und besonders von Gluck *(Iphigenie auf Aulis; Orpheus und Euridike).* Sie sang bis 1787.

Lit.: E. u. J. DE GONCOURT, S. A. d'après sa correspondance et ses mémoires inéd. (P 1857, ²1859, NA 1877); R. DOUGLAS, S. A. (P 1898); F. ROGERS, S. A., in: MQ 6 (1920); J. STERN, A l'ombre de S. A. (P 1930).

AROCA, Jesús, * Oktober 1877 Algete bei Madrid, † 1. 11. 1936 ebd.; span. Komponist und Musikwissenschaftler. Er studierte am Madrider Konservatorium, wo er seit 1933 Musiktheorie unterrichtete. A. schrieb Stücke für Klavier, Zarzuelas, eine Suite für Orchester, *Arrabales castelanos,* und Bühnenmusiken. Er veröffentlichte den *Cancionero musical y poético del siglo XVII* von Cl. de la Sablonara (Ma 1916) und eine Slg. altspan. Musik, *Reseña histórica de la Tonada* (Ma o.J.).

ARON, Pietro, ↗Aaron.

ARPEGGIO (it., von arpa = Harfe; engl.: arpeggio; frz.: arpège; it.: arpeggio; span.: arpegio), Ausführungsweise eines Akkords auf Tasten-, Zupf- und Streichinstrumenten, bei der die einzelnen Töne wie beim Harfenspiel (daher die Bezeichnung) nacheinander erklingen. Das Arpeggieren wird vorgeschrieben durch eine geschlängelte senkrechte Linie (seltener durch eine geschweifte Linie) vor dem betreffenden Akkord:

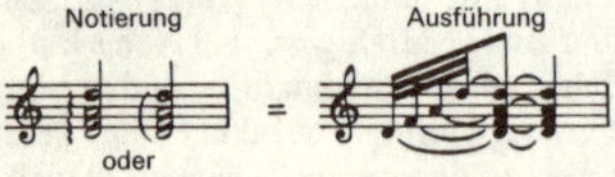

In der Regel erfolgt das Arpeggieren frei rhythmisch von unten nach oben. Statt des A.-Zeichens findet sich manchmal auch der (ausgeschriebene oder abgekürzte) Vermerk „arpeggio", vor allem, wenn längere Akkordfolgen arpeggiert oder gebrochen (↗Gebrochene Akkorde) gespielt werden sollen. Die Bezeichnung hat dann die Funktion einer ↗Abbreviatur.

Im übrigen wurde im 17./18. Jh. das A. zu den ↗Verzierungen gerechnet. In der Musik für Tasteninstrumente kannte man ein *Arpègement simple*

und ein *Arpègement figuré* (auch als gebrochene ↗Acciaccatura bezeichnet):

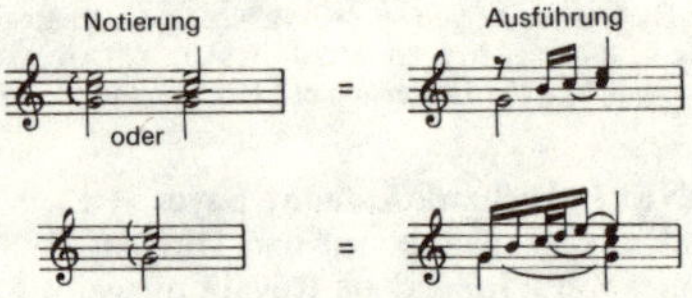

Seit dieser Zeit ist vom A. als Verzierung zu unterscheiden das A. in Form von ausgeschriebenen, rhythmisch exakt fixierten, schnellen Akkordbrechungen verschiedenster Art, die nun für längere Zeit neben den Tonleitern zu den Elementen der Figuration in der solistischen Musik für Tasten- und Streichinstrumente zählen. Es gibt sogar Werke, die in ihrer Gesamtheit von solchen A.-Bildungen bestimmt sind (z. B. J. S. Bachs Praeludium Nr. 1 aus dem *Wohltemperierten Klavier I;* 1. Satz der *Sonata quasi una fantasia* op. 27,1 von Beethoven; *Doctor Gradus ad Parnassum* aus *Children's Corner* von Debussy).

Vom 18. Jh. ab gehören arpeggierte Akkorde in zunehmenden Maße auch zum Grundbestand insbesondere des Klavierstils. Ein Beispiel aus *Prélude, Choral et Fugue* von C. Franck mag hier für zahllose Stellen aus dem 19. Jh. genügen:

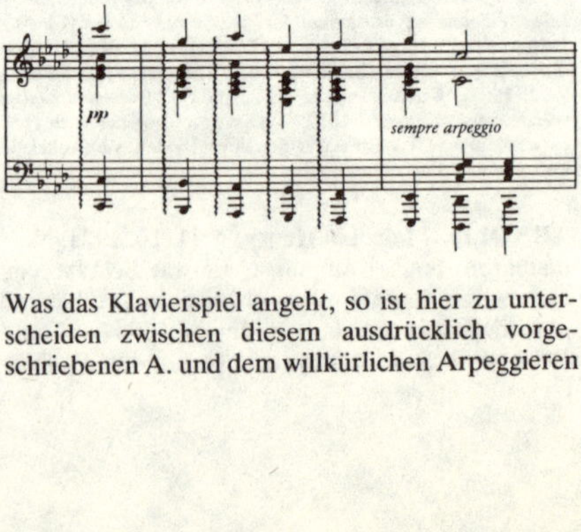

Was das Klavierspiel angeht, so ist hier zu unterscheiden zwischen diesem ausdrücklich vorgeschriebenen A. und dem willkürlichen Arpeggieren

von Akkorden, das im 19. Jh. zeitweise als Zeichen eines ausdruckvollen Vortrags betrachtet und nicht nur bei zweitrangigen Pianisten gelegentlich zur Manie wurde, in unserer Zeit dagegen seit langem als pianistisches Vergehen gilt.
Dagegen macht man heute auf dem Cembalo, vor allem beim Generalbaßspiel, häufigen Gebrauch von Arpeggien.

ARPEGGIONE (it.; dt. Bz. gelegentlich: Gitarren-Violoncello; frz.: guitare d'amour, guitare-violoncelle; it.: chitarra d'amore), Streichinstrument von der Größe eines Violoncello, dessen Resonanzkörper jedoch die Form einer Gitarre hat. Der Bezug besteht aus 6 Saiten, die wie die der Gitarre gestimmt sind.

Das Instrument hat 24 Bünde und wird wie ein Violoncello gespielt. Erfunden wurde es 1823 von dem Wiener Gitarrenbauer Johann Georg Stauffer. Fr. Schubert schrieb eine Sonate in a-moll für A. und Klavier (1824, hrsg. 1828). Vincenz Schuster verfaßte eine Schule für A. mit dem Titel *Anleitung zur Erlernung des Staufferschen Guitarre-Violoncells* (W 1825).

ARRANGEMENT (engl. und frz.), in der Unterhaltungsmusik und im Jazz Einrichtung eines Musikstücks für eine bestimmte Besetzung, meistens in Form von Umschreiben einer bereits ausgearbeiteten Besetzung in eine andere. – Im ↗Jazz Sammelbezeichnung für alle Arten von Absprachen. Diese beziehen sich zunächst auf die Kombination und den Einsatz der Instrumente, dann auf die partiturartige Festlegung einzelner Teile, des Rahmens (der neben der Einleitung den ersten und letzten Chorus umfaßt; *Rahmen-* bzw. *Skeleton-A.*) oder – mit Ausnahme improvisierter Soli – des ganzen Stücks. Einfache mündliche Absprachen heißen *Head arrangements.* – Das A. entwickelte sich gleichzeitig mit der *Big band* (Fletcher Henderson), wurde jedoch schon durch Aufführungspraktiken verschiedener Ensembles in den 1920er Jahren vorbereitet (Jelly Roll Morton, Louis Armstrong). Das Aufkommen der Schallplatte, die eine stärkere Festlegung erforderte, begünstigte die Entwicklung von Arrangements. Mit der zunehmenden Durchrationalisierung des Tonmaterials gibt es auch im Modern Jazz, insbesondere in der Combo (↗Band), eine Vielzahl von A.s, z.B. beim *Modern Jazz Quartet.* Die Art des A. ist ein wichtiges Erkennungsmerkmal für den sog. Sound eines Ensembles.

ARRAU, Claudio, * 6.2.1903 Chillán (Chile); chilenischer Pianist; studierte u.a. bei Martin Krause am Sternschen Konservatorium in Berlin, wo er bis 1937 lebte. Er gewann zahlreiche internationale Preise, u.a. 1927 den Grand Prix International des Pianistes in Genf. A. gilt als einer der bedeutendsten Pianisten der Gegenwart. Sein Repertoire, das in seiner Vielseitigkeit und in seinem Umfang als einzigartig gilt, setzt Schwerpunkte bei den Klassikern (besonders Beethoven) und Romantikern (Chopin, Schumann, Brahms). Sein Spiel ist durch virtuose, aber ungemein disziplinierte und subtile Technik und durchdachte Werktreue ausgezeichnet.

Lit.: B. GAVOTY, Cl. A. (G – F 1962); J. KAISER, Große Pianisten in unserer Zeit (Mn ^{3}1977).

ARRESTI, Giulio Cesare, * 26.2.1619 Bologna, † 17.7.1701 ebd.; it. Komponist. Er war 1659–61 und wieder 1671–96 1. Organist an S. Petronio, 1668–80 Kapellmeister an S. Domenico in Bologna. Er war Mitgründer der später berühmten Accademia filarmonica und mehrere Male ihr Präsident. Seine gedruckten Kompositionen sind: 2 Bände Messen für 8 St. und für 3 St. mit Instr. und Ripienochor (V 1663), 12 *Sonate a 2 & a tre* für 2 und 3 V. und Vc. ad lib. (V 1665), Orgelhymnen (Bol o.J.), eine Solokantate in RISM 1685^{1}, 3 Orgelsonaten in 1697^{8}; die Aufführung mehrerer Oratorien in Bologna ist bezeugt. Eine heftige Kontroverse zwischen A. und M. Cazzati (der ihm wohl an kompositorischem Können überlegen war) schlug sich in zwei Schriften A.s nieder, die teils in satirischer Form gehalten sind. – Sein Sohn **Floriano** (* 15.12.1667 Bologna, † 1717) war Schüler B. Pasquinis in Rom und wurde Nachfolger seines Vaters als Organist an S. Petronio in Bologna. Er schrieb u.a. Orgelwerke (NA in: TORCHI Arte Mus. III), Oratorien und 5 Opern.

ARRIAGA Y BALZOLA, Juan Chrisóstomo Jacobo Antonio de, * 27. 1. 1806 Rigoitia (Bilbao), † 17. 1. 1826 Paris; span. Violinist und Komponist. Er ließ schon mit 13 Jahren seine erste Oper aufführen. Er studierte seit 1822 Kontrapunkt u.a. am Conservatoire in Paris, wo er 1824 bereits als Lehrer tätig sein konnte, und starb nach rastlosem Schaffen kurz vor Vollendung seines 20. Lebensjahres. Mann nannte ihn den „spanischen Mozart".

WW: *Estudios o Caprichos,* für Klv.; 3 *Streichquartette* (P 1824, Petit); eine *Ouvertüre* u. eine *Symphonie* für großes Orch.; die biblische Szene *Agar*; die lyrisch-dramatische Szene *Erminia*; 2 Opern: *Los Esclavos felices* u. *Nada y mucho*; eine *Messe* für 4 St.; *Stabat Mater* u. *Salve Regina.*

Lit.: J. DE ERESALDE, Los esclavos felices (Bilbao 1935);

C. A. Figuerido, El arte y la muerte del músico J. C. de A. (ebd. 1946); A. SAGARDIA, El compositor J. Ch. de A. (Bilbao 1956).

ARRIETA Y CORERA, Pascual Juan Emilio, * 21.10.1823 Puente la Reina (Navarra), † 11.2. 1894 Madrid; span. Komponist. Studierte Musik in Madrid und Mailand (u.a. bei N. Vaccai). Seine erste Oper *Ildegonda* wurde an mehreren it. Theatern aufgeführt. Nach seiner Rückkehr nach Spanien wurde er von Königin Isabella II. gefördert, die ihn zum Professor für Gesang und zum Direktor des Hoftheaters ernannte, an dem seine zweite Oper *La conquista de Granada* (1850; nach einem it. Libretto von T. Salera) aufgeführt wurde. Mit besonderem Erfolg wandte er sich dann der Komposition von Zarzuelas zu. Er wurde 1857 Professor für Komposition am Kons. in Madrid, 1868 auch dessen Leiter. A. y C. schrieb über 50 Zarzuelas, darunter *El dominó azul, El grumete* (1853) und *Marina* (1855; zur Oper umgearbeitet 1871).

Lit.: A. PEÑA Y GOÑI, La opera española y la música dramática en España (Ma 1885); J. SUBIRÁ, El teatro del Real Palacio (Ma 1950).

ARRIEU, Claude, * 30.11.1903 Paris; frz. Komponistin. Sie war Schülerin am Conservatoire in Paris und errang 1932 den Premier Prix für Komposition. 1929–33 lehrte sie Harmonielehre, Kontrapunkt, Fuge und Komposition. Danach war sie bei der RTF. 1949 erhielt sie den Prix Italia. Sie schrieb u.a. Opern, Bühnen- und Filmmusik, Ballette, Konzerte, Kammer- und Vokalmusik.

WW: **1) Instr.-WW:** Zahlr. Stücke für Klv. oder Cemb.; eine Sonate für V. u. Klv. (P 1948); 2 *Trios*, das eine für Ob., Klar. u. Fag. (P 1936), das andere für Klv., V. u. Vc. (P 1957); ein Bläser-Quintett für Fl., Ob., Klar., Fag. u. Kornett (P 1955); 2 Klavierkonzerte (1932 [unveröff.] u. P 1934); 2 Violinkonzerte (P 1938 u. 1949); 1 Flötenkonzert (P 1946); zahlr. symphonische WW. – **2) Vokal-WW:** Versch. Lieder u. Vokalstücke; *Cantate des sept poèmes d'amour en guerre* (Text: P. Éluard), für Sopran, Bar. u. Orch. (P 1946); *Mystère de Noël* (Text: Loys Masson), Oratorium für Solo, Chor u. Orch. (1951), unveröffentlicht. – **3) Bühnen-WW:** *Noé*, Oper, UA: Straßburg 1934; *Cadet Roussel*, Opera buffa, UA: Marseille 1953; *La Princesse de Babylone*, Opera buffa, UA: Reims 1960; Bühnenmusik zu *Les Gueux au Paradis, Liliom, La Tempête;* Ballette u. Filmmusik.

ARRIGONI, Carlo, * 5.12.1697 Florenz, † 19.8. 1744 ebd.; it. Musiker. Er ist 1728 in Brüssel nachweisbar, 1732 in London, wo er mit G. Sammartini die Konzerte in Hickford's Hall leitete. In dieser Zeit entstanden 10 *Cantate da camera* (Lo 1732) und die Oper *Fernando* (UA Februar 1734; NA des Libretto Tn 1914). Die beiden Opern *Sirbace* und *Scipione nelle Spagne* wurden 1739 in Florenz aufgeführt, wohin A. 1736 zurückgekehrt war. 1737–38 hatte er sich in Wien aufgehalten.

ARRIGONI, Giovanni Giacomo, * Mailand, † nach 1663; it. Komponist. Organist am Hof Kaiser Ferdinands II. in Wien (sein Name ist in den Hofregistern für Januar bis Oktober 1637 verzeichnet). Seine *Concerti da camera*, 1–9st. Madrigale im konzertierenden Stil (V 1635), sind dem Kaiser gewidmet. A. schrieb ferner *Sacrae cantiones* für 2–5 St. (V 1632, fragmentar. erhalten); *Salmi a 3 voci concertate... con un Magnificat a 5* (V 1663); 3 Motetten *(Bone Jesu, Tota pulchra es* und *Domine Jesu Christe)* in dem Sammeldruck RISM 1625^2, ein Madrigal in 1624^{11}. Seine Oper Festa teatrale *Gli amori di Alessandro Magno et di Rossane*, hsl. in Wien, Östr. Nationalbibl., wurde 1657 in Wien aufgeführt.

Lit.: A. BAUER, Opern u. Operetten in Wien (Gr–Kö 1955).

ARROYO, Martina, * 2.2.1936 New York; amerik. Sängerin (Sopran). Sie ließ sich neben ihrem Philologiestudium als Sängerin ausbilden, debütierte 1958 in einer Konzertaufführung in der New Yorker Carnegie Hall. 1959 wurde sie an die Met verpflichtet. Erste größere Erfolge hatte sie in Europa (Berlin und Wien). 1964/65 gelang ihr als Aida in Verdis gleichnamiger Oper der Durchbruch. Seitdem zählt sie zu den führenden Sopranistinnen der Gegenwart. Sie bevorzugt die dramatischen Sopranpartien der it. Oper, gilt auch als bedeutende Konzertsängerin.

ARS ANTIQUA (lat., = alte Lehre). Einer der wenigen Begriffe zur Bezeichnung einer musikhistorischen Epoche, die auf zeitgenössischen Termini beruhen. Als (bei Philippe de ↗Vitry) der Begriff ↗Ars nova aufkam, bezeichnete man, und zwar durchaus auch in abwertendem Sinne, mit A.a. alle bisher komponierte Musik, insbesondere die Organum- und frühe Motettenkunst des 12. und 13. Jh. (↗Organum, ↗Motette). Diese hatte man seit mindestens zwei Generationen im eigenen, frühmensuralen Sinne interpretiert, womit die historischen Verhältnisse weitgehend verwischt, insbesondere der erst von der neueren Forschung als wesentlich erkannte Übergang von der modalen zur frühen mensuralen Rhythmik (↗Modus) spätestens um die Mitte des 13. Jh. verdeckt wurde. Heute gliedert man diesen Abschnitt daher sinnvollerweise (und selbstverständlich nur an der zentralen Pariser Entwicklung gemessen) in eine Modalzeit oder Notre-Dame-Epoche (↗Notre-Dame, Notre-Dame-Schule, um 1160/80 – um 1230/40) und in eine eigentliche A.a. (um 1230 – um 1310/20). Die Formenwelt der A.a. ist (neben dem nach wie vor gepflegten einstimmigen weltlichen Lied und Tanz; ↗Trouvères) gekennzeichnet durch einen unerhörten Aufschwung der Motette, die das Organum als eigentlichen Träger der Hauptentwicklung ablöste, durch die Existenz des ↗Rondellus, durch das ziemlich rasche Absterben des ↗Conductus und die nur noch traditionelle Pflege des Organums. Ihr dienten zunächst noch die alten Quellen; die heute erhaltenen, das sog. Notre-Dame-Repertoire überliefernden Hss. stammen sogar ausschließlich aus der Ars antiqua. Daher wird ihre Notierungsweise noch von ↗Johannes de Grocheo und ↗Jacobus Leodiensis tradiert, während mensurale Umschriften (bes. von dreistimmigen Organa und Motetten) nur selten überliefert sind. Demgegenüber ist die entscheidende Neuerung der neuen Quellen (Motettenhandschriften: Montpellier, Bamberg, Las Huelgas, Turin, Darmstadt, Roman de Fauvel-Hs.) die Hand in Hand mit der neuen Rhythmik entwickelte sog. schwarze Mensuralnotation (↗Notenschrift; wichtigste Theoretiker: ↗Franco von Köln, Lambertus [Pseudo-Aristoteles], ↗Petrus de Cruce, Walter ↗Odington). Weitere typische Kennzeichen sind deren Querformat, geringerer Umfang und Chorbuchanlage (Oberstimmen in Kolumnen links und rechts, Tenor darunter durchlaufend). Mit der gesellschaftlichen Veränderung der Trägerschichten (vgl. u. a. vulgärsprachige Motetten, spielmännische Refrains) hängt sodann die wenigstens teilweise Instrumentalisierung fast sämtlicher Formen (bes. im ↗Tenor) zusammen (daher heute oft fälschlich auch in die älteren Beispiele projiziert). Hand in Hand mit der neuen, von jeglicher Schematik befreiten Rhythmik erfolgte auch die Überwindung des modalen Doppeltaktes, die Verwendung kleinerer Notenwerte (↗Brevis, ↗Semibrevis) und die damit notwendigerweise verbundene Verlangsamung des Grundzeitmaßes. Das ehemals vorherrschende Symmetrieprinzip und die liedhafte Melodik der ↗Klauseln und frühen Motetten wich allmählich dem Ideal eines musikalischen Satzes mit unregelmäßig-kontrapunktisch durchgeformten Einzelstimmen (bes. Motetus [↗Motette] und Triplum [↗Duplum], nach wie vor von solistischen Männerstimmen in hoher Stimmlage ausgeführt; allmähliche Einführung von Prosatexten). Auch das Ordnungssystem der Zusammenklänge wurde schrittweise verändert und besonders in Richtung Gesamtklang ausgebaut: nicht nur je zwei, sondern alle Stimmen sollen untereinander konkordieren; perfekte Konsonanzen am Beginn jeder Mensur; keine Verwendung von Quarten, ohne daß diese von anderen Intervallen sozusagen gedeckt werden; Vordringen von Terzen und Sexten.

Diese Entwicklung zeugt schließlich insgesamt auch von einem neuen Verhältnis des Menschen zum Kunstwerk: dessen Originalgestalt gilt mehr und mehr als unantastbar und als geistiges Eigentum der Autoren, von denen daher zunehmend auch Namen bekannt werden (Franco, Petrus de Cruce, Adam de la Halle).

Lit.: GERBERT Scr.; COUSSEMAKER Scr.; die NA von Werken der genannten Musiktheoretiker; E. DE COUSSEMAKER, L'Art harmonique aux XIIe et XIIIe siècles (P 1865); P. AUBRY, Cent motets du XIIIe siècle (Hs. Bamberg, Ed. IV/6) (P 1908); F. LUDWIG, Repertorium organorum recentioris et motetorum vetustissimi stili I/1 (Hl 1910) I/2 (Brooklyn 1978), II (Brooklyn o. J. [um 1961]); DERS., Die Quellen der Motetten ältesten Stils, in: AfMw 5 (1923); A. M. MICHALITSCHKE, Theorie des Modus (Rb 1923); H. BESSELER, Die Motette v. Franko von Köln bis Philipp de Vitry, in: AfMw 8 (1926); A. M. MICHALITSCHKE, Studien zur Entstehung und Frühentwicklung der Mensuralnotation, in: ZfMw 12 (1929); F. LUDWIG, Die geistliche nichtliturgische, weltliche einstimmige u. die mehrstimmige Musik des MA, in: Hdb. der Musikgesch., hrsg. v. G. ADLER (B [2]1930); H. ANGLÈS, El Códex musical de las Huelgas (Ba 1931); H. BESSELER, Die Musik des MA u. der Renaissance (Pd 1931); H. SOWA, Zur Weiterentwicklung der modalen Rhythmik, in: ZfMw 15 (1932–33); Y. ROKSETH, Le contrepoint double vers 1248, in: FS L. de la Laurencie (P 1933); DIES., Polyphonies du XIIIe siècle (Hs. Montpellier H. 196), 4 Bde. (P 1935–36); T. GÉROLD, Histoire de la musique des origines à la fin du XIVe siècle (P 1936); H. HUSMANN, Die Motetten der Madrider Hs. u. deren geschichtliche Stellung, in: AfMf 2 (1937); G. KUHLMANN, Die zweistimmigen frz. Motetten des Kodex Montpellier H 196 (Wü 1938); G. D. SASSE, Die Mehrstimmigkeit der Ars antiqua in Theorie u. Praxis (Borna – L 1940) (= Diss. Berlin); W. APEL, The Notation of Polyphonic Music 900 bis 1600 (C/M 1942, dt. L 1962); R. VON FICKER, Probleme der modalen Notation, in: AMI 18/19 (1946–47); J. HANDSCHIN, The Summer Canon and its Background, in: MD 3 (1949); E. APFEL, Anlage u. Struktur der Motetten im Codex Montpellier (Hei 1970); K. HOFMANN, Unters. zur Komp.-Technik der Motetten im 13. Jh., durchgeführt an den Motetten mit dem Tenor In seculum (Neuhausen – St 1972); F. RECKOW, Überlieferung u. Theorie der Mensuralmusik, in: Gesch. der kath. Kirchenmusik, hrsg. v. K. G. Fellerer, I (Kas 1972); G. WAITE, Modale u. mensurale Aufzeichnungsweisen des 13. Jh., in: Palaeographie der Musik II/2 (in Vorb.).

R. FLOTZINGER

ARSIS UND THESIS, im altgriech. Tanz Bezeichnungen für das Heben (A.) und Senken (T.) des Fußes. In der altgriech. Metrik Bezeichnungen für Kürze bzw. Länge von Versfüßen, in der modernen Metrik im akzentuierenden Vers dagegen für das Heben bzw. Senken der Stimme. Seit dem 16. Jh. bedeutet A. in der Musiklehre die unbetonte Taktzeit, Auftakt, auch den Aufschlag beim Dirigieren, T. den schweren Taktteil bzw. den Abwärts- oder Herunterschlag.

ARS MUSICA, im MA die zu den *septem artes liberales* und innerhalb dieser zum ↗Quadrivium gehörende Disziplin „Musik“. Der Begriff „ars“ kennzeichnet die Musik als „Kunst“ im umfassenden Sinn, d. h. als eine weder rein auf Wissenschaft noch einseitig auf praktische Fertigkeiten ausgerichtete Lehre.

ARS NOVA (lat., = neue Lehre, neue Wissenschaft). Philippe de ↗Vitrys nach 1320 entstandener Traktat *Ars nova* lehrt als Weiterentwicklung der Mensuralnotation (↗Notenschrift) des 13. Jh. besonders die Gleichwertigkeit von drei- und zweiteiliger ↗Brevis und deren Aufteilung in kleine (↗Semibrevis) und kleinste (↗Minima, ↗Semiminima) Werte. Die neue Ars als Mensurierungs- und damit Notationsweise wurde gleichzeitig in Paris von ↗Johannes de Muris *(Ars nove musice)* gelehrt. – Neben dieser Kennzeichnung für eine besondere Form der Notation wurde der Begriff A.n. wesentlich für eine neue, fast ausschließlich mehrstimmige Art von Musik der Zeit von um 1316 bis zum Tode Guillaume de ↗Machauts (1377) verwendet, deren Eigenarten (rhythmische Feinheit und Subtilität, vokalmelodische und harmonische „Süße") in ständig gesteigerter Künstlichkeit bis zum Übergang zur ↗Ars subtilior die Werke der A. n. bestimmte. Entscheidend ist dabei, daß die Komponisten und Theoretiker der neuen Kunst, aber auch deren Gegner, wie der konservative ↗Jacobus Leodiensis, der die A. n.-Musik ablehnte, diese selber als neu und damit von älterer Musik (↗Ars antiqua) verschieden begriffen. Deshalb steht der A. n.-Begriff in Zusammenhang mit Bezeichnungen wie *Musica nova, Musica moderna, Neue Musik* u. ä. Die zentralen Gattungen der A. n., die zwar wesentlich auf Frankreich beschränkt blieb, aber auch in Italien *(Trecentomusik)*, England und Deutschland nachzuweisen ist, sind: 1. die ↗Motette als repräsentative Gattung, drei- oder vierstimmig, meist isorhythmisch gebaut, auf mehrere gleichzeitig gesungene französische oder lateinische Texte in den beiden Oberstimmen. Ähnlich dem ↗Conductus im 13. Jh. haben die Motetten öffentlichen Charakter trotz ihrer höchst raffiniert-artifiziellen Faktur, etwa als Lobgesänge auf Könige (Ludwig X., Robert von Neapel) und Päpste (Johannes XXII., Klemens VI.), oder sie entstanden im Hinblick auf große kirchliche oder politische Feste. Wichtigste Komponisten sind Philippe de Vitry und Guillaume de Machaut. 2. die Refrainformen ↗Rondeau, ↗Virelai (auch Chanson balladée genannt) und ↗Ballade (auch Ballade notée genannt). Alle sind zwei- oder dreistimmig, vereinzelt auch einstimmig, auf französische weltliche Texte komponiert als Musik für die aristokratisch-höfische Gesellschaft. Für alle Refrainformen sind eine reich mit Melismen durchsetzte Oberstimme *(Cantus, Discant)* und meist instrumental wirkende Fundamentstimmen *(Tenor* und *Contratenor)* charakteristisch (Cantilena). Hauptmeister dieser Gattung ist ebenfalls Machaut. Neben Motette und Refrainformen der Gesellschaftskunst sind die Vertonungen des Ordinarium Missae (etwa Machauts Messe) von zweitrangiger Bedeutung; formal sind sie von der Motette, den Refrainformen oder dem alten Conductus abhängig.

Ausg.: G. DE MACHAUT, Musikal. WW, hrsg. v. F. Ludwig, 4 Bde. (L 1926–43, ²1954); Polyphonic Music of the 14th Century, hrsg. v. L. SCHRADE – F. L. HARRISON, I: The Roman de Fauvel. The Works of Philippe de Vitry. French Cycles of the Ordinarium Missae, II–III: The Works of Guillaume de Machaut, V: Motets of French Provenance (Monaco 1956ff.).

Lit.: S. CLERCX, Propos sur l'A.n., in: RBMie 9 (1955); DIES., Der Begriff des „Neuen" in der Musik von der A. n. bis zur Gegenwart, in: Kgr.-Ber. New York 1961 (Kas 1961); L. SCHRADE, The Chronology of the A.n., in: Les Colloques de Wégimont 2/1955 (P 1959); G. REANEY, A.n. in France, in: New Oxford Hist. of Music III (Lo 1960); DERS., A.n., in: Pelican Hist. of Musik I (Harmondsworth 1960); U. GÜNTHER, Das Ende der A.n., in: Mf 16 (1963); H. KÜHN, Die Harmonik der A.N. (Mn 1973); S. THIELE, Zeitstrukturen in den Motetten des Ph. de Vitry u. ihre Bedeutung für zeitgenössisches Komponieren, in: NZfM 135 (1974).

J. STENZL

ARS SUBTILIOR (lat.). Von Ursula Günther 1963 eingeführte Bz. für die Musik der Zeit zwischen dem Tod Guillaume de Machauts (1377) und dem Auftreten Guillaume Dufays, zusammenfallend mit der Zeit des abendländischen Schismas (1378–1417). W. Apel gebrauchte für diese Zeit die Bezeichnung „manneristic period", H. Besseler „französische Spätzeit". – Hauptmerkmal der vornehmlich weltlichen Musik dieser Zeit, die den Hauptbestand der überlieferten Werke ausmacht, ist eine außerordentliche Bereicherung und Verfeinerung der Rhythmik, so durch die Verwendung kürzester Werte (Semiminima, Dragmen) und kompliziertester Konfliktrhythmen, besonders in den ersten Jahren des 15. Jh. in Werken der Hs. Modena, α. M. 5,24, etwa in Magister Zacharias' *Sumite carissimi* (Wolf, Geschichte der Mensural-Notation, L 1904, Nr. LXX), das bis zur seriellen Musik der 50er Jahre des 20. Jh. als das komplizierteste Werk der Musikgeschichte galt. Die A.s. ging von der französischen ↗Ars nova aus, findet sich aber außer in Frankreich (Avignoneser Hof der Päpste) auch in Italien (Mailand, Bologna, Genua) und war auch in England bekannt und ist dort teilweise imitiert worden. – Hauptgattung, auch zahlenmäßig, sind die weltlichen Liedsätze (Ballade, Rondeau, Virelai), bei denen die rhythmische subtilitas am weitesten getrieben wurde und deren zahlreiche Komponisten in den Hauptquellen (Chantilly, Musée Condé 568; Modena, Bibl. Estense, α. M. 5,24) genannt werden. Zu ihnen gehört mit einem Virelai *Sus un fontayne* auch Johannes Ciconia. Konservativer sind die meist für besondere Anlässe und Feste geschriebenen Motetten und Meßsätze, wobei noch Dufays frühe *Missa*

S. Jacobi (1426–28?) Abschnitte im Stil der A.s. aufweist. – Das Ende der A.s. wird durch das deutliche Überhandnehmen eines neuen, einfachen Stils bestimmt, der aber schon während der A.s. nachweisbar ist. Diese neue Einfachheit bei Dufay und seinen Zeitgenossen, aber auch schon bei Dufays Lehrer Loqueville, weist eine charakteristische Mischung verschiedener nationaler Stilelemente auf, die sich auch schon ansatzweise in der A.s. zeigt.

Ausg.: French Secular Music of the Late 14th Century, hrsg. v. W. APEL (C/M 1950); Zehn datierbare Kompositionen der Ars Nova, hrsg. v. U. GÜNTHER (H 1959); The Motets of the Mss. Chantilly Musée Condé, 564 (olim 1047), and Modena, Bibl. Estense, α. M. 5,24 (olim lat. 568), hrsg. v. DERS. (1965) (= CMM 39); Motets of French Provenance, hrsg. v. F. L. HARRISON, in: Polyphonic Music of the 14th Century V (Monaco 1968); French Secular Music of the 14th Century, hrsg. v. W. APEL, 3 Bde. (1970) (= CMM 53).

Lit.: G. REANEY, The Ms. Chantilly, Musée Condé 1047, in: MD 8 (1954); N. PIRROTTA, Cronologia e denominazione dell'ars nova italiana, in: Colloques de Wégimont 2/1955 (P 1959); U. GÜNTHER, The 14th Century Motet and its Development, in: MD 12 (1958); DIES., Datierbare Balladen des späten 14. Jh., in: ebd. 15 (1961) u. 16 (1962); DIES., Das Ende der Ars nova, in: Mf 16 (1963); DIES., Das Ms. Modena, Bibl. Estense, α. M. 5,24, in: MD 24 (1970); W. ARLT, Praxis u. Lehre der A.s. (Diss. Bas 1970); DERS., Der Tractatus figurarum. Ein Beitr. z. Musiklehre der A.s., in: Schweizerische Beitr. z. Musikwiss. 1 (1972).

J. STENZL

ARS-VIVA-VERLAG ↗Schott's Söhne.

ARTARIA, Musik- und Kunstverlag in Wien bzw. Mainz. Um 1750 legten die Brüder *Cesare, Domenico* und *Giovanni A.* aus Blevio am Comer See als reisende Kaufleute den Grundstein zu dem Unternehmen. Ihre Söhne *Cesare* und *Domenico, Carlo* und *Francesco,* die 1769 ein kaiserliches Handelsprivileg erhalten hatten, gründeten 1770 in Wien die *Kunst-Edition Artaria & Comp. Zum König von Dänemark unter den Tuchlauben.* Bereits 1765 hatten Giovanni, Carlo und Francesco A. in Mainz die Firma *Giov. A. et Comp.* gegründet. 1774–93 waren beide Firmen vereinigt. 1793 verlegte *Dominik A.,* der Sohn von Giovanni, die Mainzer Niederlassung nach Mannheim. 1819 fusionierte diese mit der Buchhandlung Math. Fontaine und führte bis 1867 den Namen *Artaria & Fontaine.* Die Wiener Niederlassung wurde nach 1932 von der Edition Joseph Weinberger übernommen. 1818 hatte *Mathias A.,* der Sohn von Dominik, den Kunstverlag Daniel Sprenger übernommen. In der Leitung des Hauses folgte ihm 1853 seine Witwe, dann Peter Asperl. Die Firma ging später in den Besitz der *Trenschensky* über. Das Wiener Haus verdankt seine Bedeutung u. a. den Erstausgaben und Frühdrucken von Werken der Wiener Klassiker: von Haydn (300 Werke, die meisten zwischen 1780 und 1800), von Mozart (nach 1781) und Beethoven, dessen erster Verleger in Wien A. war (seit 1793, darunter die letzten Werke). Der Verlag A. gab später auch die Sammlung *Denkmäler der Tonkunst in Österreich* heraus (1894–1918).

Lit.: G. ADLER, Verz. der musikal. Autographen von L. van Beethoven ... im Besitz von A. in Wien (W 1890); F. ARTARIA – H. BOTSTIBER, J. Haydn u. das Verlagshaus A. (W 1909); O. E. DEUTSCH – C. B. OLDMAN, Mozart-Drucke, in: ZfMw 14 (1931–32); A. WEINMANN, Vollständiges Verlagsverz. A. & Co. (W 1952); O. E. DEUTSCH, Musikverlagsnummern. Eine Auswahl von 40 datierten Listen 1710–1900 (B ²1961); H. M. PLESSKE, in: Beitr. zur Gesch. des Buchwesens 3, hrsg. v. G. H. Kalhöfer – H. Rötzsch (L 1968); R. HILMAR, Der Musikverlag A. & Comp. Gesch. u. Probleme der Druckproduktion (W 1977).

ARTEAGA, Esteban de, * 26.12.1747 Moraleja (Prov. Segovia), † 30.10.1799 Paris; span. Historiker. Mitglied des Jesuitenordens; mußte Spanien 1767 nach dem Verbot des Ordens verlassen und wurde nach Korsika verbannt. 1769 trat er aus dem Orden aus und ging zunächst nach Italien (Rom, Padua, Bologna, Venedig), 1796 nach Paris. Er verfaßte mehrere Schriften, darunter als Hauptwerk *Le rivoluzioni del teatro musicale italiano* (Bol 1783, 3 Bde., V ²1785, dt. Übers. von N. Forkel, 2 Bde., L 1789). A. entwickelt darin auf spekulativem Wege die Idee einer Verbindung von Poesie, Musik und Philosophie, die zu einem vollendeten musikalischen Drama führen müßte. Diese Überlegungen scheinen Richard Wagners Konzeption des Gesamtkunstwerkes vorwegzunehmen, sind aber letztlich damit nicht vergleichbar. A.s *Investigaciones filosóficas sobre la belleza ideal* (Ma 1789) behandeln auch musikästhetische Fragen.

Ausg.: *La Belleza ideal;* hrsg. v. M. BATLLÓRI, in: Clásicos Castellanos 122 (Ma 1943); E. de A., I: *Lettere musicofilologiche,* II: *Del ritmo,* hrsg. v. M. BATLLÓRI (Ma 1944).

Lit.: M. BATLLÓRI, Los manuscritos de E. de A., in: Analecta Tarraconensia 14 (1941); R. ALLORTO, St. A. e „Le Rivoluzioni", in: RMI 52 (1950).

ARTHOPIUS, Balthasar, † 6.8.1534 Speyer; dt. Komponist. Er war vielleicht Schüler von A. Schlick. Erhalten sind von ihm 2 lat. Motetten (RISM 1537¹, 1540⁷), 5 lat. Psalmen (einer in RISM 1542⁶, die anderen hsl.) und 4 Lieder zu 4 und 5 Stimmen (RISM 1536⁸).

Ausg.: *Wer Hoffart treibt mit fremdem Gut,* hrsg. bei R. EITNER, Das alte dt. mehrstimmige Lied u. seine Meister, in: MfM 26 (1894); *Die Brünnlein, die da fließen,* hrsg. v. F. JÖDE, in: Das Chorbuch, 4. Teil (Wb 1931).

ARTIKULATION. 1) In der Phonetik zusammenfassende Bz. für alle Vorgänge, die die Sprachlaute (gesprochene oder gesungene) hervorbringen. An der A. sind vor allem Lippen, Zunge, Kinnbacken und Gaumensegel beteiligt. Im Gesang ist die Beherrschung der A. eine wichtige Voraussetzung für klare Aussprache. – **2)** In der Musik versteht man unter A. allgemein die Bindung oder Trennung bzw. Betonung von einzelnen Tönen oder Tonfolgen. Die verschiedenen Möglichkeiten der A. reichen von *legato* über *non legato* und *portato* bis *staccato*. Seit Anfang des 17. Jh. notiert man sie mit Zeichen wie Bögen, Punkten o. ä. über oder unter den Noten, oder sie werden durch ausgeschriebene Artikulationsbezeichnungen (s. o.) angegeben. Die A. hängt eng mit der ↗Phrasierung zusammen. – ↗Bogenführung.

ARTÔT (eig. Montagney), belg. Musikerfamilie. – **1) Maurice,** * 3. 2. 1772 Gray (Haute-Saône), † 8. 1. 1829 Brüssel. Er war 1. Hornist am Théâtre de la Monnaie in Brüssel, außerdem Violinist und Gesangslehrer und Kapellmeister am Kloster der Beguinen. – **2) Jean Désiré,** Sohn von 1), * 23. 9. 1803 Paris, † 25. 3. 1887 St. Josse ten Noode bei Brüssel. Er wurde 1843 Professor für Horn am Kons. in Brüssel und 1849–73 1. Hornist im Orchester des belgischen Königs. Er veröffentlichte u. a. 48 Etüden für Horn. – **3) Alexandre Joseph,** Sohn von 1), * 25. 1. 1815 Brüssel, † 20. 7. 1845 Ville-d'Avray; Violinist. 1824–31 Schüler von R. und A. Kreutzer am Conservatoire in Paris. Seine Werke sind hsl. erhalten: ein Konzert für V. in a-moll, Phantasien, Lieder, Variationen für V. und Orchester, Kammermusik. – **4) Marguérite Joséphine Désirée,** Tochter von 2), * 21. 7. 1835 Paris, † 3. 4. 1907 Berlin; Sängerin (Mezzosopran). Schülerin von P. Viardot-Garcia. Sie debütierte am 19. 6. 1857 in England. 1858 sang sie, von Meyerbeer engagiert, in Paris in dessen *Le Prophète*. Mit großem Erfolg wirkte sie in Italien, später vor allem in Berlin, wo sie 1884–89 auch unterrichtete. 1869 heiratete sie den Bariton Padilly y Ramos, mit dem zusammen sie u. a. in Mozarts *Don Giovanni* auftrat.

ARTUSI, Giovanni Maria, * um 1540 Bologna, † 18. 8. 1613 ebd.; it. Musiktheoretiker und Komponist. Schüler von Zarlino; seit 1562 Kanonikus an S. Salvatore in Bologna. A.s Kontrapunktlehre erfreute sich bis ins 17. Jh. hinein eines großen Ansehens. Bekannter wurde er jedoch durch seine zum Teil gehässige Kontroverse mit Monteverdi, in der sich die Stilwende der Musik um 1600 spiegelt. Er nahm Anstoß an einzelnen ausdrucksstarken Stellen in Monteverdis Madrigalen, die namentlich in der Freiheit der Dissonanzbehandlung weit über das damals gewohnte Maß hinausgingen. Monteverdi reagierte darauf mit programmatischen Äußerungen über seine Kunst in den Vorreden zum 5. Madrigalbuch (1605) und zu den *Scherzi musicali* (1607).

WW: *Canzonette a 4 v. libro 1°* (V 1598); mehrere Abhandlungen: *L'Arte del Contrapunto* (V 1586–89, ²1598); *L'Artusi ouvero delle imperfettioni della musica moderna* (V 1600–03); *Impresa del molto Rev. Gios. Zarlino* (Bol 1604); *Discorso secondo musicale di Antonio Braccino da Todi per la dichiaratione della lettera posta ne' Scherzi musicali del Sign. Monteverde* (V 1608).

Ausg.: *Discorso secondo musicale…*, Faks.-Ausg. (Mi 1932); *L'arte del contrapunto*, Faks.-Nachdr. der Ausg. Venedig 1598 (Hildesheim 1969).

Lit.: D. ARNOLD, „Seconda Pratica". A Background to Monteverdi's Madrigals, in: ML 38 (1957); C. V. PALISCA, The A. – Monteverdi Controversy, in: The Monteverdi Companion, hrsg. v. D. Arnold – N. Fortune (Lo 1968).

AESCHBACHER, Adrian, * 10. 5. 1912 Langenthal (Bern); Schweizer Pianist. Erhielt seine Ausbildung zunächst durch den Vater, dann am Zürcher Konservatorium, schließlich bei A. Schnabel in Berlin. Seit 1934 konzertiert er in Europa, aber auch in Nord- und Südamerika mit großem Erfolg. Ae. bevorzugt das klassisch-romantische Repertoire. Seit 1965 lehrt er an der Musikhochschule in Saarbrücken.

ASCHENBRÖDEL *(La Cenerentola ossia La Buontà in Trionfo)*, Melodramma giocoso in 2 Akten von Gioacchino Rossini (1792–1868), Text von Jacopo Ferretti nach dem Libretto von Charles Guillaume Etienne zu Niccolò Isouards Oper *Cendrillon* (1810). Ort der Handlung: Palast des Don Magnifico, Lustschloß des Prinzen, Zeit: 2. Hälfte des 18. Jh. UA: 25. 1. 1817 in Rom (Teatro Valle), dt. EA: 30. 8. 1818 in München, EA in dt. Sprache: 29. 8. 1820 in Wien.

Nach anfänglich schwacher Resonanz errang die Oper in Italien Erfolge, die an die des *Barbier von Sevilla* heranreichten; im Ausland hielt sich das Werk nicht so erfolgreich. In einer Umarbeitung von H. Röhr gab die Hamburger Staatsoper am 16. 5. 1929 A. unter dem in Deutschland recht bekannten Titel *Angelina,* was unterstreicht, daß es sich nicht eigentlich um eine Märchenoper, sondern um eine neapolitanische Buffo-Oper handelt. Nur 24 Tage benötigte Rossini für die Komposition; er griff dabei auf ältere, erfolglose Werke zurück; so wurde die heute noch viel gespielte Ouverture ursprünglich für die Oper *La Gazetta* geschrieben. Die Angelina ist die letzte große Partie für Koloraturmezzosopran, die Rossini schrieb. Bekannteste Arien: Angelinas *Geboren zu Leiden und Tränen* und *Nimmer fließen die Tränen.*

R. QUANDT

ASHKENAZY (Askenase), **Wladimir,** * 6. 7. 1937 Gorkij; sowjet.-russ. Pianist und Dirigent. Seine Ausbildung erhielt er an der Zentralmusikschule und am Staatskonservatorium in Moskau. Er gewann 1955 den 2. Preis beim Warschauer Chopinwettbewerb, 1956 den 1. Preis beim Concours Reine Elisabeth in Brüssel. Anschließend unternahm er mit triumphalem Erfolg eine erste große Tournee durch die USA. 1962 errang er (zus. mit John Ogden) den 1. Preis beim Tschaikowsky-Wettbewerb in Moskau. A. gilt als der bedeutendste russische Pianist der Generation nach S. Richter und E. Gilels. Zunehmend tritt er auch als Dirigent auf. Seit 1963 lebt er in England bzw. Island.

Lit.: J. KAISER, Große Pianisten in unserer Zeit (Mn ^{3}1977).

ASHTON, Algernon Bennet Langton, * 9. 12. 1859 Durham, † 10. 4. 1937 London; englischer Komponist. Er studierte zuerst am Kons. in Leipzig bei Reinecke und Jadassohn, dann in Frankfurt a. M. bei Raff; 1885–1910 war er Prof. für Klavier an der Royal Academy of Music, seit 1913 am College of Music und am Trinity College of Music in London. Sein umfangreiches, aber weitgehend ungedrucktes kompositorisches Œuvre umfaßt Klavierwerke, Kammermusik mit oder ohne Klavier, Orchesterstücke und mehr als 200 Lieder. Eine etwas sonderliche Berühmtheit erlangte er mit seinen Briefen an Zeitungen; eine Sammlung davon erschien unter den Titeln *Truth, Wit and Wisdom* (Lo 1905) und *More Truth and Wisdom* (Lo 1908).

ASHTON, Hugh, ↗Aston.

ASIOLI, Bonifazio, * 30. 8. 1769 Correggio, † 18. 5. 1832 ebd.; it. Komponist und Musiktheoretiker. Schüler am Kons. in Parma. Mit 14 Jahren unterrichtete er bereits in Correggio. 1787 trat er in Turin in den Dienst des Marchese Gherardini, den er 1796 nach Venedig begleitete. Seit 1799 in Mailand, wurde er dort Kapellmeister des Vizekönigs Eugène Beauharnais und 1808 Lehrer für Kontrapunkt und Zensor am neugegründeten Konservatorium. Nach dem Zusammenbruch des napoleonischen Königreichs Italien (1814) zog er sich nach Correggio zurück, wo er sich hauptsächlich seinen eigenen Arbeiten widmete und die Musikschule reorganisierte. A. war zu seiner Zeit als Komponist von Opern, von Kirchenmusik, von instrumentaler und vokaler Kammermusik hochgeschätzt. Seine theoretischen Schriften wurden im 19. Jh. häufig benutzt: *Principi elementari di musica* (Mi 1809); *Trattato d'armonia* (Mi 1813); *Il maestro di composizione, ossia di seguito dell trattato d'armonia* (Mi 1832) und *Elementi di contrapunto* (Fi 1838). A. schrieb auch Unterrichtswerke für Klarinette, Gesang, Klavier und Fagott.

ASKENASE, Stefan, * 10. 7. 1896 Lemberg, † 18. 10. 1985 Bonn; belg. Pianist poln. Herkunft. Er studierte u. a. bei E. Sauer in Wien. 1922–25 lehrte er in Kairo. Danach ließ er sich in Belgien nieder. Im 2. Weltkrieg hielt er sich als Jude in Frankreich verborgen. 1954–61 war er Prof. am Conservatoire Royal in Brüssel. Sein Repertoire umfaßt die gesamte klassische und romantische Klaviermusik mit Vorliebe für Bach und Mozart. Einen besonderen Ruf erwarb er sich als Chopin-Interpret. A. lebte seit Ende der 60er Jahre in Bonn-Bad Godesberg. Er schrieb: *Wie Meister üben* (Z 1966).

ASOLA (Asula, Asulus), **Giovanni Matteo,** * um 1524 Verona, † 1. 10. 1609 Venedig; it. Komponist. Er war Geistlicher und besaß von 1560 bis an sein Lebensende eine Pfründe an San Stefano in Verona. 1577–78 war er Kapellmeister in Treviso, dann bis 1582 in Vicenza und 1790–91 in Verona. A. ist ein wichtiger Repräsentant der venezianischen Schule des 16. Jahrhunderts. Er hinterließ ein umfangreiches Œuvre, das alle kirchenmusikalischen Gattungen umfaßt und in zahlr. Drucken überliefert ist: mehrere Sammlungen 3–8st. Messen; Motetten, Psalmen, Hymnen, Passionen, Lamentationen, weltliche und geistliche Madrigale. A. ist ein wichtiger Repräsentant der venezianischen Kirchenmusik des späten 16. Jahrhunderts. Er schrieb sowohl Werke, die in ihrer Klangpracht und -farbigkeit der Tradition V. Ruffos und A. Willaerts nahekommen, als auch solche, die dem Stil Palestrinas und den Idealen des Trienter Konzils entsprechen.

Ausg.: *Missa pro Defunctis* für 4 gleiche St., hrsg. v. C. PROSKE, in: Musica Divina I/1 (Rb 1853); Motette *Christus factus est*, hrsg. v. DEMS., in: ebd. I/2 (1855); *Missa VIII toni* für 4 gleiche St., in: ebd. II (1864); *Passio in die Parasceve*, hrsg. v. A. SCHMITZ, in: Oberitalien. Figuralpassionen des 16. Jh. (Mz 1955) (= Musikal. Denkmäler I), vgl. dazu O. MISCHIATI, in: MGG XV; *Missa Regina Coeli* für 8 St., hrsg. v. S. CISILINO (V 1963); Sixteen Liturgical Works, hrsg. v. D. M. FOUSE (New Haven o. J.) (= Recent Researches in the Music of the Renaissance 1); von der GA, hrsg. v. G. Vecchi, erschien bisher 1 Band (Le vergini).
Lit.: F. CAFFI, Della vita e delle opere Giammateo A. (Padua 1862); G. TURRINI, La tradizione musicale a Verona (Verona 1953); G. D'ALESSI, La cappella musicale del Duomo di Treviso (Treviso 1954); G. MANTESE, Storia musicale vicentina (Vicenza 1956); E. PAGANUZZI, Notizie biografiche sul primo periodo veronese di G. M. A., in: Vita veronese 21 (1968).

ASPELMAYR (Aspelmeyr, Asplmayr), **Franz,** * um 1728 Linz, † 29. 7. 1786 Wien; östr. Komponist und Violinist. 1761 folgte er Gluck als Ballettkomponist am Kärntnertortheater in Wien. Mit seinen Instrumentalwerken ist er ein hervorragender Repräsentant der Wiener Vorklassik. Er veröffentlichte 6 *Serenate* op. 1 (Lyon), 6 *Quatuors concertants* op. 2 (1765), 6 *Trios* op. 5 (P 1765), 6 *Quatuors* op. 6 (1765). A. schrieb ferner Violinsonaten, Trios, Divertimenti, Symphonien und ein Violinkonzert. Für das Theater komponierte er die Oper *Pygmalion* (UA Wien 1772), die Singspiele *Die Kinder der Natur* (1780), *Der Sturm* (1782) und zahlreiche Ballettmusiken für den Choreographen J. G. Noverre.

Ausg.: Trio in F-Dur, op. 5/1, in: Coll. Mus. 39; Quartett in D-Dur, op. 2/2, in: ebd. 40; Trio op. 1/4, hrsg. v. E. SCHENK (W 1954); dass., in: Diletto Musicale, H. 455 (W 1970); Partiten in D-Dur u. F-Dur für 2 Ob., 2 Hörner u. Fag., hrsg. v. O. PULKERT (Mn 1962) (= Alte Musik. Leuckartiana 113–114).

Lit.: H. RIESSBERGER, F.A. (Diss. I 1954); G. A. HENROTTE, The Ensemble Divertimento in Pre-classic Vienna, 2 Bde. (1967) (= Diss. Univ. of North Carolina).

ASSAFJEW, Boris Wladimirowitsch (Pseud.: Igor Glebow), * 17. (29.) 7. 1884 St. Petersburg, † 27. 1. 1949 Moskau; sowjet-russischer Musikwissenschaftler und Komponist. Er studierte bis 1908 an der Univ. in St. Petersburg, 1904–10 am dortigen Konservatorium bei Ljadow (Komposition) und Rimski-Korsakow (Instrumentation). 1910 wurde er Korrepetitor am Marjinski-Theater. 1919–30 leitete er die Musikabteilung des Instituts für Kunstgeschichte in Leningrad. 1925 gründete er am Konservatorium in Leningrad eine musikwissenschaftliche Abteilung. 1943 ging er nach Moskau, wo er zuvor schon Ratgeber des Bolschoj-Theaters gewesen war, und übernahm die Leitung der Abteilung Musik des Instituts für Kunstgeschichte der Sowjetischen Akademie der Wissenschaften. 1948 wurde er Vorsitzender des sowjetischen Komponistenverbandes. Er war „Volkskünstler der UdSSR" und Staatspreisträger. A. schrieb wichtige Werke zur Geschichte der Musikkultur und zur Musiktheorie. In seiner Theorie der „Intonation", in der dieser Grundbegriff die Gesamtheit der Verlaufsformen eines Stils bezeichnet, versuchte er die musikalischen Phänomene in ihrer kontinuierlichen Entwicklung zu erfassen. A. hatte großen Einfluß auf die sowjetische Musikwissenschaft. Er verteidigte nachdrücklich den „Sozialistischen Realismus" in der Musik. Von A.s Kompositionen sind besonders seine Ballette zu erwähnen; sie waren von Bedeutung für die Choreographie in der UdSSR.

WW: **1) Instr.-WW:** Stücke für Klv., V. u. Vc.; Kammermusik, 4 Symphonien, eine Symphonette; Kantaten. – **2) Bühnen-WW:** 10 Opern, darunter: *Kasnatscheika* (Die Schatzmeisterin) (1935 bis 1936) (Leningrad – Mos 1946), *Minine et Pojarski* (1936 bis 1938), *Medny wsadnik* (Der bronzene Ritter) (1939–40), *Grosa* (Der Schatten) (unveröffentl.), u. 3 Opern für Kinder; 28 Ballette, darunter: *Die Flamme von Paris* (1931–32), *Die Fontäne von Bachtschissarai* (1933–34), *Verlorene Illusionen* (1934–35) (nach H. Balzac), *Die Partisanen* (1935–37) (unveröffentl.); *Der Gefangene im Kaukasus* (1936) (nach A. Puschkin); *Die Nacht vor Weihnachten* (1937), *Aschik-Kerib* (1939) (unveröffentl.). – **3) Schriften** (die Originaltitel sind russ.): *„Die Orestie", eine musikalische Trilogie von S. Tanejew* (Petrograd 1916); *Die Romanzen von S. Tanejew* (ebd. 1916); biograph. Essais, 1921–24 in Moskau oder Leningrad erschienen: *Tschaikowsky, Skrjabin, Rimski-Korsakow, F. Liszt, Chopin, Mussorgski, Glasunow; Symphon. Stud.* (Petrograd 1922); *Das Instrumentalschaffen Tschaikowskys* (ebd. 1922); *P. I. Tschaikowsky, Sein Leben u. Werk* (ebd. 1922); *S. Prokofjew* (Leningrad 1927); *Zur Wiederherstellung v. „Boris Godunow"* (Mos 1928) (Art.-Slg.); *A. G. Rubinstein, seine musikalische Tätigkeit u. die Meinung seiner Zeitgenossen* (1829–1929); *Strawinsky* (Leningrad 1929); *Die musikal. Form als Prozeß* (Mos 1930), Bd. II: *Die Intonation* (Mos 1947), dt. Übers. v. D. LEHMANN–E. LIPPOLD (B 1976); *Die Russische Musik seit dem Anfang des 19. Jh.* (Mos–Leningrad 1930); *„Jewgenij Onegin", lyrische Szenen von P. I. Tschaikowsky. Versuch einer Analyse des Stils u. der musikalischen Dramaturgie* (Mos 1944); *Glinka* (Mos 1947); *Tscharodeika* (Mos 1947); *Grieg* (Mos 1948); *Ausgewählte Werke*, 5 Bde. (Mos 1952–57).

Lit.: Zur Erinnerung an das Akademiemitglied B. V. A. (Mos 1951) (Art.-Slg., russ.); L. HOFFMANN-ERBRECHT, B. W. A.-Glebow, in: Musik u. Gesch. (B 1952); D. B. KABALEVSKI, B. V. A. (Mos 1954); M. MONTAGU-NATHAN, The Strange Case of Prof. A., in: ML 38 (1957); I. SEMZWOSKI, Die Bedeutung der Intonationstheorie B. A.s für die Entwicklung der Methodologie der musikal. Folkloristik, in: Sozialist. Musikkultur, hrsg. v. J. Elsner–G. Ordshonikidse (Mos–B 1977).

G. B. BERNANDT

ASSAI (it., = sehr, viel), ergänzende Angabe bei Vortrags-Bz.en, z. B. *Allegro assai* = sehr lebhaft.

ASSMAYER, Ignaz, * 11. 2. 1790 Salzburg, † 31. 8. 1862 Wien; östr. Organist, Kapellmeister und Komponist. Er war 1808–15 Organist an St. Peter in Salzburg. 1815 ging er nach Wien und wurde dort Kapellmeister am Schottenstift (1824), sodann Hoforganist (1825), Vize-Kapellmeister (1838) und schließlich als Nachfolger von J. Eybler Hofkapellmeister (1846). A., der mit Schubert befreundet war, schrieb hauptsächlich Kirchenmusik, darunter 21 Messen, 2 Requiem, ein *Te Deum* sowie mehrere Oratorien.

ASSONANZ ↗Reim.

ASSOUCY, Charles, eig. Charles Coypeau, Sieur d'Assoucy (Dassoucy), * 16. 10. 1605 Paris, † 29. 10. 1677 ebd.; frz. Dichter und Musiker. Er stand seit 1635 als Gesandter im Dienst König Ludwigs XIII., später Ludwigs XIV. Seit 1653 führte er auf Reisen durch Frankreich und Italien ein abenteuerliches Leben, das ihm zahlreiche Gefängnisstrafen einbrachte. A. komponierte außer zwei verschollenen Balletten eine Oper (*Les Amours d'Apollon et de Daphne*, 1650, nur Libretto erhalten) und eine Sammlung *Aires*, 4st. (P 1653) mit Stücken für Komödien von Molière und für die *Andromède* von Corneille.

Ausg. der literarischen WW: *Aventures burlesques de d'A.*, kritische Ausg. v. E. COLOMBEY (P 1858); *Grand fils des cieux*, hrsg. v. P. PRUNIÈRES, in: RM 19 (1938).

Lit.: H. PRUNIÈRES, L'opéra ital. en France (P 1913); J. TIERSOT, La musique dans les comédies de Molière (P 1921); H. PRUNIÈRES, Les singulières aventures de d'A., in: RM 18–19 (1937–38); R. COTTE, Un artiste maudit: D., in: Le Courrier des Arts et des Lettres (P, 16.6.1948).

ASSYRIEN ↗Mesopotamien.

ÄSTHETIK ↗Musikästhetik.

ASTON (Ashton, Ashtan, Austin), **Hugh,** * um 1480 in der Grafschaft Lancashire, † Dez. 1522; engl. Komponist. 1510 Baccalaureus Musicus der Univ. Oxford, vielleicht identisch mit einem gleichnamigen Erzdiakon von York, der 1507 in Cambridge den Magistergrad erwarb. Erhalten sind von ihm einige geistliche Werke: 2 Messen (5- und 6st.), ein 3st. *Te Deum,* 5st. Motette *Gaude Virgo* und eine *Hornpipe* (in London, Brit. Mus., Roy. App. 58), die mit anderen vielleicht auch von ihm stammenden Stücken dieser Hs. zu den frühesten Werken für Virginal gehört.

Ausg.: Die geistlichen WW in: Tudor Church Music 10 (1929); die Stücke für Virginal in: Anthology of Early Keyboard Music I (Lo 1951).

Lit.: F. L. HARRISON, Music in Medieval Britain (Lo 1958, NY 1959).

ASTORGA, Emanuele Gioacchino Cesare Baron **Rincon d',** * 20.3.1680 Augusta (Sizilien), † 1755 oder 1757 in Portugal oder Spanien; it. Komponist spanischer Abstammung. D'A., dessen Lebenslauf nur lückenhaft bekannt ist, übte offenbar keinen musikalischen Beruf aus, sondern war zeitweise Offizier und stand auch in diplomatischen Diensten. Auf einer seiner zahlreichen Reisen wurde er in Wien 1712 u.a. mit Caldara bekannt. 1714–15 hielt er sich in London, 1723–26 vermutlich in Lissabon auf. D'A. hat mit mehr als 150 hsl. überlieferten Kammerkantaten und -duetten, von denen einige bis in unsere Zeit hinein beliebt sind, einen beachtlichen Beitrag auf diesem Gebiet geleistet. Bekannt war zu seinen Lebzeiten auch sein Pastorale *Dafne* (Aufführungen 1709 in Genua, später in Barcelona, Parma und Breslau; erhalten sind nur Libretto und Musik des 1. Aktes). D'A.s Nachruhm gründet sich jedoch vor allem auf sein *Stabat Mater* (für Soli, Chor, Streicher und B.c., entstanden um 1710, UA Oxford 1752).

Ausg.: *Stabat mater* für 4st. Chor, Streicher u. Org., hrsg. v. C. BACKERS (Hilversum 1962).

Lit.: H. VOLKMANN, E. d'A., 2 Bde. (L 1911–19) (mit musikal. Beispielen); O. TIBY, E. d'A., in: AMI 25 (1953); H. O'DOUWES, E. d'A. en zijn Stabat mater, in: Mens en melodie 12 (1957).

A SUO ARBITRIO ↗ad libitum.

A TEMPO (it., = im Tempo). Bz. für die Rückkehr zum vorausgegangenen Haupttempo, das durch Beschleunigung (accelerando), Verzögerung (rallentando) oder rhythmisch freien Vortrag vorübergehend geändert worden war.

ATONALITÄT, Fachwort zur Charakterisierung von Musik (insbesondere der Wiener Schule), deren Töne nicht auf ein tonales Zentrum bezogen sind (↗Tonalität). – Obwohl das Wort A. bei seinem Aufkommen nach 1900 zunächst polemisch gemeint war, so daß es von Schönberg und seinen Schülern abgelehnt wurde, hat es sich im heutigen Sprachgebrauch durchgesetzt. Allerdings hatte die bloß negative Bestimmung, die das Wort durch seine Bildung von seinem „Gegenstand" gibt, eine Unschärfe des Terminus zwischen Material- und Stilbegriff zur Folge. Als (vager) Materialbegriff kennzeichnet A. jegliche Musik des 20. Jh., in welcher Tonalität aufgegeben ist, also neben der Musik der Wiener Schule und J. M. Hauers auch Werke von Komponisten in Rußland (Rolawez, Golyschew) und Amerika (z. B. Varèse) sowie manche Kompositionen Strawinskis, Bartóks und Hindemiths, ferner die serielle und aleatorische Musik. Doch wird das Wort A., obwohl es als Sammelbezeichnung in diesem Sinne weiterhin in Gebrauch ist, von der heutigen Fachsprache nicht mehr als Oberbegriff für verschiedene musikalische Stile unseres Jh., sondern als Stilbegriff zur Bezeichnung der Musik der Wiener Schule verwendet. – Den Schritt zur A. vollzogen in den Jahren 1908/09 Schönberg mit op. 15 und Webern mit op. 3 (Die Prioritätsfrage ist ungeklärt). Vorstufen waren nach Schönberg die „schwebende Tonalität", in der mehrere tonale Zentren durch die jeweilige Konstellation der Akkorde umschrieben sind, ohne daß sie selbst noch als „Tonika" erscheinen müßten, und die „aufgehobene Tonalität", in deren Harmonik alterierte Akkorde (vagierende Akkorde) so dicht und jeweils mehrdeutig aufeinander folgen, daß sich keine größeren harmonischen Komplexe mehr auf ein tonales Zentrum beziehen lassen, dieses vielmehr ständig wechselt. Trotz dieser Vorstufen war der Übergang zur A. ein qualitativer Schritt. Denn tonaler Zentrierung wurde nicht mehr nur ausgewichen, sondern dem Aufkommen tonaler Ansprüche mit allen zu Gebote stehenden kompositorischen Mitteln entgegengewirkt: In der Vertikalen werden die Töne so gesetzt, daß sie nicht mehr „Akkorde" bilden, die eine bestimmte Stufe oder Funktion repräsentieren, sondern Klänge, die durch ihren einmaligen Aufbau, ihre besondere „Struktur" gekennzeichnet sind (aufgrund ihrer Struktur sind sie nicht umkehrbar wie Akkorde, und ihre Dissonanzen heben sich in ihren Auflösungstendenzen gegenseitig auf). Als Typen atonaler Klänge, die häufig Verwendung fanden, kristallisierten sich Quarten-„Akkorde" und symmetrische Klänge heraus; letztere sind besonders für die Klangwelt Weberns charakteristisch.

höchster Expressivität – von extremer Kürze. Erst Schönbergs Verfahren der „Komposition mit 12 nur aufeinander bezogenen Tönen" (↗Zwölftonmusik) ermöglicht wieder den Bau größerer Formen – z.T. unter Restitution alter, „klassischer" Formtypen. – Die atonale Phase der Wiener Schule vor Erfindung der Zwölftontechnik wird als „freie A." bezeichnet.

aus: A. Schönberg, op. 15,13

aus: A. Webern, op.3,1

Da der Unterschied zwischen Konsonanz und Dissonanz zugunsten gleichwertiger „Sonanzen" aufgegeben ist, besteht kein Zwang, Konsonanzen in Dissonanzen aufzulösen; von entscheidender Wichtigkeit für die Klangfortschreitung wird vielmehr die Tendenz, alle zwölf Töne der chromatischen Tonleiter erklingen zu lassen, also mit möglichst wenigen Klängen das chromatische Total zu erreichen (Komplementärharmonik) und dadurch tonale Zentrierung zu vermeiden. Dem Verzicht auf tonale Gravitation entspricht die Lösung von „tonaler" Akzentrhythmik; obwohl noch in Takten notiert, sind die melodisch-rhythmischen Gebilde so angeordnet, daß die Gewichtsabstufungen innerhalb des Taktes nicht zur Wirkung kommen (besonders durch Pausen auf der ersten, betonten Zählzeit). Zunehmend selbständig behandelt werden andere Dimensionen des Satzes wie Dynamik (siehe Schönberg op. 19,2) oder Klangfarbe (siehe Schönberg op. 16,3). Da die Tonalität als Mittel formaler Gliederung nicht mehr zur Verfügung steht, ist der Bau größerer Formen (zunächst) unmöglich geworden; die Ausdehnung der Komposition wird bei Vokalwerken durch den Text bestimmt, Instrumentalkompositionen sind – bei

Lit.: A. SCHÖNBERG, Harmonielehre (W 1911, erweitert: ³1922, ⁷1966); H. EIMERT, Atonale Musiklehre (L 1924); J. M. HAUER, Vom Melos zur Pauke. Eine Einführung in die Zwölftonmusik (W – NY 1925); E. STEIN, Neue Formprinzipien, in: Von Neuer Musik. Beiträge zur Erkenntnis neuzeitlicher Tonkunst, hrsg. von H. Grues – E. Kruttge – E. Thalsheimer (Kö 1925); H. ERPF, Studien zur Harmonie- u. Klangtechnik der neueren Musik (L 1927, Neudr. Wie 1976); A. BERG, Was ist atonal. Radiodialog Wien 1930, in: „23" (1936) Nr. 25/26, abgedruckt in: Alban Berg – Bildnis im Wort. Selbstzeugnisse u. Aussagen der Freunde, hrsg. v. W. REICH (Z 1959); A. WEBERN, Wege zur neuen Musik (Vorträge Wien 1932/33), hrsg. v. W. Reich (W 1960); P. HINDEMITH, Unterweisung im Tonsatz (Mz 1937–39, Neudr. 1969–70); TH. W. ADORNO, Philos. der Neuen Musik (Tübingen 1949, NA B 1972); A. SCHÖNBERG, Style and Idea (NY 1950, ²1975), dt. Übers.: Stil u. Gedanke (F 1976) (= Gesammelte Schriften I); Webern, hrsg. v. H. EIMERT – K. STOCKHAUSEN (W 1952) (= die Reihe 2); R. RÉTI, Tonality –Atonality – Pantonality (Lo 1958); G. LIGETI, Wandlungen der musikalischen Form (W 1960) (= die Reihe 7); G. PERLE, Serial Composition and Atonality (Berkeley – Lo 1962, erweitert: ²1968, ³1972); K. STOCKHAUSEN, Weberns Kantate op. 24, in: Texte zur elektronischen u. instr. Musik I (Kö 1963); R. BRINKMANN, Arnold Schönberg. Drei Klavierstücke op. 11. Stud. zur frühen A. bei Schönberg (Wie 1969); E. BUDDE, Anton Weberns Lieder op. 3. Unters. z. frühen A. bei Webern (Wie 1971); J. MAEGAARD, Stud. z. Entwicklung des dodekaphonen Satzes bei A. Schönberg, 3 Bde. (Kop 1972); H. FEDERHOFER – A. WELLEK, Tonale u. dodekaphonische Musik im experimentellen Vergleich, in: Mf 24 (1971), dazu C. DAHLHAUS, in: ebd., R.

KLEIN, in: ebd. 25 (1972) sowie nochmals C. DAHLHAUS u. die Autoren in: ebd.; A. FORTE, The Structure of Atonal Music (New Haven–Lo 1973); CH. MÖLLERS, Reihentechnik u. musikal. Gestalt bei Arnold Schönberg (Wie 1977); R. STEPHAN, Ber. über den I. Kongreß der Int. Schönberg-Ges. Wien 1974 (W 1978).

H. WEBER

ATTACCA (it., = falle ein!, hänge an!), Spielvorschrift, z.B. am Ende eines Satzes, ohne längere Pause sofort weiterzuspielen. Sie findet sich u.a. am Ende des 3. Satzes der 5. Symphonie von Beethoven und in seiner Klaviersonate op. 57 am Ende des Andante. Gleichbedeutend ist *a. subito* (= schließe sofort an) oder *a. subito il seguente* (= schließe das folgende sofort an).

ATTACKE, engl. **Attack.** Im Jazz Bz. für das Anspielen eines Tones, wobei der Ansatz zupackend, aber nicht unbedingt aggressiv, die Tonbildung „heiß" und expressiv ist. Attacken tauchen sowohl im traditionellen als auch im modernen und avantgardistischen Jazz auf, so bei den Trompetern Louis Armstrong, Dizzy Gillespie, Freddie Hubbard, Hannibal Marvin Peterson; bei den Saxophonisten Coleman Hawkins, Charlie Parker, Sonny Rollins, John Coltrane, Archie Shepp; bei den Pianisten Theolonious Monk und Cecil Taylor und bei dem Kontrabassisten Charlie Mingus.

ATTAINGNANT, Pierre, * um 1494 Nordfrankreich (Douai?), † 1552 Paris; frz. Verleger. Er ist seit 1514 als Buchhändler in Paris nachweisbar. Er druckte als erster in Frankreich Mensuralmusik mit beweglichen Typen, d.h. in einem Verfahren, das Noten und Linien in einer Drucktype vereinigte und den Druck des Notentextes in einem einzigen Arbeitsgang ermöglichte, was gegenüber etwa dem Verfahren von Petrucci eine Vereinfachung bedeutete. Aus der Offizin A.s, die ihre Arbeit 1528 begann und nach dem Tode A.s von seiner Witwe weitergeführt wurde, stammen etwa 150 Musikdrucke. Die wichtigsten sind 35 Bücher Chansons (1536–50, z.T. unter Beteiligung seines Schwagers Hubert Jullet herausgegeben) und 13 Bücher Motetten (1534–35). Er veröffentlichte auch Messen und Instrumentalmusik. A. leistete einen wichtigen Beitrag zur europäischen Verbreitung insbesondere der frz. Chanson.

Ausg.: *Trente et une chansons musicales* (1529), in: EXPERT Maîtres V (1897); *Trente-sept chansons musicales* (1528, 1530) (P 1900); *Danceries, C. Gervaise, E. Du Tertre et anon.*, in: EXPERT Maîtres XXIII (1908); *Deux livres d'orgue* (1531), hrsg. v. Y. ROKSETH (P 1925); *Treize motets et un prélude* für Org. (1531), hrsg. v. Y. ROKSETH (P 1930); *Très brève et familière introduction* (1529), hrsg. v. L. DE LA LAURENCIE – A. MAIRY – G. THIBAULT, in: Chansons au luth et airs de cour (P 1934); *Treize livres de motets* (1534–35), hrsg. v. A. SMIJERS u. A. T. MERRITT (P – Monaco 1934–63); *Thirty Chansons for 3 and 4 v. from A.'s Collection*, hrsg. v. A. SEAY (New Haven 1960); *Préludes, Chansons and Dances for lute* (1529–30), hrsg. v. D. HEARTZ (Neuilly/Seine 1964). – H. EXPERT, Bibliographie thématique (P 1900).

Lit.: M. CAUCHIE, Les deux plus anciens recueils de chansons polyph. impr. en France, in: RMie 8 (1924); F. LESURE, P. A. Notes et documents, in: MD 3 (1949); D. HEARTZ, La chronologie des recueils impr. par P.A., in: RMie 44 (1959); DERS., A New A. Book and the Beginnings of French Music Printing, in: JAMS 14 (1961); P. RENOUARD, Imprimeurs et libraires parisiens du XVIe siècle I (P 1964) (Bibliogr.); D. HEARTZ, P.A., Royal Printer of Music (Berkeley 1969).

ATTERBERG, Kurt Magnus, * 12.12.1887 Göteborg, † 15.2.1974 Stockholm; schwedischer Komponist und Dirigent. Nach einem Ingenieur-Studium wandte er sich der Musik zu und studierte 1910–11 Komposition bei Andreas Hallén am Kons. in Stockholm und bildete sich anschließend in Deutschland weiter (u.a. bei M. von Schillings in Berlin). 1913–23 leitete er das Orchester des Königlichen Theaters in Stockholm. 1940–53 war er ständiger Sekretär der Königlichen Musikakademie. A. übte großen Einfluß auf das schwedische Musikleben seiner Zeit aus, auch als Musikkritiker. Seine Kompositionen erinnern in ihrer stilistischen Grundhaltung und in der Einbeziehung nationaler musikalischer Elemente an Sibelius.

WW: **1) Instr.-WW:** *Höstballader*, für Klv.; eine Sonate für Klv. u. Vc. (oder Br., oder zusätzl. 3 V.); 3 Streichquartette; ein Quintett mit Klv.; für Orch.: 9 Symphonien, die 1. in h-moll (1909–11), die 2. in F-Dur (1912–13), die 3. in D-Dur = *„Västkustbilder"* (1914–16), die 4. in g-moll = *„Piccola Sinfonia"* (1918), die 5. in d-moll = *„Sinfonia funebre"* (1917–22), die 6. in C-Dur (1927–28), die 7. in a-moll = *„Sinfonia Romantica"* (1943), die 8. in e-moll (1945), die 9. in b-moll, für Solo, Chor u. Orch. (1957); *Suite n° 3*, für V., Br. u. Streicher; *Suite n° 4, „Turandot"*; *Suite n° 5, „Barocco"*; *Suite n° 8, „Pastorale"*; *Värmslandrapsodie*; Konzerte für Klv. u. Orch., für V. u. Orch. (1913), für Vc. u. Orch. (1917–22), für Horn u. Orch. – **2) Vokal-WW:** ein *Requiem* (1914); Kantaten *Järnbäraland* (1919) u. *Sångensland*. – **3) Bühnen-WW:** Die Opern: *Härvard harpolekare* (UA: Stockholm 1919); *Bäckahästen* (UA: ebd. 1925); *Fanal* (UA: ebd. 1934); *Aladdin* (UA: ebd. 1941); *Stormen* (UA: ebd. 1949); Ballette: *De fåvitska jungfrurna* (UA: Paris 1920); *Per Svinaherde* (UA: Stockholm 1921); Bühnenmusik. – **4) Schriften:** *Med notenna och taktpinne* (= Mit der Notenmappe u. dem Taktstock des Dirigenten) (Sto 1946).

Lit.: E. M. STUART, K. A. (Sto 1925); K. A., hrsg. v. H. J. REEPS (Sto 1951); I. LILJEFORS, in: Musikrevy 22 (1967).

ATTWOOD, Thomas, getauft 23.11.1765 London, † 28.3.1838 bei Chelsea; engl. Komponist und Organist. Er war Chorknabe in der Königlichen Kapelle. 1783–85 studierte er mit einem Stipendium des Königs in Italien, danach bis 1787 in Wien bei Mozart. 1787 wurde er Organist an der St. George's-Kirche in London und hatte in der Folgezeit zahlr. königliche Ämter inne, u.a. war er Hofkomponist und Organist an der St. Paul's Cathedral,

Organist der Privatkapelle König Georgs IV. in Brighton und Organist der Königlichen Vokalkapelle. A. war auch Mitgründer der London Philharmonic Society (1813). A. komponierte ungefähr 30 Bühnenwerke, ferner Anthems und Glees (*A Collection of glees*, Lo 1830), Märsche für Klv., 3 Sonaten für Klv., V. und Vc. und 3 Trios für Klv., V. und Vc. obligat (in London gedruckt). A. hat von seinem Unterricht bei Mozart eine ausführliche Niederschrift angefertigt. Diese *A.-Studien* sind jedoch hinsichtlich A.s Kompositionsstil und -fertigkeit weniger aufschlußreich als für unsere Kenntnis der Persönlichkeit Mozarts. Sie sind im Rahmen der Neuen Mozart-Ausgabe veröffentlicht (X/30, I).

ATZMON, Moshe, * 30.7.1931 Budapest; israel. Dirigent. Er studierte an der Musikakademie in Tel Aviv und an der Guildhall School of Music in London. Zunächst betätigte er sich als Hornist in mehreren Orchestern, seit 1963 als Dirigent. 1969–71 war er Chefdirigent des Sydney Symphony Orchestra, seit 1972 ist er Musikdirektor des Basler Symphonie-Orchesters. 1972–76 war er gleichzeitig auch Chefdirigent des Sinfonieorchesters des NDR in Hamburg.

AUBADE (frz., = Morgenständchen; it.: mattinata, span.: alborada), bei Tagesanbruch dargebrachtes Ständchen. Das abendliche Gegenstück ist die ↗Serenade. Im 17. und 18. Jh. hatten die A.n oft offiziellen Charakter. Nach dem Vorbild des Versailler Hofes, wo seit Ludwig XIV. dem König am 1. Januar von Trommlern des Regiments ein Ständchen gebracht wurde, wurden in den Provinzstädten auch Beamte anläßlich ihrer Wahl durch Trommler und Trompeter mit einer A. geehrt. – Seit dem 19. Jh. ist A. auch Titel von Charakterstücken; bekannt sind insbesondere die *Alborada* aus dem *Capriccio espagnol* für Orchester von Rimski-Korsakow und die *Alborada del Gracioso* aus den *Miroirs* von Ravel.

AUBE ↗Tagelied.

AUBER, Daniel François Esprit, 29. 1. 1782 Caen, † 12. 5. 1871 Paris; frz. Komponist. Er wurde zur kaufmännischen Ausbildung nach London geschickt, widmete sich dort aber in erster Linie der Musik und komponierte einige Instrumentalwerke. 1804 kehrte er nach Paris zurück; dort entstanden u. a. 4 Cellokonzerte, die unter dem Namen von A.s Freund Hurel de Lamare gedruckt wurden, und ein 1808 aufgeführtes Violinkonzert. Nach 1811 wandte er sich definitiv der Opernkomposition zu. Nachdem seine beiden ersten Werke im privaten Kreis gespielt worden waren, stellte er sich mit der Opéra-comique *Le Séjour militaire* 1813 im Théâtre Feydeau erstmals der Pariser Öffentlichkeit vor. Zuvor hatte er sich noch am Conservatoire bei Cherubini und Boieldieu kompositorisch weitergebildet. Aber erst 1821 errang A. mit *Emma, ou la Promesse imprudente* einen ersten Erfolg, der den eigentlichen Anfang eines – mit ca. 70 Werken – überaus fruchtbaren und hochgeachteten Opernschaffens markierte. In dieser Zeit lernte A. auch den Schriftsteller E. Scribe kennen, der von nun an fast alle Libretti – zum Teil zusammen mit anderen Autoren – für ihn verfaßte. Von den nun folgenden Opern konnte sich lediglich *Le Maçon (Maurer und Schlosser,* 1825) eine längere Zeit auf der Bühne halten, bis dann 1828 *La Muette de Portici (Die Stumme von Portici)* den Ruhm A.s endgültig festigte und über die Grenzen Frankreichs verbreitete. Dieses Werk, eine musikalisch-dramatische Meisterleistung, ist auch gattungsgeschichtlich von besonderer Bedeutung, da mit ihr der Typus der Großen Oper, der Grand'Opéra, begründet wurde, die nun für Jahrzehnte das Wahrzeichen der französischen Musik darstellen sollte und später in Meyerbeer und Halévy ihre prominentesten Vertreter hatte. A. selbst wandte sich jedoch in der folgenden Zeit wieder mehr der Opéra-comique zu und schrieb u. a. *Fra Diavolo ou l'Hôtellerie de Terracino* (1830), *Le cheval de bronze* (1835), *Le Domino noir* (*Der schwarze Domino*, 1837). Diese Opern verdanken ihren Erfolg – aber auch viel heftige Kritik von damals bis heute – der Tatsache, daß ihre musikalische Konzeption (einfache Harmonik, eingängige Melodik, unkomplizierter Orchestersatz) primär und konsequent auf das Unterhaltungsbedürfnis des Bürgertums abzielte. Und noch heute gehören die Ouvertüren der genannten Opern mit solchen von Boieldieu u. a. zum Repertoire der Unterhaltungsmusik in aller Welt. A. schrieb auch Ballette, Romanzen und eine Messe. Er wurde 1842 als Nachfolger Cherubinis Direktor des Pariser Conservatoire; 1857 erhielt er von Napoleon III. den Titel eines kaiserlichen Hofkapellmeisters.

WW: Opern (alle in Paris uraufgeführt): *Le Séjour militaire* (Libr.: J. N. Bouilly u. E. Mercier-Dupati), UA: 1813; *Le Testament et les billets doux* (Libr.: F. Planard), UA: 1819; *La Bergère châtelaine* (Libr.: ders.), UA: 1820; *Emma, ou la Promesse imprudente* (Libr.: ders.), UA: 1821; *Leicester, ou le Château de Kenilworth* (Libr.: E. Scribe), UA: 1823; *Le Maçon (Maurer u. Schlosser)* (Libr.: E. Scribe u. C. Delavigne), UA: 1825; *Le Timide, ou le Nouveau Séducteur* (Libr.: E. Scribe u. X. B. Saintine), UA: 1826; *Fiorella* (Libr.: E. Scribe), UA: 1826; *La Muette de Portici* (Die Stumme v. Portici) (Libr.: E. Scribe u. C. Delavigne), UA: 1828; *La Fiancée* (Libr.: E. Scribe), UA: 1829; *Fra Diavolo, ou l'Hôtellerie de Terracino (Fra Diavolo oder das Gasthaus in Terracino)* (Libr.: ders.), UA: 1830; *Le Dieu et la Baya-*

Johann Sebastian BACH: Bildnis von Elias Gottlob Haussmann (1746). Der Komponist hält das Manuskript des Tripelkanons BWV 1076 in der Hand. Leipzig, Museum für Geschichte der Stadt.

E. Lessing-Magnum

Ludwig van BEETHOVEN: Bildnis von Maelzer. Wien, Gesellschaft der Musikfreunde.

François Adrien BOIELDIEU: Bildnis von Louis Léopold Boilly aus dem Musée de Rouen.

Bordas-J. B.

Hector BERLIOZ: Bildnis von Gustave Courbet aus dem Louvre, Paris.

dère (Libr.: ders.), UA: 1830; *La Marquise de Brinvilliers* (zus. mit 8 anderen Komponisten) (Libr.: E. Scribe u. F. H. J. Castil-Blaze), UA: 1831; *Gustave III., ou La Bal masqué* (Libr.: E. Scribe), UA: 1833; *Lestocq, ou l'Intrigue et l'Amour* (Libr.: ders.), UA: 1834; *Le cheval de bronze* (Libr.: ders.), UA: 1835; *Le Domino noir* (Der schwarze Domino) (Libr.: ders.), UA: 1837; *Les Diamants de la Couronne* (Krondiamanten) (Libr.: E. Scribe u. J. H. Vernoy de Saint-Georges), UA: 1841; *La part du diable* (Des Teufels Anteil) (Libr.: E. Scribe), UA: 1843; *Manon Lescaut* (Libr.: ders.), UA: 1856; *Rêves d'amour* (Libr.: A. F. d'Ennery u. E. Cormon), UA: 1869. – Weiterhin: Ballette, Romanzen, eine Messe, ein V.-Konzert, 4 Cellokonzerte (unter dem Namen H. de Lamare veröffentl.).

Lit.: B. JOUVIN, D. F. E. A., Sa vie et ses œuvres (P 1864); É. DE MIRECOURT, A. (P 1867); H. DELABORDE, Eloge d'A. à l'Acad. des Beaux-Arts (P 1871); A. POUGIN, A., ses commencements (P 1873); R. WAGNER, Erinnerung an A. (L 1873); A. SOUBIES – CH. MALHERBE, Hist. de l'Opera-Comique (P 1892); CH. MALHERBE, A. (P 1911); R. M. LONGYEAR, D. F. E. A. ..., A Chapter in French Opéra Comique (NY 1957) (= Diss. Cornell Univ.); DERS., La muette de Portici, in: MR 19 (1958); W. BÖRNER, Die Opern v. D. F. E. A. (Diss. L 1962).

AUBERT, 1) Jacques, genannt „le Vieux", * 30. 9. 1689 Belleville bei Paris, † 17. oder 18. 5. 1753 ebd.; frz. Violinist und Komponist. Er gehörte zunächst (seit 1719) zum Gefolge des Prinzen von Condé und stand seit 1727 im Dienst des Königs Ludwig XV. als Mitglied der „Vingt-quatre violons du roi" und des Orchesters der Académie Royale de Musique. Seit 1729 trat er als Violinist in den Concerts Spirituels auf, wo auch die meisten seiner Werke aufgeführt wurden.

WW (alle in Paris erschienen, meist ohne Jahresangabe): **1) Instr.-WW:** 5 Bücher mit *Sonates à vl. seul et b.c.*, das 1. erschien 1719, das 4. 1731; *Les Amuzettes, pièces pour les vièles, musettes, violons, flûtes et hautbois; Pièces à deux vl. ou à deux fl.;* 6 Suiten, *Concert de simphonies pour les Violons, Flûtes et Hautbois*, die 6. erschien 1733, gefolgt von 6 *Suites en Trio*, die letzte erschien 1737; *Les petits Concerts. Duos pour les musettes, vielles, violons, flûtes et hautbois* (1734); 2 Bücher mit *Concertos à quatre Violons, Violoncelle et b. c.* (1735 u. 1739); 6 Bücher mit *Jolis Airs ajustés à deux vl.*, das 4. erschien 1749. – **2) Vokal-WW:** Eine Kantate, *L'Inconstance*, in: Recueil de Cantates fr. et it. (P 1726). – **3) Bühnen-WW:** *Le Ballet de Chantilly* (1722); *Le Ballet des vingt-quatre heures* (1722); *La Reine des Péris* (1725); Divertimenti.

Mit seinen *Concertos* von 1735 führte A. in Frankreich das Concerto für Streicher nach italienischem Vorbild ein. Er übernahm darin im allgemeinen die dreisätzige Form: Allegro oder Vivace, Adagio, Presto.

Ausg.: Eine Sonate in: Coll. Deldevez (P o.J.): eine Sonate u. 3 *Suites pour 2 vl.*, in: Coll. Debroux (P 1905); *Trois suites pour 2 vl.* u. *Les Jolis Airs pour 2 vl.* (P o.J.); *3e Concerto*, hrsg. v. E. BORREL (P 1923); *La Vie champêtre* (P 1924).

2) Louis, Sohn von 1), * 15. 5. 1720 Paris, † um 1800 ebd.; frz. Violinist und Komponist. Bereits mit 11 Jahren war er Mitglied des Orchesters der Opéra, später dessen Konzertmeister und Leiter.

WW: 5 Bücher *Sonates à vl. seul avec la b.c.* (P 1750–60); *Six Trios pour 2 vl. et vlc. obligé* (P 1760); *Six Symphonies à quatre* (P o.J.).

Lit.: **1) Jacques A.:** L. DE LA LAURENCIE, L'école français du violon de Lully à Viotti I (P 1922); A. MOSER, Gesch. des Violinspiels I (B 1923, Tutzing ²1966–67); H. BROFSKY, Notes on the Early French Concerto, in: JAMS 19 (1966). – **2) Louis A.:** M. BRENET, Les concerts en France sous l'Ancien Régime (P 1900); L. DE LA LAURENCIE, L'école français du violon de Lully à Viotti I (P 1922); W. NEWMAN, The Sonata in the Baroque Era (Chapel Hill 1959).

AUBERT, Louis François Marie, * 19. 2. 1877 Paramé (Ille-et-Vilains), † 9. 1. 1968 Paris; frz. Pianist und Komponist. Am Conservatoire in Paris war er Schüler von Lavignac (Harmonielehre), Diémer (Klavier), Vidal (Begleitung) und Fauré (Komposition). Sein musikalisches Schaffen ist in der stilistischen und ästhetischen Grundhaltung und in vielen Einzelheiten durch den Einfluß Faurés bestimmt und erfreut sich im französischen Konzertleben einer seit langem gleichbleibenden Beliebtheit.

WW (alle in Paris erschienen): **1) Instr.-WW:** Für Klv.: *3 Esquisses, Lutins* (1902), *2 Pièces en forme de mazurka* (1907), *Sillages* (1908–12), *Esquisse sur le nom de Fauré; Sonate* für Klv. u. V. (1927); für Orch.: *Suite brève* (1900), *Habanera* (1918), *Dryade* (1924), *Feuilles d'images* (1930), *Offrande* (1947), *Le Tombeau de Chateaubriand* (1948), *Fantaisie* für Klv. u. Orch. (1899); *Caprice* für V. u. Klv. (1925). – **2) Vokal-WW:** Liederzyklen für Gesang u. Klv., *6 Poèmes arabes* (1907), *Crépuscules d'automne* (1910), *3 Chants hébraïques* (1925), *3 Chansons françaises* (1940–43); viele Lieder, darunter besonders: *Vieille chanson espagnole, Les Yeux, La Lettre, La mauvaise Prière, La Fontaine d'Hélène; Les Saisons* (1937), für Solo, Chor u. Orch.; *Incantation* (1943), für Jazzband, Chor u. Symphonie-Orch. – **3) Bühnen-WW:** *La Forêt bleue*, Feen-Oper (UA: Boston 1913); 3 Ballette für die Pariser Oper: *La Nuit ensorcelée* (1922), nach Themen von F. Chopin; *Cinéma* (1953); *La Belle Hélène* (1953). – **4) Schriften:** *L'Orchestre* (P 1951); *Jacques Durand, In Memoriam* (1938); *Notice sur la vie et les travaux de G. Charpentier* (P 1956).

Lit.: L. VUILLEMIN, L. A. et son œuvre (P 1921); R. BERNARD, L. A., in: RM 8 (1927); M. LANDOWSKI – G. MORANCON, L. A. (P 1967); J. CAIN, Funérailles de M. L. A. (P 1968).

AUBERT, Pierre François Olivier, * 1763 Amiens, † 1830 Paris; frz. Violoncellist und Komponist. Seine musikalische Grundausbildung erhielt er an der Sängerschule der Kathedrale von Amiens; als Violoncellist war er Autodidakt. A. war 25 Jahre Mitglied des Orchesters der Opéra-Comique in Paris. Von seinen Kompositionen lassen sich im Druck nachweisen (in Paris erschienen): Sonaten für Vc. oder V. und B.c. (op. 1); Duos für 2 Vc. oder V. (op. 3, 6, 7, 9, 13, 30); Études für Vc. (op. 8, 11 u. mehrere in Wien erschienene Sammlungen); Duette für 2 Gitarren (op. 34); 2 Streichquartette (Z 1796). A. veröffentlichte auch eine *Kurze Anweisung zum Violoncellospiel* (W o.J.) und eine *Histoire abrégée de la musique ancienne et moderne* (P 1827).

AUBIN, Tony Louis Alexandre, * 8. 12. 1907 Paris, † 21. 9. 1981 ebd.; frz. Komponist. Er studierte am Conservatoire in Paris. 1930 erhielt er für seine Kantate *Actéon* den 1. Grand Prix de Rome. A. war Dirigent bei der RTF. 1946 wurde er als Nachfolger von Roger-Ducasse Lehrer für Komposition am Conservatoire. Seine Kompositionen stehen harmonisch in der Tradition von G. Fauré und M. Ravel, zeigen aber auch Einflüsse von C. Franck und P. Dukas.

WW (alle in Paris erschienen): **1) Instr.-WW:** Für Klv.: *Sonate en si min.* (1930), *Prélude, Récitatif et Finale* (1933); *Le Sommeil d'Iskender* (1936), in: RM (1936); *Concertinetto* für V. u. Klv. (1964); *Concertinetto dell'amicizia* (1965), für Fl. u. Klv.; *Divertimento dell'incertezza* (1967), für Klar. u. Klv. (oder für Streichorch.); *Brughiera* (1966), für Fag. u. Klv.; *Quatuor à cordes* (1933), unveröff.; 2 Symphonien, die 1. *„romantique"* (1934 bis 36), die 2. (1944); *La Chasse infernale* (1941) (nach der „Légende du beau Pécopin" v. V. Hugo), Scherzo symph.; Suite *danoise* (1942); *François Villon* (1945); *Cantilène variée* (1940), für Vc. u. Orch.; *Suite éolienne* (1956), für Fl. Klar. u. Streichorch. – **2) Vokal- u. Bühnen-WW:** 6 *Poèmes de Verlaine* (1933), für Gesang u. Klv., unveröff.; *Cressida* (1934–37) (nach A. Suarès), ein Melodram für Sprecher, Soli, Chor u. Orch.: I. *Prologue en forme de fanfare*, II. *Airs pour Cressida*, III. *Ballet* (nur der Prolog wurde veröffentl.); *Hymne d'espérance* (1961), für Chor u. Orch., unveröff.; *Jeanne d'Arc à Orléans* (1942) (Libr.: Ch. Exbrayat), Oratorium, unveröffentl.; die Ballette (alle unveröff.): *Fourberies* (1950), nach G. Rossini, UA: Paris 1952; *Variations* (1953) nach Motiven v. F. Schubert, UA: Paris 1953; *Grand pas* (1953) nach Motiven v. J. Brahms, UA: Paris 1953; *Péril* (1956); ein Drame lyrique *Goya* (1970; Libr.: R. Escholier); Filmmusik, Bühnenmusik u. Rundfunkmusik.

Lit.: Propos impromptu: T. A., in: Le courrier mus. de France Nr. 23 (1968).

AUBRY, Pierre, * 14. 2. 1874 Paris, † 31. 8. 1910 Dieppe; frz. Musikhistoriker. Er studierte in Paris Philologie und Rechtswissenschaft und erwarb das Diplom als Archiviste paléographe an der École des Chartes, wo er auch mit einer Thèse *La philologie musicale des trouvères* promoviert wurde. A. hatte nie ein Lehramt inne, sondern lebte ganz seiner wissenschaftlichen Arbeit. Sein Hauptinteresse galt der frz. Musik des 13. Jh., die er durch eine Reihe hervorragender Quellenpublikationen erschloß. Diese gehören zu den Standardwerken der musikgeschichtlichen Forschung. A. beschäftigte sich auch mit Problemen der armenischen Volks- und Kirchenmusik und mit der Geschichte des frz. Volkslieds.

Editionen: *Les proses d'Adam de Saint-Victor* (P 1901); *Lais et descorts français du XIIIe siècle* (P 1901); *Les plus anciens monuments de la musique française* (P 1905) (mit 24 Faks.); *La musique et les musiciens d'église en Normandie au XIIIe siècle*, in: Mercure Mus. (1906), auch separat gedruckt (P 1906); *Estampies et danses royales*, in: ebd. (1906), auch separat gedruckt (P 1907); *Le roman de Fauvel* (P 1907) (photomechan. Nachdr.); *Iter Hispanicum. Notices et extraits de mss. de mus. ancienne conservés dans les bibl. d'Espagne*, in: SIMG 8 u. 9 (1906/07 u. 1907/08), Separatdruck (P 1908); *Cent motets du XIIIe siècle* (Faks.-Ausg. des Ms. Bamberg Ed. IV 6) (P 1908); *Trouvères et troubadours* (P 1909); *Le Chansonnier de l'Arsenal* (Faks.-Ausg. des Ms. 5198 der Bibl. de l'Arsenal) (P 1909ff.) (von den geplanten 15 Lieferungen sind nur 12 erschienen); eine große Zahl von Aufsätzen erschien in den Zschr.n *La Tribune de Saint-Gervais* u. *Revue musicale*.

Lit.: J. CHAILLEY, Quel est l'auteur de la „théorie modale", dite de Beck-Aubry?, in: AfMw 10 (1953).

AUDEFROI LE BASTARD, * Ende 12. Jh., † Mitte 13. Jh.; Trouvère aus der Picardie, wahrscheinlich in Arras tätig. Von ihm sind 17 Lieder und Romanzen (sämtlich mit Melodien) überliefert. Einige Liedstrophen sind in Gerbert de Montreuils *Roman de la Violette* wiedergegeben.

Lit.: A. CULLMANN, Die Lieder u. Romanzen des A. le B. (Hl 1914); F. GENNRICH, Troubadours, Trouvères, Minne- u. Meistergesang (Kö 1951) (= Das Musikwerk 2).

AUDITION COLORÉE ↗Farbenhören.

AUDRAN, Edmond, * 12. 4. 1840 Lyon, † 16. 8. 1901 Bazincourt-sur-Epte (Eure); frz. Komponist. Er wurde 1861 Organist und Kapellmeister an der Kirche St.-Joseph in Marseille. 1879 ließ er sich in Paris nieder und wandte sich fast ausschließlich der Komposition von Operetten zu, die in ihrer melodischen Vielfalt nicht ohne Reiz sind und teilweise großen Erfolg hatten.

WW: Geistl. Musik, darunter eine Messe (1873), das Oratorium *La Sulamite* (1876), die Motette *Adoro te* (1882); Lieder, Romanzen u. Bluettes; ungefähr 38 Operetten, darunter *Le Grand Mogol* (Libr.: Chivot u. Duru), UA: Marseille 1877; *La Mascotte* (Der Glücksengel) (Libr.: Chivot u. Duru), UA: Paris 1880; *Miss Helyett* (Libr.: Boucheron), UA: Paris 1890; *La Poupée* (Libr.: Ordonneau), UA: Paris 1896.

Lit.: E. STOULLIG, in: L'Année musicale et dramatique (P 1879); J. BRINDEJONT-OFFENBACH, in: 50 Ans de musique française (P 1925).

AUER, Leopold (von), * 7. 6. 1845 Veszprém (Ungarn), † 17. 7. 1930 Dresden-Loschwitz; ungarischer Violinist. Nach Ausbildung in Budapest und Wien, sowie bei J. Joachim in Hannover, wurde er 1863 Konzertmeister in Düsseldorf, 1866 in Hamburg. 1868 erhielt er eine Professur am Konservatorium in St. Petersburg. Hier gründete er auch ein Quartett, das bis 1889 bestand, und leitete 1887–92 die Konzerte der Kaiserlich Russischen Musikgesellschaft. A. fand besonders in Rußland große Anerkennung; 1895 wurde ihm der erbliche Adelstitel verliehen. 1906–11 hielt er Sommerkurse in London ab. Nach 1911 lebte er in Dresden, St. Petersburg und Oslo, seit 1918 in New York. A. war ein bedeutender Solist, vor allem aber gilt er als der erfolgreichste Violinpädagoge seiner Zeit. M. Elman, J. Heifetz, N. Milstein, E. Zimbalist u. a. waren seine Schüler. Er komponierte auch Stücke für Violine und Orchester und schrieb zahlreiche Transkriptionen für Violine und Klavier.

WW: *My Long Life in Music* (NY 1923); *Violin Playing as I Teach It* (NY 1921, Lo ²1961); *Violin Master Works and Their Interpretation* (Boston 1925).

AUF DER GRÜNEN WIESE, Operette in 2 Teilen (12 Bildern) von Jara Beneš (* 1897), Text von V. Tolarsky, dt. Textfassung von Fritz Löhner-Beda und H. Wiener; spätere Textfassung von Bruno Hardt-Warden und Rudolf Köller. Ort und Zeit der Handlung: auf dem Gut Veras von Sternburg in den dreißiger Jahren. UA: 9. 10. 1936 in Wien (Volksoper).
Forstingenieur Heinz Liebling verliebt sich in Vera von Sternburg, die Nichte seines Arbeitgebers. Nach Mißverständnissen, Eifersüchteleien und falschen Verlobungen kommt es doch noch zu Happy-End und Doppelhochzeit. Diese Operette, konventionell, was das Buch und die musikalische Gestaltung betrifft, wurde besonders durch ein einziges Lied bekannt, den Schlußchor *Auf der grünen Wiese hab' ich sie gefragt.* Bemerkenswertes Detail der textlichen Gliederung sind die mottohaften Überschriften für jedes der 12 Bilder. Der Titel des Werkes kehrt als Überschrift des 5. Bildes wieder.

S. KUROCK – R.-M. SIMON

AUFERSTEHUNG *(La Risurrezione),* Oper in 4 Akten von Franco Alfano (1876–1956), Text von Cesare Hanau nach Tolstois gleichnamigem Roman (1900). Ort und Zeit der Handlung: Rußland im 19. Jh. UA: 30. 11. 1904 in Turin (Teatro Vittorio Emanuele); dt. EA (in dt. Sprache): 5. 12. 1909 in Berlin.
An der musikalischen Sprache der Oper, in der, ausgehend von der Liebesgeschichte zwischen dem Mädchen Katusha und dem Fürsten Dimitri, die Auswirkungen sozialer Schranken und moralischer Tabus auf das konkrete Schicksal einzelner Menschen beschrieben werden, offenbart sich, daß Alfano Lieblingsschüler Puccinis war; stark ausgeprägt ist vor allem die rezitativische Melodieführung in den Gesangsstimmen, eine Konsequenz des Strebens nach möglichst prägnanter Deklamatorik. Das Werk war der erste Bühnenerfolg Alfanos, dessen internationaler Ruhm endgültig 1925 durch die Vollendung von Puccinis *Turandot* begründet wurde.

W. A. MAKUS

AUFERSTEHUNG *(Vzkříšení),* Oper in 3 Akten von Ján Cikker (* 1911), Text vom Komponisten nach Leo N. Tolstois gleichnamigem Roman (1898). Ort und Zeit der Handlung: Rußland, in der 2. Hälfte des 19. Jh. UA: 18. 5. 1962 in Prag, dt. EA (in dt. Sprache): 4. 10. 1962 in Gera.
Cikker faßt die umfangreiche Schilderung vom Leidensweg der attraktiven Katuscha (sie wird, weil sie sich mit dem Fürsten Nechludoff einließ, aus der Gesellschaft verstoßen und später zur Zwangsarbeit deportiert) bis zu ihrem Tode („Auferstehung") in sechs Bilder. Die innerliche Entwicklung der Hauptgestalten wird in drei Intermezzi dargestellt. Das seelische Leitmotiv: Mitleid mit Erniedrigten und Beleidigten, sowie seine gefühlsbetonte Ausdeutung weisen Parallelen zu Bergs ↗ *Wozzeck* auf. In den 25 charakteristischen Solopartien herrscht arioser Sprechgesang vor, doch entwickelt sich oft daraus zwingend der Übergang zu weitgespannten Gesangslinien. Als „Gefühlsmusiker", wie Cikker sich selbst bezeichnet, verwendet er unterschiedliche musikalische Techniken nach den Erfordernissen des Ausdrucks. Für die Stuttgarter EA am 3. 5. 1964 änderte der Komponist auf Anregung des Regisseurs Günther Rennert die Schlußszene ab (alle Beteiligten bleiben auf der Bühne). A. gilt als bedeutendste tschechoslowakische Oper nach den Werken Leoš Janáčeks.

K. LANGROCK

AUFFASSUNGSDISSONANZ ↗Konsonanz, Dissonanz.

AUFFÜHRUNGSPRAXIS. Allgemeines. Unter A. versteht man alle Praktiken und Konventionen der Musikausübung, die innerhalb eines bestimmten Stilbereichs zur Norm geworden sind und daher in der – als Anweisung für den Nachschaffenden dienenden – notenschriftlichen Fixierung eines Werkes nicht ausdrücklich angegeben werden. Neben den allein von der Persönlichkeit des nachschaffenden Künstlers bestimmten individuellen Gestaltungsfaktoren ist die A. somit der normierte, auf Übereinkunft beruhende Teil der musikalischen ↗Interpretation. Sie umfaßt die zusätzlichen Ausführungsregeln, die erforderlich sind, um ein musikalisches Werk aus seiner schriftlich niedergelegten Form in die Klangwirklichkeit umzusetzen. Eine bis ins letzte definierte Musik gibt es allenfalls in Form eines Originaltonbandes einer elektronischen Komposition; ein nachzuschaffendes Musikwerk dagegen läßt sich durch Vorschriften nicht eindeutig festlegen. Selbst in Fragen von beträchtlicher klanglicher Auswirkung verzichten die Komponisten auf genaue Festlegung mancher Einzelheiten und lassen dem Interpreten einen Freiraum, der allerdings durch bestimmte Ausführungsnormen eingegrenzt ist. Zu diesem „Spielraum Aufführungspraxis" gehören auch in unserer Zeit noch zahlreiche Faktoren (z. B. die Zahl der Mitwirkenden bei chorischer Besetzung, die Plazierung eines Orchesters, die absolute Tonhöhe, das spezielle Timbre der Klangwerkzeuge und besondere Arten der Tonerzeugung, wie Vibrato, Fingersatz bzw. Applikatur, Registerwahl).

Aufführungspraxis alter Musik. In der Geschichte der abendländischen Musik hat sich das Verhältnis vom schriftlich festgelegten zum nichtnotierten Anteil des Musiziervorgangs beständig verschoben. Je weiter die Entstehungszeit einer Komposition in der Vergangenheit liegt, um so größere Bedeutung kommt dem Problemkreis A. zu. Von daher ist es begreiflich, daß die damit zusammenhängenden Fragen vor allem durch die Beschäftigung mit Musik früherer Epochen ins Bewußtsein getreten sind, so daß man bei dem Begriff A. vornehmlich an die Interpretation älterer Musik denkt. Die Wiederaufführung von Musik, die vor unserer heutigen, im 19. Jh. begründeten Interpretationstradition entstand, erfordert zusätzlich Kenntnisse älterer Notierungseigenschaften oder auch historischer Notationssysteme (Choral-, Modal-, Mensuralnotation, Tabulaturen, Generalbaß-Schrift). Zwar versucht man durch Neuausgaben in moderner ↗Transkription, dem ausübenden Musiker diesen Teil des Bemühens um historisches Spezialwissen abzunehmen, doch haben die jüngsten Erkenntnisse der Editionstechnik (↗Editionen) ergeben, daß solche Übertragungen meist einen Informationsverlust zur Folge haben und daß eine angemessene Ausführung daher die Vertrautheit mit der Originalnotierung voraussetzt.

Das Gesamtbild der aufführungspraktischen Gegebenheiten eines musikalischen Werkes der Vergangenheit muß zusammengesetzt werden aus Einzelerkenntnissen, die zunächst gewonnen werden aus zeitgenössischen Abhandlungen zur Musiktheorie im weitesten Sinne, aus Vorreden von Komponisten zu den Ausgaben ihrer Werke, aber auch aus Sekundärquellen wie Selbstbiographien, Reiseberichten, bildlichen Darstellungen, Chroniken, Personalverzeichnissen und anderem Archivmaterial. Der Aussagewert der Quellen ist sorgfältig auf Zuverlässigkeit, Gewicht und Geltungsbereich zu prüfen; nicht jede singuläre Angabe kann als Nachweis einer aufführungspraktischen Tradition angesehen werden.

Probleme der Aufführungspraxis. Es gibt Grundfragen der A., die sich für jede Epoche der Musikgeschichte immer wieder neu stellen. Dazu gehört vor allem das Problem der Klanggestalt der Musik. Bei Kompositionen vor 1600, die generell mit einer Ad-libitum-Besetzung rechnen, ist zu entscheiden, durch welche vokalen und/oder instrumentalen Mittel die in der Niederschrift notierten Stimmen zu besetzen sind. Dabei können unterschiedliche Klangideale verwirklicht werden: der „Spaltklang" mit hart kontrastierenden Farben, der „Einheitsklang" ganzer Instrumentenfamilien (Gamben-, Flötenchor) oder menschlicher Stimmen (↗a cappella) sowie verschiedene vermittelnde Formen des „Mischklangs". Bei der Musik späterer Epochen, für welche konkrete Instrumentierungsangaben vorliegen, richtet sich das Interesse besonders auf den „Originalklang", den klanglichen Eigenwert der historischen Instrumente und die Klangbalance ihres Zusammenwirkens. Seit den Anfängen historisierender Bestrebungen innerhalb der A. sind die instrumentenkundlichen Erkenntnisse in der Praxis in unterschiedlichem Grade umgesetzt worden. Cembalo, Viola da Gamba und Blockflöte sind voll integrierte Elemente des heutigen Instrumentariums, wogegen das Spiel von Zink, Krummhorn oder Naturtrompete noch weithin als ungewöhnlich empfunden wird.

Auch bei der heute zum festen Repertoire des Konzertwesens zählenden Literatur sind noch manche Klangprobleme ungelöst oder infolge unbedenklicher Verwendung von Ersatzlösungen verschleiert. Dies gilt nicht nur für die Ausführung der Gesangspartien in J. S. Bachs Kirchenkantaten (Knabenstimmen, Falsettisten?), sondern z. B. auch für das Chalumeau in Opern Chr. W. Glucks, für die Bezeichnung „Basso" in Haydns und Mozarts Divertimenti, für Schuberts Arpeggione wie für die Ophikleïde in symphonischen Werken des 19. Jahrhunderts.

Zu den Grundfragen der historischen A. zählt auch die Bestimmung des genauen Zeitmaßes und der dynamischen Gestaltungsweise.

Daneben gibt es viele Sonderprobleme einzelner Stilbereiche, die durch eine kaum noch überschaubare Zahl von Spezialuntersuchungen aufgezeigt worden sind. Es geht dabei teilweise um grundlegende Elemente der Musik, wie bei der Frage nach der rhythmischen Ausführung der Choral- und der Modalnotation, oder nach der Akzidentiensetzung in der mehrstimmigen Musik des 13.–16. Jh. (↗Musica ficta), die den harmonisch-melodischen Eindruck des Klangbildes wesentlich beeinflußt. Als wichtige Spezialgebiete der A. sind noch zu nennen: die Alternatimpraxis (↗Alternatim) beim Vortrag geistlicher Musik vom Mittelalter bis ins 18. Jh., das Problem der Silbenunterlegung bei Vertonungen liturgischer Texte in der niederländischen Vokalpolyphonie des 15./16. Jh., die einen eigenen Stil darstellende Generalbaßpraxis (im 17. und 18. Jh.) sowie der Bereich der musikalischen Ornamentik, vor allem im 18. Jahrhundert.

Ein aufführungspraktisches Gebiet besonderer Art, das für alle Epochen der abendländischen Musikgeschichte von Bedeutung ist, wenn auch seine Erscheinungsformen in jedem Stilkreis andere Gestalt annehmen, ist der Bereich der ↗Improvisation. Dazu gehören die Praktiken einer aus dem Stegreif zu entwickelnden Mehrstimmigkeit (Parallel-↗Organum, Sight, ↗Gymel, ↗Sortisatio, ↗Contrappunto alla mente) und einer stilbedingten Kunst des improvisatorischen Variierens (↗Kolorierung, ↗Diminution, ↗Glosa, ↗Kadenz).

Ästhetische Aspekte der Aufführungspraxis. Die Einbeziehung von Erkenntnissen der historischen A. in die Interpretation stellt jedoch auch ein ästhetisches Problem dar. Selbst bei genauester Rekonstruktion aller aufführungspraktischer Voraussetzungen wäre allenfalls die akustische Realität einer älteren Komposition wiederherzustellen, nicht aber auch deren geistige Wirklichkeit, die durch die Eingliederung in ein zeitverhaftetes kulturelles Beziehungsgefüge geprägt wurde. (Ein Beispiel dafür sind die ursprünglich für liturgische Zwecke bestimmten Kantaten und Passionen J. S. Bachs, die heute als autonome Kunstwerke aufgeführt und unter musikgeschichtlichen und ästhetischen Aspekten erlebt werden.) Die Wiedergabe von Musik bleibt aber immer an die ästhetischen Bedingtheiten ihrer eigenen Gegenwart gebunden. Hinzu kommt, daß gerade in früheren Musikepochen dem Nachschaffenden eine wesentlich größere Selbständigkeit zugestanden wurde als in der klassisch-romantischen Musiktradition, die den Interpreten mehr und mehr zum Diener am Werk verpflichtete. Gerade die Maxime der nachschöpferischen Freiheit läßt aber eine möglichst vorbildgetreue Nachahmung aller historischen Gegebenheiten als fragwürdig erscheinen, so wenn etwa mit dem Rückgriff auf alte, aus unserer Sicht technisch unvollkommene Instrumente ein Verzicht auf die heute allgemein erwartete Perfektion der Ausführung verbunden ist. Eine sinnvolle Wiedergabe alter Musik sollte in jedem Falle diejenigen aufführungspraktischen Faktoren berücksichtigen, die für die geistige Realität des betreffenden Werkes von unverzichtbarer Bedeutung sind, während solche von akzidentellem Charakter entbehrt werden könnten. Diese Bewertung ist – wenn auch innerhalb eines breiten Entscheidungsrahmens – aufgrund genauer Sachkenntnis durchaus möglich.

Lit.: **Allgemeine Lit.:** R. HAAS, A. der Musik (Pd 1931); A. SCHERING, A. alter Musik (L 1931, Nachdr. Wilhelmshaven 1975); TH. DART, The Interpretation of Music (Lo 1954), dt. Übers.: Practica Musica. Vom Umgang mit alter Musik (Be 1959); R. DONINGTON, The Interpretation of Early Music (Lo 1963, [2]1965). – **Spezielle Lit.:** G. ADLER, Über Textlegung in den Trienter Codices, in: FS H. Riemann (L 1909); M. SCHNEIDER, Die Besetzung der vielstimmigen Musik des 17. Jh., in: AfMw 1 (1918–19); F. TH. ARNOLD, The Art of Accompaniment from a Thorough-Bass as Practised in the 17th and 18th Century (Lo 1931); E. T. FERAND, Die Improvisation in der Musik (Z 1931); E. ULRICH, Stud. z. dt. Generalbaß-Praxis in der 1. Hälfte des 18. Jh. (Kas 1932); A. SCHERING, Zur alternatim-Orgelmesse, in: ZfMw 17 (1935); R. STEPHAN, Die Vox alta bei Bach, in: MuK 23 (1953); H.-P. SCHMITZ, Die Kunst der Verzierung im 18. Jh. (Kas 1955); W. KRÜGER, Aufführungspraktische Fragen ma. Mehrstimmigkeit, in: Mf 9 (1956) – 11 (1958); F. BLUME, Alte Musik in unserer Zeit, in: Syntagma musicologicum II (Kas 1973); J. WEBSTER, Towards a History of Viennese Chamber Music in the Early Classical Period, in: JAMS 27 (1974).

E. PLATEN

AUFGESANG ↗Bar.

AUFLÖSUNG (engl.: resolution; frz.: résolution; it.: risoluzione; span. resolución), die Führung einer Dissonanz in eine ↗Konsonanz bzw. eines Akkordes in einen funktional übergeordneten Zielakkord (z. B. Dominante ↗Tonika). Nach dem Prinzip des kürzesten Weges werden auflösungsbedürftige Töne stufenweise aufgelöst (große Sekunde, kleine Sekunde, chromatischer Halbton). Die Auflösungsrichtung ist meist vorgegeben. So fordern kleine Septime und große None die A. in Abwärtsrichtung, während sich übermäßige Intervalle im allgemeinen nach oben auflösen. Von verzögerter A. spricht man, wenn sich zwischen aufzulösenden Ton und Zielton eine Tonfolge einschiebt

J. S. Bach, *Italienisches Konzert, Andante.*

oder wenn eine Akkorddissonanz vor ihrer A. in einen anderen dissonanten Klang übergeht (↗Vorhalt). In chromatischen Passagen (↗Chromatik) kann sich die natürliche Auflösungsrichtung umkehren:

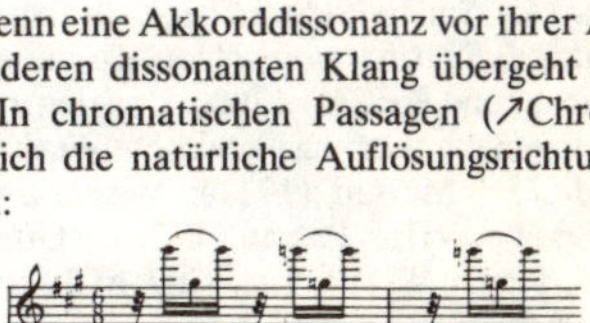

Beethoven, *Sonate* op. 106, *Adagio sostenuto.*

In solchen Fällen erhält der Auflösungston meist die Bedeutung eines selbst wieder auflösungsbedürftigen Leittons (oder Septime). Alterierte Töne (↗Alteration) haben meist Leittonbedeutung und fordern entsprechend die A. in Richtung der Alteration:

Fr. Chopin, *Prélude* op. 28, Nr. 17.

In der Instrumentalmusik kann die A. auch in einer anderen Oktavlage oder in einer anderen Stimme erfolgen. Keine A. liegt vor, wenn die aufzulösende Dissonanz sprungweise verlassen wird (a) oder wenn eine Akkorddissonanz Akkordton des folgenden Akkords wird (b):

M. Ravel, *Sonatine, Menuet*

AUFLÖSUNGSZEICHEN (engl.: natural; frz.: bécarre; it.: bequadro; span.: becuadro), Zeichen (♮), das die Geltung von Vorzeichen (↗Akzidentien) aufhebt und den Stammton wiederherstellt. Doppelte A. werden bei Doppelkreuz und Doppel-B benutzt.

AUFSÄTZE ↗Lingualpfeifen.

AUFSCHNAITER, Benedict Anton, getauft 21.2. 1665 Kitzbühel (Tirol), beerdigt 24.1.1742 Passau; östr. Komponist. Er studierte in Wien und wurde nach dem Tod G. Muffats 1705 Kapellmeister am Dom und am Hofe des Fürstbischofs von Passau. Noch in der Wiener Zeit schrieb er *Concors discordia* (5st. Suiten für Streicher, Nürnberg 1695) und *Dulcis fidium harmonia* (4st. Kirchensonaten für Streicher und B.c., Au 1703). Von den in Passau entstandenen kirchenmusikalischen Werken wurden gedruckt: Messen (1712), Vespern (op. V, Au 1709; op. VIII, Passau 1728), Offertorien (op. VII, Passau 1719). Hsl. sind in Passau (Bischöfl. Ordinariat) zwei Musiktraktate erhalten.

Lit.: F. LEHNDORFER, B. A. (Diss. Mn 1920), abgedruckt in: Die ostbairischen Grenzmarken 19 (Passau 1930) H. 11/12.

AUFSTIEG UND FALL DER STADT MAHAGONNY, Oper in 3 Akten von Kurt Weill (1900–50), Text von Bertolt Brecht. Ort der Handlung: das fiktive Mahagonny, Zeit: Gegenwart. UA als „Songspiel" beim Musikfest in Baden-Baden am 18.7.1927, UA der Opernfassung: 9.3.1930 in Leipzig (Neues Theater). In der Berliner EA (Theater am Kurfürstendamm) im Dezember 1931 sang Lotte Lenya, wie schon im „Kleinen Mahagonny" von Baden-Baden die Rolle der Jenny. Verschiedene Änderungen gegenüber der Leipziger Fassung: Jennys Arioso *Ach bedenken Sie, Herr Jack O'Brien* wurde z.B. für Lotte Lenya in einen Song umgearbeitet.
Die UA dieser aggressiven Auseinandersetzung mit dem Kapitalismus geriet zu einem handfesten Skandal. Einzelnummern wie der *Alabama-Song* und die Moritat *Wie man sich bettet, so liegt man* erlangten bald Berühmtheit; sehr wirkungsvoll im neunten Bild die Klaviervariation über das Salonstück *Gebet einer Jungfrau* (von Thekla Badarczewska). Weill bleibt mit *Mahagonny* dem Song-Stil seiner *Dreigroschenoper* treu, versucht aber eine Annäherung an die Form der Oper zu erzielen, was sich bereits in der größeren Besetzung manifestiert; fehlende Handlung und Reihung von Einzelbildern bieten Gelegenheit für opernhafte Ensembles, doch bleiben sie nur Teil im breiten stilistischen Spektrum. Der Komponist trachtet im Sinne des von Brecht geforderten epischen Theaters danach, musikalische und dramatische Klischees zu verhindern und so Raum für ein soziales und kulturelles Interesse zu schaffen.

R. QUANDT

AUFSTRICH ↗Abstrich.

AUFTAKT (engl.: anacrusis oder upbeat; frz.: anacrouse; it.: anacrusi; span.: anacrusis), Bz. für die vor der ersten betonten Taktzeit eines Stückes stehende Note oder Notengruppe. Der Begriff A. erscheint zuerst bei G. Hermann (*Elementa doctrinae metricae*, L 1816), der, wie auch spätere Theoretiker, damit die erste Kürze eines Jambus bezeichnete: ⏑̲ ⁝ –⏑–. Auf diese Weise konnte der Jambus auf den Trochäus zurückgeführt werden. Dies entspricht jedoch in keiner Weise den Vorstellungen der alten Griechen, die streng zwischen den mit einer Kürze beginnenden aufsteigenden und den mit einer Länge beginnenden absteigenden Rhythmen unterschieden. Daß der Auftakt in der Tat nicht für sich allein steht, sondern mit der nachfolgenden betonten Note als Betonungsfolge leicht – schwer eine Einheit bildet, zeigt das folgende Beispiel (Beethoven, Klaviersonate op. 2 Nr. 1):

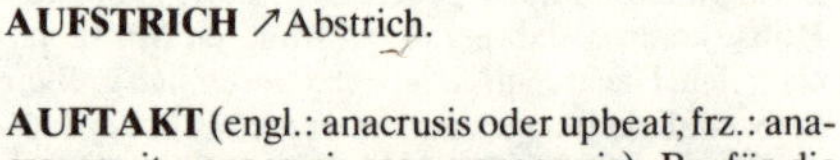

Das erste Viertel ist nicht vom zweiten zu trennen, ebenso nicht das dritte vom vierten oder das fünfte vom sechsten. Insbesondere hat das (betonte) zweite Viertel innerhalb des übergeordneten rhythmischen Zusammenhangs selbst auftaktige Funktion in bezug auf das sechste Viertel. Die Auftaktigkeit als motiv- und formbildendes Prinzip wurde zuerst von Momigny erkannt und auch von Riemann seiner Rhythmus- und Formenlehre zugrunde gelegt. Wenn dieses Prinzip auch nicht in der von Riemann vertretenen Ausschließlichkeit Geltung beanspruchen darf, spielt es doch für die Musik des 17. bis 19. Jh. eine grundlegende Rolle. In der motivischen Analyse unterscheidet man neben den auftaktigen die mit der Betonungsfolge schwer – leicht beginnenden abtaktigen Motive. – Der letzte Takt eines Stückes, das auftaktig beginnt, ist im allgemeinen so verkürzt, daß er mit dem A. einen vollständigen Takt bildet.

Lit.: H. RIEMANN, Musikal. Dynamik u. Agogik (H – St. Petersburg 1884); DERS., Katechismus des Klv.-Spiels (L 1888), später: Hdb. des Klv.-Spiels ([5]1916); DERS. – C. FUCHS, Katechismus der Phrasierung (L 1890), später: Hdb. der Phrasierung ([8]1912); H. RIEMANN, Präludien u. Stud., I (F – St 1895), II (B – L 1900), III (ebd. 1901); DERS., System der musikal. Rhythmik u. Metrik (L 1903); M. LUSSY, L'anacrouse dans la musique moderne (P 1903); A. MOCQUEREAU, Le nombre musical grégorien 2 (R – Tou 1927).

AUFZUG ↗Akt, ↗Intrada.

AUGENARZT, DER, Oper in 2 Akten von Adalbert Gyrowetz (1763–1850), Text von Emanuel Veith nach dem frz. Libretto *Les Aveugles de Franconville* von Armand Croizette und A. F. Chateauvieux. UA: 1. 10. 1811 in Wien (Kärntnerthor-Theater).
Das Werk ist eines der erfolgreichsten unter den 26 Opern und Singspielen dieses Wiener Hofkapellmeisters, der um die Wende zum 19. Jh. zu den berühmtesten Musikern in allen Sparten der Komposition gehörte. Es fand im gesamten östr.-ungar. Kulturraum und anschließend in ganz Deutschland schnelle Verbreitung und wurde allein in Wien bis 1817 93mal aufgeführt. Stilistisch steht das Werk eindeutig in der Tradition des Wiener Singspiels, so daß die Gattungsbezeichnung „Oper" korrigiert werden muß. Zeitgenössische Kritiker lobten besonders die „lieblichen Melodien" und die „lobenswerte Instrumentation" sowie die schlichte Handlung mit einigen effektvollen rührenden Szenen. Das Publikum verlangte schon bei der UA die Wiederholung mehrerer Nummern.

J. SCHLÄDER

AUGENER, engl. Musikverlag, gegr. 1853 in London von George A. († 1915) als Agentur deutscher Musikverlage. So besaß A. 1873–1937 das Alleinvertretungsrecht für C. F. Peters in Leipzig. 1867 begann der Verlag mit einer eigenen Ausgabenreihe klassischer und moderner Musik, der „Augener's Edition". 1878 kam eine Druckerei dazu, die von William A. († 1904), dem ältesten Sohn des Gründers, geleitet wurde. 1871–1960 gab A. die Zeitschrift *The Monthly Musical Record* heraus. 1896 erwarb das Haus den Verlag Cocks & Co.; beide Häuser fusionierten 1904 (Augener Ltd.). 1910 übernahm W. Strecker, 1913 von ihm der Verlag Schott, 1922 F. Standfield die Anteile. Der Verlag wurde 1962 von der Firma Galliart Ltd., Great Yarmouth (Norfolk), übernommen und firmiert seither nicht mehr unter dem alten Namen.

AUGER (Auget), **Paul,** * um 1592 Pontoise, † 1660 Paris; frz. Sänger und Komponist. Als „Maître de musique" der Königin und als „Surintendant de la musique" des Königs (1625–60) war er unter Ludwig XIII. an den „Ballets de cour" beteiligt. Einige seiner *Airs* sind im 7., 8., 13. und 14. Buch der bei Ballard hrsg. *Airs ... mis en tablature de luth* überliefert (RISM 1617[8], 1618[9], 1626[12], 1628[11]).

Ausg.: Ein Stück in: A. VERCHALY, Airs de cour pour voix et luth (1603–43) (P 1961).

AUGMENTATION (von lat. augmentatio = Vermehrung, Vergrößerung), ein Verfahren, das in der mensural notierten Musik des 15. Jh. aufkam; es ist dadurch charakterisiert, daß mittels bestimmter Vorschriften alle Töne eines Melodieabschnitts nicht in ihrem notierten Wert, sondern im doppelten oder dreifachen Wert erklingen. Die Halbierung oder Drittelung der Werte heißt ↗Diminution. Bezeichnet wurde die A. in der älteren Musik entweder durch entsprechende Zahlen nach dem Takt- (d. h. Mensur-)Zeichen – $C\frac{1}{2}$ für die Verdoppelung, $C\frac{1}{3}$ für die Verdreifachung der Notenwerte im *Tempus imperfectum* – oder durch Vorschriften in Form von Canones. A. ist in der Musik des 15./16. Jh. vor allem bei c.f.-tragenden Tenores in der Art zu beobachten, daß ein bestimmter Abschnitt nur einmal notiert ist, tatsächlich jedoch bei ein- oder mehrmaliger Wiederholung durch A. in größeren Notenwerten erklingt. – A. wird auch in der Kanon- und Fugenkomposition (↗Kanon, ↗Fuge) verwendet sowie – vereinzelt in der Musik des 19. Jh. – als Mittel der motivisch-thematischen Arbeit (1. Satz der 9. Symphonie von Schubert, Takte 641 ff.; 1. Satz der 4. Symphonie von Brahms, Takte 246 ff.).

AUGUSTINUS (Aurelius Augustinus), Heiliger, * 13. 11. 354 Tagaste (Numidien), † 28. 8. 430 Hippo (heute Bone in Algerien); Theologe und

Philosoph, lat. Kirchenvater. Er war zuerst Lehrer der Rhetorik in Tagaste, Karthago, Rom und Mailand. Nach mancherlei Umwegen (Manichäismus, Philosophie) wurde er durch Ambrosius 387 in Mailand getauft und 396 Bischof von Hippo. Er war der geistige Führer der afrikanischen und abendländischen Kirche seiner Zeit. Durch sein (387–389 entstandenes) Werk *De Musica* gehört A. zugleich zu den großen Persönlichkeiten der europäischen Musikgeschichte. A. definiert die Musik in dieser Schrift als „bene modulandi scientia", d.h. als eine der mittelalterlichen „freien Künste" („scientia"), die sowohl ethisch-ästhetisch („bene") als auch mathematisch („modulandi") bestimmt ist. Das mathematische Element der Musik verkörpert sich nach A. im melodischen und rhythmischen Ablauf, den er als eine durch Zahlen geordnete Bewegung auffaßt. Dem musikalischen Rhythmus gilt in erster Linie die ganze Schrift *De Musica*. Sie steht hinsichtlich der Zahlengesetzlichkeit teilweise in der Tradition der neuplatonisch-neupythagoreischen Erkenntnislehre, vermittelt aber auch, besonders im letzten (6.) Buch, die christliche Überzeugung, daß die Musik als Geschenk Gottes („donum Dei") das „hörbare Abbild des unhörbaren göttlichen Urbildes" (Hüschen in MGG I) sei. Daraus ergibt sich für A. zwingend die Forderung einer prinzipiell gottgerichteten Gesinnung bei der Ausführung kirchlicher Musik. Diese Auffassung, die im Kern nichts weniger als eine veritable Theologie der Musik enthält, hat auf das Denken über Musik bis hin zur Neuzeit einen entscheidenden Einfluß ausgeübt. Das gilt auch für viele weitere Aussagen des A. zur Musik, die sich in anderen seiner Schriften befinden. So etwa in den *Confessiones*. Zu nennen sind hier insbesondere seine Äußerungen über das Alleluia und den Alleluia-Gesang zu seiner Zeit (in den *Enarrationes in psalmos*).

Ausg.: *Confessionum libri XIII*, in: Corpus scriptorum ecclesiasticorum latinorum 18/1; *De musica*, hrsg. v. G. MARZI (Fi 1969) (= Collana di classici della filosofia cristiana I), dt. Übers. v. C. J. PERL, in: Slg. musikwiss. Abh.en 23 (Str 1937, Paderborn ²1940, ³1962).

Lit.: J.-P. MIGNE, in: MIGNE PL 32, S. 1081f.; J. HURÉ, St Augustin musicien (P 1924); H. DAVENSON, Traité de la Musique selon l'esprit de St Augustin (Neuchâtel 1942); H. HÜSCHEN, in: MGG I; S. CORBIN, L'église à la conquête de sa musique (P 1960); F. HABERL, Der heilige A. u. die Kirchenmusik, in: Musica sacra 83 (1963); G. WILLE, Musica Romana (A 1967); G. STEFANI, L'etica musicale di S. Agostino, in: Jucunda laudatio 6 (1968).

G. MASSENKEIL

AULEN, dt. Komponist des 15. Jahrhunderts. Über sein Leben ist nichts Näheres bekannt. Er schrieb eine 3st. Messe (hsl. in 5 zeitgenössischen Quellen überliefert), die wahrscheinlich um 1470 entstand und eines der frühesten Denkmäler der deutschen Mehrstimmigkeit darstellt.

Ausg.: *Missa*, hrsg. v. H. BIRTNER, in: Chw 31 (1934).

Lit.: E. REESER, Een „isomelische mis" uit den tijd v. Dufay, in: TVer 16 (1946).

AULETTA, Pietro, * 1698 St. Angelo a Scala bei Avellino, † 1771 Neapel; it. Komponist. Er studierte am Conservatorio S. Onofrio in Neapel, wo er Schüler von G. B. Grillo und von G. Porpora war. 1724 wurde er Kapellmeister an S. Maria la Nova. Seine musikalische Komödie *L'Orazio* (UA Neapel 1737), in die er auch Arien von Pescetti, Terradellas und Pergolesi einfügte, ist auch die Grundlage für das Pasticcio *Il Maestro di Musica*, das fälschlicherweise Pergolesi zugeschrieben wurde.

WW (wenn nichts anderes angegeben, in Neapel uraufgeführt): *Il Trionfo d'amore o le Nozze fra nemici*, UA: 1725; *La Carlotta*, UA: 1726; *Ezio*, UA: Rom 1728; *L'Orazio*, UA: 1737; *Il Marchese Sgrana*, UA: 1738; *Don Chichibio* u. *L'Amor costante*, UA: 1739; *L'Impostore*, UA: 1740; *Caio Fabricio*, UA: Turin 1742; *Il Marchese di Spartivento*, UA: Rom 1747; *L'Impresario*, UA: Verona 1748; *Il Conte immaginario*, UA: Venedig 1748; *Didone*, UA: Florenz 1759.

AULOS (griech., = Röhre, Pfeife; Plur. auloi), schalmeiartiges Blasinstrument der alten Griechen mit zylindrischer oder konischer Röhre, Grifflöchern, Zwischenstück und abnehmbarem Mundstück mit aus Rohr ausgeschnittener aufschlagender Zunge. Der sog. Doppelaulos (häufig mit dem Plural Auloi bezeichnet) besteht aus zwei Spielröhren, die gleichzeitig erklangen und mit einer Hand gespielt wurden. Die Auloi waren aus Schilfrohr, Lotos, Knochen, Horn oder Elfenbein, gelegentlich auch aus Metall gefertigt. Das Instrument weist 4 (7. Jh. v. Chr.) bis 15 (hellenistische Zeit) Grifflöcher auf. Aristoteles erwähnt die Möglichkeit des Überblasens in die Quinte (wie auf der Klarinette). Mit der Differenzierung chromatischer und enharmonischer Tongeschlechter nahmen die Grifflöcher ovale Form an. Auf Diodoros von Theben gehen die seitlich angebrachten Öffnungen zurück, die während des Spiels durch Drehringe oder Schieber ganz oder teilweise geschlossen werden konnten, um Töne einer unerwünschten Tonart auszuschließen. Eine weitere technische Verbesserung stellten später die Griffaufsätze dar, kleine becherartige Röhren, mit deren Hilfe die Stimmung einzelner Töne oder des ganzen Instruments erniedrigt werden konnte. Als Mundstück diente ursprünglich ein Strohhalm. Anfangs benutzte man ein doppeltes, vom 4. Jh. v. Chr. an ein einfaches Rohrblatt; das Spiel wurde dadurch erleichtert und ermöglichte bestimmte Effekte, die zunehmend beliebt wurden, vornehmlich beim Theaterspiel. Hielt man z.B. das Mundstück sehr tief im Mund, entstand ein gutturaler Klang. Um das Aufblähen der Backen zu vermeiden, trugen die Aulosspieler bei Wettspielen eine Binde (↗Phorbeia). – Wie Abbildungen zeigen, bildeten die Spielrohre einen spitzen Winkel. Möglicherweise erklang eine der beiden Röhren als Bordun. Es ist nur bekannt, daß die Hauptmelodie im tieferen Register, die Begleitung jedoch in der Diskantlage erklang. – Athenaios unterschied nach der Größe und Tonlage 5 Arten von Auloi: die „Parthenioi" (Mädchenauloi; für Trauergesänge und Serenaden), die „Paidikoi" (Knabenauloi; für Feste und Gastmähler), die „Kitharisterioi" (wahrsch. in der Lage der Kithara; für Tragödien), die „Teleioi" (für den ↗Päan) und die „Hyperteleioi" (für Trankopfer zu Ehren der Götter). Aristoteles führt dagegen 33 Arten auf. – Man ordnete die Auloi auch nach ihrem Klangcharakter (Plagiaulos oder schräger A.), nach ihrer geographischen Herkunft (z.B. phrygischer A. mit schnarrendem Horn auf dem linken Rohr), nach ihrer Anwendung (daktylischer A. für das Hyporchema = heiterer Lobgesang an Apollo) und kannte auch Nebenformen (z.B. den Askaulos = Aulos mit Windsack). – Der A. diente zur Begleitung unterschiedlicher Gesangsarten wie „Epikedeion" (Trauer- und Trostgedicht), „Komarchios" (Tafelgesang), „Elogos" (Klagegesang) und „Gamelion" (Hochzeitsgesang). Sein schriller Klang wurde gleichermaßen verwendet zur Unterhaltung bei der Weinlese, bei der Behandlung von Geisteskrankheiten, beim Geschrei der Klageweiber wie zum Anfeuern der Kämpfer auf dem Ringplatz oder zur Untermalung einer Theateraufführung. Aristophanes verwendete den A. bei den Zwischenspielen seiner Komödien. Ein Aulet nahm an allen „Symposia" teil. Opferfeiern, Maskeraden, Tänze, Märsche oder Kampfspiele fanden unter den Klängen der Auloi statt. Der A. verkörperte das „Pathos", die Kithara dagegen das „Ethos". Seit dem 6. Jh. v. Chr. bei den Wettbewerben zugelassen, führte er jedoch nur zu wenigen formalen Gestaltungen im Rahmen der Auletik und der Aulodie. Die Götter verwarfen angeblich den A. trotz seiner Zugehörigkeit zu Dionysos und seinem Gefolge, den Silenen und den Mänaden. Die Philosophen verurteilten ihn als schändlich und sittenwidrig. Im Volk aber erfreute er sich allgemeiner Beliebtheit, ebenfalls bei der Nobilität. Vom 8. bis zum 4. Jh. v. Chr. finden sich zahlreiche Abbildungen des A. auf Vasenmalereien.

Ursprünglich vorderasiatischer Herkunft (man findet ihn seit dem 3. vorchristlichen Jahrtausend bei den Sumerern), scheint der A. über Ägypten und Kreta nach Griechenland gekommen zu sein. Über seine mythische Herkunft besteht in den Schriftzeugnissen Uneinigkeit. Als historisch gesichert gilt die Einführung des Nomos aulodikos durch Klonas von Tegea (7. Jh. v. Chr.), ferner die Einführung der Auletik als Disziplin in die Pythischen Spiele 586 v. Chr., für die Sakadas von Argos das szenische Spiel vom Kampf zwischen Apollon und Marsyas schrieb. – Um das 5. Jh. v. Chr. war der A. allgemein beliebt, und der Unterricht im Aulosspiel, der auf Polymnestos von Kolophon zurückgeführt wird, wurde obligatorisch. Doch Alkibiades und Aristoteles verwarfen ihn wieder, da man zu dieser Zeit die orgiastischen Kulte, die stets von Aulosspiel begleitet wurden, energisch bekämpfte. In Theben aber blieb das Instrument weiter beliebt. Hier hatte der um 475 v. Chr. geborene Pronomos einige technische Neuerungen eingeführt. Im übrigen war der A. das bevorzugte Instrument der Virtuosen und Hetären. Die jungen Männer erlernten das Spiel an den Akademien und Gymnasien, wo es auch zur Bestimmung von Tonskalen und Tongeschlechtern diente. Platon bezeichnete den A. als panharmonisch. Eine ziemlich genaue Beschreibung des A. hat der um 230 n. Chr. lebende Athenaios hinterlassen (*Deipnosophistai* XIV, 36). – A.-Funde in Pompeji lassen auf seine Beliebtheit auch bei den Römern schließen (↗Tibia). Da jedoch keine Mundstücke erhalten sind, können über den Klang nur Vermutungen angestellt werden. In der frühchristlichen Musik war der A. verpönt, doch deuten einige Handschriften des 11. Jh. (St-Martial de Limoges) auf eine Weiterentwicklung des A. im MA hin, die ihren Abschluß in ↗Krummhorn und ↗Bomhart fand. Die ↗Launéddas in Sardinien dürfen als die direktesten Nachfahren des A. angesehen werden.

Lit.: A. HOWARD, The A. or Tibia, in: Harvard Studies in Classical Philology 4 (1893); H. HUCHZERMEYER, A. u. Kithara in der griech. Musik bis z. Ausgang der klassischen Zeit (Emsdetten 1931); K. SCHLESINGER, The Greek A. (Lo 1939), dazu J. HANDSCHIN, in: AMI 20 (1948); N. B. BODLEY, The A. of Meroë, in: Amer. Journal of Archeology 50 (1946); M. WEGNER, Das Musikleben der Griechen (B 1949); R. FLACELIÈRE, La vie quotidienne en Grèce au siècle de Périclès (P 1962); H. BECKER, Zur Spielpraxis des griech. A., in: Kgr.-Ber. Kassel 1962 (Kas 1962); H. METZGER, Recherches sur l'imagerie athénienne (P 1965); H. BECKER, Zur Entwicklungsgesch. der antiken u. ma. Rohrblattinstrumente (H 1967); D. PAQUETTE, L'instr. de musique à travers la céramique de la Grèce antique (Diss. Dijon 1968).

D. PAQUETTE

AURELIANUS REOMENSIS, OSB, Musiktheoretiker des 9. Jahrhunderts. Er gehörte zum Kloster St-Jean in Réomé bei Auxerre, wurde aber aus unbekannten Gründen aus dem Kloster verstoßen. Er verfaßte eine Schrift *Musica disciplina*, die als der erste vollständige Musiktraktat des MA zu gelten hat. Sie behandelt – in Anlehnung an Cassiodor, Isidor von Sevilla und Boethius – die Klassifikation der Musik und die Lehre von den Intervallen und von den Kirchentonarten. A. gibt in seinem Traktat als erster mittelalterlicher Autor auch Regeln für die Praxis des gregorianischen Gesangs.

Lit.: L. A. GUSHEE, The „Musica Disciplina" of A. of R., a Critical Text and Commentary, 2 Bde. (1963) (= Diss. Yale Univ.).

AURIC, Georges, * 15. 2. 1899 Lodève (Hérault), † 23. 7. 1983 Paris; frz. Komponist. Er studierte zunächst in Montpellier, dann am Conservatoire in Paris (u. a. Kontrapunkt bei G. Caussade). Bald entstanden die ersten Lieder. E. Satie, I. Strawinski und A. E. Chabrier wurden seine bevorzugten Vorbilder. Nach weiteren Studien an der Schola Cantorum (Komposition bei V. d'Indy) war A. an der Entstehung der „Groupe des Six" mit A. Honegger, D. Milhaud, F. Poulenc, L. Durey und G. Tailleferre beteiligt. Außerdem war er Musikkritiker der „Nouvelles Litteraires". Seit 1924 komponierte er für die Ballets Russes von Diaghilew, dann für die Opéra. Seiner ersten Filmmusik, *Le Sang du Poète* (1931; Regisseur J. Cocteau), folgten zahlreiche andere, darunter *Symphonie pastorale* (1946), *Gervaise* (1956) und, wieder für Cocteau, *La Belle et la Bête* und *Orphée*. A. hat mit diesen Werken, die durch die Filme enorm bekannt wurden, dazu beigetragen, daß sich die Filmmusik als eigenständige musikalische Gattung etablieren konnte und zu einem respektablen Faktor der Gegenwartsmusik wurde. 1954 wurde A. Präsident der SACEM. 1962–68 war er Administrateur Général der Théâtres Lyriques Nationaux. Seit 1962 war er Mitglied des Institut de France.

WW: **1) Instr.-WW:** Zahlr. Stücke für Klv., darunter *Sonatine en sol* (P 1923); *Petite Suite* (P 1927); *Sonate en fa* (P 1931); *3 Impromptus* u. *9 Pièces brèves* (P 1940, Neudr. 1947); *Sonate en sol*, für Klv. u. V. (1936); *Trio*, für Ob., Klar. u. Fag. (P 1938). – Für Orch.: *Ouverture* (1938); *La Seine au matin* u. *Hommage à M. Long* (P 1937, Neudr. 1956). – **2) Vokal-WW:** Lieder auf Texte v. Chalupt (1914), J. J. Cocteau (1919), R. Radiguet (1920–22), L. G. de Nerval (1925), M. Desbordes-Valmore (1926), T. de Banville (1927), Hirtz (1929), P. de Ronsard (1935), L. de Vilmorin (1940), P. Eluard (1941–43), J. Supervielle (1943), L. Aragon (1943), M. Jacob (1946), L. P. Fargue (1950); *5 Chansons françaises* sur des textes du XVe siècle, für Chor a cap. (P 1940). – **3) Bühnen-WW:** *Phèdre*, Tragödie (Libr.: J. J. Cocteau) (P 1950); Ballette, darunter: *Les Fâcheux* (P 1924); *Chemin de Lumière* (Mz 1952); *Le Bal des Voleurs* (P 1960); Bühnenmusik u. zahlr. Filmmusiken.

Lit.: A. SCHAEFFNER, G. A. (P 1928); G. AURIC (Autobiogr.), in: J. Bruyr, L'Ecran des Musiciens (P 1930); C. ROSTAND, La Musique française contemporaine (P 1952); A. GOLÉA, G. A. (P 1959); DERS., G. A., in: Musiciens d'aujourd'hui, ohne Nr. (P 1959); H. JOURDAN-MORHANGE, in: Melos 26 (1959); M. PINCHARD, G. A. et la musique de film, in: Musica (Disques), H. 99 (1962); R. KOSSATSCHEWA, G. A. i jewo rannyje baleti („G. A. u. seine frühen Ballette"), in: Sowjetskaja musyka 34 (1970).

AURORA, Singspiel in 3 Akten von Ernst Theodor Amadeus Hoffmann (1776–1822), Text von Franz Ignaz von Holbein. Ort und Zeit der Handlung: Athen und Palast der Aurora im 8. Jh. v. Chr. UA: 5. 11. 1933 in Bamberg (E. T. A. Hoffmann-Theater) in einer Bearbeitung des Bamberger Komponisten Lukas Böttcher.

Das Libretto basiert auf dem zum attischen Sagenkreis gehörenden Mythos um Eos, Kephalos und Prokris. Auffällig ist die Diskrepanz zwischen Titel- und dramatischer Hauptfigur: A., eine echte „dea ex machina", tritt im 1. Akt nicht in Erscheinung und wird im gesamten Werk nicht mit einer Solo-Arie bedacht. Die Hauptrolle kommt Cephalus zu; Hoffmann konzipierte diese Figur als Hosenrolle für einen Mezzosopran. Die Nummernoper mit gesprochenem Dialog ist als unmittelbare Vorstufe zu Hoffmanns Meisterwerk ↗ *Undine* anzusehen. Sie vereinigt verschiedene Merkmale tradierter Operntypen und steht stilistisch zwischen Singspiel und romantischer Oper. Das Werk war ursprünglich für eine Aufführung während Hoffmanns Anstellung als Kapellmeister in Bamberg (1808–12) geplant, ging jedoch nicht in Szene. 1905 entdeckte M. Voigt die autographe Partitur im Würzburger Stadtarchiv. Neben der UA ist nur noch eine einzige Aufführung im Oberschlesischen Landestheater Beuthen 1943 belegt.

J. SCHLÄDER

AURRESKU, alter, zeremonieller Tanz des Baskenlandes. Die Tänzer fassen sich an den Händen und bilden eine Kette (deren erster Tänzer *A.*, deren letzter *Atzesku* heißt), wobei sie vom Klang der ↗Txistu und der Tamburil begleitet werden. Der Tanz setzt sich heute aus mehreren verschiedenartigen Teilen bzw. Tanzfiguren zusammen. Ihre Namen sind: *Entra, Atzesku, ↗Zortziko, Pasamano, Desafio, ↗Fandango, Ariñ-ariñ* (Schluß-Galopp).

Lit.: F. GASCUÉ, L'aurresku basque, in: Bull. de la SIM 8 (1912); DERS., El aurresku en Guipuzcoa a fines del s. XVII (San Sebastian 1916); V. ALFORD, Ceremonial Dances of the Spanish Basques, in: MQ 18 (1932).

AUSDRUCK, im Sinne von „etwas ausdrücken" wesentliches Element der musikalischen Komposition, sofern Musik als Bedeutungsträger im weitesten Sinne konzipiert und verstanden wird. Ausdruck und Ausdrucksvokabular der Musik entwickelten sich in enger Verbindung mit der Sprache als Vermittlerin von Inhalten; darauf weisen u. a. in der Zeit des 16./17. Jh. die Begriffe ↗Musica poetica und die rhetorisch-musikalischen ↗Figuren hin. Die Verwendung von melodischen und harmonischen Formeln, die zur Darstellung oder Nachahmung außermusikalischer Inhalte, auch von Gefühlen und Seelenzuständen (↗Affektenlehre), geeignet schienen, weist auf den vorwiegend gegenständlich-abbildenden Charakter der Musik zu dieser Zeit hin. Die allmählich stereotype Verwendung dieses Ausdrucksvokabulars, das zunächst eine außerordentliche Bereicherung, vor allem der Harmonik, mit sich gebracht hatte, führte im 18. Jh. zu einer Gegenreaktion, die eine stärkere Angleichung an den natürlichen Duktus der Sprache verlangte (J. J. Rousseau, Ch. W. Gluck), eine Forderung, der im 19. Jh. wieder durch R. Wagner und in Frankreich durch C. Debussy Nachdruck verliehen wurde. – Während in der mit Sprache verbundenen Musik der Ausdruck unmittelbar gegeben ist (wodurch sich auch das Fehlen von Vortragsbezeichnungen bis zum 16. Jh. teilweise erklären läßt), stellt die als ↗absolute Musik verstandene Instrumentalmusik stärkere Probleme für den Vortrag eines Werkes. Im 19. Jh. wurde häufiger versucht, Kompositionen durch Bezug auf literarische Vorlagen bzw. programmatische Titel (↗Symphonische Dichtung, ↗Programmusik) einen außermusikalischen Hintergrund zu geben, während man andererseits die Ansicht vertrat, daß Musik das mit Worten oder anderen Medien nicht mehr Ausdrückbare vermittelt (Wagner). – Die Lehre vom A. als praktische Disziplin gibt die Regeln an, nach denen die meist schon mit dem äußeren Erscheinungsbild gegebenen Ausdruckswerte einer Komposition in der musikalischen Darbietung wiedergegeben und verdeutlicht werden. So werden im allgemeinen melodisch steigende Passagen „crescendo", fallende „diminuendo" vorgetragen, Passagen oder Einzeltöne, die sich vom normalen Melodie-, Rhythmus- und Harmonieverlauf abheben, werden akzentuiert.

Vortragsbezeichnungen sind seit Beginn des 17. Jh. üblich, beschränken sich jedoch neben Tempobezeichnungen zunächst auf nur wenige dynamische Anweisungen, wie sie D. Mazzocchi in der Vorrede zu seiner *Partitura de Madrigali* anführt: „Die Buchstaben f, p und t für forte, piano und trillo sind von nun an jedermann bekannt." Die Zeichen „lo" und „so" für „loud" und „soft" erscheinen 1676 in dem *Musick's Monument* von Th. Mace. Die heute gebräuchlichen Zeichen für „crescendo (<) und „diminuendo" (>) werden von F. S. Geminiani *(Prime Sonate)* an Stelle der von D. Mazzocchi verwendeten Zeichen (v für „crescendo" [„messa di voce" und C für <>]) eingeführt. Tempobezeichnungen erscheinen bereits in den Werken für Laute von L. Milán: „a piesa" (= schnell), „a espacio" oder „despacio" (= langsam). Entsprechende Bezeichnungen wurden von G. Frescobaldi in den *Fiori Musicali* eingeführt. A. Banchieri benutzte die Begriffe „allegro", „adagio", „presto", G. Caccini verwendete in seinen *Nuove Musiche* (1601) zusätzliche Bezeichnungen wie „esclamazione spirituosa", „senza misura", „quasi favellando". Ausdrücke, die den Grundcharakter eines Stückes kennzeichnen, wurden u. a. von F. Couperin verwendet (z. B. „gravement sans lenteur", „légèrement", „gaiement" usw.). Die Bereicherung der Ausdrucksmöglichkeiten innerhalb der ↗Mannheimer Schule (Lautstärken- und Tempoeffekte, Klangkontraste usw.) lassen den A. immer mehr zu einem eigenständigen und z. T. unabhängigen Element der musikalischen Komposition werden, diese selbst damit auch immer stärker zu einem Gegenstand der Interpretation (und möglicher Fehldeutung). In der Musik des 20. Jh. verliert der A. zunehmend an Bedeutung, dagegen wird vornehmlich der sachlich-objektive Charakter der Musik, vor allem in der Seriellen Musik, betont.

Lit.: M. LUSSY, Traité de l'expression musicale (P 1874); F. VON HAUSEGGER, Die Musik als Ausdruck (W 1885); L. KLAGES, Ausdrucksbewegung u. Gestaltungskraft (L 1913); C. C. PRATT, The Meaning of Music (Lo 1931); E. SORANTIN, The Problem of Musical Expression (Nashville/Tenn. 1932); K. BÜHLER, Ausdruckstheorie (Jena 1933); V. BASCH, Essais d'esthétique, III: Du pouvoir expressif de la musique (P 1934); L. KLAGES, Grundlegung der Wissenschaft vom Ausdruck (L 1936); G. BRELET, Le temps musical, 2 Bde. (P 1949); DIES., L'interprétation créatrice, 2 Bde. (P 1951); H. H. EGGEBRECHT, Das A.s-Prinzip im musikal. Sturm u. Drang, in: Dt. Vierteljahresschrift 29 (1955); Musik als Tonsprache, in: AfMw 18 (1961); DERS., Ordnung u. A. im Werk v. Heinrich Schütz (Kas 1961); H. BESSELER, Der Ausdruck der Individualität in der Musik, in: Beitr. zur Musikwiss. 5 (1963).

J. DURING – P. HARDOUIN

AUS EINEM TOTENHAUS *(Z Mrtvého Domu),* Oper in 3 Akten von Leoš Janáček (1854–1928) (op. postum), Text vom Komponisten nach Fjodor Michajlowitsch Dostojewskijs *Aufzeichnungen aus einem Totenhaus* (1860–62). Ort der Handlung: ein Sträflingslager in Sibirien, Zeit: Mitte des 19. Jh. UA als Fragment: 12. 4. 1930 in Brno (Brünn), UA der vollendeten Fassung: 21. 2. 1931 in Prag, dt. EA (in dt. Sprache): 14. 12. 1930 in Mannheim, nachgedichtet von Max Brod.

Janáčeks letzte Oper wurde nach dem Tod des Komponisten textlich von Otakar Zitek und musikalisch von Břetislav Bakala vollendet. Das eindrucksvoll düstere Werk, dem der Satz „In jeder Kreatur ein Funken Gottes" vorangestellt wurde, bricht mit vielen Konventionen der Oper: es besitzt keine stringente Handlung, sondern reiht Einzelsituationen. Frauenrollen fehlen völlig, sieht man von einer Prostituierten ab, die am Rande des von den Gefangenen aufgeführten Theaterstücks kurz auftritt. Die Oper ist durchgängig rezitativisch gearbeitet; trotz enger Verwandtschaftsbeziehungen innerhalb des motivischen Materials gelingt es Janáček, den Eindruck der Schematisierung zu vermeiden.

R. QUANDT

AUSFLÜGE DES HERRN BROUČEK, DIE, *(Výlety paně Broučkovy),* Oper in 2 Teilen von Leoš Janáček (1854–1928), Text von Viktor Dyk und František Serafin Procházka nach zwei Novellen von Svatopluk Čech (1846–1908). Ort und Zeit der Handlung: Prag 1920, auf dem Mond, Prag im 15. Jh. UA: 23. 4. 1920 in Prag, dt. EA (in dt. Sprache): 1959 in München (in der Übersetzung von Karl Heinz Gutheim).

Die „Ausflüge", die der Spießbürger Brouček unternimmt, sind erträumte Reisen, welche dem Komponisten auf Grund ihrer phantasievollen Anlage viel Raum für musikalische Inspirationen geben. Satire, Parodie und Groteske gehören jedoch nicht zu den Genres, in denen Janáček sich zu Hause fühlte. So dominieren in diesem Werk die musikalischen Gegensätze insbesondere zwischen schwerem Pathos und kraftvollen Elementen, die in der tschechischen Volksmusik verwurzelt sind.

R. QUANDT

AUSGABEN ↗Denkmäler, ↗Editionen.

AUSGERECHNET UND VERSPIELT, eine „Spiel"-Oper von Ernst Krenek (* 1900), Text vom Komponisten. Ort der Handlung: Ein Spielkasino; Zeit: unbestimmt. UA: Anfang September 1962 in Salzburg anläßlich der Tagung „Musik im Fernsehen".

Es geht um das Spiel in vielerlei Bedeutung: um das Roulette-Spiel, um das Spiel mit Tönen und Zahlen und schließlich um das Spiel mit menschlichen Schicksalen, alles letzten Endes vom Zufall abhängig. Grundlage der Komposition ist eine Zwölfton-Reihe, die im weiteren Verlauf der Oper als „Kappa-Omikron-Reihe" bezeichnet wird und mit der die Hauptfigur ihre sensationellen Gewinne erzielt. Der Roulettetisch spielt akustisch aktiv mit; das Rollen der Kugel wird durch eine vorgefertigte Bandaufnahme von 70 Sinustönen hörbar gemacht. Die von Křenek gewählte Form des Textes ist die einer „Sestina" (Gedichtform des 12. Jh.), bei der sich die Schlüsselwörter beliebig austauschen lassen, was dazu führt, daß Tonhöhen, Dynamik, Klangfarben und Tempi zwar reihenmäßig, entsprechend der seriellen Kompositionstechnik, vorherbestimmt werden, aber das klingende Ergebnis durch das Auslosen der Anordnung vor jeder Aufführung vom Zufall abhängt. Damit bleibt der von Křenek gewünschte Charakter der „Life-Oper" für jede Aufführung erhalten.

B. DELCKER

AUSGLEICHSVORGÄNGE (engl.: transients), für jedes Musikinstrument typische und zu seiner Charakterisierung beitragende Erscheinungen beim Übergang von einem Schwingungszustand in einen anderen, ausgelöst durch Änderungen der Schwingungsanregung (z. B. beim Streichen und Anblasen) und durch einzelne Impulse (z. B. Zupfen, Anreißen oder Anschlagen), aber auch durch Änderungen am schwingungsfähigen System (Saite, Luftsäule) bei Tonübergängen.

An- und Abklingen (attack, decay) der Töne beim Toneinsatz und nach Beendigung der Erregung sind Sonderfälle der Übergangsvorgänge für den Übergang von Ruhe in stationäres Klingen und umgekehrt. Genaugenommen finden A. wegen der Unregelmäßigkeit der Tonerregung (z. B. der Saite durch den Bogen, der Luftsäule durch die Blasluft) ständig statt, auch während des sog. stationären Mittelteils, der dann auch besser als ein quasistationärer bezeichnet wird.

Im Falle einer Tonerregung durch einzelne Impulse ist das Fehlen eines quasistationären Mittelteiles typisch. An- und Abklingvorgang schließen unmittelbar aneinander an. Jedoch kann bei sehr langsam ausklingenden Tönen, wie z. B. beim Klavierton, innerhalb kurzer Zeitabschnitte der Ton als ein quasistationärer Vorgang betrachtet werden.

Über die Bedeutung der Einschwingvorgänge für die gehörsmäßige Identifizierung der Musikinstrumente bestehen unterschiedliche Auffassungen. Sicher ist eine Aussage wie diese, daß ohne Einschwingvorgänge musikalische Klänge nicht erkannt werden können, in dieser Strenge falsch. Es ist erwiesen, daß durch spektrale Merkmale wie Formanten und durch nichtstationäre Vorgänge im quasistationären Mittelteil, also durch jene ständig ablaufenden minimalen A., die wie das Vibrato den Klang beleben, allein schon die Wiedererkennbarkeit gewährleistet sein kann. Es bestehen in dieser Hinsicht aber Unterschiede von Instrument zu Instrument und von Ton zu Ton. Ohne Zweifel sind die Klänge der Musikinstrumente vollständig charakterisiert und typisch nur mit ihren A.n am Anfang und Ende der Tonerzeugung.

Das gilt insbesondere für den Anklingvorgang bei allen durch Zupfen und Schlagen erzeugten Klängen, aber auch für die Art des Ausklingens, das in diesen Fällen sehr ausgeprägt sein kann, da es den klingenden Teil des Tones repräsentiert.

Erhebliche Unterschiede sind aber auch in der Dauer der Einschwingvorgänge zu verzeichnen. Für die Einschwingzeiten der meisten Instrumente werden Werte zwischen 15 und 150 msec angegeben. Die kürzesten gelten für angestoßene Töne des Englisch Horns und hohe angestoßene Trompetentöne, die längsten für weich einsetzende, tiefe Blechblas- und Streichinstrumententöne, die beim Cello sogar bis auf 300 msec ausgedehnt werden können. Unterschiedliche Angaben beruhen aber nicht nur auf den durch verschiedene Instrumente, Töne und experimentelle Durchführung gegebenen Bedingungen, sondern auch auf verschiedenen Definitionen. Als Dauer wird der Anstieg bis zu 80% der Maximalamplitude, bis zu einem Wert 3 Dezibel unter der Maximalamplitude ($\triangleq$ 70%) oder die aus der Exponentialfunktion abgeleitete Zeitkonstante (die durch den Anstieg bis auf 63% definiert ist) angegeben. Im Grunde genommen ist der Anklingvorgang aber erst beendet, wenn er gehörsmäßig keinen Beitrag mehr leistet, d.h., wenn die neben den erzwungenen Schwingungen angeregten freien Schwingungen bis zur Unhörbarkeit abgeklungen sind. Dieses Abklingen zeichnet sich nicht immer in voller Dauer in der Amplitude des Schwingungsvorgangs ab.

Lit.: C. STUMPF, Die Sprachlaute (B 1926); H. BACKHAUS, Über die Bedeutung der A. in der Akustik, in: Zschr. für technische Physik 13 (1932); F. TRENDELENBURG – E. FRANZ, Unters. an schnellveränderlichen Schallvorgängen, in: ebd. 16 (1935); F. TRENDELENBURG – E. THIENHAUS – E. FRANZ, Klangeinsätze an der Org., in: Akustik-Zschr. 1 (1936); DIESS., Klangübergänge bei der Org., in: ebd. 3 (1938); W. MEYER-EPPLER, Elektrische Klangerzeugung (Bonn 1949); F. TRENDELENBURG, Einführung in die Akustik (B ^{3}1961); W. LOTTERMOSER – J. MEYER, Org.-Akustik in Einzeldarstellungen (F 1966); K. KÜPFMÜLLER, Systemtheorie der elektrischen Nachrichtenübertragung (St ^{3}1969); DIN 1311 u. DIN 5488 (B 1969); A. MELKA, Messungen der Klangeinsatzdauer bei Musikinstrumenten, in: Acustica 23 (1970); J. MEYER, Akustik u. musikal. Aufführungspraxis (F 1972).

J. P. FRICKE

AUSLÖSUNG ↗Klavier.

AUSSETZEN (engl.: realization; frz.: réalisation; it.: realizzazione), vollständige Notierung der Akkorde über einem bezifferten oder unbezifferten Baß. Sie setzt die Kenntnis der für die Bezifferung geltenden Regeln und Konventionen, der musikalischen Satzlehre und der Aufführungspraxis der Zeit von 1600–1800 voraus. Historisch gesehen, ist das schriftliche A. ein Widerspruch zum Wesen des Generalbasses, das eigentlich eine improvisierte Adhoc-Ausführung erfordert. Da aber die Praxis des Generalbaßspiels seit dem Ende der Generalbaßzeit nicht mehr zum selbstverständlichen Rüstzeug eines Cembalisten, Organisten, Lautenisten usw. gehört, ist seit langem die schriftliche Aussetzung des Generalbasses in Neuausgaben älterer Musik die Regel. – ↗Generalbaß.

AUSWEICHUNG, in der Harmonielehre Bz. für das vorübergehende Verlassen der Haupttonart ohne eigentliche ↗Modulation. Sie erfolgt meist durch einen in der Haupttonart leitereigenen Akkord, der im allgemeinen die Funktion einer Dominante (Bsp. 1) oder Subdominante (Bsp. 2) der Ausweichungs-Tonart hat und auf den häufig unmittelbar die neue Tonika folgt:

Mozart, *Klaviersonate* C-Dur, KV 330, 3. Satz.

Durch die Einführung harmoniefremder Töne und Zwischendominanten bewirken A.en in tonaler Musik eine Steigerung der harmonischen Spannung. Häufige A.en auf engem Raum können den Eindruck eines ständigen Tonartenwechsels hervorrufen und dadurch zu einer Schwächung des Tonalitätsgefühls führen.

AUTHENTISCH (von griech. authentikos; lat. authentus, authenticus = echt, selbständig), **1)** Bz. für die Grundform der ↗Kirchentöne. A. sind der 1., 3., 5. und 7. Ton, bei denen die Finalis mit dem Grundton der jeweiligen Oktavgattung übereinstimmt. Den 2., 4., 6. und 8. Kirchenton, bei dem die Finalis eine Quarte über dem Grundton liegt, nannte man ↗plagal. – **2)** Die Verbindung Dominante – Tonika in der Kadenz.

AUTOMATEN ↗Mechanische Musikwerke.

AUTOMELOS ↗Idiomelos.

AUVERGNE, Antoine d', * 3. 10. 1713 Moulins, † 12. 2. 1797 Lyon; frz. Violinist und Komponist. Er war zunächst Violinist der königlichen Kammermusik, dann in gleicher Funktion an der Großen Oper in Paris. 1755 wurde er Komponist und Leiter der königlichen Kammermusik, 1762 Vizedirektor der „Concerts Spirituels" und 1764 „Surintendant de la musique". 1769–90 war er dreimal Direktor der großen Oper, danach ihr offizieller Komponist. („Compositeur de l'Académie Royale de Musique"). D'A. ist mit dem buffonesken Intermezzo *Les Troqueurs* (1753) einer der Schöpfer der Opéra-comique.

WW: Instr.-WW, darunter: *Divertimenti a tre;* 12 *Sonates* für V. u. b.c.; *Concerts de Symphonies à 4 parties;* Vokal-WW, darunter Airs, Oden, Kirchenlieder, Motetten; viele u. unterschiedliche Bühnenwerke, darunter: *Les Amours de Tempé* (Libr.: L. de Cahusac), Ballet héroique (UA: Paris 1752); *Les Troqueurs* (Libr.: J. J. Vadé nach La Fontaine), Interludium (UA: Paris 1753); *Enée et Lavinie* (Libr.: B. de Fontenelle), Tragédie lyrique (UA: Paris 1758); *Hercule mourant* (Libr.: J. F. Marmontel), Tragédie lyrique (UA: Paris 1761); *La Vénitienne* (Libr.: H. de la Motte), Comédie-Ballet (UA: Paris 1768).

Ausg.: Violinsonate in G-Dur, in: Les Maîtres classiques du violon..., Nr. 45, hrsg. v. D. ALARD.

Lit.: DU ROURE DE PAULIN, La vie et les œuvres de A. d'A. (P 1911); L. DE LA LAURENCIE, Deux imitateurs français des Bouffons, M. Blavet u. d'A., in: AM 2 (1912); J. TIERSOT, Lettres de musiciens écrites en français (P 1924–1936).

AUXCOUSTEAUX (Aux Cousteaux), **Artus,** * um 1600 Saint-Quentin (?), † um 1656 Paris; frz. Komponist. Er war Schüler von J. de Bournonville an der Stiftskirche in Saint-Quentin, 1633 Magister puerorum an der Kathedrale von Amiens, seit 1634 Sänger und Kapellmeister an der Sainte-Chapelle in Paris. A.' Kirchenmusik, sämtlich im a-cappella-Stil ohne Generalbaß geschrieben, ist der Tradition der französischen Vokalpolyphonie des 16. Jh. verpflichtet, seine geistliche Musik mit französischem Text steht teilweise in der Nähe der Airs de cour.

WW: Kirchenmusik: 8 Messen in den 8 Kirchentönen, davon nachweisbar nur die 4st. *Missa secundi toni* (P 1643) in einer späteren Auflage (P 1726), die 4st. *Missa quinti toni* in einer (unzuverlässigen) Übertragung in: La Borde, Essai sur la musique ancienne et moderne II (P 1780), die 5st. *Missa „Quelle beauté"* (P 1651); eine weitere Messe (*Missa „Laus angelorum"*) ist verschollen; 4–6st. Psalmen (P 1631, unvollständig); Magnificatvertonungen (P 1655, unvollständig), 4st. Mariengesänge (*Octo cantica... secundum octo modos,* P 1641). – Weitere WW: *Les quatrains de M. Mathieu* (P 1652); *Meslanges de Chansons,* 3–6st. (P 1644); *Noëls et Cantiques spirituels,* 2st., 2 Bde. (P 1644); *Paraphrase des Psaumes mis en vers français par Antoine Godeau* (P [4]1656).

Ausg.: 3 *Quatrains de M. Mathieu,* in: Œuvres vocales et instr. II (P 1908); ein Noël für Singst. u. Org., hrsg. v. F. BRUN, in: Noëls anciens III (P 1912).

Lit.: R. M. REBOUD, Messire A. Aux C., maître de musique de la Ste-Chapelle, in: Bull. de la Soc. d'études du XVIIe siècle (P 1954); A. BLOCH-MICHEL, Les messes d'Aux C., in: Recherches 2 (P 1962); DERS., Les „Meslanges" d'Aux C., in: ebd. 3 (1963).

AVANTGARDE (frz., = Vorhut), Bz. für moderne Kunstrichtungen, u. a. auch in der Musik. Das Wort A., das eigentlich der militärischen Fachsprache entstammt, wurde zu Beginn unseres Jh. (wahrscheinlich zuerst im Bereich der bildenden Kunst) gebräuchlich, um zeitgenössische Kunstrichtungen, die besonders radikal mit den Rezeptionsgewohnheiten des Publikums brachen, von anderen – häufig als „gemäßigte Moderne" apostrophierten – Kunstrichtungen abzugrenzen. In der Musik wurden besonders die Komponisten der Wiener Schule und der seriellen Musik, zeitweilig auch die der „Neuen Sachlichkeit" (z. B. der junge Hindemith) als A. bezeichnet. Ein wichtiges, wenn auch nicht immer ausschlaggebendes Kriterium für die Bezeichnung einer Stilrichtung als A. ist in der Musik – unter der Annahme eines „Fortschritts" in der Musik – die Entwicklung des musikalischen Materials (↗Atonalität, ↗Zwölftonmusik, ↗Serielle Musik). Das Wort A. wird aber weniger von Komponisten verwendet als vielmehr von Publizisten, die durch Kritik in die Auseinandersetzung zwischen verschiedenen stilistischen Strömungen der jeweiligen zeitgenössischen Musik eingreifen. Zu einem Stilbegriff kann sich das Wort A. nicht verfestigen, da die Bezeichnung einer Kunstrichtung als A. durch die Geschichte immer wieder relativiert wird: die Avantgardisten von ehedem werden entweder zu „Klassikern der Moderne" oder geraten in Vergessenheit.

AVENTURES & NOUVELLES AVENTURES, musikalisch-dramatische Aktion in 14 Bildern, szenische Version aus *Aventures* und *Nouvelles Aventures* für 3 Sänger, 3 Pantomimen, 6 Tänzer und 7 Instrumentalisten von György Ligeti (* 1923), Text vom Komponisten. UA: 19. 10. 1966 in Stuttgart in einer vom Komponisten nicht autorisierten pantomimischen Version.
Die Bühnenaktionen zu der als Auftragskomposition des NDR entstandenen und bereits am 4. 4. 1963 *(Aventures)* und am 26. 5. 1966 *(Nouvelles Aventures)* konzertant uraufgeführten Musik sind nicht mehr in einen organisch entwickelten Handlungsstrang traditioneller Art integriert, sondern in sich geschlossene, weitgehend akausale Ereignisse, deren Ziel die zum Selbstzweck erhobene gestisch-musikalische Darstellung von Affekten ist. Auch die Klangsprache ist experimentellen Charakters und wird bestimmt durch fließende

Übergänge von rhythmisch fixierter, rein sprachlicher Lauterzeugung zu gesungenen Melodiepartikeln sowie durch eine Reihe unkonventioneller Praktiken instrumentalen Musizierens. Obwohl die Bühnenaktion erst nachträglich zur Musik erfunden wurde, erscheint sie insbesondere dem Vokalpart mit seinem rein phonetischen Text hervorragend angepaßt; das klangliche Geschehen bleibt auch ohne Verwendung der Begriffssprache als Träger spontan-emotionaler Geste unmittelbar verständlich.

W. A. MAKUS

AVE, REGINA CAELORUM ↗Marianische Antiphonen.

AVERROËS, eig. **Ibn Rušd,** * 1126 Córdoba, † 10. 12. 1198 Marrakesch; arabischer Philosoph. Er lebte seit 1153 am Hof von Marrakesch, war dann Richter in Sevilla (1169), Wesir in Marrakesch (1182) und Oberster Richter in Córdoba. Wegen eines Konflikts mit der islamischen Theologie wurde er 1195 verbannt, aber nach einiger Zeit wieder an den Hof von Marrakesch zurückberufen. Seine Kommentare zu fast allen Schriften des Aristoteles wurden dem lat. MA zu Beginn des 13. Jh. bekannt. Der Kommentar zu *De anima* beeinflußte auch die Musiktheoretiker.

Ausg.: *El compendio de Anima,* mit span. Übers. hrsg. v. N. MORATA, in: Publ. de las escuelas de estudios árabes de Madrid y Granada (1934).

Lit.: B. CARRA DE VAUX, in: Enzyklopädie des Islam, Bd. II (Lei–L 1927) (mit Bibliogr. u. Quellennachweisen); H. G. FARMER, A History of Arabian Music to the 13th Cent (Lo 1929, Nachdr. 1967); DERS., History Facts for the Arabian Music Influence (Lo 1930, Nachdr. 1964); DERS., The Sources of Arabian Music (Bearsden 1940, Nachdr. Lei 1965).

AVICENNA, eig. **Abû 'alî ibn Sînā,** mit dem Beinamen as-Sayh ar-Ra'îs, „der Meister", * August oder September 980 bei Buchara, † 1037 Hamadân; arabischer Arzt, Philosoph und Musiktheoretiker. In seinem berühmtesten Werk, dem 5bändigen *Kanon der Medizin,* faßt er das gesamte damalige Wissen über die griechisch-römische Medizin zusammen. Darin vergleicht A. den Herzschlag mit den verschiedenen musikalischen Proportionen. Zwei Abhandlungen über die Musik sind in den philosophischen Schriften *Kitāb as-Sifâ* und *Kitab an-Nagât* enthalten (letzteres mit dt. Übersetzung hrsg. von M. el-Hefny, B 1931).

AVIDOM (eig. Mahler-Kalkstein), **Menachem,** * 6. 1. 1908 Stanisławow (Polen); israelischer Komponist. Er studierte in Paris und stand anfangs unter dem Einfluß der frz. Schule. Seit 1935 in Palästina bzw. in Israel, schloß er sich dort den Schöpfern eines sog. mediterranen Stils an. Die ersten seiner Symphonien sind beeinflußt von der Volksmusik. In der 8. Symphonie, komponiert für die Israelfeierlichkeiten 1966, zeigt sich der Einfluß der seriellen Musik. A. schrieb ferner Opern, Konzerte, Kammermusik.

AVISON, Charles, * Febr. 1709 Newcastle-on-Tyne, † 9. (?) 5. 1770 ebd.; engl. Organist und Komponist. Er war Schüler von F. Geminiani und wurde Organist an St. John, später an St. Nicholas in Newcastle. Er komponierte zahlreiche Konzerte für 4, 6 u. 7 Streicher mit u. ohne B.c. (op. 2, 3, 4, 6, 9, 10: Lo 1740–69, 1742 u. 1758), Sonaten für Cembalo u. Streicher (op. 5, 7, 8: Lo 1756–64), Sonaten für 4 Streicher (op. 1), Konzerte für Orgel oder Cembalo. A. veröffentlichte auch ein musikästhetisches Werk, *An Essay on Musical Expression* (Lo 1752, ³1775, dt. Lo 1775).

Lit.: A. MILNER, Ch. A., in: Musical Times 95 (1954); E. R. JACOBI, Die Entwicklung der Musiktheorie in England nach der Zeit v. J.-Ph. Rameau, 3 Bde. (Str 1957–60); J. L. CASSINGHAM, The Twelve Scarlatti – A. Concertos of 1744, 2 Bde. (Kansas City 1968) (= Diss. Univ. of Missouri); N. L. STEPHENS, Ch. A., A 18th Century English Composer, Musician and Writer (Diss. Pittsburgh 1968) (mit thematischem Kat. u. WW-Verz.).

AVONDANO, Pedro António, * 1714 Lissabon, † 1782 ebd.; port. Komponist genuesischer Herkunft. Er war erster Violinist der königlichen Kapelle. Seine komische Oper *Il mondo della luna* wurde 1765 am königlichen Theater von Salvaterra aufgeführt (Ms. in der Bibl. in Ajuda). Von zwei weiteren Opern, *Berenice* und *Antigone,* sind nur Fragmente erhalten. A. schrieb auch zwei geistliche Dramen, *Il votto de Jefte* (UA: Lissabon 1771) und *Adamo ed Eva.* Gedruckt wurden von A. 3 Sammlungen von 3st. Menuetten, die *Lisbon minuets* (Lo o.J.). In der Bibl. des Brüsseler Konservatoriums befinden sich eine *Sinfonia* für 2 V., Va. und Vc. sowie einige kirchenmusikalische Stücke. A. spielte eine wichtige Rolle bei der Neugestaltung der „Irmandada de Santa Cecilia" (gegründet um 1688), die alle Musiker Lissabons umfaßte.

AVOSSA, Giuseppe, ↗Abos.

AYRE (engl.), im ausgehenden 16. und frühen 17. Jh. Bz. für das englischsprachige, meist für Sologesang bestimmte Lied. Die häufigste Form ist das Lied zur Laute, doch kommen auch Stücke mit einer zweiten Gesangsstimme oder mit Violen vor. Außerordentlich viele solcher A.s wurden zwischen 1597 und 1622 u.a. von W. Byrd, Th. Campion,

Th. Morley, Ph. Rosseter, J. Dowland (*Ayres*, 1597) und R. Dowland (*A musicall Banquet*, 1610) geschrieben. Die meisten dieser Kompositionen sind liedhaft und weisen strophische Form auf (vor allem die A.s von J. Dowland und J. Daniel). Die Satzweise der Lautenbegleitung ist entweder homorhythmisch oder kontrapunktisch aufgelockert.

Ausg.: The English School of Lutenist Song Writers, hrsg. v. H. FELLOWES, 32 Bde. (Lo 1920–32); English Ayres, hrsg. v. P. WARLOCK – P. WILSON, 6 Bde. (Lo 1922).

Lit.: E. H. FELLOWES, The English Madrigal Composers (O 1921); P. WARLOCK, The English Ayre (Lo 1926); B. PATTISON, Music and Poetry in the English Renaissance (Lo 1948); U. OLSHAUSEN, Das lautenbegleitete Sololied in England um 1600 (Diss. F 1963).

A. VERCHALY

AZNAVOUR, Charles, * 22. 5. 1924 Paris; frz. Schauspieler, Chansonsänger und Komponist armenischer Herkunft. Er begann als Schauspieler, trat seit 1942 als Chansonsänger auf und unternahm seit 1944 mit dem Pianisten Pierre Roche erste Tourneen durch Frankreich. Der Durchbruch gelang ihm auch international, als er durch Edith Piaf gefördert wurde und 1946–48, wieder mit P. Roche, eine Tournee durch Nordamerika unternahm. Er trug nun zunehmend eigene Chansons vor. Erfolge errang er seit den 50er Jahren auch als Filmschauspieler, schrieb für mehrere Filme die Musik und komponierte ferner die Musik zur Operette *Monsieur Carnaval* (1965). Bekannt wurden vor allem seine Chansons *Je hais les dimanches, Bateau d'amour, J'ai perdu la tête, On ne sait jamais, Tu t'laisses aller (Du läßt Dich gehn), Sur ma vie, Ce jour tant attendu, For me – formidable, Les Coemédiens, Spiel Zigeuner, La Mama, La Bohême, Mourir d'aimer, Voilà que tu reviens, Non je n'ai Oublié.* A. gründete eine eigene Verlagsgesellschaft, die „Editions Charles Aznavour". Er schrieb *Aznavour über Aznavour* (P 1970, dt. St 1971).

AZOPARDI (Azzopardi), **Francesco,** * 5. 5. 1748 Notabile (Malta), † 6. 2. 1809 Malta; it. Komponist und Musiktheoretiker. A. komponierte ein Oratorium, *La passione di Cristo* (1802), und verschiedene kirchenmusikalische Werke, darunter 3 Messen. Bekannt wurde er über seine Heimat hinaus durch das 1760 geschriebene Handbuch *Il musico prattico* (in frz. Übersetzung von N. E. Framéry, 2 Bde., P 1786).

Lit.: P. PULLICINO, Notizia biogr. di F. A. (La Valetta 1876); N. ROLANDI, Musica e musicisti in Malta (Livorno 1932).

AZZAIOLO (Azzajolo, Azzajuolo), **Filippo,** it. Komponist des 16. Jh., lebte in Bologna. Bei Gardano in Venedig erschienen von ihm 3 Bücher Motetten. Er ist einer der wenigen Musiker des 16. Jh., die sich der Komposition der ↗Villotta widmeten. Gedruckt wurden 3 Bücher von *Villotte alla padoana*, die u. a. auch Madrigale und Bergamasche enthalten (V 1557, 1559, 1569).

Ausg.: Slg. von 1557, hrsg. v. F. VATIELLI (Bol 1921); Slg. von 1559, hrsg. v. G. VECCHI (Bol 1953).

Lit.: F. VATIELLI, Canzonieri musicali del 1500, in: RMI 28 (1921).

B

B, 1) in der lat. ↗Buchstaben-Tonschrift Bz. für die zwei möglichen Tonstufen zwischen a und c: das „b molle" oder „b rotundum", das dem erniedrigten h bzw. dem heutigen b, und das „b durum" oder „b quadratum", das dem heutigen h entspricht. Aus den Zeichen (♭, b) für diese beiden Tonstufen sind die Formen der heute gebräuchlichen ↗Akzidentien (♯, ♭) hervorgegangen. – **2)** Erniedrigungszeichen (engl.: flat; frz.: bémol; it.: bemolle; span.: bemol), aus dem Schriftzeichen des „b molle" entwickeltes Alterations- oder Akzidenzzeichen (♭), das die Erniedrigung der folgenden Note um einen Halbton anzeigt. Das Doppel-B (♭♭) erniedrigt die Note um zwei Halbtöne. – In der vorwiegend diatonischen Musik vor der Mitte des 16. Jh. verwendete man ♭ lange Zeit als einziges Akzidenz-Zeichen. Es wurde nur gesetzt, um das *si* und ein eventuell gleichzeitig erklingendes *mi* zu erniedrigen. Im Fall der transponierten Tonart mit B-Vorzeichnung konnte dieses Akzidenz-Zeichen vor e und a stehen. Vom Ende des 16. Jh. bis zum Beginn des 18. Jh. diente das ♭ auch dazu, vorhergehende Kreuz-Vorzeichen aufzuheben. – ↗Musica ficta. – **3)** Abk. für ↗Baß.

BAAREN, Cornelis (Kees) van, * 22. 10. 1906 Enschede, † 2. 9. 1970 Oegstgeest; niederländischer Komponist. Er studierte 1924–26 an der Hochschule für Musik und am Stern'schen Konservatorium in Berlin, 1931–36 am Konservatorium in Rotterdam Komposition bei W. Pijper. Nachdem er selbst dort gelehrt hatte, unterrichtete er seit 1942 am Musiklyzeum in Amsterdam (1948–53 als dessen Leiter). 1953–58 war er Direktor des Konservatoriums in Utrecht, danach des königlichen Kons. in Den Haag. Van B. verwendete in seinen Kompositionen serielle und postserielle Techniken. Er gilt als Begründer der avantgardistischen Komponisten-Generation in Holland.

WW (alle in Amsterdam erschienen): *Concertino* für Klv. u. Orch. (1934); *Trio* für Fl., Klar. u. Fag. (1936); *Sonatine „In memoriam W. Pijper"* für Klv. (1948); *The Hollow Men* (1948) (Libr.: T. S. Eliot), Kantate für Chor u. Orch.; Septett für V., Fl., Ob., Klar., Fag., Horn u. Kb. (1952); *Sinfonia* (1956); *Variazioni per orchestra* (1959); 2. Streichquartett (1962); Bläserquintett (1963); *Concerto* für Klv. u. Orch.; *Musica per orchestra* (1966).

Lit.: J. GERAEDTS, K. van B. Variazioni per orch., in: Sonorum speculum (1961) Nr. 6; J. WOUTERS, K. van B. Seine Bedeutung für die ndl. Musik, in: ebd. (1968) Nr. 34; R. SCHOLLUM, K. van B.s Konzert für Klv. u. Orch., in: ebd. (1969) Nr. 38.

BABBITT, Milton, * 10. 5. 1916 Philadelphia; amerik. Komponist. Er studierte an der New York University und an der Princeton University, wo er heute selbst lehrt. B. ist einer der führenden Komponisten auf dem Gebiet der elektronischen Musik; sein Interesse als Forscher gilt den Möglichkeiten der Synthetisierung elektronisch erzeugter Klänge mittels Synthesizer. Eine große Zahl seiner theoretischen Arbeiten sowie Studien anderer Autoren zu seinen Kompositionen erschien in der Zeitschrift *Perspectives of New Music,* zu deren Herausgebern er gehört.

WW: 1) Kompositionen: *The Widow's Lament in Springtime* für Singst. u. Klv. (1950); *Semi-Simple-Variations* für Klv. (1956); *All Set* für Altsax., Tenorsax., Trp., Pos., Kb., Schlagzeug, Vibraphon u. Klv. (1956); *Composition for T. and Six Instr.* (1960); *Composition for Synthesizer* (1961); *Vision and Prayer* für S. u. Synthesizer (1961); *Relata I* für Bläser, Xylophon, Marimba, Vibraphon, Celesta, Harfe, Klv. u. Streicher (1965); *Correspondences* für Streichorch. u. Synthesizer (1967); *Relata II* für großes Orch. (1968) – **2) Schriften:** neben Aufsätzen vor allem *The Function of Set Structure in the Twelve-Tone-System* (Princeton/N.J. 1946).

Lit.: Sounds and Words. M. B. at 60 (Princeton/N.J. 1976) (= Perspectives of New Music 14/2 u. 15/1), FS mit ausführlichem Werke- u. Schriften-Verzeichnis.

BABES IN ARMS, amerik. Musical in 2 Akten von Richard Rodgers (1902–79), Text von Rodgers und Lorenz Hart, der auch die Song-Texte schrieb. Ort und Zeit der Handlung: Eastport/Long Island (USA) gegen Ende der dreißiger Jahre. UA: 14. 4. 1937 in New York (Shubert Theater). Filmfassung 1939.
Die Kinder einer Schauspielertruppe bleiben während einer Tournee ihrer Eltern in einem Heim zu-

rück. Aus finanziellen Gründen versuchen sie, eine eigene Show auf die Beine zu stellen. Dies gelingt ihnen nach vielen persönlichen und künstlerischen Schwierigkeiten. Mit diesem Musical schufen die Autoren Rodgers und Hart ihr erfolgreichstes Musical (289 Vorstellungen am Broadway). Es war auch das erste, zu dem sie selbst den Text schrieben. Die Choreographie lag in den Händen von George ↗Balanchine. Beachtung fanden die außerordentlich jungen Darsteller, z.T. erst 16 Jahre alt. Rodgers' zündende Songs mit Harts witzigen Texten wurden fast ausnahmslos zu Weltschlagern *(Where or When?; The Lady is a Tramp; My funny Valentine)*. Dazu gab es ein phantasievolles Ballett „Peter's Journey" mit Stars der Zeit und die Show in der Show „Lee Calhoun's Follies".

S. KUROCK – R.-M. SIMON

BABIN, Victor, * 13. 12. 1908 Moskau, † 1. 3. 1972 Cleveland; amerik. Pianist und Komponist russ. Herkunft. Er studierte zunächst in Riga, dann in Berlin bei A. Schnabel (Klavier) und Fr. Schreker (Komposition). 1933 bildete er mit seiner Frau, der Pianistin **Vitya Vronsky,** ein Klavierduo, mit dem er in Europa, seit 1937 in den USA konzertierte. B. wurde 1951 Direktor des Aspen Institute and School of Music, 1961 des Cleveland Institut of Music in Cleveland (Ohio). Er schrieb u.a.: *Capriccio* für Orch., Konzert für 2 Klv., Konzertstück für V. und Orch., Klavierstücke (auch für 2 Klaviere), Kammermusik (u.a. ein Streichquartett, ein Trio für V., Vc. und Klv.) und Lieder.

BABYLONIEN ↗Mesopotamien.

BACARISSE, Salvador, * 12.9.1898 Madrid, † 7.8.1963 Paris; span. Komponist. Nach dem Studium am Kons. in Madrid war er zunächst Musikkritiker, dann 1925–36 künstlerischer Leiter der „Unión Radio" in Madrid. Seit dem Ende des spanischen Bürgerkrieges lebte er in Frankreich. Er schrieb Klavierstücke, Kammermusik, zahlreiche Orchesterwerke, u.a. *Música sinfónica* (1931), *Serenata* (1931), *Sinfonietta* (1936) für 18 Blasinstrumente und Harfe, *Concerto grosso,* 3 *Movimentos concertantes* (1934) für Streichtrio und Orch., *Concerto pour Violoncelle* (1935), ferner das Ballett *Corrida de feria* (1930), die Oper *Charlot* (1933) und Lieder.

BACCHIUS, Baccheus, ↗Metrum.

BACCUSI (Baccusio, Bacchusi), **Ippolito,** * um 1530 Mantua, † 2.9.1608 Verona; it. Komponist. Er war Vizekapellmeister an S. Marco in Venedig, seit 1572 Kapellmeister an S. Eufemia in Verona, seit 1584 am Dom zu Mantua und seit 1592 am Dom zu Verona. A. komponierte 4 Bücher 5–6st. und 2 Bücher 3st. Madrigale, 4 Bücher 5–6st. und 1 Buch 4st. Messen, 1 Buch 5-, 6- und 8st. Motetten, mehrere Bücher 4-, 5- und 8st. Psalmen, 2 Magnificat.

BACEWICZ, Grażyna, * 5. 5. 1909 Łodz, † 17. 1. 1969 Warschau; polnische Violinistin und Komponistin. Sie studierte Violine, Klavier und Komposition am Konservatorium in Łodz, dann bei K. Sikorski in Warschau, 1932–34 bei N. Boulanger (Komposition) und bei A. Touret u. K. Flesch (Violine) in Paris. Darauf folgte eine Zeit reger Konzerttätigkeit. Sie lehrte 1934–35 und 1945–46 am Konservatorium in Łodz, 1967–68 in Warschau, widmete sich hier seit 1946 aber fast ausschließlich dem Komponieren. Sie erhielt u.a. 1950 und 1952 den polnischen Staatspreis sowie zahlreiche internationale Preise. Zunächst vom frz. Neo-Klassizismus beeinflußt, neigte sie in späteren Jahren mehr einem freien seriellen Stil zu.

WW: **1) Instr.-WW:** 10 Konzert-Etüden für Klv. (Krakau 1957); 2 Klv.-Sonaten; 5 Sonaten für V. u. Klv.; zahlr. kleine Stücke für V.; 7 Streichquartette, darunter das Quartett Nr. 4 (Lüttich – Krakau 1950); Quartett für 4 Vc. (Krakau 1964); 2 Klv.-Quintette; Bläserquintette; für Orch., 6 Symphonien; eine Ouvertüre; *Sinfonietta* u. *Concerto* für Streichorch. (Krakau 1948); Musik für Streicher, Trp. u. Schlagzeug (ebd. 1958); *Pensieri notturni,* für Orch. (ebd. 1961); *Concerto* für großes Orch. (ebd. 1962); 11 *Concertos,* 2 für Klv., 7 für V. u. 2 für Vc. – **2) Bühnen-WW:** *Esik w Ostendzie* (dt.: *Esik in Ostende*), Ballett (Posen 1964); Hörfunkoper *Przygoda Króla Artura* (dt.: *Ein Abenteuer König Arturs*) (1959; Libr.: E. Fischer).

Lit.: A. MALAWSKI, Uwertura Bacewiczóny, in: Ruch muzyczny 3 (1947) Nr. 17; J. M. CHOMIŃSKI, Koncert na orkiestrę smyczkową G. B., in: Studia muzykologiczne 5 (1956); A. HELMAN, Problem stylizacji muzyki dawnej w Sonacie da camera G. B., in: ebd.; Z. LISSA – J. M. CHOMIŃSKI, Kultura muzyczna Polski Ludowej (Krakau 1957); ST. KISIELEWSKI, G. B. i jej czasy (ebd. 1964); H. SCHILLER, Ze studiów nad musyką G. B., in: Muzyka 9 (1964); Ruch muzyczny 13 (1969) Nr. 7 (Nachruf).

BACH, Carl Philipp Emanuel, „Berliner" oder „Hamburger Bach" genannt, * 8.3.1714 Weimar, † 14.12.1788 Hamburg; 5. Kind und 3. Sohn von Johann Sebastian B. und seiner 1. Frau Maria Barbara. Nach Besuch der Lateinschule in Köthen und der Thomasschule in Leipzig studierte er Jura in Leipzig und in Frankfurt an der Oder. Die musikalische Ausbildung erhielt er bei seinem Vater. Seit 1734 trat er als Instrumentalist, Musiklehrer und Komponist hervor. 1738 ging er an den Hof des preußischen Kronprinzen Friedrich in Ruppin. In dessen Kapelle in Rheinsberg befreundete er sich mit den Brüdern Graun und mit J. J. Quantz. Nach der Thronbesteigung Friedrichs II. 1740 folgte er diesem nach Potsdam. 1741 erhielt er den Titel „Kammercembalist“. Zu den Schülern seiner Berliner Zeit gehörten u. a. der junge Herzog Carl Eugen von Württemberg, sein Halbbruder Johann Christian Bach und Fr. W. Rust. Nach vergeblichen Bemühungen um die Stelle des Thomaskantors und um die Kantorenstellen in Braunschweig und Zittau (gleichzeitig mit seinem Bruder Wilhelm Friedemann) wurde er 1767 Musikdirektor an den 5 Hauptkirchen und Kantor am Gymnasium Johanneum in Hamburg als Nachfolger seines Paten G. Ph. Telemann. Um diese wichtige und einträgliche Stelle zu erhalten, hatte er ein großes *Magnificat* in D-Dur vorgelegt, das aus dem Anfang seiner Berliner Zeit stammt. Die neue Aufgabe war äußerst anspruchsvoll, denn im Laufe eines einzigen Jahres wurden in den 5 Hamburger Kirchen fast 200 Konzerte, dazu noch zahlreiche Passionsaufführungen veranstaltet. Durch B.s Wirken erhielt das Hamburger Musikleben einen starken Auftrieb. Was das Repertoire angeht, so setzte sich B. nicht nur für seine eigenen Werke ein, sondern führte auch bedeutende Werke anderer Komponisten auf, u. a. den *Messias* von Händel, die *Messe in h-moll* seines Vaters, das *Stabat Mater* von J. Haydn, das *Requiem* von Jommelli. In Hamburg hatte B. auch Verbindung zu dem ersten Biographen seines Vaters, J. N. Forkel, der nach Philipp Emanuels Tod sich vergebens um seine Nachfolge bemühte. 1770 besuchte ihn Ch. Burney; ihm verdanken wir wertvolle Hinweise aus erster Hand über biographische Einzelheiten sowie auch über die Art seines Clavichordspiels.

WW (vgl. Lit., Thematisches Werk-Verz. v. Wotquenne, 1905 = Wq): **1) Instr.-WW:** Für Tasteninstr.: ungefähr 200 Sonaten, Sonatinen, Rondos u. Fantasien; die erste Slg. mit 6 Sonaten *(Preußische Sonaten)*, gedruckt in Nürnberg (1742), sind Friedrich II. v. Preußen gewidmet; die 2. Slg. mit 6 Sonaten *(Württembergische Sonaten)*, 1744 komponiert und ebenfalls in Nürnberg gedruckt, Herzog Karl Eugen von Württemberg gewidmet; 4 weitere Slgn. mit je 6 Sonaten wurden in Berlin gedruckt (1753, 1760, 1761 u. 1763) u. die nachfolgenden Slgen. in Leipzig (1766), Paris (vor 1768) u. Amsterdam (1770); die letzten Slgen. erschienen in Leipzig (1779, 1780, 1781, 1783, 1785 u. 1787); die in Sammeldrucken erschienenen WW, mehr als 50 Sonaten in Mss. u. versch. andere Stücke; ungefähr 50 Konzerte für ein oder zwei Tasteninstr., davon gedruckt: *Concerto per il cembalo ... accompagnato da due violini, violetta e basso* (1745) (Nürnberg o.J.); *Concerto per il cembalo* ... (1752) (ebd. o. J.), *Concerto III per il cembalo* ... (B 1760); *Sonatina a cembalo concertato, 2 Flauti traversi, 2 Violini, Violetta e Basso* (B 1764); *Sonatina II* ... (B 1764); *Sonatina III* ... (B 1766); *Sei Concerti per il cembalo concertato accompagnato da due Violini, Violetta e Basso, con due Corni e due Flauti per rinforza* (H 1772); ein *Concerto doppio* für 2 Cemb.

Stammtafel der Musikerfamilie Bach

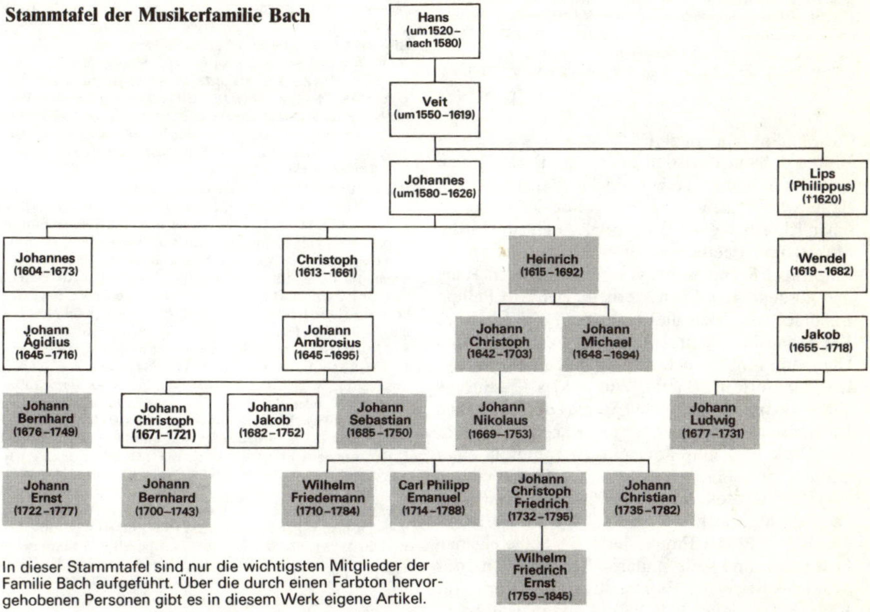

In dieser Stammtafel sind nur die wichtigsten Mitglieder der Familie Bach aufgeführt. Über die durch einen Farbton hervorgehobenen Personen gibt es in diesem Werk eigene Artikel.

(oder Cemb. u. Pianoforte); 12 Sonatinen für Cemb. u. Orch., darunter 2 für 2 Cemb.; versch. Konzerte für Soloinstr., die oft den Arrangements der Konzerte für Tasteninstr. ähneln; Sonaten u. Fugen für Org. in Sammel-WW; Duos; ungefähr 30 Triosonaten; Quartette mit Tasteninstr.; *Sinfonia a Violino primo, Violino secondo, Violetta e Basso* (1759); *Orchester-Sinfonien mit 12 obligaten Stimmen* (L 1780); mehrere andere Symphonien in Sammel-WW u. 11 in Mss., darunter 6, die G. van Swieten gewidmet sind. – **2) Vokal-WW:** Lieder, darunter: *Herrn Prof. Gellerts geistliche Oden u. Lieder* (B 1758); *Der Wirth u. die Gäste* (B 1766); *Herrn Dr. Cramers übersetzte Psalmen* (L 1774); *Herrn Christoph Christian Sturms... Geistliche Gesänge* (H 1780); zahlreiche Kantaten und Oratorien, darunter: *Phillis u. Tirsis* (B 1766); *Die Israeliten in der Wüste* (H 1775); *Klopstocks Morgengesang am Schöpfungsfeste* (L 1784); *Carl Wilhelm Rammlers Auferstehung u. Himmelfahrt Jesu* (L 1787); im Ms. erhalten ein *Magnificat* (1749), *Die letzten Leiden des Erlösers* (1770), 20 Passionen, weltliche Kantaten. – **3) Schriften:** *Versuch über die wahre Art, das Clavier zu spielen...* (B 1753, [4]1787); *Versuch... Zweyter Theil, in welchem die Lehre von dem Accompagnement u. der freyen Fantasie abgehandelt wird* (B 1762, [2]1797).

C. DE NYS

Carl Philipp Emanuel Bach kommt wie seinem Bruder Johann Christian unter den Bach-Söhnen eine eigene musikgeschichtliche Bedeutung zu. Beide waren nicht nur Wegbereiter der musikalischen Klassik, die das Erbe ihres Vaters an Haydn, Mozart und Beethoven vermittelten, sondern sie waren auch Komponisten von jeweils eigenem Rang und ausgeprägter Charakteristik. Bei Carl Philipp Emanuel zeigt sich dies in erster Linie in seiner Klaviermusik (die instrumentengeschichtlich den Übergang vom Clavichord zum damals so genannten Pianoforte markiert). Wie bereits Ch. Burney 1789 erkannte, besteht die Eigenart der Bachschen Klaviermusik nicht zuletzt in einer kantablen Melodik. Diese aber muß ihrerseits als Symptom einer umfassenden stilistisch-ästhetischen Grundhaltung aufgefaßt werden: Für Carl Philipp Emanuel ist nämlich die Musik und speziell die Klaviermusik eine „Sprache der Empfindungen“. Seine eigenen Phantasien und viele andere Werke sind hierfür deutliche Beispiele. Es gibt sogar ein Werk (für Violine und Klavier), das direkt diesen Titel trägt: *Carl Philipp Emanuel Bachs Empfindungen* (mit der Vortragsbezeichnung „sehr traurig und so langsam wie möglich“). Jene Grundhaltung kommt bezeichnenderweise aber auch besonders in Bachs theoretischem Werk *(Versuch über die wahre Art, das Clavier zu spielen)* zum Ausdruck, das als das klassische Kompendium der klavieristischen Aufführungspraxis und Verzierungslehre des 18. Jh. gilt. Bach bezeichnet darin als entscheidendes Moment des guten Klavierspiels die Fähigkeit, „musikalische Gedanken nach ihrem wahren Inhalte und Affect singend oder spielend dem Gehör empfindlich zu machen“ (1. Teil, 3. Hauptstück, § 2). Unter diesem Aspekt der Kantabilität bilden bei C. Ph. E. Bach somit kompositorisches Schaffen, ästhetische Reflexion und pädagogisches Bemühen eine untrennbare Einheit. Von den übrigen Werken C. Ph. E. Bachs verdienen besondere Erwähnung die Sinfonien der Hamburger Zeit, das *Magnificat* (1749) und die Vertonung der *Geistlichen Oden und Lieder von Gellert* (1758), die auf die Gellert-Lieder Beethovens hinweisen. Freilich zeigt sich der Einfluß B.s bei Beethoven mehr als in diesen Werken in der Kantabilität seines Klavierstils besonders in langsamen Sätzen.

G. MASSENKEIL

Ausg.: Sonaten: Die 6 Slgen. von *Sonaten für Kenner u. Liebhaber*, hrsg. v. C. KREBS, (L 1895), revidiert von L. HOFFMANN-ERBRECHT (L 1953); WW für Tasteninstr., hrsg. v. H. SCHENKER (W 1902); Sonate für Tasteninstr. u. Fl., hrsg. v. A. VAN LEEUWEN (L–Riga 1923); Sonate für 2 V. u. B.c., hrsg. v. B. HINZE-REINHOLD (1924); *Sonate* für Solofl., hrsg. v. A. VAN LEEUWEN (L 1925); *Preußische Sonaten* u. *Württembergische Sonaten*, hrsg. v. R. STEGLICH, in: Nagels MA 6 u. 15, 21 u. 22 (1927–28); 2 Sonaten für Viola da gamba u. B.c., hrsg. v. P. KLENGEL (L 1930); Quartett in G-Dur, hrsg. v. E. F. SCHMID (Mr 1930); Sonate für Fl., V. u. B.c., hrsg. v. R. ERMELER (L 1932); Sonate für Tasteninstr. u. V., hrsg. v. E. F. SCHMID (Karlsbad 1932); Sonate für Viola da Gamba, hrsg. v. R. VAN LEYDEN (L 1933); 2 Sonaten für 2 V. (oder Fl. u. V.) u. B.c., hrsg. v. P. KLENGEL (L 1933); Sonate für 2 Fl. u. B.c. (oder obligates Cemb. u. Fl.), hrsg. v. K. WALTHER (L 1935); Sonate für Fl., V. (oder 2 Fl.) u. B.c., hrsg. v. L. LANDSHOFF (L 1936); 3 Sonaten für Tasteninstr., mit V.- oder Vc.-Begleitung hrsg. v. F. OBERDÖRFFER (B 1936); 4 Sonaten für Fl. u. B.c., hrsg. v. K. WALTHER (Kas 1936); Sonaten und Stücke, hrsg. v. K. HERRMANN (L 1938); Stücke für Tasteninstr., hrsg. v. V. LUITHLEN – H. KRAUS (W 1938); Phantasiesonate, für V. u. Tasteninstr., hrsg. v. A. SCHERING (L 1938); Sonate für Tasteninstr. mit V. oder Vc., u. 6 kleine Sonaten für obligates Cemb. mit Klar. u. Fag., hrsg. v. F. OBERDÖRFFER (Kas 1944); 6 Sonaten nebst *Sechs neuen Sonatinen zum Versuch...*, hrsg. v. L. HOFFMANN-ERBRECHT (L 1957); Kurze u. leichte Klv.-Stücke mit veränderten Reprisen, hrsg. v. O. JONAS (W 1961); 3 leichte Klavier-Sonaten, hrsg. v. J. ZÜRCHER (Mz 1964); *Sei Sonatine nuove*, hrsg. v. F. GOEBELS (Mz 1966); 6 Cembalo-Sonaten, hrsg. v. PH. FRIEDHEIM (NY 1967); Orgel-WW, hrsg. v. T. FEDTKE, 2 Bde. (F 1968). – Konzerte: 5 Konzerte für Tasteninstr., hrsg. v. H. RIEMANN (L o.J.); Konzert für Tasteninstr. in d-moll, hrsg. v. A. SCHERING, in DDT 29–30 (1904 bis 08); Konzert für 2 Tasteninstr. u. Konzert für Vc. u. Pianoforte, hrsg. v. H. SCHWARTZ (L 1914–18); Konzert in a-moll für Tasteninstr. oder Fl., hrsg. v. W. ALTMANN (L o.J.); Vc.-Konzert, hrsg. v. P. KLENGEL – W. SCHULZ (L 1930); Oboen-Konzert, hrsg. v. O. KAUL (L 1943); Flöten-Konzert, hrsg. v. G. PICCIOLI (NY 1954); Cembalo-Konzert in d-moll, hrsg. v. G. WERTHEIM (Wie o.J.); Doppelkonzert Es-Dur für Cemb., Fortepiano u. Orch., hrsg. v. E. R. JACOBI (Kas 1958); Flöten-Konzert, hrsg. v. K. REDEL (Mn 1959) (= Alte Musik, Leuckartiana 18b); Flöten-Konzert, hrsg. v. J. P. RAMPAL (NY 1960); Konzerte in G-Dur u. Es-Dur für Org. (Cemb., Klv.), Streicher u. B.c., hrsg. v. H. WINTER (H 1964); Konzert in A-Dur für Fl. (Vc., Cemb.) u. Streichorch., hrsg. v. H. M. KNEIHS (Z 1967); Doppelkonzert für 2 Klv. u. Orch., hrsg. v. G. DARVAS (Budapest 1968); Cembalo-Konzert D-Dur, hrsg. v. E. N. KULUKUNDIS (Madison/Wisc. 1970) (= Coll. mus. 2/2). – Symphonien: 3 Symphonien, hrsg. v. E. F. SCHMID, in: Nagels MA 73 (1931), 96 (1933), 130 (1937); Symphonie in C-Dur, hrsg. v. F. OBERDÖRFFER (L 1935); 4 Symphonien, hrsg. v. R. STEGLICH, in: EDM 18

(1942). – Sonstiges: *Die Israeliten in der Wüste* u. *Auferstehung u. Himmelfahrt Jesu* (Wb 1865); 30 Lieder mit Klv., hrsg. v. H. ROTH (L 1922); Lieder u. Gesänge, hrsg. v. O. VRIESLÄNDER (Mn 1922); 2 Kantaten, hrsg. v. K. WALTHER (L 1922 u. B 1942); *Klopstocks Morgengesang am Schöpfungsfeste* (L 1924–28); *Magnificat*, hrsg. v. DEIS (NY 1950); Oratorium *Die Israeliten in der Wüste*, hrsg. v. F. STEFFIN (B 1955); *Magnificat*, Klv.-A., hrsg. v. G. GRAULICH (St 1969); *Heilig ist Gott*, für Alt-Solo, Doppelchor u. Orch., Klv.-A., hrsg. v. P. STEINITZ (Lo 1970). *Versuch über die wahre Art das Clavier zu spielen*, Faks.-Nachdr. der 1. Auflage Berlin 1753 u. 1762, hrsg. v. L. HOFFMANN-ERBRECHT (L 1957); Autobiographie. Faks. der Ausg. Hamburg 1773, hrsg. v. W. S. NEWMAN (Hilversum 1967) (= Facsimiles of Early Biogr. IV); engl. Übers., hrsg. v. W. J. Mitchel (NY 1948).

Lit.: C. H. BITTER, C. Ph. E. und W. F. B., 2 Bde. (B 1868); H. SCHENKER, Ein Beitrag zur Ornamentik. Als Einführung zu Ph. E. B.s Klv.-Werken (W 1903, NA 1954); A. WOTQUENNE, Thematisches Verzeichnis der WW von C. Ph. E. B. (L 1905, Nachdruck Wie 1964) (= Wq); O. VRIESLÄNDER, C. Ph. E. B. (Mn 1923); W. KAHL, Geschichte, Kritik und Aufgaben der K. Ph. E. B.-Forschung, in: Beethoven-Zentenarfeier. Kgr.-Ber. (W 1927); H. WIEN-CLAUDI, Zum Liedschaffen C. Ph. E. B.s (Reichenberg 1928); H. MIESNER, Ph. E. B. in Hamburg (L 1929, Nachdr. Wie 1969); E. F. SCHMID, C. Ph. E. B. u. seine Kammermusik (Kas 1931) (mit Werkverz.); H. MIESNER, Porträts aus dem Kreise um Ph. E. und W. F. B., in: Musik u. Bild. FS M. Seiffert (Kas 1938); D. PLAMENAC, New Light on the Last Years of C. Ph. E. B., in: MQ 35 (1949); K. VON FISCHER, C. Ph. E. B.s Variationenwerke, in: RMie 6 (1952); E. RANDEBROCK, Studie z. Klaviersonate C. Ph. E. B.s (Diss. Mr 1953); P. C. G. CANAVE, A Re-Evaluation of the Role Played by C. Ph. B. in the Development of the Clavier Sonata (Washington/D. C. 1956); CH. R. HAAG, The Keyboard Concertos of K. Ph. E. B. (Los Angeles 1956) (= Diss. Univ. of California); G. BUSCH, C. Ph. E. B. u. seine Lieder, 2 Bde. (Rb 1957); L. CRICKMORE, C. Ph. E. B.s Harpsichord Concertos, in: ML 39 (1958); H. MOLDENHAUER, From My Autograph Collection, in: Kgr.-Ber. Wien 1956 (Kö–Graz 1958); E. R. JACOBI, Das Autograph von C. Ph. E. B.s Doppelkonzert in Es-Dur für Cemb., Fortepiano u. Orch. (Wq 47) (H 1788), in: Mf 12 (1959); H. JURISCH, Prinzipien der Dynamik im Klavierwerk Ph. E. B.s (Diss. Tübingen 1959), Zusammenfassung in: Kgr.-Ber. Kas 1962; W. MÜLLER, Das Ausdrucksproblem in der Klv.-Musik C. Ph. E. B.s (Diss. Saarbrücken 1959); DERS., Die Artikulation im Klavierwerk C. Ph. E. B.s, in: FS J. Müller-Blattau (ebd. 1960); R. WYLER, Form u. Stiluntersuchungen zum 1. Satz der Klv.-Sonaten C. Ph. E. B.s (Be 1960); H. ZERASCHI, C. Ph. E. B.s Komp. „für eine Drehorgel", in: BzMw 3 (1961); H. ENGEL, in: Chigiana 21, N.S. 1 (1964) S. 77ff.; N. FISCHMAN, Estetika F. E. B.a, in: Sovetskaja muzyka 18 (1964) (russ.); R. M. JACOBS, The Chamber Ensembles of C. Ph. E. B. Using Two or More Wind Instr. (1964) (= Diss. State Univ. of Iowa); PH. BARFORD, The Keyboard Music of C. Ph. E. B. (Lo 1965, NY 1966); R. H. BREWER, The Two Oratorios of C. Ph. E. B. in Relation to Performance, 3 Bde. (1965) (= Diss. Univ. of Southern California); D. NEWLIN, C. Ph. E. B. and A. Schoenberg, in: The Commonwealth of Music, Gedenkschrift C. Sachs (NY 1965); W. S. NEWMAN, E. B.s Autobiogr., in: MQ 51 (1965); CHR. PETZSCH, Ein unbekannter Brief v. C. Ph. E. B. an Chr. G. v. Murr in Nürnberg, in: AfMw 22 (1965); J. R. STEVENS, The Keyboard Concertos of C. Ph. E. B. (1965) (= Diss. Yale Univ.); F. SMEND, Zu den ältesten Slgen. der vierstimmigen Choräle J. S. B.s, in: Bach-Jb. 52 (1966), auch in: B.-Studien (Kas 1969); W. LEBERMANN, Apokryph, Plagiat, Korruptel oder Falsifikat?, in: Mf 20 (1967) (zum Va.-Konzert in D-Dur in der Ausg. v. H. Casadesus); E. SUCHALLA, Die Orchestersinfonien C. Ph. E. B.s nebst einem themat. Verz. seiner Orchester-WW (Au 1968); M. TERRY, C. Ph. E. B. and J. J. H. Westphal, in: JAMS 22 (1969), vgl. dazu E. R. JACOBI, in: ebd. 23 (1970); K. VON FISCHER, Arietta Variata, in: Studies in 18th Century Music. FS K. Geiringer (Lo 1970); W. J. MITCHELL, Modulation in C. Ph. E. B.s „Versuch", in: ebd.; G. ROSE, Father and Son. Some Attributions to J. S. B. by C. Ph. E. B., in: ebd.

C. DE NYS

BACH, Heinrich, * 16. 9. 1615 Wechmar, † 10. 7. 1692 Arnstadt; 3. Sohn des Johannes B. (Um 1580 bis 1626) und Begründer der Arnstädter Linie der Familie Bach. Er wurde von seinem ältesten Bruder Johann (1604–73) unterrichtet. Er war Stadtmusiker in Erfurt, seit 1641 Organist der Liebfrauenkirche und der Oberkirche in Arnstadt im Dienst des Grafen Günther von Schwarzburg-Arnstadt. B. war ein angesehener Organist, der auch häufig als Experte zu Rate gezogen wurde. Er schrieb Motetten, Choräle, Konzerte (verschollen), 2 Choralvorspiele, 2 Kantaten (*Ich danke dir, Gott* und *Als der Tag der Pfingsten erfüllet war*).

Ausg.: Choralvorspiel „Christ lag in Todesbanden", hrsg. v. G. W. KÖRNER – A. G. RITTER, in: Der Orgelfreund VI/14 (Erfurt 1841); Motette *Nun ist alles überwunden*, hrsg. v. M. SCHNEIDER, in: EDM, Reihe RD, 1 (L 1935); Kantate *Ich danke dir, Gott*, hrsg. v. DEMS., in: ebd. 2 (L 1935).

BACH, Johann Bernhard, * 23. 5. 1676 Erfurt, † 11. 6. 1749 Eisenach; ältester Sohn des Johann Aegidius B. (1645–1716) und Vetter 2. Grades von Johann Sebastian Bach. Er war Schüler von Pachelbel in Erfurt, seit 1695 dort Organist der Kaufmannskirche, wenig später in Magdeburg. 1703 wurde er Cembalist in der Kapelle des Herzogs Johann Wilhelm von Sachsen-Eisenach und Organist an St. Georg in Eisenach. Die Kapelle wurde 1741 aufgelöst, aber Johann Bernhard blieb weiter im Dienst des Herzogs. Er schrieb 4 Orchestersuiten, Klavierstücke und Orgelchoräle.

Ausg.: *Suite* für V. u. Streich-Orch. in g-moll, hrsg. v. A. FAREANU (L 1920); eine *Fuge* für Klv., hrsg. v. H. RIEMANN (L o. J.); 2 Choräle für Org., hrsg. v. G. FROTSCHER, in: EDM, Reihe RD, 9 (1937).

Lit.: H. KÜHN, Vier Organisten Eisenachs aus bachischem Geschlecht, in: Bach in Thüringen (B 1950); K. GEIRINGER, Die Musikerfamilie B. (Mn 1958, [2]1977).

BACH, Johann Bernhard, * 24. 11. 1700 Ohrdruf, † 12. 6. 1743 ebd.; Sohn von Johann Christoph B. (1671–1721), dem ältesten Bruder Johann Sebastian Bachs. 1715–19 erhielt er bei seinem Onkel in Weimar und Köthen Musikunterricht. 1721 wurde er Nachfolger seines Vaters an der Orgel von St. Michael in Ohrdruf. Die ihm in zwei hsl. Sammlungen mit Kompositionen des 17. und 18. Jh. zugeschriebenen Werke, dem sog. *Andreas-Bach-*

Buch (benannt nach seinem Bruder, aus dessen Besitz die Hs. stammt) und der sog. *Möllerschen Handschrift* (benannt nach Johann Heinrich Möller, Nachfolger von Johann Nikolaus B. in Jena), sind vielleicht nicht authentisch.

Lit.: W. WOLLHEIM, Die Möllersche Hs., in: Bach-Jb. 9 (1912); A. DÜRR, Neues über die Möllersche Hs., in: Bach-Jb. 41 (1954); C. FREYSE, Die Ohrdrufer Bache (Eisenach – Kas 1957); G. VON DADELSEN, Beiträge zur Chronologie der Werke J.S. B.s (Trossingen 1958).

BACH, Johann Christian, der „Londoner" oder „Mailänder Bach" genannt, * 5.9.1735 Leipzig, † 1.1.1782 London; jüngster Sohn von Johann Sebastian Bach und dessen 2. Frau Anna Magdalena Wilcken. Seine musikalische Ausbildung erhielt er durch einen Vetter seines Vaters, Johann Elias B., durch J. Schneider und J. Chr. Altnikol, schließlich durch seine Brüder Wilhelm Friedemann und vor allem durch Carl Philipp Emanuel B. in Berlin. Hier lernte er nach dem Tode seines Vaters die Brüder Graun, Fr. Benda, J.J. Quantz, J.F. Agricola und J. Ph. Kirnberger kennen. Angezogen vor allem durch die it. Opern J. A. Hasses, ging er 1756 nach Italien und vervollständigte seine Ausbildung bei Padre Martini in Bologna. 1760 trat er zum Katholizismus über und wurde Organist am Mailänder Dom. Zur selben Zeit hatte er erste Opernerfolge in Turin und Neapel. Im Sommer 1762 kam er nach England, wohin ihm der Ruf seiner Opern vorausgeeilt war. Er wurde ständiger Komponist am King's Theatre und an anderen Londoner Theatern. 1764 gründete B. mit C. Fr. Abel, einem Schüler seines Vaters, die berühmten „Bach-Abel-Concerts", eine der ersten Abonnement-Konzertreihen. 1774 heiratete er in London die Sängerin Cecilia Grassi. Er komponierte auch Opern für Mannheim (1772 und 1776), das er aus diesem Anlaß besuchte. 1779 reiste er zur Uraufführung seiner letzten Oper, *Amadis des Gaules,* nach Paris. B. starb in Armut. Seine Begräbniskosten wurden von der engl. Königin übernommen.

WW (vgl. das Verz. bei Ch. Sandford Terry, 1929, s.u. Lit.): **1) Instr.-WW:** Für ein Tasteninstrument (Cemb. oder eher Hammerklavier): ungefähr 50 Sonaten u. versch. Stücke, davon einige in Amsterdam (1768), London (1779) u. Paris erschienen; Duos für Tasteninstrument u. V. (oder Fl.), davon einige in London erschienen (1775, 1779, um 1785 u. um 1790) oder in Paris (um 1780); 28 Trios, davon 6 in London erschienen (1763), 6 in Wien (1765), ein Trio in C-Dur (Lo 1800); 15 andere hsl. erhalten; 20 Quartette, davon 15 in London erschienen (1775 u. 1785); 9 Quintette, veröffentlicht in London u. in Paris; *Sestetto* für Hammerklavier (oder Cemb.), Ob., V., Vc. u. 2 Hörner (Offenbach o.J.); nahezu 90 Symphonien u. Ouvertüren, davon ca. 40 in London und Amsterdam erschienen; 35 Klavierkonzerte, ein Flötenkonzert, 2 Oboenkonzerte, 1 Bratschenkonzert; gedr. 6 Klav.-Konzerte (Lo 1763); *Sei Concerti per il cembalo o pianoforte* (Lo 1770); *A third Set of Six Concertos* (Lo 1777); 2 andere Konzerte sind in Riga erschienen (1770–71); ca. 15 sind hsl. erhalten. – **2) Vokal-WW:** Arien u. Kantaten auf it. Texte; 2 Slgen. mit 6 Canzonette (Lo 1764, 1766); 3 Slgen. mit Vauxhall-Songs (Lo 1765, 1767, 1775); Motetten u. Antiphonen und sonstige kirchenmusikalische Werke, darunter ein *Requiem* in c-moll, *Gloria* in G-Dur und *Confiteor* in Es-Dur. – **3) Bühnen-WW:** Opern: *Artaserse* (UA: Turin 1761); *Catone in Utica* (UA: Neapel 1761); *Alessandro nell'Indie* (UA: ebd. 1762); *Orione* u. *Zanaida* (UA: London 1763); *Adriano in Siria* (UA: ebd. 1765); *Carattaco* (UA: ebd. 1767); *Gioas, Rè di Giuda* (Oratorium) (UA: ebd. 1770); *Temistocle* (UA: Mannheim 1772); *Lucio Silla* (UA: ebd. 1776); *La clemenza di Scipione* (UA: London 1778); *Amadis des Gaules* (UA: Paris 1779); Musik für engl. Komödien: *The Maid of the Mill* (1765); *The Summer's Tale* (1765); *Manalcas* (1773); *The Flitch of Bacon* (1778).

C. DENYS

Mit seinem Bruder Carl Philipp Emanuel zählt Johann Christian Bach zu denjenigen Bach-Söhnen, die durch künstlerischen Rang und kompositorische Eigenart wie auch durch ihr Nachwirken geschichtliche Bedeutung erlangt haben. Die Eigenentwicklung bei Johann Christian hängt wohl nicht zuletzt mit der Tatsache zusammen, daß er sich sehr früh aus dem mitteldeutsch-protestantischen Umkreis, in dem er aufgewachsen war, löste und – ähnlich wie vor ihm seine engeren Landsleute Händel und Hasse – zu einem sozusagen künstlerisch naturalisierten Italiener wurde, auch wenn er – wiederum wie Händel – nicht definitiv in Italien blieb. Die beträchtliche Zahl seiner im neapolitanischen Stil geschriebenen italienischen Opern ist dafür der beste Beweis. Indessen liegt nicht dort seine eigentliche Bedeutung, sondern auf dem Gebiet der Kammermusik und der Sinfonik. Hier hat J. Chr. Bach einen spezifischen Stil geschaffen, der von italienischer Kantabilität beherrscht erscheint und gegenüber der – ganz anders kantablen – Tonsprache seines Bruders Carl Philipp Emanuel spielerischer, eleganter, dem Publikum gegenüber konzilianter anmutet. Das zeigt sich u.a. in den Themen der schnellen Sätze seiner Sinfonien, Quintette (besonders op. 11) und Klavierkonzerte. Diese Art des „singenden Allegro" hat sich vor allem Mozart angeeignet und seinem eigenen Stil anverwandelt, wie überhaupt J. Chr. Bach für Mozart einer der frühesten und entscheidenden Anreger gewesen ist.

G. MASSENKEIL

Ausg.: The Collected Works (Faks.-Ausg.), hrsg. v. E. WARBURTON (NY 198ff.). – 10 Sonaten, hrsg. v. L. LANDSHOFF (L 1926); 2 Sonaten (L o.J.); 2 Sonaten für Klv. 4händig, hrsg. v. A. KÜSTER, in: Nagels MA 4 (1927) u. 115 (1935); 3 Sonaten für Pianoforte u. Fl. (oder V.), in: ebd. MA 1 (1927) u. 103 (1933); 3 Quartette, hrsg. v. A. KÜSTER – M. GLÖDER (Kas 1927); Quartett, op. 8 Nr. 4, in: Nagels MA 127 (1936); 6 Quintette, hrsg. v. R. STEGLICH, in: EDM, Reihe RD 3, 2 davon auch in Nagels MA 123 u. 124 (1936); 3 Trios, hrsg. v. W. UPMEYER, in: Hortus mus. 37 (1948); 4 Symphonien, hrsg. v. F. STEIN (L o.J.); Bläser-Sinfonien für 2 Klar., 2 Hörner u. Fag., hrsg. v. DEMS., 2 H. (L 1957); 5 Symphonien, hrsg. v. DEMS., in: EDM 30; 6 it.

Duettinen für 2 Streicher u. Klv., hrsg. v. E. REICHERT (Wie 1958); Cembalo-Konzert A-Dur, hrsg. v. A. HOFFMANN (Wb 1963) (= Corona 73); Oboen-Konzert in F-Dur, hrsg. von CH. R. F. MAUNDER (Lo 1963); The Concerted Symphonies, hrsg. v. J. A. WHITE JR. (Tallahassee/Fla. 1963) (= Florida State Univ. Studies 37); eine *Symphonie concertante* (ebd. 1964); *Temistocle*, Dramma per musica, hrsg. v. E. O. D. DOWNES – H. C. R. LANDON (W 1965); Cembalo-Konzert op. 7 Nr. 5, hrsg. v. H. ILLY (R 1967) (= Musiche vocali et strumentali sacre e profani dei secoli XVII, XVIII, XIX, Bd. 34); 12 Arien, hrsg. v. L. LANDSHOFF (L o.J.); *Requiem* in c-moll, hrsg. v. C. DE NYS (Lo 1968); *Four Scotch Songs* für Gesang, 2 Flöten, 2 V. u. Baß, hrsg. v. R. FISKE, 4 Hefte (Lo 1969); Ouvertüre zu *La clemenza di Scipione*, hrsg. v. H. C. R. LANDON (1970) (= Diletto mus. 96); Symphonie in D-Dur (1777), hrsg. v. W. LEBERMANN (Mz 1970) (= Concertino, o. Nr.)

Lit.: M. SCHWARTZ, J. Chr. B., in: SIMG 2 (1900–01); H. ABERT, J. Chr. B.s it. Opern, in: ZfMw 1 (1918–19); H. P. SCHÖKEL, J. Chr. B. u. die Instrumentalmusik seiner Zeit (Wb 1926) (= Diss. Mn 1922); G. DE SAINT-FOIX, A propos de J. Chr. B., in: RMie 10 (1926); F. TUTENBERG, Die Sinfonik J. Chr. B.s (Wb–B 1928); CH. SANFORD TERRY, J. Chr. B. (Lo 1929), revidiert v. H. C. R. Landon (Lo ²1967) (mit WW-Verz.); A. WENK, Beitr. zur Kenntnis des Opernschaffens v. J. Chr. B. (Diss. F 1932); R. SEEBANDT, Arientypen bei J. Chr. B (Diss. B 1956); S. SADIE, The Wind Music of J. Chr. B., in: ML 37 (1956); F. V. AMELSVOORT, J. Chr. B. en zijn oratorium „Gioas", in: Mens en melodie 12 (1957); E. O. D. DOWNES, The Operas of J. Chr. B. as a Reflection of the Dominant Trends in „opera seria" 1750–80 (C/M 1958) (= Diss. Harvard Univ.); J. A. WHITE JR. The Concerted Symphonies of J. Chr. B., 2 Bde., I: Analyse, II: Partitur-Ausg. v. 3 Symphonien (1958) (= Diss. Univ. of Michigan); J. SIMON, A royal Ms., Ensemble Concertos by J. Chr. B., in: JAMS 12 (1959); P. M. YOUNG, J. Chr. B. and His Environment, in: Kgr.-Ber. Kas 1962; H. J. SCHULZE, Frühe Schriftzeugnisse der beiden jüngsten B.-Söhne, in: Bach-Jb. 50 (1963–64); S. KUNZE, Die Vertonung der Arie „Non sò d'onde viene" v. J. Chr. B. u. W. A. Mozart, in: Analecta musicologica 2 (1965); E. WARBURTON, J. Chr. B.s Operas, in: Proc. R. Mus. Ass. 42 (1965–66); W. LEBERMANN, Apokryph, Plagiat, Korruptel oder Falsifikat?, in: Mf 20 (1967); B. A. MEKOTA, The Solo and Ensemble Keyboard Works of J. Chr. B. (1969) (= Diss. Univ. of Michigan); P. M. Young, J. Chr. B., der Englische B., in: Musa–Mens–Musici. Gedenkschrift W. Vetter (L 1970).

C. DE NYS

BACH, Johann Christoph, * 8. 12. 1642 Arnstadt, † 31. 3. 1703 Eisenach; ältester Sohn des Heinrich Bach. Er wurde 1663 Organist der Schloßkapelle von Arnstadt, 1665 der Georgenkirche in Eisenach, hier zugleich Cembalist und 1700 Kammermusiker der herzoglichen Kapelle. Das Zeugnis Carl Philipp Emanuel Bachs, daß Johann Christoph einer der bedeutendsten Komponisten der Familie B. überhaupt sei, läßt sich auch heute noch bestätigen.

WW: Stücke für Klv., darunter eine *Sarabande* mit 12 Variationen; 44 *Choräle ... zum präambulieren;* Kantaten, darunter: *Ach, daß ich Wassers gnug hätte* (irrtümlich auch Heinrich Bach zugeschrieben); *Die Furcht des Herren; Wie bist du denn o Gott,* für 5 St.; *Herr wende dich und sei mir gnädig,* Dialog für 9 St.; Motetten *Lieber Herr Gott,* für 8 St. u. Orch. (1672); *Herr nun lässest du deinen Diener,* für 8 St.; *Ich lasse dich nicht,* für 8 St.; *Unseres Herzens Freude hat ein Ende,* für 8 St.; *Der Gerechte,* für 5 St. (1676); *Fürchte dich nicht,* für 5 St.; *Der Mensch vom Weibe geboren,* für 5 St.; *Sei getreu,* für 5 St.; *Mit Weinen hebt sich's an,* für 4 St. (1691); eine Historia, *Es erhub sich ein Streit;* Hochzeitsmusik *Meine Freundin, du bist schön.*

Ausg.: *Sarabande* für Klv., hrsg. v. H. RIEMANN (L 1892); *44 Choräle zum präambulieren,* hrsg. v. M. FISCHER (Kas 1928); *Ach, daß ich Wassers gnug hätte* (L o.J.); *Die Furcht des Herren,* hrsg. v. M. SCHNEIDER, in: EDM, Reihe RD, 2 (L 1935); *Wie bist du denn o Gott,* hrsg. v. M. SEIFFERT, in: DDT 43–44 (wurde irrtümlich P. Krieger zugeschrieben); *Unseres Herzens Freude hat ein Ende,* in: Musica Sacra 16 (B o.J.) Nr. 18; *Der Gerechte, ob er gleich,* hrsg. v. M. SCHNEIDER, in: EDM, Reihe RD, 1 (1935); *Der Mensch vom Weibe geboren,* hrsg. v. DEMS., in: ebd.; *Sei getreu,* hrsg. v. DEMS., in: ebd.; *Mit Weinen hebt sich's an,* hrsg. v. DEMS., in: ebd.; *Es erhub sich ein Streit* (L o.J.); *Meine Freundin du bist schön,* hrsg. v. M. SEIFERT, in: EDM, Reihe RD, 2 (1935); Motetten *Ich lasse dich nicht, Sei getreu bis in den Tod, Der Mensch vom Weibe geboren,* hrsg. v. D. KRÜGER, in: Geistliche Chormusik I (St 1960) 118, 259 u. 285; Kantate *Es erhub sich ein Streit,* für 2 5st. Chöre mit Orch. u. Org., hrsg. v. DEMS., in: ebd. X (1960) 75; Motette *Unsers Herzens Freude* für Doppelchor u. B.c., hrsg. v. P. STEINITZ (Lo 1968).

Lit.: M. SCHNEIDER, Thematisches Verz. der musikal. Werke der Familie B., in: Bach-Jb. 4 (1907); F. ROLLBERG, J. Chr. B., in: ZfMw 11 (1928–29); M. SCHNEIDER, Vorwort zu EDM, Reihe RD, 1 u. 2 (L 1935); K. GEIRINGER, Die Musikerfamilie B. (Mn 1958, ²1977).

BACH, Johann Christoph Friedrich, der „Bückeburger Bach" genannt, * 21. 6. 1732 Leipzig, † 26. 1. 1795 Bückeburg; das 9. Kind von Johann Sebastian Bach aus seiner 2. Ehe mit Anna Magdalena Wilcken. Seine musikalische Ausbildung erhielt er bei seinem Vater. Im Alter von 18 Jahren trat er als Kammermusiker in den Dienst des Grafen Wilhelm von Schaumburg-Lippe in Bückeburg, wo er 1758 Konzert- und Kapellmeister wurde. Hier lebte er – bis auf eine einzige Reise, die ihn 1778 zu seinen Brüdern Johann Christoph nach London und Carl Philipp Emanuel nach Hamburg führte – bis zu seinem Tode. Sein 45 Jahre langes Wirken machte die kleine Residenzstadt Bückeburg zu einem der Musikzentren der Zeit. Seine Zusammenarbeit mit J. G. Herder, die Patenschaft des Grafen für seinen Sohn Wilhelm Ernst bezeugen das große Ansehen, das er genoß. Obwohl ein großer Teil seines Vokalschaffens verschollen ist, weisen ihn Kompositionen wie die Oratorien *Die Kindheit Jesu* und *Die Auferweckung Lazarus* oder die Kantate *Die Amerikanerin* als eine individuelle Musikerpersönlichkeit aus. Auch unter seiner Instrumentalmusik (u.a. Sinfonien, Konzerte, Sonaten) befinden sich Werke von hohem Rang, die an einigen Stellen an Mozart erinnern.

WW (vgl. Thematisches Verz. v. Schünemann bei den Ausg.): **1) Instr.-WW:** Für Klv., 7 Sonaten; 6 leichte Sonaten (1785); *Drey leichte Sonaten* (1789); versch. Stücke; eine Triosonate; Sonaten für V. u. Vc., mit Cemb.-Begleitung; 7 Trios; 6 Quartette für Fl. u. Str. (1769); ein Sextett (1780) u. ein Septett für Bläser (1794);

14 Symphonien, davon entstanden 4 1770, die anderen 10 1792–94; 8 Klavierkonzerte. – **2) Vokal-WW:** 9 Kirchenlieder u. 16 weltliche Lieder; 2 Motetten; 5 Kirchenkantaten; weltliche Kantaten: *Cassandra* (verloren); *Die Amerikanerin* (1776); *Pygmalion; Ino; L'Inciampo (Orgoglioso fiumicello);* Oratorien: *Der Tod Jesu* (1769; Text: K. W. Ramler); *Die Kindheit Jesu* (Text: J. G. Herder), UA: 1773; *Die Auferweckung Lazarus* (Text: ders.), UA; 1773; *Die Auferstehung u. Himmelfahrt Jesu* (1773; Text: K. W. Ramler) (Musik verloren); *Der Fremdling auf Golgatha* (1773; Text: J. G. Herder) (Musik verloren); *Die Hirten bei der Krippe* Jesu (1785; Text: K. W. Ramler) (Musik verloren). – **3) Bühnen-WW:** Opern (Musik verloren): *Brutus* (1774; Libr.: J. G. Herder) (1774); *Ariadne auf Naxos; Philoktetes* (1774; Libr.: ders.) (1774); *Mosis Mutter u. ihre Tochter* (1788; Libr.: K. Stille).

Ausg.: Ausgewählte Werke, hrsg. v. dem Bückeburger Inst. für musikwiss. Forsch. (1920ff.) (nur 3 Bde. erschienen), I: Motetten, V: Klv.-Sonaten, VII: Kammermusik; Klaviersonate für 4 Hände u. *Allegretto*, hrsg. v. H. RIEMANN (L o.J.); *Sonate* für Vc., hrsg. v. J. S. SMITH (L o.J.); *Die Kindheit Jesu* u. *Die Auferstehung Lazarus*, hrsg. v. G. SCHÜNEMANN, in: DDT 56 (1917) (mit thematischem Verz. der WW); *Die Amerikanerin*, hrsg. v. G. WALTER (L 1919).

Lit.: C. H. BITTER, C. Ph. E. B. u. W. Fr. B. u. deren Brüder, 2 Bde. (L 1868); G. SCHÜNEMANN, J. Chr. Fr. B., in: Bach-Jb. 11 (1914); DERS., Fr. B.s Briefwechsel mit Gerstenberg u. Breitkopf, in: Bach-Jb. 13 (1916); G. HEY, Zur Biographie J. Chr. Fr. B.s u. seiner Familie, in: Bach-Jb. 30 (1933); CHR. U. VON ULMENSTEIN, Die Nachkommen des Bückeburger B., in: AfMf 4 (1939); K. GEIRINGER, Die Musikerfamilie B. (Mn 1958, ²1977); H. WOHLFARTH, J. Chr. Fr. B., Ein Komponist im Vorfeld der Klassik (Mn–Be 1971).

BACH, Johann Ernst, * 28. 1. 1722 Eisenach, † 1. 9. 1777 ebd.; Sohn von Johann Bernhard B. (1676–1749). Er war Schüler der Thomasschule, dann Student der Rechte in Leipzig. Hier erhielt er gleichzeitig seine weitere musikalische Ausbildung bei seinem Paten Johann Sebastian Bach. 1741 nach Eisenach zurückgekehrt, wurde Johann Ernst 1742 2. Organist, 1749 nach dem Tod seines Vaters 1. Organist an der St.-Georgs-Kirche. 1756 ernannte ihn Herzog Ernst August von Sachsen-Weimar zu seinem Hofkapellmeister. B. entfaltete in den drei Residenzstädten Weimar, Gotha und Eisenach eine große musikalische Aktivität. Der Tod des Regenten (1758) bedeutete auch das Ende der Hofkapelle. B. behielt jedoch Titel und Gehalt. Er schrieb u.a. das Passions-Oratorium *O Seele, deren Sehnen* (1764), Klavierfantasien und -sonaten, Sonaten für Klavier und Violine (1770/1772), Orgelstücke, Kirchenkantaten und vor allem die *Sammlung auserlesener Fabeln* (nach Gellert), deren Lieder als Vorstufe zur Ballade des 19. Jh. angesehen werden können.

Ausg.: Die Passion u. die Fabeln in: DDT 42 u. 43; eine Sonate für V. u. Tasteninstr., in: Nagels MA 2.

Lit.: H. KUHN, Vier Organisten Eisenachs aus Bachischem Geschlecht, in: B. in Thüringen (B 1950); K. GEIRINGER, Die Musikerfamilie B. (Mn 1958, ²1977).

BACH, Johann Ludwig, * 4. 2. 1677 Thal, † 1. 5. 1731 Meiningen; der „Meininger Bach" genannt. Er war Hofkantor, später Leiter der Hofkapelle in Meiningen. 1724 komponierte er eine Trauermusik auf den Tod des Grafen Ernst Ludwig: *Ich suche nur das Himmelleben.* Er hinterließ u.a. 18 Kantaten, 15 Motetten, eine Passion (1713) und eine Suite für Orchester in G-Dur (1715). J. S. Bach kopierte viele Kantaten dieses seines Vetters.

Ausg.: Orchestersuite, hrsg. v. W. FRIEDRICH (W 1931); 2 Motetten für 6 u. 8 St., hrsg. v. K. GEIRINGER, in: Chw 99 (Wb 1964).

Lit.: A. M. JAFFÉ, The Cantatas of J. L. B. (1957) (= Diss. Boston Univ.); W. H. SCHEIDE, J. S. B.s Slg. v. Kantaten seines Vetters J.L. B., in: Bach-Jb. 46 (1959), 48 (1961), 49 (1962).

BACH, Johann Michael, * 9. 8. 1648 Arnstadt, † 17. 5. 1694 Gehren bei Arnstadt; 2. Sohn des Heinrich B. (1615–92) und Vater der Maria Barbara, der ersten Frau Johann Sebastian Bachs. Er war Kantor in Arnstadt und seit 1673 Organist in Gehren, wo er auch als Stadtschreiber fungierte. Von ihm sind 5 Kantaten, 11 Motetten und Orgelchoräle erhalten.

Ausg: 2 Motetten, hrsg. v. M. SEIFFERT, in: DDT 49 (1915); 5 Kantaten, hrsg. v. M. SCHNEIDER, in: EDM, Reihe RD 2 (1935); 11 Motetten, hrsg. v. DEMS., in: ebd. 1 (1935).

Lit.: M. SCHNEIDER, Thematisches Verz. der musikal. Werke der Familie B., in: Bach-Jb. 4 (1907); F. WIEGAND, Die Arnstädter Bache, in: Johann Sebastian B. u. seine Verwandten in Arnstadt (Arnstadt 1950); W. MARTINI, Die Gehrener Bache in: J. S. Bach in Thüringen (Wr 1950); K. GEIRINGER, Die Musikerfamilie B. (Mn 1958, ²1977).

BACH, Johann Nikolaus, * 10. 10. 1669 Eisenach, † 4. 11. 1753 Jena; Sohn des Johann Christoph B. (1642–1703). Er studierte an der Univ. Jena, gleichzeitig war er Organist der Michaeliskirche und Leiter des Collegium musicum der Universität. 1695–96 unternahm er eine Kunstreise nach Italien. 1719 wird er wieder als Organist in Jena an der Stadtkirche und an der Kollegiatkirche erwähnt. Erhalten sind von ihm ein Singspiel in Form eines Quodlibets, *Der Jenaische Wein- und Bierrufer;* eine *Missa brevis* (Kyrie und Gloria) in e-moll (1716) sowie 2 Choralbearbeitungen über *Nun freut euch, lieben Christen g'mein.*

Ausg.: *Der Jenaische Wein- u. Bierrufer*, hrsg. v. F. STEIN, in: Die Kunst des Bachschen Geschlechts II (L 1920); Kurzmesse, hrsg. v. A. FAREANU – V. JUNK, in: ebd. III.

Lit.: H. KOCH, Der Jenaer B., in: B. in Thüringen (B 1950); DERS., J. N., der Jenaer B., in: Mf 21 (1968); K. GEIRINGER, Die Musikerfamilie B. (Mn 1958, ²1977).

BACH, Johann Sebastian, * 21. 3. 1685 Eisenach, † 28. 7. 1750 Leipzig. Er entstammte der weitverzweigten Musikerfamilie der „Bache“, deren Angehörige seit dem 16. Jh. in Thüringen als Stadtpfeifer, Organisten und Kantoren wirkten. Über sie gibt die 1735 wahrscheinlich von J. S. Bach verfaßte Genealogie *Ursprung der musicalisch-Bachischen Familie* Aufschluß (vgl. Bach-Dokumente Bd. 1, Nr. 184). Die besten Kompositionen seiner Vorfahren und Verwandten hatte Bach im sog. *Altbachischen Archiv* zusammengestellt (Teil-Edition: EDM 1 u. 2, 1935). Für seinen eigenen künstlerischen Lebenslauf sind wir, vor allem was die Jugendzeit betrifft, nur auf spärliche Zeugnisse angewiesen; vor allem auf den von seinem Sohn Carl Philipp Emanuel und seinem Schüler Johann Friedrich Agricola verfaßten Nekrolog aus dem Jahre 1754 (Bach-Dokumente Bd. 3, Nr. 666), der sich durch eine Reihe archivalischer Dokumente bestätigen und ergänzen läßt.

Der Vater, Johann Ambrosius B. (22.2.1645 Erfurt, † 20. 2. 1695 Eisenach), war seit 1667 Ratsmusikant in Erfurt u. hatte dort am 8. 4. 1668 die Erfurter Kürschnerstochter Elisabeth Lämmerhirt geheiratet und ging 1671 als Hof- und Stadtmusikus nach Eisenach. Hier wurde Johann Sebastian als letztes von acht Kindern geboren und kam mit 8 Jahren auf die Lateinschule. Nach dem frühen Tod der Eltern wurde er als Zehnjähriger (zusammen mit seinem drei Jahre älteren Bruder Johann Jakob) im Hause seines ältesten Bruders Johann Christoph (1671–1721) aufgenommen, der seit 1690 Organist an der Michaeliskirche in Ohrdruf war. Unter dessen Anleitung bildete er sich im Klavierspiel aus. In der Schule kam er ebenfalls gut voran und erreichte mit 14 Jahren – als „Secundus“ seiner Klasse – die Prima. Ein Jahr später wechselte er in die Prima des Michaelisklosters in Lüneburg über, wo er seiner guten Stimme wegen eine Freistelle erhalten hatte, die in Ohrdruf nicht zur Verfügung stand.

Ende März 1700 traf er (zusammen mit seinem Mitschüler Georg Erdmann) in der 300 km nördlich, in der Nähe von Hamburg gelegenen Handelsstadt ein. Er gehörte hier dem „Mettenchor“ an, der die liturgische Musik der mit dem Michaeliskloster verbundenen Ritterakademie, eines Alumnats für Adlige, anzuführen hatte. Nach dem Stimmbruch, der bald einsetzte und ihm für immer seine schöne Stimme nahm, wird er sich als Geiger und Organist umgetan haben. In der musikalischen Ausbildung war er so weit fortgeschritten, daß er sich nunmehr ohne eigentlichen Lehrmeister, allein durch das Studium großer Vorbilder, fortbilden konnte. In Lüneburg stand er wahrscheinlich mit seinem Thüringer Landsmann Georg Böhm in Verbindung, der Organist an der Johanniskirche war und als Komponist von Choralpartiten und Klaviersuiten bekannt geworden ist. Aus dem „Nekrolog“ wissen wir, daß Bach mehrfach in das einen Tagesmarsch entfernte Hamburg reiste, um dort den Organisten an St. Katharinen, J. A. Reinken, zu hören. Ebenso hat er öfters die damals berühmte französische Kapelle des Herzogs von Celle gehört und sich dabei mit den neuen Formen der französischen Instrumentalmusik vertraut gemacht.

Als er mit 17 Jahren zu Ostern 1702 die Lateinschule absolviert hatte, war er für den Beruf des Musikers gerüstet. Er kehrte wieder nach Thüringen zurück und bewarb sich um eine Organistenstelle in Sangerhausen. Zwar wurde er einstimmig gewählt, auf Befehl des Landesfürsten wurde ihm jedoch ein anderer vorgezogen. Nach einer Interimsstellung als Violinist in der Weimarer Hofkapelle von Ostern 1703 an wurde er im August 1703 Organist an der Neuen Kirche in Arnstadt. In dieser Stelle begründete er seinen Ruf als Organist und Orgelkenner. Um sich weiterzubilden, nahm er Oktober 1705 einen einmonatigen Urlaub, um in Lübeck den damals schon betagten Dietrich Buxtehude zu hören, der dort Organist an der Marienkirche war und in der Vorweihnachtszeit seine berühmten ↗Abendmusiken veranstaltete. (Wahrscheinlich ging es Bach auch darum, die Möglichkeiten seiner Nachfolge an Ort und Stelle zu prüfen, wobei die überkommene Bedingung, die nicht mehr ganz junge Tochter des Amtsvorgängers heiraten zu müssen, wohl den Ausschlag gegeben haben dürfte, die Sache nicht weiter zu verfolgen.) Erst mit dreimonatiger Verspätung kehrte er nach Arnstadt zurück. Dort sah er sich bald wachsenden künstlerischen und disziplinären Widerständen gegenüber. Er gab deshalb die Arnstädter Stelle nach vier Jahren auf und wurde im Sommer 1707 Organist an der Blasiuskirche in Mühlhausen. Am 17. Oktober heiratete er seine Base Maria Barbara, Tochter des Gehrener Organisten Johann Michael Bach.

In seinem neuen Mühlhäuser Amt entwickelt er eine solche Tatkraft, daß zu vermuten ist, daß er sich hier für längere Zeit einrichten wollte. Er legte Kopien der erlesensten Kirchenstücke an und begann damit, eine leistungsfähige Kirchenmusik mit Choristen und Instrumentalisten aufzubauen, mit denen er auch reicher besetzte moderne Werke aufführen konnte. Seine ersten erhaltenen Kirchenkantaten (BWV 71, 106, 131, 196) stammen aus dieser Zeit. Daneben bemühte er sich auch, die Kirchenmusik in den umliegenden Ortschaften, über die er die Oberaufsicht führte, zu bessern. Doch auch in Mühlhausen fühlte er sich bald beengt und durch die örtlichen Verhältnisse gehindert, seine künstlerischen Pläne durchzusetzen. Schon nach Jahresfrist, im Juni 1708, nahm er eine Stelle als Hoforganist und Kammermusiker in der herzoglichen Kapelle in Weimar an. In der kleinen thüringischen Residenzstadt mit ihren 5000 Einwohnern fand er endlich die nötigen musikalischen Aufgaben, an denen sich seine Kunst bewähren konnte. Hier fand er neue künstlerische und geistige Anregungen im Verkehr mit den aufgeschlossenen Hofbeamten und den beiden jungen musikalisch begabten Prinzen. Im Austausch mit seinem Vetter Johann Gottfried Walther, der Organist an der Stadtkirche war und als Musiktheoretiker und Lexikograph bekannt geworden ist, vertiefte er seine Kenntnisse über die theoretischen Grundlagen der Tonsetzkunst.

In den ersten fünf Weimarer Jahren standen seine Aufgaben als Hoforganist ganz im Vordergrund. Während dieser Zeit entstanden die meisten seiner zahlreichen Orgelwerke: die Choräle des Orgelbüchleins und zahlreiche weitere Choralbearbeitungen, die Mehrzahl der Präludien, Fugen und Toccaten. Sein Ruf als Orgelvirtuose war unbestritten. Die ersten begabten Schüler (unter ihnen Johann Caspar Vogler und Johann Tobias Krebs) stellten sich ein. Man holte ihn als Sachverständigen zu Orgelproben bis nach Halle. Am außerkirchlichen Dienst der Hofkapelle, bei der Kammermusik, der festlichen Musik zur Tafel und zu den Hoffesten, wird er als Violinist und als Cembalist teilgenommen haben. Mit 14 Kammermusikern, 7 Trompetern und einem Pauker war die Kapelle für damalige Verhältnisse bereits stark besetzt. Sie hatte die Musik in der Hofkirche und in der fürstlichen Kammer zu versehen. Ihr Repertoire dürfte außer den eigens für sie komponierten Stücken der Hofkapellmeister vor allem aus italienischer Konzertmusik bestanden haben, die am Hofe besonders beliebt war. Bachs Bearbeitungen von Instrumentalkonzerten Vivaldis, Torellis und B. Marcellos für Klavier und Orgel (BWV 592–597 und 972–987) dürften hier ihren Ursprung haben. Wahrscheinlich sind auch seine ersten Instrumentalkonzerte bereits als Frucht dieser Anregungen in Weimar entstanden.

Nachdem er 1713 einen Ruf nach Halle als Organist an die berühmte Liebfrauenkirche abgelehnt hatte, wurde er im Frühjahr 1714 Konzertmeister. Damit war die Pflicht verbunden, jeden Monat eine neue Kirchenkantate zu schreiben und aufzuführen. Bis Ende 1716 hat er diese Pflicht gewissenhaft wahrgenommen und in regelmäßiger Folge etwa 35 Kantaten komponiert, meist nach Texten des Weimarer Konsistorialsekretärs und Hofbibliothekars Salomo Franck. Die Weimarer Tätigkeit endete jedoch, noch ehe sie sich ganz ins Große entfalten konnte, mit einem Mißklang. Bach wurde in die Zwistigkeiten der Hofparteien hineingezogen und nach dem Tod des Hofkapellmeisters Drese im Dezember 1716 bei der Neubesetzung dieser Stelle übergangen. Offenbar entfiel damit auch seine Pflicht, regelmäßig neue Kantaten aufzuführen. Als er sich nach einer neuen Stelle umsah und um Entlassung bat, kam es zum offenen Bruch mit dem Herzog, der ihn arretieren ließ und erst nach vierwöchentlicher Haft „mit angezeigter Ungnade" freigab.

Anfang Dezember 1717 trat Bach sein neues Amt als Hofkapellmeister des Fürsten Leopold von Anhalt-Köthen an. Damit hatte er mit 32 Jahren endlich eine angesehene Position erreicht, in der er, wie er später bekennt, „seine Lebzeit auch beschließen zu können vermeinete". Er stand hier an der Spitze einer kleinen, aber leistungsfähigen Kapelle von 18 Musikern. Der junge, musikliebende Fürst war ihm freundschaftlich zugetan. Da der Hof calvinistisch war, bot das neue Amt für Orgelmusik und Kirchenkantaten, die bisher den Mittelpunkt des Bachschen Schaffens gebildet hatten, wenig Raum. Zwar wurde zu den Hoffesten auch in der Kirche musiziert, und es dürften für diese Gelegenheiten auch einige neue Kirchenkantaten entstanden sein (z. B. BWV Anh. 5). Sie sind jedoch nicht erhalten. Das Hauptinteresse galt nun der Kammermusik. Bach hatte die Musik für die abendlichen Konzerte bereitzustellen, an denen sich der Fürst als Gambist beteiligte. Ferner hatte er für die Hoffeste zum Geburtstag des Fürsten und zu Neujahr Glückwunsch-Kantaten zu schreiben. Unter diesen Verhältnissen sind in wenigen Jahren die großen Werkgruppen entstanden, in denen Bach die verschiedenen Gattungen der barocken Instrumentalmusik auf die Höhe geführt hat: die Violinkonzerte, die 6 Violin-Solo-Sonaten, die 6 Sonaten für Cembalo concertato und Violine, die 6 Suiten für Violoncello solo sowie zahlreiche weitere Sonaten für ein Streich- oder Blasinstrument mit konzertierendem Cembalo oder Generalbaß. Aus einer offenbar größeren Anzahl von Instrumentalkonzerten verschiedenster Besetzung stellte er 1721 für Markgraf Christian Ludwig von Brandenburg die *Sechs Brandenburgischen Konzerte* zusammen.

Im Juli 1720 starb seine Frau und ließ ihn mit vier Kindern zurück: Catharina Dorothea (* 1708), Wilhelm Friedemann (* 1710), Carl Philipp Emanuel (* 1714) und Johann Gottfried Bernhard (* 1715). Im September des gleichen Jahres reiste er nach Hamburg, wo die Organistenstelle an der Jacobi-Kirche frei geworden war, und ließ sich dort mit großem Erfolg auf der Orgel hören. Jedoch erschien ihm die Hamburger Stelle bei genauerem

Zusehen wohl wenig günstig, so daß er noch vor dem eigentlichen Probespiel wieder nach Köthen zurückkehrte. Am 3.12.1721 heiratete er die zwanzigjährige Anna Magdalena Wilcken (1701–1760), Tochter eines Weißenfelser Hoftrompeters, die seit mehreren Monaten als „fürstliche Sängerin" am Köthener Hof angestellt war und diese Stelle auch noch nach der Heirat beibehielt. Offenbar widmete er sich in den weiteren Köthener Jahren vor allem der Komposition von Klavierwerken. Es entstanden die *Englischen Suiten* (vor 1722), die *Französischen Suiten* (1722 im *Clavierbüchlein vor Anna Magdalena Bach*), das *Wohltemperierte Clavier* (1722) und die *Inventionen* und *Sinfonien* (1723 in dem 1721 begonnenen *Clavierbüchlein vor Wilhelm Friedemann Bach*).

Mit der Zeit erschienen ihm jedoch wohl auch die Köthener Verhältnisse als zu beengt, und er bewarb sich um die Stelle des Kantors an der Leipziger Thomasschule, die durch den Tod Johann Kuhnaus vakant geworden war. Die Leipziger versuchten zunächst Telemann und dann Graupner zu gewinnen, und erst als diese abgelehnt hatten, wurde Bach in engere Wahl gezogen. Am 7.2.1723 legte er seine Probe ab, wurde gewählt und trat sein neues Amt Ende Mai 1723 an.

Die Universitäts- und Messestadt Leipzig hatte damals 25000 Einwohner. Der Thomaskantor war zugleich „Director Musices Lipsiensis" und hatte damit die Oberaufsicht über die musikalischen Einrichtungen der Stadt. Er gehörte zum Lehrerkollegium der Thomasschule, wo er in der Rangfolge nach dem Rektor und dem Prorektor den dritten Platz einnahm. Seine Hauptaufgabe war es, für die Musik in den beiden Hauptkirchen, St. Thomas und St. Nicolai, zu sorgen, wobei er von den Organisten und den Chorpräfekten (älteren Schülern) unterstützt wurde. Die Sänger für den Chor und die Soli stellte er aus den 50–60 Alumnen zusammen, die um ihrer Freistelle willen am Musikdienst teilnehmen mußten. Sie waren in vier Kantoreien zu je 12 Sängern eingeteilt, so daß im vierstimmigen Chorsatz jede Stimme dreifach besetzt war. Die beiden ersten Kantoreien kamen in die beiden Hauptkirchen, die aus den weniger guten Sängern bestehende dritte und vierte in die Neue Kirche und in die Peterskirche. Den Grundstock des Orchesters bildeten die acht städtischen Pfeifer und Kunstgeiger. Da für die üblichen Kirchenmusiken mindestens zwölf Spieler notwendig waren (je zwei bis drei 1. und 2. Violinen, 2 Violen, 2 Violoncelli, 1 Kontrabaß, 2 Oboen, 1 Fagott, Orgel), für reicher besetzte etwa zwanzig (zu den vorigen noch 2 Flöten, 3 Trompeten, 1 Pauke, dazu dreifache Besetzung der Violinen), mußte man immer auf Aushilfsspieler, meist Studenten, sowie auf Alumnen der Thomasschule zurückgreifen.

Als Bach sein Leipziger Amt antrat, war er 38 Jahre alt und auf der Höhe seiner Schaffenskraft. Trotz mancher Zwistigkeiten mit seinen Vorgesetzten, bei denen es ihm immer um die Verteidigung verbriefter Rechte ging, und trotz mancher Pläne, sich zu verändern, hat er schließlich 27 Jahre bis zu seinem Tod in dieser Stelle ausgeharrt. Seine Schaffensinteressen jedoch wechselten. In den ersten Jahren waren sie darauf gerichtet, das nötige kirchliche Repertoire zu schaffen. Den wichtigsten Teil der gottesdienstlichen Musik bildete an Sonn- und Festtagen die Kantate, die die Predigt des Hauptgottesdienstes einrahmte. Sie war üblicherweise eine Komposition des Thomaskantors selbst. Etwa 60 Kantaten wurden für die verschiedenen Sonn- und Festtage eines Kirchenjahres gebraucht. Dem Nekrolog nach soll Bach fünf solcher kompletter Zyklen durch das ganze Kirchenjahr, sog. „Kantatenjahrgänge", hinterlassen haben, von denen allerdings nur drei überliefert sind. Im ersten Leipziger Jahr, in dem er sich noch einarbeiten mußte, schrieb er 35 Kantaten und griff für die übrigen Sonntage auf Weimarer Werke zurück sowie auf weltliche Kantaten aus der Köthener Zeit, die er geistlich „parodiert". Im zweiten Jahr komponierte er einen kompletten Jahrgang offenbar vollständig neu. Im dritten Jahr verwendete er neben eigenen Neukompositionen 17 Kantaten seines Meininger Vetters Johann Ludwig Bach, ersetzte diese jedoch später durch eigene Werke. Ob er wirklich noch einen vierten und fünften Jahrgang folgen ließ, ist ungewiß.

Mit diesem Kantaten-Repertoire, das bis auf wenige spätere Ergänzungen bis 1729 vorgelegen haben dürfte, bestritt er in wechselnder Folge den Leipziger Hauptgottesdienst auch für die weiteren Jahre. Dazu kamen für die Karfreitags-Vesper die Passionen (1724 die *Johannes-Passion,* 1729 [1727?] die *Matthäus-Passion,* 1731 die *Markus-Passion*), für Weihnachten das *Magnificat* (1723). Für die Komposition und Vorbereitung der besonders reichen Musik zu Weihnachten und Ostern bot die musiklose Fastenzeit (2.–4. Advent, Aschermittwoch bis Gründonnerstag) genügend Gelegenheit. Als Auftragskompositionen entstanden in diesen ersten Leipziger Jahren die Motetten (meist für Trauer-Gottesdienste), ferner eine Reihe Trauungs- und Glückwunschkantaten. Für seine geistlichen und weltlichen Texte fand er in dem Leipziger Steuereinnehmer Christian Friedrich Henrici, der unter dem Pseudonym „Picander" zahlreiche Kantatendichtungen herausgab, einen gewandten Mitarbeiter.

Das seinen Vorgängern zustehende Recht, auch das Direktorat über die Universitätsmusik wahrzunehmen und die Oberaufsicht über die Musik der Universitätskirche St. Pauli zu führen, wurde von den Universitätsbehörden zugunsten des Nicolai-Organisten Johann Gottlieb Görner eingeschränkt. Damit verlor Bach sein anfänglich starkes Interesse an der Universitätsmusik und lieferte nach 1725 nur noch selten Musik zu Universitätsfeiern, so 1727 die Trauer-Ode auf die verstorbene Kurfürstin Christiane Eberhardine (BWV 198). Diesen an Amt und Auftrag gebundenen geistlichen und weltlichen Vokalwerken stehen die aus freiem Entschluß entstandenen Klavier- und Orgelwerke aus diesen Jahren gegenüber: die Klavierpartiten, mit denen er 1725 das zweite größere *Clavierbüchlein vor Anna Magdalena Bach* eröffnete und die er, auf sechs vermehrt, zunächst einzeln und dann 1731 zusammengefaßt als op. 1 herausgab (BWV 825–830), sowie die sechs Triosonaten für Orgel (BWV 525–530), die er wahrscheinlich für seinen ältesten Sohn, Wilhelm Friedemann, geschrieben hat.

Nachdem Bach das nötige kirchliche Repertoire einmal geschaffen hatte, muß ihm das Abhalten der täglichen Singstunden in der Schule und der routinemäßige Musikdienst in der Kirche zur Last geworden sein, zumal weder die Schule noch die Stadt Verständnis für seine weitgesteckten Pläne zeigten. Statt dessen wurden in das Alumnat immer mehr unmusikalische Schüler aufgenommen und die Sonderaufwendungen für die musikalischen Hilfskräfte gekürzt, so daß eine angemessene Aufführung seiner auch technisch anspruchsvollen Werke immer schwieriger wurde. Im Sommer 1730 wurde ihm im Stadtrat offiziell die Vernachlässigung seiner Amtspflichten vorgeworfen, und man erwog, sein Gehalt zu kürzen. Bach antwortete mit dem berühmten *Kurtzen, jedoch höchstnöthigen Entwurff einer wohlbestallten Kirchen-Music* vom 23. 8. 1730 (Bach-Dokumente 1, Nr. 22), einer genauen und klar begründeten Aufstellung über Mindestzahl und Art der Solo- und Chorsänger („Concertisten" und „Ripienisten") sowie der Instrumentalisten, die man für die verschiedenen kirchlichen Aufführungen brauche. Ihr wurden schonungslos die Angaben über die beschränkten musikalischen Kräfte gegenübergestellt, die ihm in Wirklichkeit zur Verfügung standen. Die Eingabe, die zugleich die beste Quelle für die originale Besetzung der Bachschen Kirchenmusik darstellt, hat offenbar wenig Erfolg gehabt. Zwei Monate später, am 28. 10. 1730, machte er seinem Unmut über die Leipziger Verhältnisse und die „wunderliche, der Music wenig ergebene Obrigkeit" in einem Brief an seinen Jugendfreund Georg Erdmann in Danzig Luft und zeigte sich entschlossen, sich einen neuen Wirkungskreis zu suchen. Daß er mit dieser Absicht nicht Ernst machte, mag an fehlenden Möglichkeiten für einen solchen Wechsel gelegen haben, vor allem jedoch an der Tatsache, daß er in dem neuen Thomas-Rektor Johann Matthias Gesner einen verständnisvollen Vorgesetzten fand, der sein Genie erkannte und sich bemühte, ihn von den Unannehmlichkeiten des Schuldienstes zu entlasten. Trotzdem tritt die Komposition neuer Kirchenmusik seit dieser Zeit sichtbar gegenüber anderen Aufgaben zurück. Kirchenkantaten entstanden nur noch wenige, und zwar zu besonders herausgehobenen Gelegenheiten.

1729 hatte er die Leitung des von Telemann gegründeten studentischen Collegium musicum übernommen, mit dem er jede Woche öffentlich Serenaden, Konzerte und Kammermusik aufführte. Hier werden sich auch seine heranwachsenden Söhne zuerst produziert haben. Wahrscheinlich sind die Bearbeitungen seiner früheren Violin- und Bläserkonzerte zu Cembalokonzerten (BWV 1052–1058), vielleicht auch die Ouvertüre für Flöte und Streicher in h-moll (BWV 1067) für diese Aufführungen entstanden, die er bis Anfang der 1740er Jahre veranstaltete. – Mit der Dresdener Residenz und ihren Musikern, deren Aufführungen er oft beigewohnt hat, verbanden ihn enge Beziehungen, besonders seit sein Sohn Wilhelm Friedemann 1733 Organist an der dortigen Sophienkirche geworden war. Auch die repräsentativen Festmusiken der Jahre 1733/34 für die Leipziger Huldigungsfeiern zu Ehren des Sächsisch-Polnischen Herrscherhauses sind in diesem Zusammenhang zu sehen. Es ging Bach dabei offensichtlich um mehr, als bloße Auftragswerke zu schreiben, die er dann, wie in diesem Fall im *Weihnachtsoratorium* von 1734/35, sogleich geistlich parodieren konnte. Gerade in seinem Leipziger Kantorenamt legte er Wert auf offizielle, durch einen Hofkapellmeister-Titel ausgewiesene Beziehungen zu einem Fürstenhof. Bis 1729 war er „Hochfürstlich Anhalt-Cöthnischer Capellmeister von Haus aus". Sein letzter Dienst in dieser Stelle war die Komposition und Aufführung der Trauermusik für den Fürsten Leopold (BWV 244a), die mit der zuvor entstandenen *Matthäus-Passion* durch Parodiebeziehungen verbunden ist. Spätestens im März 1729 erhielt er einen entsprechenden Titel vom Sachsen-Weißenfelsischen Hof. Im Juli 1733 überreichte er am Dresdner Hof die *Missa h-moll* (= *Kyrie* und *Gloria* der späteren h-moll-Messe) mit der Bitte um Verleihung des Titels eines königlich polnischen und kurfürstlich sächsischen Hofkapellmeisters, wofür er sich durch Komposition von Kirchen- und Orchestermusik dienstlich erweisen wolle. Daß diese Bitte nicht nur auf den Titel, sondern auf Kompositionsaufträge, vielleicht sogar auf eine feste Stelle in der Hofmusik abzielen sollte, ist nach den schlechten Erfahrungen in seinem Leipziger Amt nicht ausgeschlossen. Hierfür spricht auch der Inhalt des 1735 veröffentlichten *II. Teils der Clavierübung:* er besteht aus dem *Italienischen Konzert* und der *Französischen Ouverture,* also Musterbeispielen für die beiden Hauptgattungen der modernen höfischen Instrumentalmusik. Als er den Titel im Jahre 1736 schließlich erhielt (die Verspätung war offenbar durch die polnischen Wirren bedingt, in die August III. sogleich nach seinem Regierungsantritt verwickelt wurde), half ihm dieser Rückhalt bei Hofe wenigstens in der Auseinandersetzung mit dem neuen Thomas-Rektor Johann August Ernesti, der 1734 der Nachfolger Gesners geworden war und der, als ein konsequenter Vertreter des aufklärerischen, in seiner Wirkung musikfeindlichen Schulsystems, die Kompetenzen des Kantors in der Schule einzuschränken suchte.

Mit dem Eintritt in das 6. Lebensjahrzehnt in der zweiten Hälfte der 1730er Jahre läßt sich eine weitere Zäsur im Bachschen Schaffen beobachten. Es scheint, als träte nun die spontane Schöpferfreude hinter dem Bedürfnis zurück, das Geschaffene zu sichten und zu vervollkommnen. So entstanden die letzten Fassungen der Passionen, die *Missae breves* (um 1740, zumeist Parodien), das zweite *Wohltemperierte Klavier* (1742), die *Achtzehn Choräle* (nach 1742, sämtlich auf Weimarer Fassungen zurückgehend), die *Schüblerschen Choräle* (1746 als Übertragung choralgebundener Kantatensätze auf die Orgel) und die Ergänzung der *Missa* von 1733 zu einer vollständigen Messe (*h-moll-Messe,* vollendet um 1747/48). Auch die bereits genannten Klavierkonzerte (um 1738) gehören hierher. Daneben reiften jedoch allmählich die komplizierten und vergeistigten Spätwerke heran: der *III. Teil der Clavierübung* (1739), die *Goldbergvariationen* (1742), die *Kanonischen Veränderungen* (1747), das *Musikalische Opfer* (1747) und die *Kunst der Fuge* (1748–49), die, bereits anachronistisch wirkend, das kontrapunktische Erbe des Barock noch einmal zusammenfassen. Auch mit dem 1747 vollzogenen Beitritt zu L. Ch. Mizlers „Societät der musicalischen Wissenschaften“, einer gelehrten Gesellschaft zur Pflege der alten, mathematisch begründeten Musikbetrachtung, bekundet er diese retrospektive Haltung.

Einen letzten Ansporn hatte seine Schaffenskraft 1747 erhalten, als er in Begleitung Wilhelm Friedemanns zum preußischen Hof reiste, um seinen dort seit 1738 als Kammercembalisten angestellten zweiten Sohn Carl Philipp Emanuel zu besuchen, wobei er sich vor Friedrich II. hören lassen durfte und wegen seiner Improvisationskunst allgemein bewundert wurde. Doch bald nach der Rückkehr machte sich ein Augenleiden (grauer Star) bemerkbar, das im Laufe von zwei Jahren zur Erblindung führte. Bereits 1749 war er offenbar so hinfällig, daß er seinen Dienst nicht mehr wahrnehmen konnte und die Stadt sich nach einem Nachfolger, J. G. Harrer, umsah, der am 8. Juni 1749 auch seine Probe ablegte. Nach zwei erfolglosen Operationen durch den englischen Okulisten Taylor im März und April 1750 starb er am 28. Juli 1750 im Alter von 65 Jahren. Drei Tage später wurde er an der Südmauer der Johanniskirche begraben. Den Eindruck seiner Physiognomie vermitteln die beiden von E. G. Haußmann gemalten Ölbilder aus den Jahren 1746 und 1748, die einzigen mit Sicherheit echten Bach-Porträts, die erhalten sind.

Bach hinterließ seine Witwe mit vier unmündigen Kindern: dem 18jährigen Johann Christoph Friedrich, der eben als Kammermusiker in die Kapelle des Bückeburger Hofes eingetreten war, dem 14jährigen Johann Christian, dessen Ausbildung Carl Philipp Emanuel übernahm, sowie zwei Töchtern. Der älteste Sohn aus zweiter Ehe, Gottfried Heinrich (* 1724), der in den Entwicklungsjahren schwachsinnig geworden war, kam in das Haus der Tochter Elisabeth Juliane Friedrike, die seit 1749 mit Bachs Schüler J. Chr. Altnikol verheiratet war. Anna Magdalena blieb zusammen mit ihren Töchtern und der ältesten unverheiratet gebliebenen Tochter aus Bachs erster Ehe, Catharina Dorothea, in dürftigen Verhältnissen zurück und starb als Almosenfrau, zehn Jahre nach ihrem Mann. Bachs musikalischer Nachlaß wurde vor allem unter die beiden ältesten Söhne, Wilhelm Friedemann und Carl Philipp Emanuel, verteilt (der dritte, Johann Gottfried Bernhard, war nach einem unsteten Leben 1739 gestorben). Die Witwe und die Söhne aus zweiter Ehe erhielten nur wenig. Die heute noch erhaltenen Originalmanuskripte stammen zum größeren Teil aus dem Erbteil Carl Philipp Emanuels, zum kleineren aus dem Anna Magdalenas und Wilhelm Friedemanns. Sie werden überwiegend in der Deutschen Staatsbibliothek (Berlin-Ost) und in der Staatsbibliothek Preußischer Kulturbesitz (Berlin-West) sowie im Leipziger Bach-Archiv verwahrt. Mit Bachs Söhnen Wilhelm Friedemann, Carl Philipp Emanuel, Johann Christoph Friedrich und Johann Christian konnte sich das musikalische Erbe der Bachschen Familie noch für eine Generation erfüllen und ist mit ihnen erloschen.

WW (ohne die unechten oder nur schwach beglaubigten; Numerierung nach W. SCHMIEDER, Bach-Werke-Verzeichnis = BWV; dort auch nähere Angaben; für die Kantaten vgl. W. NEUMANN, Hdb. der Kantaten J. S. Bachs, L [4]1971).

1) Instrumental-Musik: a) Orgel-Choräle: 3 Choralpartiten, BWV 766–768 (um 1703); 46 Choräle im *Orgelbüchlein*, BWV 599–644 (1713–17); 21 Choräle, BWV 669–689 in *Dritter Theil der Clavier Übung* (L o.J.[1739]); *Sechs Choräle von verschiedener Art* („Schübler-Choräle") (Zella 1746) (Arrangements von Kantatensätzen); 18 Choräle im Leipziger Autograph (P 271), BWV 651–668 (Reinschrift 1742–48, auf Weimarer Urfassungen zurückgehend); *Einige canonische Veraenderungen über das Weynacht-Lied: Vom Himmel hoch da komm ich her,* 6 Variationen, BWV 769 (Nürnberg o.J. [1747]); 51 Choräle in versch. Quellen, BWV 690–740, Bachs Autorschaft in einigen Fällen zweifelhaft. – **b) Freie Orgelwerke:** *Pastorale,* BWV 590 (um 1707); *Canzona,* BWV 588 (um 1709); *Allabreve,* BWV 589 (um 1709); *5 Konzerte* nach Vivaldi und Herzog Johann Ernst von Sachsen-Weimar, BWV 592–596 (um 1715); *Passacaglia* c-moll, BWV 582 (um 1712); *6 Triosonaten,* BWV 525–530 (um 1727); *Trio* d-moll, BWV 583 (um 1725?); *4 Duette,* BWV 802–805, in *Dritter Theil der Clavier Übung,* gedruckt Leipzig [1739]; 22 *Präludien* (Toccaten, Fantasien) *und Fugen,* BWV 531–552 (versch. Entstehungszeit); einzelne Fugen, Toccaten, Präludien, Fantasien, BWV 561–580 (versch. Entstehungszeit, Autorschaft z.T. zweifelhaft). – **c) Klavierwerke:** 2 *Capriccios,* BWV 992 (1704) und BWV 993 (um 1704); 4 *Sonaten,* BWV 963 (um 1705), BWV 964 (nach der Violinsonate BWV 1003, authentisch?), BWV 965–966 (nach J. A. Reinkens „Hortus musicus", um 1720); 7 *Toccaten,* BWV 910–916 (1708–17); 16 *Konzerte* nach Vivaldi, A. Marcello, Torelli, Telemann und Herzog Johann Ernst von Sachsen-Weimar, BWV 972–987 (1708–17); *Aria variata alla maniera italiana,* BWV 989 (um 1709); 4 einzelne *Suiten,* BWV 821 und 822 (vor 1710), 818 und 819 (um 1722); 6 *Englische Suiten,* BWV 806–811 (um 1721); 6 *Französische Suiten,* BWV 812–817 (1722–24); 3 *Menuette,* BWV 841–843 (um 1721); *Das Wohltemperierte Clavier,* Teil I, BWV 846–869 (1722), Teil II, BWV 870–893 (1742); 15 *Inventionen* und 15 *Sinfonien,* BWV 772–801 (1722 oder 1723); 6 *Partiten,* BWV 825–830 (1725–31), gedruckt als *Clavier Übung* [Teil I] (L 1726–31); *Französische Ouvertüre,* BWV 831, und *Italienisches Konzert,* BWV 971, gedruckt als *Zweyter Theil der Clavier Übung* (Nürnberg 1735); *Aria mit verschiedenen* [30] *Veränderungen* („Goldberg-Variationen"), gedruckt als *Clavier Übung* [Teil IV] (Nürnberg 1742); 10 *Präludien* (Fantasien) *und Fugen* (Fughetten) unterschiedlicher Entstehungszeit, BWV 894–896, 899–902, 903 (Chromatische Fantasie und Fuge, um 1720), 904, 906; 17 *Kleine Präludien* unterschiedlicher Entstehungszeit, BWV 924, 926–930, 933–943; 7 einzelne *Fugen* unterschiedlicher Entstehungszeit, BWV 944, 946, 950–954. – **d) Lautenwerke:** 4 *Suiten,* BWV 995 (Bearbeitung nach BWV 1011), BWV 996 (Weimarer Zeit); BWV 997 (um 1740); BWV 1006a (Bearbeitung nach BWV 1006, um 1740); *Präludium, Fuge und Allegro* Es-Dur für Laute oder Cemb., BWV 998 (um 1742); *Präludium* c-moll, BWV 999 (Köthener Zeit); *Fuge* g-moll, BWV 1000 (Bearbeitung nach BWV 1001,2). – **e)** 3 *Sonaten* und 3 *Partiten* für V. ohne Begleitung, BWV 1001–1006 (1720); 6 *Suiten* für Vc. ohne Begleitung, BWV 1007–1012 (um 1720); *Partita* für Quer-Fl. ohne Begleitung, BWV 1013 (um 1720); 6 *Sonaten* für Cemb. u. V., BWV 1014–1019 (um 1720); 2 *Sonaten* für V. u. B. c., BWV 1021 und 1022 (um 1720); 3 *Sonaten* für Cemb. u. Va. da gamba, BWV 1027–1029 (um 1720); 2 *Sonaten* für Cemb. u. Quer-Fl., BWV 1030 und 1032 (um 1720); 2 *Sonaten* für Quer-Fl. u. B. c., BWV 1034 und 1035 (um 1720); *Sonate* für 2 Quer-Fl. u. B.c., BWV 1039 (um 1720). – **f)** 4 *Ouvertüren* (Orchestersuiten), C-Dur, BWV 1066, für 2 Ob., Fag., Str. u. B.c. (um 1720); h-moll, BWV 1067, für Quer-Fl., Str. u. B.c. (um 1730); D-Dur, BWV 1068, für 3 Trp., Pk.n, 2 Ob., Str. u. B.c. (um 1723); D-Dur, BWV 1069, für 3 Trp., Pk.n, 3 Ob., Fag., Str. u. B.c. (um 1723); 2 *Konzerte* für V., Str. u. Continuo, a-moll, BWV 1041, und E-Dur, BWV 1042 (um 1720); *Konzert* für 2 V., Str. u. B.c. d-moll, BWV 1043 (um 1720); 6 *Brandenburgische Konzerte,* BWV 1046–1051 (Reinschrift 1721), I: F-Dur, für 2 Corni da caccia, 3 Ob., Fag., Violino piccolo, Str. u. B.c.; II: F-Dur, für Tromba, Flauto, Ob., Violino, Str. u. B.c.; III: G-Dur, für 3 V., 3 Va., 3 Vc. u. B.c.; IV: G-Dur, für Violino, 2 Flauti, Str. u. B.c.; V: D-Dur, für Quer-Fl., V., Cemb., Str. u. B.c.; VI: B-Dur, für 2 Va., 2 Va. da gamba, Vc. u. B.c.; *Konzert* a-moll für Quer-Fl., V., Cemb., Str. u. B.c., BWV 1044 (um 1730); *Sinfonia* (Konzertsatz) D-Dur, BWV 1045, Für 3 Trp., Pk.n, 2 Ob., Violino concertato, Str. u. B.c. (Einleitungssatz einer verlorenen Kirchenkantate); 3 *Konzerte* für 2 Cemb., Str. u. B.c., BWV 1060–1062 (1730–38), 1060 Umarbeitung eines verschollenen Konzerts für Ob. u. V., 1062 Umarbeitung von BWV 1043; 2 *Konzerte* für 3 Cemb., Str. u. B.c., BWV 1063 und 1064 (1730–38), letzteres ist die Bearbeitung eines verschollenen Konzerts für 3 V.; *Konzert* für 4 Cembali, Str. u. B.c. a-moll, BWV 1065 (Bearb. von Vivaldis Konzert für 4 V. op. 3 Nr. 10, um 1730); 7 *Konzerte* für Cemb., Str. u. B.c., BWV 1052–1058 (Bearbeitungen von BWV 1041 und 1042 sowie verschollener Violin- u. Bläserkonzerte, um 1738). – **g)** 5 *Widmungs-Kanons,* BWV 1072–1075, 1078; 14 *Kanons* über die ersten 8 Fundamentalnoten der Aria der „Goldberg-Variationen", BWV 1087 (1742–1746); *Musicalisches Opfer,* BWV 1079 (gedruckt 1747) (bestehend aus einem 3st. und einem 6st. Ricercare, 10 Kanons und einer Triosonate für Quer-Fl., V. u. B.c.); *Die Kunst der Fuge,* BWV 1080 (19 Sätze, entstanden 1748–49, postum gedruckt 1750).

2) Vokal-Musik: a) *Hochzeits-Quodlibet,* BWV 524 (um 1707); 11 *Lieder* und *Arien* aus dem Notenbuch für Anna Magdalena Bach von 1725, BWV 508–518 (5 davon wahrsch. nicht von J. S. Bach); 69 *Lieder,* BWV 439–507, in „Schemellis Gesangbuch" (L 1736) (bei den meisten davon stammt nur der Generalbaß von J.S.Bach). – **b) Choräle:** 348 vierstimmige *Choralsätze* in „J. S. Bach's vierstimmige Choralgesänge", hrsg. v. J. PH. KIRNBERGER – PH. E. BACH, 4 Teile (L 1784–87); 162 davon aus den erhaltenen Kantaten, Passionen, Oratorien und Motetten übernommen, dazu weitere 186, BWV 253–438, offenbar zumeist aus verlorenen Kantaten; 3 *Trauungs-Choräle,* BWV 250–252. – **c) Kirchenkantaten** (192, überwiegend aus 3 Jahrgängen; wahrsch. waren noch zwei weitere Jahrgänge vorhanden), in alphabetischer Folge: *Ach Gott, vom Himmel sieh darein,* BWV 2 (1724), Alt, Tenor, Baß, Chor, 2 Ob., 4 Pos., Str., B.c.; *Ach Gott, wie manches Herzeleid* I, BWV 3 (1725), Sopran, Alt, Tenor, Baß, Chor, Horn, Pos., 2 Ob. d'amore, Str. u. B.c.; *Ach Gott, wie manches Herzeleid* II (Dialogus), BWV 58 (1727), Sopran, Baß, 2 Ob., Ob. da caccia, Str. u. B.c.; *Ach Herr, mich armen Sünder,* BWV 135 (1724), Alt, Tenor, Baß, Chor, Zink, Pos., 2 Ob., Str. u. B.c.; *Ach! ich sehe, itzt, da ich zur Hochzeit gehe,* BWV 162 (1715), Sopran, Alt, Tenor, Baß, Chor, Zug-Trp., Str., B.c.; *Ach, lieben Christen, seid getrost,* BWV 114 (1724), Sopran, Alt, Tenor, Baß, Chor, Horn, Quer-Fl., 2 Ob., Str., B.c.; *Ach wie flüchtig, ach wie nichtig,* BWV 26 (1724), Sopran, Alt, Tenor, Baß, Chor, Horn, Quer-Fl., 3 Ob., Str., B.c.; *Ärgre dich, o Seele, nicht,* 1. Fassung, BWV 186a, (1716); 2. Fassung, BWV 186 (1723), Sopran, Alt, Tenor, Baß, Chor, 2 Ob., Ob. da caccia, Str., B.c.; *Allein zu dir, Herr Jesu Christ,* BWV 33 (1724), Alt, Tenor, Baß, Chor, 2 Ob., Str., B.c.; *Alles nur nach Gottes Willen,* BWV 72 (1726), Sopran, Alt, Baß, Chor, 2 Ob., Str., B.c.; *Alles, was von Gott geboren,* BWV 80a (1715, Urform der Kantate 80, *Ein feste Burg ist unser Gott*), Sopran, Alt, Tenor, Baß, Chor, 2 Ob., Ob. da caccia, Str., B.c.; *Also hat Gott die Welt geliebt,* BWV 68 (1725), Sopran, Baß, Chor, Horn, Zink, 3 Pos., 2 Ob., Ob. da caccia, Vc. piccolo, Str., B.c.; *Am Abend aber desselbigen Sabbats,* BWV 42 (1725), Sopran, Alt, Tenor, Baß, Chor, 2 Ob., Fag., Str., B.c.; *Auf Christi Himmelfahrt allein,* BWV 128 (1725), Alt, Tenor, Baß, Chor, Trp., 2 Hörner, 2 Ob. d'amore, Ob. da caccia, Str., B.c.; *Auf, mein Herz, des Herren Tag:* wahrsch. postume Erweiterung der Kantate 145, *Ich lebe, mein Herze, zu deinem Ergötzen; Aus der Tiefen rufe ich, Herr, zu dir,* BWV 131 (1707), Sopran, Alt, Tenor, Baß, Chor, Ob., Fag., V., 2 Va., B.c.; *Aus tiefer Not schrei ich zu dir,* BWV 38 (1724), Sopran, Alt, Tenor, Baß, Chor, 4 Pos., 2 Ob., Str., B.c.; *Barmherziges Herze der ewigen Liebe,* BWV 185 (1715), Sopran, Alt, Tenor, Baß, Chor, Ob., Trp., Str., B.c.; *Bekennen will ich seinen Namen,* BWV 200 (nach 1742, Fragment), Alt, 2 V., B.c.; *Bereitet die Wege, bereitet die Bahn,* BWV 132 (1715), Sopran, Alt, Tenor, Baß, (Chor), Ob., Str., B.c.; *Bisher habt ihr nichts gebeten in meinem Namen,* BWV 87 (1725), Alt, Tenor, Baß, Chor, 2 Ob., 2 Ob. da caccia, Str., B.c.; *Bleib bei uns, denn es will Abend werden,* BWV 6 (1725), Sopran, Alt, Tenor, Baß, Chor, 2 Ob., Ob. da caccia, Vc. piccolo, Str., B.c.; *Brich dem Hungrigen dein Brot,* BWV 39 (1726), Sopran, Alt, Baß, Chor, 2 Block-Fl., 2 Ob., Str., B.c.; *Bringet dem Herrn Ehre seines Namens,* BWV 148 (1723?), Alt, Tenor, Chor, Trp., 3 Ob., Str., B.c.; *Christ lag in Todes Banden,* BWV 4 (1707–1708), Sopran, Alt, Tenor, Baß, Chor, Zink, 2 Pos., Violinen I u. II, Violen I u. II, B.c.; *Christ unser Herr zum Jordan kam,* BWV 7 (1724), Alt, Tenor, Baß, Chor, 2 Ob. d'amore, Str., B.c.; *Christen, ätzet diesen Tag,* BWV 63 (1714 oder 1715), Sopran, Alt, Tenor, Baß, Chor, 4 Trp., Pk.n, 3 Ob., Str., obligate Org., B.c.; *Christum wir sollen loben schon,* BWV 121 (1724), Sopran, Alt, Tenor, Baß, Chor, Zink, 3 Pos., Ob. d'amore, Str., B.c.; *Christus, der ist mein Leben,* BWV 95 (1723), Sopran, Tenor, Baß, Chor, Horn, 2 Ob., 2 Ob. d'amore, Str., B.c.; *Das neugeborne Kindelein,* BWV 122 (1724), Sopran, Alt, Tenor, Baß, Chor, 3 Block-Fl., 2 Ob., Ob. da caccia, Str., B.c.; *Dazu ist erschienen der Sohn Gottes,* BWV 40 (1723), Alt, Tenor, Baß, Chor, 2 Hörner, 2 Ob., Str., B.c.; *Dem Gerechten muß das Licht immer wieder aufgehen,* BWV 195 (1728–31 oder erst nach 1737), 3 Trp., Pk.n, 2 Hörner, 2 Quer-Fl., 2 Ob., 2 Ob. d'amore, Str., B.c.; *Der Friede sei mit dir,* BWV 158 (Leipziger Zeit? unvollständig?), Baß, Chor, Ob., V., B.c.; *Der Herr denket an uns,* BWV 196 (1708), Sopran, Tenor, Baß, Chor, Str., B.c.; *Der Herr ist mein getreuer Hirt,* BWV 112 (1731), Sopran, Alt, Tenor, Baß, Chor, 2 Hörner, 2 Ob. d'amore, Str., B.c.; *Der Himmel lacht! die Erde jubilieret,* BWV 31 (1715), Sopran, Tenor, Baß, 5st. Chor, 3 Trp., Pk.n, 3 Ob., Ob. da caccia, 2 V., 2 Va., 2 Vc., B.c.; *Die Elenden sollen essen,* BWV 75 (1723), Sopran, Alt, Tenor, Baß, Chor, Trp., 2 Ob., Ob. d'amore, Str., B.c.; *Die Himmel erzählen die Ehre Gottes,* BWV 76 (1723), Sopran, Alt, Tenor, Baß, Chor, Trp., 2 Ob., Ob. d'amore, Va. da gamba, Str., B.c.; *Du Friedefürst, Herr Jesu Christ,* BWV 116 (1724), Sopran, Alt, Tenor, Baß, Chor, Horn, 2 Ob. d'amore, Str., B.c.; *Du Hirte Israel, höre,* BWV 104 (1724), Tenor, Baß, Chor, 2 Ob., Ob. da caccia, 2 Ob. d'amore, Str., B.c.; *Du sollst Gott, deinen Herren, lieben,* BWV 77 (1723), Sopran, Alt, Tenor, Baß, Chor, Zug-Trp., 2 Ob., Str., B.c.; *Du wahrer Gott und Davids Sohn,* BWV 23 (1723), Sopran, Alt, Tenor, Chor, Zink, 3 Pos., 2 Ob., Str., B.c.; *Ehre sei Gott in der Höhe,* BWV 197a (um 1728, nur unvollständig erhalten, z.T. Vorlage für BWV 197, *Gott ist unsre Zuversicht*), Alt, Baß, Chor, 2 Quer-Fl., Ob. d'amore, Vc. (oder Fag.), Str., B.c.; *Ein feste Burg ist unser Gott,* BWV 80 (Leipziger Zeit, Umarbeitung der Weimarer Kantate *Alles, was von Gott geboren,* BWV 80a; eine knappere Bearbeitung, BWV 80b, 1723), Sopran, Alt, Tenor, Baß, Chor, 2 Ob., Ob. da caccia, Str., B.c.; *Ein Herz, das seinen Jesum lebend weiß,* BWV 134 (1724, Parodie der Glückwunschkantate 134a, *Die Zeit, die Tag und Jahre macht*), Alt, Tenor, Chor, 2 Ob., Str., B.c.; *Ein ungefärbt Gemüte,* BWV 24 (1723), Alt, Tenor, Baß, Chor, Zug-Trp., 2 Ob., 2 Ob. d'amore, Str., B.c.; *Er rufet seinen Schafen mit Namen,* BWV 175 (1725), Alt, Tenor, Baß, Chor, 2 Trp., 3 Block-Fl., Vc. piccolo, Str., B.c.; *Erforsche mich, Gott, und erfahre mein Herz,* BWV 136 (1723), Alt, Tenor, Baß, Chor, Horn, 2 Ob. d'amore, Str., B.c.; *Erfreut euch, ihr Herzen* (Dialogus), BWV 66 (1724, Parodie der Glückwunschkantate 66a, *Der Himmel dacht auf Anhalts Ruhm und Glück*), Alt, Tenor, Baß, Chor, Trp., 2 Ob., Fag., Str., B.c.; *Erfreute Zeit im neuen Bunde,* BWV 83 (1724), Alt, Tenor, Baß, Chor, 2 Hörner, 2 Ob., Str., B.c.; *Erhalt uns, Herr, bei deinem Wort,* BWV 126 (1725), Alt, Tenor, Baß, Chor, Trp., 2 Ob., Str., B.c.; *Erhöhtes Fleisch und Blut,* BWV 173 (1724?, Parodie der Glückwunschkantate 173a, *Durchlauchtster Leopold*), Sopran, Alt, Tenor, Baß, Chor, 2 Quer-Fl., Str., B.c.; *Erschallet, ihr Lieder, erklinget ihr Saiten,* BWV 172 (1714, in Leipzig 1724 Fassung in D-Dur, 1731 in C-Dur), D-Dur-Fassung: 3 Trp., Pk.n, Quer-Fl., Ob., Ob. d'amore, 2 V., 2 Va., B.c., C-Dur-Fassung: 3 Trp., Pk.n, Ob. oder obligate Org., 2 V., 2 Va., B.c.; *Erwünschtes Freudenlicht,* BWV 184 (1724, Parodie einer unbekannten Köthener Glückwunschkantate, BWV 184a), Sopran, Alt, Tenor, Chor, 2 Quer-Fl., Str., B.c.; *Es erhub sich ein Streit,* BWV 19 (1726), Sopran, Tenor, Baß, 3 Trp., Pk.n, 2 Ob., 2 Ob. d'amore, Ob. da caccia, Str., B.c.; *Es ist das Heil uns kommen her,* BWV 9 (1732–1735), Sopran, Alt, Tenor, Baß, Chor, Quer-Fl., Ob. d'amore, Str., B.c.; *Es ist dir gesagt, Mensch, was gut ist,* BWV 45 (1726), Alt, Tenor, Baß, Chor, 2 Quer-Fl., 2 Ob., Str., B.c.; *Es ist ein trotzig und verzagt Ding,* BWV 176 (1725), Sopran, Alt, Baß, Chor, 2 Ob., Ob. da caccia, Str., B.c.; *Es ist euch gut, daß ich hingehe,* BWV 108 (1725), Alt, Tenor, Baß, Chor, 2 Ob. d'amore, Str., B.c.; *Es ist nichts Gesundes an meinem Leibe,* BWV 25 (1723), Sopran, Tenor, Baß, Chor, Zink, 3 Pos., 3 Block-Fl., 2 Ob., Str., B.c.; *Es reißet euch ein schrecklich Ende,* BWV 90 (1723), Alt, Tenor, Baß, Trp., Str., B.c.; *Es wartet alles auf dich,* BWV 187 (1726), Sopran, Alt, Baß, Chor, 2 Ob., Str., B.c.; *Falsche Welt, dir trau ich nicht!,* BWV 52 (1726), Sopran, Chor, 2 Hörner, 3 Ob., Str., B.c.; *Freue dich, erlöste Schar,* BWV 30 (nach 1737, Parodie der Kantate 30a, *Angenehmes Wiederau*), Sopran, Alt, Tenor, Baß, Chor, 2 Quer-Fl., 2 Ob., Ob. d'amore, Str., B.c.; *Geist und Seele wird verwirret,* BWV 35 (1726, Satz 1, 3 u. 5 Bearbeitungen des verschollenen Violinkonzerts d-moll, das dem Klavierkonzert BWV 1059 zugrunde liegt), Alt, 2 Ob., Ob. da caccia, konzertierende Org., Str., B.c.; *Gelobet sei der Herr, mein Gott,* BWV 129 (1726 oder 1727), Sopran, Alt, Baß, Chor, 3 Trp., Pk.n, Quer-Fl., 2 Ob., Ob. d'amore, Str., B.c.; *Gelobet seist du, Jesu Christ,* BWV 91 (1724), Sopran, Alt, Tenor, Baß, Chor, 2 Hörner, Pk.n, 3 Ob., Str., B.c.; *Gleichwie der Regen und Schnee vom Himmel fällt,* BWV 18 (1713 oder 1714), Sopran, Tenor, Baß, Chor, 2 Block-Fl. (erst in der Leipziger Fassung), 4 Va., B.c.; *Gloria in excelsis Deo,* BWV 191 (nach 1742?, Parodie nach dem Gloria der h-moll-Messe, BWV 232), Sopran, Tenor, 5st. Chor, 3 Trp., Pk.n, 2 Quer-Fl., 2 Ob., Str., B.c.; *Gott der Herr ist Sonn und Schild,* BWV 79 (1725), Sopran, Alt, Baß, Chor, 2 Hörner, Pk.n, 2 Quer-Fl., 2 Ob., Str., B.c.; *Gott fähret auf mit Jauchzen,* BWV 43 (1726), Sopran, Alt, Tenor, Baß, Chor, 3 Trp., Pk.n, 2 Ob., Str., B.c.; *Gott ist mein König,* BWV 71 (1708), Sopran, Alt, Tenor, Baß, Chor; Vierchöriges Instrumentarium: I. 3 Trp. u. Pk.n; II. 2 Block-Fl. u. Vc.; III. 2 Ob. u. Fag.; IV. Str., B.c. (obligate Org.); *Gott ist unsre Zuversicht,* BWV 197 (um 1742, teilweise auf Kantate 197a, *Ehre sei Gott in der Höhe* zurückgehend), 3 Trp., Pk.n, 2 Ob., 2 Ob. d'amore, Fag., Str., B.c.; *Gott, man lobet dich in der Stille,* BWV 120 (um 1728, später umgearbeitet zu Kantate 120a, *Herr Gott, Beherrscher aller Dinge* und Kantate 120b [1730], *Gott, man lobet dich in der Stille*), Sopran, Alt, Tenor, Baß, Chor, 3 Trp., Pk.n, 2 Ob. d'amore, Str., B.c.; *Gott soll allein mein Herze haben,* BWV 169 (1726), Alt, Chor, 2 Ob., d'amore, Ob. da caccia, konzertierende Org., Str., B.c.; *Gott, wie dein Name, so ist auch dein Ruhm,* BWV 171 (1729?), Sopran, Alt, Tenor, Baß, Chor, 3 Trp., Pk.n, 2 Ob., Str., B.c.; *Gottes Zeit ist die allerbeste Zeit* (Actus tragicus), BWV 106 (wahrsch. 1707), Sopran, Alt, Tenor, Baß, Chor, 2 Block-Fl., 2 Va. da gamba, B.c.; *Gottlob! nun geht das Jahr zu Ende,* BWV 28 (1725), Sopran, Alt, Tenor, Baß, Chor, Zink, 3 Pos., 2 Ob., Ob. da caccia, Str., B.c.; *Halt im Gedächtnis Jesum Christ,* BWV 67 (1724), Alt, Tenor, Baß, Chor, Zug-Trp., Quer-Fl., 2 Ob. d'amore, Str., B.c.; *Herr Christ, der einge Gottessohn,* BWV 96 (1724), Sopran, Alt,

Tenor, Baß, Chor, Horn, Pos., Quer-Fl., Flauto piccolo (hohe Block-Fl.) oder Violino piccolo, 2 Ob., Str., B.c.; *Herr, deine Augen sehen nach dem Glauben!*, BWV 102 (1726), Alt, Tenor, Baß, Chor, Quer-Fl., 2 Ob., Str., B.c.; *Herr, gehe nicht ins Gericht mit deinem Knecht*, BWV 105 (1723), Sopran, Alt, Tenor, Baß, Chor, Horn, 2 Ob., Str., B.c.; *Herr Gott, Beherrscher aller Dinge*, BWV 120a (um 1729, Neufassung der Kantate 120, *Gott, man lobet dich in der Stille*, unvollständig erhalten), Sopran, Alt, Tenor, Baß, Chor, 3 Trp., Pk.n, 2 Ob., 2 Ob. d'amore, konzertierende Org., Str., B.c.; *Herr Gott, dich loben alle wir*, BWV 130 (1724), Sopran, Alt, Tenor, Baß, Chor, 3 Trp., Pk.n, Quer-Fl., 3 Ob., Str., B.c.; *Herr Gott, dich loben wir*, BWV 16 (1726), Alt, Tenor, Baß, Chor, Horn, 2 Ob., Ob. da caccia (oder Violetta), Str., B.c.; *Herr Jesu Christ, du höchstes Gut*, BWV 113 (1724), Sopran, Alt, Tenor, Baß, Chor, Quer-Fl., 2 Ob. d'amore, Str., B.c.; *Herr Jesu Christ, wahr' Mensch und Gott*, BWV 127 (1725), Sopran, Tenor, Baß, Chor, Trp., 2 Block-Fl., 2 Ob., Str., B.c.; *Herr, wie du willst, so schicks mit mir*, BWV 73 (1723), Sopran, Tenor, Baß, Chor, Horn (oder obligate Org.), 2 Ob., Str., B.c.; *Herz und Mund und Tat und Leben*, BWV 147 (1723 als Umarbeitung einer gleichnamigen, nur teilweise rekonstruierbaren Weimarer Kantate von 1716: BWV 147a), Sopran, Alt, Tenor, Baß, Chor, Trp., 2 Ob., Ob. d'amore, 2 Ob. da caccia, Str., B.c.; *Himmelskönig, sei willkommen*, BWV 182 (1714), Alt, Tenor, Baß, Chor, Block-Fl., 2 V., 2 Va., B.c.; *Höchsterwünschstes Freudenfest*, BWV 194 (1723 als Parodie einer verlorenen Köthener Glückwunschkantate, BWV 194a), Sopran, Tenor, Baß, Chor, 3 Ob., Str., B.c.; *Ich armer Mensch, ich Sündenknecht*, BWV 55 (1726), Tenor, Chor, Quer-Fl., Ob., Str., B.c.; *Ich bin ein guter Hirt*, BWV 85 (1725), Sopran, Alt, Tenor, Baß, Chor, 2 Ob., Vc. piccolo, Str., B.c.; *Ich bin vergnügt mit meinem Glücke*, BWV 84 (1727), Sopran, Chor, Ob., Str., B.c.; *Ich elender Mensch, wer wird mich erlösen*, BWV 48 (1723), Alt, Tenor, Chor, Trp., 2 Ob., Str., B.c.; *Ich freue mich in dir*, BWV 133 (1724), Sopran, Alt, Tenor, Baß, Chor, Zink, 2 Ob. d'amore, Str., B.c.; *Ich geh und suche mit Verlangen* (Dialogus), BWV 49 (1726), Sopran, Baß, Ob. d'amore, konzertierende Org., Vc. piccolo, Str., B.c.; *Ich glaube, lieber Herr, hilf meinem Unglauben!*, BWV 109 (1723), Alt, Tenor, Chor, Horn, 2 Ob., Str., B.c.; *Ich hab in Gottes Herz und Sinn*, BWV 92 (1725), Sopran, Alt, Tenor, Baß, Chor, 2 Ob. d'amore, Str., B.c.; *Ich habe genug*, BWV 82 (1727, später in andere Stimmlagen transponiert), Baß (oder Sopran oder Mezzosopran), Ob. (oder Quer-Fl.), Str., B.c.; *Ich habe meine Zuversicht*, BWV 188 (um 1728), Sopran, Alt, Tenor, Baß, Chor, 2 Ob., Ob. da caccia, konzertierende Org., Str., B.c.; *Ich hatte viel Bekümmernis*, BWV 21 (1714), Sopran, Tenor, Baß, Chor, 3 Trp., Pk.n, 4 Pos., Ob., Fag., Str., B.c.; *Ich lasse dich nicht, du segnest mich denn!*, BWV 157 (nach 1727?), Tenor, Baß, Chor, Quer-Fl., Ob. (d'amore), Str., B.c.; *Ich lebe, mein Herze, zu deinem Ergötzen*, BWV 145 (1729?), Sopran, Tenor, Baß, Chor, Trp., Quer-Fl., 2 Ob. d'amore, Str., B.c.; *Ich liebe den Höchsten von ganzem Gemüte*, BWV 174 (1729), Alt, Tenor, Baß, Chor, 2 Hörner, 2 Ob., Ob. da caccia, 3 V., 3 Va., 3 Vc., B.c.; *Ich ruf zu dir, Herr Jesu Christ*, BWV 177 (1732), Sopran, Alt, Tenor, Chor, 2 Ob., Ob. da caccia, Fag., Str., B.c.; *Ich steh mit einem Fuß im Grabe*, BWV 156 (1729?), Alt, Tenor, Baß, Chor, Ob., Str., B.c.; *Ich will den Kreuzstab gerne tragen*, BWV 56 (1726), Baß, Chor, 2 Ob., Ob. da caccia, Str., B.c.; *Ihr, die ihr euch von Christo nennet*, BWV 164 (1725), Sopran, Alt, Tenor, Baß, Chor, 2 Quer-Fl., 2 Ob., Str., B.c.; *Ihr Menschen, rühmet Gottes Liebe*, BWV 167 (1723), Sopran, Alt, Tenor, Baß, Chor, Trp., Ob., Ob. da caccia, Str., B.c.; *Ihr Tore (Pforten) zu Zion*, BWV 193 (um 1727, unvollständig, wahrsch. Parodie einer Köthener Gelegenheitskantate), Sopran, Alt, Chor (Tenor u. Baß fehlen), 2 Ob., Str. (B.c. u. wahrsch. auch Blechbläser fehlen); *Ihr werdet weinen und heulen*, BWV 103 (1725), Alt, Tenor, Chor, Trp., Flauto piccolo = hohe Block-Fl. (oder Solo-V. oder Quer-Fl.), 2 Ob. d'amore, Str., B.c.; *In allen meinen Taten*, BWV 97 (1734), Sopran, Alt, Tenor, Baß, Chor, 2 Ob., Str., B.c.; *Jauchzet Gott in allen Landen!*, BWV 51 (1730), Sopran, Trp., Str., Continuo; *Jesu, der du meine Seele*, BWV 78 (1724), Sopran, Alt, Tenor, Baß, Chor, Horn, Quer-Fl., 2 Ob., Str., B.c.; *Jesu, nun sei gepreiset*, BWV 41 (1725), Sopran, Alt, Tenor, Baß, Chor, 3 Trp., Pk.n, 3 Ob., Vc. piccolo, Str., B.c.; *Jesus nahm zu sich die Zwölfe*, BWV 22 (1723), Alt, Tenor, Baß, Chor, Ob., Str., B.c.; *Jesus schläft, was soll ich hoffen?*, BWV 81 (1724), Alt, Tenor, Baß, Chor, 2 Block-Fl., 2 Ob. d'amore, Str., B.c.; *Komm, du süße Todesstunde*, BWV 161 (1715), Alt, Tenor, Chor, 2 Block-Fl., obligate Org., Str., B.c.; *Laß, Fürstin, laß noch einen Strahl*, Trauer-Ode, BWV 198 (1727), Sopran, Alt, Tenor, Baß, Chor, 2 Quer-Fl., 2 Ob. d'amore, 2 Va. da gamba, 2 Lauten, Str., B.c. (Org. u. Cemb.); *Leichtgesinnte Flattergeister*, BWV 181 (1724), Sopran, Alt, Tenor, Baß, Chor, Trp., Quer-Fl., Ob., Str., B.c.; *Liebster Gott, wenn werd ich sterben?*, BWV 8 (1724), Sopran, Alt, Tenor, Baß, Chor, Horn, Quer-Fl., 2 Ob. d'amore, Str., B.c.; *Liebster Immanuel, Herzog der Frommen*, BWV 123 (1725), Alt, Tenor, Baß, Chor, 2 Quer-Fl., 2 Ob. d'amore, Str., B.c; *Liebster Jesu, mein Verlangen* (Dialogus), BWV 32 (1726), Sopran, Baß, Chor, Ob., Str., B.c.; *Lobe den Herren, den mächtigen König der Ehren*, BWV 137 (1725), Sopran, Alt, Tenor, Baß, Chor, 3 Trp., Pk.n, 2 Ob., Str., B.c.; *Lobe den Herrn, meine Seele* I, BWV 69 (spätere Leipziger Zeit, Neufassung der Kantate 69a), Sopran, Alt, Tenor, Baß, Chor, 3 Trp., Pk.n, 3 Ob., Ob. d'amore, Str., B.c.; *Lobe den Herrn, meine Seele*, BWV 69a (1723, Urform der Kantate 69), Sopran, Alt, Tenor, Baß, Chor, 3 Trp., Pk.n, Block-Fl., 3 Ob., Ob. da caccia, Str., B.c.; *Lobe den Herrn, meine Seele* II, BWV 143 (authentisch? frühes Werk?), Sopran, Tenor, Baß, Chor, 3 Hörner, Pk.n, Fag., Str., B.c.; *Lobet Gott in seinen Reichen*, Himmelfahrtsoratorium, BWV 11 (1735), Sopran, Alt, Tenor, Baß, Chor, 3 Trp., Pk.n, 2 Quer-Fl., 2 Ob., Str., B.c.; *Mache dich, mein Geist, bereit*, BWV 115 (1724), Sopran, Alt, Tenor, Baß, Chor, Horn, Quer-Fl., Ob. d'amore, Vc. piccolo, Str., B.c.; *Man singet mit Freuden vom Sieg*, BWV 149 (um 1728), Sopran, Alt, Tenor, Baß, Chor, 3 Trp., Pk.n, 3 Ob., Fag., Str., B.c.; *Mein Gott, wie lang, ach lange?*, BWV 155 (1716), Sopran, Alt, Tenor, Baß, Chor, Fag., Str., B.c.; *Mein Herze schwimmt in Blut*, BWV 199 (1714), Sopran, Ob., Str., B.c.; *Mein liebster Jesus ist verloren*, BWV 154 (1724), Alt, Tenor, Baß, Chor, 2 Ob. d'amore, Str., B.c.; *Meine Seel erhebt den Herren*, BWV 10 (1724), Sopran, Alt, Tenor, Baß, Chor, Trp., 2 Ob., Str., B.c.; *Meine Seele soll Gott loben*, BWV 223 (um 1708), nur Thema der Schlußfuge erhalten: *Alles, was Odem hat, lobe den Herrn*); *Meine Seufzer, meine Tränen*, BWV 13 (1726), Sopran, Alt, Tenor, Baß, Chor, 2 Block-Fl., Ob., Ob. da caccia, Str., B.c.; *Meinen Jesum laß ich nicht*, BWV 124 (1725), Sopran, Alt, Tenor, Baß, Chor, Horn, Ob. d'amore, Str., B.c.; *Mit Fried und Freud ich fahr dahin*, BWV 125 (1725), Alt, Tenor, Baß, Chor, Horn, Quer-Fl., Ob., Ob. d'amore, Str., B.c.; *Nach dir, Herr, verlanget mich*, BWV 150 (um 1709), Sopran, Alt, Tenor, Baß, Chor, Fag., 2 V., B.c.; *Nimm von uns, Herr, du treuer Gott*, BWV 101 (1724), Sopran, Alt, Tenor, Baß, Chor, Zink, 3 Pos., Quer-Fl., 2 Ob., Ob. da caccia, Str., B.c.; *Nimm, was dein ist, und gehe hin*, BWV 144 (1724), Sopran, Alt, Tenor, Chor, 2 Ob., Ob. d'amore, Str., B.c.; *Nun danket alle Gott*, BWV 192 (1730, unvollständig), Sopran, Baß, Chor, 2 Quer-Fl., 2 Ob., Str., B.c.; *Nun ist das Heil und die Kraft*, BWV 50 (Eingangschor eines im übrigen verschollenen Werkes? Entstehungszeit ungewiß), Doppelchor, 3 Trp., Pk.n, 3 Ob., Str., B.c.; *Nun komm, der Heiden Heiland* I, BWV 61 (1714), Sopran, Tenor, Baß, Chor, 2 V., 2 Va., B.c.; *Nun komm, der Heiden Heiland* II, BWV 62 (1724), Sopran, Alt, Tenor, Baß, Chor, Horn, 2 Ob., Str., B.c.; *Nur jedem das Seine!*, BWV 163 (1715), Sopran, Alt, Tenor, Baß, Chor, Str., B.c.; *O ewiges Feuer, o Ursprung der Liebe*, BWV 34 (nach 1742?, Parodie der gleichnamigen Trauungskantate 34a), Alt, Tenor, Baß, Chor, 3 Trp., Pk.n, 2 Quer-Fl., 2 Ob., Str., B.c.; *O ewiges Feuer, o Ursprung der Liebe*, BWV 34a (1726, Trauungskantate, Urbild der gleichnamigen Kantate 34), Sopran, Alt,

Tenor, Baß, Chor, 3 Trp., Pk.n, 2 Quer-Fl., 2 Ob., Str., B.c. (unvollständig); *O Ewigkeit, du Donnerwort* I, BWV 20 (1724), Alt, Tenor, Baß, Chor, Zug-Trp., 3 Ob., Str., B.c.; *O Ewigkeit, du Donnerwort* II (Dialogus), BWV 60 (1723), Alt, Tenor, Baß, Chor, Horn, 2 Ob. d'amore, Str., B.c.; *O heilges Geist- und Wasserbad,* BWV 165 (1715), Sopran, Alt, Tenor, Baß, Chor, Str., B.c.; *O Jesu Christ, meins Lebens Licht,* BWV 118: siehe e, Motetten); *Preise, Jerusalem, den Herrn,* BWV 119 (1723), Sopran, Alt, Tenor, Baß, Chor, 4 Trp., Pk.n, 2 Block-Fl., 3 Ob., Str., B.c.; *Schau, lieber Gott, wie meine Feind,* BWV 153 (1724), Alt, Tenor, Baß, Chor, Str., B.c.; *Schauet doch und sehet, ob irgendein Schmerz sei,* BWV 46 (1723), Alt, Tenor, Baß, Chor, Trp., 2 Block-Fl., 2 Ob. da caccia, Str., B.c.; *Schmücke dich, oh liebe Seele,* BWV 180 (BWV 1724), Sopran, Alt, Tenor, Baß, Chor, 2 Block-Fl., Quer-Fl., Ob., Ob. da caccia, Vc. piccolo, Str., B.c.; *Schwingt freudig euch empor,* BWV 36 (zwei Fassungen, frühere vor 1731, spätere 1731, Parodie der gleichnamigen weltlichen Kantate 36c), Sopran, Alt, Tenor, Baß, Chor, 2 Ob. d'amore, Str., B.c.; *Sehet, welch eine Liebe hat uns der Vater erzeiget,* BWV 64 (1723), Sopran, Alt, Baß, Chor, Zink, 3 Pos., Ob. d'amore, Str., B.c.; *Sehet! Wir gehn hinauf gen Jerusalem,* BWV 159 (1729?), Alt, Tenor, Baß, Chor, Ob., Str., B.c.; *Sei Lob und Ehr dem höchsten Gut,* BWV 117 (um 1730), Alt, Tenor, Baß, Chor, 2 Quer-Fl., 2 Ob., 2 Ob. d'amore, Str., B.c.; *Selig ist der Mann* (Dialogus), BWV 57 (1725), Sopran, Baß, Chor, 2 Ob., Ob. da caccia, Str., B.c.; *Sie werden aus Saba alle kommen,* BWV 65 (1724), Tenor, Baß, Chor, 2 Hörner, 2 Block-Fl., 2 Ob. da caccia, Str., B.c.; *Sie werden euch in Bann tun* I, BWV 44 (1724), Sopran, Alt, Tenor, Baß, Chor, 2 Ob., Str., B.c.; *Sie werden euch in Bann tun* II, BWV 183 (1725), Sopran, Alt, Tenor, Baß, Chor, 2 Ob. d'amore, 2 Ob. da caccia, Vc. piccolo, Str., B.c.; *Siehe, ich will viel Fischer aussenden,* BWV 88 (1726), Sopran, Alt, Tenor, Baß, Chor, 2 Hörner, 2 Ob. d'amore, 2 Ob. da caccia, Str., B.c.; *Siehe zu, daß deine Gottesfurcht nicht Heuchelei sei,* BWV 179 (1723), Sopran, Tenor, Baß, Chor, 2 Ob., 2 Ob. da caccia, Str., B.c.; *Singet dem Herrn ein neues Lied,* BWV 190 (1. Fassung 1724, 2. Fassung, BWV 190a, 1730; diese nur teilweise rekonstruierbar), Alt, Tenor, Baß, Chor, 3 Trp., Pk.n, 3 Ob., Ob. d'amore, Fag., Str. (unvollständig), B.c.; *Süßer Trost, mein Jesus kömmt,* BWV 151 (1725), Sopran, Alt, Tenor, Baß, Chor, Quer-Fl., Ob. d'amore, Str., B.c.; *Tritt auf die Glaubensbahn,* BWV 152 (1714), Sopran, Baß, Block-Fl., Ob., Va. d'amore, Va. da gamba, B.c.; *Tue Rechnung! Donnerwort,* BWV 168 (1725), Sopran, Alt, Tenor, Baß, Chor, 2 Ob. d'amore, Str., B.c.; *Unser Mund sei voll Lachens,* BWV 110 (1725), Sopran, Alt, Tenor, Baß, Chor, 3 Trp., Pk.n, 2 Quer-Fl., 3 Ob., Ob. d'amore, Ob. da caccia, Str., B.c.; *Vergnügte Ruh, beliebte Seelenlust,* BWV 170 (1726), Alt, Ob. d'amore, obligate Org., Str., B.c.; *Wachet auf, ruft uns die Stimme,* BWV 140 (1731), Sopran, Tenor, Baß, Chor, Horn, 2 Ob., Ob. da caccia, Violino piccolo, Str., B.c.; *Wachet! betet! betet! wachet!,* BWV 70 (1723, erweiternde Umarbeitung der verschollenen Weimarer Kantate gleichen Namens, BWV 70a, 1716), Sopran, Alt, Tenor, Baß, Chor, Trp., Ob., Str., B.c.; *Wär Gott nicht mit uns diese Zeit,* BWV 14 (1735), Sopran, Tenor, Baß, Chor, Horn, 2 Ob., Str., B.c.; *Wahrlich, wahrlich, ich sage euch,* BWV 86 (1724), Sopran, Alt, Tenor, Baß, Chor, 2 Ob. d'amore, Str., B.c.; *Warum betrübst du dich, mein Herz?,* BWV 138 (1723), Sopran, Alt, Tenor, Baß, Chor, 2 Ob. d'amore, Str., B.c.; *Was frag ich nach der Welt,* BWV 94 (1724), Sopran, Alt, Tenor, Baß, Chor, Quer-Fl., 2 Ob., Ob. d'amore, Str., B.c.; *Was Gott tut, das ist wohlgetan* I, BWV 98 (1726), Sopran, Alt, Tenor, Baß, Chor, 2 Ob., Ob. da caccia, Str., B.c.; *Was Gott tut, das ist wohlgetan* II, BWV 99 (1724), Sopran, Alt, Tenor, Baß, Chor, Horn, Quer-Fl., Ob. d'amore, Str., B.c.; *Was Gott tut, das ist wohlgetan* III, BWV 100 (1732–1735), Sopran, Alt, Tenor, Baß, Chor, 2 Hörner, Pk.n, Quer-Fl., Ob. d'amore, Str., B.c.; *Was mein Gott will, das g'scheh allzeit,* BWV 111 (1725), Sopran, Alt, Tenor, Baß, Chor, 2 Ob., Str., B.c.; *Was soll ich aus dir machen, Ephraim?,* BWV 89 (1723), Sopran, Alt, Baß, Chor, Horn, 2 Ob., Str., B.c.; *Was willst du dich betrüben,* BWV 107 (1724), Sopran, Tenor, Baß, Chor, Horn, 2 Quer-Fl., 2 Ob. d'amore, Str., B.c.; *Weinen, Klagen, Sorgen, Zagen,* BWV 12 (1714), Alt, Tenor, Baß, Chor, Trp., Ob., 2 V., 2 Va., B.c.; *Wer da gläubet und getauft wird,* BWV 37 (1724), Sopran, Alt, Tenor, Baß, Chor, 2 Ob. d'amore, Str., B.c.; *Wer Dank opfert, der preiset mich,* BWV 17 (1726), Sopran, Alt, Tenor, Baß, Chor, 2 Ob. d'amore, Str., B.c.; *Wer mich liebet, der wird mein Wort halten* I, BWV 59 (1724 oder 1723), Sopran, Baß, Chor, 2 Trp., Pk.n, Str., B.c.; *Wer mich liebet, der wird mein Wort halten* II, BWV 74 (1725), Sopran, Alt, Tenor, Baß, Chor, 3 Trp., Pk.n, 2 Ob., Ob. da caccia, Str., B.c.; *Wer nur den lieben Gott läßt walten,* BWV 93 (1724), Sopran, Alt, Tenor, Baß, Chor, 2 Ob., Str., B.c.; *Wer sich selbst erhöhet, der soll erniedriget werden,* BWV 47 (1726), Sopran, Baß, Chor, 2 Ob., obligate Org., Str., B.c.; *Wer weiß, wie nahe mir mein Ende?,* BWV 27 (1726), Sopran, Alt, Tenor, Baß, Chor, Horn, 2 Ob., Ob. da caccia, obligate Org., Str., B.c.; *Widerstehe doch der Sünde,* BWV 54 (wahrsch. 1714), Alt, 2 V., 2 Va., B.c.; *Wie schön leuchtet der Morgenstern,* BWV 1 (1725), Sopran, Tenor, Baß, Chor, 2 Hörner, 2 Ob. da caccia, Str., B.c.; *Wir danken dir, Gott, wir danken dir,* BWV 29 (1731), Sopran, Alt, Tenor, Baß, Chor, 3 Trp., Pk.n, 2 Ob., konzertierende Org., Str., B.c.; *Wir müssen durch viel Trübsal in das Reich Gottes eingehen,* BWV 146 (1726?), Sopran, Alt, Tenor, Baß, Chor, Quer-Fl., 2 Ob., Ob. da caccia, 2 Ob. d'amore, konzertierende Org., Str., B.c.; *Wo gehst du hin?,* BWV 166 (1724), Alt, Tenor, Baß, Chor, Ob., Str., B.c.; *Wo Gott der Herr nicht bei uns hält,* BWV 178 (1724), Alt, Tenor, Baß, Chor, Horn, 2 Ob., 2 Ob. d'amore, Str., B.c.; *Wo soll ich fliehen hin?,* BWV 5 (1724), Sopran, Alt, Tenor, Baß, Chor, Trp., 2 Ob., Str., B.c.; *Wohl dem, der sich auf seinen Gott,* BWV 139 (1724), Sopran, Alt, Tenor, Baß, Chor, 2 Ob. d'amore, Str., B.c. – **d) 30 weltl. Kantaten** (zahlr. weitere sind verschollen; eine Reihe davon läßt sich über die Parodien rekonstruieren): *Amore traditore,* BWV 203 (Entstehungszeit unbekannt, Echtheit zweifelhaft), Baß, obligates Cemb.; *Angenehmes Wiederau,* BWV 30a (1737, Urbild der Kirchenkantate 30, *Freue dich, erlöste Schar*), Sopran, Alt, Tenor, Baß, Chor, 3 Trp., Pk.n, 2 Quer-Fl., 2 Ob., Ob. d'amore, Str., B.c.; *Auf, schmetternde Töne der muntern Trompeten* (Dramma per musica), BWV 207a (1735?, Parodie der Kantate 207, *Vereinigte Zwietracht der wechselnden Saiten*), Sopran, Alt, Tenor, Baß, Chor, 3 Trp., Pk.n, 2 Quer-Fl., 2 Ob. d'amore, Ob. da caccia, Str., B.c.; *Blast Lärmen, ihr Feinde!,* BWV 205a (1734, Parodie der Kantate 205, *Zerreißet, zersprenget...,* Musik verloren, aber weitgehend rekonstruierbar); *Der Himmel dacht auf Anhalts Ruhm und Glück* (Serenata), BWV 66a (1718, Urbild der Kirchenkantate 66, *Erfreut euch, ihr Herzen,* Musik verschollen, aber zum großen Teil rekonstruierbar); *Die Freude reget sich,* BWV 36b (1735?, Umarbeitung der Geburtstagskantate 36c, *Schwingt freudig euch empor*), Sopran, Alt, Tenor, Chor, Quer-Fl., Ob. d'amore, Str. (Violine I fehlt), B.c.; *Die Zeit, die Tag und Jahre macht,* BWV 134a (1719, Urbild der Kirchenkantate 134, *Ein Herz, das seinen Jesum lebend weiß*), Tenor, Alt, Chor, 2 Ob., Str.,Continuo; *Durchlauchtster Leopold* (Serenata), BWV 173a (1721 oder 1722?, Urbild der Kirchenkantate 173, *Erhöhtes Fleisch und Blut*), Sopran, Baß, 2 Quer-Fl., Fag., Str., B.c.; *Entfliehet, verschwindet, entweichet ihr Sorgen* (Schäferkantate), BWV 249a (1725, verschollen, aber weitgehend aus der Parodie, dem Osteroratorium BWV 249 rekonstruierbar); *Erwählte Pleißenstadt,* BWV 216a (nach 1728, Umdichtung der Kantate 216, *Vergnügte Pleißenstadt,* Musik verschollen, aber weitgehend nach BWV 216 rekonstruierbar); *Geschwinde, ihr wirbelnden Winde* (Der Streit zwischen Phoebus und Pan, Dramma per Musica), BWV 201 (1729?), Sopran, Alt, 2 Tenöre, 2 Bässe, 5st. Chor, 3 Trp., Pk.n, 2 Quer-Fl., 2 Ob., Ob. d'amore, Str., B.c.; *Ich bin in mir vergnügt* (Von der Vergnügsamkeit), BWV 204 (1726 oder 1727), Sopran, Quer-Fl., 2 Ob., Str., B.c.; *Laßt uns sorgen, laßt uns wachen* (Hercules auf dem Scheidewege,

Dramma per Musica), BWV 213 (1733, Quelle für das Weihnachtsoratorium), Sopran, Alt, Tenor, Baß, Chor, 2 Hörner, 2 Ob., Ob. d'amore, Str., B.c.; *Mer hahn en neue Oberkeet* (Cantate burlesque), BWV 212 (1742), Sopran, Baß, Horn, Quer-Fl., Str., B.c.; *Non sa che sia dolore*, BWV 209 (Entstehungszeit unbekannt, Echtheit zweifelhaft), Sopran, Quer-Fl., Str., B.c.; *O angenehme Melodei*, BWV 210a (um 1739, nur Sopranstimme erhalten; andere, vielleicht frühere Fassung der folgenden Kantate BWV 210); *O holder Tag, erwünschte Zeit*, BWV 210 (um 1739, vgl. Bemerkung zur voraufgehenden Kantate), Sopran, Quer-Fl., Ob. d'amore, Str., B.c.; *Preise dein Glücke, gesegnetes Sachsen* (Dramma per Musica), BWV 215 (1734), Sopran, Tenor, Baß, Doppelchor, 3 Trp., Pk.n, 2 Quer-Fl., 2 Ob., 2 Ob. d'amore, Str., B.c.; *Schleicht, spielende Wellen, und murmelt gelinde* (Dramma per Musica), BWV 206 (1736), Sopran, Alt, Tenor, Baß, Chor, 3 Trp., Pk.n, 3 Quer-Fl., 2 Ob., 2 Ob. d'amore, Str., B.c.; *Schweigt stille, plaudert nicht* (Kaffeekantate), BWV 211 (1732–1735), Sopran, Baß, Tenor, Quer-Fl., Str., B.c.; *Schwingt freudig euch empor*, BWV 36c (1725, Urform der gleichnamigen Kirchenkantate 36 sowie der Glückwunschkantaten 36a, *Steigt freudig in die Luft*, und 36b, *Die Freude reget sich*), Sopran, Tenor, Baß, Chor, Ob. d'amore, Va. d'amore, Str., B.c.; *Steigt freudig in die Luft*, BWV 36a (1725 oder 1726, Musik verschollen, aber aus den bei BWV 36c, *Schwingt freudig euch empor*, genannten Kantaten weitgehend rekonstruierbar); *Tönet, ihr Pauken! erschallet, Trompeten!* (Dramma per Musica), BWV 214 (1733, Quelle zum Weihnachtsoratorium), Sopran, Alt, Tenor, Baß, Chor, 3 Trp., Pk.n, 2 Quer-Fl., 2 Ob., Ob. d'amore, Str., B.c.; *Vereinigte Zwietracht der wechselnden Saiten* (Dramma per Musica), BWV 207 (1726, Urbild der Kantate 207a, *Auf schmetternde Töne*), Sopran, Alt, Tenor, Baß, Chor, 3 Trp., Pk.n, 2 Quer-Fl., 2 Ob. d'amore, Ob. da caccia, Str., B.c.; *Vergnügte Pleißenstadt*, BWV 216 (1728, Vorlage der Kantate 216a, *Erwählte Pleißenstadt*, nur die beiden Singstimmen, Sopran u. Alt, erhalten); *Verjaget, zerstreuet, zerrüttet, ihr Sterne* (Die Feier des Genius, Dramma per Musica), BWV 249b (1726, Parodie der Schäferkantate 249a, *Entfliehet, verschwindet...*, bzw. des Osteroratoriums BWV 249, Musik verschollen, aber großenteils rekonstruierbar); *Was mir behagt, ist nur die muntre Jagd!* (Jagdkantate), BWV 208 (1713, 1740 oder 1742 zur gleichnamigen Glückwunschkantate 208a umgedichtet), 2 Soprane, Tenor, Baß, 2 Hörner, 2 Block-Fl., 2 Ob., Ob. da caccia, Fag., Str., B.c.; *Weichet nur, betrübte Schatten*, BWV 202 (wahrsch. Köthener Zeit), Sopran, Ob., Str., B.c.; *Zerreißet, zersprenget, zertrümmert die Gruft* (Der zufriedengestellte Äolus, Dramma per Musica), BWV 205 (1725, Vorlage der Kantate 205a, *Blast Lärmen, ihr Feinde*), Sopran, Alt, Tenor, Baß, Chor, 3 Trp., Pk.n, 2 Hörner, 2 Quer-Fl., 2 Ob., Ob. d'amore, Va. d'amore, Va. da gamba, Str., B.c. – **e) 7 Motetten:** *Der Geist hilft unsrer Schwachheit auf*, BWV 226 (1729), Doppelchor mit Instrumenten, I. Chor: 2 V., Va., Vc., II. Chor: 2 Ob., Taille, Fag., B.c.; *Fürchte dich nicht, ich bin bei dir*, BWV 228 (1726?), Doppelchor (B.c.?); *Jesu, meine Freude*, BWV 227 (1723?), 5st. Chor (B.c.?); *Komm, Jesu, komm*, BWV 229 (Entstehungszeit unbekannt), Doppelchor (B.c.?); *Lobet den Herrn, alle Heiden*, BWV 230 (Entstehungszeit unbekannt), 4st. Chor, B.c.; *O Jesu Christ, meins Lebens Licht*, BWV 118 (nach 1735), 1. Fassung: 4st. Chor, 2 Hörner, Zink, 3 Pos., 2. Fassung: 4st. Chor, 2 Hörner, 2 Ob., Ob. da caccia, Fag., Str., Bc.; *Singet dem Herrn ein neues Lied*, BWV 225 (1726 oder 1727), Doppelchor (B.c.?). – **f)** *Magnificat*, 1. Fassung: Es-Dur, BWV 243a (1723), 2 Soprane, Alt, Tenor, Baß, 5st. Chor, 3 Trp., Pk.n, 2 Ob. (auch Blockflöten), Str., B.c.; 2. Fassung: D-Dur, BWV 243 (1728–1731), Singstimmen wie zuvor, 3 Trp., Pk.n, 2 Quer-Fl., 2 Ob. (auch Oboi d'amore), Str., B.c.; *h-moll-Messe*, BWV 232 (I. *Missa* = Kyrie und Gloria 1733, II. *Symbolum Nicenum* = Credo um 1747, III. *Sanctus* 1724, IV. *Osanna, Benedictus, Agnus Dei, Dona nobis pacem* um 1747), 2 Soprane, Alt, Tenor, Baß, 5st. Chor (*Sanctus* 6st. Chor, *Osanna* Doppelchor), 3 Trp. (auch Horn), Pk.n, 2 Quer-Fl., 2 Ob. (auch Oboi d'amore, *Sanctus* 3 Ob.), 2 Fag., Str., B.c.; *4 lutherische Messen* (Kyrie u. Gloria, überwiegend Parodien nach Kirchenkantaten): *F-Dur*, BWV 233 (um 1740?), Sopran, Alt, Baß, Chor, 2 Hörner, 2 Ob., Fag., Str., B.c.; *A-Dur*, BWV 234 (um 1740?), Sopran, Alt, Baß, Chor, 2 Quer-Fl., Str., B.c.; *g-moll*, BWV 235 (um 1740?), Alt, Tenor, Baß, Chor, 2 Ob., Str., B.c.; *G-Dur*, BWV 236 (um 1740?), Sopran, Alt, Tenor, Baß, Chor, 2 Ob., Str., B.c.; *Sanctus C-Dur*, BWV 237 (1723), 4st. Chor, 3 Trp., Pk.n, 2 Ob., Str., B.c.; *Sanctus D-Dur*, BWV 238 (1723 oder 1724), 4st. Chor, Zink, Str., B.c.; *Sanctus d-moll*, BWV 239 (um 1740?, Bearbeitung eines fremden Werkes), 4st. Chor, Str., B.c; *Sanctus G-Dur*, BWV 240 (um 1740?, Bearbeitung eines fremden Werkes), 4st. Chor, 2 Ob., Str., B.c.; *Sanctus D-Dur*, BWV 241 (um 1747, Bearbeitung aus der „Missa Superba" von J. C. Kerll), Doppelchor, 2 Ob. d'amore, Fag., 2 V., 3 Va., Vc., B.c.; *Christe eleison g-moll*, BWV 242 (um 1730, in eine Messe Joh. L. B.s eingeschoben), Sopran, Alt, B.c. – **g) Passionen u. Oratorien:** *Matthäuspassion*, BWV 244 (Frühfassung 1727 oder 1729, spätere Fassung 1736, Musik z.T. wiederverwendet in der verschollenen Trauerkantate für den Fürsten Leopold von Anhalt–Köthen, BWV 244a, *Klagt, Kinder, klagt es aller Welt*), zweichörig u. Sopran in ripieno, 1. Chor: Sopran, Alt, Tenor, Baß, 4st. Chor, 2 Quer-Fl. (auch Blockflöten), 2 Ob. (auch Oboi d'amore, auch Oboi da caccia), Va. da gamba, Str., B.c., 2. Chor: Sopran, Alt, Tenor, Baß, 4st. Chor, 2 Quer-Fl., 2 Ob. (auch Oboi d'amore), Va. da gamba, Str., B.c.; *Johannespassion*, BWV 245 (1724, mehrmals umgearbeitet), Sopran, Alt, Tenor, Baß, 4st. Chor, 2 Quer-Fl., 2 Ob. (auch Oboi d'amore, auch Oboi da caccia), 2 Va. d'amore, Va. da gamba, Laute (oder Org. oder Cemb.), Str., B.c.; *Markuspassion*, BWV 247 (1731), Musik verschollen, z.T. Parodie nach der Trauer-Ode BWV 198, *Laß, Fürstin...*; Zwei weitere Passionen offenbar verschollen; *Weihnachtsoratorium*, BWV 248 (6 Kantaten zu den Festen der Weihnachtszeit 1734/1735, meist Parodien nach den Glückwunschkantaten 213, 214 und 215), Sopran, Alt, Tenor, Baß, Chor, 3 Trp. (Teil IV: 2 Hörner), Pk.n, 2 Quer-Fl., 2 Ob. (auch Oboi d'amore), 2 Ob. da caccia, Str., B.c.; *Osteroratorium*, BWV 249 (1725, Parodie nach der Schäferkantate BWV 249a, *Entfliehet, verschwindet...*), Sopran Alt, Tenor, Baß, Chor, 3 Trp., Pk.n; 2 Block-Fl., Quer-Fl., 2 Ob., Ob. d'amore, Str., B.c.; *Himmelfahrtsoratorium*, BWV 11 (1735), siehe Kantate *Lobet Gott in seinen Reichen*.

J. S. Bach, in dessen Werk sich der Formenreichtum und die Ausdruckskraft des musikalischen Barock vollendet, hat wie kein anderer Musiker der älteren Zeit in unsere Gegenwart hineingewirkt. Er ist zugleich der erste deutsche Komponist von europäischer Bedeutung. Allerdings ist diese Wirksamkeit erst Jahrzehnte nach seinem Tod eingetreten. In seiner Zeit war er über Deutschland hinaus kaum bekannt, und auch in seiner Heimat war er zwar geachtet, aber nicht seinem wirklichen Range nach anerkannt. Man bewunderte mehr sein Orgelspiel und seine Improvisationskunst als seine Werke. Seine über die bloßen Amts- und Kantorenpflichten hinausdrängende schöpferische Kraft war den Zeitgenossen unbegreiflich, wenn nicht lästig – die Bemerkung des Leipziger Bürgermeisters, daß die Schule einen Kantor brauche, keinen Kapellmeister, spricht hier eine eindeutige Sprache. Sein Schaffen war in einer besonderen Weise unzeitgemäß. Er bediente sich der überkommenen Formen, ohne restaurativ zu sein, und er greift moderne Stilmittel und Kompositionspraktiken auf, ohne dabei selbst modern zu wirken und an der Ausbildung des heraufkommenden galanten und empfindsamen Stils Anteil zu haben. Der sieben Jahre ältere Vivaldi, der vier Jahre ältere Telemann, der zwei Jahre ältere Rameau, der gleichaltrige Händel haben auf ihre Zeit weit moderner gewirkt als Bach. Von der Musik der folgenden Generation, die den musikalischen Geschmack seit den 1730er Jahren bestimmte, trennte ihn sehr viel stärker als seine großen Zeitgenossen die Grenze einer Epoche, und er machte keine Anstalten, diese Grenze zu überschreiten. Das Hauptmerkmal seiner Musik, gemessen an der der Zeitgenossen, ist, daß sie „schwer" ist, nicht gefällig und sogleich verständlich, sondern anspruchsvoll, an den Kenner gewandt und ernsthaftes Studium verlangend. Diese Eigenschaft, die der Anerkennung seiner Kunst zu seinen Lebzeiten im Wege stand, hat das Interesse der Klassiker und Romantiker für ihn geweckt und ist seither Anlaß für immer neue künstlerische und wissenschaftliche Auseinandersetzungen mit seinem Werk, wie sie in diesem Umfange kaum einem anderen Musiker gegolten haben. Trotzdem sind wir weder über den genauen Umfang seines Werkes noch über seine künstlerische Entwicklung lückenlos informiert. Wir können nicht einmal annäherungsweise etwas über Zahl und Art der verschollenen Werke sagen, wissen nicht, ob wirklich fünf Kantatenjahrjänge vorhanden waren oder nur die drei, die wir auch heute noch besitzen. Zahlreiche Instrumentalwerke (für die Vokalwerke ist die Situation günstiger) sind bisher nicht genau zu datieren. Besonders für die Jugendzeit wird immer noch eine große Zahl von Werken höchst zweifelhafter Herkunft in Anspruch genommen, die das Bild seiner künstlerischen Entwicklung vorläufig trüben. Aber auch dort, wo die Echtheits- und die chronologischen Fragen geklärt sind und damit ein fester Grund für stilistische und ästhetische Untersuchungen geschaffen ist, bleiben die Ergebnisse oft vage. Das gilt besonders für die wichtigen, aber der Spekulation besonders offenstehenden Fragen der musikalischen Symbolik, der Zahlensymbolik und der Figurenlehre. Auch Umfang und Bedeutung des Bachschen Parodieverfahrens sind bis heute ungeklärt. So können sich Details im Bild des Bachschen Schaffens durch neue Forsch. ändern. Seine Grundzüge stehen jedoch fest vor uns.

Bachs Entwicklung als Musiker ist an sein Herkommen aus einer Familie von Stadtpfeifern und Organisten gebunden und an den thüringisch-sächsischen Lebensraum, dem sie entstammt und über den auch er selbst kaum hinausgekommen ist. Daß er Musiker werden mußte wie seine Brüder und seine Vorfahren, stand von Anfang an fest und bedurfte keiner eigenen Entscheidung. Die ständisch abgestufte und zunftmäßig gegliederte Welt, in die er hineingeboren war und aus der sein Berufsstand seine Sonderrechte und Privilegien ableitete, hat er als gottgegeben hingenommen. Die sich daraus ergebenden Rechte anderer, vor allem auch der seiner Aufsicht unterstellten Musiker, hat er respektiert, wie er ebenso seine eigenen verbrieften Rechte hartnäckig und trotzig verteidigte. Das orthodoxe Luthertum Mitteldeutschlands mit seiner in Kirche und Schule verankerten Musikpflege bot seiner angeborenen Begabung für ernste, geistliche Musik einen sicheren Rückhalt. Die musikliebenden deutschen Fürstenhöfe, die in dieser christlichen Standesordnung ihren festen Platz hatten, sorgten für die nötige Ergänzung. Mit ihren französischen und italienischen Vorbildern nachgebildeten Hofkapellen, die sowohl die Musik in der Kammer wie in der Kirche zu bestreiten hatten, vermittelten sie die Bekanntschaft mit den jeweils modernsten Stilrichtungen. Bach wußte diese Bedingungen mit großer Energie zu nutzen.

In seiner Jugend hat er eine solide musikalische Grundausbildung auf dem Klavier und der Orgel, der Violine und im Gesang erhalten, die es ihm erlaubt hätte, als Stadt- und Hofmusiker oder als kleiner Organist durchs Leben zu kommen. Alles andere ist seine eigene Leistung. Einen wirklichen Lehrer in der Komposition hat er nie gehabt, sondern diese Kunst, wie es im Nekrolog heißt, „größtenteils nur durch das Betrachten der Werke der damaligen berühmten und gründlichen Componisten und angewandtes eigenes Nachsinnen erlernet." Das ist wörtlich zu nehmen. Ausgangspunkt bildeten die zeitgenössischen Formen der nord- und süddeutschen Organisten: Variation und Choralbearbeitung, Toccata, Präludium und Fuge. Dazu traten früh französische Vorbilder. Orgel und Klavier waren die Instrumente, auf denen sich diese Aneignung vollzog.

Seine ersten sicher datierbaren Kompositionen, das *Capriccio B-Dur* („sopra la lontananza del suo fratello dilettissimo") BWV 992 von 1704 und die erste Fassung der *Orgelfuge g-moll* BWV 535a, die vor 1707 entstanden sein muß, lassen im Vergleich mit späteren, ausgereiften Werken klar erkennen, in welche Richtung die selbständige Verarbeitung fremder Vorbilder und die ständige Reflexion über die technischen Mittel und Möglichkeiten geführt hat. Es ging ihm darum, die übernommenen Formen durch innere Spannung zu weiten und zugleich durch strenge motivische Arbeit zu vereinheitlichen. Die frühen Werke wirken bei aller frischen

Erfindung kleingliedrig. Die einzelnen Abschnitte wachsen nicht auseinander hervor, sondern sind mehr oder weniger zufällig aneinandergereiht. Modulationen werden nicht über viele Takte hin spannungsvoll vorbereitet, sondern vollziehen sich in kurzen Schritten und werden bald wieder rückgängig gemacht. Die Tonika herrscht über dem weitaus größten Teil der Sätze vor. Die oft vorkommenden harmonischen Ausweichungen wirken willkürlich schweifend und stiften keine größeren Zusammenhänge. Statt motivischer Arbeit, mit der aus Thema und Kontrapunkt immer neue Glieder abgeleitet werden, statt planvoll gesteigerter Kombinatorik, ergibt sich ein mehr formelhaftes Nebeneinander unterschiedlicher Themen und Sequenzketten.

Diesen zwar abwechslungsreichen, aber doch kleingliedrigen Stil, der sich auch in den meisten Werken seiner deutschen Vorbilder findet, überwand er zuerst in den Orgelwerken der Weimarer Zeit. Dabei halfen ihm ganz anders geartete italienische und französische Vorbilder. An der Auseinandersetzung mit den Solokonzerten Vivaldis entwickelte er seinen Sinn für große, in sich geschlossene Formen und ihre zwingende harmonische und thematische Disposition. Seine weitgreifenden komplexen Themen mit ihren klar geprägten Anfängen haben hier ebenso ihren Ursprung wie seine Ritornelltechnik, mit der er in Konzert- und Kantatensätzen den Zusammenhang wahrt. Bei den Franzosen fand er die charakteristisch geprägten Bewegungsformen, die diese in den verschiedenen Tanzsätzen ihrer Ouvertüren und Ballette stilisiert hatten. Das rhythmische Leben seiner Themen und Kontrapunkte ist sicher hieran gebildet. – Diese Anregungen blieben nicht auf die Formen beschränkt, von denen sie ausgehen, und sie wurden überall mit Bachs motivischer Kombinationsgabe verbunden. So wirkt der tonartliche Aufbau des Konzerts in die Fuge hinein. Die Fuge als eine anspruchsvolle, in sich geschlossene Form, in der die kontrapunktischen Möglichkeiten eines Themas in einem harmonisch spannungsvollen Satz planvoll entwickelt werden, ist, trotz ihrer zweihundertjährigen Vorgeschichte, sein Werk.

Ebenso starke Anregungen kamen von der italienischen Oper und Kammerkantate her. In seinen frühesten Kantaten (den „Mühlhäuser Kantaten“) folgte Bach nach dem Vorbild des deutschen geistlichen Konzerts dem Aufbau der älteren, aus kurzen Bibelsprüchen und Choralversen zusammengesetzten Kantatentexte und reihte eine Anzahl knapper musikalischer Sätze im motettischen und ariosen Stil aneinander. Daß dabei Werke von so eindringlicher Wirkung wie der *Actus tragicus* BWV 106 entstanden waren, hinderte ihn nicht, von seinen Weimarer Kantaten des Jahres 1714 an zu jener neueren Kantatenform überzugehen, die nach Opern-Art vor allem aus Rezitativen und Arien besteht und für die in Deutschland Erdmann Neumeister die ersten dichterischen Muster geliefert hatte. Die wirksame kleine Form wurde zugunsten der größeren aufgegeben, die es nun erlaubte, einen einzigen Grundaffekt vollkommen herauszuarbeiten. Zugleich wurden dabei, ebenfalls nach italienischem Vorbild, weitgespannte gesangliche Themen entworfen. Die große Form braucht das bedeutende Thema. Bachs Themen übertreffen sehr bald die der Zeitgenossen an Spannweite, Ausdruckskraft und rhythmischem Leben.

Ein ganz persönliches Merkmal ist seine Kunst, Formen durch Beibehaltung eines einzigen musikalischen Prinzips zu bilden: eines bestimmten Rhythmus, einer bestimmten melodischen Phrase, eines satztechnischen Schemas. Beispiele hierfür sind die vielen Ostinato- oder Quasi-Ostinato-Bildungen, die sich von den frühesten Werken bis in die spätesten beobachten lassen, ferner die seit dem *Orgelbüchlein* sichtbare Vorliebe, eine Melodie mit gleichbleibenden Figurenketten zu kontrapunktieren, schließlich die bereits in den Mühlhäuser Kantaten verwendete Technik der „Permutations-Fuge“ (vgl. W. Neumann, Bachs Chorfuge), durch die ein längerer Satz lediglich durch permanenten Stimmtausch eines im mehrfachen Kontrapunkt entworfenen Kernsatzes entsteht. Der Formkraft im Kleinen entspricht die Formenarchitektur im Großen. Mit welchen kunstvollen Mitteln Bach weit übergreifende zyklische Formen bildete, hat F. Smend für das „Herzstück“ der *Johannes-Passion* und für das *Symbolum Nicenum*, das Credo der *h-moll-Messe,* anschaulich gemacht. Mindestens seit den Werken der mittleren Weimarer Zeit bestimmen bedeutende Thematik und deren kunstvolle Verarbeitung in einem großen Formaufbau den Bachschen Stil, wobei unter Verarbeitung thematische und kontrapunktische Arbeit gemeint ist. Die Formen selbst wie die Satztechniken können wechseln, und sie werden bis in die Spätwerke hinein immer weiter entfaltet, aber das Grundprinzip bleibt das gleiche.

Zahlreiche Bachsche Werke sind in verschiedenen Fassungen überliefert. Das Kunstwerk war für Bach nie etwas Fertiges, das in einer endgültigen, vom Schöpfer autorisierten Gestalt unantastbar sei, vielmehr war daran immer noch zu ändern und zu bessern. Man konnte es sogar für andere Zwecke herrichten, aus einem Violinkonzert ein Klavierkonzert, aus einem Kantatensatz einen Orgelchoral machen. Soweit es sich bisher beurteilen läßt, spielt diese „Bearbeitungstechnik“ im Werk Bachs eine größere Rolle als in dem seiner Zeitgenossen – vielleicht Händel ausgenommen. Zu diesen Bearbeitungstechniken gehört auch das von Bach häufig verwandte „Parodieverfahren": die Umwandlung eines Vokalstückes für einen neuen Zweck durch Unterlegung eines neuen Textes. Dabei konnte die Musik völlig unverändert bleiben oder ihrerseits wieder dem neuen Text mehr oder weniger stark angepaßt, ja in manchen Fällen auch gänzlich umgearbeitet werden. Grund dafür war meist der Wunsch, eine für einen einmaligen Zweck geschaffene Musik wiederverwenden zu können. In verschiedenen Fällen, z. B. den Parodien der *h-moll-Messe* und der *Missae breves*, ging es Bach wahrscheinlich darum, besonders hervorragende Sätze in einen bedeutenderen Zusammenhang zu stellen – vielleicht um sie dadurch zu erhalten. Wir kennen Parodien weltlicher Sätze zu weltlichen, geistlicher zu geistlichen und weltlicher zu geistlichen, jedoch ist bisher keine Parodie eines primär geistlichen Satzes zu einem weltlichen nachgewiesen worden. Ob man daraus allerdings folgern darf, daß diese Parodierichtung für Bach prinzipiell nicht umkehrbar war, weil sie gegen den Primat des Geistlichen über das Weltliche verstoßen hätte, ist umstritten. (Vgl. W. Neumann, Über Ausmaß und Wesen des Bachschen Parodieverfahrens.) Die Verbindung der Musik mit einem neuen Text war möglich, wenn der Affekt des Textes in beiden Fällen der gleiche blieb, wobei es keinen Unterschied zwischen weltlichem Schmerz und geistlichem Schmerz, irdischer Liebe und himmlischer Liebe gab.

Die Affektenlehre beherrschte die Musikästhetik der Zeit, und Bachs Musik ist zu einem großen Teil Darstellung solcher Affekte. Aber sie ist nicht nur dies, sondern sie ist durch eine Fülle hintergründiger Beziehungen mit Außermusikalischem verbunden. Diese werden hergestellt durch musikalische Symbole (etwa durch die Nachzeichnung des Kreuz-Zeichens im Notenbild), durch Zahlenallegorik (z. B. 10 Gebote – 10 Einsätze), biblische Zahlensemantik (z. B. 12 für Kirche) oder durch Gleichsetzung der Buchstaben des Alphabets mit den Zahlen 1–24 (z. B. Bach = 14) (vgl. Smend). Hinzu kommt das seit dem 16. Jh. gebräuchliche Verfahren, nach Analogie der „loci topici" der Rhetorik bestimmte Sachverhalte durch feststehende musikalische „Figuren" auszudrücken. Gerade diese nur dem Eingeweihten zugänglichen Seiten der Bachschen Kunst sind jedoch besonderen Mißdeutungen ausgesetzt, wenngleich über die Tatsache, daß Bach solche symbolischen und exegetischen Beziehungen sehr absichtsvoll in seine Werke eingearbeitet hat, kein Zweifel besteht.

Aus der Hochschätzung des Handwerklichen folgt Bachs Anschauung von der Lehrbarkeit der Kunst, über die er sich sehr bestimmt geäußert hat. Zwar hat er selbst keine musikalischen Lehrbücher verfaßt, sein Nachdenken über musiktheoretische Fragen ist vielmehr unmittelbar in die Kompositionen selbst eingegangen. Von seiner pädagogischen Grundhaltung zeugen jedoch die Titel seiner großen Sammlungen, vom *Orgelbüchlein*, den *Inventionen* und dem *Wohltemperierten Klavier* über die verschiedenen Teile der *Clavierübung* bis zur *Kunst der Fuge*.

Im alten kunsthandwerklichen Sinne war auch für Bach das Schaffen zunächst an Amt und Auftrag gebunden. Die Orgelwerke entstanden in seiner Organistenzeit, der Köthener Hofkapellmeister schrieb Konzerte und Kammermusik, der Thomaskantor Kantaten. Doch daneben mehrten sich allmählich die Werke, die nur dem inneren Antrieb und keinem Amt oder Auftrag zu verdanken sind. Dazu gehören besonders die „pädagogischen" Werke, spätestens vom *Wohltemperierten Klavier* an. Und selbst die „von Amts wegen" geschriebenen Stücke konnten bei Bach auf die Dauer nur entstehen, wenn auch der innere Antrieb dazu vorhanden war. Sonst wären die großen Schwankungen in seiner Schöpferkraft nicht zu erklären. In den Köthener und in den ersten Leipziger Jahren, in denen er in schneller Folge ein bedeutendes Werk nach dem anderen schuf, stimmen offenbar Amtsauftrag und innerer Antrieb überein. Später ließ die Schaffensfreude sichtbar nach. Die Fähigkeit, auch weiterhin Werke größter Meisterschaft in kürzester Zeit hervorzubringen, blieb jedoch erhalten.

Vielleicht hätte ein neuer Aufgabenkreis, etwa eine Anstellung am Dresdner Hof, seine Schaffensfreude wiederherstellen können. Jedoch entstehen erst aus der Leipziger Resignation heraus die großen kontrapunktischen Alterswerke. Sie setzten nach einer Auseinandersetzung mit dem „stile antico", die in die Zeit um 1740 fällt, ein und führten schließlich zur *Kunst der Fuge*.

Ausg.: Gesamtausgaben: *J. S. Bachs Werke*, hrsg. von der Bach-Gesellschaft zu Leipzig (= Bach-Gesamtausgabe), 46 Bände (L 1851–99); *J. S. Bach, Neue Ausgabe sämtlicher Werke*, hrsg. vom J.-S.-Bach-Institut Göttingen u. vom Bach-Archiv Leipzig (= Neue Bach-Ausgabe) (Kas – L 1954ff.) (bis 1978 sind 48 Bände erschienen). – Teil-Ausg.: Sämtliche Orgelwerke, hrsg. v. F. C. GRIEPENKERL – F. A. ROITZSCH, 9 Bände (L 1844 bis 81), Bd. 9 neu hrsg. v. M. SEIFFERT (1904), u. H. KELLER (1940); Sämtliche Orgelwerke, hrsg. v. E. NAUMANN, 8 Bände (Leipzig o. J.); Œuvres complètes pour orgue, hrsg. v. M. DUPRÉ, 12 Bände (P 1938–41); Organ Works, 15 Bände (Lo 1952ff.); Klavierwerke, hrsg. v. C. CZERNY – F. C. GRIEPENKERL – F. A. ROITZSCH, 22 Bde. u. 1 Suppl.-Bd., hrsg. v. M. SEIFFERT (L 1837ff.); Sämtliche Klavierwerke, hrsg. v. H. BISCHOFF, 7 Bde. (L 1880–88); Klavierwerke, Urtext, hrsg. v. O. VON IR-

MER – R. STEGLICH – K. RÖNNAU – G. VON DADELSEN, 11 Bde. (Mn 1955–75). – Faks.-Ausg.: Faksimile-Reihe Bachscher Werke und Schriftstücke, hrsg. v. Bach-Archiv Leipzig (L 1955ff.), u.a. II: Originalstimmensatz der Kantate *Wär Gott nicht mit uns diese Zeit* (BWV 14) (1955),V: *Das Wohltemperierte Clavier,* 1. Teil (1965), VII: *Matthäuspassion* (1967). – Weitere Faks.-Ausg. (Auswahl): *Matthäuspassion* (BWV 244) (L 1922); *h-moll-Messe* (BWV 232) (L 1924), hrsg. v. A. DÜRR (Kas 1965); *Inventionen und Sinfonien* (BWV 772–801) (L 1942, mehrmals nachgedruckt); *Brandenburgische Konzerte* (BWV 1046–1051), hrsg. v. P. WACKERNAGEL (L 1950); *Sei solo a Violino senza Basso accompagnato* (BWV 1001–1006), hrsg. v. W.M. LUTHER (Kas 1950); *Clavier-Büchlein vor Wilhelm Friedemann Bach,* hrsg. v. R. KIRKPATRICK (New Haven 1959); *Weihnachtsoratorium* (BWV 248), hrsg. v. A. DÜRR (Kas 1960).

Lit.: **1) Bibliographien:** W. SCHMIEDER, Thematisch-systematisches Verz. der musikal. WW von J. S. Bach (L 1950, Wie [5]1973) (= Bach-Werke-Verzeichnis, BWV); Bach-Jahrbuch, hrsg. von der Neuen Bach-Ges. (L 1904ff.) (Inhaltsverzeichnis der Jahrgänge 1–50, in: Bach-Jb. 1963–64; Verz. der B.-Lit. in den Jbb. 1905, 1953, 1958, 1967, 1973, 1976); M. SCHNEIDER, Verz. der bis zum Jahre 1851 gedruckten (u. der geschrieben im Handel gewesenen) WW von J. S. B., in: Bach-Jb. (1906); CH. S. TERRY, J. S. Bach, Cantata Texts (Lo 1926); G. KINSKY, Die Orginalausgaben der WW J. S. B.s (W 1937); A. RIEMENSCHNEIDER, Bach Biographies, in: Hinrichsens Music Year Book 7 (1952); W. NEUMANN, Hdb. der Kantaten J. S. B.s (L 1947, [4]1971); DERS., Sämtliche von J. S. B. vertonte Texte (L 1974); P. KAST, Die Bach-Hss. der Berliner Staats-Bibl. (Trossingen 1958); P. KRAUSE, Hss. der WW J. S. B.s in der Musik-Bibl. der Stadt Leipzig (L 1964); DERS., J. S. Bach, Originalausgaben und ältere Drucke in der Musik-Bibl. der Stadt Leipzig (L 1970). – **2) Biographien:** B.-Dokumente, hrsg. v. B.-Archiv Leipzig, I: Schriftstücke von der Hand J. S. B.s, hrsg. v. W. NEUMANN – H. J. SCHULZE (L – Kas 1963), II: Fremdschriftliche u. gedruckte Dokumente zur Lebensgeschichte J. S. B.s 1685–1750, hrsg. v. W. NEUMANN – H. J. SCHULZE (L – Kas 1969), III: Dokumente zum Nachwirken J. S. B.s 1750–1800, hrsg. v. H. J. SCHULZE (L – Kas 1972), IV: Bilddokumente zur Lebensgeschichte J. S. B.s, hrsg. v. W. NEUMANN (L – Kas 1979), Auswahl in: J. S. Bach, Leben und Werk in Dokumenten, hrsg. v. H. J. SCHULZE (Kas – L 1975); J. F. AGRICOLA – C. P. E. BACH, Nekrolog auf J. S. Bach, in: L. Mizler, Musikal. Bibl. IV/1 (L 1754), Nachdruck in: Bach-Dokumente, Bd. III, Nr. 666; J. N. FORKEL, Über J. S. Bachs Leben, Kunst und Kunstwerke (L 1802) (zahlreiche Übers. u. Nachdr.); C. H. BITTER, J. S. B., 2 Bde. (B 1865); PH. SPITTA, J. S. B., 2 Bde. (L 1873 u. 1880, [5]Wie 1962), englische Übers. v. C. Bell – J. A. Fuller-Maitland, 3 Bde. (Lo 1884, Nachdr. Lo – NY 1951); A. SCHWEITZER, J. S. B., Le musicien-poète (P 1905, Nachdr. Lausanne 1950), dt. Übers.: J. S. B. (L 1908) (Vorrede von Ch. M. Widor), zahlreiche Übers. u. NA; A. PIRRO, J. S. B. (P 1906, NA 1949); CH. H. PARRY, J. S. B., The Story of Development of a Great Personality (NY 1909, Lo [2]1936); J. TIERSOT, J.S.B. (P 1912, [2]1934); CH. S. TERRY, J. S. B. (Lo 1928, [2]1949, dt. L 1929); R. STEGLICH, J.S.B. (Pd 1935); The Bach Reader, A Life of J.S.B. in Letters and Documents, hrsg. v. H. T. DAVID – A. MENDEL (NY 1945, [2]1966); A. E. CHERBULIEZ, J.S.B. (Olten 1946, [2]1947); B. PAUMGARTNER, J.S.B., Leben u. Werk I (Z 1950); Y. TIÉNOT, J.S.B., Esquisse biographique, suivi d'un tableau chronologique et thématique des œuvres de B. comprenant une liste complète de ses cantates avec leurs sources bibliques (P 1951); F. HAMEL, J.S.B., Geistige Welt (Gö 1951, [4]1967); K. GEIRINGER, The Bach Family (Lo 1954), dt. Übers.: Die Musiker-Familie Bach (Mn 1958, [2]1977); DERS., J.S.B., The Culmination of an Era (NY 1966), dt. Übers.: J.S.B. (Mn 1971); W. NEUMANN, Auf den Lebenswegen J.S.B.s (B 1953, [4]1962); DERS., B., Eine Bildbiographie (Mn 1960); Kalendarium z. Lebensgeschichte J.S.B.s, hrsg. v. B.-Archiv Leipzig (L 1960). – **3) Monographien, Essays u. Aufsatz-Slgen.:** H. BESSELER, J.S.B., in: Die großen Deutschen (B 1935, [2]1956); W. GURLITT, J.S.B. (B 1936, Kas [4]1959); A. SCHERING, J.S.B. u. das Musikleben Leipzigs im 18. Jh. (L 1941) (= Musikgesch. Leipzigs, Bd. III); G. FOCK, Der junge B. in Lüneburg (H 1950); J. S. B. in Thüringen. Festgabe zum Gedenkjahr 1950, hrsg. v. H. BESSELER – G. KRAFT (Wr 1950); B.-Gedenkschrift 1950, hrsg. v. K. MATTHAEI (Z 1950); F. BLUME, J.S.B., in: MGG I (vgl. dazu MGG XV), mit ergänzenden Anmerkungen, aber ohne die bibliogr. Verz.e auch in: Syntagma Musicologicum (Kas 1963); DERS., Der junge B. (Wb 1967), auch in: Syntagma Musicologicum II (Kas 1973); P. HINDEMITH, J.S.B., Ein verpflichtendes Erbe (Mz 1950), auch Insel-Bücherei Nr. 575 (Wie 1953); W. VETTER, Der Kapellmeister B., (Pd 1950); W. GERSTENBERG, Zur Erkenntnis der Bachschen Musik (B 1950) (= Veröff. der Freien Univ. Berlin); Ber. über die wiss. Bachtagung der Ges. für Musikforschung in Leipzig 1950, hrsg. v. W. VETTER – E. H. MEYER (L 1951) (34 Beiträge); F. SMEND, B. in Köthen (B o.J. [1952]); DERS., B.-Stud., Gesammelte Reden u. Aufsätze, hrsg. v. CH. WOLFF (Kas 1969); H. LÖFFLER, Die Schüler J. S. B.s, in: Bach-Jb. (1953); L. SCHRADE, B., The Conflict between the Sacred and the Secular (NY 1954); TH. W. ADORNO, Bach gegen seine Liebhaber verteidigt, in: Prismen (F 1955); S. GODMAN, B.s Bibliothek. Die noch vorhandenen Handexemplare, in: Musica 10 (1956); H. H. EGGEBRECHT, Über B.s geschichtlichen Ort, in: Dt. Vierteljahrsschrift für Literaturwiss. u. Geistesgesch. 31 (1957), auch in: J.S.B., hrsg. v. W. Blankenburg (Da 1970); A. DÜRR, Zur Chronologie der Leipziger Vokalwerke J.S.B.s, in: Bach-Jb. (1957), 2. Auflage als eigenes Werk (mit Nachträgen) (Kas 1976); G. VON DADELSEN, Beiträge z. Chronologie der Werke J.S.B.s (Trossingen 1958); W. NEUMANN, Das „Bachische Collegium Musicum", in: Bach-Jb. (1960); R. ELLER, Vivaldi – Dresden – B., in: Beiträge z. Musikwiss. 3 (B 1961), auch in: J.S.B., hrsg. v. W. Blankenburg (Da 1970); DERS., Gedanken über B.s Leipziger Schaffensjahre, in: B.-Stud. 5 (L 1975); M. GECK, B.s künstlerischer Endzweck, in: FS für W. Wiora (Kas 1966), auch in: J.S.B., hrsg. v. W. Blankenburg (Da 1970); B.-Interpretationen, hrsg. v. M. GECK (Gö 1969) (15 Beiträge); G. STILLER, J.S.B. und das Leipziger gottesdienstliche Leben seiner Zeit (B – Kas 1970); J.S.B., hrsg. v. W. BLANKENBURG (Da 1970) (= Wege der Forschung, Bd. 170); Neudruck von 26 Abh.n versch. Autoren 1935–67); B.-Stud. 5, Eine Sammlung von [14]Aufsätzen, hrsg. v. R. ELLER – H.-J. SCHULZE (W. Neumann zum 65. Geburtstag) (L 1975); J.S.B., Zeit, Leben, Wirken, hrsg. v. B. SCHWENDOWIUS – W. DÖMLING (Kas 1976) (11 Abh.n versch. Autoren); Ber. über die wiss. Konferenz z. III. Internationalen B.-Fest der DDR, Leipzig 1975 (L 1977). – **4) Die Werke** (auch Aufführungspraxis): siehe dazu in erster Linie die „Kritischen Berichte" der Neuen Bach-Ausgabe; H. RIEMANN, Katechismus der Fugenkomposition (Analyse von J.S. Bachs Wohltemperiertem Klavier Bd. I/II u. Kunst der Fuge Bd. III), 2 Teile (L 1890–94, [2]1906–07); W. WERKER, Stud. über die Symmetrie im Bau der Fugen u. die motivische Zusammengehörigkeit der Präludien u. Fugen des Wohltemperierten Klaviers von J.S.B. (L 1922, [2]1950); W. GRAESER, B.s Kunst der Fuge, in: Bach-Jb. (1924); F. JÖDE, Die Kunst B.s. Dargestellt an seinen Inventionen (Wb 1926, [2]1957); F. SMEND, Die Johannes-Passion von B., in: Bach-Jb. (1926); DERS., B.s Matthäus-Passion, in: ebd. (1928); DERS., B.s h-moll-Messe, in: ebd. (1937); DERS., J.S.B., Kirchenkantaten, Heft 1–6 (B 1947–49, [2]1950); F. DIETRICH, J.S.B.s Orgelchoral u. seine geschichtlichen Wurzeln, in: Bach-Jb. (1929); E. SCHWEBSCH, J.S.B. u. die Kunst der Fuge (St 1931, Kas [2]1955); CH. S. TERRY, Bachs Orchestra (Lo 1932, [2]1958); A. SCHERING, B.s Leipziger Kirchenmusik (L 1936, [2]1954); H. T. DAVID, J. S. Bachs Musical

Offering (NY 1945); F. FLORAND, J.S.B., L'œuvre d'orgue (P 1946); N. DUFOURCQ, J.S.B. Le Maître de l'orgue (P 1948); H. KELLER, Die Orgelwerke B.s (L 1948); DERS., Die Klavierwerke B.s (L 1950); DERS., Phrasierung u. Artikulation (Kas 1955, engl. NY 1965); DERS., Das Wohltemperierte Klavier von J. S. B., Werk u. Wiedergabe (Kas 1965, frz. P 1972); H. BRANDTS-BUYS, De passies van J.S.B. (Lei 1950); A. MENDEL, On the Keyboard Accompaniments to Bach's Leipzig Church Music, in: MQ 36 (1950); DERS., Traces of the Pre-History of Bach's St. John and St. Matthew Passions, in: FS O. E. Deutsch z. 80. Geburtstag (Kas 1963); H. ZENCK, J. S. B.s Wohltemperiertes Klavier (Vortrag 1950), in: Numerus u. Affectus. Stud. z. Musikgeschichte, hrsg. v. H. Zenck (Kas 1959), auch in: J. S. B., hrsg. v. W. Blankenburg (Da 1970); W. BLANKENBURG, Einführung in Bachs h-moll-Messe (Kas 1950, ³1974); W. GURLITT, Das hist. Klangbild im Werk J. S. B.s, in: Bach-Jb. (1951/52), auch in: J. S. B., hrsg. v. W. Blankenburg (Da 1970); R. GERBER, B.s Brandenburgische Konzerte (Kas 1951, ²1965); A. DÜRR, Stud. über die frühen Kantaten J. S. B.s (L 1951, Wie ²1977); DERS., J. S. B., Weihnachtsoratorium BWV 248 (Mn 1967); DERS., Die Kantaten v. J. S. B., 2 Bde. (Kas 1971); W. GERSTENBERG, Die Zeitmaße u. ihre Ordnungen in B.s Musik (= Jahresgabe 1952 der „Freunde der Bachwoche Ansbach"), auch in: J.S.B., hrsg. v. W. Blankenburg (Da 1970); W. EMERY, Notes on Bach's Organ Works (Lo 1952ff.); DERS., Bach's Ornaments (Lo 1953, ⁶1965); F. ROTHSCHILD, A Handbook to the performances of the 48 Preludes and Fugues of J. S. B. (Lo 1955); L. CZACZKES, Analyse des Wohltemperierten Klaviers. Form u. Aufbau der Fuge bei Bach, I (W 1956), II (W – Mn 1965); L. F. TAGLIAVINI, Studi sui testi delle Cantate sacre di J. S. Bach (Padua – Kas 1956); J. N. DAVID, Die zweistimmigen Inventionen von J.S.B. (Gö 1957); DERS., Die dreistimmigen Inventionen von J.S.B. (Gö 1959); DERS., Das Wohltemperierte Klavier (Gö 1962); E. PLATEN, Unters. z. Struktur der chorischen Choralbearbeitung bei J. S. B. (Diss. Bonn 1957); W. G. WHITTACKER, The Cantatas of J. S. B., 2 Bde. (Lo 1959); E. BODKY, The Interpretation of Bach's Keyboard Works (C/M – Lo 1960), dt. Übers.: Der Vortrag der Klavierwerke von J.S.B. (Tutzing 1970); W. EHMANN, „Concertisten" u. „Ripienisten" in der h-moll-Messe von J.S.B. (Kas 1961); D. GOJOWY, Zur Frage der Köthener Trauermusik u. der Matthäuspassion, in: Bach-Jb. (1965); J. C. F. DAY, The Literary Background to Bach's Cantatas (Lo 1961, NY 1967); R. SCHLÖTTERER-TRAIMER, J.S.B., Die Kunst der Fuge (Mn 1966); H. KLOTZ, Originale Spielanweisungen in B.s Orgelwerken u. ihre Konsequenzen für die Interpretation, in: Bach-Interpretationen, hrsg. v. M. Geck (Gö 1969); E. NOACK, Georg Christian Lehms, ein Textdichter J. S. B.s, in: Bach-Jb. (1970); H. STRECK, Die Verskunst in den poetischen Texten zu den Kantaten J.S.B.s (H 1971); W. HOBOHM, Neue „Texte zur Leipziger Kirchen-Music", in: Bach-Jb. (1973); K. HÄFNER, Der Picander-Jahrgang, in: ebd. (1975); J. RIFKIN, The Chronology of Bach's Saint Matthew Passion, in: MQ 61 (1975); W. H. SCHEIDE, Zum Verhältnis v. Textdrucken u. musikal. Quellen der Kirchenkantaten J. S. B.s, in: Bach-Jb. (1976). – **5) Stil u. Schaffensweise:** A. PIRRO, L'esthétique de J. S. Bach (P 1907); E. KURTH, Grundlagen des linearen Kontrapunkts. B.s melodische Polyphonie (Be 1917, ³1948); A. HALM, Über J.S.B.s Konzertform, in: Bach-Jb. (1919); A. SCHERING, Über Bachs Parodieverfahren, in: ebd. (1921); DERS., B. u. das Symbol, 3 Studien, in: ebd. (1925), (1928) u. (1937), zusammen auch in: A. SCHERING, Das Symbol in der Musik (L 1941); W. FISCHER, Zur Chronologie der Klavier-Suiten J. S. B.s, in: Kgr.-Ber. Basel 1924 (L 1925); M. ZULAUF, Die Harmonik B.s (Diss. Be 1927, ²1935); M. JANSEN, B.s Zahlensymbolik, an seinen Passionen untersucht, in: Bach-Jb. (1937); H. BESCH, J.S.B., Frömmigkeit u. Glaube, I: Deutung u. Wirklichkeit (Gütersloh 1938, Kas ²1950); W. NEUMANN, B.s Chorfuge (L 1938, ³1953); DERS., Über Ausmaß u. Wesen des Bachschen Parodieverfahrens, in: Bach-Jb. (1965); H. SCHERCHEN, Das Geheimnis des künstlerischen Schaffens J. S. B.s, in: H. Scherchen, Vom Wesen der Musik (Winterthur ²1947); G. FERCHAULT, Jean Sébastien Bach et l' esthétique française de son temps, in: Bach-Gedenkschrift 1950 (Z 1950); R. LEIBOWITZ, La Dialectique structurelle de l'œuvre de J. S. Bach, in: Revue internationale de musique (1950) Nr. 8, dt. Übers.: Die strukturelle Dialektik im Werk J.S.B.s, in: J.S.B., hrsg. v. W. Blankenburg (Da 1970); A. SCHMITZ, Die Bildlichkeit der wortgebundenen Musik J.S.B.s (Mz 1950); F. SMEND, J.S. Bach, bei seinem Namen gerufen. Eine Noteninschrift und ihre Deutung (Kas 1950); E. RATZ, Einführung in die musikal. Formenlehre. Über Formprinzipien in den Inventionen u. Fugen J. S. B.s u. ihre Bedeutung für die Kompositionstechnik Beethovens (W 1951, ³1973); R. STEPHAN, Die Wandlung der Konzertform bei Bach, in: Mf 6 (1953); H. BESSELER, B. als Wegbereiter, in: AfMw 12 (1955); DERS., Zur Chronologie der Konzerte J. S. B.s, in: FS für M. Schneider z. 80. Geburtstag (L 1955); C. DAHLHAUS, B.s konzertante Fugen, in: Bach-Jb. (1955); DERS., Versuch über B.s Harmonik, in: ebd. (1956); DERS., B. u. der „lineare Kontrapunkt", in: ebd. (1962); U. SIEGELE, Kompositionsweise u. Bearbeitungstechnik in der Instrumentalmusik J. S. B.s (Diss. Tübingen 1957), mit einer Studie: Versuch einer musikalischen Lebensgeschichte B.s (St-Neuhausen 1975); DERS., Die musiktheoretische Lehre einer Bachschen Gigue, in: AfMw 17 (1960); DERS., Bemerkungen zu B.s Motetten, in: Bach-Jb. (1962); DERS., B.s theologischer Formbegriff u. das Duett F-Dur (St-Neuhausen 1978); H. EPPSTEIN, Stud. über J. S. B.s Sonaten für ein Melodieinstrument u. obligates Cembalo (Uppsala 1966); DERS., Grundzüge in J. S. B.s Sonatenschaffen, in: Bach-Jb. (1969); DERS., Chronologieprobleme in J. S. B.s Suiten für Soloinstrument, in: ebd. (1976); M. GECK, Gattungstraditionen u. Altersschichten in den Brandenburgischen Konzerten, in: Mf 23 (1970); CH. WOLFF, Der stile antico in der Musik J.S.B.s. Stud. z. B.s Spätwerk (Wie 1968); DERS., Ordnungsprinzipien in den Originaldrucken Bachscher Werke, in: Bach-Interpretationen, hrsg. v. M. Geck (Gö 1969); L. FINSCHER, Zum Parodieproblem bei B., in: ebd.; D. FINKE-HECKLINGER, Die Tanzcharaktere in J.S.B.s Vokalmusik (Trossingen 1970); W. FISCHER, J. S. Bach, Verschollene Solokonzerte in Rekonstruktion (Kas – L 1970–71) = Neue Bach-Ausgabe VII/7 [Supplement], Notenband u. Kritischer Bericht); H.-G. KLEIN, Der Einfluß der Vivaldischen Konzertform im Instrumentalwerk J.S.B.s (Str – Baden-Baden 1970); E. KRÜGER, Stilistische Unters. z. ausgewählten frühen Klavierfugen J.S.B.s (H 1970); R. L. MARSHALL, The Compositional Process of J.S.Bach. A Study of Autograph Scores of the Vocal Works, 2 Bde. (Princeton 1972); F. BLUME, J.S.B.s Spätschaffen u. die Kunst der Fuge, in: Syntagma Musicologicum II (Kas 1973); R. GERLACH, Besetzung u. Instrumentation der Kirchenkantaten J.S.B.s u. ihre Bedingungen, in: Bach-Jb. (1973); F. KRUMMACHER, Textauslegung u. Satzstruktur in J.S.B.s Motetten, in: ebd. (1974); H. EICHBERG, Unechtes unter J.S.B.s Klavierwerken, in: ebd. (1975); W. BREIG, Bachs Violinkonzert d-moll. Stud. z. seiner Gestalt u. seiner Entstehungsgeschichte, in: ebd. (1976). – **6) Ikonographie:** M. SCHNEIDER, Verz. der bisher erschienenen Lit. über J.S.B. Anhang: Porträts, Büsten usw., in: Bach-Jb. (1905); H. RAUPACH, Das wahre Bildnis J. S. B.s (Wb 1950); H. BESSELER, Fünf echte Bildnisse J.S.B.s (Kas 1956), dazu: G. VON DADELSEN, in: Mf 10 (1957), sowie die Kontroverse ebd. 11 (1958), u. A. DÜRR, in: Musica 12 (1958); DERS., Die Gebeine u. die Bildnisse J. S. B.s, in: Bach-Jb. (1959); W. NEUMANN, B. Eine Bildbiographie (Mn revidierte NA 1960); C. FREYSE, B.s Antlitz, Betrachtungen u. Erkenntnisse z. B.-Ikonographie (Eisenach 1964); W. NEUMANN, Bilddokumente zur Lebensgeschichte J. S. B.s (in Vorb.) (= B.-Dokumente, hrsg. v. Bach-Archiv Leipzig, IV); Reichhaltige u. vorzügliche Abbildungen auch bei W. NEUMANN, Auf den Lebenswegen J.S.B.s (L 1953, [4]1963); sowie in: J.S.B., Zeit, Leben, Wirken (Kas 1976). – **7) Rezeption u. Forschung:** G. HERZ, J.S.B. im Zeitalter des Rationalismus u. der Frühromantik. Zur Gesch. der Bachbewegung v. ihren Anfängen bis z. Wiederaufführung der Matthäuspassion im Jahre 1829 (Kas 1935); F. BLUME, B. im Wandel der Geschichte (Kas 1947), auch in: Syntagma Musicologicum I (Kas 1963); DERS., Umrisse eines neuen B.-Bildes, in: Musica 16 (1962), auch in: Syntagma Musicologicum I (Kas 1963), dazu: A. DÜRR, in: MuK 33 (1962); V. FÉDOROV, B. en France, in: Revue internationale de musique (1950) Nr. 8; J. HANDSCHIN, J. S. B. et le 19. siècle, in: ebd.; W. BLANKENBURG, Theologische u. geistesgeschichtliche Probleme der gegenwärtigen Bachforschung, in: Theologische Literaturzeitung 7 (1953); A. MENDEL, Recent Developments in Bach Chronology, in: MQ 46 (1960), dt. Übers.: Neue Ergebnisse in der Chronologie Bachscher Werke, in: J.S.B., hrsg. v. W. Blankenburg (Da 1970); G. VON DADELSEN – W. EMERY u.a., Bach-Probleme, in: International Musicological Society, Report of the Eighth Congress New York 1961, 2 Bde. (Kas 1961–62), Diskussion auch in: J.S.Bach, hrsg. v. W. Blankenburg (Da 1970); W. BLANKENBURG, 12 Jahre Bachforschung, in: AMl 37 (1965); W. NEUMANN, Probleme der Aufführungspraxis im Spiegel der Gesch. der Neuen Bachgesellschaft, in: Bach-Jb. (1967); M. GECK, Die Wiederentdeckung der Matthäuspassion im 19. Jh. (Rb 1967); A. HOLSCHNEIDER, B.-Rezeption u. B.-Interpretation im 20. Jh., in: Musica 30 (1976).

G. VON DADELSEN

BACH, Wilhelm Friedemann, der „Hallesche Bach“ genannt, * 22. 11. 1710 Weimar, † 1. 7. 1784 Berlin; ältester Sohn von Johann Sebastian Bach und seiner ersten Frau Maria Barbara. Nach dem Schulbesuch in Köthen und in Leipzig (Thomasschule) studierte er seit 1729 Jura, Philosophie und Mathematik. Die musikalische Erziehung erhielt er vor allem bei seinem Vater, der für ihn das *Orgelbüchlein*, die *Inventionen* und *Sinfonien* in dem *Clavierbüchlein vor Wilhelm Friedemann*, die 6 *Sonaten* für Orgel, die 9 *kleinen Präludien* und einen großen Teil des *Wohltemperierten Claviers* schrieb. 1726–27 lernte er das Violinspiel bei J. G. Braun in Merseburg. Kurz bevor er seine erste Stelle als Organist an der Sophienkirche in Dresden antrat, lernte er Händel kennen. In der sächsischen Hauptstadt wurde er mit J. A. Hasse, J. G. Pisendel und S. L. Weiss bekannt. J. G. Goldberg und Ch. Nichelmann wurden dort seine Schüler. 1746 wurde er Kantor an der Liebfrauenkirche in Halle (Saale) und erhielt den Titel Director Musices. 1747 begleitete er seinen Vater auf der Reise nach Potsdam zu Friedrich II. Seit 1750 bekam er wegen seiner häufigen Abwesenheit zunehmend Schwierigkeiten mit der Kirchenbehörde. Nach seiner Entlassung 1764 in Halle bewarb er sich vergeblich um die Organistenstelle in Zittau. In Darmstadt erhielt er zwar den Titel, nicht aber die Stelle eines Hofkapellmeisters. Sechs Jahre lang lebte er weiter in Halle als unabhängiger Künstler, gab Unterricht und Konzerte und versuchte, seine Werke zu verkaufen, was in dieser Zeit außergewöhnlich war. 1770 mußte er Halle verlassen und ließ sich, auch hier ohne ein Amt, in Braunschweig nieder. Er befreundete sich mit J. N. Forkel, der für ihn ein Konzert in Göttingen organisierte. 1774 ging er nach Berlin, wo seine ersten Orgelkonzerte Aufsehen erregten. Dennoch geriet er in immer größere wirtschaftliche Schwierigkeiten und verlor dabei immer mehr den inneren Halt. Bald verschwand er aus dem Musikleben. Er starb vergessen und im Elend.

WW (zum großen Teil hsl. erhalten; vgl. den Themat.-Kat. bei Falck, 1913, s. unter Lit.): **1) Instr.-WW:** Für Klv.: 12 Sonaten, davon können aber mit Sicherheit nur 9 W.F.B. zugeschrieben werden, die ersten 6 sollten unter dem Titel *Sei Sonate per il cembalo* erscheinen, doch wurde nur die 1. (1745) u. die 2. (1748) veröffentlicht; 42 Polonaisen, davon gedruckt *Zwölf Polonaisen ... mit einer Beschreibung ... des wahren Vortrags, wie derselbe von Fr. Bach auf Forkel ... übertragen worden* (L 1819); 11 Fantasien; 11 Fugen, von denen 8 veröffentlicht wurden (1778), die anderen sind hsl. erhalten darunter die Tripelfuge in F-Dur; 7 Choralvorspiele u. Übungen für die Org.; 7 Klavierkonzerte, von denen 5 mit Sicherheit W.F.B. zuzuschreiben sind: in a-moll (vor 1733), D-Dur, F-Dur, e-moll (1767) u. Es-Dur (1750); ein (zweifelhaftes) *Concerto* in G-Dur für Klavier und Streicher; ein *Concerto* in Es-Dur für 2 Klaviere; 6 Duos für 2 Fl.; 3 Duos für 2 Br.; eine Sonate für Br. u. Tasteninstr.; 4 Sonaten für 2 Fl. u. Br. (oder 2 Fl. u. B.c.) (vor 1762); eine *Suite* für Str. (BWV 1070); 9 *Symphonien* (2 von ihnen sind Arrangements). – **2) Vokal- u. Bühnen WW:** Ungefähr 30 Kirchenkantaten, von denen einige J.S. Bach zugeschrieben sind (vgl. BWV); weltliche Kantaten; eine *Deutsche Messe* in d-moll; die Passion *Jesu deine Passion* (Staats-Bibl. Berlin) wurde irrtümlich W.F.B. zugeschrieben; die Oper *Lausus und Lydie* ist verschollen.

Das Schaffen W. Fr. B.s trägt alle Merkmale einer außergewöhnlichen musikalischen Originalität. Er gehört zu den frühesten Meistern der Klaviersonate und des Klavierkonzerts in Deutschland. Seine – noch nicht gründlich erforschte – musikalische Sprache zeichnet sich durch eine für seine Zeit überraschend kühne Harmonik und Expressivität aus und scheint in ihrer Grundhaltung dem literarischen Sturm und Drang zu entsprechen. Es war aber das Los dieses hochbegabten Mannes, daß seine Vorstellungen von einer ungebundenen künstlerischen Existenz sich nicht mit den Realitäten des bürgerlichen und kirchlichen Musiklebens seiner Zeit vereinbaren ließen. So mutet sein tragisches Scheitern als Musiker und Mensch wie ein vorweggenommenes romantisches Künstlerschicksal an, und es ist kein Wunder, daß unter diesem Aspekt das Bild W. Fr.s romanhaft verzerrt werden konnte (siehe den Roman *Friedemann Bach* von E. Brachvogel, 3 Bde., B 1858).

Ausg.: 6 *Fantasien*, hrsg. v. C. BANCK (L 1881); die Sonaten für Klv. hrsg. v. F. BLUME, in: Nagels MA 63, 78, 156 (1930–40); Sonaten für 2 Klv., in: J. S. Bach, GA, 43/1; dies., hrsg. v. H. RIEMANN (L o.J.); 12 Polonaisen (W– L o.J.); Stücke für

Klv., hrsg. v. H. RIEMANN (L o.J.); 5 Konzerte, hrsg. v. DEMS. (L o.J.); 4 Triosonaten, hrsg. v. M. SEIFFERT (L 1934); 6 Duos für Fl., hrsg. v. K. WALTHER (L 1939); 3 Sonaten für 2 V. (oder 2 Fl.), in: Nagels MA 39 u. 120; Sonate für Br. u. Klv. (Lo o.J.); eine Triosonate, hrsg. v. H. RIEMANN, in: Coll. Mus. 45; Konzert in G-Dur u. Fantasie in C-Dur für Klv., hrsg. v. L. HOFFMANN-ERBRECHT, in: Organum V 27 u. 31 (Lippstadt 1960–63); 3 Duette für 2 V., hrsg. v. J. ALTENMARK (Wie 1966); Sämtliche Klv.-Fantasien, hrsg. v. P. SCHLEUNING (Mz 1970); Adagio u. Fuge für 2 Fl. u. Str., hrsg. v. W. LEBERMANN (Mz 1970) (= Concertino o. Nr.); Orgelwerke, hrsg. v. C. DE NYS, 2 Bde. (P o.J.); Orgelwerke, hrsg. v. T. FEDTKE, 2 Bde. (F 1968); Symphonie in D-Dur (Mn 1910); Symphonie in D-Dur (L o.J.); Symphonie in F-Dur (L o.J.) Symphonie in F-Dur, hrsg. v. M. SCHNEIDER, in: Mittel- u. norddeutsche Kammersinfonien III (L o.J.); Sinfonia für 2 Fl. u. Str., hrsg. v. B. PÄULER (Z 1967); Sinfonie in D-Dur, hrsg. v. W. LEBERMANN (Mz 1970) (= Concertino o. Nr.); Kantaten *Heilig, heilig*, hrsg. v. A. SCHERING (L 1922); *Dies ist der Tag*, hrsg. v. L. NOWAK (L 1937); Weihnachtskantate *Ehre sey Gott in der Höhe*, hrsg. v. K. SCHULTZ-HAUSER (B 1964).

Lit.: C. H. BITTER, C. Ph. E. B. u. W. Fr. B. u. deren Brüder, 2 Bde. (B 1868); DERS., Die Söhne B.s (L 1883); M. FALCK, W. Fr. B. (L 1913, ²1919, NA Lindau 1956) (mit thematischem Kat.); K. STABENOW, J. S. B.s Sohn (L – H 1935); J. MÜLLER-BLATTAU, Bindung u. Freiheit. Zu W. Fr. B.s Fugen u. Polonaisen, in: FS W. Fischer (I 1956) (= Innsbrucker Beitr. zur Kulturwiss., Sonder-H. 3), auch in: Von der Vielfalt der Musik (Fr 1966); G. B. WESTON, Some Works Falsely Ascribed to Fr. B., in: Essays on Music. FS A. Th. Davison (C/M 1957); K. GEIRINGER, Die Musikerfamilie B. (Mn 1958, ²1977); L. HOFFMANN-ERBRECHT, W. Fr. B., in: Musica 14 (1960); C. DE NYS, Note sur les polonaises de W. Fr. B., in: Chopin-Kgr.-Ber. (War 1960); W. STRUBE, Ein unbekanntes Probespiel Fr. B.s in Halberstadt, in: Walcker-Hausmitteilungen (1963) Nr. 31; W. BRAUN, Material zu W. Fr. B.s Kantatenaufführungen in Halle (1746–64), in: Mf 17 (1965).

C. DE NYS

BACH, Wilhelm Friedrich Ernst, * 27. 5. 1759 Bückeburg, † 25. 12. 1845 Berlin; Sohn des Johann Christoph Friedrich Bach, Enkel Johann Sebastian Bachs. Er wurde durch seinen Vater und durch seinen Onkel Johann Christian B. in London musikalisch ausgebildet. In London gab er selbst später Klavier- und Orgelunterricht. Als Johann Christian 1782 starb, kehrte er über Paris nach Deutschland zurück. Er wurde 1786 Musikdirektor in Minden, 1789 Cembalist und Hofkapellmeister der Königin Friederike in Berlin, dann Cembalist der Königin Luise bis zu deren Tod 1811. Er schrieb Klavierstücke, 3 Klavierkonzerte, 1 Konzert für 2 Klaviere, eine Violoncello-Sonate, 6 Trios (L um 1785), 1 Divertimento und ein Sextett in e-moll, zwei Orchestersuiten, 2 Sinfonien, Lieder und Kantaten.

Ausg.: Trio für 2 Quer-Fl. u. Br., hrsg. v. R. ERMELER, in: Hortus Mus. 57 (1943); Stücke für Klv. u. ein Sextett für Klv., 2 Hörner, V., Br. u. Vc., hrsg. v. K. JANETZKY (Hl 1951); dass. bei K. GEIRINGER, Music of the B. Family (C/M 1955).

Lit.: E. SCHIRCKS, B.s schlesische Nachkommen, in: Genealogie u. Heraldik 2 (1950); H. WOHLFARTH, W. F. E. B., in: Schaumburg-Lippische Heimatblätter 10 (1959).

BACHAUER, Gina, * 21. 5. 1913 Athen, † 22. 8. 1976 Athen; griech. Pianistin. Sie studierte 1929–32 am Konservatorium in Athen, anschließend bis 1932 an der École Normale de Musique in Paris, u. a. bei A. Cortot und S. Rachmaninow, und debütierte 1935 in Athen unter D. Mitropoulos. Nach dem 2. Weltkrieg ließ sie sich in England nieder und heiratete den Dirigenten Alec Sherman. In ihren Konzerten, die sie vor allem nach Amerika führten, interpretierte sie bevorzugt Rachmaninow und Brahms.

BACHELET, Alfred, * 26. 2. 1864 Paris, † 10. 2. 1944 Nancy; frz. Komponist. Er war Schüler von E. Guiraud (Komposition) am Conservatoire in Paris und erhielt den Rompreis für seine Kantate *Cléopâtre* (P 1891). 1914 wurde er Korrepetitor an der Opéra, 1919 folgte er dann G. Ropartz als Leiter des Konservatoriums in Nancy, 1929 wurde er Mitglied der Académie des Beaux-Arts. B. schrieb u. a. 3 Opern (Drames lyriques): *Scemo* (Libr.: Ch. Méré), UA Paris 1914, *Quand la cloche sonnera* (Libr.: Y. de Hansewick u. P. de Wattyne), UA Paris 1922, und *Un Jardin sur L'Oronte* (Libr.: Franc-Nohain, nach M. Barrès), UA 1931, das Ballett *Fantaisie nocturne*, UA 1944, die vedische Hymne *Sûraŷ* für T., Chor und Orch., UA Paris 1943, ferner Instrumental- und Vokalstücke.

Lit.: P. LANDORMY, La musique française après Debussy (P 1943).

BACHEM, Hans, * 2. 1. 1897 Köln, † 11. 3. 1973 Köln; dt. Organist. Nach dem Studium am Konservatorium bei Fr. W. Franke (Orgel) und H. Abendroth wurde er 1923 Domorganist in Köln, 1925 auch Kustos der großen Orgel in der Messehalle in Köln-Deutz. Seit 1925 lehrte er an der Musikhochschule, seit 1928 als Professor. Nach dem 2. Weltkrieg war B. Organist an St. Andreas (seit 1954), 1956–65 zugleich Organist und Kustos der Orgel im Gürzenich. B. machte sich besonders als Bach- und Reger-Interpret einen Namen.

BACHOFEN, Johann Caspar, * 26. 12. 1695 Zürich, † 23. 6. 1755 ebd.; Schweizer Komponist und Pädagoge. Nach dem Theologiestudium wurde er 1720 Kantor der Zürcher Lateinschulen, 1740 Kantor am Großmünster und leitete das Musikkollegium „zu Chorherren". Seine Sammlung geistlicher Lieder, *Musicalisches Hallelujah* (Z 1727 u. ö.), war das meistverbreitete und bekannteste Gesangbuch im 18. Jh. in der Schweiz. B.s Kompositionen bestehen aus einer Vertonung der Brockes-Passion (Z 1759), aus Psalmkompositionen (Z

1734 u.ö.) und aus mehreren Sammlungen geistlicher Arien mit Basso continuo.

Lit.: TH. GOLDSCHMID, Schweizerische Gesangbücher früherer Zeiten (Z 1917); P. WERNLE, Der schweizerische Protestantismus im 18. Jh. I (Tübingen 1923); E. REFARDT, Hist.-Biogr. Musikerlexikon der Schweiz (L–Z 1928) (mit Werk-Verz.); M. MENGE, Über Brockes u. B., in: RMS 79 (1939); B. D. ARNOLD, The Life and Works of J.C.B. (1956) (= Diss. Univ. of Southern California).

BACH-TROMPETE ↗Clarino.

BACILLY, Bénigne de, * um 1625 in der Basse Normandie, † 27. 9. 1690 Paris; frz. Komponist und Gesangslehrer. Seine gedruckten Kompositionen sind: *Nouveau livre d'airs* (1661), *Airs spirituels* (2 Teile, 1672 u. 1677, mit mehreren Aufl.), *Chansons pour danser et pour boire* (5 Bücher, 1663–67), *Meslanges d'airs* (2 Bücher, 1671 u. 1674), *Les trois livres d'airs* (1668), *Capilotade bachique* (1667) und *Airs bachiques* (2. Buch 1677). B.s Gesangslehre *Remarques curieuses sur l'art de bien chanter* (P 1668, ²1671 als *Traité de la méthode ou Art de bien chanter*) war von weitreichender Wirkung in Frankreich. Ihr ließ er 1679 in Paris eine *Réponse à la critique* mit wichtigen Hinweisen auf die sängerische Prosodie, Aussprache und Verzierungstechnik folgen. Der *Recueil des plus beaux vers qui ont esté mis en chant* (3 Bde., 1661, 1668 und o. J.) und der *Recueil des plux beaux vers bachiques* sind wichtige Hilfsmittel zur Identifizierung frz. Airs des 17. Jahrhunderts.

BÄCK, Sven-Erik, * 16. 9. 1919 in Stockholm; schwedischer Violinist und Komponist. Er studierte 1938–43 am Konservatorium in Stockholm bei Ch. Barkel (Violine), 1940–45 bei H. Rosenberg (Komposition), dann an der Schola Cantorum in Basel und schließlich 1951–52 bei G. Petrassi in Rom. B. ist seit 1953 beim schwedischen Rundfunk tätig. Seine Kompositionen neigen trotz starker Verwendung historischer Stilelemente verschiedenen Richtungen der Gegenwartsmusik zu.

WW (wenn nichts anderes angegeben, in Kopenhagen erschienen): **1) Instr.-WW:** Flötensonate (1949); Orgelsonate *O Altitudo* (1966); *Favola*, für Klar. u. Schlagzeug (1962); 3 Streichquartette (1945, 1947, 1963); *Sinfonia da camera* (1956); *A game around a game*, Konzert für Str., Tasteninstr. u. Schlagzeug (1959). – **2) Vokal-WW:** Motetten für das Kirchenjahr, für a cap.-Chor (Sto 1960ff.); *Sinfonia sacra*, für Chor u. Orch. (1953). – **3) Bühnen-WW:** 3 Kammeropern: *Tranfjädrarna* („Die Kranichfedern") (1956); *Gästabudet* („Das Gastmahl") (1958); *Fågeln* („Die Vögel") (1961).

Lit.: I. BENGTSSON, Sv. E. B. u. I. Lidholm, in: Melos 23 (1956); Verz. der WW 1945–66, in: Nutida musik 10 (1966–67) 3/4.

BACKGROUND (engl., = Hintergrund), im Jazz Bz. für verschiedene Formen der Begleitung eines besonders in den Vordergrund gestellten Solisten (Sänger, Instrumentalist) durch ein Vokalensemble oder ein Orchester, in erster Linie Streicher. Der B. soll das musikalische Geschehen durch parallel oder bewußt gegensätzlich laufende Bewegung mit Farbe und Spannung füllen. In der Big Band ist der B. ein Teil des notierten Arrangements, kleinere Ensembles können ihn aber auch kollektiv improvisieren, besonders in seiner markantesten Ausprägung, dem ↗Riff, einer einfachen, motivisch knappen Phrase, die – meist von den Bläsern – mehrmals wiederholt werden kann. Der Begriff B. wurde auch von anderen Musiksparten übernommen.

BACKHAUS, Wilhelm, * 26. 3. 1884 Leipzig, † 5. 7. 1969 Villach (Kärnten); dt. Pianist. Von A. Nikisch entdeckt und gefördert, erhielt er seine Ausbildung seit 1891 am Konservatorium in Leipzig, 1899 bei Eugen d'Albert in Frankfurt am Main. 1900 begann er seine öffentliche pianistische Laufbahn, gewann 1905 den Rubinstein-Preis in Paris. 1905–12, und nur in diesen Jahren, übte B. eine Lehrtätigkeit aus, zunächst am Royal College of Music in Manchester, dann am Curtis Institute in Philadelphia, 1907 und 1908 auch bei Ferienkursen am Konservatorium in Sondershausen. Seit 1933 war er in der Schweiz, seit 1940 in Lugano, ansässig, von wo er weltweite Konzertreisen unternahm. B. konzentrierte sich zunehmend auf Beethoven, als dessen bedeutendster Interpret er zu seiner Zeit galt, und auf Brahms.

Lit.: F. W. HERZOG, W.B. (B 1935); R. HAUERT – A. H. EICHMANN, W.B. (G 1957); J. KAISER, Große Pianisten in unserer Zeit (Mn ³1977).

BADIA, Carlo Agostino, * 1672 (oder 1671) wahrscheinlich Venedig, † 24. 9. 1738 Wien; it. Komponist. Er kam 1693 an den Wiener Hof Kaiser Leopolds I. und erhielt bald darauf den Titel eines Hofkomponisten. Er schrieb zahlreiche Opern, Serenaden und Kantaten sowie 21 Oratorien. 12 Kantaten für eine Singstimme und B.c. wurden unter dem Titel *Tributi armonici* in Nürnberg (1699?) gedruckt.

Lit.: L. VON KÖCHEL, Die kaiserliche Hofmusikkapelle in Wien von 1543 bis 1867 (W 1869); C. NEMETH, Zur Lebensgesch. von C. A. B., in: Anzeiger der Östr. Akad. der Wiss., Philos.-hist. Klasse 92 (1955).

BADINERIE, Badinage (von frz. badin = mutwillig, spaßig), im 18. Jh. meist im $^2/_4$-Takt stehender, schneller Suitensatz, der einen dem Titel entsprechenden Charakter trägt (z. B. der letzte Satz in J. S. Bachs h-moll-Suite, BWV 1067).

BADINGS, Hendrik Herman (Henk), * 17. 1. 1907 Bandung (Indonesien); ndl. Komponist. Er studierte Geologie und Paläontologie an der Technischen Hochschule in Delft, an der er auch bis 1932 lehrte. Als Komponist ist er Autodidakt. B. war 1934–37 Kompositionslehrer am Konservatorium in Rotterdam, dann am Muzieklyceum in Amsterdam; bis 1941 dessen Direktor, ging er dann in gleicher Stellung nach Den Haag. Seit 1945 lebt er in Bilthoven als freischaffender Komponist. 1963–71 hatte er eine Professur für Komposition an der Musikhochschule Stuttgart inne, zugleich lehrte er Akustik an der Univ. Utrecht, deren elektronisch-akustisches Institut er leitete. – B. war einer der ersten niederländischen Komponisten, der sich vom Einfluß der französischen Spätromantik freimachte, indem er Elemente modaler und polytonaler Harmonik verarbeitete. Die Rückbesinnung auf den imitatorischen Stil der niederländischen Polyphonie führte ihn zur Schachtelung von Tonreihen, einem reihentechnischen Verfahren, das Messiaens „Modes" nahesteht. Studien akustischer Probleme führten zu zahlreichen Kompositionen in 31-Ton-Stimmung.

WW: **1) Schriften:** *Tonaliteitsproblemen in de nieuwe Muziek* (Bru 1951) (= Medelingen van de koningklijke Academie von Wetenschapen, Lettern en Schone Kunsten XIII/1); *Sur les possibilités et les limitations de la musique,* in: RBM 13 (1959). – **2) Kompositionen:** Opern: *De Nachtwacht,* UA: Antwerpen 1950; *Orestes,* Funkoper (1954); *Salto mortale,* Fernsehoper, szenische UA: Salzburger Festspiele 1959; Ballette: *Kain,* UA: Den Haag 1956; *Variations électroniques,* szenische UA als *Marionetten:* Salzburg 1961; *Die Frau von Andros,* UA: Hannover 1960; Oratorium *Jonah* (1962); Kantaten; Orchestermusik: 15 Symphonien; 20 Solokonzerte für verschiedene Instr. mit Orch. (V., Klar., Vc., Klv., Org., Fl., Saxophon, Harfe); Doppelkonzerte (für Fag. u. Kontrafag., für 2 Klv., für V. u. Vc.); Kammermusik: Trio für Fl., Va. u. Gitarre (1962); 12 Präludien für Gitarre (1961); 5 Sonaten für V. u. Klv.; Lieder: 5 *Morgenstern-Lieder* für Vokalquartett u. Klv. (1961); *Burying Friends (Hommage à Fr. Poulenc)* für Singstimme u. Klv. (1963).

Lit.: Sonorum Speculum (1958ff.) (Werkbesprechungen); T. BOUWS, Levensbeeld van H. B. (Den Haag 1960); U. STÜRZENBECHER, Werkstattgespräche mit Komponisten (Kö 1971, überarbeitete NA Mn 1973) (mit ausführlichem Werkverz.).

BADURA-SKODA, Paul, * 6. 10. 1927 Wien; östr. Pianist. Er studierte 1945–48 am Konservatorium in Wien, begann anschließend seine Konzerttätigkeit, besonders als Mozart- und Beethoven-Interpret, studierte aber gleichzeitig noch bei Edwin Fischer in Luzern. 1948 und 1949 errang er Klavierpreise in Budapest und Paris. Als Klavierpädagoge leitet B.-S. Meisterkurse bei den Festspielen in Edinburgh, am Mozarteum in Salzburg und bei den Wiener Festwochen und lehrt an der University of Wisconsin. Er ist mit der Musikwissenschaftlerin Eva B.-S., geborene Halfar, verheiratet. Er veröffentlichte Kadenzen zu mehreren Klavierkonzerten Mozarts und gab mit Eva B.-S. dessen Konzerte KV 453, 456 und 459 in der Neuen Mozart-GA (Bd. 5, Kas 1965) heraus, ferner C. Czernys *Über den richtigen Vortrag der sämtlichen Beethoven'schen Klavierwerke* (W 1963).

Schriften: *Mozart-Interpretation. Anregungen zur Interpretation der Klavierwerke* (W 1957), engl. Übers.: *Interpreting Mozart on the Keyboard* (Lo – NY 1962, ^{2}1965); *Über das Generalbaßspiel in den Klavierkonzerten Mozarts,* in: Mozart-Jb. 1957 (Salzburg 1958); *Die Klaviersonaten von Ludwig van Beethoven* (Wie 1970) (mit J. Demus); *Unbekannte Eigenschriften bekannter Schubertwerke,* in: NZfM 122 (1961).

BAGATELLE (frz., = Kleinigkeit; von it. bagatella = kleiner Gegenstand von geringem Wert), kurzes Instrumentalstück, häufig in 2- oder 3teiliger Liedform. Die Bz. findet sich schon bei Fr. Couperin in seinen *Pièces de clavecin (Les Bagatelles,* Livre 2, Ordre 10, 1717). In der zweiten Hälfte des 18. Jh. wurde sie auch für Sammlungen verschiedenartiger kleiner Stücke (Menuets, Pastorales, Ariettes, Duos usw.) verwendet, z. B. *Mille et une Bagatelles* (hrsg. von J. Boivin, P um 1753), C. W. Maizier, *Musikalische Bagatellen* (ab 1797) oder G. S. Löhlein, *Musikalische Kleinigkeiten* für Klavier (um 1780). Von den zahlreichen B.n-Kompositionen des 19. Jh. haben lediglich die B.n für Klavier von Beethoven (op. 33, 119 und 126) künstlerisches Gewicht. Für das 20. Jh. sind die *14 Bagatellen* für Klavier op. 6 von Bartók und die *Sechs Bagatellen* für Streichquartett op. 9 von Webern hervorzuheben.

BAHR-MILDENBURG, Anna, * 29. 11. 1872 Wien, † 27. 1. 1947 Wien; östr. Sängerin (Sopran). Ihre Ausbildung erhielt sie in Wien bei Rosa Papier-Paumgartner, debütierte 1895 an der Hamburgischen Staatsoper in Wagners *Walküre,* war, besonders von G. Mahler gefördert, 1898–1917 Mitglied der Wiener Hofoper, gastierte seit 1897 auch bei den Bayreuther Festspielen sowie 1906 und 1910 an der Covent Garden Oper in London. Sie war seit 1909 mit dem Schriftsteller Hermann Bahr verheiratet. Seit 1919 lehrte sie als Gesangspädagogin an der Akademie der Tonkunst in München, seit 1921 als Professorin. Ihre Triumphe, vor allem in Wagner-Partien, aber auch in Opern von R. Strauss, in Beethovens *Fidelio* oder Verdis *Aida,* verdankte sie auch ihren großen darstellerischen Leistungen.

Schriften: *Erinnerungen* (W 1921); *Bayreuth und das Wagner-Theater* (L 1910) (mit H. Bahr); *Tristan und Isolde. Darstellung des Werkes aus dem Geist der Dichtung und der Musik* (L 1936).

Lit.: P. STEFAN, A. B.-M. (W 1922).

BAIAO, südamerikanischer Tanz, dessen Name sich von der Stadt Bahia ableitet, die neben Rio de Janeiro ein wichtiges Zentrum der afro-amerikanischen Kultur Brasiliens ist (↗Afro-amerikanische Musik). Der B. ist eine langsame Form der ↗Samba mit schwermütigem Charakter; folgende Grundrhythmen werden verwendet:

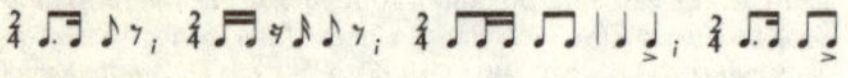

Lit.: L. DAVID, Einzelchoreographien mit hist. Einleitung über Rumba, Samba-Baiao, Mambo-Chachacha, Paso Doble, Calypso, Rock'n Roll (B 1957–58); H. GÜNTHER – H. SCHÄFER, Vom Schamanentanz zur Rumba. Die Gesch. des Gesellschaftstanzes (St 1959). – ↗Afroamerikanische Musik.

BAÏF, Jean Antoine de, * 19. 2. 1532 Venedig, † 19. 9. 1589 Paris; frz. Dichter. Sein Vater war Diplomat und ließ ihn von den berühmtesten Gelehrten seiner Zeit erziehen. Nach dessen Tod trat B. in das Collège de Coqueret ein, wo Ronsard und Du Bellay seine Mitschüler waren. Den größten Teil seines Lebens verbrachte er in Paris. Geistliche Pfründe und die Stelle als königlicher Kammersekretär, aber auch persönliches Vermögen, machten ihn wenigstens während der ersten Hälfte seines Lebens wirtschaftlich unabhängig. Seit 1567 sammelte B. einen kleinen Kreis gelehrter Freunde um sich. Darus entstand 1570 unter dem Protektorat König Karls IX. die Académie de Poésie et de Musique. Mitglieder waren u. a. der Dichter Jodellet, die Komponisten Th. de Courville, Beaulieu, Du Caurroy, später der Dichter Pribrac und die Komponisten Cl. Le Jeune und J. Mauduit. Wie die zeitgenössische ↗Camerata fiorentina wollte man nach dem Vorbild der griechischen Antike die Einheit von Dichtkunst und Musik wiederbeleben. Im ↗Ballet de cour sollte die antike Tragödie wiedererstehen. B. veranlaßte eine Reihe von Reformversuchen, die u. a. einer phonetischen Orthographie und einem reimlosen 15silbigen Vers galten. Sein besonderes Interesse wandte B. jedoch einer quantitierenden Versbildung (Vers mesurés) ebenfalls nach antikem Vorbild zu. Er zeigt hier eine profunde Kenntnis der griechischen Metrik und fußt auf Überlegungen, die er bereits 1549 in seiner *Deffence et illustration* angedeutet hatte. Von B.s Werken, in denen sich diese Bestrebungen niederschlugen, sind die 202 *Chansonnettes* und der *Psaultier* von 1587 musikgeschichtlich relevant vor allem durch die Vertonungen von J. Mauduit (*Chansonnettes mesurées*, P 1586) und C. Le Jeune (viele Chansons und Psalmen). Trotz mancher zeitgenössischer und späterer Vorbehalte gegen B.s Dichtungen ist sein Verdienst unbestreitbar, im Verhältnis von Wort und Ton neue Ausdrucksmöglichkeiten der französischsprachigen weltlichen und geistlichen Vokalmusik angeregt zu haben. – ↗Musique mesurée à l'antique.

Ausg.: Kompositionen von Texten B.s: J. Mauduit, *Chansonnettes mesurées*, in: EXPERT Maîtres 10 (1899); Cl. le Jeune, *Le Printemps*, in: ebd. 12–14 (1900–06). – Text-Ausg.: *Psautier* de 1587, hrsg. v. Y. LE HIR (P 1963); *Chansonnettes*, hrsg. v. G. C. BIRD (Vancouver 1964); *Les amours de Francine*, hrsg. v. E. CALDARINI, 2 Bde. (I: Sonnets, II: Chansons), in: Textes littéraires français 118 u. 139 (G 1966–67).

Lit.: A. FRÉMY, L'Académie des derniers Valois (P 1887); P. M. MASSON, L'humanisme musical, in: Mercure Mus. (1907); M. AUGÉ-CHIQUET, La vie, les idées et l'œuvre de J. A. de B. (P 1909); M. BRENET, Musique et musiciens de la vieille France (P 1911); H. PRUNIÈRES, Le ballet de cour (P 1914); F. A. YATES, The French Academy of the 16th Century (Lo 1948); K. J. LEVY, Vaudeville, vers mesurés et airs de cours, in: Musique et poésie au XVIe siècle (P 1954); V. E. GRAHAM, Music for Poetry in France (1550–80), in: Renaissance News 17 (1964); M. RAYMOND, L'influence de Ronsard sur la poésie 1550–85 (G 1965).

BAILEY, Mildred (eig. Mildred Rinker), * 27. 2. 1907 Tekoa/Wash., † 12. 12. 1951 Poughkeepsie/N. Y.; amerik. Jazzsängerin. Seit 1929 gehörte sie der Band von Paul Whiteman an, leitete 1936–39 mit ihrem Mann, dem Vibraphonisten Red Norvo, eine eigene Band, trat danach in verschiedenen Bands vornehmlich als Solistin auf. M. B. war die erste weiße Sängerin, die, beeinflußt von Bessie Smith, als Jazzsängerin nachhaltige Anerkennung fand.

BAILLEUX, Antoine, * um 1720, † 1791 Paris; frz. Komponist und Musikverleger in Paris. Er komponierte u. a. *Six symphonies à 4 parties* (1757) und *Six symphonies à grand orchestre* (1767), Airs und mehrere Solokantaten, u. a. *Le bouquet de l'amitié* und *Pigmalion* und veröffentlichte Unterrichtswerke (Gitarren- und Violinschule, Solfèges). In seinem um 1764 gegründeten Musikverlag sind zahlreiche Werke von Corelli, Vivaldi, Haydn, Boccherini, Gossec, Pergolesi, Lully, Campra usw., außerdem der *Traité de l'Harmonie* von Rameau erschienen.

BAILLOT, 1) Pierre Marie François de Sales, * 1. 10. 1771 Passy, † 15. 9. 1842 Paris; frz. Violinist und Komponist. Im Violinspiel wurde er von Florentin Polidori, Français Sainte-Marie und (seit 1783 in Rom) von Francesco Pollani, einem Schüler Nardinis, unterrichtet. 1791 nach Paris zurückgekehrt, erhielt er durch Vermittlung Viottis eine Stelle im Orchester des Théâtre Feydeau. Am Conservatoire studierte er bei Catel (Harmonielehre), Reicha (Kontrapunkt) und Cherubini (Komposition) und wurde dort selbst Lehrer. B. war ein bedeutender Virtuose und unternahm seit 1802 mit dem Cellisten Lamare Konzertreisen durch Europa, die ihn bis nach Rußland führten. Er war „Violon solo“ an der Opéra und in der Hofkapelle unter Napoleon I., Karl X. und Louis-Philippe. Er gründete auch ein berühmtes Streichquartett. 1834 veröffentlichte er eine Violinschule, *L'Art du Violon,* die für lange Zeit ein Standardwerk blieb.

WW: 24 *Préludes* in allen Tonarten, Études, Capricen u. Variationen für V.; 15 Trios, 3 Quartette, 9 V.-Konzerte u. eine *Symphonie concertante* für 2 V. u. Orch.

Ausg.: 12 *Caprices* mit Klv.-Begleitung, op. 2, hrsg. v. J. SAUZAY (P 1898), hrsg. v. I. HEYMANN (P o.J.); *Airs variés,* op. 5 (P o.J.); Nr. 2 von op. 5 (P 1921); *7e Concerto,* op. 21, hrsg. v. E. COUSIN (P – Versailles 1927), hrsg. v. G. CATHERINE (P 1931); *1er Concerto,* op. 3 (P – Versailles 1929); *Air de Paisiello „Je suis Lindor“,* in: Les Maîtres classiques du violon ..., Nr. 20, hrsg. v. D. ALARD (Mz o.J.); *Air Russe,* op. 20, in: ebd., Nr. 40.

Lit.: A. GUÉROULT, P. B., in: Gazette Mus. (1842); A. POUGIN, P. B., in: Le Ménestrel (1872–73); P. SOCCANE, Un maître du quatuor. P. B., in: Le Guide du Concert (1938) S. 647 bis 744; DERS., Quelques documents inédits sur P. B., in: RMie 23 (1939), 25 (1945); S. HESSELINK, Over de violschool v. B., in: Mens en melodie 18 (1963).

2) René Paul, Sohn von 1), * 23. 10. 1813 Paris, † 30. 3. 1889 ebd.; frz. Pianist. 1848–87 war er Lehrer für Ensemblespiel am Pariser Conservatoire. Er schrieb auch Kompositionen für Klavier.

BAINI, Giuseppe, * 21. 10. 1775 Rom, † 21. 5. 1844 ebd.; it. Musikhistoriker und Komponist. Er wurde 1795 Bassist des päpstlichen Kapelle, blieb zeitlebens ihr Mitglied (seit 1818 auch als deren Camerlengo) und war lange Zeit ihr in ganz Europa geachteter geistiger Mittelpunkt. Nachdem seine Lehrer F. Bianchini und G. Jannacconi in ihm ein besonders Interesse für Palestrina geweckt hatten, widmete er sich intensiv der Erforschung dieses Komponisten und seiner Zeit und veröffentlichte 1828–29 in Rom sein Hauptwerk, die *Memorie storico-critiche della vita e delle opere di G. P. Palestrina.* Diese Monographie ist nicht nur ein Markstein in der Geschichte der quellenorientierten neueren Musikerbiographik, die durch sie eingeleitet wird; sie ist auch ein wesentlicher Teil der an Palestrina orientierten kirchenmusikalischen Restauration in den ersten Dezennien des 19. Jahrhunderts. B. schrieb auch mehrere Kirchenkompositionen, so etwa ein 10st. *Miserere,* das zeitweilig zum Repertoire des päpstlichen Kapelle gehörte. Zu seinen Schülern zählte u. a. O. Nicolai.

WW: *Memorie storico-critiche ...,* 2 Bde. (R 1828–29, Nachdr. Hildesheim 1966), dt. Übers. (Auszüge) bei: G. VON WINTERFELD, Johannes Pierluigi von Palestrina. Seine WW ... Mit Bezug auf Baini's neueste Forsch. dargestellt (Breslau 1832), u. (gekürzt) bei: F. S. KANDLER, Über das Leben u. die WW des G. Pierluigi da Palestrina, ... Nach dem Memorie storico-critiche ..., hrsg. v. R. G. Kiesewetter (L 1834).

Lit.: A. DE LAFAGE, Essais de diphtérographie musicale (P 1864, Nachdr. A 1964); F. X. HABERL, Zum 50. Todestag von B., in: KmJb 9 (1894); J. KILLING, Kirchenmusikal. Schätze der Bibl. des Abbate Fortunato Santini (Düsseldorf o.J.); A. CAMETTI, Memorie storico-chritiche ..., in: La critica musicale 1 (1918); G. STANGHETTI, Nota biografica su G. B., in: Note d'archivio 1 (1924); O. URSPRUNG, Palestrina in Deutschland, in: FS P. Wagner (L 1926).

BAINTON, Edgar Leslie, * 14. 2. 1880 London, † 8. 12. 1956 Sidney (Australien); engl. Komponist. Nach dem Studium am Royal College of Music in London lehrte er seit 1901 Klavier und Komposition am Kons. in Newcastle-on-Tyne. 1912 wurde er dessen Direktor. Seit 1911 leitete er auch das Newcastle Philharmonic Orchestra. 1934–47 war er Direktor des Staatskonservatoriums in New South Wales bei Sidney.

WW (es sind die Entstehungsjahre angegeben): Für Orch.: *Symphonie* in B-Dur (1903); *Celtic Sketches* (1912); *Three Pieces* (1919); *Eclogue* (1923); 2 symphonische Gedichte, *Pompilia* (1903) u. *Paracelsus* (1921); *Concerto-Fantasia* für Klv. (1920); *Before Sunrise,* für Kb., Chor u. Orch. (1917); Opern: *The Crier by Night; Oithona* (nach Ossian) (1915); *The Pearl Tree.*

Lit.: H. BAINTON, Remembered on Waking: E. L. B. (Sidney 1960).

BAIRD, Tadeusz, * 26. 7. 1928 Grodzisk Mazowiecki, † 2. 9. 1981 Warschau; polnischer Komponist. Er studierte 1943/44 in Łodz bei K. Sikorski, 1947 in Warschau (Musikhochschule), später Musikwissenschaft an der dortigen Universität. B., der sich in Polen als einer der ersten serieller Techniken bediente und seinerzeit zu den führenden polnischen Komponisten gehörte, wurde 1978 – nach langjähriger Lehrtätigkeit in Krakau und einer Gastprofessur an der University of Western Ontario (1977) – zum Professor für Komposition an der Musikhochschule in Warschau ernannt.

WW: *Sinfonietta* (1949); 2 Symphonien (1950, 1952); 4 *Liebessonette* (nach Shakespeare) für Bariton u. Kammerorch. (1956); Streichquartett (1957); *Expressionen* für V. u. Orch. (1959); *Variationen ohne Thema* (1962); 4 *Dialoge* für Ob. u. Kammerorch. (1964); *Sinfonia brevis* für Orch. (1968); Kantate *Goethe-Briefe* (Texte von Goethe u. Charlotte v. Stein) für Bariton, gemischten Chor u. Orch. (1970); Oper *Morgen* (1973); Bratschenkonzert (1976); Konzert für Harfe, Vc. u. Orch. (1977).

BAJ, Tommaso, * um 1650 Crevalcuore bei Bologna, † 22. 12. 1714 Rom; it. Komponist. Er war zuerst Tenorist, dann (seit 1713) Kapellmeister der päpstlichen Kapelle. B. schrieb zahlreiche Vokalwerke im „stile antico“. Berühmt wurde er durch sein *Miserere* (1714) im Falsobordonestil, das in das Karwochenrepertoire der Cappella Sistina aufgenommen wurde.

Ausg.: *Miserere*, hrsg. v. A. GEMINIANI, in: Salmo Miserere posto in musica da G. Allegri et T. B. (Lugano 1840).

Lit.: K. G. FELLERER, Der Palestrinastil in der vokalen Kammermusik des 18. Jh. (Au 1929).

BAJAZZO, DER *(I Pagliacci)*, Drama in 2 Akten mit einem Prolog von Ruggiero Leoncavallo (1858–1919), Text vom Komponisten nach einer wahren Begebenheit. Ort und Zeit der Handlung: bei Montalto in Kalabrien am 25. 8. 1865. UA: 22. 5. 1892 in Mailand (Teatro dal Verone) unter der Leitung von Arturo Toscanini; dt. EA (in dt. Sprache): 5. 12. 1892 in Berlin (Oper „Unter den Linden").
Die im Rahmen eines 1890 vom Mailänder Verleger Edoardo Sonzigno veranstalteten Preisausschreibens entstandene Oper war Leoncavallos einziger großer Erfolg. In reizvoller Verquickung fingierten Bühnengeschehens mit einer Rahmenerzählung wird ein Eifersuchtsdrama geschildert. Der B. gilt zusammen mit Mascagnis *Cavalleria rusticana* und Puccinis *La Bohème* als Prototyp der veristischen Oper und ist seit seiner UA ein konstant beliebtes Repertoirestück, in dem gleichermaßen gekonnt sensible und drastische Klangmittel zur Beschreibung psychischer Situationsspannung verwendet werden. Der statt einer Ouvertüre das Werk einleitende Vokalprolog war speziell für den frz. Sänger Victor Maurel geschrieben. Der Canio wurde zur Paraderolle des italienischen Heldentenors, die insbesondere durch Caruso berühmt wurde; bekannteste Arie: *Vesti la giubba (Hüll' dich in Tand ... Lache, Bajazzo!)*

W. A. MAKUS

BAKCHEIOS DER ÄLTERE, griech. Musiktheoretiker des 4. (?) Jahrhunderts n. Chr. Er schrieb eine in Dialogform gehaltene Abhandlung über die Musik, die größtenteils auf Aristoxenos basiert.

Ausg.: C. VON JAN, in: Musici Scriptores Graeci (L 1895–99, Nachdr. Hildesheim 1962); DERS., in: Programm des Straßburger Lyceums (1890–91) (mit dt. Übers.).

Lit.: M. VOGEL, Die Enharmonik der Griechen, 2 Bde. (Düsseldorf 1963).

BAKER, Chet (Chesney), * 23. 12. 1929 Yale/Okla.; amerik. Jazztrompeter, auch Jazzsänger. Nach dem Studium der Musiktheorie und Harmonielehre erhielt er im Frühjahr 1952 ein Engagement bei Charlie Parker, spielte Ende 1952–53 bei Gerry Mulligan, wo er berühmt wurde, leitete dann eigene Gruppen und lebte abwechselnd in den USA und in Europa. Stilistisch galt sein Spiel, mit leicht verhangenem Ton, fast ohne Vibrato und mit geschmeidiger Phrasierung, als Inbegriff des Cool Jazz. Zu einer Art Kennzeichen für ihn wurde der Song *My Funny Valentine*. Rauschgiftabhängigkeit und eine Entziehungskur brachten eine längere Abwesenheit von der Jazz-Szene. In den letzten Jahren ist sein Trompetenton härter geworden. Bewundernswert ist die große Identität von Thema und Improvisation.

BAKER, Janet, * 21. 8. 1933 Hatfield (Yorkshire); engl. Sängerin (Alt). Ihre Gesangsausbildung erhielt sie bei Helene Isepp in London, gewann 1956 den „Daily Mail Kathleen Ferrier Award", setzte ihre Ausbildung in Salzburg und an der Royal Academy of Music London fort und erhielt dort den Queen's Prize. 1960 begann sie eine Karriere als gefeierte Oratorien- und Liedsängerin; wandte sich nach 1965 mit großem Erfolg auch der Oper, vornehmlich der Barock-Oper, zu.

BAKER, Josephine, * 3. 6. 1906 St. Louis (Missouri), † 12. 4. 1975 Paris; amerik.-frz. Diseuse, Chansonette und Revuetänzerin. Mit 16 Jahren schloß sie sich einer Wandertruppe an, 1923 wurde ihr Talent als Tänzerin bei einer Aufführung der Komödie *Shuffle Along* in der Music Hall in New York entdeckt. Nach Erfolgen u. a. am Broadway ging sie 1925 nach Paris, wo sie zu Weltruhm gelangte, vor allem als Star des Théâtre des Champs-Élysées, der Folies-Bergères, des Casino de Paris und ihres eigenen Nachtclubs Chez Josephine. Sie brachte den „Jazz hot" nach Europa, mit ihm den Charleston, den sie als grotesken Bühnentanz kreierte. Um 1930 wandte sie sich auch dem Chanson zu. Berühmte Titel wurden u. a. *J'ai deux Amours, Aux îles Hawai, Pretty Little Baby, Yes Sir, that's my Baby, La canne à sucre.* Um gegen die Rassendiskriminierung zu kämpfen, zog sie seit Ende der 40er Jahre in ihrem Schloß Les Milandes (Dordogne) von ihr adoptierte Kinder verschiedener Rassen und Religionen auf, geriet dadurch aber in große finanzielle Schwierigkeiten. Noch in den 70er Jahren trat sie gelegentlich auf, u. a. 1973 mit großem Erfolg an der Carnegie Hall in New York.

Lit.: D. KÜHN, Josephine. Aus der öffentlichen Biographie der J. B. (F 1976).

BAKFARK, Bálint (Valentinus Greff B.), * 1507 (?) Kronstadt (Siebenbürgen), † 15. 8. 1576 Padua; ungarischer Lautenist. Er verbrachte seine Jugend am Hofe des Wojwoden von Siebenbürgen, Johann von Zápolya, des späteren Königs von Ungarn (1526–40), der ihn bei seinem Lautenisten unterrichten ließ und ihn und seinen Bruder in den Adelsstand erhob. Nach Johanns Tod ging B. nach

Italien, dann nach Frankreich, wo er im Dienst des Erzbischofs Graf von Tournon am Hofe König Heinrichs II. lebte. 1549–66 hielt er sich in Wilna als Lautenist des Königs von Polen auf. Von dort unternahm er 1552–54 eine größere Reise, die ihn u. a. nach Danzig, Augsburg, Lyon, Rom und Venedig führte. In Lyon veröffentlichte er 1552 seine *Intabulatura Valentini Bacfarc* (= RISM 1552[30]). 1554 kam er nach Königsberg und ging schließlich nach Wilna zurück. 1559 schloß sich ein zweiter Aufenthalt in Königsberg an, wo er in Verbindung mit Herzog Albrecht von Preußen trat. Während eines Aufenthalts 1565 in Krakau veröffentlichte er hier seine zweite Lautensammlung, *Harmoniarum musicarum in usum testudinis factarum tomus primus,* die er dem polnischen König Sigismund II. August widmete. B. kehrte nicht mehr nach Wilna zurück und brach auch die Verbindung zum polnischen Hofe ab. Durch Vermittlung des Bischofs A. Dudics, des Gesandten Maximilians I., trat er am 1. Juli 1566 in Wien als Hoflautenist in kaiserlichen Dienst. Doch schon zwei Jahre später kehrte er nach Siebenbürgen zurück. Hier machte ihm Johann Sigismund, ein Sohn Johann Zápolyas, mit Freibrief vom 25. 7. 1570 die Gemeinde Oláhgald zum Geschenk. Nach dem Tode seines Gönners (1571) ließ sich B. mit seiner Familie in Padua nieder, wo er an der Pest starb. Vor seinem Tod verbrannte er seine Manuskripte.

WW: 10 Fantasien; ein *Passamezzo;* die genannten Veröffentlichungen (die z. T. auch nachgedruckt wurden) enthalten Lautenbearbeitungen von Motetten (Gombert, Clemens non Papa, Arcadelt, Josquin des Prés, Lasso), Chansons (Créquillon, Janequin, Rogier, Josquin des Prés), Madrigalen (Arcadelt, Verdelot, Yvo) u. 2 polnische Lieder; weitere WW in den Sammeldrucken von Phalèse (RISM 1571[16], 1574[12]), Waisselius (RISM 1573[27]) u. Bésard (Kö 1603) (= RISM 1603[15]).

Ausg.: 11 Stücke, hrsg. v. A. KOCZIRZ, in: DTÖ 18/2 (1911); die 10 Fantasien bei O. GOMBOSI, Der Lautenist Valentin B. Sein Leben u. Werk (Budapest 1935, NA ebd. – Kas 1967) (ungar. u. dt.); Das Lautenbuch von Lyon (1553), hrsg. v. I. HOMOLYA – D. BENKÖ (Budapest 1976) (= Opera omnia I).

Lit.: M. BRENET, Notices sur 2 mss. de musique de la Bibl. de Vesoul, in: RM 1901–02; O. GOMBOSI (s. o.).

BALAFON, Balafo, Bala, Melodie-Schlaginstrument Zentral- und Ostafrikas, das durch Sklaven nach Mittelamerika kam und als Volksinstrument besonders in Guatemala als ↗Marimba bekannt ist. Das afrikanische B. (Sudan, Kongo) ist sehr alt. Es kommt in vielen Varianten vor. Bei den Mandigos in Kamerum wird es *Balak,* bei den Zulus *Isambilo,* in Süd-Afrika *Silimba* genannt. Vom B. stammt das europäische Xylophon ab. Das B. in seiner am weitesten verbreiteten Form besteht aus 15 Hartholzstäben von unterschiedlicher Länge (zwischen 27 und 37 cm), die in einem bogenförmigen Rahmen angeordnet und durch Bastkordeln o.ä. befestigt sind. Dadurch entsteht an den beiden Enden der Stäbe jeweils ein (meist nicht fester) Auflagepunkt, dessen Entfernung vom jeweiligen Ende des Stabes immer ca. zwei Neuntel der Stablänge beträgt. Die Stäbe sind annähernd diatonisch gestimmt und werden mit zwei Holzklöppeln geschlagen, die mit Leder oder Stoff, neuerdings auch mit Gummi umkleidet sind. Jeder Stab besitzt eine eigene Resonanzkalebasse aus Kürbisschale oder aus ausgehöhltem Zedernholz. Die Kalebassen sind in der Mitte unterhalb der Klangstäbe befestigt. Ihr Durchmesser beträgt in der Regel 10 cm. Die Öffnungen der Kalebassen werden bisweilen mit Spinnengewebe verstopft, dessen Schwingungen akustisch noch ungeklärt sind. Das B. wird zum Spielen auf einer Bambusunterlage auf den Boden gelegt. Es gibt auch eine tragbare Form, bei der sich der Spieler die Klangstäbe mit den Resonatoren mit Hilfe eines biegsamen Zweiges um den Hals hängt (Äquatorial- und Südafrika).

Lit.: A. SCHAEFFNER, Origine des instr. de musique (P 1936, NA P – Den Haag 1968).

BALAKIREW, Mili Alexejewitsch, * 21. 12. 1836 (2. 1. 1837) Nischni-Nowgorod, † 16. (29.) 5. 1910 St. Petersburg; russischer Pianist, Dirigent und Komponist. Seit 1855 in St. Petersburg ansässig, übte er von dort einen nachhaltigen Einfluß auf die Entwicklung der russischen Musik aus. Er wurde Lehrer und geistiger Führer von vier jungen Komponisten, die er seit 1857 um sich scharte (zuerst Cui und Mussorgski, 1861 Rimski-Korsakow, 1862 Borodin). Diese als „das mächtige Häuflein“, als „Novatoren“, „Jungrussen“ oder auch einfach als ↗„Gruppe der Fünf“ bekannt gewordenen Komponisten erstrebten in der Nachfolge Glinkas, aber auch in Anlehnung an Chopin, Berlioz und Liszt, eine nationalrussische Musik auf der Grundlage der Volksmusik. B. setzte sich denn auch nachdrücklich für die Verbreitung der Werke Glinkas ein, dessen beide Opern *Ein Leben für den Zaren* und *Ruslan und Ludmilla* er 1867 in Prag dirigierte. 1862 gründete er mit G. J. Lomakin in St. Petersburg die „Musikalische Freischule“, eine kostenlose Musikschule. 1867–69 dirigierte er die Konzerte der Kaiserlich-Russischen Musikgesellschaft und 1883–94 die Hofsängerkapelle. B.s Orchesterkompositionen begegnet man heute kaum noch. Von seiner Instrumentalmusik ist am bekanntesten seine virtuose Klavierphantasie *Islamej.*

WW: **1) Instr.-WW:** Für Klv.: *Islamej* (1869), orientalische Fantasie (Mos 1870, 1902, H 1902), v. S. M. Ljapunow instrumentiert; *Toccata* (1902); Walzer, Mazurkas, Nocturnos, Scherzi usw.; für Orch.: Ouvertüre über ein spanisches Marschthema (1857, 2. Fassung 1886); Ouvertüre über drei russische Themen (1858) (Mos 1882); *Tamara*, symphonische Dichtung (ebd. 1884); *Tausend Jahre* (1862–64) (St. Petersburg 1869), Ouvertüre, 2. Fassung: *Russ* (1882–87) (Mos 1890, 1894, 1907); 1. Symphonie in C-Dur (1862–98) (L 1899, 1901); 2. Symphonie in d-moll (1900 bis 1908) (L 1908); *Suite* (1901–08), v. Ljapunow vollendet (unveröff.); *Chopiniana* (1908), Suite (L 1909); Klavierkonzert (1862), v. Ljapunow vollendet (Mos 1952); 2. Klavierkonzert, v. Ljapunow vollendet (L 1911). – **2) Vokal-WW:** Romanzen, Lieder u. Chorstücke; Slg. russischer Volkslieder für Gesang u. Klv. (St. Petersburg 1866, L 1898, Mos 1957); 30 russische Volkslieder für Gesang u. Klv. zu 4 Händen (St. Petersburg 1899, Mos 1907, 1957); Kantate zur feierlichen Einweihung des Glinka-Denkmals in St. Petersburg (L 1904). – **3) Bühnen-WW:** Musik zu Shakespeares Tragödie *King Lear* (1859–61) (L 1906).

Lit.: M. A. BALAKIREW, in: Russkaja muzykalnaja gazeta (1910) (Autobiographie); G. ABRAHAM, B.'s Symphonies, in: ML 14 (1933); G. KISSELJEW, M.A.B. (Mos–Leningrad 1938); V. MUZALEWSKI, M.A.B. (Leningrad 1938) A. KANDINSKI, Les œuvres symphoniques de B. (Mos 1950); V. I. SEROFF, The Mighty Five (NY 1948), dt. Übers.: Das mächtige Häuflein (Z 1963, ²1967); G. FEDOROWA, M. A. B. (Mos 1951); E. SCHMITZ, Das mächtige Häuflein (L 1955) (= Musikbücherei für jedermann IV); E. GARDEN, B. (Lo 1967).

BALALAIKA (russ.), volkstümliches, gitarrenähnliches Zupfinstrument, das Nationalinstrument Rußlands. Die B. hat einen meist dreieckigen, leicht gewölbten Resonanzkörper aus Tannenholz mit flachem Rücken. Die Decke ist von einer Rosette durchbrochen. Der lange, am Wirbelkasten leicht

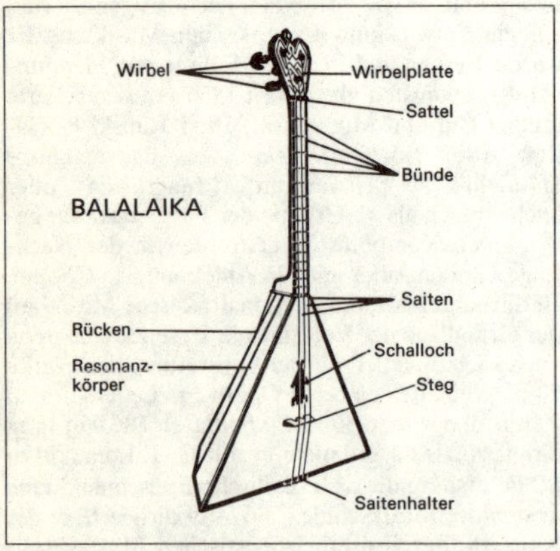

abgeknickte Hals hat 4–21 Darmbünde. Von den 3 (ursprünglich 2) Saiten, die meist mit einem Plektrum angerissen werden, sind zwei gleich gestimmt, die dritte ist eine Quart höher gestimmt. Zur B.-Familie gehören Instrumente unterschiedlicher Größe. Die B. wird mit ihrem tremoloartigen Klang zur Volkslied- und Tanzbegleitung benutzt.

Lit.: A. ROSE, The B., in: Proc. Mus. Assoc. 27 (1900); A. A. NOWOSELSKIJ, Otscherki po istorii russkich narodynch mus. instr. (Mos 1931); A. S. ILJUCHIN, Schkola dlja b. (Mos–Leningrad 1947).

BALANCHINE, George (eig. Georgij) **Melitonowitsch** (eig. Balantschiwadse), * 9. (22.) 1. 1904 St. Petersburg, † 30. 4. 1983 New York; russ. Tänzer und Choreograph. 1914 trat er in die Kaiserliche Ballettschule ein, tanzte dann im Ballett des Marijnski-Theaters und studierte Musik am Kons. seiner Vaterstadt. 1925 engagierte ihn Diaghilew als Tänzer und Choreographen für seine „Ballets Russes". Hierfür choreographierte er u. a. *Apollon Musagète* (1928) von Strawinski, mit dem er seitdem besonders eng zusammenarbeitete. Nach dem Tode Diaghilews (1929) wurde er Ballettmeister erst der Pariser Oper, dann in Kopenhagen, 1932 Choreograph der „Ballets Russes" in Monte Carlo. Anschließend gründete er in Paris eine eigene Gruppe, „Les Ballets 1933". 1934 ging er in die USA, um die Leitung der „School of American Ballet" in New York zu übernehmen. Als Ballettmeister der Metropolitan Opera arbeitete er fortan mit verschiedenen selbständigen Gruppen. 1939 wurde er amerikanischer Staatsbürger. Aus der Ballet Society von 1946 ging das „New York City Ballet" hervor, das er zu weltweitem Ruhm führte. In den letzten Jahren hat B. choreographisch auch an der Hamburgischen Staatsoper und an der Deutschen Oper in Berlin gearbeitet. B. gehörte zu den bedeutendsten Choreographen des Balletts, das er bei zunehmender Betonung des Tänzerischen vom Realismus weg zu einer neuklassischen Richtung führte.

BALBASTRE, Claude, * 22. 1. 1727 Dijon, † 9. 5. 1799 Paris; frz. Organist und Komponist. Sohn eines Organisten. 1750 kam B. nach Paris und wurde Schüler J.-Ph. Rameaus, der ihm die Transkription der Ouverture zu *Pygmalion* übertrug. 1756 wurde er Organist an St-Roch, darauf an der Abtei Panthémont, 1760 an Notre-Dame, wo er bis zur Revolution die Zuhörer durch sein Orgelspiel während der Messe so begeisterte, daß er sich zweimal ein erzbischöfliches Verbot zuzog. Seit 1766 war er nacheinander auch Hoforganist des Bruders des frz. Königs, Cembalolehrer Marie-Antoinettes und des Herzogs von Chartres, schließlich Organist an der Chapelle Royale. Nach dem Sturz der Monarchie schuf er Gelegenheitskompositionen für revolutionäre Feste.

WW: *Pièces de clavecin avec deux fugues pour l'orgue* (1748) (hsl.); *Pièces de clavecin 1er Livre* (P 1759); *Recueil d'Airs choisis de Noëls formant 4 Suites avec des variations, pour le clavecin ou le fortepiano* (P o.J.); 4 *Sonates en quatuor pour le clavecin ou le fortepiano avec accompagnement de 2 vl., une basse et 2 cors ad lib.*, op. 3 (P o.J.); *Marche des Marseillais et l'air „Ça ira" arrangés pour le piano-forte* (o.O. o.J.); einige kleine Arien in: Recueil d'Ariettes choisies (P um 1781); 14 Orgelkonzerte, zw. 1755 u. 1767 geschrieben, sind verschollen.

Ausg.: *Trois morceaux de piano du répertoire de Madame Sarvady* (P 1863); *Maho, romance de Balbastre*, für Vc. u. Klv. (P 1926); *2 Noëls* (P o.J.); *Livre de Noëls I–III* für Org., hrsg. v. J. BONFILS – G. LITAIZE, in: L'organiste liturgique 48, 52 u. 55/56 (P 1968–69).

Lit.: CH. POISOT, Essai sur les musiciens bourguignons (Dijon 1854); M. BRENET, La jeunesse de Rameau (P 1902); J. GARDIEN, L'orgue et les organistes en Bourgogne et Franche-Comté (P 1943).

BALBI, 1) Ludovico, OFM, * 1545 Venedig, † 1604 ebd.; it. Komponist. Schüler von C. Porta, war er seit 1570 Sänger an San Marco, seit 1578 Kapellmeister an der Chiesa dei Frari in Venedig. 1585–91 Kapellmeister an San Antonio in Padua. Seit 1594 wirkte er am Dom in Feltre, 1597–98 am Dom in Treviso.

WW: 2 Bücher 4st. Madrigale (V 1570 u. 1576); 2 Bücher *Ecclesiasticarum cantionum a 4 v.* (V 1578 u. 1587); 2 Bücher 5st. Messen (V 1580 u. 1595); *I Capricci*, 6st. (V 1586); *Musicale esercizio*, 6st. (V 1589); *Messe e motetti con il Te Deum a 8 v.* (V 1605); *Completorium*, 12 St. für 3 Chöre (V 1609).

2) Luigi (Aloysius Balbus), Neffe und Schüler von 1); it. Komponist. Er war Sänger an San Antonio in Padua, seit 1857 wahrscheinlich Kapellmeister an S. Maria della Carità in Venedig. 1590 wurde er Kapellmeister in Zara, 1606 an Ca' Grande in Venedig, 1615–21 an San Antonio in Padua. Seine 1–8st. *Ecclesiastici concentus* (Concerti ecclesiastici) für 3 Chöre (V 1606) wurden lange Zeit Ludovico B. zugeschrieben.

Lit.: G. TEBALDINI, L'archivio musicale della Cappella Antoniana (Padua 1895); R. CASIMIRI, Musica e musicisti nella Cattedrale di Padova, in: Note d'Archivio 18 (1941); G. D'ALESSI, La Cappella musicale del Duomo di Treviso (Treviso 1954).

BALBI, Melchiorre, * 4. 6. 1796 Venedig, † 21. 6. 1879 Padua; it. Komponist und Musiktheoretiker. Schüler u.a. von A. Calegari in Padua. 1818–53 wirkte er als Kapellmeister an den beiden Theatern von Padua, danach als Kapellmeister an der Basilika S. Antonio.

WW: Kompositionen: Messen; *Requiem* zum Tod v. G. Rossini (1868); *Magnificat; Miserere;* Psalmen; Offertorien; 3 Opern: *La notte perigliosa*, UA: Padua 1820; *L'Abitator del bosco*, UA: ebd. 1821; *L'Allagio militare*, UA: ebd. 1825. – Schriften: *Grammatica ragionata della musica* (Mi 1845); *Cenni biografici di illustri scrittori e compositori di musica padovani* (Padua 1851); *Nuova scuola basata sul sistema semitonale equabile* (Mi 1872); *Nuvo sistema armonico...* (Padua 1877).

BALDWIN, John, † 28. 8. 1615 London; engl. Komponist. Von ihm sind einige Motetten hsl. erhalten; er ist ferner als Schreiber der Virginal-Hs. mit Werken von W. Byrd, *My Ladye Nevells Book* (1591), bekannt.

Ausg.: Ein 4st. *In nomine*, in: In nomine. Altengl. Kammermusik, hrsg. v. D. STEVENS (Kas 1967) (= Hortus mus. 134).

Lit.: E. BRENNECKE A Singing Man of Windsor, in: ML 33 (1952).

BALFE, Michael William, * 15. 5. 1808 Dublin, † 20. 10. 1870 Rowney Abbey (Hertfordshire); irischer Sänger und Komponist. 1827–29 war er 1. Bariton an der von Rossini geleiteten Italienischen Oper in Paris, danach war er engagiert in Palermo, wo auch eine erste eigene Oper von ihm aufgeführt wurde, an der Mailänder Scala und in Bergamo. Seit 1833 lebte er wieder hauptsächlich in England, wo er als Sänger und Opernkomponist gefeiert wurde. Zahlreiche Reisen führten ihn zu Aufführungen seiner Werke u.a. nach Paris, St. Petersburg und Berlin. 1845–52 war er Dirigent an Her Majesty's Theatre in London. Von seinen zahlreichen Opern auf frz., engl. und it. Libretti war *The Bohemian Girl* (UA London 1843) am erfolgreichsten; sie wurde auch ins Deutsche übersetzt *(Die Zigeunerin).*

Lit.: C. L. KENNEDY, A Memoir of M.W.B. (Lo 1875); W. A. BARNETT, W.B. (Lo 1882).

BALG, Blasebalg, Windsack aus Leder, in einfachster Form bei der ↗Sackpfeife, von wo er in den Orgelbau (↗Orgel) übernommen wurde. Man unterscheidet bei der Orgel den ein- oder mehrfaltigen *Schmiede-* oder *Falten-B.*, den *Span-* oder *Keil-B.* mit Holz-(Span-)Brettchen in Scharnierform, wodurch der B. verschieden große Keilgestalt bekommt (er löste gegen Ende des 14. Jh. den Schmiede- oder Falten-B. ab, mit dem nur ein ungleichmäßiger Windstrom zu erzielen war), seit dem 19. Jh. ferner den faltenlosen *Kasten-B., den Schöpf-B.*, den als regulierender Windvorratsbehälter durch Schöpfbälge oder elektrisch angetriebene Schleudergebläse mit Luft versorgten *Magazin-B.*, den Windschwankungen ausgleichenden *Konkussions-* oder *Ausgleichs-B.;* der Gestalt nach gibt es *Parallel-* und *Querbälge*, der Bedienung nach *Hand-* und *Trittbälge*. Handbälge werden verwendet bei der Handharmonika, beim ↗Bandonion und beim ↗Akkordeon, außerdem bei ↗Portativ, ↗Regal und ↗Positiv.

BÄLGETRETER ↗Kalkant.

BALI ↗Indonesien.

BALKANLIEBE (Die Gräfin von Durazzo), Operette in 4 Bildern von Rudolf Kattnigg (1895 bis 1955), Text von E. Kahr und Bruno Hardt-Warden. Ort und Zeit der Handlung: im illyrischen Karst, Venedig, Tirol; zu Anfang des 20. Jh. UA: 1937 in Leipzig.

Musikalisch wird der Schauplatz durch südslawische und italienische Stimmungselemente nachempfunden. Auch die Personen der Operette sind durch die Musik einprägsam charakterisiert. Im Mittelpunkt der Handlung steht der Machtkampf um den Thron von Illyrien, den die Gräfin von Durazzo usurpiert hat. Marko Franjopan, der rechtmäßige Fürst, erobert das ihm entrissene Land zurück und gewinnt dadurch Zlata, die Tochter seines Verbündeten Branko Juranitsch. Für das komische Element der Operette sorgt die bekannte Wiener Witzfigur Graf Bobby. Höhepunkt, musikalisch wie dramatisch, ist das zu mächtiger Ensemblewirkung gesteigerte Finale des 3. Bildes. *Leise erklingen die Glocken vom Campanile* blieb bis heute das bekannteste Lied des Werkes.

S. KUROCK – R.-M. SIMON

BALLADE (frz., von provenzalisch baler = tanzen). **1)** Literarische und musikalische Gattung, die in Frankreich seit dem 13. Jh. zunächst von Adam de la Halle († um 1288) und J. de Lescurel († 1303) gepflegt wurde und ihre Blütezeit im 14. Jh. bei G. de Machaut, Eustache Deschamps und Anfang des 15. Jh. bei Christine de Pisan und Charles d'Orléans erreichte. Der Name verweist auf den Ursprung als Tanzlied. Die B. scheint sich aber sehr schnell zu einer eigenen literarischen Form verselbständigt zu haben, die zunächst einstimmig, dann mehrstimmig vertont wurde. Die für die B. als lyrische Gattung typische Form findet sich erstmals 1392 in *L'Art de dictier et de fere chansons, balades, virelais et rondeaux* von Eustache Deschamps. Sie besteht aus 8 Versen, deren Refrain reimgleich mit dem Vorvers ist. Einer Strophe entsprechen zwei musikalische Perioden: die erste wird wiederholt (Stollen), die zweite, der häufig am Ende der Refrain folgt, erscheint nur einmal (Abgesang). So ergibt sich also die Form AAB oder AABR für jede Strophe. Einige Formvarianten finden sich z. B. bei Machaut: In seinen 42 Balladen enthalten die meisten Strophen zwei Verspaare, auf die 3, bisweilen auch 4 oder 5 Verse folgen. Die B. besteht gewöhnlich aus 3, seltener aus 5 Strophen zu je 7, 8, 9 oder 10 Versen. Das ↗Envoi (Geleitstrophe) fehlt, vor allem in den älteren Balladen. Zur Zeit Eustache Deschamps' war es nicht verbindlich; bei Christine de Pisan findet es sich fast immer, während Jehan le Sénéchal dem älteren Vorbild folgte. Vertont wurde nur eine Strophe und dem Sänger die Silbenverteilung der anderen Strophen anheimgestellt; das Envoi entfällt (G. Binchois, *Deuil angoisseux, rage desmesurée*, auf einen Text von Christine de Pisan). Bei dem Dichter-Musiker G. de Machaut bilden Text und Musik eine besonders enge Einheit.

Zwischen Ballade, ↗Virelai und ↗Rondeau besteht zwar eine Verwandtschaft, doch haben sich diese Formen sehr unterschiedlich entwickelt. Während die Blütezeit der B. zu Ende ging, erfreuten sich Rondeau, ↗Bergerette und Virelai in der 2. Hälfte des 15. Jh. noch großer Beliebtheit. Die lyrische Gattung der B. wurde nach kurzer Zeit durch die bedeutenden Dichter der sog. Rhétoriqueur-Schule wieder aufgegriffen: In *Faictz et ditz* von Jean Molinet finden sich mehrere Beispiele, von denen einige sehr sorgfältig ausgearbeitet sind. Es ist aber bemerkenswert, daß eher die Rondeaux dieses Dichters vertont wurden *(Ame qui vouldra, Tant ara mon cueur sa plaisance)*. Während die B. von den Dichtern dieser Schule und ihren Schülern gepflegt wurde, so von Cl. Marot und Octovien de Saint-Gelays, wurde sie von der Dichterschule der Pléiade im 16. Jh. radikal abgelehnt (wie auch andere poetische Gattungen und Formen der älteren französischen Literatur). Was die Überlieferung der B.n angeht, so ist hier außer auf die B.n von Machaut für das 15. Jh. auf die entsprechenden Werke in der Hs. Chantilly, Musée Condé Ms. 564 zu verwiesen. Sie enthält B.n u. a. von Solage, J. Cuvelier, J. Galiot und J. de Senleches. In der Hs. Oxford, Bodl. libr. Ms. Can. misc. 213 (um 1424) sind viele B.n überliefert, darunter Unica von G. Binchois und G. Dufay. Die B.n des 14. Jh. haben fast alle amourösen Inhalt. Sie besingen die Liebe, die „große Sehnsucht" des Liebhabers nach der Geliebten, sein Schmachten in der Ferne, die „schweren Qualen", die er erleidet. Bisweilen leuchtet im Text ein Hoffnungsschimmer auf, aber nur selten werden Gefühle überschäumender Freude ausgedrückt. Die Grundhaltung ist melancholisch. Sie ist jedoch nicht nur für die B. charakteristisch. Was diese gegenüber anderen Gattungen auszeichnet, ist die subtile Behandlung von Text und Musik, eine Verhaltenheit, die Gefühle andeutet, aber nicht exaltiert.

G. THIBAULT

2) Als *Ballad* wurde in England seit dem 14. Jh. eine ursprünglich gesungene Erzählung in Form eines Strophenliedes bezeichnet, die im 14. Jh. von Musikern, Spielleuten und fahrenden Sängern gepflegt wurde. Komponisten der elisabethanischen Zeit griffen nicht mehr auf diese Form zurück. Später bezeichnete Ballad verschiedene Formen erzählender Lyrik und Lieder, in der viktorianischen Zeit vor allem Lieder volkstümlichen, gefühlvollen Inhalts.

3) Vertonung eines epischen Gedichts mit meist sagenhaftem Inhalt als Sololied oder Chorlied. Die B. als literarische Gattung entwickelte sich im letzten Viertel des 18. Jh. unter dem Einfluß der englischen Ballad (weniger der französischen B.) vor allem in Deutschland. Balladen finden sich, beeinflußt von J. G. Herder, in der Dichtung des „Sturm und Drang" (Goethe, Schiller, G. A. Bürger). Sie wurden häufig in Strophenform und mit Klavierbegleitung vertont (↗Lied). Einflüsse kamen auch von der Oper und dem Melodrama. In der Instrumentalbegleitung findet sich häufig eine tonmalerische Interpretation der Texte. Die B. erreichte einen Höhepunkt im 19. Jh. Bedeutende Balladen-Komponisten sind u. a. K. Fr. Zelter *(Johanna Sebus; König in Thule)*, Chr. G. Neefe, J. André *(Lenore)*, J. R. Zumsteeg *(Lenore)*, Fr. Schubert *(Der Erlkönig; Ritter Toggenburg; Der Schatzgräber; Edward; Der Tod und das Mädchen)*, R. Schumann *(Blondels Lied; Die rote Hanne)*, J. Brahms *(Das Lied vom Herrn von Falkenstein)*, H. Wolf *(Der Feuerreiter)*. Hauptvertreter der deutschen B. wurde C. Loewe (u. a. *Edward; Erlkönig; Archibald Douglas; Heinrich der Vogler)*. Auch wurden im 19. Jh. Chor-Balladen (a cappella oder mit Klavier- bzw. Orchesterbegleitung) komponiert, u. a. von R. Schumann, F. Mendelssohn, N. W. Gade, E. Humperdinck, in neuerer Zeit von H. Distler *(Der Feuerreiter)*. B.n finden sich auch in der Oper, vor allem in Wagners *Der Fliegende Holländer* (wo die B. der Senta das dramatische und musikalische Zentrum der ganzen Oper ist), ferner in Gounods *Margarete* (B. vom König in Thule) und in Mussorgskis *Boris Godunow* (B. des Warlaam).

M. HONEGGER

4) Unter dem Vorbild der B. als literarisch-musikalischer Gattung entstand im frühen 19. Jh. die instrumentale B. (vornehmlich im Bereich der Klaviermusik). Sie ist wie das ↗Charakterstück in ihrer musikalischen Form frei. Erste Beispiele finden sich in den Rhapsodien von V. J. Tomášek und J. V. Voříšek. Später gibt es auch B.n, denen bestimmte literarische B.n als Vorwurf dienten (z. B. teilweise die B.n von Chopin und Brahms). Dagegen liegen den beiden B.n von Liszt keine bestimmten Programme zugrunde. Von den übrigen Vertretern dieser Gattung, in die bisweilen auch die Folklore Eingang fand, sind u. a. St. Heller (op. 115), A. Liadow (op. 21), Cl. Debussy und Max Reger (op. 25) hervorzuheben. Die dreisätzige *Ballade* für Klavier und Orchester op. 19 von G. Fauré entwickelt sich vom Elegischen bis zur Virtuosität. Sie war Vorbild für die polytonale, kontrastreiche Orchester-Ballade von D. Milhaud (1920). Orchester-B.n schrieben ferner S. Tanjew, J. Ibert, O. Respighi und A. Glasunow, Programm-B.n A. Rubinstein (op. 91), C. Saint-Saëns (op. 59) und V. Nowak (op. 2).

R. SIETZ

Ausg.: **1)** CH. DE PISAN, Œuvres poétiques, hrsg. v. M. Roy (P 1896); J. F. – C. STAINER, Dufay and his Contemporaries (Lo 1889, Faks.-Nachdr. A 1963); Sechs Trienter Codices, in: DTÖ 7 (1900) u. 11 (1904); J. LEGRAND, Des rimes, hrsg. v. M. E. Langlois, in: Recueil d'Arts de la 2de rhétorique (P 1902); u. J. MOLINET, L'Art de rhétorique, hrsg. v. dems., in: ebd.; J. WOLF, Gesch. der Mensural-Notation 1250–1460, 3 Bde. (L 1904); J. LE SENESCHAL, Les 100 ballades, hrsg. v. G. Raynaud (P 1905); G. DE MACHAULT, Poésies lyriques, hrsg. v. V. Chichmaref (P 1909); Le Jardin de plaisance, hrsg. v. E. DROZ – A. PLAGET (P 1910–25); F. GENNRICH, Rondeaux, Virelais u. Balladen, in: Ges. für romanische Lit. 43 (1921) u. 47 (1927); Die Lieder-Hs. des Cardinal de Rohan, hrsg. v. M. LÖPELMANN (Gö 1923); E. DROZ – G. THIBAULT, Poètes et musiciens du XVe siècle (P 1924); J. WOLF, Sing- u. Spielmusik aus älterer Zeit (L 1926); G. DE MACHAUT, Musikalische Werke, hrsg. v. F. Ludwig, 4 Bde. (L 1926–43, ²1954); G. DUFAY, 12 geistliche u. weltliche Werke, hrsg. v. H. Besseler, in: Chw 19 (1932); G. BINCHOIS, 16 Weltliche Lieder, hrsg. v. W. Gurlitt, in: ebd. 22 (1933); J. MOLINET, Les Faictz et dictz, hrsg. v. N. Dupire (P 1939); G. DUFAY, Opera omnia, 6 Bde., hrsg. v. H. Besseler, in: CMM 1 (1947–64); W. APEL, French Secular Music of the Late 14th Century (C/M 1950); G. DE MACHAULT, Œuvres complètes, in: Polyphonic Music of the 14th Century III, hrsg. v. L. Schrade (Monaco 1957); J. DE LESCUREL, The Works, hrsg. v. N. Wilkins, in: CMM 30 (1966); ADAM DE LA HALLE, The Lyric Works, hrsg. v. DEMS., in: ebd. 44 (1967); French Secular Compositions of the 14th Century, 3 Bde., hrsg. v. W. APEL – S. N. ROSENBERG, in: CMM 53 (1970–72). – **2)** English and Scottish Popular Ballads, hrsg. v. F. J. CHILD, 6 Bde. (Boston 1883–98) (nur Texte); J. GOSS, Ballads of Britain (Lo 1937). – **3)** Dt. Volkslieder mit ihren Melodien, hrsg. v. J. MEIER (B 1934 ff.); H. J. MOSER, Das dt. Sololied u. die B. (Kö 1957).

Lit.: **1)** F. LUDWIG, Die mehrstimmige Musik des 14. Jh., in: SIMG 4 (1902–03); O. RITTER, Die Gesch. der frz. Balladenform (Hl 1914); F. LUDWIG, Die geistliche nichtliturgische, weltliche einstimmige u. die mehrstimmige Musik des MA, in: Hdb. der Musikgesch., hrsg. v. G. ADLER (F 1924, B ²1930); W. GURLITT, Burgundische Chanson- u. dt. Liedkunst des 15. Jh., in: Kgr.-Ber. Basel 1924 (L 1925); H. BESSELER, Die Musik des MA u. der Renaissance (Pd 1931); E. DANNEMANN, Die spätgotische Musiktradition in Frankreich u. Burgund vor dem Auftreten Dufays (Str 1936); G. REESE, Music in the Middle Ages (NY 1940); CH. VAN DEN BORREN, Études sur le XVe siècle musical (An 1941); W. APEL, The French Secular Music of the Late 14th Century, in: AMI 17–19 (1946–47); H. BESSELER, Bourdon u. Fauxbourdon (L 1950); A. MACHABEY, G. DE MACHAULT, 2 Bde. (P 1955). – **2)** R. GRAVES, The English B. (O 1927); S. NORTHCOTE, The B. in Music (O 1942; B. H. BRONSON, The Singing Tradition of Child's Popular Ballads (Princeton 1976). – **3)** W. KAYSER, Gesch. der dt. B. (B 1936); M. JARCZYK, Unters. z. deutschsprachigen Chorballade (Diss. B 1978). – **4)** M. AXEL, Die Klavierballade (Diss. W 1934); E. BOUILLON, Zum Verhältnis v. Text u. Melodie in den schottisch-englischen Volksballaden (Diss. Bonn 1960); CH. ENGELBRECHT, Zur Vorgesch. der Chopinschen

Klavierballade, in: The Book of the Internat. Musicological Congress. Warszawa 1960 (War 1960).

G. THIBAULT – R. SIETZ

BALLAD OPERA (engl.), ein Bühnenstück mit komischem und parodistischem Text, das besonders in der 1. Hälfte des 18. Jh. in England beliebt war. Die B. o. bestand aus Gesangsnummern, für die den Texten bekannte und beliebte Melodien unterlegt wurden, und gesprochenen Dialogen. Die große Beliebtheit der B.o. begann 1728 mit *The Beggar's Opera* (Bettleroper) von J. Gay, mit der Musik von J. Pepusch. Sie ist eine Satire im doppelten Sinn: einerseits gießt sie ihren Spott über die Opern Händels bzw. die italienische Oper aus, andererseits verspottet sie die Korruptheit der Regierung, deren Taten sie mit denen der Londoner Unterwelt vergleicht. Der Text von Gay ist elegant und geistvoll. Die von Pepusch ausgewählte Musik der Arien und Chöre umfaßt englische Volkslieder und Melodien von Purcell, von Händel und anderen zeitgenössischen Komponisten. Mehrere Lieder finden sich in *Pills to Purge Melancholy* von Thomas Durfey, einer Auswahl bekannter Arien, die einige Jahre vorher veröffentlicht worden waren. Obwohl die Melodien der *Beggar's Opera* oft als Volkslieder bezeichnet werden, stammt doch über die Hälfte von ihnen von Komponisten des vorhergehenden Jahrhunderts. Das Werk von Gay und Pepusch wurde zu einem der größten Erfolge in der engl. Theatergeschichte. Es begünstigte die Entstehung vieler ähnlicher Werke. Zwischen 1728 und 1740 entstanden über 50 Ballad operas. *The Devil to Pay* von Charles Coffey (1731) wurde auch ins Deutsche übersetzt und 1743 in Deutschland unter dem Titel *Der Teufel ist los* aufgeführt. Das Werk trug zur Entstehung des deutschen ↗Singspiels bei. – *The Beggar's Opera* wurde öfter neu bearbeitet und aktualisiert, u. a. von B. Brecht und K. Weil als *Die Dreigroschenoper* (1928) und von B. Britten (1948).

Ausg.: The B. O., Faks.-Ausg. von 171 Texten, hrsg. v. W. H. RUBSAMEN (NY 1978).

Lit.: F. KIDSON, The Beggar's Opera. Its Predecessors and Successors (C 1922); A. NICOL, A History of English 18th Century Drama 1700–50 (C 1929); E. M. A. GAGEY, B. O. (NY 1937); W. H. RUBSAMEN, The Ballad Burlesques and Extravaganzas, in: MQ 36 (1950); DERS., Mr. Seedo, B. O., and the Singspiel, in: Miscelánea en homenaje a H. Anglès II (Ba 1961); G. HANDLEY-TAYLOR – F. GRANVILLE-BARKER, J. Gay and the B. O., in: Hinrichsen's 9th Music Book (1957) (mit Bibliogr.).

BALLARD, frz. Musikverleger. – **1) Robert (I.),** * Montreuil-sur-Mer, † Anfang Juli 1588 Paris. Gründer des Verlags. Er verband sich mit seinem Vetter, dem Lautisten und Komponisten Adrian Le Roy. 1551 erhielten beide ein Privileg König Heinrichs II. Sie gaben Messen und Motetten von J. Arcadelt, P. Certon, J. Maillard, Cl. de Sermisy, Psalmen von Cl. Goudimel und Cl. Le Jeune heraus, ferner die *Proverbes de Salomon* von Cl. Janequin und Werke von Orlando di Lasso und P. de Ronsard. Nach dem Tode Roberts und Le Roys (1598) erhielt die Witwe Roberts, Lucrèce Dugué, 1607 ein neues Privileg von König Heinrich IV. – **2) Pierre,** Sohn von 1), † Anfang Oktober 1639 Paris. Er veröffentlichte die *Psaumes de David mis en tablature de luth* von G. Bataille, Werke von E. Du Caurroy, J. Titelouze, E. Moulinié und die *Harmonie universelle* von M. Mersenne. – **3) Robert (II.),** Sohn von 2), † Anfang 1673 Paris. Er gab Kompositionen von H. Du Mont, B. de Bacilly sowie die Opern R. Camberts heraus. – **4) Christophe,** Sohn von 3), * 12. 4. 1641 Paris, † Mai 1715 Paris. Unter seiner Leitung erschienen die Opern von J. B. Lully, A. Campra, A. C. Destouches, H. Desmarets sowie zahlreiche Sammlungen von Motetten, Airs à boire usw. Seit 1675 machten ihm andere Verlage, die die Kupferstichtechnik verwendeten, ernsthafte Konkurrenz. – **5) Jean-Baptiste Christophe,** Sohn von 4), * um 1663 Paris, † Anfang Mai 1750 Paris. Unter ihm ging die Blütezeit des Verlagshauses zu Ende. Immerhin erschienen noch bei ihm Kompositionen von S. de Brossard, M.-A. Charpentier, M. R. Delalande, Fr. Couperin, J.-Fr. d'Andrieu, N. Le Bègue, M. Marais, L. Marchand, J. J. C. de Mondonville u. a. sowie die Opern und die theoretischen Schriften J.-Ph. Rameaus. – Sein Sohn **Christophe Jean François** (* um 1701 Paris, † 5. 9. 1765 ebd.) übergab den Verlag an seine Frau und an seinen Sohn **Pierre Robert Christophe,** die ihn bis 1788 leiteten. Danach, zu Beginn des 19. Jh., erfolgte der rasche Niedergang des Unternehmens.

Lit.: A. M. LOTTIN, Catalogue chronologique des libraires et imprimeurs de Paris (1789); M. BRENET, La librairie musicale en France de 1653 à 1790, in: SIMG 7 (1906–07); E. LEBEAU, La bibl. musicale des éditeurs B., in: XVIIe siècle. Bull. de la Soc. d'études du XVIIe siècle (1954); F. LESURE – G. THIBAULT, Bibliogr. des éditions d'A. le Roy u. R. B. (1551–98) (P 1955); H. CHARNASSÉ, Sur la transcription des Recueils de cistre éditeurs par A. le Roy et R. B. (1564–65), in: RBMie 49 (1963); F. LESURE, Un Contrat „d'exclusivité" entre N. Formé et B. (1638), in: ebd. 50 (1964); A. TYSON, The Earliest Editions of Mozart's Duet-Sonata K. 19d, in: MR 30 (1969).

BALLATA (it., von ballare = tanzen), literarische und musikalische Gattung, die seit der 2. Hälfte des 13. Jh. bis ins 15. Jh. in Italien gepflegt wurde. Wie die im 13. Jh. synonym mit B. gebräuchliche Bezeichnung „danza" weist auch die Bezeichnung B. auf den Ursprung als Tanzlied hin. Die B. des

↗Trecento besteht aus Versen von 7 bis 11 Versfüßen; ihre Form entspricht dem des frz. ↗Virelai:

A B¹	B²	A	A
Ripresa	2 Piedi	Volta	Ripresa
	Stanza		

In den Handschriften ist lediglich die Musik der ↗Ripresa (A) und des ersten der beiden Piedi (B^1) notiert; entsprechend muß der Text auf die zwei musikalischen Abschnitte aufgeteilt werden. In der volkstümlichen getanzten B. des 13. Jh., die sich bis in die Zeit Boccaccios erhielt, wurden die ersten Verse, die zum Rundtanz aufriefen und vom Vorsänger gesungen wurden, unmittelbar darauf von allen Tänzern wiederholt (daher der Name Ripresa). Diese gemeinsame Wiederholung ist aus der entwickelteren Form der B. im Trecento verschwunden. Es ist nicht sicher, ob die Ripresa nach jeder Stanza oder Strophe wiederholt wurde. In der getanzten B. enthält die vom Vortänzer gesungene Stanza mehrere kurze Phrasen, von denen die letzte mit der Ripresa des Schlußreimes übereinstimmen mußte. In der ausgearbeiteteren Form besteht die Stanza aus 2 auf die gleiche Musik gesungenen Piedi (B^1 B^2) und der ↗Volta (A), die die Musik der Ripresa wiederaufnimmt. Daß der Schlußreim nun mit der ganzen Ripresa übereinstimmt, geht vermutlich auf den Einfluß des frz. Virelai zurück. Die ältesten Texte der B. (ohne Musik) finden sich in den sog. *Memoriali Bolognesi* (seit 1282). Dante erwähnte die B. in *De vulgari eloquentia* (1304) als Gattung der Kanzone. Seit dem 13. Jh. entstand eine enge Beziehung zur ↗Lauda, die eine entscheidende Rolle für die Entwicklung einer verfeinerten Form der B. im Trecento spielte: durch den nunmehr geistlichen Charakter der B. war die Musik nicht mehr an tänzerische Elemente gebunden und konnte sich freier entfalten. Im 14. und 15. Jh. finden sich auch zahlreiche ↗Kontrafakturen der Lauda. Einstimmige Ballate sind in den Handschriften kaum überliefert. Mit den ersten mehrstimmigen Zeugnissen, die um 1360 in Florenz erscheinen, wurde die B. hier zur meist geschätzten Gattung und verdrängte zunehmend das Madrigal. Ihr wichtigster Vertreter war Fr. Landini, der von den 154 überlieferten B. zwischen 1365 und 1397 141 zwei- und mehrstimmige Stücke komponierte. Während sich seine ersten Stücke Techniken des Madrigals zu eigen machen (z. B. Textierung aller Stimmen), zeigen spätere Kompositionen Einflüsse der frz. Chanson der Ars nova (der Text ist lediglich unter die Sopranstimme gesetzt; Halb- und Ganzschlüsse am Ende der Piedi). Die kurzen Ballate über Sentenzen von Nicolò da Perugia und Andrea dei Servi († 1415) sind charakteristisch für die bürgerliche florentinische Kultur. In Norditalien wurde die B. von Bartolino da Padua, J. Ciconia und A. Zachara da Teramo gepflegt. Von den jüngsten Ballate sind die von G. Dufay und A. de Lantins vertonten Stücke zu nennen. Die B. wurde während des ganzen 15. Jh. und auch später als literarische Gattung weiter gepflegt. Ihre vorherrschende musikalische Stellung verlor sie durch die neue Blütezeit der Lauda und der volkstümlichen ↗Frottola, zweier ihr verwandter Formen.

Ausg.: J. WOLF, Gesch. der Mensuralnotation II/III (L 1904); F. LANDINI, The Works, hrsg. v. L. Ellinwood (C/M 1939); N. PIRROTTA, The Music of 14th Century Italy, in: CMM 8 (1954); Der Squarcialupi-Codex Pal. 87..., hrsg. v. J. WOLF (Lippstadt 1955), vgl. dazu K. VON FISCHER, in: Mf 9 (1956); dass., hrsg. v. L. SCHRADE, in: Polyphonic Music of the 14th Century 4 (Monaco 1958); 3 Stücke daraus, in: Die ma. Mehrstimmigkeit, hrsg. v. H. HUSMANN (1955) (= Das Musikwerk 9); The Works of Francesco Landini, hrsg. v. L. SCHRADE, in: Polyphonic Music of the 14th Century 4 (Monaco 1958); C. CORSII, Madrigale e ballate inedite del Trecento, in: Belfagor 12 (Fi 1959).

Lit.: **1) Grundlegende WW** (Kat. der Ausg. u. Literatur-Verzeichnisse): K. VON FISCHER, Studien zur it. Musik des Trecento u. frühen Quattrocento (Be 1956); V. L. HAGOPIAN, Italian Ars Nova Music. A Bibliogr. Guide to Modern Editions and Related Literature (Berkeley – Los Angeles 1964, ²1973); Hss. mit mehrstimmiger Musik des 14. u. 15. Jh., hrsg. v. K. VON FISCHER – M. LÜTOLF (Mn 1972) (= RISM Reihe B IV/4, Bd. 1–2). – **2) Monographien:** A. DA TEMPO, Delle rime volgari, hrsg. v. G. Grion (Bol 1869); G. DA SOMMACAMPAGNA, Trattato dei ritmi volgari, hrsg. v. G. B. C. Giulari (Bol 1869, Faks.-Nachdr. Bol 1968); S. DEBENEDETTI, Un trattatello del s. XIV sopra la poesia musicale, in: Studi Medievali 2 (1906–07); E. LEVI, Cantilene e b. dei s. XIII e XIV dai „memoriali“ di Bologna, in: ebd. 4 (1912–13); N. PIRROTTA – E. LI GOTTI, Il Sacchetti e la tecnica musicale (Fi 1935); N. PIRROTTA, Lirica monodica trecentesca in: Rass. Mus. 9 (1936); E. LI GOTTI, Strambotti e laude nel travestimento spirituale della poesia musicale del Quattrocento, in: Collectanea Historiae Musicae 1 (Fi 1953); L. MEIERHANS, Die B. (Z 1956); W. T. MARROCCO, The B. A Metaphoric Form, in: AMI 31 (1959); G. CORSI, Madrigali e b. inedite del Trecento, in: Belfagor 14 (1959); DERS., Poesie musicali del Trecento (Bol 1970); K. VON FISCHER, Zum Wort-Ton-Problem in der Musik des it. Trecento, in: FS A. Geering (Be 1970); B. R. SUCHLA, Stud. z. Provenienz der Trecento-Ballata (Kas 1976).

D. BAUMANN

BALLET DE COUR (frz., = Hofballett), eine Gattung, in der Tanz, Musik und Dichtung verbunden waren; sie entstand in Frankreich in der zweiten Hälfte des 16. Jh. und erfreute sich bis zur Mitte des 17. Jh. größter Beliebtheit. Von Einfluß auf die Entstehung des B. d. c. waren auch die Bestrebungen J.-A. de Baïfs und seiner „Académie de Poésie et de Musique“. Das B. d. c. war eine Angelegenheit der höfischen Gesellschaft. Neben wenigen Berufsmusikern wirkten hauptsächlich Mitglieder des Hofadels, auch der König selbst, mit. Außer Tänzen umfaßte das B. d. c. Instrumental- und Vokalkom-

positionen (↗Airs de cour und ↗Récits). Es enthielt, wie die ↗Entremets des 15. Jh., eine Folge von ↗Entrées und wurde durch das Grand Ballet abgeschlossen. Wie im it. Balletto waren die Tanzschritte frei erfunden. Vor der Vorstellung verteilte Textbücher setzten die Zuschauer in die Lage, der Handlung und den Texten zu folgen.
Neben einem wenig entwickelten Typ des B.d.c., der sog. *Ballet-mascarade,* das eine burleske Thematik bevorzugte und ohne besondere Ausstattung getanzt wurde, entstand im letzten Drittel des 16. Jh. als Haupt-Typ das B. d. c. das *Ballet-mélodramatique.* Es zeichnete sich durch eine zusammenhängende Handlung aus und wurde mit großem Aufwand inszeniert. Ein Vorbild dafür war die it. Pastorale; ein entscheidender Einfluß ging aber auch von J.-A. de Baïf und seiner „Académie de Poésie et de Musique" aus. Zu den ersten Werken des B. d. c. gehören *Le paradis d'amour* (1572) und vor allem das *Ballet comique de la Royne* (1581), als dessen Hauptautor der Italiener Baltazarini de Belgiojoso gilt. Diese Werke entsprachen offenbar ganz besonders dem französischen Geschmack, indem sie Auge, Ohr und Verstand gleichermaßen befriedigten. Nachdem man sich während der Religionskriege auf das weniger kostspielige Ballet-mascarade beschränkt hatte, entfaltete sich das Ballett-mélodramatique erneut am Ende der Regierungszeit Heinrichs IV. (*Ballet d'Alcine,* 1610) und unter Ludwig XIII. (*Ballet du Triomphe de Minverve,* 1615; *Ballet de la Délivrance de Renaud,* 1617; *Ballet de l'Adventure de Tancrède en la forest enchantée,* 1619), wobei P. Guédron die ersten beispielhaften dramatischen Solopartien zu verdanken sind. Nach seinem Tod (1620) griff A. Boesset wieder das dem Ballet-mascarade verwandte *Ballet à entrées* auf. Die pastorale Thematik wurde durch buffoneske (*Ballet de la douairière de Billebahaut,* 1627), moralisierende *(Ballet du Sérieux et du Grotesque)* und politische Themen (*Ballet de la Marine,* 1635; *Ballet des quatre monarchies chrétiennes,* 1635) verdrängt. Seit dem *Ballet de la prospérite des armes de France* (1641) im Palais Richelieu wurden die Aufführungen auf eine Bühne verlegt und erhielten einen gewissen öffentlichen Charakter. Die von Mazarin veranstalteten Aufführungen it. Opern regten unter dem Einfluß von J. de Cambefort und Lully (*Ballet de la Nuit,* 1635; *Ballet du Temps,* 1654) eine Erneuerung des Ballet-mélodramatique an. Unter Lully wurde das B. d. c. allein vom Komponisten geschaffen, für den die Musik wichtiger war als die Pantomime.

Ausg. (Texte u. Musik): P. LACROIX, Ballets et mascarades de cour de Henri III à Louis XIV, 6 Bde. (G– Tn 1868–70) (nur Libretti); *Ballet de la Délivrance de Renaud,* hrsg. v. H. PRUNIÈRES, in: Le b. d. c. en France avant Benserade et Lully (P 1914); A. BOESSET, Air aus dem *Ballet de la Reine* (1620) und Récit aus dem *Ballet des Dandins* (1626), hrsg. v. D. Launay (P 1949); B. DE BEAUJOYEULX, *Ballet comique de la Royne,* Faks.-Nachdr. der Ausg. v. 1582 (Tn 1963); Œuvres de R. Ballard pour luth, 2 Bde. (P 1963–64); CHANCY – BOUVIER – BELLEVILLE – DUBUISSON – CHEVALIER, Œuvres pour luth, hrsg. v. A. Souris – M. Rollin (P 1967). – ↗Air de cour (Ausg.).

Lit.: H. PRUNIÈRES, Le b.d.c. en France avant Benserade et Lully (P 1914); TH. GÉROLD, L'Art du chant en France au XVIIe siècle (Str 1921); W. STORZ, Der Aufbau der Tänze in den Opern u. Balletts Lully's (Diss. Gö 1928); M. PAQUOT, Les étrangers dans les divertissements de la cour de Beaujoyeulx à Molière (1581–1673) (Bru 1932); F. YATES, French Acad. of the 16th Century (Lo 1947); A. VERCHALY, Les b. d. c. d'après les recueils de musique vocale (1600–43), in: Cahiers de l'Assoc. Internationale des Études françaises n° 9 (1957); F. LESURE, Le recueil de ballet de M. Henry, in: Les Fêtes de la Renaissance 1 (P 1956); M. MCGOWAN, L'art du b.d.c. en France (1581–1643) (P 1963); M. F. CHRISTOUT, Le b.d.c. de Louis XIV (1643–1752) (P 1967).

A. VERCHALY

BALLETT oder **Ballet** (engl.; von it. Balletto), in England zur Zeit Elisabeths I. und Jakobs I. ein mehrstimmiges Lied leichteren Charakters, auf dessen Refrain, der im allgemeinen auf den Silben *Fa-la-la* gesungen wurde, getanzt werden konnte. – ↗Balletto.

BALLETT (von it. balletto, Diminutiv von ballo = Tanz; engl. und frz.: ballet; it.: balletto; span.: ballet), der in künstlerisch stilisierten Körperbewegungen ausgeführte, meist instrumental, gelegentlich auch vokal begleitete, auf einer ↗Choreographie beruhende Bühnentanz des westlichen Kulturkreises, der sich in der Neuzeit entwickelte. Darüber hinaus bezeichnet B. das einzelne Bühnentanzstück und das Ensemble der Tänzer, auch Compagnie genannt.
Der Ursprung des B.s liegt in den allegorisch-mythologischen Trionfi und in den Hochzeitsspielen, im Karnevalstreiben mit seinen Canti Carnascialeschi, in der Rappresentazione sacra und im Mysterienspiel der Renaissancezeit, in denen das Lebensgefühl des Renaissancemenschen und seine Freude an festlicher Selbstdarstellung zunehmend tänzerischen Ausdruck fanden. Vorformen des B.s entwickelten sich im Rahmen der Veranstaltungen der Akademien und der Feste an französischen und italienischen Fürstenhöfen, die von den durch bestimmte Regeln festgelegten mittelalterlichen ↗Gesellschaftstänzen der ständisch abgegrenzten, gehobenen Bevölkerungsschichten maßgeblich beeinflußt wurden. Diese Gesellschaftstänze wurden im Mittelalter von Laien ausgeführt und von fahrenden Spielleuten bei Hochzeiten, Konzilien u. Reichstagen dargeboten. Ihre Entwicklungslinie

begann im 13. Jh. mit der Estampie, setzte sich fort über die Basse danse, die Branle, Pavane, Gaillarde, Allemande, Sarabande usw. bis zu Menuett, Kontratanz, Walzer, Polka und schließlich bis zu den Schreit- und Lauftänzen unterschiedlicher völkischer Herkunft in der Gegenwart. Außerdem suchten die Akademien wieder eine Verbindung von Dichtung, Musik und Tanz herzustellen, wie sie für die kultischen Feste und das Theater der Antike charakteristisch war.

Das ↗Ballet de cour, das französische Hofballett, das seine Blütezeit von 1580–1660 erlebte, vereinigte vokale und instrumentale Musik, Rezitation, Tanz, Pantomime und zeremonielle Aufzüge. Prachtvolle Dekors und Kostüme sowie spektakuläre Effekte gehörten dazu. Mitglieder der *Académie de Poésie et de Musique* überwachten das Konzept. Maßgebend war ein poetischer Leitgedanke. Aktuelle Anspielungen wurden mythologisch oder allegorisch verfremdet. Das Ballet de cour bestand aus einer gesprochenen oder gesungenen Ouvertüre, einer Folge von ↗Entrées und aus einem abschließenden Ensemble-Auftritt, der von Solo- und Chorgesang, Lautenspiel und Streichinstrumenten begleitet wurde. Das erste B. dieser Art war das *Ballet comique de la Royne* von Beaujoyeulx, das anläßlich der Hochzeit des Duc de Joyeuse mit Mlle. de Vaudemont im Pariser Hôtel de Bourbon im Louvre aufgeführt wurde. Der Handlung lag die Circe-Legende zugrunde. Beaujoyeulx' Choreographie wies als Hauptformen Drei- und Vierecke, Kreise und Spiralen auf. Das Ballet de cour wurde von einem professionellen Tanzmeister geleitet. Die Mitwirkenden gehörten dem Adel an. In den B.-Komödien von Molière, Lully und Beauchamp traten auch französische Könige auf. Der fünfzehnjährige Ludwig XIV. wirkte 1653 erstmals in Lullys *Ballet de la Nuit* mit. Er veranlaßte 1661 die Gründung der *Académie Royale de Danse*. Ihre Aufgabe bestand darin, objektive Maßstäbe zur Vollendung der Tanzkunst zu finden und Tänze zu kodifizieren.

Eine weitere Intensivierung erfuhr das B., als Lully 1672 Direktor der *Académie Royale de Musique* wurde und ihr eine Tanzschule angliederte, die erstmals Berufstänzer ausbildete. Berufstänzerinnen traten zum ersten Mal 1681 in *Le Triomphe de l'Amour* auf, dessen Choreographen Beauchamp und Pecour waren. Lully schrieb die Musik nach dem Libretto von Benserade und Quinault. Erste Primaballerina war Mlle. Lafontaine. In diesem B. wurde erstmals auch ein Pas de deux gestellt.

Eine Entsprechung zum Ballet de cour bildeten am englischen Hof die ↗Masques, die aber mehr literarisch als musikalisch orientiert waren. Diese festlichen Maskenspiele bestanden aus Entrées, dem „grand masque dance" und einer Reihe von anschließenden Gesellschaftstänzen. Seit dem 15. Jh. war in England auch der ↗Morris Dance sehr beliebt, ein Tanz im 2/4- oder 3/4-Takt und mit einem komplizierten Schrittvokabular. Er geht auf die it. ↗Moresca zurück. Als Moresken wurden Ende des 16. Jh. auch die Tanzspiele der Intermedien bezeichnet; sie finden sich in Cavalieris *Rappresentazione di anima e di corpo* (1600) u. als Schlußballett in Monteverdis *Orfeo* (1607).

In Frankreich behauptete sich lange Zeit der Lully-Stil, in dem A. Destouches, J. J. Mouret und A. Campra eine neue Form, das ↗Opéra-ballet, entwickelten. Erstes Werk dieser Gattung ist das 1697 entstandene *L'Europe galante* von A. Houdar de la Motte und A. Campra. Im Opéra-ballet, das der italienischen Da-capo- und Koloratur-Arie einen besonderen Platz einräumte, waren Musik und Tanz gleichberechtigt. Es bestand aus einer dramaturgisch lockeren Verknüpfung von Entrées und Divertissements, die mehr einer Abfolge von Nummern ähnelte. In dieser Form erreichte das Opéra-ballet mit Rameau seinen Höhepunkt. Vom Tänzer wurden vornehmlich Grazie und Eleganz verlangt, doch gab es schon ein spezifisches B.-Vokabular: Entrechats, Sissones, Cabrioles, Jetés, Pirouettes, Coupés, Chassés.

Eine neue Form des B. wurde durch den Engländer J. Weaver (1673–1760), den Italiener D. M. G. Angiolini (1731–1803, seit 1758 in Wien) und den Franzosen J. G. Noverre (1727–1810, 1759–66 in Stuttgart, bekannt durch seine *Lettres sur la danse*), vorbereitet. Sie lösten das B. aus dem engen Rahmen des Divertissements und schufen die Voraussetzungen für das *Ballet d'action*, das dramaturgisch durchgearbeitete *Handlungs-Ballett*. Damit war eine entscheidende Stufe in der Entwicklung des B.s erreicht. Musikalisch wurde diese Entwicklung durch Chr. W. Glucks *Don Juan* (1761) eingeleitet, der einen Markstein in der Geschichte der B.-Musik darstellt. Das Werk, dessen 31 Kompositionsstücke zwischen formalen Tänzen und erzählendem Drama wechseln, stellte die Musik in den Vordergrund, gab aber dem Choreographen G. Angiolini gleichwohl Gelegenheit zu einer B.-Reform im Sinne des Handlungs-B.s, die allerdings nicht so nachhaltig wirkte wie die Opernreform Glucks, da die Oper zu dieser Zeit über das B. dominierte. Mozarts *Les Petits Riens* (1778) und Beethovens *Die Geschöpfe des Prometheus* (1801) blieben im musikal. Schaffen der Wiener Klassiker ebenso Einzelfälle wie Schuberts *Rosamunde*, die keine durchkomponierte Ballett-, sondern nur eine Schauspielmusik ist.

Eine besondere Spielart des Handlungs-B.s, das sog. *Demi-caractère-B.* entstand 1789 mit *La Fille mal gardée* von J. Dauberval (1742–1806), in dessen Choreographie, die sich bis heute lebendig erhalten hat, neben dem klassischen B.-Repertoire für bestimmte Typen und Rollen zusätzlich charakteristische Bewegungen eingeführt wurden. Damit entstand das Fach des Demi-caractère-Tänzers.
Das Ballet d'action wurde von S. Vignanò (1769 bis 1821), dem Schöpfer des Choreodramas, von C. Blasis (1797–1878) in Mailand, von Ch. L. Didelot (1767–1837), der das russische B. reformierte, und von Antoine Bournonville (1760–1843) in Kopenhagen weiter gepflegt. Der Höhepunkt dieser Entwicklung wurde mit F. Taglioni (1777 bis 1871) erreicht, der in Paris die Tanzeinlagen der Opern von Auber, Meyerbeer u. Halévy choreographierte. Spektakulär war der geisterhafte Auftritt liebestoller Nonnen über den Gräbern eines verfallenen Klosters in Meyerbeers *Robert le Diable*.
Das Hauptwerk einer B.-Romantik wurde Taglionis 1832 uraufgeführtes B. *La Sylphide* (Musik von J. Schneitzhoeffer). 1841 schufen J. Corali (1779–1854) und J. J. Perrot (1810–1892) mit der von Heinrich Heine inspirierten *Giselle* (Musik von A. Adam) eine Choreographie, die zum Inbegriff des romantischen B.s werden sollte. In den 30er und 40er Jahren des 19. Jh. erlebte das B., u. a. durch die Ballerinen M. Taglioni, F. Elßler, C. Grisi und F. Cerrito, eine Glanzzeit, an der auch London Anteil hatte. Auguste Bournonville (1805–79) brachte in Kopenhagen das dänische B. zur Blüte, von dessen außerordentlicher Bedeutung die Bournonville-Renaissance des 20. Jh. zeugt.
In der 2. Hälfte des 19. Jh. stand Rußland dank der Wirksamkeit des Franzosen M. Petipa (1818–1910) an der Spitze der B.-Entwicklung. Zunächst Primoballerino in St. Petersburg, dann Assistent von Perrot, choreographierte Petipa nach 1855 für die Kaiserlichen Theater in St. Petersburg und Moskau etwa 50 Ballette. Er wirkte zusammen mit den Komponisten L. Minkus (*Don Quixote*, 1869; *La Camargo*, 1827; *Bajaderka*, 1877; *Kalkabrino*, 1891), R. Drigo (*Der Talisman*, 1889; *Les Millions d'Arlequin*, 1900), A. Glasunow (*Rajmonda*, 1898; *Ruses d'amour*, 1900; *Die Jahreszeiten*, 1900), C. Pugni u. a., vor allem aber mit P. Tschaikowsky, dessen *Dornröschen* (1890), *Nußknacker* (1892) und *Schwanensee* (1895) einen Höhepunkt der spätromantischen B.-Musik darstellen. Obwohl es sich bei *Dornröschen* um ein Auftragswerk nach genauen szenischen Vorschriften des Choreographen Petipa handelt, ist dieses B. mehr als die beiden anderen B.e Tschaikowskys ein geschlossenes Werk von hoher Qualität, das in seiner Bildhaftigkeit die musikalisch-psychologischen Möglichkeiten des B.s nutzt, wenn auch die szenisch-dramaturgische Gestalt nicht zuletzt durch den zeitweiligen Divertissement-Charakter ähnliche Probleme aufgibt wie bei den anderen Tschaikowsky-Balletten. Neben den genannten neuen Werken wurden in dieser Zeit mehrere traditionelle B.e neu einstudiert, u. a. *La Fille du Danube*, *Le Corsaire* (beide 1880), *Paquita* (1891), *Coppélia* (1884), *Le Diable à quatre* (1885), *Esmeralda* (1886) und *La Sylphide* (1892). Von St. Petersburg wurde Moskau beeinflußt, wo A. Gorsky 1898 bis 1924 das dramatische B. reformierte und eine spezifisch russ. Variante schuf, die nach 1917 immer mehr in eine Ästhetik des Realismus überging.
1909 engagierte Serge Diaghilew (1872–1929) als Impresario die besten Tänzer aus Moskau und St. Petersburg für eine russische B.-Stagione in Paris. Aus diesem Kreis wurden wenig später die *Ballets Russes* Diaghilews gebildet, die in den folgenden zwei Jahrzehnten die europäische B.-Szene bestimmten. Diaghilews weit gespannte kulturelle Interessen, sein Spürsinn für Tänzer- und Choreographentalente, die katalysatorische Kraft seiner Persönlichkeit, gepaart mit ungewöhnlichem Organisationstalent, ermöglichten die wohl fruchtbarste Zusammenarbeit zwischen Schriftstellern, Komponisten und Malern im Dienst des B.s, die es je gab. Sie führte zu einer eigenen Form von Gesamtkunstwerk. Unter den Literaten ragte Cocteau hervor; zu den Malern, die Bühne und Kostüme gestalteten, gehörten Benois, Bakst, Roerich, Picasso, Matisse, Laurencin, Derain, Braque, Utrillo, de Chirico und Rouault; als Komponisten wirkten u. a. Strawinski, Prokofjew, Ravel, Debussy, Satie, de Falla, Milhaud und Poulenc mit.
Zusammen mit den sich auf die *Groupe des Six* stützenden *Ballets Suédois* erreichten die *Ballets Russes* einen technischen und künstlerischen Höhepunkt des klassischen B.s, unter dessen Einfluß auch das westeuropäische B., das lange Zeit nur der gehobenen Unterhaltung gedient hatte, künstlerische Seriosität erreichte. Das bedeutendste Faktum dieser Ära ist jedoch die Aufwertung des Choreographen, der erstmals im 20. Jh. zum gleichrangigen Mit-Autor eines B.s wurde. So wirkten bei den *Ballets Russes* eine Reihe bedeutender Chefchoreographen mit: 1909–12 und 1914 M. Fokin, der auf der Linie Viganò-Noverre einer der großen Reformer der B.-Dramaturgie war; 1913 W. Nischinski, Startänzer der Compagnie, der die Choreographie zu Debussys *Prélude à l'après-midi d'un faune* (1912) und *Jeux* (1913) sowie Strawinskis *Le Sacre du Printemps* (1913) entwarf, dessen bahnbrechende Bedeutung erst später erkannt wurde;

1915–20 und 1925–28 Léonide Massine, der die künstlerischen Ausdrucksmöglichkeiten der Charakterkomödie innerhalb des B.s erweiterte und durch seine Symphonischen B.e zur Durchsetzung der konzertanten Musik im modernen B.-Theater beitrug; schließlich 1922–26 Br. Nischinska, die Schwester W. Nischinskis, die schöpferische Vielseitigkeit und rigoroser Stilwille auszeichneten, sowie 1926–29 G. Balanchine (* 1904), der in dieser Zeit seine Freundschaft und kongeniale Zusammenarbeit mit I. Strawinski begründete.

Strawinski ist die zentrale Erscheinung der B.-Musik des 20. Jahrhunderts. Sein erstes Werk ist *L'Oiseau de feu* (1910) in der Choreographie von Fokin; ihm folgten *Pétrouchka* (1911), ebenfalls in der Choreographie von Fokin, und *Le Sacre du Printemps* (1913) in der Choreographie von Nischinski. Alle drei Kompositionen sind als Ganzes entworfene, integrierte B.-Kunstwerke. Mit *Pulcinella* (1920) setzte der Neoklassizismus ein. *Apollon musagète* (1928), von Balanchine choreographiert, bedeutete die Belebung des klassischen Tanzes durch eine moderne Komposition, eine Intention, die durch *Agon* (1957), wieder in kongenialer Zusammenarbeit mit Balanchine, in noch größerem Maße verwirklicht wurde. Strawinski sagte selbst von diesem Werk, daß es keine andere Handlung habe außer dem Tanz. Daneben setzten sich verschiedene Choreographen auch mit den konzertanten Werken Strawinskis auseinander. Strawinski selbst bejahte die Möglichkeit der Choreographie konzertanter Werke, wenn er forderte, die Choreographie müsse ihre eigene Form finden in einer „wie auch immer" gearteten Korrespondenz zur Musik, müsse sie gleichsam verdoppeln.

In Amerika entstanden seit der Jahrhundertwende neue Richtungen, die sich gegen das traditionelle klassische B. absetzten. Isadora Duncan (1877 bis 1927) lehnte den Zwang des klassischen B.s ab, bekämpfte in gleicher Weise Spitzenschuh, Korsage und Tutu (das kurze Ballett-Röckchen) und forderte den sich aus der natürlichen Schönheit des Körpers entwickelnden Tanz der Zukunft. Sie brachte ihre emotionalen, expressiven Choreographien auch nach Europa. Ruth St. Denis leitete mit dem Versuch einer Visualisierung von Musik und mit ihren durch die Kunst des Ostens inspirierten poetisch-sinnlichen Tänzen ebenfalls eine neue Entwicklung ein.

In Europa kämpfte R. von Laban (1879–1958) unter dem Einfluß von I. Duncan für eine Loslösung des Tanzes von anderen Künsten und wurde zum einflußreichsten Anreger des modernen Tanzes, den er als ganzheitliches Geschehen aus der Körpermitte des Menschen hervorgehend verstand.

Der entscheidende Anstoß zur Ausbildung eines nicht akademisch gebundenen Theater-Tanzes ging in Deutschland von der Laban-Schülerin Mary Wigman (1886–1973) aus, zu deren Schülern u. a. H. Holm, Y. Georgi, Gr. Palucca und H. Kreutzberg gehörten. Es entstand der „neue künstlerische Tanz" (Wigman), der auch als *Ausdruckstanz, German Dance, Freier Tanz* und *Plastischer Tanz* bezeichnet wird. Dessen erste europäische Vertreter wurden von E. Jacques Dalcroze beeinflußt, der ein System zur Verfeinerung der rhythmischen Sensibilität durch Übersetzung von Klangereignissen in körperliche Bewegung entwickelte.

In den USA prägten sich verschiedene Formen des *Modern Dance* aus. Hauptvertreterin war Martha Graham (* 1893), die ein eigenes System kodifizierter moderner Technik schuf. Ihre Choreographien sind u.a. durch mythologische Stoffe und psychoanalytische Erkenntnisse beeinflußt. Weitere Richtungen wurden durch José Limon (1908–72) ausgebildet, der auf der Basis einer freieren Modern Dance-Technik arbeitete, und durch Merce Cunningham (* 1919), der mit isoliertem Bewegungsmaterial und aleatorischen Elementen experimentiert.

Parallel zu dieser Entwicklung erfuhr das klassische B. nach dem Tod Diaghilews (1929) in Europa eine Konsolidierung. Unter Serge Lifar erlebte das B. der Pariser Oper eine neue Glanzzeit. In London setzten M. Rambert (* 1888) und N. de Valois (* 1898) die englische Tradition fort *(Royal Ballet, Ballet Rambert).* G. Balanchine gründete in New York die *School of American Ballet,* aus der das *New York City Ballet* hervorging. Zur gleichen Zeit entwickelte sich in der UdSSR ein sozialistisch orientierter B.-Realismus. In Deutschland erlebte das B. erst in den 60er und 70er Jahren eine Blüte, die vor allem dem außerordentlich erfolgreichen Wirken J. Crankos (1927–73) in Stuttgart zu verdanken ist. Weitere bedeutende Choreographen waren in England F. Ashton (* 1904), ein vielseitiger, geschmackssicherer, lyrisch veranlagter Künstler von hoher Musikalität, der dem Londoner *Royal Ballet* zur Weltgeltung verhalf, und A. Tudor (* 1909), ein Meister psychologischer Choreographie. In den USA gehört J. Robbins (* 1918), den ein dynamisches Demi-caractère-Idiom kennzeichnet, zu den schöpferischsten und einflußreichsten Persönlichkeiten des modernen Balletts. Unter den Vertretern des Modern Dance ist neben Martha Graham an erster Stelle der musikalische, phantasie- und humorvolle Paul Taylor (* 1930) zu nennen.

Die B.-Szene der 2. Hälfte des 20. Jh. ist durch Internationalität, insbesondere durch einen inspirierenden Austausch zwischen Amerika und Europa gekennzeichnet. Neueste Entwicklungen wurden von den Mitte der 60er Jahre in Westeuropa gegründeten Avantgarde-Truppen des sog. „Tanztheater"-Typs vorbereitet, die dem Experiment auf der Basis des Modern Dance verpflichtet waren. Zu ihnen gehörten u. a. das *Ballet Rambert* (London), das *Nederlands Dans Theater* (Den Haag) und das *Tanzforum* (Köln). Ihre innovatorische Kraft läßt inzwischen nach. Neue Impulse gehen jetzt von den amerikanischen *New Dance*-Truppen aus.

Am Ende der 70er Jahre stehen Tanztechniken und Stile des klassischen und des modernen B.s nicht mehr unversöhnlich gegen- oder nebeneinander. Viele Choreographien weisen tanztechnische und stilistische Mischformen auf, so insbesondere bei J. Robbins (* 1918), für den L. Bernstein *Fancy Free* (1944) und *The Age of Anxiety* (1953) schrieb, bei G. Tetley (* 1926) und H. van Manen (* 1932). Auch *Primitiv-Tanz, Folklore-Tanz* und *Jazz Dance* beeinflussen in zunehmendem Maße das B.-Theater, ebenso der afro-amerikanische Tanz durch die Bemühungen von Katherine Dunham (* 1912) und Alvin Ailey (* 1931), dem mit seinem ursprünglich rein farbigen *Dance Theatre* eine Synthese aus Elementen des Primitiv-Tanzes, des Modern und des Jazz Dance sowie des klassischen Tanzes gelingt.

Zusammen mit der Entwicklung neuer Stile und Tanztechniken haben sich in der 2. Hälfte des 20. Jh. sehr verschiedene, doch z. T. in der Tradition verwurzelte Typen des B.s herausgebildet: 1. Das *Handlungs-Ballett.* Ihm liegen literarische Vorlagen oder historische Stoffe zugrunde. Daneben gibt es Rezeptionen des romantischen und nachromantischen Handlungs-B.s, meist jedoch konventioneller Art. Grundlegende dramaturgische Neufassungen wurden vor allem durch J. Neumeier (* 1942) durchgeführt. – 2. Das *Collage-Ballett.* Es besteht in einer lockeren Aneinanderreihung teils austauschbarer Elemente oder behandelt in strengerer dramaturgisch durchgeführter Form allgemeine, individuelle, historische oder zeitkritische Themen. Zu seinen charakteristischen Vertretern zählt ebenfalls J. Neumeier. – 3. Die *Ballett-Oper.* Die Sänger sind hier entweder dem Tänzerensemble integriert oder wirken außerhalb der Bühne konzertant mit. Die B.-Oper geht auf die Tragédies lyriques A. Campras, Lullys und Rameaus zurück. In neuerer Zeit sind unter anderen Rimski-Korsakows *Der goldene Hahn,* H. W. Henzes *Boulevard Solitude* und B. Blachers *Preußisches Märchen* zu nennen. Auch klassische Opern werden im Stil der B.-Oper choreographiert, u. a. *Orpheus und Eurydike* von Gluck (Choreographie: Ashton, Wigman, Y. Georgi), *Der Barbier von Sevilla* von Rossini (Choreographie: L. Massine), *Hoffmanns Erzählungen* von J. Offenbach (Choreographie: M. Béjart) und *Orfeo* von Monteverdi (Choreographie: E. Walters). – 4. Das *durchchoreographierte Musical.* Ein typisches Beispiel ist die *Westside Story* in den Choreographien von Robbins und Neumeier. – 5. Das *Ballett-Theater.* Es vereinigt Wort, Tanz, vokale und instrumentale Musik. Als Vorlage dient eine literarische Gestalt oder eine historische Epoche. Beispiele sind *Notre Faust, Le Molière imaginaire* und *Heliogabal* von M. Béjart und seine *Ballets du XXe Siècle.* – 6. Das *konzertante Ballett.* Seine Gestaltungsmöglichkeiten reichen vom Pas seul bis zur Großform des Symphonischen Balletts. Dabei werden einerseits musikalische Strukturen choreographisch ins Optische übertragen (meist bei Balanchine, Robbins und van Manen), andererseits wird die choreographische Umsetzung der Komposition mit thematischen und psychologischen Sinngehalten verknüpft, ohne daß eine erzählbare Handlung sichtbar wird (vor allem bei Neumeier). Neben den Werken klassischer Komponisten wie Vivaldi, Bach, Mozart, Beethoven, Schubert, Schumann, Brahms, Chopin und Debussy werden auch – z. T. eigens für das B. konzipierte – Werke moderner Komponisten choreographiert, darunter Ravel, Satie, Varèse, Messiaen, Milhaud, Bartók, Hindemith, Berg, Webern, Ives, Copland, Boulez, Zimmermann, Berio, Ligeti, Nono, von Einem, Fortner, Henze, Stockhausen und Xenakis. Choreographen wie H. van Manen, die musikalische Strukturen ins Optische zu übertragen versuchen, meiden konsequent unklare Kompositionen, die Klangflächen oder Cluster aufweisen und mit den unterschiedlichsten Geräuschelementen der Alltagswelt versetzt sind.

Ein Außenseiter auf diesem Gebiet bleibt weiterhin M. Cunningham, der sein aleatorisches Choreographieren in Zusammenarbeit mit John Cage übt, aber auch Pina Bausch, die mit ihrem sich immer mehr vom (modernen) Tanz entfernenden Bewegungstheater auch nicht vor der choreographisch-inszenatorischen Zerstörung eines musikalischen Werks zurückschreckt.

Nicht mehr gebräuchlich ist heute die *B.-Pantomime,* eine Gattung, bei der es weniger auf den Tanz als auf die mimische Verdeutlichung einer dramatischen Geschichte ankam. Die frühen ballets d'action, Angiolinis Version von Glucks *Don Juan,* aber auch noch Bartóks *Wunderbarer Mandarin* trugen die Bezeichnung Pantomime.

Lit.: C. F. MÉNESTRIER, Des ballets anciens et modernes selon les règles du théâtre (P 1681, ²1682, Faks.-Nachdr. 1972); O. BIE, Tanzmusik (B o.J.); C. SACHS, Eine Weltgesch. des Tanzes (B 1933); C. W. BEAUMONT, Complete Book of Ballets.

The Guide of the Principal Ballets of the 19th and 20th Centuries (Lo 1937); DERS., Supplements to Complete Book of Ballets (1942 u. ö.); I. STRAVINSKI (Strawinsky), Poétique musicale (1942), dt. Übers.: Musikalische Poetik (Mz 1949, F 1960); J. GREGOR, Kulturgeschichte des Balletts (W 1946); M. BOURGAT, Technique de la danse (P 1946); P. NETTL, The Story of Dance Music (NY 1947); S. LIFAR, Traité de danse académique (P 1951); M. R. HOFMANN, Naissance d'un ballet (P 1954); S. BON, Les grands courants de la danse. Leur histoire aux XVIIe et XVIIIe siècle (P 1954); G. TANI, Le comte d'Aglié et le ballet de cour en Italie, in: Les Fêtes de la Renaissance 1 (P 1956); H. PROEBSTER, Das Ballettlibretto (Diss. Mn 1956); H. SEARLE, B. Music (Lo 1958); R. FISKE, B. Music (1958); H. KOEGLER, B. international (B 1960); L. ROSSI, Storia del balletto (Mi 1961); M. MCGOWAN, L'art du ballet de cour en France 1581–1643 (P 1963); A. MACHABEY, La musique de danse, in: Collection „Que sais-je?" (P 1966); H. SCHMIDT-GARRE, Ballett. Vom Sonnenkönig bis Balanchine (Velber 1966); I. GUEST, The Romantic Ballet in Paris (Lo 1966); F. REYNA, Dictionnaire des ballets (P 1967); A. GOLÉA, Histoire du ballet (Lausanne 1967); H. KOEGLER, Friedrichs Ballettlexikon von A–Z (Velber 1972); Dictionary Catalogue of the Dance Collection, 10 Bde. (Boston 1974); D. MILHAUD, Ma vie heureuse (P 1974); D. MCDONAGH, Complete Guide to Modern Dance (NY 1976); G. BALANCHINE – F. MASON, Balanchine's complete Stories of the Great Ballets (NY [4]1977); H. KOEGLER, The Concise Oxford Dictionary of Ballet (NY–Lo–Toronto 1977).

H. SCHEIER

BALLETTMEISTER ↗Choreographie.

BALLETTMUSIK ↗Ballett.

BALLETTO (it., Diminutiv von *Ballo* und mit diesem auch synonym, = Tänzchen), Bz. für eine musikalische Gattung, die im wesentlichen von G. Gastoldi geschaffen wurde (*Balletti a 5 voci*, 1591) und bald darauf in ganz Europa verbreitet war (Werke von Morley, Vecchi, Haßler u. a.). Es handelt sich dabei um ein strophisches Tanzlied in geradem Takt mit zwei wiederholten Teilen in paariger Taktordnung und homorhythmischer, oberstimmenbetonter Satzweise. Die einzelnen Strophen enden meist mit einem Refrain auf die Silben Fa-la-la … und mit bestimmten rhythmischen Formeln, z. B.

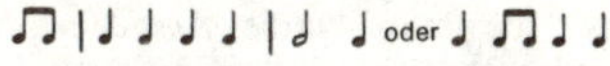

Der B. ist 5st., seltener 2st. und konnte vokal und instrumental aufgeführt werden. Bald nach 1600 gab es jedoch fast nur noch instrumentale Balletti, die aus dem ganzen 17. Jh. als Einzelsätze oder als Suitenbestandteile überliefert sind. In der paarigen Taktordnung (Symmetrie), die für den B. typisch ist, wird erstmals ein rhythmisch-metrisches Gestaltungsprinzip deutlich, das vom 17. Jh. an bis zum 19. Jh. immer stärker in der europäischen Musik, besonders in der Instrumentalmusik, wirksam wurde. – Der B. gehört – mit dem Madrigal – seit den zwanziger Jahren unseres Jh. zum festen Repertoire von a cappella-Chören.

Ausg.: H. L. HASSLER, *Lustgarten*, hrsg. v. F. Zelle, in: PGfM 15 (1887); TH. MORLEY, *1st Book of Balletts to 5 Voices*, hrsg. v. E. H. Fellowes, in: The English Madrigal School 4 (Lo 1913); G. MAINERIO, *Il primo libro de balli* (1578), hrsg. v. M. Schuler, in: Musikal. Denkmäler 5 (1961); G. GASTOLDI, *Balletti a 5 Voci* (1591), hrsg. v. M. Sanvoisin (P 1968).

Lit.: H. BESSELER, Singstil u. Instrumentalstil in der europäischen Musik, in: Kgr.-Ber. Bamberg 1953 (Kas–Bas 1954); D. ARNOLD, Gastoldi and the English Ballett, in: Monthly Musical Record 86 (1956); J. KERMAN, The Elisabethan Madrigal (NY 1962); O. TOMEK, Das Strukturphänomen des verkappten Satzes a tre in der Musik des 16. u. 17. Jh. in: StMw 27 (1966).

BALLIF, Claude, * 22. 5. 1924 Paris; frz. Komponist. Er studierte in Bordeaux, Paris (u. a. bei O. Messiaen) sowie in Berlin (bei B. Blacher und J. Rufer) und errang 1955 den 1. Preis für Komposition beim Int. Musikwettbewerb in Genf. Seit 1964 lehrt er am Kons. in Reims. Als experimenteller Musiker gilt B. als kühner Neuerer. Er praktiziert die offene Form, wendet mathematische Mittel an, erweiterte die Klangpalette und entwikkelte neue musikalische Strukturen. In der von ihm *Metatonalité* genannten Tonsprache soll der Widerspruch zwischen Tonalität und Atonalität und die Diskrepanz zwischen Diatonik und Chromatik aufgehoben werden.

WW: **1) Instr.-WW:** *Solfeggietto* (1961), Solo für Fl., Engl. Horn, V. oder Klar.; *Cahier de Violon* (1963), 5 Stücke für V.; für Klv.: *Airs comprimés* (1952–53); *Pièces détachées* (1952–53); 5 *Sonates* (1957–60); *Bloc-notes* (B–Wie 1961); *Passe-temps n° 1* (1962); verschiedene Kammermusik-WW, darunter *Mouvements pour deux* (B–Wie 1959) für Fl. u. Klv.; mehrere Trios, 3 Streichquartette, mehrere Quintette; für Orchester: *Lovecraft* (1955); *Voyage de mon oreille* (1957); *Fantasio* (1957); *Ceci et cela* (1959–65); *A cor et à cri* (1962). – **2) Vokal-WW:** Versch. Lieder für Gesang u. Klv.; 4 *Antiennes à la Ste Vierge* (1952–65), für 6 Solost. u. 8 Instr.; *Phrases sur le souffle* (1958), Vokalisen für Alt u. 8 Instr.; *Requiem* (1953–68), 5 Chöre, 8 Solisten u. Orch. – **3) Experimentelle Musik:** *Étude au ressort* (1961); *Points, mouvement* (1962). – **4) Schriften:** *Introduction à la métatonalité* (P 1956); *Berlioz* (P 1968).

Lit.: Cl. B., RM (1968) Sonderheft; Cl. B., carnet critique, in: RM (1968) n° 264.

BALL IM SAVOY, Operette in einem Vorspiel und 3 Akten von Paul Abraham (1892–1960), Text von Alfred Grünwald und Fritz Löhner-Beda. Ort und Zeit der Handlung: Venedig, Nizza, Paris; um 1930. UA: 23. 12. 1932 in Berlin (Großes Schauspielhaus). Verfilmt 1934.

In dieser für die dreißiger Jahre typischen Operette wird die Walzerseligkeit früherer Werke des Genres von zeitgemäßen Tanzrhythmen abgelöst. So vom Tango *La bella Tangolita*, vom Quickstep *Es ist so schön am Abend bummeln zu gehn* und vom English Waltz *Toujours l'amour*. Die einfallsreiche Partitur bietet vielfach Gelegenheit zu revuehaften Ballett-Einlagen. Die Handlung ist eine Mischung der Operetten *Die Fledermaus, Die ideale Gattin* und *Der Opernball*. Madeleine, die Ehefrau des Marquis de Faublas, revanchiert sich für die Seitensprünge ihres Mannes durch vorgetäuschte Untreue. Dadurch führt sie selbstverständlich die Versöhnung herbei. Es war die letzte Operette, die Abrahahm in Berlin herausbrachte; seine noch folgenden Werke erlebten im Theater an der Wien ihre UA. Eine englischsprachige Bearbeitung von Oscar Hammerstein II konnte sich nicht durchsetzen.

S. KUROCK – R.-M. SIMON

BALLO IN MASCHERA, UN, Oper von G. Verdi, ↗Maskenball.

BALSAM, Arthur, * 8.2.1906 Warschau; amerik. Pianist poln. Herkunft. Er studierte am Konservatorium in Łodz und an der Hochschule für Musik in Berlin. Bekannt wurde er zunächst als Begleiter der Violinisten Yehudi Menuhin, Nathan Milstein, Erica Morini und Zino Francescatti, spielte mit mehreren Kammermusik-Ensembles (u.a. mit dem Kroll-Quartett und dem Budapester Streichquartett), trat später vor allem solistisch auf, u.a. als Pianist des New York Philharmonic Orchestra. Er lehrte an der Kneisel-Kammermusikschule in Blue Hill (Maine) und an der Manhattan School of Music in New York. B. machte sich als Interpret vor allem Mozarts, Haydns und Beethovens einen Namen.

BALTAZARINI DE BELGIOJOSO (Baldassaro di Belgioioso; Baltasar de Beaujoyeulx), † um 1587 Paris; it. Violinist und Choreograph. Er kam 1557 mit einer Streichergruppe des Gouverneurs von Piemont, Marschall de Brissac, nach Paris und wurde Musiker und Kammerdiener am frz. Hof. Gegen Ende seines Lebens war er Offizier der Königinmutter, Stallmeister und „Seigneur des Landes". Er organisierte zahlreiche Unterhaltungen bei Hofe und war als Choreograph des *Ballet comique de la Royne* (15.10.1581) an der Entstehung der Gattung des Ballet de cour entscheidend mitbeteiligt.

Ausg. (Faks.): *Ballet comique* (Tn 1963).

Lit.: R. ROLLAND, Histoire de l'opéra... avant J.B. Lully (P 1895); H. PRUNIÈRES, Le ballet de cour (P 1914); M. MCGOWAN, L'art du ballet de cour en France (P 1963); G. A. CAULA, B. e il „Ballet comique de la Royne", in: Bibl. degli eruditi e dei Bibliofili 88 (Fi 1964).

BALTZAR (Baltzer, Balthasar, Balshar), **Thomas,** * um 1630 Lübeck, † 24.7.1663 London; dt. Violinist und Komponist. Er stammte aus einer Musikerfamilie, wurde Violinist am Hofe der Königin Christine von Schweden (daher sein Beiname „der Schwede"). Seit 1655 lebte er in London, wo er 1661 1. Violinist in der neu gegründeten Kapelle König Karls II. wurde. In England förderte er durch seine Suiten mit B. c. die Einführung des Basso continuo, dem gegenüber sich die engl. Musik bis dahin zurückhaltend gezeigt hatte. Die Zeitgenossen rühmten seine Virtuosität als Violinist. Einige seiner Werke erschienen nach seinem Tod in den von J. Playford gedruckten Sammlungen *The Division Violin* (RISM 1685^{10}, 1695^{15}). Viele andere sind nur hsl. (Oxford, Bodleian Library) erhalten.

Ausg.: 12 Préludes und Allemande, hrsg. v. K. GERHARTZ (Kö 1921); eine Allemande, hrsg. v. A. SCHERING, in: Gesch. der Musik in Beispielen (L 1931, NA 1953).

Lit.: H. DANKS, Th. B., in: Monthly Musical Record 87 (1957).

BAMBUCO, traditioneller Tanz aus ↗Kolumbien.

BANCHIERI, Adriano, OSB (Olivetaner), * 3.9.1568 Bologna (Taufname Tommaso A., Adriano war sein Ordensname), † 1634 ebd.; it. Komponist, Organist und Musiktheoretiker. Er trat 1587 in das unter dem Namen „Mons Oliveti" bekannte Kloster San Michele in Bosco bei Bologna ein. 1590 legte er dort die Ordensgelübde ab. Kurz darauf wurde er Schüler von G. Guami in Lucca. 1596–1600 und seit 1609 war er Organist an der Kirche seines Klosters in Bologna. Weitere Tätigkeiten als Organist sind nachzuweisen für 1593 (Siena, S. Benedetto), 1600 (Imola, S. Maria in Regola), 1604 (Gubbio, S. Pietro), 1605 (Venedig und Verona). 1608 nahm B. an den Feiern der Heiligsprechung von Carlo Borromeo in Mailand teil. Von dieser Zeit an blieb er in Bologna und wurde eine zentrale Persönlichkeit im musikalischen Leben dieser Stadt; er nannte sich selbst „Adriano da Bologna". 1614 gründete er in seinem Kloster die „Accademia dei Floridi" zur Pflege und Förderung der Musik, die um 1624 in die „Accademia dei Filomusi" umgewandelt und in das Haus des Bologneser Komponisten G. Giacobbi verlegt wurde. B. hatte dort den Akademie-Namen „Il Dissonante". 1620 wurde er Abt seines Klosters. – B. war in seinen Tätigkeiten und in seinem Schaffen außerordentlich vielseitig, er zeichnete sich gleichermaßen durch praktische wie theoretische, literarische wie musikalische, theologische wie philosophische, pädagogische wie erfinderische Fähigkeiten und Leistungen aus. Soweit in der Musik seiner Zeit Neuerungen festzustellen sind: der Generalbaß, die Partiturnotierung, die Taktstrichsetzung, die Verwendung von Lautstärkebezeichnungen, die Einführung einer Benennung für die 7. Stufe der Dur-tonleiter – stets gehörte B. zu den ersten, bei denen diese Neuerungen zu finden waren. – In seiner geistlichen Musik setzte B. zunächst die Tradition des homorhythmischen mehrchörigen Motettenstils nach Art der beiden Gabrieli fort, wandte aber dann seine Aufmerksamkeit mehr der geringstimmigen konzertierenden Motette zu. Besonders originell war sein Beitrag zur Gattung der Orgelmesse in Gestalt einer „motettisch improvisierten Generalbaßmesse" auf der Basis gregorianischer Ordinariumsmelodien (Wilbert). In seiner weltlichen Musik zeigt sich B. vor allem als Schüler O. Vecchis. Mit der von der Commedia dell'arte beeinflußten Madrigalkomödie *Il Festino* schuf er ein bedeutendes Werk, das noch heute den Hörer anzusprechen vermag. Eine wichtige Stellung kommt B. auch in der Frühgeschichte der Fuge und der Sonate zu.

WW (nur die erhaltenen): **1) Geistl. WW:** *Concerti ecclesiastici*, 8st. für Chöre (V 1595); *Salmi a 5 v.*, Vesperpsalmen mit Marianischen Antiphonen (V 1598); *Messa solenne a 8* mit Concerti für das Proprium (V 1599); *Ecclesiastiche sinfonie dette Canzoni in aria francese*, 4st., vokal u. instr. (V 1607); *Gemelli armonici*, 2st. Concerti (V 1609 u. 1622); *Vezzo di perle musicali*, ein- u. mehrst. Concerti, vokal u. instr. (V 1610 u. 1616); *Salmi festivi intieri*, 4st. mit Org. (V 1613); *Terzo libro di nuovi pensieri ecclesiastici*, 1–2st. mit B.c. (Bol 1613); *Due ripieni in applauso musicale*, 8st. für 2 Chöre mit B.c. (Bol 1614); *Sacra armonia*, 4st. mit Org. (V 1619); *Primo libro delle messe e motetti concertato*, 3st. mit Org. (V 1620); *Dialoghi, concerti, sinfonie e canzoni*, 2st. mit Org. (V 1625, Ingolstadt 1629); 4 Messen als Unica in RISM 1628[1]. Weitere WW hsl. erhalten. – **2) Weltliche Vokal-WW:** a) Madrigale und Madrigalkomödien: *Il zabaione musicale* (Mi 1604); *Barca di Venetia per Padova* (V 1605 u.ö.); *Festino nella sera del giovedi grasso avanti cena* (V 1608); *Vivezze di flora e primavera* (V 1622); *Trattenimenti da villa* (V 1630). – b) Canzonetten (3st., teilweise mit B.c.): *Canzonette* (V 1597); *La pazzia senile* (V 1598, 14 Ausg. u. Neuauflagen, u. a. Kö 1601); *Il studio dilettevole* (Mi 1601); *Il metamorfosi musicale* (V 1601 u.ö.); *Virtuoso ridotto tra signori e dame* (Mi 1607, 1628). – Sonstiges Werk: *Il virtuoso ritrovo academico*, Concerti für 1–5 St. oder Instr. (V 1626). – **3) Instrumental-WW:** *Canzoni alla francese* (V 1596); (4st.) *Fantasie overo canzoni alla francese* (V 1603); *Moderna armonia di canzoni alla francese* (V 1612). – **4) Komp. in theoretischen WW:** in *L'Organo Suonarino* (V 1605, weitere Ausg. 1611, 1620 u. 1638): insgesamt 9 Orgelmessen (ohne Gloria), 2 Credo-Sätze, Vesperpsalmen u. -hymnen, Falsi bordoni, Cantica u. Marianische Antiphonen, sämtlich für Org.; in *Cartella musicale* (V 1601 u.ö.): instr. Duos u. 4st. *Canoni musicali; La sampogna musicale* (Bol 1625); *Il principiante fanciullo a due voci* (V 1625). – **5) Weitere theoretische WW:** Schriften über den Gregorianischen Choral u. über die Liturgie, über die Orgel *(Conclusioni del suono dell'Organo*, 1608 u. 1609); *Lettere armoniche* (1628 mit Neuaufl. 1630). – **6) Literarische WW** (veröff. unter dem Pseudonym Camillo Scaligeri della Fratta): Viele szenische und epische WW komischen Charakters und Komödien (u. a. *La nobiltà dell'asino di Attabalippa dal Perù* (1590); *La nobilissima anzi asisissima compagnia delli briganti della bastina* (1597).

Ausg.: *Madrigali a 5*, hrsg. v. VENEZIANI (Mi 1930); *Conclusioni nel suono dell' organo*, Faks. der Ausg. v. 1609 (Mi 1934); *La Pazzia senile*, in: TORCHI Arte mus. IV; *Il Festino*, hrsg. v. B. SOMMA, in: Capolavori polifonici del seccolo XVI, I (R 1939, [2]1956); *La Saviezza giovenile*, hrsg. v. R. ALLORTO (Mi 1965); *Fantasie overo Canzoni alla francese*, hrsg. v. A. VIERENDEELS (Mz 1964); ein Auszug mit 2 Fantasien aus dems. Werk, hrsg. v. R. KING (North Easton/Mass. 1964); 10 Stücke für Org., in: TORCHI Arte mus. III; *Barca di Venezia per Padova*, 5st. (1623), hrsg. v. E. PIATELLI, in: Capolavori polifonici del secolo XVI, IX (1969); 12 Stücke aus der *Cartella musicale* für 2 ungleiche Instr., hrsg. v. H. J. WILBERT (Kas 1969) (= Hortus Mus. 205); *L'organo suonarino*, Faks. der Ausg. Venedig 1605, 1611 u. 1638 (Hilversum 1969) (mit neuer Einleitung v. G. Cattin).

Lit.: M. SCHNEIDER, Die Anfänge des B.c. (L 1918); H. RIEMANN, Gesch. der Musiktheorie (L 1919); F. VATIELLI, Il Madrigale drammatico e A.B., in: Arte e Vita musicale di Bologna I (1927); M. BUKOFZER, Music in the Baroque Era (NY 1947); A. EINSTEIN, The Italian Madrigal (Princeton 1949); D. T. KELLY, The Instr. Ensemble Fantasias of A.B., 2 Bde. (1962) (= Diss. Florida State Univ.); H. J. WILBERT, Die Messen des A. B. (Diss. Mz 1968); O. MISCHIATI, A.B., Profilo biografico e bibliografia delle opere, in: Annuario 1965-70 del conservatorio di musica G.B. Martini di Bologna (Bol 1971); A. CAVICCHI, Elaborazione e struttura nella „Pazzia senile" di A.B., in: ebd. (1971).

BANCQUART, Alain, * 20.6.1934 Dieppe; frz. Komponist. Er studierte 1952–59 am Pariser Conservatoire bei E. Ginot (Bratsche), J. Calvet (Kammermusik), S. Plé-Caussade (Kontrapunkt und Fuge) und bei D. Milhaud (Komposition). 1961 wurde er Solobratscher im Orchester des ORTF. Als Komponist wandte sich B. von Anfang an der seriellen Technik zu. Er experimentierte auch mit Vierteltönen, die er systematisch in seiner Komposition *Palimpsestes* verwendete.

WW: **1) Instr.-WW:** *Écorces I* (P 1965–66), für V. u. Br.; *Thrènes* (P 1967), Streichtrio; *Possibles* (P 1968), für V., Klar. u. Klv.; *Écorces II* (P 1966), für V., Klar., Horn u. Klv.; *Sonate* für Fag. u. 9 Instr. (P 1963–64); für Orch.: *Symphonie* (P 1963–64); *Passages* (P 1966); *Palimpsestes* (P 1968), für Blasinstr., Schlagzeug u. 2 Harfen; *Concerto pour alto* (P 1965); *La Naissance du Geste* (P 1962), für Klv. u. Streichorch. – **2) Vokal-WW:** *Ombre éclatée* (P 1967), für Mezzosopran u. Orch.; *Cantate* für Chöre u. 6 Instr.

BAND (engl.), seit der Frühphase des Jazz Bz. für ein kleines instrumentales Ensemble. Für die größeren Gruppen, die in den 1920er Jahren entstanden und ursprünglich *Orchestra* hießen, wurde die Bz. *Big Band* üblich. Von diesem sog. *Big Band*-Jazz setzten sich in den 30er Jahren die nun als *Combo* (Abkürzung von engl. combination) bezeichneten kleineren Gruppen ab. – Bis zur *Free Jazz*-Phase bestand die B. aus zwei funktional verklammerten Teilensembles, einer *Rhythm section* mit primär rhythmisch-harmonischen Aufgaben und einer *Melodic section*. Die vollständige Rhythm section setzte sich bis in die 60er Jahre aus Schlagzeug, Kontrabaß (Tuba), Gitarre (Banjo) und Klavier zusammen. Die Melodic section im *Two-beat Jazz* enthielt Trompete (Kornett), Posaune und Klarinette. Bei der Big Band (Fletcher Henderson) sind diese 3 Instrumente mehrfach besetzt, wobei die Rolle der Klarinette auch vom Saxophon übernommen werden kann. Nach dem Two-beat Jazz bildete sich für die Melodic section keine Standardbesetzung mehr heraus. Die Rollenverteilung der Instrumente begann sich zu lockern; der Free Jazz kennt überhaupt keine Standardbesetzungen mehr.

BANDA (it.), *Band* (engl.), *Bande* (frz.), Instrumentenensemble besonderer Art wie „La grande bande" der Vingt-quatre violons Ludwigs XIV. In Italien und England ist B. bzw. Band die Bz. für eine Militärkapelle. In der it. Oper bezeichnet B. die Bühnenmusik. Im Jazz: ↗Band.

BANDAR ↗Târ.

BANDITEN, DIE *(Les Brigands)*, Opéra-bouffe in 3 Akten von Jacques Offenbach (1819–80), Text von Henri Meilhac und Ludovic Halévy. Ort und Zeit der Handlung: Portugal um 1700. UA: 10. 12. 1869 in Paris (Théâtre des Variétés). Dt. Textfassung von Ernst Dohm, EA in dt. Sprache: 12. 3. 1870 in Wien (Theater an der Wien); neue dt. Fassung von Gustaf Gründgens, EA: 31. 5. 1932 in Berlin (Staatsoper).
Räuberhauptmann Falsacappa versucht, die Staatskasse von Braganza zu bestehlen. Diese hat allerdings der Finanzminister Antonio fast vollständig geplündert. Dennoch wendet sich alles zum Guten, Falsacappa wird zum guten Schluß sogar Polizeipräsident. Die Autoren hatten ihr Werk als erbarmungslose Enthüllung des Betrüger- und Schiebertums im öffentlichen Leben ihrer Zeit gedacht. Dies allerdings verstand das Publikum nicht; es sah darin vielmehr eine Räuberoper im Stil des *Fra Diavolo* von Auber. Den Höhepunkt des Werkes bildet die Beförderung der Banditen zu Polizisten. Bekannt wurden auch der *Bettler-Kanon* und der *Stiefel-Marsch.* Auf dt. Bühnen konnte sich diese typische Offenbach-Operette besonders in der Neufassung von G. Gründgens durchsetzen.

S. KUROCK – R.-M. SIMON

BANDITENSTREICHE, Komische Oper in 3 Akten von Franz von Suppé (1819–95), Text von Ludwig Bender nach B. Boutonnier. Ort und Zeit der Handlung: ein Hafenstädtchen im Golf von Neapel zu Beginn des 19. Jh. UA: 27. 4. 1867 in Wien (Carl-Theater); Neubearbeitung 1954 von August Peter Waldenmaier.
Diese Operette, ein Banditenstück mit Verkleidungs- und Verwechslungsspäßen, ist durch die Begegnung und Durchdringung italienischer und wienerischer Elemente gekennzeichnet. Im Mittelpunkt des Geschehens steht der Banditenhauptmann Malandrino, dessen vornehmliche Tätigkeit allerdings im Schutz bedrängter Liebespaare besteht. Vergleich des Librettos zu Offenbachs *Die Banditen,* Aubers *Fra Diavolo* und Millöckers *Gasparone* bietet sich an. Einen festen Platz in Unterhaltungskonzerten sicherte sich die farbig instrumentierte Ouvertüre der Operette. Trotz zündender Melodien war Suppés Werk durch ein unzulängliches Libretto lange Zeit der große Erfolg verwehrt. Die dreiaktige Neufassung gab ihm, wie die Aufführungszahlen neuerer Spielpläne dt. Bühnen beweisen, eine Erfolgschance.

S. KUROCK – R.-M. SIMON

BANDONION, Bandoneon, ein der Konzertina verwandtes chromatisches ↗Akkordeon in vier- und achteckiger Form mit bis zu 200 Tönen, das 1850 von Heinrich Band in Krefeld gebaut wurde; in Argentinien ist es als Bestandteil des klassischen Tango-Ensembles besonders populär.

BANDONION

BANDURA (russ.), seit dem 16. Jh. in der Ukraine weitverbreitete Form der ↗Cister. Die historisch ältere „Kobza" hatte 12–16 Saiten, von denen 4 Melodiesaiten über die Länge des Halses gespannt sind und in einem Wirbelkasten enden; die anderen konnten nur als leere Saiten gezupft werden und verliefen vom Saitenhalter bis an die Zarge. Die Decke ist von einer Rosette durchbrochen. Die Kobza wurde nach und nach durch die B. verdrängt, die zunächst 12–25 diatonisch gestimmte Saiten hatte.

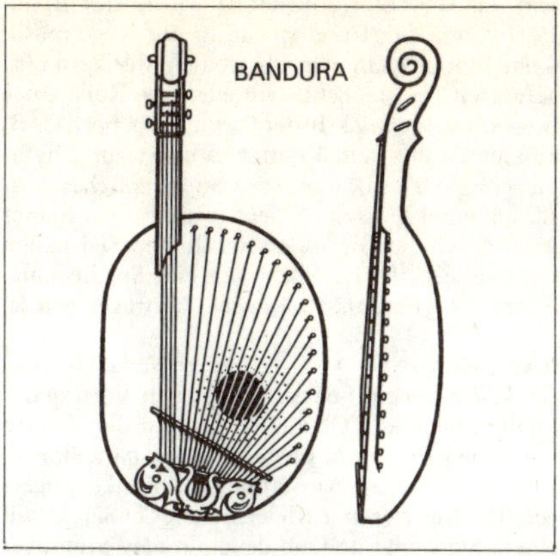

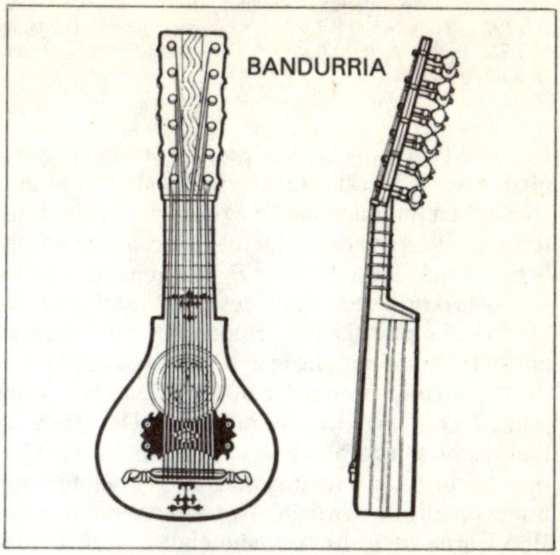

Die heutige B. hat bis zu 50 chromatisch gestimmte Saiten, darunter 6–8 Melodiesaiten. Sie wird mit dem Plektrum gespielt und dient vor allem zur Begleitung von Solo- und Chorgesang. – Die lyrischen und epischen Gesänge der „Kobsar", wandernder Musiker, die sich mit Kobsa oder B. begleiteten, haben für das Erwachen des Nationalbewußtseins der Ukrainer eine große Rolle gespielt. Ihre Spielkunst wurde individuell weitervermittelt; 1737 wurde in Hluschow eine eigene Schule für das Banduraspiel gegründet. Heute wird es in allen Musikschulen der sowjetischen Ukraine unterrichtet. Einige Banduristen, u. a. Ostap Weressai, Taras Parschomenko, Iwan Kutscherenko und Wasyl Yemez haben es zu großer Popularität gebracht. Es bestehen auch Banduristenensembles.

Lit.: A. S. FAMINZYN, Domra i srodnyje jej mus. instr. (St. Petersburg 1891); H. CHOTKEVITCH, Methode der B. (Lvov 1909, NA Detroit 1965); M. JEMETS, Kobza a kobzari (B 1923); H. KYTASTY, Some Aspects of Ukrainian Music under the Soviets (NY 1954); Atlas musykalnych instrumentow narodow SSSR, hrsg. v. K. WERTKOW – G. BLAGODATOW – J. JASOWIZKAJA (Mos 1963).

BANDURRIA (span.; von griech. pandoũra), spanische Diskant-↗Cister von 55–58 cm Länge mit birnenförmigem Korpus mit flachem Boden, einem kurzen breiten Hals und einem verhältnismäßig großen Wirbelbrett. Auf dem Hals befinden sich 6, 7 oder 10, meist aber 12–14 Bünde. Das Instrument wird mit einem Plektrum gespielt. Die B. ist seit dem späten Mittelalter in Spanien bekannt. Sie hatte 3, später 5 Saiten und war mit Bünden ausgestattet, manchmal aber auch bundlos. Im 18. Jh. war sie besonders verbreitet und hat seit dieser Zeit 6 doppelte, teilweise umsponnene Saiten (früher aus Darm, heute oft aus Metall), die folgendermaßen gestimmt sind:

gis cis^1 fis^1 h^1 e^2 a^2

Die B. wird bis heute in der spanischen und portugiesischen Volksmusik verwendet.

Lit.: J. BERMUDO, Declaración de instrumentos musicales (Osuna 1555), Faks.-Ausg., hrsg. v. S. Kastner (Kas 1957); P. MINGUET Y YROL, Reglas y advertencias generales que enseñan el modo de tañer todos los instrumentos... (Ma o.J. [2. Hälfte 18. Jh.]); DERS., Reglas y advertencias generales para tañer la bandurria (Ma o.J. [2. Hälfte 18. Jh.]).

BANISTER, John, * 1630, † 3. 10. 1679 London; engl. Violinist und Komponist. Er wurde von König Karl II. 1661 zur Ausbildung nach Frankreich geschickt. Nach seiner Rückkehr 1662 war er Violinist in der königlichen Privatkapelle (The King's private band) und Leiter der „24 Violons", wurde kurze Zeit später in dieser Stelle durch den Franzosen Grabu verdrängt, blieb jedoch im Hofdienst. Seit 1672 veranstaltete er in London in seinem Haus Konzerte gegen Bezahlung, die als die ersten öffentlichen Konzerte in England zu gelten haben. B. komponierte Bühnenmusiken, 4 Einlagearien nach Texten von Shadwell für *The Tempest* von Shakespeare (1674) und gab zusammen mit Thomas Lowe 2–4st. *New Ayres and Dialogues Composed for Voices and Viols* (= RISM 1678^4) heraus; mehrere Airs sind in zeitgenössischen Sammlungen gedruckt. – Sein gleichnamiger Sohn **John,** * um 1663, † 1735 London, war ebenfalls Violinist der King's band, später 1. Violinist des Theaterorchesters von Drury Lane.

Ausg.: 2 Suiten für Streicher u. B.c., hrsg. v. M. TILMOUTH (Lo 1960).

Lit.: J. PULVER, Biogr. Dictionary of Old English Music (Lo 1927); H. A. SCOTT, London's Earliest Public Concerts, in: MQ 22 (1936); A. A. LUHRING, The Music of J. B. (Stanford/Calif. 1966).

BANJO (engl.), gezupftes Saiteninstrument westafrikanischer Herkunft. Vom Bau und von der musikalischen Funktion her ist es der Familie der Lauten und Gitarren zuzuordnen. – In seiner ursprünglichen Form besteht das B. aus einem runden Resonanzkörper nach Art des Tamburins, mit flacher Decke und flachem Boden. Der Rahmen ist entweder mit einer einzigen Membrane aus Pergament bespannt (wobei der Boden offenbleibt) oder – häufiger – mit zwei Membranen. Der Hals ist langgestreckt und bundlos; er endet in einem kleinen, leicht nach hinten geneigten Wirbelbrett mit hinterständigen Wirbeln. Normalerweise hat das B. 5 Darmsaiten, in Ausnahmefällen 3, 6, 7 oder sogar 9. Die Melodiesaite ist kürzer als die anderen und wird mit dem Daumen oder einem Plektrum gespielt. Sie ist an einem einzelnen Wirbel befestigt, der direkt am Hals sitzt. Wie bei einigen alten Cistern verläuft sie links bzw. oberhalb der tiefsten Saite. Der Steg, kurz und flach wie bei der Gitarre, sitzt auf dem Resonanzfell. Er wird durch den Druck der Saiten, die an einem kleinen Saitenhalter festgehakt sind, gehalten. – Man unterscheidet verschiedene Größen des B., vom „Piccolo"- bis zum Kontrabaß-Banjo. Am gebräuchlichsten ist das Tenor-B., dessen 4 Saiten eine Oktave tiefer als notiert erklingen. In europäischen Ausführungen hat das B. etwa 20 Bünde und Metallsaiten anstelle der Darmsaiten. Die Stimmung ist variabel (eine Aufeinanderfolge von Quinten, Quarten und Terzen, die von Instrument zu Instrument verschieden sein kann). – In Nordamerika wurde das B. im 19. Jh. eingeführt und spielte in der Negermusik – um 1890 auch in dem von weißen Musikern eingeführten Dixielandstil – vor allem die Rolle eines Begleitinstrumentes. In der Jazzmusik gehört das B. zusammen mit dem Kontrabaß meist zur Rhythmusgruppe. Das B. war in der amerikanischen Musik bis um 1930 sehr beliebt, wurde dann immer mehr durch die Gitarre ersetzt. In den Südstaaten war es üblich, das B. zu schlagen, eine Spieltechnik, die im ↗Ragtime auf das Klavier übertragen wurde.

BANJO

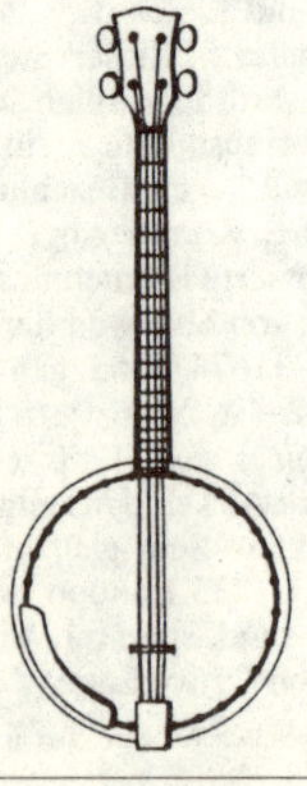

BÄNKELSANG. Der B. hat seinen Namen von der Bank, d. h. einem Podest, das für den Vortrag der Lieder üblich war. Charakteristisch ist die Verbindung von Text (meist Lied- und Prosaparaphrase), Bild und Ton. Zur Ausstattung des Bänkelsängers gehören illustrierende Bilder, auf die der Sänger mit einem Stab zeigt und auf denen in naiv-primitiver Technik die Inhalte der Lieder dargestellt sind. Die Bilder (Schilder) sind vielfach auf Wachstuch oder Leinwand gemalt, denn sie müssen transportabel, d. h. zusammenrollbar sein. Begleitendes Musikinstrument ist die Drehorgel (Leierkasten), früher auch Fiedel, Violine, Harfe. Im jüngeren B. wurde die Drehorgel gelegentlich durch Zieh- oder Mundharmonika, Gitarre oder das Harmonium ersetzt. Da die Drehorgel meist nur über wenige Melodiewalzen verfügte, ist die Zahl der Melodien beschränkt, d. h. vielfach haben mehrere Lieder dieselbe Melodie. Bänkellieder wurden zumeist auf bekannte Melodien gesungen.

Bänkelsänger genossen als Angehörige eines Wandergewerbes, als Fahrende, Schausteller von niedrigem sozialem Rang (Marktschreier) keine hohe Achtung. Der Übergang zur Bettelei war fließend. Sie traten vorwiegend auf Jahrmärkten, Messen oder auch an Wallfahrtsorten auf. Der Verkauf der Liedtexte ist meist ihre einzige Einnahmequelle. Bilder, Drehorgelmusik, Lied und Vortrag der Geschichte darf das Publikum unentgeltlich genießen. In der Regel treten Bänkelsänger nicht einzeln auf, sondern als Truppe (das Bänkelsängerehepaar oder die Bänkelsängerfamilie). Vererbt wird nicht nur die Kunst, sondern auch das investierte Kapital: Drehorgel, Bilder, Liedblätter usw.

Der B. ist eine heute weitgehend ausgestorbene, historisch gewordene Erscheinung. Verbreitungsmäßig handelt es sich um ein europäisches Phänomen. Vorstufen liegen möglicherweise im orientalischen Raum, von wo der B. sich auf dem Weg über Spanien nach West- und Mitteleuropa ausgebreitet hat. Als wandernde Gewerbetreibende hat es mindestens bis zum 2. Weltkrieg noch eine Anzahl von Bänkelsängern gegeben. Die Zeit der Massenarbeitslosigkeit nach dem 1. Weltkrieg brachte dem B. in Deutschland sogar noch eine letzte Blüte. In einzelnen Ländern, z. B. in Italien, lebt er z. T. noch heute. Aus der Spätzeit des B.s gibt es zahlreiche Fotodokumente und sogar autobiographische Notizen der Bänkelsänger. Für die Frühzeit kommen andere Quellen in Betracht: Seit dem 17. Jh. entstanden im Bereich der Hochkunst Genrestücke mit Darstellungen des Bänkelsangs. Vorläufer sind die Zeitungssänger, die seit dem 16. Jh. Flugblätter unter dem Titel „newe Zeitung" vortrugen u. verkauften. Noch Herder gebraucht 1769 die Begriffe „Bänkel-, Markt- und Straßensänger" synonym. Neben populärer Druckgraphik sind auch Verbote und Zensurerlasse eine wichtige Quelle. Die Behörden beanstandeten vulgären und unsittlichen Inhalt und nachteilige moralische Wirkungen. Gegenüber dem Zeitungslied ist die Aktualität des B.s jedoch stark eingeschränkt. Er berichtet weit mehr über private als über politisch-öffentliche Geschehnisse, und oft genug erzeugt er nur den Schein von Aktualität, wenn dieselben Vorkommnisse jahre- und jahrzehntelang als „jüngst geschehen" berichtet werden. Es geht dem B. jedenfalls nicht nur um aktuelle Nachrichtenvermittlung; er versucht auch, zugleich den Hunger nach Sensationen zu stillen. Dabei sind seine Ziele Belehrung und Unterhaltung.

Bei Produktion, Reproduktion, Vertrieb und Konsum der Lieder sind beteiligt: der Autor, Verleger, Drucker, Verkäufer, der Bänkelsänger selbst und schließlich noch der Schildermaler. Die Texte wurden im Auftrag der Verleger produziert; die Verfasser blieben zumeist anonym. Einige Verlage, wie Kahlbrock in Hamburg und Hermann Reiche in Schwiebus, haben sich auf Bänkelsängertexte spezialisiert. Die verkauften Texte – meist Heftchen von 8 Seiten – enthalten die Geschichten in Prosa und in Liedform. Melodien werden selten abgedruckt; sie konnten meist als bekannt vorausgesetzt werden. Der B. wendet sich an ein kaufendes und mitsingendes, meist kleinbürgerliches Stadtpublikum. Vom Inhalt her gesehen, ist B. populäre Dichtung, triviale Sensationsliteratur. Themen und Stoffe sind wahre oder für wahr gehaltene Ereignisse, die für den Zuhörer Neuigkeitscharakter haben sollen. Am häufigsten sind die „traurigen" oder „erschröcklichen" Begebenheiten. Hauptgegenstände sind Katastrophen und Unglücksfälle, z. B. Erdbeben, Überschwemmungen, Brände, Schiffsuntergänge, Jagdunfälle, Bergwerkskatastrophen und Kriegsereignisse. Not und Tod sind das Hauptthema, ein weiteres die Verbrechen: Raub, Diebstahl, Mord und Selbstmord, Entführungen, Blutrache. Zum Teil bilden berühmte Strafprozesse den stofflichen Hintergrund. Sehr beliebt sind ferner Liebesgeschichten mit tragischem Ausgang (unglückliche Liebe, das verlassene Mädchen, Kindsmord, Doppelselbstmord der Liebenden). Liebesbeziehungen stehen fast immer in Verbindung mit Unglücksfällen oder Verbrechen. Sentimentale Geschichten von Mutter- und Kindesliebe, wunderbare Rettungen, Schicksale von Stief- oder Waisenkindern, von entführten oder verkauften Mädchen, Kinderraub haben häufig einen Hauch von Exotik: Die Vorgänge werden gern ins ferne Ausland verlegt (Amerika, Ungarn, Spanien, Türkei). Die Situationen sind typisch und wiederholen sich: Geburt, Liebe, Treueschwur, Vermählung, Tod, Beerdigung, Abschied, Trennung, Einsamkeit, Not, Wiederkunft, Verstoßung, Überfall, Kampf. Der sog. „geistliche B." hat religiöse Themen zum Inhalt, z. B. Hostienfrevel oder: Genoveva, der frommen Pfalzgräfin Leiden und Errettung. Stofflich hat der B. viele Wandermotive des internationalen Volkserzählgutes aufgenommen. Die bearbeiteten Stoffe sind durchweg vorgegeben. Die Bänkelsängerhefte sind darum wichtige Quellen für die Rezeption populärer Lese- und Erzählstoffe. Der Bänkelsänger gewinnt die Aufmerksamkeit seines Publikums durch marktschreierische und sensationelle Titel. Sehr häufig sind Doppeltitel. Hierin wirkt die literarische Mode des 17. und 18. Jh. nach, z. B.: „Zweimal vermählt, oder die schrecklichen Folgen der Eifersucht" – „Das Erdbeben von Lissabon oder die Zornposaune über Portugal, welche in einer jammervollen Heimsuchung mehr als 50000 ganze Seelen, dazu die Stadt verbrannt, zertrümmert und erschlagen hat". Typisch sind die Eingänge der Lieder, die das Publikum zum Verweilen und Zuhören anlocken sollen: „Hört zu, seht her!" – „Nun hört mit Furcht und Grauen" – „Habt acht, was ich will singen" – „Merkt auf, ihr Christen alle" – „O frommer Christ, bleib stille stehn". Bänkellieder wollen wahr sein, und sie werden für wahr hingenommen. Deshalb versucht der Bänkelsänger historisch treu und sozusagen urkundlich genau zu schildern. Zum B. gehören daher genaue Orts-, Zeit- und Personenangaben, die Berufung auf Augenzeugen und andere Wahrheitsbeteuerungen. Stilistisch herrscht ein trivialer Realismus mit Neigung zu drastischer Schwarzweißmalerei, zum Klischee, zur Banalität und Sentimentalität. Typisch sind auch die schmückenden Beiworte. Nur in einzelnen Fällen sind Bänkellieder auch zu Volksliedern geworden. Sonst ist ihr Stil weit von dem des Volkslieds entfernt; er ist nicht einfach, auch nicht mundartlich, sondern „gehoben", oft schwülstig. Fast nie fehlt eine belehrende Schlußmoral. Am Ende steht die

Bestrafung des Bösewichts und der Sieg der Gerechtigkeit, wobei oft eine primitive Vergeltungsmoral herrscht. Der Bänkelsänger ist kein Belustigungskünstler und Spaßmacher, sondern er will erschüttern, rühren, warnen, erschrecken und bessern zugleich. Die erzielte Rührung öffnet zugleich den Geldbeutel der Zuhörer. In Moralauffassung, Stoffen, Stil und Aussage hat der B. Formen des 18. Jh. bis in unser Jahrhundert bewahrt. Auf dieser Kulturverspätung („cultural lag") beruht oft seine unfreiwillig komische Wirkung. Ironie liegt dem wirklichen Bänkelsänger fern. Insofern darf man den B. nicht mit den Parodien auf ihn verwechseln. Doch gerade die unfreiwillige Komik der Texte läßt sich z.Z. gegenüber einem distanzierten und aufgeklärten Publikum gut vermarkten (Schallplatten). Der Bänkelsänger wird schließlich hier zu einer romantisiertpittoresken Volkstype und damit auch für die Karikatur verfügbar.

Der B. hat unmittelbar auf die Literatur eingewirkt. Die Balladen- und Romanzendichtung hat z.T. Stilelemente des B.s übernommen (z.B. J. W. Ludwig Gleims *Marianne* oder Bürgers *Des Pfarrers Tochter zu Taubenhain*). „Stilisierter B." sind artifizielle Erzeugnisse intellektueller Nostalgie. Naivität wird nun bewußtes Stilmittel. Der B. hat einzelne Dichter zu Parodien und Travestien angeregt. Die oft unfreiwillige Komik des B.s wird dabei als bewußtes Stilmittel eingesetzt („Moritaten"). Vor allem die politisch-satirische Dichtung bemächtigt sich seit der Mitte des 19. Jh. des Bänkelsängerstils: Heinrich Heine, Hoffmann von Fallersleben, Viktor von Scheffel, Friedrich Theodor Vischer. Auf dieser Tradition bauen im 20. Jh. Frank Wedekind, Christian Morgenstern, Arno Holz, Detlev von Liliencron, Walter Mehring, Otto Julius Bierbaum, Joachim Ringelnatz, Kurt Tucholsky, Erich Kästner u. a. weiter. Insbesondere hat Bert Brecht die bänkelsängerische Tradition fortgesetzt; am bekanntesten in der *Dreigroschenoper*. Noch in der Gegenwart entstehen sozialkritische Lieder und Protestsongs im Bänkelsängerton (Wolf Biermann, Franz Joseph Degenhardt, Hannes Wader u. a.). – Das Museum für Hamburgische Geschichte verwahrt etwa 2000 Lieddrucke; das Deutsche Volksliedarchiv in Freiburg besitzt etwa 6000 Lieddrucke sowie eine Graphiksammlung zur Ikonographie der Liedpublizistik und Bänkelsängerdarstellungen.

Lit.: Musenklänge aus Deutschlands Leierkasten (L 1849); H. NAUMANN, Stud. über den B., in: Zschr. für Volkskunde 33 (1920–21); G. JACOB, Zur Gesch. des B., in: Litterae Orientales 41 (1930); O. GÖRNER, Der B., in: Mitteldt. Blätter für Volkskunde 7 (1932); E. SEEMANN, Newe Zeitung u. Volkslied, in: Jb. für Volksliedforsch. 3 (1932); E. STERNITZKE, Der stilisierte B. (Diss. Marburg 1933); G. GUGITZ, Lieder der Straße. Die Bänkelsänger im josephinischen Wien (1954); E. JANDA – FR. NÖTZOLDT, Die Moritat vom B. oder Das Lied der Straße (Mn 1959); W. SALMEN, Der fahrende Musiker im europäischen MA (Kas 1960); K. V. RIEDEL, Der B. Wesen u. Funktion einer volkstümlichen Kunst (H 1963); K. RIHA, Moritat, Song, B. (Gö 1965); R. SCHENDA, Der it. B. heute, in: Zschr. für Volkskunde 63 (1967); L. PETZOLDT, Grause Thaten sind geschehen (Mn 1968); R. SCHENDA, Volk ohne Buch. Stud. zur Sozialgesch. der populären Lesestoffe 1770–1910 (F 1970); L. SCHMIDT, Geistlicher B., in: Volksgesang u. Volkslied (B 1970); B. BENEŠ, Die Bänkelballade in Mitteleuropa, in: Jb. für Volksliedforsch. 16 (1971); R. W. BREDNICH, Zur Vorgesch. des B., in: Jb. des östr. Volksliedwerks 21 (1972); S. K. MCLEAN, The B. and the Work of B. Brecht (1972); L. PETZOLDT, B., in: Hdb. des Volksliedes, hrsg. v. R. W. Brednich – L. Röhrich – W. Suppan, I (Mn 1973); R. W. BREDNICH, Das Lied als Ware, in: Jb. für Volksliedforsch. 19 (1974); DERS., Die Liedpublizistik im Flugblatt des 15.–17. Jh., 2 Bde. (Baden-Baden 1974–75); L. PETZOLDT, B. (St 1974) (= Slg. Metzler 130); B. u. Moritat. Ausstellung der Staatsgalerie Stuttgart, hrsg. v. U. EICHLER (1975); R. W. BREDNICH, Liedkolportage u. geistlicher B., in: Jb. für Volksliedforsch. 22 (1977); R. BRÜCKMANN, Das Bänkelsang-Motiv in der dt. Karikatur v. 1848–49, in: ebd. 22 (1977); Die freudlose Muse. Texte, Lieder u. Bilder zum hist. B., hrsg. v. L. PETZOLDT (St 1978).

L. RÖHRICH

BANKS, Don (eig. Oscar Donald), * 25. 10. 1923 Melbourne; australischer Komponist. Er studierte Komposition 1950–52 bei M. Seiber in London, 1953 bei L. Dallapiccola in Florenz. Zuvor war er bereits als Pianist und Jazz-Arrangeur bekannt geworden. Seit 1953 lebt er in London.

WW (alle in London erschienen): **1) Instr.-WW:** *Sequence* (1967), für Vc.; *Pezzo Dramatico* (1956), in: Album of Contemporary British Piano Music; *Duo* (1952), für V. u. Vc., unveröff.; *Sonate* (1953), für V. u. Klv.; 3 *Studies* (1954), für Vc. u. Klv.; 3 *Episodes* (1964), für Fl. u. Klv.; *Trio for horn* (1962); *Divertimento* (1952), für Fl. u. Streichtrio; *Sonata da camera* (1961); *Elizabethan Miniatures* (1962); *Equation* (1963–64), unveröff.; *Episode* (1958), für Kammerorch., unveröff.; *Divisions* (1965), für Orch.; *Concerto for horn* (1965). – **2) Vokal-WW:** *Setting from Roget* (1966), für Gesang u. Jazzquartett; 5 *North Country Folk Songs* (1954), für Sopran u. Streichorch.; *Psalm* 70 (1954), für Sopran u. Kammerorch., unveröff.; *Triade* (1968), Triptychon für Mezzosopran u. Instr.-Ensemble.

Lit.: D. R. PEART, The Australian Avant-Garde, in: Proc. R. Mus. Ass. 43 (1966/67).

BANNISTER, Henry Marriott, * 18. 3. 1854 Oxford, † 16. 2. 1919 ebd.; engl. Musikwissenschaftler und anglikanischer Geistlicher. Sein Hauptwerk ist der Katalog liturgischer Musik der Vatikanischen Bibliothek, *Monumenti Vaticani di Paleografia Musicale Latina* (2 Bde., L 1913, Nachdr. Lo 1969). Er gab auch das *Missale Gothicum* (Lo 1917 und 1919) heraus. B. war Mitarbeiter der *Analecta hymnica medii aevi* und leitete die Redaktion der Bände 40 (*Liturgische Prosen des Mittelalters*, L 1912) und 47 (*Tropen des Missale im Mittelalter*, L 1905, gemeinsam mit Cl. Blume).

Seine Untersuchungen zur Hymnologie erschienen in der *Rassegna Gregoriana* und im *Journal of Theological Studies.* Aus B.s umfassender Sammlung von Sequenzmelodien (Oxford, Bodleian Library) veröffentlichte A. Hughes die *Anglo-French Sequelae* (Nashdom Abbey 1934, Nachdr. Lo 1966).

Lit.: Vorwort zu Analecta Hymnica Nr. 55 (L 1922).

BANTOCK, Sir **Granville,** * 7. 8. 1868 London, † 16. 10. 1946 ebd.; engl. Komponist und Dirigent. 1900 wurde er Direktor der „Birmingham and Midland Institute School of Music“, 1907 als Nachfolger E. Elgars Prof. für Musik an der Univ. Birmingham (bis 1934). Als Dirigent setzte sich B. für die zeitgenössische Musik, vor allem auch für J. Sibelius ein. Seine eigenen Kompositionen, oft von orientalischen oder keltischen Melodien beeinflußt, gelegentlich auch durch literarische Vorlagen inspiriert, zeichnen sich durch impressionistisches Kolorit aus. B. war auch Herausgeber englischer, schottischer und irischer Volksliedsammlungen sowie von Negro Spirituals.

WW: **1) Instr.-WW:** Kammermusik-WW für Klv. u. Blechbläser; für Orch.: *Saül* (1897); *Helena Variations* (1899); 3 *Suites* (1899, 1900, 1909); *The Witch of Atlas* (1902); *A Hebridean Symphony* (1916); *A Pagan Symphony* (1936); *Celtic Symphony* (1940), für Str. u. 6 Harfen. – **2) Vokal-WW:** *Pagan Chants* (1917–26), für Tenor u. Orch.; *The Sphinx* (1941), für Bariton oder Alt u. Orch.; für Chor a cap.: *Atalanta in Calydon* (1911); *Vanity of Vanities* (1913); *A Pageant of Human Life* (1913); für Chor u. Orch.: *The Fire-Workshippers* (1892); *Christ in the Wilderness* (1901); *Omar Khayyam* (1906–09); *The Song of Songs* (1922), Oratorium; *King Solomon* (1937). – **3) Bühnen-WW:** Opern: *Caedmar* (1892); *The Pearl of Iran* (1893); *The Seal-Woman* (1924); das Ballett *Egypt* (1892); ein Ballett mit Chor, *Pan in Arcady* (1914).

Lit.: H. O. ANDERTON, G. B. (Lo 1915); W. R. ANDERSON, G. B., in: The Musical Times (1946); H. ANTCLIFFE, B. in the Shade, in: The Monthly Musical Record 82 (1952); K. L. THOMPSON, in: The Musical Times 106 (1965); P. J. PIRIE, B. and his Generation, in: ebd. 109 (1968).

BANWART, Jacob (Pseudonym J. Avia), * 19. 5. 1609 Sigmaringen, † um 1657 Konstanz; dt. Komponist. Er studierte an der Universität Dillingen und wurde 1632 zum Priester geweiht. Von ca. 1641 bis zu seinem Tode war er Kapellmeister am Konstanzer Münster.

WW: *Liber primus sacrorum concentuum* für 2, 3 u. 4 St. mit B.c. (Konstanz 1641); *Teutsche … Tafel Musik* für 2, 3 u. 4 St. (Konstanz – Ulm 1652); *Pars II Missarum* für 4 u. 5 St., eine Messe für 10 oder 18 St. (Konstanz 1657); *Missa unica … super Congratulamini,* 5st. mit 2 V. und 4st. Chor ad lib. (ebd. 1662). Eine *Pars I Missarum brevium* (ebd. 1649) u. eine weitere Motettensammlung (ebd. 1661) sind verschollen.

Lit.: H. J. MOSER, Corydon I (Brau 1933).

BAPTISTE ↗Anet, Jean-Baptiste.

BAR. Im Sprachgebrauch der Meistersinger (↗Meistersang) war B. (synonym mit Lied) das Meisterlied mit gewöhnlich ungerader Zahl der metrisch gleich gebauten Strophen (meist 3, 5 oder 7 bis 13). Mit Barform bezeichnet man seit dem 19. Jh. eine musikalische Form, die für den Strophenbau des Meisterlieds charakteristisch ist. Jede Strophe setzt sich zusammen aus dem *Aufgesang,* bestehend aus dem *Stollen* (auch *Gesätz* genannt) und dem metrisch wie musikalisch gleichen *Gegenstollen* (auch *Gebäude* genannt) und dem *Abgesang,* der kürzer als der Aufgesang, aber länger als ein Stollen ist. Schematisch dargestellt ist die Grundform somit A A B. Die gebräuchlichste Form stellt der *Reprisen-B.* dar: einer der beiden Stollen wird nach dem Abgesang wiederholt (A A B A), wobei der 1. Stollen auch unvollständig oder abgewandelt wiederholt werden kann (A A B A′). Es findet sich auch die Untergliederung des Abgesangs in 2 oder 3 selbständige Perioden ohne Wiederholung des 1. Stollens (A A B C oder A A B C D), ferner der B. mit stollig gebautem Abgesang aus 2 oder 3 metrisch wie musikalisch gleichen Perioden (A A B B B). Es gibt auch Barformen mit schematisch nicht mehr festlegbaren, mehrfach gegliederten Abgesängen. Der Barform liegt ein Formprinzip zugrunde, das sich im gesamten europäischen Kulturkreis findet, so in der altgriechischen Chorlyrik, in spätantiken und frühmittelalterlichen Hymnen, in den Liedern der Troubadours, im evangelischen Choral oder in Barockliedern, aber auch im afro-amerikanischen Blues. – R. Wagner verwendet in den *Meistersingern* die Barform als musikalisches Gestaltungsmittel an mehreren Stellen (Gesang Walthers 1. Aufzug, 3. Szene *Am stillen Herd zur Winterszeit,* Preislied 3. Aufzug, 5. Szene *Morgenlich leuchtet im rosigen Schein;* vgl. auch die Beschreibung der Barform durch Kothner im 1. Aufzug). Sie ist dort aber nicht nur eine naheliegende Anknüpfung an den historischen Meistersang, sondern bildet auch als Element des Zünftigen, Schulmäßigen den dramatisch-musikalischen Gegenpol zur künstlerischen Freiheit. Später hat A. Lorenz versucht, die Barform als ein umfassendes Merkmal überhaupt der Wagnerschen Formgebung zu deuten.

Lit.: A. LORENZ, Das Geheimnis der Form bei R. Wagner, 4 Bde. (B 1924–33); DERS., Das Relativitätsprinzip der musikal. Form, in: FS G. Adler (W – L 1930); A. HEUSLER, Dt. Versgeschichte, 3 Bde. (B – L 1925–29); F. GENNRICH, Grundriß einer Formenlehre des ma. Liedes (Hl 1932, Faks.-Nachdr. Da 1970); K. GUDEWILL, Die Barform u. ihre Modifikation, in: Kgr.-Ber. Lüneburg 1950; B. NAGEL, Der dt. Meistersang (Hei 1952); W. SERAUKY, Die Todesverkündigungsszene in R. Wagners Walküre als musikal.-geistige Achse des Werkes, in: Mf 12 (1959); CH. PETZSCH, Parat-(Barant-)Weise, Bar u. Barform. Eine terminologische Studie, in: AfMw 27 (1971).

BARANOVIĆ, Krešimir, * 25. 7. 1894 Šibenik (Dalmatien), † 17. 9. 1975 Belgrad; kroatischer Komponist und Dirigent. Nach Studien in Zagreb und Wien war er 1915–43 Dirigent (zeitweise auch Direktor) der Oper von Zagreb. In dieser Zeit stand er in Verbindung u.a. mit Anna Pawlowa und dirigierte einige ihrer Ballette. 1943–46 war B. in Bratislava tätig und ging dann nach Belgrad, wo er Professor an der Musikakademie wurde und 1951–64 die Belgrader Philharmonie leitete. Die meisten seiner Kompositionen, unter denen die Ballette einen zentralen Platz einnehmen, sind von der kroatischen Volksmusik angeregt. B. schrieb ferner 2 Opern, Orchester- und Kammermusik, Liederzyklen, Bühnen- und Filmmusik.

BARBAD, arabischer Musiker und Lautenist der Sassanidenzeit. Am Hofe Chosraus II. (590–628) bekleidete er eine höhere Stellung. In mehreren legendarischen Quellen wird sein großes Können gerühmt. Sichere Nachrichten über ihn sind in der arabischen Literatur überliefert, vor allem im berühmten „Buch der Lieder". B. gilt als Autor der modalen Theorie der persischen Musik, die bei den Arabern als Theorie der „dasâtîn" bekannt ist. Das System besteht aus 7 Haupttonarten, 30 „lahn" (Modulationsformen) und 360 „dastagh". Sie entsprechen den 7 Tagen der Woche, den 30 Tagen des Monats und den etwa 360 Tagen des Jahres.

BARBARINO, (Barberino), **Bartolomeo,** genannt „il Pesarino", * Fabriano bei Ancona, † kurz nach 1617; it. Komponist und Dichter. 1593–94 war er Sänger in der Kapelle von Santa Casa in Loreto, danach Musiker bei dem Bischof Giuliano Della Rovere in Urbino, dem er sein 1. Buch Motetten widmete. 1602–05 war er Organist an der Kathedrale von Pesaro (daher sein Beiname), anschließend stand er im Dienst des Bischofs von Padua. Nach eigenem Zeugnis (1614) war er auch mehrere Jahre für den Herzog von Urbino tätig. B. war einer der ersten Komponisten, die in größerem Umfang Solomotetten und Solomadrigale geschrieben haben. Einige seiner Werke sind auch Zeugnisse für die vokale Verzierungskunst der frühen Monodie (z. B. der Motettendruck von 1614, für den die Gesangsstimme in unverzierter und in verzierter Form erschienen ist).

WW: 2 Bücher *Motetti... da cantarsi à una voce sola* (V 1610, 1614), hierzu *Spartitura con la parte passegiata* (V 1615); 4 Bücher Solomadrigale *per cantare sopra il chitarrone, ò tiorba, clavicimbalo ò altri stromenti* (V 1606, 1607, 1610, 1614 u.ö.); *Canzonette*, 1–2st. mit B.c. (V 1616); *Madrigali a tre* voci mit B.c. (V 1617); zahlr. WW in Sammeldrucken u. hsl. (Wolfenbüttel, Herzog-August-Bibl.).

Lit.: G. RADICIOTTI, Aggiunte e correzioni ai dizionari biogr. di musicisti, in: SIMG 14 (1912–13); E. SCHMITZ, Gesch. der Kantate u. des geistl. Konzertes I (L 1914); N. FORTUNE, Italian Secular Monody from 1600 to 1635, in: MQ 39 (1953).

BARBÉ, 1) Antoine (I), † 2. 12. 1564 Antwerpen; flämischer Komponist. 1527–62 war er Kapellmeister an der Kathedrale zu Antwerpen; 1548 wurde er zum Priester geweiht. Von ihm sind erhalten: eine 4st. Messe (in einem Susato-Druck, RISM 1545[1]) sowie Motetten und Chansons in Sammeldrucken des 16. Jh. (darunter eine damals berühmte Chanson *Ung capitaine*). – **2) Antoine (II),** Sohn von 1), * vor 1548, † 10. 2. 1604 Antwerpen. Er war Organist an der Kirche St. Walburgis zu Antwerpen. Seine Werke sind verschollen. – **3) Antoine (III),** Sohn von 2), † 15. 3. 1626. 1596 wird er als Organist an St. Jakob zu Antwerpen erwähnt. Er verfaßte einen Traktat: *Exemplaire des douze tons de la musique* (An 1599).

Ausg.: *Ung Capitaine,* hrsg. v. F. COMMER, in: Coll. operum musicorum Batavorum 12 (B o.J. [um 1858]).

Lit.: J. A. STELLFELD, Het muziekhistorisch belang der catalogi en inventarissen van het Plantinsch archief, in: Vlaamsch Jaarboek voor Muziekgeschiedenis 2–3 (1940); DERS., Bronnen tot de geschiedenis der Antwerpsche Clavicimbel- en Orgelbouwers in de XVIe en XVIIe eeuwen (An 1942).

BARBEAU, Marius, * 15. 3. 1883 Ste-Marie-de-Beauce (Québec), † 27. 2. 1969 Ottawa; frankokanadischer Ethnologe und Volksliedforscher. Nach dem Studium der Rechtswissenschaft und der Anthropologie (in Oxford und Paris) war er seit 1911 am Victoria Memorial Museum (dem späteren National Museum) in Ottawa tätig. 1918 wurde er Präsident der American Folklore Society. Er erhielt eine Professur an der Univ. von Laval (Québec). 1956 gründete er die Canadian Folk Music Society. Als einer der ersten erforschte B. die kanadische Volkskunst (auch die bildende Kunst und Literatur). Er hat Tausende von Melodien und Texten, vor allem aus dem franko-kanadischen Raum und bei den Indianern des Ostens, aufgezeichnet. Seine umfangreiche Sammlung, die erst teilweise ediert ist, befindet sich im Besitz des Musée National du Canada.

Editionen (Auswahl): *Chansons populaires du vieux Québec,* in: Bull. du Musée National du Canada Nr. 75 (Ottawa 1935); *Romancero du Canada* (Montreal 1937); *Le Rossignol y chante,* in: Bull. du Musée National du Canada Nr. 175 (1962).

Lit.: Archives du Folklore de l'Univ. Laval, Nr. 2 (Quebec 1947); Hommage à M. B. (Montreal 1947); E. FOWKE, M. B., in: Journal of American Folklore 82 (1969); I. J. KATŹ, M. B., in: Ethnomusicology 14 (1970) (Verz. der Schriften).

BARBER, Chris (Christopher), * 17. 4. 1930 London; engl. Jazzposaunist und Bandleader. 1949 gründete er seine erste Band, übernahm 1954 die Band von Ken Colyer. Seit Mitte der 50er Jahre konkurrierte B. mit der Dutch Swing College Band um den Platz der erfolgreichsten Dixieland-Formation in Europa. Sein Stil als Posaunist ist durch einen weichen Ton, flüssige Phrasierung und einfache Melodiebehandlung gekennzeichnet. Die Chorusse sind mehr Variationen als Improvisationen. – Die Band spielte anfänglich nur Old-Time-Jazz, besonders eine Kopie des kollektiven New Orleans Jazz, war dann durch sehr kommerzielle Titel wie *Ice Cream* und *Petite Fleur* (mit dem Klarinettisten Monty Sunshine) geprägt, nahm seit dem Ende der 60er Jahre Elemente des Mainstream, des Electric-Blues und auch des Rock 'n' Roll (mit Pete York am Schlagzeug) auf.

BARBER, Samuel, * 3.9.1910 West Chester (Pennsylvania), † 24.1.1981 New York; amerik. Komponist. Er studierte 1924–32 Komposition am Curtis Institute in Philadelphia, erhielt 1935 den Pulitzer-Preis und den amerikanischen Rompreis. Seinen frühen Ruhm (*Adagio* für Streicher, aus dem Streichquartett op. 11) verdankte B. z.T. der Bekanntschaft mit berühmten Dirigenten wie Toscanini – den er in Rom kennenlernte – und Bruno Walter, die seine Werke an prominenten Orten (in New York, in amerikanischen Rundfunksendern, bei den Salzburger Festspielen) zur Uraufführung brachten. 1939–42 lehrte B. Instrumentation am Curtis Institute. 1942–45 tat er Dienst in der Air Force, der er seine 2. Symphonie widmete. Der Erfolg seiner ersten Oper *Vanessa* brachte ihm den Auftrag für sein zweites dramatisches Werk, *Anthony and Cleopatra,* ein, mit dessen Uraufführung 1966 das neue Metropolitan Opera House eröffnet wurde. B. verbindet klassizistische Einflüsse, etwa des mittleren Strawinski, und Elemente des Jazz, um so eine spezifisch „Amerikanische Musik zu komponieren, die in ihrer ‚Ästhetik' dem Vitalismus verpflichtet ist".

WW: **1) Instr.-WW:** Streichquartett op. 11 (1936); *Summermusic* op. 31 für Bläserquintett (1956); Sonate für Klv. op. 26 (1949), für Vc. (1932); 1. Symphonie op. 9 (1936); *Essay I* op. 12 (1937); Violinkonzert op. 14 (1939); *Essay II* op. 17 (1942); 2. Symphonie op. 19 (1944, revidiert 1947); *Capricorn Concerto* op. 21 (1944); Cellokonzert op. 22 (1945); Klv.-Konzert op. 38 (1962); *Fadograph of a Yestern Scene* op. 44 (1971); *Essay III* (1978). – **2) Vokal-WW:** *Knoxville. Summer of 1915,* für Sopran u. Orch. op. 24 (1947); *Prayers of Kierkegaard,* für Sopran, Chor u. Orch. op. 30 (1954); *Andromache's Farewell,* für Sopran u. Orch. op. 39 (1963); *The Lovers* op. 43 für Bariton, Chor u. Orch. (1970); Liederzyklen für Singstimme u. Klv.: *Mélodies Passagères* op. 27 (Text v. R. M. Rilke); *Hermit Songs* op. 29 (1953); *Despite and Still* op. 41 (1969); 3 Lieder op. 45 (1974). – **3) Bühnen-WW:** *Vanessa,* op. 32 (libr.: G. C. Menotti), UA: New York 1958; *A Hand of Bridge,* op. 35 (Libr.: ders.), UA: Spoleto 1959; *Anthony and Cleopatra,* op. 40 (Libr.: F. Zeffirelli nach Shakespeare) (neue Fassung 1975); *Medea,* op. 23, Ballett, UA: New York 1946; *Souvenirs,* op. 28, Ballett, UA: 1955.

Lit.: N. BRODER, S. B. (NY 1954); R. E. FRIEDEWALD, A Formal and Stylistic Analysis of the Published Music of S.B. (1957) (= Diss. State Univ. of Iowa); L. S. WATHEN, Dissonance Treatment in the Instr. Music of S. B. (1960) (= Diss. Northwestern Univ. of Illinois); W. A. DAILEY, Techniques of Composition in Contemporary Works for Chorus and Orchestra on Religious Texts... 1952–62 (Washington/D. C. 1965) (= Diss. Catholic Univ. of America).

BARBERÁ, José, * 27.1.1874 Barcelona, † 19.2. 1947 ebd.; span. Musikwissenschaftler und Komponist. Er lehrte seit 1924 am Conservatorio del Liceo in Barcelona, dessen Direktor er 1931–38 war. B. konzipierte (in seinem *Curso de Melódica,* 1919–20) eine Musiktheorie, die ganz von der Melodie her bestimmt war, und besaß auch durch seine musikpädagogischen Arbeiten, die z.T. in Zusammenarbeit mit Maria Montessori entstanden, großes Ansehen. Er war entscheidend an der Herausgabe der span. Übersetzung des frz. Musiklexikons von M. Brenet beteiligt.

WW: **1) Kompositionen:** Stücke für Klv.; Symphonie in a-moll (1928); Symphonische Dichtung *Alfeo y Aretusa* (1937); *Sinfonieta* (1927), für Streichorch. u. Klv.; Lieder u. Chormusik. – **2) Schriften:** *Cuatro Lecciones de Alta Teoría Musicale* (Ba 1948).

BARBERIIS (Barbaris, Barberio, Barberis), **Melchiorre de,** it. Lautenist und Komponist des 16. Jh. aus Padua. Als Lautenvirtuose nannte man ihn „il divino padovano". Er komponierte Tanzsätze sowie Fantasien und Canzonen für 1 und 2 Lauten bzw. für Gitarre (*Intabolatura di Lauto, Libro 9,* V 1549, und *Libro 10,* V 1549 = RISM 1549³⁹) und veröffentlichte Lautenbearbeitungen von Werken anderer Komponisten (3 Bücher V 1546; vgl. die Bibliographie bei H. M. Brown, *Instrumental Music printed before 1600,* C/M 1965).

BARBERINI, it. Adelsfamilie. **1) Maffeo,** * 5.4.1568 Florenz, † 29.7.1644 Rom. Als Urban VIII. war er seit 1623 Papst. Während seines Pontifikats übte er großen Einfluß auf die Künste aus. Er berief hervorragende Musiker wie G. Allegri und Frescobaldi in die päpstliche Kapelle, schloß die Reform des Breviers ab und setzte die Reform der kirchlichen Hymnen fort. Von besonderer Bedeutung wurde er auch für die frühe römische Oper, die er nachhaltig förderte. Viele römische Adelsfamilien (Aldobrandini, Ubaldi, Colonna) folgten seinem Beispiel und rechneten sich die Aufführung von Opern zur Ehre an. Das kunst- und musikgeschichtlich bedeutsame Mäzenatentum ist allerdings nur ein Aspekt der Persönlichkeit dieses Papstes. Ein anderer ist sein überaus ausgeprägtes kirchenpolitisches Machtstreben, das ihn als Herrscher des Kirchenstaates u.a. in die kriegerischen Auseinandersetzungen zwischen dem Kaiser und dem frz. König verstrickte (Krieg von Castro gegen den Herzog von Parma, 1644). Er wurde ferner bekannt durch den von ihm betriebenen Prozeß gegen G. Galilei. – **2)** Die Neffen Urbans VIII., die Kardinäle **Antonio** B. und **Francesco** B. benutzten ihre Stellung als Nepoten des Papstes ebenfalls zu einem ausgedehnten Mäzenatentum. So förderte Antonio eine große Zahl von römischen Komponisten, darunter Frescobaldi, Marazzoli, L. Rossi. In dem im Auftrage Francescos erbauten Palazzo B. wurde 1632 St. Landis *Il Sant' Alessio* – das erste Werk der Operngeschichte mit geistlichem Sujet – zum ersten Mal aufgeführt; die Dekorationen und die Bühnenmaschinerie stammten von Bernini.

Lit.: A. ADEMOLLO, I Teatri di Roma nel secolo XVII (R 1888); H. PRUNIÈRES, L'opéra italien en France avant Lully (P 1913); V. KAPP, Das B.-Theater u. die Bedeutung der römischen Kultur unter Urban VIII., in: Literaturwiss. Jb. 26 (1985).

BARBETTA (Barbetti), **Giulio Cesare,** * um 1540 Padua(?), † nach 1603; it. Lautenist und Komponist. Er veröffentlichte 5 Sammlungen von Lautenkompositionen: *Il primo libro dell'intavolatura de liuto* (V 1569); *Il terctio libro de intavolatura* (Str 1582), *Novae tabulae musicae testudinariae hexachordae et heptachordae* (Str 1582), *Intavolatura de liuto* (V 1585), *Intavolatura di liuto delle canzonette a tre* (V 1603). Die drei ersten Sammlungen enthalten Bearbeitungen vokaler Kompositionen (u.a. von J. Arcadelt, J. de Berchem, Orlando di Lasso, Cl. Janequin, L. Marenzio) und von Tanzstücken (Passamezzi, Pavanen usw.); sie sind ein wichtiges Dokument für die Gattungsgeschichte im 16. Jahrhundert.

Ausg.: 8 Stücke für Laute (1569), in: O. CHILESOTTI, Lautenspieler des 16. Jh. (L 1891).

Lit.: W. BOETTICHER, Studien zur solistischen Lautenpraxis des 16. u. 17. Jh. (Diss. B 1943); H. M. BROWN, Instrumental Music printed before 1600 (Cambridge, Mass., 1965); E. POHLMANN, Laute, Theorbe, Chitarrone (Bremen 1968).

BARBIERI, Fedora, * 4. 6. 1920 Triest; it. Sängerin (Mezzosopran). Ihre Ausbildung erhielt sie in Triest und in Mailand, debütierte 1940 in Florenz als Fidalma in Cimarosas *Il matrimonio segreto*. Sie gab ihre Karriere nach der Heirat 1943 zunächst auf, setzte sie aber seit 1945 mit großen Erfolgen u.a. in Mailand, Buenos Aires, Wien, Paris, London, auch als Mitglied des Metropolitan Opera House in New York fort. Gefeiert wurde sie besonders in Verdi-Partien (u.a. als Ulrica, Amneris, Azucena), auch als Carmen und Dalila.

BARBIERI, Francisco Asenjo, * 3. 8. 1823 Madrid, † 19. 2. 1894 ebd.; span. Komponist, Dirigent und Musikwissenschaftler. Er studierte am Madrider Kons. Klavier (bei P. Albéniz), Komposition (bei R. Carnicer), Klarinette und Gesang. Mit *Jugar con fuego* (1851) schuf er die Gattung der „Zarzuela grande" (mit 3 Akten statt 1 Akt bei der Zarzuela). Zahlreiche Komponisten folgten seinem Beispiel, darunter Arrieta y Corera, der sich danach ganz von der Oper löste und der Zarzuela zuwandte. Das in Madrid errichtete „Teatro de la Zarzuela" war ausschließlich dieser Gattung vorbehalten. Von B.s Zarzuelas sind hervorzuheben: *Los diamantes de la Corona* (1854), *Pan y toros* (1864), *El barberillo de Lavapiés* (1874), *El hombre es débil* (1871) sowie *El señor Luis el tumbón* (1891; die beiden letztgenannten sind einaktig). B. veröffentlichte auch mehrere musikhistorische Werke, darunter den berühmten *Cancionero de Palacio* des 15./16. Jh. (Ma 1890; NA von H. Anglés in: MMEsp. V u. X, Ba 1947–51). B. führte 1859 auch die ersten Orchesterkonzerte in Madrid durch und rief dort die erste Konzertgesellschaft ins Leben. Seit 1868 lehrte er Harmonielehre und Musikgeschichte am Kons. in Madrid. Er vermachte seine umfangreiche Bibliothek der Biblioteca Nacional in Madrid.

Lit.: A. PEÑA y GOÑI, B. (Ma 1875); DERS., La ópera española y la música dramática en España (Ma 1881–85); A. MARTÍNEZ OLMEDILLA, El maestro B. y su tiempo (Ma 1941, NA 1950, 1959); A. S. SALCEDO, F.A.B. Su vida y sus obras (Ma 1942); J. SUBIRÁ, El teatro del Real Palacio (Ma 1950); J. SUBIRÁ – H. ANGLÉS, Catálogo Musical de la Bibl. Nacional de Madrid, 3 Bde. (Ma 1946–51); J. SUBIRÁ, La Sección de Música de nuestra Academia, in: Academia (Ma 1953).

BARBIER VON BAGDAD, DER, Komische Oper in 2 Akten von Peter Cornelius (1824–74), Text vom Komponisten nach der Erzählung des Schneiders aus der orientalischen Märchensammlung „1001 Nacht". Ort und Zeit der Handlung: das Bagdad aus „1001 Nacht". UA: 15. 12. 1858 in Weimar unter Franz Liszt.
Die erste Oper des „Vaters des modernen musikalischen Lustspiels" löste bei der UA einen Skandal aus, denn es kam im Theater zu Handgreiflichkeiten zwischen den Anhängern des Intendanten Franz von Dingelstedt und Freunden des seit langem als Dirigenten umstrittenen Franz Liszt, dem das Werk gewidmet war. Liszt legte nach der UA die Leitung der Oper in Weimar nieder. Cornelius komponierte

kurz vor seinem Tode auf Liszts Anraten eine neue Ouvertüre; doch wurde die Oper zu Lebzeiten des Komponisten nicht wieder aufgeführt. Nach einem neuerlichen Fiasko mit einer stark gekürzten Aufführung am 24. 5. 1877 in Hannover führte Felix Mottl am 1. 2. 1884 in Karlsruhe eine von ihm selbst revidierte, auf einen Akt zusammengestrichene und am Kompositionsstil von Wagners Musikdrama orientierte Fassung auf. In dieser Form gilt der „Barbier" als eines der Meisterwerke der dt. komischen Oper, in dem die Gesangsnummern durch musikdramatische Dialoge zu Szenen erweitert sind. Max Hasse propagierte am 10. 6. 1904 beim Cornelius-Fest in Weimar eine Aufführung der Original-Fassung, die einen philologischen Disput über die beiden vorliegenden Versionen zur Folge hatte.

J. SCHLÄDER

BARBIER VON SEVILLA, DER *(Il Barbiere di Siviglia ovvero La Precauzione Inutile),* Opera buffa in 2 Akten und 4 Bildern von Giovanni Paisiello (1740–1816); Text von Giuseppe Petroselini nach der gleichnamigen Komödie von Pierre Augustin Caron de Beaumarchais. Ort und Zeit der Handlung: Sevilla in der Mitte des 18. Jahrhunderts. UA: 15. 9. 1782 in St. Petersburg (Eremitage); dt. EA: 20. 11. 1785 in Mannheim.
Die Oper, vier Jahre vor Mozarts *Hochzeit des Figaro* und 34 Jahre vor Rossinis *Barbier von Sevilla* komponiert, vereinigt alle Merkmale der Buffo-Oper. Kennzeichen der Komposition, die von den Zeitgenossen so anerkannt wurde wie keine andere (an dt. Bühnen überall mit großem Erfolg gespielt und allein in Wien innerhalb von vier Jahren 45 Male aufgeführt), sind die einsätzige Ouvertürenform, Einfachheit der verwendeten Kompositionsmittel, schlichte thematische Entwicklung in Form der Motivreihung, einfache tonale Ordnung (meist Grundstufen) und differenzierte Verwendung instrumentaler Klangfarben. Mozart betrachtete Paisiello als Vorbild, und so lassen sich zahlreiche Parallelen zwischen Paisiellos *Barbier* und Mozarts *Figaro* finden, Beispiel: Der Cavatina des Grafen Almaviva *Saper bramate* (Paisiello, 1. Akt) ähnelt sehr die Ariette des Cherubino *Voi che sapete* (Mozart, 2. Akt).

B. DELCKER

BARBIER VON SEVILLA, DER *(Almaviva o sia L'Inutile Precauzione),* Komische Oper in 2 Aufzügen von Gioacchino Rossini (1792–1868), Text von Cesare Sterbini nach der gleichnamigen Komödie von P. A. C. de Beaumarchais. Ort der Handlung: Sevilla, Zeit: Mitte des 18. Jh. UA: 20. 2. 1816 in Rom (Teatro Argentina), dt. EA: 1. 1. 1819 in München (Residenztheater), EA in dt. Sprache: 27. 5. 1819 in Graz.
Die von Rossini selbst geleitete UA (dabei letzte Benutzung eines Cembalos in einer it. Oper) gestaltete sich zu einem der größten Skandale der Operngeschichte; zu bekannt war Giovanni Paisiellos Erfolgsoper gleichen Stoffes, zu kurz die Kompositionszeit (ca. 2 Wochen). Rossini verarbeitete Teile aus eigenen früheren Werken. Die Ouvertüre beispielsweise war bereits zwei älteren Opern vorangestellt; ursprünglich geschrieben für *Aureliano in Palmira,* diente sie noch als Einleitung zu *Elisabeth, Königin von England,* bevor sie ihren Platz im B. v. S. fand. Der Siegeszug des Werkes, das am 10. 8. 1816 in Bologna erstmals als *Il Barbiere di Siviglia* gespielt wurde, begann aber bereits mit der zweiten Aufführung; allein Berlin (EA: 18. 6. 1822) sah bis 1937 mehr als 500 Aufführungen. Rossini schrieb für jede Person eine charakterisierende Arie. Bekannteste Nummern: *Frag' ich mein beklommnes Herz* (Rosine), *Ich bin das Faktotum der schönen Welt* (Figaro) und *Einen Doktor meinesgleichen* (Bartolo). Die Ausschöpfung aller typischen Ausdrucksmöglichkeiten macht das Werk zu einem Musterbeispiel für die it. komische Oper.

R. QUANDT

BARBIREAU (Barbiriau, Barbirian), **Jacques,** * um 1408 Mons (Hennegau), † 8. 8. 1491 Antwerpen; franko-flämischer Komponist. Seit 1447 wirkte er als Kapellmeister („Maistre de chant et des enfans") an der Kathedrale zu Antwerpen und war in dieser Stellung unmittelbarer Amtsvorgänger von Obrecht. Von seinen Werken wurde im 16. Jh. nur eine einzige Komposition veröffentlicht: die berühmte Chanson *Een frölic wesen* (in *Trium vocum carmina,* Nürnberg 1538; hsl. in der Dombibliothek zu Segovia). B. schrieb 6 weitere Chansons, die Motette *Osculetur,* ein 4st. *Kyrie Paschale,* ferner 3 Messen: Missa *Terribilment,* Missa *Virgo parens Christi* und die Missa *Faulx perverse* (die beiden letztgenannten und das Kyrie hsl. in der Östr. Nationalbibliothek in Wien). B. ist wahrscheinlich nicht identisch mit Barbingaut, einem anderen Komponisten des 15. Jahrhunderts.

Ausg.: Opera omnia, 2 Bde., hrsg. v. B. MEIER, in: CMM 7 (R 1954 u. 1957) (I: Messen u. Kyrie paschale; II Motetten u. Chansons).

Lit.: CH. VAN DEN BORREN, Inventaire des mss. de musique polyphonique qui se trouvent en Belgique, in: AMI 5 (1933); H. ANGLÈS, Un ms. inconnu avec polyphonie du XVe siècle conservé à la cathédrale de Ségovie, in: AMI 8 (1936); J. DU SAAR, Het leven en de Composition van J. B. (Utrecht 1946); C. W. FOX, B. and Barbingant: A Review, in: JAMS 13 (1960).

BARBIROLLI, Sir **John** (eig. Giovanni Battista), * 2. 12. 1899 London, † 28. 7. 1970 ebd.; engl. Violoncellist und Dirigent. Er stammte aus der Ehe einer Französin mit einem englischen Musiker, trat bereits mit 11 Jahren als Violoncellist auf, erhielt 1911–17 seine Ausbildung am Trinity College of Music und an der Royal Academy of Music, gehörte 1915–25 als Solocellist dem Queen's Hall Orchestra unter H. Wood, in den 20er Jahren auch dem International String Quartet und dem Kutscher-Quartett an. 1925 gründete er das Barbirolli Chamber Orchestra, war dann vor allem als Dirigent tätig, zunächst der British National Opera Company. Danach übernahm B. die Leitung des Scottish und des Northern Philharmonic Orchestra, 1937–42 als Nachfolger Toscaninis die des New York Philharmonic Orchestra, 1943 des Hallé Orchestra in Manchester, dem er bis 1968 (seit 1958 als „Principal Conductor") verbunden blieb. Er machte dieses Orchester zu einem europäischen Spitzenorchester, war daneben 1962–67 als Nachfolger L. Stokowskis Chefdirigent des Houston Symphony Orchestra. B. hat das englische Musikleben seiner Zeit entscheidend mitgeprägt. Er hat sich besonders für die Werke Mahlers eingesetzt. Wegen seiner besonderen Verdienste wurde er u. a. 1949 geadelt.

Lit.: CH. RIGLEY, J. B., A Biographical Sketch (Altringham 1948); M. KENNEDY, The Hallé Tradition (Manchester 1960); CH. RAID, J. B. (Lo 1971).

BARBITOS (griech.) siebensaitiges, der ↗Lyra ähnliches Musikinstrument im alten Griechenland. Durch seine wahrscheinlich tiefe Lage eignete es sich besonders zur Gesangsbegleitung. Nähere Einzelheiten sind nicht überliefert. Man nimmt an, daß die B. die große Form der Lyra darstellte und sich vom *Barbiton* unterschied, einem Instrument orientalischer Herkunft, das mit zahlreichen Saiten versehen war und in hellenistischer Zeit verwendet wurde. Trotz ihrer Größe scheint die B. ein bei den Griechen weitverbreitetes Instrument gewesen zu sein. Die B. ist etwa im 6. Jh., zur Zeit Sapphos und Anakreons, aufgekommen, die sie selbst spielten. Horaz spricht von der „lesbischen Barbitos". In der klassischen Zeit wurde das Instrument in allen Gesellschaftsschichten gespielt. Als Instrument der Lebensfreude ist sie eng mit dem Dionysoskult verbunden. Ihre Klangfülle soll den Lärm der bacchantischen Feste übertönt haben. Abbildungen der B. finden sich auf Vasenmalereien und Grabmälern.

Lit.: M. WEGNER, Das Musikleben der Griechen (B 1949); D. PAQUETTE, L'instrument de musique à travers la céramique de la Grèce antique (Diss. Dijon 1968).

BARBLAN, Guglielmo, * 27. 5. 1906 Siena, † 24. 3. 1978 Mailand, it. Musikforscher. Er studierte erst Violoncello, dann Rechtswissenschaft, Komposition und Musikwissenschaft (u. a. in München bei A. Sandberger). B. war zunächst als Cellist tätig und wurde 1932 Lehrer für Cello und Musikgeschichte am Konservatorium Bozen, 1949 Direktor der Bibliothek des Mailänder Konservatoriums; seit 1959 lehrte er an der Univ. Mailand (seit 1962 als Professor). Er war Gründer der Società Italiana di Musicologia und Herausgeber der *Rivista Italiana di Musicologia*; seit 1965 war er Mitglied der Accademia di S. Cecilia in Rom. Zu seinem 60. Geburtstag erschien eine Festschrift *(Studia musicologica,* hrsg. von M. Fabbri, Florenz 1966, mit Schriftenverzeichnis).

Schriften: *Un musicista trentino: F. A. Bonporti* (Fi 1940); *Musiche e Strumenti musicali nell'Africa Orientale Italiana* (Neapel 1941); *L'Opera di Donizetti nell'età romantica* (Bergamo 1948); *Mozart in Italia* (Mi 1951); *Contributo all'epistolario di G. Donizetti,* in: Studi Donizettiani (Bergamo 1962); B. veröff. auch eine it. Übers. der Konversationshefte Beethovens (Tn 1968) (nach der Ausg. v. Schünemann); *Guida al „Clavicembalo ben temperato" di J. S. Bach* (Mi 1971).

BARBLAN, Otto, * 22. 3. 1860 Scanfs (Engadin), † 19. 12. 1943 Genf; schweizer Organist, Dirigent und Komponist. Er studierte Klavier, Orgel und Komposition am Kons. in Stuttgart. 1887–1938 war B. Organist an der Kathedrale St-Pierre in Genf, 1892–1938 zugleich Dirigent der „Societé de Chant Sacré", seit 1901 auch des Petit Chœur und des Chors von St-Pierre. B. lehrte auch am Konservatorium Orgel und Komposition. Als Organist und Dirigent erwarb er sich große Verdienste um die Aufführung von Werken J. S. Bachs.

WW: **1) Instr.-WW:** Für Orgel: *Andante mit Variationen,* op. 1 (L o.J.); *Passacaglia,* op. 6 (L o.J.); *Gebet,* op. 8 (G o.J.); *Chaconne über BACH,* op. 10 (L o.J.); *Drei Stücke,* op. 22 (Au o.J.); *Variationen und Tripelfuge über BACH* (G o.J.); *Quatuor à cordes* in D-Dur (Z o.J.). – **2) Vokal-WW:** Chormusik a cap.: *Psalm 117,* für 2 gemischte Chöre op. 12 (Lindau o.J.); *Psalm 23,* op. 15 (ebd. o.J.); *Ode patriotique* (G 1896), Kantate für 2 Männerchöre, Sopran, Bar. u. Orch.; *Calven-Festspiel,* op. 8, UA: Chur 1899; *Post tenebras lux,* op. 20, Kantate zum 400. Geburtstag v. J. Calvin (G 1909); *Lukaspassion,* op. 25 (Ms.), UA: 1919. B. schrieb auch ein autobiographisches Werk: *Erinnerungen* (Chur 1929).

Lit.: E. CHAPONNIÈRE, O. B. (G 1917); R. VUATAZ, O. B., in: RMS (1944); E. PERINI, Das kompositorische Schaffen v. O. B., in: Bündnerisches Monatsblatt (1949) (mit WW-Verz.); W. TAPPOLET, O. B. (Chur 1960) (in Räto-Romanisch).

BARCE, Ramón, * 16. 3. 1928 Madrid; span. Komponist und Musikschriftsteller. Hauptsächlich Autodidakt, studierte er später noch bei O. Messiaen und G. Ligeti in Darmstadt. 1958 gründete er die Gruppe „Nueva Música" und übt seitdem nachhaltigen Einfluß auf die Avantgarde in Spanien aus. B. schreibt eine sehr eigenständige Musik mit stark expressionistischen Zügen. Seine auf der Zwölftontechnik beruhenden harmonischen Konstruktionen nennt er selbst „Harmonie des niveaux".

WW: *Parábola* (1963), Bläserquintett; *Objetos sonoros* (1963) für Streichquartett, Bläserquintett, Trp. u. 2 Schlagzeuger; *Alfa* (1965), für Streichorch.; *Las cuatro estaciones* (1966), für Orch.; *Concierto de Lizara* (1967), für Schlagzeug u. Orch.; *La laguna gris* (1959), für Sprechstimme u. 6 Instr.; *Canciones de la ciudad* (1959), für Sopran u. 6 Instr.; *Soledad primera* (1960), für Sopran u. 5 Instr.; *Cantata* (1966), für Sopran u. 8 Instr.; eine Oper, *Los Bárbaros* (1961–67).

Lit.: T. MARCO, Tendencias de la vanguardia musical española (Ma 1967).

BARCHET, Reinhold, * 3.8.1920 Stuttgart, † 5.6.1962 ebd.; dt. Violinist. Nach seiner Ausbildung am Würzburger Konservatorium war er 1943–45 Mitglied des Brucknerorchesters in Linz an der Donau, 1946–52 1. Konzertmeister beim Stuttgarter Kammerorchester, anschließend bei der Stuttgarter Philharmonie, seit 1955 beim Südwestdeutschen Kammerorchester Pforzheim. 1952 gründete er das Barchet-Quartett neu, mit dem er erfogreich im In- und Ausland gastierte.

BARCHET, Siegfried, * 21.5.1918 Hamburg; dt. Violoncellist. Er studierte am Würzburger Konservatorium Violoncello (bei Faßbender), Kammermusik und Komposition, war dann Mitglied des Kammerorchesters Edwin Fischer und des Brucknerorchesters in Linz an der Donau. Seit 1946 ist er Solocellist und Solist beim Stuttgarter Kammerorchester. B. gründete mehrere Kammermusikvereinigungen, u.a. 1947 das (erste) Barchet-Quartett, 1950 ein Klavier-Trio mit R. Barchet und H. Priegnitz. Er gehört jetzt dem Streichquartett des Stuttgarter Kammerorchesters an. B. komponierte u.a. ein Cellokonzert, eine Symphonie für Streicher, 2 Streichquartette und ein Streichtrio.

BARDE (von keltisch bardo), keltischer Sänger und Dichter, der, vom ↗Crwth begleitet, Helden- und Preislieder vortrug. Die B.n gehörten einer privilegierten Schicht an. Bei den Galliern standen sie auf der 3. Stufe der Druidenhierarchie. Wie die ↗Aöden Griechenlands überlieferten sie das epische Volksgut. Am längsten, z.T. bis ins 18. Jh., hielt sich die Tradition der B.n in Wales, Irland und Schottland.

Lit.: E. JONES, Musical and Poetical Relicks of the Welsh Bards (Lo 1784, ²1794); J. C. WALKER, Historical Memoirs of the Irish Bards (Lo 1786); Abbé DE LA RUE, Essais historiques sur les bardes, les jongleurs et trouvères normands et anglo-normands, 3 Bde. (Caen 1834); G. BORROW, Celtic Bards, Chiefs and Kings (Lo 1928); W. EVANS, The Bards of the Isle of Britain ... (Lo 1930); I. WILLIAMS, Lectures on Early Welsh Poetry (Dublin 1944).

BARDI, Giovanni de' Conti di Vernio, * 5.2.1534 Florenz, † 1612 Rom; it. Schriftsteller und Komponist. Er lebte 1579–92 in Florenz. In seinem Hause trafen sich die Mitglieder der ↗Camerata Fiorentina (auch Camerata Bardi genannt), die sich um eine Wiederbelebung der antiken Musik bemühten. Er förderte vor allem V. Galilei, der ihm seinen *Dialogo della musica antica e moderna* (1581) widmete. G. Caccini und G. B. Doni erwähnen sein Eintreten insgesamt für die florentinische Bewegung. Nach 1592 setzte B. sein Wirken als Mäzen in Rom fort, wo er bis 1605 als Kammerherr und Offizier der Garde Papst Clemens' VIII. tätig war. Von seinen Kompositionen sind zwei Madrigale (4- u. 5st.) erhalten. Sein Traktat *Discorso mandato a Caccini sopra la musica antica* ist veröff. in G. B. Doni, *Lyra Barberina* (Fi 1763).

Lit.: H. MARTIN, La „Camerata" du comte B. et la musique florentine du XVIᵉ siècle, in: RMie 16 (1932); N. PIRROTTA, Tragédie et comédie, in: Musique et Poésie au XVIᵉ siècle (P 1954).

BARENBOIM, Daniel, * 15.11.1942 Buenos Aires; israel. Pianist und Dirigent. Er debütierte bereits mit 7 Jahren in Buenos Aires, siedelte 1952 mit seinen Eltern nach Israel über, studierte dann bei E. Fischer (Klavier), I. Markevitch (Dirigieren) und bei E. Mainardi (Kammermusik), danach bis 1956 an der Accademia di Santa Cecilia in Rom, schließlich Komposition bei N. Boulanger in Paris. Seit Mitte der 60er Jahre wandte er sich neben seiner exzeptionellen pianistischen Karriere, zu der auch eine außergewöhnlich große Zahl von Schallplatteneinspielungen gehört, dem Dirigieren zu. 1965 wurde er ständiger Chefdirigent des English Chamber Orchestra, mit dem er u.a. Mozarts Klavierkonzerte zugleich als Pianist und Dirigent aufführte, 1975 Chefdirigent des Orchestre de Paris. B. ist verheiratet mit der engl. Cellistin Jacqueline Du Pré, mit der er häufig konzertierte.

Lit.: J. KAISER, Große Pianisten in unserer Zeit (Mn ³1977).

BÄRENREITER-VERLAG, dt. Musikverlag, 1923 in Augsburg von *Karl Vötterle* (1903–75) gegründet und geleitet, 1927 nach Kassel verlegt. Filialen wurden in Basel (1944), London (1957), New York (1957–1969) und Paris (1962; seit 1971 in Tours) errichtet. Der B.-V. entwickelte sich in relativ kurzer Zeit zu einem der international führenden Musikverlage und zu einem Unternehmen von unverwechselbarem Profil. Sein erster Höhepunkt lag zwischen den beiden Weltkriegen mit der Herausgabe von Volksliedersammlungen und der Veröffentlichung älterer Chorwerke (u. a. von A. Dowland, H. L. Haßler, L. Lechner, L. Senfl) und mit Quellenpublikationen zur ev. Kirchenmusik im Anschluß an die sog. Singbewegung. Gleichzeitig wurde die Bemühung um Wiederbelebung der alten Instrumentalmusik unterstützt: zunächst der barocken Orgelmusik in praktischen und wissenschaftlichen Ausgaben, dann der Kammermusik *(Hortus Musicus)*. Dieses Programm wurde nach dem zweiten Weltkrieg entschieden nach der musikwissenschaftlichen Seite hin ergänzt. Die von F. Blume hrsg. Enzyklopädie *Die Musik in Geschichte und Gegenwart* (MGG; 14 Bde., 1949–68, 2 Suppl.-Bde., 1973 u. 1978, Reg.-Bd. in Vorb.) wurde eine große wissenschaftliche und verlegerische Leistung. Zu nennen ist auch die Serie A des *Répertoire Internat. des Sources Musicales* (RISM) und die Publikationsreihe *Das Deutsche Kirchenlied*. Immer mehr wandte sich seit 1950 der B.-V. der Edition von Denkmäler- und Gesamtausgaben zu. Zu erwähnen sind die Reihe *Das Erbe deutscher Musik*, die Gesamtausgaben der Werke von Gluck, Janáček (ab 1978), Lechner, Telemann, Schein, Schütz, die neuen Gesamtausgaben der Werke von Bach, Berlioz, Händel, Lasso, Mozart, Schubert. Zu den Veröffentlichungen des B.-V. gehört auch zeitgenössische Musik, u.a. von Th. Antoniou, G. Bialas, C. Bresgen, W. Burkhard, J. Cikker, H. Distler, P. Eben, H. Eder, Kl. Huber, N. A. Huber, G. Klebe, E. Krenek, B. Martinů, E. Pepping. Die wichtigsten vom B.-V. veröffentlichten Musikzeitschriften sind: *Musik und Kirche* (1929ff.), *Musica* (1947ff.), *Die Musikforschung* (1948ff.), *Fontes Artis Musicae* (1954ff.) und *Acta Musicologica* (1954ff.).

Lit.: K. VÖTTERLE, Haus unterm Stern (Kas 1949, ⁴1969); Bärenreiter im Bild (Kas 1949, NA 1968); Bärenreiter-Chronik, 1923–1973, hrsg. v. A. M. GOTTSCHICK (Kas 1973): Musik u. Verlag. FS K. Vötterle, hrsg. v. R. BAUM–W. REHM (Kas 1968).

BARGIEL, Woldemar, * 3. 10. 1828 Berlin, † 23. 2. 1897 ebd.; dt. Komponist. Durch seine Mutter war er ein Halbbruder von Clara Schumann. Er studierte bei S. Dehn Kontrapunkt, 1846–50 am Leipziger Kons. bei I. Moscheles (Klavier), M. Hauptmann (Theorie), J. Rietz und N. W. Gade (Komposition). 1859–65 lehrte er am Kons. in Köln, danach war er Chor- und Orchesterdirigent in Rotterdam. 1874 wurde B. Prof. an der Musikhochschule Berlin, 1875 Leiter einer Meisterklasse für Komposition. B.s Werke (Klavier- und Kammermusik, 3 Ouvertüren, eine Symphonie und 4 Psalmen für Chor) stehen stilistisch in der Nähe von Schumann und Brahms. Seine Ausgabe von Bach-Chorälen (um 1890) in alten Schlüsseln hat seinen Namen jedoch bekannter werden lassen als seine Kompositionen.

BARIOLAGE (frz., von lat. variolagium = Abwechslung), im Violinspiel der schnelle Wechsel von einer Saite zur anderen, wobei der höhere Ton auf der tieferen Saite gegriffen wird. Diese Technik wird vor allem bei einer Aufeinanderfolge von gebrochenen Akkorden angewendet, dient aber auch zur Belebung des Tremoloklanges, indem der gleiche Ton abwechselnd auf der leeren und auf der gegriffenen Saite gespielt wird.

BARITON (von griech. barytonos = tieftönend; engl.: baritone; frz.: baryton; it.: baritono; span.: barítono). **1)** In der mehrstimmigen Vokalmusik des 16./17. Jh. vereinzelt Bz. für eine Vokalpartie zwischen Tenor und Baß, die im F-Schlüssel auf der 3. Linie (sog. B.-Schlüssel) notiert ist. – Sonst allgemein gebräuchliche Bz. für eine männliche Stimmgattung oder -lage mit dem Tonumfang von etwa A bis a¹. Bis zur 2. Hälfte des 18. Jh. wurde die tiefe Männerstimme einheitlich als Baß bezeichnet, bis sich dann die terminologische Differenzierung von B. und Baß durchsetzte. Seitdem werden die B.-Stimmen nach Stimmtimbre und -umfang unterschieden in Baßbariton- und hohe B.-Stimmen (letztere hießen gelegentlich auch Tenorbariton). In der Opernpraxis haben sich vom 18. Jh. an für die B.-Partien verschiedene Stimmfächer ausgeprägt, für die bestimmte Opernrollen als charakteristisch gelten: Spielbariton (Graf in Lortzings *Wildschütz*), lyrischer B. (Valentin in Gounods *Margarethe*), italienischer B. (Posa in Verdis *Don Carlos*), Cavaliersbariton (Don Giovanni in Mozarts gleichnamiger Oper), Heldenbariton (Scarpia in Puccinis *Tosca*, Wotan in Wagners *Ring*). Die Grenzen der einzelnen Fächer sind jedoch fließend, und nicht jede B.-Partie, besonders der neuen Operngeschichte, läßt sich einem bestimmten Fach zuordnen. – **2)** (engl.: euphonium; frz.: basse à pistons). Blechblasinstrument zwischen Baß und Alt. Es steht in B oder C und hat 3 oder 4 Ventile. Seine weite Mensur verleiht ihm einen vollen, weichen Klang. Es wird manchmal anstelle einer Tuba eingesetzt. – **3)** Bz. für eine Tonlage bei bestimmten Blasinstrumenten; am bekanntesten ist das B.-Saxophon, u.a. gibt es auch eine B.-Oboe.

G. MASSENKEIL

BARKAROLE (von it. barca = Barke, Boot; frz.: barcarolle), das in Venedig als „gondoliera“ bezeichnete Arbeitslied der Gondelführer; charakteristisch ist der gleichbleibende, als wiegende Bewegung empfundene Rhythmus (meist 6/8- oder

12/8-Takt). Seit A. Campras Ballettoper *Les Fêtes vénitiennes* (1710) fand die B. Eingang in die Oper (von Weber, *Oberon;* Auber, *Fra Diavolo;* Verdi, *Othello;* Offenbach, *Hoffmanns Erzählungen;* J. Strauß, *Eine Nacht in Venedig).* Im 19. Jh. wurden auch B.n für Klavier komponiert: *Barcarolle* op. 60 von Chopin; *Gondoliera* aus den *Années de Pèlerinage* von Liszt und die zweite, reduzierte Fassung seiner *Trauergondel; 13 Barcarolles* von G. Fauré. Es gibt auch Stücke im B.-Rhythmus, die nicht eigens als B. bezeichnet sind (z. B. Schuberts Lied *Auf dem Wasser zu singen*). Eine Nähe zur B. zeigt Debussys *Clair de lune.*

BARKER, Charles Spackman, * 10. 10. 1804 Bath, † 26. 11. 1879 Maidstone; engl. Orgelbauer. Da seine Erfindungen in England wenig Anklang fanden, ging er 1837 nach Paris, wo er 1840 die Direktion der Firma Daublaine & Callinet übernahm. 1860 gründete er ein eigenes Unternehmen, B. & Verschneider. Der Deutsch-Französische Krieg zwang ihn 1870 zur Rückkehr nach England. Hier baute er noch die Orgeln der Kathedralen von Cork und Dublin. B. erfand den pneumatischen Hebel (auch Barkerhebel genannt), der es erlaubt, die Manuale zu koppeln, ohne die Traktur zu belasten. Das System fand Anwendung bei den großen Orgeln von A. ↗Cavaillé-Coll.

BARKERHEBEL, eine 1832 von dem engl. Orgelbauer Charles Spackman Barker (1804–1879) erfundene Vorrichtung, bei der die mechanische ↗Traktur der Orgel nicht unmittelbar durch den Spieler, sondern durch einen dazwischengeschalteten pneumatischen Mechanismus betätigt wird, wobei als auslösende Kraft der Druck des Orgelwindes dient. Der Vorteil dieser Erfindung liegt in der leichteren Spielbarkeit für den Organisten, die es dem Orgelbauer erlaubt, nunmehr Windmengen, Registeranzahl, Pfeifenmensuren ganz nach künstlerischem Ermessen zu wählen. Der frz. Orgelbauer Cavaillé-Coll verbesserte diese Erfindung in Zusammenarbeit mit Barker und wendete sie zum erstenmal 1862 in der Orgel von Saint-Sulpice (100 Register, 5 Manuale) an, nicht nur für die Spieltraktur, sondern auch für die Registerzüge und Koppeln. Der moderne Orgelbau greift gerne, besonders für die Manualkoppeln, auf den B. zurück.

BARLEY, William, engl. Musikverleger, Ende 16., Anfang 17. Jh. in London. Er veröffentlichte *A new Booke of Tabliture* (1596, 3 Bücher mit Lauten- bzw. Orpharion- und Pandora-Tabulaturen), ferner Werke von R. Allison *(The Psalms of David,* 1599), Th. Morley *(The first Booke of Consort Lessons,* 1599, *The first Booke of Ayres,* 1600), A. Holborne *(Pavans, Galliards, Almains,* 1599) sowie *Pammelia* (Sammlung von Roundelays und Catches, RISM 1609[31]).

BARLOW, Fred, * 2. 10. 1881 Mülhausen (Elsaß), † 3. 1. 1951 Boulogne (Seine); frz. Komponist. Studierte am Polytechnikum in Zürich, gab aber seinen Ingenieurberuf auf und ging mit 28 Jahren nach Paris, um sich ganz der Musik zu widmen. Durch das Studium bei J. Huré und bei seinem Vetter Ch. Koechlin löste er sich vom Einfluß der dt. Musik, mit der er sich bis dahin ausschließlich befaßt hatte.

WW (wenn nichts anderes angegeben, in Paris erschienen): **1) Instr.-WW:** Für Klv.: zahlr. Stücke für Kinder u. Anfänger; *Jeux d'ondines; Polichinelle et Colombine* (mit Orch.); *Sonate; 5 Enfantines;* für V. u. Klv.: *Sonate „Juventa"*: für Vc. u. Klv.: *Sonate „La Basilique"*; für Fl. u. Klv. (oder Gitarre): *Pavane;* für Fl., V. u. Klv.: *Sonatine;* für Orch.: *Sinfonietta des saisons.* – **2) Vokal-WW:** *Poèmes „Hortus clausus"* für Mezzo-Sopran u. Klv.; *Poèmes chinois* für Sopran u. Klv.; *Ave Maria* für Sopran u. Org. (oder Klv.); Chorwerke; zahlreiche Lieder. – **3) Bühnen-WW:** *Sylvie ou le Double amour* (nach G. de Nerval), Opéra comique, UA: Paris 1923; *Mam'zelle Prudhomme,* Operette, UA: Monte-Carlo 1933 (unveröff.); *La Grande Jatte,* Ballett, UA: Paris 1950; *Gladys,* Ballett, UA: Mülhausen 1954.

Lit.: F. B., textes d'auteurs divers (P 1951).

BÄRMANN, dt. Musikerfamilie des 19. Jh. – **1) Heinrich Joseph,** * 14. 2. 1784 Potsdam, † 11. 6. 1847 München; Klarinettist. Er war Schüler von J. Beer, wurde zunächst Militärmusiker, ging 1807 als Musiker an den Münchener Hof und unternahm als Solist zahlreiche Konzertreisen. C. M. v. Weber, Mendelssohn und Meyerbeer schrieben für ihn Werke für Klarinette. – **2) Karl,** Sohn von 1), * 24. 10. 1810 München, † 24. 5. 1885 ebd.; Klarinettist. Er folgte seinem Vater als Solist des Hoforchesters in München. Seine *Vollständige Clarinett-Schule* (Offenbach 1864–75, mehrmals wiederaufgelegt) wird heute noch benutzt. – **3) Karl,** Sohn von 2), * 9. 7. 1839 München, † 17. 1. 1913 Newton (Boston). Er war Schüler von Liszt. Als Pianist war er in München ebenso geschätzt wie in Boston, wo er sich 1881 niederließ.

Lit.: M. M. VON WEBER, C. M. von Weber I (L 1864); F. G. RENDALL, The Clarinet (Lo 1954); H. BECKER, Mendelssohn u. die Dampfnudeln, in: das Musikleben 7 (1954); G. MEYERBEER, Briefwechsel u. Tagebücher, 4 Bde., hrsg. v. H. Becker, I–III (B 1959–75).

BAROCK (engl.: baroque; frz.: baroque; it.: barocco; span.: barroco), leitet sich vom port. Wort „barroco" (= unregelmäßig geformte Perle) her. Das *Dictionnaire de musique* (1767) von J.-J. Rousseau und die *Encyclopédie* (Ergänzungsband 1776) stellt jedoch einen Zusammenhang mit dem mnemotechnischen Begriff „baroco“ her, der in der Logik einen Syllogismus bezeichnet. In der Bedeutung „bizarr“, die in romanischen Sprachen heute noch vorherrscht, bezieht das 18. Jh. den Begriff B. auf die Architektur, z.B. die Werke von Francesco Borromini (1599–1667) und Guarino Guarini (1624–1683). Erst deutsche Kunsthistoriker des 19. Jh. bezeichnen mit B. eine Stilepoche, so Jacob Burckhardt (*Der Cicerone*, 1860), Cornelius Gurlitt (*Geschichte des Barockstils*, 3 Bände, 1887–89) und Heinrich Wölfflin (*Renaissance und Barock*, 1888), wobei Gurlitt und Wölfflin die zunächst abwertende Charakterisierung des B. als einer Verfallsstufe der Renaissance (Burckhardt) durch eine kunstwissenschaftlich begründete, positive Bestimmung ersetzten.

Barock als musikgeschichtlicher Epochenbegriff. Als erster charakterisierte C. Sachs mit dem Terminus B. eine Periode der Musikgeschichte (*Kunstgeschichtliche Wege*, 1918, und *Barockmusik*, 1919). Er übertrug die Stilmerkmale des B., die Wölfflin für die bildende Kunst gewonnen hatte, auf die Musik dieser Zeit, hob als ihre Hauptmerkmale den Hang zu Verzierung, Variation und stärkerer Bewegtheit hervor und stellte den barocken Kolossalstil der Linienvielfalt der Renaissancemusik gegenüber. Das Wort B. wurde in der Folgezeit bald von anderen deutschen Musikwissenschaftlern übernommen, so von G. Adler (*Handbuch der Musikgeschichte*, 1924). Auch in den USA setzte sich dieser Begriff durch. A. Carapetyan und L. Schrade begannen im Jahr 1946 mit der Herausgabe eines *Journal of Renaissance and Baroque Music*, das allerdings kurz darauf in *Musica Disciplina* umbenannt wurde. Die engl. und frz. Forschung begegnete dem Terminus B. mit großer Zurückhaltung: J. A. Westrup vermied ihn in seinem Buch *Purcell* (1937), ebenso N. Dufourcq in *La Musique des origines à nos jours* (1946) und *J. S. Bach, le maître de l'orgue* (1948). Die it. Musikwissenschaft erwog zwar früh die Stilbezeichnung B., stand aber unter dem Einfluß des Kunsttheoretikers B. Croce, der in seiner *Storia dell'età barocca in Italia* (1929) nicht nur den Begriff B. wegen seiner pejorativen Nebenbedeutung, sondern die Idee eines B.stils bzw. -zeitalters überhaupt ablehnte. A. Della Corte (*Il Barocco e la musica*, 1933) schränkte den Zeitraum des musikalischen B. als einer Epoche „musikalischen Tiefstands“ erheblich ein und führte die Entstehung des B. auf völligen Mangel an musikalischen Genies zurück. Guido Pannain vermied den Begriff B. in seiner *Storia della musica* (I, 1942) ganz.

Der Terminus B.-Musik wurde demnach hauptsächlich deshalb abgelehnt, weil er von vornherein mit einer negativen Wertung belastet war, wie sie auch bei J.-J. Rousseau (*Enzyclopédie*, Ergänzungsband 1776) zum Ausdruck kommt: „une musique baroque est celle dont l'harmonie est confuse, chargée de modulations et de dissonances, le chant dur et peu naturel, l'intonation difficile, le mouvement contraint“. Sofern man nicht an der traditionellen Einteilung der Musikgeschichte in Jahrhunderte oder Regierungszeiten festhält und sich statt dessen darauf beschränkt, von einer Epoche zu sprechen, die vom Ende des 16. Jh. bis zur 1. Hälfte des 18. Jh. reicht (auf welchen Zeitraum die B.-Musik im allgemeinen festgelegt wird), bietet sich der von H. Riemann geprägte Begriff des „Generalbaß-Zeitalters“ (*Handbuch der Musikgeschichte*, II/2, 1911) an, der auch in Frankreich durch J. Chailley (Herausgeber von *Précis de musicologie*, 1958) aufgegriffen wird. Innerhalb eines so großen Zeitraumes verändert sich der musikalische Stil zwangsläufig. Daher ordnen verschiedene Musikwissenschaftler die Musikgeschichte bis 1650 mehr dem Manierismus als dem des B. zu. Wieder andere fassen die Musik zwischen 1730–50 unter den Begriff des sog. Rokoko. Th. Kroyer (1927) und E. Schenk (1935) unterscheiden 3 Phasen: „Frühbarock“ (1550–1650), „Mittelbarock“ (1650 bis 1700) und „Spätbarock“ (nach 1700); diese Einteilung verwendet auch S. Clercx, *Le Baroque et la musique* (1948).

Die Musik der Barockzeit. Grundzüge. Legt man als Beginn des musikalischen B. das Ende des 16. Jh. fest, so deshalb, weil in dieser Zeit ein klarer Stilwandel deutlich wird, der in den *Nuove musiche* von G. Caccini (1601) und in den Bz. ↗„Seconda pratica“ von Cl. Monteverdi (die sein Bruder Giulio Cesare im Vorwort zu den *Scherzi musicali* [1607] näher erläuterte) und „Stile nuovo“ von M. da Gagliano (Vorwort zu *Dafne*, 1608) zum Ausdruck kommt. Doch lassen sich schon in der etwa um 1550 entstandenen Musik der Spanier J. Bermudo, A. de Cabezón, D. Ortiz, T. de Santa María und der des Portugiesen Antonio Carreira zahlreiche barockisierende Anklänge erkennen. Victor-Lucien Tapié (*Baroque et classicisme*, 1957) kennzeichnet den B. als monarchistisch, aristokratisch, religiös und irdisch. Zu einer solchen Charakterisierung steht im Einklang, daß im 16. Jh. Musik dieser Art in Spanien unter Karl V. und Philipp II. entstand. Diese neue Stilrichtung setzte sich auch in Neapel und Sizilien durch, die unter span. Herrschaft standen, verbreitete sich auf der ganzen it. Halbinsel und entfaltete sich in Deutschland in zwei verschiedenen Strömungen: im Norden pflegte man in erster Linie die Orgelmusik, der Süden stand vor allem unter it. Einfluß. In England setzte sich die Generation H. Purcells (1659–1695) mit dem „Stile nuovo“ auseinander; im 18. Jh. läßt sich die Vorherrschaft der it. Oper und des dt. Oratoriums in England vor allem durch die Anwesenheit Händels erklären. In Frankreich dagegen weist die Kunst des 17. und 18. Jh. zwei Seiten auf: barocke Stilmerkmale fehlten zwar nicht vollständig, doch ist hier die Musik, wie auch die anderen Künste, vor allem durch klassizistische Züge gekennzeichnet.

Einzelne Stilcharakteristika der Barockmusik. Mit Ausnahme von R. Haas (*Die Musik des Barocks*, Potsdam 1928) setzten Musikwissenschaftler die B.-Musik in Bezug zu anderen zeitgenössischen Künsten. Dies führte zur Erkenntnis, daß auch in der B.-Musik traditionelle Formen und Satztechniken aufgelöst wurden. Die Melodie löst sich aus der polyphonen Architektur und entfaltet sich in mannigfaltigen Linien und Gegenlinien (vgl. *Konzert* für Violine und Streicher E-Dur von J. S. Bach, BWV 1042) oder zerfällt in Einzelmotive wie bei J. Ph. Rameau, D. Scarlatti und bes. bei C. Ph. E. Bach. Die klaren Abfolgen konsonanter Klänge bei Josquin des Prés und Palestrina werden bei den Madrigalisten durch verstärkte Verwendung von Sekund- und Septdissonanzen und unerwarteten Klangfolgen aufgelöst, was im 18. Jh. mit der Einführung der gleichschwebend temperierten Stimmung zu einem starken Einsatz von Modulationen führt. Die Themen werden ausgiebig verziert und variiert. Die Variation ist überhaupt die fundamentale Kompositionstechnik des B.-Zeitalters; auf ihr basieren ↗Intonazione, ↗Toccata, ↗Kanzone und ↗Choralbearbeitung. Die Neigung zum Grandiosen manifestiert sich in der Verschmelzung von Gattungen – es entstehen ↗Oper und ↗Oratorium –, in der Wahl erhabener Texte und in der Vorliebe für punktierte Rhythmen, bei denen die starken Zählzeiten deutlich betont werden. Die Theater- und Illusionskunst des B. weist ein reiches Register an Kontrastwirkungen auf: Massenwirkungen nach dem Vorbild der Venezianischen Mehrchörigkeit (A. Willaert), das Zusammenwirken heterogener Elemente im konzertierenden Stil, überhaupt die wachsende Eigenständigkeit der Instrumente, vor allem der vielfältig registrierbaren Orgel. Die ↗Suite, in der sich das Spiel rhythmischer und formaler Kontraste noch steigert, erreicht gerade im B. ihren Höhepunkt (*Concerts royaux* von Fr. Couperin, *Ouvertüren* von J. S. Bach, *Suiten* von G. Fr. Händel) und verschwindet mit dem Beginn der Wiener Klassik. Andererseits entstehen im B., während Motette, Madrigal und Chanson wesentlich an Bedeutung verlieren, viele neue Formen: Oper, Oratorium, Kantate, Sonate und Konzert, die in der Klassik ihre voll ausgeprägte einheitliche Form erreichen.

Im Gegensatz zu Henri Focillon *(La vie des formes)*, der B. als die Endphase einer klassizistischen Stilperiode beschreibt, ist B. eher als Übergangsstadium zwischen zwei klassizistischen Epochen zu deuten, das mit einer vollständigen Erneuerung der Formen und des Stils einhergeht. In diesem Sinne beinhaltet der Begriff B. auch eine ästhetische Konzeption und ist daher nicht auf bestimmte raum-zeitliche Grenzen beschränkt: So kann man, im Hinblick auf die in der Epoche von ca. 1580–1750 entwickelten Stilmerkmale, die *Missa prolationum* von J. Ockeghem als „barocke Gotik“ und den *Tristan* von R. Wagner als „barocke Romantik“ kennzeichnen.

Lit.: **1) Allgemeine WW:** B. CROCE, Storia dell'età barocca in Italia (Bari 1929); E. D'ORS, Du baroque (P 1935); H. FOCILLON, La vie des formes (P 1936); V. L. TAPIÉ, Baroque et classicisme (P 1957); DERS., Le baroque, in: Collection „Que sais-je“ (P 1961); Anthologie de la poésie baroque française, hrsg. v. J. ROUSSET, 2 Bde. (P 1961). – **2) WW über Barock-Musik:** C. SACHS, Barockmusik, in: Jb. Peters 24 (1919–20); H. J. MOSER, Die Zeitgrenzen des musikal. B., in: ZfMw 4 (1921–22); T. KROYER, Zwischen Renaissance u. B., in: Jb. Peters 34 (1927); R. HAAS, Musik des B. (Pd 1928); A. DELLA CORTE, Il barocco e la mus., in: Mélanges De La Laurencie (P 1933); E. SCHENK, Über Begriff u. Wesen des musikal. B., in: ZfMw 17 (1935); E. BORELLI, Intuizione barocca e civiltà musicale, in: Rass. Mus. 9 (1937–38); DERS., Rinascimento barocco e romanticismo in una storia del linguaggio musicale, in: ebd. 11 (1939); S. CLERCX, Du baroque au classicisme. Essai de morphologie et de terminologie musicales, in: Rev. Int. de Musicologie 1 (1938); E. H. MEYER, Die Vorherrschaft der Instrumentalmusik im niederländischen B., in: TVer 15 (1939); W. GURLITT, Der Bedeutungsanspruch dt. Barockmusik, in: Neues Musikblatt 69 (1941); A. LIESS, Wiener Barockmusik (W 1946); M. BUKOFZER, Music in the Baroque Era (NY 1947); M. GRAF, The Spiritual Background of Baroque Music, in: Musicology 1 (1947); S. CLERCX, Le Baroque et la musique (Bru 1948); A. T. DAVISON, Bach and Haendel, the Consummation of the Baroque in Music (C/M 1951); W. GERSTENBERG, Die Krise der Barockmusik, in: AfMw 10 (1953); A. DELLA CORTE, Nuovi contrasti e accordi sul barocco, in: Rass. Mus. 23 (1953); L. SCHRADE, Sulla natura del ritmo barocco, in: RMI 56 (1954); G. BARBLAN, Il termine barocco e la musica, in: Miscelánea H. Anglés I (Ba 1958); L. RONGA, Un problema culturale di moda: il barocco e la musica, in: L'Esperienza storica della musica (Bari 1960); F. BLUME, Begriff u. Grenzen des B. in der Musik, in: FS C. A. Moberg (Sto 1961); A. J. B. HUTCHINGS, The Baroque Concerto (Lo 1961); W. S. NEWMAN, The Sonata in the Baroque Era (NA NY – Lo 1972); R. H. THOMAS, Poetry and Song in the German Baroque (O 1963); Le „baroque“ musical, in: Les Colloques de Wégimont IV–1957 (P 1963); M. S. KASTNER, Quelques aspects du baroque musical espagnol et portugais, in: Actes des Journées internationales d'études du Baroque (Toulouse 1965); R. DAMMANN, Der Musikbegriff im dt. B. (Kö 1967); Le baroque au théâtre et la théâtralité du baroque (Montauban 1967); R. GOLDON, „Splendeur de la musique baroque (Lausanne 1968); A. SALOP, On Stylistic Unity in Renaissance-Baroque Distinctions, in: Festschrift W. Apel (Bloomington 1968); R. STRICKER, Musique du baroque (P 1968); C. PALISCA, Baroque Music (Eaglewood

Cliffs 1968); L'interprétation de la musique française aux XVIIe et XVIIIe siècle, hrsg. v. E. WEBER (P 1974); Musikgeschichte Österreichs, hrsg. v. R. FLOTZINGER – G. GRUBER, I: Von den Anfängen zum B. (Gr – W – Kö 1977); A. A. ABERT, Die Oper zwischen B. und Romantik, in: AMI 49 (1977).

D. PISTONE

BARON, Ernst Gottlieb, * 17. 2. 1696 Breslau, † 12. 4. 1760 Berlin; dt. Lautenist. Nach dem Jura- und Philosphiestudium war er 1720–22 Lautenist in Jena. 1727 hielt er sich in Nürnberg auf, wo im selben Jahr sein Hauptwerk, *Historisch-theoretische und practische Untersuchung des Instruments der Lauten,* erschien (Nachdruck A 1965). 1728 ließ er sich in Gotha nieder, 1732 in Eisenach. 1735 wurde er Kammer-Theorbist des nachmaligen Königs Friedrich II. in Rheinsberg, 1737 kam er an dessen Berliner Hof. Außer weiteren theoretischen Schriften (*Abriß einer Abhandlung von der Melodie,* B 1756; Nachdruck in: J. Birke, Chr. Wolffs Metaphysik und die zeitgenössische Literatur- und Musiktheorie, B 1966) hinterließ er hsl. Kompositionen für und mit Laute (Sonaten, Duette, Trios, Partiten, Konzerte). Eine *Parthie* für Laute steht in G. Ph. Telemanns *Der getreue Musikmeister* (H 1728).

BÄRPFEIFE, Orgelregister des 17. Jh. aus der Familie der kurzbecherigen ↗Regale (Zungenstimmen) mit Doppeltrichter; ertönt mit einem summenden Klang. Prätorius vergleicht die B. mit „eines Bären stillen brummen".

BARRAINE, Elsa, * 13. 2. 1910 Paris; frz. Komponistin. Schülerin u. a. von J. Gallon (Harmonielehre) und P. Dukas (Komposition). Seit 1954 lehrt sie am Conservatoire in Paris. Ihre Kompositionen sind von Bartók, Prokofjew und Strawinski beeinflußt.

WW: **1) Instr.-WW:** 2 *Préludes et fugues,* für Org. (P 1929); *Prélude* für Klv. (P 1930); *Variations* (P 1950), für Schlagzeug u. Klv.; *Suite juive* (Mz 1951), für V. u. Klv.; *2e Symphonie* (P 1938); *Le Fleuve Rouge* (1945) (unveröff.); *Atmosphère* (1967), für Ob. u. 10 Instr.; *Musique rituelle* (1968), für Org., Gongs u. Xylorimba. – **2) Vokal-WW:** Für Gesang u. Klv.: *Mélodies* (Text: R. Tagore) (P 1930); *3 Chansons hébraïques* (P 1935); *4 Chants juifs* (P 1937); *Avis* (P 1944), für Chor u. Orch.; Kantaten: *Poésie ininterrompue* (Text: P. Eluard) (P 1948); *La Nativité* (1951); *Les cinq Plaies* (1952); *Cantate du Vendredi Saint* (1955); *Les Paysans* (1958); *Christine* (1959) (alle unveröff.). – **3) Bühnen-WW:** *La Chanson du Mal-aimé* (1950), Ballett, UA: Paris 1951; Musik für Filme.

BARRAQUÉ, Jean, * 17. 1. 1928 Paris, † 17. 8. 1973 ebd.; frz. Komponist. Er studierte 1948–51 bei J. Langlais (Komposition) am Conservatoire in Paris, und bei O. Messiaen (Analyse). 1951–54 arbeitete er im Studio der „Groupe de Recherches de musique concrète de la RTF". Obwohl B. serielle Techniken benutzte, lehnte er doch bestimmte Konzeptionen der Avantgarde, namentlich die Aleatorik, ab. Seine Kompositionsweise ist durch einen stark lyrischen Improvisationsstil geprägt.

WW (alle sind in Florenz erschienen): *Séquence* (1950, überarbeitet 1955), für Sopran, Klv., Harfe, V., Vc., Cello, Glockenspiel, Vibraphon, Xylophone u. Schlagzeug; *Sonate* (1950–52), für Klv.; *Étude de musique concrète* (1954) (unveröff.); *Le Temps restitué* (1956–57), für Sopran, Chor u. kleines Orch. (unveröff.); *Chant après chant* (1968), für 6 Schlagzeuger, Gesang u. Klv.; *„... au-delà du hasard"* (1968), für 4 Instrumental-Formationen u. eine Vokal-Formation. – Schriften: *Debussy* (P 1962, dt. Reinbek 1964).

Lit.: A. HODEIR, La musique occidentale postwebernienne, in: Esprit (1960) Januar-Nr.; DERS., La musique depuis Cl. Debussy (P 1961).

BARRAUD, Henry, * 23. 4. 1900 Bordeaux; frz. Komponist und Musikschriftsteller. Schüler von M. Vaubourgoin in Bordeaux, dann von G. Caussade (Kontrapunkt und Fuge), P. Dukas (Komposition) und L. Aubert (Orchestration) am Conservatoire in Paris. Später war er aktives Direktionsmitglied der Weltausstellung 1937, 1944–66 Direktor beim ORTF.

WW (wenn nichts anderes angegeben, in London erschienen): **1) Instr.-WW:** *10 Impromptus* (P 1941), für Klv.; *Sonatine* (P 1941), für V. u. Klv.; *Trio d'anches* (Monaco 1935); *Quatuor à cordes* (P 1939–40); für Orch.: *Poème* (1932); *Concerto da Camera* (W 1934); *4 Préludes* (P 1935–37), für Streichorch.; *Suite pour une comédie de Musset* (P 1936), für Kammerorch.; *Offrande à une ombre* (1941–42), zur Erinnerung an M. Jaubert; *Symphonie de Numance* (1952); *Images pour un poète maudit* (P 1954), für Kammerorch.; *Symphonie* (1955–56), für Streichorch.; *3e Symphonie* (1956–57); *Rapsodie cartésienne* (1959); *Rapsodie dionysienne* (1961–62); *Divertimento* (1962); *Concerto pour Piano* (1939); *Concertino* (P 1953), für Klv., Fl., Klar., Horn, Fag. u. Kammerorch.; *Concerto pour flûte* u. Streichorch. (1963); *Symphonie concertante* (1965–66), für Trp. u. Orch. – **2) Vokal-WW:** *3 Poèmes de P. Reverdy* (1928–32); *3 Lettres de Mme de Sévigné* (P 1938, Ed. Fr. de Mus.); *Chanson villageois* u. *La Ronde des trois filles vaniteuses* (P 1928), für 2st. Frauen- oder Kinderchor u. Klv.; *4 Poèmes de Lanza del Vasto* (P 1942); *8 Chantefables pour les enfants sages* (Text: R. Desnos) (P 1946); *Le Testament de F. Villon* (P 1945), für Chor a cap., Tenor u. Cemb.; *Le Mystère des saints Innocents* (1946), Oratorium für Erzähler, Solo-Bariton, Chor u. Orch.; *Te Deum* (P 1955), für Chor u. 16 Blasinstr.; *Pange lingua, „Hommage à Rameau"* (1964), Motette für Soli, Chor u. Orchester. – **3) Bühnen-WW:** *La Farce de Maître Pathelin* (1937–38), Opéra-comique; *L'Astrologue dans un puits* (W 1948), Ballett; *Numance* (1949 bis 1952), UA: Paris 1955; *Lavinia* (1958–59); versch. Bühnenmusiken. – **4) Schriften:** *Berlioz* (P 1955); *La France et la musique occidentale* (P 1957).

Lit.: C. ROSTAND, Tendencies and Contrasts in the Music of H. B., in: Tempo (1957) Nr. 44.

BARRÉ, Spieltechnik auf Instrumenten der Lauten- und Gitarrenfamilie, bei der gleichzeitig mehrere Saiten mit dem Zeigefinger der linken Hand auf den Bund gedrückt werden. Neben dieser klassischen Ausführungsweise ist auch die Verwendung des Daumens oder anderer Finger üblich. Der große Barré-Griff bedeckt alle Saiten; auf der Gitarre kann daher hinter dem 10. Bund nicht B. gespielt werden. – ↗Capotasto.

BARRÉ, Antonio, † um 1579 Rom; frz. Komponist und Musikverleger. Er war Altist der Capella Giulia der Peterskirche in Rom. 1555 gründete er ein Verlagshaus in Rom, 1564 auch in Mailand. Er komponierte Madrigale (R 1552 unvollständig überliefert) und veröffentlichte 1555–63 mehrere Sammeldrucke, die auch eigene Stücke enthalten.

BARRE (Barrae, Barret, Barri), **Leonardo,** * Limoges, † nach 1555 Rom; frz. Komponist. Er war Geistlicher und erhielt, nach eigener Aussage, Unterricht von A. Willaert in Venedig. Er war 1537–55 Sänger der päpstlichen Kapelle, danach Kapellmeister an S. Lorenzo di Damaso in Rom. In Sammeldrucken wurden 1540–44 von ihm 6 Motetten zu 4–5 Stimmen und 9 Madrigale zu 4–5 Stimmen veröffentlicht.

Lit.: F. X. HABERL, Die römische „schola cantorum" u. die päpstlichen Kapellsänger bis Mitte des 16. Jh., in: VfMw 3 (1887), u. in: Bausteine für Musikgesch. 3 (L 1888); K. WEINMANN, Die päpstliche Kapelle unter Paul IV., in: AfMw 2 (1919–20); A. EINSTEIN, The Italian Madrigal (Princeton 1949).

BARRELHOUSE-PIANO, afro-amerikanische Klaviermusik, die im 19. Jh. im Süden und Südwesten der USA entstand und in den Barrelhouses (äußerst billigen Kneipen, in denen der Schnaps vom Faß ausgeschenkt wurde) gespielt wurde. Wie der ↗Boogie-Woogie, der aus ihr hervorging, ist sie eine instrumentale Form des ↗Blues. Beide haben auch musikalisch große Ähnlichkeiten. Das B.-P. ist allerdings längst nicht so virtuos wie der Boogie-Woogie. Es hat einen starreren Baß, der dem Oompah-Pattern des ↗Ragtime verwandt ist. Neben der Bluesformel werden eine ganze Reihe anderer Modelle verwendet, die aus dem Spiritual oder aus unterhaltenden Liedern stammen. Das B.-P. hat zur Entstehung der Bluesformel beigetragen, die dem Boogie-Woogie zugrunde liegt. Dieser entstand in einer Zeit, als die Bluesformel bereits etabliert war und die USA (in den 20er Jahren) gerade einen „Bluescraze" erlebten. Zwischen B.-P. und Boogie-Woogie gibt es viele Mischformen und Übergänge, so daß genaue Unterscheidungen im Einzelfall nicht immer möglich sind.

BARRIÈRE, Étienne-Bernard-Joseph, * 7. 10. 1748 Valenciennes, † nach 1810 Paris (?); frz. Violinist und Komponist. Er war Schüler von F.-A. Philidor und A. N. Pagin, der ihn in das Concert spirituel einführte, wo er mit Erfolg auftrat.

WW: *Quatuors concertants,* op. 1, 3, 8 (P 1776, 1778, 1782); *Deux simphonies concertantes* für 2 V. u. Va. bzw. 2 V. u. 2 Ob. u. Orch., op. 2 (P 1777); *Six airs variés* für 1–2 V. u. B.c., op. 4 (P 1783); 2 V.-Konzerte in A, op. 5 (P 1779 u. in D [o.O. o.J.]); *Six duos* für 2 V. bzw. V. u. Va., op. 9 (P 1783); *Duos u. Trios concertants,* op. 12 (o.J.).

Lit.: L. DE LA LAURENCE, L'école française de violon 3 (P 1924); B. S. BROOK, La symphonie française dans la 2de moitié du XVIIIe siècle 2 (P 1962).

BARRIÈRE, Jean, * um 1705 Bordeaux (?), † 6. 6. 1747 Paris; frz. Violoncellist und Komponist. Seine musikalische Ausbildung erhielt er zunächst wohl bei einem der Brüder Saint-Sevin in Paris, seit 1736 bei Franciscello in Rom. 1739 kehrte er nach Paris zurück. Er komponierte 4 Bücher Sonaten für Vc. und B.c. und veröffentlichte sie im Selbstverlag 1733 (I–III) und 1739 (IV) sowie *Sonates pour le pardessus de viole* mit B.c. und *Sonate et pièces pour le clavecin.* B. führte in Frankreich das Violoncello als Soloinstrument ein.

Lit.: W. S. NEWMAN, The Sonata in the Baroque Era (Chapel Hill 1959, NA NY–Lo 1972).

BARRIOS, Ángel, * 4. 1. 1882 Granada, † 27. 11. 1964 Madrid; span. Gitarrist und Komponist. Nach dem Studium bei C. del Campo in Madrid und bei A. Gédalge in Paris gründete er 1900 das Trio Iberia (für Gitarre, Laute und Bandurria), mit dem er, wie auch als Solist, mit großem Erfolg auch außerhalb Spaniens konzertierte. B. lehrte an der Universität Granada und war zeitweise auch Direktor des Konservatoriums in Granada. Er komponierte zahlreiche Werke für Gitarre und sein Trio, ferner u. a. Zarzuelas (darunter *Granada mia, La Lola se va a los puertos*), Opern (darunter *El Avapiés,* mit C. de Campo), Orchesterwerke, Gitarren- und Klaviermusik.

BARSANTI, Francesco, * um 1690 Lucca, † 1772 London; it. Flötist, Oboist und Komponist. Nach dem Jurastudium in Padua ging er 1714 mit F. Geminiani nach England. In London war er lange Zeit Flötist und Oboist an der Italienischen Oper. Danach lebte er in Edinburgh, wo um 1742 seine *Concerti grossi,* op. 3 und die *Nove Overture a quattro* veröffentlicht wurden. Nach kurzem Aufenthalt in Italien kehrte er 1750 nach London zurück. Er schrieb ferner *Sei Antifone* op. 5 im Palestrina-Stil (gedruckt in London um 1750), Sonaten für Querflöte und Blockflöte mit B.c. sowie Triosonaten; er bearbeitete Werke von Geminiani und Sammartini und veröffentlichte eine *Collection of old Scots Tunes* mit B.c. (Lo um 1742).

Ausg.: Concerti grossi, op. 3 Nr. 4 und 10, hrsg. v. E. PRAETORIUS (L 1937) (= Eulenburgs kleine Partitur-Ausg. Nr. 776 u. 777). Blockflötensonaten op. 1 Nr. 1, 3, 5, hrsg. von W. Bergmann (Lo 1949–56), Nr. 2, 4, 6, hrsg. von H. Ruf (Kas 1964–65) (= Hortus Mus. 183–185).

Lit.: A. BONACCORSI, I Concerti grossi di Fr. B., in: Bolletino storico lucchese (1939); H. G. FARMER, A History of Music in Scotland (Lo 1948).

BARTH, dt. Oboisten- und Komponistenfamilie des 18. und 19. Jh. – **1) Christian Samuel,** * 11. 1. 1735 Glauchau (Sachsen), † 8. 7. 1809 Kopenhagen. Schüler J. S. Bachs an der Thomasschule in Leipzig. Er war Oboist im höfischen Dienst zunächst in Rudolstadt, Weimar und Hannover, dann (1768–85) in der Hofkapelle in Kassel und seit 1786 in Kopenhagen. Von seinen Kompositionen lassen sich nachweisen: *Potpourri concertant* für Klv. und Ob. oder Fl. (hsl. in Kopenhagen, Kgl. Bibl.), *Six Écossaises* für Klv. (Kopenhagen, o.J.). – **2) Friedrich Philipp Carl August,** Sohn von 1), * 21. 10. 1774 Kassel, † 22. 12. 1804 Kopenhagen. Er war Schüler seines Vaters und dessen Nachfolger an der Hofkapelle in Kopenhagen. Er komponierte Konzerte (für Fl., für Ob., für 2 Waldhörner) und veröffentlichte Sammlungen dt. und dänischer Lieder. – **3) Christian Frederik,** Bruder von 2), * 24. 2. 1787 Kopenhagen, † 17. 7. 1861 Middelfart. Er war 1805–41 als Nachfolger seines Bruders Solo-Oboist in Kopenhagen. Von ihm wurden gedruckt 5 Oboenkonzerte, ein *Rondeau suisse* für Ob. und Orch., ein *Divertissement* für Ob. u. Streichquartett, eine Sinfonie für Blasinstrumente, eine Ouvertüre für Orch., eine Sonate für Ob. und Klavier.

BARTHA, Dénes, * 2. 10. 1908 Budapest; ung. Musikwissenschaftler. Er studierte 1926–30 Musikwissenschaft in Berlin und wurde dort 1930 mit einer Arbeit über *Benedictus Ducis und Appenzeller* promoviert. 1930–42 war er Konservator der Musikabteilung des Ungarischen Nationalmuseums in Budapest. Seit 1935 lehrte er an der Univ., seit 1947 (als ordentlicher Prof.) an der Musikhochschule in Budapest. B. war verschiedentlich auch als Gastprofessor an amerik. Universitäten tätig. Er gehört dem Vorstand des J.-Haydn-Instituts in Köln an.

Schriften: (in dt. Sprache): *Benedictus Ducis und Appenzeller* (Wb 1930); *Das Musiklehrbuch einer ungarischen Klosterschule,* in: Musicologia Hungarica 1 (1934); *Die ungarische Musik* (1943) (mit Z. Kodály); *Haydn als Opernkapellmeister* (Budapest 1960) (mit L. Somfai); *Zur Identifikation des „Straßburger Konzerts" bei Mozart,* in: FS F. Blume (Kas 1963); *Occident au XXe siècle: La musique de B. Bartók,* in: La résonance dans les échelles musicales, hrsg. v. E. WEBER (P 1963) (= Colloques internationaux du Centre national de recherche scientifique, Sciences humaines, o. Nr.); *L'influence de Debussy: Hongrie,* in: Debussy et l'évolution de la musique au XXe siècle, hrsg. v. E. WEBER (P 1965); *J. Haydn, Gesammelte Briefe u. Aufzeichnungen* (Kas 1965), vgl. dazu H. Unverricht, in: Mf 21 (1968); *On Beethovens Thematic Structure,* in: MQ 56 (1970). – (In ungarischer Sprache): *Die ungarischen Melodien des 18. Jh.,* in: Publ. der Ungarischen Akad. der Wiss. (1935); *F. Liszt* (L 1936); *Beethoven* (Budapest 1939); *Musik, Musikgesch., Musikleben in Ungarn* (ebd. 1940); *Mozarts Klavierwerke* (ebd. 1942); *Pelléas und Mélisande* (ebd. 1944); *J. S. Bach* (ebd. 1956); *Beethovens Symphonien* (ebd. 1956, ²1958).

BARTHÉLEMON, François-Hippolyte, * 27.7. 1741 Bordeaux, † 23.7.1808 London; frz. Violinist und Komponist. Er kam 1765 nach London, wo er das Orchester des Haymarket Theatre leitete. Er wurde nicht nur als Violinist gefeiert, sondern errang auch große Erfolge mit seinen Opern. Nach längeren Reisen durch ganz Europa wurde er nach seiner Rückkehr 1770 Leiter der Konzerte von Marylebone Gardens, bald darauf von Vauxhall Gardens. – B.s Tochter **Cecilia Maria** veröffentlichte in London 4 Sammlungen von Sonaten für Klv. od. Cemb., zum Teil mit V., von denen die dritte J. Haydn gewidmet ist.

WW: **1) Instr.-WW** (alle in London erschienen, Opuszahlen zum Teil mehrfach vergeben): *Préludes* für V.; *Six voluntaries or easy sonates* für Org., op. 2; *Six petites sonates* für Klv. od. Cemb.; Sonaten für V. u. B.c., op. 2 (1765) u. op. 10; *Six lessons* für Klv. od. Cemb. u. V., op. 5; 3 Sammlungen Duette für 2 V., Va. u. V., V. u. Vc.; *Three favorite duetts in a familiar stile* für V. u. Vc. bzw. 2 Vc.; Triosonaten, op. 1 (1765); *Six sinfonies* für Orch., op. 3; *Six concertos* für 3 V., Va. u. Vc. mit 2 V. u. B.c. ad lib., op. 3 (1755); 2 Violinkonzerte; *Six ouvertures* für Orch., op. 6 (1775); einzelne Tanzsätze für versch. Instr. – **2) Bühnen-WW:** *Pelopida,* UA: London 1765; *Orpheus,* Burletta, UA: ebd. 1767; *The Judgment of Paris,* Burletta, UA: ebd. 1768; *Le Fleuve Scamandre,* UA: Paris 1768; *The Election,* UA: London 1774; *Belphegor,* UA: ebd. 1778; *Victory Ode to Admiral Keppel,* UA: ebd. 1779; *Le bonheur d'aimer,* Ballett, UA: Bordeaux 1785; ein Oratorium *Jefte in Masfa* wurde 1782 in London aufgeführt. – Einzelne Arien u. Duette aus den genannten u. anderen Opern wurden in London gedruckt.

Lit.: L. DE LA LAURENCIE, L'école française de violon II (P 1923); M. PINCHERLE, Sur F. B., in: Mélanges L. de la Laurencie (P 1933); B. S. BROOK, La symphonie française dans la 2de moitié du XVIIIe siècle (P 1962).

BARTLETT, Ethel, engl. Pianistin, ↗Robertson, Rae.

BARTÓK, Béla Viktor János, * 25. 3. 1881 Nagyszentmiklós (Ungarn, jetzt Sînnicolau Mare in Rumänien), † 26. 9. 1945 New York; ung. Pianist und Komponist. Er verbrachte seine ersten 7 Lebensjahre in seinem Geburtsort, wo sein musikliebender Vater Direktor der Landwirtschaftsschule war. Häufige Krankheiten führten in seiner Jugend wie auch im späteren Leben zu einer Neigung zur Introvertiertheit und Isolation. Beim Tode seines Vaters (1888) mußte seine Mutter, die ihm den ersten Klavierunterricht gab, ihren früheren Beruf als Lehrerin wiederaufnehmen, um ihre beiden Kinder, Béla und Elza, ernähren zu können. Versetzungen zwangen die kleine Familie zu zahlreichen Umzügen: nach Nagyszöllös (heute Winogradow UdSSR), Preßburg, Beszterce (Bistritz, heute Bistrita, Rumänien) und wieder nach Preßburg, dessen Gymnasium B. seit 1893 besuchte. Gleichzeitig studierte er Klavier und Harmonielehre bei László Erkel. Er konnte Konzerte und Opern besuchen, da die Stadt wegen ihrer Nähe zu Wien neben Budapest eins der wenigen Kunstzentren Ungarns war. B. entdeckte für sich in dieser Zeit die Musik von Bach bis Brahms und die ersten Werke von Wagner. Seine Kompositionen zeigten daher einen starken Einfluß von Brahms, aber auch von Dohnányi. Von der übrigen zeitgenössischen Musik hatte der junge B. keinerlei Vorstellungen. Nach dem Abschluß des Gymnasiums (1899) studierte er an der Musikakademie in Budapest bei István Thomán (Klavier) und János Koeßler (Komposition). Damals widmete er sich nur dem Klavier, die Komposition hatte er praktisch aufgegeben. Brahms und Dohnányi waren keine Vorbilder mehr für ihn, Wagner wie Liszt schienen ihm keine neuen Wege zeigen zu können. Die Bekanntschaft mit *Also sprach Zarathustra* (1902) von R. Strauss war für ihn eine Offenbarung und führte ihn zur Komposition zurück. Außer an Strauss, den er mit Hingabe studierte, schloß er sich an die neue ungarische Nationalbewegung an. 1903 komponierte er zu Ehren des ungarischen Freiheitshelden die symphonische Dichtung *Kossuth,* 1905 nahm er mit seiner *Rhapsodie* für Klavier und Orchester op. 1 am Rubinstein-Wettbewerb in Paris teil, allerdings ohne den erwarteten Erfolg. An dem Wettbewerb beteiligte er sich auch als Pianist: ebenfalls erfolglos (den 1. Preis erhielt der junge Wilhelm Backhaus). B.s Begeisterung für Strauss dauerte nicht lange. Ein neues Studium des Lisztschen Werks erschloß ihm dessen Bedeutung für die neue Musik. Ein wichtiges Ereignis dieser Jahre war die Entdeckung des ungarischen (und später des rumänischen und slowakischen) Volksliedes. Mit Z. Kodály begann er die Sammlung und Herausgabe dieses melodischen Erbes. Von nun an arbeitete er auf zwei Gebieten gleichzeitig: auf dem der Musikethnologie und dem der Komposition.

1907 wurde B. zum Professor für Klavier an der Akademie in Budapest ernannt, 1909 heiratete er seine damals 16jährige Schülerin Márta Ziegler (sie trennten sich 1923). Die folgenden Werke ab op. 4, in denen die neuen Erfahrungen vorherrschen und sich eine persönliche Musiksprache zeigt, fanden in Budapest nur sehr geringen Anklang. Es sind die *14 Bagatellen* für Klavier op. 6, in denen die Hauptelemente seiner Harmonik und Rhythmik bereits klar exponiert sind, das erste Streichquartett op. 7 (1908) der sechs Streichquartette, die in seinem Schaffen und in der Geschichte der Gattung einen bedeutenden Platz einnehmen, die Stücke *Für Kinder,* 85 für Klavier eingerichtete ungarische und slowakische Volkslieder, mit denen er einen neuen und originellen Beitrag zur Musikpädagogik leistete, ferner die einaktige Oper *Herzog Blaubarts Burg* (1911) und das *Allegro barbaro* für Klavier mit seiner geradezu motorischen Rhythmik. Aus Enttäuschung über das Unverständnis seiner Umwelt wandte B. sich für mehrere Jahre vom Musikleben ab und komponierte in der Zurückgezogenheit. Es entstanden das Ballett *Der hölzerne Prinz* (1914–16), die *Klaviersuite* op. 14 (1916), das *2. Streichquartett* op. 17 (1915–17), *Der wunderbare Mandarin* op. 19 (1918–19) und viele Volkslied-Bearbeitungen. Diese fruchtbare Periode schloß mit der *Tanz-Suite* für Orchester (1923), die sein erster internationaler Erfolg wurde. Seine Zurückgezogenheit nutzte er auch für seine Folklore-Forschungen. 1913 fand er auch Gelegenheit zu einer Reise nach Algerien. 1923 heiratete B. in zweiter Ehe die Pianistin Ditta Pásztory. 1926 begann eine neue Schaffensperiode mit der *Klaviersonate,* mit den 5 Klavierstücken *Im Freien,* und mit dem *1. Klavierkonzert.* In dieser Zeit schrieb er außerdem 3 weitere Streichquartette, die *Cantata profana* und das *2. Klavierkonzert.* 1934 gab er seine Stellung an der Akademie auf, um sich noch intensiver seinen kompositorischen und wissenschaftlichen Arbeiten zu widmen. 1936–40 entstand eine Reihe der reifsten Werke B.s (*Musik für Saiteninstrumente, Schlagzeug und Celesta, Sonate für 2 Klaviere und Schlagzeug, Divertimento für Streichorchester).* 1936 reiste er zu Forschungen in die Türkei. Im Frühjahr 1940 unternahm B. mit dem Violinisten Szigeti und dem Jazzklarinettisten Benny Goodman eine Konzert- und Informationsreise in die USA. Im Herbst dieses Jahres verließ er, vor dem wachsenden Einfluß des Nationalsozialismus flüchtend, Ungarn und ließ sich in den USA nieder. Die Übersiedelung mitten im Krieg, die der bereits 60jährige als „einen Sprung ins Ungewisse aus dem gewußten Unerträglichen“ empfand (Brief an Annie Müller-Widmann), brachte nur wenig Glück und Erfolg. Zwar erhielt er von der Columbia University in New York, die ihm bereits Ende 1940 den Ehrendoktortitel verlieh, eine feste Anstellung als Bearbeiter serbokroatischer Volkslieder, die ihm einen bescheidenen Lebensunterhalt sicherte.

Doch konnte er in Amerika weder als ausübender Künstler noch als Komponist Fuß fassen. In den Jahren 1940–42 entstand keine einzige neue Komposition, Werke von ihm wurden nicht aufgeführt. Zudem verschlechterte sich sein Gesundheitszustand kontinuierlich. Es bedeutete einen großen Auftrieb für B., als ihm Kussewitzky 1943 den Auftrag zur Komposition eines Orchesterwerks gab. In 55 Tagen schrieb er das *Konzert für Orchester;* es folgte 1944 eine *Sonate für Violine solo* (für Menuhin). B. starb kurz vor Vollendung seines 3. Klavierkonzerts.

WW: **1) Instr.-WW: a)** für Klv. (Orchesterfassungen sind nur erwähnt, soweit sie v. B. selbst stammen): *4 Stücke* (Budapest 1903); *Rhapsodie,* op. 1 (ebd. 1904), bearbeitet für Klv. u. Orch. (= *Concertstück* oder *Ungarische Rhapsodie*) (ebd. o.J.), bearbeitet für 2 Klv. vierhändig (ebd. – W o.J.); *3 ungarische Volkslieder* (1907); *14 Bagatellen,* op. 6 (Budapest 1908); *10 leichte Klv.-Stücke* (ebd. 1908) (Nr. 5 u. 10 wurden für Orch. bearbeitet); *2 Elegien* (1908–09); *Gyermekeknek („Für Kinder");* 85 ungarische u. slowakische Volkslieder (1908–09), 79 davon überarbeitet (Lo 1945), davon versch. Bearbeitungen für Orch., Gesang u. Klv. oder V. u. Klv.; *2 rumänische Tänze,* op. 8a (1908–10); *4 Klagelieder,* op. 9a (1910); *3 Burlesken,* op. 8c (1908–11); *Skizzen,* op. 9b (1908–10); *Allegro barbaro* (1911); *Sonatine* (1915); *Rumänische Volkstänze* (W 1915), (davon Bearbeitung für Orch.); *Rumänische Weihnachtslieder* (W – Lo 1915); *Suite,* op. 14 (W 1916); *15 ungarische Bauernlieder* (W – Mos – Lo 1914–17) (bearbeitet für Orch.); *Etüden,* op. 18 (1918); *Improvisationen über ungarische Bauernlieder,* op. 20 (W – Lo 1920); *Sonate* (1926); *Szabadban („Im Freien")* (1926), *9 kleine Klavierstücke* (1926); *3 Rondos über Volksweisen* (1916–27); *Kleine Suite* (1936) (= Bearbeitung v. einigen Stükken der *44 Duos* für 2 V.); *Mikrokosmos* (Budapest – Lo 1926–37), 6 Hefte mit Stücken fortschreitender Schwierigkeit (einige davon bearbeitet für 2 Klv. 4händig); *Sonate für zwei Klaviere und Schlagzeug* (Lo 1937) (bearb. auch als Konzert für 2 Klv., Schlagzeug u. Orch., 1943). – **b)** Kammermusik-WW: *Sonate für V. solo* (Lo 1944); 44 Duos für 2 V. (W 1931) (einige davon für Klv. bearbeitet = *Kleine Suite*); *1. Sonate* für V. u. Klv. (W 1921); *2. Sonate* für V. u. Klv. (W 1922); *1. Rhapsodie* (W – Lo 1926) (auch für Vc. u. Klv. bearbeitet), *2. Rhapsodie* (ebd. 1928, überarbeitet 1945) (beide Rhapsodien auch für V. u. Orch.); *Kontraste* (Lo 1938), für V., Klar. u. Klv.; 6 Streichquartette, I: op. 7 (Budapest 1908), II: op. 17 (1915–17), III: (1927), IV: (1928), V: (1934), VI: (Lo 1939); Klavierquintett (1904) (unveröff.). – **c)** Orchester-WW: *Kossuth* (Budapest 1903); *Burleske,* op. 2 (1904) (unveröff.); *Suite Nr. 1,* op. 3 (Budapest 1905, revidiert 1920); *Suite Nr. 2* (1905, revidiert 1920–43); *Zwei Bilder,* op. 10 (Budapest 1910) (bearbeitet für Klv.); *Vier Orchesterstücke,* op. 12 (W – Lo 1912); *Tanz-Suite* (W o.J.); *Ungarische Tänze* (Budapest 1931) (Bearbeitung von Nr. 5 u. 10 der *Leichten Stücke,* v. Nr. 2 der *Klagelieder,* v. Nr. 2 der *Burlesken* u. eines Stückes aus *Für Kinder*); *Musik für Saiteninstr., Schlagzeug u. Celesta* (W 1936); *Divertimento für Streichorchester* (1939); *Konzert für Orchester* (Lo 1943). – **d)** Konzerte: 3 Klv.-Konzerte, I: (W 1926), II: (W 1930–31), III: (Lo 1945); 2 V.-Konzerte, I: (1907–08) (unveröff.), II: (Lo 1937–38); Konzert für Br. u. Orch. (Lo 1945) (unvollendet, Ergänzung u. Instrumentierung v. T. Serly). – **2) Vokal-WW: a)** für Gesang u. Klv.: *4 Lieder* (Text: L. Pósa); *Ungarische Volkslieder* (Budapest 1906); *9 rumänische Volkslieder* (1915); *5 Lieder* (1915) (unveröff.); *5 Lieder* (Text: E. Ady) (W – Lo 1919); *8 ungarische Volkslieder* (W – Lo 1907–17); *Dorfszenen,* slowakische Volkslieder für Frauen-St. u. Klv. (1926 für 4 oder 8 Frauen-St. mit Kammerorch. bearbeitet); *20 ungarische Volkslieder* (W 1929) (einige davon mit Orch.-Begleitung); *Ukrainisches Volkslied* (1945) (unveröff.). – **b)** Chor-WW: *4 alte Ungarische Volkslieder* (W 1912), für 4st. Männerchor a cap.; *2 rumänische Volkslieder* (1915), für 4st. Frauenchor a cap. (unveröff.); *Slowakische Volkslieder* (W – Lo 1917), für 4st. Männerchor a cap.; *4 slowakische Volkslieder* (Budapest – W – Lo 1917), für gemischten Chor u. Klv.; *Falun,* Bearbeitung für Gesang u. Klv.; *Székler Lieder* (Budapest 1932), für 6st. Männerchor a cap.; *Chöre* für 2 u. 3 St. (ebd. 1932), für Kinderchor a cap. oder Frauenchor; *Elmúlt időkből* (Vergangene Zeiten) (ebd. 1935), für 3st. Männerchor a cap.; *Cantata profana, Die Zauberhirsche* (W 1930), für gemischten Doppelchor, Tenor, Bar. u. Orch. (für Klv. bearbeitet). – **3) Bühnen-WW:** *A hékszákallú herceg vára* (Herzog Blaubarts Burg), lyr. Drama in einem Akt (Libr.: B. Baláz), UA: Budapest 1918; *A fából faragott királyfi* (Der holzgeschnitzte Prinz), op. 13 (Libr.: ders.), Pantomime in einem Akt, UA: ebd. 1917; *A csodálatos mandarin* (Der wunderbare Mandarin), op. 10 (Libr.: M. Lengyel), Pantomime in einem Akt, UA: Köln 1926. – **4) Schriften:** *Die Volksmusik der Rumänen von Maramures* (Mn 1923) (= Sammelb. für vergl. Musikwiss. 4); *Das ungarische Volkslied* (B 1925) (= Ungarische Bibl. 11); *Die Volksmusik der Magyaren und der benachbarten Völker* (B 1935); *Die Melodien der rumänischen Colinde* (W 1935), Faks.-Nachdr. dieser u. a. Werke, in: B. B., Ethnomusikologische Schriften, hrsg. v. D. DILLE (Budapest – Mz 1965 ff.). Posthum erschien: *Serbo-Croatian Folk Songs* (NY 1951) (zusammen mit A. B. Lord); in dem v. B. zusammen mit Z. Kodály begründeten *Corpus musicae popularis Hungaricae* (Budapest 1951 ff.) erschienen bisher 5 Bde. – B. schrieb ferner zahlr. Aufsätze u. Abh. in wiss. Zschr., davon einige im Neudr. in: Musik der Zeit, hrsg. v. H. LINDLAR (Bonn 1953), H. 3.

Man hat sich Bartóks Werk auf verschiedenen Wegen zu nähern versucht: von den Prinzipien der klassischen und romantischen Musik her (von der Nüll), von neuen Aspekten aus, indem man versuchte, seinem gesamten Werk bestimmte numerische Proportionen zu unterlegen (Goldene Zahl, wie es Lendvai tat) oder von den tonalen und rhythmischen Gegebenheiten des Volkslieds aus (Modalität, Pentatonik, Polyrhythmik und charakteristische Rhythmen, Tempo giusto, Tempo rubato). Für die Analyse der Hauptwerke scheint die letzte Methode die beste zu sein, wenn man dabei nicht außer acht läßt, daß der Komponist auch aus anderen Quellen schöpfte und daß er vor allem die benutzten Elemente des Volkslieds auf seine Art weiterentwickelte, um sie mit seinem ganz persönlichen Stil zu verschmelzen (selbst die Volksliedbearbeitungen machen in dieser Hinsicht keine Ausnahme).

Das Jugendwerk B.s ist noch ganz der Tradition des 19. Jh. verpflichtet. Die Symphonischen Dichtungen von R. Strauss eröffneten B. neue Wege, aber erst die Entdeckung des ungarischen Volksliedes (1905) konnte seinem Werk eine neue und dauerhafte Grundlage geben. Dieses Volkslied, das er mit Kodály entdeckte, hatte nichts gemeinsam mit den ungarischen Volksmelodien und Pusztaklängen, die damals in den Städten beliebt waren und nichts anderes waren als Salonlieder in volkstümlicher Manier. Das Studium des echten Volksliedes wurde für B. bestimmend; er erkannte, daß es ihm (ohne Aufgabe der Tonalität) die Emanzipation von der sterilen Dualität des Dur-Moll erlaubte. Da die meisten Volkslieder auf der Modalität und der Pentatonik beruhen, gaben sie ihm mehr Möglichkeiten als die traditionelle tonale Musik der letzten hundert Jahre. Die neu erkannte Rhythmik des ungarischen Volkslieds führt B. auch zu einer Erneuerung des musikalischen Zeitmaßes. Die Erscheinungsweisen des Volkslieds bei B. sind verschiedenartig. Es kann in mehreren Stadien der Verarbeitung erscheinen: als einfache Harmonisierung einer unveränderten Volksmelodie, als freie thematische Transposition der Melodie oder eines ihrer Elemente, des rhythmischen oder melodischen, wie auch als Originalkomposition im Stil des Volkslieds. Im letzten Fall wurde die Volksmusik für B. tatsächlich zu seiner „musikalischen Muttersprache".

Auch B.s Harmonik zeigt neue Gesetze. Sie folgt den Regeln der Volksmusik und entwickelt sie weiter. Quartenakkorde sind häufig. Die Dissonanz ist nicht mehr nur ein Spannungselement oder ein Mittel impressionistischer Farbigkeit, sondern erhält strukturelle Bedeutung und wirkt deshalb statisch. Dissonante Intervalle werden oft zur Klangverdichtung benutzt (Sekundschichtung), oft werden sie satztechnisch auch wie Konsonanzen behandelt. Seit etwa 1926 gewinnt das lineare Element in B.s Stil besonderen Rang. B.s Motivik und Thematik erinnert in ihrer Entwicklung, Verdichtung und Variation sehr an Beethoven. In den Kompositionen mit mehreren Sätzen schafft die thematische Einheit eine innere Verbindung. Als Pianist trug B. sehr zur Entwicklung der Klaviermusik bei. Sein in dieser Hinsicht wesentlichstes Werk ist der *Mikrokosmos,* dessen 6 Bände nicht nur eine Einführung in das Klavierspiel, sondern auch eine einzigartige und umfassende Demonstration seiner Kompositionstechnik sind. B. ist zweifellos eine der interessantesten Gestalten der modernen Musik. Als Komponist und Forscher hinterließ er ein epochemachendes Werk.

Lit.: Ausg. der Schriften u. Briefe: B. schrieb zahlr. Aufsätze u. Abh. in wiss. Zschr., davon einige im Neudr. in: Musik der Zeit, hrsg. v. H. LINDLAR (Bonn 1953), H. 3; Eigene Schriften u. Erinnerungen der Freunde, gesammelt von W. REICH (Bas–St 1958); B., Ausgewählte Briefe (Budapest 1960); B. B., Ethnomusikologische Schriften, hrsg. v. D. DILLE (Budapest–Mz 1965ff.); Briefe. Gesammelt, ausgewählt u. hrsg. v. J. DEMÉNY, 2 Bde. (Budapest 1973). – **1) Biographien:** Musikblätter des Anbruch 3/3 (1921); E. HARASZTI, B. B. (P 1938); B. SZABOLCSI, B. B. (Budapest 1946, NA L 1961); O. GOMBOSI, B. B., in: MQ 32 (1946); S. MOREUX, B. B. (P 1949, [2]1955), in dt. (Z–Fr 1950); Tempo (1949–50) (Lit.), abgedr. in: B. B., a memorial Review (Lo 1950); B. B., l'homme et l'œuvre, in: RM Nr. 224 (1950); H. STEVENS, The Life and Music of B. B. (NY 1953, Paperback-Ausg. 1967) (mit Werkverz. u. umfassender Lit.); B., sein Leben u. Werk, Schriften u. Briefe (Budapest 1957); A. FASSET, The Naked Face of Genius. The American Years of B. B. (C/M 1958); J. UHDE, B. B. (B 1959); P. CITRON, B. (P 1963); G. BERGER, B. B. (Wb 1963) (= Beitr. zur Schulmusik 13); Documenta Bartókiana, hrsg. v. D. DILLE (Budapest–Mz 1964ff.), bisher 5 Hefte; E. HELM, B. B. (Reinbek 1965); B. B., Sein Leben in Bilddokumenten, hrsg. v. F. BÓNIS (Budapest 1972). – **2) Schriften über einzelne Werke u. Werkgruppen:** D. BARTHA, Die neue musikwiss. Forsch. in Ungarn, in: AfMf 2 (1937); DERS., Problems of Modern Harmonic Evolution, in: ML (1941); M. SEIBER, The String Quartets of B. B. (Lo 1945), dt. Übers., Die Streichquartette v. B. B. (Lo–Bonn 1954); J. P. WEISSMANN, Foreword to Catalogue of B.'s Works (Lo 1945); R. SABIN, Revolution and Tradition in the Music of B. B., in: Musical America (NY 1949) M. SEIBER, B. B. Chamber Music, in: Tempo (Lo 1949); J. P. WEISSMANN, B.'s Klv.-Musik, in: Musik der Zeit Nr. 3 (Bonn 1953); J. THYNE, B.'s Improvisations, in: ML (1950); H. U. ENGELMANN, B.'s Mikrokosmos (Wü 1953) (= Literarhist.-musikwiss. Abhandlungen 10); J. UHDE, B.'s Mikrokosmos (Rb 1954); E. DOFLEIN, B.'s Kompositionen für die Musikpädagogik, in: Musik im Unterricht 46 (1955); R. TRAIMER, B. B.'s Kompositionstechnik, dargestellt an seinen 6 Streichquartetten (Rb 1956) (= Forschungsbeitr. zur Musikwiss. 3); J. DOWNEY, La musique populaire dans l'œuvre de B. B. (P 1964); M. CARMER, B. B., in: Chamber Music (1957); P. BENARY, Der zweistimmige Kontrapunkt in B.'s Mikrokosmos, in: AfMw 15 (1958); P. MEYER, B. B.'s Ady-Lieder, op. 16 (Winterthur 1965); I. F. WALDBAUER, B.'s First Piano Concerto. A Publication History, in: MQ 51 (1965); J. CHAILLEY, Essai d'analyse du „Mandarin merveilleux", in: Studia musicologica 8 (1966); H. J. KÖHLER, B. B.'s pädagogisches Klv.-Werk „Mikrokosmos" als Weg zum Hören neuer Musik (Diss. L 1966); D. DILLE, L'Allegro barbaro de B., in: Studia musicologica 12 (1970); R. MONELLE, B.'s Imagination in the Later Quartets, in: MR 31 (1970); K. H. WÖRNER, Die sieben Schlüssel. B.'s „Herzog Blaubarts Burg", in: Die Musik in der Geistesgesch., Stud. zur Situation der Jahre um 1900 (Bonn 1970) (= Abh. zur Kunst-, Musik- u. Lit.-Gesch. 92); D. DILLE, Thematisches Verz. der Jugendwerke B.s 1890–1904 (Kas 1974); H. FLADT, Zur Problematik traditioneller Formtypen in der Musik des frühen 20. Jahrhunderts. Dargestellt an den Sonatensätzen in den Streichquartetten B. B.s (Kas 1974); G. KROÓ, B.-Handbuch (W 1974); J. KÁRPÁTI, B.s String Quartets (engl. Budapest 1975); A. A. SAYGUN, B. B.s Folk Musik Research in Turkey (Kas 1975); Bartók Studies, hrsg. v. T. CROW (Kas 1976); M. FRANK, B. B.s Variationstechnik, dargestellt im Rahmen einer Analyse seines 2. Violinkonzerts (Kas 1976) (= Forschungsbeiträge z. Musikwiss. 27); I. ORAMO, Marcia u. Burletta. Zur Tradition der Rhapsodie in zwei Quartettsätzen B.s, in: Mf 30 (1977).

P. MEYER

BARTÓK-QUARTETT, ungar. Streichquartett. Es wurde 1957 gegr. und konzertiert seit 1958 öffentlich, zunächst unter dem Namen *Komlós-Quartett.* Mitglieder sind: *Péter Komlós* (* 25. 10. 1935 Budapest), 1. Violine, *Sándor Devich* (* 19. 1. 1935 Szeged), 2. Violine, *Géza Németh* (* 23. 7. 1936 Beregowo/UdSSR), Viola, *Károly Botvay* (* 23. 12. 1932 Sopron), Violoncello (bis 1960 hatte László Mezö diesen Platz inne). Alle gehören dem Orchester der Ungarischen Staatsoper an. Seit

1963 trägt das Ensemble mit Zustimmung der Nachkommen Bartóks den jetzigen Namen. Das Quartett widmet sich neben den Werken der Klassik und Bartóks der ungarischen Kammermusik der Gegenwart.

BARTOLINO DA PADOVA (Magister frater Bartholinus de Padua, frate Bartolino, Frater Carmelitus), it. Komponist des später 14. Jh., der wahrscheinlich dem Karmeliterorden angehörte. Er könnte identisch sein mit dem 1376 erwähnten Frater Bartolomeus patavinus „sacrorum litterarum magister" oder mit Frater Bartolomeus de Sancta Cruce, Prior des Karmeliterklosters in Padua (um 1380). Im frühen 15. Jh. waren die Kompositionen Bartolinos berühmt. In seinem Werk *Paradiso degli Alberti* (1425–26) spricht Giovanni da Prato ausdrücklich von Madrigalen „fatti a Padova per Frate Bartolino si famoso musico", was auch durch zwei im Dienst der Patrizierfamilie der Carrara komponierte Madrigale bestätigt würde: *La douce çere* (vor 1390) und *Imperial sedendo* (September 1401). Sein Werk *Alba colomba* scheint den Einzug von Giangaleazzo Visconti in Padua (1388) zu verherrlichen. Zwischen 1383 und 1389 schrieb er *Quel sole* für die Tochter von Giovanni Dondi dell'Orologio, Textdichter der Ballade *La sacrosancta carità*, die vor 1389 vertont wurde. Verbindungen Bartolinos zum Hof in Mailand ließen sich belegen durch *La fiera testa*, auf Barnabò Visconti († 1385) anspielend, und durch *L'aurate chiome*, wahrscheinlich im Jahr 1380 für die Hochzeit von Catarina, der Tochter Barnabòs, mit Giangaleazzo Visconti komponiert. Die Ballata *Amor che nel pensier* läßt vermuten, daß B. mit Petrarca in Verbindung stand (vor 1374).

WW: 27 Ballate (22 für 2, 5 für 3 St.); 11 Madrigale (7 für 2, 4 für 3 St.); vielleicht auch ein anonymes Madrigal für 2 St., welches im Faszikel B. des Reina-Codex aufbewahrt ist (vgl. K. von Fischer). Von diesen WW erscheinen 37 im Squarcialupi-Codex der Bibl. Medico-Laurenziana in Florenz, 25 im Reina-Codex der Bibl. nat. (Paris) u. 11, darunter ein Einzelstück, im Mancini-Codex in Lucca.

Bartolinos Kompositionen sind für zwei oder drei Singstimmen geschrieben. Nur der Contratenor verlangt gelegentlich instrumentale Ausführung. Am Beginn und am Ende jedes Verses findet man häufig ausgedehnte Vokalisen; Imitationen sind dagegen selten. In den Madrigalen weist das Ritornell im Gegensatz zur Strophe eine dreizeitige Mensur auf (einzige Ausnahme: das späte Werk von 1401). In den Ballate sind die Hauptschlüsse verschieden, während die „Piedi" identisch sind, selbst in ihrer Kadenz. Ein Einfluß des frz. Virelais kann also nicht festgestellt werden. Einzig der Rhythmus, reich an Synkopen, an Mensurwechseln und Hoquetuspartien, scheint auf einen Einfluß der frz. ↗Ars subtilior hinzuweisen.

Ausg.: 4 Stücke, hrsg. v. J. WOLF, in: Gesch. der Mensural-Notation II u. III (L 1904); Faks. des Einzelstücks im Codex Mancini, hrsg. v. N. PIRROTTA, in: MD 3 (1949); 37 Stücke, hrsg. v. J. WOLF, in: Der Squarcialupi-Codex Pal. 87 ... (Lippstadt 1955) (die Nr. 12 vereinigt irrtümlich 2 WW), vgl. dazu K. VON FISCHER, Zu J. Wolfs Übertragung des Squarcialupi-Codex, in: Mf 9 (1956); ein anonymes Madrigal, hrsg. v. K. VON FISCHER, in: FS H. Anglès, 2 Bde. (Ba 1958–61); eine (zugeschriebene) Ballata in: French Secular Compositions of the 14th Century, hrsg. v. W. APEL (R 1970) (= CMM 53/1).

Lit.: G. DA PRATO, Il Paradiso degli Alberti, hrsg. v. A. Wesselofsky (Bol 1867); A. CAPPELLI, Poesie musicali dei secoli XIV, XV e XVI (Bol 1868); Cantilene e ballate, strambotti e madrigali nei secoli XIII e XIV, hrsg. v. G. CARDUCCI (Pisa 1871); G. SERCAMBI, Le Croniche, hrsg. v. S. Bongi (Lucca 1892); J. WOLF, Gesch. der Mensural-Notation, 3 Bde. (L 1904), dazu krit. Besprechung v. F. LUDWIG, in: SIMG 6 (1904–05); S. DEBENEDETTI, „Il Solazzo" e il „Saporetto" con altre rime di Simone Prudenzani d'Orvieto, in: Giornale Storico della Letteratura Italiana, Ergänzungsbd. 15 (Tn 1913); DERS., Il „Solazzo" (Tn 1922); N. PIRROTTA – E. LI GOTTI, Il Sacchetti e la tecnica musicale del Trecento italiano (Fi 1935); E. LI GOTTI, La poesia musicale italiane del secolo XIV (Pa 1944); N. PIRROTTA, Il Codice Estense lat. 568 e la musica francese in Italia al principio del '400, in: Atti della Reale Accademia di Scienze, Lettere e Arti di Palermo, Reihe 4/5 (Pal 1946); N. PIRROTTA – E. LI GOTTI, Il codice di Lucca, in: MD 3–5 (1949–51); D. PLAMENAC, Keyboard Music of the 14th Century in Codex Faenza 117, in: JAMS 4 (1951); K. VON FISCHER, Studien zur it. Musik des Trecento u. frühen Quattrocento (Be 1956); DERS., The Ms. Paris, Bibl. Nat., Nouv. acq. fr. 6771 (Reina-Codex), in: MD 11 (1957); DERS., Drei unbekannte WW v. Jacopo da Bologna u. G. da P.?, in: FS H. Anglès I (Ba 1958); G. REANEY, The Ms. London, BrM. Add. 29987, in: MD 12 (1958); DERS., The Ms. Paris, Bibl. Nat., Fonds it. 568, in: MD 14 (1960); N. GOLDINE, Fra B. da P., Musicien de Cour, in: AMI 34 (1962); P. PETROBELLI, B. da P., in: Dizionario biogr. degli Italiani VI (R 1965); DERS., A few dates for B. da P., in: Studies in Music History. Essays in Honor of O. Strunk (Princeton 1968).

U. GÜNTHER

BARTOLOMEO DA BOLOGNA (Frater Bartholomaeus de Bolonia), OSB; it. Komponist zu Anfang des 15. Jahrhunderts. Von seinen Werken sind 7 dreistimmige Kompositionen überliefert, darunter 2 Ballate *(Vince con lena* und *Morir desio)*, ein it. Rondeau, 2 Stücke auf lat. Text (eine Ballata und ein Rondeau), ein *Gloria* und ein *Credo*, von denen jedes eine Paraphrase über seine 2 Ballate darstellt.

Ausg.: *Vince con lena*, in: STAINER, Dufay and his contemporaries (Lo 1898); *Quae pena maior*, lat. Virelai, hrsg. v. J. WOLF, in: Gesch. der Mensural-Notation (L 1904); *Gloria* u. *Credo*, hrsg. v. CH. VAN DEN BORREN, in: Polyphonia Sacra (Burnham 1932).

Lit.: W. KORTE, Stud. zur Gesch. der Musik in It. im 1. Viertel des 15. Jh. (Kas 1933); N. PIRROTTA, Il Codice Estense lat. 568 e la musica francese in Italia al principio del '400, in: Atti della Reale Accademia di... Palermo, Reihe 4/5 (Pa 1946).

BARTOLOTTI, Angelo Michele, * um 1615 Bologna, † um 1681 ebd.; it. Gitarrist und Theorbist. Er stand seit 1653 im Dienst der Königin Christine von Schweden, seit 1664 gehörte er in Paris zu den Musikern des „cabinet du roi". B. schrieb Stücke für Gitarre *(Chitarra spagnola,* 2 Bde., Fi 1640) und eine *Table pour apprendre facilement à toucher le théorbe sur la basse continue* (P 1669).

BARTOLUCCI, Domenico, * 7.5.1917 Borgo S. Lorenzo bei Florenz; Geistlicher; it. Komponist und Dirigent. Er studierte am Conservatorio Luigi Cherubini in Florenz, in Rom am Pontificio Istituto di Musica Sacra (u. a. bei R. Casimiri) und an der Accademia di S. Cecilia (u. a. bei I. Pizzetti). Schon mit 14 Jahren war er Organist am Dom zu Florenz. Später wurde er dort Kapellmeister, dann auch u. a. an Santa Maria Maggiore in Rom. Seit 1956 ist er musikalischer Leiter der Sixtinischen Kapelle. Er lehrt auch als Professor am Päpstlichen Institut für Kirchenmusik. Er schrieb zahlreiche kirchenmusikalische Werke (u. a. Messen mit und ohne Orgel, Motetten, Psalmen), Orgelwerke, mehrere Oratorien *(La Natività, La sette parole, Petrus, L'Ascensione, Baptisma, Gloriosi principes)* und weltliche Vokal- und Instrumentalwerke, darunter ein *Concerto rustico* für Orchester.

BARYPHONUS, Henricus, eig. Heinrich Pipegrop, * 17.9.1581 Wernigerode, † 3.(13.) 1.1655 Quedlinburg; dt. Komponist und Musiktheoretiker. Er lehrte seit 1605 am Gymnasium in Quedlinburg und war dort Stadtkantor. Von seinen Kompositionen sind überliefert nur das 6st. *Melos genethliacum oder Weihenacht Gesang* (hsl., 1609) und das geistliche Konzert *Wir gläuben an einen Gott* (1st. mit B.c., gedruckt in RISM 1638[5]). Das einzige erhaltene und gedruckte theoretische Werk des B. (von insgesamt 16, die Praetorius in *Syntagma musicum III* nennt), ist: *Pleiades musicae* (Halberstadt 1615, in der 2. Aufl. Magdeburg 1630 zusammen mit der *Melopoeia* des S. Calvisius gedruckt).

Ausg.: *Melos genethliacum,* hrsg. v. PH. SPITTA, in: VfMw 9 (L 1893).

Lit.: E. JACOBS, Zwei harzische Musiktheoretiker des 16. u. 17. Jh., in: VfMw 6 (1890); DERS., H. Pipegrop (B.), in: VfMw 7 (1891); DERS., Noch einmal Pipegrop-B., in: VfMw 8 (1892); PH. SPITTA, Ein Weihnachts-Gesang des H. B., in: VfMw 9 (1893); R. M. ROBBINS, Beitr. zur Gesch. des Kontrapunkts v. Zarlino bis Schütz (Diss. B 1935); D.-R. MOSER, Musikgesch. der Stadt Quedlinburg... (1539–1802) (Diss. Gö 1967).

BARYTON (von griech. barytonos = tieftönend; it.: Viola di bordone, Viola di bardone, Bardone oder Viola di fagotto). **1)** Streichinstrument in Baritonlage, das vermutlich zuerst in England in der Zeit

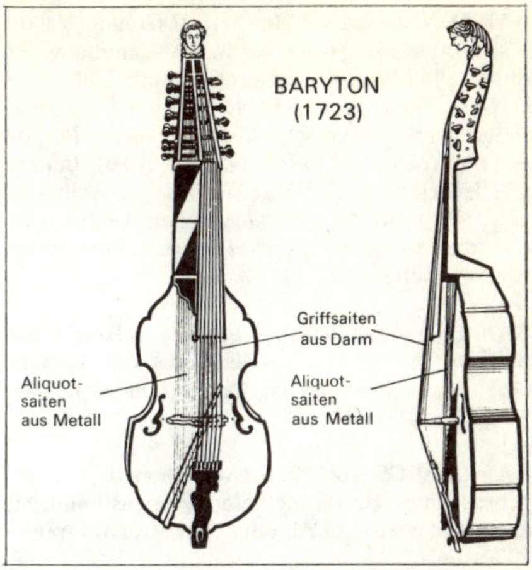

König Jakobs I. (1567–1625) aufgekommen ist. Im 17. Jh. war es auch in Deutschland und Österreich im Gebrauch. In Form und Größe ähnelt es einer Tenorgambe. Es ist mit 6 oder 7 Griffsaiten aus Darm und mit 9 bis 27 metallenen Aliquotsaiten bespannt. Unterhalb des hohen Stegs, der die Griffsaiten unterstützt, ist der wesentlich kleinere Steg für die Metallsaiten angebracht. Die Bünde liegen auf der linken Seite des Griffbretts. Die Aliquotsaiten sind auf einem Holz befestigt, das schräg über dem Resonanzboden verläuft, und werden offen unter dem Griffbrett zu den Wirbeln geführt. Zum Griffbrett hin sind sie durch eine meist mit Ebenholz oder Elfenbein verzierte Platte abgedeckt. Häufig ist das B. auch mit einer Rosette in der Nähe des Griffbretts geschmückt. Die Griffsaiten werden wie bei der Tenorgambe gestimmt; die Stimmung der Aliquotsaiten ist diatonisch. Für das B.-Spiel sind die mit dem Daumen der linken Hand auf den Aliquotsaiten erzeugten Pizzicati charakteristisch. Das B., dessen Beliebtheit sich auf das 18. Jh. beschränkt, wurde meist als Kammermusikinstrument verwendet. Von den B.-Werken sind besonders zu erwähnen die 135 Trios für B., Viola und Violoncello von J. Haydn. Sie entstanden 1766–75 für den Fürsten Esterházy, der selbst ein versierter B.-Spieler war. – **2)** Bz. für ein Streichinstrument in der tieferen Oktave der Violine, das 1847 von Carolus Henry in Paris gebaut wurde.

Lit.: L. GREILSAMER, Le b. du prince Esterházy, in: Bull. de la SIM 1 (1910); E. FRUCHTMANN, The B. Its History and its Music Re-examined, in: AMI 34 (1962).

BARZELLETA ↗Frottola.

BARZUN, Jacques, * 30. 11. 1907 Créteil (Val de Marne); amerik. Historiker frz. Abstammung. Er ist seit 1945 Professor an der Columbia University in New York. Von seinen Arbeiten behandeln einige auch musikgeschichtliche Themen: *Berlioz and the Romantic Century* (Boston 1950), *Berlioz and His Century* (NY 1956), *Music in American Life* (NY 1956–62). B. hat auch den Briefwechsel und die *Soirés de l'orchestre* von Berlioz ins Englische übersetzt.

BAS (frz., = tief, leise), in Frankreich Bz. für den tieferen Teil des Tonbereichs oder des Tonumfangs eines Instruments oder der menschlichen Stimme. – ↗Haut.

BAS-DESSUS (frz.), in Frankreich im 17./18. Jh. gebräuchliche Bz. für die tiefere Frauenstimmlage; entspricht etwa dem Alt oder dem Mezzosopran. – ↗Dessus.

BASIE, William, genannt **„Count“,** * 21. 8. 1904 Red Bank (New Jersey), † 26. 4. 1984 Hollywood. B. kam 1928 nach Kansas City, spielte in der Band Bennie Moten und gründete 1935 nach dessen Tod eine eigene Band. Die jumpende (↗Jump) „Count Basie Band“ führte er als Big Band zu wachsendem Erfolg, zunächst in Chicago, dann in New York. 1950 mußte er sie aus wirtschaftlichen Gründen auflösen, konnte jedoch 1952 wieder ein Orchester mit zum Teil jungen Musikern zusammenstellen. – Als Pianist kommt B. aus der Tradition des Blues, des Boogie und des swingenden Harlem-Pianos (hier wie auch auf der Orgel war Fats Waller sein Vorbild und Lehrmeister). Für die Band sind bis heute die kraftvoll einfachen Bluesriffs der Kansas-City-Tradition maßgebend. Den Ruf der Band begründeten auch bedeutende Solisten, vor allem Lester Young. Basie-Standards sind *One O'Clock Jump, Jumpin at the Woodside* und *Lady Be Good.*

BASILI, it. Musikerfamilie. – **1) Andrea,** * 16. 12. 1705 Città della Pieve, † 28. 8. 1777 Loreto. Er war seit 1729 Kapellmeister am Dom in Tivoli, 1740–77 an Santa Casa in Loreto. Von ihm stammen u. a. das Oratorium *Il Martirio di S. Sinforosa* (1737) und geistliche Musik. Er verfaßte außerdem theoretische Werke: *La musica è un' arte di ben modulare* (V 1748); *Musica universale armonico pratica* (V 1766). – **2) Francesco,** Sohn von 1), * 31. 1. 1767 Loreto, † 25. 3. 1850 Rom. Nach erster Ausbildung bei seinem Vater wurde er Schüler von G. B. Borghi und G. Jannaconi in Rom. 1809–27 war er nacheinander Kapellmeister in Foligno, Macerata und Loreto. Seit 1827 lehrte er am Konservatorium in Mailand und war dort „Censore“, d. h. amtsführender Direktor. Von 1837 an wirkte er als Kapellmeister an St. Peter in Rom. Von seinen Werken haben sich erhalten 3 Streichquartette, geistliche Musik, darunter ein – schon früher entstandenes – Requiem auf den Tod Jannaconis, 14 Opern und eine Azione sacra *Sansone* (1824). – **3) Basilio,** Sohn von 2), * 1803 Macerata, † um 1895 New York. Er begann 1826 als Tenor in Ferrara, ließ sich 1827 in Madrid nieder, wo er Leiter des Orchesters und Prof. für Gesang war. Er schrieb Orchestermusik, Zarzuelas und 6 Opern, die 1839–46 in Madrid aufgeführt wurden. – Seine Tochter **Enriqueta** war eine berühmte Sängerin.

Lit.: G. TEBALDINI, L'Archivio musicale della Cappella Lauretana (Loreto 1921); G. RADICIOTTI, La musica in Tivoli (Tivoli 1921); J. SUBIRÀ, Historia de la música teatral en España (B 1945); L. M. KANTNER, „Aurea luce“. Musik an St. Peter in Rom 1790–1850 (W 1979).

BASS, Bassus (von mittellat. bassus = tief; engl. bass; frz.: basse; it.: basso; span.: bajo. – Abkürzung: B.). **1)** Bez. für die tiefste Stimme einer musikalischen Komposition. Im Zusammenhang mit der Umwandlung des musikalischen Satzes um 1450 (siehe auch ↗Alt) kam es zu einer Modifizierung der Stimmenbezeichnungen. Die ältere Stimmengruppierung (von unten nach oben) *Tenor– Contratenor– Discantus* ging über in die Gruppierung *Contratenor bassus* (später einfach: *Bassus)– Tenor– Contratenor altus* (später: *Altus)– Discantus.* In diesem neuen Satzgefüge war der B. nicht nur die tiefste Stimme, sondern auch die klangliche Basis, die harmonietragende Grundstimme. Das blieb nun für den B. charakteristisch bis hin an die Grenze der Neuzeit. Von den anderen Stimmen war dabei der B. von Anfang an insofern unterschieden, als in seiner Melodik bestimmte Intervallfolgen typisch waren: der Quartsprung aufwärts bzw. der Quintsprung abwärts (sog. B.-↗Klausel). Notiert wird der B. im F-Schlüssel; am gebräuchlichsten ist der F-Schlüssel auf der 4. Linie (B.-Schlüssel), im 16./17. Jh. wurde der F-Schlüssel auch auf der 5. Linie (sog. Subbaß-Schlüssel) und auf der 3. Linie (sog. Bariton-Schlüssel) verwendet. – Im Verlauf der Musikgeschichte erhielt der B. eine entscheidende Bedeutung um 1600 mit der Entstehung des ↗Generalbasses. In der Musiktheorie spielte der B. bei Rameau eine Rolle (als ↗*Basse fondamentale*), später bes. bei Sechter, Riemann und Hindemith. – **2)** Bz. für die tiefe männliche Stimmlage, Umfang etwa E–e^1. Bis zum 18. Jh. galt die Bz. B.

auch für die Lage des später so genannten ↗Bariton. Mit der Unterscheidung von Bariton und B. entstanden in der Opernkomposition und in der Bühnenpraxis mehrere B.-Fächer: seriöser B. (Basso profondo), Spiel-B. (hoher B.), B.-Buffo. Diese Fächer sind nicht nur durch Stimmumfang und -timbre, sondern auch durch die Erfordernisse der Rollengestaltung unterschieden. Jedoch sind in der Praxis die Grenzen zwischen den einzelnen Fächern oft fließend (besonders zwischen Spiel-B. und B.-Buffo). Typische Partien sind für den seriösen B. Sarastro in Mozarts *Zauberflöte,* Pater Guardian in Verdis *Macht des Schicksals,* für den Spiel-B. Leporello in Mozarts *Don Giovanni,* Baculus in Lortzings *Wildschütz,* für den B.-Buffo Osmin in Mozarts *Entführung aus dem Serail,* Ochs von Lerchenau in Strauss' *Rosenkavalier.* – **3)** Tiefste Tonlage einer Instrumentenfamilie, z.B. B.-Krummhorn, B.-Blockflöte, B.-Trompete, B.-Saxophon. Die B.-Instrumente stehen im allgemeinen etwa anderthalb Oktaven unter den zugehörigen Diskantinstrumenten. Bei den Blechblasinstrumenten werden zu den Bässen jene Instrumente gezählt, deren zweiter Teilton Es oder F ist. B. wird auch als Abkürzung für ↗Kontrabaß benutzt.

G. MASSENKEIL

BASSANELLO (it.), Holzblasinstrument mit Doppelrohrblatt, das zuerst 1577 im Inventar Erzherzog Karls von Österreich in Graz erwähnt wird („6 Pasaneli"). Nach Praetorius (*Syntagma musicum* II) hatte das Instrument, von dem sich kein Exemplar erhalten hat, eine enge zylindrische Bohrung, ein S-förmiges Anblasrohr und eine Kleinfinger-Klappe. Sein Klang war weicher als der des Fagotts oder des ↗Bomharts. Es wurde in 3 Größen gebaut, Sopran (81 cm, tiefste Note d), Tenor-Alt (106 cm, G) und Baß (161 cm, C). Jedes Instrument hatte einen Tonumfang von einer Undezime. Nach Inventaren deutscher Höfe wurde das B. in 4 verschiedenen Größen gebaut, wobei Alt- und Tenor-B. unterschieden wurden. Praetorius führt den Namen auf G. ↗Bassano zurück.

BASSANI, Giovanni Battista, * um 1647 Padua, † 1.10.1716 Bergamo; it. Komponist, Violinist und Organist. Er war Schüler von D. Castrovillari und von G. Legrenzi in Venedig. 1667 ist er als Organist der Accademia della Morte in Ferrara nachweisbar; 1677 wurde er Mitglied der Accademia Filarmonica in Bologna (später auch deren „Principe"), 1680 Kapellmeister beim Herzog von Mirandola, 1683–1712 Kapellmeister der Accademia della Morte in Ferrara, 1688 auch der dortigen Kathedrale (als Nachfolger von G. F. Tosi). 1712 trat er die Stelle in Ferrara an seinen Sohn Paolo Antonio ab, als er selbst an die Basilika S. Maria Maggiore in Bergamo berufen worden war.

WW (sämtlich mit B.c.): **1) Geistliche WW:** *Messe concertate,* 4–5st. mit Instr. und Ripieno-Chor, op. 18 (1698), op. 20 (1698), op. 32 (1710); *Acroama missale* für die gleiche Besetzung (1709). – Motetten, 1st. *(Motetti a voce sola),* teilweise auch mit V., op. 8 (1690), op. 12 (1692), op. 13 (1693), op. 27 (1701; *Concerti sacri* für 1–4 St., op. 11 (1692). – Psalmen *(Salmi concertati),* 2–5st. mit Instr. und (teilweise) Ripieno-Chor, op. 10 (1691), op. 21 (1699), op. 24 (1700); 8st. Psalmen, op. 30 (1704). – Vesper, Responsorien, Komplet, Antiphonen, 1–4st. mit Instr. und (teilweise) Ripieno-Chor, op. 22 (1699), op. 23 (1700), op. 25 (1701), op. 26 (1701). – Oratorien (hsl. erhalten): *Il trionfo della divina misericordia* (1683), *La Morte delusa* (1686), *Giona* (1689). **2) Weltliche WW:** Solokantaten (teilweise mit V.), op. 2, 3, 6, 7, 15, 16, 17, 19, 29, 31 (1680–1703); Kantaten für mehrere St., op. 4 (1683). Aus den Opern B.s haben sich lediglich einzelne Arien hsl. erhalten. – **3) Instr.-WW:** *Balletti* (Kammersonaten) für 1 oder 2 V., op. 1 (1677), *Sinfonie* (auch als *Sonate da chiesa* bezeichnet) für 2–3 V. u. B. c., op. 5 (1683). – Zahlr. Werke in Sammeldrucken und hsl.

B. war einer der bedeutenden oberitalienischen Musiker seiner Zeit; er trug nicht unerheblich zum europäischen Ruhm bei, den Bologna und seine Umgebung im letzten Drittel des 17. Jh. besaßen. In seinem Schaffen bilden die weltlichen Solokantaten, die in der Geschichte dieser Gattung zwischen Carissimi bzw. Cazzati und A. Scarlatti vermitteln, den zahlenmäßig stärksten Anteil. Auch in seiner Kirchenmusik, die in ihrer Gesamtheit dem konzertierenden Stil zuzurechnen ist, sind – ähnlich wie bei Cazzati – die Werke für Solostimme überaus zahlreich.

Aus.: *Balletto,* op. 1/7 u. Triosonaten, op. 5/1 u. 8, in: W. J. VON WASIELEWSKI, Instrumentalsätze vom Ende des XVI. bis Ende des XVII. Jh. (Bonn 1874); Triosonaten, op. 5/2, 6 u. 7, in: TORCHI Arte mus. VII; 2 Motetten, in: Musica Sacra 27 (Rb 1886); Einzelne Arien, hrsg. v. A. PARISOTTI (Mi 1900, ²1947), hrsg. v. H. RIEMANN (L 1913), hrsg. v. G. F. MALIPIERO (in: I Classici della musica italiana II, Mi 1919); *Canzoni amorose,* hrsg. v. DEMS. (Mi 1919); Triosonate, op. 5/9, hrsg. v. E. SCHENK, in: Die it. Triosonate (W 1955) (= Das Musikwerk 7), sowie (W 1969) (= Diletto musicale 461); Solokantaten, hrsg. v. G. F. MALIPIERO (V 1963) (= Collana di musiche veneziane inedite o rare 5).

Lit.: R. HASELBACH, G. B. B. (Kas 1955) (mit Werkverz.); W. S. NEWMAN, The Sonata in the Baroque Era (Chapel Hill 1959); A. CAVICCHI, L'attività ferrarese de G. B. B., in: Chigiana 23, N.S. 3 (1966).

BASSANO (Bassani), **Giovanni,** † 1617(?); it. Komponist aus Venedig. Er war Musiker des Rates von Venedig (1585), später (1598) wurde er Musikmeister am Seminar von S. Marco, 1615 Kapellmeister an S. Marco. B. erwarb sich einen Ruf vor allem durch seine Improvisationskunst. Er war einer der ersten Komponisten, der die Bz. „Capriccio" verwendete. Nach Praetorius war er der Erfinder des ↗Bassanello.

WW (alle in Venedig erschienen): *Fantasie a 3 v.* (1585); *Ricercate, passaggi et cadentie per potersi essercitar nel diminuir* (1585), hrsg. v. R. ERIG (Z 1976) (= Italienische Diminutionslehren 1); *Canzonette a 4 v.* (1587); *Il fiore dei caprici musicali a 4 v.* (1588); *Motetti, madrigali et canzoni francese di diversi autori diminuiti per sonar* (1591); *Motetti per concerti ecclesiastici* für 5–12 St., 2 Slgen. (1598–99); *Madrigali e Canzonette concertate libro 1°* (1602).

Lit.: E. T. FERAND, Die Motetti, Madrigali et Canzoni Francese ... des G. B., in: FS H. Osthoff (Tutzing 1961); E. KUBITSCHEK, Stud. z. Verzierungspraxis, dargestellt an den Drucken von G. della Casa u. G. B. (Diss. W 1978).

BASSARIDEN, DIE *(The Bassarids)*, Opera seria mit Intermezzo in 1 Akt von Hans Werner Henze (* 1926), Text von Wystan Hugh Auden und Chester Kallman nach der Tragödie *Die Bacchanten* von Euripides. Ort und Zeit der Handlung: der Hof im königlichen Palast von Theben und der Berg Kytheron, in mythischer Zeit. UA (in dt. Sprache): 6. 8. 1966 bei den Salzburger Festspielen, dt. EA: 28. 9. 1966 in Berlin (Deutsche Oper).

Die Auftragskomposition stieß zunächst auf heftige Kritik: der Text sei zu anspruchsvoll, die Musik ein Durcheinander musikalischer Zeitstile. Tatsächlich setzt das Libretto Kenntnisse der Mythologie voraus, doch ist der vergebliche Kampf des Königs Pentheus gegen Dionysos und dessen Lehre vom Glücklichsein durch Vergessen nur Symbol für das eigentliche Thema: Kampf des Alten gegen das verlockende Neue. Der Komponist nutzte die Möglichkeiten eines Riesenorchesters zur – fast leitmotivisch streng durchgeführten – Charakterisierung der Hauptpersonen durch Klangfarben. Von starker Wirkung ist das in den 3. Satz eingebettete Intermezzo: die handelnden (griechischen) Götter spielen eine Szene aus der römischen Mythologie im Stile eines Schäferspiels mit Konstümen des 18. Jahrhunderts und mit formal in Nummern gegliederter Musik. Einer der wichtigsten Handlungsträger ist der Chor, dessen einleitender Hymnus auf den neuen König Pentheus bis zur abschließenden Anbetung des neuen Gottes Dionysos den Handlungsbogen spannt.

K. LANGROCK

BASSBALKEN (engl.: bass-bar, frz.: barre d'harmonie, it.: catena; span.: barra de armonía), ein langes, schmales, an beiden Enden sich verjüngendes Stück Tannen- oder Ahornholz, das der Länge nach innen unter die Decke von Instrumenten der Violen- und Violinfamilie geleimt ist, und zwar unter den linken Fuß des Steges. Bei modernen Violinen hat der B. eine Länge von ca. 28 cm und eine Breite von ca. 5 mm. Er hat die Aufgabe, das Corpus zu verstärken, die Schwingungen zu verteilen und einen Teil des von den Saiten auf den Steg ausgeübten Drucks aufzufangen. Die richtigen Maße und die genaue Anbringung des B. sind von außerordentlicher Bedeutung für die Klangqualität des Instruments. Ist der B. zu dünn, hat er nicht genügend Widerstand gegen die Saitenspannung, und das Instrument hat einen Klang ohne „Körper". Ist er zu dick, hemmt er die Elastizität der Decke und härtet den Klang.

BASS-BARITON ↗Baß, ↗Bariton.

BASSE CONTRAINTE ↗Ostinato.

BASSE-CONTRE (frz.), in Frankreich früher Bz. der tiefsten Baßstimme. Die entsprechende Bz. für die hohe Männerstimme war Haute-contre.

BASSE DANSE, frz. Tanz des ausgehenden Mittelalters und der Renaissance. Die B.d. wird zuerst in der Langue d'oc erwähnt (Raimon de Cornet, um 1325), wo sie zum Repertoire des einfachen Spielmannes gehört. Im 15. Jh. ist sie ein beliebter Hoftanz in Italien und Burgund und ist auch in Deutschland, Spanien und England bekannt; um 1550 verschwand sie allmählich. – Die Bz. „basse" bezieht sich auf die langsamen und gleitenden Tanzfiguren: Verbeugung, Drehung, zwei einfache Schritte; ein Doppelschritt oder eine halbe Drehung entfallen dabei auf eine Taktzeit, eine Drehung oder 3 Schritte rückwärts auf zwei Taktzeiten. Der Rhythmus ist zwei- oder dreizeitig. Zwischen 1416 (Domenichino da Piacenza) und 1588 (Th. Arbeau) werden annähernd 300 Tanzfiguren überliefert. Musikalisch sind zwei Typen der B.d. zu unterscheiden: 1. die mehrstimmige „B.d. à armature", der ein melodisches Konstrukt zugrunde liegt, und 2. die polyphon gebaute „B. d. à quaternions", bei der alle Stimmen gleichgewichtig sind.

Die B. d. à armature ist die Hauptform der B.d. und schon seit ihren Anfängen nachweisbar. Ihr Prinzip wird auch nach ihrem Verschwinden von abgeleiteten Formen übernommen. Träger des mehrstimmigen Satzes, der nur improvisiert ausgeführt wurde und daher nicht notenschriftlich belegt ist, ist eine ruhig schreitende, Abbildungen zufolge von einem Dudelsack gespielte Tenorstimme, die aus den Haupttönen einer allgemein bekannten Melodie (armature) besteht. Die bewegteren Stimmen wurden von Doppelrohrblattinstrumenten (↗Alta) ausgeführt. Von den B.d.-Melodien sind etwa 60 überliefert. Sie wurden im modus minor imperfectus oder major notiert; jede Melodienote hatte den Wert einer Longa (Schlagzeit) von etwa 4 Sekunden Dauer (auf sie entfiel jeweils 1 Tanzfigur), die Semibreves (6 auf eine Schlagzeit) hatten entsprechend etwa die Dauer von 90 MM *(La Spagna* der *Canti C,* fol. 147^{v}). Dieses gemessene Tempo war für die B.d. charakteristisch. B.d.-Melodien wurden auch für andere Tänze verwendet, deren Zeitmaße ziemlich genau bekannt sind: a) „Quadernaria" oder „Saltarello tedesco" mit 4 Semibreves (MM 72) pro Schlagzeit (*Collinit quatuor notarum,* Nr. 57 aus dem Buxheimer Orgelbuch); b) „Pas de Brabant", „Alta" oder „Saltarello" mit 3 Semibreves (67,5 MM) pro Schlagzeit *(La hault d'alemaigne,* Mathurin, *Canti C,* fol. 151^{v}) – der Terminus „Haute danse" taucht schon 1402 auf; c) „Piva", mit 3 Semibreves (90 MM) pro Schlagzeit, im Zeitmaß der B.d. *(Du pist mein Hort,* Codex Tridentinum 87, fol. 109, nach der B. d. *Je suis povere de leese);* d) „Cacciata" mit 2 Semibreves pro Schlagzeit, Zeitmaß der „Quadernaria" (Anfang von *La fille guillemin,* Paris, B.N., Ms. fr. 15 123, fol. 65^{v} und 66). Da diesen Stücken ein der B. d. entsprechendes Prinzip zugrunde liegt, kann man sich durch sie ein Bild von der improvisiert ausgeführten B.d. machen *(Collinetto, Je languis, La doulce amour, La Spagna, Le petit rouen, Une fois avant que morir, Venise).* Die in der B.d. verwendeten Gerüstmelodien wurden durch Aneinanderreihung von Melodiefloskeln und deren sukzessiver Veränderung gebildet wie in den B. d.-Stücken des Ms. von Brüssel *(La franchoise-Venise).* Ähnliche Stücke finden sich im Codex Faënza (um 1420): *Bel fiore dança* (fol. 89), *J'aime la biauté* (fol. 50). Die häufig poetischen Titel der B.d. deuten auf eine wechselseitige Beeinflussung von B. d. und Chanson hin. Auch ist eine Reihe von mehrstimmigen Stücken überliefert, denen Chanson-Melodien im Rhythmus der B. d. zugrunde liegen. (So könnte es sich bei *Je loue amours* von J. Ghiselin [*Canti C,* Nr. 115] auf eine Ballade von G. Binchois um eine B.d. im Zeitmaß der „Piva" handeln.) Darüber hinaus wurden B.d.-Melodien auch als Cantus firmi in Parodie-Messen (G. Faugues, Fr. Gaffurio, H. Isaac), „Recercadas" (D. Ortiz) und Kontrapunktstudien bis ins 17. Jh. verwendet. – In Deutschland wurde das Prinzip der B.d. im 16. Jh. im „Hoftanz" angewendet, wobei hier auf eine Schlagzeit 2 Melodienoten entfallen – meist auf die 1. und 5. Semibrevis. Die am häufigsten verwendeten Melodien für die „Hoftänze" heißen *Benzenhauer, Beyrisch Bot* und *Schwarzknab;* daneben kommen jedoch auch Volksliedmelodien *(Es taget vor dem Walde)* oder B.d.-Melodien (*Le petit rouen, La Spagna)* vor, so daß man im „Hoftanz" einen Abkömmling der B.d. sehen kann.

Die *B. d. à quaternion* wurde im Gegensatz zur B.d. à armature vollständig notiert; es handelt sich also um eine eigene Kompositionsform. Veröffentlichungen stammen u.a. von Attaingnant, Bianchini, Moderne, Susato, Hessen, D'Estrées und Arbeau. Die Anlehnung an die frz. Chanson ist sehr deutlich. Die Stücke wurden auf der Laute oder auf einem Tasteninstrument gespielt, von Instrumentengruppen, die 4–6 Spieler umfaßten, oder – als einfachste Besetzung – von einer Flöte und einer Trommel. Insgesamt sind 63 Stücke bekannt. Die Schlagzeit (Quaternion) besteht aus einer Gruppe von 12 Minimae, die im alla breve-Takt notiert ist; diese Schreibweise ist jedoch irreführend, da sich die Minimae als 3333 oder 32223 mit Betonung der 4. und 10. Minima gruppieren. Diese komplexe rhythmische Struktur weisen auch Tourdions und Gaillarden auf. Es sind außerdem 6 geradtaktige B.d. bekannt, die offenbar der Cacciata nahestehen.

Musik-Ausg.: Le Ms. dit des Basses danses de la Bibl. de Bourgogne, Faks.-Ausg., hrsg. v. E. CLOSSON (Bru 1912).

Lit.: M. BUKOFZER, A Polyphonic B.D. of the Renaissance, in: Studies in Medieval and Renaissance Music (NY 1950); O. GOMBOSI, Compositione di meser V. Capirola (Neuilly 1955); O. KINKELDEY, Dance Tunes of the 15th Century, in: Instrumental Music, hrsg. v. D. G. Hughes (C/M 1959); E. SOUTHERN, Some Keyboard Basse Dances of the 15th Century, in: AMI 35 (1963); D. HEARTZ, Preludes, Chansons and Dances for Lute (Neuilly 1964); F. CRANE, Materials for the Study of the 15th Century B.D. (NY 1968); R. MEYLAN, L'énigme de la musique des b.d. du XVe siècle (Be 1968).

R. MEYLAN

BASSE DE FLANDRE (frz.), ↗Bumbaß.

BASSE DOUBLE (frz.; engl.: double bass), ↗Kontrabaß.

BASSE FONDAMENTALE (frz.; dt.: Fundamentalbaß), von J. Ph. Rameau geprägter Begriff der Harmonielehre. Er bezeichnet die Folge der Grundtöne aller Akkorde eines Stückes. Vom B.f. ist die real erklingende Baßstimme (Basse continue) zu unterscheiden, die auch Quinte, Terz usw. eines Akkordes sein kann. Der B. f. stellt daher nur eine gedachte Linie dar. Dies wird durch das folgende Beispiel aus dem *Traité de l'harmonie* (1722) von Rameau veranschaulicht:

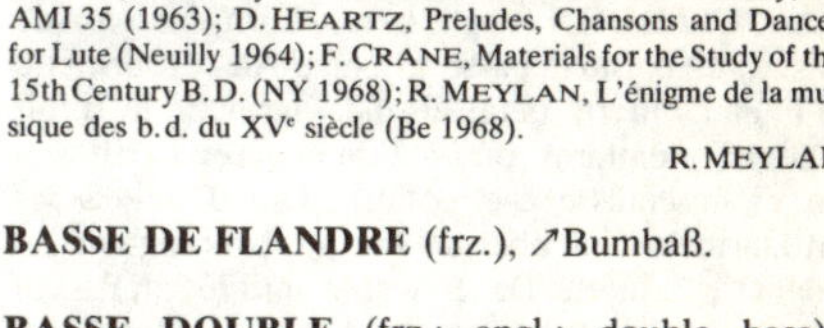

BASSET, Jehan, † Dez. 1636; Pariser Lautenist.

M. Mersenne, der seinen vortrefflichen Unterricht lobt, veröffentlichte im 2. Buch seiner *Harmonie universelle* (P [7]1636) B.s Traktat *L'Art de toucher le luth*, der für die Kenntnis der Technik und des Spiels der Laute wichtig ist, und eine von ihm komponierte Allemande.

Lit.: L. DE LA LAURENCIE, Un maître de luth au XVIIe siècle. J. B., in: RM (1923).

BASSETT (dt.; it.: bassetto = kleiner Baß). **1)** Bz. für den Baß der Violen- und Gambenfamilie. – **2)** Bei Leopold Mozart Bz. für das Violoncell. – **3)** Auch *Baßl, Halbbaß, Bassettl* u. ä. genanntes Streichinstrument in der Lage zwischen Violoncello und Kontrabaß mit 3–4 bzw. 5–6 Saiten und in der Form einer Viola da gamba. Es wurde vor allem zum Musizieren im Freien, bei Serenaden u. ä., benutzt und kam Mitte des 19. Jh. außer Gebrauch. – **4)** Bz. für die Alt- oder Tenorlage eines Instruments (z. B. ↗Bassetthorn). – **5)** Im 17. Jh. (u. a. bei Praetorius, Viadana) Bz. für die durch einen Tenor auszuführende Baßpartie in einem aus höheren Stimmen zusammengesetzten Chor. – **6)** Altes italienisches Orgelregister.

BASSETTHORN (engl.: basset-horn, frz.: cor de basset, it.: corno di bassetto), eine Alt-↗Klarinette in F, eine Quarte tiefer als die Klarinette in B mit einem Tonumfang von F–f^3 (in neueren Partituren im Violinschlüssel c–c^4 notiert). Das B. ähnelt der Altklarinette, hat aber die engere Bohrung der A- oder B-Klarinette. Das B. wurde um 1770 in Passau zuerst von Schofflmeyer und A. und M. Mayrhofer gebaut. Die ältesten bekannten B. haben die Form eines Halbmondes. Um die gekrümmte Röhre zu vermeiden, veränderte man bald die Form des Instruments und baute es um 1800 zunächst mit einer dreifach geknickten Röhre unmittelbar vor der Stürze. Die Knickung wurde durch einen Kasten (das sog. „Buch") verdeckt. Neben anderen Formen war diese weiter verbreitet. Aus vielen Versuchen ging das moderne B. mit gerader Schallröhre und einem saxophonartig aufgebogenen Schalltrichter aus Messing hervor. Die Mechanik wurde vor allem durch die Brüder A. und J. Stadler in Österreich verbessert, die auch weitere Klappen hinzufügten. Eine besondere Bedeutung kommt dem B. im Schaffen Mozarts zu. Er verwendet es in der *Maurerischen Trauermusik*, KV 479a, in der *Zauberflöte* und in verschiedenen anderen Werken (Serenade KV 370a, 3 Stücke für Klarinette und Bassetthörner KV 484a–d, 12 Duos für 2 Bassetthörner KV 496a, Konzertsatz für B., KV 621b, ferner auch in *La Clemenza di Tito*). Im 19. Jh. beschränkte sich die Verwendung des B.s im wesentlichen auf die ↗Harmoniemusik in Deutschland. Es gab auch Virtuosen auf diesem Instrument, wie A. David, Springer und vor allem K. Bärmann, für den Mendelssohn 2 *Konzertstücke* für Klarinette, B. und Klavier (op. 113 und 114) schrieb. Danach fand das B. eine größere Beachtung erst wieder bei R. Strauss, der es seit *Elektra* (1909) häufig einsetzte. Seinen und Mozarts Werken ist es in erster Linie zu verdanken, daß noch heute in Deutschland und in Frankreich Bassetthörner gebaut werden.

BASSGEIGE ↗Kontrabaß.

BASSO CONTINUO (it.), ↗Generalbaß.

BASSO OSTINATO (it., von lat. obstinatus = hartnäckig), Bz. für eine aus einer ständig wiederholten Tonfolge bestehenden Baßstimme, als ostinater Generalbaß auch die Wiederholung gleicher Klangfolgen; Variationsmöglichkeiten ergeben sich durch Abänderung der Tonfolge, wechselnde Harmonisierung und Transposition des Baßmodells. Der B.o. geht auf den mittelalterlichen ↗Pes zurück und wurde von engl. Komponisten des 17. Jh. unter der Bz. ↗Ground oder Ground bass verwendet. Er ist vor allem für Tanzstücke charakteristisch (↗Folia, ↗Passamezzo, ↗Passacaglia, ↗Chaconne), findet sich jedoch auch in Madrigalen (Cl. Monteverdi, 8. Madrigalbuch, 1638: *Lamento della Ninfa;* 9. Madrigalbuch, 1651: *Zefiro torna*) und in der Kirchenmusik. Unter den Messekompositionen des 17. Jh. gibt es zahlr. Werke, deren einzelne Sätze über ein und dasselbe Baß-Modell geschrieben sind. Auch in Kantaten und in Opern des 17./18 Jh. sind Arie oder Rezitativ über einen B.o. häufig zu beobachten (Lully, *Roland,* 1685: Rezitativ *Je suis trahi! Ciel!;* Purcell, *Dido und Aeneas,* 1689: Arie der Dido *When I am laid in earth;* Gluck, *Armida,* 1777: Anrufung der Armida *Esprits de haine et de rage*). In Kompositionen des 19. und 20. Jh. wird das Prinzip des B.o. verwendet u. a. bei Brahms, Finale der *Variationen über ein Thema von Haydn* für 2 Klaviere und in der *4. Symphonie;* R. Wagner, *Parsifal,* 1. und 3. Akt, Thema der Glocken; D. Milhaud, *Printemps* für Klavier, Nr. 2 und 3; G. Migot, *Le petit fablier* für Klavier, Nr. 3 und 8, *Le Calendrier du petit berger* für Klavier, Nr. 4 und 12; B. Bartók, *Mikrokosmos* für Klavier; I. Strawinski, *Psalmen-Sinfonie.* – ↗Ostinato.

Lit.: (vgl. ebenso in den Art. GROUND BASSS u. OSTINATO): H. RIEMANN, Basso ostinato u. basso quasi ostinato, in: FS R. von Liliencron (L 1910); DERS., Der „Basso ostinato" u. die Anfänge der Kantate, in: SIMG 13 (1911–12); R. LITTERSCHEID, Zur Gesch. des basso ostinato (Diss. Marburg 1928); L. NOWAK, Grundzüge einer Gesch. des basso ostinato

(W 1932); O. GOMBOSI, Italia. Patria del basso ostinato, in: Rass. Mus. 7 (1934); L. WALTHER, Die Ostinato-Technik in den Chaconne- u. Arienformen des 17. u. 18. Jh. (Wü 1940); W. GURLITT, Zu J. S. Bachs Ostinato-Technik, in: Ber. über die wiss. Bachtagung Leipzig 1950 (L 1951), abgedruckt in: Musikgeschichte u. Gegenwart I (Wie 1966) (= Beihefte z. AfMw 1); E. APFEL, Ostinato u. Kompositionstechnik bei den engl. Virginalisten der elisabethanischen Zeit, in: AfMw 19/20 (1962–63).

BASSO RIPIENO (it.), ↗Ripieno.

BASSO SEGUENTE (it. = folgende Baßstimme), Ende des 16. Jh. aufgekommene Vorform des Basso continuo: eine aus den jeweils tiefsten Tönen eines mehrstimmigen Satzes gebildete Unterstimme, die wie ein ↗Generalbaß ausgesetzt wurde; bis etwa 1600 unbeziffert und für die Ausführung auf der Orgel bestimmt (deshalb auch als „Basso pro organo" bezeichnet). Im frühen 17. Jh. hat man oft kirchenmusikalische Werke des 16. Jh. nachträglich mit einem B.s. versehen, dessen Realisation als B.c. ad libitum zu denken ist. Andererseits gibt es seit dieser Zeit viele Werke im ↗A cappella-Stil, die von vornherein einen B.s. aufweisen, z. B. die *Cantiones sacrae* und die Motetten aus der *Geistlichen* Chormusik von Schütz, später noch die Motetten von J. S. Bach. Auch bei Werken dieser Art ist offen, ob die Aufführung mit oder ohne Generalbaß zu erfolgen hat.

Lit.: M. SCHNEIDER, Die Anfänge des Basso continuo (Leipzig 1918); H. H. EGGEBRECHT, Arten des Generalbasses im frühen und mittleren 17. Jh., in: AfMw 14 (1957).

BASS-SCHLÜSSEL ↗Notenschlüssel.

BASS-TUBA ↗Tuba.

BASTIANINI, Ettore, * 24. 9. 1922 Siena, † 25. 1. 1967 Sirmione (Gardasee); it. Sänger (Bariton). Er debütierte 1945 zunächst als Bassist in Ravenna, 1951 als Bariton in Bologna, sang seit 1952 an der Mailänder Scala, seit 1953 beim Maggio Musicale Fiorentino, 1953 erstmals auch am New Yorker Metropolitan Opera House als Germont in Verdis *La Traviata*. B. machte sich auch in der Folge vor allem als Verdi-Interpret einen Namen.

BASTIEN UND BASTIENNE, Singspiel in 1 Akt von Wolfgang Amadeus Mozart (1756–91), KV 50 (46^b), Text nach Johann Andreas Schachtners Bearbeitung von *Les amours de Bastien et Bastienne,* die ihm in der dt. Übersetzung von Friedrich Wilhelm Weiskern und Johann H. F. Müller (1764) vorlag und eine von Marie-Justine-Benoîte Favart, Charles-Simon Favart und Harny de Guerville verfaßte (1753) Parodie auf das Intermède *Le devin du village* (1752) von Jean-Jacques Rousseau ist. Ort und Zeit der Handlung: ein Dorf Anfang des 18. Jahrhunderts. UA: vermutlich im September/Oktober 1768 in Wien vor privatem Kreis im Gartenhaus des Dr. Franz Mesmer.

Weder die Entstehungsgeschichte (wahrscheinlich wurde das Werk 1767 in Salzburg begonnen und 1768 in Wien beendet) noch der Termin der UA sind historisch gesichert. Mozart porträtierte seinen väterlichen Freund, den berühmten Heil-Magnetiseur Mesmer, in der Figur des wohltätigen Zauberers Colas. Die erste nachweisbare öffentliche Aufführung veranstaltete die „Gesellschaft der Opernfreunde" am 2. 10. 1890 im Berliner Architektenhaus. Am 25. 12. 1891 fand in der Wiener Hofoper zur Mozart-Zentenarfeier eine weitere Aufführung – in einer Textbearbeitung von Max Kalbeck und in der musikalischen Einrichtung von Johann Nepomuk Fuchs – statt. Die 15 Vokalnummern, zumeist in der zweiteiligen Liedform geschrieben, werden durch gesprochene Dialoge verbunden. Trotz der Dominanz des Wiener Singspiel-Stils lassen sich Einflüsse der Opéra-comique und des norddeutschen Singspiels (Johann Adam Hiller) nicht leugnen. Das Werk gilt allgemein als Vorstufe zu *Entführung aus dem Serail* und zur *Zauberflöte.*

J. SCHLÄDER

BASTON, Josquin, franko-flämischer Komponist. Er lebte 1552–53 am Hofe des polnischen Königs Sigismund II. August. Von ihm sind Chansons und Motetten in mehreren 1542–59 in Antwerpen, Löwen und Augsburg herausgegebenen Sammeldrukken, andere hsl. überliefert. Ein gewisser Johan Paston oder Baston, mit dem er vielleicht identisch ist, war an den Höfen von Kopenhagen und Stockholm tätig (1559–66).

BATAILLE, Gabriel, * um 1575, † 17. 12. 1630 Paris; frz. Komponist und Lautenist. Er war bis zu seinem Tode Musikmeister bei Maria von Medici und Anna von Österreich. Unter Ludwig XIII. arbeitete er an den ↗Ballets de cour mit (*La Délivrance de Renaud,* 1617; *Ballet de M. le Prince,* 1620; *Ballet des Proverbes* und *Ballet des Favoris,* 1628) und veröffentlichte in Paris zwischen 1608 und 1615 die ersten 6 Bände der Sammlung *Airs de différents autheurs mis en tablature de luth* mit eigenen Kompositionen und Übertragungen mehrstimmiger Gesänge zeitgenössischer Komponisten (u. a. von Mauduit, P. Guédron, A. Boesset) für eine Singstimme und Laute. Weitere Gesänge B.s sind im 7., 8. und 9. Band der *Airs de différents au-*

theurs mis en tablature de luth par eux mesmes (RISM 1617⁸, 1618⁹, 1620¹¹) und in den *Airs à quatre de différents autheurs* (RISM 1613⁸) enthalten. Die genannten Sammlungen sind aufschlußreich für die Kenntnis des ↗Air de cour, zu dessen Beliebtheit B. beitrug.

Ausg.: P. WARLOCK, French Ayres from G.B.'s Airs de différents autheurs (1608–1618) (O 1926); A. VERCHALY, Chansons et Airs de cour pour voix et luth (1603–43) (P 1955); DERS., Airs de cour pour voix et luth (P 1961).

Lit.: F. LESURE – A. VERCHALY, Documents inédits relatifs au luthiste G. B., in: RMie 26 (1947); A. VERCHALY, G. B. et son œuvre personnelle pour chant et luth, in: ebd.

BATES, Joah, getauft 8.3.1741 Halifax, † 8.6.1799 London; engl. Organist und Dirigent. Nach Beendigung seiner Studien in Cambridge (1760–67) wurde er Sekretär von Lord Sandwich. Er war 1776 Mitbegründer und Dirigent der „Concerts of Ancient Music", ebenso der Händel-Musikfestspiele.

BATES, William, engl. Komponist der 2. Hälfte des 18. Jh. Er war in den Jahren 1760–80 beliebt als Komponist von Liedern und (ernsten und heiteren) Opern, die er für Covent Garden und Drury Lane schrieb; u.a. stammen von ihm die Ballad operas *The Jovial Crew* (1760), *Flora* (1767), *Pharnaces* (1765).

BATESON, Thomas, * um 1570 Grafschaft Cheshire, † März oder April 1630 Dublin (?); engl. Komponist. Er war 1599–1609 Organist an der Kathedrale in Chester, dann an der Trinity Cathedral in Dublin. Er schrieb zwei Bücher mit 3–6st. Madrigalen (Lo 1604 und 1618).

Ausg.: The First and Second Set of Madrigals, hrsg. v. E. H. FELLOWES, in: The English Madrigal School 21 u. 22 (Lo 1922), neu hrsg. v. TH. DART, 2 Bde. (Lo 1958–60) (= The English Madrigalists 21 u. 22).

Lit.: E. H. FELLOWES, English Madrigal Composers (Lo 1921); DERS., The English Madrigal (Lo 1925); J. KERMAN, The Elizabethan Madrigal (NY 1962).

BATHE, William, * 2.4.1564 in Irland, † 17.6.1614 Madrid; irischer Musiktheoretiker. Nach Beendigung seiner Studien in Oxford trat er 1596 in Tournai in den Jesuitenorden ein. 1604 übernahm er die Leitung des irischen Kollegs seines Ordens in Lissabon, 1606 die des Kollegs in Salamanca. Er veröffentlichte in London zwei musiktheoretische Schriften: *A Brief Introduction to the true Art of Musicke* (1584) und *A Brief Introduction to the Skill of Song* (1600); 1611 wurde in Lissabon seine pädagogische Schrift *Janua linguarum* gedruckt, die sein bekanntestes Werk wurde.

BATHORI, Jane (eig. Jeanne-Marie Berthier), * 14.6.1877 Paris, † 25.1.1970 ebd.; frz. Sängerin (Mezzosopran). Sie debütierte 1900 am Theater in Nantes, wurde dann an die Mailänder Scala, 1903 an das Théâtre de la Monnaie in Brüssel verpflichtet. Internationalen Ruf gewann sie als Liedersängerin, die sich besonders für das zeitgenössische Schaffen einsetzte. So brachte sie fast das gesamte Liedschaffen von Debussy, Ravel, Satie, Roussel und Milhaud zur Uraufführung. 1940–46 lebte sie in Buenos Aires. Seit 1942 baute sie am Institut français d'études supérieures in Buenos Aires die Musikabteilung auf. Sie schrieb: *Conseils sur le chant* (P 1928) und *Sur l'interprétation des mélodies de Cl. Debussy* (P 1953).

BATI, Luca, * um 1560 Florenz, † 17.10.1608 ebd.; it. Organist und Komponist. Schüler von F. Corteccia. B. gehörte zum Kreis der Camerata Fiorentina um den Grafen Bardi. Er komponierte die Intermedien für *L'esaltazione della Croce* von G. M. Cecchi (1589), die Musik zu *La Mascherata delle Fiamme d'amore* von G. Ginori (1595) und war neben G. Caccini an der Komposition des *Il rapimento di Cefalo* von G. Chiabrera (Florenz 1600) beteiligt. 1598 trat er als Kapellmeister am Dom von Florenz und am Hof der Medici die Nachfolge von C. Malvezzi an. 1600 wurde er Kapellmeister an San Lorenzo. M. da Gagliano war sein Schüler. B. selbst veröffentlichte 2 Bücher *Madrigali a 5 v.* (V 1594 und 1598). Weitere seiner Madrigale gab Gagliano heraus. Seine Kirchenmusik befindet sich hsl. im Domarchiv von Florenz.

Lit.: A. EINSTEIN, Firenze prima della monodia, in: Rass. Mus. 7 (1934); DERS., The Italian Madrigal II (Princeton 1949); F. GHISI, L. B., maestro della Cappella Granducale di Firenze, in: RBMie 8 (1954).

BATISTIN ↗Stuck, Jean-Baptiste.

BATON, 1) Henri, * 1710 Paris; frz. Virtuose auf der Musette (Sackpfeife). – **2) Charles,** Bruder von 1), † 1758 Paris; frz. Virtuose auf der Vielle (Drehleier). Er veröffentlichte in Paris mehrere Sammlungen mit Kompositionen für 2 Vielles oder Musettes (bzw. andere Instr.) mit und ohne B.c.: *Premier œuvre contenant trois suites, La Vielle amusante* (6 Suiten), *Six Sonates pour la viela, Recueil de pièces à deux musettes, Les amusements d'une heure.* Außerdem verfaßte er eine *Mémoire sur la vielle* (1757) und eine Schrift (*Examen de la* *lettre de M. Rousseau sur la musique française*), mit der er in den ↗Buffonistenstreit eingriff.

BATON, René, ↗Rhené-Baton.

BATTAGLIA (it., = Schlacht; engl.: battle piece; frz.: bataille; span.: batalla), Vokal- oder Instrumentalkomposition, die einen Kampf oder eine Schlacht beschreibt. Werke dieser Art, die es bereits seit dem Ende des 14. Jh. gibt (Grimace, *Alarme, alarme; Alla bataglia* aus dem Chansonnier Pixérécourt; H. Isaac, *A la bataglia,* instrumentale Transkription einer Vokalkomposition), waren besonders im 16.–18. Jh. verbreitet: Am bekanntesten wurde die 4st. Chanson *La Guerre* von Cl. Janequin, die die Schlacht von Marignano (1515) schildert. Janequin drückt in der Chanson (besonders im 2. Teil) das Schlachtgeschehen – Kanonenschüsse, Schreie, die Flucht u. a. – tonmalerisch aus, ohne dabei die imitatorische Satzweise aufzugeben. Viele Lautenisten, wie Fr. da Milano und H. Neusidler, transkribierten *La Guerre* für ihr Instrument. A. Gabrieli und A. Padovano bearbeiteten sie für 8 St., während Janequin selbst (?) sie für eine Parodie-Messe, *La Bataille,* verwendete.
H. M. Werrecoren komponierte die 4st. *Schlacht von Pavia* (1544, ²1549 unter dem Titel *La Bataglia Italiana*). Von Janequin stammen ferner die Werke *Bataille de Metz* und *Guerre de Renty,* von G. Costeley *Prise de Calais* und *Prise du Havre.* Der Liebeskampf ist das Thema von *Arm', arm',* einer umfangreichen, dem antiken Metrum folgenden Komposition von Cl. Le Jeune (1608 im 1. Buch der *Airs*), ebenso in *La Guerra d'Amore* von J. Peri (1615) und im *Combattimento di Tancredi e Clorinda* (1624) von Cl. Monteverdi, der auch die *Canti guerrieri* in den *Madrigali guerrieri et amorosi* (1638) komponierte. Monteverdi war es auch, der zur musikalischen Darstellung kriegerischer Vorgänge bestimmte Rhythmen bevorzugte, besonders die Abfolge schneller Daktylen und schnelle Tonrepetitionen. Seit dem 17. Jh. eröffnete die Oper neue Möglichkeiten für Battaglien (Lully, *Cadmus et Hermione;* A. Scarlatti, *Mitridate Eupatore;* G. Fr. Händel, *Giulio Cesare;* J. Ph. Rameau, Schlachtmusik aus *Dardanus,* 2. Fassung, und *Castor et Pollux,* 2. Fassung). Instrumentale Battaglien (für Virginal, Cembalo, Orgel) schrieben u. a. W. Byrd, A. Banchieri, J. P. Sweelinck, J. K. Kerll, J. Cabanilles, G. Frescobaldi, Fr. Couperin, J. Kuhnau, J. Fr. Dandrieu und C. H. Graun. Auch Beethoven leistete mit *Wellingtons Sieg oder die Schlacht bei Vittoria* (1813) einen originellen Beitrag zur Gattung der musikalischen Battaglia. Als Beispiele für das 19. Jh. seien ferner genannt: die *Hunnenschlacht,* symphonische Dichtung von Fr. Liszt, die Festouvertüre *1812* von P. Tschaikowsky, für das 20. Jh. u. a. die während der Belagerung von Leningrad geschriebene 7. *Symphonie* von D. Schostakowitsch.

Lit.: E. BIENENFELD, Über ein bestimmtes Problem der Programmmusik..., in: ZIMG 8 (1906–07); O. KLAUWELL, Gesch. der Programmusik (L 1910); R. GLÄSEL, Zur Gesch. der Battaglia (Diss. L 1931).

BATTAILLE, Charles Amable, * 30. 9. 1822 Nantes, † 2. 5. 1872 Paris; frz. Sänger (Bassist). Wirkte 1848–57 an der Opéra-Comique in Paris und unterrichtete seit 1851 Gesang am Conservatoire. Er schrieb eine zweibändige Gesangsschule: *De l'enseignement du chant* (P 1861–63).

BATTEN, Adrian, getauft 1. 3. 1591 Salisbury, † 1637 London; engl. Organist und Komponist. Er war seit 1614 Chorvikar an Westminster Abbey, seit 1624 Organist an der St. Paul's Cathedral. Sein umfangreiches Werk, das überwiegend hsl. überliefert ist, umfaßt ausschließlich Kompositionen für liturgischen Gebrauch (Services und Anthems); einige wurden in den Sammelwerken von Barnard (*The first Book of selected Church-Music,* Lo 1641) und Boyce (*Cathedral Music,* Lo 1760–62, ²1788, NA 1844) gedruckt und werden gelegentlich noch heute im Gottesdienst gesungen.

BATTERIE (frz.). **1)** Bz. für das ↗Schlagzeug, auch für Trommelwirbel und militärisches Trommelsignal. – **2)** Im 18. Jh. in Frankreich übliche Bz. für die über mehrere Taktzeiten oder Takte hinweg wiederholten Akkordbrechungen oder ↗Albertischen Bässe.

BATTEUX, Charles, * 7. 5. 1713 Allend'huy bei Reims, † 14. 7. 1780 Paris; frz. Kunstphilosoph. Er lehrte alte Sprachen am Collège Royal und war seit 1761 Mitglied der Académie Française. In seinem *Traité sur les Beaux-Arts réduits à un même principe* (P 1746, dt. Übers.: Einschränkung der schönen Künste auf einen einzigen Grundsatz, L 1770) vertrat er als ästhetisches Prinzip die Lehre von der „Nachahmung der schönen Natur", womit er großen Einfluß auf die ästhetischen Anschauungen in der 2. Hälfte des 18. Jh. ausübte.

Ausg.: *Les Beaux-Arts réduits à un seul principe,* Faks. der Ausg. Paris 1773 (G 1969).

Lit.: L. DUPUY, Éloge de B., in: Mémoires de l'Acad. des Inscription et des Belles-Lettres 10 (P 1780); E. VON DANCKEL-

MANN, Ch. B. Sein Leben u. sein ästhetisches Lehrgebäude (Diss. Rostock 1902); H. WOLFF, Versuch einer Gesch. des Geniebegriffs I (Hei 1923); R. SCHÄFKE, Gesch. der Musikästhetik (B 1934); E. CASSIRER, Die Philosophie im 17. u. 18. Jh. (P 1939).

BATTISTINI, Mattia, * 27.2.1856 Rom, † 7.11.1928 Contigliano bei Rieti; it. Sänger (Bariton). Er debütierte 1878 in Rom im Teatro Argentina als Alfonso in Donizettis *La Favorita,* trat nach Engagements in Turin, London und Neapel 1888 erstmals an der Mailänder Scala mit triumphalem Erfolg auf. Seine internationale Karriere führte ihn in alle europäischen Musikzentren, auch nach Buenos Aires, aber nie in die USA. Besondere Erfolge errang B. in Rußland, wo er 1888–1914 fast jedes Jahr engagiert war. Sein letztes Konzert gab er 1927. Außergewöhnlich war auch der Umfang seines Repertoires mit über 80 Opernpartien. B. war eine der größten Sängerpersönlichkeiten seiner Zeit. Seine phänomenale Stimme ist auf zahlreichen Schallplatten belegt.

Lit.: G. FRACASSINI, M.B., Profilo artistico (Mi 1915); F. PALMEGIANI, M.B., il re dei baritoni (Mi 1949); G. LAURI-VOLPI, Voci parallele (Mi 1955); N. SLOWINSKY, M.B. (Mi 1960).

BATTUTA (it.), Takt, Taktschlag; im engeren Sinn der Niederschlag in der Bedeutung von Taktanfang. – ↗a battuta.

BATUQUE (port.), ein der ↗Samba verwandter, doch etwas langsamerer Tanz brasilianischer Neger. Er steht im 2/4-Takt und hat den Grundrhythmus:

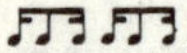

BAUDELAIRE, Charles, * 9.4.1821 Paris, † 31.8.1867 ebd.; frz. Dichter. Mit seinen zwischen Schönheitskult und Faszination durch Vergänglichkeit und das Böse gespannten *Fleurs du mal* (1857) wurde der Sprachkünstler B. zum Anreger französischer, deutscher und englischer Lyrik, besonders für Symbolismus und Surrealismus. In seinen Anschauungen über die Musik wurde er von den Werken Beethovens, den er sehr bewunderte, besonders aber von R. Wagner und Fr. Liszt nachhaltig beeinflußt. B. kannte Wagner seit 1849. Beide trafen sich 1860 (Brief an Wagner vom 17.2.1860). Anläßlich der *Tannhäuser*-Aufführung an der Opéra in Paris (13.3.1861) verteidigte B. den Komponisten leidenschaftlich. B. war auch mit Liszt bekannt, dem er *Le Thyrse* widmete. Er hatte dessen Buch *Die Zigeuner und ihre Musik in Ungarn* gelesen und lieh sich von ihm das Lenau-Lied *Die drei Zigeuner,* das sein Gedicht *Les Vocations* beeinflußte. Darin beschreibt er die erhebende Gewalt der Musik („La musique souvent me prend comme une mer“; aus *Les Fleurs du mal, La Musique, Spleen et Idéal nr. 69*). Die Musik Liszts kommt seinem eigenen Kunstideal sehr nahe.
Die *Fleurs du mal* wurden eine wichtige Inspirationsquelle für Komponisten, allerdings erst nach B.s Tod. Zu seinen Lebzeiten interessierte sich nur J. Cressonois für zwei Gedichte (*Harmonie du Soir; L'Invitation au Voyage,* 1863), obwohl der Dichter die Musik dazu ausdrücklich gewünscht hatte. Zwischen 1870 und 1890 zeigte sich dann aber ein breites Interesse: G. Fauré (*Chant d'automne, Hymne; La Rançon,* um 1865–68), H. Duparc und Chabrier (*L'Invitation au Voyage,* 1870), V. d'Indy (*L'Amour et le crâne,* 1884), H. Duparc (*La Vie antérieure,* 1884), Debussy (*5 Poèmes de Baudelaire,* 1887–89). Viele weitere Komponisten (darunter u.a. auch G. Charpentier, L. Vierne, P. de Bréville, G. Ropartz, D. de Séverac, A. Caplet, L. Sauguet, H. Busser, A. Berg, E. Bondeville) haben mehr als 150 Werke geschrieben, die durch Gedichte aus den *Fleurs du mal* inspiriert wurden. Nach 1900 ließ das Interesse für B.s Gedichte bei den Komponisten nach. P. Hindemith vertonte *Le revenant* (1946), R. Liebermann schrieb auf Gedichte von B. eine Musik für Sprecher und Orchester.

Lit.: G. SERVIÈRES, R. Wagner jugé en France (P 1898); L. MAURICE-AMOUR, Les musiques inspirées par „Les Fleurs du mal“, in: Rev. des Sciences humaines (1958) Nr. 89; E. KOPPEN, Dekadenter Wagnerismus (B 1973) (= Komparatistische Stud. 2).

BAUDIOT, Charles Nicolas, * 29.3.1773 Nancy, † 26.9.1849 Paris; frz. Violoncellist. Schüler von J. B. Janson. Er wurde Prof. für Violoncello am Conservatoire in Paris und war seit 1816 auch 1. Cellist der Königlichen Kapelle. B. schrieb zahlreiche Werke für sein Instrument, darunter 4 Konzerte, 3 Streichquintette, ferner eine *Méthode de violoncelle et de basse d'accompagnement* (zus. mit Baillot, Lavasseur und Catel, Paris o.J.), eine *Méthode complète de violoncelle* (Paris o.J.; NA von J. Delsart, P 1899) und einen *Traité de composition musicale* (Paris o.J.).

BAUDREXEL, Philipp Jakob, * 2.5.1627 Füssen (Allgäu), † 23.3.1691 Mainz; dt. Komponist. 1644–51 studierte er am Collegium Germanicum in Rom Theologie und erhielt dort seine musikalische Ausbildung bei G. Carissimi. Nach Deutschland zurückgekehrt, war er Kanoniker am Augsburger Domstift, dann 1654–72 Pfarrer in Kaufbeuren, betätigte sich aber ständig auch musikalisch. 1672 trat er als Hofkaplan und Leiter der Hofmusik in den Dienst des Fürstabts von Fulda. Seit 1678 wirkte er in Mainz als Hofkaplan, Hofkapellmeister und „Director musices" am Dom. Von ihm wurden gedruckt: *Primitiae Deo et Agno coelestis hierarchiae cantatae,* Messen, Motetten u. a., 5- und 8st. mit Viol. und II. Chor ad lib. (Innsbruck 1664); *Psalmi vespertini* (für ähnl. Besetzung) (Kempten 1668).

Ausg.: Ein Hymnus in: 300 Jahre Mainzer Kirchenmusik, hrsg. von A. GOTTRON (Mainz 1943).

Lit.: A. GOTTRON, Dr. Ph.J.B., in: Mainzer Zs. 35 (1940); E. F. SCHMID, Ph.J.B., in: FS zum 1200jährigen Jubiläum des Hl. Magnus (Füssen 1950).

BAUDRIER, Yves, * 11. 2. 1906 Paris; frz. Komponist. Nach dem Jura-Studium wandte er sich der Musik zu, in der er sich überwiegend autodidaktisch ausbildete. Er war 1936 Initiator der Gruppe „La Jeune France" (mit O. Messiaen, A. Jolivet und Daniel-Lesur) und verfaßte deren Manifest, in dem sich die vier Musiker zu einer Rückkehr zum humanistischen Ideal bekannten. Für B. ist die Musik und ihre Form den Bedingungen des Ausdrucks unterworfen, die allein eine Erneuerung der musikalischen Sprache ermöglichen. Daher lehnt er starre kompositorische Systeme und Verfahren ab.

WW: **1) Instr.-WW:** *La Dame à la licorne* (1937), für Klv. (auch für kleines Orch.); *Deux Images pour flûte et piano* (1938); *1er Quatuor à cordes* (P 1940); *2e Quatuor à cordes, „Autour de Mallarmé"* (1961) (unveröff.); *Eleonora* (1938), für Kammerorch.; *13 Histoires liées par un fil de flûte* (1961), „ballet radiophonique", für Kammerorch. – Für Orch.: *Raz de Sein* (P 1936); *Le Grand Voilier* (1939); *1re Symphonie* (1945); *Le musicien dans la cité* (1947); *Prélude à quelques sortilèges* (P 1953); *Partition trouvée dans une bouteille* (1963), „mouvement symphonique"; Suite für Trp. in C (1966). – **2) Vokal-WW:** Für Gesang u. Klv.: *Deux poèmes de Tristan Corbière* (P 1944); *Deux poèmes de Jean Noir composés au secret* (1946); *Agnus Dei* (1938), für Chor u. Org.; *Cantate de la Pentecôte* (1951) (zus. mit M. Rosenthal u. M. Constant), für Frauenchor u. kleines Orch.; *Credo adjuva Domine...* (1960), für Chor u. Orch. – **3) Schriften:** *Signes du visible et de l'audible* (Ms. in der Bibl. des Inst. des Hautes Études Cinématographiques).

Lit.: C. ROSTAND, La musique française contemporaine (P 1952); C. SAMUEL, Panorama de l'art musical contemporain (P 1962); G. BRELET, La Musique contemporaine en France, in: Encycl. de la Pléiade, Histoire de la Musique II (P 1963).

BAUER, Herold, * 28. 4. 1873 London, † 12. 3. 1951 Miami (Florida); engl.-amerik. Pianist. Er trat bereits mit 9 Jahren als Violinist auf, wandte sich aber 1892 auf Paderewskis Rat hin der pianistischen Laufbahn zu. Er konzertierte seit 1893 von Paris aus mit großem Erfolg in Europa, 1910 auch erstmals in den USA, und profilierte sich zugleich als Kammermusiker. Berühmt wurden die Duo-Konzerte mit Thibaud bzw. Ysaye sowie die Trio-Konzerte mit Kreisler und Casals bzw. mit Thibaud und Casals. Seit 1914 lehrte er in New York, wo er 1918 die Beethoven-Association zur Pflege der Kammermusik gründete und bis 1941 leitete. Innerhalb seines großen Repertoires widmete er sich besonders der Interpretation der Werke von Schumann und Brahms. Das englische Publikum machte er erstmals mit zahlreichen Werken Debussys bekannt. Er schrieb die Selbstbiographie *Herold Bauer: His Book* (NY 1948).

BAUER, Marion, * 15. 8. 1887 Walla Walla (Washington), † 9. 8. 1955 South Hadley (Massachusetts); amerik. Komponistin und Musikschriftstellerin frz. Abstammung. Sie studierte Musik in Paris, Berlin und in den USA, lehrte u. a. an der Univ. New York und an der Juilliard School of Music. B. komponierte Kammermusik, darunter *Suite* für Oboe und Klarinette (1932), *Concertino* für Oboe, Klarinette und Streichquartett (1939–43), *Patterns* für 10 Blasinstrumente (1946–49), Vokalmusik (Chorwerke, Kompositionen für Singstimme u. Klavier) und Orchesterwerke, darunter *Lament on African Themes* für Streicher (1928), *Symphonic Suite* für Streicher (1940), *Indian Pipes* (1929), *Orientale* (1932), *Sun Splendour* (1936), *American Youth Concerto* für Klavier und Orchester (1943). Ihre Schriften sind: *Twentieth Century Music* (Boston 1933), ferner (gemeinsam mit Ethel R. Peyser) *Music Through the Ages* (1932, ³1967), *How Music Grew* (1925), *How Opera Grew* (1955).

BAULDEWEYN (Balduin, Baldwyn, Baudouyn, auch: Natalis Balduini), **Noël,** † 1529 oder 1530 Antwerpen; franko-flämischer Komponist. Er folgte 1509 J. Richafort als Kapellmeister an der Kathedrale St. Rombault in Mecheln. In dieser Stelle wurde er 1513 von Jacques Champion abgelöst. Im gleichen Jahr wird B. als „Sangmeester" an der Kathedrale in Antwerpen genannt. Er veröffentlichte Motetten in Sammeldrucken (vgl. RISM 1519³, 1540⁷, 1542⁸, 1545³) sowie eine Chanson (RISM 1545¹⁴). Sechs Messen und 5 weitere Motetten sind hsl. überliefert.

Ausg.: *Missa En douleur et tristesse* u. Chanson *En douleur en tristesse,* in: Nederlandse polyfonie uit spaanse bronnen, hrsg. v. R. B. LENAERTS (An 1963) (= MMBelg 9); ein Satz in: Theatrical Chansons of the 15th and Early 16th Century, hrsg. v. H. M. BROWN (C/M 1963).

Lit.: G. VAN DOORSLAER, N.B. maître de chapelle-compositeur 1480(?) – 1529, in: Compas d'or (An 1930).

BAUMGARTNER, Jean-Paul, * 26. 4. 1932 Straßburg; frz. Komponist. Er studierte am Kons. in Straßburg, am Mozarteum in Salzburg bei

B. Paumgartner (Musikgeschichte) und I. Markevitch (Dirigieren), seit 1955 am Pariser Conservatoire bei O. Messiaen und T. Aubin. Seit 1961 lehrt B. Harmonielehre, Kontrapunkt und Fuge am Straßburger Konservatorium. Sein Kompositionsstil orientierte sich zunächst an Hindemith, Honegger und Messiaen; später wandte er sich seriellen Techniken und der Musique concrète zu.

WW: **1) Instr.-WW:** *Suite* (1966), für Gitarre; *5 Poèmes* (1966), für Vc. u. Klv.; *Quatuor à cordes* (1957); *Quintette* (1959), für Fl., Ob., V., Br. u. Vc.; 3 *Ricercare* (1965), für Blechblasinstr.; *Petit Concert* (1964), Suite für ein Bläseroktett; *Permutations* (1967), für 18 Streichinstr.; *Polyphonie I* (1969), für Streichorch.; für Orch.: *Promenade* (o.J.); *1re Suite symphonique* (1961); *Concerto nº 1 pour orch.* (1957); *Symphonie concertante* (1962), für Br. u. Orch. – **2) Vokal- u. Bühnen-WW:** *Magnificat* (1956), für Chor a cap.; *Le Chemin de la Croix* (1958), Kantate für Sprecher, S., Klv., Streichorch. u. Schlagzeug; *Symphonie „Da pacem"* (1963), für Mezzosopran, Chor u. Orch.; *La Chèvre de M. Seguin* (1964) (Text nach A. Daudet), musikal. u. choreograph. Märchen für Engl. Horn, Solo-Vc. u. Orch.; *Le Livre des jours* (1968), dramatisches Ballett für Sprecher, Bar., Chor u. Orch.

BAUMGARTNER, Paul, * 21. 7. 1903 Altstätten (St. Gallen), † 19. 10. 1977 Locarno; Schweizer Pianist und Klavierpädagoge. Er studierte in München, dann bei W. Braunfels und E. Erdmann in Köln, lehrte 1927–35 Klavier an der Rheinischen Musikschule und an der Kölner Musikhochschule, seit 1937 am Basler Konservatorium, 1952–61 an der Niedersächsischen Hochschule für Musik und Theater in Hannover, danach wieder in Basel an der Musik-Akademie. B. widmete sich neben dem klassischen und romantischen Repertoire besonders auch der modernen Klaviermusik.

BAUMGARTNER, Wilhelm, * 15. 11. 1820 Rorschach, † 17. 3. 1867 Zürich; Schweizer Dirigent, Musikpädagoge und Komponist. Er war Schüler von A. Müller in Zürich und von W. Taubert (Klavier und Komposition) in Berlin, wohin er auf Mendelssohns Rat gekommen war. Seit 1845 lebte er in Zürich, seit 1859 als Universitätsmusikdirektor. Zu seinen Zürcher Freunden gehörten Jacob Burckhardt, Gottfried Keller und R. Wagner, der ihn als Komponisten sehr schätzte. Er schrieb mehrere Lieder auf Gedichte von G. Keller, darunter sein berühmtestes Lied, *O mein Heimatland* (1846), das noch heute in der Schweiz beliebt ist.

Lit.: R. WAGNER, W.B.s Lieder (1852), in: Sämtliche Schriften XII (L 61911); C. WIDMER, W.B. (Z 1868); J. C. HEER, W.B., in: Helvetia 15 (1892); K. NEF, Die Freunde G. Keller u. W.B., in: RMS 45 (1905); L. GROS, W.B. (Diss. Mn 1930); A. HEUSS, Keller-B.s „Oh mein Heimatland", in: SMZ 72 (1932); M. F. SCHNEIDER, Die Musik bei J. Burckhardt (Bas 1946).

BÄUMKER, Wilhelm, * 25. 10. 1842 Elberfeld, † 3. 3. 1905 Rurich; dt. Musikforscher. Er studierte in München und Bonn und wurde 1867 in Köln zum Priester geweiht. Sein Hauptwerk, *Das katholische deutsche Kirchenlied in seinen Singweisen* (4 Bde., Fr 1862–1911; den 1. Band gab K. Meister, den letzten J. Gotzen heraus; Nachdruck Hildesheim 1962), ist bis heute grundlegend für die Hymnologie. B. schrieb ferner: *Palestrina* (Fr 1877) und *Orlandus de Lassus* (Fr 1878).

Lit.: J. GOTZEN, in: F. W. Bäumker, Das kath. dt. Kirchenlied IV (Fr 1911) Einleitung; H. HILBERATH, F. W. B. Dorfpfarrer u. Musikwissenschaftler, in: Heimatkalender der Erkelenzer Lande (1955).

BAUR, Jean, * um 1719 Bouzonville (Diözese Metz); frz. Harfenist und Komponist. Er gehört zu den ersten, die Kammermusik speziell für Harfe komponierten. Er veröffentlichte in Paris 2 Sammlungen Sonaten für Vc. und B.c., op. 1 und 2 (1761), ein Quartett für Fl., Viol., Baß und Harfe (1769), 3 Sammlungen Sonaten für Harfe und Cemb. bzw. Viol. ad lib., op 6, 7 und 8; außerdem gab er mehrere Sammlungen mit Arietten und Airs in der Bearbeitung für und mit Harfe heraus. – Seine Tochter **Marie-Marguerite** (* 1748) und sein Sohn **Barthélemy** (genannt „Baur le fils") (1751–1823) waren ebenfalls Harfenisten, ebenso sein Enkel **Charles Alexis** (* 1789); Schüler von Nadermann, ließ sich 1825 in London nieder.

BAUR, Jürg, * 11. 11. 1918 Düsseldorf, dt. Komponist. Er studierte 1937–39 bei Ph. Jarnach an der Musikhochschule in Köln Komposition und setzte seine Studien nach Kriegsteilnahme und Gefangenschaft 1946–48 hier fort. 1965–72 war er Direktor des Robert-Schumann-Konservatoriums in Düsseldorf; 1971 wurde er als Nachfolger B. A. Zimmermanns Leiter einer Kompositionsklasse an der Musikhochschule in Köln. B. verwendet in seinen Werken, die sich häufig durch einen Zug zum Spielerischen und Humoristischen auszeichnen, in sehr freier Art alle möglichen Kompositionstechniken der zeitgenössischen Musik, von der erweiterten Tonalität bis zu seriellen Verfahren.

WW: **1) Instr.-WW:** Für Orch.: *Konzert* (1951) für Va. u. Kammerorch.; *Konzertante Musik* (1958) für Klv. u. Orch.; *Concerto Romano* (1960) für Ob. u. Orch.; *Romeo u. Julia* (1962–63), Visionen für Orch.; *Piccolo mondo. Musik zu einem imaginären Ballett* (1963) für Orch.; *Lo Specchio*, Spiegelbilder für Orch., 1. Zyklus (1965), 2. Zyklus (1966); *Pentagramm* (1966, Neufassung 1969), Konzert für Bläserquintett u. Orch.; *Musik mit R. Schumann* (1971–72), Divertimento für Orch.; Kammermusik: *Streichquartett Nr. 3* in einem Satz (1952); *Quintetto sereno* (1957) für Fl., Ob., Klar., Horn u. Fag.; *Metamorphosen* (1960), für V., Vc. u. Klv.; *Moments musicaux* (1976), für V. u. Klv.; *Meditazione grande sopra Gesualdo* (1978), für Org. u. Bläser; für Tasteninstr.: *Aphorismen* (1948), 12 Stücke für Klv.; *Capriccio*

(1958), Stud. nach einer Zwölftonreihe für Klv.; *Suite* (1956) für Cemb.; *Heptameron* (1964–65), Variationen über Strukturen für Klv.; *Choral-Triptychon „Christ ist erstanden"* (1970) für Org.; *Kontrapunkte 77 für Bläser über Bachs „Königliches Thema"* (1977); 3 *Ricercare über Bachs „Königliches Thema"* (1978) für Org. – **2) Vokal-WW:** *„Der Lattenzaun". Humoreske nach Morgenstern* (1948), für 4st. gemischten Chor a cap.; *„Vom tiefinnern Sang"* (1957), Liederzyklus nach García Lorca für mittlere St. u. Klv.; *„Herz stirb oder singe"* (1960), Liederzyklus nach J. R. Jiménez für hohe St. u. Klv., bearbeitet für Sopran, Fl. u. Streichorch. (1962); *Perchè. Frammenti nach Gedichten v. G. Ungaretti* (1968), für Soli, Chor u. Orch. (bearb. als 6 Chormotetten, 1969).

Lit.: H. KRELLMANN, Ich war nie Avantgardist. Gespräche mit dem Komponisten J. B. (Wie 1968); W. E. VON LEWINSKI, Musik in der Spanne zwischen Zwang u. Freiheit. Portrait des Komponisten J. B. zum 60. Geburtstag (Wie 1977); J. B. Eine Dokumentation zum 60. Geburtstag (Düsseldorf 1978) (mit ausführlicher Bibliogr. u. vollständigem Werk-Verz.).

BAUSZNERN, 1) Waldemar Edler von, * 29.11. 1866 Berlin, † 20. 8. 1931 Potsdam; dt. Komponist. Er studierte 1882–88 in Berlin Musik bei Fr. Kiel und W. Bargiel. Seit 1891 leitete er den Mannheimer Musikverein, wirkte seit 1895 in Dresden und leitete seit 1903 den Tonkünstlerverein in Köln, wo er gleichzeitig am Konservatorium unterrichtete. 1908 übernahm er die Leitung der Großherzoglichen Musikschule in Weimar, 1916 die des Hoch'schen Konservatoriums in Frankfurt am Main. 1923 wurde er Zweiter Sekretär der Akademie der Schönen Künste in Berlin und gleichzeitig Kompositionslehrer an der dortigen Akademie für Kirchen- und Schulmusik. Er schrieb u. a. 5 Opern, 8 Symphonien, Kammermusik, Klavier- und Orgelkompositionen sowie Vokalmusik (Chöre a cappella oder mit Instrumentalbegleitung, etwa 150 Lieder). B.s umfangreiches Schaffen läßt einen an Brahms geschulten Stil erkennen und zeigt kompositionstechnische Perfektion. Er war einer der ersten Musiker, die dem dt. Volkslied besonderes Interesse entgegenbrachten. Auch gab er in der Cornelius-Gesamtausgabe die Opern heraus.

2) Dietrich Edler von, Enkel von 1), * 19. 3. 1928 Rastenburg (Ostpreußen), † 20. 1. 1980 Kirchzarten. Er studierte bei O. Gerster in Weimar und bei H. Genzmer an der Hochschule für Musik in Freiburg im Breisgau, lehrte 1963–69 an der Pädagogischen Hochschule in Freiburg, dann bis 1973 Theorie und Komposition am Richard-Strauss-Konservatorium in München und war seit 1973 Dozent für Tonsatzlehre und Musiktheorie an der Staatlichen Hochschule für Musik und Darstellende Kunst in Frankfurt am Main. B. initiierte und leitete seit 1971 an seinem Wohnort Kirchzarten bei Freiburg die „Kirchzartener Konzerte". Sein vielseitiges Schaffen umfaßt u. a. Opern, Ballette, geistliche und weltliche Vokalmusik, Konzerte, Kammermusik und Orgelwerke.

WW: Kantaten: *Die Herrlichkeit des Herrn; Der Ackermann u. der Tod;* 12 geistliche Konzerte, darunter: *Herr Gott, Dich loben wir; Die Furcht des Herrn* (1957); *Zukunft u. Hoffnung* (1978); Motetten: *Wir haben eine Hoffnung* (1965) für Chor u. Org.; *Freuet Euch des Herrn;* ferner *Cantio mundi* (1968) für Männerchor u. Orch.; *Choralmusik 1969 Komm Gott Schöpfer heiliger Geist* für Orch.; *Veni creator spiritus* (1972) für Org.; *Intrada con Movimento* (1967) für Klv. u. Orch.; Konzerte: für Klv. u. großes Orch. (1975); für 2 Klv. u. Schlagzeug; für Org. u. Schlagzeug; 3 *Expressionen* für 12 Celli; 3 *Epigramme* für Fl. u. Cemb.; Einleitung, Rezitativ u. Rondino für Vc. solo u. 5 Celli; 2 Schulopern: *Anton u. die beleidigten Fliegen; Das tapfere Schneiderlein;* ein Ballett, *Verwandlungen der Venus* (1977).

Lit.: **zu 1):** G. F. WEHLE, Die Chorkompositionen v. W. von B., in: Die Tonkunst (1926); DERS., W. von B.s sinfonisches Schaffen (Rb 1931); L. HESS, W. von B., in: Jb. der Staatl. Akad. für Kirchen- u. Schulmusik 4 (B 1931–32); G. F. WEHLE, Zum 80. Geburtstag v. W. von B., in: NZM 68 (1947); R. SIETZ, in: Rheinische Musiker V (Kö 1967) (= Beitr. zur rheinischen Musikgesch. 69).

BAUTISTA, Julián, * 21. 4. 1901 Madrid, † 8. 7. 1961 Buenos Aires; argentinischer Komponist span. Abstammung. Schüler von Campo y Zabaleta. 1936 wurde B. Lehrer am Kons. in Madrid. 1940 ließ er sich in Argentinien nieder. 1959 und 1960 hatte er auch einen Lehrauftrag für Komposition am Kons. in San Juan in Puerto Rico. In Spanien entstandene und noch unveröffentlichte Kompositionen wurden im Bürgerkrieg teilweise vernichtet, darunter die Oper *Interior* (1920, nach Maeterlinck). Sein Ballett *Juerga* (1921) wurde 1929 mit der berühmten Tänzerin Antonia Mercé (genannt „La Argentina") an der Pariser Opéra-comique aufgeführt. Mit einer zweiten *Sonata concertata a quattro* errang er 1938 den „Prix de la Reine Élisabeth" in Brüssel. In Argentinien entstanden u. a. die *Sinfonia brève* (1956) und die Symphonie *Ricordiana* (1957; anläßlich der Jubiläumsfeierlichkeiten zum 150jährigen Bestehen des Verlags Ricordi), ferner eine *Fantasie espagnole* für Klar. und Orch. (1946), ein 3. Streichquartett (aufgeführt 1958), *Cuatro poemes gallegos* für Mezzosopran und 6 Instrumente (aufgeführt 1948) sowie die Musik zu mehreren Filmen.

BAX, Sir **Arnold Edward Trever,** * 8. 11. 1883 London, † 3. 10. 1953 Cork (Irland), engl. Komponist irischer Abstammung. B. erhielt seine musikalische Ausbildung an der Royal Academy of Music in London. 1937 wurde er geadelt und 1942 zum Master of the King's Music gewählt. Unter dem Einfluß der Celtic Renaissance schloß er sich der Irischen Literarischen Bewegung an und veröffentlichte unter dem Pseudonym Dermot O'Byrne die literarischen Arbeiten *The Sisters* und *Green Magic.* Seine Kompositionen vereinen den Einfluß irischer Folklore mit einem spätromantischen Klangideal. Der zeitgenössischen Musik stand B. fremd gegenüber.

WW: **1) Kompositionen:** 7 Symphonien, die 7., in As-Dur, erschien postum (Lo 1972); Symphonische Dichtungen: *November Woods* (1917); *The Tale the Pine Trees knew* (1931); Ouvertüren; Krönungsmarsch für Elisabeth II. (1953); Filmmusik u. Ballette; Konzert für Klv., linke Hand (1949), für V. (1937), für Vc. (1932); zahlr. Kammermusik-WW für Str. u. Bläser in gemischter Besetzung, 3 Streichquartette (1918, 1924, 1936); 3 V.-Sonaten; 4 Klv.-Sonaten; Chor-WW: *Fatherland* (1907); *Enchanted Summer* (nach P. B. Shelley, *Prometheus Unbound*), ein Fragment (1909); *The Bard of Dimborritza* (1941) für Singst. u. Orch.; *A Celtic Song Cycle* (1904) für Singst. u. Klv. – **2) Autobiographie:** *Farewell my Youth* (Lo 1943).

BAYER, Josef, * 6. 3. 1852 Wien, † 12. 3. 1913 ebd.; östr. Ballettkomponist. Nach dem Studium am Konservatorium in Wien war er seit 1870 Violinist, 1885–98 Ballett-Dirigent der Hofoper. Er komponierte Operetten und 22 Ballettmusiken, von denen heute im allgemeinen nur noch *Die Puppenfee* (1888) bekannt ist.

BAYON (Baion), **Emmanuelle,** frz. Cembalistin und Sängerin des 18. Jahrhunderts. Sie wurde von Diderot hoch geschätzt, dessen Tochter sie unterrichtete. Sie veröffentlichte 6 Cembalo-Sonaten, davon drei mit Violine und schrieb eine Opéra-comique *Fleur d'épine* (1776).

BAYREUTHER FESTSPIELE. Mit der Grundsteinlegung zum Festspielhaus in Bayreuth am 22. Mai 1872 – an R. Wagners 59. Geburtstag – begann die Verwirklichung eines Gedankens, der bereits auf die Zeit von Wagners Zürcher Exil zurückgeht. Damals hatte er den Plan eines Theaters auf Brettern ins Auge gefaßt, das lediglich einer festspielartigen, dreimaligen unentgeltlichen Aufführung von *Siegfrieds Tod* dienen und anschließend wieder abgerissen werden sollte. Vierzehn Jahre später schien der Gedanke eines Festspielhauses realisiert zu werden – wenn auch nicht im ursprünglichen Sinne –, als König Ludwig II. von Bayern den Auftrag zur Vollendung des *Ring des Nibelungen* erteilte und am 26. November 1864 an Wagner schrieb: „Ich habe den Entschluß gefaßt, ein großes, steinernes Theater erbauen zu lassen." Das Projekt scheiterte jedoch 1868 endgültig. Wagner hielt trotzdem beharrlich an dem Vorsatz fest, den *Ring* nicht den Repertoirebühnen zu überlassen, sondern als Festspiel in einem eigens dafür erbauten Theater aufzuführen. 1872 wurde endlich dieses Ziel in Bayreuth erreicht. Wagner unterstrich die künstlerische und historische Bedeutung der Grundsteinlegung am 22. Mai durch eine Aufführung von Beethovens 9. Symphonie im Markgräflichen Opernhaus. Am 13. August 1876 wurde dann das Festspielhaus mit *Rheingold* eröffnet. Im ersten Festspielsommer wurde der *Ring* dreimal aufgeführt. Wagner selbst hatte die Gesamtleitung übernommen. Dirigent war Hans Richter, die Bühnenbilder entwarfen Joseph Hoffmann und die Brüder Brückner, die Kostüme stammten von C. E. Coepler.

Das große finanzielle Defizit, das Fehlschlagen eines weiteren Patronats und der vergebliche Versuch, die Verluste durch Konzerte in England auszugleichen, zwangen danach zu einer Festspielpause von sechs Jahren. In dieser Zeit entstand Wagners letztes Werk, der *Parsifal*, der ganz dem Festspielhaus in Bayreuth vorbehalten bleiben sollte, jedoch nach dreißigjähriger Schutzfrist freigegeben werden mußte. Die Uraufführung fand am 26. Juli 1882 für die Mitglieder des Patronat-Vereins statt. 15 weitere Aufführungen des „Bühnenweihfestspiels" folgten bis Ende August unter der Leitung von Hermann Levi und mit den Bühnenbildern von Joukowsky und den Brüdern Brückner. Mustergültige Aufführungen des *Parsifal* sollten außerdem den Gedanken einer „Stilbildungsschule" – die 1892 unter der Leitung von Julius Kniese gegründet wurde – verwirklichen helfen, um geeigneten künstlerischen Nachwuchs für die Festspiele heranzubilden.

Als nach Wagners Tod am 13. Februar 1883 seine Witwe Cosima – nicht ohne Widerstand von verschiedenen Seiten – die künstlerische Leitung übernahm, sahen viele darin lediglich eine Vertretung für den noch unmündigen Sohn Siegfried. Aus der vermeintlichen Interimslösung wurde jedoch eine 20jährige Amtszeit und eine bedeutsame Ära in der Geschichte der Festspiele. Cosima festigte mit Energie ihre Stellung und baute sie in der Folgezeit zu einem geradezu autoritären Regime aus, in der Überzeugung, so am besten das Erbe Wagners zu verwalten. In ihrer Konzeption der Festspiele fühlte sie sich ausschließlich als Bewahrerin. Damit war für ihre Amtszeit aber auch die Gefahr unabweislich, daß aus dem Bewahren ein Erstarren wurde. Cosima begann, nachdem 1884 lediglich der *Parsifal* gegeben wurde, ihr eigentliches Wirken 1886 mit einer Neuinszenierung von *Tristan und Isolde*. Als Dirigenten hatte sie ursprünglich Hans von Bülow vorgesehen, ihren ersten Mann, den sie vor 1870 Wagner zuliebe verlassen hatte, der aber ein treuer Anhänger des Bayreuther Meisters geblieben war. Bülow sagte jedoch ab, und Cosima verpflichtete Felix Mottl. Die Resonanz der Aufführungen (sie fanden meist vor halbleerem Hause statt) entsprach nicht den Erwartungen. Erst nach einjähriger Pause, 1888, erfolgte der Durchbruch mit der Aufführung der *Meistersinger von Nürnberg* in der Inszenierung der Münchner Uraufführung unter Hans Richter und mit der Wiederaufnahme des *Parsifal* unter Mottl. Dieses Werk blieb die Konstante sämtlicher Festspiele bis 1939 (mit Ausnahme des Jahres 1896, das ausschließlich dem *Ring* gewidmet war) und erwies damit auch durch die Aufführungssequenz seinen Rang als „Bühnenweihfestspiel". 1889 standen mit den genannten Stücken zum ersten Mal drei verschiedene Wagner-Werke auf dem Programm. 1891 kam *Tannhäuser* als viertes Werk hinzu und wurde unter Mottls Leitung enthusiastisch gefeiert. 1892 standen *Parsifal, Tristan* und *Tannhäuser* auf dem Programm. 1894 wurden *Parsifal* und *Tannhäuser* beibehalten, während nun *Lohengrin* erstmalig in Bayreuth in Szene ging, und zwar unter der Leitung von R. Strauss, der damit sein Bayreuther Debüt als Dirigent gab.

1896 trat in der Geschichte der Festspiele insofern eine Zäsur ein, als nun zum ersten Mal unter Cosimas Verantwortung und auch erstmals seit seiner Bayreuther Premiere der *Ring* aufgeführt wurde (in diesem Jahr insgesamt 5mal und ohne ein anderes Wagner-Werk). Auch er blieb nun neben dem *Parsifal* ständig im Repertoire bis in den 2. Weltkrieg hinein. Inzwischen hatte sich auch so etwas wie ein Rhythmus in der Abfolge der Festspiele herausgebildet. Bis zum 1. Weltkrieg fanden sie nicht jährlich statt, sondern jeweils unterbrochen von einem spielfreien Jahr (ausgenommen zwischen 1888 und 1891) nach einem oder zwei Festspieljahren, und zwar (unter Einbeziehung der Ära Wagner): 1876, 1882, 1883, 1884, 1886, 1888, 1891, 1892, 1894, 1896, 1897, 1899, 1901, 1902, 1904, 1906, 1908, 1909, 1911, 1912, 1914. Auch der organisatorische Betrieb hinter der Bühne des Festspielhauses hatte sich jetzt eingespielt. Schriftstellerisch unterstützt vor allem durch H. von Wolzogen und ihren Schwiegersohn H. St. Chamberlain hatte nun Cosima die Festspiele (und damit auch die große Schar der „Wagnerianer") sozusagen fest im Griff. Hinzu kam, daß der Fortbestand der Festspiele – nicht zuletzt durch das uneigennützige Wirken des Bayreuther Bankiers A. von Groß – nach vielen und vielfältig bedingten Krisen auch finanziell gesichert war.

Das Jahr 1896 war schließlich dadurch gekennzeichnet, daß bei den *Ring*-Aufführungen neben Mottl und Richter zum ersten Mal Siegfried Wagner als Dirigent in Erscheinung trat, während Cosima noch die Leitung der Festspiele behielt. Als ihr letztes Werk inszenierte sie 1901 den *Fliegenden Holländer* (in der einaktigen Form). Ihre Amtszeit endete 1906, als sie zugunsten ihres Sohnes von der Festspielleitung zurücktrat. Als Komponist im Schatten seines Vaters stehend, verstand es Siegfried Wagner jedoch, sich als Dirigent und Regisseur künstlerische Anerkennung und Autorität zu erwerben, besonders nachdem er 1908 den *Lohengrin* dirigiert und inszeniert hatte. Seine nächsten Produktionen waren 1911 die *Meistersinger* (unter Hans Richter) und 1914 der *Holländer*, den er selbst dirigierte. In diesem Jahr mußten allerdings wegen des Krieges nach 8 Vorstellungen die Festspiele abgebrochen werden. Sie konnten erst 1924 wieder stattfinden. In diesem Jahr wirkte Fr. Busch als Dirigent der *Meistersinger* erstmals in Bayreuth. An einen künstlerischen Neubeginn war freilich nicht zu denken, da die durch die Inflation verursachten finanziellen Verluste Bayreuths durch die rationellere Wiederaufnahme von Vorkriegsinszenierungen aufgefangen werden mußten. Erst 1927 konnte Siegfried Wagner mit dem *Tristan* wieder eine Neuinszenierung ins Programm aufnehmen. Sie war entstanden in Zusammenarbeit mit dem Bühnenbildner Kurt Söhnlein. Beide betreuten auch 1930 einen neuen *Tannhäuser*, Siegfrieds letzte und wohl auch erfolgreichste Produktion; die musikalische Leitung hatte Arturo Toscanini, der erste nichtdeutsche Dirigent in der Geschichte der Bayreuther Festspiele. Am 1. April dieses Jahres starb Cosima Wagner, Siegfried folgte ihr bereits am 1. August. Er hatte seit dem 1. Weltkrieg nur 5 Festspieljahre erleben dürfen (1924, 1925, 1927, 1928 und 1930 mit insgesamt 106 Aufführungen, der *Ring* dabei jeweils als ein Werk gezählt).

1931 übernahm Siegfrieds Frau Winifred nach den testamentarischen Bestimmungen die alleinige Festspielleitung, die sie bis 1944 innehatte. Sie trug der neuen Situation und der Lücke, die der Tod Siegfrieds im künstlerischen Bereich verursacht hatte, durch die Verpflichtung dreier bedeutender Persönlichkeiten Rechnung: Heinz Tietjen als Festspielintendant, Emil Preetorius als Bühnenbildner und Wilhelm Furtwängler als musikalischer Leiter. 1933 begann Tietjen die Reihe seiner Neuinszenierungen mit den *Meistersingern* und dem *Ring* (wofür der erwartete Besucherandrang allerdings ausblieb). Richard Strauss dirigierte in diesem Jahr den *Parsifal*, der 1934 – mit Bühnenbildern von Alfred Roller – trotz heftiger Proteste nach 51 Jahren von Tietjen erstmalig neu inszeniert wurde. 1937 ersetzte Wieland Wagner die alten Bühnenbilder. 1936 inszenierten Tietjen und Preetorius den *Lohengrin* neu. Am Pult stand – nach längerer Abwesenheit von Bayreuth – Wilhelm Furtwängler und bot mit Maria Müller und Franz Völker eine Aufführung, die zu einem der künstlerisch bedeutsamsten Ereignisse der bisherigen Festspielgeschichte wurde. Auch der *Tristan* und der *Fliegende Holländer* wurden – 1938 und 1939 – von Tietjen und Preetorius neu inszeniert, wobei sie sich nur noch lose an die Regieanweisungen Richard Wagners hielten, die vordem als unbedingt verpflichtend galten. Der Ausbruch des 2. Weltkriegs stellte zunächst wie 1914 die Festspiele in Frage; auf Geheiß Hitlers wurden sie jedoch in Form der sog. Kriegsfestspiele bis 1944 in jährlicher Folge beibehalten und in den Dienst der nationalsozialistischen Kulturorganisation „Kraft durch Freude" („KdF") gestellt, die mit einem erheblichen Zuschuß die finanzielle Basis lieferte. Die „Kriegsfestspiele" wurden freilich nur auf den *Ring* und den *Fliegenden Holländer* konzentriert, unter Aufgabe des *Parsifal*, der damit erstmals nach mehr als einem halben Jahrhundert von der Bayreuther Bühne verbannt war. 1943 und 1944 blieben nur noch die *Meistersinger* im Programm. 1945 wurde dann auch Bayreuth direkt vom Krieg erfaßt. Die amerikanische Besatzungsmacht beschlagnahmte das Festspielhaus; ein Abschnitt in der Geschichte der Bayreuther Festspiele war beendet.

Die Ära Winifred Wagner – sie erstreckte sich auf die Festspiele von 1931–1945, nur unterbrochen durch die spielfreien Jahre 1932 und 1935 – war ohne Zweifel künstlerisch eine Glanzzeit des deutschen Musiklebens im 20. Jahrhundert. Bayreuth war zu einer der ersten Bühnen Europas geworden, die Elite der deutschen Sänger, die damals eine führende Rolle in der Welt einnahmen, war auf dem „Grünen Hügel" zu hören, wenn auch Bayreuth keineswegs das deutsche Monopol für bedeutende Wagneraufführungen besaß. Die Ära Winifred Wagner deckte sich aber auch ziemlich genau mit der Zeit der Herrschaft des Nationalsozialismus. Hitler selbst zeigte ein außerordentliches Interesse für Wagner und die Festspiele. Die Kulturpropaganda des „Dritten Reiches" versuchte massiv, beide in ihre ideologischen Vorstellungen einzuspannen. Winifred Wagner kam dem als Bewunderin Hitlers entgegen. Das Verhältnis der Bayreuther Verantwortlichen zum Nationalsozialismus, zu Hitler und zum „Dritten Reich", das einen Teil des Komplexes „Wagner und der Nationalsozialismus" (und somit einen Teil der Geschichte der Wagnerrezeption) darstellt, war letztlich geprägt von einer unauflöslichen Verquickung von ästhetischen, politischen, weltanschaulich-religiösen, kulturhistorischen, kommerziellen und wohl auch menschlichen Aspekten. Das macht auch die Beurteilung jener Bayreuther Zeit so schwierig.

Es dauerte nach Kriegsende eine geraume Zeit, bis sich in Bayreuth die Kräfte auf einen Neubeginn konzentrieren konnten. 1949 übertrug Winifred Wagner ihren beiden Söhnen Wieland und Wolfgang die Festspielleitung. Am 29. Juni 1951, nachdem auch die wirtschaftlichen Probleme gelöst werden konnten, wurden die ersten Festspiele nach dem Krieg eröffnet, mit Beethovens *IX. Symphonie* (unter Furtwängler) im Hinblick auf ihre Aufführung bei der Grundsteinlegung des Festspielhauses. Der Neubeginn bedeutete auch eine entscheidende Neuorientierung. Dabei erwies sich die Aufgabenteilung zwischen Wieland – der hauptsächlich den künstlerischen Sektor betreute – und Wolfgang – der in erster Linie für die organisatorische und finanzielle Seite der Festspiele verantwortlich war – als überaus erfolgreich und zweckmäßig. Das eigentliche Neue indes bestand vor allem in dem Inszenierungsstil Wieland Wagners, der die seit Beginn der Festspiele wie selbstverständlich auf Wagners realistischem Bühnenbild und auf seinen minutiösen Regieanweisungen beruhenden Inszenierungen teilweise rigoros durch eigenständige künstlerische Konzeptionen ersetzte und damit hohes Lob, aber auch scharfe Ablehnung erfuhr. Er eröffnete jedenfalls, insbesondere mit den Inszenierungen des *Parsifal* und des *Ring*, erstmals und wohl auch endgültig in Bayreuth den Weg für eine Entwicklung der bühnenmäßigen Darstellung Wagnerscher Werke und für eine Entmythologisierung Wagners überhaupt.

Wichtige Stationen von „Neubayreuth" unter der Doppelleitung der Wagner-Enkel waren in den ersten Jahren ferner die *Meistersinger*-Aufführung in der Inszenierung Rudolf Hartmanns (des ersten „hausfremden" Regisseurs in Bayreuth) und unter den Dirigenten Hans Knappertsbusch und Herbert von Karajan (1951), Wieland Wagners Neuinszenierung von *Tristan und Isolde* (1952, mit eigenen Bühnenbildern) und die *Lohengrin*-Produktion Wolfgang Wagners mit Joseph Keilberth als Dirigent (1953).

Die immense Aufbauarbeit manifestierte sich auch in den folgenden Jahren einerseits in den Neuinszenierungen weiterer Hauptwerke Wagners, andererseits in dem Mut zu ungewöhnlichen Werkdeutungen, z. B. in dem von André Cluytens dirigierten *Lohengrin* von 1956, der einen Sturm der Entrüstung auslöste. Besonders nachhaltig prägten aber weiterhin Wieland Wagners Inszenierungen das Bild von „Neubayreuth" und beeinflußten über das Festspielhaus hinaus auch die allgemeine Opernregie. 1961 waren die „schwarze Venus" Grace Bumbry und das *Bacchanal* in der Choreographie von Maurice Béjart die spektakulären Ereignisse einer Neuinszenierung des *Tannhäuser* durch Wieland Wagner. 1963 entstand unter dem Motto „Meistersinger auf der Shakespeare-Bühne" eine Neuinszenierung, die von Thomas Schippers dirigiert wurde. Pierre Boulez übernahm 1966 erstmals die musikalische Leitung des *Parsifal* und setzte damit – nach einer 15jährigen Phase der „Entmythologisierung" durch den Inszenierungsstil – konsequent eine Versachlichung auch der Auffassung von Wagners Musik fort.

Am 17. Oktober 1966 starb Wieland Wagner. Sein Bruder Wolfgang ist seither allein für die Festspiele verantwortlich. Neben eigenen Neuinszenierungen übertrug er jedoch immer mehr Regiearbeiten an Gastregisseure. So übernahm z.B. 1969 August Everding die Regie in dem mit Bühnenbildern von Josef Svoboda ausgestatteten und von Silvio Varviso dirigierten *Fliegenden Holländer.* Im Jahr der Zentenariumsfeier des Festspielhauses inszenierte Götz Friedrich den *Tannhäuser,* 1973 übernahm wiederum Everding die Neuinszenierung von *Tristan und Isolde,* den erstmals Carlos Kleiber dirigierte. Das Jahr 1975 brachte wieder eine Neuinszenierung Wolfgang Wagners, der die seit 1951 unberührte und unumstritten gültige Parsifal-Inszenierung seines Bruders nach 24 Jahren neu gestaltete. Auf heftigen Protest stieß 1976 die Patrice Chérau übertragene Neuinszenierung des *Ring* mit Bühnenbildern von Richard Peduzzi und unter der musikalischen Leitung von Pierre Boulez. 1978 schließlich setzte Harry Kupfer mit einem neuen *Holländer* die Reihe derer fort, die als Gastregisseure im Festspielhaus neue Perspektiven in die szenischen Interpretationen der Werke Wagners bringen.

Lit.: H. PORGES, Das Bühnenfestspiel in Bayreuth. Eine Stud. über Richard Wagners „Ring des Nibelungen" (Mn 1876); DERS., Die Bühnenproben zu den Bayreuther Festspielen des Jahres 1876 (L 1877); M. PLÜDDEMANN, Die Bühnenfestspiele in Bayreuth – ihre Gegenwart u. ihre Zukunft (Coburg 1877); H. S. CHAMBERLAIN, Der Bayreuther Festspielgedanke, in: Sonderhefte der Musik I, 20/21 DERS., Die ersten zwanzig Jahre der Bayreuther Bühnenfestspiele (Bayreuth 1896); K. HECKEL, Die Bühnenfestspiele in Bayreuth (L 1899); W. GOLTHER, Bayreuth (B – L 1904); M. SEMPER, Das Münchner Festspielhaus (H 1906); A. PRÜFER, Das Werk v. Bayreuth. Vorträge über die Bühnenfestspiele zu Bayreuth (L 1909); A. BAHR-MILDENBURG – H. BAHR, Bayreuth u. das Wagnertheater (L 1912); E. NEWMAN, The Life of Richard Wagner, 4 Bde. (NY 1933–46, F 1963); L. REICHWEIN, Bayreuth. Werden u. Wesen der Bayreuther Bühnenfestspiele, Kulturgeschichtliche Monographien, 19 (Bielefeld 1934); P. BÜLOW, Bayreuth, die Stadt der Wagner-Festspiele (L 1936); H. CONRAD, Bayreuth. Der Lebensweg einer Stadt (Bayreuth 1936); W. WAGNER, Richard Wagner u. das neue Bayreuth (Mn 1962); K. HOMMEL, Die Separatvorstellungen vor König Ludwig II. von Bayern (Mn 1963); TH. MANN, Wagner in unserer Zeit. Aufsätze, Betrachtungen, Briefe (F 1963); Z. VON KRAFT, Das Festspielhaus in Bayreuth (Bayreuth 1967); D.-M. PETZET, Die Richard-Wagner-Bühne König Ludwigs II. München – Bayreuth (Mn 1970); W. E. SCHÄFER, Wieland Wagner (Tübingen 1970); W. SCHÜLER, Der Bayreuther Kreis, v. seiner Entstehung bis zum Ausgang der Wilhelminischen Ära (Mr 1971); C. DAHLHAUS, Wagners Konzeption des musikalischen Dramas (Rb 1971) (= Arbeitsgemeinschaft „100 Jahre Bayreuther Festspiele" 5); L. LUCAS, Die Festspiel-Idee R. Wagners (Rb 1973) (= ebd. 2); M. KARBAUM, Studien zur Geschichte der B. F. (Rb 1976) (= ebd. 3); E. VOSS, Die Dirigenten der B. F. (Rb 1976) (= ebd. 6); S. GROSSMANN-VENDREY, Bayreuth in der deutschen Presse, 2 Bde. (Rb 1977) (= ebd. 10); D. MACK, Der Bayreuther Inszenierungsstil (Mn 1976) (= ebd. 7); H. MAYER, R. Wagner in Bayreuth 1876 bis 1976 (St–Z 1976). –Periodika: Bayreuther Blätter, hrsg. v. H. VON WOLZOGEN (Bayreuth 1878–1938); Bayreuth, Hdb. für Festspielbesucher, hrsg. v. F. WILD (L 1894 bis 1914); Bayreuther Festspielführer, hrsg. v. K. GRUNSKY – P. PRETZSCH – O. STROBEL (Bayreuth 1924–1939); Programmhefte der Bayreuther Festspiele, hrsg. v. der Festspielleitung (ebd. 1951 ff.).

H.-J. BAUER

BAZELAIRE, Paul, * 4. 3. 1886 Sedan, † 11. 12. 1958 Paris; frz. Violoncellist und Komponist. B. war ein brillanter Virtuose, komponierte Instrumental- und Vokalmusik und verfaßte auch mehrere Werke über das Violoncellospiel. 1918–56 lehrte er am Conservatoire in Paris.

WW: **1) Instr.-WW:** *Ballade* (1912), für Klv.; *Fantaisie* (P 1912), für Harfe; *Suite française* (Bru 1934), für Vc. u. Klv.; *Suite sur des airs populairs grecs* (1922), für 2 Fl., Ob., V., Br., 2 Vc. u. Harfe; *Cléopâtre* (1904), symphonische Dichtung, für Orch. (unveröff.); *Chasse* (1922), symphonische Dichtung; *Rapsodie dans le style russe* (1937), für Vc. u. Orch. – **2) Vokal-WW:** *Le Colibri* (1905), für Sopran; *Villanelle* (1908), für Solo-Sopran; *Psaume XCIX* (1909) (unveröff.) u. *Psaume XXIX* (1914), für Solo, gemischten Chor, 2 Org. u. Orch.

BAZIN, François-Emmanuel-Joseph, * 4. 9. 1816 Marseille, † 2. 7. 1878 Paris; frz. Komponist. Schüler des Conservatoire in Paris, an dem er seit 1844 Harmonielehre, seit 1871 Komposition lehrte. 1872 wurde er Mitglied der Académie des Beaux-Arts. Er komponierte mehrere Opéra-comiques, von denen sich aber keine im Repertoire erhalten hat, das Oratorium *Le Christ* (1858), eine Messe, Lieder und Chöre. Er schrieb ferner *Cours d'harmonie théorique et pratique* (P o.J.); *Cours de contrepoint théorique et pratique* (P o.J.); *La Musique à St-Malo* (St-Malo 1885).

Lit.: J. MASSENET, Notice sur Fr. B., in: Revue et Gazette musicale de Paris (1879).

BAZYLIK, Cyprian, * um 1535 Sieradz, † um 1600; poln. Komponist. Er studierte Musiktheorie und Theologie an der Univ. Krakau. Seit 1556 stand er im Dienst des Prinzen Radziwill und lebte anschließend am Hofe König Sigismunds II. August. B. komponierte zahlreiche Vokalwerke für mehrere Stimmen, Psalmen auf lat. und poln. Texte, die 1556–58 erschienen.

Ausg. der erhaltenen WW: C. B. Pieśni na 4-glosowy chór mieszany a cappella, hrsg. v. Z. SZWEYKOWSKI (Krakau 1959) (= WDPM 34).

Lit.: Z dziejów polskiej kultury muzycznej I (Krakau 1958); K. HŁAWICZKA, Pieśni Cypriana z Sieradza, in: Muzyka (War 1959) Nr. 9; Z. SZWEYKOWSKI (s.o.), Vorwort.

BAZZANI, Francesco Maria, it. Komponist des 17. Jh. aus Parma. Er wirkte 1679–98 als Kapellmeister am Dom in Piacenza und 1684–86 auch an San Giovanni in Canale. B. schrieb mehrere Opern, *Ottone in Italia* (1679), *Il Pedante di Tarsia* (1680), und die Oratorien *L'Inganno trionfato* (1673) und *La Caduta di Gierico* (1693).

BAZZINI, Antonio, * 11. 3. 1818 Brescia, † 10. 2. 1897 Mailand; it. Violinist und Komponist. Er war zunächst Kirchenmusiker. Von Paganini zu einer solistischen Karriere ermuntert, unternahm er 1841–45 mehrere Reisen durch Deutschland, wo er u. a. von R. Schumann bewundert wurde und mit Mendelssohn befreundet war, dann durch Dänemark, Spanien und Frankreich. Seit 1864 lebte B. wieder in Brescia. 1882 wurde er Direktor des Mailänder Konservatoriums, an dem er bereits seit 1873 Komposition gelehrt hatte.

WW: Stücke für V. u. Klv.; 6 Quartette; 2 Quintette; Ouvertüren zu *Saul* von V. Alfieri, UA 1877; zu *King Lear* (Rè Lear) von W. Shakespeare, UA: 1880; eine symphonische Dichtung *Francesca da Rimini* (1890); eine Oper, *Turanda* (nach „Turandot" v. G. Gozzi), UA: Mailand (Scala) 1867; 2 geistliche Kantaten: *Sennacheribbo* (1872) u. *La Risurrezione di Cristo*.

Lit.: A. TONI, A.B. (Mi 1946), G. BARBLAN, Le due vite artistiche di A.B.; in: I grandi anniversari del 1960..., hrsg. v. M. Fabbri (Siena 1960) (= Accad. mus. Chigiana 17); B. FRIEDLAND, Italy's Ottocento. Notes from the Mus. Underground, in: MQ 56 (1970).

BAZZINI (Bazzino), **1) Natale,** * Lovere, † 1639 Bergamo; it. Komponist. Er schrieb Messen u. *Motetti et Dialogi a 5 concertati* (V 1628). Die Dialoge aus dieser Sammlung weisen auf das spätere lat. Oratorium hin. – Sein Bruder **2) Francesco Maria,** * 1593 Lovere, † 15. 4. 1660 Bergamo, war zunächst Organist am Dom in Bergamo, dann Theorbist an den Höfen von Modena und Wien. Von seinen Werken hat sich nichts erhalten.

B.C., Abk. für Basso continuo. – ↗Generalbaß.

BEANTWORTUNG ↗Fuge.

BEARBEITUNG wird jede Veränderung eines musikalischen Werkes genannt. Die B. reicht von der rein technischen Umschrift eines Werkes (↗Transkription, ↗Klavierauszug) bis zur völligen kompositorischen Neugestaltung. Zu den frühesten und ursprünglichsten Formen der B. zählt die Verwendung einer Melodie oder eines Melodiegerüsts als kompositorische Vorlage, so im frühen ↗Organum, in der Cantus-firmus-Technik (↗Cantus firmus) und in den ↗Choralbearbeitungen. Stärkere Eingriffe ergeben sich bei der B. bzw. Umarbeitung eines mehrstimmigen Werkes. Diese Art der B. nahm ihren Ausgang in der Organum- und Discantus-Technik der Notre-Dame-Schule und führte auch zur Entwicklung wichtiger musikalischer Formen, u. a. der Motette. Seit dem 15./16. Jh. wurde die B. als eigenschöpferische Leistung in den verschiedenen Formen der ↗Parodie gepflegt. Daneben ist die Neufassung eines Werkes durch den Komponisten selbst – zum Zweck der Verbesserung oder zur Anpassung an bestimmte, auch aufführungspraktische Gegebenheiten – und die Fremdbearbeitung zu unterscheiden. Hierher gehören auch die verschiedenen Formen der Umbesetzung von Stimmen (Instrumentierung einer Vokalkomposition, Vokalisierung eines Instrumentalwerkes), das meist zweckgebundene ↗Arrangement und die ↗Orchestration.

BEAT (engl., = Schlag). **1)** der gleichmäßige, pulsierende Schlagablauf, der die metrische Grundlage im Jazz bildet und ausschließlich geradzahlige Zähleinheitengruppen bildet, ausgeführt von der Rhythmusgruppe (↗Band). – **2)** engl. Bz. für den ↗Vorschlag von unten und seine Kombination mit dem ↗Mordent.

BEATLES, The B., die erfolgreichste und bekannteste Pop-Gruppe. Die Band wurde 1960 in Liverpool gegründet und fand schließlich zu ihrer Stammbesetzung: *James Paul McCartney* (* 18. 6. 1942), Baßgitarre, Klavier, Gesang, *George Harrison* (* 25. 2. 1942), Melodiegitarre, Sitar, Gesang, *John Winston Lennon* (* 9. 10. 1940, † 8. 12. 1980), Rhythmusgitarre, Klavier, Orgel, *Ringo Starr* (eig. Richard Starkey), (* 7. 7. 1940), Schlagzeug, Percussion, Gesang. – Die B. variierten und verjüngten die klischeehaften Rockmuster der 50er Jahre und trugen sie mit Wortwitz (Texte meist v. J. Lennon) vor. Die Kompositionen P. McCartneys entfernten sich im Lauf der Jahre mehr und mehr vom starren Rhythmus und Rockschema. Die B. experimentierten mit der Musik, vermischten sie mit klassischen Musikformen, benutzten exotische Instrumente, elektronische Verfremdungen und verwandten ironische, surrealistische Texte. Die Experimente fanden ihren Höhepunkt in der LP *Sergeant Pepper's Lonely Hearts Club Band* (1967), die auf die spätere Rock- und Popmusik einen großen Einfluß ausübte. Mit der künstlerischen Entwicklung zerbrach jedoch allmählich die Harmonie der Gruppe. Das Autoren-Gespann Lennon–McCartney wollte nicht mehr zusammenarbeiten, hinzu kamen Drogenprobleme und geschäftliche Fehlspekulationen, 1970 löste sich die Band auf. Ihre größten Erfolge waren die Singles *Yeah, yeah, yeah; Love me do; A Hard Day's Night; Help; Michelle; Yesterday; Girl; I want to hold your hand; Hey Jude; All you need is love; Lady Madonna* und die Langspielplatten *Help; Rubbersoul; Revolver; Sergeant Pepper's Lonely Hearts Club Band.* Die B. drehten auch Filme: *Yeah, yeah, yeah; Help (Hi-Hi-Hilfe); Yellow Submarine; Magical Mystery Tour.*

Lit.: The B.-Songbook (Mn 1971); TH. G. BEYE, Bravo. Das sind die B. (Mn 1966); B. SHEPHERD, Die wahre Geschichte der B. (Mn 1966); H. DAVIES, Alles, was du brauchst, ist Liebe. Die Story der B. (Mn 1968), Taschenbuch-Ausg.: Die Geschichte der B. (Mn 1977).

BEAT MUSIC (engl.), um 1960 in England, besonders in Liverpool und London entstandene Seitenlinie des ↗Jazz mit besonderer Betonung bzw. Verstärkung des ↗Beat. Charakteristisch für die Besetzung der Beat-Band sind Gitarren mit elektrischem Verstärker, die als Melodie-, Harmonie- und Rhythmus-Instrumente eingesetzt werden, ferner Orgel und Schlagzeug. Die B.M. zeichnet sich aus durch ein einfaches Harmonieschema, ungleichmäßige Gruppierungen von Takten, ungewohnte Akkordverbindungen und kleine, ständig wiederkehrende rhythmische Phrasen im Baß. Sie kennt keine Improvisation in dem sonst beim Jazz üblichen Ausmaß. Bekannteste Gruppe der B. M. waren die ↗Beatles.

BEAUCHAMP (Beauchant), Name mehrerer frz. Instrumentalisten, Komponisten und Choreographen, die im einzelnen nicht zu identifizieren sind. Unter dem Namen B. sind die Musik zu *Les Fâcheux* von Molière (1661), zum *Ballet des Jésuites* (1670), zum Ballett *Cedesias* (1672) und Arien zur Tragödie *Zénobie* (1673) überliefert, ohne daß klar ist, ob es sich dabei um einen und denselben Komponisten handelt. Ein B. „komponierte" und „erfand" 1677 in Fontainebleau und regelte die Auftritte beim Ballett *Amphitryon* (1680) und beim *Ballet de la Jeunesse* von Delalande (1685). Vielleicht ist er identisch mit dem B., der 1691 und 1692 Ballettmeister des Königs und Kanzler der Académie Royale de Danse war.

Lit.: A. SCHAEFFNER, La musique des Précieuses ridicules et des Fâcheux, in: Œuvres de Molière II (P 1926) (enthält eine Ouvertüre und 6 Stücke, darunter eine Courante v. Lully); Y. DE BROSSARD, Musiciens de Paris 1535–1792 (P 1965).

BEAUCHAMP (Beauchamps), **Pierre** (nicht: Charles Louis), * 1636 Versailles, † 1705 (?) Paris; frz. Tänzer und Choreograph. Er stammte aus einer Familie von Tänzern und Musikern. Seit etwa 1650 trat er in vielen Ballets de cour am königl. Hof zu Versailles auf. 1661 wurde B. zum Direktor der Académie Royale de Danse ernannt. Er leitete die Ballettaufführungen des Königs Ludwig XIV. und choreographierte viele Balletts für die Opern von Lully und A. Campra sowie für die Comédie-ballets von Molière. Er engagierte als erster Berufstänzerinnen. Indem er sein tänzerisches Talent mit theoretischen Studien (Aufzeichnung der 5 klassischen Positionen sowie von Tanznotationen) verband, bereitete er die moderne Choreographie vor, die sein Schüler R. A. Feuillet weiterentwickelte.

BEAUJOYEULX, Baltasar de, ↗Baltazarini de Belgiojoso.

BEAULAIGUE, Barthélemy, * um 1544; frz. Komponist. Er war Chorknabe an der Kathedrale von Marseille und veröffentlichte bereits mit 15 Jahren 13 *Chansons nouvelles* (Lyon 1559), zu denen er auch den Text geschrieben hatte und 13 4–8st. *Mottetz nouvellement mis en musicque* (ebd. 1559).

Lit.: A. AUDA, B.B., poète et musicien prodige (Bru 1957) (mit den NA aller Chansons u. Motetten); J. H. CHEVOLLEAU, Un petit chanteur du XVIe siècle, poète et musicien prodige, in: Musique sacrée 56 (1962).

BEAULIEU, Eustorg de (Hector), * um 1495 Beaulieu-sur-Ménoire, † 8. 1. 1552 Basel; frz. Dichter und Musiker. Er war seit 1522 Organist in Lectoure, lebte dann in Bordeaux, Tulle und in Lyon, wo er eine Gedichtsammlung veröffentlichte *(Divers Rapportz)* und J. Moderne 3 seiner Lieder herausgab (RISM 1538$^{15, 16}$). 1537 floh B. nach Genf und führte, nachdem er Pfarrer in Thierrens (Waadt) gewesen war, bis zu seinem Tode ein unstetes Leben. Er versuchte sich erfolglos an der Übersetzung der Psalmen und veröffentlichte 1546 in Genf seine *Chrestienne Resiouyssance,* die 160 oft polemische geistliche Gesänge als Kontrafakturen enthält.

Ausg.: G. BECKER, E. de B. (P 1880) (2 mehrst. Chansons); N. BRIDGMAN, E. de B., Musician, in: MQ 37 (1951) (1 mehrst. Chanson); 12 frz. Lieder aus J. Moderne, Le parangon des chansons (1538), hrsg. v. H. ALBRECHT (Wb 1957) (= Chw 61) (1 mehrst. Chanson); E. de B., Les Divers Rapports, hrsg. v. M. A. PEGG (G 1964).

Lit.: H. J. HARVITT, E. de B., a Disciple of Marot, in: Romanic Review 7 (1916); N. BRIDGMAN (s.o.); J. BURDET, La musique dans le Pays de Vaud (Lausanne 1963); E. de B., Les Divers Rapports (s.o.) Einleitung.

BEAULIEU, Marie-Désiré (eig. M.-D. Martin), * 11. 4. 1791 Paris, † 21. 12. 1863 Niort; frz. Komponist und Musikschriftsteller. Er gründete in Niort die Société Philharmonique, aus der 1835 die Association musicale de l'Ouest hervorging. B. komponierte u. a. Opern *(Anacréon; Philadelphie),* lyrische Szenen *(Jeanne d'Arc; Sapho; Psyché et l'Amour),* Oratorien, Messen, ein *Requiem* und veröffentlichte Schriften u. a. über den Einfluß der griechischen Musik auf den Gregorianischen Choral.

BEAUMARCHAIS, Pierre Augustin Caron de, * 24. 1. 1732 Paris, † 18. 5. 1799 ebd.; frz. Schriftsteller, zeitweise auch als Harfenist sowie als Uhrmacher tätig. Nachdem seine literarischen Anfänge kaum Beachtung gefunden hatten, begründete er seinen Ruhm mit den beiden Lustspielen *Le Barbier de Séville* (1771; 1775 in Paris aufgeführt), *Le Mariage de Figaro ou la folle Journée* (1781; 1784 in Paris aufgeführt), die mit ihrem geistreichen Spott auf die Aristokratie zu den literarischen Wegbereitern der Französischen Revolution gehörten. Sie bildeten aber auch die Grundlage zahlreicher Opernlibretti, namentlich für Rossinis *Barbier von Sevilla* und Mozarts *Hochzeit des Figaro.*

Lit..: A. BETTELHEIM, B. (L [2]1911); E. GAIFFE, Le Mariage de Figaro de B. (P 1928); R. DALSÈME, La vie de B. (P 1928); E. GIUDICI, B. nel suo e nel nostro tempo. Le Barbier de Séville (R 1964); F. LESURE, A propos de B., in: RMie 53 (1967); S. POPPER, B. and music (1969) (= Diss. Columbia Univ. New York); DUC DE CASTRIS, Figaro ou La vie de B. (P 1972); R. ANGERMÜLLER, Reformideen von Du Roullet und B. als Opernlibrettisten, in: AMl 48 (1976); H. L. SCHEEL, „Le Mariage de Figaro" von B. und das Libretto der „Nozze di Figaro" von L. da Ponte, in: Mf 28 (1975).

BEAUVARLET-CHARPENTIER, 1) Jean-Jacques, * 28. 6. 1734 Abbeville, † 6. 5. 1794 Paris; frz. Organist und Komponist. Sein erstes Organistenamt bekleidete er an St-Paul in Lyon. Seit 1772 lebte er in Paris, wo er nach dem Tode L.-Cl. Daquins dessen Stelle an St-Paul übernahm; daneben war er auch an St-Éloi-des-Orfèvres und Notre-Dame tätig.

WW: **1) Orgel-WW:** *Six fugues,* op. 6; *Douze noëls variés,* op. 13; *Journal d'orgue,* 12 Bde. (Messen, Magnificats, Hymnen, Sequenzen). – **2) Sonstige Instr.-WW:** 4 Sammlungen Sonaten für Cemb. und Viol. (teilweise auch mit 2 Hörnern), op. 2, 3, 4, 8 (P 1773 bis 1782); *Noëls variés,* op. 17 und mehrere Sammlungen mit *Airs variés* (op. 5, 9, 11, 12) für Cemb. od. Klv.; 2 Sammlungen mit Opernarien, bearb. für Cemb. u. Violine.

Ausg.: Fuge in g-moll, hrsg. v. F. RAUGEL, in: Les Maîtres français de l'orgue (P 1939); Sonate, op. 2, Nr. 6, hrsg. v. E. REESER, in: De Klaviersonate med vioolbegleiding (Rotterdam 1939).

2) Jacques-Marie, Sohn von 1), * 31. 7. 1766 Lyon, † 7. 9. 1834 Paris. Er folgte seinem Vater als Organist an St-Paul. Nach der Revolution wurde er Organist an St-Germain-des-Prés, 1815 an St-Eustache. Von ihm wurde eine Reihe von patriotischen Liedern (u. a. *Le départ du soldat républicain)* und Charakterstücken für Klavier bzw. Orgel, teilweise mit Violine und Harfe gedruckt (u. a. *Bataille d'Austerlitz).* Auch er veröffentlichte (seit 1822) ein *Journal d'orgue* (jährlich 6 Hefte).

Lit.: G. SERVIÈRES, Documents inédits sur les organistes français (P 1922); F. RAUGEL, Les grandes orgues des églises de Paris (P 1927); G. FAVRE, La musique française de piano avant 1830 (P 1953).

BEAUX ARTS TRIO (of New York), 1954 von Daniel Guilet gegr. Trio, debütierte 1954 beim Berkshire Festival in Massachusetts und spielte bis 1968 in der Besetzung: *Daniel Guilet,* Violine, *Bernhard Greenhouse,* Violoncello, und *Menahem Pressler,* Klavier. 1968 trat *Isidore Cohen,* Violine, an die Stelle von Daniel Guilet. Tourneen führten das Trio mit großen Erfolgen weit über Amerika hinaus auch nach Europa.

BEBISATION ↗Solmisation.

BEBOP, lautmalerischer Name für einen Jazzstil, der in den 1940er Jahren entstand und den modernen Jazz begründete. Seine genaue Herkunft ist ungewiß. B. ist eine radikale Musik: in ihrer Hinwendung zur afro-amerikanischen Musiktradition gegenüber der kommerziellen Glätte des Swing-Stils artikulieren schwarze Musiker darin ihre Ablehnung des „weißen" Amerika, was sich auch in ihrer Sprache und Kleidung äußert. Mit dem B. sind die Anfänge des schwarz-amerikanischen Nationalismus verbunden. – Die Vorherrschaft polyrhythmischer Strukturen wird dadurch wieder hergestellt, daß der Beat nur noch von Kontrabaß und Becken markiert wird. Die anderen Teile des Schlagzeugs und die traditionellen Rhythmusinstrumente Klavier und Gitarre werden in das melodische Geschehen mit einbezogen; sie sind frei, unregelmäßige Akzente und Einwürfe zu geben, so daß das gesamte rhythmisch-melodische Geschehen sehr komplex erscheint. Die Harmonik ist gegenüber den anderen Jazz-Stilen sehr fortgeschritten, und die Anforderungen an die Instrumentalisten sind hoch: der B. kennt überwiegend schnelle Tempi, in denen man in kleinen Notenwerten improvisiert, bis in höchste Lagen hinein. Der äußerlich chaotische Eindruck des B. begründete lange Zeit seine Ablehnung beim großen Publikum und bei der auf die älteren Stile fixierten Kritik. Der B. setzt den *Blues* als zentrale Gattung wieder ein, freilich auf seine moderne Art. Seine unmittelbaren

Traditionsbezüge liegen im stark Blues-orientierten Stil des amerikanischen Südwestens, wie ihn etwa das Orchester Count Basie vertritt. Bedeutende „Bopper" sind der Altsaxophonist Charles Parker, der Trompeter John Birks „Dizzy" Gillespie, die Pianisten Bud Powell und Thelonius Monk, die Schlagzeuger Max Roach und Kenny Clarke und der Kontrabassist Charles Mingus.

Lit.: ↗Jazz. U. KURTH

BEBUNG, in der Musik des Barock übliche, nur beim Clavichordspiel mögliche Verzierung, die durch die Vereinigung von Vibrato (Tonhöhenschwankungen) und Tremolo (Tonintensitätsschwankungen) charakterisiert ist. Sie wird durch den wechselnden Druck des Fingers auf die niedergehaltene Taste hervorgerufen. Die Tangente bleibt dadurch in ständiger Berührung mit der Saite, die durch wechselnden Druck unterschiedlicher Spannung ausgesetzt ist. Die B. wurde unterschiedlich notiert (z.B. durch das Zeichen $\overset{\frown}{\dot{p}}$) und ist in den wichtigen zeitgenössischen deutschen Klavierschulen der Zeit beschrieben (so bei J. Mattheson, 1735; Fr. W. Marpurg, 1750; C. Ph. E. Bach, 1753; D. G. Türk, 1789). – Im Barock auch allgemein Bz. für Vibrato.

BÉCAUD, Gilbert (eig. François Léopold Gilly), * 24. 10. 1927 Toulon; frz. Chansonnier und Komponist. Er besuchte das Konservatorium in Nizza, trat seit 1946 zunächst als Pianist in Night-Clubs und Cafés auf, schrieb daneben Chansons. 1953 wurde er an das „Olympia" in Paris verpflichtet, wo ihm der große Durchbruch gelang. Weltweite Auftritte schlossen sich an. B. verschmilzt Chanson und Show zu einer Einheit. Sein Stil ist geprägt durch meist dramatische Themen und ein aggressives Temperament (daher auch „Monsieur 100000 Volt" genannt). Zu seinen berühmtesten Titeln gehören u.a.: *Quand tu danses; Et maintenant; Le petit oiseau de toutes les couleurs; Nathalie; L'important, c'est la rose; Le jour ou la pluie viendra* (dt.: Am Tag, als der Regen kam): *Mé que mé que; Plein soleil; Tu le regretteras; Je t'aime.* B. schrieb u.a. auch eine Oper (*L'opéra d'Aran*, 1962), mehrere Filmmusiken (auch zu eigenen Filmen, darunter *Casino de Paris*, 1957).

BECCERRA SCHMIDT, Gustavo, * 26. 8. 1925 Temuco; chilenischer Komponist. Er studierte am Konservatorium in Temuco, 1941–46 am Conservatorio Nacional de Música in Santiago de Chile Komposition, Dirigieren und Klavier u.a. bei P. H. Allende Sarón und D. Santa-Cruz Wilson und wurde dort anschließend „profesor auxiliar" für musikalische Analyse. 1960–62 leitete er das Instituto de Extensión Musical an der Universidad de Chile und 1965 die Abteilung für Komposition am Konservatorium, arbeitete außerdem am Laboratorium für elektronische Musik der Katholischen Universität in Santiago. Mehrere Reisen führten ihn u.a. nach Europa, um hier Methoden des Musikunterrichts zu studieren. 1968 wurde er Secretário der Facultad Ciencias y Artes Musicales der Universidad de Chile. B. Sch. schrieb u.a. Symphonien, Konzerte, Vokalmusik und vor allem Kammermusik.

WW: ein Divertimento; 7 Streichquartette (1950, 1954, 1955, 1958, 1959, 1960, 1961); Quartett für Saxophone (1959); 3 Trios, I für Fl., V. u. Klv. (1958), II für Fl., V. u. Va., III für Str.; 3 Sonaten für Vc. u. Klv. (1954, 1956); 2 Sonaten für V. u. Klv. (1958); Sonate für Va. u. Klv. (1958); Sonate für Va. u. Klv. (1958); Klv.-Quintett (1962); 3 Symphonien (1955, 1958, 1960); V.-Konzert (1950); Fl.-Konzert (1957); Klv.-Konzert (1958); 2 Konzerte für Gitarre u. Orch. (1964, 1968). – Oratorien: *La Araucana* (1965), *Macchu Picchu* (1966) u. *Lord Cochrane de Chile* (1967). – Oper: *La muerte de Don Rodrigo* (1958).

Lit.: V. SALAS VIU, La Creación musical en Chile (1900–51) (Santiago de Chile 1952); L. MERINO, Los cuartetos de B., in: Rev. mus. chilena 19 (1965) Nr. 92; R. STEVENSON, Chilean Music in the Santa Cruz Epoch, in: Inter-American Music Bull. (Washington 1968).

BECHER ↗Schallbecher.

BECHET, Sidney, * 14. 5. 1897 New Orleans, † 14. 5. 1959 Garches bei Paris; amerik. Jazz-Klarinettist und -Sopransaxophonist. Schon als Jugendlicher spielte er als Klarinettist mit allen bedeutenden Jazzmusikern seiner Vaterstadt. Noch vor 1920 kam er während einer Tournee zum Sopransaxophon. In den 20er und frühen 30er Jahren trat B. wiederholt in Europa auf, hatte dann in den USA eigene Gruppen, oft aber nur Engagements, die seinem Rang nicht entsprachen. 1947 ließ er sich endgültig in Paris nieder, mußte aber auch hier meist mit französischen Bands von geringerer Qualität auftreten. B. gilt als Stammvater und bis heute als der berühmteste der Sopransaxophonisten des Jazz. Er besaß einen durchdringend voluminösen Ton und ein starkes, expressives Vibrato. Vom klassischen New Orleans Jazz herkommend, ging er aber melodisch und harmonisch weit über ihn hinaus. Kleine Meisterwerke sind die Einspielungen der *Bechet-Spanier Big Four* von 1940. B. schrieb die Autobiographie *Treat It Gentle* (Lo – NY 1960, ²1964, dt.: *Alle Kinder Gottes tragen eine Krone,* Z 1961).

Lit.: CH. DELAUNAY, Histoire de S.B. (P 1959); P. KUNST, S.B., ein Porträt (Wetzlar 1959); R. MONLY, S.B. (P 1959); J. GR. JEPSEN, S. B. Discographie (Lübbecke 1962).

BECHSTEIN, dt. Klavierfabrik, 1853 in Berlin, gegr. von **Carl Friedrich Wilhelm B.** (* 1. 6. 1826 Gotha, † 6. 3. 1900 Berlin). Das Unternehmen erfreute sich schon bald nach seiner Gründung eines großen Ansehens, und viele der Klaviervirtuosen der 2. Hälfte des 19. Jh. (u. a. Liszt, v. Bülow, Rubinstein) schätzten die großen Konzertflügel, auf die sich die Firma immer mehr spezialisierte. Die gute geschäftliche Entwicklung machte die Gründung von Filialen in London (existiert heute noch), Paris und St. Petersburg notwendig. Vor dem 1. Weltkrieg stellte B. jährlich an die 5000 Instrumente her. Der Firmensitz befindet sich heute in Berlin (West); Zweigwerke wurden 1959 in Karlsruhe und 1969 in Eschelbronn bei Heidelberg errichtet. Die als GmbH. geführte Firma gehört jetzt der Baldwin United Corp., Cincinnati (Ohio).

BECK, dt. Orgelbauerfamilie des 16. und 17. Jahrhunderts. – **1) Hans,** * um 1486 Großenhain (Sachsen), † um 1560; baute Orgeln in Halle, Delitzsch und Oschatz. – **2) Esajas,** Sohn von 1), * um 1540, † 8. 4. 1587 Halle; baute Instrumente für die Moritzkirche in Halle und in Bitterfeld. – **3) Anthonius** (Anton), Bruder von 2), † 1563 Halle; war in Halberstadt und Halle tätig. – **4) David,** Sohn von 3), * um 1545, † 1606 Halberstadt; sein wichtigstes Werk war die Orgel der Schloßkapelle von Gröningen bei Halberstadt (3 Man. und 59 Reg.).

BECK, Conrad, * 16. 6. 1901 Lohn (Schaffhausen); Schweizer Komponist. Er studierte am Konservatorium in Zürich, bildete sich dann in Berlin und vor allem in Paris weiter. Hier erhielt er entscheidende Anregungen von J. Ibert, A. Honegger, A. Roussel, P. Sacher und N. Boulanger. 1933 kehrte er in die Schweiz zurück, wo er 1938–66 die Musikabteilung von Studio Basel des Landessenders Beromünster leitete. – Seit dem Pariser Erfolg seines 3. Streichquartetts, für das er den Coolidge-Preis erhielt, wuchs sein Ansehen ständig, u. a. mit der *Kantate auf Sonette der Louise Labé* (1937), dem „großen Miserere" *Der Tod zu Basel* (1952), dem Liederzyklus *Herbstfeuer* (1956), der *„Aeneas-Silvius"-Symphonie* (1957) und mit der Kantate *Die Sonnenfinsternis* (UA: Luzerner Festwochen 1967). B.s Kunst mutet wie eine fruchtbare Synthese aus alemannischer Empfindsamkeit und lateinischer Kraft an. Sein Stil zeichnet sich durch eine gleichermaßen strenge wie kühne Polyphonie aus, die sehr persönlich und ausdrucksstark ist. Er ist zu rhythmischen und melodischen Gegensätzen fähig, ohne in ein Übermaß an Spätromantik oder an avantgardistischen Experimenten zu verfallen.

WW (wenn nichts anderes angegeben, in Mainz erschienen): **1) Instr.-WW:** Klv.- u. Org.-WW; Kammermusik, darunter 2 Sonatinen für V. u. Klv.: I (1928), II (P 1947); 5 Streichquartette; Kammerkonzert für Orch. (1970–71); 6 Symphonien: I (1925), II *Sinfonietta* (1926) (unveröff.), III (1927), IV *Konzert für Orch.* (1928), V (1930), VI *„Aeneas-Silvius"-Symphonie* (1956–57); *Innominata* (1931); *Suite Concertante* (1961) für Blechblasinstr., Schlagzeug u. Cemb.; *Hommages* (1965–66), 2 Stücke für Orch.; 2 Klv.-Konzerte: I *Concertino* (1927–28), II (1933); Konzerte für Streichorch. (1929), für Ob. (1932), für Fl. (1941), für Br. (1949), für Klar. u. Fag. (1954), für Bläserquintett u. Orch. (1977). – **2) Vokal-WW:** Zahlr. Chorstücke; *Requiem* (1930) für Chor a cap.; *Kantate auf Sonette der Louise Labé* (1937) für Sopran, Fl., Klv. u. Str.; *Der Tod des Oedipus* (1928) (Text v. R. Morax), Kantate für Soli, gemischten Chor, Org., Blechblasinstr. u. Pauke; *Herbstfeuer* (1956) (Text v. R. Huch), 6 Gesänge für Alt u. Kammerorch.; *Lyrische Kantate* (1932) (Text v. R. M. Rilke) für Soli, Frauenchor u. kleines Orch.; *Der Tod zu Basel* (1952), Großes Miserere für Soli, 3 Sprecher, gem. Chor u. Orch.; *Die Sonnenfinsternis* (1967) (Text nach A. Stifter), Kantate für Alt u. Kammerorch.; *Elegie* (1971–72) (Text v. F. Hölderlin), Kantate. – **3) Bühnen-Werk:** *Der große Bär* (1936), Ballett, UA: Mainz 1938.

Lit.: C. B., Werkverz. (Z 1961); P. MIEG, B., in: 40 Comp. suisses; W. SCHUH, Schweizer Musik der Gegenwart (Z 1948); DERS., Von Neuer Musik (Z 1955); H. EHINGER, in: Melos 22 (1955); H. EHINGER – E. MOHR, in: SMZ 101 (1961); L. SCHRADE, in: NZfM 125 (1964); A. MÜRY, in: SMZ 111 (1971); W. SCHUH, in: Melos 36 (1971); A. BRINER, C. B. 75jährig, in: Melos/NZ 2 (1976).

BECK, Franz, getauft 20. 2. 1734 Mannheim, † 31. 12. 1809 Bordeaux; dt. Komponist. Er wuchs am Hofe des Kurfürsten Karl Philipp auf, wo er bereits mit 9–10 Jahren Sonaten komponiert haben soll. Nach 1741 wurde er Schüler von Johann Stamitz, flüchtete jedoch (angeblich wegen eines Duells) nach Venedig und war 1748–57 Schüler bei B. Galuppi. Danach ging er nach Frankreich, wo er auch im Programm der Pariser Concerts Spirituels genannt wird. B. war Konzertmeister in Marseille, seit 1761 Theaterkapellmeister in Bordeaux, gleichzeitig auch Organist an St. Seurin. B.s Werke gehören stilistisch weniger in den Umkreis der Mannheimer Schule als in den der frz. Komponisten wie Gossec und Philidor.

WW: 4 Sammeldrucke mit je 6 *Sinfonien:* op. 1 (P 1758), op. 2 (P 1760), op. 3 (P 1762), op. 4 (P 1766); verschiedene Sinfonien in den Sammeldrucken dieser Zeit; 6 Sonaten für Cemb. oder Klv., op. 5 (P o.J.); *Sonaten,* op. 5 (jedoch nicht identisch mit den vorher genannten) (Bordeaux o.J.); *Fantasie* für Cemb. oder Klv. (Dresden o.J.); Opern: *La belle Jardinière,* UA: Bordeaux 1767 (nicht erhalten), *L'Ile déserte* (Partitur hsl. erhalten); Ouvertüre u. Bühnenmusik zu dem Melodram *Pandore* v. d'Aumale de Corsenville (P 1789); *Stabat Mater,* UA: Paris 1783.

Ausg.: Sinfonie op. 4, Nr. 1, in: DTB 8/2 (1907); Sinfonien in g-moll u. Es-Dur, hrsg. v. R. SONDHEIMER (B o.J.).

Lit.: R. SONDHEIMER, Die Sinfonien F. B.s, in: ZfMw 4 (1922); G. DE SAINT-FOIX, Le symphoniste F. B. et le pianoforte, in: RMie 13 (1932); M. L. PEREYRA, F. B., in: RMie 15 (1934) u. 16 (1935); B. S. CARROW, The Relationship between the Mannheim-School and the Music of F. B., H. Blanchard and

P. Gaveaux, 2 Bde. (Diss. NY 1956); B. S. BROOK, La symphonie française dans la seconde moitié du XVIIIe siècle (P 1962).

BECK, Hermann, * 20. 7. 1929 München, † 7. 10. 1980 ebd.; dt. Musikforscher. Er studierte u. a. in Freiburg i. Br. und Erlangen, wo er 1954 mit der Arbeit *Studien über das Tempoproblem bei Beethoven* (teilweise gedruckt in: Beethoven-Jb. 1955/56) promoviert wurde, und habilitierte sich 1958 an der Universität Würzburg mit einer Arbeit über A. Willaert, lehrte dort bis 1964 (wurde im gleichen Jahr Professor) und leitete auch das Collegium musicum. Seit 1968 war er Leiter des Musikwissenschaftlichen Instituts der Universität Regensburg. Unter seinen zahlreichen Schriften befinden sich wichtige Beiträge insbesondere zur Kirchenmusik des 16. Jh. und zur Musik der Wiener Klassik.

Schriften: *Die Suite* (Kö 1964) (= Das Musikwerk 26); *Die venezianische Musikerschule im 16. Jh.* (Wil 1968); *Methoden der Werkanalyse in Musikgeschichte u. Gegenwart* (Wil 1974); *Über Mozarts Klassischen Stil* (Wü 1956) (= Würzb. Univ.-Reden 21). – *Zur Entstehungsgesch. v. Mozarts D-Dur-Sinfonie KV 297,* in: Mozart-Jb. 1955 u. 1956; *A. Willaerts Messen,* in: AfMw 17 (1960); *A. Willaerts Motette „Mittit ad virginem" u. seine gleichnamige Parodiemesse,* in: ebd. 18 (1961); *A. Willaerts fünfst. Missa sine nomine aus Hertogenbosch* Ms. 72 A, in: KmJb 47 (1963); *Die Proportionen der Beethovenschen Tempi,* in: FS W. Gerstenberg (Wb 1964); *Das Konzil v. Trient u. die Probleme der Kirchenmusik,* in: KmJb 48 (1964); *L. Allegris „Primo Libro Delle Musiche" 1618,* in: AfMw 22 (1965); *Harmonisch-melodische Modelle bei Mozart,* in: Mozart-Jb. 1967 (1968); *Die Grundlagen des Venezianischen Stils bei A. Willaert u. C. de Rore,* in: Renaissance-Muziek, FS R. B. Lenaerts (Löwen 1969) (= Musica Lovaniensia 1); *Die Mehrchörigkeit u. Die Musik des liturg. Gottesdienstes im 18. Jh. (Messe, Offizium),* in: Gesch. der kath. Kirchenmusik, hrsg. v. K. G. FELLERER, Bd. 2 (Kas 1976); *Das Religiöse in der nichtliturg. Musik L. v. Beethovens,* in: Religiöse Musik in nicht-liturgischen WW v. Beethoven bis Reger (Rb 1978) (= Studien zur Musikgesch. des 19. Jh. 51). – Editionen: 3 Bde. der Neuen Mozart-Ausg. (Sinfonien Bd. 4 u. 5 sowie Klavierkonzerte Bd. 7); *Oberpfälzer Dokumente der Musikgesch.* (Rb 1976) (= Regensburger Beitr. zur Musikgesch. 1).

BECK, Johann Baptist (Jean), * 14. 8. 1881 Gebweiler, † 23. 6. 1943 Philadelphia; elsässischer Musikforscher. Er studierte in Paris und Straßburg und lebte seit 1911 in den USA, wo er an mehreren Universitäten lehrte. B. leistete einen wichtigen Beitrag zur Erforschung der Musik der Troubadours. Über die Methode seiner Transkription der Melodien kam es zu einem Prioritätsstreit mit P. Aubry.

WW: **1) Schriften:** *Die Melodien der Troubadours* (1908); *Der Takt in den Musikaufzeichnungen des 12. u. 13. Jh.,* in: FS H. Riemann (L 1909); *La musique des troubadours* (P 1910). – **2) Editionen:** *Corpus cantilenarum Medii Aevi: Le chansonnier Cangé,* Faks. u. Übertr. (P – Philadelphia 1927); *Le Manuscrit du Roi,* Faks. Analyse (Philadelphia 1938).

Lit.: J. CHAILLEY, Quel est l'auteur de la „théorie modale" dite de B.-Aubry?, in: AfMw 10 (1953).

BECK, Pleickard Carl, elsässischer Musiker des 17. Jahrhunderts. Er veröffentlichte die Sammlung: *Erster Theil neuer Allemanden, Baletten, Arien, Giguen*... für zwei V. und B. (Str 1654). Vielleicht ist die Hs. 1665 im BrM eine Kopie des verschollenen Werkes.

BECKEN (engl.: cymbals; frz.: cymbales; it.: piatti, cinelli), Schlaginstrument aus zwei tellerförmigen, in der Mitte gewölbten Scheiben aus Messing oder Bronze mit einem Durchmesser von 35–50 cm. Der Klang ist lang anhaltend und von unbestimmter Tonhöhe. Schwingender und damit klangerzeugender Teil ist der Rand des B.-Tellers, der sehr dünn gehämmert wird, um ausgiebige Schwingungen zu ermöglichen. Der konkave Mittelteil, an dem Ledergriffe befestigt sind, liegt dagegen still. Die B.-Teller werden entweder einzeln mit harten oder weichen Trommelschlegeln gespielt, im Jazz auch mit Stahlbesen oder Stöcken, oder nach herkömmlicher Art aneinandergeschlagen, wodurch ein kräftiger, metallisch-rauschender Klang erzeugt wird. Leisere Klänge können durch leichtes Aneinanderreiben der B.-Ränder erzielt werden. Kürzere, markante Schläge erfordern ein Abdämpfen des Klangs; dabei drückt der Spieler das B. nach dem Anschlagen sofort gegen die Brust. Das B. wird entweder frei in der Hand gehalten oder ein B.-Teller an einem Ständer befestigt. Vor allem in Militärkapellen besitzt die Große Trommel meist ein Ansatzstück zum Fixieren eines B.-Tellers, so daß der Spieler beide Instrumente gleichzeitig bedienen kann. – Das B. ist asiatischen Ursprungs und war im Altertum als profanes wie als Kultinstrument beliebt. In der abendländischen Musik wurde es erst nach der Übernahme der türkischen Janitscharenmusik (im Gefolge der Türkenkriege) in Militärkapellen heimisch. In der Kunstmusik wurde das B. im 18. Jh. besonders im Opernorchester verwendet, erstmals von R. Keiser, später u. a. von Gluck, *Iphigenie auf Tauris,* Chor der Skythen, 1779. Seit dem 19. Jh. gehört das B. als Teil des Schlagzeugs zum festen Bestand der Orchesterinstrumente. Die kleinen antiken B. („antike Zimbeln"), die eine bestimmte Tonhöhe besitzen, wurden von Debussy *(Prélude à l'après-midi d'un faune),* Strawinski, Hindemith und Milhaud verwendet. Unter der Bz. „Crotales" sind sie bei Ravel *(Daphnis et Chloé)* vorgeschrieben. Sie gehen auf Zimbeln orientalischer Herkunft zurück. – Im Jazz werden das hängende Becken, das B. in Form des Hi-hat und das auf Ständern befestigte B. („Slap-Hand-Cymbal") verwendet.

Lit.: S. JULIEN, Procédé des Chinois pour fabriquer les tam-tams et les cymbales, in: Gazette musicale de Paris 1 (1834); C. SACHS, Real-Lexikon der Musikinstr. (B 1913); DERS., Geist u. Werden der Musikinstr. (B 1929); H. HICKMANN, Cymbales et Crotales dans l'Egypte ancienne, in: Annales du Service des antiquités de l'Egypte 49 (Kairo 1950); A. F. MARESCOTTI, Les instruments d'orch. (P 1950); H. KUNITZ, Die Instrumentation, 10: Schlaginstrumente (L 1960); H. HICKMANN, Sonderformen antiker Becken, in: FS W. Wiora (Kas 1967).

BECKER, Carl Ferdinand, * 17. 7. 1804 Leipzig, † 26. 10. 1877 ebd.; dt. Organist und Musikbibliograph. Er war zunächst Organist an St. Peter, dann an St. Nikolaus, 1843 ließ ihn Mendelssohn als Lehrer an das Kons. in Leipzig berufen. 1856 zog er sich aus seinen Ämtern zurück. Seine wertvolle Bibliothek vermachte er der Stadt Leipzig.

Schriften: *Systematisch-chronologische Darstellung der Musikliteratur* (1836), Supplement (1839), Nachdruck (Hildesheim 1965, Hilversum 1966); *Die Hausmusik in Deutschland im XVI., XVII. u. XVIII. Jh.* (1840); *J. S. Bachs vierstimmige Kirchengesänge* (1843); *Evangelisches Choralbuch* (1844); *Die Tonwerke des XVI. u. XVII. Jh.* (L 1847, ²1855), Nachdr. in 2 Bden (Hildesheim 1969).

BECKER, Cornelius, * 24. 10. 1561 Leipzig, † 25. 5. 1604 ebd.; dt. lutherischer Theologe. Er war Pastor an St. Nicolai, seit 1599 Professor für Theologie an der Univ. in Leipzig. B. veröffentlichte eine deutsche Psalmenübersetzung, *Der Psalter Davids Gesangweis Auff die in Lutherischen Kirchen gewöhnlichen Melodeyen zugerichtet* (L 1602), als Gegenstück zu dem von A. Lobwasser ins Deutsche übertragenen calvinischen Genfer Psalter von Cl. Marot und Th. de Bèze. B.s Psalmen wurden u. a. vertont von S. Calvisius (1605) und von H. Schütz (1628), der für die meisten eine neue Melodie schrieb.

BECKER (Bäkker), **Diedrich,** * 1632 Hamburg, † 12. 5. 1679 ebd.; dt. Violinist und Komponist. Nach seiner musikalischen Ausbildung in Hamburg wurde er Organist in Ahrensburg (Holstein). Nachdem er im Dienst einiger anderer Fürstenhöfe gestanden hatte, war er 1658–62 Mitglied der herzoglichen Kapelle in Celle. Danach lebte er wieder in Hamburg, zunächst als Violinist, seit 1667 als „Director musices" des Senats. Als Chr. Bernhard Hamburg 1674 verließ, wurde B. dessen Nachfolger als „Director musices" am Dom.

WW: *Musikalische Frühlings-Früchte,* Kammersonaten für 3–5 Instr. mit B.c. (H 1668, An 1673); 2 Slgen. v. *Sonaten u. Suiten* für 2 Instr. mit doppeltem B.c. I (H 1674), II (1679) (unvollst. erhalten); mehrere Lieder in: *Dichterisches Rosen- u. Lilienthal,* hrsg. v. Ph. von Zesen (H 1670); Choräle in: *Auszug etlicher geistlicher Lieder für das Zuchthaus* (H 1677); einige geistliche Kantaten in Hss. (Berlin, Uppsala).

Ausg.: Eine Sonate für V., Viola da gamba u. B.c., hrsg. v. A. EINSTEIN, in: BIMG 2/1 (L 1905); eine Sonate, hrsg. v. E. RABSCH (L 1932); eine Sonate, hrsg. v. G. FOCK (L 1944).

BECKER, Günther, * 1. 4. 1924 Forbach (Baden), dt. Komponist. B. studierte 1948–53 in Heidelberg und 1953–56 in Detmold bei W. Fortner. Anschließend lebte er 12 Jahre lang in Griechenland, wo er zusammen mit J. G. Papaioannou das Studio für Neue Musik in Athen gründete. 1968 kehrte er in die Bundesrepublik Deutschland zurück. Seit 1974 ist er Professor für Komposition und Live-Elektronik an der Musikhochschule Rheinland, Robert-Schumann-Institut Düsseldorf.

WW: *Moirologi* (1964) für hohe Frauenst., Klar. in Es u. B, Baßklar. u. Harfe; *stabil-instabil* (1965) für Orch.; *Correspondances I* (1966), für Klar. in Es u. B, Baßklar., Altsaxophon in Es u. Kammerensemble; *Correspondance II* (1968–69), für Kammerensemble, Fassung für Sologitarre u. Streichquartett als *Paraphrase* (1973); *Correspondance III* (1969) für elektronisch gesteuerte Streichinstr.; *Transformationen* (1970), für Orch., Solistenensemble mit Kontaktmikrofonen u. Tonband; *à la mémoire de Josquin* (1974), für Org.; *Passagen* (1975–76, für Sprachklänge, Tasteninstr., Schlagzeug u. elektronische Modulationsgeräte; *Epiklesis Alpha* (1976), für Kammerensemble u. Tonband.

Lit.: U. STÜRZBECHER, Werkstattgespräche mit Komponisten (Kö 1971, Mn ²1973); K. GLAUBER, G. B. – Komponist im technischen Zeitalter, in: Kultur Information Ruhr (1971), H. 7; G. B. Eine Dokumentation (Düsseldorf 1976).

BECKER, Heinz, * 26. 6. 1922 Berlin; dt. Musikforscher. Er studierte 1945–49 an der Hochschule für Musik in Berlin-Charlottenburg und von 1948–51 Musikwissenschaft an der Humboldt-Universität. Nach der Promotion (1951) war er Assistent an der Universität Hamburg, wo er sich 1961 habilitierte. 1966 wurde er als ordentl. Professor an die Universität Bochum berufen und gründete dort das Musikwissenschaftliche Institut. B., dessen besonderes Interesse der Geschichte der Oper gilt, ist Beiratsmitglied der Stiftung Preußischer Kulturbesitz. Zu seinem 60. Geburtstag wurde er durch eine Festschrift geehrt (hrsg. v. R. Quandt und J. Schläder [Laaber 1982]).

Schriften: *Der Fall Heine–Meyerbeer* (B 1958); *Geschichte der Instrumentation* (Kö 1964) (= Das Musikwerk 26); *Studien zur Entwicklungsgeschichte der antiken und mittelalterlichen Rohrblattinstrumente* (H 1966); *Giacomo Meyerbeer. Briefwechsel und Tagebücher,* bisher 4 Bde. (B 1960–85); *Zur Geschichte der Klarinette im 18. Jh.,* in: Mf 8 (1955); *Die frühe Hamburgische Tagespresse als musikgeschichtliche Quelle,* in: Beitr. zur Hamburg. Musikgeschichte (1956); *Das Chalumeau im 18. Jh.,* in: FS H. Husmann (Mn 1970); *Historische und systematische Aspekte der Instrumentenkunde,* in: Studia instrumentorum musicae popularis 2 (Sto 1972); *Das Volksmusikinstrument in der Rezeption des Musikhistorikers,* in: ebd.; *G. Meyerbeer in Selbstzeugnissen u. Bilddokumenten* (Reinbek 1980); *G. Meyerbeer. Ein Leben in Briefen* (Wilhelmshaven 1983). – Er gab heraus: *Klarinettenkonz. des 18. Jh.* (1957) (= EDM 41); *Beitr. zur Gesch. der Musikkritik* (Rb 1965); *Beitr. zur Gesch. der Oper* (ebd. 1969); *Die Couleur locale in der Oper des 19. Jh.* (ebd. 1976); *Die Oper. Krit. Ausg. v. Hauptwerken der Operngesch.* (Mn 1975 ff.).

BECKERATH, dt. Orgelbaufirma in Hamburg, gegründet 1949 von **Rudolf von B.** (* 19.2.1907 München, † 20.11.1976 Hamburg). Die Firma baute vor allem Orgeln mit mechanischer Traktur (u.a. Hamburg, Musikhalle, St. Petri; Düsseldorf, Johanneskirche; München, St. Ludwig) und war auch im Ausland tätig (Schweden, Kanada, USA). B. wurde ferner bekannt durch die Orgelrestaurationen in Lüneburg (St. Johannis, Orgel von H. Niehoff, 1551–53), Steinkirchen (Orgel von A. Schnitger, 1687), Altenbruck bei Cuxhaven, außerdem in Dänemark und Schweden.

Lit.: N. DUFOURQ, Au Canada. B. et Casavant, in: L'orgue (1962) Nr. 102.

BECKERATH, Hermann von, * 26.9.1909 Hamburg, † 13.7.1964 München; dt. Violoncellist. Er studierte 1927–33 Violoncello und Gambe bei P. Grümmer an der Kölner Musikhochschule, war 1934–41 Solocellist der Münchener Philharmoniker, 1936–38 auch des Bayreuther Festspielorchesters. 1943–45 lehrte er an der Musikhochschule in Wien, seit 1946 in München. B. galt als einer der profiliertesten Cellisten seiner Zeit. Einen besonderen Ruf erwarb er sich als Bach-Spieler.

BÉCLARD D'HARCOURT, Marguerite, * 24.2. 1884 Paris, † 2.8.1964 ebd.; frz. Komponistin. Ihre Ausbildung erhielt sie an der Schola Cantorum in Paris bei A. M. Decaux, V. d'Indy und M. Emmanuel. Sie bevorzugte eine modale Schreibweise, die im Zusammenhang mit ihren Untersuchungen über peruanische und franko-kanadische Folklore steht: *50 Mélodies pop. indiennes* (P 1923); *24 Chansons pop. du Vieux Québec* (P 1936).

WW: Kompositionen zahlr. Lieder: *3 Sonnets de la Renaissance* (1930); *Les Enfants dans l'enclos* (1934–35); Streichquartett (1930); *Sonate à trois* (1938); Sonatine für Fl. u. Klv. (1946); 3 *Mouvements symphoniques* (1932); *2e Symphonie „Les Saisons"* (1951–52) (unveröff.); für das Theater: *Raïmi ou la Fête du Soleil* (1925–26) (Scènes choréographiques); *Dierdane* (action lyrique) (1937–41). – Schriften (zus. mit ihrem Mann Raoul d'Harcourt): *La Musique des Incas et ses survivances* (P 1925); *Chansons populaires françaises du Canada. Leur langue musicale* (P 1956).

BEDA VENERABILIS, OSB, * um 672 Girwick (Diözese Durham), † 26.5.735 Kloster Jarrow; angelsächsischer Theologe und Historiker. Er lebte die meiste Zeit seines Lebens im Kloster Jarrow. B.s zahlreiche Schriften, die von nachhaltigem Einfluß auf die mittelalterliche Geistesgeschichte waren, haben seinen Rang als Kirchenlehrer begründet. Sein Hauptwerk, die *Historia ecclesiastica gentis Anglorum* (Neuausg. in: Migne PL 95) enthält wichtige Aussagen über den Gregorianischen Choral und seine Verbreitung in England. B. wird auch als Verfasser eines Traktats *Musica theorica* (in: Migne PL 90) angesehen.

BEDFORD, David, * 4.8.1937 London, engl. Komponist. Er studierte 1958–61 an der Royal Academy of Music in London und 1961 an der Royal Academy of Music in London und 1961 bei L. Nono in Venedig. Er lehrt am Queen's College in London und ist Mitglied einer Pop-Gruppe, der auch der Stargitarrist Mike Oldfield angehört. Versuche, Elemente der Popmusik mit solchen der zeitgenössischen Avantgarde zu verbinden, sind für seine neueren Kompositionen charakteristisch.

WW: *Music for Albion Moonlight* (1965), für Sopran, Fl., Klar., V., Vc., Klv. u. Melodica; *Jack of Shadows* (1972), für Va. u. 8 Bläser; *Star's End*, für 2 elektrische Gitarren, Schlagzeug u. Orch.; *Star Clusters, Nebulas and Places in Devon* (1972), für Orch.; *Variations on a Rhythm by Mike Oldfield* (1974); *Odyssee* (1975), für 5 Synthesizer, 5 Tasteninstr., Gitarre, 3 Blockfl., Schlagzeug u. Gesang; *Circe Variations* (1976), für V., Vc., Klar. u. Klv.

BEDINGHAM, John, engl. Komponist des 15. Jahrhunderts. Von ihm haben sich hsl. erhalten 2 Messen (*Deuil angouisseux;* die zweite ohne Titel), sowie 4 Chansons, die wohl weit verbreitet waren. Die Messe *Deuil angouisseux* verwendet Sopran und Tenor einer Ballade von G. Binchois und ist ein frühes Beispiel für eine Parodie-Messe.

Ausg.: Messe *Deuil angouisseux,* hrsg. v. R. VON FICKER, in: DTÖ 31 (1924, ²1960); Chansons *Le Serviteur,* in: DTÖ 7 (1900), *Grand temps,* in: DTÖ 11/1 (1904, ²1959), *Mon seul plaisir,* hrsg. in Faks. v. W. APEL, The Notation of Polyphonic Music (C/M 1953); 3 Konkordanz-Stimmen zu *O rosa bella* von J. Dunstable, in: Mus. Brit. 8 (1953) u. in: DTÖ 7 (1900, ²1959).

Lit.: F. L. HARRISON, Music in Medieval Britain (Lo 1958); E. SPARKS, Cantus Firmus in Mass and Motet (Berkeley – Los Angeles 1963).

BEDON (frz.) **1)** Eine Art der Großen Trommel, die bis ins 17. Jh. in Gebrauch war. – **2)** B. de Biscaye; tambour de basque, ↗Schellentrommel.

BÉDOS DE CELLES, Dom **François,** * 24. 1. 1709 Caux bei Béziers, † 25. 11. 1779 St-Denis; OSB; frz. Gelehrter und Orgelbauer. Er trat in das Kloster von St-Maur à la Daurade in Toulouse ein und wurde 1726 zum Priester geweiht. 1748 baute er die Orgel der Abtei St-Croix zu Bordeaux (Mechanik und Pfeifenwerk befinden sich seit der Französischen Revolution in der Kathedrale von Bordeaux). Sein Rat als Orgelsachverständiger war in ganz Frankreich begehrt. Er wurde korrespondierendes Mitglied der Académie von Bordeaux und von Paris. Sein Traktat *L'Art du Facteur d'Orgues* (3 Bde. 1766–78) mit zahlreichen Zeichnungen ist grundlegend für die Geschichte der Orgel und des Orgelbaus.

Ausg.: *L'Art du Facteur d'Orgues*, Faks.-Ausg. hrsg. v. CH. MAHRENHOLZ (Kas 1963–66); *Die Kunst des Orgelbauers (L'Art du Facteur d'Orgues)*, hrsg. v. R. Rensch, 2 Bde. (Laufen 1977).

Lit.: F. RAUGEL, Recherches sur quelques maîtres de l'ancienne facture d'orgues française (P 1925); M. PUGET, Dom B. et l'orgue des Cordeliers de Toulouse, in: L'orgue (1960).

BEECHAM, Sir **Thomas,** * 29. 4. 1879 St. Helens (Lancashire), † 8. 3. 1961 London; engl. Dirigent. Sohn eines reichen Industriellen. Als Musiker im wesentlichen Autodidakt, erwarb er sich außergewöhnliche Verdienste um die Musikpflege in England. 1899 gründete er sein erstes eigenes Orchester, 1906 das New Symphony Orchestra, 1909 das Beecham Symphony Orchestra, dem er eine eigene Operntruppe, die B. Opera Company (die spätere British National Opera Company) anschloß. Er dirigierte u. a. die englischen Erstaufführungen von *Salome* und *Elektra* von R. Strauss, brachte Schaljapin und Diaghilews Ballets Russes nach England. 1928 wurde er Chefdirigent des ebenfalls von ihm gegründeten London Symphony Orchestra, mit dem er ausgedehnte Konzertreisen unternahm. 1942–44 war B. am Metropolitan Opera House in New York. 1946 gründete er das Royal Philharmonic Orchestra, mit dem er erneut große Konzertreisen unternahm und bedeutende Schallplattenaufnahmen einspielte. Gegen Ende seines Lebens lebte er in Frankreich. Seine Biographie über *Frederick Delius* (Lo 1959, NY 1960) ist das Dokument einer engen Freundschaft. Zur Verbreitung der Werke von Delius rief er auch den „Delius Trust" ins Leben. Er schrieb eine zweibändige Autobiographie: *A Mingled Chime* (Lo 1944).

BEECKE, Ignaz Franz von, * 28. 10. 1733 Wimpfen (Neckar), † 2. 1. 1803 Wallerstein (Bayern); dt. Komponist und Pianist. Er war Offizier in kurbayerischen und württembergischen Diensten und gehörte seit 1759 zum Hof des Fürsten von Öttingen-Wallerstein; 1773 wurde er dort Musik-Intendant und hatte großen Einfluß auf das reiche Musikleben an diesem Hof. Zahlreiche Kunstreisen führten B. nach Paris, Wien, nach Mannheim, Mainz, Ansbach, Berlin. Er wurde bekannt mit Dittersdorf, Jommelli (der vielleicht sein Lehrer war), Gluck, Haydn und Mozart, mit dem er 1775(?) in München ein Wettspiel auf dem Klavier austrug und mit dem er noch 1790 in Frankfurt konzertierte. Als Pianist genoß B. einen geradezu legendären Ruf, wie besonders von Chr. F. D. Schubart bezeugt wird, und er galt als Schöpfer einer eigenen Spielweise („Beeckische Manier"), die freilich von Mozart nicht goutiert wurde. Auch als Komponist war B. zu seinen Lebzeiten äußerst geschätzt.

WW (nur die gedruckten, meist undatiert): **1) Instr.-WW:** *Six simphonies à grand orchestre* (Paris); 6 Quartette für Fl., Viol., Viola und Vc. (Speyer); 4 Duos für Cemb. und Viol. (Paris); 6 Sonaten für Cemb., op. 2 (Paris); 10 *Pièces de clavecin* (Paris); *Ariette avec 15 variations* für Klv. (Heilbronn); *Air avec dix variations*, für Klv. (Augsburg); Marsch für Cemb. (Heilbronn). – **2) Vokal-WW:** *Friedenskantate*, für Chor u. Orch. (Augsburg); *Der brave Mann*, für Soli, Chor u. Orch. (Mz 1784); *Klagen über den Tod der... Nanette von Gluck*, für Singstimme, Streichquart. und Klv. (Au 1776); *Musikalische Apotheose des Ritters Gluck*, für Singst. u. Orch. (Mainz); 4 Sammlungen von Liedern nach verschiedenen Dichtern (Augsburg); *Six airs françois* für Singst. und Klv. (Berlin – Amsterdam); mehrere einzelne Lieder, darunter *Louis XVI. à son peuple („O mon peuple, que vous ai-je donc fait)*. – B.s Singspiele sind nicht erhalten, u. a. eine Vertonung von Goethes *Claudine von Villa Bella* (UA: Wien 1780).

Ausg.: *Streichquartett* Nr. 6 in G-Dur, hrsg. v. A. GOTTRON (Kas 1960) (= Hortus mus. 170), *Quintetto* für Fl., Ob., V., Va. u. Vc., hrsg. v. DEMS. (Hei 1961).

Lit.: CHR. F. D. SCHUBART, Ideen zu einer Ästhetik der Tonkunst 1784) posth. hrsg. v. L. Schubart (Wien 1806); F. MUNTER, I. von B. u. seine Instrumentalkompositionen in: ZfMw 4 (1921/22) (= Diss. München 1921); E. F. SCHMID, I. von B., in: Lebensbilder aus dem Bayerischen Schwaben I (Mn 1951).

BEER (Behr, Baer, Bähr, Ursus, Ursinus) **Johann,** * 28. 2. 1655 St. Georgen (Oberösterreich), † 6. 8. 1700 Weißenfels; östr. Violinist, Komponist und Schriftsteller. B. wurde im Benediktinerkloster Lambach und in Regensburg erzogen und begann 1677 mit dem (ev.) Theologiestudium in Leipzig, wo er auch Schüler des Thomaskantors Sebastian Knüpfer war, trat aber noch im selben Jahr in die Hofkapelle Herzog Augusts in Halle ein. Ihm folgte er als Konzertmeister und Bibliothekar nach Weißenfels. B. erweist sich in seinen auch literarhistorisch aufschlußreichen Romanen und in seinen Streitschriften als eine originelle Persönlichkeit, die sich in ihrer Musikauffassung betont modern gab.

WW: Roman *Der Symplicianische Welt-Kucker oder abenteuerliche Jan Rebhu*, Teil 1 (Hl 1677), 2 (1678), 3 u. 4 (1679); Streitschriften (gegen G. Vockenrodt): *Ursus murmurat* (Weißenfels 1697); *Ursus vulpinatur... darinnen... Vockenrodes Apologie der Balg abgejagt wird* (ebd. 1697); Schriften über Musik: *Bellum musicum* (1701). Nachdr. zus. mit *Musikalische Diskurse* (Nürnberg 1719); ferner: *Deutsche Epigrammata* (Weißenfels 1691); einzelne Gedichte im Druck und ein hsl. erhaltener Traktat. – An Kompositionen haben sich erhalten: 3 Begräbnis-Arien für Singst. mit B.c. u. (teilweise) Instr. (Regensburg 1675–76); Solomotetten mit Instr., ein Psalm, einzelne Instr.-Werke (hsl.).

Ausg.: Teilabdruck der *Musikalischen Diskurse*, in: Cäcilienkalender 10 (1885), u. in: KmJb 1–4 (1886–89); J. B., Sein Leben, von ihm selbst erzählt, hrsg. v. A. SCHMIEDECKE – R. ALEWYN (Gö 1965); *Prinz Adimantus u. der Königlichen Princeßin Ormizella Liebes-Gesch.*, hrsg. v. H. PÖRNBACHER (St 1967) (= Reclams Universal-Bibl. Nr. 8758); *Die Geschichte u. Histori v. Land-Graff Ludwig der Springer ...*, Faks. der Ausg. Weißenfels 1698, hrsg. v. M. BIRCHER (Mn 1968).

Lit.: R. ALEWYN, J. B. Studien zum Roman des 17. Jh. (L 1932); H. KRAUSE, J. B. Zur Musikauffassung im 17. Jh. (Diss. L 1935); H. FEDERHOFER, It. Musik am Hofe des Fürstbischofs v. Gurk, J. J. v. Lamberg, in: Collectanea historiae musicae 2 (1967); A. SCHMIEDECKE, J. B. und die Musik, in: Mf 18 (1965).

BEER, Johann Joseph, * 18.5.1744 Grünwald (Böhmen), † 28.10.1812 Berlin; böhmischer Musiker. Er war zunächst Trompeter im österreichischen und französischen Heer und wurde dann Klarinettist. B. trat bis 1779 in Paris in den Concerts spirituels auf und konzertierte anschließend in ganz Europa. Seit 1780 war er am Hof in St. Petersburg, seit 1792 königlich-preußischer Kammermusikus in Berlin. Er schrieb Konzerte und Stücke für Klarinette. 1805 wirkte er in Wien bei der ersten Aufführung von Beethovens Bläsersextett op. 71 mit.

Lit.: R. A. MOOSER, Annales de la musique et des musiciens en Russie au XVIIIe siècle (G 1951); P. WESTON, Beethoven's Clarinettists, in: The Musical Times 111 (1970).

BEER-WALBRUNN, Anton, * 29.6.1864 Kohlberg bei Weiden (Oberpfalz), † 22.3.1929 München; dt. Komponist. Er war zunächst Organist am Dom in Eichstätt, studierte 1888–91 u.a. bei J. Rheinberger in München und lehrte dort seit 1901 an der Akademie der Tonkunst Klavier, Musiktheorie und Komposition. B. komponierte u.a. Stücke für Klavier und Orgel, Kammermusik, eine Symphonie, Vokalmusik und Schauspielmusiken.

Lit.: Autobiogr., in: NMZ 38 (1917); W. ZENTNER, A. B.-W., in: ZfM 108 (1941); L. SCHIEDERMAIR, A. B.-W., in: Musikalische Begegnungen (Kö – Krefeld 1949).

BEETHOVEN, Ludwig van, getauft 17.12.1770 Bonn, † 26.3.1827 Wien. Die Familie van Beethoven ist flämischen Ursprungs. Beethovens Großvater Ludwig stammte aus Mecheln, wo er am 5.1.1712 getauft wurde. Er war Chorknabe in Mecheln, Chorleiter in Löwen, Bassist in Lüttich und seit 1733 in Bonn, wohin er mit seiner Familie übergesiedelt war (nebenher betrieb er dort noch einen Weinhandel). Verheiratet war er mit Maria Josepha Poll, über die wenig bekannt ist. 1761 wurde er als Nachfolger J. Touchemoulins Hofkapellmeister, jedoch nur für die Kirchenmusik. Er starb am 24.12.1773 in Bonn. Von seinen drei Kindern überlebte einzig das jüngste das Kindesalter: Johann (* um 1740, † 18.12.1792). Johanns Ehe mit Maria Magdalena Keverich aus Ehrenbreitstein (getauft 19.12.1746, † 17.7.1787), deren Ahnen angesehenen Familien an Mosel und Rhein angehörten, entstammten 7 Kinder, von denen vier im frühesten Alter starben. Von den überlebenden war Ludwig das älteste. Er wurde am 17. 12. 1770 getauft, so daß man als Geburtstag den 16. 12. annehmen darf. Es folgten *Kaspar Anton Karl* (* 8.4. 1774, † 15. 11. 1815 Wien) und *Nikolaus Johann* (getauft 2. 10. 1776, † 12. 1. 1848 Wien).

Die Erfolge des Wunderkindes Mozart, die noch in frischer Erinnerung waren, bewogen Vater Johann, der Mitglied der Bonner Hofkapelle (Tenor) war, mit Ludwig Ähnliches zu versuchen. Er unterrichtete ihn sehr früh im Klavierspiel und ließ ihn am 26. 3. 1778 öffentlich auftreten (dabei gab er ihn um fast 2 Jahre jünger aus). Da dem väterlichen Unterricht der Erfolg versagt blieb, wurden Bekannte als Lehrer hinzugezogen: Gilles van den Eeden und Tobias Friedrich Pfeiffer (Klavier), Franz Georg Rovantini (Geige), Willibald Koch und der Münsterorganist Zensen für das Orgelspiel. Jedoch erst der im Oktober 1779 in Bonn eingetroffene Chr. G. Neefe brachte die entscheidende Wendung: in ihm fand der junge Beethoven einen idealen Lehrer, der ihn nicht nur gründlich und in pädagogisch einfühlsamer Weise im Klavierspiel und in Musiktheorie unterrichtete, sondern ihm vor allem auch menschlich ein hilfreicher Freund und Förderer wurde.

Eine Konzertreise im Herbst 1783 nach Rotterdam brachte nicht den erhofften finanziellen Erfolg. Dagegen vertrat B. Neefe schon 1782 an der Orgel u. wurde 1784 fest besoldetes Mitglied der Hofkapelle des Kurfürsten Maximilian Franz, der junge Talente väterlich förderte und als großzügiger Schirmherr der Künste und Wissenschaften Bonn zum Zentrum eines regen Geisteslebens machte. Durch Neefe kam B. in freundschaftlichen Kontakt mit der geistigen Elite der Stadt, vor allem mit der Familie der Hofrätin Helene von Breuning. An der kurfürstlichen Universität besuchte er auch philosophische Vorlesungen. 1787 erfolgte die erste Studienreise nach Wien zu Mozart, die aber durch die Erkrankung der Mutter frühzeitig abgebrochen werden mußte. Nach ihrem Tode im selben Jahr ergab sich der Vater immer mehr dem Trunk, so daß die Sorge für die jüngeren Brüder fast ganz auf Ludwig lastete. Im November 1792 fand die zweite Reise nach Wien statt. Zwei Jahre später fegten französische Truppen das Kurfürstentum Köln hinweg. Damit war auch B.s Anstellung in der Hofkapelle hinfällig geworden, und eine Rückreise nach Bonn kam nicht mehr in Frage.

Die Zahl der in Bonn geschriebenen Werke ist verhältnismäßig gering, verglichen mit dem Reichtum an Jugendwerken Mozarts. Außer zahlreichen Liedern und den Klaviersonaten WoO 47, den sog. Kurfürstensonaten, sind es die drei Klavierquartette WoO 36, ein nur im Solopart erhaltenes Klavierkonzert in Es-dur WoO 4 (1943 rekonstruiert und herausgegeben von W. Hess), ein Violinkonzertfragment in C-dur WoO 5, ein Trio für Klavier, Flöte und Fagott WoO 37, das später als op. 103 herausgegebene Bläseroktett in Es-dur, die Musik zu einem Ritterballett WoO 1 und die beiden von E. Hanslick wiederaufgefundenen Kaiserkantaten WoO 87 und 88. Dazu kamen zahlreiche Entwürfe, die z. T. erst in Wien ausgearbeitet worden sind.
In Wien fand B. Verhältnisse vor, wie sie für ein aufstrebendes Genie kaum günstiger sein konnten. Der überaus musikliebende Adel hielt sich größtenteils eigene Orchester, Bläser-Ensembles oder Streichquartette. In diesen Kreisen faßte B., mit Empfehlungen seiner Gönner aus Bonn wohlversehen, rasch Fuß und machte sich durch sein meisterhaftes Klavierspiel, vor allem durch seine Improvisationen ebenso wie durch Kompositionen einen geachteten Namen. Zugleich betrieb er mit eiserner Energie seine weitere musikalische Ausbildung: Auf den Unterricht bei Joseph Haydn folgten kontrapunktische Studien bei Johann Schenk und Georg Albrechtsberger sowie Unterweisungen in italienischer Gesangskomposition bei Antonio Salieri. Am 29. 3. 1795 trat B. erstmals im Burgtheater öffentlich als Pianist auf; im selben Jahre erschienen seine drei Klaviertrios op. 1 im Druck, die ersten Kompositionen, die er als vollgültig anerkannte und mit einer Opuszahl versah. 1796 folgten dann Konzertreisen nach Nürnberg, Prag, Dresden und Berlin; am 2. 4. 1800 fand die Uraufführung seiner ersten Symphonie op. 21 statt, und im selben Jahr wurden die 6 Streichquartette op. 18 vollendet, die B. mit einem Schlag zum Meister dieser von Haydn so gepflegten Kompositionsgattung machten. Um diese Zeit ließ er seine beiden Brüder aus Bonn nach Wien kommen, wo er sie so lange unterstützte, bis sie sich selbständig gemacht hatten. Güte und Hilfsbereitschaft waren typisch für B.s edlen Charakter.
So schien sich dem jungen Meister eine strahlende Zukunft aufzutun, aber in den Sternen stand es anders geschrieben: B.s Gehör begann zu schwinden, unmerklich zuerst, aber nach und nach immer mehr bis zu fast völliger Taubheit. Was B. in jenen Jahren durchlitten hat, offenbart ergreifend jenes als *Heiligenstädter Testament* bekannt gewordene Schriftstück vom Oktober 1802, in welchem er den Brüdern seine seelische Not offenbart und mit seinem Tode rechnet. Seine Natur überwand aber auch diesen Schlag, und bekannt ist sein Ausspruch: „Ich will dem Schicksal in den Rachen greifen, ganz niederbeugen soll es mich gewiß nicht." Die Virtuosenlaufbahn allerdings mußte er aufgeben, und sein ganzes Leben und Schaffen widmete er fortan dem Komponieren. Abgesehen von einigen kleineren Reisen nach Ungarn, Eisenstadt, Teplitz und in die nähere Umgebung Wiens blieb er von nun an dauernd in Wien.
Die Jahre von 1796 bis 1814 bedeuten nicht nur eine immer größere Vervollkommnung seines kompositorischen Könnens, sondern auch eine immer größere Wirkung seiner Werke nach außen. B. wurde einer der anerkanntesten und gefeiertsten Komponisten seiner Zeit. 1801 erhielt er einen ehrenvollen Auftrag: Salvatore Viganò, der berühmte Ballettmeister in Wien, versuchte eine Reform des Balletts im Sinne einer Verinnerlichung und Läuterung, und B. folgte freudig der Aufforderung, zum Ballett *Die Geschöpfe des Prometheus*, das den veredelnden Einfluß der Künste auf die menschliche Seele zum Gegenstand hat, die Musik zu schreiben. Die Ouvertüre zu diesem Ballett war die erste von insgesamt elf Ouvertüren, die B. komponierte. 1802 wurde die 2. Symphonie op. 36 beendet, 1803 entstand das Oratorium *Christus am Ölberge* op. 85, das eine eigenartige Mischung dramatischer, oratorischer und konzertanter Elemente vereinigt. Bis Mitte des 19. Jh. erlebte es zahlreiche Aufführungen, ist aber seit der Händel-Renaissance fast völlig aus den Programmen verschwunden. Mit der Anfang 1804 beendeten 3. Symphonie op. 55, der *Eroica*, hatte sich B.s Stil zu höchster Individualität entwickelt; die Vorbilder Haydn und Mozart, in den früheren Werken noch deutlich erkennbar, sind nun überwunden.
B.s wachsende Berühmtheit und der Erfolg der von ihm selber veranstalteten Konzerte bewogen E. Schikaneder, den Leiter des Theaters an der Wien, dem gefeierten Komponisten 1803 einen Opernauftrag zu erteilen. Da das Theater jedoch im Februar 1804 in andere Hände überging, wurde B.s Engagement gegenstandslos und die Vertonung von Schikaneders Libretto *Vestas Feuer* (Hess 115) unvollendet beiseite gelegt. Zudem lernte B. ein anderes Textbuch kennen, das ihn fesselte: *Léonore ou l'amour conjugal* von J. N. Bouilly, dem eine historische Begebenheit zugrunde liegt. J. Sonnleithner arbeitete es in Wien für B. um und machte aus dem Singspiel einen wirklichen Operntext mit zwei großen Finali, die B. die Möglichkeiten musikalisch-dramatischer Entfaltung gaben. Unter dem Titel *Fidelio oder die eheliche Liebe* wurde das Werk am 20. 11. 1805 im Theater an der

Wien uraufgeführt, brachte aber keinen Erfolg. Die allgemeine Meinung war, die Oper sei zu lang, und B. unterzog sie einer Neufassung und Straffung, wobei er aus drei Akten zwei machte. Die Uraufführung dieser Neufassung in zwei Akten erfolgte am 29.3.1806 und erlebte nur eine einzige Wiederholung; danach blieb das geniale Werk bis zum Jahre 1814 liegen.
Trotz dieses Mißerfolgs feierten B.s Werke Triumph über Triumph, in Österreich wie im Ausland. Die Verleger wetteiferten im Werben um diesen Komponisten; materielle Not, wie so viele andere Große, hat B. nie durchmachen müssen. Als er gewillt war, im Herbst 1808 einem ehrenvollen Ruf Jérôme Bonapartes an den Kasseler Hof nachzugeben, taten sich einige seiner Wiener Gönner zusammen, um ihn durch Gewährung einer lebenslangen Rente von jährlich 4000 Gulden für immer Wien zu erhalten. Am 1.3.1809 wurde das entsprechende Dekret durch Unterzeichnung des Erzherzogs Rudolph und der Fürsten Franz Joseph Lobkowitz und Ferdinand Kinsky rechtskräftig. Durch eine bald darauf eintretende Geldentwertung sank die Rente aber schließlich auf $^2/_5$ ihres ursprünglichen Wertes, was Prozesse B.s mit seinen Mäzenen und ihren Erben zur Folge hatte.
1810 schrieb B. die Musik zu Goethes *Egmont* op. 84. Von seiner glühenden Verehrung für den Dichter zeugen nicht nur viele Vertonungen von dessen Gedichten, sondern auch einige rührende Briefe. Goethe hat diese Verehrung nur sehr bedingt erwidert; Beethovens Musik stand seinem Naturell nicht nahe genug, und eine persönliche Begegnung beider im Juli 1812 in Teplitz wurde eine Enttäuschung, namentlich für Beethoven. In dieselbe Zeit fällt auch die Abfassung des als *Brief an die unsterbliche Geliebte* bekannt gewordenen Schriftstückes. An wen dieser Brief gerichtet war und ob er überhaupt abgesandt worden ist, blieb eine bis heute offene Frage. Siegmund Kaznelsons These, Gräfin Josephine von Brunsvik, verwitwete Deym, verehelichte Stackelberg, sei die Empfängerin gewesen, ist durch in neuerer Zeit bekannt gewordene Briefe B.s an die Gräfin widerlegt worden. Trotz tiefer Sehnsucht nach ehelichem Glück und einer hohen Auffassung von der Liebe blieb B. unverheiratet. Sein wenig ausgeprägter Sinn für häusliche Dinge, das nie abreißende Dienstbotenelend und seine ruhelosen Wohnungswechsel bergen eine große Tragik in sich. Im Sommer lebte er meist auf dem Lande, in der Umgebung Wiens. Er liebte leidenschaftlich die freie Natur, wovon auch seine 6. Symphonie op. 68, die *Sinfonia pastorale* (1807/08) ein beglückendes Zeugnis ablegt.
Im Jahre 1814 erlebte B. den Höhepunkt seines Ruhmes, und bis zu jenem Jahre hatte er auch den größeren Teil seines Lebenswerkes vollendet, darunter 8 der neun Symphonien, die C-dur-Messe op. 86, 9 der 11 Ouvertüren, das Violinkonzert op. 61 und sämtliche 5 Klavierkonzerte, alle 10 Violinsonaten, 3 der 5 Violoncellosonaten, 27 von 32 Klaviersonaten und nahezu die gesamte Kammermusik. Es konnte nicht ausbleiben, daß sich in diesen Jahren auch Kompositionsaufträge häuften. So schrieb er 1812 zur Einweihung des neuen Theaters in Pest die Musik zu den beiden Festspielen *König Stephan, Ungarns erster Wohltäter* op. 117 und *Die Ruinen von Athen* op. 113 von August v. Kotzebue. Auf Wellingtons Sieg bei Vittoria entstand 1813 die heute ziemlich vergessene *Schlachtsymphonie* op. 91, die am 8.12.1813 zusammen mit der 7. Symphonie op. 92 uraufgeführt wurde und ungeheures Aufsehen erregte. Zur Eröffnung des Wiener Kongresses 1814 komponierte er die Kantate *Der glorreiche Augenblick* op. 136 und zum Einzug der verbündeten Heere in Paris 1814 und 1815 die Schlußgesänge zu den patriotischen Einaktern *Die gute Nachricht* WoO 94 und *Die Ehrenpforten* WoO 97 von Friedrich Treitschke. *Fidelio* wurde nochmals von Grund auf überarbeitet; in dieser dritten Fassung mit der 4. Ouvertüre, die im Unterschied zu den drei vorher entstandenen *Leonoren-Ouvertüren* als *Fidelio-Ouvertüre* bezeichnet wird, begann das Werk seinen Siegeszug über alle Bühnen Europas. Während der Festlichkeiten des Wiener Kongresses gab es kaum ein Konzert ohne ein Werk Beethovens.
Mit dem Jahre 1815 aber änderte sich das Bild. Es begann die schwerste und drückendste Zeit im Leben Beethovens. Viele alte Freunde starben oder verließen Wien. Es wurde einsamer um ihn. Die Aufführungen seiner Werke wurden seltener; Rossinis sinnlich-gefällige Musik schlug die Wiener in ihren Bann. Die Taubheit wurde praktisch vollständig, bald konnte B. nur noch schriftlich mit der Umwelt verkehren. 1818 beginnt die Reihe der sogenannten Konversationshefte, von denen heute noch 137 (ursprünglich sollen es über 400 gewesen sein) vorhanden sind und die einen ergreifenden Einblick in B.s Alltagsleben gewähren. Hinzu kam die Sorge um den Neffen Karl, das einzige Kind seines gleichnamigen Bruders, dessen Vormundschaft B. sich nach dem Tode seines Bruders aufgebürdet und die endlose Prozesse mit Karls Mutter zur Folge hatte. Seine Schaffenskraft ließ nach, 1817 war ein Tiefstand erreicht. Aber dann regten sich neue Kräfte: Die Arbeit an der zweiten Messe, der *Missa solemnis* op. 123, und an der 9. Symphonie op. 125 begann und beschäftigte ihn von 1819 bis 1824. Die ursprünglich zur Inthronisationsfeier

des Erzherzogs Rudolph zum Erzbischof von Olmütz am 9.3.1820 geplante Messe nahm außergewöhnliche Dimensionen an und wurde erst 1823 beendet. Ihre erste Aufführung erfolgte nicht in Wien, sondern in St. Petersburg (am 7.4.1824). Anfang 1824 wurde auch die 9. Symphonie beendet. Sie erlebte ihre Uraufführung am 7.5.1824 im Kärntnertortheater in Wien, zusammen mit einigen Sätzen der *Missa solemnis* und der Ouvertüre zu *Die Weihe des Hauses* op. 124, einem Festspiel, das B. schon Ende September 1822 zur Eröffnung des neuen Theaters in der Josephstadt geschrieben hatte und das im wesentlichen eine Neufassung der *Ruinen von Athen* darstellt. Mit der 9. Symphonie hat B. über sich selbst gesiegt, sich durch Nacht und Elend durchgerungen zum Glauben an den Sinn des Lebens, zur Bejahung der Freude als eines himmlischen Geschenkes an den Menschen. Was in der 5. Symphonie in c-moll rein symphonisch durchgeführt ist: der Sieg des Lichtes über die Mächte der Finsternis, das steigert sich in der 9. bis zum Begrifflichen des Wortes: das Werk endet mit der Vertonung der Ode *An die Freude* von Schiller. Auch die Reihe der letzten vier Klaviersonaten wurde in den Jahren 1818–22 abgeschlossen.

Die späten Lebensjahre B.s gehörten in der Hauptsache den Streichquartetten, dem Persönlichsten und Subtilsten, das er geschaffen hat. Krankheit und Kummer wegen des Neffen, dessen Selbstmordversuch Ende Juli 1826 B. zutiefst traf, verdüsterten seine letzten Lebensjahre. Im Herbst 1826 nahm B. die Einladung seines Bruders Johann auf dessen Landgut in Gneixendorf bei Krems an, reiste aber am 1. Dezember in einem offenen Wagen bei bitterer Kälte nach Wien zurück. Eine beginnende Lungenentzündung konnte im Keime erstickt werden, aber immer deutlicher entwickelte sich hierauf die Wassersucht, die in der Folge vier Operationen nötig machte, ohne daß dadurch das Übel aufgehalten werden konnte. Am 26.3.1827 verschied Ludwig van Beethoven. Am 29.3. wurde er beerdigt; über 20000 Menschen nahmen an den Feierlichkeiten teil, die von Grillparzer verfaßte Grabrede trug der Schauspieler Heinrich Anschütz vor.

WW (Schreibweise der kursiv gesetzten Titel nach dem Werkverzeichnis von Kinsky-Halm; die Jahreszahlen geben die Entstehungszeit an): **1) Instr.-WW:** a) Für Klv. zu zwei Händen: 32 Sonaten (1795–1822), darunter: *Sonate pathétique* c-moll, op. 13 (1798–99); *Sonata quasi una fantasia* (die sog. *Mondscheinsonate*) cis-moll, op. 27/2 (1801); Sonate C-Dur (die sog. *Waldsteinsonate*), op. 53 (1803–04); Sonate f-moll *(Appassionata)*, op. 57 (1804–05); Sonate Es-Dur *(Les Adieux)*, op. 81a (1809–10); *Große Sonate für das Hammerklavier* B-Dur, op. 106 (1817–18); Sonate c-moll, op. 111 (1821–22); 5 Sonatinen (1783–92), 2 weitere, vielleicht aus der Bonner Zeit, sind zweifelhaft; 24 Variationen-Werke für Klv. (1782–1823), darunter: sechs Variationen F-Dur, op. 34 (1802); 15 Variationen mit einer Fuge (über das Thema, das u.a. auch im Finale der *Eroica* verwendet wird) Es-Dur, op. 35 (1802); *33 Veränderungen über einen Walzer v. A. Diabelli* C-Dur, op. 120 (1819–23); Kleinere Stücke für Klv.: *Sieben Bagatellen*, op. 33 (ausgearbeitet 1802); *Elf neue Bagatellen*, op. 119 (1800–22); *Sechs Bagatellen*, op. 126 (1823–24); *41 Bagatellen, Rondos, Praeludien*, usw. (1783–1825), *Rondo Nr. 1 C-Dur* u. *Rondo Nr. 2 G-Dur*, op. 51 (1796–1800); *Fantasie* g-moll/H-Dur, op. 77 (1809); *Polonaise C-Dur*, op. 89 (1814); *Rondo a capriccio* (= *Die Wut über den verlorenen Groschen*) G-Dur, op. 129 (zw. 1795 u. 1798); *Sechs Menuette*, WoO 10 (1795); *Sechs Ecossaisen* (alle in Es-Dur), WoO 83 (o. J.). – Original-Klv.-Auszüge v. Instr.-WW: *Musik zu einem Ritterballett*, WoO 1 (1790/91); *12 Menuette für Orch.*, WoO 7 (1795); *12 Deutsche Tänze für Orch.*, WoO 8 (1795); *7 ländlerische Tänze für 2 V. u. Basso*, D-Dur, WoO 11 (1798) (nur die Klv.-Fassung erhalten); *12 Deutsche Tänze für Orch.*, WoO 13 (1796–1800) (nur die Klv.-Fassung erhalten); Ballett *Die Geschöpfe des Prometheus*, op. 43 (1800/01); *6 Kontretänze* (Nr. 1, 4, 7–10 v. WoO 14) (1800/01); *6 ländlerische Tänze für 2 V. u. Basso*, D-Dur, WoO 15 (1802); *Wellingtons Sieg oder die Schlacht bei Vittoria*, op. 91 (wohl 1814). – b) Für Klv. zu vier Händen: *Acht Variationen über ein Thema des Grafen v. Waldstein*, C-Dur, WoO 67 (1791–92); *Sonate* D-Dur, op. 6 (wahrsch. 1796–97); *Drei Märsche* (C-Dur, Es-Dur, D-Dur), op. 45 (1802, 1803); ein Lied, *Ich denke dein* (nach J. W. Goethe), mit 4 bzw. 6 Variationen, D-Dur, WoO 74 (den Gräfinnen Josephine Deym u. Therese Brunsvik gewidmet); *Große Fuge*, op. 134, nach der Fuge op. 133 (1826) (dem Erzherzog Rudolph von Österreich gewidmet). – c) Für Org.: *2 Präludien durch alle Durtonarten*, op. 39 (1789, revidiert 1803); *Zweistimmige Fuge* D-Dur, WoO 31 (1783). – d) Für die Spieluhr: *Adagio F-Dur* (1799); *Scherzo G-Dur* (1799); *Allegro G-Dur*, alle WoO 33 (1799); *Grenadiermarsch* F-Dur für die Flötenuhr (Hess 107). – e) Für Klv. u. V.: *Zwölf Variationen über das Thema „Se vuol ballare“* aus Mozarts Oper *„Le Nozze di Figaro“* F-Dur, WoO 40 (1792–93) (E. v. Breuning gewidmet); *Rondo* G-Dur, WoO 41 (1793 oder 1794); *Sechs Deutsche Tänze*, WoO 42 (1795 oder 1796); 10 Sonaten (1797–1812), darunter *Sonate* F-Dur (sog. *Frühlingssonate*), op. 24 (1800–01) (dem Grafen M. v. Fries gewidmet); *Sonate* A-Dur (sog. *Kreutzer-Sonate*), op. 47 (1802–03). – f) Für Klv. u. Va.: *Notturno* D-Dur, op. 42 nach der *Serenade*, op. 8 (Übertragung nur v. B. revidiert). – g) Für Klv. u. Vc.: *Zwei Sonaten* (F-Dur, g-moll), op. 5 (1796); *Variationen über ein Thema aus Händels „Judas Makkabäus“* G-Dur, WoO 45 (um 1796); *Variationen über „Ein Mädchen oder Weibchen“* F-Dur, op. 66 (1798?); *Sonate* F-Dur, op. 17 (nach der Hornsonate op. 17) (1800), NA mit Horn- u. Vc.-St. (Winterthur 1976); 7 Variationen über das Duett *Bei Männern, welche Liebe fühlen*, Es-Dur, WoO 46 (wohl 1801); *Sonate* A-Dur, op. 69 (1807–08); *Zwei Sonaten* (C-Dur, D-Dur), op. 102 (1815). – h) Für Klv. u. Mandoline: *Sonatine in einem Satz*, c-moll (um 1796); *Adagio* Es-Dur, beide WoO 43 (um 1796); *Sonatine in einem Satz* C-Dur (1796); *Andante con variazioni* (Thema mit 6 Variationen) D-Dur, beide WoO 44 (1796). – i) Für Klv. u. Blasinstr.: *Sonate* B-Dur für Fl. u. Klv. (o. J.), Echtheit umstritten, falls v. Beethoven, stammt sie aus der Bonner Zeit; *Sonate* F-Dur für Klv. u. Horn F-Dur, op. 17 (1800) (gleichzeitig mit der Fassung für Vc.) (der Baronin Josefine v. Braun gewidmet); *Serenade nach dem Trio op. 25* D-Dur, op. 41 (1803) (Übertragung nur v. B. revidiert); *6 variierte Themen* für Klv. allein oder mit Fl. oder V., op. 105, u. *10 variierte Themen* für Klv. allein oder mit Fl. oder V., op. 107 (1817–18). – j) Für Klv.-Trio: *Trio* G-Dur für Klv., Fl. u. Fag., WoO 37 (zw. 1786/87 u. 1790); *Allegretto* in Es-Dur (1790/92); *Trio* in Es-Dur, WoO 38 (1790/91); *3 Trios* (Es-Dur, G-Dur, c-moll), op. 1 (1795); *Trio* B-Dur für Klv., Klar. oder V. u. Vc., op. 11 (1798); 14 *Variationen über ein Originalthema* Es-

Dur, op. 44 (1792–1803); *Trio* Es-Dur für Klv., Klar. oder V. u. Vc., op. 38, nach dem Septett op. 20 (1802–03); *2 Trios* (D-Dur u. Es-Dur), op. 70 (1808); 10 (12) *Variationen mit Introduktion über das Lied „Ich bin der Schneider Kakadu"* (aus W. Müllers Singspiel *Die Schwestern v. Prag*) G-Dur, op. 121a (vor 1816); *Trio* B-Dur, op. 97 (1810–11); *Trio* in einem Satz B-Dur, WoO 39 (1812). – k) Für Klavierquartette und für Klavierquintett: 3 *Quartette* (Es-Dur, D-Dur, C-Dur) für Klv., V., Va. u. Vc., WoO 36 (1785); *Quartett* Es-Dur für dieselbe Besetzung, op. 16 (1796); *Quintett* Es-Dur für Ob., Klar., Horn, Fag. u. Klv., op. 16 (1796). – l) Für 2 Streich-Instr.: *„Duett mit 2 obligaten Augengläsern"* Es-Dur für Va. u. Vc., WoO 32 (um 1795–98); *Kleines Stück* A-Dur (7 Takte) für zwei V., WoO 34 (1822); *Instrumentalkanon* A-Dur, vermutlich für 2 V., WoO 35 (1825). – m) Für 3 Streichinstrum.: *Trio* Es-Dur für V., Va. u. Vc., op. 3 (1794?); *Praeludium u. Fuge* e-moll für 2 V. u. Vc., (Hess 29) (um 1795); *Drei Trios* (G-Dur, D-Dur, c-moll), op. 9 (1796–98), dazu *2.* Trio zum Scherzo op. 9 Nr. 1 (Hess 28); *Serenade* D-Dur für V., Va. u. Vc., op. 8 (um 1796–97). – n) Für Streichquartett: *Praeludium u. Fuge* F-Dur (Hess 30) (um 1795); *Praeludium u. Fuge* C-Dur (Hess 31) (um 1795); *6 Quartette* (F-Dur, G-Dur, D-Dur, c-moll, A-Dur, B-Dur), op. 18 (1798–1800); Quartett F-Dur, op. 18 Nr. 1, 1. Fassung (Hess 32) (1799); *Quartett* F-Dur, nach der Klv.-Sonate op. 14, Nr. 1 (1801–02); 3 *Quartette* (F-Dur, e-moll, C-Dur), op. 59 (1805–06); *Quartett* Es-Dur (sog. *Harfenquartett*), op. 74 (1809); *Quartett* f-moll, op. 95 (1810); *Quartett* Es-Dur, op. 127 (1822–25); *Quartett* B-Dur, op. 130 (1825–26); *Große Fuge* B-Dur, op. 133 (1825); *Quartett* a-moll, op. 132 (1825); *Quartett* cis-moll, op. 131 (1826); *Quartett* F-Dur, op. 135 (1826). – o) Für Streichquintett: *Quintett* Es-Dur für 2 V., 2 Va. u. Vc., op. 4 (1795–96) nach dem *Oktett* op. 103; *Quintett* C-Dur, op. 29 für dieselbe Besetzung (1800–01); *Vorspiel für 2 V., 2 Va. u. Vc. zu einer Fuge* (die nicht komp. ist) d-moll (Hess 40) (1817); *Quintett* c-moll für dieselbe Besetzung, op. 104 (Aug. 1817) nach dem *Klv.-Trio* op. 1, Nr. 3; *Fuge* D-Dur für dieselbe Besetzung, op. 137 (Nov. 1817). – p) Kammermusik für Blasinstrumente: *3 Duos* (C-Dur, F-Dur u. B-Dur) für Klar. u. Fag., WoO 27 (um 1800?); *Duo* für 2 Flöten G-Dur, WoO 26 (1792); *Trio* C-Dur für 2 Ob. u. Englisch Horn, op. 87 (1794); *Variationen über Là ci darem la mano* aus Mozarts *Don Giovanni* C-Dur für 2 Ob. u. Engl. Horn, WoO 28 (1796–97); 3 *Equale* (d-moll, D-Dur, B-Dur) für 4 Pos., WoO 30 (1812); *Quintett* Es-Dur für Ob., 3 Hörner u. Fag. (Hess 19) (um 1796); *Sextett* Es-Dur für 2 Klar., 2 Hörner u. 2 Fagotte, op. 71 (1796); *Marsch* B-Dur für dieselbe Besetzung, WoO 29 (um 1807); *Oktett* Es-Dur für 2 Ob., 2 Klar., 2 Hörner u. 2 Fagotte, op. 103 (1792); *Rondino* Es-Dur für dieselbe Besetzung, WoO 25 (1792). – q) Für Blas- u. Streichinstrum.: *Sextett* Es-Dur für 2 V., Va., Vc. u. 2 Hörner, op. 81b (1794 oder 1795); *Serenade* D-Dur für Fl., V. u. Va., op. 25 (um 1795–96); *Septett* Es-Dur für V., Va., Klar., Horn, Fag., Vc. u. Kontrabaß, op. 20 (1799–1800); *11 Tänze (Mödlinger Tänze)* für 7–8 Streich- u. Blasinstr., WoO 17 (1819). – r) Für Orch.: Für V. u. Orch.: *V.-Konzert* C-Dur, WoO 5 (um 1790–92) (Takt 1–259 des 1. Satzes, der Rest ist verschollen); *Romanze* G-Dur, op. 40 (um 1800); *Romanze* F-Dur, op. 50 (1798); *V.-Konzert* D-Dur, op. 61 (1806). – Für Klv. u. Orch.: *Konzert* Es-Dur, WoO 4 (1784) (nur die Solostimme ist erhalten); *Rondo* B-Dur, WoO 6 (um 1794); *Konzert Nr. 1* C-Dur, op. 15 (um 1795–96); *Konzert Nr. 2* B-Dur, op. 19 (Endfassung 1798–1801); *Konzert Nr. 3* c-moll, op. 37 (1803–04); *Konzert Nr. 4* G-Dur, op. 58 (1805–06); *Konzert* D-Dur, op. 61 (1807) (nach dem V.-Konzert übertragen v. Komp.); *Konzert Nr. 5* Es-Dur, op. 73 (1809). – Sonstige Konzerte: *Romance cantabile* für Klv., Fl., Fag. mit kleinem Orch. (Fragment) (1792–93, oder 1786–87); *Tripelkonzert* C-Dur für Klv., V. u. Vc., op. 56 (1803–04); *Fantasie* c-moll für Klv., Chor u. Orch. (Chorfantasie), op. 80 (1808–09). – Symphonien: Nr. 1 C-Dur, op. 21 (1799–1800); Nr. 2 D-Dur, op. 36 (1801–02); Nr. 3 Es-Dur, op. 55 *(Eroica)* (1803–04); Nr. 4 B-Dur, op. 60 (1806); Nr. 5 c-moll, op. 67 (1804–08); Nr. 6 F-Dur, op. 68 *(Pastorale)* (1807–08); Nr. 7 A-Dur, op. 92 (1811–12); Nr. 8 F-Dur, op. 93 (1811–12); Nr. 9 d-moll, op. 125 (1822–24) mit Soloquartett u. Schlußchor über Fr. Schillers Ode *An die Freude*. – Ouvertüren: Zum Ballett *Die Geschöpfe des Prometheus*, C-Dur, op. 43 (1800–01); 1. Ouvertüre zur Oper *Leonore*, C-Dur, op. 138 (1805); 2. Ouvertüre zur Oper *Leonore*, C-Dur, op. 72a (1805); 3. Ouvertüre zur Oper *Leonore*, C-Dur, op. 72b (1806); Zu H. J. von Collins Trauerspiel *Coriolan*, c-moll, op. 62 (1807); Zu J. W. v. Goethes Trauerspiel *Egmont*, f-moll, op. 84 (1809–10); Zum Festspiel *König Stephan*, Es-Dur, op. 117 (1811); Zum Festspiel *Die Ruinen von Athen*, G-Dur, op. 113 (1811); Zur Oper *Fidelio*, E-Dur, op. 72c (1814); *Zur Namensfeier*, C-Dur, op. 115 (1814–15); Zum Festspiel *Die Weihe des Hauses*, C-Dur, op. 124 (1822). – Kleinere Stücke für Orch.: *12 Menuette*, WoO 7 (1795) (s. o. „Klv.-Auszüge"); *12 Deutsche Tänze*, WoO 8 (1795) (von B. auch für Klv. bearb.); *6 Menuette* für 2 V. u. Basso, WoO 9 (1795); *12 Menuette*, WoO 12 (1799); *12 Contretänze*, WoO 14 (1800–01); *6 ländlerische Tänze* für 2 V. u. Basso, WoO 15 (1802) (s. o. „Klv.-Auszüge"); 9 WW für Harmoniemusik; *Wellingtons Sieg oder die Schlacht bei Vittoria* für großes Orch., op. 91 (1813); *Gratulationsmenuett* Es-Dur, WoO 3 (1822).

2) Vokal-WW: Geistl. WW: *Christus am Ölberge*, op. 85, 1. Fassung (1803), 2. Fassung (1804) (Text von F. X. Huber), Oratorium für 3 Solost., Chor u. Orch.; *Messe* C-Dur für 4 Solost., Chor u. Orch., op. 86 (1807); *Missa solemnis* D-Dur für 4 Solost., Chor u. Orch., op. 123 (1819–23). – Kantaten: *Kantate auf den Tod Kaiser Josephs II.* für Solost., Chor u. Orch., WoO 87 (1790) (Text von S. A. Averdonk); *Kantate auf die Erhebung Leopolds II. zur Kaiserwürde* für Solost., Chor u. Orch., WoO 88 (1790) (Text von S. A. Averdonk); *Der glorreiche Augenblick* für 4 Solost., Chor u. Orch., op. 136 (1814) (Text von A. Weißenbach); *Meeresstille und glückliche Fahrt* für gemischten Chor u. Orch., op. 112 (1814) (Text von J. W. v. Goethe). – Gesänge mit Orch.: *Ah, perfido!*, Szene u. Arie für Sopran u. Orch., op. 65 (1796) (Text: 1. Teil von Metastasio, 2. Teil: unbekannt); *Primo amore*, Szene u. Arie für Sopran u. Str.-Orch., WoO 92 (1795–1800); *No, non turbarti*, Szene u. Arie für Sopran u. Str.-Orch., WoO 92a (1801–02) (Text von Metastasio); *Ne' giorni tuoi felici*, Duett für Sopran, Tenor u. Orch., WoO 93 (1802–03) (Text von Metastasio); *Bundeslied (In allen guten Stunden)* für 2 Solo- u. 3 Chorst. mit Begleitung v. 2 Klar., 2 Fag. u. 2 Hörnern, op. 122 (1797/1822) (Text von J. W. v. Goethe); *Tremate, empi, tremate* für Sopran, Tenor u. Baß mit Orch., op. 116 (1801/1814) (Text von Bettoni); *Elegischer Gesang (Sanft, wie du lebtest)* für 4 Singst. u. Streich-Quartett, op. 118 (1814); *Chor auf die verbündeten Fürsten (Ihr weisen Gründer glücklicher Staaten)*, WoO 95 (1814) (Text von C. Bernard); *Opferlied (Die Flamme lodert)* für Solosopran, Chor und Orch., op. 121b (1824) (Text von F. v. Matthisson). – Volksliedbearbeitungen: Ungefähr 200 Volksliedbearbeitungen (insbesondere irische, walisische, schottische Lieder); Volksliedbearbeitungen für eine oder mehrere St. u. kleinen Chor mit Klv., V. u. Vc. – Lieder und Gesänge mit Klv.: ca. 90 Lieder und Gesänge für eine Stimme mit Klv.-Begleitung (1783–1823), darunter: *An die Hoffnung (Die du so gern in heil'gen Nächten feierst)* (Text von Ch. A. Tiedge), 1. Komp., op. 32 (1805), 2. Komp. *(Ob ein Gott sei?)*, op. 94 (1813–15); *Adelaide (Einsam wandelt dein Freund)* (Text von F. v. Matthisson), op. 46 (1795–96); *6 Lieder* nach Texten v. Ch. F. Gellert, op. 48 (1803); *Drei Gesänge nach Gedichten v. J. W. v. Goethe*, op. 83 (1810); *An die ferne Geliebte, ein Liederkreis von A. Jeitteles*, op. 98 (1816). – 24 Lieder u. Gesänge für 1–4 St. ohne Begleitung auf Texte Metastasios (1793–1802). – 6 a cappella-Gesänge (1794–1814). – Ungefähr 70 Kanons u. Scherz-Kanons für 2–6 St. ohne Begleitung (1795–1825).

3) Bühnen-WW: Opern: *Vestas Feuer* (Hess 115) 1. Szene einer Oper für E. Schikaneder (1803) (zur Auff. vorbereitet u. hrsg. v. W. Hess, 1953); *Fidelio*, op. 72 (Libr.: J. Sonnleithner, nach N. J. Bouilly): 1. Fassung unter dem Titel *Leonore* (1803–05), in 3

Aufzügen, Klv.-Auszug v. E. Prieger (Partitur im Suppl. der GA, Bd. 11–12, hrsg. v. W. Hess, Wie 1967); 2. Fassung unter dem Titel *Leonore* (1806) (Text neu bearbeitet v. St. v. Breuning), in 2 Aufzügen, Klv.-Auszug v. O. Jahn (Partitur ebd., Bd. 13, hrsg. v. W. Hess, 1970); 3. Fassung *Fidelio* (1814) (Text neu bearbeitet v. F. Treitschke), in 2 Aufzügen, Klv.-Auszug v. I. Moscheles, Partitur (1826). – Ballette: *Musik zu einem Ritterballett,* WoO 1 (1890–91); *Die Geschöpfe des Prometheus,* op. 43 (1800–01). – Musik zu Dramen u. Festspielen: *Musik zu Goethes Egmont,* op. 84 (1809–10); *Musik zu Dunckers Drama Leonore Prohaska,* WoO 96 (1815); *Die Ruinen von Athen,* op. 113 (1811) (Libr. v. A. v. Kotzebue), Ouvertüre u. 8 Musiknummern; *König Stephan, Ungarns erster Wohltäter,* op. 117 (1811) (Libr. v. A. v. Kotzebue); *Die Weihe des Hauses* (1822) (Libr. v. C. Meisl). – Einzelne WW als Einlagen zu Schauspielen: 2 *Baß-Arien* mit Orch. (um 1790); 2 *Arien* zu I. Umlaufs Singspiel *Die schöne Schusterin,* WoO 91 (1896); *Triumphmarsch* zu Ch. Kuffners *Trauerspiel Tarpeja,* C-Dur, WoO 2 (1813); *Entreact* zu einem unbekannten Schauspiel, D-Dur, WoO 2b (1813); *Schlußgesang* zu F. Treitschkes Singspiel *Die gute Nachricht,* WoO 94 (1814); *Schlußgesang* zu F. Treitschkes Singspiel *Die Ehrenpforten* für Baßstimme, Chor u. Orch., WoO 97 (1815).

W. HESS

Beethovens Charakter und Talent führten ihn zu rascher Selbstfindung. Günstig für sein Naturell war die dauerhafte Prägung durch den liberalen rheinischen Katholizismus, doch auch die Nähe zu den Ereignissen der Französischen Revolution, die ihn – bei aller unmittelbaren Betroffenheit – zum aufgeklärten Moralisten und entschiedenen Republikaner machten. Dennoch begann sein Schaffen im Einklang mit der Tradition, von der er sich in dem Maße löste, wie seine musikalischen Ideen an Substanz und Dimension hinzugewannen, bis er in seinem Spätwerk zu nie gekannter künstlerischer Freiheit und Autonomie gelangte.

Herangewachsen in der vielschichtigen Überlieferung unter der Herrschaft eines bald verlöschenden galanten Stils in der kurkölnischen Residenz Bonn, die sich ihre musikalischen Impulse bis dahin nicht selbst zu geben pflegte, sondern sie wesentlich von außen empfing, nahm B. Divertimenti von Mozart, französische Opern (Grétry, Méhul) oder italienische Kirchenmusik aus dem Hofkapellrepertoire ebenso in sich auf wie die Sinfonien der Mannheimer und Messen der Süddeutschen. Für seine Kompositionen wurde er durch seinen Lehrer Chr. G. Neefe mit dem kontrapunktischen Stil J. S. Bachs und mit der kantablen Klaviermusik C. Ph. E. Bachs vertraut. In kontrapunktischen Fragen suchte er zudem Rat in den Traktaten der norddeutschen Theoretiker J. Mattheson und des C.-H.-Graun-Schülers J. Ph. Kirnberger (R. Kramer).

B.s Werk umfaßt alle musikalischen Gattungen, die in beträchtlicher Vielfalt schon in Bonn vertreten sind. In rund zehn Jahren schöpferischer Arbeit entstanden hier seit 1782 Variationen und Sonaten für Klavier, ein unvollständig überliefertes Klavierkonzert in Es-Dur, Klavierquartette sowie Lieder und das *Ritterballett.* 1790 traten die beiden großangelegten Kantaten *Auf den Tod Kaiser Josephs II.* und *Auf die Erhebung Leopolds II. zur Kaiserwürde* hinzu. Hervorzuheben sind ferner die kammermusikalischen Werke mit Bläserbeteiligung, denen B. auch in seinen ersten Wiener Jahren besondere Aufmerksamkeit schenkte, und eine wahrscheinliche Frühfassung des Klavierkonzerts B-Dur op. 19 (1790).

Der Übergang von Bonn nach Wien (1792) vollzog sich in B.s Schaffen ohne stilistischen Bruch. Rückgriffe auf Bonner Entwürfe, die Umarbeitung des Bläseroktetts zum Streichquintett op. 4 und eine erste Revision des Klavierkonzerts B-Dur (1794/95) standen neben der Fortsetzung der Bläserkammermusik für 2–7 Instrumente. Wenngleich manche dieser Werke ihrer Besetzung nach zur Divertimento- und Harmoniemusik gehören, verfolgte B. neben der Komposition dieser vielgefragten Genremusik zur Unterhaltung des Publikums auch den Zweck, sich Vertrautheit im Umgang mit den Bläsercharakteren und den wechselnden Klangkombinationen zu erwerben, um diese neugewonnene Kenntnis unmittelbar in sein symphonisches Schaffen hinüberzuführen. Bezeichnend dafür ist, daß die langgehegte Konzeption der 1. Symphonie (vollendet Anfang 1800) mit der Komposition des Septetts op. 20 zusammenfiel. Gleichzeitig begann B. die Arbeit an den 6 Streichquartetten des op. 18, die sich über die Jahre 1798–1800 erstreckte. Die barocke Praxis, mehrere Werke unter einer Opuszahl zyklisch gruppiert zu veröffentlichen, wurde von B. bei geläufigen kammermusikalischen Gattungen noch gern angewandt, wich aber nach den 2 Klaviertrios op. 70 (1808) – die beiden Violoncellosonaten op. 102 (1815) stellen eine Ausnahme dar – vollends der Einzelveröffentlichung. Durch diese Art der Veröffentlichung konnte daher die betonte Individualität und Originalität eines einzelnen Werkes zum Ausdruck gebracht werden: Eine *Sonate pathétique* (1798/99) hätte schon zu dieser Zeit keinen Nebenbuhler geduldet. Bei der zusammengefaßten Veröffentlichung von Liedern schuf B. eine neue Kategorie dieser Gattung: den Liederzyklus.

Nach einzelnen in Bonn und Wien entstandenen Liedern, unter ihnen *Adelaide* op. 46 (1795/96), begegnet mit den *6 Gellert-Liedern* op. 48 (vor Mai 1802 bis Juni 1803) zum ersten Mal ein Zyklus. Er ist in der Auswahl der einzelnen Lieder aus den im 18. Jh. hochberühmten *Geistlichen Oden und Liedern* von Chr. F. Gellert für B.s Religiosität charakteristisch. In der musikalischen Gestaltung fällt der starke deklamatorische Grundzug im Verhältnis von Wort und Ton auf, zudem erprobte B. hier zum ersten Mal die schlußbildende Kraft des Variationsprinzips. Den *Gellert-Liedern* folgten ein lokkerer Verband von *6 Gesängen* op. 75, darunter Goethes *Mignon,* die *3 Gesänge* op. 83 (nach Goethe) und der Liederkreis *An die ferne Geliebte* op. 98 (1816), der – vom Dichter schon als Zyklus (auf Veranlassung B.s?) konzipiert – eine erste Vollendung dieser von B. geschaffenen Form darstellt. Mehr als 80 Lieder durchziehen B.s Werk bis zu diesem Höhepunkt in breiter Streuung. Für die Folgezeit ist eine Ausweitung früherer Liedentwürfe ins Kantatenhafte *(Bundeslied, Opferlied)* und die Verbindung von Gesang und satztechnischen Künsten im Kanon bezeichnend.

B.s Wirken als Pianist bedingte eine fruchtbare Wechselbeziehung seiner reinen Klavierkompositionen, allen voran der Klaviersonate, mit anderen instrumentalen Gattungen, besonders der Orchestermusik. Die Klaviersonate bildet sozusagen das kompositorische Ferment bis in seinen Spätstil. Sie gerann oft genug aus Improvisationen und Fantasien (siehe die beiden *Sonate quasi una fantasia* op. 27) zu fester Form. Als von B. bevorzugte Gattung war sie für ihn zugleich das eigentliche Feld, auf dem er seine großen Anstöße fand und sein Potential im Hinblick auf formale Gestaltung, Harmonik, Figuration, Melodisierung von Begleitstimmen, rhythmische und dynamische Kontrastbildungen oder Polyphonisierung des Satzes entwickelte. Aus der großen Instrumentalmusik übertrug er umgekehrt orchestrale Klangvorstellungen auf das Tasteninstrument, die einerseits in klangliche Verdichtung und Ballung, andererseits bis in die Extrembereiche der Register gingen. Die 32 Klaviersonaten dokumentieren daher wie keine zweite Gattung seinen kompositorischen Werdegang. Besonders die Sonate op. 101 übte auf Schubert, später auf Mendelssohn und Schumann großen Einfluß aus.

Die lange Entstehungszeit der drei ersten Klavierkonzerte (1790–1804) erklärt sich daraus, daß B. sie ausschließlich für seinen eigenen Bedarf als Klaviervirtuose (erster öffentlicher Auftritt in Wien am 29.3.1795) geschrieben hat, wobei er die Solostimmen zum größten Teil improvisierte, ehe er sie anläßlich der Drucklegung zwischen 1801 und 1804 auskomponierte. In den ersten Sätzen gehören diese Konzerte zum Typ des „Concert militaire“, der vor allem Mozarts Klavierkonzerten entlehnt ist. Mit dem 4. (1805/06) und 5. (1809) Klavierkonzert beförderte B. die pianistische Technik entscheidend. In ihnen ist mit unverwechselbarer Tonsprache eine ähnlich kontrastierende Charakterisierung erreicht, die auch die Symphonien in der paarigen Folge von lyrisch-idyllischem und dramatisch-heroischen Grundzug kennzeichnet.

Die Triebkraft für B.s kompositorische Entwicklung bis in den Spätstil liegt in der wachsenden Konzentration auf die thematische Substanz der Einzelstimme (ein Aspekt, der schon im frühen Schaffen mit der „Vereinzelung“ der Stimmen charakteristisch zutage tritt). Der stufenweise Vollzug dieser Abstraktion geht über die zunehmend kritischere Auseinandersetzung mit der Dialektik der Sonatensatzform, über die monothematische Variation bis zur polyphonen Behandlung der Einzelstimmen im Spätstil der letzten Quartette. Die gattungsbedingte Unbeweglichkeit des Konzerts, verursacht durch die Vereinigung des *Concerto*-Prinzips mit dem der Sonate, wurde von B. als Behinderung bei seiner späteren Auseinandersetzung mit eben dieser Sonatenform empfunden. Dafür kann der Verzicht auf diese Gattung, nachdem 1815 auch eine Wiederaufnahme im Fragment eines Klavierkonzerts in D-Dur abgebrochen worden war, als Zeuge gelten.

Das Palladium des B.schen Schaffens ist die Symphonie. Der gegenüber Haydn und Mozart geringen Anzahl von Symphonien steht eine bis zur Monumentalität der 9. Symphonie gewachsene Ausdehnung der Form gegenüber. B. machte die Symphonie in steigendem Maße zum Ideenträger seiner Zeit und zugleich zum Repräsentanten seiner eigenen heroischen Individualität. Bereits in der 1. Symphonie, bei der die zeitgenössische Kritik eine gewisse Überwucherung der Streicher durch die Bläser konstatierte, zeigt sich die Klangauffächerung der Sonatensatzform im Wechsel der beiden Hauptgruppen des Orchesters. Dem Instrumentalisten B. gelang es, innerhalb einer orchestralen Standardbesetzung durch Entdeckung neuer Wirkungen (gewonnen aus der Bläserkammermusik) eine farbenreichere Klangsprache zu erzielen. Der zunächst einzigartige Fall der drei Hörner in der *Eroica* stellte sich als ein Vorläufer der Besetzungserweiterung durch Pikkoloflöten und Posaunen in der 5. und 6. Symphonie dar. In der 7. und 8. Symphonie wurde das Orchester wieder standardisiert. Die paarige Zusammengehörigkeit der Symphonien kommt also auch besetzungsmäßig zum Ausdruck. Erst in den orchestralen Spätwerken, der *Missa solemnis,* der *Ouvertüre die Weihe des Hauses* und in der 9. Symphonie wurden die Hörner vervierfacht und Posaunen bzw. das Kontrafagott hinzugenommen. Im Gegensatz zu den Klavierkonzerten spielt in den Symphonien ein unmittelbarer Einfluß der französischen Militärmusik aus Märschen, Signalen und Opern (Méhul, Cherubini, Gossec u. a.) eine dominierende, wenn nicht charakterisierende Rolle, vornehmlich in der 1.–5. und in der 7. Symphonie (A. Schmitz).

Die Reihe der Violinsonaten führt mit dem abschließenden op. 96 zur Wende in den Spätstil. Es ist wahrscheinlich, daß an dieser Schwelle auch die Endfassungen des Streichquartetts op. 95 und des Klaviertrios op. 97 anzusiedeln sind.
Der Übergang zum Spätstil vollzog sich in einem Konflikt zwischen B.s neuem künstlerischem Anspruch und persönlichen Lebensereignissen sowie zeitbedingten Auftragswerken (*Wellingtons Sieg,* 1813; Kantaten, darunter *Der glorreiche Augenblick* als offizielle Kantate zum Wiener Kongreß, 1814), deren Ausführung ihn zwar auf die Höhe seiner Laufbahn trugen, indes nicht über Stagnation und Dürre in dieser Periode hinwegzutäuschen vermögen. *Wellingtons Sieg* ist ein politischer Kommentar B.s, der vom Publikum als ein freiheitliches Stimulans verstanden wurde. Nicht zuletzt daraus erklärt sich der zeitbedingte Jubel um dieses Werk sui generis, das unter symphonischem Aspekt zu leichtgewichtig ist, jedoch als mitreißendes politisierendes Tongemälde gesehen werden muß, womit es die Geschichte der ↗Battaglia ehrenwert fortgeschrieben hat. Neben diesen äußeren Anstößen, zu denen auch die vielen Volksliedbearbeitungen zu rechnen sind, wurde B.s produktive Kontinuität spärlich, aber markant, durch die Komposition von Klaviersonaten und Liedern aufrechterhalten.
B. verstand sich in gleicher Weise als Symphoniker wie als Vokalkomponist. Den langen Entwicklungszügen bei instrumentalen Gattungen stehen die Einzelbeispiele in den vokalen Großgattungen Oratorium, Oper und auch seinen in großen Abständen aus äußeren Anlässen geschriebenen Messen gegenüber. Als Vokalkomponist blieb B. jedoch im Hintergrund im Vergleich zum Instrumentalkomponisten, weil er dort stärker in die Tradition eingebunden war, sogar bewußt in sie zurücktrat. Sein Oratorium *Christus am Ölberge,* in Form und Ausdruck dem italienischen „Oratorio della passione" verpflichtet, enthält auch Reminiszenzen an den von ihm hochgeschätzten Händel. Mit der Oper *Fidelio* steht B. deutlich in der Tradition der französischen Rettungsoper der Revolutionszeit, deren von P. Gaveaux bereits vertontes Libretto J. N. Bouillys ihn stofflich wegen der Humanitätsidee fasziniert und zum exemplarischen Schauspiel des Freiheitsgedankens angeregt hat. Kein zweites Mal genügte ihm ein Textbuch für seine idealistischen Ansprüche. B. gelang im *Fidelio* eine gewisse Synthese der heroischen Opéra-comique mit dem deutschen Singspiel, die in ihrer Art einmalig blieb. Die weitere Entwicklung der deutschen Oper knüpfte denn auch nicht an den *Fidelio,* sondern in erster Linie an Webers etwa gleichzeitig komponierte romantische Opern an, die sich auch der frühe Wagner zum Vorbild nahm.
Schon in der C-Dur-Messe, stärker aber in der *Missa solemnis,* behandelte B. den Text mit einer deklamatorischen Intensität, die ihn selbst an den A cappella-Stil Palestrinas denken läßt. Auch die *Amen*-Fugen in Gloria und Credo, die Verwendung musikalisch-rhetorischer Kunstmittel (vgl. W. Kirkendale) sowie der musikalische Ausdruck der ↗Akklamation vor allem in den Gloria-Sätzen, der (nach A. Schmitz) wiederum auf Händel verweist, sind Signum der Tradition.
Die 9. Symphonie, mit der B., ähnlich wie bei der Komposition von Streichquartetten, nach einer neunjährigen Pause auf diese Gattung zurückkam, übertrifft in der Größe der formalen Konzeption, in dem orchestralen Rahmen, in der thematischen Abstraktion und Intensität der Verarbeitung ihre Vorgänger und realisiert im Finale die seit 1792 gehegte Idee der Vertonung von Schillers Ode *An die Freude.* Neu an diesem Finale für die Symphonie ist die klangliche Verschmelzung von instrumentalen und vokalen Stimmen, die auf konzertantem Gebiet einen thematisch sehr verwandten Vorläufer in B.s *Chorfantasie* op. 80 (1808) hat. Die Einbringung des Textes dient der Konkretisierung des Ideengehalts, der in früheren Symphonien nur unbestimmt vermittelt wird. Die unmittelbare Sinngebung der Musik durch das Wort schafft das Wechselspiel mit der höheren Sinngebung des Wortes durch die Musik. Die *vox humana* erscheint also ästhetisch als neues Klangelement im symphonischen Kontext und ist inhaltlich der objektive Träger des Ideengehalts. Der bis zu dionysischer Exaltation gesteigerte Freudenhymnus stellt den profanen Teil der Bekenntnismusik B.s dem religiös-spirituellen in der *Missa solemnis* an die Seite. Gleichwohl bleibt im Finale der Neunten satztechnisch und formal die Bindung an die Tradition offenkundig, vor allem durch die Verwendung des Variationsprinzips, das B. im symphonischen Bereich bereits im Finale der *Eroica* eingesetzt hatte.
In der Zeit der letzten großen Orchesterwerke begann auch das gut abgrenzbare kammermusikalische Spätwerk. Es umfaßt die letzten 5 Klaviersonaten von op. 101 an, die *Diabelli-Variationen,* die *Bagatellen* op. 126 und die 6 Streichquartette von op. 127 an. Der Variationengedanke dient in allen 33 Variationen über ein Thema von Diabelli in exzessiver Weise der Erschließung thematischer Substanz. Das Werk ist ein Komplex aus pianistischer Technik, motivischer Aufspaltung in kontrastierender Darstellung und kunstvoll zentrierter Bogenarchitektur. Chopins *Etüden* nahmen sich daraus

vieles zum Vorbild. Vom Kontrastprinzip wird auch das Experimentierfeld der monothematischen *Bagatellen* beherrscht. Beide Stilcharakteristika, die thematische Substanzerschließung und die kontrastierende Darstellung, finden sich vereint in den späten Klaviersonaten und vor allem in den Streichquartetten und komplizieren den Themendualismus dieser beiden Gattungen.

In den Streichquartetten konzentrierte sich B. auf die Einzelstimme, die er kontrapunktisch verwenden konnte, und die eine Einbeziehung polyphoner Formen erlaubte, z. B. Fugen oder Ostinati. Dennoch können in diesem vierstimmigen Satz die Einzelstimmen ebensogut zum klangbildenden Faktor werden. Der thematischen Auflösung in kleinste Motiveinheiten (Motivideogramme) entspricht eine Auflösung der Form, die einhergeht mit deren Erweiterung zu größeren Zusammenhängen. Dies bedeutet Vielsätzigkeit, die durch kontrastierende Einzelsätze zu übergeordneter Einheit zusammengeschlossen wird. Dieses Kontrastprinzip steht stellvertretend für den früher weitgehend auf den Einzelsatz beschränkten Kontrast, eben das heißt aber: Kontrastierung aller Mittel, nicht nur eines einzelnen musikalischen Elements.

Die späten Streichquartette B.s, an die unmittelbar anzuknüpfen sich vor Ablauf des 19. Jh. keine Möglichkeit fand, gewannen für die Musik des 20. Jh. neue, grundsätzliche Bedeutung: Bartók entwickelte seine Streichquartette im Rückgriff auf B., und vollends wurde der späte B. für Schönberg zum Anreger bei der Überwindung eines alten tonalen Systems.

Ausg.: **1) Werke** (nur die GA): GA in 24 Serien (L 1862–65), dazu Suppl.-Bd. (L 1888); Kompletter Nachdr. (Ann Arbor/Mich. 1948); weitere Suppl.-Bde. zur GA hrsg. v. W. HESS (Wie 1959 bis 1971), I Mehrstimmige it. Gesänge ohne Begleitung (1959), II Gesänge mit Orch. (1960); III WW für Soloinstr. u. Orch., 1. Teil (1960); IV WW für Orch. (1961); V Lieder u. Gesänge mit Klv.-Begleitung, Kanons u. musikal. Scherze (1962); VI Kammermusik für Streichinstr. (1963); VII Kammermusik für Blasinstr., Kammermusik für Bläser u. Str., WW für mechanisches Laufwerk (1963); VIII Original-Klv.-Auszüge eigener WW (1964); IX Klv.-WW, Kammermusik-WW mit Klv. (1965); X WW für Soloinstr. u. Orch., 2. Teil (1969); XI–XII Dram. WW I–II (*Leonore*-Urfassung 1805) (1967); XIII Dram. WW III (*Leonore*-Zweitfassung 1806 u. a.) (1970), XIV Volksliederbearbeitungen, Nachträge, Berichtigungen (1971). – Neue krit. GA, hrsg. v. B.-Archiv Bonn unter Ltg. v. J. SCHMIDT-GÖRG (bis 1973), M. STAEHELIN (1976–83) (Duisburg – Mn 1961ff.), bisher: VII/5, Var. für Klv., hrsg. von J. HERZOG – F. KLUGMANN – S. KROSS – E. PLATEN – H. SCHMIDT (1961); VI/3, Streichquartette I, hrsg. v. P. MIES (1962); IV/1, Klv.-Quintett u. Klv.-Quartette, hrsg. v. S. KROSS (1964); IV/3, Klv.-Trios II, hrsg. v. F. KLUGMANN (1965); VI/6, Streichtrios, hrsg. v. E. PLATEN (1965); VII/1, WW für Klv. zu 4 Händen, hrsg. v. H. SCHMIDT (1966); VII/7, Kadenzen zu Klv.-Konzerten, hrsg. v. J. SCHMIDT-GÖRG (1967); VI/2, Streichquintette, hrsg. v. J. HERZOG (1968); VI/4, Streichquartette II, hrsg. v. P. MIES (1968); III/1, Konzert C-Dur op. 56 (Tripelkonzert), hrsg. v. B. VAN DER LINDE (1968); II/2, Ballettmusik (Geschöpfe des Prometheus, Ritterballett), hrsg. v. K. KROPFINGER (1970); V/3, WW für Vc. u. Klv., hrsg. v. B. VAN DER LINDE (1971); VII/2, Klv.-Sonaten I, hrsg. v. H. SCHMIDT (1971); III/4, WW für V. u. Orch., hrsg. v. S. A. KOJIMA (1973); II/1, Ouvertüren u. Wellingtons Sieg, hrsg. v. H.-W. KÜTHEN (1974); V/2, WW für V. u. Klv. II, hrsg. v. S. BRANDENBURG (1974); V/1, WW für V. u. Klv. I, hrsg. v. DEMS. (1974); VII/3, Klv.-Sonaten II, hrsg. v. H. SCHMIDT (1976). – **2) Skizzen** (vgl. dazu auch die betreffende Lit. unten, v. der einige WW ebenfalls Ausg. enthalten): In der ersten kritischen GA der Skizzen u. Entwürfe B.s, hrsg. v. B.-Archiv Bonn, erschienen bisher: Drei Skizzenbücher zur *Missa solemnis:* I. Ein Skizzenbuch aus den Jahren 1819–20, hrsg. v. J. SCHMIDT-GÖRG, Übertragung (1952), Faks. (1968); II. Ein Skizzenbuch zum *Credo*, hrsg. v. DEMS., Übertragung (1970), Faks. (1968); III. Ein Skizzenbuch zum *Benedictus* u. zum *Agnus Dei*, hrsg. v. DEMS., Übertragung (1970), Faks. (1968); Ein Skizzenbuch zur Chorfantasie op. 80 u. zu anderen WW, hrsg. v. D. WEISE (1957); Ein Skizzenbuch zur Pastoralsymphonie op. 68 u. zu den Trios op. 70, 1 u. 2, hrsg. v. DERS. (1961); Ein Skizzenbuch zu den *Diabelli-Variationen* u. zur *Missa solemnis*, hrsg. v. J. SCHMIDT-GÖRG, Übertragung (1968), Faks. (1968); Ein Skizzenbuch zu Streichquartetten aus op. 18, hrsg. v. W. VIRNEISEL, Übertragung (1974), Faks. (1972); L. van B., Kesslersches Skizzenbuch, Übertragung v. S. BRANDENBURG (Bonn 1978), Faks., hrsg. v. O. BIBA (mit Inhaltsverz. v. S. Brandenburg) (Mn – Salzburg 1976). – Außerhalb der Reihe des B.-Hauses erschienen: L. van B., Ein Notierungsbuch aus dem Besitz der Preußischen Staatsbibl. (Landsberg 7), hrsg. v. K. L. MIKULICZ (L 1927, Nachdruck 1972); L. van B., Kniga eskisow sa 1802–03 (Das Skizzenbuch für die Jahre 1802–03, sog. WIELHORSKY-Skizzenbuch), hrsg. v. N. L. FIŠMAN, 3 Bde. (Faks., Übertragung, Analyse) (Mos 1962); L. van B., Autograph Miscellany from ca. 1786–99. British Museum Add. Ms. 29801, f. 39–162 (The „Kafka Sketchbook"), hrsg. v. J. KERMAN, 2 Bde. (Faks. u. Übertragung) (Lo 1970). – **3) Briefe, Konversationshefte:** B.s sämtliche Briefe, hrsg. v. A. C. KALISCHER (B 1906–08); B.s sämtliche Briefe u. Aufzeichnungen, hrsg. v. F. PRELINGER (W – L 1907–11); B.s sämtliche Briefe, hrsg. v. E. KASTNER (B 1910), NA hrsg. v. J. KAPP (L 1923); O. G. SONNECK, B. Letters in America (NY 1927); The Letters of B., hrsg. v. E. ANDERSON, 3 Bde. (Lo – NY 1961) (engl.); New B. Letters, hrsg. v. D. W. MACARDLE – L. MISCH (Oklahoma City 1957) (engl.); B. in Aufzeichnungen seiner Zeitgenossen, seinen Briefen u. Tagebüchern, hrsg. v. O. HELLINGHAUS (Fr 1919, ³1922); A. LEITZMANN, L. van B., Berichte der Zeitgenossen, Briefe u. persönliche Aufzeichnungen, 2 Bde. (L 1921); B. Sein Leben in Selbstzeugnissen, Briefen u. Berichten, hrsg. v. S. LEY (B 1939, zuletzt B – St 1970). – W. NOHL, L. van B.s Konversationshefte, 1. Halbbd. (Mn 1923–24); L. van B.s Konversationshefte, hrsg. v. G. SCHÜNEMANN, I–III (B 1941–43); L. van B.s Konversationshefte, hrsg. v. K.-H. KÖHLER – G. HERRE (L 1968ff.) (auf 10 Bde. geplant); I quaderni di conversazione di B., hrsg. v. L. MAGNANI (Mi 1962, dt. Mn 1967); it. Ausg. in Auswahl (Bari 1970); L. van B., Der Briefwechsel mit dem Verlag Schott, hrsg. v. B.-Haus Bonn (Mn 1985).

Lit.: **1) Periodica, Bibliographien:** Beethoven-Jahrbuch, hrsg. v. TH. V. FRIMMEL, 2 Bde. (Mn – L 1908–09); Bibliotheca Beethoveniana. Versuch einer Beethoven-Bibliogr., hrsg. v. E. KASTNER (L 1913), fortgeführt bis 1925 v. TH. VON FRIMMEL (L 1925), weitergeführt u. ergänzt im Neuen Beethoven-Jahrbuch (s. u.) u. im Beethoven-Jahrbuch (s. u.); Neues Beethoven-Jahrbuch, hrsg. v. A. SANDBERGER, 10 Bde. (Au 1924–30, Brau 1933–39, Au 1942); Beethoven-Jahrbuch, hrsg. v. P. MIES – J. SCHMIDT-GÖRG (bis Jg. 8), hrsg. v. M. STAEHELIN (ab Jg. 9) (Bonn 1954ff.); B. Studies, hrsg. v. A. TYSON, Bd. 1 (NY – Lo 1973), Bd. 2 (ebd. 1977). – **2) Handschriften- u. Werkverzeichnisse:** Chronologisches Verz. der Werke L. v. B.s, hrsg. v. A. W.

THAYER (B 1865); Thematisches Verz. der im Druck erschienenen Werke v. L. v. B., hrsg. v. G. NOTTEBOHM (L 1868 u. ö., zuletzt Wie 1969); Beethoven. Catalogo storico-critico di tutte le opere, hrsg. v. A. BRUERS (R 1940, ⁴1951); G. KINSKY, Das Werk B.s. Thematisch-bibliogr. Verz. seiner sämtlichen vollendeten Kompositionen, hrsg. v. H. HALM (Mn – Duisburg 1955), grundlegend auch für die Bezeichnung der von B. nicht mit Opuszahlen versehenen Werke als „Werk(e) ohne Opuszahl" (= WoO) 1–205; M. UNGER, Die B.-Handschriften der Pariser Konservatoriumsbibl., in: Neues B.-Jb. 6 (1935); Verz. der nicht in der GA veröffentlichten Werke L. v. B.s, hrsg. v. W. HESS (Wie 1957); Catalogo cronologico e tematico delle opere di B., hrsg. v. G. BIAMONTI (Tn 1968); Die B.-Sammlung in der Musikabteilung der Dt. Staatsbibl., bearb. v. E. BARTLITZ (B 1970); B. and England. An Account of Sources in the British Museum, hrsg. v. P. WILLETTS (Lo 1970); H. SCHMIDT, Die B.handschriften des B.hauses in Bonn, in: B.-Jb. 7 (1971), darin Katalog v. J. SCHMIDT-GÖRG (Bonn 1935) u. Katalog v. M. UNGER (Z 1939) aufgegangen; Autographen u. Abschriften: Katalog der Musiksammlung der Staatsbibl., Preußischer Kulturbesitz, bearb. v. H.-G. KLEIN (B 1975); Beitr. z. B.-Bibliographie. Stud. u. Materialien z. Werkverz. v. Kinsky/Halm, hrsg. v. K. DORFMÜLLER (Mn 1978). – **3) Biographien u. umfassende Darstellungen, biographische Details:** WEGELER-RIES, Biographische Notizen über L. v. B. (Koblenz 1838, Nachdr. Hildesheim – NY 1972); A. SCHINDLER, Biographie v. L. v. B., 2 Bde. (Mr 1840, erweitert ³1860 u. ö., Nachdr. Hildesheim 1970); A. B. MARX, L. v. B., Leben u. Schaffen, 2 Bde. (B 1859, ⁶1907); A. W. THAYER, L. v. B.s Leben, dt. Übers. v. H. Deiters, bearb. v. H. Riemann, I (B 1866, L ³1917), II (B 1872, L ³1922), III (B 1879, L ³⁻⁵1923), IV (L 1907, ²⁻⁴1923), V (L 1908, ²⁻⁴1923), Faks.-Nachdr., 5 Bde. (Wie 1972), revidierte engl. Ausg.: Thayer's Life of B., hrsg. v. E. FORBES, 2 Bde. (Lo – Princeton 1964, Paperback-Ausg. 1970); G. V. BREUNING, Aus dem Schwarzspanierhause (W 1874, Nachdruck Hildesheim 1970); P. BEKKER, B. (B 1911 u. ö., engl. 1926); L. SCHMIDT, B., Werke und Leben (B 1924); L. SCHIEDERMAIR, Der junge B. (L 1925, ³1951, gekürzte Ausg. Wilhelmshaven 1970); A. SCHMITZ, B. (Bonn 1927); R. ROLLAND, B., Les grandes époques créatrices, 7 Bde. (P 1928–49); E. HERRIOT, La vie de B. (P 1929, NA 1954, dt. Karlsruhe 1951); W. RIEZLER, B. (L 1936, Z ⁴1966); W. HESS, B. (Z 1956, Winterthur ²1976) (mit Werk-Verz.); F. ZOBELEY, L. v. B. in Selbstzeugnissen u. Bilddokumenten (Reinbek b. Hamburg 1965); J. u. B. MASSIN, B. (P 1955, NA 1967), dt. Übers.: B. Materialbiogr., Daten zum Werk u. Essay (Mn 1970); G. R. MAREK, B. (NY 1969, dt. Mn 1970); M. COOPER, B., The Last Decade (Lo 1970); M. SOLOMON, B. (NY 1977); J. SCHMIDT-GÖRG, B. Die Gesch. seiner Familie (Bonn 1964); R. KLEIN, B.-Stätten in Östr. (W 1970); K. SMOLLE, Wohnstätten B.s von 1792 bis zu seinem Tod (Bonn – Mn – Duisburg 1970). – **4) Zu einzelnen Werkgruppen u. Werken:** W. V. LENZ, B. et ses trois styles (St. Petersburg 1854, NA P 1909); A. B. MARX, Anleitung zum Vortrag B.scher Klavierwerke (B 1863, NA Rb 1912); G. GROVE, B. and His Nine Symphonies (Lo 1896, NA Lo–NY 1962, dt. Lo 1906); J.-G. PROD'HOMME, Les symphonies de B. (P 1906, NA 1949); A. SCHMITZ, B.s „zwei Prinzipe" (B – Bonn 1923); DERS., B. Unbekannte Skizzen und Entwürfe (Bonn 1924) (= Veröff. des Beethovenhauses Bonn 3); H. BOETTCHER, B. als Liederkomponist (A 1928); D. F. TOVEY, A Companion to B.s Pianoforte Sonatas (Lo 1931); J.-G. PROD'HOMME, Les sonates pour piano de B. (P 1937, dt. Wie 1948, NA 1957); K. V. FISCHER, Die Beziehungen von Form und Motiv in B.s Instrumentalwerken (Str – Z 1948); L. DIKENMANN-BALMER, B.s Missa Solemnis u. ihre geistigen Grundlagen (Z 1952); W. HESS, B.s Oper Fidelio u. ihre drei Fassungen (Z 1953); DERS., B.s Bühnenwerke (Gö 1962); I. MAHAIM, B. Naissance et renaissance des derniers quatuors, 2 Bde. (P 1964); J. KERMAN, The B. Quartets (NY – Lo 1967); L. LOCKWOOD, On B.s Sketches and Autographs. Some Problems of Definition and Interpretation, in: AMl 42 (1970); P. BADURA-SKODA – J. DEMUS, Die Klaviersonaten v. L. v. B. (Wie 1970); Beethoven-Almanach 1970 (W 1970) (Sammelband); Beethoven-Studien. Festgabe der Östr. Akad. der Wiss. z. 200. Geburtstag (W – Kö – Gr 1970); L. v. B., 1770–1827 (Bonn 1970) (Sammelband); A. TYSON, Sketches and Autographs, in: The B. Reader (NY 1971); W. HESS, B.-Studien (Bonn – Mn – Duisburg 1972); J. KAISER, B.s 32 Klaviersonaten und ihre Interpreten (F 1975); R. STEPHAN, Zur Kammermusik des jungen B., in: Melos/NZ 3 (1977); H. BECK, Das Religiöse in der nichtliturgischen Musik L. v. B.s, in: Religiöse Musik in nicht-liturgischen Werken von B. bis Reger (Rb 1978); G. MASSENKEIL, Religiöse Aspekte der Gellert-Lieder B.s, in: ebd. – **5) Zu den Skizzen:** G. NOTTEBOHM, Ein Skizzenbuch von B. (L 1865); DERS., Ein Skizzenbuch von B. aus dem Jahre 1803 (L ²1880, Reprint NY – Lo 1970) (beide „in Auszügen dargestellt"), NA, hrsg. v. P. MIES: Zwei Skizzenbücher von B. aus den Jahren 1801–03 (L 1924, Neudruck Wie 1970); G. NOTTEBOHM, Beethoveniana (L – Winterthur 1872, Nachdr. Lo 1970); DERS., Zweite Beethoveniana, hrsg. v. E. MANDYCZEWSKI (L – Winterthur 1887, Nachdr. NY – Lo 1970); P. MIES, Die Bedeutung der Skizzen B.s zur Erkenntnis seines Stiles (L 1925, engl. Lo 1929, Nachdr. NY 1969); M. IVANOV-BORETZKY, Ein Moskauer Skizzenbuch von B. (Mos 1927), vgl. dazu B.-Zentenarfeier Wien 1927. Int. Musikhist. Kongreß (W 1927); H. SCHMIDT, Verzeichnis der Skizzen B.s, in: B.-Jb. 6 (1969); J. KERMAN, B.s Early Sketches, in: MQ 56 (1970); D. JOHNSON – A. TYSON, Reconstructing B.s Sketchbooks, in: JAMS 25 (1972); R. KRAMER, The Sketches for B.'s Violin Sonatas, op. 30, 3 Bde. (Princeton 1974); The B. Sketchbooks. History, Reconstruction, Inventory, ed. by D. JOHNSON (Oxford 1985). – **6) Zur Ikonographie:** TH. v. FRIMMEL, B. im zeitgenössischen Bildnis (W 1923); ST. LEY, B.s Leben in authentischen Bildern und Texten (B 1925); R. PETZOLDT, L. v. B. Sein Leben in Bildern (L 1955); R. BORY, La vie et l'œuvre de L. v. B. par l'image (P 1960), dt. Übers.: L. v. B. Sein Leben und Werk in Bildern (Z 1960); O. E. DEUTSCH, B.s Leben in Bildern, in: ÖMZ (1961) März-H.; F. GLÜCK, Prolegomena zu einer neuen B.-Ikonographie, in: FS O. E. Deutsch zum 80. Geburtstag (Kas 1963): G. L. DE BARANYAI – A. OTT – A. WÜRZ, Bilder aus B.s Leben (Gr 1962); H. CH. R. LANDON, B. Sein Leben und seine Welt in zeitgenössischen Bildern und Texten (W 1970, veränderte NA Z 1974, engl. Lo – NY 1970). – **7) Zur Beethoven-Rezeption:** A. SCHMITZ, Das romantische Beethovenbild (B – Bonn 1927, Nachdr. Darmstadt 1978); H. H. EGGEBRECHT, Zur Geschichte der B.-Rezeption. B. 1970 (Wie 1972); K. KROPFINGER, Wagner u. B. (Rb 1975); R. CADENBACH, Mythos B. (Ausstellungskat.) (Laaber 1986); B. u. die Nachwelt, hrsg. v. H. LOOS (Bonn 1986).

H.-W. KÜTHEN

BEFFROY DE REIGNY, Louis Abel (Pseudonym Jacques Cousin), * 6. 11. 1757 Laon, † 18. 12. 1811 Paris; frz. Komponist. Er schrieb die Musik und die Libretti zu den Opern *Nicomède dans la lune* (1790) und *Nicomède aux enfers* (1791).

Ausg.: 2 Airs hrsg. v. G. SEMMER, in: Chansons, Chants, Couplets u. Vaudevilles aus der Frz. Revolution (B 1958).

Lit.: C. WESTERCAMP, B. de R. (P 1930).

BEGGAR'S OPERA, THE ↗ Bettleroper.

BEGLEITUNG (engl.: accompaniment; frz.: accompagnement; it.: accompagnamento; span.:

acompañamiento). Der Begriff B. bezeichnet zwei verschiedene Sachverhalte. Zum einen bezieht er sich auf die aufführungspraktische Funktion eines Instruments, zum anderen auf die satztechnische Funktion einer Stimme innerhalb eines bestimmten kompositorischen Kontexts. B. im ersten Sinn umfaßt so unterschiedliche Erscheinungen wie etwa die Orgelbegleitung des kirchlichen Gemeindegesangs, die Klavierbegleitung beim solistischen Liedgesang (die sog. Liedbegleitung, die auch Lehrfach bei der pianistischen Ausbildung an Musikhochschulen und dergleichen ist), die Lauten- oder Gitarrenbegleitung beim Folklore- und Chansongesang. Daß ein Instrument begleitende Funktion hat, sagt jedoch noch nichts über die musikalische Faktur der jeweiligen Komposition oder über das Verhältnis zur begleiteten Stimme aus. Die Trennung in Hauptstimme und B. muß auch nicht immer von vornherein festgelegt sein; sie ist auch an aufführungspraktische Gegebenheiten gebunden. So wurden beispielsweise in der älteren Musik mehrstimmige Kompositionen – für die ja generell die Besetzung meist nicht eindeutig festgelegt war – von einer Vokalstimme und einzelnen oder mehreren Instrumentalstimmen ausgeführt. Solche Besetzungen waren u. a. für das ↗Diskantlied des 15. Jh., für das ↗Tenorlied des 15./16. Jh., für das ↗Lautenlied oder das ↗Air de cour des 16. Jh. üblich. Dabei handelte es sich bei diesen Formen und Gattungen um eine Satzweise mit grundsätzlicher kontrapunktischer Gleichrangigkeit aller Stimmen, wobei eine Stimme – etwa als alleiniger Träger des Textes und/oder einer vorgegebenen Melodie – derart qualifiziert war, daß sie durch eine bestimmte Besetzung bereits in der damaligen Zeit (z. B. beim Lautenlied, das durch ↗Intavolieren eines Vokalsatzes entstand) oder in einer modernen Aufführung klanglich profiliert werden kann. Zu beachten ist in diesen Fällen, daß hier kein eigentliches, musikalisch bedingtes Verhältnis von Hauptstimme und B. gegeben ist.

Ein solches läßt sich erst seit dem Beginn des 17. Jh. beobachten. Von dieser Zeit an stellt B. nicht nur einen aufführungspraktischen, sondern auch einen primär kompositorischen Sachverhalt dar. Entscheidend für diese Entwicklung ist die neuitalienische ↗Monodie, ein musikalisches Satzgefüge also, das durch den eindeutigen Vorrang einer Stimme vor den anderen gekennzeichnet ist: eine vokale Solostimme wird von dem ausschließlich instrumentalen Generalbaß begleitet und ist diesem als alleiniger Träger des Textes und durch eine stärkere melodische und rhythmische Profilierung unter dem Vorbild des menschlichen Sprechens übergeordnet.

In der Folgezeit kam dieses sozusagen hierarchische Verhältnis von Melodie und B. in den verschiedenen Arten des Sologesangs zum Tragen, die sich aus der frühen Monodie entwickelt haben: in der ↗Arie und im ↗Rezitativ, und zwar nicht nur dort, wo eine Solostimme vom Generalbaß allein begleitet wird, sondern zunehmend auch unter Einbeziehung von obligaten Melodieinstrumenten bzw. unter Einbeziehung des Orchesters. Dadurch gewann die B. des Sologesangs ein eigenes Profil, ohne im Satzganzen die untergeordnete Funktion zu verlieren. Andererseits ist – vor allem in der Kirchenmusik – die Begleitfunktion des Generalbasses per se auch beim Vorhandensein mehrerer Singstimmen gegeben (im Ensemble- wie auch im Chorsatz, mit und ohne zusätzliche Instrumente).

In der Instrumentalmusik des 17. Jh. bestimmt das Miteinander und Gegenüber von Hauptstimmen(n) und B. wesenhaft die Gattungen der ↗Solosonate mit Basso continuo, der ↗Triosonate, später auch des Gruppen- und des Solokonzerts (↗Concerto grosso).

Die umfassende Veränderung der musikalischen Sprache im 18. Jh. – sie ist gekennzeichnet vor allem durch die Lösung des musikalischen Satzes vom Generalbaß, durch die Entwicklung einer eigenständigen Instrumentalmusik mit ihren spezifischen Orchester- und Kammermusikgattungen wie Symphonie und Sonate, durch das Aufkommen der thematisch-motivischen Arbeit in diesen Gattungen – betrifft auch jene Hierarchie von Hauptstimme und B., die nun nur noch in bestimmten Bereichen generell zu beobachten ist: am deutlichsten in der Musik für Sologesang und Orchester. Namentlich die Entwicklung der ↗Oper ist weithin getragen von dem Verhältnis Solostimmen–Orchesterbegleitung. Diese weist seit dem Verschwinden des generalbaßbegleiteten Secco-Rezitativs die vielfältigsten musikalischen Erscheinungsformen auf, von einfachsten akkordischen Strukturen bis hin zur symphonischen Gestaltung. Auch die Verwendung des Orchesters sozusagen als dramatisches Begleitinstrument erfolgte auf den wichtigsten Stufen der Operngeschichte durchaus verschiedenartig: in den Buffo-Opern Mozarts etwa unter Beibehaltung der Begleitfunktion, aber die dramatische Aktion metrisch-rhythmisch und harmonisch intensiviert. Ganz anders bei Wagner, der durch die ihm eigentümliche Leitmotivtechnik die Begleitfunktion des Orchesters um eine neue – dramatische und psychologische – Dimension erweiterte, die gelegentlich sogar dem Gesang übergeordnet ist. Demgegenüber bleibt in den Opern Verdis dem Orchestersatz – bei aller musikalischen Differenzierung in den späten Werken – die primäre Be-

gleitfunktion erhalten. Was die spätere Zeit angeht, so kommt hier in der musikalischen Sprache der Oper nichts entscheidend Neues hinzu.
Eine ähnliche Entwicklung wie in den Sologesangsformen der Oper vollzog sich hinsichtlich des Verhältnisses von Hauptstimme und B. im Solokonzert, dessen Existenz ja wesentlich durch eine eindeutige Hierarchie in dieser Beziehung bedingt ist. Dagegen zeigen andere musikalische Gattungen ein differenzierteres Bild. So etwa ist die Entwicklung des Sololieds mit Klavier im Hinblick auf Wesen und Funktion der B. nicht eine direkte Fortsetzung der Monodie. Es gibt bis zum frühen 19. Jh. zwar Lieder, die nichts anderes sind als Arien oder Arietten mit Klavier- statt mit Orchesterbegleitung (Beethovens *Adelaide* gehört beispielsweise zu diesem Liedtyp). Aber es gibt auch den Typ des Sololiedes, in dem die Singstimme lediglich die gesungene Oberstimme des Klaviersatzes ist. Erst bei Schubert kommt es zu einer entschiedenen Neuordnung des Verhältnisses von Singstimme und Klaviersatz. Dieser ist in einem Teil der Schubert-Lieder nicht nur B., sondern auch Träger der poetischen Vorstellungen und Stimmungen, die der Komponist mit den jeweiligen Texten verbindet und dem Hörer vermitteln möchte. Damit verkörpert sich in solcher Klavierbegleitung ein wesentlicher Teil der musikalischen Romantik.
Wieder anders verhält es sich mit der B. in der Entwicklung der Solosonate mit Klavier. Hier gab es im 18. Jh. (z. B. bei J. S. Bach) einerseits die barocken Typen der Sonate für ein Soloinstrument nur mit Generalbaßbegleitung und der Sonate für ein Soloinstrument mit obligatem Cembalo, d. h. mit auskomponiertem, mehrstimmigem Satz, der mit der Solostimme ein polyphones Stimmengefüge bildet. Andererseits wurden in der zweiten Hälfte des 18. Jh. auch Sonaten (vor allem Violin-Sonaten) komponiert, die für Cembalo oder Klavier bestimmt sind und bei dem der Violinpart ausdrücklich als B. und dann meist auch als ad libitum deklariert ist. Noch Mozart schrieb in seiner Jugend solche Sonaten, prägte aber später den neuen Typ mit, bei dem Violine und Klavier als gleichberechtigte Partner konzertieren, auch wenn es in solchen Sonaten häufig Passagen gibt, in denen ein Instrument eine Hauptmelodie spielt und das andere Instrument begleitet. Übrigens tragen die Violinsonaten bis in die erste Hälfte des 19. Jh. immer noch die Besetzungsangabe „für Klavier und Violine", in der der frühere Primat des Klaviers festgeschrieben erscheint.
Der satztechnische Sachverhalt einer Gegenüberstellung von Hauptstimme und B. läßt sich schließlich auch außerhalb der genannten Besetzungsarten in klanglich homogenen Komplexen, etwa in der Klaviermusik, in der Musik für Streichquartett, aber auch in der Orchestermusik beobachten. Es ist dies ein Aspekt des musikalischen ↗Satzes im 18./19. Jh. schlechthin, daß man in einem mehrstimmigen Verband meist eine oder mehrere „führende" Stimmen feststellen kann. Und die Geschichte der Satztechnik der instrumentalen Formen bis hin zur Gegenwart ist gleichzeitig auch eine Geschichte dieses Aspektes. – ↗Obligates Akkompagnement.

G. MASSENKEIL

BÉGUINE (frz., = Flirt), lebhafter afro-amerikanischer Tanz von den Antilleninseln Martinique und Santa Lucia, mit der Méringue (Haiti) und dem Danzon (Kuba) verwandt. Er wurde um 1930 ein Modetanz – auch „Rumba-Bolero" genannt – in gemäßigtem Tempo und mit folgenden Grundrhythmen:

Berühmt wurde die B. durch C. Porters Welterfolg *Begin the Beguine*.

Lit.: W. G. GILBERT, Rumbamuziek ('s Gravenhage 1945). – ↗Afroamerikanische Musik, ↗Baiao, ↗Rumba.

BEHAIM (Beheim), **Michel,** * 27. 9. 1416, † 1474 Sulzbach bei Heilbronn. Er verbrachte einen großen Teil seines Lebens als Soldat und Sänger im Dienste deutscher und ausländischer Fürsten. Von ihm sind 3 gereimte Chroniken und zahlreiche Lieder bekannt, von denen aber nur 11 mit Melodien erhalten sind. Mit diesen Liedern erweist sich B. als Vorläufer des Meistersangs.

Lit.: G. MÜNZER, Das Singebuch des Adam Puschmann mit den Originalmelodien v. M. B. u. H. Sachs (L 1906); A. KÜHN, Rhythmik u. Melodik M. B.s (Bonn 1907) (mit den Melodien); F. MORRÉ, Die politische u. soziale Gedankenwelt des Reimdichters M. B., in: Archiv für Kulturgesch. (1940); CHR. PETZSCH, Zur Notierungsweise im Beheimkodex cgm 291, in: AfMw 23 (1966); DERS., Text – Form – Korrespondenzen im ma. Strophenlied. Zur Hofweise M. B.s, in: Dt. Vierteljahresschrift für Lit.-Wiss. u. Geistes-Gesch. 41 (1967); Die Gedichte des M. B., GA, hrsg. v. H. GILLE – I. SPRIEWALD, 3 Bde. (B 1968–72) (= Dt. Texte des MA 60 u. 64–65).

BEHREND, Siegfried, * 19. 11. 1933 Berlin; dt. Gitarrist und Komponist. Nach dem Studium am Klindworth-Scharwenka-Konservatorium in Berlin begann er eine weltweite Konzerttätigkeit. Seit den 60er Jahren trat er häufig mit der aus Polen stammenden jüdischen Sängerin Belina auf. B., der zu den bedeutendsten Gitarristen der Gegenwart zählt, schrieb und bearbeitete zahlreiche Stücke für sein Instrument.

BEIDEN SAVOYARDEN, DIE *(Les deux petits Savoyards)*, Komische Oper in 1 Akt von Nicolas d'Alayrac (1753–1809), Text von Benoît Joseph Marsollier des Vivetières. Ort und Zeit der Handlung: Schloß des Barons de Verseuil, Gegenwart. UA: 14. 1. 1789 in Paris (Comédie Italienne), dt. EA (in dt. Sprache): 12. 5. 1790 in Mainz (Übersetzung von H. G. Schmieder).
Von den 57 Singspielen d'Alayracs war dieses einer der größten Erfolge. Fast noch stärkere Resonanz als in Frankreich fand das Werk in Deutschland, wo es sich für mehr als 100 Jahre einen festen Platz im Repertoire sichern konnte. Das unkomplizierte Spiel um das Wiederauffinden verloren geglaubter Familienbande ist in volkstümlich-liedhafte Melodik gekleidet, was den großen Erfolg des Einakters erklärt. Sehr wirkungsvoll sind die große, einleitende Jahrmarkt-Szene und das Finale *Der gute Herr, was für ein Herz.*

R. QUANDT

BEIDEN SCHÜTZEN, DIE, Komische Oper in 3 Akten von Albert Lortzing (1801–51), Text vom Komponisten nach G. Cords' dt. Übersetzung *(Die beiden Grenadiere)* von Joseph Patrats Libretto *Les méprises par ressemblance* für A. M. Grétry (1786). Ort und Zeit der Handlung: ein dt. Landstädtchen im frühen 19. Jh. UA: 20. 2. 1837 in Leipzig.
Lortzings erster größerer Bühnenerfolg wurde bereits bei der UA sehr beifällig aufgenommen. Eigentlich sollte das Werk unter dem Titel *Die beiden Tornister* auf die Bühne kommen, weil die Verwechslung der Tornister zweier jahrelang im Dienst des Vaterlandes fern der Heimat weilender Soldaten die Quelle zahlreicher komischer Situationen bildet. Auf Zureden des Leipziger Operndirektors Ringelhardt benannte Lortzing die Oper jedoch nach den in Leipzig in Garnison stehenden königlich-sächsischen Schützen. Unter den 15 Vokalnummern finden sich lediglich fünf Arien und Lieder. Bewunderung erlangten die gut gearbeiteten großen Ensembles und die drei stilistisch bedeutsamen Aktfinali. Lortzing selbst spielte in der UA die Nebenrolle des dummen Jungen Peter, für den er eine ausgelassene Tanzarie komponiert hatte; bei einer Aufführung von Cords' Lustspielfassung hatte er den Wilhelm, eine der beiden Hauptrollen, übernommen.

J. SCHLÄDER

BEIDERBECKE, Leon Bismarck, genannt **„Bix“,** * 10.3.1903 Davenport (Iowa), † 6.8.1931 Long Island (New York); amerik. Jazztrompeter und -kornettist, auch Jazzpianist, deutscher Abstammung. B. war der erste weiße Jazzmusiker, der von den schwarzen Musikern so weit anerkannt wurde, daß er seinerseits Einfluß auf sie ausüben konnte. Er gilt als der Trompeter bzw. Kornettist des Chicago-Stils, wegen der Leichtigkeit seines Tones und der hohen Sensibilität seiner Spielweise auch als ein Vorläufer des Cool-Jazz. Da er im Laufe seiner kurzen Karriere meist nur in kommerziellen Tanzorchestern gespielt hat, u. a. bei The Wolverines (1923), Frankie Trumbauer (1926), Jean Goldkette (1927) und Paul Whiteman (1928), hinterließ er nur wenige bedeutsame Schallplattenaufnahmen. Zu seinem legendären Ruf hat auch der Roman *Young Man with a Horn* (NY 1938, dt. Übers.: Verklungene Trompete, Z 1961) von D. Baker beigetragen.

BEINUM, Eduard van, * 3. 9. 1900 Arnheim, † 11. 4. 1959 Amsterdam; ndl. Dirigent. Er studierte 1918–22 am Konservatorium in Amsterdam, begann als Violinist und Pianist, wandte sich aber bald ganz dem Dirigieren zu, zunächst als Chordirigent. Seit 1926 leitete er den Orchesterverein in Haarlem, wurde 1931 unter Mengelberg 2. Dirigent des Amsterdamer Concertgebouw-Orkest, 1938 zum 1. Dirigenten und 1945 als Nachfolger Mengelbergs zum Chefdirigenten ernannt. Van B., einer der profiliertesten Dirigenten seiner Zeit, konzertierte in Europa und Amerika, auch als Gastdirigent. Er widmete sich besonders den Werken Haydns und Mozarts, Bartóks und vor allem Bruckners, aber auch Werken moderner französischer, russischer, deutscher und niederländischer Komponisten.

Lit.: E. v. B., hrsg. v. K. PH. BERNET KEMPERS – M. FLOTHUIS (Haarlem 1959).

BÉJART, Maurice, eig. Maurice Jean Berger, * 1.1.1927 Marseille; frz. Tänzer und Choreograph. B. erhielt seine tänzerische Ausbildung zunächst an der Opéra in Marseille und war später Schüler u.a. von Léo Staats, Lubov Egorova und Vera Volkova. Nach verschiedenen Engagements, u.a. beim International Ballet in England und an der Stockholmer Oper, gründete B. 1954 eine eigene Ballett-Truppe, die *Ballets de l'Etoile.* Den entscheidenden Durchbruch als Choreograph erreichte B. 1955 mit der *Symphonie pour un homme seul,* einem Ballett zu konkreter Musik. 1957 wurde er Ballett-Direktor am Théâtre de Paris. 1960

gründete er nach einer erfolgreichen Aufführung von Strawinskis *Sacre du Printemps* am Théâtre de la Monnaie in Brüssel das *Ballet du XXe Siècle,* mit dem er bisher vor allem in Frankreich, Belgien und Deutschland gastiert und außergewöhnliche Publikumserfolge erzielt. – Kennzeichnend für seine Ballette ist das Bestreben, über den Tanz als unmittelbaren Ausdrucksträger (tiefen-)psychologische wie zeitkritische Dimensionen eines Werkes transparent zu machen. B. sucht eine eigene, von ihm als *spectacle total* bezeichnete Form des Gesamtkunstwerks zu verwirklichen.
Von seinen zahlreichen Ballett-Schöpfungen sind u. a. zu nennen: *Haut voltage* (1956); *Sonate à trois* (Bartók, 1957); *Boléro* (Ravel, 1960); *Le Sacre du Printemps* (Strawinski, 1959); *Bacchanale* aus *Tannhäuser* (Wagner, 1961); *Die Reise* (1962); *La Damnation de Faust* (Berlioz, 1964); *IX. Symphonie* (Beethoven, 1964); *Cygne* (1965); *Roméo et Juliette* (Berlioz, 1966); *Messe pour le temps présent* (1967); *Ni fleurs, ni couronnes* (Tschaikowsky, 1968); *Baudelaire* (1968); *A la recherche de...* (1968); *Der Feuervogel* (Strawinski, 1970); *Lieder eines fahrenden Gesellen* (Mahler, 1971); *Notre Faust* (1975); *Le Molière Imaginaire* (1976); *Petruschka* (Strawinski, 1977); *Gaité parisienne* (1978).

BEKEHRTE TRUNKENBOLD, DER *(L'ivrogne corrigé)*, Komische Oper in 2 Akten von Christoph Willibald Gluck (1714–87), Text von Louis Anseaume nach einer Idee des Fabeldichters La Fontaine. Ort und Zeit der Handlung: Mathurins Haus im Paris des 18. Jahrhunderts. UA: April 1760 in Wien (Hofburg); dt. EA: unter dem Titel *Der letzte Rausch* Dezember 1780 in Mannheim (in neuer Textbearbeitung).
Gluck griff hier einen Stoff auf, der bereits am 24.7.1759 an der Opéra-comique, Paris, in einer Vertonung Jean Louis Laruettes aufgeführt worden war. Die Pariser Vorlage wurde für die Wiener Aufführung von zweideutigen Arien- und Couplettexten gereinigt. Mathurin, der Trunkenbold, wird durch die Konfrontation mit einem von seiner Frau arrangierten Höllengericht geheilt. Unter den 15 Musiknummern ragt die Höllenszene heraus, die wie eine antizipierte Parodie der Unterweltszene in *Orpheus und Euridike* wirkt. Die Charakterkomödie im Stile Molières vollzieht sich auch musikalisch. Die Oper gehört zu den heiteren Opern Glucks, die er als Hofkapellmeister (1752–64) meist zu Texten von Favart komponierte. Der schon bei der UA geringe Erfolg steigerte sich auch nicht bei den folgenden Aufführungen.

B. DELCKER

BEKKER, Paul, * 11. 9. 1882 Berlin, † 7. 3. 1937 New York; dt. Musikschriftsteller und -kritiker. Nach dem Studium in Berlin (Violine, Klavier und Musiktheorie) wurde er 1. Violinist bei den Berliner Philharmonikern, dann Dirigent in Aschaffenburg und Görlitz. 1906–25 war er Musikkritiker mehrerer Tageszeitungen, u. a. 1911–25 der „Frankfurter Zeitung". 1925 wurde er Generalintendant in Kassel, 1927 in Wiesbaden. 1933 emigrierte er, zunächst nach Paris, dann in die USA. B. setzte sich als Musikkritiker und -schriftsteller entschieden für die Neue Musik ein. Auch mit seinen musikhistorischen, -ästhetischen und -soziologischen Schriften gehört er zu den angesehensten Persönlichkeiten des deutschen Musiklebens vor 1933. Als polemische Antwort auf B.s *Beethoven* schrieb H. Pfitzner *Die neue Ästhetik der musikalischen Impotenz* (1919).

Schriften (Ausw.): *Beethoven* (B 1911, 40 1931); *Das dt. Musikleben. Versuch einer soziologischen Musikbetrachtung* (St – B 1916); *Die Sinfonie von Beethoven bis Mahler* (B 1918); *F. Schreker* (B 1919); *G. Mahlers Sinfonien* (B 1921, Nachdr. Tutzing 1969); *Kritische Zeitbilder* (St – B 1923); *R. Wagner. Das Leben im Werke* (ebd. 1924); *Musikgesch. als Gesch. der musikal. Formwandlungen* (ebd. 1926), engl. Übers.: *The Story of Music* (NY 1950); *The Story of the Orchestra* (NY 1936, Nachdr. 1963).

Lit.: G. SCHUBERT, Aspekte der Bekkerschen Musiksoziologie, in: The International Rev. of Music Aesthetics and Sociology 1 (1970).

BELAGERUNGSZUSTAND, DER, Oper in 2 Akten von Milko Kelemen (* 1924), Text von Joachim Hess und dem Komponisten nach Albert Camus' Schauspiel *L'Etat de Siège* (1948) in der Übersetzung von Guido G. Meister. Ort und Zeit der Handlung: unbestimmte Gegenwart. UA: 13. 1. 1970 in Hamburg.
Nach Aussage des Komponisten hat er bei Niederschrift der Partitur „einfach versucht, alles zu vergessen"; musikalische Abläufe schienen ihm durch die Textvorlage bereits gegeben zu sein. So entstand eine komplexe Oper um die Machtergreifung der – personifizierten – Pest. Als „Held" erscheint der liebende Diego, der sich furchtlos als einziger der Bedrohung stellt und deshalb verschont bleibt; denn „das System funktioniert nicht", wenn ein Mensch keine Angst zeigt. Musikalisch gibt es nur ein Thema, das der Pest. Dieses wird auf mannigfaltige Weise umgeformt, aufgespalten und zerstört (mit kompositorischen Mitteln, die von der Gregorianik bis zu elektronischer Musik alles umfassen). Schließlich tritt die musikalische Gestalt doch wieder unversehrt hervor – allgegenwärtig wie die Bedrohung. Um dem Zuhörer klangliche Plastizität zu vermitteln, benutzt der Komponist die stereophonen Effekte eines Tonbandgerätes. K. LANGROCK

BELAUBRE, Louis Noël, * 27.12.1932 Muret (Hte-Garonne); frz. Komponist und Pianist. Er lernte sehr früh Klavier spielen und studierte später auch Orgel und Klarinette. Nach dem Besuch der Univ. Toulouse wurde er Kompositionsschüler von T. Aubin am Pariser Conservatoire. Als Pianist wurde er Laureat des Viotti- und des Münchner Wettbewerbs. Als Komponist gewann er den Wettbewerb „Rainier II. de Monaco" (3. Klaviersonate) und den Ballett-Wettbewerb von Genf. B. setzte seine Pianistenlaufbahn fort und wirkt als Lehrer am Kons. zu St-Maur.

WW: **1) Instr.-WW:** Für Klv.: *Variations sur un thème de Bartók* (1958); 4 Sonaten (1959–62); *Poétique du piano* (1965–67), 150 Stücke in 6 Bden. (P o.J.); Sonaten: für 2 Klv. (1963); für Fl. u. Klv. (1957); für V. u. Klv. (1960); *Variations sur un thème populaire hongr.* (1961), für Vc. u. Klav.; *Variations sur un chant de merle* (1961), Bläserquintett; für Orch.: 2 Symphonien (1959, 1961); Konzerte: für Klv. (1968); für 2 Klv. (1960); für Fl., Streichorch. u. Pk.n (1956). – **2) Bühnen- u. Vokal-WW:** Lieder mit Klv.-Begleitung; 3 *Poèmes de Louisa Paulin* (1960); 3 *Poèmes français;* ein Ballett, *L'Ecole des Pickpockets* (1964).

BELCANTO, Bel canto (it., = Schöngesang, schöner Gesang), im engeren Sinne Bz. für die italienische Gesangskunst des 17. und 18. Jh., im weiteren Sinne für eine Gesangsart, einen Gesangsstil, der vor allem auf Wohlklang und Brillanz der Stimme abzielt. Der B. entstand im frühen 17. Jh. im Zusammenhang mit der ↗Monodie als spezifisch italienische Erscheinung auch in enger Bindung an die italienische Sprache, die ihrem Wesen nach dem stimmlichen Wohlklang entgegenkommt, und führte zur Entwicklung des italienischen Gesangvirtuosentums. Bereits in der frühesten Zeit des B. war der Wohlklang jedoch nur dessen eine Komponente; die andere war die stimmliche Beweglichkeit, die in dem vokalen Verzierungswesen (vor allem des 17.–18. Jh.) zum Ausdruck kommt, eine ebenfalls typisch italienische Erscheinung. Die musikgeschichtliche Bedeutung des B. liegt darin, daß er nicht nur die Entwicklung der Stimmbildung und der Gesangskunst in allen europäischen Ländern und zu allen Zeiten als mehr oder weniger scharf formuliertes Ideal maßgeblich beeinflußt, wenn nicht gar bestimmt hat, sondern daß er ebenso auch auf die (vorab solistische) Gesangskomposition entscheidend eingewirkt hat. – ↗Gesang, ↗Stimme, ↗Arie, ↗Oper.

Lit.: G. CACCINI, Le Nuove Musiche (Fi 1601); J. A. HERBST, Musica moderna prattica, overo maniere del buon canto (F 1653); B. MARCELLO, Il teatro alla moda (V um 1720, ²1733); P. F. TOSI, Opinioni de cantore antichi e moderni (Bol 1723); G. MANCINI, Pensieri e riflessioni pratiche sopra il canto figurato (W 1774); H. GOLDSCHMIDT, Die it. Gesangsmethode im 17. Jh. (Breslau 1890, ²1892); H. PRUNIÈRES, L'opéra it. en France avant G. B. Lully (P 1913); H. KLEIN, The Bel Canto (Lo 1923); H. PRUNIÈRES, P. F. Cavalli et l'opéra vénitien (P 1931); A. DELLA CORTE, Canto e bel canto (Tn 1933); B. ULRICH, Die altit. Gesangsmethode. Die Schule des Bel canto auf Grund der Original-Schriften zum ersten Male dargestellt (L 1933); A. MACHABEY, Le bel canto (P 1948); J. LAURENS, Bel canto et émission it. (P 1950); H. CHR. WOLFF, Vom Wesen des alten B., in: Musik im Unterricht 52 (1961); O. MERLIN, Le b. (P 1961).

BELDEMANDIS (Beldemandi, Beldemando, Beldomandis), **Prosdocimus de,** * um 1380 Padua, † 1428 ebd.; it. Musiktheoretiker. Er studierte an der Artistenfakultät der Univ. Padua, wo er den Grad eines Magisters erlangte und 1422 Mathematik und Astronomie lehrte. B. schrieb 8 musiktheoretische Traktate, darunter *Tractatus practice cantus mensurabilis* (1408; in Coussemaker III), worin die Mensurzeichen beschrieben werden, *Tractatus de modo monochordium dividendi* (1413; in Coussemaker III), in dem er bereits eine Skala mit Teilung der Oktave in 17 Stufen entwickelte. Seine systematischen Werke sind als methodische Lehrbücher für die Entwicklungsgeschichte des Kontrapunkts und die Notationskunde von grundlegender Bedeutung. In der Schrift *Contrapunctus* (1412) werden z.B. die Grundlagen der Polyphonie behandelt, im *Tractatus practice cantus mensurabilis ad modum Italicorum* (1412) die it. Mensuralnotation mit der gleichzeitig in Frankreich üblichen Notation verglichen. B. war ein fortschrittlicher Theoretiker, der sich gegen seine konservativen Vorgänger, z.B. gegen Marchetus von Padua, mit der Schrift *Opusculum contra Theoricam partem sive speculativam Lucidarii Marchetti Patavini* (1425) wandte.

Lit.: A. FAVARO, Intorno alla vita ed alle opere di Pr. de B., in: Bull. Boncompagni 12 (R 1879) u. 18 (1885); D. BARALLI – L. TORRI, Il trattato di Pr. de B. contro il lucidario di Marchetto, in: RMI 20 (1913); C. SARTORI, La notazione italiana del trecento (Fi 1938); B. STELLFELD, Pr. de B. als Erneuerer der Musikbetrachtung um 1400, in: FS K. Jeppesen (Kop 1962); F. A. GALLO, La tradizione dei trattati musicali di Pr. de B., in: Quadrivium 6 (1964).

BELGIEN. Das heutige B. hatte bis ins 19. Jh. mit den Niederlanden eine gemeinsame wechselvolle Geschichte. Am Anfang des 15. Jh. wurde das bis dahin in selbständige Fürstentümer aufgeteilte Gebiet mit dem Herzogtum Burgund vereinigt, das 1482 an die Habsburger fiel und seit 1555 zu deren spanischer Linie gehörte. 1579 vereinigten sich die 7 calvinischen nördlichen Provinzen, sagten sich 1581 von Spanien los und bildeten seit 1588 die Republik der Vereinigten Niederlande. Die katholischen südlichen Provinzen (das heutige Belgien) wurden von Spanien zurückerobert. Nach dem Spanischen Erbfolgekrieg fielen sie 1714 an Österreich,

1792 an Frankreich. Der Wiener Kongreß schuf 1815 das die Niederlande und B. umfassende Königreich der Vereinten Niederlande, von dem sich 1830 das südliche B. als selbständiger Staat lostrennte.

Mittelalter. In den Abteien des Fürstentums Lüttich, in der Stadt Lüttich selbst, in Saint-Trond, Gembloux usw. finden sich die frühesten musikalischen Zeugnisse. Bischof Stephan von Lüttich, bedeutender Förderer der liturgischen Musik, schuf in der 1. Hälfte des 10. Jh. Offiziumsgesänge für das Dreifaltigkeitsfest, eine für den liturgischen Gebrauch bearbeitete Prosavita des hl. Lambert von Maastricht und ein dem Metzer Bischof Robert gewidmetes neuartiges, brevierähnliches Chorbuch, den *Liber Capitularis.* Man kennt aus dem 12. Jh. außerdem ein Offizium der hl. Maria von Ägypten, das in der Abtei St. Laurentius in Lüttich entstanden ist, und eines des hl. Trudo, verfaßt von Rodulf, Abt von St-Trond. Daß auch der Traktat *Quaestiones de musica* von ihm stammen, ist nicht erwiesen. J. Smits van Waesberghe nimmt an, daß das aus dem 11. Jh. stammende *Opusculum de musica* im Fürstbistum Lüttich entstanden sei und daß dort im 12. Jh. auch Johannes Affligemensis seine Schrift *De arte musica* verfaßt habe, die an den ma. Universitäten dem Musikunterricht zugrunde gelegt wurde. In der Lütticher Abtei St. Jakob schrieb Jacobus Leodiensis seinen *Speculum musicae,* eine umfassende Enzyklopädie der Musik seiner Zeit. – Von den Trouvères, die im Gebiet des späteren B. auftraten, sind Adenet le Roi (Verfasser von Ritterromanen), Conon de Béthune und Herzog Heinrich III. von Brabant zu nennen. Die Entwicklung der Mehrstimmigkeit erfolgte in den nördlichen Fürstentümern dagegen relativ spät. Eine 1325 in der Lütticher Abtei St. Jakob geschriebene und in Turin aufbewahrte Motettensammlung ist in Wirklichkeit nicht Lütticher Ursprungs, sondern gehört zum Umkreis der Pariser Notre-Dame-Schule aus der Mitte des 13. Jahrhunderts. Auch die *Messe von Tournai,* eines der frühesten Beispiele des mehrstimmig vertonten Meßordinariums, trägt ihren Namen lediglich nach dem Aufbewahrungsort der Hs. in der Kathedrale von Tournai. Die ältesten Spuren einer bodenständigen Mehrstimmigkeit verweisen im Norden Ende des 13. Jh. auf die Lütticher Kathedrale St. Lambert und nach Cambrai. In Flandern und Brabant entwickelten sich im 14. Jh. die Kirchen der großen Städte Brügge, Courtrai, Gent, Mecheln, Antwerpen und Brüssel zu Zentren der Mehrstimmigkeit. Der Lütticher Domherr Johannes Ciconia (um 1335/40–1411), der erste bedeutende Komponist der nördlichen Fürstentümer, verbrachte den größten Teil seines Lebens in Avignon und in Norditalien. Er verwendet in seinen Motetten- und Messensätzen bereits Imitationstechniken und vermeidet die außerordentlichen rhythmischen Differenzierungen der ↗Ars subtilior. Als erster bedeutender Vertreter der ↗Franko-flämischen Schule übernahm im 15. Jh. Guillaume Dufay (um 1400–74) die führende Rolle. Mehr als andere Musiker hat er sowohl im Bereich der geistlichen (Messen, Motetten) wie der weltlichen Musik (Rondeaux, Balladen, Virelais) die Kompositionskunst des Nordens geprägt. Seine Musik, eigentlich frz. Ursprungs, hat auch engl. und it. Anregungen verarbeitet und konnte sich daher sowohl in der päpstlichen Kapelle, in den italienischen Stadtstaaten des Quattrocento als auch am burgundischen Hof durchsetzen.

16. Jahrhundert. Das Werk Dufays blieb auch für die nächsten Generationen richtungweisend: für J. Ockeghem um 1480, Josquin des Prés um 1500/20, N. Gombert und A. Willaert in der ersten Hälfte, Orlando di Lasso in der zweiten Hälfte des 16. Jahrhunderts.

Die Kapelle Herzog Philipps des Guten von Burgund bestand überwiegend aus Franzosen. Ihr bekanntestes Mitglied aber war G. Binchois (um 1400–60) aus dem Hennegau. Nach ihm wurde A. Busnois Lieblingskomponist Karls des Kühnen und später der Maria von Burgund. P. de La Rue stand nacheinander im Dienst Maximilians, Philipps des Schönen, der Generalstatthalterin Margarete von Österreich und Karls V. Seine Werke sind in zahlreichen dt. und it. Handschriften erhalten und wurden überdies seit den Anfängen des Notendrucks in Venedig, Rom und Deutschland verbreitet. Die Werke J. Obrechts, der, von kurzen Reisen nach Italien abgesehen, nur in den Niederlanden lebte, waren in ganz Europa bekannt. Schließlich ist noch N. Gombert zu erwähnen, der 1526–39 Mitglied der Hofkapelle Karls V. war. Seine Messen, Magnificat-Vertonungen, Motetten und Chansons sind im strengen kontrapunktischen Stil gehalten und haben später Clemens non Papa beeinflußt. Die berühmtesten Komponisten wirkten aber nicht in ihrer niederländischen Heimat, sondern vor allem in Italien. Josquin des Prés stammte aus dem Hennegau (?), lebte in Mailand, Rom und Ferrara und galt lange Zeit als Vorbild von europäischem Rang. H. Isaac war in Florenz der bevorzugte Komponist am Hofe Lorenzos I. de' Medici, ehe er von 1496 bis zu seinem Tod 1517 Hofkomponist Kaiser Maximilians war. G. van Weerbeke aus Oudenaarde leitete in Mailand die Kapelle der Sforza; L. Compère aus St-Omer wirkte in Florenz und Paris. Seit Beginn des 16. Jh. wurden in den ersten it. Musikdrucken vorwiegend Werke flämischer Komponisten veröffentlicht, vor allem im Bereich der geistlichen Musik. Der ständige Kontakt zur italienischen Musikkultur führte zu einer Verfeinerung der Kompositionstechniken wie auch zur Übernahme italienischer Gattungen, so der Frottola und des Madrigals. A. Willaert aus Brügge, von 1527 bis zu seinem Tod 1552 Kapellmeister an S. Marco in Venedig, widmete sich in umfassender Weise allen Gattungen und war auch als Lehrer ausgezeichneter flämischer und italienischer Komponisten bedeutsam. Wie sein Nachfolger C. de Rore aus Mecheln und wie J. de Wert, Ph. de Monte und Orlando di Lasso schrieb er vielbeachtete Madrigale. – Auch in Spanien, dessen Geschichte seit Beginn des 16. Jahrh. mit der der Niederlande verbunden war, spielten die Komponisten aus dem Norden eine bedeutende Rolle. Als Karl V. eine Kapelle einrichtete, die ausschließlich aus Niederländern bestand, setzte er nicht nur die Tradition der burgundischen Kapelle fort, sondern anerkannte damit auch die künstlerisch bedeutsame Stellung der Flamen. Noch Philipp II. unterhielt neben der „capilla española" eine „capilla flamenca", die aus flämischen Sängern bestand und von einem niederländischen Kapellmeister geleitet wurde. Während in Italien der Einfluß flämischer Komponisten in der 2. Hälfte des 16. Jh. allmählich zurückging, konnten sie in Spanien ihre Stellung bis ins 17. Jh. behaupten. In den deutschsprachigen Ländern traten niederländische Komponisten nicht weniger zahlreich auf: J. Brassart aus Lüttich war um 1440 kaiserlicher Kapellmeister, H. Isaac Hofkomponist Maximilians I. Auch später war eine Reihe flämischer Kapellmeister am Kaiserhof tätig. Orlando di Lasso war nach Wanderjahren in Italien und Aufenthalt in Antwerpen von 1556 bis zu seinem Tod 1594 Mitglied der Münchner Hofkapelle.

Im 16. Jh. entstanden in den Niederlanden bedeutende Zentren des Notendrucks. T. Susato veröffentlichte in Antwerpen mehrere Motettensammlungen, französische und niederländische Chansonbücher sowie Tanzstücke. Ch. Plantin stellte, ebenfalls in Antwerpen, neben liturgischen Büchern einige sorgfältig ausgestattete Messedrucke her. Ph. Phalèse publizierte in Löwen und Antwerpen zahlreiche Sammeldrucke mit einem internationalen Repertoire. Die Geltung und Verbreitung, die die Musik des 15. und 16. Jh. aus dem Gebiet des späteren B. in ganz Europa gewann, beruhte auch auf der Aufgeschlossenheit der Niederländer gegenüber anderen, vor allem italienischen Musiktraditionen, durch die sie sich zu ständiger Weiterentwicklung anregen ließen.

17. und 18. Jahrhundert. Seit dem Ende des 16. Jh. freilich verstand sich die neue, von Italien ausgehende Musik als Gegensatz zu jener alten, von den Niederländern vertretenen. Diese ahmten nun ihrerseits die Italiener nach und brachten wenig Eigenständiges hervor. Aus der kleinen Zahl der Komponisten, die europäische Geltung erlangten, sind H. Du Mont und A. M. Grétry zu nennen. Politische und wirtschaftliche Schwierigkeiten schränkten die Entfaltungsmöglichkeiten der immer noch stark an Funktionen gebundenen Musik ein. Die großen Kirchen unterhielten zwar noch Kapellen, verfügten aber über geringere Mittel als zuvor; die königliche Kapelle wurde von den häufig wechselnden Gouverneuren abhängig, die für die wichtigsten Stellen oft ausländische Musiker anstellten. Die überkommenen Organisationsformen wurden an den großen Kirchen beibehalten, doch ist der erhaltene Bestand der in den spanischen Niederlanden des 17. Jh. entstandenen geistlichen Musik sehr gering. Neben Werken von P. Philips sind Kompositionen von Balthazar Richard, Gaspard Verlit, Leonardus Nervius und Henricus Beauvarlet, schließlich von Lütticher Meistern wie Pierre Bonhomme, Gilles Hayne, L. de Hodémont und L. Pietkin bekannt.

Der neue Stil setzte sich gegenüber der kontrapunktischen Tradition nur langsam durch. Erst im letzten Drittel des 17. Jh. scheint der konzertierende Stil auch in die geistliche Musik übernommen worden zu sein. Die beiden in Brüssel tätigen Italiener P. Torri und P. A. Fiocco machten jene barokken Techniken bekannt, die bei Pierre Hercule Bréhy, dem Chorleiter an der Stiftskirche Ste-Gudule begegnen. Seine Nachfolger J. H. Fiocco und Ch. J. van Helmont unterliegen noch deutlicher dem italienischen Einfluß, der mit H. Fr. Delange, A. Fr. Gresnich und J. N. Hamal auch im Fürstbistum Lüttich vorherrschte. Die Klavier- und Orgelmusik wurde vor allem durch die am erzherzoglichen Hof tätigen Engländer J. Bull und P. Philips gefördert. Unter den einheimischen Komponisten treten P. Cornet in Brüssel, Ch. Guillet in Brügge und A. van den Kerckhoven in Brüssel hervor. In Lüttich sind daneben Gérard Scronx, Lambert Chaumont und Babou zu nennen. Eine größere Rolle spielte im 18. Jh. die Cembalomusik mit J. B. Lœillet aus Gent, der in London lebte, J. M. Fiocco, Ch. J. van Helmont und Jacques Boutmy in Brüssel. Der Einfluß François Couperins in ihren Werken ist nicht zu verkennen, während D. Raick unter dem Eindruck Händels steht, J. J. Robson italienische Anregungen aufgreift und Ferdinand Staes sich an die deutsche Frühklassik anlehnt. Formen der Kammermusik wie Solokonzert und Sinfonie sind an italienischen Vorbildern orientiert. Der Brüsseler Komponist Nicolas a

Kempis veröffentlichte in Antwerpen zwischen 1644 und 1693 unter dem Titel *Symphoniae* drei Sammlungen mit Sonaten für 1 bis 5 Instrumente und Basso continuo, ein Typ, der gleichzeitig auch von Ph. van Wichel, C. Hacquart und Balthazar Richard gepflegt wurde, während Pierre Hercule Bréhy zu Beginn des folgenden Jahrhunderts Kirchensonaten *à4* und *à 5* schrieb. Um 1740 finden sich in den Sonaten, Divertimenti und Konzerten des Brüsselers J. J. de Croes Anklänge an den galanten Stil, während die Sonaten und Sinfonien der Violinvirtuosen G. G. Kennis und P. van Maldere frühklassische Elemente verarbeiten, ebenso in Lüttich J. N. Hamal und A. M. Grétry in ihren Sinfonien und Quartetten.

1650 wurde in Brüssel die erste Oper aufgeführt. Libretto, Ausstattung und Musik (Giuseppe Zamponi) wurden Italienern übertragen. Seit 1681 gab es ein öffentliches Opernhaus, das *Théâtre du Quai au Foin,* aus dem 1700 das heute noch bestehende *Théâtre de la Monnaie* hervorging. Von einigen italienischen Beiträgen abgesehen, beherrschten die Tragédies lyriques Lullys das Repertoire, nach ihm Werke von Destouches, Campra, Mouret und Colasse. Dann setzten sich die Opéras-comiques von Ch. S. Favart durch. Einheimische Komponisten arbeiteten nur selten für die Bühne, doch hatte J. N. Hamal mit seinen „Opéras burless" in Lütticher Dialekt Erfolg. A. M. Grétry machte sich zuerst in Frankreich einen Namen.

19. Jahrhundert. Das Musikleben im 19. Jh. nach der Unabhängigkeit B.s wurde von zwei Männern bestimmt, denen Bedeutung aber mehr als Organisatoren des belgischen Musiklebens, weniger als Komponisten zukommt: Fr. J. Fétis wurde 1883 der erste Direktor des neugegründeten Brüsseler Konservatoriums. Er organisierte den Unterricht, leitete Konzerte mit historischer Musik und veröffentlichte historische, theoretische und analytische Arbeiten. Sein Nachfolger wurde Fr. A. Gevaert, ebenfalls ein bedeutender Organisator, Pädagoge und Historiker der antiken Musikgeschichte. Das Théâtre de la Monnaie verdankte seinen Ruf vornehmlich Uraufführungen wichtiger ausländischer Opern und dem Umstand, daß es als erste französischsprachige Opernblühne die Musikdramen Richard Wagners aufführte. – Verschiedene belgische Virtuosen sind auch als Komponisten hervorgetreten, so der Violinist Ch. de Bériot (verheiratet mit der Sängerin Malibran) mit einigen Fantasien und mit Violinkonzerten, ferner H. Vieuxtemps und später E. Ysaye. Mit breit angelegten Oratorien und Kantaten vertrat P. Benoit einen flämischen Nationalismus, der sich bewußt volkstümlich gab. Aus der von ihm gegründeten flämischsprachigen Musikschule in Antwerpen ging das dortige Konservatorium hervor. Die ebenfalls nationalbewußten Komponisten Willem De Mol, Hendrick Waelput, J. Blockx und L. Martelmanns pflegten in ihren Liedern, Chorsätzen und Opern Flämisch als Kultursprache.

Der berühmteste aus Belgien stammende Komponist im 19. Jh. war zweifellos C. Franck. Sein Werk ist aber der frz. Musikgeschichte zuzurechnen. Sein einziger Schüler in B., G. Lekeu, schrieb bedeutende Kammermusik. Daneben aber regte Franck viele andere belgische Komponisten an, die zum Teil seinen Stil und seine Technik übernahmen oder, wie J. Jongen, diese in persönlicher Weise mit impressionistischen Zügen zu verbinden suchten.

20. Jahrhundert. Nach dem Ersten Weltkrieg sammelte P. Gilson einen großen Schülerkreis um sich. Er selbst war als Komponist Eklektiker, stand aber allen neuen Strömungen aufgeschlossen gegenüber und vermittelte seinen Schülern (neben J. Absil sind M. Poot, G. Brenta und R. Bernier zu nennen) eine solide handwerkliche Basis. Die Neue Musik des Jahrhunderts (Strawinski, „Groupe des Six", Schönberg, Bartók, Hindemith) wurde in B. durch Paul Collaer, den Pianisten, Dirigenten und Musikhistoriker, bekannt gemacht. Seine 1921–23 in Brüssel veranstalteten „Pro Arte"-Konzerte fanden ein internationales Echo. Später widmete sich Collaer der Aufführung selten gespielter alter Musik. Großen Einfluß gewann auch A. Souris. Sein wenig umfangreiches, aber qualitätsvolles Werk orientierte sich zunächst an Debussy, später an Strawinski, schließlich an der seriellen Musik. Unter den Komponisten seiner Generation traten ferner hervor: R. Chevreuille und vor allem J. Absil, von dessen zahlreichen Schülern V. Légley und M. Quinet, dieser auch als einflußreicher Lehrer, zu nennen sind. Die größte Beachtung aber fand P. Froidebise in Lüttich. Sein Schüler H. Pousseur hat sich im Kreis der internationalen Avantgarde neben K. Stockhausen und L. Berio behauptet. Unter den Dirigenten sind Franz André, René Defossez und André Vandernoot hervorzuheben.

Institutionen. An erster Stelle sind hier Rundfunk und Fernsehen zu nennen. Aus dem 1930 gegründeten *Institut National de Radiodiffusion* (INR) entstand 1960 die *Radiodiffusion Télévision Belge* (RTB). Der Zweisprachigkeit des Landes tragen selbständige Abteilungen Rechnung, die drei ständige Orchester und Chöre unterhalten und vor allem im 3. Programm das Musikleben entscheidend fördern. Seit 1949 subventionieren die beiden Kulturministerien in umfassender Weise lokale Aktivitäten. Sie unterhalten oder subventionieren das Orchestre National, die Orchester von Lüttich und

Antwerpen sowie das *Orchestre de chambre de Wallonie,* ferner das *Théâtre de la Monnaie* und weitere Ensembles, darunter die Ballette in Flandern und Wallonien, schließlich die Discothèque Nationale, die im ganzen Land Schallplatten verleiht. Das *Centre Belge de Documentation Musicale* (CEBEDEM) widmet sich der Verbreitung zeitgenössischer belgischer Musik. Wichtigste Konzertgesellschaft ist die *Société Philharmonique* in Brüssel, die aus der 1865 gegründeten *Société des Concerts Populaires* hervorgegangen ist. Im Palais des Beaux-Arts veranstaltet sie fast täglich Konzerte. Das Instrumentalensemble *Musiques nouvelles* pflegt die zeitgenössische Musik. In Lüttich besteht seit 1970 das *Centre de Recherches musicales de Wallonie,* in Gent in Verbindung mit der Universität das *Institut voor Psychoakoestick en elektronische Muziek.* Nachdem sich „Pro musica antiqua" lange Zeit der älteren Musik gewidmet hatte, pflegt heute die „Groupe Alarius" insbesondere die Musik der Barockzeit. – Im ganzen Land bestehen zahlreiche Festspiele. Das *Festival des Flandres* genießt auch international hohes Ansehen, andere, wie das *Festival du Hainaut* oder das *Festival de Stavelot,* verfolgen mehr das Ziel, weniger begünstigte Landschaften kulturell zu beleben. Wieder andere, wie die *Nuits de septembre* in Lüttich, verfolgten musikhistorische Ziele. Der Pflege zeitgenössischer Musik dienen u. a. *Reconnaissance des musiques modernes* und die *Biennale de musique belge* in Brüssel. Der *Concours musical Reine Élisabeth* dient zur Förderung junger Solisten in den Fächern Violine und Klavier und gehört zu den bedeutendsten internationalen Musikwettbewerben. Weltweite Beachtung hat in den beiden letzten Jahrzehnten das *Théâtre Royal de la Monnaie* mit Maurice Béjarts *Ballet du XXᵉ siècle* gefunden. Namhafte Opernhäuser befinden sich in Lüttich und Antwerpen.

B. verfügt über ein dichtes Netz von Musikschulen, die für die Aufnahme in ein Konservatorium vorbereiten, aber auch musikinteressierten Laien offenstehen. Konservatorien bestehen in Brüssel, Lüttich, Mons, Antwerpen und Gent. Musikwissenschaft wird an den Universitäten Brüssel, Gent, Lüttich und Löwen gelehrt.

Ausg. (spezielle Sammelausg.): Trésor musical, 29 Bde., hrsg. v. R. J. VAN MALDEGHEM (Bru 1865–93); Les clavecinistes flamands, 2 Bde., hrsg. v. X. V. F. VAN ELEWIJCK (Bru 1877); Monumenta musicae Belgicae, 8 Bde., hrsg. v. DEMS. (An 1932–50); R. B. LENAERTS, Die Kunst der Niederländer (Kö 1962).

Lit.: **1) Studien:** E. VAN DER STRAETEN, La musique aux Pays-Bas avant le XIXᵉ siècle, 8 Bde. (Bru 1867–88); A. AUDA, La musique et les musiciens de l'ancien Pays de Liège (Bru – Liège 1930); F. VAN DER MUEREN, Vlaamsche muziek en componisten in de 19. en 20. eeuw (Den Haag 1931); R. BRAGARD, Histoire de la musique belge, 2 Bde. (Bru 1946–49); CH. VAN DEN BORREN, Geschiedenis van de muziek in de Nederlanden, 2 Bde. (An 1948–51); La musique en Belgique du Moyen Age à nos jours, hrsg. v. CH. VAN DEN BORREN – E. CLOSSON (Bru 1950); S. CLERCX, Introduction à l'histoire de la musique en Belgique in: RBMie 5 (1951); A. CORBET, De muziek in Vlaanderen door de eeuwen heen, 2 Bde. (Bru 1951–52); H. CHR. WOLFF, Die Musik der alten Niederländer (L 1956); R. WANGERMÉE, La musique belge contemporaine (Bru 1959); DERS., La musique flamande dans la société des XVᵉ u. XVIᵉ siècles (Bru 1965); C. MERTENS, Hedendaagse muziek in Belgie (Bru 1967). – **2) Nachschlagewerke:** E. G. J. GREGOIR, Les artistes musiciens belges au XVIIIᵉ et au XIXᵉ siècle, 3 Bde. (Bru 1885–90); R. VANNES – A. SOURIS, Dictionnaire des musiciens (Bru 1947).

R. WANGERMÉE

BELIN, Julien, * um 1530 Le Mans, † April 1584; frz. Lautenist. Er ist Autor eines *Iᵉʳ Livre contenant plusieurs motetz, chansons et fantasies* in Lautentabulatur (P 1556).

BELISSEN (Belissens, Bellisens), **Laurent,** * 1694 Aix-en-Provence, † 1762 Marseille; frz. Komponist. Schüler von G. Poitevin an der Singschule der Kathedrale von Aix. Später war er Kapellmeister an der Abtei St. Victor in Marseille. Er schrieb Messen für Chor und Orchester, ein *Te Deum,* ein *Magnificat,* Motetten für großen Chor *(Nisi Dominus; Beatus vir; Laudate pueri).*

BELJAJEW (Belaïeff), **Mitrofan Petrowitsch,** * 10. (22.) 2. 1836 St. Petersburg, † 28. 12. 1903 (10. 1. 1904) ebd.; russ. Musikverleger. Als Freund der „Gruppe der Fünf" (↗Balakirew) gründete er 1885 in Leipzig den Verlag M. P. Belaieff, der über 2000 Kompositionen u. a. von Borodin, Mussorgskij, Rimski-Korsakow, Glasunow, Tanejew und Skrjabin veröffentlichte. Im selben Jahr richtete er in St. Petersburg die Russischen Symphoniekonzerte, 1891 die Russischen Quartettabende ein, die dem Vortrag ausschließlich russischer Musik gewidmet waren. Den größten Teil seines Vermögens bestimmte B. für die Förderung der nationalen russischen Musik. Seit 1904 wird der Verlag als Stiftung durch ein Kuratorium geleitet; 1949 wurde der Sitz nach Bonn verlegt, 1971 nach Frankfurt am Main. 1971 übernahm der C. F. Peters Musikverlag die Führung des Unternehmens.

Lit.: W. STASSOW, M. P. B. (St. Petersburg 1895); M. MONTAGU-NATHAN, Belaieff, Maecenas of Russian Music, in: MQ 4 (1918); Briefwechsel zwischen A. N. Skrjabin u. M. P. B., hrsg. v. W. M. BELJAJEW (Petrograd 1922) (russ.); M. A. Balakirew. Perepiska s N. G. Rubinsteinom i M. P. Beljajewym hrsg. v. W. A. KISSELJOW (Mos 1956).

BELLA, Johann Leopold (Ján Levoslav), * 4. 9. 1843 Liptovský Sväty Mikuláš (Slowakei),

† 25. 5. 1936 Preßburg; slowakischer Komponist. 1867 zum Priester geweiht, wurde er 1869 Dirigent, Kapellmeister und Prof. für Gesang in Kremnitz. Nach seinem Austritt aus der kath. Kirche war er 1881–1921 Kantor der ev. Stadtkirche, Chorleiter und MD an einer höheren Schule in Hermannstadt. Ein großer Teil seines Werkes umfaßt kath. bzw. ev. Kirchenmusik. Er schrieb ferner u.a. ein Streichquartett, ein Streichquintett, eine symphonische Dichtung *Schicksal und Ideal* (*Osud a ideál,* 1874), Kantaten, darunter *Die Hochzeit von Jánošík* (1924) und eine Oper *Wieland der Schmied* (1880–99, UA Preßburg 1926).

Lit.: K. HUDEK, J. L. B. (Pr 1937); F. ZAGIBA, J. L. B. u. das Wiener Musikleben (W 1955); E. ZÁVARSKÝ, J. L. B., Život a dielo (Bratislava 1955); M. RÝSPLEROVÁ, Několik statí o životě a díle J. L. B., Diplomarbeit Prag 1953 (masch.), Zusammenfassung in: Miscellanea musicologica 2 (Pr 1957).

BELLAIGUE, Camille, * 24. 5. 1858 Paris, † 4. 10. 1930 ebd.; frz. Musikschriftsteller und -kritiker. Er arbeitete vor allem für den *Correspondant* und für die *Revue des Deux Mondes.* Freundschaften verbanden ihn mit Verdi und Boito. B. schrieb über den Gregorianischen Gesang, über Komponisten des 16. Jh., über Mozart, Gounod und Verdi; seine negativen Urteile über C. Franck, V. d'Indy und Debussy erscheinen uns ungerechtfertigt.

Schriften: *L'Année musicale et dramatique,* 2 Bde. (P 1892–94); *Un siècle de musique française* (P 1887); *Portraits et silhouettes de musiciens* (P 1896), dt. Übers.: Musikal. Silhouetten (Kattowitz 1903); *Mozart* (P 1906, it. Mi 1955); *Mendelssohn* (P 1907); *Les Époques de la musique,* 2 Bde. (P 1909); *Gounod* (P 1910); *Verdi* (P o. J. [1911]); *Notes brèves,* 2 Bde. (P 1911–14); *Promenades lyriques* (P 1925).

BELLASIO, Paolo, * 20. 5. 1554 Verona, † 10. 7. 1594 Rom; it. Komponist und Organist; er stand seit 1582 in Rom im Dienst der Kardinäle Boncompagni und Sirleto, wurde 1587 Organist an der Kathedrale zu Orvieto, kehrte aber 1591 nach Verona als Maestro di Musica der Accademia Filarmonica zurück. Er veröffentlichte 5 Bücher Madrigale für 5–8 St. (V 1578–95) und einen Band *Villanelle a 3 v. con l'intavolatura del liuto* (V 1592). Weitere Kompositionen sind in Sammeldrucken enthalten.

Lit.: R. CASIMIRI, P. B. musicista veronese, in: Note d'archivio 14 (1937).

BELLERMANN, dt. Musiker- und Gelehrtenfamilie. – **1) Konstantin,** * 1696 Erfurt, † 1. 4. 1758 Minden. Er war seit 1719 Kantor in Minden, später dort auch Schulrektor. Seine Werke sind verschollen. – **2) Johann Joachim,** * 23. 9. 1754 Erfurt, † 25. 10. 1842 Berlin. Bis 1804 lehrte er Philosophie und Theologie an der Univ. Erfurt. Danach wurde er Direktor des Gymnasiums Zum Grauen Kloster in Berlin, 1816 auch Prof. für Theologie an der Universität. Er nahm die Prinzipien K. F. Zelters auf und trug entscheidend zur Entwicklung des Musikunterrichts an den Gymnasien bei. – **3) Johann Friedrich,** Sohn von 2), * 8. 3. 1795 Erfurt, † 5. 2. 1874 Berlin. Auch er war Lehrer und später Direktor des Grauen Klosters und Musikpädagoge. Er schrieb Studien zur Musik des Altertums: *Fragmentum graecae scriptionis de musica* (B 1840); *Die Hymnen des Dionysius und Mesomedes* (B 1840); *Anonymi scriptio de musica. Bachii senioris introductio artis musicae* (B 1841); *Die Tonleitern und Musiknoten der Griechen* (B 1847, Nachdruck Wie 1969). – **4) Johann Gottfried Heinrich,** Sohn von 3), * 10. 3. 1832 Berlin, † 10. 4. 1903 Potsdam. Er war Kompositionsschüler von E. Grell und wurde 1861 zum Königlichen Musikdirektor und 1866 zum Prof. der Musik an der Univ. Berlin ernannt. Seit 1875 war er auch Mitglied der Akademie der Künste. Er komponierte eine Oper, Melodramen über Texte aus griechischen Tragödien, Lieder und Kirchenmusik. Von seinen Schriften sind *Die Mensuralnoten und Taktzeichen des 15. und 16. Jh.* (B 1858, [4]1963) und *Der Contrapunkt* (B 1862, NA 1978) noch heute von wissenschaftlichem Nutzen.

Lit.: W. LOTZE, Biogr. von K. B., in: Göttinger Zeitung Nr. 9 (1879); J. HEIDEMANN, J. J. B. u. J. Fr. B., in: Gesch. des Grauen Klosters (B 1874); O. SCHNEIDER, H. B., Gedächtnisrede (B 1903); F. GREIF, La doctrine de J. Fr. B. Étude sur la musique antique (P 1909).

BELLEVILLE, Jacques de, † um 1650; frz. Ballettmeister, Violinist und Mandoraspieler. Zwischen 1615 und 1632 veranstaltete er unter König Ludwig XIII. zahlreiche Ballets de cour, an denen er auch als Komponist und Tänzer beteiligt war (*Ballet des petits Mores,* 1615; *Ballet de la Délivrance de Renaud,* 1617; Ballette *Tancrède* und *Psyché,* 1620; *Ballet de Mgr. le Prince,* 1622; *Ballet du Château de Bicêtre,* 1632). Handschriftlich erhalten sind eine *Allemande* (Paris, Bibl.Nat., Coll. Philidor) und *Le Testament du sieur de Belleville* (übertragen von Ecorcheville, s. u.).

Ausg.: 11 Stücke für die Laute, in: Œuvres de Chancy..., hrsg. v. A. SOURIS, mit einer Einleitung v. M. Rollin (P 1967).

Lit.: J. ÉCORCHEVILLE, Vingt suites d'orchestre du XVIIe siècle français (1640–70) (P 1906); F. LESURE, La naissance de l'orch. en France au début du XVIIe siècle, in: Encycl. de la Pléiade, Histoire de la Musique I (P 1960).

BELL'HAVER, Vincenzo, * um 1530 Venedig, † Sept. 1587 ebd.; it. Komponist. Schüler A. Gabrielis, dem er 1586 als Organist an San Marco in Venedig nachfolgte, nachdem er zuvor (1584/85) Organist am Dom in Padua gewesen war. Von seinen 3 Büchern *Madrigali* hat sich nur das 2. erhalten (V 1575). 3–12st. Madrigale, zwei 8st. *Magnificat* und einige 7–8st. Motetten befinden sich in Sammeldrucken von 1564–1615 (besonders RISM 1570[17]).

Ausg.: 3 Madrigale u. eine Toccata für Org., in: TORCHI Arte mus. I u. III.

Lit.: R. CASIMIRI, Musica e musicisti nella cattedrale di Padova, in: Note d'archivio 18 (1941); N. BRIDGMAN, Musique profane italienne des XVIᵉ u. XVIIᵉ siècles dans les Bibl. françaises, in: Fontes Artis Musicae 2 (1955); S. DALLA LIBERA, Cronologia musicale della Basilica di San Marco in Venezia, in: Musica sacra Nr. 2 (Mi 1961).

BELLI, Domenico, it. Komponist des frühen 17. Jahrhunderts. Er war 1610–13 als Nachfolger M. da Gaglianos an S. Lorenzo in Florenz Gesanglehrer. Seit 1619 stand er im Dienst der Medici. B. gehört zu den frühen, aber weniger bekannten Vertretern des monodischen Stils. Er schrieb eine Sammlung *Arie a 1 e 2 v. per sonarsi con il chitarrone* (V 1616) und einen *Orfeo dolente* (V 1616) als Folge von Intermezzi zu Tassos *Aminta*. Ein 4st. *Officium defunctorum* (V 1616) ist nur unvollständig erhalten.

Ausg.: *Orfeo dolente*, hrsg. v. A. TIRABASSI (Bru 1927), hrsg. v. G. F. MALIPIERO (R 1951).

Lit.: A. TIRABASSI, L'opera più antica. Orfeo dolente di B., in: Rass. Mus. 12 (1939), engl. Übers. in: MQ 25 (1939); C. DAHLHAUS, D.B. u. der chromatische Kontrapunkt um 1600, in: Mf 15 (1962).

BELLI, Girolamo, * 1552 Argenta bei Ferrara, † um 1618 Ferrara; it. Komponist. Schüler von L. Luzzaschi in Ferrara. Er gehörte der Hofkapelle des Herzogs von Gonzaga in Mantua an.

WW (in Venedig veröffentlicht): 4 Bücher 5–6st. Madrigale (1583, 1586, 1590, 1617), das letzte Buch *per cantare e sonare; Canzonette a quattro* (1596); 4st. Vesperpsalmen (1585); 5st. Psalmen mit B.c. (1610); *Sacrae cantiones* für 8 St. (1589) und für 10 St. mit einer 8st. Messe (1594).

BELLI, Giulio, OFM, * um 1560 Longiano bei Forlì, † nach 1621 Imola; it. Komponist, Schüler von T. Cimello. Er war seit 1582 Kirchenkapellmeister u. a. in Imola, Ferrara, Venedig, Ravenna und Padua. Ein Teil seiner kirchenmusikalischen Werke repräsentiert durch die spätere Hinzufügung eines Generalbasses den Übergang von der klassischen Vokalpolyphonie zum neuen Stil des 17. Jh.

WW (in Venedig veröffentlicht, mit zahlr. Nachdrucken): 2 Bücher 3–4st. *Canzonette* (1584 u. 1593); 2 Bücher 5–6st. Madrigale (1589 u. 1592); 4 Bücher Messen: für 5 St. (1586), für 8 St. (1595, spätere Aufl. mit B.c. 1607 u. 1608), für 4 St. (1599), für 4–8 St. mit B.c. (1608); *Sacrae cantiones* für 4–12 St. (1600); 3 Bücher Vesperpsalmen: für 8 St. (1596, mit B.c. 1607 u. 1615), für 5 St. (1598); für 6 St. (1603); 3 Bücher *Compieta ... della Madonna* (Motetten, Falsibordoni, Litaneien, Antiphonen) für 6 u. 8 St. mit B.c. (1605, 1607); *Concerti ecclesiastici* für 2 u. 3 St. mit B.c. (1613). Zahlreiche WW in Sammeldrucken 1613–27.

Lit.: A. BRIGIDI, Cenni sulla vita e sulle opere di G. B. (Modena 1865); R. CASADIO, La cappella della basilica di San Francesco ... (Mi 1962).

BELLINI, Vincenzo, * 3. 11. 1801 Catania (Sizilien), † 23. 9. 1835 Puteaux bei Paris; it. Komponist. Aus einer Musikerfamilie stammend, begann er bereits sehr früh zu komponieren. Vom Herzog von S. Martino gefördert, konnte er 1819–25 am Collegio San Sebastiano in Neapel studieren, an dem G. Furno (Harmonielehre), G. Tritto (Kontrapunkt) und N. Zingarelli (Komposition) seine Lehrer waren. Am Ende der Ausbildung wurde seine erste Oper, *Adelson e Salvini,* aufgeführt. Im folgenden Jahr brachte das Teatro San Carlo in Neapel die Oper *Bianca e Fernando* zur Aufführung, die der Impresario Barbaja bei ihm in Auftrag gegeben hatte. Anschließend ging B. nach Mailand, wo er mit dem Librettisten Felice Romani für die Scala die Opern *Il Pirata* (1827) und *La Straniera* schrieb. Die vielversprechend begonnene Zusammenarbeit wurde mit *Zaire* (für Parma geschrieben, UA 1829) und *I Capuleti e i Montecchi* (für Venedig, 1830) fortgesetzt; beiden Werken waren aber nur mäßige Erfolge beschieden. 1831 stellte B. in Mailand seine beiden Meisteropern *La Sonnambula* (Die Nachtwandlerin) und *Norma* vor. Der Mißerfolg der Oper *Beatrice di Tenda* (Venedig 1833) führte zum Bruch mit Romani. B. folgte einem Ruf als Dirigent nach London und nahm einen Opernauftrag für das Italienische Theater in Paris an. 1833 ließ er sich in Paris nieder. Er wurde begeistert aufgenommen und lernte hier Rossini, Chopin, Cherubini, Liszt und Heine kennen. Den Erfolg seiner Oper *I Puritani e i Cavalieri* (Libretto von C. Pepoli, UA 24. 11. 1835) erlebte B. freilich nicht mehr. Eine glänzende Besetzung mit Giulia Grisi, Giovanni Battista Rubini, Antonio Tamburini und Luigi Lablache trug zum Trimph der Aufführung bei. – Außer den genannten 10 Opern schrieb B. noch 6 Symphonien, ein Oboenkonzert, Arien und Arietten mit Klavier- oder Orchesterbegleitung und verschiedene geistliche Kompositionen; die meisten dieser Werke entstanden bereits während des Studiums in Catania und in Neapel. B.s geschichtlicher Rang ist gebunden an die Entwicklung der Opera seria, die in den ersten Jahrzehnten des 19. Jh. durch die Werke Rossinis eine Hochblüte erlebte. Er und Donizetti waren die einzigen inmitten einer großen Zahl anderer italienischer Opernkomponisten, die die Gattung vor einer nachrossinianischen Stagnation bewahrten, und bereiteten damit den Boden für das Opernschaffen Verdis, in dem sich die Opera seria schließlich vollendete. B.s persönliche Leistung läßt sich am besten in den Arien seiner Opern erkennen. Sie weisen eine gegenüber Rossini neuartige (wie auch gegenüber Donizetti andersartige) musikalische Sprache auf, die in der Melodik der Gesangspartien Klangsinnlichkeit mit elegischem Ausdruck verbindet und durch eine – auch von Verdi bewunderte – „unerhörte Weitung des Melodiebogens" (Lippmann) charakterisiert ist.

Lit.: O. VIOLA, Bibliogr. belliniana (Catania 1902, [2]1923); B. CONDORELLI, Museo belliniano. Cat. storico-iconografico (ebd. 1935). – A. POUGIN, B., sa vie, son œuvre (P 1867); I. PIZZETTI, La musica di V. B. (Mi 1916); L. CAMBI, B., la vita (Mi 1934); DERS., V. B., Epostolario (Mi 1943); V. B. l'uomo, le sue opere, la sua fama, hrsg. v. I. PIZZETTI (Mi 1936) (Sammelwerk); A. FRACCAROLI, B. (Mi 1945); F. PASTURA, B. secondo la storia (Palermo 1959); L'opera 2 (Mi 1966) Nr. 5 (B.-Sonderheft); F. LIPPMANN, Quellenkundliche Anmerkungen zu einigen Opern V. B.s, in: Stud. z. it.-dt. Musikgeschichte (Kö – Gr 1967) (= Analecta musicologica 4); DERS., V. B. u. die it. opera seria seiner Zeit (Kö – W 1969) (= ebd. 5); DERS., Verdi u. B., in: Beitr. zur Gesch. der Oper, hrsg. v. H. BECKER (Rb 1969) (= Stud. zur Musikgesch. des 19. Jh. 15); L. ORREY, B. (Lo – NY 1969) (= The Master Musicians Series o. Nr.); W. OEHLMANN, V. B. (Fr – Z 1974); F. LIPPMANN, Donizetti u. B., in: Studi Musicali 4 (1975).

BELLINZANI, 1) Paolo Benedetto, * um 1690 Mantua, † 25. 2. 1757 Recanati; it. Komponist; Priester. Er wirkte als Kapellmeister 1715–21 in Udine, 1724–30 in Pesaro, 1730–34 in Urbino, 1734–35 in Fano, danach bis 1737 in Orvieto, schließlich bis zum Tod in Recanati. B. war Mitglied der Accademia dei Risorti in Ferrara und der Accademia dei Filarmonici in Bologna.

WW: Messen für 4 St. u. Org. ad lib. (Bol 1717); *Salmi brevi* für 8 St. u. Instr. ad lib. (Bol 1718); *Sonate a flauto solo con cembalo o violoncello* (V 1720); Offertorien für 2 St. mit B.c. (Pesaro 1726); Kammerduette mit B.c. (ebd. 1726); 2–5st. Madrigale (ebd. 1733); *Sonate da chiesa* für 2 V. u. B.c., *ad imitazione di quelle di A. Crelli,* hsl. in Bologna, Liceo musicale.

2) Antonio, Neffe von 1), * um 1700 Ferrara, † nach 1767; ebenfalls Priester. Als Kirchenmusiker war er in Urbino, Recanati und Pesaro tätig. Seine geistlichen Kompositionen befinden sich hsl. in Pesaro.

BELLISENS ↗Belissen, Laurent.

BELOHNTE TREUE, DIE *(La fedeltà premiata),* Dramma pastorale giocoso in 3 Akten von Joseph Haydn (1732–1809), Text (mit leichten Änderungen eines unbekannten Bearbeiters) von Giovanni Battista Lorenzi. Ort und Zeit der Handlung: Wald vor dem Tempel der Diana in Cumae in mythischer Zeit. UA: 25. 2. 1781 in Esterháza, EA in dt. Sprache: 18. 12. 1784 in Wien (Kärntnerthor-Theater). Diese Oper um Liebespaare, die, wollen sie dem Opfertod entgehen, sich nicht als solche erkennen lassen dürfen, schrieb Haydn zur Eröffnung des neuen Opernhauses in Esterháza. Sie war für den 15. 10. 1780 geplant, mußte aber – wie neueste Forschungen ergaben – verschoben werden. Das Libretto mit dem versöhnlichen Schluß (Diana erkennt die Opferbereitschaft eines der Liebenden an und führt die Paare zusammen) nahm Haydn unter Änderung des Titels von der erfolgreichen Oper Domenico Cimarosas *L'infedeltà delusa* (1779). Haydns Oper wurde bis 1785 häufig wiederholt und gelangte in dt. Sprache nach Wien auch in Preßburg und Budapest mit größtem Erfolg zur Aufführung. Die stärkste Wirkung rufen die weitgespannten Finali hervor; am bekanntesten ist die Ouvertüre, die Haydn als Finalsatz seiner Sinfonie Nr. 73 *(La Chasse)* wiederverwendete.

K. LANGROCK

BEMBO, Pietro, * 20. 5. 1470 Venedig, † 18. 1. 1547 Rom; it. Dichter. Nach dem Studium in Padua lebte er einige Zeit in Ferrara, wo er u. a. Ariost begegnete, verbrachte danach 6 Jahre am Hof zu Urbino und wurde 1512 Sekretär Papst Leos X. in Rom. Seit 1521 lebte er seinen Studien in Padua. 1530 wurde er zum Historiographen der Republik Venedig und zum Bibliothekar der Libreria Nicena (der späteren Libreria Marciana) ernannt. In späteren Jahren war B., der 1539 Kardinal wurde, seit 1541 Bischof von Gubbio und seit 1544 von Bergamo. Zahlreiche seiner Dichtungen, die dem Vorbild Petrarcas verpflichtet sind, wurden von Komponisten des 16. und frühen 17. Jh. vertont (u. a. von Arcadelt, Donato, A. Gabrieli, Ingegneri, Monteverdi, C. de Rore, Palestrina) und repräsentieren eine hochstilisierte Madrigalkunst, die den Gegenpol zu mehr volkstümlichen Madrigalformen (Strambotta, Villotta) bilden.

Ausg.: Opere complete, 4 Bde. (V 1729), Faks.-Ausg. (Ridgewood/N. J. 1965).

Lit.: V. CIAN, P. B., in: Giornale storico della letteratura italiana 88 (1926); W. H. RUBSAMEN, Literary Sources of Secular Music in Italy (ca. 1500) (Berkeley – Los Angeles 1943); A. EINSTEIN, The Italian Madrigal I (Princeton 1949); D. T. MACE, P. B. and the Literary Origins of the Italian Madrigal, in: MQ 55 (1969).

BEMETZRIEDER, Anton (Antoine), * 1743 (oder 1748) Dauendorf (Niederelsaß), † um 1817 London; elsässischer Musiktheoretiker. Er kam

1770 nach Paris. Diderot, der ihn sehr schätzte und förderte, vertraute ihm seine Tochter Angélique als Schülerin an und verfaßte die Einleitung zu einer verbesserten Ausgabe von B.s berühmt gewordenen *Leçons de clavecin et principes d'harmonie* (P 1771, ²1775). B. schrieb außerdem den *Traité de musique* (P 1776, ³1780) sowie *Le Tolérantisme musical* (P 1779). Ende 1781 ging er nach London. Hier veröffentlichte er die Schriften *Melody and Harmony* (1783), *New Guide to singing* (1783), *General Instructions of Music* (1790) und *Twelve Lessons for the Pianoforte* (1802). Er schrieb außerdem Essays zur Philosophie und Ethik.

BÉMOL (frz.; it.: bemolle), der aus der Bz. *b molle* (↗B) entstandene Name für das Erniedrigungszeichen ♭; in Frankreich werden die durch ♭ erniedrigten Töne durch den Zusatz b. zur Solmisationssilbe bezeichnet (z. B. la bémol = as).

BENATZKY, Ralph, * 5. 6. 1884 (1887?) Mährisch-Budwitz, † 17. 10. 1957 Zürich; östr. Komponist und Librettist. Er studierte in Prag und München, wurde zum Dr. phil. promoviert, erhielt anschließend seine musikalische Ausbildung u. a. bei F. Mottl an der Akademie der Tonkunst in München. Er wirkte zunächst in Wien, ging dann nach Berlin zu Max Reinhardt. 1938 zwang ihn der Nationalsozialismus, Deutschland zu verlassen; er lebte zunächst in der Schweiz, dann in Amerika, nach dem 2. Weltkrieg wieder in der Schweiz. B. komponierte über 100 Bühnenwerke (schrieb für viele auch selbst die Libretti), darunter einige Opern, ein Ballett, vor allem aber Operetten, ferner zahlreiche Filmmusiken und etwa 5000 Chansons und Lieder. *Im weißen Rößl* (1930) wurde der größte Operettenerfolg der letzten Jahrzehnte. Bezeichnender für seine Art waren aber Operetten wie *Meine Schwester und ich* (1930), *Bezauberndes Fräulein* (1933), *Axel an der Himmelstür* (1936), in denen er das Witzige mit sparsamen, aber sicheren Strichen musikalisch nachzuzeichnen verstand. B. schrieb auch den Roman *In Dur und Moll* (1954).

BENAUT (Benault), frz. Organist und Komponist; lebte in der zweiten Hälfte des 18. Jh. in Paris. Er bezeichnete sich selbst als „Maître de clavecin de l'Abbaye royale de Montmartre". B. schrieb 12 Orgelmessen und zahlreiche kleinere liturgische Orgelstücke (Hymnen, Magnificats, Versetten). Er arrangierte auch Vaudevilles und Ouvertüren zu Opéras-comiques für Cembalo bzw. Pianoforte. Seine Tochter, Pianistin und Komponistin, veröffentlichte in sehr jungen Jahren 4 *Recueils d'Air avec variations arrangés pour le clavecin ou le forte-piano* (P um 1785). Von ihr stammen vermutlich auch 3 Sonaten, 1 Konzert sowie ein *Premier livre de pièces de Clavecin ou de piano-forte.*

BENDA, Hans von, * 22. 11. 1888 Straßburg, † 15. 8. 1972 Berlin; dt. Dirigent. Nachfahre der ursprünglich böhmischen Musikerfamilie Benda. Er studierte am Sternschen Konservatorium in Berlin, Musikwissenschaft an den Universitäten Berlin und München, wurde 1926 Leiter der Musikabteilung der Funkstunde des Senders Berlin, wo er sich für die moderne Musik, besonders Strawinski, einsetzte. 1935–39 war er unter Furtwängler Intendant der Berliner Philharmoniker; er gründete das Kammerorchester der Philharmoniker, 1939 ein eigenes Kammerorchester. 1948–52 war B. als Dirigent in Spanien, vor allem in Valencia, tätig, gründete dann das Berliner Kammerorchester neu, mit dem er in allen Erdteilen konzertierte, und leitete 1954–58 die Musikabteilung des Senders Freies Berlin.

BENDA, böhmische Musikerfamilie. **1) Johann Georg** (Jan Jiří), * 1686, † 1757; er war Weber und Spielmann. – **2) Franz** (František), Sohn von **1)**, * Alt-Benatek (getauft 22. 11. 1709 Neu-Benatek), † 7. 3. 1786 Potsdam; Geiger und Komponist. 1718–23 war er in Prag, Dresden und wieder in Prag Chorknabe, trat in Wien in die Dienste des Grafen Montecuculli und des Marquis von Lunéville, floh aber 1729 nach Breslau und Warschau und erhielt 1732 eine Stelle in der Königlichen Kapelle in Dresden. 1733 trat er zum Protestantismus über und wurde im gleichen Jahr Mitglied der Kapelle des Kronprinzen Friedrich von Preußen, nach dessen Thronbesteigung „Primarius", 1771 schließlich Konzertmeister der Königlichen Kapelle in Berlin. Er war ein gesuchter Violinlehrer. J. P. Salomon und F. W. Rust waren u. a. seine Schüler. In seinen Symphonien und Konzerten vertritt F. B. den empfindsamen Stil der Berliner Schule seiner Lehrer Quantz und der Brüder Graun, bereicherte aber den Ausdruck durch eine gesangvolle Melodieführung und dramatische Akzente. In den Sonaten für Violine ist der melodische Aspekt stärker ausgeprägt als die Virtuosität.

WW: Von den zahlr. WW (15 Konzerte für V., etwa 100 V.- u. Trio-Sonaten, 22 Duos für V., 127 Capricen für Solo-V. u. eine Reihe von Liedern) erschienen im Druck: eine Sonate für Fl. u. B.c. (1756); 6 Trio-Sonaten, op. 1 (B o.J.); *6 Sonates à violon seul,* op. 1 (P o.J.); 2 Concertos für V., op. 2 (B o.J.); 3 Sonaten für Cemb. mit Fl. oder V., op. 3 (B o.J.); 6 Sonaten für V., op. 4 (B–A o.J.); 3 Konzerte für Fl., op. 4 (B o.J.); 3 Sonaten für Fl. mit obligatem Cemb., op. 5 (Lo o.J.); *Études* für V. (L o.J.) (zus. mit seinem Bruder Joseph); 4 Oden, in: *Oden mit Melodien,* hrsg. v. CH. G. KRAUSE – K. W. RAMLER, I (B 1753). – B.

veröffentlichte 1766 eine Autobiographie (in Hillers *Wöchentliche Nachrichten* 1).

Ausg.: 44 Capricen (Pr 1960); Sinfonia in C-Dur, hrsg. v. H. FÖRSTER (L 1962); 4 Sonaten für V., in: MAB 57 (1962–63); Sonate für Fl. in e-moll, in: MAB 60 (1963), hrsg. v. K. JANETZKY (L 1969); Sonate in G-Dur für Fl. u. Klv. op. 3, Nr. 1, hrsg. v. H. RUF (Mz 1966) (= Il flauto traverso o. Nr.); Konzert in e-moll für Fl., Streichorch. u. Gb., hrsg. v. W. LEBERMANN (Mz 1969) (= Concertino o. Nr.).

Lit.: Autobiogr., hrsg. v. K. VON LEDEBUR, in: Neue Berliner Musikzeitung 10 (1856) Nr. 32–35, A. LASERSTEIN, F. B. (Diss. Breslau 1924); F. BERTEN, F. B. (Diss. Kö 1928); E. NISSEL-NEMENHOF, Die Violintechnik F. B.s u. seiner Schule (Kas 1930); C. SCHOENBAUM, MGG u. die Familie B., in: Mf 10 (1957); F. LORENZ, F. B. u. seine Nachkommen (B 1967) (= Stiftung Preußischer Kulturbesitz, Staatl. Inst. für Musikforsch., o. Nr.); J. MÜLLER-BLATTAU, B.-Veichtner – Reichardt – Amenda. Zur Gesch. des nordostdt. Violinspiels in der Frühklassik, in: Musik des Ostens 4 (Kas 1967); TH. C. MURPHY, The V. Concertos of F. B. and Their Use in V. Pedagogy, 2 Bde. (1968) (= Diss. Univ. of Southern Calif.).

3) Johann Georg (Jan Jiří), Sohn von 1), * Alt-Benatek (getauft 30.8.1713 Neu-Benatek), † 1752 Berlin; Geiger und Komponist. Er ging mit seinem Bruder Franz 1733 nach Dresden und folgte ihm auch an die Königliche Kapelle in Berlin. Von seinen Werken sind hsl. erhalten: 11 *Sonaten* für Flöte, 10 *Capricen* für Violine, eine *Triosonate* und ein *Violinkonzert* in G-Dur (hrsg. von S. Sushkin). – **4) Georg Anton (Jiří Antonín),** Sohn von 1), * Alt-Benatek (getauft 30.6.1722 Neu-Benatek), † 6.11.1795 Köstritz; Geiger, Cembalist, Dirigent und Komponist. 1742 folgte er seinen Brüdern nach Berlin und erhielt gleichfalls eine Anstellung als Violinist in der Königlichen Kapelle. 1750 wurde er herzoglicher Kapellmeister in Gotha und nach fast 30jährigem Dienst dort pensioniert. Georg B. war der berühmteste Sproß der Familie, bei seinen Zeitgenossen vor allem als Komponist von Melodramen und als Klavierkomponist geschätzt.

WW: **1) Instr.-WW:** *Sei Sonate* für Cemb. (B 1757); *Sammlung vermischter Clavierstücke,* 6 Tl.e (Gotha bzw. L 1780–82); *Gesang- und Klavierstücke verschiedener Art* (Gotha 1782); *Concertino* und *II Concerti* für Cemb. u. Str. (L o.J. u. 1779); Duette für 2 Violen (Birmingham o.J.); hsl. erhalten sind zahlr. Klv.-Sonaten u.a. Klv.-Werke, Klv.-Konzerte, Sinfonien. – **2) Vokal-WW:** Weltliche Kantaten u. Arien, für Singst. u. Orch., davon gedruckt *Amynts Klagen über die Flucht der Lalage* (L 1774); *Benda's Klagen… Hiermit endet der Verfasser seine musikalische Laufbahn* (L 1792?); *Cephalus und Aurore* (L o.J.); *Collezione di arie italiane,* 2 Tl.e (L o.J.); hsl. erhalten sind andere weltliche Kantaten sowie geistliche Musik (Messensätze, Kantaten, Motetten). – **3) Bühnen-WW** (soweit in Klavier-Auszügen gedruckt): Melodramen: *Ariadne auf Naxos,* UA: Gotha 1775; *Medea,* UA: Leipzig 1755; *Pygmalion,* UA: Gotha 1779; Singspiele: *Der Dorfjahrmarkt,* UA: Gotha 1775; *Der Walder,* UA: ebd. 1776; *Romeo und Julie,* UA: ebd. 1776; *Der Holzhauer,* UA: ebd. 1778; *Das tartarische Gesetz,* UA: Hamburg 1780; *Das Findelkind,* UA: Gotha 1787.

Ausg.: *6 Sonates pour clavecin,* in: A. FARRENC, Le Trésor des pianistes XIV (P 1864); 34 Klavier-Sonatinen, in: MAB 37; 16 Klavier-Sonaten, in: ebd. 24; eine *Sonate en trio,* in: ebd. 2; Cembalokonzerte g-moll, in: Nagels MA 144, f-moll, in: MAB 10, f-moll, h-moll u. D-Dur, in: MAB 45; *Ariadne auf Naxos,* hrsg. v. A. EINSTEIN (L 1920); *Der Jahrmarkt,* hrsg. v. TH. W. WERNER, in: DDT 64 (1930); Symphonie in B-Dur für Streichorch. (B 1932) (= Slg. Sondheimer 24); 12 Sonatinen u. eine Sonate, hrsg. v. F. OBERDOERFFER, in: Dt. Klv.-Musik des 17. u. 18. Jh. VI (1936, ²1960); Triosonate E-Dur, hrsg. v. V. HELFERT – V. KAPRÁL (Brünn 1934, Pr ²1956, 1965) (= MAB 2); Cemb.-Konzert in g-moll, hrsg. v. V. KAPRÁL – J. RACEK (Pr 1950) (= MAB 10); 3 Sonatinen, in: České sonatiny, hrsg. v. J. RACEK – K. EMINGEROVÁ – O. KREBDA (Pr 1954) (= MAB 17); 16 Klv.-Sonaten, hrsg. v. J. RACEK – J. SÝKORA (Pr 1956) (= MAB 24); Sinfonie in F-Dur, hrsg. v. M. SCHNEIDER, in: Mittel- u. norddt. Kammersinfonien VII (L 1957, 1965); 34 Sonatinen für Klv., hrsg. v. J. RACEK – K. EMINGEROVA – O. KREBDA – J. SÝKORA (Pr 1958) (= MAB 37); Konzert in G-Dur für Cemb. u. Streichorch., hrsg. v. M. BETHAN, in: Nagels MA 144 (Kas 1959): 3 Konzerte für Cemb. u. Str., hrsg. v. J. RACEK – K. EMINGEROVA – O. KREBDA – J. SÝKORA – V. BĚLSKY (Pr 1960) (= MAB 45); Kantate *Erschallt, ihr Himmel,* hrsg. v. L. HOFFMANN-ERBRECHT (Lippstadt 1960) (= Organum I/32); Sonate in G-Dur für Quer-Fl. u. obligates Cemb., op. 3, Nr. 1, hrsg. v. M. RUETZ, in: Nagels MA 154 (Kas 1960); 12 Sinfonien, hrsg. v. J. POHANKA – J. SEHNAL, in: MAB 58, 62, 64 u. 68 (1962–66), 58 (²1966); Konzert in F-Dur für Va., Str. u. Cemb., hrsg. v. W. LEBERMANN (Mz 1968) (= Concertino o. Nr.).

Lit.: E. ISTEL, Die Entstehung des dt. Melodrams (B 1906); V. HELFERT, J. B. 2 Bde. (Brno 1929–34); Z. PILKOVÁ, Melodram a singspiel J. Bendy, Diplomarbeit Prag 1954 (masch), Zusammenfassung in: Miscellanea musicologica 2 (Pr 1957) S. 59ff; C. SCHOENBAUM, MGG u. die Familie B., in: Mf 10 (1957); Z. PILKOVÁ, Dramatická tvorba J. Bendy (Pr 1960) (= Hudebni rozpravy 8); P. MIES, Die musikgesch. Stellung des Melodrams bei G. B., M. v. Schillings u. ihrer Zeit, in: Dürener Gesch.-Blätter (1962) Nr. 28; R. PEČMAN, Ästhetisch-theoretische Ausgangspunkte u. stilistische Verwandtschaft im Schaffen v. J. B. u. L. van Beethoven, in: Sbornik prací filosofické fakulty Brněnské Univ. 16 (1967) H. 2; K. H. LÖBNER, G. B., Sein Leben u. sein Werk mit besonderer Berücksichtigung der Sinfonien u. Cembalokonzerte (Diss. Hl 1967) (mit thematischem Verz.); A. S. WINSOR, The Melodramas and Singspiels of G. B. (1967) (= Diss. Univ. of Michigan); E. VOGL GARRETT, G. B., The Pioneer of the Melodrama, in: Studies in 18th Century Music. FS K. Geiringer (Lo 1970); F. LORENZ, Die Musikerfamilie B., bisher 2 Bde. (B 1967, 1971).

5) Joseph, Sohn von 1), * 7.5.1724 Alt-Benatek, † 22.2.1804 Berlin; Geiger und Komponist. Nach dem Tod von Franz Benda war er bis 1798 Konzertmeister der Königlichen Kapelle in Berlin. – **6) Anna Franciska,** Tochter von 1), * 26.5.1728 Alt-Benatek, † 15.2.1781 Gotha. Sie war eine Sängerin. – **7) Juliana,** Tochter von 2) * 1752 Potsdam, † 9.5.1783 Berlin; heiratete den Komponisten und Schriftsteller J. F. Reichardt. Sie komponierte Lieder und Sonaten für Klavier, die zum Teil auch veröffentlicht wurden. – **8) Friedrich Ludwig,** Sohn von 4), * 4.9.1752 Gotha, † 20.3.1792 Königsberg; er war Konzertmeister, Komponist und Kapellmeister in Hamburg, Schwerin und seit 1789 in Königsberg. Er ist als Komponist von Singspielen

(Der Barbier von Sevilla, Louise, Mariechen, Die Verlobung, Das Narrenballett) und Oratorien *(Der Tod, Die Religion, Unser Vater)* hervorgetreten.

C. SCHOENBAUM

BENDELER (Bendler), **Johann Philipp,** * getauft 20. 11. 1654 Riethnordhausen bei Erfurt, † 26. 12. 1709 Quedlinburg; dt. Organist und Musiktheoretiker. Er wirkte seit 1687 als Kantor in Quedlinburg. Neben mathematischen Schriften veröffentlichte er einige musiktheoretische Abhandlungen: *Aerarium melopoeticum* (Nürnberg 1688); *Organopoeia* (Frankfurt/Oder und L 1690; 1739 neu hrsg. unter dem Titel *Orgelbaukunst*), ferner ein *Directorium musicum* (Quedlinburg 1706). – Sein Sohn **Salomon,** * 1683 Quedlinburg, † 1724 Hamburg, war ein berühmter Sänger.

Lit.: A. SORGE, Der in der Rechen- u. Meßkunst wohlerfahrene Orgelbaumeister (Lobenstein 1773), NA v. P. Smets (Mz 1932); CHR. MAHRENHOLZ, Die Berechnung der Orgelpfeifenmensuren (Kas 1938).

BENDL, Karel, * 16. 4. 1838 Prag, † 20. 9. 1897 ebd.; tschechischer Komponist und Dirigent. Er war seit 1864 Dirigent des Theaters in Brüssel, 1865–77 Leiter des Prager Gesangvereins „Hlahol". 1879 dirigierte er das Privatorchester des Barons Dervies in Lugano und Nizza und kehrte nach einjährigem Aufenthalt in Mailand nach Prag zurück, wo er seit 1894 Komposition am Kons. unterrichtete. Er schrieb Kammermusik, Orchesterwerke, darunter eine *Jugoslawische Rhapsodie,* Liederzyklen, zahlreiche Chorwerke, darunter *Svanda Dudák* (Der Dudelsackpfeifer), 11 Opern, u. a. *Lejla* (1868), *Břetislav und Jitka* (1870), *Dítě Tábora* (1892), *Máti Mila* (1895), ferner das volkstümliche Ballett *Böhmische Nacht* (1894).

BENEDETTI MICHELANGELI, Arturo, * 5. 1. 1920 Brescia; it. Pianist. Er wurde mit 4 Jahren in das Istituto Musicale Venturi in Brescia aufgenommen und schloß seine Ausbildung 1934 bei G. Anfossi in Mailand ab. Er gewann mehrere nationale und internationale Preise und begann eine, zunächst durch den 2. Weltkrieg eingeschränkte, weltweite Karriere. B. M. lehrt an mehreren italienischen Konservatorien und an eigenen Meisterschulen. Sein außergewöhnlicher Anspruch gegenüber der eigenen Leistung ist der Grund dafür, daß nur relativ wenige Interpretationen (von Mozart, Scarlatti, Schumann, Chopin, Beethoven, Brahms, Debussy, Ravel), sowohl aus dem Konzertsaal als auch von Schallplatteneinspielungen, bekannt sind, die aber zu den bedeutendsten des 20. Jh. gehören.

Lit.: J. KAISER, Große Pianisten in unserer Zeit (Mn ³1977).

BENEDICAMUS DOMINO (lat., = Laßt uns den Herrn preisen), Entlassungsformel, durch die im römischen Ritus in den Messen ohne Gloria deren Ende, im Offizium der Schluß der einzelnen Horen angekündigt wird (seit 1961 nur noch hier verwendet), sie wird beantwortet durch das Responsum *Deo gratias.* Im MA sah man zunächst im „Ite missa est" eine feierliche, im B. D. eine weniger feierliche Entlassungsformel. Aber schon im 11. Jh. kam es zu einer Art Ausgleich zwischen beiden Schlußformeln: „Ite missa est" an den Tagen mit Gloria, B. D. an den übrigen Tagen. – Die musikalische Überlieferung des B. D. beginnt, wenn man von dem vereinzelten Fall im Mailänder Traktat (s. u.) absieht, im 11. Jh. mit ein- und mehrstimmigen B. D.-Tropen für festliche Anlässe. Wir kennen verschiedene, meist melodisch reiche Melodien, die in den Antiphonarien zusammen gruppiert sind. Die Melodien sind teilweise originär, zum Teil aus dem „Neuma" eines Responsorium prolixum abgeleitet, z. B. aus dem Responsorium *Honor virtus* des Dreifaltigkeitsfestes oder aus dem – Fulbert von Chartres zugeschriebenen – Responsorium *Stirps Jesse.* Das letztgenannte B. D. wurde in Cluny auf Anordnung des Petrus Venerabilis (1157) für die vier Hauptfeste des Kirchenjahres benutzt. Dessen Melodie findet sich darum auch häufiger unter den in den Antiphonarien aufgeführten B. D., auch in Italien, wo sie im 12. Jh. verbreitet wurde. – Das B. D. wurde schon im 11. Jh. tropiert (↗Tropus). Verschiedene Troparien des 11. und 12. Jh., Gradualia und Processionalia, enthalten sowohl tropierte, in Versen oder Prosa gehaltene, als auch untropierte B. D. in vielfältigen Formen. Sie sind hauptsächlich für Weihnachten und Ostern bestimmt und weisen manchmal Züge auf, die für die Gattung der Cantio charakteristisch sind. Der Zusammenhang des B. D. mit der „Cantio" und später mit dem englischen „Carol" ist aber noch nicht näher geklärt. – Am Beginn der abendländischen Mehrstimmigkeit wurden chorale B. D.-Melodien besonders häufig als Vorlage für mehrstimmige Sätze benutzt. So erscheint die Fulbert von Chartres zugeschriebene Melodie bereits in den Lehrbeispielen für die verschiedenen Formen des organalen Gesangs im sog. Mailänder Organumtraktat *Ad organum faciendum* (9. Jh.). Und die gleiche Melodie erscheint später in Organa aus Santiago de Compostela (11. Jh.) und in Clausulae und Motetten der Notre-Dame-Schule (11./12. Jh.).

Ausg.: Eine instruktive Zusammenstellung verschiedener B. D.-Tropen u. -Bearbeitungen aus der Zeit der frühen Mehrstimmigkeit in: A. T. DAVISON – W. APEL, Historical Anthology of Music I (C/M 1950); NA des Mailänder Traktats, hrsg. v. H. H. EGGEBRECHT – F. ZAMINER (Mz 1970) (= Neue Stud. z. Musikwiss. 3).

Lit.: C. BLUME, Un'antica epistola farcita oppure un B.D. farcito?, in: Rass. Gregoriana 6 (1907); P. VILLETARD, Office de Pierre de Corbeil (P 1907); G. VILLIER, Geschichtsstudie über den Ursprung eines B.D., in: St. Chrodegang 7 (1925); F.L. HARRISON, Benedicamus, Conductus, Carol..., in: AMl 37 (1965); W. ARLT, Ein Festoffizium des MA aus Beauvais (Kö 1970); A.V. HALLMARK, Polyphonic Tropes of the B.D. of St. Martial through Notre-Dame (1974) (= Diss. Princeton Univ.).

BENEDICT, Sir **Julius,** * 27. 11. 1804 Stuttgart, † 5. 6. 1885 London; engl. Dirigent und Komponist dt. Herkunft. Schüler u. a. von J. N. Hummel in Weimar, 1821–24 von C. M. von Weber. Als Dirigent debütierte er am Kärntnerthor-Theater in Wien, als Komponist am Teatro San Carlo in Neapel. 1835 ging B. nach England. In London wurden seine Opern *The Gipsy's Warning* (Der Zigeunerin Weissagung; 1838), *The Brides of Venice* (Die Bräute von Venedig; 1844) und *The Crusaders* (Die Kreuzfahrer; 1846; dt. EA Prag 1847 als Der Alte vom Berge) uraufgeführt. 1850 begleitete er Jenny Lind nach Amerika, wo er die meisten ihrer Konzerte leitete. Nach England zurückgekehrt, war er zunächst Dirigent an Her Majesty's Theatre und am Drury Lane Theatre, 1859 der „Monday Popular Concerts", dann an Covent Garden. Hier wurden die Opern *The Lily of Killarney* (1862), sein bestes Werk, und *The Bride of Song* (1864) uraufgeführt. 1845–78 dirigierte er die Festspiele in Norwich, 1876–80 war B. Dirigent der Philharmonic Society in Liverpool. Er wurde 1871 geadelt.

BENEDICTIO MENSAE, das wie ein kleines Offizium gestaltete Tischgebet in klösterlichen und klerikalen Kommunitäten. Der Ursprung des Tischgebets ist im rituell gehobenen Mahl der Juden und dem frühchristlichen Liebesmahl, der Agape, zu suchen. In der römischen Liturgie ist die heutige Form des Tischgebets sowohl im franziskanischen Ordo des Haimo von Faversham als auch im *Pontificalis Ordinis liber* des Wilhelm Durandus von Mende d. Ä. (13. Jh.) zu finden. Den frühen Quellen läßt sich allerdings kein vollständiges Ritual, sondern lediglich eine Reihe von Gebeten entnehmen, die sich auch mit den Festtagen des Kirchenjahres ändern und von denen sich schon eine reiche Auswahl im *Sacramentarium Gelasianum* (7. Jh.) findet. Die mozarabische Tradition überliefert ein Ritual, das teilweise die später im *Rituale Romanum* wiederverwendeten Antiphonentexte sowie den Psalm *Ecce quam bonum* enthält. Im Laufe der Zeit kam die liturgische B. m. auch im privaten Raum als Tischgebet in Gebrauch, vor allem in den Familien, wo sie nicht selten gesungen wurde. So entstanden seit dem 16. Jh. zahlreiche mehrstimmige Stücke, die in Latein (L. Senfl, Th. Crecquillon, N. Gombert, Orlando di Lasso, W. Byrd) oder in der jeweiligen Volkssprache abgefaßt sind. Aus dieser Zeit sind Messer erhalten, auf deren Klingen Text und Musik einer vierstimmigen *Benedictio Mensae* eingraviert sind. In Frankreich und in den Niederlanden haben zahlreiche, vorwiegend protestantische Musiker die vor der Mahlzeit *(O Souverain pasteur et maître)* und nach der Mahlzeit *(Père éternel qui nous ordonnes)* gesprochenen Gebete von Cl. Marot vertont, u. a. P. Certon, L. Bourgeois, Clemens non Papa, Cl. Goudimel, Ph. Jambe de Fer, Cl. Le Jeune, A. Pevernage, P. de L'Estocart, J. P. Sweelinck. Mehrere Ausgaben des ↗Hugenotten-Psalters enthalten diese Texte mit den Originalmelodien (P. Pidoux, *Le psautier huguenot,* 2 Bde., Bas 1962). Auch bei den Lutheranern in Deutschland waren die gesungenen Tischgebete sehr beliebt: zahlreiche ein- und mehrstimmige Fassungen sind bekannt, u. a. von M. Le Maistre, S. Dietrich, Joachim a Burgk, S. Calvisius, J. Staden, A. Gumpelzhaimer, S. Scheidt, J. H. Schein und H. Schütz. In England blieb der Brauch bis ins 19. Jh. lebendig; hier, wie auch in Deutschland, wurden Sammlungen herausgegeben, die teilweise oder sogar ausschließlich gesungene Tischgebete enthielten.

Lit.: A. FRANZ, Die kirchlichen Benediktionen im MA (Fr 1909, Nachdr. Gr 1960); C. SPRAGUE SMITH, Table Blessings set to Music, in: The Commonwealth of Music, hrsg. v. G. REESE – R. BRANDEL (NY – Lo 1965); A. M. TRIACCA, A proposito della „Benedizione della mensa", in: Rivista Liturgica 55 (1968).

G. OURY – M. HONEGGER

BENEDICTUS ↗Appenzeller, Benedictus.

BENEDICTUS (lat., = hochgelobt sei), der abschließende Teil des ↗Sanctus der römischen Messe. Text: Benedictus qui venit in nomine domine. Hosanna in excelsis.

Das B. ist als fester Bestandteil der gallikanischen Liturgie seit dem 6. Jh. belegt. Caesarius von Arles († 540) erwähnt es in seinem Sermon 73,3 (Migne PL 39, 2277 [hier als 281, 2]). Das B. ist durch die eucharistischen gallikanischen Gebete vorgebildet, die nach dem Sanctus häufig mit einem „Vere sanctus, vere benedictus Dominus noster Jesus Christus" beginnen (vgl. *Missale Gallicanum vetus,* hrsg. v. C. Mohlberg, R 1958, S. 5 und 13). Als Bibeltexte liegen Mt 21, 9 und der dort zitierte Ps 117, 26 zugrunde. Für Rom ist das B. in den Kanon-Hss. des 7. Jh. bezeugt. Im Orient kam es erst im 8. Jh. auf (E. Peterson, *Das Buch von den Engeln,* L 1935, S. 115–117). – Im Gregorianischen Gesang bildet das B. eine musikalische Einheit mit dem ↗Sanctus, mit dem es auch oft musikalische Abschnitte gemeinsam hat. Er schließt wie dieses mit dem Ruf „Hosanna in excelsis". Da der römische Kanon bis zur Liturgiereform nach dem II. Vatikanischen Konzil gewöhnlich mit leiser Stimme rezitiert wurde (8.–10. Jh.), setzte der Priester nach dem leise gesprochenen Sanctus und B. das Eucharistische Hochgebet fort, ohne das Ende des vom Chor gesungenen Sanctus abzuwarten. Die Ausdehnung des Sanctus durch Tropierung und Mehrstimmigkeit drängte das Singen des B. allmählich bis hinter die Wandlung. Der Brauch, es während der Wandlung zu singen, war noch in der von Luther praktizierten katholischen Messe üblich und wurde auch in der lutherischen lateinischen Abendmahlfeier beibehalten (M. Luther, *Formula missae et communionis,* in: Kleine Texte, hrsg. von Lietzmann, Bd. 37, B 1929). Die Absonderung des B. in der kath. gesungenen Messe (Missa cantata) wurde durch das *Caeremoniale episcoporum* von 1600 zur Regel. Die Entscheidung der Ritenkongregation von 1921, wonach dies auch für den Choral gilt, wird heute nicht mehr als verpflichtend angesehen. – In der mehrstimmigen Meßvertonung wird das B. meist als eigener Satz behandelt, der sich in der musikalischen Gestaltung deutlich von dem vorangehenden Sanctus, gegebenenfalls auch von dem nachfolgenden „Hosanna in excelsis" abhebt. Das gilt sowohl für die polyphonen Messen bis 1600 als auch besonders für die Messen in konzertierendem Stil und für die Orchestermessen des 18./19. Jh. Dort ist das B. häufig gegenüber dem Sanctus durch einen verhaltenen, manchmal auch lyrischen oder kantablen Charakter gekennzeichnet, wie sich an vielen Messen Mozarts oder auch an Beethovens *Missa solemnis* beobachten läßt.

Lit.: ↗Sanctus.

BENEDICTUS DE OPITIIS, Komponist der 1. Hälfte des 16. Jh.; wohl identisch mit „Meester Benedictus", dem Organisten der Kathedrale von Antwerpen (seit spätestens 1514), nicht jedoch mit Benedictus Appenzeller oder mit Benedictus Ducis. Am 1. März 1516 wurde er an den Hof König Heinrichs VIII. von England berufen und lebte 1522 in London. Von ihm stammen zwei lateinische Gesänge, die in *Lofzangen ter ere van Keizer Maximiliaan en zijn kleinzoon Karel den Vijfden* (An 1515) gedruckt wurden.

Ausg.: *Lofzangen,* Faks.-Nachdr., hrsg. v. M. NIJHOFF ('s Gravenhage 1925) (mit Übertragung der Gesänge des B.).

Lit.: H. ALBRECHT, in: MGG I.

BENEDIKT VON NURSIA, * um 480 Nursia (heute Norcia, Prov. Perugia), † 21.3.547(?) Monte Cassino; Patriarch des abendländischen Mönchtums und Gründer des Benediktiner-Ordens. Nachdem er mit einigen Mönchen um 529 von Subiaco nach Monte Cassino übergesiedelt war, schrieb er hier seine Klosterregel (Benediktregel) nieder, die für das abendländische Mönchtum von grundlegender Bedeutung wurde. Er scheint sich selbst nicht mit Musik befaßt zu haben, räumte aber in den der Liturgie gewidmeten Teilen seiner Regel auch der Musik breiten Raum ein. Die Benediktiner erwarben sich in ihrer Geschichte große Verdienste besonders um die Pflege des ↗Gregorianischen Gesangs.

Ausg.: Benedicti Regula, hrsg. v. R. HANSLIK (W 1960) (= Corpus scriptorum ecclesiasticorum lat., 75).

BENELLI, 1) Antonio Pellegrino, * 5.9.1771 Forlì, † 16.8.1830 Börnichen (Erzgebirge); it. Sänger (Tenor) und Komponist. Er studierte am Conservatorio della Pietà dei Turchini in Neapel und debütierte ebd. 1790 am Teatro S. Carlo. 1798 wurde seine Oper *Partenope* am Teatro dei Fiorentini in Neapel uraufgeführt. Nach einem Aufenthalt in London ging er nach Dresden, wo er bis 1823 an der Hofoper sang, unterrichtete dann bis 1829 an der Berliner Theatergesangschule. B. schrieb auch Kirchenmusik, weltliche Arien und Nocturnes zu 4 Stimmen und verfaßte ein Lehrbuch (*Regole per il canto figurato,* Dresden 1814). – **2) Giovanni Battista,** Bruder von 1) (?), * 1773 Forlì, † 1. 7. 1858 in Paris; it. Sänger (Tenor). Nach Engagements an mehreren it. Bühnen ging er 1808 nach Paris, wo er Kaiserlicher Kammersänger, 1813 Regisseur an der Italienischen Oper wurde. 1823 bis 1825 leitete er das King's Theatre in London.

BENET (Bonet, Bennet), **John,** engl. Komponist des 15. Jahrhunderts. Seine Werke sind hsl. in Archiven auf dem Kontinent erhalten, darunter ein Meßordinarium ohne nähere Bezeichnung, ein *Gloria,* ein *Sanctus* und 9 andere Messesätze und 3 isorhythmische Motetten.

Ausg.: Eine vollständige Messe, ohne Überschrift (wird aber auch Dunstable u. Power zugeschrieben), hrsg. v. M. BUKOFZER, in: Mus. Brit. 7 (1953) S. 138ff.; Faks.-Ausg. eines *Sanctus,* in: H. WOOLRIDGE, Early English Harmony (Lo 1897), hrsg. v. J. WOLF, in: Gesch. der Mensuralnotation III (L 1904) Nr. 74; Faks.-Ausg. eines anderen *Sanctus,* in: W. APEL, The Notation of Polyphonic Music (C/M 1953) S. 105; 1 Kanon, in: Canons in the Trent Cod., hrsg. v. R. LOHAN (1967) (= CMM 38).

Lit.: F. L. HARRISON, Music in Medieval Britain (Lo 1958); New Oxford History of Music III, hrsg. v. M. BUKOFZER (Lo 1960) Kap. 6; B. TROWELL, Some English Contemporaries of Dunstable, in: Proc. Mus. Assoc. 81 (1954–55) (mit vollständigem Werk-Verz.).

BENEVOLI, Orazio, * 19. 4. 1605 Rom, † 17. 6. 1672 ebd.; it. Komponist frz. Abstammung. Sein Vater, R. Venouot, war Lothringer. Als Mitglied des Knabenchors von S. Luigi dei Francesi in Rom erhielt er bei V. Ugolino seine musikalische Ausbildung. Bis auf die Jahre 1644–46, in denen er sich in Österreich aufhielt, war B. von 1624 bis zu seinem Tod Kapellmeister an verschiedenen römischen Kirchen, zuletzt an S. Maria Maggiore. Mit Carissimi, Foggia und Graziani gehört B. zu den herausragenden Gestalten der römischen Kirchenmusik des 17. Jahrhunderts. Seine charakteristische Leistung besteht in den zahlreichen mehrchörigen Messen, die den sog. römischen Kolossalbarock repräsentieren. Die *Salzburger Festmesse* für 53 St., die lange Zeit B. zugeschrieben war, ist nach neueren Forschungen ein Werk von I. F. v. Biber.

WW: Mindestens 20 Messen und zahlreiche Motetten u. Psalmen für 3, 4, 6, 8, 12, 16 u. 24 St. im a cappella-Stil mit u. ohne B.c., sämtlich hsl. erhalten; viele geringstimmige Motetten *(Concerti)* mit B.c. in Sammeldrucken 1642–75 u. hsl.

Ausg.: GA innerhalb der einzelnen Serien in: Monumenta liturgiae polychoralis Sanctae Ecclesiae Romanae, hrsg. v. L. FEININGER (R, später Trient 1950ff.), seit 1966 ebd. als eine eigene Gruppe.

Lit.: A. CAMETTI, La scuola dei pueri cantus di S. Luigi dei Francesi in Roma (1591–1623), in: RMI 22 (1915); J. R. BRYDEN, The Motets of O. B. (1951) (= Diss. Univ. of Michigan); L. FEININGER, O. B., in: Atti del congresso internazionale di musica sacra ... Roma 1950 (R 1952); DERS., La scuola policorale romana del Sei e Settecento, in: Collectanea Historiae Musicae 2 (Fi 1956).

BENGTSSON, Ingmar, * 2. 3. 1920 Stockholm; schwed. Musikwissenschaftler. Er studierte Klavier und Musikwissenschaft an der Universität Uppsala (bei C. A. Moberg und S. E. Svensson), wo er 1955 mit einer Arbeit über J. H. Roman promoviert wurde. Seit 1955 lehrt er dort Musikwissenschaft und wurde 1961 als Nachfolger Mobergs Ordinarius. B. ist Präsident der Schwedischen Gesellschaft für Musikforschung, seit 1960 Mitglied der Kungliga Musikaliska Akademien in Stockholm und in zahlreichen wissenschaftlichen und künstlerischen Gremien tätig.

Schriften: *Bach och hans tid* (Sto 1946); *Fran visa till symfoni* (Upsala 1947, Sto [4]1964); *Handstilar och notpikturer i Kungl. Mus. Akademiens Roman-samling* (zus. mit R. Danielson) (Upsala 1955); *J. H. Roman och hans instrumentalmusik* (Diss. ebd. 1955); zahlreiche Aufsätze in Zschr. u. Sammelwerken, darunter: *Numericode – A Code System for Thematic Incipits,* in: STMf 49 (1967); *On Melody-Registration and „Mona"*, in: Elektronische Datenverarbeitung in der Musikwiss. (Rb 1967); *„Verstehen" – Prolegomena zu einem semiotisch-hermeneutischen Ansatz,* in: Musik u. Verstehen, hrsg. v. P. FALTIN – H.-P. REINECKE (Kö 1973). – B. ist Hrsg. der *Svensk tidskrift för musikforskning* (seit 1961), *Monumenta Musicae Svecicae* (seit 1956), *Studia Musicologica Upsaliensia. Nova series* (seit 1962).

BEN-HAÏM (eig. Frankenburger), **Paul,** * 5. 7. 1897 München, † 25. 1. 1984 Tel Aviv; israelischer Komponist dt. Herkunft. Er studierte an der Akademie der Tonkunst in München, war dann Kapellmeister in München und Augsburg. 1933 emigrierte er nach Palästina, wo er seither als Komponist und Dirigent in Tel Aviv wirkte. B. war einer der ersten Komponisten, der eine spezifisch israelische Musik zu schreiben versuchte.

WW: 2 Symphonien (1941, 1945); *Dance and Invocation* (1960), für Orch.; *The Eternal Theme* (1965), für Orch.; *Symphonic Metamorphosis of a Bach-Chorale* (1968), für Orch.; Klv.-Konzert (1959); V.-Konzert (1960); Vc.-Konzert (1962); *The Sweet Psalmist Israel* (1956), für Solisten u. Orch.; *Vision of a Prophet* (1959), für Tenor, gemischten Chor und Orch.; *A Hymn from the Desert* (1962), für Sopran, Bar., gemischten Chor u. Orch.

Lit.: M. BROD – Y. W. COHEN, Werden u. Entwicklung der Musik Israels (Kas 1976).

BENINCORI, Angelo Maria, * 28. 3. 1779 Brescia, † 30. 12. 1821 Paris; it. Violinist und Komponist. Schüler von A. Rolla in Parma. Er lebte seit 1803 als Musiklehrer in Paris. B. schrieb Kirchen- und Kammermusik und mehrere Opéras-comiques. Erfolg hatte er aber nur mit den von ihm komponierten letzten drei Akten zu N. Isouards Oper *Aladin* (1822).

BENJAMIN, Anton J., 1818 in Altona von **Joseph B.** gegründeter Musikverlag, der später nach Hamburg verlegt wurde. Sein Sohn **Anton** und sein Enkel **John** (seit 1888) erweiterten das Unternehmen durch Ankauf der Hamburger Konzertagentur J. A. Böhme (1907), des Verlags D. Rahter in Leipzig (1917), des City-Musikverlags (1925) und des Verlags N. Simrock in Berlin (1929). Der Hauptsitz ist heute in London. Der Verlag gibt Werke der Konzert-, Schul- und Unterhaltungsmusik für alle Instrumente, Vokal- und Orchestermusik heraus.

BENNET (Benet, Bonet), **John,** * um 1570 Lancashire (?), † nach 1614; engl. Komponist. Er stand in Verbindung mit Th. Morley und Th. Ravenscroft. Seine Gesänge gewannen durch ihre einprägsame Melodik große Popularität (z. B. *All creatures now; Weep o mine eyes; I wander up and down; Thirsis, sleepest thou?; Round about*).

WW: *Madrigalls to four voices* (Lo 1599); ein Madrigal in: The Triumphes of Oriana, hrsg. v. TH. MORLEY (= RISM 1601[16]); 6 Madrigale in: A briefe discours (Lo 1614) (= RISM 1614[21]); 5 Hymnen in: Barley's Psalter (um 1604/14) u. in: The whole booke of Psalmes, hrsg. v. TH. RAVENSCROFT (= RISM 1621[11]); Anthems u. Instr.-Fantasien hsl. erhalten.

Ausg.: Die 17 Madrigale von 1599 in: The English Madrigal School, hrsg. v. E. H. FELLOWES, 23 (Lo 1922); 2 Lieder in: Consort Songs, hrsg. v. PH. BRETT (Lo 1967) (= Mus. Brit. 22).

Lit.: E. H. FELLOWES, English Madrigal Composers (O 1921); J. KERMAN, The Elizabethan Madrigal (NY 1962) (= Studies and Documents Nr. 4).

BENNETT, Richard Rodney, * 29. 3. 1936 Broadstairs (Kent); engl. Komponist. B. erhielt seine musikalische Ausbildung 1953–56 an der Royal Academy of Music in London und 1957–58 privat in Paris bei P. Boulez. Er erhielt mehrere Preise (u. a. 1964 den A. Bax Society Prize, 1965 den R. V. Williams Award).

WW: **1) Instr.-WW:** Kammermusik: *Commedia I* (1971), für 6 Spieler; *Commedia II* (1972), für Fl., Vc. u. Klv.; *Commedia III* (1973), für 10 Instr.; *Commedia IV* (1973), für 2 Trp., Horn, Pos. u. Tuba; *Scena I* (1973), für Klv.; *Scena II* (1973), für Vc.; *Scena III* (1977), für Klar.; *Travel Notes, Book I* (1975), für Streichquartett; *Travel Notes, Book II* (1976), für Fl., Ob., Klar. u. Fag.; *Kandinsky Variations* (1977), für 2 Klv.; für Orch.: 2 Symphonien (1966, 1968); Klv.-Konzert (1972); Va.-Konzert (1973); Konzert für Orch. (1973); V.-Konzert (1975); *Zodiac* (1976); *Actaeon (Metamorphosis I)* (1977), für Horn u. Orch. – **2) Vokal-WW:** *London Pastoral* (1962), für Tenor u. Kammerorch.; *Grazy Jane* (1968), für Sopran, Klar., Vc. u. Klv.; *Sonnett Sequence* (1974), für Tenor u. Str.; *Time's Whiter Series* (1974), für Contratenor u. Laute; *Spells* (1974), für Sopran, Chor u. Orch.; *The Little Ghost who Died for Love* (1976), für Sopran u. Klv. – **3) Bühnen-WW:** Opern: *The Ledge (Am Abgrund),* UA: London 1961; *The Mines of Sulphur (Ballade im Moor),* UA: ebd. 1965; *A Penny for a Song (Napoleon kommt),* UA: ebd. 1967; *All the King's Men,* Kinderoper, UA: Coventry 1969; *Victory,* UA: London 1970.

Lit.: M. G. MARSTON, The Serial Keyboard Music of R. R. B. (1968) (= Diss. Univ. of Wisconsin); B. CROSS, Novel into Libretto, in: Opera 21 (Lo 1970).

BENNETT, Robert Russel, * 15. 6. 1894 Kansas City (Missouri), † 19. 8. 1981 New York; amerik. Dirigent und Komponist. Schüler von Carl Busch in Kansas City und von N. Boulanger in Paris. Nach seiner Rückkehr ließ er sich zunächst in Hollywood, dann in New York nieder und war als Dirigent, Komponist und Arrangeur für amerik. Rundfunkanstalten tätig.

WW: Komp. für Org. u. Klv.; Musicals; Filmmusiken; Kammermusik, darunter: *Water Music* (1937) für Streichquartett; Chor-WW; für Orch.: 4 Symphonien, darunter: *Abraham Lincoln Symphony* (1929), u. *Sights and Sounds* (1929); die Ballett-Operette *Endymion;* Opern: *An Hour of Delusion, The Enchanted Kiss, Maria Malibran,* UA: New York 1935.

BENNETT, Sir **William Sterndale,** * 13.4.1816 Sheffield, † 1.1.1875 London; engl. Pianist, Dirigent und Komponist. B. war Chorknabe am King's College in Cambridge, studierte seit 1826 an der Royal Academy of Music in London Violine, Klavier und Komposition. Bei einer Aufführung seines 1. Klavierkonzerts 1833 in London lernte er Mendelssohn kennen, dem er bis zu dessen Tod freundschaftlich verbunden blieb. Viermal besuchte B. Deutschland: Im Frühjahr 1836 das Niederrheinische Musikfest in Düsseldorf, Oktober 1836 – Juni 1837 Leipzig, wo er auch die Freundschaft Schumanns gewann (der ihm seine *Symphonischen Etüden* op. 13 widmete) und im Gewandhaus mit großem Erfolg sein 3. Klavierkonzert spielte, im Winter 1837/38 erneut Leipzig, wo er sein 4. Klavierkonzert spielte, schließlich 1842 Kassel (L. Spohr),Leipzig und Berlin. Seit 1837 lehrte B. an der Royal Academy of Music, leitete 1842–48 und erneut 1856–66 die Philharmonic Society. 1849 gründete er die Bach Society und dirigierte 1854 die erste Aufführung der Matthäus-Passion in England. 1853 war ihm die Leitung der Gewandhauskonzerte in Leipzig angetragen worden. 1866 wurde B. Professor für Musik an der Universität Cambridge. Er schrieb Kirchenmusik (darunter Anthems), Chorwerke (u. a. das Oratorium *The Woman of Samaria*) und Lieder, Orchesterwerke (eine Symphonie), vor allem Ouvertüren, darunter *The Naiads,* 1836, und *The Woodnymphs,* 1837), Kammermusik und besonders Klaviermusik (4 Konzerte und zahlreiche Klavierstücke).

Lit.: J. R. ST. BENNETT, The Life of W. St. B. (C 1907); G. BUSH, St. B., The Solo Piano Works, in: Proc. R. Mus. Assoc. (1965).

BENOIST, François, * 10. 9. 1794 Nantes, † 6. 5. 1878 Paris; frz. Organist und Komponist. Schüler des Conservatoire in Paris; gewann 1815 den Prix de Rome und hielt sich bis 1819 in Italien auf. Nach seiner Rückkehr wurde er Organist der königlichen Kapelle und Lehrer für Orgelspiel am Conservatoire. Er schrieb Orgelstücke (veröffentlicht in der *Bibliothèque de l'Organiste,* 12 Hefte), eine 3st. Messe mit Orgel ad lib., 2 Opern und einige Ballette. B. war auch Mitarbeiter u. a. der *Gazette Musicale.*

BENOIT (Benenoit), frz. Komponist des 15. Jahrhunderts. Er ist nicht identisch mit dem Engländer John Bennet. Schwierig ist andererseits die Unterscheidung von einem gewissen B., der 1405 Leiter des Chors an Notre-Dame in Paris war. Seine 6 hsl. erhaltenen Kompositionen (Rondeau, Motette, je 2 Antiphonen und Hymnen) können in die Jahre 1425 und 1440 datiert werden und zeigen teilweise eine Nähe zum Spätstil G. Dufays.

Ausg.: GA, hrsg. v. G. REANEY, in: Early 15th Century Music (1966) (= CMM 11/3).

BENOÎT, Peter Léonard Léopold, * 17. 8. 1834 Harelbeke bei Courtrai, † 8. 3. 1901 Antwerpen;

belgischer Komponist flämischer Abstammung. Seine Ausbildung erhielt er am Brüsseler Konservatorium. 1857 errang er mit der Kantate *Meurtre d'Abel* den belgischen Prix de Rome, der es ihm erlaubte, sich in Köln, Dresden, Prag, München und Leipzig weiter auszubilden. 1861 kam B. nach Paris und wurde unter J. Offenbach Kapellmeister der Bouffes-Parisiens. 1863 kehrte er nach Brüssel zurück. Mit der religiösen Tetralogie *Kersmis* (Weihnachten) – *Hoogmis* (Große Messe) – *Te Deum* – *Requiem* fand er sehr viel Anerkennung. Entscheidend für ihn wurde die Begegnung mit dem flämischen Dichter Emmanuel Hiel (1834–99), auf dessen Text das flämische Oratorium *Lucifer* (1866) entstand und unter dessen Einfluß B. bald zu einer Art nationalistischem Apostel wurde. Er wollte die Musik ins „moedertaal" integrieren und der „Mutter Flandern" eine musikalische Seele geben. 1867 schuf er in Antwerpen die Flämische Musikschule, die er – auch nach ihrer Umwandlung 1897 in das Königliche Konservatorium – bis an sein Lebensende leitete. B. gilt als Begründer der nationalen flämischen Vokalmusik. Seine monumentalen Kompositionen waren für die Aufführung im Freien gedacht. Die stärkste Nachwirkung von seinen Werken fanden die Oratorien *De Schelde* (1968), *De Oorlog* (Der Krieg, 1873), *De Rhyn* (Der Rhein, 1889), und vor allem die fast überdimensionale Rubens-Kantate *Vlaanderens Kunstroem* (1877). B. schrieb ferner u.a. Opern und Singspiele, symphonische Werke und zahlreiche *Lieder,* darunter die bekannten *Myn Moederspraak* und *Gy zyt man reine Kersouwe* (Ihr seid mein ehrbares Maßliebchen). Liszt nannte B. „den Rubens der Musik".

Lit.: C. STOFFELS, P.B. et le mouvement mus. flamand (An 1901); A. M. POLS, Het leven v. P. B. (1934, NA Bru 1965) (= Meesters d. toonkunst I); CH. VAN DEN BORREN, P.B. (frz. Bru 1942, fläm. An 1943); A. CORBET, P.B., leven, werk en beteekenis (An 1944) (mit vollständigem Verz. der Werke u. ausführlicher Bibliogr.); P. DOULIEZ, P.B. (Haarlem 1954) (= Componisten-serie 29); J. DAISNE, P.B. (An 1960); G.E. SCHMOCK, P.B. (An 1960); FL. VAN DER MUEREN, P.B. in het huiding perspectief (An 1968); L. LEYTENS, P.B. en de belgische nationale muziekfestivals, in: Vlaams muziektijdschrift 23 (1971).

BENSERADE (Bensserade, Bensseradde), **Isaac de,** getauft 5.11.1613 Paris, † 20.10.1691 Gentilly bei Paris; frz. Dichter. Er gewann früh großen Ruhm mit Tragödien und Tragikomödien. Seit 1651 organisierte er als Hofdichter die großen Ballette für den Hof Ludwigs XIV. B. schrieb die Libretti für etwa 20 Ballette (1651–81); die Musik dazu stammt größtenteils von J.-B. Lully.

WW: zahlr. *Vers pour un air* (vertont von M. Lambert, S. Le Camus, L. de Mollier, F. Pinel, Verpré); Ballette: *Cassandre* (1651); *La Nuit* (1653); *Les Proverbes* (1654); *Le Temps* (1654); *Les Bienvenus* (1655); *Plaisirs* (1655); *Psyché* (1656); *L'Amour malade* (1657); *Alcidiane* (1658); *La Raillerie* (1659); *L'Impatience* (1661); *Les Saisons* (1661); *Hercule amoureux* (1662); *Noces de village* (1663); *La Naissance de Venus* (1665); *Flore* (1669) u.a. (bis 1658 teilen sich J.B. Boësset, J. Cambefort, M. Lambert, Lully u. L. de Mollier in die Vertonung der einzelnen Airs, Rezitative u. Symphonies, dann ist Lully der alleinige Komp.). Einige Dichtungen von B. finden sich ohne den Namen des Autors in den von Ballard gedruckten Slgen. (J. Cambefort, *Airs à 4 parties,* 1655; F. Berthod, *Airs de dévotion,* 1656, 1658; *Airs de différents auteurs,* 1660, 1663), ferner u.a. in den Werken von Lully.

Ausg.: B. DE BACILLY, Recueil des plus beaux vers mis en chant (P 1661, 1668); Les Œuvres de M. de Bensserade, 2 Bde. (P 1698).

Lit.: M. PAQUOT, Les étrangers dans les divertissements de la Cour 1581–73 (Bru 1932); CH. I. SILIN, B. and his Ballet de Cour (Baltimore 1940); L. MAURICE-AMOUR, B., M. Lambert et Lully, in: Cahiers de l'Assoc. Int. des Études Françaises (P 1957) Nr. 9.

BENTZON, Niels Viggo, * 24.8.1919 Kopenhagen; dänischer Komponist. Er studierte 1938–42 am Konservatorium in Kopenhagen Klavier, Orgel und Komposition. Durch seine Lehrtätigkeit, zunächst seit 1947 in Aarhus, dann seit 1949 in Kopenhagen, hat er die Verbreitung moderner Kompositionstechniken, vor allem der Reihentechnik, unter der jüngeren Komponistengeneration Dänemarks entscheidend gefördert. Als Interpret eigener Kompositionen und der Klavierwerke Schönbergs und Hindemiths wurde B. auch im Ausland bekannt. Sein Schaffen umfaßt weit über 300 Kompositionen.

WW: **1) Instr.-WW:** 14 Symphonien, 7 Klv.-Konzerte, 2 V.-Konzerte, 9 Streichquartette, 5 V.-Sonaten, 2 Vc.-Sonaten; für Klv.: 11 Sonaten; *Toccata* op. 10 (1940); *Passacaglia* op. 31 (1944); *Partita* op. 38 (1945); *Kompendien* (schöpferische Auseinandersetzung mit früheren Personalstilen): 13 *Bach-Kompendien;* 8 *Chopin-Kompendien* für Klv.; *Schumann-Kompendium;* Happenings, musikal. Aktionen, darunter: *Chemische Madrigale* (1965); Film- u. Hörspielmusik. – **2) Vokal-WW:** *Torquilla* op. 132 (1961), Oratorium für Soli, Chor u. Orch.; 18 Lieder op. 240 (1968) (nach Gedichten v. P. B. Shelley), für Tenor u. Klv. – **3) Bühnen-WW:** *Faust III* op. 144 (nach Goethe, Joyce u. Kafka), UA: Kiel 1964; *Automaten,* UA. Kiel 1974; Ballette: *Kurtisanen* op. 89, UA: Kopenhagen 1953; *Jubiläumsballett 800* op. 207, UA: ebd. 1967.

BENVENUTO CELLINI, Komische Oper in 3 Akten von Hector Berlioz (1803–69), Text von Léon de Wailly und Auguste Barbier nach der Autobiographie Benvenuto Cellinis. Ort und Zeit der Handlung: Rom, Zeit des Karnevals 1532. UA mit Gilbert Duprez als Cellini am 10.9.1838 in Paris (Académie Royale de Musique); dt. EA (in dt. Sprache) als Zweiakter (Weimarer Fassung) am 20.3.1852 in Weimar unter Franz Liszt (Übersetzung: A.F. Riccius), am 18.2.1856 Weimarer

Aufführung in der Übersetzung von Peter Cornelius; Beachtung fand die Aufführung vom 2. 2. 1879 unter Hans von Bülow in Hannover. Wiederaufnahme in Paris am 3.4.1913 zur Einweihung des Théatre des Champs-Élysées.
Der Triumph des genialischen Künstlers über seine Umwelt ist Thema der Oper. Berlioz, der zeitlebens um einen großen Erfolg in Paris rang, stieß mit seinem Opern-Erstling auf lautstarke Ablehnung: die UA wurde zum Fiasko. Nach nur sieben Aufführungen verschwand das Werk von den Spielplänen, bis Liszt sich in Deutschland seiner annahm. Nachhaltige Anerkennung fand lediglich die Ouvertüre, in der Berlioz seine Fähigkeiten als Symphoniker voll entfaltete. Das Werk ist der italienischen Oper verpflichtet und weist stellenweise auf den Verismo voraus, ohne aber den Boden der Romantik je zu verlassen.

R. QUANDT

BERARDI, Angelo, * um 1630 S. Agata, † 9. 4. 1694 Rom; it. Musiktheoretiker und Komponist. Schüler von M. Scacchi. Er war Kirchenkapellmeister seit 1662 in Montefiascone, seit 1668 in Viterbo, 1673–79 in Tivoli, 1679–83 in Spoleto und seit 1693 an S. Maria in Trastevere in Rom, wo sich noch heute B.s musikalischer Nachlaß mit vielen Autographen befindet.

WW: **1) Vokal-WW:** *Missa pro defunctis* für 5 St. (R 1663); 2 Bücher *Sacri concentus* für 2–5 St. mit B.c. (R 1666 u. Bol 1669 mit einer 6st. Messe); 4 Bücher Vesperpsalmen für 3–6 St. mit u. ohne B.c., teilweise im konzertierenden Stil und jeweils mit einer Messe (R 1667, Bol 1668, R 1675, Bol 1682); *Musiche diverse, variamente concertate per camera* für 2–4 St., mit B.c. (Bol 1689); hsl. erhalten sind 14 Messen für 4, 6, 8, 12 u. 16 St. mit u. ohne B.c. und andere kirchenmusikalische WW (Antiphonen, Gradualien, Psalmen u. a.). – **2) Instr.-WW:** *Sinfonie a violino solo* (Bol 1670). – **3) Schriften** (in Bologna erschienen): *Ragionamenti musicali* (1681); *Documenti armonici* (1687), Faks.-Ausg. (1970) (= Bibl. musica Bononiensis 2/40a); *Miscellanea musicale* (1689); *Arcani musicali* (1690, NA 1706); *Il perche musicale*... (1693).

Lit.: K. F. WAACK, A. B. als Musiktheoretiker (Diss. Kiel 1956); K. JEPPESEN, Kontrapunkt (L 1958); B. C. CANNON, Music in the Archives of the Basilica of Santa Maria in Trastevere, in AMl 41 (1969).

BERCEUSE (frz., = Wiegenlied), Liedgattung, die vor allem im 19. Jh. durch Übernahme in die Instrumentalmusik, insbesondere in die Klaviermusik, Bedeutung erlangte. Charakteristisch ist der wiegende, 6/8-Rhythmus der Begleitung zu einer meist liedhaft-schlichten Melodie, die auch figurativ ausgesponnen werden kann wie in Chopins *Berceuse* op. 57, die Liszt *(Berceuse)* und (nach Z. Lissa) Reger (Nr. 9 aus dem 2. Heft von op. 82 und Nr. 12 aus op. 142) als Vorbild diente. B.n für Klavier kommen u. a. auch in den *Albumblättern (Wiegenliedchen)* von Schumann vor, in den *Lyrischen Stücken* op. 38 von Grieg und in G. Faurés *Dolly* (op. 56). Von Debussy stammt die *Berceuse héroïque,* die das Thema der *Brabançonne* verarbeitet. Unter den Orchesterwerken sind zu nennen: *Berceuse sur le nom de G. Fauré* von Ravel, die *Berceuse élégiaque* von F. Busoni und die *Berceuse* aus *L'Oiseau de Feu (Der Feuervogel)* von Strawinski. Ein beliebtes Stück der Unterhaltungsmusik wurde die B. *(Caché dans cet asile – Oh, ne t'éveille pas encore)* aus der Oper *Jocelyn* von B. Godart.

Lit.: Z. LISSA, M. Regers Metamorphosen der B. op. 57 v. Fr. Chopin, in: Fontis Artis Musicae 13 (1966).

BERCHEM, Jachet de, * wahrscheinlich Berchem bei Antwerpen, † 1580 Ferrara; flämischer Komponist. Er wurde oft mit Jachet de Mantua verwechselt. B. lebte in Italien, wo auch 1536 sein erstes Madrigal veröffentlicht wurde. 1555 war er Organist des Herzogs von Ferrara, dem er 1561 seine Ariost-Stanzen widmete, die musikalisch der frz. Chanson ähneln. Seine Madrigale stehen den Werken Willaerts und Rores nahe, seine Messen sind von Josquin des Prés beeinflußt.

WW: 2 Bücher Madrigale, für 5 St. (V 1546), und für 4 St. (V 1555); *Primo, secondo et terzo libro del capriccio con la musica sopra le stanze del Furioso* für 4 St. (V 1561); andere Madrigale, Chansons, Motetten u. Messen sind in vielen Sammeldrucken seit 1536 u. in einigen Hss. zu finden, doch müssen die kirchenmusikalischen Kompositionen wohl Jachet de Mantua zugeschrieben werden, mit Ausnahme der Messen *Mors et fortuna* (in RISM 1544^2), *Altro non è il mio amor* u. *Deus misereatur nostri* (in RISM 1547^3).

Ausg.: 2 Chansons in: PGfM 23 (1899); 1 Madrigal in: A. EINSTEIN, The Italian Madrigal III (Princeton 1949); 1 Vokalsatz, in A. Fr. Doni, Dialogo della musica (1543), hrsg. v. G. FR. MALIPIERO (Mi 1964) (= Collana di musiche veneziane inedite o rare 7).

Lit.: A. M. BAUTIER-REGNIER, Contribution à l'étude du problème des Jachet, in: RBMie 6 (1952); G. REESE, Music in the Renaissance (NY 1954).

BERENDT, Joachim Ernst, * 20. 7. 1922 Berlin; dt. Musikkritiker, -schriftsteller und -produzent. Er ist seit 1945 Mitarbeiter, seit 1950 Leiter des Jazz-Referats beim Südwestfunk Baden-Baden, den er zu einer wichtigen Drehscheibe des deutschen und internationalen Jazz gemacht hat, u. a. seit 1949 mit Live-Sessions, seit 1954 mit Jazz im Fernsehen und bei den Donaueschinger Musiktagen sowie seit 1965 mit dem Workshop „Free-Jazztreffen Baden-Baden" (heute „New-Jazz-Meeting"). Er leitete bis 1971 auch die Berliner Jazztage. B. hat sich außerdem in zahlreichen Büchern und Aufsätzen mit dem Jazz auseinandergesetzt.

Schriften: Anthologien: *Spirituals* (Mn 1958); *Blues* (Mn 1957, [2]1962). – *Variationen über Jazz* (Gesammelte Aufsätze) (Mn

1956); *Das neue Jazzbuch* (F 1959); *Das Jazzbuch. Von New Orleans bis Free Jazz* (F 1968); *Jazzlife* (Bildband), mit W. Claxton (Offenburg 1961); *Die Story des Jazz* (St 1975); *Ein Fenster aus Jazz* (F 1978).

Lit.: K. R. BACHMANN, Jazz als pädagogische Leidenschaft, in: Jazz Podium 24 (St 1975) H. 12.

BERENGUIER DE PALAZOL, * um 1140 Palol bei Céret, † 1208; einer der frühesten katalanischen Troubadours. Vermutlich stand er unter dem Schutz der Grafen von Roussillon und Barcelona. Zu den 12 ihm zugeschriebenen Liedern sind 8 Melodien überliefert (Hs. Paris, Bibl. Nat. fr. 22 543).

Lit.: A. JEANROY – P. AUBRY, Huit chansons de B. de P., in: Anuari de l'Inst. de Estudis Catalans 1 (1908); H. ANGLÉS, La música a Catalunya fins al segle XIII (Ba 1935); F. GENNRICH, Der musik. Nachlaß der Troubadours, 3 Bde. (Da 1958–65) (= Summa musicae medii aevi 3–4 u. 15); T. H. NEWCOMBE, A Critical Edition of the Works of the Troubadour B. de P. (Diss. Nottingham 1959).

BERESOWSKI, Maxim Sosonowitsch, * 16. (27.) 10. 1745 Gluchowo (Ukraine), † 22. 3. (2. 4.) 1777 St. Petersburg; russ. Komponist und Sänger (Tenor). Mitglied in der Hofsängerkapelle des Theaters in Oranienbaum und des Hoftheaters; wurde dann Schüler von F. Zoppi und, seit 1765 in Italien, von G. B. Martini in Bologna. 1773 wurde in Livorno seine Oper *Demofoonte* (Libr.: Metastasio) aufgeführt. Um 1775 kehrte B. nach Rußland zurück. Er schrieb auch geistliche Vokalmusik.

Lit.: N. A. LEBEDEJEW, B. i Bortnjanski kak kompository tscherkownogo penija (St. Petersburg 1882); M. P. ALEXEJEW, M. B. (Odessa 1921); M. GRINTSCHENKO, Istorija ukrainskoj musyki (Kiew 1922); R. A. MOOSER, Annales de la musique et des musiciens en Russie au XVIIIe siècle, 3 Bde. (G 1948–51); M. SCHAGINJAN, Woskreschtschenije is mjortwych (Mos 1964).

BERG, Adam, † 1610 München; dt. Drucker und Verleger. 1564 übernahm er die Druckerei von H. Schobser. Seit 1597 führte er das Geschäft gemeinsam mit seinem Schwiegersohn Nicolaus Heinrich (Heinricus), der aber bald ein eigenes Unternehmen gründete, während B. sich auf Musikdrucke spezialisierte. 1573–98 erschienen bei ihm 12 Bände *Patrocinium Musices* mit Werken vor allem von Orlando di Lasso.

BERG, Alban, * 9. 2. 1885 Wien, † 24. 12. 1935 ebd.; östr. Komponist. Er stammte aus einer wohlhabenden Familie des Wiener Großbürgertums; sein Vater, der 1867 aus Nürnberg nach Wien gekommen war, betrieb eine Devotionalienhandlung. B., der sich aufgrund seiner Doppelbegabung lange Zeit nicht entschließen konnte, ob er sich der Musik oder der Literatur zuwenden sollte, begann ab 1900 zu komponieren, zunächst – seinem starken Interesse für Literatur folgend – ausschließlich Vokalmusik. Durch Vermittlung seines Bruders wurde er Schönberg vorgestellt, der ihn 1904–10 in Komposition unterwies. Unter Schönbergs Anleitung entstanden die ersten Instrumentalkompositionen, darunter auch – als sein „Gesellenstück" – die *Klaviersonate op. 1,* die im Sommer 1908 vollendet wurde, sowie weitere Lieder (eine Auswahl hat B. 1928 unter dem Titel *Sieben frühe Lieder* veröffentlicht und die Klavierbegleitung auch für Orchester gesetzt). Nach dem Abitur war B. 1904 als unbesoldeter Rechnungspraktikant in den Dienst der Niederösterreichischen Statthalterei getreten, 1906 nach einer Erbschaft aber wieder ausgeschieden, um sich ganz seiner kompositorischen Ausbildung widmen zu können. Wenig später lernte er die Sängerin Helene Nahowski kennen, die 1911 seine Frau wurde. In diesen Jahren entstanden *Vier Lieder* op. 2 und das *Streichquartett op. 3,* die letzten Werke, die B. unter Schönbergs Aufsicht schrieb; in ihnen vollzog B. zugleich den Übergang zur Atonalität. Nach den *Fünf Orchesterliedern nach Ansichtskartentexten von Peter Altenberg* op. 4 von 1912, deren Uraufführung am 31. 3. 1913 in einem von Schönberg geleiteten Konzert einen Skandal auslöste, komponierte B. im Sommer 1913 die *Vier Stücke für Klarinette und Klavier* op. 5 – sein einziger Versuch in der Art des kurzen Instrumentalstücks, das im frühen Stadium der freien Atonalität für Schönberg charakteristisch war und für Webern überhaupt bestimmend wurde. Die *Drei Orchesterstücke* op. 6 von 1914 – das letzte Werk, das B. mit einer Opuszahl versehen hat – schließen seine erste Schaffensphase ab. Im Mai 1914 sah er in den Wiener Kammerspielen Büchners Dramenfragment *Woyzeck* und faßte bald darauf den Entschluß, das Werk als Oper zu komponieren; die Einrichtung des Textes war 1917 abgeschlossen, das Particell 1920 und die Instrumentation 1921 beendet. Nachdem die Oper zunächst von mehreren Bühnen abgelehnt worden war, erzielten die *Bruchstücke aus Wozzeck,* die B. auf Anraten Hermann Scherchens für eine konzertante Aufführung angefertigt hatte, am 11. 6. 1924 in Frankfurt einen durchschlagenden Erfolg, der ihn mit einem Male bekannt machte. *Wozzeck* wurde von Erich Kleiber für die Berliner Staatsoper angenommen; die Uraufführung fand am 14. 12. 1925 statt. Nach dem Ersten Weltkrieg, in dem B. seit 1915 seinen Dienst wegen labiler Gesundheit im Wiener Kriegsministerium geleistet hatte, verschlechterte sich infolge der Geldentwertung seine finanzielle Lage, so daß er 1920 den „Berghof" in Kärnten, einen Familienbesitz, verkaufen mußte. Bereits seit 1919 verdiente er seinen Lebensunterhalt als Kompositionslehrer in Wien, war zugleich einer der „Vortragsmeister" in Schönbergs „Verein für musikalische Privataufführungen" und erwog auch eine Zeitlang, die redaktionelle Leitung der *Musikblätter des Anbruch* zu übernehmen. Das *Kammerkonzert* für Violine, Klavier und 13 Bläser, das er seinem Lehrer Schönberg zum 50. Geburtstag widmete, wurde – mit einjähriger Verspätung – 1925 fertig. 1925–26 entstand die *Lyrische Suite* für Streichquartett, jenes Werk, das neben *Wozzeck* am meisten zur Verbreitung seines Ruhms beigetragen hat. Den Plan, Gerhart Hauptmanns *Und Pippa tanzt!* zu vertonen, ließ B. 1928 zugunsten von Wedekinds „Lulu-Tragödie" (die beiden Dramen *Erdgeist* und *Die Büchse der Pandora*) fallen; die Überarbeitung des *Lulu*-Textes schloß er im Frühjahr 1929 ab, das Particell lag im April 1934 fertig vor, die Instrumentation beschäftigte ihn bis zu seinem Tode. (Vom dritten Akt sind nur der Anfang und die Partien instrumentiert, die B. für die *Lulu-Suite* vorzeitig fertiggestellt hatte; die Instrumentation des dritten Aktes wurde nach dem Tod der Witwe B.s 1976 von Friedrich Cerha vollendet). Die Arbeit an *Lulu* unterbrach Berg zweimal: Im Sommer 1929 komponierte er im Auftrag der Sopranistin Ružena Herlinger die Konzertarie *Der Wein;* im Frühjahr 1935 begann er mit der Komposition des Violinkonzertes, das der Geiger Louis Krasner bei ihm in Auftrag gegeben hatte und das im August vollendet wurde.

Von den drei Komponisten der ↗Wiener Schule ist B. derjenige, dessen Musik am deutlichsten Momente aus dem 19. Jahrhundert bewahrt. Vor allen technischen Details, die an die Tradition erinnern, ist es das starke Drängen nach unmittelbarem Ausdruck, nach einer Gestaltung seelischer Prozesse, das nicht nur den Vokalwerken, sondern auch den Instrumentalkompositionen jene innere „Dramatik" verleiht, die aus der tonalen Musik vertraut ist. Um die Bedeutungsfähigkeit seiner Musik zu steigern, nutzte B. in höchst artifizieller Weise auch die Einschmelzung von Zitaten *(Lyrische Suite, Violinkonzert),* Rückgriffe auf satztechnisch Vorgeformtes („Polka" im *Wozzeck*) und eine Melodik, deren „Rhetorik" sich von Mahler herleitet (z.B. „Liebesmelodie" in *Lulu*). Dem Streben nach unmittelbarem Ausdruck hielt B.s konstruktive Intelligenz die Balance, die sich in seinen Werken in einer einzigartigen Komplexität der musikalischen Formung niedergeschlagen hat. Entscheidend für seine Formkonzeption wurde Schönbergs *Erste Kammersymphonie* op. 9, in der die vier Sätze einer Symphonie als Teile eines einzigen Sonatenhauptsatzes dargestellt sind. Die Idee der Überlagerung unterschiedlicher Formverläufe hat B. in immer wieder neuen Ausprägungen realisiert, so vor allem im *Kammerkonzert,* dessen 3. Satz als wechselseitige Durchdringung der beiden vorangegangenen zu beschreiben ist, und in der *Lyrischen Suite,* deren sechs Sätze eine Verschachtelung alternierend schneller und langsamer werdender Tempi darstellen. In einigen Sätzen der *Lyrischen Suite* verwandte B. auch erstmals Schönbergs Zwölftontechnik, die er in einer seinem Stil gemäßen, freien Weise handhabte (↗Permutation), ohne tonale Anklänge zu vermeiden. Formen der Instrumentalmusik verwendete B. auch in seinen Opern. Im *Wozzeck* konstituieren sie musikalisch die einzelnen Szenen (I. Akt: 5 Charakterstücke: 1. Suite, 2. Rhapsodie, 3. Militärmarsch und Wiegenlied, 4. Passacaglia, 5. Rondo, II. Akt: fünfsätzige Symphonie, III. Akt: fünf Inventionen: 1. über ein Thema, 2. über einen Ton, 3. über einen Rhythmus, 4. über einen Akkord, 5. über eine gleichmäßige Achtelbewegung), in *Lulu* sind einzelne Formen – ebenso wie bestimmte Modifikationen der Grundreihe – einzelnen Personen zugeordnet (Dr. Schön – Sonatenhauptsatz, Alwa – Rondo). Dabei greift B. auf die Technik der Verschachtelung einzelner Formverläufe aus der *Lyrischen Suite* zurück, indem er diese Formen in einzelnen Partien realisiert, sie also abbricht und später wieder aufgreift. Der historisch gewachsene Unterschied zwischen „Nummernoper" und durchkomponiertem Musikdrama ist bei B. aufgehoben.

WW: **1) Schriften:** Eine Slg. von 18 Aufsätzen u. Essays in: W. REICH, A. B. Leben u. Werk (W 1937, NA Z 1963) (in NA nur z.T.); *Was ist atonal?,* in: Musikzschr. „23" (W 1936); Nr. 26–27; Führer zu Schönbergs *Gurreliedern* (W 1913) (große u. kleine Ausg.), *Kammersymphonie* (W 1918), *Pelleas und Melisande* (W 1920). – **2) Kompositionen:** *Sieben frühe Lieder* (1907–08); *Schließe mir die Augen beide* (Text v. Th. Storm) (je eine Vertonung 1908 u. 1926); *An Leukon* (Text v. Goethe) (1908); Klv.-Sonate op. 1 (1907–08, revidiert 1920); 4 Lieder op. 2 (Texte v. F. Hebbel u. A. Mombert) (1908–09, revidiert 1920); Streichquartett op. 3 (1909–10, revidiert 1924); *5 Orchesterlieder nach Ansichtskartentexten von P. Altenberg* op. 4 (1912); 4 Stücke für Klar. u. Klv. op. 5 (1913); 3 Orch.-Stücke op. 6 (1914); *Wozzeck* (Libr.: A. Büchner), UA: Berlin 1925, daraus *Bruchstücke aus Wozzeck* (1924); *Kammerkonzert* für V., Klv. u. 13 Bläser (1923–25), 2. Satz in Bearbeitung für V., Klar. u. Klv. (1934); *Lyrische Suite* für Streichquartett (1925–26); Sätze 2–4 bearbeitet für Streichorch. (1928); Konzertarie *Der Wein* für Sopran u. Orch. (Text v. Baudelaire in einer Übers. v. St. George) (1929); V.-Konzert (1935); *Lulu* (Text v. F. Wedekind) (1928–35), UA des Fragments: Zürich 1937, daraus: *Lulu-Suite,* („Lulu-Symphonie") (1934); UA der komplettierten Fassung: Paris 1979.

Lit.: **1) Dokumente:** W. REICH, Aus unbekannten Briefen v. A. B. an A. Webern, in: SMZ 93 (1953); A. B., Bildnis im Wort. Selbstzeugnisse u. Aussagen der Freunde, hrsg. v. DEMS. (Z 1959); H. F. REDLICH, Unveröff. Briefe A. B.s an A. Schönberg, in: FS Blume (Kas 1963); A. Schönberg, A. Webern, A. B. Unbekannte Briefe an E. Schulhoff, in: Miscellanea musicologica 18 (Pr 1965); A. B. Briefe an seine Frau (Mn 1965); Schönberg, Webern, B. Bilder, Partituren, Dokumente (W 1969) (= Kat. des Museums des 20. Jh.s); Schönberg, B., Webern. Die Streichquartette. Eine Dokumentation, hrsg. v. U. VON RAUCHHAUPT (H 1971); E. HILMAR, Wozzeck v. A. B., Entstehung – erste Erfolge – Repressionen 1914–35 (W 1975); A. B., Leben u. Werk in Daten u. Bildern, hrsg. v. E. A. BERG (F 1976); V. SCHERLIESS, Briefe A. B.s aus der Entstehungszeit der Lulu, in: Melos/NZ 2 (1976). – **2) Biographien u. Monographien:** W. REICH, A. B. Leben u. Werk (W 1937, NA Z 1963); H. F. REDLICH, A. B. (W 1957); TH. W. ADORNO, B., der Meister des kleinsten Übergangs (W 1968, NA F 1978); V. SCHERLIESS, A. B. in Selbstzeugnissen u. Bilddokumenten (Reinbek 1975); E. HILMAR, A. B.s Leben u. Wirken bis zu seinen ersten Erfolgen als Komp. (Gr 1978). – **3) Veröffentlichungen zum Werk:** G. PERLE, The Music of Lulu, in: JAMS 12 (1959); R. STEPHAN, A. B.s Lulu, in: NZfM 122 (1961); G. PERLE, Serial Composition and Atonality (Berkeley – Lo 1962, ^{2}1968); TH. W. ADORNO, Der getreue Korrepetitor (F 1963); F. WEBER, Der Musikdramatiker A. B. (Diss. W 1966); G. PERLE, Die Personen in A. B.s „Lulu", in: AfMw 24 (1967); G. PLOEBSCH, A. B.s „Wozzeck" (Str 1968); W. M. STROH, A. B.s „Constructive Rhythm", in: Perspectives of New Music 7 (1968–69); DERS., A. B.s Orchesterlieder, in: NZfM 130 (1969); D. JARMAN, Dr. Schön's Five-Strophe Aria, in: Perspectives of New Music 8 (1969–70); K. SCHWEITZER, Die Sonatensatzform im Schaffen A. B.s (St 1970); M. REITER, Die Zwölftontechnik in A. B.s Oper Lulu (Rb 1973); C. FLOROS, Das esoterische Programm der Lyrischen Suite v. A. B., in: Hamburger Jb. für Musikwiss. 1 (H 1974); M. CARNER, A. B., the Man and the Work (Lo 1975); R. GERLACH, Zemlinsky u. B. „Lyrische Sinfonie" u. „Lyrische Suite", in: A. Zemlinsky, Tradition im Umkreis der Wiener Schule (Gr 1976); V. SCHERLIESS, A. B. Analytische Tafeln zur Lulu-Reihe, in: Mf 30 (1977); G. PERLE, Das geheime Programm der Lyrischen Suite, in: ÖMZ 33 (1978).

H. WEBER

BERG, Johann vom, ↗Montanus.

BERGAMASCA, Bergamasco (it.; frz.: bergamasque) im 16.–17. Jh. volkstümliches Tanzlied aus Bergamo (Norditalien); es ist im allgemeinen schnell und geradtaktig und wird von Männern und Frauen im Kreis getanzt. Die Bz. B. ist für die mehrst. Musik zuerst in einer Lautentabulatur von G. Gorzani *(Il terzo libro de intavolatura di liuto,* 1564) belegt: „saltarello dito il Bergamasco". Im 3. Buch der *Villotte del Fiore* (1569) von F. Azzaiolo trägt ein vierstimmiges Tanzlied die Bz. *Bergamasca.* Seit Ende des 16. Jh. erscheint die B. meist als Vorlage für instrumentale Variationssätze, weshalb sie zuweilen zu den ostinaten Tanzformen gezählt wird:

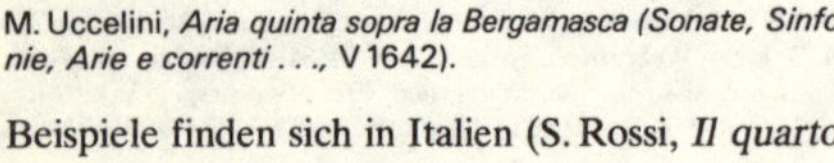

M. Uccelini, *Aria quinta sopra la Bergamasca (Sonate, Sinfonie, Arie e correnti . . .,* V 1642).

Beispiele finden sich in Italien (S. Rossi, *Il quarto libro de varie sonate,* 1622; G. Frescobaldi, *Fiori Musicali,* 1635), Frankreich (J. B. Bésard, *Thesaurus Harmonicus,* 1603), England (A. Holborne, *Cittharn Schoole,* 1597; Thomas Robinson, *New Citharen Lessons,* 1609) und Deutschland. Noch J. S. Bach verwendete im Schlußsatz der *Goldbergvariationen* eine B.-Melodie mit dem Text *Kraut und Rüben haben mich vertrieben.* – Im 19. Jh. war B. Bz. für einen schnellen, der Tarantella ähnlichen Tanz im 6/8-Takt mit Betonung auf dem 2. Taktteil:

A. C. Piatti, *Bergamasca* für Violoncello und Klavier op. 14.

Auf die ursprüngliche Form der B. greift O. Respighi in seiner 2. Suite *Antiche arie e danze per liuto* zurück, die eine B. von B. Gianoncelli *(Il liuto,* V 1650) verwendet. – Der *Suite bergamasque* für Klavier von Cl. Debussy und der Orchestersuite *Masques et Bergamasques* von G. Fauré liegen keine B.-Melodien zugrunde; sie verdanken ihre Entstehung vermutlich Worten Verlaines („masques et bergamasques") und knüpfen an Bergamasker Landschafts- und Volksmusik-Eindrücke an.

Lit.: G. UNGARELLI, Le vecchie danze italiane ancora in uso nella provincia bolognese (R 1894); P. NETTL, Die B., in: ZfMw 5 (1922–23); C. SACHS, Eine Weltgesch. des Tanzes (B 1933); P. NETTL, The Story of Dance-Music (NY 1947); M. REIMANN, Zur Entwicklungsgesch. des Double, in: Mf 5 (1952) u. 6 (1953).

BERGANZA, Teresa, * 16. 3. 1935 Madrid; span. Sängerin (Mezzosopran). Nach der Gesangsausbildung in Madrid debütierte sie dort 1955 als Konzertsängerin. Nach Konzerttourneen in Westeuropa gab sie 1957 ihr internationales Operndebüt als Dorabella in Mozarts *Così fan tutte* bei den Festspielen von Aix-en-Provence. Seitdem tritt sie auf allen großen Opernbühnen der Welt auf und gilt auch als eine der bedeutendsten Opern- und Lieder-Sängerinnen der Gegenwart.

BERGER, Erna, * 19. 10. 1900 Cossebaude bei Dresden; dt. Sängerin (Sopran). Nach dem 1. Weltkrieg wanderte sie mit der Familie nach Uruguay aus, kehrte 1923 nach Deutschland zurück und erhielt eine kurze Gesangsausbildung in Dresden. Hier entdeckte sie Fritz Busch und engagierte sie 1926 als Soubrette an die Dresdner Staatsoper, der sie bis 1934 angehörte. Danach war sie bis zum Ende der 50er Jahre gefeiertes Mitglied der Berli-

Claudio ABBADO wurde 1989 von den Berliner Philharmonikern zu ihrem künstlerischen Leiter gewählt (Foto: Sony Classical).

Daniel BARENBOIM hat als Dirigent und Pianist international Karriere gemacht (Foto: Sony Classical).

Leonard BERNSTEIN, verstorben 1990 in New York, bleibt unvergeßlich als Komponist, Star-Dirigent und Musikpädagoge (Foto: Sony Classical).

Pierre BOULEZ hat die moderne französische Musik entscheidend geprägt und zählt auch als Dirigent zu den prägnantesten Stars (Foto: Sony Classical).

ner Staatsoper, sang häufig auch an der Städtischen Oper in Berlin und an der Hamburger Staatsoper. Nach dem 2. Weltkrieg führten sie Gastspiele in alle Musikzentren der Welt. 1949–51 war sie auch Mitglied des Metropolitan Opera House in New York. 1959 übernahm sie eine Professur für Gesang an der Hamburger Musikhochschule. B. zählt als Opern- wie auch als Liedsängerin zu den profiliertesten Sängerinnen ihrer Zeit, besonders auch im Koloraturfach.

Lit.: K. HÖCKER: E. B. Die singende Botschafterin (B 1961).

BERGER, Karl Hanns, * 30. 3. 1935 Heidelberg; dt. Jazzmusiker. B. studierte Musik in Heidelberg, dort und in Berlin Philosophie, Soziologie und Musikwissenschaft und wurde 1963 promoviert. Zunächst trat er nur als Jazzpianist auf. 1961 ging er zum Vibraphon über, spielte bis 1964 in einer eigenen Band, dann bei Don Cherry in Paris, ging 1966 mit diesem nach New York, wo beide 1968 die „Total Music Company" gründeten, die auch in Europa auftrat. Mit O. Coleman gründete B. die „Creative Music Foundation", 1971, nach Deutschland zurückgekehrt, hier die „Karl-Berger-Company". B. gilt als führender Vibraphonist des Free Jazz. Er hat, ähnlich wie Gunter Hampel, diesen Stil konsequent verfochten. In den 70er Jahren wandte B. sich mehr dem Meditativen zu.

Lit.: E. JOST, Creative Music Studio, in: Jazz Podium 12 (St 1976).

BERGER, Ludwig, * 18. 4. 1777 Berlin, † 16. 2. 1839 ebd.; dt. Komponist und Pianist. Er studierte zunächst in Berlin, ging 1801 nach Dresden und folgte von hier M. Clementi als Schüler nach St. Petersburg, wo er bis 1812 blieb. Über Stockholm kam B. nach London, wo er sich erneut Clementi anschloß und als Pianist sehr erfolgreich war. Hier lernte er auch J. B. Cramer kennen. Seit 1815 wirkte er in Berlin als angesehener Lehrer. Zu seinen Schülern gehörte u. a. Mendelssohn. Mit B. Klein, G. Reichardt und L. Rellstab begründete er 1819 die jüngere „Berliner Liedertafel". Seine Kompositionen (u. a. Klaviersonaten, -etüden, ein Klavierkonzert, etwa 160 Lieder) beeinflußten die Klavierwerke von Mendelssohn und die Liedkomposition des 19. Jahrhunderts.

Lit.: L. RELLSTAB, L. B. (B 1846); D. SIEBENKÄS, L. B. (B 1963) (= Berliner Stud. zur Musikwiss. 4); DERS., in: Mf 18 (1965).

BERGER, Theodor, * 18. 5. 1905 in Traismauer bei Krems; östr. Komponist. Er studierte Komposition bei Fr. Schmidt an der Musikakademie in Wien. Die Jahre 1932–39 verbrachte B. in Berlin, wo er von W. Furtwängler gefördert wurde. 1939 kehrte er nach Österreich zurück. B. wurde von M. Ravel und A. Berg, vor allem aber von I. Strawinski beeinflußt. Neben Chor- und Kammermusikwerken (darunter 2 Streichquartette, 1930 und 1931), einem Ballett und Radio-, Film- und Fernsehmusiken schrieb B. zahlreiche Orchesterwerke, u. a. die Streicherphantasie *Malinconia* (1938), *Rondo ostinato* (1947), *Concerto macchinale* (1956) und *Symphonischer Triglyph* (1956), *Homerische Symphonie* (1948), ferner: Musik zu Goethes *Faust*, 2. Teil, für Chor und Orchester (1949). Größeren Erfolg hatte das 1951 komponierte *Concerto manuale* für 2 Klaviere, Marimbaphon, Metallophon, Streicher und 4 Pauken und Tambourin, ein Werk von fernöstlichem Charakter, das selbsterfundene Skalen verwendet.

BERGERETTE (frz., von berger = Schäfer). – **1)** Literarisch-musikalische Gattung, die in der 2. Hälfte des 15. Jh. in Frankreich gepflegt wurde. Die B. zählt zu den Refrainformen und löste das zu dieser Zeit außer Gebrauch gekommene ↗Virelai ab. Vom ↗Rondeau unterscheidet sich die B. durch die zweite, mittlere, Strophe, die keinen Refrain aufweist und in Umfang, Verslänge und Reimbildung von den anderen Strophen unabhängig ist. Auch besitzt sie eine eigene Melodie. Die musikalische Anlage der B. ist ABBAA. Bergerettes finden sich in zahlreichen Musik-Hss.: Dijon, Stadtbibliothek 517; Kopenhagen, Königliche Bibliothek, Ms. Thott 291[8]; Chansonnier cordiforme der Bibliothek J. de Rothschild Nr. 2973 (heute B.N. Paris). Komponisten von Bergerettes sind u. a. A. Busnois und J. Ockeghem. Eine wichtige Quelle für die B.-Texte ist P. Fabri (*Le grant et vray art de pleine rhétorique*, 6 Ausgaben zwischen 1521 und 1544, NA in 2 Bden. von A. Héron, Rouen 1890). – **2)** In der Mitte des 16. Jh. Bz. für einen der ↗Basse danse nehestehenden Instrumentaltanz (vgl. T. Susato, *Het derde musyk boexken*, An 1551). – **3)** Im 18. Jh. ist B. (oder „Bergerie") ein volkstümlich-ländliches Lied meist amourösen Inhalts.

Ausg.: **Zu 1)** Die Liederhs. des Cardinal de Rohan, hrsg. v. M. LÖPELMANN (Gö 1923); Trois chansonniers français, hrsg. v. E. DROZ – Y. ROKSETH – G. THIBAULT (P 1927); Der Kopenhagener Chansonnier, hrsg. v. K. JEPPESEN (Kop – L 1927). – **Zu 2)** J. B. WECKERLIN, B.s, romances et chansons du XVIIIe siècle (P 1894).

Lit.: **Zu 1)** G. RAYNAUD, Rondeaux et autres poésies du XVe siècle (P 1889); E. DROZ, Les formes littéraires de la chanson française au XVe siècle, in: Gedenkboek ... ('s-Gravenhage 1925); Y. ROKSETH – G. THIBAULT, Trois chansonniers français du XVe siècle (P 1927); R. W. LINKER – G. S. MCPEEK, The B. Form in the Laborde Chansonnier, in: JAMS 7 (1954).

BERGONZI, Carlo, * 13. 7. 1924 Parma; it. Sänger (Tenor). Nach dem Gesangsstudium in Parma debütierte er 1948 zunächst als Bariton in der Titelpartie von Rossinis *Barbier von Sevilla,* 1951 in Bari als Tenor in der Rolle des André Chénier in Giordanos gleichnamiger Oper. B. hatte große Erfolge besonders an der Mailänder Scala, in Buenos Aires, auch an der Hamburger Staatsoper. Er gastierte seit 1956 regelmäßig am Metropolitan Opera House in New York und fand internationale Anerkennung vor allem in Opern Verdis, Donizettis *(Lucia di Lammermoor)* und Puccinis *(Manon Lescaut).*

BERGREIHEN, Bergkreyen, im 16.–18. Jh. Lieder der Bergleute, vor allem aus dem sächsischen Erzgebirge. Die Texte sind weltlich oder geistlich, meist volkstümlich gehalten, doch in der Regel ohne engeren Bezug zum Leben der Bergarbeiter. Die Melodien sind größtenteils nicht überliefert. Mehrstimmige B. im Stil des frühen deutschen Tenorliedes wurden von Erasmus Rotenbucher (1551) und M. Franck (1602, vgl. NA Wb 1936 = Chw 38) veröffentlicht. Von C. Othmayr (*Bicinia sacra,* Nürnberg o. J. [1547]) und J. Walter (*Geistliches Gesangbüchlein,* [5]1544) stammen einige Choralsätze mit der Angabe „auf Bergkraische Art" oder „auf Bergkreyen Weis".

Lit.: G. HEILFURTH, Das Bergmannslied (Kas 1954); R. KÖHLER, Bergmannslieder (Wr 1958).

BERIGAN, Bunny (eig. Ronald Bernard), * 1909 Fox Lake (Wisconsin), † 2. 6. 1942 New York; amerik. Jazztrompeter und -sänger. Als Student wechselte er von der Violine zur Trompete, spielte zunächst in einigen kommerziellen Orchestern, danach u. a. 1934 bei den Dorsey-Brothers und 1935–36 bei Benny Goodman. Seit 1937 leitete B. eigene Bands. Als Trompeter mit „sattem" Ton, aber auch als Sänger stand er unter dem Einfluß von Armstrong, spielte als Trompeter aber oft lyrischer als dieser und besaß besonders in den tiefen Lagen einen selbständigen, charakteristischen Stil. Als Glanzstück gilt sein *I can't get started* von 1937.

BERIO, Luciano, * 24. 10. 1925 Oneglia, it. Komponist. B. studierte bei Ghedini am Konservatorium Mailand und besuchte Kompositionskurse von Dallapiccola in Tanglewood (USA). Mit Br. Maderna gründete er 1953 das Studio di Fonologia Musicale der RAI in Mailand, dessen Leiter er bis 1959 war, und gab 1956–60 die Zeitschrift *Incontri musicali* heraus. Nach Lehraufträgen an verschiedenen renommierten Instituten wurde er 1965 Professor für Komposition an der Juilliard School of Music in New York, an der er ein Ensemble für Neue Musik gründete. Boulez berief ihn 1977 zum Leiter der Abteilung Elektroakustik des IRCAM am Centre Beaubourg in Paris. B., einer der prominentesten Vertreter der Neuen Musik, hatte maßgeblichen Anteil an der Entwicklung der elektronischen Musik und an der Entdeckung neuer Klänge in der Instrumental- und Vokalmusik, die er gleichsam systematisch in seinen *Sequenza* betitelten Kompositionen für einzelne Instrumente „erforschte".

WW: *4 canzoni popolari* (1946–47), für Frauenst. u. Klv.; *Tre liriche popolari* (1948), für Singst. u. Klv.; *Study* (1952), für Streichquartett; *Mimusique I* (1953), elektronische Musik; *Mimusique II* (1955); *Perspectives* (1956), elektronische Musik; *Serenata* (1957), für Fl. u. 14 Instr.; *Sequenza I* (1958), für Fl.; *Sequenza II* (1963), für Harfe; *Sequenza III* (1965), für Solost.; *Sequenza IV* (1966), für Klv.; *Sequenza V* (1966), für Pos.; *Sequenza VI* (1967), für Va.; *Sequenza VII* (1969), für Ob.; *Sequenza VIII* (1975), für Schlagzeug; *Sequenza IX* (1975), für V.; *Quaderni I* (1959, revidiert 1961), für Bläser, Schlagzeug, 2 Harfen u. Celesta; *Quaderni II* für Orch.; *Quaderni III* (1965), für Orch., *Quaderni I–III* revidiert in Vokalfassung als *Epifanie* (1965), für Frauenst. u. Orch.; *Visage* (1961), elektronische Musik; *Passagio* (1963) (Text v. B. u. E. Sanguinetti), Messa in scena für Sopran, 2 Chöre u. Instr.; *Chemins I* (nach Sequenza I) (1965), für Harfe u. Orch.; *Chemins II* (nach Sequenza VI) (1967), für Va. u. 9 Instr.; *Chemins III* (nach Chemins II) (1967), für Va. solo, V., Vc. u. Orch.; *Chemins II B* (1969), für Orch.; *Chemins II C* (1972), für Baßklar. u. Orch.; *Chemins IV* (nach Sequenza VII) (1975), für Ob. u. Str.; *Sinfonia* (1968), für 8 Singst. u. Orch.; *Opera,* UA: Santa Fé / N. M. 1970; *Après-Visage* (1972), Ballett für Tonband u. Orch.; *Folk Songs* (1973), für Mezzosopran u. Orch.; *points on the curve to find*... (1974), für Klv. u. 23 Instr.; *Coro* (1975–76, revidiert 1977), für 40 St. u. 40 Instr.; *Ritorno del Svovidenie* (1976), für Vc. u. Kammerorch.; *Donna,* Ballett, UA: Florenz 1977; *Siete Canciones Popolares Españolas* (1977); *Pas de quoi* (1978), für Kammerensemble.

Lit.: P. SANTI, L. B., in: Junge Komponisten (W 1958) (= die Reihe IV); F. K. PRIEBERG, Imaginäres Gespräch mit L. B., in: Melos 32 (1965); E. BUDDE, Zum dritten Satz der „Sinfonia" v. L. B., in: Musik der sechziger Jahre, hrsg. v. R. Stephan (Mz 1972) (= Veröff. des Instituts für neue Musik u. Musikerziehung Darmstadt 12); P. FÖRTIG, Zu L. B.s „Sequenza per ob. solo", in: Tibia 1 (1976); P. ALTMANN, Sinfonia v. L. B. Eine analytische Stud. (o. O. 1977).

H. WEBER

BÉRIOT, 1) Charles Auguste de, * 20. 2. 1802 Löwen, † 8. 4. 1870 Brüssel; belgischer Violinist und Komponist. Nachdem er das Violinspiel zunächst nur autodidaktisch betrieben hatte, wurde er, 18jährig, kurze Zeit Schüler von Baillot und Viotti am Conservatoire in Paris. Schon bald darauf begann er erfolgreiche Konzertreisen, auf denen er allein oder mit der Sängerin Maria Garcia-Malibran auftrat, die er kurz vor ihrem plötzlichen Tod (September 1836) heiratete. B. mußte seine Konzerttätigkeit 1858 wegen Erblindung und einer Armlähmung aufgeben. Mit seinem durch Eleganz ausgezeichneten virtuosen Stil, der sich von dem strengeren Stil der damaligen französischen Schule unterschied, gilt er als Begründer der belgischen Violinschule. H. Vieuxtemps war sein erster Schüler. B. komponierte u.a. Werke für Violine, darunter mehrere Konzerte, von denen drei noch heute gerne gespielt werden, 5 Sammlungen Etüden, ferner 3 Klaviertrios, Sonaten für Violine und Klavier und veröffentlichte eine *Méthode de Violon en trois parties* (P 1858). – **2) Charles Wilfried,** Sohn von 1), * 21.2.1833 Paris, † 22.10.1914 Sceaux-du-Gâtinais; frz. Pianist und Komponist. Er lehrte seit 1887 am Conservatoire in Paris. Er schrieb u.a. *Opéras sans paroles* für Violine und Klavier, Klavierkonzerte, Kammermusik und die symphonische Dichtung *Fernand Cortez*. Mit seinem Vater gab er heraus: *Méthode d'accompagnement pour piano* und *L'Art de l'accompagnement appliqué au piano*.

BERKELEY, Lennox, * 12.5.1903 Boar's Hill (Oxford), engl. Komponist. Er studierte 1926–32 bei N. Boulanger in Paris und wurde von Ravel gefördert. B. war Mitarbeiter der BBC und lehrte 1946–68 Komposition an der Royal Academy of Music in London. Sein kompositorisches Schaffen wurde durch die neoklassizistischen und impressionistischen Strömungen in Frankreich beeinflußt. Auf dem Gebiet der Oper suchte B. wie Britten einen eigenständigen nationalen Stil zu entwickeln.

WW (wenn nichts anderes angegeben, alle in London erschienen): **1) Instr.-WW:** 24 Klv.-Stücke (Sonate, Präludien usw.); versch. Stücke für V. allein, für Gitarre, für V. u. Klv., Br. u. Klv., Vc. u. Klv., Fl. u. Klv., für Ob. u. Klv.; 2 *Streichquartette* (1939, 1940); *Streichtrio* (1944); *Trio* (1954), für Horn, V. u. Klv.; *Sextett* für Klar., Horn u. Streichquartett; *Concertino* (1956), für Fl., V., Vc., u. Cemb.; für Orch.: *Serenade* (1939), für Streicher; 4 *Symphonien* (1940, 1958, 1969, 1977), *Divertimento* (1943), *Nocturne* (1945), *Ouverture* (1947); *Introduction* u. *Allegro* (1938), für 2 Klv. u. Orch.; 2 Konzerte für Klv. u. Orch. (1947, o.J.); Konzert für 2 Klv. u. Orch. (1948); Konzert für V. u. Orch. (1962); 5 Stücke für V. u. Orch.; Konzert für Fl. u. Orch. – **2) Vokal-WW:** Lieder mit Klv. oder Orch., darunter: 5 *Songs* (1946) (nach Gedichten v. W. de la Mare), 4 *Ronsard Sonnets*, 4 *Poems of St. Teresa of Avila* (1947), 3 *Greek Songs* (1953), 5 *Poems* (1958) (nach W.H. Auden), *Autumn's Legacy* (1962); zahlr. Chöre u. kirchenmus. WW; das Oratorium *Jonah* (1935). – **3) Bühnen-WW:** Nelson (1953), in 3 Akten; *A Dinner Engagement* (1954), Einakter; *Ruth* (1956), Einakter; *Castaway* (1966), Einakter.

Lit.: M. SCHAFER, in: British Composers in Interview (Lo 1963); P. DICKINSON, L.B., in: Music & Musicians (1965) August-H.; DERS., in: Composer (1970), Nr. 36.

BERLIN, Irving (eigl. Israel Baline), * 29.4. (11.5.) 1888 Temum (Rußland); amerikanischer Komponist russ. Herkunft. Sohn eines jüdischen Kantors, der in die Vereinigten Staaten emigrierte. B. trat zunächst als Café- und Straßensänger auf. Schon bald errang er große Erfolge als Unterhaltungs- und Schlagerkomponist. 1921 eröffnete er ein eigenes Theater, das „Music Box Theatre" in New York, das Operetten und Musicals zur Aufführung brachte. Er schrieb u.a. die Musicals *Annie Get Your Gun* (1946), *Call Me Madam* (1950), *Miss Liberty* (1949), *Mr. President* (1962), ferner etwa 1000 Lieder. Besonders bekannt wurden die Schlager *Alexander's Ragtime Band* (1911), *God Bless America* (1917), *Always* (1925), *Remember* (1925), *Cheek to Cheek* (1935), *White Christmas* (1942). B. schrieb auch zahlreiche Filmmusiken. Aus seinen Einnahmen spendete er große Summen für wohltätige Zwecke.

Lit.: D. EVEN, The Story of I.B. (NY 1950); L.A. PARIS, Men and Melodies (NY 1954); S. GREEN, The World of Music-Comedy (NY 1960); D. JAY, The I. B. Sonography, 1907–66 (New Rochelle/N.Y. 1969).

BERLINER PHILHARMONISCHES ORCHESTER. Es entstand 1882, als sich Mitglieder des seit 1868 in Berlin bestehenden Bilse-Orchesters (↗Bilse) zu einem eigenen Orchester zusammenschlossen, das sich bald B.Ph.O. nannte. Im gleichen Jahr begannen auf Initiative des Konzertunternehmers H. Wolff, der auch die Philharmonische Gesellschaft gründete, die Konzerte in einem Saal in der Bernburger Straße, der ersten Philharmonie. Dirigenten waren damals Fr. Wüllner, J. Joachim und K. Klindworth. 1887–93 war H. von Bülow ständiger Dirigent. Nach einem zweijährigen Interregnum, in dem R. Strauss die wichtigsten Konzerte leitete, übernahm der Leipziger Gewandhaus-Kapellmeister A. Nikisch als ständiger Gastdirigent gleichzeitig die Leitung der Philharmoniker, mit denen er auch erste Konzertreisen unternahm. Neuer Dirigent wurde 1922 W. Furtwängler, der die Philharmoniker bis 1954 (seit 1952 als Dirigent auf Lebenszeit) leitete, nur unterbrochen durch die Nachkriegsjahre 1945–47, in denen S. Celebidache die Leitung hatte. In der Furtwängler-Zeit waren auch andere bedeutende Dirigenten den Philharmonikern eng verbunden, u.a. B. Walter (der über 10 Jahre einen eigenen Konzertzyklus dirigierte), O. Klemperer, E. Kleiber, D. Mitropoulos und E. Fried. 1955 wurde H. von Karajan zum Chefdirigenten auf Lebenszeit gewählt. – 1963 erhielt das B.Ph.O. wieder ein eigenes Haus, nachdem die alte Philharmonie 1944 zerstört worden war. Professor H. Scharoun schuf in Zusammenarbeit mit dem Akustiker Professor L. Cremer einen der bedeutendsten modernen Konzertsäle, in dem das Orchester räumlich und optisch im Mittelpunkt steht. – Zum 50jährigen Bestehen (1932) widmete P. Hindemith dem Orchester ein *Philharmonisches Konzert*.

Lit.: W. FURTWÄNGLER, Die Programme der Konzerte mit

dem B. Ph. O. 1922–1954 (Wie 1958, ²1965); W. OEHLMANN, Das B. Ph. O. (Kas 1974).

BERLINER SCHULE. Die Musiker der Hofkapelle König Friedrichs II. von Preußen, in erster Linie J. J. Quantz, C. Ph. E. Bach, Fr. Benda, J. G. Graun und Chr. Nichelmann, sind in die Musikgeschichte als sogenannte „Berliner" oder „Norddeutsche Schule" (um 1740–1770) eingegangen. Ihre Werke wurden bis in Einzelheiten vom musikalischen Geschmack des selbst ansprechend komponierenden Königs bestimmt. Dieser liebte im instrumentalen Bereich den strengen Satz, hochbarocke Formen und eine schmeichelnde, heitere Melodik. Dramatische Affekte waren ihm zuwider. Es ist verständlich, daß sich unter diesem diktatorischen Reglement des Souveräns die Musik seiner Untergebenen künstlerisch nicht frei entfalten konnte und gegenüber der ↗Mannheimer Schule stärker von der Tradition geprägt wurde. Der Schwerpunkt ihres Schaffens lag auf dem Gebiet der Kammermusik- und Klavierkomposition, des Konzerts und der Symphonie. Quantz schrieb allein rund 300 Flötenkonzerte und 200 Sonaten für seinen König. Sie sind solide gearbeitet, im sogenannten „vermischten Geschmack" komponiert und berücksichtigen die interpretatorischen Fähigkeiten Friedrichs II. Die bedeutendsten Trios und Kammersymphonien stammen indessen von C. Ph. E. Bach. Sie zeichnen sich durch ein stärkeres Streben nach Ausdruck und eine sorgfältige motivische Verarbeitung aus. In den dreisätzigen Symphonien (ohne Menuett) bemühte sich Bach um eine Verbindung von kontrapunktischer Schreibweise mit der modernen Homophonie. Altertümliche Breite und wenig differenzierte Rhythmik bilden gegenüber der expressiven Harmonik und Dynamik einen seltsamen Kontrast. Trotz des Formenreichtums und der gewählten Instrumentation gelangen ihm auf diesem Gebiet ebensowenig wie J. G. Graun Meisterwerke von bleibendem Wert. – Dieser Instrumentalstil fand in der sogenannten „Ersten Berliner Liederschule" (um 1752–1770) eine vokale Ergänzung. Dabei traten neben den genannten Komponisten auch Chr. G. Krause, Fr. W. Marpurg u. a. in Erscheinung. Der Advokat Krause leitete die Entwicklung mit seiner programmatischen Schrift *Von der musicalischen Poesie* (B 1752) ein, in der er die italienische Opernarie verwarf, ein Bekenntnis zum schlichten Strophenlied nach dem Vorbild der französischen Brunettes, Airs à boire u. a. ablegte und die Einheit von Wort und Ton sowie die Darstellung einer Empfindung propagierte. Seit 1753 erschienen zahlreiche Sammlungen dieser einfachen, mitunter die Grenze des Dilettantismus streifenden Klavierlieder, meist auf Texte der „Anakreontiker" F. von Hagedorn, J. W. L. Gleim, J. P. Uz u. a.; sie sind ein getreues Spiegelbild des friderizianischen Rokoko. C. Ph. E. Bach nahm auch hier eine Sonderstellung ein. Schon seine Gellert-Oden (1758) überragen mit ihrer sorgfältigen Deklamation, dem ausgefeilten Klaviersatz und der Empfindungstiefe das anspruchslose Schaffen seiner Umwelt beträchtlich. Als Schöpfer des privaten Andachtsliedes, z. T. auf Texte von F. G. Klopstock, in der Hamburger Zeit bereitete er die „Zweite Berliner Liederschule" (um 1780–1815) vor, die wesentlich von den Ideen der Klassik bestimmt wurde. Musiker wie J. A. P. Schulz, J. F. Reichardt und K. F. Zelter forderten die Gleichberechtigung von Dichtung und Musik, die genaueste Deklamation des Textes und den Vorrang des Strophenliedes. Der Einfluß des wiederentdeckten Volksliedes begünstigte ihr Streben nach Volkstümlichkeit. Bedeutende Dichtungen u. a. von M. Claudius und Goethe bildeten nun die Grundlage der Kompositionen. Reichardt fand einen Ausgleich zwischen dem rezitativischen und ariosen Stil *(Erlkönig, Heidenröslein)* und balancierte die Form feinsinnig aus, während Schulz und Zelter in ihren besten Stücken den Volkston, den „Schein des Bekannten", trafen und das Stimmungslied der Romantik vorbereiteten.

Lit.: M. FRIEDLAENDER, Das dt. Lied im 18. Jh., 2 Bde. (St – B 1902); C. SACHS, Musikgesch. der Stadt Berlin bis zum Jahre 1800 (B 1908); G. FROTSCHER, Die Ästhetik des Berliner Liedes, in: ZfMw 6 (1923–24); H. ULDALL, Das Klv.-Konzert der Berliner Schule (L 1928); H. J. MOSER, Das dt. Lied seit Mozart, 2 Bde. (B – Z 1937, Nachdr. Tutzing 1968); H. P. SCHMITZ, Querflöte u. Querflötenspiel in Deutschland während des Barockzeitalters (Kas 1952); E. E. HELM, Music at the Court of Frederick the Great (Oklahoma City 1960); F. LORENZ, Die Musikerfamilie Benda, bisher 2 Bde. (B 1967 und 1971).

L. HOFFMANN-ERBRECHT

BERLIOZ, Hector Louis, * 11. 12. 1803 La Côte-Saint-André (Isère), † 8. 3. 1869 Paris; frz. Komponist. B. spielte in seiner Jugend Flöte und Gitarre und begann schon sehr früh, kleine Kammermusikstücke zu schreiben. Als Sohn eines Arztes wurde er 1821 zum Medizinstudium nach Paris geschickt, gab dieses aber vor Ablauf eines Jahres wieder auf und widmete sich nun ganz der Musik, was zum Bruch mit seiner Familie führte. Er studierte am Conservatoire bei Lesueur, Reicha und Cherubini. Viermal bewarb er sich um den Prix de Rome, den er schließlich 1830 mit einer Kantate *Sardanapal* gewann. In jener Zeit erhielt er viele entscheidende Anregungen. Er entdeckte Weber und Beethoven für sich und beschäftigte sich mit Shakespeare und Goethe. Die Übersetzung des ersten Teils des

Faust durch Gérard de Nerval hatte auch B.' erstes größeres Werk veranlaßt, die *Huit Scènes de Faust* (1828). Jedoch war er selbst wenig davon befriedigt und begab sich nach 18 Jahren an eine Umarbeitung (s. u.). 1830 verliebte sich B. in die irische Schauspielerin Harriet Smithson. Damals entstand seine epochemachende *Symphonie fantastique,* die am 5. 12. 1830 in der für B. entscheidenden Anwesenheit Fr. Liszts uraufgeführt wurde. Zur Zeit der Italienreise (1831–32) hatten sich die Beziehungen zur Familie wieder normalisiert. Seit einigen Monaten war er mit der Pianistin Camille Moke (der späteren Mme. Pleyel) verlobt. In Italien gewann er zahlreiche Freunde, vor allem Mendelssohn und Glinka; dort entstanden auch die beiden Ouvertüren *Le Roi Lear* (1831) und *Le Corsaire* (1831/1851). 1832 kehrte er nach Paris zurück, gab dort mehrere Konzerte und schrieb die Ouvertüre *Rob Roy* (1831–32), die er aber gleich wieder vernichtete, sowie *Le retour à la vie* (1832), nach der Umarbeitung 1855 *Lélio* genannt, als Fortsetzung der *Symphonie fantastique.* Kurz nach seiner Rückkehr nach Paris heiratete er Anfang 1833 Harriet Smithson. Als Nachklang seines Italien-Aufenthalts entstand die Symphonie *Harold en Italie* (1834). Aber die symphonischen Werke kosteten mehr Geld für Veröffentlichung und Aufführung, als sie einbrachten. Von der Regierung erhielt er den Auftrag, eine Totenmesse zum Gedenken der Helden der Revolution von 1830 zu schreiben. Das *Requiem* (1837) wurde ein Meisterwerk und wurde trotz mancher Intrigen ein großer Erfolg. Es brachte ihm zugleich Ruhm und Feindschaft ein. Bereits seit 1823 war B. auch als Musikkritiker tätig. Seit 1834 schrieb er in der neu gegründeten *Gazette Musicale,* bald auch im *Journal des Débats,* an dem er 27 Jahre lang mitarbeitete. Dadurch erhielt er Kontakt zu den offiziellen Kreisen, deren Einfluß für die Annahme seiner Opern wichtig war. Noch während der Arbeit am *Requiem* entstand die Opéra-comique *Benvenuto Cellini* (1836). Die Memoiren des florentinischen Bildhauers, der die Titelfigur dieses Werkes ist, waren gerade erst entdeckt worden. Das Libretto schrieben Auguste Barbier und L. de Wailly. B. komponierte dazu eine brillante, einfallsreiche Musik, die den Text weit übertrifft. Nach ermüdenden Proben (September bis November 1838) und heftigen Protesten einiger Interpreten, die der kühnen Melodik und Harmonik des Werkes nicht gewachsen waren, wurde es abgesetzt. B. konnte aber das Interesse des Publikums durch ein zweites Auftragswerk zurückgewinnen, die *Symphonie funèbre et triomphale* (1840), die aus Anlaß der Urnenüberführung der Helden der Revolution von 1830 entstand. Die Aufführung sollte unter freiem Himmel stattfinden. Das Stück ist für Militärorchester geschrieben und gilt als wichtigstes Werk dieser Art. Es erregte auch die Aufmerksamkeit R. Wagners, der sich damals in Paris aufhielt.

Ein Jahr zuvor war bereits ein anderes und in seiner Art ebenso wichtiges Werk wie die *Symphonie fantastique* entstanden: die dramatische Symphonie *Roméo et Juliette* (1839). Möglicherweise hat sie die musikalischen und dramatischen Ideen Wagners, der sie in Paris mit großem Interesse gehört hatte, beeinflußt, vor allem im Hinblick auf seinen *Tristan.* Wagner hat dies selbst mit der Widmung des Tristan an B. und in seiner Autobiographie zum Ausdruck gebracht. Die reiche und präzise Orchestrierung des *Roméo* habe ihm die Möglichkeiten des modernen Orchesters erschlossen. Inspiriert durch Shakespeare, verdankte die Symphonie ihre Entstehung der Großzügigkeit Paganinis, der B. bewunderte und in ihm den Erben Beethovens sah. Anläßlich eines Konzerts, in dem *Harold en Italie* aufgeführt wurde, schenkte Paganini B. 20000 Francs, um ihm das Artikelschreiben und die Übernahme von Auftragswerken zu ersparen. Die Jahre 1830–40 waren für B. äußerst fruchtbar, aber die Vorliebe der Franzosen für die Oper und reine Virtuosität veranlaßten ihn, sich nach einem anderen Publikum umzusehen. Seit 1842 führten ihn Reisen durch Europa, auf denen er seine Auffassungen über das Orchester und die dramatische Symphonie propagierte. In den *Mémoires* (1870) berichtet er selbst über die Aufnahme, die er in Prag, Wien, Budapest, Berlin, in den Städten am Rhein, in Schlesien, Polen und Rußland fand. Überall fand er Zustimmung und Ablehnung, gewann aber auch viele Freunde unter Komponisten, Kritikern und Regierenden. Mendelssohn, der ihn kritisch beurteilte, und Liszt, der ihn verehrte, unterstützten ihn. B. war beiden zu Dank verpflichtet, schätzte aber die Werke Mendelssohns mehr als die Liszts. Während dieser Tournee, die durch mangelnde Verbindungen und schlechte Organisation noch erschwert wurde, schrieb B. neue Kompositionen und arbeitete weiter als Kritiker. Er veröffentlichte die endgültige Fassung seines *Traité d'instrumentation et d'orchestration* (1843), dem er 1856 die *Art du Chef d'orchestre* folgen ließ. 1846 arbeitete er die *Huit scènes de Faust* zur dramatischen Legende *La Damnation de Faust* um. Auf diese Arbeit hatte er großen Fleiß verwendet und erwartete die Zustimmung der Pariser Öffentlichkeit. Das Werk wurde aber nur zurückhaltend aufgenommen. B. mußte sich Geld von einem seiner Bewunderer leihen und reiste nach Rußland, wo man seine Konzerte begeistert aufnahm. Kaum 10 Jahre nach seinem Tod wurde der *Faust* der Vergessenheit entrissen und blieb seitdem in Frankreich sein populärstes Werk. Zur Zeit der Revolution von 1848 hielt er sich in London auf, wohin viele europäische Emigranten geflohen waren. B. gewann das englische Publikum, indem er nicht nur seine eigenen Kompositionen anbot. In diesem Zusammenhang ist auch bemerkenswert, daß die Wiederentdeckung und die Initiative zu einer kritischen Gesamtausgabe seiner Werke von England ausgingen. In London, wo er das Tagesrepertoire des Drury Lane Theatre dirigierte, arbeitete er am *Te Deum*, einem monumentalen Werk, das als Gegenstück zum *Requiem* und als Schluß der *Symphonie funèbre et triomphale* geplant war. Die drei Werke sind in gewisser Weise verwandt und leben von der gleichen „napoleonischen" Inspiration. In London begann B. auch die Abfassung seiner *Mémoires*. 1849 kehrte er nach Frankreich zurück. Er gründete ein Orchester und gab seine wichtigsten Artikel unter dem Titel *Les soirées de l'orchestre* (1852) heraus. Er schrieb zwei Liedsammlungen und einen Doppelchor über patriotische Themen, *Vox populi*, sowie ein Werk für drei Chöre nach einem Gedicht von V. Hugo, *Sara la baigneuse*. Im Anschluß an eine Deutschlandtournee kehrte B. wieder nach London zurück. In Weimar hatte Liszt den *Benvenuto Cellini* mit Erfolg dirigiert. Durch diesen Erfolg ermutigt, führte B. die Oper 1853 auch in London auf. Die Aufführung wurde jedoch wieder durch eine Intrige sabotiert, so daß das Werk bis zum Ende des Jahrhunderts in Vergessenheit geriet.

In Paris, wo die meisten seiner neuen Werke auf Gleichgültigkeit oder Ablehnung stießen, hatte er einigen Erfolg mit der biblischen Trilogie *L'Enfance du Christ* (1854). 1855 dirigierte er sein *Te Deum* und begann, ermutigt durch Liszts Freundin Prinzessin Caroline zu Sayn-Wittgenstein, mit der er einen ausführlichen künstlerischen Briefwechsel führte, mit der Komposition der Oper *Les Troyens*, die ihn drei Jahre beschäftigte. Das Libretto nach Vergils *Äneis* schrieb er selbst, für die Musik verwendete er einige Einfälle aus seiner Jugendzeit. Nach eigenen Worten lebte B. seit früher Jugend mit den Helden und Göttern Vergils. Erinnerungen an die „Wanderjahre" in Italien, die Kenntnis Shakespeares, die Liebe zu seinem Sohn und die Resignation, vor der die Zuversicht der Jugendjahre gewichen war, fanden ihren Niederschlag in diesem Werk. Es sollte sein musikalisches und geistiges Testament werden. Obwohl in Paris immer noch nicht ganz anerkannt, wurde B. Mitglied des Institut de France und Bibliothekar am Conservatoire. Er war das Idol eines kleinen Kreises junger Komponisten. Ermutigt durch ein großzügiges finanzielles Angebot, das ihm E. Bénazet, ein Impresario aus Baden-Baden, überbrachte, schrieb er die heitere Oper *Béatrice und Bénédict*, mit eigenem Text nach Shakespeares *Viel Lärm um nichts* (UA in Baden-Baden unter seiner Leitung 1862). 1865 verlor B. seinen Sohn. 1867 unternahm er erneut eine Rußland-Tournee, auf der er mit der „Gruppe der Fünf" zusammentraf und auf der auch seine letzten Werke entstanden.

WW: **1) Instr.-WW:** *Rêverie et Caprice* (1836–38) für V. u. Klv. (oder Orch.) (P 1841); für Orch.: *Ouverture des Francs Juges* (1826) (P 1836); *Ouverture de Waverley* (1828) (P 1839); *Symphonie fantastique*, „Episode aus dem Leben eines Künstlers" (1830), UA: Paris 1830 (P 1845); *Ouverture du Roi Lear* (1831) (nach W. Shakespeare) (P 1840); *Harold en Italie* (1834), Symphonie mit Solo-Br. (P 1838); *Symphonie funèbre et triomphale* (1840) für Militärmusik mit Streichorch. u. Chor ad lib. (P 1843); *Ouverture du Carnaval romain* (1844) (P 1844); *Ouverture du Corsaire* (1831–51) (P 1852). – **2) Vokal-WW:** 9 *Mélodies* (1825 ff.) (Text v. Th. Moore, übers. v. Th. Gounet) für eine u. 2 St. u. Chor mit Klv.: 1. *Le Coucher du Soleil*, 2. *Hélène*, 3. *Chant guerrier*, 4. *La belle Voyageuse*, 5. *Chanson à boire*, 6. *Chant sacré*, 7. *L'Origine de la Harpe*, 8. *Adieu Bessy*, 9. *Élégie* (P 1845) (die Nummern 4 u. 6 auch mit Orch.); *La Captive* (1830) (Text v. V. Hugo), 1. Fassung für Gesang u. Klv., hrsg. in: Œuvres Complètes 17 (1904), 2. Fassung für Gesang, Klv. u. Vc. (P 1834), 3. Fassung für Gesang u. Orch. (P um 1850); *Le Cinq Mai* (1831) (Text v. P. J. Béranger), zum Tode Napoleons I, für Baß u. Chor; *Les Nuits d'Été* (1841) (Text v. Th. Gautier) für Gesang u. Klv. (auch mit Orch.): 1. *Villanelle*, 2. *Le Spectre de la Rose*, 3. *Sur les Lagunes*, 4. *Absence*, 5. *Au Cimetière. Claire de Lune*, 6. *L'Île inconnue* (P 1841); *Fleur des landes* (1850) für Gesang u. Klv.: 1. *Le Matin* u. 2. *Petit Oiseau* (Text v. A. de Bouclon), 3. *Le Trébuchet* (Text v. E. Deschamps), 4. *Le jeune Pâtre breton*, 5. *Le Chant des Bretons* (Text v. J. A. Brizeux) (P 1851) (Nr. 5 auch für 4st. Männerchor); *Feuillets d'Album* (1850): 1. *Zaïde* (Text v. R. de Beauvoir) für Gesang u. Klv. mit Kastagnetten ad lib., 2. *Les Champs. Aubade* (Text v. P. J. de Béranger) für Gesang u. Klv., 3. *Le Chant des chemins de fer* (Text v. J. Janin) für Chor u. Klv. (oder Orch.), 4. *Prière du matin* (Text v. A. M. L. Lamartine) für Kinderchor, 5. *La belle Isabeau. Conte pendant l'orage* (Text v. A. Dumas) für Gesang u. Klv., 6. *Le Chasseur danois* (Text v. A. de Leuven) für Baß u. Klv. (1851) (Nr. 3 auch mit Orch.); *Sara la Baigneuse* (1850) (Text v. V. Hugo) für 3 Chöre u. Orch. (P 1851); *Vox populi* (1850) für Chor u. Orch.: 1. *La Menace des Francs*, 2. *Hymne à la France* (P 1851); *Tristia* (1830 ff.): 1. *Méditation religieuse* für 6st. Chor, V., Vc. u. Klv. (oder mit Orch.), 2. *La Mort d'Ophélie* (Text v. E. Legouvé nach W. Shakespeare), Ballade mit Klv., 3. *Marche funèbre pour la dernière scène d'Hamlet* für Chor u. Orch. (P 1852); alle diese Werke, außer *Marche funèbre* wurden auch unter dem Titel *33 Mélodies* gedruckt (P 1863). – Für Chor u. Orch., mit oder ohne Soli: *Huit scènes de Faust* (nach J. W. Goethe) (1828) (P 1829), später eingefügt in *La Damnation de Faust; Grande Messe des Morts* (= *Requiem*, 1837), UA: Paris 1837 (P 1838); *Roméo et Juliette* (nach W. Shakespeare) (1839), dramatische Symphonie, UA: Paris 1839 (P 1847); *La Damnation de Faust* (nach J. W. Goethe) (1846), dramatische Legende, UA: ebd. 1846 (P 1854); *Te Deum* (1849) für 3 Chöre, Org. u. Orch. (P 1855); *Lélio ou le Retour à la Vie* (1827 ff.), lyrisches Monodrama (P 1855); *L'Enfance du Christ* (1854) (Text v. H. B.), geistliche Trilogie, UA: Paris 1854 (P 1855); *L'Impériale* (1856) (Text v. Capitaine Lafont), Kantate für 2 Chöre u. Orch. (P 1856); *Le Temple universel* (1861) (Text v. J. F. Vaudin) für 2 Chöre u. Orch. (P 1861). – **3) Bühnen-WW:** *Benvenuto Cellini* (1836–38) (Libr.: L. de Wailly – A. Barbier),

Oper, UA: Paris 1838 (P 1880), Partitur zwar gedruckt, aber nicht veröff.; *Les Troyens* (1855–58) (Libr.: H. B. nach Vergil), 1. Version: Oper in 5 Akten (P 1862), Klv.-Auszug zwar gedruckt, aber nicht veröff., 2. Version: I *La Prise de Troie,* Oper in 3 Akten (P 1863, Klv.-Auszug gedruckt, aber nicht veröff.) u. (1899, Partitur), II *Les Troyens à Charthage,* Oper in 5 Akten mit Prolog, UA: Paris 1863 (P 1863, Klv.-Ausz. gedruckt, aber nicht veröff.) u. (1885, Partitur mit zahlr. Kürzungen); *Béatrice et Bénédict* (1860–62) (Libr.: H.B. nach W. Shakespeare), UA: Baden-Baden 1862 (P 1863, Klv.-Ausz.). – **4) Bearbeitungen:** *Hymne des Marseillais* (= *La Marseillaise* 1830) für Doppelchor u. Orch. (P 1830); verschiedene Instrumentierungen, darunter: *L'Invitation à la Valse* v. C. M. von Weber (P 1842). – **5) Schriften (mit Ausg.):** *Grand Traité d'instrumentation et d'orchestration modernes* (1842–43) (P 1843, ²1855 [mit einem neuen Kapitel: *Le Chef d'orchestre*]), separat: *Le Chef d'orchestre. Théorie de son art* (P 1856); *Voyage musical en Allemagne et en Italie* (1835–43), 2 Bde. (P 1844); *Les Soirées de l'orchestre* (1835 ff.) (P 1852), engl. Übers.: Evenings with the Orchestra, übers. u. hrsg. v. J. BARZUN (NY 1956), dass., übers. v. C. R. Fortescue (Lo – Baltimore 1963, Gloucester/Mass. 1965); *A travers chants* (1835 ff.) (P 1862), engl. Auszug: H. B., Critical Study of Beethoven's 9 Symphonies, übers. v. E. EVANS (Lo 1958); *Les Grotesques de la musique* (1837 ff.) (P 1859); *Mémoires* (1848 ff.), mit Chronologie u. Einleitung v. P. Citizon, 2 Bde. (P 1969), dt. Übers.: Memoiren, hrsg. v. E. KLEMM (L 1967); *Les Musiciens et la musique* (postume Ausg.) (P 1903); es wurden zahlr. Briefe veröff. (vgl. Lit., C. Hopkinson); *Traité d'instrumentation,* NA der Bearbeitung von R. Strauss (1905) (L 1955); *Œuvres littéraires* (P 1968 ff.), bisher erschienen: Bd. I: *Les soirées de l'orchestre,* 1852 (1968), Bd. II: *Les grotesques de la musique,* hrsg. v. L. GUICHARD (1969). – Briefe: B. DELLI, 6 unbekannte Briefe v. H. B., in: NZfM 119 (1958); A Selection from His Letters, übers. u. hrsg. v. H. SEARLE (NY – Lo 1966); W. W. STASSOW, The Letters of B., in: Selected Essays on Music, hrsg. v. G. ABRAHAM (Lo 1968); Lettere inedite dall'Italia... (1830–32), hrsg. v. F. LESURE, in: Nuova RMI 3 (1969).

Man hat oft genug gezeigt, daß B.' Stil in erster Linie dramatisch ist. Es ist aber ein Irrtum, wenn man „dramatisch" bei ihm mit „programmatisch" gleichsetzt. B. ist niemals einem Programm gefolgt, abgesehen von seiner *Symphonie fantastique,* deren Programm er jedoch noch im Entstehungsjahr, nach der letzten Aufführung, wieder zurückzog. Nach eigener Bekundung sollten Titel genügen. Man kann sagen, daß er die Programmusik gleich am Beginn seiner Laufbahn wieder aufgegeben hat. Sie ist weder seine Erfindung noch sein Kompositionsprinzip. Für B. trägt die Musik ihren Ausdruck in sich selbst und kann auf literarische Stützen verzichten. Im Unterschied zu modernen Komponisten gab er keine Erläuterungen zu seinen Partituren. Der Hörer soll seine eigenen Erfahrungen am Musikwerk machen. So befriedigen das *Requiem* und die *Marche des Pèlerins* nur die Neugier des Hörers und lenken seine Konzentration auf die Musik selbst, auf ihre Form und ihren dramatischen Charakter. Der Hörer soll keine Kommentare verlangen, er soll sich bei einer Trauermusik oder bei einem Marsch nur der Empfindung hingeben, ohne zu wissen, warum jemand trauert oder marschiert. Dies entspricht Beethovens Bemerkung „Mehr Ausdruck der Empfindung als Malerei" *(Symphonie Pastorale).* Und B. knüpfte nach eigenem Bekunden dort an, wo Beethoven aufhörte.

Wenn man von der dramatischen Kraft der Musik B.' spricht, muß man berücksichtigen, daß seine Inspiration wesentlich melodischer Art ist. Er erfindet zunächst die melodische Idee, dann deren Entwicklung und Ausdrucksmöglichkeiten. Die Melodie ist für ihn ein Element der formalen Vereinheitlichung. Das bedeutet nicht, daß Harmonik für ihn zweitrangig sei, sondern nur, daß sie das Werk nicht beherrscht, wie bei vielen vom Klavier herkommenden Komponisten. B. setzte Harmonik als ein akzentuierendes Element ein, sie steht nicht im Zentrum der symphonischen Entwicklung. Tonalität benutzte er als Funktion der Stimmung; er schrieb modal oder polytonal, je nachdem, wie es die musikalische Entwicklung erforderte. Hingegen bilden die Melodie mit ihren Verzweigungen, der Rhythmus und die Klangfarbe die Struktur des Werkes. Seine rhythmische Erfindungskraft verdient Aufmerksamkeit in einer Zeit, da die Musik von der weichen Melodik der Deutschen beherrscht wurde. Als Klangfarbenkomponist steht B. einzig da. Die Klangfarbe hat bei ihm keinen dekorativen Zweck. Sie zeichnet eine Linie, bildet Kontrapunkte und erlaubt, die verschiedenen Elemente Melodik, Harmonik und Rhythmus fest miteinander zu verknüpfen. B. ist Kontrapunktiker, selbst wenn er keine Fugen oder Kanons schreibt.

Die geschichtliche Bedeutung von B., der zu seinen Lebzeiten in Frankreich kaum ein Echo fand und in Deutschland fast nur im Kreise der Neudeutschen Liszt und Wagner anerkannt war, erwies sich im wesentlichen erst nach seinem Tod, dann aber auf unvergleichliche Weise. Sein Einfluß beruht zum einen auf der zwar an Beethoven geschulten, aber doch von ihm selbst individuell gestalteten motivisch-thematischen Arbeit, vor allem der *Symphonie fantastique,* zum anderen und vornehmlich in der neuartigen Behandlung des symphonischen Orchesters. B. war es, der als erster sozusagen die Kräfte freisetzte, die der Instrumentation in der Orchestermusik innewohnten. Nicht, als hätte man nicht schon vorher die Klangfarben der verschiedenen Instrumente und Instrumentengruppen gezielt eingesetzt und als hätte nicht etwa Beethoven dazu beigetragen, die Blasinstrumente von ihrer vordem hauptsächlich verstärkenden und harmonietragenden Funktion zu lösen. Indessen: erst bei B. beginnt sich die Instrumentation als ein eigenes Element des Orchestersatzes zu konstituieren; die Klangfarbe wird ein selbständiger kompositorischer Faktor. Dies prägt sich nicht nur in B.' musikalischen Werken aus, sondern auch in der Tatsache, daß B. ja auch als erster – in seinem *Traité d'instrumentation* – die Instrumentation in umfassender Weise zum Lehrgegenstand gemacht hat. Die neue Rolle der Instrumentation läßt sich von der Mitte des 19. Jh. an allenthalben erkennen. Namentlich die virtuose Orchesterbehandlung Wagners, Strauss' (der den *Traité d'instrumentation* ins Deutsche übersetzte und ihn erweiterte), Mahlers, Debussys, Ravels ist ohne B. undenkbar. Bereits die russischen Novatoren (die „Gruppe der Fünf") fühlten sich ihm verpflichtet, und ein französischer Kritiker äußerte unlängst die Ansicht, daß bei B. sogar erste Ansätze für eine „musique concrète" vorhanden seien. Gleichwohl bleibt die Feststellung, daß B.' Musik selbst in weiten Kreisen unbekannt ist, zumal in Deutschland.

Ausg.: GA, hrsg. v. F. WEINGARTNER – CH. MALHERBE, 20 Bde. (L 1900–07); H. B., New Edition of the Complete Works, hrsg. v. B. Centenary Committee London, ca. 25 Bde. (Kas 1967 ff.) bisher 8 Bde. erschienen.

Lit.: C. HOPKINSON, A Bibliography of the Musical and Literary Works of H. B. (Edinburgh 1951), vgl. J. TIERSOT, Berlioziana, in: Le Ménestrel (1904–06). – F. LISZT, B. u. seine „Harold-Symphonie" (1855), abgedruckt in: Gesammelte Schriften, hrsg. v. L. Ramann IV (L 1882); A. ERNST, L'œuvre dramatique de H. B. (P 1884); A. JULLIEN, H. B., sa vie et ses œuvres (P 1888); J. G. PROD'HOMME, Le cycle B., I: La Damnation de Faust (P 1896), II: L'Enfance du Christ (P 1898); C. SAINT-SAËNS, Souvenirs et portraits (P 1899); J. G. PROD'HOMME, H. B. (P 1904, ²1913, dt. L 1906); A. BOSCHOT, L'histoire d'un romantique, I: La jeunesse d'un romantique 1803–31 (P 1906), II: Un romantique sous Louis-Philippe 1831–42 (P 1908), III: Le crépuscule d'un romantique 1842–69 (P 1912), NA der 3 Bde. (P 1948–49); A. COQUARD, B. (P 1909); E. BERNOULLI, H. B. als Ästhetiker der Klangfarben (Z 1909); A. BOSCHOT, Le Faust de B. (P 1910, ²1945); J. G. PROD'HOMME, Les deux Benvenuto Cellini de B., in: SIM (1913); J. KAPP, B. (B 1917); A. BOSCHOT, Une vie romantique (P 1920, NA Quebec 1965); P. M. MASSON, H. B. (P 1923); J. TIERSOT, La Damnation de Faust (P 1924); T. S. WOTTON, B., Four Works (Lo 1929); W. J. TURNER, B., The Man and his Work (Lo 1934); T. S. WOTTON, B. (Lo 1935, NA NY 1969); J. H. ELLIOT, B. (1938, NA Lo – NY 1967); H. BARTENSTEIN, H. B.' Instrumentationskunst u. ihre geschichtlichen Grundlagen (Str 1939, Baden-Baden ²1974); A. BOSCHOT, H. B. (P 1939); G. DE POURTALÈS, B. et l'Europe romantique (P 1939); P. G. MOUTHIER (Bru 1944); E. HARASZTI, B. et la Marche hongaraise, in: RM (1946); I. GREMPLER, Das Musikschrifttum v. H. B. (Diss. Gö 1950); J. BARZUN, B. and the Romantic Century, 2 Bde. (Boston 1950, revidiert NY 1969), gekürzte Neufassung als: B. and His Century (NY – Lo 1956) (= Meridian Books 30); F. NOSKE, La mélodie française de B. à Duparc (P – A 1954), engl. Übers.: French Song from B. to Duparc (NY 1970); H. BARRAUD, H. B. (P 1955); RM (1956) Nr. 233 (= B.-Sonder-H.); G. COURT, B. and Byron and Harold in Italy, in: MR 17 (1956); A. E. F. DICKINSON, The Revisions for the Damnation of Faust, in: The Monthly Musical Record 89 (1959); P. FRIEDHEIM, Radical Harmonic Procedures in B., in: MR 21 (1960); A. W. G. COURT, H. B., The Role of Literature in His Life and Work (Diss. Lo 1961); G. S. FRAENKEL, B., the Princess and „Les Troyens", in: ML 44 (1963); A. E. F. DICKINSON, B.' Rome Prize Works, in: MR 25 (1964); E. C. BASS, Thematic Procedures in the Symphonies of B. (1964) (= Diss. Univ. of North Carolina); G. TH. SANDFORD, The Overtures of H. B. (Lo 1964, NY 1965); U. ECKART-BÄCKER, Die Wiederbelebung v. H. B., in: Beitr. zur Gesch. der Musikanschauung im 19. Jh., hrsg. v. W. Salmen (Rb 1965) (= Stud. zur Musikgesch. des 19. Jh. 1); H. J. MACDONALD, B.s Self-Borrowings, in: Proc. R. Mus. Ass. 92 (1965–66); E. C. BASS, Thematic Unification of Scenes in Multimovement Works of B., in: MR 28 (1967); D. A. COOPER, An Historical Account, Criticism and Modern Performance Edition of the Grand Symphony for Band by H. B. (1967) (= Diss. Univ. of Montana); L. GUICHARD, B. et Heine, in: Rev. de littérature comparée 41 (1967); V. I. SEROFF, H. B. (NY 1967); C. HOPKINSON, Two Important B. Discoveries, in: Fontes artis musicae 15 (1968), 16 (1969); A. E. F. DICKINSON, B.' Songs, in: MQ 55 (1969); E. C. BASS, Musical Time and Space in B., in: MR 30 (1969); H. J. MACDONALD, B. Orchestral Music (Lo – Seattle/Wash. 1969) (= BBC Music Guides 10); S. DEMARQUEZ, H. B. (P 1969) (= Musiciens de tous les temps 42); J. W. KLEIN, B. and V. Wallace, in: MR 30 (1969); DERS., B.s Personality, in: ML 50 (1969); F. LESURE, Le testament d'H. B., in: RMie 55 (1969); E. LOCKSPEISER, The B.-Strauss Treatise on Instrumentation, in: ML 50 (1969); N. TEMPERLEY, B. and the Slur, in: ebd.; C. HOPKINSON, B. and the „Marseillaise", in: ML 51 (1970); J. BARZUN, B. a Hundred Years Later, in: MQ 56 (1970); R. BOCKHOLDT, B.-Stud. (1970) (= Habilitations-Schrift München); M. GUIOMAR, Le masque et le fantasme. L'imagination de la matière sonore dans la pensée musicale de B. (P 1970); D. CHARLTON, A. B. Footnote, in: ML 52 (1971); W. DÖMLING, Die Symphonie fantastique u. B.' Auffassung v. Programmusik, in: Mf 28 (1975); DERS., „En songeant au temps … à l'espace …" Über einige Aspekte der Musik H. B.', in: AfMw 33 (1976); Referate des „Colloque H. B." (Paris, 3.–4.10.1975), in: RMie 63 (1977) (mit Beitr. von H. Barraud, P. Besnier, P. A. Bloom, J. Chailley, H. R. Cohen, E. W. Galkin, D. K. Holoman, R. P. Locke, H. MacDonald); C. DAHLHAUS, Allegro frenetico. Zum Problem des Rhythmus bei B., in: Melos/NZ 3 (1977).

J. BARZUN – G. MASSENKEIL

BERMUDO, Juan, * um 1510 Ecija (Andalusien), † um 1565; OFM, span. Musiktheoretiker. Er studierte an der Univ. Alcalá de Hénarès. 1549 ist er am Hof des Herzogs von Arcos nachweisbar. Im gleichen Jahr erschien in Ossuna sein Werk *Declaración de instrumentos,* von dem er 1550 unter dem Titel *El arte Tripharia* eine verkürzte Ausgabe für den Gebrauch der Klarissen von Montilla, 1555, ebenfalls in Ossuna, eine ausführliche Ausgabe in 5 Büchern veröffentlichte *(Declaración de instrumentos musicales).* Das Werk behandelt den Bau und die Verwendung der in Spanien gebräuchlichsten Musikinstrumente (Orgel, Vihuela, Gitarre, Harfe), die Praxis der Intavolierung sowie auch die Grundlagen der Musiktheorie und der musikalischen Satzlehre. Es enthält auch Orgelstücke u. a. Kompositionen.

Ausg.: *Declaración* (1555), Faks.-Ausg., hrsg. v. M. S. KASTNER (Kas 1957); *El arte Tripharia,* Faks.-Ausg. (Kas 1970); Orgelwerke aus der *Declaración* (1555), hrsg. v. P. FROIDEBISE (P 1960) (= Orgue et liturgie 47).

Lit.: O. KINKELDEY, Orgel u. Klavier im 16. Jh. (L 1910); R. M. STEVENSON, J. B. (Den Haag 1960); W. APEL, Gesch. der Orgel- u. Klaviermusik bis 1700 (Kas 1967).

BERNABEI, it. Musikerfamilie des 17./18. Jh. – **1) Ercole,** * um 1622 Caprarola, beerdigt 6. 12. 1687 München. Schüler von O. Benevoli; er war in Rom 1653–65 Organist an San Luigi dei Francesi, dann Kapellmeister an S. Giovanni in Laterano, seit 1667 Kapellmeister an San Luigi, seit 1672 Kapellmeister der Cappella Giulia im Vatikan. 1674 wurde B. Hofkapellmeister in München.

WW: *Concerto madrigalesco* für 3 St. mit B.c. (R 1669); *Sacrae modulationes* für 5 St. mit Instr. u. B.c. (Mn 1691). Einige kirchenmusikal. Werke sind in Sammeldrucken u. hsl. erhalten.

Ausg.: Eine Motette in: F. COMMER, Musica Sacra XVI (B – Posen o.J.); 2 Kantaten für Sopran (Tenor) u. B.c., hrsg. v. R. EWERHART (Kö 1962–63) (= Cantio sacra 44 u. 52).

2) Giuseppe Antonio, Sohn von 1), * 1649 Rom, † 9. 3. 1732 München. Schüler seines Vaters; wurde 1688 dessen Nachfolger als Hofkapellmeister in München, wo er mit seinen kirchenmusikalischen Werken wie auch mit seinen Opern zur künstlerischen Blüte der bayerischen Metropole unter dem Kurfürsten Max Emanuel beitrug.

WW: Gedruckt wurden nur *Orpheus ecclesiasticus* (Sonaten für 4 St.) (Au 1698); 6 *Missae breves* u. 1 *Requiem* für 4 St. mit 4 Ripieno-St. u. Instr. ad lib. u. doppeltem B.c. (Au 1710). Hsl. erhalten: zahlr. kirchenmusikal. Werke (teilweise im a capella-Stil, teilweise konzertierend mit u. ohne Instr.); 10 (von insgesamt 16?) Opern, aufgeführt in München u. Wien 1678–91; Kammerkantaten u. -duette.

Ausg.: 16 Falsibordoni für 4 Stimmen, hrsg. v. C. PROSKE, in: Musica Divina I/3 (Rb 1859); Messen, hrsg. v. J. H. BÄUERLE, in: Altklassische Kirchenmusik (L 1927).

Lit.: R. CASIMIRI, E. B. (R 1920); B. DE RENSIS, E. B., in: Musica d'oggi (1920); K. FORSTER, Über das Leben u. die kirchenmusikal. Werke des G. A. B. (Diss. Mn 1933); E. KATZBICHLER, Über das Leben u. die weltlichen Vokalwerke des E. B. (Diss. Mn 1961).

BERNARD, Robert, * 10. 10. 1900 Genf, † 2. 5. 1971 Paris; frz. Komponist, Musikkritiker und -schriftsteller. Er studierte in Genf, ferner bei L. Aubert in Paris. Dort wirkte er seit 1925, auch als Pianist und Lehrer. B. verwendet in seinen Kompositionen verschiedene Systeme, ohne die Prinzipien der tonalen Schreibweise aufzugeben. Einflüsse von Fauré, Debussy, Strawinski, Roussel und Bartók verbinden sich in einem durchaus eigenständigen Werk. B. leitete bis 1951 die *Revue Musicale.*

WW: **1) Kompositionen:** *Suite* (1928) u. *Scènes enfantines* (1929), für Klv. (P o.J.); *Sonate* (1927) u. *Petits divertissements* (1929), für V. u. Klv.; *Divertissement* (1929), für V. u. Klv. (auch mit Orch.); Sonate (1928), für Vc. u. Klv.; Trio (1927), für V., Vc. u. Klv.; *Trio d'anches* (1943) (NY o.J.); *Poème symph.*, für Streichorch. (1967) (P o.J.); für Gesang u. Klv.: *Cœurs à prendre* (1926), 7 Lieder; 3 *Poèmes de Mauriac* (1926), 3 *Poèmes de F. Jammes* (1929). Kammermusik-WW u. Orch.-Komp. sind hsl. erhalten. – **2) Schriften:** *A. Roussel* (P 1948); *Les Tendances de la musique française moderne* (P 1930); *Histoire de la Musique*, 3 Bde. (P 1961–63), in 4 Bdn. (1969–70).

BERNARDEL, frz. Geigenbauerfamilie des 19. Jh. – **1) Auguste Sébastien,** * 24. 1. 1798 (oder 12. 1. 1802?) Mirecourt, † 1870 Bongival; Schüler von N. Lupot und Ch. Fr. de Gand; eröffnete 1826 eine eigene Werkstatt in Paris. Seine Instrumente stehen in der Tradition von Stradivari und Guarneri. – Die Söhne **2) Ernest Auguste,** * 1826 Paris, † 10. 12. 1899 ebd., und **3) Gustave Adolphe,** * 1832 Paris, † 1904 Cherbourg, gründeten 1866 mit Ch. N. E. Gand die Firma Gand et Bernardel. – **4) Léon,** Sohn von 2), * 1853 Paris, † 1931; er eröffnete 1898 in Paris eine Werkstatt. – **5) Louis,** Bruder und Schüler von 1), * 1806, † 26. 9. 1847 Amsterdam. Er ließ sich 1836 in Amsterdam nieder, überließ seine Werkstatt aber wenig später seinem Schüler J.-J. Granjon.

BERNARDI, Bartolomeo, * um 1660 Bologna, begraben 23. 5. 1732 Kopenhagen; it. Violinist und Komponist. Er war Mitglied der Accademia Filarmonica in Bologna, um 1700 wurde er als Kapellmeister des dänischen Königs nach Kopenhagen berufen. Im Druck erschienen von ihm: 12 *Sonate da camera* für 2 V. u. B.c. (Bol 1692), 10 Sonaten für dieselbe Besetzung (Bol 1696) und Sonaten für V. u. B.c. (A um 1700). B.s Opern *Gige fortunato* (UA Kopenhagen 1703), *Diana e la Fortuna* (UA Kopenhagen 1703) und *Libussa* (UA Prag 1703) sind verlorengegangen.

Lit.: W. S. NEWMAN, The Sonata in the Baroque Era (Chapel Hill 1959, [2]1966).

BERNARDI, Steffano, * um 1575 Verona, † um 1637 Salzburg(?); it. Komponist. Er wurde 1611 Kapellmeister am Dom zu Verona. 1622–24 stand er in den Diensten des Bischofs von Breslau und Brixen. Von 1627 bis zu seinem Tode war er Kapellmeister am Dom zu Salzburg. Anläßlich der Weihe des Domes 1628 führte er u.a. ein eigenes (verlorengegangenes) *Te Deum* für 12 Chöre auf. B.s kirchenmusikalisches Schaffen, mit dem die italienische Kunst in Salzburg an Boden gewann, ist typisch für das Nebeneinander von altem und neuem Stil in den ersten Dezennien des 17. Jahrhunderts.

WW: **1) Geistliche WW:** *Motecta* für 2–5 St. mit B.c. (R 1610); *Motetti in cantilena* für 4 St. mit B.c. mit instr. *Canzoni* (V 1613); *Concerti academici* für 6 St. mit Instr. (V 1615–16); *Concerti sacri* (Übertragungen aus den 5st. Madrigalen) für 5 St. mit B.c. (V 1621); *Encomia sacra*, Motetten für 2–6 St. mit B.c. (Salzburg 1624); *Psalmi integri* für 4 St. mit B.c. (V 1613); 8st. Psalmen mit B.c. (V 1624); *Salmi concertati* für 5 St. mit B.c. (V 1637); 4–5st. Messen *per capella* u. *per concerto* (V 1615);

2 Bücher 8st. Messen mit B.c. (V 1616 u. 1637); Messen, Motetten, Litaneien u.a. in Sammeldrucken 1616–27 u. hsl. erhalten. – **2) Weltliche WW:** 3st. Madrigale (V 1611), Fassung mit B.c. (V 1621); 2–3st. *Madrigaletti* mit instr. *Sonate a 3* (V 1621); 5st. Madrigale: I (V 1611), II u. III mit B.c. (V 1616 u. 1619). – **3) Theoretisches Werk:** *Porta musicale* (Verona 1615–39).

Ausg.: 2 Messen, ein *Requiem* u. versch. kirchenmusikal. WW, in: DTÖ 36 (1929); eine Messe, hrsg. v. J. MESSNER, in: Alte Salzburger Meister 10 (Au o.J.); eine Hoheliedmotette, hrsg. v. R. EWERHART, in: Cantio sacra 23 (Kö 1960); *Dixit Dominus*, hrsg. v. J. ROCHE (Lo 1968) (= Faber Baroque Choral Series o. Nr.).

Lit.: H. SPIESS, St. B., in: Salzburger Chronik 35 (1899); K. A. ROSENTHAL, St. B.s Kirchenwerke, in: StMw 15 (1928); F. POSCH, St. B.s weltliche Vokal- u. Instrumentalwerke (Salzburg 1935) (= Diss. München 1935); W. S. NEWMAN, The Sonata in the Baroque Era (Chapel Hill 1959, [2]1966).

BERNART DE VENTADORN (neufrz. Ventadour), * um 1125 Schloß Ventadorn (Corrèze), † um 1195 Abtei Dalon (Dordogne); wohl der bedeutendste der provenzalischen Troubadours. In seiner *Vida* wird er als Sohn des Schloßbäckers bezeichnet; vielleicht war er aber auch jüngster Sproß einer mit den mächtigen Ventadorn verwandten Familie. In einem literarischen Kreis, dem auch Vizegraf Eble II. von Ventadorn angehörte, dessen Vasall er wurde, erlernte er seine Kunst. Er verliebte sich in die Vizegräfin und mußte deswegen später ins Exil gehen. In der Normandie trat er in den Dienst der Herzogin Eleonore von Aquitanien, in die er sich ebenfalls verliebte und der er anläßlich der Erhebung ihres Gatten zum englischen König nach England folgte. Die erwiderte Zuneigung Eleonores vertrieb ihn von dort. Er trat in Beziehungen zu den Herren von Vienne und von Narbonne und fand schließlich Zuflucht bei Graf Raimund V. von Toulouse. Nach dessen Tod wurde er Mönch in der Zisterzienserabtei Dalon. – B. verfaßte geist- und empfindungsvolle Gedichte von großer Eleganz und Feinheit auf die hohe Minne. Zwanzig seiner 45 bekannten Liedertexte sind mit Melodien (in 35 verschiedenen Fassungen) überliefert. Einige von ihnen wurden auch von deutschen Minnesängern übernommen.

Ausg. u. Lit.: C. APPEL, B. von V., Seine Lieder mit Einleitung u. Glossar (Hl 1915); F. GENNRICH, Der musikal. Nachlaß der Troubadours 3 Bde. (Da 1958–65) (= Summa musicae medii aevi 3–4 u. 15) (mit den Melodien); S. G. NICHOLS JR., The Songs of B. de V. (Chapel Hill 1962); M. LAZAR, Les Chansons d'amour de B. de V. (P 1967).

BERNASCONI, 1) Andrea, * 1706 Marseille (Mailand?), beerdigt 29.1.1784 München; it. Komponist. Er lebte lange Zeit in Italien und brachte mehrere eigene Opern in Wien, Venedig und Turin zur Aufführung, bevor er 1753 zunächst Vizekapellmeister unter G. Porta, 1755 als dessen Nachfolger Hofkapellmeister in München wurde. Von seinen 25 Opern sind 15 hsl. in der Bayerischen Staatsbibliothek in München neben zahlreichen anderen Kompositionen (u. a. Messen, Motetten, je ein Oratorium und Requiem) erhalten. – Seine Stieftochter **2) Antonia,** * 1741 Stuttgart, † 1803 ebd., war eine bedeutende Sängerin. Sie sang die Titelrollen in der UA der *Alceste* (Wien 1767) und der Erstaufführung der deutschen Fassung der *Iphigenie in Tauris* von Gluck (Wien 1781) und die Aspasia in der UA von Mozarts *Mitridate* (Mailand 1770).

Lit.: E. J. WEISS, A. B. als Opernkomponist (Diss. Mn 1923); B. S. BROOK, La symphonie française dans la 2de moitié du XVIII siècle, 3 Bde. (P 1962); U. PROTA-GIURLEO, Notizie biografiche intorno ad alcuni musicisti d'oltralpe a Napoli nel Settecento, in: Annuario Musicale 2 (1965).

BERNAUERIN, DIE, „bairisches Stück" in 2 Teilen von Carl Orff (1895–1982), Text vom Komponisten. Ort und Zeit der Handlung: Augsburg in den 30er Jahren des 15. Jahrhunderts. UA: 15.6. 1947 in Stuttgart.

Der Text um die Baderstochter Agnes Bernauer, der sich 1432 der junge Herzog Albrecht III. heimlich vermählte und die aus politischen Gründen von Albrechts Vater, Herzog Ernst, der Hexerei bezichtigt und 1435 in der Donau ertränkt wurde, entstand nicht in Anlehnung an Hebbels Tragödie (1852), sondern wurde von Orff selbständig nach der historischen Begebenheit in altbayrischer Mundart gestaltet. Die weitgehende Beschränkung der Musik auf die Funktion der Begleitung und Rhythmisierung der Sprache lassen das Werk eher als ein Stück des Sprechtheaters mit Musik denn als Oper erscheinen: So wird meist vom Chor und gelegentlich von Nebenfiguren gesungen, während die Hauptgestalten fast ausschließlich sprechen. Dennoch trägt die Musik trotz des sparsamen Einsatzes ihrer Mittel erheblich zur Steigerung der Bildhaftigkeit in der szenischen Darstellung des historischen Stoffes bei.

W. A. MAKUS

BERNERS, Lord (Sir Gerald Hugh Tyrwhitt-Wilson), * 18.9.1883 Arley Park (Bridgnorth), † 19.4.1950 London; engl. Komponist, Diplomat, Romanschriftsteller und Maler. Abgesehen von Studien bei Strawinski und Casella war B. als Musiker im wesentlichen Autodidakt. Er begann mit ironisierenden Klavierstücken wie *Trois Petites Marches funèbres: pour une tante à héritage, pour un canari, pour un homme d'Etat* (1917) und *Valses bourgeoises* für vier Hände (Parodie nach Strauß).

Seine technische Meisterschaft bewies er in der brillanten *Fantaisie espagnole* (1919) für Orchester. Seine Ballette – u. a. *The Triumph of Neptune* (1926; aufgeführt durch Diaghilew), *Luna Park* (1930), *The Wedding Bouquet* (1936; nach einem Gedicht von Gertrude Stein), zu dem er selbst die Dekoration entwarf, *Cupid and Psyche* (1939) und *Les Sirènes* (1946) – verraten Phantasie und Empfindung. B. komponierte ferner u. a. eine komische Oper nach Mérimée, *Le Carrosse du Saint-Sacrement* (UA Paris 1923), Lieder und Filmmusik. Er schrieb sechs satirische Romane und die autobiographischen Werke *First Childhood* (Lo 1934) und *A Distant Prospect* (Lo 1945).

BERNET KEMPERS, Karel Philippus, * 20. 9. 1897 Nijkerk (Gelderland), † 30. 9. 1974 Amsterdam; ndl. Musikwissenschaftler. Er studierte bei A. Sandberger in München und wurde dort mit einer Arbeit über *Jacobus Clemens non Papa und seine Motetten* promoviert. 1929–49 lehrte er Musikgeschichte am Kons. in Den Haag, 1934–53 auch am Kons. in Amsterdam, 1938–63 Musikwissenschaft an der Univ. Amsterdam. Seit 1947 gab er das Periodikum *Preludium – Concertgebouw-Nieuws* heraus.

WW: **1) Schriften:** *J. Clemens non Papa u. seine Motetten* (Au 1928); *De Italiaansche Opera van Peri tot Puccini* (A 1929); *Muziekgeschiedenis* (Rotterdam 1932, [6]1965); *Meesters der Muziek* (ebd. 1939, [6]1958); *Muziek in de ban der letteren* (ebd. 1936); *Beknopte Geschiedenis van het Kerklied* (Groningen 1939, [2]1948) (zusammen mit G. van der Leeuw); *Clemens non Papa's Chansons in Their Chronological Order,* in: MD 15 (1961); *Bibliography of the Sacred Works of J. Clemens non Papa,* in: MD 18 (1964); *Isometrische Begriffe u. die Musik des 19. Jh.,* in: FS Fr. Blume (Kas 1963); *Die Dichter u. die romantische Musik,* in: FS H. Engel (Kas 1964); *Die Instrumentalmusik im Banne der Literatur,* in: Colloquium amicorum, FS J. Schmidt-Görg (Bonn 1967); *Die Komponisten u. die Dichtkunst,* in: FS W. Wiora (Kas 1967); *Accidenties,* in: Renaissancemuziek 1400–1600, FS R. B. Lenaerts (Löwen 1969) (= Musicologica Lovaniensia 1). – **2) Editionen:** 37 Psalmen von L. Bourgeois (Delft 1930); *De liederen van Valerius Gedencklanck* (Rotterdam 1941); *Opera Omnia Clementis non Papae,* 22 Bde. (R 1952 ff.) (= CMM 4), bisher 17 Bde. erschienen.

Lit.: W. PAAP, in: Mens en melodie 23 (1968).

BERNGÊR VON HORHEIM, dt. Minnesänger des ausgehenden 12 Jh. aus Schwaben oder Franken; wohl staufischer Ministeriale, hielt sich nachweislich 1196 in Italien auf. Von seinen Liedern, die in der Tradition Friedrichs von Hausen stehen, sind 6 in der Großen Heidelberger Liederhandschrift (C), 4 davon auch in der Weingartner Liederhandschrift (B) überliefert. Zu vier Liedern konnten Melodien erschlossen werden, darunter die Kontrafaktur eines Liedes *(D'amours qui a tolu a moi)* von Chrétien de Troyes.

Ausg. (Texte bzw. Melodien): Des Minnesangs Frühling, hrsg. von K. LACHMANN u. a. (L [32]1959); U. AARBURG, Singweisen zur Liebeslyrik der dt. Frühe (Düsseldorf 1956); W. MÜLLER-BLATTAU, Trouvères u. Minnesänger (Saarbrücken 1956).

Lit.: F. GENNRICH, 7 Melodien zu mittelhochdeutschen Minneliedern, in: ZfMw 7 (1924–25) (mit der Melodie des Liedes von Chrétien de Troyes); U. AARBURG, Melodien zum frühen dt. Minnesang, in: Der dt. Minnesang, hrsg. von H. Fromm (Darmstadt 1961 und 1966); H. DE BOOR – R. NEWALD, Geschichte der dt. Lit. 2 (Mn [5]1962); R. J. TAYLOR, The Art of the Minnesinger, 2 Bde. (Chardiff 1968).

BERNHARD, Christoph, * 1. 1. 1628 Danzig, † 14. 11. 1692 Dresden; dt. Komponist und Musiktheoretiker. Seine Ausbildung erhielt er u. a. bei P. Siefert in Danzig, bei H. Schütz in Dresden, wo er 1649 in die kurfürstliche Kapelle eintrat, und in Rom bei G. Carissimi. 1655 wurde B. Vizekapellmeister in Dresden, war 1664–74 Kantor an St. Jacobi in Hamburg, dann wieder Vizekapellmeister und 1681–88 Kapellmeister in Dresden. B.s (fast ausschließlich geistliche) Kompositionen sind herausragende Beispiele für den konzertierenden Stil mit Instrumenten in der Tradition Schützens und Carissimis. Seine Musiktraktate tragen dem Stildualismus des 17. Jh. in besonderer Weise Rechnung und gehören zu den wichtigsten Zeugnissen für die Kontrapunktlehre, die Verzierungskunst und die musikalische Figurenlehre.

WW: *Geistlicher Harmonien erster Theil,* Geistl. Konzerte für 2–5 St. mit Instr. u. B.c. (Dresden 1665); mehrere gedruckte Begräbnis-Gesänge, für J. Rist (H 1667), B. Müller (ebd. 1667) u. H. Langebeck (ebd. 1669); Ausgabe des *Dresdner Hofgesangbuchs* für Singst. u. B.c. (Dresden 1694). Zahlreiche Kirchenkompositionen mit dt. u. lat. Text sind hsl. erhalten. – Ebenfalls hsl. sind B.s Musiktraktate (z. T. in mehreren Fassungen) überliefert: Gesanglehre *(Von der Singe-Kunst oder Maniera); Tractatus compositionis augmentatus; Ausführlicher Bericht von dem Gebrauche der Con- und Dissonantien; Resolutiones tonorum Dissonantium in Consonantes.*

Ausg.: Chr. B., Solokantaten und Chorwerke mit Instrumentalbegleitung, hrsg. v. M. SEIFFERT (L 1901) (= DDT 6); *Missa „Christ unser Herr zum Jordan kam",* hrsg. v. R. GERBER (Wb 1932) (= Chw 16); 4 Geistl. Konzerte, hrsg. v. B. GRUSNICK (Kas 1933–34 u. 1957); die Traktate (ohne *Resolutiones*) in: J. M. MÜLLER-BLATTAU, Die Kompositionslehre H. Schützens in der Fassung seines Schülers Chr. B. (L 1926, [2]1963).

Lit.: J. M. MÜLLER-BLATTAU (s. o.); H. FEDERHOFER, M. Scacchis „Cribrum musicum" 1643 u. die Kompositionslehre v. Chr. B., in: FS H. Engel (Kas 1964); C. DAHLHAUS, Chr. B. u. die Theorie der modalen Imitation, in: AfMw 21 (1964); G. MASSENKEIL, Zur Frage der Dissonanzbehandlung in der Musik des 17. Jh., in: Les Colloques de Wégimont 4 – Le „baroque" musical – (P 1963); R. D. STREETMAN, Chr. B. (1967) (= Diss. North Texas State Univ.).

BERNHARD VON CLAIRVAUX, * um 1090 Fontaines-lès-Dijon (Burgund), † 20. 8. 1153 Clairvaux; Zisterziensermönch, Heiliger und Kirchenlehrer; stammte aus burgundischem Adel. Er trat 1112 in das Kloster Cîteaux ein und gründete 1115 das Kloster Clairvaux, dem er als Abt vorstand. B. wirkte durch seine überragende Persönlichkeit in starkem Maße auf seinen Orden wie auch auf das gesamte religiöse und geistige Leben seiner Zeit ein. Unter seiner Leitung wurde auch im Zisterzienserorden eine Choralreform durchgeführt, deren asketisch bestimmte Grundsätze (von Guido v. Cherlieu stammend) in B.s Vorreden zum zisterziensischen Graduale und Antiphonar aufgenommen sind. Bei dieser Reform, der ersten der mittelalterlichen Choralreformen, wurden u. a. Tropen und Sequenzen ausgeschieden, wurden die Ordinariumsgesänge in der Zahl reduziert, in ihrer melodischen Gestalt vereinfacht und auf einen Umfang von 10 Tönen festgelegt (unter Berufung auf die in den Psalmen genannte 10saitige Harfe, das *Psalterium decachordum,* vgl. z. B. Ps. 143,9). Von den unter B.s Namen bekannten Schriften behandeln einige auch musikalische Fragen: *Epistula seu dialogus super antiphonarium Ord. Cist., Praefatio seu tractatus de cantu et correctione antiphonarii Ord. Cist., Tonale Sancti Bernardi* und *Tractatus cantandi graduale.* (Die Frage der Echtheit ist nicht restlos geklärt, wahrscheinlich stammen lediglich die ersten beiden v. B. selbst, die anderen von Guido v. Cherlieu.) B. galt bis zum 19. Jh. auch als Dichter zahlreicher lateinischer Hymnen, von denen der sogenannte Jubilus Sancti Bernardi *(Jesu dulcis memoria)* von vielen Komponisten des 16. u. 17. Jh. vertont wurde.

Ausg.: Bereits im 16.–18. Jh. wurden mehrere GA der Schriften B.s veröffentlicht, von J. BOCCARD (1508), M. HORST (Kö 1641), J. MABILLON (P 1667, NA 1719); die letztgenannte Ausg. liegt auch in MIGNE PL 182–185 zugrunde (die musikal. Schriften dort Bd. 182); das *Tonale* steht auch in GERBERT Scr. II; dt. Übers. der *Epistola* in: KmJb 4 (1889); Epistola S. Bernardi... et Tractatus..., hrsg. v. F. J. GUENTHER (o. O. 1974) (= CSM 24).

Lit.: **Ältere:** M. VOGT, Conclave thesauri magnae artis musicae (Pr 1719). – **Neuere:** L. JANAUSCHEK, Bibliographia Bernardina (W 1891, Nachdr. Hildesheim 1959) (= Xenia Bernardina 4); D. S. MAROSSZÉKI, Les origines du chant cistercien (R 1952); K.-W. GÜMPEL, Zur Interpretation der Tonus-Definition des Tonale Sancti Bernardi (Wie 1959) (= Akad. der Wiss. u. der Lit. in Mainz. Abh. der Geistes- u. Sozialwiss. Klasse 1959, Nr. 2); S. CORBIN, L'église à la conquête de sa musique (P 1960); H. G. JAEDICKE, B. v. C. Versuch eines Persönlichkeitsbildes, in: Kerygma u. Melos. FS Ch. Mahrenholz (Kas – B 1970).

BERNIER, Nicolas, * 28.6.1664 Mantes (Yvelines), † 5.9.1734 Paris; frz. Komponist. Er war Chorknabe in Mantes und erhielt seine weitere musikalische Ausbildung in Rom bei dem 6 Jahre jüngeren Caldara. Nach Frankreich zurückgekehrt, ließ er sich 1692 in Paris als Lehrer für Cembalo nieder. 1694–98 war er Kapellmeister an der Kathedrale von Chartres, dann an St-Germain-l'Auxerrois. 1704 wurde er als Nachfolger von M.-A. Charpentier Musikmeister an der Sainte-Chapelle in Paris, an der er bis 1726 tätig war. 1712 heiratete er eine Tochter des berühmten Violinisten Marin Marais. 1723 folgte er M. R. Delalande als Unterkapellmeister an der Kapelle in Versailles. B.s geistliche Kompositionen setzen die Tradition von Charpentiers und Lalandes geringstimmigen und „Großen" Motetten fort. In ihrem Stil verbindet sich ausdrucksvolle und elegante Melodik à l'italienne mit kontrapunktischer Satzweise. Auf dem Gebiet der weltlichen Musik gehört B. mit J.-B. Morin und Clérambault zu den ersten Meistern der französischen Kantate. Er war auch ein gesuchter Lehrer; zu seinen Schülern zählte Philipp II. von Orléans.

WW: **1) Geistliche WW:** *Motets* für 1–3 St., mit u. ohne Instr. u. mit B.c., *1er œuvre* (P 1703), *2me œuvre* (P 1713); ein 3. Buch, postum hrsg. v. F. DE LA CROIX (P 1741), enthält 16 Motetten von B. und 4 von de la Croix; *Chants des offices de différents saints nouveaux* (P 1724); 10 *Grands Motets* (auf Psalmentexte) sind hsl. erhalten (Paris, Bibl. Nat.). – **2) Weltliche WW:** 7 Bücher *Cantates françoises,* 1.–4. Buch (P 1703), 5.–7. Buch (P 1715, 1718 u. 1723), davon das 5. Buch unter dem Titel *Les nuits de Sceaux;* einige *Airs* in den von Ballard gedruckten *Recueils d'airs sérieux et à boire* (1709 u. 1711); andere Werke nur hsl. erhalten, darunter ein *Divertissement pour les nuits de Sceaux,* Kopie von Philidor d. Ä. – **3) Theoretisches Werk:** *Principes de composition,* hsl. überliefert.

Ausg.: Ein Air aus der Kantate *Apollon, la Nuit et Comus,* in: J. ARGER, La cantate aux XVIIe et XVIIIe siècle (P o. J.); der Psalm *Confitebor tibi Domine,* hrsg. v. A. CELLIER (P o. J.).

Lit.: J. TIERSOT, La cantate au XVIIIe siècle (P 1893); M. BRENET, Les musiciens de la Ste-Chapelle du Palais (P 1910); N. DUFOURCQ – M. BENOIT, A propos de N. B., in: RMie 34 (1957); P. NELSON, N. B., 4 Bde. (1959) (= Diss. Univ. of North Carolina); DERS., N. B., in: Recherches 1 (P 1960); DERS., Principes de composition de B. B., in: ebd. 2 (1961), engl. Übers. in: Mus. Theorists in Translation 5 (NY 1964).

BERNIER, René, * 10.3.1905 Brüssel; belg. Komponist. Schüler von P. Gilson; Mitglied der Gruppen „Les Synthétistes" und „La Sirène". Vor dem 2. Weltkrieg war er Musikkritiker und lehrte an den Konservatorien in Lüttich und Mons, sowie an der Académie de musique in Brüssel. 1945 wurde B. Inspekteur für Musikerziehung im wallonischen Belgien. Seit 1963 ist er Mitglied der Académie Royale de Belgique. Sein kompositorisches Schaffen steht in der Tradition der französischen Musik.

WW: **1) Instr.-WW:** *Humoresques* für Klv. (P o. J.); *Interludes* für Harfe, u. *Monodie* für Fl. (Bru o. J.); *Bassonnerie; Sonate à deux* (1939), für Fl. u. Harfe, u. Trio (1942), für Fl., Vc. u. Harfe (Bru o. J.); *Symphoniette* für Kammerorch.; für großes Orch.: *Ode* *à une Madone; Le Tombeau devant l'Escaut; Hommage à Sax,* konzertantes Diptychon für Saxophon u. Orch., *Reverdies ou De diverses manières concertantes de sonner le printemps* für Klar. u. Orch., u. *Offrande à Érard,* freie Variationen u. Coda für Harfe u. Str. – **2) Vokal-WW:** Für Gesang u. Klv.: *Entrevisions, Quatrains pour ma mie* u. *Eternité; Prestiges du songe* u. *Dévotions* (P o.J.); *Éclosions* (P o.J.); für Gesang u. Klv. oder Orch.: *Prières chantées, Présages* u. *Fantaisie de tous les temps; Lettre d'un ami; Chanson marine;* für Chor a cap.: *Du Coq à l'âne* u. *Liturgies; Incantations;* für Chor mit Instr. oder Orch.: *Sortilèges ingénus, Aube fleurie* u. *Hymne à la Paix.* – **3) Bühnen-WW:** *Symphoniette en blanc* nach der *Symphoniette,* UA: Mons 1962; *Le Bal des ombres,* UA: Brüssel 1954 (H o.J.).

Lit.: Notice sur R. B. (Bru 1963) (frz., dt. u. engl.).

BERNOULLI, Eduard, 6. 11. 1867 Basel, † 18. 4. 1927 ebd.; Schweizer Musikforscher. Er entstammte einer Familie, aus der verschiedene Gelehrte vor allem mit akustischen Abhandlungen im 18. Jh. hervorgetreten sind (Johann B., 1667 bis 1748, dessen Sohn Eduard, 1700–82, und dessen Neffe Jakob, 1759–89). Eduard B. studierte bei H. Kretzschmar in Leipzig und wurde dort 1896 mit der Arbeit *Die Choralnotenschrift bei Hymnen u. Sequenzen im späteren Mittelalter* (L 1898) promoviert. Er habilitierte sich 1908 in Zürich und lehrte an der Universität (seit 1921 als Professor).

WW: **1) Schriften:** *Die Choralnotenschrift bei Hymnen u. Sequenzen im späteren MA* (L 1898, Nachdr. Hildesheim – Wie 1966); *Aus Liederbüchern der Humanistenzeit* (L 1910). – **2) Editionen:** *Die Jenaer Liederhandschrift,* 2 Bde. (L 1901); *P. Attaingnant, Chansons u. Tänze,* 5 Bde. (Mn 1914); *M. Praetorius, Syntagma musicum 3* (L 1916); *Leonhard Euler, Tentamen novae theoriae musicae,* in: Œuvres d'Euler 3/1 (1926); *Das Liederbuch des Arnt von Aich* (Kas 1930) (zus. mit H. J. Moser).

Lit.: P. MERIAN, Die Mathematiker B. (Bas 1860); K. NEF, Prof. Dr. E. B., in: SJbMw 2 (1927); E. REFARDT, Hist.-biogr. Musiker-Lexikon der Schweiz (L – Z 1928).

BERNO VON REICHENAU, OSB, * um 970, † 7. 6. 1048 Kloster Reichenau; Gelehrter und Komponist. Er war Mönch in Fleury (bis 999) und Prüm und wurde 1008 von Kaiser Heinrich II. zum Abt des Klosters Reichenau ernannt. Mit seinem Schüler und Freund Hermannus Contractus (Hermann der Lahme) führte er das Kloster zu neuer Blüte. Er stand mit zahlreichen Persönlichkeiten seiner Zeit in Briefwechsel. Seine wissenschaftlichen Interessen galten neben der Astronomie und Mathematik besonders der Musik und der Liturgie. B. v. R. schrieb die musiktheoretischen Abhandlungen *Tonarius; De consona tonorum varietate; De varia psalmorum atque cantuum modulatione* und *Musica seu Prologus in Tonarium* und komponierte verschiedene Offizien und Hymnen.

Ausg.: MIGNE PL 142, S. 1055–1210.

Lit.: E. JAMMERS, Die Kultur der Abtei Reichenau (Mn 1925); H. OESCH, Berno u. Hermann von Reichenau (Be 1961) (↗Hermannus Contractus); F. J. SCHMALE, Die Briefe des Abtes B. von Reichenau (St 1961) (= Veröff. der Kommission für geschichtliche Landeskunde in Baden-Württemberg A, 6).

BERNSTEIN, Leonard, * 25. 8. 1918 Lawrence (Massachusetts); amerik. Komponist und Dirigent. Er studierte bis 1939 an der Harvard-University (Kompositionen u. a. bei W. Piston, Klavier bei H. Coates und H. Gebhard), dann bis 1941 am Curtis Institute of Music in Philadelphia (u. a. Dirigieren bei F. Reiner), war außerdem Assistent Kussevitzkis am Berkshire Music Center in Tanglewood. 1941–42 lehrte er am Boston Institute of Modern Art, übernahm 1942 die Stellvertretung Kussewitzkis als Leiter des Symphonieorchesters am Berkshire Music Center, wurde 1943 2. Dirigent des New York Philharmonic Symphony Orchestra. Der entscheidende Durchbruch als Dirigent gelang ihm noch im selben Jahr, als er in einem aufsehenerregenden Konzert den erkrankten Chefdirigenten Bruno Walter vertrat. 1945–48 leitete B. das New York City Symphony Orchestra. Daneben unternahm er zahlreiche Gastspielreisen. 1948–55 lehrte er als Professor am Berkshire Music Center (1951 bis 1955 als Leiter der Abteilung für Dirigieren) und 1951–56 an der Brandeis-Universität. 1957 wurde er Nachfolger von D. Mitropoulos als Dirigent des New York Philharmonic Symphony Orchestra, gab aber 1969 die Leitung auf, vor allem, um sich verstärkt der Komposition widmen zu können. B. trat besonders als Mahler-Interpret hervor und brachte zahlreiche Werke moderner Komponisten zur Uraufführung (u. a. von A. Copland, H. Cowell, L. Foss, Ch. Ives). Der Oper wandte er sich relativ spät zu, hatte aber auch hier glänzende Erfolge, u. a. mit *Falstaff* am Metropolitan Opera House in New York (1963) und mit dem *Rosenkavalier* an der Wiener Staatsoper (1968). Seit 1954 fand B. auch als Musikkommentator und Musikpädagoge im Fernsehen große Resonanz. Er schrieb mehrere populär gehaltene Bücher über Musik. Sein kompositorisches Werk ist außerordentlich vielseitig. Es umfaßt u. a. Orchester- und Vokalwerke, Musicals (darunter die weltberühmte *West Side Story*), Operetten, Ballette, Film- und Bühnenmusiken, Lieder und Liederzyklen. B. ist ein Meister der Adaptation und Integration verschiedener Stile und Techniken, vom Neoklassizismus bis zum symphonischen Jazz. Besonders deutlich ist seine Anlehnung an G. Mahler, R. Strauss, I. Strawinski und A. Copland.

WW: **1) Instr.-WW:** *Jeremiah,* Symphonie (1942) für Altstimme u. Orch. (NY o.J.); *The Age of Anxiety* (1948–49), Symphonie für Klv. u. Orch. (NY o.J.); *Kaddish* (1963), Symphonie für Sopran, Sprecher, Chor, Knabenchor u. Orch.; *Serenade* (1954), für V., Streichorch. u. Schlaginstr.; *Slava* (1976), Festouvertüre. – **2) Vokal-WW:** Für Gesang u. Klv.: *I hate Music* (1943) u. *La bonne cuisine* (1948), Liederzyklus; 2 *Chansons d'amour* (1960); *Chichester Psalms* für Chor u. Orch. (NY 1965); 1 Messe (1970), daraus Bearbeitungen, u. a. 3 *Meditationen* für Vc., Streichorch. u. Schlaginstr.; *Songfest* (1976), Zyklus amerikanischer Dichtungen für 6 Sänger u. Orch. – **3) Bühnen-WW:** 2 Operetten: *Trouble in Tahiti*, UA: 1952, u. *Candide*, UA: 1957; Musicals: *On the Town*, UA: 1944, *Wonderful Town*, UA: 1953, *West Side Story*, UA: 1957, *1600 Pennsylvania Avenue* (1976); 2 Ballette: *Fancy Free*, UA: 1944, und *Facsimile*, UA: 1946. – **4) Schriften:** *The Joy of Music* (NY 1959 u. ö.), dt. Übers.: *Freude an der Musik* (St 1961, Mn 1963, F 1976); *Young People's Concerts* (NY 1962 u. ö.), dt. Übers.: *Konzert für junge Leute* (Tübingen 1969); *The Infinite Variety of Music* (NY 1966 u. ö.), dt. Übers.: *Von der unendlichen Vielfalt der Musik* (Tübingen 1968, Mn 1975).

Lit.: D. EWEN, L. B. A Biography for Young People (NY 1960); A. HOLDE, L. B. (B 1961); J. BRIGGS, L. B. The Man, His Work, and His World (Cleveland 1961); SH. BERNSTEIN, Making Music. L. B. (Chicago 1963); J. GOTTLIEB, The Music of L. B., in: American Choral Revue 10 (1968); A. NICASTRO, in: Discoteca 9 (1968) Nr. 83 (mit Discographie); G. JACKSON, West-Side-Story. Thema, Grundhaltung u. Aussage, in: Maske u. Kothurn 16 (1970); M. CONE, L. B. (NY 1970).

BERRY, Walter, * 8. 4. 1929 Wien; östr. Sänger (Baßbariton). Er wurde an der Wiener Musikhochschule bei H. Gallos ausgebildet, 1950 Mitglied der Wiener Staatsoper. Seit 1953 gastiert er bei den Salzburger Festspielen, seit 1961 ist er auch ständiger Gast an der Deutschen Oper Berlin und an der Staatsoper München. Gastspiele führten ihn in alle bedeutenden Musikzentren der Welt, seit 1961 auch mit großem Erfolg an das Metropolitan Opera House in New York. B. fand auch große Beachtung als Liedinterpret. In seinem ungemein großen Repertoire bilden Mozart und R. Strauss die Schwerpunkte. Bis 1968 war er mit der Altistin Christa Ludwig verheiratet.

BERTALI, Antonio, * 11. 3. 1605 Verona, † 1. 4. 1669 Wien; it. Komponist. Er lebte seit etwa 1623 in Wien und stand, seit 1649 als Kapellmeister, im Dienst des Kaiserhofes. B. muß zu den bedeutenden Komponisten am Wiener Hof im zweiten Drittel des 17. Jh. gerechnet werden, die in Kirchenmusik und Oper den venezianischen Stil verbreitet haben. Sein Schaffen war immens, jedoch hat sich von den etwa 600 Werken nur ein kleiner Teil erhalten (vor allem in Wien, Östr. Nationalbibliothek): 27 Introitus-Kompositionen, ein 5st. *Regina Coeli*, die Oratorien *Maria Maddalena* (1663) und *La strage degl'innocenti* (1665), die Opern *Gli amori d'Apollo con Clizia* (1660), *Il ciro crescente o riconoscente* (1661) und die „Operetta" *Pazzo amor* (1664).

Lit.: CH. LAROCHE, A. B. als Opern- u. Oratorienkomp. (Diss. W 1919); W. S. NEWMAN, The Sonata in the Baroque Era (Chapel Hill 1959, ²1966).

BERTÉ, Heinrich (Henrik), * 8. 5. 1857 Galgócz (Ungarn), † 23. 8. 1924 Perchtoldsdorf bei Wien; ungar. Komponist. Er schrieb zahlreiche Ballette und Operetten, von denen *Das Dreimäderlhaus* (UA Wien 1916), eine sentimentale Geschichte um Franz Schubert, ein Welterfolg wurde. Die urspr. komponierte Musik ersetzte B. auf Drängen des Theaterdirektors Karczag durch Schubertmelodien.

BERTELIN, Albert, * 26. 7. 1872 Paris, † 19. 6. 1951 ebd.; frz. Komponist und Musiktheoretiker. Seine Ausbildung erhielt er am Conservatoire in Paris. B. komponierte u. a. 2 Oratorien, *Sub umbra crucis* (1917) und *In nativitate Domini* (1922), eine Messe, Motetten, Noëls, die Oper *Goitza* (1912), Kammermusik und Lieder. Er schrieb auch musiktheoretische Werke *Grand Traité de composition musicale*, 4 Bde. (P 1931–34), *Traité de contrepoint modal et tonal* (P 1951) und *Les Bases de l'Harmonie* (P o.J.).

BERTHEAUME, Julien oder Isidore (?), * um 1752 Paris, † 19. (oder 20.) 3. 1802 St. Petersburg; frz. Violinist und Komponist. Schüler von F. de Giardini; debütierte mit 9 Jahren im Concert Spirituel. 1767 trat er in das Orchester der Académie Royale de Musique ein, übernahm 1789 die Leitung des Orchesters der Concerts Spirituels, verließ aber im selben Jahr Frankreich und ging über Eutin, Kopenhagen und Stockholm nach St. Petersburg. Die Kompositionen von B. stehen stilistisch in der Nähe von G. B. Sammartini, von dem er in seinen Symphonien auch die zweiteilige Anlage übernahm.

WW: *Six Sonates à violon seul et b.c.* (P 1769); *Sonate dans le style de Lolli* für skordierte V. mit Begleitung einer 2. V. (P 1769); *Six Duos pour 2 violons*, op. 3 (P 1786); *Deux Sonates pour violon*, op. 4 (P 1787); *Deux concertos pour le violon*, op. 5 (P 1787); *Deux Simphonies concertantes*, op. 6 (P 1787); *Trois sonates pour le clavecin avec accompagnement d'un violon*, op. 7 (P 1787, Bearbeitung von Werken aus op. 4 u. 6); eine Sonate hsl. in Paris, Bibl. Nat.

Lit.: L. DE LA LAURENCIE, L'école française de violon II (P 1923).

BERTHET, Pierre, frz. Komponist und Gesangslehrer; lebte in der 2. Hälfte des 17. Jh. in Paris. B. verfaßte einen für die Kenntnis der Gesangstechnik jener Zeit aufschlußreichen Traktat: *Leçons de musique ou exposition des traits les plus nécessaires pour apprendre à chanter sa partie à livre ouvert* (P ²1695). Er komponierte etwa 50 Airs, die zwischen 1691 und 1708 in Sammeldrucken bei Ballard erschienen.

BERTHOD, François, OFM; frz. Musiker des 17. Jahrhunderts. Er schrieb 3 Bücher *Airs de dé-*

votion (P 1656, 1658, 1662), mit religiösen Texten zu bekannten Airs de cour u. a. von Lambert und Lully, und Gesänge auf lateinische Texte für eine Singstimme und B.c.: *Paroles très dévotes mises en chant* (P 1665).

BERTIN DE LA DOUÉ, Thomas, * um 1680 Paris, † um 1745 ebd.; frz. Komponist. Er war Musiklehrer der Prinzessinnen von Orléans, Organist an der Theatinerkirche und 1714–34 Violinist an der Großen Oper in Paris. Von seinen Opern haben sich (zum Teil gedruckt) erhalten: *Alcine* (1705), *Cassandre* (1706; mit Fr. Bouvard), *Diomède* (1710), *Ajax* (1716), *Le Jugement de Pâris* (1718) und *Les Plaisirs de la campagne* (1719). B. schrieb außerdem Triosonaten.

BERTINI, 1), * um 1750 Tours, † nach 1811; frz. Komponist. Musikmeister in Le Mans, lebte dann in Lyon und Paris, wo er Klavierunterricht gab. 1811 stellte er seinen Sohn Henri auf einer Tournee durch Belgien, Holland und Deutschland dem Publikum vor. – **2) Benoît Auguste,** Sohn von 1), * 5. 6. 1780 Lyon, † nach 1830 London; Pianist und Komponist. Er wurde 1793–99 bei Clementi in London ausgebildet und war als Pädagoge und Pianist in Paris, Neapel und London tätig. Er schrieb eine Oper, zahlreiche Klavierstücke und theoretische Werke. – **3) Henri Jérôme** (gen. B. le Jeune), Bruder von 2), * 28.10.1798 London, † 1.10.1876 Meylan bei Grenoble; Pianist und Komponist. Außer anderen Werken schrieb er zahlreiche Klavieretüden, die als Vorläufer der berühmten Etüden von K. Czerny zu gelten haben, und Lehrwerke für Klavier: *Méthode complète et progressive de piano* (P 1840) und *Gymnastique des doigts* (P 1843).

Ausg.: *Études* (P 1929); *Pièce en sol* (Nizza 1960).

Lit.: R. HARDING, The Pianoforte (C 1933); O. COMETTANT, Musique et musiciens (P 1862); A. F. MARMONTEL, Les pianistes célèbres (P ²1888).

BERTOLOTTI, 1) Gasparo, genannt Gasparo da Salò, * 20. 5. 1540 Polpenazzi (Gardasee), † 14. 4. 1609 Brescia; it. Geigenbauer. B. wurde musikalisch von seinem Onkel Agostino B. (1510–84), Kapellmeister am Dom von Salò, im Instrumentenbau von seinem Vater Francesco B. und seit 1562 (oder 63) in Brescia von Girolamo Virchi ausgebildet. – **2) Francesco,** ältester Sohn von 1), getauft 23. 3. 1565 Brescia, † wahrscheinlich in Calvagese zwischen 1616 und 1624. Er führte die Werkstatt seines Vaters fort.

Lit.: W. L. VON LÜTGENDORFF, Die Geigen- u. Lautenmacher ... (F 1904, ⁶1922); R. VANNES, Dictionnaire universel des luthiers (P 1932, Bru ²1951), Bd. II (Bru 1959); A. M. MUCCHI, Gasparo da Salò (Mi 1940).

BERTON, Henri Montan, * 17. 9. 1767 Paris, † 22. 4. 1844 ebd.; frz. Komponist. Schüler von A. M. G. Sacchini. B. lehrte seit 1795 Harmonie und seit 1816 Komposition am Conservatoire in Paris. 1815 wurde er Mitglied des Institut Français. Seine zahlreichen Bühnenwerke umfassen sowohl Opéra-comiques (mit bürgerlichen oder märchenartigen Sujets) als auch große Opern, die auf Meyerbeer vorausweisen.

WW: **1) Kompositionen:** Instr.-Stücke, Romanzen, 5 Oratorien, Kantaten, Messen, 4 Ballette u. 48 Opern, darunter: *Montano et Stéphanie,* in 3 Akten (Libr.: J. E. B. Dejaure), UA: Paris 1799; *Le Délire,* in 2 Akten (Libr.: R. Saint-Cyr), UA: Paris 1801; *Aline, reine de Golconde,* in 3 Akten (Libr.: J. B. Ch. Fial u. E. G. F. Favière), UA: Paris 1803; *Virginie,* in 3 Akten (Libr.: A. F. Desaugiers der Ältere), UA: 1823. – **2) Schriften:** *Traité d'harmonie* (P 1815); *Mémoires; De la musique mécanique et de la musique philosophique* (P 1826); *Épître à un célèbre compositeur* [= Boieldieu] (P 1829).

Lit.: H. BLANCHARD, H. M. B. (P 1839); A. ADAM, Derniers souvenirs d'un musicien (P 1863); DERS., H. B. (1767–1844), übers. v. R. Capell, in: ML 30 (1949).

BERTONI, Ferdinando Gasparo, * 15. 8. 1725 Saló, † 1. 12. 1813 Desenzano; it. Komponist. Schüler von Padre Martini in Bologna. Er war seit 1752 1. Organist, seit 1785, als Nachfolger von Galuppi, Kapellmeister an San Marco in Venedig. 1810 zog er sich nach Desenzano zurück. B. war ein vielseitiger und produktiver Komponist. Er schrieb Kirchenmusik, Oratorien, Kantaten mit lat. und it. Texten, Klaviersonaten, Streichquartette und vor allem zahlreiche Seria- und Buffa-Opern, die in Venedig und in anderen it. Städten aufgeführt wurden.

Ausg.: Sinfonia in C-Dur, hrsg. v. E. BONELLI (Padua 1957).

Lit.: A. DELLA CORTE, L'Opera comica italiana nel' 700 (Bari 1923); G. BUSTICIO, F. B., in: Musica d'oggi (1927); I. HAAS (-Kollpacher), F. B., Leben u. Instr.-Schaffen (Diss. W 1958).

BERTRAND, Anthoine de, * um 1530 Fontanges (Cantal), † 1581 Toulouse; frz. Komponist. Seit etwa 1562 lebte er, gefördert von Mitgliedern des Hauses Bourbon, in Toulouse, verkehrte dort mit den Dichtern R. Garnier und P. de Brach und gehörte zu dem von Ronsard geprägten Kreis des Kardinals d'Armagnac. Nachdem er sich dem militanten Katholizismus angeschlossen hatte, wurde er von Hugenotten ermordet. Seine Kompositionen, denen zum größten Teil Dichtungen von Ronsard zugrunde liegen, gehören dank der engen Verbindung von Wort und Ton und dank einer ausdrucksvollen Harmonik zu den kongenialen Ronsardvertonungen des 16. Jh.

WW: 3 Chansons (in RISM 1570[10]); Einzeldrucke: *Les amours de P. de Ronsard* (P 1576), NA als *Premier livre des amours de P. de Ronsard* (P 1578); *Second livre des amours*... (P 1578); *Troisième livre de chansons* (P 1578); 2 Bücher *Sonnets chrestiens* (geistl. Umdichtung der *Amours de Ronsard*, wahrsch. von S. Goulart) (Lyon 1580); *Airs spirituels* (P 1582).

Ausg.: Die 3 Chansondrucke von 1578, in: EXPERT Monuments IV–VII (1920–27).

Lit.: G. THIBAULT, A. de B. Musicien de la Renaissance, et ses amis toulousains, in: Mélanges A. Lefranc (P 1936); J. M. VACCARO, A. de B. (Tours 1965); DERS., Le livre d'Airs spirituels d'A. de B., in: RMie 56 (1970).

BERTRAN DE BORN, * um 1140 Schloß Hautefort bei Salagnac, † vor 1215 Kloster Dalon (Dordogne); provenzalischer Troubadour. Politisch stark engagiert, griff er voll verletzender Schärfe mit seinen politischen Liedern (Sirventes) temperamentvoll in die politischen und dynastischen Streitigkeiten seiner Zeit ein, so zwischen dem König Heinrich II. von England und seinen Söhnen Heinrich und Richard (Löwenherz). Dante hat deshalb B. in seiner *Divina Commedia* als Zwietrachtstifter im „Inferno" (28. Gesang) beschrieben. Aber nicht nur Kampf ist der Inhalt der Sirventes. B. zeigt tiefe persönliche Empfindung, wenn er z. B. den Tod des „jungen Königs" (Heinrich) beklagt. Von poetischem Rang sind auch seine Minnelieder. In einem davon preist er eine wunderbare Dame mit den schönsten Eigenschaften, die er kennt, ein Stilmerkmal, das später Nachahmer fand. Die Minnelieder entstanden an seinen jeweiligen Aufenthaltsorten: in Argentan, wo er die Prinzessin Mathilda, dann in Limousin, wo er Giucharde de Beaujeu, Elise de Montford und Agnes de Rochechouart rühmt. – Vor 1197 trat B. in die Zisterzienser-Abtei Dalon ein, wo sein Name bis 1202 nachweisbar ist. 1215 heißt es in der Chronik der Abtei, daß auf seinem Grabe ständig eine Kerze entzündet werde. Von seinen Liedern sind 45 erhalten, aber nur eines mit Noten (*Rassa, tan creis*, veröffentlicht u. a. in MGG I, Sp. 1813). Von einem weiteren *(Ai, Lemozi)* hat Istvan Frank in einer anderen Quelle die zugehörige Melodie entdeckt. – Einer der beiden Söhne B.s, **Bertran,** der 1214 in der Schlacht bei Bouvines verschollen ist, wurde durch 2 Sirventes bekannt, deren eine König Johann ohne Land gewidmet ist.

Ausg. u. Lit.: A. THOMAS, Poésies complètes de B. de B. (Toulouse 1888); A. STIMMING, B. von B. (Hl [2]1913); Die Lieder Bertrans von Born, hrsg. v. C. APPEL (Hl 1932); E. HOEPFFNER, Les troubadours dans leurs vies et dans leurs œuvres (P 1955); F. GENNRICH, Der musikal. Nachlaß der Troubadours (Da 1958); J. MAILLARD, Anthologie de chants de troubadours (Nizza 1967).

BERWALD, Franz Adolf, * 23. 7. 1796 Stockholm, † 3. 4. 1868 ebd.; schwedischer Komponist, dessen Familie dt. Herkunft war. Schon mit 10 Jahren trat er als Violinist hervor. 1812–18 war er Mitglied der Hofkapelle in Stockholm. 1829 ließ B. sich in Berlin nieder, wo er erfolglos seine Chance an der Oper suchte. 1835 gründete er ein Institut für orthopädische Gymnastik. Anfang 1841 ging er nach Wien, vollendete hier die 2. Symphonie *(Symphonie Sérieuse)* und komponierte die Oper *Estrella de Soria*, kehrte aber schon 1842 nach Schweden zurück, wo in den folgenden Jahren einige seiner besten Werke entstanden, darunter die 5. Symphonie *(Symphonie Singulaire)* (1845). 1846 ging er neuerlich ins Ausland, besuchte Paris und organisierte Konzerte mit eigenen Werken in Wien und Salzburg, wo er zum Ehrenmitglied des Mozarteums ernannt wurde. 1849 nach Schweden zurückgekehrt, leitete er in den 50er Jahren eine Glashütte und widmete sich erst danach wieder ausschließlich der Musik. 1862 kam die Oper *Estrella de Soria* in überarbeiteter Fassung in Stockholm zur Aufführung. 1864 wurde er Mitglied der Königlichen Musikakademie, 1867 Professor für Komposition am Kons. in Stockholm. – B. gehört zu den originellsten Komponisten um die Mitte des 19. Jahrhunderts. Die Melodik ist manchmal von typisch nordischem Kolorit, aber nicht von der Volksmusik beeinflußt. Von B.s Werken haben seit kurzer Zeit hauptsächlich die Symphonien in Rundfunk und Konzert starkes Interesse gefunden. Sie stehen stilistisch in der Nähe der Symphonik Haydns und Schuberts, ohne aber epigonenhaft zu wirken.

WW: 2 Duos (für V. und Klv. bzw. Vc. und Klv.), 5 Klaviertrios, 3 Streichquartette, 1 Quartett für Klv. und Blasinstrumente, 2 Klavierquintette, 1 Septett, 6 Symphonien und weitere Orchesterwerke, 1 Doppelkonzert für 2 V., 1 Klv.-Konzert, 1 Violin-Konzert, 1 Konzertstück für Fag., Arien, Kantaten für Soli, Chor und Orchester, 6 Opern und 2 Operetten.

Ausg.: GA (Kas 1966 ff), bisher erschienen: Bd. 6 (1966), Bd. 3 (1967), Bd. 8 (1968), Bd. 9 (1970).

Lit.: A. HILLMAN, F. B. En biografisk studie (Sto 1920); R. LAYTON, F. B. A Critical Study (Lo 1959); F. B. Die Dokumente seines Lebens (mit Werkverz.), hrsg. von dem Komitee B. (Sto o. J.); I. ANDERSSON, F. B. (Sto 1970) (= Svenska akad. minnesteckningar o. Nr.).

BÉSARD, Jean-Baptiste, * um 1567 Besançon, † um 1625; frz. Lautenist und Jurist, der sich auch mit Physik, Medizin und Alchimie beschäftigte. Er bereiste Italien und Deutschland. In Rom war er Schüler von Lorenzini. Seine Werke zählen zu den Hauptquellen der Lautenmusik. In Köln veröffentlichte er 1603 den *Thesaurus Harmonicus divini Laurencini romani*, eine umfangreiche Sammlung von 403 Stücken (Präludien, Fantasien, Tänze, Chansons, Villanellen, Airs de cour). Es handelt sich dabei um Originalkompositionen oder Bearbeitungen von Werken dt., frz., it. und poln. Komponisten (J. Edinthon, Eques Romanus, Vaumeny, Montbuisson, Cydrac Rael, N. de La Grotte, P. Guédron, P. de La Barre, Mézangeau, Lorenzini, V. Galilei, L. Marenzio, Jakob der Pole, Bakfark, J. Dowland), von denen einige in keiner anderen Tabulatur vertreten sind. 38 Stücke sind von B. selbst. 1617 veröffentlichte er in Augsburg eine Sammlung mit 24 Stücken für 1, 2 und 3 Lauten *(Novus partus sive Concertationes Musicae)* sowie eine Lautenschule *(Isagoge in artem testudinariam)*.

Ausg.: 22 Stücke in: O. CHILESOTTI, Lautenisten des 16. Jh. (L 1891); Madrigali, villanelle ed arie di danze delle opere di J.-B. B., in: Biblioteca di rarità musicali, hrsg. v. DEMS., IX (Mi 1915), Nachdr. in: Biblioteca musica Bononiensis IV/30 (Bol 1970); Œuvres pour luth seul, hrsg. v. A. SOURIS – M. ROLLIN (P 1969).

Lit.: O. CHILESOTTI, B., in: Gazetta musicale di Milano (1886), separat als: Di B. e del suo Thesaurus harmonicus (Mi 1888); W. BOETTICHER, Stud. zur solistischen Lautenpraxis (B 1943); J. S. SUTTON, J.-B. B.s „Novus partus" of 1617, 2 Bde. (1962) (= Diss. Univ. of Rochester/N.Y.); DIES., The Lute Instruction of J.-B. B., in: MQ 51 (1965); M. ROLLIN (s.o. Ausg.).

BESEN (frz.: balai; engl.: brust), dünner Stab, der am Ende mit einem Fächer aus biegsamen Metalldrähten versehen ist. Mit dem B. werden vor allem im Jazzorchester Trommel und Becken geschlagen.

BESLER, 1) Samuel, * 15. 12. 1574 Brieg (Schlesien), † 19. 7. 1625 Breslau; dt. Komponist. Er war seit 1602 Kantor an St. Bernhardin und seit 1605 Schullehrer in Breslau. Sein Schaffen umfaßt ausschließlich geistliche und liturgische Gesänge (meist 4st. ohne B.c.).

WW (gedruckt): 4 Sammlungen Karwochengesänge (Breslau 1611–14), darin eine dt. Choralpassion mit mehrst. Turba-Sätzen; Sammlungen mit dt. u. lat. Gesängen (Kantionalsätze, Liedbearbeitungen u. a.) für Weihnachten, Ostern und Himmelfahrt; Wallfahrtslieder; Tischsegen; *Concentus ecclesiastico-domesticus. Kirchen und Hauß Musica geistlicher Lieder* (Breslau 1618); *Citharae Davidicae psalmorum selectiorum prodromus* für 8 St., (ebd. 1620); einzelne Gesänge u. Gelegenheitskompositionen. B. veröffentlichte eine Choralpassion und die Auferstehungshistorie von A. Scandelli (ebd. 1612 u. 1621).

2) Simon, Bruder von 1), * 27. 8. 1583 Brieg, † 12. 7. 1633 Breslau. Er war 1610–20 Kantor an St. Maria Magdalena zu Breslau und stand dann als Musiker im Dienst des Herzogs von Liegnitz. Von ihm sind einige 4–6st. Gelegenheitsgesänge hsl. und gedruckt (Breslau 1615–28) überliefert.

Ausg.: **zu Samuel:** Passio secundum Matthaeum, hrsg. v. K. AMELN – CH. MAHRENHOLZ – W. THOMAS, in: Hdb. der dt. ev. Kirchenmusik I/1 (Gö 1937).

Lit.: R. STARKE, Samuel B., in: MfM 31 (1899); N. HAMPEL, Deutschsprachige prot. Kirchenmusik Schlesiens bis zum Einbruch der Monodie (Diss. Breslau 1937); W. VETTER, Zum Liedschaffen S. B.s (1927), abgedruckt in: Mythos – Melos – Musica II (L 1961).

BESOZZI, it. Musikerfamilie. – **Cristoforo,** * 1661 Mailand, † 22. 10. 1725 Piacenza; er war seit 1711 Oboist in der Garde des Herzogs von Parma. – Seine Söhne **Giuseppe,** * 1686 Mailand, † 22. 12. 1760 Neapel, **Alessandro,** * 22. 7. 1702 Parma, † 1775 Turin, und **Paolo Girolamo,** * 17. 4. 1704 Parma, † 1778 Turin (oder Paris?), gehörten seit 1728 ebenfalls als Oboisten der herzoglichen Garde an. Giuseppe lebte 1734–38 am Hof des Königs von Neapel. Seine Brüder ließen sich 1731 in Turin nieder. Von Alessandro wurden gedruckt (in Paris und London) zahlreiche Sonaten für Flöte (bzw. V. und Ob. und B.c.), Triosonaten und ein Violinkonzert. – Die Söhne Giuseppes, **Antonio,** * 1714 Parma, † 1781 Turin, und **Gaetano,** * 25. 2. 1725 Piacenza, † 1798 London, waren ebenfalls Oboisten. Antonio gehörte der Dresdner Hofkapelle an, Gaetano wanderte nach England aus. – Sein Sohn **Girolamo,** * 1758 Neapel, † 1785 Paris, war seit 1770 Oboist am Hof des Königs von Frankreich, sein Enkel, **Louis Désiré,** * 3. 4. 1814 Versailles, † 11. 11. 1879 Paris, Pianist und Komponist. Er erhielt 1837 den Prix de Rome. – Antonios Sohn **Carlo,** * um 1738 Dresden (Neapel?), war wie sein Vater Oboist am Dresdner Hof (seit 1755). Er schrieb Konzerte für Oboe und Orchester sowie 24 Sonaten für 2 Oboen, 2 Hörner und Fagott. Sein Sohn **Francesco,** * 1766 Dresden, † 1816 ebd., war 1792–1816 ebenfalls Oboist am Dresdner Hof.

Ausg.: **zu Alessandro:** Sonate in D-Dur für Ob. (Quer-Fl., V.) u. B.c., hrsg. v. H. RUF (Mz 1966) (= Antiqua o. Nr.).

Lit.: **zu Alessandro:** R. G. HUMISTON, A Study of the Ob. Concertos of A. B. and J. Chr. Fischer (1968) (= Diss. Univ. of Iowa). – **zu Carlo:** D. NIMETZ, The Wind Music of. C. B., 2 Bde. (1967) (= Diss. Univ. of Rochester/N.Y.).

BESSEL, Wassili Wassiljewitsch, * 13. (25.) 4. 1842 St. Petersburg, † 1. 3. 1907 Zürich; russischer Musikverleger. Nach den Studien am Konservatorium eröffnete er in St. Petersburg 1869 einen Verlag und 1871 eine Notendruckerei. Das Unternehmen spezialisierte sich auf die Veröffentlichung von Werken russischer Komponisten (Mussorgski, Tschaikowsky, A. Rubinstein, Cui, Rimski-Korsakow). Es gab auch Fachzeitschriften heraus. Seit 1920 hat der Verlag B. seinen Sitz in Paris. 1945 wurde eine Filiale in London gegründet.

Lit.: N. FINDEISEN, W. W. B. (St. Petersburg 1909) (russ.).

BESSELER, Heinrich, * 25. 4. 1900 Dortmund-

Hörde, † 25. 7. 1969 Leipzig; dt. Musikwissenschaftler. Er studierte in Freiburg i. Br. bei W. Gurlitt, in Wien bei G. Adler, W. Fischer und H. Gál, wurde 1923 in Freiburg mit der Arbeit *Beiträge zur Stilgeschichte der deutschen Suite im 17. Jh.* (nicht im Druck erschienen) promoviert und habilitierte sich 1925 ebenfalls in Freiburg, nachdem er seine Studien in Göttingen bei Fr. Ludwig fortgesetzt hatte. B. wurde 1928 als Extraordinarius an die Univ. Heidelberg berufen; seit 1948 lehrte er an der Universität Jena, 1956–68 an der Univ. Leipzig. B. zählt zu den bedeutendsten deutschen Musikologen der letzten 50 Jahre. Seine Arbeiten zur Musikgeschichte des MA und viele andere Schriften, die stets auf einer profunden Kenntnis der musikalischen Quellen und der europäischen Geistesgeschichte beruhen, sind musikwissenschaftliche Standardwerke. B.s gesamtes Schaffen ist durch eine umfassende Geistigkeit und eine Brillanz der Darstellung gekennzeichnet.

Schriften: Studien zur Musik des Mittelalters, I: *Neue Quellen des XIV. und beginnenden XV. Jahrhunderts*, in: AfMw 7 (1925), II: *Die Motette v. Franko von Köln bis Philipp von Vitry*, in: ebd. 8 (1926); *Grundfragen des musikalischen Hörens*, in: Jb. Peters (1925); *Grundfragen der Musikästhetik*, in: ebd. (1926); *Von Dufay bis Josquin, ein Literaturber.*, in: ZfMw 11 (1928/29); *Die Musik des MA u. der Renaissance* (Pd 1931); *J. S. Bach*, in: Die großen Deutschen, Bd. II (B 1935); *Johannes Ciconia*, in: Congrès International de Musique Sacrée (R 1950); *Bourdon u. Fauxbourdon* (L 1950); *Bach u. das MA*, in: Wissenschaftliche Bachtagung 1950 (L 1951); *Charakterthema u. Erlebnisform bei Bach*, in: Kgr.-Ber. Lüneburg 1950 (Kas 1950); *Die Meisterzeit Bachs in Weimar*, in: J. S. Bach in Thüringen (Wei 1950); *Neue Dokumente zu Leben u. Schaffen Dufays*, in: AfMw 9 (1952); *Singstil u. Instrumentalstil in der europäischen Musik*, in: Kgr.-Ber. Bamberg 1953 (Kas 1954); *Bach als Wegbereiter*, in: AfMw 12 (1955); *Die Brandenburgischen Konzerte*, in: Bach-Fest-Buch (L 1955); *Zur Chronologie der Konzerte J. S. Bachs*, in: FS Schneider (L 1955); *Dufay in Rom*, in: AfMw 15 (1958); *Das musikal. Hören der Neuzeit* (B 1959); *Zum Festspiel u. Fest in der Neuzeit*, in: Dt. Lit.-Zeitung 81 (1960). – B. war Hrsg. zahlr. WW des 14.–18. Jh. (u. a. der Machaut- u. der Dufay-GA).

Lit.: P. GÜLKE, in: Beitr. zur Musikwiss. 12 (1970); L. HOFFMANN-ERBRECHT, in: Nuova RMI 4 (1970) u. in: Mf 23 (1970); W. SALMEN, in AMl 42 (1970).

BESSON, 1) Michel Gabriel, * um 1689, † 22. 8. 1765 Versailles; frz. Komponist und Musiker. Wahrscheinlich seit 1722 Mitglied der Königlichen Kapelle, trat er 1728 die Nachfolge François Duvals bei den „24 violons du roi" an. Er veröffentlichte Sonaten für V. und B.c. (P 1720). – **2) Gabriel Louis,** Sohn von 1), * 10. 4. 1733 Versailles, † 23. 8. 1785 ebd. 1746 folgte er seinem Vater als Dudelsackspieler und Flötist in der Königlichen Kapelle, später als Violinist bei den „24 violons du roi". Er veröffentlichte zwei Bücher *Airs* für ↗Décachorde (P 1784–85).

Lit.: L. DE LA LAURENCIE, L'école française de violon I (P 1922); W. S. NEWMAN, The Sonata in the Baroque Era (Chapel Hill 1959, ²1966).

BESUCH DER ALTEN DAME, DER, Oper in 3 Akten von Gottfried von Einem (* 1918), op. 35, Text von Friedrich Dürrenmatt nach seiner gleichnamigen tragischen Komödie (1956). Ort und Zeit der Handlung: die Kleinstadt Güllen in der Gegenwart. UA: 23. 5. 1971 in Wien (Staatsoper) unter Horst Stein; dt. EA: 1. 3. 1972 in Berlin (Deutsche Oper).

In dieser Auftragskomposition zeichnet der Komponist die Käuflichkeit der kleinbürgerlichen Moral mit freitonaler, dennoch traditionsgebundener Musik sehr publikumswirksam (53 Vorhänge bei der UA mit Christa Ludwig und Eberhard Waechter in den Hauptrollen). Das Warten der ihres Erfolges sicheren Milliardärin auf die (gutbezahlte) Vollstreckung des von ihr allein geforderten Todesurteils an ihrem früheren Liebhaber, der sie und das gemeinsame Kind verleugnet hatte, wird durch ein reichhaltiges Instrumentarium mit differenzierter Verwendung von Schlagwerk untermalt. Sehr bühnenwirksam ist die (gegenüber dem Schauspiel abgeänderte) Schlußszene: die Menschentraube, unter der das Opfer Ill getötet liegt, löst sich auf, und die Anspannung der gekauften Bürger entlädt sich in einem wahren, ständig sich steigernden Mördertanz.

K. LANGROCK

BÉTHIZY (Béthisy), **Jean Laurent de,** * 1. 11. 1702 Dijon, † 19. 10. 1781 Paris; frz. Komponist. Er lebte in Paris. Er schrieb einen Traktat *Exposition de la théorie et de la pratique de la musique suivant les nouvelles découvertes* (P 1754, ²1764), der den Widerspruch J. Matthesons erregte (in der heute verschollenen Schrift *Plus ultra*) und zwei Kantaten.

BETTELSTUDENT, DER, Operette in 4 Akten von Karl Millöcker (1842–99), Text von F. Zell und Richard Genée nach Victorien Sardous Schauspiel *Fernande* und Lord Bulwer-Lyttons Drama *The Lady of Lyons.* Ort und Zeit der Handlung: Krakau 1704. UA: 6. 12. 1882 in Wien (Theater an der Wien).

Den historischen Hintergrund bildet die Auseinandersetzung zwischen Kurfürst August II. von Sachsen und König Karl XII. von Schweden. Das Libretto gilt als eines der besten der gesamten Operettenliteratur. Daher wird *Der Bettelstudent* oftmals auch als „Volksoper" bezeichnet. Im Mittelpunkt der Handlung steht der sächsische Oberst

Ollendorf, die komische Figur des Werkes, der zum betrogenen Betrüger wird. Diese Operette ist das bekannteste und erfolgreichste Werk Millöckers. Sie erlebte nach 57 ausverkauften En-suite-Vorstellungen nach der UA allein zwischen 1896 und 1921 4940 deutschsprachige Aufführungen. Mehrere Film- und Fernsehfassungen schlossen sich an. Viele Melodien der Operette wurden sehr populär, so *Ich knüpfte manche zarte Bande,* das Duett *Ich setz' den Fall* und das bekannteste Lied, Ollendorfs *Ach ich hab' sie ja nur auf die Schulter geküßt!*

S. KUROCK – R.-M. SIMON

BETTLEROPER ↗Ballad opera.

BETTLEROPER, DIE *(The Beggar's Opera),* Ballad opera mit Prolog in 3 Akten von Johann Christopher Pepusch (1667–1752), Text von John Gay nach einer Idee von Jonathan Swift. Ort und Zeit der Handlung: London im 17./18. Jh. UA: 29. 1. 1728 in London (Lincoln's Inn Field Theatre); dt. EA (in dt. Sprache): 8. 2. 1930 in Köln (Universität).
Die 69 Textnummern des Werkes wurden von Pepusch mit Musik unterlegt, die meisten davon mit Melodien aus dem volkstümlichen Liedgut. Für andere wurden Stücke zeitgenössischer Komponisten (u.a. von Händel) bearbeitet. Nur eine einzige Nummer und die Ouvertüre komponierte Pepusch völlig neu. Die Ganovenwelt Englands im 17./18. Jh. wird durch die Familie Peachum und den Räuber und Schürzenjäger Macheath repräsentiert. Der Ironisierung der Zeitumstände (Bestechungsaffären, Tagespolitik, Eitelkeit und Ehrenkodex des Adels) und der allgemeinen Textverständlichkeit verdankte das Werk seinen großen Erfolg. Es erreichte die höchste Anzahl an Aufführungen eines Bühnenstücks in England bis 1822 (62 Aufführungen en suite). John Gay benannte sein Werk *Beggar's Opera* nach der nur im Prolog auftretenden, den Autor repräsentierenden Figur des Bettlers. Die älteste „Antioper" der Theatergeschichte hat viele Nachdichtungen und Bearbeitungen erfahren, eine der berühmtesten ist *Die Dreigroschenoper* von B. Brecht und K. Weill.

B. DELCKER

BETTLEROPER *(The Beggar's Opera),* Opern-Ballade in 3 Akten von Benjamin Britten (1917 bis 1976), op. 43, Text von John Gay (1728) mit geringfügigen Änderungen von Tyrone Guthrie. Ort und Zeit der Handlung: London 1728. UA: 24. 5. 1948 in Cambridge unter Leitung des Komponisten; dt. EA: 7. 6. 1950 in Hamburg (Staatsoper).
Die historische Vertonung des Gay-Textes von Johann Christian Pepusch (1667–1752) diente Britten als Vorlage für sein Werk. Trotz Beibehaltung der meisten Melodien der alten Beggar's Opera um den Räuber und Schürzenjäger Macheath, eine kriminalgeschichtlich authentische Figur der Londoner Unterwelt, gelang Britten eine selbständige Schöpfung, indem er das Original von einer gesprochenen Komödie für Schauspieler in eine Oper umwandelte, deren Klangsprache durch das Streben nach Tonmalerei und polyphoner Satzstruktur sowie die Lösung von romantischer Harmonik bestimmt wird.

W. A. MAKUS

BEUCHET-DEBIERRE, frz. Orgelbauwerkstatt, gegr. 1862 in Nantes von **Louis François Debierre,** * 18. 7. 1842 Nantes, † 7. 6. 1920 ebd. Sie baute u. a. die Orgeln von Notre-Dame de Toutes-Joies in Nantes (1863), von St-Louis des Invalides in Paris (1957–62), der Kathedrale von Angoulême (1962) und der Abtei von Mont-St-Michel (1965).

Lit.: M. CHAPUIS, Le grand orgue de St-Louis des Invalides, in: L'Orgue (1961) Nr. 97; M. DURUFLÉ, La restauration du grand orgue de la cathédrale d'Angoulême, in: ebd. (1966) Nr. 199.

BEVIN, Elway, engl. Komponist und Musiktheoretiker, lebte in der 2. Hälfte des 16. und der 1. Hälfte des 17. Jh.; er war 1575–84 Chorvikar an der Kathedrale von Wells, später Organist an der Kathedrale von Bristol. 1605 wurde er „gentleman extraordinary" der Königlichen Kapelle, verlor diesen Posten jedoch später seines katholischen Glaubens wegen. B. schrieb den Traktat *A Briefe and Short Introduction to the Art of Musicke* (Lo 1631) und hsl. erhaltene Kompositionen: 3 Services, 5 Anthems, Kanons und mehrere Instrumentalstücke.

Ausg.: *Browning* für 3 Violen, hrsg. v. TH. DART – W. COATES, in Mus. Brit. 9 (Lo 1955).

BEYDTS, Louis, * 29. 6. 1895 Bordeaux, † 15. 9. 1953 Caudéran (Gironde); frz. Komponist. Er studierte Harmonielehre und Komposition bei J. Vaubourgouin am Kons. in Bordeaux. 1950 wurde er Leiter der Opéra-Comique in Paris. Als Komponist steht B. in der Nachfolge von A. Messager und R. Hahn. Er schrieb die Operetten: *Le Club des Canards mandarins; Moineau* (1931); *La S.A.D.M.P.* (1932) und *A l'aimable Sabine* (1948), ferner u. a. die symphonische Suite *A travers Paris,* Filmmusiken, darunter zu *La Kermesse héroïque* und Vokalmusik.

BEZAUBERNDES FRÄULEIN, Musikalisches Lustspiel in 4 Bildern, Text und Musik von Ralph

Benatzky (1884–1957) nach Paul Gavaults frz. Schwank *La petite chocolatière*. Ort und Zeit der Handlung: Pauls Landhaus, sein Büro u. an einem Fluß, in der Gegenwart. UA: 24.5.1933 in Wien (Deutsches Volkstheater). Verfilmt 1935 unter dem Titel *Wer wagt – gewinnt* und 1953 unter dem Originaltitel.
Diese musikalisch witzige, erheiternd-groteske und parodistische Operette steht erfolgsmäßig weit hinter Benatzkys Werken *Meine Schwester und ich* und *Im weißen Rößl* zurück. Die Handlung ist durch Verwicklungen und Intrigen gekennzeichnet. Felix möchte gern die Verlobung seines Freundes Paul mit Luise auseinanderbringen, weil er glaubt, daß das zufällig erscheinende „bezaubernde Fräulein" Annette weitaus besser zu Paul passen würde. Dieser jedoch will nicht als Mitgiftjäger gelten, Annettes Vater ist nämlich ein reicher Schokoladenfabrikant. Erst als Annette scheinbar auf ihren Reichtum verzichtet, wendet sich alles zum Guten. Benatzky hat in dieser Operette mit Erfolg den Typ einer musikalischen Boulevard-Komödie realisiert. Vieles scheint locker, improvisiert. Bekanntestes Lied wurde Pauls Chanson *Ach Luise, kein Mädchen ist wie diese!*

S. KUROCK – R.-M. SIMON

BEZIFFERUNG ↗Generalbaß.

BEZUG. 1) Gesamtheit der Saiten eines Saiteninstruments. – **2)** Bespannung des ↗Bogens eines Streichinstruments.

BIALAS, Günter, * 19.7.1907 Bielschowitz (Oberschlesien), dt. Komponist. Er studierte in Breslau und Berlin (Komposition hauptsächlich bei M. Trapp) und lehrte Musiktheorie an der Universität Breslau. Nach kurzer Tätigkeit in Weimar wurde er 1947 als Kompositionslehrer an die Musikakademie Detmold berufen. 1959–73 war er in gleicher Eigenschaft an der Musikhochschule München tätig. 1950 wurde er zum Prof. ernannt. – Seine Kompositionen standen bis etwa 1947 unter dem Einfluß von Hindemith, Strawinski und Bartók, doch hielt er sich in der folgenden Zeit auch allen neueren Strömungen gegenüber offen. Einen besonderen Rang in seinem reichen Schaffen nehmen die Chorkantaten ein (u. a. *Im Anfang*). Sowohl für Singstimmen als auch für Instrumente schreibt B. eine klanglich aparte, rhythmisch außerordentlich vielschichtige Musik, in die seit 1969 auch frei improvisatorische Abläufe einbezogen sind.

WW: **1) Instr.-WW:** *Méditations* für Org. (1961); Kammermusik-WW, darunter Sonaten, Trios, Streichquartette, 4 *Impromptus* für Vc. u. Klv. (1968); *Moments Musicaux* für Vc. u. Harfe (1969); *Quodlibet* für 7 Instr. u. Schlagwerk (1956); *Pastorale* u. *Rondo* für 9 Instr. (1969); *Partita* für 10 Instr. (1963); zahlreiche WW für Orch., darunter *Romanzero* (1955); *Invokationen* (1957); *Sinfonia piccola* für Fl., Ob., Klar. u. Streichorch. (1960); Konzerte für Br. (1940); Fl. (1947), V. (1949), Vc. (1961), Klar. (1968); *Jazz-Promenade* für Klv. u. Orch. (1956); *Musik für Harfe u. Streicher* (1966); *Concerto lirico* für Klv. u. Orch. (1967); *Introitus – Exodus* für Org. u. Orch. (1976); *Waldmusik* für Solinstr. u. Orch. (1976); *Trois Moments Musicaux III* für Klar., Vc. u. Orch. (1976). – **2) Vokal-WW:** Lieder u. Liederzyklen für Gesang u. Klv.; *Haiku* für Sopran, Fl. u. Klv. (1972); Kantaten und Chor-WW, u. a. *Gesang von den Tieren* für Alt u. mehrere Instr. (1950); *Indianische Kantate* für Bar., Kammerchor u. Instr. (1951); *Oraculum* für Sopran, Tenor, Chor u. Instr. (1953); *Preisungen* für Bar. u. Org. oder Orch. (1965); *Im Anfang,* mit 3 Echo-St. u. Org. oder Orch. (1962); *Eichendorff-Liederbuch,* mit 2 Gitarren (1966); *Symbolum* für Männerchor u. Bläser (1967). – **3) Bühnen-WW:** *Jorinde und Joringel,* Märchenspiel (1963); *Hero und Leander* (Libr.: E. Spiess nach Grillparzer), Oper, UA: Mannheim 1966; *Die Geschichte von Aucassin und Nicolette* (Libr.: T. Dorst), UA: München 1969; *Der gestiefelte Kater oder Wie man das Spiel spielt* (Libr.: T. Dorst nach Tieck), UA: Schwetzingen 1975; *Meyerbeer-Paraphrase,* Ballett (1971).

Lit.: W. E. VON LEWINSKI, Konsequenz im Wandel. Der Komp. G. B. in: Musica 21 (1967); U. STÜRZBECHER, Werkstattgespräche mit Komp. (Kö 1971); Meilenstein eines Komponistenlebens. Kleine Festschrift zum 70. Geburtstag v. G. Bialas, hrsg. v. G. SPEER – H. J. WINTERHOFF (Kas 1977).

E. SEIDEL

BIANCHI, Francesco, * um 1752 Cremona, † 27. 11. 1810 Hammersmith bei London; it. Komponist. Er war 1770–72 Schüler Jommellis in Neapel, 1775–78 Cembalist an der Comédie Italienne in Paris, wo er auch eigene Opern zur Aufführung brachte, kehrte dann nach Italien zurück, wirkte zunächst in Florenz und wurde 1783 Hofkapellmeister, Chormeister an der Scala und Vizekapellmeister an St. Ambrogio in Mailand. Seit 1785 war er 2. Organist an S. Marco in Venedig. Hier entstanden zahlreiche Opern und geistliche Instrumentalwerke. 1795 wurde B. Kapellmeister am King's Theatre in London, 1798 am Astley's Theatre in Dublin. 1801 ging er nach London zurück.

WW: Symphonien, geistl. Musik, ungefähr 70 Opern, darunter: *Il gran Cid,* UA: Florenz 1773; *Eurione,* UA: Pavia 1775; *La Réduction de Paris,* UA: Paris 1775; *Le Mort marié,* UA: ebd. 1777; *Demetrio* (1780); *Arbace* (1781); *La Villanella rapita,* UA: Venedig 1783; *Alessandro nell'Indie* (1785), *Tarare o sia la virtù premiata* (1792); *Ines de Castro* (1794), *La Merope* (1797); *Antigone* (1802); eine Abh.: *Dell' attrazione armonica,* in: Musica Quarterly Magazine and Review 1–3 (1820–21).

BIANCIARDI, Francesco, * um 1572 Siena, † 1607 ebd.; it. Komponist. Er wirkte an der Kathedrale von Siena, war zu seinen Lebzeiten als vortrefflicher Organist bekannt und galt (nach Banchieri) als einer der ersten, die den bezifferten Baß (↗Generalbaß) verwandten.

WW: 4 Bücher *Sacrae modulationes,* Motetten für 4–8 St., das

4. Buch für 2–4 St. u. B.c. (V 1596, 1601, 1607, 1608); 4st. Vesperpsalmen (V 1604); Messen für 4 u. 8 St. (V 1605); *Canzonette spirituali* für 3 St. (V 1605–08); 1 Buch 5st. Madrigale (V 1597) ist unvollständig erhalten. – Zahlreiche geistl. u. weltl. Werke in Sammeldrucken u. hsl.; postum erschien ein Einblattdruck *Breve regola per imparar' a sonare sopra il Basso, con ogni sorte d'istrumento* (Siena 1607).

Ausg.: F. B., Opera omnia, hrsg. v. S. CISILINO – L. BERTAZZO (R 1973 ff.) (bisher erschienen die Bde. 1, 2, 4, 6, 7).

BIBALO, Antonio, * 18. 1. 1922 Triest; norweg. Komponist it. Herkunft. Er studierte u. a. am Konservatorium in Triest, an der Trinity School of Music in London und bei Bartók in Bloomington (Indiana). B. schrieb Orchester- und Chorwerke, Konzerte (für Klavier bzw. Violine), Klavierstücke und Bühnenwerke. Bedeutenden Erfolg hatte er mit seiner Oper *The Smile at the Foot of the Ladder* (nach Henry Miller), die ihre Uraufführung 1940 an der Hamburgischen Staatsoper unter dem Titel *Das Lächeln am Fuße der Leiter* erlebte.

BIBER (von Bibern), **Heinrich Ignaz Franz,** * 12. 8. 1644 Wartenberg (Böhmen), † 3. 5. 1704 Salzburg; östr. Violinist und Komponist. Er war wahrscheinlich Schüler von J. H. Schmelzer in Wien, dann Violinist zunächst am Hof des Fürstbischofs von Olmütz, seit 1670 am Hof des Fürsterzbischofs von Salzburg. Hier wurde er 1679 Vizekapellmeister, 1684 Kapellmeister. 1690 wurde er geadelt. B., der selbst ein Geiger von Rang war, ist einer der wichtigsten Vertreter der süddeutschen Instrumentalmusik des späten 17. Jh. Eine besondere Bedeutung in der Geschichte des Violinspiels kommt seinen Mysterien-Sonaten zu, die keine Programmusik im eigentlichen Sinne sind, sondern deren Titel auf ihre Verwendung bei Rosenkranzandachten hinweisen. Spieltechnisch sind diese Sonaten durch die Verwendung der ↗Scordatura und überaus häufiger Doppel- und Mehrfachgriffe charakterisiert.

WW: **1) Instr.-WW:** Gedruckt wurden *Sonatae, tam aris, quam aulis servientes* für mehrere Instr. (Salzburg 1676) (unvollständig erhalten); *Mensa sonora,* Sonaten für Str. u. Cemb. (ebd. 1680); *Fidicinium sacro-profanum,* 4–5st. Sonaten mit B.c. (Nürnberg 1681); *Sonatae* für V. u. B.c. (ebd. 1681); *Harmonia artificiosa-ariosa,* Suiten für 2 V. u. B.c. (ebd. 1712). – Hsl. überliefert sind *Serenada* für Str., B.c. u. Baß-Solo (Nachtwächter) (entstanden um 1670); 16 Sonaten für V. u. B.c. *Zur Verherrlichung von 15 Mysterien aus dem Leben Mariae* (sog. *Mysterien-Sonaten*) (entstanden um 1674). – **2) Vokal-WW:** Gedruckt: *Vesperae longiores ac breviores* für 4 St., 2 V., 2 Violen u. B.c. mit 4st. Kapellchor u. 3 Pos.n ad lib. (Salzburg 1693). – Hsl. sind erhalten zahlreiche kirchenmusikal. Werke (Messen, Requiems, Offertorien, *Stabat Mater* u. a.) u. eine Oper *Chi la dura la vince* (1687). Von B. stammt neueren Forschungen gemäß auch jene berühmte, bis vor kurzem O. Benevoli zugeschriebene 53st. Messe (die sog. *Salzburger Domweihmesse* bzw. *Missa Salisburgensis*); dieses Werk ist zusammen mit einem ebenfalls 53st. Hymnus *Plaudite tympana,* der gleichfalls B. zugeschrieben werden muß, anonym in einer Hs. aus der 2. Hälfte des 17. Jh. überliefert und entstand wahrscheinlich 1682.

Ausg.: 15 Mysterien-Sonaten für V., hrsg. v. E. LUNTZ, in: DTÖ 12/2, ebenso hrsg. v. R. REITZ (W 1923); DIES., hrsg. v. G. LENZEWSKI, 3 Bde. (F 1954); *Missa Sancti Henrici,* hrsg. v. G. ADLER, in: DTÖ 25/1; *Requiem,* hrsg. v. G. ADLER, in: DTÖ 30/1; *Harmonia artificiosa-ariosa,* hrsg. v. P. NETTL – F. REIDINGER, in: DTÖ 92 (W 1956); *Mensa sonora,* hrsg. v. E. SCHENK, in: ebd. 116 (1960); *Fidicinium sacro-profanum,* hrsg. v. DEMS., in: ebd. 97 (1960); *Sonatae tam aris quam aulis servientes,* hrsg. v. DEMS., in: ebd. 106–107 (1963).

Lit.: E. LUNTZ, H. I. F. B. (W – L 1906); P. NETTL, H. F. von B., in: Sudetendeutsche Lebensbilder 1 (Reichenberg 1926); DERS., Der dt.-böhmische Geiger B. u. die Quellen seiner Kunst, in: Sudetendeutsches Jb. (Eger – Kas 1926); C. SCHNEIDER, B. als Opernkomp., in: AfMw 8 (1926); DERS., Gesch. der Musik in Salzburg (Salzburg 1935); P. NETTL, in: StMw 24 (1960) (mit Werk-Verz.); E. DANN, H. B. and the 17th Century (1968) (= Diss. Columbia Univ.); E. SCHENK, Ein „Singfundament", von H. I. F. B., in: Speculum musicae artis, FS H. Husmann (Mn 1970); W. JAKSCH, H. I. Fr. B., Requiem à 15. Untersuchungen zur höfischen, liturgischen u. musikalischen Topik einer barocken Totenmesse (Mn – Salzburg 1977); E. HINTERMAIER, „Missa Salisburgensis". Neue Erkenntnisse über Entstehung, Autor und Zweckbestimmung, in: Musicologica Austriaca 1 (1977).

BIBL, 1) Andreas, * 8. 4. 1807 Wien, † 30. 4. 1878 ebd.; östr. Organist und Komponist. Schüler von J. Preindl. Seit 1818 Organist am Wiener Stephansdom. – **2) Rudolf,** Sohn von 1), * 6. 1. 1832 Wien, † 2. 8. 1902 ebd.; östr. Organist und Komponist. Er studierte Komposition bei S. Sechter. In Wien war er seit 1856 Organist an St. Peter, seit 1859 am Stephansdom, seit 1863 Organist und seit 1897 Kapellmeister am Kaiserhof. Er schrieb u. a. Stücke für Orgel und für Klavier, 1 Violinsonate, 1 Orgelkonzert, 5 Messen (darunter eine Messe a cappella), 2 Requiems und verfaßte eine Orgelschule.

BIBLIOGRAPHIE ↗Musikbibliographie.

BIBLIOTHEKEN ↗Musikbibliotheken.

BICHORD ↗Monochord.

BICINIUM (lat., = Zwiegesang), im 15./16. Jh. entstandene Gattung zweistimmiger, meist vokaler Kompositionen im imitatorischen Stil. Die Texte stammen aus dem weltlichen oder religiösen Bereich und sind lateinisch oder volkssprachlich. Als Mittel des Kontrasts zur regulären 4- bis 5-Stimmigkeit kommen 2st. Partien in dieser Zeit vor allem in Meßsätzen (insbesondere *Sanctus* und *Agnus Dei*) und in Motettensätzen sowie auch als kürzere geschlossene Sätze vor. Als eigenständiges Stück wurde das B. in verschiedenen vokalen Gattungen gepflegt, u. a. als 2st. Chanson (J. Moderne, *Paragon des Chansons,* Ly 1538) oder als 2st. Madrigal (G. Scotto, *Il primo libro dei Madrigali a 2 voci,*

V 1541). Die sprachliche und formale Heterogenität dieser Stücke kommt im Titel der Sammlung von G. Rhaw zum Ausdruck: *Bicinia, Gallica, Latina, Germanica* (2 Bde., Wittenberg 1545). Im protestantischen Deutschland wurde das B. vor allem im Bereich der Choralbearbeitung gepflegt (C. Othmayr, *Bicinia sacra,* Nürnberg vermutlich 1547; M. Praetorius, *Musae Sionae* IX, Wolfenbüttel 1610), und auch in der deutschen Orgelmusik des 17./18. Jh. sind Bicinien-ähnliche Stücke weit verbreitet, z. B. in den Choralvariationen von S. Scheidt u.a. Eine Wiederbelebung erfuhr das B. durch die Singbewegung des 20 Jh.; Neukompositionen stammen u. a. von Bartók, Hindemith, Pepping und Genzmer.

BIDERMANN, deutsche Instrumentenbauerfamilie in Augsburg. **Samuel B.,** * um 1540 Ulm, † 7. 12. 1622 Augsburg, baute Spinette und Musikautomaten, aber auch Orgeln (z. B. in Meersburg und Konstanz). Die Musikautomaten, von denen noch einige erhalten sind, lassen Rückschlüsse auf die Spielart der deutschen Tänze der Renaissance zu. Die Söhne **Samuel** (um 1600 bis nach 1653) und **Daniel** (1603–63) führten die Werkstatt fort.

BIEDERMEIER. Mit B. oder B.-Zeit wird in der deutschen Literaturwissenschaft die Restaurationszeit von 1815 bis 1848 in ihrer konservativen Grundhaltung bezeichnet. Als Epochenbegriff dient B. so zur Abgrenzung gegen die vorausgehende Romantik und den nachfolgenden Realismus. Liberale Strömungen des Jungen Deutschland und des Vormärz werden dabei als „Opposition“ innerhalb des B. verstanden.

In der Musikwissenschaft wird der Begriff heute meist auf denselben Zeitraum bezogen. Als Epochenbezeichnung konnte er sich aber nicht durchsetzen, da sich für die zentralen kompositionsgeschichtlichen Erscheinungen (C. M. von Weber, Fr. Schubert, F. Mendelssohn, R. Schumann) der Romantikbegriff eingebürgert hat. Daher neigt die Musikwissenschaft noch stärker als die Literaturwissenschaft dazu, den Begriff B. vornehmlich mit negativen Charakteristika der Zeit wie kleinbürgerliche Enge, philiströser Bildungseifer, Sentimentalität und Trivialität zu verbinden. Der Ursprung des Wortes, das zuerst um 1850 in einer parodistischen Gedichtsammlung auftaucht, bleibt hier gegenwärtig. Dem abwertenden Aspekt des B.-Begriffs entspricht vor allem in der älteren musikwissenschaftlichen Literatur seine Beschränkung auf Phänomene, die nach C. Dahlhaus oft nur das negative Merkmal gemeinsam haben, daß man sie nicht der Romantik zuordnen will. So wurden beispielsweise die Komponisten C. Kreutzer, Fr. Schneider, Fr. Silcher, A. Lortzing, O. Nicolai, Fr. von Flotow, St. Heller und R. Franz von H. J. Moser als „Kleinmeister des B.“ bezeichnet.

Ein weitergehendes B.-Verständnis sucht gattungs- und stilgeschichtliche Merkmale zu erfassen, die nicht auf die „Kleinmeister“ beschränkt sind und zu denen nach H. Heussner das Vordringen des Liedes und des lyrischen Klavierstücks, der Hang zur Genreszene in Oper und Singspiel und die Neigung zu liedhafter und pittoresker Thematik in der Symphonie gehören. Solche Bestimmungen sind jedoch meist zu pauschal, um unterschiedlichen Erscheinungen, etwa im Bereich des Klavierstücks, gerecht zu werden: Schumanns *Album für die Jugend* trägt durchaus biedermeierliche Züge, während seine *Davidsbündlertänze* und die *Kreisleriana* viel eher einer romantischen Grundhaltung entstammen. Auch scheinen hier oft eher rezeptions- als kompositionsgeschichtliche Phänomene erfaßt zu sein, etwa die allmähliche Popularisierung der Schubertlieder.

Mit Dahlhaus empfiehlt es sich – teilweise in Anlehnung an E. Bückens Realismus-Begriff –, das musikalische B. primär vom Verhältnis zwischen Komponist, Werk und Öffentlichkeit her zu bestimmen. Besonderes Charakteristikum des musikalischen B. wäre demnach die im Gegensatz zum romantischen Absolutheits- und Autonomieanspruch stehende Anerkennung gesellschaftlicher Institutionen und Bedürfnisse durch den Komponisten: Komposition bestimmter Werke und Ausprägung spezifischer Stilmittel, einerseits im Hinblick auf zeittypische Einrichtungen und Musizierformen wie Singakademien, Liedertafeln, Musikfeste und Hausmusik, andererseits in der Berücksichtigung gesellschaftlicher Ansprüche an Verständlichkeit und Unterhaltungswert von Musik, wie sie in der zeitgenössischen Ästhetik (J. F. Herbart) und Kritik, teilweise in engem Anschluß an ältere Strömungen der Empfindungs- und „Töne“-Ästhetik gestellt werden. Dem entspricht in den musikalischen Ausdrucksformen etwa Schuberts „Wiener Ton“, hinsichtlich der historischen Orientierung die verstärkte Bezugnahme auf den als „heiter“ und „klassisch“ verstandenen Mozart. – Unter solchen Aspekten der „gesellschaftlichen Bewährung“ (F. Sengle) empfiehlt sich B. nicht als musikalischer Epochenbegriff, wohl aber als Indikator für bestimmte „Mischungsverhältnisse“, besonders als ein Korrektiv zum musikgeschichtlich meist zu weit und unscharf gefaßten Romantik-Begriff.

Lit.: **1) Allgemein:** F. SENGLE, Biedermeierzeit. Dt. Lit. im Spannungsfeld zw. Restauration u. Revolution 1814–1848, 3 Bde., I: Allgemeine Voraussetzungen (St 1971), II: Formenwelt

(1972); Begriffsbestimmung des literarischen B., hrsg. v. E. NEUBUHR (Da 1974) (= Wege der Forschung 318). – **2) Spezielle Studien:** H. J. MOSER, Gesch. der dt. Musik II/2 (St–B 1924); H. FUNCK, Musikal. B., in: Dt. Vierteljahresschrift für Literaturwiss. u. Geistesgesch. 16 (1936); E. BÜCKEN, Romantik u. Realismus, in: FS A. Schering (B 1937); H. HEUSSNER, Das B. in der Musik, in: Mf 12 (1959); Stud. zur Trivialmusik des 19. Jh., hrsg. v. C. DAHLHAUS (Rb 1967) (= Stud. zur Musikgesch. des 19. Jh. 8); G. SOWA, Anfänge institutioneller Musikerziehung in Deutschland 1800–1843 (Rb 1973) (= ebd. 33); C. DAHLHAUS, Romantik u. B., in: AfMw 31 (1974); H. CH. WORBS, Politische Restauration u. musikal. B., in: Musical 31 (1977); E. LICHTENHAHN, Musikal. B. u. Vormärz, in: Schweizer Beitr. zur Musikwiss. 4 (Be–St 1979).

E. LICHTENHAHN

BIG BAND (engl.), ↗Band.

BIGOPHONE (frz.), ein ↗Mirliton aus Zink, oft in der Form bekannter Blechblasinstrumente gebaut, in das man ohne Worte hineinsingt. Die über eine seitliche Öffnung gespannte Seidenpapiermembran gibt der Stimme einen näselnden Klang. Das B. erhielt den Namen nach seinem Erfinder Bigot (1883). Im 1. Viertel des 20. Jh. gab es in Frankreich zahlreiche Vereinigungen von B.-Spielern.

BIGOT DE MOROGUES (geborene Kiéné), **Marie,** * 3. 3. 1786 Colmar, † 16. 9. 1820 Paris; frz. Pianistin. Sie war seit 1804 mit Paul B. de M., Bibliothekar des russischen Botschafters Graf Rasumowski in Wien, verheiratet. Sie war bekannt mit Haydn, Salieri und Beethoven, die sie sehr schätzten. 1809 nach Paris zurückgekehrt, begründete sie mit Cherubini, Auber, dem Geiger Baillot und dem Cellisten Lamare einen Kammermusikkreis. In Abwesenheit ihres Gatten, der am Rußlandfeldzug teilnahm und nach Gefangenschaft erst 1817 nach Paris zurückkehrte, erteilte sie Klavierunterricht. 1816 war auch Mendelssohn ihr Schüler. Sie veröffentlichte einige Klavierwerke: eine Sonate, ein *Andante varié*, eine *Suite d'études* und ein Rondo.

BIHARI, János, * 21. 10. 1764 Nagyabony, † 26. 4. 1827 Pest; ungarischer Violinist und Komponist; als Zigeuner einer der bedeutendsten Meister des „Verbunkos". Er gründete eine berühmtgewordene „Banda" aus vier Streichinstrumenten und einem Cimbalom, mit der er ausgedehnte Tourneen unternahm. Beethoven verwendete in der Ouvertüre zu *König Stephan*, op. 117, eines seiner Themen. Da B. der Notenschrift unkundig war, wurden seine Werke erst von zeitgenössischen Komponisten (Mohaupt, Czerny u. a.) notiert. Zu seinen Lebzeiten erschienen aber nur einige *Ungarische Tänze* unter seinem Namen. Die Transkriptionen seiner Werke sind unübersehbar. B. ist vermutlich auch der Komponist des *Rákóczy-Marsches.*

BILDSTEIN, Hieronymus, * um 1580 Bregenz, † um 1626 Meersburg (?); östr. Organist und Komponist. Er stand seit 1604 im Dienst des Fürstbischofs von Konstanz in Meersburg. Von ihm ist eine Sammlung Motetten, *Orpheus christianus,* für 5–8 St. und B.c. (Ravensburg 1624) erhalten. B. gehört neben Luython, Haßler u. a. zu jener Organistengeneration, die um 1600 in Süddeutschland das Orgelspiel zu neuer Blüte brachten.

BILLY BUDD, Oper in 4 Akten von Benjamin Britten (1913–76), op. 50, Text von E. M. Forster und Eric Crozier nach dem gleichnamigen Roman von Herman Melville (1891). Ort und Zeit der Handlung: auf der Fregatte „Indomitable", 1797. UA: 1. 12. 1951 in London (Covent Garden); dt. EA (in dt. Sprache): 2. 3. 1952 in Wiesbaden (Übersetzung von Alfred A. Unger); Erstsendung einer zweiteiligen Rundfunkfassung: 13. 10. 1960. Der nahezu veristische Text der Oper um das tragische Schicksal des Matrosen Billy Budd, der sich aufgrund einer Sprachhemmung nicht gegen eine falsche Anschuldigung verteidigen kann, seinen Denunzianten im Zorn erschlägt und durch den nach Kriegsrecht unvermeidlichen Urteilsspruch des von seiner Unschuld überzeugten Kapitäns hingerichtet wird, steht in gewissem Kontrast zum eher elegischen statt dramatischen Grundcharakter der musikalischen Sprache; so wurde auch der Kapitän – eigentliche Zentralrolle des Werkes – mehr als lyrische denn als heldische Tenorpartie konzipiert – nicht zuletzt Peter Pears zuliebe, der bei der UA mitwirkte.

W. A. MAKUS

BILSE, Benjamin, * 17. 8. 1816 Liegnitz, † 13. 7. 1902 ebd.; dt. Dirigent. Seit 1843 Stadtmusikus in Liegnitz, führte er die dortige Stadtkapelle auf ein solches Niveau, daß er mit ihr, allerdings auf privates Risiko hin, Konzerte im In- und Ausland geben konnte. 1868 ließ er sich in Berlin nieder, wo er ein eigenes Orchester gründete, mit dem er die Bilse-Konzerte durchführte. Ein Teil der Musiker gründete 1882 ein eigenes Orchester, aus dem das Berliner Philharmonische Orchester hervorging.

BINCHOIS (de Binche), **Gilles,** * um 1400 Mons (Hennegau), † 20. 9. 1460 Soignies (Diözese Cambrai); franko-flämischer Komponist. Sein Vater, Jean de Binche, stand Ende des 14. Jh. im Dienst des aus dem Hause Wittelsbach stammenden Grafen Wilhelm IV., der den Hennegau regierte, seit 1417 im Dienst der Jacqueline von Bayern. Über die Jugend von B. ist fast nichts bekannt. Vielleicht wurde er am Hof des Hennegau, der unter dem Einfluß der zeitgenössischen französischen Musik stand, erzogen und kam wohl auch sehr früh in Berührung mit der weltlichen Musik seiner Zeit. Möglicherweise war er Chorknabe an der Kathedrale von Cambrai, wo er seine musikalische Ausbildung dann zur gleichen Zeit wie Dufay erhalten hätte. Bevor er Priester wurde, war B. Soldat, wie die von Ockeghem komponierte (und wahrscheinlich auch gedichtete) *Déploration sur la mort de Binchois* berichtet. Wohl seit 1424 stand B. im Dienst des Grafen, späteren Herzogs von Suffolk. Im April 1425 folgt er seinem Herrn in den Hennegau. Es ist auch nicht auszuschließen, daß er ihn nach England begleitet hat. Um 1430 trat B. in den Dienst Herzog Philipps des Guten von Burgund. Er war Kanoniker und seit 1452 Propst am Kollegiatstift Saint-Vincent in Soignies, in den beiden letzten Lebensjahren außerdem bepfründet an den Kollegiatstiften Sainte-Waudru in Mons, Saint-Pierre in Cassel (Diözese Thérouanne) und Saint-Donat in Brügge. Der burgundischen Hofkapelle scheint er seit 1453 nur noch nominell angehört zu haben. Wenn auch über sein Leben nur wenige Einzelheiten bekannt sind, so zeugen doch zahlreiche Schriftsteller und Theoretiker des 15. und 16. Jh. (besonders Tinctoris und Martin Le Franc) in beredter Weise von seiner Bedeutung und nennen ihn oft zusammen mit Dunstable und vor allem mit Dufay, mit dem er auf einer bekannten Miniatur des 15. Jh. abgebildet ist. Kunstgeschichtliche Forschungen machen es wahrscheinlich, daß Jean van Eycks berühmtes Porträt eines jungen Mannes (National Gallery, London) ein Bildnis von B. ist.

WW (angegeben sind die wichtigen Mss.): Fragmente des *Ordinarium Missae, Magnificat* u. Motetten in den Trienter Kodizes 87, 92 u. in Ms. Aosta; 55 WW mit frz. Text in: Ms. Oxford Can. Misc. 213, Chansonnier Escorial 5, 3, 24, Ms. München, Bayerische Staatsbibl. Mus. Ms. 3192).

Obgleich B. auch beachtenswerte liturgische Werke komponiert hat – seine Funktion als Kaplan verpflichtete ihn dazu –, gilt er in der Musikgeschichte als der große Meister des Chansons im 15. Jahrhundert. Die Bedeutung der „burgundischen Chansonkunst" beruht vor allem auf seinen 55 Chansons. Ihre klare musikalische Form ergibt sich aus der Verwendung der Kadenz als Ordnungsprinzip. In der Harmonik zeigt er sich konservativer gegenüber der von Dufay ausgehenden Entwicklung. Trotzdem steht seine musikalische Sprache, beeinflußt vom Terzen- und Sextenreichtum der englischen Kunst, hinter der Dufays nicht zurück. Die Frische, die viele seiner Chansons kennzeichnet, veranlaßte den Dichter der *Déploration,* ihn „Vater der Fröhlichkeit" zu nennen. Dennoch findet sich darin auch tiefe Melancholie, die, wie der Historiker Jan Huizinga in *Herbst des Mittelalters* gezeigt hat, ein Grundzug der Epoche war.

Ausg.: GA der Chansons, hrsg. v. W. REHM (Mz 1957); sechs bisher nicht gedr. 3st. Chansons, hrsg. v. H. RIEMANN (Wb 1892); C. STAINER, Dufay and his contemporaries (Lo 1898); 16 Chansons, hrsg. v. W. GURLITT, in: Chw 22 (1933); Messen, Motetten u. Lieder, hrsg. v. J. MARIX, in: Les musiciens de la cour de Bourgogne au XVe siècle (P 1937); Codex Escorial. Chansonnier (Bibl. du monastère de l'Escurial, Ms. 5, 3, 24), Faks.-Ausg., hrsg. v. W. REHM (Kas 1958); 3 Rondeaux, in: A 15th Century Repertory from the Cod. Reina (Paris, Bibl. Nat., Nouvelle Acquisition Française 6771), hrsg. v. N. E. WILKINS (An 1966) (= CMM 37).

Lit.: W. GURLITT, Burgundische Chanson- u. dt. Liedkunst des 15. Jh., in: Kgr.-Ber. Basel 1924 (L 1925); J. MARIX, Histoire de la musique et des musiciens de la cour de Bourgogne... (Str 1939); H. BESSELER, Bourdon u. Fauxbourdon (L 1950); W. REHM, Das Chansonwerk v. G. B. (Diss. Fr 1952); W. FREI, Weltl. u. geistl. Ein Gedenkwort zum 500. Todestag v. G. B., in: RMS 101 (1961); J. A. BOUCHER, The Religious Music of G. B. (1963) (= Diss. Boston Univ.); A. PARRIS, The Sacred Works of G. B., 2 Bde. (1965) (= Diss. Bryn Mawr College); M. PICKER, Cantus firmus in B.s „Filles à Marier", in: JAMS 18 (1965); E. L. KOTTNICK, The Chansonnier cordiforme, in: JAMS 20 (1967); M. SCHULER, Neues zur Biographie von G. B., in: AfMw 33 (1976). – Zum Porträt Jan van Eycks: E. PANOFSKY, Who is Jan van Eyck's „Tymotheos"?, in: Journal of the Warburg and Courtauld Institutes 12 (1949); R. WANGERMÉE, Die flämische Musik in der Gesellschaft des 15. u. 16. Jh. (Brü 1960).

W. REHM

BINDER, Christlieb Siegmund, * 28. 7. 1723 Dresden, † 1. 1. 1789 ebd.; dt. Komponist und Organist. Schüler Hebenstreits. Er wurde 1751 Mitglied der Dresdner Hofkapelle, 1764 Organist der Hofkirche. B. schrieb u. a. etwa 30 Sonaten für Cemb. (von denen 1759 in Dresden 6 veröffentlicht wurden), Trios *(Sonate a tre)* für Cemb., Fl. (oder V. bzw. Va.) und Vc. (6 erschienen 1763 in Leipzig im Druck), 2 Quartette für Cemb., 2 V. und Vc. (1773), 30 Cembalo- und 3 Orgelkonzerte. In B.s Werken zeigen sich sowohl norddeutsche wie auch italienische Stilelemente, mit denen ihn wohl J. A. Hasse in Dresden bekannt gemacht hatte.

Ausg.: 3 Sonatensätze für Klv., hrsg. v. O. SCHMIDT (Langensalza o. J.); Sonate in G-Dur für V. u. Cemb., hrsg. v. G. HAUSSWALD (Kas 1950) (= Hortus mus. Nr. 62); Sonate in D-Dur für Va. u. Cemb. obligato, hrsg. v. H. RUF (Mz 1965) (= Antiqua o. Nr.).

Lit.: H. FLEISCHER, Chr. S. B. (Diss. L 1940); R. ENGLÄNDER, Die Dresdner Instr.-Musik in der Zeit der Wiener Klassik (Upsala – Wie 1956).

BINDERNAGEL, Gertrud, * 11. 1. 1894 Magdeburg, † 3. 11. 1932 Berlin; dt. Sängerin (Sopran). Sie erhielt ihre Ausbildung am Konservatorium in Magdeburg und 1913–17 an der Berliner Musikhochschule, hatte dann Engagements in Breslau, Regensburg und 1920–27 an der Berliner Staatsoper. Nach 1927 sang sie hauptsächlich an der Städtischen Oper Berlin, bei Gastspielen u. a. in Wien, München und Hamburg und während eines dreijährigen Engagements am Nationaltheater Mannheim. Beachtung fand G. B. vor allem in dramatischen Wagner-Partien. Sie wurde von ihrem Ehemann, dem Bankier Wilhelm Hintze, aus Eifersucht erschossen.

BINET, Jean, * 17. 10. 1893 Genf, † 24. 2. 1960 Trélex-sur-Nyon (Vaud); Schweizer Komponist. Nach Studien in Genf am Institut von É. Jacques-Dalcroze (Komposition u. a. bei O. Barblan), ging er nach New York, studierte bei E. Bloch Komposition und lehrte selbst Rhythmik. Seit 1923 lebte er in Brüssel, lehrte dort ebenfalls Rhythmik und ließ sich 1929 wieder in der Schweiz nieder. Sein reichhaltiges Werk zeichnet sich durch eine sehr „lateinische" Sensibilität aus und vermeidet heftige Kontraste. Die oft subtile Harmonik orientiert sich immer an tonalen Zentren.

WW (wenn nichts anderes angegeben, in Genf erschienen): **1) Instr.-WW:** *Quatuor à cordes* (1927); für Orch.: *Suite d'airs et de danses populaires suisses* (1931); *Le Printemps* (1948), unveröff.; *Prélude symphonique* (1949), unveröff.; *Divertissement* (1934), für V. u. Orch.; *Petit Concert* (1950), für Klar. u. Orch. – **2) Vokal-WW:** 8 *Mélodies de Cl. Marot* (1928), für Gesang u. Klv. (P o.J.); 4 *Chansons de C.F. Ramuz* (1927), für Tenor u. 8 Instr.; zahlr. Chorstücke. – **3) Bühnen-WW:** 2 Ballette: *L'Ile enchantée* (1947) u. *Le Printemps* (1950), unveröff.; Bühnenmusik für *Antigone, Les joyeuses Commères de Windsor, Calypso, Coriolan; La Grange au Rouds* (1957), UA: Mézières 1960.

Lit.: Zentralarchiv schweizer. Tonkunst, Werkverz. 2 (Z 1960) (Werk-Verz.); H. GAGNEBIN, Art. B., in: 40 Compositeurs suisses; Hommage à J. B. (Nyon 1960); A. FORNEROD, in: SMZ 100 (1960); J. B. (Z 1961).

BING, Sir **Rudolf,** * 9.1.1902 Wien; engl. Impresario östr. Herkunft. Er wollte ursprünglich Maler, dann Opernsänger werden, nahm aber 1920, nachdem sein Vater in der Inflation sein Vermögen verloren hatte, eine Stelle in einer Wiener Buchhandlung an, der seit 1921 eine kleine Konzertagentur angeschlossen war. B. gliederte ihr bald eine Opernabteilung an, durch die er bekannt wurde. Er ging dann nach Berlin zu einer großen Impresario-Firma. 1928 wurde er unter Carl Ebert Verwaltungsdirektor am Hessischen Landestheater in Darmstadt und ging 1930 mit Ebert an die Oper in Berlin-Charlottenburg. Nach der Machtergreifung Hitlers verlor er als Jude seine Stellung, gelangte über Wien nach Prag, führte Regie an Provinzbühnen, kam dann nach England, wo er bei J. Christie und mit Ebert und Fritz Busch die Festspiele in Glyndebourne aufbaute, deren Geschäftsführer er 1939 wurde. 1947 gründete er die Festspiele in Edinburgh, die er bis 1949 leitete. In diesem Jahr wurde er zum Generaldirektor des Metropolitan Opera House in New York berufen, das er bis 1977 leitete, reorganisierte und dessen große Tradition er fortsetzte. Unter ihm wurde auch das neue Haus am Lincoln Center konzipiert und am 18. 11. 1966 mit der UA der Oper *Antonius und Kleopatra* von S. Barber eröffnet. 1971 wurde B. geadelt. Er schrieb *5000 Abende in der Oper* (dt. Mn 1973).

BINIOU (bretonisch, frz.), ursprünglich nur die kleine mundgeblasene bretonische ↗Sackpfeife. Heute bezeichnet B. zwei verschiedene Typen: der kleine B. besteht aus Windsack, Mundrohr, einer kurzen (ca. 15 cm langen), konischen Melodiepfeife mit weiter Bohrung, mit Doppelrohrblatt und 7 Grifflöchern, und aus einer zylindrischen (ca. 38 cm langen) Bordunpfeife mit aufschlagender Zunge. Dieses Instrument wird ausschließlich zusammen mit der eine Oktave tiefer erklingenden ↗Bombarde gespielt. Seit den 30er Jahren des 20. Jh. wurde der kleine B. weitgehend von der aus Schottland eingeführten Sackpfeife, dem großen B. mit 3 Bordunpfeifen, verdrängt, dessen Melodiepfeife in gleicher Oktave wie die Bombarde erklingt. Der große B. wird, wie in Schottland, in den zahlreichen Militärkapellen in der Bretagne zusammen mit Trommeln und Bombarden gespielt. Seit einigen Jahren führten Bestrebungen zur Erhaltung der bretonischen Sprache und Volksmusik auch zur Wiederbelebung des kleinen B., der heute von zahlreichen Musikern gespielt wird.

Lit.: C. MARCEL-DUBOIS, Bombardes et b.s (P 1951).

M. BRÖCKER

BIONDI, Giovanni Battista (Giambattista de Cesena, Il Cesenate), OFM; it. Komponist aus Cesena. Er lebte am Beginn des 17. Jh. wahrscheinlich in Bologna.

WW (alle in Venedig erschienen): *Due Messe e motetti* für 4 St. mit B.c. (1605); *Compieta* (Komplet) mit Litaneien u. Motetten für 8 St.; *Concerti*, 2. Buch, für 2 St. (1606), 4. Buch, für 1–4 St. (1611), 5. Buch, für 1–3 St. (1621); *Motetti* für 4 St. (1606); 4st. Vesperpsalmen (1. Buch 1606, 2. Buch 1609, 3. Buch, *Salmi concertati,* 1630); 2 Bücher 5st. Psalmen (1607 u. 1610); *Messe, letanie e motetti* für 2 St. (1608); *Messe e motetti* für 3 St. mit 1 Requiem (1609); *Due compieti* für 4 St. (1612).

BIONI, Antonio, * um 1698 Venedig, † nach 1739; it. Komponist. Schüler von G. Porta. Er war Musikdirektor, dann Leiter einer italienischen Operntruppe in Prag und Breslau, seit 1731 ernannter Hofkomponist des Kurfürsten von Mainz. Neben geistlicher und weltlicher Vokalmusik schrieb B. über 20 Opern, von denen nur *Issipile* (UA Breslau

1732) und *La Pace fra la virtù e la bellezza* (UA Wien 1739) erhalten sind.

BIRCKENSTOCK, Johann Adam, * 19.2.1687 Alsfeld (Hessen), † 26.2.1733 Eisenach; dt. Violinist und Komponist. Schüler von J.B. Volumier in Berlin, von Fiorelli in Bayreuth, 1708 von Fr. Duval in Paris und 1709 von R. Fedeli in Kassel. Hier wurde er als Violinist Mitglied der Hofkapelle, 1725 nach dem Tod Fedelis Konzertmeister. Seit 1730 war er Kapellmeister am Hof zu Eisenach. B. gehört zu den angesehenen Violinisten der Bach-Händel-Zeit. Er veröffentlichte 2 Bücher *Sonate a violino solo e violoncello ò b.c.* (A 1722), und *Six Sonatas for 2 Violons and Bass* (Lo o.J.). Hsl. hat sich (in Upsala) eine *Sinfonia* erhalten.

Ausg.: Sonate Nr. 2 in B-Dur, hrsg. v. W. WOEHL, in: Nagels MA 25 (1928); Sonate in E-Dur, op. 4 Nr. 1, hrsg. v. F. POLNAUER (Mz 1970) (= V.-Bibl. 4).

Lit.: CH. ENGELBRECHT, Die Hofkapelle des Landgrafen Carl von Hessen-Kassel, in: Zschr. des Ver. für hessische Gesch. u. Landeskunde 68 (1957).

BIRNE (engl.: pear; frz.: baril; it.: barilotte), birnenförmiger Teil des Rohrs der ↗Klarinette, der sich unter dem Mundstück befindet. Zur Regulierung der Stimmung benützt der Spieler B.n von verschiedener Länge.

BIRTWISTLE, Harrison, * 15.7.1934 Accrington (Lancashire); engl. Komponist. B. studierte in Manchester und London (an der Royal Academy of Music) Klarinette und Komposition. Er war Mitglied mehrerer Ensembles für Neue Musik und gründete zuletzt mit P.M. Davies das Kammerensemble Pierrot Players (in Anlehnung an Schönbergs Pierrot lunaire-Ensemble). B. löste sich als einer der ersten englischen Komponisten von der nationalen spätromantischen Tradition im Gefolge Elgars.

WW: **1) Instr.-WW:** *Nomos* (1968), für Fl., Klar., Fag., Horn u. Orch.; *The Triumph of Time* (1972), für 40 Bläser; *Bow Down* (1976), für Streichorch.; *Medusa* (1970), für Fl., Klar., V., Vc., Klv. (Celesta) u. Schlagzeug; *Carmen Arcadiae Mechanicae Perpetuum* (1976–77), für 14 Instr.; *Melancolia I* (1976), für Klar. u. Orch. – **2) Vokal-WW:** *Entr'actes and Sappho Fragments* (1964), für Sopran, Fl., Ob., V., Va., Harfe u. Schlagzeug; *Tragoedia* (1965), für 2 3st. Frauenchöre, Bläser, Harfe, Schlagzeug u. Klv.; *Monodrama* (1967), für Sopran, Sprecher, Fl., Klar., V., Vc., Schlagzeug u. Klv.; *Nenia* (1970), für Sopran, 3 Klar. u. Schlagzeug; *Meridian* (1971), für 2 Frauenchöre, 3 Gesangssolisten, 6 Bläser, Harfe, Schlagzeug u. Klv.; *The Fields of Sorrows* (1971), für 2 Frauenst., 8st. Chor, Bläser, Vibraphon u. 2 Klv.; *Ring a dumb Carillon* (1976), für Singst., Klar. u. Schlagzeug. – **3) Bühnen-WW:** *Punch and Judy*, Oper, UA: Aldeburgh 1968; *Down by the Greenwood Side* (1969), Pastorale für Sopran, Schauspieler u. 9 Instr.; *Orpheus* (seit 1974; Work in Progress).

BIS (lat., = zweimal), Anweisung, die so bezeichnete Stelle zu wiederholen. – Auch akklamatorische Aufforderung des Publikums, ein Werk zu wiederholen.

BISBIGLIANDO (it., = flüsternd), Klangeffekt auf der Harfe, der durch leises Tremolieren eines Akkords oder Einzeltons hervorgerufen wird.

BISHOP, Sir Henry Rowley, * 8.11.1786 London, † 30.4.1855 ebd.; Schüler von Francesco Bianchi. Er leitete 1810–13 das Orchester von Covent Garden, danach das der Philharmonic Society, die er mitbegründete, 1816–17 das Orchester des King's Theatre. 1830 wurde er Musikdirektor von Vauxhall, lehrte 1841–43 an der Univ. Edinburgh, 1848–53 an der Univ. Oxford. Zuletzt leitete er die Ancient Concerts in London. B. schrieb zahlreiche Bühnenwerke (Opern, auch Bearbeitungen fremder Opern, z.B. von Mozart, Weber, Boieldieu, Singspiele, Bühnenmusiken und Ballette), ferner Lieder, Kantaten, u.a. *The Seventh Day* (1834) und ein Oratorium. Von den Opern sind vor allem zu nennen *The Circassion Bride*, das 1809 mit großem Erfolg uraufgeführt wurde, und *Clari* (UA London 1822), das als sein bestes Werk gilt.

Lit.: F. CORDER, The Works of Sir H.B., in: MQ 4 (1918); R. NORTHCOTT, The Life of Sir R.B. (Lo 1920).

BISTROPHA ↗Neumen.

BITONALITÄT (von lat. bis = zweimal und griech. tonos = Ton, Klang), ↗Polytonalität.

BITTNER, Julius, * 9.4.1874 Wien, † 9.1.1939 ebd.; östr. Jurist und Komponist. B. war Schüler des Organisten Josef Labor und wurde von Bruno Walter gefördert. Er schrieb vor allem volkstümliche Opern auf eigene Libretti, in die er, wie W. Kienzl, der als sein Vorläufer auf diesem Gebiet gelten kann, Elemente des Singspiels aufnahm.

WW: Opern: *Die rote Gret*, UA: Frankfurt 1907; *Der Bergsee*, UA: Wien 1911; *Das höllisch Gold*, UA: Dresden 1916; *Das Rosengärtlein*, UA: Mannheim 1923; 2 Symphonien; 2 symphonische Dichtungen; eine *Große Messe D-Dur mit Te Deum* für Soli, Chor, Orch. u. Org. (W 1925); 2 Streichquartette.

Lit.: R. SPECHT, J.B. (Mn 1921); H. ULLRICH, J.B. (W 1968) (= Österreichische Komp. des 20. Jh. 13).

BIVIRGA ↗Neumen.

BIWA (japan., von altchinesisch „bij'i-b'a" oder „p'i-p'a"), Kurzhalslaute mit rundem oder birnenförmigem Korpus, das unabgesetzt in einen kurzen, mit hohen Bünden ausgestatteten Hals mit abgewinkeltem Wirbelkasten übergeht. Es gibt verschiedene Hauptformen des Instruments: die *Gaku-B.* mit 4 Saiten und 4 Bünden wird, mit einem kleinen Plektrum gespielt, nur im ↗Gagaku verwendet. Die hohen Bünde erlauben zwei Arten des Spiels. Bei der Gaku-B. werden die Saiten nur auf die Bünde gedrückt, während bei den anderen Formen die Saiten auch zwischen den hohen Bünden unterschiedlich weit niedergedrückt werden können, so daß Tonhöhenveränderungen möglich sind. Durch die hohen Bünde bekommt das Instrument außerdem seinen charakteristischen Klang, der durch das Schlagen der angezupften Saiten gegen die Bünde entsteht. Die *Heike-B.* ist kleiner, hat 4 Saiten, 5 Bünde und wird mit einem breiteren Plektrum gespielt. Die *Satsuma-B.* hat ein schmaleres Korpus als die Heike-B., 4 Saiten, 4 sehr hohe Bünde und wird mit einem sehr breiten Plektrum gespielt. Das Plektrum erzeugt den für den Satsuma-Stil charakteristischen Klang, wenn es auf die Decke schlägt. Die *Chikuzen-B.* ist die kleinste B. mit 4 oder 5 Saiten und 5 Bünden. Sie wird mit einem schmalen Plektrum gespielt, das dem der Heike-B. ähnlich ist. Vorformen der B. finden sich im Iran, in Indien und in China, von wo sie im 8. Jh. nach Japan eingeführt wurde.

M. BRÖCKER

BIZET, Georges (eig. Alexandre César Léopold), * 25.10.1838 Paris, † 3.6.1875 Bougival; frz. Komponist. Sein Vater und sein Onkel mütterlicherseits, François, waren Gesangslehrer. B. studierte 1848–57 am Conservatoire in Paris u. a. bei Halévy und Gounod. Für sein erstes Bühnenwerk, die einaktige Operette *Le Docteur Miracle* (UA 9. 4. 1857 am Theater Les Bouffes-Parisiens), gewann er mit Lecocq einen von Offenbach ausgesetzten Preis. Im gleichen Jahr erhielt er den Prix de Rome. B. verbrachte drei glückliche Jahre in Rom, wo die Opera buffa *Don Procopio* entstand. Anschließend lebte er in oder bei Paris, war gleichzeitig am Theater, erteilte Unterricht, arrangierte und korrepetierte. Er trat auch als glänzender Pianist hervor, den u. a. Liszt bewunderte. Die ersten Opern, *Les Pêcheurs de perles* (Die Perlenfischer, 1863) und *La jolie fille de Perth* (Das schöne Mädchen von Perth, 1866), hatten wenig Erfolg. *Djamileh* wurde noch schlechter aufgenommen. Viele andere Opern blieben unvollendet oder kamen gar nicht zur Aufführung. Aus diesen Werken hat er manches in *Djamileh* und in *Carmen* verwendet. 1869 dirigierte Pasdeloup die (unvollendet gebliebene) Suite oder Symphonie *Roma.* Im selben Jahr heiratete B. die Tochter seines Lehrers Halévy. Während der Belagerung von Paris im Deutsch-Französischen Krieg diente er in der Nationalgarde, arbeitete aber gleichzeitig an zwei (nicht vollendeten) Opern: *Clarissa Harlowe* und *Grisélidis.* 1871 entstand die Suite für Klavier vierhändig, *Jeux d'enfants* (fünf der insgesamt zwölf Stücke hat B. für Orchester bearbeitet). 1871 war er auch kurze Zeit Chorleiter an der Opéra. Die Musik zum Schauspiel *L'Arlésienne* von Daudet bedeutete eine erneute Niederlage für ihn, aber die daraus entstandene gleichnamige Suite für großes Orchester wurde bei ihrer Aufführung am 10. 11. 1872 in den Concerts Pasdeloup ein Erfolg. Seine letzten Werke waren die Oper *Don Rodrigue* (1873), für die Opéra bestimmt, aber nach deren Brand unvollendet geblieben, die Konzertouvertüre *Patrie* (1873) und die Opéra-comique *Carmen* (1873–74), auf ein Libretto von F. Meilhac und L. Halévy nach der gleichnamigen Novelle von Pr. Mérimée. Diese Oper, die weit über die engen Grenzen der an der Opéra-comique herrschenden Konventionen hinausging, wurde zu Bizets Zeit wegen ihrer Anstößigkeit, ihrer dramaturgischen Schwächen und ihrer Melodienarmut heftig kritisiert. Man warf B. sogar Konzessionen an den vulgären Geschmack vor.

WW: **1) Instr.-WW:** Für Klv.: 6 *Chants du Rhin* (P 1865); *Trois Esquisses musicales* für Klv. oder Harmonium (P 1865); *Variations chromatiques de concert* (P 1868); *Nocturne* in D-Dur (P 1868); *Jeux d'enfants* für Klv. 4händig (P 1872). – Für Orch.: Symphonie in D-Dur (1855) (W 1935); Symphonie *Roma* (1860–71) (P 1880); *Marche Funèbre* (Ouvertüre aus *La Coupe du Roi de Thulé*) (1868–69) (P 1881); *Petite suite d'orchestre,* 5 Stücke aus *Jeux d'enfants* (1871) (P 1882), ein 6. blieb unveröff.; Suite *L'Arlésienne* (1872) (P 1872), eine 2. Suite *L'Arlésienne* wurde von E. Guiraut aus Stücken B.s zusammengestellt; Ouvertüre *Patrie* (P 1874). – **2) Vokal-WW:** Etwa 40 Lieder mit Klv., darunter 6 *Feuilles d'album* (P 1866); *Vingt Mélodies* (P 1873); 16 *Mélodies* (P 1886) (die meisten stammen aus unvollendeten Opern); einige Duos, Chöre und Kantaten, die meisten davon unveröff.; symphonische Ode *Vasco de Gama* (1859–60) (P 1880). – **3) Bühnen-WW:** *Le Docteur Miracle* (1856) (Libr.: L. Battu u. L. Halévy), Operette, UA: Paris 1857 (P 1962); *Don Procopio* (1858–59) (Libr.: C. Cambiaggio), Opera buffa, UA: Monte Carlo 1906 (P 1905); *Ivan IV* (1862–63) (Libr.: A. Leroy u. A. Trianon), Oper (P 1951); *Les Pêcheurs de perles* (1863) (Libr.: M. Carré u. E. Cormon), Oper, UA: Paris 1863 (P 1863); *La jolie Fille de Perth* (1866) (Libr.: J. H. Vernoy de Saint-Georges u. J. Adenis), Oper, UA: Paris 1867 (P 1868); *La Coupe du Roi de Thulé* (1868) (Libr.: L. Gallet u. É. Blau), Oper; *Noé* (Libr.: J. H. Vernoy de Saint-Georges), unvollendete Oper v. L. Halévy (P 1885); *Clarissa Harlowe* (Libr.: Ph. Gille), unvollendete Opéra-comique; *Grisélidis* (1870–71); (Libr.: V. Sardou), unvollendete Opéra-comique; *Djamileh* (1871) (Libr.: L. Gallet), UA: Paris 1872 (P 1872); *L'Arlésienne* (Drama von A. Daudet), Bühnen-Musik, UA: Paris 1872 (P 1872); *Don Rodrigue* (1873) (Libr.: L. Gallet u. É. Blau), unvollendet; *Carmen* (1873–74) (Libr.: H. Meilhac u. L. Halévy), Opéra-comique, UA: Paris 3.3.1875 (P 1875). Angegeben sind die Daten der 1. Ausg.; fast alle posthumen Ausg. enthalten schwerwiegende Ungenauigkeiten u. zahlr. Textverfälschungen.

Die frühen Werke von B., insbesondere die Symphonie aus dem Jahre 1855, zeugen von einer frischen Unmittelbarkeit, die an den frühen Schubert erinnert. In Rom verwarf B. diese Leichtigkeit. Er verteidigte das „génie rationnel“ (Beethoven, Meyerbeer, Michelangelo) gegen das „génie naturel“ (Mozart, Rossini, Raphael), wenn er aufgrund seines eigenen Stils auch zweifellos in die zweite Gruppe einzuordnen ist. In den folgenden zehn Jahren zeigt seine Musik Merkmale reflektorischen Bemühens. B. verstand sich als Fortsetzer der deutschen musikalischen Tradition, schlug (vor allem in *Ivan IV.*) in der Thematik einen heroischen Ton an und verfolgte einen pompösen Stil, der in keiner inneren Beziehung zu seinem eigenen Wesen stand. Der zeitgenössische Vorwurf, er sei Wagnerianer, ist absurd: seiner Veranlagung nach steht er eher in der Nähe Verdis. Letztlich aber war es Gounod, der mit seinem *Faust (Margarete)* den größten Einfluß auf ihn ausübte. In seiner reifen Zeit fand B., nunmehr auf dem Boden reicherer Erfahrungen, zur früheren Spontaneität zurück. Diese Entwicklung fällt wohl in die Jahre 1868–69, als B. sich in *La Coupe du Roi de Thulé* zum erstenmal dem Thema von Leidenschaft und Eifersucht zuwandte, das in *L'Arlésienne* und *Carmen* den dramatischen Kern der Werke bildet. B. zeigt in seinen Werken den Menschen in seinem alltäglichen Leben. Ihm stand daher die Opéra-comique näher als die große Oper. Mit *Carmen* hat er die Opéra-comique aber inhaltlich vertieft, indem er leidenschaftliche Gefühle zum Gegenstand machte und die Oper tragisch enden ließ. Wenn B. auch den Verismus beeinflußt hat, so ist sein Realismus doch stets von ästhetischen Absichten getragen und verzichtet auf brutale Wirkungen. Seine besten Werke sind gekennzeichnet durch elegante Melodieführung, klare und ausgefeilte Harmonik, durch einen großartigen Sinn für Orchestration, durch gewisses exotisches Kolorit (alle seine Opern spielen außerhalb Frankreichs) und – vor allem in *L'Arlésienne* – durch eine Ökonomie der Mittel, mit der die mannigfaltigsten Empfindungen in sehr straffer Weise zum Ausdruck gebracht werden. Die dramatischen Mittel werden eher sparsam eingesetzt. Der Akzent liegt auf der psychologisch einfühlsamen Zeichnung der Charaktere. Das Gleichgewicht zwischen kühner Neuerung und Wahrung der Tradition, zwischen dramatischen und symphonischen Elementen erinnert an Mozart.

Ausg.: *Carmen*, kritische NA, hrsg. v. F. OESER (Kas 1964) (dt. Übers. v. W. Felsenstein), Partitur.

Lit.: C. PIGOT, G. B. et son œuvre (P 1886, ergänzt ²1911); C. BELLAIGUE, G. B., sa vie et son œuvre (P 1891); G. BIZET, Lettres. Impressions de Rome (1857–60). La Commune 1871, hrsg. v. L. GANDERAX (P 1908); DERS., Lettres à un ami 1865–72, hrsg. v. E. GALABERT (P 1909); E. ISTEL, B. und Carmen (St 1927); M. DELMAS, G. B. (P 1930); R. LAPARRA, B. et l'Espagne (P 1935); H. MALHERBE, Carmen (P 1951); M. CURTISS, B. and his World (NY– Lo 1958); F. ROBERT, G. B. (P 1965); W. DEAN, G. B. His Life and Work (Lo 1965); H. MENZEL, Carmen v. G. B. (B-Lichterfelde 1972) (= Die Oper o. Nr.).

W. DEAN

BJELINSKI, Bruno, * 1. 11. 1909 Triest; jugoslawischer Komponist. Er studierte Rechtswissenschaft an der Universität und Komposition an der Musikakademie in Zagreb, an der er seit 1945 selbst lehrte. B. steht in der neoklassizistischen Tradition und schrieb hauptsächlich Instrumentalkompositionen. Farbige Orchestrierung, durchsichtige Anlage und frische, lebhafte, zuweilen lyrische Stimmung verleihen seinem Werk oft südländischen Charakter; gelegentlich sind Einflüsse mittelmeerischer Volksmusik spürbar.

WW: Klv.-Musik, 2 Sonaten, 3 Suiten, eine *Toccata*; 2 Sonaten für V. u. Klv.; eine Sonate für Vc. u. Klv.; 1 Klv.-Trio; 2 *Streichquartette; 5 Symphonien; Mediteranska simfonijeta* (1958) (Belgrad 1961); *Divertimento* für Orch. (1948) (ebd. 1965); 11 *Konzerte*, 2 für Klv., 2 für Br., 2 für Vc., für Fl., Ob., Klar., Fag. u. Trp.; 5 Liederzyklen; eine Kinderoper *Die Biene Maja;* 2 Ballette.

Lit.: K. KOVACEVIC, Hrvatski kompozitori i njihova djela (Zagreb 1960); DERS., The History of Croatian Music of the 20th Century (ebd. 1967).

BJÖRLING, Jussi (Johan Jonatan), * 2. 2. 1911 Stora Tuna, † 9. 9. 1960 Siaroe Stockholm; schwed. Sänger (Tenor). Er trat bereits als Sechsjähriger mit seinem Vater David und den Brüdern Olle und Gösta im Björling-(Vokal-)Quartett auf, erhielt seit 1929 in Stockholm eine systematische Gesangsausbildung, u. a. bei Forsell, und debütierte 1932 als Don Ottavio in Mozarts *Don Giovanni* an der Königlichen Oper. 1936/37 begann seine internationale Karriere mit Gastspielen in den Opern-Metropolen der alten und neuen Welt. 1938 debütierte er am Metropolitan Opera House in New York (als Rodolfo in Puccinis *La Bohème*), gehörte ihm bis 1941 und 1946–59 an. Schwerpunkte seines umfangreichen Repertoires waren die französische und italienische Oper des 19. Jh., einschließlich des Verismo. B. war auch bedeutend als Liedersänger. Er hinterließ etwa 300, z. T. beispielhafte Schallplattenaufnahmen. Schrieb die Autobiographie *Med bagaget i strupen* (Sto 1945).

Lit.: J. B., en minnesbok, hrsg. v. B. HAGMAN (Sto 1960); J. B., A Record List (Kop 1969).

BLACHER, Boris, * 6. 1. 1903 Newchwang (China), † 30. 1. 1975 Berlin; dt. Komponist, Sohn baltischer Eltern. Er studierte Musik in Irkutsk (Rußland), Charbin (China) und Berlin (Komposition bei E. Koch). Seit 1948 lehrte er Komposition an der Berliner Musikhochschule, deren Direktor er

1953–70 war, seit 1960 auch elektronische Komposition an der TU Berlin. 1968 wurde er Präsident der Akademie der Künste in Berlin. Er war verheiratet mit der Pianistin Gerty Herzog. – Die Grundhaltung seiner Kompositionsweise ist durchaus traditionell. B. selbst fühlte sich am ehesten der Schule Rimski-Korsakows verpflichtet, zeigte sich aber stets den modernen kompositorischen Techniken und klanglichen Möglichkeiten zugänglich und erprobte sie – vom Jazz bis zur elektronischen Musik. Besonders interessierte ihn die rhythmische und metrische Struktur und ihre „Belebung" (B.), die sich u. a. in der um 1950 angewandten Technik der „variablen Metren" (↗Metrum) zeigt (erstmals in den *Ornamenten* für Klv.): ein wichtiger Beitrag zur seriellen Musik bereits vor deren Blütezeit.

WW: **1) Instr.-WW:** *Perpetuum mobile* (1963); Sonate, op. 40 (1951), für V.; für Klv. u. a.: 2 Sonatinen, op. 14 (1940); *Ornamente, 7 Studien über variable Metren,* op. 37 (1950); *Ornamente* für V. u. Klv. (1969); *Multiple Raumperspektiven für* Klv. u. 3 Klangerzeuger (1962); 5 Streichquartette; weitere Kammermusik-WW mit Bläsern u. Streichern; *Two Poems for Jazz Quartett,* op. 55 (1957); *Konzert* für Jazzorch. (1946); *Stars and Strings* für Jazzensemble u. Streichorch. (1973); für Orch.: u. a. *Concertante Musik,* op. 10 (1937); Paganini-Variationen, op. 26 (1947); *Studie im Pianissimo,* op. 45 (1953); *Hommage à Mozart,* op. 52 (1956); *Musica giocosa,* op. 59 (1959); *Collage* (1968); Konzerte für Klv., op. 28 (1947) u. op. 42 in variablen Metren (1952), für V., op. 29 (1948), für Va., op. 48 (1954), für Vc. (1964), für Trp. (1970); Elektron. WW: *Elektron. Studie über ein Posaunenglissando* (1962); *Elektron. Impulse* und *Elektron. Scherzo* (1965); *Musik für Osaka* (1969). – **2) Vokal-WW:** Lieder u. Liederzyklen mit Klv., darunter *Aprèslude,* op. 57 (Text G. Benn) (1958); *Jazz-Koloraturen* für Sopran, Saxophon u. Fag., op. 1 (1929); *Francesca da Rimini* für Sopran u. V., op. 47 (1954); *13 Ways of Looking at a Blackbird* für Singst. u. Streichquartett, op. 54 (1957); *Spirituals* für Singst. u. Instr. (1963); Chöre a capp.; *Der Großinquisitor,* Oratorium (1942); Kantaten, darunter *Traum von Tod u. vom Leben* für Tenor, Chor u. Orch., op. 49 (1955); *Die Gesänge des Seeräubers O'Rourke* für Sopran, Chansonsängerin, Bar., Sprecher, Sprechchor u. Orch., op. 56 (1958); *Requiem* für Sopran, Bar., Chor u. Orch., op. 58 (1959). – **3) Bühnen-WW:** Opern, darunter *Fürstin Tarakanowa,* UA: Wuppertal 1941; *Die Flut,* Kammeroper, op. 24, UA: Dresden 1947; *Preußisches Märchen,* op. 30, UA: Berlin 1952; *Abstrakte Oper Nr. 1,* op. 43, UA: Mannheim 1953, überarbeitet 1957; *Zwischenfälle bei einer Notlandung,* UA: Hamburg 1966; *200000 Taler,* UA: Berlin 1969; *Yvonne, Prinzessin von Burgund,* UA: Wuppertal 1973; Ballette: *Harlekinade,* UA: 1940; *Das Zauberbuch v. Erzerum* (1941); *Chiarina,* UA: 1950; *Hamlet,* UA: 1950; *Lysistrata,* UA: 1951; *Der Mohr von Venedig,* UA: 1955; *Demeter* (1963); *Tristan und Isolde* (1965). – B. verfaßte Libretti zu Opern von G. v. Einem *(Dantons Tod, Der Zerrissene, Der Prozeß).* Er schrieb ferner *Einführung in den strengen Satz* (B 1953).

Lit.: H. H. STUCKENSCHMIDT, Synthesis and Experiments, in: MQ 38 (1952), dt. Übers. in: Melos 20 (1955); DERS., B. B. (B 1963); U. DIBELIUS, Moderne Musik 1945–65 (Mn 1966); J. HÄUSLER, Musik im 20. Jh. (Bremen 1969); S. JAHNKE, B. B., Ornamente für Klv., op. 37, in: Musik u. Bildung 1 (1969); D. STOVEROCK, Der Feuervogel v. I. Stravinsky u. Hamlet v. B. B. (B 1969) (= Die Oper, o. Nr.); U. STÜRZBECHER, Werkstattgespräch mit Komp. (Kö 1971) (mit Werkverz.); B. B. Die Zeit – das unbarmherzig Maß. Gespräch mit W. E. v. Lewinski, in: Melos 29 (1975).

BLACK-BOTTOM (engl.), Mitte der 20er Jahre dieses Jahrhunderts aufgekommener nordamerikanischer Gesellschaftstanz, der an Beliebtheit den ↗Charleston ablöste. Der B. ist eine Art langsamer ↗Foxtrott (♩ = 72) im 4/4-Takt mit Synkope auf der 3. Zählzeit:

BLAINVILLE, Charles Henri de, * um 1710 Rouen (?), † nach 1771 Paris (?); frz. Komponist, Violoncellist und Musiktheoretiker. Seine Bedeutung liegt auf musiktheoretischem Gebiet. In der Schrift *Harmonie théorico-pratique* (P 1746) versuchte er die alte Auffassung von Harmonie mit der modernen Theorie J.-Ph. Rameaus zu verbinden. In dem *Essay sur un 3ᵉ mode... joint la symphonie* (P 1751), seinem originellsten Werk, bemühte er sich, wie andere Musiker seiner Zeit, den Dur-Moll-Dualismus zu überwinden, und entwickelte darin einen „troisième mode", auch „mode mixte" genannt, als selbständiges Tongeschlecht. Diese Überlegungen schlugen sich auch kompositorisch nieder *(Symphonie dans le mode mixte).* B.s Theorie löste eine lebhafte Diskussion aus. Bei Rousseau und der Académie des Sciences fand er Ermunterung, heftigen Widerspruch aber von J. A. Serre, mit dem er 1751–52 im *Mercure de France* einen Streit austrug. In der *Histoire générale, critique et philologique de la musique* (G – P 1767), in der B. der Mode folgend, der griechischen Musik breiten Raum widmete, ging er vor allem der Entwicklung der musikalischen Sprache nach.

WW: **1) Instr.-WW:** *Second livre de 6 Sonates à 2 violoncelles* (P 1753), das 1. Buch ist verschollen; *Premier livre de sonates pour les dessus de violle avec la b. c.* (P 1753); *Six Sonates en trio pour 2 violons ou 2 flûtes et b. c.,* op. 1 (P 1740); *5ᵉ sonate en quatuor* (hsl. erhalten); *Six Symphonies,* op. 2 (P um 1751); *Symphonie dans le mode mixte* (P 1751); *Concerti grossi... da C. B. composti della prima e seconda parte dell'opera prima de Tartini* (P um 1740). – **2) Vokal-WW:** 5 Chansons, in: Le Mercure (1752–54); *Premier Recueil de Romances et Ariettes à voix seule* (P 1769); 3 von 9 kleinen Kantaten wurden erhalten, *La Prise de Berg op Zoom* (P zw. 1747 u. 1751), *Le Dépit amoureux* (P um 1755), *Les Plaintes inutiles* (P 1757); *Les Secondes Leçons de Ténèbres* (P 1759). – **3) Schriften:** *Harmonie théorico-pratique* (P 1746); *Essay sur un 3ᵉ mode... joint la symphonie* (P 1751); *L'Esprit de l'art musical* (G–P 1754), dt. Übers. in: J. A. Hiller, Wöchentl. Nachrichten 1767; *Histoire générale, critique et philologique de la musique* (P 1767); *Abrégé de tous les différents systèmes de musique depuis l'origine* (hsl. erhalten).

Lit.: J. PEYROT, Une tentative pour créer un nouveau mode au XVIIIᵉ siècle, in: La Tribune de St-Gervais 17 (1911) Dezember-H.: H. GOLDSCHMIDT, Die Musikästhetik des 18. Jh. (Z–L 1915); B. S. BROOK, La symphonie française dans la 2ᵈᵉ moitié du XVIIIe siècle, 3 Bde. (P 1962) (Die NA von: *Symphonie dans le mode mixte, Essay sur un troisième mode* u. des Berichts der Académie des Sciences v. 1751 sind im 2. Bd. enthalten); M. R. MANIATES, „Sonate, que me veux-tu?", in: 18th Century Studies (1969), H. 9 (= Current Musicology).

BLAISE, Adolphe Benoît, † 1772 Paris; frz. Komponist und Fagottist. Seit 1737 Mitglied des Orchesters der Comédie Italienne, wurde er 1760 deren Musikdirektor. 1762 brachte B. mit dem Librettisten Favart *Annette et Lubin* heraus, eine Comédie mit Musik, die im Gefolge von Rousseaus pastoraler Opéra-comique steht. Von seinen etwa 30 Bühnenwerken hatten ferner großen Erfolg die Opern *Ninette à la Cour* (1755), *Isabelle et Gertrude ou les Sylphes supposés* (1759), für die ebenfalls Favart die Libretti schrieb, sowie *Le Trompeur trompé* (1754) nach dem Libretto von Vadé.

Lit.: G. CUCUEL, Les créateurs de l'opéra-comique français (P 1914); X. DE COURVILLE, Un des premiers opéras-comiques français (Isabelle et Gertrude), in: Revue critique (P 1914).

BLAKE, David, * 2.9.1936 London; engl. Komponist. Er studierte 1957–60 am Caius College in Cambridge, 1960–61 an der Deutschen Akademie der Künste in Ost-Berlin bei Hanns Eisler. Seit 1964 lehrt er am Music Department der University of York.

WW: Streichquartett Nr. 1 (1961–62); *Chamber Symphony* (1966); *Beata L'Alma* (1966), für hohe St. u. Klv.; *Nonet for Wind* (1971), für Fl., 2 Ob., Klar., Baßklar., 2 Hörner u. 2 Fag.; *Metamorphoses* (1971), für Orch.; *Scenes for solo cello* (1972); *The Bones of Chuang Tzu* (1972), für Bar. u. Klv.; *In Praise of Krishna* (1973), für Sopran u. 9 Instr.; V.-Konzert (1976); Oper *Toussaint L'Ouverture*, UA: London 1976.

BLAKEY, Art (auch 'Abdullah Ibn Buhaina), * 11.10.1919 Pittsburgh (Pennsylvania); amerik. Jazzschlagzeuger und Bandleader. B. lernte zuerst Klavier, dann Schlagzeug und spielte u.a. bei Billy Eckstine und Buddy De Franco. Seit Beginn der 50er Jahre gehörte er zu den stilbildenden Drummern. 1955 stellte er seine Combo „The Jazz Messengers" zusammen, die bedeutendste Combo des Hard bop, die es bis heute in ständig wechselnder Besetzung gibt. Charakteristisch für sein Spiel sind die Betonung des zweiten und vierten Taktschlags mit dem „High Hat", ungestüme, auch unregelmäßige Crescendowirbel und Schlagserien, Veränderung der Trommelstimmhöhen durch Auflegen des Ellbogens. B. verarbeitete Erkenntnisse über westafrikanische Rhythmen, die er an Ort und Stelle studiert hatte. Programmatisch ist auch heute noch ein Titel wie *Orgy in rhythm*.

BLANCAFORT DE ROSELLÓ, Manuel, * 12.8.1897 La Garriga (Barcelona); span. Komponist. Ausgebildet bei Lamote de Grignon, machte ihn in Paris der katalanische Komponist und Pianist F. Mompou mit der Musik des französischen Impressionismus, der „Groupe des Six" und Strawinskis bekannt. Seine frühen Werke sind von der katalan. Volksmusik beeinflußt, später zeigen sich (z.B. in der *Sinfonia en mi*) klassizist. Züge.

WW: ein Streichquartett (1948); für Klv.: *Juegos y danzas; Canciones de Montaña; Notas de Antaño* (1918); *Cantos intimos* (1922); für Klv. u. V.: *Pastorela; Aria y Giga*; für Orch.: *Mañana de fiesta* (1929); *El rapto de las Sabinas* (1931); *La ermita y el panorama* (1946); *Sinfonía en mi* (1950); Lieder.

Lit.: M. VALLS, La música catalana contemporánea (Ba 1960); DERS., La música española después de M. de Falla (Ma 1962).

BLANCHARD, Esprit Joseph Antoine, * 29.2.1696 Pernes (Vaucluse), † 19.4.1770 Versailles; frz. Komponist. Nach Ausbildung bei G. Poitevin an der Kathedrale in Aix-en-Provence wurde er Kapellmeister an der Abteikirche Saint-Victor in Marseille, danach an den Kathedralen in Toulon, Besançon (um 1733) und seit 1734 in Amiens. 1738, nach dem Tod Berniers, wurde er neben Campra, Gervais und Madin einer der vier Vizekapellmeister an der Chapelle Royale, folgte dann Campra als Direktor der „Pages de la musique", gab dieses Amt aber 1759 wieder auf. B. schrieb auch Motetten im Stil Delalandes für Soli, Chor, Orchester und Orgel, die lange Zeit sehr berühmt waren. Mozart und sein Vater hörten sie während ihres Aufenthalts in Paris 1763 in der Hofkapelle von Versailles. B. führte die Klarinette in das Orchester der Chapelle Royale ein.

WW: Mehr als 30 Motetten u. ein Te Deum zum Sieg v. Fontenoy sind hsl. erhalten (Paris, Bibl. Nat.).

Lit.: M. BRENET, Les concerts en France (P 1900); L. DE LA LAURENCIE, L'école française de violon (P 1923); G. DURAND, La musique de la cathédrale d'Amiens avant la Révolution, in: Bull. la Société des antiquaires de Picardie (1944).

BLANCHARD, Henri Louis, * 7.2.1778 Bordeaux, † 18. 12. 1858 Paris; frz. Musikkritiker und Komponist. Nach Ausbildung bei R. Kreutzer (Violine), Fr. Beck (Harmonielehre), E. N. Méhul und A. Reicha (Komposition) war er 1818–29 Kapellmeister und Direktor am Théâtre des Variétés, seit 1830 am Théâtre Molière in Paris. Als Musikkritiker war er Mitarbeiter mehrerer Zeitungen. Zahlreiche Artikel und Biographien (über Fr. Beck, Berton, Cherubini, Garat) schrieb er 1842–43 für die *Revue et Gazette de Paris*. B. komponierte Kammermusik (darunter Quartette für 4 Violinen), Vokalmusik (Romanzen, Duos, Arien) und Opern, u.a. *Diane de Vernon* (UA Paris 1831).

BLANCHE (frz.), ↗Halbe Note.

BLANCHET, Émile Robert, * 17.7.1877 Lausanne, † 27.3.1943 Pully bei Lausanne; Schweizer Pianist und Komponist. Nach erster Ausbildung bei seinem Vater, dem namhaften Organisten Charles B. (1833–1900), studierte er 1895–99 am Kons. in Köln und war dann Schüler Busonis in Berlin. 1904–17 unterrichtete er Klavier am Kons. in Lausanne. Danach widmete er sich besonders der Konzerttätigkeit. B. schrieb überwiegend Klaviermusik, darunter bemerkenswerte Etüden und *64 Préludes* (P 1927) und verfaßte u.a. eine *Technique moderne du piano* (P 1935).

Lit.: H. STIERLIN-VALLON, in: Feuilles musicales de Lausanne II (1949) 8. 12. 49; H. JATON, in: ebd. (1953) 3. 5. 53.

BLANCROCHER, † um 1655 Paris; zu seiner Zeit berühmter Lautenist, der nur noch durch die Tombeaux bekannt ist, mit denen ihn Gautier, Du Faut, Froberger und L. Couperin nach seinem plötzlichen Tod ehrten.

BLANGINI, Giuseppe Marco Maria Felice, * 18.11.1781 Turin, † 18.12.1841 Paris; it. Violoncellist, Sänger und Komponist. Er war Kapellknabe an der Kathedrale von Turin, hielt sich dann einige Zeit in Frankreich auf, wurde 1805 Hofkapellmeister in München und 1809 Kapellmeister Jérôme Bonapartes und Theaterdirektor in Kassel, nachdem es zu einer Berufung Beethovens auf diesen Posten nicht gekommen war. 1814 ging er als Hofkomponist nach Paris und erteilte 1816–30 Gesangsunterricht am Conservatoire.

WW: 4 Messen; Romanzen für Gesang u. Klv.; Nocturnes für 2 St.; Opéras-comiques, darunter *Zélie et Terville*, UA: Paris 1803; *Le Sacrifice d'Abraham*, UA: Kassel 1811; *La Fée Urgèle*, UA: Kassel 1812; *Les Femmes vengées*, UA: Paris 1814; *L'Intendant*, UA: Paris 1826; *Les Gondoliers*, UA: Paris 1833.

Lit.: M. DE VILLEMAREST, Souvenirs de Bl. (P 1834); PH. LOSCH, König Jérômes Generalmusikdirektor, in: Hessenland 28 (1914); D. ZANETTI, Il romanzo di Felice, in: La Scala (1956) Dezember-H.; R. PAOLI, La lirica da camera di B., in: Musicisti piemontesi e liguri, hrsg. v. A. DAMERINI – G. RONCAGLIA (Siena 1959) (= Accad. mus. Chigiana 17); CH. ENGELBRECHT – W. BRENNECKE – F. UHLENDORF – H. J. SCHAEFER, Theater in Kassel (Kas 1959).

BLANKENBURG, Quirijn Gerbrandt van, * Dezember 1654 Gouda, † 12.5.1739 Den Haag; niederländischer Komponist, Organist und Musiktheoretiker, wirkte seit 1687 als Organist an der Nieuwe Kerk in Amsterdam. In seiner Abhandlung *Elementa Musica ...* (A 1729) wandte er sich gegen die Einführung der gleichschwebenden Stimmung bei Tasteninstrumenten. Er schrieb ferner eine Flötenschule (A 1684), ein *Clavicymbel en orgelboek der gereformeerde psalmen en kerkgezangen ...* ('s-Gravenhage 1732, ²1745) und ein Klavierstück *De verdubbelte harmonij* (ebd. 1733), das nur zur Hälfte notiert ist, und dessen andere Hälfte sich ergibt, wenn man das Notenblatt auf den Kopf stellt; eine Kantate *L'apologie des femmes* (für Bar., 2 V., Va. da gamba und B.c.) ist hsl. erhalten.

BLANKENBURG, Walter, * 31.7.1903 Emleben bei Gotha, † 10.3.1986 Schlüchtern; dt. Musikforscher. Er studierte ev. Theologie, dann Musikwissenschaft in Göttingen, Freiburg i. Br. und Berlin (u. a. bei Fr. Ludwig, H. Besseler, W. Gurlitt und Fr. Blume) und wurde 1940 in Göttingen bei H. Zenck mit der Arbeit *Die innere Einheit von Bachs Werk* promoviert. 1933–47 war er Pfarrer in Vaake (Weserbergland), anschließend bis 1968 Direktor der Kirchenmusikschule Schlüchtern. 1941–80 war er Schriftleiter der Zeitschrift *Musik und Kirche*, und er war Mitherausgeber u. a. von *Leiturgia. Handbuch des evangelischen Gottesdienstes* (1954–61). 1962 wurde er D. theol. h.c. der Universität Marburg. B.s Wirken und Schriften, in denen J. S. Bach eine zentrale Stellung einnimmt, galten wesentlich dem evangelischen Gottesdienst und seiner theologischen Begründung. Zu B.s 75. Geburtstag erschien eine Aufsatzsammlung *Kirche und Musik* (Gö 1979, mit Bibliographie).

WW: **Schriften:** *Einführung in Bachs h-moll-Messe* (Kas 1950, ³1974); *Kirchenlied u. Volksliedweise* (Gütersloh 1953); *Abriß der Melodiegesch. des ev. Kirchengesangbuchs*, in: Hdb. zum ev. Kirchengesangbuch II/2 (Gö 1957); *Die Gesch. der ev. Kirchenmusik*, in: Hdb. der ev. Kirchenmusik (Rb 1967). – *H. Schütz u. der prot. Choral*, in: MuK 7 (1935); *Die dt. Liedpassion*, in: ebd. 9 (1937); *J. S. Bach u. die Aufklärung*, in: Bach-Gedenkschrift 1950 (Z 1950); *Die Symmetrieform in Bachs Werken u. ihre Bedeutung*, in: Bach-Jb. 38 (1949/50); *Die Bedeutung des Kanons in Bachs Werk*, in: Ber. über die wiss. Bachtagung Leipzig 1950 (L 1951); *Theologische u. geistesgeschichtliche Probleme der gegenwärtigen Bach-Forschung*, in: Theologische Literaturzeitung 1953; *Neue Forschungen über Ph. Nicolai*, in: JbLH 4 (1958/59); *Der Harmoniebegriff in der lutherisch-barocken Musikanschauung*, in: AfMw 16 (1959); *Die Kirchenmusik in den reformierten Gebieten des europ. Kontinents* sowie *Die Musik der Böhmischen Brüder und der Brüdergemeine*, in: Fr. Blume, Geschichte der ev. Kirchenmusik (Kas ²1965, engl. Ausg. NY 1974); *Zwölf Jahre Bachforschung*, in: AMl 37 (1965); *Das Verhältnis v. geistlicher und weltlicher Musik im Werk J. S. Bachs ...*, in: Musik u. Verlag, FS K. Vötterle (Kas 1968); *Neue Forsch. über das geistliche Vokalschaffen D. Buxtehudes*, in: AMl 40 (1968); *Überlieferung u. Textgeschichte v. M. Luthers „Encomion musices"*, in: Luther-Jb. 1972; *J. Walters Chorgesangbuch von 1524*, in: JbLH 18 (1973/74); *Die Entwicklung der Hymnologie seit etwa 1950*. in: Theol. Rundschau NF 42 (1977); *Die Bachforschung seit etwa 1965*, in: AMl 70 (1978). – **Editionen:** *H. Schütz. Der Psalter in vierstimmigen Liedsätzen nach C. Becker*, in: Neue Ausg. sämtl. Werke Bd. 6 (Kas 1936, ²1957); *J. S. Bach, Weihnachts-Oratorium* (mit A. Dürr), in: Neue Bach-Ausg., Serie II, Bd. 6 (Kas 1960). – *J. S. Bach* (Da 1970) (= Wege der Forschung 170).

BLANTON, Jimmy, * 1921 St. Louis (Missouri),

† 30. 7. 1942 Monrovia (California); amerik. Jazzbassist. Als Duke Ellington ihn 1939 hörte, engagierte er ihn sofort; doch schon 1941 mußte B. wegen Tuberkulose aus dessen Orchester ausscheiden. B. befreite den Kontrabaß von der Beschränkung auf ein reines Rhythmusinstrument, machte ihn zum Soloinstrument und erweiterte dessen technische Möglichkeiten in einem bis dahin nicht bekannten Ausmaß. Die Duos mit Ellington machen das bes. deutlich, u. a. *Plucked again* (1939), *Pitter Panther Patter* u. *Mr. J.B. Blues* (1940).

BLARER (Blaurer), **Ambrosius,** * 4. 4. 1492 Konstanz, † 6. 12. 1564 Winterthur; Reformator in Süddeutschland und in der Schweiz. Er war zunächst Mönch im Benediktinerkloster Alpirsbach, schloß sich aber 1522 der Reformation Luthers an und predigte seit 1525 in Konstanz, von wo er auf die Protestantisierung süddeutscher Reichsstädte bestimmenden Einfluß ausübte. Als Konstanz 1548 rekatholisiert wurde, mußte er in die Schweiz fliehen, lebte seit 1551 in Biel, seit 1559 in Winterthur. B., selbst ein begabter Dichter, hatte wichtigen Anteil an der Entwicklung des evangelischen Kirchenliedes durch Mitarbeit an Sammlungen und eigene Beiträge. Einige seiner Lieder, davon das älteste evangelische Kirchenlied, *Wie's Gott gefällt, so g'fällt's mir auch,* sind noch heute gebräuchlich.

Lit.: M. JENNY, Gesch. des deutschschweizerischen ev. Gesangbuches im 16. Jh. (Kas – Bas 1962); DERS., A. B. als Dichter u. Hymnologe, in: Gedenkschrift zum 400. Todestag, hrsg. v. B. MOELLER (Konstanz 1964); DERS., „Wach auf, wach auf, 's ist hohe Zeit", in: Jb. für Liturgik u. Hymnologie 13 (Kas 1969).

BLARR, Oskar Gottlieb, * 6. 5. 1934 Sandlack bei Bartenstein (Ostpreußen); dt. Organist, Dirigent u. Komponist. Er studierte Kirchenmusik in Hannover und Komposition (u. a. bei B. A. Zimmermann, K. Penderecki, G. Becker) und ist seit 1961 Organist an der Neanderkirche in Düsseldorf. In seinen Kompositionen hat B. den Ausdrucksbereich der geistlichen Musik erweitert, sowohl in Richtung auf eine freie Atonalität und die Einbeziehung von Elementen der jüdischen Musik als auch durch die gelegentliche Hinwendung zu Jazz und Pop.

WW: **1) Instr.-Musik:** Orgel-WW, darunter *Missa brevis* (1957; *Seufzer für BAZI* (= B. A. Zimmermann); *Play Max – Naman für Orgel; DACH* (1977); einige Orchester- u. Kammermusik-WW, darunter *Trinité* für 3 Vibrafone (Rb 1969). – **2) Vokal-WW:** u. a. *Evangelienmusik* für 5 St. u. 4 Instr. (Rb 1969); *Canticum Simeonis* für 8st. gem. Chor a capp. (Rb 1969); *Jesus-Passion.* 3 oratorische Szenen für 6 Soli, gem. Chor, Kinderchor u. Orch. (1985) (hebräischer Text, biblisch, Talmud u. modern). – Ökumenische Beatmessen für Gemeindegesang u. Instr.: *Liebe ist nur ein Wort* (1972); *... und siehe wir leben* (Rb 1978).

Lit.: O. G. B. Eine Dokumentation, hrsg. v. der Musikbücherei Düsseldorf (1979).

BLASEBALG ↗Balg.

BLASINSTRUMENTE (engl.: wind instruments, frz.: instruments à vent; it.: strumenti a fiato; span.: instrumentos de viento), Sammelbezeichnung für alle Musikinstrumente, deren tönendes Element eine Luftsäule ist, die durch Anblasen in Schwingungen versetzt wird (↗Aerophone). Die Tonerzeugung kann direkt durch den Mund des Spielers oder indirekt durch einen Windbehälter (↗Sackpfeife) oder durch mechanisch betriebene Bälge (↗Balg) erfolgen. Die B. werden unterschieden nach der Art der Tonerzeugung in Flöteninstrumente (Längs-, Querflöten), in Zungeninstrumente mit einfachem oder doppeltem Rohrblatt (z. B. Klarinette bzw. Oboe) und mit durchschlagenden Zungen (Akkordeon, Harmoniuminstrumente) und in Instrumente mit Kesselmundstück (Trompeten- und Horninstrumente).

Lit.: E. EUTING, Zur Gesch. der B. im 16. u. 17. Jh. (Diss. B 1899); E. BUHLE, Die Musikinstr. in den Miniaturen des frühen MA, I: die Bl.-Instr. (L 1903); V. CH. MAHILLON, Les instruments à vent (Bru 1907); F. BRÜCKER, Die B. in der alt-frz. Lit. (Gießen 1926) (= Gießener Beitr. zur Romanischen Philologie 19); H. BOUASSE–M. FOUCHÉ, Instruments à vent, 2 Bde. (P 1929–30); A. CARSE, Musical Wind Instruments (Lo 1939); B. HAYNE, Tonal Spectra of Wind Instruments, in: Proc. R. Mus. Ass. 74 (Lo 1947); G. GORGERAT, Encyclopédie de la musique pour instruments à vent, 3 Bde. (Lausanne [3]1955); I. HORSELEY, Wind Techniques in the 16th and Early 17th Century, in: Brass Quarterly 4 (1960–61).

BLASIUS, Matthieu Frédéric, * 24. 4. 1758 Lauterburg (Elsaß), † 1829 Versailles; frz. Komponist und Kapellmeister. Er war 1795–1802 am Pariser Conservatoire Lehrer für Blasinstrumentenspiel und 1802–16 Kapellmeister an der Opéra-Comique. Er schrieb u. a. Kammermusik (darunter Trios und Quartette für Blasinstrumente), Konzerte für Klarinette bzw. Fagott und Orchester, Violinkonzerte, Opern und eine *Nouvelle méthode pour la clarinette* (P 1796).

BLASMUSIK ↗Harmoniemusik.

BLASORCHESTER ↗Harmoniemusik.

BLATT ↗Zunge.

BLAUBART *(Ariane et Barbe-Bleue),* Oper in 3 Akten von Paul Dukas (1865–1935), Text nach Maurice Maeterlincks gleichnamigem Drama (1902) mit geringfügigen Änderungen durch den Komponisten. Ort und Zeit der Handlung: in märchenhafter Vergangenheit auf Blaubarts Schloß. UA: 10. 5. 1907 in Paris (Opéra-Comique); dt. EA (in dt. Sprache): 2. 4. 1908 in Wien (Volks-Oper). Die Oper um Ariane, die sich durch Mut und Willensstärke der Grausamkeit ihres Gatten Blaubart entziehen kann, gilt als eine der bedeutendsten französischen Opern nach Debussys *Pelléas et Mélisande* (1902). Die Tonsprache, eine Mischung traditioneller romantischer und impressionistischer Klangmittel, zeichnet sich vor allem aus durch orchestral sensibel nuancierte Anpassung der Musik an darzustellende Charaktere und Stimmungen. Das Werk wurde nie besonders populär und blieb Dukas' einzige Oper.

W. A. MAKUS

BLAVET, Michel, * 13. 3. 1700 Besançon, † 28. 10. 1768 Paris; frz. Flötist und Komponist. Der Herzog von Lévis veranlaßte ihn, sich 1723 in Paris niederzulassen. Seit 1726 stand er im Dienst des Prinzen von Carignan. Mit großem Erfolg trat er über 30 Jahre lang in den Concerts Spirituels auf. B. war zeitweilig Gast bei Kronprinz Friedrich von Preußen (dem späteren König Friedrich II.). Seit 1731 war er Kapellmeister beim Grafen von Clermont, seit 1738 auch Mitglied der Musique Royale und seit 1740 zugleich des Orchesters der Pariser Oper. B. suchte die Technik der Querflöte zu verbessern. Mit seinem Quartett (Flöte, Violine, Gambe und Violoncello) machte er auch Telemanns Quartette bekannt. Quantz hielt ihn für den besten Flötisten seiner Zeit.

WW: **1) Instr.-WW:** 6 Sonaten für 2 Fl. (P 1728); 6 *Sonates mêlées de pièces* für Fl. u. B.c. (P 1731); *Troisième livre de sonates* für Fl. u. B.c. (P 1740); *Recueil de pièces, petits airs, brunettes, menuets* für Fl. (auch mit anderen Instr.) (P o.J.); ein *Concerto à 4 parties* für Fl., 2 V. u. Baß ist hsl. erhalten (Karlsruhe, Landesbibl.). – **2) Bühnen-WW:** Gedruckt wurde nur *Le Jaloux corrigé*, Opéra bouffon (P 1752).

Ausg.: 6 *Sonates*, für Fl. u. B.c., hrsg. v. L. FLEURY (Lo o.J.); *1re Sonate*, in: Oswald's Apollo's Collection; 5 Stücke für 2 Fl., hrsg. v. R. COTTE (P 1956); Variationen *„La Furstemberg"* für 2 Fl., in: K. VON FISCHER, Die Variation (Kö 1956) (= Das Musikwerk 7): dass., hrsg. v. H. RUF (Mz 1966), 2 H.e (= Il flauto traverso o. Nr.); 2 Sonaten (Duette) op. 1 Nr. 5 u. 6 für Fl., hrsg. v. DEMS. (Mz 1967).

Lit.: L. DE LA LAURENCIE, Deux imitateurs des Bouffons, B. u. Dauvergne, in: L'Année Musicale (1912); C. W. COFFEE, The Sonatas for Flute and B. of M. B. (1965) (= Diss. Boston Univ.)

BLAZE, 1) François Henri Joseph, genannt Castil-Blaze, * 1. 12. 1784 Cavaillon (Vaucluse), † 11. 12. 1857 Paris; frz. Musikschriftsteller. Sohn des Notars Henri B., der auch als Komponist einiger Klaviersonaten und von geistlicher Musik sowie als Autor eines Romans *(Julien ou le Prêtre)* hervorgetreten ist. Auch François wurde Jurist, studierte aber gleichzeitig Harmonielehre bei Perne am Conservatoire in Paris und wandte sich seit 1820 ganz der Musik zu. Als Schriftsteller und Kritiker war er u. a. für das *Journal des Débats*, für die *Revue de Paris* und die *Revue et Gazette musicale de Paris*, für *La France musicale* und das *Magasin pittoresque* tätig. Gleichzeitig verfaßte er Theaterstücke, komponierte, übersetzte die Libretti mehrerer Opern (von Mozart, Beethoven, Weber, Cimarosa, Rossini, Donizetti u. a.) und gründete einen Musikverlag für seine eigenen Werke.

WW: **1) Schriften:** *De l'Opéra en France*, 2 Bde. (P 1820, ²1826); *Dictionnaire de musique moderne*, 2 Bde. (P 1821); *Chronique Musicale du Journal des Débats*, 1. Bd. (P 1830); *Chapelle-Musique des Rois de France* (P 1832); *Mémorial du grand Opéra* (P 1847); *Molière musicien* (P 1852); *Théâtres lyriques de Paris*, 2 Bde. (P 1855–56). – **2) Kompositionen:** Kammermusik; 12 Romanzen; eine Slg. mit *Chants de Provence;* geistliche Musik; Messen; Bühnen-WW, darunter: *Belzébuth ou les Jeux du Roi René*, Melodrama in 4 Akten.

B. war einer der ersten Musikjournalisten. Sein publizistisches Interesse galt besonders der Oper, deren Schwächen er mit viel Sachverstand aufzeigte. Von seinen musikalischen Fachschriften vermag heute allein das *Dictionnaire de musique moderne* noch zu interessieren; es ist zwar stark von Rousseaus Lexikon beeinflußt, bietet aber auch wertvolle Aufschlüsse über die zeitgenössische Musikauffassung in Frankreich.

2) Henri, Baron de Bury, Sohn von 1), * 17. 5. 1813 Avignon, † 15. 3. 1888 Paris; frz. Musikschriftsteller. Er war Mitarbeiter der *Revue des Deux-Mondes*, *Revue de Paris* und der *Revue musicale*. Seine Beiträge erschienen gesammelt auch in *Musiciens contemporains* (1856) und in *Musiciens du passé, du présent et de l'avenir* (1880). Er verfaßte ferner *La vie de Rossini* (1854), *Meyerbeer et son temps* (1865).

Lit.: F. J. FÉTIS, De l'opéra en France, in RM 1 (1827); E. DE CHAMBRYE, M. Castil-Blaze et J.-J. Rousseau, in: Revue et Gazette musicale de Paris 9 (1842).

BLECH, Leo, * 21. 4. 1871 Aachen, † 25. 8. 1958 Berlin; dt. Dirigent und Komponist. Er studierte in Berlin bei W. Bargiel (Komposition) und E. Rudorff (Klavier), dann, während der Kapellmeistertätigkeit 1893–99 in Aachen, bei E. Humperdinck, war anschließend 1. Kapellmeister am deutschen Theater in Prag und wirkte seit 1906, nur unterbrochen durch einen Aufenthalt 1925 an der Volksoper in Wien, als Dirigent an Berliner Opernhäusern, u. a. an der Königlichen Oper bzw. Staatsoper. 1937 mußte er Deutschland verlassen, ging zunächst nach Riga, 1941 an die Königliche Oper in Stockholm. Seit 1949 war er GMD der Städt. Oper in Berlin. B. genoß als Operndirigent einen ausgezeichneten Ruf. Sein kompositorisches Werk umfaßt u. a. 6 Opern, in denen er sich, vor allem in der Dorfidylle *Das war ich* (UA Dresden 1902) und in der Biedermeieroper *Versiegelt* (UA Hamburg 1908), erfolgreich um einen neuen musikalischen

Lustspielstil bemühte, ferner die Operette *Die Strohwitwe* (UA Hamburg 1920), Vokalmusik (Lieder, Chorwerke mit Orchester und a cappella), 3 Tondichtungen, 2 Streichquartette und Klavierstücke.

Lit.: W. JACOB, L. Bl. (H 1931).

BLECHBLASINSTRUMENTE (umgangssprachlich auch: Blechbläser; engl.: brass instruments; frz.: cuivres; it.: ottoni; span.: instrumentos de metal), heute übliche Bz. für die Gruppe der Horninstrumente im modernen Orchester, zu der die Waldhörner (↗Horn), Posaunen (↗Posaune), Trompeten (↗Trompete), Tuben (↗Tuba) und verwandte Instrumente zählen. Charakteristisches Merkmal dieser Instrumentengruppe ist die Art der Klangerzeugung, bei der die Lippen des Spielers die Rolle einer Gegenschlag-Zunge übernehmen. Die Lippenschwingungen, die einen breiten Fächer von Teiltönen anregen, übertragen sich auf die Luftsäule im Messingrohr. Das Metall hat im Vergleich zur Beschaffenheit des Mundstücks und zur Bohrung des Instruments weniger Bedeutung für den Klang. Nach der Bauart unterscheidet man 1. die konischen und ventillosen Instrumente wie Jagdhorn, Waldhorn und Clairon, 2. die zylindrisch-konischen Instrumente; ohne Ventil: Orchester- und Kavallerietrompete, Zugposaune, mit Ventil: Kornett, Ventilhorn und Ventilposaune, chromatische Trompete und Saxhörner. – ↗Fanfare.

Lit.: H. BERLIOZ, Grand traité d'instrumentation et d'orchestration (P 1843, [2]1855), dt. Bearb. v. R. Strauss (1905, letzte Aufl. L 1955); H. BOUASSE, Instruments à vent (P 1929); H. BAHNERT – T. HERZBERG – H. SCHRAMM, Metallblasinstr. (L 1958); P. FARKAS, The Art of Brass Playing (1962); E. LEIPP – L. THEVET, Le cor, in: Bulletin Nr. 41 du GAM (P 1969); E. LEIPP, Acoustique et musique (P 1971).

BLECHMUSIK (engl.: brass band; frz.: fanfare; it.: fanfara; span.: charanga), Bezeichnung für Musik, die ausschließlich auf ↗Blechblasinstrumenten (mit und ohne Schlaginstrumenten) ausgeführt wird, sowie für das entsprechende Ensemble. Dazu gehören u. a. im Bereich der Militärmusik die reine Signalmusik und die Trompeterkorps der Kavallerie; die Waldhornbläser der Jäger, die Turmmusik und die kirchlichen Posaunenchöre.

Lit.: H. C. HIND, The Brass Band (Lo 1934); J. F. RUSSELL – J. H. ELLIOTT, The Brass Band Movement (Lo 1936); J. FRANCO RIBATE, Manual de instrumentación de banda (Ma 1943).

BLEY, Carla (geborene Borg), * 11.5.1938 Oakland (California); amerik. Jazzkomponistin und -pianistin. Seit 1957 mit dem kanadischen Jazzpianisten *Paul Bley* (* 10.11.1932 Montreal) verheiratet, arbeitet sie seit dieser Zeit mit Avantgardemusikern zusammen; seit 1964 leitet sie zusammen mit dem Trompeter Mike Mandler das „Jazz Composer's Orchestra" in New York. Eine hervorragende Pianistin, liegt ihre eigentliche Bedeutung wohl noch mehr in ihren Jazzkompositionen. Typisch dafür sind Stücke wie *Ictus, Turns, Vashkar, Sing me softly of the Blues, Funnybird Song* und *Sing Sang Song*. Deren Kennzeichen sind ausgefallene Melodik, komplexe Harmonien, meditative, ja grüblerische Elemente. In der Jazzoper *Escalator over the hill* dagegen wird mit europäischen, amerikanischen und asiatischen Elementen eine sog. „Totalmusik" mehr postuliert als realisiert.

BLEYER, Georg, getauft 18.10.1647 Tiefurt (Thüringen), † nach 1683; dt. Komponist. Seine Ausbildung erhielt er in Deutschland, wahrscheinlich auch in Frankreich und Italien. Er war Hofmusiker in Rudolstadt und Dresden und bewarb sich 1676 erfolglos um das Amt des Thomaskantors in Leipzig. Von seinen Werken sind erhalten: *Lust-Music nach ietziger Frantzösischer Manier gesetzet, bestehend von unterschiedlichen Airn, Bourreen, Gavotten, Gagliarden, Giquen, Chansons, Allemanden, Sarrabanden, Couranden etc.* für 4–5 Instrumente (2 Bde. 1670), eine Sammlung von 2–4st. Sonaten *Zodiacus musicus* (Au 1685) und einige Kantaten (hsl.).

Lit.: C. HÖFER, G. B., in: Zschr. des Ver. für thüringische Gesch. u. Altertumskunde (1941), Nr. 24.

BLEYER, Nikolaus, * 2.2.1591 Stolzenau bei Nienburg (Weser), † 3.5.1658 Lübeck; dt. Violinist und Komponist. Er gehörte 1610–17 der Gottorfer, danach der Lüneburger Hofkapelle an und war seit 1621 Ratsmusiker (Cornettist und Geiger) in Lübeck. Als Komponist genoß B. 1614–17 den Unterricht von W. Brade, später von Th. Simpson und gilt, in der Tradition der englischen Instrumentalmusik stehend, als Begründer einer norddeutschen Geigerschule, zu der u. a. sein Schwiegersohn N. Schnittelbach zählt. Seine Werke haben teilweise einen für die damalige Zeit überraschend virtuosen Charakter.

WW: *Erster Theil neuer Paduanen, Galliarden, Balletten, Mascaraden und Couranten* für 5 St. u. B.c. (H 1628) (nur Cantus erhalten); *Erster Theil neuer Pavanen, Galliarden, Canzonen, Synfonien, Balletten, Volten, Couranten und Sarabanden* für 5 St. u. B.c. (unvollständig erhalten); *English Mars* (Variationen über die Chanson *Est-ce Mars*) für V. u. B.c. (befand sich hsl. in Breslau); *Bleyers Armbandt*, in: Th. Simpson, *Opus neuer Paduanen, Galliarden … à 5* (H 1617); 1 Paduane, 2 Couranten, 1 Ballett, 1 Volta, 1 Mascarade, in: Th. Simpson, *Taffel-Consort I* (H 1621).

Ausg.: Variationen über *Est-ce Mars*, hrsg. v. M. SEIFFERT, in: Organum III/27 (L 1930); eine Mascarada in: TH. SIMPSON, *Taffel-Consort* (1621), in Auswahl hrsg. v. H. MÖNKEMEYER (Wilhelmshaven 1962) (= Consortium o. Nr.).

Lit.: J. HENNINGS – W. STAHL, Musikgesch. Lübecks I (Kas 1951); K. GUDEWILL, Franz Tunder u. die nordelbingische Musikkultur seiner Zeit (Lübeck 1967).

BLINDENNOTENSCHRIFT, Braillenotation. Die Notation für Blinde beruht auf dem gleichen System, das L. Braille allgemein für die Blindenschrift entwickelte. Es besteht aus 6 tastbaren, erhabenen Punkten, die in zwei senkrechten Reihen zu je 3 Punkten angeordnet sind und deren Zahl und Anordnung für die einzelnen Buchstaben verändert wird. Für die Notenschrift werden die 7 Töne der Grundskala mit Hilfe der oberen 4 Punkte dargestellt, und zwar als Achtel- bzw. Hundertachtundzwanzigstelnote:

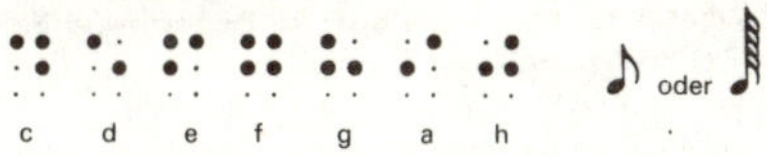

Längere Notenwerte werden zusätzlich durch die beiden unteren Punkte wiedergegeben, z.B.

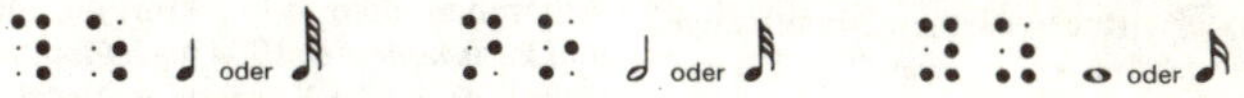

Die entsprechenden Pausenzeichen sind:

Noten bzw. Pausen mit Verlängerungspunkt werden wie folgt dargestellt:

Eine zweite Braillezelle wird z. T. auch für die Versetzungszeichen

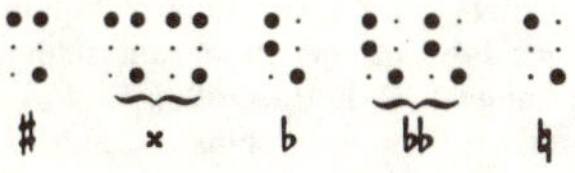

eine zweite und dritte Braillezelle für die Taktvorzeichnung verwendet:

Intervalle werden durch folgende Intervallzeichen dargestellt:

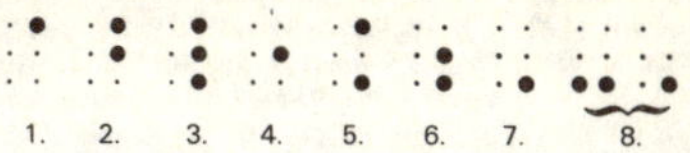

Die Intervallzeichen dienen auch zur Wiedergabe von Akkorden, wobei der oberste oder unterste Ton mit Hilfe des entspr. Notenzeichens, die anderen Akkordtöne durch nachfolgende Intervallzeichen dargestellt werden.

Die Taktgliederung wird jeweils durch eine freie Braillezelle angegeben.

Ein in B. zu übertragendes Stück kann in der Regel nicht wie in einer Partitur aufgezeichnet werden. Es wird in 8–12taktige Einheiten zerlegt, wobei etwa bei einem Klavierstück nach dem entsprechenden Abschnitt oder Takt für die linke Hand anschließend der für die rechte Hand aufgezeichnet wird. Die einzelnen Sequenzen müssen Takt für Takt auswendig gelernt werden.

Eine erste internationale Vereinheitlichung der B. erfolgte 1888 auf einem Kongreß in Köln. Ihr schlossen sich Großbritannien, Frankreich, Deutschland und Dänemark an. Die neueste Ausgabe der B. in Deutschland erschien 1966 in Hannover im Anschluß an das Revidierte Internationale Regelbuch nach den Beschlüssen der Internationalen Braille-Musikkonferenz Paris 1954.

BLISS, Sir **Arthur,** * 2.8.1891 London, † 27.3.1975 ebd.; engl. Komponist amerik. Abstammung. B. studierte am Pembroke College der Universität Cambridge und am Royal College of Music in London (bei V. Williams und G. Holst). 1921 wurde er Prof. am Royal College, 1940 an der University of California und war 1942–44 Assistant Overseas Musical Director bei der BBC. 1950 wurde er geadelt und 1953 als Nachfolger von A. Bax zum Master of the Queen's Music ernannt. Nach Einflüssen von Ravel, Strawinski und der Groupe des Six (bis um 1933) näherte sich sein Stil später der Tradition E. Elgars und der Spätromantik.

WW: **1) Instr.-WW:** *A Colour Symphony* (4 Sätze sind 4 Farben zugeordnet) (1922, revidiert 1932); Konzert für Klv. (1938), für V. (1955) u. für Vc. (1970); *Meditations on a Theme by John Blow* (1955); *Metamorphic Variations* (1972); Kammermusik: Klarinettenquintett (1931); Bratschensonate (1932); 2 Streichquartette (1941 u. 1950); *Elegiac Sonnett* (1955), für Tenor, Streichquartett u. Klv. – **2) Vokal-WW:** *Ballads of the Four Seasons* (Text v. Li Po) (1923); *Pastoral* (1929); *Auvergnat* (Text v. H. Belloc) (1944); *Mary of Magdala* (1963); *Angels of the Mind* (Text v. K. Raine) (1969); *Shield of Faith* (1975). – **3) Bühnen-WW:** Opern: *The Olympians* (Libr.: J. B. Priestley) (1948–49); *Tobias and the Angel* (1960), Fernsehoper für die BBC; Ballette: *Checkmate* (1937); *Miracle in the Gorbals* (1944); *Adam Zero* (1946); *Lady of Shalott* (1958); Filmmusik für *Things to Come* (Regie H. G. Wells) (1934–35). – **4) Autobiographie:** *As I Remember* (Lo 1970).

Lit.: P. A. SCHOLES, Notes on „A Colour Symphony" (Lo 1922); K. L. THOMPSON, Catalogue of works, in: The Musical Times (1966).

BLITHEMAN, William, * um 1525 (?), † Pfingsten 1591 London; engl. Komponist. Er war seit 1564 „Master of the Choristers" am Christ Church College Oxford, seit 1585 Organist der Chapel Royal und erwarb 1586 den Grad eines Bachelor of Music in Cambridge. Sein Schüler und Nachfolger an der Chapel Royal war J. Bull. Von B. sind nur zwei Vokalwerke (4st. Motetten) bekannt. Mehrere Orgelsätze sowie Variationen über *Gloria tibi Trinitas* und über *Aeterne rerum Conditor* sind im *Mulliner Book* enthalten. B. kommt wohl das Verdienst zu, als erster virtuose Elemente in der engl. Musik für Tasteninstrumente verwandt zu haben.

Ausg.: Instr.-WW, in: The Mulliner Book, hrsg. v. D. STEVENS (1951) (= Mus. Brit. I); *In pace* (Lo 1963).

Lit.: E. E. LOWINSKY, English Organ Music of the Renaissance, in: MQ 34 (1953); D. STEVENS, Tudor Church Music (Lo – NY 1961, ²1966).

BLITZ, DER *(L'Éclair),* Opéra-comique in 3 Akten von Jacques Fromental Halévy (1799–1862), Text von Jules Henry Vernoy de Saint-Georges und François Antoine Eugène de Planard. Ort der Handlung: eine Plantage bei Boston, Zeit: 1597. UA: 16. 12. 1835 in Paris (Opéra-Comique), dt. EA (in dt. Sprache): 3. 8. 1836 in Berlin.
Halévys erfolgreichste komische Oper, eine Liebes- und Verwechslungsgeschichte aus der Neuen Welt, gelangte im selben Jahr wie seine Oper *Die Jüdin* zur Uraufführung. Sie hatte beträchtlichen Erfolg: bis 1879 gab die Opéra-Comique das Werk mehr als 300mal. Am 12. 3. 1922 wurde die Oper in Halle unter dem Titel *Der Schicksalstag* (Bearbeitung und Übersetzung von Wilhelm Kleefeld) aufgeführt. Auffällig ist der geringe Personalaufwand: Für eine Aufführung sind lediglich vier Sänger erforderlich, ein Chor ist nicht vorgesehen.

R. QUANDT

BLITZSTEIN, Marc, * 2. 3. 1905 Philadelphia, † 22. 1. 1964 Fort-de-France (Martinique); amerik. Komponist. Er studierte an der University of Pennsylvania, am Curtis Institut in Philadelphia, bei N. Boulanger in Paris und bei A. Schönberg in Berlin. B. lehrte zuletzt in New York. Beeinflußt von K. Weill, trat er vor allem als Komponist von Musicals mit sozialkritischen Inhalten hervor, von denen *The Cradle will rock* (1937) und *No for an Answer* (1940), beide für das Orson Welles' Mercury Theatre geschrieben, besonders erfolgreich waren. Neben weiteren Musicals *(Reuben Reuben,* 1955; *Juno,* 1958) schrieb B. u. a. Opern, ein Ballett, symphonische Kantaten *(Airborne Symphony; This is the Garden)* und zahlreiche Bühnen- und Filmmusiken.

Lit.: H. BRANT, M. B., in: Modern Music (Juli 1946); W. MELLERS, Music, Theatre and Commerce, in: The Score (1955), Nr. 12; Werk-Verz., in: Compositores de América 5 (Washington/D.C. 1959, Nachdr. 1964), u. in: Boletin interamericano de música (1960), Nr. 17; A. COPLAND, in: Perspectives of New Music 2 (1963–64), Nr. 2.

BLOCH, Ernest, * 24. 7. 1880 Genf, † 15. 7. 1959 Portland (Oregon); Schweizer Komponist. Er war in Genf Schüler von Jacques-Dalcroze und studierte 1897–99 Violine bei Ysaye in Brüssel. Nach weiteren Studien in Frankfurt am Main, München und Paris kehrte er 1904 nach Genf zurück und leitete 1909–10 die Konzerte in Neuchâtel und Lausanne. Nach einer Lehrtätigkeit (Komposition und Ästhetik) am Konservatorium in Genf (1911 bis 1915) ging er 1916 in die USA, wo er 1920 ein Musikinstitut in Cleveland (Ohio) gründete und 1925–30 das Konservatorium in San Francisco leitete. 1930–38 lebte er wieder in der Schweiz, wo er sich ausschließlich der Komposition widmete. 1938 kehrte er in die USA zurück und ließ sich 1941 in Agate Beach nieder. – Während der verschiedenen Stadien seiner Entwicklung blieb B. „a Hebrew Prophet". Bis um 1912 gemahnt sein Werk an Strauss, Mahler und Debussy, danach wurde es immer stärker ein leidenschaftliches Bekenntnis zu einer spezifisch jüdischen Musikkultur, deren Wurzeln nicht etwa ein oberflächlicher Folklorismus, sondern der Jahrtausende überdauernde jüdische Tempelgesang ist. B. hatte großen Einfluß auf die junge amerikanische Komponistengeneration.

WW: Symphonische Dichtungen: *Vivre et aimer* (1900); *Printemps-Hiver* (1905); *Voice in the Wilderness* (1936), mit obligatem Vc.; 2 Symphonien, darunter: *Israel* (1912–17); *Trois Poèmes Juifs* (1913); *Schelomo. A Hebrew Rhapsody* (1917), für Vc. u. Orch.; Bratschenkonzert (1919–20); *Poems of the Sea* (1923); *Baal Shem* (1923), für V. u. Orch.; *America* (1926), Rhapsodie; *Helvetia* (1929), symphonisches Fresco; V.-Konzert (1938); Klv.-Konzert (1948); *Suite hebraïque* (1951), für Va. u. Orch.;

Two last Poems (1958), für Fl. u. Orch.; 5 Streichquartette (1916, 1945, 1953, 1954, 1956); 2 Klavierquintette (1923, 1957); *Méditation Hebraïque* (1925) u. 3 Skizzen *From Jewish Life* (1925), für Vc. u. Klv.; Solosuiten für Vc. (1956, 1957), für V. (1958) u. für Va. (1958); *Sabbath-Morgenfeier* (1934), für gem. Chor u. Orch.; Opern: *Macbeth* (1910); *Jézabel* (1918) (unvollendet).

Lit.: G. M. GATTI, E. B., in: MQ 7 (1921) M. TIBALDI-CHIESA, E. B. (Tn 1933); D. NEWLIN, The later works of E. B., in: MQ 33 (1947); Autograph Manuscrits of E. B. at the Univ. of California, hrsg. v. M. ELMER (Berkeley 1962); W. M. JONES, The Music of E. B. (1963) (= Diss. Indiana Univ.); DERS., E. B.'s Five String Quartets, in: MR 28 (1967); D. Z. KUSHNER, E. B. and His Symphonic Works (1967) (= Diss. Univ. of Michigan); DERS., A Commentary on E. B.'s Symphonic Works, in: Radford Revue 21 (1967); M. GRIFFEL, Bibliogr. of Writings on E. B., in: Current Musicology (1968); D. Z. KUSHNER, Catalogue of Works of E. B., in: American Music Teacher Revue 18 (1969).

BLOCH, Ernst, * 5.7.1885 Ludwigshafen, † 4.8.1977 Tübingen; dt. Philosoph. B. wurde 1908 in Würzburg promoviert. Nach langjähriger schriftstellerischer Tätigkeit in verschiedenen deutschen Städten emigrierte er 1933 zunächst nach Zürich, 1938 in die USA. 1949 folgte er einem Ruf auf einen Lehrstuhl für Philosophie an die Universität Leipzig, wurde aber 1957 aus ideologischen Gründen zwangsemeritiert. Seit 1961 lehrte er als Gastprofessor an der Universität Tübingen. – In B.s Philosophie, die ein System der Hoffnung (als Gegenbild zu Angst und Verzweiflung) und des – als realisierbar gedachten – Utopischen entwikkelt, spielt die Musik eine funktionale Rolle. Ihre Beziehung zur Utopie ist gegeben, „weil die Musik als innerlich utopische Kunst über alles empirisch zu Belegende im ganzen Umfang hinausliegt" *(Philosophie der Musik,* in: *Geist der Utopie),* ja Musik ist „die utopisch überschreitende Kunst schlechthin" *(Das Prinzip Hoffnung).* B. hat sich auch in mehreren Essays mit der Musik auseinandergesetzt, u. a. in *Zur Dreigroschenoper, Zeitecho Strawinsky, Rettung Wagners durch surrealistische Kolportage* (Gesammelt in: *Erbschaft in dieser Zeit*).

Schriften (soweit sie von Musik handeln): *Zur Philosophie der Musik* (F 1974), = Teildruck aus: *Geist der Utopie* (Mn 1918, B ²1923, NA F 1964); *Über das mathematische und dialektische Wesen in der Musik,* in: Von neuer Tonkunst (Kö 1923); *Erbschaft dieser Zeit* (Z 1935, F 1964); *Das Prinzip Hoffnung* I (B 1954, ²1960), II (B 1955), III (B 1959), 3 Bde. (F 1976). – GA aller Schriften: 16 Bde. (F 1967–76).

Lit.: T. KNEIF, E. B. u. der musikal. Expressionismus, in: E. B. zu Ehren. Beitr. zu seinem Werk (F 1965); R. BRINKMANN, A. Schönberg: Drei Klv.-Stücke op. 11 (Wie 1969) (= Beihefte zum AfMw Bd. 7); M. GECK, Bach u. Tristan. Musik aus dem Geist der Utopie, in: Bachinterpretationen, hrsg. v. dems. (Gö 1969); K. H. WÖRNER, Die Musik in der Philosophie E. B.s, in: Die Musik in der Geistesgeschichte (Bonn 1970).

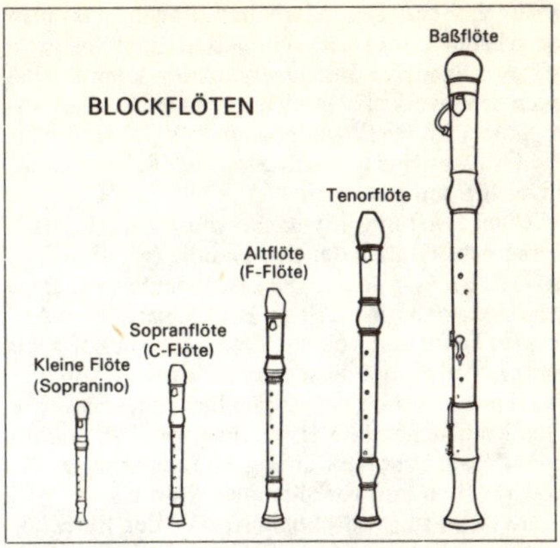

BLOCKFLÖTE (engl.: recorder; frz.: flûte à bec, flûte douce oder flûte d'Allemagne; it.: flauto dolce; span.: fiauto). **1)** Holzblasinstrument aus der Familie der Längsflöten mit schnabelförmigem Mundstück, meist 7 Grifflöchern und einem Überblasloch (Daumenloch). Die B. wird in verschiedenen Stimmlagen gebaut. Wie alle Flöteninstrumente (↗Flöte) besitzt auch die B. ein Labium, das den Atemstrom teilt. Bei der B. wird das Luftband mit Hilfe eines Kernspaltes auf das Labium gelenkt. Breite und Höhe des Luftstromes werden also durch diese unveränderliche Anblasevorrichtung festgelegt. (Bei der Querflöte hingegen verändert sich je nach Lippenstellung der Anblaswinkel, so daß durch wechselnden Winddruck Tonstärke und Klangfarbe bei gleichzeitigem Intonationsausgleich variiert werden können.) Aufgrund des unveränderlichen Kernspaltes sind bei der B. Intonationsabweichungen unvermeidbar, wenn der Winddruck verändert wird. Kontrolle der Vorgänge in Mund und Rachen sowie Beherrschung der Atemtechnik sind wesentliche Voraussetzungen für eine einwandfreie Intonation, für die auch grifftechnische Hilfen (sog. Forte- und Piano-Griffe) notwendig sind. Die B. wurde im MA in der Volks- und Spielmannsmusik verwendet und setzte sich allmählich auch in der höfischen und bürgerlichen Musizierpraxis durch. Die im 15. und 16. Jh. entstehenden reinen Instrumentalkompositionen ließen allmählich eine abgestufte Instrumentalartikulation aufkommen. Die Schulwerke dieser Zeit verweisen auf zahlreiche Artikulationsnuancen, vor allem innerhalb des gestoßenen Spieles. Echtes Legato bildete in dieser Epoche, wie auf allen Instrumenten, so auch auf der B., die Ausnahme. Besonders ausführliche Artikulationsanweisungen gab S. Ganassi (1535), bei dem sich, ähnlich wie bei Ph. Jambe de Fer (1558), auch Hinweise auf Tonbildung oder grifftechnische Besonderheiten finden. Da man noch keine starren Grenzen zwischen den Spielweisen verschiedener Instrumentenarten kannte, sind auch Schulwerke für Streichinstrumente voller Anregungen für den Blockflötisten. Das gleiche gilt für die Gesangsschulen – das „singende Spiel" galt als Ideal für den Bläser.

Michael Praetorius (*Syntagma musicum* III, 1619) kennt acht Größen der B.n-Familie (g^2, d^2, c^2, g^1, c^1, f, B, F). Man spielte die Instrumente sowohl im geschlossenen Ensemble (z. B. als Quartett mit Alt/Tenor/Tenor/Baß oder Alt/Alt/Tenor/Baß) als auch in gemischten Besetzungen. Für das Musizieren im B.n-Ensemble empfehlen zeitgenössische Quellen häufiger die Verwendung von Krummhorn oder Posaune zur Ausführung der Baßpartie. Im 17. und 18. Jh. treten vor allem die Altinstrumente in f^1 aus dem früheren „Stimmwerck" der Blockflötengruppe heraus und werden mit solistischen Aufgaben bedacht. Gelegentlich werden noch im Spätbarock Sopraninstrumente in c^2 und d^2 solistisch verwendet. Mit der baulichen Umformung der Instrumente ging auch eine Verfeinerung der Spieltechnik einher. Während der ältere B.n-Typus zylindrisch gebohrt war und nur etwa 1 1/2 Oktaven Umfang besaß, weist die barocke B. konische Bohrung auf und besitzt einen Umfang von 2 bis 2 1/2 Oktaven.

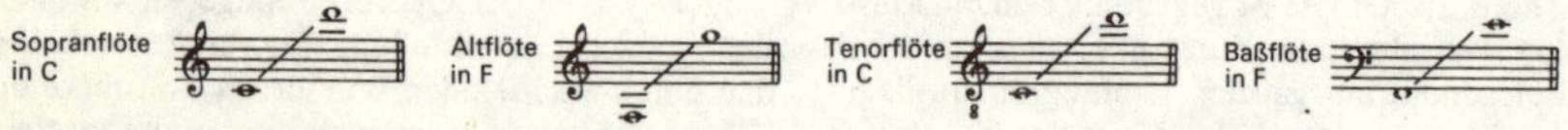

Die Blockflöten klingen eine Oktave höher als notiert

Die Ansprache der barocken B. ist leichter und direkter als diejenige der Renaissanceflöte, ihr Ton flexibler. Die während des 17. Jh. entstehenden engl. B.n-Schulen sind in erster Linie Spielbücher und Einführungen in die musikalische Elementarlehre. Auf spezifisch blockflötentechnische Probleme gehen sie nur am Rande ein (u. a. R. Carr, *The Delightful Companion,* Lo 1686). Bedeutenden Wert besitzen hingegen J. Hotteterres *Principes de la flûte traversière ou la flûte d'Allemagne, de la flûte à bec ou flûte douce et du hautbois* (1707). Darin wird eine vielfältig abgestufte Artikulation und eine verfeinerte Grifftechnik gelehrt. In *L'art de préluder sur la flûte traversière, sur la flûte à bec, sur le hautbois*... des gleichen Verfassers (1719) wird für die B. Spielmaterial in allen Dur- und Molltonarten vorgestellt. Die hier gelehrte „hohe Schule" des Blockflötenspiels bietet die Voraussetzungen für das Spiel der virtuoses Können verlangenden Solomusik des Hochbarock. Die Konkurrenz der immer mehr in den Vordergrund tretenden Querflöte brachte auch eine Steigerung der Blockflötentechnik mit sich. Schnelles Laufwerk, Einbeziehung der größeren Sprünge, Akkordbrechungen in den schnellen und ein ausdrucksvolles Cantabile in den langsamen Sätzen finden sich in der Blockflötenmusik jener Epoche in ähnlicher Weise wie in der Querflöten- und Violinmusik. Nach dieser letzten und besonders schönen Blütezeit verlor die B. in der 2. Hälfte des Jahrhunderts rasch an Bedeutung. Das Instrument, das nach J. Eisel (1738) „bis zum Ekel" bekannt war, verschwand schließlich für mehr als 150 Jahre völlig aus dem Musikleben.

Unser Jahrhundert brachte einen geradezu immensen Wiederaufstieg des Blockflötenspieles mit sich, seit A. Dolmetsch (um 1910) und P. Harlan (um 1920) nach alten Vorbildern wieder B.n zu bauen begannen. Heute ist der Bau von B.n auf der ganzen Welt verbreitet. Wie früher werden auch heute in erster Linie verschiedene Hölzer und gelegentlich Elfenbein verwendet. Seit einigen Jahren benutzt man auch Kunststoffe.

Die B. spielt seit Beginn ihrer Wiederbelebung eine bedeutende Rolle in der Jugend- und Hausmusik. Regelmäßige Publikationen (Zeitschriften der *American Recorder Society* sowie das *Recorder & Music Magazine* in England) behandeln pädagogische und aufführungspraktische Fragen, wobei sie sich nicht zuletzt an den Laien wenden. Die B. hat aber auch Einzug in die Konzertsäle und in die Rundfunk- und Schallplattenproduktion gehalten. In zahlreichen Ensembles für alte Musik spielen hervorragende Musiker, die meistens auch an musikalischen Ausbildungsstätten unterrichten. Zu den prominenten Interpreten zählen u. a. Frans Brüggen (Holland), René Clemencic (Österreich), Ferdinand Conrad (Deutschland), Carl Dolmetsch (England), Hans Martin Linde (Schweiz) und Michel Sanvoisin (Frankreich). Als Anreger und Spieler avantgardistischer Blockflötenmusik hat sich vor allem M. Vetter (Deutschland) Verdienste erworben.

2) Orgelstimme des ↗Flötenchors mit weiter Mensur zu 4′, 2′ und 1′, ertönt mit fülligem Flötenklang.

Lit.: **1) Schriften des 16.–18. Jh.:** S. VIRDUNG, Musica getutscht (Bas 1511), Faks.-Nachdr., hrsg. v. R. Eitner, in: PGfM 11 (1882), hrsg. v. L. Schrade (Kas 1931); M. AGRICOLA, Musica instrumentalis deudsch (Wittenberg 1529, ⁴1545), NA, hrsg. v.

R. Eitner, in: PGfM 20 (1896); S. GANASSI, Opera intitulata Fontegara (V 1535), Faks.-Nachdr. (Mi 1934), Faks.-Nachdr. mit dt. u. engl. Übers., hrsg. v. H. Peter (B 1955); PH. JAMBE DE FER, Épitomé musical (Ly 1556), Faks.-Nachdr., hrsg. v. F. Lesure, in: Ann. Mus. 6 (1958–63); M. PRAETORIUS, Syntagma musicum II u. III (Wb 1618–20), Faks.-Nachdr., hrsg. v. W. Gurlitt (Kas 1958–59); J. HOTTETERRE, Principes de la flûte traversière ou flûte d'Allemagne, de.la flûte à bec ou flûte douce... (P 1707), Faks.-Nachdr. mit dt. Übers., hrsg. v. H. J. Hellwig (Kas 1942, ²1958), Faks.-Nachdr. mit engl. Übers., hrsg. v. D. Lasocki (Lo 1968); DERS., L'art de préluder sur la flûte traversière, sur la flûte à bec... (P 1719), Faks.-Nachdr., hrsg. v. M. Sanvoisin (P 1966), hrsg. v. D. Lasocki (Lo 1968); J. C. WEIGEL, Musicalisches Theatrum (Nürnberg 1722), Faks.-Nachdr., hrsg. v. A. Berner (Kas 1961); P. PRELLEUR, The Modern Music Master (Lo 1731), Faks.-Nachdr., hrsg. v. A. Hyatt King (Kas 1965); J. F. B. C. MAJER, Museum musicum (Schwäbisch Hall 1732, Nürnberg ²1741), Faks.-Nachdr., hrsg. v. H. Becker (Kas 1954). – **2) Neuere Literatur:** C. WELCH, Lectures on the Recorder (Lo 1911), Teil-NA (Lo 1961); D. DEGEN, Zur Gesch. der B. in den germanischen Ländern (Kas 1939, ²1970); H. PETER, Die B. u. ihre Spielweise in Vergangenheit u. Gegenwart (B 1958); A. ROWLAND-JONES, Recorder Technique (Lo 1959); E. HUNT, The Recorder and its Music (Lo 1962); H. M. LINDE, Hdb. des Blockflötenspiels (Mz 1962, engl. NY 1970).

H. M. LINDE

BLOCKFLÖTENMUSIK. Im Mittelalter und in der Renaissance stand die Blockflöte (Bl.) unter den „ogni sorti d'istromenti" mit an erster Stelle. Sie gehörte in das Instrumentarium von Spielleuten und Trouvères wie auch in die Klangwelt von Ars antiqua und Ars nova. G. de Machaut beschreibt die Bl.n als „fleustes, dont droit jouer quand tu fleustes". Auf Bildern findet man u. a. Instrumentaltrios kontrastierender Klangfarben wie Bl./Harfe/Fidel, Bl./Laute/Fidel, Bl./Portativ/Harfe. Die Bl. gehört also zur Gruppe der „stillen" Instrumente und dient in erster Linie der Ausführung von Kammermusik. Beim gemeinsamen Musizieren von Singstimmen und Instrumenten ergeben sich für die Bl. folgende Verwendungsmöglichkeiten: a) das Mitspielen einer Gesangspartie, eventuell oktavierend, b) das Mitspielen mehrerer Gesangspartien, c) selbständige Ausführung einer oder mehrerer Partien einer Komposition, d) gleichzeitige Ausführung aller Stimmen durch Vokal- und Instrumentalensemble. Da auf der Bl. ein besonders rasches und bewegtes Spiel möglich ist, eignet sie sich hervorragend zur Ausführung virtuoser Diminutionen. Beispiele für derartiges „Passegieren" werden in vielen Lehrwerken gegeben (u. a. bei G. Lanfranco, 1533; S. Ganassi, 1535/42; D. Ortiz, 1553). Sie fanden ihren Niederschlag auch in den hochvirtuosen Ricercaten von G. Bassano (1585) und A. Virgiliano (Ende 16. Jh.). Das Spiel im Blockflötenchor entspricht dem Ideal des Verschmelzungsklanges im 16. Jahrhundert. Eine 40stimmige Motette von Striggio (1549) wurde ausgeführt von zwei achtstimmigen Vokalchören, je einem achtstimmigen Posaunen-, Violen- und Blockflötenchor sowie von Baßlaute und Cembalo. Das Blockflöten-Consort zur Ausführung von Bühnenmusiken kennt man aus der englischen Literatur (u. a. Shakespeare, Milton). Ferner bewährte sich die Bl. in gemischten Ensembles verschiedenster Zusammenstellungen (siehe u. a. Mielichs Bild der bayerischen Hofkapelle unter Orlando di Lasso, um 1570). Das Entstehen neuer Formen wie Oper, Oratorium, Geistliches Konzert, Kantate brachte um 1600 neue Aufgaben für die Blockflöte. In Monteverdis berühmtem *Orfeo*-Orchester (1607) spielt ein „flautino alla vigesima seconda" noch eine vergleichsweise geringe Rolle. Obligate Partien zum Gesang in Werken von H. Schütz stellen ihr hingegen wichtige, den Ausdruck der Komposition unterstreichende Aufgaben. So kombinierte Schütz in seiner *Weihnachtshistorie* (um 1660) zwei Altblockflöten mit den Stimmen der Hirten oder zwei „Flautini" (= hohe Blockflöten) mit einem Solobaß in *Jubilate Deo (Symphoniae sacrae* I, 1629). Bei H. Purcell finden sich Bl.n meist paarweise in verschiedenen Anthems, Oden und Songs. Ganz allgemein charakterisiert der milde Klang von Tenor- und Altblockflöte immer wieder den Ausdruck von Schmerz, Süßigkeit oder überirdischer Freude, während hohe Bl.n – wie auch später bei Händel – öfters zu tänzerischer Musik herangezogen werden oder Vogelgezwitscher imitieren. Zu den originalen Blockflötenkompositionen in Kammermusikbesetzung gehören im 17. Jh. die *Sonada* eines Anonymus (3 Bl.n und B.c.), die *Sonatella* von A. Bertali (5 Bl.n und B.c.), die *Sonate à 7* von J. H. Schmelzer (7 Bl.n und B.c.) und die *Sonata pro tabula* von H. I. F. Biber (5 Bl.n, 2 V., 3 Violen und B.c.). Zu virtuoser Blüte brachte das Spiel auf der Soloblockflöte der holländische Musiker Johann Jacob van Eyck. Variationen über bekannte Lieder und Tänze bilden den Hauptteil seiner Sammlung *Der Fluyten Lust-hof* (1646). Die Sammlung *The Division Flute* (1706) enthält repräsentative Beispiele für *Divisions upon a Ground* sowie unbegleitete Solostücke. Im Verlauf der 1. Hälfte des 18. Jh. entstanden in England ferner Sonaten für 1–2 Bl.n mit B.c. u. a. von J. Paisible, W. Corbett, G. Finger, D. Purcell, J. Lœillet, Ch. Dieupart, G. B. Bononcini, F. Barsanti und J. Ch. Pepusch. Hausmusik für die gleiche Besetzung schrieben die Deutschen J. E. Galliard, J. C. Schickhard, J. Ch. Pez, J. Ch. Schultze. Ihr kompositorischer Wert stellt zwar meistens nur guten Durchschnitt dar, doch wurde durch diese Stücke die Spieltechnik des Instrumentes deutlich gesteigert. Einen ge-

wichtigen Beitrag zur italienischen Kammermusik mit Bl. leistete A. Vivaldi (2 Sonaten für Bl. und B.c.; Trio für Bl., Fag. und B.c.; Trio für 2 Bl.n und B.c.; Quartett für Bl., 2 V. und B.c.; 4 Quintette für Bl., Ob., V., Fag. und B.c. und Bl., Ob., 2 V. und B.c.). Die spieltechnischen Anforderungen sind vielfach sehr hoch (vgl. Trio für Bl., Fag. und B.c.). Sonaten mit B.c. stammen ferner von A. Scarlatti, B. Marcello und G. B. Sammartini. Corellis berühmte *Follia* für Violine existiert in einer zeitgenössischen Bearbeitung für Bl. und B.c., ebenso einige seiner Sonaten für zwei Violinen und B.c. sowie ein Concerto grosso in der Einrichtung für 2 Bl.n und B.c. Die besondere Bevorzugung der Querflöte in Frankreich drückt sich in der kleinen Zahl echter Blockflötenwerke aus. Hier sind erwähnenswert die Suiten und Sonaten von A. Danican-Philidor, J. und L. Hotteterre, M. Corette, J. Ch. Naudot und E. Ph. Chédeville l'Ainé. Als obligates Instrument zur Singstimme tritt die Bl. in Kantaten u. a. von T. Arne, W. Croft, Ph. H. Erlebach, A. Scarlatti und J. Ch. Pepusch auf. Eine Reihe von Solokonzerten zeigt den hohen Rang der Bl. als konzertantes Instrument. Neben der Musik Bachs und Telemanns sind hier Konzerte für eine Blockflöte mit Streichern und B.c. zu nennen von A. Vivaldi (darunter Konzerte für „Ottavino" = hohe Blockflöte) und Chr. Graupner, für zwei Bl.n von J. Ch. Pez, für vier Bl.n von J. D. Heinichen, das Doppelkonzert für Bl./Violine von J. G. Graun sowie ein Konzert für Bl., zwei teilweise konzertierende Oboen, Streicher und B.c. von J. Ch. Schickhard. Die in England beliebten Fifth- und Sixth-Flutes (Sopranflöten in c bzw. d) bedachte vor allem G. Sammartini mit einem wertvollen Konzert, in dem sich galanter Stil mit großer Virtuosität verbindet, und das als eine der besten Blockflötenkompositionen seiner Zeit gilt. Weitere Sopranflöten-Konzerte stammen von J. Baston, R. Woodcock und W. Babell.
J. S. Bach hat die Bl., oft paarweise, in mehr als 20 seiner Kantaten eingesetzt. Besonders eindrucksvolle Beispiele hierfür sind die Instrumentalsinfonien aus den Kantaten 106 *Gottes Zeit ist die allerbeste Zeit* (2 Bl.n, 2 Gamben und B.c.) und 152 *Tritt auf die Glaubensbahn* (Bl., Ob., Va. d'amore, Gambe und B.c.). In ihrer traditionellen Zuordnung zum Affekt des Schmerzes erscheint sie in der Matthäuspassion (Tenor-Rezitativ *O Schmerz*). Hier wie auch in den Brandenburgischen Konzerten Nr. 2 und 4 (letzteres auch als Konzert F-Dur für Cembalo, zwei Bl. und Streicher) kommen den Bl.n musikalisch bedeutende, spieltechnisch jedoch nicht immer bequeme Aufgaben zu. Traditioneller behandelt G. Fr. Händel das Instrument in seinen sieben Sonaten (vier aus op. 1 sowie drei „Fitzwilliam"-Sonaten). Diese Werke sind Beispiele für einen italienisch beeinflußten kantablen Stil. Das gleiche gilt für seine beiden Triosonaten für Bl., V. und B.c. (F-Dur, c-moll) und seine Arien und Kantaten mit obligater Bl. (besonders erwähnenswert die Kantate *Nel dolce dell'oblio* für Sopran, Bl. und B.c.). G. Ph. Telemann nützt nicht nur alle Spiel- und Ausdrucksmöglichkeiten der Bl. aus, sondern bringt die Blockflötenmusik seiner Zeit zu einem Höhepunkt. Seine Sonaten für 1–2 Bl.n und B.c. sowie seine Triosonaten und Quartette vielfältiger, auch ungewöhnlicher Besetzungsarten (z. B. Triosonate für Bl., Horn und B.c., Quartett für Bl., 2 Querflöten und B.c., Triosonate für Bl., Va. da Gamba und B.c.) verlangen vom Spieler ein Höchstmaß an Beweglichkeit des Spiels. Die Suite a-moll für Bl., Streicher und B.c. sowie die Doppelkonzerte für Bl. und Querflöte, Bl. und Va. da Gamba sowie Bl. und Fag. gehören zum Reizvollsten, das für die Bl. je geschrieben wurde. Wie Bach und Händel verwendet Telemann die Bl. ferner als obligates Instrument in Solokantaten *(Harmonischer Gottesdienst)* und wie schon gelegentlich Händel (Concerto grosso op. 3, Nr. 1) auch als Orchesterinstrument (Orchestersuiten).
Eine eigene Blockflötenliteratur weist, nach einer Pause von mehr als 150 Jahren, erst wieder das 20. Jahrhundert auf. Als seriöses Instrument hatte die Bl. dabei einen „Umweg über Kindergarten und Schule" (P. Hindemith) zu überwinden. Neben volkstümlicher „Spielmusik" aller Schattierungen entstand allmählich auch wertvolle Gebrauchsmusik geringer Schwierigkeit. Dabei werden alle Typen der Blockflötenfamilie einbezogen und teilweise mit anderen Instrumenten kombiniert (z. B. mit Orff-Instrumenten). Wesentliche Anregungen in dieser Richtung gaben die meist sehr gehaltvollen Kompositionen u. a. von P. Hindemith, H. Badings, G. Bialas, B. Britten, W. Fortner, E. Křenek, P. R. Fricker, H. Genzmer, K. Marx, M. Tippett, Z. Kodály. In der anspruchsvolleren Kammer- und Konzertmusik finden sich Werke für eine Soloblockflöte u. a. von H. Bornefeld, H. Chemin-Petit, S. Reda, Sonaten für Sopran- bzw. Altblockflöte mit Klv. oder Cemb. u. a. von L. Berkeley, C. Bresgen, A. Bonsel, P. Höffer, M. Flothuis, G. Migot, H. U. Staeps, H. M. Linde). Weitere Beispiele für Blockflötenmusik in Kammermusikbesetzungen sind Werke für Bl. und Streichtrio (M. Seiber), Bl. und Gitarre (G. Klebe), Bl. und Laute (J. N. David), Bl., Querflöte, Ob., V., Vc. und Cemb. (K. Huber), 5 Bl.n, 2 V., Klar. und Vc. (B. Martinů), Bl., Querflöte und Cemb. (H. M. Linde). Vereinzelt erscheint die Bl. auch als Soloinstrument mit Orchester (A. Cooke, G. Jacob, R. Kelterborn,

E. Sehlbach) oder als Orchesterinstrument (B. Britten, H. W. Henze). Eine völlig neuartige Spieltechnik erfordern zahlreiche Kompositionen, die seit 1960 entstanden sind. Raffinierte Klangeffekte, neue Tonfärbungen und spezielle Anblastechniken verlangen Kompositionen für Bl. solo (teilweise mit Tonband oder Kontaktmikrophonen) u. a. von L. Berio, S. Bussotti, R. du Bois, D. Schönbach, W. Eisma, L. Andriessen, W. Heider. Die technischen Voraussetzungen hierzu werden lehrmäßig dargestellt in M. Vetter, *Il Flauto dolce ed acerbo* (Celle 1968). Neben vielen Schulen für die Bl. als Instrument der Jugendmusik-Erziehung erschienen einzelne Lehrwerke und Etüdensammlungen, die das Spiel des Instruments auf künstlerischem Niveau zum Ziel haben. Hier seien genannt: Dahlström und Cederlöf, *Flauto dolce* (He 1966); Höffer-von Winterfeld, *Hohe Schule des Blockflötenspiels* (Kas 1956); H. M. Linde, *Die Kunst des Blockflötenspiels* (Mz 1958, NY 1970) und *Sopranflötenschule für Fortgeschrittene* (Mz 1960) sowie die Etüdenhefte von Brüggen, *5 Etudes voor vingerveiligheid* (A 1957), J. Colette, *8 melodische Studien* (A 1958), H. M. Linde, *Neuzeitliche Übungsstücke und Quartett-Übung* (Mz 1958, 1963), H. U. Staeps, *Das tägliche Pensum* (W 1957).

Lit.: **1) Allgemeine Schriften:** H. PETER, Die Blockflöte u. ihre Spielweise in Vergangenheit u. Gegenwart (B 1953); E. HUNT, The Recorder and its Music (Lo 1962); H. M. LINDE, Hdb. des Blockflötenspiels (Mz 1962, NY 1970). – **2) Kataloge:** L. HÖFFER-VON WINTERFELD – H. KUNZ, Hdb. der Blockflöten-Lit. (B – Wie 1959); H. ALKER, Blockflöten-Bibliogr., 3 Bde (W später Wilhelmshaven 1960–75).

H. M. LINDE

BLOCKWERK (engl.: full organ; frz.: plein jeu), Bz. für eine einmanualige Orgel ohne Registerteilung mit einem Tastenumfang von F bis a², bei der auf jeder Taste 12- bis 32fache Pfeifenchöre (in der Domorgel zu Halberstadt [1361] sogar 56) gleichzeitig erklangen. Solche B.e wurden bis Mitte des 15. Jh. gebaut. Noch gegen Ende des 15. Jh. wurden Rückpositive in Form kleiner B.e mit Prinzipalen und einigen Flöten- und Zungenstimmen hergestellt. Aus derselben Zeit stammen erste Versuche, die ↗Gemischten Stimmen von den ↗Grundstimmen zu trennen und somit einige Pfeifenreihen einzeln spielbar zu machen, d. h. das Prinzipal mit seinem Plenum von den übrigen gemischten Stimmen (Mixturen) zu trennen und diese hinter die Prinzipale als „Hintersatz" zu stellen. Die Erfindung der ↗Schleiflade fällt ebenfalls in diesen Zeitraum.

BLOCKX, Jan, * 21. 1. 1851 Antwerpen, † 26. 5. 1912 ebd.; belgischer Komponist flämischer Abstammung. Er war Schüler, seit 1901 auch Amtsnachfolger von P. Benoit als Direktor des Kons. in Antwerpen. Auch mit seinen Werken gilt er als legitimer Nachfolger Benoits, ohne jedoch dessen Bedeutung zu erreichen. Zwei seiner Opern, *Herbergprinces* (UA Brüssel 1896) und *De Bruid der Zee* (UA Antwerpen 1901) wurden auch international bekannt. Das Ballett *Milenka* (UA Brüssel 1886) hatte in Belgien großen Erfolg. B. schrieb ferner *Kermisdag* für Orchester, mehrere Kantaten, darunter *Het Vaderland* und *Feest in den Landen*, eine Symphonie, Kammermusik und Kinderlieder.

Ausg.: *Herbergprinces*, für Klv. u. Gesang; *Milenka*, für Klv.; *Suite in den ouden vorm*, für Orch.; Quintette für 2 V., Br., Vc. u. Klv.

Lit.: L. SOLVAY, Notice sur J. B. (Bru 1920); F. BLOCKX, J. Bl. (Bru 1943); J. DE KLERK, in: Mens en melodie 17 (1962); F. LELIS, in: Harop 21 (1969).

BLOM, Eric, * 20. 8. 1888 Bern, † 11. 4. 1959 London; engl. Musikwissenschaftler und Musikkritiker dänischer Herkunft. Seit 1923 war er als Musikkritiker tätig, zunächst beim *Manchester Guardian*, seit 1931 bei der *Birmingham Post*, schließlich seit 1949, zugleich als Leiter der Musikabteilung, beim *Observer*. B. wurde besonders bekannt als Herausgeber der 5. Auflage von *Grove's Dictionary of Music and Musicians* (9 Bde., Lo 1954).

WW: *Mozart* (Lo 1935, revidierter Nachdr. 1963, dt. Z 1954, Mn 1961) für die von ihm hrsg. Reihe *Master Musicians* (26 Bde.); *Beethoven's Pianoforte Sonates Discussed* (Lo 1938, NY 1968); *Music in England* (Harmondsworth 1942, dt. H 1947); *Some Great Composers* (Lo 1958); Essaysammlung *Classics, Major and Minor* (Lo 1958); B. gab ferner *Everyman's Dictionary of Music* (Lo 1946, ⁴1962) heraus u. war Übersetzer u. a. von O. E. Deutsch, Schubert. A Documentary Biography (Lo 1946, NY 1947).

BLOMDAHL, Karl-Birger, * 19. 10. 1916 Växjö, † 14. 6. 1968 Kungsängen bei Stockholm; schwedischer Komponist. Er studierte seit 1934 in Stockholm bei H. Rosenberg (Komposition) und vollendete seine Ausbildung in Frankreich und Italien. 1947–56 war er Mitarbeiter beim schwedischen Rundfunk, lehrte 1960–64 Komposition an der Musikhochschule in Stockholm und übernahm 1965 die Leitung der Musikabteilung beim schwedischen Rundfunk und Fernsehen. Nachdem er sich zunächst vor allem den verschiedenen Formen der Instrumentalmusik gewidmet hatte, wandte er sich auch anderen musikalischen Gattungen zu, darunter dem Musiktheater. Seine Oper *Aniara* wurde auch außerhalb Schwedens ein großer Erfolg. B. ist der bedeutendste Vertreter der Neuen Musik in Schweden.

WW: **1) Instr.-WW:** Trio für Klar., Vc. u. Klv. (1955); *Tanzsuite*

Nr. 1 (1949), für V., Br., Vc., Fl. u. Schlaginstr. (Sto o.J.); *Tanzsuite Nr. 2* (1951), für Klar., Vc. u. Schlaginstr. (Kop o.J.); *Kammerkonzert* (1953), für Klv., Blasinstr. u. Schlaginstr.; 3 Symphonien (1943, 1947, 1950); *Forma Ferritonans* (1960); *Altisonans* (1967), elektronisches Werk. – **2) Vokal-WW:** 2 Oratorien: *I speglarnas sal* (1952); *Anabase* (1955). – **3) Bühnen-WW:** 2 Opern: *Aniara* (1959); *Herr von Hancken* (1965); 2 Ballette: *Sisyfos* (1954); *Minotauros* (1957).

Lit.: B. WALLNER, K.-B. B., in: Melos 23 (1956); DERS., Aniara – Revue von Menschen in Zeit u. Raum, in: ebd. 27 (1960); B. HAMBRAEUS, Corollarium für K.-B. B., in: ebd. 35 (1968); R. K. AIKEN, K.-B. B. (1968) (= Diss. Univ. of Cincinnati); Nutida musik 12 (1968–69) Nr. 1 (Sonder-H.).

BLONDEL DE NESLE, * um 1155 Nesle (Somme), † um 1200; frz. Troubadour. Über sein Leben ist nichts Näheres bekannt. Erhalten sind von ihm 24 Lieder, meist in pikardischer Sprache verfaßt. Sie sind alle mit Melodien versehen und in vielen Handschriften überliefert. B. ist nicht identisch mit dem Spielmann Blondel, der der Sage nach seinen gefangenen Herrn Richard Löwenherz aus der Gefangenschaft befreite.

Ausg.: Die Texte bei L. WIESE (s.u.); die Melodien bei U. AARBURG (s.u.); weitere Melodien u.a. in: MGG I (1949); F. GENNRICH, Troubadours, Trouvères, Minne- u. Meistergesang (Kö 1951) (= Das Musikwerk 2).

Lit.: L. WIESE, Die Lieder des B. de N. (Dresden 1904); U. AARBURG, Die Singweisen des B. de N. (Diss. masch. F 1946) (mit allen Melodien).

BLOSSOM TIME, amerik. Operette in 2 Akten von Sigmund Romberg (1887–1951) unter Verwendung von Themen Franz Schuberts, Buch und Song-Texte von Dorothy Donnelly nach Heinrich Bertés Operette *Das Dreimäderlhaus.* Ort und Zeit der Handlung: Wien, zu Lebzeiten Schuberts. UA: 29.9.1921 in New York (Ambassador Theater). Verfilmt 1934.

Da die europäische Originalfassung einer Operette über Schuberts Leben den amerikanischen Produzenten, den Brüdern Shubert, für ihr Publikum nicht geeignet erschien, beauftragten sie Romberg, aus bekannten Melodien des Wiener Komponisten eine neue Operette zu gestalten. Im Mittelpunkt der Handlung steht die Dreiecks-Liebesgeschichte zwischen Mitzi, Schubert und dessen Freund Schober, der Mitzi schließlich für sich gewinnt. Unter diesem Eindruck beschließt Schubert, seine neukomponierte Symphonie unvollendet zu lassen. Die Operette schließt mit dem *Ave Maria.* Romberg gelang das Kunststück, mit dieser Operette einen großen Erfolg nicht nur beim Publikum (592 Vorstellungen am Broadway en suite), sondern auch bei der Kritik bis in die heutige Zeit zu erringen. Diesen Erfolg wiederholte die Filmfassung mit Richard Tauber in der Titelrolle. Das Thema der *Unvollendeten* wurde zum *Song of Love,* auch Schuberts *Ständchen* und der *Militärmarsch* werden verwendet.

S. KUROCK – R.-M. SIMON

BLOW, John, * Februar 1649 Newark (Nottinghamshire), † 1.10.1708 London; engl. Komponist und Organist. B. gehörte zur ersten Generation der von H. Cooke ausgebildeten Schüler, er studierte außerdem bei J. Hingeston und Chr. Gibbons. 1668 wurde er Organist an der Westminster Abbey, im folgenden Jahr Mitglied der „Private Musick for Lutes and Voyces, Theorboes and Virginalls" und königlicher Virginalist, 1674 „Gentleman" der Chapel Royal, im gleichen Jahr Leiter der Kapellknaben und Hofkomponist für Vokalmusik. Der Erzbischof von Canterbury verlieh ihm, als einem der wenigen Musiker seiner Zeit, den Titel „Doctor of Music". Nachdem B. 1679 die Organistenstelle an der Westminster Abbey zugunsten von H. Purcell aufgegeben hatte, wurde er einer der drei Organisten der Chapel Royal. 1687 wurde er „Almoner" und Leiter der Kapellknaben an der St. Paul's Cathedral, gab diese Stelle aber bald wieder auf. 1699 erhielt er als letztes seiner zahlreichen königlichen Ämter das des ersten offiziellen Komponisten der Chapel Royal.

WW: **1) Geistliche Vokal-WW:** a) Anthems für Chor, etwa 100 Werke mit engl. und 11 mit lat. Text (Motetten), darunter zu besonderen Gelegenheiten: *O Lord, I have sinned* (1670, zum Begräbnis des Generals Monk); *Behold, o God* (1685, zur Krönung Jakobs II.); *The Lord God is a sun* (1689, zur Krönung Wilhelms v. Oranien u. Marias); *I was glad* (1697, zur Einweihung der St. Paul's Cathedral); *Praise the Lord, o my soul* (1697, zum Frieden v. Rijswijk); *Awake, awake, utter a song* (1704, zum Sieg v. Blenheim). – b) 14 Services, d.h. Gesänge für die verschiedenen anglikanischen Gottesdienste. – c) 24 Oden (für Chor), meist Huldigungsoden für den königlichen Hof, darunter 5 zum Fest der hl. Cäcilia, außerdem die Neujahrsoden *Thus let departing winter sing* (1693); *He leaves, he slights his precious rest* (1694); *Mark how the lark an linnet sing* (gedruckt Lo 1696, zum Tod von H. Purcell). – **2) Weltliche Vokal-WW:** Lieder (Songs) für 1–4 St. mit B.c., viele davon in dem Individualdruck *Amphion anglicus* (Lo 1700); weitere in Sammeldrucken der Zeit, einzeln gedruckt (u.a. in der Zeitschrift *Gentleman's Journal* 1692–94) u. hsl. erhalten. – Zahlreiche Catches in Sammeldrucken, so in *Catch that catch can* (= RISM 1685⁴) und *The second book of the pleasant musical companion* (1686⁴). – **3) Oper:** *Venus and Adonis* (1685), hsl. erhalten. – **4) Instr.-WW:** Versch. Stücke für Tasteninstr. in Sammeldrucken, so in: *The second part of musick's Hand-maid* (= RISM 1689⁷); *A choice collection of ayres* (= RISM 1700¹⁰); *Psalms set full for the Organ or Harpsichord* (Lo o.J. [um 1731]); 2 Sonaten für 2 V., Va. da gamba u. Baßviola (hsl. erhalten). – **5) Schriften:** *Rules for Playing of a Thorough Bass upon Organ and Harpsicon* (hsl. in London, Brit. Mus., Add. 34072); *Dr. Blow's Rules for Composition* (hsl. ebd. Add. 30933).

B. war vor allem Kirchenmusiker, sein Schaffen umfaßt aber die meisten Gattungen seiner Zeit, und er versuchte sich auch in der italienischen und französischen Schreibart. Insgesamt scheint in seinen Kompositionen mehr handwerkliches Können als

Inspiration vorzuherrschen, jedoch verdienen einige Werke von Rang besondere Erwähnung, die Motette *Salvator Mundi*, der Kanon *Miserere mei*, das Anthem *I beheld and lo*, die Cäcilienode *Begin the song* und die Oper (Masque) *Venus and Adonis*. Man muß auch berücksichtigen, daß B.s Werke nur einen geringen Teil des Beitrags darstellen, den er für die englische Kirchenmusik zur Zeit der Restauration geleistet hat. Ein bedeutenderer Teil sind seine kirchenmusikalische Tätigkeit an St. Paul's und an der königlichen Kapelle, seine Tätigkeit als Organist und Clavezinist und vor allem sein exzellenter Unterricht. Von seinen Schülern sind namentlich H. Purcell, J. Clarke und W. Croft zu nennen.

Ausg.: *Coronation Anthems* u.a. Anthems, hrsg. v. A. LEWIS – H. W. SHAW (1953, NA 1969) (= Mus. Brit. 7); *Awake, awake my Lyre, Salvator Mundi, St. Cecilia's Ode for 1684*, hrsg. v. H. W. SHAW (Lo 1949–50); *Marriage Ode*, hrsg. v. W. SHAW – W. BERGMANN (Lo 1954); *Ode on the Death of Mr. H. Purcell*, hrsg. v. W. BERGMANN (Lo 1962); *Amphion Anglicus*, Faks. der Ausg. London 1700 (NY 1965) (= Monuments of Music and Music Literature in Facsimilie I/2); 3 Songs aus dem *Amphion Anglicus*, hrsg. v. A. LEWIS (P 1938); 6 Songs, hrsg. v. G. E. P. ARKWRIGHT, in: The Old English Edition 23 (Lo 1900); *Venus and Adonis*, hrsg. v. G. E. P. ARKWRIGHT (Lo 1902) (= ebd. 25); DASS. hrsg. v. A. LEWIS (P 1936, ^{2}1949); *Harpsichord pieces*, hrsg. v. J. A. FULLER-MAITLAND (Lo 1921, Nachdr. Lo 1964); *Complete Organ Works*, hrsg. v. W. SHAW (Lo 1958); *Chaconne* für Streichorch. hrsg. v. DEMS. (Lo 1958) die beiden Sonaten, hrsg. v. W. G. WHITTAKER (P 1936); 6 Suiten, hrsg. v. H. FERGUSON (Lo 1965). – *Rules for Playing of a Thorough Bass*, in: F. T. Arnold, The Art of Accompaniement … (Lo 1931, ^{2}1961).

Lit.: W. H. CUMMINGS, Dr. J.B., in: SIMG 10 (1908–09); E. J. DENT, Foundations of English Opera (C 1928); H. W. SHAW, Tradition and Convention in J. Bl.'s Harmony, in: F. T. Arnold, The Art of Accompaniement … (Lo 1931, ^{2}1961); DERS., The Secular Music of J. B., in: Proc. Mus. Assoc. 63 (1936); DERS., B.'s Use of Ground Bass, in: MQ 24 (1938); J.B.'s Anthems, in: ML 19 (1938); H. W. SHAW, J. B. (Lo 1943); H. L. CLARKE, J. B., Last Composer of an Era, 4 Bde. (1947) (= Diss. Harvard Univ.); TH. DART, E. Edgeworth's Keyboard Book, in: ML 50 (1969); E. H. FELLOWES, English Cathedral Music (Lo ^{5}1969); R. MCGUINESS, The Ground-Bass in the English Court Ode, in: ML 61 (1970).

F. B. ZIMMERMANN

BLUE NOTES ↗Blues.

BLUES. 1) Die aus der afroamerikanischen Musikpraxis hervorgegangene wichtigste und eigenständige Musikform der nordamerikanischen Neger, die in der Entwicklung des ↗Jazz eine maßgebliche Rolle spielte. Der einstimmig vorgetragenen, vokalen Form des B. liegt eine Stegreifdichtung in Strophenform zugrunde. Die Melodie wird mit Hilfe standardisierter Modelle gestaltet, deren Wurzeln in der afrikanischen Musik liegen. Sämtliche Begebenheiten des täglichen Lebens werden in diese gesungene Dichtung hineingenommen. Sie ist im Gegensatz zu der von den Weißen mit der Bz. B. (blue = schwermütig) vorgenommenen Charakterisierung unsentimental, direkt und anschaulich. Der B. zeichnet sich vor allem durch enge Anlehnung an den Sprachduktus, Zeilenmelodik (Phrasen), vehemente, instabile Tongebung *(Dirty tones)* und *Off-beat*-Rhythmisierung aus. Auch formal zeigt sich ein enger Zusammenhang zwischen Text und Melodie: Beide gliedern sich auf ihre Weise in „Anrufung" und „Antwort" (↗Call-and-response pattern): 1. Ein Sachverhalt wird formuliert (*Statement* bzw. *Call:* Textzeile 1 und 2, Reim a und b, 4 Takte, musikalisch A); es folgt eine unveränderte oder leicht modifizierte Wiederholung; eine Bestätigung, Begründung oder Pointe schließt sich an und rundet die Strophe (*Response:* Textzeile 3 und 5, Reim c und b, 4 Takte, musikalisch B). 2. Bei instrumentaler Begleitung ist das Instrument – im Verlauf der historischen Entwicklung oft ausschließlich die Gitarre – nach dem gleichen Muster beteiligt, indem es dialogisierend die einzelnen Phrasen (Text- bzw. Melodiezeilen) aufnimmt und zu Ende führt.

Im B. zeigen sich die Eigenarten einer durch afrikanische Traditionen geprägten Tonalität, deren augenfälligste Merkmale (und Hauptkriterien aus der Sicht des Weißen) sog. Blue notes sind: „neutrale" Intonierungen der III. und VII. Stufe. Sie lassen die Musik bimodal changieren. Deutbar ist dieses Phänomen aus der Konfrontation der diatonischen Achttonskala mit der aus gleichen Stufen bestehenden afrikanischen Achttonskala, Skalen, deren Intonation an zwei Stellen divergiert: auf der III. und VII. Stufe.

Bei der stärkeren Durchdringung der afroamerikanischen Musik mit Elementen einer Tonalität europäischer Provenienz wird der originär lineare B. mit Hilfe der Funktionsharmonik umgedeutet. Das Ergebnis ist die sog. Bluesformel: ein Harmoniesubstrat, das nun mit dem B. schlechthin identifiziert wird. Die Bluesformel in ihrer einfachsten Version verteilt auf die einzelnen Takte folgende Stufen:

```
              7   7    7          7    7
              +   +    +          +    +
||: I | I | I | I || IV | IV | I | I || V | V | I | I :||
Takt 1——4   5—————————8
```

Zur Ausbildung des B. kam es dadurch, daß sich – vermutlich um die Mitte des 19. Jh. – Strukturelemente afroamerikanischen Musizierens zu einer konturierten, spezifischen Form mit eigener Sinnbestimmung geschlossen haben. Zu Beginn dieses Jahrhunderts bildete sich die regulierte Zwölftaktigkeit heraus (ursprünglich 8 Takte: *State-*

ment + Response). In demselben Maß, wie die afroamerikanische Musik verstädterte, wurde aus dem ursprünglichen *Country blues* schließlich ein „sophisticated" und differenziert begleiteter *City blues,* der 1920 erstmals auf Schallplatten aufgenommen wurde. Dessen Derivate wiederum prägten ein weites Feld der zeitgenössischen U-Musik. Zu den wichtigsten Bluessängern, die sich großenteils auch selbst begleiten, gehören (in chronologischer Folge): Blind Lemon Jefferson, Leadbelly (Huddie Ledbetter), Big Bill Broonzy, Jimmy Rushing, Josh White, Lightnin' Hopkins, Sonny Terry und Brownie McGhee, Muddy Waters; bei den Frauen Ma Rainey, Ida Cox, Bessie Smith, Billie Holiday, Bertha Chippie Hill, Dina Washington. – **2)** Um 1920 in Amerika aufgekommener und seit etwa 1930 auch in Europa verbreiteter Gesellschaftstanz im langsamen 4/4-Takt.

Lit.: Slave Songs of the US, hrsg. v. W. F. ALLEN (NY 1867 u. ö.); Afro-American Folksongs, hrsg. v. H. E. KREHBIEL (NY 1914 u. ö.); Bl., An Anthology, hrsg. v. W. CH. HANDY (NY 1926); DERS., Father of the Bl., in: An Autobiogr. (NY–Toronto 1941 u. ö.); Folk Songs, USA, hrsg. v. J. A. – A. LOMAX (NY 1947); A Treasury of the Bl., in: Complete Words and Music of 67 Great Songs from Memphis Bl. to the Present Day, hrsg. v. W. CH. HANDY – A. NILES (NY 1949); M. W. STEARNS, The Story of Jazz (NY 1956 u. ö.); A. M. DAUER, Der Jazz. Seine Ursprünge u. seine Entwicklung (Kas 1958); S. B. CARTERS, The Country Bl. (NY–Toronto 1959 u. ö.); P. OLIVER, Bl. Fell This Morning. The Meaning of the Bl. (Lo 1960, NY [2]1963); A. M. DAUER, Jazz, die magische Musik. Ein Leitfaden durch den Jazz (Bremen 1961); H. COURLANDER, Negro Folk Music. USA (NY – Lo 1963); C. G. HERZOG ZU MECKLENBURG – W. SCHECK, Die Theorie des Bl. im modernen Jazz (Str – Baden-Bden 1963); J. JAHN – A. M. DAUER, Bl. u. Work Songs (F – H 1964); A. M. DAUER, Betrachtungen zur afroamerikanischen Folklore, dargestellt an einem Bl. v. Lightnin' Hopkins, in: Archiv für Völkerkunde 19 (1965); H. OSTER, Living Country Bl. (Detroit 1969).

BLUETTE (frz., = Feuer-, Witzfünkchen), Bz. für ein dramaturgisch dem Sketch nahestehendes, witzig-satirisches Bühnenstück; auch musikalische Gattung.

BLUM, Robert, * 27. 11. 1900 Zürich; Schweizer Dirigent und Komponist. Er studierte u. a. bei Ph. Jarnach und V. Andreae in Zürich, 1924 bei F. Busoni in Berlin. Seit 1925 war er Dirigent der Orchestergesellschaft Baden im Aargau, 1950–55 auch der Orchestergemeinschaft Zürich. 1943 erhielt B. eine Professur für Kontrapunkt und Komposition an der Musikakademie Zürich. Er schrieb neben Symphonien, Konzerten, Kammermusik und Chorwerken auch zahlreiche Filmmusiken.

WW: Kammermusik; *Lamentatio angelorum* (1943), für Kammerorch.; 5 Symphonien, die 5. für Blasorch. u. Männerchor (1924, 1926, 1935, 1959, 1961); 3 Partiten (1939, 1935, 1953); Ouvertüren; Konzerte, darunter *Passionskonzert* (1943), für Org. u. Streichorch.; Streichquartett (1970). Zahlr. Vokal-WW u. Choräle, darunter: *Von der Erlösung durch den Geist in Jesu Christo* (1935), für Chor u. Streichorch.; *Lobgesang aus der Offenbarung Johannis* (1945), für 12 St. u. Orch.

Lit.: A. BRUNNER, R. B., in: SMZ 107 (1967); G. FIERZ, R. B., Leben und Werk (Z 1967).

BLUME, Clemens, SJ, * 31. 1. 1862 Billerbeck (Westfalen), † 8. 4. 1932 Königstein (Taunus); dt. Liturgiker und Hymnologe. Er studierte am Jesuitenseminar in Feldkirch (Vorarlberg) und trat hier 1878 in den Jesuitenorden ein. Seit 1903 lebte er in München, 1929 erhielt er eine Professur für Liturgiewissenschaft an der Philosophisch-Theologischen Hochschule St. Georgen in Frankfurt am Main. B. war ein bedeutender Hymnologe. Seine wichtigste Leistung ist die Fortführung der grundlegenden, von G. M. Dreves begonnenen Sammlung *Analecta hymnica,* deren Bände 25–49 er herausgab.

Schriften: *Repertorium Repertorii. Kritischer Wegweiser durch U. Chevaliers Repertorium Hymnologicum* (L 1901); *Wolstan von Winchester u. Vital von Saint-Evroult,* in: Sitzungsber. der Wiener Akad. der Wiss., Phil.-Hist. Klasse 146/3 (1903); *Der Cursus S. Benedicti Nursini und die liturgischen Hymnen des 6.–9. Jh. in ihrer Beziehung zu den Sonntags- u. Ferialhymnen unseres Breviers* (L 1908); *Ein Jahrtausend lateinischer Hymnendichtung,* in: Blütenlese aus den Anal. Hymn., 2 Bde. (L 1910) (mit G. M. Dreves); *Patrona Bavariae ...* (Rb 1917); *Brevier u. Messe* (Rb – R [2]1919); *Johannis de Hovedene „Philomena"* (L 1930); *Unsere liturgischen Lieder* (Rb 1932); zahlr. Artikel in den *Stimmen aus Maria Laach* (seit 1914: *Stimmen der Zeit*) u. a. einschlägigen Zeitschriften.

Lit.: W. DOUGLAS, Church Music in History and Practice (Lo 1962) (revidiert u. mit weiterem Material ergänzt v. L. Ellinwood).

BLUME, Friedrich, * 5. 1. 1893 Schlüchtern (Hessen), † 22. 11. 1975 ebd.; dt. Musikwissenschaftler. Er studierte u. a. bei A. Sandberger, H. Riemann, A. Schering, H. Kretzschmar und J. Wolf und wurde 1921 in Berlin als Schüler von H. Abert promoviert (Diss. gedruckt als *Studien zur Vorgeschichte der Orchestersuite im 15.–16. Jh.,* L 1925). Er war Lektor an der Universität Berlin und habilitierte sich dort 1925; 1928–34 lehrte er auch an der Kirchenmusikschule Berlin-Spandau. Von 1934 bis zu seiner Emeritierung 1958 leitete er das Musikwissenschaftliche Institut der Universität Kiel (seit 1938 als ordentlicher Professor). B. war 1939–45 u. a. Editionsleiter des *Erbe deutscher Musik,* gründete 1947 die von ihm bis 1962 präsidierte Gesellschaft für Musikforschung, war 1958–61 auch Präsident der Internationalen Gesellschaft für Musikwissenschaft und leitete seit 1951 die Commission internationale mixte des von ihm mitbegründeten *Internationalen Quellenlexikons der Musik*

(RISM). Er war u. a. Herausgeber der Allgemeinen Enzyklopädie der Musik *Die Musik in Geschichte und Gegenwart* (MGG, 14 Bde., 1949–68, Supplement-Bde. 1973ff). B. hat nahezu ein halbes Jahrhundert lang der deutschen und internationalen Musikwissenschaft entscheidende Impulse gegeben: durch eine fast unübersehbare Zahl von stets gedankenreichen und meisterhaft formulierten Studien über musikalische Kunstwerke, über Komponisten, musikalische Gattungen und Epochen, nicht minder auch durch seine unermüdliche editorische und organisatorische Tätigkeit. Zur Vollendung des 70. Lebensjahres wurde B. durch eine Festschrift geehrt (hrsg. v. A. A. Abert – W. Pfannkuch, Kas 1963).

WW: **1) Schriften:** *Das monodische Prinzip in der prot. Kirchenmusik* (L 1925); *Fortspinnung u. Entwicklung,* in: Jb. Peters 36 (1929); *J. Haydns künstlerische Entwicklung in seinen Streichquartetten,* in: ebd. 38 (1931); *Die ev. Kirchenmusik* (Pd 1931), 2. Aufl. als *Geschichte der ev. Kirchenmusik,* hrsg. unter Mitarbeit v. L. Finscher, G. Feder, A. Adrio u. W. Blankenburg (Kas 1965); *J. S. Bach im Wandel der Geschichte* (Kas 1947); *Goethe u. die Musik* (Kas 1948); *Mozart's Style and Influence,* in: The Mozart Companion (Lo 1956); *Mozart. The Concertos: Their Sources,* in: ebd.; *Umrisse eines neuen Bachbildes,* in: Musica 16 (1962); *Die (dt.) Musik von 1830 bis 1914. Strukturprobleme einer Epoche,* in: Kgr.-Ber. Kassel 1962 (Kas 1963); zahlreiche Artikel in MGG, darunter grundlegend über verschiedene musikalische Epochen *(Renaissance, Barock, Klassik, Romantik)* und über *J. S. Bach, Mozart, Bruckner.* Diese Artikel u. die oben genannten Schriften (soweit nicht in Buchform erschienen) sind (mit vielen anderen Reden u. Schriften B.s) abgedruckt (z. T. mit Ergänzungen u. Verbesserungen bzw. in dt. Übersetzung) in: F. B., *Syntagma Musicologicum,* hrsg. v. M. RUHNKE (Kas 1963) und in F. B., *Syntagma Musicologicum* II, hrsg. v. A. A. ABERT – M. RUHNKE (Kas 1973), die Artikel über die musikalischen Epochen außerdem in: *Epochen der Musikgeschichte in Einzeldarstellungen* (Kas – Mn 1974). – **2) Editionen:** *M. Praetorius, Gesamtausgabe der musikal. Werke,* 20 Bde. (Wb 1928–36), darin v. B. selbst 8 Bde.; *Das Chorwerk* (Wb 1929ff), bis 1975 125 Hefte, v. B. selbst 15 Hefte; zahlr. weitere Ausgaben musikal. Werke des 16.–18. Jh.; B. edierte auch Schriften v. H. Abert u. A. Schering.

Lit.: W. VETTER, F. B. 60 Jahre alt, in: Musik u. Ges. 3 (1953); A. A. ABERT, Dank an F. B., in: Mf 29 (1976); M. RUHNKE, F. B., in: Musica 30 (1976).

BLUME VON HAWAII, DIE, Operette in 3 Akten von Paul Abraham (1892–1960), Text von Alfred Grünwald, Fritz Löhner-Beda und Emmerich Földes. Ort und Zeit der Handlung: Honolulu und Monte Carlo, um 1930. UA: 24. 7. 1931 in Leipzig (Neues Theater). Verfilmung: 1933.

Im Mittelpunkt der Handlung steht Prinzessin Laya, die Thronerbin von Hawaii, die aus dem Exil in ihre Heimat zurückkehrt. Ihre Anhänger versuchen, sie in ihre alten Rechte gegenüber der Herrschaft des amerikanischen Gouverneurs wieder einzusetzen. Layas Thronverzicht stiftet mancherlei Verwirrung, besonders bei ihrer Jugendliebe Prinz Lilo-Taro. Doch schließlich klären sich alle Mißverständnisse auf, und in Monte Carlo kommt es zum Happy-End. Das Werk steht einerseits in der Tradition der exotischen Operette; besonders in der hawaiischen Festszene des ersten Finales finden sich musikalisch-exotische Effekte in Melodie, Rhythmus und Klangbild. Auf der anderen Seite macht sich der Einfluß des Jazz der zwanziger Jahre bemerkbar. Durch dieses Werk festigte Abraham seinen Ruf als einer der führenden Operettenkomponisten seiner Zeit, u. a. aufgrund des populären Zuschnitts der Musiknummern *My golden Baby, Bin nur ein Johnny* und der Melodie *Blume von Hawaii.*

S. KUROCK – R.-M. SIMON

BLUMNER, Martin Traugott Wilhelm, * 21.11. 1827 Fürstenberg (Mecklenburg), † 16.11.1901 Berlin; dt. Komponist und Dirigent. Nachdem er seit 1845 zunächst Theologie, Philosophie, Mathematik und Naturwissenschaften an der Univ. Berlin studiert hatte, wandte er sich 1847 endgültig der Musik zu und nahm Unterricht bei S. Dehn (Komposition) und G. W. Teschner (Gesang). Seit 1853 war er Vizedirigent, 1876–1900 Dirigent der Berliner Singakademie, eine Zeitlang auch Dirigent der von C. F. Zelter begründeten „Liedertafel".

WW: Lieder; Chöre a cap.; Oratorien: *Abraham* (1859) (L 1874); *Der Fall Jerusalems* (L 1874); mehrere Kantaten; eine Schrift: *Gesch. der Singakademie zu Berlin* (B 1891).

Lit.: E. DRYANDER, Zum Gedächtnis... M. Bl. (B 1901); G. SCHÜNEMANN, Die Singakademie zu Berlin 1791–1941 (Rb 1941).

BLÜTHNER, Julius Ferdinand, * 11. 3. 1824 Falkenhain bei Merseburg, † 13. 4. 1910 Leipzig; dt. Klavierbauer; gründete 1853 in Leipzig die *Pianofortefabrik Julius Blüthner,* deren Instrumente schnell berühmt wurden, wozu vor allem mehrere technische Verbesserungen beitrugen, darunter eine Verbesserung der Repetitionsmechanik (1856 patentiert) und die Einführung des sog. Aliquotsystems (1876 patentiert), das darin besteht, daß außer den angeschlagenen Saiten jeweils eine zusätzliche Saite, in der Oberoktave gestimmt, zum Mitschwingen gebracht wird. Beim Tod des Gründers hatte die Firma bereits etwa 85000 Instrumente hergestellt. B. schrieb, zusammen mit H. Fretschel, ein *Lehrbuch des Pianofortebaues* (L 1872, [4]1921). Die Pianofortefabrik Julius B. besteht heute noch in Leipzig.

BLUTHOCHZEIT, DIE, lyrische Tragödie in 2 Akten von Wolfgang Fortner (* 1907), Text vom Komponisten nach dem gleichnamigen Drama Fe-

derico García Lorcas (1933) in der dt. Übertragung von Enrique Beck. Ort und Zeit der Handlung: Andalusien, um 1900. UA: 8. 6. 1957 in Köln.
Bei der Vertonung hielt sich Fortner eng an die Regieanweisungen Lorcas, die Angaben zu einer musikalischen Untermalung enthalten. Er verwendete auch – teilweise von Lorca, der bei Manuel de Falla Musik studiert hatte, selbst gesammelte – altspanische Liedmelodien, die er mit seiner modernen Tonsprache jedoch hintergründig durchleuchtete. Mit dieser Literaturoper belegt der Komponist anschaulich wenigstens zwei seiner Thesen: sein Stil lebe einzig von der Überzeugungskraft der künstlerischen Aussage, und: die Erneuerung des musikalischen Theaters müsse von einer Eroberung des Schauspiels durch den Musiker ausgehen. Als Vorstufe zu seiner ersten Oper schrieb Fortner 1953 die Bühnenmusik zu dem Drama, aus der er später die 6. Szene *(Wald)* als musikalischen und dramatischen Höhepunkt entwickelte (wobei er die Anweisung Lorcas: „Man hört zwei Violinen" befolgte und zusätzlich nur Schlagwerk einsetzte). Ihre große Wirkung erhält die Oper aus dem Hervorwachsen der musikalischen Teile aus dem Wort; Fortner setzt viele Register der menschlichen Stimme ein: vom dramatischen Sopran (Mutter) über eine Chansonniere (greise Bettlerin, die den Tod verkörpert) bis zur reinen Sprechrolle (Bräutigam).

K. LANGROCK

BOBISATION, Bocedisation, ↗Solmisation.

BOCCACCIO, Operette (Komische Oper) in 3 Akten von Franz von Suppé (1819–95), Text von F. Zell und Richard Genée. Ort und Zeit der Handlung: Florenz 1331. UA: 1.2.1879 in Wien (Carl-Theater). Ein Film gleichen Titels entstand 1936 unter Verwendung einiger Elemente der Operette. Zell und Genée wählten aus der Novellensammlung *Il Decamerone* (1348–53) von Giovanni Boccaccio (1313–75) einige Geschichten aus, fügten sie lose zusammen und stellten den Dichter in den Mittelpunkt. Es wird von abenteuerlustigen Prinzen und raffinierten Ehefrauen, von verliebten Studenten und koketten Bürgerstöchtern sowie vom sieghaft lachenden jungen Dichter erzählt, der alle Fäden in der Hand hält und alle Verwicklungen löst. Die südländische Turbulenz der Handlung bot Suppé die Möglichkeit, italienische und wienerische Melodik mit hinreißenden Marschrhythmen zu vereinigen. So im *Misericordia*-Chor in der Serenade *Holde Schöne, hör meine Töne,* in der Tarantella *Undici, dodici, tredici* sowie im bekanntesten Lied des Werkes, *Hab' ich nur deine Liebe.* Suppé selbst bezeichnete das Werk als den größten Erfolg seines Lebens. Besonders in den Finali erreicht diese Operette das Format einer Komischen Oper.

S. KUROCK – R.-M. SIMON

BOCCA CHIUSA (it.), ↗Summstimmen.

BOCCHERINI, Luigi, * 19. 2. 1743 Lucca, † 28. 5. 1805 Madrid; it. Komponist und Violoncellist. Er war Schüler von D. Vannucci. Bereits mit 13 Jahren trat er in seiner Heimatstadt öffentlich auf. 1757 ging er zu weiteren Studien nach Rom. Daneben unternahm er verschiedene Reisen, u. a. nach Wien, wo er in Anwesenheit Glucks am kaiserlichen Theater spielte. 1764 wurde er 1. Cellist der Capella palatina in Lucca, ging aber weiterhin zusammen mit dem Violinisten Manfredi (oder auch als Quartett mit Nardini, Manfredi und Cambini) auf Konzertreisen. In Cremona lernte er Sammartini kennen. 1769 reisten B. und Manfredi auf Einladung des spanischen Botschafters in Paris nach Madrid. B. ließ sich endgültig in Spanien nieder und wurde 1770 Violoncellist und Kammerkomponist des Infanten Don Luis. Für seine alljährlich dem preußischen Hof zugedachten Quartett- und Quintettkompositionen erhielt er von König Friedrich Wilhelm II. den Titel und die Besoldung eines Hofkompositeurs. 1786–99 leitete B. in Madrid das kleine Orchester der Herzogin von Benavente Osuna; danach stand er bis 1802 im Dienst des französischen Botschafters Lucien Bonaparte. Die letzten Lebensjahre wurden von Armut und zahlreichen Trauerfällen in der Familie überschattet. Seine sterblichen Überreste wurden 1927 von Madrid nach Lucca übergeführt, wo sie in der Basilika San Francesco ruhen.

WW: **1) Kammermusik-WW:** 27 Sonaten für Vc. u. B.c.; 6 Sonaten für Klv. (od. Cemb.) u. V.; 10 Duette für 2 V.; 6 Fugen u. 2 Sonaten für 2 Vc.; 66 Streichtrios; 6 Klaviertrios; 90 Streichquartette; 113 Streichquintette für 2 V., Va., 2 Vc., darunter *La Musica Notturna delle Strade di Madrid;* 11 Streichquintette für 2 V., 2 Violen, Vc.; 12 Klv.-Quintette, davon 9 v. B. selbst für Gitarre u. Streichquartett bearbeitet, die heute gelegentlich als Konzerte bezeichnet werden; 26 Quintette für Fl. (od. Ob.) u. Streichquartett; 7 Sextette für Streicher, 7 für Fl. u. Streicher, 3 für verschiedene Besetzungen (Bläser u. Streicher). – **2) Orch.-WW:** 10 Vc.-Konzerte, darunter ein Konzert in B-Dur, das in einer (zum Teil sehr freien) Bearbeitung von F. Grützmacher berühmt wurde (vermutliche Originalfassung – Kopie spätes 19. Jh. – in Partitur hrsg. v. R. STURZENEGGER, Lo 1949, Klv.-Auszug, hrsg. v. DEMS., Z 1965); 2 V.-Konzerte; 1 Cemb.- (od. Klv.-)Konzert; das unter B.s Namen oft gespielte Fl.-Konzert D-Dur stammt v. F. X. Pokorny; für kleines Orch.: 1 *Concerto;* 6 Divertimenti; 7 Symphonien; 1 Serenade; für Orch.: 19 Symphonien. – **3) Vokal-WW:** Einzelne Messesätze für Chor u. Orch.; *Stabat Mater* für Sopran u. Orch.; *Dixit Dominus* u. *Domine, ad adjuvandum* für Chor u. Orch.; Oratorien *Gioas, Rè di Giudea* und *Il Giuseppe Riconosciuto;* 4st. *Villancicos* mit Orch.; Oper *La Clementina* (Zarzuela) (1786); Szene aus *Inez de Castro*

(1798); Kantate *La Confederazione dei Sabini con Roma;* 15 Konzertarien für Sopran u. Orch.

Schon äußerlich ist an B.s Schaffen die starke Konzentration auf die Instrumentalmusik und das Übergewicht der reinen Streicher-Kammermusik mit über 300 Werken auffällig, bei denen die Streichquintette zahlenmäßig dominieren. Darin ist B. ein Sonderfall im 18. Jh., aber auch darin, daß er zwar als Musiker mitten in seiner Zeit agierte, als Komponist jedoch im wesentlichen einen eigenen Weg verfolgte, ohne nachweisliche stilistische Beziehungen zur Kammermusik seiner Zeitgenossen, ohne direkte Berührung auch mit den Meistern der Wiener Klassik zu haben, obwohl etwa Mozarts Streichquintette nachweislich an diejenigen B.s anknüpften. Auf diesem eigenen Weg entstand Gebrauchsmusik im besten Sinn des Wortes, mit vielen originellen Zügen, und diese Musik wurde auch allenthalben in Europa geschätzt. Denn wie kein anderes Œuvre seiner Zeit verkörperte B.s Kammermusik die italienisch-instrumentale Komponente des musikalischen Zeitstils im letzten Drittel des 18. Jh. Zugleich erfüllte sich aber an ihr auch der letzte Triumph der italienischen Streichertradition, während schon in allen europäischen Ländern die Musik für und mit Klavier ihre dominierende Rolle in der Kammermusik zu spielen begann. Hinzu kam, daß in derselben Zeit der Stil der Kammermusik (besonders beeinflußt durch die Streichquartette J. Haydns) mit seiner starken motivisch-thematischen Arbeit sich immer mehr von dem italienischen Geschmack entfernte. Dies alles führte dazu, daß B.s Musik im Ganzen schnell veraltete und ihren Schöpfer kaum überlebt hat, von einigen berühmten Einzelstücken abgesehen.

Ausg.: Eine GA der Werke B.s, hrsg. v. Istituto italiano per la storia della musica, ist im Entstehen begriffen (R 1970ff.). Außerdem existieren zahlreiche Ausgaben von Sonaten, Trios, Quartetten, Quintetten, Symphonien u. Konzerten in vielen Verlagen.

Lit.: L. PICQUOT, Notice sur la vie et les œuvres de L. B., suivi du catalogue raisonné de toutes ses œuvres (P 1851), neue u. erweiterte Ausg. v. G. de Saint-Foix (P 1930); G. ROSADI, L. B., compositore (Lucca 1906); CH. BOUVET, B. inconnu: Inventaire des mss. autographes appartenant à la Bibl. de l'Opéra de Paris, in: RMI 13 (1929); A. BONAVENTURA, B. (Mi–R 1931); A. GHISLANZONI, L. B. et la sua posizione nella storia della musica, in: Rivista Nazionale di Musica (1937); A. BONACCORSI, Contributo alla storia di B., in: Rass. Mus. (1959–60); G. DE ROTHSCHILD, L. B. (P 1962); G. ARRIGHI, L. B. in Lucca, in: Rassegna del Comune (Lucca 1962); E. I. AMSTERDAM, The String Quartets of L. B. (Berkeley 1968) (= Diss. Univ. of California); Y. GÉRARD, Thematic Bibliography and Critical Catalogue of the Works of L. B. (Lo 1969); G. SALVETTI, L. B. nell'ambito de quartetto italiano del secondo Settecento, in: Stud. z. it.-dt. Musikgeschichte 8 (= Anal. Mus. 12) (Kö 1973); K. FISCHER, Einflüsse Haydns in Kammermusikwerken B.s, in: Studi Musicali 4 (1975).

G. MASSENKEIL

BOCEDISATION, Bobisation, ↗Solmisation.

BOCHSA, Robert Nicholas Charles, * 9. 8. 1789 Montmédy (Meuse), † 6. 1. 1856 Sydney; frz. Harfenist und Komponist. Er studierte Komposition bei Fr. Beck in Bordeaux, war dann am Pariser Conservatoire Schüler von Ch.-S. Catel und E. N. Méhul (Komposition), F. J. Nadermann und M. de Marin (Harfe). Seit 1813 war er Harfenist der Kaiserlichen Kapelle. Nachdem er in eine Fälschungsaffäre verwickelt war, floh er 1817 nach England. 1822–27 lehrte er Harfe an der Royal Academy of Music in London. 1826–32 war B. Dirigent am King's Theatre. 1839 verließ er England mit der Frau des Komponisten H. Bishop und führte ein unstetes Leben, gab Konzerte in Europa, Südamerika und Australien, wo er starb. B. komponierte viele Werke für Harfe oder für Harfe mit verschiedenen anderen Instrumenten, schrieb 25 *Exercices-Études* und 40 *Études* und verfaßte eine *Méthode de harpe*. In Paris wurden von ihm sieben Opéras-comiques, in London eine Oper, vier Ballette und ein Oratorium aufgeführt.

BOCK, Jerry, * 23. 11. 1928 New Haven (Connecticut); amerik. Komponist. Er studierte an der Universität in Wisconsin. Schon mit 17 Jahren entstand sein erstes Musical: *My Dream* (1945). B. schrieb dann zahlreiche Songs u. a. für Broadway-Shows, hatte einen ersten größeren Erfolg 1956 mit dem Musical *Mr. Wonderful.* Im gleichen Jahr wurde seine Filmmusik zu *Wonders of Manhattan* bei den Filmfestspielen in Cannes ausgezeichnet. Sein bisher größter Erfolg ist das Musical *Fiddler on the Roof* (1964), das 1968 seine deutsche Erstaufführung in Hamburg unter dem Titel *Anatevka* (mit Shmuel Rodensky in der Rolle des Milchmanns Tevye) erlebte. Weitere Musicals: *Fiorello* (1959), das mit dem Pulitzer-Preis ausgezeichnet wurde; *Tenderloin* (1960); *She loves Me* (1963); *The Apple Tree* (1966); *The Rothschilds* (1970).

BOCKELMANN, Rudolf, * 2. 4. 1892 Bodenteich bei Celle, † 9. 10. 1958 Dresden; dt. Sänger (Bariton). Er studierte Philologie in Leipzig, erhielt anschließend dort auch seine Gesangsausbildung; 1920 debütierte er in Celle, war 1921–26 am Opernhaus in Leipzig, dann an der Staatsoper Hamburg, 1932–44 an der Berliner Staatsoper. 1928–42 sang er auch in Bayreuth, gastierte ferner an zahlreichen anderen Opernbühnen des In- und Auslands. B. galt als einer der bedeutendsten Wagner-Sänger seiner Generation. 1946–55 wirkte er als Gesangslehrer in Hamburg, seit 1955 (seit 1956 als Professor) an der Musikhochschule in Dresden.

Lit.: B. W. WESSLING, Verachtet mir die Meister nicht. Ein Buch der Erinnerung an R.B. (Celle 1963).

BOCKSHORN, Samuel Friedrich, ↗Capricornus.

BOCKSTRILLER ↗Triller.

BOCQUAY, Jacques, frz. Instrumentenbauer des 18. Jh. aus Lyon; lebte 1700–36 in Paris. Seine Geigen (Exemplare in Paris, Musée du Conservatoire) waren sehr geschätzt.

BOCQUET, Charles, † um 1620, frz. Lautenist; Sohn des Lautenisten und Kammerdieners Julien B. († Juni 1592); stand 1594–1606 im Dienst des Herzogs von Lothringen. J.-B. Bésard *(Thesaurus harmonicus,* Kö 1603) und G. L. Fuhrmann *(Testudo gallo-germanica,* Nürnberg 1615) veröffentlichten 20 seiner Kompositionen in Tabulatur.

Lit.: L. DE LA LAURENCIE, Les luthistes Ch. B., A. Francisque et J. B. Bésard, in: RMie (1926) Mai-August-H.: F. LESURE, Recherches sur les luthistes parisiens à l'époque de Louis XIII, in: Le luth et sa musique (P 1958).

BOCQUILLON, Guillaume Louis, ↗Wilhelm, Guillaume Louis.

BODANZKY, Artur, * 16. 12. 1877 Wien, † 23. 11. 1939 New York; östr. Dirigent. Er studierte am Wiener Konservatorium und bei A. Zemlinsky, war zunächst Violinist des Hofopernorchesters, dann Kapellmeister in Budweis, 1903 Korrepetitor der Wiener Hofoper unter Mahler, anschließend Kapellmeister in Wien, Berlin, Prag und 1906–14 in Mannheim. 1915 wurde B. als Nachfolger von A. Hertz als Dirigent an das Metropolitan Opera House in New York berufen und dirigierte 1918–31 auch die Konzerte der „Society of Friends of Music", seit 1919 ebenso die des New Symphony Orchestra.

BODART, Eugen, * 8. 10. 1905 Kassel, † 13. 10. 1981 Fürstenfeldbruck; dt. Dirigent. Nach dem Studium am Konservatorium Leipzig sowie bei H. Pfitzner und E. N. von Rezniček war er Kapellmeister u.a. in Kassel (beim Rundfunk), Weimar und Köln, 1939–43 GMD und Generalintendant in Altenburg, leitete 1942–45 die Akademiekonzerte in Mannheim. 1951 gründete er das Kurpfälzische Kammerorchester, das sich u. a. der Wiederbelebung der Werke der Mannheimer Schule widmete; 1956–58 war er GMD des Pfalztheaters Kaiserslautern. B. schrieb mehrere Opern, ein Ballett, Orchesterwerke, Konzerte, Klavierstücke, Lieder und bearbeitete zahlreiche Werke der Mannheimer Schule.

BÖDDECKER, Philipp Friedrich, getauft 5. 8. 1607 Hagenau (Elsaß), † 8. 10. 1683 Stuttgart. Er war seit 1629 Fagottist und Organist in Darmstadt, seit 1634 Organist in Frankfurt am Main, wurde 1643 zur Unterstützung von Chr. Th. Walliser nach Straßburg berufen und folgte ihm 1648 als Organist und Kapellmeister nach. Seit 1652 lebte er als Organist in Stuttgart. B. gehört mit den in der *Sacra Partitura* veröffentlichten Sonaten zu den frühesten Vertretern der Gattung in Deutschland. In seiner Generalbaßlehre wird nicht nur theoretisch, sondern vor allem praktisch durch „12 Muster-Stücke der General-Bass kunstrichtig, rein und nett zu tractiren deutlich gezeigt". – B.s Sohn **Philipp Jacob,** * 1642 Frankfurt a. M. (?), † 1. 2. 1707 Stuttgart, war Nachfolger K. Keßlers im gleichen Amt in Stuttgart, das sein Vater innehatte.

WW: *Melos irenicum* (*Te Deum* für 6 St., Instr. u. Supplementchor) (Str 1650); *Sacra Partitura* (Str 1651), enthält 8 Geistliche Konzerte für Singst. u. B.c. und je eine Sonate für V. u. B.c. u. für Fag. u. B.c.; ferner Werke von Casati u. Monteverdi. – Unter B.s Namen wurde ferner postum eine Generalbaßlehre gedruckt, hrsg. von seinem Sohn: *Manuductio nova methodico-practica (ad) Bassum Generalem* (St 1701).

Ausg.: *Haec est dies* (aus *Sacra Partitura*), hrsg. v. W. KIPP (s. u. Lit.); *Natus est Jesus* (aus ders. Sammlung), hrsg. v. A. RODEMANN (Hannover 1929) (= Nagels MA 57); die V.-Sonate in: G. BECKMANN. Das Violinspiel in Deutschland (B – L 1921); die Fag.-Sonate, hrsg. v. M. SEIFFERT (L 1936).

Lit.: R. EITNER, Ph. F. B., in: MfM 25 (1893); M. VOGELEIS, Quellen u. Bausteine zur Gesch. der Musik u. des Theaters im Elsaß (Str 1911); W. KIPP, Eine Musikerfamilie aus dem 17. Jh., Die B. aus Haguenau, in: Bull. de la Société d'Histoire et d'Archéologie de Haguenau 1928–29 (Haguenau 1930).

BODE, Johann Joachim Christoph, * 12. 1. 1730 Barum bei Braunschweig, † 13. 12. 1793 Weimar; dt. Oboist, Komponist und Verleger. B. war seit 1752 Hoboist in Celle, wirkte seit 1757 in Hamburg als Musiklehrer, Redakteur des *Hamburger Korrespondent,* schließlich als Drucker und Verleger. 1778 ging er nach Weimar. Er schrieb Lieder (2 Bde., L 1754 und 1757), Stücke für Viola d'amore, Konzerte für Violine, Violoncello und Fagott und Symphonien. Mit C. D. Ebeling übersetzte er Burneys *The Present State of Music in Germany, the Netherlands and United Provinces* (Lo 1773), das im selben Jahr unter dem Titel *C. B.'s Tagebuch seiner Musikalischen Reisen* in Hamburg erschien.

BODE, Rudolf, * 3. 2. 1881 Kiel, † 7. 10. 1970 München; dt. Gymnastiklehrer. Er studierte Philosophie und Naturwissenschaften an der Universität,

Musik am Konservatorium in Leipzig, war Kapellmeister und Pianist an den Theatern in Kaiserslautern und Heidelberg. Den entscheidenden Anstoß zur pädagogischen Tätigkeit erhielt B. durch Jacques-Dalcroze in Hellerau bei Dresden. 1911 gründete er in München die Bode-Schule für rhythmische Gymnastik, 1922 in Jena den Bode-Bund für Rhythmische Erziehung, 1931 in Berlin eine Bode-Schule. Seit 1935 leitete er die Reichsschule des Reichsnährstands auf Burg Neuhaus, gründete nach dem Krieg die Bode-Schule in München neu (heute Berufsfachschule für Gymnastik). – B. begründete die rhythmische Ausdrucksgymnastik, in der er ein Mittel der Erziehung in der Totalität von Geist, Leib und Seele sah und die weit über den Rahmen der Leibesübungen gehen sollte. Gegen die metrische Exaktheit der rhythmischen Gymnastik von Jacques-Dalcroze stellte er den organisch richtigen Bewegungsablauf in den Vordergrund. Er schrieb auch mehrere Hefte *Klaviermusik zur rhythmischen Gymnastik* (Mn 1956ff).

Schriften: *Ausdrucksgymnastik* (Mn 1922, [3]1925); *Musik und Bewegung* (Kas 1930, St [4]1967); *Rhythmus und Anschlag. Die Lehre des Klavierspiels* (Mn 1933); *Energie und Rhythmus* (Goslar 1939); *Lehrbuch der rhythmischen Gymnastik* (F 1953, [2]1957).

BODENSCHATZ, Erhard, * 1576 Lichtenberg (Oberfranken), † 1636 Groß-Osterhausen (Thüringen); dt. Theologe und Komponist. Er schloß sein theologisches Studium in Leipzig 1600 als Magister ab, wurde im selben Jahr Kantor in Schulpforta, 1603 in Rehhausen, schließlich 1608 Pastor in Groß-Osterhausen. Von seinen Kompositionen wurden gedruckt ein 4st. *Magnificat* (L 1599), *Psalter Davidis* (L 1607), *Harmoniae angelicae* für 4 St. (L 1608) und 90 *Bicinia selectissima* (L 1615). Seinen Ruhm begründete B. aber vor allem mit einer Sammlung von 265 dt. und it. Motetten des 16. und 17. Jh., der letzten und wichtigsten ihrer Art. Der 1. Teil erschien unter dem Titel *Florilegium selectissimarum cantionum* (L 1603, [2]1618), der 2. Teil unter dem Titel *Florilegium musicum portense* (L 1621). Die Sammlung blieb bis in die Zeit J. S. Bachs in Gebrauch.

Lit.: O. RIEMER, E. B. u. sein Florilegium Portense (L 1928).

BOËLLMANN, Léon, * 25.9.1862 Ensisheim (Elsaß), † 11.10.1897 Paris; frz. Organist und Komponist. Er war Schüler von E. Gigout an der École Niedermeyer und machte sich rasch als Orgelvirtuose einen Namen. Seit 1896 war er Organist an St-Vincent-de-Paul in Paris. B. komponierte vor allem Werke für und mit Orgel: *Suite gothique, Ronde française, Offertoire sur des noëls, Heures mystiques* (Sammlung von 100 Orgelstücken), *Fantaisie dialoguée* für Org. u. Orch. (Orgel-Transkription von E. Gigout). Ferner schrieb er Kammermusik, eine Symphonie, *Variations symphoniques* für Vc. und Orch. Im Zuge einer seit mehreren Jahren feststellbaren Wiederbelebung der Orgelmusik des 19. Jh. werden B.s Werke heute auch in Deutschland oft gespielt.

Lit.: P. LOCARD, L. B. (Str 1901); F. X. MATHIAS, L. B., in: Jb. der Elsaß-Lothringischen wiss. Ges. 10 (1937); N. DUFOURCQ, La musique d'orgue française de J. Titelouze à J. Alain (P 1941).

BOËLY, 1) Jean François, getauft 3.6.1739 St-Léger-de-Crossy (Diözese Amiens), † 24.1.1814 Chaillot; frz. Sänger und Harfenist. 1762 trat er als Altist in die Sainte Chapelle ein. Im gleichen Jahr wurde in einem Concert Spirituel seine Motette *Beatus vir* aufgeführt. Seit 1774 war er am Hof, u.a. als Harfenlehrer der Comtesse d'Artois und der Königin. 1806 zog er sich nach Chaillot zurück. In seinen letzten Lebensjahren führte er einen heftigen Streit gegen Catel und Gossec und ihre Lehrmethoden am Conservatoire und entwarf einen wichtigen *Traité d'harmonie* (1808, unveröffentlicht), der auf dem System Rameaus fußt. – **2) Alexandre Pierre François,** Sohn von 1), * 19.4.1785 Versailles, † 27.12.1858 Paris; frz. Organist und Komponist. Er war Schüler von J.-J. Bourgeois, dem Organisten an Notre Dame in Versailles und an der Chapelle Royale, dann von Ignaz Ladurner am Conservatoire. 1840–51 wirkte er als Organist an St-Germain-l'Auxerrois. B. schrieb fast ausschließlich Werke für Klavier (Sonaten, Caprices, Études, Suiten *dans le style des anciens maîtres*) und Orgel (Préludes, Fugen, Kanons, Charakterstücke, Offertorien und andere liturgische Werke, z.T. über gregorianische Melodien, Bearbeitungen von Werken älterer Meister). Sein Hauptbemühen war es, den kontrapunktischen Stil in der Nachfolge J. S. Bachs zu pflegen in einer Zeit, in der in Frankreich sonst noch wenig von einer Bach-Tradition zu spüren war. Seine Werke fanden kaum Anklang bei seinen Zeitgenossen. Später setzte sich u.a. Saint-Saëns für das Schaffen B.s ein.

Ausg.: Ein Teil der hsl. hinterlassenen Werke B.s (die sich in der Bibl. zu Versailles befinden) wurde postum in Paris bei Richault gedruckt; 1902 gab SAINT-SAËNS eine umfangreiche Sammlung seiner Kompositionen heraus; Ausw. v. 41 Klv.-Stücken, hrsg. v. M. BRENET; GA der Orgelwerke, hrsg. v. N. DUFOURCQ (P 1958ff).

Lit.: S. MORELOT, Artistes contemporains: A.P.F. B., in: Revue de la Musique religieuse, populaire et classique 2 (1847); P. FROMAGEOT, Un disciple de Bach: P.F. B., in: Revue de l'Histoire de Versailles (1909) August-H.; M. BRENET, B. et ses œuvres de piano, in: SIMG 15 (1913/14); F. RAUGEL, Les organistes (P 1923); A. GASTOUÉ, A Great French Organist, A. B. and his

Works, in: MQ 30 (1944); G. FAVRE, La musique française de piano avant 1830 (P 1953); N. DUFOURCQ, Autour des B., in: Recherches 5 (P 1965); L. BOULAY, Autour d'un traité d'harmonie de J. F. B., in: ebd. (1965).

BOËSSET (Boysset), **1) Antoine,** Sieur de Villedieu, * 1586 Blois, † 9. 12. 1643 Paris; frz. Komponist. Bei Ludwig XIII. außerordentlich beliebt, war er seit 1613 „Maître des enfants de la Musique de la Chambre de Roi", seit 1615 Musikmeister der Königin. Von seinem Schwiegervater Guédron übernahm er die Stelle des königlichen Oberintendanten der Musik. B. stand in Verbindung mit bedeutenden Gelehrten und Musiktheoretikern seiner Zeit, so etwa mit Descartes, Mersenne, Doni und C. Huygens. Sein Ruhm, der den Guédrons übertraf, war bis zum Ende des 17. Jh. lebendig.

WW: Ballets de cour: *Ballet des Dix Verds* (1614); *La Délivrance de Renaud* (1617); *Ballet d'Apollon, Ballet de la Reyne représentant le Soleil* (1621); *Ballet des Bacchanales, Ballet des Fêtes de Junon la Nopcière* (1623); *Ballet des Dandins* (1626); *Grand Bal de la douarière de Billebahaut* (1626); *Le Sérieux et le Grotesque, Ballet des Nymphes bocagères* (1627); *Ballet des Triomphes* (1635); *Ballet de la Félicité* (1639). – 9 Bücher *Airs de cour* für 4–5 St. (P 1617–42); 2 Bücher *Airs de cour mis en tablature de luth* (P 1620 u. 1621); 4 Bücher *Airs de cour avec la tablature de luth* (P 1624–32); andere Airs sind veröff. im 1., 2., 4.–8. Buch der Sammeldrucke *Airs... mis en tablature de luth* (P 1608–18) und in den 8 Büchern der *Airs de cours, et de différents auteurs* (für 1 St. u. B.c.) (P 1615–28). – Die B. zugeschriebenen Messen u. Motetten für 4–5 St. und B.c. (hsl. in Paris, Bibl. Nat.) stammen vielleicht von seinem Sohn.

Von ausgesprochen lyrischer Begabung, beeinflußte B. entscheidend die Entwicklung des Ballet de cour, dem Guédron einen melodramatischen Charakter gegeben hatte, in Richtung auf das „Ballet à entrées", in dem die ↗Récits nicht mehr Bestandteil der Ballethandlung sind. B.s Airs de cours auf Texte von Malherbe, de Ligendes, Théophile, Tristan, Racan, Boisrobert, Desmarets u. a. repräsentieren den Übergang von dem Air des frühen 17. Jh. zu demjenigen von M. Lambert. In dem seit 1632 feststellbaren Bemühen, den italienischen Stil der französischen Melodik anzupassen, gab B. seinen Airs eine ausgedehntere Faktur, eine sorgsamere Textdeklamation und einen tieferen Ausdruck. In seinen letzten Sammlungen mit mehrstimmigen Airs verwendete B. den Generalbaß, und zwar früher als Du Mont, dem allgemein dessen Einführung in Frankreich zugeschrieben wird.

Ausg.: 35 *Airs*, hrsg. v. H. EXPERT, in: Chants de France et d'Italie (P o. J.); Sanctus und Agnus der *Messe du 4e ton*, hrsg. v. J. CHAILLEY, in: Musique et Liturgie 1 (1948); 7 *Airs* (für 4 u. 5 St.) (P 1949–52); 18 *Airs*, hrsg. v. A. VERCHALY, in: Airs de cour pour voix et luth (P 1961).

2) Jean-Baptiste, Seigneur de Dehault, Sohn von 1), * 1614 Paris, † 27. 12. 1685 ebd. Er war seit 1644 königlicher Oberintendant der Musik und an den Ballets de cour unter Ludwig XIV. beteiligt. Einige seiner Airs erschienen in den Sammlungen seines Vaters. Er komponierte außerdem 2 Ballette (hsl. in Paris, Bibl. Nat.). – **3) Claude-Jean-Baptiste,** Sieur de Launay, Sohn von 2), * 1665 Paris, † 1736 ebd.; folgte seinem Vater als Oberintendant (bis 1696). Von seinen Werken hat sich nichts erhalten.

Lit.: M. CAUCHIE, La dynastie des B., in: Bull. de la Soc. Fr. de Musicologie (1920); N. DUFOURCQ, J. B. de B., in: Bibliothèque de l'École des Chartes (P 1961), Teilausg. (P 1962).

A. VERCHALY

BOËTHIUS, Anicius Manlius Torquatus Severinus, * um 480 Rom, † 23. 10. 524 bei Mailand (?); röm. Staatsmann, Philosoph, Mathematiker und Musiktheoretiker. Er stammte aus einer alten Patrizierfamilie und erhielt eine klassische und christliche Erziehung im Hause seines Onkels Quintus Aurelius Memmius Symmachus. Seine große Kenntnis des Griechischen verdankte er wahrscheinlich einem Studienaufenthalt in Alexandrien. Bereits in jungen Jahren übte B. wichtige Funktionen aus, 510 war er alleiniger Konsul, später Magister officiorum Theoderichs des Großen. Auf dem Höhepunkt seiner Laufbahn wurde er aufgrund falscher Anschuldigungen in einen Hochverratsprozeß verwickelt, abgesetzt, inhaftiert und auf dem Ager Calventianus (nahe Mailand?) hingerichtet. B. verfaßte theologische und philosophische Schriften; davon wurde *De consolatione philosophiae* im Gefängnis vollendet. Seine musikgeschichtliche Bedeutung beruht in erster Linie auf seinem bereits zwischen 500 und 507 geschriebenen Werk *De Institutione Musicae,* eine seiner Schriften zum Quadrivium. Als Quellen dafür gelten Platon, Aristoteles, Nikomachos, Ptolemaios sowie Albinos, den er oft wörtlich zitiert. B. spricht in diesem Werk nicht von der Praxis der vokalen und instrumentalen Musik, und auch von den Instrumenten ist nur am Rande die Rede. Er behandelt hauptsächlich Probleme, die sich auf Akustik und auf Harmonik beziehen. Buch I enthält eine Darstellung der elementarsten Gegebenheiten der Akustik, die Bücher II und III handeln von der Schule der Kanoniker (den Schülern des Pythagoras), zu der B. sich selbst zählt, und von der Schule der Harmoniker (den Schülern des Aristoxenos); Buch IV handelt hauptsächlich von den Monochordteilungen, Buch V, dessen letzte Kapitel fehlen, von der Harmonik nach Ptolemaios und von deren Einteilung in Tetrachorde. Die fehlenden Teile können mit Hilfe von Werken des Ptolemaios ergänzt werden.

Nach B. hat die Musik wie die mathematischen Disziplinen als „instrumentum philosophiae" Vorrang

vor den anderen Wissenschaften. Charakteristisch ist ferner der große moralische und soziale Einfluß der Musik und der entscheidende Platz, den sie in der Erziehung einnimmt. Von B. stammt auch die Klassifikation der Musik in eine „musica mundana" (die Harmonie des Universums, die „Sphärenmusik"), eine „musica humana" (das Verhältnis von Leib und Seele im Menschen) und eine „musica instrumentalis" – genau: „musica in quibusdam constituta instrumentis" – (das Verhältnis der klingenden, hörbaren Töne).
B.' Einfluß auf die Musikanschauung und Musiktheorie seit der karolingischen Renaissance (9. Jh.) war überragend. Seitdem Aurelianus Reomensis die „sorgfältige Lektüre des hochgelehrten Boethius" (Gerbert Scr. I, 41) empfohlen hatte, haben zahlreiche Theoretiker viele seiner Aussagen übernommen. B. galt als eine Art Musikheiliger und blieb eine unangefochtene Autorität bis zum 16. Jh. Sein Bild findet man erstmals auf karolingischen Miniaturen (vgl. Bréhier, *L'art chrétien*, P 1928). Nach 1625 wurde B.' tragischer Tod das Thema für zahlreiche Jesuitendramen.

Ausg.: Die früheste gedruckte Ausg. der Werke des B. erschien Venedig 1492; heute gebräuchliche Ausg. von *De Institutione Musicae*, hrsg. v. G. FRIEDLEIN (L 1867, Nachdr. F 1966).

Lit.: W. MIEKLEY, De Boethii libri de musica primi fontibus (Jena 1898); R. BRAGARD, Boethiana-Etudes sur le „De Institutione musicae", in: Hommages à Ch. van den Borren (An 1945); H. POTIRON, B., Théoricien de la musique grecque (P 1961); U. PIZZANI, Studi sulla fonti del „Institutione Musicae" di B., in: Sacris Erudiri 16 (1965); B. MÜNXELHAUS, Pythagoras musicus (Bonn 1976) (Orpheus-Schriftenreihe 19).

J. SMITS VAN WAESBERGHE

BOGEN. 1) Bindebogen (engl.: ligature; frz.: liaison; it.: legatura; span.: ligadura), Zeichen der neuzeitlichen Notenschrift mit zwei Hauptbedeutungen: Als *Halte-* oder *Anbindungs-B.* verbindet er mehrere Noten gleicher Tonhöhe zur Dauer ihres Gesamtwertes; als *Legato-B.* steht er über einer kleineren oder größeren Gruppe von Noten und ist

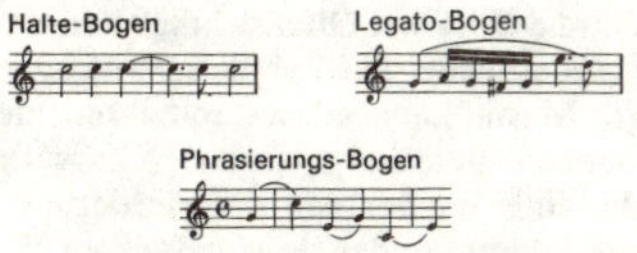

ein Vortrags- bzw. Artikulationszeichen der Instrumentalmusik, das Legato-Spiel an der betreffenden Stelle erfordert. Als *Phrasierungs-B.* gliedert er (bes. seit Beethoven) größere musikalische Zusammenhänge in kleinere sinngemäße Einheiten. Die Kombination von Staccato-Punkten und darübergesetztem B. ist das Zeichen für den ↗Portato-Vortrag. Beim Streichinstrumentenspiel werden die unter einem B. stehenden Noten normalerweise auf einen Bogenstrich genommen. In der Vokalmusik faßt der B. seit dem 19. Jh. in der Regel die jeweils über einer Textsilbe stehenden Noten zusammen, ist also ein nur graphisches Zeichen ohne spezifische Bedeutung für den Vortrag. Im 17./18. Jh. erscheint der B. (als sog. Gruppen-B.) auch – zusammen mit der entsprechenden Zahl – bei bestimmten Notengruppen, z. B. bei Triolen, Sextolen. – **2)** Streichbogen (engl.: bow; frz.: archet; it. und span.: arco), der zum Anstreichen der Saiten dienende, mit Roßhaar bespannte, konkav gebogene Stab mit leicht angehobener und nach unten abgewinkelter Spitze. Das Roßhaar ist verdeckt an Spitze und am Handgriff, dem Frosch, befestigt. Der *Frosch* am unteren Ende des B. besteht meist aus Ebenholz und dient mittels einer *Spannschraube* auch zur Regulierung der Spannung der Haare. – Im MA war der B. nach außen gekrümmt. Dieser Rund-B. wurde bis in die Zeit Bachs verwendet, wobei der Bezug durch Fingerdruck gespannt oder gelockert werden konnte. Die Entwicklung der Form des Frosches setzte seit dem 14. Jh. ein. In dieser Zeit wurde die Beweglichkeit des Frosches mit Hilfe eines Metallrings erreicht, der nach Belieben in einer der kleinen Rillen außen an der Stange befestigt werden konnte. Im 17. Jh. wurde der Ring durch die *Crémaillère*, eine Art Zahnradvorrichtung, ersetzt. Um 1730 kam der heute noch gebräuchliche Frosch mit Stellschraube auf. Die konkave Krümmung des Bogens, die ein wohlabgewogenes Gleichgewicht zwischen Spitze und Frosch ermöglicht und dem Wunsch nach mehr Ausdruck und Biegsamkeit des Tons entgegenkam, geht auf Fr. Tourte (um 1775) zurück. – Die Roßhaare (engl.: horse-hair; frz.: crins; it.: crini; span.: crines) stellen den für die Klangerzeugung entscheidenden Teil des B. dar. Bereits die ersten bekannten Bögen aus Asien und Europa sind mit Roßhaaren bespannt. Die Gründe für die Verwendung des Roßhaars liegen einmal in der großen Haltbarkeit und Elastizität der Bespannung, zum anderen in der obertonreichen und gleichmäßigen Tonqualität, die durch das Roßhaar beim Streichen der Saiten erzielt wird. Für Violin-Bögen werden vorwiegend weiße Haare verwendet, für Kontrabaß-Bögen bevorzugt man schwarzes, rauheres Haar. – Im MA war die Bespannung dünner. Im 19. Jh. bestand sie aus 110–120 Haaren; heute verwendet man 160–250 Haare, was einem Gewicht von 5–6 Gramm entspricht. Die Haare werden nach Elastizität, Färbung und Länge ausgewählt. Für den Violinbogen benötigt man eine Länge von 76–77 cm, für den Kontrabaß 60–64 cm.

Um die Klangqualität nicht zu beeinträchtigen, müssen die Haare gleichmäßig parallel eingespannt werden. Aus technischen und klanglichen Gründen verlaufen sie vom Frosch zur Spitze in gleicher Richtung wie vom Pferdekörper zur Schwanzspitze. Je nach Form des B.s ist der Abstand zwischen Stange und Bezug, damit auch die Spannung der Haare unterschiedlich. So konnte im 18. Jh. die Bespannung noch beträchtlich gelockert werden, was die gleichzeitige Ausführung von 3–4 Tönen ermöglichte. Heute wird die Spannung nur noch nach dem Spiel gelockert, um eine unnötige Belastung des Haars zu vermeiden. – **3)** ↗Stimmbogen.

Lit.: **2)** L. A. VIDAL, Les instruments à archet (P 1876–78); H. SAINT-GEORGE, The Bow, its History, Manufacture and Use (Lo 1896); H. BALFOUR, The Natural History of the Musical Bow (O 1899); L. GRILLET, Les ancêtres du violon et du violoncelle (P 1901); C. SACHS, Die Streichbogenfrage, in: AfMw 1 (1918/19); L. GREILSAMER, La facture des instruments à archet, in: Lavignac Techn. III (1927); F. WUNDERLICH, Der Geigenbogen (L 1936, Wie ²1952); H. H. DRÄGER, Die Entwicklung des Streichbogens (Kas 1937); R. SCHROEDER, Über das Problem des mehrstimmigen Spiels in J. S. Bachs Soloviolinsonaten, in: Bach-Probleme (L 1950); A. SCHWEITZER, Der für Bachs Werke für Violin-Solo erforderliche Geigenbogen, in: Bach-Gedenkschrift (Z 1950); J. RODA, Bows for Musical Instruments of the Violin Family (Chicago 1959); W. C. RETFORD, Bows and Bow Makers (Lo 1964); D. D. BOYDEN, The History of Violin Playing (Lo 1965).

E. BUBERT – S. MILLIOT

BOGENFLÜGEL ↗Streichklavier.

BOGENFÜHRUNG (engl.: bowing; frz.: coup d'archet; it.: colpo d'arco), die Haltung und Handhabung des ↗Bogens bei Streichinstrumenten. Von der richtigen Bogenhaltung und der freien und leichten Durchführung der verschiedenen Arm- und Handgelenkbewegungen hängen Tonqualität, Artikulation und Phrasierung ab. Die Technik der B. vervollkommnete sich mit der Entwicklung der Form und der Mechanik des Bogens und wird auch von der Art des Instruments bestimmt. Beim Gambenspiel wird der B. von unten gefaßt und mit der Handfläche gehalten *(Untergriff);* beim Violinspiel wird der B. mit der Hand von oben auf die Saiten gedrückt *(Obergriff).* Das gleiche gilt für das Cellospiel. Die B. beim Kontrabaß geschieht in der deutschen und italienischen (u. a.) Tradition mit Untergriff, in Frankreich meist mit Obergriff. – Die Art der B. wird in vielen Fällen auch durch verschiedene Zeichen vorgeschrieben. Die gebräuchlichsten Stricharten sind: ↗Détaché, ↗Legato, ↗Martellato, ↗Staccato, ↗Spiccato und ↗Sautillé.

BOGENSPITZE (engl.: head; frz.: pointe; it.: punta), das dem ↗Frosch entgegengesetzte Ende des ↗Bogens. Die ausschließliche Verwendung der B. zum Spiel einer kürzeren Passage wird durch das Zeichen *Sp.* angezeigt.

BOHÈME, LA, Szenen aus Henri Murgers *Scènes de la vie de Bohème* in 4 Bildern von Giacomo Puccini (1858–1924), Text von Giuseppe Giocosa und Luigi Illica. Ort und Zeit der Handlung: Paris um 1830. UA: 1. 2. 1896 in Turin (Teatro Regio) unter Leitung von Arturo Toscanini; dt. EA (in dt. Sprache) durch die Berliner Hofoper im Neuen Operntheater bei Kroll am 22. 6. 1897 (Übersetzung von Ludwig Hartmann).
Das Werk, in dem eine rührende Liebesgeschichte vor dem Hintergrund eines zwar materiell armseligen, jedoch an geistig-seelischer Lebendigkeit reichen Künstlerdaseins beschrieben wird, ist ein Meisterstück musikalischer Milieuschilderung: Bis ins kleinste Detail wird die Klangsprache durch das Ziel psychologisch differenzierter Stimmungsmalerei bestimmt; nicht die große Geste des äußerlich Bedeutsamen, sondern der bescheidene Alltag ist Gegenstand der Oper, die nach nur mäßigem Erfolg der UA und einer anfangs vernichtenden Pressekritik erst bei der Aufführung in Palermo am 13. 4. 1896 zum großen Erfolg wurde. Besondere Beliebtheit erlangten die Arien der zwei Liebenden *Wie eiskalt ist dies Händchen* und *Man nennt mich jetzt Mimi* sowie der *Musette-Walzer.*

W. A. MAKUS

BOHÈME, LA, lyrische Komödie in 4 Akten von Ruggiero Leoncavallo (1858–1919), Text vom Komponisten nach Henri Murgers Novelle *Scènes de la vie de Bohème* (1847). Ort und Zeit der Handlung: Paris um 1830. UA: 6. 5. 1897 in Venedig (Teatro La Fenice); dt. EA (in dt. Sprache) in Hamburg am 24. 9. 1897 (Übersetzung von Ludwig Hartmann).
Das Werk, in dem eine Liebesgeschichte aus dem Künstlerdasein beschrieben wird, stand trotz des großen Premierenerfolges immer im Schatten von Puccinis *La Bohème:* Offensichtlich konnte die wesentlich deutlicher auf Publikumswirksamkeit angelegte Musik Leoncavallos mit ihren melodisch eingängigen Belcantopassagen nicht verhindern, daß Puccinis intellektuell differenziertere Atmosphäreschilderung den nachhaltigeren Eindruck hinterließ.

W. A. MAKUS

BÖHM, Georg, * 2. 9. 1661 Hohenkirchen bei Ohrdruf (Thüringen), † 18. 5. 1733 Lüneburg; dt. Komponist und Organist. Er verbrachte einen Teil seiner Schulzeit in Gotha und studierte 1684–90 an der Universität Jena; 1693 ist er in Hamburg nachweisbar. Über seine musikalische Ausbildung ist nichts bekannt. Von 1698 wurde er als Nachfolger von Chr. Flor Organist an St. Johannis in Lüneburg und blieb dort bis zu seinem Tod. B.s musikgeschichtliche Bedeutung liegt in erster Linie darin, daß seine Cembalo-Suiten und seine Orgelkompositionen von großem Einfluß auf das Schaffen J. S. Bachs waren, der B. in Lüneburg kennenlernte. Das Vorbild B.s ist besonders in den Choralpartiten und in dem Orgelpräludium C-Dur (BWV 531) nachweisbar.

WW: Gedruckt wurden lediglich 23 Lieder für Singst. u. B.c. im *Geistlichen Gesangbuch* v. J. JAUCH *(Heinrich Elmenhorsts Geistreiche Lieder)* (Lüneburg ³1700), das auch Lieder von J. W. Franck u. P. L. Wockenfuß enthält; hsl. sind erhalten: Kantaten; 1 Motette; 11 Cemb.-Suiten; *Capriccio* für Cemb.; *Partite diverse sopra l'Aria Jesu, du bist allzu schöne;* 14 Choralpartiten u. -bearbeitungen für Org.; Präludien u. Fugen für Org. oder Cemb.

Ausg.: Sämtliche WW (GA), hrsg. v. J. u. G. WOLGAST, 2 Bde. (L 1927–32), NA I: Klv.- u. Orgelwerke, hrsg. v. G. WOLGAST (Wie 1952), II: Kantaten u. Motetten, hrsg. v. H. KÜMMERLING (Wie 1963); Die geistlichen Lieder, hrsg. v. J. KROMOLICKI – W. KRABBE, in: DDT 45 (1911).

Lit.: J. WOLGAST, G.B. (Diss. B 1924); G. FROTSCHER, Gesch. des Org.-Spiels u. der Org.-Komp. I (B 1935); N. DUFOURCQ, J. S. Bach (P 1948); G. FOCK, Der junge Bach in Lüneburg (H 1950); C. L. WALDSCHMIDT, G.B. (1962) (= Diss. Northwestern Univ. Evanston/Ill.); H. WALTER, Musikgesch. der Stadt Lüneburg v. Ende des 16. Jh. bis zum Ausgang des 18. Jh. (Tutzing 1967).

BÖHM, Karl, * 28. 8. 1894 Graz, † 14. 8. 1981 Salzburg; östr. Dirigent. Er studierte Jura an der Universität Graz (1919 Dr. iur.) und Musik am Grazer Konservatorium und in Wien bei E. Mandyczewski. 1917 wurde B. Solorepetitor und 1. Kapellmeister in Graz. 1921 holte ihn Bruno Walter als 1. Kapellmeister und Mitarbeiter an die Münchener Staatsoper. Seit 1927 war B. Generalmusikdirektor in Darmstadt, seit 1931 in Hamburg und 1934–43 als Nachfolger von Fritz Busch in Dresden, dessen Bemühungen um die zeitgenössische Oper er fortsetzte. Unter ihm kamen die Strauss-Opern *Die schweigsame Frau* (1935) und *Daphne* (1938), die Strauss ihm widmete, zur Uraufführung. B. setzte sich auch für die Bühnenwerke von R. Wagner-Régeny, H. Sutermeister, O. Schoeck, A. Berg, R. Mohaupt, G. von Einem u. a. ein. 1938 dirigierte er zum ersten Mal bei den Salzburger Festspielen. 1943–45 und 1954–56 war B. Direktor der Wiener Staatsoper, 1950–53 leitete er auch die deutsche Stagione am Teatro Colón in Buenos Aires. Seit 1957 war er ausschließlich als Gastdirigent tätig, vor allem am Metropolitan Opera House in New York, bei den Salzburger und (erstmals 1962) bei den Bayreuther Festspielen, an der Mailänder Scala, der Deutschen Oper Berlin, der Staatsoper Hamburg, bei den Wiener und Berliner Philharmonikern und bei der Dresdner Staatskapelle. B. war sowohl als Opern- wie als Konzertdirigent einer der hervorragenden Dirigenten der Gegenwart. In seinem großen Repertoire bildeten Mozart und Strauss (der sein künstlerisches Testament an ihn gerichtet hat) die Schwerpunkte. Von Mozart hat er u. a. auch eine Gesamtaufnahme aller 46 erhaltenen Symphonien eingespielt. B. erhielt zahlreiche Auszeichnungen, u. a. den Ehrenring und die Ehrenmitgliedschaft der Wiener Philharmoniker, die Ehrenmitgliedschaft der Deutschen Oper Berlin, der Wiener Staatsoper, den Ehrenring der Stadt Bayreuth. Er selbst stiftete den Nikisch-Böhm-Ring, der aus dem Besitz von Arthur Nikisch an ihn übergegangen war und nun testamentarisch von einem bedeutenden Dirigenten an einen anderen übergehen soll.

Schriften: *Begegnung mit Richard Strauss,* hrsg. v. F. E. DOSTAL (W 1964); Autobiographie *Ich erinnere mich ganz genau,* hrsg. v. H. WEIGEL (Z 1968, Mn ⁵1976).

Lit.: E. WERBA, K. B. und die Salzburger Festspiele, in: ÖMZ 19 (1964); M. ROEMER, K. B. (B 1966).

BÖHM, Theobald, * 9. 4. 1794 München, † 25. 11. 1881 ebd.; dt. Flötist und Flötenbauer. Nach Ausbildung in München war er seit 1818 Mitglied der Hofkapelle. Auf zahlreichen Tourneen in Deutschland und im Ausland wurde er als einer der bedeutendsten Flötisten seiner Zeit gefeiert. Als Virtuose fühlte er sich auch veranlaßt, sein Instrument zu verbessern. 1832 konstruierte er eine konisch gebohrte Querflöte mit Tonlöchern für jeden chromatischen Ton und Ringklappensystem. 1847 entstand dann jener neue Typ der Querflöte, der, nach einigen weiteren Detailverbesserungen als „Böhm-Flöte" bis heute im Gebrauch ist. Er erhielt zylindrische Bohrung, ein größeres Mundstück, parabolischen Kopf, und die Grifftechnik wurde auf einem sinnvoll konstruierten Klappenmechanismus (mit 14 Klappen und 2 Trillerklappen) nach akustischen Grundsätzen völlig neu geordnet. Damit unterschied sich die Böhm-Flöte wesentlich von der barocken Querflöte mit 5 Klappen, konischer Bohrung und kleinem Mundstück und mit einem Tonumfang von 2 $^{1}/_{2}$ Oktaven (Böhm-Flöte: 3 Oktaven). Die Böhm-Flöte setzte sich mit ihrem kräftigen, ausgeglichenen Ton, ihrem satten, wenn auch etwas starren Klang von beachtlicher Reinheit und ihrer leichten Ansprache schnell im modernen Orchester durch und gab der Querflöte ihr Ansehen wieder, das sie zu Anfang des 19. Jh. verloren hatte.

Schriften: *Über den Flötenbau…* (Mz 1847); *Die Flöte u. das Flötenspiel…* (Mn 1871).

Ausg.: *Die Flöte u. das Flötenspiel* (B – L o.J.), engl. Übers.: *The*

Flute and Flute Playing in Acoustical, Technical and Artistic Aspects (NA NY 1960, Gloucester/Mass. 1965) (mit neuer Einführung v. S. Baron).

Lit.: R. S. ROCKSTRO, A Treatise on the Construction, the History and the Practice of the Flute (Lo 1890, ²1929); W. RICHTER, Die Griffweise der Flöte (Kas 1967); K. VENTZKE, Die Böhmflöte (F 1966) (= Fachbuchreihe das Musikinstr. 15).

BÖHME, Franz Magnus, * 11. 3. 1827 Willerstedt bei Weimar, † 18. 10. 1898 Dresden; dt. Musikwissenschaftler; war zunächst Volksschullehrer, studierte dann Musik in Leipzig, wurde 1859 Musiklehrer in Dresden, lehrte 1878–85 am Hoch'schen Konservatorium in Frankfurt am Main Harmonielehre und Musikgeschichte. Er erwarb sich große Verdienste durch Sammlung und Ausgaben deutscher Volkslieder. Sein umfangreicher hsl. Nachlaß befindet sich in Dresden (Sächsische Landesbibliothek) und Weimar (Franz-Liszt-Hochschule).

Schriften: *Gesch. des Oratoriums* (L 1861, Gütersloh ²1887); *Gesch. des Tanzes in Deutschland,* 2 Bde. (L 1886, Nachdr. Wie 1967). – Editionen: *Altdeutsches Liederbuch ...* (L 1877, Nachdr. Hil – Wie 1966); *Deutscher Liederhort ...,* 3 Bde. (L 1893–94, ²1925, Nachdr. L 1963); *Volkstümliche Lieder der Deutschen im 18. u. 19. Jh.* (L 1895); *Deutsches Kinderlied u. Kinderspiel* (L 1897, Nachdr. Nendeln – Wie 1967). B. hat Vokal- u. Instr.-Kompositionen hinterlassen sowie 53 Bde. mit Mss. v. 16000 Liedern (in der Sächsischen Landesbibl. Dresden).

BÖHME, Kurt, * 5. 5. 1908 Dresden; dt. Sänger (Baß). Seine Gesangsausbildung erhielt er bei A. Kluge am Dresdner Konservatorium, debütierte in Bautzen, war seit 1930 (zunächst als 1. Bariton) an der Dresdner Staatsoper engagiert, wurde 1949 Mitglied der Bayerischen Staatsoper in München, 1955 auch der Wiener Staatsoper. Hier wie bei seinen zahlreichen Gastspielen, u. a. bei den Salzburger und Bayreuther Festspielen, am Metropolitan Opera House in New York, an der Mailänder Scala, errang er bedeutende Erfolge als Baß-Buffo sowie auch als Wagner-Interpret. B. wirkte auch in zahlreichen Uraufführungen zeitgenössischer Opern, u. a. von Sutermeister, Britten, Liebermann und Egk, mit.

BÖHMEN ↗Tschechoslowakei.

BOHN, Emil, * 14. 1. 1839 Bielau bei Neiße, † 5. 7. 1909 Breslau; dt. Chorleiter und Musikwissenschaftler. Nach dem Studium der klassischen und orientalischen Philologie studierte er Musik, wurde Organist in Breslau und gründete hier 1882 den „Bohnschen Gesangverein“, der sich durch seine sog. historischen Konzerte verdient machte. Er lehrte seit 1887 am Institut für Kirchenmusik und hielt Vorlesungen an der Universität, die ihn 1895 zum Professor ernannte. Sein Hauptverdienst sind die musikbibliographischen Arbeiten.

Schriften: *Bibliogr. der Musikdruckwerke bis 1700, welche ... zu Breslau aufbewahrt werden* (B 1883, Nachdr. Hildesheim 1969); *Die musikalischen Hss. des 16. u. 17. Jh. in der Stadtbibl. zu Breslau* (Breslau 1890, Nachdr. Hildesheim 1970); *50 historische Konzerte in Breslau 1881–92. Nebst einer ... Bibl. der gedruckten mehrstimmigen weltlichen deutschen Lieder ... bis ca. 1640* (ebd. 1893); *Die Nationalhymnen der europäischen Völker* (ebd. 1908).

BOHNEN, Michael, * 2. 5. 1887 Köln, † 26. 4. 1965 Berlin; dt. Sänger (Baß). Ausgebildet am Kölner Konservatorium, debütierte er 1910 in Düsseldorf, sang seit 1911 am Hoftheater Wiesbaden und wurde 1914 an die Berliner Hofoper verpflichtet. 1922–33 war er Mitglied des Metropolitan Opera House in New York. Hier wie als Gast an den anderen bedeutenden Bühnen feierte er Triumphe vor allem in Wagner-Partien und in französischen und italienischen Opern, auch durch seine schauspielerischen Leistungen. 1935–45 sang er wieder in Berlin am Deutschen Opernhaus, wirkte in dieser Zeit auch in zahlreichen Filmen mit. 1951 beendete er seine Karriere an der Städtischen Oper Berlin, deren Intendant er 1945–47 war. B. war in 1. Ehe mit der amerikanischen Sopranistin Mary Lewis, in 2. Ehe mit der Tänzerin La Jana verheiratet.

BOHNENSTINGL, Hans, * 7. 2. 1911 Zinnowitz (Insel Usedom); östr. Pianist dt. Herkunft. B. studierte am Sternschen Konservatorium in Berlin, danach u. a. bei Wilhelm Kempff; trat zunächst als Klavierbegleiter auf. Er widmete sich besonders der zeitgenössischen Klaviermusik. H. Distler, H. Erbse und G. Wimberger schrieben für ihn eigens Konzerte. Seit 1961 unterrichtet er am Wiener Konservatorium.

BOHRUNG, die innere Form des Rohres der Blasinstrumente. Bei der *konischen B.* verringert sich der Innendurchmesser des Rohres von unten nach oben (Oboe, Fagott, Horn, Bügelhorn), während er bei der *zylindrischen B.* (Flöte, Klarinette) konstant bleibt. Die B. beeinflußt die Bildung der Teiltöne und damit auch die Klangfarbe.

BOIELDIEU, François Adrien, * 16. 12. 1775 Rouen, † 8. 10. 1834 Jarcy bei Paris; frz. Komponist. Sohn eines Sekretärs des Erzbischofs von Rouen und Chorknabe an der Kathedrale, erhielt er seinen ersten Unterricht bei dem Organisten Ch. Broche. Mit 18 Jahren schrieb er nach einem Libretto seines Vaters die Oper *La Fille coupable,* die 1793 erfolgreich am Théâtre des Arts in Rouen aufgeführt wurde, dann *Rosalie et Myrza* (1795). Bald darauf ging er nach Paris und fand Kontakt zu der Klavierbauerfamilie Érard. Der berühmte Sänger P. J. Garat nahm sich seiner an und trug seine Romanzen vor, die gute Aufnahme fanden. Die Opéra-Comique brachte seine Opern *La Dot de Suzette* (1798), *La Famille suisse* und *Les deux lettres* (1797) zur Aufführung, aber erst 1798 gelang ihm mit *Zoraïme et Zular* im Théâtre Favart ein triumphaler Erfolg. Auch die beiden folgenden Opern, *Les Méprises espagnoles* (1799) und *Beniowski* (1800), fanden Zuspruch, vor allem aber *Le Calife de Bagdad (Der Kalif von Bagdad,* 1800). Nach einer gescheiterten Ehe floh B. nach Rußland, wo er acht Jahre lang blieb, zum Hofkomponisten in St. Petersburg ernannt wurde und mehrere Opern schrieb. Seine Rückkehr 1810 wurde wie die des verlorenen Sohnes gefeiert. Im Théâtre Feydeau wurden *Rien de trop ou les deux paravents* (1810 in St. Petersburg entstanden), *Jean de Paris* (1812), *Le nouveau Seigneur du village* (1813) und *Bayard à Mézières,* alle mit Erfolg, aufgeführt. *Le Petit Chaperon Rouge* (Rotkäppchen, 1818) wurde scherzhaft auch als seine Antrittsrede bezeichnet, weil er zur selben Zeit ins Institut Français aufgenommen wurde. Seit 1798 lehrte B. als Professor für Klavier am Pariser Conservatoire, seit 1817 als Nachfolger Méhuls auch als Kompositionslehrer. Fétis, A. Adam und P. J. G. Zimmermann gehörten zu seinen Schülern. 1829 zog er sich nach Jarcy (bei Brunoy) zurück, nahm seine Tätigkeit am Conservatoire 1833 aber wieder auf, als er in finanzielle Schwierigkeiten geraten war. Als die Opéra-Comique ein von Auber angekündigtes Werk nicht aufführen konnte, vollendete B. in drei Wochen die Partitur zu *La Dame blanche (Die weiße Dame),* die 1825 zum ersten Mal in Szene ging. Dieses Werk wurde eine der populärsten Opern in der ganzen Welt. Danach komponierte er nur noch eine Oper, *Les deux Nuits* (1829), die sein letzter Erfolg war.

WW: **1) Instr.-WW:** 3 *Sonates pour le forte-piano,* op. 1 (P 1795); 3 *Sonates*..., op. 2 (P o.J.); 3 *Sonates*..., op. 3 (P o.J.); 2 *grandes Sonates pour le forte-piano,* op. 4; *Grande Sonate pour le piano,* op. 6; *Sonate pour le piano,* op. 7; Sonate für Harfe (1795); 2 *Sonates pour harpe et piano,* op. 8; 4 *Duos pour harpe et piano* (P 1795–1802); *Trio pour le forte-piano, avec accompagnement de violon et de violoncelle,* op. 5; *1er Concerto* für Klv. (1795); *1er Concerto* für Harfe (1795). – **2) Vokal-WW:** 15 Slgen. mit *Romances,* für Gesang u. Klv. (P 1795–1803); 55 *Romances,* für Gesang u. Klv. (P 1795–1834). – **3) Bühnen-WW:** *La Fille coupable,* UA: Rouen 1793; *Rosalie et Myrza,* UA: ebd. 1795; *La Famille suisse,* UA: Paris 1797; *L'Heureuse nouvelle,* UA: Paris 1797; *Zoraime et Zulnar,* UA: ebd. 1798; *La Dot de Suzette,* UA: ebd. 1798; *Les Méprises espagnoles,* UA: ebd. 1799; *Beniowski ou les exilés du Kamtschatka,* UA: ebd. 1800; *Le Calife de Bagdad,* UA: ebd. 1800; *Ma Tante Aurore,* UA: ebd. 1803; *Le Baiser et la Quittance* (zus. mit Méhul, R. Kreutzer u. Nicolo), UA: ebd. 1803; *Aline, reine de Golconde,* UA: St. Petersburg 1804; *Télémaque,* UA: ebd. 1806; *Les Voitures versées,* UA: ebd. 1808; *Rien de trop ou les deux paravents,* UA: ebd. 1810; *Jean de Paris,* UA: Paris 1812; *Le nouveau Seigneur du village,* UA: ebd. 1813; *Bayard à Mézières* (zus. mit Cherubini, Catel u. Nicolo), UA: 1814; *Angéla,* UA: Paris 1814; *La Fête du village voisin,* UA: 1816; *Charles de France* (zus. mit Hérold), UA: Paris 1816; *Le Petit Chaperon Rouge,* UA 1818; *Blanche de Provence* (zus. mit Cherubini, Paër u. Kreutzer), UA: 1821; *Les trois Genres* (mit Auber), UA: Paris 1824; *Pharamond,* UA: 1825; *La Dame blanche,* UA: ebd. 1825; *Les deux Nuits,* UA: ebd. 1829; *La Marquise de Brinvilliers* (Bühnenmusik, zus. mit Carafa, Cherubini u. a.), UA: ebd. 1831.

B. war der Hauptvertreter der primär auf Allgemeinverständlichkeit ausgerichteten Opéra-comique zur Zeit der Restauration in Frankreich. Er verdankte viel von seinem kompositorischen Rüstzeug „seinem alten Lehrer Broche" und verwertete auch die Ratschläge, die er von Méhul und Cherubini empfing. Aber er war und blieb im wesentlichen Autodidakt, begabt vor allem mit einer geradezu genialen naiven melodischen Erfindungsgabe, die einigen seiner Melodien und Arien bis heute ihre Frische und ihre Unmittelbarkeit bewahrt hat. Die Ouvertüre zum *Kalif von Bagdad* und zur *Weißen Dame* waren bis weit ins 20. Jh. hinein in aller Welt Standardwerke der bürgerlichen Hausmusik für Klavier zu 4 Händen.

Ausg.: *Sonates pour le piano-forte,* hrsg. v. G. FAVRE, 2 Bde. (P 1944) (= Publ. de la Soc. Frç. de Musicologie I/11); *Klar.-Sonate in Es-Dur,* hrsg. v. J. WOICIECHOWSKI (H 1964); Klv.-Auszüge vieler Opern, davon in modernen dt. Ausg.n nur *Die weiße Dame* u. *Der Kalif von Bagdad.*

Lit.: A. POUGIN, B., Sa vie, ses œuvres (P 1875) (mit Werk-Verz.); L. AUGÉ DE LASSUS, B. (P 1908); P. L. ROBERT, Correspondance de B., in: RMI 19 (1912) u. 22 (1915); DERS., Lettres inédites d'A. B., in: RMie 7 (1926); G. DE SAINT-FOIX, Les premiers pianistes parisiens, B., in: ebd. 7 (1926); G. FAVRE, B., sa vie et son œuvre, 2 Bde. (P 1944–45); J. BELLAS, La grande misère d'un musicien français. Une lettre oubliée de F. A. B., in: Annales de la Faculté des lettres de Toulouse 11 (1962).

R. DUMESNIL

BOISMORTIER, Joseph Bodin de, * 23. 12. 1689 Thionville (Moselle), † 28. 10. 1755 Roissy-en-Brie; frz. Komponist. Nachdem er seine Jugend in Metz verbracht hatte, lebte er in Nancy und Lunéville, dann in Perpignan und ging schließlich nach Paris, wo seit 1724 seine Werke veröffentlicht wurden. B.s Motetten und Kantaten waren zu seiner Zeit sehr beliebt. Er war aber in erster Linie Instrumentalkomponist, der leicht und viel schrieb. In seinen zahlreichen Werken für und mit Flöte, von denen manche heute zum festen Repertoire älterer Kammermusik zählen, ist dieses Instrument sehr differenziert und effektvoll eingesetzt. In formaler Hinsicht gehören B.s Sonaten zu den ersten Beispielen für die Einführung der dreisätzigen italienischen Concerto-Form in Frankreich.

WW (meist in Paris gedruckt): **1) Instr.-WW:** für Fl. allein: *Diverses pièces ... avec des préludes* (mit 2. Fl. ad lib.), op. 22 (1728); op. 59 (1736); für 2 Fl. (oder andere Instr.): Sonaten op. 1 (1724); Duette op. 2 (1724); Sonaten op. 6 (1725), 8 (1725), 13 (1726), 15 (1727), 29 (1730); *Concertos* op. 38 (1732), Sonaten op. 47 (1733); für Fl. u. V.: Sonaten op. 51 (1734); für 2 Musettes bzw. 2 Viellen (oder andere Instr.): Suiten op. 11 (1726), 17 (1727), 27 (1730); *Pastorales* op. 42 (1732); für Musette u. V.: *Les loisirs du bercail* (o. J.); für 2 Fag.: Sonaten op. 14 (1726), 40 (1732), 66 (1737); für Fl. u. B.c.: Sonaten op. 3 (1726), 9 (1725), 19 (1727), 44 (1733); Suiten op. 35 (1731); für V. u. B.c.: Sonaten op. 20 (1727); für Musette u. B.c.: *Divertissements de campagne*, op. 49 (1734); für Vielle u. B.c.: Sonaten op. 72 (o. J.); für Vc. (oder Gambe oder Fag.) u. B.c.: Sonaten op. 26 (1729); *Diverses pièces* op. 31 (1730); für 2 Fl. u. B.c.: Sonaten op. 4 (1724), 18 (1727), 78 (1738); für Fl., V. (oder Ob.) u. B.c.: Sonaten op. 12 (1726), 28 (1730), 41 (1732); *Concertos* op. 21 (1728), 24 (1729), 30 (1730); für Musette, Vielle (oder andere Instr.) u. B.c.: 3 Bücher *Gentillesses,* op. 33 (1731), 45 (1733), 100 (o. J.); *Ballets de village* op. 52 (1734); *Fragments mélodiques ou Simphonies* op. 69 (1737); für Vc., Fag. (oder Gambe) u. B.c.: Sonaten op. 50 (1734); für 3 Fl.: Sonaten op. 7 (1725), 34 (1731); für Fl., V., Ob.: *Sérénades ou Simphonies françoises* op. 39 (1732); *XXIV Menuets* mit B.c. (1731); für 4 Instr.: *Noëls en concerto* op. 68 (1737); für 4 Instr. u. B.c.: *Quinque sur l'octave* (1734); für 5 Fl.: *Concertos* op. 15 (1727); für versch. Besetzungen: *Sonates en trio suivies d'un concerto à 5 parties* op. 37 (1738). – **2) Bühnen-WW:** *Daphnis et Chloé* (1747), Pastorale, davon Parodie unter dem Titel *Les Bergers de Qualité* (1752); *Don Quichotte* (1743), Ballet comique; *Les Voyages de l'Amour* (1736) Ballet. – **3) Vokal-WW** (sämtlich mit B.c.): *Motets à voix seule*, op. 25 (1728); 2 Bücher *Cantates (françoises)*, op. 5 (1724) u. 67 (1737); einzelne Kantaten für 1 Singst. mit Instr.: *Actéon* (o. J.); *Le Printemps; L'Été; L'Automne; L'Hiver* (alle 1724); *Ixion* (1733); *Les Titans* (1726); *Le Buveur dompté* (1740); *Hilas* (1738, mit Musette od. Vielle). – *Recueil d'airs à boire et sérieux*, op. 26 (1727); *Recueils d'airs à chanter* für 1–3 St. (mit instr. Vaudevilles, Musettes u. a. Stücken) op. 36 (o. J.), 48 (1734), 54 (1735), 58 (o. J.), 62 (1737), 70 (1738), 93 (1742).

Ausg.: Sonaten: Sonaten für 2 Vc. oder 2 Fag., hrsg. v. P. RUYSSEN (Nizza 1948); Sonate für 2 Fl., op. 6 Nr. 6, in: Hortus Mus. 85 (Kas 1951); 6 Sonaten für 3 Fl. (oder V., Ob.) op. 7 (1725), hrsg. v. E. DOFLEIN (Mz 1960), 2 H.; 6 Sonaten für 3 Fl. (oder V., Ob.) mit Gb. (1731), hrsg. v. H. RUF (Mz 1961ff) (= Concertino o. Nr.); 2 Sonaten aus op. 26 (1729) (Nr. 4 u. 5), für Vc. (Va., Fag.) mit Gb., hrsg. v. DEMS. (Mz 1964–65) (= Cello-Bibl. Nr. 97–98); Trio-Sonate in a-moll für Fl. (Ob., V.), Va. da gamba (Fag., Vc.) mit Gb., op. 37 (1732), hrsg. v. DEMS. (Mz 1967) (= Antiqua o. Nr.); Triosonate in F-Dur für 2 Ob. mit Gb., op. 28 Nr. 5 (1730), hrsg. v. DEMS. (Mz 1969); Fl.-Sonate in e-moll, hrsg. v. J. A. PARKINSON (Lo 1970); *Sonates pour flûte et clavecin* op. 91, hrsg. v. M. PINCHERLE (P 1970) (= Le pupitre 20); Suiten: 4 *Suites de pièces de clavecin* op. 59 (1736), hrsg. v. E. R. JACOBI (Mn 1960, [2]1964) (= Leuckartiana 26); 6 *kleine Suiten* für 2 Blockfl. (oder Querfl. u. Ob.) aus op. 27, hrsg. v. E. DOFLEIN (Kas 1970) (= Hortus Mus. 206); Konzerte: *Concerto* für 5 Fl., op. 15 Nr. 1, hrsg. v. F. RAUGEL (P 1950); 3 Konzerte für 5 Fl. mit Gb., op. 15 Nr. 1, hrsg. v. FR. VON GLASENAPP (L 1956) (= Hofmeister Studienwerke o. Nr.); 6 *Gentillesses*, op. 33 (P 1920); *Trio*, für V., Vc. u. Basse, in: Nagels MA 143; Actéon (P 1897); 55 *leichte Stücke in 18 Tonarten* für Fl. mit Begleitung einer 2. Fl., op. 22 (1728), hrsg. v. E. DOFLEIN (Mz 1968).

Lit.: TITON DU TILLET, Description du Parnasse françois (P 1760); M. BRENET, Les concerts en France sous l'Ancien Régime (P 1900); G. CUCUEL, Actéon, in: ZIMG (1914); E. SCHMITZ, Geschichte der weltlichen Solokantate (L 1914, [2]1955); H. TRIBOUT DE MOREMBERT, B. de B. Notes sur un musicien lorrain, in: RMie 53 (1967) (mit WW-Verz.).

BOISROBERT, François Le Metel de, * 1589 Caen(?), beerdigt 11.4.1662 Paris; frz. Dichter (Priester). Er wurde von Richelieu gefördert, den er für das Theater zu begeistern verstand. B. war Mitbegründer der Académie Française. Er schrieb Verse und Libretti für das Ballet de cour, einige nach politischen Absichten Richelieus formuliert, für den englischen Hof 1636 ein Pastorale, *La Florimêne*. B. versammelte einen kleinen Musikerkreis um sich: Melle Paulet, den Lautisten Blancrocher sowie die Komponisten Boësset, Cambefort, Lambert, die seine Texte in Musik setzten.

Ausg. u. Lit.: B. DE BACILLY, Recueil des plus beaux vers ... mis en chant (P 1661 u. 1668); F. LACHÈVRE, Bibliographie des recueils collectifs de poésie ... 1597–1700 II u. III, et des recueils de poésies libres ... 1600–1626 (P 1901–22 u. 1914); E. MAGNE, Le plaisant abbé de B. (P 1909).

BOISSELOT, Jean-Louis, * um 1785 Montpellier, † 1847 Marseille; frz. Instrumentenbauer. Er baute zunächst Streichinstrumente, richtete 1823 in Marseille eine Klavierfabrik ein, die zu Ansehen gelangte, und die seine Söhne **Louis-Constantin,** * 11. 3. 1809 Montpellier, † Juni 1850 Marseille, und **Xavier,** * 3.12.1811 Montpellier, † 8.4.1893 Marseille, weiterführten. Letzterer hatte am Conservatoire in Paris studiert und 1836 den Prix de Rome erhalten. Er schrieb eine Kantate, *Velléda,* und Opern, *Ne touchez pas à la reine* (UA 1847 in der Opéra-Comique), *Mosquita la sorcière* (UA 1851 in der Opéra), *L'Ange déchu* (UA Marseille 1869).

BOITO, Arrigo (Pseud. Tobia Gorrio), * 24.2.1842 Padua, † 10.6.1918 Mailand; it. Dichter und Komponist. Nach dem Studium am Mailänder Kons. bei A. Mazzucato ging er 1862 mit seinem Freund und Mitarbeiter F. Faccio nach Paris, wo er die Bekanntschaft von Auber, Berlioz, Gounod, Rossini und Verdi machte. Für Verdi schrieb er das Libretto zu dessen Oper *L'Inno delle Nazioni.* Nach Mailand zurückgekehrt, war er dort als glänzender Journalist tätig, schrieb Gedichte (in der Nachfolge V. Hugos und Baudelaires), Novellen und Libretti. Er zählte bald zu den bedeutendsten Persönlichkeiten der Künstlergruppe „Scapigliatura". B. verfaßte Libretti für F. Faccio, A. Ponchielli, A. Catalani, G. Mancinelli und Palumbo. Besonderen Ruhm erwarb er sich als Librettist der Verdi-Opern *Othello* und *Falstaff.* Außerdem übersetzte er u. a. Werke von R. Wagner *(Rienzi,*

Tristan), dessen Ideen er positiv gegenüberstand, ins Italienische. Seine eigene Oper *Mefistofele* fiel bei der Uraufführung 1868 an der Mailänder Scala durch, errang aber nach Umarbeitung 1875 in Bologna einen großen Erfolg und hat sich bis heute auf den Spielplänen mancher Theater gehalten. Die Oper *Nerone* blieb unvollendet, wurde von Toscanini ergänzt und 1924 unter dessen Leitung uraufgeführt. In beiden Werken räumte B. dem Libretto gegenüber der bisherigen Praxis größere Bedeutung ein. Dadurch hat er das Opernverständnis der italienischen Komponisten im Sinne einer engen Verbindung von Musik und Dichtung entscheidend beeinflußt.

Lit.: P. NARDI, Vita di A.B. (Mi 1941); A.B., Tutti gli scritti, hrsg. v. P. NARDI (Mi 1942); R. DE RENSIS, A.B. (Fi 1942); M. VAJRO, B. (Brescia 1955); J. W. KLEIN, The Enigma of B., in: Opera 19 (Lo 1968); P. NARDI, A.B. e la Duse, in: Lettere italiane Nr. 3 (Fi 1969).

BOKEMEYER, Heinrich * März 1679 Immensen (Niedersachsen), † 7. 12. 1751 Wolfenbüttel; dt. Kantor und Musiktheoretiker. Er studierte 1702–04 an der Univ. Helmstedt, wurde dann Kantor in Braunschweig und studierte hier Komposition bei G. Oesterreich. 1712–16 Kantor in Husum, seit 1717 Kantor der Prinzenschule in Wolfenbüttel. 1737 wurde er Mitglied der Mizlerschen Societät. Er stand in Verbindung mit J. Mattheson und mit J. G. Walther, dem er bei der Bearbeitung des *Musicalischen Lexicons* behilflich war. Von seinen eigenen Schriften sind nur *Die canonische Anatomie* und *Der melodische Vorhof* veröffentlicht (in J. Matthesons *Critica Musica,* 1722 u. 1725), die übrigen (u. a. Werke über den Kontrapunkt) sind hsl. erhalten. B. besaß eine umfangreiche Sammlung geistlicher Werke des 17./18. Jh. (u. a. von N. Bruhns, V. Lübeck, J. Rosenmüller, M. Weckmann), die sich heute in Berlin (Dt. Staatsbibl.) befindet.

Lit.: L. MIZLER, Neu eröffnete musikal. Bibl. 1–2 (L 1739–43); J. CH. DOMMERICH, Memoria H. B. (Brau 1752); G. SCHÜNEMANN, J.G. Walther u. H.B., in: Bach-Jb. 30 (1933); H. KÜMMERLING, Gottorfer Bestände in der Slg. B., in: Norddeutsche u. nordeuropäische Musik, hrsg. v. C. DAHLHAUS – W. WIORA (Kas 1965) (= Kieler Schriften zur Musikwiss. 16); DERS., Der Kat. der Slg. B. (Kas 1970) (= ebd. 18).

BOLERO, spanischer Tanz, vor allem für Andalusien typisch, bei dem sich der Tänzer mit Gesang und Kastagnetten begleitet. Die Bz. B. geht möglicherweise auf den Beinamen „el volero“ bzw. „el bolero“ des mutmaßlichen Erfinders S. Zerezo zurück, vielleicht aber auch auf die B. genannte bestickte Jacke und den dazugehörigen runden Hut des Torero. Der früher sowohl beim Volk als auch bei Hofe beliebte Tanz ist seit dem Ende des 18. Jh. nachweisbar. Er steht in mäßig bewegtem 3/4-Takt mit gleichbleibendem rhythmischen Schema:

Der B., der große tänzerische Virtuosität erfordert, setzt sich aus drei Couplets zusammen, deren Ende durch ein plötzliches Anhalten der Bewegung („el bien parao“) markiert wird. Die darauffolgenden instrumentalen Zwischenspiele erlauben ein Ausruhen der Tänzer. Die tänzerischen Gestaltungsmöglichkeiten sind außerordentlich vielfältig. Estébanez Calderón *(Escenas andaluzas,* Ma 1847) nennt mehr als 20 Tanzschritte, deren Ausführung jedoch größtenteils nicht bekannt ist. Der B. wurde in stilisierter Form auch in die Kunstmusik übernommen, so im 19. Jh. u. a. von Méhul, Auber, Berlioz, Chopin (*Bolero,* op. 19) und Verdi. Berühmtestes Beispiel aus dem 20. Jh. ist der ursprünglich als Ballett konzipierte *Boléro* für Orchester von M. Ravel. – Den B. gibt es auch in der südamerikanischen Tanzmusik, und zwar als langsamen Tanz im 2/4- oder 4/4-Takt, der mit der ↗Rumba verwandt ist.

BOLIVAR, Oper in 3 Akten von Darius Milhaud (1892–1974), Text von Madeleine Milhaud nach dem Schauspiel von Jules Supervielle (1936). Ort und Zeit der Handlung: Südamerika im frühen 19. Jh. UA: 12. 5. 1950 in Paris (Opéra).

Die Handlung um Simón Bolívar, den Helden der südamerikanischen Befreiungskriege, gab Milhaud gute Gelegenheiten, seine Vorliebe für südamerikanische Rhythmen künstlerisch zu verwerten: Eingeflochten in komplizierte polyrhythmische Strukturen, prägen sie zusammen mit Anklängen an Melodien aus der Volksmusik Südamerikas das Klangbild des Werkes, das in Aufbau und Dimension eine echte Grand Opéra mit traditionellen Nummern wie Arien und Ensembles ist. Das Werk mit seiner Aufführungsdauer von etwa fünf Stunden wurde trotz seiner freundlichen Aufnahme in Paris kein dauerhafter Bühnenerfolg. Die ebenfalls unter dem Titel *Bolívar* bekannt gewordene Schauspielmusik, die Milhaud bereits 1936 zu Supervielles Stück geschrieben hatte, fand in der Oper keine Verwendung. W. A. MAKUS

BOLLIUS (Pollius), **Daniel,** * um 1590 Hechingen, † um 1642 Mainz (?); dt. Komponist. Schüler seines

Vaters Marcus B., der Mitglied der Hechinger Hofkapelle war, erhielt er wahrscheinlich Orgelunterricht auch bei Jakob Haßler. B. wurde 1613 Hoforganist des Grafen Johann von Hohenzollern in Sigmaringen, um 1626 trat er in den Dienst des Erzbischofs von Mainz und wurde dort Hofkapellmeister und -organist. Von B. haben sich nur wenige Werke erhalten; ein 3st. *Salve lux mundi* wurde von J. Donfrid in dem Sammeldruck *Promptuarium musicum II* (Str 1623) veröffentlicht, ein weiteres Stück in J. A. Herbsts Musiktraktat *Musica practica* (Nürnberg 1642); hsl. befanden sich mehrere geistliche Werke in der Stadtbibliothek Breslau, darunter die *Repraesentatio harmonica conceptionis et nativitatis S. Joannis Baptistae* (entstanden um 1620). Dieses Werk im monodisch-konzertierenden Stil mit instrumentalen Interludien ist eine der wenigen lateinischen Dialogmotetten deutscher Komponisten. Es gehört damit in die unmittelbare Vorgeschichte des Oratoriums und der Historienkomposition auf deutschem Boden noch vor den ersten oratorischen Werken von H. Schütz.

Ausg.: *Magnificat* für Sopr. u. B.c. aus der *Repraesentatio* in: G. MASSENKEIL, Das Oratorium (Kö 1970) (= Das Musikwerk 37).

BOLOGNESISCHE SCHULE, auch **Bologneser Schule,** Bz. für eine etwa 1650–1750 im Umkreis von Bologna wirkende Gruppe von Komponisten, deren Bedeutung vornehmlich auf dem Gebiet der Instrumental-, insbesondere der Violinmusik liegt. Sie trug maßgeblich zur Ausbildung verschiedener instrumentaler Formen wie der Solosonate, der Triosonate und des Konzerts bei. Mittelpunkt der B. S. war die Musikpflege an der Kirche San Petronio in Bologna. Hier wirkte 1657–71 M. Cazzati als Kapellmeister, der zahlreiche Sonaten, insbesondere Triosonaten schrieb, wie sie auch sein Schüler G. B. Vitali bevorzugte, der als der eigentliche Gründer der B. S. gilt. Cazzatis Nachfolger waren G. P. Colonna (1674–95) und G. A. Perti (1696–1756), der, wie seine Vorgänger, ein umfangreiches Œuvre auch an geistlicher Musik im konzertierenden Stil und etwa 100 Kantaten für Solostimme hinterließ; zu seinen Schülern gehörten Torelli und Padre Martini. Torelli zählt neben A. Corelli, der 1670–75 an der „Accademia Filarmonica" in Bologna ausgebildet wurde, zu den Schöpfern des Concerto grosso und hatte auch Anteil an der Entwicklung des Solokonzerts. Zur B. S. gehören ferner: G. B. Tosi, P. Degli Antoni, G. B. Bassani, ein bekannter Violinist und Sonatenkomponist, D. Gabrielli und T. A. Vitali.

Lit.: F. VATIELLI, La scuola musicale bolognese, in: Strenna storica bolognese 1 (1928); H. G. MISHKIN, The Solo Violin-Sonata of the Bologna School, in: MQ 29 (1943).

BOMARZO, Oper in 2 Akten von Alberto Ginastera (* 1916), Text vom Komponisten nach dem gleichnamigen Roman von Manuel Mujica Laínez. Ort und Zeit der Handlung: das Dorf Bomarzo im 16. Jh. UA: 19. 5. 1967 in Washington; dt. (europäische) EA: 27. 11. 1970 in Kiel.
Der Textdichter wurde zu seiner Fabel durch die Wiederentdeckung eines Parks voll monströser Statuen bei dem nördlich von Rom gelegenen Dorf Bomarzo angeregt. Dort lebte als „Hauptmann der Ungeheuer aus Stein" der bucklige Herzog Pier Francesco Orsini. Er wurde von einem Verwandten vergiftet; die Oper zeigt seinen Rückblick auf das Leben, den Tod vor Augen. Diese Rückerinnerung des Krüppels an erlittene Peinigungen und sexuelle Träume ist ein Psychogramm seiner Ängste. So entstand eine „monströse Alptraum"-Oper mit einer ununterbrochenen Reihe von Höhepunkten. Der Komponist, der den Inhalt seiner Oper als „Sex and Violence" charakterisierte, setzte eine Musik ein, die Elemente aus allen Epochen enthält. Als Vorstufe zu dieser Oper, die in Argentinien, der Heimat des Komponisten, wegen „Unmoral" verboten wurde, entstand eine gleichnamige Kantate, die 1964 in Washington zur UA gelangte und den Auftrag zu der Opernkomposition nach sich zog.

K. LANGROCK

BOMBARDE (frz.), **1)** volkstümliche ↗Schalmei der Bretagne, die stets zusammen mit dem ↗Biniou, der bretonischen Sackpfeife, gespielt wird. Das etwa 30 cm lange Instrument ist konisch gebohrt. Es hat 7 vorderständige Grifflöcher und ein angesetztes, weit ausladendes Schallstück. Die B. ist vermutlich im 16. Jh. in den Niederlanden entstanden und wurde um 1760 in Frankreich eingeführt. Ihr Name soll von dem Blasinstrument Bombart (↗Bomhart) abgeleitet sein. – **2)** Zungenstimme (it.: bombardo; span.: bombarda oder trompeta magna), ein Orgelregister etwas weiter mensuriert als Trompete, mit trichterförmigem, offenem Schallbecher in der 32′- oder 16′-Lage im Pedal disponiert; sie entspricht im dt. Orgelbau der Posaune oder Baßtrompete. Der romantische Orgelbau mensurierte die B. noch weiter und erhöhte gleichzeitig den Winddruck; man bezeichnete sie hier u. a. als Tuba, Tuba magna oder Tuba mirabilis. Die B. sollte nur in größere Instrumente disponiert werden, wo ein Zungenchor zu 16′, 8′ und 4′ vorhanden ist. Cavaillé-Coll disponierte eine B. 16′ mit Trompete 8′, doppeltbesetzt, und Clairon 4′, auch doppeltbesetzt, auf einem besonderen Werk, dem Bombardenwerk oder Bombardenklavier (Basilika St-Denis, 1841). – **3)** Harmoniumregister (16′).

Lit.: **Zu 1):** C. MARCEL-DUBOIS, B. et binious (P 1951).

BOMBARDON. 1) Name der von Johann Riedl in Wien um 1820 konstruierten Baß-↗Ophikleïde mit 12 Klappen. – **2)** Nach 1835 Name der 3- oder 4ventiligen Tuba zur Unterscheidung von der 5-ventiligen, durch ein Patent geschützten Tuba von C. W. Moritz. Die Bezeichnung B. wurde später in England und in Deutschland allgemein für die mit Ventilen ausgestatteten Kontrabaßinstrumente der Militärorchester benutzt.

BOMBARDONE (it.), in Italien und in Deutschland im 17. Jh. Bz. für den Baß-↗Bomhart.

BOMHART (nhd.: Pommer; engl.: bombard; frz.: bombarde; it.: bombardo; span.: bombarda). Name einer Familie von Holzblasinstrumenten des 15. bis 17. Jahrhunderts. Die B.e gehören zur Gruppe der ↗Schalmeien mit konischer Bohrung und Doppelrohrblättern. Sie hatten meist 6–7 vorderständige Grifflöcher und 1–4 Klappen in einer Schutzkapsel. Vermutlich Anfang des 15. Jh. entstanden, war die Familie der B.e zu Beginn des 17. Jh. bis zum Großbaß ausgebaut. Im Gegensatz zu den tieferen Instrumenten dieser Familie behielten die Diskantinstrumente den Namen Schalmei. Praetorius *(Syntagma musicum II,* 1619) nennt 7 verschiedene Größen: außer der Klein-Discant-Schalmey (Umfang h^1–h^3) und dem Discant (d^1 bis a^2), Klein-Alt-Pommer (g–d^2), Nicolo (oder Groß-Alt-Pommer c–g^1), Bassett (oder Tenor-Pommer G–g^1), Baß-Pommer (C–h) und Groß-Baß-Pommer ($_1$F–e). Für die Baßinstrumente wurden S-förmige Anblasrohre benötigt, die höheren Instrumente der Familie hatten eine Lippenscheibe (Pirouette). Der Groß-Baß-Pommer gehörte mit seiner Länge von ca. 3 m zu den Seltenheiten seiner Zeit und wurde schnell verdrängt durch Instrumente mit geknickter Röhre (↗Fagott). Mersenne *(Harmonie universelle,* 1636) kennt nur noch drei Größen, *Dessus* (= Discant Schalmey), *Taille* (= Klein-Alt-Pommer) und *Basse* (= Bassett oder Tenor-Pommer). Die B.e gehörten wegen ihres lauten, kräftigen Klanges mit Posaunen und Zinken zusammen zum Alta-Ensemble (↗Alta).

Lit.: M. PRAETORIUS, Syntagma musicum, II: De Organographia (Wb 1618, ²1619), Faks.-Ausg. v. W. GURLITT (Kas 1958 bis 1959); W. FREI, Schalmei u. Pommer, in: Mf 14 (1961).

M. BRÖCKER

BOMM, Urbanus, OSB, * 28.6.1901 Lobberich (Niederrhein), † 2.10.1982 Maria Laach; dt. Choralforscher. Er trat 1921 in die Abtei Maria Laach ein, studierte Theologie in Beuron und Bonn (1926 zum Priester geweiht), Musikwissenschaft in Göttingen (dort 1928 promoviert). B. war dann Choralmeister am Ordenskolleg in Salzburg, 1932–64 Kantor in Maria Laach, seit 1965 Abt-Koadjutor und 1966–77 Abt. 1928 gab er sein in der Folgezeit weit verbreitetes *Volksmeßbuch* heraus.

Schriften: *Der Wechsel der Modalitätsbestimmung in der Tradition der Meßgesänge im 9. bis 13. Jh.* (Einsiedeln 1929); *Die Bedeutung des gregorianischen Chorals im Licht seiner mittelalterlichen Überlieferung und altchristlichen Verbreitung,* in: Liturgie und Mönchtum 28 (1961); *Gregorianischer Choral als Kultgesang,* in: Kgr.-Ber. Kirchenmusik Bern 1962 (Be 1964); *Vom Sinn und Wert der Editio Vaticana,* in: Musicus-Magister. FS Th. Schrems (Rb 1963); zahlr. Aufsätze zur Geschichte u. Praxis des Gregorianischen Chorals.

Lit.: Rheinische Musiker 3, hrsg. v. K. G. FELLERER (Kö 1964).

BOMTEMPO, João Domingos, * 28.12.1775 Lissabon, † 18.8.1842 ebd.; port. Pianist und Komponist. 1801–10 lebte er in Paris, dann in London, wo er als Virtuose und als Komponist große Anerkennung fand. 1815 kehrte er nach Lissabon zurück, wo er 1820 eine Philharmonische Gesellschaft gründete, die sich zum Ziel gesetzt hatte, mit den Instrumentalwerken der Zeit, vor allem mit den Werken Mozarts, Haydns und Beethovens bekannt zu machen. 1835 wurde B. zum Direktor des neu gegründeten Konservatoriums ernannt. Er bekämpfte die ausschließliche Vorliebe des Lissabonner Publikums für die italienische Oper und machte sich damit zum Wegbereiter einer Reform der portugiesischen Musik des 19. Jh., die sich aber erst Jahrzehnte später durchsetzte.

WW: Für Klv.: Fantasie, Variationen, 4 Sonaten, eine Klavierschule; Sonate für V. u. Klv.; in Quintett; eine Symphonie, eine Fantasie u. 4 Konzerte für Klv. u. Orch.; Requiem zur Erinnerung an Camões.

Ausg.: Sinfonia Nr. 1, op. 11, hrsg. v. F. DE SOUSA (Lis 1963) (= Portugaliae musica B 7); Klavierschule, Faks.-Ausg. u. 3 Sonaten, hrsg. v. G. DODERER (Lis 1979) (= Lusitana Musica II/1 u. I/1).

Lit.: M. A. DE LIMA CRUZ, J. D. B. (Lis 1937) (port.); J. P. SARRAUTE, Catalogue des œuvres de J. D. B., précédé d'un essai sur ses séjours à Paris et à Londres (Lis 1971).

BONA, Giovanni, SOCist, * 12.10.1609 Mondovì (Piemont), † 28.10.1674 Rom; it. Theologe (seit 1669 Kardinal). Er ist als Verfasser bedeutender liturgischer und aszetischer Schriften bekannt. Mehrere seiner Werke betreffen auch die gottesdienstliche Musik: *Psallentis ecclesiae harmonia* (R 1653), später unter dem Titel *Tractatus... de divina psalmodia* (P 1663, Kö 1667); *De rebus li-*

turgicis (R 1671), neu hrsg. als *Rerum liturgicarum libri II* (P 1676).

Ausg.: GA, hrsg. v. J. R. CARRERAS (Ba 1898).

BONA, Valerio, * um 1560 Brescia, † um 1619 Verona(?); it. Komponist und Musiktheoretiker. Er war Kapellmeister an S. Francesco in Vercelli, seit 1596 an S. Francesco in Mailand, seit 1601 am Dom von Mondovì, seit 1611 an S. Francesco in Brescia, schließlich 1614–19 an S. Fermo Maggiore in Verona.

WW: **1) Geistliche WW:** *Litaniae et aliae laudes B.M.V.* für 4 St. (Mi 1590); *Missa et motecta* für 3 St. mit 6st. *Magnificat* u. 3st. Falsibordoni (Mi 1594); 4st. Vesperpsalmen (V 1600); *Missarum et motectorum liber secundus* für 2 Chöre (V 1601); *Li dilettevoli introiti della messa* für 2 Chöre mit B.c. (V 1611); *Messa e vespro* für 4 Chöre mit B.c. (V 1611); Lamentationen u. a. Werke für die Karwoche, für 2 Chöre vokal u. instr., mit B.c. (V 1616); Lauretanische Litaneien für 2 Chöre im konzertierenden Stil vokal u. instr., mit B.c. (V 1619). – **2) Weltliche WW:** 3st. Canzonetten, erhalten nur 2. Buch (V 1592) u. 4. Buch (Mi 1599); *Madrigali e canzoni* für 5 St. (V 1601); *Sei canzoni italiane da sonare concertate* für 2 Chöre *in echo* (V 1614). – **3) Schriften:** *Regole del contraponto* (Casale 1595); *Esempi delli passaggi delle consonanze et dissonanze* (Mi 1596).

Lit.: A. TESSIER, Del P.V. B., in: Miscellanea Francescana (Assisi 1890); F. REUSCH, Die Regole del contraponto ... des V.B. (Diss. Hei 1924); C. SARTORI, Bibliografia della Musica strumentale italiana 1 (Fi 1952), 2 (1968).

BONAGIONTA (Bonagiunta), **Giulio,** * San Genesio (Pavia), † nach 1570; it. Komponist. Er war seit 1565 Mitglied der Kapelle von S. Marco in Venedig und stand 1567–70 im Dienst des Hofes von Parma. Er gab 1565–68 in Venedig Madrigale von C. de Rore (RISM 1568^{18}) und mehrere Sammeldrucke mit Madrigalen, Canzone napolitane und Motetten heraus (RISM 1562^{12} mit 4 eigenen Werken, 1566^{2-3}, 1567^{13}, 1568^{13}, 1568^{16}).

BONANG, javanisches Gongspiel, ↗Indonesien.

BONAVENTURA, Arnaldo, * 28.7.1862 Livorno, † 7.10.1952 Florenz; it. Musikwissenschaftler. Er studierte in Pisa Jura und Literatur sowie Violine bei Favili und Harmonielehre bei G. Bellio und war in Florenz Bibliothekar an der Biblioteca Nazionale, Professor für Musikästhetik und Musikgeschichte und Direktor der Bibliothek am Conservatorio musicale Cherubini. B. veröffentlichte überaus zahlreiche Arbeiten zur Musikgeschichte, edierte Werke u. a. von Caccini, Frescobaldi, Peri und Strozzi und war auch als Musikkritiker tätig.

Schriften (Auswahl aus mehr als 900 Titeln): *Manuale di storia della musica* (Livorno 1898, ^{13}1947); *Elementi di estetica musicale* (ebd. 1905); *Storia degli istrumenti musicali* (ebd. 1908); *N. Paganini* (Modena 1911, R ^{3}1923); *D. Cimarosa* (Tn 1915); *Storia e letteratura del piano-forte* (Livorno 1918, ^{3}1934); *La figura e l'arte di Giuseppe Verdi* (ebd. 1920); *B. Pasquini* (R 1923); *G. Puccini* (Livorno 1924); *Mefistofele di A. Boito* (Mi 1924); *Storia del violino dei violonisti e della musica per violino* (Mi 1925, ^{2}1933); *L'opera italiana* (Fi 1928); *Nozioni di storia della musica in rapporto alla letteratura* (Livorno 1930); *Musicisti livornesi* (ebd. 1930); *L. Boccherini* (Mi 1931); *Rossini* (Fi 1934).

Lit.: Pubblicazioni di A.B. nel cinquantenario (1880–1930) (Fi 1930); B. BECHERINI, Ricordo di A.B., in: RMI 54 (1952).

BONCI, Alessandro, * 10.2.1870 Cesena, † 10.8.1940 Viserba bei Rimini; it. Sänger (Tenor). Ausgebildet in Pesaro und in Paris, debütierte er 1896 in Parma als Fenton in Verdis *Falstaff* und gewann rasch auch internationales Ansehen, seit 1900 besonders am Londoner Covent Garden. Seit 1906 sang er auch in den USA, u. a. 1907–10 am Metropolitan Opera House in New York, 1914 und 1919–21 an der Chicago Opera, seit 1909 auch in Südamerika, besonders am Teatro Colón in Buenos Aires. Nach Beendigung seiner Laufbahn 1923 war er Gesanglehrer in New York und kehrte 1925 nach Italien zurück. B. galt als Antipode Carusos, nach dessen Tod als der bedeutendste italienische Sänger. Seine Stimme zeichnete sich weniger durch Volumen als durch besondere Klarheit in den Höhen und durch ihre Geschmeidigkeit aus.

BONDEVILLE, Emmanuel, * 29.10.1898 Rouen; frz. Komponist; studierte Orgel bei J. Haelling in Rouen, wurde 1915 Organist an St-Nicaise in Rouen und setzte nach dem Ende des 1. Weltkriegs sein Musikstudium am Conservatoire in Paris fort. B. war 1935–45 Sendeleiter beim französischen Rundfunk, seit 1945 künstlerischer Leiter von Radio-Monte-Carlo, ging Ende 1949 an die Opéra-Comique, später an die Opéra in Paris, deren Leiter er 1952 wurde. Er ist seit 1959 Mitglied der Académie des Beaux-Arts, seit 1964 deren ständiger Sekretär.

WW **1) Instr.-WW:** 3 *Pochades* für Klv.; Sonate (1934) für Klv.; für Orch.: *Les Illuminations* (nach A. Rimbaud), 3 Symphonische Dichtungen, *Marine* (1933), *Ophélie* (1931), *Le Bal des pendus* (1929); *Gaultier Garguille* (1951–52); *Symphonie lyrique* (1955–56); *Symphonie chorégraphique* (1961–63). – **2) Vokal-WW:** Lieder u. Motetten, *Illustrations pour Faust* (1942), für Soli Chor u. Orch. – **3) Bühnen-WW:** *L'École des maris* (1932–35) (Libr.: J. Laurnet nach Molière), Opéra-comique; *Madame Bovary* (1942–50) (Libr.: R. Fauchois nach G. Flaubert), Drame lyrique, UA: Paris 1951.

Lit.: R. DUMESNIL, L'Académie des beaux arts élit E.B., in: „La Scala" (Mi 1960).

BONDON, Jacques, * 6.12.1927 Boulbon (Bouches-du-Rhône); frz. Komponist. Er war zunächst Maler, bevor er sich ganz der Musik zuwandte.

Seine Ausbildung erhielt er an der École C. Franck (Violine und Dirigieren) und am Conservatoire in Paris u. a. bei Rivier und D. Milhaud (Komposition). 1963 wurde sein bisheriges Gesamtwerk durch den Grand prix musical des Conseil Général de la Seine gewürdigt. Für B., der serielle Techniken ablehnt, sind das Ungewöhnliche, Phantastische und Wunderbare wichtige Quellen der Inspiration. Mit seinem ausgeprägten Sinn für orchestrales Kolorit steht er dem Impressionismus nahe.

WW (wenn nichts anderes angegeben, in Paris erschienen): **1) Instr.-WW:** *Les Insolites* (1956) für Klv.; *Sonatine d'été* (1953) für V. u. Klv.; *Chants de Feu et de Lune* (1957) für Klv. u. Ondes Martenot u. *Petite Suite pour 3 instruments* (1952) (unveröff.); *Kaléidoscope* (1957) für Ondes Martenot, Klv. u. Schlagzeug; *1er Quatuor à cordes* (1959); *Concert de Printemps* (1957) für Klv., Str. u. Schlaginstr.; *Giocoso* (1960) für Solo-V. u. Str.; für Kammerorch.: *Essai pour un paysage lunaire* (1951) u. *Contes et Merveilles* (1955) (unveröff.); für Orch.: *La Coupole*, „phantastische Bilder einer fremden Welt" (1954), u. *Le Taillis ensorcelé* (1954) für doppeltes Streichorch., Blechbläser u. Schlagzeug; *Suite indienne* (1958); *Musique pour un autre monde* (1962); *Concerto pour Martenot* (1955); *Concerto de Mars* (1966) für Gitarre; *Fleurs de feu* (1965); *Ivanhoe* (1966) für Orch.; *Concerto de molines* (1966) für V. u. Orch.; *Lumières et formes animées* (1970) für Streichorch. – **2) Vokal-WW:** *Chant d'amour et de peine* (1952) für Singstimme u. Klv. (oder kleines Orch.) (unveröff.); *Le Pain de serpent* (1959) für Singstimme u. 14 Instr.; *Suite pour les Xe jeux* (1967) für Chor, Schlagzeugensemble, Tasteninstr. u. Orch., komponiert für die Eröffnung der Olympischen Winterspiele in Grenoble 1968. – **3) Bühnen-WW:** *La Nuit foudroyée* (1963), Oper, UA: ORTF 1964; *Les arbres*, UA: ebd. 1964; *Mélusine au rocher*, UA: Radio Luxemburg 1968.

Lit.: L. A. MARCEL, J.B., in: Cahiers du Sud (1961), Mai-H.; J. ROY, Présences contemporaines. Musique française (P 1962).

BONGARTZ, Heinz, * 31. 7. 1894 Krefeld, † 2. 5. 1978 Dresden; dt. Dirigent und Komponist. Nach Ausbildung an den Konservatorien in Krefeld und Köln (u. a. bei Fritz Steinbach und Elly Ney) war er vornehmlich als Theaterkapellmeister tätig, u. a. in Mönchengladbach, Berlin, Meiningen, Gotha, seit 1933 als Staatskapellmeister in Kassel, seit 1937 als GMD in Saarbrücken, 1944–45 in Ludwigshafen. 1946–47 lehrte er als Professor an der Musikhochschule in Leipzig, war anschließend bis 1964 Chefdirigent der Dresdner Philharmonie. B. hat sich als Interpret vor allem um die Werke von Brahms, Bruckner, Mahler, Reger und R. Strauss verdient gemacht. Er schrieb selbst Orchesterwerke (darunter eine Symphonie), Kammermusik und Lieder.

BONGOS, zwei fest miteinander verbundene Einfelltrommeln mit röhrenförmigen oder leicht konischen Kesseln. Der Durchmesser der Fellseite beträgt 10–20 cm, die Höhe der Zargen 20–25 cm. Die Felle sind aufgenagelt oder werden durch eine Schraubvorrichtung stimmbar gemacht. Ihr Klang ist hell und trocken. Die B. werden vom Spieler zwischen die Knie geklemmt oder (im Orchester) auf einem Ständer befestigt. Sie können mit den Fingerkuppen, den Fingernägeln, mit dem Handballen oder mit Schlegeln gespielt werden, wobei Rand- und Fellschläge verschiedene Klangfarben ergeben. Die B. sind afrokubanischer Herkunft und werden hauptsächlich als Rhythmusinstrumente in der lateinamerikanischen Tanzmusik verwendet, zunehmend auch als Orchesterinstrumente eingesetzt, so in W. Egks *Karibische Variationen* und H.-W. Henzes *Ode an den Westwind.*

M. BRÖCKER

BONI, Guillaume, * um 1545 Saint-Flour (Cantal), † nach 1594; frz. Komponist. Er unterrichtete die Kapellknaben an der Kathedrale St-Étienne in Toulouse und ließ bei einem Empfang des Hofes auch mehrere eigene Werke aufführen. Seit 1573 ist er in Paris nachweisbar.

WW: *Primus liber modulorum* für 5–7 St. (P 1573); *Sonetz de P. de Ronsard,* für 4 St. (P 1576), jedoch stellte diese Ausg. G. B. nicht zufrieden, so daß im selben Jahr eine neue, zweibändige Ausg. erschien, *Premier* bzw. *Second livre de Sonetz de P. de Ronsard,* mehrere NA, darunter eine Ausg. *Sonetz chrestiens* (1597), in der für protestantische Zwecke Ronsards Sonette durch geistliche Texte v. S. Goulart ersetzt wurden; *Psalmi Davidici* für 6 St., mit einer 12 st. *Oratio regia* (P 1582) (Heinrich III. gewidmet); *Les Quatrains du Sieur de Pybrac* für 3–6 St. (P 1582) (dem Herzog François d'Anjou gewidmet).

Lit.: E. DROZ, G. B., in: Mélanges offerts à M. Abel Lefranc (P 1936).

BONINI, Severo, OSB * 1582 Florenz, † 5. 12. 1663 ebd.; it. Komponist. Nach seiner Studienzeit im Kloster Vallombrosa lebte er im Kloster Santa Trinità in Florenz. 1615 war er Organist an San Mercuriale in Forlì. B. gehört zu den frühesten Vertretern des monodischen Stils im Bereich der geistlichen Musik mit italienischem Text. Sein Musiktraktat ist eine wichtige Quelle zur Geschichte der Monodie.

WW: **1) Kompositionen:** *Madrigali e Canzonette Spirituali ... a una voce sola, sopra il Chitarrone ò Spinetta ò altri Stromenti* (Fi 1607); *Il 1° libro delle Canzonette affetuose a 4 v. in istile moderno* (Fi 1608); *Il 1° libro de motetti a 3 v.* mit B.c. (V 1609); *Il 2° libro de Madrigali e Motetti a una voce* (Fi 1609); *Lamento d'Arianna* (V 1613); *Affetti spirituali a 2 v. parte in istile di Firenze ò recitativo per modo di Dialogo, e parte in istile misto* (V 1615); *Serena celeste, motetti a 1–3 v.* (V 1615). – **2) Theoretische Werke:** *Prima parte de' Discorsi e Regole sovra la musica et il Contrappunto* (hsl. in Florenz, Biblioteca Riccardiana).

Ausg.: Auszüge aus der Abhandlung, in: A. SOLERTI, Le origini del melodramma (Tn 1903); L. G. LUISI, Il „Lamento d'Arianna" di S. B. (1613), in: C. Monteverdi e il suo tempo (1968) (= Kgr.-Ber. Venedig u. a. 1968).

BÓNIS, Ferenc, * 17. 5. 1932 Miskolc (Ungarn), ung. Musikforscher; er studierte zunächst Komposition, dann Musikwissenschaft (bei D. Bartha, Z. Kodály und B. Szabolcsi) an der F. Liszt-Hochschule für Musik in Budapest und wurde 1958 mit einer Arbeit über Mosonyi promoviert. Nach und neben seiner Tätigkeit als Musikredakteur beim Ungarischen Rundfunk war B. 1962 Leiter der Abt. Ungarische Musik im Bartók-Archiv, arbeitete 1969–73 im Musikwiss. Institut der Ungarischen Akademie der Wissenschaften, wo er seitdem Mitglied des Komitees für Musikwissenschaft ist. Seit 1972 ist er Professor an der Fr. Liszt-Hochschule.

Schriften: *G. Mahler u. F. Erkel*, in: Studia musicologica 1 (1961); *Die ung. Opern M. Mosonyis*, in: ebd. 2 (1962); *Quotations in Bartók's Music*, in: ebd. 5 (1963); *Die ung. Tänze der Hs. v. Apponyi*, in: ebd. 6 (1964); *B. Bartóks Leben in Bildern* (Bonn – Budapest 1964); *F. Erkel über seine Oper Bánk*, in: Studia musicologica 11 (1969); *Beethoven u. die ungar. Musik*, in: Kgr.-Ber. Bonn 1970 (Kas 1973); *Bartók B. élete képekben és dokumentumokban* (Budapest 1972, engl. NY 1972, Lo 1972), dt. Übers.: B. Bartók. Sein Leben in Bilddokumenten (W 1973). – Editionen: *Ung. Musikwissenschaft*, 9 Bde. (ung.); *Studien zur Geschichte der ung. Musik* (ung.), bisher 4 Bde.; GA der Schriften v. B. Szabolcsi, bisher 3 Bde.; mehrere Ausg. musikalischer Werke, darunter P. Esterházy, Harmonia Caelestis, 2 Hefte (Kas 1972, ²1977).

BONJOUR, Charles, * um 1760 Paris, † um 1810 ebd.; frz. Komponist. 1786 folgte er J.-Fr. Tapray als Organist an St-Louis de l'École Militaire in Paris. Er war ein bedeutender Orgelvirtuose. B. komponierte Sonaten für Klv., V. u. Vc. und für Klv., 2 V. u. Vc., op. 1 u. 6 sowie Préludes für Klv. *(Distractions musicales)*, sämtliche in Paris gedruckt. Er schrieb auch die *Nouveaux principes de musique* (P o.J.) und gab einen Teil der Werke von J.-Fr. Tapray heraus.

Ausg.: *Prélude*, op. 8 Nr. 8, hrsg. v. M. CAUCHIE, in: L'École française de piano (Monaco 1957).

BONNET, Joseph, * 17.3.1884 Bordeaux, † 2. 8. 1944 Sainte-Luce-sur-Mer (Kanada); frz. Organist. Er war Schüler seines Bruders Georges B., des Organisten an Ste-Eulalie in Bordeaux, von Ch. Tournemire und L. Vierne, und war seit 1905 Organist an St-Eustache in Paris, später auch Organist der Société des Concerts du Conservatoire. Er unternahm ausgedehnte Konzertreisen durch Europa und Nordamerika. Seit 1940 lebte er in New York und war zuletzt Orgellehrer am Kons. in Quebec. B. schrieb u.a. 3 Bände Orgelstücke und 3 *Poèmes d'automne* für Org. (P 1906) und veröffentlichte u.a. 6 Bände *Historian Organ Recitals* (NY 1940).

BONNET, Pierre, frz. Komponist des ausgehenden 16. Jh. aus Limousin. 1586 stand er im Dienste von Georges de Villequier, Gouverneur von Haute und Basse Marche. Von B. wurde gedruckt *1er Livre d'Airs* für 4–5 St. (P 1585) und 2 Bücher *Airs et Villanelles* für 4–6 St. (P 1588 u. 1600). Sieben Airs erschienen mit geistlichem Text in dem Sammeldruck *Amphion sacré* (Ly 1615). Seine Werke gehören zu den frühen Beispielen für das Air de cour. Bemerkenswert sind darin besonders Partien, in der eine Solostimme mit einem Chor dialogisiert.

Ausg.: 10 Airs, hrsg. v. H. EXPERT (P 1929).

Lit.: TH. GÉROLD, L'Art du chant en France au XVIIe siècle (Str 1921).

BONNET, Pierre und Jacques, ↗Bourdelot, Pierre und Jacques.

BONNO, Joseph (Giuseppe Giovanni Battista), * 29. 1. 1711 Wien, † 15. 4. 1788 ebd.; östr. Komponist it. Herkunft. 1726–36 studierte er auf Kosten des Kaisers in Neapel. Bald nach seiner Rückkehr nach Wien wurde er 1739 zum Hofkomponisteur ernannt und war seit 1774 Hofkapellmeister; er genoß höchstes Ansehen. 1781 dirigierte er, den Mozart einmal als den „alten ehrlichen braven Mann" bezeichnete, dessen Sinfonie KV 338 „magnifique" und mit allem „Succes". Sein berühmtester Schüler war Dittersdorf.

WW (hsl. meist in Wien erhalten): 20 (?) Opern (Serenate, Feste di camera, Azioni teatrali u. a.), die für Aufführungen bei Hofe bestimmt waren, darunter *Il rè pastore* (1750) u. ein Pasticcio *Armida placata* mit Musik von Wagenseil, Hasse u.a.; 4 Oratorien; zahlr. Messen, Gradualien, Offertorien u. a. Kirchenmusik.

Lit.: E. WELLESZ, G.B. Sein Leben u. seine dramatischen Werke, in: SIMG 11 (1909/10); A. SCHIENERL, G.B.s Kirchenkomp., in: StMw 15 (1928); A. BAUER, Opern u. Operetten in Wien (Gr 1955); K. BREITNER, G.B. u. sein Oratorienwerk (Diss. W 1961); W. VETTER, Italiens Musik im Lichte v. Dichtung u. Bildender Kunst, in: DJbMw 8 (1963).

BONONCINI, it. Musikerfamilie. – **1) Giovanni Maria,** getauft 23. 9. 1642 Montecorone bei Modena, † 19. 10. 1678 Modena; Violinist und Komponist. Er war zunächst am Hof in Modena tätig, später Kirchenkapellmeister in Bologna (an S. Giovanni in Monte und an S. Petronio) sowie Mitglied der Accademia Filarmonica, seit 1671 Violinist am Hof, seit 1674 Kapellmeister am Dom in Modena. Seine Vokal- und Instrumentalwerke haben viel zur Bedeutung der ↗Bolognesischen Schule beigetragen. Die Sonaten sind frühe Zeugnisse für eine Unterscheidung von Kammer- und Kirchenstil („Musica da chiesa" und „Musica da camera") in der Instrumentalmusik. Auch als Musiktheoretiker hat B. Wichtiges geleistet. Sein *Musico prattico* nimmt in der Entwicklung der Kontrapunktlehre und in der Frühgeschichte der Harmonielehre einen bedeutsamen Platz ein.

WW: **1) Kompositionen:** *Primi frutti del giardino musicale* für 2 V. u. B.c., op. 1 (V 1666); *Delle sonate da camera e da ballo... opera secunda* (V 1667); *Varii fiori del giardino musicale* für 2–4 St. u. B.c., op. 3 (Bol 1669); *Arie, correnti, sarabande, gighe, & allemande* für V. u. B.c., op. 4 (Bol 1671); *Sinfonia, allemande, correnti, e sarabande* für 5–6 St. u. B.c., op. 5 (mit einer *Sinfonia a 4*, die auch *al contrario* gespielt werden kann, wenn man die Stimmhefte auf den Kopf stellt) (Bol 1671); *Sonate da chiesa* für 2 V. u. B.c., op. 6 (V 1672 u.ö.); *Ariette, correnti, gighe, allemande, e sarabande* für 1–4 St., op. 7 (Bol 1673); *Trattenimenti musicali* für 3–4 St. u. B.c., op. 9 (Bol 1677); *Arie e correnti* für 2 V. u. B., op. 12 (Bol 1678); 2 Bücher *Cantate per camera a voce sola*, op. 10 (Bol 1677) u. op. 13 (Bol 1678); 5st. Madrigale *sopra i dodici tuoni o modi del canto figurato*, op. 11 (Bol 1678). – **2) Theoretisches Werk:** *Musico prattico*, op. 8 (Bol 1673, V 1678, Bol 1688), dt. Übers.: *Musicus practicus* (St 1701).

2) Giovanni Battista, Sohn von 1), * 18. 7. 1670 Modena, † 9. 7. 1747 Wien; Komponist und Violoncellist. Schüler seines Vaters sowie von G. Buoni und G. P. Colonna. Er war als Wunderkind bekannt und bereits 1687–88 Violoncellist an S. Petronio in Bologna, gleichzeitig 1687 Kapellmeister an S. Giovanni in Monte. Nach einem Aufenthalt in Rom wurde er Ende 1697 (1700 besoldeter) Hofkomponist in Wien. 1702–04 weilte er zweimal als Gast der Königin Sophie Charlotte am preußischen Hof in Berlin. 1711 nach Italien zurückgekehrt, hielt er sich u. a. in Mailand und Rom auf und ging um 1720 nach London, wohin er zur Mitarbeit in der seit 1719 unter Händels Leitung stehenden Royal Academy of Music berufen worden war. Die zweite Spielzeit dieses Opernunternehmens (1720/21) wurde mit einer Oper B.s eröffnet *(Astarto).* Mit Ariosti und Händel prägte er in den folgenden Jahren das Londoner Opernwesen, das aber nicht frei war von Rivalitäten der drei Komponisten und ihrer Anhänger. Während Händel die Protektion des Königs genoß, wurde B. vor allem von dem Duke of Marlborough (auch finanziell) unterstützt, bis er infolge eines Skandals – er soll eine Arie A. Lottis als ein eigenes Werk ausgegeben haben – 1731 gezwungen war, England zu verlassen. Nach Aufenthalten in Paris und Lissabon zog er sich 1737 nach Wien zurück, wo er im Elend gestorben sein soll. – Giovanni Battista B. ist mit seinen Opern und Oratorien wie Händel und Ariosti ein Vertreter der Neapolitanischen Schule. Seine Instrumentalwerke, die er hauptsächlich im 15.–17. Lebensjahr schrieb, sind reife Beispiele für den Bolognesischen Stil in den letzten Jahrzehnten des 17. Jahrhunderts.

WW: **1) Opern** (nur die erhaltenen, vollständig oder in Form von Favourite Songs gedruckten und hsl. überlieferten): *La fede publica* (1699); *Gli affetti più grandi vinti dal più giusto* (1701); *Polifemo* (1704); *La pastorella*, Pasticcio, zusammen mit C. F. Cesarini und Giannini (1705 u. als *Love's Triumph* 1708); *Endimione* (1706); *Etearco* (1707 u. 1710); *Turno Aricino* (1707); *Mario fuggitivo* (1708); *Abdolonimo* (1709); *Almahide* (1710, Autorschaft unsicher); *Caio Gracco* (1710); *Astarto* (1720); *Crispo* (1720); *Muzio Scevola*, Pasticcio, zusammen mit Amadei u. Händel (1721); *L'odio e l'amore* (1721, Autorschaft unsicher); *Griselda* (1722); *Farnace* (1723); *Calfurnia* (1724); *Astianatte* (1727); *Alessandro in Sidone* (1737); *Sulla* (?); *Cinna*, Pasticcio, zusammen mit S. de Luca, C. F. Pollaroli (?). – **2) Serenate** u.ä.: *La nemica d'amore* (1692); *La gara delle quattro stagioni* (1699); *L'Euleo festeggiante* (1699); *Proteo sul Reno* (1703); *Il ritorno di Giulio Cesare* (1704); *Il fiore delle eroine* (1704); *La nuova gara di Giunone e di Pallade* (1705); *L'oracolo d'Apollo* (1707); *Il natale di Giunone* (1708); *I sacrifizi di Romolo per la salute di Roma* (1708); *L'arrivo della gran madre degli dei in Roma* (1713); *Amore per amor* (1732, Identifizierung unsicher). – **3) Oratorien:** *Il Giosuè* (1688); *San Nicola da Bari* (1692); *La conversione di Maddalena* (1701 u. 1723); *Ezechia* (1737). – **4) Kirchenmusik. WW:** Gedruckt: *Messe brevi* für 8 St. u. 2 Org., op. 7 (Bol 1788); *Laudate pueri* für Soli u. Chor (P 1733); *When Saul was king over us*, Anthem auf den Tod des Duke of Marlborough (Lo 1722); weitere Einzelwerke hsl. u. in Sammeldrucken.

3) Antonio Maria, Sohn von 1), * 18. 6. 1677 Modena, † 8. 7. 1726 ebd.; Komponist. Nach einem Aufenthalt in Rom ging er 1696 nach Neapel, hielt sich 1702–03 mit seinem Bruder zusammen am preußischen Hof in Berlin auf und brachte einige Opern zur Aufführung. 1704–11 wirkte er am Wiener Hof, lebte seit 1714 wieder in Rom und kehrte 1716 nach Modena zurück, wo er zunächst Theaterkapellmeister, seit 1720 Kapellmeister am Hof war. Antonio Maria, von dem sich nur wenige Werke erhalten haben, zählt als Opernkomponist wie sein Bruder zu den Vertretern der Neapolitanischen Schule. Er war zu seinen Lebzeiten ähnlich geschätzt wie dieser, und die Zuordnung mancher Werke zu einem von beiden ist oft fraglich.

WW: Opern: *Camilla regina dei Volsci ouvero Il trionfo di Camilla* (Libr.: S. Stampiglia), UA: Neapel 1696; zahlr. Einzelstücke daraus erschienen im Druck; *Astianatte* (Libr.: A. Salvi), UA: Pratolino 1701; Oratorien: *Il trionfo della grazia* (1707); *La decollazione di S. Giovanni Battista* (1709); weitere Werke (Kantaten, eine 5st. Messe, ein 4st. *Stabat Mater* für 4 St.) sind ebenfalls hsl. erhalten.

Ausg.: **Zu 1):** Einzelne WW in: Die it. Triosonate, revidiert v. E. SCHENK (Kö 1955); Arien u. Kanzonetten des XVII. u. XVIII. Jh. revidiert v. E. KELLER (Kas 1960); *Sonata a tre* op. 1 Nr. 6, hrsg. v. E. SCHENK (W 1969) (= Diletto musicale Nr. 445); *Musico prattico*, Faks. der Ausg. v. Bologna 1673 (Hil 1969). **Zu 2):** *Air et Bourrée*, in: Les vieux Maîtres du violon, revidiert v. A. MOLFAT (P 1910); Sonate für Vc. u. Klv., hrsg. v. DELUNE (P 1913); *Il doppio Tormento*, Air für eine St. u. B.c., hrsg. v. E. TRILLAT (Ly 1961); *Divertimenti da camera* für Alt-Block-Fl. (V., Quer-Fl., Ob.) u. B.c., hrsg. v. H. RUF, 4 H.e (Mz 1964–69) (= Originalmusik für Blockfl. 9–12).

Lit.: LECERF DE LA VIÉVILLE, Comparaison de la musique française avec la musique italienne (Bru ³1706); L. F. VALDRIGHI, G. B. da Modena (Modena 1882); H. PRUNIÈRES, The Italien Cantata of the XVIIth Century, in: ML 7 (1926); K. HUEBER, Gli ultimi anni di G.B.B., Notizie e Documenti inediti, in: Atti e Memorie della Accademia di Scienze Lettere e Arti di Modena, Reihe 5, Bd. 12 (Modena 1954); K.-H. HOLLER, G. M. Bononcini's „Musico prattico" in seiner Bedeutung für die musikal. Satzlehre des 17. Jh. (Str 1963) (= Slg. musikwiss. Abh. 44); E. SCHENK, Beobachtungen über die modenesische Instrumentalmusikschule des XVII. Jh., in: StMw 27 (1964); F. BOSE, Ariosti u. B. am Berliner Hof, in: AfMw 22 (1965).

BONPORTI (Buonporti), **Francesco Antonio,** getauft 11. 6. 1672 Trient, † 19. 12. 1748 Padua; it.

Komponist. Er studierte in Innsbruck Philosophie, in Rom Theologie und bildete sich dort in Komposition u. Violinspiel bei O. Pitoni und A. Corelli aus. 1695 in Trient zum Priester geweiht, erhielt er dort am Dom eine Stelle als Chorleiter und Organist. Seit 1740 lebte er in Padua. B. zählt zu den bedeutenden Instrumentalkomponisten des frühen 18. Jh.; seine Werke haben u. a. auch J. S. Bach beeindruckt. Eine Besonderheit ist das instrumentale Rezitativ, das wohl zum ersten Mal in der Geschichte der Instrumentalmusik bei ihm erscheint (z. B. in den *Concerti* op. 11).

WW (z. T. mit mehreren Nachdrucken): **1) Instr.-WW:** *Sonate a tre* für 2 V. u. Vc., op. 1 (1696); *Sonate da camera* für 2 V. u. Cemb., op. 2 (V 1703), op. 4 (V 1703), op. 6 (V 1705); *Sonate da camera* für V. u. B.c., op. 7 (V 1707); *Balletti* für V. u. B.c., op. 9 (A o.J.); *Inventioni da camera (La Pace)* für V. u. B.c., op. 10 (Bol 1712); *Concerti a quattro* für 2 V., Va., Vc. u. B.c., op. 11 (Trient o.J.); *Concertini, e serenate con arie variate, siciliani, recitativi, e chiuse* für V. u. B.c., op. 12 (Au o.J.); einzelne WW hsl. – **2) Vokal-Werk:** *Motetti a canto solo, con violini*, op. 3 (V 1701).

Ausg.: Triosonate op. 4/10 (1703), hrsg. v. A. MOFFAT (L 1910); Sonate, op. 4/2, hrsg. v. E. SCHENK (W 1969); *Inventioni*, op. 10, für V. u. B.c., hrsg. v. F. GIEGLING, in: Hortus Mus. 44, 45, 77 (Kas 1953–54); *Concerti* aus op. 11, in mehreren Einzel-H., hrsg. v. G. BARBLAN (Mi 1959 ff); Sopran-Kantaten *Ite molles* u. *Mittite dulces*, hrsg. v. DEMS. (Padua 1960).

Lit.: CH. BOUVET, B. égal de J. S. Bach (P 1918); R. LUNELLI, Da F. A. B. e J. S. Bach (Trient 1920); G. BARBLAN, F. A. B. La vita e l'opere (Fi 1940); DERS., Conclusioni sul B., in: Rass. Mus. 22 (1949); O. WESSELY, Zur Lebensgeschichte von F. A. B., in: KmJb 42 (1958); A. HUTCHINGS, The Baroque Concerto (Lo–NY 1961).

BONTEMPI (Buontempi), **Giovanni Andrea** (eig. Angelini; nannte sich nach seinem Gönner Cesare B.), * um 1642 Perugia, † 1. 7. 1705 Brufa bei Perugia; it. Sänger (Kastrat) und Komponist. Er war Schüler von V. Mazzocchi in Rom, seit 1643 Sänger an San Marco in Venedig und ging 1647 an den Kurfürstlichen Hof nach Dresden, wo er 1650 Vizekapellmeister wurde und auch als Theaterarchitekt tätig war. Seit 1651 war er (zusammen mit H. Schütz und V. Albrici) Hofkapellmeister. 1680 zog er sich nach Brufa zurück. B.s Dresdner Oper *Il Paride* (1662), im venezianischen Stil geschrieben, ist die erste italienische Oper, die im nördlichen Deutschland aufgeführt wurde. B. war jedoch zu und nach seiner Zeit vor allem als Verfasser seiner großangelegten *Historia musica* bekannt, die gleichermaßen Lob (von Burney und Mattheson) und Ablehnung (von Gerber) erfuhr.

WW: **1) Kompositionen:** Opern: *Il Paride*, UA: Dresden (Dresden 1662); *Dafne* (zusammen mit G. Peranda) (dt. Text), UA: ebd. 1671, hsl. erhalten; von der Oper *Io*, UA: ebd. 1673, u. von einem Oratorium sind nur die Libretti überliefert; hsl. erhalten ferner *Cor mundum crea* für B. u. B.c., *Paratum cor meum* für 3 St. u. B.c.; eine it. Kantate *Rusceletto cui rigido cielo* für Singst. u. B.c. – **2) Schriften:** *Nova quatuor vocibus componendi methodus* (Dresden 1660); *Historia musica* (Perugia 1695).

Ausg.: *Il Paride*, Faks.-Ausg. (Bol 1970) (= Bibl. musica Bononiensis 4/126); *Historia musica* (Bol 1971) (= ebd. 2/48).

Lit.: R. ENGLÄNDER, Zur Frage der Dafne ... v. G. A. B. u. M. G. Peranda, in: AMZ 13/14 (1941); F. BRIGANTI, B. A. B. musicista-letterato-architetto (Fi 1956); R. ENGLÄNDER, Die erste it. Oper in Dresden. B.s „Il Paride in musica" (1662), in: STMf 43 (1961).

BOOGIE-WOOGIE, afroamerikanische Klaviermusik, die zu Anfang des 20. Jh. aus dem ↗Barrelhouse-Piano in den ländlichen Gebieten des Südens und Südwestens der USA entstand und als eine instrumentale Form des ↗Blues zu verstehen ist. Seine charakteristische Ausprägung erfuhr der B.-W. in den 20er Jahren, vorwiegend auf den „House-rent Parties" (Feste, die zur Aufbringung der Miete veranstaltet wurden) der nördlichen Großstädte (Chikago). – Musikalisch liegt dem in raschem Tempo vorgetragenen B.-W. die sog. Bluesformel zugrunde, die in der linken Hand durch eine durchgehende, ständig wiederholte Baßfigur realisiert und in der rechten Hand in Off-beat-Phrasierung fortlaufend variiert wird. Das Spiel der beiden Hände liegt weit auseinander. Der Anschlag ist gemäß afroamerikanischem Musizieren sehr perkussiv, und vom Pedal wird kein Gebrauch gemacht. Typisch sind Cluster (die durch das gleichzeitige Anschlagen von großer und kleiner Terz bzw. von großer und kleiner Septime den Effekt der sog. Blue notes auf das Klavier umzusetzen suchen), Tremoli, Triller, Skalengänge und gebrochene Akkorde. – Zu den bekanntesten und wichtigsten B.-W.-Pianisten zählen (in der Folge zweier Generationen): 1. Cow Cow Davenport, Cripple Clarence Lofton, Jimmy Yancey; 2. Albert Ammons, Pete Johnson, Meade Lux Lewis, Pine Top Smith.

Lit.: J. HUNKEMÖLLER, Studien zur Idiomatik afroamerikanischer Instrumentalmusik, in: Jazzforschung/Jazz Research 8 (1976).

U. KURTH

BOOSEY & HAWKES, engl. Musikverlag in London, entstand 1930 durch Fusion der beiden Verlage Boosey & Co. und Hawkes & Son. Der erstere, 1816 von dem Londoner Buchhändler Thomas Boosey gegründet, war auf die Herausgabe von Ballads und (vor allem italienischen) Opern, später auch auf die Herstellung von Musikinstrumenten spezialisiert. Der letztere, 1867 von Jules Prudence Rivière und William Henry Hawkes gegründet, verlegte vor allem Militärmusik, baute aber ebenfalls Musikinstrumente. Der Verlag B. & H. gehört heute zu den führenden Musikverlagen mit bedeutenden Autoren der Musik des 20. Jh. (u. a. R. Strauss, Strawinski, Prokofjew, Bartók, Kodály, Britten, Vaughan Williams, Copland). Er besitzt Niederlassungen in den USA, in Kanada, Südafrika, Australien, Frankreich und in der Bundesrepublik Deutschland (in Bonn). Bei B. & H. erscheint die Zeitschrift *Tempo,* in Bonn die Reihe *Musik der Zeit.* Es besteht auch noch eine Werkstatt für den Bau von Blasinstrumenten.

Lit.: C. G. MORTIMER, Leading Music Publishers, Nr. 3, B & H Ltd., in: Musical Opinion (Lo 1938) November-H.; H. M. PLESSKE, Bibliogr. des Schrifttums zur Gesch. dt. u. österr. Musikverlage, in: Beitr. zur Gesch. des Buchwesens 3, hrsg. v. K. H. KALHÖFER – H. RÖTZSCH (L 1968).

BORCHGREVINCK, Melchior, † 20. 12. 1632 Kopenhagen; dänischer Organist und Komponist niederländischer Herkunft. Er trat 1587 in den Dienst der Hofkapelle in Kopenhagen, ging 1599 mit seinem Schüler M. Pedersøn zu G. Gabrieli nach Venedig, kehrte 1600 nach Kopenhagen zurück und wurde 1. Hoforganist, 1618 Kapellmeister. B. veröffentlichte eine Sammlung 5st. Madrigale, *Giardino novo* (2 Bde., Kop 1605 u. 1606), mit zwei eigenen Stücken und einige Tänze (in RISM 1607[28]).

Ausg.: 5 Tänze, hrsg. v. B. ENGELKE, in: Musik u. Musiker am Gottorfer Hofe I (Breslau 1930) (= Veröffentlichungen der Schleswig-Holsteinischen Universitätsges. 15/1); 2 Madrigale aus „Giardino novo" (1605–06), in: Madrigaler fra Christian IV's tid, hrsg. v. J. P. JACOBSEN (Egtved 1967) (= Dania sonans 3).

Lit.: A. HAMMERICH, Musiken ved Christian den Fjerdes Hof (Kop 1893) (mit Edition eines Madrigals), dt. Zusammenfassung v. C. ELLING, Die Musik am Hofe Christians IV., in: VfMw 9 (1893).

BORDES, Charles Maria Anne, * 12. 5. 1863 La Roche-Corbon bei Vouvray (Indre-et-Loire), † 8. 11. 1909 Toulon; frz. Komponist, Chorleiter und Musikforscher. Schüler von C. Franck und A. F. Marmontel (Klavier). Er war 1887–89 Kirchenkapellmeister in Nogent, seit 1890 an St-Gervais in Paris. 1892 gründete er die „Association des Chanteurs de St-Gervais", 1894 mit d'Indy und F. A. Guilmant die „Schola Cantorum". Seit 1895 gab er auch die (musikwissenschaftlich bedeutsame) Zeitschrift *La Tribune de St-Gervais* heraus. 1905 ließ er sich in Montpellier nieder, wo er eine Zweigstelle der Schola Cantorum gründete. B.' Bemühen galt der Erforschung und Wiederbelebung der Vokalmusik des 16./17. Jh., daneben auch der Erhaltung frz. und span. Volksmusik.

WW: **1) Instr.-WW:** 4 *Fantaisies rythmiques* u. *Caprice à 5 temps* für Klv. (P 1891); *Danses béarnaises* für Orch. (P 1888); *Suite basque* für Fl. u. Orch. (P 1887); *Rhapsodie basque* für Klv. u. Orch. (P 1890); *Eskual Herria* für Orch. (P 1891); *Divertissement* für Trp. u. Orch. (P 1902). – **2) Vokal-WW:** Ca. 20 Lieder, von denen die ersten von Verlaine inspiriert sind, 19 *Mélodies,* hrsg. v. P. DE BRÉVILLE (1914); *Madrigal à la musique* für Chor (P 1895); *O mes morts, tristement nombreux* für Chor (P 1903); versch. geistl. WW, die in Paris erschienen sind. – **3) Editionen:** *Anthologie des maîtres religieux primitifs* (25 Messen, 125 Motetten u. a. aus dem 16./17. Jh.) (1893 ff); *Concerts spirituels* (Werke von Anerio, Schütz, Carissimi, Legrenzi, Lully, Charpentier); *Chansonnier du XVIe siècle;* weltliche Kantaten v. L. N. Clérambault u. J. B. Moreau; 10 *Danses, marches et cortèges du Pays basque espagnol* (1908); 11 *Chansons du Languedoc* (1906). – **4) Schriften:** Viele Artikel in: La Tribune de St-Gervais (1895–1906), Le Courrier musical (1906), Musica (1909).

Lit.: R. DE CASTÉRA, Dix années d'action musicale religieuse (P 1902); O. SÉRÉ, Musiciens français d'aujourd'hui (P 1921); P. M. DOWD, Ch. B. and the Schola Cantorum of Paris (Washington/D.C. 1969) (= Diss. Catholic Univ. of America).

BORDONI, Faustina, * 1693 Venedig, † 4. 11. 1781 ebd.; it. Sängerin (Sopran). Sie war Schülerin von M. Gasparini und B. Marcello, debütierte 1716 in Venedig, sang dann in Mailand, Bologna, Neapel, 1723–24 in München, 1725 in Wien, 1725–26 am Haymarket Theatre in London, wo sie über ihre Rivalin Francesca Cuzzoni triumphierte. Nach erneutem Aufenthalt in Italien heiratete sie 1730 Johann Adolf ↗Hasse und ging mit ihm nach Dresden, wo sie – mit wiederholten Unterbrechungen – bis 1751 wirkte. F. B. zählt zu den großen Primadonnen des 18. Jahrhunderts. Sie wurde als „La nuova sirena" gefeiert.

BORDUN (lat.: burdo, bordunus; engl.: burdon, burden; frz.: bourdon; it.: bordone). **1)** Seit dem Mittelalter als Bz. für einen tiefen Brummton belegt, später allgemein für verschiedene akustische Phänomene verwendet, die mit tiefen Tönen verknüpft sind. Im *Purgatorio* (XXVIII, 16–18) nennt Dante das ein Lied begleitende Blätterrauschen *bordone* („ma con piena letizia l'ore prime / cantando, riceveamo intra le foglie, / che tenevan bordone alle sue rime ..."). Bei Musikinstrumenten wie ↗Sackpfeife und ↗Drehleier wurden die tiefen, in gleichbleibender Tonhöhe mitklingenden Saiten bzw. Pfeifen B.e genannt. In Frankreich wurde die Sackpfeife als „muse au grant bourdon" bezeichnet. Albert der Große nennt die großen, tiefen Flöten der Orgel *bordunus* („... sicut vidimus in burdonibus, qui sunt magnae fistulae organorum musicorum, gravem esse sonum"). Hieronymus de Moravia *(Tractatus de musica,* hrsg. von S. M. Cserba, Rb 1935) nennt B. eine außerhalb des Griffbretts freilaufende Sympathiesaite der Fiedel. B. bezeichnet auch die tiefklingenden Glocken *(Dictionnaire de l'Acad. Française,* P [5]1798), den zweittiefsten Chor der Laute und der Viola da gamba (M. Mersenne, *Harmonicorum instrumentorum libri IV),* die gedackten Orgelregister (M. Praetorius, *Syntagma musicum III,* S. 139) und die tiefste Oktave der Tasteninstrumente („et est notandum, quod unusquisque bordunus semper duplum sui naturalis in longitudine obtinebit"; Erfurt, Stadtbibl.

Amplonius, MS. F 395, f. 30v; vgl. auch N. Dufourcq, *Documents inéd. relatifs à l'orgue fr. I,* P 1934). B. diente in analoger Bedeutung auch als Stimmbezeichnung im musikalischen Satz. Im zweistimmigen Organum der Notre-Dame-Schule hieß die liegende Haltestimme *Burdo* oder *Bordunus* (Anon. St. Emmeram: „supra burdonem tenoris"; vgl. H. Sowa, *Ein anonymer glossierter Mensuraltraktat 1279,* Kas 1930, S. 53). In England bezeichnete *burdoun* die tiefe Stimme eines mehrstimmig improvisierten Musikstücks. Er wurde regelmäßig in Zusammenhang mit den Begriffen *mene* (Mittelstimme) und *treble* (Oberstimme) erwähnt, z.B. bei Robert Manning of Brunne, *The Story of England,* um 1330 („ther myghte men se fair samninge / of tho clerkes that best couthe synge / wyth treble, mene & burdoun"; vgl. J. F. Furnivall, *Rerum Britannicarum Medii Aevi Scriptores* 87, Lo 1887). – ↗Fauxbourdon. – **2)** (von lat. burdones = „Pilgerstäbe"), lange tiefe Orgelpfeifen, die zu rasch fortschreitender Melodiestimme einen gleichbleibenden Ton erzeugten. Die im Mittelalter aufgekommene Gleichsetzung von B. mit „gedackt" hängt vielleicht damit zusammen, daß das Decken der Pfeifen, die eine Erniedrigung um eine Oktave bewirkt, möglicherweise zunächst bei den Baßpfeifen angewendet wurde. B. ist seither die Bz. für die gedackten 8'- und 16'-Register.

Lit.: **Zu 1): Ältere Quellen:** H. SOWA, Ein anonymer glossierter Mensuraltraktat. 1279 (Kas 1930); H. DE MORAVIA, Tractatus de musica, hrsg. v. S. M. CSERBA (Rb 1935); F. GAFFURIO, Practica musice (Mi 1496, Faks.-Ausg. Farnborough 1967); M. PRAETORIUS, Syntagma musicum III (Wb 1619, Faks.-Ausg. Kas 1958); M. MERSENNE, Harmonicorum instrumentorum libri 4 (P 1636); S. DE BBROSSARD, Dictionnaire de musique (P 1703, Faks.-Ausg. A 1965); J. G. WALTHER, Musikal. Lexikon (L 1732, Faks.-Ausg. Kas 1953); J. J. ROUSSEAU, Dictionnaire de musique (P 1768). – **Neuere Lit.:** C. SACHS, Real-Lexikon der Musikinstr. (B 1913, Faks.-Ausg. Hildesheim 1964); H. BESSELER, B. u. Fauxbourdon (L 1950); D. HOFFMANN-AXTHELM, B., in: Handwörterbuch der Musikal. Terminologie, hrsg. v. H. H. EGGEBRECHT (Wie 1972ff).

D. HOFFMANN-AXTHELM – P. HARDOUIN

BORG, Kim, * 7. 8. 1919 Helsinki; finnischer Sänger (Baß). Neben seinem Studium als Chemiker wurde er in Helsinki, Kopenhagen und Stockholm im Gesang ausgebildet, studierte 1948 an der Sibelius-Akademie in Helsinki auch Musiktheorie, debütierte 1947 als Konzert-, 1951 als Opernsänger. Es folgten Gastspiele in Europa (u. a. auch in München, Berlin und Hamburg, bei den Festspielen in Edinburgh, Glyndebourne, Salzburg und Wien) und in Amerika, hier vor allem seit 1959 am Metropolitan Opera House in New York. B. ist auch ein namhafter Lied- und Oratoriensänger. Als Komponist widmete er sich vor allem der Vokalmusik. Er schrieb die Autobiographie *Musikalske Selvportraeter* (Kop 1963).

BORGHI, Giovanni Battista, * 26. 8. 1738 Camerino, † 26. 2. 1796 Loreto; it. Komponist. Nach Studien am Conservatorio della Pietà in Neapel war er 1759–77 Kapellmeister an der Kathedrale von Orvieto, seit 1777 an Santa Casa in Loreto. B. schrieb über 20 Opern, ferner Oratorien, eine Kantate und Kirchenmusik (Messen, Motetten, Offertorien).

BORGHI, Luigi, * um 1745 Bologna(?), † um 1806 London(?); it. Violinist und Komponist, Schüler von G. Pugnani. Nach Aufenthalten 1774 und 1777 blieb er seit 1780 endgültig in London. Er war Violinist im Quartett von W. Cramer bei den Professional Concerts. 1790 dirigierte er im Pantheon italienische Opern.

WW: Sonaten für V. u. B., op. 1 u. op. 4; Violinkonzerte op. 2; *Divertimenti* für 2 V., op. 3; Sonaten für V. u. Vc. (od. Va.), op. 5; *Ouvertures* für Streicher u. Ob., op. 6; *Divertimenti* für 2–3 St. u. Harfe od. Klv., op. 7; Duette für 2 V., op. 10; 64 *Cadences or solos* für V., op. 11; ferner Vc.-Konzert; Trios für 2 V. u. B.; Sonaten f. Cemb. (od. Klv.) u. V.; 2 weitere Sammlungen Duette für 2 V.; Einzelstücke. B. schrieb auch Stücke für die Sammlung *The celebrated Opera dances as performed at the King's Theatre* (4 Bücher, Lo 1783).

Lit.: A. MOSER, Gesch. des Violinspiels (B 1923); F. TORREFRANCA, Le origini dello stilo mozartiano, in: RMI 33 (1926); E. M. VON ZSCHINSKY-TROXLER, G. Pugnani (B 1939).

BORGSTRØM, Hjalmar (eig. Jensen, B. ist der Name seiner Mutter), * 23. 3. 1864 Oslo, † 5. 7. 1925 ebd.; norwegischer Komponist und Musikkritiker. Schüler von J. Svendsen, L. M. Lindemann und Ole Olsen, 1887–89 des Leipziger Konservatoriums. 1889–1901 war er Korrespondent in Berlin, 1903–13 Musikkritiker beim *Verdens gang,* dann bei der Zeitung *Aftenposten.* B. wurde vor allem durch seine Lieder und seine vom Neoklassizismus angeregten symphonischen Dichtungen, darunter *Hamlet* und besonders *Tanken* (Der Gedanke), bekannt.

WW: **1) Instr.-WW:** Kammermusik; 2 Symphonien, I in G-Dur (1890), II in d-moll (1912); Symphonische Dichtungen: *Hamlet* (1903), mit Klv.; *Jesus i Getsemane* (1904); *John Gabriel Borckman* (1905); *De dodes nat* (1905); *Tanken* (1916); Klv.-Konzert (1910); V.-Konzert (1914). – **2) Vokal- u. Bühnen-WW:** Lieder; Kantaten: *Hvem er Du med de tusene Navne* (1889); *Reformasjonkantate* (1917); Opern: *Thora pa Rimol* (1894); *Fiskeren* (1900).

Lit.: Ø. GAUKSTADT, H.B. og H. Jensen bibliogr., in: Norsk musikgranskning (1954–55).

BORI, Lucrezia (eig. Lucrecia Borja y Gonzalés de

Riancho), * 24. 12. 1887 Valencia, † 14. 5. 1960 New York; span. Sängerin (Sopran). Sie studierte am Konservatorium in Valencia Klavier und Musiktheorie. Nachdem bei einem Aufenthalt in Italien ihre Stimme entdeckt worden war, debütierte sie 1908 als Micaela in Bizets *Carmen*. 1910 sang sie in Paris mit großem Erfolg neben Caruso und P. Amato in *Manon Lescaut* von Puccini, debütierte 1911 an der Mailänder Scala und am Teatro Colón in Buenos Aires, 1912 am Metropolitan Opera House in New York als Manon Lescaut und als Partnerin von Caruso. 1915 zog sie sich krankheitshalber einige Jahre von der Bühne zurück; von 1919 bis zum Ende ihrer Laufbahn 1936 war sie wieder Mitglied der Met und trat dann als erste Frau in deren Direktorium ein.

BORIS GODUNOW, musikalisches Volksdrama mit Prolog in 4 Akten (9 Szenen) von Modest Petrowitsch Mussorgski (1839–81), Text vom Komponisten nach A. S. Puschkins gleichnamigem Drama und Karamzins *Geschichte des russischen Reiches.* Ort der Handlung: Rußland und Polen, Zeit: 1598–1605. UA der Originalfassung: 27. 1. (8. 2.) 1874 in St. Petersburg, dt. EA der Originalfassung (in dt. Sprache): 22. 1. 1936 in Hamburg. Die einzige von Mussorgski vollendete Oper. Bekannt sind drei Fassungen: der „Ur-Boris" wurde 1870 in St. Petersburg zunächst abgelehnt; von der zweiten Fassung, dem „Original-Boris", wurden am 17. 2. 1873 drei Szenen aufgeführt; Erfolg – auch im Ausland – brachte die bühnenmäßig (Gliederung in „Nummern") und musikalisch überarbeitete Fassung von N. Rimski-Korsakow (UA der ersten Bearbeitung: 10. 12. 1896 in St. Petersburg, mit F. I. Schaljapin in der Hauptrolle am 19. 12. 1898 in Moskau). In dieser Fassung ging die Oper auch in Deutschland zum erstenmal in dt. Sprache (29. 10. 1913 in Breslau) in Szene. Der Stoff der Oper ist historisch: der Tod des minderjährigen Zarewitsch unter der Regierung des gewählten Zaren Boris Godunow. Die Vermutung, der Regent habe die Beseitigung des Thronfolgers betrieben, steht hier als Tatsache. Dem nationalen Thema trug Mussorgski durch volkstümliche Melodik (auch im „melodischen Rezitativ") Rechnung. Große Chorszenen kontrastieren mit schwermütigen Monologen und lyrisch-volkstümlichen Abschnitten. Besondere Erwähnung verdient die Krönungsszene im zweiten Bild des Prologs und Boris' Monolog *Die höchste Macht ist mein.*

R. QUANDT

BORKH, Inge, * 26. 5. 1917 Mannheim; dt. Sängerin (Sopran) schweizerischer Staatsangehörigkeit. Sie war zunächst Schauspielerin (ausgebildet am Reinhardt-Seminar des Wiener Burgtheaters), studierte dann Gesang und debütierte 1940 am Stadttheater in Luzern als Agathe in C. M. von Webers *Freischütz.* Nach weiteren Engagements in Bern, Basel und Zürich begann 1950 ihre internationale Karriere im hochdramatischen Rollenfach, gefeiert vor allem als Elektra und Salome in den gleichnamigen Opern von R. Strauss. Gastspiele führten sie an die bedeutenden Opernhäuser in Europa und Amerika, seit 1957 auch an das Metropolitan Opera House in New York, ebenso an die großen Festspielorte, u. a. nach Bayreuth, Salzburg und Florenz.

BOŘKOVEC, Pavel, * 10. 6. 1894 Prag, † 22. 7. 1972 Prag; tschechischer Komponist. Er studierte Komposition u. a. bei J. Suk. 1946–65 lehrte er an der Prager Musikakademie. In den frühen Werken B.s zeigt sich der Einfluß Suks, in den späteren der von Strawinski, Prokofjew und Honegger, vor allem in der Rhythmik, in den klassizistischen Zügen und in der Verwendung von Polytonalität.

WW: **1) Instr.-WW:** Zahlr. kurze Klv.-Stücke, darunter eine *Suite* (1935); 2 Sonaten für V. u. Klv., I (1934) (Pr 1944), II (1956); Sonate für Solo-Br. (1931); 5 Streichquartette, I (1924), II (1928) (Pr 1932), III (1940), IV (1947), V (1964); Quartett mit Klv. (1922), Bläserquintett (1932) (Pr 1936); *Nonet* (1941) (Pr 1945); 3 Symphonien, I (1927), II (1929), III (1959) (Pr 1959); *Partita* (1936); *Sinfonietta* (1944) (Pr 1958); *Sinfonietta in einem Satz* (1963); *Concerto grosso* (1941) (o. O. 1947); *Concerto* für Klv. (1931); V.-Konzert (1933); Vc.-Konzert (1951). – **2) Vokal-WW:** Zahlr. Lieder, Chorstücke, ein Melodrama *Jen jedenkrát* (1921). – **3) Bühnen-WW:** Ballett *Krysar* (1939) (Pr 1942, 1954); Opern: *Satyr* (1938) (nach J. W. Goethe), *Palecek* (1947) (Libr.: F. Kubka).

Lit.: P. BLATNÝ, Scénická díla P.B. (Diplomarbeit Pr 1958); V. STĚPANEK – B. KARASEK, Tschechische Musik (Pr 1964); Contemporary Czechoslovak Composers, hrsg. v. C. GARDAVSKÝ (Pr 1965); K. JANECEK, Tvorba a tvurci (Pr – Preßburg 1968).

BORNEO ↗Indonesien.

BORODIN, Alexander Porfirjewitsch, * 31. 10. (12. 11.) 1833 St. Petersburg, † 15. (27.) 2. 1887 ebd.; russ. Komponist. Nach dem Medizinstudium war er zwei Jahre Militärarzt sowie seit 1862 Prof. an der Medico-chirurgischen Akademie in St. Petersburg. Seine Freundschaft mit Balakirew führte ihn 1862 in die *Gruppe der Fünf,* das „Mächtige Häuflein", in der er vor allem der Repräsentant der Kammermusik und der Symphonik war. Er gilt als der Schöpfer des russischen Streichquartetts und war auch ein Meister der Romanze. Zwei Werke ragen aus seinem Schaffen heraus: die 2. Symphonie in h-moll (die auch als russische „Eroica" bezeichnet worden ist) und die Oper *Fürst Igor,* die aber erst nach seinem Tod, von Rimski-Korsakow und Glasunow vollendet, uraufgeführt wurde. Die populär gewordenen *Polowetzer Tänze* gehörten ursprünglich als Ballett in diese Oper. Berühmtheit erlangte auch das symphonische Werk *Eine Steppenskizze aus Mittelasien.* In B.s Stil, in dem eine Neigung zu orientalischem Kolorit erkennbar ist, vereinigen sich Einflüsse der russischen Volksmusik mit dem Einfluß R. Schumanns. Originell ist vor allem seine Harmonik, die in Einzelheiten auf den Impressionismus Debussys vorausweist (*Petite Suite* für Klv.; 2. Symphonie).

WW: **1) Instr. WW:** *Petite Suite* (1885) für Klv. (St. Petersburg 1885); *Scherzo* für Klv.; 1. Streichquartett in A-Dur (1875–79) (L 1888); 2. Streichquartett in D-Dur (1881–82) (L 1888); *Serenata alla spagnola,* in *Quatuor sur le nom de B-la-f* v. Rimski-Korsakow, Ljadow, Borodin u. Glasunow (1886); Klv.-Quintett (1862) (Leningrad 1960); Streichsextett (1860); für Orch.: 1. Symphonie in Es-Dur (1862–67); 2. Symphonie in h-moll (1869–76); *Eine Steppenskizze aus Mittelasien* (1880), symphonische Skizze (L 1889); 3. Symphonie (1886) (unvollendet, die beiden vorhandenen Teile v. Glasunow instrumentiert, L 1889). – **2) Vokal-WW:** 18 Romanzen und Lieder. – **3) Bühnen-WW:** *Fürst Igor* (1869–87), Oper, vollendet v. Rimski-Korsakow u. Glasunow, UA: St. Petersburg 1890 (L 1888, Mos 1954); eine Opera buffa *(Bogatyri)* blieb unveröffentlicht.

Lit.: W. STASSOW, A. P. B. (St. Petersburg 1889, Mos ²1954); A. HABETS, B. et Liszt (P 1895); G. ABRAHAM, B. the Composer and his Music (Lo 1927); I. GLEBOV, Un opéra-comique oublié de B., in: RM 10 (1929); V. SÉROV, Balakirev, B., C. Cui et Rimski-Korsakow (P 1949); M. ILJIN – JE. SEGAL, A. P. B. (1953, NA Mos 1957) (russ.); S. A. DIANIN, A. B. (Mos 1955, ²1960, engl. Lo – NY 1963); A. SOCHOR, A. P. B. (Leningrad – Mos 1965) (russ.); W. B. OBER, A. B., M. D., Physician, Chemist and Composer, in: New York State Journal of Medicine 67 (1967) (mit Verz. v. B.s wiss. Schriften); I. SEMZOWSKIJ, Istoki „Chora posklian", in: Sowjetskaja musyka 31 (1967).

BORONI (Buroni), **Antonio,** * 1738 Rom, † 21. 12. 1792 ebd.; it. Komponist. Schüler von Padre Martini in Bologna, dann von L. Fago und G. Abos am Conservatorio della Pietà dei Turchini in Neapel. 1757 unterrichtete er in Rom M. Clementi, der sein Schwager war. 1761 wurden seine ersten Opern *Demofoonte* (in Treviso) und *La Moda* (in Turin) aufgeführt. 1763–66 hielt er sich in Venedig, 1768 in Begleitung des Impresario Bustelli in Prag, dann wieder in Venedig auf. 1771–77 war B. Kapellmeister am Stuttgarter Hof. 1778 wieder in Rom, wurde er Kapellmeister an St. Peter und am Collegium Germanicum.

WW (hsl. erhaltene Opern): *La Moda* (Turin, 1761); *L'Amore in musica* (Venedig, 1763); *Sofonisba* (Venedig, 1764); *La notta critica* (Venedig, 1766); *Siroe* (Prag, 1767); *La Didone* (Prag, 1768); *Artarserse* (Verona, 1770); *Le Orfane svizzere* (Venedig, 1770); *Le contadine furlane* (Venedig, 1771), *L'Isola disabitata* (Stuttgart, 1775). – Einige Messen und andere Kirchenmusik.

BORREL, Eugène, * 22. 8. 1876 Libourne (Gironde), † 19. 2. 1962 Paris; frz. Violinist und Musikwissenschafter. Schüler von Garcin, Rémy und Viardot am Conservatoire in Paris, von G. Lefèvre an der École Niedermeyer und von d'Indy an der Schola Cantorum, an der er 1911–34 eine Violin-Klasse leitete. 1908 gründete er mit F. Raugel die Société Händel, die 1909–14 über 150 alte Werke aufführte, 1923 ein Ensemble für alte Musik. B. war 1923–27 Chorleiter der Chorale Universitaire de Paris, 1935–48 Generalsekretär der Société Française de Musicologie und lehrte seit 1935 Musikgeschichte an der École César Franck.

Schriften (alle in Paris erschienen): *La réalisation de la Basse chiffrée* (1920); *L'interprétation de la musique française de Lully à la Révolution* (1934); *Lully* (1949); *La Sonate* (1951); *La Symphonie* (1954). Zahlreiche Zschr.-Aufsätze, Beiträge zu Lexika, ferner Editionen von Violinsonaten u. -konzerten.

Lit.: F. RAUGEL, E. B., in: RMie 48 (1962); DERS., E. B., in: Recherches sur la Musique française classique 3 (1963).

BORREN, Charles Jean Eugène van den, * 17. 11. 1874 Brüssel, † 14. 1. 1966 ebd.; belg. Musikwissenschaftler. Er studierte in Brüssel Jura, gleichzeitig Musiktheorie bei E. Closson, war 1909–14 Musikkritiker von *L'Indépendance belge,* 1919–40 Bibliothekar am Kons. in Brüssel. B. lehrte an den Universitäten Brüssel (1926–45) und Lüttich (1927–45). 1953 wurde er Präsident der Académie Royale de Belgique, 1946 Präsident der Société Belge de Musicologie. 1964 wurde er durch eine Festschrift geehrt. B. hat Bedeutendes in der Erforschung besonders der franko-flämischen Musik des 15./16. Jh. und der gesamten belgischen Musik geleistet. Das von ihm 1933 gegründete und von seinem Schwiegersohn Safford Cape geleitete Ensemble *Pro Musica Antiqua* hatte große Verdienste um die Wiederbelebung älterer Musik.

WW: **1) Schriften:** *L'œuvre dramatique de C. Franck* (Bru 1907); *Les origines de la musique de clavier en Angleterre* (Bru 1912); *Les musiciens belges en Angleterre à l'époque de la Renaissance* (Bru 1913); *Les débuts de la musique à Venise* (Bru 1914); *Les origines de la musique de clavier dans les Pays-Bas* (Bru 1914); *Orlande de Lassus* (P 1920); *Le Manuscrit musical M 222 C. 22 de la Bibliothèque de Strasbourg...* (An 1924); *G. Dufay* (Bru 1925); *Études sur le XVe siècle musical* (An 1941); *P. Benoit* (Bru 1942, An 1943); *Roland de Lassus* (Bru 1943, Mi 1944, An 1945); *Geschiedenis van de muziek in de Nederlanden,* 2 Bde. (A – An 1949, 1951); *C. Franck* (Bru 1950); *Du rôle international de la Belgique dans l'histoire musicale,* in: Kgr.-Ber. Lüttich 1930; *J. Tinctoris,* in: Biographie nationale 25 (1932); *La Musique en Belgique du Moyen Age à nos jours* (Bru 1950) zus. mit E. Closson. – **2) Editionen:** *Polyphonia sacra* (Burnham 1932); *Pièces polyphoniques profanes de provenance liégeoise* (Bru 1950) (= Flores musicae belgicae 1); *Missa Tornacensis* (Messe v. Tournai) (R 1957) (= CMM 13); B. hat auch an der Herausgabe der GA v. Ph. de Monte mitgearbeitet (Bru 1927–39).

Lit.: Hommage à Ch. van den B., hrsg. v. S. CLERCX – A. VAN DER LINDEN (An 1945); A. VAN DER LINDEN, Les 75 ans de Ch. van den Borren, in: RBMie 3 (1949) (mit Bibliogr.); RBMie 18 (1964) (Verz. der WW); S. CLERCX, In Memoriam Ch. v. den B., in: AMI (1966).

BORRIES, Siegfried, 10. 3. 1912 Münster (Westfalen), † 16. 8. 1980 Berlin; dt. Violinist. Er war Schüler von Bram Eldering in Köln, 1933–41 1. Konzertmeister der Berliner Philharmoniker unter Furtwängler, dann der Berliner Staatskapelle unter Karajan, 1945–56 erneut der Philharmoniker. Daneben trat B. als Solist und als Kammermusiker (u. a. nach dem Krieg mit einem eigenen Trio) im In- und Ausland hervor. Er lehrte u. a. am Städtischen Konservatorium, seit 1949 als Professor an der Musikhochschule in Berlin.

BORRIS, Siegfried, * 4. 11. 1906 Berlin; dt. Komponist. Er studierte zunächst Nationalökonomie, dann seit 1927 an der Musikhochschule in Berlin Komposition bei P. Hindemith und seit 1929 Musikwissenschaft bei A. Schering, bei dem er 1933 mit der Arbeit *Kirnbergers Leben und Werk und seine Bedeutung im Berliner Musikkreis um 1750* (Kas 1933) promoviert wurde. 1929–33 war B. Dozent und 1945–71 Professor und Leiter der Schulmusikabteilung an der Musikhochschule in Berlin. Seit 1967 leitete er an dieser Institution auch das Julius-Stern-Institut. 1971–76 war B. Präsident des Deutschen Musikrates, zeitweise auch 1. Vorsitzender des Instituts für Neue Musik und Musikerziehung in Darmstadt und erwarb sich große Verdienste um die deutsche Musikerziehung. B.s Kompositionen sind durch klare Formgebung, differenzierte Instrumentierung und Anwendung polyphoner Techniken gekennzeichnet. Seine Harmonik ist (nach eigenen Worten) charakterisiert durch eine erweiterte, funktionslose Tonalität.

WW (meist in Berlin erschienen): **1) Instr.-WW:** Orchester-WW, darunter Symphonien, zahlreiche Konzerte, auch für Sopransaxophon u. für Akkordeon-Orch.; Kammermusik-WW, Sonaten, Duos, Trios, Quartette usw. für verschiedene Besetzungen; WW für Klv., Cemb., Orgel. – **2) Vokal-WW:** Lieder für Solost., Chor u. Orch.; Chor-WW, darunter eine Missa *Dona nobis pacem* u. ein Ps. 135 für Soli, Chor u. Orch. – **3) Bühnen-WW:** *Frühlingsgesellen; Liederspiel* (1951); *Die Rübe,* Märchenoper (1955); *Ruf des Lebens,* szenische Kantate (1954); *Das letzte Spiel,* Ballett (1955); Funkopern: *Hans im Glück* (1947); *Hirotas u. Gerline* (1948). – **4) Schriften:** *Praktische Harmonielehre* (1938, B [11]1977); *Beitr. zu einer neuen Musikkunde,* 2 Bde. (1947 u. 1948); *Einführung in die moderne Musik* (Hl 1950), bzw. *Einführung in die moderne Musik 1900–1950* (Wilhelmshaven 1975); *Musikleben in Japan* (Kas 1967); *Klingende Elementarlehre* (B 1951, [2]1972); *Die großen Orchester* (Düsseldorf – H 1969); *Popmusik Kunst aus Provokation* (Kas 1977).

Lit.: G. SCHWEIZER, in: SMZ 107 (1967).

BORTNJANSKI, Dmitri Stepanowitsch, * 1751 Gluchowo (Ukraine), † 28. 9. (10. 10.) 1825 St. Petersburg; russischer Komponist. Er studierte bei B. Galuppi in St. Petersburg und seit 1769 in Venedig, setzte dann seine Studien in Bologna, Rom und Neapel fort. In Venedig kam 1776 seine Oper *Creonte,* in Modena 1778 seine Oper *Quinto Fabio* mit Erfolg zur Aufführung. 1779 kehrte er nach St. Petersburg zurück, brachte hier weitere Opern zur Aufführung und wurde 1796 Direktor der Hofsängerkapelle. In seiner Kirchenmusik, die außer in Rußland besonders auch in Deutschland bekannt wurde, wandte er sich gegen einen theatralischen Stil und suchte er eine Verbindung von russischen Traditionen mit dem polyphonen italienischen Kirchenstil. Populär wurde das von B. vertonte Lied von G. Tersteegen *Ich bete an die Macht der Liebe,* mit dem seit dem frühen 19. Jh. bis heute in der deutschen Militärmusik der Große Zapfenstreich ausklingt.

WW: Sonaten, eine Symphonie; *Kole vozlioublenna* (St. Petersburg 1834, 1845); eine Slg. mit geistlichen Gesängen für 3 oder 4 St. (ebd. 1845); 35 Konzerte für 4st. Chor a cap. u. 10 für 2 Chöre; *Psalm 149* für 4 St. a cap. (ebd. 1820); *Messe* für 3 St. u. Klv. (ebd. o. J.); mehrere kirchenmusikal. WW mit dt., russ. u. lat. Text; komische Opern: *Creonte,* UA: Venedig 1776; *Quinto Fabio,* UA: Modena 1778; *Alcide,* UA: Venedig 1778; *Don Carlos; La Fête du seigneur; Le Faucon; Le Fils rival,* UA: St. Petersburg 1886–87.

Ausg.: GA der Vokalwerke, hrsg. v. P. I. TSCHAIKOWSKY, 10 Bde. (Mos um 1880); 35 Konzerte (Lwow o. J.).

Lit.: M. GRINTSCHENKO, Istorija ukrainskoi musyki (Kiew 1922); B. DOBROCHTOW, D. S. B. (Mos 1950) (russ.); R. A. MOOSER, Annales de la musique et des musiciens en Russie au XVIIIe siècle II (G 1951); T. LIWANOWA, Russkaja musykalnaja kultura XVIII weka (Mos 1953); JU. W. KELDYSCH, Russkaja musyka XVIII weka (Mos 1966).

BOSCH BERNAT-VERÍ (de Bernat-Verí), **Jorge,** * 8. 11. 1747 Palma de Mallorca, † 2. 12. 1800 Madrid; spanischer Orgelbauer. B., einer der bedeutendsten Orgelbauer in der 2. Hälfte des 18. Jh. in Spanien, baute die Orgeln für das Franzsikaner- und das Dominikanerkloster in Palma de Mallorca, die berühmten Orgeln der Real Capilla in Madrid und der Kathedrale in Sevilla.

BOSCHOT, Adolphe, * 4. 5. 1871 Fontenay-sous-Bois (Val-de-Marne), † 1. 6. 1955 Neuilly-sur-Seine; frz. Schriftsteller und Musikkritiker. Er war 1910–38 Musikkritiker des *Écho de Paris,* wurde 1926 Mitglied der Académie des Beaux-Arts, 1937, als Nachfolger von Ch.-M. Widor, deren ständiger Sekretär. B. war Mitgründer der *Société Mozart* in Paris und wurde in Frankreich als Übersetzer der Libretti von Mozart-Opern *(Don Giovanni, Le Nozze di Figaro, Die Entführung aus dem Serail* und *Così fan tutte)* bekannt.

Schriften: *L'Histoire d'un romantique*, 3 Bde. (P 1906–13, NA 1946–50) (Monographie über Berlioz, B.s Hauptwerk); *Le Faust de Berlioz* (P 1910, NA 1945); *Une vie romantique: H. Berlioz* (P 1920, ³1951, NA Quebec 1965); *Chez les musiciens*, 3 Bde. (P 1922–26); *La lumière de Mozart* (P 1931); *Mozart* (P 1936); *Musiciens poètes* (P 1937, ²1951); *Portraits de musiciens*, 3 Bde. (P 1946–50).

BÖSENDORFER, östr. Pianofortefabrik in Wien, gegründet 1828 von **Ignaz B.** * 27. 7. 1794 Wien, † 14. 4. 1859 Wien. Nach seinem Tod übernahm sein Sohn **Ludwig** (1835–1919) die Firma, die er, ohne direkte Nachkommen, 1909 an seinen Freund **Carl Hutterstrasser** verkaufte. Die Instrumente, besonders die großen Konzertflügel vom Typ „Imperial" (mit 8 Oktaven Umfang), erlangten Berühmtheit vor allem durch ihren leichten Anschlag und gehören bis heute zu den in aller Welt beliebtesten Fabrikaten. 1872–1913 gab es den „Konzertsaal Bösendorfer", der in jener Zeit der meist frequentierte Konzertsaal Wiens war (über 4500 Konzerte). 1966 wurde die Firma von der Kimball International Inc. (Jasper/Ind., USA) erworben und in eine Aktiengesellschaft umgewandelt. – 1953 wurde der „B.-Ring" für einen hervorragenden Pianisten gestiftet und erstmals an W. Backhaus verliehen.

BOSKOVSKY, Willi, * 16. 6. 1909 Wien; östr. Violinist. Ausgebildet an der Akademie für Musik und darstellende Kunst in Wien, wurde er 1939 Konzertmeister der Wiener Philharmoniker. Er leitete daneben mehrere Ensembles, darunter das Wiener Oktett, das Wiener Mozartensemble und das Wiener Straußorchester und wurde als Nachfolger von Cl. Krauss Dirigent der Silvester- und Neujahrskonzerte der Wiener Philharmoniker. B. lehrt seit 1935 an der Musikakademie.

BOSKOVITCH, Alexander Uriah, * 16. 8. 1907 Klausenburg (Siebenbürgen), † 13. 11. 1964 Tel Aviv; israelischer Komponist. Nach dem Studium in Budapest und Wien sowie bei P. Dukas und N. Boulanger in Paris ging B. 1938 nach Palästina. Er lehrte seitdem am Konservatorium bzw. an der späteren Musikakademie in Tel Aviv. Die Werke der frühen und mittleren Schaffenszeit gingen von der traditionellen jüdischen Folklore aus, die er – im Sinne Bartóks – melodisch und rhythmisch in sehr freier Weise bearbeitete. In den Spätwerken – entstanden nach längerer Unterbrechung des kompositorischen Schaffens – verwendete er, u. a. beeinflußt von P. Boulez, serielle Techniken.

WW: Suite für Orch. *The Golden Chaine* (Die goldene Kette) über jüd. Volkslieder (1937); Konzert für V. u. Orch. (1942, revidiert 1944); Konzert für Ob. u. Orch. (1943, revidiert 1950); *Suita Semitica* für Orch. (1946, revidiert 1958), auch für Klv. u. für 2 Klv.; *Canto di ma'alot* (Stufengesang) f. Orch. (1960); *Tochter Israels* für Tenor, Chor u. Orch. (1961); *Concerto da Camera* für V. u. Kammerensemble (1962); Ornaments für Fl. u. Orch. (1963).

BOSQUET (de Bosco, Bosquo), **Johannes,** † 30. 11. 1406 Avignon. Spätestens seit 1391 war er Mitglied der päpstlichen Kapelle in Avignon, wo er als „capellanus" oder „cantor" und als „familiaris" der Päpste Clemens VII. und Benedikt XIII. genannt wird. Er ist wohl identisch mit einem Musiker Ludwigs II. von Anjou, der um 1393 im Zusammenhang mit einem „cubicularius" (Geheimkämmerer) gleichen Namens erwähnt wird. Dieser stand in Diensten des Kardinals von Nîmes, Jean de Blandiac. Seine 2 Gloria-Sätze, die zu den frühesten mehrstimmigen Meßsätzen gehören, befinden sich hsl. in Bologna (Bibl. des Liceo Musicale und Univ.-Bibl.), München und Straßburg; sie sind vierstimmig mit Imitationen in den beiden syllabisch geführten Oberstimmen.

Ausg.: Die Gloriasätze, hrsg. v. G. REANEY, in: Early XVth Century Music (1959) (= CMM 11/2).

Lit.: F. X. HABERL, Bausteine für Musikgesch. 3 (L 1887); CH. VAN DEN BORREN, Le manuscrit musical M 222 C. 22 de la Bibliothèque de Strasbourg (An 1924); E. DANNEMANN, Die spätgotische Musiktradition in Frankreich u. Burgund (Stra 1936); R. VON FICKER, in: New Oxford History of Music III (Lo 1960), Kap. 5; G. REANEY, in: Early XVth Century Music (s.o. Ausg.) Einleitung; U. GÜNTHER, Zur Biographie einiger Komp. der Ars subtilior, in: AfMw 21 (1964).

BOSSI, it. Organisten- und Komponistenfamilie. – **1) Marco Enrico,** * 25. 4. 1861 Salò (Gardasee), † 20. 2. 1925 zur See auf der Rückreise aus den USA. Schüler seines Vaters, der Organist am Dom von Salò war, danach am Liceo musicale in Bologna und am Konservatorium in Mailand von P. Fumagalli (Orgel) und A. Ponchielli (Komposition). 1881 begann er eine glänzende Konzertlaufbahn als Organist in Italien und im Ausland. 1881–90 war er Organist an der Kathedrale von Como, wurde 1890 Professor für Orgel und Komposition am Konservatorium in Neapel und 1895 Direktor des Liceo musicale Benedetto Marcello in Venedig. 1902–11 leitete er das Liceo musicale in Bologna, 1916–23 das Liceo musicale di Santa Cecilia in Rom. B. beeinflußte nachhaltig den Orgelstil und den italienischen Orgelbau seiner Zeit. Er schrieb Orgelmusik, Chorwerke, Orchester- und Kammermusik, auch Opern und ein Ballett.

WW: **1) Instr.-WW:** Für Org.: *Res severa magnum gaudium* (1886); 2 *Sonaten* (1890, 1894); *Studio sinfonico* (1895); *Pièce héroique* (1907); 2 *Sonaten* für V. u. Klv. (1893, 1899); 2 *Trios* für V., Vc. u. Klv. (1896, 1901); für Orch.: *Suite* (1904); *Intermezzi goldoniani* (1905) für Streichorch.; *Tema e variazioni* (1909); für Org. u. Orch.: *Concerto* in a-moll (1900); *Pezzo da concerto*

(1908). – **2) Vokal-WW:** Zahlr. Lieder; eine Kantate, *Mossa d'Averno* (1898) (Text v. Papst Leo XIII.), für Chor, Klv. u. Harmonium; 2 Requiems, op. 83 (1907), für Chor u. Org., op. 90 (1895), für Männerchor, Harfe u. Harmonium; die Oratorien: *Canticum canticorum* (1900), *Il Paradiso perduto* (1902), *Il Cieco* (1905), *Giovanna d'Arco* (1914). – **3) Schriften:** *Metodo di studio per l'organo moderno* (Mi 1893) (zus. mit G. Tebaldini).

2) Constante Adolfo, Bruder von 1), * 25. 12. 1876 Morbegno, † 4. 1. 1953 Mailand. Er studierte am Mailänder Kons., wo er selbst 1914–41 Harmonielehre und Kontrapunkt unterrichtete. 1924–29 lehrte er auch Komposition und Orgel am Pontificio Istituto di Musica Sacra. Er war 1898–1906 Organist und Kapellmeister an der Basilika San Fedele in Como und 1907–53 Organist am Mailänder Dom.

WW: Klv.- u. Org.-Stücke; ein Streichquartett (1907); *Preludio sinfonico* für Orch. (1902); *Requiem* (1920) für 8 St. a cap.; *Messa solenne* (1937), für Chor u. Org.; *La notte di Natale* (1925), für Chor, Org. u. Glocken; *Ester* (1904), Kantate für Soli, Chor u. Orch.; die Opern: *Enoch Arden* (1910); *Il marito decorativo* (Mi 1916); *La Moscovita* (Pa 1923).

3) Renzo, Sohn von 1), * 9. 4. 1883 Como, † 2. 4. 1965 Mailand. Er studierte am Liceo musicale Benedetto Marcello in Venedig, danach u. a. Dirigieren bei A. Nikisch in Leipzig. 1905–06 war er Kapellmeister am Hoftheater in Altenburg, anschließend ein Jahr Kapellmeister in Lübeck. 1913–16 lehrte er Orgel und Komposition am Kons. in Parma, 1916–53 Komposition am Kons. in Mailand, 1955 am Kons. in Venedig.

WW: Klv.-Stücke; ein Streichquartett (1921); für Orch.: Symphonie in a-moll (1905); *Bianco e nero* (1913) (auch in einer Fassung für Vc. u. Orch.); *Pinocchio* (1922); für V. (oder Vc.) u. Orch.: *Concerto* in C-Dur (1915); Lieder, darunter, *Liriche lariane* (1943) für Gesang u. Klv.; Chor-WW; Bühnen-WW: *Passa la ronda* (1913); *Nell'anno Mille* (1916); *Volpino e il calderaio; I commedianti alla corte di Francia* (1930); *Il principe felice* (1952), Rundfunkoper.

Lit.: **Marco Enrico B.:** C. LINATI, Carte e memorie di un musicista, in: Nuova Antologia (R 1926); L. ORSINI, M. E. B. (Mi 1926); G. C. PARIBENI – L. ORSINI – M. BONTEMPELLI, M. E. B. (Mi 1934); F. MOMPELLIO, M. E. B. (Mi 1952); F. ABBIATI, M. E. B., trent'anni dopo, in: Ricordiana (1955); A. PICCHI, M. E. B. (Como 1966). – **Renzo B.:** A. FERLONI, Note biografico-critiche su R. B. (Mi 1939); E. MUSA, Il maestro R. B., in: Bianco e Nero (Bergamo 1944); S. PINTACUDA, R. B. (Mi 1955); A. CATALDO, Un dramma musicale di Pascoli e R. B., in: La Scala (Mi 1956) Mai-H.; B. BETTINELLI, R. B., in: Annuario 1964–65 del Cons. di Musica G. Verdi di Milano (Mi 1965).

BOSSINENSIS, Francesco, it. Lautenist des frühen 16. Jahrhunderts. Er veröffentlichte *Tenori e contrabassi intabulati col sopran in canto figurato per cantar e sonar col lauto* (2 Bde., V 1509 und 1511), die erste gedruckte Sammlung mit Intavolierungen von Vokalwerken (meist Frottolen, einige lat. Motetten) für eine Solostimme und Laute. Als Komponisten sind u. a. B. Trombocino und Josquin des Prés genannt.

Ausg.: Sämtliche WW in: B. DISERTORI, Le Frottole per Canto e Liuto Intabulate da F. B. (1964).

BOSSLER, Heinrich Philipp, * 22. 6. 1744 Darmstadt, † 9. 12. 1812 Gohlis bei Leipzig; dt. Musikdrucker und -verleger. 1780 lebte er in Heilbronn, wo er eine Maschine für den Notendruck und ein Verfahren zur Herstellung von Faksimiles alter Manuskripte erfand. 1781 gründete er in Speyer einen Verlag, der 1792 nach Darmstadt, das bereits Sitz einer Filiale war, schließlich nach Gohlis verlegt wurde, wo er bis 1828 bestand. B. veröffentlichte in Speyer u. a. mehrere periodisch erscheinende Sammlungen musikalischer Werke, meist für Gesang und Klavier: *Blumenlese,* bzw. *Neue Blumenlese für Klavierliebhaber* (wöchentlich 1782–87), darin u. a. auch von Beethoven zwei Lieder (*Schilderung eines Mädchens,* 1783, und *An einen Säugling,* 1783) und zwei Klavier-Rondos (WoO 48 und 49, 1783 und 1784); *Musikalische Anthologie* (1788–99); *Archiv der auserlesensten Musikalien* (1788); *Bibliothek der Grazien, eine musikalische Monatsschrift* (1789–91). B. druckte ferner von Beethoven die sogenannten Kurfürsten-Sonaten (WoO 47, 1783).

Lit.: O. E. DEUTSCH, Music Publisher's Numbers (Lo 1946); L. HÜBSCH-PFLEGER, Beethovens erster Musikverleger H. Ph. B., in: Musikhandel 9 (1958).

BOSTON (benannt nach der Stadt Boston/Mass., USA), Bz. für den langsamen, gleitend vorwärts getanzten amerikanischen Walzer, der Ende des 19. Jh. auch in Europa bekannt wurde und dort vor allem um 1920 als Modetanz sehr beliebt war. Die Bz. *Valse B.* bzw. *Waltz B.* ist europäischen Ursprungs und in Amerika selbst kaum gebräuchlich. Die Melodik des mit Jazzelementen durchsetzten B. weist oft sentimentale Züge auf; die Harmonik ist reicher als die des gewöhnlichen Walzers. Zum regelmäßig fortlaufenden Dreierrhythmus der Melodiestimme kontrastiert häufig eine ostinate Begleitfigur im 2/4- oder 4/4-Rhythmus. – Eingang in die Kunstmusik fand der B. u. a. bei P. Hindemith (1. Streichquartett in f-moll, 1919; *Suite 1922* für Klv.) und bei C. Beck (*Zwei Tanzstücke,* 1929).

BOTE & BOCK, dt. Musik- und Bühnenverlag, 1838 von **Eduard Bote** und **Gustav Bock** (* 1. 4. 1813, † 27. 4. 1863), in Berlin gegründet. 1847 übernahm Gustav Bock das Unternehmen als alleiniger Inhaber. Er konnte die deutschen Rechte an der Oper *Faust (Margarete)* von Gounod erwerben, brachte *Die Lustigen Weiber von Windsor* von

O. Nicolai heraus und veröffentlichte preisgünstige Klassikerausgaben. Unter seinem Sohn **Hugo Bock** (* 25. 7. 1848 Berlin, † 12. 3. 1932 ebd.) entwickelte sich die Firma zu einem Weltunternehmen. Sie gab vor allem Opern heraus, u. a. verschiedene Werke von Flotow, die deutschen Fassungen von Meyerbeers *Die Afrikanerin*, von Mascagnis *Cavalleria Rusticana*, von Smetanas *Die verkaufte Braut*, aller Operetten von Offenbach, aber auch zahlreiche Instrumentalwerke von Liszt, Tschaikowsky, Dvořák und R. Strauss. 1904 erwarb Hugo Bock mit dem Verlag Lauterbach & Kuhn in Leipzig zugleich das gesamte Werk Max Regers ab Opus 66. Er war Mitgründer der GEMA. Dem Verlag, der seit 1938 als Kommanditgesellschaft geführt wird, ist eine Musikalienhandlung in Berlin angeschlossen. Eine Filiale besteht in Wiesbaden. Er bemüht sich besonders um die Herausgabe zeitgenössischer Musik (u. a. B. Blacher, G. von Einem, G. Klebe). R. Strauss setzte in den ersten beiden Liedern seines *Krämerspiegel* (1921, Texte von A. Kerr) den Inhabern ein satirisches Denkmal („Einst kam der Bock als Bote").

BOTTÉE DE TOULMON, Auguste, * 15. 5. 1797 Paris, † 22. 3. 1850 ebd.; frz. Bibliothekar und Musikforscher. Seit dem Erscheinen der *Revue Musicale* (1827) beschäftigte er sich mit Musikliteratur. 1831 erbot er sich, ehrenamtlicher Bibliothekar des Pariser Conservatoire zu werden. Er baute den Bestand der Bibliothek aus und ließ u. a. 95 wertvolle Manuskripte der Königlichen Bibliothek München (heute Bayerische Staatsbibliothek) kopieren. Er schrieb u. a. *L'art musicale depuis l'ère chrétienne jusqu'à nos jours* (P 1836); *Notice des manuscrits autographes de... Cherubini* (P 1843, Nachdr. Lo 1967).

Lit.: A. J. H. VINCENT, Notice sur la vie et les travaux de B. de T. (P 1851); V. FÉDOROV, A propos de quelques lettres de Santini à B. de T., in: FS K. G. Fellerer (Rb 1962).

BOETTICHER, Wolfgang, * 19. 8. 1914 Bad Ems; dt. Musikwissenschaftler. Nach Ausbildung als Pianist studierte er seit 1933 Musikwissenschaft in Berlin bei A. Schering, C. Sachs und G. Schünemann, wurde 1939 mit einer Arbeit über Schumann promoviert und habilitierte sich 1949 mit *Studien zur solistischen Lautenpraxis des 16. und 17. Jahrhunderts*. Seit 1948 lehrt er an der Univ. Göttingen, seit 1956 als Prof., seit 1958 auch an der Technischen Univ. Clausthal. B. ist ein hervorragender Kenner von Leben und Werk R. Schumanns. Sein reiches Œuvre umfaßt auch wertvolle Arbeiten über die Lautenmusik und über O. di Lasso.

Schriften: *R. Schumann, Einführung in Persönlichkeit u. Werk* (B 1941); *R. Schumann in seinen Schriften u. Briefen* (B 1942); *Studien zur solistischen Lautenpraxis des 16. u. 17. Jh.* (Diss. B 1943); *O. di Lasso u. seine Zeit, Repertoire-Untersuchungen...* 2 Bde. (Kas – Bas 1959, 1969); *Von Palestrina zu Bach* (St 1961); *Aus O. di Lassos Wirkungskreis, neue archivalische Studien...* (Kas – Bas 1959); *Neue Forschungsergebnisse im Gebiet der musikal. Renaissance* (Göttingen 1964); *Zur Zitatpraxis in R. Schumanns frühen Klavierwerken*, in: Speculum musicae artis, FS H. Husmann (Mn 1970); *Die Dresdener Familien-Kassette R. Schumanns* (1974); *R. Schumanns Klavierwerke. Neue biographische u. textkritische Unters.* (Wilhelmshaven 1976) (= Quellenkataloge z. Musikgesch. 9); *Cornelius u. R. Schumann*, in: P. Cornelius als Komponist, Dichter, Kritiker u. Essayist (Rb 1977) (= Stud. z. Musikgesch. des 19. Jh. 48).

BOTTRIGARI (Bottrigaro), **Ercole,** getauft 24. 8. 1531 Bologna, † 30. 9. 1612 San Alberto bei Bologna; it. Musikschriftsteller. In jungen Jahren komponierte er einige Madrigale, gab das Komponieren aber bald wieder auf. Von umfassender klassischer und wissenschaftlicher Bildung, galten seine Interessen der Dichtung, Astronomie, Mathematik und der Musiktheorie. 1575–86 hielt er sich in Ferrara am Hof Alfonsos II. d'Este auf, wo er freundschaftliche Beziehungen zu zahlreichen Humanisten, auch Musikern, unterhielt. Danach lebte er wieder in Bologna, wo er auch an der Univ. lehrte. B. hat neben Arbeiten über poetische, astronomische u. a. Fragen eine Reihe von musiktheoretischen Werken geschrieben – in einem manchmal schwer verständlichen Stil –, die stark die musikalische Praxis seiner Zeit reflektieren. So behandelt er in *Il Desiderio* die Stimmung der Instrumente vor allem unter aufführungspraktischem Aspekt. Gegenstand von *Il Melone* ist eine Kontroverse zwischen N. Vicentino und V. Lusitano über die antiken Tongeschlechter und ihre Wiederbelebung im 16. Jahrhundert. B. trat auch für die bevorzugte Verwendung eines akkordisch-homorhythmischen Stils in der Vokalmusik nach dem Vorbild C. de Rores ein.

WW (nur die musikal. Schriften): *Il Patricio overo de' Tetracordi armonici di Aristosseno* (Bol 1593); *Il Desiderio overo de'Concerti di varii strumenti musicali. Dialogo di Alemanno Benelli* (das Pseudonym ist ein Anagramm des Namens v. B.s Freund Melone) (V 1594), unter B.s eigenem Namen ([2]1599); *Il Melone Discorso Armonico...* (Ferrara 1602); andere Abh. sind hsl. in Bologna (Bibl. des Liceo Musicale) erhalten, darunter: *La Mascara* (1598); *Trimerone de' Fondamenti Armonici* (1599); eine Übers. v. *De Musica* des Boethius.

Ausg.: *Il Desiderio*, Faks.-Ausg. mit einer Einleitung v. K. MEYER (B 1924); dass. in engl. Übers., hrsg. v. C. MAC CLINTOCK, in: MSD 9 (R 1962); *Il Patricio*, Faks. der Ausg. v. Bologna 1593 (Bol 1969) (= Biblioteca musica Bononiensis 2/27).

Lit.: R. GIAZOTTO, „Il Patricio" di H. B. dimostrato praticamente da un anonimo Cinquecentista, in: Collectanea Historiae Musicae 1 (1953); U. SESINI, Studi sull'umanesimo musicale: E. Bottrigari (Bol 1966).

ANDREA CHÉNIER: Eva Martón und José Carreras 1983 in einer Inszenierung der Wiener Staatsoper (Foto: Österreichischer Bundestheaterverband / Axel Zeininger).

AIDA: Bühnenbild von Günther Schneider-Siemssen 1973 an der Wiener Staatsoper (Foto: Fayer, Wien).

LA BOHÈME: Mirella Freni und Plácido Domingo an der Wiener Staatsoper (Foto: Österreichischer Bundestheaterverband / Axel Zeininger).

BOUCHE FERMÉE (frz.), ↗Summstimmen.

BOULANGER, 1) Nadia Julietta, * 16. 9. 1887 Paris, † 22. 10. 1979 ebd.; frz. Komponistin, Dirigentin und Musikpädagogin. Sie studierte am Pariser Conservatoire u. a. Komposition bei Fauré und erhielt 1908 für ihre Kantate *La Sirène* den 2. Prix de Rome. Bedeutung erlangte N. B. weniger durch ihr kompositorisches Schaffen als durch ihre pädagogische Tätigkeit. Zwischen beiden Weltkriegen hatte sie vor allem großen Einfluß auf die heranwachsende amerikanische Komponistengeneration, die bei ihr das kompositorische Rüstzeug für eine antiromantische, dem Vitalismus des mittleren Strawinski verpflichtete „American Music" erwarb. (Ihr bedeutendster Schüler war A. Copland.) Sie unterrichtete u. a. am Conservatoire Américain von Fontainebleau (1921), dessen Leitung sie 1950 übernahm, nachdem sie in der Zwischenzeit in den USA, u. a. an der Juilliard School in New York, gelehrt hatte. Ihr besonderes Anliegen war es, die Erinnerung an ihre in jungen Jahren verstorbene Schwester Lili wachzuhalten. – **2) Lili Juliette,** Schwester von 1), * 21. 8. 1893 Paris, † 13. 3. 1918 Mézy (Yvelines); frz. Komponistin. Sie war Schülerin Faurés, Chaussades sowie ihrer Schwester Nadia und erhielt 1913 als erste Frau den Premier Prix de Rome des Pariser Conservatoire für ihre Kantate *Faust et Hélène.* Trotz frühzeitiger schwerer Erkrankung schuf sie eine Reihe von Werken, die von ihrer stilistischen Individualität zeugen.

WW: Psalm 24, 129 u. 130 für Chor u. Orch.; *Vieille Prière bouddhique;* Symphonische Dichtung *Un soir triste; D'un matin de printemps* für Fl. u. Klv.; *Renouveau* für Vokalquartett; *Pie Jesu* für Gesang, Streichquartett, Harfe u. Org.; Liederzyklus *Les Clairières du ciel* (13 Gedichte v. Fr. Jammes); die Oper *La Princesse Maleine* nach dem gleichnamigen Drama von M. Maeterlinck blieb unvollendet.

Lit.: C. MAUCLAIR, La vie et l'œuvre de L. B., in: RM (1921); P. LANDORMY, L. B., in: MQ 16 (1930); H. E. REESER, L. B., in: De Muziek 7 (1933); M. PINCHARD, L. B., in: Musica (Disques) (1961) H. 87; E. LEBEAU, L. B. (P 1968) (Ausstellungskatalog der Bibl. Nat.)

BOULEZ, Pierre, * 26. 3. 1925 Montbrison; frz. Komponist und Dirigent. Er studierte zunächst Mathematik, ehe er sich am Pariser Conservatoire seiner musikalischen Ausbildung widmete (Komposition bei O. Messiaen und R. Leibowitz). 1946–56 war er Kapellmeister der Theatertruppe Madeleine Renaud – Jean-Louis Barrault. Als Komponist fand B. erstmals 1951 internationale Beachtung, als seine *Polyphonie X* bei den Donaueschinger Musiktagen aufgeführt wurde. 1952 besuchte er zum ersten Mal die Darmstädter Ferienkurse für Neue Musik, an denen er zwischen 1955 und 1967 mehrmals Kompositionskurse leitete. 1953 gründete er mit Unterstützung von Madeleine Renaud und Jean-Louis Barrault die Konzertreihe „Domaine musical", in der er dem Pariser Publikum die Musik der Wiener Schule und der zeitgenössischen Avantgarde vorstellte; Organisation und Leitung übernahm 1967 sein Schüler Gilbert Amy. 1958 verlegte B. seinen Wohnsitz nach Baden-Baden, wo er als Gastdirigent des Südwestfunk-Orchesters seine Karriere als Orchesterleiter begann. An der Musikakademie Basel leitete er 1960–63 eine Meisterklasse für Komposition, war danach Gastprofessor für Komposition an der Harvard University (Mass.). Meilensteine seiner Dirigentenkarriere waren 1963 die Pariser Erstaufführung von Bergs *Wozzeck* und 1967 die Leitung des *Parsifal* in Bayreuth. Nach vorübergehender Tätigkeit als Gastdirigent des Cleveland Orchestra wurde er 1971 Chefdirigent des BBC Symphony Orchestra und 1972, als Nachfolger L. Bernsteins, des New York Philharmonic Orchestra. Von beiden Positionen trat er zurück, um 1977 die Leitung des Zentrums für Musikforschung (IRCAM = Institut de Recherche et Coordination Acoustique/Musique) am Centre Beaubourg in Paris zu übernehmen. Er gründete dort die Konzertreihe „Passage du XXe siècle", deren Veranstaltungen z. T. von dem neuen Ensemble „Inter Contemporain" getragen werden. Als erster Musiker hält er Vorlesungen am Collège de France (Lehrstuhl für technische Neuerungen und musikalischen Ausdruck). Er ist auch Präsident des Musikrates der UNESCO. – B. erstrebt in seinen Kompositionen nach eigenen Worten eine Synthese von Webern und Debussy, indem er die logische Materialorganisation des einen mit der von allen traditionellen Formtypen befreiten Formkonzeption des anderen zu verbinden sucht. Einflüsse der ↗Wiener Schule zeigen sich bereits in frühen Werken, so in der Sonatine von 1946, deren Formgestaltung Schönbergs Kammersymphonie verpflichtet ist, und in der Kantate *Le Visage nuptial* (1946–47), die durch ihre weiträumigen Intervalle bereits an Webern erinnert. Die Idee der seriellen Organisation aller ↗Parameter verwirklichte B., angeregt durch Messiaens Klavierstück *Modes de valeurs et d'intensités* (1949), in seinen *Structures I* für zwei Klaviere von 1951–52. In diesem Werk benutzte er neben der Tonhöhenreihe eine zwölfteilige Reihe von Tondauern und von dynamischen Graden (von ffff bis pppp) sowie eine zehnteilige Reihe von Anschlagsarten (staccato, legato usw.). In dieser für die punktuelle Phase der ↗seriellen Musik typischen Komposition ist der einzelne Ton Ergebnis der verschiedenen Reihen, in deren „Schnittpunkt" er steht; an die Stelle von Themen oder Motiven treten einzelne Klangereignisse von je spezifischer Struktur, anstelle der Harmonik gliedert die wechselnde Dichte der klanglichen Ereignisse die Komposition. Nach *Le Marteau sans maître* (1955), einem Vokalwerk, in dem B. statt „Vertonung" ein neues, strukturelles Verhältnis von Musik und Sprache erprobte, wandte er sich in seiner dritten Klaviersonate (1956/57) unter dem Einfluß von John Cage den kompositorischen Problemen des „gelenkten Zufalls" zu. Das Werk besteht aus fünf Sätzen, die vom Interpreten in beliebiger Reihenfolge angeordnet werden können mit Ausnahme des dritten, der immer in der Mitte stehen soll; zusätzliche Anweisungen legen, je nachdem mit welchem Teil der Interpret beginnt, die Anordnung der übrigen Teile nahe (↗Aleatorik). Die fünfteilige Form – ohne Variabilität der Anordnung – liegt auch einem weiteren Hauptwerk zugrunde, *Pli selon pli* (1957–62) nach St. Mallarmé (dessen Ästhetik starken Einfluß auf B. hatte). Dieses große Orchesterwerk mit Gesang verbindet Formideen der dritten Klaviersonate mit der neuen Sprachbehandlung in *Le Marteau sans maître*.

WW: **1) Schriften:** *Musikdenken heute 1* (dt. Mz 1963, ²1968); *Werkstatt-Texte* (dt. F 1971); *Anhaltspunkte* (dt. St – Z 1975); *Wille u. Zufall. Gespräche mit Célestine Deliège u. Hans Mayer* (dt. St 1977). – **2) Kompositionen:** Sonatine (1946) für Fl. u. Klv.; 1. Klv.-Sonate (1946); *Le Visage nuptial* (1946, revidiert für große Besetzung 1952) (nach R. Char) für Sopran, Alt u. Kammerorch.; 2. Klv.-Sonate (1948); Sonate für 2 Klv. (1948); *Le soleil des eaux* (1948, revidiert 1958, 1965) (nach R. Char) für Sopran, Tenor, Baß u. Orch.; *Livre pour quatuor* (1948–49), als *Livre pour cordes* (1968–69) für Streichorch.; Musique concrète *Étude I* u. *Étude II* (1951); *Polyphonie X* (1951) für 18 Soloinstr.; *Structure I* (1952) für 2 Klv.; *Le Marteau sans maître* (1953–55) für Alt u. 6 Instr.; 3. Klv.-Sonate (1956–57); *Pli selon pli – Portrait de Mallarmé* für Sopran u. Orch., mit den 5 Teilen *Don, Improvisation I, II, III* u. *Tombeau* (1957–62); *Poésie pour pouvoir* (1958) (nach H. Michaux) für Sprecher, 3 Orch. u. Tonband; *Figures, Doubles, Prismes* (1963–66) für Orch.; *Éclat/Multiples* (1965–71) für Orch.; *Domaines* (1968) für Klar. u. 21 Instr.; *Piece for Dr. K.* (1969) für Fl., Klar., Va., Vc. u. Klv.; *„Cummings ist der Dichter"* (1970) für 16 Solo-St. u. 23 Instr.; *Über das, über ein Verschwinden* (1970) (zum Tode Th. W. Adornos) für Chor; *Rituel – in memoriam Maderna* (1974) für Orch.; *Notations* (1978) für Orch.

Lit.: M. FAURE, P. B. et l'Ars nova du XXe siècle, in: Les Lettres nouvelles (1957), Dezember-H.; A. GOLÉA, Rencontres avec P. B. (P 1958); G. LIGETI, P. B., in: die reihe 4 (W 1958); DERS., Zur III. Klv.-Sonate v. B., in: ebd. 5 (W 1959); K. STOCKHAUSEN, Sprache u. Musik (Mz 1958) (= Darmstädter Beitr. zur Neuen Musik 1); H. R. ZELLER, Mallarmé u. das serielle Denken, in: die reihe 6 (W 1960); A. GOLÉA, Esthétique de la musique contemporaine (P 1961); M. BUTOR, Mallarmé selon B., in: Melos 28 (1961); K. BOEHMER, Zur Theorie der offenen Form in der Neuen Musik (Da 1967); M. KESTING, Mallarmé u. die Musik, in: Melos 35 (1968); J. HÄUSLER, Musik im 20. Jh. (Bremen 1969); TH. HIRSBRUNNER, Die surrealistische Komponente in P. B.s „Le Marteau sans Maître", in: NZfM 135 (1974); A. CROSS, Form and expression in B.s Don, in: MR 36 (1975); W. SCHREIBER, Autorität u. nachgiebig. P. B. – Portrait eines Vielseitigen, in: Musica 30 (1976); A. TRENKAMP, The concept of „Alea" in B.s Constellation-Miroir, in: ML 57 (1976); L. KOBLYAKOV, P. B.s „Le Marteau". Analysis of Pitch structure, in: Zschr. für Musiktheorie 8 (1977).

H. WEBER

BOULEVARD SOLITUDE, Lyrisches Drama in 7 Bildern von Hans Werner Henze (* 1926), Text von Grete Weil (1951) nach des Abbé Antoine François Prévost Erzählung *L'histoire du chevalier des Grieux et de Manon Lescaut* (1728). Ort und Zeit der Handlung: Paris, in der Gegenwart. UA: 17. 2. 1952 in Hannover.

Diese Modernisierung des Stoffes um Manon Lescaut rückt den liebenden Grieux in den Mittelpunkt. Die realen Vorgänge um die leichtfertige, unselbständige Manon, ihren kupplerischen Bruder und die dümmlichen Liebhaber werden durch die Musik transparent gemacht; wo musikalische Mittel zur Verdeutlichung nicht ausreichen (Schilderung der Wirkung des Rauschgifts), wird die Handlung pantomimisch dargestellt. Mit seiner Orchesterbesetzung (Vibraphon, Mandoline, viel Schlagwerk) erzielt der Komponist ungewohnte Klangfarben, die er zur Charakterisierung der Personen einsetzt. Die formale Gliederung erscheint in einzelnen Nummern, die neben bekannten Bezeichnungen auch unübliche Überschriften wie *Colportage* oder *Concerto* tragen. In der großartigen abschließenden Tanzszene *Revue* wird Armands Resignation, unbeeindruckt von dem gleichzeitigen Jubelgesang der spielenden Kinder, eindrucksvoll verdeutlicht.

K. LANGROCK

BOULNOIS, 1) Joseph, * 28. 1. 1884 Verneuil (Oise), † 20. 10. 1918 Chalaine (Meuse); frz. Organist und Komponist. Er studierte am Conservatoire in Paris und errang 1905 den 1. Preis für Orgel in der Klasse von Guilmant. Seine Kompositionen sind zumeist unveröffentlicht.

WW: Sonate für Klv. (unveröff.); *3 Pièces* für Klv., v. M. Boulnois für Org. umgeschrieben (unveröff.); Sonate (1917) für Vc. u. Klv.; Trio (1914–18), für V., Vc. u. Klv. (P o.J.); Lieder.

2) Michel, Sohn von 1), * 31. 10. 1907 Paris; frz. Organist und Komponist. Er studierte Orgel am Conservatoire in Paris (bei M. Dupré) und wurde Organist an St-Philippe-du-Roule in Paris.

WW: für Org.: Symphonie (1944) (P 1949); *Trois Pièces pour la fête du St-Sacrement* (1952) (P 1953); *Messe pour la fête de l'Annonciation* (1959–63), in: Orgue et Liturgie Nr. 48, 52, 57, 62.

BOULT, Sir **Adrian Cedric,** * 8. 4. 1889 Chester, † 23. 2. 1983 Farnham; engl. Dirigent. B. studierte am Christ Church College der Universität Oxford (und wurde zum Dr. mus. promoviert), 1912–13 in Leipzig bei A. Nikisch. Seine Dirigentenlaufbahn, die durch den 1. Weltkrieg unterbrochen wurde, begann er in Liverpool. 1919–30 lehrte er Dirigieren am Royal College of Music in London, war 1924–30 zugleich Musikdirektor des Birmingham City Orchestra, 1930–42 Musikdirektor der BBC, 1930–50 Chefdirigent des BBC Symphony Orchestra. 1950 übernahm B. als Nachfolger Beechams die Leitung des London Philharmonic Orchestra, 1957 erneut die des Birmingham Symphony Orchestra (bis 1960). Seit 1962 lehrte er auch wieder am Royal College of Music. 1937 war ihm der persönliche Adel verliehen worden. – Er schrieb u.a.: *A Handbook on the Technic of Conducting* (1921, revidierte NA Lo 1968), *Thoughts on Conducting* (Lo 1963, dt.: Zur Kunst des Dirigierens, Mn 1965), sowie zahlreiche Aufsätze.

BOUNCE (engl.), ↗Swing.

BOUR, Ernest, * 20. 4. 1913 Thionville (Moselle); frz. Dirigent. B. stammt aus einer Musikerfamilie, erhielt im Elternhaus seine erste Ausbildung, studierte 1930–33 an der Universität Straßburg klassische Sprachen, am Konservatorium u. a. Dirigieren bei F. Münch und besuchte anschließend Dirigierkurse bei H. Scherchen. 1934 gründete er in Straßburg eine Vereinigung zur Pflege neuer Kammermusik, dirigierte 1935–39 das Orchester von Radio Straßburg, lehrte danach Klavier am Konservatorium und leitete 1941–47 das Städtische Orchester. Ende der 40er Jahre begann seine internationale Karriere, u. a. in Zusammenarbeit mit dem Orchestre National Paris und mit den Orchestern der meisten deutschen Rundfunkanstalten, vor allem des Südwestfunks Baden-Baden. 1955–60 war er Mitdirektor der Straßburger Oper. 1964 wurde B. als Nachfolger Hans Rosbauds Chefdirigent des Sinfonie-Orchesters des Südwestfunks. Er hat sich seit den 30er Jahren mit großem Engagement für die moderne Musik, auch für die experimentelle Avantgarde, eingesetzt. Viele Bühnenwerke des 20. Jh. hat er in Straßburg zur französischen Erstaufführung gebracht, u. a. Hindemiths *Mathis der Maler,* Strawinskis *The Rake's Progress* und Bartóks *Herzog Blaubarts Burg*.

BOURDEAUX, Lucien, * 12. 9. 1929 Reims; frz. Komponist. Er studierte in Reims und am Conservatoire Paris u. a. bei G. Dandelot, Ch. Koechlin, J. Rivier und D. Milhaud. Seine Werke sind teilweise tonal, teilweise bitonal oder atonal (ohne Verwendung serieller Techniken). Die intensive Beschäftigung mit dem Werk Bartóks seit 1957 beeinflußt seine Kompositionen.

WW: *Canciones* (1954) (Text v. F. Garcia Lorca), für Contralto u. Bläserquintett; Symphonie (1955–56); *Quatuor pour saxophones* (1960); *J'étais, je fus, mais je ne suis* (nach F. Garcia Lorca), für Fl., Ob., Klar., Fag., Horn, Trp., Schlaginstr., Harfe u. Kontrabaß; *Symphonie „Le Chêne et le roseau"* (1965); Streichquartett (1966).

BOURDELOT (eig. Michon), **Pierre,** * 2. 2. 1610 Paris, † 9. 2. 1685 ebd.; frz. Arzt und Musikforscher. Er war 1642–43 einer der Leibärzte Ludwigs XIII. Als Musikliebhaber sammelte er umfangreiches Material für eine Musikgeschichte, an der er mit seinem Neffen **Pierre Bonnet** (1638–1708) arbeitete. Dieser erbte die Bibliothek und das Material seines Onkels mit der Auflage, das geplante Werk zu veröffentlichen, starb jedoch vor dessen Fertigstellung. Erst sein Bruder **Jacques Bonnet** (1644–1724), Schatzmeister des Parlaments, konnte es vollenden und veröffentlichte es unter dem Titel *Histoire de la musique et de ses effets depuis son origine jusqu'à présent... par M. Bourdelot* (P 1715, A ²1725). Es gehört nach den Schriften von Raguenet (1702/05) und Lecerf de la Viéville (1704 ff.) zu den frühesten neuzeitlichen Abhandlungen zur Musikgeschichte überhaupt. Es behandelt ausführlich den Ursprung der Musik und die Musik der Antike und nimmt u. a. in der seinerzeit in Frankreich vieldiskutierten Frage nach dem Vorrang der italienischen oder französischen Musik für die letztere Stellung.

Ausg.: Faks.-Ausg. nach der Ausg. Amsterdam 1725 und zusammen mit J.-L. Lecerf de la Viéville, *Comparaison de la musique it. et de la musique frç.,* hrsg. v. O. WESSELY (G 1966).

Lit.: D. VISCHER, Der musikgeschichtliche Traktat des P.B. (Be 1947).

BOURDON (frz.), ↗Bordun, ↗Fauxbourdon.

BOURGAULT-DUCOUDRAY, Louis-Albert, * 2. 2. 1840 Nantes, † 4. 7. 1910 Vernouillet (Yvelines); frz. Komponist und Musikforscher. Er studierte in Paris Jura, gleichzeitig am Conservatoire bei A. Thomas und erhielt 1862 den Prix de Rome. 1878–1908 lehrte er am Conservatoire Musikgeschichte. Besonders hervorzuheben sind seine wertvollen Sammlungen griechischer, schottischer, irischer, bretonischer und keltischer Volkslieder; sie förderten u. a. ein neues Interesse an altgriechischen Skalen und belegten den modalen Reichtum des altfranzösischen Volksliedes.

WW: **1) Kompositionen:** Quintett über gallische Themen, für Fl. u. Str.; für Orch.: *Carnaval d'Athènes* (P 1881); *Rapsodie cambodgienne* (P 1890); *Chant laotien* (P 1913); Chor-WW, ein *Stabat Mater* (P 1874); Kantaten: *La Conjuration des fleurs*

(P 1886); *Jean de Paris* (P 1894); *Hymne à la Patrie* (P 1881); Opern: *Michel Columb* (1887); *Thamara* (1890), UA: Paris 1891 (P o.J.); *Myrdhin* (1905), UA: Nantes 1912 (P 1919); 30 *Mélodies populaires de Grèce et d'Orient* (1877); 30 *Mélodies populaires de Basse-Bretagne* (1885); 14 *Mélodies celtiques* (P 1909). – **2) Schriften:** *Souvenir d'une mission musicale en Grèce et en Orient* (P 1871); *Schubert* (P 1908).

Lit.: M. EMMANUEL, Éloge funèbre de L.-A. B.-D., in: Le Monde Mus. 23/12 (1911) Juni-H.; M. POTÉ, in: Bull. de la Société archéologique et historique de Nantes 104 (1965).

BOURGEOIS, Loys, * um 1510 Paris, † um 1561 ebd.; frz. Sänger und Komponist. In Genf, wo er Kantor an St-Pierre war, ist er seit 1545 nachweisbar. Ende 1552 verließ er die Stadt, um in Lyon den Druck seiner neuen Psalmen-Kompositionen zu überwachen. 1560 ist er wieder in Paris nachweisbar. Die wichtigsten seiner bekannt gewordenen Werke entstanden in Genf, wo er mit der Liturgie Calvins unmittelbar in Berührung kam. B. hatte bedeutenden Anteil an der endgültigen Gestaltung der Melodien des ↗Hugenotten-Psalters.

WW: **1) Kompositionen:** *Le premier livre des pseaulmes de David* (24 Psalmen für 4 St. vokal, aber auch „convenable aux instruments") (Lyon 1547); *Pseaulmes cinquante de David... traduictz en vers françois par Cl. Marot* für 4 St. (ebd. 1547); *Pseaulmes LXXXIII de David* für 4 St. (ebd. 1554) (nur Baß-St. erhalten); 3 Chansons in RISM 1539[20], ein weiteres in 1560[3a]. – **2) Theoretisches Werk:** *Le droict chemin de musique... avec la manière de chanter les Pseaumes* (Ge 1550).

Ausg.: 37 Psalmen aus *Pseaulmes cinquante*, hrsg. v. K. PH. BERNET KEMPERS (Delft 1937); *Le premier livre des pseaulmes*, hrsg. v. P. A. GAILLARD (Bas 1960) (= SMD 3); *Le droict chemin de musique*, Faks.-Ausg. v. DEMS. (Kas 1954).

Lit.: P. A. GAILLARD, L. B. (Lausanne 1948); P. PIDOUX, Le Psautier huguenot du XVIe siècle, 2 Bde. (Bas 1962); DERS., Polyphonic Settings of the Genevan Psalter, in: Cantors at the Crossroads, FS W. E. Buszin (St. Louis 1967); M. HONEGGER, Les Chansons spirituelles de D. Lupi Second et les débuts de la musique protestante en France (Lille 1971).

BOURGEOIS, Thomas Louis Joseph, * 24. 10. 1676 Fontaine-l'Évêque (Hainaut), † Januar 1750 Paris; frz. Komponist. Er wurde 1702 Kapellmeister am Straßburger Münster. Unstimmigkeiten mit Sängern und mangelnde Erfahrung auf dem Gebiet des einstimmigen Chorals veranlaßten ihn 1705, seinen Abschied zu nehmen. Unmittelbar vor oder nach seinem Straßburger Aufenthalt muß er für kurze Zeit Kapellmeister an der Kathedrale in Toul gewesen sein. 1708–11 war er Sänger an der Pariser Oper, danach Musiklehrer. Zwischen 1715 und 1721 wirkte er als Oberintendant der Musik bei Herzog Louis-Henri de Condé. Nach einem kurzen Aufenthalt in Den Haag wurde er als Sänger in Dijon angestellt, wo er wenig erfolgreich war. Unter ärmlichen Verhältnissen verbrachte er seine letzten Jahre in Paris.

WW: *Pièces en trio* (P 1701); 2 Bücher *Cantates françoises* für 1–2 St. u. B.c. (P 1709 u. 1715); *Cantates françoises anacréontiques ou musique de chambre avec symphonie de violons, flûte allemande et viole* (P 1740); 4 einzelne *Cantates* bzw. *Cantatilles* für 1 St. mit Instr. (P 1744); *Les Amours déguisés*, Ballett, UA: Paris 1713 (P 1713); *Les Plaisirs de la paix*, Ballett, UA: ebd. 1715 (P 1715); hsl. erhalten (Paris, Bibl. Nat.) ist eine Motette *Beatus vir* für Chor u. Instr.

Lit.: *2e Supplément au Parnasse Français* (1755); CL. LYON, Th. L. B. (1882); A. GOEHLINGER, La musique à la cathédrale de Strasbourg (Str 1920).

BOURGEOIS GENTILHOMME, Ballettkomödie von J. B. Lully; dt. Titel: Der ↗Bürger als Edelmann.

BOURGOING, François, * 1589 Bourges, † um 1660 Picups; frz. Geistlicher. Er war seit 1616 Mitglied der Congrégation de l'Oratoire, wurde aber 1640 ausgeschlossen. Für die Mitglieder seiner Kongregation schrieb er zwei Choraltraktate: *Brevis psalmodiae ratio* (P 1634, NA 1753) und *Le David françois ou Traité de la saincte psalmodie* (P 1641).

BOURNONVILLE, Auguste Antoine, * 21. 1. 1805 Kopenhagen, † 30. 11. 1879 ebd.; dänischer Tänzer, Choreograph und Ballettmeister. Sohn des französischen Choreographen und Noverre-Schülers **Antoine B.** (1760–1843), der in Kopenhagen wirkte. Nach seiner Ausbildung am Königlich Dänischen Ballett in Kopenhagen wurde B. Tänzer am Königlichen Theater, studierte anschließend bei A. Vestris in Paris und war seit 1826 Primoballerino an der Opéra. Nach seiner Rückkehr wirkte er 1829–77, mit Unterbrechungen durch Aufenthalte in Wien (1855–56) und Stockholm (1861–64), in Kopenhagen als Choreograph und Ballettmeister. B. gilt als der Klassiker des dänischen Balletts, das er auf ein hohes künstlerisches Niveau hob. Er verfaßte 36 Ballette und regte zahlreiche dänische Komponisten zu Ballettkompositionen an. Zahlreiche seiner Ballette, von denen *La Sylphide* (1836) und *Napoli* (1842) zu den berühmtesten gehören, sind bis heute im Repertoire, ja in den 50er Jahren des 20. Jh. kam es geradezu zu einer B.-Renaissance. B. schrieb die Autobiographie *Mit theaterliv* (3 Bde., Kop 1848–78).

Lit.: E. BRUHN – L. MOORE, B. and Ballet Technique (Lo 1961); The Royal Danish Ballet, 1760–1958, and A. B. (Kop 1961).

BOURNONVILLE, 1) Jean de, † Mai 1632 Paris; frz. Komponist. 1613 war er Kapellmeister an der Kollegiatkirche in Saint-Quentin, später, bis 1631, an der Kathedrale von Amiens. Am 3. Januar 1632, wenige Monate vor seinem Tod, wurde er an die Sainte-Chapelle in Paris berufen. B.s Werke sind –

wie alle Kirchenkompositionen seiner Zeit in Frankreich – ausschließlich im a cappella-Stil geschrieben, den er freilich in den einzelnen Gattungen sehr modifiziert verwendet: als strengen Kontrapunkt in seinem *Requiem,* nach Art der französischen Chanson in den Parodiemessen *Dessus le marché d'Arras* und *La guerre française* (nach der *Bataille de Marignan* von Janequin), in akkordischem Satz, rhythmisch „mesuré à l'antique" (↗Musique mesuré à l'antique) in den Hymnen und Cantica.

WW: *Octo cantica Virginis matris qua vulgo Magnificat dicuntur cum Hymnis... quibus additae sunt... Vesperae* für 4–5 St. (P 1612); Missa *Ave maris stella* für 4 St. (P 1618); *Missae tredecim* (mit 1 Requiem) für 4–6 St. (Douai 1619); *Cinquante quatrains du sieur de Pybrac* für 2, 3 u. 4 St. (P 1622).

Ausg.: *Messe ad libitum,* hrsg. v. R. M. REBOUD (P 1953).

2) Valentin, Sohn von 1) und (nach einer kurzen Tätigkeit von A. Auxcousteaux) sein Nachfolger als Leiter der Maîtrise von Amiens, war anschließend seit 1646 an Notre-Dame in Paris, 1653–62 in Chartres tätig. Von ihm stammende, aber nicht näher bezeichnete geistliche Kompositionen wurden 1657 von der Maîtrise in Rouen gekauft.

WW: *Motets à 1 et 2 voix* mit u. ohne Instr. u. mit B.c. (P 1711).

Lit.: G. DURAND, Les orgues de la cathédrale d'Amiens (1903); M. BRENET, Les Musiciens de la Ste-Chapelle (P 1910).

BOURRÉE, altfrz. Tanz unbekannter Herkunft. Die etymologische Herleitung des Namens ist noch ungeklärt. Verschiedentlich wird die Auffassung vertreten, daß die B. von den Bulgaren (frz. = Boulgres oder Bulgares) in Frankreich eingeführt wurde. B. bedeutet im Französischen auch „Reisigbündel", wodurch sich jedoch kein Zusammenhang mit dem Tanz herstellen läßt. Dagegen könnte das Verbum „bourrer" = schlagen zur Namensgebung dieses rhythmisch stark betonten Tanzes beigetragen haben. – Die B. soll 1555 durch Margarete von Valois am französischen Hof eingeführt worden sein. Der Tanz wurde schnell beliebt. Er fand auch Eingang in die Instrumentalsuite (vgl. M. Praetorius, *Syntagma musicum,* 1615; Kasseler Hs. 1640–70; H. Purcell, *Pièces de clavecin* op. 2, 1696), ins Ballett (Lully, *Les Noces de village,* 1663; *Les Amours déguisés,* 1664) und in die Oper (Lully, *Phaéton,* 1683). Gegen Ende des 17. Jh. und im 18. Jh. nahm die B. einen wichtigen Platz in der Suite ein, wo sie in der Regel zwischen Sarabande und Gigue steht. Seit 1750 verschwand die B., wurde jedoch im späten 19. Jh. noch einmal aufgegriffen (E. Chabrier, *Bourrée fantasque,* 1891; A. Roussel, *Suite* für Klv., op. 14, 1909–10). – Auf dem Lande wurde die B. mit der Begleitung von Bauerninstrumenten wie der Cabreta, einem kleinen Dudelsack, getanzt. M. Brenet erwähnt eine *B. Montagnarde,* die von den Bergbauern getanzt wurde, wobei die Männer kleine Stäbe an den Armen und Glöckchen an den Fußgelenken trugen. Die B. wird als Paartanz ausgeführt: Die Frau flieht vor dem Verehrer, der aus Zorn darüber mit dem Fuß aufstampft; der Schluß des Tanzes bringt die Versöhnung. – Die B. steht, regional verschieden, im Zweier- oder im Dreiertakt. Nach J. J. Rousseau (*Dictionnaire,* 1768) ist sie „ein munterer geradtaktiger Tanz, der mit einer Viertelnote Auftakt beginnt. Sie ist wie die meisten Tänze zweiteilig, jeder Teil enthält vier Takte oder deren Vielfaches. Wie bei der Air wird die zweite Hälfte des ersten Taktteils oft mit der ersten Hälfte des zweiten Taktteils durch eine synkopierte halbe Note verbunden." Diese B. „alla breve" wurde im Berry, im Bourbonischen, im Languedoc und in der Basse Auvergne getanzt. Die dreitaktige, leichtere und schnellere B. ist im 3/4- oder 3/8-Takt notiert und wurde vor allem in der Auvergne und im Limousin getanzt. In der Oper und in der klassischen Suite ist die B. geradtaktig und ähnelt der Gavotte, hat jedoch nur 1 Viertel Auftakt:

J. B. Lully, Bourrée aus *Les noces de village* (1663)

Gelegentlich folgt ihr ein Double (J. S. Bach, 1. *Partita* für Solo-Violine in h-moll) oder, als Trio, eine zweite B.:

J. S. Bach, Bourrée II aus der *2. Englischen Suite*

Seltener kommt eine fugierte B. vor:

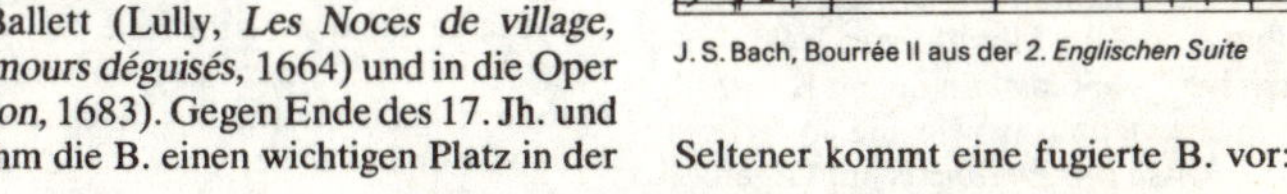

J. S. Bach, Bourrée aus der *1. Englischen Suite*

Lit.: La b. limousine de Brive-la-Gaillarde, Conférence nationale des groupes folkloriques français (Limoges o.J.); M. VERSEPUY, La b. d'Auvergne, in: Bull. de la SIM (P 1910); La danse populaire. B. d'Auvergne, in: Musica (1912) Mai/Juni-H.; C. SACHS, Eine Weltgesch. des Tanzes (B 1933); J. CANTELOUBE, La danse d'Auvergne, in: Auvergne littéraire et artistique (1936); P. NETTL, The Story of Dance Music (NY 1947); P. R. FOURNIER, Deux noms de danses auvergnates, in: Le Français moderne 16/3 (1948); M. JUILLARD, La b. était-elle dansée en Auvergne au XIIe siècle? (Clermont 1954); G. REICHERT, Der Tanz (Kö 1965); L. HORST, Pre-Classic Dance Forms (NY 1968).

M. C. BELTRANDO-PATIER

BOUSQUET, Francis, * 9.9.1890 Marseille, † 22.12.1942 Roubaix; frz. Komponist. Er erhielt den Prix de Rome, wurde 1925 Leiter des Kons. in Roubaix. B. schrieb u.a. die Opéra-comique *Mon Oncle Benjamin* (1932), Chöre und die symphonische Suite *Soirs d'Afrique*.

BOUSSET, 1) Jean-Baptiste Drouart (Drouas) **de,** * 1662 Asnières bei Dijon, † 3.10.1725 Paris; frz. Komponist. Schüler von J. Farjonel, Kanoniker der Sainte-Chapelle in Dijon und Maître de musique. 1696 wurde B. in Paris Maître de musique und Kapellmeister der Chapelle Royale des Louvre.

WW: *1er Recueil d'airs sérieux et à boire*, 20 Bücher, jeweils im Abstand von 3 Monaten erschienen (P 1690–95); *2nd Recueil d'airs sérieux et à boire*, 20 Bücher (P 1695–1700); *Recueil d'airs nouveaux sérieux et à boire*, 21 Bücher (P 1702–25), alle drei Reihen in mehreren Aufl. unter teilweise verschiedenen Titeln; *Cantates françoises* (P o.J.).

2) René, Sohn von 1), * 15.2.1703 Paris, † 19.5.1760 ebd.; frz. Organist und Komponist. Schüler von Calvière und Bernier und 1755 Organist an Notre-Dame, seit 1756 an Saint-Merry.

WW: 2 Slgen. mit *Airs nouveaux sérieux et à boire* (P 1731); 2 Slgen. mit *Cantates spirituelles* (P 1735, 1740); 8 *Odes de Rousseau tirées de Psaumes* (P 1740–44); 6 3st. *Concertos* für Viellen u. Musetten (oder andere Instr.) (P 1736).

BOUTEILLER, 1) Pierre, genannt „der Ältere", * um 1640, † im 1. Viertel des 18. Jh.; frz. Komponist. Er war Kapellmeister an den Kathedralen zu Troyes und Châlons-sur-Marne. In der Pariser Bibliothèque Nationale (Sammlung Brossard) befinden sich von ihm eine Solo-Motette von 1693, ferner 13 Motetten für 1–4 Solostimmen mit B.c., z.T. mit obligaten Instrumenten, sowie die in Troyes entstandene 5st. *Missa pro Defunctis* mit Orgelbegleitung.

Ausg.: *O Salutaris* u. *Tantum ergo* für Solost. (P 1859).

2) Louis, genannt „der Jüngere", Bruder von 1), * um 1645 Moncé-en-Belin (Sarthe), † 7.2.1725. Er wirkte 60 Jahre lang als Kapellmeister an der Kathedrale zu Le Mans. Seine 5st. Motette *Ad te Domine clamabo* mit 4 Instrumenten und B.c. befindet sich hsl. in der Bibliothèque Nationale in Paris. Einige seiner Airs sind in der Sammlung *Airs sérieux et à boire* von Ballard (1705) enthalten.

BOUVARD, François (Comte de St-Jean de Latran), * 1684 (aus Lyon stammend), † 2.3.1760 Paris; frz. Komponist. Er war zunächst Diskantist an der Oper, widmete sich danach ausschließlich der Komposition und ging zum Studium nach Rom. 1702 wurde sein erstes Werk, die Tragédie lyrique *Médus*, an der Académie Royale de Musique aufgeführt, 1706 seine zweite Oper, *Cassandra*. 1723 veröffentlichte B. einen Band Violinsonaten mit B.c. Sein sonstiges Schaffen umfaßt *Premier livre de Sonates à violon seul et la b.c.*, 8 *Recueils d'airs sérieux et à boire* (P 1730–50), 8 Solokantaten und fast 60 Einzelgesänge (Airs, Ariettes, Chansonettes u.a.), die im *Mercure de France* 1732–56 erschienen. Als „Chevalier romain" und Comte de St. Jean de Latran wurde B. „par charité" auf dem Friedhof der Gemeinde zu St-André-des-Arcs beigesetzt.

Ausg.: Sonate Nr. 8, in: Collection Debroux (P o.J.).

Lit.: L. DE LA LAURENCIE, L'école française de violon I (P 1922), III (1924).

BOUVET, Charles, * 3.1.1858 Paris, † 24.5.1935 ebd.; frz. Violinist und Musikwissenschaftler. Er studierte am Conservatoire in Paris, gründete 1903 die „Fondation J.S. Bach" zur Pflege und Wiederbelebung alter Musik, die er bis 1911 leitete, und war 1920–27 Generalsekretär der Société française de Musicologie. Er folgte H. Quittard als Leiter des Archivs, der Bibliothek und des Museums der Pariser Opéra. B. schrieb u.a.: *Une dynastie de musiciens français. Les Couperins* (P 1919); *Massenet* (P 1929); *Spontini* (P 1930); *Nouveaux documents sur les Couperin* (P 1933); er schrieb ferner Artikel in mehreren Musikzeitschriften und gab musikalische Werke des 17./18. Jh. heraus.

BOUZIGNAC, Guillaume, * Ende des 16. Jh. im Languedoc, † nach 1643; frz. Komponist. Er war Chorknabe an der Kathedrale zu Narbonne und begann mit 17 Jahren das unstete Leben eines Hilfskapellmeisters (maître de chapelle vicariant). 1609 war er Leiter der Chorknaben an der Kathedrale zu Grenoble und schied 1634 aus dem Dienst bei G. de la Charlonye, einem Richter in Angoulême, aus. Vermutlich wirkte er ferner als „Maître des enfants" in Rodez und Tours und stand im Dienst Herzog Henrys von Montmorency, des Gouverneurs des Languedoc. 1628 komponierte B. eine Motette anläßlich der Eroberung des Hugenottenstützpunkts La Rochelle durch Richelieu. Er wurde von seinen Zeitgenossen hochgeschätzt; u. a. rühmten ihn Mersenne (1636) und A. Gantez (1643). Seine Werke, von denen offenbar nichts im Druck erschienen ist, sind in 2 Hss. erhalten: Tours, Bibl. munic. 168, und Paris, Bibl. Nat. Rés. Vma 571. Die Feststellung der Autorschaft B.s ist allerdings problematisch. Sein Name erscheint zwar nur bei 10 Stücken; aus stilistischen Gründen, aber auch deswegen, weil zahlreiche musikalische Abschnitte in vielen verschiedenen Stücken übereinstimmen, dürften jedoch insgesamt 80 Werke in den beiden Hss. B. zuzuschreiben sein.

WW: 3 Messen für 2, 5 u. 7 St.; Psalmen für 2 St.; Motetten u. Hymnen für 4–9 St., davon mehrere für Doppelchor u. mit Soli; 1 Lamentation; einige WW alternierend mit Orgel (2st. Messe u. Psalmen); 4 Chansons (davon erhielten 2 einen Preis).

B. ist eine originelle Erscheinung unter seinen Zeitgenossen. In seinen Werken, die – wie in Frankreich in der 1. Hälfte des 17. Jh. üblich – ohne Generalbaß geschrieben sind, lassen sich Ähnlichkeiten mit dem dramatischen Madrigal (Vecchi, Marenzio) wie auch mit der katalanischen doppelchörigen Motette nach Art von Cererols feststellen. Charakteristisch ist sein Bemühen, sozusagen Wort für Wort den Sinn des Textes auszudrücken, auch mit Hilfe eines dialogisierenden Alternierens von Soli und Chor bzw. von 2 Chören, was auf die spätere Gattung des Grand motet hinweist; charakteristisch ist außer der häufigen Verwendung melodischer und harmonischer Kühnheiten besonders der Abwechslungsreichtum der musikalischen Sprache B.s.

Ausg.: 3 Motetten u. 1 Chanson, hrsg. v. H. QUITTARD, in: SIMG Ergänzungsband (1904), u. in: RM (1905) Februar-H.; 60 Stücke (Motetten u. Messen, 4 frz. Chansons), hrsg. v. B. LOTH – D. LAUNAY, in: Collection d'œuvres françaises du temps de Richelieu (P o.J.); 8 Motetten, hrsg. v. D. LAUNAY, in: Anthologie du motet latin polyphonique en France (P 1963) (= Publ. de la Soc. Fr. de Mie I/17).

Lit.: H. QUITTARD, Un musicien français obligé. G.B., in: SIMG 6 (1904); D. LAUNAY, G. B., in: Musique et Liturgie (1951) Nr. 21.

BOVET, Joseph, * 7. 10. 1879 Sâles (Fribourg), † 10. 2. 1951 Clarens (Waadt); Schweizer Chordirigent und Komponist. Nach der Priesterweihe 1905 übernahm er die Leitung der *Société de chant* in Fribourg. Er setzte sich in der romanischen Schweiz nachdrücklich für den Choralgesang ein. B. schrieb einfache Melodien, die für ein großes Publikum gedacht waren und teilweise der schweizerischen Volksmusik entnommen sind.

WW: *Suite gruérienne,* für Blasinstr.; zahlr. Chorstücke a cap. oder mit Org.- bzw. Orch.-Begleitung, veröffentlicht in Lausanne, Zürich u. Genf; *64 Cantiques à la Ste-Vierge,* für 2–4 St. (Fribourg o.J.); Messen, Offertorien usw., Festspiele u. Bühnenwerke für Soli, Chöre u. Orch.; Bühnenmusiken.

Lit.: Hommage à J. B. (Fribourg 1947); R. LOUP, J. B., barde du pays (Lausanne o.J.).

BOVICELLI, Giovanni Battista, * Assisi; it. Musiker der 2. Hälfte des 16. Jh., war zwischen 1583 und 1597 Sänger am Mailänder Dom. Seine Abhandlung *Regole, Passaggi di Musica, Madrigali, et Motette passaggiati* (V 1594) ist eine wichtige Quelle für die Praxis der ↗Diminution in der Gesangsmusik des 16. Jahrhunderts.

Ausg.: *Regole, Passaggi di musica,* Faks.-Ausg., hrsg. v. N. BRIDGMAN (Kas 1957) (= Documenta musicologica I/12).

Lit.: R. CASIMIRI, G-B. B. e il Cardinale Sirleto, in: Note d'Archivio 16 (1939).

BOYCE, William, getauft 11. 9. 1711 London, † 7. 2. 1779 Kensington (London); engl. Komponist, Organist und Musikverleger. Schüler von Greene und Pepusch, wurde 1736 Komponist der King's Chapel, 1755 als Nachfolger Greenes Komponist der King's Band, 1758 Organist der King's Chapel. 1755 erhielt er auch den Titel eines „Masters" der königlichen Musik. B. kann als der bedeutendste englische Komponist seiner Zeit gelten. Sein Schaffen umfaßt nicht nur eigene Kompositionen, sondern galt auch der Erhaltung des Erbes der anglikanischen Kirchenmusik.

WW: **1) Instr.-WW:** *Ten Voluntaries* für Org. od. Cemb. (Lo o.J.); *Twelve Sonatas* für 2 V. u. B.c. (Lo 1747); *Eight Symphonys* für 8 St. u. B.c., op. 2 (Lo 1760); *Twelve Overtures* für 7–12 St. u. B.c. (Lo 1770). – **2) Weltliche Vokal-WW:** *Lyra Britannica,* Slg. in 6 Bdn. mit Liedern, Duetten, Kantaten für eine u. mehrere St. mit B.c. (Lo 1745–55), viele Gesänge daraus u. a. Stücke erschienen auch einzeln; zahlr. Oden, hsl. u. gedruckt. – **3) Bühnen-WW** (z. T. nur als Auswahldrucke erschienen, viele Gesänge daraus auch einzeln gedruckt): *The Shepherd's Lottery,* Musical Entertainment (Lo 1745); *The Chaplet,* Musical Entertainment (1749); *The Secular Masque* (Lo o.J.); *Solomon,* Serenata (Lo 1743); Einzelgesänge zu anderen Masques. – **4) Geistliche WW:** Zahlreiche Anthems u. Services, davon postum gedruckt *Fifteen Anthems* (mit Te Deum u. Jubilate) für 1–5 St. (Lo 1780); *A Collection of Anthems* für 1–8 St. (Lo 1790) sowie einzelne Anthems. – B. gab auch eine repräsentative Slg. kirchenmusikal. Werke engl. Komponisten des 16.–18. Jh. heraus (zus. mit Greene): *Cathedral Music,* 3 Bde. (Lo 1760, 1768, 1772, weitere Ausg. 1788, 1844 u. 1849) mit Werken u. a. von Byrd, Clarke, Gibbons, Morley, Purcell, Tallis.

Ausg.: Die 8 Symphonien op. 2, hrsg. v. M. GOBERMAN (W 1964) (= Diletto musicale 150–157); 2 Preludes, hrsg. v. W. PEARSON (Lo 1949); Overtures, hrsg. v. G. FINZI, in: Mus. Brit. 13 (1957).

Lit.: C. L. CUDWORTH, The English Symphonists of the XVIIIth Century, in: Proc. R. Mus. Assoc. 78 (1951–52); E. TAYLOR, W.B. and the Theatre, in: MR (1953) November-H., vgl. Bibliogr. in: Mus. Brit 13 (1957); D. DAWE, New Light on W.B., in: The Musical Times 109 (1968); R. FISKE, B.s Operas, in: ebd. 111 (1970); G. BEECHEY, Memoirs of Dr. W.B., in: MQ 57 (1971).

BOYDELL, Brian Patrick, * 17. 3. 1917 Dublin; irischer Komponist. Er studierte am Kirchenmusikalischen Institut in Heidelberg, danach Biologie an der Univ. Cambridge, wo er bis 1938 auch den Chor des Clare College leitete, setzte dann sein Musikstudium am Royal College of Music in London und an der Royal Irish Academy in Dublin fort, an der er 1944–52 selbst lehrte. Er vertrat Irland 1951–55 im Musikrat der UNESCO. Seit 1962 ist er Prof. für Musik an der Univ. Dublin.

WW: **1) Instr.-WW:** eine Streichersymphonie, 3 Suiten, ein Divertimento, ein *Memorial* (1948; für Mahatma Gandhi); *Ritual Dances* (1955); *Meditation and Fugue* (1956); ein Violinkonzert und ein *Capriccio* für Klar. und Str., 2 Streichquartette (1957, 1969), 4 *Sketches* für 2 irische Harfen. – **2) Vokal-WW:** 2 Kantaten *Mors et Vita* (1961) und *A Terrible Beauty is Born* (1966); *Five Poems by James Joyce* für Bar. und Klv. oder Orch.; 4 *Yeats Poems* für Sopran und Orch. (1968); ferner Filmmusiken und Volksliedbearbeitungen.

BOYER, Jean, Pariser Komponist des frühen 17. Jh.; stand vermutlich im Dienst des Herzogs von Nemours, gehörte 1636 der Kammermusik der Königin, 1636–42 der des Königs an und wirkte bei der Ausrichtung der Hofballette mit. B. schrieb *Airs à quatre parties* (P 1619), *Airs mis en tablature de luth par luy mesme* (1621) und 2 Sammlungen *Chansons à boire et danser* (1636, 1642). Weitere Chansons sind in den von Ballard gedruckten Sammlungen *Airs de différents autheurs* (RISM 1618[9], 1619[10], 1621[13], 1623[5]) enthalten.

Ausg.: Ein Air in P. WARLOCK, French Ayres from Gabriel Bataille's Airs de différents autheurs (O 1926); 2 Airs in: A. VERCHALY, Airs de cour pour voix et luth (1603–43) (P 1961).

BOYER, Pascal, * um 1743 Tarascon, † um 1793 Paris; frz. Musiker. Er war 1759–65 Kapellmeister an der Kathedrale von Nîmes. Von seinem einzigen erhaltenen Comédie-ballet *Les Étrennes de l'Amour* (1769) sind nur einige Arien gedruckt überliefert. B. war Mitarbeiter an den *Mémoires pour servir à l'histoire de la révolution opérée dans la musique par M. le chevalier Gluck* (P 1781), schrieb *Lettre à M. Diderot sur le projet de l'unité de la clef dans la musique et la réforme des mesures proposées par M. l'abbé de La Cassagne* (P 1767), *Notice sur la vie et les ouvrages de Pergolèse* (in: Mercure de France 1772), *La soirée perdue à l'Opéra* (P 1776) und gab das *Journal des spectacles* (3 Bde., P 1793) heraus.

BOY FRIEND, THE, engl. Musical in 2 Akten von Sandy Wilson (* 1924), der Musik, Buch und Song-Texte selbst schrieb. Ort und Zeit der Handlung: England und die Riviera in den zwanziger Jahren. UA: 14. 1. 1954 in London (Wyndham's Theatre), amerik. EA: 30. 9. 1954 in New York (Royale Theater). Verfilmt 1971 unter der Regie von Ken Russell.

The Boy Friend, mit 2084 Londoner Vorstellungen en suite eines der erfolgreichsten englischen Musicals, ist bei uns in Deutschland (noch) so gut wie unbekannt. Wilson schuf hier eine Art Musical-Pasticcio auf die „Golden Twenties". Die Story ist ebenso simpel wie erfolgversprechend: ein reiches Mädchen und ein reicher junger Mann lernen sich kennen und lieben. Jeder glaubt, der andere sei arm. Mißverständnisse der üblichen Art scheinen das Happy-End zu gefährden. Alles löst sich jedoch beim Finale, einem großen Ball an der Riviera, in Wohlgefallen auf. Seinen langanhaltenden Erfolg verdankt dieses Musical in erster Linie den eingängigen Melodien im Stil der zwanziger Jahre *(Won't you Charleston with me?; The Boy Friend).* Die Broadway-Fassung markierte den Beginn der Karriere von Julie Andrews, die von dort als Eliza für Loewes und Lerners *My Fair Lady* engagiert wurde.

S. KUROCK – R.-M. SIMON

BOYS FROM SYRACUSE, THE, amerik. Musical in 2 Akten von Richard Rodgers (* 1902), Buch von George Abbott nach William Shakespeares *The Comedy of Errors* (Komödie der Irrungen, um 1592), Song-Texte von Lorenz Hart. Ort und Zeit der Handlung: Ephesus in klassisch-griechischer Zeit. UA: 23. 11. 1938 in New York (Alvin Theater), Filmfassung 1940.

Es ist das erste Musical nach einer klassischen Vorlage. Obwohl die Autoren nur eine einzige Shakespeare-Zeile wörtlich übernahmen, hielten sie sich inhaltlich doch sehr genau an ihre literarische Vorlage, die ihrerseits wieder auf die Komödie *Menaechmi* des Plautus zurückzuführen ist. Kritiker Richard Watts jr. schrieb nach der UA, die *Comedy of Errors* sei erst in der Musical-Fassung von Rodgers und Hart vollständig. Den Erfolg des Werkes mit 235 en-suite-Vorstellungen am Broadway machte nicht zuletzt die Choreographie von George Balanchine aus. Andauernde Beliebtheit gewann das Musical jedoch durch Rodgers' Melodien, von denen mehrere zu Evergreens wurden. So der Walzer *Falling in Love with Love,* den viele für den schönsten von Rodgers' vielen Walzern halten, das amüsante *Sing for your Supper* und das flotte Duett *This can't be Love.*

S. KUROCK – R.-M. SIMON

BOYVIN, Jacques, * um 1653 Paris, † 30. 6. 1706 Rouen; frz. Organist und Komponist. 1674 wurde er Organist an der Kathedrale zu Rouen. Von ihm erschienen im Druck ein *1er livre d'orgue* (P 1690) mit aufführungspraktischen Anweisungen („Avis au public concernant le meslange des jeux de l'orgue, les mouvements, les agréments et le toucher"), ein *2nd livre d'orgue* (1700) sowie ein *Traité abrégé de l'accompagnement pour l'orgue et pour le clavecin* (1700, mit mehreren Aufl.). B.s Stil ist repräsentativ für seine Zeit, auch in der Verwendung von Satzbezeichnungen wie Prélude, Plein jeu, Grands jeux, Dialogue, Récit, Basse de trompette, Fugue chromatique, Duo für seine Orgelstücke.

Ausg.: Die Orgelwerke, in: GUILMANT-PIRRO 6 (1905); *1er livre d'orgue*, hrsg. v. J. BONFILS (P 1969).

Lit.: A. PIRRO, Préface à l'œuvre d'orgue (vgl. Ausg.); DERS., L'art des organistes, in: LAVIGNAC Techn. II; N. DUFOURCQ, La musique d'orgue française (P 1941, ²1949); N. PIERRONT, J.B., in: Études normandes (1961), vgl. dazu P. HARDOUIN, in: RMie 52 (1966).

BOYVIN, Jean, frz. Komponist des 16. Jahrhunderts. Er war Barytonspieler in der Kapelle des Herzogs von Orléans. B. schrieb eine Anzahl von Chansons, die in verschiedenen Sammlungen erschienen (vgl. RISM 1544–73).

BOZZA, Eugène, * 4. 4. 1905 Nizza; frz. Komponist und Dirigent. Er studierte am Conservatoire in Paris, wo er 1924 den 1. Preis für Violine, 1930 für Dirigieren, 1934 für Komposition, im gleichen Jahr auch den Prix de Rome erhielt für die Kantate *Légende de Roukmani*. 1939–48 war B. Dirigent an der Opéra-Comique, danach Direktor des Konservatoriums in Valenciennes.

WW (alle in Paris erschienen): **1) Instr.-WW:** Zahlr. WW für Bläser, darunter, *Image* für Fl. allein; 18 *Études* für Ob. allein; 12 *Études*, 14 *Études* für Klar. allein; 15 *Études journalières* für Fag. allein; 12 *Études Caprices, Improvisation et Caprice* für Saxophon allein; Stücke für Fl., Ob., Klar., Fag., Saxophon, Horn, Trp., Pos., Saxhorn, Kb., mit Klv.-Begleitung; WW für Bläserensemble, ein Streichquartett; *Concertino da camera* für 8 Instr. – Für Orch.: *Pax triumphans*, symphonische Dichtung; *Sinfonietta* für Streichorch.; *Symphonie; Divertissement* u. *Rapsodie niçoise* für V. u. Orch.; Konzert für Vc.; Konzert für Klavier; Konzert für Fl. u. Streichorch.; *Fantaisie pastorale* für Ob. u. Orch.; Konzert für Klar.; *Concertino* für Fag. u. Kammerorch.; *Concertino* für Saxophon, Br. u. Orch.; *Concertino* für Trp. u. Kammerorch.; *Rythmie* für Pauken, Schlagzeug u. Orch.; Konzert für V., Br., Vc. u. Orch. – **2) Vokal- u. Bühnen-WW:** Einige Lieder; Chorstücke, darunter eine Messe und ein Requiem für Chor a cap.; Oratorien: *La Tentation de St-Antoine* u. *La passion de Jésus* für Soli, Chor u. Orch.; *La Légende de Roukmani*, lyrische Fantasie; 3 Opern: *Léonidas; Beppo ou le mort dont personne ne voulait; La duchesse de Langeais;* 2 Ballette: *Fêtes romaines; Jeux de plage.*

BRACK, Georg, † vor 1519 Stuttgart (?); dt. Musiker. Er wurde 1507 Komponist der Kapelle Herzog Ulrichs von Württemberg in Stuttgart, war hier vielleicht auch Kapellmeister, bevor H. Finck 1510 dieses Amt übernahm. Ornithoparchus, der ihm das 2. Buch seines *Musicae Activae Micrologus* (L 1517) widmete, rühmt ihn als einen der besten Komponisten seiner Zeit. Von ihm sind allerdings nur 5 Stücke in den wichtigen deutschen Liedersammlungen des frühen 16. Jh. erhalten.

Ausg.: 4 Lieder in *P. Schöffers Liederbuch* (Mz 1513), Faks.-Ausg. (Mn 1909); das 5. Lied im *Liederbuch des A. von Aich* (Kö um 1519), hrsg. v. H. BERNOULLI – H. J. MOSER (Kas 1930); in *Egenolff, Gassenhawerlin u. Reutterliedlin* (F 1535), Faks.-Ausg. hrsg. v. H. J. MOSER (A – Kö 1927); in *G. Forster, Frische Teutsche Liedlein* (Nürnberg ²1543), hrsg. v. K. GUDEWILL – W. HEISKE, in: EDM, Reihe RD, 20; 2 Sätze, in: Tabulatura organowa Jana z Lublina, Faks.-Ausg. hrsg. v. K. WILKOWSKA – CHOMIŃSKA (Krakau 1964) (= Monumenta musicae in Polonia B, 1).

BRADE, William, * um 1560, † 26. 2. 1630 Hamburg; engl. Violinist und Komponist. Spätestens seit 1594 trat er in Berlin, Kopenhagen, Bückeburg, Halle, Güstrow, Gottorf und in Hamburg auf und gehört zu den bedeutendsten englischen Musikern, die Anfang des 17. Jh. im Ausland wirkten. Seine mehrstimmigen Tanzsätze beeinflußten stark die deutsche Instrumentalmusik. Auf ihn geht wohl auch die Einführung der Bezeichnung ↗Allemande in Deutschland zurück.

WW: *Newe außerlesene Paduanen, Galliarden, Canzonen, Allmand und Coranten... auf allen Musicalischen Instrumenten lieblich zu gebrauchen* (H 1609); *Newe außerlesene Paduanen und Galliarden mit 6 Stimmen* (H 1614); *Newe ausserlesene liebliche Branlen, Intraden,... mit 5 Stimmen* (H 1617); *Newe lustige Volten, Couranten, Balletten...* mit 5 Stimmen (H 1621); weitere Tanzsätze in RISM 1607²⁸ u. 1609³⁰.

Ausg.: 5 Tänze v. 1609 u. 1621 u. 2 Tänze v. 1614 in: TH. DART – W. COATES, Jacobean Consort Music (1955) (= Mus. Brit. 9); *Neue auserlesene Paduanen* von 1614, hrsg. v. H. MÖNKEMEYER (Wilhelmshaven 1970) (= Consortium o. Nr.).

Lit.: G. OBERST, Engl. Orch.-Suiten um 1600 (Wb – B 1919) (mit der Übertragung mehrerer Stücke der Ausg. von 1617); B. ENGELKE, Musik u. Musiker am Gottorfer Hofe (Breslau 1930) (mit den Stücken aus RISM 1607²⁸ u. 1609³⁰ u. aus dem Individualdruck von 1609); C. R. HUBER, Life and Music of W. B., 2 Bde. (1966) (= Diss. Univ. of North Carolina).

BRAGA SANTOS, José Manuel Joly, * 14. 5. 1924 Lissabon; port. Komponist und Dirigent. Er war Schüler von L. de Freitas Branco und besuchte 1948 den Dirigier-Kurs von H. Scherchen auf der Biennale in Venedig. Sein Stil ist durch expressiven und farbigen Konstruktivismus gekennzeichnet.

WW: Eine Sonate für V., ein Streichquartett, ein Concerto für Kammerorch., 5 Symphonien, ein Konzert für Br. u. Orch., Lieder für Gesang u. Klv.; Oper *Mérope;* Rundfunkoper *Viver ou morrer.*

BRAHMS, Johannes, * 7. 5. 1833 Hamburg, † 3. 4. 1897 Wien; dt. Komponist. Sein Großvater war Gastwirt und Krämer in der kleinen norddeutschen Stadt Heide (Holstein). Der Vater gab die traditionellen Berufe der Familie entschlossen auf, um Berufsmusiker zu werden. Er ging 1826 nach Hamburg und konnte dort recht und schlecht in Kneipen den Lebensunterhalt verdienen. Schließlich erhielt er eine Stelle als Kontrabassist im städtischen Orchester. 1830 hatte er, 24jährig, die um 17 Jahre ältere und aus sehr bescheidenen Verhältnissen stammende Christiana Nissen geheiratet. Der Ehe entstammten drei Kinder; Johannes war das zweite. Er wurde in einem ärmlichen Viertel der Hamburger Altstadt geboren. Dennoch erhielt er einen gründlichen Elementarunterricht und wurde auch früh in Musik unterwiesen. Seit er 7 Jahre alt war, lernte er nicht nur die Orchesterinstrumente, sondern auch Klavier; mit 10 Jahren trat er bei einem Musikabend als Pianist auf. Damals hatte er Klavier- und Kompositionsunterricht bei E. Marxsen, dem bekanntesten Lehrer in Hamburg. B. gab bald Klavierkonzerte, ohne großen Erfolg, und schrieb Bearbeitungen für mehrere Herausgeber. Bis auf wenige Ausnahmen vernichtete er die Kompositionen dieser Jahre. Mit 13 Jahren spielte er in Hamburger Kneipen. Der Kontrast zwischen diesem Milieu der Trunksucht und Ausschweifungen und der Freundlichkeit des Elternhauses beeindruckte ihn tief. Mit 20 Jahren verließ er Hamburg und unternahm mit dem jungen ungarischen Violinisten E. Reményi eine Konzertreise. In Hannover begegnete er dem schon berühmten Violinisten J. Joachim, mit dem er sich befreundete. In Weimar lernte er Liszt kennen, fühlte sich aber in dessen Kreis nicht wohl. B. trennte sich auch von Reményi und verbrachte einige Zeit bei Joachim in Göttingen. Auf dessen Empfehlung hin besuchte er Robert und Clara Schumann. Am 30. 9. 1853 kam er in ihrem Düsseldorfer Haus an. In einem enthusiastischen Artikel *(Neue Bahnen)*, der Ende Oktober in der *Neuen Zeitschrift für Musik* erschien, lenkte Schumann die Aufmerksamkeit der Musikwelt auf das junge Genie. Durch seine Vermittlung erschienen bei Breitkopf & Härtel einige Jugendwerke von B., der in Leipzig eigene Kompositionen interpretierte, neue Bewunderer fand und neue Freundschaften knüpfte. In einem Brief an Joachim vom 9. 12. 1853 zeigte sich auch Berlioz „lebhaft beeindruckt" von „diesem Jungen, Kühnen, wenn auch Schüchternen, der auf den Gedanken gekommen ist, neue Musik zu machen", und fügte hinzu: „Er wird viel leiden ..." Im Januar 1854 hielt B. sich in Hannover auf und komponierte dort sein *Trio in H-Dur*. Hans von Bülow und Robert und Clara Schumann besuchten ihn anläßlich eines Konzerts von Clara Schumann.

Am 27. 2. 1854 versuchte Schumann sich in einem Anfall von Wahnsinn das Leben zu nehmen, vier Tage später kam er in eine Nervenheilanstalt, in der er am 29. 7. 1856 starb. B. reiste überstürzt nach Düsseldorf und blieb dort bis Ende 1856. Er wohnte bei Clara Schumann und begleitete sie auf Konzertreisen (sie hatte sieben Kinder aufzuziehen). Zwischen dem jungen Mann und der 14 Jahre älteren Frau entstand eine leidenschaftliche Liebe. B. wurde davon innerlich so aufgewühlt, daß er an Selbstmord dachte. Der Tod Schumanns brachte keine Entscheidung. 1856 verließ er Clara plötzlich, bewahrte ihr aber eine dauernde Freundschaft. B. hat übrigens nie geheiratet.

Der Grund für die Krise des Jahres 1856 war aber nicht nur die Liebe zu Clara Schumann, sondern ebenso die Bilanz aus den Träumen seiner Jugend, die von Jean Paul, E. Th. A. Hoffmann und Schumann genährt wurden und über deren Irrealität er sich keine Illusionen machte. Er mußte sich entscheiden, wie er sich behaupten sollte, Berlioz und Liszt zurückweisen, die ihn freundschaftlich aufgenommen hatten, auch Wagner, den er trotz allem schätzte. Die Entscheidung fiel schnell: 1860 erklärte er sich öffentlich. Er kehrte nach Hamburg zurück, wo er Musikstunden gab, und stand während der Wintersaison der Jahre 1857–59 im Dienst des Fürstenhofs in Detmold. Damals schrieb er Stücke für Orchester oder Chor und Klaviervariationen; dabei beschäftigen ihn zwei Werke, das *Klavierkonzert op. 15* und das *Klavierquintett op. 34*, deren zahlreiche Versionen die Krise verraten, die er durchlebte.

Sein Ansehen wuchs aber ständig. Als Pianist und Dirigent wurde er zunehmend gefragt, viele Reisejahre, zuerst innerhalb Deutschlands, dann im Ausland (Dänemark, Ungarn), kündigten sich an. Seine Werke wurden in mehreren Ländern aufgeführt, es mangelte ihm nicht an Erfolg. Ein kleiner Kreis von Bewunderern entschädigte ihn für das Unverständnis der breiteren Öffentlichkeit und der Kritik. B. sehnte sich nach einer beständigen Tätigkeit und war daher tief enttäuscht, als er in Hamburg bei der Besetzung sowohl der Dirigentenstelle der Singakademie als auch des Philharmonischen Orchesters übergangen wurde. Am 8. 10. 1862 reiste er nach Wien und blieb dort acht Monate. Er gab öffentliche und private Konzerte und fand neue Freunde. Bei seiner Rückkehr nach Hamburg erfuhr er, daß er zum Dirigenten der Wiener Singakademie gewählt worden war. Am 28. 9. 1863 kehrte er nach Wien zurück, verzichtete aber schon im folgenden Frühjahr auf die Stelle. Auch die Leitung des Singvereins der Gesellschaft der Musikfreunde hatte er nur vom September 1872 bis zum Februar 1875 inne. In der Zwischenzeit hatte er sich um eine

Stelle weit von Wien entfernt bemüht und versuchte es 1876 wieder. Seine Verleger (vor allem Simrock und Breitkopf & Härtel) zahlten ihm nun wesentlich höhere Honorare. Dazu kam der Ertrag aus seinen Konzerten und Unterrichtsstunden. Er erfreute sich daher eines wachsenden Wohlstands, der ihm eine bequeme Existenz sicherte. Er lebte in Wien und unternahm weite Konzertreisen, spielte aber nicht viel mehr als seine eigenen Werke und war lieber Dirigent als Pianist. Jedes Jahr verbrachte er die Sommermonate in den schönsten Gegenden Deutschlands, der Schweiz oder Österreichs (Lichtental bei Baden-Baden, Thun, Rüschlikon, Pörtschach, Ischl) und reiste nicht weniger als neunmal nach Italien. Er konnte sich ganz seiner Kompositionstätigkeit widmen, die alle Gattungen (außer der Oper) umfaßte. Er wurde, für einige seit 1870, für viele seit Wagners Tod, der bedeutendste deutsche Komponist seiner Zeit. Er nahm Ehrungen, Auszeichnungen, Belohnungen entgegen, ohne sich aber über seine Einsamkeit zu täuschen. Er selbst tat viel für andere; u. a. förderte er den jungen Dvořák.

WW (wenn nichts anderes angegeben, in Berlin veröffentlicht; einige Jugendwerke sind in Hamburg unter dem Pseudonym G. W. Marks erschienen): **1) Instr.-WW: a)** Für Klv.: Sonate Nr. 1, op. 1, in C-Dur (1852–53), Sonate Nr. 2, op. 2, in fis-moll (1852), *Scherzo*, op. 4, in es-moll (1851); Sonate Nr. 3, op. 5, in f-moll (1853); *Variationen über ein Thema v. R. Schumann*, op. 9, in fis-moll (1854), *Vier Balladen*, op. 10 (1854), *Variationen u. Fuge über ein Thema v. G. F. Händel*, op. 24, in B-Dur (1861); *Acht Klavierstücke*, op. 76 (1871–78); *Zwei Rhapsodien*, op. 79 (1879); Fantasien, op. 116 (1892); *Drei Intermezzi*, op. 117 (1892); *Sechs Klavierstücke*, op. 118 (1892); *Vier Klavierstücke*, op. 119 (1892); für Klv. 4händig: *Variationen über ein Thema v. R. Schumann*, op. 23, in Es-Dur (1861); *Sechzehn Walzer für Klavier*, op. 39 (1867); *Ungarische Tänze* (1852–69); für Org.: 11 Choralvorspiele, op. 122 (postume Ausg.). – **b)** Für versch. Instr.: Sonaten für V. u. Klv., Nr. 1, op. 78, in G-Dur (1878); Nr. 2, op. 100, in A-Dur (1886); Nr. 3, op. 108, in d-moll (1886–88); Sonaten für Vc. u. Klv., Nr. 1, op. 38, in e-moll (1862–65); Nr. 2, op. 99, in F-Dur (1886); Sonaten für Klar. u. Klv., Nr. 1, op. 120/1, in f-moll (1894); Nr. 2, op. 120/2, in Es-Dur (1894); Klaviertrios (Klv., V., Vc.), Nr. 1, op. 8, in H-Dur (1853–54, überarbeitet 1889); Nr. 2, op. 87, in C-Dur (1880–82); Nr. 3, op. 101, in c-moll (1886); op. 40, in Es-Dur, für Klv., V. u. Horn (1865); op. 114, in a-moll, für Klv., Klar. u. Vc. (1891); Streichquartette Nr. 1, op. 51/1, in c-moll (1865–73); Nr. 2, op. 51/2, in a-moll (1873); Nr. 3, op. 67, in B-Dur (1875); Klavierquartette, Nr. 1, op. 25, in g-moll (1861); Nr. 2, op. 26, in A-Dur (1861); Nr. 3, op. 60, in c-moll (1855–56; überarbeitet 1875); Streichquintette, Nr. 1, op. 88, in F-Dur (1882); Nr. 2, op. 111, in G-Dur (1890); Klavierquintett, op. 34, in f-moll (= Streichquintett, v. 1861–62 bearb. für 2 Klv.) (1864); Quintett, op. 115, in h-moll, für Klar. u. Streichquartett (1891). – **c)** Für Orch.: Serenaden, Nr. 1, op. 11, in D-Dur (1857–58); Nr. 2, op. 16, in A-Dur (1858–60); *Variationen über ein Thema v. J. Haydn*, op. 56a, in B-Dur (1873); Symphonien, Nr. 1, op. 68, in c-moll (1876); Nr. 2, op. 73, in D-Dur (1877); Nr. 3, op. 90, in F-Dur (1883); Nr. 4, op. 98, in e-moll (1884–85); Klavierkonzerte, Nr. 1, op. 15, in d-moll (1855–58); Nr. 2, op. 83, in B-Dur (1878–81); Violinkonzert, op. 77, in D-Dur (1878); Konzert für V. u. Vc., op. 102, in a-moll (1887). – **2) Vokal-WW: a)** Für Singstimme und Klv.: *Sechs Gesänge*, op. 3 (1852–53); *Sechs Gesänge*, op. 6 (1852–53); *Sechs Gesänge*, op. 7 (1851–53); *Acht Lieder und Romanzen*, op. 14 (1858); *Fünf Gedichte*, op. 19 (1858–59); *Lieder und Gesänge v. A. von Platen u. G. F. Daumer*, op. 32 (1864), 15 *Romanzen aus L. Tiecks Magelone*, op. 33 (1861–68); *Vier Gesänge*, op. 43 (1857–64); *Vier Gesänge*, op. 46 (1864); *Fünf Lieder*, op 47 (1858); *Sieben Lieder*, op. 48 (1855–68); *Fünf Lieder*, op. 49 (1868); *Lieder u. Gesänge v. G. F. Daumer*, op. 57 (1871); *Lieder und Gesänge*, op. 58 (1871), op. 59 (1873); *Lieder und Gesänge*, op. 63 (1873–74); *Neun Gesänge*, op. 69 (1877); *Vier Gesänge*, op. 70 (1875–77); *Fünf Gesänge*, op. 71 (1877); *Fünf Gesänge*, op. 72 (1876–77); *Romanzen und Lieder*, op. 84 (1881); *Sechs Lieder*, op. 85 (1879–82); *Sechs Lieder*, op. 86 (1877–78); *Zwei Gesänge*, op. 91, für Alt mit Va. u. Klv. (1. Fassung 1864, 2. Fassung 1884); *Fünf Lieder*, op. 94 (1884); *Sieben Lieder*, op. 95 (1884); *Vier Lieder*, op. 96 (1884); *Sechs Lieder*, op. 97 (1884); *Acht Zigeunerlieder*, op. 103 (1887); *Fünf Lieder*, op. 105 (1886); op. 106 (1886); op. 107 (1886); *Vier ernste Gesänge*, op. 121 (1896); zahlr. Volksliedbearbeitungen, die in 7 Slgen. erschienen sind (1894). – **b)** Für mehrere Stimmen u. Klv.: *Vier Balladen und Romanzen*, op. 75, für 2St. (1877–78); *Drei Quartette*, op. 31 (1859–63) u. *Elf Zigeunerlieder*, op. 103 (1887) für Sopran, Alt, Tenor u. Baß; *Liebeslieder*, Walzer für Klv. 4händig mit 1–4 St. ad lib., op. 52 (1869) u. op. 65 (1874). – **c)** für Chor a cap.: *Marienlieder*, op. 22, für 4st. gem. Chor (1859); *Zwölf Lieder und Romanzen*, op. 44, für Frauenchor (1859–63); *Fest- und Gedenksprüche*, op. 109, für 8st. gem. Chor (1886–88); *Dreizehn Kanons*, op. 113, für 3-, 4- oder 6st. Frauenchor (1860–63). – **d)** Für Chor u. Orch.: *Ein deutsches Requiem*, op. 45 (Text aus der Hl. Schrift), für Sopran, Bar., Chor u. Orch. (1857–68); *Rhapsodie*, op. 53 (Text v. J. W. von Goethe), für Alt, Männerchor u. Orch. (= *Alt-Rhapsodie*) (1869); *Schicksalslied*, op. 54 (Text v. F. Hölderlin), für Chor u. Orch. (1871); *Triumphlied*, op. 55, für 8st. Chor, Bar. u. Orch. (1870–71); *Nänie*, op. 82 (Text v. F. Schiller), für Chor u. Orch. (1882); *Gesang der Parzen*, op. 89 (Text v. Goethe), für 6st. Chor u. Orch. (1882).

Brahms' künstlerische Entwicklung zeigt mehrere Konstanten, vor allem sein Bemühen um Perfektion. Es drückt sich u. a. darin aus, daß er in der Beschäftigung mit den verschiedenen musikalischen Gattungen schrittweise von den kleineren zu den größeren Formen überging: Klavierstücke, Kammermusik und Lieder vor 1853, kleine Orchesterstücke (Serenaden) und Konzerte in den 50er Jahren, Chorwerke nach 1858, seit 1860 Oratorien, schließlich Streichquartette seit 1873 und Symphonien seit Ende der 70er Jahre. Aber die Rückkehr zu Klavierkompositionen, zur Kammermusik und zu den Liedern nach 1887 zeigt auch, daß noch andere, komplexere, Motive eine Rolle spielen.

Bis gegen 1865 bestehen bei B. zwei Werktypen nebeneinander: in dem einen (*Sonate op. 2*, 1. Version des *Klaviertrios op. 8*, *Klavierkonzert op. 15*, *Horntrio op. 40*) drückt sich seine Vorstellungskraft frei aus, so daß man an Schumann erinnert wird; der andere Werktyp (*Sonate op. 1*, Chorwerke op. 22 und 29, *Variationen op. 24*) findet seinen Ausdruck in strengen Formen und erinnert an Beethoven oder Bach. B. versuchte diesen Widerspruch zu lösen. Er unterwarf den zweiten

Werktyp noch sorgfältigerer Arbeit, um darin auch seiner Phantasie freien Lauf lassen zu können. Diese Lösung, die einen Bruch mit Schumann bedeutete, führte ihn zu einem intensiven Studium der musikalischen Techniken des 16., 17. und 18. Jahrhunderts. Diese Art kann nicht nur als Konservativismus bezeichnet werden, steht vielmehr in subtiler Beziehung zu seiner Gedankenwelt.

Viele Zeugnisse erlauben uns einen Einblick in seine Gedankenwelt. B. unterhielt mit vielen seiner Freunde briefliche Verbindungen (vgl. die Bibliographie), und in den Briefen entschlüpfen ihm trotz seiner Schweigsamkeit und Wortkargheit einige Enthüllungen. Wir besitzen auch Erinnerungen seiner Freunde und Schüler. In seinem Œuvre herrschen die Vokalkompositionen vor, und es läßt sich auch nachweisen, daß die Vertonungen der Texte ihren Niederschlag auch in seinen Instrumentalwerken gefunden haben. In seiner Musik findet sich also nichts, was nicht aus seinem Herzen kam. Die Dichter, die Bibelstellen, die er auswählte, vermitteln einen Überblick über sein Gedankengut (vgl. das Werk von G. Ophüls). Wichtig dafür ist auch die Zitatensammlung, die der junge B. anlegte (vgl. das Werk von C. Krebs). Er hatte auch feste politische Überzeugungen. Die Einheit Deutschlands sehnte er herbei, und die Politik Bismarcks schien ihm eine Lösung der europäischen Probleme zu bieten. Sein tiefverwurzelter Humanismus fand Ausdruck in seiner Zuneigung zu einfachen Leuten, auch in dem Wunsch nach Wiedererweckung der aufgeklärten Tradition eines blühenden Bürgertums. Er vertraute der menschlichen Natur und darauf, daß Redlichkeit, Liebe und Freundschaft die Menschen einigen müßten. Er glaubte an eine Religion ohne Kirche oder, wie er sie gern nannte, die „Heidin". Gegen Ende seines Lebens flüchtete er sich in wachsenden Skeptizismus. Die Natur allein schien ihm Schutz gegen die Unvollkommenheit der Welt zu bieten. Er gründete seine Transzendenz auf Zufriedenheit.

Für B. war die Symphonie ein dramatisches Genre, das ihm erlaubte, gegensätzliche Ideen einander gegenüberzustellen und Konflikte zu lösen. Aber seine geheimsten Empfindungen legte er während seines ganzen Lebens in die Lieder. Hier enthüllte er keine Konflikte, sondern einen Seelenzustand, in dem sich Schmerz und Heiterkeit, Hoffnung und Resignation, Flucht in die Natur und Menschenliebe verbinden. In dieser Sicht kann man auch seine Klavierstücke op. 116, 117, 118 und die Lieder op. 105, 106 und 107 sehen. Die Kammermusik steht in der Mitte zwischen der Symphonie und dem Lied. In innerlich spannungsvollen Zeiten zeigt sie einen dramatischen, sehr persönlichen Charakter (op. 34 oder op. 51 Nr. 1); später erhält sie einen eher lyrischen Aspekt (op. 108, 111, 114, 115). B. gestand einmal einem Freund, daß er „allein niemals lache", wenn er auch „in Gesellschaft mit anderen glücklich scheine". Der Wunsch, am Leben anderer „teilzunehmen", ließ ihn auch viel Hausmusik komponieren, so die *Liebeslieder-Walzer* op. 52 oder die *Zigeunerlieder* op. 103. Sein Leben lang liebte er das private Musizieren; dirigierte er ein Konzert, geschah es oft, daß er sich nicht „ausdrücken" konnte. Darum schrieb er auch, wie die Meister des 18. Jh., gern für bestimmte Ereignisse oder Freunde, die ihm lieb waren, u. a. die *Serenade op. 11* für das Detmolder Orchester, das *Violinkonzert für Joachim*, die *Variationen op. 23* für Clara und Marie Schumann. Bestimmte seiner Werke unterwarf er vor ihrer Veröffentlichung dem Urteil seiner Freunde Heinrich und Elisabet von Herzogenberg, Billroth oder Joachim.

Seine nächsten Freunde verstanden ihn nicht völlig. Der Öffentlichkeit bot er eine hermetische, ja sogar rätselhafte Musik an und riskierte, daß sie völlig unverständlich blieb. So erklärt sich seine Neigung zu strengsten Formen und Techniken, die voll Tradition und Bedeutung waren, die er aber auf neue Art behandelte. Er bemühte sich, widersprüchliche seelische Kräfte nicht systematisch einander gegenüberzustellen, sondern sie übereinanderzulagern. Dies ist das Geheimnis der Brahmsschen Musik, daß sich unter einer einheitlichen und kontinuierlichen Entwicklung divergierende Elemente verbergen. In diesem Zusammenhang muß auch die Melodik und Harmonik genannt werden. Instrumental- wie Vokalwerke sind durch ihre Melodik charakterisiert. B. bestätigte, daß er in dieser Hinsicht das deutsche Volkslied nachahmen wollte. Die harmonische Struktur bekräftigt dies: sie besteht aus großen und klaren Intervallen, in denen die Hauptfunktionen der klassischen Harmonik vorherrschen, die durch chromatische oder Terzmodulationen bereichert oder gemildert werden. Die Melodie- und die Baßstimme ergänzen sich; einige Melodieintervalle oder ganze Fragmente der Melodie formen den Baß. Zahlreiche Melodien beginnen mit einem zur Unterstimme kontrapunktierenden oder zu ihr kontrastierenden Element: zwei Linien, die auf- und absteigen, in der *1. Symphonie*, ein Motiv aus 4 zusammenhängenden Noten in der Unterstimme, dem eine schwungvolle Melodie der Bläser gegenübergestellt wird, in der *2. Symphonie*, ein aufsteigendes Motiv aus 3 Noten und eine schwere absteigende Melodielinie in der *3. Symphonie*. Ebenso können die Mittelstimmen in das melodische und harmonische Gewebe verflochten sein. Einige Themen bestehen aus Arpeggio-Verflechtungen, die in den anderen Stimmen gleichzeitig als Themenimitation behandelt werden (vgl. den 1. Satz des *Klavierquintetts op. 34* oder das *Intermezzo op. 117* Nr. 2); in einigen Fällen sind die Arpeggien gleichzeitig Haupt- und Nebenstimme (*Klavierstück op. 76* Nr. 8). Die Bedeutung, die die Unter- und Mittelstimmen dadurch erhalten, lassen ein Element entstehen, das dem Zusammenhang des Ensembles entgegensteht. Das gilt auch für die Klopfrhythmen, die B. oft benutzte, selbst wenn man die Synkopen außer acht läßt. Er trägt gern in einem Metrum verschiedene Aspekte zusammen: so in einem 6/8-Takt ♫♪ ♫♪, oder ♩. ♪ ♩|♩ ♪ ♩ ♪, oder ♩ ♩ ♩. Oft erscheinen diese Schemata gleichzeitig; so kann in einem 6/8-Takt die Oberstimme ♩. ♩ ♪, dagegen die Begleitung ♫ ♫ ♫ haben, oder die beiden Hände in einem Klavierstück können ♩♩♩ und ♩ ♩ oder 3/8 ♪ ♪ ♪ und ♬ gegenüberstellen.

Diese Metamorphosen und Kombinationen der melodischen, harmonischen, kontrapunktischen, rhythmischen und metrischen Elemente entstammen der Variationstechnik. Außer in ausgesprochenen Variationswerken und einigen Sonaten- oder Quartettsätzen (2. Satz der *Sonate op. 1*, letzter Satz des *Streichquartetts op. 67*) werden diese Techniken überall benutzt, aber sorgfältig verborgen. Das berühmteste Beispiel ist das Finale der *4. Symphonie* aus 30 Variationen und einer Coda über einem Passacaglia-Thema, in dem – nach klassischer Art – die melodische Behandlung der Stimmen und die harmonische Entwicklung den Variationsgesetzen gehorchen. Derselbe Prozeß kommt in den Liedern vor und spielt eine wichtige Rolle in der Beziehung zwischen Melodie und Begleitung; in dem Lied *Sommerfäden,* op. 72 Nr. 2 bestehen die fünf Strophen aus einem Thema (1. Strophe) und vier geistreichen Variationen. So versah Brahms seine Werke gleichzeitig mit Gesprächigkeit und mit Zurückhaltung; das Ganze spiegelt sich in der kleinsten verzierten Passage, aber der Sinn des Ganzen wird mit dem Spiel der Details verborgen. Was Elisabet von Herzogenberg von der *4. Symphonie* sagte, gilt für viele Kompositionen der beiden letzten Jahrzehnte: „Mir scheint, daß er aus diesem Werk fast eine kleine Prüfung macht, so als wären die kleinen Schönheiten nicht darin, jedenfalls vom Standpunkt des ersten besten Amateurs, so als wäre es nur ein Mikrokosmos für die Klugen und Wissenden, das diejenigen, die in der Finsternis irren, kaum schätzen können." B. wußte das. Im Laufe eines fast 50jährigen Schaffens veröffentlichte er nur in dem Zeitraum von 9 Jahren Symphonien, in seinen 12 letzten Jahren schrieb er kaum noch etwas für Orchester. Sein Werk verdankt seine Schönheit seiner gleichbleibenden Meisterschaft und seinem Maßhalten.

Ausg.: GA, hrsg. v. der Ges. der Musikfreunde in Wien unter der Leitung v. E. MANDYCZEWSKI, 26 Bde. (L 1926–28); neue, revidierte Ausg. (Wie 1965 ff.); zahlr. praktische Ausgaben.

Lit.: **1) Werkverzeichnisse u. Bibliographien:** Thematischer Kat., hrsg. v. N. SIMROCK (B 1897, ³1909) u. v. A. VON EHRMANN (L 1933); M. L. MCCORKLE, Thematisch-bibliographisches Werkverzeichnis (Mn 1984); P. DEDEL, J. B. A Guide to his Autographs in Facsimile (Ann Arbor 1978) (= MLA Index and Bibliography Series 18); B.-Bibliographie, zusammengestellt u. hrsg. v. S. KROSS (Tutzing 1983). – **2) Briefe u. Dokumente:** Briefwechsel u. a. mit E. u. H. von Herzogenberg, J. Joachim, K. Reinthaler, H. Levi, J. O. Grimm, B. Scholz, hrsg. v. der Deutschen Brahms-Ges., 16 Bde. (B 1907–22); Briefwechsel mit Cl. Schumann, hrsg. v. B. LITZMANN (L 1927); Briefwechsel mit Th. Billroth, hrsg. v. O. GOTTLIEB-BILLROTH (W 1935); G. OPHÜLS, B.-Texte (B 1898); Des jungen Kreislers Schatzkästlein, hrsg. v. C. KREBS (B 1909). – **3) Zeitgenössische Zeugnisse:** J. V. WIDMANN, J. B. in Erinnerungen (B 1898); A. DIETRICH, Erinnerungen an J. B. in Briefen (L 1898); G. JENNER, J. B. als Mensch, Lehrer u. Künstler (Marburg 1905); G. HENSCHEL, Personal Recollections of J. B. (Boston 1907); R. VON DER LEYEN, J. B. als Mensch u. Freund (B 1908); E. SPEYER, My Life and Friends (Lo 1937). – **4) Biographien:** M. KALBECK, J. B., 8 Bde. (B 1904–14); F. MAY, J. B. (Lo 1905); J. FULLER – MAITLAND, J. B. (Lo 1911); W. A. THOMAS – SAN GALLI, J. B. (Mn 1912); A. VON EHRMANN, J. B. (L 1933); R. H. SCHAUFFLER, The Unknown B. (NY 1933); K. GEIRINGER, J. B. Sein Leben u. sein Schaffen (W 1934, ²1955, Nachdr. Kas 1974); K. LAUX, Der Einsame (Gr 1944); A. OREL, J. B., Ein Meister u. sein Weg (Olten 1948); C. ROSTAND, B. (P 1954–55); H. GAL, J. B. (F 1961); W. u. P. REHBERG, J. B., Sein Leben u. sein Werk (St–Z ²1963); B. DELVAILLE, J. B. (P 1965); H. A. NEUNZIG, J. B. in Selbstzeugnissen u. Bilddokumenten (H 1973); CHR. M. SCHMIDT, B. u. seine Zeit (Laaber 1983); J. B. Leben u. Werk, hrsg. v. CHR. JACOBSEN (Wi 1983); B. u. seine Zeit, hrsg. v. C. FLOROS u. a. (Laaber 1984). – **5) Einzelstudien:** W. NAGEL, Die Klv.-Sonaten v. J. B. (St 1915); M. FRIEDLAENDER, B.s Lieder (B–L 1922); P. MIES, Stilmomente u. Ausdrucksformen im B.schen Lied (L 1923); S. KROSS, Die Chorwerke v. J. B. (Bonn 1958, ²1963); W. MORIK, J. B. u. sein Verhältnis zum dt. Volkslied (Tutzing 1965); S. HELMS, Die Melodiebildung in den Liedern v. J. B. u. ihr Verhältnis zu Volksliedern u. volkstümlichen Weisen (Kas 1968); J. HORTON, B. Orchestral Music (Lo 1968); B.-Studien, bisher 5 Bde. (H 1974–83); W. KIRSCH, Relig. u. liturgische Aspekte bei J. B. u. A. Bruckner, in: Rel. Musik in nichtliturgischen Werken ... (Rb 1977); B.-Analysen, hrsg. v. FR. KRUMMACHER u. W. STEINBECK (Kas 1984); A. HORSTMANN, Unters. z. B.-Rezeption der Jahre 1860–1880 (H 1986); B.-Studies 2, hrsg. v. M. MUSGRAVE (C 1986).

BRAILLE, Louis, * 4. 1. 1809 Coupvray (Seine-et-Marne), † 6. 1. 1852 Paris; frz. Organist und Blindenlehrer. Schüler von Jean Nicolas Marrigues (1737–1834), dem Organisten an St-Gervais und St-Thomas-d'Aquin in Paris. B. war Organist 1833 an Notre-Dame-des-Champs, 1834–39 an St-Nicolas-des-Champs, später an der Kirche der Lazaristen. Seit dem dritten Lebensjahr selbst blind, lehrte er seit 1828 als Blindenlehrer am Institut National des Jeunes Aveugles. Er erfand die heute gebräuchliche Blindenschrift, die auch als ↗Blindennotenschrift verwendet wird.

BRAILLE-SCHRIFT ↗Blindennotenschrift.

BRĂILOIU, Constantin, * 13. (25.) 8. 1893 Bukarest, † 20. 12. 1958 Genf; rumänischer Musikforscher. Nach dem Musikstudium (u. a. in Lausanne und Paris) wandte er sich zunächst der Komposition, dann der Musikforschung, speziell der Erforschung der rumänischen Volksmusik zu. Er lehrte seit 1923 an der Musikakademie in Bukarest, gründete 1928 das Archiv für Volksmusik bei der (ebenfalls von ihm mit G. Enescu ins Leben gerufenen) Gesellschaft rumänischer Komponisten, 1929 die Akademie für Kirchenmusik, die er bis 1935 leitete. B. kam 1943 als Kulturattachée der rumänischen Gesandtschaft nach Bern, wurde 1944 in Genf mit der Organisation und Leitung der „Archives Internationales de Musique Populaires" (heute in Paris) beauftragt und 1948 Mitarbeiter (später Direktor) des „Centre National de la Recherche scientifique" in Paris. B. war ferner Mitarbeiter am „Département d'Ethnomusicologie du Musée de l'homme", des Musikwissenschaftlichen Instituts der Universität in Paris und Direktor des Archivs des „Musée et Institut d'Ethnographie" in Genf.

Schriften: *Esquisse d'une méthode de folklore musical* (P 1931), Auszug in: RMie 15 (1931); *La musique populaire roumaine* (Bukarest 1940); *Les Archives Internationales de Musique Populaire* (G 1947); *Le folklore musical,* in: Musica aeterna (Z 1949); *Le rythme aksak,* in: RMie 33 (1951); *Sur une mélodie russe* (P 1953); *La rythmique enfantine,* in: Colloques de Wégimont 1 (P – Bru 1956); *Pentatonismes chez Debussy,* in: Studia memoriae B. Bartók sacra (Budapest 1956, [2]1957); *L'ethnomusicologie,* in: J. Chailley, Précis de musicologie (P 1958); *Musicologie et ethnomusicologie aujourd'hui,* in: Kgr.-Ber. Köln 1958 (Kas 1959); *Réflexions sur la création musicale collective,* in: Diogène 25 (1959); *Vie musicale d'un village. Recherches sur le répertoire de Dragus, Roumanie* (P 1960); *Coup d'œil historique sur Debussy,* in: RMie 48 (1962). – Gesammelte Schriften: *Opere,* hrsg. v. E. COMIŞEL (Bukarest 1967 ff.) (rumänisch u. frz.).

Lit.: A. SCHAEFFNER, Bibliographie des travaux de C. B., in: RMie 43 (1959); M. SCHNEIDER, in: AMl 31 (1959); GH. FIRCA, La pensée historique de C. B., in: Revue roumaine d'histoire de l'art 2 (1965).

BRAILOWSKI, Alexander, * 4. (16.) 2. 1896 Kiew, † 25. 4. 1976 New York; frz. Pianist russ. Herkunft. Er studierte am Konservatorium in Kiew, dann bei Leschetitzki in Wien und bei Busoni in Zürich, debütierte 1919 in Paris. Seit Mitte der 20er Jahre entfaltete er eine weltweite Konzerttätigkeit. B. machte sich vor allem als Interpret Chopins, dessen Gesamtwerk er erstmals 1924 in Paris, später in Amerika zyklisch aufführte, und als Schumann-Interpret einen Namen.

BRAIN, Dennis, * 17. 5. 1921 London, † 1. 9. 1957 Hatfield (durch Autounfall); engl. Hornist. B., dessen Großvater, Vater und Onkel bekannte Hornisten waren, erhielt die erste Ausbildung bei seinem Vater, studierte dann an der Royal Academy of Music, wurde 1. Hornist im Royal Philharmonic Orchestra, später im Philharmonia Orchestra in London und entfaltete daneben eine ausgedehnte solistische Tätigkeit. Er galt als der bedeutendste Hornvirtuose seiner Zeit. Benjamin Britten, Paul Hindemith u. a. schrieben Kompositionen für ihn.

BRAM ELDERING ↗Eldering, Bram.

BRANCHE, Charles Antoine, * 31. 3. 1722 Vernon (Eure), † nach 1779 Paris; frz. Violinist und Komponist. Er war 1749 1. Violinist an der Comédie-Française, 1753–64 hier beauftragt mit dem „détail total de l'orchestre", d. h. mit der Leitung und der Besetzung des Orchesters. Von seinen Werken sind nur ein *Premier livre de Sonates* für V. u. B.c. (P 1748) und ein Violinkonzert erhalten.

Lit.: L. DE LA LAURENCIE, L'école française de violon II (P 1923).

BRAND, Max, * 26. 4. 1896 Lemberg, amerik. Komponist dt.-poln. Herkunft. Er studierte bei Schreker in Wien und Berlin. Vor dem Zweiten Weltkrieg leitete er in Wien das von ihm gegründete „Mimoplastische Theater", in dem ausschließlich Ballette und mimische Aktionen mit Musik aufgeführt wurden. 1938 emigrierte er, zunächst nach Prag, dann über Rio de Janeiro in die USA, wo er seit 1940 lebt. Bekannt wurde B. durch seine Oper *Maschinist Hopkins,* einem der repräsentativen Werke der „Neuen Sachlichkeit".

WW: Opern *Maschinist Hopkins,* UA: Duisburg 1929; *Requiem; Kleopatra; Stormy Interlude* (1955); szenische Kantate *Die Chronik* (1928); szenisches Oratorium *The Gate,* UA: New York 1944; Orchesterrondo *The Wonderful One – Hoss Shay,* UA: Philadelphia 1950; sinfonische Dichtung *Night on the Bayous of Louisiana* (1953); elektronische Musik: *Nocturno brasileiro* (1960); *Meditation* (1966); *The Astronauts* für Sprecher, Chor, Kinderstimmen u. Tonband (1962); 3 *Pieces for Dance Groupe* (1963); *Ilian* (1966).

BRANDL, Johann Evangelist, * 14. 11. 1760 Rohr bei Regensburg, † 25. 5. 1837 Karlsruhe; dt. Komponist. Er war 1784 Kapellmeister des Fürsten von Hohenlohe-Bartenstein, seit 1789 Musikdirektor des Fürstbischofs von Speyer in Bruchsal, seit 1808 am Karlsruher Hof.

WW: **1) Instr.-WW:** *Notturno* für 2 Violen u. Vc., op. 19; *Streichquartette* op. 17 (J. Haydn gewidmet), 18, 23; *Quartette* für Fl.,

V., Va., Vc. op. 15 u. 40; *Quintette* für 2 V., 2 Violen, Vc., op. 11; für Klv., V., Va., Fg., Vc., op. 13; für V., 2 Violen, Fg., Vc., op. 14 u. 52; für Fl. u. Streichquartett, op. 58; *Sextuor* für V., Ob., Fg., 2 Violen, Vc., op. 16; für Orch.: *Symphonien* op. 12, 20, 25 u. ohne Opuszahl; Ouvertüre *Le Réveil des Grecs; Fantaisie & variations* über ein Thema aus Webers *Freischütz*. – **2) Vokal- u. Bühnen-WW:** Gedruckt: Lieder für Singstimme u. Klv. (5 Hefte u. Einzelstücke); Opern, Singspiele u. Monodramen: *Hero und Leander* (1803); *Germania* (1810); *Triumph des Vaterherzens* (1811); *Omar der Gute* (1811); *Hanthilt, das Mädchen aus Valbella* (um 1813); hsl. zahlr. kirchenmusikal. WW erhalten.

Lit.: O. DANZER, J. B.s Leben u. Werk (L 1936); F. O. LEINERT, J. E. B. als Lieder- u. Kammermusikkomponist (Wb 1937).

BRANDT, Jobst vom (Brant, Jodocus), * 28. 10. 1517 Waldershof (Oberpfalz), † 22. 1. 1570 Brand (Oberpfalz); dt. Komponist. Er studierte seit 1530 an der Universität Heidelberg, war gleichzeitig als Sänger Mitglied der Hofkapelle und erhielt Unterricht bei deren Kapellmeister Lemlin. 1548–50 war B. Stiftsamtmann des Konvents in Waldsassen (Oberpfalz), 1548–55 auch Kurator von Liebenstein, einer Zweigniederlassung von Waldsassen. Von seinen 62 mehrstimmigen Liedern sind 52 in den Bänden III–V der *Teutschen Liedlein* seines Freundes Georg Forster enthalten (Nürnberg 1549–56); postum erschien *Der erste theil geistlicher Psalmen und teutscher Kyrchengeseng* für 4–9 St. vokal u. instr. (Eger 1572). B.s Lieder zeigen eine Vorliebe für den motettischen Satz. Seinen Zeitgenossen galt er als Vertreter der „alten" deutschen Liedkunst in der Tradition L. Senfls und als „Feind" des italienischen Einflusses von seiten der Frottole und des Madrigals (vgl. die Vorrede zu dem Druck von 1572).

Ausg.: 5 Lieder in: R. von Liliencron, Die hist. Volkslieder der Deutschen IV (B 1869); 3 Lieder in: W. Lipphardt, Gesellige Zeit (Kas 1933–35); 3 Lieder in: 10 weltliche Lieder aus G. Forster, Frische teutsche Liedlein, hrsg. v. K. GUDEWILL (Wb 1957) (= Chw 63).

Lit.: C. PH. REINHARDT, Die Heidelberger Liedmeister des 16. Jh. (Kas 1939); H. ALBRECHT, Die dt. Psalmen u. Kirchengesänge des J. vom B., in: AfMf 7 (1942); H. HAASE, Die Einwirkung des Isaacschen Innsbruck-Liedes auf das Schaffen Kilians u. J. v. B.s, in: Mf 17 (1964); DERS., J. v. B. (Kas 1967) (= Kieler Schriften zur Musikwiss. 13).

BRANDUS, frz. Musikverleger, **Louis** († 30. 9. 1887) und dessen Bruder **Gemmy** (* 1823, † 12. 2. 1873). Louis kaufte 1846 von Moritz Schlesinger den Musikverlag zurück, den er um 1821 in Paris gegründet hatte. Er führte die von Schlesinger begonnene Ausgabe der Werke Chopins weiter. Der Verlag wechselte 1887 den Besitzer und wurde 1899 aufgelöst.

BRANLE, Bransle (frz., von branler = wanken, wackeln; it.: brando), altfranzösischer, seitwärts getanzter Gruppentanz, dessen Schritte aus der ↗Basse danse stammen. M. Toulouze (*L'art et instruction de bien danser*, vor 1496) verweist auf die etymologische Herkunft des Namens: „Der B. soll mit dem linken Fuß begonnen werden und mit dem rechten Fuß enden und heißt B., weil man ihn ‚branlant', von einem Fuß auf den anderen, tanzt." Der B. war im 16. und 17. Jh. sehr populär, nachdem er, allerdings in mehr und mehr stilisierter Form, einen Platz in den *Entrées* des *Ballet de cour* gefunden hatte. Th. Arbeau (*Orchésographie*, 1588) nennt vier Hauptformen des B., die den Kern der frz. Tanzsuite bilden: den vornehmlich von Älteren getanzten *B. double* und *simple*, den von jung Verheirateten getanzten *B. gayz* und den von den Jüngsten getanzten *B. de Bourgogne*. Zusammen mit den Varianten gab es insgesamt 26 verschiedene Typen. Die Mehrzahl der B.s war geradtaktig wie die *B.s simples, doubles, coupés*, die *B.s de Bourgogne, de Champagne, du Haut-Barrois:*

Cl. Gervaise, *Branle de Bourgogne*.

Andere, wie die *B.s gais, courants*, die *B.s de Poitou* und *d'Écosse*, standen im Dreierrhythmus:

Cl. Gervaise, *Branle de Poitou*.

Die von P. Attaingnant seit 1530 und von N. Du Chemin zwischen 1559 und 1564 herausgegebenen Tanzsammlungen enthalten zahlreiche 4- und 5st. Branles. Von den Komponisten dieser Sammlungen sind namentlich Cl. Gervaise, J. d'Estrées und E. Du Tertre bekannt. Bei Darbietungen wurden B.s in Art einer Suite zusammengestellt. B.s erscheinen auch in Lauten-, Cistern- und Gitarren-Tabulaturen; sie sind häufig mit Liedtiteln versehen, was vermuten läßt, daß sie auch gesungen wurden. Noch im 17. Jh. haben von Praetorius (*Terpsichore Musarum*, 1612) bis zu G. Dumanoir und den Brüdern Brulart (Kasseler Handschrift, 1664) die bedeutendsten Komponisten instrumentaler Musik diesem Tanz in der Suite einen bevorzugten Platz eingeräumt, bis er gegen Ende des Jahrhunderts verschwand. In England war der B. seit Heinrich VIII. als *brawl* oder *brangill* bekannt.

Ausg.: C. GERVAISE – E. DU TERTRE, *Danceries*, in: Expert Maîtres 33 (1898); 20 Suites d'orchestre du XVIIe siècle française, hrsg. v. J. ÉCORCHEVILLE, 2 Bde. (P 1906); P. Attaingnant, *Danserie à 4 parties* (das 2. Buch 1547), hrsg. v. R. MEYLAN (P 1969).

Lit.: M. TOULOUZE, L'art et instruction de bien danser (P 1496), Faks.-Ausg. (Lo 1936); TH. ARBEAU, Orchésographie (Langres 1588), NA v. L. Fonta (P 1888), Faks.-Ausg. (G 1970); F. DE LAUZE, Apologie de la danse (o.O. 1623); J. ÉCORCHEVILLE (s.o. Ausg.); DERS., Un livre inconnu sur la danse (F. de Lauze), in: FS H. Riemann (L 1909); C. SACHS, Eine Weltgesch. des Tanzes (B 1933); P. NETTL, The Story of Dance Music (NY 1947); DERS., Die Tänze J. d'Estrées, in: Mf 8 (1955); M. DOLMETSCH, Dances of England and France from 1450 to 1600... (Lo 1949, [2]1959); O. CHILESOTTI, Danze del XVI secolo trascritte in notazione moderna (Bol 1969).

BRANZELL, Karin, * 24. 9. 1891 Stockholm, † 14. 12. 1974 Altadena bei Los Angeles; schwed.-amerik. Sängerin (Alt). Sie war zunächst Organistin in ihrer Heimatstadt, erhielt dann ihre Gesangsausbildung in Stockholm, Berlin und New York (bei E. Rosati). 1912–18 gehörte sie der Königlichen Oper Stockholm, 1918–33 der Berliner Staatsoper an. Sie sang als Gast an zahlreichen bedeutenden Opernbühnen. u. a. seit 1924 regelmäßig am Metropolitan Opera House in New York, 1930 und 1931 auch bei den Bayreuther Festspielen. Nach ihrem Rücktritt 1944 wirkte sie bis 1950 als Gesangspädagogin an der Juilliard School of Music, 1952–58 am Adelphi-College in New York.

BRASILIEN. Die Wurzeln der brasilianischen *Volksmusik* liegen in der Musik der Indianer, die bereits im frühen 16. Jh. durch die ins Land gekommenen Portugiesen aufgezeichnet wurde (u. a. im Reisebericht des Jean de Léry, G 1585), in der Musik der aus Afrika verschleppten Negersklaven und in der von den Jesuiten ins Land gebrachten volkstümlichen und religiösen europäischen Musik portugiesischer Tradition.

In der *Kunstmusik* ist Luís Alvarez Pinto (* 1719) der älteste brasilianische Komponist, dessen Werke bekannt sind. Er war Kirchenkapellmeister in seiner Geburtsstadt Recife. Nie ganz in Vergessenheit geraten war J. M. Nunes Garcia (1767–1830), dessen Werke aber in der Gegenwart durch häufigere Aufführungen und Schallplatteneinspielungen eine Art Renaissance erfahren. Er lebte um 1800 in Rio de Janeiro, das als Sitz der portugiesischen Kolonialregierung eine Blütezeit erlebte und kulturelles Zentrum des Landes war. Seit dem 17. Jh. entstanden in verschiedenen Städten kleine Opernhäuser, deren Repertoire sich überwiegend am Publikumsgeschmack orientierte. Im frühen 19. Jh. sangen meist einheimische Sänger an diesen Bühnen. Mit dem *Real Teatro de São João* (1813) erhielt Rio de Janeiro eine Opernbühne, die ein großes Repertoire pflegte und für einige Jahre musikalischer Mittelpunkt des Kontinents war. Nach der Unabhängigkeit Brasiliens (1822) schuf der Dirigent und Komponist Francesco Manoel da Silva (1795–1865), Schüler von Nunes García, wichtige Institutionen des Musiklebens, darunter die *Sociedade Beneficente Musical*. Er komponierte auch die brasilianische Nationalhymne. 1848 gründete er das Konservatorium, das heute als Musikschule der Univ. von Rio de Janeiro angegliedert ist. Ein Hauptvertreter der brasilianischen Musik der 2. Hälfte des 19. Jh. war A. C. Gomes (1836–1896). Die steigende Zahl von Musikvereinigungen Ende des 19. Jh. in Rio de Janeiro und São Paulo, die sich vornehmlich der klassischen Musik widmeten, zeugt in dieser Zeit von einer Verfeinerung des Publikumsgeschmacks, der sich nicht mehr ausschließlich an der italienischen Oper orientierte. Neue Tendenzen zeigten sich bei Henrique Oswald (1852–1931), der vor allem Kammermusik schrieb. Er gewann großen Einfluß auf das Musikleben Brasiliens. Wagnerianer war Leopoldo Miguez (1850–1902), dessen Oper *Os Saldunes* (UA 1901 in Rio) man als eine Einführung in das Werk R. Wagners bezeichnen könnte.

An der Wende des 19. zum 20. Jh. prägte sich ein national betonter Stil aus: Alberto Nepomuceno (1864–1920) nahm häufig Themen der brasilianischen Volksmusik in seine Werke auf. Der Höhepunkt dieser Entwicklung findet sich in den Kompositionen von Heitor Villa-Lobos (1887–1959), O. L. Fernández (1897–1948), Fr. Mignone (* 1897) und Mozart Camargo Guarnieri (* 1907). César Guerra Peixe (1914) und Cl. Santoro (* 1919) verwendeten als erste in der brasilianischen Musik serielle Techniken. Großen Einfluß auf die junge Komponistengeneration gewann der Deutsche H. J. Koellreutter (* 1915), der bereits Guerra Peixe und Santoro in ihren Bemühungen um zeitgemäße Ausdrucksformen unterstützt hatte. Er gründete u. a. 1939 die Gruppe *Musica viva Brasil* und führte an der Univ. Bahía neue Methoden der Musikerziehung ein. Die jungen Komponisten (Marlos Nobre, Lindenbergue Cardoso, Fernando Cerqueira, Jorge Antunes, José Antônio de Almeida Prado, José Maria Neves, Aylton Escobar, Rinaldo Rossi, Jaceguay Lins, Marco Antônio Guimarães) geben dem brasilianischen Musikleben vielfältige neue Impulse, ebenso auch die Interpreten der jungen Generation, die zur Verbreitung der zeitgenössischen Musik beitragen, sich aber auch der älteren Musik widmen, zu deren Pflege mehrere Ensembles entstanden. In Rio de Janeiro wurde ein Festival der zeitgenössischen Musik gegründet, dem ein Kompositionswettbewerb angeschlossen ist. Die ebenfalls in Rio stattfindenden internationalen Klavier- und Gesangswettbewerbe haben einen bedeutenden Ruf.

Musikal. Ausg. (Denkmäler- u. a. Sammelpublikationen): Arquivo de Música Brasileira, hrsg. v. L. H. CORRÊA DE AZEVEDO, I Música sacra (J. M. Nunes Garcia, F. M. da Silva), II/1 A. C. Gomes (trechos escolhidos da ópera Joana de Flandres) (Rio de Janeiro 1934–36); Moderne, brasilianische Musik (ebd. 1937); Archivo de Música religiosa de la Capitania Geral das Minas Gerais, hrsg. v. F. C. LANGE (Mendoza 1951); 100 Melodías folclóricas, documentário musical nordestino, hrsg. v. A. MAYNARD DE ARAÚJO E ARICÓ JR. (São Paulo 1958); M. DE ANDRADE, Ensaio sobre a música brasileira (ebd. 1962); DERS., Modinhas Imperiais (ebd. 1964).

Lit.: L. H. CORRÊA DE AZEVEDO, Bibliogr. musical brasileira 1820–1950 (Rio de Janeiro 1952); V. CERNICCHIARO, Storia della musica nel Brasile (Mi 1926); R. ALMEIDA, Hist. da música brasileira (Rio de Janeiro ²1942); I. QUEIROZ SANTOS, Origem e evoluçao da música em Portugal e no Brasil (ebd. 1942); G. DE MELO, A música no Brasil (ebd. ²1947); Boletin Latino Americano de Música 6 (ebd. 1947); L. H. CORRÊA DE AZEVEDO, Música e músicos do Brasil (ebd. 1950); O. ALVARENGA, Música popular brasileira (ebd. 1951); L. H. CORRÊA DE AZEVEDO, 150 Anos de música no Brasil (ebd. 1956); E. NOGUEIRA FRANÇA, Música no Brasil (ebd. 1957); A. VASCONCELLOS, Panorama da música popular brasileira (São Paulo 1964); Inter-American Institute for Music-Research, Yearbook 4 (1968).

L. H. CORRÊA DE AZEVEDO

BRASSART (Brasseur, Braxatoris), **Johannes,** * um 1405 Lowaige (?) (Provinz Limburg), † um 1450; franko-flämischer Komponist. 1422 wird er erstmals in den Rechnungsbüchern von St-Jean-l'Évangéliste in Lüttich genannt. 1431 war er einige Monate Sänger der päpstlichen Kapelle unter Papst Eugen IV. in Rom, danach bis 1434 Kaplan an St-Lambert in Lüttich und seit 1438 Kanonikus und Sänger an Notre-Dame in Tongern. Sein Schaffen umfaßt ausschließlich kirchenmusikalische Werke: 3 *Kyrie*, 3 Gloria- und 2 Credo-Kompositionen, ein *Sanctus*, ein *Agnus*, 7 Introitus, 5 Motetten und ein *Christ ist erstanden*, alle 3st., ferner 4 4st. Motetten. Die Hss. befinden sich in Aosta, Bologna, München, Oxford und Trient.

Ausg.: 3 Motetten, hrsg. v. G. ADLER – O. KOLLER, in: DTÖ 7 (1900); eine Motette, hrsg. v. R. VON FICKER, in: DTÖ 11 (1933); *Christ ist erstanden*, hrsg. v. H. OSTHOFF (vgl. Lit.); 6 Motetten, hrsg. v. K. E. MIXTER (Gr 1960) (= Musik alter Meister 13); Opera omnia, hrsg. v. DEMS. (= CMM 35), I: Fragmenta missarum (An 1965), II: Motetten (R 1970).

Lit.: A. AUDA, Musique et musiciens de l'ancien pays de Liège (Lüttich 1930); H. OSTHOFF, Die Niederländer u. das dt. Lied (B 1938); CH. VAN DEN BORREN, Études sur le XVe siècle musical (An 1941); G. DE VAN, A Recently Discovered Source of Early XVth Century Polyphonic Music, in: MD 2 (1948); W. H. RUBSAMEN, Music Research in Italian Libr., in: Notes 6 (Washington 1948–49); CH. VAN DEN BORREN, Geschiedenis van de muziek in de Nederlanden 1 (A – An 1949); S. CLERCX, J. B. et le début de sa carrière, in: RBMie 7 (1952); K. E. MIXTER, J. B. and His Works, 2 Bde. (1961) (= Diss. Univ. of North Carolina); DERS., in: MD 18 (1964), u. MD 19 (1965); DERS., Isorhythmic Design in the Motets of J. B., In: Studies in Musicology, Gedenkschrift G. HAYDON (Chapel Hill 1969).

BRASS BAND (engl.), ↗Marching band.

BRÄTEL, Ulrich, * um 1495, † 1544 oder 1545 Stuttgart; dt. Komponist. Nach bewegtem Leben wurde er 1535 oder später Komponist der Hofkapelle des Herzogs von Württemberg in Stuttgart. Er schrieb mehrstimmige deutsche Lieder und lateinische Motetten, die in Sammelwerken erschienen (vgl. RISM 1536–67) oder hsl. überliefert sind.

Ausg.: Ein 5st. Lied, hrsg. v. R. EITNER, in: MfM 26 (1894); ein 4st. geistliches Lied, hrsg. v. J. WOLF, in: DDT 34 (1908); ein 4st. Lied, in: *Egenolff, Gassenhawerlin u. Reutterliedlin*, Faks.-Ausg. v. H. J. MOSER (A – Kö 1927); 1 Satz in: 18 weltliche Lieder aus den Drucken v. Ch. Egenolffs, hrsg. v. H. CH. MÜLLER (Wb 1970) (= Chw 111).

Lit.: H. ALBRECHT, Zwei Quellen zur dt. Musikgesch. der Reformationszeit, in: Mf 1 (1948); M. BENTE, U. B. Über Leben u. Werk des ersten württembergischen Hofkomponisten der Reformationszeit, in: H. Albrecht in memoriam (Kas 1962).

BRATSCHE, aus dem Italienischen (it. braccio = Arm) abgeleiteter Name, der zur Unterscheidung der ↗Viola da braccio (Arm-Viola) von der ↗Viola da gamba (Knie-Viola) dient. In neuerer Zeit ist B. ausschließlich die umgangssprachliche Bezeichnung für die ↗Viola.

BRAUN, dt. Musikerfamilie. – **1) Anton,** * 20. 1. 1729 Oberbeisheim bei Kassel, † 26. 4. 1798 Kassel; war seit 1764 Violinist der Hofkapelle in Kassel. Er komponierte Kammermusik und Flötenkonzerte. – **2) Johann,** Sohn von 1), * 29. 8. 1753 Kassel, † 1. 1. 1811 Berlin. Schüler seines Vaters, dann von Schwanenberg (Komposition) und Posch (Violine) in Braunschweig. 1770–85 war B. Violinist der Hofkapelle in Kassel, seit 1788 Konzertmeister der Kapelle der Königin von Preußen in Berlin. Mit Hurka organisierte er im Hotel „Stadt Paris" öffentliche Konzerte, die großen Anklang fanden. Von ihm wurden gedruckt 2 Sammlungen Trios für 2 V. u. Baß, op. 2 u. 3 (B o.J.), 2 Cellokonzerte (B o.J.) und eine *Symphonie concertante* (Z o.J.). – **3) Johann Friedrich,** Bruder von 2), * 15. 9. 1758 Kassel, † 15. 9. 1824 Ludwigslust; dt. Oboist. Schüler seines Vaters und von Chr. S. Barth, dann von C. Besozzi in Dresden. B. war ein berühmter Virtuose, dessen Spiel als neuartig und besonders kantabel galt. Er schrieb u. a. Übungsstücke für Oboe (hsl. erhalten). – **4) Karl Anton Philipp,** * 26. 12. 1788 Ludwigslust, † 11. 6. 1835 Stockholm, und **5) Wilhelm,** * 20. 9. 1796 Ludwigslust, † 12. 5. 1867 Schwerin, beide Söhne von 3); sie waren ebenfalls Oboisten und Komponisten.

Lit.: C. ENGEL, „Introducing Mr. Brown", in: MQ 30 (1944) (zu J. B.); H. ERDMANN, Die Musikerfamilie B., in: Mf 12 (1959).

BRAUN, Werner, * 19.5.1926 Sangerhausen (Thüringen); dt. Musikforscher. Er studierte Schulmusik und Musikwissenschaft in Halle (Saale), wo er 1951 mit einer (ungedruckten) Arbeit über *J. Mattheson und die Aufklärung* promoviert wurde und sich 1958 habilitierte. 1961–68 lehrte er an der Universität Kiel (wurde 1967 zum Professor ernannt) und wirkt seit 1968 an der Universität Saarbrücken. B. gilt als hervorragender Kenner insbesondere der evangelischen Kirchenmusik des 17. und 18. Jh. und der älteren mitteldeutschen Musikgeschichte.

WW: **1) Schriften:** *Die mitteldeutsche Choralpassion im 18. Jh.* (B 1960); *Musikkritik. Versuch einer historisch-kritischen Standortbestimmung* (Kö 1972) (= Musik-Taschenbücher, Theoretica 12); *A. Vivaldi: Concerti grossi, op. 8, Nr. 1–4. Die Jahreszeiten* (Mn 1975) (= Meisterwerke der Musik 9); *Das Problem der Epochengliederung in der Musik* (Da 1977) (= Erträge der Forschung 73); *Britannia abundans. Dt.-engl. Musikbeziehungen zur Shakespearezeit* (Tutzing 1977). – *Die Musik in dt. Gelehrtenbibliotheken des 17. u. 18. Jh.*, in: Mf 10 (1957); *Beiträge zu G. F. Händels Jugendzeit in Halle-Wittenberg* (1685–1703), in: Wiss. Zschr. der ... Univ. Halle-Wittenberg, Gesellschafts- u. sprachwiss. Reihe VIII/4/5 (1959); *Musikgeschichte der Stadt Freyburg (Unstrut)*, in: FS M. Schneider (Hl 1960); *S. Scheidts Bearbeitungen alter Motetten*, in: AfMw 19/20 (1962/63); *Th. Selles Lasso-Bearbeitungen*, in: KmJb 47 (1963); *Arten des Komponistenporträts*, in: FS W. Wiora (Kas 1967); *Komponieren am Klavier*, in: AfMw 23 (1966); *Musikal. Inspiration – zwischen systematischer und historischer Forschung*, in: Mf 23 (1970); *„Freude" in elementarer Gewalt. Zu einem diesseits u. jenseits der Alpen geläufigen Motivtyp*, in: Anal. Mus. 12 (1973). – **2) Editionen:** *J. V. Meder, Die beständige Argenia* (Mz 1973) (= EDM 68).

BRAUNFELS, Walter, * 19.12.1882 Frankfurt, † 19.3.1954 Köln; dt. Komponist. B. studierte zunächst in Frankfurt, dann in Wien (Klavier bei Leschetitzki, Komposition bei Nawrátil) und schließlich in München (Komposition bei Thuille). 1925 bis 1933 war er, zusammen mit H. Abendroth, Direktor der neugegründeten Musikhochschule in Köln. Aus politischen Gründen entlassen, kehrte er 1945 nach Köln zurück; er baute die Hochschule neu auf und war bis 1950 ihr Präsident. Der bezeichnendste Teil in seinem Schaffen sind die Vokalwerke, von denen die Oper *Die Vögel* besonders erfolgreich war. B.' musikalische Sprache, die harmonisch im Rahmen einer erweiterten Tonalität bleibt, ist von großer Individualität. Dies zeigt sich vor allem in der ausdrucksstarken Behandlung der Singstimmen, die – ebenso wie die virtuose Instrumentationskunst – an R. Strauss erinnert. Darüber hinaus bekunden in vielen Werken Textwahl und musikalische Gestaltung auch eine tiefe religiöse Überzeugung.

WW: Opern: *Ulenspiegel*, UA: Stuttgart 1913; *Die Vögel*, UA: München 1920; *Don Gil von den grünen Hosen*, UA: ebd. 1924; *Der gläserne Berg*, UA: Krefeld 1929; *Galathea*, UA: Köln 1929; *Der Traum ein Leben* (1937); *Szenen aus dem Leben der heiligen Johanna* (1943); *Verkündigung, ein Mysterium*, UA: Köln 1945; *Der Zauberlehrling*, UA: NDR Hamburg 1954; Oratorien: *Offenbarung Johannis, Kap. VI* (1919); *Das Spiel von der Auferstehung* (1954); Chorwerke, u. a. *Te Deum* (1922); *Große Messe* (1927); Orchesterwerke, u. a. *Phantastische Erscheinung eines Themas von Berlioz* (1917); Kammermusik, Lieder.

Lit.: M. BRAUNFELS, W. B., in: Rheinische Musiker I (Kö 1960) (= Beitr. z. rheinischen Musikgeschichte 43).

BRAVNIČAR, Matija, * 24.2.1897 Tolmin (Slowenien); jugoslawischer Komponist. Er studierte Komposition an der Musikakademie in Laibach (Ljubljana), war dort 1945–49 Direktor und 1952–68 Professor für Komposition. In seinen Werken findet sich eine Synthese aus slowenischer Volksmusik und zentraleuropäischem Expressionismus. In seiner Programmusik verarbeitete er insbesondere Themen aus der Geschichte Sloweniens.

WW: **1) Instr.-WW:** Für Klv.: *Études & Caprices* (1951); *10 komornih skladb* (10 Kammerkomp.) (1952); *Jugendalbum* (1953); Stücke für V. u. Klv.; *Trio* für Fl., Klar. u. Fag. (1930); *Bläserquintett* (1930); für Orch.: *3 Symphonien;* Ouvertüren; *Slavicus Hymnus* (1931); *Kralj Matjaž* (König Matthias) (1932); *Belokranjska rapsodija* (Rhapsodie v. Bela Krajina) (1939); *Plesne metamorfoze* (Tanzmetamorphosen) (1955); Konzerte für V. (1962) u. Horn (1964); *Fantasia rhapsodica* (1967) für V. u. Orch.; 2. *Bläserquintett* (1968); *Sonate* für V. solo (1966).

Lit.: Muzička enciklopedija I (Zagreb 1958); Larousse de la Musique (P 1957); Enciclopedia della musica (Mi 1963).

BRAVURA (it.; frz.: bravoure), Kennzeichnung eines Musikstücks von virtuosem Charakter, z.B. *aria di bravura* (Bravourarie), *allegro di bravura.*

Die Vortragsbezeichnung *con bravura* fordert eine besonders auf äußeren Effekt bedachte Ausführung.

BRAXTON, Anthony, * 4. 6. 1945 Chicago, amerik. Jazzsaxophonist, -klarinettist und -komponist. B. studierte Philosophie und Musik. Auf dem von ihm bevorzugten Altsaxophon war er anfänglich von Lee Konitz und dem Cool Jazz beeinflußt. 1966 stieß er in Chicago zu der von Richard Abrams gegründeten AACM (= Association For The Advancement Of Creative Music) und geriet dadurch unter den Einfluß der zeitgenössischen Schwarzen Musik von John Coltrane und Ornette Coleman. Heute tritt B. meist mit eigenen Ensembles auf, in denen er Formen und Ausdruck des gesamten modernen Jazz mit den komplexen Strukturen moderner Konzertmusik vereinigt, ohne daß dabei die Improvisation vom Kompositionsmaterial unterdrückt wird. B. gilt als eine Schlüsselfigur des Jazz der 70er Jahre.

BRAYSSING, Gregor (Grégoire), * Augsburg; dt. Lautenist des 16. Jahrhunderts. Er verließ aus religiösen Gründen seine Heimat und ist 1553–60 in Paris bezeugt. Er veröffentlichte ein *Quart livre de tabulature de guitarre* (P 1553), das 6 Phantasien und Intavolierungen von 5 Hugenotten-Psalmen und 9 Chansons (u. a. von Janequin) enthält. B. war mit E. du Tertre und L. Bourgeois befreundet.

Lit.: F. LESURE, La guitare en France au XVIe siècle, in: MD 4 (1950).

BREAK (engl., = Unterbrechung), solistische Überleitung im Jazz, während der das übrige Ensemble pausiert und der gleichmäßige rhythmische Fluß des ↗Beat unterbrochen wird. Genetisch läßt sich das Phänomen aus der instrumentalen Beantwortung in afro-amerikanischen Vokalformen (Blues) herleiten (↗Call-and-response pattern). – Der B. ist nicht mit dem (verwandten) *Stop-time* zu verwechseln, bei dem das Ensemble auch pausiert, während ein Solist weitermusiziert. Hier bleibt der Normalfluß gewahrt, denn das Ensemble markiert – meistens über einen ganzen Chorus hinweg – die metrischen und harmonisch-tonalen Schwerpunkte durch Akkordschläge und pausiert auf allen anderen Zählzeiten. (Vgl. zu beiden Phänomenen die Aufnahmen der Hot Five und Hot Seven von Louis Armstrong.)

BREAM, Julian, * 15. 7. 1933 London; engl. Gitarrist und Lautenist. Ausgebildet zunächst von seinem Vater, debütierte er bereits mit 12 Jahren, studierte später am Royal College of Music in London und bei A. Segovia. B., der zu den hervorragenden Lauten- und Gitarrenvirtuosen der Gegenwart gehört, widmet sich sowohl der alten Musik, auch mit dem Bream-Consort auf historischen Instrumenten und mit eigenen Übertragungen von Cembalomusik des 17. und 18. Jh., als auch modernen Kompositionen.

BREBOS, 1) Gilles, auch „Maître Gilles" genannt, * 1. Hälfte 16. Jh. Lier bei Antwerpen, † 6. 7. 1584 San Lorenzo de El Escorial (Provinz Madrid); flämischer Orgelbauer. Er baute die Orgel von St-Jacques in Löwen und der Kathedrale von Antwerpen. König Philipp II. rief ihn 1579 nach Spanien, wo er die 4 großen Orgeln der Kirche des Escorial, ferner Positive und ein Portativ mit Silberpfeifen baute. Mitarbeiter waren seine Söhne Gaspard, Michiel, Hans und Nicolas, die die Orgeln im Escorial nach seinem Tod vollendeten. – **2) Hans** (Juan), Sohn von 1), * Mitte 16. Jh. Antwerpen, † November 1609 Madrid. Er baute die Orgeln der Kathedrale von Toledo und des Real Palacio in Madrid, der Kathedrale von Orihuela (Provinz Alicante) und mehrerer Madrider Kirchen.

Lit.: G. BOURLIGUEUX, Les grandes orgues du Monastère Royal de l'Escurial, in: L'Orgue (1968) Nr. 127.

BRECHT, Bert(olt) (eig. Eugen Berthold Friedrich B.), * 10. 2. 1898 Augsburg, † 14. 8. 1956 Berlin; dt. Dichter. B. ging nach dem 1. Weltkrieg zum Theater, wurde 1920 Dramaturg der Münchner Kammerspiele und arbeitete 1924–26 bei M. Reinhardt in Berlin. Ende der 20er Jahre wandte er sich dem Marxismus zu. 1933 mußte er emigrieren. Nach Aufenthalten in verschiedenen Ländern, u. a. in den skandinavischen Ländern und in der UdSSR, kam er 1941 nach Amerika. 1948 kehrte er nach (Ost-)Berlin zurück und gründete dort mit seiner Frau Helene Weigel das „Berliner Ensemble". B., einer der bedeutendsten Dichter des 20. Jh., gewann mit seiner Konzeption des „epischen", gesellschaftskritischen Theaters beträchtlichen Einfluß auch auf das Musiktheater. Wichtige Merkmale des epischen Theaters sind die Einführung von Sprechern, Chören und Songs, vor allem der sog. Verfremdungs-Effekt (V-Effekt), der dagegen protestiert, daß das Publikum durch die Darstellung lediglich mitgerissen werde, sich mit dem Dargestellten identifiziere. Es soll sich nicht durch Gefühl und Phantasie, sondern durch das Denken bestimmen lassen, das anstelle des Katharsisprozesses (im Sinne des aristotelischen Dramas) den Zuschauer einer sog. „Wäsche" unterziehen soll. Die von daher entwickelte Spielweise ist demonstrierend und objektivierend. Kongenial wurde seine Konzeption des Theaters von K. Weill vertont: in den Opern

Aufstieg und Fall der Stadt Mahagonny (1927, umgearbeitet 1929), und *Dreigroschenoper* (1928), in dem ↗Lehrstück *Der Ja-Sager* (1930). Viele seiner Stücke, Lieder und Songs wurden von zahlreichen anderen Komponisten vertont, u. a. von H. Eisler (*Gott-sei-bei-uns-Kantate* und *Kantate auf den Tod eines großen Mannes;* viele Lieder), von P. Dessau (die Oper *Das Verhör des Lukullus,* 1951, als Hörspiel bereits 1939; *Deutsches Miserere,* 1945; Bühnenmusik für *Mutter Courage und ihre Kinder,* 1946), von P. Hindemith (*Lehrstück,* 1929; *Lindberghflug,* 1919, mit K. Weill) und von R. Wagner-Régeny (10 Lieder, 1950).

Ausg.: *Gesammelte Werke,* 8 Bde. (F 1967) (Bd. 8 = Schriften zum Theater); dass. als Paperback-Ausg., 20 Bde. (1967, ²1968), dazu 2 Bde. Suppl. (1969); dass. als Werk-Ausg., 20 Bde. (F 1976); *Versuche* (B 1930–35) 14 H.; *Schriften zum Theater,* hrsg. v. S. UNSELD (B – F 1957).

Lit.: C. TOLKSDORF, J. Gays Beggar's Opera u. B.s Dreigroschenoper (Diss. Bonn 1934); F. HENNENBERG, Dessau – Brecht. Musikal. Arbeiten (B 1963); O. WERNER, Versuch einer Aufstellung v. Vertonungen zu B.-Stücken (B 1966); H. BUNGE, Fragen Sie mehr über B., H. Eisler im Gespräch (Mn 1970); C. DEMANGE, B. B. (P 1970); K. D. PETERSEN, B.-B.-Bibliographie (Wie 1977); G. WAGNER, Weill und B. Das musikalische Zeittheater (Mn 1977).

BREIL, Franz Breil, dt. Orgelbauwerkstatt in Dorsten (Westfalen), gegr. 1836 von **Josef Anton B.,** der den Orgelbau in der Werkstatt Fabricius in Grevenbroich (Rheinland) erlernt hatte, dann Schüler von Joseph Seyberth in Wien war und Gesellenjahre in Paris, London und Berlin verbrachte. Ein Bruder errichtete 1848 eine eigene Werkstatt in Regensbrug. **Franz Johannes** (1828–1903), der Neffe des Gründers, führte die Werkstatt fort, die vor der Jahrhundertwende vom Bau mechanischer Schleifladenorgeln zum Bau pneumatisch gesteuerter Kegelladenorgeln überging. Sein Sohn **Franz-Josef** (1865–1929) führte 1925 die elektrische Traktur ein. Unter dessen Sohn **Franz** (1903–85) wurde 1948 – wegweisend für den westdeutschen Raum – der Schleifladenbau mit mechanischer Traktur wieder aufgenommen. Die Werkstatt restaurierte die mechanischen Orgeln von Marienmünster und Marienfeld, die beiden größten erhaltenen historischen Orgeln in Westfalen, und erbaute u. a. die Domorgeln in Hildesheim und Osnabrück.

BREITENGRASER (Breytengasser, Breytengraser), **Wilhelm,** * um 1495 Nürnberg, † 23. 12. 1542 ebd.; dt. Komponist. Nach dem Studium an der Univ. Leipzig (seit 1524) war er Lehrer in Nürnberg. Von ihm wurden in Sammelwerken gedruckt: 1 Messe (RISM 1539[1]) und deutsche Lieder (ebd. 1534[17], 1536[8], 1542[12], 1544[20]); hsl. sind viele Motetten überliefert.

Ausg.: 2 Lieder, hrsg. v. R. EITNER, in: PGfM 2 (1874); eine Hymne, hrsg. v. R. GERBER, in: EDM, Reihe RD, Bd. 21 (1942).

Lit.: R. WAGNER, W. B. u. die Nürnberger Kirchen- u. Schulmusik seiner Zeit, in: Mf 2 (1949).

BREITHAUPT, Rudolf, * 11. 8. 1873 Braunschweig, † 2. 4. 1945 Ballenstedt; dt. Pianist und Klavierpädagoge. Er studierte in Leipzig an der Universität (Philosophie, Kunstgesch. und Musikwiss.) und am Konservatorium (Klavier bei Teichmüller, Komposition bei Paul und Jadassohn), ging 1901 nach Wien, bald darauf nach Berlin, wo er seit 1918 am Stern'schen Konservatorium lehrte. In seinen weitverbreiteten methodischen Schriften setzte sich B. u. a. für eine bewußte Einbeziehung des gesamten Oberkörpers in die pianistischen Bewegungsvorgänge ein.

Schriften: *Die natürliche Klaviertechnik* (L 1905, ⁴1925); *Die Grundlagen der Klaviertechnik* (L 1906, ⁴1925); *Praktische Studien,* 4 H.e (L 1916–21).

BREITKOPF & HÄRTEL, dt. Musikverlag, gegr. 1719 in Leipzig. Die Firma ist aus einer kleinen Druckerei hervorgegangen, deren Anfänge sich in Leipzig bis 1542 zurückverfolgen lassen. Die Druckereibesitzer waren gelegentlich auch als Verleger, so z. B. des Leipziger Messekatalogs, tätig. Die Geschichte des Verlages ist im wesentlichen die Geschichte seiner Inhaber: 3 Generationen Breitkopf, dann Übernahme durch G. Chr. Härtel und dessen beiden Söhne und die Weiterführung durch deren Neffen und ihre Nachkommen. – **Bernhard Christoph Breitkopf,** * 2. 3. 1695 Clausthal (Harz), † 23. 3. 1777 Leipzig. Durch Heirat (1719) trat er in die Druckerei (gegr. 1542) der Witwe Johann Caspar Müllers ein und wurde damit zum eigentlichen Gründer des Verlages. Seine freundschaftlichen und geschäftlichen Beziehungen zu dem Dichter J. Chr. Gottsched, von dem er mehrere Werke herausgab, trugen ihm große finanzielle Erfolge ein. Die Edition von Kompositionen war ihm weniger wichtig, obwohl sich unter seinen Veröffentlichungen auch bedeutsame musikal. Werke wie das *Musikalische Gesang Buch* (1736) von Schemelli und die *Singende Muse an der Pleisse* (seit 1740) von Sperontes finden. – **Johann Gottlob Immanuel Breitkopf,** Sohn des Vorigen, * 23. 11. 1719 Leipzig, † 28. 1. 1794 ebd. Er vergrößerte das Unternehmen und machte es zu einem der führenden europäischen Verlage. Er führte eine Drucktechnik ein, bei der die Schrifttypen nach genauen Berechnungen aufgespalten wurden, und erleichterte damit den Druck von Klaviermusik. Die Schönheit und Eleganz seiner Drucke waren in seiner Zeit berühmt. Mattheson, Telemann, Quantz, L. Mozart, C. Ph. E. Bach, J. A. Hiller und Haydn beauftragten ihn mit dem Druck ihrer Werke. Er förderte auch den Handel mit Partituren, indem er einen großen Fonds mit handschriftlichen und gedruckten Partituren und Werken über Musik begründete. Seine thematischen Kataloge von Instrumentalmusik sind für das Studium und die Identifizierung von autographen Manuskripten des 18. Jh. von Bedeutung (6 *Cataloghi delle Sinfonie,* 1762–65, mit 16 *Supplementi dei Cataloghi,* 1766–87). – **Bernhard Theodor Breitkopf,** Sohn des Vorigen, * 20. 3. 1749 Leipzig, † zwischen 1810 und 1820 St. Petersburg. Er war mit Goethe befreundet und vertonte einige seiner Gedichte, die er als *Neue Lieder in Melodien gesetzt...* herausgab (L 1770). Wegen großer Schulden mußte er 1777 Deutschland verlassen und ließ sich in St. Petersburg nieder. Er gründete dort eine Druckerei und war unter anderem Professor für Musik und Staatsrat; 1795–97 gab er den *Giornale musicale del Teatro Italiano in Pietroburgo* heraus. – **Christoph Gottlob Breitkopf,** Bruder des Vorigen, * 22. 9. 1750 Leipzig, † 4. 4. 1800 ebd., war für die Leitung eines Unternehmens von solchem Ausmaß nicht geeignet, obwohl es ihm gelungen war, wichtige geschäftliche Beziehungen vor allem mit J. Haydn, aber auch mit Gluck, Mozart und Vanhal anzuknüpfen. 1795, ein Jahr nach dem Tod seines Vaters, übertrug er seinem Freund Gottfried Christoph Härtel die Leitung des Unternehmens, das seitdem den Namen **Breitkopf & Härtel** trägt.

Gottfried Christoph Härtel, * 27. 1. 1763 Schneeberg (Erzgebirge), † 25. 7. 1827 Cotta bei Leipzig. Er gab dem Unternehmen neuen Aufschwung. 1798 gründete er die *Allgemeine musikalische Zeitung,* deren Artikel er nach dem Ausscheiden von J. Fr. Rochlitz von 1819–27 selbst redigierte. Seit 1798 gab er das Gesamtwerk von Mozart, Haydn, Clementi, Dussek, Cramer und Steibelt heraus und edierte neben kleineren Werken von Beethoven dessen op. 67 bis 86 (außer op. 81b). G. Chr. Härtel veröffentlichte auch als einer der ersten Editoren seiner Zeit Werke von Bach und Händel (von Bach die Schicht'sche Ausgabe der *Motetten,* 1802–03; 4 Hefte *Choralvorspiele,* 1803–05; *Das Wohltemperierte Klavier,* 1819; von Händel die dt. Ausgabe des *Messias,* 1803). Er erkannte sehr schnell die Bedeutung der von Senefelder erfundenen Lithographie. 1802 richtete Härtel neben dem Editionshaus ein Klaviergeschäft ein und stellte seit 1807 in seiner eigenen Manufaktur, die bis 1874 bestand, Instrumente her. Beim Tod von G. Ch. Härtel übernahm sein Neffe, **Florenz Härtel,** das Geschäft bis 1835. Dann ging das Haus an die Söhne von Gottfried Christoph Härtel über: **Raymund Härtel,** * 9. 6. 1810 Leipzig, † 9. 11. 1888 ebd., und **Hermann Härtel,** * 27. 4. 1803 Leipzig, † 4. 8. 1875 ebd. Beide waren Mitbegründer der Bach-Gesellschaft und veröffentlichten – damit bahnbrechend – die Gesamtausgaben der Werke von Bach, Beethoven, Mendelssohn, Schumann, Chopin. Dazu kamen wichtige musikwiss. Werke (von Winterfeld, Spitta, Chrysander) und thematische Kataloge der Werke von Mozart (Köchel, 1862) und Beethoven (Nottebohm, 1864). Nach dem Tod von Hermann und dem Ausscheiden Raymunds ging die Leitung des Hauses an ihre Neffen über, **Wilhelm Volkmann,** * 21. 6. 1837 Halle, † 24. 12. 1896 Leipzig, und **Oskar von Hase,** * 15. 9. 1846 Jena, † 26. 1. 1921 Leipzig. Unter deren Leitung gab der Verlag weitere Gesamtausgaben heraus (u. a. der Werke von Palestrina, Lasso, Schütz, Mozart) und veröffentlichte wichtige musikwiss. Werke (Eitner, Riemann, Kretzschmar, Ludwig, Joh. Wolf, Abert, Schering). Außerdem erschienen die beiden Serien *Denkmäler deutscher Tonkunst* und *Denkmäler der Tonkunst in Bayern,* die *Publikation älterer praktischer und theoretischer Musikwerke...* und die *Monatshefte für Musikgeschichte* (1884 bis 1905). Beim Tod von W. Volkmann übernahm sein Sohn **Ludwig Volkmann,** * 9. 1. 1870 Leipzig, † 10. 2. 1947 ebd., bekannt durch seine Werke zur Ästhetik (*Iconographia Dantesca,* 1897; *Erziehung zum Sehen,* 1902, ^{4}1912), die Leitung des Hauses. – Ein Sohn von O. von Hase, **Hermann von Hase,** arbeitete 1910–14 für das Unternehmen und veröffentlichte mehrere wichtige Schriften über das Haus.

Das Stammhaus in Leipzig wurde 1952 in einen „Volkseigenen Betrieb" umgewandelt und firmiert heute als *VEB Breitkopf & Härtel.* Verlegt werden aus neuerer Zeit vor allem Werke von Komponisten aus der DDR, u. a. von J. Cilenšek, H. Collum, P. Dessau, H. Eisler, F. Fr. Finke, J. P. Thilman, R. Zechlin.

Seit 1945 bestand in Wiesbaden eine Filiale, die 1947 von Leipzig unabhängig wurde. Nach dem letzten Krieg erschienen hier bei B. & H. u. a. die Gesamtausgabe der Werke von Reger und Werkverzeichnisse von Mozart (Neuauflage des Köchel-Verzeichnisses von F. Giegling, A. Weinmann, G. Sievers, ^{6}1964), Bach (Schmieder, 1950) und Reger (Stein, 1953). Von Komponisten des 20. Jh. druckte B. & H. Werke von F. Busoni, J. N. David, E. Elgar, M. Rózsa, G. Raphael, O. Schoeck, J. Sibelius, J.-F. Zbinden u. a.

Lit.: H. VON HASE, J. Haydn u. Br. & H. (L 1909); DERS., C. Ph. E. Bach u. J. G. I. B., in: Bach Jb. 8 (1911); DERS., Breitkopfsche Textdrucke zu Leipziger Musikauff. zu Bachs Zeiten, in: ebd. 10 (1913); G. SCHÜNEMANN, F. Bachs Briefwechsel mit Gerstenberg u. B., in: ebd. 13; H. VON HASE, J. A. Hiller u. B., in: ZfMw 2 (1919–20); DERS., Beitr. zur Breitkopfschen Geschäftsgesch., in: ebd.; W. SCHMIEDER, J. G. I. B.s Privatbibl., Festgabe O. GLAUMING (Aus Wiss. u. Bibl. 2) (L 1938); O. E. DEUTSCH, Music Publishers' Numbers, in: The Journal of Documentation 1–2 (Lo 1946–47), getrennte Ausg. (Lo 1946); „Pasticcio" auf das 250jährige Bestehen des Verlages B. & H. (L 1968) (= Beitr. zur Gesch. des Hauses); R. ELVERS, B. & H. 1719–1969. Ein hist. Überblick zum Jubiläum (Wie 1968); H. ZERASCHI, Musikverlag v. Weltruf. 250 Jahre B. & H., in: Musik u. Ges. 19 (1969); R. ELVERS, B. & H.s Verlagsarchiv, in: Fontes Artis Musicae 17 (1970).

BREMER STADTMUSIKANTEN, DIE, Buffo-Oper in 2 Akten von Richard Mohaupt (1904–57), Text von Theo Phil nach dem bekannten Märchen. Ort und Zeit der Handlung: Norddeutschland, in märchenhafter Vergangenheit. UA: Juli 1949 im Rahmen der Bremer Festwoche.

Das Werk, das aus einer Kantate für Kammerbesetzung, Solisten und kleinen Männerchor (1936) hervorging, ist gleichermaßen unterhaltsam für Kinder und Erwachsene: So ist die Musik zu der beliebten Märchenhandlung, in der ein Esel, ein Hund, eine Katze und ein Hahn mit Hilfe ihres im Chor vereinten Geschreis das Waldquartier einer Räuberbande erobern und besetzen, eine gelungene Mischung aus melodischer Einfachheit und raffinierter satztechnischer Konstruktion, bei der vor allem ironische Anspielungen auf bereits bestehende, zumeist bekannte und publikumswirksame Kompositionen gelungen in den klanglichen Kontext eingewoben wurden – wie überhaupt der Humor wichtigstes Merkmal der Oper ist: So nennt Mohaupt z. B. den Räuberhauptmann „Muzio" – nach Muzio Clementi, mit dessen als trocken empfundenen Klaviersonaten er sich im Unterricht beschäftigen mußte.

W. A. MAKUS

BREMNER, Robert, * um 1720 Edinburgh (?), † 12. 5. 1789 London; schottischer Musikalienhändler und Musikverleger. Er gründete 1754 eine Firma in Edinburgh, 1762 in London. In seinem Verlag pflegte er besonders die schottische Volksmusik (*Thirty Scots Songs,* 1757; *Collection of Scots Reels,* 1757; *Curious Collection of Scots Tunes,* 1759), veröffentlichte aber auch eigene Kompositionen (Kirchenmusik, Lieder mit Klavier- und Gitarrenbegleitung, Stücke und Arrangements für Klavier, Gitarre u. andere Instrumente). Einen ausführlichen Verlagskatalog gab B.s Nachfolger J. Preston 1790 heraus. – B. schrieb auch *The Rudiments of Music* (1756, ^{3}1763).

BRENDEL, Alfred, * 5. 1. 1931 Wiesenberg (Mähren); östr. Pianist. B. studierte am Konservatorium in Graz und debütierte hier 1948, bildete sich dann weiter bei E. Fischer, P. Baumgartner und E. Steuermann. 1950 ging er nach Wien, entfaltete seit dieser Zeit eine weltweite Tätigkeit als Konzertpianist und widmete sich in großem Umfang Schallplatteneinspielungen. 1960–70 leitete er mit P. Badura-Skoda und J. Demus eine Meisterklasse bei den Wiener Festwochen. B. lebt seit 1972 in London. Er ist vor allem als Interpret Mozarts, Beethovens und Schuberts hervorgetreten, daneben mit viel beachteten analytischen Arbeiten zur Klaviermusik. Im Schubert-Jahr 1978 produzierte er eine dreizehnteilige Fernsehserie *Alfred Brendel spielt Schubert* mit Einführungen zu den einzelnen Klaviersonaten. Er schrieb u. a. *Thoughts and Afterthoughts* (Lo 1976, dt. Übers.: Nachdenken über Musik, Mn – Z ^{4}1978).

Lit.: J. KAISER, Große Pianisten in unserer Zeit (Mn ^{3}1977).

BRENET, Michel (eig. Marie Bobillier), * 12. 4. 1858 Lunéville, † 4. 11. 1918 Paris; frz. Musikwissenschaftlerin. Sie lebte seit 1871 in Paris und widmete sich ohne ein festes Amt der musikgeschichtlichen Forschung. Ihre Arbeiten umspannen einen weiten Themenkreis und imponieren noch heute durch ihre auf profunder Quellenkenntnis basierende Gelehrsamkeit.

Schriften: *Histoire de la symphonie à orchestre* (P 1882); *Grétry, sa vie et ses œuvres* (P 1884); *Deux pages de la vie de Berlioz* (P 1889); *J. de Ockeghem* (P 1893); *S. de Brossard* (P 1896); *C. Goudimel* (Besançon 1898); *La Musique dans les couvents des femmes depuis le Moyen Age jusqu'à nos jours,* in: La Tribune de St-Gervais 4 (1898); *La Musique sacrée sous Louis XIV,* in: ebd. (1899); *Notes sur l'histoire du luth en France,* in: RMI 5–6 (1898–99); *Les concerts en France sous l'Ancien Régime* (P 1900, Nachdr. NY 1970); *La jeunesse de Rameau,* in: RMI 9 (1902); *Deux comptes de la Chapelle-Musique des rois de France,* in: SIMG 6 (1904–05); *Palestrina* (P 1906); *La librairie musicale en France de 1653 à 1780,* in: SIMG 8 (1906–07); *La plus ancienne méthode française de musique,* in: La Tribune de St-Gervais 13 (1907); *Haydn* (P 1909); *Les Musiciens de la Ste-Chapelle du Palais* (P 1910); *Musique et musiciens de la vieille France* (P 1911); *Haendel* (P 1912); *Bibliographie des bibliogr. musicales,* in: L'Année Musicale (1913); *La musique militaire* (P 1917). Des weiteren veröff. sie eine Auswahl v. 41 Klv.-Stücken v. A. P. F. Boëly (P 1915); sie hinterließ ein unvollendetes *Dictionnaire pratique et historique de la musique,* das v. A. Gastoué vervollständigt wurde (P 1926, span. 1946, Ba ^{2}1962).

Lit.: L. DE LA LAURENCIE, M. B., in: Bull. de la Soc. Franc. de Musicologie (1919) Nr. 4.

BRENTA, Gaston, * 10. 6. 1902 Brüssel, † 30. 5. 1969 ebd.; belg. Komponist. Er war Kompositionsschüler von P. Gilson, gehörte dann auch dessen Gruppe „Synthétistes" an. B. arbeitete seit 1931 beim belgischen Rundfunk in Brüssel, baute dort die Diskothek auf und leitete seit 1953 das

Musikprogramm in französischer Sprache. Er wurde 1966 Mitglied der Académie Royale de Belgique.

WW: (wenn nichts anderes angegeben, in Brüssel erschienen): **1) Instr.-WW:** *Impromptu* (1926) für Klv. (P o.J.); *Étude de concert* (1931) für Klv.; *Dessin animé* (1940) für Harfe; *Mélopée* (1945) für V. u. Klv.; *Quatuor à cordes* (1939); *Le Soldat fanfaron* (1952) für Bläserquintett (An o.J.); für Orch.: *Arioso et Moto perpetuo* (1940); *Symphonie* (1946); *Farandole burlesque* (1951); 2 Klv.-Konzerte (1953 u. 1968) (P o.J.); *Concertino* (1958) für Trp. u. Streichorch.; *Saxiana* (1962) für Saxophon, Br. u. Streichorch.; *Airs variés pour de belles écouteuses* (1963) für Fag. u. Streichorch.; *Matinée* für Orch. (1968). – **2) Vokal-WW:** Lieder mit Klv. oder Orch.; für Chor a cap.; *Requiem* (1936); *Deux Chœurs* (1958) (P o.J.); *La Passion de N.S.* (1949), Oratorium. – **3) Bühnen-WW:** *Le Khadi dupé* (Libr.: G.B.), Comédie musicale, UA: Paris 1929; 4 Ballette: *Zo'har* (1928); *Florilège de valses,* UA: Paris 1947; *Le Bal chez la Lorette,* UA: ebd. 1954; *Candide,* UA: ebd. 1955; 2 Rundfunk-WW: *Aucassin et Nicolette* (1934); *Héraclès* (1955). – **4) Schriften:** *Panorama de la musique belge du XIXe siècle* (1938); *Notes brèves sur les symphonies de Beethoven* (1958); *Paul Gilson* (1965).

Lit.: Catalogue des œuvres de compositeurs belges 16 (Bru 1955).

BRENTANO, Bettina (Elisabeth), * 4.4.1785 Frankfurt am Main, † 20. 1. 1859 Berlin; dt. Dichterin. Schwester des Dichters Clemens Brentano (1778–1842) und seit 1811 verheiratet mit Achim von Arnim (1781–1831), der mit Brentano zusammen die Volksliedsammlung *Des Knaben Wunderhorn* herausgegeben hatte. Die vielseitig begabte Bettina (sie komponierte auch *Gesänge zum Faust,* L 1843) war eine Schlüsselfigur der deutschen Romantik. In ihrem schriftstellerischen Oeuvre spielt Beethoven, den sie 1809/10 persönlich in Wien kennengelernt hatte, der ihr eine Komposition schenkte und mit ihr korrespondierte (ein Brief vom 11.2.1811 ist autograph erhalten), eine große Rolle. Bettina sah (nach A. Schmitz) Beethoven als genialisches Naturkind, als Revolutionär, als Zauberer und als Priester und schilderte dieses Beethovenbild in einer Art und Weise, die den Eindruck historischer Treue erweckte: in Berichten über ihre Begegnung mit Beethoven in *Goethes Briefwechsel mit einem Kinde* (1835), in Briefen an den Fürsten Pückler und an A. Bihler und in zwei Briefen Beethovens an sie (vom 11. 8. 1810, vom August 1812), die sie 1839 und 1848 veröffentlichte. Tatsächlich besitzen Bettinas Berichte, obwohl einzelne Fakten für sich genommen durchaus richtig sind, als Gesamtheit keinen Quellenwert, und die „Beethovenbriefe", von denen keine Originale existieren, stammen offensichtlich weitgehend oder ganz von Bettina selbst. Entscheidend für die Beurteilung dieses Komplexes ist, daß Bettina Beethoven nicht als historische Persönlichkeit, sondern als literarische Figur sah; ihre Äußerungen sind (nach W. Oehlke) als Kapitel eines Briefromans zu klassifizieren, typisch romantisch nicht nur in der Darstellung eines Künstlers, sondern auch in der changierenden Verquickung von Historie und Phantasie. Das Beethovenbild der Bettina, das man als das romantische Beethovenbild schlechthin bezeichnen kann, hat bis weit ins 20. Jh. hinein das Schrifttum über Beethoven entscheidend geprägt. Fast alle Beethovenbiographien des 19. Jh. haben es ganz oder teilweise übernommen (eine frühe Ausnahme ist Schindler); R. Wagner formte es um und stellte es in den Dienst seines eigenen Mythos der Kunst und des Künstlers (*Eine Pilgerfahrt zu Beethoven,* 1841; *Beethoven,* 1870). Und gelegentlich ist das Beethovenbild der Bettina noch heute präsent, wenn ein von ihr Beethoven zugeschriebener Ausspruch, wie z. B. „Musik ist höhere Offenbarung als alle Weisheit und Philosophie" als echtes (und sogar charakteristisches) Beethovenwort zitiert wird.

WW u. Ausg.: Sämtliche Werke, 11 Bde. (B 1853), Neudr., hrsg. v. W. OEHLKE, 7 Bde. (B 1920–22); *Werke und Briefe,* hrsg. v. G. KONRAD, 4 Bde. (Kö 1959–63); *Achim u. Bettina in ihren Briefen,* hrsg. v. W. VORDTRIEDE, 2 Bde. (F 1961); einzeln *Goethes Briefwechsel mit einem Kinde,* 3 Bde. (B 1835, [7]1929). – Die Beethovenbriefe sind veröffentlicht in: *L. v. Beethovens sämtliche Briefe,* hrsg. v. E. KASTNER, erweiterte Ausg. v. J. KAPP (L [2]1923), Nr. 253, 262, 342.

Lit.: H. DEITERS, Die Briefe Beethoven's an B. v. Arnim, in: AmZ 17 (1882); R. STEIG – H. GRIMM, A. von Arnim und die ihm nahe standen, 3 Bde. (St 1894–1913); W. OEHLKE, B. v. Arnims Briefromane, in: Palaestra 41 (1905); A. LEITZMANN, Beethoven u. Bettina, in: Deutsche Revue (1918); A. SCHMITZ, Das romantische Beethovenbild (B – Bonn 1927); H. LILIENFEIN, Bettina. Dichtung und Wahrheit ihres Lebens (Mn 1949); D. W. MACARDLE, The Brentano Family in Its Relations with Beethoven, in: MR 19 (1958); J. MITTENZWEI, Das Musikalische in der Literatur (Hl 1962) Kap. „B. B.s Apotheose der Tonkunst"; W. MILCH, Die junge Bettina, hrsg. von P. Küpper (Hei 1968).

G. MASSENKEIL

BRESGEN, Cesar, * 16.10.1913 Florenz; östr. Komponist. B. studierte Komposition bei J. Haas in München. 1939 übernahm er die Leitung der Musikschule für Jugend und Volk in Salzburg sowie einer Kompositionsklasse am Mozarteum. Gegen Kriegsende wirkte er als Organist in Mittersill, wo er zu Webern kurz vor dessen Tode näheren Kontakt aufnahm. Nach dem Krieg ist B., der bereits während seiner Studienzeit unter dem Einfluß der musikalischen Jugendbewegung um Fr. Jöde stand, vor allem durch seine Bearbeitungen volkstümlichen Liedgutes bekannt geworden, die in viele pädagogische Werke, besonders Schulbücher, Eingang fanden. Neben dieser Gebrauchsmusik hat B. jedoch auch viel „artifizielle" Musik geschrieben. Sie steht im Laufe der Zeit unter wechselnden Einflüssen: Strawinskis, Hindemiths, vor allem aber Bartóks. Nach B.s eigenem Bekunden ist sein gesamtes

Schaffen, das sich in erster Linie dem Menschen verständlich machen und keine „elitäre" Kunst sein will, stark auch von einer ethischen Bindung geprägt.

WW: Konzert für Orch. (1966); Kantate *Träume der Blinden* (1968); *Cantata profana „Die 12 Monate"* (1974); Kantate *Der Herr ist mein Licht*, UA: 1978; Oratorium *De tempore* (1974); *Surrexit Dominus* (1973) für Chor u. Orch.; die szenische *Salzburger Passion* (1966); Märchenoper *Mann im Mond* (1958); Oper *Der Engel von Prag*, UA: 1978; Kammerballett *Apollon u. Marsyas* (1975).

BRESLAUR, Emil, * 29. 5. 1836 Cottbus, † 26. 7. 1899 Berlin; dt. Klavierpädagoge und Komponist. Nach dem Besuch des Stern'schen Konservatoriums in Berlin lehrte er 1868–79 an der Kullakschen Akademie, gründete dann ein eigenes Konservatorium für Klavierpädagogen. B. veröffentlichte wichtige Arbeiten zur Methodik des Klavierunterrichts und erwarb sich große Verdienste um die Ausbildung und Organisation der Musiklehrer, u.a. durch Gründung des Vereins der Musiklehrer und -lehrerinnen zu Berlin (1879), als Herausgeber der Zeitschrift *Der Klavierlehrer* (seit 1878). B. komponierte u.a. Volksmusik (geistliche und weltliche Chormusik, Lieder) und Klavierstücke und schrieb eine Klavierschule, die noch im 20. Jh. weit verbreitet war.

Schriften: *Die technischen Grundlagen des Klavierspiels* (B 1874); *Führer durch die Klavier-Unterrichts-Literatur* (B 1887); *Melodiebildungslehre* (B [2]1895). – Edition: *Methodik des Klavierunterrichts in Einzelaufsätzen* (B 1886, [2]1896).

BRET, Gustave, * 30. 8. 1875 Brignoles (Var), † 16. 4. 1969 Fréjus (Var); frz. Dirigent, Organist und Komponist. Schüler von Ch. M. Widor (Orgel) und A. Lavignac (Harmonielehre) am Conservatoire, von d'Indy (Komposition) an der Schola Cantorum in Paris. Er war 1898–1903 als Assistent Widors Organist an St-Sulpice. 1904 gründete er die „Société J. S. Bach" und leitete bis 1939 Konzerte, die die Öffentlichkeit mit dem damals noch wenig bekannten Werk Bachs vertraut machen sollte. 1900–39 war B. Musikkritiker des *L'Intransigeant*. Er schrieb auch ein Oratorium, *Les Pèlerins d'Emmaüs* (1903), Chorwerke a cappella und Lieder.

BRETÓN, Tomás, * 29. 12. 1850 Salamanca, † 2. 12. 1923 Madrid; span. Komponist. Schüler von Arrieta y Corera in Madrid. Er war Dirigent mehrerer Orchester, darunter eines Zarzuela-Orchesters in Madrid und Barcelona, der 1876 von ihm gegründeten Unión Artistico-Musical und der Sociedad de Conciertos. 1875 wurde seine erste Oper *Guzmán el Bueno*, uraufgeführt. Während eines Aufenthaltes in Wien schrieb B. eine Symphonie und das Libretto zu seiner Oper *Los amantes de Teruel* (1889). Nach seiner Rückkehr entstanden mehrere Opern, darunter *Garín* (1892) und *La Dolores* (1895), und Zarzuelas, u. a. *La verbena de la Paloma* (1897), ein Meisterstück des „género chico". B. schrieb ferner Orchesterwerke, symphonische Dichtungen, ein Oratorium, ein Violinkonzert, Kammermusik (u. a. ein Klaviertrio und Klavierquintett, 3 Streichquartette, ein Sextett für Klavier und Bläser) sowie Chorwerke. 1901 wurde B. Professor und Direktor des Conservatorio de Música in Madrid.

Lit.: A. S. SALCEDO, T. B.: su vida y sus obras (Ma 1924); G. HERNÁNDEZ GONZÁLEZ, B. (Salamanca 1952).

BREUKER, Willem, * 4. 11. 1944 Amsterdam; ndl. Jazzklarinettist und -saxophonist. Anfang der 60er Jahre gehörte B. zu Gunter Hampels Gruppe, eine der ersten Formationen, die einen eigenständigen europäischen Avantgarde-Jazz kreierten. Seinem Vorbild Eric Dolphy folgend, bevorzugt B. die Baßklarinette, spielt sie aber mit expressiver Schärfe und mit einer so variablen Klangfülle wie kaum ein anderer Baßklarinettist. Er tritt heute mit seinem „Kollektief" auf, einem holländischen Orchester, das Jazz und verschiedene Formen von Volks- und Populärmusik – vergleichbar der Konzeption Kurt Weills – zu einer oft satirisch wirkenden Einheit verbindet.

Lit.: Aus einer anderen Einstellung heraus Musik machen, in: Jazz Podium 25 (1976); R. KOOPMANS, Jazzmusiker gehen neue Wege des Musiktheaters, in: ebd. 26 (1977).

BREUNING, VON. Die Familie von B. war von großer Bedeutung für Beethoven. Er verkehrte seit 1784 im Hause der **Helene von B.** in Bonn – deren Mann, der kurkölnische Hofrat Josef von B., 1777 beim Brand des Bonner Schlosses umgekommen war – und erhielt dort mannigfache geistige Anregungen. Von den vier Kindern blieben ihm **Eleonore** (1771–1841) und **Stephan** (1774–1827) zeitlebens freundschaftlich verbunden. Eleonore, der späteren Frau von Fr. G. Wegeler, der ebenfalls ein Jugendfreund Beethovens war, widmete der Komponist 1793 die Variationen für Klavier und Violine WoO 40 und eine nur fragmentarisch erhaltene Klaviersonate (WoO 51). Stephan, Jurist und seit 1800 Beamter im Hofkriegsrat in Wien, kam dort oft mit Beethoven zusammen; er besorgte 1806 die Textänderungen für die 2. Fassung der *Leonore*. Im Jahr 1808 widmete ihm Beethoven sein Violinkonzert D-Dur. Stephans Sohn **Moritz Gerhard** (1813–92) studierte Medizin. Seine Jugenderinnerungen an Beethoven *Aus dem Schwarzspanier-*

hause sind eine wertvolle Quelle für die Kenntnis der letzten Lebensjahre des Komponisten.

Schriften M. G. von B.s: *Aus dem Schwarzspanierhause. Erinnerungen an L. van Beethoven aus meiner Jugendzeit* (W 1874, NA von A. Ch. Kalischer (B 1907, Nachdr. Hil 1970); *Die Schädel Beethovens und Schuberts*, in: Freie Presse, Wien 17.9.1886; *Drei bisher unveröff. Briefe Beethovens*, in: ebd. 30.12.1887.

Lit.: F. G. WEGELER – F. RIES, Biographische Notizen über L. van Beethoven (Koblenz 1838); F. WEGELER, Nachtrag zu den biograph. Notizen (Bonn 1845), Nachdr. beider Werke, hrsg. v. A. CH. KALISCHER (B 1-2 1906), reprographischer Nachdr. (Hil – NY 1972); A. CH. KALISCHER, Beethovens „Ariel" und „Hosenknopf" (das waren die Namen für den jungen Moritz Gerhard von B.), in: Vossische Zeitung v. 7. 6. 1891 (Sonntagsbeilage zu Nr. 23); L. SCHIEDERMAIR, Der junge Beethoven (L 1925, Bonn 3 1951); ST. LEY, Beethoven als Freund der Familie Wegeler – von Breuning (Bonn 1927); W. NOHL, G. von B. als Knabe, in: Mk 32 (1940).

BRÉVAL, Jean-Baptiste Sébastien, * 6. 11. 1753 Paris, † 18. 3. 1823 Colligis (Aisne); frz. Violoncellist und Komponist. Er war in Paris wahrscheinlich Schüler von Fr. Cupis, 1781–91 Mitglied des Orchesters des Concert Spirituel und später des Orchesters der Opéra (bis mindestens 1814) und trat auch als Solist im Concert Spirituel auf. Als Komponist, Virtuose und Lehrer gehört B. zu den bedeutendsten französischen Violoncellisten seiner Zeit. Seine Konzerte und die *Symphonies concertantes* zeichnen sich vor allem durch kantable Melodik aus.

WW: **1) Instr.-WW:** *Duo* für 2 Fl., op. 16 (1784); *Duos* für 2 V. (oder 2 Vc. oder V. u. Vc.), op. 6 (1780), 10 (1783), 19 (1785), 23 (1786), 35 (um 1795), 41 (um 1799); *Duo* für V. u. Va., op. 15 (1784); *Duos* für V. u. Vc., op. 9 (*Les Nocturnes*, 1782), 21 (1785); *Duos* für 2 Vc., op. 2 (1776), 25 (um 1786); *Sonaten* für Vc. (oder V.) u. B.c., op. 12 (1783), 28 (um 1788), 40 (um 1798); *Air de Marlborough arr. et varié* für Vc. u. B.c. (oder V. u. Vc.), op. 13 (1783); *Trios* (z. T. *Trios concertants*) für V., Va. u. Vc., op. 3 (1777), 27 (1787), 32 (um 1790), für Vc. obligato, V. u. B.c., op. 39 (um 1795), für 2 V. u. Vc., op. 8 (1782); *Quatuors concertants*, op. 1 (1775), 5 (auch mit Fl., 1778), 7 (1781), 18 (1785); *Symphonies concertantes*, für Fl. u. Fag. mit Orch., op. 31 (um 1790), für Klar., Horn u. Fag. mit Orch., op. 38 (um 1795); Vc.-Konzerte Nr. 1–7, op. 14 (1784), 17 (auch für V., 1784), 20 (1785), 22 (1786), 24 (um 1786), 26 (um 1787), 35 (um 1794). – **2) Bühnen-Werk:** *Inès et Léonore*, Comédie, UA: 14. 11. 1788 Versailles (P 1789), die Ouvertüre (Klv.-Bearb. v. J. B. Cramer) auch separat (P o. J.); ein Chanson hsl. in Paris, Bibl. Nat. – **3) Didaktisches Werk:** *Traité du Violoncelle*, op. 42 (P 1804).

Ausg.: Versch. Kammermusik-WW, hrsg. in Mainz, Berlin, Paris, Venedig u. Nizza; 5 *Concertinos de violoncelle* (Nizza 1932–57); 2 *Concertos de violoncelle* (1933–64); *Symphonie concertante*, op. 38, hrsg. v. B. S. BROOK (vgl. Lit.); 6 *Duos* für 2 Solo-Vc. (Buch 3, op. 2), hrsg. v. T. TOOMEY (Nizza 1963).

Lit.: B. S. BROOK, La symphonie française dans la 2de moitié du XVIIIe siècle (P 1962); K. MARX, Die Entwicklung des Violoncells u. seiner Spieltechnik bis J. L. Duport 1520–1820 (Rb 1963).

BREVIER (von lat. breviarium = Auszug), das alle vorgeschriebenen und aus verschiedenen Büchern (Psalterium, Vollbibel, Responsoriale, Collectar u. a.) zusammengestellten Texte des Stundengebets (↗Offizium) enthaltende liturgische Gebetbuch der röm.-kath. Kirche. B.e wurden seit dem 11. Jh. eingeführt, um Geistlichen, die am Chorgebet nicht teilnehmen konnten, die private Lesung zu ermöglichen. Sie enthielten daher im allgemeinen keine Gesänge, doch weisen einige ältere B.-Hss. auch Neumen bzw. Choralnoten auf. Besondere Verbreitung fand das B. seit dem 13. Jh. durch das *Breviarium secundum usum Romanae Curiae*, das auch von den Franziskanern übernommen und verbreitet wurde. Durch das B. setzte sich das private Beten des Offiziums immer mehr durch und war seit Anfang des 15. Jh. allgemein üblich. – Das II. Vatikanische Konzil beschloß eine wesentliche Verkürzung des Offiziums, vor allem für den Weltklerus und die im tätigen Leben stehenden Ordensmitglieder. Auch darf das B. heute in der Muttersprache gelesen werden.

Lit.: S. BÄUMER, Gesch. des B.s (Fr 1895); P. BATIFFOL, Histoire du bréviaire romain (P 3 1911); J. BRINKTRINE, Das römische B. (Paderborn 1932); C. CALLEWAERT, Sacris erudiri (Steenbrugge 1940); J. PASCHER, Das Stundengebet der römischen Kirche (Mn 1954); J. A. JUNGMANN, Der Gottesdienst der Kirche (I 1955); P. RADÓ, Enchiridion Liturgicum (R 1961); J. PASCHER, Die Methode der Psalmenauswahl im römischen Stundengebet (Mn 1967); G. JOPPICH – RH. ERBACHER, Monastisches Brevier. Entwurf eines neuen dt. Stundengebets (Münsterschwarzach 4 1976).

BRÉVILLE, Pierre Onfroy de, * 21. 2. 1861 Bar-le-Duc, † 23. 9. 1949 Paris; frz. Komponist. Nachdem er auf eine diplomatische Laufbahn verzichtet hatte, studierte er bei Th. Dubois und vor allem bei C. Franck in Paris. Er war an der Leitung der Schola Cantorum beteiligt, an der er Kontrapunkt lehrte. 1914–18 unterrichtete er Kammermusik am Conservatoire in Paris. Er schrieb u. a. Stücke für Orgel und Klavier, Kammermusik, einige Orchesterwerke, Chorwerke für Soli und Orchester, Messen und Motetten, wurde vor allem aber durch seine Lieder bekannt. Seine Märchenoper *Éros vainqueur* wurde 1910 in Brüssel uraufgeführt. B. war auch Musikkritiker am *Mercure de France*, an der *Revue Internationale de Musique*, der *Revue Blanche* und am *Courrier Musical* und Präsident der *Société Nationale de Musique*. Er verfaßte u. a. eine *Histoire du théâtre lyrique en France* (P o. J.).

BREVIS (lat.), **1)** in der griechischen Metrik die unteilbare Zeiteinheit. Zeichen: ◡ . – **2)** aus dem ↗Punctus hervorgegangenes Notenzeichen (▪), das in der Mensuralnotation des 12. Jh. (↗Notenschrift) zunächst die kürzeste Zeiteinheit repräsentierte. Pausenzeichen: 𝄻 Durch die Einführung kürzerer Notenwerte (Semibrevis, Minima) zählte die B. bald zu den längeren Werten, behielt aber ihren Namen. Um 1430, mit der Einführung der sog. weißen Notation, erhielt die B. eine hohle Form ⊏⊐ die heute noch für die Doppelganze verwendet wird. – ↗Alla breve.

BRIDGE, Frank, * 26. 2. 1879 Brighton, † 10. 1. 1941 Eastbourne; engl. Komponist, Violaspieler und Dirigent. 1899–1903 studierte er Viola und Komposition bei Ch. Stanford am Royal College of Music in London. 1906 spielte er in Vertretung von Wirth im Joachim-Quartett, war dann bis 1915 Mitglied des English String Quartet. B. war Dirigent u.a. am Savoy Theatre, an Covent Garden, der Konzerte der Queen's Hall, der Royal Philharmonic Society und der Henry Wood Promenade Concerts. Er schrieb Klavierstücke, Kammermusik, Orchesterwerke, darunter die Tondichtungen *Isabella* (1907) und *Summer* (1914), die Suite *The Sea* (1910–11), *Lament* (1915), *2 Poems* (nach R. Jefferies, 1915), *Sir Roger de Coverley* (1922), *Enter Spring* (1930), *Vignettes de Danse* (1940), ferner Lieder und Chorwerke, die Oper *The Christmas Rose* (1919–29) und Bühnenmusiken.

BRIEGEL, Wolfgang Carl, * Mai 1626 Königsberg (Unterfranken), † 19. 11. 1712 Darmstadt; dt. Komponist. Er verbrachte einen Teil seiner Jugend in Nürnberg und war 1645–50 Organist in Schweinfurt, dann Kantor am Hof in Gotha, 1671–1709 Hofkapellmeister in Darmstadt. Während sich B.s Darmstädter Bühnenwerke und Ballette nicht erhalten haben, war seine Kirchenmusik, meist im konzertierenden Stil mit Streichern und B.c. geschrieben, durch zahlreiche Druckausgaben weit verbreitet. Manche Werke davon gehören dank vieler Neuausgaben zum Repertoire der heutigen kirchenmusikalischen Praxis.

WW: **1) Weltliche WW:** *Erster theil, darinnen begriffen 10 Paduanen, 10 Galliarden, 10 Balletten u. 10 Couranten* für 3–4 St. (Erfurt 1652); *Musicalisches Tafel-Confect* für 1–4 St., 2 V. u. B.c. (F 1672). – **2) Geistliche WW:** *Der Psalter Davids* für 4 St. (Gotha 1654); *Geistlicher musicalischer Rosengarten* für 1–5 St., 2 V. u. B.c. (ebd. 1658); 2 Bücher *Geistliche Arien* für 1–2 St., Instr. u. B.c. (ebd. 1660 u. Mühlhausen 1661); *Evangelische Gespräch* für 4 St. u. B.c., 3 Tle. (F 1660 u. 1662, Da 1681); *Evangelischer Blumengarten* für 4–5 St. u. B.c., 4 Tle. (Gotha 1666, 1668 u. 1669); *Geistliche Oden Andreae Gryphii* für Sopran, 2 Violen u. B.c. (ebd. 1670); *Zwölf madrigalische Trost-Gesänge* für 5–6 St. u. B.c. (ebd. 1670); *Geistliche Gespräche u. Psalmen* für 3 St. u. 3 Instr. u. B.c. (ebd. 1674); ... *J. S. Kriegsmanns evangelisches Hosianna* für 1–5 St., 2 Instr. u. B.c. (F 1677, erweiterte Ausg. Gießen 1690); *Musicalische Trost-Quelle* für 4 St., Violen u. B.c. (Da 1679); *Musicalischer Lebens-Brunn* für 4 St., 4 Instr. u. B.c. (ebd. 1680); *Chr. Rehefelds evangelischer Palmen-Zweig* für 1–5 St., 2–5 Instr. u. B.c. (F 1684); *J. G. Braunens ... Cithara Davidico-Evangelica* für 4 St., 2 V. u. B.c. (Gießen 1685); *Des Königs ... Davids sieben Buß-Psalmen* für 4 St., 2 V. u. B.c. (ebd. 1690); *Concentus Apostolico-Musicus* für 3–4 St., 2 V. u. B.c. (ebd. 1697); *Letzter Schwanen-Gesang* (Trauergesänge) für 4–5 St. u. B.c. ad lib. (ebd. 1709); 15 Einzeldrucke in den Jahren 1653–79 mit Gelegenheitsgesängen (meist Trauergesänge).

Ausg.: 2 geistliche Kantaten, hrsg. v. F. NOACK, in: Kirchenmusik der Darmstädter Meister des Barock 3–4 (Da 1955); 3 Kantaten (aus *Musikal. Lebens-Brunn* v. 1680), hrsg. v. D. KRÜGER (St 1959–60) (= Geistliche Chormusik 10, 13–15); Psalm 32 (aus *Buß-Psalmen* v. 1691), hrsg. v. E. NOACK (B 1962) (= Kirchenmusik der Darmstädter Meister des Barock 5); Kantate *Mache dich auf, werde Licht!* (aus *Concentus apostolicus* v. 1697), hrsg. v. DERS. (B 1962, [5]1968) (= ebd. 6); 3 kleine Kantaten, hrsg. v. DERS. (B 1963, [3]1968).

Lit.: K. F. HIRSCHMANN, W. C. B. (Gießen 1936); F. NOACK, W. C. B. als Liedkomp., in: Mf 2 (1949); E. NOACK, W. C. B. (B 1963) (mit Werkverz.); DIES., Musikgesch. Darmstadts v. MA bis zur Goethezeit (Mz 1967) (= Beitr. zur mittelrheinischen Musikgesch. 8).

BRIGADOON, amerik. Musical in 2 Akten von Frederick Loewe (* 1904), Buch und Song-Texte von Alan Jay Lerner nach einer schottischen Sage. Ort und Zeit der Handlung: die sagenhafte schottische Stadt Brigadoon, Gegenwart. UA: 13. 3. 1947 in New York (Ziegfeld-Theater). Dt. Übersetzung von Robert Gilbert, noch keine dt.-sprachige EA. Verfilmt 1954.
Die Autoren gingen bei der Auseinandersetzung mit dem Stoff von dem Sprichwort „Der Glaube versetzt Berge" aus. Die Stadt Brigadoon verschwand 1774, und nur einmal in jedem Jahrhundert erwacht sie für einen einzigen Tag wieder zum Leben. Zufällig kommen gerade an diesem Tag zwei amerikanische Touristen in die Stadt. Einer von ihnen, Tommy Albright, verliebt sich in Fiona MacLaren und kraft seiner Liebe gelingt es ihm, bei ihr zu bleiben. *Brigadoon* war der erste große Erfolg des Autorenteams Loewe/Lerner, sowohl finanziell (581 Vorstellungen) als auch künstlerisch, denn es wurde als erstes Musical überhaupt mit dem „Drama Critics Circle Award" als bestes Stück des Jahres ausgezeichnet. Neben der Choreographie von Agnes DeMille lobten die Kritiker vor allem die einfühlsamen Texte Lerners, die Loewe in adäquate Melodien umzusetzen vermochte.

S. KUROCK – R.-M. SIMON

BRIGANDS, LES, Oper von Jacques Offenbach, ↗Banditen.

BRILLENBASS ↗Murky.

BRINDIS DE SALAS, Claudio José Domingo, * 4. 8. 1852 Habana, † 2. 6. 1911 Buenos Aires; kuban. Violinist, Sohn des Violinisten und Dirigenten Claudio B. de Salas. Er trat schon mit 10 Jahren öffentlich auf. 1869 ging er nach Paris und setzte sein Studium am Conservatoire fort, konzertierte dann mit triumphalen Erfolgen in Europa und in Amerika. Wegen seiner Virtuosität nannte man ihn auch „El Paganini negro". In Berlin wurde er zum Kaiserlichen Violinvirtuosen ernannt.

BRINKMANN, Reinhold, * 21.8.1934 Wildeshausen (Oldenburg), dt. Musikwissenschaftler. Er studierte Schulmusik und Musikwissenschaft in Hamburg und Freiburg (bei H. H. Eggebrecht), wo er 1967 mit einer Arbeit über A. Schönberg promoviert wurde, war 1967–70 Assistent an der Freien Universität Berlin und habilitierte sich dort 1970. 1972 wurde er als Ordinarius an die Universität Marburg, 1980 an die Berliner Hochschule der Künste berufen. Seit 1985 lehrt er an der Harvard University in Cambridge (USA). B. veröffentlichte wichtige Beiträge zur Analyse der Werke Wagners, Schönbergs und Eislers.

WW: **1) Schriften:** *A. Schönberg: Drei Klavierstücke op. 11. Studien zur frühen Atonalität bei Schönberg* (Wie 1969) (= Beihefte zum AfMw 7); *Schönberg u. George. Interpretation eines Liedes,* in: AfMw 26 (1969); *Tannhäusers Lied,* in: Das Drama R. Wagners als musikal. Kunstwerk (Rb 1970) (= Stud. zur Musikgesch. des 19. Jh., 23); *Kompositorische Maßnahmen Eislers,* in: Über Musik u. Politik (Mz 1971) (= Veröff. des Inst. für neue Musik u. Musikerziehung Darmstadt 10); *Kritische Musik. Bericht über den Versuch H. Eislers,* in: Über Musik u. Kritik (Mz 1971) (= ebd. 11); *Szenische Epik. Marginalien zu Wagners Dramenkonzeption im „Ring des Nibelungen",* in: R. Wagner – Werk u. Wirkung (Rb 1971) (= Stud. zur Musikgesch. des 19. Jh., 26); *„Drei Fragen stell' ich mir frei". Zur Wanderer-Szene im 1. Akt von Wagners „Siegfried",* in: Jb. des Staatl. Inst. für Musikforschung Preuß. Kulturbesitz 1972 (B 1973); *Die gepreßte Symphonie. Zum geschichtl. Gehalt von Schönbergs Opus 9,* in: Stud. zur Wertungsforschung 8 (Gr 1977); *Mythos – Geschichte – Natur. Zeitkonstellationen im „Ring",* in: R. Wagner. Von der Oper zum Musikdrama, hrsg. v. S. KUNZE (Be 1978); zahlreiche Lexikon-Artikel. – **2) Editionen:** A. Schönberg, Sämtl. Werke, Bd. II/A/4: Werke für Klv. zu zwei Händen, zus. mit E. STEUERMANN (W–Mz 1968), Bd. II/B/4: Werke für Klv. zu zwei Händen. Kritischer Bericht, Edition der Skizzen u. der Fragmente (ebd. 1975).

BRIO (it., = Feuer, Munterkeit), ergänzende Angabe bei Satz- und Tempobezeichnungen, meist in der Form „Allegro con brio" (so z.B. häufig bei Beethoven); „con brio" erscheint gelegentlich auch als Vortragsbezeichnung.

BRISÉ (frz.), ↗Style brisé.

BRITTEN, Sir Edward Benjamin, *22.11. 1913 Lowestoft (Suffolk), † 4.12. 1976 Aldeburgh (Suffolk); engl. Komponist. Er studierte Komposition bei Fr. Bridge, später bei J. Ireland am Royal College of Music in London. Sein erstes veröffentlichtes Werk, eine *Sinfonietta* für Kammerorchester, entstand noch während der Schulzeit. Etwas später schrieb er Filmmusik und Musik zu Stücken von Auden und Isherwood, J.B. Priestley und Montagu Slater. Seinen ersten internationalen Erfolg verdankte B. den *Variationen über ein Thema von Frank Bridge* für Streichorchester, die bei den Salzburger Festspielen 1937 aufgeführt wurden. Es gibt darin parodistische Elemente, wie sie schon in der Suite für Orchester *Soirées musicales* (nach Rossini) auftauchen und die sich auch in den Variationen über ein Thema von Purcell *The Young Person's Guide to the Orchestra* wieder finden. 1939–42 weilte er in den USA. B. hat ein umfangreiches Œuvre hinterlassen und sich nahezu mit allen musikalischen Gattungen beschäftigt, am wenigsten noch mit der reinen Orchestermusik. Außer den genannten Werken gehören dazu die *Sinfonia da Requiem* (1940) und die *Cello Symphony* (1964) sowie ein Klavier- und ein Violinkonzert, beides Jugendkompositionen. So populär auch manche Orchesterwerke sind (vor allem die Purcell-Variationen), so bilden doch die Vokalwerke den Kern seines Schaffens. Er hat etwa ein Dutzend Liederzyklen und ebenso viele Opern geschaffen, darunter einige mit freier Szenenfolge, *Let's Make an Opera* (Laßt uns eine Oper machen, 1949) und *Curlew River* (1964), andere in 3 Akten wie *Peter Grimes* (1945) oder *Ein Sommernachtstraum* (1969). Im Gegensatz zu anderen englischen Komponisten hat B. seine Berühmtheit durch die Oper erlangt. Er hat kein Oratorium im eigentlichen Sinn geschrieben, aber eine Anzahl von geistlichen und weltlichen Kantaten sowie das *War Requiem* zur Einweihung der Kathedrale von Coventry 1962. Sie zeigen seine große Kunst des chorischen und solistischen Wortausdrucks voller Emphase und Dramatik. Die meisten seiner Lieder sind als Zyklen konzipiert, die Texte stammen von Rimbaud, Michelangelo, Donne Hardy und W. H. Auden. Als Begleitung verwendet B. weniger das Klavier als eine Kombination von Instrumenten. Sechs Lieder auf chinesische Texte sind für Gesang und Gitarre geschrieben. Das bekannteste kammermusikalische Sologesangswerk ist die *Serenade* für Tenor, Horn und Streicher (1943). B. schrieb, wie auch viele Musiker des 18. Jh., für bestimmte Anlässe und bestimmte Künstler. So wurden einige seiner Opern für die „English Opera Group" komponiert, zu deren Gründern er selbst gehörte. Die *Cello Symphony* und die *Suite* für Violoncello wurden von M. Rostropowitsch uraufgeführt, die Lieder mit Gitarrenbegleitung sind für J. Bream geschrieben, die Lieder nach Puschkin für Galina Wischnewskaja. Am bedeutsamsten war für B. jedoch die lebenslange Freundschaft und künstlerische Zusammenarbeit mit dem Tenor P. Pears. Für ihn sind die meisten Lieder, aber auch viele Bühnenrollen komponiert, und mit ihm trat B., der ein hervorragender Pianist war, in zahlreichen Liederabenden auf. B., der 1953 geadelt, 1967 zum Lord ernannt wurde, gehört mit seinem universellen Schaffen, das gleichwohl auch stark national geprägt ist, zu den großen Komponistenpersönlichkeiten unserer Zeit. Er hat seine musikalische Ästhetik in einer Abhandlung niedergelegt, die er 1964 in den Vereinigten Staaten vortrug, als er den Aspen Award erhielt.

WW: **1) Instr.-WW:** *Six Metamorphoses* für Ob. solo, op. 49 (1952); 2 Suiten für Vc. solo, op. 72 (1965) u. op. 80 (1968); *Nocturnal after J. Dowland* für Gitarre, op. 70 (1963); Suite für V. u. Kiv., op. 6 (1935); *Lachrimae – Reflexions on a song by J. Dowland* für Va. u. Klv., op. 48 (1951); *Gemini Variations* für Fl., V. u. Klv. 4händig, op. 73 (1965); 2 Streichquartette, op. 25 (1941) u. op. 36 (1945); *Phantasy Quartet* für Ob. u. Streichtrio, op. 2 (1932); für Orch.: *Sinfonietta*, op. 1 (1932); *Simple Symphony*, op. 4 (1934); *Soirées musicales*, op. 24 (1936); *Variations on a Theme of F. Bridge*, op. 10 (1937); *Sinfonia da Requiem*, op. 20 (1940); *Prelude and Fugue* für 18 Streichinstr., op. 29 (1943); *The Young Person's Guide to the Orchestra* (Variationen u. Fuge über ein Thema v. H. Purcell), op. 34 (1945); *Cello-Symphony*, op. 68 (1964); Konzerte für V., op. 15 (1939, umgearbeitet 1950), für Klv., op. 13 (1938, umgearbeitet 1945); *Scottish Ballad* für 2 Klv. u. Orch., op. 26 (1941). – **2) Vokal-WW:** Für hohe St. (wenn nicht anders angegeben) u. Klv.: *On this Island*, op. 11 (1937; Text: W. H. Auden); *Seven Sonnets of Michelangelo*, op. 22 (1940); *The Holy Sonnets of J. Donne*, op. 35 (1945); *A Charm of Lullabies* (1947); *Canticle in Memory of D. Sheppard*, op. 40 (1947); *Winter Words*, op. 52 (1953); *Songs from the Chinese*, op. 58 (für Singst. u. Gitarre) (1958); *Hölderlin-Fragmente*, op. 61 (1958); *Songs and Proverbs of W. Blake* (für Bar.), op. 74 (1965); *The Poet's Echo*, op. 76 (1965; Text.: A. Puschkin). – Für Singst. mit versch. Instr. mit u. ohne Orch.: *Our Hunting Fathers*, op. 8 (1936) u. *Les Illuminations*, op. 18 (1939; Text: A. Rimbaud) für hohe St. u. Orch.; *Serenade* für Tenor, Horn u. Streichorch., op. 31 (1943); *Abraham and Isaac* für Alt, Tenor u. Klv. *(Canticle II)*, op. 51 (1952); *Still Falls the Rain* für Tenor, Horn u. Klv. *(Canticle III)*, op. 55 (1954); *Nocturne* für Tenor, 7 Soloinstr. u. Streichorch., op. 60 (1958). – Chor-WW a cap. u. mit Orch., darunter *Missa brevis* für Knabenchor u. Org., op. 63 (1959); WW für Soli, Chor u. Orch.: *Ballad of Heroes* mit Tenor, op. 14 (1939); *Saint Nicolas*, mit Tenor, op. 42 (1948); *Spring Symphony*, op. 44 (1949); *Cantata Academica*, op. 62 (zur 500-Jahr-Feier der Universität Basel, 1959); *War Requiem*, mit Sopran, Tenor, Bar., op. 66 (1962); *Cantata misericordium*, mit Tenor u. Bar., op. 69 (1963). – **3) Bühnen-WW:** Opern: *Peter Grimes*, op. 33 (Libr.: M. Slater nach G. Crabbe), UA: London 1945; *The Rape of Lucretia*, op. 37 (Libr.: R. Duncan), UA: Glyndebourne 1946; *Albert Herring*, op. 39 (Libr.: E. Crozier), UA: ebd. 1947; *Let's Make an Opera*, op. 45 (Libr.: DERS.), UA: Aldeburgh 1949; *Billy Budd*, op. 50 (Libr.: E. M. Forster u. E. Crozier, nach Melville), UA: London 1951; *Gloriana*, op. 52 (Libr.: W. Plomer), UA: ebd. 1953; *The Turn of the Screw*, op. 54 (Libr.: J. Piper, nach H. James); *Curlew River*, UA: Aldeburgh 1964; *A Midsummer Night's Dream*, UA: ebd. 1960; *The Burning Fiery Furnace*, UA: ebd. 1966; Ballette: *The Prince of the Pagodes*, UA: London 1957; *The Prodigal Son* u. *The Golden Vanity*, UA: Aldeburgh 1968; Fernsehoper, *Owen Wingrave*, UA: BBC 1971 (revidiert Lo – Berkeley/Calif. 1970). – B. bearbeitete zahl. Werke älterer Komponisten, darunter *The Beggar's Opera*, op. 43 (1948); Purcell, *Dido and Aeneas* (1951) und *The Fairy Queen* (1970), beide zusammen mit I. Holst. – **4) Schriften** (zus. mit I. Holst): *The Story of Music* (Lo – Garden City/N.Y. 1958) (Übers. in andere Sprachen); *The Wonderful World of Music* (Garden City 1968), dt. Übers.: *Wunderbare Welt der Musik* (Fr 1969). Im Druck erschien auch (Lo 1964) die Rede, die B. anläßlich der Verleihung des Aspen Award 1963 in Aspen (Colorado) hielt.

Lit.: E. W. WHITE, B. B. (Lo 1948, ²1954, dt. Z 1950); D. MITCHELL – H. KELLER, B. B.: A Commentary (Lo 1952); A. GISFORD, Tribute to B. B. on his fiftieth Birthday (Lo 1963); S. LAZAROV, B. B. (Sofia 1965); A. TAURAGIS, B. B. (Mos 1965); I. HOLST, B. (Lo 1966, ²1970) (= The Great Composers Series o. Nr.); M. HURD, B. B. (Lo 1966); P. M. YOUNG, B. (Lo 1966, NY 1968) (= Masters of Music Series o. Nr.); P. HOWARD, The Operas of B. B. (Lo – NY 1969); E. W. WHITE, B. B., His Life and Operas (Lo 1970).

F. HOWES

BRIXI, František (Franz) **Xaver,** * 2. 1. 1732 Prag, † 14. 10. 1771 ebd.; tschechischer Organist und Komponist. Er war seit 1750 Organist, seit 1759 Kapellmeister am Veits-Dom in Prag. Von B.s überaus zahlreichen Werken war insbesondere seine Kirchenmusik in der 2. Hälfte des 18. Jh. außerordentlich beliebt. Seine Messen repräsentieren in beachtlicher Weise den Zeitstil im österreichisch-böhmischen Raum. B.s Schulmeisterkantate, die u. a. den liturgischen Gesang parodiert, ist ein Kabinettstück musikalischen Humors.

WW (ausschließlich hsl. erhalten, die kirchenmusikal. WW in zahlreichen Abschriften): Suite u. a. Stücke für Cemb. od. Klv.; 16 Praeludien u. Fugen für Orgel; 2 Sinfonien; 4 Orgelkonzerte; die komische Oper *Il cantore*; eine „Operetta latina" *Schulmeisterius;* zahlreiche kirchenmusikal. WW, darunter allein über 100 Messen mit Orchester.

Ausg.: Orgel-WW, in: MAB 12; Cemb.-WW, in: ebd. 14; Org. u. Orch.-WW, in: ebd. 26; *Presto* u. *Andante*, für Cemb. oder Klv., in: ebd. 14; Cantata comica *Der Schulmeister*, hrsg. v. Z. FALVY (Budapest 1967) (= Musica rinata 9); 2 Org.-Konzerte, hrsg. v. J. RACEK – V. BĚLSKÝ (Pr 1970) (= MAB 75).

Lit.: O. KAMPER, F. X. B. (Pr 1926) (tschechisch); R. MÜNSTER, F. X. B. v. Bavorsku, in: Hudebni věda 2 (1965); V. NOVÁK, Zur Katalogisierung v. Werken der Familie B., in: Mf 22 (1969).

BROADWOOD & SONS, engl. Cembalo-, später Pianofortefabrik, gegründet in London um 1728 durch den Schweizer Burkhard Tschudi (* 13. 3. 1702 Schwanden, † 19. 8. 1773 London). 1718 nach London gekommen, wo er den Namen Burkat Shudi annahm, arbeitete er zunächst in der Werkstatt eines flämischen Cembalobauers, der die Tradition von Ruckers fortsetzte. Shudis erstes bekanntes Instrument ist mit 1729 datiert. Zu seinen Kunden gehörten u. a. die Kaiserinnen Katharina II. und Maria Theresia, auch J. Haydn. 1761 trat John Broadwood (1732–1812) als Cembalobauer in Shudis Fabrik ein, heiratete 1769 Shudis Tochter und wurde 1770 dessen Teilhaber. Nach Shudis Tod führte Broadwood die Firma *Shudi & Broadwood* mit seinem Schwager Burkat Shudi fort. 1782 wurde er Alleininhaber. Nach dem Eintritt seines

Sohnes James Shudi Broadwood wurde die Firma 1795 in *Broadwood & Son,* mit dem Eintritt seines Sohnes aus zweiter Ehe, Thomas Broadwood, 1807 in *Broadwood & Sons* umbenannt. Ab 1773 widmete sich J. Broadwood der Herstellung von Hammerklavieren. Zunächst fertigte er Tafelklaviere nach dem Modell von Zumpe. 1780 entwickelte er ein eigenes Tafelklavier, für das er 1783 das Piano-und-Forte-Pedal und die (vom Clavichord abweichende) Verlegung vom Stimmstock und Stimmwirbel zur Rückwand hin patentieren ließ. 1788 führte er den für Baß und Diskant geteilten Steg ein. Der erste von Broadwood gebauten Hammerflügel datiert aus dem Jahre 1781. Um die Mitte des 19. Jh. setzte sich allgemein die von B. & S. gebaute Stoßmechanik (auch Englische Mechanik genannt) durch. 1817 hatte auch Beethoven einen Broadwood-Flügel erworben. Die Firma gehört noch heute zu den bedeutendsten Klavierherstellern.

BROCHE, Charles, * 20.2.1752 Rouen, † 30.9.1803 ebd.; frz. Organist und Komponist. Sein erster Lehrer war der Organist an der Kathedrale von Rouen, L. Desmazures. 1771 wurde B. Organist in Lyon, ging aber kurze Zeit später nach Italien und studierte in Bologna bei Padre Martini. 1777 wurde er Nachfolger seines Lehrers Desmazures in Rouen und war gleichzeitig Organist an St-Patrice und St-André, wo ihm sein Schüler Fr.-A. Boieldieu folgte. B. veröffentlichte 3 Bücher *Sonates pour le clavecin ou pianoforte avec accompagnement de violon ad libitum* (Rouen bzw. P 1782, um 1785, 1787).

Lit.: V. GUILBERT, Notice historique sur le citoyen B. (Rouen 1803–04); G. FAVRE, Un organiste de la cathédrale de Rouen, Ch. B. 1752–1803, in: RMie 18 (1937); DERS., A propos de l'organiste rouennais Ch. B., in: ebd. 23 (1939).

BROCKES, Barthold Hinrich, * 22.9.1680 Hamburg, † 16.1.1747 ebd.; dt. Dichter. Nach dem Rechtsstudium in Halle führte ihn eine längere Bildungsreise durch Deutschland, in die Schweiz, nach Italien, Frankreich, Holland und England. Seit 1704 wieder in Hamburg, gründete er hier 1714 die „Teutsch-übende Gesellschaft". Seit 1720 war er Senator. 1724–26 gab er die Wochenschrift *Der Patriot* heraus, die, wie die schon 1716 von ihm gegründete „Patriotische Gesellschaft", Gedanken des englischen Moralismus in Deutschland verbreitete. B. wurde 1735 Amtmann in Ritzebüttel. Seit 1741 lebte er wieder in Hamburg. – Dem zunächst manieristischen, schwülstig-barocken Sprachstil folgte, unter dem Einfluß von Pope und Thompson, vor allem in dem lyrischen Hauptwerk *Irdisches Vergnügen in Gott* (9 Bde., 1721–48) ein Streben nach Einfachheit und Klarheit der Sprache, verbunden mit einem innigen Naturgefühl und einer naiv-teleologischen Weltsicht. Dichtungen von B. wurden in ihrer Zeit viel vertont. Wohl am beliebtesten war sein Oratorientext *Der für die Sünden dieser Welt gemarterte und sterbende Jesus* (1712); ihn komponierten u. a. R. Keiser (1712) – von diesem stammt auch eine andere B.-Passion: *Der zum Tode verurteilte und gekreuzigte Jesus* (1715) –, Händel (1716), Telemann (1716, verloren), Mattheson (1718), J. Fr. Fasch und G. H. Stölzel (1720). Auch in J.S. Bachs *Johannes-Passion* finden sich Arientexte daraus. Gedichte aus dem *Irdischen Vergnügen* vertonten u. a. Telemann (z. B. die Kantate *Die … zur Andacht reizende Vergnügung des Gehörs*) und Händel (9 Arien).

Lit.: W. BRAUN, B. H. B.s „Irdisches Vergnügen in Gott", in Händel-Jb. 7 (1955); H. FREDERICH, Das Verhältnis von Text u. Musik in den B.passionen Keisers, Händels, Telemanns u. Matthesons (Mn 1975).

BROCKHAUS, Max Brockhaus, dt. Musikverlag. Er wurde 1893 von Max B. (1867–1957), der der bekannten Verlegerfamilie entstammte, in Leipzig gegründet. Max B. war u.a. auch Mitglied (seit 1920 Vorsitzender) des Gewandhaus-Direktoriums und Mitglied des Vorstands des Konservatoriums. Der Verlag veröffentlichte hauptsächlich Opern (u. a. von E. d'Albert, E. Humperdinck, S. Wagner, H. Pfitzner), Lieder und Gesänge aus dem 19. Jh. sowie symphonische Werke (u.a. von R. Wagner). Das Verlagsgebäude wurde 1943 zerstört. Der Verlag hatte seit 1949 seinen Sitz in Lörrach (Baden) und befindet sich heute in Bonn-Bad Godesberg. Inhaber ist jetzt Joachim von Roebel.

Lit.: Musikverlag M. B. Leipzig 1893–1943 (L 1943).

BROD, Max, * 27.5.1884 Prag, † 20.12.1968 Tel Aviv; israel. Dichter, Musikschriftsteller und Komponist. Er war Doktor der Rechte und arbeitete in verschiedenen Ministerien in Prag, ehe er sich der Literatur sowie der Theater- und Musikkritik zuwandte. B. hat sich als erster Verfechter Janáčeks über das tschechische Sprachgebiet hinaus einen Namen gemacht und den Text zu dessen Oper *Jenufa* ins Deutsche übertragen. Nachdem er bis 1939 als Musik- und Theaterkritiker am *Prager Tageblatt* gewirkt hatte, emigrierte er nach Tel Aviv, wo er bis zu seinem Tode als Dramaturg des hebräischen Theaters Habimah und als Musikkritiker der deutschsprachigen Tageszeitung *Jediot Chaduschot* tätig war.

WW: **1) Schriften:** *L. Janaček. Leben u. Werk* (tschechisch Pr 1924, dt. W 1925, ²1956); *Israel's Music* (Tel Aviv 1951), dt.

Übers., erweitert durch A. W. Cohen: *Werden u. Entwicklung der Musik Israels* (Kas 1976); *G. Mahler. Beispiel einer dt.-jüdischen Symbiose*, in: Vom Gestern zum Morgen 13 (F 1961); *Prager Sternenhimmel. Musik- u. Theatererlebnisse der 20er Jahre* (W 1966); *Erinnerungen an Janáček*, in: Beiträge 1967 (Kas 1967). – **2) Kompositionen:** *2 Palästinensische Bauerntänze* (1951) für großes Orch.; *Tod u. Paradies* (1955) (nach Kafka), 2 Lieder für mittlere St. u. großes Orch.; 5 Lieder op. 37 (1956–64).

Lit.: J. RACEK – A. REKTORYS, Korespondence L. Janáčka s M. Brodem (Pr 1953). – F. WELTSCH, Dichter, Denker, Helfer. Zu M. B.s 50. Geburtstag (Mährisch-Ostrau 1934); W. KAYSER, M. B. (H 1972).

BRODERIES (frz.), ↗Verzierungen.

BRODSKY, Adolf, * 21. 3. (2. 4.) 1851 Taganrog, † 22. 1. 1929 Manchester; russ. Violinist. Er wurde am Wiener Konservatorium und privat bei Hellmesberger ausgebildet, war Mitglied in dessen Quartett und im Orchester der Hofoper. B. ging dann auf Konzertreisen, kam 1873 nach Moskau, wo er seine Ausbildung fortsetzte und 1875–79 am Konservatorium lehrte. An einen Aufenthalt in Kiew schlossen sich erneut Konzertreisen an. 1882–91 lehrte er als Professor am Leipziger Konservatorium, ging dann nach New York als Konzertmeister des Symphonic Orchestra, 1895 als 1. Violinist des Halle'schen Orchesters und als Direktor des Royal College of Music nach Manchester. B. genoß großen Ruf als Solist wie als Kammermusiker, vor allem mit eigenen Streichquartetten in Leipzig und Manchester, und als Lehrer.

BRONARSKI, Ludwik, * 13. 4. 1890 Lemberg, † 9. 11. 1975 Fribourg; Schweizer Musikforscher poln. Herkunft. Er studierte Musikwissenschaft in Wien (u. a. bei G. Adler; dort auch Klavier bei Th. Leschetizky) und in Fribourg (bei P. Wagner), wo er selbst 1947–67 am Konservatorium Klavier lehrte. Sein besonderes Interesse als Forscher und Pianist galt Fr. Chopin. Mit J. Paderewski und J. Turczyński gab er die Chopin-GA (21 Bde., War 1949–63) heraus.

Schriften: *Die Lieder der hl. Hildegard* (Z 1922); *Harmonika Chopina* (War 1935); *Études sur Chopin*, 2 Bde. (Lausanne 1944, 1946); *Chopin et l'Italie* (ebd. 1946); *Szkice Chopinowskie* (Krakau 1961); etwa 40 Art. über Chopin, darunter: *Stosunek R. Schumanna do twórczosci chopina*, in: Kwart. Muz. (1929) Nr. 3–4; *Akord chopinowski*, in: ebd. (1931) Nr. 12–13; *Le folklore dans la musique de Chopin* (Fribourg 1940); *La dernière Mazourka de Chopin* (Lausanne 1941); *Dwa nieznane ufwory chopina*, in: Kwart. Muz. (1948) Nr. 21–22; *Einige Erinnerungen an Chopin*, in: Chopin-Jb. (Z–W 1956); *Chopin, Cherubini et le contrepoint*, in: Annales Chopin 2 (Krakau 1957); *Szkice chopinowskie* (ebd. 1961).

BRONNER, Georg, getauft 17. 2. 1667, begraben 8. 3. 1720 Hamburg; dt. Komponist. Er war 1693–1702 Komponist, zeitweise auch Mitdirektor der Hamburger Oper, für die er die (sämtlich nicht erhaltenen) deutschen Opern *Echo und Narcissus* (1693), *Cephalus und Procris, Venus* (1694), *Der Tod des großen Pan* (gemeinsam mit Mattheson), *Beatrix, Berenice* (1702), *Victor, Herzog der Normannen* (in Zusammenarbeit mit Mattheson und Schieferdecker) schrieb. Später war er Organist der Heilig-Geist-Kirche. Von B. erschienen im Druck *Geistliche Konzerte* für 1–2 St., Instr. u. B.c. (H 1696) und das *Musicalisch Choral-Buch... nach dem Hamburgischen Kirchen-Gesangbuch* für Singst. u. B.c. (H 1715, ²1721).

BRONSART VON SCHELLENDORF, Hans, * 11. 2. 1830 Berlin, † 3. 11. 1913 München, dt. Pianist und Komponist. Er studierte in Berlin bei S. Dehn (Komposition) und Th. Kullak (Klavier), 1854–57 in Weimar bei Liszt (Klavier), wurde 1865 Nachfolger H. von Bülows als Direktor der „Gesellschaft der Musikfreunde" in Berlin, 1867 Intendant des Hoftheaters in Hannover und war 1887–95 Generalintendant des Hoftheaters in Weimar.

WW: **1) Kompositionen:** Klaviertrio in g-moll, op. 1 (1856); Klavierkonzert in fis-moll op. 10 (1873); *Frühlings-Fantasie* für Orch., op. 11 (1857/58); Oper: *Der Corsar;* Symphonie Nr. 1 mit dem Chor *In den Alpen* (1896); Symphonie Nr. 2 *Schicksalsgewalten* (1897); *Manfred*, dramatisches Tongedicht in 5 Bildern (Weimar 1901). – **2) Schrift:** *Musikalische Pflichten* (L 1858).

1862 hatte B. die Pianistin **Ingeborg Starck,** eine Schülerin Liszts, geheiratet, * 24. 8. 1840 St. Petersburg, † 17. 6. 1913 München. Seit 1867 widmete sie sich ganz der Komposition.

WW: Opern *Die Göttin zu Sais*, UA: Weimar 1867; *Jery und Bätely*, UA: ebd. 1873; *König Hjarne*, UA: Berlin 1891; *Die Sühne*, UA: Dessau 1909; ferner Klaviermusik u. Lieder.

BROONZY, Big Bill (eig. William Lee Conley B.), * 26. 6. 1893 Scott (Mississippi), † 14. 8. 1958 Chicago; amerik. Bluessänger, -komponist und -gitarrist. B. wuchs als Sohn einer Sklavin im Süden der USA auf, arbeitete als Dienstmann, Land- und Eisenbahnarbeiter und kam 1920 nach Chicago. Nach seinen ersten Schallplattenaufnahmen 1926 setzte er sich allmählich durch und gehörte in den 30er Jahren zu den populärsten Musikern des Blues. 1938–39 trat er in den berühmten „Spiritual to Swing"-Konzerten in der Carnegie-Hall in New York auf. Während der 50er Jahre kam er wiederholt nach Europa, wo er mit der Einspielung von *Black, Brown and White* das Rassenproblem scharf aufgriff. Das war aber weder für ihn noch überhaupt für die schwarzen Musiker seiner Generation typisch. Andererseits begriff der eigenwillige B. den Blues auch nicht als Lied der ohnmächtigen Klage, sondern setzte sich darin, als einem spezifisch negroiden Ausdrucksmittel, mit ironischen Anspielungen zur Wehr. Er schrieb die Autobiographie *Big Bill Blues, mes blues, ma guitare et moi* (Bru 1955, P 1956, engl. Lo 1955, ^{2}1956, NY 1964).

Lit.: S. B. CHARTERS, The Country Blues (NY 1959, Lo 1960), dt. Übers.: Die Story vom Blues (Mn 1962); DERS., The Bluesmen (NY 1967); P. OLIVER, The Story of the Blues (Lo 1969), dt. Übers.: Die Story des Blues (Reinbek 1978).

BROSSARD, Sébastien de, getauft 12. 9. 1655 Dompierre (Orne), † 10. 8. 1730 Meaux; frz. Musiktheoretiker (Bibliograph und Lexikograph) und Komponist. Er studierte Theologie in Caen und hielt sich nach seiner Priesterweihe 1676–87 in Paris auf, wo er wohl auch eine musikalische Ausbildung erhielt, ging dann als Vikar nach Straßburg und wurde dort 1689 zum Kapellmeister am Münster ernannt. In der Straßburger Zeit, in der auch zahlreiche Kompositionen entstanden, begann B. mit dem Erwerb einer Sammlung gedruckter und handschriftlicher Musikalien und Musikschriften, die im Laufe der Jahre einen riesigen Umfang annahm. 1696 bis 1709 war er Kapellmeister an der Kathedrale in Meaux, anschließend erhielt er dort ein Kanonikat. 1726 überließ er seine Sammlung der Bibliothèque Royale in Paris, wo die sog. „Collection Brossard“ noch heute einer der bedeutendsten Bestände der Musikabteilung der Bibliothèque Nationale ist.

Der musikgeschichtliche Rang B.s, der schon zu seiner Zeit als ein „esprit original“ galt, beruht weniger auf seinen Kompositionen als auf seiner Leistung als Musikbibliograph und -lexikograph. Dies bezeugen sein *Dictionnaire de musique* und der handschriftliche Katalog seiner Bibliothek (*Catalogue des livres*, 1724). Das *Dictionnaire* entstand im Zusammenhang mit seiner Sammlertätigkeit und nach mehr als 20jährigem Studium der traditionellen Musik und Musiktheorie vor allem mit der Absicht, italienische Musikwörter und Begriffe, die in der zweiten Hälfte des 17. Jh. in der musikalischen Terminologie weithin vorherrschten, für das französische Publikum zu verdeutlichen und zu erklären. B. verfolgt mit diesem Werk aber auch das Ziel, eine „idée générale“ (B.) der Geschichte sowie der Theorie und Praxis der alten und neuen Musik zu vermitteln. Es enthält daher außer dem eigentlichen alphabetischen Hauptteil u. a. ein Verzeichnis von über 900 Musiktheoretikern aus allen Zeiten, Ländern und Sprachen. Der *Catalogue des livres*, ein systematisches Verzeichnis der „Collection Brossard“, ist bedeutsam, weil er einerseits durch seine Anlage eine Vorstufe der modernen Musikbibliographie darstellt, und weil er andererseits eine große Zahl von Bemerkungen B.s zu vielen Werken und Komponisten enthält, die aufschlußreich für die zeitgenössische Musikanschauung sind. Sie zeigen B. als einen musikalischen Praktiker und Gelehrten, der wie kaum ein anderer einen Überblick über die europäische Musik des 16. und 17. Jh. besaß.

WW: **1) Instr.-WW** (hsl. in Paris, Bibl. Nat.): Sonaten für V. u. B.c. (unvollständig), für 2 V. u. B.c. (unvollständig), für 2 V., Va. da gamba u. B.c.; eine *Symphonie de Noël* für 2 Instr. u. B.c.; Stücke für die Laute. – **2) Weltliche Vokal-WW:** *6 Livres d'Airs sérieux et à boire* (P 1691–98); 11 einzelne Airs in den *Recueils d'Airs... de différents auteurs* (P 1695–1717); 2 it. Kantaten u. 6 frz. Kantaten (hsl. in Paris, Bibl. Nat.). – **3) Geistliche WW:** *Élévations et motets à voix seule avec la b.c.* (P 1695, im gleichen Jahr erschienen mehrere Drucke mit z. T. differierendem Titel), enthält im „Avertissement“ ein kleines *Vocabulaire musical italien-français* als erste Vorstufe zum *Dictionnaire*, erweitert unter dem Titel *Prodromus musicalis, seu cantica sacra* (P ^{2}1702); *Élévations et motets* für 1–3 St., 2 V. oder Fl. u. B.c., = *Prodromus musicalis II* (P 1698); *Les Lamentations du prophète Jérémie* für 1 St. mit B.c. (P 1721); *Sicut cervus*, für 1 St. u. B.c., in: *Recueil de motets choisis de différents auteurs italiens et français* (P 1712); hsl. in Paris sind ferner erhalten: eine Messe für 4 St. u. B.c., etwa 20 Motetten, 4 Leçons für das Totenoffizium für 3 St. u. B.c.; *Canticum eucharisticum* (1697) für Soli, Chor u. Instr. (hsl. in Straßburg, Bibliothèque du Grand Séminaire), 1698 in Straßburg zur Feier des Friedens von Rijswijk aufgeführt. – B. bearbeitete zahlr. kirchenmusikal. Werke v. Komponisten des 16./17. Jh., indem er Vokal- bzw. Instrumentalstimmen u. einen B.c. hinzufügte (Verz. bei Sajak). – **4) Schriften:** *Dictionnaire de musique contenant une explication des termes grecs, latins et italiens et français les plus usités dans la Musique...* (P 1703, ^{2}1705, 3. Aufl. ca. 1708, 6. Aufl. A o.J.); *Lettre en forme de dissertation à M. Demoz sur la nouvelle méthode d'écrire le plain-chant et la musique* (1729); *Catalogue des livres de musique theorique et prattique vocalle et instrumentalle, tant imprimée que manuscripte* (1724) (hsl. in Paris Bibl. Nat.); zahlr. kürzere musiktheoretische Schriften, auch eine *Méthode de violon* (unvollendet) sind ebenfalls hsl. erhalten.

Ausg.: *Canticum eucharisticum*, hrsg. v. F. X. MATHIAS (Str 1925); *Laudate Caeciliam*, hrsg. v. F. RAUGEL (Str 1956); *O plenus irarum dies, Sonitus armorum, Quemadmodum desiderat, Festivi martyres*, hrsg. v. R. EWERHART (Kö o.J.) (= Cantio sacra 13, 24, 29, 62); *Dictionnaire de musique*, Faks.-Nachdr. der Ausg. v. 1705, hrsg. v. H. HECKMANN (Hilversum 1965).

Lit.: M. BRENET, S. de B., prêtre, compositeur, écrivain et bibliophile, d'après ses papiers inédits, in: Mémoires de la Société d'histoire de Paris et de l'Ile-de-France 23 (1896); J. COMBARIEU, Compositeurs français du XVIIe siècle. S. de B., in: Revue d'Histoire et de Critique musicale (1901) Nr. 1; L. FROGER, S. de B., in: La Province du Maine 16 (1908); M. VOGELEIS, Quellen u. Bausteine zu einer Gesch. der Musik u. des Theaters im Elsaß (Str 1911); J. ÉCORCHEVILLE, Catalogue du Fonds de musique ancienne de la Bibliothèque Nationale (P 1912); E. Lebeau, L'entrée de la collection musicale de S. de B. à la Bibliothèque du Roi, d'après des documents inédits, in: RMie 29 (1950) u. 30 (1951); F. A. GOEHLINGER, S. de B., in: Caecilia 64 (Str 1956), u. 65 (1957); R. SAJAK, S. de B. als Lexikograph, Bibliograph u. Bearbeiter (Diss. Bonn 1974).

G. MASSENKEIL

BRÖTZMANN, Peter, * 6. 3. 1941 Remscheid; dt.

Jazzsaxophonist und -klarinettist. B. war zuerst Maler und Grafiker, spielte in dieser Zeit in Dixieland-Bands, in Swing- und Hard-bop-Gruppen, wandte sich dann 1961 dem Free Jazz zu. Er spielte u.a. mit Carla Bley, Don Cherry, A. Mangelsdorff und im „Globe Unity Orchestra" mit A. von Schlippenbach. Programmatisch war lange Zeit seine LP *Machine Gun* (1968). B. galt in den 60er Jahren als radikalster Vertreter des Free Jazz in Deutschland. Charakteristisch waren lange Improvisationen in ekstatischer Überblastechnik und das aggressive Spiel. Jetzt tritt er meist mit dem holländischen Perkussionisten Han Bennink im Duo auf. Ihre Free Music ist verbindlicher und humorvoller. Wie bei W. Breuker finden sich Elemente der Volksmusik.

Lit.: E. JOST, Free Jazz, in: Die Story des Jazz (St 1975); J. E. BERENDT, Der dt. Jazz u. die Emanzipation, in: Ein Fenster aus Jazz (F 1977); DERS., Exkurs über dt. Populärmusik, in: ebd.

BROWN, Charles, * 9.4.1898 Boulogne-sur-Mer; frz. Komponist. Er studierte Komposition u.a. bei G. de Lioncourt, war 1938–48 Violinist im Orchestre Lamoureux unter E. Bigot und leitete seit 1948 die École Nationale de Musique in Bourges. Sein reichhaltiges Werk umfaßt u.a. Kammermusik in verschiedenen Besetzungen, Symphonien, Konzerte, Lieder und Vokalmusik.

BROWN, Clifford, genannt Brownie, * 30. 10. 1930 Wilmington (Delaware), † 26. 6. 1956 bei Chicago (nach einem Autounfall); amerik. Jazztrompeter. B., der außer Trompete auch Klavier studiert hatte, spielte 1952–53 in der Rhythm-and-Blues-Band von Chris Powell, anschließend bei Tadd Dameron und L. Hampton. 1954 stieß er in New York zu Art Blakey und gründete im selben Jahr mit Max Roach ein Hard-bop-Quintett, das einen bedeutenden Platz in der Geschichte des Jazz einnimmt. B. war spieltechnisch virtuos, er verband das Zupackende, auch Kapriziöse von Gillespie mit gedämpfteren Phrasierungen zu einem eigenen Stil, der sich gegen den Cool Jazz richtete, wenn auch viele Passagen zugleich eine Neigung zum Cool erkennen lassen. Von seinen Kompositionen sind vor allem *Daahoud* und *Sandu* bekannt geworden.

BROWN, Earle, * 26. 12. 1926 Lunenburg (Massachusetts); amerik. Komponist. Er studierte 1946–50 Komposition in Boston, wo er mit dem Kompositionssystem J. ↗Schillingers bekannt wurde. In Denver lehrte er 1950–52 Komposition und Instrumentation; in New York leitete er 1952–54, zusammen mit J. Cage und D. Tudor, das *Project for Music for Magnetic Tapes.* Seit 1968 lebt B. als Composer in Residence in Baltimore.

WW: **1) Schriften:** *Notation und Ausführung Neuer Musik,* in: Notation neuer Musik (Mz 1965); ein Beitr. ohne Titel, in: Form in der Neuen Musik (Mz 1966). – **2) Kompositionen:** *Folio* (1952), graphische Notation, unbestimmt in Anzahl der Instr. u. Aufführungsdauer; *Octet I,* „Raum"-Musik (1953), *Octet II* (1954) für 8 Tonbänder; *Four Systems* (1954), *Four More* (1956) u. *More Systems* (1957) für ein oder mehrere Klv.; *Hodograph I* (1959) für Fl., Klv. (Celesta), Glocken, Vibraphon u. Marimbaphon; *Light Music* (1961) für elektrische Lichter, elektronische Apparate u. beliebig viele Instr.; *Available Forms I* (1961) für 18 Spieler, u. *Available Forms II* (1962) für 98 Spieler u. 2 Dirigenten; *Calder Piece* (1965) für 4 Schlagzeuger u. 1 Mobile; *Modules I* u. *II* (1966) sowie *Modules III* (1969) für Orch.; *Event: Synergy II* (1968) für Orch.; *Syntgam 3* (1970) für Orch.; *Centering* (1973) für V. u. Instr.-Ensemble; *Cross sections and colour fields* (1976) für Orch.

BRUBECK, Dave (David), * 6. 12. 1920 Concord (California); amerik. Jazzpianist. B. studierte Komposition u.a. bei A. Schönberg und vor allem bei D. Milhaud. 1944–67 spielte er mit dem Altsaxophonisten Paul Desmond zusammen, seit 1951 in einem auch außerhalb des Jazz viel diskutierten Quartett, dessen bekanntestes Thema *Take Five* war. Seit 1969 tritt er oft mit dem Baritonsaxophonisten Gerry Mulligan auf, in den 70er Jahren auch mit seinen Söhnen Darius, Chris und Danny. Stilistisch verbindet B. in seinem Jazz klassische Imitationen, nachromantische Harmonik, auch verfremdete Blockakkorde und atonale Partikel. Daneben zeigt er auch eine Vorliebe für das gehämmerte Stride Piano und für den Blues. Als Komponist schrieb B. eine Reihe reizvoller, kantabler Jazzthemen, u.a. *The Duke* und *Blue Rondo à la Turk.* Seine Versuche jedoch, Jazz und symphonische Musik sowohl kompositorisch als auch durch die Koppelung von Jazzgruppen und Symphonieorchestern zu verbinden, fanden wenig Resonanz.

BRUCH, Max, * 6.1.1838 Köln, † 20.10.1920 Berlin; dt. Komponist. Er wurde im Winter 1857–58 in Köln von F. Hiller und C. Reinecke unterrichtet, studierte dann bei M. Hauptmann, damals Thomaskantor, und bei Julius Rietz in Leipzig. Er war Dirigent und Chorleiter 1862–64 in Mannheim, 1865–67 in Koblenz, 1867–70 in Sondershausen, seit 1871 in Berlin, seit 1873 in Bonn, seit 1878 in Berlin als Dirigent des Sternschen Gesangvereins. 1880–83 leitete er die Philharmonic Society in Liverpool, dann bis 1890 den Orchesterverein in Breslau. 1891 wurde er zum Prof. für Komposition an der Berliner Akademie ernannt. B. war einer der am meisten geschätzten Komponisten seiner Zeit und wurde mit Titeln und Ehrungen überhäuft.

WW (angegeben sind die Erscheinungsjahre): **1) Kammermusik-WW:** für Klv.: *Capriccio*, op. 2 (um 1858), *Fantasie*, op. 11 (1861), Klv.-Stücke, op. 12 (um 1861) u. op. 14 (um 1862); Lieder u. Tänze für V. u. Klv. op. 63 (1892) u. op. 79 (1903); Stücke für Vc. u. Klv., op. 70 (1897); 2 Streichquartette, op. 9 (1859) u. op. 10 (1860); Klv.-Trio, op. 5 (1858). – **2) Lieder für Singst. u. Klv.:** *Schottische Lieder* (1863); *Hebräische Gesänge* (1888); Slgen. u. Einzellieder: op. 7 (1859), 13 (1862), 15 (um 1862), 17 (um 1863), 18 (um 1863), 33 (1870), 49 (1882), 54 (1891), 59 (1892), 90 (um 1816); *Duette*, op. 4 (um 1858). – **3) Orch.-WW:** 3 Symphonien, op. 28 (1870), 36 (1870), 51 (1887); für V. u. Orch.: 3 Konzerte, op. 26, das berühmte in g-moll (1868), op. 44 (1878), 58 (1891), *Romanze*, op. 42 (1874), *Schottische Phantasie*, op. 46 (1880), *Adagio apassionato*, op. 57 (1891), *In Memoriam*, op. 65 (1893), *Serenade*, op. 75 (1900); für Vc. u. Orch.: *Kol Nidrei*, hebräische Melodie, op. 47 (1881), *Adagio*, op. 56 (1891), *Ave Maria*, op. 61 (1892); einzelne Stücke für Klar. u. Orch. – **4) Chor-WW mit Orch.: a)** für gemischten Chor u. Orch., mit u. ohne Soli: *Jubilate, Amen*, op. 3 (um 1858); *Die Birken und die Erlen*, op. 8 (1859); *Die Flucht der heiligen Familie*, op. 20 (um 1864); *Schön Ellen*, op. 24 (1867); *Rorate coeli*, op. 29 (1870); *Römische Leichenfeier*, op. 34 (1870); *Kyrie, Sanctus, Agnus Dei*, op. 35 (1870); *Lied vom deutschen Kaiser*, op. 37 (1871); *Dithyrambe*, op. 39 (um 1871); *Odysseus*, op. 41 (1872); *Das Lied von der Glocke*, op. 45 (1878); *Achilleus*, op. 50 (1885); *Das Feuerkreuz*, op. 52 (1889); *Gruß an die heilige Nacht*, op. 62 (1892); *Hymne*, op. 64 (1893); *Moses*, biblisches Oratorium, op. 67 (1894); *Gustav Adolf*, weltliches Oratorium, op. 73 (1898); *Nal und Damajanti*, op. 78 (1903); *Osterkantate*, op. 81 (um 1910); *Die Macht des Gesanges*, op. 87 (1912); *Heldenfeier*, op. 89 (um 1915); *Die Stimme der Mutter Erde*, op. 91 (um 1916); *Trauerfeier für Mignon*, op. 93 (um 1919); ferner Chorlieder mit Org., op. 69 (1896) u. A-cap.-Chöre op. 38 (um 1871) u. op. 60 (1892). – **b)** für Frauenchor, Soli u. Orch.: *Frithjof auf seines Vaters Grabhügel*, op. 27 (1870); *Die Flucht nach Ägypten* u. *Morgenstunde*, op. 31 (1870); *Die Priesterin der Isis*, für Alt u. Orch., op. 30 (1870); *Christkindlieder* mit Klv., op. 92 (um 1917); ferner A-cap.-Gesänge op. 6 (1859). – **c)** für Männerchor, Soli u. Orch.: *Römischer Triumphgesang, Das Wessobrunner Gebet, Lied der Städte* u. *Schottlands Tränen*, op. 19 (um 1863); *Gesang der heiligen drei Könige*, op. 21 (um 1864); *Frithjof*, op. 23 (1864); *Salamis*, op. 25 (um 1868); *Normannenzug*, op. 32 (1870); *Thermopylä*, op. 53 (1889); *Leonidas*, op. 66 (1894); *Der letzte Abschied des Volkes*, op. 76 (1901); ferner Chorlieder mit Orch. op. 68 (1896) u. 74 (1899) u. A-cap.-Gesänge op. 48 (1881) u. 72 (1897).

B.s künstlerische Persönlichkeit zeigte sich sehr früh. In dem ersten Brief an Brahms, mit 26 Jahren geschrieben, bekräftigt er seine Zugehörigkeit zu dem Musikerkreis, der „sich weigert, sich den modernen Irrtümern zu überlassen", und berief sich dabei auf Brahms selbst. Er schrieb darin auch, daß er mehrere Werke des Komponisten auswendig kenne. Einige Jugendwerke zeigen B. von seiner besten Seite: das Singspiel *Scherz, List und Rache* op. 1 (1858), das Klaviertrio in c-moll op. 5 (1858), *Die Birken und die Erlen* für Sopran, Chor und Orchester (1859), der *Gesang der hl. drei Könige* (1864) für Männerchor und Orchester op. 21 (von Brahms sehr geschätzt) und das bis heute populäre Violinkonzert in g-moll op. 26 (1868). Diese Werke zeichnen sich durch Frische und Naivität besonders der melodischen Erfindung aus. Zudem zeigen sie eine Perfektion in der Beherrschung des kompositorischen Handwerks, die sich in B.s gesamtem Schaffen beobachten läßt, die wir allerdings heute nur mehr als akademische Routine empfinden. Zu ihrer Zeit wurden alle seine Werke – sie waren oft für bestimmte Ensembles oder Solisten (z. B. Joachim, Sarasate) oder für bestimmte Ereignisse geschrieben (z. B. für Siegesfeiern, für den Geburtstag des Kaisers) – viel aufgeführt. Sie sind inzwischen, mit Ausnahme des bekannten Violinkonzerts g-moll, des *Kol Nidrei* für Violoncello und Orchester, op. 47 und des gelegentlich gespielten 2. Violinkonzerts d-moll, op. 44, in Vergessenheit geraten. Auch B.s Chorwerke, besonders die weltlichen Oratorien *Odysseus* (1872), *Achilleus* (1885) und *Gustav Adolf* (1898) finden nur mehr ein historisch bedingtes Interesse. – Ein M.-B.-Archiv befindet sich im Musikwissenschaftlichen Institut der Universität Köln.

Lit.: J. Brahms im Briefwechsel mit … M.B., 3 Bde. (B 1908); F. GYSI, M.B. (Z 1922); W. LAUTH, M.B.s Instrumentalmusik (Kö 1965) (= Beitr. zur rheinischen Musikgesch. 62); M. GECK, M.B.s Oratorium „Gustav Adolf", ein Denkmal des Kultur-Protestantismus, in: AfMw 27 (1970); M.-B.-Studien, hrsg. v. D. KÄMPER (Kö 1970) (= Beitr. z. rheinischen Musikgeschichte 87); K. G. FELLERER, M. B. 1838–1920 (Kö 1974) (= ebd. 103).

BRUCHOLLERIE, Monique de la, ↗La Bruchollerie.

BRÜCKE VON SAN LUIS REY, DIE, Szenen nach der Novelle von Thornton Wilder, Musik von Hermann Reutter (1900–85), Text von Hermann Reutter nach der genannten Novelle (1927; dt. 1929). Ort und Zeit der Handlung: Peru 1714. UA: 20. 6. 1954 in Frankfurt a. M. als Funkoper im Hessischen Rundfunk; erste szenische Aufführung: 18. 12. 1954 in Essen.

Die Oper um den Einsturz einer Hängebrücke über einer Urwaldschlucht, bei dem fünf Menschen den Tod fanden, ist überaus besinnlichen Charakters: So wie in Wilders Text äußerliche Aktionen und Bilder nicht Selbstzweck realistischer Darstellung, sondern Symbolträger sind (z. B. erscheint die Liebe symbolisiert als Brücke zwischen den Lebenden und den Toten), entspricht die szenische Anlage der Komposition einer weniger dramatischen denn lyrisch-meditativen Grundstimmung: Die Solopartien der Sänger sind verknüpft mit dem ruhig-distanzierenden Sprechen eines Erzählers und den Einschüben durch einen Chor, der nicht handlungsdramatische, sondern kommentierende Funktion hat. Das in freier Tonalität gehaltene Klangbild zeichnet sich besonders durch die gelungene Kombination von Deklamatorik und Kantabilität in den Vokalstimmen aus. W. A. MAKUS

BRUCKNER, Anton, * 4.9.1824 Ansfelden, † 11.10.1896 Wien; östr. Komponist und Organist. Als Nachkomme einer alten oberösterreichischen Bauernfamilie war er fest im Glauben verwurzelt. Von Großvater und Vater (beide waren Schullehrer) erbte er den Sinn für Kirchenmusik und das Streben zur Weiterbildung. Schon im Alter von 10 Jahren konnte er seinen Vater an der Orgel vertreten. Nach dessen Tod (1837) war B. bis zu seinem Eintritt in die Präparandie in Linz Singknabe im Augustinerchorherrenstift St. Florian. 18 Monate später wurde er Schulgehilfe in Windhaag, dann in Kronstorf, nicht weit von St. Florian, schließlich 1845 an der Schule von St. Florian selbst. Hier lebte er 10 Jahre. Bei seinem Lehrer Kattinger vervollkommnete er sich im Orgelspiel und in der Kompositionstechnik. Als B. 1856 nach Linz zog, wohin er Ende 1855 als Domorganist berufen worden war, hatte er bereits etwa 25 Werke für den kirchlichen Gebrauch und ebenso viele weltliche Vokalwerke geschrieben. Für Orgel waren nur einige Übungsstücke entstanden.

Die Zeit in Linz, wo er sich intensiv mit der Domorgel beschäftigte, bestimmte sein weiteres Schicksal. Seitdem widmete sich B. ausschließlich der Musik. Zur Vervollständigung seiner – wie er glaubte – ungenügenden Kenntnisse studierte er bei Simon Sechter in Wien, und zwar mit solchem Eifer, daß dadurch vorübergehend seine Gesundheit angegriffen wurde. Schließlich erhielt er, nach einer Prüfung 1861 in Wien, den Titel „Lehrer der Musik", mit dem die Erlaubnis zur Ausbildung von „Lehramtszöglingen" verbunden war. Er studierte anschließend 2 Jahre in Linz bei Otto Kitzler Formenlehre und Instrumentation und beschäftigte sich hierbei außer mit Beethoven und Mendelssohn mit den musikalischen Neuerern der Zeit (Berlioz, Liszt). Wagners Werk lernte er 1863 durch das Studium des *Tristan* kennen. In den ersten Monaten dieses Jahres schrieb er als Übung eine Symphonie in f-moll, die er nicht numerierte. 1864 bis 1868 gelang B. in seiner Linzer Zeit jährlich ein größeres Werk: die Messe d-moll (1864), die 1. Symphonie (1865–66), die Messen e-moll (1866) und f-moll (1867–68). Möglicherweise fallen auch die ersten Arbeiten zur später sog. „Nullten" Symphonie in die Linzer Zeit. Daneben schuf B. als Gesangvereinsdirigent etwa 30 Gelegenheitswerke.

B.s angestrengte Arbeitsweise, private und berufliche Enttäuschungen untergruben erneut seine Gesundheit in der Zeit um 1867 und brachten ihn bis an den Rand geistiger Verwirrung. Nach einer Kur bewarb er sich um eine Stelle in Wien und wurde 1868 als Nachfolger seines Lehrers Sechter Professor für Harmonielehre, Kontrapunkt und Orgel am Konservatorium. Seit dieser Zeit lebte er in Wien. 1869 wurde er zur Einweihung der Orgel der Kirche St-Epvre in Nancy geladen und gab einige Tage später ein Konzert in Notre-Dame in Paris in Anwesenheit von Saint-Saëns, C. Franck, Auber und Gounod. Der große Erfolg dort wiederholte sich 1871 in der Royal Albert Hall in London. 1872 vollendete B. seine 2. Symphonie in c-moll. Die weiteren Symphonien entstanden in unregelmäßiger Folge bis zur 9., die ihn bis zu seinem Tode beschäftigte und deren Finale unvollendet blieb. Dazwischen liegen andere Werke, darunter das Streichquintett (1879). Trotz der entschiedenen Gegnerschaft von Hanslick und Brahms, die ihn mehr als Wagneranhänger denn als eigenständigen Komponisten ansahen, wurden ihm doch auch Ehrungen zuteil, darunter die Ehrendoktorwürde der Univ. Wien, an der er einen Theoriekurs hielt. 1878 wurde er ständigßs Mitglied der Kaiserlichen Kapelle, deren Organist er seit 10 Jahren war. Die Existenzsorgen waren nun von ihm genommen. Der Erfolg seiner Werke stellte sich aber nur zögernd ein und blieb lange Zeit auf Wien und die deutschsprachigen Länder beschränkt.

WW (ohne Angabe der Erstdrucke, die z. T. erhebliche Eingriffe von fremder Hand aufweisen): **1) Instr.-WW:** Einzelne Stücke für Klv. u. für Org., darunter eine Fuge d-moll (1861); Märsche, Aequale u. a. für Bläser. – Für Orch.: Marsch d-moll, 3 Orch.-Stücke (B-Dur, e-moll, F-Dur), Ouvertüre (1862); Symphonien: f-moll („Studiensymphonie", 1863); d-moll („Nullte", 1863–64, 1869); Nr. 1 c-moll („Linzer Fassung" 1865–66, „Wiener Fassung" 1890–91); Nr. 2 c-moll (1871–72, 1877); Nr. 3 d-moll („Wagner-Symphonie", 1. Fassung 1873, 2. 1877, 3. 1888–89); Nr. 4 („Romantische", 1. Fassung 1874, 2. mit neuem Scherzo 1878–80, 3. mit neuem Finale 1887–88); Nr. 5 B-Dur (1875–76); Nr. 6 A-Dur (1879–81); Nr. 7 E-Dur (1881–83); Nr. 8 c-moll (1. Fassung 1884–87, 2. 1889–90); Nr. 9 d-moll (nur 1. u. 2. Satz vollendet, 1887, 1891–96). – **2) Vokal-WW:** Geistl. WW: Für Soli, Chor u. Orch.: Requiem d-moll (1848–49); *Magnificat* B-Dur (1852); *Missa solemnis* b-moll (1854); Ps. 146 (1860); Ps. 112 (1863); Messen: Nr. 1 d-moll (1864–82); Nr. 2 e-moll (1866–82) für 8st. Chor u. Bläser, Nr. 3 f-moll (1867–81); Te Deum C-Dur (1881–84); Ps. 150 C-Dur (1892). Zahlr. kleinere WW, darunter *Ave Maria* (1882) für Sopr. u. Org.; 5 Tantum ergo (1846, 1888) für 4–5st. gem. Chor mit u. ohne Org.; Ave Maria (1861) für 7st. gem. Chor; Graduales für gem. Chor: *Locus iste* (1869, 4st.), *Os justi* (1886, 8st.), *Christus factus est* (1879, 1896, 8st. mit 3 Pos. u. 2 Vl. ad lib.), *Christus factus est* (1884, 4st.), *Virga Jesse* (1885, 4st.); Antiphon *Ecce sacerdos* (1885, 8st. mit 3 Pos. u. Org.); Hymnus *Vexilla regis* (1892, 4st.). – Weltl. WW: Kantaten *Vergißmeinnicht* (1845) für Männerquartett, 4st. Männerchor, 4st. gem. Chor u. Klav., *Auf, Brüder, auf! und die Saiten zur Hand* (1855) für Männerquartett, 4st. Männerchor, 4st. gem. Chor u. Bläser; *Germanenzug* (1864) für 4st. Männerchor u. Klv. 2. Fassung (1886) mit Ten.-Solo; *Das Hohe Lied* (1876) für Soli (2 Ten., Bar.), 4–8st. Männerchor u. Org., 2. Fassung (1877–79) für Ten.-Solo, 4–8st. Männerchor u. Orch.; *Abendzauber* (1878) für Bar.-Solo, 4st. Männerchor, 3st. Frauen-Fernchor u. 4 Hr.; *Das deutsche Lied* (1892) für 4st. Männerchor u. Blechbläser; *Helgoland* (1893) für 4st. Männerchor u. Orch. – Ferner A capp.-Chöre (überwiegend Männerchöre), Klv.-Lieder.

A. MACHABEY

B. ist als schöpferische Persönlichkeit in seiner Zeit und im ganzen 19. Jh. ein Einzelfall. Introvertiert, von tiefer, geradezu naiver Frömmigkeit beseelt, lebte er inmitten einer säkularisierten Welt, hatte kaum Teil am glänzenden Musikleben der aristokratischen und bürgerlichen Gesellschaft, das durch Namen wie Liszt, Wagner, Brahms gekennzeichnet ist. Erst die Nachwelt zählt ihn zu den Großen des Jahrhunderts, nennt ihn als Symphoniker in einem Atem mit Beethoven und Brahms, hält ihn für ebenbürtig mit Wagner, der B.s Verehrung genoß, aber nicht erwiderte.
Sein Schaffen ist im wesentlichen auf zwei Bereiche konzentriert, auf die Symphonik und auf die Kirchenmusik. In beiden fand er erst spät, in den Jahren 1863–64, zu Selbstbewußtsein und eigenem Profil. Seine Symphonien, die alle die klassische Viersätzigkeit mit der Satzfolge Schnell – Langsam – Scherzo – Schnell (z.T. mit langsamen Einleitungen zu den schnellen Sätzen) aufweisen, folgen in vieler Hinsicht dem Vorbild der Symphonien Beethovens. Das zeigt sich am deutlichsten in den Ecksätzen mit ihrem Aufbau als Sonatensätze, mit den im Charakter kontrastierenden, in der motivischen Struktur miteinander verbundenen Themen, überhaupt mit der dichten motivischen Arbeit, die – graduell verschieden – Themen, Überleitungsabschnitte und Durchführungsteile bestimmt. B.s Themen sind im Vergleich zu denen Beethovens größer dimensioniert, sind gewissermaßen Themenblöcke, Themengruppen mit je eigener, weitgespannter Entwicklung, was sich auf die Länge der Sätze auswirkt, wie sie in der Symphonik des 19. Jh. nur später bei Mahler zu beobachten ist, sonst nur noch in der symphonischen Breite der Opern Wagners. Auf die Länge der Sätze wirkt es sich auch aus, daß B. oft 3 oder mehr Themen verwendet gegenüber den regulären 2 Themen des klassischen Sonatensatzes. Im einzelnen sind die Themen nach Charakter und Aufbau vielfältig. Man kann mehrere Typen unterscheiden: Von einer harmonisch grundierenden „Klangfläche“, oft durch ostinate Figuration in den Streichern, auch in Verbindung mit Orgelpunkten gebildet, hebt sich ein scharf konturiertes Thema ab, das seine Prägnanz entweder durch eine mehr schrittweise Melodieführung (z.B. 1. Thema im 1. Satz der 1. Symphonie) oder durch eine hauptsächlich auf Dreiklangsbrechungen beruhende Melodik erhält (häufig seit der 3. Symphonie; vgl. besonders die 1. Themen der 1. Sätze dieser und der 7. Symphonie). Ein anderer Thementyp besteht in choralartigen Abschnitten im akkordischen Satz, von Blechbläsern vorgetragen. Schließlich gibt es Themen mit kantabler, geradezu schwelgender Streichermelodik (z.B. im 1. Satz der 3. Symphonie). Die langsamen Sätze der Symphonien sind gleichsam eine Welt für sich. Viele von ihnen vermitteln den Eindruck des Feierlichen oder des Mysteriösen, ohne indessen Programmusik zu sein. Das gilt auch für das Adagio der 7. Symphonie, das eine Trauermusik auf den Tod Wagners ist. Scharf kontrastieren demgegenüber die Scherzi. Sie knüpfen wiederum an Beethoven an und repräsentieren in ihren tanzartigen Partien – wenn man so will – den burlesken Grundzug im Schaffen (und im Naturell) B.s, sind aber auch nicht frei von dämonisch wirkenden Stellen. In allen Satztypen der Symphonik B.s kommt eine bestimmte Art der rhythmischen Gestaltung so häufig vor, daß man geradezu von einem „Brucknerrhythmus“ sprechen kann: der Wechsel von binären und ternären Rhythmen (2 + 3) in einer Stimme bzw. das gleichzeitige Erklingen solcher Rhythmen (2:3) in verschiedenen Stimmen.
Die geschichtliche Bedeutung der Kirchenmusik B.s gründet einerseits auf einer Gruppe von a cappella-Motetten (7st. *Ave Maria, Locus iste, Os justi, Christus factus est, Virga Jesse, Vexilla regis*), andererseits auf den 3 Messen mit Orchester aus den Jahren 1864–68 und dem *Te Deum*. Die Motetten sind in ihrer musikalischen Sprache dem Stil Palestrinas und seiner Zeit verpflichtet, wie es die katholische Kirche seit dem Tridentinum als wünschenswert dekretierte, sie zeigen aber auch die behutsame Verwendung moderner harmonischer Mittel. In dieser eigentümlichen Verschmelzung historischer und zeitbedingter Elemente erscheint der Gegensatz von restaurativ und progressiv, der zur Brucknerzeit auch in kirchenmusikalischen Kreisen heftig diskutiert wurde, aufgehoben und wird die Distanz deutlich, in der B. zum ↗Caecilianismus steht. Im Verhältnis von Wort und Ton gelang es B. in den Motetten, dem sakralen Wort einen prägnanten musikalischen Ausdruck zu verleihen, der insbesondere an die venezianische Motettenkunst des späten 16. Jh. denken läßt.
Von den genannten Kirchenwerken mit Orchester zeigt die e-moll-Messe für 8st. Chor mit Bläsern eine ganz eigentümliche Kombination von motettischer und konzertierender (dies im Sinne des 17. Jh.) Satzweise, von a cappella-Klang und von verstärkend, alternierend, begleitend eingesetzten Instrumenten, von kirchentonaler, dur-moll-tonaler und chromatischer Melodik und Harmonik – dies alles unterm Primat des Textes zu einer in sich geschlossenen liturgisch-musikalischen Einheit zusammengefügt. Anders die übrigen großen Messen und das *Te Deum*. Ein wesentlicher Grundzug ihrer Gestaltung besteht darin, daß B. in der Struktur des Orchestersatzes in entscheidenden Merk-

malen von seiner eigenen Symphonik abweicht. Gewiß behandelt er in diesen Werken die orchestralen Klangmittel gleich virtuos wie in den Symphonien; auch fehlen nicht u. a. die für B. typischen Ostinatobildungen und jene „Klangflächen"-Technik. Insgesamt jedoch ist in den kirchenmusikalischen Werken das Orchester buchstäblich in jedem Moment auf die Vokalstimmen bezogen, und nirgends kommt es zu solchen prägnanten Themen und Motiven wie in den Symphonien. Zwar gibt es melodische Abschnitte, die als einheitsstiftende Momente ein ganzes Werk durchziehen. Aber da handelt es sich fast ausschließlich um bewußt einfache, unsignifikante Formeln, wie etwa in der f-moll-Messe um einen viertönigen Tonleiterausschnitt in simpler Lang-Kurz-Kurz-Lang-Rhythmisierung. Nicht nur die Gestalt solcher Motive, sondern auch ihre Verarbeitung im Verlauf eines Werkes unterscheidet sich in der Kirchenmusik B.s von seiner Symphonik. Nur selten kommt es dort zu der dichten und spannungsgeladenen motivisch-thematischen Entwicklung, die hier so charakteristisch ist. Solche Gestaltung führt in der Gesamtheit des Klanggefüges wiederum zu einem uneingeschränkten Primat des Vokalen, der den sakralen Text in seinen sprachlichen, bildhaften und wohl auch theologischen Qualitäten stets präsent hält. Es ist, als wenn demgegenüber der Symphoniker B. bewußt in den Hintergrund tritt, vergleichbar in dieser Art nur mit Beethoven, der auch keine symphonische Messen geschrieben hat.

Ausg.: GA, erste Folge, hrsg. v. R. HAAS – A. OREL (W 1930ff.), davon erschienen die Bde. 1, 2, 4–9: Symphonien 1, 2, 4–9 (die Symphonien 1 u. 4 in zwei Fassungen), Bd. 13: Messe e-moll (Fassung v. 1869), Bd. 14: Messe f-moll, Bd. 15: Requiem u. Missa solemnis b-moll; GA, zweite Folge, hrsg. v. L. NOWAK (W 1944ff.), davon erschienen die Bde. 1–9: die Symphonien, Bd. 12: Streichquartett c-moll, Bd. 13/2: Streichquintett u. Intermezzo, Bd. 14: Requiem d-moll, Bd. 16: Messe d-moll, Bd. 17/2: Messe e-moll (Fassung v. 1892), Bd. 18: Messe f-moll, Bd. 20/6: Ps. 150. – Von zahlr. anderen Werken existieren Ausgaben, Klavier-Auszüge u. a., darunter: Geistliche Gesänge, 3 H.e (B 1927); Geistliche Chöre, hrsg. v. L. Berberich (F o.J.). – A.B., Vorlesungen über Harmonielehre u. Kontrapunkt an der Univ. Wien, hrsg. (u. mitgeschrieben) v. E. SCHWANZARA (W 1950).

Lit.: F. GRÄFLINGER, A.B. Bausteine zu seiner Lebensgeschichte (Mn 1911); A. GÖLLERICH – M. AUER, A.B. Ein Lebens- u. Schaffensbild, 4 Bde. (Rb 1922–37, ²1938) (grundlegend); M. AUER, A.B. Sein Leben u. Werk (W 1923, ⁶1949); A.B. Gesammelte Briefe, hrsg. von F. GRÄFLINGER (Rb 1924), N. F., hrsg. von M. AUER (Rb 1924); E. Kurth, A.B., 2 Bde. (B 1925); A. Orel, A.B. (1925); R. HAAS, A.B. (Pd 1934); A. MACHABEY, La vie et l'œuvre d'A.B. (P 1945); W. KIRSCH, Stud. zum Vokalstil der mittleren und späteren Schaffensperiode A.B.s (Diss. F 1958); H. G. SCHOLZ, Die Form der reifen Messen A.B.s (Diss. B 1961); W. KORTE, B. u. Brahms. Die spätromantische Lösung der autonomen Konzeption (Tutzing 1963); A. NOWAK, A. B. Musik u. Leben (W 1964); B.-Studien, FS L. Nowak, hrsg. v. F. GRASBERGER (W 1964); A. SCHMITZ, A. B.s Motette „Os justi". Eine Erwägung zur Problematik der kirchenmusikal. Restauration im 19. Jh., in: Epirrhosis, FS C. Schmitt (B 1968); K. UNGER, Stud. z. Harmonik A. B.s (Diss. Hei 1970); K. GREBE, A.B. in Selbstzeugnissen u. Briefdokumenten (Reinbek 1972); B.-Studien. Festgabe der Östr. Akad. der Wiss. zum 150. Geburtstag v. A. B., hrsg. v. O. WESSELY (W 1975); TH. WÜNSCHMANN, A. B.s Weg als Symphoniker (Steinfeld 1976) (= Beitr. z. Musikreflexion 4); W. KIRSCH, Religiöse Aspekte bei J. Brahms u. A. B., in: Religiöse Musik in nichtliturgischen Werken v. Beethoven bis Reger (Rb 1978) (= Stud. z. Musikgesch. des 19. Jh. 51); R. GRASBERGER, Werkverzeichnis A. B. (Tutzing 1977) A.B. Dokumente u. Stud. 1 ff. (Gr 1979ff.); C. FLOROS, Brahms u. B. (Wie 1980); A.B., hrsg. v. H.-K. METZGER – R. RIEHN (Mn 1982); M. WAGNER, B. (Mn – Mz 1983); W. KIRSCH, Die B.-Forschung seit 1945, in: AMl 53–56 (1981–84); W. NOTTER, Schematismus u. Evolution in der Sinfonik A. B.s (Mn – Salzburg 1983).

G. MASSENKEIL

BRUDER STRAUBINGER, Operette in 3 Akten von Edmund Eysler (1874–1949), Text von Moritz West und Ignaz Schnitzer. Ort und Zeit der Handlung: am Rhein im 18. Jh. UA: 20. 2. 1903 in Wien (Theater an der Wien). Filmversion 1950 unter dem Titel *Küssen ist keine Sünd'*.

Die Operette basiert auf der Idee, daß ein junger Wanderbursche, der Bruder Straubinger, mit dem Taufschein und dem Militärausweis seines Urgroßvaters auf dem Jahrmarkt als 114 Jahre alter Veteran ausgestellt wird. Nach manchen Verwicklungen jedoch finden sich richtiger Paß und verloren geglaubte Geliebte wieder. Durch dieses Werk, das in 16 Sprachen übersetzt wurde, errang Eysler über Nacht Berühmtheit. Seine ansprechende Melodik kommt besonders in den Walzerliedern zum Tragen. Beifall des Publikums fanden das Terzett vom *Vierblättrigen Klee* und die Romanze *Es kommt mit leisem Kosen.* Bekanntestes Lied der Operette blieb bis heute der Walzer *Küssen ist keine Sünd'*, nicht zuletzt durch die Interpretation Alexander Girardis. Den Grundgedanken des Sujets nahmen die Musical-Autoren Rodgers und Hart für ihr Musical *Ever Green* 1930 auf, in dem eine junge Schauspielerin sich als ihre eigene Großmutter ausgibt.

S. KUROCK – R.-M. SIMON

BRUDIEU, Joan, * um 1520 in der Diözese Limoges, † 1591 Urgel (Katalonien); frz. Komponist. Seit 1539 wirkte er, mit Ausnahme eines kurzen Aufenthaltes 1578 in Barcelona, an der Kathedrale von Urgel, zunächst als Gesangsmeister, dann als Kapellmeister. B. veröffentlichte eine Slg. 4st. Madrigale (Ba 1585). Ein 4st. *Requiem* ist hsl. erhalten (Kathedrale von Urgel).

Ausg.: Die Madrigale u. das *Requiem*, hrsg. v. F. PEDRELL – H. ANGLÉS (Ba 1921).

Lit.: F. PEDRELL, Les échanges musicaux entre la France et la Catalogne: le Français J.B., in: Actes du Congrès d'Histoire de l'Art de Paris 1921 (P 1923); CH. VAN DEN BORREN, Les madrigaux de J.B., in: RMie 6 (1925); O. URSPRUNG, J.B., in: Bull. de la Société Union Musicologique 5 (1925); J.W. WOLDT, Spanish Madrigals, 2 Bde. (1950) (= Diss. Univ. of Rochester/N.Y.); A. MANGEOT, The Madrigals of J.B., in: The Score 4 (1952).

BRUGIER (Bruhier, Bruyer, Broyer, Brubyer), **Antoine,** franko-flämischer Komponist. Er war zur Zeit Papst Leos X. um 1514–17 Sänger der päpstlichen Kapelle. Rabelais erwähnt ihn u.a. im Vorwort seines *Quart Livre.* Von seinen Werken sind erhalten u.a. eine Messe *Mediatrix nostra* (hsl. in Wien, Nationalbibl.) und Chansons (in den Sammeldrucken RISM 1536[1], 1544[20], 1545[7]; hsl. in Florenz, Hs. Basevi; Bologna, Liceo musicale).

BRUHNS, Nicolaus, * Dez. 1665 Schwabstedt (Schleswig), † 29.3.1697 Husum; dt. Organist und Komponist. Er erhielt ersten Unterricht von seinem Vater, studierte dann in Lübeck bei P. Bruhns (Violine und Viola da gamba) und D. Buxtehude (Orgel und Komposition) und in Kopenhagen, wahrscheinlich bei J. Lorentz und Chr. Geist. Seit 1689 war er bis zu seinem Tode Stadtorganist in Husum. Von seinen Kompositionen sind 12 geistliche Konzerte und Kantaten, 4 *Toccaten* für Orgel (eine in G-Dur, 2 in e-moll, eine in g-moll, diese von M. Geck wiederentdeckt) und eine Choralfantasie, *Nun komm der Heiden Heiland,* erhalten. Seine Vokalmusik zeigt den Übergang vom geistlichen Konzert zur Madrigalkantate und ist weniger durch Eigenheiten der Form als durch die Dynamik des konzertanten Elements und durch eine extreme Geziertheit der Affekte charakterisiert. Bemerkenswert sind die Solokonzerte *Jauchzet dem Herrn alle Welt; De Profundis; Mein Herz ist bereit* (letzteres mit virtuos geführter Solovioline) und die Chorkantate *Ich liege und schlafe ganz in Frieden.* Unter den Orgelwerken ragt die große *Toccata* in e-moll wegen ihrer Ausdruckstiefe und Virtuosität hervor; berühmt ist das Doppelpedal der *Toccata* in G-Dur.

Ausg.: GA, hrsg. v. F. STEIN, in: EDM, Reihe LD (Schleswig-Holstein 1–2) (Brau 1937, 1939) (die verschiedenen Werke sind auch einzeln erschienen), NA der Orgel-WW, hrsg. v. M. GECK (F 1968); 3 *Präludien u. Fugen,* hrsg. v. M. SEIFFERT, in: Organum 4/8; Kantate *Die Zeit meines Abschieds ist vorhanden,* hrsg. v. D. KRÜGER (St 1960); Einzelausg. v. 8 Kirchenkantaten, hrsg. v. F. STEIN (F 1963).

Lit.: A. PIRRO, L'art des organistes, in: LAVIGNAC Techn. II; H. KOELSCH, N.B. (Kas – Bas 1958); W. APEL, Gesch. der Org.- u. Klv.-Musik bis 1700 (Kas 1967); M. GECK, N.B. Leben u. Werk (Kö 1968).

BRÜLL, Ignaz, * 7.11.1846 Proßnitz (Mähren), † 17.9.1907 Wien; östr. Komponist. Er studierte in Wien Klavier bei J. Epstein, Komposition bei J. Rufinatscha und O. Dessoff. Als junger Pianist stellte er sich der Öffentlichkeit auch mit eigenen Werken vor, u.a. mit dem Klavierkonzert in F-Dur op. 10. 1872–78 war er Klavierlehrer an der Horákschen Klavierschule in Wien, seit 1881 deren Mitdirektor. Über 32 Jahre schrieb er für das Musiktheater. Seine Oper *Die Bettler von Samarkand* kam 1864 in Wien heraus, sein größter Erfolg, die Oper *Das goldene Kreuz* 1875 in Berlin, seine letzten Bühnenwerke, die komische Oper *Der Husar* und das Ballett *Ein Märchen aus der Champagne,* wurden 1896 in Wien aufgeführt. Er schrieb ferner zahlreiche Lieder, Duos, Chöre und aparte Instrumentalwerke. Mit seinen Opern, deren Stil Lortzing, Boieldieu und Auber nahesteht, hat er das neuere österreichische Singspiel von W. Kienzl und J. Bittner vorbereitet. Mehrere seiner Werke hat er Brahms gewidmet, dem er freundschaftlich verbunden war.

BRUMEL, Antoine, * um 1460, † nach 1520 Ferrara; franko-fläm. Komponist. Am 6.8.1483 wurde er als „horarius et matutinarius“ an der Kathedrale zu Chartres angestellt. 3 Jahre später ging er nach Genf als „maître des Innocents“, d.h. als Gesangslehrer der 6 „pueri cantores“ der Kathedrale St-Pierre. 1490 wurde er beim Ausbruch der Pest beauftragt, die Sängerknaben aus der Stadt zu bringen. Als die Gefahr vorüber war, kehrte er zurück und lebte bis 1492 in Genf. 1497 wurde er Domherr in Laon, 1498 Leiter und Erzieher der Chorknaben an Notre-Dame in Paris, verzichtete aber gegen Ende 1500 auf dieses Amt. Nach Van der Straeten soll er sich in den folgenden Jahren in Lyon aufgehalten haben. Nach schwierigen Verhandlungen trat er 1505 als Kapellmeister in die Dienste Herzogs Alfonso d'Este in Ferrara. B. soll in vorgerücktem Alter gestorben sein; nach Glarean komponierte er die Messe *De Beata Virgine* „in extrema senecta“. Ein Organist Jaches Brumel, vielleicht ein Verwandter (Bruder ?), ist bis 1564 am Hof in Ferrara nachweisbar.

WW: **1) Messen:** 12 4st. Messen, ferner 4st. Messesätze; 5 davon gedruckt in einem der frühesten Petrucci-Drucke *Misse Brumel* (V 1503) mit den Titeln *Je n'ay deuil, Bergerette savoyenne, Ut re mi fa sol la, L'homme armé, Victima paschali;* je 1 Messe in RISM 1508[1], 1516[1], 1539[1], 1 Credo in 1505[1], 1 Benedictus in 1535[1]; mehrere Messen hsl. erhalten; als Messentitel erscheinen außer den genannten: *A l'ombre d'un buissonet; Bon temps; Dringhs; Da pacem; Missa Dominicalis; Missa de Beata Virgine; Missa pro defunctis* (mit der Sequenz *Dies irae,* die in der Zeit B.s sonst nicht mitkomponiert wird); die 12st. Messe *Et ecce terrae motus* ist hsl. in München (Bayer. Staatsbibl.) erhalten, mit Angabe der 33 Sänger der Münchner Hofkapelle (von O. di Lasso eingetragen), die 1570 das Werk sangen. – **2) Motetten:** ca. 30 2–5st. Gesänge hsl. u. in it., dt. u. frz. Sammeldrucken 1501–53;

3 Magnificat für 3 u. 4 St. hsl. erhalten. – **3) Chansons:** ca. 10 Stücke mit frz. Text in Sammeldrucken 1502–53 und hsl., einige davon für Laute intavoliert von Fr. Spinacino (1507); das 3st. niederdeutsche *Tandernack* in Orgeltabulatur in den Sammlungen von Buchner u. Kleber; ein nicht textiertes *Exemplum octo modorum* für 8 St. *cujus vis toni* (d. h. jede Stimme ist in einem der 8 Kirchentöne geschrieben) in: G. Faber, *Musices practicae Erotematum* (Bas 1553).

B. war bei seinen Zeitgenossen hoch geschätzt und galt noch in späterer Zeit zusammen mit Josquin, Obrecht, Isaac u. a. als besonderes Vorbild. In einer Epoche, in der die kontrapunktische Schreibweise eine bedeutende Rolle spielte, verstand B. den polyphonen Satz gleichermaßen mit Kunstfertigkeit wie mit Eleganz zu behandeln, ohne dabei den melodischen Fluß der Stimmen zu vernachlässigen. Seine Messen – sie gehören zu den frühesten gedruckten seiner Zeit – beruhen zum Teil auf weltlichen Vorlagen, die als Cantus firmi benutzt werden. Unter diesen befindet sich die berühmte Chanson *L'homme armé* und eine Chanson *(Je n'ay deuil)* von B.s Zeitgenossen A. Agricola. In anderen Messen verwendet B. gregorianische Ordinariumsmelodien *(Missa Dominicalis, Missa de Beata Virgine).* In satztechnischer Hinsicht verdienen die beiden konsequent kanonisch gearbeiteten Messen *A l'ombre d'un buissonet* und *Da pacem* Erwähnung. Besonders auffällig ist die Messe *Et ecce terrae motus,* deren für die damalige Zeit exorbitante Besetzung mit 12 Stimmen wohl auch ausdrucksmäßig bedingt ist. Unter den Motetten B.s finden sich Stücke von großer Kunstfertigkeit und Kompliziertheit (z. B. *Laudate Dominum*), aber auch solche von überraschender Einfachheit (z. B. *Sicut lilium*). In seinen Chansons zeigen sich gelegentlich Anspielungen auf Werke seiner künstlerischen Vorfahren: so benutzt B. in *Jamais que là* die erste Phrase der Chanson *Je ne vis oncques* von Dufay, und in *De tout plongiet* erscheint im Tenor die Oberstimme der berühmten Chanson *Fors seulement* von Ockeghem. Zwei offenbar volkstümlich inspirierte reizvolle Stücke B.s *(Ce mois de mai qui fleurit* und *Dieu te gard de mau)* sind leider nur unvollständig überliefert.

Ausg.: GA (= CMM 5), Bd. 1–2, hrsg. v. A. CARAPETYAN (R 1951–56), revidierte NA u. Fortsetzung, hrsg. v. B. HUDSON (1969 ff.), Bde. I–IV: Messen, Bd. V: Motetten, Bd. VI: Magnificat u. weltliche Werke; *Missa de Beata Virgine,* in EXPERT Maîtres 8 (1898); *Missa pro defunctis,* hrsg. v. A. SEAY (Wb 1959) (= Chw 88); die Motette *Sicut lilium,* hrsg. v. Y. ROKSETH, in: Treize motets et un prélude pour orgue (P 1930, ²1967); eine Chanson, hrsg. v. G. DOTTIN (P 1967).

Lit.: A. PIRRO, Dokumente über A. B., L. van Pullaer u. C. van Stappen, in: ZfMw 11 (1928–29); DERS., Histoire de la musique de la fin du XIVᵉ siècle à la fin du XVIᵉ (P 1940); J. SCHMIDT-GÖRG, N. Gombert (Bonn 1938); LL. BIGGLE, JR. The Masses of A. B. (1953) (= Diss. Univ. of Michigan); P. PIDOUX, A. B. à Genève, in: RMie 50 (1964); C. GOTTWALD, A. B.s Messe „Et ecce terrae motus", in: AfMw 26 (1969).

G. THIBAULT – G. DOTTIN

BRUMMEISEN ↗Maultrommel.

BRUNEAU, Louis Charles Alfred, * 3. 3. 1857 Paris, † 15. 6. 1934 ebd.; frz. Komponist und Musikschriftsteller. Er studierte seit 1873 am Conservatoire in Paris bei Franchomme (Violoncello), Savard (Harmonielehre) und Massenet (Komposition). 1881 erhielt er den 2. Prix de Rome für die Kantate *Geneviève.* In den Pasdeloup-Konzerten trat er mit der *Ouverture Héroïque* erstmals an die Öffentlichkeit. Er war ein Bewunderer Wagners, teilte aber nicht dessen ästhetische und kunsttheoretische Anschauungen. Von den Naturalisten begeistert, wollte er vielmehr die Prinzipien Zolas auch auf die Musik anwenden. Die Opern *Penthésilée, Chansons à danser, Les Bacchantes* und *Kérim* brachten ihm ausgezeichnete Kritiken, aber nur mäßigen Erfolg ein. Aufsehen erregte er dagegen 1891 mit der Oper *Le Rêve* (nach Zola) in der Opéra-Comique. Die Kenner lobten daran, daß B. von Wagner und Massenet nur das ihm Gemäße übernommen habe. *L'Attaque du moulin* (ebenfalls nach Zola) bestätigte diesen Erfolg. Dagegen wurde der Erfolg der Oper *Messidor* (1897) dadurch beeinträchtigt, daß Zola bald darauf in der sog. Dreyfus-Affäre öffentlich gegen die ungerechtfertigte Verurteilung des Obersten Dreyfus protestierte. Noch lange nach dem Tod Zolas griff B. auf Stoffe des Dichters zurück, so in *La Faute de l'abbé Mouret,* in *Naïs Micoulin* und schließlich in *Lazare,* einem der schönsten und eigenständigsten Werke von B., das erst 1954 entdeckt wurde. Er reformierte die Oper im Sinne eines „Prosaïsme", d. h. verzichtete auf den Vers, arbeitete mit Prosa-Texten und „setzte an die Stelle der aufgeputzten und ausstaffierten Personen der alten Oper echte Menschen aus dem täglichen Leben". B. schrieb auch zahlreiche Werke zur Musik, darunter eine Autobiographie, *A l'ombre d'un grand cœur,* in der er u. a. seine enge Verbindung zu Zola schilderte.

WW: **1) Instr.-WW:** *Romance en fa* (1882), für Horn u. Orch. (P o. J.); *Ouverture Héroïque* (1883); *La Belle au Bois Dormant* (1884), symph. Dichtung (P o. J.). – **2) Vokal-WW:** *5 Mélodies* (Text v. F. Coppée, L. Adrien, G. Chezol) (P 1880); *8 Mélodies de jeunesse* (Text v. P. de Ronsard, C. Hugues, J. Richepin, P. Bourget, A. Silvestre, R. Rousseil, T. Gautier); *3 Mélodies* (Text v. J. Richepin u. H. Lavedan); *10 Lieds de France,* gesammelt v. C. Mendès; *2 Choeurs: Ave Maria; O Salutaris; Requiem* mit Orch. u. großer Org. (P 1889); *Penthésilée* (Text v. C. Mendès), Poème mit Gesang (P 1888). – **3) Bühnen-WW:** *Jeanne d'Arc* (Libr.: Musset), Scène lyrique (1878); *Kérim* (Libr.: P. Millet u. H. Lavedan), UA: Paris 1887; *Le Rêve* (Libr.: L. Gallet nach É. Zola), UA: Paris 1891; *L'Attaque du moulin* (Libr.: L. Gallet nach É. Zola), UA: Paris 1893; *Messidor* (Libr.: É. Zola), UA: ebd. 1897; *L'Ouragan* (Libr.: ders.), UA: ebd. 1901; *L'Enfant-Roi* (Libr.: ders.), UA: ebd. 1905; *Lazare* (1905) (Libr.: ders.); *Naïs Micoulin* (Libr.: ders.), UA: Monte Carlo 1907; *Le Tambour* (Libr.: Saint-Georges de Bouhélier), UA: Paris 1916; *Le Roi Candaule* (Libr.: M. Donnay), UA: ebd. 1920; *Le Jardin du Paradis* (Libr.; G.A. de Caillavet u. R. de Flers nach Ch. Andersen), UA: ebd. 1923; *Angelo* (Libr.: Ch. Méré nach V. Hugo); *Virginie* (Libr.: H. Duvernois), lyr. Komödie, UA: ebd. 1930; *La Faute de l'abbé Mouret*, Bühnenmusik, UA: ebd. 1907; *Les Bacchantes* (Libr.: F. Naquet nach Euripides), Ballett, UA: ebd. 1912.

Lit.: A. HERVEY, A.B. (Lo 1907); O. SÉRÉ, Musiciens français d'aujourd'hui (P 1911); A. BOSCHOT, La vie et les œuvres de A.B. (P 1913); G. SAMAZEUILH, Musiciens de mon temps (P 1947); S. WALLON, Chronologie des œuvres d'A.B., in: RMie 29 (1947); R. H. MYERS, A.B., in: The Musical Times 98 (1957).

R. DUMESNIL

BRUNELLI, Antonio, * um 1575 Pisa (?), † nach 1627 Pisa; it. Organist und Komponist. Nach dem Studium bei G.M. Nanino in Rom wurde er 1605 Organist und Kapellmeister in San Miniato (Toskana), 1609 am Dom von Prato, 1612 am Florentiner Hof und 1614 Kapellmeister der Kongregation „dei Cavalieri di S. Stefano" in Pisa.

WW: **1) Kompositionen:** *Prato di sacri fiori musicali* für 1 Singst. mit konzertierenden St. u. B.c. (V 1612); 3 Bücher *Arie, scherzi, canzonette, madrigali* für 1–3 St. u. B.c. *per sonare e cantare* (V 1613, 1614, 1616); *Varii esercitii* für 1–2 St., auch für Instr. (Fi 1614); *Sacra cantica* für 1–4 St. u. B.c. (V 1617); *Missae tres pro defunctis* u.a. Stücke für 4 u. 7 St. mit u. ohne B.c. (V 1619); *Prima parte delli fioretti spirituali* für 1–5 St. u. B.c. (V 1626); einzelne Werke in Sammeldrucken u. hsl. überliefert. – **2) Schriften:** *Regole utilissime per li scolari che desiderano imparare a cantare* (Fi 1606); *Regole et dichiarationi di alcuni contrappunti doppii* (Fi 1610).

Ausg.: 2 Sätze in: K. G. FELLERER, Die Monodie (Kö 1968) (= Das Musikwerk 31); *Varii Esercitii* 1614, hrsg. v. R. ERIG (Z 1977) (= It. Diminutionslehren 2).

Lit.: E. SCHMITZ, A.B. als Monodist, in: ZIMG 11 (1909–10); P. NETTL, Eine Sing- u. Spielsuite v. A.B., in: ZfMw 2 (1919–20) (mit der Veröff. v. 6 Stücken).

BRUNETTE (frz., von brun = braun), kurzes, heiteres und volkstümlich gehaltenes frz. Lied mit pastoralem und amourösem Text; es ist formal wie die zweiteilige Arie oder die Chanson à refrain gestaltet und zum Teil mit instrumentaler (Generalbaß-)Begleitung versehen. Die Bz. weist auf die mittelalterliche Volksdichtung hin, deren weibliches Ideal, die „petite brune", noch in den ↗Airs de cour ein Symbol für Einfachheit und „amour tendre" war. Von der Gattung her knüpfte die B. durch ihren Inhalt an die Pastorale an, die in Italien entstanden war und sich in Frankreich gegen Ende des 16. Jh. unter dem Einfluß der ↗Villanelle alla Napolitana verbreitete. Die Bz. B. wurde erst Anfang des 18. Jh. durch Chr. Ballard eingeführt, der drei Sammlungen *Brunettes ou petits airs tendres* herausgab (P 1703, 1704, 1711), in denen er Airs anciens, Airs de cour und Airs sérieux (u.a. von M. Lambert, B. de Bacilly, J. Sicard und Fr. Couperin) zusammengestellt hatte. Wie aus dem Vorwort dieser Sammlungen hervorgeht, hatte Ballard die Anregung zu diesem Titel durch ein Air de cour aus dem 7. Buch der *Airs de cour et de différents autheurs* (P 1626) erhalten, das mit den Worten „Hélas! Brunette, mes amours..." endet. In der Folge veröffentlichten J. Naudé, J. Pinel, P. Lagarde und N. Bernier eigene Sammlungen, während andere Musiker wie J. Cochereau (1731), De Bousset (21 Bücher, 1700–25) und Jean-Baptiste Prunier (1724) B.s in ihre *Airs sérieux et à boire* aufnahmen. In die Oper wurde die B. von Lully unter den Bezeichnungen *Air tendre* und *Gavotte tendre* eingeführt und hier besonders von Rameau und seinen Zeitgenossen gepflegt. Ab 1725 erscheinen auch instrumentale Bearbeitungen, insbesondere für Blockflöte und Querflöte, Violine und Oboe, die u.a. von Montéclair, J. Hotteterre und M. Blavet stammen. In der zweiten Hälfte des 18. Jh. nähert sich die B. dem derberen Vaudeville und der Romanze.

Ausg.: Chants de France et d'Italie, 1. Reihe, hrsg. v. H. EXPERT (P 1909); Chansons de la vieille France, hrsg. v. C. TENROC (P 1946); vgl. in den zahlr. Slgen. v. J.B. WECKERLIN u. J. TIERSOT.

Lit.: P.-M. MASSON, Les brunettes, in: SIMG 12 (1910–11); T. GÉROLD, Monodie et lied, in: LAVIGNAC Techn. 5 (1930); M. FRANÇON, Notes sur l'esthétique de la femme au XVIe siècle (Cambridge 1939); P. COIRAULT, Notre chanson folklorique (P 1942).

BRUNETTI, Domenico, * um 1580 (?) Bologna, † vor dem 8. 5. 1646 ebd.; it. Organist und Komponist. Er war Schüler von A. Brunelli, wurde 1609 Organist und 1618 Kapellmeister am Dom in Bologna. Dort gründete er 1633 die „Accademia dei Filaschi". Er veröffentlichte *L'Euterpe, opera musicale di madrigali, canzonette, arie, stanze e scherzi diversi, in dialoghi e echo* für 1–4 St. mit Instrumenten (V 1606), *Ad usum ecclesiae varii concentus* für 1–4 u. mehr St. u. B.c. und *Canticum deiparae virginis* für 5 St. mit B.c. ad lib. (V 1621).

BRUNETTI, Gaetano, * 1744 Fano (?), † 16. 12. 1798 Colmenar de Orejo bei Madrid; it. Violinist und Komponist. Schüler P. Nardinis, ließ sich 1762 in Spanien nieder, wurde 1767 Mitglied der königlichen Kapelle, später Hofkomponist des Prinzen von Asturien, des späteren Königs Karl IV. 1768 wurde eine Oper von ihm in Madrid aufgeführt, von der nur der Titel bekannt ist *(Jason o La conquista del vellocino)*. B. verdrängte Boccherini bald aus der Gunst des Hofes und der Öffentlichkeit und wurde deshalb der Undankbarkeit bezichtigt.

Nur wenige seiner offenbar zahlreichen Instrumentalwerke erschienen im Druck oder haben sich hsl. erhalten. Sie stehen wie diejenigen Boccherinis in der Tradition der italienischen Streicherkammermusik.

WW: Duos für 2 V., op. 3 (P o.J.); Trios für 2 V. u. Vc., ebenfalls op. 3 (P u. Lyon o.J.), weitere Trios in einem span. Druck (o.O. u. J.); Sextette für 3 V., Va. u. 2 Vc. (od. Va. bzw. Fg. u. Vc.), op. 1 (P o.J.); hsl. 6 Quintette für 2 V., 2 Violen u. Vc. und 6 Sinfonien für Orch. (Mailand, Conservatorio).

Lit.: L. PICQUOT, Notice sur la vie et les ouvrages de Boccherini (P 1851); A. MOSER, Gesch. des V.-Spiels (B 1923); J. SUBIRÁ, La Música en la Casa Alba (Ma 1927); DERS., G.B., in: Preteritos músicos hispánicos (Ma 1965); A. BELGRAY, G.B., an Exploratory Bio-Bibliogr. Study (1970) (= Diss. Univ. of Michigan).

BRUNI, Antonio Bartolomeo, * 2.2.1759 Cuneo (Piemont), † 5.8.1821 ebd.; it. Violinist und Komponist. Er studierte Violine bei Pugnani und Komposition bei Spezziani. 1780 ging er nach Paris, wurde Violinist an der Comédie Italienne, 1789 Dirigent am Théâtre de Monsieur, 1799 an der Opéra-Comique, schließlich am Théâtre des Italiens. Zwischen 1785 und 1801 brachte er 18 eigene Opéras-comiques zur Aufführung, 1801 zog sich B. nach Passy zurück, ging 1806 wieder nach Italien, kam aber 1814 und 1815 noch einmal nach Paris, um zwei neue Opern aufzuführen. Der beachtliche Erfolg, den einige Opern B.s und seine Kammermusik zu ihrer Zeit hatten, spiegelt sich nicht zuletzt in den zahlreichen Druckausgaben, die von seinen Werken in Frankreich, England und Deutschland erschienen.

WW (nur die Drucke): **1) Bühnen- u.a. Vokal-WW** (Part., Klv.-Ausz. oder Einzelstücke daraus): *L'auteur dans son ménage; Célestine* (1787); *Claudine* (1794); *L'île enchantée; Le Major Palmer* (1797); *Le Marquis Tulipano; L'officier de fortune; Le règne de douze heures; La rencontre en voyage* (1798); *Les Sabotiers; Spinette e Marini; Toberne* (1795); einzelne Arien, Hymnen, Ariettes u. a. – **2) Instr.-WW** (z.T. mit mehreren Nachdrucken): *Duos* für 1 V. (!), 20 Bücher *Duos* (bzw. *Duos concertants*) für 2 V., 3 Bücher für V. u. Va., 2 Bücher für 2 Violen; Sonaten für Cemb. (od. Klv.) u. V.; 4 Bücher Sonaten für V. mit Begleitung einer 2. V. (od. Vc.); 2 Bücher Sonaten für Va. mit Begleitung einer 2. Va.; 6 Bücher *Trios* (bzw. *Trios concertants*) für 2 V. u. Va. (od. Vc.);. 8 Bücher Streichquartette (bzw. *Quatuors concertants*). – **3) Etuden u. Schul-WW:** *Caprices et airs variés en forme d'étude* für V.; 2mal *Cinquante études* für V. mit Begleitung einer 2. V.; *Méthode pour l'alto viola* mit 25 Études.

Lit.: G. CESARI – H. CLOSSON – L. DE LA LAURENCIE – A. DELLA CORTE – C. ZINO, A.B. (Tn 1931); L. DE LA LAURENCIE, Un musicien italien en France, in: RMie 15 (1931); R. COLLINO-PANSA, in: La scala 8 (1956); S. MARTINOTTI, Ottocento strumentale italiano (Bol 1970); A. MARTINI – O. MASPERO, Contributi alla biografia di A.B.B., in: Nuova RMI 5 (1971).

BRUNNER, Adolf, * 25.6.1901 Zürich; Schweizer Komponist. Er studierte zunächst bei seinem Onkel H. Lavater Harmonielehre und Kontrapunkt, dann Komposition in Berlin, Paris und Rom. 1949–60 leitete er bei der SRG, Hörfunkstudio Zürich, die Abteilung „Politik und Aktuelles". In seinen Kompositionen, die viele Elemente der Barockmusik aufweisen, verwendet er eine einfache und ungekünstelte Sprache. Mit seinen zahlreichen geistlichen Werken lieferte er einen wichtigen Beitrag zur Erneuerung der evangelischen Kirchenmusik.

WW (alle in Basel erschienen): *Sonate* für Klv.; *Pfingstbuch,* für Org.; *Sonate* für Fl. u. Klv.; Trio für V., Br. u. Vc.; *Concerto grosso* für Streichorch. u. Pauken; *Partita* für Klv. u. Orch.; für Chor a cap.: 5 *Motetten; Der Mensch* (Text: M. Claudius), Motette für 6 St.; 8 *Sprüche von A. Silesius;* eine *Messe;* geistliche Konzerte für Str. u. Instr.-Begleitung; *Passionsgeschichte nach dem Evangelisten Markus* für gem. Chor, Soli, Orch. u. Org. (1971).

Lit.: A.B., vollst. Werkverz. (Z 1961) (= Zentralarchiv schweizerischer Tonkunst, Werkverz. 5).

BRUNOLD, Paul, * 14.10.1875 Paris, † 14.9.1948 ebd.; frz. Cembalist, Organist und Musikwissenschaftler. Er war Schüler von Leroux, Lavignac und Marmontel am Pariser Conservatoire, danach von Paderewski. 1915 wurde er Organist von St-Gervais, 1946 Konservator des Instrumentenmuseums am Conservatoire.

WW: **1) Schriften:** *Traité des signes et agréments employés par les clavecinistes français* (P 1925, NA Nizza 1965); *Histoire du grand orgue de St-Gervais* (P 1934); eine postume Schrift über die Familie d'Andrieu erschien in: L'Orgue (1955–56) Nr. 76–79. – **2) Editionen:** *Les maîtres français du clavecin de XVIIe et XVIIIe siècles* (P 1925) (zus. mit H. Expert); *Œuvres complètes de Chambonnières* (P 1925) (zus. mit A. Tessier); *Suites de Clavecin de Dieupart* (P 1935); *Pièces de Clavecin de Clérambault* (P o.J.); *Pièces de Clavecin d'E. Jacquet de la Guerre,* revidiert v. Th. Dart (Monaco 1965).

BRUSSELMANS, Michel, * 12.2.1886 Paris, † 21.9.1960 Brüssel; belg. Komponist. Schüler des Brüsseler Konservatoriums, wo er 1911 den belgischen Prix de Rome erhielt, von V. d'Indy und P. Gilson. Trotz seiner französischen Ausbildung blieb B. ein flämischer Impressionist. Seine kraftvolle, farbige Musik ist häufig von nationalen Themen inspiriert.

WW: **1) Instr.-WW:** *Visages de Paris,* Klv.-Suite (1946) (Bru o.J.); für Orch.: *Rhapsodie flamande* (1911); *Scènes breugheliennes* (1913); *Scènes provençales* (1931); *Suite d'après Paganini* (1938); *5 Danses flamandes* (1944); 3 Symphonien (1924, 1934, 1958). – **2) Vokal-WW:** *Heures d'après-midi* (1930) für Gesang u. Klv.; *Jésus* (1936), Oratorium; *Psaume LVI* (1954). – B. schrieb auch Ballette.

Lit.: M.B. (Bru 1956) (= Catalogue des œuvres de compositeurs belges 17).

BRUSTAD, Bjarne, * 4.3.1895 Oslo; norweg. Violinist und Komponist. Er studierte Violine am

Osloer Konservatorium, in Berlin bei E. Telmányi und C. Flesch. Seit 1919 war er Mitglied des Philharmonischen Orchesters Oslo, 1929–43 als Solobratschist und zugleich Mitglied des Programmkomitees. Seit 1937 lehrte er auch Komposition am Konservatorium in Oslo. In B.s Werken zeigen sich sowohl impressionistische Züge als auch folkloristische Elemente und eine Hinwendung zur Polytonalität.

WW: *Eventyrsuite* für Solo-V. (Oslo 1932); *Capricci* für V. u. Br. (1931); Trio Nr. 1 für Klar. V. u. Br. (1939); *Serenade* (= Trio Nr. 2) für V., Klar. u. Fag. (1947); *Rhapsodie* (1933) für V. u. Orch.; *Concertino* (1933) für Br., Cemb. u. Kammerorch.; eine Oper, *Atlantis* (1945); V.-Konzerte, 5 Symphonien.

BRUSTSTIMME ↗Stimme.

BRUSTWERK, das in die „Brust der Orgel" eingebaute Werk, dessen Windlade sich unter der des ↗Hauptwerks befindet. Ursprünglich war das B. ein ↗Regalwerk, das schon in Orgeln des 15. Jh. eingebaut wurde. Es ist ein besonders reiches, den Raumverhältnissen entsprechend mit kleineren Pfeifen besetztes Solowerk: hochliegendes Prinzipalplenum auf 2'-, manchmal 4'-Basis, kurzbecherige ↗Zungen (Regale), Vox humana 8', Gedackt 8', Blockflöte 4' und 2', Oktav 1', Zimbel usw. Solcherart disponiert, eignet sich das B. gut für das Cantus-firmus-Spiel wie für die Ausführung von raschen Passagen in Toccaten des 17./18. Jahrhunderts. In italienischen, spanischen und französischen Orgeln wird das B. selten gebaut; an seiner Stelle findet sich hier meist das Positiv.

BRYENNIOS, Manuel, um 1320; griech. Musikschriftsteller. Seine in zahlreichen Hss. überlieferte Schrift über die Harmonik bietet eine zusammenfassende Darstellung der altgriechischen Musiktheorie. Sie ist weitgehend kompiliert und enthält u.a. Auszüge aus Aristides Quintilianus, Aristoxenes, Bakcheios, Euklid, Ptolemaios und Pachymeres.

Ausg.: Eine neuere Ausg. des Werks von B. existiert nicht, es ist zugänglich lediglich mit lat. Übersetzung (als *Harmonica*) in: J. Wallis, Opera mathematica 3 (O 1699).

Lit.: H. RIEMANN, Zur Gesch. u. Theorie der byzantinischen Musik, in: VfMw 5 (1889); L. RICHTER, Antike Überlieferungen in der byzantinischen Musiktheorie, in: DJbMw 6 (1961).

BUCCIN (frz.) **1)** Nachahmung der ↗Bucina, des kreisrund gebogenen Horns der Römer. Eigens zur Überführung der Gebeine Voltaires in das Panthéon (am 12. 6. 1791) nach den Darstellungen der Trajanssäule kopiert. – **2)** frz. Zugposaune des frühen 19. Jh., deren Bau vermutlich durch die römischen Kopien angeregt wurde. Das Instrument hat eine zum Schallstück hin kreisrund gebogene Röhre und einen Schalltrichter in Gestalt eines Drachen- oder Schlangenkopfes. Es war in englischen und französischen Militärkapellen zwischen 1815 und 1840 sehr beliebt. Unter den Pariser Herstellern sind besonders Courtois d. Ä., Guichard und Gautrot zu nennen.

BUCHNER, Hans (Magister Hans von Constantz), * 26. 10. 1483 Ravensburg, † 1538 Konstanz (?); dt. Organist und Komponist. Er war als Organist Schüler von Paul Hofhaimer und wurde 1506 Organist am Konstanzer Münster, einem Zentrum des damaligen Musiklebens in Deutschland. Hier lernte er auch S. Virdung und S. Dietrich kennen. Um 1515 beschloß das Domkapitel den Bau einer neuen Orgel. Buchner wurde 1516 zu Verhandlungen mit dem Orgelbauer Hans Schentzer in Straßburg beauftragt. 1520 wurde das Instrument fertiggestellt und galt zu dieser Zeit mit 27 Registern, 2 Manualen und Pedal als eine der bedeutendsten Orgeln Deutschlands. Als der Bischof von Konstanz 1526 wegen der Reformation die Stadt verließ, folgte ihm B. als Organist nach Überlingen unter nunmehr unsicheren materiellen Bedingungen. Zu seinen Schülern gehörten sein Sohn, **Hans Konrad** B., 1538–41 Organist in Freiburg im Breisgau, und Fr. Sicher, Organist in St. Gallen.

WW: *Fundamentum, sive ratio vera, quae docet quemvis cantum planum, sive (ut vocant) choralem redigere ad justas diversarum vocum symphonias,* hsl. in Zürich (Stadtbibl. S Mscr. 284) und in Basel (Univ.-Bibl. F.I. 8) (1551), mit 145 Kompositionen B.s. Weitere WW (dt. Lieder) gedruckt in RISM 1538[9], 1550[22-23] und in den Tabulatur-Hss. von Kleber (dort auch ein Praeambulum u. ein Recordare), Kotter u. Sicher; 3 Motetten hsl. in Basel (Univ.-Bibl. Ms 940), Tänze ebd. (Ms. F. IX. 22).

B.s *Fundamentum,* auf dem seine musikgeschichtliche Bedeutung beruht, ist ein Lehrbuch für den Organisten. Es behandelt drei Bereiche: eine Einführung in das Spiel auf der Orgel und auf dem Clavichord, die Art und Weise der ↗Intavolierung, d.h. des Umschreibens und der orgelmäßigen Bearbeitung eines Vokalsatzes in die Orgel-↗Tabulatur, schließlich die mehrstimmige Bearbeitung von Choralmelodien in verschiedener Satzweise (z.B. Kontrapunktierung eines Cantus firmus, Imitation, Kolorierung). Mit dem *Fundamentum organisandi* des C. Paumann und mit den Tabulaturen von A. Schlick und P. Hofhaimer gehört das *Fundamentum* B.s zu den bedeutendsten Quellen der frühen deutschen Orgelmusik und des Orgelspiels. Es überliefert zugleich auch den Hauptbestand der Kompositionen B.s, die vor allem liturgische Werke (Messen, Vesperkompositionen, Präambeln u.a.) aber auch zahlreiche deutsche Lieder umfaßt. Wegen seiner Vorliebe für melodische Kolorierungen nach der Art Paul Hofhaimers zählte B. zu seiner Zeit mit Kotter u. a. zu den sog. Paulomimen.

Ausg.: Auszüge aus dem *Fundamentum* bei C. PAESLER (s. Lit.); eine Choralbearbeitung in: A. SCHERING, Gesch. der Musik in Beispielen (L 1931); eine Choralbearbeitung u. drei Lieder in: H. J. MOSER, Frühmeister der dt. Orgelkunst (L 1930); Tänze in: W. MERIAN, Der Tanz in den dt. Tabulaturbüchern (L 1927).

Lit.: C. PAESLER, Das Fundamentbuch v. Hans von Constanz in: VfMw 5 (1889); W. NAGEL, Fundamentum Authore J. B., in: MfM 23 (1891); E. VON WERRA, H. B., in: KmJb 10 (1895); H. J. MOSER, P. Hofhaimer (St – B 1929, ²1966); O. ZUR NEDDEN, Quellen u. Stud. zur oberrheinischen Musikgesch. im 15. u. 16. Jh. (Kas 1931); J. H. SCHMIDT, J. B., Leben u. Werk (Diss. Fr 1957); W. APEL, Gesch. der Org.- u. Klv.-Musik bis 1700 (Kas 1967).

BUCHNER, Philipp Friedrich, * 11. 9. 1614 Wertheim am Main, † 23. 3. 1669 Würzburg; dt. Komponist. Er wurde 1634 Organist in Frankfurt am Main, trat aber 1636 die Stelle an seinen Vater ab und unternahm Reisen, die ihn zunächst nach Krakau, dann nach Italien und Frankreich führten. Er wirkte anschließend am Hof des Bischofs Johann Philipp von Schönborn in Würzburg, dem er 1647 als Hofkapellmeister nach Mainz folgte. B.s Vokalschaffen kann als beispielhaft gelten für den geringstimmigen konzertierenden Stil im Bereich der katholischen Kirchenmusik zur Schützzeit in Süddeutschland.

WW: *Concerti ecclesiastici,* für 2–5 St., I (V 1642), II; op. 2 (V 1644); *Catholische Sonn- u. Feyertägliche Evangelia,* für Gesang u. B.c. (Wü 1653); *Die Psalmen… Davids* (F 1658); *Sacrarum cantionum,* op. 3 (Konstanz 1656); *Plectrum musicum,* op. 4, für 3–7 St. (F 1662); *Harmonia Instrumentalis* (Wü 1664).

Ausg.: Eine Sonate aus dem *Plectrum musicum,* hrsg. v. A. EINSTEIN, in: Zur dt. Lit. für Viola di Gamba im 16. u. 17. Jh. (L 1905); 9 ausgewählte Stücke, hrsg. v. A. GOTTRON (Mz 1943–44); Weihnachtskantate, hrsg. v. DEMS. (Kas 1950).

Lit.: A. GOTTRON, Ph. F. B., in: Würzburger Diözesangeschichtsblätter 7 (1939).

BUCHSTABENTONSCHRIFT, Begriff für die Verwendung von Buchstaben zur Bezeichnung von Tönen, Noten und Akkorden. – ↗Notenschrift, ↗Tabulatur, ↗Tonnamen.

BÜCHTGER, Fritz, * 14. 2. 1903 München, † 26. 12. 1978 Starnberg; dt. Komponist. Nach dem Studium an der Musikakademie in München leitete er Sing- und Spielkreise von Laien. Neben der Pflege der Volksmusik setzte B. sich besonders für die zeitgenössische Musik ein. 1948 übernahm er die Leitung des Studios für Neue Musik in München. Er entfaltete eine bedeutende musikpädagogische Tätigkeit, angeregt durch die Methoden von C. Orff, und leitete seit 1954 die Jugendmusikschule in München. 1956 wurde B. Vorsitzender des Verbandes deutscher Oratorien- und Kammerchöre, 1960 Präsident der deutschen Sektion von „Jeunesses musicales", 1964 Vizepräsident und war seit 1972 Präsident des Verbandes deutscher Musikerzieher und konzertierender Künstler. Als Komponist schrieb B. vor allem Vokalmusik. Mit seinem Oratorium *Der weiße Reiter* (1948) wandte er sich der Zwölftontechnik zu, bevorzugt aber eine einfache und verständliche Harmonik.

WW: **1) Instr.-WW:** *Klaviermusik Nr. 1* (Wb o.J.); *Petite Sonate* (1930) für Vc. u. Klv. (P o.J.); *Introduktion, Variation u. Tanz* (1949) für Fl. u. Klv. (unveröff.); *2 Streichquartette* (1958); für Orch.: *Musik zu einer Feier* (1932) (Hei o.J.); *Musik für kleines Orchester* (1935); *Konzert für Orchester* (1957); *Spiegelungen II* für Str. (1961) (unveröff.); *Violinkonzert* (1964); *Concertino I* (1960) für Ob., V., Vc. u. Streichorch. (unveröff.); *Concertino II* (1962) für Klv., Bläser, Str., Vibraphon u. Schlaginstr. (Rb o.J.); *4 Streichquartette* (1948, 1957, 1968, 1969); *Stufen* (1966) u. *Schichten u. Bögen* (1969) für Orch.; *Strukturen* für Nonett (1969). – **2) Vokal-WW:** Lieder u. Chöre a cap.; Oratorien: *Der Name des Menschen* (1931) (Starnberg o.J.); *Flamme* (nach S. George) (1935); *Kalenderspiel* (Text v. J. Weinheber), UA: Berlin 1939 (Kö o.J.); *Der weiße Reiter* (1948); *Das gläserne Meer* (1953) (unveröff.); *Auferstehung* (1954); *Verkündigung* (1955); *Die Verklärung* (1956); *Die Himmelfahrt Christi* (1957); *Pfingsten* (1958); *Das Weihnachtsoratorium* (1959); *Johannes der Täufer* (1963); *Das Göttliche* (1964) (nach Goethe) (unveröff.). – **3) Bühnen-WW:** *Der Spielhansl* (1946) (nach Grimms Märchen), UA: Kassel 1955; *Der Engel, der das Wasser bewegte* (1965) (Text v. Th. Wilder); *Judas* (1965) (Text v. dems.); *Hepzibah* (1966) (Text v. dems.).

Lit.: L. WISMEYER, F. B. (Rb 1963) (mit Werkverz.).

BUCINA (lat.). **1)** Im römischen Altertum ein Signalhorn der Hirten und Soldaten, ein Tierhorn oder – in der Armee – ein Horn aus Metall. Das metallene Horn bestand in der klassischen Zeit aus einer 3 m langen, kreisrund gebogenen Röhre. – **2)** Im Mittelalter in Europa eine gerade Trompete. – ↗Busine.

BÜCKEN, Ernst, * 2. 5. 1884 Aachen, † 28. 7. 1949 Overath bei Köln; dt. Musikforscher. Er studierte Jura in Bonn und München, hier auch Musikwissenschaft (bei A. Sandberger und Th. Kroyer) und Komposition (bei W. Courvoisier). Nach einem Aufenthalt in Paris wurde er 1912 in München mit der Arbeit *A. Reicha, sein Leben und seine Kompositionen* promoviert und habilitierte sich 1920 in Köln mit *Der heroische Stil in der Oper* (L 1924). 1925–45 lehrte er als Professor an der Univ. Köln. B.s überaus zahlreiche Schriften haben fast ausschließlich die Musik des 18. und 19. Jh. zum Gegenstand. Diese war ihm auch Anlaß für wichtige Abhandlungen über Wesen und Begriff des Stils in der Musik. Eine bedeutende Leistung B.s war ferner die Herausgabe des noch heute in vielen Teilen als musikwissenschaftliches Standardwerk geltenden *Handbuchs der Musikwissenschaft* (1927–34), für das er selbst 3 Bde. schrieb.

WW: *Grundlagen, Methoden u. Aufgaben der musikalischen Stilkunde* (mit P. Mies), in ZfMw 5 (1923); *Der galante Stil. Eine Skizze seiner Entwicklung,* in: ebd. 6 (1924); *Grundfragen der Musikgeschichte als Geisteswissenschaft,* in: Jb. Peters 24 (1927); *Die Musik des Rokoko u. der Klassik* (Pd 1927) sowie *Die Musik des 19. Jh. bis zur Moderne* (Pd 1929–31) und *Geist u. Form im musikalischen Kunstwerk* (Pd 1929–32) für das Hdb. der Musikw.; *R. Wagner* (Pd 1934, ²1941) und *L. v. Beethoven* (Pd 1934) in der v. B. hrsg. Reihe *Die großen Meister der Musik; Das Wort-Ton-Problem bei Beethoven,* in: Beethoven u. die Gegenwart, FS L. Schiedermair zum 60. Geburtstag (Bonn 1937); *Das deutsche Lied. Probleme u. Gestalten* (H 1939); *Wörterbuch der Musik* (L 1940) (= Slg. Dietrich 20), überarbeitet u. ergänzt v. F. Stege (Bremen 1961); *R. Strauss* (Kevelaer 1949). – B. gab heraus (außer den genannten Reihen): *Hdb. der Musikerziehung* (Pd 1931); *Musikerbriefe* (L 1940); er schrieb auch 2 Romane.

Lit.: W. KAHL, in: Rheinische Musiker I, hrsg. v. K. G. FELLERER (Kö 1960) (= Beitr. zur rheinischen Musikgesch. 43).

BUFFARDIN, Pierre Gabriel, getauft 29. 6. (?) 1689 Avignon, † 13. 1. 1768 Paris; frz. Flötist. Nach einem Aufenthalt in Konstantinopel (1713) war er 1715–49 1. Flötist am kurfürstlichen Hof in Dresden. Zu seinen Schülern gehörten Johann Jacob Bach und Quantz.

BUFFO (it., von buffone = Hofnarr, komische Figur), Bz. für den Sänger komischer und grotesker Charakterrollen der ↗Opera buffa. Nach Stimmlage unterscheidet man *Baß-B.* und *Tenor-Buffo.* Vom B. werden besonders auch schauspielerische Fähigkeiten verlangt. Die entsprechenden weiblichen Fächer sind *Soubrette* und *Spielalt.* In der Operette entstand das Fach des *Tanz-B.s,* das zusätzlich tänzerisches Können verlangt. – In Frankreich heißen *Bouffes* Theater und Theaterensembles, die komische Opern aufführen. J. Offenbach eröffnete 1855 das berühmt gewordene Theater „Bouffes-Parisiens“, in dem seine eigenen Operetten aufgeführt wurden.

BUFFONISTENSTREIT, eine in der Geschichte der ↗Oper bedeutsame Auseinandersetzung in Paris zwischen den Anhängern der italienischen ↗Opera buffa (Buffonisten) und den Parteigängern der französischen ↗Tragédie lyrique (Antibuffonisten). Äußerer Anlaß waren die Aufführungen des Intermezzos *La Serva Padrona* von Pergolesi und anderer Intermezzi in den Jahren 1752–54 durch eine italienische Truppe an der Pariser Opéra, an der bis zu diesem Zeitpunkt noch keine Buffoopern aufgeführt worden waren. Der Führer der national gesinnten Antibuffonisten – auch *Coin du roi* genannt, da sie sich unter der Königsloge versammelten – war J. Ph. Rameau. Zu den Anhängern der italienischen Oper – *Coin de la reine* –, die in der Opera buffa das Ideal des Natürlichen verwirklicht sahen, gehörten u. a. J.-J. Rousseau, Diderot und Fr. M. Grimm, der eine Satire auf die frz. Oper verfaßte (*Le Petit Prophète de Boemischbroda,* 1753). Im Gegenzug brachten die von Mme. de Pompadour unterstützten Parteigänger der französischen Oper im Jahre 1753 die Pastorale *Titon et l'Aurore* von Mondonville und *Castor et Pollux* von Rameau zur Aufführung. Auch der übertriebene Ton des *Lettre sur la musique française* (1753) von J.-J. Rousseau stärkte die Position der Anhänger der nationalen Oper. – Der B. markiert eine Krise der französischen Tragédie lyrique und das Aufblühen der ↗Opéra-comique, die mit Rousseaus *Le devin du village* (1752) ihren Anfang nahm.

Ausg. von Streitschriften: u. a. La querelle des Bouffons. Texte des pamphlets, avec introduction, commentaires et index, hrsg. v. D. LAUNAY, 3 Bde. (G 1973).

Lit.: L. DE LA LAURENCIE, La grande saison italienne de 1752. Les Bouffons, in: Bull. de la SIM 8 (1912); L. RICHEBOURG, Contribution à l'histoire de la „Querelle des Bouffons“ (P 1937); M. BARTHÉLEMY Essai sur la position de D'Alembert dans la Querelle des Bouffons, in: Recherches 6 (P 1966); DERS., M. A. Laugier contre J.-J. Rousseau, in: Provence historique, Faszikel Nr. 73 (1968); D. LAUNAY, La querelle des Bouffons et ses incidences sur la musique, in: Kgr.-Ber. Berkeley 1977.

BUGAKU (jap.), ↗Gagaku.

BÜGEL (engl.: bout, frz.: échancrure), Bz. für die Umriß-Rundungen – die äußeren, die Form bestimmenden Konturen – der Streichinstrumente. Man unterscheidet Ober-, Mittel- und Unterbügel. Oberbügel (vom Hals ausgehend) und Unterbügel sind auswärts gerundet, die Mittelbügel eingezogen.

BÜGELHORN (auch Flügelhorn, engl. und frz.: bugle; engl.: Flugelhorn; frz.: bugle à pistons; it.: flicorno; span.: fiscorno), aus dem Signalhorn hervorgegangene Instrumentengruppe mit Kesselmundstück, konischem Rohr mit weiter Mensur und wenig ausladendem Schallstück. Der Name des B. wird von *bugle* abgeleitet, ein Wort, dessen Herkunft noch nicht geklärt ist, das aber vermutlich mit dem ahd. „buhhil“ (= Horn) und dem altfrz. „cor buglerenc“ oder „bugleret“ (= Stierhorn) zusammenhängt. Zu Beginn des 19. Jh. von Joseph Halliday (Dublin) zunächst mit Klappen ausgestattet (sog. Klappenhorn; engl.: keyed bugle; frz.: bugle à clefs), wurde es von Halary (Paris) 1817 kopiert und zu einer ganzen Familie ausgebaut (↗Ophikleïde). Um 1830 wurde das B. mit Ventilen versehen. Die äußere Form war der Trompete nachgebildet, die tieferen Instrumente hatten ovale oder runde Form (Flügelhorn, Tenorhorn, Tuba). A. Sax entwickelte eine Familie von Bügelhörnern in 9 Lagen mit verbesserter Mensur, die alle die gleiche äußere Gestalt hatten (↗Saxhorn). Die Bügelhörner gehören in allen Größen zur Harmoniemusik, nur die Baßinstrumente (Baß-Tuba, Kontrabaß-Tuba) fanden auch in das Orchester Eingang. Sie wurden verwendet von O. Respighi *(I Pini di Roma)* und I. Strawinski *(Threni)*. *Bugle* wird in Frankreich heute das Saxhorn, in England das Signalhorn ohne Klappen oder Ventile genannt.

Lit.: J. G. KASTNER, Traité général d'instrumentation (P 1837); DERS., Manuel général de musique militaire (P 1848); C. PIERRE, La facture instrumentale à l'Exposition... de 1889 (P 1890); J. LEVY, Die Signalinstr. in den altfrz. Texten, in: SIMG 12 (1910/11); F. BRÜCKNER, Die Blasinstr. in der altfrz. Lit. (Gießen 1926) (= Gießener Beitr. zur Romanischen Philologie 19). M. BRÖCKER

BÜHNENMUSIK (engl.: incidental music; frz.: musique de scène; it.: musica di scena; span.: música escénica). Allgemein wird damit jede Art von Musik bezeichnet, die einen Vorgang auf der Bühne szenisch oder als Steigerung des Affekts unterstützt. Ursprünglich auf der Bühne selbst oder hinter der Szene ausgeführt, wurde sie auf besondere Anforderung der Dichter immer weiter ausgestaltet und schließlich vor der Szene gespielt. Damit wurde sie allmählich der Praxis des Operntheaters angeglichen. Zu unterscheiden ist zwischen B. in der Oper und im Schauspiel. Die erste Form spielt eine untergeordnete Rolle. Sie dient der Hervorhebung eines bestimmten Abschnitts im Ablauf des Geschehens, ist also eine reine Inzidenzmusik, d. h., sie fällt in die Szene ein, verstärkt eine vom Dichter und Komponisten vorgesehene dramatische Wirkung und bekommt dadurch häufig ein psychologisches Gewicht. B.en in Opern sind z.B. die Bankettmusik im 2. Akt von Mozarts *Don Giovanni,* das Trompetensignal im 2. Akt von Beethovens *Fidelio,* der Walzer und das Duett im 1. Akt von Verdis *La Traviata* und das Ballfest im 3. Akt seiner Oper *Ein Maskenball.* Auch das Solo für Englischhorn am Beginn des 3. Aktes von Wagners *Tristan und Isolde,* die Stierkampfmusik im 4. Akt von Bizets *Carmen,* die Walzerszene im 3. Akt von R. Strauss' *Der Rosenkavalier* sowie die Militärmusik und Heurigenmusik in A. Bergs *Wozzeck* müssen in diesem Zusammenhang genannt werden. Ebenso gehört die kurzlebige Gattung des Melodrams, in der deutschen Musik des 18. Jh. vornehmlich durch Georg Benda mit *Ariadne* und *Medea* (1775) vertreten, in diesen Bereich.

Typologie der Bühnenmusik. Heute spricht man von B. meist nur in Verbindung mit dem Schauspiel. Dabei sind drei verschiedene Typen zu unterscheiden: einmal die von dem Dichter selbst geforderte Inzidenzmusik. Sie ist von der dramatischen Handlung nicht zu trennen und bringt eine notwendige Ergänzung der Bühnenvorgänge. Zu ihr gehören alle Arten von Signalen und Fanfaren, ferner Märsche und anderweitige Untermalung festlicher Vorgänge, tänzerische Szenen, Hirtenweisen und Jagdmusik. Dieser reinen Gebrauchsmusik steht als zweiter Typ eine musikalische Ausgestaltung von Szenen seitens des Komponisten gegenüber, die über die Anforderungen des Dichters hinausgeht. Die hier eingeführte Musik dient der Ausdeutung und psychologischen Vertiefung eines Vorgangs, sie verbindet außerdem die Akte des Dramas oder die Szenen eines Aktes. Ihre Hauptformen sind Ouvertüre, Aktvorspiel, Zwischenakt- und Schlußmusik. Abweichend von den meist kurzen Inzidenzmusiken handelt es sich hier um größere musikalische Komplexe. Die Musik strebt nach Gleichberechtigung mit dem gesprochenen Wort, ohne indessen schon Oper zu sein. Die Blütezeit dieser konkurrierenden Vorgänge ist im 19. Jahrhundert zu finden, nachdem die theoretischen Grundlagen hierfür im 18. Jh. geschaffen worden waren. Die dritte Spielart der B. hat nur verbindende Funktion. Sie ist als Füllwerk anzusehen und steht in keinem inneren Zusammenhang mit den Vorgängen auf der Bühne. Für die Entwicklung des Gattungsbegriffs B. ist sie ohne Bedeutung geblieben. – ↗Intermedium.

Frühgeschichte. Die Tradition der B. reicht weit zurück, denn das Schauspiel mit Musik ist wohl die älteste Form des dramatischen Kunstwerks. Der Ursprung liegt in den Riten der Gottesverehrung sowie in Tanzszenen. Einzelgesang und Chor lösten einander ab. Häufig wurden sie von Instrumenten begleitet. Dieser noch naturhaft gebundene Spieltrieb wurde zum bewußten Gestaltungsvorgang bei den ostasiatischen Völkern. Die einige Jahrtausende zurückreichenden chinesischen Schauspiele (↗China) wurden in Freilichtaufführungen vorgestellt. In ihrer sinnfälligen Dichtungs- und Spielweise ähneln sie den mittelalterlichen Volksschauspielen des Abendlandes. Der Stoff umfaßte geschichtliche, religiös-legendäre oder nationale Themen. Durch die Musik wurden nicht nur szenische, sondern auch seelische Situationen hervorgehoben. Lyrische Partien, z.B. Liebesszenen, wurden sogar gesungen. Das Instrumentarium wurde sinnentsprechend eingesetzt. So ertönte beim Tod des Helden ein düsterer Gongschlag, dem eine Totenklage folgte. Eine langsam stärker werdende kriegerische Musik zeigte den Fortgang der Handlung an, ohne daß sich zunächst auf der Bühne etwas ereignete. Diese Schauspielmusiken wurden stets improvisiert. Die Japaner und Siamesen verfuhren ähnlich, wobei die letzteren Tanzszenen bevorzugten.

Die Antike. Im antiken griechischen Drama (↗Griechenland), das aus dem Dionysoskult die

Mitwirkung des Chors übernommen hatte, gab es für die Musik eine der heutigen B. entsprechende Aufgabe. Der Chor verdeutlichte den Sinn des gesprochenen Wortes und kommentierte die Ereignisse auf der Bühne. An diese Funktion knüpfte Friedrich von Schiller in seiner Tragödie *Die Braut von Messina* (1803) an. Die lückenhafte Überlieferung der Antike läßt nicht erkennen, ob sich ausgesprochene Sologesänge im Drama befunden haben. Vielleicht gab es eine dem heutigen Rezitativ ähnliche Steigerung der Sprache. Der einstimmige Chorgesang wurde durch gleichlautende Instrumentalbegleitung verstärkt. Die Wiedererweckung des antiken Dramas gegen Ende des 16. Jh. aus dem Geiste der Renaissance und des Humanismus führte im Kreise der Florentiner Camerata zur Entstehung der Oper. Diese entwickelte in ihren Anfängen einen wortgebundenen rezitativischen Stil, mit dem man dem Ideal der Antike zu entsprechen glaubte.

Bühnenmusik im Mittelalter. Den christlichen Mysterienspielen des Mittelalters lagen die gleichen kultischen Voraussetzungen wie in den ostasiatischen Ländern und in Griechenland zugrunde. Zunächst wurden einfache liturgische Spiele von Geistlichen in der Kirche dargestellt (↗Liturgisches Drama). Chöre und kirchliche Wechselgesänge bildeten die szenische Musik. Weltliche Elemente drangen ein, als die Spiele aus der Kirche in die Vorhöfe verlegt wurden. Die Trouvères setzten einer beginnenden Verflachung die Form der heiteren ↗Entremets entgegen. In *Le jeu de Robin et Marion* von Adam de la Halle erhielt die B. bereits den Charakter des Singspiels mit reicher, abwechselnder Instrumentalbesetzung. In der Schweiz entwickelte sich, von Italien beeinflußt, ein Volksschauspiel auf humanistisch-protestantischer Basis, z.B. im Basler *Der Weltspiegel,* mit großem Anteil des Chores. Die an den Renaissancehöfen gespielten Maskenfeste und Trionfi brauchten viel Musik, die allerdings mehr die äußeren Vorgänge untermalte.

Die Zeit Shakespeares. Im England des 16. und 17. Jh. waren die ↗Masques Glanzstücke höfischer Unterhaltung. Die Stücke von Christopher Marlowe und Ben Jonson sind von Musik durchsetzt. Sie wurden echte Vorläufer der englischen Oper. Die 1576 gegründete erste ständige Bühne in London hatte fest angestellte Musiker, die alle Schauspiele mit B. zu versorgen hatten. Namhafte Komponisten von Schauspielmusik waren John Banister und Matthew Locke. Von den Dichtern Beaumont und Fletcher stammt eine Ästhetik der zu verwendenden Instrumente, die auch noch für Shakespeare von Bedeutung war. Dieser, von der Gefährlichkeit unmusikalischer Menschen überzeugt, hatte ein sicheres Gespür für die Wirkung der Musik im Zusammenklang mit dem gesprochenen Wort. In *Der Sturm* und *Ein Sommernachtstraum* näherte er sich stark der Gattung der Oper. Er verlangt präzise Instrumentation, aber nur selten, z.B. in *König Heinrich V.*, den Chor. Dafür finden sich viele Anweisungen für Sologesang (vgl. die *Callfor Songs* der Ophelia in *Hamlet* und des Falstaff in *Die lustigen Weiber von Windsor*). Die Ständchen aus *Die beiden Veroneser* und *Cymbeline* sind als Lieder mit Klavier von Franz Schubert vertont worden. Berühmt wurden auch die Gesänge des Narren aus *König Lear* und *Was ihr wollt*. Das Drama *König Heinrich VI.* soll mit einem Trauermarsch beginnen, *Hamlet, König Lear* und *Coriolan* sollen damit schließen. – Mit 54 B.en zwischen 1676 und 1695 hat Henry Purcell sich in den Musiken zu Schauspielen von John Dryden teilweise der Oper genähert. Etwa gleichzeitig mit Shakespeare gab es in Frankreich und Spanien B. zu Werken von Lope de Vega, Calderón, Corneille, Racine und Molière.

Das 18. Jahrhundert. Anläßlich der Aufführung von *Semiramis* von Voltaire (1767) setzte sich Gotthold Ephraim Lessing im 26. Stück seiner *Hamburgischen Dramaturgie* mit dem Kritiker Johann Adolph Scheibe auseinander, der als Komponist der Musik zu Corneilles *Polyeucte* und Racines *Mitridate* die Unverwechselbarkeit der B. forderte, die es bei Purcell noch nicht gegeben hatte. Trotz Gegensätzen im einzelnen stimmten beide in der Forderung überein, daß „In Einer Symphonie... nur Eine Leidenschaft herrschen" solle. In diesem Sinne ist die Musik zu Geblers *Thamos, König in Ägypten* von Mozart verfaßt, und auch die von Johann André 1776 zu *Der Barbier von Sevilla* von Beaumarchais und 1778 zu *König Lear* und *Hamlet* komponierte szenische Musik ist von dieser Grundhaltung bestimmt. Bis vor kurzem galt eine wahrscheinlich von K.D. Stegmann stammende Musik zu *König Lear* als Arbeit von Joseph Haydn. Von dessen zahlreichen Schauspielmusiken seien die zu *Der Zerstreute* von Regnard und zu *Alfred oder der patriotische König* von Cowmeadow genannt. Eine ihm zugeschriebene Musik zu Goethes *Götz von Berlichingen* ist nicht nachzuweisen. – Ähnlich wie Shakespeare und Lessing haben auch Schiller und Goethe sich ernsthaft mit Fragen der B. beschäftigt.

Goethes Vertrauter, der Berliner Komponist C.F. Zelter, forderte für jedes bedeutende Theaterstück eine eigene Musik.

Beethoven als Wegweiser einer neuen Ära. Richtungweisend, in kongenialer Erfüllung der Dichtung, wurde Beethoven mit der umfangreichen Musik zu Goethes *Egmont* (1810). Für den *Faust* forderte Goethe völlige Gleichberechtigung von Instrumental- und Vokalmusik. Seiner Meinung nach wäre Mozart der einzige gewesen, diese Forderung zu erfüllen. Er glaubte aber auch in Meyerbeer einen geeigneten Komponisten zu sehen, doch kam es zu keiner Zusammenarbeit. Von den *Acht Szenen* op. 1 von Berlioz nahm Goethe keine Notiz. Die B.en zu *Faust* von Eberwein (1812), Fürst Radziwill (1835), Schillings und Weingartner (beide 1908) und Künneke (1911) sind nicht mehr bekannt. R. Schumanns *Szenen aus Faust* sind eine Kantate, im Gegensatz zu seiner echten Schauspielmusik *Manfred* nach Lord Byron. Carl Maria von Weber komponierte 1820 *Preciosa* von P. A. Wolff; 1823 folgte Schubert mit *Rosamunde* (H. von Chezy), 1823 J. N. Hummel mit *Die Ahnfrau* (Grillparzer). Felix Mendelssohn Bartholdy schuf 1826 die Ouvertüre, 1843 die übrige Musik zu Shakespeares *Ein Sommernachtstraum,* womit er nicht nur das Interesse für Shakespeare neu belebte, sondern auch nach Beethoven die erste große B. lieferte.

Ein Jahrhundert der Bühnenmusik. Zu Werken von Shakespeare entstanden Musiken von L. Spohr, W. Taubert, R. Volkmann, M. Balakirew, St. Moniuszko und A. Sullivan. Cl. Debussy hinterließ ein Fragment zu *König Lear.* Zu einem Höhepunkt im späteren 19. Jh. wurde nächst der Musik von Bizet zu Daudets *L'Arlésienne* die ebenfalls reich ausgestattete Musik zu Ibsens *Peer Gynt.* Der Dichter hätte lieber Chr. Sinding als Komponisten gehabt, da Grieg ihm zu eigenwillig war. 1947 hat der Norweger Harald Sæverud eine neue Musik geschrieben, in der er sich bemühte, die musikalischen Vorstellungen des Dichters aus neuer Sicht zu begreifen. Ibsens *Das Fest auf Solhaug* haben 1889 Hans Pfitzner und 1892 Hugo Wolf mit szenischer Musik versehen. Zu A. Pauls *König Christian* schrieb Sibelius eine einfallsreiche Musik. A. Strindbergs *Traumspiel* wurde von E. N. von Reznicek mit psychologisch feinen Zügen musikalisch ausgestaltet. Neben einer vornehm zurückhaltenden Musik zu Maeterlincks symbolistischem Spiel *Der blaue Vogel* komponierte Engelbert Humperdinck die B.en zu Shakespeares *Der Kaufmann von Venedig, Ein Wintermärchen, Was ihr wollt* und *Der Sturm.*

Neue Wege im 20. Jahrhundert. 1906 gab Busoni mit der Musik zu Gozzis *Turandot* ein charakteristisches Beispiel moderner Auffassung. Er hat diese B., zu der es auch eine kluge Abhandlung von ihm gibt, später zu einer Oper ausgebaut. Viele bedeutende Komponisten des 20. Jh. haben seitdem B.en geschrieben. Genannt seien hier besonders D. Milhaud – vor allem mit der Musik zur Trilogie *Orestie* nach Äschylos in der Übersetzung von Paul Claudel – und A. Honegger, u.a. mit der Musik zu Claudels *Der seidene Schuh* (1943). Beide konnten mit ihren B.en, die eine große Affinität zu den entsprechenden Bühnenwerken aufweisen, zugleich einen bemerkenswerten Beitrag zum ↗Musiktheater ihrer Zeit leisten. Einen eigenen Rang in dieser Beziehung beansprucht auch die Zusammenarbeit B. Brechts mit K. Weill, H. Eisler und P. Dessau, die die Forderungen Brechts an die Bühnenmusik als an ein Mittel seines Theaters in seinem Sinne realisierten (vgl. etwa Eislers Musik zu *Galileo Galilei*).

In neuerer Zeit verzichten die Theater aus stilistischen und finanziellen Erwägungen auf den tradierten großen Aufführungsapparat und begnügen sich mit kleineren Besetzungen und Formen, wodurch sie dem ursprünglichen Typ der B. wieder näherkommen. Ein charakteristisches Beispiel hierfür ist Carl Orffs Musik zu *Ein Sommernachtstraum* (1939, letzte Fassung 1964). Mit einer Reihe von B.en dieser Art ist Mark Lothar hervorgetreten, u.a. mit *Der seidene Schuh* (Claudel), *Undine* (Giraudoux), *Faust II* (Goethe), *Romeo und Julia* (Shakespeare), *Der Zerrissene* (Nestroy), *Glasmenagerie* (Tennessee Williams), ebenso der gleichaltrige Ludwig Roselius z.B. mit *Faust I* (Goethe), *Lilofee* (M. Hausmann), *Wie es euch gefällt* (Shakespeare). Der Grieche *Iannis Xenakis* hat mit *Oresteia* nach Aischylos (1966) einen wichtigen Beitrag zur zeitgenössischen B. geleistet, ebenso Leonard Bernstein mit *The Lark* (Bloomgarden, 1955/56) und *Candide* nach Voltaire (1956).

Lit.: G. E. LESSING, Hamburgische Dramaturgie (1767–69) Kap. 26 u. 27.; F. PEDRELL, La musique indigène dans le théâtre espagnol du XVIIe siècle, in: SIMG 5 (1903–04); W. BARCLAY SQUIRE, Purcell's Dramatic Music, in: ebd.; F. BUSONI, Entwurf einer neuen Ästhetik der Tonkunst (Triest 1907); E. ISTEL, Schauspielmusik (B 1907); N. O'NEILL, Music to Stage Plays, in: Proc. R. Mus. Assoc. 37 (1911); H. DAFFNER, Haydn u. Shakespeare, in: Jb. der Shakespeare-Ges. (B 1914); J. TIERSOT, La musique dans la comédie de Molière (P 1922); R. BÄTZ, Schauspielmusik zu Goethes Faust (Diss. L 1924); A. ABER, Die Musik im Schauspiel (L 1926); DANIEL-LESUR, La musique de scène, in: Polyphonie 1 (P 1948); A. E. CHERBULIEZ, E. Grieg (Z 1948); F. W. STERNFELD, The Dramatic and Allegorical Function of Music in Shakespeare's Tragedies, in: Ann. Mus. 3 (1955); J. ST. MANIFOLD, The Music in English Drama from Shakespeare to Purcell (Lo 1956); Les Fêtes de la Renaissance, 2 Bde. (P 1956–60); H. KINDERMANN, Theatergesch. Europas (Salzburg 1957ff.). La musique de scène de la troupe de Shakespeare, hrsg. v. J. P. CUTTS (P 1959); H. CH. WORBS, Die Funktion der Schauspielmusik im Drama der Gegenwart, in: Musica 15 (1961); H. MAYER BROWN, Music in the French Secular Theatre 1400–1550 (C/M 1963); F. W. STERNFELD, Music in Shakespearean Tragedy (Lo 1963); H. FÄHNRICH, Chr. Marlowes Beitr. zur Bühnenmusik der Elisabethaner, in: Mf 22 (1969).

H. WIRTH

BUKOFZER, Manfred, * 27. 3. 1910 Oldenburg, † 7. 12. 1955 Oakland (Calif.); amerik. Musikwissenschaftler dt. Abstammung. Er studierte Musik in Berlin am Sternschen Konservatorium, an der Hochschule für Musik und privat bei Michael Taube, 1928–36 Musikwissenschaft an den Universitäten Heidelberg (bei H. Besseler), Berlin und Basel; hier wurde er 1936 mit der Arbeit *Geschichte des englischen Diskants und des Fauxbourdons nach den theoretischen Quellen* promoviert. 1938–39 hielt er Gastvorlesungen u. a. in Basel, Cambridge und Oxford. 1940 ging er in die USA, wurde Lecturer in Music an der Western Reserve University in Cleveland und lehrte seit 1941 (seit 1946 als Ordinarius) an der University of California in Berkeley. B.s Arbeiten sind von grundlegender musikwissenschaftlicher Bedeutung.

WW: **1) Schriften:** *Gesch. des engl. Diskants u. des Fauxbourdons* (Str 1936); *Sumer is icumen in: a Revision,* in: California Publications in Music 2/2 (1944); *Music of the Laudes,* in: E. H. Kantorowicz, Laudes Regiae ... (1946) (= Univ. of California Publications in History 33); *Music in the Baroque Era,* Bd. 4 der Norton History of Music (NY 1947); zahlr. Art. über die engl. Musik des 15. Jh., über Dufay, Dunstable u. die Barockmusik; *The Place of Musicology in American Institutions of Higher Learning* (NY 1957); *Studies in Medieval & Renaissance Music* (Lo – NY 1950, Nachdr. 1964). – **2) Editionen:** *Th. Whythorne, Three Songs for Threepart Chorus* (NY 1947); *G. Dufay, Two Motets* (NY 1949); *G. Coperario, Rules how to compose* (Los Angeles 1952) (Faks.-Ausg.); *John Dunstable, Complete Works* (1953) (= Mus. Brit. 8), revidierte Neuaufl. bearbeitet v. M. u. I. Bent – B. Trowell (Lo 1969); *A Petit Coclico, Compendium musices,* Faks.-Nachdr. (Kas 1954) (= DMl 9).

Lit.: G. REESE, in: JAMS 8 (1955); E. HERTZMANN, M. B., in: Mf 9 (1956); D. D. BOYDEN, In Memoriam M. F. B., in: MQ 42 (1956).

BULANT (Bullandt, Bullant), **Antoine,** † 13. (25.) 6. 1821 St. Petersburg; frz. Musiker und Komponist vielleicht böhmischer Herkunft. Er ist 1772–73 in Paris, seit 1780 in St. Petersburg nachweisbar, hier u. a. als Fagottist am Kaiserlichen Theater und als Mitbegründer und einer der Leiter der Philharmonischen Gesellschaft. B. schrieb u. a. Symphonien *(Quatre symphonies à grand orchestre* op. 5, 1773), Kammermusik (Trios, Quartette, Klarinetten-Duos), Opern, Vokalwerke, so den Prolog mit Chor u. Ballett *Das glückliche Rußland* (1787).

Lit.: C. JOHANSSON, French Music Publishers' Catalogues of the Second Half of the 18th Century, 2 Bde. (Sto 1955); B. S. BROOK, La Symphonie française dans la seconde moitié du XVIIIe siècle, 3 Bde. (P 1962).

BULGARIEN. Vom 7. bis zum 14. Jahrhundert. Die Musik wurde nachweisbar schon bei den ältesten Bewohnern des heutigen B., bei den Thrakern und Slawen gepflegt. Nach der Einwanderung der sog. Protobulgaren, turkstämmiger Reiternomaden und der Gründung des ersten slawo-bulgarischen Reiches (681) setzte 865 die Christianisierung des Landes ein. Damit begann auch eine eigenständige Entwicklung der bulgarischen Kirchenmusik. Der liturgische Gesang der Ostkirche fand hier günstige Entfaltungsmöglichkeiten vor. Noch im 9. Jh. schufen die Slawenapostel, die Brüder Kyrillos und Methodios, mit der Glagoliza das älteste slawische Alphabet. Sie übersetzten biblische und liturgische Texte ins Kirchenslawische (Altbulgarische) und führten den byzantinischen Kult in einigen römischen Kirchen ein. Ihnen wie auch ihrem Schüler Klemens von Ochrida (Klemens der Bulgare) werden auch Kompositionen von Kirchengesängen zugeschrieben. Nach der Chronik des Joachim von Gustinsk gab im 10. Jh. der Patriarch von Konstantinopel bulgarischen Mönchen und Sängern den Auftrag zur Christianisierung des russischen Fürsten Wladimir und seiner Untertanen. Vor und während der byzantinischen Herrschaft über Bulgarien (1018–1186) und vor allem während der Zeit des zweiten bulgarischen Reiches (1187–1396) konnte sich die bulgarische Kultur und speziell der liturgische Gesang häufig der byzantinischen Politik der Anpassung entziehen (vgl. dazu die in italienischen Choral-Hss. des 9. Jh. erwähnte *sequenzia bulgarica,* die „ketzerischen" Gesänge der Bogomilen, die auch Katharer und Albigenser inspirierten, die Bildung der berühmten Musikzentren in Ochrida und Preslaw usw.). Eine späte griechische Hs. nennt als wichtigsten Sänger und Komponisten des byzantinischen Mittelalters einen Bulgaren, Johannes Kukuzeles (14. Jh.), der selbst eine seiner interessantesten Kompositionen *Polyeleïos von Bulgarien* genannt hat.

Die türkische Herrschaft. Nach dem Einfall der Türken in B. im Jahre 1396 wurde das Land kirchlich dem Patriarchen von Konstantinopel unterstellt. Das Griechische blieb bis 1870 die Sprache des bulgarischen Kirchengesangs. Dennoch konnte dieser in der ersten Zeit der türkischen Herrschaft seine Eigenständigkeit bewahren, vor allem in den zahlreichen Klöstern des Landes und im Ausland, wohin bulgarische Mönche geflohen waren, so auf dem Athos, in Rumänien, Ungarn und im Süden Rußlands, wo Hss. des 17. und 18. Jh. ihn ausdrücklich als „bolgarski rospew" (d. h. als ältesten kirchenslawischen Gesang der orthodoxen Kirche) bezeichnen. In den folgenden fast fünf Jahrhunderten politischer und geistiger Fremdherrschaft blieb B. vom kulturellen Leben des übrigen Europa abgeschnitten, was auch die Entwicklung jeglicher Kunstmusik beeinträchtigte. Begriffe der abendländischen Musikkultur wie „Mensur", „temperierte Stimmung", „Dur-Moll-Tonalität", „Harmonik", „Melodik" und „Instrumentierung", waren in B. unbekannt. So konnte sich die bulgarische Musik nur als Volksmusik entfalten. Die unzähligen mündlich überlieferten bulgarischen Volkslieder, deren Texte in außerordentlicher Mannigfaltigkeit die Geschichte des Volkes spiegeln, hielten die Jahrhunderte hindurch das Nationalbewußtsein wach und bildeten einen einzigartigen musikalischen Fundus. Kennzeichen der bulgarischen Volksmusik sind Hemiolen-Takte und ungleiche Zeitmaße, die Bartók als „bulgarische Rhythmen" bezeichnet:

5/16 $\frac{(2+3)}{16}$ = ♪ ♪.   7/16 $\frac{(2+2+3)}{16}$ = ♪ ♪ ♪. oder $\frac{(3+2+2)}{16}$ = ♪. ♪ ♪

8/16 $\frac{(3+2+3)}{16}$ = ♪. ♪♪. ; 9/16 $\frac{(2+2+2+3)}{16}$ = ♪♪♪ ♪. oder $\frac{(3+2+2+2)}{16}$ = ♪. ♪♪♪ usw., bis

15/16 $\frac{(3+2+3+2+2+3)}{16}$ = ♪. ♪♪. ♪♪♪.

Die aus der Aneinanderreihung ungleicher Zeitmaße gewonnenen Takte enthalten mindestens eine verlängerte Taktzeit, wie sie für die bulgarische Volksmusik charakteristisch ist:

Auszug aus S. Dschudschew, Bălgarska narodna musika, Sofia, Nauka i istkustwo, 1970, I, S. 119, Nr. 43.

Die meisten bulgarischen Volkslieder stehen in Moll. Sie benutzen häufig die antiken Modi, seltener pentatonische Tonleitern. Charakteristisch sind auch der tetrachordartige Aufbau der Melodien, übermäßige Sekundschritte und der Reichtum an Verzierungen. Die wichtigsten Instrumente der Volksmusik sind: die *Gadulka* (auch ↗*Gusle*), ein drei-, selten viersaitiges birnenförmiges Saiteninstrument, die ↗*Kawal,* eine rechts geöffnete Flöte ohne Mundstück und Labialpfeifenkern, die ↗*Gaita,* ein dem Dudelsack verwandtes Blasinstrument. Die bulgarische Volksmusik ist besonders reich an Tänzen, die meistens sehr lebhaft und von schwierig auszuführenden Figuren begleitet sind.

Die meisten bulgarischen Volkslieder sind einstimmig. Doch begegnet man häufig Ansätzen mehrstimmiger Musik, die der antiken Heterophonie ähneln und in erster Linie Quarten, Quinten und Sekunden verwenden. Neben Volksliedern mit genauer Taktordnung gibt es zahlreiche andere ohne Takt und Metrum, die in Art einer Improvisation langsam und mit vielen Verzierungen vorgetragen werden:

Auszug aus M. Todorow, Bălgarska narodna musika, Sofia, Nauka i istkustwo, 1966, III, S. 99 Nr. 256.

Zu den verbreitetsten zählen der *Choro* (ein Reigentanz) und die *Ratschenitsa* im 7/16-Takt.

Die Musik im modernen Bulgarien. Nach der Befreiung von den Türken im Jahre 1878 entfaltete sich seit etwa 1890 die mehrstimmige Musik, zunächst als Chorgesang in Schulen und Kirchen, später auch in Chorgemeinschaften. Eine wichtige Rolle spielte der „Verband der Volkschöre", der wenige Jahre nach seiner Gründung (1926) bereits 120 Chöre umfaßte und, seit 1935 unter dem Namen „Vereinigung der bulgarischen Chöre“, bis 1952 bestand. Das Repertoire umfaßte im wesentlichen Arrangements von Volksliedern. Die wichtigsten Komponisten der „ersten Generation“ waren Emanuil Manolow (1860–1902), Komponist der ersten bulgarischen Oper, Panajot Pipkow (1871–1942), Komponist der ersten bulgarischen Operette für Kinder und von Klavierwerken, Dobri Christow (1875–1941), einer der ersten Theoretiker und bulgarischen Folkloristen und der bekannteste Chormusikkomponist, ferner der „Maestro“ Geórgi Atanassow (1882–1931), der u. a. 6 Opern schrieb. Das Verdienst dieser Komponisten, meist Autodidakten, war es, den Weg in die Kunstmusik geöffnet zu haben. Eine wichtige Rolle spielten auch die zahlreichen, meist von tschechischen Kapellmeistern gegründeten Blasinstrumentenensembles. Seit 1885 traten auch Saiteninstrumente hinzu. Mit einem Orchester dieser Art führte Atanassow seit 1916 in 89 Konzerten erstmalig symphonische Werke der europäischen Klassik und Romantik auf. Das erste, sehr einfache, 1850 in Schumen durch den ungarischen Flüchtling Schafran gegründete Orchester spielte lediglich Arrangements von Volksliedern, Potpourris usw.

Seit 1891/92 führten einige in Prag ausgebildete bulgarische Sänger in Sofia Ausschnitte aus Opern mit Klavierbegleitung auf. Unter der Leitung des berühmten bulgarischen Tenors Konstantin Michailow-Stojan (1856–1914), der an der Kaiserlichen Oper in Moskau unter Vertrag stand, wurde 1908 eine Oper gegründet, aus der 1922 die Nationaloper hervorging. 1903 gründeten die aktiven Musiker des Landes eine gemeinsame Organisation. Es entstanden vier Privat-Musikschulen (die erste 1904 in Sofia), 1922 eine Staatliche Musikakademie in Sofia. 1912 komponierte Nikola Atanassow (1886–1969) die erste bulgarische Symphonie. 1926 wurde in Sofia das Akademische Orchester gegründet, aus dem 1936 das Königliche Symphonieorchester (seit 1944 Staatliche Philharmonie Sofia) hervorging.

Die Vertreter der zweiten Komponistengeneration seit 1920 standen trotz moderner Schreibweise noch mehr oder weniger unter dem Einfluß der bulgarischen Volksmusik. Mit Ausnahme von W. Wladigerow studierten sie ausnahmslos an der Musikakademie in Sofia, bevor sie sich weiteren Studien in Deutschland, Frankreich oder Österreich zuwandten. Zu den wichtigsten gehören: Petko Stajnow (* 1896), Komponist von Chorwerken, Symphonien und einigen Orchesterwerken, die noch stark von nationaler Folklore und der Spätromantik geprägt sind, P. Wladigerow (* 1899), dessen zahlreiche Orchester-, Kammermusik- und Bühnenwerke sich durch Virtuosität, Farbenreichtum, Pathos und Temperament auszeichnen, Wesselin Stojanow (1902–72), Komponist u. a. von 3 Opern, 1 Ballett, 3 Klavierkonzerten, Werke, die durch ihre Expressivität, Monumentalität und ihre klassische Form bedeutend sind, Ljubomir Pipkow (1904–74), der auf der Suche nach neuen Wegen in seinen 4 Symphonien, 3 Opern und zahlreichen Werken für Orchester, Kammer- und Vokalbesetzung einen sehr persönlichen Stil gefunden hat, Marin Goleminow (* 1908), Schüler von V. d'Indy, Komponist von szenischen Werken und Symphonien, außerdem von zahlreichen Werken für Orchester, Kammermusik und Chor, die sich durch drängenden Rhythmus, national gefärbte Tongebung und meisterhafte Instrumentation auszeichnen. Paraschkew Hadschew (* 1912) komponierte zahlreiche Orchesterwerke, Kammermusik und Vokalwerke, von denen 12 für die Bühne bestimmt sind. Seine Sprache ist klar, lebendig und von einem besonderen harmonischen Reichtum. Ferner sind zu nennen: Bojan Ikonomow (* 1900), Dimitâr Nenow (1902–53), Filip Kutew (* 1903), Georgi Dimitrow (* 1904), Swetoslaw Obretenow (1909–55), Dimitâr Sagaew (* 1915), Dimitâr Petkow (* 1919) und Todor Popow (* 1921). Unter den jüngeren Komponisten, die sich auch im Ausland schon einen Namen gemacht haben, sind insbesondere hervorzuheben: Lazar Nikolow (* 1922), Aleksandâr Raitschew (* 1922), Konstantin Iliew (* 1924), Georgi Tutew (* 1924), Simeon Pironkow (* 1927), Iwan Marinow (* 1928), Dimitâr Tapkow (* 1929), Pentscho Stojanow (* 1931), Dimitâr Christow (* 1933), Wassil Kasandschiew (* 1934) und Krassimir Kjurktschiiski (* 1936). Sie verwenden in ihren zahlreichen Werken aller Gattungen moderne Kompositionstechniken. – Wie das musikalische Schaffen hat auch das Konzertwesen nach der nationalen Revolution 1944 eine bemerkenswerte Entwicklung erfahren. Das neue sozialistische Regime hat dafür gesorgt, daß die Musik allen Bevölkerungsschichten zugänglich ist. Viele bulgarische Interpreten und Ensembles treten seither in ihrem Land und im Ausland auf: neben der großen Zahl von Solisten sind zu nennen die Quartette Awramow und Dimow, das Kammermusikensemble „Solisten von Sofia“. Von der lebendigen Musikkultur der Gegenwart zeugen u. a. auch 8 symphonische Staatsorchester, 5 Staatsopern, zahlreiche staatliche Kammermusikensembles, Chöre und Volksmusikgruppen. Bulgarien richtet überdies mehrere nationale und internationale Musikwettbewerbe aus.

Lit. (wenn nichts anderes angegeben, in Sofia erschienen): **1) Ausg.:** Narodni pesni ot Timok do Vita (Volkslieder v. Timok bis Vita), hrsg. v. V. STOÏN (1928); Narodni pesni ot Sredna Severna Bălgarica (Volkslieder aus dem nördlichen Mittelbulgarien), hrsg. v. V. STOÏN (1931); Rodopski pesni (Rhodopische Lieder), hrsg. v. A. BUKORESCHTLIEV – V. STOÏN – R. KAZAROVA, in: Sbornik za narodni umotvorenija i narodopis (1934); Bălgarski narodni pesni ot istočna i sapadna Trakija (Bulgarische Volkslieder aus dem östlichen u. westlichen Thrakien), hrsg. v. V. STOÏN (1939); Bălgarski savremenni narodni pesni (Zeitgenössische bulgarische Volkslieder), hrsg. v. E. STOÏN – I. KAČULEV – R. KAZAROVA (1958); Narodni pesni ot sapadnite pokrainini (Volkslieder der westlichen Randgebiete), hrsg. v. V. STOÏN (1959); Narodni pesni ot Severo-istočna Bălgaria (Volkslieder aus Nord-Ost-Bulgarien), hrsg. v. R. KAZAROVA – I. KAČULEV – E. STOÏN (1962); Narodni pesni ot jougosapadna Bălgaria. Pirinski krai (Volkslieder aus Süd-West-Bulgarien. Piriner Gegend), hrsg. v. N. KAUFMANN – T. TODOROV (1967). – **2) Studien:** D. CHRISTOV, Die rhythmischen Grundlagen des bulgarischen Volksliedes (1912) (bulgarisch); S. BRASCHOVANOV, Über Rhythmik u. Metrik des bulgarischen Volksliedes (Diss. L 1922); V. STOÏN, Hypothèse sur l'origine bulgare de la diaphonie (1925); DERS., Bulgarische Volksmusik – Metrik u. Rhythmik (1927) (bulgarisch); D. CHRISTOV, Die Kompositionstechnik der bulgarischen Volksmusik (1928) (bulgarisch); S. BRASCHOVANOV, Soziolog. Betrachtungen über das Volkslied, in: Filosofski pregled (1931) (bulgarisch); S. DJUDJEV, Rhythme et mesure dans la musique populaire bulgare, in: Travaux publiés par l'Institut d'Études Slaves de l'Université de Paris (1931); DERS., Die Zeitmessung in der orientalischen Musik, in: Archiv für die Gesch. der Philosophie 40/2 (B 1931); DERS., Le folklore musical en Bulgarie, in: Revue internationale des études balkaniques 4 (Belgrad 1936); S. BRASCHOVANOV, La musique bulgare contemporaine, in: ebd. 4 (ebd. 1936); R. KAZAROVA, Bulgarische Tänze u. Tanzrhythmen, in: FS E. H. Müller von Asow (B 1942); E. STOÏN, Das zeitgenössische bulgarische Volkslied, in: Isvestija na Inst. za muzika 1 (1952) (bulgarisch); R. PALIKAROVA-VERDEIL, La musique byzantine chez les Bulgares et les Russes du IXe au XIIe siècle, in: Monumenta Musicae 11, Subsidia 2 (Kop 1953); W. KRASTEV, D. Christov (1954) (bulgarisch); DERS., P. Stajnov (1954) (bulgarisch); S. DJUDJEV, Theorie der bulgarischen Musik, 5 Bde. (1954–69) (bulgarisch); R. KAZAROVA, Der bulgarische Volkstanz (1955) (bulgarisch, engl. Übers. 1958); M. TODOROV, Das bulgarische Volksorch. (1957) (bulgarisch); L. BRASCHOVANOVA, Unters. über Leben u. Schaffen von J. Kukuzeles, in: Isvestija na Inst. za muzika 6 (1959) (bulgarisch); S. LAZAROV, Die Synode des Zaren Boril. Ein Denkmal der Musikgesch., in: ebd. 7 (1961) (bulgarisch); K. GANEV, Die bulgarische Volksmusik (Mos 1962) (russ.); L. BRASCHOVANOVA, Die Musik von 1830 bis 1914 in Bulgarien, in: Kgr.-Ber. Kassel 1962 (Kas 1963); DIES., Die Volksmusiktradition in Bulgarien, in: Östr. Osthefte 7/1 (W 1965); DIES., Bulgarien, ein Land reicher Volksmusiktraditionen, in: Die Welt des Slawen 3–4 (Wie 1965); B. STARSCHENOV – P. STOJANOV, Bulgarische Musik (1966) (bulgarisch); M. TODOROV, Das bulgarische Volkslied u. die musikal. Kindererziehung (1967) (bulgarisch); N. KAUFMANN, Die Volksmusik der spanischen Juden in Bulgarien, in: Isvestija na Inst. za muzika 7 (1967) (bulgarisch); DERS., Das polyphone bulgarische Volkslied (1968) (bulgarisch) DERS., Bulgarische Volksmusik (1970) (bulgarisch). – **3) Lexikon:** Enzyklopedija na bălgarskata musikalna kultura (1967).

L. STANTSCHEWA-BRASCHOWANOWA

BULL, Edvard Hagerup, * 10. 6. 1922; norwegischer Komponist. Er studierte bei Brustad und I. Jensen in Oslo, bei D. Milhaud und J. Rivier am Conservatoire in Paris und bei B. Blacher an der Hochschule für Musik in Berlin. B. schrieb u. a. 3 *Bucoliques* für Ob., Klar. und Fag. (1964), *Ad usum amicorum* für Fl., V., Vc. und Klv. (1966) und zahlreiche Werke für Orchester, darunter *Petite Suite symphonique* (P 1963), *Mouvements symphoniques* (P 1966) und ein Trompetenkonzert (Marburg 1966).

BULL, John, * um 1563, † 12. (oder 13.) 3. 1628 Antwerpen; engl. Komponist. Er war um 1572 Chorknabe in der Chapel Royal und wurde 1582 Organist der Kathedrale von Hereford, 1583 dort auch Lehrer der Chorknaben. 1586 erhielt er den Titel eines Gentleman of the Chapel Royal, im gleichen Jahr den Grad eines Bachelor of Music an der Univ. Oxford. Nachdem er neben seinem Herefordor Organistenamt 3 Jahre lang Blitheman an der Chapel Royal vertreten hatte, folgte er ihm 1591 als Organist. 1592 wurde er Doctor of Music der Univ. Cambridge, 1596 Professor am eben gegründeten Gresham College in London, legte aber 1607 seine Professur nieder. Am 13. 2. 1614 erhielt er den Auftrag für die Komposition eines Anthems zur Hochzeit des Kurfürsten Friedrich V. von der Pfalz mit Prinzessin Elisabeth von England, der einzigen Tochter König Jakobs I. Bald darauf trat er in Brüssel in die Dienste des Erzherzogs Albrecht, ging 1615 nach Antwerpen, wo er seit 1617 als viel bewunderter Organist an der Kathedrale wirkte. Außer Übungsstücken und Anthems schrieb B. hauptsächlich Virginalstücke. Der größte Teil seiner Kompositionen entstand um 1613: Fantasien, Bearbeitungen liturgischer Melodien, Tänze wie Pavanen, Galliarden usw., die außerordentliche Virtuosität und melodischen Einfallsreichtum zeigen. Hervorzuheben sind die 30 Variationen über *Walsingham* und die *Quadran Pavan and Galliard* im *Fitzwilliam Virginal Book*. Die holländischen Tänze und einige andere Stücke bezeugen den kontinentalen Einfluß auf seinen Stil, während er selbst die Flämische Schule und Sweelinck beeinflußte.

WW: Gedruckt wurden: 7 Stücke für Virginal in: *Parthenia* (Lo um 1613) (= RISM 1613^{14}), 3 Anthems für 4 u. 5 St. in: RISM 1614^{7}; geistl. Lieder in: ebd. 1629^{2}. – Hsl. WW für Tasteninstr. in vielen Mss., so vor allem im *Fitzwilliam Virginal Book;* andere Instr.- u. Vokal-WW ebenfalls in zahlreichen Hss.

Ausg.: GA der WW für Tasteninstr. in: Mus. Brit. 14 (1960) u. 19 (1963); *Fitzwilliam Virginal Book,* hrsg. v. J. A. FULLER-MAITLAND – W. BARCLAY SQUIRE, 2 Bde. (L 1894–99, NA NY 1963); *Parthenia,* hrsg. v. R. STONE (NY 1951) u. v. TH. DART (Lo 1960).

Lit.: CH. VAN DEN BORREN, Les origines de la musique de clavier en Angleterre (Bru 1912); M. H. GLYNN, About Elizabethan Virginal Music (Lo 1924); L. HENRY, Dr. J. B. (Lo 1937); H. MILLER, J. B.'s Organ Works, in: ML 28 (1947); W. MEL-

LERS, J.B. and English Keyboard Music, in: MQ 10 (1954); W. APEL, Gesch. der Org.- u. Klv.-Musik bis 1700 (Kas 1967).

BULL, Ole Bornemann, * 5.2.1810 Bergen, † 17.8.1880 ebd.; norwegischer Violinist und Komponist. Mit 19 Jahren studierte er bei L. Spohr in Kassel, brach den Unterricht aber bald ab und blieb als Violinist und Komponist im wesentlichen Autodidakt. 1830 ging er nach Paris. Hier hörte er auch Paganini und versuchte, das Geheimnis seines Spiels zu ergründen. Bald unternahm er selbst ausgedehnte und erfolgreiche Konzertreisen durch ganz Europa (1840 führte er in London mit Liszt Beethovens sog. Kreutzersonate auf), seit 1843 auch in Amerika, wo er die größten Erfolge mit seinen Fantasien über norwegische Volksweisen hatte. Er verwendete einen Spezialbogen und einen flachen Steg, um gleichzeitig alle vier Saiten spielen zu können. Einige seiner Kompositionen sind mit technischen Schwierigkeiten gespickt. 1848 kehrte B. nach Norwegen zurück, wo er wie ein Nationalheld empfangen wurde, gründete 1850 in Bergen das Theater „Den Nationale Scene", dem aber kein Erfolg beschieden war. 1852 kehrte er in die USA zurück und versuchte hier vergeblich eine norwegische Kolonie Oleana (Pennsylvania) zu gründen. Seit Ende der 50er Jahre lebte er abwechselnd in Norwegen und in den USA.

WW: *Et Soeterbesøg* (1849) (mit der Melodie v. *Soetergientens Sondag*), für V. u. Klv.; für V. u. Orch.: 2 Konzerte (1834 u. 1841), hsl.; *Adagio religioso „En Moders Bøn"* (1834); *Polacca guerriera* (1835); *Siciliano e Tarantella* (1843) (Oslo 1948).

Lit.: J. LIE, O.B.s Breve i utdreg (Kop 1881); M. SMITH, The Life of O.B. (Princeton/N.J. 1943); O. LINGE, O.B. (Oslo 1953) (norwegisch); M. SCHULERUD, O.B. (Oslo 1960); I. BULL, O.B. Returns to Pennsylvania (NY 1961).

BÜLOW, Hans Guido Freiherr **von,** * 8. 1. 1830 Dresden, † 12.2.1894 Kairo; dt. Pianist und Dirigent. Den ersten Unterricht erhielt er bei Fr. Wieck, dem Vater Clara Schumanns. Entscheidende Ereignisse, die ihn ganz für die Musik gewannen, waren seine Begegnung mit Liszt, die erste Aufführung von Wagners *Rienzi* am 19. 10. 1842 und ein Besuch bei Wagner am 29. 7. 1846. Er widmete sich nun musikalischen Studien bei M. Eberwein und M. Hauptmann. Am 1.1.1848 trat er zum erstenmal öffentlich als Pianist auf mit Raffs *Prätendenten-Phantasie,* am 14.3.1848 spielte er Mendelssohns Klavierkonzert d-moll. Daneben studierte er Jura in Leipzig (1848–49) und Berlin (1849–50). Hier veröffentlichte er in der demokratischen Zeitung *Abendpost* seine ersten Artikel. Durch Wagners Fürsprache wurde er 1850 Theaterkapellmeister in Zürich, dann in St. Gallen. 1851–53 war er Schüler Liszts in Weimar und unternahm anschließend seine ersten Konzertreisen nach Österreich. 1854–55 war er Musiklehrer beim Grafen Mycielski in Ostpreußen, dann bis 1864 Prof. für Klavier am Sternschen Kons. in Berlin, wo er einige Zeit auch die Konzerte der „Gesellschaft der Musikfreunde" leitete. 1857 heiratete er Cosima de Flavigny, die Tochter Liszts, die ihn später Wagner zuliebe verließ. In München, wo er 1864–69 lebte, seit 1867 als Hofkapellmeister und Direktor der Königlichen Musikschule, dirigierte er die Uraufführung des *Tristan* (10. 6. 1865) und die der *Meistersinger* (21. 6. 1868). Nach seiner Scheidung von Cosima (1870) unternahm er Konzerttourneen nach Rußland (1874) und Amerika (1875–76). 1877–79 war er Kapellmeister am Hoftheater in Hannover, 1880–85 Musikintendant am Hofe zu Meiningen. Das Hoforchester erreichte unter seiner Leitung einen hohen Rang. Auch setzte sich B. in Meiningen besonders für J. Brahms ein und holte den jungen R. Strauss als Hilfsdirigenten dorthin. 1882 heiratete er die Schauspielerin Marie Schanzer. 1886–93 dirigierte er wieder die Symphoniekonzerte in Hamburg, gleichzeitig auch die Berliner Philharmoniker, deren hohe Qualität er begründete.

WW: Lieder, Klv.-Stücke u. Orch.-WW: *Ouvertüre u. Marsch zu „Julius Cäsar"*, op. 10 (Mz 1860 u. 1867); *Ballade „Des Sängers Fluch"*, op. 16 (B 1863); symph. Dichtung, *Nirwana*, op. 20 (L 1866); zahlr. Ausg. von WW von Bach, Händel, Beethoven, Cramer, Chopin usw. – Schriften: *Das musikal. Leipzig u. sein Verhältnis zu Wagner* (1851); *H. Berlioz u. Benvenuto Cellini* (1852); *Über R. Wagners Faustouvertüre* (1856); *Komp. russischer Tonsetzer* (1858); *Musikalisches aus Italien* (1874); *Autokritisches aus einer Reise in den Nebeln* (1878–79); *Skandinavische Konzertskizzen* (1882).

B. war ein universeller Geist und bewies auf vielen Gebieten eine außerordentliche Hingabefähigkeit. Er liebte Liszt und Wagner, aber auch Beethoven – für dessen späte Klaviersonaten er sich besonders einsetzte –, Chopin und Bach. Er sympathisierte mit der Revolution von 1848 und verehrte den anarchistischen Schriftsteller Max Stirner. Er war der Freund Lassalles, Bewunderer Napoleons III. und Bismarcks. Er bemühte sich besonders um die musikalische Erziehung des Publikums und schrieb geistreiche Artikel von oft beißender Schärfe. Bahnbrechend wurde sein Wirken als Dirigent, sowohl als Orchestererzieher als auch durch die von ihm postulierte Werktreue.

Lit.: H. von B. Briefe u. Schriften, hrsg. v. M. VON BÜLOW, 8 Bde. (L 1896–1908); Briefwechsel zwischen Liszt u. H. von B., hrsg. von LA MARA (L 1898); H. von B., Neue Briefe, hrsg. v. R. DU MOULIN ECKART (Mn 1927); T. PFEIFER, Stud. bei H. von B. (B 1894); D. THODE, R. Wagners Briefe an H. von B. (Jena 1916); M. VON BÜLOW, H. von B. (St 1925); H.C. SCHONBERG, The Great Conductors (Lo 1968), dt.

Übers.: Die großen Dirigenten (Be 1970); B. BASELT, F. Chrysander u. H. von B., in: Händel-Jb. 15–16 (1969–70); W. BOLLERT, H. von B. als Dirigent. Marginalien zur künstlerischen Laufbahn u. zum Wesen, in: Melos/NZ 1 (1975).

E. SCHNEIDER

BUMBASS, Bumba (engl.: bladder and string; frz.: basse de Flandre, auch basse à boyau), primitives Saiteninstrument, bestehend aus einer langen Stange, über die eine einzige Saite gespannt ist, und einer aufgeblasenen Schweins- oder Rinderblase, die, zwischen Stange und Saite befestigt, als Resonanzkörper und gleichzeitig als Steg dient. Diese einfachen Instrumente wurden mit einem Roßhaarbogen gestrichen. Verbreiteter als diese frühe einfache Form war der B. mit verschiedenen zusätzlichen Klangeffekten. So kann die Stange mit Schellen besetzt sein oder einen Schellenkranz am oberen Stangenende haben. Oft finden sich auch Becken statt der Schellen, ebenso gibt es Instrumente, deren Blase durch eine meist viereckige Blechtrommel mit einem aufschlagenden Schlegel ersetzt wurde. Alle diese B. werden mit einem grob gezahnten Holzstück „gestrichen", das einen trommelwirbelartigen Klang hervorruft. Gleichzeitig oder abwechselnd mit dem Anstreichen der Saite wird das Instrument auf den Boden gestoßen, so daß die Becken, Schellen oder die Trommel erklingen. – Der B. war seit dem 17. Jh. in vielen Ländern bekannt. Er wurde von wandernden Musikern und Bettlern gespielt und erschien im 18. Jh. noch in Ensembles von komischen Instrumenten, wie eine Illustration von Hogarth zu *The Beggar's Opera* zeigt. Der mit dem gekerbten Holzstück gespielte B. hatte mit all seinen Klangeffekten noch eine andere wichtige Funktion im 19. und 20. Jh.: Er ersetzte in verschiedenen Ländern das Schlagzeug in dörflichen Tanzkapellen und wurde sogar industriell hergestellt.

M. BRÖCKER

BUMBRY, Grace, *4. 1. 1937 St. Louis (Missouri); amerik. Sängerin (Mezzosopran). Sie studierte Musik an der Boston University und an der Northwestern University in Chicago, wurde hier auch Schülerin von Lotte Lehmann, der sie an die Music Academy of the West nach Santa Barbara (California) folgte und auf deren Empfehlung sie dann zu P. Bernac nach Paris ging. Sie trat 1958–59 zunächst als Lied- und Konzertsängerin hervor, debütierte 1960 an der Opéra in Paris als Amneris in Verdis *Aida*, war dann drei Jahre am Stadttheater in Basel engagiert. In dieser Zeit begann ihre steile internationale Karriere. 1961 sang sie mit triumphalem Erfolg erstmals in Bayreuth (als erste Farbige die Venus im *Tannhäuser*), 1964 bei den Salzburger Festspielen (die Lady Macbeth), debütierte 1965 am Metropolitan Opera House in New York und 1966 an der Mailänder Scala. Ihre Vorliebe gehört den Opern Verdis, doch zählen zu ihren Glanzrollen auch die Titelpartien in Bizets *Carmen* und in *Salome* von R. Strauss. Große Erfolge hat sie ebenso als Liedsängerin

BÜNDE (engl.: frets; frz.: frettes, sillets, touches; it.: tasti; span.: trastes), dienen zur Abteilung der Saiten auf dem Griffbrett von Saiteninstrumenten. Sie bestehen aus einfachen oder doppelten, um Hals und Griffbrett gebundenen und geknoteten Darm-, manchmal Nylonsaiten (*lose Bünde* – die, da sie beweglich sind, eine Veränderung der Stimmung erlauben) oder schmalen, quer über das Griffbrett befestigten Leisten aus Holz, Elfenbein oder Metall *(feste Bünde)*. Die B. werden im Abstand von Halbtönen angebracht, wobei jeweils 1/18 der schwingenden Saitenlänge abgeteilt wird. Ihre Anzahl wechselt je nach Instrument: 7 oder 8 auf der Viola da gamba, 9 und mehr auf der Laute, bis zu 17 und mehr auf der Gitarre, der Theorbe und dem Chitarrone. Die Saiten werden dabei hinter den B.n gegriffen. B. erleichtern bei den mehrstimmig spielbaren Saiteninstrumenten den genauen Fingersatz, sind jedoch hinderlich beim Zusammenspiel mit einem temperiert gestimmten Tasteninstrument. Sie sind daher vor allem bei Zupfinstrumenten, seltener bei Streichinstrumenten zu finden. Beim gebundenen Clavichord (nach den B.n der Laute so genannt) wird eine Saite (oder ein Saitenchor) durch mehrere Tangenten abgeteilt.

Lit.: P. TRICHET, Traité des instruments de musique (hsl., um 1640), hrsg. v. F. Lesure, in: Ann. Mus. 3–4 (1955–56), Teilausg. (Neuilly 1957); M. MERSENNE, L'Harmonie universelle (P 1636–37), NA v. F. Lesure (P 1963); P. GARNAULT, Histoire et influence du tempérament (Nizza 1929).

M. BRÖCKER

BÜNDELUNG, Konzentration von Schallwellen an bestimmten Raumpunkten, die dadurch verursacht wird, daß Schallwellen nicht in gleichen Phasenlagen eintreffen. Die B. von Schall bedeutet eine Erhöhung der Lautstärke, während sich an anderen Stellen gleichzeitig Auslöschungen ergeben können. Diese unerwünschten Effekte treten besonders bei Räumen mit gewölbten Deckenflächen auf. Um eine gleichmäßige ↗Raumakustik zu gewährleisten, versucht man daher durch geeignete Bauweise die B. von Schall zu vermeiden.

BUNGERT, August, * 14. 3. 1845 Mülheim an der Ruhr, † 26. 10. 1915 Leutesdorf am Rhein; dt. Komponist. Er studierte 1860–62 am Kölner Konservatorium, dann bis 1868 in Paris bei Fr. Bazin

(Harmonielehre) und G. Mathias (Klavier), wurde 1869 Musikdirektor in Kreuznach. 1873–81 lebte er in Berlin, wo er bei Fr. Kiel Kontrapunkt studierte. B. komponierte Klavierstücke, Kammermusik und symphonische Werke. Seine Tetralogie *Homerische Welt* war als Gegenstück zu Wagners *Ring* gedacht, ist aber, wie alle Werke B.s, in Vergessenheit geraten.

WW: *Torquato Tasso*, symphonische Ouvertüre; *Auf der Wartburg*, symphonische Dichtung; *Sinfonia victrix*, mit Chor, Alt- u. Bariton-Solo; *Genius triumphans, Zeppelins erste große Fahrt;* zahlr. Lieder u. Chor-WW; Opern: *Die Studenten von Salamanca*, heitere Oper, UA: Leipzig 1884; *Homerische Welt*, Tetralogie, 1. *Kirke*, UA: Dresden 1898, 2. *Nausikaa*, UA: ebd. 1901, 3. *Odysseus' Heimkehr*, UA: ebd. 1896, 4. *Odysseus' Tod*, UA: ebd. 1903; Musik zu Goethes *Faust*, UA: Düsseldorf 1903.

Lit.: M. CHOP, A. B. (B 1916); R. SIETZ, in: Rheinische Musiker III, hrsg. v. K. G. FELLERER (Kö 1964) (= Beitr. zur rheinischen Musikgesch. 58).

BUNRAKU (japanisch), heutige Bz. für das japanische Marionettentheater, abgeleitet von dem Marionettentheater, das Uemura Bunrakuken 1862 in Osaka gründete. Die genaue Bz. ist *Ningyô-Jôruri* (von Ningyô = Marionetten und Jôruri = Typ der Musik für das Samisen, wie sie im Marionettentheater des Gidayû gebräuchlich war). Der Ursprung dieses Genres geht bereits auf das 14. und 15. Jh. zurück. Es entwickelte sich rasch in den großen Städten, als die Begleitung des Gesangs durch das ↗Samisen üblich wurde. Durch das Zusammenwirken zweier berühmter Künstler, des Komponisten Takemoto Gidayû (Gründer des Takemoto-za-Theaters in Osaka) und des Dichters Chikamatsu Monzaemon (der auch der japanische Shakespeare genannt wird), erhielt das B. seit 1684 eine vorrangige Stellung. Zahlreiche Dichter und Musiker führten es zur Vollendung. Das B. beeinflußte auch das ↗Kabuki.

Das B. behandelt im allgemeinen dramatische Stoffe. Es lassen sich zwei Dramentypen unterscheiden. Der eine Typ *(Jidaimono)* besteht aus 5 Akten, greift auf historische Themen zurück und folgt einem festen Handlungsschema: 1. Akt: Vorstellung der Hauptpersonen; 2. Akt: die Hammel (= die guten Menschen) werden von den Ziegen (= den bösen Menschen) in Trauer versetzt; 3. Akt: Zwischenspiel; 4. Akt: die Trauer des guten Menschen erreicht ihren kritischen Höhepunkt; 5. Akt: Triumph der Tugend über das Laster. Der andere Typ *(Sewamono)* umfaßt 3 Akte, ist sehr viel freier im Ablauf, jedoch an dieselbe Thematik gebunden. Auch hier geht es um den Konflikt zwischen Gut und Böse bzw. um den Konflikt zwischen der herrschenden Feudalethik (Verpflichtung gegenüber dem Herrn, den Samurai, den Eltern usw.) und der individuellen Liebe. Träger der Handlung, die in der Gegenwart spielt, sind meist Kaufleute oder Bauern. Als Volksstück stellt dieser Typ auch häufig den Widerstand der Schwachen gegenüber den Herrschenden dar.

Das B. wird von drei Künstlergruppen getragen: von den Puppenspielern, den Erzählern bzw. Sängern und von den Samisen-Spielern. Die einzelnen Marionetten können gleichzeitig von bis zu drei Spielern bewegt werden, eine Technik, die auf den Puppenspieler Yoshida Bunzaburo zurückgeht: der eine bewegt Körper, Kopf und rechte Hand, der zweite die linke Hand, der dritte die Füße oder, bei einer weiblichen Figur, den unteren Kimono. Die Marionettenspieler sitzen auf dem Bühnenfußboden; ihr Unterkörper ist verdeckt. Ein Sänger trägt die Monologe und Dialoge aller handelnden Personen vor. Der gesprochene Text wird durch kein Instrument begleitet. Der Erzähler berichtet über den Inhalt und den Handlungsrahmen und kommentiert das Geschehen auf der Bühne. Diese Erzählung geht in Gesang, genauer in einen rezitativischen, durch das Samisen begleiteten Vortrag über. Gesprochener Text *(Kotoba)*, rezitierende Erzählung *(Jiai)* und Gesang *(Fushi)* sind die wesentlichen Elemente des japanischen B. im sog. Gidayû-Stil im Unterschied zu anderen Stilen in Korea, China und Indien. Vorherrschende Stilrichtung des Jiai ist der auf Takemotu Gidayû zurückgehende Gidayû-Bushi. – In der Regel wird die Musik durch einen Erzähler *(Tayu)* und einen Samisen-Spieler getragen. Gelegentlich sind die Rollen auch auf mehrere Erzähler verteilt. Auch die Zahl der Instrumente kann sich erhöhen, vor allem für die Ausführung der glanzvollen Zwischenspiele. In manchen, vor allem melancholischen Szenen tritt die drei- bis viersaitige gestrichene Laute *(Kokyu)* hinzu. Bei einer bestimmten Art der Musik *(Kagebayaski)* werden auch Schlaginstrumente mit begleitender Funktion verwendet (↗Kabuki).

Lit.: A. C. SCOTT, The Puppet Theatre in Japan (Tokyo 1936); S. HIRONAGA, B. (ebd. 1964); T. ANDO, B. (ebd. 1971).

S. KISHIBE

BUONA FIGLIUOLA, LA, Oper von N. Piccinni, ↗Gute Tochter.

BUONAMENTE, Giovanni Battista, † 1643 Assisi; it. Violinist und Komponist. Er stand bis 1622 im Dienst des Hofes von Mantua, folgte Prinzessin Eleonora von Gonzaga bei ihrer Hochzeit mit Kaiser Ferdinand II. nach Wien, wo er Hofviolinist des Kaisers wurde. Er nahm auch an den Krönungsfeierlichkeiten in Prag (1627) teil. Seit 1636 war er

„Maestro di Cappella del sacro Conventu di S. Francesco d'Assisi". Sein *Quarto libro de varie sonate* bildet den Beginn der später zu hoher Blüte gelangten Triosonaten-Produktion im Umkreis der Wiener Hofkapelle und trug zur Ausbildung des virtuosen Violinspiels bei.

WW: *Il quarto libro de varie sonate, sinfonie, gagliarde, corrente, e brandi* für 2 V. u. Basso (V 1626); *Il quinto libro*... für 2 V. u. Basso (V 1629) (unvollständig erhalten); *Libro sesto. Sonate, et canzoni* für 2–6 St. u. B.c. (V 1636); *Il settimo libro*... für 2 V. u. Basso (V 1637) (unvollständig erhalten).

Ausg.: *Triosonate „La Monteverde"*, hrsg. v. D. STEVENS (Lo 1968).

Lit.: P. NETTL, G. B. B., in: ZfMw 9 (1927); W. S. NEWMAN, The Sonata in the Baroque Era (Chapel Hill/N.C. 1959); J. E. SOLIE, Aspects of Harmony and Form in the Music of G. B. B. (1967) (M. A.-Thesis Univ. of Chicago).

BURBURE DE WESEMBEEK, Léon Philippe Marie, * 16. 8. 1812 Termonde (Flandern), † 8. 12. 1889 Antwerpen; belg. Komponist und Musikforscher. Neben seinem juristischen Studium an der Univ. Gent erhielt er eine musikalische Ausbildung. 1846–53 war er Archivar an Notre-Dame in Antwerpen. Seine Arbeiten galten der Erforschung der flämischen Musik. 1862 wurde er Mitglied der Classe des Beaux-Arts der Académie Royale de Belgique, 1879 deren Direktor. Er gehörte auch der „Commission Académique pour la publication des anciens musiciens belges" an.

WW: **1) Kompositionen:** Orch.-WW; geistliche Musik, Chöre, Kantaten, die Oper *La Serafina* (1837) u. a. – **2) Schriften:** *Aperçu sur l'ancienne corporation des musiciens instrumentistes d'Anvers* (Bru 1862); *Recherches sur les facteurs de clavecins et les luthiers d'Anvers* (Bru 1869); *Notice sur Ch. L. Hanssens* (Bru 1872); *Ch. Luython (1550–1620)* (Bru 1880); *Les œuvres des anciens musiciens belges: étude sur un manuscrit du XVIe siècle* (Bru 1882); L. Theunissens verwandte B.s Arbeiten als Grundlage für sein Werk, *La musique à Anvers, aux XIVe, XVe et XVIe siècle: copie du manuscrit de M. le Chevalier de B.* (An 1906); der B.-Fond befindet sich im Stadtarchiv von Antwerpen.

Lit.: A. GOOVAERTS, Le chevalier de B., notice biogr. (An 1891); F. A. GEVAERT, Notice sur le Chevalier L. de B. (Bru 1893).

BURCK ↗Joachim a Burck.

BURETTE, frz. Musikerfamilie. **1) Claude,** * Nuits (Bourgogne), † um 1700 Paris; Harfenist. Er lebte in Lyon, dann in Paris als Musiker des Königs. Seine *Pièces de clavecin et de harpe,* 1695 von seinem Sohn gesammelt, sind verloren. – **2) Pierre Jean,** Sohn von 1), * 21. 11. 1655 Paris, † 19. 5. 1747 ebd.; Historiker und Arzt. Er war seit 1705 Mitglied der Académie des Inscriptions. Seine in den Mémoires de l'Académie veröffentlichten Untersuchungen über die Musik der Griechen und eine Übersetzung von Plutarchs Abhandlung *Über die Musik* leisteten in ihrer Zeit einen wichtigen Beitrag zur Erforschung der antiken Musik. – **3) Bernard,** Cembalist zu Beginn des 18. Jahrhunderts. Er veröffentlichte in Paris Kantaten für eine Singstimme mit Soloinstrumenten: *Le Printemps et l'Été* und *Daphne* (1722), *Le Bal* (1723), *Bacchus et l'Îsle de Délos* (1726) und *Sapho* (1729).

BÜRGER ALS EDELMANN, DER *(Le Bourgeois gentilhomme),* Comédie-ballet (Ballettkomödie) in 5 Akten von Jean-Baptiste Lully (1632–87), Text von Molière (d. i. Jean-Baptiste Poquelin [1622–1673]). Ort und Zeit der Handlung: Das Haus des Herrn Jourdain im Paris des 17. Jahrhunderts. UA: 14. 10. 1670 in Chambord vor dem Hofstaat, 29. 11. 1670 in Paris (Théâtre du Palais Royale).
Die Ballettkomödie wurde von Molière und Lully im Auftrag Ludwigs XIV. für den Hof geschrieben. Sie wurde mit großem Erfolg aufgeführt, da jeder in dem dargestellten Bürger seinen Nachbarn zu erkennen glaubte. Mit ihren Ballettkomödien begründeten Lully und Molière einen eigenen französischen Buffostil, in welchem dem Text die führende Stellung zukommt und die Musik nur unterlegt ist. Die Komödie in der Komödie, der türkische Mummenschanz, wird musikalisch durch den vermehrten Einsatz von besonders hohen Blasinstrumenten und Schlagwerk zur Imitation der Janitscharenmusik charakterisiert. Die Oper *Ariadne auf Naxos* von Richard Strauss mit dem Libretto von Hugo von Hofmannsthal ist eine Umarbeitung und Erweiterung des Textes in dem beschriebenen Werk.

B. DELCKER

BÜRGER VON CALAIS, DIE, Oper in 3 Akten von Rudolf Wagner-Régeny (1903–69), Text von Caspar Neher nach Jean Froissarts *Chronique de France* (Ende 14. Jh.). Ort und Zeit der Handlung: Calais und Umgebung 1347. UA: 28. 1. 1939 in Berlin (Staatsoper) unter Herbert von Karajan.
Die zweite Oper, die aus der Zusammenarbeit des Komponisten mit Neher entstand, basiert auf einer historischen Begebenheit: Der König von England verspricht den Bürgern der lange belagerten Stadt freien Abzug, doch sollen „tausend mal sechs leben durch sechs" angesehene Bürger, die sich bedingungslos ausliefern. Die Konfliktsituation der Bürger zeichnet der Komponist in einer sachlichen Tonsprache, mit der er einzelne Nummern wie Choral, Melodram und Ballade zu einer großen ruhenden Einheit verbindet. Der Chor kommentiert nach antikem Vorbild im Unisono, nur bei dramati-

schen Ausbrüchen erfolgt eine stimmliche Auffächerung. Diese Funktion des Chores erlaubt – da auch wichtige Aktionen wie die Begnadigung der Opferwilligen nicht auf der Bühne stattfinden – eine Einordnung des Werkes als „oratorische Oper". Doch auch die Darstellung als realistisches Spiel ist möglich; Wagner-Régeny gab daher die Werkcharakteristik: „Sowohl Orff als auch Mussorgski".

K. LANGROCK

BURGMÜLLER, 1) Johann August Franz, * 28. 4. 1766 Magdeburg, † 21. 8. 1824 Düsseldorf; dt. Kapellmeister und Komponist. Er war Theaterkapellmeister in mehreren dt. Städten (u. a. in Weimar, Köln, Mainz), gründete 1818 die Niederrheinischen Musikfeste, die später vor allem durch das Wirken von Mendelssohn und Schumann berühmt wurden, und leitete sie als erster Musikdirektor von Düsseldorf. Er komponierte eine Operette, Singspiele und Instrumentalmusik.

Lit.: W. HAUCHECORNE, Blätter der Erinnerung an die fünfzigjährige Dauer der Niederrheinischen Musikfeste (Kö 1868); J. ALF, Gesch. u. Bedeutung der Niederrheinischen Musikfeste in der ersten Hälfte des 19. Jh., in: Düsseldorfer Jb. 42 (1940).

2) August Joseph Norbert, Sohn von 1), * 8. 2. 1810 Düsseldorf, † 7. 5. 1836 Aachen; dt. Komponist. Nach der Ausbildung bei Spohr und Hauptmann in Kassel lebte er in Düsseldorf. Er war befreundet mit Mendelssohn. Seine Werke, darunter 2 Symphonien, 1 Klavierkonzert, 4 Streichquartette, Kammermusik, Lieder und Klavierstücke, die in ihrem Ausdruck der Romantik nahestehen, wurden von Schumann hoch geschätzt.

Ausg.: Lieder, hrsg. v. W. KAHL (München-Gladbach 1928).

Lit.: N. B. als Typus des Frühvollendeten, in: Mk 12 (1929–30); H. ECKERT, N. B. (Au – Brünn 1932); G. THOMAS, in: Rheinische Musiker I, hrsg. v. K. G. FELLERER (Kö 1960) (= Beitr. zur rheinischen Musikgesch. 43).

BÜRGSCHAFT, DIE, Oper mit Prolog in drei Akten von Kurt Weill (1900–50), Text von Caspar Neher nach Johann Gottfried Herders Parabel *Der afrikanische Rechtspruch.* Ort der Handlung: Das Land Urb. UA: 10. 3. 1932 an der Städtischen Oper Berlin.

Die Bürgschaft ist Weills letzte vor der Emigration in die USA entstandene Oper. Die Konzeption des Werkes entspricht etwa der oratorischen Anlage von Strawinskis *Ödipus Rex* und stellt somit im gesamten Opernschaffen Weills gleichzeitig die größte Annäherung an die formale Struktur der Gattung Oper dar. Häufig setzt der Komponist den Chor kommentierend ein, wie in einer antiken Tragödie. Songs, seit der *Dreigroschenoper* und *Mahagonny* so etwas wie Markenzeichen Weills, dienen hier lediglich der Zuordnung einzelner Personen zu einem bestimmten Milieu, während auf der anderen Seite große dramatische Szenen das Bild der Oper prägen, deren hämmernder Rhythmik in der Orchesterbesetzung durch Hinzunahme eines zweiten Klaviers Rechnung getragen wird.

R. QUANDT

BURGUNDISCHE SCHULE, eine erst in der neueren Musikgeschichtsschreibung eingeführte Bz. für eine Gruppe von Komponisten, die am burgundischen Hofe, vor allem unter Philipp dem Guten (1419–1467) und Karl dem Kühnen (1467–1477) wirkte. Die bedeutendsten Vertreter der B. S. sind N. Grenon, G. Binchois, P. Fontaine, Hayne van Ghizeghem, J. Vide, R. Morton und A. Busnois; einige Forscher zählen auch G. Dufay dazu. Diese Komponisten pflegten vor allem die französische Chanson-Kunst, die sich in der höfischen Kultur des 14. Jh. entwickelt hatte. Daneben waren auch italienische und englische Einflüsse wirksam. – Im Glanz des gesellschaftlichen Lebens, das zu dieser Zeit im Umkreis des Hofes zu Dijon aufblühte, entstand eine Musik von außergewöhnlicher Schönheit und hohem Rang, eine reich ausgebildete, ausdrucksvolle Kunst mit starkem ornamentalem Einschlag und mit besonderer Vorliebe für kontrapunktische Fertigkeiten (Kanon, musikalische Rätsel). Die Musik der B. S. hebt sich stark vom gekünstelten Stil der späten Ars nova (↗Ars subtilior) ab, wie er von Matteo da Perugia und Jacob de Senleches vertreten wurde, und weist enge Gemeinsamkeiten mit der ↗Franko-flämischen Schule auf, deren Blütezeit um 1440–50 mit ihren ersten Hauptvertretern G. Dufay und J. Ockeghem beginnt.

Lit.: W. GURLITT, Burgundische Chanson- u. dt. Liedkunst des 15. Jh., in: Kgr.-Ber. Basel 1924; H. BESSELER, Die Musik des MA u. der Renaissance (Pd 1931); E. DANNEMANN, Die spätgotische Musiktradition in Frankreich u. Burgund (Str 1936); J. MARIX, Les musiciens de la cour de Bourgogne au XVe siècle (P 1937); DIES., Histoire de la musique et des musiciens de la cour de Bourgogne (Str 1939); CH. VAN DEN BORREN, Études sur le XVe siècle musical (An 1941); H. BESSELER, Bourdon u. Fauxbourdon (L 1950); F. VAN DER MUEREN, École bourguignonne, école néerlandaise ou début de la Renaissance?, in; RBMie 12 (1958).

BURIAN, Emil František, * 11. 6. 1904 Pilsen, † 9. 8. 1959 Prag; tschech. Komponist und Regisseur. Er studierte Komposition bei J. B. Foerster am Konservatorium in Prag. Aufmerksamkeit erregte B. 1928 auf dem Festival der IGNM in Siena mit seiner Jazzsuite für Kammerchor *Voice Band,* in der der Chor ohne fixierte Tonhöhen sprachpolyphone Gebilde artikuliert, die dem instrumentalen Jazz nachempfunden sind. 1933 gründete B. in Prag ein Theater, das er bis zu seinem Tod leitete. Seine Kompositionen sind beeinflußt von der Groupe des Six, vom Jazz und von russischer Musik; sie zeigen – neben experimentellen Zügen – einen Hang zur Ironie.

WW: **1) Instr.-WW:** Für Orch.: Symphonie *Siréna* (1947); *Suita poetica* Nr. 1, 2, 3, 4 (1951), 5 (1953); Kammermusik: 8 Streichquartette, Nonett für 4 Str. u. 5 Bläser; *Sonata romantica* (1937) u. *Fantasie* (1954) für V. u. Klv. – **2) Vokal-WW:** *Maj,* Kantate für Soli, Chor, Harfe, 2 Klv. u. Pauken; *Requiem* (1927) für Voice-Band u. Jazz-Band; *Koktaily* (1958), Liederzyklus für Gesang u. Jazzband. – **3) Bühnen-WW:** *Marysa,* Oper, UA: Brünn 1940; *Oper von der Kirchweih,* UA: Prag 1956; ferner Ballette, Schauspiel-, Film- u. Hörspielmusik.

Lit.: J. JIRÁNEK, Die tschechische proletarische Musik in den 20er und 30er Jahren, in: Beitr. zur Musikwiss. 4 (1962); B. KARÁSEK, E. F. B. – Skladatel, in: Hudební věda 5 (1968).

BURIAN, Karel (Karl), * 12. 1. 1870 Rousínov (Mähren), † 25. 9. 1924 Senomaty (Böhmen); tschech. Sänger (Tenor). Er studierte Jura und Gesang, debütierte 1891 in Brünn. Nach Stationen in Köln (seit 1894), Hannover und Hamburg war er 1900–05 Mitglied der Staatsoper Dresden, wo er den ersten Herodes in R. Strauss' *Salome* sang. 1906–13 gehörte er dem Metropolitan Opera House in New York, 1912–13 gleichzeitig der Wiener Hofoper an; er gastierte auch an anderen bedeutenden Opernhäusern, u.a. an der Opéra in Paris, 1908 in Bayreuth. B. fand auch als Liedinterpret große Beachtung.

BURKHARD, Paul, * 21. 12. 1911 Zürich, † 6. 9. 1977 Zell (Zürich); Schweizer Dirigent und Komponist. Er studierte am Konservatorium in Zürich, war 1932–34 Kapellmeister am Stadttheater in Bern, 1939–44 am Schauspielhaus in Zürich und 1945–57 Leiter des Studio-Orchesters am Landessender Beromünster. Als Komponist gehört B. zu den wenigen Erneuerern der zeitgenössischen musikalischen Komödie in Europa, vor allem mit *Hopsa* und mit *Feuerwerk* (daraus das Lied: *Oh, mein Papa*). Er schrieb ferner Opern, Bühnen- und Filmmusik, Chansons für das Kabarett sowie nach 1960 vor allem kirchliche Werke und religiöse Spiele.

WW: Musikalische Komödien: *Hopsa* (1935, Neufassung 1957); *Dreimal Georges* (1936); *Der Schwarze Hecht* (1939), Neufassung als *Feuerwerk* (1950); Tic-Tac (1941); *Casanova in der Schweiz* (1944); *Die kleine Niederdorfoper* (1951); *Spiegel, das Kätzchen* (nach G. Keller) (1956); *Die Pariserin* (1957); *Frank V.* (nach Fr. Dürrenmatt) (1959); *Die Dame mit der Brille* (1962); *Bunbury* (nach O. Wilde) (1966), *Regenbogen* (1977) (posthum). – Märchenoper *Die Schneekönigin* (nach H. Chr. Andersen) (1964); Weihnachtsoper *Ein Stern geht auf aus Jaakob* (1970). – Religiöse Spiele: *Die Zeller Weihnacht; Der Zeller Josef; Die Zeller Gleichnisse; Die Zeller Ostern.* – Instr.-Musik: *Sieben Stufen des Lebens – begleitet von einer Nachtigall, der Bringerin eines sanften Todes,* für Klar., Harfe und Orgel (1976).

BURKHARD, Willy, * 17. 4. 1900 Leubringen bei Biel, † 18. 6. 1955 Zürich; Schweizer Komponist. Nach dem Besuch des Lehrerseminars in Bern studierte er Musik bei E. Graf in Bern, bei Teichmüller und Karg-Elert in Leipzig, bei W. Courvoisier in München und bei M. d'Ollone in Paris. Nach Bern zurückgekehrt, war er dort als Orchester- und Chordirigent tätig und unterrichtete seit 1928 am Konservatorium. 1932 ließ er sich in Zürich nieder und lehrte 1942–55 Komposition am Konservatorium. 1935 entstand sein erstes Oratorium, *Das Gesicht Jesajas,* das auch sein bekanntestes Werk wurde. Mit ihm und mit anderen Kompositionen, von denen die Messe op. 85 und die Solokantaten mit Orgel *Die Versuchung Jesu* und *Und als der Tag der Pfingsten erfüllt war* besonders hervorzuheben sind, leistete B. einen wichtigen und originellen Beitrag zur geistlichen Vokalmusik der Gegenwart. Diese Musik gründet bei B. in einer tiefen Religiosität und in der Bindung an Bibelwort und Liturgie. B.s musikalische Sprache zeigt in den genannten Werken eine Vorliebe für kontrapunktische Arbeit und eine formale Strenge in der Verwendung von Variation und Ostinato. Seine Harmonik verläßt bei aller Freiheit, die gelegentlich zu polytonalen Abschnitten führt, nicht den Rahmen der Tonalität.

WW: **1) Instr.-WW:** für Klv.: u.a. *Fantasie,* op. 1 (1922); *Six Préludes,* op. 99 (1955); für Org.: Variationen über 2 Choralsätze v. H. L. Haßler, op. 28 (1930); *Phantasie,* op. 32 (1931); *Sonatine,* op. 52 (1938); *Choraltriptychon,* op. 91 (1953); Kammermusik: Sonaten für Va. solo, op. 59 (1939), für V. u. Klv., op. 78 (1946), für Vc. u. Klv., op 87 (1951); Suite für Fl. solo, op. 98 (1955); Klv.-Trio, op. 43 (1936); *Lyrische Musik in memoriam G. Trakl* für Klv.-Quartett, op. 88 (1951); 2 Streichquartette; WW für Streichorch.; für Orch.: u.a. 2 Symphonien; *Fantasia Mattutina,* op. 83 (1950); 2 V.-Konzerte, op. 7 (1925) u. op. 69 (1943); Konzerte für Va., op. 93 (1953), Org., op. 74 u. *Hymne* für Org. u. Orch., op. 75 (1945). – **2) Vokal-WW:** Lieder mit Klv. u. mit verschiedenen Instr.; Chor-WW a cap., darunter *Die Sintflut,* op. 97 (1955); zahlreiche Kantaten mit Org., u.a. *Die Versuchung Jesu,* op. 44 (1936); Pfingstkantate, op. 84 (1950); Messe für Sopran, Baß, Chor u. Orch., op. 85 (1951); die Oratorien *Das Gesicht Jesajas,* op. 41 (1933–35); *Das Jahr,* op. 62 (1940–41; Text v. H. Hiltgruber). – **3) Bühnen-WW:** Die Oper *Die schwarze Spinne,* op. 80 (Libr.: R. Faesi u. G. Boner nach J. Gotthelf), UA: Zürich 1949, 2. Fassung, UA: Basel 1954.

Lit.: W. SCHUH, W. B., in: Schweizer Musik der Gegenwart (Z 1948); H. ZURLINDEN, W. B. (Erlenbach – Z – St 1956); E. MOHR, W. B., Leben u. Werk (Z 1957) (mit Verz. der Werke); SMZ 100 (1960) H. 3 (= B.-Sonderheft); S. BURKHARD – F. INDERMÜHLE, W. B. (Z 1968) (mit Verz. der Werke).

BURLA (it.), ↗Burleske.

BURLESCA (it.), ↗Burleske.

BURLESKE (von it. burla = Posse, Komödie; frz.:

burlesque; it.: burlesca), seit dem 18. Jh. Bz. für eine heitere, scherzhafte oder komische Instrumental-, besonders Klavierkomposition. Beispiele sind in zyklischen Werken die Burlesca aus der 3. Partita a-moll von J. S. Bach, die *Burla* aus den *Albumblättern* op. 124 von R. Schumann und der mit B. überschriebene 3. Satz der 9. Symphonie von G. Mahler. Unter den Einzelkompositionen sind u. a. hervorzuheben die B. für Klv. und Orch. von R. Strauss, die *Burlesque* op. 2 für Orch. von B. Bartók, die B.n op. 58 für Klv. von M. Reger und die *3 Burlesques* op. 8c für Klv. von B. Bartók.

BURLETTA (it., Diminutiv von burla = Posse, Komödie), aus Italien stammende Form der musikalischen Komödie, die durch *Midas* von Kane O'Hara (Dublin, Dezember 1761) im angelsächsischen Raum Beliebtheit errang. Die B. besteht aus einer Folge von Liedern, denen meist eine bekannte Melodie zugrunde liegt, und ist der ↗Ballad Opera verwandt.

BURMEISTER, Joachim, * um 1564 Lüneburg, † 5. 5. 1629 Rostock; dt. Musiktheoretiker. Er studierte an der Univ. Rostock, erwarb den Magistergrad und wurde am dortigen Gymnasium „Collega Classicus" und Kantor. Seine musiktheoretischen Arbeiten basieren auf der *Musica Mathematica* des Heinrich Brucaeus (1531–93), der vermutlich sein Vorgänger war. B. gab das Werk neu heraus unter dem Titel *Musica Theorica Henrici Brucaei* (Rostock 1609). Seine *Musica Poetica* (Rostock 1606) enthält eine vollständige Kompositionslehre, die mit bemerkenswerter Klarheit die Kenntnisse zu Ende des 16. Jh. zusammenfaßt. In ihr findet sich erstmals eine Darstellung der musikalischen ↗Figurenlehre, die B. an den Werken von Lasso u. a. exemplifiziert, und die auf die deutsche Kompositionslehre des 17./18. Jh. einen großen Einfluß ausübte. B. schrieb auch 4st. *Geistliche Psalmen* (2 Bde., Rostock 1601).

Ausg.: *Musica Poetica*, Faks.-Ausg., hrsg. v. M. RUHNKE (Kas 1955) (= Documenta Musicologica 1/10).

Lit.: H. BRANDES, Stud. zur musikal. Figurenlehre (B 1935); H. H. UNGER, Die Beziehungen zwischen Musik u. Rhetorik im 16.–18. Jh. (B 1941); M. RUHNKE, J. B. (Kas – Bas 1955).

BURNEY, Charles (eig. Macburney), * 7. 4. 1726 Shrewsbury, † 12. 4. 1814 Chelsea (London); engl. Organist, Komponist und Musikschriftsteller. Den ersten Orgelunterricht erhielt er 1740 an der Kathedrale von Chester und setzte 1741 seine musikalische Ausbildung bei seinem Halbbruder James B., der Organist in Shrewsbury war, fort, 1744–46 bei Th. Arne in London. 1749 wurde er Organist an St. Dionis's Backchurch in London, 1751 an St. Margret's Church in King's Lynn (Norfolk). 1760 kehrte B. nach London zurück. 1769 wurde er Doktor der Musik der Univ. Oxford. 1770 reiste er durch Frankreich und Italien, 1772 durch Deutschland, Österreich und die Niederlande, um Material für seine großangelegte *General History of Music* (1776–89) zu sammeln. Die Berichte über diese Reisen, die er 1771 und 1773 veröffentlichte, sind reich an scharfsinnigen Beobachtungen und liefern eine große Fülle sowohl von wertvollen Informationen aus erster Hand als auch von Werturteilen über das europäische Musikleben seiner Zeit. Seinen Lebensunterhalt bestritt B. in den siebziger Jahren als Organist der Oxford Chapel, seit 1784 als Organist des Chelsea Hospital sowie durch die Einkünfte, die er (seit 1774) als „Musician in Ordinary to the Kind" erhielt. 1784 beteiligte sich B. an den großen Händel-Feiern in London. Sein 1785 gedruckter Bericht darüber enthält auch eine Biographie Händels und eine Würdigung seines Schaffens. Unter anderem reklamiert B. hier – nicht zuletzt mit patriotischen Untertönen – eine Überlegenheit Händels gegenüber J. S. Bach auf dem Gebiet der Fugenkomposition, was sogleich heftigen – und ebenfalls patriotisch gefärbten – Widerspruch aus Deutschland zur Folge hatte und auch ein Beweggrund für die Entstehung von J. N. Forkels Bach-Biographie (1802) gewesen sein dürfte. Indessen gründet die eigentliche Bedeutung B.s auf seiner *History of Music*, die durch sein lebendiges und bewußt fortschrittorientiertes Interesse an der Musik seiner Zeit ihren eigentümlichen Rang innerhalb der neueren Musikgeschichtsschreibung erhält. Als Historiograph ist B. damit auch so etwas wie ein Gegenstück zu J. Hawkins, dem anderen Engländer, der gleichzeitig mit B. ebenfalls eine *General History of the Science and Practice of Music* (5 Bde., Lo 1776) veröffentlichte, freilich mit einem ausgeprägten Interesse für die Antike und das Mittelalter, das B. seinerseits als „the business of an Antiquarian more than of a Musician" bezeichnete.

WW: **1) Schriften** (mit Ausg.): *The Present State of Music in France and Italy* (Lo 1771, ²1772), dt. Übers. v. CH. D. EBELING; *C. B.'s ... Tagebuch einer musikal. Reise durch Frankreich u. Italien* (H 1772); *The Present State of Music in Germany, the Netherlands and United Provinces* (Lo 1773, ²1775), dt. Übers. v. C. D. EBELING – J. J. CHR. BODE; *C. B.s ... Tagebuch seiner Musikalischen Reisen*, Bd. II u. III (H 1773), Neudr. der beiden Publikationen unter dem Titel *Dr. B.'s Musical Tours in Europe*, hrsg. v. P. A. SCHOLES, 2 Bde. (Lo 1959), dt. Übers.: *Tagebuch einer musikal. Reise (1772/73)*, Faks.-Ausg., hrsg. v. R. SCHAAL (Kas 1959) (= Documenta musicologica I/19), dass., hrsg. v. E. KLEMM (L 1968, ²1975) (= Reclams Univ.-Bibl. 382); *Letter from the late Signor Tartini ... published as an important lesson to performers on the Violin* (it. u. engl. Text) (Lo 1771, ²1779); *A General History of Music*, I (Lo 1776, ²1789), II (1782, ²1809),

III u. IV (1789), NA, 2 Bde., hrsg. v. F. MERCER (Lo 1935, NA NY 1957), NA, 4 Bde. (Baden-Baden 1958); *An Account of the Musical Performances in Westminster Abbey and the Pantheon in Commemoration of Handel* (Lo 1785, Nachdr. A 1964), dt. Übers. v. J. J. ESCHENBURG: *Dr. K. B.s Nachricht von G. Fr. Händels Lebensumständen u. der ihm zu London im Mai u. Juni 1784 angestellten Gedächtnisfeyer* (B – Stettin 1785), Faks.-Ausg., hrsg. v. W. SIEGMUND-SCHULTZE (L 1965); *Memoirs of the Letters and Writings of the Abate Metastasio*, 3 Bde. (Lo 1796). – **2) Kompositionen** (in London gedruckt): Sonaten für Cemb.; Präludien, Fugen u. a. für Org.; Sonaten für Cemb. (od. Klv.) u. V. (od. Vc.); Sonaten für 2 Fl. (od. V.), für 2 V. u. Baß; *Six concertos in 7 parts* für Streicher u. B.c.; *12 Canzonetti* für 2 St. im Kanon (Text v. Metastasio); einzelne Lieder u. Airs.

Lit.: E. HEGAR, Die Anfänge der neueren Musikgeschichtsschreibung um 1770 bei Gerbert, B. u. Hawkins (Str 1932) (= Slg. musikwiss. Abh. 7); P. A. SCHOLES, The Great Dr. B., 2 Bde. (Lo 1948) (mit Verz. der Werke); N. DEMUTH, A propos des voyages de Ch. B., in: FS P.-M. Masson II (P 1955); C. B. OLDMAN, Dr. B. and Mozart, in: Mozart-Jb. 1962/63 (Salzburg 1964) u. 1964 (ebd. 1965); R. LONSDALE, Dr. Ch. B. (O 1965); G. STEFANI, Musica, chiesa, società negli scritti di Ch. B., in: Nuova RMI 5 (1971); G. MASSENKEIL, Bach u. Händel. Zur Gesch. eines Vergleichs, in: Ber. über das wiss. Kolloquium der 24. Händelfestspiele Halle 1975 (Hl 1976).

BURONI, Antonio ↗Boroni.

BURTON, Gary, * 23. 1. 1943 Anderson (Indiana); amerik. Jazzvibraphonist. B. studierte Klavier und Komposition, Vibraphon lernte er als Autodidakt. 1960 hatte er sein erstes Engagement, leitete 1962 eine eigene Gruppe, erregte aber erst Aufsehen, als er 1964–66 bei Stan Getz spielte. Heute tritt er mit eigenen Gruppen auf. B. löste in den 60er Jahren Milt Jackson als bis dahin führenden Vibraphonisten ab. Für seinen Stil kennzeichnend war lange Zeit die Verschmelzung von melodischen und perkussiven Elementen, hinzu kamen Einflüsse des Rock. Charakteristisch für sein Spiel sind der biegsame Ton und die weiche Phrasierung, die aber nicht selten zum Selbstzweck werden. B. lehrt seit 1971 Komposition und Improvisation am Berklee College of Music in Boston (Massachusetts).

BURY, Bernard de, * 20. 8. 1720 Versailles, † 19. 11. 1785 ebd.; frz. Komponist. Sohn des königlichen Hofmusikers Jean Louis B., Schüler seines Onkels Fr. Colin de Blamont, seit 1744 dessen Nachfolger als königlicher Kapellmeister, sodann Mitglied der Académie Royale de Musique. 1751 wurde er Oberintendant der königlichen Musik und 1785 geadelt. Von seinen Kompositionen, die sich am Hof in Versailles großer Beliebtheit erfreuten, sind erhalten *Pièces de clavecin* (P 1736), Motetten, darunter ein *De Profundis*, Kantaten (*Le Retour de Phylis* und *La Prise de Berg-op-Zoom*, 1747), einige Chansons im *Mercure de France* (1754, 1755 u. 1765), die Opéra-ballets *Les caractères de la Folie* (P 1743) und *Triton et l'Aurore* (hsl. 1750) sowie *Palmire* (hsl.).

Lit.: FROMAGEOT, Les componistes versaillais: B. de B., in: Versailles illustré (1904–05).

BUSBY, Thomas, * Dezember 1755 London, † 28. 5. 1838 ebd.; engl. Organist, Komponist und Musikschriftsteller. Schüler von J. Battishill; er war Organist an mehreren Londoner Kirchen. 1801 wurde er Doktor der Musik der Univ. Cambridge. Er schrieb *A Complete Dictionary of Music* (zus. mit S. Arnold) (Lo 1801); *A Grammar of Music* (Lo 1818); *A General History of Music* (2 Bde. Lo 1818, Nachdr. NY 1968), die auf den Musikgeschichten von Ch. Burney und J. Hawkins basiert; *Concert-Room and Orchestra Anecdotes* (3 Bde., Lo 1825); *A Musical Manual, or Technical Directory* (Lo 1828). B. komponierte Klaviersonaten, Oden, ein Oratorium und Bühnenmusik. Die von ihm herausgegebene Sammlung mit geistlicher Musik des 17./18. Jh., *The Divine Harmonist* (Lo 1792), enthält neben Werken von Purcell, Blow, Händel u. a. auch mehrere eigene Werke.

Lit.: K. G. F. SPENCE, The Learned Dr. B., in: ML 37 (1956).

BUSCH, deutsche Musikerfamilie. – **1) Fritz,** * 13. 3. 1890 Siegen (Westfalen), † 14. 9. 1951 London; Dirigent. Er trat bereits mit 7 Jahren als Pianist auf, studierte seit 1906 am Kölner Konservatorium (u. a. Dirigieren bei F. Steinbach), erhielt 1909 seine erste Stelle am Stadttheater Riga; war 1911–12 Chorleiter in Gotha, leitete gleichzeitig die Kurkonzerte in Bad Pyrmont (dirigierte 1911 dort das Blüthner-Orchester aus Berlin) und konzertierte im Winter als Pianist. 1912 wurde er Städtischer Musikdirektor in Aachen, 1918 1. Kapellmeister, 1919 Operndirektor in Stuttgart als Nachfolger von M. Schillings. 1922 wurde er GMD der Dresdner Staatsoper, an der er u. a. mit großem Erfolg Opern von R. Strauss, F. Busoni, P. Hindemith, K. Weill, O. Schoeck und H. Kaminski zur Uraufführung brachte und zugleich durch vorbildliche Neuinszenierungen später Verdi-Opern (u. a. *Othello* und *Falstaff*, auch des *Maskenballs* in Berlin) eine Erneuerung Verdis in Deutschland bewirkte. 1933 verließ er Deutschland und ließ sich in Buenos Aires nieder, wo er bis 1936 am Teatro Colón wirkte. 1934 dirigierte er dort die erste Aufführung der *Matthäus-Passion* von J. S. Bach in Amerika. 1937–41 lebte er in Kopenhagen und Stockholm, kehrte dann nach Buenos Aires zurück (wurde 1947 argentinischer Staatsbürger). 1934 war er Mitgründer der Festspiele in Glyndebourne, deren jährliche Opernaufführungen er leitete. B. gehört zu den bedeutendsten deutschen Opern- und Konzertdirigenten dieses Jahrhunderts. Maßstäbe setzten u. a. auch seine Mozart-Interpretationen (auch auf Schallplatten). Er schrieb *Aus dem Leben eines Dirigenten* (Z 1949, Nachdr. 1952) und *Der Dirigent* (hrsg. v. G. Busch – Th. Mayer, Z 1961). – **2) Adolf,** * 8. 8. 1891 Siegen (Westfalen), † 9. 6. 1952 Guilford (Vermont), Bruder von 1); dt. Violinist. Er studierte 1902–08 am Kölner Konservatorium u. a. bei Bram Eldering und Fr. Steinbach (mit dem er schon bald auf Konzertreisen ging), anschließend Komposition in Bonn bei H. Grüters, dessen Schwiegersohn er wurde. 1907 traf er erstmals mit M. Reger zusammen, mit dem er dessen Kammermusik aufführte und mit dem ihn seitdem eine enge Freundschaft verband. 1912 wurde B. Konzertmeister des Wiener Konzertvereins, 1918 Nachfolger H. Marteaus als Professor an der Hochschule für Musik in Berlin, legte dieses Amt aber schon 1919 wegen seiner zahlreichen Konzertverpflichtungen nieder. Im gleichen Jahr gründete er das Busch-Quartett. 1922 ging er nach Darmstadt und konzertierte von dort aus mit seinem Quartett in der ganzen Welt. 1926 verlegte er seinen Wohnsitz nach Basel; verzichtete 1933 aus Protest gegen den Nationalsozialismus auf die deutsche Staatsbürgerschaft und wurde 1935 Schweizer Staatsbürger. In Basel gründete er ein Kammerorchester. Seit 1940 lebte B. in den USA. Sein Ruhm sowohl als Solist (auch unter seinem Bruder Fritz B.) wie als Kammermusiker (oft im Trio und Quartett mit seinem Bruder Hermann B., im Duo und Trio auch mit seinem Schwiegersohn R. Serkin) gründete sich auf bedeutende Interpretationen vor allem der Werke von Bach, Beethoven und Brahms. Er war auch ein angesehener Lehrer (in Basel war u. a. Y. Menuhin sein Schüler). Als Komponist ist B. (vor allem in den frühen Werken) von Reger beeinflußt. Er schrieb u. a. eine Symphonie, je ein Violin- und Klavierkonzert, Stücke für Violine solo, Kammermusik (Trios, Quartette, Quintette), Orgelwerke und Lieder. Er edierte auch die Sonaten und Partiten für Violine solo von J. S. Bach (1919). – **3) Hermann,** Bruder von 1) und 2), * 24. 6. 1897 Siegen (Westfalen), † 3. 6. 1975 Haverford (USA); Violoncellist. Er studierte am Konservatorium in Köln und bei P. Grümmer an der Musikakademie in Wien, war 1919–23 Solocellist des Städtischen Orchesters in Bochum, dann des Wiener Symphonie-Orchesters. 1927–29 lehrte er an der Folkwangschule in Essen. Er war Mitglied des Busch-Quartetts (seit 1930 als Nachfolger Grümmers) und des Busch-Trios (mit seinem Bruder Adolf und R. Serkin). B. siedelte 1935 nach Basel über und ging 1940 in die USA. Dort lehrte er 1954–64 an der Miami University, seit 1950 auch an der von ihm mitbegründeten Marlboro School of Music. – Seit 1964 besteht in Hilchenbach-Dahlbruch eine Busch-Gesellschaft e. V., die das künstlerische Erbe der Brüder B. pflegt.

Lit.: **zu 1):** G. BUSCH, F. B. – Dirigent (F 1970); In memoriam F. B., hrsg. v. W. BURBACH (Dahlbruch [2]1968); B. DOPHEIDE, F. B. Sein Leben u. Wirken in Deutschland, mit einem Ausblick auf die Zeit seiner Emigration (Tutzing 1970). – **zu 2):** In memoriam A. B., hrsg. v. W. BURBACH (Dahlbruch [2]1969); J. SZIGETI, A. B., in: NZfM 128 (1967).

BUSENELLO, Gian (Giovanni) **Francesco,** * 24. 9. 1598 Venedig, † 27. 10. 1659 Legnaro (Padua); it. Librettist. Er war ein berühmter Anwalt in Venedig. B. schrieb fünf Libretti, von denen *L'Incoronazione di Poppea* von Monteverdi, *Gli amori di Apollo e di Dafne* und drei weitere von Cavalli vertont wurden. Sie erschienen zusammengefaßt in *Delle Hore oziose* (V 1656). B. verband Drama und Pastorale mit komischen Einlagen. Die Libretti sind deshalb handlungs- und abwechslungsreich, aber wegen der starken Betonung der Nebenepisoden zuweilen auch etwas zusammenhanglos.

Lit.: H. KRETZSCHMAR, Die venezianische Oper u. die WW Cavallis u. Cestis, in: VfMw 8 (1892); DERS., Monteverdis Incoronazione di Poppea, in: ebd. 10 (1894); H. PRUNIÈRES, Cavalli et l'opéra vénitien (P 1931); A. A. ABERT, Monteverdi u. das musikal. Drama (Lippstadt 1954); F. DEGRADA, G. F. B. e il libretto della „Incoronazione di Poppea", in: C. Monteverdi e il suo tempo, Kgr.-Ber. Venedig 1968.

BUSH, Alan Dudley, * 22. 12. 1900 London; engl. Komponist. Er studierte 1918–22 Klavier, Orgel und Komposition an der Royal Academy of Music in London, dann Komposition bei J. Ireland und Klavier bei B. Moiseiwitsch und A. Schnabel, 1929–31 Philosophie und Musikwissenschaft an der Univ. Berlin. Seit 1925 lehrte B. Komposition an der Royal Academy of Music. 1929–40 leitete er die London Labour Choral Union, 1936 gründete er die Workers' Music Association, deren Präsident er 1941 wurde. 1968 erhielt er den Doktor der Musik der Univ. London. B. wandte sich zunächst der Zwölftontechnik zu, versuchte sich dann aber, unter dem Einfluß ästhetischer Maximen des Marxismus, in einem national eigenständigen Stil mit freier, nicht dur-moll-tonaler Harmonik.

WW (wenn nichts anderes angegeben, in London erschienen): **I) Instr.-WW:** Lyric Interlude (1944) für V. u. Klv.; *Three Concert Studies* (1947) für V., Vc. u. Klv.; *Dialectic* (1929) für Streichquartett; *Prelude, Air and Dance* (1947) für Solo-V., Streichquartett u. Schlagzeug; für Orch.: *Dance Overture* (1926–27); 3 Symphonien (1939–60); *English Suite* (1945–46) für Str., *Dorian Passacaglia and Fugue* (1959); Klv.-Konzert (1934–47) mit Solo-Bariton u. Männerchor; V.-Konzert (1948); *Concert Suite* (1952) für Vc. u. Orch.; *Variations, Nocturne and Finale on an English Sea-Song* (1962) für Klv. u. Orch.; *Time Remembered* (1969) für Kammerorch.; *Scherzo* (1969) für Blasorch. u. Schlagzeug. – **2) Vokal-WW:** *Voices of the Prophets* (1953), Kantate für Tenor u. Klv.; *Four Seafarer's Songs* (1961) für Bariton u. Klv.; *The Winter Journey* (1946), Kantate für Soli, Chor u. Orch.; Liederzyklus *The Freight of Harvest* für Tenor u. Klv. – **3) Bühnen-WW:** *Wat Tyler* (1948–50) (Libr.: N. Bush), UA: Leipzig 1953 (B o.J.); *Men of Blackmoor* (1954–55) (Libr.: ders.), UA: Weimar 1956; *The Sugar Reapers* (1961–64) (Libr.: ders.) (unveröff.); *The Man who never died* (1965–67) (Libr.: B. Stavies) (B 1970). – **4) Schriften:** *What is Modern Music?*, in: Publications de la Musique Ancienne 68 (1936); *Strict Counterpoint* (Lo 1949).

Lit.: Tribute to A. B. on his 50th Birthday (Lo 1950); R. STEVENSON, A. B. Committed Composer, in: MR 25 (1964); W. RÖSLER, in: Theater der Zeit 25 (1970).

BUSINE (altfrz. buisine, busine, von lat. ↗Bucina oder altfrz. buse, „Rohr, Röhre"). Instrumente mit diesem Namen werden vom 11. Jh. *(Chanson de Roland)* bis ins 16. Jh. (Virdung, Rabelais) erwähnt. Nach den ikonographischen Quellen zu schließen, gab es zwei verschiedene Typen, beide jedoch Naturtrompeten: ein wohl älteres, eng mensuriertes, sich konisch erweiterndes Instrument mit wenig markantem Schalltrichter und eines mit fast zylindrischer Röhre und einem weit ausladenden, glocken-, trichter- oder tellerförmigen Schallstück. Vermutlich wurde der Name für das ältere Signalinstrument auf die dem arabischen Nafir nachgebildeten Instrumente mit weitem Schalltrichter (die frz. „cors sarrazinois") übertragen. Auf die fremdländische Herkunft der B. wird in mittelalterlichen Dichtungen mehrfach hingewiesen, ebenso auf ihre Funktion als laut schmetternd klingendes Heroldinstrument während der Feldzüge und bei festlichen Anlässen. Die B. durfte nur von Bläsern gespielt werden, die im Dienst eines Königs, Fürsten oder Adligen standen. Außerdem erhielten einige freie Städte die Erlaubnis, B.-Spieler zu beschäftigen.

M. BRÖCKER

BUSNOIS, Anthoine (A. de Busnes, genannt B.), † 6. 11. 1492 Brügge; franko-flämischer Komponist. Seit 1467 stand er im Dienst Karls des Kühnen von Burgund, den er wohl auf den meisten Reisen und Feldzügen zwischen 1471 und 1475 begleitete. 1476 trat er in den Dienst der Herzogin Margarete von Burgund, 1477 in den ihrer Tochter Maria, die im gleichen Jahr den Erzherzog Maximilian von Österreich heiratete. B., dessen Name sich häufig in den Rechnungen Marias und ihres Gatten findet, war damals Chapelain und besaß mehrere kirchliche Pfründen. Aus einem Brief Jean Molinets geht hervor, daß er Dechant in Furnes (Vorne oder Verne) in der Diözese Thérouanne war. Bei der Belagerung von Neuß (1475) begegnete er Jean Molinet, dem Chronisten Karls des Kühnen, mit dem er in Versen korrespondierte. B. schrieb mehrere an Jacqueline d'Hacqueville, die Frau des Pariser Parlamentsrats Jean Bouchart, gerichtete Stücke. Ein Dokument vom 6. November 1492 erwähnt den Tod eines Antoine Busnois, „rector cantoriae" an St-Sauveur in Brügge. Es gibt aber keinen Beweis dafür, daß es sich dabei um den Komponisten B. handelt. B. war ein bedeutender Meister der Chanson. Lebhafter Rhythmus, biegsame, fließende Melodik und ein – vor allem in den Motetten ausgeprägter – eigenwilliger, persönlicher Zug sind kennzeichnend für seinen Stil. Von den Motetten sind zwei freie Kompositionen, fünf basieren auf choralen Melodien und zwei weitere, *In hydraulis* und *Anthoniusque limina*, verwenden als Cantus firmus eigene Themen. B. genoß zu Lebzeiten großes Ansehen, wie mehrere zeitgenössische Autoren bezeugen. Tinctoris nennt ihn und Ockeghem „lumina claritatis inter recensiores compositores".

WW: Mehr als 60 Chansons, davon wurden 8 v. Petrucci zw. 1501 u. 1503 gedruckt; 9 Motetten, darunter *In hydraulis;* eine 2st. Hymne; *Magnificat* für 3 St.; eine Messe *L'homme armé*.

Ausg.: Die Motette *In hydraulis* u. 5 Chansons, hrsg. v. G. ADLER – O. KOLLER, in: DTÖ 7/1 (1900), u. 11/1 (1904); 10 Chansons, in: E. DROZ – Y. ROKSETH – G. THIBAULT, Trois chansonniers français du XVe siècle (1957); 5 Chansons, in: K. JEPPESEN, Der Kopenhagener Chansonnier (Kop – L 1927); 3 Chansons, hrsg. v. H. RINGMANN, in: EDM, Reihe RD, IV (1936–37); 6 Chansons in: C. L. WALTHER BOER, Chansonvoormen op het einde van de XVde eeuw (A – P 1938); die Motette *Anthoniusque limina* u. 2 Chansons in: C. L. WALTHER BOER, Het Anthonius Motet van A. B. (s. u. Lit.); 4 Chansons, hrsg. v. H. HEWITT, in: Harmonice Musices Odhecaton A (C/M 1946); die Messe *L'homme armé*, hrsg. v. L. FEININGER, in: Monumenta polyphoniae liturgicae 1/2 (R 1948).

Lit.: N. DUPIRE, J. Molinet, la vie, les œuvres (P 1932); G. VAN DOORSLAER, La Chapelle musicale de Philippe le Beau, in: Revue belge d'archéologie et d'histoire de l'art 4 (1934); W. STEPHAN, Die burgundisch-niederländische Motette zur Zeit Ockeghems (Kas 1937); C. L. WALTHER BOER, Het Anthonius Motet van A. B. (A 1940); A. PIRRO, Histoire de la musique de la fin du XIVe siècle à la fin du XVIe (P 1940) (dort auch Edition v. 2 Chansons); CH. VAN DEN BORREN, Études sur le XVe siècle musical (An 1941); G. PERLE, The Chansons of A. B., in: MR 11 (1950); C. V. BROOKS, A. B., Chanson Composer, in: JAMS 6 (1953); E. H. SPARKS, The Motets of A. B., in: ebd.; H. HEWITT, The Two Puzzle Canons in B.'s „Maintes femmes", in: ebd. 10 (1957); E. H. SPARKS, Cantus firmus in Mass and Motet, 1420–1520 (Berkeley – C 1963); E. L. KOTTICK, The Chansonnier cordiforme, in: JAMS 20 (1967).

BUSONI, Ferruccio Benvenuto, * 1. 4. 1866 Empoli bei Florenz, † 17. 7. 1924 Berlin; it. Komponist und Pianist. Seine Eltern, der Klarinettenvirtuose Ferdinando B. und die deutschstämmige Pianistin Anna Weiss, gaben ihm ersten Musikunterricht. 1874, im Alter von 8 Jahren, debütierte B. als Pianist in Triest. Zwei Jahre später dirigierte er in Graz, dem neuen Wohnort der Familie, eine seiner ersten Kompositionen, ein *Stabat Mater.* 1881 wurde er – wie seinerzeit der junge Mozart – in die *Accademia Filarmonica* in Bologna aufgenommen. Auf Empfehlung von Brahms studierte er ab 1886 bei C. Reinecke in Leipzig. Nachdem er für einige Jahre verschiedene Lehrämter in Helsinki, Moskau und Boston innehatte, ließ er sich 1894 in Berlin nieder, das – mit einigen Unterbrechungen (u. a. 1915–20 in der Schweiz) – sein ständiger Wohnsitz blieb. 1920 übernahm er an der Berliner Akademie der Künste eine Meisterklasse für Komposition (sein Nachfolger wurde 1924 A. Schönberg). – Bereits B.s Jugendwerke zeichnen sich – neben der Neigung zur Virtuosität – durch ein fein entwickeltes Formgefühl aus. Die Werke nach 1890 zeigen eine neue Orientierung, vor allem an Bach, Mozart und den Komponisten der deutschen Romantik (Mendelssohn, Schumann, Brahms), die B. 1920 rückblickend als „junge Klassizität" bezeichnete und damit ein Stichwort für die Wendung der jungen Komponistengeneration zum Neoklassizismus gab. Obwohl B. mit sicherem Stilgefühl eine durchaus eigenständige Harmonik entwickelte, sind die kühnen Visionen seiner berühmten, 1907 erstmals erschienenen Schrift *Entwurf einer neuen Ästhetik der Tonkunst* in seinem eigenen Werk kaum realisiert.

WW: **1) Schriften:** *Entwurf einer neuen Ästhetik der Tonkunst* (Triest 1907, L ²1916, NA Wie 1954); dass., Mit Anmerkungen v. A. Schönberg u. einem Nachwort v. H. H. Stuckenschmidt (F 1974); *Von der Einheit der Musik, ... Verstreute Aufzeichnungen* (B 1923), NA, revidiert u. ergänzt v. J. HERRMANN: *Wesen und Einheit der Musik* (B 1956); *Über die Möglichkeiten der Oper* (L 1926, Wie ²1967). – **2) Kompositionen** (außer den Jugend-Werken op. 1–32 aus den Jahren 1877–92, die B. später nicht mehr voll anerkannt hat): für Orch.: 2. Orch.-Suite op. 34a (1895, revidiert 1904); Lustspielouvertüre op. 38 (1897, revidiert 1904); Klv.-Konzert mit Altsolo u. Schlußchor op. 39 (1906); *Indianische Fantasie* op. 44 (1914) für Klv. u. Orch.; *Gesang vom Reigen der Geister (Des Indianischen Tagebuches zweites Buch)* op. 47 (1916); *Concertino* op. 48 (1919) für Klar. u. Orch.; *Divertimento* op. 52 (1922) für Fl. u. Orch.; *Romanza e Scherzoso (Concertino)* op. 54 (1921); Kammermusik: 2. V.-Sonate op. 36a (1892); *Serenata* op. 34 (1880) für Vc. u. Klv.; für Klv.: *4. Ballettszene* op. 33 (1894, revidiert 1913); *7 Elegien* ohne Opuszahl (1909); *Fantasia contrappuntistica* ohne Opuszahl (1910), bearbeitet für 2 Klv. (1921); *Indianisches Tagebuch. Erstes Buch: 4 Klv.-Studien* ohne Opuszahl (1915); *Klv.-Übung* (in 5 Teilen) (1918–22); ferner Bearbeitungen, insbesondere Bachscher WW; Opern: *Die Brautwahl* (1908–11) (nach E. T. A. Hoffmann), UA: Hamburg 1912; *Arlecchino* (1914–16), UA: Zürich 1917, gemeinsam mit *Turandot* (1917) (Libr. nach Gozzi); *Faust* (1916–24) (v. Ph. Jarnach vollendet), UA: Dresden 1925.

Lit.: F. B., Briefe an seine Frau, hrsg. v. F. SCHNAPP (Erlenbach 1935); 25 B.-Briefe, hrsg. v. G. SELDEN-GOTH (W 1937); Briefe B.s an Hans Huber, hrsg. v. E. REFARDT (Z 1939); Briefe B.s an Edith Andreas, hrsg. v. A. BRINER (Z 1976). – H. LEICHTENTRITT, F. B. (L 1916); H. PFITZNER, Futuristengefahr (Mn – L 1917) (Polemik gegen B.s „Entwurf..."); G. SELDEN-GOTH, F. B. (W 1922); S. F. NADEL, F. B. (L 1931); E. J. DENT, F. B. (Lo 1933, Nachdr. Lo 1974); G. BUSONI, Erinnerungen an F. B., hrsg. v. F. Schnapp (B 1958); G. M. GATTI, Opernkomponist B., in: Melos 25 (1958); U. RINGGER, Zu Busonis „Entwurf einer neuen Ästhetik der Tonkunst", in: Musica 14 (1960); E. HILMAR, Eine stilkritische Unters. der WW F. B.s aus den Jahren 1880–90 (Diss. Gr 1963); H. KRELLMANN, Stud. zu den Bearbeitungen F. B.s (Rb 1966); J. E. KINDERMANN, Zur Kontroverse B.-Pfitzner, in: FS Wiora (Kas 1967); H. H. STUCKENSCHMIDT, F. B. (Z 1967); V. VOGEL, Impressions of F. B., in: Perspectives of New Music 6 (1967–68); L. SITSKY, F. B.s „Attempt at an Organic Notation for the Pianoforte", in: MR 29 (1968); DERS., The Six Sonatinas for Piano of F. B., in: Studies in Music 2 (1968); H. MEYER, Die Klv.-Musik F. B.s (Wb 1969); U. PRINZ, F. B. als Klv.-Komp. (Diss. Hei 1969); J. P. VOGEL, Der „progressive" Theoretiker u. der „konservative" Komp., in: Mf 25 (1972) (zur Auseinandersetzung zwischen B. u. Pfitzner); W. DÖMLING, Revolutionär wider Willen. F. B. u. sein „Entwurf einer neuen Ästhetik der Tonkunst", in: NZfM 134 (1973); M. LAFITE, Zur Ästhetik v. F. B. u. H. Pfitzner, in: ÖMZ 29 (1974); F. GOEBELS, Bach – Busoni. Deutung u. Bedeutung der Bach-Ausg. v. F. B., in: SMZ 114 (1974); R. WIS, F. B. and Finland, in: AMl 49 (1977); F. BACKHAUS, „Arlecchino". Ein theatralisches Capriccio v. F. B. (Diss. W 1978); J. KINDERMANN, Thematisch-chronologisches Verz. der musikal. WW v. F. B. (Rb 1980) (= Stud. z. Musikgesch. des 19. Jh. 19).

BUSSER, Henri, * 16. 1. 1872 Toulouse, † 30. 12. 1973 Paris; Dirigent und Komponist. Er begann seine Ausbildung in der Maîtrise der Kathedrale von Toulouse unter A. Kunc, studierte seit 1885 in Paris an der École Niedermeyer, seit 1889 am Conservatoire Orgel bei C. Franck und Ch.-M. Widor, Komposition bei Guiraud, nach dessen Tod bei Gounod. 1892 wurde er Organist von Saint-Cloud, 1893 erhielt er den Prix de Rom. Nach seiner Rückkehr nach Paris war er seit 1900 Dirigent am Théâtre du Château d'Eau, seit 1902 an der Opéra-Comique, 1900–39 an der Opéra. 30 Jahre lang dirigierte B. auch an der Acad. des Beaux-Arts die Kantaten der Rom-Preisträger und die Kompositionen der Stipendiaten der Villa Medici. 1904–38 leitete er am Conservatoire die Klasse für Ensemble vocal, lehrte dann bis 1948 Komposition. 1939–41 war er Direktor der Opéra-Comique, 1949–52 der Opéra. 1938 wurde B. Mitglied des Institut de France und erhielt den Sitz, den vor ihm u. a. Gounod innegehabt hatte.

WW: **1) Instr.-WW:** Org.- u. Klv.-Stücke; für Orch.: Suite *A la Villa Médicis*, op. 4 (P o.J.); *Petite Suite*, UA: 1899 (P o.J.); *Suite funambulesque*, op. 26, UA: 1900; *Suite brève*, op. 28; Symphonische Dichtungen, darunter *Hercule au Jardin des Hespérides*, op. 18, UA: 1900. – **2) Vokal-WW:** Lieder für Gesang u. Klv.; kirchenmusikal. WW (6 Messen, 33 Motetten, ein *Magnificat*). – **3) Bühnen-WW:** *Daphnis et Chloé*, Oper, UA: Paris 1897; *La Ronde des Saisons*, Ballett, UA: ebd. 1905; *Colomba* (nach Pr. Mérimée), Oper, UA: Nizza 1921; *Les Noces Corinthiennes* (Libr.: A. France), Oper, UA: Paris 1922; *La Pie borgne*, Comédie musicale, UA: ebd. 1929; *Le Vert-Galant*, Ballett, UA: ebd. 1951; *Le Carrosse du Saint-Sacrement* (nach Pr. Mérimée), Comédie lyrique; Bühnenmusik: *Manon; Les trois Sultanes*. – **4) Theoretische WW u. a. Schriften:** *Leçons manuscrites de solfège*, 2 Bde.; *20 Études mélodiques de solfèges*, 2 Bde.; *25 Leçons d'harmonie; Précis de composition; Traité d'instrumentation* (sämtlich P o.J.); *De „Pelléas" aux „Indes Galantes"* (P 1955); *Gounod* (Lyon 1961).

Lit.: P. LANDORMY, La musique française après Debussy (P 1943); H. KAUFMANN, Zur Wertung des Epigonentums in der Musik, in: NZfM 124 (1968).

BUSSINE, Romain, * 4. 11. 1830 Paris, † 20. 10. 1899 ebd.; frz. Sänger und Gesangspädagoge. Er war Schüler von Manuel García am Conservatoire in Paris, wo er seit 1872 als Lehrer für Gesang wirkte. Mit Saint-Saëns gründete er 1871 die Société Nationale de Musique.

BUSSOTTI, Sylvano, * 1. 10. 1931 Florenz; it. Komponist, Maler und Regisseur. B. studierte am Konservatorium seiner Heimatstadt Violine, Klavier und Tonsatz und beendete seine Ausbildung nach weiteren autodidaktischen Studien 1957 bei M. Deutsch in Paris. Bekannt wurde er in den sechziger Jahren, als er bei mehreren Kompositionswettbewerben Preise erhielt. 1962 gründete er mit dem Pianisten Fr. Rzewski ein Duo für „experimentelle Musik" und organisierte im selben Jahr mit G. Chiari eine Ausstellung von Musik in graphischer Notation „Musica e segno". B. hat sich besonders mit der graphischen Notation auseinandergesetzt, die den Interpreten zu musikalischen und gestischen Reaktionen inspirieren soll, so daß letztlich der Unterschied von Musik als Komposition und als Vollzug aufgehoben scheint. Das Zeigen des „Musik-Machens" führt in seinen Kompositionen häufig zu theatermäßigen Aktionen.

WW: *Sette fogli* (1959); *Réactions „per uno strumentista e pubblico"*, UA: Padua 1961; *Memoria*, 5 Szenen für Soli, Chor u. Orch., UA: ebd. 1962; *Mit einem gewissen sprechenden Ausdruck* (1963) für Kammerensemble; *I semi di Gramsci* für Streichquartett (1962), Fassung mit Streichquartett u. Orch. (1971); *La Passion selon Sade. Mystère avec Tableaux vivants...*, UA: Palermo 1968; *The Rara Requiem* für 7 St. u. 15 Instr., UA: Venedig 1969; Oper *Lorenzaccio. Melodramma romantico* (nach A. de Musset), UA: ebd. 1972; *Bergkristall* (nach A. Stifter), Poem in 7 Sätzen für großes Orch., später auch als Ballett; Ballette *Oggetto amato*, UA: Mailand 1976, u. *Bussottioperaballett*, UA: ebd. 1976.

BUSTABO, Guila, * 25. 2. 1919 Mantiowoc (Wisconsin); amerik. Violinistin. Sie studierte am Chicago Musical College, ferner bei L. Persinger, G. Enescu, J. Hubay und E. Wolf-Ferrari. B. begann schon mit 9 Jahren mit den führenden amerikanischen Orchestern zu konzertieren und wurde eine der bedeutendsten Violinistinnen ihrer Generation. 1964–70 lehrte sie am Konservatorium in Innsbruck. J. Sibelius und E. Wolf-Ferrari widmeten ihr ihre Violinkonzerte.

BUTERNE, 1) Jean-Baptiste, * um 1650 Toulouse, † 1727 Paris; frz. Organist. 1674 wurde er Organist an St-Étienne-du-Mont, 1678 Organist des Königs, 1684 Organist an St-Paul. Er war Klavierlehrer der Herzogin von Burgund. Von ihm sind nur hsl. *Petites Règles pour l'accompagnement* erhalten (Paris, Bibl. Ste-Geneviève). – **2) Charles,** Sohn von 1), Organist. Er veröffentlichte 1745 *6 Sonates pour la vielle, musette, violon, flûtes, hautbois et pardessus de violles,* davon 4 mit B.c. und 2 als Duos. B. schrieb auch eine *Méthode pour apprendre la musique vocale et instrumentale* (Ly – Rouen – P 1752).

BUTI, Francesco, * Narni (?), † 15. 6. 1682 ebd.; it. Librettist. Er war Priester, Doktor beider Rechte und Apostolischer Protonotar. B. gehörte der Umgebung des Kardinals Antonio Barberini (d. J.) an, dem er 1645 nach Paris folgte, wo ihn Mazarin mit der Organisation der Hoffeste beauftragte. Er schrieb das Libretto für Cavallis Oper *L'Ercole amante,* ferner Libretti für Lully, L. Rossi und C. Caproli.

WW: *L'Orfeo*, UA: Paris 1647 (Musik v. Rossi), hsl. erhalten; *Le Nozze di Peleo e di Tefi*, UA: ebd. 1654 (Musik v. Caproli) (P 1654); *Balletto delli spropositi* (= *Amour malade, ballet du Roy?*), UA: ebd. 1657 (Musik v. J. B. Lully) (P 1657); *Ballet de l'Impatience* (zus. mit I. de Benserade), UA: ebd. 1661 (Musik v. J.-B. Lully) (P 1661); *L'Ercole amante*, UA: ebd. 1662 (Musik v. F. Cavalli) (P 1662); zugeschrieben werden ihm auch die Libretti zu *Il Giudizio della Ragione con la Beltà e l'Affetto; Il giusto inganno; Il Giuseppe; La Purificazione.*

BUTTING, Max, * 6. 10. 1888 Berlin, † 13. 7. 1976 ebd.; dt. Komponist. B. studierte in München, war danach zunächst kaufmännisch tätig, ehe er 1929 als Vorstandsmitglied der Genossenschaft Deutscher Tonkünstler eine Existenzgrundlage hatte, die es ihm erlaubte, sich intensiver der Komposition zu widmen. 1933–45 aller Ämter enthoben, war er von 1948 bis zu seiner Pensionierung Cheflektor für Musik am Rundfunk der DDR. 1951 wurde er Mitglied der Akademie der Künste in Ost-Berlin.

WW: **1) Kompositionen:** Oper *Plautus im Nonnenkloster* (nach C. F. Meyer), UA: Leipzig 1959; Oratorium *Das Memorandum* (1949); 10 Symphonien (1922, 1924, 1925, 1942, 1943, 1945, 1949, 1952, 1956, 1963); *Sinfonische Variationen* (1953); Orch.-Ballade (1954); *5 ernste Stücke nach Dürer* (1955); *Triptychon* (1967) für Orch.; *Kammersymphonie* (1925) für 13 Instr.; *Serenata gentile* (1951) für 8 Instr.; *Festschrift für Bach* (1950) für Fl., V., Englisch Horn, Va., Fag. u. Vc.; 9 Streichquartette (1914, 1917, 1918, 1919, 1947, 1954, 1956, 1957, 1957); Kantaten, darunter *Die Lügengeschichte vom schwarzen Pferd* (1949); ferner Lieder; Filmmusik (u.a. zu experimentellen Filmen der 20er Jahre). – **2) Autobiographie:** *Musikgeschichte, die ich miterlebte* (B 1955).

BUTTSTETT, Franz Vollrath, * 2. 4. 1735 Erfurt,

† 7. 5. 1814 Rothenburg ob der Tauber; dt. Komponist. Ob er mit J. H. Buttstett verwandt war, ist nicht sicher. Er war 1756–67 Organist am Hof von Weikersheim, seit 1772 Organisten-Adjunkt, schließlich Musikdirektor und Organist an St. Jakobi in Rothenburg. Er schrieb Klavierstücke, die in Sammelwerken (u. a. von Boßler in Speyer) veröffentlicht wurden, Sonaten für Klavier und Violine, Kammermusik, Orgelstücke und geistliche Musik. Seine *Passion* (1770, nach A. Lehmus) ist jedoch verloren.

Ausg.: 2 Sonaten, hrsg. v. L. FARRENC, in: Le Trésor des Pianistes XIV (P 1867).

Lit.: H. KERN, F. V. B. (Wü 1939).

BUTTSTETT (Buttstädt, Buttstedt), **Johann Heinrich,** * 25. 4. 1666 Bindersleben bei Erfurt, † 1. 12. 1727 Erfurt; dt. Komponist und Organist. Er war Schüler Pachelbels, der 1678–90 in Erfurt wirkte, wurde 1691 Organist an der Predigerkirche und versah gleichzeitig das Organistenamt an einer kath. Kirche (vielleicht an St. Severi). B. schrieb Orgelchoräle (einige wurden von seinem Schüler J. G. Walther kopiert), Klavierstücke, *Musikalische Clavierkunst und Vorrathskammer* (L und Erfurt 1713) und Messen, *Opera prima sacra* (Erfurt 1720). Berühmt wurde B. durch seine Polemik gegen Matthesons brillante Schrift *Das neueröffnete Orchestre* (H 1713). Gestützt auf Guido von Arezzo, Fr. Gafori, Glarean, M. Praetorius und A. Werckmeister und überzeugt vom transzendenten Wesen der Musik verteidigte er die alten musikalischen Techniken gegen die galante Musik in der Schrift *Ut Mi Sol, Re Fa La, et Harmonia Aeterna* (Erfurt und L 1716). Mattheson antwortete mit der Streitschrift *Das Beschützte Orchestre* (H 1717). B.s verzweifelte Erwiderung, die *Öffentliche Erklärung* (Erfurt 1718), fand keine Beachtung mehr.

Ausg.: 6 Org.-Choräle, hrsg. v. G. FROTSCHER, in: EDM, Reihe RD, 9 (1937).

Lit.: E. ZILLER, Der Erfurter Organist J. H. B. (Hl 1935) (= Beitr. z. Musikforschung 3).

BUUS, Jakob (Jacques; Jachet de Guant, Jacobus Bohusius, van bzw. von Paus), * Anfang 16. Jh. Gent (?), † Juli (oder August) 1565 Wien; flämischer Organist und Komponist. Er war seit 1541 (zunächst 2.) Organist an San Marco in Venedig, seit 1551 Hoforganist in Wien und Innsbruck.

WW: *Canzoni francese,* für 6 St. (V 1543), für 5 St. *per cantare & sonare* (V 1550); 2 Bücher *Recercari ... da cantare & sonare d'organo & altri stromenti* für 4 St. (V 1547, 1549) sowie *Intabolatura d'organo di recercari* (V 1549); 4st. Motetten (V 1549); Motetten, Chansons und 1 Madrigal in Sammeldrucken 1538–67 u. hsl.; ein Madrigal auch in: A. F. Doni, *Dialogo della musica* (V 1550).

B. hat mit seinen Ricercari einen beachtlichen Beitrag zur Instrumentalmusik der venezianischen Schule Willaerts und Rores geleistet. Anders als die Orgelricercari und -canzonen Cavazzonis, der vor ihm ebenfalls in Venedig arbeitete, sind die entsprechenden Werke B.' ihrer Satzweise nach primär Ensemblemusik, die dann auch von der Orgel gespielt werden kann. Charakteristisch für die Instrumentalwerke von B. ist auch die Verwendung von Chromatik und die Tendenz zur einthematischen Anlage, was schon auf A. Gabrieli vorausweist.

Ausg.: Ein Ricercar in: J. W. VON WASIELEWSKI, Gesch. der Instr.-Musik im 16. Jh. (B 1878), u. in: H. RIEMANN, Musikgesch. in Beispielen (L 1911); ein Ricercar in: O. KINKELDEY, Org. u. Klv. in der Musik des 16. Jh. (L 1910); 2 Ricercari, hrsg. v. M. S. KASTNER (Hilversum 1957); eine frz. Chanson in: Chw 61 (1957); ein 4st. Ricercar in: R. B. LENAERTS, Die Kunst der Niederländer (Kö 1962) (= Das Musikwerk 22); eine Chanson in: Theatrical Chansons of the 15th and Early 16th Century, hrsg. v. H. M. BROWN (C/M 1963); das Madrigal aus A. F. Donis *Dialogo della musica* hrsg. v. G. F. MALIPIERO – V. FAGOTTO (V – W 1965) (= Collana di musiche veneziane inedite o rare 7).

Lit.: E. VAN DER STRAETEN, La musique aux Pays-Bas VI (Bru 1882); O. KINKELDEY (s. o. Ausg.); H. KRAUS, J. B., Leben u. Werke, in: TVer 12 (1926–28); G. FROTSCHER, Gesch. des Orgelspiels u. der Orgelkomposition I (B 1934, ³1966); G. SUTHERLAND, The Ricercari of J. B., in: MQ 31 (1945); H. COLIN SLIM, The Keyboard Ricercar and Fantasie in Italy ca. 1500–1550 (1960) (= Diss. Harvard Univ.); H. BROWN, The „Chanson spirituelle", J. B., and Parody Technique, in: JAMS 15 (1962); W. BREITNER, J. B. als Motettenkomp. (Diss. W 1960).

BUXHEIMER ORGELBUCH, die umfangreichste und inhaltlich wichtigste Hs. aus der Frühzeit der deutschen Orgelmusik. Sie entstand um 1450–70 wahrscheinlich in München, vielleicht im Schülerkreis von C. Paumann. Das B. O. ist benannt nach dem ehemaligen Kartäuserkloster Buxheim bei Memmingen, wo die Hs. bis 1883 aufbewahrt wurde. Sie befindet sich heute in München, Bayer. Staatsbibliothek (Signatur: Cim 325b). Das B. O. enthält auf 138 Seiten 258 Stücke: originale Orgelkompositionen, die meist als Praeambula bezeichnet sind, und Orgelbearbeitungen vor allem von deutschen Liedsätzen. Diese verweisen u. a. insbesondere auf das ↗Lochamer Liederbuch. Die Kompositionen sind überwiegend 3st., auch 2st., selten 4st.; die Notierung erfolgt in deutscher Orgel- ↗Tabulatur (Oberstimme mensuriert auf 7 Linien, Unterstimme in Buchstaben). Nur wenige Komponistennamen sind genannt (z. B. J. Touront), durch Vergleiche mit anderen Quellen lassen sich Werke u. a. von Dunstable, Dufay u. A. de Lantins identifizieren. Namentlich genannt ist auch Paumann, von dem das B. O. 2 *Fundamenta organzandi* (↗Fundamentbuch) enthält, d.h. Beispiele für die Komposition von Orgelstücken.

Ausg.: Das B. O., Faks.-Ausg., hrsg. v. B. A. WALLNER (Kas – Bas 1955) (= DMl II/1); Übertragung in 3 Bdn., hrsg. v. B. A. WALLNER – R. BLUME (Kas 1958–59) (EDM 37–39).

Lit.: R. EITNER, Das B. O., in: MfM 19–20 (1887–88); H. SCHNOOR, Das B. O., in: ZfMw 4 (1921/22); H. BESSELER, B. O., in: MGG II; E. SOUTHERN, An Index to Das B. O., in: Notes 19 (1961/62); DIES., The Buxheim Organ Book (NY 1963) (= Musicol. Studies 6); H. R. ZÖBELEY, Die Musik des B.O.s (Tutzing 1964) (= Münchner Veröff. z. Musikgesch. 10).

BUXTEHUDE, Dietrich, * 1637 Bad Oldesloe (Holstein), † 9. 5. 1707 Lübeck, dt. Komponist. Er kam 1639 mit seinem Vater, dem Organisten Johann B. (1602–74), nach Hälsingborg (Schweden) und wurde dort 1657 Organist an der Marienkirche. 1660 wurde er an die deutsche Kirche von Helsingör berufen, 1668 Nachfolger von Franz Tunder an der Marienkirche in Lübeck. B. führte die von Fr. Tunder ins Leben gerufene Institution der ↗Abendmusiken fort und erweiterte ihren Umfang beträchtlich. Bei einigen Abendmusiken kamen Oratorien zur Aufführung, die zyklisch auf mehrere Sonntage verteilt wurden (*Die Hochzeit des Lammes*, 1678; *Das Allerschröcklichste*, um 1683; *Die Himmlische Seelenlust*, um 1683; *Der verlorene Sohn*, 1688); andere Abendmusiken bestanden aus gemischten Programmen. Die Musik ist nicht erhalten, wenn man von dem anonymen Oratorium *Das Jüngste Gericht* absieht, das W. Maxton (vgl. ZfMw 10, 1927–28) B. zuschreibt, was aber neuerdings bezweifelt wird. Sein Ruf wuchs schnell über Lübeck hinaus: 1699 widmete ihm Pachelbel sein *Hexachordum Apollinis*, 1703 wurde er von Händel und Mattheson, 1705 von J. S. Bach besucht. Er selbst scheint Lübeck nach seiner Amtsübernahme nicht mehr verlassen zu haben.

WW (wenn nichts anderes angegeben, hsl. überliefert): **1) Instr.-WW:** Für Org.: ca. 26 *Präludien* mit *Fugen* u. *Toccaten*, 3 *Passacaglien*, 25 *Choräle*, 8 *Choralfantasien*, 7 *Choralvariationen*; für andere Tasteninstr.: 21 *Suiten*, 9 *Kanzonen*, 6 *Variationen* u. 2 *Toccaten*; 14 *Sonaten* für V., Va. da gamba u. B.c. (Lübeck 1696); 4 weitere Sonaten u. eine Suite für verschiedene Besetzungen – **2) Geistliche Vokal-WW: a)** für eine Singstimme u. Instr.: *Also hat Gott die Welt geliebt; Att du Jesu will mig höra; Entreißt euch meine Sinnen; Fallax mundus; Gen Himmel; Herr auf dich traue ich; Herr wenn ich dich nur habe*, I u. II; *Herzlich tut mich verlangen; Ich sprach in meinem Herzen; Lauda anima mea; O clemens o mitis; O dulcis Jesu; O fröhliche Stunden; O Gottesstadt; Schaffe in mir Gott; Sicut Moses; Singet dem Herren; Was mich auf dieser Welt betrübt; Jesu meine Freud u. Lust; Jubilate domino; Wenn ich Herr Jesu habe dich; Dixit dominus; Herr nun läßt du deinen Diener; Lobe den Herrn; Quemadmodum desiderat; Ich bin die Auferstehung; Ich bin eine Blume zu Saron; Mein Herz ist bereit; Mit Fried u. Freud fahr ich dahin.* – **b)** für 2 St. u. Instr.: *Fürchtet euch nicht; Herr ich lasse dich nicht; Ich halte es dafür; Ich suchte des Nachts; Jesu dulcis memoria; Laudate pueri; Liebster meine Seele saget; Nun freut euch ihr Frommen; O lux beata trinitas; O wie selig sind; Salve Jesu; Wo ist doch mein Freund.* – **c)** für 3 St. u. Instr.: *Afferte domino; Bedenke Mensch das Ende; Canite Jesu nostro; Cantate domino; Du Friedensfürst; Gott fähret auf mit Jauchzen; Ich habe Lust abzuscheiden; In dulci jubilo; Je höher du bist; Jesu meine Freude; Kommst du Licht der Heiden; Lauda Sion salvatorem; Meine Seele wiltu ruhn; O Jesu mi dulcissime; Salve desiderium; Surrexit Christus hodie; Wachet auf, ruft uns die Stimme; Welt packe dich; Wie soll ich dich empfangen; In te Domine speravi; Mein Gemüt erfreuet sich; Nichts soll uns scheiden; Was frag ich nach der Welt; Wie schmeckt es so lieblich und wohl; An filius non est dei; Aperite mihi portas; Jesu dulcis memoria; Jesu komm mein Trost; Jesulein du Tausendschön; Jesu meiner Freuden Meister.* – **d)** für 4 St. u. Instr.: *Nun laßt uns Gott dem Herren; Wär Gott nicht mit uns; Walts Gott mein Werk ich lasse; Erhalt uns Herr; Herren vär Gud; Befiehl dem Engel; Der Herr ist mit mir; Ecce nunc benedicite; Das neugeborne Kindelein; Du Lebensfürst; Nimm von uns Herr; Wo soll ich fliehen hin; Alles was ihr tut; Jesu meines Lebens Leben; Dein edles Herz; O fröhliche Stunden; Pange lingua gloriosi.* – **e)** für 5 (oder mehr) Stimmen u. Instr.: *Du Friedensfürst; O Gott wir danken deiner Gut, Accedite gentes; All solch dein Gut; Ist es recht daß man dem Kaiser Zinse gebe; Fürwahr er trug unsere Krankheit; Domine salvum fac regem; Eins bitte ich vom Herren; Herzlich lieb hab ich dich o Herr; Heut triumphieret Gottes Sohn; Frohlocket mit Händen; Nun danket alle Gott; Ihr lieben Christen freut euch nun, Gott hilf mir; Wie wird erneuert; Missa brevis; Benedicam dominum; Membra Jesu Nostri.* – **3) Weltliche Vokal-WW:** *Schwinget euch himmelan;* 8 Hochzeitsstücke; 3 Kanons.

B. ist zwischen Schütz und Bach der wichtigste deutsche Komponist und der beste Repräsentant der damals in voller Blüte stehenden deutsch-dänischen Musikkultur an der Ostsee. Sein Werk zeigt zwar nichts von jenem Genie, durch das die großen Meister den Stil ihrer Zeit zu höchster Vollendung führten, zeugt aber gleichwohl von einer Musikkultur, die über das Handwerkliche weit hinausgeht. B. überragt seine Zeitgenossen nicht nur durch den Umfang seines Werkes, das nahezu alle Gattungen umfaßt, sondern vor allem durch die Tiefe seiner musikalischen Ideen. B.s Werk weist einen Zug ins Phantastische auf – vor allem in den freien Kompositionen für Orgel –, doch geht es sicher zu weit, in ihm wie A. Pirro schon einen romantischen, wenn auch im Barockstil verwurzelten Individualisten sehen zu wollen. Vielmehr vereinigte er kühne Konstruktion mit solidem Handwerk, Phantasie mit naiver Freude am Instrumentalspiel, leidenschaftlichen Ausdruck der Affekte mit der Einfachheit des Liedes und die klangliche Sinnlichkeit der Italiener mit dem deutschen Kontrapunkt. Seine etwa 110 geistlichen Vokalwerke erscheinen als Konzerte, Choräle, Arien und Kantaten mit mehreren Nummern und auf mehrere Texte. Die Formen und Stilarten reichen vom Typ der *Symphoniae sacrae* von Schütz zu dem der ersten Bachkantaten (von denen *Christ lag in Todesbanden* und *Gottes Zeit ist die allerbeste Zeit* ohne B.s Vorbild kaum vorzustellen sind). Während die Kompositionen auf lateinische Texte nach Form und Ausdruck in der Tradition der italienischen Motetten stehen (Carissimi), haben die geistlichen Kompositionen auf deutschen Text einen eigenen, unverwechselbaren Charakter: sie schließen sich an Schütz an, in den biblischen Konzerten durch die Kraft des Wortes *(Singet dem Herrn; Herr nun läßt du deinen Diener; Mein Herz ist bereit; Fürwahr er trug unsere Krankheit)*, in den beeindruckenden Choralkantaten *(Du Friedensfürst; In dulci jubilo; Jesu meine Freude; Herzlich lieb hab ich dich o Herr)*, in der sanften Einfachheit und Lyrik der Arien und der Liedkantaten *(Entreißt euch, meine Sinnen; O Gottesstadt; Mein Gemüt erfreuet sich; Das neugeborene Kindelein)*. In den zyklischen Werken *(Membra Jesu Nostri)* und den Nummernkantaten *(Wo soll ich fliehen hin; Alles was ihr tut; Gott hilf mir)* näherte sich B. der monumentalen Kantate des 18. Jahrhunderts. Vor allem aber in der Orgelmusik zeigt sich seine Überlegenheit seinen Zeitgenossen gegenüber. B. stützte sich auf H. Scheidemann und Fr. Tunder, übertrug den Klavierstil J. J. Frobergers auf die Orgel des Nordens („Spaltklang", unvermischter Orgelklang, brillantes Pedalspiel, ausgreifende Dimensionen der Komposition) und schuf so eine Orgelkunst, die sich teilweise neben der von J. S. Bach behaupten kann, dem er gerade auf diesem Gebiet unmittelbar und in erster Linie als Vorbild diente. Bei den freien Stücken gab er der Toccata als einer komplexen Form den Vorzug (Introduktion als Toccata, 1. Fuge, Zwischenspiel als Toccata, 2. Fuge mit einem variierten Thema aus der 1. Fuge, Schluß als Toccata); bei Werken mit Cantus firmus pflegte er entweder die entwickelte Choralfantasie mit reichlichen Toccata- oder Echopassagen oder den Orgelchoral, der die Choralmelodie verziert oder sie expressiv harmonisiert. Das Klavierwerk B.s ragt kaum über die durchschnittliche Produktion seiner Zeit hinaus. Seine Kammermusik – für Violine, Viola da gamba und B.c. – ist dagegen sehr wichtig. Hier vereinte er die kontrastreiche Form der Kanzone, kontrapunktische Technik und ausgeprägten Klangsinn in einer Weise, die an das 6. Brandenburgische Konzert von J. S. Bach erinnert. Besonders bemerkenswert ist seine Vorliebe für Ostinatopassagen.

Ausg.: GA (H 1925ff.) (9 Bde. mit Vokal-WW sind erschienen); Kirchenkantaten, hrsg. v. M. SEIFFERT, in: DDT 14 (1903); viele Vokal-WW sind außerdem in Einzel-Ausg. erschienen; Org.-WW, hrsg. v. PH. SPITTA – M. SEIFFERT, 3 Bde. (L 1876–1939; dass., hrsg. v. H. KELLER, 2 Bde. (L 1938–39, NA L 1951), Bd. II (L – F 1966); dass., hrsg. v. J. HEDAR, 4 Bde. (Kop 1952); Klavierwerke, hrsg. v. E. BANGERT (Kop 1942); Sonaten für V., Va. da gamba u. Cemb., hrsg. v. C. STIEHL, in: DDT 11 (1903).

Lit.: Thematisch-systematisches Verzeichnis der Werke D. B.s, hrsg. v. G. KARSTÄDT (Wie 1974). – A. PIRRO, D. B. (P 1913); W. STAHL, H. Tunder u. D. B. (L 1926), ebenso in: AfMw 8 (1926); G. FROTSCHER, Gesch. des Orgelspiels u. der Orgelkomposition, 2 Bde. (B 1934–35, ³1966); B. GRUSNICK, D. B. (Kas 1937); W. STAHL, Die Lübecker Abendmusiken, in: Zschr. des Vereins für Lübecker Gesch. 29 (1938); F. BLUME, Das Kantatenwerk D. B.s, in: Jb. Peters 47 (1940); N. FRIIS, D. B. (Kop 1945); C. A. MOBERG, D. B. (Hälsingborg 1946); J. HEDAR, D. B.s Org.-Werke (Sto – F 1951); W. STAHL, D. B.s Geburtsort, in: Mf 4 (1951); DERS., D. B. (Kas ²1952); H. LORENZ, Die Klv.-Musik D. B.s, Quellenstud. (Diss. B 1954); D. KILIAN, Das Vokalwerk D. B.s, Quellenstud. (Diss. B 1956); H. J. MOSER, D. B. (B 1957); S. SØRENSEN, D. B.s vokale kirkemusik (Kop 1958); F. W. RIEDEL, Quellenkundliche Beitr. zur Gesch. der Musik für Tasteninstr. in der 2. Hälfte des 17. Jh. (Kas 1960); M. GECK, Die Authentizität des Vokalwerks D. B.s, in: Mf 14 (1961) u. 16 (1963); S. KARSTÄDT, Die „Extraordinairen" Abendmusiken D. B.s (Lübeck 1962); M. GECK, Die Vokalmusik D. B.s u. der frühe Pietismus (Kas 1965); F. KRUMMACHER, Die Überlieferung der Choralbearbeitungen in der frühen ev. Kantate (B 1966); W. APEL, Gesch. der Org. u. Klaviermusik bis 1700 (Kas 1967); W. BLANKENBURG, Neue Forsch. über das geistliche Vokalschaffen D. B.s, in: AMl 40 (1968); K. BECKMANN, Textkritische Überlegungen zu B.s Orgelwerken, in: MuK 38 (1968).

BYE BYE BIRDIE, amerik. Musical in 2 Akten von Charles Strouse (* 1928), Buch von Michael Stewart, Song-Texte von Lee Adams. Ort und Zeit der Handlung: Sweet Apple, eine Kleinstadt in Ohio/USA, Ende der fünfziger Jahre. UA: 14. 4. 1960 in New York (Martin Beck Theater). Verfilmt 1963.

Unter dem Eindruck der Militärdienstzeit des „Rock'n'-Roll-Königs" Elvis Presley schufen die Autoren eine turbulente, amüsante Satire auf den Starkult der Teenager. Conrad Birdie, so heißt hier der Star, wird zur Armee eingezogen. Die Nachricht ruft eine Massenhysterie bei den Jugendlichen und Panik bei Birdies Manager hervor. Bei einem letzten Konzert soll ein neuer Schlager, *One last Kiss*, aus der Taufe gehoben werden. Die Glückliche, die diesen letzten Kuß bekommt, wird durch Los ermittelt. Es ist Kim MacAfee aus Sweet Apple, wo Birdies letzte Show zum Schrecken der Eltern und Jubel der Teenager stattfindet. Selten servierte ein Musical so viel zeitgemäße Unterhaltung mit so viel satirischem Zeitbezug, ohne jemals zu moralisieren. Viele Songs wurden sofort zu Schlagern, so der Hilferuf der Eltern *Kids!*, aber auch *Put on a happy Face* sowie Birdies *A lot of livin' to do* und eben *One last Kiss*.

S. KUROCK – R.-M. SIMON

BYRD, William, * 1543 wahrscheinlich Lincolnshire, † 4. 7. 1623 Stondon Massey (Essex); engl. Komponist. Nach Anthony a Wood, einem Historiker des 17. Jh., soll er Schüler von Th. Tallis gewesen sein. Mit 20 Jahren wurde er Organist an der Kathedrale in Lincoln, 1570 „Gentleman" der Chapel Royal, blieb aber bis 1572 in Lincoln, ehe er sich mit Tallis in das Organistenamt der Chapel

Royal teilte. Die beiden Komponisten scheinen freundschaftlich und geschäftlich eng miteinander verbunden gewesen zu sein. 1575 verlieh ihnen Königin Elisabeth I. für 21 Jahre das Monopol der Notenveröffentlichung in England. Ihre erste Publikation war eine der Königin gewidmete Sammlung von *Cantiones sacrae* (Lo 1575), die 34 5- u. 6st. lateinische Motetten enthält. Jeder von beiden hatte 17 Motetten komponiert, kunstvoll gearbeitet, um damit Elisabeth ihre Ehrerbietung zu bezeugen, die damals im 17. Jahr ihrer Regierung stand. Das Unternehmen scheint nicht sehr einträglich gewesen zu sein; denn zwei Jahre später baten B. u. Tallis um Unterstützung, die ihnen die Königin in Form einer Grundstückspacht für 21 Jahre und einer jährlichen Rente gewährte. Nach Tallis' Tod (1585) war B. Alleininhaber des Monopols. Der Musikaliendruck aber nahm bis zum Erlöschen des Privilegs (1596) kaum einen Aufschwung. B.s Werke wurden im Laufe seines Lebens alle gedruckt, mehrere in 2. oder 3. Auflage. Seine enge Beziehung zum Notendruck mag auch seine fortschrittliche Haltung im Bereich der Musik erklären: er war der erste englische Komponist, von dem Beiträge in Madrigalsammlungen erschienen. Die *Parthenia* (Lo 1613), die 8 seiner Klavierstücke enthält, ist der älteste englische Versuch des Musikaliendrucks mit Hilfe des Kupferstichverfahrens; gleichzeitig ist diese Sammlung die erste und für eine halbes Jahrhundert auch die einzige englische Veröffentlichung solistischer Musik für Tasteninstrumente. B. wurde 81 Jahre alt, hatte aber 1618 seine Stelle an der Chapel Royal zugunsten von Edmund Hooper und Orlando Gibbons aufgegeben.

WW: 3 Messen; mehrere Komp. von Stücken aus Proprium u. Ordinarium; 257 Motetten; 42 Anthems u. verschiedene WW mit englischer liturgischer Musik; 166 weitere mehrst. WW (Madrigale, Duos u. Trios mit Str.-Begleitung, Kanons u. „Rounds"); 45 weltliche u. geistliche Gesänge für Solostimme; 40 V.-Stücke; 125 Stücke für Tasteninstr.

In fast allen musikalischen Gattungen seiner Zeit erreichte B. einen hohen Grad kompositionstechnischer Vollkommenheit und künstlerischen Ausdrucks. Seine geistliche Chormusik ist eng an Text und liturgische Funktion gebunden, ohne jedoch neuartige Chromatik und unvorbereitete Dissonanzen zu verwenden. Er war der kontrapunktischen Tradition des 16. Jh. verbunden. Die kontrapunktische Meisterschaft ist auch in seiner Klaviermusik erkennbar. Selbst die Tänze sind durch den imitatorischen Stil und eine auf kurzen Motiven basierende kontrapunktische Arbeit geprägt. Wirklich neu war dagegen seine Entwicklung der Variationstechnik. Hier verband er einfallsreiche Kontrapunktik mit aparten harmonischen Wendungen und rhythmischen Besonderheiten (z. B. drei Noten in einer Stimme gegen zwei in einer anderen). Er ist so einer der ersten großen Meister der Variationsform. Bedeutende Beiträge leistete B. auch zu den Gattungen des Madrigals und des englischen Liedes. Zu seinen Schülern gehören einige der besten Komponisten der folgenden Generation: Th. Morley, Th. Tomkins, O. Gibbons und J. Bull. Seine Zeitgenossen nannten ihn daher zu Recht „Father of Musick". Zweifellos erklärt diese Verehrung auch, warum er vor den Verfolgungen verschont blieb, denen seine katholischen Glaubensgenossen ausgesetzt waren.

Ausg.: GA, hrsg. v. E. H. FELLOWES, 20 Bde. (Lo 1937–50); Tudor Church Music, Bd. II, VII, IX (Lo 1922–28), Nachdr. dieser Bde. (NY 1963); The English Madrigal School, hrsg. v. E. H. FELLOWES, Bde. 14 u. 16, revidiert v. Ph. Brett (1962–63, NA Lo – NY 1965); *The Fitzwilliam Virginal Book*, hrsg. v. J. A. FULLER-MAITLAND – W. BARCLAY SQUIRE, 2 Bde. (L 1894–99, Nachdr. NY 1963); *My Lady Nevells booke*, hrsg. v. H. ANDREWS (Lo 1926); dass. in Faks.-Ausg. hrsg. v. O. E. DEUTSCH, in: The Harrow Replicas 3 (C 1943); eine andere Faks.-Ausg. (NY 1969); *Parthenia*, hrsg. v. M. H. GLYN (Lo 1927); dass., hrsg. v. TH. DART (Lo 1960); dass., Faks. der Ausg. London 1612–13 (NY 1965) (= Monuments of Music and Music Literature in Facsimile I/11); 45 Pieces for Keyboard Instr., hrsg. v. S. D. TUTTLE (P 1940); 8 Org.-Stücke, hrsg. v. PH. LEDGER (Lo 1968) (= From Tallis to Wesley 8); Keyboard Music, 2 Bde., hrsg. v. A. BROWN (Lo 1969–71) (= Mus. Brit. 27–28).

Lit.: CH. VAN DEN BORREN, Les origines de la musique de clavier en Angleterre (Bru 1912); W. H. HADOW, W. B. (O 1923); H. COLLINS, B.'s Latin Church Music, in: ML 4 (1923); FR. HOWES, W. B. (Lo 1936, [2]1948); E. H. MEYER, English Chamber Music (Lo 1946, dt. L 1958); R. BEER, B.'s Ornaments, in: ML 32 (1951); W. PALMER, Word-Painting and Suggestions in B., in: MR 13 (1952); D. BROWN, W. B.s 1588 Volume, in: ML 38 (1957); J. KERMAN, B.s Motets: Chronology and Canon, in: JAMS 14 (1961); D. STEVENS, Tudor Church Music (Lo 1961, [2]1966); J. KERMAN, The Elizabethan Madrigal (NY 1962); DERS., The Elizabethan Motet, in: Studies in Renaissance 9 (1962); DERS., On W. B.'s „Emendemus in melius", in: MQ 49 (1963); J. JACKMAN, Liturgical Aspects of B.'s Gradualia, in: ebd.; H. K. ANDREWS, Printed Sources of W. B.'s „Psalmes, Sonets and Songs", in: ML 44 (1963); DERS., The Technique of B.'s Vocal Polyphony (Lo 1966); W. APEL, Gesch. der Org.- u. Klv.-Musik bis 1700 (Kas 1967); A. BROWN, „My Lady Nevell's Book" as a Source of B.'s Keyboard Music, in: Proc. R. Mus. Ass. 95 (1968–69); CH. W. WARREN, The Music of Royal Appendix 12–16, in: ML 51 (1970).

W. NEWCOMB

BYZANTINISCHER GESANG. Ursprung. Die Frage nach dem Ursprung frühchristlicher Musik gehört mangels musikalischer Quellen zu den schwierigsten Problemen der Musikwissenschaft. Das einzige und älteste Denkmal frühchristlicher Musik ist das Fragment einer Trinitätshymne aus Oxyrhynchos in griechischer Buchstabennotation mit rhythmischen Zusatzzeichen (2. Hälfte des 3. Jh.; ↗Griechenland). Infolge der prekären Quellenlage ist die Forschung in erster Linie auf literarische Quellen angewiesen. Daneben versucht man, durch das Studium moderner Transkriptionen hebräischer, armenischer und syrischer Gesänge Rückschlüsse auf die frühchristliche Musik zu ziehen. Es existieren zwei diametral entgegengesetzte Theorien. Die eine führt sowohl die byzantinische Musik als auch den Gregorianischen Choral auf den Gesang der syro-palästinensischen Kirche, d.h. letzten Endes auf die Musik der Synagoge zurück (E. Werner, E. Wellesz). Die andere Theorie leitet dagegen den frühchristlichen Gesang von der Musik der hellenistischen Spätantike ab (J. Handschin).

Hymnographie. Die Liturgie der byzantinischen Kirche beruht nicht nur auf der Bibel, sondern auch auf einem enorm breiten Repertoire religiöser Dichtungen der verschiedensten Gattungen. Mehr noch als im Westen hat die religiöse Begeisterung im Osten bis etwa zum 11. Jh. zu einer erstaunlichen Blüte und Produktivität der sakralen Dichtung geführt. Die griechische Hymnographie des ersten Jahrtausends umfaßt zwei Bereiche: einmal den Bereich der gelehrt-antikisierenden Dichtung, die vielfach antike Metren verwendet; zum anderen den Bereich der sog. rhythmischen Dichtung, die auf akzentuierendem Prinzip beruht. Die antikisierende Dichtung orientierte sich an Vorbildern der altgriechischen Poesie und hat – bis auf wenige Ausnahmen – keinen Eingang in die Liturgie gefunden. Die rhythmische Dichtung ist dagegen anscheinend in Syrien beheimatet und wurde zum großen Teil in die Liturgie übernommen. Die wichtigsten Prinzipien der rhythmischen Dichtung sind die Gesetze der Homotonie und Isosyllabie. Sie schreiben vor, daß die Strophen (oder auch einzelne Verse) untereinander bezüglich des Akzents und der Silbenzahl übereinstimmen müssen. –

Es hat sich eingebürgert, die Geschichte der griechischen Hymnographie in drei Perioden zu gliedern. Die erste Periode (1.–4. Jh.) ist die Blütezeit der antikisierenden Hymnendichtung (↗Hymnus). Die rhythmische Dichtung befindet sich erst in statu nascendi. Aus dieser Zeit sind – in den *Constitutiones apostolorum* (4. Jh.) – nur wenige Hymnen und Gebete im rhythmischen Stil überliefert. Die Psalmodie bildet das Rückgrat der Liturgie. In der zweiten Periode (5.–7. Jh.) erlebte die rhythmische Kirchendichtung ihr klassisches Zeitalter. Lassen sich bereits im 5. Jh. ↗Troparien nachweisen, so wurde im 6. und 7. Jh. das ↗Kontakion zur führenden Gattung. Eine Reihe von Stichera (↗Sticheron) und Antiphona läßt sich gleichfalls in diese Periode datieren. In der dritten Periode (8.–10. Jh.) rückte als Hauptgattung der ↗Kanon in den Vordergrund der hymnographischen Produktivität. Daneben entstand eine schier unübersehbare Fülle an Stichera verschiedener Gattungen und an Kontakia. Besonders im 9. und 10. Jh. wurde die Mariendichtung gepflegt (Theotokia und Staurotheotokia; ↗Sticheron). Während dieser Periode traten vor allem drei Schulen hervor: die palästinensische Schule der Sabbaiten (so genannt nach dem Kloster des hl. Sabba bei Jerusalem), vertreten vor allem durch Andreas von Kreta (um 660–um 740), Johannes von Damaskus († um 749) und Kosmas von Jerusalem (8. Jh.); die konstantinopolitanische Schule der Studiten, vertreten vor allem durch Theodoros Studites (759–826), Joseph Studites (762–832) und Theophanes Graptos (778–845); schließlich die sizilianische Schule der Italogriechen, vertreten u.a. durch Methodios von Syrakus († 847) und Joseph den Hymnographen (um 816–886).

Repertoire und Stilarten in der „klassischen" Periode (10.–13. Jh.). Wie der Gregorianische Choral, so läßt auch die Musik der byz. Kirche zwei Grundformen erkennen: das liturgische Rezitativ und den reinen Gesang (dem römischen ↗Accentus und ↗Concentus vergleichbar). Entsprechend sind zwei Kategorien von Handschriftentypen zu unterscheiden: die Lektionarien und die „Gesangbücher". Die Lektionarien sind Handschriften in ekphonetischer Notation und enthalten die zum feierlichen Vortrag bestimmten Perikopen aus den Evangelien *(Evangeliaria)*, der Apostelgeschichte *(Apostolos)* und dem Prophetologion. Die ältesten dieser Handschriften stammen aus dem 8./9. Jh. Die handschriftliche Überlieferung der Melodien setzt dann im 10. Jh. ein. Einige der ältesten byzantinischen Traktate teilen den liturgischen Melodienschatz in zwei große Repertoires ein: das Repertoire des *Hagiopolites* (gemeint ist Jerusalem, die Heilige Stadt) u. das Repertoire der *Asmata* (Gesänge). Danach beanspruchen das erste Repertoire zehn, das zweite sechzehn Tonarten. Das Repertoire des *Hagiopolites* umfaßt die Gesänge des Heirmologion, des Sticherarion, des Psaltikon und des Asmatikon. Als Heirmologien bezeichnet man Handschriften, die die Modellstrophen (↗Hirmos) der Kanones enthalten, nach den acht Echoi angeordnet. Die Sticherarien umfassen, sofern sie ganz vollständig sind, die Stichera der ↗Menäen (in der Reihenfolge des Kirchenjahres, nämlich vom 1. September bis zum 31. August), des Triodion, des Pentekostarion und des ↗Oktoechos. Die Psaltika überliefern die vom Solisten vorgetragenen melismatischen Gesänge, in erster Linie Kontakia, Prokeimena, Alleluiaria und Hypakoai. Die Asmatika tradieren schließlich die vom Chor gesungenen melismatischen Gesänge, nämlich Kontakia, Hypa-

koai, Koinonika, Troparia und einige Ordinariumsgesänge.
Dieser Einteilung der Handschriften in vier Typen entspricht eine Scheidung der Gesänge in vier Stilbereiche: Die heirmologischen Gesänge lassen im Grunde eine syllabische Vertonung erkennen, insofern als jeder Silbe in der Regel ein oder zwei Töne zugeordnet sind. Die sticherarischen Gesänge zeigen eine starke Neigung zur „bescheidenen" Melismatik; zwei-, drei- und mehrtönige Tongruppen treten hier häufiger auf. Die Gesänge des Psaltikon und des Asmatikon schließlich zeichnen sich durch echt melismatische Struktur aus. – Wie für den gregorianischen Choral, so ist auch für die byzantinische Kirchenmusik das Prinzip der Formeltechnik absolut verbindlich (↗Cento). Die Melodien setzen sich in der Regel aus einer Anzahl stereotyper Phrasen, Formeln und Figuren zusammen. Die Analyse der Melodien lehrt, daß den Gesängen des Heirmologion, Sticherarion und Asmatikon eine große Anzahl von Figuren und Formeln gemein ist. Die Gesänge des Psaltikon zeigen dagegen strukturelle Besonderheiten und bilden einen eigenen Stilkreis.
Musiktheorie. In der byzantinischen Musiktheorie lassen sich zwei Richtungen unterscheiden. Die eine ist antikisierend; sie tradiert die Theorie der altgriechischen Musik und nimmt auf die zeitgenössische kirchenmusikalische Praxis kaum Bezug. Die prominentesten Vertreter dieser Richtung sind die Polyhistores Michael Psellos (1018–um 1078), Georgios Pachymeres (1242–um 1310), Manuel Bryennios (um 1320) und Nikephoros Gregoras (1295–1359). Ihre Traktate basieren auf den Schriften antiker Autoren, die sie referieren, exzerpieren, paraphrasieren und kommentieren. Die zweite Richtung orientierte sich dagegen an den Erfordernissen der zeitgenössischen kirchenmusikalischen Praxis. Die sog. Papadiken, seit dem 14. Jh. in großer Anzahl überliefert, sind Encheiridien der Musiklehre und als Anleitung für das Erlernen der *psaltike Techne* disponiert. Sie legen die Tonartenlehre dar und erläutern die Neumenschrift. Eine Sonderstellung unter den Kompendien nimmt der sog. *Hagiopolites* (Paris, Bibl. Nat. grec 360) ein, ein Werk, das Fragmente antiker Schriften mit der Lehre der Papadiken vereint.
Tonartenlehre. Es hat sich im modernen musikwissenschaftlichen Schrifttum eingebürgert, das modale System der byzantinischen Kirchenmusik und des gregorianischen Chorals mit dem Terminus Oktoechos (= System der acht Echoi) zu bezeichnen. Die Gesänge des byzantinischen und des gregorianischen Chorals basieren demnach auf vier authentischen und vier plagalen Modi. Diese Auffassung ist indessen revisionsbedürftig. Etliche mittellateinische Theoretiker und sämtliche byzantinische Traktate bezeugen nämlich, daß das modale System des Mittelalters zwölf Tonarten umfaßte. Die byzantinischen Traktate führen neben den vier authentischen (*Echoi kyrioi* = herrschende Tonarten) und den vier plagalen (*plagioi* = seitliche Tonarten) noch vier mediale Modi (*mesoi* = mittlere) an. Jedem Echo sind eine oder mehrere Intonationsformeln *(Echemata, Apechemata)* und Schlüssel (*Martyriai* = Zeugnisse) eigen. Die modalanalytische Untersuchung der Gesänge lehrt darüber hinaus, daß jeder Echos nicht nur eigene Final- und Haupttöne, sondern auch eigene Kadenzen und sogar charakteristische Tonschritte hat. Moduswechsel und Modulation kommen überaus häufig vor. In den ältesten Aufzeichnungen werden der Moduswechsel durch die Medialmartyrien und die Modulation durch besondere Zeichen, die *Phthorai* (Verderber), angezeigt. Die mittellateinische Zwölfmoduslehre wird u. a. von Aurelian, Pseudo-Hucbald, Berno von Reichenau, vom Leipziger Traktat und vom Traktat des Anonymus Vaticanus dargestellt und geht unmittelbar auf die byzantinische Überlieferung zurück. – ↗Notenschrift.
Die spätbyzantinische, nachbyzantinische und neugriechische Kirchenmusik. Die melodische Überlieferung byzantinischer Kirchenmusik zeichnet sich in der „klassischen" Periode (10.–13. Jh.), im großen und ganzen betrachtet, durch Stabilität aus. Seit 1300 etwa macht sich aber in zunehmendem Maße ein erheblicher Stilwandel bemerkbar. Die alten Melodien wandelten sich; sie wurden bearbeitet, variiert oder durch neue Kompositionen ersetzt. Es beginnt die Periode des sog. kalophonischen Stils. Seine Merkmale sind ein Höchstmaß an Melismatik und Virtuosität, eine fast barocke Freude an der Ornamentik und die Mißachtung der liturgischen Texte, die häufig als bloßes Wortmaterial behandelt werden. Um der Musik willen werden ganze Zeilengruppen, einzelne Zeilen, Wörter, ja sogar einzelne Silben wiederholt. Darüber hinaus werden zwischen die einzelnen Zeilen des Textes freie Partien eingeschoben, die textlos meist auf den Silben *te-re* oder als Vokalisen gesungen werden. Der kalophonische Stil wurde von den sog. *Melurgoi* und *Maistores* gepflegt. Die bedeutendsten Komponisten der spätbyzantinischen Zeit sind der Magister Johannes Kukuzeles (um 1300) und der Lampadarios Manuel Chrysaphes (15. Jh.). Auch in der nachbyzantinischen Zeit (1453–1818) unterlag die Kirchenmusik einem starken Stilwandel. Vor allem die Vorsänger der Patriarchatskirche in Konstantinopel haben im 17. und 18. Jh. einen neuen Stil geschaffen. Sie bereicherten das Repertoire durch

neue Kompositionen, ersetzten viele der alten Weisen durch neue und verkürzten die melismatischen Gesänge. Unter den Komponisten dieser Zeit ragen Germanos Neon Patron, Balasios, Chrysaphes der Jüngere, Johannes von Trapezous und besonders Petros Lampadarios († 1777) hervor. – Zu Beginn des 19. Jh. hat der Archimandrit Chrysanthos von Madytos († 1843) in Zusammenarbeit mit dem Protopsaltes Gregorios Levites und dem Kartophylax Chourmouzios eine tiefgreifende Reform der nachbyzantinischen Neumenschrift, Musiktheorie und Kirchenmusik durchgeführt. Diese Reform, die 1818 vom Patriarchat in Konstantinopel gutgeheißen wurde, leitete die Periode der neugriechischen Kirchenmusik ein. Eine Simplifizierung der Notation wurde durch Reduzierung der Intervallzeichen und der großen Hypostasen erreicht. Zugleich wurden neue, sehr differenzierende rhythmische Zeichen eingeführt, die der Mensuralisierung der Gesänge dienen. Grundlegend für die Reformierung der Musiktheorie war der Rückgriff auf die drei Tongeschlechter der Antike: das diatonische, chromatische und enharmonische. Sie bilden das Fundament der chrysanthinischen Echoslehre.

Byzantinische Musik und Musik der Westkirche. Zwischen Byzanz und dem lateinisch-christlichen Abendland haben bis etwa zur Jahrtausendwende enge politische, kirchenpolitische und kulturelle Beziehungen bestanden. So läßt sich erklären, daß Byzanz auch auf die Musik des Westens einen mächtigen Einfluß ausgeübt hat. Man vergegenwärtige sich nur, daß das päpstliche Rom bis etwa zur Mitte des 8. Jh. dem byzantinischen Kaiserreich angehörte. Im 7. und 8. Jh. haben mehrere Syrer und Griechen den apostolischen Stuhl bestiegen. Gerade während dieser Zeit wurden zahlreiche Feste, Prozessionen und Gesänge des byzantinischen Ritus in die römische Kirche eingeführt. Erwähnt seien die Prozessionen am Fest der Purificatio und am Psalmsonntag, die *Hodie*-Antiphonen, die Gesänge der *Adoratio crucis*, das *Agnus Dei*, die *Alleluias* der Ostervespern. Byzantinischer Einfluß spielte auch in der Musik der Karolingerzeit eine erhebliche Rolle. So hat im Jahre 757 Kaiser Konstantin Kopronymos König Pippin ein Organon geschenkt. Eine byzantinische Gesandtschaft, die 812 nach Aachen, dem Hofe Karls des Großen, kam, brachte gleichfalls ein Organon mit. Nach anderen Berichten wurden auf Anordnung Karls des Großen griechische Gesänge ins Lateinische übersetzt und in die Liturgie aufgenommen. – Vielfache Beziehungen verknüpfen die mittellateinische mit der byzantinischen Musiktheorie. Von Byzanz hat der Westen die Lehre von den zwölf Tonarten und deren Intonationsformeln übernommen (siehe oben). Die Terminologie der Modi war ursprünglich mittelgriechisch. Überhaupt treten in mittellateinischen Traktaten zahlreiche mittelgriechische musikalische Termini auf. – Detaillierte Vergleiche zwischen lateinischen und paläobyzantinischen Neumen erbrachten jüngst den Nachweis, daß Rom die Choralnotation, die nota romana, von Byzanz übernommen hat. Diese Deutung erzwingen die folgenden Gegebenheiten: Die gebräuchlichen Namen der lateinischen Neumen und Litterae significativae haben sich zum größten Teil als Lehnwörter oder Lehnübersetzungen aus dem Mittelgriechischen erwiesen. Die lateinische und die paläobyzantinische Neumenschrift haben fast den gleichen Bestand an „Grundneumen". Die korrespondierenden lateinischen und paläobyzantinischen Neumen besitzen in den meisten Fällen die gleiche oder eine ähnliche melodische und rhythmische Bedeutung. Zu vermerken ist schließlich, daß zwischen dem Gregorianischen Choral und der byzantinischen Kirchenmusik eine erstaunlich breite Gemeinschaft an Figuren, Tonformeln und Phrasen besteht.

Ausg.: Monumenta Musicae Byzantinae (MMB) (Kop – Boston – R 1935 ff.), 4 Reihen: Facsimilia (grundlegende Reihe), Subsidia, Transcripta, Lectionaria; ferner, E. WELLESZ, Die Musik der byzantinischen Kirche (Kö 1959).

Lit.: **1) Allgemeine Studien:** H. J. W. TILLYARD, The Acclamation of Emperors in Byzantine Ritual, in: Annual of the British School at Athens 18 (1911–12); DERS., Byzantine Music and Hymnography (Lo 1923); E. WELLESZ, Byzantinische Musik (Breslau 1927); J. D. PETRESCO, Les idiomèles et le canon de l'office de Noël (P 1932); O. TIBY, La musica bizantina. Teoria e storia (Mi 1938); L. TARDO, L'antica melurgia bizantina (Grottaferrata 1938); J. HANDSCHIN, Das Zeremonienwerk Kaiser Konstantins u. die sangbare Dichtung (Bas 1940–41) (= Rektoratsprogramm der Univ. Basel); E. WELLESZ, Eastern Elements in Western Chant (Boston 1947) (= MMB Subsidia 2); J. HANDSCHIN, Musikgesch. im Überblick (Bas 1948); E. WELLESZ, A History of Byzantine Music and Hymnography (O 1949, [3]1963) (vgl. die krit. Rezension v. C. Floros, in: Mf 17 1964); R. PALIKAROVA VERDEIL, Die byzantinische Musik bei den Bulgaren u. den Russen (Kop 1953) (= MMB, Subsidia 3); O. STRUNK, The Byzantine Office at Hagia Sophia, in: Dumbarton Oaks Papers 9–10 (1956); E. WERNER, The Sacred Bridge (Lo 1959); B. DI SALVO, Gli asmata nella musica bizantina, in: Boll. della Badia greca di Grottaferrata 13, 14 (1959–60); E. BENZ – C. FLOROS – H. THURN, Das Buch der hl. Gesänge der Ostkirche (H 1962); D. SCHUBERTH, Kaiserliche Liturgie (Gö 1968); G. HINTZE, Das byzantinische Prokeimena-Repertoire. Untersuchungen u. krit. Ausg. (H 1973) (= Hamburger Beitr. zur Musikwiss. 9); N. K. MORAN, The Ordinary Chants of the Byzantine Mass, 2 Bde. (H 1975) (= ebd. 12). – **2) Hymnographie:** J. B. PITRA, L'hymnographie de l'église grecque (R 1867); DERS., Analecta sacra spicilegio Solesmensi parata I (P 1876); W. CHRIST – M. PARANIKAS, Anthologia graeca carminum christianorum (L 1871); K. KRUMBACHER, Gesch. der byzantinischen Lit. (Mn [2]1897); P. N. TREMPELAS, Anthologie der Griech.-orthodoxen Hymnographie (Athen 1949) (griech.); N. B. TOMADAKES, Einführung in die byzantinische Lit. (ebd. [2]1958); H. G. BECK, Kirche u. theologische Lit. im byzantinischen Reich (Mn 1959). – **3) Musiktheorie u. Tonarten-**

lehre: CHRYSANTHOS VON MADYTOS, Einführung in die Theorie u. Praxis der Kirchenmusik (P 1821) (griech.); DERS., Große Theorielehre der Musik (Triest 1832) (griech.); J. B. REBOURS, Traité de psaltique. Théorie et pratique du chant dans l'église grecque (P 1906); C. HØEG, La théorie de la musique byzantine, in: Revue des Études grecques 35 (1922); A. GASTOUÉ, L'importance musicale, liturgique et philologique du Manuscrit Hagiopolites, in: Byzantion 5 (1929); O. STRUNK, The Tonal System of Byzantine Music, in: MQ 28 (1942); DERS., Intonations and Signatures of the Byzantine Modes, in: MQ 31 (1945); D. PANAJOTOPOULOS, Theorie u. Praxis der byzantinischen Kirchenmusik (Athen 1947) (griech.); L. RICHTER, Antike Überlieferung in der byzantinischen Musiktheorie, in DJbMw 6 (1961); J. RAASTED, Intonation Formulas and Modal Signatures in Byzantine Musical Manuscripts (Kop 1966) (= MMB, Subsidia 7); C. FLOROS, Universale Neumenkunde, 3 Bde. (Kas 1970); H. HUSMANN, Modulation u. Transposition in den bi- u. trimodalen Stichera, in: AfMw 27 (1970); DERS., Die oktomodalen Stichera u. die Entwicklung des byzantinischen Oktoechos, in: ebd.; DERS., Modalitätsprobleme des psaltischen Stils, in ebd. 28 (1971); DERS., Strophenbau u. Kontrafakturtechnik der Stichera, in: AfMw 29 (1972); DERS., Kolorierung in byzantinischer u. orientalischer Musik, in: FS W. Boetticher (B 1974).

C. FLOROS

DAS GROSSE LEXIKON DER MUSIK

2

DAS GROSSE LEXIKON DER MUSIK

in acht Bänden

herausgegeben von
Marc Honegger und Günther Massenkeil

Zweiter Band

C bis Elmendorff

Herder
Freiburg · Basel · Wien

DAS GROSSE LEXIKON DER MUSIK
herausgegeben von Günther Massenkeil, Bonn

auf der Grundlage des
DICTIONNAIRE DE LA MUSIQUE
herausgegeben von Marc Honegger, Straßburg,
Verlag Bordas, Paris

Redaktionelle Bearbeitung der deutschen Ausgabe:
Karin Andrae, Hamburg; Christian Berger, Kiel; Charles Biegala, Baden-Baden; Marianne Bröcker, Bonn; Marie-Agnes Dittrich, Hamburg; Ursula Eckart-Bäcker, Aachen; Ingela Flotzinger, Graz; Maria Franke, Au bei Freiburg i. Br.; Maximilian Herbstmeier, München; Thomas B. H. Knospe, Kiel; Dieter Kroll, Oststeinbek bei Hamburg; Ulrich Kurth, Kiel; Dieter Möller, Hamburg; Ulrike Patow, Hamburg; Friedemann Pods, Kiel; Barbara Progscha-Weiner, Hamburg; Gertrud Rinderle, Kirchzarten; Peter Ruschenburg, Hamburg; Roswitha Schlager, Erlangen; Angelus Seipt, Köln; Jerg Trescher, Freiburg i. Br.; Petra Weber-Bockholdt, München; Elisabeth Winkler, Graz; Wolfgang Winkler, Graz

sowie die Lexikonredaktion des Verlages Herder

Sonderausgabe für den
Zweiburgen Verlag

Herstellung: Freiburger Graphische Betriebe 1992
ISBN 3-451-22921-8

Allgemeine Abkürzungen

Abb.	Abbildung
Abh.	Abhandlung
Abk.	Abkürzung
Abt.	Abteilung
Acad., Accad.	Academia, Académie, Accademia
a cap., a capp.	a cappella
ad lib.	ad libitum
AG.	Aktien-Gesellschaft
ahd.	althochdeutsch
Akad.	Akademie
amerik.	amerikanisch
anglik.	anglikanisch
Anh.	Anhang
Anm.	Anmerkung
Anon.	Anonymus
anon.	anonym
Ant., Anth.	Antologia, Anthologie
Arch.	Archiv
Art.	Artikel
Assoc., assoc.	Association, associé, associated
AT	Altes Testament
Auff.	Aufführung
Aufl.	Auflage
Ausg.	Ausgabe
ausgew.	ausgewählt
Ausw.	Auswahl
Bar.	Bariton
B.c.	Basso continuo
Bd., Bde.	Band, Bände
bearb., Bearb.	bearbeitet, Bearbeitung
Beitr.	Beitrag, Beiträge
Ber.	Bericht
bes.	besonders
Bibl.	Bibliothek
Bibliogr., bibliogr.	Bibliographie, bibliographisch
Bol., Boll.	Boletin, Bolletino
Br.	Bratsche
Bsp.	Beispiel
Bull.	Bulletin
Bz.	Bezeichnung
bzw.	beziehungsweise

C.	Cantus
ca.	circa
Cat.	Catalog
Cemb.	Cembalo
C.f.	Cantus firmus
Ch.	Chor
Cie.	Compagnie
Co.	Compagnie
Cod.	Codex
dB	Dezibel
ders., dies., dass.	derselbe, dieselbe, dasselbe
d. h.	das heißt
d. i.	das ist
Diss.	Dissertation
Diss. masch.	Dissertation maschinengeschrieben
Doz.	Dozent
dt.	deutsch
EA	Erstaufführung
ebd.	ebenda
ed., Ed.	edidit, Edition
eig.	eigentlich
engl.	englisch
Enz.	Enzyklopädie
etc.	et cetera (= und so weiter)
ev.	evangelisch
f.	für
f., ff.	folgend, folgende
f., fol.	Folio
Fag.	Fagott
Faks.	Faksimile
Fl.	Flöte
folkl.	folkloristisch
Forsch.	Forschungen
frz.	französisch
FS	Festschrift
GA	Gesamtausgabe
Gb.	Generalbaß
gegr.	gegründet
gem.	gemischt

Ges.	Gesellschaft
Gesch.	Geschichte
Ggs.	Gegensatz
GmbH.	Gesellschaft mit beschränkter Haftung
GMD	Generalmusikdirektor
gregor.	gregorianisch
griech.	griechisch
H.	Heft
Hdb.	Handbuch
Hist., hist.	Historia, historisch
hl.	heilig
Hrsg., hrsg.	Herausgeber, herausgegeben
Hs(s)., hsl.	Handschrift(en), handschriftlich
Hz	Hertz
Inc.	Incorporated
Inst.	Institut
Instr., instr.	Instrument, instrumental
int.	international, internazionale
it.	italienisch
Jb., Jbb.	Jahrbuch, Jahrbücher
Jg.	Jahrgang
Jh(h).	Jahrhundert(e)
Jt.	Jahrtausend
Kap.	Kapitel
Kat.	Katalog
kath.	katholisch
Kb.	Kontrabaß
KG.	Kommandit-Gesellschaft
Kgr.-Ber.	Kongreß-Bericht
Klar.	Klarinette
klass.	klassisch
Klv.	Klavier
Klv.-A.	Klavier-Auszug
KMD	Kirchenmusikdirektor
Kod.	Kodex
Komp.	Komponist, Komposition
Kons.	Konservatorium
Kpm.	Kapellmeister
lat.	lateinisch
Libr.	Libretto
Lit.	Literatur
liturg.	liturgisch
LP	Longplay, Long Player, Langspielplatte
Ltd.	Limited
lyr.	lyrisch
MA, ma.	Mittelalter, mittelalterlich
Man.	Manuale
MD	Musikdirektor
MH	Musikhochschule
mhd.	mittelhochdeutsch
Mitt.	Mitteilung(en)
Ms(s).	Manuskript(e)
musikal.	musikalisch
Musikwiss., musikwiss.	Musikwissenschaft, musikwissenschaftlich
NA	Neuausgabe
Nachdr.	Nachdruck
nat.	national
ndl.	niederländisch
N.F.	Neue Folge
nhd.	neuhochdeutsch
Nr(n).	Nummer(n)
N.S.	Neue Serie
NT	Neues Testament
Ob.	Oboe
OFM	Ordo Fratrum Minorum (Franziskaner)
OHG	Offene Handelsgesellschaft
o.J.	ohne Jahr
o.Nr.	ohne Nummer
o.O.	ohne Ort
op.	opus
Orch.	Orchester
Org.	Orgel
OSB	Ordo Sancti Benedicti (Benediktiner)
Östr., östr.	Österreich, österreichisch
Philos., philos.	Philosophie, philosophisch
Pk.	Pauke
Plur.	Plural
poln.	polnisch
port.	portugiesisch
Pos.	Posaune
Präs.	Präsident
Prof.	Professor
prot.	protestantisch
Prov.	Provinz
Ps(s).	Psalm(en)
pseud.	pseudonym
Reg.	Register
rel.	religiös
Rev.	Revue, Revista
Riv.	Rivista
russ.	russisch
S.	Seite(n)
SA	Société Anonyme
Sb.	Sitzungsbericht(e)
Sing.	Singular
SingSt	Singstimme
SJ	Societas Jesu (Jesuiten)
Slg(en).	Sammlung(en)
s.o.	siehe oben
Soc.	Societá, Société
SOCist	Sacer Ordo Cisterciensis (Zisterzienser)
sog.	sogenannt
span.	spanisch
St., st.	Stimme(en), stimmig
staatl.	staatlich
städt.	städtisch
Str.	Streicher
Stud.	Studien
s.u.	siehe unten
Suppl.	Supplement
Syn., syn.	Synonym, synonym
Trp.	Trompete
TU	Technische Universität
u.	und
UA	Uraufführung
u.a.	und andere, unter anderem

u. ä.	und ähnliches	veröff.	veröffentlicht
Übers.	Übersetzung	versch.	verschiedene
ung.	ungarisch	Verz.	Verzeichnis
Univ.	Universität	vgl.	vergleiche
Unters.	Untersuchung(en)	Vorb.	Vorbereitung
unveröff.	unveröffentlicht	Vorw.	Vorwort
u. ö.	und öfter		
urspr.	ursprünglich		
usf., usw.	und so fort, und so weiter	wahrsch.	wahrscheinlich
u. v. a.	und viele andere, unter vielen anderen	Wiss., wiss.	Wissenschaft, wissenschaftlich
V.	Violine	z.	zu, zum, zur
v.	von	zahlr.	zahlreich(e)
v.	voce, voice, voix (Sing. u. Plur.)	z. B.	zum Beispiel
		zeitgen.	zeitgenössisch
Va.	Viola	Zschr.	Zeitschrift
Var.	Variation	z. T.	zum Teil
Vc.	Violoncello	zus.	zusammen
Ver.	Verein	zw.	zwischen
Veröff.	Veröffentlichung(en)	z. Z.	zur Zeit

Abkürzungen oft verwendeter Verlagsorte

A	Amsterdam	H	Hamburg	NY	New York
An	Anvers (Antwerpen)	He	Helsinki	O	Oxford
Au	Augsburg	Hei	Heidelberg	P	Paris
B	Berlin	Hil	Hildesheim	Pa	Palermo
Ba	Barcelona	Hl	Halle/Saale	Pd	Potsdam
Bas	Basel	I	Innsbruck	Pr	Prag
Be	Bern	Kas	Kassel	R	Roma (Rom)
Bol	Bologna	Kö	Köln	Rb	Regensburg
Brau	Braunschweig	Kop	Kopenhagen	St	Stuttgart
Bru	Bruxelles (Brüssel)	L	Leipzig	Sto	Stockholm
C	Cambridge	Lau	Lausanne	Str	Strasbourg (Straßburg)
C/M	Cambridge/Mass.	Lei	Leiden	Tn	Torino (Turin)
Ch	Chicago	Lis	Lisboa (Lissabon)	Tou	Tournai
Da	Darmstadt	Lo	London	Tü	Tübingen
E	Edinburgh	Ly	Lyon	V	Venezia (Venedig)
Erl	Erlangen	Ma	Madrid	W	Wien
F	Frankfurt am Main	Mi	Milano (Mailand)	War	Warschau
Fi	Firenze (Florenz)	Mn	München	Wb	Wolfenbüttel
Fr	Freiburg im Breisgau	Mos	Moskau	Wie	Wiesbaden
G	Genf	Mr	Münster	Wr	Weimar
Gö	Göttingen	Mz	Mainz	Wü	Würzburg
Gr	Graz	Nü	Nürnberg	Z	Zürich

C

C, c. 1) Im deutschen Sprachraum ↗Tonname für die 1. Stufe der C-Dur-Tonleiter und Ausgangspunkt für Tonsysteme und Quintenzirkel; entspricht der in der ↗Solmisation gebräuchlichen und heute noch in Frankreich verwendeten Tonsilbe *ut* bzw. der in anderen romanischen Ländern seit dem 17. Jh. übliche Solmisationssilbe *do*. Der einfach oder doppelt erniedrigte Ton C heißt Ces bzw. Ceses, der einfach oder doppelt erhöhte Ton Cis bzw. Cisis. Diese ↗Alterationen werden in England, Frankreich und Italien wie folgt benannt:

dt.	engl.	frz.	it.
Ces	C flat	ut bémol	do bemolle
Ceses	C double flat	ut double bémol	do doppio bemolle
Cis	C sharp	ut dièse	do diesis
Cisis	C double sharp	ut double dièse	do doppio diesis

2) Seit dem Anfang des 19. Jh. gebräuchliche Akkordbezeichnung: C bedeutet den C-Dur-Dreiklang, c den c-moll-Dreiklang. – **3)** In der Notation des ↗Gregorianischen Gesangs und der frühen Mehrstimmigkeit (bis etwa zum 14. Jh.) weist der Buchstabe c – auch in stilisierter Form – am Beginn des Notensystems darauf hin, daß alle Töne auf der betreffenden Linie c_1 sind. Entsprechendes gilt für die Buchstaben F und (selten) g. So hat c in diesem Sinne die Funktion eines – erst später so genannten – ↗Notenschlüssels und stellt graphisch die früheste Form des C-Schlüssels dar. – **4)** C-Schlüssel; aus dem Tonbuchstaben C entwickelter ↗Notenschlüssel. – **5)** Taktzeichen, das aus einem Halbkreis hervorgegangen ist und in der ↗Mensuralnotation das Tempus imperfectum anzeigt. Heute ist dieses C gleichbedeutend mit der Taktvorzeichnung $\frac{4}{4}$. Das Zeichen ₵ zeigt den ↗Alla breve-Takt an. – **6)** Abk. für ↗Cantus.

CAAMAÑO, Roberto, * 7. 7. 1923 Buenos Aires; argentinischer Pianist und Komponist. C. studierte am Conservatorio Nacional de Música in Buenos Aires. Seit 1944 tritt er als Pianist in Südamerika und in den USA auf. 1961–64 leitete er das Teatro Colón in Buenos Aires und lehrt seitdem als Professor für Komposition und Orchestration an der Fakultät für musikalische Künste und Wissenschaften der Katholischen Universität von Buenos Aires.

WW: **1) Kompositionen:** Klv.-Konzert op. 22 (1957); Klv.-Quintett op. 25 (1962); *Diálogos* op. 26 (1965) für 2 Klv.; 2 Streichquartette op. 2 u. 5 (1946, 1947); Suite op. 9 (1949) für Str.; *Variaciones americanas* op. 16 (1954) für Orch.; *Música* op. 23 (1957) für Streichorch.; Konzert (1954) für Bandonion; *Tripartita* op. 28 (1966) für Blasorch.; *Psalmus CXLIX* op. 7 (1947) für Frauenst., Chor u. Orch.; *Cantata de la paz* op. 27 (1966) für Chor u. Orch. – **2) Schrift:** *La historia del Teatro Colón* 1908–68, 3 Bde. (Buenos Aires 1969) (zus. mit anderen Autoren).

Lit.: G. PUGLIESE, in: Discoteca 10 (1969) Nr. 89; Compositores de América, datos biográficos y catálogos de sus obras 6 (Washington/D.C. 1962).

CABALETTA (it., vielleicht von cobolo bzw. coboletta = Strophe; frz.: couplet), der letzte Teil der mehrteiligen italienischen Opernarie und des Operndüetts vor allem in der 1. Hälfte des 19. Jahrhunderts. Die C. – die auch als ↗Stretta bezeichnet wird – ist gegenüber dem vorhergehenden Abschnitt durch ein schnelleres Zeitmaß deutlich abgesetzt und musikalisch insgesamt so konzipiert, daß sie eine entschiedene Steigerung des dramatischen Ausdrucks herbeiführt und einen größeren szenischen Zusammenhang wirkungsvoll abschließt. Die Bz. C. ist fach- und umgangssprachlich üblich, findet sich aber nicht eigens im Notentext. In Anlehnung an diesen Sprachgebrauch schrieb I. Strawinsky in *The Rake's Progress* (1951) eine – auch ausdrücklich so bezeichnete – C. *(I go, I go to him)* als hochvirtuosen italienisierenden Abschluß des 1. Aktes.

Lit.: F. LIPPMANN, V. Bellini u. die it. Opera seria seiner Zeit (Kö – W 1969) (= Anal. Mus. 6).

CABALLÉ, Montserrat, * 12. 4. 1933 Barcelona; span. Sängerin (Sopran). Sie studierte Gesang in Barcelona und Mailand und debütierte 1956 in Basel als Mimi in Puccinis *La Bohème*. 1959–62 hatte sie ein Engagement am Stadttheater Bremen und gastierte danach in Mexico City, Barcelona und New York. Internationalen Ruf gewann sie seit 1965 nach ihrem Debüt als Margarethe in Gounods *Faust* an der Metropolitan Opera New York, der sie seither angehört. Seit 1971 tritt sie regelmäßig u. a. auch an der Hamburgischen Staatsoper auf. Wie vor ihr Maria Callas setzt sie sich innerhalb ihres umfangreichen Repertoires besonders für die vergessenen Opern von Rossini, Donizetti und Bellini ein. Sie ist auch als Konzertsängerin sehr geschätzt.

CABALLERO, Manuel, ↗Fernández Caballero.

CABANILLES (Cavanilles), **Juan Bautista,** getauft 6.9.1644 Algemesí (Valencia), † 20.4.1712 Valencia; span. Komponist und Organist. C. war Schüler des Organisten Jerónimo de la Torre und des Kapellmeisters Urbano de Vargas an der Kathedrale von Valencia. Nach dem Tod de la Torres wurde er 1665 als dessen Nachfolger 1. Organist und blieb es bis zu seinem Tode. 1668 wurde er zum Priester geweiht. Sein umfangreiches Werk ist vorwiegend an der französischen und italienischen Orgelschule orientiert. So etwa sind die Passacaglien, Toccaten und zahlreiche *Tientos* im Stil der Ricercari von Frescobaldi gehalten. Seine Orgelversetten weisen ihn als Meister der Variation aus. C. war auch Lehrer mehrerer spanischer Organisten.

Ausg.: GA, hrsg. v. H. ANGLÉS, 4 Bde. (Ba 1927–56) (= Bibl. de Cataluña. Publicaciones del Departamento de Música 4, 8, 13, 17); *Obras vocales*, hrsg. v. J. CLIMENT BARBER (Valencia 1971); Ausgew. Orgelwerke, hrsg. v. G. DODERER, 2 Bde. (Hei 1977).

Lit.: H. ANGLÉS, La música organistica della Spagna nei secoli XVII–XVIII e l'opera di C. (R 1962); C. (1962) (= AM 17); M. J. CORRY, The Keyboard Music of J. C. (1966) (= Diss. Stanford Univ.); M. C. BRADSHAW, J. C. The toccatas and tientos, in: MQ 59 (1973); A. GARCIA-FERRERAS, J. B. C. Sein Leben u. Werk (Kö 1973) (= Kölner Beitr. z. Musikforsch. 70); M. E. SUTTON, A study of the 17th-century Iberian organ batalla. Historical development, musical characteristics and performance considerations (1975) (= Diss. masch. Univ. of Kansas).

CABARET, amerik. Musical in 2 Akten von John Kander (* 1927), Buch von Joe Masteroff nach den *Berlin Stories* von Christopher Isherwood und dem Bühnenstück *I am a Camera* von John van Druten, Song-Texte von Fred Ebb. Ort und Zeit der Handlung: Berlin zu Anfang der dreißiger Jahre. UA: 20.11.1966 in New York (Broadhurst Theater) mit Lotte Lenya in einer der Hauptrollen. Deutsche Übersetzung von Robert Gilbert. Verfilmt 1972. Mit C. schildern die Autoren im Rahmen einer musical comedy die beklemmende Bedrohung des herannahenden Nationalsozialismus. Insbesondere verdeutlicht dies der Song *Tomorrow belongs to me*. Im Mittelpunkt der verschiedenen Handlungsstränge steht der Kit Kat Club, in dem der Master of Ceremonies die Zuschauer mit *Willkommen, Bienvenu, Welcome* begrüßt und verabschiedet und in dem die Hauptpersonen Sally Bowles und Clifford Bradshaw sich kennenlernen. Als bestes Musical des Jahres wurde C. mit dem New York Drama Critics Award und dem Antoinette Perry Award ausgezeichnet. Am Broadway lief es 1166-mal en suite. Die Filmfassung, die aktuelle Thematik und die eingängigen Songs, von denen der Titelsong besonders bekannt wurde, sicherten dem Werk auch auf deutschen Bühnen einen festen Platz im Spielplan. S. KUROCK – R. M. SIMON

CABAZA, Cabaça (port., = Kürbis), auch **Chaqueré, Xaqué,** ein in der lateinamerikanischen Volks- und Tanzmusik verwendetes Rhythmusinstrument. Die C. besteht aus einer an einem kurzen Stiel befestigten ausgehöhlten Kalebasse, die mit einem Perlenschnurnetz überzogen ist. Sie wird mit der linken Hand gedreht, während die rechte Hand durch Streichen oder Schlagen auf die Perlenschnüre ein klapperndes Geräusch erzeugt.

CABEZÓN, Antonio de, * um 1500 Castrillo de Matajudios bei Castrojeriz (Burgos), † 26.3.1566 Madrid; span. Organist und Komponist. C. war von Geburt an blind. Er stand zunächst im Dienste des Bischofs von Palencia und wurde 1526 Hoforganist der Kaiserin Isabella, der Gemahlin Karls V. 1543 übernahm Prinz Philipp, der spätere König Philipp II. die Hofkapelle, nachdem ihm die Regentschaft über Spanien übertragen worden war. 1554–56 hielt C. sich im Gefolge Philipps II. in England auf. Danach blieb er vermutlich ohne Unterbrechung bis zu seinem Tode in Spanien. Er wurde in der alten Klosterkirche von San Francisco in Madrid begraben. Der Text des lateinischen Epitaphs ist erhalten; dagegen wurde C.s Porträt, das im Auftrag Philipps II. von dem spanischen Maler Alonso Sánchez Coello angefertigt worden war, beim Palastbrand 1734 vernichtet. C. war mit Luisa Núñez verheiratet. Von den Söhnen übernahm Hernando nach seinem Tod das Organistenamt. Dieser gab auch eine umfangreiche Sammlung nachgelassener Kompositionen C.s für Tasteninstrumente heraus. Erwähnenswert davon sind vor allem die 4st., dem Ricercar nahestehenden *Tientos* und die *Differencias*, Variationensätze über Tanz- und Volksliedmelodien. Sie tragen in großem Maß eigenständige Züge und zeigen nicht wie viele andere entsprechende Werke dieser Zeit den Einfluß der englischen Virginalisten. Die Sammlung Hernandos enthält auch Intavolierungen von Motetten

Josquins und Crecquillons, Clemens' non Papa u. a. und von Chansons weiterer niederländischer Komponisten.

WW: Mehr als 40 Stücke (Tientos, Motettenintavolierungen u. a.) in: L. Venegas de Henestrosa, *Cifra nueva para tecla, arpa y vihuela* (o. O. 1557; annähernd 130 Stücke (Tientos, Variationen, Motetten, Glosas, Hymnen, Kyriesätze u. a.), postum hrsg. v. H. de Cabezón, in: *Obras de música para tecla, arpa y vihuela* (Ma 1578).

Ausg.: GA, hrsg. v. F. PEDRELL, in: Hispaniae schola musica sacra 3 u. 4 (Ba 1895), 7 u. 8 (Ba 1897, 1898); berichtigte NA v. H. ANGLÉS (1944) (= MMEsp 2); Claviermusik, hrsg. v. S. KASTNER (Mz 1951); The Collected Works of A. de C., hrsg. v. CH. JACOBS (Brooklyn 1967ff.).

Lit.: F. PEDRELL (s. o. Ausg.); O. KINKELDEY, Orgel u. Klavier in der Musik des 16. Jh. (L 1910); M. S. KASTNER, Música hispánica (Lis 1936); DERS., A. de C. (Ba 1952); K. JEPPESEN, Cavazzoni – C., in: JAMS 8 (1955); H. CARPENTER, The Works of A. de C. (1957) (= Diss. Univ. of Chicago); CH. G. JACOBS, The Transcription Technique and Style of A. de C. as Shown in His 13 Intabulations by Josquin des Prez (1957) (= Diss. New York Univ.); M. S. KASTNER, Il soggiorno italiano di A. e J. de C., in: L'organo 1 (1960); E. L. BARBER, A. de C.'s c.f. compositions and transcriptions (1960) (= Diss. masch. Univ. of Michigan); C. A. HOWELL, C. An essay in structural analysis, in: Mf 50 (1964); H. ANGLÉS, La música en la Corte de Carlos V (Ba [2]1965); C. TERNI, Ricordo di A. C., in: Chigiana 3 (1966); H. ANGLÉS, A. de C., organista de Carlos V y de Felipe II, in: Cuadernos hispanoamericanos (1966); S. RUBIO, Las glosas de A. de C. y de otros autores sobre el „Pange lingua" de Juan de Urreda, in: Anuario Mus. 21 (1966); M. S. KASTNER, Vestigios del arte de A. de C. en Portugal, in: ebd.; H. ANGLÉS, Nel quarto centenario della morte de A. de C. (R 1966); G. BOURLIGUEUX, A. de C., in: L'Orgue (1967) Nr. 122–123; W. APEL, Gesch. der Orgel- u. Klaviermusik bis 1700 (Kas 1967); M. KUGLER, Die Musik für Tasteninstr. im 15. u. 16. Jh. (Wil 1975) (= Taschenbücher zur Musikwiss. 41); M. S. KASTNER, A. und H. C. Eine Chronik, dargestellt am Leben zweier Generationen von Organisten (Tutzing 1977).

CABRETTE (frz.), Bz. der für die Auvergne (Frankreich) typischen ↗Sackpfeife mit zwei in einer Tülle sitzenden Pfeifen, einer Spiel- und einer kurzen Bordunpfeife. Die mit Blasebalg gespielte C. entstand im 19. Jh. aus der mundgeblasenen ↗Chabreta in Anlehnung an die ↗Musette.

CACCIA (it., = Jagd), Bz. Für 17 3st. und 3 2st. it. Gesänge des 14. Jh., die in ihrer dichterischen Form mit dem frühen ↗Madrigal verwandt sind (3 Stücke haben überhaupt Madrigalform, 1 Stück ist eine Chanson). Die Bz. C. bezieht sich zum einen auf Textinhalt und -ausdruck der Gesänge, in ihrer Mehrzahl Jagdszenen, die durch Rufe, Schreie und tonmalerische Wendungen sowie durch dialogische Gestaltung ein realistisches Gepräge erhalten. Zum anderen deutet der Terminus C. auf die für alle diese Gesänge charakteristische kanonische Führung der Stimmen hin, eine Satzweise, die in einem italienischen Traktat des 14. Jh. (hrsg. v. S. Debenedetti, s. u. Lit.) ausdrücklich als C. (oder *Incalzo*) bezeichnet wird, wohl wegen der bildhaften Vorstellung des Sichjagens zweier oder mehrerer Stimmen. Strenge oder freiere kanonische Führung weisen in den 3st. Gesängen in der Regel die beiden stets lebhaft deklamierten Oberstimmen auf, denen ein rhythmisch weniger bewegter – und wohl instrumental auszuführender – Tenor als Unterstimme zugeordnet ist; es gibt auch eine C. mit einem Kanon zwischen Mittel- und Unterstimme. In den 2st. Gesängen sind die beiden Stimmen kanonisch geführt. Die textlichen Rufe sind meist in der Art eines ↗Hoquetus gehalten.

Die wahrscheinlich älteste C. ist in dem aus Oberitalien stammenden Codex Rossi (Rom, Bibl. Vat. ms. 215) überliefert und stammt vielleicht von Piero di Firenze. Die anderen Caccien schrieben ebenfalls Florentiner Komponisten wie Giovanni da Cascia und Fr. Landino sowie Jacopo da Bologna. C.-Dichter waren vor allem N. Soldanieri und Fr. u. G. Sacchetti. Die wichtigsten Quellen der C. sind jene Hss., die auch den Hauptbestand der weltlichen italienischen Liedkunst des 14. Jh. (Ballate, Madrigale) überliefern.

Von der C. in diesem eigentlichen Sinne sind spätere Jagdgesänge mit italienischem Text zu unterscheiden. Diese sind nicht kanonisch gearbeitet, sondern in satztechnischer Hinsicht den Gattungen des ↗Madrigals (z. B. *Caçando un giorn'* und *I cani sono fuora* von J. Ciconia), des ↗Strambotto und den ↗Canti carnascialeschi zuzuordnen. – ↗Chasse.

Ausg. J. WOLF, Gesch. der Mensural-Notation von 1250 bis 1460, II u. III (L 1904); Fourteenth-Century Italian Cacce, hrsg. v. W. TH. MARROCO (C/M 1942, erweitert [2]1961); The Music of Fourteenth Century Italy, 5 Bde., hrsg. v. N. PIRROTTA (A 1954–62); A. STRIGGIO, La Caccia à 4, 5, 6 e 7 voci (1567), hrsg. v. F. Mompellio (R 1972) (= Capolavori polifonici del secolo XVI, 11).

Lit.: **1) Bibliographische WW:** K. VON FISCHER, Stud. zur it. Musik des Trecento u. frühen Quattrocento (Be 1956) (= Publikationen der Schweizerischen Musikforschenden Ges. II, 5); V. L. HAGOPIAN, Italian Ars Nova Music. A Bibliographical Guide to Modern Edition and Related Literatur (Berkeley – Los Angeles 1964, [2]1973); Hss. mit mehrst. Musik des 14., 15. u. 16. Jh., hrsg. v. K. VON FISCHER, zus. mit M. Lütolf (Mn 1972) (= RISM, Reihe B, IV, 3 u. 4). – ↗Ballade, ↗Madrigal, ↗Trecento. – **2) Studien:** G. CARDUCCI, Cacce in rime dei secoli XIV e XV (Bol 1896); S. DEBENEDETTI, Un trattatello del secolo XIV sopra la poesia musicale, in: Studi medievali 2 (1906–07); F. NOVATI, Per l'origine e la storia delle cacce, in: ebd.; A. EINSTEIN, Eine C. im Cinquecento, in: FS Liliencron (L 1910); A. VON KÖNIGSLÖW, Die it. Madrigalisten des Trecento (Wü 1940); N. PIRROTTA, Per l'origine e la storia della „Caccia" e del „Madrigale" trecentesco, in: RMI 48–49 (1946–47); A. L. RINGER, The chasse as a musical topic of the 18th Century, in: JAMS 6 (1953); DERS., The Chasse. Historical and Analytical Bibliography (1955) (= Diss. Columbia Univ.); N. PIRROTTA, Piero e l'impressionismo musicale del secolo XIV, in: L'ars nova italiana del Trecento I (Certaldo 1962); A. MAIN, Lorenzo Masini's Dear Hunt, in: The Commonwealth of Music, hrsg. v. G. Reese – R. Brandel (NY – Lo 1965); TH. KARP, The Textual

Origin of a Piece of Trecento Polyphony, in: JAMS 20 (1967); K. TOGUCHI, Sulla struttura e l'esecuzione di alcune cacce italiane, in: L'ars nova italiana del trecento III (Certaldo 1970); E. C. FELLIN, A Study of Superius Variants in the Sources of Italian Trecento Music. Madrigals and Cacce (1970) (= Diss. Univ. of Wisconsin); F. A. GALLO, C., in: Handwörterbuch der musikal. Terminologie (Wie 1973).

CACCINI, it. Musikerfamilie. – **1) Giulio,** auch Giulio Romano genannt, * um 1550 Tivoli, beigesetzt 10.12.1618 Florenz; Komponist und Sänger. Er wurde von Scipione della Palla in Gesang und Lautenspiel unterrichtet und kam 1564 als Sänger und Instrumentalist an den großherzoglichen Hof in Florenz. 1579 wirkte er als Komponist und Sänger an den *Maschere d'amazzoni* von O. Rinuccini mit, die anläßlich der Hochzeit von Ferdinando de' Medici mit Bianca Cappello aufgeführt wurden, 1589 auch an den Intermedien zur Hochzeit Fernandos mit Christine von Lothringen. Auch seine Frau und seine beiden Töchter waren Sängerinnen. C.s Name ist vor allem mit der Entstehung der Oper verbunden. Er gehörte von Anfang an zum Kreis der ↗Camerata Fiorentina, wo er vor allem als praktischer Musiker geschätzt wurde. Zu Peris Oper *Euridice* verfaßte C. einige Gesänge, vertonte die Oper aber auch selbst. Seine Musik zu *Dafne* ist nicht erhalten. Als sein Hauptwerk gilt *Le nuove Musiche* (Fi 1601), das Kompositionen aus dem Intermezzo *Il Rapimento di Cefalo* sowie Solomadrigale und Soloarien enthält. Das Vorwort dieses als Beispielsammlung angelegten Werkes gibt erstmals technische Vorschriften für den virtuosen Gesang an, insbesondere Regeln für die Kunst des „vocalizzo" und des „trillo". In der Vorrede zur 2. Ausgabe (V 1602) nimmt C. die Priorität der Entwicklung des ↗Stile recitativo für sich in Anspruch.

WW: *L'Euridice* (Fi 1600), UA: 1602; *Le nuove Musiche* (Fi 1601, 1602), mit dem Schlußchor v. *Il Rapimento di Cefalo; Nuove musiche e nuova maniera di scriverle* (Fi 1614); *Fuggilotio musicale* (V 1613); eine Reihe von Arien u. Lieder ist hsl. erhalten.

2) Francesca, Tochter von 1), La Cecchina genannt, * 18.9.1587 Florenz, † um 1640 in Lucca (?); Sängerin, Cembalistin und Komponistin. Sie heiratete 1606 den Komponisten G. B. Signorini. Berühmt wurde sie durch ihren besonders kunstvollen Gesang, aber auch ihre Kompositionen waren zu ihrer Zeit sehr geschätzt. Sie schrieb die Ballettoper *La liberazione di Ruggiero* (1625), die Ballette *Il Ballo delle Zigane* (1614) und *Rinaldo innamorato* sowie *Il primo libro delle musiche a 1 e 2 voci* (Fi 1618). – **3) Settimia,** Tochter von 1), * um 1590 Florenz, † nach 1640 ebd.; Sängerin. Sie war verheiratet mit dem Musiker A. Ghivizzani und trat vor allem als Sängerin in szenischen Werken Monteverdis hervor (1608 als Venus in *Arianna,* 1628 als Aurora in *Mercurio e Marte*).

Ausg.: **Zu 1):** *Le nuove Musiche* 1601, Faks.-Ausg. v. F. VATIELLI (R 1934); *L'Euridice* (Mi 1880) (Stud.-Part.); dass., Teilausg. v. R. EITNER, in: PGfM 10 (1881); *Les fêtes de Florence* 1589, Bd. 1: Musique des intermèdes de la Pellegrina. Malvezzi, Marenzio, C., Bardi, Peri, hrsg. v. D. P. WALKER (zus. mit F. Ghisi u. J. Jacquot) (P 1963) (= Le choeur des muses o. Nr.); 1 Satz in: The Bottregari Lutebook, hrsg. v. C. MACCLINTOCK (Wellesley/Mass. 1965) (= The Wellesley Edition 8); *Le nuove Musiche,* hrsg. v. H. W. HITCHCOCK (Madison 1970) (= Recent researches in the Music of the Baroque Era 9); *Nuove musiche e nuova maniera di scriverle* 1614, hrsg. v. DEMS. (ebd. 1978) (= ebd. 28. – **Zu 2):** *La liberazione di Ruggiero* 1625, NA v. D. SILBERT (Northampton/Mass. 1945) (= Smith College Music Archives 7).

Lit.: **Zu 1):** H. GOLDSCHMIDT, Die it. Gesangsmethode des 17. Jh. (Breslau 1890); A. SOLERTI, Un viaggio in Francia di G. C. nel 1604–05, in: RMI 10 (1903); DERS., Musica, ballo e drammatica alla corte medicea dal 1600 al 1637 (Fi 1905); A. EHRICHS, G. C. (Diss. L 1908); R. MARCHAL, G. C., in: RM 6 (1925); F. BOYER, G. C. à la cour d'Henri IV, in: RM 7 (1926); F. GHISI, Alle fonti della monodia (Mi 1940); M. G. MASERA, La famiglia C. alla corte di Maria de' Medici, in: Rass. Mus. 13 (1940); P. TOSI, I maestri del Bel Canto. La prefazione alle „Nuove Musiche" di G. C. Opinioni de' cantori antichi e moderni. Riduzione in lingua moderna del R. M. Mori (R 1953); N. MAZE, Tenbury Manuscript 1018. A Key to C.'s Art of Embellishment, in: JAMS 9 (1956); M. FELLER, The New Style of G. C., in: Kgr.-Ber. Köln 1958 (Kas 1959); C. MORRICONE, Il „Fuggilozio musicale" (Diss. Cremona-Parma 1966); H. W. HITCHCOCK, Vocal Ornamentation in C.'s „Nuove musiche", in: MQ 56 (1970); DERS., A new biographical Source for C., in: JAMS 26 (1973); J. A. STARK, The rise of virtuoso singing (1973) (= Diss. masch. Univ. of Toronto). – **Zu 2):** M. G. MASERA, Alcune lettere inedite di F. C., in: Rass. Mus. 13 (1940); DERS., Una musicista florentina del seicento: F. C., in: ebd. 14 (1941) und 15 (1942); D. SILBERT, F. C. called La Cecchina, in: MQ 32 (1946); C. RANEY, F. C.'s „Primo libro", in: ML 48 (1967); DERS., F. C., musician to the Medici, and her „Primo libro" 1618 (1971) (= Diss. masch. New York Univ.); H. W. HITCHCOCK, Depriving C. of a musical pasttime, in: JAMS 25 (1972); D. GALLIVER, Vocal Colour in Singing in 17th Century Italy. The Contribution of C., in: Kgr.-Ber. Kopenhagen 1972 (Kop 1974). C. SARTORI

CACHUCHA (span.), Anfang des 19. Jh. sehr populärer andalusischer Tanz, meist in einem mäßig bewegten $^3/_4$- oder $^3/_8$-Takt, der ursprünglich zu Gitarren- und Kastagnetten-Begleitung gesungen und von einer Tänzerin ausgeführt wurde. Der dem ↗Bolero bzw. dem ↗Fandango nahestehende Tanz wurde 1836 von Fanny Elßler in der Pariser Oper im Ballett *Le diable boiteux* von Jean Coralli getanzt.

CAECILIA, legendarische röm. Martyrin. In einer Passio (frühestens 5. Jh.), die ihre Hochzeit beschreibt, heißt es, daß sie sich beim Hochzeitsmahl von der dort gespielten weltlichen Musik abwandte und mit innerer Stimme zu Gott sang, er möge ihre Jungfräulichkeit bewahren. Seit dem 8. Jh. gibt es im römischen Kalendarium ein Fest der hl. C.

(22.11.), dessen Vesperantiphonen zum Teil der Passio entnommen sind. Die 1. Antiphon beginnt mit den Worten *Cantantibus organis.* Im Anschluß daran wurde C. in der Legende zur Erfinderin der Orgel, die auch ihr Attribut ist. Die früheste Darstellung findet sich in S. Apollinare in Ravenna (6. Jh.); seit dem 13. Jh. wird C. häufig mit Musikinstrumenten dargestellt. Seit dem 15. Jh. gilt sie als Patronin der Musik. Zur Feier ihres Gedächtnistages schrieben u.a. H. Purcell und G. Fr. Händel eigene Kompositionen. Am bekanntesten wurde Händels *Das Alexander-Fest oder die Macht der Musik* (1736) nach dem Gedicht von J. Dryden, das den Untertitel *An Ode in honour of St. Cecilia's day* trägt. Von M. A. Charpentier stammt ein Oratorium *Caecilia Virgo et Martyr.* Eine besondere Bedeutung erhielt die hl. C. als Emblem einer kirchenmusikalischen ↗Restauration um 1800 in Deutschland. J. G. Herders Aufsatz *Cäcilia* (1803) gehört zu den frühesten und wichtigsten Schriften dieser Bewegung, die eine der Wurzeln des späteren ↗Cäcilianismus ist.

Lit.: W. GURLITT, Die Musik in Raffaels Heiliger C., in: Jb Peters 45 (1938); F. MECKE, Die hl. C. in der Kunst, in: Musica sacra 77 (1957); O. E. DEUTSCH, C. u. Parthenia, in: FS A. Orel (W 1960); R. HAMMERSTEIN, Die Musik der Engel (Mn 1962); R. P. MACCUBIN, A Critical Study of Odes for St. Cecilia's Day, 1663–1697 (Diss. Univ. of Illinois 1969).

CÄCILIANISMUS, nach der hl. ↗Caecilia benannte Bewegung innerhalb der katholischen Kirchenmusik in Deutschland, die in den 60er Jahren des 19. Jh. von Fr. X. Witt initiiert und wesentlich von dem „Allgemeinen Deutschen Cäcilienverein" (heute: „Allgemeiner Cäcilienverband für die Länder der deutschen Sprache", ACV) getragen wurde. Die Bz. C. selbst ist wohl jüngeren Ursprungs, nachdem es üblich geworden war, die Bewegung und ihre Ziele als „cäcilianisch" zu bezeichnen, ihre Vertreter als „Cäcilianer".

Der C. wurzelt in den – primär ästhetisch motivierten – kirchenmusikalischen Restaurationsbestrebungen (↗Restauration) der deutschen ↗Romantik und in deren praktisch-wissenschaftlichen Auswirkungen, die sich in den Wiederbelebungsversuchen älterer Musik durch C. Ett in München (Aufführung eines berühmten *Miserere* von Gr. Allegri, 1816) und in der Sammlung und Edition von vokaler Kirchenmusik des 15. und 16. Jh. durch K. Proske (Proskesche Musikbibliothek in Regensburg; *Musica divina,* seit 1853) niederschlugen. Von theologischer Seite erhielten diese Bestrebungen Impulse u. a. durch den Regensburger Bischof J. M. Sailer. Damit waren Regensburg und Bayern zum Ausgangspunkt der weiteren Entwicklung einer speziell katholischen kirchenmusikalischen Restauration geworden, die dann durch das Wirken Witts zu einer Bewegung im eigentlichen Sinne wurde. Richtungweisend waren hierfür zunächst dessen Schrift *Der Zustand der katholischen Kirchenmusik zunächst in Altbayern* (Rb 1865) und seine „Reformzeitschrift" *Fliegende Blätter für Kirchenmusik* (seit 1866), die literarisch-propagandistisch die Gründung des ACV 1868 vorbereiteten. Die Reformbestrebungen Witts erstreckten sich bald über ganz Deutschland und erreichten auch andere Länder bis hin zu den USA, forderten aber auch z. T. erhebliche Widerstände heraus, z. B. in Österreich (der profilierteste Gegner war J. E. Habert). Die Ausbreitung der cäcilianischen Bewegung wurde entscheidend unterstützt durch die päpstliche Approbation des ACV 1870, die diesem einen offiziellen kirchlichen Charakter verlieh, wie er sonst keinem vergleichbaren kirchlichen Verein zuteil geworden ist, und die geradezu als ein Markstein in der neueren Kirchenmusikgeschichte gelten kann, weil mit ihr der Weg gebahnt wurde zu einer bis dahin nicht vorhandenen zentralen kirchenmusikalischen Gesetzgebung von Rom aus.

Die cäcilianischen Reformbestrebungen galten vor allem der Pflege und Förderung des Gregorianischen Gesangs und der mehrstimmigen Kirchenmusik, sofern sie, wie es in der Approbationsurkunde heißt, den kirchlichen Gesetzen entspricht, aber auch der Pflege des volkssprachigen Kirchenlieds; sie befaßten sich auch mit dem Gebrauch der Orgel u.a. Musikinstrumente beim Gottesdienst.

Beim Choralgesang kam es schnell zu einem gewissen Aufschwung, nicht zuletzt durch eine von Fr. X. Haberl besorgte neue Choralausgabe, die 1868 von der römischen Ritenkongregation approbiert und 1873 durch Papst Pius IX. als für die gesamte Kirche verbindlich empfohlen wurde. Sie fußte allerdings auf der *Editio Medicaea* von 1614/15, ungeachtet der Tatsache, daß deutsche und französische Forscher bereits intensiv um eine an den mittelalterlichen Quellen orientierten Erneuerung des Chorals bemüht waren. Der folgende Streit zwischen der Ritenkongregation und den deutschen Cäcilianern mit Haberl einerseits und Choralforschern wie A. Schubiger und (seit etwa 1880) auch den Benediktinern von Solesmes um J. Pothier andererseits wurde erst nach 1901 durch Papst Leo XIII. zugunsten der letzteren und einer neuen, wissenschaftlich fundierten Choralausgabe entschieden, die dann seit 1905 als *Editio Vaticana* zu erscheinen begann (↗Choralausgaben).

Haberl war neben Witt auch außerhalb der Choralpflege eine Schlüsselfigur des frühen C.: als Herausgeber älterer Kirchenmusik, als Begründer und

Herausgeber des *Kirchenmusikalischen Jahrbuchs* (seit 1886 in Fortsetzung des 1876 gegründeten *Cäcilienvereinskalenders*) und als Gründer und Leiter der Kirchenmusikschule Regensburg. Seine erfolgreiche Tätigkeit wirkt bis in die kirchenmusikalische Praxis der Gegenwart fort und hat darüber hinaus auch die Entwicklung der modernen Musikwissenschaft befruchtet.

Für die Verwirklichung der cäcilianischen Reformideen auf dem Gebiet der kirchlichen Mehrstimmigkeit war es entscheidend, daß Witt und der ACV seiner Zeit einseitig auf den Palestrinastil fixiert waren und die stilistische Entwicklung der Kirchenmusik der vergangenen Jahrhunderte, soweit sie sich außerhalb des ↗acappella-Stils vollzogen hatte, rigoros ablehnten. So galt für Witt die Kirchenmusik etwa der Wiener Klassiker als unkirchlich und für den Gottesdienst unbrauchbar. Er und die anderen Cäcilianer versuchten darum nicht nur, geeignete Werke der Vergangenheit für die Praxis zu empfehlen (namentlich durch die Rezension im *Cäcilienvereins-Katalog*), sondern ohne Rücksicht auf die zeitgenössischen musikalischen Strömungen und zum Teil in strikter Abkehr davon auch die Entwicklung der modernen Kirchenmusik in ihrem Sinne zu beeinflussen. Die Geschichte ist über die Vielzahl solcher cäcilianischer Kompositionen nahezu spurlos hinweggegangen. Cäcilianische Komponisten sind in der kirchenmusikalischen Praxis schon längst nicht mehr vertreten, ob es sich dabei um die Vertreter einer strengen, weitgehend auf der Kopie des Palestrinastils beruhenden Richtung wie M. Haller, Fr. Nekes, Fr. Koenen, G. J. Quadflieg, P. Piel u. a. handelt oder um Autoren, die der damaligen zeitgenössischen Musik aufgeschlossener gegenüberstanden: Witt selbst, J. G. E. Stehle, K. Greith, I. M. Mitterer. Indes haben sich auch Komponisten von hohem Rang mit dem C. auseinandergesetzt, sind dabei aber in ihren eigenen Werken eigenschöpferisch geblieben. Dies gilt insbesondere für Fr. Liszt, vor allem aber für A. Bruckner, der mit seiner Messe in e-moll und mit seinen acappella-Motetten (besonders mit dem *Os justi*) dem Purismus der Cäcilianer eine geniale Lektion erteilt hat.

Lit.: K. G. FELLERER, Der Cäcilienverein in Vergangenheit und Gegenwart, in: Cäcilienvereinsorgan 71 (Kö 1951); J. SCHWERMER, Aspekte zur cäcilianischen Ästhetik, in: Musicae Sacrae Ministerium. FS K. G. Fellerer (Kö 1962); H.-J. IRMEN, G. J. Rheinberger als Antipode des C. (Rb 1970) (= Stud. zur Musikgesch. des 19. Jh., 22); A. SCHMITZ, A. Bruckners Motette „Os justi". Eine Erwägung zur Problematik der kirchenmusikal. Restauration im 19. Jh., in: Epirrhosis, FS C. Schmitt (B 1968); H. HUCKE, Die Anfänge des Cäcilienvereins, in: MuA 22 (1970); K. G. FELLERER, Grundlagen u. Anfänge der kirchenmusikal. Organisation F. X. Witts, in: KmJb 55 (1971); J. SCHUH, J. M. Sailer u. die Erneuerung der Kirchenmusik. Zur Vorgesch. der cäcilianischen Reformbewegung in der 1. Hälfte des 19. Jh. (Diss. Kö 1972); J. SCHWERMER, Der C., in: Gesch. der kath. Kirchenmusik, hrsg. v. K. G. Fellerer, II (Kas 1976); E. SEIDEL, Die instrumentalbegleitete Kirchenmusik, in: ebd.; H. BECK, Aufgaben für die Musikwiss. bei der Erforschung des „C.", in: FS F. Haberl (Rb 1977); Documenta Caeciliana (Rb 1983 ff.).

G. MASSENKEIL

CADÉAC, Pierre, frz. Musiker des 16. Jh., stammte möglicherweise aus der Gascogne. Er wurde 1556 Kapellmeister der Chorknaben an der Kirche von Auch. Von ihm wurden gedruckt ein Band 4–6st. Motetten (P 1555) und 4 4st. Messen: *Alma redemptoris* (P 1556), *Ad placitum, Ego sum poenis, Levavi oculos* (P 1558). Drei weitere Messen, Motetten und Chansons, die stilistisch in der Nähe von Cl. de Sermisy stehen, sind in Sammelwerken (vgl. RISM 1534–75) oder hsl. erhalten.

Ausg.: 2 Chansons, hrsg. v. R. EITNER, in: PGfM 23 (1899); Chanson *Je suis déshéritée*, hrsg. v. H. EXPERT (P. o. J.); *Missa „Levavi oculos meos"*, hrsg. v. E. E. STEIN, in: 12 Franco-Flemish Masses of the Early 16th Century (Rochester 1941) (= Diss. Eastman School of Music); 2 Sätze in: P. ATTAINGNANT, Treize livres de motets XIII, hrsg. v. A. T. Merritt (Monaco 1963).

CADENCE (frz.), ↗Kadenz. – Im 17. und 18. Jh. wurde die Bezeichnung C. u. a. für den ↗Triller verwendet, was auf den Zusammenhang dieser Verzierung mit den Kadenzschlüssen hinweist. – Bei J. S. Bach *(Clavier-Büchlein vor Wilhelm Friedemann Bach)* hat C. die Bedeutung von ↗Doppelschlag. – *C. tournée* und *double c.* sind die französischen Verzierungsbezeichnungen für den Triller mit Nachschlag und den Doppeltriller.

CADMAN, Charles Wakefield, * 24. 12. 1881 Johnstown (Pennsylvania), † 30. 12. 1946 Los Angeles; amerik. Komponist, Musikkritiker und Musikforscher. Er studierte in Pittsburgh Komposition bei E. Paur und Orgel bei L. Oehmler und war zunächst als Musikkritiker und Komponist tätig. Später wurde er Organist in Denver und lebte dann als freier Komponist in Los Angeles. In seine Werke hat er Elemente indianischer Musik aufgenommen.

WW: für Klv.: *Thunderbird Suite* (1914), auf Themen der Omahas (ein Indianerstamm) instrumentiert; für Orch.: *Oriental Rhapsody* (1917); *American Suite* (1936) für Streichorch.; *Dark Dansers of the Mardi Gras* (1933) für Klv. u. Orch.; die Kantaten *Father of Waters, House of Joy, Indian Love Song* mit Kinderchor, *The Vision of Sir Launfal* mit Männerchor; die Opern *Shanewis*, UA: New York 1918; *The Sunset Trail*, UA: Denver 1925; *The Garden of Mystery*, UA: New York 1925; *A Witch of Salem*, UA: Chicago 1926. – Schrift: *The Idealization of Indian Music*, in: MQ 1 (1915).

Lit.: E. E. HIPSHER, American Opera and its Composers (Philadelphia 1934); N. CH. FIELDER, Catalogue of the Complete

Musical Works of Ch. W. C. (Los Angeles 1951); R. W. BAISLEY, Ch. W. C. Completely American, in: Music Educators Journal 9 (1975).

CADMUS UND HERMIONE, Tragédie lyrique mit Prolog in 5 Akten von Jean Baptiste Lully (1632–87), Text von Philippe Quinault. Ort und Zeit der Handlung: Theben in mythischer Vergangenheit. UA: 27. 4. 1673 in Paris (Theaterhalle Rue de Vaugirard).

C. u. H. steht als erste der großen Opern am Anfang der zwölf lyrischen Tragödien Lullys über Themen der griechischen Mythologie oder Texte antiker Dramen. Liedhafte Airs, monodische Chöre, instrumentale Ritornelle, zahlreiche Ballettszenen, die für jede weitere Aufführung etwas geändert wurden, bestimmen neben den die Oper beherrschenden Rezitativen das musikalische Bild. Die Sprechkunst der Schauspieler, die Lully eingehend studiert hatte, wurde Vorbild für einen deklamatorischen Gesangsstil, bei dem es in erster Linie auf die Textverständlichkeit ankommt; Lully verzichtet deshalb auf jegliche virtuose Verzierungstechnik. In Cadmus und Hermione verfolgte Lully dieses künstlerische Prinzip zum ersten Mal. Das Versmaß des Alexandriners bestimmt die musikalische Gestaltung; Reime und Zäsuren des Textes werden durch formelhafte Rhythmen und Taktwechsel nachgebildet, beispielsweise in der Arie des Cadmus *Je vais partir belle Hermione* (II, 4). Nach der erfolgreichen Premiere stellte der König seinem Hofkapellmeister Lully den Theaterraum im Palais Royal zur Verfügung und legte damit den Grundstein für die spätere Académie Royale de Musique et de Danse.

B. DELCKER

CAFARO (Caffaro), **Pasquale,** * 8. 2. 1706 (1716?) San Pietro in Galatina bei Neapel, † 23. (oder 25.) 10. 1787 Neapel; it. Komponist. Er war seit 1735 Kompositionsschüler bei Leonardo Leo am Conservatorio della Pietà dei Turchini in Neapel, das er dann seit 1759 selbst leitete. 1771 wurde er königlicher Kapellmeister. Zu seinem umfangreichen Schaffen im neapolitanischen Stil gehören u.a. Opern, Kantaten und Kirchenmusik. Davon wurde lediglich ein *Stabat Mater* für 4 St. und Streicher gedruckt (Neapel 1785). C. schrieb auch Solfeggien und galt als hervorragender Gesangslehrer. ↗Caffarelli war sein Schüler.

Lit.: G. DE NAPOLI, Una triade melodrammatica altamurana (R 1925); U. PROTA-GIURLEO, La grande orchestra del R. Teatro S. Carlo nel 1700 (Neapel 1927).

CAFFARELLI (Caffariello, Caffarellino; eig. Gaetano Majorano), * 12. 4. 1719 Bitonto (Apulien), † 31. 1. 1783 Schloß S. Dorato bei Neapel; it. Sänger (Kastrat). C. nannte er sich aus Verehrung für seinen ersten Lehrer ↗Cafaro. Auf dessen Rat hin ließ er sich von Porpora in Neapel weiter ausbilden. Nach 5 Jahren debütierte er 1726 in Rom in der Oper *Valdemaro* von Sarri. C. feierte Triumphe vor allem in Italien, aber auch in Madrid, Wien, Paris und Lissabon. Er wurde zum Herzog von S. Dorato erhoben. C. war ein typischer Vertreter des Belcanto und berühmt für seinen Koloraturgesang.

Lit.: A. GIOVANE, Il musico G. Maiorano detto C. (Bari 1969).

CAFFI, Francesco, * 14. 6. 1778 Venedig, † 24. 1. 1874 Padua; it. Jurist, Musikforscher und Komponist. C. war hauptberuflich als Richter tätig. 1811 gründete er in Venedig das Istituto filarmonico in Verbindung mit einer öffentlichen Musikschule. Sein Hauptwerk ist die *Storia della musica sacra nella già cappella ducale di San Marco in Venezia dal 1318 al 1797* (2 Bde., V 1854–55, NA Mi 1931). Er schrieb auch Monographien über Musiker, die in Venedig wirkten: *Della vita e del comporre di Benedetto Marcello* (V 1830); *A. Lotti* (V 1835); *Gioseffo Zarlino* (V 1836); *Domenico Dragonetti* (V 1846); *Della vita e delle opere di Giammatteo Asola* (Padua 1868).

CAFFI, Tommaso Bernardo, ↗Gaffi.

CAFFIAUX, Dom **Philippe Joseph,** OSB (Mauriner), * 1712 Valenciennes, † 26. 12. 1777 Paris, frz. Musikforscher. C. verfaßte eine umfangreiche Musikgeschichte, die 1756 angekündigt, aber nicht gedruckt wurde. Das Manuskript befindet sich in der Bibl. Nat. in Paris.

CAGE, John, * 5. 9. 1912 Los Angeles; amerik. Komponist. C. studierte 1932 in Los Angeles bei R. Buhlig (Klavier), anschließend 1933–34 bei H. Cowell in New York und bei A. Schönberg in Los Angeles (Komposition). 1937–39 war er Ballettrepetitor in Seattle und lehrte dann an verschiedenen amerikanischen Universitäten und Colleges. 1942 begann seine Zusammenarbeit mit dem Tänzer und Choreographen M. Cunningham, für dessen Truppe viele seiner Arbeiten bestimmt waren. Sein besonderes Interesse galt in diesen Jahren der Musik von E. Satie und A. Webern. Mit M. Feldman, E. Brown und Chr. Wolff entwickelte er 1950 in New York das „Project of Music for Magnetic Tape“, nach dessen Konzeption die ersten Kompositionen ohne Verwendung „natürlicher“ Musikinstrumente direkt auf Tonband aufgenommen wurden (*Imaginary Landscape No 5,* 1952). In New York lernte er die Maler Robert Rauschenberg und Jasper Johns, später auch Marcel Duchamp, kennen, aus deren ästhetischen Anschauungen C. für seine Arbeit wichtige Konsequenzen zog. Zahlreiche Reisen führten ihn seit 1951 immer wieder nach Europa, dessen musikalische Avantgarde er vor allem durch seine Auftritte in Donaueschingen und Darmstadt (1954 und 1958) nachhaltig beeinflußte. Er vertrat die Auffassung, daß serielle Determination und Zufallsoperationen im Grunde zu ähnlichen Materialstrukturen führen, und trug damit entscheidend zum Zerfall des Serialismus bei.

C. richtete sein kompositorisches Interesse zunächst auf die Entfaltung rhythmischer Strukturen und schrieb daher seine frühen Werke meist für Schlagzeug und Klavier. Seine Erfindung des ↗prepared piano (*Bacchanale*, 1938), das Spieltechniken H. Cowells aufgriff und anfangs nur als Ersatz für ein differenzierteres Schlagzeuginstrumentarium gedacht war, eröffnete mit dem neu zu entdeckenden Materialbereich zwischen Geräusch und Ton ein wichtiges Experimentierfeld. Unter Schönbergs Einfluß übernahm er vorübergehend die Zwölftontechnik, verband sie aber mit der Verwendung „ostinater" asymmetrischer Rhythmen (*Metamorphosis*, 1938). Die quantitativen Verhältnisse zwischen den rhythmischen Werten (Dauernproportionen), die innerhalb einer Phrase erscheinen, bestimmen (als Strukturmodell) auch die Verhältnisse größerer Teile zueinander in der Anlage der ganzen Komposition (*First Construction* [In Metal], 1939). Theorien östlicher Musikkulturen regten C. an, „typisierte" Gemütszustände, wie sie etwa in der alten indischen Überlieferung beschrieben sind, mittels zahlenmäßiger Proportionen wiederzugeben (*Sonatas and Interludes*, 1946–48). Damit löste sich C. vom Streben nach Expressivität und individuellem Ausdruck, das seiner Ansicht nach zu Solipsismus und Mangel an Kommunikation führe. Um seine Kompositionen von Einflüssen jeglichen Geschmacks (auch des eigenen) und jeder tradierten Kompositionstechnik freizuhalten, benutzte C. seit den 50er Jahren Zufallsoperationen, zu denen er durch das altchinesische „Buch der Wandlungen" *I-king* angeregt wurde (*Music of Changes*, 1951). Die Anordnung der kompositorischen Elemente wird dabei entweder vom Komponisten durch manipulierten Zufall (z. B. an einem magischen Quadrat; ↗Aleatorik) oder erst vom Ausführenden durch Interpretation der graphischen ↗Notenschrift getroffen. *Variations I* (1958) z. B. besteht aus 6 quadratischen Transparentblättern, die in beliebiger Aufstellung und Überlagerung „gelesen" werden können. Diese Arbeiten geben nur noch die Rahmenbedingungen für die musikalischen Aktionen des Interpreten an, der nicht mehr strukturierte Klänge vermittelt, sondern den Wechsel von klanglichen Ereignissen und Stille. Auch begleitende Geräusche – sogar Proteste der Zuschauer / Zuhörer – sind als ästhetische Momente in die Aufführung integriert. Darin folgt C. Intentionen Duchamps, der Gegenstände des alltäglichen Gebrauchs (z. B. eine Fahrradgabel) durch Integration in einen künstlichen, zweckfreien Zusammenhang in ästhetische Objekte verwandelt. Als solche macht auch der Interpret C.s durch seine Aktion Geräusche – sowohl absichtlich hervorgebrachte wie zufällige – und Stille erfahrbar (*4' 33'' [tacet]*, 1952). C. versucht so bewußtzumachen, daß kein Objekt von sich aus ästhetisch ist, sondern es erst wird durch die besondere Art, in der es wahrgenommen wird: „Neue Kunst und Musik vermitteln nicht länger in geordnete Strukturen gefaßte Ideen eines einzelnen, sondern stellen Prozesse dar, die, genau wie unser tägliches Leben, Gelegenheit zur Wahrnehmung (Sehen und Hören) bieten" (*J. C.*, hrsg. v. R. Kostelanetz [s. u. WW], S. 231). C. erstrebt letztlich die Aufhebung der Trennung von Kunst und Leben und gibt dafür – mit der ihm eigenen Radikalität – den Werkbegriff preis.

WW: **1) Für Klv.:** *Music for Xenia* (1934); 2 Stücke (1935, revidiert 1974); *Metamorphosis* (1938); *A Room* (1943); *Experiences I* (1945–48), auch als Ballett; *Ophelia* (1946), auch als Ballett; 2 Stücke (1946); *Dream* (1948); *In a Landscape* (1948) (bearb. für Harfe), auch als Ballett; *Suite for Toy Piano* (1948), als Ballett: *A Division; Music of Changes* (1915); *For M.*[erce] *C.*[unningham] *and D.*[avid] *T.*[udor] (1952); *Music for piano 1* (1952); *Seven Haiku* (1952), daraus als Ballett: *Three dances for Haiku; Waiting* (1952), auch als Ballett; *Music for piano 2* (1953), als Ballett: *Dark Thoughts; Music for piano 3* (1953) – auch als Ballett –, *4–19* (1953), *20* (1953) – auch als Ballett –, *21–36* (1955), *37–52* (1955), *53–68* (1953–68 u. *69–84* (1956); *For Paul Taylor and Anita Dencks* (1957), als Ballett: *Duet; Winter Music* (1957), als Ballett: *Still Point; Electronic Music for Piano* (1964); *Cheap Imitation* (1969), bearb. für Orch. (1972); *Etudes australes* (1974–75). – **2) Für prepared piano:** *Bacchanale* (1938), auch als Ballett; *Meditation* (1943), als Ballett: *Tossed as It Is Untroubled; Totem Ancestor* (1943), auch als Ballett; *A Book of Music* (1944); *The Perilous Night* (1944); *Prelude for Meditation* (1944); *Root of an Unfocus* (1944), auch als Ballett; *A Valentine out of Season* (1944), als Ballett: *Games; Daughters of a Lonesome Isle* (1945), auch als Ballett; *Three Dances* (1945), als Ballett: *Dromenon; Mysterious Adventure* (1945), auch als Ballett; *Sonates and Interludes* (1946–48); *Music for Marcel Duchamp* (1947), urspr. zu einer Episode v. H. Richters Film: *Dreams that Money Can Buy; 2 Pastorales* (1951), Nr. 1 davon als Ballett: *Idyll; 31'57.9864"* (1954); 34'46.776" (1954). – **3) Für Schlagzeug:** *Quartet* (1935); *Trio* (1936); *First Construction (In Metal)* (1939); *Living Room Music* (1940) (mit Sprechquartett); *Second Construction* (1940); *Third Construction* (1941); *Double Music* (1941) (zus. mit L. Harrison); *Credo in Us* mit Klv. (1942), auch als Ballett; *Imaginary Landscape 2 (= March No 1)* (1942); *Imaginary Landscape 3* (1942); *Amores*, mit prepared piano (1943), auch als Ballett; *Music for Carillon No 1, 2, 3* (1952, 1954, 1954); *27' 10.554"* (1956). – **4) Für kammermusikal. Besetzung:** Sonate für Klar. solo

(1933); *Solo With Obbligato Accompaniment of 2 Voices in Canon, and 6 Short Inventions on the Subjects of the Solo* (1933), daraus *6 Short Inventions*... bearb. für Alt-Fl., Klar., Trp., V., 2 Violen u. Vc. (1958); *Three Pieces for Flute-Duet* (1935); *Music for Wind Instruments* (1938) für Bläserquintett; *Nocturne* (1947) für V. u. Klv.; *Six Melodies* (1950) für V. u. Tasteninstrument; Streichquartett (1950); 16 Tänze (1951) für Fl., Trp., V., Vc. u. 4 Schlagzeugspieler, auch als Ballett; *Freeman Etudes I–VIII* (1978) für V. – **5) Für beliebige Besetzung:** *Sonata for 2 Voices (1933) für 2 oder auch mehrere Instrumente; Compositions for 3 Voices* (1934); *4'33" (tacet)* (1952); *26'1.1499"* (1955) für einen Str.; *Variations I* (1958), als Ballett: *Resemblance; Variations II* (1961), *III* (1963), *VI* (1966), *VII* (1967), *VIII* (1968); *0' 00" No 1* (1962) u. *No 2* (1968); *Renga* (1976); *Appartment House 1776* (1976). – **6) Mit SingSt:** *Twenty Years After* (1932), *Is It as It was* (1932) u. *At East and Ingrediants* (1932) für SingSt u. Klv.; *Five Songs* (1938) (Text: E. E. Cummings) für Alt u. Klv.; *Forever and Sunsmell* (1942) (Text: ders.) für SingSt u. Schlagzeug-Duo, auch als Ballett; *The Wonderful Widow of Eighteen Springs* (1942) (Text: J. Joice), für SingSt u. geschlossenes Klv.; *She is Asleep* (1943) für SingSt, prepared piano u. 12 Tom-Toms; *Experiences II* (1945–48) (Text: E. E. Cummings) für SingSt solo, auch als Ballett; *A Flower* (1950) für SingSt u. geschlossenes Klv., auch als Ballett; *Aria* (1958); *Solo for Voice 1* (1958) u. *Solo for Voice 2* (1960); *Song Books* (1970); *Lecture of the Weather* (1976) f. 12 Sprecher; *Hymns with Variations* (1978–79) f. Chor. – **7) Für Orch.:** *The Seasons* (1947), auch für Klv., auch als Ballett; Konzert für prepared piano u. Kammerorch. (1951); Klv.-Konzert (1957–58), als Ballett: *Antic Meet; Atlas eclipticalis* (1961–62), als Ballett: *Aeon; Etcetra* (1973). – **8) Für Tonband, elektronische Geräte; Audio-Visuelles, Environments:** *Imaginary Landscape No 1* (1939), als Ballett: *Horror Dream; Imaginary Landscape No 4 (= March No 2)* (1951); *Imaginary Landscape No 5* (1952); *Water Music* (1952); *Williams Mix* (1952); *Speech* (1955); *Radio Music* (1956); *Fontana Mix* (1958); *TV Koeln* (1958); *Music Walk* (1958); *Water Walk* (1959); *Sounds of Venice* (1959); *The Marrying Maiden* (1960); *WBAI* (1960); *Theatre Piece* (1960) für 1–8 Spieler; *Cartridge Music* (1960), als Ballett: *Isolations; Carillon No 4* (1961); *Mozart Mix – Correspondances and Notes* (1965); *Variations V* (1965); *Musicircus* (1967); *Newport Mix* (1967); *Carillon No 5* (1967); *HPSCHD* (1967–69) (zus. mit Lejaren Hiller); *Reunion* (1968); *WGBH – TV* (1971); *Score (40 Drawings by Thoreau) and 23 Parts* (1974). – **9) Schriften** (mit Ausg.): *Silence* (Middletown/Conn. 1961), dt. Teil-Ausg.: *Vortrag über nichts, Vortrag über etwas* (B – Neuwied 1969); *A Year from Monday* (Middletown/Conn. 1967); *John Cage*, hrsg. v. R. KOSTELANETZ (NY 1968, dt. Kö 1973); *Notations* (NY 1969) (zus. mit A. Knowles).

Lit.: R. DUNN, J.C. (NY 1962) (Werk-Verz.). – H. K. METZGER, J. C. o della liberazione, in: Incontri mus. 3 (1959), dt. Übers.: J. C. oder die freigelassene Musik, in: Musik auf der Flucht vor sich selbst, hrsg. v. U. DIBELIUS (Mn 1969); U. DIBELIUS, Moderne Musik 1945–65 (Mn 1966, St 1968); K. BOEHMER, Zur Theorie der offenen Form in der Neuen Musik (Da 1967); D. CHARLES, L'esthétique du „non finito" chez J. C., in: Rev. d'esthétique 2 (1968); E. J. SNYDER, J. C. and His Music Since World War II (1970) (= Diss. Univ. of Wisconsin); D. BOUSSEUR, L'expérience du temps chez C., in: Musique en jeu (1971) Nr. 1; CH. WEN-CHUNG, Asian Concepts and Twenteenth-century Composers, in: MQ 57 (1971); V. THOMSON, American Music Since 1910 (NY – Lo 1971) (= 20th-century Composers 1); D. SCHNEBEL, Die kochende Materie der Musik. J. C.s experimentelle Formen, in: [D. Schnebel,] Denkbare Musik, hrsg. v. H. R. Zeller (Kö 1972); M. NYMAN, C. and Satie, in: The Musical Times 114 (1973); CH. A. BUHR, Winter music/Cartridge music/Atlas eclipticalis. A study of three several works by J. C. (1973) (= Diss. Washington Univ.); D. SCHNEBEL, Disziplinierte Anarchie. C.s seltsame Konsequenzen aus der Lehre bei Schönberg, in: Herausforderung Schönberg..., hrsg. v. U. Dibelius (Mn 1974); M. NYMAN, Experimental music. C. and beyond (Lo 1974); M. DIEDERICHS-LAFITE, Zur Bewertung v. J. C., in: ÖMZ 30 (1975); V. TONCITCH, Kants Denkkategorien verpflichtet. Zur Ästhetik u. Musik v. J. C., in: Melos/NZ 1 (1975); M. TIBBE, Leere Worte, ausdrucksvolle Musik (zu „Empty words"), in: NMZ 24 (1975); M. FÜRST-HEIDTMANN, J. C.s Werke für „präpariertes Klv.". Ein Beitr. zur Emanzipation der Klangfarbe, in: Musik u. Bildung 8 (1976); F. W. HOOGERWERF, C. contra Strawinsky, or delineating the aleatory aesthetic, in: Int. Rev. of the Aesthetic and Sociology of Music 7 (1976); K. KÖRNER, Destruktivismus u. Konstruktivismus. Gedanken über J. C., in: Musik u. Bildung 10 (1978); K.-K. HÜBLER, J. C. Gedanke u. Stil. Versuch einer kritischen Dokumentation, in: ebd.

H. WEBER

CAIETAIN (Cajetan, Gaietane), **Fabrice Marin;** frz. Komponist it. Abstammung. Um 1571 war er „Maistre des Chantres" an der Kathedrale von Toul und bis 1574 auch Kapellmeister im Dienst des Herzogs von Lothringen. C. stand in Verbindung mit der Akademie C. Baïfs und mit den Bemühungen um eine ↗Musique mesurée à l'antique. Er spielte eine wichtige Rolle insbesondere in der Entwicklung des ↗Air de cour.

WW: 4st. Motetten (P 1571) (unvollständig erhalten); *Livre de chansons nouvelles* für 6 St. (P 1571) (unvollst. erhalten); 4st. *Airs... sur les poësies de P. de Ronsard & autres excelens poëtes* (P 1576 u. 1578) (= RISM 1576[3] u. 1578[18]); *Second livre d'airs, chansons, villanelles napolitaines & espagnolles* für 4 St. (P 1578) (unvollst. erhalten).

CAIGNET, Denis, † November 1625 Paris; frz. Komponist. C. stand im Dienst des Seigneurs von Villeroy (1587 wird er als dessen Kapellmeister genannt) und war seit 1614 bis zu seinem Tod Violaspieler in der königlichen Kapelle. Er veröffentlichte in Paris *Airs de cour* für 4–8 St. (1597; unvollständig erhalten) und 3 Bde. mit Psalmkompositionen für 3–8 St. und für Laute nach der französischen Übersetzung von Ph. Desportes (1607, 1624, 1625). Einige der darin verwendeten Melodien stammen aus dem Hugenottenpsalter. C.'s Psalmvertonungen trugen dazu bei, in katholischen Kreisen Frankreichs den Gesang geistlicher Werke in französischer Sprache zu verbreiten.

Lit.: A. VERCHALY, Desportes et la musique, in: Ann. Mus. 2 (1954).

CAIMO, Giuseppe, * um 1540 Mailand, † 1584 ebd.; it. Komponist. C. war vermutlich Schüler von Pietro Taglia in Mailand. 1564 ist er als Organist an S. Ambrogio, seit 1580 am Dom in Mailand nachweisbar. Von seinen Werken sind erhalten: 2 Bücher 4–5st. Madrigale (I: Mi 1564, IV: V 1584) und 4st. Canzonetten (Mi – V 1584). C. spielte eine wichtige Rolle für die Entwicklung des Madrigals, das schon damals jene dramatische Richtung nahm, die später von Monteverdi und Marenzio ausgeprägt wurde. Kennzeichnend für seinen Stil ist u.a. die Verwendung ungewöhnlicher chromatischer Fortschreitungen.

Lit.: TH. KROYER, Die Anfänge der Chromatik im it. Madrigal des 16. Jh. (L 1902) (= BIMG 4); A. EINSTEIN, The Italian Madrigal, 3 Bde. (Princeton 1949) (in Bd. III einige Madrigale v. C.).

CAISSE (frz.), ↗Trommel.

CAIX D'HERVELOIS, Louis de, * um 1680 Amiens, † 1760 Paris; frz. Gambist und Komponist. C. war Schüler von M. Marais und Sainte-Colombe. Er veröffentlichte 6 Bücher *Pièces de viole* (Suiten und Sonaten) für 1–2 Gamben und B.c. (P 1719 bis 1751), *Pièces pour un pardessus de viole* (oder Fl.) u. B.c. (1751) und 3 Bücher *Pièces pour la flûte* und B.c. (P 1726, 1731 u. 1736).

Ausg.: Auswahl, hrsg. v. A. CHAPUIS (P 1907); eine Suite, hrsg. v. CH. CHAPON (Nizza 1960); *Le papillon* für Block-Fl. u. Klv., hrsg. v. C. DOLMETSCH (Lo 1961); Suiten A-Dur u. D-Dur für Vc. u. B.c., hrsg. v. SCHROEDER-RAPP (Mz o. J.).

CAKEWALK (engl.), um 1870 aufgekommener Tanz der nordamerikanischen Neger in synkopiertem $^{2}/_{4}$-Takt nach Art des ↗Ragtime, oft mit groteskem Charakter. Er wurde um 1900 in Europa als Bühnen- und Schautanz bekannt. In der Kunstmusik wurde der C. in stilisierter Form u.a. von Debussy verwendet *(Golliwogg's Cakewalk* in *Children's Corner* und Nr. VI aus dem 2. Buch der *Préludes: Dans le style et le mouvement d'un Cake-Walk).*

CALAMUS (lat., = Halm), ↗Schalmei.

CALANDO (it., von calare = sinken), Vortragsbezeichnung im Sinn von nachlassend, abnehmend, zugleich auf Tempo und Lautstärke bezogen. – Syn.: *morendo, smorzando.*

CALATA, mit der ↗Basse dance verwandter italienischer und spanischer Tanz des 16. und 17. Jh. im geraden Takt mit verschiedener rhythmischer Unterteilung ($^{4}/_{4}$ oder $^{12}/_{8}$) und in rascher Bewegung. Die wichtigste musikalische Quelle sind die von Petrucci gedruckten Kompositionen J. Dalzas, *Intabulatura de lauto, libro quarto* (V 1508), die 12 Calate, meist unter der Bz. *Calata spagnola,* enthalten, davon eine für 2 Lauten.

Ausg.: 1 Stück aus der genannten Sammlung in: W. J. V. WASIELEWSKI, Gesch. der Instrumentalmusik [im 16. Jh.] (L 1878, Nachdr. Walluf 1972).

Lit.: C. SACHS, Eine Weltgeschichte des Tanzes (B 1933); H. M. BROWN, Instrumental Music printed before 1600. A Bibliography (C/M 1965).

CALDARA, Antonio, * 1670 Venedig, † 26. 12. 1736 Wien; it. Komponist. C. war vermutlich Schüler von G. Legrenzi und debütierte 19jährig mit *L'Argene* als Opernkomponist. 1693 Wurde er Cellist an S. Marco in Venedig, 1700–07 war er Kapellmeister am Hof in Mantua, wirkte dann bis 1709 am Theater S. Giovanni Crisostomo in Venedig und stand anschließend bis 1716 im Dienst des Fürsten Ruspoli. Zahlreiche Reisen führten ihn nach Bologna und Rom. 1712 kam er nach Wien. 1716 wurde er am Wiener Hof Vizekapellmeister unter J. J. Fux und erfreute sich der besonderen Gunst des Kaisers. C. gilt neben Fux als der Hauptvertreter des Wiener ↗Oratoriums. Er schrieb etwa 40 Oratorien, darunter *Il Re del dolore* (1722) und *La morte e sepoltura di Cristo* (1723). In seinen Meßkompositionen setzte sich der Typus der sog. Kantatenmesse durch, in der geschlossene chorische und solistische Teile kontrastierend gegeneinander gesetzt werden. In den Chorsätzen wechseln homophone und – zum Teil streng gearbeitete – polyphone Abschnitte miteinander ab. Bei den solistischen Teilen handelt es sich um neapolitanische Arien mit konzertierendem Instrument. Er komponierte auch zahlreiche Motetten, etwa 100 weltliche Kantaten, 40 Madrigale und über 300 Kanons und veröffentlichte 2 Bücher Triosonaten (V 1799). In der Instrumentalmusik knüpfte C. an Corellis Sonata da chiesa und Sonata da camera an. Seine etwa 80 Seria-Opern (darunter *Dafne,* 1719 in Salzburg uraufgeführt) zeigen eine Verschmelzung venezianischer und neapolitanischer Stilelemente.

Ausg.: 8 Motetten, *Stabat Mater, Missa dolorosa, Te Deum, Crucifixus,* hrsg. v. E. MANDYCZEWSKI (1906) (= DTÖ 13/1); 11 weltliche Kantaten, 3 Madrigale für 3 u. 5 St., 35 Kanons, hrsg. v. DEMS. (1932) (= DTÖ 39); eine Triosonate, hrsg. v. K. GEIRINGER (W 1936); ein Madrigal u. 12 Kanons, hrsg. v. DEMS., in: Chw 26 (1935, Wb ²1955); 3 Triosonaten op. 1, Nr. 5 e-moll, op. 2, Nr. 3 D-Dur, op. 1, Nr. 9 h-moll, hrsg. v. E. SCHENK, in: Hausmusik 59, 85 u. 121 (W 1949–52); Triosonate op. 1 Nr. 7 A-Dur, hrsg. v. DEMS., in: Die it. Triosonate (Kö o.J.); *Dafne,* hrsg. v. C. SCHNEIDER – R. JOHN (1955) (= DTÖ 91); Kantate *Laudate, pueri, Dominum,* für SingSt, gem. Chor, Streichorch. u. B.c., hrsg. v. R. EWERHART (Kö 1969) (= Polyphonia sacra o. Nr.); *Veni, dilecte, veni* für Sopran u. B.c., hrsg. v. DEMS. (Kö 1960) (= Cantio sacra 27); Motette *Salve pater salvatoris,* hrsg. v. C. SCHOENBAUM, in: Geistliche Solomotetten des 18. Jh. (Gr 1962) (= DTÖ 101/102); Missa G-Dur, hrsg. v. W. FÜRLINGER (St 1964) (= Geistliche Chormusik 10, 208); Triosonaten op. 1, Nr. 1 F-Dur u. Nr. 5 e-moll für 2 V. u. B.c., hrsg. v. F. F. POLNAUER (Mz 1967) (= Antiqua o. Nr.); Sonata à quattro Nr. 3 B-Dur u. Nr. 4 h-moll für 2 V., Va. u. B.c., hrsg. v. DEMS. (1968) (= ebd.); *Magnificat,* hrsg. v. CH. WOLFF (Kas 1969); Kantate *Haec est Regina virginum,* hrsg. v. R. EWERHART (Kö 1968) (= Die Kantate 11); Triosonate g-moll, op. 1, Nr. 8, hrsg. v. F.F. POLNAUER (Wilhelmshaven 1969); *Confitebor tibi*, hrsg. v. B. W. PRITCHARD (Hilversum 1975).

Lit.: F. TORREFRANCA, Poeti minori del clavicembalo, in: RMI 17 (1910); E. I. LUIN, Sulla vita e sulle opere di A. C., in: La scuola veneziana (Siena 1941); V. PANNUTI, Uno „Stabat" di A. C., in: La Scala (Mi 1954); M. BARNES, The Trio Sonatas of A. C., 2 Bde. (1960) (= Diss. Florida State Univ.); U. KIRKENDALE, The War of the Spanish Succession, Reflected in Works of A. C., in: AMl 36 (1964); E. R. FISSINGER, Selected Sacred Works of A. C. (1965) (= Diss. Univ. of Illinois); U. KIRKENDALE, A. C., Sein Leben u. seine venezianisch-römischen Oratorien (Diss. Bonn 1961) (Gr 1966) (= Wiener musikwiss. Beitr. 6); J. D. WAGNER, The Keyboard Works of A. C., 2 Bde. (1966) (= Diss. Washington Univ. Montana); R. S. FREEMAN, Opera Without Drama. Currents of Chance in Italian Opera, 1675–1725, 2 Bde. (1967) (= Diss. Princeton Univ.); DERS., La verità nella ripetizione, in: MQ 54 (1968); C. GALLICO, Santa Francesca Romana di C., in: Chigiana 26–27 (1969–70); M. RINALDI, Contributo alla futura biografica di A. C., in: NRMI 4 (1970); M. THALHAMMER, Stud. z. Messenkomp. A. C.s (um 1670–1736) (1971) (= Diss. masch. Würzburg); B. L. GREENWOOD, A. C. A Checklist of His Manuscripts in Europe, Great Britain and The United States of America, in: Studies in Music 7 (1973).

CALDERÓN DE LA BARCA, Don **Pedro,** * 17. 1. 1600 Madrid, † 25. 5. 1681 ebd.; span. Dichter. Er war 1625–28 Offizier in Flandern und in der Lombardei, wurde 1628 Hofdramatiker, 1651 zum Priester geweiht und war seit 1653 Hofkaplan in Toledo, seit 1663 in Madrid. – C., Spaniens größter Bühnendichter der Barockzeit, schrieb rund 200 Theaterstücke für die Madrider Volksbühnen (Corrales), für den Hof der Könige Philipp IV. und Karl II. und für das Fronleichnamsfest. Er hat auch die Gattung der ↗Zarzuela mitbegründet (seit 1656), lyrische, tragikomische, auf mythologischen Quellen fußende Hofspiele, deren Texte im Anschluß an italienische Vorbilder teils gesprochen, teils gesungen wurden. Sein ausführlichstes Opernexperiment, *Celos aun del aire matan* (1660, Musik von Juan Hidalgo) scheiterte an der Verständnislosigkeit des damaligen Madrider Publikums. C.s zahlreiche allegorische Fronleichnamsspiele (Autos sacramentales) erforderten gelegentlich musikalische Umrahmungen, die u. a. Cristóbal Galán, Fray Juan Romero, Gregorio de la Rosa und Sequeira y Benet komponierten. Dabei benutzte C. bewußt die verführerische Kraft der Tonkunst – aufgrund eigener neuplatonischer und asketischer Theorien über die Weltharmonie –, um das Böse bzw. den Teufel, die Gestalt der Sünde usw. wirkungsvoller darzustellen. Zu seinen Lebzeiten wurden seine Komödien von Kardinal Giulio Rospigliosi (dem späteren Papst Clemens IX.) als Opernlibretti bearbeitet, wodurch erstmalig das komische Element in der Oper wirksam wurde. Am berühmtesten wurde Rospigliosis *Dal male il bene* in der Vertonung von A. M. Abbatini und M. Marazzoli (1653). Später setzten u. a. G. Ph. Telemann, J. W. Franck, J. G. Conradi, R. Keiser, E. Th. A. Hoffmann, Fr. Schubert, Fr. Weingartner, R. Strauss, W. Egk und G. Fr. Malipiero Stücke oder Texte von C. in Musik.

Lit.: W. SCHULZE, Die Quellen der Hamburger Oper 1678–1738 (H 1938); G. CHASE, C. as opera librettist, in: The Music of Spain (NY 1941); J. SAGE, C. y la música teatral, in: Bulletin Hispanique 58 (1956); J. SUBIRÁ, C. de la Barca, librettista de ópera, in: Annuario Mus. 20 (1965); DERS., Músicos al servicio de C. y de Comella, in: ebd. 22 (1967); J. SAGE, Texto y realización de La estatua de Prometeo, in: Hacia C. (B 1969); S. NEUMEISTER, Mythos u. Repräsentation (Mn 1978); H. W. SULLIVAN, C. in Germany (C/M in Vorb.).

H. W. SULLIVAN

CALEGARI (Callegari), it. Musikerfamilie. – **1) Giuseppe,** * um 1750 Padua, † 1812 ebd. Er war Impresario am Teatro Nuovo in Padua, wo er auch eigene Opern zur Aufführung brachte (u. a. *Ezzelino,* 1776, und *Il Natal d'Apollo,* 1783; beide sind hsl. erhalten). – **2) Antonio,** Bruder von 1), * 17. 2. 1757 Padua, † 28. 7. 1828 ebd.; Komponist, Musiktheoretiker und Violoncellist. Er war in Venedig Schüler von F. G. Bertoni und trat 1776–92 als Komponist mehrerer Opern u. a. für Venedig und Padua hervor. 1801 wurde er 1. Organist, 1814 Kapellmeister an der Antonius-Basilika („Il Santo") seiner Heimatstadt. Seine Kompositionslehre (für Nichtmusiker) erregte in Frankreich zeitweise großes Aufsehen.

WW: **1) Musikalische WW** (sämtlich nur hsl. erhalten): *La Passione di Gesù Cristo,* Oratorium; *La Resurrezione di Lazzaro,* Kantate; *Deucalione e Pirra,* Festa teatrale; Trauergesang auf den Tod von J. Haydn (1810) für Chor u. Orch.; zahlreiche kirchenmusikal. WW und it. Psalmen. – **2) Theoretische WW:** *Gioco pitagorico musicale* (V 1801), frz. Übers. (Napoleon gewidmet): *L'art de composer la musique sans en connaître les éléments* (P 1802, [2]1803); postum erschienen: *Trattato del sistema armonico,* hrsg. v. M. Balbi (Padua 1828, Mi [2]o.J.); die Gesangsschule *Modi generali del canto* (Mi 1836).

3) Luigi Antonio, wahrscheinlich Neffe von 2) u. vermutlich Sohn von 1), * um 1780 Padua, † 1849 Venedig. Von ihm haben sich hsl. 2 Sinfonien für Orch. und 6 *Cantatine* für Singst. und Klv. erhalten.

CALISTO, LA, Oper mit Prolog in 3 Akten von Pietro Francesco Cavalli (1602–76), Text von Giovanni Faustini nach den *Metamorphosen* (II, 409 ff.) des Ovid. Ort und Zeit der Handlung: Griechenland in mythischer Vergangenheit. UA: 1651 in Venedig (Teatro San Apollinare); dt. EA: 23. 5. 1975 Schwetzingen, EA in dt. Sprache: 4. 7. 1976 in Hannover-Herrenhausen.
Faustini griff auf eine Variante des Mythos zurück, in der Juno anstelle von Diana Rache an der von Jupiter verführten Nymphe Calisto übt. Als heitere Nebenhandlung wurde das Abenteuer der Mond-

göttin Luna eingefügt. Damit entsprach das Libretto dem Geschmack des Publikums, das burleske und feierliche, komische und rührende Szenen nebeneinander zu sehen wünschte. Die Oper entstand in der 2. Schaffensperiode Cavallis (1643 bis 52), in der er bis zu 5 Opern jährlich komponierte. Dieser Produktionszwang führte zum Verzicht auf Chor- und Ensemblestücke; außerdem überließ Cavalli die musikalische Detailgestaltung den Ausführenden; er komponierte eine Spielvorlage mit Generalbaß und Singstimme. Lieder und Arien gibt es in der Oper kaum; die wenigen Arien entwickeln sich, gemäß Monteverdis Musikdramen-Konzeption, aus den dominierenden Rezitativen, beispielsweise die Arie der Juno *An den Ufern des Flusses.* Die Oper wurde von Raymond Leppard wiederentdeckt und 1970 beim Glyndebourne Festival mit großem Erfolg aufgeführt. B. DELCKER

CALL-AND-RESPONSE-PATTERN (engl., = Ruf- und Antwort-Schema), eine der ↗afroamerikanischen Musik eigentümliche Form des musikalischen Dialogs. Charakteristisch ist das Alternieren zwischen Vorsänger und Chor, inhaltlich als „Anrufung" *(Call, Statement)* und „Antwort" *(Response)* bestimmt. Aus dem Ineinandergreifen bzw. Überlappen von Call und Response entsteht schon in der afrikanischen Ausprägung eine eigene Art von Mehrstimmigkeit, die auf amerikanischem Boden mit Elementen abendländischer Harmonik verschmilzt. In der Frühphase des Jazz führte das Aneinanderreihen mehrerer Calls und Responses zu einer spezifischen Rollenverteilung der Instrumente (*Lead* der Trompete: *Call,* Posaune und Klarinette mit *Response*-Funktion). Das responsoriale Prinzip findet sich in allen Gattungen der afroamerikanischen Musik (↗Worksong, Ballade, ↗Spiritual, ↗Jazz, und im ↗Blues, dessen Formel sich direkt als eine Form des C. deuten läßt). Eine vom C. beeinflußte Erscheinung ist auch der ↗Riff als häufig zum Solo kontrastierender Gegenpart.

Lit.: A. M. DAUER, Der Jazz (Kas ³1977).

CALLAS (eig. Kalogeropoulos), **Meneghini-C., Maria,** * 3.12.1923 New York, † 16.9.1977 Paris; griech. Sängerin (Sopran). Sie studierte seit 1937 Gesang am Nationalkonservatorium in Athen, u.a. bei Elvira Hidalgo, und debütierte noch während ihres Studiums am Athener Opernhaus als Marta in E. d'Alberts *Tiefland.* International bekannt wurde sie nach ihrem Auftritt 1947 in der Titelrolle von A. Ponchiellis *La Gioconda* bei den Festspielen in Verona. Seither sang sie an allen großen Opernhäusern in Italien und im übrigen Europa, trat seit 1954 auch regelmäßig in den USA auf, 1956–58 auch am Metropolitan Opera House in New York. Zu ihren Glanzrollen gehörten außer den großen Frauenrollen in Opern Verdis, Puccinis und der italienischen Veristen besonders die Partien in nahezu vergessenen Opern Glucks, Cherubinis *(Medea),* Spontinis *(Die Vestalin),* Rossinis, Donizettis und Bellinis, denen sie zu neuer Beachtung verhalf, nicht zuletzt durch ihre Mitwirkung bei den Schallplatteneinspielungen einiger dieser Opern. In den 60er Jahren zog sie sich nach und nach von der Bühne zurück. 1969 übernahm sie die Titelrolle in Pasolinis Film *Medea.* Die C., die ihrer ganzen Persönlichkeit nach in der Tradition der großen Primadonnen des 18. und 19. Jh. stand, zählte zu den bedeutendsten Sängerinnen unserer Zeit. Sie vertrat in wohl einmaliger Weise, stimmlich wie darstellerisch überzeugend, das gesamte Fach des italienischen Soprans, vom dramatischen bis zum Koloratur-Sopran.

Lit.: H. ROSENTHAL, Sopranos of Today (Lo 1956); E. GARA – R. HAUERT, M. C. (G – F 1958) (= Die großen Interpreten 15); F. HERZFELD, M. Meneghini-C. (B 1959); L. RIEMENS, M. C. (Utrecht 1960); A. NATAN, Primadonna, Lob der Stimmen (Bas – St 1962); S. GALATOPOULOS, C. La divina, art that conceals art (Lo 1963, erweiterte Ausg. 1966, NA 1970); B. GAVOTY, M. C., in: 20 große Interpreten (Lau 1966); M. T. PICCHETTI – M. TEGLIA, El arte de M. C. (Buenos Aires 1969); M. WALLMANN, M. C., in: Große Sänger. Ein Stück Operngeschichte, hrsg. v. I. Fabian (Velber 1977).

CALLCOTT, John Wall, * 10.11.1766 London, † 15.5.1821 Bristol (beigesetzt in London); engl. Musiktheoretiker, Komponist und Organist. Als Komponist trat C. vor allem mit Vokalwerken (Catches, Glees und Anthems) hervor. Seit 1807 lehrte er an der Royal Institution in London. Er schrieb eine wichtige allgemeine Musiklehre: *A Musical Grammar* (Lo 1806, ²1809, ³1817, NA Lo 1828, 1883), ferner *Explanations of the Notes, Marks, Words... used in Music* (Lo 1792) sowie *A Plain Statement of Earl Stanhope's Temperament* (Lo 1807).

CALLHOFF, Herbert, * 13.8.1933 Viersen (Rheinland); dt. Komponist und Kirchenmusiker. Er studierte Kirchenmusik an der Folkwanghochschule in Essen, Komposition dort bei S. Reda und bei J. Baur am Robert Schumann-Konservatorium in Düsseldorf, Orgel bei E. Kaller und G. Schneider. Seit 1959 war er Kantor und Organist an St. Elisabeth und Musiklehrer an der Jugendmusikschule in Düsseldorf. Er lehrt seit 1969 (seit 1975 als Professor) Tonsatz und Orgel am Robert Schumann-Institut der Musikhochschule Rheinland in Düsseldorf. C. schrieb neben geistlicher Musik verschiedener Besetzung zahlreiche Kammermusikwerke. Sein Kompositionsstil, anfänglich stark von der neo-tonalen Polyphonie E. Peppings, H. Distlers und Redas beeinflußt, entwickelte sich zunehmend in Richtung auf eine weniger experimentell als strukturbetonte Schaffensweise von dennoch sehr spontaner Klanglichkeit und Farbigkeit.

WW: Für Org.: *Tripartita* (Wilhelmshaven 1972); Partita *Schönster Herr Jesu* (ebd. 1972); *Missa* in 5 Sätzen (F 1973); 7 Epigramme über *Veni Creator Spiritus* (Wilhelmshaven 1974); Sreichquartett Nr. 2 (Wb 1973); Streichquartett Nr. 3 (Neun Metamorphosen im Gedenken an Robert Schumann) (Wb 1973); Fünf Episoden für Fl., Cello u. Klv. (Kö 1973); Bläserquintett Nr. 1 (Kö 1974); *Abbreviaturen* für Trp. u. Org. (Kö 1974); *Movimenti* für 8 Bläser (Kö 1974); Vier Meditationen für Pos. u. Org. (Kö 1976); Bläserquintett Nr. 2 (Kö 1977). – Lateinisches Proprium *Cantate Domino* für gem. Chor (Hei 1963); 3 Motetten für gem. Chor (Wb 1964); *Missa brevis* für gem. Chor (Wb 1964); *Psalm 50* für 6–8st. gem. Chor (Wb 1967); Motetten: *Christus ist gehorsam geworden* für 4–7st. gem. Chor (Wb 1968) u. *Der Mensch lebt u. bestehet* für gem. Chor (Wb 1968); Fünf Motetten nach Texten v. Isaias für gem. Chor, Volksgesang u. Org. (Hei 1968); 2 Liedkantaten für gem. Chor, Volksgesang u. Org. (Hei 1968); *Die Versuchung Jesu* für Sprecher, Tenor u. gem. Chor (Kö 1968); *Psalmentriptychon* für Soli, Chor, Org., Schlagzeug u. Kontrabässe (Kö 1970); *Missa* für 3st. gem. Chor u. Org. (Wb 1971); Drei Zwölftonmotetten für gem. Chor (Wb 1972).

H.-E. BACH

CALLIDO, Gaetano, * 14. 1. 1727 Venedig, † 8. 12. 1813 ebd.; it. Orgelbauer. C. erhielt seine abschließende Ausbildung bei dem berühmten dalmatinischen Orgelbauer P. Nacchini. 1763 machte er sich selbständig. Er arbeitete im Gebiet um Venedig und an der Adriaküste und erhielt sogar Aufträge aus Konstantinopel. Insgesamt baute C. etwa 400 Orgeln. 1766 wurde er mit der Restaurierung der 3 Orgeln von S. Marco in Venedig betraut; 1770 wurde er dort ständiger Orgelbauer. Die Werkstatt wurde seit 1806 von seinen Söhnen *Agostino* († 1826) und *Antonio* (1762–1841) weitergeführt und um 1830 von Giacomo Bazzani übernommen.

Lit.: S. DALLA LIBERA, G. C., organaro veneto, in: Musica Sacra 86 (1962); R. LUNELLI – L. F. TAGLIAVINI, Documenti d'archivio. Lettere di G. C. a Padre Martini, in: L'organo 4 (1953); R. LUNELLI, Organi trentini. Notizie storiche, iconografia (Trient 1964); DERS., Studi e documenti di storia organaria veneta (V 1971) (mit Ausg. des Original-Katalogs der Orgeln v. C.).

CALLINET, frz. Orgelbauerfamilie. – **François,** * 1. 10. 1754 Ladoix (Burgund), † 21. 5. 1820 Rouffach (Elsaß). Er lernte als Orgelbauer zunächst bei Ch. Riepp in Dijon, dann bei J. Rabiny, dessen Teilhaber er 1786 wurde. Seit 1798 arbeitete C. in Rouffach in einer Werkstatt, die Rabiny 1787 gegründet hatte, mit diesem zusammen und übernahm sie nach dessen Tod selbst. Das Unternehmen wurde dann von seinen Söhnen **Joseph,** * 15. 11. 1795 Dijon, † 13. 7. 1857 Rouffach, und **Claude Ignace,** * 12. 6. 1803 Rouffach, † 24. 7. 1874 Vesoul, fortgeführt, unter denen es seine Blütezeit erlebte. Der von Joseph C. geleitete Zweig des Unternehmens erlosch mit dessen Tod, während Claude Ignace C. seine Werkstatt an seinen ältesten Sohn, **Louis François,** * 1. 3. 1834 Rouffach, † um 1890, übergab. **Louis,** * 19. 4. 1786 Ladoix, † 1846 Paris, Neffe von François, wurde bei diesem ausgebildet und war u. a. Teilhaber bei Daublaine & Co. – Die Familie C. gehört zu den bedeutendsten Orgelbauern der 1. Hälfte des 19. Jh. in Frankreich. Sie knüpfte an die Tradition der großen französischen Orgelbauer der Zeit vor der Revolution an. Die von ihr gefertigten etwa 150 Instrumente zeichnen sich vor allem durch leicht ansprechende Traktur, Klangschönheit der einzelnen Register und besondere Ausgewogenheit des Gesamtklangs aus. Hervorzuheben sind die Orgeln im Elsaß in Mollau (Joseph C., 1832), Sermersheim (Joseph C., 1836), Oltingue (Joseph und Claude-Ignace C., 1843), Oberbergheim (Claude Ignace C., 1853) sowie in Ste-Croix-en-Plaine (Joseph und Claude-Ignace C., 1839), die wohl die eleganteste aus der Rouffacher Werkstatt ist.

Lit.: J. GARDIEN, L'orgue et les organistes en Bourgogne et en Franche-Comté au XVIIIe siècle (P 1943); P. MEYER-SIAT, Les organistes de Masevaux (Masevaux 1962, dt. ebd. 1962); DERS., L'organiste J. C. de Mollau (Str 1963); DERS., Les C., facteurs d'orgues à Rouffach, et leur œuvre en Alsace (Str 1965); DERS., Die Orgelbauerfamilie C., in: Acta organologica 2 (1968); DERS., Le projet d'organiste C. pour la cathédrale de Metz, in: Annuaire de la Société d'Histoire et d'Archéologie de la Lorraine 67 u. 68 (1968); P. MELLET, Le grand orgue de l'église Notre-Dame-des Marais de Villefranche-sur-Saône, in: L'Orgue (1970) Nr. 134; F. RAUGEL, Le grand orgue de l'église de la Madeleine de Besançon, in: ebd. (1970) Nr. 135; J. MARTINOD, Répertoire des travaux des facteurs d'orgues du IX siècle à nos jours (P 1970).

CALL ME MADAME, Musical von I. Berlin; dt. Titel: ↗Madam macht Geschichten.

CALMEL, Roger, * 13. 5. 1921 Béziers; frz. Komponist. C. war am Pariser Conservatoire Schüler von S. Plé-Caussade, J. Rivier und D. Milhaud. Seit 1963 leitet er die Vorbereitungskurse auf das musikalische Lehramt an der Maîtrise der ORTF. C. löste sich bald von der strengen Form der seriellen Technik und verwendet seit 1959 dodekaphonische Elemente in freier Form, wobei harmonische und rhythmische Beziehungen durch die Wahl der melodischen Linien determiniert werden. Auch seine neuesten Arbeiten zeigen das Streben nach linearer Klarheit.

WW: **1) Instr.-WW:** Quatuor de Saxophone (1954) (P o.J.); *Pièces faciles* (1962); *Nocturne* (1962) für 3 Fl.; *Pièces brèves* (1967) für 3 Klar. (P o.J.); für Orch.: *Les Alyscamps* (1949); *Ouverture de Néron* (1953); *Ballades* (1953); *Suite en hommage à Gossec*

(1959) (P o.J.); Symphonie (1960) für Streich- u. Schlaginstr. (P o.J.); *Les Charactères* (1964); Klv.-Konzert (1963); Concerto breve (1964) für Vc. u. Orch.; Ob.-Konzert (1968); Org.-Konzert (1968) für Str. u. Schlaginstr.; Concertino (1952) für Saxophon, Br. u. Kammerorch.; Concerto grosso (1955) für Saxophon-Quartett u. Streichorch.; *Morceaux de concours de Conservatoire National supérieur de musique de Paris* (1972), 3sätziges Concertino für Altsaxophon u. Klv. – **2) Vokal-WW:** Lieder; Kantaten: *Liberté* (1960) (nach Texten v. P. Eluard u. Durey); *Les Chemins retrouvés* (1968); *5 Poèmes de Senghor* (1961) für Vokalquartett u. 5 Instr.; *Psaume CI* (1962) für Gesangsensemble; Messe *Alma mater* (1967). – **3) Bühnen-WW:** *La Passion* (1957) (Libr.: A. Gréban) für 2 Bar., 4 Sprecher, Chor u. 15 Soloinstr.; Oper *Le Jeu de l'Amour et de la Mort* (1966) (Libr.: R. Rolland) für Sopran u. Baß; Ballett *Le Sous-Préfet aux champs* (1950).

CALVÉ, Emma (eig. Calvé de Roquer), * 15.8.1858 Décazeville, † 6.1.1942 Millau; frz. Sängerin (Mezzosopran). Sie wurde von J. Puget in Paris ausgebildet und debütierte 1882 in Brüssel als Marguerite in Gounods *Faust.* Nach weiterem Studium (bis 1886), vor allem bei Mathilde Marchesi, trat sie mit großem Erfolg in Paris, Mailand und anderen bedeutenden Opernhäusern in Frankreich und Italien auf. Sie sang in den Uraufführungen von Mascagnis *L'amico Fritz,* von Massenets *La Navarraise* und *Sappho* und 1891 an der Pariser Opéra-Comique erstmals die Titelrolle in Bizets *Carmen.* In dieser Partie feierte sie triumphale Erfolge an allen großen Bühnen der Welt. 1893–1904 gehörte sie dem Metropolitan Opera House und 1907–09 der Manhattan Opera in New York an. Sie galt auch als hervorragende Darstellerin. Bis in die 30er Jahre trat sie gelegentlich noch in Konzerten auf. Ihre Autobiographien erschienen unter den Titeln *My Life* (NY – Lo 1922) und *Sous tous les ciels j'ai chanté* (P 1940).

CALVET, Joseph, * 8.10.1897 Valence-d'Agen (Tarn-et-Garonne), † 1984 Paris; frz. Violinist. Er studierte am Conservatoire in Paris. In den 30er Jahren und nach dem 2. Weltkrieg war er Primarius zweier von ihm gegründeter Streichquartette, die zu den hervorragenden Quartettvereinigungen ihrer Zeit gehörten. C. lehrte auch als Professor Kammermusikspiel am Pariser Conservatoire.

CALVIÈRE, Antoine, * um 1695 Paris, † 18.4.1755 ebd.; frz. Organist. 1730 wurde er Organist an Notre-Dame in Paris, 1738 Nachfolger von L. Marchand an der Chapelle Royale. Später erhielt er das Organistenamt noch an drei weiteren Kirchen: an St-Germain-des-Prés, St-Marguerite und Ste-Chapelle. C. gehörte zu den bedeutendsten französischen Orgelvirtuosen des 18. Jh. und trat vor allem durch seine Improvisationskunst hervor. Er komponierte mehrere Motetten für großen Chor und Orgelstücke, doch ist lediglich ein *Récit de cromorne en taille* (NA von P. Brunold, P 1931) erhalten, das sich stark an Couperin anlehnt.

Lit.: F. RAUGEL, Les grandes orgues des églises de Paris (P 1927); P. BRUNOLD, Un organiste français du XVIIIe siècle, C., in: RMie 8 (1923).

CALVIN (eig. Cauvin), **Jean,** * 10.7.1509 Noyon, † 27.5.1564 Genf; frz. Theologe und Reformator. C. erhielt seine theologisch-philosophische und juristische Ausbildung an den Universitäten in Paris, Orléans und Bourges. 1533 hielt er sich erneut in Paris auf, wo sein Interesse den reformatorischen Bestrebungen galt. 1534 mußte er die Stadt verlassen, nachdem seine Autorschaft an der Antrittsrede seines Freundes Nicolas Cop anläßlich dessen Wahl zum Rektor der Universität bekannt geworden war. C. hatte die Rede als reformatorisches Bekenntnis abgefaßt. 1535 veröffentlichte er in Basel anonym die erste Fassung seiner grundlegenden Schrift *Institutio religionis Christianae.* 1536 kam er nach Genf, wo ihn Guillaume Farel, einer der führenden reformatorischen Theologen der Stadt, bat, die Leitung der jungen evangelischen Gemeinde zu übernehmen. Zu den wichtigsten Anregungen für die Neuordnung im liturgisch-musikalischen Bereich gehörte sein Vorschlag, die ganze Gemeinde am Gesang der Psalmen zu beteiligen. 1538 mußte er Genf wegen eines Zerwürfnisses mit dem Rat der Stadt verlassen und ging nach Straßburg, wo ihm Martin Butzer die Betreuung einer Gemeinde französischer Flüchtlinge übertrug. In der dortigen Liturgie wurde seit 1525 der gemeinsame Psalmengesang besonders gepflegt. C. veröffentlichte Anfang 1539 die erste Sammlung reformierter Gesänge in französischer Sprache: *Aulcuns pseaulmes et cantiques mys en chant.* Der Psalter enthält 22 Texte mit 21 Melodien: 13 Texte stammen von Cl. Marot, 6 Psalmen, das Canticum Simeonis, die 10 Gebote und das Glaubensbekenntnis stammen von C. selbst. Die Texte C.s wurden mit in Straßburg bekannten Melodien versehen, die Melodien zu den Texten Marots sind teils adaptiert, teils sind sie originale Schöpfungen. 1541 wurde C. wieder nach Genf berufen, zur Leitung der dortigen Gemeinde. Hier wies er auch in der Organisation des weltlichen Gemeinwesens der Musik eine wichtige Rolle zu. Er förderte den Gesangsunterricht in den Schulen. Auch der blühende Musikalienhandel dieser Zeit (Simon du Bosc, Guillaume Guéroult) sowie die Fülle mehrstimmiger Psalmenvertonungen (von P. Certon, L. Bourgeois, Cl. Janequin, Cl. le Jeune, Sweelinck u.a.) und geistlicher Lieder (von J. Servin, P. de l'Estocart, Cl. le Jeune u.a.) deuten auf ein reges Musikleben der protestantischen Bevölkerung der Stadt hin. C. selbst hatte Marot und später Théodore de Bèze mit der Übersetzung des Psalters beauftragt und für dessen Veröffentlichung seine eigenen Texte zurückgezogen. Der vollständige Text mit den Melodien erschien 1562. Die 150 Psalmen wurden in festgelegter Reihenfolge auf das Kirchenjahr verteilt. – ↗Hugenottenpsalter.

C.s Musikauffassung ist durch einen strengen Purismus gekennzeichnet. Die geistliche Musik soll sich durch Erhabenheit und Bedeutung von der profanen Musik abheben; insbesondere darf sie nicht durch reine Sinnenfreude von ihrer eigentlichen Bestimmung ablenken. Deshalb ist für C. Musik auch untrennbar an das Wort gebunden. Diese Anschauungen hat er im Vorwort des Psalters niedergelegt. Weitere Zeugnisse seiner Musikauffassung finden sich in der *Institutio religionis Christianae* (in der endgültigen Fassung der 4. Aufl. [1559], im 3. Buch, Kap. 20, Absatz 31–33) und in den *Ordonnances ecclésiastiques* (2. Fassung 1561, im Kap. *Des chants ecclésiastiques*).

Ausg.: GA, in: Corpus Reformatorum 29–87 (Brau 1863–1900); *Aulcuns pseaulmes,* Faks.-Ausg. v. M. D. DELÉTRA (G 1919); dass., Faks.-Ausg. v. CH. S. TERRY, C.'s First Psalter (Lo 1932); dass., Faks.-Ausg. v. H. HASPER (s. u. Lit.); Vorwort zum Psalter, hrsg. v. P. PIDOUX (s. u. Lit.); *La Forme des prières,* Faks. der Ausg. Genf 1542, hrsg. v. P. PIDOUX (Kas 1959); Le psautier huguenot du XVIe siècle, 3 Bde., hrsg. v. DEMS., I–II (Bas 1962), III (Assen – Kas 1969).

Lit.: H.-L. BORDIER, Le chansonnier huguenot du XVIe siècle (G 1969) (Reprogr. Nachdr. der Ausg. Paris 1870/71); É. DOUMERGUE, J. C., 7 Bde. (Lau 1899–1927); L. WENCELIUS, L'esthétique de C. (P 1937); R. WILL, La première liturgie de C., in: Revue d'Histoire et de Philosophie religieuse 18 (1938); E. SCHILD, C.s Vermächtnis an die ev. Kirchenmusik, in: MuK 14 (1942); F. WENDEL, C. (P 1950); C. GARRIDA, C.'s Preface to the Psalter, in: MQ 37 (1951); Y. ROKSETH, Les premiers chants de l'Église calviniste, in: RMie 36 (1954); H. HASPER, Calvijns Beginsel voor den Zang in den Eredienst, I (Den Haag 1955), II (Groningen 1976); H. P. CLIVE, The Calvinist Attitude to Music, in: Bibl. d'Humanisme et Renaissance 19–20 (G 1957–58); P. PIDOUX – M. JENNY, Unters. zu den Aulcuns pseaulmes, in: JbLH 2 (1956); M. JENNY, Der Genfer Psalter, in: MuA 18 (1966); J. M. MACMILLAN, The Calvinistic Psalmody of Cl. Le Jeune, 3 Bde. (1966) (= Diss. New York Univ.); K. MCDONELL, J. C. The Church and the Eucharist (Princeton 1967); H. SCHOLL, Der Dienst des Gebetes nach J. C. (Z 1968); G. W. LOCHER, Grundzüge der Theologie Huldrych Zwinglis im Vergleich mit derjenigen M. Luthers u. J. C.s. Ein Überblick (Z 1968); M. E. BISGROVE, Sacred Choral Music in the Calvinistic Tradition of the Protestant Reformation in Switzerland and France from 1541 to 1600 (1969) (= Diss. New York Univ.); O. SÖHNGEN, Die Musikanschauung der Reformatoren u. die Überwindung der ma. Musiktheologie, in: Musa – Mens – Musici. FS W. Vetter (L 1969); P. PIDOUX, Loys Bourgeois' Anteil am Hugenotten-Psalter, in: JbLH 15 (1970); C. M. ROPER, The Strasbourg French Psalters 1539–1553 (1972) (= Diss. masch. Univ. of Southern California).

M. HONEGGER

CALVISIUS, Sethus (eig. Set Kalwitz), * 21. 2. 1556 Gorsleben (Thüringen), † 24. 11. 1615 Leipzig; dt. Komponist und Musiktheoretiker. C. studierte 1579 an der Universität Helmstedt, seit 1580 in Leipzig, wo er 1581 Kantor der Paulinerkirche wurde. 1582 erhielt er auf Empfehlung u. a. von N. Selneccer das Kantorenamt in Schulpforta. 1594 wurde er Kantor der Thomaskirche und Musikdirektor der Hauptkirchen in Leipzig. Spätere Berufungen an die Universitäten Frankfurt an der Oder und Wittenberg schlug er aus.

WW: **1) Musikalische WW:** *Hymni sacri latini et germanici* für 4 St. (Erfurt 1594); *Harmonia cantionum ecclesiasticarum. Kirchengesenge und geistliche Lieder* für 4 St. (L 1597) (mehrere Auflagen u. Abschriften, auch in Tabulatur); *Bicinia septuaginta ad sententias evangeliorum* (L 1599) möglicherweise verschollen, erweiterte NA als *Biciniorum libri duo* (L 1612) das 2. Buch enthält 90 Stücke verschiedener anderer Komponisten); *Tricinia. Außerlesene Teutsche Lieder* (L 1603); *Der Psalter Davids Gesangweis, vom Herrn D. Cornelio Beckern... verfertiget,* für 4 St. (L 1605 u. ö.); 2 Gesänge einzeln gedruckt, weitere hsl. u. in Sammeldrucken des 17. Jh., u. a. in den beiden Teilen des *Florilegium portense* v. E. Bodenschatz (RISM 1618[1] u. 1621[2]). – **2) Schriften:** ΜΕΛΟΠΟΙΙΑ *(Melopoeia) sive Melodiae condendae ratio, quam vulgo musicam poeticam vocant* (Erfurt 1592, Magdeburg 1630); *Exercitationes musicae duo* (L 1600); *Compendium musicae pro incipientibus* (L 1602); *Exercitatio musica tertia* (L 1611); *Musicae artis praecepta nova et facillima* (Jena 1612).

C.' Kompositionen entstanden in engem Zusammenhang mit seiner Unterrichts- und Kantorstätigkeit, so die Hymnen und *Bicinia* in Schulpforta, die 4stimmige Bearbeitung des Beckerschen Psalters und die 22 *Tricinia* in Leipzig. C., der ein universal begabter Gelehrter war und sich auch als Astronom, Historiker und Latinist hervortat, interessierte sich als Musiktheoretiker sowohl für den Elementarunterricht als auch für die Kompositionslehre *(Musica poetica).* In seiner *Melopoeia* legte er die Bücher I–IV der *Istitutioni Harmoniche* Zarlinos zugrunde und machte damit erstmals im deutschsprachigen Raum mit dessen musiktheoretischem Gedankengut in übersichtlicher Form bekannt. Im Kapitel *De oratione sive textu* werden zum ersten Mal poetische Figuren erwähnt, allerdings noch nicht auf die Musik übertragen. Seine Leistung als Musiktheoretiker beruht nicht zuletzt auf einer Synthese des reformatorischen Erbes mit dem Humanismus und den musikalischen Ideen der italienischen Renaissance.

Ausg.: *Tricinia,* hrsg. v. P. RUBARDT (B 1949); Extempore-Kanons über einer Choralmelodie, in: E. T. FERAND, Die Improvisation (Kö 1956) (= Das Musikwerk 12); ein 6st. Satz in: J. H. SCHEIN, Cantional..., Teil 1, hrsg. v. A. Adrio (Kas 1965) (= Neue Schein-GA II); die 8 Motetten aus dem *Florilegium Portense,* hrsg. v. A. TUNGER, in: Das Chorwerk alter Meister 13 (St 1965).

Lit.: K. BENNDORF, S. C. als Musiktheoretiker, in: VfMw 10

(1894); DERS., Calvisiana, in: MfM 33 (1901); G. PIETZSCH, S. C. u. J. Kepler, in: Die Musikpflege 1 (1930); O. RIEMER, S. C., der Musiker u. Pädagoge, in: ebd. 3 (1932); H. H. UNGER, Die Beziehungen zwischen Musik u. Rhetorik im 16.–18. Jh. (Wü 1941); C. DAHLHAUS, Musiktheoretisches aus dem Nachlaß v. S. C., in: Mf 9 (1956).

CALYPSO, in Mittelamerika und auf den Antillen (Jamaika, Trinidad) verbreitetes populäres Tanzlied. Der Text hat oft kritisch-satirischen Charakter und besteht aus einem Agglomerat französischer, englischer und afrikanischer Wörter. Er wird auf eine improvisierte Melodie mit Begleitung von Rhythmusinstrumenten gesungen und getanzt. Der

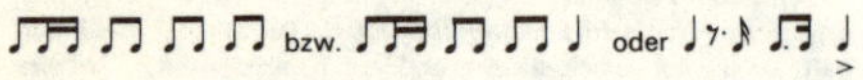

C. entwickelte sich jedoch seit Mitte der 50er Jahre des 20. Jh. zu einem Modetanz im gemäßigten Zeitmaß, ähnlich der ↗Rumba ($^2/_4$- oder $^4/_4$-Takt). Er wurde seit 1957 (namentlich durch Harry Belafontes *Bananaboat-Song*) auch in Europa sehr bekannt.

Lit.: N. R. ORTIZ ODERIGO, El C., Expresión musical de los negros de Trinidad, in: Miscelánea F. Ortiz 2 (Havanna 1956); D. J. CROWLEY, Toward a Definition of C., in: Ethnomusicology 3 (1959).

CALZABIGI (Calsabigi), **Ranieri de',** * 23. 12. 1714 Livorno, † Juli 1795 Neapel; it. Schriftsteller. Er studierte in Livorno und Pisa und beteiligte sich schon früh am literarischen Leben seiner Zeit; er war u. a. Mitglied der poetisch-literarischen Gesellschaft „Arcadia" in Rom. In Neapel lernte er Metastasio kennen. Nach 1750 hielt er sich längere Zeit in Paris auf, wo er 1757 mit seinem Bruder und mit Casanova die erste Lotterie einrichtete. 1761 kam er als Beamter der Niederländischen Rechnungskammer nach Wien. Hier wurde er u. a. mit dem Hoftheaterintendanten Graf Durazzo bekannt, der eine Zusammenarbeit zwischen ihm und Gluck vermittelte, für den C. dann die Libretti zu *Orfeo ed Euridice* (1762), *Alceste* (1767) und *Paride ed Elena* (1770) schrieb. Um 1774 kehrte er nach Italien zurück und lebte seit 1780 in Neapel. Von den in Italien entstandenen Libretti hatte das Dramma per musica *Elfrida* mit der Musik von Paisiello (UA Neapel 1792) großen Erfolg.

WW: **1) Libretti:** neben den genannten u. a. *La critica teatrale* (für F. Gaßmann, UA: Wien 1769); *Ipermestra o le Danaidi* (zunächst für Gluck bestimmt, der es gegen C.s Willen seinem Schüler Salieri weitergab, UA: Paris 1784; vgl. dazu C.s Brief an den Hrsg. des *Mercure de France*, abgedruckt in dieser Zs., Nr. 34, 21. 8. 1784); *Elvira* (für Paisiello, UA: Neapel 1794); weitere Libretti für F. Bambini, G. Manna, P. Morandi u. G. Millico. – **2) Italienische Dichtungen,** darunter das im Zusammenhang mit dem Buffonistenstreit entstandene und gegen Lully u. Rameau gerichtete „Poema Eroicomico" *La Lulliade ò i Buffi italiani scacciati di Parigi* (hsl. erhalten). – **3) Schriften:** *Dissertazione su le Poesie drammatiche del Sig. Abate P. Metastasio,* abgedruckt im 1. Bd. der Werke Metastasios (P 1755); *Lettera... al Sig. Conte Vitt. Alfieri sulle quattro sue prime tragedie* (o.O.o.J. [1784]); *Risposta che ritrovo casualmente... il licenziato Don Santigliano...* (V 1790) (Pamphlet gegen E. de Arteaga). – C. besorgte selbst zwei Auswahl-Ausg. seiner WW: *Poesie e Prose di Ranieri De' Calsabigi,* 2 Bde. (Livorno 1774) *und Poesie e Prose diverse di...,* 2 Bde. (Neapel 1793).

C., der zeitweise ein abenteuerliches Leben führte, hat in der Operngeschichte des 18. Jh. eine bedeutende Rolle gespielt. Als brillanter Schriftsteller griff er nicht unerheblich in den ↗Buffonistenstreit ein, in dem er auf der Seite der Italiener stand. Vor allem aber ist seine Leistung als Librettist hervorzuheben. Er stand zunächst unter dem damals übermächtigen Einfluß Metastasios, dem er sich um 1750 auch persönlich zuwandte; er förderte in dieser Zeit in Paris sogar eine Ausgabe von dessen Werken. Dann aber wurde er einer seiner entschiedensten Gegenspieler, wobei es ihm gelang, die allenthalben immer stärker werdenden ästhetischen Einwände gegen Metastasios Typus der Opera seria in eine neue Opernkonzeption einzubringen, für die insbesondere die Darstellung wahrer, großer und einfacher Ideen grundlegend war. Diese Konzeption schlug sich namentlich in den für Gluck geschriebenen Libretti nieder. Sie bedurfte freilich auch Glucks musikalischer Gestaltung, um in einer neuen Einheit von Wort, Ton, Idee und dramatischer Handlung zu jener Opernreform zu werden, die nach 1762 durch den *Orfeo* und die anderen „Reformopern" Glucks die weitere Entwicklung der Gattung entscheidend bestimmte.

Lit.: H. WELTI, Gluck u. C., in: VfMw 7 (1891); G. LAZZERI, La vita e l'opera letteraria di R. C. (Città di Castello 1907); A. EINSTEIN, C.s „Erwiderung" v. 1790, in: Gluck-Jb. 2/3 (1915/17); J.-G. PROD'HOMME, Deux collaborateurs italiens de Gluck. R. d. C., G. d'Affligo, in: RMI 23 (1916); E. MICHEL, R. C. als Dichter v. Musikdramen u. als Kritiker, in: Gluck-Jb. 4 (1918); A. EINSTEIN, Gluck (Lo – NY 1936); A. DELLA CORTE, Gluck (Fi 1948); R. GIAZOTTO, Poesia melodrammatica e pensiero critico nel Settecento (Mi 1952); A. EINSTEIN, Ein unbekannter Operntext C.s, in: Nationale u. universale Musik (Z – St 1958); M. FUBINI – E. BONORA, L'opera per musica dopo Metastasio, in: P. Metastasio, Opere, hrsg. v. M. Fubini (Mi 1968) (= La letteratura italiana 61); R. DEL CORONA, in: Rass. mus. Curci 22 (1969) Nr. 4; H. HAMMELMANN – M. ROSE, New Light on C. and Gluck, in: The Musical Times 110 (1969); M. DONÀ, Dagli archivi Milanesi. Lettere de R. de' C. e di A. Bernasconi, in: Anal. Mus. 14 (1974).

CAMARGO ↗Cupis de Camargo.

CAMARGO GUARNIERI (Mozart), * 1. 2. 1907 Tietê bei São Paulo; brasilianischer Komponist. C. studierte in São Paulo bei E. Barga und Sá Pareira

Klavier, bei L. Baldi Dirigieren, anschließend als Stipendiat in Paris bei Ch. Koechlin Komposition und bei Ch. Münch Dirigieren. Neben seiner Tätigkeit als Leiter des Orchesters von São Paulo war er Kompositionslehrer an den Universitäten Goiâs und Uberlândia sowie am Konservatorium von Santos. Als Gründer und Leiter (seit 1975 Ehrenpräsident) der Academia brasileira de música wurde C. nach H. Villa-Lobos der führende Kopf einer zweiten Generation national orientierter brasilianischer Komponisten. Sein über 600 Kompositionen umfassendes Werk zeichnet sich vorwiegend durch die Verwendung stilisierter folkloristischer Elemente aus und ist in dieser Hinsicht nicht zuletzt durch den Schriftsteller, Librettisten und Programmatiker Mario de Andrade beeinflußt.

WW: 50 *Ponteios* für Klv., Ausw., in: Neue brasilianische Klv.-Musik (Kö 1969); Bearbeitungen brasilianischer Gitarrenmusik; *Chôros* für ein Soloinstr. u. versch. Ensembles; Streichquartette u. andere Kammermusik; 5 Sinfonien; 5 V.- u. 2 Klv.-Konzerte; *Homenagem a Villa-Lobos* (1966) für Blasorch.; Lieder u. Kantaten; *Missa Dilígite* (1972) für Sopran, gem. Chor u. Org.; *Pedro Malazarte*, Komische Oper in einem Akt (1932) (nach Andrade); *Um homem só* (1960), Tragische Oper in einem Akt (nach G. Guarnieri).

Lit.: Werkkatalog (São Paulo 1977) (Ministerio das Relacoes Exteriores).

H. LINDLAR

CAMBEFORT, Jean de, * 1605, † 4. 5. 1661 Paris; frz. Sänger und Komponist. Er war seit etwa 1635 Sänger in der Kapelle Kardinal Richelieus, später Mazarins, 1644 wurde er Kapellmeister der Chorknaben, 1650 auch Komponist der Kammermusik des Königs. 1655 trat er als „Surintendant de la musique" des Königs die Nachfolge seines Schwiegervaters P. Auger an. Er wirkte 1650–60 als Sänger und Komponist an zahlreichen Ballets de cour mit (u. a. *Ballet royal de la Nuit*, 1653; *Ballet du Temps*, 1654). C. schrieb 2 Bücher *Airs de cour à 4 parties* (P 1651, 1655), in denen er, einer der letzten Vertreter dieser Gattung, an die dramatische Tradition von P. Guédron anknüpft. In seinen ↗Recits erweist er sich als ein Vorläufer des Lullyschen Rezitativs.

Lit.: H. PRUNIÈRES, J. de C., surintendant de la musique du roi, d'après de documents inédits, in: AM 1912 (P 1913).

CAMBERT, Robert, * um 1628 Paris, † 1677 London; frz. Komponist und Organist. Er war Schüler von Champion de Chambonnières, 1655–74 als Nachfolger von N. Gigault Organist an St-Honoré in Paris, seit 1662 gemeinsam mit G. Bataille d. J. „Surintendant de la musique" der Königinmutter Anna von Österreich. Angeregt durch die Aufführungen italienischer Opern in Paris, die durch Mazarin gefördert wurden, auch durch Versuche von Ch. d'Assoucy und M. de La Guerre, wollte C. eine „comédie en musique" nach italienischem Vorbild schaffen. Es entstand zunächst das lyrische Bühnenwerk *La muette ingrate* (1658), das er in seinem eigenen Haus zur Aufführung brachte. Bald darauf begann die Zusammenarbeit mit Pierre Perrin, der die Libretti zu *La Pastorale* und *Ariane ou le mariage de Bacchus* schrieb. Beide Werke entstanden 1659. Nach etwa 10jähriger Pause wurde die Zusammenarbeit 1669 fortgesetzt, als Perrin das Privileg zur Veranstaltung von „Académies d'Opéra", d. h. von ständigen Opernaufführungen, erhielt und sich deswegen mit C. zusammenschloß. Allerdings erwies sich die Wahl der Geschäftspartner als unglücklich. Perrin erlitt finanzielle Verluste und wurde 1671 in Schuldhaft genommen. Im März 1671 wurde die fünfaktige Pastorale *Pomone* mit nachhaltigem Erfolg aufgeführt, im Februar 1672 die Pastorale *Les peines et les plaisirs de l'Amour.* Dennoch mußte am 1. April 1672 das Theater geschlossen werden. Lully nützte die mißliche Lage Perrins aus, erwarb dessen Privileg und gründete die Académie Royale de Musique. C. ging 1673 nach London und gründete dort mit Unterstützung von L. Grabu ein Theater, die Royal Academy of Music. 1674 wurde seine *Ariane* aufgeführt. Obwohl C. von König Karl II. zunächst gefördert worden war, erhielt er doch kein Amt am Hofe.

WW: *Airs à boire* für 2–3 St. (P 1665); *Pomone* (Libr.: P. Perrin), Pastorale, UA: 1671 (P 1671) (nur Prolog, 1. Akt u. ein Teil des 2. Akts erhalten); *Les peines et les plaisirs de l'amour* (Libr.: G. Gilbert), Pastorale, UA: 1672 (P 1672) (nur 1. Akt erhalten); *Ariane ou le mariage de Bacchus* (1659) (Libr.: P. Perrin), Oper, UA: 1670 beim Herzog von Nevers, erhalten nur das Libretto u. hsl. die Musik eines neuen Prologs und veränderter Szenen unter dem engl. Titel *Ariadne or the Marriage of Bacchus*, UA: London 1674; gedruckt wurde ferner ein *Trio-bouffe de Cariselli* (P 1666) für die Comédie *Le Jaloux invisible* von Brécourt. – Von anderen Bühnenwerken C.s hat sich die Musik nicht erhalten: *La muette ingrate* (1658), Élégie; *La Pastorale* (1659) (Libr.: P. Perrin); *Ballet et musique pour le divertissement du roi de la Grande Bretagne* (1674).

Man kann C. zwar nicht als den eigentlichen Begründer der französischen Oper betrachten, aber sein Name ist dennoch eng mit dieser verbunden, und eine Begabung für dramatische Musik kann ihm nicht abgesprochen werden. Doch die Verbindung mit Perrin, der keinen Sinn für das Theater hatte, geriet ihm zum Nachteil. Es war auch sein Fehler, daß er, wie viele französische Musiker seiner Zeit, dem Rezitativ als dem Hauptproblem der Opernkomposition gewissermaßen aus dem Wege ging. Zwar inspirierte ihn in seiner *Pomone* die dramatische Handlung zu erregenden und pathetischen Szenen, es war C. aber nicht gegeben – wie seine wenigen erhaltenen Bühnenwerke zeigen – die

Ausdrucksmomente des Air de cour dem zeitgenössischen Geschmack entsprechend einzusetzen. Es blieb Lully vorbehalten, in der Tragédie lyrique, die sich mehr als die Gattung der Pastorale zur Darstellung von Gefühlen und Leidenschaften eignete, die Bemühungen C.s um die Oper zur Geltung zu bringen, indem er das italienische Ideal dem französischen Geschmack anpaßte.

Ausg.: Einzelne Stücke aus *Pomone* u. *Les peines et les plaisirs*, hrsg. v. WECKERLIN, in: Coll. Michaelis; *Trio-bouffe de Cariselli*, hrsg. v. WECKERLIN, in: ebd.; dass., hrsg. v. A. POUGIN, in: Les vrais créateurs de l'opéra française (P 1881).

Lit.: A. POUGIN, Les vrais créateurs de l'opéra française, Perrin u. C. (P 1881); R. ROLLAND, Histoire de l'opéra en Europe avant Lully et Scarlatti (P 1894); A. TESSIER, R. C. à Londres, in: RM 8 (1927); W. H. GRATTAN FLOOD, Quelques précisions nouvelles sur C. et Grabu à Londres, in: RM 9 (1928); L. DE LA LAURENCIE, Les créateurs de l'opéra française (P [2]1930); PH. H. KENNEDY, The First French Opera. The Literary Standpoint, in: Recherches sur la musique française classique 8 (1968); A. J. BOROWITZ, Lully and the Death of C., in: MR 35 (1974).

A. VERCHALY

CAMBIATA, Nota cambiata (it., = Wechselnote), eine an die Stelle der regulär geforderten Konsonanz tretende Dissonanz (↗Konsonanz und Dissonanz). – Nach A. Berardi (1689) ist die C. als *Transitus irregularis* eine auf relativ betonter Zählzeit eintretende und auf der folgenden unbetonten Zeit in eine Konsonanz aufgelöste Dissonanz, also eine Verwechslung des üblichen Betonungsverhältnisses von Konsonanz und Dissonanz:

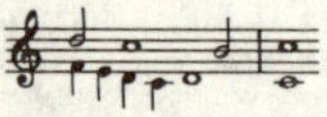

Nach der klassischen Definition von J. J. Fux (1725) ist C. die stufenweise von oben eingeführte, auf unbetonter Zählzeit stehende Dissonanz, deren reguläre Auflösung durch einen Sprung zur Unterterz verzögert wird *(Fuxsche Wechselnote):*

Bei Palestrina bildet diese Formel die einzige Ausnahme von der Regel, Durchgangsdissonanzen stufenweise weiterzuführen. – Die C. war ursprünglich eine melodische Ziernote, die in eine absteigende Quart 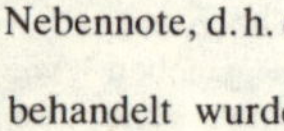 eingefügt und als abspringende Nebennote, d. h. ohne den Zwang zur Auflösung, behandelt wurde . Diese dreitönige Figur wurde im 15. Jh. häufig an Schlüssen eingesetzt oder aber mit beliebigen Tönen fortgeführt. Im 16. Jh. bildeten sich für die Fortschreitung bestimmte Regeln heraus, welche die klassische C. begründeten: der abspringenden Terz auf unbetonter Zählzeit folgte, als Fortsetzung des unterbrochenen Durchgangs, stets ein Sekundschritt aufwärts;

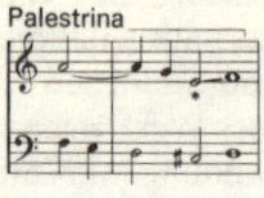

nach betonter Zählzeit konnte noch ein Terzsprung aufwärts eingefügt werden, so daß sich die C. zur fünftönigen Formel erweitert:

Eine um 1500 auftretende Form stellt die Umkehrung der klassischen C. dar: die durch aufsteigenden Sekundschritt eingeführte Dissonanz wird durch einen Sprung zur Oberterz verspätet aufgelöst. Das folgende Beispiel aus der Messe *Hercules dux Ferrariae* von Josquin des Prés zeigt die klassische und die umgekehrte C. in unmittelbarer Aufeinanderfolge, wobei die Bedeutung der reinen Quart für die melodische Struktur ersichtlich ist:

Lit.: A. BERARDI, Miscellanea musicale (Bol 1689); J. J. FUX, Gradus ad Parnassum (W 1725), dt. Übers. v. L. Mizler (L 1742), dt. Teilausg. v. A. Mann (Celle 1938); K. JEPPESEN, Der Palestrinastil u. die Dissonanz (dt. L 1925); DERS., Kontrapunkt (dt. L 1935, [8]1977); C. DAHLHAUS, Die „Nota cambiata", in: KmJb 47 (1963).

C. KÜHN

CAMBINI, Giuseppe Maria (nicht Giovanni Giuseppe), * 13. 2. 1746 Livorno, † 29. 12. 1825 Bicêtre bei Paris (beide Daten nicht gesichert); it. Komponist. Über sein Leben bis etwa 1770 ist nichts Sicheres bekannt. Vielleicht war er Schüler von Manfredi und/oder P. Nardini. Über ein nicht datiertes gemeinsames Quartettspiel mit diesen beiden Musikern und mit L. Boccherini (vielleicht um 1760) berichtet C. selbst (AmZ 6, 1804). Nach Grimm (*Correspondance littéraire*, August 1776) soll C. nach einem Aufenthalt in Neapel von Seeräubern gefangen und in die Sklaverei verschleppt und später von einem venezianischen Kaufmann freigekauft worden sein. Um 1770 kam er nach Paris, wo 1773 erstmals ein Werk von ihm in dem Concert spirituel aufgeführt wurde. In der Folgezeit war er wahrscheinlich als Instrumentalist in der Königlichen Kapelle tätig; als solchen lernte ihn Mozart während seines Parisaufenthaltes kennen, der aber (Brief vom 1. 5. 1778 an den Vater) kein sonderlich günstiges Bild von ihm entwirft. Vermutlich stand C. zeitweilig auch im Dienst des Marschalls Jules de Noailles, auch schrieb er Werke für mehrere Pariser Theater. Später ist eine reiche kompositorische Tätigkeit C.s im Zusammenhang mit den Ereignissen der Französischen Revolution bezeugt. Seit Anfang des 19. Jh. scheint er sich hauptsächlich schriftstellerisch betätigt zu haben, u. a. als Mitarbeiter mehrerer Musikzeitschriften (*Allgemeine musikalische Zeitung; Correspondance des amateurs musiciens; Les Tablettes de Polymnie*). Er starb offenbar in Armut und Vergessenheit.

WW (meist in Paris gedruckt u. mit Opuszahlen versehen): **1) Instr.-WW:** Sonaten u. a. Stücke für Fl. u. B., für V. u. B., für Klv. bzw. Cemb. u. V.; Duos u. *Duos concertants* für 2 Fl., 2 V., Fl. u. V., V. u. Va., 2 Violen, V. u. Vc.; Trios u. *Trios concertants* für 2 V. u. Va., 2 V. u. Vc., V., Va., Vc., Fl., V., Va., Fl., V., Vc., 2 Fl. u. Vc., Fl., Ob., Fg.; Quartette u. *Quatuors concertants* für Streichquartett sowie für Fl. bzw. Ob. u. Streichtrio; Quintette für Str., für Fl. u. Str., für Bläser; konzertante Sinfonien (ca. 30 erhalten); Konzerte für Flöte, für Va., für Klv. u. Orch.; zahlreiche Bearbeitungen von beliebten Opernarien für verschiedene Besetzungen. – **2) Vokal-WW:** Von C.s zahlreichen Opern, deren Aufführungen nachgewiesen sind, haben sich nur (hsl.) erhalten: *La statue*, Comédie, UA: P 1784, u. das Pasticcio *Le tuteur avare*, Opéra bouffon (zus. mit P. Anfossi), UA: P 1787; einzelne Arien aus anderen Opern erschienen gedruckt, ferner Kantaten für SingSt u. Orch., darunter *Apollon prends pitié* u. *Le compositeur*, Scène comique; Revolutionshymnen u. -oden für SingSt u. Klv. bzw. Orch. – **3) Unterrichts-WW u. Schriften:** *Méthode pour la flûte traversière* (P ca. 1799); *Nouvelle méthode théorique et pratique pour le violon* (P ca. 1800); mehrere Zss.-Aufsätze, darunter *Ausführung der Instrumentalquartetten*, in: AmZ 6 (1804); *Über den Charakter, den die italienische und deutsche Musik haben, und die französische haben sollte*, in: AmZ 7 (1805).

C.s Domäne war die Gattung der Symphonie concertante und besonders des Quatuor concertant. Werke aus diesem Bereich bezeugen eine beachtliche Meisterschaft in der Behandlung eines konzertant-solistisch aufgelockerten Quartettsatzes. Jedoch war ihnen nach einer kurzen Zeit der Beliebtheit auch über Paris hinaus kein Nachruhm vergönnt, nachdem vor allem das kammermusikalische Schaffen J. Haydns europäische Verbreitung gewann.

Ausg.: (4.) *Symphonie concertante en ré à deux violons principaux* (NY 1937); Quartett op. 40,3, hrsg. v. E. BONELLI (Padua 1953); *Concerto en sol*, op. 15/3, für Klv. u. Orch., hrsg. v. G. BARBLAN (Mi 1959): *Concerto en si* b, op. 15/1, für Klv. u. Orch., hrsg. v. DEMS. (1964); *Concerti* B-Dur, op. 15/1 u. 3, für Klv. u. Orch., hrsg. v. DEMS., 2 Bde. (Mi 1964 u. 1959); 3 *Trios concertants* für 2 V. u. Va., hrsg. v. K. SCHULTZ-HAUSER (Mz 1967); *Trio* Nr. 5 F-Dur u. Nr. 6 G-Dur für 2 Fl. u. Va., hrsg. v. DEMS. (Mz 1967); Fl.-Duos op. 11, Nr. 4–6, hrsg. v. W. LEBERMANN, 3 H.e (Mz 1967–68); *Quatuor concertant Nr. 6*, hrsg. v. H. UNVERRICHT (Kö 1972) (= Das Musikwerk 46); Sinfonie D-Dur für Kammerorch., hrsg. v. B. PÄULER (F 1976).

Lit.: E. BORREL, Un cours d'interprétation de la musique de violon au XVIIIe siècle par C., in: RMie 13 (1929); G. RONCAGLIA, Di G. C., quartettista padre, in: Rass. Mus. 6 (1933); DERS., Ancora di G. C., in: ebd. 7 (1934); DERS., G. C., quartettista romantico, in: ebd.; DERS., G. G. C. e le origini del „Quartetto d'Archi" (Modena 1934); A. BONACCORSI, Di alcuni quintetti di G. G. C., in: Rass. Mus. 20 (1950); G. BARBLAN, G. G. C., in: Chigiana 11 (1954); A. WIRSTA, Écoles de violon au XVIIIe siècle, d'après les ouvrages didactiques (P 1955); B. S. BROOK, La symphonie française dans la 2de moitié du XVIIIe siècle (P 1962); G. RONCAGLIA, G. G. C. quartettista, in: Chigiana 19 (1962); D. L. TRIMPERT, Die Quatuors concertants v. G. C. (Tutzing 1967) (= Mainzer Stud. z. Musikwiss. 1); U. SIRKER, Die Entwicklung des Bläserquintetts in der 1. Hälfte des 19. Jh. (Rb 1968) (= Kölner Beitr. z. Musikforsch. 50).

CAMELOT, amerik. Musical in 2 Akten von Frederick Loewe (* 1904), Buch und Song-Texte von Alan Jay Lerner nach T. H. Whites Roman *The Once and Future King*. Ort und Zeit der Handlung: Camelot, das Schloß König Arthurs, in sagenhafter Zeit. UA: 3. 12. 1960 in New York (Majestic Theater) unter der Leitung von Franz Allers mit Julie Andrews und Richard Burton in den Hauptrollen. Verfilmt 1967.

Mit diesem Musical um König Arthur, Königin Guenevere und die Ritter der Tafelrunde versuchten die Autoren, an den überwältigenden Erfolg von *My Fair Lady* anzuknüpfen. Dies dokumentiert nicht zuletzt die zum Teil identische Besetzung des Personals auf und hinter der Bühne. Künstlerisch mißlang dieser Versuch. Die Kritiker bemängelten in erster Linie die fehlende Zielgerichtetheit der Handlung sowie das starre Festhalten am erprobten und erfolgreichen Handlungsschema. Dank der gelungenen Gesangsnummern, von denen *If ever I would leave you, What do the simple Folks do?* und der Titelsong *Camelot* besonders bekannt wurden, stellte sich mit 873 Vorstellungen en suite zumindest beim Publikum ein deutlicher Erfolg ein.

S. KUROCK – R. M. SIMON

CAMERATA FIORENTINA, Bz. für eine philosophisch-ästhetisch interessierte Gemeinschaft von Gelehrten, Philosophen, Dichtern und Musikern, die sich, wie ähnliche Vereinigungen, nach dem Vorbild der antiken Platonischen ↗Akademie in

Florenz seit Ende der 70er Jahre des 16. Jh. regelmäßig trafen, zunächst (bis in die Mitte der 80er Jahre) im Hause des Grafen G. ↗Bardi. Die Mitglieder, darunter die Musiker Vincenzo Galilei (der Vater des Astronomen), Emilio de' Cavalieri, Jacopo Peri, Giulio Caccini, Marco da Gagliano und der Dichter Ottavio Rinuccini befaßten sich vor allem mit musikalischen Fragen und leisteten einen bedeutenden Beitrag zur Entwicklung des begleiteten Sologesanges (↗Monodie) und zur Entstehung der Oper. Bestimmend für die Musikanschauung der C. F. wurde der Philologe Girolamo Mei, der als erster darauf aufmerksam machte, daß die überwältigende Wirkung der antiken Musik auf der Monodie, dem allein von Kithara oder Aulos begleiteten Sologesang, beruhte. Mei hatte 1565 in einer römischen Bibliothek 3 Hymnen des spätantiken griechischen Dichters Mesomedes entdeckt. Seine aus dem Studium dieser Stücke resultierenden Ergebnisse (die Notenschrift konnte er jedoch noch nicht entziffern), faßte er in der – erst postum (V 1602) gedruckten – Schrift *Discorso sopra la musica antica e moderna* zusammen und gab so den theoretischen Anstoß. Bekannt waren auch einige griechische Tragödien und deren Aufbau. Dennoch muß man von einem Mißverständnis in den Überlegungen der C. F. sprechen, da der wirkliche musikalische Vortrag der griechischen Tragödie nicht dem begleiteten Sologesang entspricht, wie ihn sich die C. F. vorstellte. Die altgriechische Sprache ist als Einheit von Metrik, Wortakzent und Wortklang zu denken, als vollkommene Einheit von Wort und Musik also, die nicht voneinander zu trennen sind. Einen Text melodisch frei in unserem späteren Sinne zu komponieren, wäre unmöglich gewesen, da der individuelle Ausdrucksbereich völlig fehlte. – Es war das Antikenbild der Renaissance, das auch die Auffassung der C. F. prägte. Ihr Humanismus verlangte das Natürliche, Menschliche, und die neue Monodie sollte den Menschen in seinen Affekten spiegeln. Deshalb wurden die alten polyphonen Techniken, namentlich der Madrigale und der Motetten, verworfen. Vokalpolyphonie galt als die „Erfindung höchst barbarischer Zeiten und von Menschen, die jeder Kenntnis und Bildung beraubt werden" (G. B. Doni, *Trattato della musica scenica*). Meis Schüler Galilei, der die Mesomedes-Hymnen veröffentlicht hatte, griff in seinem nach Art eines platonischen Dialogs abgefaßten *Dialogo della musica antica e della moderna* (Fi 1581) zum großen Teil auf die Studien seines Lehrers zurück und führte sie weiter. Auch durch die Wahl der Gesprächspartner (G. Bardi und P. Strozzi) spiegelt die Schrift die Diskussionen der Camerata. Von Galilei stammen auch einige der ersten Versuche monodischer Stücke: die *Lamentazioni di Geremia* für Tenor und Violen, sowie *Lamento del conte Ugolino* (nach Dantes *Divina Commedia*). Seit etwa 1570 bearbeitete er außerdem verschiedene mehrstimmige Madrigale, Villanellen u. ä. für eine Singstimme und Laute (unveröffentlicht). Strozzi komponierte 1579 ein monodisches Stück für die Hochzeit des Großherzogs Francesco de' Medici, *Fuor de l'humido nido*, das von Caccini als Sänger und von einem Violen-Ensemble aufgeführt wurde. Caccini wirkte außerdem 1589 als Sänger und Komponist an den von Bardi verfaßten Intermedien für die Komödie *La Pellegrina* von Girolamo Bargagli mit, die für die Hochzeit des Fernando de' Medici mit Christina von Lothringen bestimmt war. Die Wirkung dieser Intermedien war jedoch nur gering. Bardi geriet 1592 in Mißgunst und verließ Florenz, während sein Rivale E. de' Cavalieri eine dominierende Stellung im Musikleben der Stadt erringen konnte. Die von ihm verfaßten Schäferspiele, u. a. *Il Satiro, La Disperazione di Fileno* (1590) und *Il Gioco della cieca* (1595), sind zwar noch nicht als monodisch im engeren Sinne anzusehen, zählen aber zu den ersten musikdramatischen Werken, bei denen der ganze Text vertont wurde. – Nach dem Weggang Bardis ging die Suche nach einem modernen, der Antike adäquaten Musikdrama und nach einem Gesangsstil, der zwischen gesprochener Sprache und reiner Melodie vermitteln sollte, verstärkt weiter, nun unter der Ägide von Jacopo Corsi (dem neuen Mäzen der C. F.), Peri und dem Dichter Rinuccini. Letzterer schrieb das Libretto zur *Dafne*, die in der Vertonung von Peri als die erste Oper der Geschichte zu gelten hat, die aber nicht erhalten ist. Die Aufführungen fanden im Hause Corsis statt (wahrscheinlich 1598, 1599 und 1600). Der in dieser Oper entwickelte, „recitativo" oder „recitar cantando" genannte, neue Stil (ein dem gehobenen Rezitieren ähnlicher Gesang mit stützendem Generalbaß) wurde sowohl von Caccini als auch von Cavalieri übernommen, dessen *Rappresentazione di anima e di corpo* 1600 im Oratorium des Filippo Neri aufgeführt wurde und für die Entwicklung des italienischen Oratoriums bedeutsam wurde. Vom Erfolg der *Dafne* angeregt, begannen Rinuccini und Peri eine neue Oper, *Euridice*, die sich als erstes Zeugnis der neuen Gattung erhalten hat. Sie ging am 6. Oktober 1600 anläßlich der Hochzeit von Maria de' Medici mit König Heinrich IV. von Frankreich zum ersten Male in Szene. Auch Caccini versuchte sich an der gleichen Vorlage, allerdings mit minderem Erfolg. Seine Begabung lag vor allem in der Komposition kurzer monodischer Stücke, die 1601 unter dem Titel *Le Nuove musiche* gedruckt wurden.

Diese Sammlung (das früheste überlieferte Werk, in dem die Monodie im Sinne des neuen Stile recitativo bzw. rappresentativo voll ausgebildet erscheint) bildet neben den Opern sozusagen den zweiten Pfeiler, auf dem die Bedeutung der C. F. basiert. 1607 gründete der junge Hofmusiker Marco da Gagliano in Florenz die „Accademia degli Elevati", die das Erbe der C. F. antrat. Bis etwa 1637 wurden dort für den Hof weiterhin Opern, Ballette, Intermedien und Maskenspiele vertont, u. a. von Gagliano, Peri und Francesca Caccini (der Tochter G. Caccinis).
Ein besonderes Ereignis in der Geschichte der C. F. stellte 1608 die Mitwirkung einiger ihrer Mitglieder (Gagliano, Rinuccini, Chiabrera, Settimia Caccini) bei den Hochzeitsfeierlichkeiten für Ferdinando Gonzaga dar. Aufgeführt wurden dort u. a. Monteverdis (bis auf das berühmte *Lamento d'Arianna* verlorene) *Arianna* und sein *Il Ballo delle ingrate*, beides mit dem Text von Rinuccini, ferner die *Dafne* von Gagliano und Intermedien von Chiabrera für die *Idropica* von Guarini mit der Musik von Cl. Monteverdi, S. Rossi und G. G. Gastoldi.

Lit.: Commémoration de la réforme mélodramatique, in: Atti dell'Accademia del Real Instituto Musicale di Firenze 33 (1895); A. SOLERTI, L. Guidiccioni Lucchesini ed E. de' Cavalieri, in: RMI 9 (1902); DERS., Le origini del melodramma (Tn 1903); DERS., Gli albori del melodramma (Mi 1904); DERS., Musica, ballo e drammatica alla corte Medicea dal 1600 al 1637 (Fi 1905); H. MARTIN, La camerata du comte Bardi, in: RMie 13–14 (1932–33); F. FANO, La Camerata Fiorentina. V. Galilei (Mi 1934); F. GHISI, Alle fonti della monodia (Mi 1940); N. PIRROTTA, Temperaments and Tendencies in the Florentine C., in: MQ 40 (1954); DERS., Tragédie et comédie dans la C. F., in: Musique et poésie au XVIe siècle (P 1954); CL. V. PALISCA, G. Mei. A Mentor to the Florentine C., in: MQ 40 (1954); C. V. PALISCA, V. Galilei's Counterpoint Treatise. A Code for the 2^a Pratica, in: JAMS 9 (1956); DERS., V. Galilei and Some Links between Pseudo-Monody and Monody, in: MQ 56 (1960); DERS., G. Mei. Letters on Ancient and Modern Music to V. Galilei and G. Bardi (o.O. 1960); D. P. WALKER – F. GHISI – J. JACQUOT, Musique des intermèdes de la Pellegrina (P 1963); V. PORTER, Peri and Corsi's Dafne, in: JAMS 18 (1965); A. M. MONTEROSSO VACCHELLI, Elementi stilistici nell'Euridice di J. Peri in rapporto all'Orfeo di Monteverdi, in: C. Monteverdi e il suo tempo. Congresso internazionale 1968 (1969) (= Comitato per le celebrazioni nazionale del IV Centenario...); A. T. CORTELLAZZO, Il melodramma di M. da Gagliano, in: ebd.; F. GHISI, Li due Orfei (Tn 1969).
G. E. MEYER

CAMERLOHER, Placidus von, * 9. 8. 1718 Murnau, † 21. 7. 1782 Freising; dt. Komponist. C. war Schüler der Ritterakademie Ettal, studierte Theologie und Musik, wurde 1744 in Freising zum Priester geweiht und trat dann als Kapellmeister in den Dienst des Fürstbischofs Johann Theodor von Freising. Seit 1748 war er Kanonikus. Nach der Ernennung Johann Theodors zum Bischof von Lüttich wurde C. auch dort Kammermusikdirektor. C.s Instrumentalwerke stehen in der italienischen Tradition, zeigen aber auch manche originelle Züge in der Behandlung des kammermusikalischen und orchestralen Streichersatzes ohne Continuo. In seiner Vokalmusik ist C. ein Vertreter des süddeutschen konzertierenden Kirchenstils.

WW: **1) Instr.-WW:** *Sei sonate a tre* für 2 V. u. B., op. 2 (P o.J.); *Sinfonie da camera per diversi stromenti* (3–4st.) (P. o.J.); *XII Sinfonie a quattro* für Str., op. 3 (P o.J. [1761]); *XII Sinfonie a quattro* für Str., op. 4 (P o.J. [1764]); *VI Sinfonie* für Str. mit Bläsern ad lib., op. 2 (Lüttich o.J. [1765]); weitere Sonaten, Triosonaten und Symphonien sind hsl. erhalten (in Darmstadt, Dresden, Maihingen, München, Brüssel, Uppsala). – **2) Vokal-WW** (nur hsl. erhalten): Zahlr. kirchenmusikal. WW (Messen, Offertorien, Responsorien, Arien, Motetten, Turbasätze zur Passion); eine *Comedia Frisingana*. – C. schrieb auch eine hsl. überlieferte Kontrapunktlehre.

Ausg.: 4 Sonaten für 2 V. u. Klv., Vc. ad lib., hrsg. v. A. HOFFMANN (Mz o.J.), Ergänzungen (Mz 1939); 3 Freisinger Sinfonien, hrsg. v. A. HOFFMANN (Wb 1956); Orchesterquartett F-Dur, hrsg. v. DEMS. (Wb 1958).

Lit.: B. ZIEGLER, P. von C. Des altbayerischen Komponisten Leben u. Werke (Freising 1919) (= Diss. München 1916); K. G. FELLERER, Beitr. zur Musikgesch. Freisings (Freising 1926) (= Diss. München 1925); M. MAYER, P. von C.s Kirchenmusik u. Bühnenwerke, in: Jb. für altbayerische Kirchengesch. 23 (1964).

CAMERON, Basil, * 18. 8. 1884 Reading, † 26. 6. 1975 Leominster; engl. Dirigent. Nach dem Studium (1902–06) bei J. Joachim und M. Bruch in Berlin dirigierte er (bis zum 1. Weltkrieg unter dem Namen Basil Hindenburg) mehrere englische Orchester, u. a. seit 1923 das Hastings Municipal Orchestra und dirigierte auch bei den Festspielen in Harrogate und Hastings. 1930 ging er in die USA, leitete zunächst das San Francisco Symphony Orchestra, 1932–38 das Seattle Symphony Orchestra. Nach England zurückgekehrt, dirigierte er vor allem die Londoner Promenadenkonzerte, das BBC Symphony Orchestra und Konzerte der Royal Philharmonic Society.

CAMPAGNOLI, Bartolomeo, * 10. 9. 1751 Cento bei Bologna, † 7. 11. 1827 Neustrelitz (Mecklenburg); it. Violinist und Komponist. Er studierte Violine in Bologna bei Dall'Occa, in Modena bei Guastarobba, nach einigen Jahren als Orchester-Geiger noch bei P. Nardini, einem der führenden Vertreter der paduanischen Geigenschule. C. unternahm zahlreiche Konzertreisen. 1776–79 war er Konzertmeister des Fürstbischofs von Freising, nach einem Aufenthalt in Polen seit 1780 Musikdirektor im Dienst des Herzogs von Kurland in Dresden. 1797–1816 Konzertmeister des Gewandhausorchesters in Leipzig, seit 1826 lebte er in Neustrelitz. C. war einer der bedeutendsten Violinisten seiner Zeit. Mit seinen Kompositionen, die vornehmlich didaktischen Zwecken dienen, und mit seinen Unterrichtswerken (besonders mit der *Méthode*, op. 21, Mi 1797, ²1802, dt. und frz. 1827, engl. 1856) hat er einen entscheidenden Einfluß auf die Entwicklung des Violinspiels im 19. Jh. ausgeübt.

WW (hauptsächlich in Leipzig u. Berlin gedruckt, teilweise mit mehreren Nachdrucken): **1) Kompositionen:** Für Solo-V.: *Fugues*, op. 10; *Préludes*, op. 12; *Polonaises*, op. 13; *L'art d'inventer à l'improviste des fantaisies et cadences*, op. 17; *Divertissements*, op. 18; *Recueil de 101 pièces faciles;* op. 20. – Für Va.: *Caprices*, op. 22; Variationen, op. 7 u. 8; *Duos concertants*, op. 9; *Duos faciles et progressives*, op. 14; *Duos*, op. 19. – Für Fl. u. V.: *Duos*, op. 1, 2 u. 4; *Six solos pour violon, et violoncelle, ou viola*, op. 6. – Für V. u. Va.: *Illusion de la viole d'amour. Sonate notturne*, op. 16; ferner Konzerte für Fl., op. 3 u. für V., op. 15; hsl. sind überliefert: Duos für Fl. u. V., ein Trio für 2 V. u. Baß u. 6 Quartette. – **2) Unterrichts-Werk:** *Nouvelle méthode de la mécanique progressive du jeu de violon*, op. 21 (auch it., dt. u. engl.).

Ausg.: Konzert, op. 3,2 für Fl. u. Orch., hrsg. v. D. SONNTAG (Locarno 1964); Sonaten für V., op. 1, hrsg. v. J. VENZL (Mi o.J.); *41 Caprices*, op. 22 (L – Mi – Bukarest 1966); *Raccolta di 101 pezzi infantili* (L o.J.).

Lit.: G. ATTI, Biografia di B. C. da Cento (Bol 1852); W. SCHMID, Aus einer C.-Suite, in: NMZ 49/5 (1928) Januar-H.; U. MONTANARI, B. C. violinista compositore (Cento 1969).

CAMPANA (mittellat., it., span.; altfrz.: campane). Seit dem frühen Mittelalter Bz. für ↗Glocke (↗Campanella, ↗Cymbala). *Campane tubolari* ist in Orchesterpartituren die italienische Bezeichnung für ↗Röhrenglocken, *Campanacci* für Viehschellen bzw. Kuhglocken.

CAMPANELLA, Campanola, Campanula (it., von campana = Glocke), seit dem frühen Mittelalter Bz. für Glöckchen. – Das Violinkonzert Nr. 2 h-moll, op. 7 von N. Paganini trägt den Titel *La Campanella*. Danach benannte Fr. Liszt seine Konzert-Etüde Nr. 3, die virtuos den Glöckchenklang nachahmt. In Orchesterpartituren wird mit C. oder Carillon das ↗Glockenspiel bezeichnet. – *Campanelli* (oder Carillon) heißt ein Orgelregister, eine gemischte Stimme zur Nachahmung von Kirchenglocken.

CAMPENHOUT, François van, * 5. 2. 1779 Brüssel, † 24. 4. 1848 ebd.; belgischer Violinist, Sänger und Komponist. C. war zunächst Violinist im Orchester des Théâtre de la Monnaie in Brüssel, ließ sich dann als Sänger ausbilden und trat bis 1828 als Tenor an den Opernhäusern in Frankreich, Holland und Belgien auf. Seit 1806 widmete er sich auch der Komposition und schrieb mehrere Opern, Kantaten und kirchenmusikalische Werke. Er komponierte die *Brabançonne*, die belgische Nationalhymne.

CAMPIAN (Campion), **Thomas,** * 12. 2. 1567 Witham (Essex), † 1. 3. 1620 London; engl. Dichter und Komponist. Er studierte zunächst Jura, wurde jedoch später Arzt und übte diesen Beruf bis zu seinem Tode aus. Vor allem mit seinen Liedern zur Laute, für die er sowohl den Text als auch die Melodie schrieb, kam er zu großem Erfolg. Mit seinem Freund Philip Rosseter veröffentlichte er *A booke of ayres* (Lo 1601), das 21 Stücke enthält. Es folgen 4 weitere eigene Bücher mit insgesamt 84 Liedern (I und II Lo 1613, III und IV Lo 1617). C. schrieb auch ein Lehrbuch, *A new way of making foure parts in counter-point* (Lo um 1613 u. ö.). Eines seiner Lieder (*Come let us sing with melody*, in RISM 1601[17]) zeigt übrigens eine Nähe zur ↗Musique mesurée à l'antique.

WW: **1) Kompositionen:** *The description of a maske, presented… at White-Hall… in honour of the Lord Hayes* (Lautenlieder v. C., T. Giles u. T. Lupo) (Lo 1607) (= RISM 1607[27]); *The description of a masque: presented… at Whitehall… at the mariage of the… earle of Somerset* (Lautenlieder v. C., J. Coperario u. N. Lanier) (Lo 1614) (= RISM 1614[22]); *Two bookes of ayres* mit Laute oder anderen Instr. (Lo um 1613); *The third an fourth book of ayres* mit Laute, Va. oder Orpharion (Lo um 1617); 21 Gesänge, in: PH. ROSSETER, A booke of ayres (Lo 1601) (= RISM 1601[17]). – **2) Theoretisches Werk:** *A new way of making foure parts in counter-point* (Lo um 1613), 2. Aufl. als: *The art of setting or composing of musick in parts… with large annotations*, hrsg. v. J. PLAYFORD (Lo 1655 u. ö.).

Ausg.: 4 Bücher Ayres, hrsg. v. E. H. FELLOWES (Lo 1922–26) (= English Lutenist School, 2. Serie 1–2, 10–11); Campion's Works, hrsg. v. P. VIVIAN (Lo 1909, NA 1966); die Lieder 1–10 aus Rosseter's Book of airs (1601), hrsg. v. E. H. Fellowes, revidiert v. TH. DART (Lo 1960) (= English School of Lutenist Song-Writers 1. Serie 4); *The Art of Descant or Composing of Musick in Parts*, abgedruckt in: J. Playford, An Introduction to the Skill of Musick, Faks. der Ausg. London 1674 (Ridgewood 1966); *Two Books of Ayres*, Faks. der Original-Ausg. hrsg. v. D. GREER (Menston 1967) (= English Lute Songs 1597–1632, 4); The Works of Th. C. Complete Songs, Masques, and Treatises with a Selection of the Latin Verse, hrsg. v. W. R. DAVIS (Garden City/N.Y. – Lo 1967); *Third Book of Ayres* (um 1617), hrsg. v. TH. DART (Lo 1968) (= English Lute Songs 2. Serie); Twenty Songs from Printed Sources (mit WW von R. Alison u. a.), hrsg. v. D. GREER (Lo 1968) (= ebd. 11); Masque Music (I) aus Rosseters „Lessons for Consort" (1609), hrsg. v. W. EDWARDS, in: Mus. Brit. 40 (1977).

Lit.: M. M. KASTENDIECK, England's Musical Poet Th. C. (NY 1938, ²1963); C. ING, Elizabethan Lyrics (Lo 1951); M. T. ELDRIDGE, Th. C., His Poetry and Music (1958) (= Diss. Univ. of Pennsylvania) (NY 1971); E. LOWBURY – T. SALTER – A. YOUNG, Th. C., Poet, Composer, Physician (Lo 1970); I. SPINK, English Song. Dowland to Purcell (Lo 1974).

CAMPION, François, * um 1686 Rouen, † 1748 (?) Paris; frz. Gitarrist, Komponist und Musiktheoretiker. C. war 1703–19 Gitarrist und Theorbist an der Académie Royale de Musique. Er verfaßte einen *Traité d'accompagnement et de composition selon la règle des Octaves* (1716) zur Harmonisierung unbezifferter Bässe aus dem Stegreif (↗Regola dell'ottava). C. schrieb auch Fugen für die Gitarre.

WW: *Nouvelles découvertes sur la guitare, contenant plusieurs suittes de pièces sur huit manières différentes d'accorder,* op. 1 (P 1705) (die Bibl. Nat. Paris besitzt ein hsl. Manuskript, das noch 50 unveröff. Stücke v. C. enthält); *Traité d'accompagnement et de composition selon la règle des Octaves,* op. 2 (P 1716); *Avantures pastorales,* op. 3 (P 1719) (54 Airs); *Addition au traité d'accompagnement,* op. 4 (P 1730); *Second recueil d'airs,* op. 5 (P 1734) (39 frz. u. it. Airs); mehrere Airs in: Mercure galant (P 1704), in: *Recueil d'airs sérieux et à boire* (P 1708) u. in den Slgen. v. Ballard (P 1713–15).

Ausg.: *20 Pièces pour le luth,* hrsg. v. L. BAILLE (P 1933); dass. für Org. bearb. v. J. ALAIN, revidiert v. M.-Cl. Alain (P 1952) (= Orgue et liturgie 13).

CAMPIONI (Campione, Campion), **Carlo Antonio** (Charles Antoine), * 16. 11. 1720 Lunéville, † 12. 4. 1788 Florenz; it. Komponist. C. war Schüler von Tartini. 1752 wurde er Domkapellmeister in Livorno, 1763 Kapellmeister Großherzog Leopolds von Toskana und gleichzeitig Domkapellmeister in Florenz. Er komponierte hauptsächlich instrumentale Kammermusik; im Druck erschienen (meist in London mit zahlreichen Nachdrucken und Abschriften) Sonaten für Cemb. (op. 4), Duette für 2 V. (op. 7 u. 8) und Triosonaten (op. 1, op. 3–6). Außerdem sind einige kirchenmusikalische Werke hsl. überliefert, darunter ein Requiem (1781) auf den Tod der Kaiserin Maria Theresia (?).

Lit.: C. FLOROS, C. A. C. als Instrumental-Komp. (Diss. W 1955); DERS., C. A. C., in: Rivista di Livorno (1955) Nr. 3; V. DUCKLES – M. ELMER, Thematic Catalogue of a Ms. Collection of 18th Century Italian Instrumentary Music in the Univ. of California (Berkeley 1963) (= Berkeley Music Library); M. FABBRI – E. SETTESOLDI, Precisazioni biografiche sul musicista pseudo-livornese C. A. C. in: RIMus 3 (1968).

CAMPO Y ZABALETA, Conrado del, * 28. 10. 1879 Madrid, † 17. 3. 1953 ebd.; span. Komponist und Dirigent. Er war Schüler von R. Chapí y Lorente, am Konservatorium in Madrid von E. Serrano (Komposition). Später lehrte er dort selbst Harmonielehre und Komposition und war außerdem Mitglied der Königlichen Kapelle, des Königlichen Theaters und des Symphonieorchesters. Mit J. Francés gründete er ein Streichquartett. C. schrieb u. a. mehrere Opern, darunter *El final de Don Alvaro* (1911), *El Avapiés* (1919), *Fantochines* und *Lola la Piconera* (1950), symphonische Dichtungen *(La Divina Comedia, Granada, Don Juan de España),* die Fantasia für Orchester *Kasida,* 14 Streichquartette, darunter die *Caprichos romanticos,* 2 Messen und Vokalwerke. Sein Stil ist u. a. von R. Strauss beeinflußt. C. beschäftigte sich auch intensiv mit der alten spanischen Musik.

CAMPRA, André, getauft 4. 12. 1660 Aix-en-Provence, † 14. 6. 1744 Versailles; frz. Komponist. C. wurde 1674 als Chorknabe in die Maîtrise der Kathedrale seiner Heimatstadt aufgenommen, wo er unter G. Poitevin seine musikalische Ausbildung erhielt. Nacheinander bekleidete er die Stellung eines Maître de musique an den Kathedralen von Arles (seit 1681), Toulouse (seit 1683) und Paris (seit 1694). Abgesehen von einer Messe und den 1695 und 1700 publizierten Motetten, ist C.s Kirchenmusik aus dieser Zeit nur in später datierten Abschriften und Umarbeitungen erhalten.

In Zusammenarbeit mit A. Houdar de la Motte entstand nach dem Vorbild des *Ballet des Saisons* (1695) von P. Colasse die Opéra-ballet *L'Europe Galante,* das die Académie Royale de Musique 1697 als Werk von „M. Campra le cadet" mit außerordentlichem Erfolg herausbrachte. Doch blieb das Ansehen der Tragédie lyrique neben der neuen Gattung ungebrochen, und C.s erster Versuch in dieser Richtung, zusammen mit dem Librettisten A. Danchet, festigte seinen Ruf als Bühnenkomponist. *Hésione* erzielte 1700 keinen geringeren Erfolg. Lecerf de la Viéville, der Apologet der französischen Nationalmusik, der C. als Nachahmer italienischer Musik denunziert hatte, pries das Werk als eines Lully würdig. C. konnte es unter seinem eigenen Namen aufführen lassen, nachdem er zwei Monate zuvor seine Stellung an der Pariser Kathedrale aufgegeben hatte. Bis 1723, als er neben M. R. Delalande, N. Bernier und Ch. H. Gervais Sous-maître der Versailler Kapelle wurde, blieb C. ohne feste Anstellung. Er pflegte Kontakte zu den Jesuiten und dem Haus Conti, wo er 1722 als Directeur de la musique genannt wird, setzte die Veröffentlichung seiner Motettensammlung fort und leistete einen umfangreichen Beitrag zur Frühgeschichte der französischen weltlichen Kantate. Sein Hauptinteresse galt aber weiter der dramatischen Musik. Mit wechselndem Erfolg schrieb er für die Bühne der Académie Royale de Musique und betätigte sich dort auch als Batteur de mesure (Dirigent). Seine Verdienste um diese Institution wurden 1718 mit der Aussetzung einer jährlichen Rente durch den König anerkannt.

Zur Sicherung des wirtschaftlichen Ertrags seiner Bühnenwerke hatte C. bereits 1700 mit dem Verleger Ballard einen Vertrag geschlossen, der gegen ein festes Honorar die Publikation der *Hésione* und aller künftigen Partituren vorsah. Der Mißerfolg der Opéra-ballet *Les Muses* (1703) veranlaßte C. und Danchet, einzelne Akte umzuarbeiten oder ganz zu ersetzen. Die gedruckte Fassung verlor damit ihre Aktualität und wurde unverkäuflich. Nachdem Ballard deshalb den Vertrag gekündigt hatte, erwarb C. ein persönliches Privileg zur Verbreitung seiner Kompositionen. Die Austauschbarkeit ihrer Entrées, die einen abgeschlossenen Vorwurf durchführen, kennzeichnet den eingeschränkten Werkcharakter der Opéra-ballets. Die Möglichkeit, das gleiche Stück mit der Nachkomposition einzelner Entrées ständig zu erneuern, nutzte C., um den Erfolg der zuerst 1710 aufgeführten *Fêtes vénitiennes* erheblich zu verlängern. Kein geringeres Gespür für den Publikumsgeschmack bewies er mit den 1702 und 1704 zusammengestellten *Fragments de M. de Lully* und *Télémaque, fragments des modernes,* die beliebte Stücke Lullys bzw. jüngerer Autoren verwendeten. Daß er das ästhetische Konzept einer „Réunion des goûts" zwar verbal vertrat (in der Vorrede zu den *Cantates,* 1708), es tatsächlich aber auf eine kaum vermittelte Nachahmung französischer und italienischer Muster reduzierte, mag den gegenüber Fr. Couperin weniger deutlichen Personalstil C.s erklären. Bei dem im Jahre 1725 gegründeten ↗Concert spirituel spielte C. keine wesentliche Rolle mehr, was auf eine nachlassende öffentliche Resonanz in diesen Jahren schließen läßt. Dennoch gilt C. bis heute als der wichtigste französische Bühnenkomponist zwischen Lully und Rameau. Geringer war die Bedeutung seines umfangreichen kirchenmusikalischen Werkes. Auf diesem Gebiet war Delalande der unbestrittene Meister.

WW: **1) Geistliche WW: a)** gedruckt (alle in Paris): 5 Bücher *Motets* für 1–3 St. mit Instr. und B.c. (1695, 1700, 1703, 1706, 1720), davon spätere, z.T. veränderte Aufl.; *Missa 4 vocibus „Ad majorem Dei gloriam"* (1699); 2 Bücher *Psaumes* (1737, 1738); geistl. Airs in: *Airs spirituelles des meilleurs auteurs* (1701); *Nouvelles poésies spirituelles et morales* (1731). – **b)** hsl. erhalten: *Messe des morts; Te Deum;* 34 Motetten für Soli, Chor und Orch., z.T. mit den gedruckten *Psaumes* identisch (Fundorte: Paris, Bibl. Nat.; Aix-en-Provence, Bibl. Méjanes; Tenbury, St. Michael's College). – **2) Weltliche WW: a)** gedruckt (alle in Paris): Tragédies lyriques: *Hésione* (1700); *Aréthuse ou la Vengeance de l'Amour* (1701); *Tancrède* (1702); *Iphigénie en Tauride* (1704) (zus. mit H. Desmarets); *Alcine* (1705); *Hippodamie* (1708); *Idoménée* (1712); *Télèphe* mit Prolog *L'Apothéose d'Hercule* (1713); *Camille, reine des Volsques* (1717); *Achille et Deidamie* (1735). – Opéra-ballets: *L'Europe galante* (1697); *Les Muses* (1703); *Les Fêtes vénitiennes* (1710), zu den zahlr. Überarbeitungen vgl. die Ausg. v. Lütolf. – Ballette: *Le Carnaval de Venise* (1699); *Les Fragments de M. de Lully* (1702); *Les Amours de Vénus et de Mars* (1712); *Les Ages* (1718). – Divertissements: *Vénus, feste galante* (1698); *Les Noces de Vénus,* nach der Musik v. *Vénus, feste galante* (1740). – 3 Bücher *Cantates françaises* (1708, 1714, 1728); Kantate *La Guerre* für SingSt mit Instr. (o.J.). – Airs in: *Recueil d'airs sérieux et à boire* (1698–1703, 1706, 1707, 1710); *Recueils des meilleurs airs italiens* (1701, 1703, 1708); *Mercure galant,* später *Mercure de France* (Juni–Juli 1721, Januar 1722, März 1730, April 1733); *Meslanges de Musique divisés par saisons* (1725, 1727); *Recueils d'airs ajoutés à différents opéras depuis l'année 1698* (1734). – **b)** hsl. erhalten: *Divertissement donné à M. le duc de Chartres* (1697) in Paris, Slg. Cortot; *Télémaque, fragments des modernes* (1704), hsl. Partitur mit gest. Titelblatt in Paris, Bibl. Nat.; *Didon de M. Campra, mise en concert* (1714), in Paris, Bibl. de l'Arsenal (die Bibl. Nat. u. die Bibl. de l'Opéra besitzen von den meisten zuvor genannten Drucken und ihren Überarbeitungen mitunter erheblich abweichende hsl. Fassungen).

Ausg.: *Tancrède* u. *Les Fêtes vénitiennes,* hrsg. v. A. GUILMANT, in: Chefs-d'œuvre classique de l'opéra française (P 1893); mehrere geistliche Konzerte für 1 SingSt u. B.c., hrsg. v. R. EWERHART (Kö 1954–64); *L'Europe galante,* Faks. der Ausg. Paris 1724 (Lo 1967); 3 *Pièces de danse,* hrsg. v. L. BOULAY (P 1966) (= L'astrée o. Nr.); *Les festes vénitiennes,* hrsg. v. M. LÜTOLF (P 1971) (= Le Pupitre 19).

Lit.: J. L. LECERF DE LA VIÉVILLE, Comparaison de la musique italienne et de la musique françoise (P 1704–06), Faks.-Nachdr., hrsg. v. O. WESSELY (Gr 1966); P. M. MASSON, C., Les Fêtes vénitiennes, in: RMie 13 (1932); M. BARTHÉLEMY, A. C., Sa vie et son œuvre 1600–1744 (P 1957); DERS., Le premier divertissement connu d'A. C., in: RBMie 11 (1957); C. J. CASTLE, The Grand Motets of A. C., 2 Bde. (1962) (= Diss. Univ. of Michigan); J. R. ANTHONY, The „Opera-Ballet" of A. C., 2 Bde. (1964) (= Diss. Univ. of Southern California); DERS., Thematic repetition in the opera-ballets of A. C., in: MQ 52 (1966); DERS., Some Uses of the Dance in the French Opera-Ballet, in: Rech.Mus. 9 (1969); DERS., Printed Editions of A. C.'s „L'Europe Galante", in: MQ 56 (1970); J. A. BAKER, The Church Music of A. C. (1971) (= Diss. Univ. of Toronto); C. GIRDLESTONE, Idoménée... Idomeneo. Transformations d'un thème, in: Rech.Mus. 13 (1973); M. BARTHÉLEMY, L'affaire des pages de la Chapelle Royale, in: ebd. 13 (1973); D. TUNLEY, The 18th Century French Cantata (Lo 1974); D. B. STEIN, The French Te Deum from 1677–1744. Its esthetic, style and development (1974) (= Diss. masch. Univ. of Illinois); R. MACHARD, Notes sur le séjour de C. à Toulouse, in: Rech.Mus. 16 (1976).

G. MORCHE

CANARIE (frz.), ein vermutlich von den Kanarischen Inseln (frz. Les Canaries) stammender Paartanz, der im 16. Jh. über Spanien nach Frankreich gelangte. Th. Arbeau stellt die C. in die Nähe der ↗Mascarade (*Orchésographie,* 1589) und ordnet ihr den Rhythmus ♩ ♩ ♩ zu. Im 17. Jh. fand sie vereinzelt Eingang in die französische und deutsche Klavier- und Orchestersuite. Sie ist dort – in der Regel mit dem Titel *Canaries* (in der Pluralform) – ein mit der ↗Gigue verwandter Tanzsatz im raschen Dreiertakt ($^3/_8$, $^6/_8$, $^3/_4$ oder $^6/_4$) und weist meist einen punktierten Rhythmus auf. Beispiele finden sich u.a. bei M. Praetorius (*Terpsichore,* 1612), L. Couperin (hsl., s. Notenbeispiel, NA in: Le Pupi-

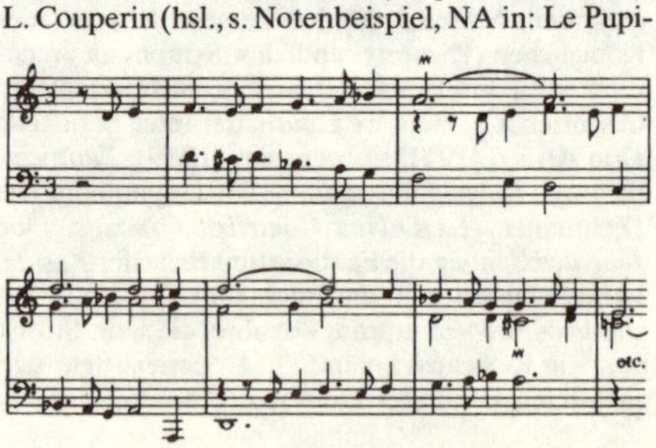

L. Couperin, *Canaries* für Cembalo

tre 18), J. Champion de Chambonnières (in: *Les pièces de clavecin* I, 1670), G. Muffat (*Florilegium primum,* 1695), J. K. F. Fischer (in: *Les pièces de clavecin* I, 1696), L. Couperin (in: *Pièces de clavecin* I, 1713).

CANAVAS (Canavasso, Canavazzo), frz. Musikerfamilie italienischer Herkunft. – **1) Jean-Baptiste** (Giovanni Battista), genannt **l'aîné (der Ältere),** * 25. 3. 1713 Turin, † 7. 6. 1784 Paris; Violoncellist. Er kam um 1730 nach Chambéry und machte dort die Bekanntschaft von J.-J. Rousseau. 1732 übersiedelte er nach Paris, wurde 1745 Mitglied der Königlichen Kammermusik, 1746 der „24 violons du Roi". Er veröffentlichte 2 Bücher Sonaten für Vc. u. B.c. (P 1767 u. 1773). – **2) Joseph** (Giuseppe), genannt **le cadet (der Jüngere),** Bruder von 1), * um 1714 Turin, † 25. oder 26. 9. 1776 Paris; Violinist. Er ist seit 1739 in Paris nachweisbar und stand als „Maître de musique" im Dienst des Prinzen von Carignan. 1741 trat er in den Tuilerien auf, wiederholt, vor allem 1749–62, auch im Concert spirituel. Seit 1741 war er Mitglied des berühmten Orchesters von La Pouplinière, seit 1759 als Soloviolinist. 1763 wurde er Violinist im Orchester der Opéra. Er war Mitglied, später Präsident der Societé académique des Enfants d'Apollon. J.C. gehörte neben Guignone, Somis und Geminiani zu den Künstlern, die die französische Violinmusik beeinflußten.

WW: *Sei Sonate a Violino solo e Basso ossia Cimbalo* (P 1739) (zuvor in Urbino veröff.); *Sonates per violino e violoncello,* op. 2 (P 1763, ²1774); *Symphonie à trois violons obligés*... (P 1763); *Sonata a Violino solo, Alto viola o Cimbalo* (P 1767).

Lit.: G. CUCUEL, La Pouplinière et la musique de chambre au XVIIIᵉ siècle (P 1913); L. DE LA LAURENCIE, L'école française de violon II (P 1923); B. S. BROOK, La Symphonie française dans la seconde moitié du XVIIIᵉ siècle, 3 Bde. (P 1962).

CANCAN (frz., = Lärm, Geschwätz, auch Entengeschnatter), frz. Tanz im äußerst schnellen $^2/_4$-Takt; gelegentlich auch als *Chahut* oder *Quadrille parisienne* bezeichnet. Seine Vorgeschichte ist nicht restlos geklärt; wahrscheinlich wurde er von Soldaten aus algerischen Hafenstädten nach Frankreich importiert, wo er als eine ordinäre Abart des ↗Galopp um 1830 auch in den bürgerlichen Ballsälen heimisch wurde. Die für den C. charakteristischen Bewegungen und Gebärden der Tänzerinnen (Sprünge, Hochwerfen der Beine, Schürzen der Röcke) waren von unverhohlener Frivolität und provozierten polizeiliche Verbote, die aber die allgemeine Beliebtheit des C. eher förderten als beeinträchtigten. Nach und nach verschwand der C. jedoch aus den „Bals publics" und wurde als Schautanz und Ballett eine der Hauptattraktionen der französischen Variétés. Dort – z. B. in dem bekannten Pariser „Moulin-Rouge" – wird er noch heute dargeboten. Der C. fand auch Eingang in die Operette, so bei Hervé (*La perle d'Alsace,* 1854) und vor allem bei J. Offenbach, in *Orphée aux enfers (Orpheus in der Unterwelt,* 1858) und *La vie parisienne* (*Pariser Leben,* 1866). Der *Galop infernal* (Höllengalopp) in der Schlußszene des *Orpheus* ist mit seiner zündenden musikalischen Gestaltung wohl das berühmteste Beispiel eines künstlerisch stilisierten Cancan. Ein C. findet sich später noch in Léhars Operette *Die lustige Witwe* (1905). Programmatisch wurde C. auch als Film- und Musical-Titel verwendet. – In der Malerei erhielt der C. durch die Plakate von H. de Toulouse-Lautrec künstlerischen Rang.

CAN-CAN, amerik. Musical in 2 Akten von Cole Porter (1893–1964), der die Musik und auch die Song-Texte schrieb; Buch von Abe Burrows. Ort und Zeit der Handlung: Paris im Jahre 1893. UA: 7. 5. 1953 in New York (Shubert Theater). Dt. Übersetzung von Paul Baudisch und Robert Gilbert; EA in dt. Sprache: 29. 8. 1965 in Stuttgart (Württembergisches Staatstheater, Kleines Haus). Verfilmt 1960 mit Frank Sinatra und Maurice Chevalier unter Verwendung von Porter-Melodien aus anderen Musicals.

C.-C. stellt eine nostalgisch gefärbte Nachzeichnung des Paris im späten 19. Jh. dar, der Stadt von Toulouse-Lautrec, des Moulin Rouge und natürlich des Tanzes, der dem Werk seinen Namen gab. Porter fing diese Atmosphäre geschickt in seinen Songs ein. *I love Paris,* im Deutschen unter dem Titel *Ganz Paris träumt von der Liebe* zum Schlager geworden, kann als Liebeserklärung des Komponisten an die Stadt interpretiert werden, in der er lange lebte und der er auch in anderen Musicals (*Paris,* 1928; *Fifty Million Frenchmen,* 1929; *Silk Stockings,* 1955) ein bleibendes Denkmal gesetzt hat. Unter den Musiknummern, in denen sich französischer Charme mit amerikanischen Rhythmen verbindet, wurden neben dem turbulenten Titelsong *Can-Can* auch *C'est magnifique* und *Maidens typical of France* bekannt. In New York lief das Musical 892mal en suite.

S. KUROCK – R. M. SIMON

CANCIONERO (span., von canción = Lied, Gesang: Liederbuch, Liedersammlung; frz.: chansonnier; it.: canzionere; port.: cancioneiro) bezeichnet als literatur- und musikgeschichtlicher Terminus eine Sammlung von Dichtungen eines oder mehrerer Autoren aus dem spanischen (bzw. romanischen) Sprachgebiet, mit und ohne Melodien, bzw. eine Sammlung von mehrstimmigen Gesängen. Die ältesten iberischen Liederbücher enthalten galizisch-portugiesische ↗Cantigas ohne Melodien, aber mit Notenlinien (z.B. als Sammlung religiöser Texte die *Cantigas de Santa Maria,* 13. Jh., als Exempel weltlicher Lyrik der *Cancioneiro da Ajuda,* 14. Jh. [mit Texten aus dem 13. Jh.]); der erste kastilische C. ist der *C. de Baena,* den Juan Alfonso de Baena um 1450 für Johann II. von Kastilien zusammenstellte. Aus dem 16. Jh. sind zahlreiche C.s z.T. für den unmittelbaren Gebrauch am Hof (z.B. *C. general* des Hernado del Castillo, 1511; *Cancioneiro general* des Garcia de Resende, 1615), z.T. zur privaten Verwendung einzelner Aristokraten (z.B. *Cancioneiro de Evora,* zw. 1553 und 1578) überliefert. Einzelne von ihnen enthalten mehrstimmige Kompositionen, darunter u.a. ↗Villancicos, Romances und italienisch beeinflußte Estrambotes, aber auch ↗Frottole und Instrumentalstücke. Der an Umfang und Vielfalt des Inhalts reichste C. dieser Zeit ist der *C. musical de Palacio* (geschrieben um 1500–30 wahrscheinlich für den spanischen Königshof), die wichtigste Quelle für die weltliche spanische Musik des frühen 16. Jahrhunderts. Weitere hsl. Sammlungen des 16. Jh. sind: *C. musical de Sevilla (C. de la Colombina), C. musical de Elvas, C. musical de la Casa de Medinaceli.* Der Sammeldruck *Villancicos de diversos autores* (V 1556; = RISM 1556[30]) wird als C. *(de Uppsala)* bezeichnet. Aus dem 17. Jh. stammen: *C. de La Sablonara,* genannt nach einem Musiker, der die Sammlung (heute in München, Bayer. Staatsbibl.) 1624–25 für den Pfalzgrafen Wolfgang Wilhelm von Neuburg geschrieben hat, und der *C. musical de Olot* (mit Werken vor allem katalanischer Komponisten).

Ausg.: *O C. musical e poético da Bibl. Publia Hortênsia,* Ausg. des C. de Elvas, hrsg. v. M. JAQUIM (Coimbra 1940); C. de Palacio, hrsg. v. H. ANGLÉS, 2 Bde. (Ba 1947, 1951) (= MMEsp 5 u. 10); C. Medinaceli, hrsg. v. M. QUEROL, 2 Bde. (Ba 1949, 1950) (= ebd. 8 u. 9); C. de Sevilla, hrsg. v. DEMS. (Ba 1971) (= ebd. 33); eine Ausw. aus C.s des 17. Jh. in: *Musica barrocca española, I: Polifonia profana (C.s esp. del siglo XVII),* hrsg. v. DEMS. (Ba 1970) (= ebd. 32); C. musical d'Elvas, hrsg. v. M. MORAIS (Lis 1977) (= Portugaliae musica 31).

Lit.: H. ANGLÉS, La música en la corte de los Reyes Católicos (Ma 1941); J. ROMEU FIGUERAS, La poesía popular en los Cancioneros Musicales espanoles de los siglos XV y XVI, in: Anuario Mus. 4 (1949); DERS., El cosante en la lirica de los C. musicales españoles de los siglos XV y XVI, in: ebd. 5 (1950); C. SAMPEDRO Y FOLGAR, C. musical de Galicia, 2 Bde. (Ma 1952); CH. V. AUBRUN, Inventaire des sources pour l'étude de la poésie castillane au XVe siècle, in: Estudios dedicados a Menéndez Pidal IV (Ma 1953); M. SCHNEIDER, Existen elementos de música popular en el „C. Musical de Palacio"?, in: Anuario Mus. 8 (1953); E. ASENSIO, Poetica y realidad en el cancionero peninsular de la edad media (Ma 1957); M. SCHNEIDER, Gestaltimitation als Kompositionsprinzip im C. de Palacio, in: Mf 11 (1958); DERS., Stud. z. Rhythmik im C. de Palacio, in: FS H. Anglès, 2 Bde. (Ba 1958–61); R. STEVENSON, Spanish Music in the Age of Columbus (Den Haag 1960); M. QUEROL, El „C. musical de Olot", in: Anuario Mus. 18 (1965); M. SCHNEIDER, Der Rhythmus als Stilelement im C. de la casa de Medinaceli, in: Mf 18 (1965); DERS., Vier Klagelieder aus dem C. de la casa de Medinaceli u. ihre Beziehung z. Volksmusik, in: FS Br. Stäblein (Kas 1967); G. HABERKAMP, Die weltliche Vokalmusik in Spanien um 1500. Der „C. musical de Colombina" v. Sevilla u. außerspan. Hss. (Tutzing 1968) (= Münchner Veröff. z. Musikgesch. 12); W.-D. LANGE, Volkstümliche u. gelehrte Elemente im evorensischen Liederbuch, in: Romanische Forsch. 81 (1969); R. A. PELINSKI, Die weltliche Vokalmusik Spaniens am Anfang des 17. Jh. Der C. Claudio de la Sablonara (Tutzing 1971) (= Münchner Veröff. z. Musikgesch. 20); I. J. KATZ, The traditional folk music of Spain. Explorations and perspectives, in: Yearbook of the International Folk Music Council 6 (1974).

CANCRICANS, Cancrizans (lat., von cancer = Krebs), im ↗Krebsgang, d.h. rückwärts gehend; Bz. für ein kontrapunktisches Verfahren, wie es namentlich in der Kanon-Komposition angewandt wird. Bei einem *Canon cancrizans* (z.B. 1. Kanon in J.S. Bachs *Musikalischem Opfer,* s.u.) wird die nachahmende Stimme so gebildet, daß die vorgegebene Stimme Note für Note von rückwärts gelesen wird:

CANDEILLE, 1) Pierre Joseph, * 8.12.1744 Estaires (Nord), † 24.4.1827 Chantilly; frz. Komponist. C. debütierte 1767 als Sänger (Basse-taille) an der Académie Royale de Musique und führte seit 1777 eigene Werke im Concert spirituel auf. Nur 6 von seinen 20 Opern, die in Paris teilweise einen beachtlichen Erfolg hatten, sind erhalten, darunter *Pizarre ou la conquête du Pérou* (1785) und *Castor et Pollux* (1791), eine Bearbeitung der gleichnamigen Oper von Rameau. Einzelne Arien daraus wurden auch gedruckt. Handschriftlich sind von C. 4 Symphonien überliefert (Lille, Bibl. municipale). – **2) Émilie** (Amélie) **Julie,** Tochter von 1), 31.7.1767 Paris, † 4.2.1834 ebd.; frz. Sängerin, Komponistin und Schriftstellerin. Sie trat erstmals 1782 an der Opéra in Glucks *Iphigénie en Aulide* auf, ist in den folgenden Jahren mit eigenen Werken und als Pianistin im Concert spirituel und seit 1785 als Schauspielerin an der Comédie-Française bezeugt. 1792 sang sie die Hauptrolle in ihrer ersten Oper *(Catherine ou la belle fermière).* Weitere Opern von ihr – *Bathilde* (1793) und *Ida* (1807) – hatten wenig Erfolg. Von ihren Kompositionen wurden einzelne Arien aus den Opern und Klavierwerke (Sonaten, ein Konzert, Variationen) veröffentlicht. Von den literarischen Werken sind die *Souvenirs de Brighton, de Londres et de Paris* (P 1818) und ihre Memoiren (hsl. in Nîmes, Privatbesitz) zu erwähnen.

Lit.: **Zu 2):** A. J. CANDEILLE, Notice biographique sur Anne-Louis Girodet et Amélie-Julie C.... (hsl., Paris, Bibl. Nat.); Baron de TRÉMONT, Notice biographique (hsl., ebd.); A. POUGIN, Une charmeuse, J. C., in: Le Ménestrel 49 (1883); TH. CASEVITZ, Une actrice femme de lettres au XVIIIe siècle, Mademoiselle C., in: Revue Hebdomadaire (1923); C. JOURDIN, Essai historique sur Estaires en Flandre maritime (Lille 1958) (darin: Étude sur la famille des musiciens estairois C.).

CANIS (eig. de Hondt), **Cornelius,** * zw. 1510 und 1520 (vielleicht in Gent), † 15. 2. 1561 Prag; flämischer Komponist. C. war zunächst Sänger an Notre-Dame in Antwerpen, dann um 1542 bis 1555 als Nachfolger von N. Gombert „Maître des enfants" der „grande chapelle" Karls V., später Mitglied der Kapelle Kaiser Ferdinands I. in Prag. C. steht stilistisch besonders Gombert nahe. Von ihm sind (hsl. u. in Sammeldrucken) 26 lateinische Motetten für 3–6 St., 26 französische Chansons für 3–5 St. und eine 6st. Messe erhalten.

Lit.: E. VAN DER STRAETEN, La musique aux Pays-Bas, 8 Bde. (Bru 1867–88); G. CAULET, Musiciens de la Collégiale N.D. à Courtrai (Courtrai – Brügge 1911); J. SCHMIDT-GÖRG, Nicolas Gombert (Bonn 1938); H. ANGLÉS, La Música en la Corte de Carlos V (Ba 1944, ²1965) (= MMEsp 2); H. ALBRECHT, Zwei Quellen zur dt. Musikgesch. der Reformationszeit, in: Mf 1 (1948); W. B. WELLS, The Sacred Music of C. C., 2 Bde. (1968) (= M. A.-Thesis Stanford Univ.).

CANNABICH, dt. Musikerfamilie. – **1) Martin Friedrich** (auch Matthias Friedrich oder Matthias Franz), † um 1700 im Elsaß, † 1773 Mannheim. Er ist 1723 als Oboist in der Mannheimer Hofkapelle nachweisbar und war auch Flötenlehrer des damaligen Kurprinzen und späteren Kurfürsten Karl Theodor von der Pfalz. Von ihm wurden gedruckt 6 *Sonate a Flauto traversiere solo e basso,* op. 1 (P um 1751) sowie 3 Sonaten in der Sammlung von Burk Thumoth, *Six solos for a German Flute, Violin or Harpsichord* (Lo um 1740). – **2) Johann Christian,** Sohn von 1), getauft 28. 12. 1731 Mannheim, † 20. 1. 1798 Frankfurt am Main. Er war Schüler von J. Stamitz und wurde bereits mit 13 Jahren Mitglied des Mannheimer Hoforchesters. Als Schüler von N. Jommelli begleitete er diesen 1753 nach Italien. Eine weitere Italienreise führte ihn 1754 für mehrere Jahre nach Mailand. Nach dem Tod von Stamitz wurde er 1759 Konzertmeister in Mannheim. 1764 reiste er in Begleitung Herzog Christians IV. von Zweibrücken nach Paris, wo er auch mit Leopold und Wolfgang Amadeus Mozart zusammentraf. 1774 wurde er in Mannheim „Direktor der Instrumentalmusik". Der junge Mozart verkehrte bei seinem Aufenthalt in Mannheim 1777–78 häufig in seinem Hause und erteilte der damals 13jährigen Tochter Rosa (Rose) Klavierunterricht. Die Klaviersonate KV 309 ist für sie geschrieben, das Andante daraus trägt nach Mozarts eigenem Bekunden ihre Charakterzüge. 1778 folgte C. dem Kurfürsten Karl Theodor, der 1777 die bayrische Kurwürde erhalten hatte, an seinen Münchner Hof.

WW: **1) Kammermusik-WW:** Gedruckt wurden Duette für 2 V. für Fl. u. V., Trios für 2 V. u. Vc., Quartette für Fl. (od. V. od. Ob.), V. Va., Vc., für Streichquartett, für Ob. (od. Klar.), V., Va., Vc. (od. Fag.). – **2) Orchester-WW:** ca. 90 Symphonien, davon gedruckt: *Six sonates en trio* (solistisch oder chorisch, d. h. als Orchestertrio aufzuführen), op. 3 (P 1766); *Six simphonies,* teilw. für Str., teilw. für großes Orch., op. 4 (P 1766); *Sei sinfonie a quatro o a più stromenti,* op. 6 (P – Lyon o.J.); *Sei sinfonie concertanti,* op. 7 (P o.J.); einige Symphonien und Ouverturen wurden in Paris u. London als „Symphonies périodiques" gedruckt. Zahlreiche Symphonien sind hsl., vor allem in München, Berlin, Augsburg, Regensburg, erhalten. – Von den zahlreichen Opern u. Ballettmusiken C.s, deren Aufführungen nachgewiesen werden können, wurden lediglich gedruckt, und auch nur als Arrangements für Streichquartett (Mannheim o.J.): *Admette et Alceste; VIme Receuil des airs ... de Médée et Jason; Premier receuil des airs ... de Renaud et Armide.*

C. war eine der angesehensten Musikerpersönlichkeiten seiner Zeit. Als Konzertmeister, Instrumentallehrer und Dirigent der Mannheimer Hofkapelle in ihrer letzten Phase wahrte und mehrte er den europäischen Ruhm dieses für seine disziplinierte, klangschöne und ausdrucksvolle Spielweise bekannten Orchesters (↗Mannheimer Schule). C.s Bedeutung als Komponist tritt demgegenüber zurück. Seine zahlreichen Symphonien zeigen gleichwohl manche aparte Züge, besonders in der Instrumentierung und namentlich in der orchestralen Behandlung der Blasinstrumente (C. gehört zu den ersten Komponisten, die der Klarinette eine spezifische Rolle im Orchester zugewiesen haben). In dieser Beziehung übte C. nachweislich auf W. A. Mozart, der ihn bei seinen Mannheimer Aufenthalten kennen- und schätzenlernte, einen entscheidenden Einfluß aus.

3) Karl Konrad, Sohn von 2), getauft 11. 10. 1771 Mannheim, † 3. 3. 1806 München. Schon 1788 war er Violinist im Hoftheater-Orchester in München unter der Leitung seines Vaters und wurde 1798 dort Konzertmeister.

WW: **1) Instr.-WW** (gedruckt in Bonn, Leipzig, Mainz, München u. Paris): eine Sonate u. mehrere Variationenwerke für Klv. (auch für Harfe); eine Symphonie; 2 Konzerte und *Rondeau varié* für V. o. Orch.; 2 Konzerte u. *Potpourri* für 2 V. u. Orch. – **2) Vokal- u. Bühnen-WW:** die Opern *Orfeo* u. *Palmer und Amelie;* die Ballette *Admeto ed Alceste, Angélique et Médor* (1773), *Médée et Jason* (1773/74) (alle hsl. erhalten). Im Druck erschienen: 2 Sammlungen *Canzonette* für 3–4 St. u. Klv., op. 5 u. op. 10 (Mn o.J.); *Deutsche Lieder am Klavier* (Mn o.J.); *Mozarts Gedaechtnis Feyer* für Soli, Chor u. Orch. (Mn 1797); einzelne Gesänge.

Ausg.: **Zu 2):** *Sinfonia a 12* u. *Ouverture a 15,* hrsg. v. H. RIEMANN, in: DTB 8/2 (1907); Streichquartette op. 5/2, hrsg. v. DEMS., in: ebd. 15/1 (1914); Konzert D-Dur für Fl. u. Orch., hrsg. v. G. E. PETERS (Mn 1962) (= Alte Musik, Leuckartiana 29b); 6 Duette für V. (Fl.) u. Va., hrsg. v. W. HÖCKNER – W. TWARZ (H 1963) 2 H.; Quartett G-Dur für Fl., V., Va. u. Vc., hrsg. v. K. WALTHER (Wilhelmshaven 1963); Quartett für Ob. (Klar.), V., Va., u. Vc. (Fag.), hrsg. v. H. STEINBECK (W – Mn 1970) (= Diletto musicale 199).

Lit.: Thematischer Kat. der Werke v. J. Chr. C., hrsg. v. H. RIEMANN, in: DTB 3/1 (1902) u. 15 (1914); Thematischer Kat. der Werke v. M. Fr. C., in: ebd. 16 (1915); A. HEUSS, Über die Dynamik der Mannheimer Schule, in: ZfMw 2 (1919/20); H. HOFER, Chr. C. Biographie u. vergleichende Analyse seiner Sinfonien (Diss. Mn 1921); R. KLOIBER, Die dramatischen Ballette v. Chr. C. (Diss. Mn 1927); E. L. STAHL, Mozart am Oberrhein (Str 1942) (darin ein Bild v. Chr. C.); E. K. WOLF, The Symphonies of J. Stamitz. Authenticity, Chronology and Style (1972) (= Diss. University New York).

CANOBBIO, Carlo, * 1741 Venedig, † 6. 3. 1822 St. Petersburg; it. Violinist, Dirigent und Komponist. Er war 1. Violinist an der Opera dei Siti reali in Madrid, 1774–75 Mitarbeiter des Verlegers L. Marescalchi und gleichzeitig 1. Violinist und Dirigent am Theater S. Samuele in Venedig. Mit Ausnahme eines Italienaufenthaltes 1783–85 lebte er seit 1779 in St. Petersburg, wo er mit Paisiello, der dort die Italienische Oper leitete, zusammenarbeitete. C. schrieb die Ballette *Ariadne und Bacchus* (1789), *Pyramus und Thisbe* (1791) und, in Zusammenarbeit mit Sarti und Paschkewitsch, die Musik (er selbst die Ouvertüre) zur russischen Oper *Olegs erste Regierungszeit* auf einen Text von Katharina II. Er komponierte ferner 2 Symphonien (in Venedig gedruckt), 6 Sonaten für Gitarre und Violine (St. Petersburg 1797), Duos für Flöte und Violine (V o.J.) und Arien.

Lit.: R. A. MOOSER, C. C., in: RMI 57 (1950); DERS., Annales de la musique et des musiciens en Russie au XVIIIe siècle, II (G 1951).

CANSO (provenzal., Plur.: cansos), Gattung der provenzalischen Troubadourdichtung („trobar“), die durch eine enge Verbindung von Sprache und Musik gekennzeichnet ist und auch deswegen zu ihrer Zeit als die künstlerisch anspruchsvollste Form galt. Auf Grund der rein weltlichen Texte wurde mit der C. in der Geschichte der Musik ein erster schriftlich fixierter Gegenpol zur vorherrschenden geistlichen Musik geschaffen. Die C. entfaltete sich im Zusammenhang mit der Herausbildung der höfischen Kultur in Südfrankreich (um 1100) und drang von hier als „chanson“ auch in die nordfranzösische Minnelyrik ein (↗Trouvères). Die C. bevorzugt den sog. Hymnentypus und ist formal mit dem aquitanischen Versus verwandt, der besonders im 11. Jh. weit verbreitet war. Deshalb wohl wurde die C. in ihrer Frühzeit auch als „vers“ bezeichnet. Gegen Ende des 12. Jh. ist die Form der C. ziemlich klar ausgeprägt. A. Jeanroy beschreibt sie als „lyrisches, von einer speziell komponierten Melodie begleitetes Stück, dessen fünf oder sechs Strophen gleich aufgebaut sind“. Die Strophen heißen ↗Coblas. Im jeweiligen Kontext gleich lang, variiert ihr Umfang von Autor zu Autor; generell umfassen sie acht oder neun Verse zu je sieben oder acht Silben. Auch Zahl und Anordnung der Reime waren dem Dichter unter Berücksichtigung des Normcharakters einzelner Modelle freigestellt. Die C. beschließt gewöhnlich ein einfaches oder doppeltes „Geleit“ (provenzal. Tornada), eine Kurzstrophe, die Reim, Versmetrum und Melodie des letzten Strophenschlusses wiederholt. Das einfache Geleit enthält im allgemeinen den Wunsch des Dichters, daß sein Lied zu der verehrten Herrin, der „domna“, gelange, die gewöhnlich unter einem Decknamen (senhal) besungen wurde. Folgt eine zweite Tornada, so ist diese oft dem Fürsten gewidmet, in dessen Gunst der Dichter steht. Auf Grund der verschiedenen Textinhalte werden mehrere Genera in der mittelalterlichen Lyrik unterschieden: u. a. *Canso* (einfaches oder kunstvolles Strophenlied, meist Minnelied), *Reverdie* (Frühlingslied), *Planh* (Klagelied, auf den Tod großer Persönlichkeiten), *Pastorela* (Liebeslied, das das Gespräch zwischen einem Aristokraten und einem Bauern- oder Hirtenmädchen wiedergibt, in dem der sozial Höhergestellte mit wechselndem Erfolg um die Gunst einer Partnerin wirbt; ein Muster, das noch der Szene Don Giovanni – Zerlina bei Mozart zugrunde liegt), *Kreuz(zugs)lied* und *Sirventés* („Dienst“lieder, Loblieder oder satirische Spottgesänge auf Lehensherren, Fürsten oder Könige). Von diesen mußte, um akzeptiert werden zu können, nur die C. eine eigens für sie erfundene Melodie besitzen, während bei den anderen Gattungen häufig vorhandene Melodien verwendet wurden, deren metrisch unbestimmte Strukturen dem Versschema des Gedichtes

angeglichen werden konnten (↗Kontrafaktur). Die musikalische Anlage der C. entspricht dem Strophenbau; manchmal handelt es sich um eine durchkomponierte Anlage (a b c d...), meist aber um die typische Form mit Wiederholung der ersten beiden Verse (ab ab cdb).
Zu den größten Dichtern der C. gehören Jaufré Rudel, dessen Thema der Fernliebe (amor de lonh) literarisch bis in die deutsche Romantik nachwirkte, und Bernart de Ventadorn, der Verfasser des berühmten *Lerchenliedes (La lanzeta)* und 44 weiterer Cansos. Bedeutende Dichter im Sprachraum der Languedoc (südlich der Loire) sind ferner Giraut de Bornelh, der von Dante bewunderte Arnaut Daniel (der eine Vielzahl dichterischer Formen schuf), Gaucelm Faidit, Aimeric de Pèguilhan, Peire Vidal, Rigaut de Barbezieux, Raimbaut de Vaqueiras, Folquet de Marseille, Guiraut Riquier, Raimon de Miraval, Wilhelm (Guilhem) IX. von Aquitanien, Cercamon, Marcabru und schließlich Eble de Ventadorn. Die C. zeigt verschiedene stilistische Ausformungen des *trobar:* den *trobar plan* (einfacher Stil), den *trobar ric* (reicher Stil), mit kompliziertem Strophenbau, gesuchter Wortwahl und seltenen Reimen, und den *trobar clus* (dunkler Stil), dessen Aussagesinn durch doppeldeutige Wörter verrätselt und nur von einem eingeweihten Publikum verstanden werden konnte. Die Melodien (in Quadratnotation fixiert, Rhythmisierung nach der Moduslehre) waren kirchentonal gehalten und genuin einstimmig, d.h. noch nicht – wie seit Guillaume de Machaut – durch die Vorstellung mehrstimmiger oder akkordischer Begleitung determiniert. Sie sind daher sehr eigenständig und lassen trotz ihrer Herkunft aus bestimmten liturgischen Melodieformeln oft die persönliche Handschrift des Komponisten erkennen. Dies gilt insbesondere für die Cansos des Bernart de Ventadorn. Instrumentale Begleitstimmen sind in den ↗Chansonniers nicht überliefert, doch deuten literarische und kunstgeschichtliche Zeugnisse auf die Verwendung von Instrumenten hin. Die C. wurde noch lange nach der Zeit der Troubadours und wird heute wieder gepflegt; die 1323 in Toulouse gegründete Dichtergesellschaft Consistori de la subregaya companhia del Gai Saber, die sich nach dem Niedergang der provenzalischen Lyrik um deren Bewahrung, Fortführung und Erneuerung bemühte, hat im Rahmen ihrer Blumenspiele *(jves florals)* die besten Cansos bis in die Gegenwart prämiiert.

Lit.: DANTE ALIGHIERI, De vulgari eloquentia 1303–04, hrsg. v. A. MARIGO (Fi 1948); K. BARTSCH – E. KOSCHWITZ, Chrestomathie provençale (Marburg [6]1904); J. B. BECK, Die Melodien der Troubadours (Str 1908); E. FARAL, Les arts poétiques du XIIe et du XIIIe siècle (P 1923, [2]1962); K. LEWENT, Weitere textkritische Bemerkungen zu den Liedern des Bernart von Ventadorn, in: Zschr. für romanische Philologie 43 (1923); J. MASSO TORRENTS, La canso provençale en la literatura, in: Mélanges Prat de la Riba (Ba 1923); J. B. BECK, Le Chansonnier Cangé, in: Corpus Cantilenarum Medii Aevi 1, 2 Bde. (P – Philadelphia 1927); F. GENNRICH, Grundriß einer Formenlehre des ma. Liedes... (Hl 1932); A. PILLET – H. CARSTENS, Bibliogr. der Troubadours (Hl 1933, NY [2]1970); H. J. MOSER, Zu Ventadorns Melodien, in: ZfMw 16 (1934); A. JEANROY, La poésie lyrique des troubadours, 2 Bde. (Toulouse – P 1934); H. ANGLÉS, La música a Catalunya fins al segle XIII (Ba 1935); D. SCHELUDKO, Religiöse Elemente im weltlichen Liebeslied der Trobadors. Zu Form u. Inhalt der Kanzone, in: Zschr. für frz. Sprache u. Lit. 60 (1937); J. B. BECK, Le Manuscrit du Roi, in: Corpus Cantilenarum Medii Aevi 2 (Philadelphia 1938); U. SESINI, Le melodie trobadoriche, in: Biblioteca Ambrosiana (Tn 1942); I. FRANCK – E. BRAYER, Répertoire métrique de la poésie des troubadours, 2 Bde. (P 1953–57); E. LOMMATZSCH, Leben u. Lieder der provenzalischen Troubadours, 2 Bde. (B 1957); F. GENNRICH, Der musikal. Nachlaß der Troubadours, 3 Bde. (Da 1958–65); D. R. SUTHERLAND, L'élément théâtral dans la canso chez les troubadours de l'époque classique, in: 3e Congrès int. de langue... d'oc (Bordeaux 1964); J. H. MARSHALL, Le „vers" au XIIe siècle: genre poétique?, in: Revue de Langue et Littérature d'Oc 12/13 (1965); M. LAZAR, Bernard de Ventadour, troubadour du XIIe siècle. Chansons d'amour (P 1966); Die Trobadors. Leben u. Leiden, hrsg. v. H. G. TUCHEL (Bremen [2]1966); J. MAILLARD, Anthologie de chants de troubadours (Nizza 1967); Der provenzalische Minnesang. Ein Querschnitt durch die neuere Forschungsdiskussion, hrsg. v. R. BAEHR (Da 1967); U. MÖLK, Trobar clus – Trobar leu. Stud. zur Dichtungstheorie der Trobadors (Mn 1968); J. MAILLARD, Six Medieval Songs (1970); P. BEC, Nouvelle anthologie de la lyrique occitane au Moyen Age (Avignon [5]1970); R. LAFONT – C. ANATOLE, Nouvelle histoire de la littérature occitane (P 1970); E. KÖHLER, Zur Struktur der altprovenzalischen Kanzone, in: R. Baehr, Esprit u. arkadische Freiheit. Aufsätze aus der Welt der Romania (F 1972); E. JAMMERS, Die Rolle der Musik im Rahmen der romanischen Dichtung des XII. u. XIII. Jh., in: Grundriß der romanischen Literaturen des MA, I: Généralités (Hei 1972).

W. D. LANGE

CANTABILE (it., = sangbar, singbar). **1)** Der Begriff dient zur Kennzeichnung der Singbarkeit als einer kompositorisch-satztechnischen Qualität, am frühesten wohl bei G. Zarlino (*Istitutioni harmoniche,* 1558), besonders akzentuiert aber erst im 18. Jh., und zwar im Zusammenhang sowohl mit der Vokal- als auch mit der Instrumentalmusik. In der zweiten Hälfte dieses Jahrhunderts wird dann Kantabilität – vor allem im weiteren Umkreis der ↗Berliner Schule – zum musikalischen Qualitätsmerkmal schlechthin und zum kompositorischen Ideal, das ästhetisch der aufklärerischen Maxime des Leichtfaßlichen und Allgemeinverständlichen untergeordnet ist (vgl. z.B. J. A. P. Schulz in: J. G. Sulzer, *Allgemeine Theorie der Schönen Künste,* 4 Teile, L [2]1778–79; übersetzt c. mit „singend"). – **2)** Die Bz. c. wird seit dem frühen 18. Jh. auch für eine bestimmte Art des musikalischen Vortrags, namentlich beim Klavierspiel, verwendet. Im Verlauf des 18. Jh. findet sich dann die Angabe c. zunehmend als Vortragsbezeichnung eigens im

Notentext; so vereinzelt bereits bei J. S. Bach (Schlußsatz des 5. Brandenburgischen Konzerts, 1721), häufig vor allem bei Beethoven (vgl. 1. u. 4. Satz der Hammerklaviersonate, op. 106), der, wie aus vielen Äußerungen hervorgeht, besonderen Wert auf Kantabilität legte. Freilich gibt es daneben bei ihm wie bei anderen Komponisten seiner und der späteren Zeit musikalische Passagen, die als kantabel gelten müssen, aber nicht mit der Vortragsbezeichnung c. versehen sind (statt dessen ist *espressivo* oder *dolce*, mitunter auch gar nichts eigens notiert). – **3)** Schließlich erscheint seit dem 18. Jh. c. oft in Satzbezeichnungen, ergänzend zu den Tempoangaben *Adagio* und *Andante*, seltener bei *Allegro* und *Largo*. Häufige Verwendung in dieser Weise findet sich wiederum bei Beethoven, und zwar konzentriert besonders in den letzten Klaviersonaten, so daß Kantabilität als ein wichtiges Kennzeichen nicht nur des Beethovenschen Klavierspiels, sondern auch seines Klavierstils, namentlich in den langsamen Sätzen, ist.

Lit.: J. G. WALTHER, Musikalisches Lexikon (L 1732, Faks.-Ausg. Kas-Bas 1953); J. G. SULZER (s. o.); H. CHR. KOCH, Musikalisches Lexikon (F 1802); G. MASSENKEIL, *Cantabile* bei Beethoven, in: Beethoven-Kolloquium 1977. Dokumentation u. Aufführungspraxis, hrsg. v. R. KLEIN (Kas 1978).

CANTANDO (it.; von lat. cantare = singen), Bz. für eine „singende" Vortragsweise, ähnlich wie ↗Cantabile.

CANTATILLE (frz., = kleine Kantate), ein in Frankreich um 1715 entstandener Typ der weltlichen Kantate mit französischem Text. Die C. entspricht in ihrem Aufbau im allgemeinen der französischen Kantate, unterscheidet sich von ihr aber, entsprechend der Wortbedeutung, durch kürzere Rezitative und eine geringere Zahl (2 oder 3) von Arien in Da-capo- oder Rondeau-Form sowie durch eine kleinere Besetzung (meist Solostimme und B.c. bzw. Cembalo oder ein anderes Instrument). Nur gelegentlich enthalten C.s kurze instrumentale Vor- oder Zwischenspiele („symphonies"). Auch die Sujets der C. sind im allgemeinen von denen der Kantate verschieden, sie sind weniger dramatisch, entstammen den leichteren poetischen Genres, behandeln eher konventionelle Themen und haben oft anakreontischen Charakter. Die Grenzen zur Kantate sind jedoch fließend. C.s finden sich in Opern, Ballettopern und Balletten. Die C. ist eine Gattung, deren wesentlicher Reiz und deren große zeitgenössische Beliebtheit auf der Brillanz und Leichtigkeit des gesanglichen Vortrags beruhte. Die meisten frz. Komponisten des 18. Jh. schrieben C.s, u. a. J. J. Mouret, Th. L. Bourgeois, Bodin de Boismortier, Th. Bertin de La Doué, A. L. Couperin, M. Corrette, Louis Charles Bordier, L. A. Lefebvre, Ch. H. de Blainville.

CANTATORIUM (lat., = Gesangbuch). Unter dem Einfluß des Amalarius von Metz (1. Hälfte 9. Jh.) erhielten die dem Gesang dienenden liturgischen Bücher Namen, die eine Unterscheidung entsprechend ihrem Inhalt ermöglichten. So diente das Wort *Antiphonarium* (↗Antiphonar) zur Bezeichnung der Zusammenstellung der vom Chor zu singenden Meßantiphonen. Demgegenüber bezeichnete C. die Zusammenstellung der solistisch auszuführenden Meßgesänge (↗Messe). Die ältesten Cantatorien enthalten manchmal nur Alleluia, Graduale und Tractus. Sie sind anfänglich nicht mit Melodien versehen. Das älteste vollständig neumierte C., der Codex 359 von St. Gallen, stammt aus dem Ende des 9. Jahrhunderts. Später (etwa im 13. Jh.) kam das C. außer Gebrauch und wurde durch den *Liber gradualis* (↗Graduale) ersetzt, der alle solistisch und vom Chor vorzutragenden Teile der Messe mit Ausnahme des ↗Ordinarium missae und der Gesänge des Priesters enthält.

Ausg.: Codex 359 St. Gallen (1924) (= Paléogr. mus., Serie 2, II).

Lit.: P. WAGNER, Einführung in die Gregorianischen Melodien I (Fribourg 1895, L [3]1911, Nachdr. Hil-Wie 1962).

CANTATRICI VILLANE, LE, Oper von Valentino Fioravanti; dt. Titel: Die ↗Dorfsängerinnen.

CANTE CHICO, C. jondo (span.), ↗Flamenco.

CANTELLI, Guido, * 27. 4. 1920 Novara, † 24. 11. 1956 Orly bei Paris (bei einem Flugzeugabsturz); it. Dirigent. C., Sohn eines Militärkapellmeisters, studierte Komposition und Dirigieren am Konservatorium in Mailand und wurde 1943 Dirigent und künstlerischer Leiter des Theaters in Novara. Nach Gastspielen in Argentinien und in den USA dirigierte er 1948 erstmals an der Mailänder Scala. Danach verpflichtete ihn Toscanini an das NBC Symphony Orchestra in New York. 1951 wurde er Leiter des London Philharmonic Orchestra. Seit seinem bedeutenden Erfolg bei den Luzerner Festwochen 1953 zählte C. endgültig zu den herausragenden Dirigenten der Gegenwart. Kurz vor seinem Tod war er zum ständigen Dirigenten des Orchesters der Scala ernannt worden.

Lit.: L. S. COLONNA, Presenza di G. C. (Novara 1962); I. CANTELLI, Un mucchio di mani (R 1965).

CANTELOUBE, Marie-Joseph C. de Malaret, genannt Joseph C., * 21. 10. 1879 Annonay (Ardèche), † 4. 11. 1957 Grigny (Seine-et-Oise); frz. Komponist und Musikforscher. Er war Kompositionsschüler von V. d'Indy und Ch. Bordes und studierte außerdem Klavier bei der Chopin-Schülerin Amélie Daetzer. C. gilt als einer der besten Kenner des französischen Volksliedes, das er nicht nur wissenschaftlich erforschte, sondern durch seine aparten Bearbeitungen für das öffentliche und häusliche Musizieren in Frankreich erschloß. Demgegenüber fanden seine Kompositionen weniger Anklang.

WW: **1) Instr.-WW:** *6 Danses roumaines* für Klv.; *Dans la montagne* für V. u. Klv. (P 1904); *Rustiques* (1946) für Bläsertrio (Monaco o.J.); *Vers la Princesse lointaine* (1910–11), symphonische Dichtung; *Lauriers* (1929), 3 symphonische Stücke; *4 Pièces françaises* (1934–35) für Klv. u. Orch.; *Poème* für V. u. Orch. (P 1937). – **2) Vokal-WW:** *L'Arada, „La Terre"* (1918–22), 6 Lieder mit Klv.; *Colloque sentimental* (1903) für SingSt u. Streichquartett (P 1925); für Gesang u. Orch.: *Eglogue d'Automne* (P 1909); *Au Printemps* (P 1913); *Triptyque* (P 1914); *Hymne des Gaules* (Text v. Ph. Lebesgue). – **3) Bühnen-WW:** Opern: *Le Mas* (1910–13) (Libr.: J. Canteloube), UA: Paris 1929; *Vercingétorix* (1930–32) (Libr.: E. Clémentel u. H. Louwick), UA: ebd. 1933. – **4) Volkslieder-Bearbeitungen:** Für Gesang u. Klv.: *Chants populaires de Haute Quercy,* 2 Slg.en; *Chants religieux de Haute Auvergne; Chants d'Auvergne,* 5 Reihen; *Chants d'Angoumois; Chants de Touraine; Chants des Pays basques; Chants du Languedoc; Noëls populaires français; Chants de France,* 2 Reihen; für Chor a cap.: *Chants des terroirs français,* 12 Chöre für gleiche Stimmen; *Chants paysans,* 3 Reihen; *Chansonnier alsacien,* 70 Chöre für gleiche Stimmen; *4 Chœurs; Chansons galantes du XVIII*^e^ *siècle,* für Gesangsquartett u. Cemb.; für Gesang u. Orch.: *Chants d'Auvergne,* 5 Reihen; *Chants de France,* 2 Reihen. – **5) Schriften:** *Les Chants des Provinces françaises* (P 1946); *V. d'Indy* (P 1949); *V. d'Indy, sa vie, ses œuvres, ses actions* (Monaco 1949); *D. de Séverac* (P 1950). – **6) Editionen:** *Anthologie des chants populaires français,* nach Provinzen geordnet, 4 Bde. (P 1939–44).

Lit.: L. G. BOURSIAC, C. (Toulouse 1941); P. BALME, La vie d'artiste et l'œuvre auvergnate du compositeur français J. C., in: Revue de la Haute-Auvergne 38 (1962).

CANTI CARNASCIALESCHI (it., = Karnevalsgesänge), Lieder, die bei den Maskenumzügen des Florentiner Karnevals im späten 15. und frühen 16. Jh. auf prächtig ausgestatteten Wagen (carri carnascialeschi) von maskierten Personen gesungen wurden. Auf den Wagen waren Begebenheiten aus dem Alltag und dem Volksleben wie auch mythologische und allegorische Szenen dargestellt. Diese Umzüge erreichten ihren größten Glanz unter der Regierung des Fürsten Lorenzo de' Medici (Lorenzo il Magnifico, † 1492), der auch als der berühmteste Dichter und Förderer der C.c. gilt. Die Texte der Gesänge beziehen sich auf bestimmte handwerkliche Berufe (Schreiber, Schneider, Waffelbäcker u.a.) und soziale Gruppen (Bettler, Juden, Dirnen), auf politische und sonstige Ereignisse. Dies alles und noch vieles mehr, was die Umzüge charakterisierten, wurde in den C.c. satirisch, geistvoll, teils derb und frivol, mit offenen oder versteckten Anspielungen besungen: eine eigenartige Mischung von humanistischer Kultur und Volksbräuchen.

In ihrer musikalischen Anlage sind die C.c. Strophenlieder mit Refrain. In der Regel 3st., im 16. Jh. auch 4st., sind sie meist strikt homorhythmisch gesetzt. In Verbindung mit der stets syllabischen Deklamation kann damit der Text deutlich und verständlich zum Vortrag gebracht werden. Ein besonderes Kennzeichen des akkordischen Satzes der C.c. sind die in fast allen Gesängen erscheinenden Quintparallelen zwischen den Außenstimmen, wie sie in anderen musikalischen Gattungen der Zeit sonst kaum vorkommen.

Dichter der C.c. waren neben Lorenzo de' Medici Angiolo Poliziani, Niccolò Machiavelli, ferner Battista de' Ottonaio, Jacopo da Bientina und Bernardino del Boccia. Als Komponisten der – meist anonym überlieferten – C.c. sind bekannt: H. Isaac, der die erste C.c.-Dichtung Lorenzos vertonte (*Dei bericuoccolai,* Komposition nicht erhalten), A. Agricola, A. Coppinus, G. D. Del Giovane.

Seit dem ausgehenden 15. Jh. wurden mehr und mehr C.c. mit geistlichem Text versehen. Ausgelöst wurde diese Entwicklung wohl durch das Wirken Savonarolas in Florenz (1492–98), der zeitweilig statt der Karnevalsumzüge Prozessionen durchführen ließ. Die solchermaßen (durch das sogenannte ↗Parodie-Verfahren) umgeformten C.c. stehen musikalisch in der Nähe der frühen Beispiele für die italienische ↗Lauda. Andererseits lassen sich manche sprachlichen und inhaltlichen Charakteristika der C.c. in der ↗Frottola und in der ↗Villanella des 16. Jh. nachweisen.

Ausg.: Chants du Carnaval Florentin (Canti carnascialeschi) de l'époque de Laurent le Magnifique, hrsg. v. P.-M. MASSON (P 1913); K. JEPPESEN, Die mehrst. it. Laude (L – Kop 1935); C.c. del Rinascimento, hrsg. v. CH. S. SINGLETON (Bari 1936) (nur Dichtungen); Karnevalslieder der Renaissance, hrsg. v. K. WESTPHAL (Wb 1936) (= ChW 43).

Lit.: F. GHISI, I c.c. nelle fonti musicali del XV e XVI secolo (Fi 1937); E. GERSON-KIWI, Stud. zur Gesch. des it. Liedmadrigals (Wü 1938); F. GHISI, Le feste musicali della Firenze medicea (Fi 1939); DERS., Carnival Songs and the Origins of the Intermezzo giocoso, in: MQ 25 (1939); DERS., C.c. – Frottole, Canzoni francesi, in: Note d'archivio 16 (1939); J. J. GALLUCCI, Festival music in Florence, ca. 1480–ca. 1520: C.c., Trionfi and related forms (1966) (= Diss. masch. Harvard Univ.); W. H. RUBSAMEN, The music for „quant'è bella giovinezza" and other carnival songs by Lorenzo de' Medici, in: Art, science and history in the Renaissance, hrsg. v. Ch. S. Singleton (Baltimore 1968). – ↗Frottola.

CANTICUM (lat., = Gesang, Lied; engl.: canticle, hymn; frz.: cantique; it.: cantio). Als Cantica werden die nicht im Buch der Psalmen enthaltenen

Lieder des Alten und Neuen Testamentes bezeichnet, die schon in frühchristlicher Zeit (4. und 5. Jh.) Eingang in die Liturgie fanden. Die beiden bekanntesten Cantica des AT, von denen einige wahrscheinlich schon im jüdischen Tempelgesang verwendet wurden, sind das Siegeslied des Moses nach dem Durchzug durch das Rote Meer (*Cantemus Domino,* Ex 15, 1–19) und der Lobgesang der drei Jünglinge im Feuerofen (*Benedicite omnia opera Domini, Domino,* Dn 3, 51–90); die drei bekanntesten aus dem NT sind das C. Beatae Mariae Virginis oder ↗Magnificat (*Magnificat anima mea Dominum,* Lk 1, 46–55), das C. Zachariae (*Benedictus Dominus Deus Israel,* Lk 1, 68–79) und das C. Simeonis (*Nunc dimittis,* Lk 2, 29–32).
Die Cantica bildeten als fester Bestandteil der frühchristlichen Vigilien (Ostern und Quatember) den Abschluß der Lesungen. Benedikt von Nursia († 547) bezeugt in der *Regula Benedicti* die Übernahme von Cantica in die Laudes und die monastische Matutin schon in römischer Zeit. Seit dem 5. Jh. gab es feststehende Reihen von 9 bzw. 14 Cantica, darunter oft das *Gloria in excelsis,* im Anschluß an die Psalmen in den Bibelhandschriften und Psalterien. Seit dem 6. Jh. verdrängten in Byzanz Neudichtungen (↗Troparion) die Cantica, während andererseits eine Reihe neuer Cantica ihre Entstehung dem *Capitulare monasticum* (817) des Benedikt von Aniane verdankt. – Der Vortrag der Cantica des AT in Matutin und Laudes und des *Nunc dimittis* in der Komplet entspricht stets der antiphonischen Offiziumspsalmodie (8 Modi). *Benedictus* und *Magnificat* sind als Höhepunkte der Laudes bzw. der Vesper melodisch reicher gestaltet. Die Cantica der Ostervigil hingegen folgen dem Vorbild einer Tractus-Melodie.
Seit der Brevierreform Pauls VI. (1970) haben im Stundengebet der römisch-katholischen Kirche die Laudes jedes Wochentages neben dem *Benedictus* in einem vierwöchigen Zyklus je ein eigenes C. aus dem AT, während für die Sonntage jeweils der halbe Lobgesang der drei Jünglinge vorgeschrieben ist. Für die Vesper ist für jeden Tag neben dem *Magnificat* ein eigenes C. aus dem NT (Apostelbriefe bzw. Apokalypse) vorgesehen, an bestimmten Tagen auch noch ein weiteres C. des NT. Die Cantica des NT finden sich auch in der Liturgie und im Gemeindegesang der lutherischen und der reformierten Kirche (↗Hugenottenpsalter).

Lit.: V. THALHOFER, Erklärung der Psalmen u. Cantica (1857, Rb [9]1923); B. METTENLEITER, Lobgesänge – Cantica und kirchliche Hymnen, in: Cäcilia 10 (1871); S. BÄUMER, Gesch. des Breviers (Fr 1895); F. CABROL, C., in: Dictionnaire d'archéologie chrétienne et de liturgie 2 (P 1910); P. WAGNER, Einführung in die Gregorianischen Melodien 3 (L 1921, NA Hil – Wie 1962); H. SCHNEIDER, Die altlat. biblischen Cantica (Beuron 1938); V. LEROQUAIS, Les Psautiers liturgiques latins des bibliothèques publiques de France (Mâcon 1940–41); J. PASCHER, Das Stundengebet der römischen Kirche (Mn 1954); Monumenta monodica mediae aevi (Kas 1956ff.); A. BAUMSTARK, Nocturna laus, in: Liturgiegeschichtliche Quellen u. Forsch. 32 (1957); Leiturgia. Hdb. des ev. Gottesdienstes 4 (Kas 1961).

CANTIGA (span. u. port., = Lied), meist im Plural gebrauchte Sammel-Bz. für die galicisch-portugiesischen Lieder des hohen und späten Mittelalters und der Renaissance, unabhängig von ihrer poetischen Form und ihrem Inhalt (lyrisch, moralisch, religiös usw.). Das umfangreiche Repertoire der mittelalterlichen C.s überliefern 3 Sammlungen (↗Cancioneros), die im 13. Jh. und im 1. Viertel des 14. Jh. entstanden sind: der *Cancioneiro da Ajuda* (Lissabon, Bibl. da Ajuda), der *Cancioneiro Colocci Brancuti* (jetzt: *Cancioneiro da Biblioteca Nacional;* Lissabon, Bibl. Nac.) und der *Cancioneiro da Vaticana* (Rom, Bibl. Vat. cod. 4803). Sie enthalten ungefähr 1700 Dichtungen ohne Noten, aber mit Notenlinien, und umfassen die ganze Breite und Vielfalt der verschiedenen damals gebräuchlichen Gattungen: *C. de amor,* auch *C. de maestria* genannt, eine Nachahmung der altprovenzalischen Poesie mit ihren metrischen Raffinessen, *C. de amigo,* reizvolle Lieder mit volkstümlichem Einschlag, in denen eine junge Frau über die Abwesenheit ihres Freundes klagt, schließlich *C. de escarnho* oder *C. de maldizer,* in denen satirisch Einzelpersonen und ihre Schwächen angegriffen werden; die Gattung ist z. T. inspiriert von den altprovenzalischen ↗Sirventes. C.s der Renaissance überliefern z. B. der *Cancioneiro geral* des Garcia de Resende (1516) und der *Cancioneiro de Evora* (um 1560). – Eine besondere Bedeutung kommt den *Cantigas de Santa Maria* König Alfons' X. von Kastilien und León (Alfonso el Sabio) zu, die im Unterschied zu den weltlichen C.s mit (mensural notierten) Melodien überliefert sind. Sie sind im wesentlichen in drei Hss. enthalten (aufbewahrt in El Escorial, Sign. T. j. 1 und j. b. 2, sowie in Madrid, Bibl. Nac. 10069). Die *Cantigas de Santa Maria* müssen sowohl aufgrund ihrer literarischen Vielfalt (Exempla, Legenden, Marienlob usw.) als auch ihrer musikalischen Gestaltung als das bedeutendste Corpus der geistlichen Liedkunst des Mittelalters gelten. Die Berufung bedeutender christlicher und nichtchristlicher Gelehrter, das Heranziehen französischer Troubadours, die Pflege auch der Tradition des deutschen Minneliedes (Alfons' Mutter war Beatrix von Schwaben) und vor allem die Beschäftigung christlicher, maurischer und jüdischer Spielleute (letztere wohl nur als Virtuosen), verhalfen dem Hofe zu seinem Ruhm. Die Spielleute trugen die C. vokal und instrumental vor. Die Melodien und auch die Liedgattungen weisen z. T. Einflüsse der französischen Musik auf, sie sind formal orientiert an ↗Virelai, ↗Rondeau u.a., melodisch an der Gregorianik, dem Troubadourlied und der Motette. Die Codices im Escorial sind musikgeschichtlich überaus wichtig, auch wegen ihrer Miniaturen. Auf ihnen finden sich zahlreiche Darstellungen von Musikinstrumenten der Zeit. Sie zeigen u.a. auch spanische und arabische Musiker, die Seite an Seite spielen. Darüber hinaus geben sie wertvolle Aufschlüsse über die Aufführungspraxis und die soziale Rolle der Musik in jener Zeit.

Ausg.: *Cancioneiro da Ajuda,* hrsg. v. C. MICHAELIS DE VASCONCELLOS, 2 Bde. (Hl 1904); dass., hrsg. v. H. H. CARTER (NY–O 1941); dass., hrsg. v. MARQUIS BRAGA, 2 Bde. (Lis 1945); *Cancioneiro Colocci Brancuti,* hrsg. v. E. G. MOLTENI (Hl 1880); dass., hrsg. v. E. P. u. J. P. MACHADO, 2 Bde. (Lis 1949–50); *Cancioneiro della Vaticana,* hrsg. v. E. MONACI (Hl 1875); dass., hrsg. v. T. BRAGA (Lis 1878); *Las C.s de Santa Maria,* hrsg. v. L. CUETE-MARQUIS DE VALMAR, 2 Bde. (Ma 1889); dass., hrsg. v. W. METTMANN, 4 Bde. (Coimbra 1959–72) (Text u. Glossar); *C.s d'amigo dos trovadores galego-portugueses,* hrsg. v. J. J. NUNES, 3 Bde. (ebd. 1926–28); *C.s d'amor dos trovadores galego-portugueses,* hrsg. v. DEMS. (ebd. 1932); *La musica de las c.s de Santa Maria...,* hrsg. v. H. ANGLÉS, 3 Bde. (Ba 1943–64); *C.s d'escarnho e de mal dizer dos cancioneiros medievais galego-portugueses,* hrsg. v. M. RODRIGUES LAPA (Coimbra 1965).

Lit.: J. GUERRERO LOVILLO, Las c.s (Ma 1949); P. LE GENTIL, La poésie lyrique espagnole et portugaise à la fin du moyen âge, 2 Bde. (Rennes 1949, 1950); E. S. PROCTER, Alfonso X of Castile (O 1951); H. ANGLÉS, Les cantiques montserratines del rei Alfons el Savi i la seva importancia musical, in: Analecta Montserratensia 9 (1962); J. A. ALEGRÍA, A problemática musical das c.s de amigo (Lis 1968); E. ASENSIO, Poética y realidad en el cancionero peninsular de la'edad media (Ma [2]1970); W.-D. LANGE, El fraile trobador. Zeit, Leben u. Werke des Diego de Valencia de León 1350?–1412? (F 1971); H.-J. NIEDEREHE, Die Sprachauffassung Alfons des Weisen (Tü 1975).

CANTILENA (lat., = Lied, Melodie, Gesang). Der Begriff wurde im Mittelalter in vielfältiger Bedeutung verwendet, sein jeweiliger Inhalt entweder durch den entsprechenden Zusammenhang oder durch ein beigefügtes Adjektiv näher bestimmt. Im Bereich der Musik findet man ihn überall, und gelegentlich wird er sogar zur Beschreibung von Tierlauten (Vogelgesang, Grillenzirpen) benützt. Am häufigsten wurde C. synonym für *Canticum* und *Carmen* – im Sinne von Gesungenem – gebraucht, so im weltlichen Bereich für Heldenlied und Epos *(C. ioculatoris, C. Rolandi),* für Liebes- und Klagelied und für den Minnesang, aber auch für kirchliche Melodien anstelle der Bezeichnungen *Hymnus, Antiphona, Sequentia* usw. sowie für den Kirchengesang in der Vulgärsprache *(per cantilenas linguae vulgaris).* Daneben steht C. für den lateinischen Kirchengesang (speziell für die liedhaften Teile der Liturgie), etwa als *c. romana* oder *ecclesiastica c.* für ↗Cantus planus. Seit der ↗Musica Enchiriadis bezeichnet das Wort auch den mehrstimmigen Gesang, die „mehrstimmigen Melodien" *(haec... est, quam diaphoniam cantilenam vel assuete organum vocamus).* Noch Zarlino verwendete 1558 den Terminus für die mehrstimmige Musik im allgemeinen. Vereinzelt wurde im hohen und späten Mittelalter C. auch für instrumentale Stücke gebraucht, z.B. in den „Cambridger Liedern" und bei Johannes de Grocheo. Dante unterscheidet in *De vulgari eloquentia* (II, VIII, 8) zwischen der hohen (tragischen) Dichtungsform der ↗Cantio (Canzona) und derjenigen (tragisch-komischen) der C., die er etymologisch als „kleine Cantio" *(per diminutionem)* beschreibt, verwendet das Wort aber in Übereinstimmung mit der lateinischen Terminologie ebenso zur Bezeichnung der gesungenen Dichtung allgemein wie des Tanzliedes. In der *Divina commedia* (Paradiso, XXXII, 97) wird der Engelsgruß Gabriels an Maria *(Ave, Maria, gratia plena) la divina cantilena* genannt. Seit dem 13. Jh. meint C. vornehmlich einen mehrstimmigen weltlichen Liedsatz, meist in den Refrainformen der ↗Ars nova (Rondellus), synonym zu Carmen und Chanson. Eine besondere satztechnische Eigenschaft dieser Liedsätze seit der Ars nova, nämlich die melismenreiche vokale Oberstimme mit (instrumentaler) Begleitung, führte in der Musikforschung des 20. Jh. (J. Handschin) zur Prägung des Begriffs C. als ↗Kantilenensatz. In dieser engen satztechnischen Bedeutung ist C. jedoch bis jetzt historisch nicht belegt.

Lit.: A. VISCARI, C., in: Studi Medievali, Neue Reihe 9 (1936); J. HANDSCHIN, Les études sur le XVe siècle musical de Ch. van den Borren, in: RBMie 1 (1946–47); DERS., Réflexions sur la terminologie, in: ebd. 6 (1952); H. H. EGGEBRECHT (die Art. C., Kantilene, Kantilenensatz) in: RIEMANN ML, Sachteil; R. MONTEROSSO, C., in: Enciclopedia Dantesca 1 (R 1970); C., in: Mittellateinisches Wörterbuch II (1971); E. H. SANDERS, C. and discant in 14th-Century England, in: MD 19 (1965).

J. STENZL

CANTIO (lat., = Gesang), im 14. u. 15. Jh. Sammel-Bz. für das in der Regel einstimmige lateinische, später auch volkssprachliche geistliche Lied, das nicht im strengen Sinn zur Liturgie gehört. Dazu zählen die *Benedicamus-Domino*-Tropen, die ↗Conductus und die Gesänge, die durch Tropierung des Gloria entstanden, z.B. das verbreitete *Dies est laetitia* mit den deutschen Strophen *Der Tag der ist so freudenreich* und *Ein Kindelein so löbelich,* und schließlich noch verschiedenartige volkstümliche Gesänge, darunter vor allem weihnachtliche Wiegenlieder im lydischen Modus wie *Resonet in laudibus, Joseph liber neve myn* und das lateinisch-deutsche *In dulci jubilo.* – Im späteren Mittelalter entstand in erster Linie im süddeutschen Raum und in Böhmen „ein wahrer Liederfrühling" (B. Stäblein) an Cantiones (↗Cantional). Wichtigste Quelle des 14. Jh. ist das *Moosburger Graduale* mit einem Anhang von 33 Cantiones und das etwas spätere lateinisch-tschechische *Kanzional* aus Hohenfurt (1410). Den Formenreichtum der Cantiones aus der Zeit um 1500 zeigt *Ein new Gesengbuchlen* (1531) von M. Weisse (Weysse), das weitgehend Übersetzungen älterer böhmischer Cantiones enthält. Im 16. Jh. trat die Bz. C. für das einstimmige geistliche Lied beider Konfessionen, soweit erkennbar, nur noch vereinzelt und in Verbindung mit einem Adjektiv auf, so bei Th. Petri in den *Piae Cantiones ecclesiasticae* (Greifswald 1582). Die *Cantiones ecclesiasticae latinae* von J. Spangenberg (Magdeburg 1545) enthalten sowohl liturgische Weisen als auch, im zweiten Teil, die *Kirchengesenge Deutzsch.* C. ecclesiastica bedeutet hier nicht mehr Lied, sondern Gregorianischer Gesang. Der Begriff C. lebte jedoch in dem Wort *Gesengbuchlen* fort, wie Weisses Titel zeigt. Auch die bis in die Gegenwart gängige Bz. „Gesangbuch" für das gebräuchliche Repertoire der gottesdienstlichen Gemeindelieder meinte ursprünglich nicht ein Buch zum Singen, sondern eine Sammlung von Gesängen. – ↗Cantio sacra.

Lit.: K. H. SCHLAGER, Cantiones, in: Gesch. der kath. Kirchenmusik I, hrsg. v. K. G. FELLERER (Kas 1972); B. STÄBLEIN, Das Schriftbild der einstimmigen Musik (L 1975) (= Musikgesch. in Bildern III/4); Das dt. Kirchenlied, Kritische GA der Melodien, hrsg. v. K. AMELN – M. JENNY – W. LIPPHARDT (Kas 1975); M. HÄRTING, Das dt. Kirchenlied der Gegenreformation, in: Gesch. der kath. Kirchenmusik II, hrsg. v. K. G. FELLERER (Kas 1976).

W. BLANKENBURG

CANTIONAL (von lat. cantio = Gesang), Bz. für mittelalterliche (böhmische) Sammlungen lateinischer und volkssprachlicher, geistlicher und weltlicher Gesänge (↗Cantio), im 15. u. 16. Jh. für die Sammlungen hussitischer liturgischer Gesänge. – M. Weisse (Weysse) erwähnt in seinem *New Gesengbuchlen* (dem ersten deutschen Gesangbuch der Böhmisch-Mährischen Brüder) von 1531 zwei ältere C.e, wobei volkssprachliche geistliche Liedersammlungen gemeint sind. Im Tschechischen ist C. *(Kanzional)* gleichbedeutend mit *Gesangbuch.* Die Bz. C. wurde für den deutschen Sprachbereich nur vereinzelt übernommen (z. B. J. H. Schein, *Cantional oder Gesangbuch...*, 1627), mit aller Wahrscheinlichkeit im Hinblick auf die in diesen Büchern enthaltenen 4–5st. Bearbeitungen aller Melodien im homorhythmischen Satz mit dem C.f. im Diskant (↗Kantionalsatz). – Scheins C. enthält zwar ausschließlich Gemeindelieder, ist aber für einen Chor bestimmt und gehört in die große Reihe der Ausgaben, an deren Anfang L. Osianders *Fünfftzig Geistliche Lieder und Psalmen. Mit vier Stimmen, auff Contrapunctsweise... also gesetzt, daß ein gantze Gemein durchauß mitsingen kan* (Nü 1586) stehen. Zwei Werke des 17. Jh. zeigen die uneinheitliche Anwendung dieser Bz.: Das Gothaer *Cantionale sacrum* (1646/48), in handlicher Form wie Scheins C., ist ein Sammelwerk mit Chorgesängen verschiedener Art, u. a. Motetten. *Das große C.* (Darmstadt, 1687) dagegen ist ein Folioband mit einstimmigen Gesängen für das Chorpult. – Im 19. Jh. hat Th. Kliefoth seine Gottesdienstordnung für das Kirchenjahr mit ein- und mehrstimmigem Gesangsrepertoire C. genannt (Schwerin 1868 u. 1880), obwohl das im Geiste der Restauration sehr umfangreich angelegte Quellenverzeichnis kein einziges Werk unter diesem Titel aufführt.

Lit.: Weißes Gesangbuch 1531, Faks.-Ausg. (Kas 1957); J. KOUBA, Der älteste Gesangbuchdruck v. 1501 aus Böhmen, in: JbLH 13 (1968); Das dt. Kirchenlied. Kritische GA der Melodien, hrsg. v. K. AMELN – M. JENNY – W. LIPPHARDT I/1: Verz. der Drucke (Kas 1975); B. STÄBLEIN, Schriftbild der einstimmigen Musik (L 1975) (= Musikgesch. in Bildern III/4).

W. BLANKENBURG

CANTIO SACRA (lat., = geistlicher Gesang), etwa 1540–1670 (meist im Plural gebrauchter) Titel von gedruckten Sammlungen geistlicher (liturgischer und nichtliturgischer) Kompositionen mit lateinischem Text. Der Titel *Cantiones sacrae* erscheint zunächst vor allem in den Niederlanden und fast immer mit dem Zusatz „quas vulgus moteta vocat" o. ä. (z. B. bei Clemens non Papa, *Liber primus cantionum sacrarum,* Löwen 1559), der darauf hinweist, daß Cantio sacra keine eigene musikalische Gattung ist, sondern eine Art gelehrter Bezeichnung für Motette. Das gilt ähnlich auch für Titel wie *Cantiones ecclesiasticae, Sacrae Melodiae, Sacrae Modulationes, Sacrae Harmoniae, Sacri Cantus, Sacri Concentus* u. a., und zwar unabhängig davon, ob es sich dabei um Werke im a cappella-Stil oder im konzertierenden Stil handelt. Vereinzelt wird der Titel *Cantiones sacrae* auch für Sammlungen verwendet, die gleichzeitig deutsche Gesänge (S. Scheidt, 1620) oder weltliche Gesänge (L. Lechner, 1581, G. Aichinger, 1590) enthalten; in Scheidts *Tabulatura nova* (1624) werden deutsche Choräle mit ihren Variationen als C.s. bezeichnet. Generell gilt aber im 17. Jh. wie im 16. die Zuordnung von C.s zu lateinischen geistlichen Gesängen, wie das etwa bei den bekannten *Cantiones sacrae* von H. Schütz (1620 u. 1625) der Fall ist.

CANTOR (lat.), ↗Kantor.

CANTUS (lat. = Gesang). Außer in der allgemeinen Bedeutung wird C. in mittelalterlichen Musiktraktaten gelegentlich auch zur Bz. einer vorgegebenen choralen Melodie eines mehrstimmigen Satzes verwendet, d. h. synonym mit *vox principalis* (beim frühen ↗Organum) bzw. mit *Tenor* (beim Organum und Discantus des 13. Jh.). Seit dem 15. Jh. bezeichnet C. – gleichbedeutend mit Discantus, Superius, später auch mit Sopran, und meist im C-Schlüssel auf der 1. Linie notiert – die höchste Stimme im mehrstimmigen Vokalsatz. – Seit dem Mittelalter wird C. häufig auch in Verbindung mit bestimmten Adjektiven zur Bz. einzelner Gesangsarten verwendet, z. B. *C. planus* bzw. *C. gregorianus* (= ↗Gregorianischer Gesang), *C. ambrosianus* (= ↗Ambrosianischer Gesang), ferner als Begriffspaar *C. planus – C. mensurabilis* oder *C. figuratus* (= mehrstimmige Musik). – ↗Cantus firmus.

CANTUS CHORALIS (lat.), Bz. für den unbegleiteten einstimmigen liturgischen Gesang. Syn.: ↗Cantus planus.

CANTUS DURUS (lat.; von durus = hart), Bz. für das ↗Hexachord g-e. – ↗Dur, ↗Moll.

CANTUS FIRMUS (lat., = fester Gesang), Abk.: C.f., seit dem 13. Jh. zunächst eine Bz. für den ↗Gregorianischen Gesang. Sie läßt sich erstmals bei Hieronymus de Moravia nachweisen, der C.f. synonym mit ↗Cantus planus verwendet. In derselben Bedeutung erscheint der Begriff in der Musiklehre bis zum 18. Jahrhundert. Von da an, ausgehend wohl von der italienischen Kontrapunktlehre, die seit G. Zarlino weitgehend auf der Verarbeitung choraler Melodien als „Soggetti" beruht, bedeutet C.f. in der Musiktheorie auch (und später ausschließlich) die einem mehrstimmigen Satz zugrundeliegende Melodie. Dabei ist primär eine Choralmelodie – gregorianisch oder protestantisch –, im weiteren Sinne aber auch eine weltliche Melodie, gelegentlich auch eine frei konzipierte Stimme gemeint.

Seit dem 19. Jh. ist die Bz. C.f. auch im musikwissenschaftlichen Sprachgebrauch üblich, auch in bezug auf die ältere Musik. In ihr bilden ja weithin vorgegebene, chorale Melodien die Satzgrundlage; als Oberstimme (mit der zeitgenössischen Bz. ↗Vox principalis) im frühen ↗Organum, als Unterstimme (= ↗Tenor) im späteren (Notre-Dame), als Tenor auch in der ↗Motette des 13.–15. Jahrhunderts. In der Vertonung des ↗Ordinarium missae kam es dann im 15./16. Jh. zur Ausprägung der sog. C.f.-Messe (↗Messe) mit ihren verschiedenen Typen, je nach der Art und Weise, wie die vorgegebene Melodie in das Gefüge der Stimmen und in den Ablauf der einzelnen Sätze integriert ist. Der wichtigste Typus ist die „Tenor-Messe", in der ein und derselbe C.f. in den einzelnen Sätzen ausschließlich im Tenor erscheint, meist in verschiedener Mensurierung. Der C.f. kann dabei dem Choral entnommen sein, er kann ein weltliches Lied sein oder auf dem Wege der ↗Solmisation entstanden sein. Auch in den anderen mehrstimmigen liturgischen Gattungen des 15./16. Jh. – ↗Hymnen, ↗Psalmen, ↗Lamentationen – ist die Verarbeitung (choraler) Cantus firmi ein Hauptmerkmal der kompositorischen Gestaltung. Ähnliches trifft für die weltlichen Liedsätze (↗Tenorlied) wie auch für die Orgelmusik dieser Zeit zu, d. h. für die ↗Orgelmesse, für die Orgelhymnen und -versetten. Dabei erscheint der C.f. entweder in breiten Notenwerten oder in verzierter Form.

Während seit dem 17. Jh. in der katholischen Kirchenmusik der Bindung an einen C.f. keine entscheidende Bedeutung mehr zukommt, hat die Verwendung eines C.f. innerhalb der protestantischen Kirchenmusik in der vokalen und instrumentalen ↗Choralbearbeitung ihren festen Platz und ihre eigentliche Domäne. Der hohe Rang dieser Gattung im Schaffen J. S. Bachs weist auch auf die kompositorische Kraft des C.f.-Prinzips, die bei ihm in ähnlicher Weise wirksam ist wie hin bei den Musikern des Mittelalters und der Reformationszeit – gleichsam ein klingendes Symptom für die Bindung an etwas normativ Vorgegebenes.

Im 19. Jh. fanden die Komponisten kaum Interesse an der C.f.-Technik, die erst wieder in der Kirchenmusik des 20. Jh., im Zuge der Rückbesinnung auf Vorbilder der Bach-Zeit und früherer Epochen, in begrenztem Maße eine Wiederbelebung erfahren hat.

Lit.: F. H. SAWYER, The Use and Treatment of C.f. by the Netherlands School of the 15th Century, in: Papers of the American Musicological Society 63 (1937); H. BITTEL, Der C.f. in der zeitgenössischen geistlichen Chormusik (Diss. Mn 1950); M. KYRIAZIS, Die C.f.-Technik in den Messen Obrechts (Diss. Be 1952); B. MEIER, Die Harmonik im C.f.-haltigen Satz des 15. Jh., in: AfMw 9 (1952); K. SCHNÜRL, Die Variationstechnik in den Choral-C.f.-Werken Palestrinas, in: StMw 23 (1956); G. SCHMIDT, Zur Frage des C.f. im 14. u. beginnenden 15. Jh., in: AfMw 15 (1958); J. A. MATTFELD, C.f. in the liturgical motets of Josquin des Prés (1959) (= Diss. masch. Yale Univ.); J. A. MATTFELD, Some Relationships between Texts and C.f. in the Liturgical Motets of Josquin des Prés, in: JAMS 14 (1961); L. FINSCHER, Zur C.f.-Behandlung in der Psalm-Motette der Josquinzeit, in: H. Albrecht in memoriam (Kas 1962); E. H. SPARKS, C.f. in Mass and Motet 1420–1520 (Berkeley – Lo 1963); J. K. PARTON, C.f. Techniques and the Rhythmic Elements of Style in the Organ Music of Early Tudor Era (1964) (= Diss. masch. North Texas State Univ.); J. CALDWELL, Keyboard plainsong settings in England 1500–1660, in: MD 19 (1965); E. H. SANDERS, Die Rolle der engl. Mehrstimmigkeit des MA in der Entwicklung v. C.f.-Satz u. Tonalitätsstruktur, in:

AfMw 24 (1967); G. HAYDON, „Ave Maris Stella" from Apt to Avignon, in: FS B. Stäblein (Kas 1967); W. NITSCHKE, Stud. zu den C.f.-Messen G. Dufays (B 1968) (= Berliner Stud. z. Musikwiss. 13); L. F. BERNSTEIN, C.f. in the French chansons for two and three voices 1500–1550 (1969) (= Diss. masch. New York Univ.); DERS., The C.f. Chanson of T. Susato, in: JAMS 22 (1969); W. FROBENIUS, C.f., in: Handwörterbuch der musikal. Terminologie (Wie 1971); M. E. NAGLE, The structural role of the C.f. in the motets of J. Obrecht (1972) (= Diss. masch. Univ. of Michigan); A. ADRIO, Die Weisen der Böhmischen Brüder im Werk E. Peppings, in: Musicae scientiae collectanea. FS K. G. Fellerer (Kö 1973); W. E. MCCANDLESS, C.f. Techniques in Selected Instrumental Compositions 1910–1960 (1974) (= Diss. masch. Indiana Univ.); H. KÜMMERLING, Die Bestimmung des Ranges mehrstimmiger Vertonungen der Ordinarium missae mittels des C.f. als „Accidens praedicabile", in: Miscellanea mediaevalia 12 (1978).

CANTUS GEMELLUS (lat.; von gemellus = zwillingsgeboren, doppelt), ↗Gymel.

CANTUS GREGORIANUS (lat.), gleichbedeutend mit ↗Gregorianischer Gesang.

CANTUS MENSURABILIS, Cantus mensuratus (lat.), gleichbedeutend mit ↗Musica mensurabilis.

CANTUS MOLLIS (lat.; von mollis = weich), Bz. für das ↗Hexachord f-d. – ↗Dur, ↗Moll.

CANTUS NATURALIS (lat.; von naturalis = natürlich), Bz. für das ↗Hexachord c-a. – ↗Dur, ↗Moll.

CANTUS PLANUS (lat.; engl.: plainsong; frz.: plain-chant; it.: canto piano; span.: canto llano), ein Begriff, der bei den mittelalterlichen Theoretikern in zwei verschiedenen Bedeutungen verwendet wird. Im 11. Jh. bezeichnen Odo von Cluny und Guido von Arezzo als C.p. einen Gesang mit plagalem Tonumfang im Unterschied zu einem *cantus acutus vel elevatus* (mit authentischem Tonumfang). Anstelle von planus werden in gleicher Bedeutung auch die Bezeichnungen *gravis* und *humilis* verwendet (↗authentisch, ↗plagal). – Seit dem 12./13. Jh. verstand man unter C. p. oder *Musica plana* den einstimmigen liturgischen Gesang, dem als mehrstimmige Musik der Discantus oder die ↗Musica mensurabilis gegenübergestellt wurde (u. a. bei Franco von Köln und Johannes de Garlandia). Anders als in der rhythmisch geregelten mehrstimmigen Musik bedarf der C. p. keiner Differenzierung der Notenwerte. Am deutlichsten spricht das ein Anonymus in der *Discantus positio vulgaris* aus: „... quod omnes notae planae musicae sunt longae et ultra mensuram." – ↗Plain-chant.

Lit.: **1) Mittelalterliche Schriftsteller:** ODO VON CLUNY, Dialogus de musica, in: GERBERT Scr. I; FRANCO VON KÖLN, Ars cantus mensurabilis, in: ebd. III, u. in: COUSSEMAKER Scr. I; Anonymus IV, De mensuris et discantu, in: COUSSEMAKER Scr. I; ELIAS SALOMON, Scientia artis musicae, in: GERBERT Scr. III; LAMBERTUS, Tractatus de musica, in: COUSSEMAKER Scr. I; THEODONUS DE CAPRI, De musica mensurabili, in: ebd. III; Anonymus, Discantus positio vulgaris, in: Hieronymus de Moravia, Tractatus de musica, hrsg. v. S. M. CSERBA (Rb 1935); Der Musiktraktat des J. de Grocheo, hrsg. v. E. ROHLOFF (L 1943); G. VON AREZZO, Micrologus, hrsg. v. J. Smits van Waesberghe (R 1955) (= CSM 4); CONRAD VON ZABERN, De modo bene cantandi, in: Die Musiktraktate Conrads von Zabern, hrsg. v. K. W. Gümpel (Mz 1956) (= Akad. der Wiss. und der Lit. Mainz, Abh.en der geistes- u. sozialwiss. Klasse 4). – **2) Neuere Lit.:** P. WAGNER, Einführung in die gregorianischen Melodien, 3 Bde. (Fribourg bzw. L. 1895 bis 1921, Neudr. Hil–Wie 1962); C. VIVELL, Zur Musikterminologie. „Planus", in: ZIMG 15 (1913/14).

R. STELZLE

CANTUS PRIUS FACTUS (lat.; von prius factus = vorher entstanden), gleichbedeutend mit ↗Cantus firmus. – ↗Cantus.

CANZONA (it.), ↗Kanzone.

CANZONETTA (it.), ↗Kanzonette.

CAPDEVIELLE, Pierre, * 1. 2. 1906 Paris, † 9. 7. 1969 Bordeaux; frz. Dirigent und Komponist. Er studierte seit 1924 am Pariser Conservatoire bei A. Gédalge (Komposition und Fuge), P. Vidal (Komposition), I. Philipp und A. Ferté (Klavier), privat bei V. d'Indy und M. Emmanuel. C. war lange Zeit als Musikkritiker tätig. 1944 wurde er Leiter der Kammermusikabteilung des ORTF, 1952 gründete er das Kammerorchester beim ORTF, das er bis zu seinem Tode leitete. Er schrieb u. a. 2 Opern, Bühnenmusiken, symphonische Werke, Kammermusik und Vokalmusik.

WW: **1) Instr.-WW:** *Exorcisme* (1936), Monodie für Saxophon (Mi o.J.); *3 Pièces brèves* für V. u. Klv. (P 1928–30); *Sonata da camera* für V. u. Vc. (P 1941); *Sonatina pastorale* für Fl. u. Br. (P 1942, neue Fassung 1964); für Orch.: *Incantation pour la mort d'un jeune Spartiate*, symphonische Dichtung (P 1931, neue Fassung 1939); 3. Symphonie *„da camera"* (1952–53) (P 1953); *Ouverture pour le Pédant joué* (1943) (W o.J.); *Épaves retrouvées* (1944–45), 4 symphonische Bilder (P 1955); *Moliera*, symphonische Suite in 3 Sätzen (P 1947); *Les Silences de Paris* (1947–66); *Concerto del Dispetto* für Klv. u. Orch. (P 1959); *Sonate concertante* für Pos. u. Klv. (P 1963). – **2) Vokal-WW:** Lieder auf Gedichte v. A. Rimbaud, Ch. Baudelaire, G. Apollinaire, Ch. Péguy, A. Suarès, P. Drout; *Le Chant d'Alphésiblée* (1942 bis 1964) für SingSt, Fl., Harfe u. Streichtrio; *Deux Noëls basques* für 3 Frauenstimmen oder für Chor (P 1965); *De Profundis* für Tenor u. Org. (P 1939); *2 Apologues d'O. Wilde* für Solost. u. Orch. (P 1930 u. 1932); *La Tragédie de Pérégrinos* (Text v. Ch. Exbrayat) für Sprecher, Soli, Chor u. Orch. (P 1941); *L'Ile Rouge* (1945–46) (Text v. S. Mourex), Kantate für Soli, Chor u. Orch. (P 1946); *France retrouvée* (1945) (Text v. J. Tardieu), Kantate für Tenor, Männerchor u. Blasinstr. – **3) Bühnen-WW:** *Les Amants captifs* (1947–58) (Text v. P. Guth), Mythe lyrique (P 1950); *Fille de l'homme* (1960–66) (Libr.: J. de Beer), Tragédie lyrique, UA: ORTF 1967 (Bordeaux 1967).

Lit.: CH. CHAMFRAY, in: Le courier musical de France (1969).

CAPE, Safford, * 28. 6. 1906 Denver (Colorado), † 26. 3. 1973 Uccle (Brüssel); amerik. Dirigent. Er studierte in Denver Klavier und Komposition, in Brüssel Komposition bei R. Moulaert und Musikwissenschaft bei seinem späteren Schwiegervater Ch. van den Borren, unter dessen Einfluß er sich der Musik des Mittelalters und der Renaissance zuwandte. 1933 rief er mit van den Borren die Gesellschaft und das Ensemble *Pro Musica Antiqua* zur Pflege alter Musik ins Leben. Die auf originale Dokumente gestützten Aufführungen bislang weithin unbekannter Vokal- und Instrumentalmusik gewannen bei der Fachwelt und beim Konzertpublikum rasch großes Ansehen. 1957 gründete C. in Brügge das *Séminaire Européen de Musique ancienne.* 1961–63 lehrte er im Rahmen der Gulbenkian-Stiftung in Lissabon alte Musik, deren Aufführungspraxis er auch mehrere Aufsätze widmete.

CAPECE, Alessandro, * um 1575 Tarano bei Rieti, † um 1640 Rom; it. Komponist. Er wirkte als Kapellmeister zunächst am Dom in Ferrara, 1613–17 am Dom in Rieti, anschließend in Sulmona, 1624–37 – mit Ausnahme der Jahre 1627–29 – in Tivoli. Seit 1636 war er Kapellmeister an der Chiesa del Gesù und am Collegio dei Nobili in Neapel.

WW: *Davidis Cithara Psalmorum* für 4 St. u. B.c. (R 1615); *Octo Magnificat in singulis tonis* für 4 St. ohne B.c. (R 1616); 2 Bücher *Motetti concertati* für 2–8 St. u. B.c. [unvollständig erhalten] (R 1623 u. 1624 [unvollständig erhalten]); *Motetti* für 2–3 St. u. B.c. (Neapel 1636); *Responsorii di Natale e di Settimana santa concertati* für 4 St. u. B.c. (ebd. 1636); 3 Bücher Madrigale. I: für 4, 5 u. 8 St. (R 1616), II: für 1–3 St. (R 1625), III: für 5 St. (R 1625).

Lit.: G. RADICIOTTI, La musica in Tivoli (Tivoli 1921).

CAPELLA (it.), ↗a cappella, ↗Kapelle.

CAPELLA, Martianus Minneus Felix, ↗Martianus Capella.

CAPET, Lucien, * 8.1.1873 Paris, † 18.12.1928 ebd.; frz. Violinist und Komponist. Er wurde 1888–93 am Pariser Conservatoire bei J.-P. Maurin ausgebildet. 1893 gründete er unter seinem Namen ein Streichquartett, das vor allem durch die Interpretation der Quartette Beethovens berühmt wurde. Seit 1896 war er Sologeiger der Concerts Lamoureux. 1889 wurde er Lehrer am Conservatoire Ste-Cécile in Bordeaux, leitete seit 1907 die Kammermusikklasse am Conservatoire in Paris und wurde dort 1924 Direktor des Institut de violon. C. schrieb ein wichtiges Lehrwerk über die Bogentechnik, *La technique supérieure de l'archet* (P 1916). Er komponierte u. a. 5 Streichquartette, 2 Violinsonaten, *Poème* für Violine und Orchester und die symphonische Dichtung *Devant la mer.*

CAPILUPI, Geminiano (eig. Geminiano Ludovico Lovetti), * 22. 2. 1573 Modena, † 31. 8. 1616 ebd.; it. Komponist. Er war 1593–1602 Sänger am Dom von Modena und Schüler von O. Vecchi. 1604 verdrängte er diesen aus dem Amt des Kapellmeisters, das er dann bis 1614 selbst innehatte.

WW: 2 Bücher 5st. Madrigale (V 1599 u. 1608); Motetten für 6 u. 8 St. (V 1603); *Concerti ecclesiastici* für 8, 9, 12 u. 13 St. u. B.c. (V 1621); 16 Stücke in *Canzonette a 3 voci di O. Vecchi e di G. C.* (V 1597, dt. Nü 1606); weitere Gesänge in Sammeldrucken (so auch in E. Bodenschatz. *Florilegium musicum portense,* L 1621) und hsl. überliefert.

Lit.: G. RONCAGLIA, La cappella musicale del Duomo di Modena (Fi 1957); DERS., Documenti inediti su O. Vecchi. La sua famiglia e l'allievo G. C., in: Collectanea historiae musicae 2 (Fi 1957).

CAPITÁN, Maestro C., ↗Romero, Mateo.

CAPLET, André Léon, * 23. 11. 1878 Le Havre, † 22. 4. 1925 Neuilly-sur-Seine; frz. Dirigent und Komponist. Er studierte in Le Havre Violine und Klavier, Harmonielehre und Kontrapunkt, seit 1896 am Conservatoire in Paris bei X. Leroux (Harmonielehre), Ch. Lenepveu (Komposition und Fuge) und P. Vidal (Begleitung). 1901 erhielt er für seine Kantate *Myrrha* den 1. Preis des Prix de Rome. C. war zunächst Pauker, dann Dirigent der Concerts Colonne, seit 1899 Musikdirektor am Odéon. 1910–14 leitete er das Orchester der Boston Opera Company. 1911 dirigierte er in Paris die Uraufführung von Debussys *Le Martyre de Saint Sébastien,* dessen Orchestrierung Debussy ihm z. T. anvertraut hatte. Nach einer im 1. Weltkrieg erlittenen Gasvergiftung mußte er seine erfolgreiche Dirigententätigkeit an der Pariser Opéra sowie bei den Concerts Lamoureux und den Concerts Pasdeloupe nach und nach aufgeben und widmete sich schließlich nur noch der Komposition.

WW (nur die gedruckten): **1) Instr.-WW:** *Menuet dans le style ancien* für Klv. (P 1897); für Harfe: *Divertissement à la française* und *Divertissement à l'espagnole* (P 1924); für Fl. und Klv.: *Rêverie* (P 1897) und *Petite valse* (P 1897); *Elégie* für Vc. u. Klv. (P 1903); *Improvisations* für Fl. (oder Klar., V., Vc., SingSt) u. Klv. (P 1920); *Conte fantastique. Le Masque de la mort rouge* (nach E. A. Poe) für Pedalharfe u. Streichquartett (P 1919); *Douaumont, marche héroique de la Ve Division* für Militärmusik (P 1917); *Épiphanie* für Vc. u. Orch. (P 1923). – **2) Vokal-WW: a)** Für SingSt u. Klv.: *Chanson d'automne* (Text: A. Sylvestre) (P 1900); *Viens ..., Une Flûte invisible* (Text: V. Hugo), auch mit Fl. u. Klv. (P 1900); *Green* (Text: P. Verlaine) (P 1902); *Poème du mal* (Text: A. Sylvestre) (P 1902); *Il était une fois* (Text: J. Richepin) (P 1903); *Dans la fontaine* (Text: P. Gravollet) (P 1903); *Paroles à l'absente* (Text: G. Jean-Aubry), 3 Lieder (P 1908); *Les Prières: Oraison dominicale, Salutation angélique,*

Symbole des Apôtres (P 1914–17); *Le vieux Coffret* (Text: R. de Gourmont), 4 Lieder (P 1914–17); *En regardant des belles fleurs* (Text: Ch. d'Orléans) (P 1914); *Nuit d'automne* (Text: H. de Régnier) (P 1915); *Prière normande* (Text: J. Hébertot) (P 1916); *Quand reverrai-je, hélas!...* (Text: Du Bellay) (P 1916); *La Croix douloureuse* (Text: J. B. Lacordaire) (P 1916); *3 Fables* (nach La Fontaine) (P 1919); *Le pain quotidien* (P 1920); *5 Ballades françaises* (Text: P. Fort) (P 1919); *La Cloche fêlée* (Text: Ch. Baudelaire) (P 1922); *La Mort des pauvres* (nach Ch. Baudelaire) (P 1922); *La Part à Dieu*, Volkslied (P 1924). – **b)** Für SingSt u. Org.: *Pie Jesu* (P 1919); *Panis angelicus*, auch mit Harfe, V. (oder Fl.), Vc. u. Chor ad lib. (P 1919). – **c)** Für SingSt u. Harfe: *Sonnet „Doux fût le trait"* (Text: J. de Ronsard) (P 1924). – **d)** Für SingSt u. Fl.: *Ecoute mon cœur* (Text: R. Tagore) (P 1924). – **e)** Für Chor a cap.: *Inscriptions champêtres* (Text: R. de Gourmont) (P 1914); *Messe à 3 voix* (1919–20). – **f)** Für SingSt u. Orch.: *Myrrha* (Text: F. Beissier), Scène lyrique (P 1901); *Hymne à la naissance du matin* (Text: P. Fort) (P 1920). – **g)** Für Chor u. Orch.: *Le Miroir de Jésus* (Text: H. Ghéon), für Mezzosopran-Solo, Frauenchor, Str. u. Harfe (P 1923).

C.s reiches Œuvre, das teilweise unveröffentlicht blieb, ist anfänglich Debussy verpflichtet, zeigt später aber auch viele persönliche Züge, nicht zuletzt auf dem Gebiet der Instrumentation, u. a. in einer neuartigen Behandlung der Harfe (in *Le Masque de la mort rouge* und in den *2 Divertissements*) und des Violoncellos (in *Épiphanie*). Als erfahrener Theaterdirigent verstand er es auch, die Singstimmen effektvoll und anspruchsvoll in einer Weise einzusetzen, die für die damalige Zeit als ausgesprochen kühn und modern gelten mußte (vor allem in *Le pain quotidien* und in den *Fables de La Fontaine*).

Lit.: YVES-MARC (Pseudonym v. Y. Gouverné), A. C., in: Le Monde Musical (1924); DIES., A. C. et Solesmes, in: Revue grégorienne 10 (1925); ROLAND-MANUEL – M. BRILLANT – A. HOÉRÉE, A. C., in: RM 6 (1925); YVES-MARC, A. C., in: RM 19 (1938); P. LANDORMY, La musique française après Debussy (P 1943); C. DEBUSSY, Lettres inédites à A. C. 1908–14 (Monaco 1957); F. RAUGEL, A. C., in: Études normandes 26 (1958).

A. HOÉRÉE

CAPOTASTO (it., = Hauptbund; dt.: Kapodaster; frz.: barré), Vorrichtung zur Höherstimmung aller Saiten eines Zupfinstrumentes mit Bünden. Eine schmale, mit Tuch oder Leder unterlegte Holz- oder Metalleiste wird an beliebiger Stelle quer über die ganze Griffbrettbreite auf alle Saiten gedrückt und mit Schrauben befestigt oder festgebunden, so daß die schwingende Länge der Saiten um einen oder mehrere Halbtöne verkürzt wird. Der C. erleichtert die Ausführung von Stücken in schwierigen Tonarten, da der Spieler den gleichen Fingersatz für jede Tonart benutzen kann. Künstlerisches Spiel verlangt jedoch den ↗Barré-Griff. – Beim Klavier ist C. eine auf dem Stimmstock befestigte Metalleiste (1843 von A. Bord erfunden), deren Verwendung auf den Diskantbereich beschränkt ist.

CAPOUL, Victor, * 27. 2. 1839 Toulouse, † 13. 2. 1924 Pumaudran-du-Gers; frz. Sänger (Tenor). Er studierte am Conservatoire in Paris, debütierte 1861 an der Opéra-Comique und blieb dort bis 1870 engagiert. In den 70er Jahren sang er vor allem in London und in den USA und gehörte 1883–84 und 1891–96 dem Metropolitan Opera House in New York an. 1892–97 wirkte er als Gesangslehrer in New York und danach einige Jahre als Regisseur an der Grande Opéra in Paris.

CAPPA, it. Geigenbauerfamilie. – **1) Goffredo,** * 1644 Saluzzo (Piemont), † 6. 8. 1717 ebd. Er war vermutlich Neffe des Geigenbauers Giuseppe Francesco C. und erhielt seine Ausbildung bei Nicola Amati. Viele seiner Instrumente sind in ihrer Qualität mit Amati-Geigen vergleichbar. – **2) Gioacchino,** vermutlich Bruder (wohl nicht Sohn) von 1), * um 1660 Saluzzo, † um 1725 Turin. Er war wahrscheinlich Schüler der Brüder Antonio und Girolamo Amati und übernahm deren Bauweise. Er unterhielt eine Werkstatt in Turin.

Lit.: W. L. VON LÜTGENDORFF, Die Geigen- u. Lautenmacher vom MA bis z. Gegenwart (F 1904, [6]1922); R. VANNES, Dictionnaire universel des luthiers (1932, Bru [2]1951), Ergänzungs-Bd. (Bru 1959).

CAPPELLA (it.), ↗a cappella, ↗Kapelle.

CAPPELLA FIDICINIA (lat., = mit Saiteninstrumenten besetzte Cappella; ↗Kapelle), im 17. Jh. Bz. für ein Ensemble von Streich- oder anderen Instrumenten (z. B. Posaunen) für die Ausführung eines vierstimmig ausgesetzten Generalbasses einer geringstimmigen Motette im konzertierenden Stil. Der Terminus stammt von M. Praetorius (*Syntagma* II, 1619); nach seinen Angaben wurde die Cappella-fidicinia-Praxis geübt, weil seinerzeit den Sängern und Hörern die monodische oder geringstimmige Satzweise nur mit Generalbaß (noch) ungewohnt war. Zahlreiche Beispiele finden sich in den musikalischen Werken von Praetorius selbst (z. B. in *Polyhymnia Exercitatrix*, 1620, GA Bd. 18). Auch die 4st. Gambenbegleitung der Evangelistenpartie in der *Auferstehungshistorie* von H. Schütz ist, ohne daß sie vom Komponisten eigens so bezeichnet wird, als Cappella fidicinia zu klassifizieren. In Übereinstimmung mit der Cappella-fidicinia-Praxis werden heute Werke aus der 1. Hälfte des 17. Jh., die nur mit B.c überliefert sind (z. B. Cavalieris *Rappresentazione di anima e di corpo*, Monteverdis Opern, Carissimis Oratorien) häufig mit differenziert instrumentierter Generalbaßaussetzung aufgeführt.

CAPPUCILLI, Piero, * 9. 11. 1929 Triest; it. Sänger (Bariton). Er studierte in Triest bei Luciano Donaggio und debütierte 1957 am Teatro Nuovo in Mailand als Tonio in R. Leoncavallos *I Pagliacci*. In den folgenden Jahren sang er an allen bedeutenden italienischen Bühnen (seit 1964 regelmäßig an der Mailänder Scala) und seit 1969 auch am Metropolitan Opera House in New York. Gastspiele führten C., der vor allem die tragenden Baritonpartien des italienischen Fachs gestaltet, u. a. an die Covent Garden Opera in London und an die Hamburgische Staatsoper, an das Bolschoi-Theater nach Moskau sowie nach Frankreich und in die Niederlande.

CAPRICCIO (it., = Laune, Einfall; frz.: caprice), Bz. für Stücke verschiedenster musikalischer Gestaltung, die in äußerst unterschiedlicher Weise einen dem Wort entsprechenden launigen oder launischen Ausdruck aufweisen. Die frühesten Capricci finden sich im Bereich der Madrigalkunst des 16. Jh. (erstmals bei J. de Berchem, 1561). Seit dem 17. Jh. blieb dann die Bz. C. fast ausschließlich auf die Instrumentalmusik beschränkt und bezog sich zunächst auf Stücke verschiedener Besetzung, die satztechnisch der ↗Kanzone und dem ↗Ricercar nahestehen. Gelegentlich wurde im frühen 17. Jh. C. überhaupt synonym mit Kanzone und Ricercar gebraucht. Für die folgende Zeit läßt sich das C. hauptsächlich in drei Bereichen beobachten.

Das C. in der Klaviermusik. Besondere Bedeutung erlangte das C. hier vor allem bei G. Frescobaldi, der 1624 eine Sammlung *Capricci* veröffentlichte. In diesen Stücken für Orgel oder Cembalo werden bestimmte, in der Überschrift jeweils eigens angegebene musikalische Einfälle, sog. Soggetti, kontrapunktisch oder variationsweise verarbeitet. So gibt es u. a. Capricci über die Tonreihe la sol fa re mi, über den Kuckucksruf *(C. sopra il cucho)* und ein *C. cromatico*. Die Arten des C. bei Frescobaldi wurden im 17. Jh. von vielen anderen Komponisten übernommen, meist als Stücke mit programmatischem Charakter und/oder mit lautmalerischen Effekten. In der direkten Nachfolge Frescobaldis sind hier J. K. Kerll und G. Muffat zu nennen, aus der späteren Zeit besonders J. S. Bachs *C. sopra la lontananza del suo fratello dilettissimo*, BWV 992 (1704). Auch J. Haydn und W. A. Mozart schrieben einzelne Capricci. Zu größerer Beliebtheit gelangte das C. jedoch erst seit etwa 1800. Es gehört nun, aufs engste verwandt mit dem ↗Charakterstück, zu den musikalischen Gattungen der Klaviermusik, in denen der musikalischen Einfall und die Freiheit seiner spielerischen Gestaltung ebenso kennzeichnend sind sind wie die Freiheit von der Einbindung in traditionelle zyklische Formen – wie denn auch in der gleichen Zeit das Moment des Kapriziösen auf vielen anderen Gebieten des Lebens und der Kultur greifbar ist. Capricci, die in ihrer musikalischen Gestaltung vom Ausdruck des Heiter-Skurrilen bis zu dem des Leidenschaftlichen, Drängenden, Melancholischen reichen, schrieben u. a. L. v. Beethoven (*Rondò a C.*, op. 129, entstanden vor 1798, mit der volkstümlichen, aber wahrscheinlich nicht vom Komponisten stammenden Bezeichnung *Die Wuth über den verlornen Groschen, ausgetobt in einer Caprice*), C. M. v. Weber, F. Mendelssohn Bartholdy, Fr. Liszt, mit besonderer Vorliebe J. Brahms (in op. 76 und op. 116) und M. Reger (*Walzer,Capricen*, op. 9, einzelne Stücke in op. 26, op. 32, op. 44).

Das C. in der Violinmusik. Neben dem C. für Tasteninstrumente gibt es im 17. Jh. Werke ähnlichen Charakters und ähnlicher musikalischer Gestaltung auch für andere Instrumente im Ensemble oder solistisch, u. a. von G. P. Cima (1601), B. Marini (1626), C. Farina (1627) und von G. B. Vitali (ein C. in Form einer Sonata da chiesa, 1669). Einzelne Werke aus diesem Bereich, wie etwa die Capricci für Violine von J. J. Löwe (1688), können als Vorläufer eines eigenen Typus des Violin-C. gelten, der sich im 18. Jh. herausbildete und mehr als das Klavier-C. der gleichen Zeit einen ausgesprochen virtuosen Charakter aufweist, so bereits bei P. Locatelli (1733), Fr. M. Veracini (1744) und G. Tartini (um 1740). Dieser Typ gipfelt in den *24 Capricci* für Violine solo, op. 1, von N. Paganini (um 1810). Sie sind ein Schlüsselwerk in der Geschichte des Violinspiels und beeinflußten u. a. die Werke der großen Violinisten der ersten Hälfte des 19. Jh. wie P. Rode und R. Kreutzer. Entscheidende Anregungen gingen von diesen Stücken auch für die Entwicklung des virtuosen Klavierspiels und und der virtuosen Klaviermusik des 19. Jh. aus. Dies bezeugen namentlich R. Schumanns *Studien nach den Capricen von Paganini*, op. 3 (1832), mehr noch und nachhaltiger Fr. Liszts *Études... d'après Paganini* (1838, Neufassung 1851). Die große Beliebtheit der Capricci von Paganini kommt auch zum Ausdruck in den Variationswerken über das letzte Stück aus op. 1 in a-moll: J. Brahms, *Paganini-Variationen* op. 35, S. Rachmaninow *Rhapsodie sur un thème de Paganini* für Klv. u. Orch., op. 43 (1943), B. Blacher, Orchestervariationen, op. 26 (1947).

Das C. in der Orchestermusik. In der zweiten Hälfte des 19. Jh. wurden von russischen Komponisten zahlreiche Orchesterwerke mit meist heiterem Charakter und mit nationalem Kolorit als C. bezeichnet: M. Glinka, *C. brillant sur le thème de la Jota aragonese* (1858), P. Tschaikowsky, *C. italien*, op. 45 (1880) – Vorbild für zahlreiche Capricci auch in der Unterhaltungsmusik –, N. Rimski-Korsakow, *C. espagnol,* op. 34 (1887), S. Rachmaninow, *C. bohémien,* op. 12 (1894). Anders als die genannten Komponisten verwendete dagegen I. Strawinsky *Capriccio* als Titel eines Klavierkonzerts (1929). Er knüpfte hier historisierend an eine seiner Meinung nach von M. Praetorius vertretene Auffassung des C. als einer freien Folge von fugierten Instrumentalstücken an. Bei R. Strauss schließlich ist *Capriccio* der Titel einer Oper auf ein Libretto von Cl. Krauss.

Lit.: M. SEIFFERT, Gesch. der Klaviermusik (L 1899); A. MOSER, Gesch. des Violinspiels (B 1923); J. MÜLLER-BLATTAU, Grundzüge einer Gesch. der Fuge (Königsberg 1923, Kas [3]1963); G. WOLF, Das C. bei M. Reger (Diss. W 1929); G. FROTSCHER, Gesch. des Orgelspiels u. der Orgelkomposition, 2 Bde. (B 1934–35, [3]1966); H. ENGEL, C., in: MGG II; A. PROTZ, Zu J. S. Bachs „Capriccio sopra la lontananza del suo fratello dilettissimo", in: Mf 10 (1957); L. F. TAGLIAVINI, C., in: Enciclopedia della musica I (Mi 1963); M. THEMELIS, Étude ou caprice. Die Entstehungsgesch. der Violinetüde (Mn 1967); B. HUDSON, Notes on Gr. Strozzi and His Capricci, in: JAMS 20 (1967).

CAPRICCIO, Konversationsstück für Musik in einem Aufzug von Richard Strauss (1864–1949), op. 85, Text von Clemens Krauss (1893–1954) nach dem Operntitel *Prima la musica e poi le parole* (1786) des Antonio Salieri. UA: 28. 10. 1942 in München (Staatsoper). Ort u. Zeit der Handlung: Ein Schloß in der Nähe von Paris 1775, zur Zeit von Glucks Opernreform.

Strauss stellte der Oper, seinem letzten Bühnenwerk, als Motto eine Maxime des Theaterdirektors La Roche voran: *„Der Arie ihr Recht! Auf die Sänger nimm Rücksicht! Nicht zu laut das Orchester"*, in dem seine opernästhetische Konzeption formuliert ist: Verständlichkeit des auf der Bühne gesungenen Wortes. Das Werk verläuft in 13 zusammenhängenden Szenen unterschiedlicher Länge, ohne Gliederung durch orchestrale Zwischenspiele, mit Ausnahme der Schlußszene, die dadurch herausgehoben wird. C. ist als Dialogoper in einem rezitativischen Konversationsstil geschrieben, aber mit gelegentlichen ariosen Verdichtungen. Die Gräfin, die sich weder für den werbenden Dichter noch für den ihr zugeneigten Komponisten, weder für Wort noch für Ton zu entscheiden vermag, gibt keinem der beiden Galane den Vorzug. Strauss weiß auf die Frage „Wort oder Ton" keine bessere Antwort, als Wort und Ton in einem Sonett zu höherer, untrennbarer Einheit zu verbinden.

H. BECKER

CAPRICCIOSO (it. = launisch), Bz., die auf einem dem Wortsinn entsprechenden Charakter eines Musikstücks (z. B. *Rondo capriccioso,* op. 28 von C. Saint-Saëns) oder auf eine entsprechende Vortragsweise hinweist.

CAPRICORNUS (eig. Bockshorn), **Samuel Friedrich,** * 21. 12. 1628 Scharditz (Böhmen), † 10. 11. 1665 Stuttgart; dt. Komponist. Über seine Jugendzeit und sein Studium ist nichts Sicheres bekannt. Vermutlich studierte er zunächst in Schlesien Theologie und wandte sich um 1649 in Wien definitiv der Musik zu. Danach hielt er sich kurze Zeit in Straßburg und in Reutlingen auf. Gut bezeugt ist seine erfolgreiche Tätigkeit als „Director musices" in Preßburg in den Jahren 1651–57. Anschließend ging er als Kapellmeister an den Hof in Stuttgart.

WW: *Opus musicum* für 1–8 St., 2 V., 2 Trp. bzw. Hörner u. B.c. mit 4st. Ripienchor (Nü 1655); *Geistliche Concerte* für 2–3 St. u. B.c., 2 Teile (St 1658 u. 1665); *Geistliche Harmonien* für 2–3 St. u. 2 V., 3 Teile (St 1659, 1660 u. 1664); *Jubilus Bernhardi, in 24 partes distributus* für 5 St., 4 Violen, 5st. Ripienchor ad lib. u. B.c. (St 1660); *Zwey Lieder von dem Leiden und Tode Jesu* für 2 St., 4 Violen ad lib. u. B.c. (St. 1660); *Sonaten und Canzonen* für 3 Instr. (St 1660); *Theatrum musicum quod per duodecim scenas seu sacras cantiones aperuit ... ac vitae suae epilogo clausit* für 3 St. u. 4 Instr. ad lib., 2 Teile (Wü 1669), der 2. Teil *(Continuatio theatri musici)* enthält ohne Autorangabe das Oratorium *Judicium Salomonis* von G. Carissimi); *Scelta musicale o la prima opera d'eccellenti motetti* für 1 SingSt u. 1–2 Instr. (F 1669); *Opus aureum missarum* für SingSt u. 2 Viol. u. B.c. (F 1670); *Neu-angestimmte und erfreuliche Tafelmusic* für 2–5 St. mit u. ohne Instr., 2 Teile (F 1670 u. 1671, unvollständig erhalten); zahlreiche WW sind hsl. erhalten.

C., der über eine umfassende Gelehrsamkeit im Sinne der ↗Musica poetica verfügte, ist der wichtigste süddeutsche Vertreter des konzertierenden Stils in der protestantischen Kirchenmusik seiner Zeit. Ähnlich wie der gleichaltrige Chr. Bernhard rezipierte er in seinen zahlreichen Werken mit deutschem und lateinischem Text die Kunst von H. Schütz und G. Carissimi – die beide C. hohes Lob zollten –, insbesondere durch den starken bildhaften und affektiven musikalischen Ausdruck des Textes.

Ausg.: Geistliches Konzert *Der Gerechten Seelen* für 4 St. u. Streichinstr. mit B.c., hrsg. v. B. GRUSNICK (Kas 1952).

Lit.: J. SITTARD, Zur Gesch. der Musik u. des Theaters am Württembergischen Hofe, 2 Bde. (St 1890); DERS., S. C. contra Ph. F. Böddecker, in: SIMG 3 (1901/02); H. BUCHNER, S. F. C. (Diss. Mn 1921); J. BACHMAIR, Leichenpredigten auf Gastorius, C. u. J. Beer, in: ZfMw 13 (1930/31); R. RYBARIČ, S. C. v Bratislave („S. C. in Bratislava"), in: Slovenská hudba 15 (1970); DERS., Opus Musicum S.C. 1655, in: Músicologica slovaca 5 (1974).

CAPROLI (Caproni, Caprioli), **Carlo,** genannt „Carlo del Violino", * um 1615 Rom, † um 1673 ebd.; it. Violinist und Komponist. Er war Schüler von L. Rossi, trat dann in den Dienst des Prinzen

Ludovisio Pamphili, eines Neffen Papst Innozenz' X., war 1649–70 Violinist an San Luigi dei Francesi, seit 1659 auch Violinist der Congregazione di S. Cecilia, seit 1665 deren „guardiano della sezione strumentisti". 1654 folgte C. einer Einladung Fr. Butis, der für Mazarin die Hoffeste organisierte, nach Paris und führte im selben Jahr im Hôtel du Petit-Bourbon seine (verlorene) Oper *Le Nozze di Peleo e di Theti* auf. Andere Werke von C. sind hsl. erhalten: Arien, Canzonette, Duette, Kantaten, Lamentationen (Bologna, Liceo musicale) und ein Oratorium *Davide prevaricante e poi pentito* (1673; hsl. in Wien, Östr. Nationalbibliothek).

Ausg.: *Navicella ch'a bel vento,* Arie für 3 Soprane u. B.c., in: TORCHI Arte mus. V; *Chi può Nina mirare,* Canzone für Sopran u. B.c., hrsg. v. H. PRUNIÈRES (s. u. Lit.).

Lit.: H. PRUNIÈRES, L'opéra italien en France avant Lully (P 1913); A. TESSIER, G. Torelli a Parigi e la messa in scena delle Nozze ... de C. C., in: Rass. Mus. 1 (1928); F. LIUZZI, I musicisti in Francia (R 1946); A. LIESS, Materialien zur römischen Musikgesch. des Seicento, in: AMl 29 (1957); H. WESSELY-KROPIK, L. Colista (W 1961); H. J. MARX, Monodische Lamentationen des Seicento, in: AfMw 28 (1971).

CAPRON, Nicolas, * um 1740, † 14. 9. 1784 Paris; frz. Violinist und Komponist. Er war Schüler von P. Gaviniès und bereits mit 15 Jahren Mitglied des Orchesters der Opéra-Comique. 1761 trat er erstmals als Solist im Concert spirituel auf und wurde 1765 dessen 1. Violinist. Er brachte dort auch eigene Werke zur Aufführung. C. gehört zu den Vertretern des neuen, um die Mitte des 18. Jh. von der Gaviniès-Schule in Frankreich geschaffenen Violinstils. Sein bedeutendster Schüler war M.-A. Guénin.

WW: *Premier livre de sonates* für V. u. B.c., op. 1 (P 1768); 6 Streichquartette, op. 2 (P 1771) (unvollständig erhalten); 6 Duos für 2 V., op. 3 (P 1777); weitere Werke sind verschollen.

Lit. L. DE LA LAURENCIE, L'école française de violon 2 (P 1923); W. NEWMAN, The Sonata in the Baroque Era (Chapel Hill 1959).

CAPULETI E I MONTECCHI, I, Oper von V. Bellini; dt. Titel: ↗Romeo und Julia.

CARA, Marco (Marchetto), * Venedig, † um 1530 Mantua; it. Sänger und Komponist. Er stand 1494 bis 1525 im Dienste der Gonzaga in Mantua und erhielt dort 1527 das Bürgerrecht. Im Gefolge des Marchese Friedrich von Gonzaga bereiste er Norditalien; 1503–09 hielt er sich in Venedig, 1512–13 mit seinem Schüler Roberto Avanzini in Mailand auf. C. war als Sänger sehr geschätzt. Neben B. Tromboncino gehörte er auch zu den bedeutendsten Frottola-Komponisten seiner Zeit. Seine über 100 Werke dieser Gattung und andere Kompositionen erschienen größtenteils in Sammeldrukken Petruccis.

Ausg.: 20 Stücke in: O. Petrucci, Frottole, hrsg. v. R. SCHWARTZ (L 1935, Nachdr. Hil–Wie 1967) (= PäM 8); Sonetti, Frottole, Madrigali a 4, hrsg. v. A. EINSTEIN, in: Smith College Music Archives 4 (Northampton 1941); 28 Stücke in: Le Frottole nell'edizione principe di O. Petrucci I, hrsg. v. G. CESARI – R. MONTEROSSO – B. DISERTORI (Cremona 1954) (= Instituta et monumenta I/1); zahlr. Einzelausgaben.

Lit.: A. BERTOLOTTI, La musica in Mantova (Mi 1890); R. SCHWARTZ, Zum Formproblem der Frottole Petruccis, in: FS Th. Kroyer (Rb 1933); E. KIWI, Stud. zur Gesch. des it. Liedmadrigals im 16. Jh. (Wü 1937); F. TORREFRANCA, Il segreto del Quattrocento (Mi 1939); K. JEPPESEN, Über einige unbekannte Frottolenhss., in: AMl 11 (1939); W. H. RUBSAMEN, Literary Sources of Secular Music in Italy ca. 1500 (1943); A. EINSTEIN, The Italian Madrigal, 3 Bde. (Princeton 1949, NA 1970); B. DISERTORI, Le frottole di O. Petrucci (Cremona 1955); G. REESE, Music in the Renaissance (Lo 1954); C. DAHLHAUS, Untersuchung zur Entstehung der harmonischen Tonalität (Kas 1968); K. JEPPESEN, Die Frottola, 2 Bde. (Kop 1968); W. PRIZER, M. C. and the North Italian Frottola (1974) (= Diss. masch. Univ. of North Carolina); E. PAGANUZZI, Notizie veronesi su M. C. e M. M. Pesenti, in: RIMus 12 (1976); FR. LUISI, Le frottole per canto e liuto di B. Tromboncini e M. C. nella edizione adespota di A. Antico, in: NRMI 10 (1976).

CARAFA DE COLOBRANO, Michele Henri François Louis Vincent Paul (Michele Enrico), * 17. 11. 1787 Neapel, † 27. 7. 1872 Paris; it. Komponist. C. schlug zunächst die militärische Laufbahn ein und wurde Offizier. 1806 nahm er in Paris bei Cherubini und Chr. Kalkbrenner Unterricht und wandte sich nach 1814 ganz der Musik zu. Mehrere Opern von ihm wurden in Neapel, Mailand, Venedig und Paris aufgeführt. 1827 ließ er sich endgültig in Paris nieder, wo er mit weiteren Opern hervortrat. Seit 1837 Mitglied der Académie des Beaux-Arts, wurde er 1838 Direktor des Gymnase de musique militaire und lehrte 1840–70 Komposition am Conservatoire. C. schrieb u. a. 36 Opern, 2 Ballette, Messen, ein *Stabat Mater,* symphonische Werke, 2 Kantaten, Romanzen, Werke und Lieder. Seine Mss. überließ er 1868 der Bibliothek des Konservatoriums von Neapel.

Lit.: F. BAZIN, Notice sur la vie de M. C. de C. (P 1873).

CARAPETYAN, Armen, * 11. 10. 1908 Isfahan (Iran); amerik. Musikwissenschaftler armenischer Herkunft. C. studierte Musik und Philosophie in Paris und New York und wurde 1945 an der Harvard University in Cambridge (Mass.) mit einer Arbeit über *The Musica Nova of A. Willaert* (Zusammenfassung in: Journal of Renaissance and Baroque Music 1, 1946/47) promoviert. C. ist Gründer des American Institute of Musicology (AIM) in Cambridge und Rom und leitet dessen Publikationen: *Corpus Mensurabilis Musicae* (CM;

bisher über 200 Bände), *Corpus Scriptorum de Musica* (CSM), *Musicological Studies and Documents* (MSD), *Corpus of Early Keybord Music* (CEKM), *Miscellanea* (Misc) sowie die Zeitschrift *Musica Disciplina* (MD). C. hat vor allem auf editorischem und organisatorischem Gebiet entscheidende Impulse für die Erforschung der älteren Musik gegeben.

CARDEW, Cornelius, * 7. 5. 1936 Winchcombe, † 13. 12. 1981 Leyton; engl. Komponist. C. studierte Komposition in London (Royal Academy), 1957 bis 1958 elektronische Musik bei G. M. Koenig in Köln, war 1958–60 Assistent von K. Stockhausen und studierte 1964–65 noch bei G. Petrassi in Rom. 1967 wurde er Professor für Komposition an der Royal Academy of Music. Die frühen Kompositionen C.s sind, nach dem Vorbild von Boulez und Stockhausen, noch seriell organisiert. In den 60er Jahren macht sich in der Übernahme graphischer Notationselemente und in der Konzeption indeterminierter „Formen" der Einfluß John Cages geltend. Für die Entfaltung einer graphischen Notation war die Begegnung mit dem amerikanischen Maler Jasper Johns wichtig. Die jüngeren Arbeiten C.s sind als Anleitungen zur Improvisation zu verstehen, in der gruppendynamische Prozesse freigesetzt werden. Für die Realisierung solcher von Improvisation geprägter Musik gründete C. in London die „AMM group" und 1969 „The Scratch Orchestra".

WW: **1) Kompositionen:** *2 Books of Study for pianists* (1958); *February Pieces* (1960) für Klv.; *Memories of You* (1964) für Klv.; *Three Winter Potatoes* (1965) für Klv.; *A Thel* (1962) (Text: W. Blake) für gem. Chor; *The Great Learning* (1968) für Chor; *Autumn '60* (1960) für Orch.; *Carré* (1960) (zus. mit K. Stockhausen) für 4 Orch. u. 4 Dirigenten; *Material for Harmony Instruments* (1960); *Octet '61 for Jasper Johns* (1961) für beliebige Instr.; *Third Orchestra piece* (1961); *Treatise* (1963–67) für beliebige Instr.; *Solo with Accompaniment* (1964) für 2 beliebige Instr.; *Schooltime Compositions* (1967) für beliebige Instr. – **2) Schriften:** *Notation, Interpretation, Etc.*, in: Tempo 21 (1958); *Report on Stockhausens „Carré"*, in: The Musical Times 102 (1961); *A Scratch Orchestra. Draft Constitution*, in: ebd. 110 (1969); *Treatise Handbook* (Buffalo 1970).

CARDILLAC, Oper von Paul Hindemith (1895–1963), op. 39. 1. Fassung: Oper in 3 Akten (4 Bildern), Text von Ferdinand Lion nach E. Th. A. Hoffmanns Novelle *Das Fräulein von Scuderi* (1818); UA: 9. 11. 1926 in Dresden. 2. Fassung: Oper in 4 Akten, Text von Paul Hindemith in Anlehnung an das Libretto von Ferdinand Lion; UA: 20. 6. 1952 in Zürich. Ort und Zeit der Handlung (in beiden Fassungen): Paris, Ende des 17. Jahrhunderts.

Ganz bewußt vermied es Hindemith, die romantisch-schaurige Handlung um den Goldschmied Cardillac, der seine Kunden ermordet, um wieder in den Besitz der von ihm angefertigten Schmuckstücke zu gelangen, zu einem an Wagner orientierten Musikdrama oder zu einer veristischen Oper zu gestalten; vielmehr bewirkt die Dominanz spielerisch-musikantischer Gestaltung über die musikalische Affektdarstellung, daß dramatische Psychologisierung und naturalistische Milieuschilderung – zwei wesentliche Elemente traditioneller Opernformen – vornehmlich in ironischer Distanz erscheinen. Auch in der zweiten Fassung bleibt trotz einiger, vor allem die instrumentalen Vor- und Nachspiele betreffenden Änderungen das ursprüngliche, für Hindemiths Musik charakteristische Klangbild erhalten. Es wird geprägt durch scharfe rhythmische Akzentuierung, kammermusikalisch-solistische Instrumentation, freitonale Harmonik und die satztechnisch geschickte Einbettung der Singstimme in die musikalische Gesamtstruktur. Wesentlich neu an der zweiten Fassung ist der vom Komponisten selbst verfaßte Text, in dem trotz starker Anlehnung an die Bühnenhandlung Lions die vorher recht lockere Folge einzelner Bilder zu dramatisch stringenteren Abläufen gestrafft wird. Besonders reizvoll ist in Hindemiths Libretto der 3. Akt, in dem ein Teil der Bühnenhandlung aus Jean Baptiste Lullys Oper *Phaéton* (1683) entnommen wurde. Diese kleine „Oper in der Oper" bot dem Komponisten hervorragende Gelegenheit zu dem musikalischen Experiment, seine eigene harmonische Sprache mit Stilelementen der französischen Barockoper zu kombinieren.

W. A. MAKUS

CARDON, frz. Musikerfamilie. – **1) Jean Guillain,** * 18. 1. 1732 Mons, † 18. 10. 1788 Versailles; Violinist u. Komponist. Er ließ sich 1761 in Paris nieder und wurde 1764 „Violon ordinaire" der Chapelle Royale in Versailles. 1772–74 war er „Maître de violon" des Grafen von Provence. Er erblindete und erhielt seit 1782 eine Staatspension. Von ihm wurden gedruckt 3 Bde. Duos und Sonaten für 2 V. (P – Versailles um 1765), 2 Sammlungen Orchestertrios (P 1768) und eine Schrift *Le rudiment de la musique ou principes de cet art mis à la portée de tout le monde par demandes et par réponces* (P um 1786). – **2) Jean-Baptiste,** Sohn von 1), * um 1760 Rethel, † 11. 3. 1803 St. Petersburg; Harfenist. Er stand zunächst im Dienste des Grafen von Artois; später unterrichtete er am königlichen Hofe. Während der Revolution flüchtete er 1791 nach St. Petersburg, wo er Konzertmeister Katharinas II. wurde. Er komponierte fast ausschließlich Werke für und mit Harfe.

WW (alle in Paris erschienen): *Receuil d'airs variés* für Harfe, op. 19; Sonaten für Harfe u. V., op. 1, 6–11, 13, 15, 16a, 17, 22; Duos für 2 Harfen, op. 3 u. ohne Opuszahl; *Symphonies concertantes* für Harfe, V., Vc., op. 14; *Quatuors concertants* für Harfe u. Streichtrio, op. 20; Konzerte und Symphonien für Harfe u. Streichquartett, op. 16b u. 18; kleinere Einzelwerke. – Ein Unterrichtsbuch: *L'art de jouer de la harpe* (mit 2 Sonaten), op. 12 (P 1784).

CARDONNE, Jean-Baptiste, genannt Philibert, * 26. 6. 1730 Versailles, † nach 1792; frz. Komponist. Er trat früh als Page in die Hofkapelle ein und erhielt seine Ausbildung durch Fr. Colin de Blamont. Mit 13 Jahren führte er in Anwesenheit des Königs seine erste Motette für großen Chor auf. 1745 wurde er Cembalist der Hofkapelle, 1755 Lautenlehrer der Pagen, 1777 Leiter der Kammermusik und schließlich 1781 „Surintendant honoraire". 1768–77 widmete sich C. vor allem der Oper, konnte jedoch als Epigone Rameaus in dem um die französische Oper entbrannten Streit keinen Erfolg erzielen.

WW: **1) Instr.-WW:** 6 *Sonates en trio* für 2 V. u. B. (1764); *Ier Livre de Sonates* für Cemb. u. obligate V. (1765); 6 *Sonates* für Cemb. u. V.; eine Symphonie; ein Konzert. – **2) Vokal- u. Bühnen-WW:** 5 Motetten; Arietten; ein Air, *L'Etrenne d'Amour et de Bacchus,* in: Mercure de France (1746); *Amaryllis,* Pastorale, UA: Compiègne 1752; *Omphale,* Tragédie lyrique UA: P 1769; *Ovide et Julie ou les Amours déguisés,* Ballett UA: P 1773.

CARDOSO, Frei Manuel, Karmeliter, * Dezember 1566 Fronteira (?), † 24. 11. 1650 Lissabon; portugiesischer Komponist. Er studierte in Évora Theologie und erhielt bei M. Mendes musikalischen Unterricht. 1588 trat er in Lissabon in den Karmeliterorden ein und wirkte dort als Chorleiter und Organist. Er unterrichtete auch den Herzog von Barcelos, den späteren König Johann IV. von Portugal, und wurde von seinen Zeitgenossen sehr geschätzt. Von seinen Kompositionen wurden in Lissabon ein *Magnificat* (1613), 3 Bücher 4–6stimmige Messen (I: 1625, II u. III: 1636) und 1 Buch Motetten für die Karwoche (1648) veröffentlicht. Weitere handschriftlich überlieferte Werke wurden beim großen Erdbeben in Lissabon 1755 vernichtet.

Ausg.: *Missa Filipina* u. 3 Motetten, hrsg. v. J. E. DOS SANTOS, in: Polifonia Clássica portuguesa 1 (Lis 1937); 12 *Trechos selectos,* hrsg. v. J. A. ALEGRÍA (Lis 1955) (= Cadernos de repertório coral polyphonia, Série azul, 2); *Liber primus missarum,* 2 Bde., hrsg. v. DEMS. (Lis 1962) (= Portugaliae musica 5–6); *Livro de varios motetes* (1648), hrsg. v. DEMS. (Lis 1968) (= ebd. 13); *Liber secundus missarum* (1625), hrsg. v. DEMS. (Lis 1970) (= ebd. 20); *Liber tertius missarum* (1636), hrsg. v. DEMS. (Lis 1973) (= ebd. 22); *Cantica B.M.V. Magnificat* (1613), hrsg. v. DEMS. (Lis 1974) (= ebd. 26).

Lit.: A. T. LUPER, Portuguese Polyphony, in: JAMS 3 (1950); E. GAMA, O assento do baptismo de Frei M. C., in: Arte musicale 30 (1961); M. DE SAMPAYO RIBEIRO, Frei M. C. (Lis 1961) (= Achegas para a hist. da música em Portugal 6); M. A. LIMA CRUZ, M. C. (Lis o.J.).

CAREY, Henry, * um 1687 vermutlich Yorkshire, † 5. 10. 1743 London; engl. Dichter und Komponist. C. war vielleicht ein natürlicher Sohn von George Savile, Marquis von Halifax (1708 wird er Henry Savile genannt, den Namen C. scheint er erst später angenommen zu haben). Als Komponist war er Schüler von Fr. Geminiani und D. Roseingrave. Seine Lieder und sonstigen Vokalwerke (meist mit eigenen Texten, darunter auch ↗Ballad operas) zeichnen sich durch eine besonders enge Verbindung von Wort und Ton aus. Eine seiner Melodien (zu *Sally in Our Alley,* in der 2. Auflage der *Cantatas* von 1724) wurde 1728 in der *Beggar's Opera* verwendet. C., dessen erfolgreiches Wirken das englische Musikleben in der Zeit unmittelbar nach Händels Londoner Aufenthalt mitbestimmt hat, setzte sich nachdrücklich für die Zurückdrängung des italienischen Einflusses und für eine eigenständige englische Musik ein.

WW: **1) Vokal-WW** (mit einzelnen Instr. od. mit Orch.): *Cantatas* (Lo 1724, ²1726); *Songs for conversation* (Lo 1728); *Ballads on the Humour of the town* (Lo 1728); *Six cantatas* (Lo 1732); *The musical century, in one hundred English ballads,* 2 Bde. (Lo 1737 u. ö.); *A choice collection of six favourite Songs* (Lo 1742); *The burlesque cantata's* (Lo 1741). – **2) Einzelne Songs:** in folgenden Bühnen-WW: *Apollo and Daphne; Britannia; The Contrivances; The honest Yorkshireman; Love in a forest; Nancy; The provok'd husband; The Tragedy of Chrononhotonthologos;* außerdem etwa 70 weitere Songs. Die Melodie zu *God save the King* hat ihm sein Sohn fälschlich zugeschrieben. – Gedruckt wurde auch eine Ausg. seiner Dichtungen: *The Works of Mr. C.* (Lo 1726).

Ausg.: *The Musical Century,* Faks.-Ausg. (N.Y. 1969) (= MMMLF I, 22).

Lit.: The Poems of H. C., hrsg. v. F. T. WOOD (Lo 1930); M. SANDS, The Problem of „Teraminta", in: ML 33 (1952).

CARIDIS, Miltiades, * 9. 5. 1923 Danzig; griech. Dirigent. Nach seiner Ausbildung am Konservatorium in Athen und an der Musikakademie in Wien, u. a. bei H. Swarowsky, war er seit 1947 zunächst am Landestheater in Bregenz, seit 1948 in Graz und 1959–62 an der Kölner Oper tätig. 1960–67 war er Chefdirigent der Philharmonia Hungarica in Marl (Westfalen), seit 1962 auch Dirigent an der Staatsoper Wien und ständiger Dirigent beim Rundfunk in Kopenhagen. Seit 1969 leitete C. das Philharmonische Orchester in Oslo. 1975 wurde er GMD in Duisburg.

CARILLON (frz.: von lat. quadrillionem, quatrinionem = Vereinigung von 4 Glocken). **1)** Frz. Bz. für ↗Glockenspiel. – **2)** In Frankreich auch Titel von Instrumentalstücken, die den Glockenklang oder ein bestimmtes Geläute nachahmen. C.s komponierten u. a. J. B. Bésard für Laute, M. Marais für Viola da Gamba, Fr. Couperin für Cembalo, L. Boëllmann und L. Vierne für Orgel. – **3)** Soloregister der Orgel mit glockenähnlichem Klang, bestehend aus Gedackt 4′, Terz $1^3/_5$′ und Sifflet 1′.

CARIOCA, Samba carioca (port.), lateinamerikanischer Tanz im raschen $^2/_2$- oder $^4/_4$-Takt, in der rhythmischen Struktur („schwingender“ Rhythmus, Betonung des 1., 4. u. 7. Achtels) der ↗Samba und der ↗Rumba ähnlich. Vermutlich aus einem brasilianischen Negertanz aus der Umgebung Rio de Janeiros hervorgegangen, gelangte die C. in den 30er Jahren des 20. Jh. als Gesellschaftstanz auch nach Europa.

CARISSIMI, Giacomo, getauft 18. 4. 1605 Marino bei Rom, † 12. 1. 1674 Rom; it. Komponist. Über seine Lehrer und seine musikalische Ausbildung ist nichts Genaues bekannt. Seit 1623 war er (erst als Chorsänger, dann als Organist) am Dom von Tivoli. 1628–29 als Kapellmeister an S. Rufino in Assisi tätig. Von 1630 bis an sein Lebensende wirkte C. als Kapellmeister am Collegium Germanicum et Hungaricum in Rom. Durch seine Tätigkeit an dieser prominenten, von den Jesuiten geleiteten Ausbildungsstätte, die auch eines der Zentren der Katholischen Reform war, gehörte C. zu den angesehensten Musikern Roms im Seicento. Er stand in enger Beziehung zu den Gemeinschaften des Filippo ↗Neri, in deren berühmtem Oratorio del Crocifisso er manche eigene Werke aufführte, zwei davon in Anwesenheit der Königin Christine von Schweden (sie hielt sich nach ihrem Thronverzicht 1655–56 im Collegium Germanicum auf). C.s Ruhm wuchs beständig; seit der Jahrhundertmitte war er in ganz Europa verbreitet und veranlaßte eine Reihe von Musikern auch aus Deutschland (z. B. J. Ph. Krieger und Chr. Bernhard) und Frankreich (M.-A. Charpentier), ihre musikalische Ausbildung bei C. zu vervollkommnen.

WW: **1) Geistliche WW: A)** Oratorien (Bz. als solche vermutlich nicht von C. und nicht gegen die Bz. „Historia“, gelegentlich auch nicht gegen die Bz. als Motette abgrenzbar), mit lat. Text: *Abraham et Isaac* für 5 St. u. B.c.; *Baltazar* für 5 St., 2 V. u. B.c.; *Damnatorum lamentatio* für 3 St. u. B.c.; *Diluvium universale* für 8 St. u. B.c.; *Dives malus* für 8 St. u. B.c.; *Ezechia* für 5 St., 2 V. u. B.c.; *Felicitas beatorum* für 3 St. u. B.c.; *Jephte* (vor 1650) für 6 St. u. B.c.; *Job* für 3 St. u. B.c.; *Jonas* für 8 St. u. B.c.; *Judicium extremum* für 11 St. (3 Chöre), 2 V. u. B.c.; *Judicium Salomonis* für 4 St., 2 V. u. B.c. (abgedruckt in S. Capricornus, *Continuatio theatri musici,* Wü 1669, als dessen Werk); *Martyres* für 5 St. u. B.c.; *Histoire des Pèlerins d'Emmaüs* für 3 St. u. B.c.; mit fraglicher Autorschaft: *David et Jonathas* für 5 St., 2 V. u. B.c.; *Vir frugi et pater familias* für 5 St. u. B.c.; mit it. Text (Autorschaft fraglich): *Oratorio di Daniele profeta* für 6 St. u. B.c.; *Oratorio della Santissima Vergine* für 5 St. u. B.c. – **b)** Messen: *Missa a quinque et a novem* für 3 St., 2 V. u. B.c. (mit 4st. Supplementchor ad lib.) (Kö 1666); *Missa „Sciolto havean“* für 5 St. u. B.c.; *Missa septimi toni* für 8 St. ohne B.c.; 4 weitere Messen mit fraglicher Autorschaft, darunter *Missa „L'homme armé“* für 12 St. u. B.c., *Missa „Ut queant laxis“* für 8 St. u. B.c. – **c)** Motetten, Psalmen, Lamentationen: ca. 220 Werke, in der Mehrzahl 1–5st. mit B.c., einige mit Instr.; für mehr als die Hälfte der Motetten ist allerdings die Autorschaft C.s fraglich; 58 Gesänge erschienen im 17. Jh. im Druck: *Missa a quinque et a novem, cum selectis quibusdam cantionibus* (Kö 1666); *Arion Romanus sive Liber primus sacrarum cantionum* für 1–5 St. mit Instr. u. B.c. (Konstanz 1670); *Sacri concerti musicali* für 2–5 St. u. B.c. (R 1675); in Sammeldrucken 1642–93; eine große Zahl ist hsl. erhalten. – **2) Weltliche WW** (fast ausschließlich hsl. erhalten): 105 it. Kantaten für 1 St. u. Bc., 26 für 2 St., 9 für 3 St., ferner 70 Werke mit fraglicher Autorschaft; *Drei Schmied bei einem Amboß stunden (Cyklopisches Hammer-Tricinium)* für 3 St. u. B.c. in RISM 1655[4]; unter C.s Namen sind weitere heitere Gesänge überliefert: *Histoire des Cyclopes* für 3 St. u. B. c.; *Testamentum asini* für 2 St. u. B.c.; *Plaisanterie sur la barbe: V, e, ve, ve (nerabilis barba Capucinorum)* für 3 St.; Kanon *Requiem jocosum* für 3 St. – **3) Theoretische WW:** *Ars cantandi,* nur in dt. Übers. erhalten: *Ars cantandi, das ist Richtiger und ausführlicher Weg, die Jugend aus dem rechten Grund in der Sing-Kunst zu unterrichten* (Au 1692, mit zahlr. Aufl.).

C. konzentrierte sich in seinem reichen Schaffen fast ausschließlich auf geistliche Musik mit lateinischem Text (Oratorium, Messe, Motette) und auf die italienische Kantate. Er gilt vor allem als der erste bedeutende Meister des ↗Oratoriums. Die Stoffe seiner zu dieser Gattung zählenden Werke sind sowohl bestimmte Geschehnisse aus dem Alten oder Gleichnisse aus dem Neuen Testament (z. B. *Jephte, Judicium Salomonis* bzw. *Dives malus*) als auch Themen wie das Jüngste Gericht *(Judicium extremum, Damnatorum lamentatio).* Die Formung des Textes zeigt eine – von vornherein zur Vertonung bestimmte – Kombination von wörtlichem und paraphrasiertem, zuweilen dramatisierten und „rhetorisiertem“ (G. Massenkeil) Bibeltext mit neugedichteten metrisch gebundenen Einschüben. Die musikalische Gestaltung beruht auf einer frappant einfachen Melodik und Harmonik in den solistischen und chorischen Partien. Dabei sind jene in einer Art musikalischer Prosa gehalten (mit gelegentlichen ariosen Passagen), die gleichermaßen auf den stile recitativo Monteverdis wie auf die motettische ↗Monodie nach der Art Viadanas verweisen. Sie wandelt sich häufig zu einer sozusagen gehobenen musikalischen Diktion, wenn es C. darum geht, den Sinn oder Affekt einzelner Worte oder Sätze musikalisch auszudrücken oder den Text emphatisch zu betonen, meist mit Hilfe musikalisch-rhetorischer ↗Figuren. Die Chorsätze weisen strikte Homorhythmie und prägnante Rhythmen auf, wodurch der Text höchst deutlich in Erscheinung tritt. Mit all diesen Gestaltungsmitteln, die C.

zu seinen Lebzeiten gelegentlich die Charakterisierung als „musikalischer Redner“ (nach J. Matheson) eingebracht haben, zielt C. letztlich auf einen besonderen Zweck: wie die anderen geistlichen Übungen der Gemeinschaften F. Neris dienen auch seine Oratorien den Bemühungen um eine Erneuerung und Vertiefung der christlichen Frömmigkeit. Den zweiten wichtigen Schaffensbereich bilden die italienischen Kantaten. In der Vielfalt ihrer ariosen und rezitativischen Formgebung und ihres affektuosen und bildhaften Ausdrucks hat C. vor allem Anregungen L. Rossis aufgenommen und weiterentwickelt. Die Gesamtheit dieser Werke markiert aber auch die letzte Blüte der reinen, nur generalbaßbegleiteten weltlichen Monodie, bevor die Kantate mit Instrumenten im Umkreis der ↗Neapolitanischen Schule ihren Siegeszug antritt. Immerhin finden sich unter C.s Kantaten einige, die bis heute und über Italien hinaus als lebendige Zeugnisse eines frühen Bel canto-Stils beliebt sind (z.B. *Vittoria mio core*). Daß andererseits heute auch C.s Oratorien ein nicht geringes Interesse finden, zeigt neuerdings u. a. H. W. Henzes Bearbeitung und Instrumentierung des *Jephte* (1976).

Ausg.: 4 Oratorien, hrsg. v. F. CHRYSANDER (Bergedorf 1869) (= Denkmäler der Tonkunst 2); GA, hrsg. v. L. BIANCHI u.a. (R 1951ff.) (= Istituto Italiano per la Storia della Musica, Monumenti 3), bisher 5 Bde. Oratorien, 1 Bd. Messe u. Motetten, 1 Bd. Kantaten; *Jephte*, hrsg. v. Y. RUDELLE (Wb – Z 1968); dass., hrsg. v. J. BEAT (Lo 1974); 4 Motetten, hrsg. v. R. EWERHART (Kö 1956) (= Cantio sacra 8, 16, 48 u. 57); 6 Kantaten, hrsg. v. G. ROSE (Lo 1969); Cantate a una, due e tre voci: ms. Bologna, 2 Bde., Faks.-Ausg. (Fi 1983) (= Archivum musicum, La cantata barocca 14); 23 Kantaten, Faks.-Ausg., hrsg. v. G. MASSENKEIL (NY 1986) (= The Italian Cantata in the Seventeenth Cent. 2). *Ars cantandi*, hrsg. v. F. X. HABERL, in: KmJB 8 (1893).

Lit.: A. KIRCHER, Musurgia Universalis (R 1650); J. MATTHESON, Grundlage einer Ehren-Pforte (H 1740), Faks.-Nachdr., hrsg. v. M. SCHNEIDER (B 1910, NA 1969); F. CHRYSANDER, Die Oratorien von C., in: AMz 11 (1876); F. X. HABERL (s. o. Ausg.); M. BRENET, Les „oratorios“ de C., in: RMI 4 (1897); A. SCHERING, Gesch. des Oratoriums (L 1911, NA 1966); A. CAMETTI, Primo contributo per una biografia di G. C., in: RMI 24 (1917); J. LOSCHELDER, Neue Beitr. zu einer Biographie G. C.s, in: Mf 5 (1940); G. MASSENKEIL, Die oratorische Kunst in den lat. Historien u. Oratorien G. C.s (Diss.masch. Mz 1952); DERS., Die Wiederholungsfiguren in den Oratorien G. C.s, in: AfMw 13 (1956); G. ROSE, The Cantatas of C. (1959) (= Diss. Yale Univ.); DIES., in: MQ 58 (1962); W. MÜLLER-BLATTAU, Unters. zur Kompositionstechnik in den Oratorien G. C.s, in: Mf 16 (1963); G. ROSE, Thematisches Verz. der Kantaten (1966) (= Wellesley Edition Cantata Index Series 5); L. BIANCHI; C., Stradella, Scarlatti e l'oratorio musicale (R 1969); I. M. BUFF, The Chamber Duets and Trios of C. (1973) (= Diss. Univ. of Rochester); L. BIANCHI, C. G. Nuovi documenti nell'archivio del Collegio Germanico-Ungarico di Roma, in: NRMI 8 (1974); C. SARTORI u.a., G. C. Catalogo delle opere attribuite (Mi 1975); H. E. SMITHER, C.'s Latin Oratorios. Their Terminoloy, Functions, and Position in Oratorio History, in: Anal.Mus. 17 (1976); G. MASSENKEIL, C., in: Grove[6] III (mit Werk-Verz.); A. V. JONES, The Motets of C., 2 Bde. (Ann Arbor 1982).

G. MASSENKEIL

CARLIER, frz. Orgelbauerfamilie des 16. und 17. Jh., die in Flandern, in der Normandie, in Poitiers, Tours und in der Ile-de-France wirkte. – **Erasme** lebte in Lille und baute 1551 eine Orgel für das Hôpital Comtesse. – **Jean** stammte aus Laon. Er baute eine Orgel für die Kathedrale von St-Denis. – **Crespin** unterhielt eine eigene Werkstatt in Rouen und wirkte außerdem u.a. in Paris, Tours und Poitiers. 1620 baute er die Orgeln für die Kollegiatkirche von St-Quentin und 1629 für die Abteikirche St-Ouen in Rouen.

CARLTON, Richard, * um 1558, † um 1638; engl. Komponist. Er erwarb am Clare College in Cambridge den Grad eines Bachelor of Arts. 1577 wurde er Vikar der Kirche St. Stephen in Norwich und „minor canon“ sowie „master of the choristers“ an der Kathedrale. C. veröffentlichte eine Sammlung mit 21 Madrigalen zu 5 St. (Lo 1601). Ein weiteres Madrigal ist in der Sammlung *The triumphes of Oriana* von Th. Morley (Lo 1601) enthalten. Handschriftlich überliefert ist eine Pavane für 5 Violen (British Museum, London).

Ausg.: Die Madrigal-Slg. v. 1601 u. das Madrigal aus *The triumphes of Oriana*, hrsg. v. E. H. FELLOWES (Lo 1923) (= The English Madrigal School 27), revidiert v. TH. DART (Lo 1960).

Lit.: E. H. FELLOWES, The English Madrigal Composers (Lo 1921, [2]1948); J. KERMAN, The Elizabethan Madrigal (NY 1962).

CARMAGNOLE (frz.), anonymes Revolutionslied im schnellen $^6/_8$-Takt, das nach der Einkerkerung König Ludwigs XVI. entstand. Der Refrain lautete: „Dansons la C., vive le son du canon!“ Die C. wurde häufig als eine Art Reigen, ähnlich der *Farandole*, getanzt. Während der Schreckensherrschaft oft bei Hinrichtungen gesungen, gehörte sie bis zur Konsulatszeit Napoleons, der sie dann verbot, zum Repertoire der Militärmusik. Die Herkunft der Bz. C. ist ungeklärt. Sie wird einerseits auf einen in der piemontesischen Stadt Carmagnola heimischen, lebhaften Tanz gleichen Namens zurückgeführt, andererseits auf die so bezeichnete Weste von Arbeitern aus Carmagnola, die in Paris als Zeichen revolutionärer Gesinnung getragen wurde.

CARMEN (lat.), ↗Cantilena.

CARMEN, Oper in 4 Akten von Georges Bizet (1838–75), Text von Henri Meilhac und Ludovic Halévy nach der gleichnamigen Novelle von Prosper Mérimée. Ort und Zeit der Handlung: Sevilla und Umgebung, um 1820. UA: 3. 3. 1875 in Paris (Opéra-Comique), EA in dt. Sprache: 23. 10. 1875 in Wien (Staatsoper), dt. EA: 31. 1. 1880 in Hamburg (Staatsoper).

Das Pariser Theaterpublikum sah sich 1875 in dieser Oper mit einem Stoff konfrontiert, den es als bedenklich empfand. Auf bislang nicht gekannte realistische Weise hatten Bizet und seine Librettisten den tiefen Fall eines Offiziers in Szene gesetzt, dem die Leidenschaft für das Zigeunermädchen Carmen zum Verhängnis wird. Carmen ist der Prototyp der amoralischen Heldin mit allen Eigenschaften und Implikationen der Medusenschönheit. Als Opernfigur wurde sie vom Publikum nicht sogleich akzeptiert, obwohl die berühmte Mezzosopranistin Célestine Galli-Marié die Titelrolle in der UA souverän gestaltete. Für die EA in dt. Sprache komponierte Ernest Guiraud die gesprochenen Dialoge rezitativisch aus. Die „komische Oper mit tödlichem Ausgang" verlor durch diese Umarbeitung ein Wesensmerkmal der Opéra-comique und fand nunmehr rasch den Weg zum Erfolg. Als C. am 21. 4. 1883 wieder auf dem Spielplan der Pariser Opéra-Comique erschien, folgte auch in Frankreich der in Wien begonnene Siegeszug des Werkes; bis 1940 gab die Opéra-Comique die Oper mehr als 2200mal. Bizets letzte Oper – er starb am Abend der 23. Aufführung – wurde wegen ihrer aus der reinen Accompagnato-Funktion herausgelösten Musik von Kritikern zu Unrecht dem Wagnerismus zugerechnet. Sie stellt aber tatsächlich einen Schritt zur realistischen Oper dar und bildet durchaus einen Gegenpol zu Wagners Musikdrama; Friedrich Nietzsche formulierte als einer der ersten Kritiker die Polarität zu Wagner. Indiz für Erfolg und Bedeutung des Werkes mag nicht zuletzt die Tatsache sein, daß es für die erste Fernsehübertragung einer Oper (11. 12. 1952 als Aufführung des Metropolitan Opera House in New York) ausgewählt wurde. Das Auftrittslied des Escamillo *Votre toast, je peux vous le rendre – Toréador, en garde)*, die Blumenarie des José *(La fleur que tu m'avais jetée)* und Carmens Habamera *L'amour est un oiseau rebelle* (Melodie vom *La Paloma*-Komponisten Sebastián Yradier) haben bis heute nichts von ihrer Beliebtheit und Publikumswirksamkeit eingebüßt.

R. QUANDT

CARMEN, Johannes, frz. Musiker und Komponist der 1. Hälfte des 15. Jahrhunderts. Über sein Leben ist wenig bekannt. Er wirkte als Kantor an St-Jacques-de-la-Boucherie in Paris und wird 1403 als „excripvain et noteur de chant" bezeichnet. Der Dichter Martin le Franc erwähnt ihn in seinem Gedicht *Champion des Dames* (um 1440) neben den Pariser Komponisten J. Tapissier und J. Cesaris. Von C. haben sich erhalten: Zwei isorhythmische Motetten, *Venite adoremus* (die sich inhaltlich auf das abendländische Schisma bezieht und daher vor Abschluß des Konstanzer Konzils 1417 entstanden sein dürfte) und *Salve pater – Felix et beata,* sowie eine Motette mit Oberstimmenkanon, *Pontifici decori speculi.* Diese wenigen erhaltenen Werke haben wegen ihres italianisierenden Charakters (H. Besseler) und als Vorstufe zur Kunst Dufays das besondere Interesse der Musikforschung gefunden.

Ausg.: die 3 Motetten, hrsg. v. G. REANEY, in: Early XVth Century Music (1955) (= CMM 11/1).

Lit.: A. PIRRO, La musique à Paris sous le règne de Charles VI 1380–1422 (Str 1930); CH. VAN DEN BORREN, Polyphonia Sacra (Lo 1932); E. DANNEMANN, Die spätgotische Musiktradition in Frankreich u. Burgund (Str 1936); H. BESSELER, Bourdon u. Fauxbourdon (L 1950, [2]1974); DERS., C., in: MGG II; G. REANEY (s.o. Ausg.).

CARMINA BURANA, Bz. für die Lieder einer mittelalterlichen Handschrift *(Codex Buranus),* die im wesentlichen 1217–50, wahrscheinlich am Hofe des Bischofs von Seckau (Steiermark) entstand, bis 1803 im Kloster Benediktbeuren/Allgäu (lat. *Bura Sancti Benedicti*) aufbewahrt wurde und sich seitdem in der Bayerischen Staatsbibliothek München befindet (Signatur: clm 4660, bzw. clm 4660a für die 7 Nachträge [Fragmenta Burana], Umfang: 112 + 7 Blätter). Der Codex, der seinen Namen von J. A. Schmeller (1847) erhielt, ist nach einem bestimmten Plan angelegt und umfaßt 4 Abteilungen mit insgesamt 254 Einzelstücken (Zählung nach der Kritischen Ausg. von Hilka, Schumann u. Bischoff [s. u. Lit.]: CB 1–228 + CB 1–26): 1. Moralisch-satirische Dichtungen (Lieder von Geldgier, von der Unbeständigkeit des Glücks, von der Verderbtheit der Welt); 2. Liebeslieder (Lieder von Sehnsucht und Triumph der Liebe, Liebesklagen u. a. Klagelieder, darunter auch die ironische Klage eines gebratenen Schwans, Tanzlieder); 3. Trink- und Spielerlieder (u. a. blasphemische Parodien liturgischer Gesänge, darunter ein *Officium lusorum,* eine Spielermesse); 4. Geistliche Spiele, darunter ein Weihnachtsspiel, zwei Passionsspiele, ein Auferstehungsspiel. Autorennamen erscheinen nirgends (mit Ausnahme eines Klagegesangs Walthers von Châtillon), doch lassen sich mit Hilfe anderer Quellen einige Dichter identifizieren: u. a. der Archipoeta, der Marner, der Pariser Kanzler Philipp, Petrus von Blois. Die Carmina bieten einen umfassenden Einblick in die formale und inhaltliche Vielfalt der mittelalterlichen Lyrik und ihrer teils volkstümlichen, teils gelehrten Inspiration. Sie zeigen neben der Beeinflussung durch germanische und romanische Literaturen (besonders deutlich in der Form der mehrsprachigen Dichtung) darüber hinaus, in welchem Umfang liedhafte Volkstraditionen die

z. T. starren Struktur- und Denkschemata der mittellateinischen Dichtung aufbrechen und erst damit den Ausdruck echter Empfindung ermöglichen.
Die Lieder der Abteilungen 1–3 sind in lateinischer Sprache geschrieben, viele von ihnen enthalten auch deutsche Strophen, so CB 211a das berühmte Lied Walthers von der Vogelweide *Nu lebe ich mir alrest werde*. Es darf als sicher gelten, daß die Lieder durchweg zum Singen bestimmt waren, obwohl sie nur sporadisch mit Melodien in linienlosen ↗Neumen versehen sind, die aber zum Teil mit Hilfe von in anderen Quellen lesbar überlieferten Melodien rekonstruiert werden können. Ähnliches gilt für die Identifikation anderer, in den C. B. nicht notierter Melodien, so daß heute insgesamt etwa 30 Melodien bekannt sind.
Die geistlichen Spiele, die gattungsgeschichtlich mit den liturgischen Dramen des Mittelalters zusammenhängen, beruhen auf lateinischen biblischen und liturgischen Texten. Sie sind teils wörtlich übernommen, teils paraphrasiert und so „dramatisiert", daß die (durchgehend neumierten) direkten Reden gesungen werden, während der handlungstragende Text zu Rubriken umgeformt ist: er ist rot notiert und dient als szenische Anweisung. In den Spielen sind auch zahlreiche deutsche Gesänge enthalten, z. B. in den Passionsspielen Gesänge der Maria Magdalena und Klagegesänge der Mutter Jesu.
Einige Texte der Lieder aus den Abteilungen 1–3 verwendete C. Orff für seine *Carmina Burana* (1935–36). Er hat damit dank einer eigentümlichen musikalischen Gestaltung die C. B. musikalisch lebendig werden lassen und zugleich eines der bedeutendsten Werke der Musik des 20. Jh. geschaffen.

Ausg.: Faks.-Ausg. der C. B., hrsg. v. B. BISCHOFF (dt. u. engl.) (Brooklyn/N.Y. – Mn 1967); C. B., hrsg. v. J. A. SCHMELLER (St 1847, Breslau [4]1904); C. B., mit Benutzung der Vorarbeiten W. Meyers kritisch, hrsg. v. A. HILKA – O. SCHUMANN – B. BISCHOFF, 3 Bde. (Hei 1930, 1941, 1970); C. B. Die Gedichte des Codex Buranus lat. u. dt., übertragen v. C. FISCHER, Übers. der mhd. Texte v. H. Kuhn, Anm.en u. Nachwort v. G. Bernt (Z – Mn 1974). – Ausg. von Melodien (vgl. auch das Verz. in der letztgenannten Veröff.): W. LIPPHARDT, Unbekannte Weisen zu den C. B., in: AfMw 12 (1955); DERS., Einige unbekannte Weisen zu den C. B. aus der zweiten Hälfte des 12. Jh., in: FS H. Besseler (L 1962).

Lit.: H. SPANKE, Der Codex Buranus als Liederbuch, in: ZfMw 13 (1930/31); W. LIPPHARDT, C. B., in: MGG II; DERS., s. o. Ausg.; W.-D. LANGE, Stilmanier u. Parodie. Zur mehrsprachigen Dichtung des MA, in: Europäisches MA. FS K. Langrock (Da 1979).

G. MASSENKEIL

CARNEY, Harry (Howell), * 1. 4. 1910 Boston, † 10. 10. 1974 New York; amerik. Jazzmusiker (Baritonsaxophon, Baßklarinette). Er wurde schon als 16jähriger von Duke Ellington engagiert und blieb bis zu seinem Tod Mitglied in dessen Orchester, spielte aber auch mit anderen Musikern des Swing und Mainstream zusammen. C. war vor allem als Baritonsaxophonist die Schlüsselfigur in Ellingtons Saxophonsatz. Die sonore Mächtigkeit und Fülle seines Spiels blieben lange Zeit, bis zu Gerry Mulligan, unerreicht. Wichtige Schallplatten-Einspielungen (alle mit Ellington) sind u. a. *Tiger Rag* (1929), *Old Man Blues* (1930), *Harlem speaks* (1933), *Perdido* (1942) und *Rockin In Rhythm* (1955).

CARNEYRO, Claudio, * 27. 1. 1895 Porto, † 18. 10. 1963 ebd.; port. Komponist. Er begann seine Ausbildung in Porto und setzte sie in Paris u. a. bei Ch.-M. Widor und P. Dukas (Komposition) fort. Er war seit 1917 Lehrer am Konservatorium in Porto und übernahm 1955 dessen Leitung. C., dessen Stil der gemäßigten Moderne zuzurechnen ist, schrieb Orchesterwerke, Kammermusik, Klavier- und Chormusik. Insbesondere seine Lieder mit Klavier gelten als Meisterwerke der neueren portugiesischen Musik. C. bearbeitete auch portugiesische Volkslieder.

CARNICER, Ramón, * 24. 10. 1789 Tárrega (Lerida), † 17. 3. 1855 Madrid; span. Komponist. Er studierte in Urgel und Barcelona, 1818–20 leitete er das Orchester der Italienischen Oper in Barcelona und führte dort 1819 mit großem Erfolg auch eigene Opern auf. 1829 wurde er als Kapellmeister an die Königliche Oper in Madrid berufen. Außerdem lehrte er 1830–54 am dortigen Konservatorium Komposition. Seine bedeutendsten Schüler waren F. A. Barbieri und J. R. Gaztambide. C. schrieb insgesamt 8 Opern im italienischen Stil, u. a. *Adela di Lusignano* (Ba 1819) und *Cristoforo Colombo* (Ma 1831), ferner Symphonien, Kirchenmusik und Lieder; er komponierte auch die chilenische Nationalhymne.

CAROL (engl.; von frz. carole). **1)** In England im engeren Sinne Bz. für eine mittelalterliche, bis etwa 1550 gebräuchliche mehrstimmige Liedgattung, meist im Dreiertakt und im ionischen Modus, mit chorischem Refrainwechsel und melodisch gleichen Strophen, die solistisch vorgetragen wurden. Die überwiegend englischen, seltener lateinischen Texte behandeln vor allem das Thema Jungfrau Maria und Jesuskind. C.s mit lateinischen Texten wurden *Cantilenae* genannt (↗Cantilena). – **2)** Seit der Mitte des 16. Jh. bezeichnet C. allgemein das volkstümliche Weihnachtslied in England. Die ältesten C.s (aus der 1. Hälfte des 15. Jh.) waren einstimmig und bestanden im allgemeinen aus einem einleitenden Kehrreim, der dann mit einem melodisch gleichbleibenden Vers alternierte. Auf Grund der häufig vorkommenden Bezeichnung „burden" (oder „foote") für den Refrain vermutet man, daß diese einstimmigen Sätze zumindest teilweise in der damals in England üblichen Weise in Terzen oder Sexten diskantiert wurden (↗Faburden). Die Übereinstimmungen in der Form mit anderen, älteren Tanzliedgattungen, wie der französischen ↗Carole, dem ↗Virelai, der ↗Ballata und der ↗Lauda (mit dieser auch nicht nur wegen der Form, sondern auch wegen des Inhalts), ist offensichtlich. Das mehrstimmige C. entstand vielleicht in der Nachfolge des ↗Conductus. Jedenfalls erschienen C.s in einer Reihe von Sammlungen innerhalb der Prozessionsgesänge.

In der zweiten Hälfte des 15. Jh. trat ein zweiter, textlich gleicher Kehrreim hinzu, dessen Melodie mit der des ersten verwandt war. Der erste (meist dreistimmige) Refrain wurde chorisch, der zweite (zweistimmige) dagegen solistisch ausgeführt. Die Strophe behielt ihre einstimmige Anlage und war häufig sowohl textlich als auch musikalisch mit dem Refrain verbunden. Es ist nicht gesichert, in welcher Reihenfolge die Kehrreime gesungen wurden, ob beide nacheinander oder ob sie abwechselnd jeder Strophe folgten. Das sog. Agincourt-C., das den Sieg des englischen Königs Heinrich V. von 1415 feiert *(Deo gracias, Anglia)*, gilt als bekanntestes Beispiel der Gattung. Besonders gegen Ende des 15. Jh. waren die C.s höchst differenziert ausgearbeitete Sätze, deren Wiedergabe Berufsmusikern vorbehalten war. Die C.s. jener Zeit waren noch nicht volkstümlich, sondern wurden für die Gottesdienste am Hofe, als Prozessionsgesänge und auch für die Weihnachtsfeiern an Adelshöfen geschrieben. Das *Fayrfax-Book* aus dem frühen 16. Jh., ein höfisches Liederbuch, enthält u.a. neben sehr kunstvollen religiösen auch weltliche Carols.

Um die Mitte des 16. Jh. begann sich die bisher überlieferte Form aufzulösen. Die nunmehr volkstümlichen (auch vierstimmigen) Lieder verschiedener Provenienzen zeigen unterschiedliche Versvertonung und eine zunehmende Reduzierung des einleitenden Refrains. Der Dreiertakt tritt zugunsten des Zweiers zurück. Viele volksmusikalische Elemente und alte heidnische Bräuche fanden nun Eingang und trugen zur Popularisierung der C.s bei. Die ursprünglich thematisch vorherrschende Marienverehrung wurde weitgehend verdrängt. Seit dem 17. Jh. erfreuten sich auch Lieder deutscher Herkunft, z.B. *In dulci jubilo* und *Joseph, lieber Joseph mein,* in ihren englischen Übersetzungen großer Beliebtheit. Im 19. Jh. wurden im Zuge des Historismus, der Rückbesinnung auf nationale Traditionen, viele altenglische C.s der Vergessenheit entrissen. Eine moderne Sammlung enthält Weihnachtslieder und Hymnen sowohl in lateinischer als auch in allen lebenden europäischen Sprachen. Auch einige zeitgenössische Komponisten wie R. Vaughan Williams *(The Sussex Carol)*, G. Holst, P. Heseltine, B. Britten und P. W. Davies schrieben Carols.

Ausg. (nur musikal.): The Cowley C. Book, hrsg. v. R. G. WOODWARD, 2 Bde. (Lo 1902–09); English C. Book, hrsg. v. M. SHAW – P. DEARMER, 2 Bde. (Lo 1913–19); Ancient English Christmas C., hrsg. v. E. RICKERT (Lo 1914); Oxford Book of C., hrsg. v. P. DEARMER – R. VAUGHAN WILLIAMS – M. SHAW (Lo 1928, O [26]1965); A Medieval C. Book, hrsg. v. R. R. TERRY (Lo 1931); 200 Folk C., hrsg. v. DEMS. (Lo 1934); Medieval C., hrsg. v. J. STEVENS, in: Mus. Brit. 4 (Lo 1952); The English C., hrsg. v. E. ROUTLEY (Lo 1958); C. for Choirs, hrsg. v. J. u. R. WILCOCKS (Lo 1961); Early English Christmas C., hrsg. v. R. H. ROBBINS (NY 1961); University C. Book, hrsg. v. E. ROUTLEY (Brighton 1961).

Lit.: M. HOWORTH, Traditional C. (Lo 1893); W. E. DUNCAN, The Story of the C. (Lo 1910); R. L. GREENE, The Early English C.s (Lo 1934, Oxford [2]1977); V. ALFORD, Christmas C.s and Crèches in Provence, in: MQ 31 (1945); J. STEVENS, C. and Songs of the Early Tudor Period, in: Proc. R. Mus. Assoc. 77 (1951); E. ROUTLEY, The English C. (Lo 1958, Westport 1973); R. NETTEL, Christmas and its C. (Lo 1960); H. H. CARTER, A Dictionary of Middle English Musical Terms (Bloomington 1961) (= Humanities Series 45); F. L. HARRISON, Benedicamus, Conductus, C. A Newly Discovered Source, in: AMl 37 (1965); J. E. STEVENS, The English C., in: Kgr. Ber. Ljubljana 1967 (Kas 1970); D. A. HUGHES, In hoc anni circulo, in: MQ 60 (1974).

CAROLAN, Turlough (Terence), * 1670 bei Nobber (Grafschaft Meath), † 25. 3. 1738 Alderford House bei Kilronan; irischer Harfenist und Komponist. Er erblindete mit 18 Jahren und erhielt anschließend eine Ausbildung als Harfenist. Seine mehr als 200 Lieder, zu denen er Text und Musik schrieb und die er auch selbst vortrug, wurden in drei Bänden veröffentlicht (I: Dublin um 1721, II: 1748, III: *Favourite Collection of the so much admired old Irish Tunes, the original and genuine compositions of C., the celebrated Irish Bard,* ebd. um 1780). Auch zahlreiche andere Sammlungen des 18. Jh. enthalten seine Lieder.

Lit.: D. O'SULLIVAN, C., The Life, Times and Music of an Irish Harper, 2 Bde. (Lo 1958).

CAROLE (altfrz., altprovenzal.; it. span. u. port.: carola), ein volkstümlicher Rundtanz in langsamer Bewegung, der bis zum Ende des 16. Jh. in Frankreich sehr verbreitet war. Die Bz. C. leitet sich vielleicht von lat. „chorea" bzw. „chorela" ab, und es scheint sicher zu sein, daß die C. ursprünglich ein heidnischer Tanz war, der wegen seiner Verbindung mit magischen Bräuchen nach vergeblichen Versuchen einer christlichen Adaptation von der Kirche verboten wurde. – Über das Wesen der C. unterrichten lediglich literarische Quellen; es ist kein einziges musikalisches Beispiel erhalten, und es gibt auch keine Hinweise auf den Rhythmus. Bekannt ist nur, daß sich die tänzerische Ausführung wie auch die poetische Form vom ↗Rondeau und vom ↗Virelai herleiten. Die Melodien wurden nicht immer gesungen, sondern konnten auch von einem Instrumentenspieler ausgeführt werden, der wohl mitten im Kreis der Tanzenden stand.

Lit.: P. VERRIER, La plus vieille citation de c., in: Romania 8 (1932); Y. LACROIX-NOVARO, La c. Ses origines, in: RMie 16 (1935); M. SAHLIN, Étude sur la c. médiévale (Upsala 1940); H. SPANKE, in: Literaturblatt für germanische u. romanische Philologie 64 (1943).

CARON, Firminus (?), franko-flämischer Komponist des 15. Jahrhunderts. Er war möglicherweise Schüler von G. Dufay in Cambrai. Namentlich erwähnt wird er bei L. Compère (im sog. Sängergebet), bei J. Hothby *(Dialogus in arte musica)* und bei J. Tinctoris *(Liber de arte contrapuncti* und *Proportionale musices).* Er schrieb 18 frz. Chansons, eine it. Canzone und 4 vierstimmige Messen, darunter eine *Missa L'Homme armé.*

Ausg.: 2 Chansons, in: DTÖ 7 (1900) u. in: DTÖ 9 (1904); *Vive Carloys,* in: O. GOMBOSI, J. Obrecht (L 1925); eine Chanson in: E. DROZ – Y. ROKSETH – G. THIBAULT, Trois chansonniers français du XVe siècle (P 1927); 4 Stücke, hrsg. v. H. RINGMANN, in: EDM, 1. Reihe, 4 (1936); *Hélas que pourra devenir,* hrsg. v. H. HEWITT, in: Harmonice Musices Odhecaton A (C/M 1946); eine Chanson in: RMI 48 (1946); *Missa super L'Homme armé,* hrsg. v. L. FEININGER, in: Monumenta polyphoniae liturgicae I/1 u. 3 (R 1948).

Lit.: J. C. THOMSON, The Works of C., 2 Bde. (1959) (= Diss. New York Univ.); DERS., An Introduction to Ph. C. (NY 1964); G. CATTIN, Nuova fonte italiana della polifonia intorno al 1500 (Ms. Cape Town, Grey 3. b. 12), in: AMl 45 (1973).

CAROSO, Marco Fabrizio, * um 1527 Sermoneta (?), † nach 1605; it. Tanzmeister. Seine Schrift *Il Ballarino* (V 1581) gehört zu den wichtigsten Quellen über die italienischen Hoftänze im 16. Jahrhundert. Sie enthält Regeln mit Kupferstichabbildungen für die Ausführung zahlreicher Balletti, Pavanen, Gagliarden u. a. und die entsprechenden Tänze für Laute allein oder für Laute und ein anderes Instrument. Eine beträchtlich erweiterte Ausgabe erschien 1600 u. 1605 unter dem Titel *Nobilità di dame,* sowie noch postum, hrsg. v. G. Dini (R 1630).

Ausg.: Faks.-Ausg. von *Il Ballarino* (N.Y. 1967) (= MMMLF 2); die Tänze aus *Nobilità di dame,* hrsg. v. O. CHILESOTTI, in: Biblioteca di rarità musicali 1 (Mi 1883); *Pièces pour guitare,* hrsg. v. F. CASTET, 2 H.e (P 1966) (= Guitare 43 u. 46); GA der Balletti aus *Il Ballarino,* hrsg. v. H. MÖNKEMEYER (Rodenkirchen 1971).

Lit.: P. NETTL, The Story of Dance Music (NY 1947); M. DOLMETSCH, Dances of Spain and Italy from 1400 to 1600 (Lo 1954); F. REYNA, Les origines du ballet (P 1955).

CAROUBEL, Pierre Francisque, † vor 1619 Paris. Er war seit 1576 Violinist König Heinrichs III. und dessen Bruders Franz, Herzog von Anjou. 1610 ging er an den Hof des Herzogs von Braunschweig nach Wolfenbüttel, wo er mit M. Praetorius zusammentraf, den er mit dem Repertoire der „24 violons du Roi" bekannt machte. Praetorius' *Terpsichore* (Wb 1612) enthält denn auch zahlreiche von C. bearbeitete 5st. Tänze (55 Bransles, 8 Courantes, 9 Voltes, 3 Passamezzi und 3 Gaillarden).

Ausg.: NA der *Terpsichore* in der GA der Werke von Praetorius, Bd. 15 (1929).

Lit.: F. LESURE, Die „Terpsichore" v. M. Praetorius u. die frz. Instr.-Musik unter Heinrich IV., in: Mf 5 (1952).

CAROUSEL, amerik. Musical in 2 Akten von Richard Rodgers (1902–79), Buch u. Song-Texte von Oscar Hammerstein II nach Ferenc Molnárs Bühnenstück *Liliom.* Ort und Zeit der Handlung: ein Hafenstädtchen in New England im Jahre 1873. UA: 19. 4. 1945 in New York (Majestic Theater). Dt. Übersetzung von Robert Gilbert; EA in dt. Sprache: Spielzeit 1972/73 in Wien (Volksoper). Filmfassung 1956.

Molnár hatte sich einer Opernfassung seines *Liliom* durch Puccini widersetzt, erklärte sich jedoch mit der Musical-Adaption von Rodgers und Hammerstein gern einverstanden, nachdem ihn *Oklahoma!* vom Können dieses Autorenteams überzeugt hatte. Die Handlung wurde von Ungarn nach New England verlegt, aus der Hauptperson Liliom wurde Billy Bigelow. Details der Handlung, vor allem der tragische Schluß der Vorlage wurden abgeändert. C. bekam als bestes Musical des Jahres den New York Drama Critics Award. Mit 890 Aufführungen en suite, an die sich zahllose Wiederaufnahmen anschlossen, wurde es auch zu einem bemerkenswerten Publikumserfolg, nicht zuletzt dank Rodgers' Musik. Besonders hervorzuheben sind Melodien wie *The Carousel Waltz, If I loved you, You'll never walk alone* und das anspruchsvolle *Soliloquy.* In C. erhält zudem der Orchesterpart erstmals in einem Musical eine Art musikdramatische Funktion.

S. KUROCK – R. M. SIMON

CARPANI, Giuseppe Antonio, * 28. 1. 1752 Vill'Albese bei Como, † 21. (oder 22.) 1. 1825 Wien; it. Schriftsteller und Librettist. Er war Doktor der Rechte der Universität Padua. C. lebte seit 1797, vom kaiserlichen Hof gefördert, als Schriftsteller und Übersetzer in Wien. Er wurde bekannt insbesondere durch eine der frühesten Biographien Haydns (1812, in Briefform). Ihr Wert liegt nicht zuletzt in der unmittelbaren Bekanntschaft, die C. mit Haydn verband.

WW: *Le Haydine ovvero lettere su la vita e le opere del celebre maestro Giuseppe Haydn* (Mi 1812, Padua ²1823 [erweitert]), zahlr. Aufl. u. NA, Faks.-Ausg. (Bol 1969) (= Bibl. musica Bononiensis III, 10a), eine frz. Übers. veröff. H. Stendhal unter seinem (2.) Pseudonym A. C. Bombet als eigenes Werk (P 1814 u. ö.), dazu schrieb C. *Lettere al Signor Bombet* (W 1815); *Le Majeriane* (Padua 1820 u. ö.); *Le Rossiniane ossia lettere musico teatrali* (ebd. 1824). C. schrieb auch mehrere Dramen, zahlr. Opernlibretti, die u. a. von J. Weigl komponiert wurden und ein Oratorienlibretto *La Passione di Nostro Signore Gesù Cristo* (komponiert u. a. von Weigl u. Pavesi); er übersetzte viele Opern- u. a. Texte ins Italienische, so auch den Text von Haydns *Schöpfung*.

Lit.: R. KÜHNAU, Quellen-Unters. zu Stendhal-Beyle's Jugendwerken (Marburg 1908); O. E. DEUTSCH, C.s Verteidigung Salieris, in: SMZ 97 (1957); V. GOTWALS, The Earliest Biography of Haydn, in: MQ 45 (1959); D. KERNER, C.s Verteidigung Salieris, in: NZfM 128 (1967); DERS., Eine unbekannte Erwiderung auf C.s Verteidigung Salieris, in: Acta Mozartiana 14 (1967); G. PESTELLI, G. C. e il neoclassicismo musicale della vecchia Italia, in: Musica e arti figurative (1968) (= Quaderni della Rass. mus. 4); G. BROSCHE, Ein Opernstreit auf Wiener Boden, in: ÖMZ 28 (1973).

CARPENTER, John Alden, * 28. 2. 1876 Park Ridge (Illinois), † 26. 4. 1951 Chicago; amerik. Komponist. Nach dem Besuch der Harvard University setzte er 1906 seine musikalische Ausbildung bei E. Elgar in Rom fort. Er war zunächst in der Industrie tätig und widmete sich seit 1937 ausschließlich der Musik. C. gehört zu den ersten Komponisten der neueren Musik, die auch Elemente des Jazz einbezogen (1. Klavierkonzert, 1915). Nach dem Erfolg der Jazz-Pantomime *Krazy Kat* (1921) erhielt er von S. Diaghilew den Auftrag, ein Ballett auf der Grundlage amerikanischer Volksmusik zu komponieren. So entstand mit *Skyscrapers,* 1936 am Metropolitan Opera House in New York aufgeführt, das erste Ballett, das aus amerikanischer Tradition schöpft. Dennoch ist der Einfluß des französischen Impressionismus unverkennbar.

WW: 2 Klv.-Stücke, eine Sonate für V. u. Klv., ein Streichquartett, ein Quintett mit Klv.; für Orch.: *Adventures in a Perambulator* (1914), symphonische Suite; 2 Symphonien; symphonische Dichtung *Sea Drift* (nach W. Whitman); *Danza;* symphonische Suite *The Seven Ages; Carmel Concerto* (1948); *Patterns* für Klv. u. Orch.; V.-Konzert (1937); den Liederzyklus *Gitanjali* (Text v. R. Tagore); Ballette: *The Birth of the Infanta* (1917–18), *Krazy Kat* (1921), *Skyscrapers* (1923–24).

Lit.: F. BOROWSKI, J. A. C., in: MQ 16 (1930); O. DOWNES, J. A. C. American Craftsman, in: ebd.; W. T. UPTON, Art-Song in America (N.Y. 1930); I. T. HOWARD, J. A. C., in: Modern Music (1931); TH. C. PIERSON, The Life and Music of J. A. C. (1952) (= Diss. Univ. of Rochester); J. HOWARD, Our American Music (NY ³1954).

CARPENTRAS (eig. Elzéar Genet), * Carpentras, † 14. 6. 1548 Avignon; frz. Komponist. Er war 1508 Kapellsänger unter Papst Julius II., hielt sich 1508–13 am Hofe König Ludwigs XII. in Frankreich auf und kehrte 1514 nach Rom zurück, wo er päpstlicher Kapellmeister wurde. Nach dem Tod Papst Leos X. ging er 1521 nach Avignon, wo er – mit Ausnahme eines neuerlichen Romaufenthalts 1524–26 – bis zu seinem Lebensende blieb. C. schrieb vor allem kirchenmusikalische Werke, von denen die Lamentationen besondere Erwähnung verdienen. Sie sind der umfangreichste Zyklus dieser Gattung, der von einem einzelnen Komponisten in der 1. Hälfte des 16. Jh. gedruckt wurde, und sie genossen die Auszeichnung, von etwa 1514 bis 1587 regelmäßig in der päpstlichen Kapelle in Rom gesungen zu werden, bis sie von den Lamentationen Palestrinas abgelöst wurden.

WW: **1) Geistliche WW:** *Liber primus missarum* für 4 St. (Avignon 1532); *Liber Lamentationum* für 2–6 St. (ebd. 1532); *Liber Hymnorum* für 4 St. (ebd. um 1535); *Liber Cantici Magnificat omnium tonorum* für 4–5 St. (ebd. ca. 1535–39); zahlreiche Motetten u. a. kirchenmusikal. WW sind auch in Sammeldrucken oder hsl. erhalten. – **2) Weltliche WW:** 4 Frottolen u. 2 Chansons in Sammeldrucken.

Ausg.: GA, hrsg. v. A. SEAY, 7 Bde. (R 1972–73) (= CMM 58). – Einzelausg.: 3 Gesänge (davon 2 nach Texten v. Petrarca), hrsg. v. A. EINSTEIN, in: Canzoni, sonetti, strambotti e frottole (1941) (= Smith College Music Archives 4).

Lit.: H. QUITTARD, E. Genet, dit C., in: La Tribune de St-Gervais 5 (1899); J. TIERSOT, E. Genet dit C. et la chanson „A l'ombre ...", in: ebd.; M. PEREYRA, E. Genet dit Il Carpentrasso, in: Bull. de la Société française de musicologie 2 (1918); O. L. RIGSBY, The sacred music of E. Genet, 2 Bde., I: Text, II: ausgew. WW (1955) (= Diss. Univ. of Michigan); DERS., E. Genet, in: Studies in Music History and Theory (1955) (= Florida States Univ. Studies 18); GL. HAYDON, „Ave maris stella" from Apt to Avignon, in: FS B. Stäblein (Kas 1967); C. A. MILLER, J. Cardan on Gombert, Phinot and C., in: MQ 58 (1972); W. KIRSCH, Die Motetten des A. de Silva. Stud. zur Gesch. der Motette im 16. Jh. (Tutzing 1977) (= Frankfurter Beitr. zur Musikwiss. 2); A.-M. BRAGARD, Musique sacrée et humanisme musical à la cour des papes Médicis, Léon X et Clément VII (in Vorb.).

CARREÑO, María Teresa, * 22. 12. 1853 Caracas, † 12. 6. 1917 New York; amerik. Pianistin venezolanischer Herkunft. Achtjährig kam sie mit ihrer Familie in die USA, studierte bei J. M. Gottschalk und debütierte 1862 in New York. 1866–70 setzte sie ihre Ausbildung in Paris bei G. Mathias, dann bei A. Rubinstein fort. Seitdem konzertierte sie in allen Teilen der Welt, besonders auch in Deutschland, wo sie über 30 Jahre lebte. 1872 heiratete sie den Violinisten Émile Sauret, 1875 den italienischen Bariton Giovanni Tagliapietra, mit dem sie in Venezuela eine Operngesellschaft gründete und leitete. Nach dem Scheitern dieser Ehe nahm sie ihre Konzerttätigkeit mit triumphalen Erfolgen wieder auf. 1892–95 war sie mit E. d'Albert verheiratet. C. war eine der bedeutendsten Pianistinnen des 19. Jh. und in Berlin eine gesuchte Klavierpädagogin. Sie trat auch als Sängerin auf und komponierte u.a. ein Streichquartett und zahlreiche Konzertstücke für Klavier und andere Instrumente.

Lit.: J. B. PLAZA, T. C. (Caracas 1938); M. MILINOWSKI, By the grace of God (New Haven 1940); I. PEÑA, T.C. (Caracas 1953); A. MÁRQUEZ RODRÍGUEZ, Esbozo biogr. de T.C. (ebd. 1953); R. MARCIANO, T.C. (ebd. 1966).

CARRILIO TRUJILLO, Julián, * 28. 1. 1874 Ahualulco, † 9. 9. 1965 Mexico City; mexikanischer Komponist. C. wurde an den Konservatorien in Mexico City, Leipzig und Gent ausgebildet, kehrte 1905 in seine Heimat zurück und wurde 1906 Professor für Komposition sowie 1913 Leiter des Nationalkonservatoriums in Mexico City. Er entwickelte ein von ihm als „Sonido 13" bezeichnetes Tonsystem mit Drittel-, Viertel-, Achtel- und Sechzehnteltönen, eine entsprechende Notation und für die Aufführung Spezialinstrumente, insbesondere Harfen und Klaviere (u.a. ein Dritteltonklavier). Im allgemeinen bleibt die Ausführung kleinerer als Halbtonintervalle solistischen Instrumenten überlassen, während das übrige Ensemble am traditionellen 12-Ton-System festhält. Einige symphonische Werke im „Sonido 13"-Tonsystem wurden 1927 und 1951 durch L. Stokowski in den USA uraufgeführt. C. schrieb u.a. 3 Opern – *Matilda* (1909), *Ossian* (1913) und *Zulitl* (1922) –, 6 Symphonien, Konzerte und Concertinos für verschiedene Instrumente und Kammermusik. Sein Tonsystem hat er in mehreren Schriften dargestellt, u. a. in *Génesis de la revolución musical del „Sonido 13"* (San Luis Potosí 1940) und *Sonido trece. Fundamento científico e histórico* (Mexico City 1948). Er schrieb auch eine Autobiographie: *Julián Carrillo, Su vida y su obra,* 2 Bde. (ebd. 1945, 1954).

Lit.: J. VELASCO URDA, J. C., su vida y su obra (Mexico City 1945); Bibliogr. v. M. OSCOY CARDENAS, in: Boletin de la Bibl. nacional 10 (1959) (= Bibliogr. mexicanas contemporáneas 8); Sonido 13, recorrido histórico (Mexico City 1962); A. PIKE, The Discoveries and Theories of J. C., in: Inter-American Music Bull. (1966) Nr. 55; G. R. BENJAMIN, J. C. and „Sonido trece", in: Inter-American Institute for Music Research, Yearbook 3 (1967); S. E. GILBERT, „The ultra-modern idiom". A Survey of New Music, in: Perspectives of New Music 12 (1973/74).

CARSE, Adam, * 19. 5. 1878 Newcastle-on-Tyne, † 2. 11. 1958 Great Missenden (Buckinghamshire); engl. Komponist und Musikpädagoge. Er begann seine musikalische Ausbildung 1892 in Hannover und setzte sie 1893–1902 an der Royal Academy of Music in London fort. 1908–22 war er Assistant Music Master am Winchester College, danach bis 1940 Professor für Harmonielehre und Kontrapunkt an der Royal Academy. C. wurde auch durch seine Sammlung von etwa 350 Instrumenten (meist Blasinstrumenten) bekannt, die er 1947 dem Horniman Museum in London überließ. Seine Bedeutung beruht weniger auf seinen Kompositionen als auf den Arbeiten zur Instrumenten- und Orchesterkunde.

1) Kompositionen: Kammermusik; 2 Symphonien (1906, 1909); Symphonische Dichtungen: *The Death of Tintagiles* (1902); *In a Balcony* (1905); Kantaten; eine Oper, *Fritiof* (1915). – **2) Schriften:** *Practical Hints of Orchestration* (Lo 1919); *The History of Orchestra* (Lo 1925, Nachdr. N.Y. 1964, Paperback-Ausg. Gloucester/Mass. 1966); *The School of Orchestra* (Lo 1926); *Orchestral Conducting* (Lo 1929); *Musical Wind Instruments* (Lo 1939, Nachdr. N.Y. 1965); *The Orchestra in the 18th Century* (C 1940, Nachdr. C 1950); *The Orchestra from Beethoven to Berlioz* (C 1948); *The 18th Century Symphony* (Lo 1951); *The Life of Jullien* (C 1951).

Lit.: Catalogue of the A. C. collection of old musical wind instruments (Lo 1951); E. HALFPENNY, in: MMR 89 (1959).

CARSTE (eig. Häring), **Hans Friedrich August,** * 5. 9. 1909 Frankenthal, † 11. 5. 1971 Bad Wiessee; dt. Komponist, Arrangeur und Dirigent. Er studierte zunächst an der Hochschule für Welthandel, dann an der Musikakademie in Wien und war anschließend an der Wiener Volksoper, 1929–30 als Korrepetitor an der Breslauer Oper tätig. 1931 übersiedelte er nach Berlin, wo er sich seit 1932 vor allem als Komponist von Film-, Lustspiel- und Kabarettmusiken einen Namen machte. Seit 1949 leitete er die Abt. Unterhaltungs- und Tanzmusik und war 1. Kapellmeister des Unterhaltungsorchesters beim RIAS Berlin. Er unternahm auch Konzertreisen im In- und Ausland. 1961 wurde er mit dem Paul-Lincke-Ring, 1966 in Österreich mit dem Professorentitel ausgezeichnet. Seine Kompositionen, die z.T. auch unter den Pseudonymen *Bob Winther, Salvadore Tareno* und *Josef Fanta* erschienen, zeichnen sich durch schmeichelnden Klang und großbogige Linienführung aus und zeugen von kultiviertem Geschmack. Er forderte von der Unterhaltungsmusik stets ein hohes Niveau. C. hatte neben seiner künstlerischen Tätigkeit wichtige Ämter in musikalischen Organisationen inne. Bereits 1937 von Richard Strauss in die STAGMA berufen, gehörte er 1949–67 dem Aufsichtsrat der GEMA an, seit 1958 als Vorsitzender und Nachfolger von W. Egk. Er war ferner u.a. Vorstandsmitglied des Deutschen Komponistenverbandes, Vizepräsident der CISAC und Präsident des Bureau International d'Edition Musico-Mécanique (BIEM) in Paris.

WW: Ouvertüren, u. a.: *Lebensfreude, Spaziergang mit Musik, Festival-Ouvertüre;* Suiten, u. a.: *Konzertante Tanzsuite, Exkursion ins Gestern;* Serenaden, darunter: *Streicherserenade, Trumpet-Serenade;* Walzer, u. a.: *Glückliche Menschen, Sonntagskinder, Blüten über Blüten, Walzersynkopen, Surprise de Valse* für 2 Klv. u. Orch. u. *Ballettwalzer;* ferner Tänze, Lieder, Schlager u. Tonfilmmusik für 27 Filme, u. a.: *Roman einer Nacht, Variété, Die gläserne Kugel, Die barmherzige Lüge;* eine Operette *Lump mit Herz* (1952) u. ein Musical *Rampenlicht* (1969) (bisher nicht aufgeführt).

CARTER, Benny (Bennett Lester), * 8. 8. 1907 New York; amerik. Jazzmusiker (Alt- und Tenorsaxophon, Trompete), Bandleader und Arrangeur. Er war anfänglich in rascher Folge Mitglied mehrerer Bands, u.a. 1929 der McKinney's Cotton Pikkers. 1932 gründete er eine eigene Band. 1935–38 hielt er sich in Europa auf und gründete 1937 in Holland eine aus schwarzen und weißen Musikern gemischte Band. Anfang der 40er Jahre bildete er immer wieder Gruppen mit jungen Bebop-Musikern, u.a. 1941 mit Dizzy Gillespie, 1943 mit M. Roach und J. J. Johnson. Seit der Mitte der 40er Jahre arbeitete er für den Film in Hollywood. Später entstanden auch Fernsehserien. Daneben trat C. weiter auf der internationalen Jazzszene auf, so 1968 mit großem Erfolg beim New Port Festival. – C., der stilistisch zum Swing gehört, gilt als einer der vielseitigsten Jazzmusiker. Sein Hauptinstrument ist das Altsaxophon, sein Spiel ist melodisch weich, singend, vergleichbar dem von J. Hodges, doch ohne dessen rhythmische Intensität. Seit den 60er Jahren tritt C. vor allem als Komponist und Arrangeur hervor.

Lit.: D. MORGENSTERN, Swing, in: Die Story des Jazz, hrsg. v. J. E. Berendt (St 1975); B. C., in: Jazz Podium 27 (St 1978).

CARTER, Elliott Cook, * 11. 12. 1908 New York; amerik. Komponist. C. studierte Komposition an der Harvard University in Cambridge, die er 1932 als Master of Arts verließ. Anschließend ging er an das Conservatoire Américain in Fontainebleau bei Paris und beendete seine Studien mit Werkanalysen bei N. J. Boulanger. 1935 kehrte er in die USA zurück und wurde Musikkritiker der *New York Herald Tribune* und Redakteur der Zeitschrift *Modern Music.* 1960 übernahm er eine Professur für Komposition an der Yale University in New Haven, 1967 am Massachusetts Institute of Technology und an der Juilliard School of Music in New York. Seine Kompositionen waren zunächst von Strawinsky, Hindemith und Schönberg beeinflußt; seit 1953 verwendet er auch serielle Techniken. Ein von C. entwickeltes System, die sog. „Metrische Modulation", beinhaltet die Koordination verschiedenartiger synchron ablaufender Tempi.

WW: *Canonic Suite* (1939) für 4 Altsaxophone (oder Klar.); *Elegy* (1943) für Va. u. Klv., (1946) für Streichquartett, u. (1952) für Streichorch.; *Recitative and Improvisation* (1950) für 4 Pauken; Sonate (1952) für Fl., Ob., Vc. u. Cemb.; 3 Streichquartette (1951, 1959, 1971); Orch.-Variation (1955); Doppelkonzert (1961) für Cemb. u. Klv., 2 Kammerorch.; Klv.-Konzert (1965); Orch.-Konzert (1969); 2 Oratorien (1934, 1937); 2 Ballette: *Pocahontas* (1939) u. *The Minotaur* (1947).

Lit.: R. F. GOLDMAN, The Music of E. C., in: MQ 43 (1957); H. KOEGLER, Begegnungen mit E. C., in: Melos 26 (1959); Werk-Verz. in: Compositores de América 5 (Washington/D.C. 1959, Nachdr. 1964), abgedruckt in: Boletin interamericano de música (1960) Nr. 17; E. CARTER, Shop talk by an American Composer, in: MQ 46 (1960); M. STEINBERG, E. C.s 2. Streichquartett, in: Melos 28 (1961); M. BOYKAN, E. C. and the Postwar Composers, in: Perspectives of New Music 2 (1963/64); M. J. KUCHENMEISTER, Formal and Thematic Relationships in the First String Quartet of E. C. (1967) (= Diss. masch. Univ. of Arizona); B. BORETZ, Conversation with E. C., in: Perspectives of New Music 8 (1969/70); A. EDWARDS, Flawed Words and Stubborn Sounds. A Conversation with E. C. (NY 1972); R. STEWART, Serial Aspects of E. C.'s Piano Sonata, in: MR 34 (1973); R. P. MORGAN, E. C.'s String Quartets, in: Musical News-Letter 4 (1974); W. E. BRANDT, The Music of E. C. Simultaneity and Complexity, in: Music Educators Journal 60 (1974).

H. LINDLAR

CARTERI, Rosanna, * 14. 12. 1930 Verona; it. Sängerin (Sopran). Sie erhielt ihre Ausbildung bei Ferrucio Cusinati, debütierte 1949 in Rom als Elsa in Wagners *Lohengrin* und sang bald an allen bedeutenden Bühnen Italiens. Besondere Beachtung fanden ihre Gastspiele bei den Wiener Festwochen und bei den Salzburger Festspielen (1952) sowie ihr Debüt in London an der Covent Garden Opera (1962). Sie wirkte in den Uraufführungen von *Ifigenia* (1951) und *Calzare d'argento* (1961) von I. Pizzetti sowie von *Il mercante di Venezia* (1961) von M. Castelnuovo-Tedesco mit. Auch als Konzertsängerin genießt sie einen hervorragenden Ruf.

CARTIER, Jean-Baptiste, * 28. 5. 1765 Avignon, † 1841 Paris; frz. Violinist und Komponist. Er war Schüler von Viotti, der ihn der Königin Marie-Antoinette als Accompagnist empfahl. 1791–1821 war er Vizekapellmeister der Pariser Opéra, trat 1804 auf Empfehlung Paisiellos in die Kaiserliche Kapelle ein und war 1815–30 Mitglied der Königlichen Kapelle. C., der auch eine Sammlung alter Instrumente besaß, machte sich sehr verdient um die Wiederbelebung und Pflege älterer Violinmusik wie auch durch seine eigenen Werke für und mit Violine, die vor allem pädagogischen Zwecken dienen.

WW (in Paris gedruckt): **1) Kompositionen:** *Caprices ou études* für V.; für 2 V.: Sonaten, Duos, *Duos méthodiques, Duos dialogués et concertants,* Potpourris, Variationen; Variationen für Va., für V. u. B.c. sowie für V. u. Va.; Opern: *Les Fêtes de Mytilène* u. *L'Héritier supposé.* – **2) Edition:** *L'art du violon ou collection*

choisie dans les sonates des écoles italiennes, françoises, et allemandes (1798, ²1799) (mit einem Abriß über das Violinspiel; darin WW v. Bach, Corelli, Geminiani, Leclair, Locatelli, Nardini, Stamitz u. a.).
Ausg.: *L'art du violon,* Faks.-Ausg. der 2. Aufl. (NY 1969) (= MMMLF I/14).

Lit.: M. PINCHERLE, Les violonistes, compositeurs et virtuoses (P 1922).

CARULLI, it. Musikerfamilie. – **1) Ferdinando,** * 20. 2. 1770 Neapel, † 17. 2. 1841 Paris; Gitarrist und Komponist. Er kam 1808 nach Paris und wurde rasch als Gitarrenvirtuose bekannt. C. komponierte auch zahlreiche Werke für Gitarre, darunter Duos, Trios, Quartette, Konzerte, Variationen und ein Charakterstück zur Juli-Revolution 1830, *Les trois jours* op. 331. Er verfaßte ferner eine Gitarrenschule (NA Mz 1927) und die Schrift *L'Harmonie appliquée à la guitare* (P 1825). – **2) Gustavo,** Sohn von 1), * 20. 6. 1801 Livorno, † Oktober oder November 1876 Boulogne-sur-Mer; Gesanglehrer und Komponist. Nach seiner Ausbildung in Paris bei Isouard und Paër lebte er längere Zeit in Italien und brachte 1826 in Mailand seine Oper *I tre mariti* zur Aufführung. 1828 kehrte er nach Frankreich zurück. Er schrieb zahlreiche Romanzen und Kanzonetten und eine *Méthode de chant* (P 1868).

CARUSO, Enrico, * 27. 2. 1873 Neapel, † 2. 8. 1921 ebd.; it. Sänger (Tenor). Er erhielt eine Gesangsausbildung in seiner Heimatstadt bei Guglielmo Vergine und debütierte 1894 am dortigen Teatro Nuovo. In den folgenden Jahren sang er zunächst ohne sonderlichen Erfolg an italienischen Bühnen und auch in Monte Carlo. Erst seit 1898, als er in der Uraufführung von U. Giordanos *Fedora* am Mailänder Teatro Lirico die Partie des Loris gestaltete, wurde sein Name, auch außerhalb der Grenzen Italiens, allgemein bekannt. Es folgten Gastspiele in London und St. Petersburg. 1903 debütierte er als Herzog in Verdis *Rigoletto* am Metropolitan Opera House in New York, dem er bis zu seinem Tode angehörte. Gastspiele führten ihn während dieser Zeit an alle großen Opernhäuser der Welt. Triumphe feierte er vor allem in Buenos Aires, Mexico City, Chicago, Paris und London, aber auch in Berlin und München. C. nahm am Opernschaffen seiner Zeit regen Anteil. Er war befreundet mit R. Leoncavallo, G. Puccini, Fr. Cilea und sang in den Uraufführungen mehrerer Opern, u. a. in *Germania* von A. Franchetti, *Adriana Lecouvreur* und *L'Arlesiana* von Cilea, *La fanciulla del West (Das Mädchen aus dem goldenen Westen)* von Puccini. Er sang außerdem in vielen amerikanischen Erstaufführungen italienischer und französischer Opern. C., der berühmteste Tenor seiner Zeit, bei dem sich ein großer Stimmumfang, lyrischer und zugleich dramatischer stimmlicher Ausdruck und große Darstellungskunst verbanden, hat nicht zuletzt durch seine fast 250 Schallplattenaufnahmen (die ersten bereits 1902 zusammen mit Fred Gaisberg) Maßstäbe gesetzt. Er schrieb auch eine kurzgefaßte Gesangslehre, *How to sing* (NY 1913; dt.: *Wie man singen soll,* Mz – L 1924) und hinterließ eine große Zahl reizvoller Karikaturen von Künstlerpersönlichkeiten seiner Zeit.

Lit.: J. H. WAGENMANN, E. C. u. das Problem der Stimmbildung (L 1911, ³1924); E. LEDNER, Erinnerungen an C. (Hannover – L 1922); S. FUCITO – B. J. BEYER, C. and the Art of Singing (NY 1922), dt. Übers.: C. Gesangskunst und -methode (B ²1928, ³1959); P. V. R. KEY – B. ZIRATO, E. C. (Lo – Boston 1923, NA NY 1972, dt. Mn 1924 [als Anhang die dt. Übers. v. Fucito – Beyer, 1922], B ²1928, ³1934); A. GRIGNAFFINI, C. (Parma 1923); HÜFNER-BERNDT, Die praktischen Winke C.s an Hand v. Schallplatten (L 1924); D. CARUSO – T. GODDARD, Wings of Song, the Story of C. (Lo 1928), dt. Übers.: Das Leben E. C.s (Dresden 1929); G. ARMIN, E. C. (B 1929); N. DASPURO, E. C. (Mi 1938); J. LEHRMANN, C. singt (L 1940); W. HACKER, E. C. (B 1944); D. B. P. CARUSO, E. C. His Life and Death (NY 1945, NA 1963, dt. H 1954, 1961) (mit Diskographie); T. R. YBARRA, C. The Man of Naples and the Voice of Gold (NY 1953); K. REIS, C. Triumph einer Stimme (B – Düsseldorf 1956); F. ROBINSON, C. His Life in Pictures (NY 1957, Lo 1958); P. M. MARAFIOTI, C.'s Method of Voice Production (Austin/Tex. 1958); J. L. CH. FREESTONE – H. J. DRUMMOND, E. C., His Recorded Legacy (Lo 1960) (Diskographie); D. CARUSO, E. C., in: Fono forum 6 (1961); A. FAVIA-ARTSAY, C. on Records (Valhalle/N.Y. 1965) (Diskographie); Caricatures by E. C., hrsg. v. M. SISCA (NY 1966); E. C., hrsg. v. Museo Teatrale alla Scala (Mi 1966); C. HÖSLINGER, Die Gastspiele E. C.s an der Wiener Hofoper, in: ÖMZ 26 (1971); S. JACKSON, C. (Lo – NY 1972); U. MAYER-REINACH, Die Gesangskunst E. C.s u. unsere Zeit, in: Musica 27 (1973); J. R. BOLIG, The Recordings of E. C. A Discography (Dover 1973); W. ROSENBERG, C., in: HiFi Stereophonie 12 (1973) H. 11.

CARVALHO ↗Sousa Carvalho.

CARVER, Robert, Augustiner-Chorherr, * 1487, † nach 1546; schottischer Komponist. Im 16. Lebensjahr trat er in das Augustinerkloster Scone Abbey (Pertshire) ein und verbrachte dort den größten Teil seines Lebens. Eine für diese Abtei kopierte Handschrift (Edinburgh, Nat. Library, 5. 1. 15) enthält von ihm 5 Messen (darunter eine 10stimmige und eine *L'homme armé*-Messe) sowie 2 Motetten, davon eine zu 19 St. *(O bone Jesu).*

Ausg.: *Missa „L'homme armé"* u. *O bone Jesu,* hrsg. v. K. ELLIOTT – H. M. SHIRE, in: Mus. Brit. 15 (Lo 1957, ²1965); Ausgew. WW, hrsg. v. D. STEVENS (A 1959ff.) (= CMM 16), bisher erschien Bd. 1 mit den beiden Motetten *O bone Jesu* u. *Gaude flore virginali.*

Lit.: H. G. FARMER, History of Music in Scotland (Lo 1947); D. STEVENS, R. C. and His Motets, in: MMR 89 (1959); K. ELLIOTT, The C. Choir-Book, in: ML 41 (1960).

CASADESUS, frz. Musikerfamilie span. Herkunft. – **1) Luis,** * 26. 3. 1850 Paris, † 19. 6. 1919 ebd. Er war Buchdrucker, betätigte sich nebenberuflich als Geiger und Gitarrist und gründete ein Orchester. C. schrieb eine Gitarrenschule, *Enseignement moderne de la guitare* (P 1913). – **2) Francis** (François Louis), Sohn von 1), * 2. 12. 1870 Paris, † 25. 6. 1954 Suresnes bei Paris; Dirigent und Komponist. Er studierte am Conservatoire in Paris bei A. Lavignac und C. Franck, war 1890–92 Dirigent der Opéra und der Opéra-Comique auf deren Tourneen durch Frankreich, anschließend Dirigent des Orchestre de Paris, und gastierte häufig auch im Ausland. 1907–14 war er auch Musikkritiker bei *L'Aurore*. 1918–22 leitete er das von ihm mitgegründete Conservatoire de Musique (Écoles d'Art Américaines) in Fontainebleau. C. schrieb 3 Opern, mehrere Ballette, Schauspielmusiken, symphonische Werke, darunter die *Symphonie Scandinave* (1909), Kammermusik, Lieder und Chöre. – **3) Henri-Gustave** (Pseudonym; Christian Riquet), Sohn von 1), * 30. 9. 1879 Paris, † 31. 5. 1947 ebd.; Bratschist und Viola d'amore-Virtuose. Er gründete 1901 die Société des Instruments anciens Casadesus, die bis 1936 Konzerte gab, und leitete die Oper in Lüttich und das Théâtre de la Gaîté-Lyrique in Paris. C. schrieb 6 Operetten, Ballette, Lieder und eine *Méthode de la viole d'amour* (P 1931). – **4) Marius Robert Max,** Sohn von 1), * 24. 10. 1892 Paris, † 14. 10. 1981 ebd.; Violinist und Komponist. C. widmete sich besonders dem Spiel alter Streichinstrumente (Quinton, Diskantgambe), seit 1920 als Mitglied der Société des Instruments anciens Casadesus und mit dem von ihm gegründeten Ensemble Violes et Violons und war Primarius des von ihm begründeten und nach ihm benannten Streichquartetts. Zahlreiche Konzertreisen führten ihn als Solist durch Europa, Nordamerika und den Nahen Osten. Lange Zeit konzertierte er auch mit seinem Neffen Robert. Er schrieb ein Chorwerk, *Et nunc et semper*, Filmmusik, Orchesterwerke, Kammermusik, Klavierstücke und Lieder. – **5) Robert Marcel,** Neffe von 2) – 4), * 7. 4. 1899 Paris, † 19. 9. 1972 Fontainebleau; Pianist. Nach seiner Ausbildung am Pariser Conservatoire (Klavier bei Rose C. und L. Diémer, Komposition bei Fr. Casadesus und X. Leroux) trat er 1920 erstmals öffentlich auf und gewann seit 1922 großes internationales Ansehen. In den 40er und 50er Jahren hielt er sich vor allem in den USA auf. Er lehrte auch am Conservatoire de Musique (Écoles d'Art Américaines) in Fontainebleau, dessen Generaldirektor er seit 1955 war. C., der zu den bedeutendsten französischen Pianisten seiner Zeit zählt, hat sich vor allem als Interpret der Werke Mozarts, Beethovens, Chopins und Schumanns, aber auch Debussys und Ravels einen Namen gemacht. Er konzertierte auch zusammen mit seiner Frau *Gaby* und seinem Sohn *Jean* (1927–1972), beide ebenfalls Pianisten. C. komponierte Orchester-, Kammermusik- und Klavierwerke, schrieb sehr bekannt gewordene Kadenzen zu Klavierkonzerten von Mozart und Beethoven und besorgte eine Neuausgabe der Klavierwerke Cimarosas.

Lit.: Hommage à Fr. C. (P 1950); S. STOKES, The Art of R. C. (Lo 1960); R. PATORNI-CASADESUS, Ma famille C. Souvenirs d'une claveciniste (P 1962); J. KAISER, Große Pianisten in unserer Zeit (Mn ³1977).

CASALI, Giovanni Battista, * um 1715 Rom, † 6. 7. 1792 ebd.; it. Komponist. C. war seit 1759 bis zu seinem Tod Kapellmeister an der Lateran-Basilika, 1761–73 auch an S. Maria della Vallicella in Rom. Er schrieb zahlreiche kirchenmusikalische Werke, meist im kontrapunktischen Stil, ferner Oratorien und Opern, die in Venedig, Rom und Turin aufgeführt wurden. Grétry war nach 1760 in Rom sein Schüler im Kontrapunkt.

Ausg.: Messe in G, hrsg. v. E. TITTEL (Gr – W 1950); *Improperium expectavit*, hrsg. v. TH. B. REHMANN (Düsseldorf 1949); *Ave Maria* u. *Christus factus est*, hrsg. v. A. SCHARNAGL (Altötting 1957).

Lit.: S. GMEINWIESER, C., in: MGG XV.

CASALS, Pablo (Pau) **Carlos Salvador,** * 29. 12. 1876 Vendrell (Katalonien), † 22. 10. 1973 San Juan (Puerto Rico); span. Violoncellist, Dirigent und Komponist. Unterricht erhielt er zunächst von seinem Vater, einem hervorragenden Organisten, auf mehreren Instrumenten, seit 1888 im Cellospiel bei José García in Barcelona. Von I. Albéniz entdeckt, besuchte er dann mit einem Stipendium der Königin Maria Cristina das Konservatorium in Madrid. Seit 1895 war er Solocellist an der Opéra in Paris, seit 1897 Professor für Cello am Konservatorium in Barcelona. Mit M. Crickboom gründete er damals ein Streichquartett. Der Durchbruch zu internationalem Ansehen als Solist erfolgte 1898 in Paris bei den Lamoureux-Konzerten und in London. 1901 konzertierte er erstmals in den USA, 1903 in Südamerika. 1905 gründete er mit J. Thibaud und A. Cortot ein berühmt gewordenes Trio (konzertierte mit beiden auch im Duo), 1919 in Barcelona das Orquesta Pau Casals. 1939 verließ C. Spanien aus Protest gegen das Franco-Regime und ließ sich in Prades in den französischen Pyrenäen nieder. Er weigerte sich auch, in anderen diktatorisch regierten Ländern – in der UdSSR, im faschistischen Italien und im nationalsozialistischen Deutschland – zu spielen und lebte meist zurückgezogen in Prades. 1950 versammelte er bedeutende Künstler zum Gedenken des 200. Todestages von J. S. Bach in Prades, dessen Dorfkirche St-Pierre seither Mittelpunkt jährlicher Festspiele war. Seitdem trat C. wieder mehr in der Öffentlichkeit auf und wollte seine Konzerttätigkeit als „Kreuzzug für den Weltfrieden“ verstanden wissen. Seit 1956 hatte er in San Juan auf Puerto Rico einen zweiten Wohnsitz, begründete hier die Festivals Casals, ein Symphonie-Orchester und ein Konservatorium. Ende der 50er Jahre übernahm er das Patronat über die internationalen Meisterkurse für Musik in Zermatt und wirkte auch bei den internationalen Pablo-Casals-Wettbewerben mit. Seit 1961 lehrte er auch in jedem Sommer an der von R. Serkin geleiteten Musikakademie in Marlboro (Vermont, USA). C., der sich schon früh auch dem Dirigieren zugewandt hatte, trat jetzt sehr oft als Dirigent, auch eigener Werke, auf. 1967 zog er sich anläßlich der Musikfestspiele in San Salvador offiziell aus dem Musikleben zurück, gab aber noch einmal 1970 in New York ein Konzert, das zu seinen Ehren veranstaltet wurde und in dem er ein eigenes Werk mit 100 Cellisten dirigierte.

C., der mit Auszeichnungen und Ehrungen überhäuft wurde, gilt als der bedeutendste Cellist dieses Jahrhunderts. Er hat auch der Technik und Methodik des Cellospiels entscheidende Impulse gegeben und viele, später bedeutende Cellisten unterrichtet, vor allem Gaspar Cassadó. Als Komponist schrieb er u. a. symphonische Dichtungen, geistliche Musik, darunter das immer wieder von ihm selbst aufgeführte Oratorium *El Pesebre* (Die Krippe; 1942–45 entstanden, UA Acapulco 1960), Kammermusik (Stücke für Violoncello bzw. Violine und Klavier) und Folklore, darunter zahlreiche Sardanas. Autobiographisch erschienen von ihm *The Memoirs of P.C. as Told to Th. Dozier* (NY 1959) und *Joys and Sorrows, Reflections as Told to A. E. Kahn* (NY 1970; dt.: *Licht und Schatten auf einem langen Weg. Erinnerungen, aufgezeichnet von A. E. Kahn,* F [4]1976).

Lit.: L. LITTLEHALES, P. C. (NY 1929, NA Lo 1948, Nachdruck Westport/Conn. 1970); E. VON TOBEL, P. C. (Z 1941, [2]1943); J. M. CORREDOR, Conversations avec P. C. (P 1954, dt. Be 1954, engl. Lo 1956, NY 1957); B. GAVOTY, P. C. (G 1955); P. MOESCHLIN – A. J. P. SAILER, C. (Olten – Fr 1956); E. CHRISTEN, P. C. (G 1956, Lau 1962); J. GARCIA BORRÁS, P. C., Peregrino en América (Mexico 1957); P. C. en Puerto Rico, 1955–56, hrsg. v. A. ORZABAL QUINTANA (San Juan 1957); L. S. GINSBURG, P. C. (Mos 1958, [2]1966); J. ALAVEDRA, P. C. (Ba 1962, [3]1969); B. TAPER, Cellist in Exile. A Portrait of P. C. (NY 1962); P. C. über sich, in: Musik im Unterricht (allgem. Ausg.) 55 (1964); J. MÜLLER-BLATTAU, C. (B 1964); A. FORSEE, P. C. (NY 1965); V. VALAITIS, C. (NY 1966); E. VIVES DE FÁBREGAS, P. C. (Ba 1966) (katalanisch); H. L. KIRK, P. C. (NY 1974); J. M. CORREDOR, P. C. cuenta su vida. Conversaciones con el maestro (P 1975); F. HENLE, C. (Garden City/N.Y. 1975).

CASANOVA, André, * 12. 10. 1919 Paris; frz. Komponist. C. studierte in Paris Jura und gleichzeitig Musik an der École Normale de Musique. Seit 1944 war er Theorie- und Kompositionsschüler von R. Leibowitz. 1959 wurde sein *Concertino* für Klavier und Kammerorchester beim 33. Jahresmusikfest der Internationalen Gesellschaft für Neue Musik als französischer Beitrag aufgeführt. 1960 war er mit der Kantate *Cavalier seul* für Bariton und Streichorchester Preisträger eines internationalen Kompositionswettbewerbs. Ausgehend von der seriellen Technik der Neuen Wiener Schule, entwickelte C. einen lyrischen Expressivstil.

WW: 1) Instr.-WW: Klv.-Stücke u. Kammermusik; 2 *Symphonies* (1949 u. 1952); *Concertino* (1959) für Klv. u. Kammerorch.; *Notturno* (1959); *Anamorphoses* (1962); 5 *Impromptus* (1963); *Strophes* (1968); *Concerto pour violon* (1963); *Capriccio* (1960) für Ob. u. Str.; *Ballade* (1955) für Klar. u. Kammerorch.; *Concerto pour trompette* u. Streichorch. (1966); *Fantaisie* (1968) für Horn, Kammerorch., Marimbaphon u. 2 Toms. – 2) Vokal-WW: 3 *Poèmes* (1968) (nach R. M. Rilke) für Chor a cap.; *Le Cavalier seul* (1964) (nach J. Moal) für Bar. u. Streichorch.; *Redoutes* (1962) (nach J. Moal), 5 Gesänge für Sopran, Baß u. Orch.; *Dithyrambes* (1964) (nach F. W. Nietzsche) für Tenor u. Orch.; *Le livre de la foi jurée* (1965), für Sprecher, 3 Soli u. Orch.; *La Clé d'argent* (1965) (Text v. J. Moal nach Villiers de l'Isle-Adam), für 3 Soli u. Orch.; *Le Chant d'Aude* (1965), Auszug aus dem *Livre de la foi jurée,* für Sopran u. Streichorch.; *Régnes* (1967) (nach J. Moal) für Sopran u. Orch.; Klavierlieder.

Lit.: L. A. MARCEL, A. C., in: Cahiers du Sud (1964) Nr. 380.

CASANOVAS (Casanoves), **Narciso,** OSB, * 17. 2. 1747 Sabadell (Provinz Barcelona), † 1. 4. 1799 Abtei Montserrat; span. Organist und Komponist. C. besuchte die Schule in Montserrat und fiel früh durch sein außergewöhnliches Talent für das Orgelspiel auf. Am 3. 9. 1763 trat er dort in den Benediktinerorden ein und wurde Organist sowie Leiter der Schule. C. gehörte zu den bedeutendsten spanischen Organisten seiner Zeit. Er schrieb geistliche Werke und Musik für Tasteninstrumente, die nur hsl. (in der Abtei Montserrat, in Barcelona in der Zentralbibliothek und in der Palau-Kirche) erhalten sind.

Ausg.: Eine Sonate, hrsg. v. J. NIN, in: 17 Sonates et pièces ... d'auteurs espagnoles II (P 1928); 15 Stücke, 8 Sonaten u. ein Org.-Rondo, hrsg. v. Dom D. PUJOL, in: Mestres de l'Escolania de Montserrat, Música instr. 1 (Montserrat 1934).

CAESAR (Kayser), **Johann Melchior,** * um 1645 Zabern, † 18. 10. 1692 Augsburg; dt. Komponist. Er studierte seit 1663 an der Universität Würzburg, wo er seine in Zabern begonnene musikalische

Ausbildung, wahrscheinlich als Schüler von Ph. Fr. Buchner fortsetzte. 1677 wurde er Domkapellmeister in Breslau, 1679 in Würzburg, seit 1686 wirkte er in gleicher Stellung in Augsburg, wo er die besondere Förderung der Fugger genoß. C. gehört mit seiner Kirchenmusik zu den beachtenswerten Vertretern des italienischen konzertierenden Stils in Süddeutschland.

WW: *Trisagion musicum* (22 Offertorien) für 4 St. u. 2 V. mit 4 Instr. ad lib., op. 1 (Wü 1683); *Missae breves octo* für die gleiche Besetzung, op. 2 (Au 1687); *Musicalischer Wend-Unmuth, bestehend in unterschiedlichen lustigen Quodlibeten und kurtzweiligen Teutschen Concerten*, für 1–5 St. vokal u. instr. (Au 1688); *Psalmi vespertini* für 4 St., 2 V. u. Fg. mit 4st. Ripienchor ad lib., op. 4 (Au 1690); *Hymni de dominicis, & de tempore* für 2–4 St. mit u. ohne Instr., op. 5 (Au 1692).

Lit.: M. VOGELEIS – J. ADAM, J. M. C., in: Caecilia 17 (Str 1900); H. J. MOSER, Corydon, 2 Bde. (Brau 1933) (in Bd. 2 ein 3st. Lied aus dem Druck von 1688).

CASATI, Gasparo, * um 1600 Pavia, † 1641 Novara. Über sein Leben ist nur bekannt, daß er 1635 Kapellmeister am Dom zu Novara wurde. Seine kirchenmusikalischen Werke, fast ausschließlich postum veröffentlicht und durch zahlreiche Drucke und Handschriften weit verbreitet, gehören stilistisch in den Umkreis der geringstimmigen konzertierenden Motette nach der Art Carissimis, Foggias u. Grazianis.

WW (teilweise mit mehreren Nachdrucken): *Il terzo libro de sacri concenti* für 2–4 St. u. B.c (V 1640); *Sacri concenti a voce sola* (Solomotetten) mit B.c. (V 1641); *Il primo libro de motetti concertati* für 1–4 St. (V 1643) (enthält auch eine Messe); *Sacri concentus* für 2 St. u. B.c. (An 1644); *Sacri concentus* für 3–4 St. u. B.c. (An 1644); *Messa e salmi concertati* für 4–5 St. u. B.c. (V 1644); *Scielta d'ariosi vaghi, et concertati motetti* für 1–4 St. u. B.c (V 1645); *Scielta d'ariosi salmi* (Psalmen u. Motetten) für 2–4 St. u. 2 V. mit B.c (V 1645); *Operis primi pars prior*, Motetten für 1–2 St. u. B.c. (An 1647); *Amoenum rosarium* für 1–4 St. u. B.c. (An 1649); zahlreiche WW sind hsl. u. in Sammeldrucken 1640–59 überliefert.

CASAVANT, franko-kanadische Orgelbauerfamilie aus St-Hyacinthe (Québec). – **Joseph,** * 1807, † 1874, war zuerst Schmied, gründete dann eine Orgelbauwerkstatt und baute 16 Orgeln. Seine Söhne **Claver,** * 1855, † 1933, und **Samuel,** † 1929, erlernten das Handwerk in Europa und führten die dort aufgekommenen Neuerungen, u. a. die elektrische Traktur, in Kanada ein. Sie bauten u. a. die Orgel von Notre-Dame in Montreal (1890), die bedeutendste amerikanische Orgel ihrer Zeit. Die Werkstatt besteht noch heute.

CASCIA ↗Giovanni da Cascia.

CASELLA, Alfredo, * 25. 7. 1883 Turin, † 5. 3. 1947 Rom; it. Komponist, Pianist, Dirigent und Musikschriftsteller. Nach grundlegender Ausbildung in Klavier und Tonsatz bei A. Dazzini und G. Martucci in Turin studierte C. am Pariser Conservatoire Klavier bei L. Diémer und Komposition bei G. Fauré. 1912 übernahm er eine Klavierklasse am Conservatoire und die Leitung der Concerts Populaires du Trocadéro. Nach Ausbruch des 1. Weltkrieges kehrte er nach Italien zurück und leitete 1915–23 eine Meisterklasse für Klavier am Liceo musicale di S. Cecilia in Rom. 1917 gründete er die Società Italiana di Musica Moderna (seit 1923 bildet sie die italienische Sektion der Internationalen Gesellschaft für Neue Musik sowie der Corporazione delle Musiche Nuove). Als Musikkorrespondent französischer, deutscher und amerikanischer Blätter nahm er auch publizistischen Einfluß auf die Musik und das Musikleben in Italien. Außerdem bereiste er als Pianist, Dirigent und Gastdozent Westeuropa und Amerika. 1930 gründete er mit A. Poltronieri und A. Bonucci das Trio Italiano. Durch seine Initiativen wurden das Festival internazionale di musica di Venezia und die Settimane Musicali Senesi, die er 1923–47 selbst organisierte, ins Leben gerufen. C. gehörte zu den reformfreudigsten und anregendsten Musikerpersönlichkeiten im italienischen wie im europäischen Musikleben seiner Zeit. Als Komponist hat er in enger Anlehnung an die Hauptströmungen des Impressionismus, Futurismus, Folklorismus und Neoklassizismus und in Rückbesinnung auf die Traditionen älterer italienischer Musik einen national gebundenen Stil angestrebt und eine Fülle von Werken voller Spielfreude und Virtuosität geschaffen.

WW: **1) Instr.-WW:** Für Klv.; *Toccata* (1904); *Sarabanda* (1908); *Barcarole* (1910); *Nove pezzi* (1914); Sonatina (1916); *Inezie* (1918); *Grazioso-Antigrazioso* (1918); *Prélude, Valse, Ragtime* (1918); *Pezzi infantili* (1920); *Foxtrott* (1920); *Due Ricercari sul nome di B.A.C.H.* (1932); *Sinfonia, Arioso, Toccata* (1936); *Ricercare sul nome di G. M. Gatti* (1944). – Kammermusik: Sonaten (1907, 1927) für Vc. u. Klv.; *Siciliana e burlesca* (1917, 1937) für V., Vc., Klv.; *Cinque pezzi* u. Concerto für Streichquartett (1920, 1924); *Barcarola e scherzo* (1904) für Fl. u. Klv.; Serenata (1927) für Klar., Fag., Trp., V. u. Vc.; Sinfonia (1932) für Klar., Trp., Klv. – Für Klv. u. Orch.: *A notte alto* (1917); Partita (1925); *Scarlattiana* (1926); *Concerto romano* (1926) für Org., 3 Trp., 3 Pos., Str. u. Schlagzeug; Konzert a-moll (1928) für V. u. Orch.; Konzert (1928) für V., Vc., Klv. u. Orch.; Konzert (1935) für Vc. u. Orch.; Konzert (1943) für Str., Klv. u. Orch. – Für Orch.: 3 Sinfonien (1906, 1908, 1940); Rhapsodie *Italia* (1909); *Elegia eroica* (1916); *Pagine di guerra* (1918), überarb. für Klv. zu 4 Händen (1919); *Introduzione, Aria e Toccata* (1926); *Paganiniana* (1942). – **2) Vokal-WW:** *Canto e ballo sardo* (1937), Chorkantate mit Kammerorch.; *Missa solemnis „Pro Pace"* (1944) für Sopran, Bariton, Chor, Orch. u. Org.; *Tre canti sacri* (1943) für Bariton u. Org.; ferner Klv.-Lieder nach Ronsard, Carducci, Tagore/Gide u. D'Annunzio. – **3) Bühnen-WW:** Opern: *La Donna Serpente* (1932) (Libr.: Gozzi); *La Favola d'Orfeo* (1932); *Il Deserto tentato* (1937). – Ballette: *Il Convento veneziano* (1925) (auch als Konzertsuite); *La Giara* (Pirandello) (1924); *La* *rosa del sogno* (1943); *Pupazzetti* (1920) (5 Stücke für Marionetten), bearb. für Klv. zu 4 Händen (1916). – **4) Schriften:** *L'evoluzione della musica a traverso la storia della cadenza perfetta* (1924), engl. Übers., hrsg. v. E. RUBBRA (1964); *Igor Strawinski* (1929), hrsg. v. G. BARBLAN ([3]1961); *Il pianoforte* (1937, [4]1967); Autobiogr. *I segreti della Giara* (Fi 1941) (= Documenti e testimonianze II), engl. Übers.: *Music in My Time* (Norman/Okla. 1955); *G. S. Bach* (1942); *Beethoven intimo* (1949); *La tecnica dell'orchestra contemporanea* (1950, dt. 1961) (zus. mit V. Mortari).

Lit.: G. M. GATTI, A. C., in: MQ 6 (1920); DERS., A. C., in: Musicisti moderni d'Italia e fuori (Bol 1925); L. CORTESE, A. C. (Genua 1930); A. CANTARINI, A. C., in: RMI 38 (1931); M. MILA, La donna serpente (Mi 1942); C.-Sonder-Nr. der Rass. mus. 16 (1943) Mai/Juni-H.; E. DESDERI, A. C., in: RMI 49 (1947); G. M. GATTI, In Memory of A. C. 1883–1947, in: MQ 33 (1947); F. D'AMICO, A. C., in: Melos 16 (1949); J. S. WEISSMANN, A. C.: An Introduction, in: The Listener (1950) November-H.; Diskographie in: L'Approdo musicale 1 (1958); R. VLAD, Riflessi della dodecafonia in C., Malipiero e Ghedini, in: Rass. mus. 27 (1957); A. CASELLA, A. C. Symposium a cura di G. M. Gatti e F. d'Amico (Mi 1958); Approdo musicale (1958) Nr. 1; G. CHIGI SARACINI, in: Chigiana 38 (1958); R. MALIPIERO, in: Musicisti piemontesi e liguri, hrsg. v. A. Damerini – G. Roncaglia (Siena 1959); M. LA MORGIA, in: Rass. mus. Curci 16 (1962) Nr. 3–4; L. DALLAPICCOLA, C. maestro, in: Appunti – Incontri – Meditazioni (Mi 1970); CL. ANNIBALDI, A. C. a G. Petrassi. 23 lettere inedite, in: NRMI 6 (1972); R. VLAD, Ricordo di C. maestro, in: ebd. 11 (1977).

H. LINDLAR

CASIMIRI, Raffaele, * 3. 11. 1880 Gualdo Tadino (Umbrien), † 15. 4. 1943 Rom; it. Komponist und Musikwissenschaftler. Er war Schüler von L. Bottazzo in Padua und wirkte seit 1903 als Kirchenkapellmeister, u. a. 1905–08 in Perugia, zuletzt an S. Giovanni in Laterano in Rom. C. lehrte seit 1912 Komposition und Kirchenmusik an der Hochschule für Kirchenmusik in Rom, seit 1927 auch klassische geistliche Polyphonie und musikalische Paläographie. 1919 rief er das Ensemble Società Polifonica Romana ins Leben, mit dem er in Europa und Amerika auftrat. C. erwarb sich große Verdienste um die Erforschung und Wiederbelebung älterer Kirchenmusik. Die von ihm gegründeten und über einen langen Zeitraum geleiteten Zeitschriften *Rassegna Gregoriana* (seit 1902) und *Note d'archivio per la storia musicale* (seit 1924) zählen zu den angesehensten musikhistorischen Publikationsorganen ihrer Zeit. C., der auch als Komponist hervorgetreten ist, veröffentlichte zahlreiche Schriften, vor allem zur Kirchenmusik des 16. Jh. und zur kirchenmusikalischen Praxis. Er war auch als Herausgeber älterer Musik tätig und edierte u. a. die *Monumenta Polyphoniae Italicae* (1930–37) sowie eine Gesamtausgabe der Werke Palestrinas, für die er selbst (1938–43) 16 Bände bearbeitete (nach seinem Tode von anderen fortgesetzt).

Lit.: E. DAGNINO, R. C., in: Rass. Mus. 16 (1943); F. VATIELLI, Ricordo di R. C., in: RMI 47 (1943).

CASINI, Giovanni Maria, * 16. 12. 1652 Florenz, † 25. 2. 1719 ebd.; it. Komponist, Organist und Cembalist. C. war Schüler u. a. von Fr. Nigetti. 1676 wurde er zweiter, 1678 erster Organist am Dom zu Florenz, 1708 Hauskaplan bei Violante Beatrice, der Frau Ferdinandos de' Medici und Organist Großherzog Cosimos III. C. steht durch Vermittlung Nigettis in der Tradition der Frescobaldi-Schule und war selbst Lehrer so bedeutender Organisten wie D. Zipoli und Fr. M. Veracini. Sein Hauptwerk, die *Pensieri per l'organo,* enthält Orgelstücke (u. a. Variationen, Fugen) von großer Ausdruckskraft. C. setzte sich auch für die Wiederbelebung der antiken Tongeschlechter ein und beschäftigte sich mit dem Omnicordo, einem Cembalo mit 31 Tönen in der Oktave, das Nigetti nach den Vorstellungen N. Vicentinos gebaut hatte.

WW: **1) Orgel-WW:** *Pensieri per l'organo,* 2 Bde. (Fi 1675). – **2) Vokal-WW:** *Canzonette spirituali* für 1 St. (Fi 1703); *Moduli* (Motetten) für 4 St. ohne B.c., op. 1 (R 1706); *Responsi della settimana santa* für 4 St. ohne B.c., op. 2 (Fi 1706); einige kirchenmusikal. WW und mehrere it. Oratorien sind hsl. erhalten. C. schrieb auch literarische WW.

Ausg.: *Pensieri per l'organo,* in: GUILMANT-PIRRO X (1910).

Lit.: A. DAMERINI, Di alcuni maestri toscani, in: Chigiana 12 (1955); M. FABBRI, G. M. C., „musico dell'umana espressione", in: StMw 25 (1962); C. TERNI, Girolamo Frescobaldi a Firenze, in: Paragone 20 (1969) Nr. 234.

CASKEL, Christoph, * 12. 1. 1932 Greifswald; dt. Schlagzeuger. Nach dem Studium an der Musikhochschule in Köln machte er sich seit 1955 einen Namen als Schlagzeuger im Rahmen zeitgenössischer Musik, u. a. in Uraufführungen von Werken K. Stockhausens und M. Kagels. 1963–64 lehrte er als Gastdozent an der Musikhochschule, anschließend an der Rheinischen Musikschule und ist seit 1976 Professor an der Musikhochschule in Köln. Er unterrichtet bei den Kölner Kursen für Neue Musik und bei den Internationalen Ferienkursen für Neue Musik in Darmstadt. C. ist Mitglied der Cappella Coloniensis und des Internationalen Kammerensembles Darmstadt. Er schrieb u. a.: *Notation für Schlagzeug* (Mz 1965) (= Darmstädter Beiträge zur Neuen Musik 9).

CASPARINI (Caspari, Gasperini, Zeparini, Barberi), dt. Orgelbauerfamilie des 17. und 18. Jh. aus Sorau (Niederlausitz). Eine erste Werkstatt errichtete **Adam Caspar** (* um 1590 – nach 1665). Der bedeutendste Orgelbauer der Familie war **Eugen** (eig. Johann), * 14. 2. 1623 Sorau, beerdigt 17. 9. 1706 Niederwiese bei Greiffenberg (Schlesien). Er war Schüler von Max Güntzer in Augsburg. 1642 ging er über Regensburg nach Italien und arbeitete u. a. in Venedig, Görz (heute Gorizia) und Triest. Ende der 60er Jahre ließ er sich in Padua nieder. Er schuf Orgeln für S. Giustina in Padua, S. Maria Maggiore in Trient und für Kirchen in Südtirol, u.a. für den Dom in Brixen. Um 1685 wurde er von Kaiser Leopold I. nach Wien berufen, restaurierte sämtliche Orgeln des Wiener Hofes und baute für die Kunstkammer ein Positiv, das wegen seiner Papierpfeifen berühmt wurde. 1695–1703 schuf er die große Orgel für St. Peter und Paul in Görlitz. Sein letztes Werk war die Orgel der katholischen Kirche zu Hirschberg (1706). – Sein Sohn **Adam Orazio,** * 1676 Padua, † 11. 8. 1745 Breslau, setzte die Werkstatt fort. Er half mit beim Bau der Görlitzer Orgel, baute Orgeln u.a. für das Kloster in Tschenstochau (1725), für St. Albert in Breslau (1737), in Lissa (1737) und für die Dominikanerkirche in Glogau (1740).

Lit.: L. BURGMEISTER, Der Orgelbau in Schlesien (Str 1925); R. LUNELLI, Un geniale innovatore, in: Scritti di storia organaria (Trient 1925); E. FLADE, Der Orgelbauer G. Silbermann (L 1926, ²1953); DERS., E. C. u. seine Tätigkeit zu S. Giustina in Padua, in: FS Biehle (L 1930); W. SENN, Ein Orgelbau E. C.s. Zur Gesch. der Orgel in der Pfarrkirche Untermais/Meran, in: KmJb 43 (1959); R. LUNELLI, E. C., un organaro italiano per i tedeschi e tedesco per gli italiani, in: L'Organo 1 (1960); W. HAACKE, Caspariniana, in: Ars organi 28 (1966); J. GOLOS, L'attività di A. O. C. al Santuario di Czestochowa, in: L'Organo 7 (1969).

CASSA (it.), ↗Trommel.

CASSADÓ, Gaspar David Ramón, * 30. 9. 1897 Barcelona, † 24. 12. 1966 Madrid; span. Violoncellist und Komponist. C., Sohn des Chordirigenten, Organisten und Komponisten **Joaquin C.** (1867–1926), besuchte seit dem 5. Lebensjahr die Musikschule „Las Marcedes", die sein Vater leitete, und studierte seit 1904 am Konservatorium in Barcelona, seit 1908 bei P. Casals in Paris, dessen Lieblingsschüler er war. Er spielte danach im Trio seines Vaters, wandte sich seit 1918 eigener Konzerttätigkeit zu. Als Solist wie als Kammermusiker (in früheren Jahren im Trio mit Y. Menuhin und L. Kentner, später mit Heinz Schröter und Max Rostal) gehörte er zu den bedeutendsten Cellisten seiner Zeit. Er lehrte seit 1946 als Professor an der Accademia Musicale Chigiana in Siena, seit 1958 an der Musikhochschule in Köln. Seit 1959 war er mit der japanischen Pianistin Chieko Hara verheiratet. Die letzten Lebensjahre lebte er in Florenz. C. schrieb u.a. ein Cellokonzert in d-moll, kleine Stücke für Violoncello und Orchester, zahlreiche Bearbeitungen von Werken Mozarts, Schuberts und Webers u.a. für Violoncello sowie ein Oratorium und Kammermusik.

CASSATION ↗Kassation.

CASSIODORUS, Flavius Magnus Aurelius, * zwischen 485 und 487 Squillace (Calabrien), † nach 580 Vivarium (heute Stalleti); römischer Staatsmann und Schriftsteller. Er war Geheimsekretär Theoderichs des Großen und hatte mehrere hohe Staatsämter inne, so bereits 507 das Amt des Quaestors. 514 war er Konsul, 523–527 Magister officiorum und 533–538 Praefectus praetorio und Patricius. Danach zog er sich aus der Politik zurück. Zur gleichen Zeit wandte er sich dem Christentum zu. Nach dem Fall des Ostgotenreiches (540) gründete er auf seinen Gütern bei Squillace das Kloster Vivarium, in das er selbst eintrat (ob als Mönch, ist ungeklärt). Die Musik behandelte er in der *Expositio in Psalterium,* in den 12 Büchern *Variae* (II, 40), einer Sammlung von Erlassen und amtlichen Briefen der Jahre 506–537 und in den *Institutiones divinarum ac saecularium litterarum* (II, 5: *Musicae compendium*), größtenteils in Anlehnung an Varro, Censorinus und Augustinus. Eigentümlich ist seine Einteilung der Musik in eine „Musica harmonica", „rhythmica" und „metrica". Seine Musiklehre beeinflußte, besonders durch die Vermittlung Isidors von Sevilla, die Musiklehre des Mittelalters.

Ausg.: Alle Schriften, in: MIGNE PL 69, 70; *Institutiones,* in: GERBERT Scr. I (1784).

Lit.: H. ABERT, Zu C., in: SIMG 3 (1901/02); TH. GÉROLD, Les Pères de l'Église et la musique (P 1931); L. JONES, The influence of C. on medieval culture, in: Speculum 20 (1945); G. PACHALI, Unters. zu Cassiodors Institutiones (Diss. masch. Marburg 1947); G. SOWA, Die Musikanschauung Cassiodors (Diss. masch. B 1953); G. WILLE, Musica Romana (A 1967).

CASTEL, Louis Bertrand, SJ, * 11. 11. 1688 Montpellier, † 9. 1. 1757 Paris; frz. Mathematiker und Musiktheoretiker. Ausgehend von Newtons Lehre der Farbenharmonie, entwickelte C. um 1722 die Idee eines „clavecin oculaire", eines Farbenklaviers (↗Farbenmusik), die jedoch nie realisiert wurde. Seine Vorstellungen legte er u.a. in zwei Abhandlungen (1725 und 1735) und in Teilen seiner *Optik* (1740) dar. Mit C.s Idee setzte sich u.a. auch G. Ph. Telemann auseinander, dessen Flugschrift *Beschreibung der Augenorgel* (H 1739) die Übersetzung eines Briefes von einem Freund aus Paris sein soll.

Schriften: *Clavecin par les yeux avec l'art de peindre les sons et toutes sortes de Pièces de Musique,* in: Mercure de France (1725); *Nouvelles expériences d'optique et d'acoustique,* in: Mémoires de Trévoux (1735); *Remarques sur la lettre de M. Rameau,* in: ebd. (1736); *Optique des couleurs* (P 1740); *Lettres d'un académicien de Bordeaux sur le fond de la musique* (P 1754); *Esprit, saillies et singularités du P. Castel* (A 1763).

Lit.: G. PH. TELEMANN, Beschreibung der Augenorgel oder des Augen-Clavicimbels, so der berühmte ... Herr Pater C. erfunden u. ins Werk gerichtet hat ... (H 1739), abgedruckt in: L. C. Mitzler

v. Kolof, Musikal. Bibl. II/2 (L 1742, Nachdr. Hilversum 1966); A. WELLEK, Farbenharmonie u. Farbenklavier. Ihre Entstehungsgesch. im 18. Jh., in: Arch. für die gesamte Psychologie 94 (1935); DERS., Das Doppelempfinden im 18. Jh., in: DVfLG 14 (1936).

CASTELLO, Dario, it. Komponist und Violinist. Über sein Leben ist wenig bekannt. 1625 ist er als Kapellmeister an San Marco in Venedig nachweisbar. Seine *Sonate concertate in stil moderno* für 1–4 Instr. und B.c. (2 Bücher, V 1621 u. 1629) sind Beispiele für eine virtuose Behandlung der solistisch und chorisch geführten Streicher.

Ausg.: *2 Sonate a Soprano solo* u. 2 Sonaten für V. u. Klv., hrsg. v. FR. CERHA (W 1965) (= Diletto musicale 37); *Sonate concertate* 1629 für 2–4 Instr. u. B.c., hrsg. v. E. SELFRIDGE-FIELD (Madison 1977) (= Recent researches in the music of the Baroque Era 23/24).

Lit.: A. MOSER, Gesch. des Violinspiels (B 1923); C. SARTORI, Bibliografia della musica strumentale italiana (Fi 1952); W. S. NEWMAN, The Sonata in the Baroque Era (Chapel Hill 1959); E. SELFRIDGE-FIELD, D. C. A Nonexistent Biography, in: ML 53 (1972).

CASTELNUOVO-TEDESCO, Mario, * 3. 4. 1895 Florenz, † 16. 3. 1968 Beverly Hills (Los Angeles); it. Komponist. C.-T. begann bereits mit 9 Jahren zu komponieren. Seine Ausbildung erhielt er am Istituto Musicale Cherubini in Florenz bei I. Pizzetti (Klavier) und E. del Valle Paz (Komposition). Als Jude mußte er 1939 in die USA emigrieren. Dort verdiente er seinen Lebensunterhalt mit Filmmusiken und lehrte seit 1946 Komposition am Konservatorium in Los Angeles.

WW: **1) Instr.-WW:** Für Klv.: *Settembre* op. 1 (1910); *Il Raggio Verde* op. 9 (1916); *I Naviganti* op. 13 (1919); *Vitalba e Biancospino* op. 21 (1921); *Le Stagioni* op. 33 (1924); Sonata op. 51 (1928); *Fantasia e fuga sul nome di Ildebrando Pizetti* op. 63 (1930); *Evangelion* op. 141, 4 Bde. (1949) (28 kleine Stücke); *Sonatina zoologica* op. 187 (1960). – Kammermusik: Klv.-Trio in G, op. 49 (1928); *Sonata, quasi una fantasia* op. 56 (1929) für V. u. Klv.; Streichquartett in G, op. 58 (1929); Quintett in F, op. 69 (1931/32); Rondo für Gitarre, op. 124 (1946); 2. Streichquartett F, op. 139 (1948); 24 *Capriccios de Goya* für Gitarre, op. 95 (1961). – Für Orch.: *Concerto italiano* op. 31 (1926) für V.; Klv.-Konzert in G, op. 46 (1927); *Variazioni sinfoniche* op. 48 (1928) für V.; 2. V.-Konzert *I Profeti,* op. 66 (1930); Ouvertüre zu *Giulio Cesare,* op. 78 (1934); 2. Klv.-Konzert in F, op. 92 (1936/37); Konzert für Gitarre, op. 99 (1939); Serenade für Gitarre, op. 118 (1943); Konzert in C für Gitarre, op. 160 (1953); Ouvertüre zu *Much ado about nothing,* op. 164 (1953). – **2) Vokal-WW:** Für eine SingSt u. Klv.: *Le Roy Loys* op. 3 (1914); *Stelle cadenti* op. 6 (1915), 12 volkstümliche Gedichte der Toscana; *Briciole* op. 8 (1916) (Text: A. Palazzeschi); *Girotondo dei golosi* op. 14 (1920) (Text: R. Simi); *33 Shakespeare Songs* op. 24 (1921–25); *3 Heine-Lieder* op. 40 (1926); *3 Fragments de Marcel Proust* op. 88 (1936); *Louisiana* op. 89a (1936) (Text: W. Whitman); *Upon his Blindness* op. 109 (1940) (Text: J. Milton); *The Daffodils* op. 124b (1944) (Text: W. Wordsworth); *Naomi and Ruth* op. 137 (1947), Kantate für Frauenst. u. Klv. oder Org.; *Romancero gitano* op. 152 (1951) (Text: F. Garcia Lorca) für 4 St. u. Gitarre; kleine Kantate *The Queen of Sheba* op. 161 (1953) (1. Buch der Könige, Kap. 10, Vers 1–3) für Frauenst. – **3) Bühnen-WW:** Opern: *La Mandragola* op. 20 (1920–23) (Libr.: N. Machiavelli); *Bacco in Toscana* op. 39 (1925–26) (Libr.: F. Redi), Dithyrambe für Soli, Chor, Orch. u. Pantomime; *Il Mercante di Venezia* op. 181 (1956); *All's Well That Ends Well* op. 182 (1955–58) (nach Shakespeare); Schauspielmusik *Savonarola* op. 81 (1935) für Soli, Chor u. Orch. – **4) Schriften:** Autobiographie *Una vita di musica,* daraus 2 Fragmente veröff. als: *Incontri letterari,* in: Letteratura 19 (R 1955); dass. bei: A. CASELLA, in: Rass. Mus. 27 (1957).

Aufgrund seiner frühen Kompositionen galt C. als hoffnungsvoller Exponent der neuen Musik in Italien, hatte aber bald seine Möglichkeiten erschöpft. Die Faktur seiner Werke kam auch in späteren Jahren nicht wesentlich über eine Verbindung impressionistischer Elemente mit dem gesanglichen Duktus italienischer Musik hinaus und orientierte sich weitgehend an den Stilmitteln des 19. Jahrhunderts.

Lit.: G. M. GATTI, M. C.-T., in: Musicisti moderni d'Italia e fuori (Bol 1925); DERS., Four Composers of Present-Day Italy, in: MQ 12 (1926); G. ROSSI-DORIA, M. C.-T., in: The Chesterian (1926); R. VON WEBER, M. C.-T., in: The Book of Modern Composers (NY 1942); The New Book of Modern Composers, hrsg. v. D. EWEN (NY 1961); J. C. G. WATERHOUSE, The Emergence of Modern Italian Music (up to 1940) (Diss. O 1968); F. D'AMICO, Un ritratto dipinto sul pianoforte, in: L'Espresso (R 1969) April-H.

U. KURTH

CASTÉRA, René d'Avezac de, * 3. 4. 1873 Dax, † 8. 10. 1955 Augoume (Landes); frz. Komponist. Er war an der Pariser Schola Cantorum Schüler von V. d'Indy, F. A. Guilmant und I. Albéniz. 1902 gründete er den Autorenverlag Édition Mutuelle, der Werke von Albéniz, D. de Séverac, A. Magnard und E. Chausson herausgab.

WW: Klv.-Stücke; Sonate für V. u. Klv. (P 1911); Trio für V., Vc. u. Klv. (P 1904); *Concert* für Fl., Klar., Vc. u. Klv.; *Jour de fête au pays basque,* symphonische Dichtung; Lieder; *Chansons populaires du Béarn, ... des Landes* (P o.J.); *Nausicaa,* Ballett mit Chören; *Berteretche,* Oper in 4 Akten.

CASTIGLIONI, Niccolò, * 1. 7. 1932 Mailand; it. Komponist, Pianist und Musikforscher. C. studierte am Mailänder Konservatorium Tonsatz und Komposition bei E. Desderi und G. F. Ghedini, vervollständigte seine Ausbildung an der Internationalen Sommerakademie des Salzburger Mozarteums in Komposition bei B. Blacher und in Klavier bei C. Zecchi und Fr. Gulda und nahm außerdem an den Darmstädter Ferienkursen für Neue Musik teil. Seine Funkoper *Attraverso lo specchio* erhielt 1961 den Premio Italia. C. lehrte seit 1967 am Center of Creative and Performing Arts in Buffalo (N.Y.), an der Michigan University in Ann Arbor und an der University of California in San Diego. Seine Kompositionen sind von Messiaen, dem späten Strawinsky und von Webern beeinflußt. Er verwendet darüber hinaus Collage-Techniken der postseriellen Avantgarde sowie Satztechniken mittelalterlicher Musik. C. ist Verfasser zahlreicher Aufsätze zur experimentellen Musik, u. a. in *Rassegna musicale* und in *Melos*. Er schrieb ferner *Il linguaggio musicale dal Rinascimento a oggi* (Mi 1959).

WW: Anthems: Symphonien; Solokonzerte für Klv.; für Fl.; Kammermusik für diverse Ensembles; Klv.- u. Org.-Musik; elektronische Musik; Chor-Orch.-Symphonie (1970); Chor- u. Solokantaten (nach Ariost, Milton, Novalis u.a.); ferner Funkopern, Kammeropern u. Miracle Plays.

Lit.: M. BORTOLOTTO, Poesia e maniera di N. C., in: Il Veltro 6 (1962); G. ZACCARO, Tre misteri e un postludio, in: Lo spettatore musicale 3 (1968); M. BORTOLOTTO, Le capriole di Niccolò, in: Studi sulla Nuova Musica (Tn 1969).

H. LINDLAR

CASTIL-BLAZE ↗Blaze, François Henri Joseph.

CASTILLO, Diego del, * um 1550, † 1.5.1601 Madrid; span. Komponist. Er war Organist an der Kathedrale von Sigüenza, seit 1581 als Nachfolger von G. de Peraza an der Kathedrale von Sevilla. 1583 wurde er „músico de tecla" (Organist) und Hofgeistlicher König Philipps II. C. komponierte Messen, Motetten, Hymnen und Orgelwerke. Ihm wird auch eine *Declaración* über die Orgeln des Klosters des Escorial zugeschrieben. Der spanische Dichter V. Espinel rühmt C. in *La Casa de la Memoria*.

CASTILLO, Manuel, * 8.2.1930 Sevilla; span. Komponist. C. war Kompositionsschüler von C. del Campo y Zabaleta in Madrid und von N. Boulanger in Paris. 1959 erhielt er den Nationalpreis für Musik und wurde am Konservatorium von Sevilla Professor für Kompositionslehre. Seit 1964 ist er Direktor des Madrider Konservatoriums. C., der 1963 zum Priester geweiht wurde, schrieb, vom andalusischen Choraldialekt ausgehend, vorwiegend geistliche Musik, ferner Klavier- und Kammermusik.

WW: **1) Instr.-WW:** Stücke für Klv. u. Org.; *Divertimento* (1954) für Ob., Klar. u. Fag.; *Cuatro invenciones* (1967) für Streichquartett; Bläserquintett (1954); *Partita* (1961) für Fl. u. Streichorch.; 2 Klv.-Konzerte (1959, 1966). – **2) Vokal-WW:** *Dos canciones de Navidad* (1954) für Sopran u. Klv.; *Al nacimiento de Nuestro Señor* (1960) für Sopran, Fl., Va. u. Gitarre; *Dos cantigas de Alfonso X* (1962); *Misa andaluza* (1964) für Chor; *Salmo 41* (1966) für Sopran u. 6 Instr.

CASTILLON DE SAINT-VICTOR, Marie-Alexis, Vicomte de, * 13. 12. 1838 Chartres, † 5. 3. 1873 Paris; frz. Komponist. Er verließ die Offizierslaufbahn, um sich ganz der Musik zu widmen. Das Kompositionsstudium bei V. Massé ließ ihn aber unbefriedigt. Er setzte daher sein Studium bei C. Franck fort, dessen Bekanntschaft er durch seinen Freund H. Duparc gemacht hatte, und vernichtete alle bis dahin entstandenen Kompositionen. Mit R. Bussine, Duparc und C. Saint-Saëns gründete er 1871 die Societé Nationale de Musique zur Förderung der neuen französischen Musik. Auf Grund zahlreicher origineller Werke, die fast alle in der kurzen Zeit von 1870 bis 1873 entstanden waren, galt C. bei seinem frühen Tod als eine der größten Hoffnungen unter den Komponisten seiner Generation.

WW: Klavierstücke; Sonate für V. u. Klv., op. 6; 2 Klv.-Trios; Klv.-Quartett, op. 7; Klv.-Quintett, op. 1; Klv.-Konzert, op. 12 (UA: Paris 1872 (mit C. Saint-Saëns als Solist); Lieder mit Klv.; *Psaume 84* für Soli, Chor u. Orch., op. 17.

Lit.: H. IMBERT, Profils d'artistes contemporaines (P 1897); O. SÉRÉ, Musiciens français d'aujourd'hui (P 1921); P. LANDORMY, La musique française de Franck à Debussy (P 1943).

CASTOR UND POLLUX, Tragédie lyrique mit Prolog in 5 Akten von Jean Philippe Rameau (1683–1764), Text von Joseph Gentil-Bernard. Ort und Zeit der Handlung: Griechenland in mythischer Vergangenheit. UA: 24. 10. 1737 in Paris (Académie Royale de Musique); dt. EA: 1776 in Kassel.

Thema der Oper ist die Geschichte der beiden Dioskuren, die Zeus für ihre brüderliche Treue damit belohnte, daß er sie als Abend- und Morgenstern an den Himmel setzte. Im Libretto sind die Züge der mythologischen Figuren stark vermenschlicht. Das Schwanken des Pollux zwischen Bruderliebe (Castor) und der Liebe zur Geliebten (Télaire) wird in der Musik plastisch nachvollzogen. Dagegen ist Castor wesentlich schlichter, sehr lyrisch charakterisiert. In der klassischen Mythologie ist das Verhalten der beiden Frauengestalten Télaire und Phoebe ausgesprochen passiv, während sie in der Oper aktiv um ihre Liebe kämpfen (in der 2. Fassung von 1754 wird dieser Aspekt noch stärker betont). In der Ouvertüre sind Motive vorweggenommen, die im weiteren Verlauf des musikalischen Geschehens wieder aufgegriffen werden – Oktavsprünge des Einleitungsteiles kehren beim Auftritt der Gestirne im 5. Akt wieder. Die großen arienähnlichen Formen entwickeln sich aus dem Rezitativ. Télaires *Triste après* oder Pollux' *Nature, amour* sind deklamatorisch gehalten und nur ritornellartig aufgelockert. In den Naturschilderungen werden die Geräusche musikalisch nachvollzogen, z. B. der Donner im 5. Akt durch heftige Streichertremoli dargestellt. Die Oper gilt als erfolgreichste Bühnenkomposition Rameaus (254 Aufführungen bis 1785) und wurde von Zeitgenossen als dem Einfluß der Buffonisten (↗Buffonistenstreit) wirksam entgegengesetztes, für den nationalen französischen Operntypus vorbildliches und repräsentatives Werk gefeiert.

B. DELCKER

CASTRO, Jean de, frankoflämischer Komponist aus Evreux. Nach den Vorreden seiner Werke scheint C. als freischaffender Künstler für private Dienstherren in Antwerpen, Köln und Douai tätig gewesen zu sein. Lediglich für die Jahre 1588–91 ist ein Dienstverhältnis als Kapellmeister am Düsseldorfer Hof nachweisbar. C., der überwiegend Gelegenheitswerke schrieb, insbesondere Motetten (Cantiones sacrae) und Chansons, gehört zu den Komponisten seiner Zeit, deren Werke am zahlreichsten gedruckt wurden.

WW: **1) Geistliche WW:** *Bicinia* (Kö 1593); *Tricinia sacra* vokal u. instr. (Löwen 1574); *Tricinia sacra* (A 1592); *Cantiones sacrae* für 3 St. vokal u. instr. (Kö 1593), für 3 St. (Kö 1596), für 5 St. (F 1591), für 5 u. 8 St. vokal u. instr. (Löwen 1571), für 5, 6 u. 8 St. (Douai 1588); Messen für 3 St. (Kö 1599); geistliche WW sind auch in zahlreichen Sammeldrucken oder hsl. erhalten. – **2) Weltliche WW** (teilweise unvollständig erhalten): Chansons, Sonettes u.a., 2 Bücher für 2 St. (A 1592), 2 weitere Bücher für 2 St. (A 1610); Chansons für 3 St. (P 1575, A 1582 u. 1591); Madrigale, Chansons u. Motetten für 3 St. (A 1569, 1580 u. 1582); *Sonets du Seigneur P. de la Meschiniere* für 3 St. (Douai 1611); Chansons für 4 St. (A 1595); Chansons u. Madrigale für 4 St. (Löwen 1570); Oden für 4 St. (Douai 1592); Chansons für 5 St. (A 1586); *Chansons, odes et sonets de P. Ronsard* für 5 St. (Löwen 1576); *Quintines, sextines, sonets* für 5 St. (Kö 1594); *Chant musical sur les nopces du Prince ... Don Philippe* für 5 St.; Madrigale für 3 St. (A 1588, V 1591, A 1607), für 5 St. (V 1594); weltliche WW sind auch in Sammeldrucken oder handschriftlich erhalten.

Ausg.: *Cantiones sacrae* 1591, 1571, 1588, hrsg. v. H. KÜMMERLING (Düsseldorf – F 1972, 1974, 1975) (= Denkmäler rheinischer Musik 16–18).

Lit.: M. OEBEL, Beitr. zu einer Monographie über J. de C. (Rb 1928); K. W. NIEMÖLLER, Die Tätigkeit des J. de C. vor seiner Berufung an den Düsseldorfer Hof, in: Mitt. der Arbeitsgemeinschaft für rheinische Musikgesch. 1 (1955–57) Nr. 8; H. KÜMMERLING, Metrum u. Textbehandlung in den Messen J. de C.s, in: Stud. zur Musikgesch. des Rheinlandes 3, FS H. Hüschen (Kö 1965) (= Beitr. zur rheinischen Musikgesch. 62).

CASTRO, Juan Blas de, * 1562 Barrachina (?) (Teruel), † 6. 8. 1631 Madrid; span. Vihuelaspieler und Komponist. Er war Musiker des Herzogs von Alba in Salamanca und lernte dort Lope de Vega kennen, von dem er viele Dichtungen vertonte. 1605 kam er an den Hof König Philipps III. Einige Jahre später erblindete er. C. war ein zu seiner Zeit vielbewunderter Komponist und Instrumentalist. Die meisten seiner im Königspalast in Madrid aufbewahrten Werke wurden bei einem Brand 1734 vernichtet. Erhalten sind wenige Kompositionen im *Cancionero de La Sablonara* (München, Bayer. Staatsbibliothek; hrsg. von J. Aroca, Ma 1916), in der Medinaceli-Bibliothek in Madrid sowie in den Archiven der Kathedralen von Segorbe und Saragossa.

CASTRO, Juan José, * 7. 3. 1895 Avellaneda, † 3. 9. 1968 Buenos Aires; argentinischer Dirigent und Komponist. Er studierte zunächst in Buenos Aires, dann 1914–19 bei V. d'Indy, anschließend bis 1924 bei E. Riesler in Paris. Seit 1930 war er u. a. Dirigent des Orchesters des Teatro Colón, seit 1939 auch der Associación filarmónica und Professor am Konservatorium von Buenos Aires. Während der Peron-Ära verließ er Argentinien. Nach seiner Rückkehr 1955 wurde er 1956 Direktor des Orquesta sinfónica nacional und lehrte 1959–62 auch am Conservatorio de música in Puerto Rico. C. schrieb u. a. mehrere Opern, darunter *La zapatera prodigiosa* (nach F. García Lorca; UA 1949 Montevideo), *Proserpina y el extranjero* (UA 1951 Mailand) und *Bodas de Sangre* (UA 1956 Buenos Aires), Ballette, u. a. *Offenbachiana* (UA 1940 Buenos Aires), Symphonien, u. a. *Sinfonia biblica* für Chor und Orchester (1932), *Sinfonia argentina* (1934), ein Klavierkonzert (1941) und ein Violinkonzert (1962), ferner Kammermusik und Lieder.

Lit.: Compositores de América, datos biográficos y catálogos de sus obras, 4 (Washington 1958); R. ARÍZAGA, J. J. C. (Buenos Aires 1963) (= Bibl. del sesquicentenario, Serie „Argentinos en las artes", o. Nr.).

CASTRUCCI, Pietro, * 1679 Rom, † 29. 2. 1752 Dublin; it. Violinist und Komponist. Er war Schüler von Corelli, kam 1715 in Begleitung Lord Burlingtons nach England und wurde Konzertmeister in Händels Opernorchester. 1750 ging er nach Dublin, wo er in ärmlichen Verhältnissen starb. C. war ein glänzender Virtuose. Er wurde bekannt als Erfinder der „Violetta marina", einer Art Viola d'amore, für die Händel in den Opern *Orlando* und *Sosarme* Solopartien schrieb. Von C. erschienen Sonaten für Violine und B.c., op. 1 und 2 (Lo um 1725 und um 1734), und 12 *Concerti grossi*, op.3 (Lo um 1736).

Ausg.: Concerto g-moll für V. u. Orch., hrsg. v. A. MOFFAT (Lo 1926); Sonate g-moll für V. u. Klv. aus op. 1, hrsg. v. A. PRIANO (R 1955).

Lit.: W. S. NEWMAN, The Sonata in the Baroque Era (Chapel Hill 1959, NA 1966); W. C. SMITH – CH. HUMPHRIES, A Bibliography of the Musical Works Published by the Firm of John Walsh ... 1721–1766 (Lo 1968).

CATALANI, Angelica, * 10. 5. 1780 Senigallia, † 12. 6. 1849 Paris; it. Sängerin (Sopran). Sie debütierte 1795 am Teatro La Fenice in Venedig und errang in kurzer Zeit glänzende Erfolge an italienischen Bühnen. 1801 trat sie in *Clitemnestra* von N. A. Zingarelli erstmals an der Mailänder Scala auf und ging dann nach Lissabon an die Italienische Oper. Dort heiratete sie Valabrègue, einen Attaché an der französischen Gesandtschaft, der seitdem ihre geschäftlichen Interessen wahrnahm. 1806 schlug sie ein Angebot Napoleons I. aus und ging statt dessen 1807 nach England, wo sie enthusiastisch gefeiert wurde. 1814 betraute sie König Ludwig XVIII. mit der Leitung des Théâtre-Italien in Paris. Nach einer Reihe geschäftlicher Mißerfolge mußte sie jedoch 1818 die Direktion niederlegen und konzertierte danach 10 Jahre lang in ganz Europa. 1827 zog sie sich nach Italien zurück. Die C., eine der bedeutendsten Koloratursängerinnen in der Geschichte der Oper, verband ihre bravouröse und ausdrucksstarke Gesangskunst mit einer großen schauspielerischen Darstellungskraft. Sie beeindruckte auch durch ihre Schönheit.

Lit.: P. SCUDO, A. C., in: Critique et littérature musicale (P 1852); H. R. BEARD, Angelica in Inghilterra, in: La Scala (Mi 1955); R. SIETZ, A. C. im Spiegel der dt. Kritik 1819, in: Mitt. der Arbeitsgemeinschaft für rheinische Musikgesch. 1 (1955/57); H. SATTER, A. C. Primadonna der Kaiser u. Könige (F 1958); C. HÖSLINGER, A. C. u. ihre Wiener Konzerte, in: ÖMZ 28 (1973).

CATCH (engl., = Fang, Beute), in der englischen Vokalmusik eine 3- oder mehrstimmige Komposition (meist für Männerstimmen), verwandt mit dem ↗Round und häufig in Kanonform, die sich im 17. und 18. Jh. größter Beliebtheit erfreute. Charakteristisch für die C.es, die in den „Clubs" als Trinklieder gesungen wurden, sind geistreiche, teilweise derbe Texte mit Wortspielen und Zweideutigkeiten. Die älteste gedruckte Sammlung von 3–10st. (anonymen) C.es erschien in London 1609 (*Pammelia* und *Deuteromelia*, = RISM 1609^{31} und 1609^{32}), die berühmteste von den überaus zahlreichen Sammlungen war *Catch that Catch can*, hrsg. v. J. Hilton (Lo 1652 = RISM 1652^{10}). C.es komponierten u. a. H. Purcell, J. Blow, Th. Arne,

H. Purcell, Catch (4st. Kanon) aus: *The Catch Club or Merry Companions* (um 1731), Part 1

S. Webb. Im Laufe des 18. Jh. wurden die C.es an Beliebtheit immer mehr von den (im Text weniger anstößigen) ↗Glees übertroffen; seit der 2. Hälfte des Jahrhunderts war dann insbesondere der 1761 gegründete *Noblemen and Gentlemen's Catch Club* um die Pflege und die Tradition der Gattung bemüht.

Ausg.: *Pammelia* (1609), NA, hrsg. v. P. WARLOCK (Lo 1928); *The Catch Club or Merry Companions*, hrsg. v. J. WALSH, 2 Bde. (Lo um 1731 u. ö.), Faks.-Nachdr., hrsg. v. J. Newman (N.Y. 1965); die C.es von Purcell in der GA, Bd. 28 (Lo 1922); einzelne C.es auch in: F. JÖDE, Der Kanon (Wb 1926, NA 1959).

Lit.: V. GLADSTONE, The Story of the Noblemen and Gentlemen's Club (o.O. 1931); C. L. DAY – E. B. MURRIE, English Song-Books 1651–1702 (Lo 1940); E. F. HART, The Restoration C., in: ML 34 (1953).

CATEL, Charles Simon, * 10. 6. 1773 Laigle (Orne), † 29. 11. 1830 Paris; frz. Komponist. Er war Schüler u. a. von Fr. J. Gossec und wurde in Paris Akkompagnist an der Opéra und 2. Dirigent des Corps de la Garde. Seit 1795 war er Professor für Harmonielehre am Conservatoire, wurde 1810 dort (mit Gossec, Méhul und Cherubini) zum Inspecteur gewählt und 1815 Mitglied des Institut de France. Sein 1802 verfaßter *Traité d'harmonie* war lange Zeit für den Kompositionsunterricht im Conservatoire maßgebend. C. war der jüngste der Komponisten, die sich mit zahlreichen Gelegenheitswerken in den Dienst der Französischen Revolution stellten und die auch in der folgenden Zeit vom Conservatoire aus das offizielle Musikleben in Paris und in Frankreich bestimmten. Seine eigenen Werke, von denen einige Opern auch in Deutschland aufgeführt wurden, bezeugen eine große Gewandtheit namentlich – und vorausweisend auf Berlioz – in der Instrumentierung (in seinem *Alexandre chez Apelle* wird zum ersten Mal in einem Opernorchester das Englisch Horn benutzt). Originell ist C. auch durch die Verwendung von Volksliedmelodien in einer anderen Oper *(Wallace ou le ménestrel écossais)*.

WW: **1) Instr.-WW:** 6 Klv.-Sonaten, 3 Quartette, 6 Quintette, Ouvertüren u. Märsche. – **2) Vokal-WW:** Romanzen, Duos, 6 Kanons, patriotische Gesänge, ein *De Profundis*, Hymnen u. a. – **3) Bühnen-WW:** 11 Opern, darunter: *Sémiramis* (Libr.: Desriaux), UA: 1802; *L'Auberge de Bagnères* (Libr.: Jalabert), UA: Paris 1807; *Les Bayadères* (Libr.: E. Jouy), UA: ebd. 1810 *Wallace ou le ménestrel écossais* (Libr.: Saint-Marcelin), UA: ebd. 1817; *Zirphile et la fleur de myrte ou Cent ans en un jour* (Libr.: E. Jouy u. Ph. Lefebvre), UA: ebd. 1818; Ballett *Alexandre chez Apelle*, UA: ebd. 1808. – **4) Schriften:** *Traité d'harmonie* (P 1802) mit zahlr. Nachdr., auch in dt., engl. u. it. Übers.; C. arbeitete auch an anderen Unterrichtswerken des Conservatoire mit.

Ausg.: *Traité d'harmonie*, hrsg. v. M. LABBÉ (P 1937); *Les Bayadères*, revidiert v. V. D'INDY (P 1883).

Lit.: J. CARLEZ, C. Étude biographique et critique (Caen 1894); F. HELLOUIN – J. PICARD, Un Musicien oublié, C. (P 1910).

CATHALA, Jean, frz. Komponist des 17. Jahrhunderts. Er ist 1646–50 als Sänger und Kornettist an der Sainte-Chapelle in Paris nachweisbar, 1649–52 auch an Notre-Dame. 1656 wurde er

Kapellmeister an der Kathedrale von Amiens, 1664 an der Kathedrale von Auxerre. C. veröffentlichte 4- und 5stimmige Messen (alle im a cappella-Stil und ohne B.c.): *In luce stellarum* (1666), *Inclina cor meum Deus, Nigra sum sed formosa* (1678), *Non recuso laborem* (1680) und eine 1stimmige unbegleitete *Messe syllabique en plain-chant.*

Lit.: A. CHEREST, Notice sur les musiciens qui ont illustré le département de l'Yonne, in: Bull. de la Soc. des Sciences de l'Yonne (1850); M. BRENET, Les musiciens de la Ste-Chapelle du Palais (P 1910); G. DURAND, La musique de la cathédrale d'Amiens avant la Révolution (Amiens 1922).

CATHEDRAL MUSIC (engl.), in England Bz. für die für die Chöre an den anglikanischen Kathedralen geschriebene Musik, die aber auch in jeder anderen anglikanischen Kirche verwendet werden kann. Sie umfaßt hauptsächlich ↗Anthems und ↗Services. – In vorreformatorischer Zeit war der Precentor, einer der Kanoniker, für Organisation und Durchführung der Vokalmusik verantwortlich. Sein Stellvertreter, der Succentor oder Subcantor, wurde aus den Vikaren (den Vertretern der Präbendare in ihren geistlichen Funktionen) ausgewählt. Der Precentor folgte im Rang dem Dekan und saß ihm im Chorraum gegenüber, dessen beide Seiten daher Decani (im Süden) und Cantoris (im Norden) genannt wurden, entsprechend auch die beiden Chöre für den Vortrag der Antiphonen. Ursprünglich wurden die gesungenen Teile der Messe von den Vikaren vorgetragen. Mit der Entwicklung der Mehrstimmigkeit mußten jedoch besonders ausgebildete Sänger herangezogen werden, die Vicars-Choral, Laien oder niedere Geistliche, für Alt, Baß und Tenor, während die Soprane von Knaben übernommen wurden, die ihre Erziehung, auch die musikalische, in den Choir Schools oder Song Schools der Kathedralen erhielten.
In der englischen Reformation unter König Heinrich VIII. bewahrten die bestehenden Kathedralen ihre Statuten. Sie wurden daher, und werden heute noch, Kathedralen der „Old Foundation" genannt. Von den zwischen 1536 und 1539 säkularisierten Klöstern wurden einige als neue Diözesan-Kathedralen errichtet. Sie erhielten neue Statuten. Die Musik, Chöre und Song Schools, an diesen Kathedralen der sog. „New Foundation" wurde aber im wesentlichen wie an denen der „Old Foundation" organisiert. Das gilt auch für die jüngeren Gründungen des 19. Jh., während Kathedralgründungen des 20. Jh. ihre Chöre nicht mehr aus spezialisierten Schulen rekrutieren.
Im 18. Jh. wurden unter dem Titel *Cathedral music* zahlreiche Sammlungen anglikanischer Kirchenmusik veröffentlicht. Die wichtigsten stammen von W. Boyce (1760–72, mit Aufl. bis ins 19. Jh.) und S. Arnold (1790).

Lit.: S. S. WESLEY, A Few Words on English C. M. (Lo 1849, NA Lo 1961); J. E. BUMPUS, A History of English C. M., 2 Bde. (Lo 1898); E. H. FELLOWES – C. G. STEWART, A Repertoire of English C. M. (Lo 1920); DIESS., English C. M. from Edward VI to Edward VII (Lo 1929); N. BOSTON, The Musical History of the Cathedral Church of Norwich (Norwich 1939); G. W. STUBBINGS, A Dictionary of Church Music (Epworth 1945); W. H. PARRY, 13 Centuries of Church Music (Lo ²1946); F. HARRISON, York Minister (York 1951); R. H. V. BURNE, The History of Chester Cathedral (Chester 1952); E. PINE, The Westminster Abbey Singers (Lo 1953); W. R. MATTHEWS – W. M. ATKINS, A History of St. Paul's Cathedral (Lo 1957); D. STEVENS, Tudor Church Music (Lo ²1961); J. A. WESTRUP, C. M. in Seventeenth-Century England, in: FS F. Blume (Kas 1963); A. G. DICKENS, The English Reformation (Lo 1964); P. LE HURAY, Music and Reformation in England (Lo 1967); C. DEARNLEY, English Church Music 1650–1750 (Lo 1967, NY 1970); A. HUTCHINGS, Church Music in the 19th Century (Lo 1967); E. ROUTLEY, 20th Century Church Music (Lo 1967); E. H. FELLOWES, English C. M., revidiert v. J. A. Westrup (Lo 1969); K. R. LONG, The music of the English church (NY 1972); P. YEATS-EDWARDS, English C. M. A Bibliography (Lo 1975); H. BENHAM, Latin C. M. in England, ca. 1460–1575 (Lo 1977).

CATO, Diomedes (auch nur als Diomedes bekannt), * um 1570 Venedig, † nach 1615; it. Lautenist und Komponist. Er kam um 1588 nach Polen und lebte am Hof König Sigismunds III. Wasa. Hochgeschätzt bei seinen Zeitgenossen, die ihn gelegentlich als „neuen Apollo" bezeichneten, schrieb C. vor allem Werke für Laute: Fantasien, Präludien, Fugen, Tänze, darunter auch polnische Tänze *(Choreae polonicae),* ferner Lautenbearbeitungen, lat. Gesänge mit Laute (*Rytmy łacińskie,* War 1606), 2 Lieder zu Ehren des hl. Stanislaus, daneben einige Orgelwerke und Motetten. Seine Werke sind im übrigen hsl. und in Sammeldrucken von Rude (RISM 1600⁶), Bésard (RISM 1603¹⁵), van den Hove (RISM 1612¹⁸), Dowland (RISM 1610²³) und Fuhrmann (RISM 1615²⁴) erhalten.

Ausg.: Preludia, fantazje, tańce i madrygały na lutnię (frz. Titel: Préludes, fantaisies, danses et madrigaux pour luth), hrsg. v. M. SZCZEPAŃSKA (Krakau 1953, ²1969) (= WDMP 24); 3 Tänze für Laute, hrsg. v. J. CHOMIŃSKI – Z. LISSA, in: Muzyka polskiego odrodzenia (engl. Titel: Music of the Polish Renaissance) (ebd. 1955); 4 Fantasien für Org. u. 1 Madrigal à 5, hrsg. v. Z. M. SZEWEYKOWSKI, in: Muzyka w dawnym Krakowie (engl. Titel: Music in Old Cracow) (ebd. 1964); 2 Sätze, hrsg. v. H. FEICHT, in: Muzyka staropolska (ebd. 1966); Muteta u. Fuga für Org., hrsg. v. J. GOLOS – A. SUTKOWSKI (1967) (= Corpus of Early Keyboard Music 10/4).

Lit.: H. OPIEŃSKI, Die alten polnischen Tänze, in: Kwart. Muz. (1911) (poln.); A. SIMON, Polnische Elemente in der dt. Musik (Z 1916); J. REISS, Asprillio Pacelli – D. C. (Krakau 1929); M. SZCZEPAŃSKA (s. o.), Einleitung; A. OSOSTOWICZ-SUTKOWSKA, Nieznany sześciogłosowy motet i utwory organowe D. Catona z tabulatury toruńskiej, in: Muzyka 4 (1959); P. POŹNIAK, Wersja kameralna i lutniowa jednej z fantazji D. Catona, in: ebd. 13 (1968).

CATOIRE (Catoir, Katuar), **Georgi Lwowitsch,** * 15. (27.) 4. 1861 Moskau, † 21. 5. 1926 ebd.; russ. Komponist frz. Herkunft. Er studierte 1885–87 in Berlin bei Klindworth (Klavier) und seit 1887 in St. Petersburg bei Ljadow (Komposition) und lehrte selbst seit 1916 Komposition am Konservatorium in Moskau, wo u. a. Kabalewski zu seinen Schülern zählte. C.s Kompositionen, die trotz aller Einflüsse vor allem von seiten Wagners und Tschaikowskys originelle Züge aufweisen, umfassen Klavierstücke, Kammermusik, eine Symphonie in c-moll (1899), die symphonische Dichtung *Mzyri* (1899, nach Lermontow), ein Klavierkonzert (1909), die Kantate *Russalka* (1888), Lieder und Chöre. Er veröffentlichte einen *Theoretischen Kursus der Harmonielehre* (russ., 2 Bde., Mos 1924–25) und eine Abhandlung über musikalische Formen (russ., 2 Bde., Mos 1924–25).

Lit.: V. BELAIEV, G. C. (Mos 1926) (russ. u. dt.); W. FERE, G. C., in: Wydajuschtschijesja dejateli teoretiko-kompositorskowo fakulteta Moskowskoj Konserwatorii (Mos 1966).

CATURLA ↗García Caturla.

CAUCHIE, Maurice, * 8. 10. 1882 Paris, † 21. 3. 1963; frz. Musikwissenschaftler. C. war ursprünglich Naturwissenschaftler und Beamter im Staatsdienst. 1906–14 wirkte er an der künstlerischen Leitung des Cercle musical in Annecy mit und ließ selten gespielte Werke der älteren und neueren Musik aufführen. 1928–31 war er Hauptschriftleiter der Zeitschrift *L'opéra-comique*. Neben literarhistorischen Studien über das 17. Jh. veröffentlichte er, insbesondere in der *Revue de Musicologie* und in *Le Ménestrel,* Aufsätze u. a. über Ockeghem, Attaingnant, Janequin, J. de Castro, Clérau, Costeley, Claude le Jeune, Renvoisy, die Familie Boësset, Couperin, Gluck und Beethoven. Er gab Chansons von Janequin und anderen Komponisten des 16. Jh. neu heraus, arbeitete an der Gesamtausgabe der Werke Fr. Couperins mit (P 1932–33) und veröffentlichte den *Thematic Index of the Works of F. Couperin* (Monaco 1949). Auch mit seinem Buch *La pratique de la musique* (P 1948) wirkte er anregend auf die zeitgenössische Pflege älterer Musik in Frankreich.

CAUDA (lat., = Schwanz). **1)** In der Mensuralnotation (↗Notenschrift) wird als C. oder *tractus* der vertikale Strich an Notenköpfen bezeichnet in erster Linie die abwärtsgerichtete C. von ↗Maxima (▀|) und ↗Longa (▀|), seltener auch die nach oben gerichtete C. *(c. sursum)* der ↗Minima (♩) und der ↗Semiminima (♩). In den ↗Ligaturen kommt den Caudae eine besondere Bedeutung zu. Plazierung und Richtung bzw. das Fehlen des Vertikalstrichs geben Auskunft über den Wert der Anfangsnote einer Ligatur, über die sog. ↗Proprietas. Der Begriff C. findet sich auch als Bz. für die ↗Plica, die ihrerseits den regulären Vertikalstrich der Longa auf die linke Seite verdrängte (|▀). Zu Beginn des 15. Jh. wurde eine rhombische Note mit doppelter C. (⧫) ↗Dragma genannt. Eine äußerlich ähnliche Form diente im 16. Jh. einem ganz anderen Zweck, nämlich der Außerkraftsetzung einer irrtümlichen Kaudierung durch eine zweite C. (◊=◇). – **2)** Seit dem 13. Jh. bezeichnet C. auch eine Vokalise. So wird das den ↗Antiphonen angehängte Neuma, der *jubilus finalis,* ebenfalls C. genannt. Nach dem *Tractatus de musica plana* eines Anonymus (Coussemaker Scr. II, S. 451) sprechen aber nur „aliqui rudes“ (einige Unkundige) hierbei von Cauda. Auch im Zusammenhang mit dem ↗Conductus tritt der Begriff C. auf. Allgemein kann damit jede melismatische Erweiterung einer Silbe bezeichnet sein, im besonderen ist aber das Schlußmelisma eines Conductus gemeint. In der Liedkunst des späten Mittelalters kann die C. in Form etwa eines instrumentalen Zwischenspiels zwischen den einzelnen Strophen relative Selbständigkeit erlangen. – Der Begriff C. hat sich in der italienischen Form ↗Coda erhalten. – **3)** Als C. bezeichnet J. Wolf die Richtung des Gitarrenschlags.

Lit.: Ältere Quellen: FRANCO VON KÖLN, Ars cantus mensurabilis, in: GERBERT Scr. III u. COUSSEMAKER Scr. I; J. DE GARLANDIA, De musica mensurabili positio, in: COUSSEMAKER Scr. I; Tractatus de musica plana, in: ebd. II; H. SOWA, Ein anon. glossierter Mensuraltraktat 1279 (Kas 1930) (= Königsberger Stud. zur Musikwiss. 9); MARCHETTUS DE PADUA, Pomerium, hrsg. v. G. VECCHI (R 1961) (= CSM 6); Die Musiktraktate Conrads von Zabern, hrsg. v. K. W. GÜMPEL (Wie 1956) (= Akad. der Wiss. u. der Lit. in Mainz, Abh. der geistes- u. sozialwiss. Klasse 4). – Neuere Lit.: J. WOLF, Hdb. der Notationskunde, 2 Bde. (L 1913–19); P. WAGNER, Einführung in die Gregor. Melodien III (L 1921, Neudr. Hil – Wie 1962); J. HANDSCHIN, Was brachte die Notre-Dame-Schule Neues?, in: ZfMw 6 (1923/24); U. AARBURG, in: Mf 11 (1958); W. APEL, Die Notation der polyphonen Musik 900–1600 (L 1962).

R. STELZLE

CAULERY, Jean, frz. Komponist. Er stammte aus Nordfrankreich. 1556 ist er als Kapellmeister der französischen Königin Katharina von Medici an deren Hof in Brüssel nachweisbar. Er schrieb weltliche und geistliche Chansons (Chansons spirituelles) auf Texte u. a. von Cl. Marot und E. de Beaulieu.

WW (alle in Antwerpen gedruckt): 6 weltliche Chansons (je eines in RISM 1554^{24}, 1555^{20}, 1556^{17} u. 3 in 1556^{13}) u. 11 geistliche Chansons auf frz. Texte (Psalm 33 in RISM 1552^{19}, Psalm 13, *Cantique de Siméon, Oraison dominicale, Salutation angélique* u. 6 geistliche Chansons in RISM 1556^{18}).

DEUTSCHLAND, 19. Jahrhundert: Musikalische Gesellschaft; Ölgemälde von Wilhelm Ferdinand Bendz; Kopenhagen, Ny Carlsberg Glyptothek.

DEUTSCHLAND: Die Berliner Philharmoniker zählen zu den international bedeutendsten Spitzenorchestern (Foto: Sony Classical).

DEUTSCHLAND: Plácido Domingo auch in einer deutschsprachigen Rolle – als „Lohengrin“ (Foto: Österreichischer Bundestheaterverband / Axel Zeininger).

Ausg.: eine geistliche Chanson, hrsg. v. G. BECKER (s. u. Lit.); 3 geistliche Chansons, hrsg. v. M. HONEGGER (P 1960).

Lit.: G. BECKER, J. C. et ses chansons spirituelles (P 1880).

CAUS (Caux), **Salomon de,** * um 1576 Pays de Caux, † 27. 2. 1626 Paris; frz. Ingenieur und Musiktheoretiker. Er bereiste Italien, war zunächst für Erzherzog Albert in Brüssel, seit 1614 für den pfälzischen Kurfürsten Friedrich V. in Heidelberg tätig und ließ sich um 1620 in Paris nieder, wo er von Richelieu gefördert und zum „ingénieur et architecte du roi" ernannt wurde. Er schrieb eine *Institution harmonique* (F 1615), die sich an Zarlino anlehnt, und eine Abhandlung über Orgelbau (erschienen als 3. Buch von *Les raisons des forces mouvantes,* F 1615).

Lit.: Correspondance du Père Mersenne, 9 Bde. (P 1932–65).

CAUSSADE, Georges, * 20. 11. 1873 Port-Louis (Insel Mauritius), † 5. 8. 1936 Chanteloup-les-Vignes (Yvelines); frz. Musikpädagoge und Komponist. Er lehrte am Conservatoire in Paris seit 1905 Kontrapunkt, seit 1921 Fugenkomposition und schrieb das in Frankreich viel benützte Lehrbuch *Technique de l'harmonie* (P 1931). – Seine Frau, **Simone Plé-Caussade,** * 14. 8. 1897 Paris, Komponistin und Pianistin, war am Conservatoire Schülerin ihres Mannes, von Cortot und Dallier und unterrichtete dort seit 1928 Fugenkomposition. Sie schrieb Klavier- und Orgelstücke, Sonaten, zahlreiche Lieder, Chorwerke und geistliche Musik.

CAUSSIN (Causin, Causinus, Causino), **Arnold** (Ernoul, Arnoldus); franko-flämischer Sänger und Komponist des 16. Jahrhunderts. Er war vermutlich Sängerknabe an der Kathedrale von Cambrai. Nach dem Tod seines Vaters Raynaldo wurde er 1529 als Kantor dessen Nachfolger an der Chiesa della Madonna della Steccata in Parma und war dort 1534–39 und 1547–48 auch Kapellmeister. Er veröffentlichte 5st. Motetten (V 1548). Weitere Motetten erschienen 1539–56 in Sammeldrucken.

Lit.: N. PELICELLI, Musicisti in Parma, in: Note d'archivio 8 (1931); H. OSTHOFF, Josquin Desprez, 2 Bde. (Tutzing 1962–65).

CAVACCIO (Cavacchio), **Giovanni,** * um 1556 Bergamo, † 11. 8. 1626 ebd.; it. Komponist. Er ist 1583 als Kapellmeister am Dom und 1599 an S. Maria Maggiore in Bergamo nachweisbar. C. schrieb geistliche und weltliche Vokalmusik (fast ausschließlich ohne B.c.) sowie Instrumentalwerke.

WW: **1) Geistliche WW:** Messen für 5 u. 7 St. (V 1580); Requiems für 4–5 St. (V 1593 u. 1611); Motetten für 4–6, 8 u. 12 St. (V 1596); 2 Bücher 4st. Magnificatvertonungen (V 1581 u. 1582); Psalmen für 4 St. mit 8 St. ad lib. (V 1585) und für 4 St. u. B.c. (V 1620); Hymnen (V 1605). – **2) Weltliche WW u. Instr.-WW:** 5st. Madrigale (I: V 1583, VI: V 1599); *Musica a cinque voci* (u. a. Canzoni napoletani) (V 1585); *Musica ... a quattro voci* (u. a. Madrigale, Canzoni alla francese) (V 1597); *Sudori musicali* (4st. Toccaten, 3–4st. Ricercari, Canzoni francesi für 4 u. 8 St.) (V 1626).

Ausg.: Toccata, Ricercare, Canzon francese, in: TORCHI Arte Mus. III (1897); 2 Ricercari, 1 Toccata, 2 Canzonen für Org., hrsg. v. E. KRAUS (Rb 1963) (= Cantantibus organis 11).

Lit.: A. GEDDO, Bergamo e la musica (Bergamo 1958); J. ROCHE, Music at S. Maria Maggiore, Bergamo 1614–43, in: ML 47 (1966).

CAVAILLÉ, später **Cavaillé-Coll,** frz. Orgelbauerfamilie aus Gaillac (Tarn). – **1) Joseph,** OP, * um 1700, † um 1767. Er trat in das Kloster der Jakobiner in Toulouse ein, lernte bei J.-E. Isnard Orgelbau und baute mit ihm die Orgel von St-Pierre. – **2) Jean-Pierre,** Neffe von 1); * 11. 10. 1743 Gaillac, † 13. 3. 1809 Llanza (Katalonien). Er wurde bei seinem Onkel ausgebildet und baute mit ihm die Orgeln der Jakobiner in Toulouse, in Vinça (Pyrénées-Orientales) und von Notre-Dame-la-Real in Perpignan sowie selbst zwei Orgeln in Barcelona. Dort heiratete er 1767 Françoise Coll. 1770 kehrte er nach Frankreich zurück, baute die Orgel der Kathedrale von Carcassonne aus und schuf eine neue Orgel für St-Michel in Castelnaudary. Von Dom Bédos de Celles wurden ihm Reparaturarbeiten an der Orgel von St-Thibéry übertragen. Anschließend ließ er sich in Montréal (Aude) nieder, baute die Orgel der Stiftskirche und begann den Bau der Orgel von St-Guilhem-le-Désert. – **3) Dominique Cavaillé-Coll,** Sohn von 2), * 16. 4. 1771 Toulouse, † 1. 6. 1862 Choisy-le-Roi. Er erlernte Orgelbau bei seinem Vater. Seine ersten Werke entstanden in Spanien (Orgeln von Puycerda, Vich und S. Maria del Mar in Barcelona). 1807 ließ er sich in Montpellier nieder, wo ihn J. F. Lépine mit der Restaurierung der Orgeln der Kathedrale beauftragt hatte. 1834 schloß er sich in Paris mit seinem Sohn Aristide zusammen und blieb bis 1849 dessen Teilhaber. – **4) Aristide Cavaillé-Coll,** Sohn von 3), * 4. 2. 1811 Montpellier, † 13. 10. 1899 Paris. Er wurde bei seinem Vater ausgebildet und ging 1833 nach Paris. Dort erhielt er den Auftrag für die Orgel von St-Denis, die er, wie auch die Werke für Notre-Dame-de-Lorette, St-Roch, Ste-Madeleine und für die Kathedrale von St-Brieuc, mit seinem Vater baute. Am 31. 12. 1849 wurde das gemeinsame Unternehmen aufgelöst, und Aristide baute allein die Orgeln für St-Sulpice, Ste-Clotilde und Notre-Dame in Paris, die zu den herausragenden Leistungen des modernen Orgelbaus in Frankreich gehören. Auf ihn gehen zahlreiche technische und klangliche Verbesserungen der Orgel seiner Zeit zurück; u. a. entwickelte er überblasende Stimmen, Gebläse mit verschiedenen Druckstärken und große, ausdrucksvolle Soloklaviere. Er schrieb auch einige wichtige Abhandlungen über den Orgelbau: *De la détermination du ton normal* (1859), *Études experimentales sur les tuyaux d'orgues* (1860), *Note sur une soufflerie de précision* (1863), *De l'orgue et de son architecture* (1872).

Lit.: C. u. E. CAVAILLÉ-COLL, A. C.-C. (P 1929); E. M. FANNING JR., The 19th-Century French Organ of C.-C. and the Organ Works of C. Franck (1964) (= Diss. Boston Univ.); R. CHARLES, Une dynastie d'artistes gaillacois d'origine, in: Rev. du Tarn (1965) Nr. 35; F. N. SPELLER III, A. C.-C. (1968) (= Medieval Age Thesis Univ. of Colorado); G. HUYBENS, C.-C. and some Experiments on Organ Pipes, in: OYb 3 (1972); C. NOIZETTE DE CRAUZAT, A. C.-C., in: Acta Organologica 10 (1976); Maison A. C.-C., hrsg. v. A. REICHLING (B 1977); H. J. BUSCH, Orgeln in Paris (B 1977); K. LUEDERS, L'Oeuvre d'A. C.-C. à Paris (P 1978); J. E. ESCHBACH, C.-C.'s Voicing Techniques at St-Sulpice, in: OYb 9 (1978); G. HUYBENS, Autour des Publications d'A. C.-C., in: ebd.

CAVALIERI (Cavaliere), **Emilio de'** (del), * um 1550 Rom, † 11. 3. 1602 ebd.; it. Komponist. Er leitete 1578–84 während der Fastenzeit die musikalischen Veranstaltungen im Oratorio del Crocifisso in S. Marcello in Rom, die für die Entwicklung des ↗Stile rappresentativo bedeutsam wurden. Die Möglichkeit einer eigenständigen künstlerischen Entwicklung bot sich C., als er 1588 von Großherzog Ferdinando I. de' Medici in Florenz zum Generalintendanten aller künstlerischen Bereiche, für Kostüme, Feste, Theater und Musik, ernannt wurde. 1589 schrieb er für die Intermedien anläßlich der Hochzeit Ferdinandos mit Christine von Lothringen ein Madrigal und ein Balletto. In Zusammenarbeit mit der Dichterin Laura Guidiccioni entstanden die Pastoralen *Il Satiro* (1590), *La Disperazione di Fileno* (1590) und *Il Gioco della cieca* (1595), deren Musik verloren ist. In ihnen wandte er erstmals die neue monodische Schreibweise (↗Monodie) an. Als Gesandter des Großherzogs kam er 1587–1602 häufiger nach Rom, wo auch 1600 im Oratorio della Vallicella die Allegorie *Rappresentazione di Anima e di Corpo* aufgeführt wurde, zu der er zusammen mit Dorisio Isorelli die Musik geschrieben hatte. Dieses Werk, kein Oratorium im eigentlichen Sinne, sondern eine Rappresentazione spirituale in der Tradition der ↗Rappresentatione sacra des 15./16. Jh., machte C. zum eigentlichen Begründer des ↗Stile recitativo auf dem Gebiet der geistlichen Musik mit italienischem Text, während Peri und Caccini die Priorität in der weltlichen Musik zukommt. C. schrieb außerdem das Oratorium *L'Ascensione del Nostro Salvatore.* Handschriftlich erhalten sind die gemeinsam mit Isorelli verfaßten *Lamentationes Hieremiae Prophetae* für Solo, Chor und Orgel und die zwei- und dreistimmigen *Responsi* (Rom, Biblioteca Vallicelliana). Daß C.s *Rappresentazione* auch heute noch seine Wirkung nicht verfehlt, bezeugt ihre überaus erfolgreiche Aufführung bei den Salzburger Festspielen 1968 (in einer Bearbeitung von B. Paumgartner).

Ausg.: *Rappresentazione di Anima e di Corpo,* Faks.-Ausg., hrsg. v. F. MANTICA (R 1912); dass., hrsg. v. FR. VATIELLI (L 1906); dass., hrsg. v. G. TEBALDINI (Tn 1915) (SingSt u. Klv.); dass., Faks. der Ausg. Rom 1600 (Farnborough 1967); dass., hrsg. v. E. GUBITOSI (Mi 1956); Fragmente hrsg. v. G. FR. MALIPIERO, in: I Classici della musica italiana 10 (Mi 1919) (SingSt u. Klv.); *L'Ascensione del Nostro Salvatore,* hrsg. v. E. MARTIN; *Lamentationes Hieremiae Prophetae,* hrsg. v. G. MASELLI (Z 1950); Gesänge zu Intermedien, hrsg. v. D. P. WALKER, in: Les fêtes de Florence 1589 I (P 1963) (= Le chœur des muses o. Nr.); 2 Madrigale, hrsg. v. DEMS., in: Musique des Intermèdes de „La Pellegrina" 1589 (P 1963).

Lit.: A. SOLERTI, L. Guidiccioni ed E. del C., in: RMI 9 (1902); L. GUIDICCIONI-NICASTRO, La Rappresentazione di Anima e di Corpo (Livorno 1911); U. ROLANDI, E. de' C., il granduca Ferdinando e l'„Inferigno", in: RMI 36 (1929); G. GHISI, Alle fonti della monodia (Mi 1940); C. V. PALISCA, Musical Asides in the Diplomatic Correspondence of E. de' C., in: MQ 49 (1963); DERS., The First Performance of „Euridice", in: 25th Anniversary..., hrsg. v. A. Mell (NY 1964); N. PIRROTTA, Early Opera and Aria in: New Looks at Italian Opera (NY 1968); TH. ANTONICEK, E. de' C. u. seine Rappresentazione di anima e di corpo, in: ÖMZ 24 (1969); A. A. ABERT, Tasso, Guarini e l'opera, in: NRMI 4 (1970); FR. W. STERNFELD, Les intermèdes de Florence et la genèse de l'opéra, in: Baroque 5 (1972); DERS., Aspects of Italian Intermedi and Early Operas, in: Convivium musicorum. FS Boetticher (B 1974).

CAVALIERI, Lina, * 25. 12. 1874 Rom, † 8. 2. 1944 Florenz; it. Sängerin (Sopran). Sie machte zunächst Karriere als Revuestar in Paris und London, bevor sie Opernsängerin wurde und 1900 in Lissabon als Mimi in *La Bohème* von G. Puccini debütierte. In den folgenden Jahren trat sie mit großem Erfolg in St. Petersburg, Monte Carlo und Warschau auf, 1905 neben E. Caruso und T. Ruffo auch in Paris und wurde danach Mitglied der New Yorker Metropolitan Opera. Sie sang dort (zusammen mit Caruso) in den Erstaufführungen von *Fedora* (U. Giordano) und *Manon Lescaut* (Puccini). Skandale machten weitere Auftritte an der Metropolitan Opera unmöglich. 1913 heiratete sie in 3. Ehe den französischen Tenor Lucien Muratore, mit dem sie bis zu ihrer Trennung 1919 an der Oper von Chicago engagiert war. C., die als eine der schönsten Frauen ihrer Zeit galt, wirkte auch in verschiedenen Stummfilmen mit. Ihr eigenes Leben wurde unter dem Titel *La donna più bella del mondo* verfilmt.

CAVALLERIA RUSTICANA, Oper in einem

Akt von Pietro Mascagni (1863–1945), Text von Guido Menasci und Giovanni Targioni-Tozzetti nach Giovanni Vergas gleichnamigem Schauspiel (1884; bereits 1880 als Novelle in der Sammlung *Vita dei campi – Sizilianische Dorfgeschichten* – erschienen). Ort und Zeit der Handlung: Ostern 1880 in einem sizilianischen Dorf. UA: 17. 5. 1890 in Rom (Teatro Costanzi); dt. EA (in dt. Sprache): 3. 1. 1891 in Hamburg (Übersetzung von Oscar Berggruen).
Die Oper, die in dem 1888 von dem Mailänder Verleger Edoardo Sonzogno veranstalteten Einakter-Wettbewerb mit dem ersten Preis ausgezeichnet wurde, gilt zusammen mit Leoncavallos *Der Bajazzo* und Puccinis *La Bohème* als Standardwerk des italienischen Verismo: Handlung und Musik bilden eine stimmige Einheit in ihrer Darstellung des Menschen als Gefühls- und Triebwesen. So entspricht dem Eifersuchtsdrama um Turridu, einem jungen Bauern, der sich von der schönen Lola umgarnen läßt und von deren Ehemann im Zweikampf erschlagen wird, eine Klangsprache, die bewußt auf grell kontrastive Darstellung gegensätzlicher Affekte wie Liebe und Haß, Lust und Schmerz ausgerichtet ist. Die bühnenwirksame Handlung sowie derbe instrumentatorische und harmonische Effekte formen – kombiniert mit sizilianischem Lokalkolorit und reißerischer Belcanto-Melodik – eine gelungene musikalisch-dramatische Synthese, die dem Werk seinen von der UA bis heute andauernden Erfolg garantierte. Besonders beliebt sind Turridus Trinklied *Schäumt der süße Wein im Becher* und das *Intermezzo sinfonico*, das ursprünglich als Vorspiel zu einem zweiten Akt geplant war.

W. A. MAKUS

CAVALLI (eig. Caletti-Bruni), **Pier Francesco,** * 14. 2. 1602 Crema, † 17. 1. 1676 Venedig; it. Komponist. Er wurde zuerst von seinem Vater Giovanni Battista Caletti-Bruni, Kapellmeister an der Kathedrale zu Crema, unterrichtet. Für seine weitere musikalische Ausbildung sorgte Federigo Cavalli, Podestà von Crema, nach dem er sich später nannte und der ihn 1616 mit nach Venedig nahm. Dort trat er als Tenor in den Chor von S. Marco ein, wurde Schüler von Cl. Monteverdi, 1640 2. Organist an S. Marco und spätestens seit 1636 auch Organist an S. Giovanni e Paolo. 1639 wurde am Teatro S. Cassiano seine erste Oper, *Le nozze di Teti e di Peleo,* aufgeführt, zugleich die erste venezianische Oper, deren Musik erhalten geblieben ist. Seither schrieb C. regelmäßig Opern für venezianische Bühnen. Verschiedene Werke wurden auch in anderen Städten aufgeführt: *L'Egisto* (Wien 1643, Paris 1646), *Il Giasone* (Paris 1649) und *L'Orione* (Mailand 1653). Von Mazarin erhielt C. den Auftrag, zur Eröffnung des Théâtre des Tuileries eine Oper zu komponieren. Er traf Juli 1660 in Paris ein und begann mit der Komposition von *L'Ercole amante.* Als sich die Eröffnung des neuen Theaters immer wieder verzögerte, brachte man die bereits 1654 in Venedig gegebene Oper *Xerse* am 22. 11. 1660 in der Grande Galerie des Louvre – mit Balletteinlagen Lullys – zur Aufführung. *L'Ercole amante* konnte erst nach dem Tod Mazarins im Februar 1662 aufgeführt werden. Sie war nicht sehr erfolgreich. C. kehrte enttäuscht nach Italien zurück in der Absicht, sich nur noch der geistlichen Musik zu widmen. Am 11. 1. 1665 wurde er 1. Organist an S. Marco, am 20. 11. 1668 folgte er G. Rovetta als Kapellmeister.

WW: **1) Opern** (wenn nichts anderes angegeben, in Venedig uraufgeführt): *Le nozze di Teti e di Peleo* (Libr.: O. Persiani), UA: 1639; *Gli amori d'Apollo e di Dafne* (Libr.: G. F. Busenello), UA: 1640; *La Didone* (Libr.: ders.), UA: 1641; *La virtù de' strali d'amore* (Libr.: G. Faustini), UA: 1642; *L'Egisto* (Libr.: ders.), UA: 1643; *L'Ormindo* (Libr.: ders.), UA: 1644; *La Doriclea* (Libr.: ders.), UA: 1645; *Il Giasone* (Libr.: G. A. Cicognini), UA: 1649; *L'Orimonte* (Libr.: N. Miniato), UA: 1650; *L'Oristeo* (Libr.: ders.), *La Rosinda* (Libr.: ders.), *L'Armidoro* (Libr.: B. Castoreo) u. *La Calisto* (Libr.: G. Faustini), UA: 1651; *Veremonda, l'Amazzone d'Aragona* (Libr.: M. Bisaccioni, überarbeitet v. L. Zorzisto) u. *L'Eritrea* (Libr.: G. Faustini), UA: 1652; *L'Orione* (Libr.: F. Melosio), UA: 1653; *Xerse* (Libr.: N. Minato), UA: 1654; *La Statira, principessa di Persia* (Libr.: G. F. Busenello) u. *L'Erismena* (Libr.: A. Aureli), UA: 1655; *Artemisia* (Libr.: N. Minato), UA: 1656; *L'Elena rapita da Teseo* (Libr.: ders., nach G. Faustini), UA: um 1659, 1660; *L'Ercole amante* (Libr.: F. Buti), UA: Paris 1662; *Scipione Africano* (Libr.: N. Minato), UA: 1664; *Mutio Scevola* (Libr.: ders.), UA: 1665; *Pompeo Magno* (Libr.: ders.), UA: 1666. – **2) Geistliche Vokal-WW:** *Musiche sacre concernenti messa, salmi concertati con istromenti, inni, antifone e sonate* für 2–12 St. (V 1656); *Vesperi* für 8 St. u. B.c. (V 1675); *Missa pro defunctis* für 8 St. (hsl); einige Komp. in Sammeldrucken; ein *Magnificat* für 7 St. u. Instr., in: Cl. Monteverdi, *Messa a 4 e Salmi* (V 1650). – **3) Weltliche Vokal-WW:** *Son ancor pargoletta,* Canzonette für Solo-St. u. B.c., in: *Arie de diversi … autori* (V 1634); Kantaten u. Kanzonetten (hsl. erhalten).

C. ist neben Monteverdi der bedeutendste Vertreter der ersten Periode der venezianischen Oper. Von den Zeitgenossen wurde er als Sänger und Komponist, vor allem als Opernkomponist hoch geschätzt. In der Wahl seiner Libretti entsprach er anfangs dem Geschmack der Römischen Schule mit ihrer Vorliebe für mythologische Stoffe und glanzvolle Inszenierungen. In der zweiten Schaffensperiode bevorzugte er realistische und historische Themen und vertonte überwiegend die Intrigendramen G. Faustinis. In der musikalischen Konzeption bewahrte C. eine einheitliche Linie und blieb der venezianischen Tradition und dem Vorbild Monteverdis verpflichtet, für den das musikalische Drama im wesentlichen auf der Darstellung menschlicher Gefühle beruhte. Obwohl er in seine

Spätwerke auch Elemente des neuen Opernstils aufnahm, insbesondere die formale Trennung von Rezitativ und Arie, und seine musikalische Erfindung sich im Vergleich zu anderen venezianischen Meistern durch größere Anmut und Gefälligkeit auszeichnete, blieb die Musik doch stets an die dramatische Situation gebunden. Die Kirchenkompositionen treten an musikgeschichtlicher Bedeutung hinter den weltlichen Werken zurück. Hauptwerke sind eine *Missa concertata* für 8 Stimmen und Instrumente und die *Missa pro defunctis*, die C. für seine eigene Beisetzung schrieb. Einige Opern C.'s erlebten in der Gegenwart erfolgreiche Wiederaufführungen (z.B. *La Calisto* bei den Festspielen in Glyndebourne 1970).

Ausg.: *Il Giasone* (1. Akt), hrsg. v. R. EITNER, in: PGfM 12/2 (1883); Auszüge aus ders. Oper in: Raccolta Nazionale delle Musiche Italiane XIX/22 (Mi o.J.); 20 Opernarien, hrsg. v. M. ZENON (V – Triest o.J.); eine Kanzonette u. Arien aus: *Erismena, Elena rapita da Tesco* u. *Giasone*, hrsg. v. K. JEPPESEN, in: La Flora I/10, III/12–14 u. 37–38 (Kop 1949); 4 Marianische Antiphonen, hrsg. v. B. STÄBLEIN, in: Musica Divina 1–4 (Rb 1950); *Canzone a sei*, hrsg. v. R. NIELSEN (Bol 1955); *Se là giù negli abissi*, hrsg. v. H. RIEMANN, in: Kantatenfrühling I/4 (L o.J.); eine Kanzone, hrsg. v. L. TORCHI, in: Eleganti Arie e Canzoni del Secolo XVII (Mi o.J.); *Antiche Cantate Spirituali*, hrsg. v. F. VATIELLI (Tn o.J.); *Messa concertata* für 8 St. u. Instr. sowie *Vesperi e Missa pro defunctis* für 8 St. u. Org., hrsg. v. G. PICCIOLI (Umbra 1951); 3 *Magnificat* (aus den Vespern von 1675) für Doppelchor u. Orch., hrsg. v. DEMS. (Mi 1960); 6- u. 12st. Kanzone, hrsg. v. R. NIELSEN (Bol 1955); *12 Composizioni vocali profane e sacre* (unveröff.), hrsg. v. W. OSTHOFF (Mi 1958); *Messa concertata* C-Dur, Klv.-Ausg., hrsg. v. R. J. LEPPARD (Lo 1966); *L'Ormindo*, hrsg. v. DEMS. (Lo 1967); Fest-Ouvertüre à 4, hrsg. v. F. BLASL (W 1968); *Laudate Dominum, Laetatus sum, Salve regina*, hrsg. v. R. LEPPARD (Lo 1969); *L'Egisto*, hrsg. v. DEMS. (Lo 1977); *Gli amori d'Apollo e di Dafne* u. *Scipione Africano*, Faks. zweier Hss. der Bibl. nazionale Marciana Venedig (NY 1978) (= Italian opera 1640–1770, 1–5).

Lit.: T. WIEL, C. e la musica scenica (V 1914); H. PRUNIÈRES, C. et l'opéra vénitien au XVIIe siècle (P 1931); W. OSTHOFF, Neue Beobachtungen zu Quellen u. Gesch. v. Monteverdis Incoronazione di Poppea, in: Mf 11 (1958); F. BUSSI, La Messa concertata et la musique sacrée de P. F. C. (P 1960); H. HJELMBORG, Aspects of the Aria in the Early Operas of F. C., in: FS Kn. Jeppesen (Kop 1962); H. S. POWERS, Il Serse trasformato, in: MQ 48–49 (1962–63); W. OSTHOFF, Maske u. Musik. Die Gestaltwerdung der Oper in Venedig, in: Castrum Peregrini (A 1964); D. ARNOLD, F. C. Some Recently Discovered Documents, in: ML 46 (1965); R. J. LEPPARD, C.'s Operas, in: Proc. R. Mus. Assoc. 93 (1966–67); F. BUSSI, La produzione sacra di C. e i suoi rapporti con quella di Monteverdi, in: RIMus 2 (1967); H. POWERS, „L'Erismena travestita", in: Studies in Music History. FS O. Strunk (Princeton/N.J. – Lo 1968); D. SWALE, C.: The „Erismena" of 1655, in: MMASt 3 (1968); A. HICKS, C. and „La Colista", in: MT 111 (1970); L. BIANCONI, F. C. u. die Verbreitung der venezianischen Oper in Italien (Diss. Hei 1974); E. ROSAND, „Ormindo travestito" in Erismena, in: JAMS 28 (1975); DERS., Comic Contrast and Dramatic Continuity: Observations on the Form and Function of Aria in the Operas of F. C., in: MR 37 (1976); F. BUSSI, Storia tradizione e arte del „Requiem" di C., in: NRMI 10 (1976), separat (Mi 1978); TH. WALKER, Gli errori di „Minerva al tavolino", in: Venezia e il melodramma nel Seicento, hrsg. v. M. T. Muraro (Fi 1976) (= Studi di Musica Veneta 5); E. ROSAND, Aria as Drama in the Early Operas of F. C., in: ebd.; G. MORELLI – TH. WALKER, Tre controversie intorno al S. Cassiano, in: ebd.; J. GLOVER, C. (Lo 1978).

FR. DEGRADA

CAVAQUINHO (port.), eine Art kleiner Gitarre, die im brasilianischen ↗Chôro verwendet wird.

CAVATA (it., von cavare = herausziehen, ausgraben), in der ersten Hälfte des 18. Jh. gelegentlich (z.B. bei J. G. Walther, *Musikalisches Lexicon*, 1732) Bz. für einen als Arioso komponierten motto- oder sentenzhaften Schluß eines Rezitativs. Solche Ariosi finden sich häufig in den Kantaten von J. S. Bach (so etwa im 1. Rezitativ der Kantate 117 *Sei Lob und Ehr' dem höchsten Gut* bei den Worten *Gebt unserm Gott die Ehre*). Die Bezeichnung C. verweist sprachlich, vielleicht auch in der Sache, auf die spätere ↗Kavatine. – ↗Soggetto.

CAVATINA (it.), ↗Kavatine.

CAVAZZONI, it. Musikerfamilie. – **1) Marco Antonio,** * um 1490 Bologna, † nach 1570 Venedig; Organist und Komponist. Er wirkte bis 1512 am Hof von Urbino, ist 1516 in Ferrara, 1517 in Venedig nachweisbar, war 1520–21 Cembalist Papst Leos X. in Rom, kehrte nach Venedig zurück und war 1536–37 Organist am Dom von Chioggia. 1558 und 1559 wird er unter den Sängern von S. Marco in Venedig aufgeführt. 1523 veröffentlichte C. in Venedig mit seinen *Ricercari, motetti, canzoni* ein Werk, das, für Italien erstmalig, ausdrücklich für Tasteninstrumente bestimmte Kompositionen enthält. – **2) Girolamo,** Sohn von 1), * um 1510 Urbino, † nach 1565 Mantua. Er wurde 1525 Organist der Gonzaga am Hof zu Mantua, kurz darauf an der Kirche S. Barbara. Von ihm wurden 3 Bücher Orgelkompositionen gedruckt: *Intavolatura cioè recercari, canzoni, himni, Magnificat, libro primo* (V 1543); *Intabulatura d'organo, cioè misse, himni, Magnificat, libro secondo* (V 1543); *Il primo libro de intabolatura d'organo* (V o.J.). Diese Sammlungen sind Marksteine in der Geschichte der Orgelmusik. Die darin enthaltenen Ricercari wurden vorbildlich für die weitere Entwicklung dieser Gattung (↗Ricercare).

Ausg.: **Zu 1):** 2 frz. Chansons u. ein Ricercar, in: Early Italian Keyboard Music, hrsg. v. G. S. BEDBROOK (Lo 1956); *Ricercari, Motetti, Canzoni libro primo* 1523, hrsg. v. G. BENVENUTI (Mi 1941); dass., hrsg. v. K. JEPPESEN, in: Die it. Org.-Musik am Anfang des Cinquecento (Kap 1943, erweiterte NA 1960). – **Zu 2):** Org.-Werke, hrsg. v. O. MISCHIATI, 2 Bde. (Mz 1959–61); Second livre d'orgue, hrsg. v. J. BONFILS (P 1961–63) (= L'organiste liturgique 34, 38 u. 41); 3 Sätze in: DAVISON-APEL Anth. I. – **Zu 1) und 2):** Orgelsätze in: Anthologie de l'orgue, hrsg. v. P. FROIDEBISE, I (P 1959).

Lit.: Y. ROKSETH, La musique d'orgue au XVe siècle et au début du XVIe (P 1930); C. SARTORI, Precisazioni bibliografiche sulle opere di G. C., in: RMI 44 (1940); W. APEL, The Early Development of the Organ Ricercar, in: MD 3 (1949); K. JEPPESEN, C.-Cabezon, in: JAMS 8 (1955); DERS., Eine frühe Orgelmesse aus Castell'Arquato, in: AfMw 12 (1955); TH. DART, C. and Cabezon, in: ML 36 (1955); O. MISCHIATI – L. F. TAGLIAVINI, L'Arte organistica in Emilia, in: Musicisti lombardi ed emiliani (Siena 1958); F. E. KIRBY, A Short History of Keyboard Music (NY 1966); P. M. TAGMANN, G. C. – G. Mantovano. Identitätsfragen, in: FS Geering (Be 1972).

CAVELTI, Elsa, * 4. 5. 1914 Rorschach; Schweizer Sängerin (Alt/Sopran). Sie studierte Klavier und Gesang in Zürich, Frankfurt a. M. und Wien und debütierte als Sängerin in Düsseldorf. Nach 1945 war sie am Stadttheater Zürich engagiert und gastierte u. a. an der Scala in Mailand, an der Staatsoper Wien und in anderen europäischen und nord- und südamerikanischen Opernzentren. Schwerpunkt ihres Repertoires waren die Alt-Partien in Wagner-Opern. 1959 wechselte sie in das Fach des hochdramatischen Soprans über. Geschätzt wurde sie weiterhin in Wagner-Rollen (u. a. als Brünnhilde und Isolde); sie sang häufig in München und gastierte in Frankreich und in Italien. Sie machte sich auch als Konzert- und Oratoriensängerin einen Namen. Nach 1969 unterrichtete sie Gesang an der Musikhochschule in Frankfurt am Main.

CAVENDISH, Michael, * um 1565, † 5. 7. 1628 Aldermanbury bei London; engl. Komponist. C. lebte am Hofe des späteren Königs Karl I. Er veröffentlichte *Ayres in tabletorie to the lute* (Lo 1598) mit 14 Gesängen für Singstimme und Laute (oder für 2 Singstimmen und Violen), 6 Gesängen für Laute und/oder 4 Singstimmen und 8 5st. Madrigalen. Einige Kompositionen von C. erschienen auch in englischen Sammeldrucken (RISM 1592^{7}, 1601^{16}, 1621^{11}). Die Ayres sind die frühesten Beispiele ihrer Gattung. Wie die Madrigale erinnern sie in ihrer schlichten Melodik an Th. Morley.

Ausg.: *M. C. Madrigals to 5 voices (publ. 1598) and a Madrigal included by Morley in his Triumphs of Oriana 1601,* hrsg. v. E. H. FELLOWES (Lo 1924) (= English Madrigal School 36); *Songs included in M. C.'s Book of Ayres and Madrigalles,* hrsg. v. DEMS. (Lo 1925) (= English School of Lutenist Song Writers 7); *6 Ayres to 4 voyces,* hrsg. v. P. WARLOCK – P. WILSON (Lo 1922–24), revidierte Ausg. v. Th. Dart – Ph. Brett (Lo 1960) (= The English Madrigalists 36).

Lit.: E. H. FELLOWES, The English Madrigal Composers (Lo 1921, O ^{2}1948); D. GREER, The Part-Songs of the English Lutenists, in: Proc. R. Mus. Assoc. 94 (1967/68).

CAVOS (Kavos), **Catterino Albertowitsch,** * 30. 10. 1775 Venedig, † 28. 4. (10. 5.) 1840 St. Petersburg; it. Komponist. Er arbeitete zunächst als Korrepetitor am Teatro la Fenice in Venedig, dessen Direktor sein Vater war, und übernahm dann die Leitung des Theaters in Padua. Nach einem erneuten Aufenthalt in Venedig ging er 1798 als Kapellmeister einer italienischen Operntruppe nach St. Petersburg und wurde im selben Jahr Mitglied des Kaiserlichen Theaters, 1803 Gesangslehrer am Kolleg des St. Katherinen-Ordens und Regisseur des italienischen Theaters. Seit 1806 leitete er auch die russische Oper. C. hat vermutlich als erster in Rußland Opern wie den *Freischütz, Fra Diavolo, Robert le Diable* und *Ein Leben für den Zaren* aufgeführt. Er komponierte mehrere Opern auf russische Libretti, die in St. Petersburg aufgeführt wurden: *Der unsichtbare Fürst* (UA 1805), *Der verliebte Bote* (UA 1806), *Der Flüchtling vor seiner Braut* (UA 1806), *Ilja Bogatyr* (nach A. Krylow; UA 1807) und *Iwan Sussanin* (UA 1815). C. schrieb auch Ballette und Musik zu Dramen und Komödien. Als Komponist und Dirigent war er ein Wegbereiter für eine nationale russische Oper. Sein Einsatz für die Ausführung von Glinkas Oper *Ein Leben für den Zaren* (1836), die den gleichen Stoff behandelt wie sein eigener *Iwan Sussanin,* kann dafür als symptomatisch gelten.

Lit.: G. BLOCH, K. A. Kawos, in: Jeschegodnik, Imperatorskich teatrov 7/2 (St. Petersburg 1898); R. A. MOOSER, Annales de la musique et des musiciens en Russie, 3 Bde. (G 1948–51); DERS., in: NRMI 3 (1969); G. R. SEAMAN, Russian Opera before Glinka, in: Russia, Essays in History and Literature (Leiden 1972).

CAZZATI, Maurizio, * um 1620 Lucera bei Guastalla (Reggio Emilia), † 1677 Mantua; it. Komponist und Organist. Er war Schüler von C. Grossi und zunächst Kapellmeister an S. Andrea in Guastalla, seit 1641 Kirchenkapellmeister in Mantua, 1646–48 Kapellmeister des Herzogs von Sabioneta in Bozzolo und seit 1650 an der Accademia della Morte in Ferrara. 1653 wurde er Kapellmeister an S. Maria Maggiore in Bergamo, nahm 1654 seine Tätigkeit an der Accademia della Morte wieder auf und wirkte 1657–71 in Bologna als Kapellmeister an S. Petronio. 1673 verließ er Bologna wegen einer heftigen Kontroverse mit G. C. ↗Arresti und trat als Kapellmeister in den Dienst der Herzogin Anna Isabella in Mantua. Dort eröffnete er auch eine Notendruckerei. C. war ein produktiver und vielseitiger Komponist. Seine Bedeutung liegt einerseits auf dem Gebiet der Instrumentalmusik, in der er, auch durch seinen Schüler G. B. Vitali, zur Entwicklung der Sonate und des Instrumentalkonzerts beitrug und damit zu den Mitbegründern der ↗Bolognesischen Schule gehört. Nicht minder bedeutend, wenngleich bisher kaum wissenschaftlich erschlossen, ist andererseits C.s Kirchenmusik, die in den Solomotetten und in den groß besetzten Werken im konzertierenden Stil ihre Hauptakzente hat. Mit diesem Œuvre steht C. am Beginn der glanzvollen Entwicklung Bolognas zu einem der kirchenmusikalischen Zentren des damaligen Europa, einer Entwicklung, die sich noch bis ins zweite Drittel des 18. Jh. erstreckte, als der junge Mozart 1770 die Stadt besuchte.

WW (alle in Bologna erschienen): **1) Geistliche Vokal-WW: a)** Für 1 SingSt u. B.c.: 7 Bücher *Motetti a voce sola,* I: op. 5 (1647), II: op. 6 (1648), III: op. 13 (1651), IV: op. 25 (1661), V: op. 39 (1666), VI: op. 63 (1676), VIII: op. 65 (1678); Motetten mit Instr., op. 52 (1669); Hymnen, op. 29 (1662); Antiphonen, op. 59 (1672); Marianische Antiphonen mit 2 V., op. 42 (1667); Lamentationen, op. 44 (1668); *Lamento di S. Francesco Saverio,* op. 48 (1668). – **b)** Weitere Motetten: für 2 St. u. B.c., op. 10 (1648), op. 34 (1664); für 2–5 St. u. B.c.: op. 3 (1647), op. 12 (1650); mit Instr.; op.23 (1660), op. 47 (1668); Motetten für 8 St. a cap. mit B.c., op. 52 (1669). – **c)** Messen (zum Teil mit Psalmen): 3st. mit B.c., op. 48 (1668); 4st. a cap. mit B.c., op. 56 (1670); 5st. mit B.c., op. 17 (1655); 3–5st. mit Instr. u. Ripienochor, op. 14 (1653), op. 24 (1660), op. 36 (1665), op. 37 (1666); *Messe brevi* für 8 St. a cap. mit B.c., op. 28 (1662); *Messa e salmi per li defonti* für 5 St. u. B.c. mit 2 V. u. Ripienochor ad lib., op. 31 (1663). – **d)** Weitere liturgische WW: Psalmen a cap. u. concertant für versch. Besetzungen; op. 1 (1641), op. 9 (1648), op. 21 (1660), op. 33 (1663), op. 38 (1666), op. 53 (1669), op. 54 (1669), op. 58 (1671); Komplet für 4 St. u. B.c., op. 7 (1647); Komplet für 2–4 St. mit Instr. u. Ripienochor, op. 40 (1666); Hymnen für 4 St. a cap. mit B.c., op. 57 (1670); Antiphonen u. a. für 8 St. a cap. mit B.c., op. 57 (1670); Antiphonen u.a. für 8 St. u. B.c., op. 19 (1658); dass. für 2–5 St., 2 V. u. Ripienochor, op. 32 (1663); *Benedictus, Miserere e Tantum ergo* für 4 St. u. B.c. mit 2 V. ad lib., op. 45 (1668). – **e)** Mit it. Text: *Diporti spirituali* (Geistliche Madrigale) für 2 St., 2 V. u. B.c., op. 49 (1668); von den zahlr., meist in Bologna aufgeführten it. Oratorien haben sich nur die gedruckten Libretti erhalten. – **2) Weltliche Vokal-WW:** Für 1 SingSt u. B.c.: Arien und Kantaten, op. 11 (1649), op. 20 (1659), op. 41 (1666); Canzonetten, op. 27 (1661), op. 43 (1667), op. 46 (1668); Kammerduette, op. 66 (1677); Madrigale für 2–3 St., teilweise mit 2 V. u. B.c., op. 26 (1661). – **3) Instr.-WW:** Sonaten für V., Vc. u. B.c., op. 55 (1670); für 2 V., Vc. u. B.c., op. 18 (1656); für 3 V., Vc. u. B.c., op. 8 (1648); für 2–5 V. u. B.c., teilweise mit Trp., op. 35 (1665); *Correnti e balletti* für 5–8 St. u. B.c., op. 15 (1654), für Cemb. oder Laute oder Theorbe oder für V. u. Vc. mit 2 V. ad lib., op. 30 (1660, spätere Aufl.[?] V 1659); *Trattenimenti per camera* für 2 V., Vc. u. B.c., op. 22 (1660); *Canzoni* für 2 V., Vc. u. B.c., op. 2 (1642); *Varii e diversi capricci* für 2 V., Vc. u. B.c., op. 50 (1669).

Ausg.: 3 Solomotetten, hrsg. v. R. EWERHART (Kö 1960 u. 1971) (= Cantio sacra 19, 55, 60); Sonate d-moll, op. 18/9, hrsg. v. W. DANCKERT, in: Hortus Mus. 34; 2 Kantaten, hrsg. v. H. RIEMANN, in: Kantaten-Frühling 1 (L o.J.); *Sonata prima (La pellicana)* aus op. 55, in: FR. GIEGLING, Die Triosonate (Kö 1959) (= Das Musikwerk 15); *Capriccio a tre,* op. 50/29 (Il Guastavilani), hrsg. v. E. SCHENK (W 1969) (= Diletto musicale 444).

Lit.: L. FRATI, Per la storia della musica in Bologna, in: RMI 32 (1925); F. VATIELLI, Arte e vita musicale a Bologna (Bol 1927); W. S. NEWMAN, The Sonata in the Baroque Era (Chapel Hill 1959); A. CAVICCHI, Contributo alla bibliografia di A. Corelli, in: Ferrara (1961) Nr. 2; W. KLENZ, G. M. Bononcini of Modena (Durham 1962); M. N. SCHNOEBELEN, The Concerted Mass at San Petronio in Bologna, ca. 1660–1730. A Documentary an Analytical Study (1966) (= Diss. Univ. of Illinois); J. L. WARREN, The „Motetti a voce sola" of M. C. (mit Übertragung v. 36 Motetten) (1967) (= Diss. Southern Baptist Theological Seminary); O. MISCHIATI, Rapporti tra Corelli e la scuola bolognese, in: Study Corelliani (Fi 1972).

CEBALLOS (Cevallos, Cavallos, Zavallos), **Francisco,** * Anfang 16. Jh. † um 1571 Burgos; span. Komponist. C. ist 1535–36 als Kapellmeister und Inhaber einer Pfründe an der Kathedrale von Burgos nachweisbar. Eine Messe, Motetten und Fauxbourdon-Stücke sind handschriftlich in den Kathedralen von Málaga und Saragossa erhalten.

CEBALLOS (Cevallos, Çavallos, Zavallos), **Rodrigo de,** * zwischen 1525 und 1530 Aracena (Huelva), † 1581 Granada; span. Komponist. C. war Priester, Kapellmeister an den Kathedralen von Málaga (seit 1554) und Córdoba (seit 1556), seit 28. 6. 1561 an der Capilla Real in Granada. Der spanische Dichter V. Espinel erwähnt ihn rühmend in *La Casa de la Memoria.* C. schrieb Messen, Motetten, Madrigale und Villancicos. Seine (nur handschriftlich erhaltenen) Kompositionen befinden sich in den Kathedralen von Huesca, Toledo und Saragossa, in der Kirche Santiago von Valladolid, in der Bibl. Medinaceli in Madrid und in der Bibl. des Klosters des Escorial.

CEBOTARI, Maria, * 10. 2. 1910 Kischinjow (Bessarabien), † 9. 6. 1949 Wien; östr. Sängerin (Sopran) rumän. Herkunft. Sie begann nach Tanz- und Gesangsausbildung als Schauspielerin, wandte sich 1929 in Berlin ganz dem Gesang zu und wurde bald von Fr. Busch an die Dresdner Staatsoper engagiert, wo sie 1931 als Mimi in Puccinis *La Bohème* debütierte und deren Mitglied sie bis 1943 blieb. 1936–44 sang sie auch an der Berliner Staatsoper, nach 1946 vornehmlich an der Wiener Staatsoper. Sie wirkte u. a. bei den Uraufführungen der Opern *Die schweigsame Frau* von R. Strauss 1935 in Dresden und *Dantons Tod* von G. von Einem 1947 in Salzburg mit. Gastspiele führten sie auch nach England und in die USA. Sie fand vor allem als Mozart- und Strauss-Interpretin internationale Anerkennung. Seit 1938 war sie in 2. Ehe mit dem Filmschauspieler G. Diessl verheiratet und spielte selbst in einigen Filmen.

Lit.: A. MINGOTTI, M. C. (Salzburg 1950).

CECCHETTI, Enrico, * 21. 6. 1850 Rom, † 12. 11. 1928 Mailand; it. Tänzer, Pädagoge und Choreograph, Sohn des Choreographen Cesare C.

und der Tänzerin Serafina Casagli. Nach erster Ausbildung durch seinen Vater studierte C. in Florenz bei G. Lepri, einem Schüler von C. de Blasis. 1870 erhielt er ein Engagement an der Mailänder Scala und wurde dort 1885 Solotänzer (Premier danseur). 1887 folgte er einem Ruf an das Kaiserliche Theater in St. Petersburg, wurde 1890 zweiter Ballettmeister und unterrichtete 1892–1902 an der Kaiserlichen Ballettschule. 1902–05 lehrte er an der Ballettschule in Warschau, kehrte dann nach St. Petersburg zurück, gründete dort eine eigene Ballettschule. 1910 schloß er sich den Ballets Russes Serge Diaghilews an. Während eines Aufenthaltes in London gründete er dort 1918 eine Tanzakademie. 1923 kehrte er nach Italien zurück und leitete in Mailand 1925–28 auf Initiative Toscaninis die Ballettschule der Scala. Die 1922 in London gegründete C.-Society, die 1924 der Imperial Society of Teachers of Dancing angegliedert wurde, verpflichtete sich, C.s Unterrichtssystem zu praktizieren. Sein System der Tanztechnik wurde in *A Manual of the Theory and Practice of Classical Theatrical Dancing* von C. W. Beaumont und S. Idzikowski (Lo 1922) dargestellt.

Lit.: J. RACSTER, The Master of the Russian Ballett (Lo 1922); C. W. BEAUMONT, E. C. (Lo 1929); GR. CECCHETTI, Traité général ... de danse académique ... d'après la méthode E. C., hrsg. v. F. Reyna (P 1956); Letters from the Maestro E. C. to G. Caccialanza, in: Dance Perspectives (NY 1971).

CELEBES ↗Indonesien.

CELESTA (von lat. caelestis = himmlisch). – **1)** Ein von Auguste und Alphonse Mustel erfundenes, 1886 zum Patent angemeldetes Tasteninstrument. Tonerzeuger sind Spezialstahlplatten, die durch Druck auf die Tasten mit filzgepolsterten Metallhämmerchen angeschlagen werden. Jede Stahlplatte ist mit einem auf die Frequenz des betreffenden Tones abgestimmten, hölzernen Resonator versehen. Der Ton ist nicht laut, aber anhaltend (Dämpfung durch Pedal) und ähnelt dem des ↗Glockenspiels. Der Umfang des Instruments beträgt 4 Oktaven, von c–c^4 notiert, aber eine Oktave höher klingend. Die C. wurde im Orchester verwendet u. a. von P. Tschaikowsky *(Der Nußknakker)*, A. Schönberg *(Gurrelieder)*, G. Mahler (6. und 8. Symphonie), R. Strauss *(Salome, Der Rosenkavalier, Eine Alpensinfonie)*, M. Ravel *(Daphnis und Chloé)*, G. Holst *(The Planets)* und B. Bartók *(Musik für Saiteninstrumente, Schlagzeug und C.)*. – **2)** Bz. für ein Orgelregister in 4′-Tonlage, dessen Klang der C. entspricht.

CELIBIDACHE, Sergiu, * 28. 6. 1912 Roman (Rumänien); dt. Dirigent rumän. Herkunft. Nach anfänglichem Studium der Mathematik und Philosophie wandte C. sich ganz der Musik zu. Er studierte seit 1939 in Berlin (Komposition und Dirigieren, auch Musikwissenschaft). Anfang Februar 1946 wurde er, als W. Furtwängler sein Amt nicht ausüben durfte, unmittelbar nach dem Studium überraschend zum Dirigenten des Berliner Philharmonischen Orchesters berufen. C. prägte in den folgenden Jahren entscheidend das Berliner Konzertleben. Nach Furtwänglers Rückkehr 1952 war er zunächst ausschließlich als Gastdirigent tätig, vor allem in Mittel- und Südamerika. 1963 übernahm er die Leitung des schwedischen Rundfunk-Symphonie-Orchesters und wurde 1972 ständiger Dirigent und Leiter des Orchesters des SDR, 1975 auch ständiger Gastdirigent des Orchestre National der ORTF. Seit 1978 arbeitet er mit der Staatskapelle Rheinlandpfälzische Philharmonie zusammen. C. lehrt u. a. an der Accademia musicale Chigiana in Siena, seit 1978 auch an der Universität Mainz. Er lehnt Schallplatteneinspielungen grundsätzlich ab. Als Komponist trat er u. a. mit 4 Symphonien und einem Klavierkonzert hervor. 1979 wurde C. zum Chefdirigenten der Münchner Philharmoniker und zum GMD von München berufen.

CELLARIUS (eig. Hausskeller), **Simon,** * vor 1500 wahrscheinlich in Sachsen, † 1544 Kohren (Sachsen); dt. Komponist. C. war 1521–22 Kantor an St. Marien in Zwickau, später Pastor. Nur wenige Werke – alles lat. Offiziumskompositionen – sind von ihm überliefert, hsl. und in den Sammeldrucken von G. Rhau (Wittenberg 1538, 1540 u. 1542).

Ausg.: 2 Hymnen, hrsg. v. R. GERBER, in: EDM, Reihe RD, 21 (L 1942); 2 Psalmen aus G. Rhau, Vesperarum precum officia 1540, hrsg. v. H. J. MOSER (Kiel 1960) (= G. Rhau, Musikdrucke aus den Jahren 1538–45 in praktischer NA 4).

CELLIER, Alexandre, * 17. 6. 1883 Molières-sur-Cèze (Gard), † 4. 3. 1968 Paris; frz. Organist, Komponist und Musikforscher. C. studierte am Conservatoire in Paris bei L. Diémer (Klavier), A. Guilmant (Orgel), X. Leroux (Musiktheorie) und Ch.-M. Widor (Komposition) und war seit 1910 Organist der Église réformée de l'Étoile in Paris, 1918–39 auch der Société J. S. Bach. Außerdem war er Inspecteur de l'enseignement musical für die Konservatorien der Provinz.

WW: **1) Kompositionen:** Für Org.: *Suite symphonique* (1906); *Étude* (1916); *Pèlerinages* (1923); 10 Stücke (P o.J.); *3 Chorals-Paraphrases sur les mélodies des psaumes de la Renaissance* (1936); *Églises et Paysages* (1943); 12 kurze Stücke (P o.J.); 2 *Sonates* für Br. u. Klv. (1917) u. für Vc. u. Klv. (1921) (P o.J.); einige unveröff. Kammermusik- u. Orch.-WW. – **2) Editionen:** N. Bernier, *Confitebor tibi* u. M. R. Delalande, *De profundis,*

Quare fremuerunt, Confitemur tibi, Deus in adjutorium (P o.J.); J. S. Bach, *Chorals-Préludes* (5 Bde.) u. *Recueil de 277 chorals vocaux* für Tasteninstr. bearbeitet (P o.J.); *Recueil de 30 lieds spirituels* für SingSt u. Org. (Str o.J.). – **3) Schriften:** *L'Orgue moderne* (P 1913); *Les Passions et l'Oratorio de Noël de J. S. Bach* (P 1929); *L'Orgue, ses éléments, son histoire et son esthétique* (P 1933); *Traité de la registration d'orgue* (P 1958).

CELLIER, Jacques, † 1620 Reims; frz. Organist. Er war zunächst in Laon ansässig, kam 1583 nach Reims und wurde dort Organist an der Kathedrale. Von C. sind zwei interessante Manuskripte mit Zeichnungen von Orgeln und anderen Musikinstrumenten seiner Zeit erhalten, in denen sich auch einige Stücke für Tasteninstrumente befinden (Paris, Bibl. Nat., Ms. fr. 9152, und Reims, Bibl. municipiale, Ms. 971).

CELLO ↗Violoncello.

CELTIS (Celtes; eig. Pickel oder Bickel), **Konrad** (Conradus Protucius), * 1. 2. 1459 Wipfeld bei Schweinfurt, † 4. 2. 1508 Wien; dt. Gelehrter. C., einer der einflußreichsten deutschen Humanisten, studierte in Köln und Heidelberg Philologie, Philosophie, Rhetorik und Poesie, kam als Wanderlehrer nach Rostock, Lübeck, Prag und Nürnberg, bereiste 1487–89 Italien und studierte 1489–91 Mathematik in Krakau. Seit 1492 lehrte er Rhetorik und Poesie an der Universität Ingolstadt, seit 1497 in Wien, und leitete dort seit 1502 auch das Collegium poetarum et mathematicorum. C. regte in seinen Vorlesungen über Metrik und Prosodie der Antike die Vertonung von Oden an, um die Längen und Kürzen der griechischen Metren zu veranschaulichen. Sein Schüler Tritonius in Ingolstadt vertonte in diesem Sinne Oden des Horaz im 4stimmigen, homorhythmischen Satz (*Melopoiae sive harmoniae tetracenticae super XXII genera … secundum naturam et tempora syllabarum et pedum compositae et regulatae, ductu C. Celtis,* Au 1507). Ihre Tenores wurden u. a. von Senfl und Hofhaimer bearbeitet. Von Tritonius stammen möglicherweise auch die musikalisch ebenfalls im Odenstil gehaltenen Schlußchöre zu C.' allegorischen Spielen *Laudes Maximiliani* und *Ludus Dianae* (aufgeführt zuerst 1500 zu Ehren Kaiser Maximilians I.). C. wollte die in *Melopoiae* angewendete Art der Odenkomposition auch auf die Vertonung christlicher Hymnen übertragen wissen.

Lit.: E. WEBER, La musique mesurée à l'Antique, in: RIM 12 (1952).

CEMBAL D'AMOUR, Clavecin d'amour (frz.; it.: cembalo d'amore), Bz. für ein von G. Silbermann 1722 weiterentwickeltes und verbessertes ↗Clavichord. Das Instrument konnte sich aber nicht durchsetzen, da die fast gleichzeitige Erfindung des Hammerklavieres bahnbrechend war. Nach der Beschreibung von J. Mattheson (*Critica Musica,* 1725) und J. Adlung (*Musica mechanica organoedi,* 1768) handelte es sich um ein Clavichord mit doppeltem Resonanzboden, doppeltem Steg und Saiten, die doppelt so lang waren wie die gewöhnlichen Clavichordsaiten. Die Tangenten waren auf eine Tastatur montiert, die genau in der Mitte des Resonanzkörpers lag. Sie berührten die Saiten in ihrer Mitte, so daß beide Teile denselben Ton ergaben. Dieser wurde je nach Anschlagsgeschwindigkeit der Tangente von seiner unteren Oktave begleitet, die der Schwingung der Saite in ihrer ganzen Länge entspricht. Erst beim Zurückfallen der Tangente hielt ein Dämpfer die Schwingungsbewegung an. Dieser Vorgang bedingte gegenüber dem Clavichord eine größere Klangfülle und die Möglichkeit, den Ton länger auszuhalten.

Lit.: J. MATTHESON, Critica musica II (H 1725); J. G. WALTHER, Musikalisches Lexicon (L 1732); J. ADLUNG, Anleitung zu der musikalischen Gelahrtheit (Erfurt 1758, ²1783), Faks.-Ausg. hrsg. v. H. J. Moser (Kas 1953); DERS., Musica mechanica organoedi, 2 Bde. (B 1768), Faks.-Ausg. hrsg. v. Chr. Mahrenholz (Kas 1931); E. FLADE, G. Silbermann (L 1926, Wie ²1953).

CEMBALO (engl.: harpsichord; frz.: clavecin, clavessin). Die im deutschen Sprachgebiet übliche Kurzform des italienischen Wortes *clavicembalo* (auch *gravicembalo*) bezeichnet das in der Zeit vor 1800 wichtigste besaitete Tasteninstrument. Den Klang erzeugen mittels einer Tastenmechanik betätigte Plektren („Kiele"), die über einen flachen Resonanzkörper gespannte Saiten anzupfen. Neben dem mit dem Namen C. verbundenen Instrument mit flügelförmigem Grundriß (daher auch *Kielflügel* genannt), bei dem die Tasten parallel zu den Saiten verlaufen, entwickelte sich eine Bauform mit vertikal angeordneten Saiten und Resonanzkörper, das ↗*Claviziterium,* sowie zwei kleinere Formen, bei denen die Saiten quer zu den Tasten verlaufen, das im Grundriß polygonale ↗*Spinett* und das rechteckige ↗*Virginal.*

Ein Vorläufer des C.s war das bereits im Altertum in den Mittelmeerkulturen sowie im Nahen und Fernen Osten unter verschiedenen Bezeichnungen bekannte *Polychord.* Im frühen Mittelalter kam es über die Araber und die Kreuzzüge unter dem Namen *Qânûn* bzw. *Santîr* erneut nach Europa. Als *Hackebrett* oder *Psalterium* – je nachdem, ob seine Saiten mit Klöppeln geschlagen oder gezupft werden – ist es vom 9. Jh. an in der europäischen Musik weit verbreitet. Sein Aufbau ist einfach: Über einen flachen Resonanzkasten, der mit Schallöffnungen versehen ist – meist mit Rosetten verziert – und den unterschiedlichsten Grundriß haben kann, verlaufen die auf zwei Randstegen gelagerten Saiten. Die identische Konstruktion des geschlagenen und des gezupften Instrumentes förderte die in der Frühzeit des Instrumentenbaues ohnehin vorhandene Neigung zu unscharfen Bezeichnungsweisen. So wurde der Name des aus griech. tympanon (= Schlaginstrument) entstandenen *Cymbals* auch auf das Psalterium, das Zupfinstrument, übertragen. Die Mechanisierung des Zupfvorganges durch die von der Orgel her bereits bekannte Taste (lat. clavis) ergab das *Clavicymbal,* aus dem sich das *Clavicembalo* bzw. das C. ableiten.

Die Entwicklung eines gezupften Tasteninstrumentes ging spätestens in der 2. Hälfte des 14. Jh.. vor sich. Obwohl unser Wissen über die Anfänge noch gering ist, kommt als Entstehungsgebiet das nordwestliche Europa in Frage. Wie auch beim Clavichord gibt die Stadt Minden den ersten schriftlichen und bildnerischen Beleg für das neue Instrument: In den Minneregeln des Eberhard von Cersne (Minden 1404) ist erstmals vom „Clavicymbolum" die Rede. Die älteste Darstellung eines C.s findet sich auf dem Mindener Altar von 1425. Diese Belege reichen ein gutes Jahrhundert weiter zurück als das älteste erhaltene C., ein 1521 von dem Bologneser Hieronymus Bononiensis gebautes Instrument (heute im Victoria and Albert Museum, London).

Hat das C. auch im Verlauf seiner Geschichte eine Vielzahl konstruktiver Veränderungen erfahren, so läßt sich doch verallgemeinernd folgender Aufbau angeben: Auf dem Resonanzkörper mit flügelförmigem Grundriß, wie er aus der Saitenverkürzung vom Baß zum Diskant resultiert, verlaufen die Saiten von der geschwungenen Wand („Hohlwand") über Resonanzboden- und Stimmstocksteg zu den Stimmwirbeln, die an der dem Spieler zugewandten Schmalseite des Korpus im blockartigen „Stimmstock" drehbar befestigt sind. Vor diesem liegt der vordere, sichtbare Teil der Klaviatur. Ihre Tasten verlaufen parallel zu den Saiten unter dem Stimmstock hindurch und enden in dem für die „Kielmechanik" vorgesehenen Raum zwischen Stimmstock und Resonanzboden. Die Kielmechanik hat die Aufgabe, die akustische Anregung des Instrumentes durch Zupfen der Saiten zu bewirken. Hierzu stehen auf den Hinterenden der Tasten schmale Stäbchen (früher aus Holz, heute auch aus Kunststoff oder Metall), die „Springer" oder „Docken", lose auf. Beim Niederdrücken der Taste werden sie nach oben bewegt, wobei parallel zum Stimmstock verlaufende geschlitzte Führungsleisten, die sog. „Springerrechen", sie in vertikaler Bewegungsrichtung halten. Jeder Springer ist mit einer um die Waagrechte beweglichen „Zunge" versehen, an der das „Plektrum", der eigentliche Tonerreger, angebracht ist. Beim Hochschnellen des Springers zupft das Plektrum die Saite an, während beim Rückfall die bewegliche Zunge dafür sorgt, daß das Plektrum unter die Saite zurückgleitet, ohne sie ein zweites Mal anzuregen. Eine Feder drückt die Zunge nach dem Anschlagvorgang wieder in ihre Ausgangsstellung, ein oder zwei am Springer angebrachte Filzstückchen bewirken nach dem Loslassen der Taste die Dämpfung der Saite. Als Material für die Plektren fanden meist (im flämischen Cembalobau stets) Federkiele, vorzugsweise von Rabenfedern, Verwendung, ferner gelegentlich Leder, in Ausnahmefällen Messing, Elfenbein, Schildpatt, ja sogar Kork. An Stelle der Federkiele werden heute geeignete Kunststoffe, z. B. Delrin, eingesetzt.

Der Anzahl nebeneinanderliegender Springerrechen entspricht die Zahl der klingenden Register des Instrumentes. Durch seitliches Verschieben eines Rechens in Richtung der Plektren erreicht man ein Untergreifen der Plektren unter die Saiten. Das entsprechende Register wird damit eingeschaltet. Eine Verschiebung in Gegenrichtung schaltet das Register ab. Zu dem klingenden Register gehört entweder ein eigener Saitenbezug, oder es wird (meist bei 8′-Registern) ein und dieselbe Saite zur Erzielung unterschiedlicher Klangfarben an mehreren, verschieden weit vom Steg entfernten Stellen angezupft. Das Hauptregister steht im 8′ (= „acht Fuß"), eine Angabe, mit der die Tonhöhe der C-Saite in Bezug gesetzt wird zur Länge von 8′ der offenen Orgelpfeife gleicher Grundfrequenz. Wie bei der Orgel kommt daneben das eine Oktave höher stehende 4′-Register vor, seltener ein 16′-, in Einzelfällen auch ein 2′-Register. Praetorius (1619) erwähnt sogar Cembali mit Quintregister („Mixtur"), für die sich aber kein Beispiel erhalten hat.

Die Register werden anfangs von einem, später häufiger von zwei, ausnahmsweise auch von drei übereinander liegenden Manualen aus gespielt. Auch Pedalklaviaturen sind schon früh (1460) in Gebrauch, wobei die Pedale entweder an die Manualtasten – zur alternativen Betätigung durch die Füße – angehängt wurden oder zu einem selbständigen Instrumentenkörper gehörten, auf dem das eigentliche C. stand.

Über die im nordwestlichen Mitteleuropa und im Burgund des 14. und 15. Jh. zu vermutenden Anfänge des C.s ist bisher wenig bekannt. Seine erste Blütezeit erlebte das Instrument etwa ab 1500 in Italien. Kennzeichnend für die italienischen Cembali ist ein dünnwandiger, meist aus leichtem Zypressenholz gefertigter Korpus mit hervorspringender Klaviatur. Der Klaviaturumfang reichte zunächst typisch von C–c^3, wobei im Baß meist die sog. „kurze Oktave“ anzutreffen ist. Dies bedeutet, daß das vertraute Klaviaturbild bei E endet (Kurzschreibweise C/E). Dieses E ist jedoch auf C gestimmt, die sonst zu Fis bzw. Gis gehörenden Halbtöne klingen als D bzw. E. Die tiefste Oktave enthält somit – neben den diatonischen Tönen – B als einzigen chromatischen Halbton. Im 17. Jh. erweiterte sich der Umfang dann auf G_1–d^3, wobei die Instrumente nunmehr eine analoge „kurze Oktave“ G_1/H_1 erhielten. Es überwog ein einmanualiger, zumeist mit zwei 8′-Registern ausgestatteter Instrumententyp mit verhältnismäßig kurzen Saitenmensuren (typische Saitenlange für c^2: 26–28 cm). Geschätzt wird der dunkle und doch gleichzeitig obertonreiche Klang (starke Ausprägung des 3. Teiltones, der Duodezime) italienischer Cembali. Der zarte, im natürlichen Holzton belassene Instrumentenkorpus ist meist in einem üppig dekorierten äußeren Gehäuse aufbewahrt, in manchen Fällen sind Instrument und Gehäuse auch aus einem Stück, und ein selbständiger innerer Korpus wird nur vorgetäuscht. Spielhilfen zum schnellen Ein- und Ausschalten der Register waren im allgemeinen nicht vorgesehen, man änderte die Registrierung nicht während des Spieles, sondern höchstens zwischen den Stücken oder zum Stimmen der einzelnen Register. Berühmte italienische Cembalobauer waren u.a. Alessandro und Vito Trasuntino, Dominicus Pisaurensis, Joannes Antonius Baffo, Girolamo Zenti, Giovanni Battista Giusti, Carlo Grimaldi und Bartolomeo Cristofori.

In der zweiten Hälfte des 16. Jh. verlagerte sich das Schwergewicht der Entwicklung nach Flandern mit Antwerpen als Zentrum, wo die Cembalobauer seit 1557 der St.-Lukas-Zunft angehörten. Gegenüber italienischen Instrumenten sind die flämischen Cembali dickwandiger, ihre längeren Saitenmensuren (für Ruckers-Cembali etwa beträgt die Saitenlänge c^2 = 36–37 cm) und die entsprechend höhere Zugbelastung erforderten eine stabilere Innenkonstruktion. Ihr Resonanzboden ist (wie stets außerhalb des Mittelmeerraumes) aus Fichte gefertigt. Das Silbrige des Klanges flämischer Instrumente wird noch gefördert durch die Einführung eines (in Italien seltenen) 4′-Registers neben dem 8′-Register. Zur Erleichterung der Registrierung führte man die Springerrechen durch die Seitenwände des Instrumentes nach außen („Flankenzüge“). Das aus Laubhölzern (Pappel, Linde) gefertigte Gehäuse präsentierte sich oft reichverziert: das Äußere mehrfarbig gestrichen, marmoriert oder mit Ornamenten versehen, das Innere mit Blockdrucktapete ausgekleidet, auf dem Innendeckel lateinische Sinnsprüche, manchmal auch ein eigengewichtiges Gemälde, z. B. von Rubens. Der Resonanzboden ist vielfach mit Streublumen- und Vogelmotiven geschmückt, eine im Schalloch angebrachte kunstvolle Metallrosette mit den Initialen des Erbauers erfüllte die von der Zunft vorgeschriebene Kennzeichnungspflicht.

In Flandern gewannen auch die zweimanualigen Cembali an Bedeutung. Zunächst war dabei, vor allem durch die Instrumentenbauerfamilie Ruckers in Antwerpen, der Typ des „Transpositions-Cembalos“ weit verbreitet. Bei diesem waren Ober- und Untermanual in Stimmung und Klaviaturbild um eine Quarte gegeneinander versetzt. Hatte das Obermanual den Umfang C/E–c^3, so besaß das Untermanual den Umfang C/E–f^3, war aber so verschoben, daß f^3 des Untermanuals unter c^3 des Obermanuals lag. Beide Manuale bedienten sich desselben Saitenbezuges, ein zweimanualiges 8′-, 4′- C. besaß also nur zwei Saitenbezüge, aber je zwei 8′- bzw. 4′- Springerreihen. Die geringere Tastenzahl machte im Obermanual links einen breiten Klaviaturbacken erforderlich. Das Transpositions-Cembalo erleichterte die Begleitung verschiedener, gewöhnlich um eine Quart differierender Instrumente einer Instrumentenfamilie (Blockflöten, Fideln).

Um die Mitte des 17. Jh. wurde das Transpositions-Cembalo von dem im Ober- und Untermanual gleichgestimmten „Kontrast-Cembalo“ abgelöst, das dem Spieler durch einfachen Manualwechsel eine stufenartige Veränderung von Klangfarbe und Lautstärke („Terrassendynamik“) ermöglichte. Die übliche Disposition zweimanualiger Cembali sah 8′ und 4′ im Untermanual sowie ein zweites selbständiges 8′-Register im Obermanual vor. Dieses konnte durch stufenförmiges Absetzen der Springerenden von Ober- und Untermanual aus spielbar gemacht oder später (Frankreich) durch Verschieben des Obermanuals dem Untermanual zugekoppelt werden.

Die Führung im flämischen Cembalobau lag über drei Generationen in den Händen der Familie ↗Ruckers, Antwerpen. Bedeutende flämische Cembalobauer entstammten ferner den Familien Moermans, Couchet (mit Ruckers verwandtschaftlich verbunden) und Dulcken. Der englische Musikschriftsteller Ch. Burney bezeichnete 1773 Johann Daniel Dulcken (nachgewiesen 1736–1769) als den bedeutendsten Vertreter des flämischen Cembalobaues nach der Ära Ruckers.

In der zweiten Hälfte des 17. Jh. ging die Führung von Flandern an Frankreich über. Es entstand jedoch kein grundsätzlich neuer Cembalotyp, vielmehr ist das französiche C. als zeitgemäße Weiterentwicklung der flämischen Instrumente anzusehen. Der Tonumfang vergrößerte sich auf fünf Oktaven (etwa seit 1700), Manualkoppel, Frontzüge und Kniehebel wurden als Registrierhilfen eingeführt, die Spielart der Klaviaturen verfeinert. Der verhältnismäßig weiche, auf gute Verschmelzung der Einzelregister angelegte Klang der Instrumente entsprach auch den Intentionen der ausgesprochen cembalogerecht komponierenden französischen „Clavecinisten", von denen J. Champion de Chambonnières, L. und Fr. Couperin, J.-Ph. Rameau und J. Du Phly angeführt seien. Die organische Entwicklung des französischen C.s aus dem flämischen und das hohe Ansehen, in dem die flämischen Instrumente nach wie vor standen, führten dazu, daß flämische Cembali in Frankreich à la mode umgebaut und erweitert („ravalement"), oder gar Neubauten kurzerhand mit Ruckers-Signaturen versehen und als flämische Instrumente verkauft wurden.

Bedeutende Vertreter des französischen Cembalobaues kamen aus der Familie Blanchet. Ihre Tradition war bis ins letzte Jahrzehnt des 18. Jh. bei dem durch Heirat in die Familie gekommenen Pascal Taskin in kundigen Händen. Er führte mit dem „peau de buffle" auch ein neues klingendes Register in den Cembalobau ein: Eine Springerreihe mit sehr weichen Lederplektren zupft die Saiten in größtmöglichem Abstand vom Steg an und erzeugt einen weich-gedämpften, dem aufkommenden Hammerflügel verwandten Klang.

Hervorzuheben ist unter den französischen Cembalobauern ferner Jean Marius, der ein zusammenklappbares Reisecembalo entwickelte. Zu großem Ansehen brachte es auch der aus Deutschland zugewanderte Antoine Vatter (ursprünglich Anton Vater) aus Hannover und sein Schüler Jean Henri Hemsch (ursprünglich Johann Heinrich Hemsch) aus Castenholz bei Köln sowie dessen Bruder Guillaume Hemsch.

Auf den britischen Inseln erfreute sich das C. und vor allem seine Kleinform, das Virginal – sein Name stand zeitweise für C. schlechthin –, von Anfang an großer Beliebtheit. Über die Ursprünge des englischen Cembalobaues sind nur spärliche Zeugnisse vorhanden. Man importierte zunächst Cembali aus Italien und Flandern. In England entstand jedoch die erste selbständige ↗Cembalomusik, während im übrigen Europa die frühe Instrumentalmusik noch Gemeingut von Orgel, Cembalo, Clavichord oder Laute war. Das älteste in England gebaute C. ist als Teil eines 1579 von dem zugewanderten Flamen Lodewijk Theeuwes gebauten Claviorganums erhalten. Die englischen Instrumente des 17. Jh. lehnen sich in Disposition und Bauweise noch eng an das italienische bzw. flämische Vorbild an. Ein eigenständiger englischer Cembalobau entstand erst im 18. Jh. um den in London lebenden Flamen Hermann Tabel, bei dem der Elsässer Jakob Kirchmann (* 1710, anglisiert Jacob Kirkman) und der Schweizer Burkhardt Tschudi (* 1702, anglisiert Burkat Shudi) arbeiteten. Im Wettstreit zwischen den Familien Kirkman und Shudi – letzterer gründete zusammen mit dem Schotten John Broadwood eine eigene Firma (↗Broadwood & Sons) – nahm der englische Cembalobau einen beträchtlichen Aufschwung. Instrumente der genannten Erbauer waren in ganz Europa begehrt. Sie fanden sich an den Höfen Friedrichs des Großen und Maria Theresias ebenso wie in Venedig und Neapel.

Das englische Cembalo des 18. Jh. zeichnet ein voller, rauschender Klang bei einer verhältnismäßig schweren Konstruktion aus. Es weist einen starken Saitenbezug und eine größere Anzahl von Registern auf. Als Standardtyp bildete sich ein zweimanualiges Instrument mit 8′, 8′, 4′ im Untermanual und 8′, 8′-nasal im Obermanual heraus. Die Klangfarbe des Nasal-Registers wird dabei durch Anzupfen der Saiten in unmittelbarer Stegnähe erreicht (ein derartiges nasales 8′-Register war jedoch schon im deutschen Cembalobau des 16. Jh. bekannt). Das Instrumentengehäuse ist meist hartholzfurniert, oft auch mit besonders schönen Einlegearbeiten ausgestattet. Um sich der Konkurrenz des aufkommenden Hammerflügels zu erwehren, führte man in der 2. Hälfte des 18. Jh. eine Reihe von Erfindungen ein, die den Cembaloklang variabler und modulationsfähiger machen sollten: Eine spezielle Registriervorrichtung („machinestop") erlaubte den plötzlichen Wechsel vom „Vollen Werk" zu einem einzelnen 8′-Register; Shudi erfand ferner einen Rollschweller („venetian swell"), der durch Öffnen eines Satzes über den Saiten angebrachter Jalousiebretter ein Crescendo ermöglichte. Für die Betätigung von „machinestop" und „venetian swell" kamen Pedale in Gebrauch, wiewohl sie vereinzelt schon früher (z. B. von John Harward, um 1660) als Registrierhilfen verwendet wurden. Mit dem letzten von Joseph Kirkman gebauten Instrument endete 1809 zunächst die rund 400jährige Geschichte des Cembalos. Unter dem Einfluß eines veränderten Zeitgeschmackes sollte es für die Dauer fast eines Jahrhunderts in Vergessenheit geraten.

Im deutschen Sprachraum beschäftigte man sich schon früh mit dem Cembalo. Es existiert auch eine verhältnismäßig reiche instrumentenkundliche Literatur. Aus der Zeit vor 1700 sind aber heute (neben einigen wenigen Spinetten, Virginalen, Clavizite-

rien und Orgelklavieren) nur noch drei Cembali erhalten. Sicherlich ist manches Instrument durch die Wirren des 30jährigen Krieges verlorengegangen; das C. besaß aber auch in Deutschland keine so große Bedeutung wie in den bisher erwähnten Kulturräumen. Meist war der „Flügel" nur ein Tasteninstrument neben anderen (Orgel, Clavichord).
Zwischen den einzelnen europäischen Zentren bestand durchaus eine gegenseitige Beeinflussung: Auswandernde deutsche Cembalobauer trugen wesentlich zur Entwicklung des C.s in Flandern, später in Frankreich und England bei; umgekehrt zeigen deutsche Instrumente zunächst italienischen oder flämischen Einfluß. Der Cembalobau orientierte sich in Deutschland mehr als in anderen Ländern an von der Orgel übernommenen Klangvorstellungen. Kennzeichnend hierfür ist die Vorliebe für Kontraste in den Klangfarben der einzelnen Register. So besaß schon das älteste erhaltene deutsche C. (1537 von Hans Müller in Leipzig gebaut, heute in Rom aufbewahrt) ein nasales 8′-Register. In diesem Zusammenhang ist auch die Klangverschärfung durch die Verwendung von Messingplektren (z.B. im Cembalo von Johann Mayer, 1619) zu erwähnen. Verhältnismäßig bald sind überdies „Laute" (Leder- oder Filzstückchen werden in Stegnähe an die Saiten gedrückt) und „Arpichordum" (Metallhäkchen berühren die Saiten in Stegnähe und verursachen einen harfenähnlichen Klang) als „Veränderung" an den Instrumenten zu finden. Besonders beliebt war im deutschen Sprachgebiet auch die (erstmals 1460 erwähnte) Verbindung eines gezupften Tasteninstrumentes mit einer Orgel in einem gemeinsamen Instrument, dem sog. *Orgelklavier* (Claviorganum).
Die Kombination von Tasten- und Streichinstrument verwirklichte der Nürnberger Hans Haiden in seinem erstmals 1575 gebauten *Nürnbergisch Geigenwerk.* Hierbei wurden die Saiten gegen pergamentüberzogene und kolophoniumbestrichene, von einer Pedalvorrichtung angetriebene Räder gedrückt. In Hamburg erfand 1708 J. Chr. Fleischer das *Lautenclavecin,* ein C. mit darmsaitenbezogenen 8′-Registern und 4′-Messingsaiten, wie es sich auch J. S. Bach von dem Silbermann-Schüler Zacharias Hildebrand bauen ließ. Die Idee eines Darmsaitenbezuges nutzte Fleischer sogar im 16′-Register aus („Theorbenflügel"). In der wichtigsten Epoche des Cembalobaues in Deutschland, in der ersten Hälfte des 18. Jh., bildeten sich Zentren in Sachsen (G. ↗Silbermann, die Instrumentenbauerfamilie Gräbner) und Hamburg (Fleischer, Hass, Zell). Die Hamburger Schule baute auch des öfteren Cembali mit 16′-Registern, von Hieronymus Albrecht Hass sind sogar Instrumente mit 2′-Registern und ein dreimanualiges C. erhalten.
Die Entwicklung des C.s ging im wesentlichen in den angeführten fünf Ländern vonstatten. Selbstverständlich wurden auch in den geographisch jeweils angrenzenden Regionen Cembali gebaut – z.B. auf der Iberischen Halbinsel unter italienischem, im skandinavisch-baltischen Raum unter deutschem Einfluß –, ohne daß sich jedoch ausgeprägt eigenständige Schulen herausbildeten.
Dem Stilwandel in der Musik um die Wende vom 18. zum 19. Jh. entsprach nicht mehr das C., sondern der Hammerflügel, zu dessen Gunsten die Kielklaviere seit der 2. Hälfte des 18. Jh. immer mehr zurückgedrängt wurden und schließlich in Vergessenheit gerieten. Abgesehen von vereinzelten „historischen Konzerten", dauerte es bis in die 80er Jahre des 19. Jh., ehe man sich ihrer wieder erinnerte. Die ersten Nachbauten – aus den Pariser Klavierfabriken Érard, Pleyel und aus der Werkstatt Tomasinis – wurden 1889 auf der Pariser Weltausstellung gezeigt. Das erwachende Interesse an der Aufführung alter Musik mit einem stilgerechten Instrumentarium führte alsbald zum Neubau weiterer Cembali durch Arnold Dolmetsch in England (seit 1896) sowie Steingraeber, Mändler und Neupert in Deutschland (seit 1906). Besonders gefördert wurde die Wiedereingliederung des C.s in das Musikleben durch den Einsatz der polnischen Cembalistin Wanda ↗Landowska. Der von ihr bevorzugte Cembalotyp (Pleyel) orientierte sich noch stark an den konstruktiven und klanglichen Gegebenheiten des modernen Konzertflügels (schwere Konstruktion, Verwendung eines Eisenrahmens, starker Saitenbezug), mit dem das wiedererweckte Instrument im Publikumsgeschmack zunächst konkurrieren mußte.
Etwa seit Ende der 20er Jahre galt das Hauptinteresse bei den Cembalorekonstruktionen einem Instrument der Berliner Musikinstrumentensammlung, das damals irrtümlich als Flügel J. S. Bachs angesehen wurde. Dieses wahrscheinlich der Hamburger Schule zuzurechnende zweimanualige C. besitzt die seltene Disposition 8′, 16′ im Untermanual, 8′, 4′ im Obermanual.
Etwa seit Mitte der 60er Jahre setzten sich, vor allem unter dem Einfluß grundlegender Arbeiten von R. Russel und F. Hubbard sowie des Cembalisten G. Leonhardt und seiner Schule, die erhaltenen Originalinstrumente, besonders der italienischen, flämischen und französischen Schule als konstruktive und klangliche Vorbilder durch. Seit dieser Zeit orientiert man sich bevorzugt an Kopien dieser Instrumente und den sich hieraus ergebenden aufführungspraktischen Folgerungen.

Lit.: **1) Historische WW:** PAULI PAULIRINI DE PRAGA Tractatus de musica (etwa 1460), in: ZfMw (1924/25); S. VIRDUNG, Musica getutscht (Bas 1511); M. PRAETORIUS, Syntagma musicum, II (Wb 1618); M. MERSENNE, Harmonie universelle (P 1636); A. KIRCHER, Musurgia universalis (R 1650); Q. VAN BLANKENBURG, Elementa musica (Den Haag 1739); J. ADLUNG, Musica mechanica organoedi (B 1768); CH. BURNEY, The Present State of Musik in France und Italy (Lo 1771); DERS., The Present State of Musik in Germany, the Netherlands and United Provences (Lo 1773) (dt. Übers.: ↗Burney). – **2) Ältere WW:** A. J. HIPKINS, Musical Instruments, Historic, Rare and Unique (Lo 1888); DERS., A Description and History of the Pianoforte and of the Older Keyboard Stringed Instruments (Lo 1896); F. W. GALPIN, Old English Instruments of Music (Lo 1910, [4]1965); H. NEUPERT, Das C. (Kas 1933, [4]1966); M. F. SCHNEIDER, Beitr. zu einer Anleitung, Clavichord u. C. zu spielen (Str 1934); E. HARICH-SCHNEIDER, Die Kunst des Cembalospiels (Kas 1939, [3]1970); T. NORLIND, Systematik der Saiteninstrumente, II (Sto 1939); E. CLOSSON, Histoire du Piano (Bru 1944). – **3) Neuere WW:** F. ERNST, Der Flügel J. S. Bachs (F 1955); F. J. HIRT, Meisterwerke des Klavierbaus (Olten 1955); D. H. BOALCH, Makers of the Harpsichord and Clavichord 1440–1840 (O 1956, [2]1974); R. RUSSEL, The Harpsichord and Clavichord (Lo 1959, [2]1973); F. P. GOEBELS, Das C. im 20. Jh., in: Musica 17 (1963); H. HEYDE, Die Musikinstrumentendarstellung auf dem Mindener Altar, in: BzMw 6 (1964); F. HUBBARD, Three Centuries of Harpsichord Making (C/M 1965); J. H. VAN DER MEER, Beitr. z. C.bau im dt. Sprachgebiet bis 1700 (Nü 1966); W. ZUCKERMANN, The Modern Harpsichord. Twentieth-Century Instruments and their Makers (NY 1969); J. D. SHORTRIDGE, Italian Harpsichord-Building in the 16th and 17th Centuries (Washington/D. C. 1970); J. H. VAN DER MEER, Beitr. z. Cembalobau der Familie Rukkers (B 1971); Keyboard Instruments, hrsg. v. E. M. RIPIN (Edinburgh 1971, NY [2]1977); H. SCHOTT, Playing the Harpsichord (Lo 1971); H. HENKEL, Beitr. z. hist. Cembalobau (L 1976).

W. D. NEUPERT

CEMBALOMUSIK. Das Repertoire bis 1800. Für die Frühgeschichte der C. ist ein 1388 datierter Brief König Johanns I. von Aragonien an die Herzogin von Burgund eine wichtige Quelle. Die darin geäußerte Bitte, dem Organisten und „Exaquier"-Spieler Nikolas sein Notenbuch mit auf die Reise nach Aragonien zu geben, deutet darauf hin, daß das Spiel am Tasteninstrument im 14. Jh. mehr als bloße Spielmanns- und Stegreifpraxis war und daß das Repertoire für Orgel sich mindestens teilweise mit demjenigen für andere Tasteninstrumente überschnitt. Man erfährt aus diesem Brief ferner, daß zum Repertoire ↗Estampien gehörten. Die noch nicht geklärte Frage, ob mit Exaquier (↗Schachbrett) eine Art Cembalo oder ein clavichordähnliches Instrument gemeint ist, spielt im Hinblick auf das Repertoire keine Rolle. Genau spezifizierte Instrumentalbesetzungen wurden erst später zum konstitutiven Kompositionselement. Die Titel gedruckter Sammlungen des 16. und 17. Jh. beziehen nicht nur verschiedene Tasteninstrumente, sondern auch Zupfinstrumente als Besetzungsmöglichkeiten ein: die in spanischer Orgeltabulatur notierten Werke A. de Cabezóns wurden 1578 in Madrid als *Obras de Musica para tecla* (= Tasteninstrument allgemein), *arpa y vihuela*... gedruckt. In einem Pariser Druck P. Attaignants von 1530 heißt es *Tabulature pour le jeu d'Orgues, Espinettes et Manicordions,* in einem Druck bei A. Gardano (V 1551) *Intabolatura nova... per arpichordi, Claviciembali, Spinette & Manachordi.* Bezeichnenderweise wird die Orgel in dem zuletzt genannten Druck nicht aufgeführt, da es sich hier, im Gegensatz zu den meisten Sammlungen, ausschließlich um sehr einfache Gebrauchstanzsätze handelt. Sicherlich wurden Tänze, wie auch die anderen Instrumentalgattungen der Zeit – Fantasia, Tiento, Canzona, Battaglia, Präludium, Toccata, Variationssatz –, sowohl auf der Orgel als auch auf dem Cembalo gespielt. Der italienische Theoretiker G. Diruta, der sich eingehend zur Spielpraxis bei Tasteninstrumenten äußerte, möchte aus spieltechnischen Gründen die Tanzmusik den Kielinstrumenten vorbehalten (*Il Transilvano,* V 1593). Tatsächlich bestand ein Großteil des Cembalorepertoires aus Tanzsätzen (u. a. Pavane, Galliarde, Branle, Allemande, Courante, Saltarello, Piva) – von den schlichten Stücken der französischen und italienischen Drucke des 16. Jh. und der deutschen „Koloristen" über die kunstreichen gepaarten Pavanen und Galliarden der Virginalisten bis hin zu den hochstilisierten Tanzsätzen der Partiten und Suiten J. S. Bachs. Die Durchdringung von Tanz und Variation bei ↗Passamezzo und ↗Folia führte zu Kompositionen beträchtlicher Ausdehnung, in denen dem Spieler ein Höchstmaß an manueller Geschicklichkeit abverlangt wurde (P. Philips, W. Byrd, B. Storace, B. Pasquini). Während sich Canzona, Tiento und Ricercar der stimmigen Faktur der vokalen Kunstmusik verpflichtet zeigen, sind Präludium und Präambel, Toccata und Variationsstücke als eigenständige Instrumentalgattungen anzusehen, welche die schriftliche Fixierung des Stegreifspiels darstellen. Außerordentliche Beliebtheit genoß die Intavolierung, in der eine mehrstimmige vokale Vorlage zur Aufführung auf Tasten- oder Zupfinstrument in Tabulaturnotation umgesetzt und im Sinne des jeweiligen Instruments bearbeitet wurde. Die Breite der Möglichkeiten veranschaulichen die unzähligen Bearbeitungen des 5st. Chansonsatzes *Susanne un jour* von Orlando di Lasso, darunter die straff rhythmisierte und nach Art der Pavane in blockhaften Abschnitten gegliederte *Sussanna* eines anonymen schottischen Virginalisten (Kinloch?), die sozusagen handwerkliche Fassung E. Ammerbachs (1571), der kolorierte Ricercarsatz A. Gabrielis, die vier groß angelegten, zugleich eine äußerst vornehme und transparente Satzart demonstrierenden *Susana Tientos* aus den

Flores de musica ... para tecla e arpa (Lis 1620) des Portugiesen M. R. Coelho, und das technisch anspruchsvolle Spielstück des Spaniers Fr. Correa de Araujo (1626). Die Intavolierung bedeutete eine Art Legitimation der Instrumentalmusik zu einer Zeit, wo diese keineswegs an dem hohen Ansehen der vokalen Kunstmusik teilhatte: schon um 1400 stehen Intavolierungen neben liturgischen Sätzen im *Codex Faënza*, einer der bedeutendsten Quellen für die Frühzeit der C., und die Tabulaturen bezeugen die allgemeine und langlebige Verbreitung dieser Praxis – außer in England.
Die faktische Absage der englischen Virginalisten an die Intavolierung ist Ausdruck einer selbstbewußten, genuin instrumentalen Haltung, die, fern der großen zeitgenössischen Kunstmusik, ihre Ursprünglichkeit und Unabhängigkeit vom vokalen Satzideal bewahrte. Zur erstaunlichen Reife der Faktur, die den spezifischen Anforderungen und Möglichkeiten des Kielinstrumentes in höchstem Maße gerecht wurde, trat eine robuste Volkstümlichkeit. Innerhalb der vielfältigen Überlieferung veranschaulichen vor allem die ↗Grounds die spezifisch englische Klanglichkeit. Mit W. Byrd, J. Bull und O. Gibbons, die in dem Sammeldruck *Parthenia* (1612/13) vertreten sind, gehören G. Farnaby und T. Tomkins zu den bedeutendsten Virginalisten. Wichtige handschriftliche Quellen sind das *Dublin Virginal Book* (um 1570), *My Ladye Nevells Book* (1591) und die großen Sammlungen von Fr. Tregian *(Fitzwilliam Virginal Book)*, B. Cosyn, W. Forster und E. Bevin. Die englische C. des späten 17. Jh. (H. Purcell, J. Blow, W. Croft) ist jedoch nicht unmittelbar aus der Virginalmusik entstanden, sondern zeigt starke kontinentale Einflüsse.
Von dem spanischen Theoretiker J. Bermudo wurde der hohe didaktische Wert der Intavolierung besonders hervorgehoben. Entsprechend zeigt sich in den *Tientos* und *Diferencias* (Variationssätzen) A. de Cabezóns eine streng stimmige Satzart. Ihr kam die Eigenart der spanischen Orgeltabulatur entgegen: zweistimmige Stücke sind auf zwei, dreistimmige auf drei Linien usw. notiert. Allerdings war der erklingende Satz freier als die starre Tabulatur vermuten läßt; er wurde durch „Manieren" und Verzierungen geschmückt, deren Anwendung im Stegreifspiel die unentbehrliche Ergänzung zur schriftlichen Aufzeichnung bedeutete. Kenntnisse über diese Verzierungskunst vermittelt der Theoretiker Tomás de Sancta Maria (*Arte de tañer fantasía*, 1565). Der Neapolitaner A. Valente wurde von Cabezón stark beeinflußt, verwirklichte aber zugleich eine Faktur, die mehr dem Wesen des Kielinstruments entsprach.
Auf eine faktische Scheidung des Orgel- und Cembalorepertoires lief sodann jene systematische Anordnung nach Gattungen hinaus, die für die gedruckten Tabulaturen der deutschen „Koloristen" bezeichnend ist. Die Tabulaturen von C. Löffelholtz, B. Schmid, J. Paix und A. Nörmiger aus der 2. Hälfte des 16. Jh. bestehen zum großen Teil aus Tanzsätzen. Eine bemerkenswert reife Faktur weist eine polnische Quelle auf, eine in italienischer Tabulatur notierte Fantasiensammlung (Hs. 300 R. Vv. 123 Archiwum Wojewodskie, Danzig [Gdansk]). Diese Faktur entspricht eher der Eigenart des Cembalos als die umfangreiche Tabulatur des Johannes de Lublin. Der hochvirtuose Cembalosatz des Niederländers J. P. Sweelinck ist von einer konsequent instrumentalen Konstruktionsweise getragen, die sich vor allem in der Herausbildung der Sequenz und der Vielfalt der Spielfiguren bezeugt. Musikgeschichtlich kommt Sweelinck auch deswegen eine besondere Bedeutung zu, weil er die englische Variationstechnik mit kontrapunktischen Elementen vereinigte und durch seine Schüler S. Scheidt, M. Schildt und H. Scheidemann die ganze norddeutsche Schule beeinflußte.
Die süddeutsche Schule erhielt Anregungen von dem Italiener G. Frescobaldi. Indem er das freie, noch die Stegreifpraxis spiegelnde Satzgewebe seiner Vorgänger (u. a. G. Picchi, L. Luzzaschi) mit einer architektonisch festen Bauweise verband, schuf er einen neuen Instrumentalstil. Seine Canzonen, Toccaten, Partiten und variierten *Arie* benutzten eine kühne Sprache, deren Chromatik und expressive Freiheit von den Madrigalisten stammte. Sein Schüler J. J. Froberger trug zur Bildung der Cembalosuite bei, für die die französischen Lautenisten und die deutsche Orchestersuite Vorbilder lieferten. Der viel gereiste, für die Strömungen seiner Zeit aufgeschlossene Froberger schuf eine Synthese zwischen der Cembalomanier der französischen Clavecinisten, dem ausdruckskräftigen Stil Frescobaldis und dem kontrapunktischen Satz der Deutschen. J. Pachelbel schrieb für das Cembalo Suiten und Variationen. J. Krieger benutzte die französischen *Doubles* und entwickelte die Fuge in seiner *Anmuthigen Clavier Übung*, die G. Fr. Händel kannte. Während sich Fr. W. Zachau der Suite widmete, paßte J. Kuhnau die Formtypen der Sonate, verbunden mit literarischen Programmen, z. B. in den *Biblischen Historien*, dem Cembalo an. J. C. F. Fischer hingegen ist weitgehend von der französischen Musik beeinflußt. Obwohl es für J. Titelouze noch 1623 „außerhalb der Erinnerung der Menschen" lag, daß in Frankreich Klaviermusik gedruckt worden sei, hinterließ L. Couperin († 1661) ein wichtiges handschriftliches Werk. Das umfangreiche, ebenfalls handschriftlich überlie-

ferte *Opera de clavecin* von J. N. Geoffroy († 1694) enthält über 250 Stücke und 14 Suiten. Es folgten zwischen 1670 und 1707 die Drucke der *Livres de Clavecin* von J. Champion de Chambonnières, N. Lebègue, J. H. d'Anglebert, L.-N. Clérambault, G. Le Roux und E. Cl. Jacquet de La Guerre. In dieser Tradition stehen auch die beiden großen französischen Werke des 18. Jh. von Fr. Couperin und J. Ph. Rameau. Die *Pièces de clavecin* Couperins zeigen ein allmähliches Aufgeben der Tanzformen zugunsten einer freieren Folge kurzer Sätze. Couperin war sich der Neuartigkeit dieser Konzeption – „les caractères nouveaux et diversifiés", wie er 1713 schrieb – durchaus bewußt. Die umfangreichen Sammlungen Rameaus zeigen einen Cembalostil, der von der dramatischen Kunst beeinflußt ist und der eine glanzvolle Steigerung des virtuosen Spiels brachte. Daß ihm die Spieltechnik ein besonderes Anliegen war, bezeugen die Verzierungstabellen und die ins einzelne gehende *Méthode de la méchanique des doigts…*, die den *Pièces de clavecin* von 1724 vorausgeschickt ist. In den *Pièces de clavecin en concerts* (1741) wird das Cembalo von zwei Streichinstrumenten bzw. von Streichinstrument und Flöte begleitet. Der Satz für konzertierendes Cembalo und begleitende Violine oder Flöte wurde weiterhin in Frankreich gepflegt, u. a. von C. de Mondonville, M. Corrette und L. G. Guillemain, „entsprechend dem Geschmack der Zeit", wie Guillemain 1745 schrieb. Solche Besetzungen sind nicht mit der üblichen begleitenden Continuofunktion im 17. und 18. Jh. zu verwechseln, wobei der Cembalist aus einer bezifferten Baßstimme las und mit Akkordgriffen die Polyphonie ergänzte, sowie motivische und imitatorische Wechselspiele aus dem Stegreif ausführte.

Das Repertoire im 18. Jahrhundert. Das Cembalo erreichte bautechnisch im 18. Jh. seine Vollendung: die beiden nun vereinten Manuale geben mehr Kraft, der Tonumfang wurde erweitert. Dies ist das Instrument, das Couperin im Vorwort zum 1. Buch der *Pièces de clavecin* (1713) rühmte: „Le clavecin est parfait quant à son etendüe, et brillant par luy même". Es konnte sich jetzt mit dem Orchester messen: J. S. Bach übertrug als einer der ersten die Konzertform auf das *Clavicymbel mit zweyen Manualen*, wie er es im 2. und 4. Teil der *Clavier Übung* (1735 und 1742) ausdrücklich spezifierte. Einen einzigartigen Rang innerhalb der Literatur für Tasteninstrumente besitzen die Konzerte für 1–4 Cembali, Partiten, Suiten, Fantasien und Toccaten, die eher didaktisch konzipierten Präludien und Fugen aus dem *Clavierbüchlein für W. Fr. Bach* und aus dem *Wohltemperierten Clavier* und die 2- und 3st. *Inventionen*. Neben Kammerbesetzungen mit dem üblichen Cembalo-Continuo schrieb Bach Flöten-, Violin-, Gamben- und Lautensonaten mit obligatem Cembalo. Unter der Cembalomusik G. Fr. Händels nehmen die in England gedruckten Sammlungen von Suiten (1720 und 1733) und Fugen (1735) den wichtigsten Platz ein.

Für Italien sind in der 1. Hälfte des 18. Jh. zunächst D. Zipoli (*Sonate d'intavolatura per organo e cimbalo*, 1716) und A. B. Della Ciaja (*Sonate per cembalo*, 1727) zu nennen. Einen Höhepunkt hinsichtlich der manuellen Virtuosität stellen die mehr als 500 kurzen zweiteiligen Sonaten *(Essercizi)* D. Scarlattis dar. Sein Wirken in Portugal und Spanien brachte dort, wo die einheimische Tradition des Tasteninstrumentenspiels während des 17. Jh. durch die Orgelmusik (J. B. Cabanilles) aufrechterhalten wurde, neue Impulse für eine glanzvolle Spielart, die den spezifischen Erfordernissen des Cembalos gerecht wurde. Diese Anregungen verarbeitete vornehmlich A. Soler, ein Enkelschüler von Cabanilles, zu einer eigenen, technisch anspruchsvollen und zugleich anmutigen Spielmusik, die schon Stilmerkmale der sog. galanten Kunst trägt, die auch von den Bach-Söhnen Johann Christian und Carl Philipp Emmanuel gepflegt wurde. P. Royer, P. Cl. Foucquet, Cl. Balbastre und A. L. Couperin stützten sich noch auf die Suite; J. Schobert schrieb Sonaten und Konzerte für Cembalo, L. Honauer Cembalosonaten mit Violinbegleitung sowie Solostücke. Für Italien sind G. Platti, G. B. Martini, B. Galuppi und D. Alberti zu nennen.

Die zweite Hälfte des 18. Jh. steht im Zeichen der aufkommenden Rivalität zwischen dem Cembalo und dem zur Beliebtheit gelangenden Hammerklavier. Zunehmend schrieb man ausdrücklich für „Cembalo oder Pianoforte". (Die Klaviersonaten Beethovens bis op. 13 tragen in den Originalausgaben noch die Anweisung „pour le Clavecin ou Piano-Forte".) Zwar versuchte man durch neue Register und durch Mechanismen, die eine Abstufung des Tonvolumens erlaubten, das Cembalo dem Klavier anzugleichen, aber das allgemeine Urteil der Zeit artikulierte N. J. Hüllmandel 1791 mit der Feststellung, die Verbesserungen am Cembalo seien überflüssig, da der Vorrang dem Klavier gehöre.

Die C. seit dem 19. Jahrhundert. Im 19. Jh. war das Cembalo zunächst hauptsächlich ein Gegenstand historischen Interesses. Der berühmte Solo-Abend des I. Moscheles (1837) oder die Aufgeschlossenheit Mendelssohn Bartholdys, der ein Cembalo besaß, blieben Einzelerscheinungen. Erst die großen Gesamtausgaben früherer Musik im letzten Drittel des 19. Jh. weckten neues praktisches Interesse für das Instrument. Dem Anstoß Wanda Landowskas ist es zu verdanken, daß zu Beginn des 20. Jh. wieder ein spezifisches Repertoire für das Cembalo entstand. Kompositionen speziell für Cembalo (sowohl solistisch als auch konzertierend) schrieben u. a. M. de Falla (*Concerto*, 1927), Fr. Poulenc (*Concert champêtre*, 1927), B. Martinů (*Concert* und 2 *Préludes*, 1935), H. Distler (Konzert, 1936), W. Leigh (*Concertino* für Cemb. u. Streichinstrumente, 1936), V. Rieti (*Partita*, 1945), Fr. Martin (*Petite Symphonie Concertante*, 1945), J. Ibert (*2 Interludes*, 1946), Fl. Schmitt (*Le clavecin obtempérant*, 1947), W. Fortner (*New Delhi Music*, 1956), G. Fr. Malipiero (*Fantasia concertata n° 6*, 1956), E. C. Carter (*Double concerto*, 1961), G. Klebe (*Concerto a cinque* für Klv., Cemb., Harfe, Schlagzeug u. Kb., 1965). H. W. Henze, K. Huber, L. Berio, G. Ligeti, M. Constant u. a. kombinieren das Cembalo auch mit elektronischer Musik.

Lit.: **1) Allgemeine WW:** A. PIRRO, Les clavecinistes (P 1924); W. APEL, Masters of the Keyboard (C/M 1947); N. DUFOURCQ, Le clavecin, in: Collection „Que sais-je?" (P 1949); W. GEORGII, Klaviermusik (Z 1950); E. BORREL, La sonate (P 1951); J. GILLESPIE, Five Centurie of Keyboard Music (Belmont/Calif. 1965); W. APEL, Gesch. der Orgel- u. Klaviermusik bis 1700 (Kas 1967). – **2) Einzelstudien:** O. KINKELDEY, Orgel u. Klv. in der Musik des 16. Jh. (L 1910); CH. VAN DEN BORREN, Les origines de la musique de clavier en Angleterre (Bru 1912); DERS., Les origines de la musique de clavier aux Pays-Bas (Bru 1914); H. ANDREWS, Elizabethan Keyboard Music, in: MQ 16 (1930); W. APEL, Early Spanish Music for Lute and Keyboard Instruments, in: MQ 20 (1934); M. C. BOYD, Elizabethan Music and Musical Criticism (Philadelphia 1940); H. ANGLÈS, La musica en la Corte de los Reyes Católicos (Ba 1941); S. M. KASTNER, Parallels and Discrepancies Between English and Spanish Keyboard Music of the 16th and 17th Century, in: Anuario Mus. 7 (1952); F. W. RIEDEL, Quellenkundliche Beitr. zur Gesch. der Musik für Tasteninstrumente in der 2. Hälfte des 17. Jh. (Kas 1960); B. FRUM, An Early Example of Dramatic Procedures in 18th Century Keyboard Music, in: MQ 56 (1970); H. SCHOTT, Playing the Harpsichord (Lo 1971); B. A. R. COOPER, The Keyboard Suite in England Before the Restoration, in: ML 53 (1972); F. BEDFORD – R. CONANT, 20th Century Harpsichord Music. A Classified Catalogue (Hakkensack/N.J. 1974); B. A. R. COOPER, English Solo Keyboard Music of the Middle and Late Baroque (1974) (= Diss. masch. Univ. of Oxford); Keyboard Solos and Duos by Living British Composers. A Catalogue (Lo 1974); L. F. TAGLIAVINI, L'arte di „non lasciar vuoto lo strumento". Appunti sulla prassi cembalistica italiana nel cinque- e seicento, in: RIMus 10 (1975); M. KUGLER, Die Musik für Tasteninstrumente im 15. u. 16. Jh. (Wilhelmshaven 1975); F. PETIT, J.-Ph. Rameau et l'art de la fauconnerie. Hypothèses sur quelques titres de la musique de clavecin, in: Rech. Mus. 16 (1976); G. NITZ, Die Klanglichkeit in der engl. Virginalmusik des 16. Jh. (Tutzing 1979).

G. NITZ

CENCERRO (span.; engl.: cow-bell = Viehschelle, Kuhglocke), Bz. für ein hellklingendes Schlaginstrument, das in der lateinamerikanischen Tanzmusik, aber auch im Jazz Verwendung findet. Es besteht aus einer Metallglocke ohne Klöppel, meist in Form einer Kuhglocke, wird in der flachen Hand gehalten oder am Schlagzeug befestigt (auch paarweise und in unterschiedlicher Größe und Tonhöhe) und mit einem Stab angeschlagen.

CENERENTOLA, LA, Melodramma giocoso von G. Rossini; dt. Titel: ↗Aschenbrödel.

CENT, besonders in den angelsächsischen Ländern gebräuchliche Maßeinheit, die 1885 von A. J. Ellis eingeführt wurde, um sehr kleine, mit dem Gehör nicht wahrnehmbare Intervallverhältnisse zahlenmäßig darzustellen. 1 cent entspricht dem Hundertstel eines temperierten Halbtonschrittes, ein Halbton 100 cent, ein Ganzton 200 cent, eine Oktave 1200 cent (600 cent = 1 Hz).

Lit.: H. HUSMANN, Fünf- u. siebenstellige Centstafeln zur Berechnung musikal. Intervalle (Leiden 1951) (= Ethnomusicologica 2); H.-P. REINECKE, Cents Frequenz Periode. Umrechnungstabellen für musikal. Akustik (B 1970).

CENTO (lat., = Spitzbubenrock, Flickwerk, von griech. kénton; it.: centone), Bz. für eine aus entlehnten Versen und Versteilen anderer Dichtungen neu zusammengestellte Dichtung, bald parodistisch, bald ernsthaft. Der C. war in byzantinischer und hellenistischer Zeit weit verbreitet (Homer-, Vergil-, Ovid-Centonen). Centonenpoesie findet sich mehrfach auch im Mittelalter. – In der Musik spielte die Centotechnik eine wichtige Rolle sowohl im Gregorianischen als auch im Byzantinischen Gesang, wo durch Verwendung verschiedener Melodietypen, stereotyper Phrasen und Figuren neue Melodien geschaffen wurden. Diese Technik gestattete ein rasches Wachstum des Repertoires ohne eigentliche musikalische Neuschöpfung. – Heute wird gelegentlich auch eine Aneinanderreihung verschiedener Melodieteile, vor allem im ↗Quodlibet, als C. bezeichnet. – ↗Pasticcio.

Lit.: P. WAGNER, Einführung in die Gregorianischen Melodien I (L [3]1911, Neudr. Hil – Wie 1962); D. P. FERRETTI, Estetica gregoriana (R 1934); L. TREITLER, „Centonate" chant: Übles Flickwerk or E pluribus unus?, in: JAMS 28 (1975).

CEPHALICUS ↗Neumen.

CERCAR DELLA (LA) NOTA (it., = die Note suchen), Bz. für eine im 17. Jh. gebräuchliche Gesangsverzierung (auch *Anticipatione della sillaba* gen.), die als eine Art Vorschlag ausgeführt wurde, und zwar entweder in improvisierter Form oder im Notenbild ausgeschrieben. Die von oben oder unten kommende kurze Nebennote, nahm, an die Hauptnote angebunden, deren Textsilbe vorweg. – Eine ähnliche Bedeutung hatte in der Instrumentalmusik die *Anticipatione della nota,* die Vorausnahme der folgenden Melodienote innerhalb des Wertes der vorausgegangenen Note. – ↗Antizipation.

CEREROLS, Juan, OSB, * 9. 9. 1618 Martorell (Katalonien), † 28. 8. 1676 Montserrat; katalanischer Komponist. Er trat am 6. 9. 1636 in das Kloster Montserrat ein und leitete vermutlich 30 Jahre lang den Musikunterricht der Klosterschule. C. schrieb Offiziumskompositionen (Hymnen, Cantica und Antiphonen), Messen (darunter die berühmte dreichörige *Missa de Batalla*) und 4- bzw. 8stimmige Villancicos. Seine Werke sind ausschließlich hsl. überliefert, meist in Abschriften aus dem 18. und 19. Jahrhundert.

Ausg.: GA, hrsg. v. D. PUJOL, 4 Bde. (Montserrat 1930, 1931, 1932, 1975) (= Mestres de l'escolanía de Montserrat 1, 2, 3, 7).

Lit.: J. SUBIRÁ, Historia de la Música (Ba 1947).

CERHA, Friedrich, * 17. 2. 1926 Wien; östr. Komponist und Dirigent. C. studierte an der Musikakademie seiner Heimatstadt Komposition (bei A. Uhl) und Violine und promovierte an der Universität Wien in Musikwissenschaft. 1958 gründete er mit Kurt Schwertsik das Ensemble „die reihe“ für Neue Musik, das er seither leitet. Seit 1960 lehrt C. an der Wiener Musikhochschule, seit 1969 als Professor für Komposition, Notation und Interpretation. 1962–74 vollendete er die Instrumentation des 3. Aktes von A. Bergs Oper *Lulu,* die nach dem Tode von dessen Witwe Helene (1976) in Paris 1979 erstmals vollständig aufgeführt wurde.

WW (alle in Wien erschienen): *Divertimento (Hommage à Igor Stravinsky)* für 8 Bläser u. Schlagzeug (1948); *Espressioni fondamentali* für Orch. (1956); *Enjambements* für Instrumentalensemble (1959); *Mouvements I–III* für Kammerorch. (1960); *Spiegel I–XII* für Orch. (V u. VII mit Tonband) (1960–61); *Fasce* für Orch. (1960, 1972); *Exercises,* Musiktheater für Bariton, 5 Sprecher, Akteure u. Kammerorch. (1962, 1967); *Elegie* für Klv. (1963); *Symphonien* für Bläser u. Pauken (1964); *Catalogue des objets trouvés* für Kammerorch. (1968–69); *Verzeichnis* für Chor a cap. (1969); *Langegger Nachtmusik* für Orch., *I* (1969), *II* (1970); *Curriculum* für Bläser (1972); *Sinfonie* für Orch. (1975).

Lit.: F. CERHA, Arbeitsbericht z. Herstellung des 3. Akts der Oper Lulu v. A. Berg (W 1979).

ČERNOHORSKÝ (Czernohorsky), **Bohuslav Matěj,** OFM, getauft 16. 2. 1684 Nimburg (Böhmen), † 1. 7. 1742 Graz (Steiermark); böhmischer Komponist und Organist. Er trat 1703 in Prag in das Franziskanerkloster St. Jakob ein, hielt sich dann längere Zeit in Italien auf, wo er Regens chori an S. Anna in Padua und Organist der Klosterkirche von Assisi war, und wurde 1739 Musikdirektor der St.-Jakobs-Kirche in Prag. Von C. haben sich nur wenige Kompositionen erhalten: eine Vesper, eine Litanei, einige Motetten (sämtlich im a cappella-Stil mit und ohne Instrumente, davon gedruckt *Laudetur Jesus Christus,* Pr 1728), ein *Regina coeli* für Sopran, V. u. Org. sowie Orgelwerke (Toccata und 7 Fugen, z. T. Bearbeitungen von Werken Frobergers, Muffats und Roberdays). C. war der Lehrer vieler böhmischer Musiker, auch solcher, die im 18. Jh. außerhalb ihres Landes heimisch wurden (z. B. von J. Zach); er wird oft als „Vater der böhmischen Musik“ bezeichnet.

Ausg.: Composizione per organo, NA hrsg. v. J. ŠAFAŘÍK – J. RACEK, in: MAB III (Pr 1968) (vgl. dazu Zd. Cukla, in: Hudební věda 5, 1968).

Lit.: O. SCHMID, Die musikgeschichtliche Bedeutung der altböhmischen Schule Cz.s, in: SIMG 2 (1900/01); DERS., die böhmische Altmeisterschule Cz.s (L 1901); E. TROLDA, B. Č., Leben u. Werk (Diss. Pr 1926) (tschechisch); J. SAFAŘÍK, B. Č. (Diss. Brünn 1960) (tschechisch); J. NĚMEČEK, Nástin české hudby XVIII století (Pr 1955); J. SAFAŘÍK, Kotázce vokálního stylu B. M. Č.ého (Pr 1960); ZD. CULKA, Několik dokladů k Životopisu B. M. Černohorského, in: Hudební věda 3 (1966) (mit engl., dt. u. russ. Zusammenfassung); J. SAFAŘÍK, C.s zweifache Textvertonung des Offertoriums für den XII. Sonntag nach Pfingsten, in: Sborník prací filosofické fakulty brněnské univ. 16 (1967); R. PEČMAN, Böhmen u. Italien, in: Colloquium Musica Bohemica et Europaea (Brünn 1972).

CERONE (Ceroni), **Domenico Pietro,** * 1566 Bergamo, † 1625 Neapel; it. Sänger und Musiktheoretiker. C. wirkte zunächst am Dom von Oristano (Sardinien), seit 1593 in der Hofkapelle König Philipps II. in Madrid. 1603 (?) verließ er Spanien und ging nach Sizilien, das damals unter spanischer Herrschaft stand. Er war in Neapel Priester und Sänger an der Chiesa dell'Annunziata und wurde 1610 Mitglied (Tenor) der königlichen Kapelle. C. veröffentlichte eine umfangreiche Schrift *El Melopeo y Maestro* (Neapel 1613), die einer der interessantesten spanischen Musiktraktate ist. Sie enthält u. a. eine Musik- und Kontrapunktlehre und aufschlußreiche Bemerkungen über Musik und Musiker seiner eigenen und der unmittelbar vorhergehenden Zeit, wobei C. die italienischen gegenüber den spanischen musikalischen Verhältnisse bevorzugte. Er schrieb auch eine kurze Chorallehre (*Le Regole più necessarie per introduttione del Canto Fermo,* Neapel 1609).

Ausg.: *El Melopeo,* Faks.-Ausg. (Bol 1969) (= Biblioteca musica Bononiensis 2/25).

Lit.: R. HANNAS, C. Philosopher and Teacher, in: MQ 21 (1935); DERS., C.'s Approach to the Teaching of Counterpoint, in: Papers of the American Musicology Society 1 (1937); A. M. POLLIN, Towards an Understanding of C.'s „El Melopeo“, in: Romanic Revue 53 (1953); K. G. FELLERER, Zu C.s musiktheoretischen Quellen, in: Span. Forsch. der Görresges. 1/11 (Mr 1955); L. LOCKWOOD, On „Parody“ as Term and Concept in 16th Century Music, in: Aspects of Medieval and Renaissance Music. FS G. Reese (NY 1966); R. BASELGA ESTEVE, P. C. de Bergamo. Estudio bio-bibliográfico, in: Tesoro sacro musicale 54 (1971)–55(1972); A. HOWELL, Symposium on 17th-Century Music Theory: Spain, in: JMTh 16 (1972).

CERRETO, Scipione, * um 1551 Neapel, † nach 1631 ebd. (?); it. Komponist und Musiktheoretiker. Er schrieb die von den Zeitgenossen vielbeachteten Musiktraktate *Della prattica musica* (Neapel 1601, ²1611) und *Dell'arbore musicale* (ebd. 1608), die interessante Hinweise über das Musikleben in Neapel und über die Aufführungspraxis seiner Zeit enthalten, insbesondere Anweisungen zur Ausführung des improvisierten Kontrapunkts. Weitere Traktate sind hsl. überliefert. Von seinen Kompositionen haben sich unvollständig erhalten ein Buch 3st. *Canzonette* (Neapel 1606) und ein weiteres Buch 2–3st. Gesänge *L'Amarillide* (ebd. 1621).

Ausg.: *Della prattica musica*, Faks. der Ausg. Neapel 1601 (Bol 1969) (= Biblioteca musica Bononiensis 2/30).

Lit.: G. KATAOKA, Die musiktheoretischen Schriften des Sc. C. (Diss. Kiel 1956).

CERRITO, Fanny, * 11. 5. 1817 Neapel, † 6. 5. 1909 Paris; it. Tänzerin. Ihre Lehrer waren J. Perrot, C. de Blasis und A. Saint-Léon, mit dem sie später auch einige Jahre verheiratet war. Nach ihrem Debüt 1832 in Neapel feierte sie bald Triumphe in den Ballettzentren Europas. Zu ihren bedeutenden Kreationen gehören u. a. *Alma, ou la Fille de Feu* (London, 1842), *Ondine* (ebd., 1843), *La vivandière* (ebd., 1844), *La Fille de marbre* (Paris, 1847), *Le violon du diable* (ebd., 1849) und *Pâquerette* (ebd., 1851), an deren Choreographie sie teilweise auch mitwirkte. C. war eine der hervorragendsten Ballerinen des sog. romantischen Balletts.

Lit.: I. GUEST, F. C. (Lo 1956); P. MIGEL, F. C., in: The Ballerinas (NY 1972).

CERTAIN, Marie-Françoise, * 1662, † 1. 2. 1711 Paris; frz. Clavecinistin. Durch Vermittlung des Musikliebhabers Pierre de Nyert erhielt sie Unterricht bei Lully und entwickelte sich zu einer virtuosen Solistin, die man mit dem berühmten L. Marchand verglich, und die von La Fontaine noch über Champion de Chambonnière und die Couperins gestellt wurde. Ihr Salon war ein Treffpunkt bedeutender Musiker und Literaten.

Lit.: TITON DU TILLET, Le Parnasse français (P 1732); DERS., Description du Parnasse français (P 1760).

CERTON, Pierre, * um 1510 Melun (?), † 23. 2. 1572 Paris; frz. Komponist. Er war seit 29. 10. 1529 „clericus matutinorum" an Notre-Dame in Paris, trat 1532 in die Sainte-Chapelle ein und wurde dort um 1542 Kapellmeister der Chorknaben, 1548 ständiger Kaplan. Um 1560 erhielt er ein Kanonikat an Notre-Dame in Melun und wurde gegen Ende seines Lebens von dem Seigneur de Villeroy gefördert. Er besaß einen großen Freundeskreis unter den Musikern in Paris, zu dem u. a. Janequin, Sermisy, Attaingnant und Th. Champion gehörten.

WW: **1) Geistliche WW:** *Recens modulorum editio* (4st. Motetten), 2. Buch (P 1542), ein 3. Buch (P 1542) ist unvollständig erhalten; 3 4st. Messen: *Sur le pont d'Avignon, Adiuva me, Regnum mundi* (P 1558); einzelne 4st. Messen: *Le temps qui court* (P 1558), *Christus resurgens* (P 1568), *Missa pro defunctis* (P 1558); 4st. frz. Psalmen (P 1555) (unvollständig erhalten); *Premier livre de psalmes* in der Bearbeitung für SingSt u. Laute von G. Morlaye (P 1554); *Les Meslanges* (Cantiques, geistl. Chansons u. a.) für 4–8 u. 13 St. (P 1570); Psalmen, 8 Messen und 50 Motetten in Sammeldrucken seit 1534. – **2) Weltliche WW:** *Premier livre de chansons* für 4 St. (P 1552, ²1564) (unvollständig erhalten); die übrigen Chansons erschienen in Sammeldrucken seit 1534.

C.s Messen, die in mancher Hinsicht in der Tradition Josquins stehen, gehören zum Typ der Parodie-Messe und verwenden sowohl weltliche als auch geistliche Vorlagen. Seine Motetten interessieren vor allem durch den oft starken bildhaften Ausdruck des Textes. Seine eigentliche musikgeschichtliche Bedeutung liegt aber in den mehr als 300 Chansons. In ihren Texten spiegeln sie die Entwicklung der zeitgenössische Poesie. Ihre musikalische Satzweise bleibt in den frühen Stücken *(Amour est bien, Jetez-les hors, Si par Fortune)* traditionell imitatorisch, und nur gelegentlich kommt es zu homorhythmischer Gestaltung und zu Dreierrhythmen (z. B. *C'est grand pitié*). C. erreichte auf dem Gebiet der „galanten" Chanson nicht den Rang von Sermisy. Seine Stärke liegt vielmehr in solchen Gesängen, in denen es auf musikalische Bewegung und farbige Situationsschilderung ankommt *(Un vert galant, Ho, le vilain)*. Großen Einfluß auf die Entwicklung der Gattung hatte sein Chansonbuch von 1552; hier verwendete er zum ersten Mal konsequent die Satzweise der ↗Vaudeville (Strophenliedform, homorhythmischer, oberstimmenbetonter Satz), was in der Folgezeit zu einem eigenen Chansontyp führte.

Ausg.: *Ecce ego Johannes* u. *Homo quidam*, in: J. H. ALEXANDER, N. du Chemin's Moduli undecim festorum of 1554 (1967) (= Diss. Cleveland State Univ.); 3 Messen v. 1558, in: EXPERT Monuments II (P 1925); *Missa Regnum Mundi* (P o.J.); *Missa Sur le pont d'Avignon*, hrsg. v. B. SOMMA (R 1967) (= Polifonia vocale sacra e profana secolo XVI, 7); *Psaumes de P. C. réduits pour Chant et luth par G. Morlaye*, hrsg. v. F. LESURE – R. DE MORCOURT (P 1957); 3 Chansons in: Anthologie de la chanson parisienne (Monaco 1953); 10 Chansons, hrsg. v. A. SEAY, in: Chw 82 (1961); 6 Chansons, hrsg. v. M. HONEGGER (P 1961); 18 Chansons, hrsg. v. A. AGNEL (P 1965); 86 Chansons, hrsg. v. H. EXPERT, revidiert u. mit einer Einleitung v. A. Agnel, 2 Bde. (P 1967).

Lit.: A. PIRRO, Histoire de la musique de la fin du XIVᵉ siècle à la fin du XVIᵉ siècle (P 1940); G. REESE, Music in the Renaissance (NY 1954, ²1959); Musique et poésie au XVIᵉ siècle (P 1954); P. PIDOUX, Les psaumes d'A. de Mornable, G. Morlaye et P. C., in: Ann. Mus. 5 (1957); SH. J. VON SOLKEMA JR., The Liturgical Music of P. C., 2 Bde., I: Kommentar, II: Ausg. ausgew. WW (1963) (= Diss. Univ. of Michigan).

G. DOTTIN

CERVEAU, Pierre, frz. Komponist aus Angers. Er stand gegen Ende des 16. Jh. vermutlich im Dienst des Bischofs von Angers, Charles Myron, dem er ein Buch *Airs à 4 parties* (P 1599) widmete, von dem nur der Superius erhalten ist. 1604 ist er in Troyes bezeugt, wo er u. a. mit Mauduit bei der Aufführung der lateinischen Hymnen von L. Strozzi mitwirkte. Einige Lautenlieder von ihm erschienen im 3. Buch der *Airs ... mis en tabulature de luth par G. Bataille* (P 1611) und im *Amphion sacré* (Ly 1615). Sie gehören zur Frühzeit des ↗Air de cour und sind durch die ↗Musique mesurée à l'antique beeinflußt. Die Texte stammen u. a. von A. de Baïf, J. Bertaut und Davy du Perron.

Ausg.: Die Oberstimme von 5 Airs in: TH. GÉROLD, L'art du chant en France au XVIIᵉ siècle (Str 1921).

CERVETTI ↗Gelinek, Hermann Anton.

CERVETTO (eig. Basevi). – **1) Giacomo,** * um 1682, † 14. 1. 1783 London; Violoncellist und Komponist. Er kam 1728 nach London, wurde dort 1. Cellist im Orchester des Drury Lane Theatre und später dessen Direktor. C. trug mit zur wachsenden Beliebtheit des Violoncello in England bei. Von ihm wurden gedruckt: Werke für Flöte und B.c., Violoncello und B.c., für 2 und 3 Violoncelli bzw. Streichtrio und Triosonaten. – **2) James,** Sohn von 1), * 1747 London, † 5. 2. 1837 ebd.; Violoncellist. Er war Schüler seines Vaters und von C. Fr. Abel. 1763–70 führten ihn Konzertreisen durch ganz Europa. 1771 trat er in das Königliche Orchester in London ein. Er schrieb Sonaten u. a. Werke für Violoncello und Baß bzw. Cemb. (op. 1, 3, 4), *Divertiments in a easy style,* op. 2, und Duette für 2 Violoncelli oder für 2 Violinen.

Ausg.: **Zu 1):** *2 Sonaten* für Vc., hrsg. v. A. SCHROEDER – E. RAPP, in: Cello-Bibl. 23 (Mz o.J.).

Lit.: E. S. J. VAN DER STRAETEN, A History of the Violoncello (Lo 1915); W. S. NEWMAN, The Sonata in the Baroque Era (Chapel Hill 1959, ²1966); DERS., The Sonata in the Classic Era (ebd. 1963).

CESARI, Gaetano, * 24. 6. 1870 Cremona † 21. 10. 1934 Sale Marasino (Brescia); it. Musikforscher. Er studierte am Konservatorium in Mailand Violoncello und Komposition, am Konservatorium in Hamburg bei A. Krug, danach in München Komposition an der Akademie der Tonkunst und Musikgeschichte an der Universität bei A. Sandberger und Th. Kroyer, wo er 1908 mit einer Arbeit über *Die Entstehung des Madrigals im 16. Jh.* (it.: *Le origini del madrigale musicale cinquecentesco,* in RMI 19, 1912) promovierte. Nach seiner Rückkehr nach Italien war C. in Mailand als Musikkritiker tätig, 1917–24 Bibliothekar und Professor für Musikgeschichte am Mailänder Konservatorium. Er war ferner u. a. Dozent für Musikgeschichte an der katholischen Universität und mehrere Jahre Konservator des der Scala angegliederten Museums und gründete und leitete die Sammlung *Istituzioni e Monumenti dell'Arte musicale italiana* bei Ricordi. C. gehörte zu den Wegbereitern der modernen Musikwissenschaft in Italien.

Schriften u. Ausg.: *I Copialettere ... di Verdi,* zus. mit A. Luzio (Mi – L 1913); *Concerti grossi italiani* (Bol 1920); *A. e G. Gabrieli* (Mi 1931) (= Istituzioni e Monumenti dell'Arte Musicale Italiana 2); *Lezioni di storia della musica* (Mi 1931); *A. B. Bruni musicista cuneese* (Tn 1931); *A. Ponchielli nell'arte del suo tempo* (Cremona 1934); *Scritti inediti di G. C.,* hrsg. v. FR. ABBIATI (Mi 1937); *La Musica in Cremona* (Mi 1939) (= Istituzioni e Monumenti dell'Arte Musicale Italiana 6); *Le Frottole nell'edizione principe di O. Petrucci* (Cremona 1954) (= Instituta et Monumenta I/1); I. Pizzetti, Uno scritto inedite ed alcune lettere a G. C., hrsg. v. P. PETROBELLI, in: RIMus 3 (1968).

Lit.: A. GALLETTI, Il pensiero umanistico in C. G. (Mi 1935); G. C., in: Annali della Biblioteca governativa (Cremona 1949).

CESARIS, Johannes, franko-flämischer Komponist des späten 14. und frühen 15. Jahrhunderts. C. wird bei Martin Le Franc (*Champion des Dames,* um 1440) neben Tapissier und Carmen zu den Meistern gezählt, die „ganz Paris in Erstaunen setzten". Von seinen Kompositionen sind eine isorhythmische Motette und 8 3stimmige Chansons erhalten. Deren komplexe Anlage, die Verwendung verschiedener Mensurzeichen und von Wechselrhythmen und der Gebrauch der Musica ficta lassen C. als typischen Vertreter der manieristischen Spätzeit der Ars nova im ausgehenden 14. Jh. erscheinen.

Ausg.: Die o.a. WW, hrsg. v. G. REANEY, in: Early XVth Cent. Music (1955) (= CMM 11/1); weitere anon. WW (Rondeaux u. Virelai), die C. zugeschrieben werden können, hrsg. v. DEMS. (1969) (= CMM 11/4).

CH. VAN DEN BORREN, G. Dufay (Bru 1925); A. PIRRO, La musique à Paris sous le règne de Charles VI 1380–1422 (Str 1930); H. BESSELER, Die Musik des MA u. der Renaissance (Pd 1931–34); CH. VAN DEN BORREN, Polyphonia Sacra (Lo 1932); A. PIRRO, Histoire de la musique de la fin du XIVᵉ siècle à la fin du XVIᵉ (P 1940); H. BESSELER, Bourdon u. Fauxbourdon (L 1950); W. H. KEMP, A Chanson for Two Voices by C., „Mon seul voloir", in: MD 20 (1966).

CESTI, Marc' Antonio (eig. Pietro), OFM, getauft 5. 8. 1623 Arezzo, † 14. 10. 1669 Florenz; it. Komponist. C. war 1633 Sängerknabe am Dom,

1635–37 an S. Maria delle Pieve in Arezzo. 1637 trat er in den Franziskanerorden ein und war 1645–49 Musiklehrer am Priesterseminar und Domkapellmeister in Volterra. 1649 wurde in Venedig seine erste Oper *L'Orontea* uraufgeführt (nur fragmentarisch erhalten). Bei ihrer Aufführung 1650 in Lucca wirkte er selbst als Tenor mit und erregte damit Anstoß bei seinen Ordensoberen. Im Dezember 1652 trat C. in den Dienst Erzherzog Ferdinand Carls in Innsbruck, wo 1655 seine Oper *L'Argia* zur Aufführung kam. Ende 1659 wurde er Tenorist an der Cappella Sistina in Rom, ging 1661 zur Aufführung seiner Oper *La Dori*, komponiert zur Hochzeit Cosimos de' Medici mit Margarete von Orléans, nach Florenz und kehrte 1662 nach Innsbruck zurück. Nach dem Tod Erzherzog Sigismunds, des Nachfolgers Ferdinand Carls, wurde er 1665 Vizekapellmeister am kaiserlichen Hof zu Wien. Dort wurde anläßlich der Hochzeit Kaiser Leopolds I. mit der Infantin Margerita von Spanien um die Jahreswende 1666/67 seine Oper *Il pomo d'oro* uraufgeführt. 1668 kehrte C. nach Florenz zurück.

WW: Opern außer den genannten (sämtlich nur hsl. erhalten): *Il Cesare amante*, UA: Venedig 1651; *La magnanimità d'Alessandro*, UA: Innsbruck 1662; *Il Tito*, UA: Venedig 1666, *Nettuno e Flora festeggianti*, UA: Wien 1666; *La Semiramide ossia La schiava fortunata*, UA: Wien 1667; *Le disgrazie d'Amore*, UA: ebd. 1667; *Alessandro vincitor di se stesso* (zus. mit M. Bigongiari), UA: Lucca 1654; Teile zu *La Germania esultante*, UA: Wien 1667. – Zahlr. Kammerkantaten und einige kirchenmusikal. WW sind hsl. erhalten.

Mit Fr. Cavalli gehört C. zu den herausragenden Vertretern der italienischen Oper in der 2. Hälfte des 17. Jh. und zugleich zu den Komponisten, die die Stellung und Vorherrschaft der italienischen Musik in Wien festigten. Seine Oper *Il pomo d'oro* kam mit ihrem Sujet und mit der Pracht ihrer szenischen Ausstattung der höfischen Repräsentation besonders entgegen. In der musikalischen Gestaltung der solistischen Partien läßt sich in diesem Werk und in den anderen Opern C.s der Übergang vom rezitativischen Stil nach Art Monteverdis zur generellen Trennung von Rezitativ und Arie beobachten (hier auch bereits die Anlage der Da-capo-Arie), wie sie nun die weitere Entwicklung der italienischen Oper bestimmt.

Ausg.: *La Dori* (in Auszügen) u. Teile anderer Opern, hrsg. v. R. EITNER, in: PGfM 12 (1883); *Il pomo d'Oro*, hrsg. v. G. ADLER, in: DTÖ II/2 (1896) u. IV/2 (1897); eine Kantate, *La Corte di Roma*, hrsg. v. H. RIEMANN, in: Kantaten-Frühling 2 (L 1912); 7 Kantaten für 1 SingSt u. B.c., hrsg. v. D. L. BURROWS (Wellesley/Mass. 1963) (= The Wellesley Edition 5); 4 Kammerduette, hrsg. v. DEMS. (Madison/Wis. 1969) (= Coll. mus. 2/1); *Intermezzo à 5*, hrsg. v. F. BLASL (W 1968).

Lit.: H. KRETZSCHMAR, Die Venetianische Oper u. die Werke Cavallis u. C.s, in: VfMw 8 (1892); E. WELLESZ, Zwei Stud. z. Gesch. der Oper im 17. Jh., in: SIMG 15 (1913/14); F. CORADINI, Padre A. C., in: RMI 30 (1923); A. SANDBERGER, Beziehungen der Königin Christine v. Schweden z. it. Oper u. Musik, insbesondere zu M. A. C., in: Bull. de la Société Union Muicologique 5/2 (1925); A. TESSIER, L'Orontée de Lorenzani et L'Orontea du Padre C., in: RM 9 (1928); F. WALKER, Salvator Rosa and Music, in: MMR 80 (1949–50); E. WELLESZ, A Festival Opera of the 17th Century (Cestis „Pomo d'oro"), in: Essays on Opera (Lo 1950); N. PIRROTTA, Tre capitoli su C., in: La Scuola Romana (Siena 1953); DERS., Le prime opere di A. C., in: L'Orchestra (Fi 1954); F. SCHLITZER, Intorno alla Dori di A. C. (Fi 1957); W. OSTHOFF, A. C.s Alessandro vincitor di se stesso, in: StMw 24 (1961); D. L. BURROWS, The Cantatas of A. C. (1961) (= Diss. Brandeis Univ., Waltham/Mass.); DERS., A. C. (Wellesley/Mass. 1964) (= Wellesley Edition Cantata Index Series 1); DERS., A. C. on Music, in: MQ 51 (1965); W. C. HOLMES, G. A. Cicognini's and A. C.'s „Orontea" v. 1649, in: New Looks at Italian Opera, FS D. J. Grout (Ithaca/N. Y. 1968) (= Diss. masch. Univ. of Iowa); TH. ANTONICEK, in: ÖMZ 24 (1969); R. GIAZOTTO, Nel CCC anniversario della morte di A. C. Ventidue lettere ritrovate nell'Archivio di stato di Venezia, in: NRMI 3 (1969); W. C. HOLMES, C.'s L'Argia. An Entertainment for a Royal Court, in: Chigiana 26–27 (1969–70); TH. ANTONICEK, A. C. alle corte di Vienna, in: NRMI 4 (1970); J. V. CROWTHER, The Operas of C., in: MR 31 (1970); H. SEIFERT, Die Festlichkeiten zur ersten Hochzeit Kaiser Leopolds I., in: ÖMZ 29 (1974); C. B. SCHMIDT, „La Dori". A Study of Sources, Performance Traditions and Musical Style, in: RIMus 10 (1975); DERS., „La Dori" di A. C. Sussidi bibliografici, in: ebd. 11 (1976); DERS., A. C.'s „Il pomo d'oro". A Reexamination of a Famous Hapsburg Court Spectacle in: JAMS 29 (1976); J. W. HILL, Le relazioni di A. C. con la corte e i teatri di Firenze, in: RIMus 11 (1976); C. B. SCHMIDT, An Episode in the History of Venetian Opera. The Tito Commission, in: JAMS 31 (1978).

CEVALLOS ↗Ceballos.

C. F., Abk. für ↗Cantus firmus.

CHABANCEAU DE LA BARRE ↗La Barre.

CHABANON, Michel Paul Guy de, * 1729 San Domingo, † 10. 7. 1792 Paris; frz. Schriftsteller, Violinist und Komponist. Er war mit Rameau und Voltaire befreundet, 1759 wurde er Mitglied der Académie des Inscriptions et Belles Lettres und 1780 der Académie Française. Von seinen Kompositionen ist lediglich eine Sonate mit Violinbegleitung erhalten. Wichtig sind seine musikästhetischen Schriften. Ch. entwickelte darin, im wesentlichen auf der Grundlage der Theorien Rameaus, eine Musikauffassung, in der er die Bedeutung der Nachahmung für die Musik – noch von Ch. Batteux als ihr leitendes Prinzip erklärt – relativierte und der im Aufschwung begriffenen Instrumentalmusik eine wesentliche und eigenständige Rolle zuerkannte.

WW: **1) Kompositionen:** Sonate für Cembalo mit Violine, in: *Journal de pièces de clavecin par différents auteurs* (P 1785); weitere WW, darunter eine (nicht aufgeführte) Oper *Sémélé* u. ein

1796 in den Tuilerien aufgeführtes *Divertissement lyrique*, sind nicht erhalten. – **2) Schriften:** *Éloge de M. Rameau* (P 1764); *Lettre... sur les propriétés musicales de la langue française* (P 1773); *Observations sur la musique, et principalement sur la métaphysique de l'art* (P 1779), dt. Übers. v. J. A. Hiller: *Ueber die Musik u. deren Wirkungen, mit Anmerkungen hrsg.* (L 1781); *De la musique considérée en elle-même et dans ses rapports avec la parole, les langues la poésie et le théâtre* (P 1785).

Ausg.: *De la musique...*, Faks.-Ausg. (G 1969).

Lit.: E. VAN DER STRAETEN, Voltaire musicien (P 1878); M. LUSSY, Ch. précurseur de Hanslick, in: Gazette musicale de la Suisse romande (1896); W. SERAUKY, Die musikal. Nachahmungsästhetik im Zeitraum von 1700 bis 1850 (Mr 1929); A. SOREL-NITZBERG, Ch., in: MGG II; H. R. LYALL, A French Music Aesthetic of the 18th Century (1975) (= Diss. North Texas State Univ.).

CHABRAN (Chiabran, Chiabrano, Ciabrano, Ciatrano), it. Musikerfamilie. – **1) Carlo Francesco,** * 1723 Turin, † London (?); Violinist. Er war Neffe und Schüler von G. B. Somis, wurde 1747 Mitglied der Königlichen Kapelle in Turin und trat 1751 in Paris und 1752 in London auf. Er veröffentlichte in Paris 6 Sonaten für Violine und Basso continuo. – **2) Gaetano;** Violoncellist. Vermutlich spielte Ch. 1755 unter dem Namen Capperan im Orchester der Opéra und des Concert spirituel. 1752–55 und 1771 wird er als Mitglied der Königlichen Kapelle in Turin genannt. 1784 trat er in London auf. Ch. veröffentlichte 6 Sonaten für Violoncello (oder Fagott) und B.c. und 2 Stücke für Violoncello und B.c. (Lo um 1780). Mehrere Violinsonaten sind handschriftlich erhalten (Berlin, Deutsche Staatsbibliothek, und Mailand, Konservatorium). – **3) Francesco;** Gitarrist. Er schrieb eine *Compleat Instruction for the Spanish Guitar* und veröffentlichte eine Sammlung *The Favorite Opera Dances for the Year 1790.*

CHABRETA, Chabrette (frz.), Typ einer ↗Sackpfeife in Frankreich, besonders im Limousin, mit einer Spielpfeife, einer kurzen, in gleicher Tülle sitzenden Bordunpfeife und einer zweiten langen Bordunpfeife, die beim Spiel in der Beuge des rechten Arms liegt. Die Ch. wird im Gegensatz zur ↗Cabrette mit dem Mund geblasen.

CHABRIER, Alexis Emmanuel, * 18. 1. 1841 Ambert (Puy-de-Dôme), † 13. 9. 1894 Paris; frz. Komponist. Er studierte seit 1858 in Paris Jura. Seine musikalische Ausbildung erhielt er in Clermont-Ferrand und am Conservatoire in Paris, trat aber nach Abschluß des Jurastudiums 1861 auf Wunsch seiner Eltern als Supernumerarius in das Innenministerium ein. Ch. war ein Liebhaber der Literatur und der Bildenden Kunst und freundete sich mit Manet und anderen französischen Impressionisten an, deren Bilder er auch sammelte. Er verkehrte in der Dichtergruppe „Parnassiens" und war Verlaine freundschaftlich verbunden, der für ihn die Libretti zu zwei (nie vollendeten) Opern, vermutlich auch das Libretto zur Opéra-bouffe *L'Étoile* schrieb. Diese wurde nach erneuter Bearbeitung 1878 mit großem Erfolg in J. Offenbachs Bouffes-Parisiens aufgeführt. Ausschlaggebend für Ch.s Entschluß, sich ganz der Musik zu widmen, wurde schließlich eine Aufführung von R. Wagners *Tristan,* der er 1879 in München beiwohnte. 1880 verließ er den Staatsdienst und arbeitete 1881 als Assistent bei Ch. Lamoureux, der gerade die Société des Nouveaux Concerts ins Leben gerufen hatte. Eine Spanienreise im Herbst 1882 inspirierte ihn zu der 1883 mit durchschlagendem Erfolg aufgeführten Orchester-Rhapsodie *España.* Ch.s außergewöhnliches Talent für das Humoristische und Komische – Debussy bezeichnete ihn als „merveilleusement doué par la muse comique" – fand seinen Niederschlag in den Bühnenwerken *L'Étoile* und *Le Roi malgré lui* (Der König wider Willen), aber auch in einer Vielzahl kleinerer Formen, in Villanellen, Balladen, Pastoralen und in den *Romances „zoologiques".* Er beeinflußte damit auch die ↗Groupe des Six. Die Oper *Gwendoline* (UA Brüssel 1886) zeigt eine Nähe zu Wagner, aber ohne epigonenhafte Nachahmung. F. Mottl setzte sich für ihn in Deutschland ein. Obwohl Ch. sich mit Vorliebe den leichteren Gattungen der Operette, der Romance und den verschiedenen Formen der Salonmusik zuwandte, gab er durch die Verwendung neuer Skalen der Harmonik entscheidende neue Impulse. Damit gehört er zu den Wegbereitern des musikalischen Impressionismus.

WW: **1) Instr.-WW:** für Klv. 2händig: *Suite de valses* (1872) (P 1913); *Impromptu* (P 1873); *Dix Pièces pittoresques* (P 1881); *Habanera* (P 1885); *Bourrée fantasque* (P 1891); *Cinq Pièces posthumes* (1891) (P 1897); für Klv. 4händig: *Pas redoublé* (1871), bekannt auch als *Cortège burlesque* (P 1913); *Souvenirs de Munich* (1885–86), in: Revue SIM (1911); für 2 Klv.: *Trois Valses romantiques* (P 1883); für Orch.: *Larghetto* (1875) für Horn u. Orch. (P 1912); *España* (P 1883), Rhapsodie für Orch.; *Joyeuse Marche (= Marche française)* (P 1888); *Prélude pastoral* (1888), bearb. für Klv. (P 1943); *Suite pastorale* (P 1888). – **2) Vokal-WW:** Lieder für SingSt u. Klv.: *Sérénade de Ruy Blas* (1863) (Text: V. Hugo) (P 1913); *L'Invitation au voyage* (1870) (Text: Ch. Baudelaire) (P 1913); *Tes yeux bleus* (1883) (Text: M. Rollinat) (P 1913); *Credo d'amour* (1883) (Text: P. A. Silvestre); *Chanson pour Jeanne* (1886) (Text: C. Mendès); *Six Mélodies* (1890): 1. *Villanelle des petits canards* (Text: R. Gérard); 2. *Ballade des gros dindons* (Text: E. Rostand), 3. *Pastorale des cochons roses* (Text: ders.), 4. *L'Ile heureuse* (Text: E. Mikhaël), 5. *Les Cigales* (Text: R. Gérard), 6. *Toutes les fleurs* (Text: E. Rostand); *Lied* (Text: C. Mendès); *Ode à la musique* (1890) (Text: E. Rostand) für Frauenst. u. Orch.; *2 Duos bouffes* für Orch. u. Gesang: 1. *Cocodette et Cocorico,* 2. *Monsieur et Madame Orchestre* (P o.J.); *Duo de l'ouvreuse de l'Opéra-Comique et de l'employé du Bon Marché* (1888), in: Figaro musical

(1893), April-H. – 3) **Bühnen-WW:** *L'Étoile* (1877) (Libr.: Leterrier u. A. Van Loo), Opéra-bouffe (P 1878); *Une Education manquée* (1879) (Libr.: dies.), Operette, UA: Paris 1879); *La Sulamite* (1884) (Libr.: J. Richepin), Scène lyrique für Mezzosopran, Frauenchor u. Orch., UA: Paris 1885; *Gwendoline* (1885) (Libr.: C. Mendès), Oper, UA: Brüssel 1886; *Le Roi malgré lui* (1887) (Libr.: E. de Najac u. P. Burani), Opéra-comique, UA: Paris 1887; *Briséis* (1888–91) (Libr.: C. Mendès u. E. Mikhaël), Conte lyrique, UA: Paris 1897.

Lit.: R. MARTINEAU, E. Ch. (P 1910); G. SERVIÈRES, E. Ch. (P 1912); DERS., E. Ch., musicien de cercle, in: RM 2 (1921); A. CORTOT, L'œuvre pianistique d'E. Ch., in: La musique française de piano (P 1932), dt. Ausg.: Französische Klaviermusik I (Wie 1956); J. DESAYMARD, Ch. d'après ses lettres (P 1934); J.-G. PROD'HOMME, Ch. in his letters, in: MQ 21 (1935); M. PINCHERLE, Musiciens peints par eux-mêmes (P 1939); R. GORER, E. Ch., in: MR 2 (1941); A. MARTIN, Catalogue de l'exposition Ch. à l'Opéra-Comique (P 1941); DERS., Correspondence Ch. – Lecocq, in: NRF (1942) November-H.; R. GIRARDON, Le don Ch. à la Bibl. Nat. in: RMie 24–25 (1945/46); M. PINCHERLE, V. D'Indy et Ch., in: Arts (1946) November-Heft; F. POULENC, E. Chabrier (P–G 1961); R. DELAGE, E. Ch. en Allemagne, in: MQ 49 (1963); DERS., Correspondence inédite entre E. Ch. et F. Mottl, in: RMie 49 (1963); DERS., Ch. et ses amis impressionnistes, in: L'Oeil (1963) Dezember-H.; Y. TIÉNOT, Ch., par lui-même et par ses intimes (P 1964); E. LOCKSPEISER, Music and Painting. Ch., Debussy and the Impressionists, in: Apollo 71 (1966); F. DURIF, Petite valse inédite d'E. Ch., in: RMie 54 (1968); R. MYERS, E. Ch. and His Circle (Lo 1969); F. ROBERT, E. Ch. (P 1970) (= Musiciens de tous les temps 43); R. DELAGE – F. DURIF, E. Ch. en Espagne, in: RMie 56 (1970) (mit 13 zum Teil unveröff. Briefen); R. DELAGE, Ravel and Ch., in: Mf 61 (1975).

R. DELAGE

CHA-CHA-CHA, lateinamerikanischer Tanz aus Kuba, der Anfang der 50er Jahre dieses Jarhunderts von Enrique Jorrin aus dem ↗Mambo entwickelt wurde, ursprünglich Mambo-Cha-cha hieß und bald darauf auch in Europa bekannt wurde. Das Tempo ist langsamer als beim Mambo ($^2/_4$- und $^4/_4$-Takt) und statt des Seitwärtsschrittes von der vierten Zählzeit auf die folgende erste werden drei schnelle Schritte getanzt, von denen sich der lautmalerische Name ableiten läßt. Die drei kleinen Schritte werden auch musikalisch hervorgehoben, die Silben auch häufig mitgesprochen. Dem Ch. liegen zwei rhythmische Muster zugrunde:

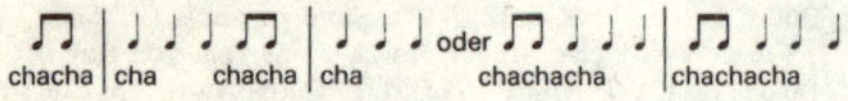

In der Begleitung spielen Geräuschinstrumente wie ↗Maracas, ↗Guiro und ↗Kabassa eine wichtige Rolle, wobei sie über die beiden Grundrhythmen eigene Modelle setzen:

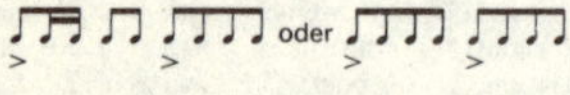

So bleibt die südamerikanische Polymetrik, wenn auch sehr stilisiert, erhalten. – Der Ch. gehört zu den lateinamerikanischen Tänzen im Turniertanzsport.

CHACONNE (frz.; it.: ciacona, ciaccona; span.: chacona), ursprünglich, im 16. Jh., ein spanischer Tanz, von dem sich aber nur wenige Spuren erhalten haben. Literarische Quellen aus dem 16. und frühen 17. Jh. weisen auf Amerika als Heimat der Ch. hin, deuten ihren lasziven Charakter an und bezeugen, daß sie von Bediensteten zum Klang von Kastagnetten gesungen und getanzt wurde. Aus anderen Quellen geht hervor, daß diese frühe Ch. dreizeitigen Rhythmus und eine rondeauartige Form mit mehrmaliger Wiederholung paarig angeordneter musikalischer Abschnitte aufwies. Um 1610/20 wurde die Ch. in der Kunstmusik heimisch, und zwar gleichzeitig als *Ciaccona* in Italien und als *Chaconne* in Frankreich (Abkürzung für beide im folgenden Text: Ch.).

Die Ch. seit dem 17. Jh. in Italien und in anderen Ländern. Nach Italien kam die Ch. wohl im Zuge der Verbreitung der spanischen Gitarrenmusik, die durch den Hof des spanischen Vizekönigs in Neapel besonders gefördert wurde. Mehrere Belege dafür finden sich in Tabulaturen weniger bekannter italienischer Komponisten in den 20er Jahren des 17. Jh. Als Ch.n sind hier kurze 4–6taktige Tanzstücke akkordischer Faktur bezeichnet (u.a. in G. A. Colonna, *Intavolatura di chitarra spagnuola*, Mi 1623). Hier und in anderen Quellen zeigt sich auch bereits die Ähnlichkeit der Ch. mit der ebenfalls dort vertretenen ↗Passacaglia, ein Faktum, das von nun an für die gesamte weitere Entwicklung beider Formen charakteristisch ist, die weithin als eine Gattung mit zwei verschiedenen Termini erscheinen. Gleichwohl ist hier nur die Rede von der eigens so bezeichneten Chaconne.

Sie blieb bereits in den ersten Jahrzehnten des 17. Jh. nicht auf die Gitarren- (und Lauten-) Musik beschränkt, sondern gewann mehr und mehr Verbreitung in der Musik für andere Instrumente, vorab für Tasteninstrumente. Am frühesten bezeugt dies das Schaffen G. Frescobaldis, von dem einige Ch.n gedruckt wurden (im 1. Buch der *Toccate e partite*, R 1615 u.ö.). Sie stehen, wie die genannten Gitarren-Ch.n, stets im Dreiertakt, haben aber eine größere Ausdehnung und zeigen einen charakteristischen Aufbau: eine Folge von Variationen über ein 2- oder 4-taktiges einfaches harmonisches „Gerüst". Die Harmoniefolge beginnt abtaktig mit der Tonika und endet mit der Dominante als Auftakt zur nächsten Taktgruppe. Gelegentlich kommt es zu periodischen Wiederholungen in den einzelnen Stimmen. Die Ch.n Frescobaldis sind z.T. separate Stücke, z.T. stehen sie in einem größeren Formzusammenhang, so in den *Cento Partite sopra Passacagli* (gedruckt in der genannten Sammlung von 1615). Hier folgen sich größere Variationsteile von 20 und mehr Takten, die abwechselnd als *Passacagli* und *Ciaccona* bezeichnet sind, die sich aber in ihrem musikalischen Aufbau nur unwesentlich unterscheiden. Hier der Anfang der ersten Ciaccona (Notenwerte auf die Hälfte verkleinert):

musicali, 1632), in dem die Melodie 2b nicht weniger als 54mal unmittelbar nacheinander erscheint. Das Madrigal hat später H. Schütz als geistliche ↗Parodie im 2. Teil des Geistlichen Konzerts *Es steh Gott auf* (aus *Symphoniae sacrae II,* 1647) verwendet, und die gleiche Melodie 2a findet sich als ostinater Baß u.a. in einer Kantate von B. Ferrari (1637) und in mehreren Sätzen einer Messe von G. Carissimi (1666), freilich jeweils ohne die Bezeichnung als Chaconne. Vokale Ch.n gibt es auch

Beispiel 1

Im weiteren Verlauf des 17. Jh. gewann indes ein anderer Ch.-Typus immer mehr an Verbreitung (und löste die Frescobaldische Art schließlich ab). Er steht ebenfalls im Dreiertakt und ist bestimmt durch das Prinzip des ↗Ostinato. Charakteristisch für die Stücke der neuen Art ist es, daß in ihnen jeweils eine ständig wiederholte 2- oder 4-taktige Melodie im Baß liegt; sie beginnt in der Regel abtaktig mit dem Grundton der jeweiligen Tonart und endet mit der Quinte als Auftakt zur nächsten Taktgruppe. Damit wird als Satzfundament ein der Ch. Frescobaldis entsprechendes harmonisches Gerüst konstituiert. Ch.n dieses Typs gibt es jetzt in der Instrumentalmusik ebenso wie in der Vokalmusik. Dabei ist wiederum keine konsequente Unterscheidung von der Passacaglia dieser Zeit möglich, die ebenfalls das Ostinatoprinzip in sich aufnahm. Andererseits lassen sich im 17. Jh. und darüber hinaus allenthalben der Ch. ähnliche Ostinatostücke nachweisen, die entweder überhaupt nicht eigens bezeichnet sind, oder die, wie die englischen ↗Grounds, auf einen eigenen Terminus fixiert sind.

Wesenhaft für die Geschichte der Ostinato-Ch. ist die Herausbildung einiger Melodieformeln, die immer wieder verwendet werden, wie etwa die beiden folgenden:

Beispiel 2a)

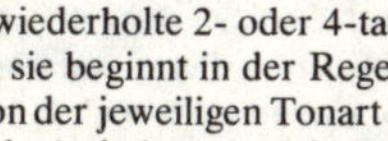

Beispiel 2b)

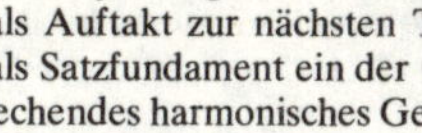

Die Melodie 2a ist bereits um 1620 in einer Hs. aus Neapel als 16maliger Ostinato nachzuweisen, der einer anonymen Aria zugrunde liegt. Von Monteverdi stammt ein mit *Ciaccona* überschriebenes 2st. Madrigal *Zefiro torna* (gedruckt in den *Scherzi*

in der venezianischen Oper des 17. Jh., z.B. bei Fr. Cavalli.

Als Komponisten instrumentaler Ch.n im 17. und in der ersten Hälfte des 18. Jh. sind zu nennen (Jahreszahlen nur bei den gedruckten Werken): im Bereich der Cembalo- und Orgelmusik vor allem deutsche Meister wie J.K. Kerll, J. Krieger, D. Buxtehude, G. Muffat (1690), J. Pachelbel, V. Lübeck, J. Kuhnau, G. Böhm und G.F. Händel (1733); im Bereich der Triosonate und des Ensemblekonzerts M. Cazzati (1660), J.Ph. Krieger (1688), A. Caldara (1693), J. Ravenscroft (1695), Fr.A. Bonporti (1698), A.M. Rossi (1699) und J.M. Leclair (1730); im Bereich der Musik für Violine und B.c. A. Corelli (1694?), E.F. Dall'Abaco (1705?), T. Vitali. Allenthalben läßt sich hier eine mannigfache Handhabung der Ostinatotechnik und eine vielfältige Kombination mit der Technik der ↗Variation beobachten. Übereinstimmend ist bei den Ch.n, die im Verband von Sonaten, Suiten u. dergleichen und in Sammlungen veröffentlicht sind, daß sie häufig an den Schluß der jeweiligen Werkreihe gestellt werden und daß sie im Vergleich zu anderen Satz- bzw. Tanztypen stets vereinzelt auftreten. Als Inbegriff der Ch.-Komposition des 18. Jh. hat J.S. Bachs monumentale *Ciaccona* d-moll für Solovioline zu gelten, der Finalsatz der Partita BWV 1004, ein Stück, das zugleich ein letzter Höhepunkt der gesamten Gattung ist.

Beispiel 3

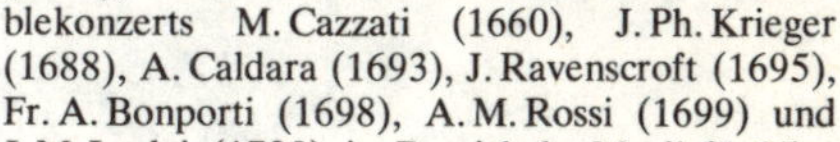

Die Ch. im 17. und 18. Jh. in Frankreich. Auch in Frankreich läßt sich zu Beginn des 17. Jh. – wenn auch nur vereinzelt – jene frühe Art der akkordischen Ch. nachweisen (Lautenübertragung einer *Chacona à 7* in *Secret des Muses* von N. Vallet, A 1618). In der folgenden Zeit nahm die Ch. aber einen ganz anderen Weg als in Italien. Entscheidend ist hier, daß sie, unbeschadet ihrer offenbar vulgären Herkunft, bald ein Bestandteil des höfischen Ballet de cour und später der Opéra-Ballet wurde und daß sie nicht oder doch nicht primär durch das Ostinato-Prinzip bestimmt wird wie die gleichzeitige Ciaccona in Italien. Als früheste Ballet-Ch. gilt ein *Entrée des chaconistes espagnoles* in dem *Ballet des fées de la forêt de Saint-Germain* (1625); später bieten die Opern von J.-B. Lully, der die Ch. gern an Aktschlüssen einsetzte, zahlreiche Beispiele. Die musikalische Gestaltung zeigt noch das Vorbild der früheren spanischen Ch., ist aber sehr viel größer dimensioniert und komplexer: Dreizeitige Ciaccona in Italien. Als früheste Ballet-Ch. rige Anordnung kurzer musikalischer Abschnitte, die oft durch Variierung aus den vorangehenden Abschnitten entstehen und in denen manchmal auch die für die italienische Ciacona typischen Baßmelodien streckenweise ostinat verwendet werden. Man vergleiche etwa den Anfang der *Chaconne des Scaramouches, Trivelins et Arlequins* aus Lullys *Le Bourgeois Gentil'homme* (1670) mit der oben zitierten Formel (Bsp. 2a):

Beispiel 4

In ähnlicher Weise wie bei Lully findet sich die Ballet-Ch. auch in den Bühnenwerken späterer französischer Komponisten wie A. Campra, A. Destouches, J. Ph. Rameau, und noch Chr. W. Gluck steht in dieser Tradition. Seine italienische Oper *Paride ed Helena* (1760) enthält als Finale des 3. Aktes eine solche Ch. (mit einer berühmten Gavotte als Mittelteil), die übrigens in seiner *Iphigénie en Aulide* als Passacaglia erscheint. Außerhalb der Oper fand die Ch. in Frankreich auch Aufnahme in die Klaviermusik, so etwa bei J. Champion de Chambonnières, L. Couperin, N. Lebègue, M. Marais, A. Raison und Fr. Couperin (le grand). Die Ch.n haben hier meist die Form des ↗Rondeau und tragen dann die Bezeichnung *Ch. en rondeau.*

In der zweiten Hälfte des 18. Jh. ließ in allen europäischen Ländern das Interesse an der Ostinatotechnik nach; damit ist auch die Geschichte der Ch. im wesentlichen beendet. Spätere Ch.n sind dann meist an barocken Vorbildern orientiert. Das gilt insbesondere auch für die beiden Ch.n für Soloviolinе von M. Reger (aus den Sonaten op. 42,4 und op. 117), die auf die berühmte *Ciaccona* von J. S. Bach verweisen.

In neuerer Zeit finden sich Ch.n u. a. bei B. Bartók (Sonate für V. solo, 1944), L. Dallapiccola (1945), B. Britten (2. Streichquartett); H. W. Henze bearbeitete Vitalis Ch. als *Il Vitalino raddoppiato* für V. und Kammerorchester.

Lit.: P. MIES, Die Ch. (Passacaille) bei Händel, in: Händel-Jb. 2 (1929); D. SACHS, Eine Weltgesch. des Tanzes (B 1933); L. WALTHER, Die Ostinato-Techniken in den Ch.- u. Arienformen des 17. u. 18. Jh. (Wü 1940); A. MACHABEY, Les Origines de la ch. et de la passacaille, in: RMie 25 (1946); K. VON FISCHER, Ch. u. Passacaglia, in: RBMie 12 (1958); DERS., Die Variation (Kö ²1961); W. APEL, Gesch. der Orgel- u. Klaviermusik bis 1700 (Kas 1967); K. H. TAUBERT, Höfische Tänze, ihre Gesch. u. Choreographie (Mz 1968); G. BERGER, Ostinato. Ch. – Passacaglia (Wb 1968) (= Musikal. Formen in hist. Reihen o. Nr.); Th. WALKER, Ciacona und Passacaglia. Remarks on their Origin and Early History, in: JAMS 21 (1968); R. HUDSON, Further Remarks on the Passacaglia and Ciacona, in: ebd. 23 (1970). – ↗Ostinato, ↗Passacaglia.

G. MASSENKEIL

CHADWICK, George Whitefield, * 13. 11. 1854 Lowell (Massachusetts), † 4. 4. 1931 Boston; amerik. Komponist. Er studierte zunächst in Boston, dann u. a. bei C. Reinecke und S. Jadassohn am Leipziger Konservatorium und bei J. G. Rheinberger in München. 1880 kehrte er nach Boston zurück, wurde dort Organist und Chorleiter, lehrte seit 1882 auch Komposition am New England Conservatory, das er 1897–1930 leitete. Er schrieb u. a. Kammermusik, darunter 5 Streichquartette und ein Klavierquintett, 3 Symphonien, symphonische Dichtungen, Ouvertüren, Chorwerke, Stücke für Singstimme und Orchester, Lieder und mehrere Opern, u. a. *The Quiet Lodging* (UA Boston 1892), *Tabasco* (UA ebd. 1894) und *Judith* (UA Worcester 1900). Ch., dessen musikalischer Stil dem deutschen ↗Akademismus verpflichtet ist, gehört zu den bedeutenden amerikanischen Komponisten des 20. Jahrhunderts.

Lit.: H. T. FINCK, Bedeutende amerik. Komponisten, in: Die Musik 4 (1904/05); C. ENGEL, G. Ch., in: MQ 10 (1924) (mit Verz. der Werke); L. LANGLEY, Ch. and the New England Conservatory, in: MQ 21 (1935); D. G. CAMPBELL, G. Wh. Ch. (1957) (= Diss. Univ. of Rochester/N.Y.); V. YELLIN, The Life and Operatic Works of G. Wh. Ch. (1957) (= Diss. Harvard Univ.).

CHAILLEY, Jacques, * 24. 3. 1910 Paris; frz. Komponist, Chordirigent und Musikforscher. Ch. – Sohn des Violinisten Marcel Ch. (Gründer des Ch.-Quartetts) und der Pianistin Céliny Ch.-Richez – studierte Komposition bei H. Busser am Pariser Conservatoire, Literatur bei G. Cohen an der Sorbonne, Musiktheorie und Komposition bei N. Boulanger und Cl. Delvincourt, Dirigieren bei P. Monteux und W. Mengelberg sowie Musikwissenschaft bei A. Pirro, Y. Rokseth und A. Smijers. Als Mitgründer der *Théophiliens* und der *Groupe de Théâtre antique de la Sorbonne* spielte er bei der Wiederbelebung des französischen Universitätstheaters eine wichtige Rolle. 1933 gründete er die *Psallette Notre-Dame,* die sich der Pflege mittelalterlicher Musik widmete, und den Chor *L'Alauda.* 1937 wurde Ch. Generalsekretär und 1947 Subdirektor des Pariser Conservatoire, an dem er eine Vokalensembleklasse leitete. 1952 erwarb er mit zwei Thèses den akademischen Grad eines Docteur ès lettres: *L'École musicale de St-Martial de Limoges* und *Les Chansons à la Vierge de Gautier de Coinci.* 1953 wurde er Professor für Musikgeschichte an der Sorbonne und Direktor des Musikwissenschaftlichen Instituts der Universität Paris. Daneben lehrt Ch. am Centre National de préparation au Certificat d'Aptitude à l'Enseignement musical (Lycée La Fontaine) und leitet seit 1962 die Schola Cantorum. Seit 1963 war er Präsident, seit 1966 ist er Ehrenpräsident des Comité National de la Musique.

WW (alle in Paris erschienen): **1) Instr.-WW:** Suite *Le jardin nuptial* (1947) u. *Sonate breve* für Klv.; Sonate für Br. u. Klv.; *3 pièces contemplatives* für Streichquartett; Scherzetto (1941) für Str.; Symphonie (1942–47) für Orch. – **2) Vokal-WW:** Für SingSt u. Klv.: 4 Lieder *Le Pèlerin d'Assise* (1932–42); *3 Poésies de Fr. Villon* (1934); *Le menusier du roi* (1945). – Für Chor a cap.: *L'arbre de Paradis* (1933) (Text: L. Chancerel); *La Tentation de saint Antoine* (1936), Symphonie vocale über volkstümliche Themen; *Chant de la fidélité* (1946) (Text: E. J. Regrettier); *Kyrie des gueux* (1946); *Missa solemnis* (1947); *Aux morts pour la Patrie* (1953) (Text: V. Hugo); *Messe brève „de angelis"* (1955): *Demeure le secret* (1962) (Text: M. Pol-Fouchet), Kantate für Doppelchor; *Fables de mon jardin* (1961) (Text: G. Duhamel). – Für SingSt u. Instr. oder Orch.: *Exercices de style* (1965) (Text: R. Queneau), 7 Fantasien für gleiche St. u. Klv.; *Plainte de Rachel* (1963) für Soli, Chor u. Orch. – **3) Bühnen-WW:** *Pan et la Syrinx* (1946) (Libr.: J. Laforgue), Scène lyrique, UA: Paris 1962; *Le Jeu de Robin et Marion* (1950) (nach Adam de la Halle); *Thyl de Flandre* (1946–53) (Libr.: J. Bruyr), Drame lyrique, UA: Brüssel 1957; *La Dame à la Licorne* (1953) (Libr.: J. Cocteau), Ballett, UA: München 1953; Bühnenmusik zu: *Les Perses* (1936) (nach Äschylus); *Antigone* (1939) (nach Sophokles); *Agamemnon* (1947) (nach Äschylus); *La Belle au bois* (1951) (nach J. Supervielle). – **4) Schriften: a)** Bücher: *Petite histoire de la chanson populaire française* (1942); *Théorie de la musique* (zus. mit H. Challan), 2 Bde. (1947 u. 1951); *Les notations musicales nouvelles* (1950); *Histoire musicale du Moyen Age* (1950, revidiert 1969); *Traité historique d'analyse musicale* (1951, Nachdr. 1964); *Formation et transformation du language musical* (1957); *Chronologie musicale en tableaux synoptiques* I (1958); *L'École musicale de St-Martial de Limoges* (1960); *L'Imbroglio des modes* (1960); *40000 ans de musique* (1961, engl. 1964); *Les Passions de J. S. Bach* (1963); *Expliquer l'Harmonie?* (Lau 1967), dt. Übers.: *Harmonie u. Kontrapunkt* (ebd.); *La Musique et le Signe* (ebd.), dt. Übers.: *Die Musik u. ihre Zeichen* (ebd.); *Cours d'histoire de la musique,* I: *Des origines à la fin du XVIIe siècle* (1967), II: *De J. S. Bach à nos jours* (in Vorb.); *La Flûte enchantée. Opéra maçonnique* (1968, Nachdr. 1975, engl. 1971, 1972); *„L'art de la fugue" de J. S. Bach. Étude critique* (1971); *Carnaval de Schumann* op. 9 (1971); *Le Voyage d'hiver de Schubert* (1975). – **b)** Größere Aufsätze: *Rameau et la théorie musicale,* in: RM (1965) Nr. 260; *Essai d'analyse du „Mandarin merveilleux",* in: Studia musicologica 8 (1966); *Essai analytique sur la formation de l'octoéchos,* in: Essays. FS E. Wellesz (O 1966); *L'ordre des morceaux dans „L'art de la fugue",* in: RMl 53 (1967); *Niveaux psychologiques dans l'assimilation du language musicale,* in: FS W. Wiora (Kas 1967); *Nouvelles remarques sur les deux notations musicales grecques,* in: Recherches de Papyrologie 4 (1967); *Elmuahym et elmuarifa,* in: Essays in Musicology. FS W. Apel (Bloomington 1968); *Nicomaque, Aristote et Terpandre devant la transformation de l'heptacorde grec en octocorde,* in: Yuval, hrsg. v. I. ADLER (Jerusalem 1968); *Apport du vocal et du verbal dans l'interprétation musicale,* in: Couperin Colloque (1969); *Une nouvelle méthode d'approche pour l'analyse modale du chant grégorien,* in: Speculum musicae artis. FS H. Husmann (Mn 1970); *La notation archaique grecque d'après Aristide Quintilien,* in: Rev. des études grecques 86 (1973); *Une petite supercherie de la princesse Carolyne,* in: RMl 61 (1975). – **5) Editionen:** Adam de la Halle, *Rondeaux* (1942); G. de Machault, *Messe Notre-Dame* (1948); G. de Coinci, *Chansons à la Vierge* (1959); *Alia Musica* (Abh. über karolingische Musik), kritische Ausg. (1965).

Ch. ist eine der prominentesten Persönlichkeiten des französischen Musiklebens der Gegenwart, sowohl als Musikforscher als auch als Komponist. In der Musikwissenschaft ist er außer durch seine Bemühungen um die Wiederbelebung der mittelalterlichen Musik vor allem durch seine Studien zur Entwicklung der Musik als einer Tonsprache hervorgetreten und hat damit in Frankreich zu einem erheblichen Aufschwung des u. a. von M. Emmanuel begründeten Forschungszweigs der „Philologie musicale" beigetragen. Als Komponist, dessen besonderes Interesse der Vokalmusik gilt, geht Ch. einen an der Tradition der französischen Musik orientierten Weg, der einigen Werken (z. B. der *Missa solemnis* und der Oper *Thyl de France*) einen unverwechselbaren Platz in der gemäßigten Moderne in Frankreich gesichert hat.

Lit.: A. MACHABEY, Portrait de 30 musiciens français (P 1949); R. DUMESNIL, Histoire de la musique (P 1960); G. BRELET, Musique contemporaine en France, in: Encyclopédie de la Pléiade. Histoire de la musique II (P 1960).

CHAILLY, Luciano, * 19. 1. 1920 Ferrara; it. Komponist. Er studierte Literatur an der Universität Bologna, anschließend Komposition bei C. Righini in Ferrara und bei R. Bossi am Conservatorio G. Verdi in Mailand, wo er 1945 das Diplom erwarb, und vervollständigte seine Ausbildung 1948 in einem Salzburger Sommerkurs unter P. Hindemith. 1950–68 war er Mitarbeiter des Servizio di musica della Direzione Generale des italienischen Fernsehens, das er seit 1962 leitete, und 1968–71 künstlerischer Direktor des Teatro alla Scala in Mailand. Seit 1969 ist Ch. Kompositionslehrer am Mailänder Konservatorium und seit 1972 künstlerischer Direktor des Angelicum. Als Komponist zunächst an Hindemith orientiert, wandte er sich später dodekaphonischen Techniken zu.

WW: **1) Instr.-WW:** Für Orch.: *Sonate tritematiche* Nrn. 2, 4 u. 9 (1955); *Musica di strada* (1949); *Fantasia; Sequenze dell'Artide* (1961). – Für Streichorch.: Suite (1946); Toccata (12948); Ricercare (1950). – Für Soloinstr. u. Orch.: 2 Stücke für V. u. Orch. (1951); *Improvvisazione* für Vc., Vibraphon u. Orch. (1962); mehrere *Sonate tritematiche* (z. T. mit SingSt) u. *Improvvisazioni* für versch. Kammermusikbesetzungen. – **2) Vokal-WW:** *Lamento dei morti e dei vivi* (1949) für Soli, Chor u. Orch.; *Uxor tua* (1951) für Chor u. Orch.; *Cantata* (1959) für Soli, Chor u. Instr.; *Piccola messa* (1960) für Frauenst. u. Org.; *Missa Papae Pauli* (1967) für 6st. Chor u. Orch.; *Tiadele-Mo* (1967), Cantata breve für Bar., gem. Chor, 6 Bläser u. Schlagzeug; *Liriche della risistanze vietnamita* (1974) für Bar. u. 11 Instr. – **3) Bühnen-WW:** Opern: *Ferrovia sopra elevata* (Libr.: D. Buzzatti), UA: Bergamo 1955; *Una domanda di matrimonia* (Libr.: C. Fino u. S. Vertone nach A. Tschechow), UA: Mailand 1957; *Il canto del cigno* (Libr.: L. Chailly nach A. Tschechow), UA: Bologna 1957; *La riva delle sirti* (Libr.: R. Prinzhofer nach J. Gracq), UA: Monte Carlo 1959; *Procedura penale* (Libr.: D. Buzzatti), UA: Como 1959; *Il mantello* (Libr.: ders.), UA: Florenz 1960; *Era proibito* (Libr.: ders.), UA: Mailand 1963; *Vassiliev* (Libr.: L. Chailly nach A. Tschechow), UA: Genua 1967; *Markeim* (Libr.: L. Prinzhofer nach R. S. Stevenson), UA: Spoleto 1967; *L'idiota* (Libr.: G. Loverso nach F. Dostojewski), UA: Rom 1970; Ballette: *Fantasmi al Grand-Hotel*, UA: Mailand 1960; *Il Cappio*, UA: Neapel 1962; *L'urlo*, UA: Palermo 1967; ferner Film- u. Fernsehmusik.

Lit.: P. SANTI, L. Ch., in: Diapason (Mi 1951); R. BACCHELLI, Note e rassegne. L. Ch., in: L'Approdo (1959).

CHAIX, Charles, * 26. 3. 1885 Paris; Schweizer Komponist frz. Herkunft. Ch. war Orgelschüler an der École Niedermeyer in Paris und studierte seit 1904 am Genfer Konservatorium bei O. Barblan, wo er seit 1910 selbst Harmonielehre, später auch Kontrapunkt und Komposition unterrichtete. 1924–50 war er Professor für Harmonielehre, Kontrapunkt und Fuge am Konservatorium in Lyon, 1923–61 Organist an St-François de Sales in Genf. Ch.s Kompositionen stehen in der Nachfolge von C. Franck.

WW: **1) Instr.-WW:** *6 Chorals* für Org. (1907); Streichquartette (1946–56); Klv.-Quintette; 2 Symphonien (1914, 1928). – **2) Vokal-WW:** Chöre; *Poème funèbre* (1915–22) für Soli, Chor u. Orch. – Ch. schrieb auch eine Harmonielehre *Éléments d'écriture musicale* (1935) und gab eine revidierte Orch.-Partitur v. J. J. Rousseaus *Le Devin du village* heraus (1924).

CHALLIER, dt. Musikverleger und Musikalienhändler. – **1) Carl August,** † 17. 7. 1871 Berlin. Er gründete 1835 in Berlin mit Karl Gaillard den Musikverlag *C. A. Challier & Co.* – **2) Willibald,** Sohn von 1), * 29. 7. 1841 Berlin, † 25. 1. 1926 ebd. Er übernahm 1865 den Verlag seines Vaters, der seit 1919 von Richard Birnbach weitergeführt wurde. – **3) Ernst,** Sohn von 1), * 9. 7. 1843 Berlin, † 19. 9. 1914 Gießen. Er war Musikalienhändler in Gießen und veröffentlichte zahlreiche bibliographisch wertvolle Kataloge von Liedern, Duetten, Chören, aber auch von entlegeneren musikalischen Genres und Besetzungen (Klaviertranskriptionen, Potpourris, Klavierwerken für die linke Hand, Werken mit Kinderinstrumenten usw.). Wichtig für die Geschichte der Musikverlage ist sein *Verlags-Nachweis im Musikalienhandel* (Gießen 1908) (mit Nachträgen bis 1913).

CHALUMEAU (frz., ältere Bz.en: chalemelle, chalemie; provenzal.: calamela; von lat. calamus = Rohr). Der Begriff Ch. wird in der mittelalterlichen Literatur generell für ↗Rohrblattinstrumente verwendet, ohne jede nähere Spezifizierung. M. Mersenne (*Harmonie universelle,* 1636, *Traité des instruments,* 5. Buch, S. 229) beschreibt unter Ch. zwei folkloristische Instrumente mit idioglott geschnittener Aufschlagzunge (Monoglotter): 1. ein in der Mitte des Tubus angeblasenes Querchalumeau mit jeweils einem Griffloch an den beiden (offenen) Enden, 2. ein Längschalumeau mit drei Grifflöchern am unteren offenen Ende; das idioglotte Mundstück dieses Instruments ist am oberen Ende durch einen Nodus verschlossen. J. G. Walther (*Musicalisches Lexicon,* 1732) und J. F. B. C. Majer (*Museum musicum,* 1732) nennen unter dem Stichwort Ch. 4 verschiedene Typen, darunter auch „ein kleines Blasinstrument, so sieben Löcher hat" (f^1–a^2). Dieses Instrument entspricht typologisch dem zweiten der von Mersenne beschriebenen Instrumente mit drei Grifflöchern, das in wechselnder Grifflochzahl (3–7, auch mit Dorsalloch [= Daumenloch] versehen) noch heute von Volksmusikern europäischer Rückzugsgebiete verwendet wird. Es ist auch das Urmodell für das um 1700 entwickelte, überwiegend zylindrisch gebohrte Klappenchalumeau und die gleichzeitig entstandene ↗Klarinette. Für das Klappenchalumeau, „so 7 Löcher oben beym Ansatz zwo [frontal und dorsal angebrachte] meßinge Klappen ... hat", nennt Majer den Umfang f^1–a^2 (h^2). Dieses Instrument besaß unter der Dorsalklappe noch ein zusätzliches Daumenloch. Das Klappenchalumeau unterscheidet sich von seinem aus Naturrohr gefertigten folkloristischen Vorgänger zunächst durch die Drechslerarbeit, entscheidend aber durch das heteroglotte Blatt, das auf einer eigens geschliffenen Mundstückbahn schwingt. Für die äußere Form scheint die Blockflöte als Vorbild gedient zu haben, wofür das Fußstück (anstelle einer Stürze, wie bei der Klarinette) und die Familienbildung sprechen. In den zeitgenössischen theoretischen Abhandlungen wird das Instrument, das nicht überblasen wurde, wegen der identischen Applikatur gemeinsam mit der Flöte besprochen. Man unterschied 4 Stimmlagen: Diskant-, Alt- (= Quartchalumeau), Tenor- und Baß-Chalumeau. Die frühesten Instrumente stammen aus den Werkstätten von J. Denner und J. W. Oberlender in Nürnberg, von G. N. Kelmer, Klenig und Liebav, deren Werkstätten noch nicht lokalisiert werden konnten. Entsprechend der frontal (zur Grifflochreihe weisend) eingeschnittenen Lamelle bei den folkloristischen Instrumenten wurde auch das heteroglotte Blatt des Klappenchalumeaus zum Oberkiefer gewendet (Übersichblasen = maxillarer Ansatz), im Gegensatz zur heutigen Klarinettenpraxis mit zum Unterkiefer weisenden Blatt (Untersichblasen = mandibularer Ansatz).

Das Ch. wurde häufiger verwendet und bewirkte eine reichhaltigere Literatur, als man bisher vermutete, was auf eine gewisse Verbreitung schließen läßt. Kompositionen, z.T. auch Konzerte, wurden inzwischen nachgewiesen u.a. von G. Ph. Telemann, J. Chr. Graupner, J. Fr. Fasch, J. M. Molter, J. D. Heinichen, Fr. B. Conti, J. J. Fux, A. Vivaldi, Chr. W. Gluck, R. Keiser, J. B. König. In Konkurrenz zur gleichzeitig entwickelten, klanglich variableren Klarinette, die sich auch überblasen ließ, mußte das schlichtere Ch. unterliegen. 1960 begann Otto Steinkopf einige der in Stockholm erhaltenen Originalinstrumente zu kopieren und setzte die Arbeit später gemeinsam mit Hermann Moeck fort.

Das tiefe Register der Klarinette wird Chalumeau-Register genannt. Der gelegentliche Hinweis „Chalumeau" bedeutet „all'ottava bassa". – Im französischen Orgelbau bezeichnete man früher mit „jeu de chalumeau" eine Zungenstimme mit zylindrischem Becher.

Lit.: J. F. B. C. MAJER, Museum musicum (Schwäbisch Hall 1732), Neudruck, hrsg. v. H. Becker (Kas 1954); F. BRÜCKER, Die Blasinstrumente in der altfranzösischen Lit. (Gießen 1926); O. KROLL, Das Ch., in: ZfMw 15 (1932/33); J. H. VAN DER MEER, Das Ch.-Problem, in: GalpinJ 15 (1962); H. BECKER, Das Ch. bei Telemann, in: Konferenz-Ber. der 3. Telemann-Festtage, Magdeburg 1967 (Magdeburg 1969); C. LAWSON, The Ch. in 18th Century Music (Diss. masch. Aberdeen 1967); H. BEKKER, Das Ch. im 18. Jh., in: FS H. Husmann (Mn 1970) (mit Lit.-Verz.); E. NICKEL, Der Holzblasinstrumentenbau in Nürnberg (Mn 1971); J. EPPELSHEIM, Das Denner-Ch. des Bayerischen Nationalmuseums, in: Mf 26 (1973). H. BECKER

CHAMATERÒ DI NEGRI (Camaterò), **Ippolito,** it. Komponist der 2. Hälfte des 16. Jahrhunderts. Er ist zwischen 1560 und 1592 als Kapellmeister in Padua, Cremona, Udine, Bergamo, Venedig und Rom nachweisbar und war Mitglied der Accademia Filarmonica in Verona. Seine Kirchenmusik entspricht in besonderem Maße den Reformen des Tridentiner Konzils, so in der Verwendung gregorianischer Cantus firmi und in dem Bemühen um Textverständlichkeit und klare Deklamation.

WW: 2 Bücher 4st. Madrigale (V 1561, 1569); 4 Bücher 5st. Madrigale, I (V 1560) (unvollständig erhalten), II–IV (V 1569); 5- u. 7st. Messen (V 1569); 8st. Psalmen, vokal u. mit Instr. (V 1573); Introitusgesänge für 4–6 St. (V 1574); Magnificat-Vertonungen für 8, 9 u. 12 St. (V 1575).

Ausg.: 2 Introitusgesänge, in: M. SCHNEIDER, Die Anfänge des Basso continuo (L 1918); ein weiterer Introitus, *Puer natus,* in: E. T. FERAND, Die Improvisation (Kö 1956) (= Das Musikwerk 12).

Lit.: A. EINSTEIN, The Italian Madrigal, 2 Bde. u. ein Bsp.-Bd. (Princeton/N.J. 1949, Nachdr. 1970, dt. Z 1952).

CHAMBERLAIN, Houston Stewart, * 9. 9. 1855 Southsea (Portsmouth), † 9. 1. 1927 Bayreuth; dt. Schriftsteller engl. Herkunft. Ch. verbrachte seine Jugend in Versailles und London, kam 1870 nach Deutschland und studierte 1879–81 in Genf Naturwissenschaften, hörte dort auch kurze Zeit Musiktheorie und nahm Klavier- und Violoncellounterricht. Seit 1885 lebte er in Dresden, seit 1889 in Wien. 1908 heiratete er R. Wagners Tochter Eva und ließ sich in Bayreuth nieder. Ch. sah, von J. A. Gobineau beeinflußt, in der „nordisch-arischen" Rasse den einzigen schöpferischen Kulturträger. In den Musikdramen Wagners, dem er 1882 in Bayreuth noch persönlich begegnet war, fand Ch. die künstlerische Gestaltung deutschen Wesens. Er beeinflußte mit seinen Schriften wesentlich die Wagner-Auffassung des Nationalsozialismus, zu dem er sich früh bekannte und auf dessen pangermanische Rassenlehre insgesamt er starken Einfluß nahm.

Schriften: *Notes sur Lohengrin,* in: Revue Wagnérienne (1885); *Das Drama R. Wagners* (L 1892, [5]1914); *R. Wagner* (Mn 1896 u.ö.); *Die Grundlagen des 19. Jh.,* 2 Bde. (Mn 1899–1901 u.ö.); *Lebenswege meines Denkens* (Mn 1919); *Gesammelte Hauptwerke,* 9 Bde. (Mn 1923).

Lit.: L. VON SCHROEDER, H. St. Ch. (Mn 1918); G. SCHOTT, Auf des Lebens Höhe. Zum Gedächtnis H. St. Ch.s (Mn 1934); P. PRETZSCH, Cosima Wagner u. H. St. Ch. im Briefwechsel (L 1934); M. DIPPEL, H. St. Ch. (Mn 1938); W. R. VOLBACH, A. Appia u. H. St. Ch., in: Mf 18 (1965).

CHAMBONNIÈRES ↗Champion 3).

CHAMINADE, Cécile Louise Stéphanie, * 8. 8. 1857 Paris, † 13. 4. 1944 Monte Carlo; frz. Pianistin und Komponistin. Ch. studierte u.a. bei M. G. A. Savard, L. Marsick und B. Godard, debütierte mit 18 Jahren und wurde eine international gefeierte Pianistin. Sie schrieb u.a. *Les Amazones*

für Chor und Orchester (1888), das Ballett *Callirhoë* (UA Marseille 1888), 2 Orchestersuiten und 2 Trios für Violine, Violoncello und Klavier, zahlreiche Klavierstücke und Lieder.

CHAMPAGNE, Claude, * 27.5.1891 Montreal, † 21.12.1965 ebd.; franko-kanadischer Komponist und Musikpädagoge. Er studierte Klavier und Violine, anschließend Komposition am Dominion College of Music in Montreal, seit 1921 am Conservatoire in Paris. 1928 kehrte er nach Kanada zurück und lehrte u.a. am Konservatorium und an der McGill-Universität in Montreal. 1942 wurde er Assistant-Directeur des Conservatoire de la musique et de l'art dramatique der Provinz Quebec. Zu seinen Schülern gehörten bedeutende Vertreter der franko-kanadischen Schule, u.a. P. Mercure, R. Matton, Cl. Pépin, Fr. Morel, S. Garant und G. Tremblay. Seine Werke zeichnen sich durch Eleganz, Klarheit und solides handwerkliches Können aus. Ch. komponierte u.a. Kammermusik und symphonische Dichtungen, zum Teil mit nationalem Kolorit *(Symphonie gaspésienne* und *Altitude);* seine *Danse villageoise* ist eine Stilisierung des volkstümlichen kanadischen Square-Dance.

WW: **1) Instr.-WW:** für Klv.: *Quadrilha Brasileira* (1942) (Toronto 1951); *Prélude et filigrane* op. 4 u. 5 (1918) (ebd. 1960); *Habanera* (1924) für V. u. Klv.; Trio für Fl., Viola da gamba u. Cemb.; Streichquartett (1951); für Orch.: *Hercule et Omphale* (1918); *Danse villageoise* (1930); *Symphonie gaspésienne* (1943); *Concerto pour piano* (1948). – **2) Vokal-WW:** Zahlr. Volksliedbearbeitungen (Toronto o.J.); *Messe brève* u. *Ave Maria* für 3 gleiche St., für Chor u. Orch.: *Suite canadienne* (1928) (P 1929); *Images du Canada français* (1943); *Altitude* (1959), symphonische Dichtung. – Ch. veröffentlichte auch musikpädagogische Schriften.

Lit.: Werkverz. in: Compositores de América VI (Washington/D.C. 1960); F. BRASSARD, Une date pour la musique canadienne, in: Revue de l'Université Laval 5/8 (1951); TH. ARCHER, Cl. Ch., in: Canadian Music Journal 3 (Toronto 1958); M. DUCHOW, Cl. Ch., in: The Music Scene/La Scène Musical (1968) September/Oktober-H.; A. DESAUTELS, The History of Canadian Composition, in: Aspects of Music in Canada, hrsg. v. A. Walter (Toronto 1969).

CHAMPEIN, Stanislas, * 19. 11. 1753 Marseille, † 19. 9. 1830 Paris; frz. Komponist. Ch. wurde bereits mit 13 Jahren Kirchenkapellmeister in Pignon (Provence). 1776 kam er nach Paris, wo er am Hofe mit Erfolg eine eigene Motette für großen Chor, *Dominus regnavit,* aufführte. Er verkehrte aber bald in revolutionären Kreisen und wandte sich dem Theater zu; seine Opéra-comique *La Mélomanie* (UA Versailles 1781) hatte einigen Erfolg. Die Ereignisse der Revolution unterbrachen aber seine musikalische Karriere. 1792–1804 nahm er Verwaltungsaufgaben in Deutschland wahr und trat nach seiner Rückkehr nach Paris in den Dienst Napoleons. Obwohl er sich in der Folgezeit mit seinen antikisierenden Tragédies und mit seinen Opéras-comiques dem Zeitgeschmack anpaßte, hatten seine neuen Werke wenig Erfolg. Insgesamt komponierte er 40 Bühnenwerke, außerdem Messen und Psalmen und ein *Magnificat* sowie Revolutionsgesänge.

Lit.: A. POUGIN, Un musicien oublié, in: Le Ménestrel 41 (1895); M. PINCHERLE, Musiciens peints par eux-mêmes (P 1939).

CHAMPION, frz. Musikerfamilie. – **1) Thomas** (genannt Mithou), † um 1580; Organist und Komponist. Nach seinem Übertritt zum Protestantismus stand er im Dienst des Königs von Navarra, Anton von Bourbon, wurde 1557 Kammerorganist des Königs von Frankreich, später erster Organist der Chapelle Royale und der Kammermusik. M. Mersenne rühmte seine Kanon- und Fugenimprovisation auf Epinette und Orgel. Ch. veröffentlichte eine Sammlung von mehrstimmigen Psalmen (P 1561), denen Melodien aus dem hugenottischen Raum zugrunde liegen. Einige Chansons erschienen zwischen 1548 und 1556 in Sammeldrucken. – **2) Jacques,** Sohn von 1), * um 1555, † April 1638. Er stand als Epinettespieler im Dienst der französischen Könige Heinrich IV. und Ludwig XIII. und war Organist der Königlichen Kammermusik und der Chapelle Royale. Seine Kompositionen, die Mersenne lobend erwähnte, sind nicht überliefert. – **3) Jacques Champion de Chambonnières,** Sohn von 2) * zw. 1601 und 1611 Paris oder Chambonnières, † Ende April/Anfang Mai 1672 Paris; Cembalist und Komponist. Ch. folgte 1638 seinem Vater als Epinettespieler der Königlichen Kammermusik und war neben J. Chabanceau de La Barre Organist der Chapelle Royale. Er wirkte u.a. an Lullys *Ballet royale de la Nuit* mit. Im Rahmen seiner „Académie des honnestes curieux" gab er als Cembalist auch private Konzerte. 1654 sah er sich nach einem neuen Wirkungskreis um und bemühte sich u.a. um eine Stellung im Dienst Königin Christines von Schweden. Um 1662 kam es zu einem Zerwürfnis mit dem französischen Hofe, und er verkaufte sein Amt an J. H. d'Anglebert.

Von seinen Zeitgenossen wegen seines vornehmen Gehabes, seiner Prunk- und Verschwendungssucht scharf kritisiert, genoß er doch als Virtuose und Lehrer einen ausgezeichneten Ruf, und zahlreiche französische Komponisten stehen unter seinem Einfluß, darunter G. G. Nivers, R. Cambert, J. H. d'Anglebert, N. Lebègue und die Brüder Couperin. Ch.s Schaffen besteht ausschließlich aus den *Pièces de clavecin* (2 Bücher, P 1670). Seine kompositorische Leistung ist die Ausprägung der Suite für Klavier, als deren eigentlicher Schöpfer er zu gelten hat und durch die er auch auf die deutsche Klaviermusik, insbesondere auf J.J. Froberger, eingewirkt hat. Die Suite besteht bei Ch. aus den Sätzen Allemande, Courante und Sarabande in gleicher Tonart, dazu können andere Tanzsätze treten: Gaillarde, Gigue, Menuet, Pavane, Chaconne. Die Reihenfolge der Sätze ist nicht bindend festgelegt. Manchmal tragen die Sätze ergänzende Überschriften, z.B. *Pavane l'Entretien des dieux, Allemande de Dunquerque, Madame la Reyne, Le Tambourin de Suisse.* Solche Titel sind eine Art genrehafter Etikette und werden nicht im Sinne eines bestimmten Programms musikalisch ausgedrückt. In dieser Beziehung wie auch in den stilistischen Grundzügen ist Ch. in erster Linie der französischen Lautenmusik, aber auch der englischen Virginalmusik verpflichtet. Mit seinem schlanken, von Spielfiguren umwobenen Cembalosatz ist er einer der Schöpfer des französischen ↗Style brisé.

Ausg.: **Zu 1):** Psalm 10 u. 134, hrsg. v. P. PIDOUX (P 1960); 2 geistliche Chansons, hrsg. v. DEMS. (G o.J.). – **Zu 3):** Die *Livres de clavecin,* hrsg. v. P. BRUNOLD – A. TESSIER (P 1925); dass., hrsg. v. TH. DART (Monaco 1969); dass., Faks.-Ausg. (NY 1967) (= MMMLF I, 3).

Lit.: **Zu 3):** H. QUITTARD, Un claveciniste du XVIIe siècle, J.Ch. de Ch., in: La Tribune de St-Gervais 7 (1901); A. TESSIER, in: L'œuvre de clavecin (s. o. Ausg.) Vorwort; F. LESURE, Ch., organisateur de concerts, in: RBMie 3 (1949); M. LE MOEL, Les dernières années de J. Ch. de Ch., in: Rech.Mus. 1 (P 1960).

N. DUFOURCQ

CHANCY, François de, * um 1600, † August 1656 Paris; frz. Sänger, Lautenist und Komponist. Er war seit 1631 Maitre de la Musique des Kardinals Richelieu, seit 1635 der Königlichen Kammermusik und seit 1644 der Chapelle Royale. Ch. schrieb außer den in Druck erschienenen Werken auch Kompositionen für Ballets de cour.

WW: 2 Bücher 4st. *Airs de cour* (P 1635, 1644); 5 Bücher Airs und Chansons für 1–3 St., I (P 1639), II (P 1647), III (P 1649), IV (P 1651), V (P 1655), II–V (P 1699); *Tablature de mandore* (P 1629), 2 Allemanden daraus bei M. Mersenne, Harmonie universelle, 2 Bde. (P 1636–37) als Beispiele für ↗Mandora-Tabulatur; 12 Lautenstücke in dem Sammeldruck *Tablature de luth de différents autheurs* (P 1631) (= RISM 1631[6]).

Ausg.: Eine Allemande für Laute in: LAVIGNAC Hist. III; eine Arie in: H. PRUNIÈRES, Les maîtres du chant, I (P 1925); eine Arie in: A. VERCHALY, Airs de cour pour voix et luth (P 1961); 13 Stücke für Laute u. eines für Mandora, hrsg. v. A. SOURIS mit einer Einleitung v. M. Rollin (P 1967) (= Corpus des luthistes français).

Lit.: H. QUITTARD, Musique instrumentale jusqu'à Lully, in: LAVIGNAC Hist. III.

CHANDOSCHKIN (Handoschkin), **Iwan Jewstawjewitsch,** * um 1747 St. Petersburg (?), † 16./17. (28./29.) 3. 1804 ebd.; russ. Violinist und Komponist. Er wurde 1765 Mitglied des Hoforchesters in St. Petersburg, 1780 dort Konzertmeister und leitete spätestens seit 1784 als Kapellmeister Ballettaufführungen. Ch. gilt als einer der bedeutendsten russischen Violinvirtuosen seiner Zeit. Seine Kompositionen sind erste Beispiele einer eigenständigen russischen Violinliteratur.

WW: *Chansons russes variées* für V. u. B.c.; 6 Sonaten für 2 V. (A 1781); *6 Chansons russes avec des variations* für V. u. Va. (St. Petersburg 1783); *6 Chansons russes… avec variations,* op. 1 für 2 V. (St. Petersburg 1794); *Chansons russes variées* op. 2 für 2 V. (St. Petersburg – Gotha 1796); 3 Sonaten für V. op. 3.

Lit.: R. A. MOOSER, Annales de la musique et des musiciens en Russie au XVIIIe siècle, 3 Bde. (G 1948–51); S. FESETSCHENKO, I. J. Ch., in: Sowjetskaja musyka 14 (1950); I. M. JAMPOLSKIJ, Russkoje skripitschnoje iskusstwo, I (Mos 1951); B. WOLMAN, in: Sowjetskaja musyka 18 (1954); W. A. ZUKKERMAN, „Kamarinskaja" Glinki i ejo tradizii w russkom musyke (Mos 1957); L. RAABEN, Schisn sametschatelnych skripatschej (Mos 1967).

CHANOT, frz. Geigenbauerfamilie. – **1) François** (Francis), * 25. 3. 1788 Mirecourt, † 12. 11. 1825 Rochefort (Charente-Maritime). Er war Sohn des Lautenmachers Joseph Ch., wurde Marineingenieur, ließ sich aber einige Jahre vom Dienst beurlauben und widmete sich in Mirecourt dem Geigenbau. Er konstruierte eine „violon-guitare", eine gitarrenähnlich rundgebogene Violine mit nahezu ebener Decke und parallel zu den Seitenkanten verlaufenden länglichen Schall-Löchern. – **2) Georges,** Bruder von 1), * 25. 3. 1801 Mirecourt, † 10. 1. 1873 Courcelles (Val-d'Oise). Er baute zunächst ebenfalls „violons-guitars", ging bald nach Paris, lernte dort bei den Geigenbauern Jean-Laurent Clément und Ch. Fr. Gand und gründete eine angesehene Werkstatt, die seit 1872 von seinem Schwiegersohn Joseph Chardon weitergeführt wurde. – **3) Georges,** Sohn von 2), * 11. 1. 1831 Paris, † 11. 3. 1895 London. Er ging 1851 nach London und gehörte dort zu den angesehensten Geigenbauern. Sein Sohn **Joseph Antony** (1865–1936) leitete seit 1893 die Werkstatt.

Lit.: W. L. VON LÜTGENDORFF, Die Geigen- u. Lautenmacher (F 1904, [6]1922); R. VANNES, Dictionnaire universel des luthiers (P 1932, Bru [2]1951), Erg.-Bd. (Bru 1959).

CHANSON (frz.; von lat. cantio = Gesang), in Frankreich Sammel-Bz. für Lieder mit lyrischem Charakter. Im deutschen Sprachgebrauch ist (1) *die* Ch. – entsprechend dem französischen *la* ch. – das französische Lied bis zum 18. Jh., (2) *das* Ch. (in Frankreich ebenfalls *la* ch.) ein spezieller Typus des begleiteten Sololieds.

1) Die französische Chanson. – Die Ch. bis zum 14. Jahrhundert. Seit dem Ende des 11. Jh. bis zu

G. de Machaut ist die Ch. einstimmig. Eine Instrumentalbegleitung ist zwar oftmals in den Texten erwähnt, in den Hss. aber nicht notiert. Während der Trouvère-Zeit wird die Ch. manchmal *Son* oder *Sonet* genannt, bei den Troubadours ↗*Canso,* bei den Minnesängern *Liet.* – Die Texte sind thematisch weit gespannt und umfassen ↗Pastourelle, ↗Bergerette, ↗Reverdie, ↗Sirventes, ↗Jeu parti, ↗Complainte, die *Ch. de croisade* (Kreuzzugslied) und, als reifsten Typus, die *Ch. d'amour* oder *Ch. courtoise* (höfisches Liebeslied), von Dante in *De vulgari eloquentia* (lib. II, Kap. III, 8) als vornehmste Dichtungsform gepriesen. – Die Hss. (↗Chansonnier) überliefern mehr als 4000 Ch.s, davon etwa die Hälfte mit Melodien. Als wahrscheinlich älteste ↗Trouvère-Lieder gelten die *Ch.s de toiles* (ursprünglich beim Spinnen gesungene, meist unglückliche Liebesgeschichten), deren Strophenbau in Form der ↗Rotrouenge der Laisse der ↗Chanson de geste nahesteht. Die Strophenformen der Trouvère-Ch.s sind sehr vielfältig und unterscheiden sich durch Anzahl der Verse, Reimordnung sowie durch Stellung und Art des Refrains, der z. B. in den *Ch.s avec des refrains* durch Varianten oder überraschende Pointen besonderen Reiz erhält. Der *Chant royal* mit fünf Strophen und Envoi erscheint erstmals bei Guillaume le Vinier und G. de Berneville. – Das Tanzlied tritt in verschiedenen kleineren Formen auf, als *Rondet* (Rondel), *Ballete* (↗Ballade), ↗Virelai und als weiterentwickelte ↗Estampie. Die letzten Beispiele dieser einstimmigen Kunst des ausgehenden 13. und des beginnenden 14. Jh. sind die Lieder der anon. Dichter aus dem Umkreis des Collège de Navarre, von J. de Lescurel (mit 32 stilistisch an P. de Cruce orientierten Balladen, Rondeaux und Virelais, und zwei Dits, die mit ihren zahlreichen Refrains die Reihe der *Ch.s avec des refrains* fortsetzen) und vor allem die Lieder von G. de Machaut, den man als den letzten Trouvère bezeichnen kann. Von seinen 42 Balladen ist nur eine *(Dame, se vous m'estes lonteinne),* von seinen 38 *Ch.s balladées* (Virelais) sind 25 einstimmig. Außerdem schrieb er eine einstimmige *Complainte (Tels rit au main qui au soir pleure)* und einen *Chant royal (Joie, plaisance et douce norriture).* Die Lais sind, mit Ausnahme zweier kanonischer, alle einstimmig.

Das 14. und 15. Jahrhundert. Die mehrstimmige Ch. des 14. und 15. Jh. knüpfte in ihrer formalen Struktur an die Lied- und Tanzformen des 13.Jh. (Rondeau, Virelai, Ballade), kompositionstechnisch an die Motetten und ↗Conductus-Sätze an. Seit etwa 1250 verwenden die Triplum- und Quadruplum-Stimmen der Motetten häufig Trink- und Liebeslieder der Trouvères. Auch der Tenor kann bisweilen aus der weltlichen Musik entlehnt sein (instrumentale Tanzsätze oder bekannte Lied-Refrains). Die Rondeaux von Adam de la Halle, im Conductus-Stil, können als die ersten Meisterwerke der mehrstimmigen ↗Cantilena angesehen werden, deren Höhepunkt im 14. Jh. liegt. Etwa gleichzeitig oder wenig später entstand auch das einzige mehrstimmige Rondeau von J. de l'Escurel, das als das wesentliche Zeugnis seine Aufgeschlossenheit für zeitgenössische Neuerungen spiegelt. Die als *Cantilena* oder *Carmen* bezeichnete Ch. ist meist dreistimmig. Zu einer bewegten, zuerst konzipierten, textierten Oberstimme (Superius) tritt ein ruhigerer, nicht entlehnter Tenor als Stütze und untrennbare Gegenstimme, während der Contratenor, im Gegensatz zu dem primär melodisch geführten Discant-Tenor-Gerüst, der Auffüllung des Satzes dient, den Tenor häufig kreuzt und sich in unsanglichen Intervallen bewegt. Der Superius wird gesungen, die beiden Unterstimmen werden instrumental ausgeführt. In dieser Weise sind die meisten Ch.s G. de Machauts geschrieben, dessen Schaffen das gesamte 14. Jh. entscheidend prägte. Er erneuerte und erweiterte die alten erstarrten Formen (Doppel- und Tripelballade) und erprobte neue, mitunter äußerst komplexe Satzweisen. Die Feinheiten seiner dichterischen Gestaltung werden dabei nicht durch bloße Virtuosität der Technik beeinträchtigt (vgl. das 4st. Rondeau *Rose, lys, Printemps, verdure,* zu dem Machaut einen zweiten alternativ zu gebrauchenden Contratenor schrieb). In jener Zeit entstanden auch die ersten *Chaces,* Stücke deskriptiven Charakters mit Kanon- und Hoquetus-Technik (↗Chasse). – Bald nach 1400 kündigt sich der Übergang von der hochstilisierten französischen Ch.-Kunst zu größerer Einfachheit und zu einem harmonisch fundierteren Satz der Generation G. Dufays an. Das Rondeau bildet sich zunehmend zur Hauptform der weltlichen Kunst heraus. Komponisten wie B. Cordier und J. Cesaris repräsentieren den schon vor Dufay beginnenden Stilwandel. Um 1420 setzte das glanzvolle Schaffen der Komponisten des burgundischen Hofes ein. Neben G. Binchois als dem wichtigsten Vertreter sind P. Fontaine, J. Vide und der Engländer R. Morton, der als erster die *L'homme armé*-Melodie als Cantus firmus verwendete, zu nennen. Der Dichter Martin Le Franc rühmt in seinem *Champion des Dames* Binchois und Dufay als die bedeutendsten Meister der Epoche. Dufay, der universellere von beiden, gab der weiteren musikalischen Entwicklung die entscheidenden Anstöße. Unter dem Einfluß einiger Italienaufenthalte gewann seine Melodik liedhafte Prägung. In der

Rhythmik herrscht der Dreiertakt (tempus perfectum) vor, das Verhältnis der Stimmen nähert sich der Quint-Terz-Grundton-Beziehung der modernen Harmonik. Die Melodisierung der Stimmen greift auch auf andere Formen, vor allem die Liedmotette, über. – Das letzte Drittel des 15. Jh. wird von J. Ockeghem bestimmt, dessen Ch.s, alle dreistimmig, durch Satzdichte und Stimmambitus der Motette nahekommen und sich in der Vertiefung des melodischen Ausdrucks den Kompositionen Dufays anschließen. Klangideal ist nicht mehr die Mischung von Stimme und Instrument, sondern die Homogenität der menschlichen Stimmen, selbst wenn sich Instrumente, deren Anzahl in den einzelnen Gruppen stark zunimmt, stimmverdoppelnd an der Ausführung beteiligen. Zu dieser Zeit vermitteln die Ch.s, Rondeaux und Bergerettes von A. Busnois zum letzten Mal etwas von der Eleganz und leicht manierierten Grazie des burgundischen Hofes. Unter den Zeitgenossen Ockeghems sind J. Delahaye, F. Caron und vor allem Hayne van Gizeghem als Ch.-Komponisten hervorzuheben.

Die Entwicklung der Ch. um die Wende vom 15. zum 16. Jh. läßt sich an den Veröffentlichungen des venetianischen Druckers O. Petrucci verfolgen (*Odhecaton A, Canti B, Canti C,* 1501–04). Langsam gewann die vierstimmige Ch. den Vorrang vor der dreistimmigen, die Deklamation wurde syllabisch. Josquin des Prés, der bedeutendste Komponist seiner Generation, hinterließ etwa 86 3–6st. Chansons. Die auf dem Prinzip der Durchimitation beruhenden Stücke sind meist in einem komplexen Satz geschrieben, der in seiner Kunstfertigkeit bis zum Tripelkanon reicht *(Baisies moy, ma douce amye).* In dieser Zeit erlebte die französische Ch. ihre Hochblüte und verbreitete sich rasch über ganz Europa (P. de La Rue, J. Mouton, A. de Févin, A. Brumel, L. Compère, A. Agricola und A. Brugier, M. de Orto, N. le Petit).

Das 16. Jahrhundert. Um 1525 erscheint ein neuer Ch.-Typ, die sog. *Renaissance-Ch.,* die ihre rasche Verbreitung der neuen Technik des Notendrucks verdankt. Verleger wie P. Attaingnant in Paris, J. Moderne in Lyon, T. Susato in Antwerpen veröffentlichten Hunderte von kleinen 3- und 4st. Kompositionen, deren Texte meist Vier- oder Fünfzeiler (mit dem musikalischen Schema abca oder abcda) sind; die alten Refrainformen überlebten nur noch in den volkstümlichen Chansons. Der harmonische Zusammenklang gewann das Übergewicht über die Führung der Einzelstimmen, Melismen und Imitationen wurden immer seltener verwendet, die Stimmen bewegen sich sehr oft in Terz-, Sext- oder Dezimenparallelen, die Terz erscheint häufig im Schlußklang. Es bildete sich ein eleganter Stil von manchmal oberflächlicher Gefälligkeit heraus. Die hauptsächlichen Vertreter einer speziellen Pariser Ch. sind Cl. de Sermisy und Cl. Janequin. Letzterer wurde nicht zuletzt bekannt durch Ch.s, die bestimmte Vorgänge – u. a. Schlacht, Jagd, Vogelgesang – programmatisch schildern (sog. *Programm-Ch.*) und damit ein seit der Trouvère-Zeit in der Ch. nur vereinzelt auftretendes Moment wiederaufnehmen. Doch bilden solche Stücke unter den gesamten Ch.s von Janequin nur einen zahlenmäßig kleinen Teil. Im Umkreis der genannten Musiker entstanden auch viele Gebrauchs-Ch.s, u. a. von E. Du Tertre, M. Gascongne, Gentian, H. des Celliers d'Hesdin, Jacotin, G. de Heurteur, J. Lupi, P. Moulu, Passereau, P. Sandrin und M. Schier. 1538–42 gab J. Moderne in Lyon in 11 Büchern eine monumentale Ch.-Sammlung, *Le Parangon des chansons,* heraus, worin nicht nur französische Komponisten, sondern auch Niederländer und andere Ausländer vertreten sind. Die Niederländer, die in Flandern, Spanien und Italien wirkten, bilden in der Geschichte der Ch. eine eigene Gruppe, wenn auch ihre Namen in den Pariser und Lyoneser Chansonniers erscheinen. Zu ihnen gehören vor allem N. Gombert, P. de Manchicourt, Th. Créquillon, J. Clemens non Papa, A. Willaert und J. Arcadelt. In ihren „französischen" Kompositionen orientieren sie sich teils an dem Stil der Pariser Ch.s, teils behielten sie den kontrapunktischen Satz franko-flämischer Tradition bei. Der Erfolg dieser Stücke ist durch eine Unmenge von Übertragungen und Bearbeitungen für Zupfinstrumente (Laute, Gitarre) oder Tasteninstrumente (Orgel, Spinett, Cembalo) belegt.

In der zweiten Hälfte des 16. Jh. entstanden in wachsender Zahl Ch.s in der Form von ↗Vaudevilles, homophone, syllabische, vielstrophige Stücke. Eine wichtige Quelle dafür ist ein Druck von P. Certon (*Premier livre de chansons ... nouvellement composées,* P 1552). Gegen Ende des Jahrhunderts gibt es für diese einfache Form der Ch. auch die Bezeichnung ↗Air. – Im Werk Orlando di Lassos, der die Strömungen des Jahrhunderts nochmals zusammenfaßte und weiterführte, mischen sich die Formen der traditionellen Ch. mit der neuen Form des Madrigals und dessen Ausdrucksintensität; die Besetzung erweiterte sich auf fünf, sechs oder noch mehr Stimmen. – Im letzten Drittel des Jahrhunderts mehrten sich unter dem Einfluß humanistischen Gedankenguts Versuche mit quantitierenden Versen „mesurés à l'antique" (J. Mauduit, E. Du Caurroy), mit Chromatik (G. Costeley) oder mit griechischen Tongeschlechtern und Tetrachordik (A. de Bertrand). An Ideenvielfalt und satztechnischer Mannigfaltigkeit läßt sich mit Lasso nur Cl. Le Jeune vergleichen. Bereits 1569 gab Ballard in seinem 24. *Livre d'airs et chansons à 4 parties* Kompositionen von Lasso und Le Jeune gemeinsam heraus. Le Jeune ist auch einer der Hauptkomponisten der ↗Musique mesurée à l'antique. In den letzten Jahren des 16. Jh. näherte sich die polyphone Ch. bereits der Monodie: die Unterstimmen begleiten die führende Oberstimme, z. B. in den *Airs et Villanelles* von P. Bonnet (P 1600). In diese Zeit fällt auch die Umwandlung zum ↗Air de cour. Im 17. Jh. geriet die Ch. dann rasch in Vergessenheit.

Ausg. (nur Anthologien): H. EXPERT, Les maîtres musiciens de la Renaissance française, 23 Bde. (P 1894–1908); TH. GÉROLD, Le Manuscrit de Bayeux (Str 1921); H. EXPERT, Les monuments de la musique au temps de la Renaissance, 10 Bde. (P 1924–29); M. CAUCHIE, 15 Ch.s françaises du XVIe siècle (P 1926); H. EXPERT, Florilège du concert vocal de la Renaissance, 8 Faszikel (P 1928–29); DERS., Extraits des Maîtres musiciens... (P o.J.); J. MARIX, Les musiciens de la cour de Bourgogne au XVe siècle (P 1937); A. T. DAVISON–W. APEL, Historical Anthology of Music, I (C/M 1946) (mehrere NA); W. APEL, French Secular Music of the Late 14th Century (C/M 1950); F. LESURE, Anthologie de la ch. parisienne au XVIe siècle (Monaco 1953); G. REANEY, Early 15th Century Music, 5 Bde. (1955ff.) (= CMM 11); L. SCHRADE – F. HARRISON u. a., Polyphonic Music of the 14th Century (Monaco 1956ff.); H. ALBRECHT, Zwölf frz. Lieder aus J. Moderne: Le Parangon des Ch. 1538 (1957) (= Chw 61); A. SEAY, Thirty Ch. for 3 and 4 Voices from Attaingnant's Collection (New Haven 1960); DERS., P. Attaingnant. Transcriptions of Ch. for Keyboard, in: CMM 20 (1961); H. M. BROWN, Theatrical Ch.s of the 15th and Early 16th Century (C/M 1963); J. BONFILS, Ch.s françaises pour orgue (P 1968); 20 chansons de la Renaissance française, hrsg. v. Y. GIRAUD (Les Contamines-Montjoie 1966); J. MAILLARD, Anthologie de chants de trouvères (P 1967); Duos et Trios de la Renaissance, hrsg. v. A. AGNEL (P 1968); W. APEL–S. N. ROSENBERG, French Secular Compositions of the 14th Century, 3 Bde. (1970–72) (= CMM 53); N. MARTIN, Noelz et chansons nouvellement composez tant en vulgaire françoys que savoysien dict patoys 1555, hrsg. v. C. GARDET (Annecy 1973).

L. HÜBSCH

2) Das Chanson im 19. und 20. Jahrhundert. Das Ch. in diesem Sinne ist kaum erschöpfend zu definieren. Gemeinhin versteht man darunter ein begleitetes Solo- (seltener Ensemble-) Lied, das sich vom Kunstlied durch seine Thematik, durch die Art und Form des sprachlichen Ausdrucks und der musikalischen Gestaltung wie auch durch seine Funktion unterscheidet. Es ist nicht primär für die Darbietung durch einen ausgebildeten Sänger vor einem Konzertpublikum bestimmt, sondern für den im weitesten Sinne gesanglichen Vortrag durch einen Schauspieler, Kabarettisten oder einen auf das Ch. spezialisierten Künstler (den Chansonnier oder die Chansonette bzw. Chansonnière) und gehört in einem allgemeinen Verständnis zur gehobenen Unterhaltungsmusik mit oft auch literarischem Anspruch. Zum Ch. gehört wesentlich auch die Art seiner Darbietung durch den Interpreten, die sich einerseits im Wechsel von Gesang, Sprechgesang und Sprache äußert, zum anderen in der auch durch Mimik und Gestik bestimmten individuellen Vortragsweise. Oft werden daher Ch.s mit ihren wichtigsten Interpreten identifiziert. Im Idealfall sind Texter, Komponist und Interpret identisch.

Eine generelle Charakterisierung der Ch.-Texte und -Melodien läßt sich nicht geben; es sei denn, man verwiese auf die auf unmittelbare Kommunikation zwischen Vortragendem und Publikum abzielende Grundhaltung des Ch.s, die sich in einer einfachen, leicht faßlichen, „eingängigen" musikalischen Sprache äußert und durchaus auch eine triviale musikalische Ausdrucksweise legitimiert.

Das französische Chanson. Das Ch. wurde vor allem in Frankreich geprägt. Dort gibt es seit dem 19. Jh. auch die größte Vielfalt an heiteren, ernsten, sentimentalen, parodistischen, satirischen, sozialkritischen, politischen und religiösen Ch.s, die vor allem vom Text leben. Viele Verse berühmter Dichter werden in Frankreich als Ch.s betrachtet, wie umgekehrt die Texte einiger Ch.s als Dichtung. P. J. de Béranger (1780–1857) übte mit seinen spöttisch-satirischen und patriotischen Ch.s, die vor allem durch Straßensänger verbreitet wurden, eine beträchtliche Wirkung auf die Lyrik des Vormärz und der Revolution aus. Sänger oppositioneller politischer Ch.s, wie P. Dupont (1821–70) und E. Pottier (1816–87), Schöpfer des Gedichts *Die Internationale*, fanden mit zunehmender Demokratisierung immer weniger Angriffsflächen. Allerdings entstanden nach dem Deutsch-Französischen Krieg von 1870/71 und dem Verlust von Elsaß-Lothringen vaterländische und nach Rache rufende Ch.s wie die von P. Déroulède.

Die Entwicklung des neueren unterhaltsamen Ch.s begann in der 2. Hälfte des 19. Jh. mit dem „Café-concert", einem Wirtshaustheater, volkstümlich „Caf' conc'" genannt, und dem „Cabaret artistique". Im 1881 von R. Salis am Montmartre gegründeten „Chat noir" traten Aristide Bruant (1851 bis 1925) und Yvette Guilbert (1866–1944) mit antibürgerlichen und sozialkritischen „realistischen" Ch.s auf. Die bis heute als bedeutendste Chansonnière und Diseuse geltende Guilbert gründete später Schauspielschulen in Frankreich, der Schweiz und in Amerika. Sie schrieb auch *L'art de chanter une chanson* (P 1927). Bedeutend waren daneben die Mistinguett und Felix Mayol. Den Typ des „singenden Pianisten" schuf Harry Fragson. Die größten Cafés-concert nannten sich bald, nach englischem Vorbild, Music-Hall. Mit dem Ausbruch des 1. Weltkrieges ging die „Belle Epoque" zu Ende. Seit 1917 beeinflußte auch der Jazz das Chanson. Die Zeit bis zum 2. Weltkrieg wurde, wie auch in England und in Deutschland, vom Music-Hall-Ch. geprägt (J. Baker, M. Chevalier), wie es noch heute von Ch. Aznavour vertreten wird. Die Massenmedien förderten nun einerseits die Kommerzialisierung, trugen andererseits aber auch zur weiten Verbreitung des französischen Ch.s in anderen Ländern bei. Zu den bekanntesten Interpretinnen und Interpreten, die z.T. Texte und Kompositionen schufen, gehören neben den bereits genannten u.a.: Lucienne Boyer, Juliette Gréco, Edith Piaf, Gilbert Bécaud, Georges Brassens, Jacques Brel, Sacha Distel, Léo Ferré, Yves Montand, Marcel Mouloudij, Tino Rossi, Th. Sarapo, Jean-Claude Pascal und Charles Trenet. In Frankreich zählen auch Sänger wie Jim Halliday, Françoise Hardy, Sylvie Vartan und Françoise Gall zum Chanson. Besondere Erwähnung verdienen dabei der Dichter Jacques Prévert und der Komponist Joseph Kosma.

Die nach dem 2. Weltkrieg auftretenden Gruppen (Frères Jacques u. a.) sprengen den Rahmen des Ch.s und sind eigentlich dem Kabarett zuzurechnen. – Einen breiten Raum nimmt heute in Frankreich auch das religiöse Ch. ein, dessen führender Vertreter Pater A. Duval ist. Zahlreich sind ferner die Ch.s speziell für Kinder.

Das Chanson im deutschsprachigen Raum. In Deutschland haben seit etwa 1900 – angeregt besonders durch französische Vorbilder (so beeinflußte Marya Delvard, Schülerin der Guilbert, das deutschsprachige literarische Ch.) und anknüpfend an die Überlieferung des heiteren und ironischen, geselligen und studentischen Liedes und des ↗Bänkelsangs – viele bedeutende Autoren (u.a. Otto Julius Bierbaum, Arno Holz, Klabund, Detlev von Liliencron, Walter Mehring, Erich Mühsam, Joachim Ringelnatz, E. Singer, Frank Wedekind, Ernst von Wolzogen) Ch.s geschrieben, die vor allem in den in München und Berlin gegründeten Kabaretts vorgetragen wurden („Brettl-Lieder“). Die erste Blütezeit des Ch.s liegt in Deutschland in den „goldenen“ zwanziger Jahren. Drei Typen lassen sich (nach W. v. Ruttkowski; s.u. Lit.) als besonders wichtig unterscheiden: das volkstümliche, das politische und das mondäne Chanson. Volkstümliche Ch.s schrieben vor allem Otto Reutter und Claire Waldoff in Berlin. Die wichtigsten Vertreter des politischen Ch.s, das besonders in den Krisenjahren 1919–23 gepflegt wurde und das sich als eine eigene literarische Gattung von teilweise hohem Rang erweist, waren namentlich Bert Brecht, Hanns Eisler, Friedrich Hollaender und Kurt Tucholsky. Das mondäne, apolitische und in der Tradition des Operettenliedes stehende Ch., das in zahlreichen Musik- und Ausstattungsfilmen eine wichtige Rolle spielte und dem Schlager nahesteht, wurde u. a. durch Erich Kästner, Rudolf Nelson, Marcellus Schiffer und Mischa Spoliansky vertreten. Es war während der nationalsozialistischen Herrschaft besonders beliebt, als Kritik unerwünscht war. Beliebt als Interpreten waren u.a. die „femme fatale“ Zarah Leander, der „Draufgänger“ Hans Albers und der „Bonvivant“ Willy Forst, daneben Marlene Dietrich, Trude Hesterberg und Greta Keller. Die Schöpfer der schon seit dem 1. Weltkrieg (Ernst Busch, Kate Kühl, Rosa Valetti) verbreiteten „roten Songs“, die auf politische Aktion abzielten, wurden verfolgt. Zu den bedeutendsten Ch.-Komponisten vor dem 2. Weltkrieg gehörten außerdem: Ralph Benatzky, Werner Richard Heymann, Peter Igelhoff, Werner Kleine, Peter Kreuder, Hans May, Theo Mackeben, Edmund Nick, Willy Rosen, Friedrich Schröder und Norbert Schultze.

Nach dem 2. Weltkrieg nahm die Ch.-Produktion mit der Wiederbegründung vieler Kabaretts stark zu. Besonders das sog. Reportage-Ch., das den zwischenmenschlichen Bereich darstellt, und das gesellschaftskritische Ch. gewannen an Bedeutung. Zu den namhaften Interpretinnen dieses Ch.-Typs zählen Ursula Herking, Lore Lorentz und Tatjana Sais. Internationalität und Anregungen durch die neue Singbewegung, besonders in den USA (Joan Baez, Bob Dylan, Pete Seeger) und England (Donovan), durch Blues und Gospel, haben dazu geführt, daß heute die Zahl der Interpreten kaum noch zu übersehen ist. Auch außerhalb des Kabaretts haben sich in der neueren Zeit zahlreiche Künstler durch den Vortrag von Ch.s einen Namen gemacht, entscheidend unterstützt durch Rundfunk und Schallplatte. Besonders originell in Text und Musik und individuell im Vortrag sind die Ch.s von und mit Hildegard Knef, Reinhard Mey (der auch mit Ch.s in französischer Sprache Erfolg hat), von Hanns-Dieter Hüsch und G. Bronner. Erwähnung verdient hier auch Caterina Valente. Von den Genannten sind zu unterscheiden – trotz mancher Berührungen in Thematik und Stil – die sog. ↗Liedermacher mit ihren sozialkritischen und politischen Ch.s (Wolf Biermann, Franz Josef Degenhardt, Walter Moßmann, Dieter Süverkrüp, Hannes Wader u.a.), einige von ihnen zusammengeschlossen in der „Arbeitsgemeinschaft Burg Waldeck“. Die Grenzen zwischen Ch., Song und Schlager sind fließend, ebenso die zwischen engagierten und kommerziellen Liedern. – Auch das religiöse Ch. (vorgetragen von „Spezialisten“ wie Kaplan A. Flury) und das Ch. für Kinder (James Krüss, Chr. Bruhn, P. R. Körner) sind in Deutschland verbreitet. – In der DDR, in der es auch eigene

„Chansonschulen" gibt, wird besonders die Tradition des Ch.s der 20er Jahre (Brecht, K. Weill) gepflegt. Als herausragende Chansonsängerin ist hier vor allem Gisela May zu nennen. – Für Österreich gehören in der Gegenwart André Heller und Georg Kreisler zu den bedeutenden Vertretern des Chansons. Auch Udo Jürgens ist hier zu nennen. S. HELMS

Lit.: **1) Die französische Chanson. – Bis zum 14. Jh.: a)** Bibliographie: G. RAYNAUD, Bibliographie des chansonniers français des XIIe et XIIIe siècles, 2 Bde. (P 1884), v. H. Spanke neu bearb. Ausg., hrsg. v. H. Husmann (Lei 1955), Nachdr. der Original-Ausg. (NY 1970); R. BOSSUAT, Manuel bibliographique de la littérature française du Moyen Age (Melun 1951), Ergänzungs-Bde. (1959, 1963). – **b)** Studien: A. JEANROY, Les origines de la poésie lyrique en France au Moyen Age… (P 1889, [7]1965); F. GENNRICH, Grundriß einer Formenlehre des mittelalterlichen Liedes (Hl 1932); J. CHAILLEY, La monodie occidentale hors de la liturgie jusqu'à la fin du XIIIe siècle, in: Précis de musicologie (P 1958); DERS., Musique post-grégorienne. La monodie non-liturgique…, in: Encyclopédie de la Pléiade (P 1960) (= Histoire de la musique 1); R. DRAGONETTI, La technique poétique des trouvères dans la ch. courtoise (Brügge 1960); H. VANDERWERF, The Ch. of the Trouvères. A Study in Rhythmic and Melodic Analyses (1964) (= Diss. Columbia Univ.); DERS., The Trouvère Ch. as Creations of a Notationless Musical Culture, in: Current Musicology 1 (1965); DERS., Recitative Melodies in Trouvère Ch., in: FS W. Wiora (Kas 1967); DERS., Deklamatorischer Rhythmus in den Ch. der Trouvères, in: Mf 20 (1967); DERS., The Ch.s of the Troubadours and Trouvères… A study of the Melodies and Their Relations to the Poems (Utrecht 1972); J. FRAPPIER, La poésie lyrique en France aux XIIe et XIIIe siècle (P o.J.); H. TISCHLER, Metrum u. Rhythmus in frz. Dichtung u. Musik des 13. Jh., in: AfMw 32 (1975). – **Vom 14. bis zum 16. Jh.: a)** Bibliographie: G. THIBAULT–L. PERCEAU, Bibliographie des poésies de Ronsard mises en musique au XVIe siecle (P 1942); F. LESURE–G. THIBAULT, Bibliographie des éditions musicales publiées par N. Du Chemin, 1549–1576, in: Ann. Mus. 1 (1953), Ergänzungen in: ebd. 4 (1956) u. 6 (1963); DIES., Bibliographie des éditions d'A. Le Roy et R. Ballard, 1551–1598 (P 1955); H. DASCHNER, Die gedruckten mehrstimmigen Ch.s v. 1500–1600. Literarische Quellen u. Bibliogr. (Diss. masch. Bonn 1962); U. MEISSNER, Der Antwerpener Notendrucker T. Susato, 2 Bde. (B 1967); D. HEARTZ, P. Attaingnant, Royal Printer of Music (Berkeley – Los Angeles 1969); S. F. POGUE–J. MODERNE, Lyons Music Printer of the 16th Century (G 1969). – **b)** Studien: J. TIERSOT, Ronsard et la musique de son temps, in: SIMG 4 (1902–03); E. DROZ–G. THIBAULT, Poètes et musiciens du XVe siècle (P 1924); E. DROZ, Les formes littéraires de la ch. française au XVe siècle, in: Gedenkboek D. F. Scheurleer (Den Haag 1925); E. DROZ, Les ch. de N. de la Grotte, in: RMie 8 (1927); M. CAUCHIE, Les ch. à 3 voix de P. Cléreau, in: Kgr.-Ber. Wien 1927 (W 1927); O. GOMBOSI, Quellenmäßige Belege über den Einfluß der Ch.-Kunst auf die dt. Liedmusik in der 2. Hälfte des 15. Jh., in: ebd.; K. JEPPESEN, Die Textlegung in der Ch.-Musik des späteren 15. Jh., in: ebd.; R. LENAERTS, La Ch. polyphonique Néerlandaise aux 15e et 16e siècles, in: Kgr.-Ber. Lüttich (Guildford 1930); K. P. BERNET KEMPERS, Die wallonische u. die frz. Ch. in der 1. Hälfte des 16. Jh., in: ebd.; O. GOMBOSI, Ghizeghem u. Compère. Zur Stilgesch. der burgundischen Ch., in: FS G. Adler (W 1930); D. BARTHA, Probleme der Ch.-Gesch. im 16. Jh., in: ZfMw 13 (1930–31); E. DROZ, La ch. de F. Villon, in: Mélanges de Musicologie. FS L. de la Laurencie (P 1933); G. PARIS, Ch.s du XVe siècle publiées d'après le manuscrit de la Bibl. Nat. de Paris (P 1935); C. L. W. BOER, Chansonvormen op het ende van de XVde eeuw (Diss. Utrecht 1938); J. MARIX, Histoire de la musique et des musiciens de la cour de Bourgogne sous le règne de Philippe le Bon (Str 1939); W. L. BETHEL, The Burgundian ch. 1400–1477. A study in musical style (1950); H. BESSELER, Bourdon u. Fauxbourdon (L 1950, [2]1974); J. ROLLIN, Les ch.s de Cl. Marot (P 1951); F. LESURE, Autour de Cl. Marot et de ses musiciens, in: RMie 33 (1951); D. PLAMENAC, A Reconstruction of the French Chansonnier in the Bibl. Colombina, Sevilla, in: MQ 37–38 (1951–52); P. CHAILLON, Le chansonnier de Françoise, in: RMie 32 (1953); K. J. LEVY, „Susanne un jour". The History of a 16th Century Ch., in: Anal. Mus. 1 (1953); H. BESSELER, Die Besetzung der Ch. im 15. Jh., in: Kgr.-Ber. Utrecht 1952 (A 1953); H. ZINGERLE, Zur Entwicklung der Rhythmik u. Textbehandlung in der Ch. v. 1470–1530 (I 1954); D. PLAMENAC, The „Second" Chansonnier of the Bibl. Riccardiana, in: Ann. Mus. 2 (1954); K. J. LEVY, Vaudeville, vers mesurés et airs de cour, in: Musique et poésie au XVIe siècle (P 1954); G. REESE, Music in the Renaissance (Lo 1954); A. VERCHALY, Desportes et la musique, in: Ann. Mus. 2 (1954); M. BUKOFZER, 3 unknown Italian Ch.s of the 15th Century, in: Collectanea historiae musicae 2 (1957); S. GOLDTHWAITE, Rhythmic pattern signposts in the 15th century ch., in: JAMS 11 (1958); W. BOETTICHER, Die frz. Ch.-Komp. O. di Lassos, in: Kgr.-Ber. Wien 1956 (Gr 1958); H. BROWN, The Ch. rustique: Popular Elements in the 15th and 16th Century Ch., in: JAMS 12 (1959); R. M. TROTTER, The Ch. of Th. Crecquillon. Texts and Form, in: RBMie 14 (1960); G. THIBAULT, La ch. française au XVe siècle, in: Encyclopédie de la Pléiade, hrsg. v. Roland-Manuel (P 1960) (= Histoire de la musique I); F. LESURE, La ch. française au XVIe siècle, in: ebd.; M. A. BAIRD, Changes in the Literary. Texts of the Late 15th and Early 16th Centuries, as Shown in the Works of the Ch.-Composers of the Pays-Bas Méridionaux, in: MD 15 (1961); H. BROWN, The Ch. spirituelle. J. Buus and parody technique, in JAMS 15 (1962); M. PICKER, The anonymous works in the ch.-album of Margret of Austria, in: ebd.; H. BROWN, Music in the French Secular Theatre 1400–1550 (C/M 1963); D. HEARTZ, Les goûts réunis, or the worlds of the madrigal and the ch. confronted, in: Ch. and madrigal, hrsg. v. J. Haar (C/M 1964); H. M. BROWN, The genesis of a style. A Parisian ch. 1500–1530, in: ebd.; L. F. BERNSTEIN, Cl. Gervaise an ch. composer, in: JAMS 18 (1965); H. HEWITT, A ch. rustique of the early Renaissance. Bon Temps, in: Aspects of medieval and Renaissance music. FS G. Reese (NY 1966); W. GURLITT, Burgundische Ch.- u. dt. Liedkunst des 15. Jh., in: AfMw Beiheft 1 (1966); W. MARGGRAF, Tonalität u. Harmonik in der frz. Ch. zw. Machaut u. Dufay, in: AfMw 23 (1966); S. J. WILLIAMS, Vocal Scoring in the Ch.s of Machaut, in: JAMS 21 (1968); L. F. BERNSTEIN, The Cantus firmus Ch.s of T. Susato, in: ebd. 22 (1969); DERS., Cantus firmus in the French Ch. for 2 and 3 voices 1500–1550 (1969); R. GROSS, The ch.s of M. Pipelare, in: MQ 55 (1969); P. NUTEN, Erkele stijlkritische beschouwingen over de Franse ch.s van F. de Monte, in: Renaissance-muziek. FS R. B. Lenaerts (Leuven 1969); M. R. MANIATES, Combinative Ch.s in the Dijon Chansonnier, in: JAMS 23 (1970); C. M. CUNNINGHAM, E. de Tertre and the mid-sixteenth century Parisian ch., in: MD 25 (1971); M. HONEGGER, Les ch. spirituelles de D. Lupi et les débuts de la musique protestante en France (Lille 1971); B. JEFFERY, Ch. Verse of the Early Renaissance (Lo 1971); G. DOTTIN, Marguerite de Navarre. Ch.s spirituelles (G 1971) (= Diss. Paris 1970); P. REIDEMEISTER, Die Ch.-Hs. 78 C 28 des Berliner Kupferstichkabinetts. Stud. z. Form der Ch. im 15. Jh. (Diss. TU Berlin 1972) (Wilhelming 1973) (= Berliner musikwiss. Arbeiten 4) (mit Faks. u. Erstedition der Unica der Hs.); E. FÄSSLER, Die Kadenzen der frz. Ch.s v. Machaut bis Dufay (Diss. I 1973); H. M. BROWN, On the performance of fifteenth-century ch., in: Early Music 1 (1973); L. F. BERNSTEIN, „La courone et fleur des ch.s a troys". A mirror of the French ch. in Italy in the years between

O. Petrucci and A. Gardano, in: JAMS 26 (1973); U. HERTIN, Die Tonarten in der frz. Ch. des 16. Jh. (Mn 1974) (= Schriften zur Musik 24); C. S. ADAMS, The threepart ch. during the sixteenth century. Changes in its style and importance (1974) (= Diss. masch. Univ. of Pennsylvania); J. A. BERNSTEIN, The ch. in England 1530–1640. A study of sources and styles (Berkeley 1974) (= Diss. masch. Univ. of California); F. DOBBINS, J. Moderne's Parangon des ch.s. A bibliogr. of music and poetry at Lyon 1538–1543, in: Royal Music Assoc. Research Chronicle 12 (1974); H. BELLUGON, Ch.s inédites du temps des trois Louis. La vie politique, sociale, amoureuse au grand siècle et au siècle des Lumières (Angers 1975); M. R. MANIATES, Combinative ch.s in the Escorial chansonnier, in: MD 29 (1975); B. J. BLACKBURN, Josquin's ch.s. Ignored and lost sources, in: JAMS 29 (1976); D. PLAMENAC, On reading fifteenth-century ch. texts, in: JAMS 30 (1977); C. ADAMS, Some aspects of the Ch. for 3 voices during the sixteenth century, in: AMl 49 (1977).

2) Das Chanson im 19. u. 20 Jh.: J. TIERSOT, Histoire de la ch. populaire en France (P 1889, Faks.-Nachdr. G 1974); J. CHAILLEY, La ch. populaire française (P 1942); H. DAVESON, Le livre des ch. (Neuchâtel 1944); J. V. GILLES, La ch., le théâtre et la vie (Lau 1944); ROMI, Petite histoire des cafés-concerts parisiens (P 1950); P. BROCHON, La ch. française, 2 Bde. (P 1956 bis 1957); P. BARBIER - F. VERNILLAT, Histoire de France par les ch.s, 8 Bde. (P 1956–61); J. CHARPIER, François Villon (P 1958); L. BORJON, La ch. d'aujourd'hui (P 1959); J. CHARPENTREAU, G. Brassens et la poésie quotidienne de la ch. (P 1960); J. PREVERT, Gedichte u. Ch.s. Nachdichtungen v. K. Kusenberg (Reinbek 1962); G. BRASSENS, Texte 1–2, aus dem Französischen übertragen von G. Semmer – M. Remané (Ahrensburg 1963, 1965); J. MARNY, La ch. et ses vedettes, des Troubadours aux Beatles (P 1965); J. BREL, Poèmes u. Ch.s., aus dem Französischen übertragen v. H. Riedel (Ahrensburg 1966); A. BRUANT, Ch.s 1–2, aus dem Französischen übertragen v. M. Remané (ebd. 1965, 1966); L. RIOUX, Vingt ans de ch.s (P 1966); W. v. RUTTKOWSKI, Das literarische Ch. in Deutschland (Be–Mn 1966); CH. IMBERT, Gesch. des Ch. u. der Operette (Lau - Z 1967); R.-U. KAISER, Das Songbuch (Ahrensburg–P 1967); H. GREUL, Bretter, die die Zeit bedeuten (Kö–B 1967, Mn 1971); F. VERNILLAT – J. CHARPENTREAU, Dictionnaire de la ch. française (P 1968); F. SCHMIDT, Das Chanson. Herkunft, Entwicklung, Interpretation (Ahrensburg 1968); O. u. H. KRÖHER, Rotgraue Raben. Vom Volkslied zum Folksong (Heidenheim/Brenz 1969); D. SCHULZ-KOEHN, Vive la Ch. (Güterloh 1969); K. BUDZINSKI, Die Muse mit der scharfen Zunge (Mn 1971); F. VERNILLAT – J. CHARPENTREAU, Histoire de la ch. française (P 1971); CH. BRUNSCHWIG – J. C. KLEIN, 100 Ans de ch. française (P 1972); W. NEEF, Das Ch. (L 1972); S. DILLAZ, La chanson française de contestation. Des barricades de la Commune à celles de mai 1968 (P 1973); A. STERN, Lieder gegen den Tritt. Politische Lieder aus fünf Jahrhunderten (Oberhausen [2]1974); G. H. SEUFERT, Ch.s (St 1976) (Arbeitstexte für den Unterricht); W. KLUSEN – W. HEIMANN, Kritische Lieder der 70er Jahre (F 1978).

L. HÜBSCH (1) – S. HELMS (2)

CHANSON BALADÉE (frz.), insbesondere bei G. de Machaut Bz. für das ↗Virelai.

CHANSON DE GESTE (frz.; geste von lat. gesta = Tat, Handlung), Bz. für das altfranzösische Heldenepos, dessen älteste Beispiele wohl um 1100 schriftlich fixiert wurden. Allerdings gehen die Texte auf eine weitaus ältere mündliche Tradition zurück, wie sich besonders deutlich an dem hervorragendsten Exemplar dieser Gattung, der *Chanson de Roland (Rolandslied)*, zeigt, zu der eine in volkssprachlich beeinflußtem Latein geschriebene Kurzfassung existiert, die etwa dreißig Jahre vor der maßgeblichen altfranzösischen Version aus Oxford im spanischen Kloster San Millán de la Cogolla niedergeschrieben wurde: die sog. *Nota emilianense*. Kennzeichnend für die gattungsmäßige Konsolidierung der Ch. ist die im 12. Jh. zu beobachtende Zyklenbildung um ausgezeichnete epische Helden, die Bertrand de Bar-sur-Aube bereits um 1200 in die drei folgenden Themenkreise aufteilte, die von der Literaturwissenschaft bis heute anerkannt sind: in die *Karls-* oder *Königsgeste,* in der die Kriege Karls des Großen in Spanien, Sachsen, Italien, Britannien und Palästina behandelt werden; in den *Empörerzyklus,* der die Auflehnung einzelner Vasallen schildert, und in die *Wilhelmsgeste* um die zentrale Gestalt des Guillaume d'Orange (historisch Wilhelm von Toulouse), die formal und inhaltlich am differenziertesten ausgestaltet ist. Daneben treten drei weitere Zyklen, die sich stärker mit zeitgenössischen historischen Ereignissen auseinandersetzen: der *Kreuzzugszyklus,* die *Lothringer-* und die *Nanteuil-Geste*. Der größte Teil dieser Texte entstand im 12. und 13. Jh. und wurde besonders in seinen späten Spielarten stark durch den höfischen Roman beeinflußt. Dies äußert sich formal darin, daß die ursprünglich assonierenden Laissen allmählich durch Reime abgelöst werden oder daß sie – wohl vom Beginn des 13. Jh. an – auf einen weiblichen Sechssilber (bei sonst zumeist verwandtem Zwölfsilber) enden (sog. *vers orphelin*). In seinem von Boëthius inspirierten Traktat *De musica* (Ende 13. Jh.) führt Johannes de Grocheo die Ch. (bei ihm *cantus gestualis* genannt, möglicherweise in Anspielung auf die den Vortrag der Epen begleitenden Gebärden der Spielleute) unter der nicht von Instrumenten begleiteten Vokalmusik auf. Dabei spricht er auch über die *versus* der altfranzösischen Volksepik, die sowohl im Text als auch in der Melodie auf denselben Laut enden („...in eodem sono et in eadem consonantia dictaminis cadunt"). Die Melodie ist für alle Laissen gleich („...idem etiam cantus debet in omnibus versibus reiterari..."), wie auch die im Zusammenhang mit der Epenparodie *Audigier* überlieferte musikalische Notierung bestätigt. Johannes de Grocheos Ausführungen unterstreichen die grundsätzliche Bestimmung der Ch. für ein zuhörendes, nichtaristokratisches Publikum, das im übrigen, wie er sagt, durch die Epen für die Mühen des Tages entlohnt werden, durch sie Entspannung finden und neue Kräfte gewinnen soll. Damit wirkt die Epik sogar staatserhaltend („...et ideo iste cantus valet ad conservationem civitatis...“); Ch. als Kennzeichen der „Totalität einer geschichtlichen Entwicklungsstufe der menschlichen Gesellschaft“ (G. Lukács) und Nationalgedanke verschmelzen somit in der Weise, wie sie Hegel in seinen *Vorlesungen über Ästhetik* beschrieben hat.

Lit.: J. BÉDIER, Les légendes épiques, recherches sur la formation des ch. de g., 4 Bde. (P ³1926–29); I. SICILIANO, Les origines des ch. de g. Théories et discussions (P 1951); J. RYCHNER, La ch. de g. Essai sur l'art épique des jongleurs (G–Lille 1955); M. DE RIQUER, Les ch. de g. françaises (P ²1957); R. MENÉNDEZ PIDAL, La Chanson de Roland et la tradition épique des Francs (P 1960); I. SICILIANO, Les ch. de g. et l'épopée. Mythes – histoire – poèmes (Tn 1968); F. W. MÜLLER, Menéndez Pidal und die Rolandsliedforsch. (Wie 1971); K. KLOOCKE, Joseph Bédiers Theorie über den Ursprung der ch. de g. und die daran anschließende Diskussion zw. 1908 u. 1968 (Göppingen 1972); D. POIRION, Ch. de g. ou épopée? Remarques sur la définition d'un genre, in: Travaux de Linguistique et de Littérature 10/2 (Str 1972); A. MICHA, De la ch. de g. au roman (G 1976).

W.-D. LANGE

CHANSONNIER (frz., = Liederbuch), Bz. für hsl. Sammlungen von Chansons (↗Chanson 1), die entweder nur Texte oder Texte mit Melodien enthalten. Dazu gehören die Sammlungen mit Mss. der ↗Troubadours (vor allem die beiden Hss *Ch. d'urfé*, Paris, Bibl. Nat., und *Codex Mailand*, Bibl. Ambrosiana, ferner das *Ch. du Roi* und das *Ch. de St-Germain*, beide Paris, Bibl. Nat.) bzw. der ↗Trouvères (darunter die beiden umfangreichsten: *Ch. du Roi* und *Ch. de Noailles*, Paris, Bibl. Nat.). Die Bz. Ch. wird auch für Sammlungen seit etwa 1430 verwendet, die teils weltliche, teils geistliche Chansons, ein- oder mehrstimmig, enthalten. – Als Ch. werden schließlich auch gedruckte Sammlungen von ↗Vaudevilles des 18. und des beginnenden 19. Jh. bezeichnet, die ohne Melodien, aber mit Angabe des Melodietyps veröffentlicht wurden (z. B. *La Clé des chansonniers*, 2 Bde., P 1717).

CHANSON SPIRITUELLE, Chanson morale (frz.). Bz. für das um 1550 entstandene geistliche Gegenstück zur weltlichen ↗Chanson, das zunächst im Umkreis der calvinistischen Reformation, dann auch von der französischen Gegenreformation übernommen wurde. Weltliche Chansons des Vaudeville- und Air-Typs wurden textlich überarbeitet und, wie in der lutherischen Reformation, „christlich gebessert“ (↗Parodie). Der Ersatz des Latein durch die Volkssprache sowie die im Kreis von J. A. de ↗Baïf herrschende moralische Verurteilung des kunstvollen Satzes und die Hinwendung zum einfachen homophon-syllabischen Stil kamen den liturgischen Bestrebungen entgegen und unterstützten die Verbreitung der neuen Gattung. Derartige Stücke gab es schon vereinzelt in der *Pariser Chanson* (Cl. Janequin, J. Maillard, J. Le Gendre), Sammlungen von Ch.s s.s erschienen jedoch erst um die Mitte des 16. Jahrhunderts. Die neue religiöse Richtung zeichnet sich schon vor Calvin in französischen Textsammlungen zwischen 1535–45 ab, die noch keine musikalischen Sätze enthielten, sondern nur Hinweise auf bekannte Melodien, die als Singweisen Verwendung finden sollten. Der Pariser Drucker Pierre de Vingle veröffentlichte einige Bände mit Chansons und Noëls, herausgegeben, vielleicht auch geschrieben von M. Malingre, einem ehemaligen Priester, der sich später Calvin anschloß. Um 1545 erschien eine Anthologie *Chanson spirituelle pleines de saincte doctrine et exhortations pour ediffier le prochain*, die in Toulon entdeckt und von der Inquisition vernichtet wurde. 1546 gab E. de Beaulieu die Sammlung *Chrestienne Resjouyssance* mit 160 Texten heraus, von denen er, nach eigener Aussage, 39 in 3- und 4st. Sätzen vertont hatte (die jedoch nicht erhalten sind). Die umfangreichste Veröffentlichung aus dem Hugenottenkreis ist der *Recueil de plusieurs Chansons spirituelles tant vieilles que nouvelles*, 1555 (wahrscheinlich in Genf) erschienen, in 1. Auflage verloren, enthält in der 2. Auflage über 200 geistliche Texte und wurde in der Folgezeit mehrfach aufgelegt, zuletzt 1678.

Als erste mehrstimmige Sammlung erschienen 1548 in Lyon *Chansons spirituelles* mit Texten von G. Guéroult, vertont von D. Lupi Second. Die Sammlung brachte u. a. zum ersten Mal die bis zum Ende des 16. Jh. immer wieder vertonte Chanson *Suzanne un jour*. Satztechnisch verwendete Lupi beide Arten der Chanson, sowohl das Strophenlied im einfachen Vaudeville-Stil, nach Art der Psalmvertonungen von Bourgeois *(à voix de contrepoint égal consonnante au verbe)*, mit der Melodie im Tenor, als auch figurierte, nichtstrophische Sätze mit wechselnden imitativen und homophonen Partien nach Art der *Pariser Chanson*. Cl. Goudimel brachte 1555 eine Vertonung der Ch.s. s.s von M. A. de Muret heraus, einer geistlichen Umdichtung der *Amours* von P. de Ronsard.

Gegen Ende des 16. Jh. gab es zahlreiche Sammlungen mit Ch.s spirituelles. In den in Lyon erschienenen Drucken verdrängte diese Gattung allmählich die weltliche Chanson. Zunächst zwar griff man noch auf berühmte Chanson-Komponisten zurück, deren Texte verändert oder ganz erneuert wurden, z. B. Jean Savents *La fleur des chansons des deux plus excellents musicien de notre temps à sçavoir de M. Orland de Lassus et de M. Claude Goudimel*, (2 Bde., 1574), S. Goularts *Meslange des pseaumes et cantiques, recueillis de la Musiques d'Orlande de Lassus et autres excellens Musiciens de notre temps* (1577) und die *Sonets chrestiens* von A. de Bertrand und G. Boni (1580). Zwei Bücher *Chansons nouvelles* von J. Servin veröffentlichte Goulart 1578 ohne Textänderungen. Die moralischen *Quatrains du Sieur de Pybrac* (P 1582) wurden noch im gleichen Jahr vollständig von G. Boni und P. de l'Estocart vertont. Orlando di Lasso und J. Planson wählten nur einige Stücke aus den 126 *Quatrains* aus. Ebenfalls 1582 setzte Estocart auch die *Octonaires de la vantité et inconstance du Monde* in Musik, deren Texte von A. de la Roche Chandieu stammen. 36 dieser moralisierenden Dichtungen griff Cl. Le Jeune in seinem letzten (1606 postum veröffentlichten) Werk nochmals auf. A. de Bertrand, der in enger Beziehung zu humanistischen Kreisen stand und antikisierende Einflüsse in seinen weltlichen Chansons erkennen ließ, bekennt in der Widmung zu seinen *Airs spirituels* (1582), er habe sich von den *Chansons impudiques et mal séantes à un Chrestien* gänzlich abgewandt. Nach 1600 war die Hochblüte der mehrstimmigen Ch.s s.s vorüber. Titel wie *Cantiques spirituelles, Cantiques sacrés* oder *Chants chrétiens* im 18. und 19. Jh. bezeichnen Lied-, Psalm- oder Choralsammlungen mit einstimmigen, größtenteils entlehnten Melodien.

CHANTAVOINE, Jean, * 17.5.1877 Paris, † 15.7. 1952 Mussy-sur-Seine (Aube); frz. Musikforscher. Er studierte Philosophie, 1898 und 1901–02 Musikgeschichte bei M. Friedlaender in Berlin und war anschließend bis 1920 als Musikkritiker tätig. Seit 1906 gab er im Verlag F. Alcan in Paris die Reihe *Les maitres de la musique,* 1911–13 mit H. Brand auch das Jahrbuch *L'Année Musicale* heraus. 1923 bis 1937 war Ch. Secrétaire général des Pariser Conservatoire. Er widmete sich in seinen Schriften vor allem der französischen und deutschen Musik des 18. und 19. Jahrhunderts. Bekannt wurde er auch durch seine Entdeckung von Liszts Jugendoper *Don Sanche.*

Schriften: *Correspondance de Beethoven* (P 1904) u.a. Übersetzungen; für die Reihe *Les maîtres de la musique:* Beethoven (P 1906), *Liszt* (P 1910, [4]1920) u. *De Couperin à Debussy* (P 1921); ferner: *Les Symphonies de Beethoven* (P 1932, Neudr. 1970) (= Poche-Club 63); *Petit Guide de l'auditeur de musique,* 2 Bde. (P 1947 u. 1948); *Mozart dans Mozart* (P 1948); *Mozart* (P 1949); *Le Poème symphonique* (P 1950); *Le romantisme dans la musique européenne* (zus. mit J. Gaudefroy-Demombynes) (P 1955); *Les Opéras célèbres, analyse du livret et de la partition* (P 1962).

Lit.: J. G. PROD'HOMME, J. Ch., in: RMie 31 (1952).

CHANTEFABLE (frz., von chanter = singen und altfrz. fabler = sprechen), literarische Gattung, bei der gesungene Verspartien und rezitierte Prosapartien abwechselnd vorgetragen wurden. Als ihr literarisches Vorbild können Formen gelten, in denen sich Vers und Prosa im Fortgang des Geschilderten wechselseitig ablösen (sog. Prosimetrum). Neben den antiken und spätantiken Modellen (Menippeische Satire; *Consolatio philosophiae* des Boëthius) ist auch auf Dantes *Vita nova* zu verweisen, die zeitlich allerdings nach dem einen schriftlich überlieferten französischen Beleg der Gattung, der Ch. von *Aucassin et Nicolette* (13. Jh.), einzuordnen ist. Dieser anonyme Text – ein aus Chanson de geste, höfischem Roman und möglicherweise arabisch-byzantinischen Erzählstoffen amalgamierter Abenteuerroman – ist das einzige Beispiel, in dem die gesungenen Teile mit Notation überliefert sind.

Ausg.: *Aucassin et Nicolette,* hrsg. v. H. SUCHIER (Paderborn 1878, [10]1932, Neudr. 1946); dass., Faks.-Ausg. v. F. W. BOURDILLON (O 1896); dass., hrsg. v. M. ROQUES, in: Les Classiques Français du Moyen Age 41 (P [2]1963).

Lit.: H. HEISS, Die Form der Cantefable, in: Zschr. für frz. Sprache u. Lit. 42 (1912); D. SCHELUDKO, Zur Entstehungsgesch. v. „Aucassin et Nicolette", in: Zschr. für romanische Philologie 42 (1922); J. R. REINHARD, The Literary Background of the Ch., in: Speculum 1 (1926); L. SPITZER, Le vers 2 d' „Aucassin et Nicolette" et le sens de la ch., in: Romanische Lit.-Stud. 1936–56 (Tü 1959); O. JODOGNE, La parodie et le pastiche dans „Aucassin et Nicolette", in: Cahiers de l'Association Internationale des Études Françaises 12 (1960); R. BAADER, Ein Beispiel mündlicher Dichtung: „Aucassin et Nicolette", in: Fabula 15 (1974).

W.-D. LANGE

CHANTERIE (frz.), in Frankreich Bz. für Chorvereinigungen, die insbesondere den a cappella-Gesang pflegen, z.B. die „Chanterie de la Renaissance", die 1924 von H. Expert gegründet wurde. Die Sing- und Chorbewegung „A Cœur Joie" übernahm später die Bezeichnung Ch. für die zahlreichen von ihr in fast ganz Frankreich ins Leben gerufenen Kinderchöre.

CHANTRE (frz.; altes Synonym für Chanteur = [Kapell-]Sänger), seit dem 15. Jh. in Frankreich Bz. für den ↗Kantor.

CHANT, RECHANT (frz.). In der 1570 von J. A. de Baïf gegründeten Académie de Poésie et de Musique entstand aus dem Bestreben nach Erneuerung der antiken Einheit von Musik und Poesie der Typus einer Chanson (↗Musique mesurée à l'antique), deren musikalischer Rhythmus auf das genaueste dem Versmetrum entsprach. Als *Chant* bezeichnete man darin das Couplet, d.h. die Strophe, deren Abschnitte stets musikalisch wechseln, als *Rechant* den musikalisch stets gleichbleibenden Refrain.

CHAPÍ Y LORENTE, Ruperto, * 27. 3. 1851 Villena (Alicante), † 25. 3. 1909 Madrid; span. Komponist. Er studierte Komposition bei E. Arrieta y Corera am Konservatorium in Madrid. Als Sieger eines Wettbewerbs erhielt er 1870 die Stelle eines Regimentsmusikmeisters. 1874 erhielt er ein Stipendium der Academía Española de Bellas Artes und ging zu weiteren Studien nach Rom. Ch. trat mit großem Erfolg vor allem mit zahlreichen ↗Zarzuelas hervor und pflegte auch die verwandte Gattung des ↗Género chico.

WW: Kammermusik u. symphonische WW; Géneros chicos, u.a.: *La Czarina* (1892); *El tambor de granaderos* (1894); *El puñao de rosas* (1902); Zarzuelas, darunter: *La tempestad* (1882); *El rey quo rabió* (1891); *Curro Vargas* (1899); Opern: *Las naves de Cortés,* UA: Madrid 1874; *La hija de Jefté,* UA: ebd. 1875; *La muerte de Garcilaso,* UA: ebd. 1876; *Roger de Flor,* UA: ebd. 1878; *Circe,* UA: ebd. 1903; *Margarita la tornera,* UA: ebd. 1909.

Lit.: A. S. SALCEDO, R. Ch. Su vida y sus obras (Cordoba 1929); J. SUBIRÁ, Hist. y anecdotario del Teatro Real (Ma 1949); J. DELEITO Y PIÑUELA, Origen y apogeo del género chico (Ma 1949).

CHAPPELL & CO. LTD., engl. Musikverlag. Er wurde am 3. 12. 1810 von **Samuel Chappell** (um 1782–1834), J. B. Cramer und Fr. T. Latour in London gegründet. Cramer schied 1819, Latour 1826 als Teilhaber aus. Nach Samuels Tod übernahm dessen Sohn **William,** * 20. 11. 1809, † 20. 8. 1888, den Verlag. Er rief 1840 die Musical Antiquarian Society ins Leben und veröffentlichte bedeutende Sammlungen älterer englischer Volksmusik: *Collection of National English Airs* (2 Bde., 1838–40) und *Popular Music of the Olden Time* (2 Bde., 1855–59, Nachdr. als *Ballad Literature and Popular Music of the Olden Time,* 2 Bde., NY 1965, Lo 1966; erweiterte NA 1893 von H. E. Wooldridge, Nachdr. als *Old English Popular Music,* NY 1961). – Sein Bruder **Thomas Patey,** * 1819, † 1. 6. 1902, gründete die Saturday Popular Concerts und die Monday Popular Concerts, die seit 1858 vom jüngsten Bruder, **Samuel Arthur,** * 1834, † 21. 12. 1904, geleitet wurden und unter ihm zu den bedeutendsten Veranstaltungen des Londoner Musiklebens gehörten. – 1929 übernahmen *Louis* und *Max Dreyfus* den Verlag, der sich zunehmend auf Oper und Operette spezialisierte und heute zu den größten Konzernen auf dem Gebiet der Unterhaltungsmusik gehört. Der Stammsitz ist heute in New York, Niederlassungen befinden sich u.a. in Amsterdam, Brüssel, Paris, Hamburg, Zürich, Madrid und Mailand.

CHAPUIS, Auguste-Paul-Jean-Baptiste, * 20. 4. 1858 Dampierre-sur-Salon (Haute-Saône), † 6. 12. 1933 Paris; frz. Organist und Komponist. Ch. war Schüler von Th. Dubois, J. Massenet und C. Franck am Conservatoire, 1882–87 war er Organist an Notre-Dame-des-Champs, 1888–1906 an St-Roch in Paris. 1894–1923 lehrte er als Professor Harmonielehre am Conservatoire. Ch. komponierte u.a. 3 Messen, Motetten, ein Oratorium, Kammermusik, Chorwerke, Lieder und die Opern *Enguerrande* (UA Paris 1882) und *Les Demoiselles de Saint-Cyr* (UA Monte Carlo 1921).

CHAPUIS, Michel, * 15. 1. 1930 Dôle (Jura); frz. Organist. Er studierte Orgel bei E. Souberbielle und am Pariser Conservatoire bei M. Dupré, war Organist an St-Germain-l'Auxerrois, St-Nicolas-des-Champs und seit 1964 an St-Séverin in Paris. Seit 1965 lehrt er als Professor Orgel am Conservatoire in Straßburg. Ch., der auch führend in der Orgeldenkmalpflege tätig ist, vor allem im Elsaß, widmet sich als ausübender Künstler ganz der Musik des 17. und 18. Jh. und zählt zu den bedeutendsten europäischen Organisten. Sein Interpretationsstil gründet auf profunder Kenntnis alter Instrumente und schriftlicher Quellen und wird von einer spontanen künstlerischen Individualität getragen. Ch. hat zahlreiche Schallplatten eingespielt, darunter das Gesamtwerk von J. S. Bach und D. Buxtehude.

Lit.: C. Duchesneau interroge M. Ch. Plein jeu (P 1979).

CHARAKTERSTÜCK, Sammel-Bz. für kleine, an keine spezifische Form gebundene Instrumentalstücke, meist für Klavier, die häufig durch einen (vielfach poetischen) Titel charakterisiert sind. – Bei dem seit dem späteren Mittelalter stärker werdenden Zusammenhang der Instrumental- mit der Vokalmusik lag es nahe, bei der Übertragung von Vokalsätzen, meist für Tasteninstrumente, sog. *Carmina,* sich gewisse charakterisierende, spielbedingte Freiheiten zu nehmen, auch Tanzweisen, z.B. die Estampie, zu stilisieren. Im 17. Jh. zeigen die für das Haus bestimmten Stücke, z. B. im englischen *Fitzwilliam Virginal Book* (um 1625), von Komponisten wie J. Bull, W. Byrd und Th. Tomkins, zunehmende Selbständigkeit, mit ihren tonmalerischen Bemühungen, vor allem in Variationen- und Tanzform (so *The King's Hunt* von Bull). D. Gaultier gab seinen, nun zur Suitenform gebündelten Tänzen (z. B. *Courante dite la Mélancholique*) einen sehr persönlichen Ausdruck und stilisierte Allemande und Pavane zu „Tombeaux", die auch J. J. Froberger – angeregt durch die Capricci seines Lehrers G. Frescobaldi (z. B. *Capriccio sopra il Cucho*) – zu echten Charakterbildern umschuf. Ähnliches findet sich, wenn auch meist mit Zusätzen wie „Canzona" oder „Aria" versehen, bei Komponisten wie A. Poglietti und J. K. Kerll. Sie alle werden überragt von Fr. Couperin und J.-Ph. Rameau, deren je 4 Bücher *Pièces de Clavecin,* wie auch die Werke der bereits Genannten, unter dem Einfluß der Affektenlehre und der Nachahmungsästhetik stehen. Couperin schrieb: „J'ay eu toujours un objet en composant toutes ces Pièces, des occasions différentes me l'ont fournies, ainsi les Titres respondent aux idées que j'ay eues." Die sich daraus ergebende, seit je fließende Grenze zur ↗Programmusik zeigt auch bei J. S. Bach (im Gefolge von J. Kuhnaus *Biblischen Historien*) das *Capriccio auf die Abreise seines sehr geliebten Bruders,* während die Choralvorspiele in ihrer bildhaften Symbolkraft als betitelte Ch.e den unbezeichneten, z. B. im *Wohltemperierten Klavier,* gleichwertig gegenüberstehen. C. Ph. E. Bach, der Couperin in der allgemeinen wie speziellen Porträtkunst *(La Gleim, La Capricieuse)* nahesteht, übertrifft ihn, angesichts der noch wirksamen Verbindung von Musik und Rhetorik, in der Anwendung des „redenden Prinzips", das statt der herkömmlichen „Chrieen... Gemählde der Leidenschaft" verlangt, die als „charakteristische Klavierstücke", entweder mit einem Wort (Zorn, Sehnsucht) oder mit einem literarischen Hinweis versehen, auch zu pädagogischen Zwecken (so in D. G. Türks ↗Handstücken) bis zu Mendelssohn Bartholdys op. 7 und I. Moscheles op. 95 in Geltung blieben. Auch die Etüde (D. G. Steibelt, L. Berger, J. B. Cramer) mit ihrer Konzentration auf ein technisches Einzelproblem näherte sich charakterisierender Gestaltung. Die Bestrebungen J. V. Vořišeks und V. J. Tomášeks, dem bisher mehr gelegentlich oder eingestreut auftretenden Ch. Selbständigkeit (z. B. als *Eklogen* oder *Rhapsodien*) zu verleihen, räumte diesem seit etwa 1810 eine hervorragende Stellung ein, die es, die klassischen Formen überflügelnd oder durchdringend, und unter wechselnden Aspekten über ein Jahrhundert behalten sollte. Es konnte nun, von Anfang an hauptsächlich für Tasteninstrumente bestimmt, „alle Erscheinungen der äußeren wie inneren Welt dem Auffassungsvermögen näher bringen. Nicht der Gegenstand, sondern die Wirkung, die diese Erscheinung im Hörer hervorruft, die Gemütsverfassung, in die er durch den Gegenstand in einem bestimmten Moment versetzt wird" (M. Vidor) sind für das ein- bis mehrteilige, vor allem lied- und tanzhaft bedingte Charakter- (bzw. lyrische oder Genre-)stück maßgebend. Wenn auch zunehmend in Zyklenform auftretend, die aber selten bis zu programmatisch strenger Folgerichtigkeit geht, erhielt das Ch., mehr assoziativ als additiv gearbeitet, gleichsam Individualität. Angesichts der romantischen Neigung zu außermusikalischen Antrieben, zur Vermischung der Künste, wurden die bildhaften oder poetischen Titel (z. B. *Aquarelle, Humoresken*) mit der Zeit willkürlicher, subjektiver, ja rätselhafter. Doch begnügte sich der Durchschnitt der Komponisten mit modischen, nichtssagenden und vertauschbaren Benennungen. Gleichwohl geben die Einzelüberschriften auch beziehungsvoll verhüllte Winke (*Warum? Ende vom Lied*), wenn sie nicht, wie in R. Schumanns *Kreisleriana,* dem Hörer die Deutung überlassen. Entsprechend wird der Sinn eines Stückes auch gern durch prägnante, besonders dem Anfang Profil gebende Motive gekennzeichnet. Beethovens nicht als geschlossene Einheit gemeinte *Bagatellen,* J. Fields heiter elegische *Nocturnes,* vorzüglich Fr. Schuberts späte, dem spontanen Einfall trotz deutlicher Einteilung verpflichtete *Impromptus* und *Moments musicaux,* Mendelssohn Bartholdys trotz einiger typisierender Überschriften reflexionslos musikantische *Lieder ohne Worte* und J. Brahms' verhaltene Bekenntnislyrik meiden individuelle Bezeichnungen. Dagegen ist Schumanns vorwiegend frühes, reichhaltiges Schaffen durch eine neuartige poetisierende Suggestivität gekennzeichnet, die manchen Zyklen motivische (oft verschlüsselte) Einheitlichkeit verleiht. Denn, so meint er, „dies beugt offenbarem Vergreifen im Charakter am sichersten vor". – Schumanns persönliche Ausdruckskraft fand würdige Erben, so in St. Heller, Th. Kirchner, A. Jensen, J. Rheinberger, auch noch in M. Regers Jugendwerken und in dessen *Tagebuch* sowie in H. Pfitzners spätem op. 47 und 51. Mendelssohns konziliantere Eigenart blieb bei F. Hiller, N. W. Gade und bei C. Reinecke erhalten. Ein geschlossenes Œuvre haben, neben Fr. Chopin, Heller und Kirchner, vornehmlich E. Grieg, Z. Fibich und W. Niemann hinterlassen. Andere, wie Chr. Sinding, R. MacDowell, S. Karg-Elert (auch für Orgel und Harmonium), J. Weismann, J. Haas, C. Scott, auch P. Hindemith und A. Schönberg, seien stellvertretend aus der großen Zahl der bis in die Mitte des 20. Jh. beteiligten Komponisten genannt. Ihre vorwiegend eher für das Haus und für den Unterricht bestimmten Stücke entsprechen einer bürgerlichen, stimmungsbedingten, bildhaft bewegten Vorstellungswelt, deren hauptsächliche Anliegen Natur und Volkstum, Familie, besonders die Kinderwelt, Heimat und Landschaft, „fremde Länder und Menschen", Erzählung, Humor und Idylle, Bekenntnis und Liebe sind. Daneben zeigt sich auch die Besinnung auf das vornehmlich barocke Erbe. – Viele der Genannten verarbeiteten Anregungen einer anderen, von der französischen Romantik ausgehenden, mehr konzertmäßig repräsentativen, literarisch und malerisch bestimmten Ausdruckskunst. Fr. Chopin, der den Tanz zum lyrischen Stück erhob, ebenso heimischer Überlieferung wie der Atmosphäre der Pariser Salons verpflichtet, verzichtete bei aller neuartigen Klangfülle und Verfeinerung auf programmatische Bindung. Fr. Liszt wurde zum beredten Anwalt und musikalischen Gestalter neuer, über die private Sphäre hinausblickender Lebenszusammenhänge. Seine bis in freitonales Gelände vorstoßende, nahezu improvisatorische Kunst erschloß und erleichterte den Folgenden ganz neue Wege. So in die Welt der Folklore wie M. Mussorgski und M. A. Balakirew, Fr. Smetana und A. Dvořák, dann B. Bartók, von den *Bagatellen* bis zum *Mikrokosmos.* Cl. Debussy gab, zusammen mit M. Ravel und vielen anderen impressionistisch ausgerichteten Komponisten, dem Ch. seine letzte Prägung. O. Messiaens spätere Werke mit ihrer umfassenden Religiosität, ihrer befreiten Rhythmik, den Naturlauten (Vögel) und den fremden Skalen seiner Melodik führten im Streben nach „einrichir l'univers sonore" und dem Suchen nach einer „nouvelle notion du Temps" über die bisherigen Grenzen des Ch.s hinaus. – Für Orgel schrieben – neben Messiaen – C. Franck und M. Reger, für Orchester, abgesehen von zahlreicher uniformer Unterhaltungsmusik, Cl. Debussy *(Nocturnes, La Mer)* und Fr. Delius *(Summer Evening; Paris; Brigg Fair* u. a.).

Lit.: W. KAHL, Das lyrische Klavierstück Schuberts u. seine Vorgänger seit 1810, in: AfMw 3 (1921); DERS., Aus der Frühzeit des lyrischen Klavierstücks, in: ZfM 89 (1922); M. VIDOR, Zur Begriffsbestimmung des musikal. Ch.s mit besonderer Berücksichtigung des Ch.s für Klv. (Diss. masch. L 1924); W. KAHL, Lyrische Klavierstücke der Romantik (St 1926); DERS., Das Ch. (Kö 1955) (= Das Musikwerk 8); D. SIEBENKÄS, Zur Vorgeschichte der Lieder ohne Worte von Mendelssohn, in: Mf 15 (1962); M. K. ELLIS, The French Piano Character Piece of the 19th and Early 20th Century (1969) (= Diss. Indiana Univ.); G. PUCHELT, Verlorene Klänge (B 1969).

R. SIETZ

CHARANGO, kleine südamerikanische Gitarre mit einem Resonanzkörper aus dem Panzer eines Gürteltieres, der die gewünschte Gestalt durch Trocknen in einer Form erhält. Die Ch. ist mit 5 Einfach- oder Doppelsaiten in der Stimmung g^1 c^2 e^2 (bei doppelchörigem Bezug auch e^1 e^2) a^1 e^1 und einem flachen Wirbelbrett mit hinterständigen Wirbeln versehen. Sie ist besonders in Argentinien, Bolivien und Peru beliebt.

CHARDAVOINE, Jehan, * 2. 2. 1537 Beaufort-en-Anjou, † um 1580 (?); frz. Komponist. Über sein Leben und sein Wirken ist nichts Genaues bekannt. Er veröffentlichte *Le Recueil des plus belles et excellentes chansons en forme de voix de ville* (P 1576, verschollen; 2 weitere Auflagen, vielleicht bearbeitet, erschienen 1588). Diese Sammlung ist die wichtigste Quelle für das Voix-de-ville, einen Chanson-Typus des 16. Jh. (↗Vaudeville); sie enthält über 200 einstimmige Chansons mit Texten von Cl. Marot, P. de Ronsard und anderen Dichtern (auch der Pléiade), aber auch mit anonymen Texten, einige im Patois (Dialekt). Die Melodien sind teils volkstümlich, teils sind sie mehrstimmigen Kompositionen (u. a. von J. Arcadelt, P. Certon, P. Cléreau, N. de la Grotte, F. M. Caietain) entnommen. Das Voix-de-ville wurde auf den Straßen gesungen, gespielt und getanzt. Nähere Angaben dazu enthält Ch.s Vorwort zu dieser Sammlung.

Ausg.: 4 Chansons, hrsg. v. H. EXPERT, in: La fleur des musiciens de P. de Ronsard (Nachdr. NY 1965).

Lit.: C. FRISSARD, A propos d'un recueil de „Chansons" de J. Ch., in: RMie 27 (1948); A. VERCHALY, Le recueil authentique des chansons de J. Ch., in: ebd. 49 (1963).

CHARLES, Ray (eig. Ray Charles Robinson), * 23. 9. 1932 Albany (Georgia); amerik. Jazzmusiker (Piano, Orgel, Altsaxophon), Jazzsänger, Bandleader und Komponist. Er erblindete mit 6 Jahren nach einem Unfall. 1949 gründet er sein erstes Trio, für das Nat „King" Cole Vorbild war, 1954 die erste eigene Big Band. Er hatte stets eine Vorliebe für Big Bands, spielte gelegentlich aber auch mit kleinen Gruppen zusammen. 1962–66 unternahm er mehrere Europatourneen. 1962 gründete er eine eigene Schallplattenfirma. – Ch. gehört als Vertreter des sog. Jazz-Soul-Stils zu den Vermittlern zwischen dem traditionellen Jazz – Gospelsong, Blues, Rhythm-and-Blues – und dem Modern Jazz, vor allem dem Bebop und Hard Bop. Sein Repertoire umfaßt aber auch Country and Western Music, Rock'n' Roll-Songs und Beatles-Kompositionen. Zu seinen besten Soulsongs zählen *Yes in deed, Nighttime is a right time, What'd I say.*

Lit.: J. E. BERENDT, Blues (Kö 1970); M. MILLER, Blues heute, in: Die Story des Jazz, hrsg. v. J. E. Berendt (St 1975, NA H 1978).

CHARLESTON, Tanz afroamerikanischer Herkunft, nach der Stadt Ch. (South-Carolina) benannt. Von rascher Bewegung (♩ = 96) wird er, meist zu Dixieland-Musik, in einem synkopierten Grundrhythmus getanzt: 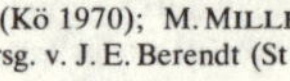

Der Grundschritt, der sog. Ch.-„Kick", begründete seine Popularität. Dabei werden die Füße bei nach innen gekehrter Spitze mit den Fersen im Zeitmaß des Grundrhythmus nach außen geschleudert. – Der Ch. gehört wie der ↗Cakewalk und der Turkey Trott zu den imitierenden Tänzen der amerikanischen Neger. (Deutungen wie „Reinigen von

Schlamm" oder „Waten durch das Moor" für diese Bewegungen sind aber nicht belegt, sondern in späterer Zeit erfunden worden.) Ursprünglich auf der Stelle ausgeführt, sollten die wilden, exzentrischen Bewegungen (♩ = 126) zur Ekstase führen. – Anfang der 20er Jahre kam der Ch. als Revuetanz nach New York und entwickelte sich zu dem in Tempo und Bewegung gemäßigten Gesellschaftstanz, der insbesondere in Europa rasche Verbreitung fand. Er erfreut sich noch heute großer Beliebtheit als Show- und Gesellschaftstanz. 1927 wurde in England der *flat progressive Ch.* mit neuen Figuren kreiert. – Als virtuosen Showtanz machte Josephine Baker den Ch. berühmt. In der Kunstmusik übernahm Erwin Schulhoff den Tanz in seine *Etudes de Jazz* auf (1927).

Lit.: H. GÜNTHER – H. SCHÄFER, Vom Schamanentanz zur Rumba. Die Gesch. des Gesellschaftstanzes (St 1959); T. VON OSTHEIM, Modetänze leicht gemacht (Salzburg o.J.); M. u. J. STEARNS, Jazz Dance – The Story of American Vernacular Dance (NY–Lo 1968).

CHARLESTON-MASCHINE, ein im Jazz gebräuchliches, etwa 50 cm hohes ↗Pedalbecken, ähnlich dem ↗Hi-hat.

CHARPENTIER, Gustave, * 25. 6. 1860 Dieuze (Moselle), † 18. 2. 1956 Paris; frz. Komponist. C. war Stipendiat am Conservatoire in Lille, setzte dann seine Studien am Pariser Conservatoire bei L. J. Massart, É. L. F. Pessard und J. E. F. Massenet fort und erhielt 1887 für seine Kantate *Didon* den 1. Preis des Prix de Rome. 1891 erzielte er mit der Orchestersuite *Impressions d'Italie* in den Concerts Lamoureux einen ersten durchschlagenden Erfolg. Seine Oper *Louise* erlebte nach ihrer Uraufführung 1900 in der Pariser Opéra-Comique bis 1950 fast 1000 Aufführungen und wurde auch in Deutschland viel gespielt. Das Werk, für dessen Musik sich Gounod in einem Brief an Ch. bewundernd aussprach, wurde seinerzeit von vielen als ein Plädoyer für die freie Liebe verstanden und leidenschaftlich diskutiert. Einzelne Arien und Szenen aus *Louise* vermögen dank der gefühlvollen Kantabilität ihrer musikalischen Sprache auch heute noch zu interessieren. 1900 gründete Ch. unter seiner Leitung ein Volkskonservatorium, L'Œuvre de Mimi Pinson, das kostenlose Kurse in Musik und Tanz anbot. 1912 wurde er als Nachfolger Massenets Mitglied des Institut de France.

WW: **1) Instr.-WW:** *Impressions d'Italie* (1890), Orchestersuite, *Sérénade; A la fontaine; A mules; Sur les cimes; Désert de Sorrente; Napoli* (P 1892); *Munich.* **2) Vokal-WW:** Für SingSt und Klv. (oder Orch.): *Poèmes chantés,* 16 Lieder (1889–96); *Les Fleurs du Mal* (nach Baudelaire), 4 Lieder (1895); *Didon,* Scène dramatique (P 1887); *La Vie du Poète* (1881–91), Symphonie-drame für Soli, Chöre u. Orch. (P o.J.); *Le Couronnement de la Muse,* musikal. Apotheose (P 1898) – **3) Bühnen-WW:** *Louise,* Roman musical, UA: Paris 1900; *Julien ou la Vie du Poète,* Drame lyrique (nach dem gleichnamigen Symphonie-drame), UA: Paris 1913 (P o.J.).

Lit.: P. DUKAS, Louise, in: Revue Hebdomadaire 9 (1900), abgedruckt, in: Écrits de P. Dukas (P 1948); R. ROLLAND, Louise, in: RMI 7 (1900); J. COMBARIEU, A propos de la 100e Louise, in: RM (1901); F. STEIN, „Dichterschicksal (La vie du poête)", Symphonie-Drama. Musik u. Dichtung v. G. Ch., in: ebd. 3 (1903/04); A. BOSCHOT, G. Ch., in: Chez les musiciens (P 1922); A. SEIDL, G. Ch.: „Louise", „La vie du poête", in: Gesammelte Schriften Bd. 1 (Rb 1926); M. DELMAS, G. Ch. et le lyrisme français (Coulommiers 1931); K. O'DONNELL HOOVER, G. Ch., in: MQ 25 (1939); L. AUBERT, Notice sur la vie et les travaux de G. Ch. (P 1956); F. BASER, in: Musica 10 (1956); M. VREDENBURG, in: Mens en melodie 11 (1956); J. P. BONCOUR – R. DUMESNIL, in: Antares 5 (1957); K. LAHM, „O Paris, Paris". G. Ch., der Sänger v. Montmartre, in: NZfM 119 (1958); R. DUMESNIL, Nostalgie de Montmartre, in: La Scala (1960).

CHARPENTIER, Marc-Antoine, * um 1643 Paris, † 24. 2. 1704 ebd.; frz. Komponist. Über seine Jugendzeit ist nichts Genaues bekannt. Seit ungefähr 1650 hielt er sich in Rom auf, wo er sich entschloß, sein Leben der Musik zu widmen, und 3 Jahre Schüler von G. Carissimi war. 1662 kehrte er nach Paris zurück und fand hier, vor allem in der von italienischer Kultur geprägten Umgebung des Abbé Mathieu, eine immer stärkere Resonanz als Komponist. Molière, der sich mit Lully zerstritten hatte, wählte ihn 1672 zu seinem neuen Komponisten. Dies führte zu einer starken Rivalität zwischen den beiden Musikern, durch die Ch. eine Zeitlang aus dem offiziellen Musikleben verdrängt wurde. Nach dem Tod Molières arbeitete er weiterhin für das Théâtre Français, leitete seit 1680 die Musikaufführungen im Haus der Prinzessin de Guise im Marais und bewarb sich 1683 um eine Stelle als Vize-Kapellmeister der Chapelle Royale; wegen einer Erkrankung konnte er aber nicht an der Endausscheidung teilnehmen und wurde deshalb nicht berufen. Seit 1684 war er dann als Musikdirektor der Jesuiten an deren Kirche St-Paul – St-Louis tätig. In dieser Zeit arbeitete er auch an den Theateraufführungen des den Jesuiten gehörenden Collège de Clermont mit; es entstanden dafür seine geistlichen Tragödien, die von Schülern aufgeführt wurden. Ch. stand nun auf der Höhe seines Ruhms. Die Académie Française und die Académie Royale de Sculpture et de Peinture wandten sich an ihn wegen der Komposition von Gelegenheitswerken, die Abtei von Port-Royal bestellte Motetten, Lamentationen u.a. Werke bei ihm, und 1692 wurde Herzog Philipp von Orléans, der Bruder Ludwigs XIV., sein Kompositionsschüler. Für ihn schrieb Ch. eine hsl. erhaltene, höchst originelle Kompositionslehre, die *Règles de composition.* 1698 schließlich erhielt Ch., wiewohl kein Kleriker, das hohe Amt eines Kapellmeisters an der Sainte-Chapelle, wo er bis zu seinem Tode wirkte.

WW (wenn nicht anderes angegeben, alle mit B.c.): Im Druck erschienen nur: *Médée, Tragédie mise en musique* (P 1694), Airs aus *Circé, Comédie* (P 1676) und ein 1. Buch *Motets* mit Instrumenten *(melez de simphonies)* (P 1709); einzelne Airs wurden in Sammeldrucken 1695, 1704, 1722, 1730 u. 1734 sowie im *Nouveau Mercure Galant* (Jan. u. Nov. 1678) gedruckt. Überliefert sind die WW vor allem in 28 autographen Bänden – mit dem Titel *Meslanges* – in Paris, Bibl. Nat.; weitere Hss. finden sich in anderen Bibliotheken in Paris, Versailles u. Avignon. – **1) Geistliche WW: a)** Messen: *Messe pour le Port-Royal* für 1 SingSt (solist. od. chorisch) (enthält auch Propriumsgesänge); *Messe pour le Samedi de Pâques* u. *Messe des morts* für 4 St.; Messe für 4 St. u. 2 V.; *Messe de Minuit* (über frz. Weihnachtslieder) für 4 St., 2 Fl. u. 3 V.; eine Messe u. die *Messe des morts* für 4 St., 2 Fl., 3 Ob. u. 3 V.; *Missa „Assumpta est Maria"* für 6 St. u. 3 V.; eine Messe u. die *Messe pour les trépassés* für 2 Chöre u. Instr.; Messe für 4 Chöre u. Instr.; *Messe pour plusieurs instruments au lieu des orgues* für Fl., Blockfl., Ob., Fag. u. Krummhorn ohne B.c. – **b)** Hymnen: *Ave maris stella* für 2 Sopranst.; dass. für 3 St. u. 2 Instr.; dass. für 4 St. u. 4 Instr.; dass. für 6 St.; *Bone pastor* für 3 Männerst.; *Iste confessor* für 2 Sopranst. ohne B.c.; *In Sanctum Nicasium* für 1 St. (choraliter) ohne B.c.; *Jesu corona virginum* für 2 Sopranst. u. Fl.; *O salutaris hostia* für Sopran mit u. ohne Instr.; dass. für 3 Männerst.; dass. für 3 Sopranst.; *Pange lingua* für Sopran; dass. für 3 St. u. 2 Instr.; dass. für 4 St.; dass. für 4 St. u. 4 Instr.; 2 *Panis angelicus* für 1 SingSt; 2 *Te Deum* für 4 St.; *Te Deum* für 4 St., Trp., Pk., Fl., Ob., Fag. u. Str. (das *Prélude* daraus wird im Fernsehen als Erkennungsmelodie der Eurovisions-Übertragungen verwendet); *Te Deum* für 8 St., Fl. u. V.; 2 *Veni Creator Spiritus* für Sopran; *Veni Creator Spiritus* für 3 gleiche St. u. Instr. mit Chor ad lib.; dass. für 4 St. u. 4 Instr.; *Verbum caro factum est* für 3 Männerst. – **c)** Sequenzen u. ä.: *Dies irae* für 4 St. u. Instr.; dass. für Soli, 2 Chöre u. Instr.; *Ecce panis* für 1 SingSt; dass. für 3 St. u. 2 Instr.; *Lauda Sion* für Tenor; dass. für 3 St. u. 2 Instr.; *Languentibus in purgatorio* für 3 St. u. 4 Instr.; *Stabat Mater* für Sopran; *Veni Sancte Spiritus* für 3 Männerst. – **d)** Motetten u. a.: Ungefähr 80 Gesänge für verschiedene Besetzungen (meist geringstimmig mit u. ohne Instr.), teils mit Angaben über die Verwendung bei bestimmten Festen bzw. kirchlichen u. höfischen Anlässen; ungefähr 25 Élévations mit verschiedenen Texten; 18 *Domine salvum fac Regem* (das in Frankreich übliche liturgische Gebet für den König) für verschiedene Besetzungen; 3st. *Méditations pour le Carême* (lat. Gesänge für die Fastenzeit). – **e)** Marianische u. a. Antiphonen: *Alma Redemptoris* für 2 Sopranst.; dass. für 4 St. u. 2 V.; *Assumpta est* für Alt u. 2 V.; *Ave Regina* für 2 St.; dass. für 3 St.; dass. für 4 St. u. 2 V.; *Beata est* für Tenor u. 2 Instr.; *In odorem* für Sopran u. 2 Fl.; 2 *Regina caeli* für 2 Sopranst.; *Regina caeli* für Sopran u. 2 V.; dass. für 3 Männerst.; dass. für 4 St.; *Salve Regina* für Tenor; dass. für 3 gleiche St.; dass. für 4 St. u. 2 V.; dass. für 3 Chöre; weitere Antiphonen für verschiedene Besetzungen. – **f)** Psalmen, Psalmmotetten u. Cantica: *Beati omnes* für 3 St. u. 2 Instr.; *Beatus vir* für 3 St. u. 2 V.; 2 *Beati omnes* für 3 St. u. 2 Instr.; *Beatus vir* für 3 St. u. 2 V.; 2 *Beatus vir* für 4 St.; 2 *Beatus vir* für 4 St. u. Instr.; *Beatus vir* für 8 St. u. 8 Instr.; *Benedictus Dominus Deus Israel (Canticum Zachariae)* für 6 St. u. 2 Instr.; *Benedixisti* für 3 St. u. 2 Instr.; *Cantate Domino* für 3 St. u. 2 Instr.; 5 *Cantica in nativitatem Domini* (mit jeweils leicht modifiziertem Titel); *Confitebor* für 4 St.; dass. für 4 St. u. 2 V.; dass. für 4 St. u. Instr.; *Conserva me* für 5 St. u. Instr.; *Credidi* für 4 St.; *Cum invocarem* für 4 St. u. Instr.; 3 *De profundis* für 4 St., davon eines im Falsobordonestil; *Deus, Deus meus* für 3 St. u. 2 Instr.; *Deus noster refugium* für 4 St. u. 2 Instr.; *Dixit Dominus* für 4 Sopranst.; dass. für 4 St.; 4 *Dixit Dominus* für 4 St. u. Instr.; *Dixit Dominus* für 8 St. u. 8 Instr.; *Domine Deus salutis* für 4 St. u. 4 Instr.: *Domine, Dominus noster* für 3 St. u. 2 Instr.; *Domine in Virtute* für 3 St. u. 2 Instr.; *Domine quid multiplicati* für 3 St. u. 2 Instr.; *Dominus illuminatio mea* für 5 St. u. Instr.; *Exaudiat* für 3 St. u. 2 Instr.; dass. für 4 St.; dass. für 8 St., Fl. u. V.; *Exurgat Deus* für 4 St. u. 2 Instr.; *Fundamenta ejus* für 3 St.; *In convertendo* für 2 Chöre u. Str.; *In te Domine speravi* für 4 St.; *Jubilate Deo* für 3 St. u. 2 Instr.; *Judica Domine* für 4 St. u. 2 Instr.; 2 *Laetatus sum* für 4 St. u. 2 Instr.; *Lauda Jerusalem* für 4 St.; dass. für 4 St. u. 2 Instr.; dass. für 2 Chöre u. Instr.; 2 *Laudate Dominum* für 3 St. u. 2 Instr.; *Laudate Dominum* für 4 Sopranst. ohne B.c.; dass. für 5 Sopranst.; dass. für 8 St. u. 8 Instr.; *Laudate pueri* für 4 St.; dass. für 4 St. u. Instr.; *Memento Domine* für 4 St. u. 2 Instr.; *Magnificat* für 3 Sopranst.; dass. für 3 St. u. Instr.; dass. für 4 Sopranst.; 2 *Magnificat* für 4 St.; 4 *Magnificat* für 4 St. u. Instr.; dass. für 8 St. u. 8 Instr.: *Miserere* für 2 Sopranst. u. Fl.; dass. für 3 St.; dass. für 4 St. u. 4 Instr.; dass. für 5 St. u. 2 Instr.; 2 *Nisi Dominus* für 4 St.; *Nisi Dominus* für 4 St. u. Instr.; dass. für 5 St. u. Instr.; *Nisi quia Dominus* für 4 St. u. 2 Instr.; *Notus in Judaea* für 3 St. u. 2 Instr.; dass. für 4 St. u. 5 Instr.; *Omnes gentes* für 3 St. u. 2 Instr.; *Paratum cor meum* für 3 Männerst.; *Quam dilecta* für 3 St. u. 2 Instr.; dass. für 8 St. u. Instr.; *Quemadmodum desiderat* für 3 St. u. 2 Instr.; *Quare fremuerunt* für 3 St. u. 2 Instr.; dass. für 4 St. u. 2 Instr.; dass. für 2 Chöre u. Instr.: *Super flumina* für 3 St. u. 2 Instr.; dass. für 8 St. u. Instr.; *Usquequo Domine* für 4 St. u. 4 Instr. – **g)** Andere Offiziumsgesänge: Mehrere Zyklen u. Einzelgesänge der *Leçons de ténèbres* (Lamentationen für die drei letzten Kartage) für 1–3 St. mit u. ohne Instr.; Responsorien für die Nokturnen der drei letzten Kartage für verschiedene Besetzungen; 9 Litaneien *(Litanies de la Vierge)* für 3–6 St. mit u. ohne Instr. – **h)** Oratorien u. Historien: *Caedes Sanctorum Innocentium; Caecilia virgo et martyr; Extremum Dei Judicium; Filius prodigus; Historia Esther; In resurrectione Domini; Josué; Judith sive Bethulia Liberata; Le Reniement de St-Pierre; Mors Saulis et Jonathae; Nuptiae sacrae; Pestis Mediolanensis; Praelium Michaelis Archangeli factum in coelo cum Dracone; Sacrificium Abrahae.* – **i)** Dialoge: *Dialogus inter esurientem sitientem et Christum; Dialogus inter Christum et homines; Dialogus inter Christum et peccatores; Dialogus inter Magdalenam et Christum; In circumcisione Domini; Dialogus inter Angelum et Pastores; Petit Noël: Dialogus inter Angelos et Pastores; In honorem Caeciliae, Valeriani et Tiburtii canticum.* – **2) Weltliche Vokal-WW: a)** Kantaten: *Orphée descendant aux enfers* für 3 St. u. Instr. u. *Coulez, coulez charmans ruisseaux* für SingSt u. Instr. – **b)** Tragédies: *Andromède* (nach Corneille) (1670) (neue Version 1682?); *David et Jonathas* (Libr.: P. Bretonneau), UA: Paris 1688; *Médée* (Libr.: Corneille), UA: Paris 1693 (P 1694). – **c)** Ouvertüren u. Intermedien; für *Le mariage forcé* (Molière), UA: 1672 (die Ouvertüre ist die zu *Comtesse d'Escarbagnas*); *Le malade imaginaire* (Molière), UA: 1673; *L'Inconnu* (Th. Corneille u. Donneau de Visé), UA: 1675; *Acis et Galathée*, Prolog, erhielt später den Titel *L'Inconnu*, UA: 1678; *Les fous divertissants* (Poisson), UA: 1680; *La pierre philosophale* (Corneille u. Donneau de Visé), UA: 1681; *Le Rendez-vous des Tuileries* (M. Baron), UA: 1685; *Vénus et Adonis* (Libr.: Donneau de Visé), UA: 1685; *Le Sicilien* (Molière); *Polyeucte* (Libr.: Corneille); *Endymion* (Libr.: B. Fontenelle); *La noce de village* (Libr.: Brécourt), UA: 1692. – **d)** Divertissements: *Les arts florissants*, UA: 1673; *La descente d'Orphée aux enfers; Les Plaisirs de Versailles*, UA: 1695. – **e)** Pastorales: *Idylle sur le retour de la santé du roi* (1680); *Actéon* (1690); *Angélique et Médor; La Feste de Ruel; Le Misanthrope; Petite Pastorale; La Couronne de fleurs.* – **f)** Gesänge mit lat. und it. Text: *Luctus de morte ... Mariae Theresiae Reginae Galliae; Epitaphium Carpentarii; In obitum ... Gallorum Reginae Lamentum; Quatuor anni tempestates; Epithalamio* zu Ehren des Kurfürsten Max Emanuel von Bayern; *Sù non dormite,* 3st. Serenata mit Instr.; 2 Kammerduette: *Superbo amore* u. *Beati mi pene.* – **3) Instr.-WW:** Außer den unter Ziffer 2 c) genannten WW einige nicht näher bezeichnete Ouvertüren für verschiedene Besetzungen, ferner einzelne *Préludes* ohne nähere Angaben, wahrscheinlich Vorspiele zu geistlichen WW, Tanzsätze, instrumentale Noëls, ein *Concert pour quatre parties de violes; Fanfare* für 2 Trp.; *Second air de trompette* für 8 Instr.; *Marche de triomphe* für Bläser u. Streicher u. a. – **4) Theoretische WW** (hsl. erhalten): *Règles de composition; Abrégé des règles de l'accompagnement; Remarques sur les Messes à seize parties d'Italie* (im Anschluß an eine von Ch. abgeschriebene 16st. Messe von Fr. Beretta.

Ch. erlangte zu seiner Zeit als Komponist Ruhm und Bedeutung auf mehreren Gebieten. Während die wenigen weltlichen Vokal- und die Instrumentalwerke nur einen – wenn auch wegen des Zusammenhangs der letzteren mit dem Bühnenschaffen Molières bezeichnenden – peripheren Bezirk bilden, liegt das Zentrum ganz eindeutig in den geistlichen Werken. Sie umfassen, an Zahl und Vielfalt das entsprechende Schaffen der französischen Zeitgenossen übertreffend, einerseits alle liturgischen Gattungen: Messen – darunter eine singuläre *Messe pour les instruments au lieu des orgues,* in der das Prinzip der Alternatim-Orgelmesse übernommen wird –, Propriumsgesänge (Offertorien, Hymnen und Sequenzen, Élévations), Offiziumsgesänge (Psalmen, Antiphonen, Responsorien, Cantica, Lamentationen – mit dem in Frankreich gebräuchlichen Titel *Leçons de ténèbres* –), ferner Motetten, auch solche, denen nichtliturgische Texte, meist betrachtende oder Gebets-Lyrik zugrunde liegen. Einen anderen wesentlichen Teil des geistlichen Schaffens von Ch. bilden die lateinischen Oratorien und Historien.

In den liturgischen Werken Ch.s läßt sich generell eine Synthese von kontrapunktischer und konzertierender Satzweise feststellen. Sie erscheint einerseits vom Motettenstil O. di Lassos und seiner französischen Nachfolger (z. B. E. Du Caurroys) beeinflußt zu sein – es ist in diesem Zusammenhang bezeichnend, daß Ch. noch von Fr. W. Marpurg (*Abhandlung von der Fuge,* 1756) zu den großen Meistern des Kontrapunkts gerechnet wird – und ist andererseits in starkem Maße dem geringstimmigen konzertierenden Stil nach der Art Carissimis und anderer Italiener verpflichtet. Mehr noch gilt dies für die lateinischen Oratorien Charpentiers. In ihnen zeigt sich das Erbe des römischen Meisters in einer Deutlichkeit wie sonst nirgends in Europa, und dies in einer Zeit, in der der Typ des italienischen Oratoriums im Stil der venezianischen und neapolitanischen Oper allenthalben vorherrscht. Mit den Oratorien Carissimis haben Ch.s Oratorien auch eine bestimmte religiöse Absicht gemeinsam; wie jene zielen sie in der Wahl der Sujets und in der textlichen und musikalischen Anlage auf eine Vertiefung der Frömmigkeit im Sinne der jesuitischen Bestrebungen im Frankreich um 1700. Mit diesen stand Ch. so unmittelbar in Verbindung, daß man in ihm den musikalischen Vertreter eines französischen „Jesuitenbarock“ sehen kann.

Insgesamt ist Ch.s musikalische Sprache von großer Originalität, besonders in der Dissonanzbehandlung und in der Verwendung von aparten Modulationen und harmonischen Wendungen, die gelegentlich sogar den Eindruck von Bitonalität vermitteln. Neuartig in der geistlichen Musik seiner Zeit ist auch Ch.s Kunst der Instrumentation. So geht er oft von dem traditionellen Einsatz von mehreren Instrumenten derselben Familie ab und verwendet ausgefallene Kombinationen wie z. B. von Violinen, Flöte, Trompete, Musette, Pauken und Fagott *(Epithalamio),* von Klavier und Orgel oder von Krummhorn und Streichern.

Ch.s Ruhm verblaßte nach seinem Tode schnell; seine Werke, insbesondere auch die Oratorien, blieben ohne Wirkung auf die Nachwelt. Erst in unserem Jahrhundert besinnt man sich in der musikologischen Forschung und in der musikalischen Praxis immer mehr auf diesen Komponisten, dem dank der Eurovisionsfanfare (die der Anfang des *Prelude* aus einem *Te Deum* Ch.s ist) sogar eine weltweite Popularität zuteil geworden ist.

Ausg. (wenn nichts anderes angegeben, in Paris erschienen u. von Guy-Lambert ediert): **1) Geistliche WW: a)** Messen: *Messe à 4 voix,* hrsg. v. HERMAN (Colorado Springs 1958); *Messe en sol mineur,* hrsg. v. SOUBERBIELLE (1952); *Messe du Samedy de pâques* (1949); *Messe de Minuit,* hrsg. v. LETOCART (1927); dass., hrsg. v. MARC (1958); dass. (1958). – **b)** Motetten u. a.: *Alma Dei* (1952); *Bone pastor* für 3 Männerst. (1948); *De profundis* für 4 St., hrsg. v. A. GASTOUÉ (P o. J.); dass., hrsg. v. GUY-LAMBERT (1942); *Ecce panis* für 3 Männerst., hrsg. v. BONFILS (1957); dass. für eine St. (1940); *Gaude Virgo* für 3 Frauenst. (1955); *Gratias tibi Deus* für 4 St. (1953); *Languentibus in purgatorio* für 3 St. u. 3 Fl. (1953); *Laudate Dominum* für 3 St. (1948); dass. für 4 gem. St. (1954); dass. für 4 St. a cap. (1955); 7 Solomotetten, hrsg. v. R. EWERHART (Kö 1959) (= Cantio sacra 30); 4 *Élévations* für 1 St., hrsg. v. DEMS. (Kö 1960) (= ebd. 26); *Magnificat* für 3 St., hrsg. v. CRUSSARD (Lau 1948); *O beata Maria* (1954); *O crux ave* für 3 Männerst. (1958); *O Sacrum* für 4 St., hrsg. v. CHATTON (1952); *Oculi omnium* für 5 St. u. 2 Fl. (1951); *Pange lingua* für 4 St. (1948); *Pie Jesu* für 3 St., hrsg. v. CRUSSARD (1948); dass. für 2 Sopranstr. (1951); *Pulchra es* für 3 Frauenst. u. Fl. (1954); dass., hrsg. v. DURAND (1962); *Quam gloriosa* für 5 St. (1954); *Serve bone* für 2 Sopranst., hrsg. v. DURAND (1963); *Tantum ergo* für 3 St., hrsg. v. GELINEAU (1949); *Te Deum* für 4 St. u. Instr. (1964); dass., hrsg. v. KOLNEDER (W 1958); *Te Deum* für 2 Chöre u. 2 Orch., hrsg. v. D. LAUNAY (P 1969) (= Le pupitre 13); *Veni Creator* für 4 St. (1950); dass., hrsg. v. MEUGÉ (1951). – **c)** Antiphonen u. a. Offiziumsgesänge: *Alma Redemptoris* für 4 St. u. 2 V. (1951); *Assumpta est* für eine St. (1953); *Ave Regina* für 3 gleiche St. (1955); *Regina Coeli* für 2 gleiche St. (1951); *Salve Regina* für 3 St. (1952); für eine St. (1949); *Sub tuum* für 4 gleiche St. a cap. (1953). – **d)** Responsorien: *Amicus meus* für 1 St. (1949); *Seniores populi* für 1 St. (1952); *Tenebrae* für 3 Männerst. (1954); dass. für 1 St. u. Str. (1948). – **e)** Sonstige geistl. WW, vokal u. instr.: *Nuit, Interlude* für Str. aus *In nativitatem* (G 1949); *Symphonie pour un reposoir,* hrsg. v. BONFILS (1962); *4 Noëls,* hrsg. v. GASTOUÉ (1939); *Noëls,* hrsg. v. G. L. DE SAINT-MARTIN(1954); *Noël „Or dites-nous Marie"*, hrsg. v. CHATTON (1954); *Noëls pour les instruments,* hrsg. v. H. W. HITCHCOCK (Mz 1972). – **f)** Oratorien u. ä.: *Gratias tibi Deus,* Chor aus *Filius prodigus* (1953); *Le Reniement de Saint-Pierre,* hrsg. v. GUILMANT (1897), revidiert v. Guy-Lambert (1958); *Judicium Salomonis,* hrsg. v. HITCHCOCK (New Haven 1964); *In Nativitatem* (1962); dass., hrsg. v. HITCHCOCK (1959). – **2) Weltliche WW:** Gesänge aus *David et Jonathas: Chantons la gloire* (1955); *Seigneur, écoute ma prière* (1960); Arien aus *Médée* (1950, 1951, 1952); *Le malade imaginaire,* hrsg. v. SAINT-SAËNS (P 1849); Arien aus *Le malade imaginaire,* hrsg. v. TIERSOT (1925); *La Couronne de fleurs,* hrsg. v. BUSSER (1907), revidiert v. Guy-Lambert (1948); *Médée,* Faks. des Partiturdrucks v. 1694 (Farnborough 1968). – **3) Instr.-WW:** *Concert à 4 parties de violes* (1948, 1952); dass. *(Suite à 4 parties),* hrsg. v. KOLNEDER (Mz 1958); *Marche de triomphe et second air de trompette* (1960); *2 Airs de trompette,* hrsg. v. H. W. HITCHCOCK (Mz 1972); *Prologues et Intermèdes du Malade Imaginaire,* hrsg. v. DEMS. (G 1973).

Lit.: H. W. HITCHCOCK, The Works of M.-A. Ch. Catalogue raisonné (P 1982). – H. QUITTARD, Notes sur un ouvrage inédit de M. A. Ch., in: ZIMG 6 (1904/05); H. PRUNIÈRES, L'opéra italien en France avant Lully (P 1913); DERS., Lully (P [2]1927); G. DE FROBERVILLE, L'Actéon de M. A. Ch., in: RMie 9 (1928); L. DE LA LAURENCIE, Un opéra inédit de M. A. Ch. La Descente d'Orphée aux Enfers, in: RMie 10 (1929); K. NEF, Das Petrus-Oratorium v. M. A. Ch. und die Passion, in: Jb. Peters 37 (1931); A. GASTOUÉ, Notes sur les manuscrits et sur quelques œuvres de M. A. Ch., in: FS de la Laurencie (P 1933); J. TIERSOT, La musique dans la comédie de Molière (P o. J.); C. CRUSSARD, Un musicien français oublié, M. A. Ch. 1634–1704 (P 1945); DIES., M. A. Ch., théoricien, in: RMie 24 (1945); Y. ROKSETH, Un Magnificat de M. A. Ch., in: Journal of Renaissance and Baroque Music 1 (1946); A. R. OLIVER, Molière's contribution to the lyric stage, in: MQ 33 (1947); M. BARTHÉLEMY, Notes sur M.-A. Ch., in: RBMie 7 (1953); H. W. HITCHCOCK, The Latin Oratorios of M.-A. Ch., in: MQ 41 (1955); DERS., The instrumental music of M. A. Ch., in: MQ 47 (1961); F. RAUGEL, M. A. Ch., in: FS K. G. Fellerer (Rb 1962); C. H. BARBER, Les oratorios de M.-A. Ch., in: Rech. Mus. 3 (1963); N. DUFOURQ, Le disque et l'histoire de la musique. Un exemple: M. A. Ch., in: ebd.; R. W. LOWE, M.-A. Ch. et l'opéra de collège (P 1966); TH. KÄSER, Die Leçon de Ténèbres im 17. u. 18. Jh. unter besonderer Berücksichtigung der einschlägigen Werke v. M.-A. Ch. (Be 1966) (= Publ. der Schweizerischen Musikforsch. Ges. II/12); W. KOLNEDER, Die „Règles de composition" v. M.-A. Ch., in: FS J. Müller-Blattau (Kas 1966) (= Saarbrücker Stud. z. Musikwiss. 1); B. E. NIELSEN, Les grands oratorios bibliques de M.-A. Ch., in: Dansk aarbog for musikforskning 5–6 (1966–67); G. MASSENKEIL, M.-A. Ch. als Messenkomponist, in: Colloquium amicorum. FS J. Schmidt-Görg (Bonn 1967); L. M. RUFF, M.-A. Ch.'s „Règles de composition", in: The Consort 24 (1967); D. TUNLEY, The Emergence of the 18th Century French Cantata, in: Studies in Music 1 (1967); H. W. HITCHCOCK, M.-A. Ch. and the comédie-française, in: JAMS 24 (1971); DERS., Problèmes d'édition de la musique de M.-A. Ch. pour „Le Malade Imaginaire", in: RMie 58 (1972); DERS., 2 „nouveaux" manuscrits de M.-A. Ch., in: ebd.; G. MORCHE, Zum Problem der parallelen Quinten bei M.-A. Ch., in: Kgr.-Ber. Bonn 1970 (Kas 1973); L. MAURICE-AMOUR, Rhythme dans les comédies-ballets de Molière, in: Revue d'histoire du théâtre (1974); D. B. STEIN, The French Te Deum from 1677–1744. Its esthetic style and development (1974) (= Diss. masch. Univ. of Illinois).

GUY LAMBERT – G. MASSENKEIL

CHASE, Gilbert, * 4. 9. 1906 La Habana (Kuba); amerik. Musikforscher. Er studierte an der Columbia University in New York und an der University of North Carolina in Chapel Hill und dann in Europa. 1929–34 war er Musikkritiker des *Daily Mail* in Paris, 1936–39 Mit-Hrsg. der *International Cyclopaedia of Music and Musicians,* 1940–46 Mitarbeiter der Library of Congress in Washington für lateinamerikanische Musik, 1951–55 Kulturattaché an den US-Botschaften in Lima und Buenos Aires. Anschließend war er bis 1957 Professor und Direktor der School of Music der University of Oklahoma in Norman. 1958–60 wirkte er als Kulturattaché der US-Botschaft in Brüssel, dann bis 1966 als Professor an der Tulane University of Louisiana in New Orleans. Dort leitet er auch seit 1961 das von ihm gegründete Inter-American Institute for Musical Research. 1961–65 war er Vizepräsident der Internationalen Gesellschaft für Musikethnologie.

Schriften: *The Music of Spain* (NY 1941); *Bibliography of Latin American Folk Music* (Washington/D.C. 1942); *Music of the New World,* 5 Bde. (ebd. 1942–44); *A Guide to Latin American Music* (ebd. 1945, [2]1962); *The Story of Music,* 2 Bde. (ebd. 1945–46); *America's Music. From the Pilgrims to the Present* (NY 1955, [2]1966), dt. Übers.: *Die Musik Amerikas* (B 1958); *Introdución a la música americana contemporánea* (Buenos Aires 1958).

CHASE-CHORUS (engl.), ↗Chorus.

CHASSE (frz.; altfrz.: chace = Jagd). – **1)** Bz. für eine Kompositionsform der mehrstimmigen Musik des 14. Jh. in Frankreich, die der modernen Definition nach dem ↗Kanon entspricht. Im Unterschied zur ↗Caccia, die einen 2st. Oberstimmenkanon mit einem instrumentalen Tenor verbindet, ist die Ch. ein rein vokaler 3st. Kanon im Einklang. Meist wird nur eine Stimme notiert, mit Angabe der Einsatzstellen für die beiden andern Stimmen.
Caccia und Ch. traten etwa gleichzeitig in Erscheinung; eine gegenseitige Abhängigkeit ist nicht feststellbar. Die Quellen (aus Spanien, Frankreich, England, Italien und Deutschland) belegen, daß die Imitationsform des Kanons im 13. und 14. Jh. in Europa allgemein verbreitet war. Der Ursprung ist im Prinzip des Stimmtauschs zu suchen, der in den Organa der Pariser Notre-Dame-Schule zur Zeit Perotins (zw. 1200 und 1230) häufig vorkommt. Da die Stimmen im gleichen rhythmischen Modus notiert waren, ergab sich oft ein liedhafter Typus, wie er im englischen Sommerkanon *Sumer is icumen in* erhalten ist. Dieser vereint beide Arten der Kanonbildung: Stimmtausch im 3st. Pes der Unterstimmen und Zirkel (Radel) in der ↗Rota der vier Oberstimmen. Für den englischen ↗Rondellus war

noch im 14. Jh. Stimmtausch die Regel (vgl. W. Odington, *De speculatione musicae,* um 1320). Die spanische Hs. Montserrat überliefert drei geistliche Kanons, Pilgerlieder mit der Bezeichnung *caça de duobus vel tribus,* deren schweifende Melodik, insbesondere in dem 3st. Agnus-Dei-Kanon, der Motette näher steht.

In Quellen erscheint die französische Ch. erst gegen Mitte des 14. Jahrhunderts. In der südfranzösischen Hs. Ivrea sind vier 3st. Stücke überliefert, denen vermutlich ältere Fassungen vorangegangen sind. Der einfache Zirkelkanon *Talent m'est pris de chanter* ist ein Frühlingslied mit Kuckucksrufen, noch ohne Verbindung des „fugando" der Kanontechnik mit der symbolischen Beziehung zur Jagd. Oswald von Wolkenstein benutzte die gleiche Melodie für seinen mit *Fuga* überschriebenen Liebeslied-Kanon *Die minne füeget niemand.* Die Aufteilung des Textes (↗Hoquetus-Technik), hier für die ursprüngliche Kuckucksruf-Melodik benutzt, wird sinnvoll in der echten Ch. *Wohlauf gut g'sell, wer jagen well* von Oswald von Wolkenstein, die eine Vogeljagd darstellt mit hoquetusartiger Nachahmung des Hundegebells *heuch, heuch...).* Der anspruchsvollste Kanon der Hs. Ivrea ist die 3st. Schilderung einer Falkenbeize *Se je chant* mit Lock- und Hetzrufen und Hundegebell in Hoquetusmanier. Die 3st. Ch. *Umblemens vous pri merchi* zeigt ebenfalls eine der französischen Motettenkunst ebenbürtige Technik, während das Morgenständchen *Tres dous compains* ein älteres, weniger ausgebildetes Stadium der Kanontechnik dokumentiert (beide Hs. Ivrea).

Zur Gattung der Ch. gehören auch drei Stücke von G. de Machaut. Die Tripelballade *Sans cuer/Dame par vous/Ami dolens* ist ein 3st. Kanon in der Refrainform der Ballade. Der *Lay de la fontaine Je ne cesse de prier* wechselt zwischen 1- und 3st.-kanonischen, jeweils durch die Überschrift *Chace* angezeigten Strophen. Im *Lay de confort S'onques douloureusement* sind die zwölf nach Sequenzart wechselnden Strophen als 3st. Kanons komponiert. – Etwas später entstand ein 3st. Kanon *Andray soulet* von Matteo da Perugia, dessen französischer Text nur die Art der Ausführung angibt. – **2)** Nachdem im 15. Jh. der Zusammenhang von musikalischer Jagddarstellung und Kanontechnik verlorenging, ist Ch. seit dem 16. Jh. allgemein die frz. Bz. für einen Jagdgesang bzw. für ein instrumentales Jagdstück (↗Jagdmusik). Beispiele dafür sind Chansons von J. Gombert *(Chasse de lièvre)* und Cl. Janequin *(La chasse: „Gentilz veneurs");* später erscheint Ch. als Untertitel etwa der Symphonie Nr. 73 von J. Haydn und der Ouvertüre zur Oper *Le jeune Henri* (1795) von E. N. Méhul.

Lit. u. Ausg.: **zu 1)** OSWALD VON WOLKENSTEIN, Geistliche u. weltliche Lieder, hrsg. v. J. Schatz – O. Koller (1902) (= DTÖ I/1); O. URSPRUNG, Spanisch-katalanische Liedkunst des 14. Jh., in: ZfMw 4 (1921/22); F. LUDWIG, Die Quellen der Motetten ältesten Stils, in: AfMw 5 (1923); H. BESSELER, Stud. zur Musik des MA, in: ebd. 7 (1925); L. FEININGER, Die Frühgesch. des Kanons bis Josquin des Prez (Emsdetten 1937); N. PIRROTTA, On the Problem of „Sumer is icumen in", in: MD 2 (1948); J. HANDSCHIN, The Summer Canon and its Background, in: ebd. 3 (1949); W. APEL, French secular music of the late fourteenth century (C/M 1950); W. WIORA, Der mittelalterliche Liedkanon, in: Kgr.-Ber. Lüneburg 1950 (Kas 1952); G. DE MACHAUT, Musikal. Werke, hrsg. v. F. Ludwig – H. Besseler (Neudr. L 1954); R. FALCK, Rondellus Canon and related Types before 1300, in: JAMS 25 (1972).

L. HÜBSCH

CHASTELAIN (Châtelain) **DE COUCI, Gui de Thourotte et de Ponceaux,** auch Guy de Coucy, * um 1160, † 1203 auf dem 4. Kreuzzug. Von seinem Lebensweg ist wenig bekannt; bezeugt ist lediglich seine Teilnahme an den Kreuzzügen zwischen 1190 und 1198. Er scheint ein Freund von Gace Brulé und Blondel de Nesle gewesen zu sein. Von seinen Zeitgenossen wurde er als einer der größten Sänger gerühmt. Von etwa 30 Gedichten, die handschriftlich unter seinem Namen überliefert sind, gilt seine Autorschaft für 13 Texte als gesichert.

Lit.: A. LEROND, Chansons attribuées au Ch. de C. (P 1964).

CHASTILLON DE LA TOUR, Guillaume, * um 1550 Caen (Normandie), beigesetzt 26. 5. 1610 ebd.; frz. Komponist. Er veröffentlichte *Airs de l'invention... sur plusieurs poèmes saints et chrétiens...* (Caen 1593), *Airs nouveaux accompagnés des plus belles chansons à danser* (ebd. 1608) und 36 Kompositionen in *Amphion sacré* (Ly 1615). Mit seinen geistlichen Airs, kurzen Strophenliedern, geht die Blüte der protestantischen Musik in Frankreich zur Zeit der Renaissance zu Ende.

Lit.: A. BLOCH-MICHEL, Ch. de la T., in: Rech. Mus 1 (P 1960).

CHATSCHATURJAN, Aram Iljitsch, * 6. 6. 1903 Tiflis, † 1. 5. 1978 Moskau; armenischer Komponist. Er kam 1921 nach Moskau, studierte zunächst Biologie, 1922–29 Violoncello, Klavier und Komposition an der Gnessin-Musikschule und anschließend bis 1934 Komposition bei N. Ja. Mjaskowskij am Moskauer Konservatorium. 1939 wurde er Stellvertretender Vorsitzender des Organisationskomitees des sowjetischen Komponistenverbandes, 1951 Kompositionslehrer am Moskauer Konservatorium, obwohl er 1948 vom ZK der KPdSU als formalistisch orientierter Komponist kritisiert worden war. In den 50er und 60er Jahren trat er auch als Dirigent hervor und unternahm zahlreiche Auslandsreisen. Außerdem lehrte er an der Gnessin-

Musikschule, wurde 1956 Sekretär des Komponistenverbandes und erhielt zahlreiche Auszeichnungen und Ehrentitel.

WW: **1) Instr.-WW:** Für Klv.: 6 Fugen (1929); Tokkata (1932); Sonate (1961); Liedpoem (1929) für V. u. Klv. (zu Ehren der Aschugen); Doppelfuge (1932) für Streichquartett; Jazzkomposition (1966) für Klar. – Konzerte: für Klv. (1936); für V. (1940); für Vc. (1946). – Für Orch.: Tanzsuite (1933); 1. Symphonie e-moll (1935); 2 sinfonische Suiten (1940) (aus dem Ballett *Das Glück*); 3 Suiten (1943) (aus dem Ballett *Gajaneh*); 2. Symphonie (1943); Sinfonie-Poem in einem Satz (1947) (3. Symphonie) (zur 30-Jahr-Feier der Oktoberrevolution); *Ode in memoriam Lenin* (1949); Feierliches Poem (1952); 3 Suiten (1955–57) (aus dem Ballett *Spartakus*); Gruß-Ouvertüre (1959) (zur Eröffnung des 21. Parteitages der KPdSU); Konzertrhapsodien: für V. u. Orch. (1961–62), für Vc. u. Orch. (1963), für Klv. u. Orch. (1967). – **2) Vokal-WW:** Chorwerk *Ode an Stalin* (1938); 3 Konzertarien (1944–46) für hohe St. u. Orch. (auf Worte armenischer Dichter); Kantate *Euch, arabische Freunde* (1964) für Chor u. Orch. – **3) Bühnen-WW:** Ballette: *Das Glück* (1939); *Gajaneh*, 1. Fassung (1942), 2. Fassung (1952); *Spartakus* (1954); Bühnenmusik zu Shakespeares *Macbeth* (1934), zu Lope da Vegas Schauspiel *Die Witwe aus Valencia* (1940). – **4) Schriften** (solche, die in dt. Sprache verfügbar sind): *Wie ich die Volkstümlichkeit in der Musik auffasse*, in: MuGes 3 (1953); *Über schöpferische Kühnheit u. Inspiration*, in: ebd. 4 (1954).

Ausgehend von der russischen Musik des 19. Jh. und dem französischen Impressionismus, hat Ch. in besonderer Anlehnung an die armenische Volksmusik einen national gebundenen Personalstil entwickelt und auf viele Komponisten aus dem südlichen Teil der Sowjetunion anregend gewirkt. Man kann daher seine Bedeutung für Armenien der von Grieg für Norwegen oder von Sibelius für Finnland vergleichen. Neben effektvoller Virtuosität und häufig verwendeten Ostinato-Techniken ist für viele seiner Kompositionen eine vorwärtstreibende, durch synkopische Wirkungen durchbrochene und belebte Motorik charakteristisch. Dies gilt insbesondere auch für sein bekanntestes Stück, den *Säbeltanz* aus dem Ballett *Gajaneh*. Von seinen Instrumentalkompositionen haben vor allem das Klavierkonzert (1936) und das Violinkonzert (1940) ihren festen Platz im Konzertrepertoire in aller Welt. Ch. schrieb außerdem zahlreiche symphonische Dichtungen, Bühnen- und Filmmusiken und Lieder, deren Texte den Aufbau des Sozialismus behandeln, sowie die Staatshymne der Armenischen Sowjetrepublik.

Lit.: G. M. SHNEERSON, A. Ch. (Mos 1958, engl. u. dänisch Mos–Lo 1959), Auszug in: Lenin Prize Winners, hrsg. v. A. Lipowsky (Mos 1967); G. G. TIGRANOW, Balety Chatschaturjana (Mos 1960, NA Leningrad 1974); E. KARAGJULJAN, Simfonitscheskoje twortschestwo A. Chatschaturjana (Jerewan 1961); G. N. CHUBOW, A. Ch. (Mos NA 1962, 1967); D. M. PERSON, A. Ch. (Mos 1963); N. SCHACHNASAROWA, A. Ch. i musyka sowjetskowo wostoka, in: Musyka i sowremennost, hrsg. v. T. A. Lebedewa, Bd. 2 (Mos 1963); M.-R. HOFMANN, A. Ch.: Une conte de Mille et une nuit, in: La vie des grands musiciens russes (P 1965); F. STRELLER, Musikal. Sprachmittel in Werken der zeitgen. Musik, in: Kgr.-Ber. Leipzig 1966 (Kas 1970); G. G. TIGRANOW, in: Sowjetskaja simfonija sa 50 let (Leningrad 1967); D. ARUTJUNOW, O roli garmonii i faktury w musyke A. Chatschaturjana, in: Teoretitscheskije problemy musyki 20 weka, I, hrsg. v. J. N. Tijulin (1967); J. M. CHOMINSKI, A. Ch., in: Muzyka 12 (1967); H. J. ROTHE – E. KNIEPEL, Die Sinfonien A. Ch.s, in: Wiss. Zschr. der Friedrich-Schiller-Univ. Ges. u. sprachwiss. Reihe 16 (Jena 1967); F. STRELLER, A. Ch. (L 1968); A. I. Ch., hrsg. v. E. L. SADOWNIKOW (Mos 1967); ST. D. KREBS, A. Ch., in: Soviet composers (Lo 1970); K. LAUX, Säbeltanz u. Sinfonie. Zum 70. Geburtstag A. Ch.s, in: MuGes 23 (1973); I. TIGRANJAN, Liritscheskie obresy w twortschestwo A. Ch. (Jerewan 1973); R. HARADSCHANJAN, Fortepiano twortschestwo A. Ch. (ebd. 1973); DERS., Musyka A. Chatschaturjani nekotorye ejo interpretazii (Diss. Leningrad 1974); G. TIGRANOW, Balety Ch. (ebd. 1974).

U. KURTH

CHAUSSON, Ernest Amédée, * 20. 1. 1855 Paris, † 10. 6. 1899 Limay (Yvelines); frz. Komponist. Ch. trat nach dem Jurastudium 1880 in die Kompositionsklasse von J. Massenet am Conservatoire in Paris ein, wurde aber noch im gleichen Jahr Schüler C. Francks, bei dem er bis 1883 studierte und zu dessen besten Schülern er bald gehörte. Er hatte einen großen Freundeskreis, dem Musiker, Maler und Schriftsteller angehörten, u. a. Duparc, d'Indy, Fauré, Debussy, Renoir und Degas. Zehn Jahre lang war er Sekretär der von Saint-Saëns gegründeten Société Nationale de Musique, die viele seiner Werke herausbrachte. 1882 assistierte Ch. zusammen mit d'Indy bei der Uraufführung, 1883 zusammen mit Duparc bei der Wiederaufführung von Wagners *Parsifal* in Bayreuth, und 1889 erlebte er dort mit Chabrier und Debussy Aufführungen des *Parsifal*, des *Tristan* und der *Meistersinger*. So ist denn auch sein Stil gleichermaßen von Einflüssen Wagners wie von solchen seines Lehrers Franck bestimmt. Während seine Orchester- und Kammermusikwerke im ganzen ziemlich traditionell anmuten, schafft er sich in den Liedern mit ihrer aparten Harmonik, mit subtilen Modulationen und oft kühnen Dissonanzen eine durchaus eigene musikalische Sprache. Hierdurch wie auch in ihrer poetisch-musikalischen Intimität weisen gerade die Lieder auf Debussy voraus, so daß Ch. als eine Art Bindeglied zwischen diesem und Franck gelten kann.

WW (wenn nichts anderes angegeben, in Paris erschienen): **1) Instr.-WW** für Klv.: *Cinq Fantaisies*, op. 1 (1880?) (o. J.); *Paysage* op. 38 (1895); *Quelques Danses*, op. 26 (1896): *Dédicace, Sarabande, Pavane, Forlane*, Stücke für Vc. (oder Br.) u. Klv. op. 39 (1897); *Trio* für Klv., V., Vc., op. 3 (1882?); *Quatuor* für Klv. u. Str. op 30 (1897); *Quatuor à cordes*, op. 35 (1899), das *Scherzo* daraus wurde v. d'Indy vollendet; *Viviane*, op. 5 (1882), symphonische Dichtung (o. J.); *Symphonie en si b*, op. 20 (1890); *Concert* für Klv., V. u. Streichquartett, op. 21 (1890–91); *Poème* op. 25 (1896) für V. u. Orch. (L o.J.) – **2) Vokal-WW:** Für SingSt u. Klv.: *7 Mélodies*, op. 2 (1879–82): *Nanny* (Text: Leconte de Lisle), *Le Charme* (Text: A. Silvestre), *Les Papillons* u. *La dernière feuille* (Text: Th. Gautier), *Sérénade italienne* (Text:

P. Bourget), *Hébé* (Text: L. von Ackermann), *Le Colibri* (Text: Leconte de Lisle) (o. J.); *4 Mélodies*, op. 8 (1882–88) (Text: M. Bouchor): *Nocturne, Amour d'antan, Printemps triste, Nos Souvenirs; Deux duos*, op. 11 (1883–86); *La Nuit* (instrumentiert), *Le Réveil; 4 Mélodies*, op. 13 (1885–87): *Apaisement* (Text, P. Verlaine), *Sérénade* (Text: J. Lahor), *L'Aveu* (Text: Villiers de L'Isle-Adam), *La Cigale* (Text: Leconte de Lisle); *La Caravane* op. 14 (1887) (Text: Th. Gautier); *Chansons de Miarka* op. 17 (1888) (Text: J. Richepin): *Les Morts, La Pluie; Poème de l'amour et de la mer* op. 19 (1882?–92) (Text: M. Bouchor), mit Orch.; *Serres chaudes*, op. 24 (1893–96) (Text: M. Maeterlinck): *Serre chaude, Serre d'ennui, Lassitude, Fauves las, Oraison;* 3 Lieder, op. 27 (1896) (Text: C. Mauclair): *Les Heures, Ballade, Les Couronnes; Chansons de Shakespeare*, op. 28 (1890–97) (übers. v. M. Bouchor): *Chanson de clown, Chanson d'amour, Chant funèbre* (ebenso für 4st. Frauenchor mit Orch., bearb. v. d'Indy), *Chanson d'Ophélie; 2 Poèmes* (1898) (Text: P. Verlaine): *La Chanson bien douce, Le Chevalier Malheur; 2 Mélodies*, op. 36 (1898): *Cantique à l'Épouse* (Text: A. Jounet), *Dans la forêt du charme et de l'enchantement* (Text: J. P. Moréas); *Chanson perpétuelle*, op. 37 (1898) (Text: Ch. Cros), mit Streichquartett u. Klv.; *Chant nuptial*, op. 15 (1887) (Text: Leconte de Lisle), für 4st. Frauenchor; *Ballata*, op. 29 (1897) (nach Dante), für 4st. Chor a cap.; *Deux motets*, op. 6 (1883): *Deus Abraham* (unveröff.), *Ave Verum; Vêpres du Commun des Vierges*, op. 31 (1897) (o. J.); *Hymne Védique*, op. 9 (1886) (Text: Leconte de Lisle) für 4st. Chor u. Orch. – **3) Bühnen-WW:** *Jeanne d'Arc* (1880?), Scène lyrique für Soli u. Frauenchor; *Les Caprices de Marianne*, op. 4 (1882) (nach Musset), Comédie lyrique (außer einem Frauenchor unveröff.); *Hélène*, op. 7 (1884–86) (Libr.: Leconte de Lisle), Drama lyrique (außer einem Frauenchor unveröff.); *La Tempête*, op. 18 (1888–89) (nach Shakespeare), Bühnenmusik; *La Légende de sainte Cécile*, op. 22 (1891–92) (Libr.: M. Bouchor), Bühnenmusik; *Le Roi Arthus*, op. 23 (zwischen 1892 u. 1896?), Drame lyrique, UA: Brüssel 1903 (o. J.). – Ch. veröff. eine Stud. über den *Fervaal* v. d'Indy, in: Mercure de France (1897).

Lit.: V. D'INDY, E. Ch., in: La Tribune de St-Gervais 5 (1899); G. SAMAZEUILH, E. Ch. et le Roi Arthus, in: RM (1903); E. Ch., in: RM 6 (1925) Sonder-H.; G. FAURÉ, Opinions musicales (P 1930); CH. OULMONT, Musique de l'amour, I: E. Ch. et la bande à Franck (P 1935); G. SAMAZEUILH, E. Ch. (P 1947); Kat. E. Ch. der Ausstellung zum Gedächtnis seines 50. Todestages (P 1949); A. VAN DER LINDEN, Deux lettres d'E. Ch., in: RBMie 3 (1949); J. P. BARRICELLI – L. WEINSTEIN, E. Ch. The Composer's Life and Works (Oklahoma 1955); Y. GÉRARD, Lettres de Duparc à Ch., in: RMie 38 (1956); Dix lettres d'E. Ch. à Debussy 1893–94, in: RMie 48 (1962); J. GALLOIS, E. Ch. (P 1967); F. LESURE, Cl. Debussy, E. Ch. et H. Lerolle, in: Humanisme actif. FS J. Cain (P 1968); J. GALLOIS, Ch. (Tokio 1974) (japanisch).

A. HOÉRÉE

CHAUVON, François, frz. Komponist. Ch. war Schüler von Fr. Couperin. Er veröffentlichte in Paris 3 Sammlungen Potpourris mit beliebten Airs, *Les Mille-et-un Air* (1712, 1713 und 1725), *La gamme bacchique* für 1–4 St. (1715), die Kantaten *Le Philosophe amoureux* (1717), *Les Charmes de l'harmonie* (1723), eine Pastorale *Les Agréments champêtres* (1736) und *Tibiades*, Stücke für Flöte und Oboe (1717).

CHÁVEZ RAMÍREZ, Carlos, * 13. 6. 1899 Calzada de Tacuba, † 2. 8. 1978 Mexico City; mexikanischer Komponist, Pianist, Dirigent und Musikpädagoge. Ch. R. studierte bei P. L. Ogazón Klavier; Kenntnisse in Tonsatz und Instrumentation eignete er sich vorwiegend als Autodidakt an. 1922–24 bereiste er erstmals Europa und die USA. 1928–34 leitete er das Symphonie-Orchester und das Konservatorium von Mexico City und war seit 1935 in den USA Gastdirigent bedeutender nordamerikanischer Orchester, u. a. von New York, Boston und Philadelphia. 1947–52 leitete er das von ihm gegründete Instituto de Bellas Artes, das sich der Erforschung altmexikanischer Musik widmete, Denkmäler-Ausgaben herausbrachte, die Zeitschrift *Nuestra música* unterstützte und auch zeitgenössische mexikanische Komponisten durch Uraufführungen und Drucklegung ihrer Werke förderte. 1958–59 übernahm er eine Gastprofessur an der Harvard University. 1962 war er erneut in Europa, wo er auch Vorträge hielt. Ch. R. war nicht nur ein Promotor des mexikanischen Musiklebens, sondern stand auch als Komponist unbestritten an der Spitze der mexikanischen Moderne. Seine Werke weisen überwiegend folkloristische und neoklassizistische Elemente auf und sind teils von politisch-revolutionärem, teils von klassisch-mythologischem Gedankengut inspiriert.

WW: **1) Instr.-WW:** Für Klv.: Sonate (1919); Sonatine (1924); Sonate (1933); 7 Klv.-Stücke (1936); 10 Präludien (1940); *Estudio para piano, Homenaje a Chopin* (1949); Sonate (1965). – Kammermusik: Sonatine (1928) für V. u. Klv.; *Spiral* (1935) für V. u. Klv.; Toccata (1942) für Schlaginstr.; 3 Streichquartette (1921, 1932, 1944); 2 Soli für Bläserquartett u. -quintett (1959, 1963); 3 Stücke für Gitarre (1962); *Chapultepec* (1963), 3 mexikanische Stücke für Folklore-Band; *Macuilxóchitl* (1964) für indianische Instr.; *Inventione* (1966) für V., Va. u. Vc.; Sonata (1967) für 4 Hörner; *Tampuco* (1967) für 6 Schlagzeuger. – Für Orch.: *Sinfonia da Antigona* (1948); *Sinfonia India* (1950); 3. Symphonie (1954); *Sinfonia Romantica* (1959); 5. Symphonie (1954) für Streichorch.; 6. Sinfonie (1965); Klv.-Konzert (1942); V.-Konzert (1964); *Resonancias* (1966); *Clio* (1969). – **2) Vokal-WW:** Proletariersymphonie *Llamadas* (1934) für Chor u. Orch.; Chorkantate *A! Freedome* (1947); *La paloma azul* (1956) für Chor u. Orch.; *El sol* (1962) für Chor u. Orch.; mehrere Lieder für SingSt u. Klv., u. a.: *Canto a la tierra*. – **3) Bühnen-WW:** Oper *Panfilo and Lauretta* (1953–56), UA: New York 1957, span. revidiert als: *El amor propiciado*, UA: Mexico City 1959, u. als: *The Visitors*, UA: ebd. 1963; Aztekisches Ballett *El fuego nuovo* (1921); Indio-Ballett *Los cuatro soles* (1926); Arbeiterballett *Horsepower* (1927); Ballett *Pirámide* (1969). – **4) Editionen u. Schriften:** *Toward a New Music, Music and Electricity* (1937); *Musical Thought* (Harvard-Vorlesungen) (1961); *La música mexicana* (1949); ferner Aufsätze in: Modern Music (1936–39) u. Nuestra música (1946–49).

Lit.: A. COPLAND, C. Ch., in: Our New Music (1941, dt. 1947); N. SLONIMSKY, Music of Latin America (1945); A. FUCHS, Zwei mexikanische Komponisten, in: Melos 19 (1952); R. GARCIA MORILLO, C. Ch., vida e obra (1960); H. STROBEL, In Mexico, in: Melos 35 (1968).

H. LINDLAR

CHAYNES, Charles, * 11. 7. 1925 Toulouse; frz.

Komponist. Ch. Studierte zunächst am, Conservatoire in Toulouse, später am Pariser Conservatoire Harmonielehre bei J. und N. Gollon, Violine bei G. Bouillon und Komposition bei D. Milhaud und J. Rivier. 1951 erhielt er den Grand Prix de Rome; 1961 wurde sein 2. Orchesterkonzert beim Internationalen Wettbewerb von Monaco ausgezeichnet. 1964 wurde Ch. Produktionsleiter für das France-Musique-Programm des ORTF in Paris. Seine vorwiegend instrumentalen Kompositionen weisen eine modifizierte serielle Satztechnik auf.

WW (wenn nichts anderes angegeben, in Paris erschienen): Für Klv.: *Capriccio* (1954) u. *Substances convergentes* (1964); für V. u. Klv.: *Sonate* (1952), *Quadretti italiani* (1957) u. *Réflexes* (1963); für Br. u. Klv.; *Expressions contrastées* (1965) u. *Alternances* (1965); für Kontrabaß u. Klv.: *Lied, scherzando et finale* (1957); für Fl. u. Klv.: *Sonatine* (1951) u. *Variations sur un tanka* (1962); *Sérénade pour quintette à vent* (1954); *3 Études linéaires* (1963) für 13 Instr. u. Schlaginstr.; *4 Illustrations pour la Flûte de Jade* (1960), Suite für Kammerorch.; für Orch.: *Ode pour une mort tragique* (1954), *Symphonie* (1955), *Expressions contrastées* (1965); mehrere Konzerte, für Streichorch. (1953), für Trp. u. Kammerorch. (1956), für Orch. (1960–61), für V. (1958), für Klv. (1961), für Org. (1966); *Commentaires concertants* (1964) für V. u. Instr.-Ensemble.

Lit.: F. SABATIER, Deux concertos pour orgue, in: Orgue (1972) Nr. 144.

CHÉDEVILLE, frz. Musikerfamilie des 17./18. Jh., die mit der Familie Hotteterre verwandt war. – **1) Pierre,** genannt „l'aîné" (der Ältere), * 1694 Oulins (Eure-et-Loir), † 1725 Paris. Er trat 1709 als Musettespieler in die Pariser Opéra ein und war seit 1720 Oboist der königlichen Kammer und der Grande Écurie. – **2) Esprit Philippe,** Bruder von 1), * 1696 Oulins, † 9. 3. 1762 Paris. Er war ebenfalls Musettespieler an der Opéra und Nachfolger von 1) als Oboist der königlichen Kammer und der Grande Écurie. Bekannt wurde er als Lehrer und als Musettebauer. Er veröffentlichte zahlreiche Kompositionen (Simphonies, Duos, Konzerte, Sonaten u. a.) für Musette mit anderen Instrumenten und B. c. – **3) Nicolas,** genannt „le jeune" oder „le cadet" (der Jüngere), Bruder von 1) und 2), * 1705 Sérez (Eure), † 6. 8. 1782 Paris. 1725 wurde er Nachfolger von 1) an der Opéra und 1732 Oboist der königlichen Kammer und der Grande Écurie. Er war ebenso berühmt als Musettelehrer und -virtuose wie als Instrumentenbauer und schrieb zahlreiche Werke für Musette, Drehleier und andere Instrumente, u. a. *Amusements champêtres* (1729), *Les Danses amusantes mellées de Vaudeville* (1733), *Sonates amusantes, Amusements de Bellone* (1735), *Les Galanteries amusantes* (1739) und 6 Sonaten für Querfl. (oder Ob. oder V.) und B.c., ferner Bearbeitungen italienischer Werke u. a. E. F. Dall'Abacos und A. Vivaldis.

Ausg.: **Zu 2):** *5e Suite* aus dem 1. Buch *Simphonies,* hrsg. v. P. BRUNOLD, in: Amusements des musiques française au XVIIIe siècle (P 1913); *3e Sonatille,* hrsg. v. G. FAVRE (G 1949); *6 Duos galants,* hrsg. v. A. VON ARX, in: Hortus mus. 81 (1952, NA 1968) u. 199 (1969). – **Zu 3):** *Amusements champêtres,* hrsg. v. P. BRUNOLD (s. o.), dass., hrsg. v. M. ROESGEN-CHAMPION (1929); dass., liv. 1, Suite Nr. 4 G-Dur (Haslemere 1976); Auswahl aus den *Galanteries amusantes,* hrsg. v. W. UPMEYER, in: Nagels MA 26 (1932); Suite *„La Présidente"* für Blockfl. u. Klv. (oder Cemb.), hrsg. v. C. DOLMETSCH (Lo 1957?).

Lit.: E. DE BRICQUEVILLE, Les Musettes (P 1894); E. THOINAN, Les Hotteterre et les Ch. (P 1894); N. MAUGER, Les Hotteterre, célèbres joueurs et facteurs de... et musettes des XVIIe et XVIIIe siècles (P 1912).

CHEIN, Louis, † 17. 6. 1694 Paris; frz. Komponist. Einigen Biographen zufolge stammte er aus Beaune, verließ es 1682 und war Kaplan an der Ste-Chapelle in Paris, später Kapellmeister der Kathedrale von Quimper. Nach anderen wurde er 1636 als Sohn eines Schuhmachers in Paris geboren und war um 1645 Chorknabe der Ste-Chapelle. Ch. schrieb mehrere Messen, von denen nur die 4stimmige Messe a cap. *Pulchra ut luna* (P 1689 u. 1729) erhalten ist.

Lit.: D. P. J. PAPILLON, Les auteurs bourguignons (1742); POISOT, La musique à Beaune (Dijon 1854); CH. BIGARNE, Mémoires de la Société d'histoire, d'archéologie et de littérature de Beaune (1876); M. BRENET, Les musiciens de la Ste-Chapelle (P 1910).

CHEIRONOMIE (griech., von cheir = Hand und nomos = Gesetz), bedeutete in der griechischen Antike gymnastische Übung mit den Händen, Gestikulation, Bewegung der Hände oder Arme beim Faustkampf und bei der Pantomime. Im Zusammenhang mit der Musik ist der Begriff erst seit dem 5./6. Jh. n. Chr. vereinzelt belegt und weist offenbar auf eine spätantike griechische Praxis hin, durch Handzeichen bestimmte Tonstufen bzw. Intervalle anzugeben. Vereinzelt gibt es auch Zeugnisse für ein solches Verfahren in der byzantinischen Musik. Es ist fraglich, ob Ch. so auch im römischen Choralgesang üblich war und ob die seit O. Fleischer *(Neumenstudien,* L 1895) in der Musikwissenschaft allgemein akzeptierte These begründet ist, daß die Neumenschrift (↗Neumen) als eine schriftliche Fixierung „cheironomischer" Zeichen verstanden werden kann. – Der Begriff Ch. wird auch für Hand- und Fingerzeichen auf altägyptischen bildlichen Darstellungen verwendet, die (nach H. Hickmann) möglicherweise bestimmte Töne bezeichnen. – Unter Ch. versteht man schließlich in der Choralkunde ein von A. Mocquereau um 1900 begründetes System des Choraldirigierens.

Lit.: **Zur antiken Ch.:** G. SCHÜNEMANN, Gesch. des Dirigierens (L 1913); H. HICKMANN, Observations sur les survivances de la ch. égyptienne, in: Annales du Service des antiquités de l'Égypte 49 (1949); E. WELLESZ, A History of Byzantine Music and Hymnography (P 1949, ³1963); H. HICKMANN, Quelques nouveaux documents concernant... l'emploi de la ch. dans l'Égypte pharaonique, in: Kgr.-Ber Utrecht 1952; DERS., Musicologie pharaonique (Kehl 1956); A. HERMANN, Mit der Hand singen. Ein Beitr. z. Erklärung der Trierer Elfenbeintafel, in: Jb. für Antike u. Christentum (1958); A. HICKMANN, La ch. dans l'Égypte pharaonique, in: Zschr. für ägyptische Sprache u. Altertumskunde 83 (1958); DERS., Ägypten, in: Musikgeschichte in Bildern II/1, hrsg. v. H. Besseler – M. Schneider (L 1962); M. HUGLO, La ch. médiévale, in: RMie 49 (1963); H. HUCKE, Die Ch. u. die Entstehung der Neumenschrift, in: Mf 32 (1979). – **Zur Ch. v. Solesmes:** J. GAJARD, La méthode de Solesmes (Tou 1951); C. ECCHER, Ch. grégorienne (R 1952); D. JOHNER, Choralschule, hrsg. v. M. Pfaff (Rb ⁸1956); C. GINDELE, Gregorianisches Chordirigieren (Rb 1956).

CHELARD, Hippolyte André Jean-Baptiste, * 1. 2. 1789 Paris, † 12. 2. 1861 Weimar; frz. Komponist. Er studierte seit 1803 am Conservatoire in Paris bei R. Kreutzer (Violine), V. Dourlen (Harmonielehre) und Fr. J. Gossec (Komposition). 1811 erhielt er den 1. Preis des Prix de Rome und setzte seine Studien bei G. Baini und N. Zingarelli in Rom und bei G. Paisiello in Neapel fort. Nach Paris zurückgekehrt, wurde er 1816 Violinist an der Opéra, wo 1827 auch seine Oper *Macbeth* (Libr.: Rouget de Lisle und A. Hix) uraufgeführt wurde. Sie hatte aber nur bei ihrer Aufführung 1828 in München Erfolg, wohin er 1830 übersiedelte. Hier wurden auch weitere Werke von ihm aufgeführt, so 1831 die Opern *Die Hermannsschlacht* und *Mitternacht* und eine *Messe solennelle*. 1823–33 leitete Ch. in London eine deutsche Operntruppe und dirigierte am King's Theatre, am Drury Lane Theatre und an Covent Garden. 1834–36 hatte er eine Dirigentenstelle in Augsburg. 1840 wurde er als Nachfolger von J. N. Hummel Kapellmeister am Hof in Weimar. Hier brachte er die Opern *Der Scheibentoni* (1842, im selben Jahr auch in München aufgeführt) und *Die Seekadetten* (1844) heraus. Durch Liszts Ernennung zum Außerordentlichen Kapellmeister wurde seine Stellung erschüttert. 1847/48 und nach seiner Pensionierung 1852 sah er sich in Paris ohne Erfolg nach einem neuen Tätigkeitsfeld um. Den Rest seines Lebens verbrachte Ch. in Weimar. Seine Opern, die in ihrer Zeit als „romantisch", „bizarr" u. ä. galten, fanden in der Zeit zwischen Weber und Wagner (etwa 1830–40) in Deutschland wegen der musikalischen Extravaganz ihrer mythischen, zauberhaften und grotesken Szenen ein starkes Echo. Auch der junge Wagner blieb davon nicht unbeeindruckt. Ch. schrieb auch einige Vokalwerke und Orchesterstücke.

Lit.: W. BOETTICHER, Ch., in: MGG II.

CHELLERI (Kelleri), **Fortunato,** * Mai (oder Juni) 1690 Parma, † 11. 12. 1757 Kassel; it. Komponist. Sein Vater war ein nach Italien eingewanderter Deutscher namens Keller. Ch. wurde in Piacenza von seinem Onkel Francesco Maria Bazzani, dem dortigen Domkapellmeister, in Komposition, Orgel und Gesang unterrichtet. Hier wurde auch seine erste Oper, *Griselda* (1707), aufgeführt. Nach einem Aufenthalt in Barcelona (1709–10) war er 1716–19 Kapellmeister am Hof in Florenz, seit 1722 in Würzburg, seit 1725 in Kassel. 1732–34 hielt er sich im Gefolge des Landgrafen Friedrich, der zugleich König von Schweden war, in Stockholm auf.

WW: **1) Vokal-WW:** 17 Opern, von denen sich jedoch nur Bruchstücke erhalten haben; *Cantate e arie con stromenti* (Lo o.J.); einzelne Arien u. ä. hsl. erhalten; 6 Oratorien, davon war hsl. in Dresden nur *Dio sul Sinai* (UA: 1731) erhalten; einzelne kirchenmusikal. WW. – **2) Instr.-WW:** 6 Symphonien für Streicher (P o.J.); Fugen für Org. und Sonaten für Cemb. (Kas o.J.); *Sonate di galanteria* (Kas o.J.); 2 Cemb.-Suiten in der Sammlung *Lessons for the Harpsichord* (Lo 1750 oder 1756); weitere Stücke hsl. erhalten.

Ausg.: Sonate e-moll für 2 Fl. u. B.c., hrsg. v. E. MOHR (Wb o.J.)

Lit.: W. ECKERT, F. Ch. (Diss. Hei 1922); N. PELICELLI, Musicisti in Parma, in: Note d'Archivio 11 (1934); CH. ENGELBRECHT, Die Hofkapelle des Landgrafen Carl von Hessen, in: Zschr. der Vereinigung für hessische Gesch. und Landeskunde 68 (1957); DIES., Musik u. Theater in Kassel von den Anfängen bis ... 1785, in: Theater in Kassel (Kas 1959).

CHEMIN-PETIT, Hans, * 24. 7. 1902 Potsdam, † 12. 4. 1981 Berlin; dt. Komponist. Er stammt aus einer traditionsreichen Musikerfamilie und studierte 1920–26 an der Berliner Hochschule für Musik Violoncello (H. Becker) und Komposition (P. Juon). 1926–29 konzertierte er mit dem Bruinier-Quartett und wurde anschließend Dozent (1932 Professor) für Theorie und Tonsatz an der Hochschule für Musik in Berlin-Charlottenburg. 1939–43 leitete er auch den Magdeburger Domchor und löste 1944 G. Ramin als Leiter des Philharmonischen Chores in Berlin ab. Seit 1948 lehrte er erneut an der Charlottenburger Hochschule (Tonsatz und Chorleitung) und war dort 1965–68 stellvertretender Direktor. Seither ist Ch.-P. Leiter der Abt. Musik an der Berliner Akademie der Künste. In zahlreichen Kompositionen erwies er sich als Meister eines gemäßigt modernen, polyphonen Ausdrucksstils, besonders in seinen Vokalsätzen.

WW: Klv.-Musik; Kammermusik; Orch.-Prolog (1939); Konzert (1963) für Org., Streichorch. u. Pk.; 2 Sinfonien (1932, 1949); Kammerlieder; Psalm 90 (1953), 150 (1954), 98 (1961) für Chor u. Orch.; a cap.-Motetten, Madrigale für Frauenchor; Dramatische Kantate *Kassandras Tod* (1975) (nach Aischylos); ferner Kantaten (nach Gryphius, Claudius, Rilke u. a.) für Chor, Soli u. Orch.; *Prooemion* (1960) (nach Goethe) für Chor, Org. u. Schlagwerk; 2 Opern: *König Nicolo* (1962); *Die Komödiantin* (1968); ferner Bühnenmusik zum Puppenspiel *Dr. Faust* (1932).

Lit.: F. WELTER, H. Ch.-P., in: AMz (1939). H. LINDLAR

CHERBULIEZ, Antoine-Elisée, * 22. 8. 1888 Mülhausen (Elsaß), † 15. 10. 1964 Zürich; Schweizer Musikwissenschaftler. Ch. studierte an den Universitäten Straßburg und Zürich Mathematik, Philosophie und Ingenieurwissenschaften und wurde 1914 an der Technischen Hochschule Darmstadt zum Dr.-Ing. promoviert. Gleichzeitig ließ er sich an den Konservatorien in Straßburg und Zürich als praktischer Musiker, vor allem als Cellist, ausbilden, in Straßburg bei A. Schweitzer auch im Orgelspiel. Danach studierte er in Genf Musiktheorie bei A. Lieckert, zwischen 1913 und 1917 auch privat bei Max Reger in Meiningen und Jena. 1923 habilitierte er sich mit der Schrift *Gedankliche Grundlagen der Musikbetrachtung* an der Universität Zürich. Hier gründete er 1931 das Musikwissenschaftliche Seminar, an dem er bis 1960 lehrte. Bis 1942 unterrichtete er auch an der von ihm mitbegründeten Musikschule in Chur und 1942–58 an der Technischen Hochschule in Zürich. Ch. war u.a. 1938–48 Zentralpräsident des Schweizerischen Musikpädagogischen Verbandes und seit 1948 Vizepräsident des International Folk Music Council (IFMC).

Schriften: *Gedankliche Grundlagen der Musikbetrachtung* (Z 1925); *Die Schweiz in der dt. Musikgesch.* (Frauenfeld 1932); *J. Haydn* (Z 1932); *C. Ph. E. Bach* (Z 1939); *Gesch. der Musikpädagogik in der Schweiz* (Be 1944); *J. S. Bach* (Olten 1946); *E. Grieg* (Z 1947); *Tschaikowsky u. die russ. Musik* (Z 1948); *Fr. Chopin* (Z 1949); *G. Fr. Händel* (Olten 1949); *G. Verdi* (Z 1949).

CHERICI (Chierici, Clerici), Don **Sebastiano,** * 1647 Pistoia, † 1704 ebd.; it. Komponist. Ch. ist 1672 als Domkapellmeister und als Kapellmeister der Accademia della Compagnia dello Spirito Santo in Ferrara nachweisbar. 1675–76 hielt er sich in Dresden auf, war dann wieder in Ferrara und seit 1695 Kapellmeister am Dom in Pistoia. Er schrieb vorwiegend Kirchenmusik.

WW: Motetten für 2–3 St. u. B.c., mit u. ohne V., op. 2 (Bol 1681), op. 4 (Bol 1686), op. 6 (Bol 1695); Hymnen für die gleiche Besetzung, op. 1 (1672); *Compieta concertata* (Gesänge zur Komplet) für 3–4 St., V. und Ripienochor ad lib., op. 3 (Bol 1686); Kammerduette, op. 5 (Bol 1688).

CHERKASSKY, Shura, * 24. 9. (7. 10.) 1911 Odessa; amerik. Pianist russ. Herkunft. Seine erste musikalische Ausbildung erhielt er von seiner Mutter, einer geschätzten Konzertpianistin. 1922 wanderte die Familie in die USA aus. Ch. studierte bei Josef Hofmann am Curtis Institute of Music in Philadelphia, debütierte 1923, nachdem er bereits in Rußland als Wunderkind aufgetreten war, bei einem Konzert im Weißen Haus in Washington und begann 1927 Konzerttourneen, die ihn bald in die ganze Welt führten, 1936 erstmals auch nach Europa. Sein Repertoire umfaßt die Klaviermusik vom 18. Jh. bis zur Gegenwart. Er gilt als hervorragender Interpret vor allem der Werke Fr. Liszts und S. Rachmaninows.

CHÉRON, André, getauft 6. 2. 1695 Paris, beigesetzt 7. 10. 1766 ebd.; frz. Komponist. Er war seit 1702 Chorknabe der Ste-Chapelle in Paris und dort Schüler von N. Bernier. 1734 wurde er Clavecinist, 1739 Batteur de mesure der Académie Royale de Musique und war auch Organist des Concert spirituel. 1750 wurde er Gesangsmeister der Opéra. Zuletzt war er Inspecteur de la Musique. Ch. schrieb Motetten, Instrumentalwerke und Ballett-Intermedien. Im Druck erschienen in Paris *Sonates en trio* für 2 Flöten u. B.c., op. 1 (1727) und die *Sonates en duo et en trio* für Flöte, Violine und B.c., op. 2 (1729).

Lit.: M. BRENET, Les musiciens de la Ste-Chapelle (P 1910); L. DE LA LAURENCIE, L'école française de violon, 3 Bde. (P 1922–24).

CHERRY, Don (Donald E.), * 18. 11. 1936 Oklahoma City; amerik. Jazzmusiker (Trompete, Flöte). Ch. spielte zunächst seit 1951 in Los Angeles konventionellen Modern Jazz, u. a. mit Dexter Gordon, gründete 1957 mit Ornette Coleman ein Quartett, eine der ersten Gruppen des Free Jazz, und 1968 mit K. H. Berger die New York Total Music Company. In den 70er Jahren arbeitete Ch. oft mit Carla Bley zusammen. Er bevorzugt eine kleine pakistanische „Taschentrompete" und spielt Flöten mit doppelt montierten Mundstücken. Seine besondere Vorliebe gilt der Musik Balis. Kennzeichnend dafür ist das Orchesterwerk *Eternal Rhythm* (1968).

Lit.: E. JOST, Free Jazz. Stilkritische Unters. zum Jazz der 60er Jahre (Mz 1975); J. E. BERENDT, Ein Fenster aus Jazz (F 1978) Kap. Das Wunder Bali.

CHERUBINI, Maria Luigi Zenobio Carlo Salvatore, * 14. 9. 1760 Florenz, † 13. 3. 1842 Paris; it. Komponist. Ch. wurde zunächst vor allem von seinem Vater Bartolommeo, einem Cembalisten am Florentiner Teatro della Pergola, unterrichtet. 1778 erhielt er von Großherzog Leopold, dem späteren Kaiser Leopold II., ein mehrjähriges Stipendium zum Studium bei G. Sarti in Venedig und Mailand, wo er eine gründliche Ausbildung im kontrapunktischen Stil und in der Bühnenkomposition genoß. Nachdem er bis 1779 überwiegend kirchenmusikalische Werke geschrieben hatte, darunter drei Messen, debütierte er 1780 mit der Oper *Quinto Fabio* (UA: Alessandria/Piemont) und komponierte in den folgenden Jahren fast ausschließlich Opern. So entstanden Werke u.a. für Florenz, Mantua und Venedig, auch für London, wo Ch. 1786 zum Hofkomponisten ernannt wurde. 1788 ließ er sich, nach mehreren vorübergehenden Aufenthalten, endgültig in Paris nieder. Im gleichen Jahr entstand auch seine erste französische Oper *(Démophon),* die aber nur wenig Erfolg hatte. Ihr folgten weitere Bühnenwerke, darunter die Große Oper *Médée* (1797) und die Opéra-comique *Les deux journées* (1800; dt. EA als *Der Wasserträger* 1802 in Mannheim). Die meisten der französischen Opern Ch.s wurden in Paris am Théâtre Feydeau (vormals Théâtre de Monsieur) aufgeführt, das von G. B. Viotti geleitet wurde und an dem Ch. eine Art Oberaufsicht über die Einstudierung der italienischen Opern hatte. 1795 wurde er, der 1794 Anne Cécile Tourette, die Tochter eines Altisten der Königlichen Kapelle geheiratet hatte, neben F.-J. Gossec, A. E. M. Grétry, J. F. Lesueur und E. N. Méhul einer der fünf Inspektoren des neugegründeten Conservatoire in Paris. Weiterer Erfolg als Komponist blieb ihm vorerst versagt, da Napoleon I. ihm nicht gewogen war. 1805 reiste Ch. nach Wien, das kurz darauf im Verlauf der Napoleonischen Kriege besetzt wurde. Er führte dort seine Oper *Lodoiska* (mit deutschem Text) auf, komponierte eine neue Oper, *Faniska* (UA 1806), und leitete auf Befehl Napoleons die Hofkonzerte in Schloß Schönbrunn. Während der Wiener Zeit begegnete Ch. auch J. Haydn und L. van Beethoven. Anfang 1806 nach Paris zurückgekehrt, widmete er sich eine Zeitlang vornehmlich der Malerei und der Botanik und komponierte erst wieder seit 1808 in größerem Ausmaße. Zwar entstanden auch wieder einige Opern, sein Hauptinteresse galt aber nunmehr der Kirchenmusik, und mit der Messe in F-Dur (1808–09) beginnt ein neuer Abschnitt im Schaffen Ch.s, der jetzt mehr und mehr Profil und Erfolg als Kirchenkomponist gewinnt. Von seinen Messen verdienen besondere Erwähnung die Messe in d-moll – wohl sein bedeutendstes kirchenmusikalisches Werk –, das Requiem c-moll (1816 zu einer Gedächtnisfeier für König Ludwig XVI. geschrieben), das sich im 19. Jh. und noch im frühen 20. Jh. großer Beliebtheit erfreute, die Messe A-Dur zur Krönung Karls X. in Reims (1825) und das Requiem d-moll für Männerchor und Orchester (1836), das Ch. für seine eigene Totenfeier bestimmte.

1822 war Ch. Direktor des Pariser Conservatoire geworden, und er bekleidete dieses Amt bis zum 4. 2. 1842. So prägte er wie kein anderer über eine ungewöhnlich lange Zeit hinweg mit seiner Autorität diese zentrale Institution des französischen Musiklebens. Zu seinen unmittelbaren Schülern zählten dabei D. F. E. Auber, der sein Nachfolger am Conservatoire wurde, und J. Fr. E. Halévy.

WW: **1) Instr.-WW:** 6 Sonaten für Cemb. (Fi 1783); einige Klv.-Stücke; eine Sonate (1805) für eine Orgelwalze; *Air à écho* (1806) für Panharmonicon; 6 Streichquartette (1814, 1829, 1834, 1835, 1837); Streichquintett (1837); 10 *Contraddanze* (1808–10) für Orch.; Ouverture u. Symphonie D-Dur (1815) für Streichorch. – **2) Weltliche Vokal-WW:** zahlr. Gesänge mit it. u. frz. Text (Romanzen, Canzonen, Nocturnes, Oden, Airs) für 1 oder mehrere St. u. Klv. (auch mit Harfe oder Gitarre), davon gedruckt u. a. *Recueil des romances d'Estelle* (1787) (P o.J.); Chor-WW a cap., darunter 300 (?) Kanons meist mit it. Text; *Chant sur la mort de Haydn* für 3 St. u. Orch. (Komponiert 1805 auf die unzutreffende Nachricht von Haydns Tod hin) (P 1809); *La primavera* (1815), Kantate für 4 St. u. Klv. oder Orch. (P o. J.). – Hymnen u. a. Gesänge für Feste u. offizielle Anlässe der Republik für Chor mit u. ohne Orch., darunter *Hymne à la victoire* u. *Chant républicain du 10 août* (P 1795); *Hymne* u. *Marche funèbre* auf den Tod des Generals Hoche (P 1797), letzterer wiederverwendet in der Krönungsmesse für Karl X. (1825). – **3) Kirchenmusikal. WW:** 15 Messen für Chor u. Orch., darunter 3 nicht erhaltene Jugendwerke (1773–75) u. 1 Werk mit ungesicherter Autorschaft (hsl. in Florenz, Conservatorio), die anderen Messen gedruckt in Paris (o.J.): Messe F-Dur (1808–09) mit 3 Solost.; Messe in d-moll (1811) mit 6 Solost.; *Messe solennelle* C-Dur (1816) mit 8 Solost.; *Messe solennelle* Es-Dur (1816) mit 4 Solost.; *Messe des morts* c-moll (1816); *Messe solennelle* e-moll (1818) mit 4 Solost.; *Messe solennelle* G-Dur (1819) zur Krönung Ludwigs XVIII., die dann aber nicht stattfand; *Messe solennelle* B-Dur (1821); Messe A-Dur (1825) für 3 St., zur Krönung Karls X. in Reims; *Messe solennelle* C-Dur (1830) für 3st. Männerchor, unvollständig, ungedruckt; *Messe des morts* d-moll (1836) für 3st. Männerchor; zahlr. Einzelsätze, u. a. 16 Kyrie, 1 Credo (1778/79–1806) für 8 St. u. Org., 9 Élévations *O salutaris hostia)* für versch. Besetzungen; *Litanie della virgine* für 4 St. u. Orch.; zahlr. andere kirchenmusikal. WW (Motetten, Antiphonen, Psalmen, Lamentationen u. a. für versch. Besetzungen). – **4) Bühnen-WW:** *Il Quinto Fabio* (Libr.: A. Zeno), UA: Alessandria/Piemont 1780, 2. Fassung; Rom 1783; *Adriano in Siria* (Libr.: P. Metastasio), UA: Livorno 1782; *Armida abbandonata* u. *Il Messenzio, rè d'Etruria* (Libr.: F. Casori), UA: Florenz 1782; *Lo sposo di tre, marito di nessuna* (Libr.: F. Livigni), UA: Venedig 1783; *Il Giulio Sabino,* UA: London 1786; *Ifigenia in Aulide* (Libr.: F. Moretti), UA: Turin 1788; *Démophon* (Libr.: J. F. Marmontel), UA: Paris 1788 (P 1789); *Lodoïska* (Libr.: Fillette-Loraux), UA: ebd. 1791 (P o. J.); *Eliza ou le voyage aux glaciers du Mont Saint-Bernard* (Libr.: St-Cyr), UA: ebd. 1794 (P o. J.); *Médée* (Libr.: Hoffmann), UA: ebd. 1797 (P o. J.); *L'hôtellerie portugaise* (Libr.: Aignan), UA: ebd. 1798 (L o. J.); *La punition* (Libr.: J. L. Desfaucherets), UA: ebd. 1799; *Les deux journées, ou le porteur d'eau* (Libr.: J. M. Bouilly), UA: ebd. 1800 (P o. J.); *Anacréon ou l'amour fugitif* (Libr.: C. R. Mendouze), UA: ebd. 1803 (P o. J.); *Faniska* (Libr.: I. Sonnleithner), UA: Wien 1806 (P o. J.); *Pimmalione* (Libr.: S. Vestris da Sagrafi), UA: Paris 1809; *Le Crescendo* (Libr.: Servrin), UA: Paris 1810; *Ali Baba, ou les quarante voleurs* (Libr.: E. Scribe – A. H. J. Mélesville), UA: Paris 1833 (L o. J.); nur unvollständig sind erhalten: *Olimpiade; Alessandro nell'Indie* (1784); *L'Idalide* (1784); *Marguerite d'Anjou* (1790); *Koukourgi* (1793, einzelne Teile daraus in *Ali Baba* verwendet); *Les Abencérages, ou L'étendart de Grenade* (Libr.: E. Jouy), UA: Paris 1813 (L o. J.). Ch. komponierte auch Teile der Pasticci *La prisonnière* (1799, zus. mit Boieldieu); *Epicure* (1800, zus. mit E. N. Méhul); *Bayard à Mézières* (1814, zus. mit Boieldieu, Nicolo u. Catel), *Blanche de Provence* (1821, zus. mit H. Berton, Boieldieu, R. Kreutzer u. F. Paër); *La marquise de Brinvilliers* (von Ch. nur die Ouvertüre); nach G. Paisiellos *La Molinara* schrieb Ch. eine Parodie *La Molinarella* (1790); verschollen sind die Intermezzi *Amore artigiano* (1773), *Il Giuocatore* (1775) u. die Oper *La finta principessa,* UA: London 1785. – Ballett: *Achilla à Scyros,* UA: Paris 1804. –

5) **Theoretische u. Unterrichts-WW:** *Cours de contrepoint et de fugue* (P 1835 u. ö.), dt. Übers.: *Theorie des Contrapunktes u. der Fuge* (L 1835–36, ²1840), auch engl. u. it. Übers.; *Marches d'harmonie pratiquées dans la compositions* (P o. J.); *Principes élémentaires de musique ... suivis de solfèges* (für das Conservatoire, zus. mit Catel u. a.) (P o. J.); *Méthode de chant du conservatoire* (zus. mit Catel u. a.) (P o. J.); zahlr. Solfèges u. a. Übungsstücke hsl. u. gedruckt erhalten; einzelne Denkschriften u. Berichte, teilweise mit Gossec, Méhul u. a.; Ch. verfaßte auch das Vorwort zu dem *Traité de composition* und zu dem *Traité de transposition* von Ch. Baudiot (P o. J.); Ch.s hsl. Verzeichnis seiner Kompositionen wurde postum hrsg. von A. Bottée de Toulmon (*Notice des manuscrits autographes de ... Cherubini,* P 1843, Nachr. Lo 1967).

Wenn auch seine Werke im Bewußtsein unserer Gegenwart nicht mehr besonders präsent sind, so hat Ch. doch die Musik seiner Zeit in vielen Bereichen stark beeinflußt. Wie hoch die Wertschätzung damals war, geht nicht zuletzt aus einer Bemerkung Beethovens hervor, der ihn in einem Brief vom 15. 3. 1823 „celui de mes contemporains, que je l'estime le plus" nannte. Tatsächlich ist Ch. gerade für ihn in mehrfacher Hinsicht vorbildhaft und anregend gewesen. Seine Oper *Der Wasserträger* hat (neben der *Léonore* von Gaveaux) maßgeblich auf Beethovens *Fidelio* eingewirkt, in ihrem Charakter als sog. Rettungsoper und in Einzelheiten der musikalischen Gestaltung (namentlich im Verhältnis der Singstimmen zur Orchesterbegleitung). Insbesondere Ch.s Ouvertüren (neben Werken von Gossec, Méhul u. a.) verdankte Beethoven auch die Vermittlung der charakteristischen Elemente der französischen Revolutionsmusik, die manche Themen in den Kopf- und Finalsätzen seiner eigenen Symphonien und in seinen Ouvertüren prägen. Bedeutsam ist ferner Ch.s Stellung in der Geschichte der französischen Großen Oper. Das Schlüsselwerk ist in dieser Hinsicht *Médée,* das die weitere Entwicklung dieses Operntypus wesentlich beeinflußte und den Weg für das Opernschaffen Aubers, Halévys und Spontinis bereitete. Nicht zu unterschätzen ist schließlich Ch.s Einfluß auf die Kirchenmusik seiner und der späteren Zeit. In Beethovens *Missa solemnis* läßt sich dies ebenso nachweisen wie etwa in den geistlichen Vokalwerken R. Schumanns.

Lit.: H. KRETZSCHMAR, Über die Bedeutung v. Ch.s Ouvertüren u. Hauptopern für die Gegenwart, in: Jb. Peters 12 (1906); R. HOHENEMSER, L. Ch. Sein Leben u. seine Werke (L 1913, Nachdr. Wie 1969); L. SCHEMANN, Ch. (St – B – L 1925); A. SCHMITZ, Ch.s Einfluß auf Beethovens Ouvertüren, in: Neues Beethoven-Jb. 2 (1925); G. FAVRE, L'amitié de deux musiciens. Boieldieu et Ch., in: RM 22 (1946); G. CONFALONIERI, Prigionia di un artista. Il romanzo di L. Ch., 2 Bde. (Mi 1948); J. BOYER, Sur les relations de Beethoven avec Ch., in: RMie 36 (1954); F. SCHLITZER, Ricerche su Ch. (Siena 1954); M. J. S. SELDEN, Napoleon and Ch., in: JAMS 8 (1955); R. C. MAREK, The Use of Harmonic Patterns of Similar Sonorities in the Music of Gluck, Haydn, Ch. and Beethoven (Diss. NY 1957); L. BRONARSKI, Chopin, Ch. et le contrepoint, in: Annales Chopin 2 (1958); F. SCHLITZER, Lettere inedite di L. Ch., in: Rass. Mus. 30 (1960); C. SCHROEDER, Chronologisches Verz. der Werke L. Ch.s unter Kennzeichnung der in der Musikabteilung der Berliner Staatsbibl. erhaltenen Handschriften, in: BzMw 3 (1961); M. CHUSID, Schubert's Overture for String Quartet and Ch.s Overture to „Faniska", in: JAMS 15 (1962); L. Ch. nel II centenario della nascità, hrsg. v. A. DAMERINI (Fi 1962) (= Historiae Musicae Cultores. Biblioteca 19); A. GHISLANZONI, Letteratura cherubiniana in ordine chronologico, in: Collectanea historiae musicae 3 (1963); C. F. REYNOLDS, L. Ch. (Ilfracombe/Devon. 1963); F. GHISI, Un ignoto giovanile omaggio di Ch. alla lauda spirituale ..., in: Chigiana 21, N.S. 1 (1964); M. J. S. SELDEN, Ch., the Italian „Image", in: JAMS 17 (1964); B. DEANE, Ch. (Lo 1965); G. CONFALONIERI, Il „Credo" a 8 voci di Ch., in: Chigiana 23, N.S. 3 (1966); W. DEAN, Opera under the French Revolution, in: Proc. R. Mus. Assoc. 94 (1967/68); M. L. WHITE, The motets of L. Ch. (1968) (= Diss. Univ. of Michigan); A. L. RINGER, Ch.s „Médée" and the Spirit of French Revolutionary Opera, in: Essays in Musicology. FS D. Plamenac (Pittsburgh 1969); L. Ch. Leben u. Werk in Zeugnissen seiner Zeitgenossen. Aus dem Englischen des E. Bellasis übers. v. J. Rheinberger, hrsg. v. H. J. IRMEN (Rb 1972); S. SAAK, Stud. zur Instrumentalmusik Ch.s (Gö 1979) (= Diss. Göttingen 1976); H. TERNES, Die Messen v. L. Ch. (Diss. Bonn 1979).

H. TERNES

CHESTER, J. & W. Chester Ltd., engl. Musikverlag. Er wurde 1860 von John und William Chester als Musikalienhandlung mit angeschlossener Leihbibliothek in Brighton (Sussex) gegründet. 1915 ging die Firma an Otto Marius Kling über, der ihren Sitz 1918 nach London verlegte. 1957 übernahm der Hansen Musik-Forlag in Kopenhagen die Mehrheitsanteile. Das Verlagsprogramm ist vor allem auf zeitgenössische Musik spezialisiert. Zu den Autoren gehören u. a. M. de Falla und I. Strawinsky, ferner A. Bax, L. Berkeley, M. Constant, J. Ireland, J. Jongen, G. F. Malipiero und Fr. Poulenc. 1915–61 erschien (außer während des 2. Weltkrieges) die Monats- bzw. Vierteljahresschrift *The Chesterian.*

CHEVALET (frz.), ↗Steg.

CHEVALIER, Charles, frz. Oboist und Komponist. Er war Sohn des königlichen Oboisten und Violinisten *Charles Ch.* († vor 1594) und seit 1596 ebenfalls königlicher Oboist. Ch. spielte als Instrumentalkomponist der Ballets de cour eine bedeutende Rolle. Vermutlich stammen von ihm auch die Airs des *Ballet de la Reine* und des *Ballet des contrefaits d'amour* der Tabulatur Ballards (Paris, Bibl. Mazarine, B 4761; NA in: Œuvres de R. Ballard, 1er livre, 1611, P 1963).

Ausg.: 14 Danses pour luth, in: Œuvres de Chancy ..., hrsg. v. A. SOURIS, mit einer Einleitung v. M. Rollin (P 1967).

Lit.: H. PRUNIÈRES, Le ballet de cour en France avant Benserade et Lully (P 1913); F. LESURE, Le recueil de ballets de Michel Henry, in: Les Fêtes de la Renaissance I (P 1956).

CHEVALIER, Maurice, * 12. 9. 1888 Paris, † 1. 1.

1972 ebd.; frz. Chansonsänger. Er trat schon seit dem 12. Lebensjahr in Pariser Vorstadt-Varietés und in französischen Seebädern auf. Seine internationale Karriere begann 1908 in den Pariser Folies-Bergères, wo er 1909–13 Partner der Mistinguett war und mit der er das Music-Hall-Chanson (↗Chanson) prägte. Mit den berühmt gewordenen Attributen, Strohhut, Stöckchen und Blume am Revers, repräsentierte er für die Welt das „typisch französische" Bonvivanttum. Als erster französischer Chansonsänger tanzte Ch. auch zu seinen Chansons. Sein ausgefeiltes Mienenspiel trug dazu bei, daß die von ihm interpretierten Chansons, die fast nie von ihm stammten, sich eng mit seinem Namen verbanden. Er gastierte in zahlreichen europäischen Ländern und in den USA. Erfolgstitel waren u.a.: *Valentine, Le chapeau de Zozo, Ma pomme, La chanson du maçon, Place Pigalle, Femme de France, Twist du canotier, Y a d'la joie, Prenez le temps d'aimer.* Seit 1927 spielte Ch. mit ebenfalls bedeutenden Erfolgen auch in zahlreichen französischen und amerikanischen Filmen. Autobiographisch erschienen von ihm u.a. *Ma route et mes chansons,* 8 Bde. (P 1947–58); *Autobiographie* (P 1956); *C'est l'amour* (P 1960, ^{2}1963), dt. Übers.: *Chanson meines Lebens* (Bern 1961, NA B 1974); *Les Pensées de Momo* (P 1970); *Mein glückliches Leben. Erinnerungen.* Auswahl u. Übers. aus den frz. Büchern *Bravo Maurice!* u. *Môme cheveux blancs* von J. Piron (Mn 1972, NA H 1973).

Lit.: A. RIVOLIET, M. Ch. (P 1927); L. P. FARGUE, Music-Hall (P 1948); M. PAGNOL – R. CARLÈS, M. Ch. (P 1950).

S. HELMS

CHEVILLARD, 1) Pierre Alexandre François, * 15. 1. 1811 Antwerpen, † 18. 12. 1877 Paris; frz. Violoncellist. Er lehrte am Conservatoire in Paris und trat vor allem als Gründer eines Streichquartetts hervor, das besonders die späteren Streichquartette Beethovens aufführte und in Frankreich bekanntmachte. Er schrieb eine *Méthode complète du violoncelle* (P o.J.). – **2) Camille Paul Alexandre,** Sohn von 1), * 14. 10. 1859 Paris, † 30. 5. 1923 Chatou (Seine-et-Oise); frz. Dirigent und Komponist. Er war Klavierschüler von G. Mathias am Pariser Conservatoire und leitete dort seit 1907 selbst eine Instrumentalklasse. 1887 assistierte er Ch. Lamoureux, dessen Schwiegersohn er war, bei der Pariser Aufführung des *Lohengrin* von R. Wagner und übernahm 1897 die Leitung der Concerts Lamoureux. 1914 wurde er musikalischer Leiter der Opéra. Ch. machte sich vor allem durch seine Interpretation der symphonischen Werke u. a. von Beethoven, Schumann, Liszt und R. Strauss einen Namen.

WW: Klv.-Stücke, darunter *Thème et variations* (1888); eine Sonate für V. u. Klv., eine Sonate für Vc. u. Klv.; ein Trio für Klv. u. Str.; 2 Streichquartette; ein Klv.-Quintett; für Orch.: *Ballade symphonique* (1890); *Le Chêne et le roseau* (1891); *Fantaisie symphonique* (1894); Lieder.

Lit.: **Zu 2):** R. ROLLAND, Musiciens d'aujourd'hui (P 1908); D. SORDET, 12 Chefs d'orchestre (P 1924); R. DUMESNIL, Portraits des musiciens français (P 1938).

CHEVRETTE (frz.; Diminutiv von chèvre = Ziege), seit dem 13. Jh. als Name einer französischen ↗Sackpfeife belegt. – ↗Cabrette, ↗Chabreta.

CHIABRAN(O), it. Musikerfamilie, ↗Chabran.

CHIARINI, Pietro, * um 1717 Brescia, † Cremona; it. Komponist. Zwischen 1737 und 1744 wurden in Venedig 4 Opern und 2 Oratorien von ihm aufgeführt. Wahrscheinlich wirkte er zuletzt als Kapellmeister in Cremona. Das Intermezzo *Il geloso schernito* (1746), früher irrtümlich G. B. Pergolesi zugeschrieben, ist das einzige von ihm erhaltene Bühnenwerk.

Ausg.: Eine Sonate für Cemb., in: G. U. HAFFNER, Raccolta musicale op. 5 (Nü um 1762); *Il geloso schernito,* hrsg. v. F. CAFFARELLI, in: G. B. Pergolesi, Opera omnia (R 1939–41), Ausg. in engl. Übers.: *The jealous husband* (NY 1943).

Lit.: F. WALKER, Two Centuries of Pergolesi Forgeries and Misattributions, in: ML 30 (1949); DERS., Goldoni and Pergolesi, in: MMR 80 (1950).

CHIAROMONTE, Francesco, * 26. 7. 1809 Enna, † 15. 10. 1886 Brüssel; it. Sänger (Tenor) und Komponist. Ch. war Schüler von P. Raimondi in Palermo und von G. Donizetti in Neapel. 1848 wurde er aus politischen Gründen eingekerkert und 1850 ausgewiesen. Im gleichen Jahr wurde seine Oper *Caterina di Cleves* mit Erfolg in Palermo aufgeführt. Nach einem Aufenthalt in Genua, wo seine Opern nur mäßigen Anklang fanden, ging Ch. 1858 nach Paris und wurde dort Chorleiter des Théâtre des Italiens. Vorübergehend war er dann in gleicher Stellung an der Italienischen Oper in London tätig. 1862 ließ er sich, zunächst als freier Gesanglehrer, in Brüssel nieder und lehrte dort seit 1872 am Conservatoire. Ch. schrieb außer 7 Opern und einer Operette, *La Tempête* (UA Paris 1859), u. a. das Oratorium *Hiob* (Brüssel 1884). Er verfaßte auch eine *Méthode de chant* (Bru o. J.).

CHIAVETTE (it., chiavetta = kleiner Schlüssel; frz.: petites clefs), Bz. für eine der beiden Schlüsselkombinationen, in denen der weitaus größte Teil der vokalen Mehrstimmigkeit seit etwa 1540 aufgezeichnet und überliefert ist. Die andere Kombination heißt *Chiavi naturali* (Normalschlüssel). Beide Termini stammen indessen aus späterer Zeit. Beim Komponieren wurde eine der beiden Schlüsselgruppen der ↗Tabula compositoria vorgesetzt und hieraus bei der Übertragung in Chor- bzw. Stimmbücher, auf die Einzelstimmen verteilt, übernommen. Th. Morley, der erstmals auf diesen Sachverhalt eingeht (*A Plaine and Easie Introduction to Practicall Musicke,* 1597, Teil III), nennt die beiden Schlüsselgruppen „high key“ und „low key“:

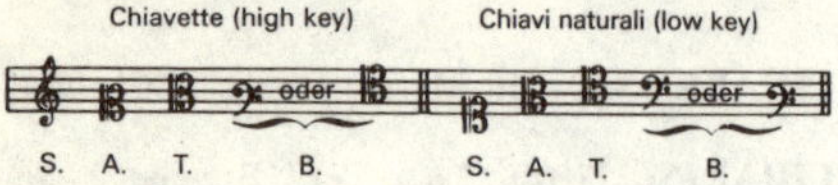

Die Verfestigung der beiden Schlüsselungsarten hängt eng zusammen mit der Durchbildung der Satzkunst und der entsprechenden Organisation der Sängerkapellen im 16. Jh.: Es gab vier Stimmgruppen (Knaben-, hohe, mittlere und tiefe Männerstimmen = S., A., T., B.) mit einem Stimmumfang von je einer Dezime, untereinander mit Quint-Terz-Quint-Abstand, woraus sich ein Gesamtbereich von drei Oktaven (21 Tönen) ergibt. Um des Wohlklangs willen und zur Schonung der Sänger wurde diese Begrenzung und Gliederung von den Theoretikern nachdrücklich gefordert, oft auch anhand der ↗Scala decemlinealis, wie das folgende Beispiel veranschaulicht:

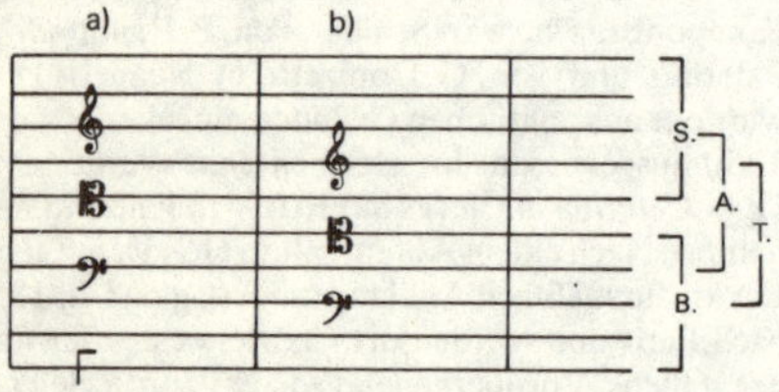

Im frühen 16. Jh. wurden die Schlüssel stets wie bei a) gesetzt, beginnend mit G als tiefstem Ton der Skala. Nach H. Faber (*Musica poetica,* 1548) bürgerte sich daneben bei den jüngeren Komponisten der Brauch einer „transpositio totius scalae“ ein, wobei die Schlüssel wie bei b), also um ein Spatium nach unten versetzt, eingetragen wurden. Mit Schlüsselung a) entstehen Stücke in „Chiavi naturali“, mit Schlüsselung b) solche in „Chiavette“; vgl. das erste Beispiel. (Für den Baß finden sich dort jeweils zwei Schlüssel, weil diese Stimme den Dezimenumfang öfters überschreitet; die Kopisten sollten dann den Schlüssel wählen, der am wenigsten Hilfslinien benötigte.) Der Chiavettengebrauch bewirkt eine Verlagerung des Grundtons der jeweiligen Tonart innerhalb des Ambitus der einzelnen Stimmen und damit Änderungen im kontrapunktischen Gefüge und im Klangcharakter der Musik allgemein. So weist H. Faber darauf hin, daß bei Stücken in Ch. andere Kadenzmöglichkeiten bestehen als gewöhnlich, und Morley betont, daß „those songs, which are made for the high key, be made for more life, the other in the low key for more gravity and stadenesse“. Voraussetzung für diese Effekte ist allerdings die strikte Einhaltung des erwähnten (absoluten) Vokalbereichs von 21 Tönen. Stücke in Ch. müssen also entsprechend tiefer intoniert werden. Tatsächlich unterscheidet Morley auch „low pitch“ und „high pitch“ und schildert eindringlich, daß Stücke, die nicht in der ihrer Schlüsselung entsprechenden Tonhöhe intoniert werden, „will loose their grace and will be wrested as it were out of their nature“. In Orgeltabulaturen findet man demgemäß in Ch. notierte Stücke eine Quarte oder Quinte tiefer, die anderen aber notengetreu abgesetzt (bindende Rückschlüsse auf die Stimmtondifferenz sind bei der wechselnden Stimmung der Tasteninstrumente solchen Quellen allerdings nicht zu entnehmen).

Vereinzelt begegnen unter den mancherlei andersartigen Schlüsselkombinationen (ad aequales) auch solche, die den normalen Vokalbereich überschreiten, indem der Cantus im G_2-, der Baß im F_4-Schlüssel notiert ist. Dies deutet auf teilweise instrumentale Ausführung oder aber – wie für die Münchener Hofkapelle unter Orlando di Lasso bezeugt – auf Mitwirkung außergewöhnlich tiefer Baßstimmen hin.

Durch die Ch. erweiterte sich der Vorrat jener vorgegebenen Grundstrukturen, die, wie späteren Generationen die Tonarten des Quintenzirkels, der Vokalpolyphonie als „Modi“ mit bestimmtem Klangcharakter zur Verfügung standen. Man wird der Musik jener Epoche daher nicht gerecht, wenn man bei Aufführungen den heute gültigen Kammerton unterschiedslos auf Stücke beider Schlüsselgruppen anwendet. Ihr klanglicher Reiz kommt am ehesten zur Geltung, wenn man, ausgehend vom Kammerton, Stücke in Ch. zwei bis drei Halbtöne tiefer, solche in „Chiavi naturali“ etwas höher als notiert anstimmt.

Im 18. Jahrhundert ging die Kenntnis des Chiavettengebrauchs verloren. Die Palestrina-Renaissance im 19. Jh. sah sich jedoch erneut dem Problem der Ch. gegenübergestellt. Dabei bildete sich die These von der transponierenden Bedeutung der Ch., die den Sachverhalt aber nur ungenau erfaßt. Sie wurde nach R. G. Kiesewetter (*Galerie der alten Contrapunctisten,* 1847) und H. Bellermann insbesondere von Th. Kroyer vertreten (gegen R. Ehrmann, A. Schering u. a.). In die Kontroverse einbezogen wurde auch die Kategorie der „Tiefchiavette" (Terztransposition nach oben) mit der Schlüsselung

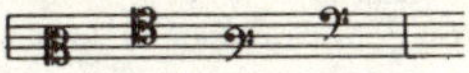

die das 16 Jh. zwar vereinzelt zur Aufzeichnung von Trauermusik u. ä. („Chiavi trasportati"), nicht aber als Gegenstück zur Ch. („Hochchiavette") kennt.

Lit.: H. BELLERMANN, Die Mensuralnoten und Taktzeichen des 15. u. 16. Jh. (B 1858, ⁴1963); DERS., Der Contrapunkt (B 1862, NA 1978); J. WOLF, Hdb. der Notationskunde I (L 1913); R. EHRMANN, Die Schlüsselkombinationen im 15. u. 16. Jh., in: StMw 11 (1924); TH. KROYER, Zur Ch.-Frage, in: FS G. Adler (W 1930) (= Stud. zur Musikwiss. 11); DERS., Der vollkommene Partiturspieler (L 1930); A. SCHERING, Zur Ch.-Frage, in: ZfMw 13 (1930/31); DERS., Aufführungspraxis alter Musik (L 1931); A. MENDEL, Pitch in the 16th and Early 17th Century, in: MQ 34 (1948); H. FEDERHOFER, Zur Ch.-Frage, in: Anzeiger der phil.-hist. Klasse der Östr. Akad. der Wiss. (W 1952); S. HERMELINK, Zur Ch.-Frage, in: Kgr.-Ber. Wien 1956 (Gr – Kö 1958); DERS., Dispositiones modorum (Tutzing 1960) (= Münchner Veröff. zur Musikgesch. 4); DERS., Ein neuer Beleg zum Ursprung der Ch., in: Mf 14 (1961); H. FEDERHOFER, Hohe u. tiefe Schlüsselung im 16. Jh., in: FS Fr. Blume (Kas 1963); D. WULSTAN, The Problem of Pitch in 16th Century English Vocal Polyphony, in: Proc. R. Mus. Assoc. 93 (1966–67); L. F. TAGLIAVINI, Considerazioni sulle vicende storiche del „corrista", in: L'organo 12 (1974).

S. HERMELINK

CHICAGO-STIL (engl.: Chicago style), Bz. für den „weißen" Jazzstil, der in den 20er Jahren dieses Jahrhunderts in Chicago entstand und dessen Musiker *Chicagoans* genannt werden. Der Ch.-S., der nicht auf Chicago beschränkt blieb, brachte wesentliche Neuerungen in die traditionellen Spielweisen ein. Seine hauptsächlichen Anregungen verdankte er seinerseits dem Jazz des Südens, dem New Orleans Jazz und dem Dixieland-Stil. Als 1917 das Vergnügungsviertel von New Orleans wegen des Kriegseintritts der USA geschlossen wurde, gingen viele Musiker in den Norden, wo sie ein neues Auskommen zu finden hofften. So wurde Chicago zum Sammelbecken der unterschiedlichsten Spielarten des Jazz. Die ersten wichtigen Vertreter des neuen Stils waren die Wolverines mit ihrem Kornettisten Bix Beiderbecke an der Spitze (1923). Ihre Arrangements orientierten sich rhythmisch, harmonisch und melodisch weitgehend an europäischen Vorbildern und klangen bisweilen romantisierend sentimental. Die Kollektivimprovisation machte einer Folge von Soli Platz, die sich oft nur auf das Auszieren einer Melodie unter Anwendung einiger rhythmischer Modelle beschränkten, wobei synkopisch zum Beat phrasiert wurde. Die europäisch glatt intonierten Bläserpartien verloren ihre melodische Selbständigkeit und wurden harmonisch in den Satz integriert. Kollektivimprovisationen fanden sich noch zu Anfang und Ende eines Stückes, hatten allerdings keinerlei responsorialen Bezüge mehr (↗Call-and-Response-Pattern). Auf Grund des neuen solistisch orientierten Spielideals wechselten die Bands häufig ihre Besetzungen. Das Saxophon trat erstmalig in den Vordergrund, und die Gitarre entwickelte sich vom reinen Rhythmusinstrument zum Melodieinstrument. Musiker wie der Trompeter Muggsy Spanier gaben Anregungen zu den ersten „Revivals", die sich seit den 30er Jahren um den New Orleans Jazz bemühten. Weitere wichtige Interpreten waren Eddie Condon (Gitarre), Frank Teschemacher (Klarinette und Saxophon), Art Hodes (Klavier) und Mezz Mezzrow (Klarinette). Von den Swing-Musikern kamen ebenfalls viele aus der Chicago-Schule, u. a. Gene Krupa, Benny Goodman und Glenn Miller. Vermutlich deshalb auch wird der Ch.-S. von einigen Theoretikern als Übergangsstil zum ↗Swing gesehen. – Aus dem Ch.-S. ging auch der vor allem von Paul Whiteman repräsentierte *Symphonische Jazz* hervor.

Lit.: ↗Dixieland-Jazz.

U. KURTH

CHICAGO SYMPHONY ORCHESTRA. Es wurde 1891 als *Chicago Orchestra* und als drittes Symphonie-Orchester der USA (nach dem New York Philharmonic und dem Boston Symphony Orchestra) von Th. Thomas gegründet. Nach dessen Tod in *Theodore Thomas Orchestra* umbenannt, erhielt es 1912 den heutigen Namen. Auf Thomas folgten 1905 Frederick A. Stock als Leiter und Dirigent, nach dessen Tod 1942 Désiré Defauw, 1947 Arthur Rodzinski, im gleichen Jahr Tauno Hannikainen, 1950 R. Kubelik, 1953 Fr. Reiner und 1963 J. Martinon. 1968–79 war G. Solti Chefdirigent, 1969–78 unterstützt von C. M. Giulini als Principal Guest Conductor. Das Orchester, das zu den Spitzenorchestern der Welt zählt, wird seit der Gründung von einer gemeinnützigen Gesellschaft getragen. Neben den Abonnementskonzerten veranstaltet es in Chicago volkstümliche Konzerte, auch eigene Konzertreihen für die Jugend (angeschlossen ist ein eigenes Jugend-Studienorchester) und unternimmt Tourneen im In- und Ausland. 1971 trat es erstmals auch in Europa auf.

CHILD, William, * 1606 (oder 1607) Bristol,

† 23. 3. 1697 Windsor; engl. Organist und Komponist. Er wurde 1632 Organist der Georgs-Kapelle in Windsor und 1661 Organist der Königlichen Kapelle in London. Seit der Restauration 1660 versah er bei Hofe verschiedene Musikämter. Ch. veröffentlichte 3st. Psalmen (Lo 1639, weitere Aufl. 1650 u. 1656). Er schrieb auch Stücke für Viola. Zahlreiche Anthems und Services sind hsl. überliefert, einige finden sich auch in Sammeldrucken seiner Zeit.

Lit.: J. PYLVER, A Biographical Dictionary of Old English Music (Lo 1927); P. LE HURAY, Music and the Reformation in England 1549–1660 (Lo 1967); F. HUDSON – W. R. LARGE, W. Ch. ..., A New Investigation of Sources, in: MR 31 (1970) (mit Verz. der hsl. WW).

CHILE. Die Musiktradition Ch.s beruht einerseits auf der Musik der indianischen Urbevölkerung, andererseits auf der seit der ersten Hälfte des 16. Jh. von den spanischen Eroberern ins Land gebrachten europäischen Musik. Die bodenständige Musik, die vor allem auf die indianischen Araukaner zurückgeht, wurde u. a. von P. H. Allende und Carlos Isamitt gesammelt und erforscht. Sie ist von einfacher melodischer Schönheit und von rhythmischer Vielfalt. Einen eigenen nationalen Stil repräsentiert die gesungene und instrumental begleitete ↗Cueca, der Nationaltanz des Landes.

Seit der Eroberung und Kolonisierung des nördlichen Landesteils – den Süden besiedelten die Europäer erst nach der Zurückdrängung der Araukaner gegen Ende des 18. Jh. – wurde die europäische Musik durch das Militär, durch Kirchenmusiker und interessierte Laien, wie Pedro de Miranda, verbreitet und der einheimischen Bevölkerung vermittelt. Die Indianer, die von den Missionaren auch in Musik unterrichtet wurden, waren bald für die Aufführungen in den Kirchen (die schon zu Anfang des 17. Jh. teilweise mit hier gebauten Orgeln ausgestattet waren) als Sänger unentbehrlich. Etwas später wurden bei geistlichen oder weltlichen Festen auch durch Musik umrahmte Theaterstücke aufgeführt. Die Salons der europäischen Adeligen, die meist ein aus Europa importiertes Cembalo besaßen, öffneten sich nun ebenfalls für Musikveranstaltungen. Die ↗Tonadilla, erstmals 1757 in Buenos Aires vorgestellt, wurde durch die Werke des spanischen Komponisten Antonio Aranaz bald auch in Ch. beliebt. Unter seiner Leitung wurde 1793 in Santiago das erste öffentliche Theater gegründet, das regelmäßig Aufführungen veranstaltete.

Die bedeutendste Persönlichkeit im Musikleben Ch.s zu Beginn des 19. Jh. war José Zapiola. Er führte den Musikunterricht an den Schulen ein, gründete ein Symphonie-Orchester und rief auch eine wöchentlich erscheinende Musikzeitschrift und die sozialpolitisch orientierte *Sociedad de la Igualdad* ins Leben. Er trat auch als Komponist geistlicher Musik und patriotischer Lieder hervor. 1827 wurde in Santiago eine philharmonische Gesellschaft gegründet, die über ein 16 Mann starkes Orchester verfügte. Die maßgebliche Initiative dazu ging von dem dänischen Kaufmann und Musikliebhaber Karl Drewetcke und von Doña Isidora Zegers y Montenegro aus, einer seit 1822 in Ch. ansässigen Spanierin, unter deren Einfluß 1849 auch ein Konservatorium gegründet wurde, das Instrumentalisten und Sänger sowohl für die Kirche als auch für das Theater ausbilden sollte. Von besonderem Einfluß auf das chilenische Musikleben in der 1. Hälfte des 19. Jh. wurden auch zwei aus Peru stammende Musiker: Bartolomé Filomeno, Komponist geistlicher Musik, der auch als angesehener Lehrer wirkte, und José Bernardo Alzedo y Larrín. Er widmete sich außerdem auch der Militärmusik und wurde später Kapellmeister an der Kathedrale in Santiago.

Die ersten Opernaufführungen (mit Werken italienischer Komponisten) fanden während des Bürgerkrieges (1830) in Valparaiso und später auch in Santiago statt. Obwohl die Sängerin Clorinda Pentanelli 1840 u. a. in Bellini- und Donizetti-Opern Triumphe feierte, galt das Interesse der musikliebenden Bevölkerung stärker der klassischen Konzertmusik. Lediglich die spanische ↗Zarzuela konnte sich durchsetzen und erfreute sich wachsender Beliebtheit.

Als die eigentlichen Begründer einer eigenständigen chilenischen Kunstmusik sind die Komponisten der in den 80er Jahren des 19. Jh. geborenen Generation anzusehen. Ihre wichtigsten Vertreter sind Enrique Soro und Alfonso Leng sowie die bereits als Musikethnologen genannten P. H. Allende und Carlos Isamitt. Um eine grundlegende Reform des Musikunterrichts bemühte sich D. Santa-Cruz Wilson. Er suchte auch ein breiteres Interesse für Musik zu wecken und rief dafür mehrere Institutionen ins Leben, u. a. die *Sociedad Bach*, das *Instituto de Extensión Musical*. Die 1945 gegründete *Revista Musical Chilena* ist die renommierteste Musikzeitschrift des Landes. Auch aus der jüngeren und jüngsten Generation sind einige bedeutende Komponisten hervorgegangen, u. a. Jorge Urrutia Blondel, René Amengual, Alfonso Letelier, J. Orrego-Salas, Eduardo Maturana, Carlos Botto Villarino, Carlos Riesco, Alfonso Montecino, G. Beccerra-Schmidt, Claudio Spies-Heilbronn und José Vicente Asuar, Leon Schidlowsky und Gabriel Brncic. In Deutschland genießt besonders der hier ansäs-

sige J. Allende-Blin Ansehen. Großes internationales Ansehen erlangten auch einige Interpreten, insbesondere der Pianist Claudio Arrau.
Zu den wichtigen Institutionen im heutigen chilenischen Musikleben gehören u. a. (alle in Santiago) die Fakultät *Ciencias y Artes Musicales* – innerhalb der Facultad de Bellas Artes – an der Universidad de Chile, in Verbindung damit das *Conservatorio Nacional de Música* mit zwei Abteilungen für Musikwissenschaft und Komposition und für Instrumental- und Gesangsausbildung, das *Instituto de Investigaciones Musicales* u. a. für Musikforschung und Musikerziehung und das *Instituto de Extensión Musical,* das Konzerte, Opern- und Ballettaufführungen, Musikfeste usw. veranstaltet. Ihm ist auch die *Escuela de Danzas* angeschlossen, die, 1941 gegründet, von Mitgliedern des Jooss-Balletts organisiert wurde. Seit 1936 besteht die *Asociación Nacional de Compositores.*

Lit.: J. ZAPIOLA, Recuerdos de treinta años 1810–40 (Santiago 1932); L. SANDOVAL Y BUSTAMANTE, Reseña histórica del Conservatorio nacional de música (ebd. 1911); A. HUNEEUS, Los Huneeus y los Zegers en Chile (P 1927); A. RIED, Diario de Aquinas Ried (Santiago 1927); E. PEREIRA SALAS, Los orígenes del arte musical en Chile (ebd. 1941); A. ABASCAL BRUNET, Apuntes para la historia del teatro en Chile. La Zarzuela grande, 2 Bde. (ebd. 1941, 1951); P. GARRIDO, Biogr. de la cueca (ebd. 1943); V. SALAS VIU, La creación musical en Chile 1900–51 (ebd. o. J.); E. PEREIRA SALAS, La música en la Isla de Pascua (ebd. 1947); H. HELFRITZ, Zeitgenössische Musik in Ch., in: Melos 19 (1952); A. ABASCAL BRUNET – E. PEREIRA SALAS, Pepe Vila. La Zarzuela Chica en Chile (Santiago 1955); E. PEREIRA SALAS, Historia de la música en Ch. 1850–1900 (ebd. 1957); C. LAWIN, La música de los Arancanos, in: Anuario Mus. 16 (1961); S. CLARO, Panorama de la música contemporanea de Ch. (Santiago 1969); R. ESCOBAR – R. IRARRAZABAL, Música compuesta en Ch. 1900–1968 (ebd. 1969); R. BARROS – M. DANNEMANN, El romancero chileno (ebd. 1970); I. GRANDELA, La música Chilena para piano de la generación jóven 1925, in: Rev. Mus. Chilena 25 (1971); R. ESCOBAR, Músicos sin passado. Composición y compositores de Ch. (Ba 1971); A. HENRÍQUEZ, Organología del folklore chileno (Valparaíso 1973); S. CLARO – J. URRUTIA BLONDEL, Historia de la música en Ch. (Santiago 1973); L. MERINO MONTERO, Fluír y refluír de la poesía de Neruda en la música Chilena, in: Rev. Mus. Chilena 27 (1973); M. E. GREBE, Presencia del dualismo en la cultura y música mapuche, in: ebd. 28 (1974); C. ALVAREZ – M. E. GREBE, La trifonía atacameña y sus perspectivas interculturales, in: ebd.; M. E. GREBE, Instrumentos musicales precolombinos de Ch., in: ebd.; S. CLARO, Catálogo del archivio musical de la catredral de Santiago de Ch. (Santiago 1974); A. C. MUNIZAGA, Atacameños, Araucanos y Alacalufes. Breve reseña e interrogantes antropológicas de tres grupos étnicos chilenos, in: Rev. Mus. Chilena 28 (1974); J. CLOUZET, La nouvelle chanson chilienne (P 1975); M. C. DIDIER, Panorama organístico de Ch., in: Rev. Mus. Chilena 29 (1975); M. DANNEMANN, Situación actual de la música folklórica chilena. Según el „Atlas de Folklore de Ch.", in: ebd.; DERS., Proyecto UNESCO sobre edición de música tradicional chilena, in: ebd.; M. CÁNEPA GUZMÁN, La opera en Ch. 1839–1930 (Santiago 1976); M. DANNEMANN, The musical traditions of the indigenous peoples of Ch., in: The World of Music 19 (1977).

L. H. CORRÊA DE AZEVEDO

CHILESOTTI, Oscar, * 12. 7. 1848 Bassano, † 23. 6. 1916 ebd.; it. Musikforscher. Er studierte Jura in Padua, widmete sich jedoch nach seiner Promotion (1871) philosophischen und vor allem musikhistorischen Studien. Sein besonderes Interesse galt der Erforschung der älteren Lautenmusik.

Schriften u. Editionen: *Capricci Armonici sopra la Chitarra spagnuola del conte L. Roncalli 1692* (Mi 1881) (mit Ausgaben); *Biblioteca di Rarità musicali,* 9 Bde. (Mi 1883–1915); *Di G. B. Besardo e del suo „Thesaurus Harmonicus"* (Mi 1888); *Da un Codice „Lautenbuch" del Cinquecento* (L 1890); *Lautenisten des 16. Jh.* (L 1891); *Di H. Newsidler e di un' antica intavolatura tedesca di liuto,* in: RMI 1 (1894); *Una canzone celebre nel Cinquecento „Io mi son giovinetta" del Farabosco,* in: RMI 5 (1898); *Savonarola musicista,* in: RMI 6 (1899); *Musiciens français: J. B. Besard et les luthistes* du XVIe siècle, in: Revue d'Histoire et de Critique musicales (1901) März-H.; *Chansons françaises transcrites pour le luth,* in: ebd. (1902) Mai-H.; *Note circa alcuni Liutisti Italiani nella prima metà del Cinquecento* (Tn 1902); *Fr. da Milano, liutista della prima metà del secolo XVI,* in: SIMG 4 (1902/03); *R. de la Visée,* in: ebd. 9 (1907/08); *Il primo libro di liuto di V. Galilei,* in: RMI 15 (1908); *Canzonette del Seicento con la Chitarra,* in: RMI 16 (1909); *G. Gorzanis liutista del Cinquecento,* in: RMI 21 (1914).

Lit.: V. FEDELI, Il Dr. O. Ch., in: RMI 23 (1916); G. VECCHI, La melodia popolare nel pensiero e nella ricerca filologica di O. Ch., in: Chigiana 23, N.S. 3 (1966).

CHILSTON, * um 1375, † um 1420; engl. Musiktheoretiker. Ch. verfaßte den Traktat *Of musical proportions,* der in einer aus der Abtei Waltham Holy Cross (Essex) stammenden Handschrift – Mitte 15. Jh. – erhalten ist (London, Brit. Museum, Landsdowne 763). Diese enthält auch einen Discantus-Traktat von L. Power und einen anonymen Fauxbourdon-Traktat, der früher ebenfalls Ch. zugeschrieben wurde. H. Riemann hielt Ch. deshalb für den ersten Fauxbourdon-Theoretiker. Ch.s Autorschaft wird jedoch von der neueren Musikforschung (H. Besseler) bestritten.

Ausg.: Der Traktat *Of musical proportions* bei: B. MEECH, Three musical treatises in England from a 15th-century manuscript, in: Speculum 10 (1935).

Lit.: H. RIEMANN, Gesch. der Musiktheorie (L 1898, NA Hil 1961); H. BESSELER, Bourdon u. Fauxbourdon (L 1950, [2]1974).

CHINA. Die chinesische Musik, Ausdruck einer der ältesten Kulturen der Erde, spielte von jeher eine hervorragende Rolle im geistigen und staatlichen Leben. Die Ursprünge der Volksmusik, die wohl aus Liebes- und Arbeitsliedern entstand, liegen im Dunkeln. Nach der mythischen Überlieferung wurde schon in vordynastischer Zeit unter Kaiser Fu-hi die Hofmusik geschaffen. Von alters her haben die chinesischen Herrscher die Musik als Erziehungsmittel benutzt. So wurde auch die Hofmusik nicht nur am Hofe aufgeführt, sondern bei jeglichen religiösen und weltlichen Zeremonien.

Schon Ende des 3. Jt. v. Chr. soll der religiös-symbolische Tanz in die Zeremonien eingeführt worden sein. Die alte Tradition der Musik erhielt sich unverändert bis zur Tshu-Dynastie (etwa 1050–256 v. Chr.). In dieser Epoche spielte die rituelle Musik eine wichtige Rolle: die Zahl der Hofmusiker stieg auf 1400.

Die Musiktheorie. Unter der Herrschaft des ebenfalls noch vordynastischen Kaisers Huang-ti (nach traditioneller chinesischer Chronologie 2697–2598 v. Chr.) soll dessen Minister Ling-Lun die 12 Töne *(Liu)* eingeführt haben, die einer chromatischen Tonleiter entsprechen. Man fand sie auf gleich starken Bambusrohren, die durch Verkürzung um jeweils 2 Knoten auf verschiedene Länge gebracht wurden. Das erste Rohr, von 8 1/10 Zoll (= 205,7 cm) Länge, ergab den Grundton *(Huang-tshong* = gelbe Glocke). Er entspricht dem Ton f und dient als tiefster Ton der 12 Liu, die sich aus der Folge reiner Quinten (2:3) oder reiner Quarten (3:4) ergeben. Die Quintenfolge lautet: f c g d a e h fis cis gis dis ais. Ordnet man diese Töne innerhalb einer Oktave, entsteht die chromatische Leiter c cis d dis e f fis g gis a ais h. Die vier ersten Quinten f c g d a bilden die erste pentatonische Leiter: f g a c d. In der chinesischen Musiktheorie erhielt jeder Ton einer Leiter eine Bezeichnung, die seiner Funktion entspricht: f = *Kong* (Palast) repräsentiert den Prinzen; g = *Chang* (Beratung) den Minister; a = *Kiao* (Horn) das Volk; c = *Tshe* (Kundgebung) die Geschäfte; d = *Yu* (Flügel) die Dinge. Setzt man jede der 5 Stufen als Grundton, ergeben sich die folgenden 5 Modi: Kong-Modus (f g a c d), Chang-Modus (g a c d f), Kiao-Modus (a c d f g), Tshe-Modus (c d f g a) und Yu-Modus (d f g a c). Zentralton dieser Modi mit ihren verschiedenen Intervallen ist der Huang-tshong. Die 12 absoluten Tonhöhen der Liu können alle als Grundton eines dieser Modi dienen. Die Kombination der 5 Modi mit den 12 Liu ergibt 60 verschiedene Tonarten *(Tiao)*. Der pentatonischen Leiter wurden in der Tshu-Zeit (um 1050–256 v. Chr.) zwei Töne hinzugefügt, so daß eine heptatonische Skala entstand. Sie liegen etwas höher als der Halbton unter der folgenden Note und heißen Pien-tshe (alteriertes Tshe) und Pien-kong (alteriertes Kong):

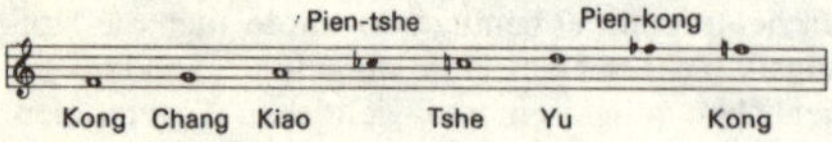

Die 7 Modi werden dadurch gebildet, daß jede der 7 Stufen als Grundton dienen kann. Die Kombination der 7 Modi mit den 12 Liu ergibt 84 verschiedene Tonarten. Jeder Modus hat einen eigenen Charakter. So ist as b c d es f g as munter und tiefgründig; d e fis g a h c d elegant und fein; a h c d e f g a bewirkt Ordnung und Ruhe; g a b c d es f g steht für Zartheit und Tränen.

Die 12 Liu aus der Quintenfolge waren nicht temperiert. Zahlreiche Theoretiker versuchten eine Lösung zu finden, indem sie die Liu aus der Quintenfolge nach astronomischen Zahlenverhältnissen berechneten. Weder Seu-ma Ts'ien oder King Fang aus der Han-Dynastie (206 v. Chr. – 220 n. Chr.) noch Ts'ien Yo-Tseu zur Zeit des Kaisers Wen-ti (424–453) oder Ts'ai Yuan-Ting unter Kaiser Hiao-Tsong (1163–1189) konnten eine befriedigende Lösung finden. Schließlich fand Prinz Tshu Tsai-yu während der Ming-Dynastie (1368–1644) die 12 temperierten Liu. Die temperierte Stimmung wurde 1596 offiziell eingeführt, ein Jahrhundert vor der temperierten chromatischen Skala A. Werckmeisters in Europa. Die älteste erhaltene Notenschrift stammt aus dem 8. Jahrhundert. Sie besteht aus den Abkürzungen der chinesischen Bezeichnungen für die Liu (z. B. Huang für Huang-Tshong = f). Die volkstümliche Notenschrift wurde Anfang des 11. Jh. von Chen Kuo erwähnt (in seinem Werk *Mong-k'i pi-t'an*, Plauderei, geschrieben für Mong-k'i). Sie wird mit einigen Verbesserungen noch heute in der instrumentalen Volksmusik und im Theatergesang verwendet. Hier die Notenschrift mit ihrer phonetischen Transkription unter der heute gültigen Notation:

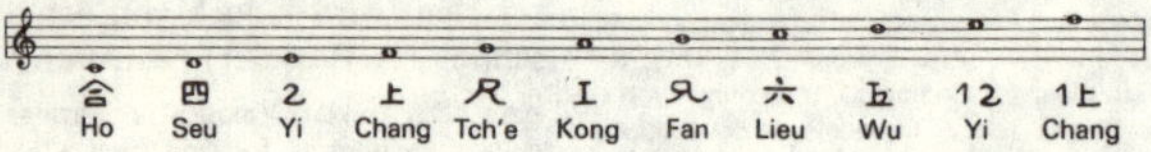

Die Noten werden in senkrecht abwärts und von rechts nach links gelesenen Säulen notiert, entsprechend dem Verlauf der alten chinesischen Schrift. Um eine Gesangsmelodie zu fixieren, werden sie unter jedes einzelne Wort geschrieben, oft in Schrägschrift. Kleine hinzugefügte Zeichen geben die Dauer an. – Die Notation für klassische Instrumente wie die siebensaitige Wölbbrettzither *K'in* ist eine Griffschrift mit Fingersatz und Angabe für Saite und Spielart.

Die Instrumente. Die chinesischen Musikinstrumente wurden zu allen Zeiten in 8 Gruppen geordnet, je nach dem wichtigsten Material, aus dem sie bestehen: aus Metall, Stein, Seide, Bambus, Kalebasse, Ton, Leder oder Holz. Zahlreich sind die gezupften oder gestrichenen Saiteninstrumente, die zur Seiden-Kategorie gehören u.a. die siebensaitige Wölbbrettzither *K'in,* die große Kithara *Se, Tsheng, P'i-p'a, San-hiuan, Yue-k'in* oder Mondgitarre, *Shuang-ts'ing, Hu-k'in* oder chinesische Geige, *Eul-hu, Seu-hu, King-hu.* Die Blasinstrumente können aus folgendem Material bestehen: aus Metall, wie die Trompete *La-pa,* aus Bambus, wie die gerade Flöte *Siao* und die Querflöte *Ti,* aus Kalebasse, wie die Mundorgel *Sheng,* aus Ton, wie die Okarina *Hiuan,* oder aus Holz, wie die chinesische Oboe *So-na.* Die Schlaginstrumente sind aus Metall (*Po-tshong, Pien-tshong, Fang-hiang, Lo* [Gong], *Yun-lo, Po* [Becken], *T'ong-ku* [Bronzetrommel], *Ling* [kleine Glocke]), aus Leder (*Ku* [Trommeln]) oder aus Holz (*Tshu* und *Yu* für rituelle Musik, *Pei-pan* [Kastagnetten], *Pang-tseu* [Holzstäbe] für die Volksmusik und *Mu-yu* [Holzfisch]) zur Begleitung des buddhistischen Gesanges). Die melodische Linie übernehmen stets die Saiten- oder Blasinstrumente. Jedoch ist das Schlagzeug in der Ritual- und Volksmusik besonders wichtig. Es spielt nicht nur ausdrucksvoll den Rhythmus, sondern kündigt Beginn und Ende einer rituellen Musik an; einer dieser Spieler übernimmt auch häufig die Funktion des Dirigenten. Die meisten Instrumente wurden in Ch. erfunden. Ihr Ursprung reicht zum Teil sehr weit zurück. Einige wichtige Instrumente wurden auch aus Nachbarländern ins kaiserliche Orchester übernommen und in Ch. vervollkommnet, werden aber heute nicht mehr alle benutzt.

Die Hofmusik. Das Volkslied wurde auch zu einer der Quellen der Hofmusik. Unter der Tshu-Dynastie (um 1050–256 v.Chr.) gab es unzählige, von denen Konfuzius (551–479 v.Chr.) 3000 mit Text und Melodie selbst herausgegeben haben soll. Unter dem Einfluß dieser Lieder schrieben Gelehrte andere Gedichte mit Musik für Zeremonien und für die Unterhaltung bei Hofe. Zur Zeit des Kaisers Wu-ti (140–87 v.Chr.) aus der Han-Dynastie wurde zur Überwachung der Riten und Zeremonien, der Hofmusik und des Volksgesanges eine eigene Musikabteilung gegründet. Der Gesang bestimmter instrumental begleiteter Gedichte hieß *Yu-fu.* Unter der Tang-Dynastie (618–906) teilte sich die in voller Blüte stehende gesungene Dichtung nacheinander in zwei Typen: *She* (Gedicht in symmetrischen Versen) und *Ts'eu* (Gedicht in nicht symmetrischen Versen). Der letztere, der oft auf bereits vorhandene Melodien geschrieben wurde, gelangte unter der Sung-Dynastie (960–1278) zur Vollendung und wurde schließlich nach immer größerer Entfernung vom *Yu-fu* eine der Grundlagen des traditionellen chinesischen Theaters.

Das Theater. Gesang und Tanz sind mit dem chinesischen Theater untrennbar verbunden. Sie kamen vor allem in Ballettaufführungen vor, die trotz ihres volkstümlichen Ursprungs auch bei Hofe einen großen Erfolg hatten. Relieftafeln mit menschlichen Figuren aus der Han-Zeit (206 v.Chr. – 219 n.Chr.) zeigen eine Tanzszene und weisen auf ein Schauspiel hin. Neben Gesang und Tanz erschienen ebenfalls in der Han-Zeit die „100 Spiele" *(Po-hi),* die während der Zeit der späteren Wei-Dynastie (386–534) noch vervollkommnet wurden. Es handelt sich dabei um Ballette in Kostümen, mit Musik begleitet, voll erstaunlicher Akrobatik und geistvoller Possen.

Seit dem Beginn der T'ang-Dynastie (618) fand die ursprünglich volkstümliche Theatermusik *(San-yue)* neben der Hofmusik Eingang bei religiösen und weltlichen Zeremonien, sie entwickelte sich weiter unter der Herrschaft des Kaisers Hiuan-tsong (713–756). Sie begleitete nicht nur das Gesangs- und Marionettentheater, sondern auch die „100 Spiele" und akrobatische Handlungen. Hiuan-tsong gründete 714 zwei offizielle Schulen für dramatische Kunst (Kiao-fang) zur Ausbildung der Schauspieler und den „Birnbaumgarten" (Li-yuan) für die Musiker. In dieser Epoche gedieh das Theater wie nie zuvor, und selbst Amateure zeigten sich auf der Bühne neben professionellen Schauspielern. In der Mitte der T'ang-Zeit (756–826) änderte das Theater seinen Charakter: Es wollte nicht mehr nur der Unterhaltung dienen, sondern wurde das Sprachrohr des Volkes, wenn es seine Unzufriedenheit über Ungerechtigkeiten ausdrücken wollte. Unter den Meisterwerken dieser Art seien neben dem *Han-shuei* (Besteuerung der Dürre) das berühmte *Si leang-ki* (Die Kunst des Si-leang) und *Die Trauer des Löwen* genannt, die man mehr als 1000 Jahre lang spielte.

Gegen Ende des 11. Jh. erschien mit K'ong Sant-shuan eine neue Theaterkunst, *Tshukong-tiao.* Ihr folgten Tong Kiai-yuan mit *Si-siang ki tshu-kong-tiao* (Geschichte des Pavillons im Westen, um 1190) und Wang Po-tch'eng mit *K'ai-yuan T'ien-pao yi-che tshu-kong-tiao* (Erinnerung an das 8. Jh., um 1279). Genannt sei noch das Werk eines anonymen Autors aus der Kin-Zeit (1115–1234): *Lieu Tshe-yuan tshu-kong-tiao* (Geschichte des Lieu Tshe-yuan), eine Art Epos in Versen und Prosa. Der Prosateil wird von einem Erzähler übernommen, während die Verse in verschiedenen Tonarten gesungen und von Instrumenten begleitet werden. Die Verwendung verschiedener Tonarten im gleichen Stück – daher der Titel *Tshu-kong-tiao* – stellt eine Neuheit dar, die später die Schöpfer des Yuan-Theaters (1277–1367) beeinflußte. Am Ende der Herrschaft der nördlichen Sung (8. Jh.) gewann das abwechslungsreiche Theater *Tsa-kiu* die Vorherr-

schaft. Gesang und Tanz spielten darin keine so wichtige Rolle mehr wie im T'ang-Theater.
Unter der Yuan-Dynastie (seit 1278) nahmen mit dem Handwerk und dem Handel auch die Theater einen raschen Aufschwung. Es gab aber nicht genügend von Schauspielern geschriebene Stücke, so daß sich einige Schauspieler mit Gelehrten zusammentaten. Diese fruchtbare Zusammenarbeit bereitete die Schöpfung des *Yuan-kiu* oder Yuan-Theaters vor, das als vollendetes Theater gilt und über ein Jahrhundert blühen sollte. Die Stücke hatten gewöhnlich 4 Akte und verwenden Gesang, Rezitation und Pantomime. Man unterscheidet zwei Richtungen: die des Südens und die des Nordens. Der literarische Text der ersteren ist in gelehrtem Stil verfaßt, die Musik benutzt Pentatonik, die Querflöte ist das wichtigste Begleitinstrument. In der zweiten Richtung ist der Text volkstümlicher, der Gesang heptatonisch und von Saiteninstrumenten begleitet. Der berühmteste Dramaturg dieser Epoche war Kuan Han-k'ing, der 66 Stücke schrieb. In sehr feinem Stil schildert er unterschiedliche Charaktere und drückt deren Leiden an ihrem Alltagsleben aus. In der 2. Hälfte der Yuan-Zeit entstand eine neue Richtung aus der Süd-Schule: *Tshuan-k'i* (Wunderbare Geschichte), die dem Szenenspiel eine große Freiheit einräumte. Etwa in der Mitte der Ming-Zeit (1. Hälfte des 16. Jh.) verfaßte der berühmte Dramaturg von K'uen-chan, Leang Po-long, ein Tshuan-k'i-Stück mit dem Titel *Wan-cha ki* (Geschichte der Schleier-Wäscherin); die Musik dazu schrieb der nicht minder berühmte Komponist Wei Leang-fu. Nach mehreren Arbeitsjahren komponierte er *Chuei-mo-tiac* (Die Wassermelodie). *Wan-cha ki* wurde als Meisterwerk des Süd-Theaters gefeiert, dazu entstand *K-uen-k'iu* (Musik in der Schule von K-uen-chan), worunter alle von Wei Leang-fu bearbeiteten Stücke zu verstehen sind (Theater von Yuan, des Südens, des Nordens und des Tshuan-k'i). Diese Gesänge sind bis auf den heutigen Tag erfolgreich geblieben.
Das Peking-Theater, die bedeutendste Form des klassischen Theaters in Ch., entstand in der Provinz Hupei und wurde in der Provinz Ngan-huei weiterentwickelt. Daher stammt sein erster Name *Hueitiao* (Gesang von Ngan-huei). Später gelangte es nach Peking und erhielt den Namen *King-tiao* (Gesang von Peking). Die Textbücher besaßen kaum literarischen Wert. Ihre Autoren waren oft einfache Schauspieler, die bei älteren Werken Anleihen machten und Originaltexte bereits bekannten Melodien unterlegten. Später ließen sie sich bei ihren Sujets von Romanen oder volkstümlichen und historischen Stoffen beeinflussen. Im Peking-Theater sind die aus dem Tanz hervorgegangenen szenischen Spiele sorgfältiger ausgearbeitet, während die Musik eine untergeordnete Rolle spielt. Es vereinigt mehrere traditionelle Künste: Gesang, Tanz, Rezitation, Pantomime und Akrobatik. Bei Chinesen und Ausländern ist es gleichermaßen beliebt.

HIAO-TSIUN MA

Musik und Theater in der Volksrepublik China. Seit 1919 verlangte die „Bewegung des 4. Mai", Vorläufer der 1921 gegründeten kommunistischen Partei Chinas, nach sozialistischen Stoffen in der Peking-Oper. Waren vor der Kulturrevolution Kaiserinmutter, Kanzler und General Hauptfiguren der Handlung, so findet man nun Angehörige der Volksmiliz, Bauern, Eisenbahner, deren Frauen und Töchter als Protagonisten in Situationen aus dem Befreiungskrieg (1946–49) oder aus dem sozialistischen Alltag. Kunst sollte von nun an nicht mehr der Erbauung dienen, sondern der ideologischen Volkserziehung. „Eine Kunst um der Kunst willen, eine über den Klassen stehende Kunst, eine Kunst, die neben der Politik einherginge oder unabhängig von ihr wäre, gibt es in Wirklichkeit nicht" (Mao-Tse-tung). An der programmatischen „Aussprache in Yenan über Literatur und Kunst" (2.–23. 5. 1942) nahmen neben dem Parteivorsitzenden Schriftsteller und Darsteller der Peking-Oper teil. Motto aller Bühnenwerke wurde Maos Satz: „Unsere Literatur und Kunst dienen den Volksmassen, vor allem den Arbeitern, Bauern und Soldaten, werden für die Arbeiter, Bauern und Soldaten geschaffen, von ihnen benutzt." Von den Künstlern wurden volksnahe, allgemein verständliche Kunstwerke auf hohem Niveau erwartet. Dabei sollte auf das traditionelle künstlerische Erbe ebenso zurückgegriffen werden wie auf die Kunst des Auslands. Entscheidend war, daß die Kunst den Volksmassen diente und deren Anerkennung fand. Das Pekinger Opernforschungsinstitut sammelte bis 1957 51067 (!) Opern, die von 3500 Operntruppen mit etwa 250000 Mitwirkenden aufgeführt wurden (H. Lück, in: NMZ Febr./März 1974). Aus diesen Werken wählte man passende Themen aus und bearbeitete sie im Kollektiv der Schriftsteller, Komponisten und Darsteller im neuen Sinne. Berühmtheit erlangten, z. T. auch durch den Film: *Das weißhaarige Mädchen* (1945), *Shadjabang, Die rote Signallaterne, Mit taktischem Geschick den Tigerberg erobert* und das Ballett *Die rote Frauenkompanie* (alle im Verlag für fremdsprachige Literatur, Peking 1972 erschienen). In diesen Werken mischen sich Merkmale traditioneller chinesischer Musik (Gesangsmelismen in pentatonischer Melodik, alte Instrumente) mit den Einflüssen europäischer Kunstmusik des 19. Jh. (großes Symphonieorchester).

Außer Balletten und Opern wurden in den Kriegsjahren seit 1937 bis zur Ausrufung der Volksrepublik 1949 zahlreiche Revolutionslieder komponiert bzw. ältere Lieder neu textiert. Sie sind durchweg pentatonisch, geradtaktig und zeigen häufig punktierte Rhythmik und Synkopen. (Komponisten: Nieh Erh, Hsien Hsing-hai, Wang Hsin, Wang Shuan-yin.) Das berühmte *Der Osten ist rot* beruht auf einem Lied aus der Provinz Nord-Shensi (*Historical Revolutionary Songs*, Peking 1971). Seit dem Tode Maos und vor allem seit dem Sturz seiner für den Kulturbereich verantwortlichen Frau, Tschiang-Tsching (1976), scheint sich die durch starke Ideologisierung erstarrte Theater- und Musikszene wieder zu entkrampfen.

P. RUSCHENBURG

Lit.: J. J. M. AMIOT SJ, Mémoire sur la musique des Chinois... (P 1779), auch als: De la musique des Chinois, in: Mémoires concernant l'histoire... des Chinois VI, hrsg. v. P. Roussier (P 1780); J. A. VAN AALST, Chinese Music (Schanghai 1884); E. CHAVANNES, Les mémoires historiques de Se-mz Ts'ien, 5 Bde. (P 1895–1905); E. FISCHER, Beitr. z. Erforschung der chinesischen Musik (L 1910) (= Diss. Berlin 1910), abgedruckt in: SIMG 12 (1910/11); G. SOULIÉ, La musique en Chine (P 1911); M. COURANT, Essai historique sur la musique classique des Chinois, in: LAVIGNAC Hist. I (1912); L. LALOY, La musique chinoise (P 1912); M. GRANET, Fêtes et chansons anciennes de la Chine (P 1919); G. SOULIÉ DE MORANT, Théâtre et musique modernes en Chine (P 1926); KOUANG-K'I WANG, Tong-si yo-tche tche yen-kieou (Schanghai 1928); UN-KAI TSIANG, K'ouen-K'iu (P 1932); R. W. MARKS, The music and musical instruments of ancient Ch., in: MQ 18 (1932); KUANG-K'I WANG, Über die chinesische klass. Oper (Be 1934); FEI TONG, Tchong-yo sin-yuan (Schanghai 1935); A. TCHEREPNINE, Music in modern Ch., in: MQ 21 (1935); J. H. LEVIS, Foundations of Chinese Musical Art (Peking 1936); E. ALBINI, La musica in Ch., in: RMI 42 (1938); HIAO-TSIUN MA, La musique chinoise de style européen (P 1941); DERS., La musique chinoise, in: La musique des origines à nos jours, hrsg. v. N. Dufourcq (P 1946); Y. TCHEN, La musique chinoise en France au XVIIIe siècle (Diss. masch. P 1948); A. HOFFMANN, Die Lieder des Li Yü 937–978, Herrschers der südlichen T'ang-Dynastie (Kö 1950); M. SCHNEIDER, La relation entre la mélodie et le langage dans la musique chinoise, in: Anuario mus. 5 (1950); E. HARICH-SCHNEIDER, The Earliest Sources of Chinese Music and their Survival in Japan, in: Monumenta Nipponica 11 (1955); G. SCHNEERSON, Die Musikkultur Ch.s (L 1955); F. KORNFELD, Die tonale Struktur chinesischer Musik (W-Mödling 1955); H. PISCHNER, Musik in Ch. (B 1955); K. REINHARD, Chinesische Musik (Kas 1956); A. C. SCOTT, The Classical Theatre of Ch. (Lo 1957); KAZU NAKASEKO, Symbolism in Ancient Chinese Music Theory, in: JMTh 1 (1957); R. ALLEY, Die Peking-Oper (Peking 1957); W. DANCKERT, Der Tiger als Symboltier der Musik in Altchina, in: Zschr. für Ethnologie 83 (1958); HIAO-TSIUN MA, Le Théâtre national chinois à Paris, in: Arts asiatiques V/1 (P 1958); DERS., La musique chinoise, in: Encyclopédie de la Pléiade. Histoire de la musique, I (P 1960); TENG CHANG-KUO, Chinese musical instruments (Taipeh 1960); HIAO-TSIUN MA, Le théâtre de Pékin, in: Les théâtre d'Asie (P 1961); A. L. KAGAN, Music and the Hundred Flowers Movement, in: MQ 49 (1963); S. OBRASZOW, Theater in Ch. (B 1963); J. H. LEVIS, Foundations of Chinese musical art (NY [2]1963); G. SCHÖNFELDER, Die Beschwörung des Ostwinds. Eine Peking-Oper, übertragen u. erläutert, in: BzMw 5 (1963); CHUANG PEN-LI, Panpipes of ancient Ch. (Nankang 1963); D. MENSTELL HU, Musical elements of Chinese opera, in: MQ 50 (1964); HIAO-TSIUN MA, Histoire des spectacles en Chine, in: Encyclopédie de la Pléiade. Histoire des spectacles (P 1965); B. WIANT, The music of Ch. (Hongkong 1965); E. HALSON, Peking opera. A short guide (Lo 1966); M. GIMM, Das Yüeh-Fu Tsa-Lu des Tuan An Chieh. Stud. z. Gesch. v. Musik, Schauspiel u. Tanz in der T'ang-Dynastie (Wie 1966); R. CHAO PIAN, Song dynasty musical sources and their interpretation (C/M 1967); F. A. KUTTNER, Zur Entwicklung des Musikbegriffs in Ch.s Frühgesch., in: FS W. Wiora (Kas 1967); MAO TSE-TUNG, Aussprache in Yenan über Lit. u. Kunst, in: Ausgew. WW, Bd. 3 (Peking 1969); TSAI-PING-LIANG, Chinese musical instruments and pictures (Taipeh 1970); F. LIEBERMANN, Chinese Music. An Annotated Bibliography (NY 1970); W. Y. HSU, The origin of music in China (1970); L. PICKEN, Chinese music, in: Readings in ethnomusicology, hrsg. v. D. P. McAllester (NY 1971); C. P. MACKERRAS, The rise of the Peking opera 1770–1870: social aspects of the theatre in Manchu China (Lo 1972); P. BENTON, Chinese shadow plays, in: Essays on Asian theatre and dance (NY 1972); D. A. CRAIG, Whither Chinese traditional music?, in: The world of music 15 (1973); F. L. HARRISON, Time, place & music. An anthology of the ethnomusicological observations c. 1550–c. 1800 (A 1973) (darin mehrere Reiseberichte); R. M. H. CHUNG, Zur musikwiss. Bedeutung Dschu Dsyi-yüs (des Erfinders der gleichschwebenden Temperatur des Zwölftonsystems) (Diss. masch. W 1973); F. FISHER, The yellow bell of China and the endless search, in: Music Educators Journal 59 (1973); H. LÜCK, Blaue Schlange u. rote Frauenkompanie, in: NMZ (1974) Februar-März-H.; M. P. CHAO, The yellow bell. A brief sketch of the history of Chinese music (NY 1974); TRAN VAN KHE, Le théâtre musical en Chine, au Japon et au Viet-Nam, in: Centre d'étude de monde orientale, Bull. 14–15 (1974); R. CHAO PIAN, Primary sources of materials from the Chinese oral tradition: an interim bibliography, in: Chinoperl 4 (1974); B. BROOKS, Comparative analysis of arias in Yuan Ch'ü and Peking opera, in: ebd. 4 (1974); R. C. PROVINE, The Treatise on ceremonial music 1430 in the annals of the Korean king Sefong, in: Ethnomusicology 18 (1974); CH. P. WANG, The development of Chinese classical music in the Republic of China, in: Proceedings of the First Asian Pacific Music Conference Seoul 1975 (Seoul 1975); CH. K. TENG, Music education and music activities in the Republic of Ch., in: ebd. (Seoul 1975); S. DELZA, The classic Chinese theatre, in: Dance in Africa, Asia and the Pacific, hrsg. v. J. van Zile (NY 1976); DERS., The dance-arts in the People's Republic of Chine, in: ebd.

HIAO-TSIUN MA

CHINESISCHE NACHTIGALL, DIE, Ballett in 4 Bildern von Werner Egk (1908–83), Libretto vom Komponisten. UA: 7. 5. 1953 in München (Kongreß-Saal des Deutschen Museums), Choreographie: Tatjana Gsovsky (* 1901).

Zur 50-Jahr-Feier des Deutschen Museums in München komponierte W. Egk dieses Märchenballett im Auftrag der Museumsgesellschaft. Das Sujet ist Hans Christian Andersens (1805–75) Kunstmärchen *Die Nachtigall* entnommen. In den siebzehn programm-musikalischen Stücken des Werks dominieren diatonische, rhythmisch profilierte Themen und situationsgebundene Klangfarben (*Das Lied der Nachtigall, Die künstliche Nachtigall*). – Die öffentliche EA fand am 20. 5. 1953 zusammen mit der Neuinszenierung von Egks Ballett *Joan von Zarissa* im Münchener Prinzregententheater unter der Leitung des Komponisten statt. T. Gsovsky inszenierte und choreographierte das Ballett für das Ensemble der Bayerischen Staatsoper. Aufsehen erregte das von Helmut Jürgens gestaltete Bühnenbild, in das ein schwebendes Aquarell von Paul Klee integriert war. G. LUDIN

CHIROPLAST (von griech. cheir = Hand und plassein = bilden), von J. B. Logier erfundene Vorrichtung zur Vermeidung einer falschen Hand- und Fingerstellung des Klavierschülers. Der Ch. besteht aus einer Leiste von der Länge der Klaviatur, auf die die Hände gelegt, und einer weiteren Leiste mit zwei beweglichen Rahmen, in die die Finger gesteckt werden. Der 1814 patentierte Apparat war im 19. Jh. vor allem in Irland, England und Frankreich verbreitet und wurde bis zur Jahrhundertwende häufig nachgeahmt. Fr. W. Kalkbrenner vereinfachte ihn. – ↗Handleiter.

Lit.: J. B. LOGIER, An Explanation and Description of the Royal Patent Ch. (Lo 1816); DERS., The First Companion to the Royal Patent Ch. (Lo 1818, [19]1867); F. KALKBRENNER, Méthode pour apprendre le pianoforte à l'aide du guidemains (P 1830); H. BECKER, System Logier, in: Musica 11 (1957).

CHISHOLM, Erik, * 4. 1. 1904 Cathcart bei Glasgow, † 7. (oder 9.) 6. 1965 Rondebosch bei Kapstadt; schottischer Dirigent und Komponist. Er studierte 1918–20 an der Scottish Academy of Music in Glasgow, war Ende der 20er Jahre Organist und Chorleiter in Nova Scotia (Kanada), nach seiner Rückkehr seit 1930 Dirigent der Glasgow Grand Opera Society und setzte sein Musikstudium an der Universität Edinburgh fort. 1935–39 war er Organist und Chorleiter der St. Matthew's Church in Glasgow, 1940–43 Dirigent des englisch-polnischen Ballets in London und 1943–46 Musikdirektor der South-East Asia Command. Seit 1945 lehrte er als Professor an der Universität in Kapstadt (Südafrika). Ch. hat vor allem durch die 1930 von ihm gegründete Gesellschaft *The Active Society for the Propagation of Contemporary Music* zur Förderung zeitgenössischer Komponisten und ihrer Musik beträchtlichen Einfluß auf das Musikleben in Schottland ausgeübt.

WW: Klv.-Stücke; ein Doppeltrio für Blasinstr. u. Str.; für Orch.: *2 Symphonies* (1938, 1939); *The Friars of Berwick,* Ouvertüre; *The Adventure of Babar* (1940), Fantasie; *Ceol Mor,* Tänze; 12 Präludien; ein *Concerto for Orchestra* (1952); 2 Klv.-Konzerte; ein V.-Konzert; *Straloch Suite* für Klv. u. Str.; Lieder; Opern: *The Isles of Youth; Simoon; Dark Sonnet; Before Breakfast; The Inland Woman* (1935); *Black Roses;* 3 Ballette.

CHITARRA BATTENTE (it.; frz.: guitare à dos bombé, guitare en bateau, guitare à la capucine), ein Gitarreninstrument mit einer Gesamtlänge von 84–100 cm, dessen Herkunft noch nicht geklärt ist. Die Bezeichnung „battente" (it., = Stäbchen, Klöppel, Schlegel) weist auf die Spielweise mit Plektrum hin. Das Instrument unterscheidet sich von der Gitarre durch ein großes, aus Spänen gefertigtes Korpus mit bis zu 17 cm hohen, ebenfalls gespänten Zargen und einem gewölbten Boden. Die meist fünf doppel-, seltener dreichörigen Saiten sind in der unteren Zarge aufgehängt (unterständige Befestigung) und verlaufen von dort über einen nicht festgeleimten, sondern durch den Druck der Saiten gehaltenen Steg zum Griffbrett, das im allgemeinen 10 Bünde hat. Eine mit 7 doppelchörigen Saiten ausgestattete Ch.b. ist in der Toskana nachzuweisen. Die Doppel- und Dreichörigkeit bezieht sich nur auf die äußeren Saiten, da die mittlere, einfache, „scordo" genannte Saite als Bordunsaite verwendet wird. Die Stimmung des Instruments entspricht der Terz-Quart-Stimmung der Gitarre. Die Ch.b. war im 17. und 18. Jh. sehr verbreitet und wird heute noch in der Volksmusik Unteritaliens, besonders in Kalabrien, viel verwendet.

CHITARRONE (it.; Augmentativ von chitarra), **Romanische** bzw. **Römische Theorbe,** das größte (bis zu 2 m lange) und wichtigste Instrument aus der Familie der ↗Erzlauten. Der Ch. entstand (nach C. Sachs) Anfang des 16. Jh. in Italien. Der erste Hinweis findet sich in dem Auftrag des Herzogs zu Mantua 1524 „de farli fare alchuni Citaroni". Das Korpus des Instruments ist im Verhältnis zur Gesamtlänge sehr klein, die Decke mit bis zu drei mit Rosetten verzierten Schallöchern versehen. Der

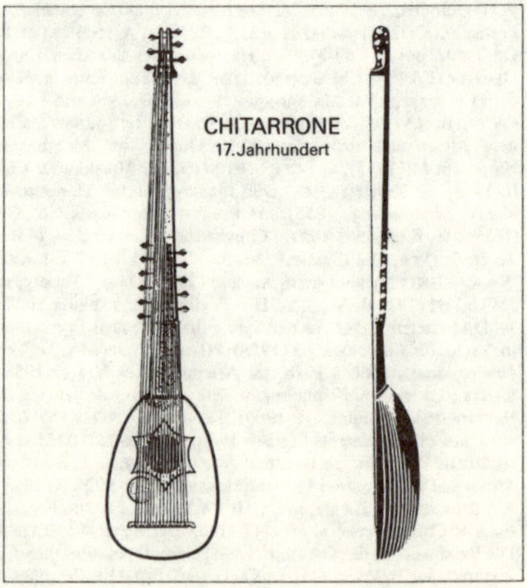
CHITARRONE
17. Jahrhundert

übermäßig verlängerte Hals trägt zwei, seltener drei Wirbelkästen, im Gegensatz zur Theorbe in einer Ebene, d.h. nicht seitlich versetzt. Der Bezug besteht aus Darm- oder Metallsaiten. Zum ersten Wirbelkasten sind 6 doppelchörige Griffbrettsaiten gezogen, die, nach M. Praetorius (1619) folgende Stimmung hatten: G c d f g a. Im zweiten Wirbelkasten enden die neben dem Griffbrett laufenden 5, 6 oder 8 einfachen Bordunsaiten, die im allgemeinen (veränderbar) diatonisch gestimmt waren (von $_1$F–F). Der Ch., im 17. Jh. hoch geschätzt, diente als Begleitinstrument (z. B. der Sänger) und spielte wegen seiner Klangfülle vor allem der tiefen Töne eine wichtige Rolle als Generalbaßinstrument. So setzte ihn z.B. auch E. de' Cavalieri in seiner *Rappresentazione di Anima e di Corpo* (1600) ein. Er wurde auch von Cl. Monteverdi und J. Peri verwendet. Solostücke für Ch. schrieben A. Piccinini und J. H. Kapsberger (1604, 1616, 1624) der auch, neben D. Belli (1616), Tabulaturen für den Ch. veröffentlichte.

CHLADNI, Ernst Florens Friedrich, * 30. 11. 1756 Wittenberg, † 3. 4. 1827 Breslau; dt. Physiker. Nach dem Jurastudium wandte er sich ganz den Naturwissenschaften zu. Ch. gilt als Begründer der experimentellen Akustik. Er untersuchte u.a. die Schwingungsformen von Stimmgabeln und Glokken, entdeckte die ↗Chladnischen Klangfiguren, die Longitudinal- und Drehschwingungen von Saiten und Stäben und erfand zwei Musikinstrumente, das Euphon und den Clavizylinder, die auf der Erregung von Longitudinalschwingungen beruhen.

Schriften: *Die Akustik* (L 1802); *Neue Beyträge zur Akustik* (L 1817); *Beyträge zur praktischen Akustik und zur Lehre vom Instrumentenbau* (L 1821); *Kurze Übersicht der Schall- und Klanglehre* (Mz 1827).

Lit.: V. KOHLSCHÜTTER, E. F. F. Ch. (Hamburg 1897).

CHLADNISCHE KLANGFIGUREN, Bz. für geometrische Figuren, die sich an den Knotenlinien von schwingenden Platten oder Membranen bilden und z.B. durch aufgestreuten Sand sichtbar gemacht werden können. Sie sind nach ihrem Entdekker E. Fl. Fr. ↗Chladni benannt, der sie erstmals 1802 erzeugte, als er eine mit feinkörnigem Pulver (Lykopodium) bestreute Metallplatte mit einem Geigenbogen strich und diese dadurch zu Eigenschwingungen anregte. Die Figuren kommen dadurch zustande, daß das Pulver an den Stellen starker Schwingungsbewegung (Schwingungsbäuche) weggewirbelt wird und sich an den in Ruhe befindlichen Orten (Schwingungsknoten) sammelt. Die Art des Musters der Ch. K., die auch bei den Musikinstrumenten auftreten, hängt von der Frequenz der angeregten Schwingungen und von der Halterung der Platte ab.

CHLUBNA, Osvald, * 22. 7. 1893 Brünn, † 30. 10. 1971 ebd.; tschechischer Komponist. Ch. studierte an der Brünner Orgelschule bei L. Janáček und nach dem 1. Weltkrieg Musiktheorie am Konservatorium in Brünn. 1919–35 und 1953–59 lehrte er dort an der Janáček-Akademie Harmonielehre und Tonsatz. Er instrumentierte Janáčeks Oper *Šárka* und vollendete 1948 dessen symphonische Dichtung *Dunaj* (Die Donau). Obwohl Schüler Janáčeks, war Ch. weniger von folkloristischen Stilelementen als von der Klangfarbentechnik bei R. Strauss beeinflußt.

WW: **1) Kompositionen:** je ein Klv.-, V.- u. Vc.-Konzert; zahlreiche Klv.-Stücke; symphonische Dichtungen (1956–62); 3 Symphonien (1927, 1946, 1960); Orchesterzyklen: *Natur u. Mensch* (1949–53) u. *Meine Erde* (1956–58); Lieder; Chöre: *Rispetti* (1968); *Heiligenlegenden Sta. Caecilia* u. *Sta. Clara* (1970). – Opern: *Catulls Rache* (1921, revidiert 1959) u. *Die Wiege* (1953). – **2) Schriften:** *Autobiographisches,* in: Rhythmus 9 (1943/44); *Was mir Janáček gegeben hat* (1969/71) (hsl.).

Lit.: M. ČERNOHORSKÁ, O. Ch. (1962).

H. LINDLAR

CHOCALHO (port.; Diminutiv von choca = Schelle), **Chocolo, Xocalho, Xucalho,** eine Rassel brasilianischen Ursprungs, die als Rhythmusinstrument in der südamerikanischen Tanzmusik verwendet wird. Der Ch. besteht aus einem geschlossenen Holz- oder Metallzylinder mit 6–7 cm Durchmesser und ist mit Körnern (auch Schrot) gefüllt, die beim waagerechten Schütteln gegen die Wände des Zylinders schlagen und ein rasselndes Geräusch erzeugen.

CHOMIŃSKI, Józef Michał, * 24. 8. 1906 Ostrów; polnischer Musikforscher. Er studierte bei A. Chybiński an der Universität Lemberg, wurde 1936 mit der Dissertation *Technika imitacyjna XIII i XIV wieku* (Die Technik der Imitation im 13. und 14. Jh.) promoviert und habilitierte sich 1949 an der Universität Posen. Seit 1951 lehrte er (seit 1954 als Professor) Musikgeschichte und Musiktheorie an der Universität Warschau. 1951–68 leitete Ch. die Musikabteilung am Kunstinstitut der Polnischen Akademie der Wissenschaften, 1953–57 die Edition *Studia muzykologiczne.* 1956–63 war er Chefredakteur der *Annales Chopin,* seit 1956 Herausgeber der Vierteljahresschrift *Muzyka* und seit 1964 der *Monumenta Musicae in Polonia.* Er war außerdem Chefredakteur des Musikerlexikons *Słownik muzyków polskich* (2 Bde., Krakau 1964 bis 1967).

Schriften: *Preludia Chopina* (Chopins Préludes) (Krakau 1950); *Elementy muzyczne jako przedmiot rożważań analitycznych*

(Musikal. Elemente als Gegenstand analytischer Unters.), in: Studia Muzykologiczne 2 (1953); *Sonaty Chopina* (Die Chopin-Sonaten), in: ebd. 2 (1953) – 4 (1955); *Formy muzyczne* (Musikal. Formenlehre), 2 Bde. (Krakau 1954 u. 1956); *Der Entwicklungscharakter der Harmonik in MA u. Renaissance*, in: Kgr.-Ber. Wien 1956 (Gr – Kö 1958); *Historia harmonii i kontrapunktu* (Gesch. von Harmonie u. Kontrapunkt), 2 Bde. (Krakau 1958 u. 1962); *La maitrise de Chopin compositeur*, in: Annales Chopin (ebd. 1960); *Ewolucja faktury fortepianowej Chopina* (Die Entwicklung von Chopins Klavierstil) (War 1960) (= Wydanie Uniwersitetu Warszawskiego 1); *Sonaty Chopina* (Die Chopin-Sonaten) (Krakau 1960); *Glowne problemy techniki dźiękowej Liszta* (Hauptprobleme der Klangtechnik bei Liszt), in: Musyka 6 (1961); *Muzyka Polski Ludowej* (Die Musik Volkspolens) (War 1968); *Studia nad twórczością K. Szymanowskiego* (Studien zum Werk K. Szymanowskis) (Krakau 1969); *Pieśń* (Gesang) (ebd. 1974). – Editionen: *Muzyka Polskiego Odrodzenia* (Die Musik der poln. Renaissance; Beispiel-Slg., zus. mit Z. Lissa) (War 1953), engl. Ausg.: *Music of the Polish Renaissance* (Lo 1955); *Kultura muzyczna Polski Ludowej 1944–55* (Die Musikkultur Volkspolens 1944–55; Sammel-Bd., zus. mit Z. Lissa) (Krakau 1957); *Z życia i twórczości K. Szymanowskiego* (Aus dem Leben u. Schaffen K. Szymanowskis; Sammel-Bd.) (ebd. 1960).

CHOPIN, Frédéric François (Frydryk Franciszek), * 1. 3. 1810 Żelazowa-Wola bei Warschau, † 17. 10. 1849 Paris; polnischer Komponist und Pianist. Der Vater, Nicholas Ch. (1771–1844), gebürtiger Franzose, wanderte 1787 nach Polen aus und ließ sich dort als Französischlehrer nieder. Seit 1810 war er Professor für französische Literatur und Sprache am Gymnasium und seit 1812 an der Artillerieschule in Warschau, wohin die Familie im Oktober des gleichen Jahres übersiedelte. Von seiner polnischen Mutter, Justina Kryżanowska (1782–1861), erhielt Ch. den ersten Klavierunterricht, den er seit 1817 bei Adalbert Zywny fortsetzte. 1818 trat er erstmals öffentlich in einem Wohltätigkeitskonzert auf und wurde in den Salons der polnischen Aristokratie als Wunderkind gefeiert. In jener Zeit entstanden auch seine ersten Kompositionen: die 1817 veröffentlichte *Polonaise* in g-moll und ein Marsch. 1823–26 besuchte er das Gymnasium in Warschau und seit 1826 das Warschauer Konservatorium, wo er Kompositionsschüler von Joseph Elsner war und 1829 das Diplom erwarb. Gleichzeitig besuchte er an der Universität literarhistorische Vorlesungen und verkehrte mit angesehenen Politikern, Kritikern und Literaten. Seit frühester Jugend war Ch. mit der polnischen Volksmusik und polnischen Volkstänzen vertraut. Die Werke zeitgenössischer Komponisten lernte er durch regelmäßige Konzertbesuche kennen, wobei er auch berühmte Virtuosen und Sänger und Sängerinnen wie J. N. Hummel, N. Paganini, H. Sontag und A. Catalani hörte. Im Nationaltheater Warschau wurde er mit dem neuesten französischen und italienischen Bühnenrepertoire bekannt. 1828 besuchte Ch. Berlin, 1829 Wien, wo er zwei erfolgreiche Konzerte gab, Prag und Dresden. Am 11. Oktober 1830 trat er zum letzten Mal in Warschau auf und verließ im November Polen zu einer Reise nach Westeuropa. Den Winter 1830/31 verbrachte er in Wien, reiste über Salzburg nach München und nach Stuttgart. Hier erreichte ihn die Nachricht von der Einnahme Warschaus durch die Russen. Ende 1831 traf Ch. in Paris ein. Durch Vermittlung von F. Paër lernte er Fr. W. Kalkbrenner kennen, der ihn im Hause Pleyel einführte. Dort trat Ch. am 26. 2. 1832 erstmals auf und erregte die Bewunderung u. a. von Fr. J. Fétis und Fr. Liszt, der ihm freundschaftliche Zuneigung entgegenbrachte. Obwohl seine finanziellen Mittel trotz Unterstützung durch seinen Vater allmählich zusammenschmolzen, blieb Ch. – entgegen seiner ursprünglichen Absicht, nach London weiterzureisen – in Paris. Als ihn dann sein Landsmann Fürst Valentin Radziwill im Hause Rothschild einführte und sein Spiel auch dort allgemeinen Beifall hervorrief, wuchs ihm bald ein adeliger Schülerkreis zu, wodurch sich seine finanzielle Lage besserte, sodaß er sich nun verstärkt der Komposition widmen konnte. Viele bedeutende Komponisten, Schriftsteller und Maler, darunter Liszt, H. Berlioz, V. Bellini, F. Hiller, G. Rossini, F. Mendelssohn Bartholdy, H. Heine, H. de Balzac und E. Delacroix zählten zu seinem Freundeskreis, ebenso zahlreiche polnische Emigranten. 1834 reiste er mit Hiller zum Musikfest nach Aachen und besuchte Mendelssohn in Düsseldorf. 1835 sah er in Karlsbad seine Eltern, die dort zur Kur weilten, ein letztes Mal. In Dresden folgte Ch. einer Einladung der Familie Wodziński, die er seit frühester Kindheit kannte, und verliebte sich in die junge Tochter Marie. Die Rückreise führte über Leipzig, wo er erneut mit Mendelssohn zusammentraf, der ihn im Hause Wieck Clara und Robert Schumann vorstellte. 1836 reiste er erneut nach Dresden und verlobte sich mit Marie Wodzińska. Die Verlobung wurde jedoch schon 1837 gelöst. Im Juli desselben Jahres verschlimmerte sich während einer Reise nach London eine Tuberkulose, an der er seit frühester Kindheit litt. Im Frühjahr 1838 entwickelte sich zwischen Ch. und der Schriftstellerin George Sand, die er im Herbst 1836 durch Fr. Liszt kennengelernt hatte, eine Liebesbeziehung, die die nächsten 10 Jahre seines Lebens nachhaltig beeinflussen sollte. Im November 1838 reiste er mit ihr und ihren beiden Kindern nach Mallorca; in den folgenden Jahren lebte er abwechselnd in Paris und, während der Sommermonate, auf dem Landsitz der Dichterin in Nohant, wo sich die geistige Elite der Zeit traf. 1847 setzte ein Zerwürfnis der Beziehung ein Ende. Sein Gesundheitszustand verschlechterte sich rasch. Sein letztes Konzert in Paris fand am 16. Februar 1848 statt. Ende April 1848 unternahm er noch eine Konzertreise nach Großbritannien, wo ihm jedoch das neblige Klima schwer zusetzte. Im November kehrte er nach Paris zurück. Im nächsten Jahr war er auch nicht mehr in der Lage, Klavierstunden zu geben. Für seinen Lebensunterhalt kamen schottische Freunde auf. Am 17. Oktober 1849 starb er und wurde auf dem Friedhof Père-Lachaise begraben. Sein Herz wurde, seinem Wunsch entsprechend, nach Polen in die Heilig-Kreuz-Kirche in Warschau übergeführt.

WW: **1) Klv.-WW: a)** *Polonaise* g-moll (1817) (War o.J.); 3 *Polonaises* (1817–21) (Krakau 1947); *Polonaise* A-Dur (1821) (M. Zywny gewidmet) (War 1902); *Polonaise* gis-moll (1822) (Mz 1864, War 1864); *Polonaise* b-moll, nach der Arie aus *Pie Voleuse* v. Rossini, in: Musikal. u. Theatralisches Echo (War 1881) Nr. 12; *Polonaise* b-moll (1826) (o.O. 1872); *3 Polonaises*, op. 71 (1827–28) (B 1855); *Polonaise* B-Dur (vor 1830) (Mz 1872); *2 Polonaises*, op. 26 (L 1836); *2 Polonaises*, op. 40 (1838–39) (L 1840); *Polonaise* f-moll, op. 44 (W 1841); *8^e^ Polonaise* As-Dur, op. 53 (L 1843); *Polonaise Fantaisie* As-Dur, op. 61 (L 1846). – **b)** 4 *Mazurkas:* G-Dur (1825), D-Dur (1829–30), D-Dur (1832) u. C-Dur (1833) (o.O. 1851); *4 Mazurkas*, op. 6 (vor 1831) (L 1832); *4 Mazurkas*, op. 17 (L 1834); *4 Mazurkas*, op. 24 (L 1835); *4 Mazurkas*, op. 30 (L 1838); *4 Mazurkas*, op. 33 (L 1838); *4 Mazurkas*, op. 41 (L 1840); *3 Mazurkas*, op. 50 (W 1842); *Mazurka* a-moll (Mz 1842); *3 Mazurkas*, op. 56 (L 1846); *3 Mazurkas*, op. 59 (B 1846); *3 Mazurkas*, op. 63 (L 1847); *Mazurka* a-moll (L 1851); *4 Mazurkas*, op. 67 (1835–48) (B 1855); *4 Mazurkas*, op. 68 (1830–48) (B 1855). – **c)** *Grande Valse* Es-Dur, op. 18 (vor 1830) (L 1834); *3 Valses brillantes*, op. 34 (L 1838); *Valse* As-Dur, op. 42 (L 1840); *3 Valses*, op. 64 (L 1847); *Valse* E-Dur (1829) (o.O. 1872); *2 Valses* (Lo 1848); *2 Valses*, op. 69 (1829, 1836) (1855); *3 Valses*, op. 70 (1836–41) (1855); *Valse* e-moll (1868); *Valse* a-moll (um 1840) (P 1955); *Valse* Es-Dur (Lo 1955); *Valse* B-Dur (um 1848), im Besitz v. A. Hedley (unveröff.). – **d)** *Sonate* c-moll, op. 4 (1828) (W 1851); *Sonate avec une marche funèbre* b-moll, op. 35 (1839) (der Marsch ist früher erschienen) (L 1840); *Sonate* h-moll, op. 58 (L 1845). – **e)** *12 grandes Études*, op. 10 (1830 bis 1832) (1833); *12 Études*, op. 25 (L 1837); *3 nouvelles Études de perfection de la Méthode des Méthodes de Moscheles et Fétis* (L 1840). – **f)** *1er Scherzo* h-moll, op. 20 (L 1835); *2er Scherzo* b-moll, op. 31 (L 1838); *3e Scherzo* c-moll, op. 39 (L 1840); *Scherzo n° 4* E-Dur, op. 54 (L 1843). – **g)** *Ballade* g-moll, op. 23 (vor 1831) (L 1836); *2e Ballade* F-Dur, op. 38 (L 1840); *3e Ballade* A-Dur, op. 47 (L 1842); *4e Ballade* f-moll, op. 52 (L 1843). – **h)** *24 Préludes*, op. 28 (L 1839); *Prélude* Cis-Dur, op. 45 (um 1834) (Spina 1841). – **i)** *3 Nocturnes*, op. 9 (1833); *3 Nocturnes*, op. 15 (vor 1831) (L 1834); *2 Nocturnes*, op. 27 (L 1836); *2 Nocturnes*, op. 32 (L 1837); *2 Nocturnes*, op. 37 (L 1840); *2 Nocturnes*, op. 48 (L 1842); *2 Nocturnes*, op. 55 (L 1844); *2 Nocturnes*, op. 62 (L 1846); *Nocturne, Marche funèbre et 3 Écossaises*, op. 72 (1827, 1829, 1830) (L 1855). – **j)** *Impromptu* A-Dur, op. 29 (L 1838); *2e Impromptu* Fis-Dur, op. 36 (L 1840); *Impromptu* Ges-Dur, op. 51 (1842) (L 1843). – **k)** *Fantaisie* f-moll, op. 49 (L 1842); *Fantaisie-Impromptu* cis-moll, op. 66 (um 1834) (1855). – **l)** *Rondeau* c-moll, op. 1 (War 1825); *Rondeau à la Mazur* F-Dur, op. 5 (1828) (War 1836); *Rondeau* Des-Dur, op. 16 (L 1834); *Rondeau* C-Dur für 2 Klv., op. 73 (um 1828) (1855); *Rondeau* C-Dur für 2 Klv. (um 1828) (Krakau 1949). – **m)** *Variations brillantes sur le rondeau favori de „Ludovic" de Hérold*… B-Dur, op. 12 (L 1833); *Variation VI dans l'Hexaméron*… E-Dur (1841); *Variations en mi majeur sur un air allemand* (vor 1824) (1851); *Variations* in D-Dur, für Klv. 4händig über ein Thema von Moore (1828) (Krakau 1965). – **n)** *Allegro de concert* A-Dur, op. 46 (1830–32) (L 1842); *Contredanse* Ges-Dur (um 1827?) (War 1934); *Boléro* C-Dur, op. 19 (vor 1831) (L 1835); *Cantabile* B-Dur (1834), in: Album v. Handschriften berühmter Persönlichkeiten (Bas 1925); *Feuille d'album* (1843), in: Swiat (1910); *Largo* D-Dur (nach 1832) (War 1938); *Tarantelle* As-Dur, op. 43 (L 1841); *Berceuse* Des-Dur, op. 57 (L 1845); *Barcarolle* Fis-Dur, op. 60 (L 1846) – **2) WW für mehrere Instr.:** *Introduction et Polonaise brillante* C-Dur für Klv. u. Vc., op. 3 (1829) (W 1833); *Premier Trio* g-moll für Klv., V. u. Vc., op. 8 (1833); *Grand Duo concertant* e-moll für Klv. u. Vc., über Themen aus *Robert le Diable* (zus. mit A. J. Franchomme) (B 1833). – **3) WW für Klv. u. Orch.:** Variationen über *„Là ci darem la mano"* aus Mozarts *Don Giovanni* B-Dur, op. 2 (1830); (1.) Klv.-Konzert e-moll, op. 11 (1830) (1833); *Grande Fantaisie sur des airs polonais* A-Dur, op. 13 (vor 1831) (1834); *Krakowiak. Grand Rondo de concert* F-Dur, op. 14 (vor 1831) (1834); 2. Klv.-Konzert f-moll, op. 21 (1829) (L 1836); *Grande Polonaise brillante précédée d'un Andante Spianato pour le piano avec orchestre*, op. 22 (1831–32) (L 1836). – **4) Verschiedenes:** 17 *Lieder polonais* mit Klv.-Begleitung (vor 1831) (Texte v. Witwicki u. Zaleski, dt. Übers. v. F. Gumpert) (1855). – Verschollene WW: *Andante dolente* b-moll (1827); *Variations en fa majeur* (1826); *Marche militaire* (1817 instrumentiert). – WW mit zweifelhafter Zuschreibung: *Variations* für Fl. u. Klv. über *„Non più mesta"* aus *Cinderella* v. Rossini (1826–30); *Fugue* a-moll (L 1898).

Ch. hat fast ausschließlich für das Klavier komponiert. Sein Klavierstil wurde von der Klaviermusik C. M. von Webers, J. N. Hummels, J. L. Dusseks und polnischer Komponisten (M. K. Ogiński, Fr. Lessel, K. Kurpiński, M. Szymanowska u. a.) beeinflußt, vor allem aber waren Mozart, Beethoven und Bach seine großen Vorbilder. Empfänglich war er auch für den Belcanto der italienischen Oper (Rossini, Bellini), der in der häufig sanglichen Melodik seiner Themen eine Entsprechung findet. Das Charakteristische und eigentümlich Reizvolle seines Werke ist jedoch weitgehend dem Einfluß der polnischen Volksmusik zu verdanken, die vor allem in harmonisch-tonalen Reminiszenzen immer wieder anklingt. Trotz dieser heterogenen Einflüsse hat Ch. sehr schnell zu einem persönlichen Stil gefunden. In der ersten, bis um 1830 reichenden Schaffensperiode wandte er sich vorwiegend klassischen Formen zu, die er, unter besonderer Berücksichtigung der kompositionstechnischen Aspekte des Klaviers, in sehr individueller Weise gestaltete. Bevorzugte Gattungen waren Rondo und Variation (u. a. Variationen über *Là ci darem la mano* für Klavier und Orchester). In jener Zeit entstanden auch die beiden Klavierkonzerte (e-moll, 1830; f-moll, 1829) und die erste Sonate in c-moll (1828). Seit 1828 schrieb er die Etüden op. 10, in denen sich, wie in den Klavierkonzerten, Virtuosität und Ausdruck wechselseitig bedingen und zu einer untrennbaren Einheit verschmelzen. Nationale Elemente verarbeitete er in den Polonaisen, im *Rondeau à la*

Mazur und in *Krakowiak, Grand Rondeau de Concert* für Klavier und Orchester, insbesondere aber in den zahlreichen Mazurken, in denen er sich, vor allem in der zweiten, bis 1839 reichenden Schaffensperiode, auch als Meister der kleinen Form zeigt. Jetzt bevorzugte er generell freie, einsätzige Formen und eröffnete in den Gattungen Ballade, Scherzo, Nocturne und Prélude neue Möglichkeiten kompositorischer und ausdrucksmäßiger Gestaltung. Im Mittelpunkt der letzten Schaffensperiode stehen die beiden großen Sonaten in b-moll (1839) und h-moll (1845). Die hier modifizierte Form des Sonatenhauptsatzes kehrt auch in anderen Gattungen wieder, so in der Ballade F-Dur (1840), in der Fantasie f-moll (1842), ferner in den großen Polonaisen fis-moll (1840) und As-Dur (1843) und in der *Polonaise-Fantaisie* As-Dur (1846).

Ch.s Klavierstil ist von seiner eigenen Spielweise kaum zu trennen, deren hervorragendste Merkmale subtile Expressivität, kantabler Vortrag, höchst nuancierte Dynamik und sein berühmt gewordenes ↗Tempo rubato waren. Die Skala seiner Ausdrucksmöglichkeiten reicht in seinen Werken von lyrisch-melancholischer Empfindung bis zu leidenschaftlichem, bisweilen dämonischem Aufruhr, kennt aber auch Eleganz und vornehme Zurückhaltung. Dabei war in musikalischer Hinsicht die Adaption klassischer musikalischer Formen im Geist der Romantik für ihn der Weg schlechthin zur Entwicklung einer neuen Tonsprache des 19. Jahrhunderts. Kaum einer der bedeutendsten Komponisten der Zeit konnte sich Ch.s Einfluß entziehen. Insbesondere hat er die Klaviertechnik revolutioniert und in der Folge nachhaltig beeinflußt, vor allem in Polen (I. J. Paderewski, K. Szymanowski), Rußland (A. N. Skrjabin, A. K. Ljadow, S. Rachmaninow), Deutschland (Fr. Liszt) und Frankreich (G. Fauré, Cl. Debussy). Durch die bewußte Verwendung folkloristischer Elemente hat seine Musik nicht zuletzt auch die Entstehung nationaler Schulen gefördert.

Ausg. (nur kritische Ausg.): GA, hrsg. v. W. BARGIEL – J. BRAHMS – A. J. FRANCHOMME – F. LISZT – C. REINECKE – E. RUDORFF, 14 Bde. (L 1878–96); *Dzieła wszystkie* (GA), hrsg. v. I. J. PADEREWSKI – J. TURCZYNSKI – L. BRONARSKI, 21 Bde. (War – Krakau 1949–61); *Wydanie narodowe dzieł* (Nationalausgabe), hrsg. v. J. EKIER (Krakau 1967 ff.), bisher 1. Bd. erschienen; *Faksimylowane wydanie autografów F. Chopina* (Faks.-Ausg. der Autographen Chopins), hrsg. v. W. HORDYŃSKI (ebd. 1951 ff.), bisher 13 Bde. erschienen. – Einzel-Ausg.: Klv.-WW (Urtext-Ausg.), hrsg. v. E. ZIMMERMANN (Mn 1961); Faks.-Ausg. der Étude op. 10, Nr. 1 (Washington 1964); Variationen D-Dur u. die letzte Mazurka f-moll, hrsg. v. J. EKIER (War 1965, NY 1969); Walzer Es-Dur u. a-moll, hrsg. v. A. KOSZEWSKI (Krakau 1967, NY 1969); *Préludes,* nach dem Autograph v. 1839, hrsg. v. W. A. PALMER (NY 1968); *Préludes,* op. 28, hrsg. v. TH. HIGGINS (NY 1973).

Lit.: **1) Bibliographien, Periodica:** E. W. FRITSCH, Thematisches Verz. der … Compositionen v. F. Ch. … (L o.J.); DERS. – M. J. E. BROWN, Ch. An Index of His Works (Lo – NY 1960 mit Ergänzungen in MT 106, 1965; NA NY 1973); KR. KOBYLÁNSKA, F. Ch. Thematisch-bibliographisches Werkverz. (Mn 1979); B. E. SYDOW, Bibliogr. F. F. Chopiniana (War 1949), Ergänzungsbd. (War 1954); J. Z. BRUDNICKI, F. Ch. … Poradnik bibliograficzny (War 1960, ^{2}1965); K. MICHALOWSKI, Bibliogr. F. F. Ch. (Krakau 1970). – Chopin-Jb.: Rocznik chopinowski (1956 ff.), ab 2 (1957) unter dem Titel: Annales Chopin; Chopin-Jb. der Int. Ch.-Ges. Wien, hrsg. v. F. ZAGIBA (1956 ff.), bisher 3 Bde. erschienen; Katalog zbiorów. Towarzystwo imiena F. Ch., 1–9 (War 1969–71). – **2) Briefausgaben:** F. Ch.s gesammelte Briefe, hrsg. v. B. SCHARLITT (L 1911); Ch.s gesammelte Briefe, hrsg. v. A. VON GUTTRY (Mn 1928); F. Ch.s Korrespondenz, hrsg. v. H. OPIEŃSKI (engl. NY 1931, NA NY 1973, frz. P 1933, poln. War 1937); Correspondance de F. Ch., hrsg. v. B. E. SYDOW – S. D. CHAINAVE, 3 Bde. (P 1953–60), Korrespondencja F. Chopina, hrsg. B. E. SYDOW, 2 Bde. (War 1955), Selected Correspondance of F. Ch., hrsg. v. A. HEDLEY (Lo 1961, 1963); Briefe u. Dokumente, hrsg. v. W. REICH (Z 1959); J. G. GÖRLICH, Ch.s Briefe an Delfina, in: Musik des Ostens 7 (Kas 1975). – **3) Biographien u. Schriften zu biograph. Details:** F. LISZT, F. Ch. (P 1852), mit Vorwort v. A. Cortot u. Einleitung v. J. G. Prod'homme (P 1957, 1959), engl. Ausg. v. E. N. WATERS (Lo – Ny 1963), dazu DERS., in: MQ 47 (1961); M. KARASOWSKI, F. Ch. Sein Leben, seine WW u. seine Briefe, 2 Bde. (Dresden 1877, ^{2}1878); J. HUNEKER, Ch. The Man and his Music (NY 1900, Lo 1901, 1913, 1923), Nachdr. hrsg. v. H. WEINSTOCK (NY 1966); J. C. HADDEN, Ch. (Lo 1902); F. HOESICK, Ch., zycie i twórczósc, 3 Bde. (War 1904–11), NA in 4 Bde.n (Krakau 1962–68) (= Bibl. chopinowska 5), Bd. 1 (^{2}1967); H. LEICHTENTRITT, F. Ch. (B 1905); A. WEISSMANN, Ch. (B – L 1912); B. SCHARLITT, F. Ch. (L 1919) Z. JACHIMECKI, Ch. (1927, War ^{2}1949, NA Krakau 1957); G. DE POURTALÈS, Ch. ou le poète (1927, NA P 1956), dt. Übers.: Der blaue Klang (Fr 1928, Z 1956); W. MURDOCH, Ch. His Life (NY 1933); A. HEDLEY, Ch. (Lo 1946, NY 1949, dt. Z 1950); A. CHERBULIEZ, F. Ch. Leben u. Werk (Z 1948); W. u. P. REHBERG, F. Ch. Sein Leben u. sein Werk (Z 1949); A. CORTOT, Aspects de Ch. (1949), dt. Übers.: Ch. Wesen u. Gestalt (Z 1954, ^{2}1960); R. BORY, La vie de F. Ch. par l'image (G 1951); Autour der Ch. (1955) (= RM 229); Ch. in der Heimat, hrsg. v. K. KOBYLAŃSKA (dt. Krakau 1955); R. PETZOLDT, F. Ch. Sein Leben in Bildern (L 1960, ^{2}1963); A. BOUCOURECHLIEV, Ch. Eine Bildbiographie (dt. Mn 1962) (= Kindlers Bildbiogr. o. Nr.); Ch. na obczyźnie. Dokumenty i pamiatki, hrsg. v. J. ILNICKA – W. HORDYŃSKI – M. MIRSKA (Krakau 1965); F. Ch. Profiles of the Man and the Musician, hrsg. v. A. WALKER (Lo 1966, NY 1967); P. RATTALINO, F. Ch. Vita, arte, opere (Mi 1969); J.-J. EIGELDINGER, Ch. vu par ses élèves (Neuchâtel 1970); A. LIVERMORE, Colette's Ch., in: MR 33 (1972); L. BRONARSKI, Ch. et S. Heller, in: SMZ 113 (1973); A. WALKER , The Ch. Companion; Profiles of the Man and the Musician (NY 1973); F. NIECKS, F. Ch. as a Man and Musician (NY 1973); J. HOLLAND, Ch.'s Teaching and his Students (1973) (= Diss. masch. Univ. of North Carolina); A. HEDLEY, Ch. (Lo 1974); Ch. in Silesia (Kattowitz 1974) (Sammel-Bd.); B. GAVOTY, F. Ch. (P 1974, dt. Tü 1977); C. BOURNIQUEL, F. Ch. in Selbstzeugnissen u. Bilddokumenten (Reinbeck ^{11}1975); A. ORGA, Ch. His Life and Time (Turnbridge Wells 1976). – **4) Zu Stil u. Satztechnik:** H. LEICHTENTRITT, Analyse der Chopinschen Klavierwerke, 2 Bde. (B 1921 u. 1922); L. BRONARSKI, Die Chopinsche Harmonik (War 1935) (poln.); E. MEISTER, Stilelemente u. geschichtliche Grundlagen der Klavierwerke Ch.s (Diss. H. 1936); M. OTTICH, Die Bedeutung des Ornaments in Ch.s Schaffen (B 1937); G. ABRAHAM, Ch.s Musical Style (Lo 1939, 1941, 1946); E. M. SCHNEIDER, Stud.

über Stil u. Wiedergabe der Klavierwerke F. Ch.s (Diss. Erl 1940); L. BRONARSKI, Le folklore dans la musique de Ch. (Fribourg 1940); Z. LISSA, Ch.s Nationalstil, in: Kgr.-Ber. Wien 1956 (Gr – Kö 1958); DIES., Die Chopinsche Harmonik aus der Perspektive der Klangtechnik des 20. Jh., in: DJbMw 2 (1958) – 3 (1950); R. L. HENDERSON, Ch. and the Expressionists, in: ML 41 (1960); J. M. CHOMIŃSKI, Die Entwicklungsprobleme des Chopinschen Stils, in: FS H. Besseler (L 1961); H. FEDERHOFER, Die Diminution in den Klavierwerken v. Ch. u. Liszt, in: Studia musicologica 5 (Budapest 1963); I. P. FLETCHER, An Analytical Study of the Form and Harmony of the Pianoforte Music of Ch., Schumann, and Liszt (Diss. O 1963/64); F. F. MCGINNIS, Ch. Aspects of Melodic Style (1968) (= Diss. Indiana Univ.); Z. LISSA, Beethovens Einfluß auf den Klaviersatz Ch.s, in: Ber. über das Beethoven-Symposion Wien 1970 (W 1971); U. DAMMEIER-KIRPAL, Der Sonatensatz bei F. Ch. (Wie 1973); TH. HIGGINS, Tempo and Charakter in Ch., in: MQ 59 (1973); J. J. EIGELDINGER, Ch. et l'héritage baroque, in: Schweizer Beitr. z. Musikwiss. 2 (1974); R. S. PARKS, Voice Leading and Chromatic Harmony in the Music of Ch., in: JMTh 20 (1976). – **5) Zu einzelnen Werken u. Werkgruppen** (nur neuere Lit. ohne die zahlr. Schriften in poln. Sprache): K. R. JÜTTNER, Bemerkungen zum Mittelsatz v. Ch.s Klavierkonzert op. 21, in: Mf 12 (1959); W. WIORA, Über den geistigen Zusammenhang der Präludien u. Etüden Ch.s, in: Musik des Ostens 1 (Kas 1962); L. BARBAG-DREXLER, Die Impromptus v. F. Ch. (Diss. W 1966), abgedruckt in: Ch.-Jb. der Int. Ch.-Ges. (W 1970); G. BELOTTI, Il problema della date dei preludi di Ch., in: RIMus 5 (1970); DERS., Le prime composizioni di Ch., in: ebd. 7 (1973); V. TONCITCH, Regards su les préludes de Ch., in: SMZ 114 (1974); J. DELGADO, The Chamber Music of Ch. (1975) (= Diss. Indiana Univ.); G. WAGNER, Die Klavierballade um die Mitte des 19. Jh. (Mn – Salzburg 1976) (= Berliner musikwiss. Arbeiten 9); J. EKIER, Das Impromptu cis-Moll v. F. Ch., in: Melos/NZ 4 (1978). – **6) Zu Interpretation u. Aufführungspraxis der WW Chopins:** W. H. HEILES, Rhythmic Nuance in Ch. Performance Recorded by M. Rosenthal, I. Friedman and I. J. Paderewski (1964) (= Diss. Univ. of Illinois); ST. ASKENASE, Wie Meister üben. F. Ch.: Berceuse op. 57 (Z 1966); TH. HIGGINS, Ch. Interpretation. A Study of Performance Directions in Selected Autographs and Other Sources (1966) (= Diss. Univ. of Iowa); E. CALZA, Interpretazione letteraria dei Preludi di Ch. attribuita a Liszt. Un manoscritto di Ch. Suoi appunti per la compilazione di un metodo di studio per pianoforte. Commento all'interpretazione che ne ha dato A. Cortot nel trascriverlo e nel pubblicarlo (Bol 1968).

Z. LISSA

CHOR (von griech. choros = ein dem Tanz vorbehaltener Platz, dann Tanzlied, Reigen, auch die Gruppe der Ausführenden; lat.: chorus; engl.: choir; frz.: chœur; it. und span.: coro). – **1)** Eine Gruppe von Singenden (im engeren Sinne auch eine Gruppe von Instrumentalisten mit gleichartigen Instrumenten, z. B. Bläserchor), die die Stimmen eines Musikstücks in mehrfacher Besetzung ausführen, entweder ↗ a cappella oder mit Instrumentalbegleitung. Möglichkeiten der Besetzung sind: Kinder-, Knaben-, Jugend-, Männer-, Frauen- und gemischter Ch.; der Stimmenzahl nach: ein- bis über achtstimmig. – Als Ch. wird auch das Musikstück bezeichnet, das für die Ausführung durch eine Gruppe von Singenden bestimmt ist – mit oder ohne instrumentalen Anteil. Dabei ergibt sich die chorische Ausführung im Idealfall aus einer ästhetisch-stilistischen oder textlichen Notwendigkeit. Ein chorischer Klang kann das „Klangideal" einer Komposition darstellen; eine solistische Ausführung würde dann den vom Komponisten oder insgesamt vom Stil intendierten Klang verfälschen. Die mehr oder weniger große Massenwirkung der chorischen Ausführung kann sich entweder vom Text oder von der Funktion des Musikstücks her ergeben, z. B. wenn in einer entsprechenden Komposition eine größere Zahl von Menschen zu Wort kommen soll (Volksmasse, Kirchengemeinde).

In der Frühzeit der griechischen Antike war der Ch. (im Sinne von Reigen, Tanzlied) Bestandteil von kultischen Handlungen, diente aber auch dem Vergnügen und dem Sport. Am Vortrag der Tänze und Gesänge, die von den Verfassern der Texte (Alkman, Stesichoros, Ibykos, Simonides, Pindar) einstudiert wurden, waren auch Instrumente beteiligt (Aulos, Kithara, Lyra). Durch das Hinzutreten von Schauspielern entstanden im 6. Jh. v. Chr. die dramatischen Gattungen Tragödie, Komödie und Satyrspiel. Nach den Hauptabschnitten des Dramas trat der Ch. auf, der seinen Platz in der Orchestra hatte. Inhalt der Gesänge waren Gefühle wie Hoffnung oder Furcht, die der Verlauf der Handlung auch beim Zuschauer hervorrufen sollte. Seit Euripides verlor der Ch. im Drama an Bedeutung.

Am Beginn der abendländischen Musikgeschichte wurde der latinisierte Begriff *chorus* – durch christliche Autoren in das Schrifttum eingeführt – wohl zuerst in seiner allgemeinsten Bedeutung (im Sinne von Schar, Menge, Masse) gebraucht (Vulgata-Text von Neh 12, 31, 38 u. 40: „chorus laudantium", wohl zu übersetzen mit: Menge der Lobenden). Jedoch finden sich schon früh Zeugnisse für eine spezifisch musikalische Singgebung (so bei Klemens von Alexandria, 3. Jh.: „Chorus sunt iusti, canticum est hymnus regis omnium; psallunt puellae, gloria afficiunt angeli, prophetae loquuntur, editur sonus musicus" (Die Gerechten sind der Ch., der Gesang ist der Hymnus des Gottes aller; es singen die Mädchen, die Engel bereiten Ehre, die Propheten sprechen, es erklingt ein musikalischer Ton). Chorus bezeichnet hier die Gott lobende Gemeinschaft der Heiligen, die ecclesia triumphans. Im irdischen Bereich der ecclesia militans entspricht ihr die singende und lobende Gemeinschaft der Gläubigen im christlichen Ritus. Die Latinisierung des Kultus wird die zentrale Ursache dafür gewesen sein, daß der kirchliche Gesang im Mittelalter vom Volk an den Klerus überging. Der Kleriker-Chor versammelte sich abgesondert von der Gemeinde (gleichzeitig als deren Stellvertreter) um den Altar, der im „Chor" der Kirche aufgestellt war (in einer basilikalen Kirchenanlage derjenige Raum, der das Langhaus über das Querhaus hinaus fortsetzt. (Isidor von Sevilla, um 600: „Chorus est multitudo in sacris collecta; et dictus chorus, quod initio in modum coronae circum aras starent et ita psallerent.“ = Der Ch. ist die Menge der Menschen, die zur heiligen Handlung versammelt sind; und er wird Ch. genannt, weil sie [die Mitglieder des Chores] anfangs in der Art eines Kranzes [corona] um die Altäre standen, um zu singen). Seit dem 12. Jh. nahmen wieder vermehrt Laien am Kirchengesang teil. Sie sangen die frei gedichteten ↗Lauden; der ↗Choral blieb den Klerikern vorbehalten. Choral und Lauden wurden sowohl ein- als auch mehrstimmig gesungen. Von den älteren mehrstimmigen Gattungen waren wohl das frühe ↗Organum wie der ↗Conductus für chorische Ausführung gedacht. Im 12. Jh. begann sich in den Organa die Praxis des Alternierens von chorischen Choral-Abschnitten und solistisch vorgetragenen Organal- und Discantus-Partien herauszubilden. In Vertonungen des ↗Ordinarium Missae aus dem frühen 15. Jh. finden sich abschnittsweise die Besetzungsvermerke „unus“ bzw. „duo“. Die Chorus-Partien sind meist dreistimmig, wobei eine chorisch besetzte Vokalstimme von instrumental ausgeführten Stimmen (in den Hss. textlos!) begleitet wird.

Die Entwicklung zu einem homogenen Chorklang vollzog sich allmählich in der ersten Hälfte des 15. Jh., erkennbar daran, daß die Chorus-Partien durchtextiert sind (z. B. bei G. Dufay). Über die Besetzungsstärke eines Ch. in jener Zeit gibt möglicherweise die Darstellung der singenden Engel des Genter Altars der Brüder van Eyck (1432 vollendet) Aufschluß. Der zunehmende Sinn für chorische Klangentfaltung wird u. a. durch die wachsende Sängerzahl der päpstlichen Kapelle belegt, die sich im 15. Jh. von 9 auf 25 erhöhte. Im 16. u. 17. Jh. wurden im Rahmen der mehrchörigen Musizier- und Komponierpraxis nunmehr einheitlich gestaltete Vokalchöre mit Instrumentalchören konfrontiert (↗Coro spezzato-Technik). Dabei sind chorische Klangkörper der verschiedensten Art möglich (Vokalchöre mit solistischer oder chorischer Besetzung; verschieden besetzte Instrumentalchöre).

Eine andere Entwicklung nahm der Ch. in der Kirchenmusik des Protestantismus im 18. Jahrhundert. Am ein- und mehrstimmigen Gesang hatten nun wieder in hohem Maße Laien Anteil, was durch die Einführung der Volkssprache in den Gottesdienst ermöglicht wurde. Daneben entstanden Laienchöre, deren Träger die Schulen waren. Der Chorus symphoniacus (an den Lateinschulen) führte die kunstvolle ↗Figuralmusik aus. Von ihm zu unterscheiden ist der Chorus musicus. Er steht mit der ↗Kantorei in Verbindung. Bis ins 18. Jh. waren die Chöre der Kantoreien nur sehr gering besetzt.

Eine wesentliche Rolle spielte der Ch. in den Gattungen ↗Oper, ↗Oratorium und ↗Passion seit der Barockzeit, und zwar in unterschiedlicher Funktion: Die Chöre können Stimme des Volkes sein (z. B. ↗Turba-Chöre in Oratorien und Passionen Händels und Bachs) oder betrachtende bzw. meditative Gedanken zum Inhalt haben.

Seit der Aufklärung, besonders jedoch seit der Romantik, wurden Ch. und Chorgesang – sieht man einmal von den institutionalisierten Chören an Kirchen und Opernhäusern ab – einerseits zu Mitteln der Volksbildung, andererseits zum Ausdruck des erwachenden Nationalbewußtseins (H. G. Nägeli, 1821: „Nehmt Scharen von Menschen, nehmt sie zu Hunderten, zu Tausenden, versucht es, sie in humane Wechselwirkung zu bringen, ... wo jeder Einzelne seine Persönlichkeit sowohl durch Empfindungs- als Wortausdruck freitätig ausübt, wo er sich seiner menschlichen Selbständigkeit und Mitständigkeit auf das intuitivste und vielfachste bewußt wird ... – habt ihr etwas anderes als den Chorgesang?“). Es entstanden die großen Singbewegungen, die bis heute Bestand haben: die der ↗Gesangvereine, die der großen Chorvereine und – von England ausgehend – die der Oratorienvereine. Die Entstehung von Oratorienvereinen ist verbunden mit dem Aufkommen des Historismus und mit der Wiederentdeckung und Aufführung der Passionen und Oratorien von Händel und Bach (Wiederaufführung der Matthäuspassion durch Mendelssohn Bartholdy 1829 mit 300 [!] Sängern). Beethoven führte in seiner 9. Symphonie, op. 125, den Ch. auch in die Symphonik ein. Bei ihm, wie später auch bei G. Mahler (2., 3., 8. Symphonie), tritt der Ch. am Endpunkt eines Steigerungsverlaufs als apotheotischer Höhepunkt und Abschluß hinzu, textlich meist mit einer metaphysischen Sinngebung verbunden.

In der Gegenwart gibt es eine große Anzahl von Chorvereinigungen: Laienchöre (Männergesangvereine, Frauenchöre, Kinderchöre, Oratorienchöre, Kirchenchöre) und Berufschöre (wie Opernchöre, Rundfunkchöre).

Auch in der neuesten Musik hat sich für die Chormusik ein weites Experimentierfeld eröffnet. Die Funktion des Ch.es erschöpft sich nun nicht mehr im Vortrag eines Textes. Vielmehr werden die Stimmen eher instrumental behandelt, teilweise unter Einbezug von ↗Semantik und Phonem (↗Phonologie), wobei höchst differenzierte Klangschattierungen erreicht werden (z. B. in *Lux aeterna* v. G. Ligeti, 1966).

2) Chor (von lat. corda, = Saite) bezeichnet bei Saiteninstrumenten die Anzahl der Saiten, die für einen Grundton vorgesehen sind und auch gemeinsam abgegriffen werden, d. h. eine, zwei, drei oder mehr Saiten auf einen Ton oder im Oktavabstand gestimmt, werden als ein-, zwei-, drei- oder mehrchörig bezeichnet. Die frühere Verwendung des Begriffes für die Gesamtzahl der Saiten (z. B. 6chörige Laute für eine Laute mit 6 Einzelsaiten oder 6 Saitenchören) wird heute vermieden.

Lit.: **Zu 1):** Die Besetzung der vielst. Musik des 17. Jh., in: AfMw 1 (1918/19); H. J. MOSER, Das dt. Chorlied zw. Senfl u. Hassler, in: Jb. Peters 35 (1928); P. EPSTEIN, Der Schulchor v. 16. Jh. bis zur Gegenwart (L 1929); K. THOMAS, Lehrbuch der Chorleitung, 3 Bde., I–II (L 1935), III (1948), NA I–III (Wie 1961); W. GURLITT, Kirchenmusik u. Kirchenraum, in: MuK 19 (1949); W. EHMANN, Die Chorführung, 2 Bde. (Kas-Bas 1949, ³1964 [ein Bd.]); W. KLINK, Der Chormeister (Mz 1952); E. VALENTIN, Hdb. der Chormusik, 2 Bde. (Rb 1953 u. 1958); R. WIPF, Der Chordirigent (Z 1958); TH. G. GEORGIADES, Musik u. Rhythmus bei den Griechen (H 1958) (= rowohlts dt. Enzyklopädie 61); W. WIORA, Der alte u. neue Sinn des Chorgesanges, in: Musikal. Zeitfragen 2 (Kas 1958); H. REIMANN, Das Chorwesen in unserer Zeit, in: Musica 14 (1960); H. J. SCHATTNER, Volksbildung durch Musikerziehung. Leben u. Wirken H. G. Nägelis (Diss. Saarbrükken 1960); H. KOLLER, Musik u. Dichtung im alten Griechenland (Be 1963); A. KUNZMANN, Gesch. des Chorliedes (St 1963); CH.-H. MAHLING, Stud. zur Gesch. des Opernchors (Trossingen – Wb 1962); H. RIEHM, Die Idee des kirchlichen Chorverbandes u. die Aufgaben in der Zukunft, in: FS Chr. Mahrenholz (Kas 1970); H. MEIER, Typus u. Funktion der Chorsätze in G. F. Händels Oratorien (Wie 1971) (= Neue musikgeschichtliche Forsch. 5); S. TH. BURNS, Harmonic skills used by selected high school choral leaders (NY 1972); Gesch. der kath. Kirchenmusik, hrsg. v. K. G. FELLERER, 2 Bde. (Kas 1972 u. 1976); J. HOLST, Conducting a choir. A guide for amateurs (Lo 1973); K. G. FELLERER, Das dt. Chorlied im 19. Jh., in: FS L. Schrade (Be 1973); A. ECKHARDT, Das Männerchorwesen in der Bundesrepublik Deutschland nach 1945 (Diss. Mz 1977).

B. MORBACH

CHORAL (von lat. choralis, = chorisch, zum Chor gehörig). Der Begriff bezog sich ursprünglich auf die Gruppe der kirchlichen Sänger, den chorus (↗Chor). Seit dem Ende des 15. Jh. wurde Ch. im Sinne von „cantus choralis" auf das vom Chor gesungene Liedgut übertragen. Zugleich erhielt er daneben auch die Bedeutung von einstimmiger Vortragsweise (↗choraliter). Im Französischen hat sich in „musique chorale" (= Chormusik) die ursprüngliche Bedeutung erhalten. Im englischen Sprachgebrauch wird zwischen „choral cantata" (= Chorkantate) und „chorale cantata" (= Choralkantate) unterschieden.

Im Bereich der katholischen Kirchenmusik faßt man unter dem Sammelbegriff Ch. alle liturgischen Gesänge der abendländischen Kirche in meist lateinischer (bzw. griechischer, gelegentlich auch in einer nationalen, z. B. in deutscher) Sprache zusammen. – ↗Gregorianischer Gesang.

Innerhalb der evangelischen Kirchenmusik versteht man unter Ch. in der Liturgie des lutherischen Gottesdienstes in Deutschland und in Skandinavien das volkssprachige ↗Kirchenlied. Hier hat der Begriff zudem einen weiteren Bedeutungswandel erfahren. Die Reformatoren verstanden darunter noch die einstimmigen Gregorianischen Gesänge bzw. deren volkssprachige Umgestaltungen. Seit dem Ende des 16. Jh. verlagerte sich der Sinn dann auf das strophische Kirchenlied. Im 17. und 18. Jh. findet sich Ch. auch in der Bedeutung von ↗Choralbearbeitung.

Indessen wird nicht alles christliche Liedgut des Protestantismus als Ch. bezeichnet. Das Entstehen nichtliturgischer geistlicher Vokalmusik im 17. Jh. (Andachtslieder, Geistliche Arien) machte eine Abgrenzung zu den im Gottesdienst verwendeten Liedern erforderlich. Ch. erhielt damit zunehmend die Bedeutung von „liturgischer Gesang". Eine genaue Unterscheidung von gottesdienstlicher und außerkirchlicher geistlicher Musik ist jedoch problematisch. Neben den unbestritten als Grundbestand des evangelischen Ch. angesehenen Liedern der Reformationszeit gab es in der Folgezeit zahlreiche Neuschöpfungen mit liturgischer Bestimmung, und im Laufe des 17. Jh. fanden auch geistliche Lieder nichtkirchlichen Ursprungs Eingang in das Repertoire. Als äußeres Zeichen für die Kanonisierung kann man die Einbeziehung in eines der offiziellen Kirchengesangbücher ansehen. Die Grenzen blieben aber fließend; zumindest haben Komponisten häufig auch nichtkanonisierte Weisen als Ch. behandelt (↗Choralbearbeitung). Als wesensbestimmende subjektive Voraussetzung muß neben der „theologischen Gravität" des Textes wohl auch eine gewisse „Ehrwürdigkeit" der Melodie im Sinne einer historischen Patina angesehen werden: gegenwartsbezogene geistliche Liedweisen, die z. B. „moderne" Rhythmisierung aufweisen, werden nicht als „Choral" empfunden.

Seit dem 19. Jh. wurden charakteristische Stilmerkmale des Kirchenchorals (diatonische Melodik in einfachen rhythmischen Verhältnissen und in gedehnter Bewegung) gelegentlich als säkularisierter „Choral" in der Instrumentalmusik verwendet und als Symbol des Allgemein-Religiösen oder auch des Feierlich-Weihevollen in die Konzertmusik einbezogen. Markante Beispiele dazu reichen von Beethovens *Dankgesang* im Streichquartett op. 132 über Episoden im symphonischen Werk von F. Mendelssohn Bartholdy, J. Brahms und A. Bruckner bis zu E. Křenek (Toccata und Chaconne), A. Honegger (2. Symphonie), als eigene Gattung in der Orgelmusik von C. Franck und B. Bartók (3. Klavierkonzert) und finden sich als Negativbild mit parodistischem Grundzug auch bei I. Strawinsky und K. Weill.

Lit.: ↗Gregorianischer Gesang, ↗Kirchenlied. E. PLATEN

CHORALAUSGABEN. Seit dem 16. Jh. umfaßt die Veröffentlichung liturgischer Bücher für den römisch-katholischen Gottesdienst auch Ausgaben mit Choralgesängen (↗Gregorianischer Gesang). Einen entscheidenden Anstoß dazu gab das Konzil von Trient, dessen liturgische Reformen sich auch auf den Choralgesang auswirkten. Auf päpstliche Veranlassung hin wurden die überlieferten Choralmelodien entsprechend dem liturgischen und musikalischen Verständnis der Zeit „gereinigt" und „reformiert". Während die Reformpläne Papst Gregors XIII., mit deren Realisierung Palestrina und A. Zoilo beauftragt waren, unvollendet blieben, veröffentlichte G. D. Guidetti seit 1582 eine Reihe von Drucken, die rasche und weite Verbreitung fanden, auch wenn sie nicht als offizielle Ch. der römischen Kirche galten. Ihr Schriftbild zeigt für den Notentext 4 Linien mit C- und F-Schlüssel und lediglich die Formen der Quadratnote (einzeln oder in zusammenhängenden Gruppen, mit und ohne ↗Cauda nach unten) und der rhombischen Note.

Das Ergebnis einer neuen, umfassenderen Choralreform der folgenden Jahrzehnte schlug sich in der Ausgabe der Stamperia Medicaea in Rom nieder, für die sich die Bezeichnung *Editio Medicaea* eingebürgert hat. Ihr Schriftbild ist ähnlich dem bei Guidetti, ihre Melodien sind aber – u. a. durch die Anpassung an die tonartlichen Gegebenheiten und die Prinzipien der musikalischen Deklamation des 16./17. Jh. – gegenüber der Überlieferung stärker verändert als bei Guidetti. Auch die *Editio Medicaea* war keine offizielle römische Ch., sondern stand neben zahlreichen anderen Ausgaben in den verschiedenen europäischen Ländern und Diözesen, die teils noch rigoroser in die Substanz der Melodien eingriffen, teils aber auch an älteren Quellen orientiert waren. Letzteres gilt z. B. für die Ausgaben der in der Diözese Mainz überlieferten Melodien im sog. germanischen Choraldialekt, die auf Veranlassung des Kurfürsten Johann Philipp von Schönborn 1665–73 gedruckt wurden (eine Neuauflage erfolgte noch 1870). Die *Editio Medicaea* erhielt aber im 19. Jh. dadurch besondere Bedeutung, daß sie in der Neufassung von Fr. X. Haberl und auf dessen Betreiben durch Papst Pius IX. 1873 de facto den Rang einer offiziellen römischen Ch. bekam. Das Druckprivileg erhielt der Regensburger Verlag Pustet (bis 1901).

Graduale Missali Romani Cantui vero Gregoriano-Moguntino accommodatum (sog. Schönborn-Druck, Mainz 1671), Nachdruck für das Chorstift Kiedrich (Rheingau) Mainz 1870

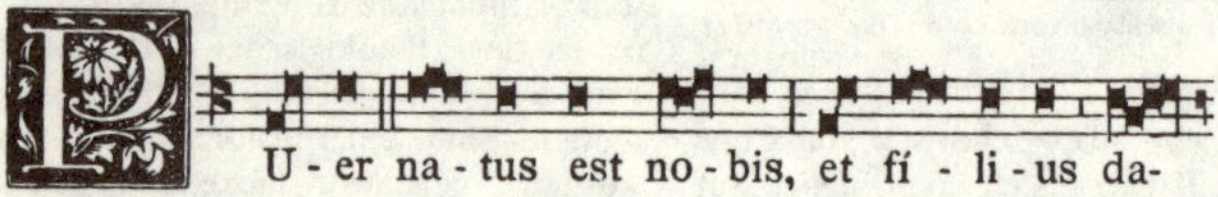

Editio Medicaea: *Graduale,* Regensburg 1902

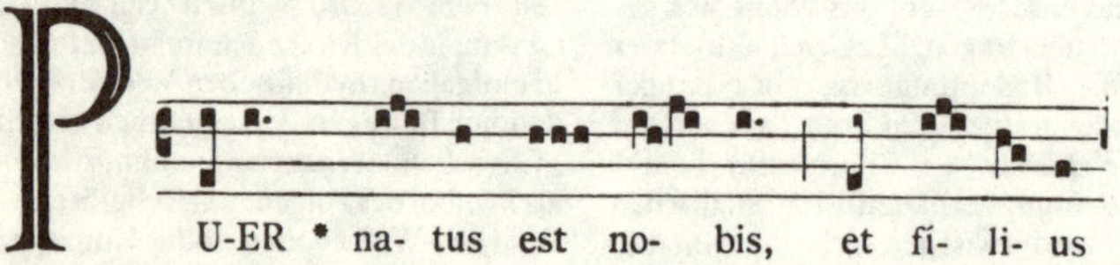

Editio Vaticana: *Graduale,* Tournai 1974

Die Regensburger Ausgaben der *Medicaea* (von 1871 bis 1884) stießen jedoch auf den Widerstand zahlreicher deutscher und französischer Choralforscher (u. a. A. Schubigers und Dom J. Pothiers), die sich um eine an den mittelalterlichen Quellen orientierte Wiederherstellung und Edition der Choralmelodien bemühten. Ihre Arbeiten, die 1901 von Papst Leo XIII. offiziell anerkannt worden waren, führten schließlich zur Erstellung einer von Grund auf neuen Ch., der *Editio Vaticana.* Diese beruht wesentlich auf den in der mittelalterlichen Tradition am besten belegten Melodiefassungen und greift auch in der typographischen Gestaltung des Notentextes auf die mittelalterliche Choralnotenschrift (speziell auf den Typ der sog. römischen Quadratnotation; ↗Notenschrift) mit ihrem Reichtum an Notenformen zurück. Die *Editio Vaticana* wurde durchPapst Pius X. (Motuproprio *Inter pastoralis officii* von 1903) offiziell verkündigt und als für die gesamte römisch-katholische Kirche verbindlich erklärt. In ihrem Rahmen wurden nun unter der Leitung J. Pothiers und einer internationalen Kommission durch die Vatikanische Druckerei nach und nach alle musikalisch-liturgischen Bücher neu veröffentlicht (*Kyriale* 1905, *Graduale* 1908, Totenoffizium 1909, *Antiphonale* 1912, Karwochenoffizium 1923). Sie sind maßgeblich für alle späteren Ch., von denen die der Benediktinerabtei von Solesmes (mit den dort entwickelten rhythmischen Zeichen) die größte Verbreitung erfahren haben. Die Bücher der *Editio Vaticana* wurden dann nach dem 2. Vatikanischen Konzil ergänzt durch das *Kyriale simplex* (1965), das *Graduale simplex* (1968), den *Ordo cantus missarum* und durch die Neufassung des *Graduale* (1974). Einige Orden verfügen über eigene approbierte Ch., die sich aber in ihren Editionsgrundsätzen eng an die *Editio Vaticana* anlehnen. Ähnliches gilt für moderne Ausgaben von Melodien des ↗Ambrosianischen Gesangs.

Lit.: K. G. FELLERER, Choralreform, in: MGG II; B. MEIER, Modale Korrektur u. Wortausdeutung im Choral der Editio Medicaea, in: KmJb 53 (1969); L. KUNZ, Die Editio Vaticana, in: Gesch. der kath. Kirchenmusik, hrsg. v. K. G. Fellerer, II (Kas 1976).

G. MASSENKEIL

CHORALBASS, Pedalregister des Prinzipalchors der Orgel, von mittlerer Mensur (4′ und 2′).

CHORALBEARBEITUNG. Unter Ch. versteht man allgemein die mehrstimmige, mehr oder minder kunstvolle kompositorische Gestaltung eines ↗Chorals, d.h. einer kirchlichen Weise aus dem Repertoire des ↗Gregorianischen Gesangs bzw. des evangelischen ↗Kirchenliedes. Es erscheint aber sinnvoll, den Begriff einzuschränken: hinsichtlich des Bearbeitungsgegenstandes auf dessen authentisch liturgischen Charakter, hinsichtlich des Bearbeitungsverfahrens auf vollständige Zitierung und formbeherrschende Stellung des vorgegebenen Chorals. Demnach sind weder Sätze über geistliche Volkslieder noch Kompositionen, in denen eine liturgische Weise nur bruchstückhaft oder akzidentell in Erscheinung tritt, ohne das formale und inhaltliche Zentrum des Satzes zu bilden, Ch. im strengen Sinne des Begriffs. Ein Satz über das Lied *Der Mond ist aufgegangen* könnte trotz kunstreichster polyphoner Setzweise nicht als „Choralmotette“ bezeichnet werden, und der Schlußsatz des 100. Psalms von M. Reger ist keine „Choralfuge“, sondern eine Chorfuge mit Choralzitat.

Während das Repertoire des Gregorianischen Gesangs im Prinzip festgelegt ist, sind im Bereich der evangelischen Kirchenmusik die Grenzen zwischen liturgischen und allgemein religiösen Liedern fließend (↗Choral). Entscheidende Bedeutung kommt der liturgischen Bestimmung der Bearbeitung selbst zu. So kann die kompositorische Gestaltung eines Andachtsliedes durch Einbeziehung in eine Kirchenkomposition zur Ch. aufgewertet werden (z.B. das Lied *Liebster Gott, wann werd' ich sterben* von D. Vetter als C.f. (↗Cantus firmus) des Eingangschores zu J. S. Bachs gleichnamiger Kantate BWV 8). Je nach Besetzung unterscheidet man zwischen vokaler und instrumentaler Choralbearbeitung. Zur ersteren zählen auch diejenigen Formen, bei denen nur der C.f. bzw. nur der Begleitsatz vokal ausgeführt wird. Im Verlauf der abendländischen Musikgeschichte war das Niveau der Ch. stets ein Indikator für das Verhältnis der Kirchenmusik zu Glaubenstradition und kirchlicher Lehre.

Die vokale Choralbearbeitung als Bearbeitung des lutherischen Kirchenliedes. Das Wort Ch. bezieht sich im musikwissenschaftlichen Sprachgebrauch meist auf die satztechnische Ausarbeitung des lutherischen Kirchenliedes und damit auf einen Formtypus, der innerhalb der evangelischen Kirchenmusik die Bedeutung einer zentralen Gattung erlangt hat. Deren Ausgangspunkt ist das Werk des „Erzkantors“ der Reformation, Johann Walter, der in seinen kunstvoll gesetzten geistlichen Gesängen ein Modell für die Gattung aufgestellt hat. Er schuf dabei keinen wirklich neuen Formtypus, sondern übernahm die Kompositionstechnik des für die deutsche Musik seiner Zeit charakteristischen Tenorliedsatzes (↗Tenorlied). Schon seine erste Veröffentlichung, das *Geystliche gesangk Buchleyn* (1524), zeigt die beiden polaren Grundprinzipien der Ch.: die polyphone Setzweise einer in breiten Notenwerten deutlich hervortretenden, von bewegten, zum Teil imitierenden Gegenstimmen umrankten Choralweise (sog. 1. Walter-Typ), und daneben den schlichteren Satz, bei dem im wesentlichen alle Stimmen rhythmisch parallel zur Choralmelodie (diese meist im Tenor, gelegentlich im Diskant) geführt sind (sog. 2. Walter-Typ). Beide Techniken sind Ausdruck unterschiedlicher Behandlung des Verhältnisses von Text und Musik: dort Verwendung hoher satztechnischer Kunstfertigkeit als Mittel künstlerischer Veredelung der Vorlage, hier der Verzicht auf allen artistischen Aufwand zugunsten einer deutlicheren Herausstellung des liturgischen Textes. Im Verlauf der mit J. Walter beginnenden ersten Blütezeit der vokalen Ch. gelangten die beiden Tendenzen zu noch deutlicherer Ausprägung. Angeregt von den aus puristischen Bestrebungen der calvinistischen Musik hervorgehenden Psalmliedvertonungen (vor allem in den Sätzen Cl. Goudimels in der deutschen Übertragung von A. Lobwasser, 1573), reduzierte sich der homophone Typ der Ch. zum oberstimmenbetonten, homorhythmisch geführten ↗Kantionalsatz (L. Osiander, *Fünffzig geistliche Lieder und Psalmen,* 1586). Andererseits führte das Bemühen, die Choralmelodie zu „schmücken" und damit der gesamten Form einen höheren Rang zuzuweisen, zum Ausbau der imitatorischen Setzweise (↗Imitation). In der Form der *Choralmotette,* die das Prinzip der abschnittweisen motettischen Durchimitation auf die in Zeilen unterteilte Choralmelodie überträgt, wobei diese in den meisten Fällen als C.f. das Strukturgerüst bildet, verfestigte sich diese Art der Ch. zu einem charakteristischen Werktypus. Im Titel der beiden Hauptbeiträge H. L. Haßlers zur Gattung kommen die beiden Grundprinzipien der Bearbeitung, die homophone und die imitatorische Setzweise in der Sprache der Zeit noch einmal deutlich zum Ausdruck: hier *Kirchengesänge, Psalmen und geistliche Lieder... simpliciter gesetzet* (Nü 1608), dort *Psalmen und christliche Gesänge... fugweiß komponirt* (Nü 1607).

Die Kunstmittel des nach 1600 einsetzenden monodisch-konzertanten Stils gaben auch der Ch. neue Impulse. Der nun häufig anzutreffende Begriff des *Choralkonzerts* umschreibt eine Fülle von Formen der Ch., in denen das konzertierende Prinzip vielfältig in Erscheinung tritt: a) als alternierende Mehrchörigkeit, b) als Herausstellung eines einzelnen gegenüber der Gruppe (Solo-Tutti-Kontrast) oder c) als betont solistisches, auf Virtuosität zielendes, nur vom Generalbaß begleitetes Konzertieren (wobei hier die Choralmelodie häufig in motivische Figuration aufgelöst wird). Neben die Singstimmen treten jetzt die Instrumente, die in der Aufführungspraxis der älteren Ch. als Stellvertreter der Vokalpartien wohl schon immer ihren Platz hatten, nun aber als obligate Stimmen eingesetzt werden können. Ein umfassendes Kompendium der neuen wie der traditionellen Formen der Ch. liegt im Gesamtwerk von M. Praetorius vor, besonders in den *Musae Sioniae* (9 Teile, 1605–10) und den drei Teilen der *Polyhymniae* (1619–21). Zur Entwicklung des solistischen „Geistlichen (Choral-) Konzertes" haben J. H. Schein (*Opella nova,* 1618) und S. Scheidt (*Newe Geistliche Concerten,* 1631–40) Wesentliches beigetragen, während im überlieferten Werk von H. Schütz die Ch.en nur einen verschwindend geringen Teil ausmachen.

Neben der Differenzierung des Klangbildes suchten die Komponisten nun auch die Werke zeitlich auszudehnen. Waren die Ch.en bisher vorwiegend Einzelsätze, so kann sich jetzt, im Aufgreifen früherer Ansätze (J. Walter, S. Dietrich u. a.), die Bearbeitung auch auf eine wechselnde Gestaltungsweise mehrerer oder aller Strophen („per omnes versus") erstrecken. In der *Choralkantate* sind die Strophen als selbständige Sätze für Chor oder Solisten zur zyklischen Form zusammengefaßt. Auch in Kantaten auf Bibeltexte oder freie geistliche Dichtung und in oratorische Werke (Passionen, Historien, Actus) wird die Ch. einbezogen. Eine andere Art der Erweiterung ergibt sich durch die Kombination eines Chorals mit anderen, liturgischen oder madrigalischen Texten. Von der Bedeutung des Chorals für die Gesamtform hängt es ab, ob die betreffende Komposition als Ch. (Eingangschor der Matthäuspassion von J. S. Bach) oder als selbständiger Satz mit Choralzitat zu bezeichnen ist. Letzteres gilt in der Regel für die Meßordinarien, die einen evangelischen Choral einbeziehen („Missa super cantilenam").

Eine überwältigende Fülle von Gestaltungsformen der Ch. zeigt sich im Kantatenschaffen J. S. Bachs, das einerseits die allgemeine Bedeutung des evangelischen Chorals für die Kirchenmusik der 1. Hälfte des 18. Jh. spiegelt, andererseits aber in bezug auf kompositorische Qualität und schöpferische Phantasie alle zeitgenössische Produktion weit überragt. Bach hat mit offensichtlicher Experimentierfreude nahezu alle Formprinzipien seiner Zeit auf die Gestaltung der Ch. angewandt. Neben den traditionellen Werktypen: Choralmotette und Kantionalsatz (in unverkennbar persönlich geprägtem Stil) zeigt er vor allem in den Einleitungssätzen seiner Choralkantaten seine formkombinatorische Phantasie in periodischen und konzertanten Chorsätzen mit selbständigem Orchesterpart sowie in zahlreichen Sonderformen: Doppelfuge (BWV 25, 233[a]), Choralpassacaglia (BWV 78), Französische Ouverture (BWV 20, 61, 97). Seine besondere kompositorische Leistung besteht in der bruchlosen Verschmelzung des reihenden Motettenprinzips mit der motivisch vereinheitlichenden Ritornellform.

Die Anlage der Choralkantate entspricht bei Bach

CARMEN: Agnes Baltsa hat die Titelrolle der Oper von Bizet auch darstellerisch beispielhaft gemeistert (Foto: Österreichischer Bundestheaterverband / Axel Zeininger).

CARMEN machte in der Inszenierung von Franco Zeffirelli Bühnengeschichte (Foto: Fayer, Wien).

CARMEN: José Carreras bewies als Don José überzeugende Gestaltungskraft (Foto: Österreichischer Bundestheaterverband / Axel Zeininger).

durchweg dem zeitgenössischen Kantatentypus: einer Folge von Chorsätzen, Rezitativen und Arien. Soweit es sich bei den solistischen Sätzen um Ch.en im eigentlichen Sinne handelt, entwickelt Bach wiederum eine Vielzahl unterschiedlicher Formen vom Choral-Duo (C.f. mit Generalbaß) über Trios und Quatuors bis zur orchesterbegleiteten Choral-Aria mit Cantus firmus.

Auf diesen absoluten Höhepunkt in der Entwicklung der Gattung folgte ein spürbarer Rückgang. Zwar blieb die Ch. auch in der 2. Hälfte des 18. Jh. fester Bestandteil der evangelischen Kirchenmusik, doch verflachte sie im Schaffen der nachfolgenden Generationen, von Ausnahmen (J. F. Doles, K. Fasch) abgesehen, zur Routinearbeit. Erst im 19. Jh. nahm im Zusammenhang mit der Bach-Renaissance auch das schöpferische Interesse an der vokalen Ch. wieder zu, besonders bei F. Mendelssohn Bartholdy und später bei J. Brahms. Unverkennbar ist der retrospektive Charakter der Kompositionen. Zeitgemäß ist vor allem die Harmonik, die Gestaltungsprinzipien folgen jedoch historischen Leitbildern. Grundsätzlich hat der Choral in dieser Zeit eine andere Bedeutung: er ist nicht mehr primär beim Wort zu nehmende christliche Verkündigung, sondern eher Sinnbild des Allgemein-Religiösen. In dieser Eigenschaft erscheint er auch zunehmend in der Programmusik.

Im 20. Jh. erfolgte mit der „Wiedergeburt der Kirchenmusik" (O. Söhngen) auch eine intensive schöpferische Auseinandersetzung mit der Choralbearbeitung. Mehr als M. Reger mit seinen subjektivistischen Choralkantaten (1903–05) wirkte A. Mendelssohn durch sein Schaffen (Choralmotetten) und durch sein Lehren (P. Hindemith, G. Raphael und K. Thomas waren seine unmittelbaren Schüler) als bedeutender Anreger. Im Gesamtwerk einiger Komponisten der nachfolgenden Generation nimmt die Ch. eine zentrale Stellung ein (E. Pepping, H. Distler, H. Bornefeld, S. Reda). Aber auch die Ch. der „Neuen Musik" brachte keine wirklich neuen Formen, vielmehr wurden die traditionellen Bauprinzipien mit zeitgemäßem Material nachvollzogen: in flexibler Rhythmik und polyphoner Stimmführung von herber Klanglichkeit, die sich dem Wesen der reformatorischen Kernlieder anzugleichen scheint.

Die Stilmittel der jüngsten „avantgardistischen" Musik schließen eine adäquate Bearbeitung der alten Choralweisen aus. Möglich wäre die „Verarbeitung" in der Art einer Auflösung oder Transformation der Substanz. Realisiert wurden derartige Verfahren etwa in musikalischen Collagen. Alle derartigen Techniken führen aber aus dem eigentlichen Bereich der Gattung heraus.

Die vokale Choralbearbeitung als Bearbeitung gregorianischer Melodien. In der katholischen Kirchenmusik hat die Bearbeitung gregorianischer Choralweisen nicht zu einem speziellen Gattungsbegriff geführt. Die straffe Ordnung des katholischen Ritus sieht die Kompositionen primär unter dem Gesichtspunkt ihrer liturgischen Funktion (z. B. als Kyrie oder Credo, als Graduale, als Sequenz usw.), ihre formalen oder kompositionstechnischen Merkmale kommen erst in zweiter Linie als differenzierendes Moment in Betracht. So finden sich unter den mehrstimmig gesetzten Formen des ↗Ordinarium missae und des ↗Propriums der ↗Messe bzw. den Gesängen des ↗Offiziums einerseits echte Ch.en im Sinne einer strikten Bindung an die Choralweise, andererseits auch freie Vertonungen des jeweiligen liturgischen Textes und daneben eine beträchtliche Zahl von Zwischenformen.

Generell lassen sich bei der Bearbeitung zwei wesentliche Grundprinzipien feststellen: 1. Der Choral liegt im Diskant und wird zur rhythmisch-melodisch belebten Oberstimme umgestaltet (koloriert). 2. Der Choral wird als C.f. in den Tenor gelegt, wo er zu lang ausgehaltenen Tönen gedehnt und oft auch durch Pausen auseinandergerissen wird. In beiden Fällen geht der Gestaltcharakter des Bearbeitungsobjektes verloren: während die Bearbeitung des protestantischen Chorals ihr Objekt vernehmlich zu eindringlicher Wirkung zu bringen sucht, wird die gregorianische Weise in einem Fall verschleiert und im anderen als abstrakte Konstruktionsbasis in den Hintergrund gedrängt.

Für die Entwicklung der lateinischen Ch. ergaben sich daraus bemerkenswerte Folgerungen: das C.f.-Prinzip ließ sich ohne wesentliche Einbuße auch mit nichtchoralen Vorlagen (etwa Chansons) durchführen, die oft den Vorteil farbigerer Melodik boten. Das Verfahren, die Choralweise zu kolorieren, führte zu immer stärker eingreifenden Verwandlungen der Vorlage und schließlich zur gänzlich freien Vertonung des liturgischen Textes. Doch blieb durch die Jahrhunderte hindurch, wenn auch mit wechselnder Bedeutung, die Bearbeitung gregorianischer Melodien eine immer wieder aufgegriffene Möglichkeit traditionsgebundenen Schaffens.

Im Bereich der Meßkomposition (↗Messe) sind Ch.en im eigentlichen Sinne nur selten zu finden. Vereinzelte Beispiele sind das Kyrie der *Messe de Nostre Dame* von G. de Machaut, eine isorhythmische Bearbeitung des choralen *Kyrie Cunctipotens* und später die *Missa de Beata Virgine* von Cr. de Morales, die in der monodischen Substanz aller Sätze auf der *Missa IX* der *Editio Vaticana* beruht. Stärker sind im 15./16. Jh.

Propriumsmotetten an die ihrem Text entsprechenden Choralmelodien gebunden. Ein bedeutsames und seinem Rang nach singuläres Kompendium der mehrstimmigen Bearbeitung choraler Proprien ist H. Isaacs *Choralis Constantinus* (3 Teile, Nü 1550–55). Daneben gibt es einige liturgische Gattungen, für die in bestimmten Epochen die Bearbeitung choraler Vorlagen charakteristisches Merkmal ist. Hierzu zählen im 16. Jh. die verschiedenen Typen der ↗Passion, die ↗Lamentation, die ↗Psalm- und ↗Magnificat-Kompositionen. Ähnliches gilt für den mehrstimmigen ↗Hymnus. In G. Dufays Hymnen bildet die Choralmelodie nur wenig koloriert die Oberstimme des 3st. Satzes. Später, zur Zeit der Reformation, wurden lateinische Hymnen von Komponisten beider Konfessionen im Stil der „deutschen Kirchengesänge" gesetzt (Sammlung von G. Rhau, *Sacrorum hymnorum liber I,* 1542).

Seit dem 17. Jh. führte die deutliche Abnahme des Interesses an der Gregorianik auch zu einem spürbaren Rückgang der lateinischen Choralbearbeitung. Das hatte neben religiösen auch musikalisch-strukturelle Ursachen. In das vorherrschende harmonische Denken des neuen Stils war der Gregorianische Choral nicht zu integrieren. Während die evangelischen Kirchengesänge sich der Taktsymmetrie und der funktionalen Harmonik eher anpassen ließen, widersetzte sich der modale, vom Sprechgesang her geprägte katholische Kultgesang einer Eingliederung in das neue System. So wurde der Gregorianische Choral vom 17. bis ins 19. Jh. immer mehr zu einem ehrwürdigen Relikt, das – wenn überhaupt – nur auf altertümliche Weise (im ↗A cappella-Stil, ↗Stile antico) bearbeitet oder, bei Einbeziehung in den modernen Stil, als archaisches Fremdelement empfunden wurde. Ch.en im Sinne der Definition sind in diesem Zeitabschnitt entweder Fortschreibung der Tradition oder Sonderfall. Ein Umdenken kündigte sich im 19. Jh. an: im Zeichen einer romantisch-religiösen Rückwendung verwendeten Komponisten gregorianische Melodien in ihrer Kirchenmusik (Fr. Liszt, Ch. Gounod), allerdings nur in der Art von Erinnerungsmotiven und in harmonischer Verfremdung. Erst nach der Jahrhundertwende kam es zu den entscheidenden theologisch-musikalischen Voraussetzungen für eine Neubelebung: im Zusammenwirken von Choralreform und einem neuen, von der Funktions-Harmonik unabhängigen satztechnischen Denken. In der kath. Kirchenmusik des 20. Jh. nimmt die Ch. im eigentlichen Sinne des Begriffs wieder eine wichtige Stellung ein (J. Lechthaler, J. N. David, O. Jochum, H. Schroeder).

Die instrumentale Choralbearbeitung. Sie entwickelte sich – in entsprechender zeitlicher Verschiebung – parallel zu der vokalen Stammform. Da vom frühen Mittelalter an die Orgel in besonderer Weise das instrumentale Prinzip der Kirchenmusik verkörpert, handelt es sich bei den liturgischen Kompositionen fast ausschließlich um Stücke für Orgel. Die Anfänge liegen vermutlich im Bereich der improvisatorischen Erfindung von Gegenstimmen zu vorgegebenen Cantus-planus-Melodien. Die frühesten Quellen geben einen Hinweis auf die Funktion dieser Musik: das Instrument wurde anstelle eines alternierenden Chores zum wechselweisen Vortrag choraler Formen herangezogen (↗Alternatim-Praxis). Die ältesten Dokumente aus dem 14./15. Jh. (Codex Faënza; Saganer Fragment, Breslau; Wynsener Hs., Berlin) enthalten Bearbeitungen von Messefragmenten, die mit ergänzenden ↗choraliter-Abschnitten abwechseln sollen. Das hier entwickelte Gestaltungsprinzip ist in fast allen Epochen der Geschichte der Ch. lebendig geblieben, vor allem in den Werktypen der ↗Orgelmesse bzw. der ↗Versetten (vornehmlich bei ↗Magnificat-Vertonungen). Die vokalen Bearbeitungstechniken blieben weiterhin Vorbild, doch gewann die instrumentale Ch. durch instrumentengerechte Übertragung der motettischen Setzweise in den ↗Tabulaturen für Tasteninstrumente zunehmend an Eigenständigkeit (A. Schlick, *Tabulaturen etlicher Lobgesang,* 1512; ferner H. Buchner, G. Cavazzoni, A. Cabezón, J. Redford, Th. Tallis; im 17. Jh. J. Titelouze).

Trotz einer reichen und bis in die Gegenwart beibehaltenen Produktion gregorianischer Ch.en für Orgel stellt sich die instrumentale Bearbeitung des evangelischen Kirchenliedes (häufig summarisch als *Orgelchoral* bezeichnet) als ein geschlosseneres Repertoire dar. Die ersten Beispiele dieser Gattung entstanden zu Anfang des 17. Jh. (J. P. Sweelinck, M. Praetorius), zu einer Zeit, in der die vokale Ch. schon zu voller Entfaltung gelangt war. Innerhalb weniger Jahrzehnte gewann der Orgelchoral aber gleichrangige Bedeutung, wobei sich aufgrund verschiedener Lehrtraditionen Werktypen mit unterschiedlichen Gestaltungsprinzipien herausbildeten. In der *Choralvariation* (S. Scheidt, *Tabulatura nova,* 1624; U. Steigleder), einer lockeren Reihungsform, werden die Strophen wechselnden Bearbeitungsverfahren unterzogen (akkordisch, figuriert, imitierend), wobei jeder Versus formale Selbständigkeit behält. Die *Choralfantasie* (charakteristisch für die norddeutsche Schule: H. Scheidemann, Fr. Tunder, D. Buxtehude) behandelt in vergleichbarer Weise die einzelnen Choralzeilen, die zu größeren Formabschnitten mit unterschiedlicher Setzweise ausgedehnt werden. Im weiteren

Verlauf der Entwicklung zeigt sich demgegenüber eine Konzentration der Form durch Verwendung polyphoner Satztechnik, die das motettische Prinzip des *Choralricercars* mittels fugierter Vorausimitationen zur *Choralfuge* (oder *Choralfughette*) verdichtet (J. Pachelbel, J. Christoph Bach). Unter dem Einfluß der weltlichen Liedvariation entsteht die *Choralpartita* als Variationszyklus mit spezifisch klavieristischem Figuren- und Passagenwerk (G. Böhm). In der 2. Hälfte des 17. Jh. wurde es gebräuchlich, dem Gemeindegesang eine kurze Ch. als Einstimmung vorauszuschicken. Kompositionen, die in dieser Funktion verwendet werden, bezeichnet man unabhängig von ihrem Gestaltungsprinzip als *Choralvorspiel*. Die Begleitung der Gemeinde durch die Orgel erfolgte üblicherweise aus dem Stegreif, doch gab es zu Lehrzwecken Modelle der Choralharmonisierung in Form von *Choral(begleit)büchern* (↗Choralbuch).

Auch im Bereich der instrumentalen Ch. nimmt J. S. Bachs Werk für Orgel in bezug auf Umfang und Qualität den obersten Rang ein. Es umfaßt nahezu alle Typen des Orgelchorals, wobei *Choralpartita* und *Choralfantasie* zahlenmäßig gegenüber den fugierten Formen zurücktreten. Mit den Ch.en in dem *Orgelbüchlein* schuf Bach einen eigenen Typus des Choralvorspiels, bei dem die – überwiegend im Diskant – zäsurlos erklingende Choralmelodie von den Gegenstimmen in motivisch prägnantem und ausdrucksstarkem Begleitsatz kontrapunktiert wird. Mit einigen gedruckten Werksammlungen hat Bach im letzten Abschnitt seines Lebens offenbar ein Resümee seiner Bearbeitungskunst geben wollen. Dazu gehören: der *3. Teil der Clavier Übung bestehend in verschiedenen Vorspielen über die Catechismus und andere Gesaenge* (1739) (häufig unrichtig als „Orgelmesse" bezeichnet), die *Choräle von verschiedener Art* („Schübler-Choräle"), Übertragungen vokaler Choralbearbeitungen aus Kantaten auf die Orgel (nach 1746), die *Kanonischen Veränderungen über Vom Himmel hoch* (1748) und die unter der Bezeichnung *18 Choräle* hsl. überlieferten, von Bach in seinen letzten Lebensjahren für den Druck vorbereiteten großen Choralbearbeitungen. Der größte Teil dieser Werke steht – bei strenger Bindung an den Choral – jenseits jeder liturgischen Dienstpflicht souverän im Bereich absoluter Kunst.

Soweit das Komponieren liturgischer Orgelmusik im Zeitalter Ph. E. Bachs, Haydns, Mozarts und Beethovens überhaupt noch Interesse fand, entfernte es sich mehr und mehr vom Choral zugunsten thematisch freier ↗Präludien, ↗Postludien, ↗Versetten oder „kirchlicher Tonstücke". Zwar wurde der Orgelchoral von traditionsbewußten Kirchenmusikern noch gepflegt (J. L. Krebs, J. Ch. Kittel, J. H. Knecht), doch komponierten diese im wesentlichen nach überkommenen Modellen.

Die für die Gattung charakteristische Tendenz, neue Formprinzipien auf die Ch. anzuwenden, die im Laufe der Geschichte immer wieder für neue Impulse sorgte, führte im 19. Jh. zu dem Versuch, evangelischen Choral und Sonatenprinzip zu verbinden (F. Mendelssohn Bartholdy, F. W. Markull). Der Choral wird hier aber in der Regel nur attributiv – als Motto, als Zitat – eingesetzt, so daß man Formen dieser Art nur mit Vorbehalt als Ch. bezeichnen kann. Entsprechendes gilt für die französische Orgelmusik der 2. Hälfte des 19. Jh., bei der neben dem vorherrschenden symphonischen Stil eine deutliche Hinwendung zur Gregorianik festzustellen ist, die allerdings sehr frei behandelt wird (F. A. Guilmant, Ch. Gigout, Ch. Tournemire). Um die Jahrhundertwende komponierte M. Reger (protestantische) Choralfantasien im Ausmaß symphonischer Dichtungen. Die *Choralimpressionen* von S. Karg-Elert lassen schon im Titel die Paraphrasierung als Bearbeitungsprinzip erkennen.

In der 1. Hälfte des 20. Jh. bereitet das Zusammenwirken mehrerer kulturgeschichtlicher Strömungen: Historismus, Liturgiereform, Absage an die Romantik und damit an Homophonie, Chromatik und Subjektivität, die Grundlage für eine Neubelebung aller liturgischen Musik, wobei sich die Komponisten unabhängig von ihrer Konfession in gleicher Weise mit dem gregorianischen wie mit dem lutherischen Choralrepertoire auseinandersetzen (J. N. David, E. Pepping, H. Schroeder, J. Driessler, S. Reda).

Eine Sonderform der Gattung stellt die Ch. für Orchester bzw. für Instrumentalensemble dar. Mit großer Wahrscheinlichkeit wurden seit dem 15. Jh. gelegentlich auch Ch.en rein instrumental ausgeführt. Nachweislich gehörten seit dem 16. Jh. Choralsätze für Blasinstrumente zum Repertoire des „Abblasens" der Stadtpfeifer (↗Turmmusik). Frühe Beispiele solcher Kompositionen sind die *Bicinia* von J. Wannenmacher (Bas 1553).

Eine geschlossene Gruppe bilden die *In Nomine*-Sätze engl. Komponisten des 16./17. Jh. (von J. Taverner bis H. Purcell), polyphone Fantasien (Fancies) für Violenensemble (↗Consort) über einen C.f. nach der Antiphon *Gloria tibi Trinitas*.

Ein Einzelfall scheint M. A. Charpentiers *Messe pour plusieurs instruments au lieu des orgues* zu sein, deren Titel sie als orchestriertes Gegenstück zum Typus der ↗Orgelmesse (s. o.) ausweist. Im Rahmen der evangelischen Kirchenkantaten im 17./18. Jh. tritt gelegentlich die instrumentale *Choralsinfonia* gleichberechtigt neben die vokalen

Ch.en (D. Buxtehude; J. S. Bach, Kantate BWV 75). Insgesamt bleiben jedoch choralgebundene Instrumentalkompositionen bis zum Ende des 18. Jh. Sonderfälle. Im 19. Jh. übertrugen dann einige Komponisten im Geiste einer für die Zeit typischen überkonfessionellen, säkularisierten Religiosität den Choral in die Konzertmusik. Vor allem bei Mendelssohn Bartholdy (2. und 5. Symphonie, Ouvertüre zu *Paulus*), aber auch bei J. Raff, C. Reinecke und O. Nicolai steht der Choral durchaus im Zentrum der Form *(Choral- oder Kirchenouvertüre)*. Daneben bleibt das instrumentale Choralzitat bis in die Gegenwart (von H. Berlioz bis zu B. A. Zimmermann) als Klangsymbol für Glauben und Kirche in Oper und programmbezogener Musik ein häufig verwendetes Kunstmittel. Ein ausdrucksvolles – wenn auch nicht unproblematisches – Beispiel einer symphonisch-konzertanten Ch. in Zwölftontechnik ist der letzte Teil des Violinkonzerts von A. Berg (Variationen über den Bachschen Kantionalsatz *Es ist genug* aus der Kantate BWV 60).

Die bereits in frühen Stadien der Gattungsgeschichte erkennbare Tendenz zur Entfaltung besonderer kompositorischer Kunstfertigkeit führte im Wechsel der Epochen im vokalen wie im instrumentalen Bereich der Ch. mehrfach weit fort von der ursprünglichen Gestaltungsidee. Aus „Bearbeitungen" im Sinne der Steigerung und Veredelung wurden „Paraphrasen", denen die Vorlage in Extremfällen nur noch als Motivquelle oder als Ausgangspunkt für eine subjektive „Umschreibung" diente. Formen dieser Art, in denen musikalischer Gestaltungswille die fundierende Stellung des Chorals und damit zugleich die liturgische Bindung des Werkes aufhebt, stehen außerhalb der Ch. im Sinne der Definition, sind aber dennoch aufgrund ihrer assoziativen Beziehung zum Choral dem Umfeld der Gattung zuzurechnen.

Lit.: **Ch. als Bearbeitung des lutherischen Kirchenliedes:** C. VON WINTERFELD, Der Evangelische Kirchengesang, 3 Bde. (L 1843–47, Faks.-Nachdr. Hil 1965); R. WERNER, F. Mendelssohn Bartholdy als Kirchenmusiker (Diss. F 1930); C. GERHARDT, Die Torgauer Walter-Hss. (Kas 1949) (= Musikwiss. Arbeiten 4); O. SÖHNGEN, Die Wiedergeburt der Kirchenmusik (Kas 1953); A. P. BUKER, Ch. from J. Walther to D. Buxtehude (1953) (= Diss. Boston Univ./Mass.); W. GURLITT, J. Walter u. die Musik der Reformationszeit, in: Luther-Jb. 15 (1953); D. KILIAN, Das Vokalwerk D. Buxtehudes (Diss. B 1956); S. KROSS, Die Chorwerke v. J. Brahms (B – Wunsiedel 1958); S. SØRENSEN, D. Buxtehudes vokale Kirkemusik (Kop 1958); A. FORCHERT, Das Spätwerk des Michael Praetorius (B 1959) (= Berliner Stud. zur Musikwiss. 1); Kirchenmusik heute, hrsg. v. H. BÖHM (B 1959); E. PLATEN, Unters. zur Struktur der chorischen Ch. J. S. Bachs (Diss. Bonn 1959); E. GESSNER, S. Scheidts geistliche Konzerte (B 1961) (= Berliner Stud. zur Musikwiss. 2); A. DÜRR, Gedanken zum Kirchenmusikschaffen E. Peppings, in: MuK 31 (1961); U. VON RAUCHHAUPT, Die vokale Kirchenmusik H. Distlers (Gütersloh 1963); F. BLUME, Gesch. der ev. Kirchenmusik (Kas [2]1965); E. WOLF, Der vierstimmige homophone Satz. Die stilistischen Merkmale des Kantionalsatzes zw. 1450 und 1630 (Wie 1965); F. KRUMMACHER, Die Überlieferung der Ch. in der frühen ev. Kantate (B 1965) (= Berliner Stud. zur Musikwiss. 10); DERS., Die Tradition in Bachs vokalen Ch., in: Bach-Interpretationen, hrsg. v. M. Geck (Gö 1969); DERS., Die Ch. in der prot. Figuralmusik zw. Praetorius u. Bach (Kas 1978) (= Kieler Schriften zur Musikwiss.). – **Ch. als Bearbeitung gregorianischer Melodien:** P. WAGNER, Gesch. der Messe I (L 1913, Nachdr. Hil 1963); G. EISENRING, Zur Gesch. des mehrstimmigen Proprium missae bis um 1560 (Düsseldorf 1913); R. VON FICKER, Die Kolorierungstechnik der Trienter Messen, in: StMw 7 (1920); O. URSPRUNG, Kath. Kirchenmusik (Pd 1931); W. LIPPHARDT, Die Gesch. des mehrstimmigen Proprium missae (Hei 1950); R. WAGNER, Die Ch. in H. Isaacs Offizienwerk „Choralis Constantinus" (Diss. masch. Mn 1950); A. KRINGS, Die Bearb. der gregorianischen Melodien in den Meßkompositionen v. Ockeghem bis Josquin des Prez, in: KmJb 35 (1951); E. H. SPARKS Cantus firmus in Mass and Motet 1420–1520 (Berkeley – Los Angeles 1963); R. GERBER, Zur Gesch. des mehrstimmigen Hymnus (Kas 1965); Gesch. der kath. Kirchenmusik, 2 Bde., hrsg. v. K. G. FELLERER (Kas 1972, 1976); R. KEUSEN, Die Orgel- u. Vokalwerke v. H. Schroeder (Kö 1974) (= Beitr. zur rheinischen Musikgesch. 102). – **Die instrumentale Ch.:** F. DIETRICH, Bachs Orgelchoral u. seine geschichtlichen Wurzeln, in: Bach-Jb. 26 (1929); L. SCHRADE, Die hsl. Überlieferung der ältesten Instrumentalmusik (Lahr 1931); K. G. FELLERER, Beitr. zur Choralbegleitung u. Choralverarbeitung in der Orgelmusik des ausgehenden 18. u. beginnenden 19. Jh. (Str 1931) (= Slg. musikwiss. Abh.en 6); F. DIETRICH, Gesch. des Orgelchorals im 17. Jh. (Kas 1932) (= Heidelberger Stud. zur Musikwiss. 1); G. FROTSCHER, Gesch. des Orgelspiels u. der Orgelkomposition, 2 Bde. (B 1935–1936); H. E. RAHNER, M. Regers Choralfantasien für die Org. (Kas 1936) (= Heidelberger Stud. zur Musikwiss. 5); L. SCHRADE, Die Messe in der Orgelmusik des 15. Jh., in: AfMw (1936); N. DUFOURCQ, La musique d'orgue française de J. Titelouze à J. Alain (P 1941); F. KESSLER, Neue Bestrebungen auf dem Gebiet des Orgelchorals (Diss. Mz 1949); H. SCHMIDT, Unters. zur choralbezogenen Orgelmusik seit M. Reger (Diss. Erl 1951); D. PLAMENAC, Keyboard Music of the 14th Century in Codex Fa, in: JAMS 4 (1951); J. HEDAR, D. Buxtehudes Orgelwerke (F 1951); H. SCHMIDT, Unters. zum Orgelchoral E. Peppings, in: MuK 24 (1954); CH. MAHRENHOLZ, Aufgabe u. Bedeutung der Tabulatura nova, in: Musica 8 (1954); G. GERDES, Die Choralvariation J. P. Sweelincks u. seiner Schüler (Diss. Fr 1956); R. WALTER, M. Regers Choralvorspiele, in: KmJb 40 (1956); W. E. BUSZIN, J. Pachelbels Contribution to Pre-Bach Organ Literature, in: The Music Heritage of the Lutheran Church 5 (St. Louis 1959); W. BREIG, Der Umfang des choralgebundenen Orgelwerks v. J. P. Sweelinck, in: AfMw 17 (1960); DERS., Die Orgelwerke v. H. Scheidemann (Diss. Erl 1962); K. VON FISCHER, Zur Entstehung der Orgelchoralvariation, in: FS F. Blume (Kas 1963); S. VENDREY, Die Orgelwerke v. F. Mendelssohn Batholdy (Diss. W 1964); W. APEL, Gesch. der Org.- u. Klv.-Musik bis 1700 (Kas 1967); R. L. TUSLER, The Style of Bach's Chorale Preludes (NY [2]1968); R. L. RICHARDS, A study of J. S. Bach's Orgelbüchlein and 18 Leipzig Chorales (1968) (= Diss. Univ. of Cincinnati); M. WEYER, Die dt. Orgelsonate v. Mendelssohn bis Reger (Rb 1969) (= Kölner Beitr. zur Musikforsch. 55); W. APEL, Der dt. Orgelchoral um 1600, in: FS W. Vetter (L 1969); CH. WOLFF, Publikationen liturgischer Orgelmusik v. 16. bis ins 18. Jh., in: FS Ch. Mahrenholz (Kas 1970); K. SCHUMANN, Der Choral in der Symphonie, in: FS E. Valentin (Rb 1976); H. MÜLLER-BUSCHER, Georg Böhms Ch. für Tasteninstrumente (Laaber 1979).

E. PLATEN

CHORALBUCH, Bz. für Orgelbegleitbuch beim Gemeindegesang im evangelischen Gottesdienst. Das früheste gedruckte Ch. ist das *Choral Gesang-Buch, Auff das Clavir oder Orgel* von D. Speer (St 1692). Wiedergegeben wurden zunächst nur Diskant und bezifferter Baß, wie dies seit der Mitte des 17. Jh. bereits in vielen Gesangbüchern für die Hausandacht, aber auch für allmählich aufkommende Begleitung des Gemeindegesangs der Fall war. Weithin üblich waren bis zur Mitte des 19. Jh. eingedruckte Zeilenzwischenspiele von jeweils wenigen Noten. Das erste 4st. Ch. ist das von J. Fr. Doles (L 1785). 1786/90 erschien das zweiteilige Ch. von J. Chr. Kühnau, einem Schüler von J. Ph. Kirnberger, dessen *Kunst des reinen Satzes* hinter dem neuen Ch.-Typus steht. Er blieb bis ins 20. Jh. allein maßgebend. Erst in neuester Zeit werden auch andere Satzarten, z. B. 3st. lineare bei kirchentonalen Weisen, verwendet.

Lit.: J. PETZOLD, Die gedruckten vierstimmigen Choralbücher für die Orgel der dt. ev. Kirche (1785–1933) (Hl 1935); M. BLINDOW, Die Choralbegleitung des 18. Jh. in der ev. Kirche Deutschlands (Rb 1957) (= Kölner Beitr. z. Musikforschung 13).

CHORALFANTASIE ↗Choralbearbeitung.

CHORALFUGE ↗Choralbearbeitung.

CHORALITER, Bz. für die einstimmige Vortragsweise des Gregorianischen Gesangs (entsprechend auch für das einstimmige Singen des evangelischen Kirchenliedes), namentlich in der Gegenüberstellung zu mehrstimmiger Ausführung, die als *figuraliter* bezeichnet wird (↗Figuralmusik). Beide Begriffe sind von bestimmender Bedeutung für die ↗Alternatim-Praxis.

CHORALKANTATE ↗Choralbearbeitung.

CHORALKONZERT ↗Choralbearbeitung.

CHORALMOTETTE ↗Choralbearbeitung.

CHORALNOTATION ↗Notenschrift.

CHORALPARTITA ↗Choralbearbeitung.

CHORALPASSION ↗Passion.

CHORALRICERCAR ↗Choralbearbeitung.

CHORALVARIATION ↗Choralbearbeitung.

CHORALVORSPIEL ↗Choralbearbeitung.

CHORDOPHONE (griech., = Saitenklinger), in der Systematik der Musikinstrumente (bei V. Mahillon, E. v. Hornbostel und C. Sachs) Bz. für alle Instrumente, bei denen die Klangerzeugung durch mit einem Resonanzkörper verbundene Saiten erfolgt, die in ihrer ganzen Länge (z. B. bei der Harfe) oder in Teilabschnitten (z. B. bei Griffbrett-Instrumenten) in Schwingungen versetzt werden. Die Töne können durch Anreißen (Zupfinstrumente), durch Reiben oder Streichen (Streichinstrumente), durch Anschlagen (Hackbrett, Hammerklavier), Anblasen (z. B. Äolsharfe) oder durch Resonanz (Aliquotsaiten) erzeugt werden. – ↗Musikinstrumentenkunde.

CHOREA (lat.; von griech. choreia = Reigen, Tanz). Entsprechend der Bedeutung von Reigen und Tanz in der griechischen Antike findet sich der Begriff auch im lateinischen Schrifttum (z. B. bei Augustinus), ähnlich auch in Musiktraktaten des 14. Jh. (u. a. bei J. de Grocheo, Robert de Handlo). Im 16. und 17. Jh. ist Ch. gelegentlich Bz. für einen instrumentalen Tanz oder ein Tanzlied, entweder ohne nähere Bestimmung (z. B. in der Lautentabulatur von M. Reymann, *Noctes Musicae,* 1598; eine *Chorea* daraus in R. Wustmann, Musikgeschichte Leipzigs I, 1909) oder als *Chorea polonica, Chorea germanica* u. ä. (letztere für eine Allemande in J.-B. Besard, *Thesaurus Harmonicus,* 1603). – Möglicherweise geht auch der Name der altfranzösischen ↗Carole auf den Begriff Ch. zurück.

CHOREOGRAPHIE (von griech. choreia = Tanz und graphein = schreiben), Tanzschrift, durch die die Positionen und der Bewegungsablauf eines Tanzes oder eines ↗Balletts aufgezeichnet werden. Bereits die Völker des Alten Orients, vor allem Israeliten und Ägypter, dann auch die Römer, benutzten bestimmte Symbole, um den Ablauf von Tänzen zu fixieren. Die Kenntnis ihrer Methoden ist aber im Mittelalter verlorengegangen.
Der erste Hinweis auf eine Tanzschrift in der Neuzeit findet sich in einem Tanzbuch aus dem Besitz der Margarete von Österreich († 1530), in dem Buchstaben für die Schrittbezeichnungen verwendet wurden. Die Darstellung von Bewegungsabläufen eines Tanzstückes ist erstmals in dem Traktat *Il Ballarino* (V 1581) des italienischen Tanztheoretikers M. F. Caroso festgehalten, worin er, durch zahlreiche Kupferstiche illustriert, die damals in Europa aktuellen Balli und Balletti beschreibt, die dazugehörige Musik in Lautentabulatur verzeichnet und im ersten Teil die zugrundeliegenden Tanzschritte und -regeln erörtert. In der *Orchésographie* (Langres 1589) von Th. Arbeau, der wichtigsten

Quelle zur Geschichte des Tanzes im 16. Jh., werden, ebenfalls mit zahlreichen Abbildungen, die zeitgenössischen Tänze genau beschrieben, aber auch deren Melodien aufgeführt. Arbeau entwarf darin bereits ein umfassendes choreographisches System. P. Beauchamp, Tänzer und Choreograph am Hof Ludwigs XIV., erfand 1671 ein System der Tanznotation, das auch patentiert wurde und als Vorläufer der modernen graphischen Notation gilt, aber nicht überliefert ist. Auf der Grundlage der Arbeit Beauchamps entwickelte sein Schüler R. A. Feuillet ein Tanzschriftsystem, das von ihm erstmals als Choreographie bezeichnet wurde (*Chorégraphie ou l'art de décrire la danse par caractères, figures et signes démonstratifs,* P 1700) und das weite Verbreitung fand. J. G. Noverre beschrieb im 13. Brief seiner *Lettres sur la danse* (1760, dt. Übers. 1769), in denen er vor allem seine Thesen zu dem von ihm propagierten Handlungsballett entwickelte, die Choreographie als „die Kunst, vermöge gewisser Zeichen einen Tanz aufzuschreiben, wie man die Musik, vermöge gewisser Figuren, die man Noten nennt, aufschreibt". Für die sich weiterentwickelnde Tanzkunst hielt er jedoch die Systeme der Tanzschrift, wie sie ihm offenbar von Arbeau und Feuillet bekannt waren, für unbrauchbar: „heut zu Tage aber sind die Schritte mancherley; man hat doppelte und triplirte; ihre Vermischung geht ins Unendliche, und also ist es sehr schwer, sie aufzuschreiben, und noch schwerer, sie zu entziefern". Offenbar fürchtete er, auf dem Weg über die Notation würde die Kreativität des Autors eines Tanzstücks erstickt: „die Choreographie tödtet das Genie".
1765 legte der französische Tanzlehrer und Choreograph C. M. Magny, ein Schüler Feuillets, in der Schrift *Principes de la chorégraphie* ein weiterentwickeltes System der Notation vor, in dem Noten und Schritte übereinander aufgezeichnet sind. Doch auch sein System erfaßte nicht sämtliche Tanzelemente. C. de Blasis, einer der berühmtesten Theoretiker des Balletts, der das System des klassisch-akademischen Tanzes, der sog. Danse d'école, das Beauchamp entwickelt hatte, vervollkommnete – es bildet bis heute die Grundlage des klassischen Ballettanzes –, bemühte sich in mehreren Schriften ebenfalls um eine Kodifizierung der Technik.
1852 veröffentlichte A. Saint-Léon in Paris sein Tanznotationssystem: *La Sténochorégraphie ou Art d'écrire promptement la danse.* Um den Tanz in Kürzeln festzuhalten, benutzte er fünf Linien mit freien Zwischenräumen. Auf einer sechsten, darüberliegenden Linie bezeichnete er die Schulterführung. Er trug auch die Haltung der Arme in allen klassischen Positionen und in der Tiefenrichtung ein. Auf diesem System baute der deutsche Tanzlehrer Friedrich Albert Zorn in seiner zum Standardwerk gewordenen *Grammatik der Tanzkunst* (L 1887) auf, dem ein Atlas mit Zeichnungen, musikalischen Übungsbeispielen samt choreographischer Bezeichnung und ein Notenheft für Musiker beigefügt war. 1892 brachte Wladimir Iwanowitsch Stepanow in Paris sein auf gründlichen anatomischen Studien und auf den Prinzipien musikalischer Notation beruhendes System der Tanzschrift heraus: *Alphabet des Mouvements du Corps Humain.* Erst nach seinem Tod erschien es auch in Rußland. Auf Betreiben A. A. Gorskis wurde es in den Unterricht der Kaiserlichen Ballettakademie in St. Petersburg aufgenommen, konnte sich aber auf die Dauer nicht behaupten. Gestützt auf die Stepanowsche Notation der Petersburger Aufführung inszenierte aber Gorski das Ballett *Dornröschen* in der Choreographie M. Petipas 1899 in Moskau.
Die heute weltweit am meisten angewandten Notationssysteme sind die *Benesh Dance Notation* und die *Kinetographie Laban.* Das von dem Tanz-Notator Rudolf Benesh und seiner Frau Joan (geb. Rothwell) entwickelte Tanzschriftsystem bedient sich, wie die musikalische Notation, eines Fünf-Linien-Systems, in das die Körperpositionen und -bewegungen nach einem bestimmten Zeichenschlüssel in Übereinstimmung mit dem darüber im Notentext abgedruckten musikalischen Ablauf eingetragen werden. R. und J. Benesh unterrichten dieses System u. a. an dem von ihnen gegründeten Institute of Choreology. Dort bildeten sie zahlreiche Notatoren aus, die bei vielen international bedeutenden Ballettcompagnien (so auch in Stuttgart, Hamburg, München und an der Deutschen Oper Berlin) arbeiten.
R. von Laban, einer der großen Anreger und Systematiker des modernen Tanzes, stellte in seinem Buch *Choreographie* (Jena 1926) die Grundlagen der von ihm entwickelten Tanzschrift dar, die er *Kinetographie* nannte und die er selbst, Albrecht Knust und K. Jooss weiterentwickelten. Mit der Publikation *Schrifttanz: Methode, Orthographie, Erläuterungen* lag das System 1928 ausgereift vor. Die Laban-Kinetographie, im Ausland auch *Labanotation* genannt, läßt sich auf jede Art von Tanzbewegungen anwenden. Sie ist größtenteils bildhaft, keine Kurzschrift, und gibt detailliert die Verwicklungen des sich in Bewegung befindlichen Körpers wieder. Sie wird aus der Sicht des einzelnen Tänzers aufgezeichnet. – Das Notationssystem besteht aus einer vertikalen Mittellinie mit vertikalen Kolumnen an jeder Seite. Die Linie repräsentiert den Körper. Alle Kolumnen an ihrer rechten bzw. linken

Seite gelten für die entsprechenden Seiten des Körpers. Grundsymbol ist ein Rechteck, das durch seine Form die Raumrichtung, durch seine Füllung die Höhe und durch seine Länge die Dauer der Bewegung anzeigt. Die Notation umfaßt auch Zeichen für die Gelenke (Schulter, Knie, Finger usw.) und Zeichen u.a. für Drehen, Berühren, Gleiten, Stampfen, Heben und Dynamik. Die Labanotation hat im Kinetographischen Institut der Essener Folkwang-Hochschule und im Dance Notation Bureau in New York ihre Hauptzentren.

Neben diesen beiden heute gebräuchlichsten Notationssystemen werden aber auch andere Tanzschriften verwendet, auch immer wieder neue entwickelt. So wird z.B. das umfangreiche Œuvre des dänischen Choreographen A. Bournonville, der im 20. Jh. eine internationale Renaissance erlebt, bei dem für die Interpretation maßgeblichen Königlich Dänischen Ballett in Kopenhagen neuerdings nach dem System von Valerie J. Sutton aufgezeichnet, obwohl die überlieferten Bournonville-Ballette bereits in der Benesh Dance Notation und in der Labanotation vorliegen. Die Vielfalt der Tanznotationssysteme erschwert allerdings – paradoxerweise – die weltweite Überlieferung von Originalchoreographien.

Der Notator wird heute auch Choreologe, selten Choreograph genannt. Als solcher wird üblicherweise derjenige bezeichnet, der für die Inszenierung eines Balletts verantwortlich ist. Daher versteht man unter Ch. im heutigen Sprachgebrauch auch das vom Choreographen (im zuletzt genannten Sinne) in einem bestimmten Stil gestellte Ballett.

Lit.: F. C. CAROSO, Il Ballarino (V 1581); TH. ARBEAU, L'Orchésographie (Langres 1589); R.-A. FEUILLET, Chorégraphie ou l'art de décrire la danse (P 1701, Nachdr. Hil 1967), dt. Übers.: G. TAUBERT, Rechtschaffener Tanzmeister oder gründliche Erklärung der Frantzösischen Tantzkunst, 3 Bde. (L 1747), Faks.-Aus. in 2 Bde.n (Mn 1977) (= Documenta Choreologica 22); P. RAMEAU, Le maître à danser (P 1725); DERS., Abrégé de la nouvelle méthode de l'art d'écrire ou de tracer toutes sortes de danses de ville (P 1725); J.-G. NOVERRE, Lettres sur la danse (Lyon 1760), dt. Übers.: Briefe über die Tanzkunst u. über die Ballette (Bremen 1769), Faks.-Ausg. (Mn 1977) (= Documenta Choreologica 15); M. MAGNY, Principes de la chorégraphie (P 1765); C. BLASIS, Traité élémentaire, théorique et pratique de l'art de la danse (Mi 1820); DERS., Code of Terpsichore (Lo 1830); DERS., Notes Upon Dancing (Lo 1847); A. SAINT-LÉON, La Sténochorégraphie ou Art d'écrire promptement la danse (P 1852); W. STEPANOW, Alphabet des Mouvements du Corps Humain (P 1892); R. VON LABAN, Schrifttanz, 2 Bde. (W–L 1928); A. HUTCHINSON, Labanotation. A System for Recording Movement (Lo 1954); R. VON LABAN, Schrifttanz, 2 Bde. (W–L 1928); A. HUTCHINSON, Labanotation. A System for Recording Movement (Lo 1954); R. VON LABAN, Principles of Dance and Movement Notation (Lo 1956, Nachdr. Brooklyn/N.Y. 1970); A. KNUST, Abriß der Kinetographie Laban, 2 H. (H 1956); R. u. J. BENESH, An Introduction to Benesh Dance Notation (Lo 1956); A. KNUST – K. PETERS, Kinetographisches Lexikon der klassischen Tanztechnik (Kö 1965); R. VON LABAN, Choreutics (Lo 1966); A. SLUIJTER, Klassische Enchaînements aus dem Unterricht der Folkwang Hochschule in Kinetogrammen (Kö 1968); S. THORNTON, A Movement Perspective of R. Laban (Lo 1971); V. J. SUTTON, Sutton Movement Shorthand (Irvine 1973).

H. SCHEIER

CHORFÜHRER (griech.: koryph'aios). **1)** Im altgriechischen Chor derjenige, der die Choreuten betreute und ihnen musikalische Anweisungen gab. Im Gegensatz zum Gesamtchor, der nur an den lyrischen Partien beteiligt war, konnte der Ch. auch mit Sprechversen in die Handlung eingreifen. Er stellte dadurch die Verbindung zwischen Chor und Schauspielern her. – **2)** Heute im Chorgesang der Leiter einer Stimmgruppe (auch *Stimmführer* gen.).

CHORIAMBUS (griech.), ↗Metrum.

CHORKNABE ↗Kapellknabe.

CHÔRO, Bz. für ein kleines, typisch brasilianisches Volksmusikensemble, bestehend aus Zupf- und Blasinstrumenten, z.B. Mandoline, Gitarre, Cavaquinho (eine Art kleiner Gitarre mit vier Saiten), Flöte, Klarinette, Ophikleïde, Trompete und Posaune. Ch. bezeichnet auch die Musik für solche Ensembles, vorwiegend Tänze, u.a. langsamer Walzer, Polka, Tango, schottische Tänze, oder volkstümliche Tanzlieder wie Aussustados und Arrasta-pè. – In der Kunstmusik schrieben Ch.s u.a. H. Villa-Lobos (14 *Chôros* und 2 *Chôro-bis* für diverse Soloinstrumente bzw. Instrumentengruppen, für Orchester, für Klavier und Orchester, auch für Chor und Orchester), Fr. Mignone und M. Camargo Guarnieri.

Lit.: R. ALMEIDA, Hist. da mus. brasileira (Rio de Janeiro [2]1942); O. ALVARENGA, Mus. popular brasileira (ebd. 1951); A. VASCONCELLOS, Panorama da mus. popular brasileira (Sao Paulo 1964); V. MARIZ, H. Villa-Lobos (P 1967).

CHORON, Alexandre-Étienne, * 21. 10. 1771 Caen, † 29. 6. 1834 Paris; frz. Musikpädagoge, -schriftsteller und Komponist. Er studierte zunächst Sprachwissenschaft und Mathematik, wandte sich dann aber der Musik zu. Sein ererbtes Vermögen investierte er in den Verlag Leduc, um damit die Veröffentlichung von Werken bis dahin unbekannter älterer Komponisten, u.a. von Josquin des Prés, N. Porpora, G. Palestrina, N. Jommelli und L. A. Sabbatini, zu ermöglichen. 1812 wurde er mit der Reorganisation der Kantoreien und Maîtrisen beauftragt. 1816–17 war er Direktor der Opéra, anschließend Direktor der *École primaire de Chant,* in der er zum ersten Mal in größerem Umfang in Paris Werke Bachs, Händels und Palestrinas zur Aufführung brachte. 1826 ging aus ihr die *École de*

Musique classique et religieuse hervor, die sich ausschließlich der Chorschulung widmete. Dieser Aufgabe setzte die Revolution von 1830 ein Ende. Ch. komponierte auch zahlreiche kirchenmusikalische Werke.

Schriften: *Méthode d'instruction primaire pour apprendre en même temps à lire et à écrire* (P 1800); *Principes d'accompagnement des écoles d'Italie* (P 1804) (zus. mit Fiocchi); *Principes de composition des écoles d'Italie,* 3 Bde. (P 1808), 6 Bde. (P ²1816); *Dictionnaire historique des musiciens...,* 2 Bde. (P 1810/11) (zus. mit F.-J. Fayolle); *Méthode élémentaire de musique et de plainchant* (P 1811); *Méthode concertante de musique à plusieurs parties* (P 1815).

Lit.: A. DE LA FAGE, Éloge de Ch. (P 1843); L. E. GAUTIER, Éloge d'A. Ch. (P 1845); H. RÉTY, Notice historique sur Ch. et son école (P 1873); J. CARLEZ, Ch., sa vie et ses travaux (Caen 1882) (mit vollständigem Werkverz.); R. WANGERMÉE, Les premiers concerts historiques à Paris, in: Mélanges Closson (Bru 1948); W. KAHL, Zur musikal. Renaissancebewegung in Frankreich während der 1. Hälfte des 19. Jh., in: FS Schmidt-Görg (Bonn 1957); B. R. SIMMS, Ch., Fétis, and the theory of tonalité, in: JMTh 19 (1975).

CHORORGEL (engl.: choir organ; frz.: orgue de chœur; it.: organo del coro; span.: órgano del coro) heißt die im Chorraum einer Kirche aufgestellte Orgel. Sie dient in Stifts- und Klosterkirchen dazu, den liturgischen Sängerchor in Messe und Offizium zu begleiten bzw. mit ihm zu alternieren, und ist meist ein ↗Positiv oder eine kleinere zweimanualige Orgel, deren ↗Disposition diesem Zweck entspricht. In der Regel existiert in diesen Kirchen auch eine größere Hauptorgel, die meist auf der dem Chor gegenüberliegenden Empore aufgestellt ist. Ihre Aufgabe ist die Begleitung des Gemeindegesangs, gegebenenfalls auch der konzertanten Kirchenmusik. – Gelegentlich stehen zwei Ch.n auf beiden Seiten des Chors einander gegenüber (so in Ottobeuren und Ebrach; ferner sehr häufig in Spanien und Italien). Selten nur findet sich im Chorraum, und nur dort, eine einzige große Orgel (z. B. in Marienstatt im Westerwald). – Auch in Kirchen ohne monastischen Chordienst finden sich häufig Chororgeln. Seit der Mitte des 19. Jh. verfügen die meisten französischen Stadtkirchen neben der großen Konzertorgel, der *Orgue de tribune (Grand Orgue),* auch über eine *Orgue de chœur (Orgue d'accompagnement),* die alle Accompagnati und die Begleitung des Gemeindegesangs zu übernehmen hat. – Die elektrische Traktur ermöglicht es gelegentlich, Haupt- und Chororgel von einem oder auch beiden Spieltischen aus zusammen anzuspielen (Schwarzach; Fulda, Dom).

H. J. BUSCH

CHORTON ↗Stimmton.

CHORUS. – 1) (lat.), der ↗Chor. – **2)** (lat.; frz.: Choro, Choron), Name verschiedenartiger mittelalterlicher Instrumente. Im 9. Jh. (Dardanusbrief des Ps.-Hieronymus) zunächst als Sackpfeife beschrieben, wurden später verschiedene Saiteninstrumente darunter verstanden, mitunter, wegen der Klangähnlichkeit der Namen, auch der ↗Crwth. – **3)** (engl.; dt.: soviel wie Refrain, Plur.: Chorusse), im Jazz im engeren Sinne Bz. für die formale Grundeinheit (Takt- und Harmonieschema), über der sich die Melodie eines Themas und die sich anschließenden Improvisationen entfalten. Der Ch. erklingt während eines Stückes immer von neuem, wird also ostinat wiederholt. Im weiteren Sinne versteht man unter Ch. die gesamte Improvisationspartie eines Solisten, die sich über mehrere Ch.se (im engeren Sinn) erstrecken kann. Die gebräuchlichsten Ch.-Typen sind die 8- oder 16taktige Bluesformel, die 16- oder 32taktige Ragtimestrophe und die 32-taktige Liedform (AABA), die vielen Schlagern zugrunde liegt. (B ist der überleitende, modulierende Teil, auch *Bridge* genannt.) Jeder Teil des streng symmetrischen Satzes besteht aus 8 Takten. Für diese Liedform sind eine ganze Reihe von Varianten möglich, die natürlich auch dem Jazz-Ch. als Ausgangsbasis dienen können: A A' B A (z. B. in *Body and Soul*), A B A' C (in *I Can't Give You Anything But Love*), A A B (in *Autumn Leaves;* hier umfaßt B 16 Takte), A B A B' (in *Someday My Prince Will Come*). – Die Form eines Ch. kann auch durch Verkürzung oder Anhängen einiger Takte verändert werden, wie z. B. *Moonlight in Vermont* zeigt, an dessen letzten A-Teil 4 Takte angefügt wurden. Auf diese Schemata aufgebaute Schlager bildeten das Repertoire bis zum Bebop. Diese Gattung nahm die alten Ch.se zwar als Vorlage, versah sie aber mit neuen Melodien, die mit den bisher gängigen Schlagermelodien nichts mehr gemein hatten. In der Folgezeit entstanden zunehmend Jazzthemen, die sich immer weiter von der nun überholten Ch.-Struktur entfernten und auch im Formalen experimentierten (Modifizierung des Harmoniegerüstes). Im ↗Free Jazz wurde die traditionelle Ch.-Improvisation völlig aufgegeben. – Einen Sonderfall von Ch.-Improvisation stellt der sog. *Chase-Chorus* dar, in dem sich zwei oder mehr Solisten dadurch „jagen", daß sie sich schon nach wenigen Takten abwechseln und so das Solo reihum aufteilen. Meistens geschieht das in viertaktigen Phrasen, weshalb diese Art des Improvisierens auch *to play fours* genannt wird. Die Technik ist besonders für Schlagzeugsoli sehr beliebt.

U. KURTH

CHOUDENS, frz. Musikverlag. Er wurde 1848 von **Antoine Ch.** († 1888) in Paris gegründet, nach seinem Tod von seinen Söhnen **Antony** (1849–1902), einem Schüler Bizets und Verfasser von Liedern und der Opéra-comique *Graziella,* und **Paul** († 1925), seit 1890 von diesem allein weitergeführt. Der Verlag firmiert heute als *Éditions Choudens.* Er verlegte anfänglich überwiegend Bühnenwerke, Opern und Operetten, u. a. von Ch. Gounod *(Faust),* G. Bizet *(Carmen),* E. Lalo, L. Ch. Bruneau, C. Saint-Saëns, J. Offenbach, A. Ch. Lecocq und E. Audran, seit dem 1. Weltkrieg vor allem auch Filmmusik. In jüngster Zeit werden verstärkt auch symphonische Werke zeitgenössischer Komponisten und Unterrichtswerke verlegt.

CHOUT, LE, Ballett von S. S. Prokofjew; dt. Titel: Das ↗Märchen vom Schalksnarren.

CHOWANSCHTSCHINA, musikalisches Volksdrama in 5 Akten von Modest Mussorgski (1839–81), Text vom Komponisten und Wladimir W. Stassow. Ort und Zeit der Handlung: Moskau und Umgebung 1682. UA: 21. 2. 1886 (postum) in St. Petersburg (Kononow-Theater) als Privataufführung; erste öffentliche Aufführung: 7. 11. 1892 in Kiew; die Aufführung vom 7. 11. 1911 in St. Petersburg (Marientheater) wird meist als UA geführt, da sie dem Werk zum Durchbruch verhalf. Dt. EA: 19. 2. 1924 in Frankfurt am Main (Übers.: Ernst Fritzheim).

Von der Musik zu dieser Oper hinterließ Mussorgski nur eine Klavierskizze, und es blieb Nikolai Rimski-Korsakow vorbehalten, das Werk zu vollenden und zu instrumentieren. Eine Aufführung war nicht leicht zu erreichen: 1885 wies die Kaiserliche Oper in St. Petersburg das Drama als „zu radikal" zurück. Erst 1886 war eine private Aufführung möglich. Der Erfolg des Werkes begann, als Fjodor Schaljapin 1911 die Rolle des alten Fürsten Chowanski kreierte. Der Stoff der Oper ist historisch: Die Fürsten Chowanski versuchen vergeblich, mit Hilfe der Strelizen-Garde Zar Peter I. zu entmachten. In der dramatischen Handlung legt Mussorgski die beiden Strelizen-Aufstände von 1682 und 1689 zusammen und flicht private und religiöse Konflikte ein. Wie schon in *Boris Godunow* bilden große realistische Volksszenen die Höhepunkte des Werkes, wobei der Komponist auch hier aus der Quelle des russischen Liedgutes schöpft. Mussorgski versucht, neue Wege der Opernmusik einzuschlagen, indem er die immanente Musikalität der Sprache in seiner künstlerischen Überformung zu bewahren trachtet. Wohl in der dramatischen Struktur, nicht aber in der Musik ist *Chowanschtschina* dem *Boris* nachzuordnen. In Deutschland wird sie auch unter dem Titel *Die Fürsten Chowanski* gespielt. – Da Rimski-Korsakow bei seiner Bearbeitung umfangreiche Kürzungen vorgenommen hatte, versuchte Dmitri Schostakowitsch Ende der 30er Jahre, das vollständige Werk zu rekonstruieren. In seiner Bearbeitung wurde Ch. erstmals am 25. 11. 1960 in Leningrad (Kirow-Theater) gespielt. 1962 gab das Belgrader Operntheater die neue Fassung mit Erfolg bei den internationalen Festspielen in Edinburgh.

R. QUANDT

CHRENNIKOW, Tichon Nikolajewitsch, * 28. 5. (10. 6.) 1913 Jelez (Gouvernement Orel); sowjet-russ. Komponist, Pianist und Kulturpolitiker. Er studierte 1932–36 am Moskauer Konservatorium Komposition und – bei H. Neuhaus – Klavier. 1941–54 war er musikalischer Berater des Zentraltheaters der (Roten, später) Sowjetischen Armee. 1948 wurde er Generalsekretär (seit 1957 mit dem Titel 1. Sekretär) des Sowjetischen Komponistenverbandes. Ch., der seit 1963 als Lehrer, seit 1966 als Professor für Komposition am Moskauer Konservatorium wirkt und auch als Pianist hervortrat, wurde 1950 Mitglied des Obersten Sowjets, ist „Volkskünstler der UdSSR" und Träger mehrerer Stalin- und Lenin-Preise. Seine Tätigkeit im Zentralkomitee des Komponistenverbandes hat die Entwicklung der russischen Musik seit 1948 durch zensorische Maßnahmen beeinflußt, z. B. gegenüber den Komponisten S. Prokofjew und D. Schostakowitsch. Seine Aufsätze und Grundsatzerklärungen in der offiziellen „Sowjetskaja Musika" und besonders sein Beitrag *Der sozialistische Realismus – unerschütterliche Grundlage der sowjetischen Musik* (in: Sowjetwissenschaft, Kunst und Literatur V, Mos 1957) vertreten die parteiamtliche Linie. Seine eigenen Kompositionen, darunter zahlreiche Bühnen- und Konzertmusiken, zeichnen sich durch eingängige Melodik, volkstümliche Rhythmik und stets farbige Instrumentierung aus.

WW: **1) Instr.-WW:** Klv.-Stücke; 2 Symphonien (1933–35, 1940–44) (Mos o.J.); 3 Konzerte, I: für Klv. (1932–33), II: für V. (1958–59), III: für Vc. (1964) (unveröff.). – **2) Vokal-WW:** Romanzen (1935) (Text: A. Puschkin); 3 Gesänge aus Shakespeares *Viel Lärm um Nichts* (1935–36); Gesänge (1942) (Text v. R. Byrnes). – **3) Bühnen-WW:** 3 Opern: *W burju* (Im Sturm) (1936–39), UA: 1939, 2. Fassung, UA: 1952; *Frol Skobejew* (1945–50), UA: 1950, Neufassung als *Besrodnyi sjat* (Der heimatlose Schwiegersohn), UA: 1967; *Mat* (Die Mutter; nach M. Gorki) (1952–56), UA: 1957; die Kinderoper *Maltschikwelikan* (Der Junge als Riese), UA: 1970; die Operetten *100 tschertej i odna dewuschka* (100 Teufel u. eine Jungfrau) (1961–62), UA: 1963 u. *Belaja notsch* (Die weiße Nacht), UA: 1967; Bühnenmusik zu: *Viel Lärm um Nichts* (1935–36) (Komödie v. Skakespeare); *Don Quichotte* (1941) (nach M. Bulgakow) u. *Vor langer Zeit* (1942) (nach A. Gladkow); Filmmusik, darunter: *Die Schweinehirtin u. der Schäfer* (1940–41).

Lit.: V. KUCHARSKIJ, T. Ch. (Mos 1957) (russ.); S. ROCH, Das Opernschaffen T. Ch.s, in: MuGes 13 (1963); F. K. PRIEBERG,

Musik in der Sowjetunion (Kö 1965); I. I. MARTYNOW, T. Ch. (Mos 1967); T. CH., Die Aufgabe des sowjetischen Opernkomponisten. Über die Arbeit an meiner Oper „Im Sturm", in: Vom Wesen der Oper (B 1969); D. S. KREBS, T. Ch., in: Soviet composers (Lo 1970).

CHRÉTIEN (Chrestien) **DE TROYES,** * nach 1120(?), † vor 1195; frz. Dichter. Aus seinem Leben ist wenig bekannt. Er stammte vermutlich aus der Champagne, möglicherweise aus Troyes, wo er sich längere Zeit am Hofe der Gräfin Marie von Champagne, der mit Heinrich I. von Champagne verheirateten Tochter König Ludwigs VII., und der Eleonore von Aquitanien, aufhielt. Später wurde er vom Grafen Philippe von Flandern gefördert. Ch. gilt als einer der ersten nordfranzösischen Lyriker (Trouvères), die in der Nachfolge der provenzalischen Trobadors Themen der höfischen Liebe behandelten. Von ihm sind zwei heute als authentisch geltende Chansons bekannt: *D'amors qui m'a tolu a moi...* und *Amors tançon et bataille...* Mit seinen in paarweise gereimten Achtsilbern verfaßten Romanen aus dem bretonischen Sagenkreis (um König Artus, die Ritter seiner Tafelrunde und dem zugehörigen mythologischen Apparat) ist er nicht nur der bedeutendste Gestalter des höfischen Epos (Roman courtois) in Frankreich, sondern auch der Begründer des nachantiken Romans überhaupt. Sein erzählerisches Werk *(Erec et Enide,* um 1170; *Cligès,* 1176; *Lancelot,* 1177–81; *Yvain,* 1177–81; *Perceval,* nach 1181) wirkte so nachhaltig auf die deutsche Literatur des Mittelalters (Wolfram von Eschenbach, Hartmann von Aue), daß diese vielfach unter den Aspekten von Imitation und Rezeption spezifiziert werden kann. In den Prosafassungen dieser Texte, die seit dem 15. Jh. in allen europäischen Kultursprachen stärker noch als schon zuvor für ein lesendes und großbürgerliches Publikum erstellt wurden, sind Elemente von höfischem Roman und ↗Chansons de geste in der Weise miteinander verbunden, daß der Ritterroman als Gattung schlechthin Anreger und Antipode von theoretischen und praktischen Entwicklungen in der Geschichte des Romans wird (Boiardo, Ariost, Cervantes).

Ausg.: Christian von Troyes sämtliche Werke, hrsg. v. W. FOERSTER (zus. mit A. Hilka), 6 Bde. (Hl 1884–1932); DERS. (zus. mit H. Breuer), Kristian von Troyes. Wörterbuch zu seinen sämtlichen Werken (Hl 1914 u.ö., Tübingen [4]1966) (mit den beiden Chansons); GA der Versromane: *Erec et Enide,* hrsg. v. M. ROQUES, in: Classiques français du Moyen Âge 80 (P 1952); *Cligès,* hrsg. v. A. MICHA, in: ebd. 84 (1957); *Le chevalier de la charrette* (= *Lancelot*), hrsg. v. M. ROQUES, in: ebd. 86 (1958); *Le chevalier au lion* (= *Yvain*), hrsg. v. DEMS., in: ebd. 100 u. 103 (alle Versromane sind in mehreren Aufl. erschienen).

Lit.: G. COHEN, Un grand romancier d'amour et d'aventure au XIIe siècle. Ch. de T. et son œuvre (P 1931, [2]1948); S. HOFER, Ch. de T. Leben u. Werke des altfrz. Epikers (Gr– Kö 1954); J. FRAPPIER, Ch. de T. (P 1957 u.ö.); R. BEZZOLA, Liebe u. Abenteuer im höfischen Roman (Ch. de T.) (Reinbek 1961); PH. A. BECKER, Zur romanischen Literaturgeschichte. Ausgew. Stud. u. Aufsätze (Mn 1967), Kap.: Ch. de T. u. Deutschland; J. MAILLARD, Anthologie de chants de trouvères (P 1967); E. KÖHLER, Ideal u. Wirklichkeit in der höfischen Epik. Stud. zur Form der frühen Artus- u. Graldichtung (Tü [2]1970); W. BRAND, Ch. de T. Zur Dichtungstechnik seiner Romane (Mn 1972); K. LANGOSCH (zus. mit W.-D. Lange), König Artus u. seine Tafelrunde. Europäische Dichtung des MA (St 1980).

W.-D. LANGE

CHRISTELFLEIN, DAS, Spieloper in 2 Akten von Hans Pfitzner (1869–1949), op. 20, Text vom Komponisten nach Ilse von Stachs gleichnamigem Weihnachtsspiel. Ort der Handlung: winterlicher Wald, ein Schloß, der Engelsgarten; im Märchen. UA: 11. 12. 1906 in München unter Felix Mottl. Pfitzner vertonte den Text zunächst als Liederspiel mit melodramatischen Einlagen. Das Publikum der UA feierte den Komponisten wegen seiner reichen Melodiefindung begeistert, doch richtete sich starke Kritik gegen den „erkünstelt naiven" Text. Daher straffte Pfitzner die Textvorlage zu einem Libretto für eine Spieloper, in welcher die dramatische Bewegung zugunsten der musikalischen Ausbreitung unterbrochen werden kann; dabei komponierte er auch einige Passagen neu. Diese Fassung wurde erstmalig am 11. 12. 1917 in Dresden aufgeführt. Das rührselige Märchen von der Elfe, die, um den Sterblichen ähnlich zu werden, die Seele eines todkranken Kindes eintauscht und vom Christkind in den Himmel geleitet wird, ist mit hochromantischer Musik unterlegt. Es herrscht liedhafte Melodik vor; der Zusammenhang der einzelnen Teile wird durch wiederkehrende thematische und rhythmische Leitgedanken hergestellt.

K. LANGROCK

CHRISTIAN, Charlie (Charles), * 20. 1. 1916 Dallas (Texas), † 2. 3. 1942 New York; amerik. Jazzmusiker (Gitarre). Er spielte in den 30er Jahren mit verschiedenen Swingbands als Tenorsaxophonist und Bassist, dann als Gitarrist. Durch Vermittlung von John Hammond kam er 1939 zu Benny Goodman in dessen Sextett. 1941 nahm er an den ersten Sessions des Bebop in New York teil. Ch. war der erste bedeutende Jazzmusiker mit elektrisch verstärkter Gitarre (die er seit 1937 benutzte). Für die Gitarristen des konventionellen Modern Jazz blieb er bis heute stilbildend. Auf Einfälle von ihm gehen einige berühmte Stücke von Goodman zurück, u. a. *Air Mail Special, Seven Come Eleven* und *Gone With the Wind.*

Lit.: N. SHAPIRO – N. HENTOFF, Jazz erzählt (Mn 1962); L. FEATHER, Bebop, Cool-Jazz, Hard Bop, in: Die Story des

Jazz, hrsg. v. J. E. Berendt (St 1975, NA H 1978); A. POLILLO. Jazz. Geschichte u. Persönlichkeiten der afroamerikanischen Musik (Mn 1978).

CHRISTOFF (Christow), **Boris,** * 18. 5. 1919 Plowdiw; it. Sänger (Baß) bulgar. Herkunft. Er wandte sich erst 1942, nach dem mit der Promotion abgeschlossenen Jurastudium, dem Gesang zu, wurde Schüler von R. Stracciari in Mailand und studierte anschließend am Mozarteum in Salzburg. 1946 debütierte er in Rom als Collin in Puccinis *La Bohème* und sang bereits 1947 den Pimen in *Boris Godunow* von Mussorgski an der Mailänder Scala. Ch. errang rasch großes internationales Ansehen, auch in Nord- und Südamerika, vor allem mit Partien in russischen Opern, insbesondere immer wieder mit der Titelpartie in Mussorgskis *Boris Godunow,* aber auch in italienischen (u. a. als König Philipp in Verdis *Don Carlos*) oder französischen Opern (u. a. als Mephisto in Gounods *Faust*), in denen er auch durch seine Darstellungskunst beeindruckte. Er machte sich gleichermaßen als Interpret des russischen Liedes des 19. Jh. einen Namen und nahm u. a. das gesamte Liedschaffen Mussorgskis für die Schallplatte auf. Ch. gilt als einer der bedeutendsten Bassisten der Gegenwart.

Lit.: O. DEJKOVA, B. Ch. (Sofia 1965).

CHRISTOFF, Dimiter, * 2. 10. 1933 Sofia; bulg. Komponist und Musikforscher. Er studierte hauptsächlich an der Hochschule für Musik in Sofia (u. a. Komposition bei M. Goleminoff), wo er seit 1960 auch selbst lehrt. Nach Studienaufenthalten u. a. in Deutschland und in Frankreich und nach Promotion und Habilitation in Sofia wurde er dort 1976 Professor am Institut für Musikwissenschaft. Seit 1975 ist er auch Generalsekretär des Internationalen Musikrats der UNESCO. Ch. gehört als Komponist zu den profilierten Persönlichkeiten der neuen bulgarischen Musik. Als Musikforscher hat er wichtige Beiträge über Grundfragen der Musiktheorie, namentlich der Melodik, veröffentlicht.

WW: **1) Kompositionen** (gedruckt in Sofia, teilweise auch in Köln): **a)** kammermusikal. WW: 4 Klv.-Sonaten; Sonate für Solo-Vc. (1970); Streichquartett (1974); Kammersuite (1967); Konzert für 3 kleine Trommeln, 2 Vc., Fl., Klv. u. Harfe (1970). – **b)** Orch.-WW: 3 Symphonien (1958–68); *Symphonische Episoden* (1970 u. 1973); *Konzertminiaturen* (1970); Konzerte für V. (1966) u. für Vc. (1966 u. 1974). – **c)** Komische Oper *Das Spiel* (UA: Varna 1978). – **2) Schriften** (bulg., in Sofia erschienen): *Westliche Horizonte* (1966); *Kompositionsidee in den Fugen des Wohltemperierten Klaviers von J. S. Bach* (1968); *Theoretische Grundlage der Melodik,* I (1973); *Der Komponist und das gesellschaftliche Bewußtsein* (1975).

CHRISTOFF (Christow, Christov), **Dobri,** * 14. 12. 1875 Warna, † 23. 1. 1941 Sofia; bulgarischer Komponist. Er war zunächst Volksschullehrer, studierte dann 1900–03 am Prager Konservatorium bei A. Dvořák Komposition. Anschließend wurde er Chorleiter in Warna. 1907 kam er nach Sofia, lehrte dort 1922–33 an der Musikakademie Musiktheorie und Dirigieren und leitete seit 1935 den Chor der Newskikathedrale. Ch. komponierte Kirchenmusik, darunter 2 *Liturgien* (1925, 1934), Orchesterwerke, u. a. die Ouvertüre *Iwajlo* (1907), Lieder und Chorwerke, darunter eine Fuge für Chor und Orchester über das Lied *Dafinka* (1933). Er schrieb ferner (bulgarisch) *Die rhythmischen Grundlagen des bulgarischen Volkslieds* (1911) und *Der technische Bau der bulgarischen Volksmusik* (Sofia 1928).

Lit.: V. KRUSTEV, D. Ch. (Sofia 1954) (bulgarisch, mit russ. u. frz. Zusammenfassung); L. NIKOLAEVA, D. Ch. (ebd. 1956).

CHRISTOPHORUS oder Die Vision einer Oper, Vorspiel, 2 Akte (3 Bilder) und Nachspiel von Franz Schreker (1878–1934), Text vom Komponisten. Orte der Handlung: Künstlerzimmer Johanns, Gemach Lisas und Hotel mit Tanzdiele und trüber Opiumhöhle. UA: 1. 10. 1978 in Freiburg im Breisgau (ursprünglich im Rahmen der Berliner Festwochen 1978 geplant).

Das in den Jahren 1924–28 komponierte Werk ist A. Schönberg gewidmet. Thematisiert wird der romantische Künstler, doch stellen seine Kompositionsmöglichkeiten den aktuellen Zeitbezug her. Anselm und Christoph, als Komplementärfiguren konzipiert, erhalten von ihrem Kompositionslehrer Johann die Aufgabe, die Christophorus-Legende als Streichquartett zu vertonen. Dem ekstatisch schaffenden Anselm genügt der reine Instrumentalklang nicht; er bezieht lebendiges Personal (sich selbst, Johanns Tochter Lisa und Christoph) in seine Kompositionsstrategie ein. So eröffnet sich die Vision einer Oper, deren mit der Realität untrennbar verknüpfte Handlung für die drei in einer Liebeskonstellation verbundenen Figuren tragisch endet. Die psychoanalytisch beeinflußte stoffliche Grundlage des komplizierten, auf verschiedenen dramatischen Ebenen angelegten Librettos und Schrekers avancierte Tonsprache genügten den Nationalsozialisten, das Werk als „Kulturbolschewismus" einzustufen. Mit einem lancierten Zeitungsartikel verhinderte man im Frühjahr 1933 die – auch damals schon – in Freiburg in Vorbereitung befindliche Uraufführung. – Schreker verwandte bei der Komposition vielfältige vokale Stilmittel, vom gesprochenen Dialog über Rezitative und Sprechgesänge bis hin zu Ariosi und Belcanto-Passagen. Der Stilpluralismus zwischen spätromantischem Melos und angedeuteter Atonalität erlaubte dem Komponisten eine plastische Charakterisierung der Figuren, vor allem des Künstlerdreigespanns. Die Partitur bietet zahlreiche im Dienste des musikalischen Ausdrucks stehende instrumentatorische Effekte, die Schreker aus Mischklängen und expressiv eingesetzten Klangfiguren bezog. Auf diese Weise stellt die Oper ein Schlüsselwerk aus Schrekers späten Jahren dar. J. SCHLÄDER

CHRISTOU, Jannis, * 9. 1. 1926 Heliopolis (Ägypten), † 8. 1. 1970 Athen (Autounfall); griech. Komponist und Musikphilosoph. Ch. studierte 1945–48 Komposition bei H. F. Redlich in Letchworth, 1948–49 Instrumentation bei A. F. Lavagnino in Cavi bei Genua und 1949–50 an der Accademia Musicale Chigiana in Siena, ferner Philosophie bei L. Wittgenstein und Psychologie bei C. G. Jung. Zahlreiche Reisen führten ihn nach Westeuropa und in die USA. 1950 kehrte er nach Ägypten zurück. Seit 1956 hielt er sich als Privatier überwiegend in Griechenland auf. Von seriellen Satztechniken ausgehend, strebte Ch., der sich u. a. mit Anthropologie, Magie und Okkultismus, Religionswissenschaft und Theologie beschäftigt hat, ein Gesamtkunstwerk mit ritualisierter musikalischer Handlung und Integration vielfältiger Elemente, wie Tanz, szenischer Handlung und Ereignissen aller Art, an. Zur genaueren Spezifikation dieser Elemente entwickelte er eine über die rein musikalische Notation hinausgehende „synthetische Notation". Werkaufträge der griechischen Sektion der IGNM und die Förderung des englischen Verlags Chester, der seine Werke druckte, brachten Ch. in die Diskussion um die postserielle westliche Avantgarde der Generation zwischen J. Xenakis und K. Stockhausen.

WW: *Psalmen Davids* (1953); Messe (1953); Oratorium *Gilgamesch* (1958); *Mysterienspiele* für Schauspieler, Chöre, Tänzer, Orch. u. Tonbänder; *Oresteia* (nach Aischylos), unvollendet.

Lit.: N. SLONIMSKY, New Music in Greece, in: MQ 51 (1965); I. G. PAPAIOANNOU, J. Chr. and the metaphysics of music (Lo 1971).

H. LINDLAR

CHRISTOW, Christov, heute üblich gewordene Umschriften des bulgarischen Namens ↗Christoff.

CHROMATIK (von griech. chroma = Farbe; engl.: chromaticism; frz.: chromatisme; it. und span.: cromatismo). Der Begriff Ch. bezeichnet die ↗Alteration – die „Färbung" – einer diatonischen Stufe um einen Halbton nach oben oder unten. Er setzt die 7stufige diatonische Skala als Grundlage des Tonsystems voraus (↗Diatonik). Die Größe des chromatischen Halbtons hängt von der Art des angewandten Tonsystems ab. Nur im temperierten System (↗Temperatur) wird der Ganzton (z. B. *f–g*) in zwei gleiche Hälften eingeteilt: in einen chromatischen *(f–fis)* und in einen diatonischen *(fis–g)* Halbton. Die chromatische Tonleiter besteht aus einer Abfolge von 12 diatonischen und chromatischen Halbtönen innerhalb einer Oktave. Die alterierten Stammtöne (c, d, e usw.) erhalten neue Bezeichnungen (*cis, dis, eis* usw.; *ces, des, es* usw.) und werden in der Notenschrift durch Vorzeichen (↗Akzidentien) gekennzeichnet: erhöhte Töne durch ein ♯, erniedrigte durch ein ♭. Um Probleme in der musikalischen Orthographie zu vermeiden, gelten folgende Regeln: bei steigender Melodie wird der Stammton erhöht (eine Ausnahme bildet der Übergang von der VI. zur VII. Stufe, der durch Erniedrigung der VII. Stufe bezeichnet wird); bei absteigender Melodie wird der Stammton erniedrigt (eine Ausnahme bildet der Übergang von der V. zur VI. Stufe, der durch Erhöhung der IV. Stufe bezeichnet wird).

Chromatische Tonleiter über *c.*

a) aufsteigend

b) absteigend

Die enharmonische Identität alterierter Stufen (z. B. fis = ges), die erst durch Einführung der temperierten Stimmung möglich geworden ist, führte in der Praxis vor allem der (atonalen) Musik des 20. Jh. zu einem sehr freizügigen Gebrauch der Akzidentien.

Geschichtliche Entwicklung. Der Begriff Ch. erscheint zum erstenmal in der Musik der griechischen Antike. Hier repräsentiert die Ch. eine der drei Einteilungsmöglichkeiten des ↗Tetrachords (neben Diatonik und ↗Enharmonik). Die absteigende Melodie wird deutlich vom tiefsten Ton der in ihren beiden Außentönen festgelegten Quart angezogen, z. B.: *a–ges–f–e*. Boëthius übermittelte den Begriff in seinen Schriften dem Mittelalter. Allerdings ist sein Verständnis von antiker Ch. bereits ungenau und entspricht nicht der auf einer strikten Diatonik basierenden Musiksprache des Mittelalters. Im Gregorianischen Gesang beruht das Alternieren von *b* und *h* nicht auf einer Veränderung der 7stufigen Skala, sondern auf dem Wechsel zwischen zwei verschiedenen Hexachorden (Mutation). Es ist nicht möglich zwei Halbtöne hintereinander folgen zu lassen. Vom 13. Jh. an werden Alterationen, die durch Hexachordmutation (↗Solmisation) zustande kommen, als ↗Musica ficta bezeichnet. Sie haben keinerlei Bezug zur antiken Chromatik. Im mehrstimmigen Satz dieser Epoche haben Alterationen meist die Aufgabe, imperfekte Konsonanzen oder Dissonanzen zwischen den Stimmen zu vermeiden. Dies führte im 14. Jh. (Ph. de Vitry, G. de Machaut) zur ersten eigentlichen Ch. (Übergang vom Stammton zu dessen alterierter Form). Parallel dazu bewirkte die im Mittelalter verwendete ↗Pythagoräische Stimmung eine Art „Leittonchromatik", die besonders in Kadenzen in Erscheinung tritt (Subsemitonium und „doppelter Leitton"). Auf sie bezieht sich Marchettus de Padua, der erste Theoretiker, der die Aufeinanderfolge von Halbtönen erwähnt (*Lucidarium,* Anfang des 14. Jh.). Diese beiden Formen der Ch. entspringen nicht der Absicht der Komponisten, sondern beruhen auf der Notwendigkeit, das Konsonanzprinzip aufrechtzuerhalten und die melodischen Strebungen zu beachten. Diese selten auftretenden Arten von Ch. enthalten niemals mehr als zwei aufeinanderfolgende Halbtöne.

Dagegen markiert das Zeitalter der Renaissance eine wesentliche Stufe in der Entwicklung der Ch., weil die Komponisten sie nun bewußt als satztechnisches Mittel verwenden. Ch. erscheint unter zwei unterschiedlichen Aspekten: 1. als Versuch (besonders humanistischer Kreise), die antike Ch. wieder aufleben zu lassen. Da aber der Begriff eines in den Außentönen festgelegten Tetrachords, mit seiner absteigenden melodischen Linie und dem Zug zur tiefsten Note hin, damals keinen Sinn mehr hatte, übernahmen die Musiker der Renaissance nur das melodische Schema „kleine Terz + zwei Halbtöne", das sowohl auf- wie absteigend denkbar war und das gegebenenfalls auf den Rahmen einer Terz reduziert werden konnte. Außerdem wurde durch einen Schreibfehler bei Boëthius der Tetrachord *a–ges–f–e* zu *a–fis–f–e*. Der Beginn des *Jerusalem convertere* aus den *Lamentationes* von N. Vicentino (1555; hier ohne Text wiedergegeben) ist ein gutes Beispiel für diese Schreibweise, die u.a. auch bei Cl. Le Jeune erscheint.

N. Vicentino, *Jerusalem convertere,* Anfang

Von den vier verschiedenen chromatischen „Motiven" (a–d) dieses Beispiels stimmt nur das zweite (b) mit dem griechischen Vorbild überein (bei enharmonischer Identität von *e* und *fes*). Das Motiv (d) hält sich nicht an den Quart-Umfang des Tetrachords:

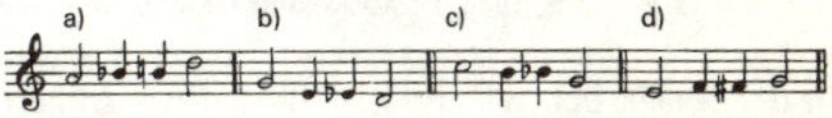

2. Die Ch. kann auch dazu dienen, den Gefühlsgehalt bestimmter Texte und Wörter (z.B. Schmerz, Zärtlichkeit, Liebe, Mitleid, Zorn usw.) musikalisch auszudrücken. Sind noch bei C. de Rore und Cl. Le Jeune antikisierende und ausdrucksbetonte Merkmale eng miteinander verbunden, so sind die Werke der italienischen Madrigalisten L. Marenzio und C. Gesualdo ganz von der Ausdrucks-Ch. beherrscht – meist um den im Text erscheinenden Affekt des Schmerzes ins Musikalische zu übersetzen. Ihre kühnen Versuche auf diesem Gebiet stellen einen ersten Höhepunkt der Ch. dar.

C. Gesualdo, aus *Mercè! grido piangendo,* Schluß (Textworte: "Io moro")

Vor allem in der Vokalmusik der Barockzeit (um 1600–1730) ist Ch. auf das engste mit dem musikalischen Ausdruck verbunden; in der Theorie gehört sie in den Rahmen der musikalischen ↗Figurenlehre. Dies gilt auch für die Dissonanz, die seit der Mitte des 17. Jh. eine nie zuvor gekannte Bedeutung in der Harmonik erhielt und die häufig mit der Ch. zu einem Stilmittel verbunden wurde (z. B. um Schmerz auszudrücken). Parallel dazu drang die Ch. auch in die Instrumentalmusik ein und diente hier in erster Linie als Bereicherung des musikalischen Satzes, etwa in Form von harmonischen Fortschreitungen, Leittönen oder Durchgangsnoten (G. Frescobaldi, H. Purcell, J. Dowland, J. P. Sweelinck, D. Buxtehude, J. S. Bach). Darüber hinaus versuchten die Komponisten, die Möglichkeiten der Enharmonik auszunutzen, die ihnen mit der allmählichen Einführung der temperierten Stimmung (seit etwa 1700) offenstanden; alle 7 Stammtöne der diatonischen Skala konnten nun alteriert werden.

Um 1924 zeichnen sich zwei Hauptentwicklungen ab: einerseits kam es zu einer Reaktion gegen den übermäßigen Gebrauch von Ch. (I. Strawinsky mit seinen „neoklassizistischen" Werken, B. Bartók, D. Milhaud, P. Hindemith), andererseits ersetzte die zunächst freie ↗Atonalität, später dann die ↗Zwölftonmusik die 7tönige Skala durch die 12tönige Halbtonskala, in der alle 12 Töne gleichberechtigt und „nur aufeinander bezogen" (A. Schönberg) sind. Zugleich werden die Begriffe „Spannung" und „Leitton" sowie die Unterscheidung zwischen diatonischem und chromatischem Halbton aufgehoben. In einer so gearteten Musik verliert das Wort Ch. seinen Sinn und sollte nicht mehr verwendet werden.

Der Begriff Ch. wurde in den 50er Jahren des 20. Jh. gelegentlich auch auf die musikalische Rhythmik, Dynamik und Klangfarbe übertragen, wo er ganz allgemein als sehr kleine Einheit inner-

J. S. Bach, Fantasie (und Fuge) g-moll, BWV 542, Ausschnitt

In der Musik der Wiener Klassik und des frühen 19. Jh. – von J. Haydn und W. A. Mozart bis zu Fr. Schubert und Fr. Chopin – hat die Ch. vor allem ornamentalen Charakter als Verzierung melodischer Linien. Indessen entstand bei Fr. Liszt und R. Wagner eine neue Ausdrucks-Ch. – diesmal gleichermaßen vokal und instrumental. Sie ist von bisher nicht wieder erreichter Intensität durch die gleichzeitige Anwendung von horizontal-melodischen Strebungen sowie vertikal-dissonanten Spannungen. *Tristan und Isolde* (1859) von R. Wagner bildete den Höhepunkt dieser Art von Ch., die von R. Strauss (*Salome*, 1905; *Elektra*, 1909), M. Reger und dem jungen A. Schönberg fortgesetzt wurde.

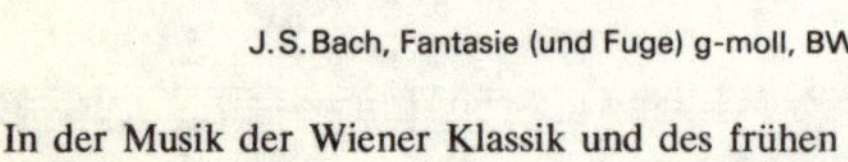

R. Wagner, *Tristan und Isolde*, Anfang des Vorspiels (harmonisches Schema)

halb einer mathematischen Skala verstanden wird und an die Oktave bzw. die Zwölfteilung des Tonraumes nicht mehr gebunden ist. Wenn O. Messiaen in seiner Klavieretüde *Mode de valeurs et d'intensités* (1949) von der 32tel Note ausgehend bis zur punktierten Viertel 32tel Noten hinzufügt, erhält er eine Skala von 12 Werten, die infolge der Analogie: 32tel Note = Halbton, eine chromatische Dauerreihe bildet. Messiaen übertrug diesen Vorgang auch auf dynamische Werte und erhielt von „ppp" bis zu „fff" eine ebenfalls chromatische Skala. Dieses Verfahren ist Bestandteil der ↗seriellen Musik. Mit dem Auftreten der elektronischen Musik bzw. der Elektroakustik um 1954 tritt die Ch. immer mehr in den Hintergrund zugunsten eines totalen Klangkontinuums.

Lit.: TH. KROYER, Die Anfänge der Ch. im it. Madrigal des 16. Jh. (L 1902); O. CHILESOTTI, Le alterazioni cromatiche nel secolo XVI, in: Kgr.-Ber. Wien 1909; R. VON FICKER, Beitr. z. Ch. des 14. bis 16. Jh., in: StMw 2 (1914); E. CAVALLINI, Breve nota sul pluricromatismo, in: RMI 47 (1943); E. LOWINSKY, Secret Chromatic Art in the Netherlands Motet (NY 1946, 1967); E. CAVALLINI, Le pluricromatismo nell'evoluzione musicale, in: RMI 48 (1946); M. VAN CREVEL, Secret Chromatic Art in the Netherlands Motet?, in: TVer 16 (1946); H. U. ENGEL-

MANN, Chromatische Ausstufung in B. Bartóks „Mikrokosmos", in: Melos 18 (1951); J. CHAILLEY, Esprit et technique du chromatisme de la Renaissance, in: Musique et poésie au XVIe siècle (P 1954); K. J. LEVY, Costesley's Chromatic Chanson, in: Ann. Mus. 3 (1955); J. CLAPHAM, Chromaticism in the Music of Mozart, in: MR 17 (1956); H. J. MOSER, Über Mozarts Ch. in: Mozart-Jb. (1956); E. E. LOWINSKY, M. Greiter's Fortuna. An Experiment in Chromaticism and in Musical Iconography, in: MQ 42–43 (1956–57); J. CLOUGH, The Leading Tone in Direct Chromaticism. From Renaissance to Baroque, in: JMth (1957); L. B. SPIESS, The Diatonic „Chromaticism" of the Enchiriadis Treatises, in: JAMS 12 (1959); J. CHAILLEY, Formation et transformation du langage musical (P 1961); C. DAHLHAUS, D. Belli u. der chromatische Kontrapunkt um 1600, in: Mf 15 (1962); W. J. MITCHELL, The Study of Chromaticism, in: JMTh 6 (1962); R. BULLIVANT, The Nature of Chromaticism, in: MR 24 (1963); C. DAHLHAUS, Zu Costeleys chromatischer Chanson, in: Mf 16 (1963); S. BORRIS, Chopins Bedeutung für den Chromatismus des 19. Jh., in: Ber. des int. Chopin-Kgr. Warschau 1960 (War 1963); W. DÜRR, Zur mehrstimmigen Behandlung des chromatischen Schrittes in der Polyphonie des 16. Jh., in: Kgr.-Ber. Kassel 1962 (Kas 1963); E. SIEGMEISTER, Harmony and Melody, II (Belmont/Calif. 1965); H. W. KAUFMANN, A „Diatonic" and a „Chromatic" Madrigal by G. Fiesco, in: Aspects of Medieval and Renaissance Music. FS G. Reese (NY 1966); P. BOULEZ, Chromatisme, in: Relevés d'apprenti (P 1966), dt. Übers. in: P. Boulez, Werkstatt-Texte (F 1972); E. SEIDEL, Ein chromatisches Harmonisierungsmodell in Schuberts Winterreise, in: AfMw 26 (1969); D. HARRAN, Some Early Examples of the Madrigale Cromatico, in: Ann. Mus. 41 (1969); J. KÁRPÁTI, Les gammes populaires et le système chromatique de l'œuvre de B. Bartók, in: FS B. Szabolcsi (Kas 1969); D. HOFFMANN, The Chromatic Fourth, in: The Consort Great Britain 26 (1970); F. J. SMITH, Accidentalism in Fourteenth-century Music, in: RBMie 24 (1970); R. BRAY, The Interpretation of musica ficta in English Music ca. 1490–ca. 1580, in: Proc. R. Mus. Assoc. 97 (1970–71); R. JACKSON, On Frescobaldi's Chromaticism and its Background, in: MQ 57 (1971); L. U. ABRAHAM, Bemerkungen zu Wagners „chromatischer" Harmonik, in: R. Wagner, Werk u. Wirkung (Rb 1971) (= Stud. z. Musikgesch. des 19. Jh. 26); P. DOE, Another View of muscia ficta in Tudor Music, in: Proc. R. Mus. Assoc. 98 (1971–72); J. WYSCHNEGRADSKY, Ultrachromatisme et espaces non octaviants, in: RM 91 (1972/73); E. E. LOWINSKY, „Secret chromatic Art" Re-examined, in: Perspectives in Musicology, hrsg. v. B. S. Brook (NY 1972); D. HARRAN, Rore and the „Madrigale Cromatico", in: MR 34 (1973); G. CIOBANU, Vechimea genului cromatic in muzica bizantină, in: Studi de muzicologie 9 (1973); R. KAMIEN, Chromatic Details in Beethovens's Piano Sonata in e flat major, op. 7, in: MR 35 (1974); M. RUHNKE, Lassos Ch. u. die Orgelstimmung, in: Convivium musicorum. FS Boetticher (B 1974); H. POUSSEUR, A. Weberns organische Ch.: 1. Bagatelle op. 9, in: Zur musikal. Analyse, hrsg. v. G. Schuhmacher (Da 1974); K. BERGER, Theories of Chromatic and Enharmonic Music in Italy in the Second Half of the Sixteenth Century (1975) (= Diss. masch. Yale Univ.); R. S. PARKS, Voice Leading and Chromatic Harmony in the Music of Chopin, in: JMTh 20 (1976); J. HAAR, False Relations and Chromaticism in Sexteenth-Century Music, in: JAMS 30 (1977). – ↗Atonalität, ↗Expressionismus, ↗Harmonik, ↗Zwölftonmusik.

S. GUT

CHROMONICA, eine chromatische ↗Mundharmonika, deren Grundtonart zumeist C-Dur ist. Durch einen seitlich angebrachten Tonschieber kann die Tonreihe von C-Dur geschlossen und eine Cis-Dur-Tonreihe geöffnet werden, so daß die Einzeltöne beider Reihen sich zur chromatischen Skala ergänzen. Der Tonumfang variiert je nach Modell. Stücke und Konzerte für Ch. schrieben u. a. D. Milhaud (*Concerto for armonica,* 1942), R. Vaughan Williams (*Romance* für Mundharmonika, Streichorchester ad libitum und Klv., 1952) und A. N. Tscherepnin (Konzert für Mundharmonika und Orchester, op. 86, 1953).

Lit.: F. PILSL, Technische u. methodische Probleme beim Ch.-Spiel, in: Der Harmonikalehrer 11 (1962).

CHROTTA (lat.), ↗Crwth, ↗Rotta.

CHRYSANDER, Karl Franz Friedrich, * 8. 7. 1826 Lübtheen (Mecklenburg), † 3. 9. 1901 Bergedorf bei Hamburg; dt. Musikforscher. Ch. war zunächst Lehrer, versuchte sich als Komponist, wandte sich dann aber ganz der Musikforschung zu. 1855 wurde er in Rostock mit zwei bereits 1853 veröffentlichten Schriften promoviert. 1856 gründete er mit dem Historiker G. G. Gervinus eine Händelgesellschaft mit dem Ziel, eine Gesamtausgabe der Werke Händels zu veranstalten. Als sich die Gesellschaft bereits 1860 wieder auflöste, übernahm Ch. die Hauptlast der herstellerischen und editionstechnischen Aufgaben und richtete in seinem Haus in Bergedorf eigens eine Notenstecherei und Druckerei ein, während das finanzielle Risiko fast ausschließlich von Gervinus getragen wurde. Einen jährlichen Zuschuß von 1000 Talern gaben zunächst König Georg V. von Hannover, seit 1866 der preußische Staat. Nach Gervinus' Tod 1871 führte Ch. die Händel-Edition unter großen finanziellen Opfern allein fort. Durch die im Rahmen der Gesamtausgabe notwendigen umfangreichen Quellenstudien war Ch. einer der Begründer der modernen musikwissenschaftlichen Quellenforschung und Editionstechnik. Die von ihm herausgegebenen *Denkmäler der Tonkunst* (1896–71) müssen als die direkten Vorläufer der (von Ch. mit initiierten) *Denkmäler deutscher Tonkunst* gelten. Ch.s Händel-Biographie gab der musikalischen Biographik des 19. Jh. entscheidende Impulse und zählt zu den klassischen Musikermonographien der Musikwissenschaft.

WW: **1) Schriften:** *Über die Molltonart in den Volksgesängen* u. *Über das Oratorium* (Schwerin 1853); *G. F. Händel,* 3 Bde., 1. Teil v. III nicht erschienen (L 1858–67, ²1919, Nachdr. Hil – Wie 1966), dazu separater Register-Bd. v. S. FLESCH (L – Hil 1967); *Händels biblische Oratorien in geschichtlicher Betrachtung* (H 1897, L ⁴1919); Ch. war Hrsg. der v. ihm gegründeten *Jbb. für musikal. Wiss.,* 2 Bde. (1863, 1867, Nachdr. Hil 1966), Redakteur der *AmZ* (1868–71, 1875–82) u. Mitbegründer u. Hrsg. der *VfMw,* 10 Bde. (1885–94, Nachdr. Hil 1966); in den genannten Periodica befinden sich auch zahlr. Beiträge v. ihm. – **2) Editionen:** *J. S. Bachs Klavierwerke,* 4 Bde. (Wb 1856); *G. F. Händels Werke,* 93 Bde. (L 1858–94, Nachdr.

Lo 1965–68), davon Bd. 45: *Der Messias*, hrsg. v. M. SEIFFERT (L 1902), hierzu erschienen 6 Ergänzungs-Bde. mit WW anderer Komp., die Händel als Quellen für seine Kompositionen benutzte: 1: D. Erba, *Magnificat*, 2: F. A. Urio, *Te Deum*, 3: A. Stradella, *Serenate*, 4: G. C. M. Clari, It. Duette, 5: G. Muffat, *Componimenti musicali*, 6: R. Keiser, *Octavia;* ferner in *Denkmäler der Tonkunst*, 5 Bde. (Bergedorf 1869–71), 1: G. P. Palestrina, *Motecta festorum*, 2: G. Carissimi, 4 Oratorien, 3: A. Corelli, GA, davon aber nur 1 Bd. erschienen (op. 1–4), 4: F. Couperin, *Pièces de clavecin* 1–2, 5: F. A. Urio, *Te Deum*.

Lit.: F. VOLBACH, F. Ch., in: Die Musik 1 (1901); O. FLEISCHER, F. Ch., in: ZIMG 3 (1901/02); H. KRETZSCHMAR, F. Ch., in: Jb. Peters 9 (1903); G. Adler, F. Ch., in: ZfMw 8 (1925/26); R. SCHAAL, F. Ch.s Abh.en, in: Mf 4 (1951) (mit Werk-Verz.); J. WIRTH-STOCKHAUSEN, F. Ch.s Briefe an J. Stockhausen, in: Mf 7 (1954); W. R. VOLBACH, F. Ch.s Briefe an F. Volbach, in: Mf 13 (1960); S. FLESCH, Anmerkungen zu F. Ch.s GA der Werke Händels u. zu seiner Editionstechnik, in: Händel-Jb. 13/14 (1967/68); B. BASELT, F. Ch. u. H. von Bülow, in: ebd. 15/16 (1969/70).

CHUECA, Federico, * 5. 5. 1846 Madrid, † 20. 6. 1908 ebd.; span. Komponist. Ch. bestritt seinen Lebensunterhalt zunächst als Pianist in Caféhäusern und Dirigent eines Zarzuela-Theaters. Dann wandte er sich der Komposition von Zarzuelas des „Género chico" zu, zu dessen Begründern er zählt. Er schrieb nur die Liedmelodien und überließ die Ausarbeitung seinen Mitarbeitern, meist J. Valverde. Große Popularität errang er u. a. mit *La gran vía, La canción de la Lola, La alegría de la huerta* und *Agua, azucarillos y aguardiente*.

CHUTE, Cheute (frz., = Fall), in Frankreich im 17.–18. Jh. Bz. für verschiedene Verzierungen der Vokal- und Instrumentalmusik. Nach d'Anglebert (*Pièces de clavecin*, 1689) wird sie durch ein Häkchen vor einer Note gekennzeichnet. Sie ist – gleichbedeutend mit ↗Port de voix – ein langer Vorschlag von unten *(Ch. en montant)* oder von oben *(Ch. en descendant)*:

Die Ch. ist aber auch die Einfügung von Vorhalts- oder Durchgangstönen in einen arpeggierten Akkord, ähnlich wie bei der ↗Acciaccatura, z. B.:

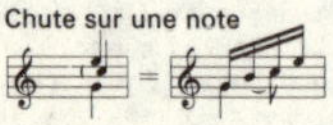

CHYBIŃSKI, Adolf Eustachy, * 29. 4. 1880 Krakau, † 31. 10. 1952 Posen; polnischer Musikforscher. Er studierte Germanistik in Krakau, 1901–02 und 1904–08 Musikwissenschaft, Kunstgeschichte und Klassische Philologie bei Th. Kroyer, A. Sandberger und Th. Lipps an der Universität München und wurde dort 1908 mit der Arbeit *Beiträge zur Geschichte des Taktschlagens* (L 1912) promoviert. 1905–07 studierte er außerdem privat bei L. Thuille. 1912 habilitierte er sich an der Universität Lemberg über *Die Mensuraltheorie in der polnischen Musikliteratur der ersten Hälfte des 16. Jh.* (poln.), wurde dort 1921 ordentlicher Professor und lehrte 1916–28 auch am Konservatorium Musikgeschichte und Harmonielehre. 1945 wurde er an die Universität Posen berufen. Ch. arbeitete hauptsächlich über polnische Musik. 1928–33 war er Hauptschriftleiter der Vierteljahresschrift *Kwartalnik muzyczny*, gab 1935–36 2 Bände des Jahrbuchs *Rocznik muzykologiczny* heraus, leitete die Edition des *Wydawnictwo dawnej muzyki polskiej* (Publikationen älterer polnischer Musik, War 1928–38, Krakau 1947 ff.) und war auch Hauptschriftleiter der *Analysen und Erläuterungen der Werke Fr. Chopins* (bisher 3 Bde.).

Schriften (alle poln.): *Materialien zur Gesch. der Rorantisten-Hofkapelle auf dem Königlich polnischen Schloß zu Krakau*, 3 Teile (Krakau 1910–25); *Die Musikinstr. des poln. Volkes im Podhale* (1924); *M. Karlowicz* (War 1939, Krakau ²1949); *Lexikon der Musiker Altpolens bis 1800* (Krakau 1949); *Von der Tatra ins Baltikum* (ebd. 1950); *Die Lieder des poln. Volkes aus Orawa* (ebd. 1957); *K. Szymanowski aus Podhale* (ebd. 1958); *Zur Zeit v. R. Strauss u. K. Tetmajer*, hrsg v. A. u. Z. M. SZWEYKOWSKY (ebd. 1959); *Die Musik des poln. Volkes* (ebd. 1961).

Lit. (poln.): Chybiński-FS z. 50. Geburtstag (Krakau-Lwów 1930); H. FEICHT, A. Ch., in: Muzyka Polska (1937), Nr. 7; Chybiński-FS z. 70. Geburtstag (Krakau 1950); J. M. CHOMIŃSKI, A. Ch., in: Muzyka (1953), Nr. 3–4; K. MICHAŁOWSKI, Bibliogr. der musikwiss. Arbeiten Ch.s, in: A. E. Chybiński, W czasach R. Straussa i K. Tetmajers (Krakau 1959).

CIABRANO, it. Musikerfamilie, ↗Chabran.

CIACCONA, Ciacona (it.), ↗Chaconne.

CIAMPI, Vincenzo Legrenzio, * 1719 Piacenza, † 2. 4. 1762 Venedig; it. Komponist. C. war Schüler von Fr. Durante und L. Leo in Neapel, wo auch seine ersten Opern, *La Beatrice* (UA 1740) und *Leonora* (UA 1742) aufgeführt wurden. Nach Aufenthalten in Palermo und Paris, wo er erfolgreich als Cembalist hervortrat, lebte er 1748–60 in London und war dann Kapellmeister am Ospizio degli Incurabili in Venedig. Neben Kirchen- und Kammermusik und 4 Oratorien schrieb C. 22 Opern, darunter die 1747 in Piacenza uraufgeführte, 1754 auch in Paris erfolgreiche Oper *Bertoldo alla corte* nach einem Stoff von C. Goldoni.

Angeregt durch diesen Erfolg, schrieb Ch.-S. Favart 1755 unter dem Titel *Ninette à la cour* eine französische Bearbeitung des Textes. In diese Fassung wurden fast alle Arien C.s übernommen. Der Stoff wurde 1767 von J. A. Hiller mit dem deutschen Singspiel *Lottchen am Hofe* wieder aufgegriffen. Als weitere Opern von C. verdienen genannt zu werden: *Didone abbandonata* (UA London 1745), *Il trionfo di Camillo* (UA London 1750) und *Antigona* (UA Venedig 1762).

Lit.: O. G. SONNECK, C.s „Bertoldo…" and Favart's „Ninette à la Cour", in: SIMG 12 (1910/11); G. RADICIOTTI, Che è l'autore della famosa siciliana „Tre giorni son che Nina"?, in: Musica d'oggi (1925); C. ANGUISSOLA, V. L. C. Musicista Piacentino del Settecento (1934, Monza ²1936).

CIARAMELLA (it.; von lat. calamellus = Röhrchen), **Ciaramedda, Cennamella, Cemmamella,** volkstümliche Schalmei Unteritaliens mit konischer Bohrung und kurzem, ausladendem Schalltrichter. Das Instrument hat 6–7 Grifflöcher und manchmal ein Daumenloch. Die C. wird als Melodieinstrument zusammen mit der ↗Zampogna (einer Sackpfeife) gespielt. Auf Sizilien, gelegentlich auch in den Abruzzen, bezeichnet man mit C. oder Ciaramedda die Sackpfeife.

CICCOLINI, Aldo, * 15. 8. 1925; it. Pianist. Nach seiner Ausbildung am Konservatorium in Neapel debütierte er 1942 mit Chopins Klavierkonzert f-moll. Nach dem Gewinn des Premier Grand Prix für Klavier beim Concours International M. Long – J. Thibaud 1949 in Paris (mit V. Yankoff) entfaltete er bald eine vielbeachtete internationale Konzerttätigkeit. C. ist besonders als Interpret der Klavierwerke von Fr. Liszt hervorgetreten. Er lehrt seit 1971 am Conservatoire in Paris.

CICONIA, Johannes, * zwischen 1335 und 1340 Lüttich, † Dezember 1411 Padua; ndl. Komponist und Musiktheoretiker. C. ist 1350 in Avignon im Gefolge der Alienor von Cominges-Turenne, einer Nichte Papst Klemens' VI., nachweisbar. 1358 kam er in Begleitung des Kardinals und Päpstlichen Legaten Albornoz nach Italien, kehrte aber 1370 wieder nach Lüttich zurück, wo er 1362–1402 ein Kanonikat an St-Jean-l'Évangéliste innehatte. Vermutlich zwischen 1389 und 1393 verließ er aus politischen Gründen Lüttich wieder und ist seit 1403 als Magister in Padua nachweisbar, wo er am Dom auch das Amt des Kantors versah.

WW: Messesätze: 6 Gloria für 3 u. 4 St. (davon 1 Satz unvollständig erhalten), 4 Credo für 3. u. 4 St.; 13 Motetten für 2–4 St. (davon 2 unvollständig bzw. unleserlich überliefert); 4 Madrigale für 2 u. 3 St.; 11 Ballate für 2 u. 3 St.; 2 Chansons für 2 u. 3 St.; 2 Kanons für 3 St.

C. war einer der ersten Niederländer, die in Italien wirkten. In seinen Werken zeigt sich denn auch eine eigentümliche Synthese niederländischer und italienischer Stilelemente. In den Motetten übernahm C. den Oberstimmenkanon der italienischen Caccia wie auch die imitierende Schreibweise des italienischen Madrigals und schuf damit den neuen Typus der „imitierenden Motette". Neu in der Motette ist bei C. insbesondere auch die allmähliche Umwandlung der satztechnischen Funktion des Tenors, der nun nicht mehr, wie in der älteren Motette, der Träger einer vorgebenen Melodie ist, sondern, auf G. Dufay vorausweisend, als „Harmonieträger" (H. Besseler) erscheint. Von seinen Messesätzen (nur Gloria- und Credo-Vertonungen) sind ein Gloria und ein Credo dadurch gekennzeichnet, daß in der Verwendung eines gemeinsamen Tenors eine für die damalige Zeit außergewöhnliche substantielle Einheit und Einheitlichkeit geschaffen wurde. Insgesamt ist das Schaffen C.s so bedeutend und signifikant, daß man (mit Besseler) von einer eigenen Epoche C. sprechen kann. Sein Einfluß ist in den Werken niederländischer (J. Brassart, Johannes de Limburgia, H. und A. de Lantins) und venezianischer Komponisten nachweisbar.

Ausg.: GA, hrsg. v. S. CLERCX (s. u. Lit.).

Lit.: H. BESSELER, Bourdon u. Fauxbourdon (L 1950), ergänzt u. hrsg. v. P. Gülke (²1974); DERS., J. C., Begründer der Chorpolyphonie, in: Kgr.-Ber. Rom 1950 (R 1952); DERS., C., in: MGG II; S. CLERCX, J. C. Un musicien liégeois et son temps, 2 Bde. (Bru 1960) (mit vollständiger Ausg. der WW); K. VON FISCHER, Zur C.-Forsch., in: Mf 14 (1961); E. STAM, Die richtige Lösung des Rätselkanons „Quod jactatur" v. J. C., in: TVer 21/3 (1970); D. FALLOW, C. padre e figlio, in: RIMus 11 (1976); W. ELDERS, Humanism and Early-Renaissance Music. A Study of the Ceremonial Music by C. and Dufay, in: TVer 27 (1977); S. CLERCX-LEJEUNE, Ancora su J. C., in: NRMI 11 (1977).

CID, DER, Oper in 4 Akten von Jules Massenet (1842–1912), Text von Adolphe Philippe d'Ennery, Louis Gallet und Edouard Blau nach der gleichnamigen Tragikomödie (1636) von Pierre Corneille. Ort und Zeit der Handlung: Sevilla im 11. Jh., UA: 30. 11. 1885 in Paris (Opéra), dt. EA (in dt. Sprache): 1. 10. 1887 in Frankfurt am Main (Übers.: Max Kalbeck).

Der UA, deren überragender Erfolg sicher auch dem berühmten Tenor Jean de Reszke zu verdanken war, folgten innerhalb eines Jahres 53 weitere Aufführungen in Paris. Die 100. Aufführung an der Opéra fand am 1. 10. 1900 statt. *Le Cid* (arab.: el cid = der Herr) ist eine Oper um den historischen spanischen Nationalhelden Rodrigo Diaz (Ruy Diaz da Bivar). Der Cid ersticht den Vater seiner Geliebten Chimène im Duell. Ein Mauren-Angriff verhindert die sofortige Bestrafung des

Helden, welcher nunmehr Spanien bravourös rettet und Vergebung findet. Mit diesem Werk reiht sich Massenet in die Linie der Cid-Komponisten ein, die vor ihm bereits Namen wie Händel, Paisiello und Cornelius aufweist. Massenets Erfolg mit diesem Stoff liegt sicher nicht im Libretto begründet; Corneilles Werk ist weder sprachlich noch dramatisch adäquat für die Oper umgesetzt worden. Die stets leicht verständliche Musik wird dem Text nicht immer gerecht, und es verwundert nicht, daß nur dem Ballett aus dem zweiten Akt dauerhafter Erfolg beschieden war. Dieser für die Oper zu groß dimensionierte Reigen von sieben Bildern mit spanischen Themen und Rhythmen offenbart eine der größten Stärken des Komponisten. R. QUANDT

CIFRA, Antonio, * 1584 Terracina (Latium), † 2. 10. 1629 Loreto; it. Komponist. Er war Chorknabe an San Luigi dei Francesi in Rom und Schüler von G. B. Nanino, 1609–22 und 1626–29 Kapellmeister an der Santa Casa in Loreto, dazwischen an San Giovanni in Laterano in Rom. Mit G. F. Anerio und A. Agazzari gehört C. zu den bedeutendsten römischen Komponisten der ersten Dezennien des 17. Jh. und zugleich zu den frühesten Vertretern des monodischen und konzertierenden Stils in Rom. Seine geistlichen Werke waren – vor allem durch die Sammeldrucke von J. Donfrid (1622–27) – auch in Deutschland sehr verbreitet.

WW (sämtlich zuerst in Rom erschienen, teilweise mit zahlreichen Nachdrucken): **1) Geistliche WW:** 8 Bücher Motetten für 2–4 St., I–IV (1609), V (1612), VI (1613), VII (1614), VIII (1615); weitere Motetten für 2–4 St. u. B.c. (1619), für 4 St. u. B.c. (1620), für 2–4, 6, 8 St. u. B.c. (V 1629); *Sacrae cantiones* für 2–4, 6, 8 St. u. B.c. (1638); *Motecta et psalmi* für 8 St. u. B.c. (1629), für 12 St. (1629); *Vesperae et motectae* für 8 St. u. B.c. (1610); Psalmen für 4 St. u. B.c. (1609 u. 1611), für 8 St. u. B.c. (1620 u. 1621); 2 Bücher Messen für 4–6 St. (1619 u. 1621); 2 Bücher *Scherzi sacri* für 1–4 St. u. B.c. (1618). – **2) Weltliche u. Instr.-WW:** 6 Bücher Madrigale für 5 St., davon ohne B.c. I–IV (1605, 1608, 1615 u. 1617), mit B.c. V: *Madrigali concertati* (1621) und VI (1623); 5 Bücher *Li diversi scherzi* für 1–4 St. u. B.c., I u. II (1613), III: *Scherzi et arie* (1613), IV (1615), V (1617). – 2 Bücher *Ricercari e canzoni francesi* (1619). – Zahlreiche Motetten u. Messen auch in den Sammeldrucken von Donfrid (RISM 1622², 1623², 1627¹) und Victorinus (1616²).

Ausg.: *Missa S'allor che più sperai*, hrsg. v. K. G. FELLERER (Düsseldorf 1953); Canzona für Org., hrsg. v. G. FROTSCHER, in: L'organo italiano 1 (Kop 1960); Motette *Bene fundata est* für 8 St., hrsg. v. L. FEININGER (Trient 1970) (= Documenta liturgiae polychoralis 22).

Lit.: A. ADRIO, Die Anfänge des geistlichen Konzerts (B 1935); F. GHISI, Alle fonti della monodia (Mi 1940); H. FEDERHOFER, Graz Court Musicians, in: MD 9 (1955); R. SCHMITT, Unters. zu J. Donfrids Sammeldrucken … (Diss. Bonn 1974).

CIKKER, Ján, * 29. 7. 1911 Neusohl (= Banská Bystrica); slowakischer Komponist. C. studierte 1930–36 am Prager Konservatorium u. a. bei J. Křička und V. Novák (Komposition), 1936–37 bei F. Weingartner in Wien. Seit 1939 lehrte er am Konservatorium in Preßburg, seit 1951 als Professor Komposition an der dortigen Hochschule für musische Künste. 1945–48 sammelte er als Operndramaturg des Slowakischen Nationaltheaters praktische Erfahrungen mit dem Musiktheater. Als Pädagoge wie auch als Komponist trug C. zur Förderung einer eigenständigen slowakischen Kultur bei. Seine von B. Bartók und Z. Kodály beeinflußten Kompositionen weisen national eigenständige, folkloristische Züge auf und verbinden darüber hinaus alle Ausdrucksmittel der zeitgenössischen Musik zu einer wirkungsvollen Musiksprache, die vor allem „humanistische Werte" vermitteln will. Diese Zielsetzung ist auch an der Wahl seiner Opernstoffe klar erkennbar. Sein Musikdrama über den (historischen) edlen Räuber *Juro Jánošík* gilt als slowakische Nationaloper und begründete C.s Ruhm auch im westlichen Ausland.

WW: **1) Instr.-WW:** Sonate für Klv., op. 11 (1927); Sonatine für Klv., op. 12 (1933), instrumentiert als Sinfonietta (1940); Suite, op. 13 (1935), für V. u. Br.; 2 Streichquartette (1935); 3 Klv.-Etüden *Bäche in der Tatra* (1954); Klv.-Variationen (1973); *Symphonischer Prolog* (1934); *Frühlingssymphonie* op. 15 (1937); Trilogie der Sinfonischen Dichtung *Vom Leben: Sommer* op. 19 (1941), *Der Soldat u. die Mutter* op. 21 (1943) (auch als *Der Kampf), Der Morgen* op. 24 (1946); Concertino, op. 20 (1942), für Klv. u. Orch.; *Slowakische Suite* op. 22 (1943); *Erinnerungen* op. 25 (1947); Dramatische Fantasie (1957); Variationen über ein Thema der Oper *Ein Maskenball* (1963); *Selig sind die Toten* (1964), Meditationen über ein Thema v. H. Schütz; *Orch.-Studie zu einem Schauspiel* (angeregt durch Dürrenmatts *Die Physiker*) (1965); *Hommage à Beethoven* (1970); Variationen über ein slowakisches Volkslied (1970; *Epitaf* (1973); *Symphonie 1945* (1974) (zum 30. Jahrestag der Befreiung). – **2) Vokal-WW:** Lieder, Chöre; Kantaten, u. a.: *Cantus filiorum* op. 17 (1940); *Gruß an Stalin* op. 30 (1949); Liederzyklus *Von der Mutter* für Mezzo-Sopran u. Klv. – **3) Bühnen-WW:** Ballettmusik *Selanka* op. 23 (1944); *Juro Jánošík* (1953), UA: Preßburg 1954; *Fürst Bajazid* (1956), UA: ebd. 1957; *Tiene* (1958) (nach Ch. Dickens), UA: Kassel 1963 (als: *Abend, Nacht u. Morgen;* auch als: Mr. Scrooge); *Auferstehung* (1962) (nach L. Tolstoi), UA: Prag 1962; *Das Spiel von Liebe u. Tod* (1967) (nach R. Rolland), UA: München 1969; *Coriolanus* (1973) (nach W. Shakespeare), UA: Prag 1974; *Das Erdbeben in Chili* (1978) (nach H. von Kleist), geplante Aufführungen für 1979 in: Köln, Preßburg u. Erfurt.

Lit.: E. ZAVARSKÝ, Zeitgenössische slowakische Musik (Bratislava 1947) (slowak.); J. SAMKO, J. C. (ebd. 1955) (slowak.); ZD. NOVÁČEK, Zeitgenössisches Slowakisches Musikschaffen (ebd. 1955) (slowak.); DERS., Gesch. der slowakischen Musik (ebd. 1957) (slowak.): L. ŠIP, Slowakische Musik (Pr 1964) (tschech.); J. VAJDA, C. and His „Resurrection", in: Opera 15 (Lo 1964); Slovenská hudba 10 (1966) H. 6 (= Sonder-H. C.); J. ŠAMKO, Nationalkünstler J. C. 65jährig, in: Slowakische Musik 2 (1976); J. KNAUS, J. S. wird 65, in: Musica 5 (1976).
K. LANGROCK

CILEA, Francesco, * 23. 7. 1866 Palmi (Kalabrien), † 20. 11. 1950 Varazze (Savona); it. Opernkomponist. Er studierte 1879–89 am Konservatorium in Neapel, 1890–92 unterrichtet er dort selbst Klavier, 1894–1904 Harmonielehre am Istituto Musicale in Florenz. 1913–16 leitete er das Konservatorium in Palermo, anschließend bis 1935 das in Neapel. Hier war auch 1889 seine erste Oper, *Gina,* uraufgeführt worden. 1892 erfolgte in Florenz die Uraufführung seiner zweiten Oper, *Tilda.* Mit *L'Arlesiana* (UA Mailand 1897) entstand sein erstes bedeutendes Werk, das nach zweimaliger Umarbeitung in der endgültigen Fassung 1912 in Neapel zur Aufführung kam. Sein erfolgreichstes Werk wurde *Adriana Lecouvreur* (UA Mailand 1902), das stilistisch in der Nachfolge der veristischen Oper von Puccini und Mascagni steht. Ein letzter großer Erfolg war ihm mit der Oper *Gloria* beschieden, die 1907 in der Mailänder Scala uraufgeführt wurde.

Lit.: M. PILATI, Fr. C., in: Boll. Bibl. Mus. 7 (1932); E. MOSCHINO, Sulle opere di Fr. C. (Mi 1932); GAJANUS, Fr. C. e la sua opera (Bol 1939); A. DELLA CORTE, Appunti per una biografia di Fr. C., in: Scenario 8 (R 1939); R. DE REMI, Fr. C. (1950); T. D'AMICO, Fr. C. (Mi 1960); V. TERENZIO, Ricordando Fr. C., in: Chigiana 23, N.S. 3 (1966); T. D'AMICO, Fr. C. (R 1967); L. RÉFACI, Messagio per C. (Cosenza 1970); R. MARIANI, Fr. C., ultimo campione di una grande scuola, in: Verismo in musica e altri studi (Fi 1976); DERS., „Adriana Lecouvreur", oggi, per noi, in: ebd.

CILENŠEK, Johann, * 4. 12. 1913 Großdubrau bei Bautzen; dt. Komponist. Er studierte 1935–39 am Leipziger Konservatorium bei J. N. David (Komposition) und Fr. Högner (Orgel). 1945–47 war er Dozent für Musiktheorie am Thüringischen Landeskonservatorium Erfurt und lehrt seither als Professor für Komposition an der Fr.-Liszt-Hochschule in Weimar, deren Rektor er auch 1966–72 war. Er ist seit 1961 ordentliches Mitglied der Deutschen Akademie der Künste in Berlin (Ost). C.s musikalische Entwicklung ist entscheidend durch die Polyphonie seines Lehrers David geprägt. Seine in der thematischen Verarbeitung und rhythmischen Eigenständigkeit auf gute Durchhörbarkeit angelegten Kompositionen, von denen die symphonischen und konzertanten Werke am gewichtigsten sind, zeigen neben Einflüssen Bartóks und Hindemiths auch Erfahrungen mit der Reihentechnik.

WW: Kammermusik: Sonate (1948) für V. u. Klv.; Sonate (1949) für Fl., V. u. Va.; Sonate (1950) für Fl. u. Gitarre; Sonate (1951) für Klv.; Sonate (1960) für Ob. u. Klv.; Bläserquintett (1975). – Für Orch.: Konzert (1948); Klv.-Konzert (1950); Org.-Konzert (1950) mit Streichorch.; Cellokonzert (1952); V.-Konzert Nr. 2 (1953); 5 Symphonien (1954–59), die Nr. 4 für Streichorch.; Sinfonie (1963) für großes Orch. mit Chor; Sinfonietta (1963); Sinfonische Ouvertüre (1963); Konzertstücke mit Klv. (1966), mit V. (1974), mit Va. (1978), mit Fl. (1979); ferner Lieder u. Chorwerke.

Lit.: K.-H. FRIEBEL, Prof. J. C., in: MuGes 4 (1954); W. FELIX, Das Schaffen J. C.s, in: ebd. 13 (1963); W. HILLER, J. C., in: Funk u. Fernsehen in der DDR (B 1969) August-H.

B. A. KOHL

CIMA, 1) Andrea, * Mailand; it. Komponist. Er war um 1617 Organist an S. Maria della Rosa in Mailand, später Kapellmeister an S. Maria Maggiore in Bergamo. Er veröffentlichte 2–4st. geistliche Konzerte (Mi 1627). Weitere kirchenmusikalische Werke erschienen in Sammeldrucken (RISM 1610^4, 1612^3, 1615^{13}, 1617^2, 1626^5). – **2) Gian Paolo,** Bruder von 1), * um 1570 Mailand; it. Komponist. Er war Kapellmeister und Organist an S. Celso in Mailand. C. veröffentlichte ein Buch mit 4st. Motetten (Mi 1599), ferner *Ricercari & canzoni alla francese* für Tasteninstrumente (Mi 1606, mit einer Anweisung zum Stimmen) und *Concerti ecclesiastici* (Mi 1610). Diese Sammlung enthält außer Motetten, Messen, Magnificats und Falsobordoni für 2–8 St. u. B.c. auch 6 Sonaten für 2–4 Instrumente, unter denen sich ein einsätziges Stück für Violine und Violone befindet, das als die früheste Violinsonate zu gelten hat.

Ausg.: eine Motette in: MS 9 (Rb 1874); 2 Motetten, hrsg. v. F. COMMER, in: MS 23 (Mz 1882); ein Ricercar in: TORCHI Arte Mus. III; eine Sonate in: G. BECKMANN, Das Violinspiel in Deutschland vor 1700, Beispiel-Bd. (B 1921); eine Triosonate in: E. SCHENK, Die it. Triosonate (Kö 1954) (= Das Musikwerk 9); *Partito de recercari e canzoni alla francese* (1606) für Klv., hrsg. v. C. G. RAYNER (R 1969) (= Corpus of Early Keyboard Music 20).

Lit.: G. BECKMANN, Das Violinspiel in Deutschland vor 1700 (L 1918); A. ADRIO, Die Anfänge des geistlichen Konzerts (B 1935); W. S. NEWMAN, The Sonata in the Baroque Era (Chapel Hill 1959); C. G. RAYNER, The Enigmatic C. Meantone Tuning and Transpositions, in: GalpinJ 22 (1969).

CIMA, Tullio, * Ende 16. Jh. Ronciglione bei Rom; it. Komponist. Biographisch ist von ihm nur bekannt, daß er um 1620 Sänger an S. Giovanni in Laterano war. Mit seinen ausschließlich kirchenmusikalischen Werken, deren Veröffentlichung sich über einen ungewöhnlich langen Zeitraum erstreckt (1615–75), gehört er zu den römischen Vertretern des geringstimmigen konzertierenden Stils.

WW: 5 Bücher Motetten (bzw. *Sacrae cantiones* o. ä.) für 1–5 St. u. B.c., I (R 1621), II (1625), III (1629), IV (1648), V (1656); *Sacrae modulationes* für 2–3 St. u. B.c. (R 1675); Vesperpsalmen für 4 St. u. B.c. (R 1636), für 3 St. u. B.c. mit einer Messe u. einer Litanei (R 1673); Motetten sind auch hsl. und in Sammeldrucken erhalten (RISM 1615^5, 1642^1, 1643^2, 1646^2).

CIMAROSA (Cimmarosa), **Domenico,** * 17. 12. 1749 Aversa bei Neapel, † 11. 1. 1801 Venedig; it. Komponist. Bereits mit 12 Jahren wurde er 1761 am Conservatorio S. Maria di Loreto in Neapel zugelassen, wo er in Orgel, Cembalo, Violine, Gesang und Komposition ausgebildet wurde, u. a. von F. Fenaroli und A. Sacchini, vermutlich auch von N. Piccinni. 1772 trat er am Teatro dei Fiorentini in Neapel mit den Opern *Le stravaganze del conte* und *Le magie di Merlina e Zoroastro* hervor. In der Folge entstanden zahlreiche weitere Opern für italienische Theater. Besonderen Erfolg hatte er am Hof König Victor Amadeus' III. in Turin, aber auch im Ausland, u. a. in Dresden und Wien. 1787 berief ihn Kaiserin Katharina II. als „Maestro di camera" und „Maestro di cappella" nach St. Petersburg, wo vor ihm schon G. Paisiello, G. Sarti, B. Galuppi und T. Traëtta gefeiert worden waren. Ende 1791 kam er nach einem Aufenthalt in Warschau an den Hof in Wien. Dort entstand im Auftrag Kaiser Leopolds II. sein bedeutendstes Werk, die Opera buffa *Il matrimonio segreto (Die heimliche Ehe;* Libr.: Giovanni Bertati), die am 7. 2. 1792 uraufgeführt wurde. 1793 kehrte C. nach Neapel zurück. Anläßlich des neapolitanischen Aufstandes komponierte er 1799 eine Hymne gegen die Tyrannei. Er wurde zum Tode verurteilt, jedoch nach viermonatiger Haft von König Ferdinand IV. begnadigt, auf den er 2 Lobeshymnen schrieb. Bald darauf starb er in Venedig. C.s unmittelbarer Nachruhm war besonders in den romanischen Ländern beträchtlich. Es fehlte in der ersten Hälfte des 19. Jh. sogar nicht an Versuchen (z. B. bei Stendhal), ihn als ebenbürtig oder gar als höher einzuschätzen als Mozart. Wir sehen heute, daß C. zur Musik seiner Zeit nichts entscheidend Neues beigetragen hat. Er hat aber doch eine wichtige Rolle für die Entwicklung des Musiktheaters gespielt und war, vor allem mit der *Heimlichen Ehe,* der bedeutendste Vertreter der Opera buffa in der Zeit zwischen Mozart und Rossini.

WW: **1) Opern:** Über 70 Opere serie, Opere buffe, Opere semiserie u.a., darunter: *Fiannina e Bernardone,* UA: Venedig 1781; *Li due baroni di Roccazzurra,* UA: Rom 1783; *Il mercato di Malmantile,* UA: Florenz 1784; *Olimpiade,* UA: Vicenza 1784; *Volodimiro,* UA: Turin 1785; *L'impresario in angustie,* UA: Neapel 1786 (P 1788); *Il fanatico burlato,* UA: ebd. 1787; *La vergine del sole,* UA: St. Petersburg 1788; *Il matrimonio segreto,* UA: Wien 1792 (P 1793 u. viele weitere Drucke); *I traci amanti,* UA: Neapel 1793; *Le astuzie femminili,* UA: ebd. 1794; *Penelope,* UA: ebd. 1795; *I nemici generosi,* UA: Rom 1796; *Gli Orazi e i Curiazi,* UA: Venedig 1796/97 (P 1797); *Artemisia,* UA: Neapel 1797; *L'apprensivo raggirato,* UA: ebd. 1798. Von den vorgenannten Opern, die als ganze meist nur hsl. überliefert sind, erschienen im Druck zahlr. Einzelarien, auch in Bearbeitungen. – **2) Sonstige weltliche Vokal-WW:** Einige it. Kantaten, darunter: *La felicità inaspettata,* UA: St. Petersburg 1791; *Der Kapellmeister (Il maestro di cappella)* (L 1810) (die Autorschaft C.s an dieser einzig vorliegenden postumen Fassung ist jedoch fraglich); *Otto duettini* für 2 Sopranst. u. Cemb. (W o.J.), weitere *Duettini* (Kas o.J.); *Sei duetti notturni* mit Klv. (P o.J.); Duette für 2 Gitarren u. SingSt (Brau o.J.); *Sei ariette italiane* mit Cemb. oder Harfe (o.O., o.J.); *Sei canzonette italiane* mit Gitarre (W o.J.); gedruckt wurden ferner zahlr. Einzelgesänge. – **3) Geistliche WW** (hsl. überliefert): Oratorien: *Absalon* (1782); *Judith (Giuditta); Il sacrifizio d'Abramo;* einige Messen u.a. kirchenmusikal. WW. – **4) Instr.-WW:** Im Druck erschienen eine Sinfonia (Fi o.J.) u. eine Ouvertüre für Orch. (P o.J.) u. ein Konzert *(Concertante)* für 2 Flöten u. Orch. (Bonn o.J.); hsl. sind 32 (einsätzige) Klv.-Sonaten erhalten.

Ausg.: 32 Klv.-Sonaten, hrsg. v. F. BOGHEN (P 1925–26); *Il matrimonio segreto* (Mi 1943, L – Mn – NY o.J.); *Giannina e Bernardone* (Mi o.J.); *Le astuzie femminili* (Mi 1929, NA 1941); *Il matrimonio per raggiro* (L o.J.); Ouvertüre zu *I traci amanti,* hrsg. v. F. M. NAPOLITANO (Padua 1956); 2 Konzerte G-Dur für 2 Fl. u. Kammerorch., hrsg. v. H. WOLLHEIM (B 1958 u. 1963); 31 Klv.-Sonaten, hrsg. v. V. VITALE (Mi 1971); *Requiem pro defunctis,* hrsg. v. E. KRÄHENBÜHL (Z 1974); *Magnificat* (F 1977).

Lit.: M. TIBALDI CHIESA, C. e il suo tempo (Mi 1934, ²1939, ³1949); A. DELLA CORTE, D. C. (Urbino 1936); E. BORELLI, C. (Tn 1940); C. ENGEL, Note on C.'s „Il matrimonio segreto", in: MQ 33 (1947); Per il bicentenario della nascità di D. C. 1749–1949 (Aversa 1949); F. SCHLITZER, Goethe e C. (Siena 1950); DERS., Annali delle opere di C. (Neapel 1950); R. A. MOOSER, Annales de la musique en Russie au XVIIIe siècle III (G 1951); R. PAOLI, Genialità di C., in: Chigiana 14 (1957); G. RONCAGLIA, „I due Baroni" di D. C., in: ebd. 17 (1960); E. KOMORZYNSKI, Mozart u. C., in: ÖMZ 16 (1961); G. SAVIOTTI, Noterella Cimarosiana, in: Estudios italianos em Portugal (1962–63) Nr. 21–22; R. W. LOWE, L'admiration de Stendhal pour C., in: Les études classiques 32 (1964); L. BIANCONI, Le „sonate" per il fortepiano di D. C., in: RIMus 7 (1972); E. FERRARI BARASSI, C. clavicembalista, in: FS Ronga (Mi 1973); H.-B. DIETZ, Die Varianten in D. C.s Autograph zu „Il matrimonio segreto" u. ihr Ursprung, in: Mf 31 (1978).

A. MANDELLI

CIMBALOM, Zimbalon, Czimbal, Zimbal u. ä. (ungar.; von griech. kymbalon), das ungarische ↗Hackbrett, das noch im 17. Jh. auch zum Instrumentarium des Adels gehörte, seit dem 18. Jh. aber wesentlicher Bestandteil jeder Zigeunerkapelle ist. Das trapezförmige, mit zwei Klöppeln gespielte Instrument erhielt 1874 durch J. V. Schunda in Budapest seine heutige Gestalt. Bis dahin hatte das einfache C. einen diatonischen Tonumfang von 2 bis 3 Oktaven; die Saitenchöre verliefen über zwei, die Saiten teilende Stege, wodurch der Tonumfang vergrößert wurde. Schunda richtete das C. chromatisch ein mit einem Hauptsteg, der je nach Stimmung erst vom 18. oder 19. Saitenchor an aufwärts die Saiten teilt und mit zwei kleinen zusätzlichen Stegen für die weitere Teilung der obersten Saiten, so daß die untersten Saiten in ihrer Gesamtlänge unverkürzt schwingen. Der Tonumfang des modernen C. reicht vom E bis zum e^3(f^3) mit zwei zusätzlichen diatonischen oder vier chromatischen Tönen darunter. Insgesamt hat das heutige C. einen Bezug von 35–38 Saitenchören. Die 18–19 tiefsten Saitenchöre bestehen aus je drei übersponnenen Saiten, die übrigen aus je vier oder sogar fünf Stahlsaiten. In der Nähe der Stege ist eine Vorrichtung zur Dämpfung angebracht, die mit einem Pedal verbunden ist. Dieses kann vom Spieler leicht bedient werden, da das C. auf 4 Beinen steht. Schunda gab auch die erste Schule für C. heraus. Heute wird die Schule von Ida Tarjáni-Tóth und József Falka (dt. u. ung. Budapest 1958) im Unterricht benutzt. Die Spieltechnik des C. erfuhr um 1920 eine Erneuerung durch Aladár Rácz, dem es zu verdanken ist, daß das Instrument auch in der Kammermusik Verwendung findet. Die Möglichkeiten des C. zeigen Kompositionen von I. Strawinsky *(Renard, Rag-Time)*, B. Bartók (1. Rhapsodie für V. und Orchester) und Z. Kodály *(Háry János)*. Aus der jüngeren ungarischen Komponistengeneration sind vor allem zu nennen György Kurtág mit seinen 8 Duos op. 4 für V. und C. (1961) und seinen Liedern für SingSt, C. und V. op. 8 (1969) *Egy falusi alkony emlékére* (In Erinnerung an eine dörfliche Abenddämmerung) und György Ránki mit seinem Klagelied *Kodály emlékerete* (Zur Erinnerung an Kodály) für SingSt, C. und gem. Chor (1971), R. Wittinger, *Strutture simmetriche*, op. 17 (Fassung für C.). E. Karkoschka schrieb *Zymbalsplitter* (1978).

Lit.: A. HARTMANN, The C. Hungary's National Instrument, in: MQ 2 (1916); B. SÁROSI, Die Volksmusikinstr. Ungarns (L 1967) (= Hdb. der europäischen Volksmusikinstr., Serie I/1, hrsg. v. E. Emsheimer – E. Stockmann); DERS., [= B. Sárosch], Zigeunermusik (Fr 1977).

M. BRÖCKER

CIMBASSO (it.), eigentlich eine Stimm- und keine Instrumentenbezeichnung, die sich auf die Stimme der Baßposaune in Opern Verdis und Puccinis bezieht; ausgeführt wurde sie damals auf einer Ventil-F-Baßposaune (Kontrabaßposaune). – In Deutschland gab es drei Versuche, eine F-Kontrabaß-Zugposaune für die genannten und für Wagnersche Partien zu konstruieren. In allen drei Fällen besitzen die Instrumente außer dem Zug zwei Ventile, die mit der linken Hand betätigt werden. Die erste derartige Posaune wurde 1921 von Dehmel (mit Ventilen für Es bzw. B) vorgeführt, die zweite 1959 von Kunitz – vermutlich griff er Dehmels Idee wieder auf – ersonnen und von der Mainzer Instrumentenfabrik Alexander (mit Ventilen für D bzw. C, zusammen B) gebaut. Diese beiden Instrumente werden C. genannt. Eine dritte F-Kontrabaßzugposaune wurde von Heinrich Thein in Bremen konstruiert.

CINDERELLA *(Soluschka)*, Ballett in 3 Akten von Sergei Prokofjew (1891–1953) nach dem *Märchen vom Aschenbrödel*, Libretto von Nikolai Wolkow. UA: 21. 11. 1945 in Moskau (Bolschoi-Theater), Choreographie: Rostislaw Sacharow (* 1907); dt. EA: 27. 11. 1951 in München (Bayerische Staatsoper).

Das *Märchen vom Aschenbrödel* zählt zu jenen der Weltliteratur, die wiederholt für das Musiktheater gestaltet wurden. In Prokofjews Ballett wird die Figur Cinderellas geradezu verklärt und denen der beiden Stieftöchter – die als Rolle „en travestie" häufig von männlichen Tänzern übernommen werden – musikalisch-melodisch entgegengesetzt. Die Überheblichkeit und Eitelkeit der Stiefmutter, die Blasiertheit der Dienerschaft und die prahlerischen Gesten der degenerierten Hofgesellschaft werden mit musikalischen Mitteln ironisiert, Elemente der Groteske überlagern die eigentliche Märchenhandlung. Unterschiedliche Tanzformen (Pas de deux, Gavotte, verschiedene Walzer, Pavane, Passepied, Bourrée, Mazurka und Galopp) bilden die musikalisch-formalen Grundlagen der choreographischen Konzeption und bezeugen, daß dieses Werk durchaus in der Tradition des klassischen Balletts steht. Die Popularität des Balletts wird durch zahlreiche choreographische Neugestaltungen bestätigt, u. a. von K. Sergejew (Leningrad 1946), F. Ashton (London 1948), B. Wosien (Dresden 1950), V. Gsovsky (München 1951), W. Orlikowsky (Paris 1963), P. van Dyk (Hamburg 1965), T. Schilling (Ost-Berlin 1968), W. Orlikowsky (Wien 1970), G. Furtwängler (Krefeld 1974). Eine originelle Variante schuf Oleg Winogradow (Nowosibirsk 1964): Aschenbrödel und der Prinz begegnen einander als Kinder. Durch diese Interpretation wurde der Märchencharakter des Balletts besonders akzentuiert.

G. LUDIN

CINELLI (it.), ↗Becken.

CIRRI, Ignazio, getauft 20. 9. 1711 Forlì, † 13. 7. 1787 ebd.; it. Komponist. C. war Priester und seit 1759 Kapellmeister am Dom in Forlì. Er veröffentlichte in London 12 Orgelsonaten sowie 6 Sonaten für Cembalo u. Violine. – Sein Bruder **Giovanni Battista,** * 1. 10. 1724 Forlì, † 11. 6. 1808 ebd., war ebenfalls Priester. Als Musiker war er Schüler Ignazios, dann Padre Martinis in Bologna. Hier wurde er Violoncellist an S. Petronio und 1759 Mitglied der Accademia Filarmonica. 1764 trat er als Kammervirtuose in den Dienst des Herzogs von York in London und wurde 1768 Kapellmeister des Herzogs von Gloucester. 1780 kehrte er nach Italien zurück, wurde 1782 1. Cellist am Teatro dei Fiorentini in Neapel, 1783 Hofkomponist des Königs von Neapel und 1787 Nachfolger seines Bruders am Dom in Forlì.

WW (gedruckt u. a. in London, Amsterdam, Berlin, Paris): Sonaten u. a. Stücke für V. (oder Fl.) u. Vc., für 2 Violoncelli, für Vc. u. B.c.; Triosonaten; Trios für versch. Besetzungen; Quartette und Concerti für versch. Besetzungen, teilweise mit obligater Va. oder obligatem Vc.; Sextett für Fl. u. Str.; Ouvertüren für 8 Instr.
Ausg.: **Zu Giovanni Battista C.:** Konzert op. 14/1 für Vc. u. Str., hrsg. v. G. F. GHEDINI (Mi 1959).

CISAC, Abk. für *Confédération Internationale des*

Sociétés d'Auteurs et Compositeurs. Internationale Vereinigung der urheberrechtlichen ↗Verwertungsgesellschaften zur Verwirklichung des Schutzes der Urheber kultureller Erzeugnisse in aller Welt. Die Organe der CISAC, die 1926 gegründet wurde und ihren Sitz seitdem in Paris hat, gliedern sich in Gesellschaftsorgane, die Organe berufsständischer Art (d. h. die 5 Urheberräte: Int. Rat der Bühnenautoren und Bühnenkomponisten; Int. Rat der Autoren und Komponisten; Int. Rat der literarischen Autoren; Int. Rat der Urheber audiovisueller Werke; Int. Rat der Urheber von graphischen, plastischen und photographischen Werken) und die Organe technischer Art. Zu ihren ordentlichen Mitgliedern gehört auch die ↗GEMA.

CISTER (dt., MA: Cistole, Zitole, 16.–17. Jh.: Cither, Citter, Zitter, 18.–19. Jh.: Sister; engl.: 15.–16. Jh.: cithren, cittern, später cithern; frz.: citole [altfrz.], cistre, cithre, sistre; it.: cetera, cetra, citola, cistola; span.: cedra, cistro, cítola), ein schon im frühen MA bekanntes Zupfinstrument mit kreisrundem, zum Hals hin birnenförmigem Korpus, mit flachem Boden und mit Zargen, deren Höhe sich zum Unterbügel hin verringert. Die an Nägeln in der Zarge des Unterbügels befestigten Saiten sind über einen aufgesetzten Steg und über ein (früher als Rosette verziertes) kreisrundes Schalloch über das Griffbrett mit fest eingesetzten Bünden zu einer Wirbelplatte, später einem Wirbelkasten mit seitenständigen Wirbeln, gezogen. Das Instrument hatte manchmal einen Bezug aus einfachen, meist jedoch aus doppelchörigen Stahlsaiten, deren Anzahl (4–12 Chöre) ebenso wechselte wie die zahlreichen überlieferten Stimmungen. Die Saiten wurden mit einem Plektrum oder einem Federkiel angerissen, seltener mit den Fingern gezupft. Die C. war in vielen Ländern Europas besonders vom 16. bis 18. Jh. verbreitet. Man schätzte an ihr vor allem den im Gegensatz zur Laute kräftigeren Klang, der sich im Zusammenspiel mehrerer Instrumente stärker durchsetzen konnte. Sie war so beliebt, daß während des 17. und 18. Jh. zahlreiche Kompositionen für C. entstanden. In der 2. Hälfte des 18. Jh. begann man jedoch, die Chöre aus Stahlsaiten durch Einzelsaiten aus Darm, die mit den Fingern gezupft wurden, zu ersetzen und das Instrument damit stärker der Gitarre anzugleichen, durch die es dann zu Beginn des 19. Jh. endgültig aus der Musikpraxis verdrängt wurde.

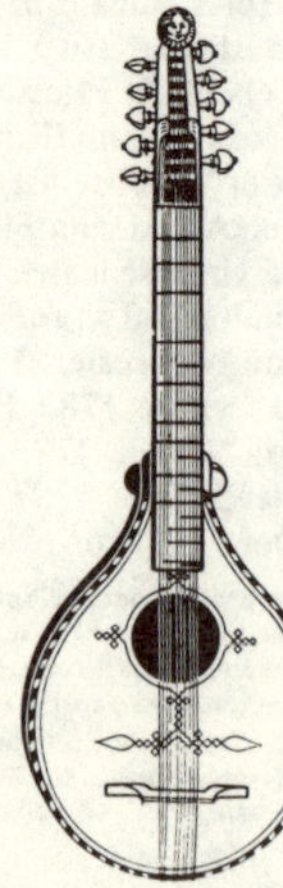

CISTER
17. Jahrhundert

Lit.: M. MERSENNE, Harmonie universelle III (P 1636), Faks.-Ausg., hrsg. v. F. Lesure, 3 Bde. (P 1963); H. PANUM, Middelalderens Strengeinstrumenter og deres forløbere i oldtiden, III (Kop 1931); TH. DART, The Cittern and its English Music, in: GalpinJ 1 (1948); E. WINTERNITZ, The survival of the kithara and the evolution of the cittern (Lo 1961); F. JAHNEL, Die Gitarre u. ihr Bau. Technologie v. Gitarre, Laute; Mandoline, Sister, Tanbur u. Saite (F 1963, ²1973); R. HADAWAY, The Cittern, in: Early Music, I (1973); G. A. WEIGAND, The Cittern Repertoire, in: ebd.; B. GEISER, C. u. Cistermacher in der Schweiz, in: Studia instrumentorum musicae popularis 3 (Sto 1974) (= FS E. Emsheimer); L. WRIGHT, The Medieval Gittern and Citole. A Case of Mistaken Identity, in: GalpinJ 30 (1977); W. STAUDER, Zur Entwicklung der C., in: Renaissance-Studien. FS für H. Osthoff, hrsg. v. L. Fischer (Tutzing 1979) (= Frankfurter Beitr. zur Musikwiss. 11).

CITHRINCHEN (Cytharino; Klein Englisch Zitterlein; it.: citarino), Bz. für eine meist fünfchörige Diskant-Cister, nach M. Praetorius *(Syntagma musicum* II, 1619) ein „gar kleines Citherlein", nach G. Falck (*Idea boni cantoris,* 1688) „eine kleine Zitter mit einer von unten offnen Deck". – Eine Abart mit einem im Querschnitt glockenförmigen Korpus ist das sog. Hamburger C., dessen Stimmung (c e g h e¹) sich in Bearbeitungen in französischer Lautentabulatur erhalten hat. – ↗Cister.

CLAGGET, irische Musikerfamilie. – **1) Charles,** * 1740 Waterford, † um 1795; Violinist und Instrumentenbauer. Er war Konzertmeister in Dublin, Liverpool und Manchester und ließ sich 1776 in London als Instrumentenbauer nieder. In zwei Schriften, *Musical Phaenomena* (Lo 1793) und *A Discourse on Musick* (Lo 1793), beschreibt er von ihm erfundene Instrumente, das „Teliochordion", ein Tasteninstrument mit 39 Tönen in der Oktave, eine Doppeltrompete und das „Aiuton", ein Tasteninstrument, das an Stelle von Saiten Stimmgabeln hatte und das sich daher nicht verstimmte. –

2) Walter, vermutlich Bruder von 1), * um 1741 Waterford (?), † 1798; Komponist. Seinen Instrumentalwerken, die zwischen 1760 und 1795 in London und Edinburgh erschienen, liegen häufig englische Opernmelodien und schottische Lieder zugrunde. Er schrieb ferner Bühnenmusik und die Oper *The Power of Sympathy* (1767).

Lit.: W. J. LAWRENCE, A Forgotten Irish Musica Genius, in: The Irish Rosary 24 (1920).

CLAIRON (frz.; von lat. clarus = hell, durchdringend). – **1)** Im MA in Frankreich Name für ein Trompeteninstrument, auch *claron* genannt (↗Clarino 1). Damit wurde oft, aber nicht immer, eine kleine (Natur-)Trompete bezeichnet. – **2)** Name des 1822 in der französischen Militärmusik eingeführten Signalhorns in C oder B, das auf das englische Infanteriesignalhorn zurückgeht. Dieses wurde seinerseits Anfang des 19. Jh. aus dem sog. Halbmond, dem im späten 18. Jh. von den Hannoverschen Jägern verwendeten ↗Bügelhorn, entwickelt. Heutige C.s gehören eigentlich zur Familie der Bügelhörner, obwohl sie ein engeres Mundrohr aufweisen, als diese; sie werden auch mit einem Ventil angefertigt. – **3)** Zungenstimme der Orgel zu 4′, seltener zu 2′ mit schmetterndem, hellem Klang. – **4)** Eine trompetenartige Baßstimme zu 4′ im Harmonium.

Lit.: H. HEYDE, Trompete u. Trompeteblasen im europäischen MA (Diss. L 1965); A. BAINES, Brass Instruments (Lo 1976); E. TARR, Die Trompete (Be–St ²1978).

H. E. TARR

CLAPISSON, Antoine Louis, * 15. 9. 1808 Neapel, † 19. 3. 1866 Paris; frz. Komponist. C. studierte in Bordeaux, dann bei A. Reicha und Fr. A. Habeneck am Conservatoire in Paris und wurde Violinist der Opéra. 1854 wurde er in die Académie des Beaux-Arts gewählt und 1861 Professor für Harmonielehre am Conservatoire, wo er auch als Konservator tätig war. Ihm vermachte er seine wertvolle Instrumentensammlung. C. schrieb neben Liedern, Duetten und Chansons etwa 20 Opern und Operetten, die teils in einem leichten Genre *(Le Code noir,* 1842, *La Fanchonnette,* 1856), teils im Stil der „Großen Oper" G. Meyerbeers gearbeitet sind (*Jeanne la Folle,* 1848).

Lit.: A. LOMON, in: La France Musicale (P 1866); J. L. HEUGEL, in: Le Ménestrel (P 1866); J. TIERSOT, Lettres de musiciens écrites en français (P 1924–26).

CLARI, Giovanni Carlo Maria, * 27. 9. 1677 Pisa, † 16. 5. 1754 ebd.; it. Komponist. C. war Schüler u. a. von G. P. Colonna in Bologna, seit 1703 Kapellmeister am Dom in Pistoia, seit 1724 an S. Stefano ai Cavalieri und seit 1736 am Dom in Pisa. Er schrieb u. a. 11 Oratorien, Kantaten, Psalmvertonungen, Messen, Orgelkompositionen und Opern. Besondere Verbreitung erlangten bis ins 19. Jahrhundert seine *Duetti e terzetti da camera* (Bol 1720); 5 der Duetti hat G. Fr. Händel in seinem Oratorium *Theodora* (1750) verwendet.

Ausg.: 5 it. Duette für 2 SingSt u. B.c., hrsg. v. F. CHRYSANDER (L 1892, Nachdr. Farnborough 1968) (= G. F. Händel, GA, Suppl.-Bd. 4); *De profundis,* hrsg. v. J. PILGRIM (Hilversum 1976).

Lit.: R. PAOLI, G. C. M. C., in: XII Settimana musicale Senese (Siena 1955); E. C. SAVILLE, „L'Abate" C. and the Continuo Madrigal, in: JAMS 11 (1958); DIES., Liturgical Music of G. C., in: FAM 15 (1968); DIES., Italian Chamber Vocal Duets of the Early 18th Century (NY 1969).

CLARINA, ein Blasinstrument für Kinder im Vorschulalter. Statt der Grifflöcher hat die C. nach Tönen farblich unterschiedene, geschlossene Klappen. Der Anblasstrom versetzt beim Niederdrücken, d. h. Öffnen einer Klappe, durchschlagende Zungen (↗Mundharmonika) in Schwingung. Die C. hat einen diatonischen Tonumfang, der je nach Modell von einer Oktave bis zu einer Dezime und mehr variiert.

CLARINO, Clarin (it.; von lat. clarus = hell, durchdringend). – **1)** Im 12. und 13. Jh. bezeichnen lateinische Namen wie *claro, clarone* und *clarasius* eine Trompetenart, über deren Form aber nichts Genaueres bekannt ist. Im frühen 14. Jh. findet sich in Frankreich die Bz. *claron* (um 1450 *clairon*), in England *clarion.* – **2)** In Deutschland war *Clarin* (seit 1561 belegt) bzw. *Clarino* (seit etwa 1580 belegt) zunächst Bz. für die höchste Stimme in einem Ensemble von Naturtrompeten und Pauken (die anderen Stimmen hießen Prinzipal oder Sonata, Alto e basso, Vulgano und Basso), später für eine (hohe) Trompetenstimme allgemein. Im Barock jedoch wurde die Trompete in Italien (aber auch von J. S. Bach) gewöhnlich *Tromba* genannt. J. E. Altenburg verglich das Clarin oder eine Clarinstimme mit dem Diskant im Gesang, „nemlich eine gewisse Melodie, welche grösstenteils in der zweygestrichenen Oktave, mithin hoch und hell geblasen wird". Diese Partien werden heute meistens auf kürzeren Ventiltrompeten in hoch-B oder hoch-A ausgeführt, die umgangssprachlich fälschlich *Bach-Trompeten* genannt werden. Sie gehen auf eine sog. langgestreckte, heute nicht mehr verwendete Trompete in A (eine Oktave tiefer) zurück, die der Berliner Kornettist Julius Kosleck um 1880–90 blies. – **3)** Seit etwa 1960 umgangssprachlich gebrauchte, allerdings irrtümliche Bezeichnung für eine erstmals von Steinkopf-Fink gebaute Naturtrompete in gewundener Form. – **4)** In Italien im 18.

und im frühen 19. Jahrhundert – sowie heute noch in der Volkssprache – Name der Klarinette. – 5) Bezeichnung für das hohe Register der Klarinette.

Lit.: J. E. ALTENBURG, Versuch einer Anleitung zur heroisch-musikal. Trompeter- u. Pauker-Kunst (Hl 1795, NA L 1972, engl. Nashville 1974); H. EICHBORN, Das alte Clarin-Blasen auf Trompeten (L 1894, NA Nashville 1973); C. SACHS, Eine unkritische Kritik des Clarinblasens, in: AfMw 2 (1919/20); W. MENKE, Die Gesch. der Bach- u. Händeltrompete (Lo 1934, engl. NA Nashville 1972); H. KIRCHMEYER, Die Rekonstruktion der „Bachtrompete", in: NZfM 122 (1961); M. RASMUSSEN, Bach-Trumpet Madness, in: Brass Quarterly 5 (1961); H. HEYDE, Trompete u. Trompeteblasen im europäischen MA (Diss. L 1965); E. TARR, Die Barocktrompete, die hohe Trompete u. die sog. Bachtrompete, in: Brass Bulletin 2 (1972) und 3 (1972); D. ALTENBURG, Unters. zur Gesch. der Trompete im Zeitalter des Clarinblasens, 3 Bde. (Rb 1973); A. BAINES, Brass Instruments (Lo 1976); E. TARR, Die Trompete (Be – St ²1978).
E. H. TARR

CLARKE, Jeremiah, * um 1673 (1674?), † 1. 12. 1707 London; engl. Komponist. Er wurde 1695 Organist an St. Paul's Cathedral, 1703 dort Meister der Chorknaben, seit 1704 war er mit W. Croft auch Organist der Chapel Royal, der er seit 1700 als „Gentleman" angehörte. Er soll auch Musikmeister der Königin Anna gewesen sein. Neben Kirchenmusik (Anthems, Services, Oden und Psalmen) schrieb C. als „Composer of the Musick to the Theatre Royall" auch Bühnenwerke, aus denen einzelne Songs auch im Druck erschienen. C.s Werke wurden von Burney (*A General History of Music*, 4 Bde., 1776–89) als natürlich und gefällig bezeichnet. C. ist heute weit bekannt vor allem durch die vielfältigen Bearbeitungen seines *The Prince of Denmark's March* (aus der Suitensammlung *Choice lessons for the harpsichord or spinett*, Lo 1711), der als *Trumpet Voluntary* lange Zeit H. Purcell zugeschrieben wurde.

Ausg.: 5 Suiten für Cemb., hrsg. v. J. A. FULLER MAITLAND (Lo 1921); *Come, come along* ..., Ode zum Tod v. H. Purcell, hrsg. v. W. BERGMAN (Lo 1961); Motette *Blessed by those sweet regions* für Sopran u. B.c., hrsg. v. M. BEVAN (Lo 1965); Anthem *How long wilt thou forget me*, hrsg. v. CH. DEARNLEY, in: Treasury of English Church Music 3 (Lo 1965); Suite D-Dur für Trp., 2 Ob., Fag., Str. u. B.c., hrsg. v. R. L. MINTER (Lo 1971).

Lit.: J. PULVER, A Biographical Dictionary of Old English Music (Lo 1927); TH. F. TAYLOR, The Life and Works of J. C. (1967) (= Diss. Northwestern Univ., Evanston/Ill.); DERS., J. C.'s Trumpet Tunes, in: MQ 56 (1970); DERS., Thematic Catalog of the Works of J. C. (Detroit 1977) (= Detroit Studies in Music Bibliography 35).

CLARKE (Clarke-Whitfield), **John,** * 13. 12. 1770 Gloucester, † 22. 2. 1836 Holmer bei Hereford; engl. Komponist und Organist. Er wirkte als Organist und Chormeister zunächst in Irland, nach 1799 am Trinity College und St. John's College in Cambridge, 1820–32 an der Kathedrale in Hereford. Seit 1821 lehrte er auch als Professor an der Universität Cambridge. C. veröffentlichte eine Sammlung *Cathedral Music* mit eigenen Services und Anthems (4 Bde., 1805–22) sowie eine Sammlung von Anthems zeitgenössischer Komponisten. Er schrieb ferner Instrumentalwerke, Glees, Lieder und das Oratorium *The Crucifixion and the Resurrection.*

CLARKE, Kenny (Kenneth Spearman), auch **Liaqat Ali Salaam,** * 9. 1. 1914 Pittsburgh (Pennsylvania); amerik. Jazzmusiker (Schlagzeug). Er war in den 30er Jahren zunächst Swing-Schlagzeuger, u. a. bei Leroy Bradley und Roy Eldridge. 1941 stieß er zu den Begründern des Bebop in New York – hier ist vor allem Thelonius Monk zu nennen –, begleitete aber auch Musiker des traditionellen Jazz wie Louis Armstrong und Ella Fitzgerald. Seit 1946 wandte er sich bei Dizzy Gillespie und Tadd Dameron endgültig dem modernen Jazz zu, trat 1948 und 1949 mit Dameron und Miles Davis beim Jazzfestival Paris auf und blieb anschließend zwei Jahre in Europa. 1952–55 war er Mitglied des Modern Jazz Quartet, 1959 Mitgründer der Clarke-Boland Big Band in Köln, die erst in den 70er Jahren aufgelöst wurde. C. gilt als Erfinder des modernen Schlagzeugspiels im Jazz durch Verlagerung der Grundrhythmen auf das große Becken bei knappen Akzenten auf der großen und kleinen Trommel.

Lit.: L. FEATHER, Bebop, Cool-Jazz, Hard Bop, in: Die Story des Jazz, hrsg. v. J. E. Berendt (St 1975, NA H 1978); K. C., in: Jazz Podium 26 (St 1977).

CLAUDEL, Paul Louis Charles Marie, * 6. 8. 1868 Villeneuve-sur-Fère-en-Tardenois (Aisne), † 23. 2. 1955 Paris; frz. Dichter. C. stand seit 1890 im diplomatischen Dienst u. a. vor dem 1. Weltkrieg als Konsul in China und in Deutschland, nach dem Krieg als Botschafter in Japan, in den USA und in Belgien. Seit 1935 lebte er auf seinem Schloß in der Dauphiné oder in Paris. 1947 wurde er Mitglied der Académie française. – Ein religiöses Erlebnis in der Weihnachtsvesper 1886 in Notre-Dame in Paris bildete den entscheidenden geistigen Anstoß für sein Leben und sein Werk. Besonders in den nach der Jahrhundertwende entstandenen Dichtungen gestaltete er in immer neuen sprachgewaltigen Bildern eine vom katholischen Glauben geprägte universale Weltschau. C. wurde der bedeutendste Repräsentant des Renouveau catholique, der katholischen Erneuerungsbewegung in Frankreich. Neben die Lyrik trat bei ihm schon früh das dramatische Werk, in dem die Bühne zum Ort der Auseinandersetzung zwischen Natur und Übernatur, zwischen Liebesverlangen und Opfermut wurde. Es wurde vollendet gestaltet im Mysterienspiel, das an das mittelalterliche Drama *(L'annonce faite à Marie,* dt.: *Verkündigung)* oder an das barocke Welttheater *(Le soulier de Satin,* dt.: *Der seidene Schuh)* anknüpfte.

C.s Verhältnis zur Musik läßt sich vor allem in der literarischen Auseinandersetzung mit Beethoven und R. Wagner sowie in der Zusammenarbeit mit D. Milhaud und A. Honegger beobachten. In einem Artikel über Beethoven (in: *L'épée et le miroir,* 1939) wird dessen Klaviersonate As-Dur op. 110 zum poetischen Spiegel seiner eigenen seelischen Verfassung. Noch viel bedeutsamer aber war für C. die Auseinandersetzung mit Wagner. Sie zeigte sich zum einen darin, daß C. (nach R. Bauer) Wagnersche Opernsujets und -figuren zu Stoffen und Gestalten in eigenen Dichtungen umformte: *Partage de Midi* verweist in vielen Einzelheiten auf Wagners *Tristan,* Wagners Siegfried im *Ring* war Anlaß für C.s Konzeption des Simon Agnel in *Tête d'or,* der Tannhäuser Vorbild für den Louis Laisne in *L'échange.* Zum anderen vollzog sich C.s Auseinandersetzung mit Wagner besonders auch in der Schrift *Richard Wagner* (1936), die bereits durch ihre Dialogform ein gespaltenes Verhältnis zu Wagner offenbart: die Bewunderung für den Schöpfer des *Tannhäuser* und des *Lohengrin,* in denen Wagner sich für C. „auf dem Weg Christi" befindet, und das Unbehagen gegenüber dem Schöpfer des *Ring* und des *Tristan,* mit denen Wagner „tief in den hercynischen Wald eingedrungen" sei. Bekannter ist C.s Rolle in der Zusammenarbeit mit D. Milhaud und A. Honegger. Die künstlerische Entwicklung Milhauds war in ihren entscheidenden Stufen wesentlich und direkt von den Dichtungen C.s und von den persönlichen Begegnungen mit C. abhängig. Milhauds Opern nach Texten von C. *(Les Euménides, Christoph Colomb),* die Ballette *L'homme et son désir* und *Fête de la musique,* die Bühnenmusiken zu C.s Übersetzung der Orestie des Aischylos, zu *L'annonce faite à Marie, Le Festin de la Sagesse,* die Funkmusik zu *Le repos du septième jour,* zahlreiche Chorwerke und Lieder nach C.-Texten, darunter die *7 Poèmes de Connaissance de l'Est,* bezeugen eine eigentümliche Übereinstimmung künstlerischer Ausdrucksqualitäten. Die Zusammenarbeit bildet einen wichtigen Teil der neueren französischen Musikgeschichte. Das gilt in ähnlicher Weise für C.s Zusammenarbeit mit A. Honegger. Sie führte mit *Jeanne au bûcher* und *La danse des morts* zur Entstehung zweier der bedeutendsten Werke des modernen Musiktheaters. C. gehört zu den wenigen Dichtern der Weltliteratur, die unmittelbar in die Musikgeschichte eingegriffen haben.

Ausg.: Œuvres complètes, hrsg. v. R. MALLET – P. CLAUDEL – J. PETIT, 28 Bde. (P 1949–68); Gesammelte Werke, hrsg. v. E. M. LANDAU, 6 Bde. (Hei – Einsiedeln 1958–63); Correspondance P. C.–D. Milhaud 1912–53, hrsg. v. J. PETIT (P 1961); *Vom Sichtbaren und Unsichtbaren. Gedanken zur Kunst und Musik* (Mn 1962); *R. Wagner, Rêverie d'un poète français,* hrsg. v. M. MALICET (P 1970).

Lit.: D. MILHAUD, Études (P 1927); J. SAMSON, P. C., poète et musicien (P 1948); A. HONEGGER, Collaboration avec C., in: NRF (1955) September-H.; D. MILHAUD, Quelques souvenirs, in: ebd.; A. ESPIAU DE LA MAËSTRE, C. et la musique, in: Lettres romanes 13 (1959); R. BAUER, P. C. et R. Wagner, in: Orbis litterarum 11 (1956); L. GUICHARD, La musique et les lettres en France au temps du wagnérisme (P 1963); D. BANCROFT, C. on Wagner, in: ML 50 (1969); C. – Milhaud, in: Cahiers R. Barrault 88 (1975); H. CALMEL, La correspondance C. – Honegger, in: SMZ 118 (1978).

G. MASSENKEIL

CLAUDIN ↗Le Jeune, Claude, und ↗Sermisy, Claudin de.

CLAUSULA (lat.), ↗Klausel.

CLAVÉ, José Anselmo, * 21.4.1824 Barcelona, † 24.2.1874 ebd.; span. Komponist und Chorleiter. Er erlernte das Drechslerhandwerk, das er aber aus gesundheitlichen Gründen aufgeben mußte, und bildete sich dann als Autodidakt in der Musik aus. Seit 1845 leitete er die Handwerkervereinigung „Aurora", der eine Lehrlingskapelle angeschlossen war. Mit dieser Gruppe gründete er 1850 den ersten Männergesangverein Spaniens, „La Fraternidad", 1857 in „Euterpe" umbenannt, nach dessen Vorbild in der Folgezeit zahlreiche „Sociedades Euterpenses" entstanden. 1860 organisierte C. die ersten Sängerfeste in Spanien. Er schrieb Chorwerke und Zarzuelas.

Lit.: J. M. POBLET, J. A. Cl. i la seva época 1824–1874 (Ba 1973).

CLAVECIN, Clavessin (frz.), ↗Cembalo.

CLAVECIN D'AMOUR (frz.), ↗Cembal d'amour.

CLAVES (span.; von lat. clavis = Schlüssel), Schlaginstrument, das vor allem in der lateinamerikanischen Tanzmusik, auch im Jazz und in der zeitgenössischen Orchestermusik (z. B. im Orffinstrumentarium) Verwendung findet. Es besteht aus zwei runden Schlagstäben aus Hartholz (Ebenholz oder Rosenholz u. ä.), die etwa 15–20 cm lang und 2–3 cm dick sind und beim Aneinanderschlagen einen hellen Klang ergeben.

CLAVICEMBALO (it.), ↗Cembalo.

CLAVICHORD, Klavichord (von lat. clavis

= Schlüssel, Taste, und chorda = Darm, Saite; engl.: clavichord; frz.: clavicorde; it.: clavicordo; span.: clavicordio), Bz. für das nach der Drehleier älteste besaitete Tasteninstrument. Etwa seit Beginn des 15. Jh. war das C. wegen seines nuancenreichen Anschlags und seiner zarten Ausdrucksqualitäten über rund dreieinhalb Jahrhunderte als Hausmusikinstrument weit verbreitet, wegen seines pädagogischen Wertes auch bei Organisten und Cembalisten als leicht verfügbares Instrument zum Üben sehr beliebt. Von Komponisten (u. a. von J. S. Bach, Haydn, Mozart) wurde es als sensibles Arbeitsinstrument geschätzt.

Wegen des ungenauen Gebrauchs der Termini in der Entstehungszeit – man belegte das C. mit dem Namen seines tastenlosen Vorläufers, des Monochordes (auch monacorde, mani- oder manuchord, manicordion u. ä.) – sind Ort und Zeit der Erfindung des C.s nicht nachweisbar. Man vermutet, daß es sich bei dem ab der 2. Hälfte des 14. Jh. in Burgund, Frankreich, England und Deutschland unter verschiedenen Namen (u. a. Eschequier, Exaquier, Chekker u. a. = ↗Schachbrett) belegten besaiteten Tasteninstrument um das C. handelt, das damit auch im nordwesteuropäischen Raum seine Heimat haben könnte. Sein Vorläufer, das ↗Monochord, ein einsaitiges Instrument mit rechteckig länglichem Resonanzkasten und verschiebbarem, eine Abteilung der Saitenlänge ermöglichendem Steg, geht auf Pythagoras (6. Jh. v. Chr.) zurück. Neben dem einsaitigen Monochord entwickelten sich (oft unter Beibehaltung des Namens) mehrsaitige Formen mit verschiebbaren Stegen bzw. vielsaitige Instrumente in der Art einer psalterartigen Aneinanderreihung von Monochorden, sog. Polychorde. Der Umständlichkeit der Stegverschiebung und Anregung der Saiten, die ein flüssiges Spiel unmöglich machten, verdankt das C. seine Erfindung: Man versah die Instrumente mit den von der Orgel her bekannten Tastenhebeln, mit Holz-, später Metallplättchen (Tangenten) an den Enden. Diese drückten bei Betätigung gegen die Saiten und bewirkten damit gleichzeitig Abteilung und Schwingungsanregung der Saite. Die erste namentliche Erwähnung des C. findet sich in den Minneregeln des Eberhard Cersne von Minden 1404. Auch die älteste bildliche Darstellung eines C., auf dem Mindener Altar von 1425, ist mit derselben Stadt verbunden. In der 2. Hälfte des 15. Jh. ist das C. als Instrument mit $2^1/_2$ Oktaven (Erlanger Clavichord-Traktat) bzw. mit 3 Oktaven Umfang (Arnault von Zwolle) belegt. Jede Saite wird dabei für die Tangenten mehrerer (bis zu 5) Tasten benutzt *(gebundenes C.)*, eine bis ins 18. Jh. beibehaltene Einrichtung, die das Instrument zwar handlich und leicht stimmbar machte, dem akkordischen Spiel jedoch Grenzen setzte. Es wurde schließlich abgelöst vom *bundfreien C.*, bei dem jede Saite nur von einer Tangente berührt wird. Zur Verstärkung des prinzipiell zarten Klanges ließ man schon seit den Anfängen die Tangenten meist nicht gegen einzelne Saiten, sondern gegen Saitenpaare („Chöre") drücken. So besaß etwa das von Arnault von Zwolle beschriebene Instrument 37 Tasten für 10 Saitenpaare. Das älteste erhaltene C., 1543 von Domenicus Pisaurensis gebaut, wird im Instrumentenmuseum der Universität Leipzig aufbewahrt. Sein Tonumfang ist C–c³ bei kurzer Baßoktave, es besitzt 45 Tasten und 22 Saitenpaare. Das C. verbreitete sich im 15. Jh. über Italien, die Iberische Halbinsel, West- und Mittel-, aber auch Nordeuropa, wo es z. B. in Schweden bereits 1469 nachgewiesen ist.

CLAVICHORD
16. Jahrhundert

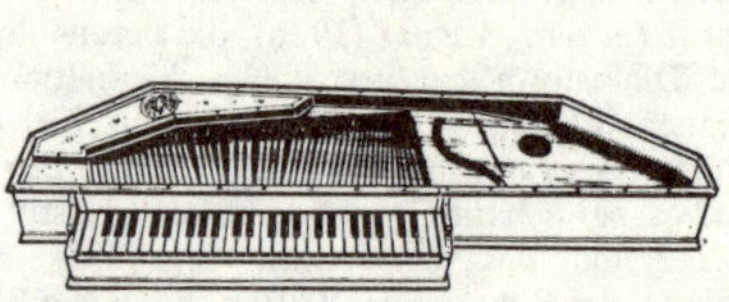

Trotz einer Vielzahl konstruktiver Varianten (bis hin zum zweimanualigen Instrument mit klingendem, selbständigem Pedal) kann man folgenden Aufbau als typisch für das C. ansehen: Die Grundform ist ein länglich-rechteckiger Kasten, in dessen rechtem Drittel sich die eigentliche akustische Anlage mit Resonanzboden, Steg und Stimmstock befindet. Der linke Teil des Kastens wird von der Klaviatur und dem Anhängestock für die Saiten in Anspruch genommen. Die Saiten laufen von Stiften in dem – die linke Wand und den linken Rückwandteil einnehmenden – Anhängestock über den Resonanzbodensteg, wo sie mit Stiften in ihrer Position gehalten werden, zu den Stimmwirbeln, die im rechts angebrachten Stimmstock drehbar, aber doch fest angeordnet sind. Der die Saitenschwingung auf den Resonanzboden übertragende Steg ist in der Frühzeit des C.s gerade, später, mit wachsendem Tonumfang, einfach oder s-förmig gebogen. Eigentümlichkeiten italienischer C.e sind ein aus mehreren gegeneinander versetzten Einzelstücken bestehender Steg sowie das Hervorspringen der

Klaviatur auf der Vorderseite des Gehäuses. Zur Fertigung des Resonanzbodens wurde besonders ausgesuchte Fichte, in südlichen Ländern auch Zypresse verwendet. Oft ist er mit ein oder zwei kunstvoll aus Papier, Pergament, Holz oder Metall gefertigten Rosetten für den Schallaustritt versehen. Die Saiten bestanden anfangs aus Messing, später auch aus Eisen oder Stahl; im Baß wurden schon früh auch umsponnene Saiten verwendet. Die im linken Teil der Gehäusevorderseite angebrachte Klaviatur erstreckt sich im Instrument unter dem Saitenbezug bis zur Rückwand hin. Die Tasten sind aus Linde oder einem anderen geeigneten Weichholz gefertigte, zweiarmige Hebel mit Drehpunkt auf einer Leiste im Instrumenteninneren, dem sog. *Waagebalken.* Die im Spielbereich liegenden Hebelarme, die *Vordertasten,* verlaufen gerade und ergeben das vertraute Klaviaturbild von Unter- und Obertasten. Um sie für das Auge gefälliger zu machen und um eine angenehmere Spielfläche zu erzielen, sind sie mit Belägen (z.B. Buchs-, Zitronen-, Ebenholz oder Knochen, Elfenbein, Schildpatt) versehen. Auffallend ist dabei die Bevorzugung gelbbrauner Untertasten bei dunklen Obertasten im 16. und 17. Jh. sowie die Kontrastumkehr zu dunklen Untertasten und hellen Obertasten im 18. Jh., die wiederum unserer auf dem modernen Klavier gebräuchlichen Anordnung entgegengesetzt ist. Die Tastenbreite ist im Durchschnitt nur etwas geringer als bei unseren heutigen Klaviertasten, deutlich kürzer ist hingegen die für den Spielgebrauch vorgesehene Tastenlänge (im Laufe der Entwicklung von ca. 7,5–13 cm zunehmend), insbesondere der gegenüber den Obertasten vorstehende Teil der Untertasten (ca. 3–4 cm). Der hintere Hebelarm der Taste trägt die *Tangente,* ursprünglich wohl infolge ihrer Abstammung vom Steg des Monochords ein Holzkeilchen, dann allgemein ein Eisen- oder Messingplättchen, das beim Niederdrücken der Taste die Saite abteilt und gleichzeitig zur Schwingung anregt. Um die Abteilung der Saiten in der richtigen Länge zu ermöglichen, sind bei den gebundenen C.en die Hintertasten mehr oder weniger stark gekröpft. Die Abteilung durch die Tangente bewirkt zunächst die Anregung beider Saitenteile. Aber nur der rechts von der Tangente liegende Abschnitt dient der Tonerzeugung, während der linke, im allgemeinen ungleich lange Teil mittels eines Tuchgeflechtes oder einer filzüberzogenen Leiste abgedämpft wird. In einem Sonderfall, einem 1722 von G. Silbermann in Freiberg unter dem irreführenden Namen ↗Cembal d'amour erfundenen Clavichordtyp, treffen die Tangenten die Saiten genau in halber Länge, so daß beide Saitenabschnitte in gleicher Tonhöhe schwingen, die Dämpfung wegfallen kann und sich insgesamt eine größere Klangfülle ergibt. Das Gehäuse wurde anfänglich schlicht aus Weichholz gefertigt, roh belassen oder mit Anstrich versehen. Bis zum Ende des 17. Jh. ist es ca. 85–120 cm lang, 22–35 cm breit und 10–15 cm hoch. Später wurden edlere Hölzer verwendet, das Gehäuse mit Intarsien, Schnitzereien und Beschlägen verziert und das Deckelinnere mit Sinnsprüchen oder Gemälden ausgeschmückt. Hinzu kommen Beine, Gestelle oder besondere Prunkgehäuse. In seiner letzten Blütezeit, der 2. Hälfte des 18. Jh., erreichte das C. bis zu 180 cm Länge, 60 cm Breite und 20 cm Höhe, der Tonumfang weitete sich bis zu 6 Oktaven.

Die besondere Art des Mechanismus macht den Reiz des Instrumentes für den Musiker aus. Im Gegensatz zu Cembalo und Hammerklavier besteht beim C. auch nach dem Niederdrücken der Taste für die gesamte Klangdauer ein unmittelbarer Kontakt des Spielers mit der schwingenden Saite. Dieses direkte, lebendige „Saitengefühl" erlaubt ihm nicht nur eine differenzierte dynamische Abstufung des Anschlages, sondern ermöglicht auch noch nach dem ersten Niederdrücken der Taste eine Klangbeeinflussung. Sie geschieht durch eine dem Vibrato der Streicher vergleichbare Technik, die ↗Bebung. Sie wird mit Vorliebe auf langen Notenwerten als langsamer Nachdruck oder als periodische Druckänderung ausgeführt.

Bis zum 18. Jh. kann man nicht von einer speziell für das C. gedachten Literatur sprechen. Vielmehr hatte das C. als eines der Klavierinstrumente teil am gemeinsamen Repertoire. Erst in der 2. Hälfte des 18. Jh. entwickelte sich, vornehmlich in Deutschland, ein ausgeprägtes Komponieren für dieses Instrument, da sich auf ihm die lyrischen und affektuosen Grundstimmungen des „empfindsamen" Zeitalters vorzüglich wiedergeben ließen. Vor allem C. Ph. E. Bach (als Komponist wie als Spieler) und seine Schule schufen eine eigenständige, dem typischen Charakter des Instrumentes angepaßte Musik. Die Dichter der Zeit, insbesondere Fr. Daniel Schubart priesen die Fähigkeiten des Clavichordes. Seine weite Verbreitung bewirkte, daß man unter der Bezeichnung „Clavier" zu dieser Zeit gemeinhin das C. verstand, bis ihm um die Wende zum 19. Jh. mit dem sich wandelnden Zeitgeschmack das Hammerklavier Rang und Namen ablief. – Berühmte Clavichordbauer des 18. Jh. waren G. Silbermann (Freiberg), Fritz (Braunschweig), Haß (Hamburg), Horn (Dresden), Krämer (Göttingen) und Hubert (Ansbach).

Im 19. Jh. geriet das C. weitgehend in Vergessenheit, obwohl sich Neubauten bis in die 30er Jahre, in Portugal sogar bis 1841 nachweisen lassen. Erst im letzten Jahrzehnt des 19. Jh. wurde eine Wiederbelebung des Instruments eingeleitet. An erster Stelle ist hier der nach England ausgewanderte Schweizer Arnold Dolmetsch (Neubauten seit 1894) zu nennen. Mit dem allgemein wachsenden musikhistorischen Bewußtsein hat sich das C. in unserer Zeit wieder einen festen Platz bei Musikern und Instrumentenbauern erworben.

Lit.: Les traités d'Henri-Arnault de Zwolle et de divers anonymes, hrsg. v. F. LESURE (Kas 1972); S. VIRDUNG, Musica getutscht (Bas 1511), Faks.-Ausg. v. R. EITNER, in: PGfM 11 (1882); DASS. Faks.-Ausg. v. L. SCHRADE (Kas 1931); M. PRAETORIUS, Syntagma musicum, II: De Organographia (Wb 1618, ^{2}1619), Faks.-Ausg. v. W. GURLITT (Kas 1958–59); C. PH. E. BACH, Versuch über die wahre Art das Clavier zu spielen (B 1753), NA v. W. Niemann (L 1906, ^{3}1921); K. NEF, Klavizymbel u. Klavichord, in: Jb. Peters 10 (1903); F. A. GOEHLINGER, Gesch. des C. (Diss. Bas 1910); S. WANTZLOEBEN, Das Monochord als Instr. u. als System (Hl 1911); G. KINSKY, Kurze Oktaven auf besaiteten Tasteninstr. Ein Beitr. z. Gesch. des Klaviers, in: ZfMw 2 (1919/20); F. MÜLLER, Das Klavichord, in: Die Musik 21 (1929); C. AUERBACH, Die dt. C.-Kunst des 18. Jh. (Kas 1930, ^{3}1959); G. LE CERF, Note sur le clavicorde et le dulce melos, in: RMie 12 (1931); E. HARICH-SCHNEIDER, Anmut u. Kunst beim C.spiel (L 1937); T. NORLIND, Systematik der Saiteninstr., II: Gesch. des Klaviers (Sto 1939, Hannover ^{2}1941); H. NEUPERT, Das Klavichord (Kas 1948, ^{3}1977); W. NEF, Das mehrsaitige „Monochord“, in: Kgr.-Ber. Basel 1949 (Bas 1950); M. S. KASTNER, Port. u. span. Clavichorde des 18. Jh., in: AMl 24 (1952); D. H. BOALCH, Makers of the Harpsichord and Clavichord 1440 to 1840 (Lo 1956, O ^{2}1975); R. RUSSEL, The Harpsichord and Clavichord (Lo 1959, ^{2}1973); Das C. im Stadt- u. Bergbaumuseum zu Freiberg, in: BzMw 3 (1961); H. HEYDE, Die Musikinstrumentendarstellung auf dem Mindener Altar, in: BzMw 6 (1964); W. THOENE, Das C. von P. Weidtmann dem Jüngeren in Ratingen 1724, in: Die Ratinger Orgelbaufamilie Weidtmann (Ratingen 1966); R. A. HANDS, A scientific approach to the clavichord, in: GalpinJ 20 (1967); E. M. RIPIN, The early clavichord, in: MQ 53 (1967); M. S. KASTNER, Semitonia-Probleme in der iberischen Claviermusik des 16. u. 17. Jh., in: Anuario Mus. 23 (1968); E. M. RIPIN, A reassessment of the fretted clavichord, in: GalpinJ 23 (1970); G. DODERER, Clavicórdios portugueses do século dezoito (Lis 1971); O. RINDLISBACHER, Das Klavier in der Schweiz. Klavichord, Spinett, Cembalo, Pianoforte. Gesch. des Schweizerischen Klavierbaus 1700–1900 (Be 1972); W. STAUDER, Alte Musikinstr. (Brau 1973); N. MEEÙS, J. Bermudo et le clavier enharmonique, in: Bull. de la Societé liégeoise de musicologie 8 (1974); M. SCHNEIDER, Beitr. zu einer Anleitung C. u. Cembalo zu spielen (Baden-Baden 1974); J. H. VAN DER MEER, The Dating of German C.s, in: OYb 6 (1975); E. H. RIPIN, Towards an Identification of the Chekker, in: GalpinJ 28 (1975).

W. D. NEUPERT

CLAVIJO (Clabixi, Clavixo) **del Castillo, Bernardo,** * um 1545, † 1. 2. 1626 Madrid; span. Organist und Komponist. C. war seit 1569 Kapellmeister, seit 1587 auch Organist der Cappella Palatina in Palermo. Eine 1588 in Rom veröffentlichte Sammlung von Motetten widmete er dem Vizekönig von Sizilien. Nach Spanien zurückgekehrt, veranstaltete er in seinem Hause Konzerte, die sich großer Beliebtheit erfreuten. 1594–1604 war er Professor für Musik an der Universität Salamanca, seit 1619 Organist der Königlichen Kapelle in Madrid. Das Organistenamt übernahm später sein Sohn **Francisco.** Seine Tochter **Bernardina** war ebenfalls eine berühmte Organistin.

Ausg.: 1 Tiento für Klv., hrsg. v. M. S. KASTNER, in: Silva iberica 2 (Mz 1965); 1 *Tiento de 2° tono*, hrsg. v. H. ANGLÈS, in: Antología de organistas españoles del siglo XVII, Bd. 3 (Ba 1967); 1 Tiento für Org., hrsg. v. W. APEL, in: Spanish organ masters after A. de Cabezon (R 1971).

Lit.: A. HUARTE, Datos para la biografía del Maestro B.C. (Salamanca 1917).

CLAVINET, ein von Werner Zacharias für die Firma Matthias Hohner entwickeltes elektro-mechanisches Tasteninstrument, dessen Saiten durch Tastendruck in Schwingungen versetzt werden. Diese werden jedoch nicht durch einen Resonanzboden verstärkt, sondern durch magnetische Tonabnehmer in elektrische Schwingungen umgewandelt und vorverstärkt einer Ausgangsbuchse zugeleitet. Das C. verfügt (anders als die anderen elektronischen Musikinstrumenten) über die gleichen anschlagsbedingten dynamischen Nuancierungsmöglichkeiten wie die mechanischen Tasteninstrumente, hat gegenüber diesen jedoch den Vorteil der geringen Größe und vor allem der variablen Lautstärke durch Regulierung der Lautsprecher bzw. der Kopfhörer. – ↗Pianet.

CLAVIS (lat., = Schlüssel [Pl.: claves]; engl.: clef, key; frz.: clef, clé; it.: chiave). **1)** Seit dem späten 13. Jh. Bz. für die Taste, z. T. auch für die mit ihr zusammenhängenden Spielmechanismen (Hieronymus de Moravia, *Tractatus de musica,* zw. 1272 u. 1304). In Anlehnung an diese Wortbedeutung wurden später die Begriffe ↗Klavier und ↗Klaviatur gebildet. – **2)** Im 13./14. Jh. ist C. auch im Sinne von Tonstufe im Tonsystem bezeugt (Lambertus, Jacobus Leodiensis, Johannes de Garlandia u. a.) und dient, auf die Tasten (der Orgel) übertragen, auch als Benennung für den der Tonstufe zugeordneten Tonbuchstaben und der Kombination von Tonbuchstabe und Solmisationssilbe. Seit der Mitte des 15. Jh. erfolgt eine Differenzierung der verschiedenen Arten von Claves (↗Tonbuchstaben, ↗Schlüssel, ↗Akzidentien) durch spezifizierende Adjektiva (wie *claves signatae* und *claves non signatae*). Schlüssel und Akzidentien wurden bis ins 18. Jh. (unter Überschriften wie *De Clavibus*) in engstem Zusammenhang abgehandelt. Noch J. G. Walther unterschied zwischen *Claves Principales* (Schlüsseln) und *Claves minus Principales* (Akzidentien). – ↗Chiavette.

CLAVIZITERIUM, Klaviziterium (engl. u. frz.:

clavicytherium), Bz. für eine Bauform des Kielklaviers, die im Unterschied zum ↗Cembalo einen senkrechten Resonanzkörper und vertikal verlaufende Saiten aufweist. Der italienische Name *cembalo verticale* drückt diese Besonderheit der Bauart aus. Gegenüber dem Cambalo besitzt das C. eine aufwendigere Mechanik, da der Rückfall der waagrecht angeordneten Springer nach Betätigung einer Taste hier nicht durch die Schwerkraft erfolgt, sondern von einem Hebel-Feder-Mechanismus bewirkt werden muß. Vorzug der Claviziterien ist, daß „sie wenig Raum einnehmen, auch den Zimmern zur Zierde dienen", wie schon A. Kircher (1650) bemerkte. Akustisch günstig ist, daß die Klangabstrahlung des C.s unmittelbar in Richtung auf den Spieler bzw. Zuhörer hin erfolgt.

Die älteste Erwähnung eines C.s findet sich in dem Traktat des Paulus Paulirinus (Prag, um 1460), der ein bereits so komplexes Instrument wie das *Orgelclaviziterium,* die Kombination eines Positivs mit einem C. beschreibt. Frühester ikonographischer Beleg für das Instrument ist eine Skulptur an einem Altar in Kefermarkt (Oberösterreich), die einen ein C. spielenden Engel zeigt. Dargestellt ist, allerdings seitenverkehrt (also mit den längsten Saiten im Diskant), ein Instrument mit 10 doppelten Saiten. Als ältestes erhaltenes C. gilt ein italienisches Instrument aus der 2. Hälfte des 15. Jh. (heute in der Donaldson Collection des Royal College of Music, London).

Erschwerend wirkt sich für die Klärung der Geschichte des C.s aus, daß die Bezeichnung vielfach auch für die mit einem Tastenmechanismus versehene Harfe verwendet wurde. Eine solche gezupfte Tastenharfe meint wohl auch S. Virdung in seiner *Musica getutscht* (1511), wo er das „Clauiciterium" als „neulich erfunden", mit „saiten von den dörmen der schaffe" und mit „federkile als das virginale" beschreibt. Einen Sonderfall stellt ein C. in der Instrumentensammlung der Universität Leipzig dar: Das einmanualige Instrument besitzt übereinander angeordnete, einzeln herausnehmbare Psalterien mit waagrechtem Saitenverlauf und senkrecht angeordneten Springern. Seine Konstruktion verdeutlicht anschaulich die Entstehung der Kielklaviere aus der Verbindung von Psalterium und Tastenmechanik. Ein Teil der vom Cembalo her bekannten Entwicklungen wurde auch auf das C. übertragen: Man baute Instrumente mit 2 Manualen; Lauten- oder Arpichordum-(Harfen-)Register kamen vor. 1741 baute der Schwede Niels Brelin sogar ein C. mit 8 durch Pedale zu betätigenden „Veränderungen".

Unter den wohl 21 aus der Zeit vor 1800 erhaltenen Claviziterien ist ein um 1675 von Martinus Kaiser für Kaiser Leopold I. gebautes, pyramidenförmiges C. als besonders prachtvolles Instrument hervorzuheben (Kunsthistorisches Museum, Wien). Erwähnt seien auch die drei erhaltenen, klangschönen Claviziterien von Albert Delin, Tournai, aus den Jahren 1750–1770. Um 1800 wurden C. wie Cembalo vom Hammerflügel verdrängt. Das Bauprinzip des C. wurde jedoch in den Hammerflügel-Bau übernommen und führte zu Formen wie Pyramiden-, Lyra-, Giraffen- oder Schrank-Flügel. Umgekehrt übertrug man bei der Rekonstruktion der Kielklaviere im 20. Jh. die Bauweise des Pianinos (bis zum Boden reichender Resonanzboden mit darüber liegendem Stimmstock) auf ein aufrecht stehendes Kielinstrument („Cembalino" von Neupert).

Lit.: H. NEUPERT, Das Klaviziterium – einst u. heute, in: Musica 12 (1958); J. H. VAN DER MEER, Zur Gesch. des Klaviziteriums, in: Kgr.-Ber. Kassel 1962 (Kas 1963); DERS., A Contribution to the History of the C., in: Early Music 6 (1978).

W. D. NEUPERT

CLAYTON, Buck (Wilbur), * 12. 11. 1911 Parsons (Kansas); amerik. Jazzmusiker (Trompeter). Er hatte bereits mit 22 Jahren eine eigene Band, spielte 1934–36 mit Teddy Weatherford in Shanghai, gehörte 1938–43 zu den herausragenden Solisten der Count Basie-Band und begleitete in dieser Zeit mit Lester Young und Teddy Wilson die Sängerin Billie Holiday. C., der den Swing und Mainstream vertritt, bevorzugt das melodisch ausgeprägte Spiel. Ähnlich wie bei Roy Eldridge finden sich bei ihm einige Übergänge vom Swing zum modernen Bebop.

Lit.: N. SHAPIRO – N. HENTOFF, Jazz erzählt (Mn 1962); D. MORGENSTERN, Swing, in: Die Story des Jazz, hrsg. v. J. E. Berendt (St 1975, NA H 1978).

CLAYTON, Thomas, * um 1670; engl. Komponist. C. stand 1692–1702 im Dienst des englischen Hofes und unternahm anschließend eine Studienreise nach Italien. Nach England zurückgekehrt, bemühte er sich zusammen mit N. Haym und Ch. Dieupart um die Einführung der italienischen Oper. Ein Ergebnis dieser Zusammenarbeit war die 1705 am Drury Lane Theatre in London aufgeführte Oper „nach italienischer Manier" *Arsinoe, Queen of Cyprus,* für die C. 23 von 37 Gesangsnummern (mit englischem Text) komponierte. Eine weitere Oper C.s, *Rosamond,* ging 1707 in Szene. Arien (Songs) aus beiden Werken erschienen auch im Druck (Lo o.J.).

Lit.: J. HAWKINS, A General History of the Science and Practice of Music II (Lo 1776, ^{3}1875, Faks.-Nachdr. Gr 1969) (dort auch Abdruck der Ouvertüre u. eines Duetts aus *Rosamond*).

CLEMENS NON PAPA, Jacobus (eig. Jacques

Clément), * zwischen 1510 und 1515, † 1555 (?) Dixmuiden (Flandern); franko-flämischer Komponist. Er stammte entweder aus Frankreich, aus Flandern oder den nördlichen Niederlanden, vielleicht aus Middelburg (Insel Walcheren). Seine ersten Kompositionen, französische Chansons, erschienen, zunächst anonym, seit 1538 unter dem Namen Jacques Clément, in Sammeldrucken von P. Attaingnant in Paris. Einige Jahre später wurde C. Sänger an St-Donatien in Brügge und dort am 26. 3. 1544 Sangmeister. Den Acta Capituli zufolge war er Priester. Es ist zu vermuten, daß C. in Brügge Schüler von L. Hellinck war, der als Kapellmeister an St-Sauveur wirkte. Im Juni 1545 verließ er Brügge und lebte längere Zeit in Ypern. Er stand damals in Verbindung mit dem Drucker T. Susato und begann sich „Clemens non Papa" zu nennen, entweder aus Abneigung gegen Papst Klemens VII. oder um sich dadurch von dem ebenfalls in Ypern lebenden Dichter Jacobus Papa zu unterscheiden. Eine Zeitlang stand er als Kapellmeister auch im Dienst Philipps von Croy, Herzog von Aerschot, zu dessen Tod 1549 er eine Sterbemotette, *O quam moesta dies,* schrieb. Im Herbst 1550 war er Sänger im Chor der Notre-Dame-Bruderschaft an der Kathedrale von Bois-le-Duc. Weitere Lebensdaten sind nicht gesichert. Eine seiner Chansons enthält einen Hinweis, daß er sich möglicherweise in Dordrecht aufgehalten hat. Einige Motetten deuten auch auf Beziehungen zu Kaiser Karl V. hin. Nach A. Sanderus *(Flandria illustrata)* war C. Kapellmeister in Dixmuiden, wo er vielleicht eines gewaltsamen Todes starb, wenn man dem Hinweis in der Motette „in mortem Clementis non Papae" von J. Vaet folgt: „Qui nece vicus erat". Als Todesdatum kommt aufgrund einer der 4st. Motette *Hic est vere martyr* (hsl. in der Bibl. in Löwen) vorangestellten Bemerkung „Ultimum opus Clementis non Papae anno 1555 21 aprilis" das Frühjahr 1555 in Frage.

WW: **1) Geistliche WW:** 6 Bücher *Cantiones sacrae* (Motetten) für 4 St. (Löwen 1559) (mit jeweils mehreren Nachdr.); *Secundus liber modulorum* für 5 St. (o.O., o.J.); *Quintus liber modulorum* für 5 St. (P 1556); weitere Motetten sind in zahlr. Sammeldrucken 1545–60 u. hsl. erhalten; insgesamt existieren v. C. 210 Motetten: 107 4st., 76 5st., 16 6st., 11 7–8st.; 14 Messen (Parodiemessen), davon 10 für 4–6 St., einzeln gedruckt (Löwen 1556–59), 4 weitere Messen (RISM 1570[1]), eine *Missa pro defunctis* für 4 St. mit später hinzugefügtem B.c. (RISM 1625[1]), ein 8st. *Credo* (RISM 1564[1]), ein *Kyrie paschale; Souterliedekens,* Vertonung von 146 Pss. in niederländischer Sprache in Reimform für 3 St., I–III: (A 1556), IV: (1557). – **2) Weltliche WW:** 85 meist 4st. frz. Chansons, 8 niederländische u. einige ohne Text überlieferte (wohl instrumentale) Chansons in Sammeldrucken u. hsl.

C. gehört zu den bedeutendsten franko-flämischen Komponisten zwischen Josquin des Prés und Orlando di Lasso und gilt als Hauptmeister der Motette seiner Zeit. Sein Schaffen ist reicher und vielfältiger als das seiner Zeitgenossen Gombert und Créquillon. Charakteristisch für seinen Motettenstil ist ein konsequent durchimitierter Satz mit nur gelegentlichen syllabisch deklamierten, homorhythmischen Abschnitten.

Ausg.: GA, hrsg. v. K. PH. BERNET KEMPERS, 21 Bde. (R 1951–76) (= CMM 4). – Neuere Einzelausg.: 3 Motetten, hrsg. v. B. MEIER (Wb 1959) (= Chw 72); Missa *De lustelijcke Mey,* hrsg. v. A. DUNNING (Gr 1967) (= Musik alter Meister 18).

Lit.: J. SCHMIDT (= Schmidt-Görg), Die Messen des C. non Papa (Diss. Bonn 1926), Teilabdruck in: ZfMw 9 (1926/27); K. PH. BERNET KEMPERS, J. C. non Papa u. seine Motetten (Au 1928); DERS., Die Souterliedekens des C. non Papa, in: TVer 12 (1928), 13 (1932); R. LENAERTS, Voor de biographie van C. non Papa, in: ebd.; A. SMIJERS, J.C. non Papa, in: ebd.; H. ALBRECHT, L. Hellinck u. C. non Papa, in: ZfMw 13 (1930/31); E. REESER – E. LOWINSKY, Zur Ausg. der Motette „Fremuit spiritus Jesu" v. C. non Papa, in: TVer 15 (1939); M. VAN CREVEL, Het sterfjaar van C. non Papa, in: ebd. 16 (1946); E. LOWINSKY, O. di Lasso's Antwerpener Motettenbuch u. seine Beziehungen zum Motettschaffen seiner ndl. Zeitgenossen (Den Haag 1946); DERS., Secret Chrom. Art in the Netherl. Motet (NY 1946); CH. VAN DEN BORREN, Les „Opera omnia" d'A. Brumel et de C. non Papa, in: RBMie 7 (1953); K. PH. BERNET KEMPERS, A composition by C. non Papa in a 16th-Century Painting, in: MD 8 (1954); DERS., Die Messe „En espoir" des J.C. non Papa, in: FS J. Schmidt-Görg (Bonn 1957); J. WOUTERS, Twee mis-composities op het motet „Virtute magna", in: TVer 18 (1959); K. PH. BERNET KEMPERS, J. C. non Papa's chansons in their chronological order, in: MD 15 (1961); DERS., Zum Todesjahr des C. non Papa, in: FS K. G. Fellerer (Rb 1962); DERS., Bibliography of the Sacred Works of J.C. non Papa. A Classified List with a Notice on His Life, in: MD 18 (1964); W. ELDERS, Stud. zur Symbolik in der Musik der alten Niederländer (Bilthoven 1968) (= Utrechtse bijdragen tot de mw. 4); A. DUNNING, Die Staatsmotette 1480–1555 (Utrecht 1970); K. PH. BERNET KEMPERS, Text u. Proportionsvorschrift zugleich. Die Motette „Me oportet minui" v. C. non Papa, in: FS K. G. Fellerer (Kö 1973).

K. PH. BERNET KEMPERS

CLÉMENT, Félix, * 13. 1. 1822 Paris, † 22. 1. 1885 ebd.; frz. Organist und Musikforscher. C. war Kapellmeister und Organist an St-Louis-d'Antin und an der Kirche der Sorbonne in Paris. 1849 leitete er die Konzerte mit geistlicher Musik an der Sainte-Chapelle du Palais, in denen auch Werke des 13. Jh. zur Aufführung kamen, die als *Chants de la Ste-Chapelle* (P 1849, [3]1875) veröffentlicht wurden. C. setzte sich stark für die Wiederbelebung älterer geistlicher Musik ein. An der Gründung der École Niedermeyer war er ebenfalls beteiligt. Er schrieb u. a. *Les Musiciens célèbres depuis le XVI*[e] *siècle* (P 1868, [4]1887) und in Zusammenarbeit mit P. Larousse ein noch heute für die Erforschung der Operngeschichte wichtiges *Dictionnaire lyrique ou Histoire des opéras* (P 1869, 3 Suppl.-Bde bis 1881, [2]1897, hrsg. v. A. Pougin).

CLEMENT, Franz Joseph, * 17. 11. 1780 Wien, † 3. 11. 1842 ebd.; östr. Violinist, Dirigent und

Komponist. Bereits 1789 trat er erstmals öffentlich auf. Er kam 1790 nach London, wo er mit großem Erfolg Konzerte gab, die z.T. von J. Haydn und J. P. Salomon geleitet wurden. Nach Wien zurückgekehrt, wurde er 1802 Konzertmeister am neu gegründeten Theater an der Wien. 1807 wirkte er als Solist bei der Uraufführung von Beethovens Violinkonzert op. 61 mit, auf dessen Solopart ihn Beethoven hatte Einfluß nehmen lassen. 1812–18 konzertierte C. in Rußland und Deutschland, war dann wieder am Theater an der Wien, zwischendurch 1813 unter C. M. von Weber auch an der Oper in Prag tätig. Seit 1821 begleitete er die Sopranistin A. Catalani in ihren Konzerten. C. schrieb u.a. zahlreiche Werke für Violine, ein Klavierkonzert, Kammermusik und eine Oper, die vergessen sind.

Lit.: R. HAAS, The Viennese Violinist F. C., in: MQ 34 (1948); M. MARCK, F. C. 1780–1842 (Diss. W 1972).

CLEMENTI, Muzio, * 23. (oder 24.) 1. 1752 Rom, † 10. 3. 1832 Evesham (Worcestershire); it. Pianist und Komponist. Seinen ersten Klavierunterricht erhielt er bei einem Verwandten, dem Musiker und Komponisten Antonio Boroni, danach lernte er Generalbaß bei dem Organisten Cordicelli und Kontrapunkt bei Gaetano Carpani. Bereits mit 12 Jahren schrieb er eine 4stimmige Messe, die auch aufgeführt wurde. 1766 nahm ihn der Engländer Peter Beckford mit nach England und förderte auf seinem Landsitz in Stapleton (Dorset) – nicht, wie gelegentlich angenommen wird, in Fonthill Abbey – seine weitere pianistische Ausbildung. 1775 trat er erstmals in einem Recital in London auf und ließ sich 1776 dort nieder. Seit 1777 wirkte er 3 Jahre lang als Maestro di cembalo an der Italienischen Oper des King's Theatre am Haymarket. 1780–82 unternahm er eine Konzerttournee, die ihn u. a. nach Paris, Straßburg, München, Wien, Zürich und Lyon führte. In Wien kam es auf Veranlassung Kaiser Josephs II. zu einem Wettspiel mit Mozart, in dem er sich ehrenvoll behaupten konnte. 15 Jahre lang setzt er dann seine glänzende Virtuosentätigkeit fort und kam in dieser Zeit als Lehrer wie auch als Komponist mit Klaviersonaten und Symphonien zu großem Ansehen. Zu seinen bedeutendsten Schülern gehörten J. Field und J. B. Cramer. 1786 trat er zum letzten Mal öffentlich als Pianist auf. Seither widmete er sich vornehmlich seinen Geschäften, die ihm ein beträchtliches Vermögen einbrachten. 1798 trat er in den Musikverlag Longman & Broderip ein, der eine Zeitlang auch eine Pianofortefabrik betrieb. Nach dem Bankrott der Firma 1801 gründete C. mit Longman einen neuen Verlag und eine neue Pianofortefabrik. Das Unternehmen, an dem sich später u. a. auch Collard beteiligte, wurde unter verschiedenen Namen fortgeführt und besteht noch heute. Um die Geschäftsverbindungen weiter auszubauen, verließ C. 1802 England in Begleitung Fields und suchte in den nächsten 8 Jahren wichtige musikalische Zentren Mitteleuropas, Rußlands und Italiens auf. 1807 traf er in Wien mit Beethoven zusammen, von dem er die Publikationsrechte einiger Werke für England erwarb (op. 58–61). Nach England zurückgekehrt, war er 1813–16 einer der Direktoren der von ihm mitbegründeten Royal Philharmonic Society und trug maßgeblich dazu bei, das Werk Beethovens in England bekannt zu machen. Zwischen 1815 und 1822 führte er auch mehrere eigene Symphonien mit großem Erfolg auf. 1827 trat er seine letzte Auslandsreise an, die ihn nach Italien und nach Wien führte.

WW (wenn nichts anderes angegeben, zuerst in London erschienen, jeweils mit mehreren Nachdrucken, auch andernorts): **1) WW für u. mit Klv.: a)** Für Klv. oder Cemb. zu 2 Händen: Sonaten, op. 1 (1771) (mit Duo für 2 Klv.), op. 2 (1779) (davon 3 Sonaten mit Fl. oder V., Nr. 2 u. 4 auch in revidierter Fassung *with new accompaniments* als op. 30 u. 31), op. 7 (W 1782), op. 8 (Ly – P 1782), op. 9 (W o.J.), op. 10 (W o.J.), op. 11 (1784) (mit einer Toccata), op. 12 (1784) (mit Duett für 2 Klv.), op. 20 (1787), op. 23 (1790), op. 24 (o.J.), op. 25 (1790), op. 26 (1791), op. 33 (1794), op. 34 (1795), op. 37 (1798), op. 40 (1802), op. 41 (W 1804), op. 46 (1820), op. 50 (1821); *Progressive Sonatinas* (dt. als *Leichte Sonatinen)* op. 36 (1797); *La chasse* op. 16 (1786) (auch mit V. erschienen); *Capricci* op. 17 (1787) u. op. 47 (1821); *Musical characteristics,* Präludien u. Kadenzen im Stil von Haydn, Mozart, Kozeluch, Sterkel u. Vanhall, op. 19 (1787); *Fantasie, avec variations, sur l'air „Au clair de la lune"*, op. 48 (1821); *12 Monferrinas,* op. 49 (1821); weitere Sonaten, Variationen, Canzonetten u.a. Stücke ohne Opuszahl; *Walzer* für Klv. mit Tambourin u. Triangel, op. 38 (1798) u. op. 39 (1800). – **b)** Für Klv. oder Cemb. zu 4 Händen: Duette, op. 3 (1799) (mit 3 Sonaten für Klv. u. V.) u. op. 14 (1786). – **c)** Für Klv. oder Cemb. mit V. oder Fl.: Sonaten, op. 4 (1780), op. 5 (P 1780/81) (mit 3 Fugen für Klv.), op. 6 (P 1780/81), op. 13 (1785), op. 15 (1786). – **d)** Für Klv. oder Cemb. mit V. oder Fl. u. Vc. (teilweise ad lib.): Sonaten, op. 21 (1788), op. 22 (1788), op. 27 (1791), op. 28 (1792), op. 29 (1793), op. 32 (1793), op. 35 (1796). – **2) Pädagogische WW:** *Introduction to the art of playing on the pianoforte,* op. 42 (1801), dt. Übers.: *Einleitung in die Kunst das Piano-Forte zu spielen* (L o.J.) bzw. als *Vollständige Klavier-Schule* (W o.J.); *Appendix to the fifth edition of Clementi's introduction to the art*... (1811), dt. Übers.: *Praeludien u. Übungen mit beigefügtem Fingersatz durch alle Dur- u. Moll-Tonarten* (W o.J.); *Gradus ad Parnassum, or The art of playing on the piano-forte, exemplified in a series of exercises, in the strict and in the free styles,* 3 Bde. (1817–26). – **3) Editionen u. Sammlungen:** *Selection of practical harmony* für Klv. oder Org., 4 Bde. (1801–15) (enthält Voluntaries, Fugen, Kanons u.a. von versch. Komponisten u. einen Abriß des Kontrapunkts von C.); *A selection from the melodies of different nations* für Klv. (1814). – **4) Orch.-WW:** 2 Symphonien, op. 18 (1787) (auch in Offenbach als op. 44 gedruckt); ein Klv.-Konzert (hsl. verhalten).

Von C.s Werken haben insbesondere die Sonatinen und einige Stücke für Klavier zu 4 Händen dank ihrer leichten Spielbarkeit eine enorme Verbreitung als beliebte Übungsstücke im Laienmusizieren gefunden. Sie lassen indes kaum erkennen, daß C. als ein Komponist von beträchtlicher musikgeschichtlicher Bedeutung zu gelten hat. Diese beruht auf seinem großen, sich über einen langen Zeitraum erstreckenden Einfluß auf die Entwicklung des Klavierspiels (auch des Klavierbaus) und der Klaviermusik. Sein Schaffen, das in der italienischen Klavierkomposition eines D. Scarlatti und eines J. Chr. Bach wurzelt, markiert insgesamt den endgültigen Übergang von der Cembalo- zur spezifischen Pianoforte-Musik, mithin zur modernen Klaviermusik. Seine Sonaten waren in vielen spieltechnischen und formalen Einzelheiten wie auch in ihrem musikalischen Ausdruck wegweisend u. a. für die Klaviersonaten Beethovens, sodann später für die Klaviermusik bis hin zu Fr. Liszt. Jedoch haben C.s Werke selbst keinen festen Platz im Konzertwesen behaupten können.

Ausg.: Ausw. v. Klv.-WW in den meisten Ausg. klassischer Musik; etwa 60 Sonaten wurden als Teilausg. v. Litolff veröff.; Sinfonien B-Dur u. D-Dur op. 44 für Orch., hrsg. v. R. FASANO (Mi 1961, 1969); Collected works, 5 Bde. (NY 1963); *Introduction to the art of playing on the pianoforte* (NA NY 1974).

Lit.: A. TYSON, Thematic Catalogue of the Works of M. C. (Tutzing 1967). – M. UNGER, M. C.s Leben (Langensalza 1913) (= Diss. Leipzig 1911); G. DE SAINT-FOIX, M. C., in: Bull. Société française de musicologie 2 (1918); G. C. PARIBENI, M. C. nella vita e nell'arte (Mi 1921); G. DE SAINT-FOIX, M. C., in: MQ 9 (1923); DERS., Les symphonies de C., in: RMI 31 (1924); A. CASELLA, M. C. et ses symphonies, in: RM 17 (1926); G. DE SAINT-FOIX, M. C., Forerunner of Beethoven, in: MQ 17 (1931); DERS., Haydn and C., in: MQ 18 (1932); B. BECHERINI, Il „Metodo" per pianoforte di M. C., in: RMI 43 (1939); H. SIMON, The C. manuscripts at the Library of Congress, in: MQ 28 (1942); V. TERENZIO, Intorno a M. C., in: Rass. Mus. 21 (1951); R. ALLORTO, Le sonate per pianoforte di M. C. Studio critico e catalogo tematico (Fi 1959); A. L. RINGER, C. and the Eroica, in: MQ 47 (1961); A. TYSON, C.'s Viennese compositions, in: MR 27 (1966); J. D. KOHN, The Manuscript Piano Sonatas by M. C. at the Library of Congress. A Comparative Edition, 2 Bde. (1967) (= Diss. State Univ. of Iowa); A. D. WEE, The Fuges and Canons of C.'s „Gradus ad Parnassum" (1968) (= Diss. Indiana Univ.); E. BADURA-SKODA, C.'s „Musical Characteristics" op. 19, in: Studies in 18th Century Music, FS K. Geiringer (Lo 1970); J. C. GRAUE, M. C. and the Development of Pianoforte Music in Industrial England (1971) (= Diss. Univ. of Illinois. Urbana-Champaign); L. PLANTINGA, C. Virtuosity and the „German manner", in: JAMS 25 (1972); A. TYSON, A Fend between C. and Cramer, in: ML 54 (1973); J. C. GRAUE, The C. – Cramer dispute revisited, in: ML 56 (1975); P. SPADA, M. C. sinfonista europeo, in: NRMI 10 (1976); DERS., The complete symphonic works of M. C. (Mi 1977); L. PLANTINGA, C. His Life and Music (Lo – NY 1977); V. SCHERLIESS, C.s Kompositionen „alla Mozart", in: Anal. Mus. 18 (1978).

CLEMENZA DI TITO, LA, Opera seria in 2 Akten von Wolfgang Amadeus Mozart (1756–91), KV 621, Text von Caterino Mazzola nach dem gleichnamigen Libretto (1734) von Pietro Metastasio (1698–1782). Ort und Zeit der Handlung: Rom um 80 n. Chr., UA: 6. 9. 1791 in Prag (Nationaltheater) zur Krönung Kaiser Leopolds II. zum König von Böhmen; dt. EA (in dt. Sprache): 26. 5. 1796 in Dresden (Übers. von Friedrich Rochlitz).

Die Auftragskomposition entstand nach einem der meistvertonten Libretti der Operngeschichte (über 40 Vertonungen sind bekannt). Mazzola strich die Vorlage auf 2 Akte zusammen und fügte einige Ensemblesätze ein. Die Legende von der Entstehung des Werkes in nur 18 Tagen konnte inzwischen widerlegt werden; Teile komponierte Mozart bereits im Frühjahr 1791 in Wien. Vermutlich stammen die Secco-Rezitative von Mozarts Schüler Franz Xaver Süßmayr. Typisch für die Gattung ist die Besetzung des Sextus mit einem Sopran und des Annius mit einem Kastraten (bei der UA sang Domenico Bedini diese Rolle). Auch fehlen die aus den Buffo-Opern bekannten Finali. Statt dessen finden sich große Ensembles (ein Quintett und ein Sextett mit Chor). Die Instrumentation fiel karger aus als in Mozarts übrigen Werken und entspricht der Stilebene einer Opera seria. Mit dieser Oper schuf Mozart „ein stilreines Nachbild einer bereits bestehenden Kunstgattung" (H. Abert).

J. SCHLÄDER

CLÉRAMBAULT, Louis-Nicolas, genannt „le père", * 19. 12. 1676 Paris, † 26. 10. 1749 ebd.; frz. Organist u. Komponist. Sein Vater war **Dominique C.** (1644–1704), der seit 1670 den „24 violons du Roi" angehört hatte. C. selbst war Schüler von J.-B. Moreau und von A. Raison. Von letzterem übernahm er 1720 das Organistenamt an der Kirche der Jakobinerpatres in der Rue St-Jacques, und ihm widmete er auch sein *Livre d'orgue* (1710). C. fand Gefallen bei Ludwig XIV., der ihn zum Surintendant der Musik der Madame de Maintenon ernannte. 1710 erhielt er ein königliches Privileg zur Veröffentlichung seiner Werke. In dieser Zeit war er als Organist an St-Sulpice (als Nachfolger von G. G. Nivers) und (seit 1715) an der Maison Royale de St-Louis in St-Cyr tätig. Für den Gebrauch dort komponierte er zahlreiche Werke, u. a. das Divertissement *L'Idylle de St-Cyr* (anläßlich der Hochzeit des Dauphins mit der Infantin von Spanien 1745). Andere Werke von C. wurden im Concert spirituel aufgeführt (so die seinerzeit berühmte Kantate *Orphée)* sowie im Collège Louis-le Grand. Besonders beliebt waren auch die Abendkonzerte, die er in seinem Haus veranstaltete. – C. galt zu seiner Zeit als der bedeutendste Meister der französischen Solokantate. Dieser Ruf gründet auf seiner Fähigkeit, die Texte in ihrem Stimmungs- und Affektgehalt und in ihrer Bildhaftigkeit in vielfältigen Nuancen musikalisch adäquat auszudrücken.

Von seinen Söhnen übernahm zunächst der ältere, **César-François-Nicolas,** genannt „le fils" (* 1705 Paris, † 30. 10. 1760 ebd.), der ebenfalls als Komponist von Kantaten hervortrat, nach dessen Tod der jüngere, **Evrard-Dominique** (* 23. 12. 1710 Paris, † 6. 4. 1790 ebd.), die Ämter des Vaters.

WW (alle in Paris gedruckt): **1) Weltliche Vokal-WW:** 5 Bücher *Cantates françoises* für 1–2 St. mit Instr. (1710, 1713, 1716, 1720, 1726); einzeln gedruckt die Kantaten: *Abraham* (1715), *L'Amour et Bacchus* (o.J.), *Le bouclier de Minerve* (1714), *Les forges de Vulcain* (1725), *Les Francs Maçons* (1743), *La Muse de l'opéra* (1716), *Poliphème* (o.J.), *Le Soleil vainqueur de nuages* (1721); *Le triomphe d'Iris* (hsl. erhalten); die Oper *Le triomphe de la vertu* (SingSt hsl. erhalten); einige Chöre; *Airs sérieux et à boire* u. *Airs spirituels* in Sammeldrucken; Divertissement *L'Idylle de St-Cyr*, Intermèdes u. Chöre daraus gedruckt (1745). – **2) Geistliche Vokal-WW:** *Motets* für 1–2 St. *(pour tout le chœur)* u. B.c. (1725), weitere Sammlungen von Motetten u.a. kirchenmusikal. WW sind hsl. erhalten; Oratorium *L'histoire de la femme adultère* (hsl.). – **3) Instr.-WW:** *Pièces de clavecin* (1704); *Premier livre d'orgue contenant deux suites du Ier et du IIe ton* (1710); 7 Sonaten bzw. *Sinfonie* für 1 oder 2 V. u. B.c., teilweise mit Titeln *(La Félicité, L'Abondance, L'Impromptu, La Magnifique, La Jeannette)*; ein Rondo in: F. W. Marpurg, *Clavierstücke* (B 1762).

Ausg.: *1er Livre d'orgue*, in: GUILMANT-PIRRO III (1901), NA v. N. DUFOURCQ (P 1954); *Pièces de clavecin*, hrsg. v. TH. DART (Monaco 1964); Sonate G-Dur (P 1914); Sonate *La Félicité* für 2 V. u. B.c. (P 1923); Sonate *„La Magnifique"* für 2 V. u. B.c. (P o.J.); *Courante* G-Dur (P 1926); Kantate *Orphée*, hrsg. v. CH. BORDES (P o.J.); DASS., hrsg. v. D. TUNLEY (Lo 1972); Kantate *Médée* (P 1929); Kantate *La Sagesse* (P 1935); 7 Arien aus Kantaten, in: J. ARGER, La cantate au XVIIe et XVIIIe siècle (P o.J.); eine Motette in: H. QUITTARD, Concerts spirituels. Alte Reihe 6 (P o.J.); Motette *Germinavit radix Jesse* für 2 gleiche St., hrsg. v. J. u. E. HAVARD DE LA MONTAGNE (P 1955); Motette *O mysterium ineffabile* für Gesang u. Org., hrsg. v. CH. PINEAU (P 1957); Kantate *La Musette* für Sopran, Musette (V.) u. B.c., hrsg. v. R. JAKOBY (Kö 1968) (= Polyphonia sacra o. Nr.); Sonate *L'Impromptu* für V. u. B.c., hrsg. v. B. WAHL (P 1968) (= L'Astrée o. Nr.); Kantate *Cruelle et rigoureuse absence*, hrsg. v. R. JAKOBY, in: Die Kantate (Kö 1968) (= Das Musikwerk 32).

Lit.: D. FOSTER, Parodies on C.s Cantates par Nicolas Grandval, in: Rech. Mus. 4 (P 1964); DERS., L. N. C. and His „Cantates françaises" (1967) (= Diss. Univ. of Michigan); G. THIBAULT, Note sur une édition inconnue de C., in: RMie 52 (1966); D. DUNLEY, The Cantatas of L. N. C., in: MQ 52 (1966); DERS., The eighteenth-century French cantata (Lo 1974).

CLERCX-LEJEUNE, Suzanne, * 7. 6. 1910 Houdeng-Aimeries (Hennegau), † 28. 9. 1985 Lüttich; belgische Musikforscherin. C. studierte Musikwissenschaft bei Ch. van den Borren an der Universität Lüttich und wurde dort 1939 promoviert. 1941–49 war sie als Nachfolgerin van den Borrens Bibliothekarin am Konservatorium in Brüssel. Seit 1945 lehrte sie Musikwissenschaft an der Universität Lüttich. Sie veranstaltete Aufführungen älterer Musik. Mit ihren auf profunder Quellenkenntnis beruhenden Arbeiten insbesondere zur Musikgeschichte des 14./15. Jh. und zur späteren belgischen Musik gehörte sie zu den bedeutendsten Musikologen des französischsprachigen Raums.

WW: **1) Schriften:** *H.-J. De Croes, Compositeur et maître de musique du Prince Charles de Lorraine (1705–86)*, 2 Bde. (Bru 1940); *Grétry* (Bru 1944); *La musique instrumentale en Europa du XIIIe s. au début au XVIIIe*, in: La Musique des origines à nos jours (P 1946); *P. van Maldere, Virtuose et maître des concerts de Charles de Lorraine* 1729–68 (Bru 1948); *Le baroque et la musique. Essai d'esthétique musicale* (Bru 1948); *La Musique en Belgique. Le XVIIe et le XVIIIe siècle* (Bru 1950); *J. Ciconia théoricien*, in: Ann. Mus. 3 (1955); *Aux origines du faux-bourdon*, in: RMie 40 (1957); *J. Ciconia. Un musicien liégeois et son temps*, 2 Bde. (Bru 1960). – **2) Editionen:** P. Pontio, *Ragionamento di musica* v. 1588, Faks.-Ausg. (Kas 1959) (= DMl I/16); St. Vanneo, *Recanetum de musica aurea* (Kas 1969) (= DMl I/28).

CLÉREAU, Pierre, frz. Komponist des 16. Jahrhunderts. C. war Kapellmeister der Chorknaben an der Kathedrale von Toul. Er schrieb geistliche und weltliche Vokalmusik. Mit seinen Chansons, die eine ausgeprägte Vorherrschaft der Oberstimme zeigen, trug C. zur Entstehung des ↗Air de cour bei.

WW: **1) Weltliche WW:** *Chansons tant françoises qu'italiennes* für 3 St. (P 1559), für 4 St. (P 1559); 2 Bücher *Odes de Ronsard* für 3 St. (P 1566) u. ein weiteres Buch *Les odes de Ronsard* für 3 St. sind unvollständig überliefert. – **2) Geistliche WW:** 4 Messen für 4 St. (P 1554); eine weitere Messe (P 1557); *Missa pro mortuis* mit 2 Motetten (P 1554).

Ausg.: Kyrie der Messe *In me transierunt* u. 2 Sätze der *Missa pro mortuis*, in: P. WAGNER, Gesch. der Messe I (L 1913).

Lit.: M. CAUCHIE, Les chansons à 3 v. de P.C., in: RMie 8 (1927); F. LESURE, Le musicien P.C. et ses sources poétiques, in: Bibl. d'Humanisme et Renaissance 16 (1954).

CLEVE, Johannes de, * um 1529 Herzogtum oder Stadt Cleve, † 14. 7. 1582 Augsburg; flämischer Komponist. Vermutlich verbrachte er die Jugendjahre in den Niederlanden, denn Kompositionen von ihm finden sich in den Chorbüchern der Peterskirche in Leyden und in den Sammeldrucken von T. Susato. 1553–64 war er Sänger (Tenorist) der Hofkapelle Kaiser Ferdinands I., dann (spätestens seit 1567) bis 1570 Leiter der Kantorei am Hofe Erzherzog Karls II. in Graz. Nach einem Aufenthalt in Wien ist er 1578, ohne Amt, in Augsburg nachweisbar, wo der dortige Domkapellmeister Bernhard Klingenstein zu seinen Schülern zählte. C., der in der Tradition der niederländischen Vokalpolyphonie steht, schrieb hauptsächlich Kirchenmusik sowie auch mehrere sog. ↗Staatsmotetten.

WW: 2 Bücher *Cantiones sacrae* (Motetten) für 4–6 St. (Au 1559); *Cantiones seu harmonicae sacrae* für 4–8 u. 10 St. (Au 1579–80); 20 4st. c.f.-Sätze ohne Text, in: ANDREAS GIGLER, Gesang Postill (Gr 1569, 1574); weitere WW sind in Sammeldrucken 1553–68 u. hsl. erhalten.

Ausg.: 2 Messen u. zahlr. Motetten in: R. J. VAN MALDEGHEM, Trésor musical 1, 9, 12–14, 16 (Bru 1865–93); andere Motetten in: F. COMMER, Collectio operum musicorum Batavorum saeculi XVI, IV (B 1842); Messe *Vous perdes temps*, hrsg. v. H. FEDERHOFER, in: Musik alter Meister 1 (Gr 1955); Messe *Rex Babylonis*, hrsg. v. M. STEINHARDT, in: ebd. 12 (1960); Messe *De lustelijcke Mey*, hrsg. v. A. DUNNING, in: ebd. 18 (1967); 2 Motetten, hrsg. v. A. DUNNING, in: Staatsmotetten für Erzherzog Karl II. von Inneröstr. (Gr 1971) (= Musik alter Meister 21 u. 22); *Austria Danubii rapido* à 7, hrsg. v. DEMS., in: P. Giovanelli, Novus thesaurus musicus 1568, V (R 1974) (= CMM 64/1); *Veni, maxime Dux* à 8, hrsg. v. DEMS. (Wb 1977) (= Chw 120).

Lit.: H. LEICHTENTRITT, Gesch. der Motette (L 1908); H. FEDERHOFER, Zur NA der 4st. Messe „Vous perdes temps", in: Aus Archiv u. Chronik, Blätter für Seckauer Diözesangesch. 2 (1940); DERS., Musikpflege u. Musiker am Grazer Habsburgerhof der Erzherzöge Karl u. Ferdinand v. Inneröstr. 1564–1619 (Mz 1967).

CLEVELAND ORCHESTRA, THE, amerik. Symphonie-Orchester, 1918 von der Musical Arts Association in Cleveland (Ohio) gegründet. Erster Dirigent war Nikolai Sokolow, dem 1933 Arthur Rodzinski folgte. 1947 wurde wurde G. Szell Chefdirigent. Er leitete das Orchester bis zu seinem Tod 1970 und führte es zur Weltgeltung. Seit 1972 ist L. Maazel Chefdirigent. Das Orchester führt in Cleveland neben den Symphoniekonzerten volkstümliche Konzerte und Konzerte für die Jugend durch und unternimmt Konzertreisen im In- und Ausland. Die Musical Arts Association trägt auch zwei Musikschulen mit, deren Lehrer zumeist Mitglieder des Orchesters sind. In Verbindung mit dem Orchester besteht auch ein philharmonischer Chor. Das C. O. hat sich in seiner Geschichte besonders für amerikanische Komponisten eingesetzt und zahlreiche ihrer Werke uraufgeführt.

CLIBURN, Van, * 12. 7. 1934 Shreveport (Louisiana); amerik. Pianist. Er wurde zunächst von seiner Mutter, dann seit 1951 an der Juillard School of Music in New York ausgebildet. 1954 debütierte er als Gewinner des Edgar M. Eventritt Foundation Award in der Carnegie Hall in New York, 1958 gewann er mit aufsehenerregendem Erfolg den Internationalen Tschaikowsky-Wettbewerb in Moskau. C. interpretiert vor allem die virtuose Klaviermusik des 19. Jahrhunderts und zeitgenössischer amerikanischer und russischer Komponisten.

Lit.: A. CHASINS – V. STILES, The V. C. Legend (Garden City/N. Y. 1959).

CLICQUOT, frz. Orgelbauerfamilie. – **1) Robert,** um 1645 Reims, † um 1719 Paris. Nach Abschluß seiner Lehre bei seinem Schwager Hénocq (oder Énocq) in Paris eröffnete er in Reims eine eigene Orgelbauwerkstatt. 1670 heiratete er Marie Colbert, eine Verwandte Jean Baptiste Colberts. Von ihm erhielten Hénocq und C. 1679 den Auftrag zum Bau einer großen Orgel in Versailles. C. ließ sich daraufhin in Paris nieder, wo er 40 Jahre lang als königlicher Orgelbauer wirkte. Er schuf u. a. die Werke in St-Louis-des-Invalides, in der Abtei St-Jean-des-Vignes in Soissons, in der Stiftskirche von St-Quentin und in der Kathedrale von Blois und restaurierte die Orgeln der Kathedralen von Laon und Rouen. C. gehörte zu den bedeutendsten Orgelbauern seiner Zeit. – Die Söhne **2) Jean-Baptiste Simon,** * 3. 11. 1678 Reims, † Ende 1744 Paris und **3) Louis Alexandre,** * um 1682 Reims, † 25. 1. 1760 Paris, waren Mitarbeiter des Vaters, erlangten jedoch nicht dessen Bedeutung. Louis Alexandre führte als königlicher Orgelbauer die Werkstatt fort und baute Werke in Chevreuse und Houdan. – **4) François Henri,** Sohn von 3), * 1732 Paris, † 24. 5. 1790 ebd. Er vollendete die von seinem Vater begonnenen Orgeln von St-Paul und St-Roch in Paris und von St-Louis in Versailles, restaurierte und vergrößerte zahlreiche Pariser Orgeln, u. a. in St-Laurent, St-Leu, St-Médard, St-Gervais, St-Étienne-du-Mont und St-Victor und erbaute neue Orgeln für St-Nicolas-des-Champs, St-Merry, St-Sulpice, für die Abtei in Souvigny und die Kathedralen von Sarlat und Poitiers. Zu seinen Schülern gehörte u. a. Simon Miocque, der die Orgeln der Kathedrale von Angoulême baute. Mit Ch. Riepp korrespondierte C. über die im Bau befindlichen Orgeln von Ottobeuren und Salem. C. hat vor allem Flöten- und Zungenregister aller Art vervollkommnet und den Umfang der Instrumente erweitert. Seine Orgeln stellen einen Höhepunkt in der Entwicklung des französischen Orgelbaus dar. Er schrieb auch eine *Théorie pratique de la facture d'orgue* (Ms. aus dem Jahr 1789, Faks.-Ausg. von J. Martinod, Kas 1968).

Lit.: F. RAUGEL, Les grandes orgues de Paris (P 1927); N. DUFOURCQ, Les C. (P 1942); DERS., N. Lebègue (P 1954); F. RAUGEL, Les grandes orgues et les organistes de la basilique de St-Quentin, in: L'Orgue (1967) Nr. 122–123.

CLIMACUS (lat.), Bz. für eine dreitönige Neume (↗Neumen).

CLIMAX (lat., von griech. klimax = Leiter), als musikalisch-rhetorische ↗Figur die ein- oder mehrmalige Wiederholung eines kürzeren Melodieabschnitts jeweils einen Ton höher. Sie bewirkt eine nachdrückliche Hervorhebung des Textes, wenn sie mit einer textlichen Wiederholung und/oder – wie im folgenden Beispiel aus dem Oratorium *Judicium extremum* von G. Carissimi – mit einer rhetorischen C. *(fontes – flumina – aequora)* verbunden ist:

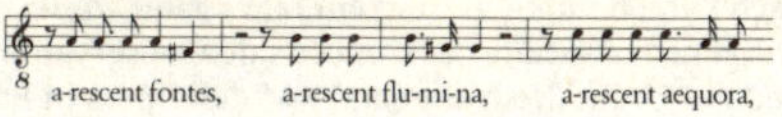

Lit.: ↗Figuren.

CLIVIA, Operette in 3 Akten von Nico Dostal (* 1895), Text von Charles Amberg und F. Maregg. Ort und Zeit der Handlung: die imaginäre südamerikanische Republik Boliguay in der Gegenwart. UA: 23. 12. 1933 in Berlin (Theater am Nollendorfplatz). Verfilmt 1954.

Im Mittelpunkt der turbulenten Handlung steht die Filmdiva Clivia Gray, die einen Gaucho aus Boliguay heiratet, um ihrer Filmgesellschaft die Einreise dorthin zu ermöglichen. Der vermeintliche Gaucho Juan stellt sich als Regierungschef von Boliguay, Olivero, heraus, der erkannt hat, daß der Chef der Filmgesellschaft E. W. Potterton in Wirklichkeit den Sturz der Regierung plant. Da Clivia Gray ihrerseits politisch unverdächtig ist, steht dem obligatorischen Happy-End nichts mehr im Wege. Dostal erzielte mit dieser Operette, seiner ersten überhaupt, den größten und nachhaltigsten Erfolg seiner Laufbahn. Bis dahin nur als Instrumentator und Arrangeur bekannt, verband er in C. sein praktisch-handwerkliches Können mit außergewöhnlichem musikalischem Einfallsreichtum. Dem Milieu der Handlung entsprechend bevorzugte er südamerikanische Rhythmen. Zu den bekanntesten Liedern zählen *Man spricht heut nur noch von Clivia, Sie sind mir so sympathisch* und *Ich bin verliebt.*

S. KUROCK – R. M. SIMON

CLIVIS (lat.), • Bz. für eine zweitönige Neume (↗Neumen), gleichbedeutend mit Flexa.

CLODIUS (Klöde), **Christian,** * 18. 10. 1647 Neustadt in Sachsen, † 1717 ebd. Er studierte 1665–69 in Leipzig, war dann in seiner Heimatstadt Lehrer, seit 1675 Rektor der Stadtschule. C. hat, vermutlich in seiner Leipziger Zeit, wo er Vorsteher einer „Paulinischen Tischgenossenschaft" war, eine hsl. Liedersammlung angelegt, die als *Liederbuch des Studenten Clodius* bekannt wurde. Sie enthält 109 Texte – Liebeslieder, Trinklieder, historisierende Lieder – und 91 Melodien, in denen ältere, kirchentonal gebundene Weisen häufig dem dur-moll-tonalen Empfinden seiner Zeit angepaßt wurden. A. Krieger ist in der Sammlung mehrfach vertreten. Sie ist eine wichtige Quelle für das ältere ↗Studentenlied.

Lit.: W. NIESSEN, Das Liederbuch des Leipziger Studenten C., in: VfMw 7 (1891); E. K. BLÜMML, Zwei Leipziger Liederhss. des 17. Jh., in: Teutonia 10 (L 1910).

CLOS (frz.), ↗ouvert et clos.

CLOSSON, Ernest (Pseud. Paul Antoine), * 10. 12. 1870 St-Josse-ten-Noode bei Brüssel, † 21. 12. 1950 St-Gilles bei Brüssel; belgischer Musikforscher. C. war seit 1896 Assistent am Instrumentenmuseum des Brüsseler Konservatoriums, seit 1924 als Nachfolger V. Mahillons Chefkonservator und lehrte 1912–35 dort auch Musikgeschichte. Seit 1917 war er gleichzeitig noch Professor am Konservatorium in Mons, 1920–40 zudem Musikkritiker der Zeitung *L'Indépendance belge*. C. lehrte als erster in Belgien das Fach Musikgeschichte. Unter seinen zahlreichen und thematisch breit gefächerten musikwissenschaftlichen Arbeiten bilden die Untersuchungen zur belgischen Musik einen Schwerpunkt.

Schriften: *Les concerts populaires de Bruxelles* (Bru 1898); *Les Chansons populaires des provinces belges* (Bru 1905, ³1920); *Les Noëls wallons* (mit A. Doutrepont) (Lüttich 1909), DASS. (mit M. Delbouille) (P – Lüttich ²1938); *Le Manuscrit dit des Basses Dances de la Bibliothèque de Bourgogne* (Bru 1912); *A. M. Grétry* (Turnhout – Brügge 1920); *Esthétique musicale* (Bru 1921); *César Franck* (Charleroi 1923); *L'élément flamand dans Beethoven* (Bru 1928, ²1946); *History of the piano* (Lo ²1974).

Lit.: Mélanges C. Recueil d'articles musicologiques offert à E. C. (Bru 1948) (mit Schriftenverz.); A. VAN DER LINDEN, Le 80ᵉ anniversaire d'E. C., in: RBMie 4 (1950); CH. VAN DEN BORREN, E. C. in memoriam, in: ebd. 5 (1951).

CLOSTRE, Adrienne, 9. 10. 1921 Thomery (Seine-et-Marne); frz. Komponistin. Sie studierte am Pariser Conservatoire Klavier bei Y. Nat, Harmonielehre, Kontrapunkt und Fuge bei J. und N. Gallon, Komposition bei D. Milhaud und J. Rivier sowie musikalische Analyse und Ästhetik bei O. Messiaen. Ihr freitonaler, auf Intervallstrukturen basierender (Vokal-)Stil ist an Messiaen und Mussorgski orientiert.

WW: **1) Instr.-WW:** *Sonate* für 2 Klv., Trp., Schlaginstr. (1951); *Concert pour le souper du Roi Louis II* (1957); *De patribus deserti* (1957); *Symphonie pour cordes* (1949); Konzert für Trp., Streichorch. u. Pauken (1954). – **2) Vokal- u. Bühnen-WW:** *Tre Fioretti di S. Francesco d'Assisi* (1953), Kammerkantate für 6 Sänger u. 10 Instr.; *... Sie waren so schön und herrlich ...* (1966) (nach E. Th. A. Hoffmann), Konzertoper für Alt u. Orch. (P o. J.); *Raïssa ou la Sorcière* (1952) (Libr.: J. Clostre nach Tschechow); *Les Musiciens de Brême* (1957) (Libr.: A. Clostre nach Grimm); *Le Chant du Cygne* (1961) (Libr.: dies. nach Tschechow); *Nietzsche* (1979), musik. Aktion (Libr.: dies. nach Nietzsches Briefwechsel).

CLUER, John, † 1728 London; engl. Musikdrukker und -verleger. Die Firma ist seit 1715 nachweisbar. 1730 heiratete C.s Witwe Elizabeth den Notenstecher Thomas Cobb, der die Firma bis 1736 leitete und dann an seinen Schwager William Dicey verkaufte. Dessen Sohn Cluer Dicey führte sie noch bis 1764 fort. Der Verlag C. ist vor allem dadurch bekannt, daß Händel dort, als er sich zeitweilig von seinem Verleger Walsh getrennt hatte, 1724–30 neun seiner Opern erscheinen ließ: *Tamerlano, Giulio Cesare, Rodelinda, Alexander, Scipio, Admetus, Richard I., Siroe* und *Lotario.*

Lit.: C. HUMPHRIES – W. C. SMITH, Music Publishing in the British Isles (Lo 1954).

CLUSTER (engl., = [Ton-]Traube), ein Komplex mehrerer eng benachbarter Töne (z. B. im Abstand von Sekunden, auch Mikrointervallen). C. werden auf dem Klavier (oder auf der Orgel) je nach Breite mit der flachen Hand oder dem ganzen Unterarm angeschlagen, Mikrointervalle im Orchester bevorzugt von Streichergruppen intoniert. – Der amerikanische Komponist H. Cowell hat als erster den Gebrauch von C.n theoretisch beschrieben und C. auch systematisch in seinen Klavierkompositionen verwendet. Er berief sich auf die Lage der höheren Partialtöne der Obertonreihe und behandelte sie, ähnlich wie Akkorde, als quasi-tonale Einheiten mit „Grundton". Cowell unterschied stationäre und mobile C. sowie verschiedene Grade ihrer Breite (Ausdehnung im Tonhöhenraum). – Bereits mit der „Gruppenkomposition" in der späten Phase der seriellen Musik einsetzend, wurde C.-Komposition eine wesentliche Grundlage der postseriellen Musik. Neben der Breite wird vor allem die innere Dichte und ihre Variationsmöglichkeit als entscheidendes Element der Komposition genutzt (G. Ligeti, *Atmosphères* für Orchester, 1961, und *Volumina* für Orgel, 1962, revidiert 1966).

Lit.: H. COWELL, New Musical Resources (1919) (NY 1930, NA NY 1969); M. KAGEL, Ton-C., Anschläge, Übergänge, in: die Reihe 5 (W 1959); P. BOULEZ, Musikdenken heute, I (Mz 1963) (= Darmstädter Beitr. zur Neuen Musik 5); J. TENNEY, Meta(t) Hodos (New Orleans 1964); G. LIGETI, Die Orgel sprengt die Tradition, in: Melos 33 (1966); U. DIBELIUS, Moderne Musik 1945–1965 (Mn 1966); R. STEPHAN, G. Ligeti: Konzert für Vc. u. Orch. Anm. zur C.-Komp., in: Die Musik der sechziger Jahre (Mz 1972) (= Veröff. des Inst. für Neue Musik u. Musikerziehung Darmstadt 12); H. OESCH, H. Cowell. Pionier u. Außenseiter der Neuen Musik, in: Melos 40 (1973); H. COWELL, Mein Weg zu den Clusters, in: ebd.

H. WEBER

CLUYTENS, André, * 26.3.1905 Antwerpen, † 5.6.1967 Neuilly-sur-Seine; belgischer Dirigent. C., der einer bekannten Musikerfamilie entstammte, wurde am Konservatorium in Antwerpen vor allem im Klavierspiel ausgebildet, wandte sich dann aber ganz dem Dirigieren zu. 1927 wurde er Kapellmeister am Théâtre Royal in Antwerpen, 1932 Dirigent und musikalischer Leiter an der Oper in Lyon, 1938 in Bordeaux, debütierte in dieser Zeit auch als Konzertdirigent und wurde 1942 erneut nach Lyon berufen. Bereits ein Jahr später wurde er Dirigent der Société des Concerts du Conservatoire und des Orchestre National, 1944 der Opéra in Paris. 1947 übernahm er dort für einige Jahre die Leitung der Opéra-Comique und konzertierte jetzt zunehmend als Opern- und Konzertdirigent, vor allem auch in Deutschland. C., der sich inzwischen als einer der bedeutendsten Wagner-Dirigenten in den romanischen Ländern profiliert hatte, dirigierte seit 1955 wiederholt auch in Bayreuth. Seit 1960 war er Leiter des Orchestre National in Brüssel.

Lit.: B. GAVOTY – R. HAUERT, A. C. (G 1956, dt. F 1956).

COBLA (katalan., = Paar, von lat. copula). **1)** Bz. für die lyrische Strophe in der provençalischen Dichtung. Ihren vollkommensten Ausdruck in Inhalt und Form gewann die C. bei den Troubadours des 11.–13. Jahrhunderts. Nach der Reimordnung der Strophen unterscheidet man: *C.s unisonans* mit gleichem Metrum (compas), aber jeweils eigenen Reimen (singulars) der einzelnen Strophen, *C.s doblas* mit identischen Reimen für je zwei Strophen, *C.s ternas* mit Folgen von drei (bei Raimbaut d'Orange) und *C.s quaternas* von vier (bei Bertran de Born) Strophen mit gleichem Reimschema. Außerdem gibt es monometrische und polymetrische C.s, bei denen jeweils an der gleichen Stelle der Strophe gleiche Reime wiederkehren. Ebenso können Refrains an der gleichen Stelle jeder Strophe vorkommen. *C.s capfinidas* wiederholen das letzte Wort einer Strophe in der Anfangszeile der nächsten, *C.s retrogradas* bringen die Besonderheiten der Anfangsstrophe in der folgenden in umgekehrter Ordnung und *C.s capcaudadas* nehmen, im Wechsel der Strophen, jeweils in der ersten Verszeile den Reim der letzten Zeile aus der vorangegangenen Strophe wieder auf. Die *Tornada* ist eine verkürzte C., eine Art Schluß- oder Geleitstrophe (↗Envoi) zu Ehren einer Dame oder eines Gönners, die sich im metrischen Bau, im Reimschema und in der melodischen Gliederung an die vorangehende Strophe anschließt. Im ↗ Jeu-parti, einem musikalischen Streitgespräch zweier Dichter-Sänger über Probleme der Liebe, wird die Tornada verdoppelt und bringt die Entscheidung des „Streits". – **2)** Ein volkstümliches Instrumentalensemble in Katalonien, das die Musik für die ↗Sardana ausführt. Die Besetzung geht zurück auf die Bläser-Alta des 15. Jh., die aus Schalmei, Bomhart und Posaune bestand. Nach J. Tinctoris *(De inventione et usu musicae* III, Kap. 8), ist Alta der allgemein übliche Name für eine aus Tibia (Diskant-Schalmei), Tibia tenor (Tenor-Schalmei) und Tuba (Posaune) bestehende Kapelle. Alta ist Abkürzung für die in Italien als „alta musica", im Gegensatz zur „Musica bassa", bekannte Instrumentalbesetzung. Sie entspricht der Unterscheidung zwischen „musique haute et basse" in Burgund und Frankreich, „alto y bajo" in Spanien und der Gegenüberstellung von „starker" Bläser- und „stiller" Streicherbesetzung in Deutschland. Als Belege für die Bläser-Alta gelten zahlreiche zeitgenössische Abbildungen aus Burgund, Italien und Deutschland, ferner ein dreistimmiger Instrumentalsatz mit dem Titel *Alta* von Fr. de la Torre, der im *Cancionero Musical de Palacio* überliefert ist. Abweichend von anderen Tänzen aus der Zeit liegt die Hauptstimme nicht im Diskant, sondern im Tenor, dessen Cantus firmus identisch ist mit der Tanzmelodie *Re di Spagna* (zitiert von dem italienischen Tanztheoretiker Antonio Cornazano) und mit der Basse danse *Le petit roysin* (Hs. Brüssel 9085). – In der Grafschaft Roussillon, die seit 1659 zu Frankreich gehört, bestand die C. aus vier Spielern mit fünf Instrumenten: Fluviol mit Tamburin (Einhandflöte mit Trommel), Tiple (Diskantschalmei), Tenora (Tenorschalmei) und Gaita (oder Caramillo, Sackpfeife). Dieses Ensemble wurde um 1840 von J. Ventura, der die Sardana auf ein anspruchsvolleres künstlerisches Niveau hob, auf elf Spieler mit Instrumenten erweitert: Fluviol mit Tamburin, 2 Tiples in F, 2 Tenoras in B, 2 B-Cornette, 2 Tenorhörner, eine Posaune und ein Kontrabaß. Einhandflöte und Trommel wurden von jeher von einem Spieler gespielt. Die Kombination von mittelalterlichen und modernen Typen läßt noch die Herkunft von der alten C. erkennen. – Angeregt durch den Instrumentenbauer Antoine Toron in Perpignan, bildete sich Ventura zum virtuosen Tenora-Spieler aus („Pep de la tenora"). Wie in der alten Bläser-Alta bildet in der Sardana die Tenorschalmei die Hauptstimme. Ähnlich dem Stehgeiger im gleichzeitigen Wiener Walzer galt der Tenoraspieler der Sardana als der wichtigste Musiker des C.-Ensembles. Der durchdringende, spitze Klang der C. ist für Aufführungen im Freien, wo die Sardana meist gespielt und getanzt wird, besonders geeignet. Komponisten, die für C. geschrieben haben, waren außer Ventura u. a.: E. Morera, J. Garreta, J. Serra, P. Casals, Fr. Pujol, J. Manén, A. Catalá, E. Toldrà und J. Serra.

Lit.: **Zu 1):** Las flors del Gai Saber, hrsg. v. GATIEN-ARNOULT, in: Monuments de la littérature romane, 3 Bde. (Toulouse 1841–43); DASS., hrsg. v. J. ANGLADE (Ba 1926); G. BATTEZZATI, El Breviari d'amor di Matfre Ermengau, in: Studi critici (Tn 1906); H. MORF, Vom Ursprung der provenzalischen Schriftsprache (B 1912); Las Leys d'Amors, hrsg. v. J. ANGLADE, 4 Bde. (Toulouse – P 1919–20); E. FARAL, Les arts poétiques du XIIe et du XIIIe. siècle ... (P 1923); I. FRANK – E. BRAYER, Répertoire métrique de la poésie des troubadours, 2 Bde. (P 1953–57). – **Zu 2):** A. CAPMANY, La dansa a Catalunya (Ba 1930) H. ANGLÈS, La música en la corte de los Reyes católicos I (Ma 1941) (= Monumentos de la Música Española I); A. CAPMANY, La Sardana a Catalunya (Ba 1948); H. BESSELER, Catalanische C. u. Alta-Tanzkapelle, in: Kgr.-Ber. Basel 1949 (Kas 1951); DERS., Die Entstehung der Posaune, in: AMl 22 (1950); A. BAINES, Shawms of the Sardana C., in: GalpinJ 5 (1952); J. SERRA, Tractat d'instrumentació per a c. (Ba 1957).

L. HÜBSCH

COCCHI, Claudio, OFM, * Genua; it. Komponist. Trat 1626 in den Dienst des Kardinals Franz Dietrichstein in Olmütz (Mähren). 1627 wurde er Kapellmeister am Dom in Triest, 1632, nach Aufenthalten in S. Severino (Marche), Avignon und Assisi, Kapellmeister an S. Francesco in Mailand. Im Druck erschienen von ihm *Armonici concentus* für 5 St. und B.c. (V 1626), 3 *Messe concertate* für 5 St. und B.c. (V 1627) und *Ghirlanda sacra de salmi concertati* für 4 St. und B.c. (Mi 1632).

COCCHI, Gioacchino, * um 1715 Neapel oder Padua, † 1804 Venedig; it. Komponist. C. erhielt seine Musikausbildung vermutlich in Neapel. 1743 wurde in Rom seine erste Oper, *Adelaide,* aufgeführt. Etwa 35 weitere Opern entstanden in den nächsten 15 Jahren, u. a. für Neapel, Rom und Venedig. Besonders erfolgreich war er mit *La Maestra* (später unter dem Titel *La scaltra governatrice*), die 1747 in Neapel uraufgeführt wurde und ihn auch über Italien hinaus als Meister der Opera buffa bekanntmachte. Er arbeitete auch mit dem Dichter Carlo Goldoni zusammen. 1750–57 war C. Kapellmeister am Ospedale degli Incurabili in Venedig. 1757 ging er nach London, wo er als Komponist für das King's Theatre zahlreiche Opern schrieb. Er debütierte dort 1757 mit dem Pasticcio *Demetrio, re di Siria,* das ein großer Erfolg wurde. 1762 wurde J. Chr. Bach sein Nachfolger. C. lebte aber weiter als Komponist, Dirigent und Gesanglehrer in London und leitete u. a. 2 Jahre lang auch die Abonnementskonzerte von Mrs. Cornelys in Carlisle House. Er veröffentlichte in dieser Zeit auch Instrumentalmusik und mehrere Sammlungen mit Vokalmusik. 1773 kehrte er nach Italien zurück und übernahm wieder das Kapellmeisteramt in Venedig.

WW: **1) Opern:** *Merope,* UA: Neapel 1748; *Semiramide,* UA: Venedig 1753; *La scaltra governatrice,* UA: Paris 1753; *Li matti per amore,* UA: Venedig 1754; *Tito Manlio,* UA: London 1761; *La famiglia in scompiglio,* UA: ebd. 1762; *Issipile.* Von diesen WW erschienen – meist in London – Auswahldrucke der Arien; zahlreiche Arien auch aus anderen Opern und aus Pasticci wurden ebenfalls gedruckt bzw. sind hsl. erhalten. – **2) Vokal-WW:** *Songs and duets* mit B.c., auch für Instr. (Lo 1763); *Duets* mit Cemb. (Lo o.J.); *Divertimenti per musica vocale ed istrumentale* für

1–2 St. mit u. ohne Begleitung (Lo 1759); *Nuova collezione per musica vocale* (Kanons, Catches, Terzette u.a.) (Lo o.J.); *Italian glees* für 2 od. 3 St. *after the manner of the Catch Club* (Lo o.J.). – Einzelne kirchenmusikal. WW sind hsl. erhalten. – **3) Instr.-WW:** *Ouvertures* für 2 V., Vc. u. Cemb. (Lo o.J.); Duette für 2 Vc. (Lo o.J.); 2 Bücher Menuette für versch. Instr. (Lo 1763).

COCCIA, Carlo, * 14. 4. 1782 Neapel, † 13. 4. 1873 Novara; it. Komponist. C. war Schüler von F. Fenaroli am Konservatorium in Neapel und von G. Paisiello (Komposition), auf dessen Empfehlung er beim König von Neapel, Joseph Bonaparte, eine Stelle als Akkompagnist erhielt. Bis 1819 schrieb C. 22 Opern, die an allen bedeutenden Theatern Italiens aufgeführt wurden, darunter allein 6 an der Scala in Mailand. 1820 ging er nach Lissabon, wo 4 Opern und eine Kantate für das Teatro San Carlos entstanden, dann nach London als Dirigent an das King's Theatre. Gleichzeitig lehrte er Komposition und Gesang an der Royal Academy of Music. 1828 kehrte er nach Italien zurück, hielt sich danach noch einmal in England auf, ehe er 1840 als Nachfolger S. Mercadantes Kapellmeister an der Basilika S. Gaudenzio in Novara wurde. Zugleich war er Inspektor für Gesang an der Accademia filarmonica in Turin. Seit dieser Zeit schrieb C. fast ausschließlich kirchenmusikalische Werke.

WW: Geistliche WW, u.a. 25 Messen, 19 Orgelvespern u.a. WW für den liturgischen Gebrauch; 37 Opern (1807–41), darunter: *Carlotta e Verter,* UA: Venedig 1814; *Clotilde,* UA: ebd. 1815; *Donna Caritea,* UA: Genua 1817; *Maria Stuarda,* UA: London 1827; *Caterina di Guisa,* UA: Mailand 1833; *La Figlia dell'arciere,* UA: Neapel 1834; *La Solitaria delle Asturie,* UA: Mailand 1838.

Lit.: G. GAROTTI, Biografia di C. C. (Tn 1873); D. RIGOTTI, Operista fortunato, in: La Scala 13 (1961).

COCHEREAU, Pierre, * 9. 7. 1924 Saint-Mandé, † 6. 3. 1984 Lyon; frz. Organist. C. studierte am Pariser Conservatoire Orgel und Komposition. 1942–54 war er Organist an St-Roch, seit 1955 wirkte er an Notre-Dame in Paris, leitete seit 1962 gleichzeitig das Konservatorium in Nizza und gehörte seit 1966 auch dem Conseil Supérieur de la Musique an. C. genoß als Virtuose und Improvisator internationalen Ruf. Als Komponist ist er u. a. mit einer Symphonie, 2 Orgelkonzerten, 2 Trios für Holzbläser, einem Klavierquintett und Klavierstücken hervorgetreten.

COCHLAEUS (eig. Dobeneck), **Johannes,** * 10. 1. 1479 Wendelstein bei Nürnberg, † 10. 1. 1552 Breslau; dt. Theologe und Musiktheoretiker. C. studierte seit 1504 an der Universität Köln Philologie und Philosophie, wurde dort 1505 Baccalaureus, 1507 Magister und 1509 Professor der Artistenfakultät. Zu seinen Hörern gehörten auch Glarean und Bernhard Bogentantz, in deren Musiklehren sein Einfluß spürbar ist. Seit 1510 war C. Rektor der Lateinschule in Nürnberg. 1515 ging er nach Italien, studierte in Bologna Jura, erwarb 1517 in Ferrara den theologischen Doktorgrad und wurde danach in Rom zum Priester geweiht. 1519 nach Deutschland zurückgekehrt, bekleidete er kirchliche Ämter zunächst in Frankfurt am Main, Mainz und Dresden, war seit 1528 Hofkaplan in Meißen, schließlich seit 1539 Domherr in Breslau. Entschiedener Gegner der Reformation seit 1520, trat er auf den Reichstagen zu Worms 1521 und Augsburg 1530 gegen Luther und Melanchthon auf und war 1540–41 auch an den Religionsgesprächen von Hagenau, Worms und Regensburg beteiligt, ebenso am 2. Regensburger Religionsgespräch 1546.

Musiktheoretische Schriften: *Compendium in praxim atque exercitium cantus figurabilis* (o.O., o.J.); anonym: *Musica* (Nü um 1500), andere Aufl. o.O., o.J.), mit Angabe der Autorschaft: *Musica. Decastichon.... in musicam exhortatorium* (Kö 1507); *Tetrachordum musices* (Nü 1511, weiter Aufl. Nü 1512, 1514, 1516, 1517, 1520, 1526) (die beiden letzten Aufl. enthalten auch einige 4st. Hymnen, die wahrsch. ebenfalls v. C. stammen); *Speculum devotionis antiquae circa missam et omnem alium cultum Dei* (Mz 1549) (liturgiegeschichtlich, aber aufschlußreich für die Musikanschauung des C.).

C. hat ein reiches Œuvre an theologischen, pädagogischen und historischen Schriften hinterlassen und wirkte auch als Herausgeber und Kommentator mittelalterlicher Autoren (u. a. Isidors v. Sevilla). Große Bedeutung für die Musiklehre der 1. Hälfte des 16. Jh. erlangte er durch seinen Musiktraktat, der in zwei Fassungen erschienen ist, zunächst als *Musica* für das Studium an der Universität und dann als *Tetrachordum musicae* für den Unterricht an der Lateinschule. Dieses Werk gehört zu den am meisten benutzten musikalischen Elementarlehren seiner Zeit. In seiner Grundhaltung vereinigt es scholastische Denkweise mit humanistischer Musikauffassung.

Ausg.: Anonyme Fassung des Traktats *Musica* (o.O., o.J.), hrsg. v. H. RIEMANN als: Anon. introductorium musicae, in: MfM 29 (1897) u. 30 (1898); *Tetrachordum musices,* hrsg. v. C. A. MILER (R 1971) (= MSD 23); dass., Nachdr. der Ausg. Nürnberg 1512 (Hil–NY 1971).

Lit.: O. CLEMEN, Zur Biogr. des J. C., in: Neues Archiv für sächsische Gesch. 24 (1903); G. SCHÜNEMANN, Gesch. der dt. Schulmusik, I (L 1928, ²1931); G. PIETZSCH, Zur Pflege der Musik an den dt. Univ., in: AfMf 3 (1938), 5 (1940), 6 (1941); H. HÜSCHEN, Der Musiktraktat des B. Bogentantz (Diss. Kö 1943); W. KAHL, Die Musik an der alten Kölner Univ. (Kö–Krefeld 1953) (= Beitr. zur rheinischen Musikgesch. 3); W. GURLITT, Die Kompositionslehre des dt. 16. u. 17. Jh., in: Kgr.-Ber. Bamberg 1953 (Kas 1954); L. SCHRADE, J. C. Musiktheoretiker in Köln, in: Stud. zur Musikgesch. des Rheinlandes. FS L. Schiedermair (Kö 1956) (= Beitr. zur rheinischen Musikgesch. 20); K. W. NIEMÖLLER, N. Wollick u. sein Musiktraktat

(Kö 1956) (= ebd. 13); DERS., Unters. zu Musikpflege u. Musikunterricht an den dt. Lateinschulen vom ausgehenden MA bis um 1600 (.Rb 1969) (= Kölner Beitr. zur Musikforsch. 54).

COCLICO, Adrianus Petit, * 1499 oder 1500 in Flandern, † nach September 1562 Kopenhagen; franko-flämischer Komponist und Musiktheoretiker. Nach eigenen, aber nicht anderweitig zu belegenden Aussagen stand C. im Dienste der Könige von Frankreich und England, war Kapellmeister und Beichtvater des Papstes und Schüler Josquins des Prés. Er ist zuerst in Wittenberg nachweisbar, wo er sich im September 1545 an der Universität immatrikulierte. 1546 bewarb er sich ohne Erfolg um eine Musikprofessur bei Kurfürst Johann Friedrich von Sachsen, ging dann über Frankfurt an der Oder 1547 nach Stettin und wurde im September desselben Jahres in Königsberg Mitglied der Kapelle Herzog Albrechts von Preußen. 1550 ließ er sich in Nürnberg nieder und gründete dort mit finanzieller Unterstützung des Stadtrates eine private Schule für den Unterricht in Musik, Französisch und Italienisch. Die Subvention wurde jedoch bereits ein halbes Jahr später wieder gestrichen. 1552 veröffentlichte er bei Montanus und Neuber eine Motettensammlung, *Consolationes piae ex psalmis Davidicis* und den Traktat *Compendium musices.* 1555 ist er in Wismar am Hofe Johann Albrechts I. von Mecklenburg nachweisbar, 1556 als Mitglied der Hofkapelle König Christians III. von Dänemark in Kopenhagen, für die er mehrere Motetten schrieb. C., dessen unsteter Lebensweg zutiefst auch in die Glaubenskonflikte des frühen Protestantismus verstrickt war, verdient sowohl als Komponist wie auch als Theoretiker Beachtung. In der Motettensammlung von 1552, die Werke von eigentümlicher Ausdrucksstärke enthält, erscheint zum ersten Mal der in der musikwissenschaftlichen Forschung vieldiskutierte Begriff der ↗Musica reservata (nur im Titel von 2 Stimmbüchern). C.s *Compendium musices* ist eine wichtige Quelle für die Auffassung und die Lehre von der ↗Musica poetica.

Ausg.: *Musica reservata,* hrsg. v. M. RUHNKE (Lippstadt 1958) (= EDM 42); *Compendium musices,* Faks.-Ausg. v. M. BUKOFZER (Kas 1954) (= DMl 9), engl. Übers. v. A. SEAY (Colorado Springs 1973).

Lit.: O. KADE, A. P. C., in: MfM 29 (1897); M. VAN CREVEL, A. P. C. Leben u. Beziehungen eines nach Deutschland emigrierten Josquin-Schülers (Den Haag 1940); DERS., Verwante Sequensmodulaties bij Obrecht, Josquin en C., in: TVer 16 (1946); E. R. SHOLUND, The Compendium musices by A. P. C., 2 Bde. (1952) (= Diss. Harvard Univ.); B. MEIER, The Musica Reservata of A. P. C. and its Relationship to Josquin, in: MD 10 (1956); DERS., Reservata-Probleme, in: AMl 30 (1958); H. ERDMANN, Zu A. P. C.s Aufenthalt in Mecklenburg, in: Mf 19 (1966).

COCTEAU, Jean, * 5.7.1889 Maisons-Laffitte (Seine-et-Oise), † 11.10.1963 Milly-la-Forêt (Seine-et-Marne); frz. Schriftsteller. C., durch ein äußerst vielseitiges Schaffen bekanntgeworden, hat auch der zeitgenössischen Musikentwicklung wichtige Impulse gegeben. Anfänglich ein Bewunderer und Freund Debussys, wandte er sich unter dem Einfluß E. Saties und – wie er selbst in seinem Roman *Le Potomak* (1919) bekundet – unter dem Eindruck von Strawinskys *Sacre du printemps* einer neuen avantgardistischen Musikauffassung zu, die Einfachheit und Klarheit forderte, romantischen Überschwang und impressionistisches Raffinement ablehnte und sich insbesondere gegen Wagner, Debussy und Ravel richtete. Er wurde Wortführer und treibende Kraft der ebenfalls von Satie beeinflußten ↗Groupe des Six. Mit dem Musiker Jean Wiener gründete er 1918 in Paris das Nachtlokal „Le Bœuf sur le toit“, das Treffpunkt junger avantgardistischer Musiker wurde. Seine Musikanschauung ist vor allem in *Le Coq et l'Arlequin* (P 1918) dargelegt, das eine Art Manifest der Groupe des Six darstellt. In Zusammenarbeit mit Satie und der Groupe des Six entstanden auch mehrere Bühnenwerke: *Parade* (Musik von Satie, Bühnenbild von Picasso, 1919), *Cocardes* (Fr. Poulenc, 1919), *Le Bœuf sur le toit* (D. Milhaud, Bühnenbild von R. Dufy, 1920), *Les Mariés de la Tour Eiffel* (G. Auric, 1921), *Les Biches* (Poulenc, 1924), *Les Fâcheux* (Auric und L. Laloy, 1924), *Le Pauvre Matelot* (Milhaud, 1926), *Antigone* (A. Honegger, 1927), *Oedipus Rex* (I. Strawinsky, 1927) und *La Voix Humaine* (Poulenc, 1958). Auch viele seiner Gedichte wurden vertont, u. a. von Poulenc der Zyklus *Cocardes* (1920).

Lit.: H. GUTMANN, C., von Deutschland aus gesehen, in: Melos 9 (1930); D. MILHAUD, Notes sur la musique (P 1949); P. MEYLAN, Les écrivains et la musique (Lau 1952); Table Ronde (1955) Nr. 94 (= C.-Sonder-H.); W.-U. RINGGER, J. C. u. die Musik, in: Musica 15 (1961); U. WEISSTEIN, C., Strawinsky, Brecht and the Birth of Epic Opera, in: Modern Drama 5 (1962); Melos 31 (1964) H. 2 (= C.-Sonder-H.); P. COLLAER, „Le Coq et l'Arlequin“ di J. C., in: L'approdo musicale 19/20 (1965); W. FOWLIE, J. C., the History of a Poet's Age (Lo 1966); R. LANNES, J. C., in: Poètes d'aujourd'hui (P 1969).

CODA (it., = Schwanz), eine Kategorie der Formenlehre. Seit dem 18. Jh. Bz. für den Schlußteil großer Formen der Instrumentalmusik. Das Ende eines Tonstücks wurde seit jeher deutlich ausgeschrieben. Man machte es sinnfällig, indem man seine letzten Perioden wiederholte und durch Anhänge erweiterte. Darüber geht die große ↗Sonatensatzform hinaus. Sie verlangt nach einem besonderen, von der ↗Reprise abgesetzten Schluß. Würde hier nämlich, wie das in kleinen Belegen der

Form üblich ist, das Ende des Satzes nur die Schlußgruppe der ↗Exposition bekräftigen, so stünde der Abschluß unter dem Organisationsniveau des Ganzen. Haydn, Mozart und Beethoven unterschieden deshalb, mit Rücksicht auf die Einheitlichkeit des Ganzen, das Ende des ganzen Satzes von dem der Exposition. Sie ließen die Form nicht mit dem Schluß der Reprise enden, sondern fügten diesem einen weiteren, aufs Ganze berechneten Schlußteil an: die Coda. In dem Maße, in dem sie die übrigen Formen der Instrumentalmusik, vor allem das Rondo und die Variation, dem Organisationsgrad der Sonatensatzform annäherten, erweiterten sie auch ihre Schlüsse zu Coden.
Die C. der Sonatensatzform tritt oft auf einer entlegenen Tonart ein, in der Klaviersonate C-Dur op. 53 von Beethoven beispielsweise auf Des-Dur. Auf dem Rückweg in die Haupttonart beschäftigt sich die C., vor allem in Streichquartetten und Symphonien, mit thematischer Arbeit; viele Coden beginnen, als wären sie eine zweite ↗Durchführung. In Klaviersonaten hat die C. gelegentlich den Charakter einer Konzertkadenz. Beethoven steigerte in Coden, die eine ganze Sonate beenden, bisweilen das Tempo, so im Rondo der oben genannten Sonate. Im 19. Jh. finden sich Coden auch am Ende von Charakterstücken, von Scherzi und Tanzfolgen. Seit Beethoven ist die Sonatensatzform teleologisch, auf das Ende hin, ausgerichtet. Die C. bezeichnet hier den Fluchtpunkt der musikalischen Prozesse und Entwicklungen. Meist endet sie im Fortissimo, gelegentlich im Pianissimo. Sie ist der Ort strahlender Apotheosen (Fr. Schubert, 7. Symphonie), mystisch getönter Versenkungen (H. Berlioz, *Symphonie fantastique*), feierlicher Erhebungen ins „Sakrale" (A. Bruckner) und katastrophaler Brüche (G. Mahler, 6. Symphonie).

Lit.: ↗Sonatensatzform. W. SEIDEL

CODECHARLE ↗Godecharles.

COELHO, Manuel, ↗Rodrigues Coelho.

COELHO, Ruy, * 3. 3. 1891 Alcácer do Sol bei Lissabon, † 5. 5. 1986 Lissabon; port. Komponist. C. studierte in Lissabon, dann in Berlin bei E. Humperdinck, M. Bruch und A. Schönberg und in Paris bei P. Vidal. Seine Oper *Belkiss* wurde 1924 beim Internationalen Kompositionswettbewerb in Madrid ausgezeichnet. Seit 1942 gehörte er dem Gabinete de Estudos Musicais da Emissora Nacional an, für das er viele Werke geschrieben hat.

WW: 1 Klv.-Trio; 1 Streichquartett; 2 Sonaten für V. u. Klv:; ferner Klv.-Musik u. Lieder. – Für Orch.: *5 Sinfonias Camoeanas;* Symphonie in E; Petite Symphonie; 6 symphonische Dichtungen mit nationaler Thematik. – Opern: *Crisfal* (Libr.: A. L. Vieira); *Rosas de todo o ano* (Libr.: J. Dantas); *Belkiss* (Libr.: E. de Castro); *Soror Mariana* (Libr.: J. Dantas); *O rouxinal cativo* (Libr.: C. Selvagem); *Tá-mor* (Libr.: A. Cortes); *Inês Pereira* (Libr.: G. Vicente); *Orfeu em Lisboa* (Libr.: R. Coelho); *A bela dama sem pecado* (Libr.: Ch. Oulmont). – Ballette: *A princesa dos sapatos de ferro; Bailado do encantamento; A feira; Reinha santa; Alfama; Bailado da Ribeira e D. Sabastião.*

C.s Musik ist in der Volksmusik seiner Heimat verwurzelt, die er auf vielfältige Weise integrierte. Den Kompositionstechniken der Neuen Musik stand er eklektizistisch gegenüber. Er gilt als Schöpfer der modernen portugiesischen Nationaloper.

CŒUROY, André (eig. Jean Belime), * 24. 2. 1891 Dijon; frz. Musikschriftsteller und Musikkritiker. C. war bis 1907 Schüler am Conservatoire in Dijon und ergänzte seine Ausbildung während einer Deutschlandreise 1910 durch Kontrapunktunterricht bei Max Reger in Leipzig. 1912–13 studierte er neuere Philologie an der Universität München, erwarb 1914 die Lehrbefähigung für deutsche Sprache an der École Normale Supérieure in Paris und wurde 1919 Professor für dieses Fach. Mit H. Prunières gründete er 1920 die *Revue Musicale* und blieb bis 1937 deren Schriftleiter. Außerdem war er Musikkritiker verschiedener Zeitungen und Mitarbeiter in- und ausländischer Musikzeitschriften, 1929–39 auch Generalsekretär des Internationalen Instituts für geistige Zusammenarbeit beim Völkerbund und leitete dort die Musikabteilung. Vortragsreisen führten ihn 1930–31 in die USA. Er gab die Sammlungen *La musique moderne* (6 Bde., P 1925–29) und *Les Maîtres de la musique ancienne et moderne* (12 Bde., P 1928–35) heraus und besorgte eine französische Fassung des *Freischütz* (1926). Als einer der ersten europäischen Autoren setzte er sich für den Jazz ein.

Schriften (alle in Paris erschienen): *La musique française moderne* (1921); *La Walkyrie* (1922); *La Tosca* (1923); *Weber* (1924); *Le Jazz* (1925) (mit A. Schaeffner); *Appels d'Orphée, nouveaux essais de musique et littérature comparée* (1926); *Panorame de la musique contemporaine* (1928); *Histoire de la musique par le disque* (1930) (mit R. Jardillier); *Petite Histoire des Concerts Colonne* (1931); *La musique et le peuple* (1942); *Histoire générale du Jazz* (1943); *Les Lieder de Schubert* (1948); *R. Schumann* (1949); *La musique et ses formes* (1950); *Chopin* (1951); *Wagner et l'esprit romantique. Wagner et la France. Le Wagnérisme littéraire* (1965) (= Idées 86).

COHAN, George M. [= Michael], * 4. 7. 1878 Providence (Rhode Island), † 5. 11. 1942 New York; amerik. Komponist, Textdichter, Librettist, Regisseur, Schauspieler und Sänger. Er stand bereits als Kind auf der Bühne der Vaudeville-Truppe seiner Familie. 1904 wurde sein drittes Broadway-

Musical, *Little Johnny Jones,* zwei Jahre später *Forty-Five Minutes from Broadway* ein großer Erfolg. Mit C. begann die eigentliche amerikanische Entwicklungslinie des Musicals. Dies spiegelt sich nicht zuletzt in den Titeln seiner erfolgreichsten Songs, *Give my Regards to Broadway* und *The Yankee Doodle Boy.* Im Mittelpunkt seiner Musicals, die sich durch Rasanz und atemraubendes Tempo auszeichnen und damit ganz auf ihn selbst zugeschnitten waren, steht ein naiver, sentimentaler Patriotismus, mit dem sich C. zunächst gegen die Vorherrschaft europäischer Operetten durchsetzte. 1919 zog er sich aus dem Show-Business zurück; 1934 feierte er als Charakterdarsteller in O'Neills *Ah, Wilderness* ein erfolgreiches Comeback. Aus über 30 seiner Songs entstand 1968 das Musical *George M!* C. gilt bis heute als das vielseitigste Theatertalent der USA.

Lit.: G. M. COHAN, Twenty Years on Broadway (NY 1925); W. MOREHOUSE, G. M. C. The Prince of the American Theatre (Philadelphia 1943); J. MCCABE, G. M. C. The Man who owned Broadway (NY 1973).

COHEN, Karl Hubert, * 18. 10. 1851 Laurensberg bei Aachen, † 11. 11. 1938 Köln; dt. Komponist. C. studierte in Bonn Theologie und wurde 1875 zum Priester geweiht. 1876–81 war er Stiftsvikar in Regensburg und Lehrer an der dortigen Kirchenmusik-Schule, seit 1881 Domkapellmeister in Bamberg, seit 1887 in Köln, hier seit 1888 auch Präses des Cäcilienvereins der Erzdiözese. C. war einer der tatkräftigsten Förderer des ↗Cäcilianismus. Er schrieb auch mehrere Aufsätze zur Pflege des Gregorianischen Gesangs. Seine Kompositionen sind im Palestrina-Stil gehalten.

COLART LI BOUTEILLER, Trouvère des 13. Jahrhunderts. C. gehörte dem berühmten Puy von Arras an. Für sein Ansehen spricht auch, daß er in einigen Jeux partis (↗Jeu parti) anderer Trouvères als Person auftritt. Robert de le Pierre schlägt ihn in einem Jeu parti als Schiedsrichter vor. C. stand u. a. mit Guillaume le Vinier, Jehan Bretel und Jean de Neuville in Verbindung. Von ihm sind 13 Stücke mit Melodien überliefert, darunter 2 Jeux partis.

Lit.: H. PETERSEN DYGVE, Chansons françaises du XIIIe siècle, in: Neuphilologische Mitt. 30 (1929).

COLASCIONE, Calascione, (it.; frz.: colachon; span.: colachón), Langhalslaute orientalischen Ursprungs (↗Tanbūr). Der C. hat ein relativ kleines, birnenförmiges, aus Holzspänen gefertigtes Korpus (mit einer Länge von 42–54 cm und einer Breite von 28–34 cm) und einen ungewöhnlich langen Hals (über 100 cm). Der Wirbelkasten am Ende des Halses ist mit einem geschnitzten Kopf oder einer Schnecke verziert. Von dem unterhalb des Schalloches mit einer Rossette befestigten Querriegel sind 2–6 Saiten über den Hals gezogen, der mit 16–24 Darmbünden ausgestattet ist. Anzahl und Stimmung der Saiten wechselte. Es gab C. mit 2 oder 3 Saiten (Stimmung: E, A, d) und mit 5–6 Saiten, die wie eine Baßlaute gestimmt wurden (D, G, c, f, a, d'). Die Saiten konnten mit oder ohne Plektrum angerissen werden. Im 17. Jh. war der C. weit verbreitet, vor allem in Süditalien, aber auch in Süd- und Norddeutschland. In der zweiten Hälfte des 18. Jh. machten die Brüder Colla aus Brescia und Giacomo Merchi aus Paris den C. mit ihrem virtuosen Spiel sehr bekannt. Nach J. Mattheson (1713) wurde er in Norddeutschland als Generalbaßinstrument in der Kammermusik verwendet. Einige Instrumente sind erhalten, u. a. von G. A. Brescianello, Colla und Merchi. Das älteste, 1564 datierte Instrument befindet sich in Brüssel. Erhalten ist auch eine C.-Tabulatur (um 1730).

Lit.: M. MERSENNE, Harmonie universelle (P 1636), Faks.-Ausg. v. F. Lesure, III (P 1963); G. KINSKY, Kat. des Musikhist. Mueums v. W. Heyer, II (Kö 1912); J. WOLF, Hdb. der Notationskunde, II (L 1919); K. GEIRINGER, Der Instrumentenname „Quinterne" u. die ma. Bz. der Gitarre, Mandola u. der C., in: AfMw 6 (1924); R. LÜCK, Ein Beitr. zur Gesch. des C. u. seiner südd t. Tondenkmäler im 18. Jh. (Diss. Erl 1954); DERS., Zur Gesch. der Baßlauteninstr. C. u. Calichon, in: DJbMw 5 (1961).

COLASSIS, Byron, * 20. 3. 1921 Konstantinopel; griech. Violinist und Dirigent. Er studierte bis 1937 am Nationalkonservatorium in Athen. 1943 übernahm er die Leitung des Symphonieorchesters des Athener Rundfunks, 1946–68 war er Konzertmeister des Staatlichen Symphonieorchesters. 1954 gründete er und leitet seitdem das Athener Kammerorchester und war 1960–67 GMD am Königlichen Hof. Daneben konzertierte er als angesehener Violinist. Seit 1940 lehrt er als Professor Violine am Odeion Athenon. C. ist auch als Komponist hervorgetreten, u. a. mit Stücken für Violine und mit einem Streichquartett.

COLE, Nat „King" (eig. Nathaniel Adams Coles), * 17. 3. 1917 Montgomery (Alabama), † 15. 2. 1965 Santa Monica (California); amerik. Jazz- und Popmusiker (Klavier, Gesang). Er spielte als 19jähriger in Chicago im Sextett seines Bruders, des Bassisten Eddie C., ging dann mit einer eigenen Band als Begleiter der Revue *Shuffle along* auf Tournee. 1939 gründete C. sein für den Swing und den frühen Modern Jazz stilbildend gewordenes Trio mit Oscar Moore (Gitarre) und Wesley Prince (Baß), dessen Besetzung in den folgenden Jahren häufig wechselte. C. wandte sich seit 1946 dem kommerziellen Song, in den 50er Jahren ausschließlich der Popmusik zu. Seitdem hat er für den Jazz kaum noch Bedeutung. 1960 versuchte er ein Comeback als Jazzsänger bei einer Europa-Tournee mit der Big Band von Quincy Jones. Wichtige Jazzeinspielungen von ihm sind: *Sweet Lorraine* (1940), *Early Morning Blues* (1941), *The Man I love* (1944).

Lit.: G. HALL, Nat „King" Cole Trio (Whittier/Calif. 1965); M. COLE – L. ROBINSON, N.K.C. An Intimate Biography (NY 1971).

COLEMAN. – 1) Charles, * um 1595, † vor dem 9. 7. 1664 London; engl. Violenspieler u. Komponist. C. war Kammermusiker am Hof Karls I. und Karls II. und wurde 1662 als Nachfolger von H. Lawes Hofkomponist. Er war als Instrumentalvirtuose und Liederkomponist, aber auch als Autorität in musiktheoretischen Fragen geschätzt. 1656 war er mit H. Lawes, M. Locke u.a. an der Komposition der ersten englischen Oper, *The Siege of Rhodes,* von William Davenant beteiligt. Einige seiner Lieder wurden in *Select Musicall Ayres and Dialogues* (1652, 1653 und 1659) und in *Treasury of Musick* (1669) gedruckt. Er schrieb auch Instrumentaltänze für Viole und B.c. und Fantasien. – **2) Edward,** Sohn von 1), * 1633, † 29. 8. 1669 Greenwich; Sänger, Lautenist, Violenspieler und Komponist. Er stand im Dienst König Karls II. C. schrieb die Musik zu *The Contention of Ajax and Achilles* (1653) von Shirley und war auch an der Musik zu *The Siege of Rhodes* beteiligt. Einige Lieder von ihm erschienen in Sammeldrucken.

Ausg.: 11 Arien v. Ch. C. u. 3 Arien v. E. C., in: The Treasury of Musick, Faks.-Ausg. (New Jersey 1966); 7 Lieder v. Ch. u. 2 v. E. C., in: English Songs 1625–60, hrsg. v. J. SPINK (Lo 1971) (= Mus. Brit. 33).

Lit.: H. C. de LAFONTAINE, The King's Musick (Lo 1909); E. J. DENT, The Foundations of English Opera (C 1928); C. L. DAY – E. B. MURRIE, English Song-Books 1651–1702 (Lo 1940); J. SPINK, English Song. Dowland to Purcell (Lo 1974).

COLEMAN, Cy, * 14. 6. 1929 New York; amerik. Komponist, Pianist und Sänger. Schon während seines Musikstudiums in New York kam er mit dem Jazz in Berührung und machte sich als Pianist und Sänger in verschiedenen Clubs einen Namen, bevor er zu komponieren begann. Sein erstes Musical, *Wildcat,* entstand 1960 in Zusammenarbeit mit Carolyn Leigh, die auch den Text zu *Little Me* (1962) schrieb. Seinen größten Erfolg als Broadway-Komponist errang C. 1966 mit *Sweet Charity* und dem darin enthaltenen Song *Big Spender,* der ein Weltschlager wurde. Dieses Musical wie auch das in Deutschland bislang noch nicht bekannte *Seesaw* (1973) entstanden in Zusammenarbeit mit Dorothy Fields.

COLEMAN, Ornette, * 19. 3. 1930 Fort Worth (Texas); amerik. Jazzmusiker (Alt- und Tenorsaxophon, Trompete, Geige). C. spielte zunächst als Saxophonist in verschiedenen Rhythm-and-Blues-Bands, gründete dann 1957 mit Don Cherry ein Quartett, eine der ersten Gruppen des ↗Free Jazz, zu dessen Schlüsselfigur er wurde. 1962 zog er sich von der Jazzszene zurück und lernte als Autodidakt Trompete und Geige, trat aber seit 1965, wenn auch mit zahlreichen Unterbrechungen, erneut auf. In der zweiten Hälfte der 70er Jahre wandte C. sich dem Jazz-Rock zu. Sein Hauptinstrument ist das Altsaxophon. Sein Stil ist gekennzeichnet durch Verzicht auf feste harmonische Bindung, ständig durchbrochenen, paraphrasierten Grundbeat, expressiv zustoßenden Ton und einen zugleich aggressiven und schwermütigen Ausdruck. Eines seiner Hauptwerke, zugleich ein wichtiges Ereignis in der Geschichte des Jazz, ist der 1961 mit einem Doppelquartett aufgenommene Titel *Free Jazz.*

Lit.: A. B. SPELLMAN, Four Lives in the Bebop Business (C. Taylor, H. Nichols, O. C., J. McLean) (NY 1966, Lo 1967); E. JOST, Zur Musik O. C.s, in: Jazzforsch. 2 (1970); PH. CARLES – J.-L. COMOLLI, Free Jazz, Black Power (dt. F 1974); E. JOST, Free Jazz (Mz 1975); H. KUMPF, Postserielle Musik u. Free Jazz (Herrenberg 1976); A. POLILLO, Jazz. Geschichte u. Persönlichkeiten der afroamerikanischen Musik (dt. Mn 1978).

COLERIDGE-TAYLOR, Samuel, * 15. 8. 1875 London, † 1. 9. 1912 ebd.; engl. Komponist. C.-T. studierte seit 1890 an der Royal Academy of Music Violine, 1893–97 Komposition bei Ch. Standford. Er lehrte Komposition am Trinity College of Music und war seit 1904 Dirigent der Handel Society. Seine Kompositionen sind u. a. von Dvořák und Mendelssohn beeinflußt. Hervorzuheben sind die *Fantasiestücke* für Streichquartett (Lo 1895), *Ballade* und *Solemn Prelude* für Orchester (Lo 1898 bzw. 1899), die Trilogie *Song of Hiawatha* und *A Tale of Old Japan,* beide für Soli, Chor und Orchester (Lo 1898–1900 bzw. 1911).

Lit.: W. C. BERWICK SAYERS, S. C.-T. (Lo 1915, ²1926, Nachdr. Ch 1969); H. ANTCLIFFE, Some notes on C. T., in: MQ 8 (1922); H. L'ANSON FAUSSET, S. C.-T. (Lo 1926); J. COLERIDGE-TAYLOR, S. C.-T. (Lo 1942); DIES., C.-T. (Lo 1943); P. M. YOUNG, S. C.-T. 1875–1912, in: MT 116 (1975); W. TORTOLANO, S. C.-T. Angloblack composer 1875–1912 (Metuchen/N.J. 1977).

COLERUS ↗Köler, David.

COLIN, Pierre, frz. Komponist. Er war seit 1550 und vermutlich bis mindestens 1561 „maistre des enfans" an der Kathedrale von Autun.

WW: 8 Messen (mit 8 Motetten u. 8 Magnificat) für 4–6 St. (Ly 1542, ²1552); 6 Messen für 4 St. (V 1544, ²1567); 12 Messen (Ly 1546); 3 einzelne Messen für 4–5 St. (P 1556); 4st. Messen (V 1580) (unvollständig erhalten); Motetten für 4–6 St. (P 1561); *Les cinquantes pseaulmes de David* in der Übers. von C. Marot für 4 St. (P 1550); einige Chansons u. weitere kirchenmusikal. WW sind in Sammeldrucken überliefert.

Ausg.: 2 Chansons, hrsg. v. R. EITNER, in: PGfM 23 (1899).

Lit.: W. CH. LENGFELD, The Motets of P. C., 2 Bde. (1969) (= Diss. Univ. of Iowa).

COLINDĂ (rumän., Plur. colinde; von lat. calendae), Lied, das in Rumänien um die Weihnachtszeit in Gruppen (teilweise alternierend) oder solistisch während der dörflichen Umzüge gesungen wird. Im slawischen Raum entspricht der C. die ↗Kolęda. In Rumänien dominieren dreiteilige C.-Melodien (ABA, ABA′, ABC), in denen jeweils zwei gleich lange Zeilen der meist umfänglichen erzählenden Texte durch einen freien Refrain verbunden sind. Ältere Melodien gehören überwiegend dem Tempo-giusto-Stil (festes Metrum, syllabische Textdeklamation) an, in neueren Colinde herrschen häufig Elemente des parlando-rubato-Stils (melismatischer Textvortrag, kein festes Metrum) vor.

Lit.: G. D. TEODORESCU, Notiuni despre colindele române (Bukarest 1870); S. DRAGOI, 303 C. cu texte si melodie ... (Craiova 1930); P. CARAMAN, Datina colindatului la slavi si români (Krakau 1933); B. BARTÓK, Melodien der rumänischen C. (W 1935, Nachdr. Mz 1968); G. BREAZUL, Colindele ... (Craiova 1941); J. KUCKERTZ, Gestaltvariation in den v. Bartók gesammelten rumänischen C. (Rb 1963) (= Kölner Beitr. zur Musikforsch. 23); Z. VANCEA, Einige Beitr. über das erste Ms. der C.-Slg. v. B. Bartók, in: Studia musicologica 5 (1963); GH. CIOBANU, Înrudirea dintre ritmul dansurilor si al colindelor (Die Verwandtschaft zwischen den Rhythmen der Tanz- u. C.-Weisen), in: REF 9 (1964); E. COMISEL, Folclor muzical (Bukarest 1967).

COLIN (Collin) **DE BLAMONT, François,** * 22. 11. 1690 Versailles, † 14. 2. 1760 ebd.; frz. Komponist. C. war zuerst Hofmusiker der Herzogin von Maine und wirkte kurze Zeit bei den berühmten Nuits de Sceaux mit. Durch seine auf Verse von J. B. Rousseau komponierte Kantate *Circé* wurde M. R. Delalande auf ihn aufmerksam, der ihm daraufhin Kompositionsunterricht erteilte. 1719 wurde C. Surintendant, 1726 als Nachfolger Delalandes Leiter der königlichen Kammermusik. Seitdem komponierte er für die Hoffeste. Bereits 1723 war an der Académie Royale sein erstes größeres Werk, das Ballett *Les festes grecques et romaines* mit großem Erfolg aufgeführt worden, das bis 1742 im Repertoire blieb.

WW: **1) Vokal-WW:** 5 *Recueils d'Airs à boire;* 16 weitere Airs in versch. Sammeldrucken; 3 Bücher *Cantates françoises à voix seule avec symphonie et sans symphonie* (P 1723, 1729, 1729); *Motets à une et deux voix avec symphonie et à grand chœur* (1732). – **2) Bühnen-WW:** Ballets héroïques: *Les festes grecques et romaines* (Libr.: L. Fuzelier) (1723) (P o.J.); *Endymion* (Libr.: B. Fontenelle) (1731); *Les caractères de l'amour* (Libr.: Abbé Pellegrin) (1738), UA: 1739 mit neuem Anfang: *Les amours du printemps* (Libr.: Bonneval); *Les festes de Thétis* (Libr.: M. Roy), zusammen mit B. de Bury u. Hesse (Versailles 1750); Divertissements: *Le retour des Dieux sur la terre* (P 1727); *Le caprice d'Erato ou les caractères de la musique* (P 1730).

C. war mit Louis Fuzelier Begründer des Ballet héroïque, das als typisch französische Gattung jedoch trotz anfänglicher Erfolge im Verlauf des ↗Buffonistenstreits bald wieder in Vergessenheit geriet. C. selbst griff mit dem *Essai sur les goûts anciens et modernes de la musique françoise* (P 1754) in den Buffonistenstreit ein.

Lit.: P. FROMAGEOT, Les compositeurs versaillais (Versailles 1906); J. G. PROD'HOMME, Écrits de musiciens du XVᵉ au XVIIIᵉ siècle (P ²1912); P. M. MASSON, Le ballet héroïque, in: RM 9 (1928); R. VIOLLIER, La musique à la cour de la duchesse du Maine, de Chatenay aux grandes Nuits de Sceaux, in: RM 20 (1939).

COLIN MUSET, Trouvère des 13. Jh., der wahrscheinlich aus dem Grenzgebiet zw. der Champagne und Lothringen stammte. Er stand in Verbindung mit den Familien Vaudémont, Vignory, Sailly sowie mit den Herzögen von Lothringen und scheint zwischen 1220 und 1240 als Spielmann („Jongleur") tätig gewesen zu sein. Von ihm sind 21 Chansons erhalten, u. a. Liebeslieder, Trinklieder und ein Descort. Ihre Texte zeichnen sich durch die Originalität der poetischen Inspiration und eine oft ins Schalkhafte übergehende Lebendigkeit aus. 7 Lieder sind mit Melodien erhalten, z. T. in mehreren Lesarten. Sie zeigen einen volkstümlichen Ton und heben sich damit von den gekünstelten Melodien mancher Zeitgenossen ab.

Ausg. (mit Melodien) u. Lit.: J. BÉDIER, Les chansons de C. M. (P 1912) (= Les classiques français du Moyen Age 7); F. GENNRICH, Troubadours, Trouvères, Minne- u. Meistergesang (Kö 1951) (= Das Musikwerk 2); DERS., C. M., in: MGG II; J. MAILLARD, Anthologie de chants de trouvères (P 1967).

COLLAGE (frz., = An-, Aufkleben, Verklebung), ursprünglich Bz. für eine Technik in der Malerei des 20. Jh., die in übertragenem Sinn auch auf Verfahren in Literatur und Musik angewandt wird.
Pablo Picasso, Georges Braque und Juan Gris klebten seit etwa 1912 in ihre kubistischen Bilder u. a. Zeitungs-, Tapeten- oder Stoffetzen („papiers collés"), deren vorgegebene Materialstrukturen als gleichsam malerisches Element in die Bildkomposition integriert wurden. Gegen Ende des Ersten Weltkrieges wurde der „Formalismus" der

kubistischen Collage unter dem Einfluß von Marcel Duchamp („Ready-mades") und der Dadaisten überwunden. Durch die Übernahme vorgefertigter Objekte des täglichen Gebrauchs („Objets trouvés"), die sich sowohl untereinander als auch zum Bildganzen disparat verhalten, vereinten die Surrealisten unterschiedliche Realitätsschichten auf einer neuen, ästhetischen Ebene, die erst durch die Diskrepanz der Teile konstituiert wird (Max Ernst: „Die Ebene des Unangemessenen"). In den fünfziger Jahren (Robert Rauschenberg, Jasper Jones) wurde die C. zur Assemblage weiterentwickelt, in der gerade solche Gegenstände, die sich der Ästhetisierung widersetzen (z. B. „Zivilisationsmüll"), in räumlicher Anordnung zusammengefügt wurden. Durch die Anwendung neuer Techniken bei der Herstellung von Assemblagen hat sich der Bedeutungshorizont des Wortes C. von einer ursprünglich technischen auf eine ästhetische Ebene verlagert; durch die geschichtliche Entwicklung ist dem Begriff C. die Disparatheit der Materialien (und der sie repräsentierenden Realitätsebenen) als wesentliches Moment zugewachsen.

Die Disparatheit des verwendeten präformierten Materials bietet sich auch als Kriterium an, um in der musikalischen Fachsprache C. von ↗Zitat und ↗Montage abzugrenzen. Während das Zitat zwar als fremdes Element, das semantische Perspektiven eröffnet (z. B. „Dies irae" in der *Symphonie fantastique* von H. Berlioz und der 2. Symphonie von G. Mahler), aus dem Kontext der Komposition herausgehoben ist, jedoch nicht als neue Materialschicht die ganze Komposition durchdringt, werden bei der Montage zwar vorgefertigte Teile zusammengefügt, doch müssen diese einander keineswegs heterogen sein (für die wechselnde Kombination rhythmisch-melodischer Bausteine in Strawinskys *Sacre du printemps* ist die Bezeichnung Montage durchaus angemessen, um das Verfahren von motivisch-thematischer Arbeit abzugrenzen).

Die Geschichte der musikalischen C. beginnt in den fünfziger Jahren. Obwohl sich in der Diskontinuität des symphonischen Prozesses bei Mahler, in der Suspension eines einheitlichen Zeitkontinuums bei Ch. Ives (z. B. *Three Places in New England*) und in dem ästhetischen Widerspruch zwischen Musik und Kommentar der Klavierstücke E. Saties Tendenzen ankündigten, die nach 1960 als Beispiele für musikalische C. reklamiert wurden, ist die Voraussetzung für musikalische C. erst gegeben, seit der Sprachcharakter von Musik durch die serielle Organisation des Materials getilgt wurde. B. A. Zimmermann collagierte bereits in der Zeit des seriellen Purismus unterschiedliches stilistisches Material in seinen Kompositionen (vor allem in der Urfassung seiner Oper *Die Soldaten*, 1958–60) und lieferte mit der Vorstellung von der „Kugelgestalt" der Zeit, in der Vergangenheit, Gegenwart und Zukunft an allen Punkten gleichermaßen präsent sind, ein theoretisches Modell für C. als ästhetisches Prinzip. Von starkem Einfluß auf die musikalische C. in der postseriellen Musik war der 3. Satz von L. Berios *Sinfonia* (1968/69). Ihm liegt das Scherzo aus Mahlers 2. Symphonie zugrunde – allerdings in unterschiedlichen Graden der Präsenz: An „ausgedünnten" Stellen werden Zitate eingeblendet, die den verschiedensten historischen Stilen entstammen (von Bach bis K. Stockhausen); als dritte Schicht erklingen gesprochene Texte aus den Romanen *The Unnamable* von Samuel Beckett und *Ulysses* von James Joyce, an dessen literarischer Zitat- und Collagetechnik sich Berio orientierte. Die disparaten Materialien, aus ihrem historischen Sinnzusammenhang herausgebrochen und durch kompositorische Eingriffe deformiert, geben – nicht ohne Ironie – ein Bild unserer musikalischen Wirklichkeit, in der Musik aller Zeiten und Stile zur Ware geworden ist. Kritik – speziell am Beethovenkult – intendierte auch M. Kagel mit seinem Film *Ludwig van* (1970, anläßlich des 200. Geburtstagsjubiläums Beethovens), in dem ohne Zusatz von fremdem Material (Kagel: „Meta-Collage") ausschließlich Teile und Stimmen aus Kompositionen Beethovens in neuer Anordnung montiert wurden. Unter dem Druck der „Kulturindustrie" entwickelt die musikalische C. – darin Tendenzen in der bildenden Kunst durchaus ähnlich – immer aggressivere Züge. Helmut Lachenmann etwa beschreibt seine C.-Komposition *Accanto* (1975/76), in der über Tonband eingeblendete Fetzen aus Mozarts Klarinettenkonzert immer wieder durch die Klangmasse des Orchesters verschüttet werden, als „zerstörerischen Umgang mit dem, was man liebt, um sich dessen Wahrheit zu bewahren".

Musikalische Montagetechniken, die nicht auf Disparatheit des Materials zielen (↗Musique concrète, ↗Aleatorik, Environments, „Wandelkonzerte"), sollten nicht unter C. subsumiert werden, wenn der Begriff nicht seine Begrenzung verlieren soll.

Lit.: H. WESCHER, Die C. Gesch. eines künstlerischen Ausdrucksmittels (Kö 1968); U. ECO, Das offene Kunstwerk (F 1973). – G. KRIEGER – W. M. STROH, Probleme der C. in der Musik, aufgezeigt am 3. Satz der „Sinfonia" v. L. Berio, in: Musik u. Bildung 3 (1971); K. STOCKHAUSEN, Kriterien, in: Texte zur Musik 1963–70 III (Kö 1971); W. DÖMLING, C. u. Kontinuum. Bemerkungen zu G. Mahler u. R. Strauss, in: NZfM 133 (1972); E. BUDDE, Zitat, C., Montage, in: Die Musik der sechziger Jahre, hrsg. v. R. Stephan (Mz 1972) (= Veröff. des Inst. für Neue Musik u. Musikerziehung Darmstadt 12); DERS., Zum 3. Satz der „Sinfonia" v. L. Berio, in: ebd.; T. KNEIF, C. oder Naturalismus? Anmerkungen zu Mahlers Nachtmusik I, in:

NZfM 134 (1973); G. BLOCK – W. PÜTZ, Die C. als ästhetische Gestaltung der Realität, in: Musik u. Bildung 6 (1974); B. A. ZIMMERMANN, Intervall u. Zeit. Aufsätze u. Schriften, hrsg. v. Chr. Bitter (Mz 1974); Z. LISSA, Musikal. Geschichtsbewußtsein. Segen oder Fluch?, in: Neue Aufsätze zur Musikästhetik (Wilhelmshaven 1975); L. NONO, Texte. Stud. zu seiner Musik, hrsg. v. J. Stenzl (Z 1975); B. SONNTAG, Unters. zur C.-Technik in der Musik des 20. Jh. (Rb 1977) (= Perspektiven zur Musikpädagogik u. Musikwiss. 3). H. WEBER

COLLA PARTE (it., = mit der Hauptstimme; frz.: suivez, = folgt nach), Spielanweisung für die (Instrumental-)Begleitung, sich einer rhythmisch freien (vokalen oder instrumentalen) Solostimme anzupassen. Der Wiedereintritt des strengen Taktmaßes wird durch ↗a battuta angezeigt. – ↗Colla voce.

COLLAER, Paul, * 8. 6. 1891 Boom; belgischer Musikforscher, Pianist und Dirigent. C. schloß ein Chemiestudium 1919 mit der Promotion ab, widmete sich dann jedoch zunehmend der Musik. Er begründete die Pro-Arte-Konzerte in Brüssel, die 1922–37 vor allem Neue Musik herausbrachten, war 1937–53 Musikdirektor beim Belgischen Rundfunk und 1959–65 Vizepräsident des Orchestre National de Belgique. Er lehrte Musikgeschichte an der Chapelle Musicale Reine Elisabeth und war Mitgründer der „Colloques de Wégimont“ bei Lüttich, in deren Rahmen 1954 und 1956 wichtige „Colloques Internationaux d'Ethnomusicologie“ stattfanden. 1964 wurde C. Präsident des wissenschaftlichen Rates des Internationalen Instituts für vergleichende Musikstudien und Dokumentation in Berlin. Im Rahmen der UNESCO-Reihe gab er die Schallplattenserie *Die Musik Afrikas* heraus. C. stand mit der ↗Groupe des Six in Verbindung und trat als Musikforscher mit wichtigen Arbeiten über die französische Musik des 20. Jh. und mit musikethnologischen Studien hervor.

Schriften: *Igor Strawinsky* (Bru 1930); *Signification de la Musique* (Bru 1944); *Darius Milhaud* (An 1947); *La musique moderne de 1905 à 1955* (P – Bru 1955), dt. Übers.: *Gesch. der modernen Musik* (St 1963); *Atlas historique de la musique* (P 1960), dt. Übers.: *Bildatlas der Musikgeschichte*, hrsg. v. H. Schnoor (Gütersloh 1963); *Ozeanien*, in: Musikgesch. in Bildern, hrsg. v. M. SCHNEIDER – H. BESSELER (L 1965); er wirkte mit an: *Amerika – Eskimo u. indianische Bevölkerung*, in: ebd. (1967); darüber hinaus veröffentlichte er etwa 200 Aufsätze in wiss. Zeitschriften.

COLL'ARCO, col'arco, arco, Abk. arc. (it., = mit dem Bogen), Anweisung beim Spiel von Streichinstrumenten, nach ↗pizzicato oder ↗col legno die Saiten wieder mit dem Bogen, d. h. mit den Bogenhaaren, zu streichen.

COLLASSE (Colasse), **Pascal,** getauft 22. 1. 1649 Reims, † 17. 7. 1709 Versailles; frz. Komponist. C. war Chorknabe an St-Paul in Paris, erhielt seine erste Ausbildung am Collège de Navarre und wurde später Schüler und Sekretär Lullys. Dieser übertrug ihm unter Vorgabe von Oberstimme und beziffertem Baß die Auskomposition der Mittelstimmen für seine Opern. 1677 wurde C. Batteur de mesure an der Opéra, 1683 Maître de musique der Chapelle Royale und komponierte für den Hof. 1700 erhielt er das Privileg, in Lille ein Opernunternehmen zu gründen. Das Projekt scheiterte jedoch, da das Opernhaus abbrannte. Weitere Rückschläge, wie der Mißerfolg der von Lully (mit dem 1. Akt) begonnenen, von ihm vollendeten Oper *Polyxène et Pyrrhus,* und der Vorwurf des Plagiats, der wegen seiner engen Anlehnung an Lullys Stil gegen ihn erhoben wurde, überschatteten seine letzten Lebensjahre, die er in tiefer Depression verbrachte. Zuletzt wandte er sich der Alchimie zu und starb in Armut. C. schrieb Opern, Ballette und geistliche Musik.

WW: **1) Bühnen-WW:** Opern: *Achille et Polyxène* (Libr.: J. E. Campistron) (der 1. Akt stammt v. Lully), UA: Paris 1676 (P 1687, A 1688); *Thétis et Pélée* (Libr.: B. Fontenelle), UA: Paris 1689 (P 1689, [4]1710 [mit neuen Arien v. Campra u. Batistin]); *Enée et Lavinie* (Libr.: B. Fontenelle), UA: Paris 1690 (P 1690); *Jason*, UA: Paris 1690; *Astrée et Céladon* (Libr.: La Fontaine), UA: Paris 1692 (P 1691); *La Naissance de Vénus* (Libr.: Pic), UA: Paris 1696 (P 1695); *Canente* (Libr.: La Motte), UA: Paris 1700; *Polyxène et Pyrrhus* (Libr.: J. L. Laserre), UA: Paris 1706 (P 1706). – Ballette: *Ballet des Jésuites* (um 1670); *Ballet de Ville-Neuve-St-Georges*, UA: Villeneuve-St-Georges u. Paris 1692 (P 1692); *Le ballet des Saisons*, UA: Paris 1695 (P 1695, [2]1700 [enthält auch Sätze v. Lully]). – **2) Geistliche WW:** *Cantiques spirituels* nach Texten v. Racine (P 1695), weitere WW sind hsl. erhalten.

Ausg.: *Les Saisons* (P o. J.); *Thétis et Pélée* (1881); 2 Arien-Auszüge aus: *Saisons* (P 1912).

Lit.: D. G. E. MONNAIS, Une reprise de Thétis et Pélée, in: Revue et Gazette musicale de Paris 10 (1843); J. G. PROD'HOMME, L'Opéra 1669–1925 (P 1925); M. BERT, La musique à la maison royale St-Louis de St-Cyr, Teil II, in: Rech. Mus. 5 (1965).

COLLA VOCE (it., = mit der Singstimme), Bz. für eine Aufführungsart von – vor allem geistlicher – Vokalmusik, wie sie im 16. Jh. namentlich in der protestantischen Kantoreipraxis, aber auch im Umkreis der venezianischen Mehrchörigkeit (↗Venezianische Schule) üblich war: das notengetreue Mitspielen der vokalen Stimmen durch jeweils ein oder mehrere Instrumente (Streicher und/oder Bläser). Diese Praxis ist auch im 17. und 18. Jh. für Werke im ↗a cappella-Stil belegt, wobei meist die unterste Stimme als Bassus pro organo (↗Generalbaß) fungiert. Späte Beispiele dafür sind die Motetten von J. S. Bach; zu einer von ihnen sind eigens geschriebene Colla-voce-Instrumentalstimmen überliefert.

COLLEGIUM MUSICUM (lat.), seit Anfang des 17. bis um die Mitte des 18. Jh. in Deutschland und in der deutschen Schweiz und wieder im 20. Jh. in Deutschland Bz. für eine ausschließlich oder überwiegend aus Amateuren bestehende Vereinigung zum Zwecke des gemeinsamen Musizierens. Wie die ↗Kantorei und das Convivium musicum war auch das C. m. Produkt der städtischen Bürgergesellschaft. Während der Kantorei die Mitwirkung an der Kirchenmusik oblag und im Convivium musicum die Musik neben der gelehrten Disputation oder dem vorherrschenden gemeinsamen Mahl nur eine sekundäre Rolle spielte, formierte sich das C. m. unabhängig von Kirche und Hof grundsätzlich zum alleinigen Zweck des Selbstmusizierens. Auch Berufsmusiker konnten Mitglieder sein, und Zuhörer konnten zugelassen werden. Bis um die Mitte des 17. Jh. wurde primär die Vokalmusik gepflegt, danach trat die Instrumentalmusik bis zum vollen Orchester zunehmend in den Vordergrund. Collegia musica (z. T. erst später so benannt) entstanden in Nürnberg (1568), Weida (1583), Prag (1616), Bremen (1621), Delitzsch (1647) und Görlitz (1649), in Zürich (1613), St. Gallen (1620, 1659), Schaffhausen (1655), Winterthur (1665), Bern (1674, 1687) und in Basel (1692). Berühmte ältere deutsche Gründungen spezifisch bürgerlicher Vereinigungen waren die Collegia musica in Hamburg (1660–74 unter M. Weckmann und Chr. Bernhard; seit 1722 unter G. Ph. Telemann) und in Frankfurt a. M. (1672 bis um 1740, 1713–22 unter G. Ph. Telemann). Ein überwiegend studentisches C. m. entstand in Leipzig (seit 1688 unter J. Kuhnau). Dort gab es nach der Wende vom 17. zum 18. Jh. zwei Neugründungen, die eine 1702–04 unter G. Ph. Telemann bzw. 1729–39 unter J. S. Bach, die andere 1708–11 unter J. F. Fasch, anschließend unter J. G. Görner. Vor allem die Collegia musica in Hamburg, Frankfurt und Leipzig wurden Wegbereiter eines neuen „bürgerlichen“ Konzertwesens, das sich seit der Mitte des 18. Jh. in Konzertgesellschaften eigene, Konzerte veranstaltende Institutionen schuf, die die alten Collegia musica verdrängten; lediglich in der Schweiz blieb die Bezeichnung länger üblich. – Im 20. Jh. wurde in Deutschland die Idee des gemeinsamen Musizierens von Amateuren u.a. im Zusammenhang mit der Einrichtung musikwissenschaftlicher Institute und Lehrstühle wieder aufgegriffen. So entstanden Collegia musica an den Universitäten in Halle (1906), Leipzig (1906/07), Marburg (1909) und Berlin (1911), nach dem 1. Weltkrieg in Bonn (1919), Berlin (1919/20), Freiburg i. Br. und in Tübingen (1920), in Kiel (1920/21), Heidelberg, Innsbruck und Köln (1921/22). Ungeachtet ihrer unterschiedlichen Strukturierung haben sich manche Collegia musica zu wesentlichen Mitgestaltern städtischen Musiklebens entwickelt.

Lit.: J. SITTARD, Zur Gesch. der Musik u. des Concertwesens in Hamburg (L 1890); K. NEF, Die Collegia musica in der dt. reformierten Schweiz (St. Gallen 1897); M. SEIFFERT, M. Weckmann u. das C. m. in Hamburg, in: SIMG 2 (1900/01); C. VALENTIN, Gesch. der Musik in Frankfurt/M. (1906); A. SCHERING, Musikgesch. Leipzigs, II. u. III (L 1926, 1941); J. M. MÜLLER-BLATTAU, Das C. m., in: Coll. Mus. 1 (1932); G. PINTHUS, Das Konzertleben in Deutschland (L 1932); E. PREUSSNER, Die bürgerliche Musikkultur (H 1935, Kas [2]1950); A. WERNER, Freie Musikgemeinschaften im mitteldt. Raum (Wb 1940); H. ENGEL, Die Musikpflege der Philipps-Univ. zu Marburg (Marburg 1957); 20 Jahre C. m. der Johannes Gutenberg-Univ. in Mainz, hrsg. v. E. LAAFF (Mz 1966); Kölner Univ.-Konzert 1939–1970, hrsg. v. H. DRUX (Kö 1970); C. m. der Univ. des Saarlandes 1953–1973, hrsg. v. W. MÜLLER-BLATTAU (Saarbrücken 1973); W. PFANNKUCH, Das C. m. der Christian-Albrechts-Univ. [Kiel], in: Christiana Albertina N.F. 6 (1977).

W. PFANNKUCH

COL LEGNO (it., = mit dem Holz), Anweisung beim Spiel von Streichinstrumenten, die Saiten mit der Bogenstange entweder zu streichen *(col legno tratto)* oder zu schlagen *(col legno battuto)*. Die Aufhebung dieser Vorschrift erfolgt durch ↗coll'arco.

COLLET, Henri, * 5. 11. 1885 Paris, † 23. 11. 1951 ebd.; frz. Komponist und Musikwissenschaftler. C. studierte an der Universität Bordeaux und am dortigen Conservatoire Klavier bei J. Thibaud, ferner in Spanien Komposition bei F. Pedrell und F. Olmeda, später auch bei G. Fauré in Paris. Hier wirkte er anschließend als Lehrer, Schriftsteller, Musikkritiker und Komponist. Als Komponist verarbeitete er vor allem spanische Einflüsse. In seinen musikwissenschaftlichen Arbeiten befaßte er sich mit der spanischen Musik, vorwiegend des 16. Jahrhunderts.

WW: **1) Instr.-WW:** Für Klv.: *Chants de Castille* (P 1921); *Danses de Castille* (P 1926); *El Escorial* (Ma o. J.); für V. u. Klv.: *Sonate castillane* (P 1922); *Trio castillan* für V., Vc. u. Klv. (P 1925); *Castellanas*, Suite für Bläserquintett (P 1921); für Orch.: *La Perra Mora* u. *Al Parao* (P 1926); *Concerto Flamenco* für Klv. u. Orch. (P 1947). – **2) Vokal-WW:** Lieder; *Messe de St-Christophe* für Soli, Frauenchor, Orch. u. Org. (P 1928). – **3) Bühnen-WW:** *Los Toreros*, Ballett (P 1933); *La Chèvre d'or*, Opéra-comique (P 1936); *L'Alcalde de Zalamea*, Zarzuela; *Clavelitos*, Ballett. – **4) Schriften u. Editionen:** *Contribution à l'étude des „Cantigas“ d'Alphonse le Sage* (zus. mit P. Villalba), in: Bull. hispagnole 13 (P 1911); *Le Mysticisme musical espagnol au XVIe siècle* (P 1913); *Un Tratado de canto de organo* (Ma 1913); *Albéniz et Granados* (P 1925, [2]1948); *L'Essor de la musique espagnole* (P 1929); *14 Chants polyphoniques espagnoles du XVe siècle* (P 1935).

Lit.: J. PRULIÈRE, H. C., in: Le courrier des arts et des lettres (1948).

COLLINS, Judy, * 1. 5. 1939 Seattle (Washington); amerik. Folkloresängerin und Gitarristin. Sie begann eine Ausbildung als Pianistin. Mitte der 50er Jahre schloß sie sich der Folksong-Bewegung an. In ihrem ungemein weitgespannten und vielfältigen Repertoire interpretiert sie irische und amerikanische Volkslieder, engagierte moderne Lieder, Popmusik (u. a. von Bob Dylan, Pete Seeger, Leonhard Cohen und Joni Mitchell), Songs von B. Brecht und K. Weill, französische Chansons und Musik des Mittelalters (von Fr. Landini). Sie gilt neben Joan Baez und Bob Dylan als die bedeutendste Vertreterin des amerikanischen Folksongs. Unter dem Titel *The J. C. Song Book* (NY 1969) erschien eine Auswahl aus ihrem Repertoire.

COLLUM, Herbert, * 18. 7. 1914 Leipzig, † 29. 4. 1982 Dresden; dt. Kirchenmusiker und Komponist. Er studierte zunächst privat in Leipzig, 1930–34 dort am kirchenmusikalischen Institut des Landeskonservatoriums bei K. Straube, G. Ramin (Orgel), C. A. Martienssen (Klavier), J. N. David (Komposition), M. Hochkofler u. K. Thomas (Dirigieren). Seit 1932 Assistent Ramins an der Leipziger Thomaskirche, wurde C. 1935 Organist der Dresdner Kreuzkirche, wo er noch im gleichen Jahr mit Kammerkonzerten das Dresdner Musikleben nachhaltig zu prägen begann. 1946 gründete er auch einen eigenen Kammerchor. 1949–61 (seit 1960 als Professor) lehrte C. Orgelspiel an der Kirchenmusikschule in Berlin-Spandau, 1942–45 und 1956–58 auch am Landeskonservatorium bzw. an der Hochschule für Musik in Dresden. Seit 1964 leitete er dort eine Cembaloklasse. Zahlreiche Konzertreisen führten ihn in viele europäische Länder. C. setzte sich vor allem für die Werke J. S. Bachs (zyklische Aufführungen des Gesamtwerkes 1949–50), Max Regers und der Zeitgenossen ein. Er wurde wiederholt in die Jury internationaler Wettbewerbe berufen, u. a. 1964 in die des Internationalen J.-S.-Bach-Wettbewerbs in Leipzig.

WW: **1) Instr.-WW:** Kammermusik: Sonate (1954) für Fl. u. Cemb.; Partiten C-Dur, g-moll, A-Dur, d-moll für Solo-V.; Suiten (1945, 1965); Klv.-Stücke (1956). – Für Org.: Präludien u. Fugen a-moll, C-Dur (1940); Partiten g-moll, c-moll; *Totentanz* (= Variationen über *Es ist ein Schnitter*); Choralpartita *Der Tag ist hin; Weihnachtspartita; Fantasia con variazioni e; Te Deum* für 2 Org. (1940); *Orgelbuch der Dresdner Kreuzkirche* (= C.f.-Bearbeitungen); Suite (1962); Toccata (1964); *Leksand-Suite* (1966); *Fantasia* in sechs Teilen (1969); *Metamorphose* (1970); *Siljan-Suite* (1970); Konzert (1971, 1973); *Fantasie über das Geläut der Dresdner Kreuzkirche E-G-A-H-D; Fantasie-Triptychon* (1975); Konzert für Org. u. Vibraphon (1978); *Media in vita* (1979) für Vibraphon u. Org. (Meditationen über ein Thema aus der h-moll-Messe v. J. S. Bach). – Für Orch.: Konzerte (1954), in 3 u. in 7 Sätzen; Sinfonien c-moll, a-moll; *Sinfonisches Konzert* e-moll; Konzerte für Streichorch. g-moll, E-Dur; *Introitus* für Kammerorch. (1959); *Konzertante Musik* für Streichorch. Nr. 1 u. 2; *Moritzburger Konzerte* für Kammerorch. (Nr. 1 1965); Konzerte für Cemb. u. Streichorch. C-Dur, d-moll, Cis-Dur (1967); Konzert für Fl. u. Orch.; Konzert für V. u. Orch.; Konzert für Org. u. Orch. (1973). – **2) Vokal-WW:** *Johannespassion* für Tenor-Solo, Chor u. Kammerorch. (1952); *Denn wir haben keine bleibende Statt* für Chor u. Kammerorch. (1949); *Te Deum* für Sopran- u. Baß-Solo, Chor u. Kammerorch. (1949); *Wie liegt die Stadt so wüst* für Bar.-Solo u. Orch. (1956); *Deutsches Magnificat* für Chor, Orch. u. Org.; *Fantasie über J. S. Bach* (Text: J. Bobrowski) für Chor u. Kammerorch.; *Sonnengesang des Franz von Assisi* für Chor a cap.; *Missa brevis* u. *Missa una voce* für Chor a cap.; Motetten für Chor a cap.: u. a. *Christum wir sollen loben schon* (1958), *O Domine Jesu Christe* (1959), *Nun bitten wir den Heiligen Geist* (1959); *Großer Psalter* für SingSt u. Tasteninstr.; weitere geistliche u. weltliche Gesänge.

Lit.: I. FAHRENHOLTZ, H. C. Der Mensch u. sein Werk, in: Der Kirchenmusiker 10 (1959); G. KAPPNER, Werke v. H. C., in: MuK Dresden 29 (1959); E. SCHWINGER, H. C., in: Komponisten der DDR. Informationsblatt des Verbandes dt. Komp. u. Musikwiss. (B 1968).

COLOMBANI, Orazio, OFM, * Verona, † um 1595 Padua; it. Komponist. C. war Schüler von C. Porta, Kapellmeister am Dom von Vercelli (1579–84), an S. Francesco in Mailand (1584–87), an der Chiesa dei Frari in Venedig (1587–91), am Hof des Herzogs von Urbino (1591–92) und anschließend an der Antonius-Basilika in Padua. Seine Werke gehören – auch durch die Verwendung des Concerto-Prinzips – in den Umkreis G. Gabrielis.

WW: 2 Bücher Motetten *(Sacrae cantiones),* I für 5 St. (Brescia 1579), II für 5, 6 u. 9 St. (V 1592); Vesperpsalmen für 5 St. (Mi 1584), für 6 St. (V 1579), für 9 St. (V 1587); Gesänge zur Komplet: Falsibordoni für 5 St. (Brescia 1585), Psalmen für 8 u. 9 St. (V. 1593); Magnificatvertonungen für 9 u. 14 St. vokal u. instr. *in concerto* (V 1583).

COLOMBI, Giuseppe, * 1635 Modena, † 28. 9. 1694 ebd.; it. Komponist. Er war seit 1674 Vizekapellmeister am herzoglichen Hof und seit 1678 als Nachfolger von G. M. Bononcini Domkapellmeister in Modena. Mit seinen Werken, die eine wichtige Station in der Entwicklung der Triosonate darstellen, gehört C. zu den weniger bekannten Vertretern der ↗Bolognesischen Schule.

WW (alle in Bologna erschienen): *Sinfonie da camera, brandi e corrente…, arie…, suonate* für 2–4 St. (1668); *La Lira armonica,* Sinfonien für 2 V. u. B.c. (1673); *Balletti, correnti, gighe, sarabande* für 2 V. u. B.c.; *Sonate* und *Sonate da camera* für 2 V. u. B.c. (1676 u. 1689).

Lit.: G. RONCAGLIA, G. C. e la vita musicale modenese durante il regno di Francesco II d'Este (Modena 1952); DERS., La cappella musicale del duomo di Modena (Fi 1957) (= Historiae musicae cultores Bibl. 5); W. S. NEWMAN, The Sonata in the Baroque Era (Chapel Hill 1959); W. KLENZ, G. M. Bononcini of Modena (Durham 1962).

COLONNA, Giovanni Paolo, * 16. 6. 1637 Bologna, † 28. 11. 1695 ebd.; it. Komponist und Organist. Er war in Rom Schüler von G. Carissimi und

O. Benevoli und Organist an S. Apollinare. 1659 wurde er Organist an S. Petronio in Bologna und übernahm dort 1674 als Nachfolger M. Cazzatis das Amt des Kapellmeisters, das er auch an Madonna di Galliera und an S. Giovanni in Monte bekleidete. C. war Mitbegründer der Accademia dei Filarmonici (1666) und gilt als einer der bedeutendsten Vertreter der Bolognesischen Kirchenmusik zur Zeit ihrer Blüte. Zu seinen Schülern gehörte u. a. G. B. Bononcini.

WW (alle in Bologna erschienen): **1) Kirchenmusikal. WW:** Messen für 8 St. u. B.c., op. 5 (1684); *Messa e salmi concertati* für 3–5 St., Instr. u. B.c. mit Ripienochor ad lib., op. 10 (1691); Motetten für 1 SingSt, 2 Violinen u. B.c., op. 2 (1681), für 2–3 St. u. B.c., op. 3 (1681); Lamentationen für 1 SingSt. u. B.c., op. 8, recte 9 (1689); 3 Bücher Psalmen *(Salmi brevi)* für 8 St. u. B.c., op. 1 (1681), op. 7 (1681), op. 11 (1694); Vesperpsalmen für 3–5 St., Instr. u. B.c. mit 5st. Ripienochor ad lib., op. 12 (1694); Kompletgesänge für 8 St. u. B.c., op. 8 (1687); Litaneien u. Marianische Antiphonen für 8 St. u. B.c., op. 4 (1682); einzelne Motetten in RISM 1668^{1} u. 1670^{1}. Über 80 kirchenmusikal. WW wurden von C. selbst hsl. der Hofbibliothek in Wien übersandt (heute Östr. Nationalbibliothek), in anderen Bibl. finden sich ebenfalls zahlr. hsl. WW. – **2) Oratorien** (hsl. erhalten in Wien, Paris u. Modena): *Absalone; La caduta di Gerusalem; Il transito di S. Giuseppe,* UA: Bologna 1685; *Il Mosè legato di Dio e liberator del popolo Ebreo,* UA: Modena 1686; *La profezia d'Eliseo,* UA: ebd. 1686; *Salomone amante.* – **3) Andere WW:** Arietten u. Canzonetten hsl. in Modena erhalten, eine Kantate auch gedruckt (RISM 1685^{1}); 2 Sonaten für Org. (RISM 1697^{8}).

Ausg.: Duett *Parto, o bella* für 2 St., hrsg. v. KN. JEPPESEN, in: La Flora 3 (Kop 1949); Sonata d-moll für Org., in: G. C. Arresti, Sonate da organo di varii autori [= 1697^{8}], hrsg. v. A. REICHLING (B 1966); *Messa a 9 voci con stromenti,* hrsg. v. A. SCHNOEBELEN (Madison 1974) (= RRMBar 17).

Lit.: L. F. TAGLIAVINI, C., in: Enciclopedia della Musica I (Mi 1963); A. SCHNOEBELEN, The Concerted Mass at San Petronio in Bologna ca. 1660–1730 (Urbana 1966) (= Diss. Univ. of Illinois); O. MISCHIATI, Rapporti tra Corelli e la Scuola bolognese, in: Studi Corelliani (= Kgr.-Ber. Fusignano 1968) (Fi 1972).

COLONNE, Édouard (eig. Judas Colonna), * 23. 7. 1838 Bordeaux, † 28. 3. 1910 Paris; frz. Violinist und Dirigent. Er wurde bei Ch. Lamoureux im Violinspiel ausgebildet, studierte bei A. Thomas und A. A. E. Elwart am Conservatoire in Paris und war 1858–67 erster Violinist an der Opéra. Seit 1861 war er Mitglied der im selben Jahr gegründeten Concerts populaires unter J.-E. Pasdeloup. 1873 gründete er selbst das Concert National, aus dem 1874 die Concerts Colonne hervorgingen. C. führte dort die seit 30 Jahren vergessene *Damnation de Faust* von H. Berlioz wieder auf und wurde überhaupt als überragender Interpret der Werke Berlioz' weltweit bekannt. Seit 1892 wirkte er wieder an der Opéra. Wie Pasdeloup setzte er sich im In- und Ausland besonders auch für die zeitgenössische französische Musik ein, vor allem für die Werke von É. Lalo, Ch. Gounod, G. Bizet, C. Saint-Saëns und C. Franck.

Lit.: G. DORET, Ch. Lamoureux et É. C., in: Musique et musiciens (P 1915); P. LE FLEM, in: Musica (Disques) (1961) H. 82.

COLOR (lat., = Farbe). – **1)** Im 14.–17. Jh. Bezeichnung für eine von der gewöhnlichen Schreibweise abweichende Färbung von Noten. Im 14. und 15. Jh. bezeichnet C. zunächst den Gebrauch von roten *(notae rubeae)* anstelle der üblichen schwarzen Noten. Doch gibt C. in der schwarzen Notation auch den Gebrauch nicht ausgefüllter, weißer Noten an *(notae vacuae* bzw. *cavatae*). Nachdem sich seit ungefähr 1450 statt der schwarzen die weiße Notation (hohle Noten) durchgesetzt hatte, wurde die zuvor rote bzw. „weiße" Kolorierung (Färbung) jetzt durch schwarze Ausfüllung der sonst weißen (hohlen) Noten ersetzt. Durch C. erfahren die Noten eine Änderung ihrer Dauer. Sie verlieren in der Regel ein Drittel ihres eigentlichen Wertes. Sind sie in der verwendeten Mensur perfekt, werden sie durch Kolorierung imperfiziert. Sind sie bereits imperfekt, leitet der C. den dreizeitigen Triolenrhythmus ein. In Umkehrung des geläufigen Gebrauchs können die roten Noten auch dazu benutzt werden, um eine Note um die Hälfte ihres Wertes zu verlängern. Dieses Verfahren wird zum ersten Mal in der *Ars Nova* (nach 1320) des Philippe de Vitry erwähnt, der den Gebrauch roter Noten eingehend behandelt (in den folgenden Beispielen sind die roten Noten, wie in den modernen Ausgaben, durch das Zeichen ⌐ ¬ kenntlich gemacht):

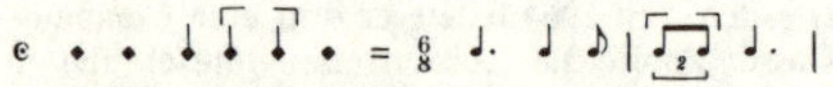

Die früheste Kolorierung findet sich im Tenor zweier Motetten des *Roman de Fauvel* (1316): *In nova fert animus* und *Quomodo cantabimus* (Faks. der ersten Motette in: W. Apel: Die Notation der polyphonen Musik ..., siehe Lit.). Als Komponist insbesondere von *In nova fert animus* wird Vitry vermutet. Der anonyme Autor der *Seconde Rhétorique* schreibt ihm die Erfindung des C. zu. Alle inhärenten Möglichkeiten des Notationssystems wurden von den Komponisten des ausgehenden 14. Jh. angewendet, die einen außerordentlich komplizierten rhythmischen Stil herausbildeten. Häufig kommt es vor, daß die roten Noten synkopierte Passagen bewirken:

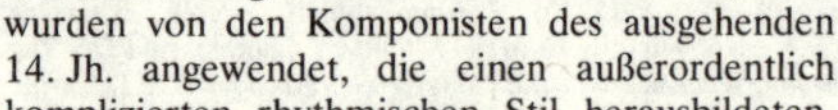

Die am weitesten fortentwickelten Beispiele dieses manierierten Stiles führten zu selten vorkommenden Notenformen mit dem Ziel, eine noch komplexere Rhythmik zu schaffen: z. B. 4 nicht ausgefüllte rote Minimae (oder 2 nicht ausgefüllte rote Breven) ergeben den Wert von 3 schwarzen Minimae. Die im 15. Jh. durch den C. erreichten rhythmischen Effekte sind wesentlich gemäßigter. Ein typisches Beispiel hierfür findet sich in der Chanson *Quel fronte signorille* von G. Dufay (um 1430; Faks. ebenfalls bei W. Apel; s. o.):

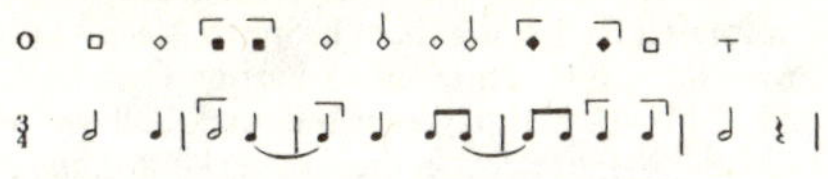

Die Kolorierung der zwei Semibreven ist ein durchaus gebräuchliches Verfahren, auch wenn sich dadurch der Rhythmus nicht ändert. Sie gibt dem Sänger an, wie eine Perfektion zu vervollständigen ist. Die rhythmische Struktur (sie ist für diese Musik typisch) erscheint hier deutlicher in der Originalnotation als in einer modernen Übertragung. Der C. in Verbindung mit Semibreven und Minimen in der Prolatio minor (↗Prolatio) bezeichnet das Beibehalten des Triolenrhythmus.
In der Notation des 16. und 17. Jh. wird der C. immer seltener verwendet, am häufigsten noch zur Kennzeichnung von ↗Hemiolen und ↗Synkopen. In Verbindung damit, aber auch ohne jede rhythmische Bedeutung, findet sich Schwärzung nun oft zur – visuellen – Hervorhebung wichtiger Worte und bei Texten, die wörtlich oder im übertragenen Sinn etwas Dunkles bezeichnen, so bei dem Hoheliedtext *Ich bin schwarz, aber gar lieblich* (z. B. bei L. Lechner). Noch G. Carissimi notierte seine 2st. Motette *Nigra sum sed formosa* (RISM 1650[1]) auf weite Strecken mit schwarzen Notenwerten

anstelle der üblichen Notierung (man beachte die normale, nicht bildhafte Schwärzung der Synkope auf der Silbe *mo*):

Dies alles kommt in moderner Notierung nicht mehr unmittelbar zum Ausdruck:

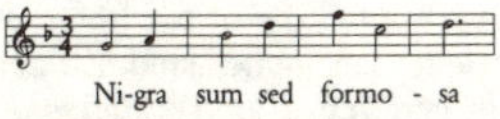

In ganz anderer Bedeutung läßt sich C. in der englischen Musik für Tasteninstrumente beobachten. Hier bezeichnen manchmal kolorierte Noten einen Cantus firmus. Nach dem 17. Jh. ist C. dann nicht mehr zu finden. – **2)** Im 12. Jh. bezieht sich der Begriff C. ganz allgemein auf Möglichkeiten, Musik farbiger, gefälliger zu gestalten. Für Johannes de Garlandia (vgl. Coussemaker Scr. I) und andere Autoren bezeichnet er die Schönheit des Klanges („pulchritudo soni"). Der so verstandene C. kann auf verschiedene Arten realisiert werden: durch melodische Sequenzen, durch „florificatio" genannte Verzierungstechniken (Garlandia: Beben der Stimme auf einem Ton) oder durch musikalische Wiederholung „der gleichen oder einer anderen Stimme" („repetitio ejusdem vocis vel diverse"). Nach anderen Quellen ist es die Dissonanz, die einem Stück C. gibt, etwa dann, wenn in den Oberstimmen von Motetten musikalische Zitate verwendet werden. Bei dieser Vielzahl von Verfahrensmöglichkeiten scheint der Gebrauch der Wiederholung der wichtigste zu sein. Er bildet den wesentlichsten Sinngehalt des aus der Rhetorik übernommen Terminus. Anonymus IV (um 1275) weist auf die „colores" (Wiederholung von Phrasen) hin, die die 3- und 4st. Responsorien Perotins charakterisieren. In England ist C. typisch für die „rondellus"-Technik (↗Stimmtausch). Der breiteste Gebrauch des Terminus findet sich im Zusammenhang mit der Wiederholung von Melodieabschnitten (besonders im Tenor) in der isorhythmischen ↗Motette vor allem des 14. und 15. Jahrhunderts. Doch sind sich die zeitgenössischen Autoren über den Gebrauch der Termini durchaus nicht einig. Häufig differenzieren sie nicht zwischen rhythmischer und melodischer Wiederholung. Heute benutzt man den Begriff C. gewöhnlich, um die Wiederholung eines Melodieabschnitts zu bezeichnen, während die rhythmische Wiederholung ↗Talea genannt wird.

Ausg.: **Zu 1):** French Secular Music of the Late 14th Century, hrsg. v. W. APEL (C/M 1950); Motets of French Provenance, hrsg. v. F. L. HARRISON (Monaco 1968); The Anthologies of Black-Note Madrigals, hrsg. v. D. HARRÁN, 3 Bde. (St 1978) (= CMM 73).

Lit.: H. RIEMANN, Gesch. der Musiktheorie im IX. –XIX. Jh. (L 1892, B [2]1921, Faks.-Nachdr. Hil 1961); J. WOLF, Gesch. der Mensuralnotation von 1250 bis 1460, 3 Bde. (L 1904); A. EINSTEIN, Augenmusik im Madrigal, in: ZIMG 14 (1928); W. APEL, Die Notation der polyphonen Musik 900–1600 (engl. C/M 1942, dt. NA L 1962); A. MACHABEY, La notation musicale (P 1952); G. REANEY, Ars Nova in France, in: New Oxford History of Music III, hrsg. v. A. Hughes – G. Abraham (Lo 1960); A. HUGHES, Mensuration and Proportion in Early 15th Century Music, in: AMl 37 (1965); J. HAAR, The Note Nere Madrigal, in: JAMS 18 (1965); A. SEAY, Music in the Medieval World (New Jersey 1965); F. MATHIASSEN, The Style of the Early Motet (Kop 1966).
D. CHADD

COLORATURA (it.), ↗Koloratur.

COLTRANE, John (William), * 23. 9. 1926 Hamlet (North Carolina), † 17. 7. 1967 Huntington (New York); amerik. Jazzmusiker (Saxophon). Er begann 1945 als Tenorsaxophonist und spielte vor allem in Rhythm-and-Blues-Bands, u. a. 1952–53 bei Earl Bostic. 1955–57 und 1958–60 war er Mitglied der Miles-Davis-Gruppe und gründete 1960 ein eigenes Quartett, das von 1961 bis in Mitte der 60er Jahre in der berühmt gewordenen Besetzung mit McCoy Tyner (Klavier), Reggie Workman bzw. Jimmy Garrison (Baß) und Elvin Jones (Schlagzeug) spielte, nach einem Besetzungswechsel mit seiner Ehefrau Alice McLeod (Klavier) und mit Rashied Ali (Schlagzeug). C. gehört zu den bedeutendsten Musikern des gesamten Modern Jazz. Sein Weg führte ihn vom konventionellen Jazz über Hard bop und Modal Jazz zum Free Jazz. 1959 wandte er sich dem Sopransaxophon zu, das ihm im Klang arabischen Oboen zu ähneln schien. Kennzeichnend für C. sind seine Improvisationen, die sich nicht auf harmonische Modelle, sondern auf tonale Skalen stützen, ferner die Sheets of Sound, Klangflächen und -ströme, bei denen die Intervalle der Akkorde in schnellem Durchlauf den Eindruck von Gleichzeitigkeit hervorrufen. Wichtige Schallplatten-Einspielungen sind u. a.: *Giant Steps* (1959), *Impressions* (1962) und *Ascension* (1965).

Lit.: H. SWOBODA, The J. C. Discography 1949–67 (St 1968) (= Modern Jazz Series o. Nr.); J. G. JEPSEN, A Discography of J. C. (Kop 1969); PH. CARLES – J.-L. COMOLLI, Free Jazz, Black Power (F 1974); W. SH. COLE, The Style of J. C. 1955–67 (1975) (= Diss. Wesleyan Univ. Middletown/Conn.); E. JOST, Free Jazz (Mz 1975); H. KUMPF, Postserielle Musik u. Free Jazz (Herrenberg 1967); A. POLILLO, Jazz. Gesch. u. Persönlichkeiten der afroamerikanischen Musik (Mn 1978).

COLUMBUS, Bericht und Bildnis in 3 Teilen von Werner Egk (1901–83), Text vom Komponisten unter Verwendung authentischer Dokumente und altspanischer Literatur. Ort und Zeit der Handlung: der spanische Königshof und die von Columbus entdeckte Küste Amerikas, 1484–1506. Erstsendung der Hörfunkfassung: 2. 7. 1933 im Bayrischen Rundfunk; szenische UA: 13. 1. 1942 in Frankfurt am Main unter Franz Konwitschny.

Egks erstes dramatisches Werk enthält, bedingt durch den Auftrag als Rundfunkoper, viele Elemente des Oratoriums: die Handlung wird hauptsächlich in den Gesprächen nach jeder Szene kommentierend vorangetrieben; der Chor tritt nur in der Funktion eines Erzählers auf und vermittelt so zwischen äußerer dramatischer Handlung und innerer Reflexion. Die Musik, mit Zitaten eines Chorals und eines Volksliedes aus Spanien, wirkt, da sie in weiten Teilen zu plakativen Tongemälden wird, stets dem Text untergeordnet. Ihre Eigenständigkeit erweist sich nur in den für Egk in ihrer Häufigkeit typischen Tanzeinlagen. Die Handlung zeigt den Menschen Columbus, der nach seinem vorübergehenden Triumph ohnmächtig mit ansehen muß, wie sein „Paradies vom Blut Unschuldiger gerötet" wird. K. LANGROCK

COMBARIEU, Jules Léon Jean, * 3. 2. 1859 Cahors, † 7. 7. 1916 Paris; frz. Musikwissenschaftler. Er studierte an der Sorbonne in Paris und an der Universität Berlin, u. a. bei Ph. Spitta. Nach seiner Promotion 1894 lehrte er an Pariser Gymnasien und 1904–10 Musikgeschichte am Collège de France. 1901 gründete er die *Revue d'historique et de critique musicales* (1904 in *La Revue Musicale* umbenannt und 1912 mit der Zschr. der SIM vereinigt). Seine Schriften haben wichtige Anregungen für die neuere Musikgeschichtsschreibung in Frankreich gegeben.

Schriften: *De Parabaseos partibus et origine* (Diss. P 1894); *L'Influence de la musique allemande sur la musique française*, in: Jb. Peters 2 (1895); *Études de philologie musicale, I: Théorie du rythme* (P 1897), II: *L'Enéide en musique d'après un manuscrit inédit* (P 1898), III: *La Musique et la magie* (P 1909); *La Musique, ses lois, son évolution* (P 1907, [2]1911); *Histoire de la Musique*, 3 Bde. (P 1913–19), I ([9]1953), II ([7]1949), III, überarbeitet v. R. DUMESNIL ([3]1955), fortgeführt von demselben.

Lit.: E. FUBINI, Il linguaggio musicale nel pensiero di J. C., in: Rivista di estetica 7 (1962).

COMBO (Abk. von engl. combination), ↗Band.

COMEDIAN HARMONISTS, 1927 gegründetes Gesangssextett. Mitglieder waren: *Ari Leschnikow* (1. Tenor), *Erich Collin* (2. Tenor), *Roman Cykowski* (Bariton), *Robert Biberti* (Baß), *Harry Frommermann* (Buffo), *Erwin Bootz* („Begleitung"). 1928 traten die C. H. erstmals in Berlin in Eric Charells Revue *Casanova* auf. Großen Erfolg hatten sie in M. Spolianskys *Zwei Krawatten* (neben Marlene Dietrich und Hans Albers). Dann gaben sie auch eigene Konzerte, und Konzertreisen führten sie außer durch Europa auch nach Nord- und Südamerika. Ihr Repertoire, von E. Bootz arrangiert, umfaßte Oper, Operette, Volkslied und Schlager. Ein besonderes Kennzeichen der C. H. waren die sehr hoch geführten Tenöre. Mit Beginn der nationalsozialistischen Herrschaft in Deutschland wurden ihnen Auftritte untersagt. Ihr Repertoire wurde auch in weit über 100 Schallplatteneinspielungen verbreitet, die in Nachpressungen zum Teil heute wieder zugänglich sind. Zu den bekanntesten Titeln gehören u. a.: *Wochenend und Sonnenschein; Ich küsse Ihre Hand, Madame; Ein Freund, ein guter Freund; Veronika, der Lenz ist da; Ich wollt, ich wär ein Huhn; Am Sonntag will mein Süßer mit mir segeln gehn.*

COMÉDIE-BALLET (frz.), Bz. für eine dramatische Gattung in Frankreich, in der die klassische gesprochene Comédie mit einzelnen Musiknummern und Divertissements (Tänze, Rezitative, Airs, Ensembles und Chöre) ausgeschmückt wurde. Das C.-b. ist, historisch gesehen, aus dem ↗Ballet de cour, der Comédie und der Maschinentragödie hervorgegangen. Es ist ein Vorläufer der französischen Tragédie en musique, bestand aber auch nach deren Entstehung noch weiter. Als erstes C.-b. hat Molières *Les Fâcheux* (1661) zu gelten, zu dem Ch.-L. Beauchamps und J. B. Lully die Musik schrieben. Zu den wichtigsten Werken Molières und Lullys zählen *Monsieur de Pourceaugnac* (1669), *Le Bourgeois gentilhomme* und *Les Amants magnifiques* (beide 1670). In *Psyché* (1671; als Tragédie-ballet bezeichnet) traten Musiker zum ersten Mal in Kostümen auf der Bühne auf. Der bedeutendste Nachfolger Molières auf dem Gebiet des C.-b. war A. Houdar de la Motte (mit *Le Carnaval et la Folie,* Musik von A. C. Destouches, 1704, und *La Vénitienne,* Musik von M. de La Barre, 1705). Houdar de la Motte ließ auch Komödien mit kurzen Divertissements ausstatten (z. B. *L'Amante difficile,* Musik von J.-J. Mouret). Noch Voltaire und Rameau schufen mit *La Princesse de Navarre* (1745) ein Comédie-ballet. – Im Gegensatz zum C.-b., das mit der später entstandenen Opéra-comique den gesprochenen Dialog gemeinsam hat, ist die Comédie lyrique durchkomponiert.

Lit.: M. PELISSON, Les C.-b. de Molière (P 1914); F. NOACK, Die Musik zu der Molièreschen Komödie „M. de Pourceaugnac" von J.-B. Lully, in: Musikwiss. Beitr. FS J. Wolf (B 1929); F. BÖTTGER, Die „C.-b." von Molière-Lully (Diss. B 1941); XVIIe siècle (P 1973) Sonderheft Molière/Lully.

H. SCHNEIDER

COMES (lat., = Gefährte; it.: Conseguente), Bz. für die zweite Gestalt (Beantwortung) des Themas (↗Dux) in der Exposition einer ↗Fuge. Gelegentlich wird auch die im ↗Kanon nachfolgende Stimme als C. bezeichnet.

COMES, Juan Bautista, * 29. 2. 1568 Valencia, † 5. 1. 1643 ebd.; span. Komponist. C. war als Chorknabe der Kathedrale von Valencia Schüler von Juan Ginés Pérez. Er war Kapellmeister an der Kathedrale von Lérida, seit 1605 am Real Colegio de Corpus Christi, seit 1613 an der Kathedrale von Valencia und wurde 1619 als zweiter Kapellmeister an den Hof in Madrid berufen. 1629 nach Valencia zurückgekehrt, übernahm er erneut die Leitung des Real Colegio und 1632 wieder das Amt des Kapellmeisters an der Kathedrale. Von C., der als der bedeutendste valencianische Komponist des 16./17. Jh. gilt, sind vorwiegend kirchenmusikalische Werke hsl. überliefert (Messen, Motetten, Hymnen, Psalmen, Litaneien u. a., zwei- und dreichörig zu 8 und 12 Stimmen).

Ausg.: *Hodie nobis,* hrsg. v. M. H. ESLAVA, in: Lira Sacro-Hispana II/1 (Ma 1869); Obras musicales del insigne mtro esp. del siglo XVII J. B. C., hrsg. v. J. B. GUZMÁN, 2 Bde. (Ma 1888) (Auswahl); *Danzas del Santissimo Corpus Christi,* hrsg. v. Y. GARCÍA JULBE – M. PALAU (Ba 1952); 4 *„Gozos con polifonia"* u. 4st. Missa *„Exultet caelum",* hrsg. v. V. BÀGUENA (Valencia 1956); ein doppelchöriges *Magnificat,* die doppelchörige Motette *„Beatus vir"* u. eine 5st. *Lamentación,* hrsg. v. R. L. GOODALE (NY 1963–66).

Lit.: M. PALAU, La obra del músico valenciano J. B. C. (Valencia 1943).

COME SOPRA (it., = wie oben), Vorschrift, eine vorher angegebene Vortragsbezeichnung wieder aufzunehmen oder einen Teil eines musikalischen Satzes zu wiederholen.

COME STÀ (it., = wie es dasteht), Vorschrift, eine Komposition ganz oder teilweise so, wie sie geschrieben steht, d. h. ohne improvisierte Verzierungen, vorzutragen.

COMMER, Franz Aloys Theodor, * 23. 1. 1813 Köln, † 17. 8. 1887 Berlin; dt. Kirchenmusiker und Musikwissenschaftler. C. erhielt seine erste Ausbildung in Köln, war bereits 1828 Organist der Karmeliterkirche und Sänger der Domkapelle und setzte 1832 sein Studium in Berlin fort. Der Auftrag, die Bibliothek des Königlichen Instituts für Kirchenmusik neu zu ordnen, und seine Begegnung mit C. von Winterfeld regten ihn zu weiteren musikhistorischen Studien und zur Edition älterer Vokal- und Orgelmusik des 16.–18. Jh. an, wodurch er maßgeblich die Wiederbelebung der klassischen Vokalpolyphonie beeinflußte. C. gehörte zu den Initiatoren des 1844 in Berlin gegründeten Tonkünstlervereins und war erster Präsident der Gesellschaft für Musikforschung, die 1868 ins Leben gerufen wurde. Seine Kompositionen, vorwiegend Lieder und Chorwerke, gerieten in Vergessenheit.

Schriften: *Collectio operum musicorum Batavorum saeculi XVI,* 12 Bde. (B – Mz o. J.); *Musica sacra,* 28 Bde. (B 1839–87); *Cantica sacra,* 2 Bde. (B o. J.); *Geistliche u. weltliche Lieder ... aus dem 16. u. 17. Jh.* (B 1870).

Lit.: Autobiographie in: C. LEDEBUR, Tonkünstler-Lexicon Berlins (B 1861, Nachdr. Tutzing 1965); H. WISSKIRCHEN, in: Rheinische Musiker I, hrsg. v. K. G. FELLERER (Kö 1960) (= Beitr. zur rheinischen Musikgesch. 43); H. KÜMMERLING, F. C.s Abschriften älterer Musikwerke (Kö 1973) (= Beitr. zur rheinischen Musikgesch. 100).

COMMODO (it.), Vortragsbezeichnung: bequem, gemächlich; oft in Verbindung mit einer anderen

Vortragsbezeichnung verwendet, z. B. *Allegro commodo.*

COMMUNIO (lat., = Gemeinschaft, im christlichen Sinn: Kommunion), **Antiphona ad communionem** (= Antiphon zur Kommunion), der Begleitgesang zur Kommunion des Volkes in der römisch-katholischen Messe, der letzte Teil des ↗Proprium missae. Bis zum 11./12. Jh., in einzelnen Gegenden sogar bis zum 14. Jh., war die C.-Antiphon mit einem Psalm verbunden, ähnlich wie die ↗Introitus-Antiphon. Der Psalmengesang während der Kommunionspendung ist schon sehr früh bezeugt, so im 4. Jh. in den *Constitutiones Apostolicae* (VIII, 13, 16) und bei Kyrillos von Jerusalem (*Mystagogische Katechesen* V, 20), im 5. Jh. bei Augustinus (*Sermones* 225). Üblicherweise sang man dabei in der östlichen und in der westlichen Liturgie den Ps. 33, besonders wegen Vers 9 *(Gustate et videte, quoniam suavis est Dominus...)*, der noch heute in der katholischen Messe der Text der C. am 14. Sonntag im Jahreskreis (vor der Reform: 8. Sonntags nach Pfingsten) ist. In der gallikanischen Liturgie sang man einen metrisch gebundenen Hymnus, dessen Text in dem Antiphonar von Bangor überliefert ist. In der ambrosianischen Liturgie in Mailand schließlich wurde während der Kommunion eine Antiphon ohne Psalm gesungen, das *Transitorium.* Seit dem 10. Jh. verzichtete man mehr und mehr auf den Psalmgesang während der Kommunion, so daß schließlich die Antiphon allein als C. übrigblieb. Dieser Zustand blieb so bis in unsere Gegenwart; er schlägt sich auch in den gregorianischen Communiones nieder, die generell ohne Psalmodie überliefert, im übrigen meist kürzer als die anderen Propriumsgesänge sind. Die Communiones sind stets einteilig; eine Ausnahme bildet die C. der Totenmesse, *Lux aeterna,* an die sich ein Versus anschließt *(Requiem aeternam).* – Die Neuordnung der Karwochenliturgie 1956 gab den Anstoß, den Psalmengesang in Verbindung mit der C. wieder einzuführen. Entsprechende Bestimmungen enthält die *Instructio de Musica sacra et Sacra Liturgia* (AAS 50, 1958). Seit der Liturgiereform von 1972 schließlich sind die Psalmen *(Psalmi ad communionem)* wieder fester Bestandteil der Communio. In der neuen Ausgabe des *Graduale Romanum* werden nun zu jeder C. bestimmte Psalmverse angegeben, die – je nach den Umständen, vor allem entsprechend der verfügbaren Zeit, vollständig oder teilweise – alternierend mit der *Antiphona ad communionem* gesungen werden.

Wie die Texte der anderen Propriumsgesänge wurden seit dem 13. Jh. auch zahlreiche C.-Texte (meist separat) mehrstimmig vertont. Eine der frühesten Kompositionen ist der 3st. Conductus *Beata viscera Mariae Virginis quae fructu gravida* aus den ↗Worcester-Fragmenten. Er ist textlich ein Tropus der C. *Beata viscera Mariae Virginis, quae portaverunt* aus dem Commune B.M.V. (Messe an Marienfesten), musikalisch ein Beispiel für den auf häufigen Terz-Sext-Parallelen beruhenden englischen Vollklang des 13. Jahrhunderts. Eine besondere musikgeschichtliche Bedeutung kommt im 15. Jh. der C. *Vos qui secuti estis* aus G. Dufays *Missa Sancti Jacobi* zu, einer Messe, die Teile des Ordinarium und des Proprium umfaßt. Diese C. – bei G. Dufay als Postcommunio bezeichnet – ist (nach H. Besseler) eines der frühesten Fauxbourdonstücke (↗Fauxbourdon).

Lit.: P. WAGNER, Einführung in die Gregorianischen Melodien I u. III (L [3]1911, 1921, Neudr. Hil – Wie 1962); D. P. FERRETTI, Estetica gregoriana (R 1934); D. R. J. HESBERT, Antiphonale Missarum Sextuplex (Bru 1935); D. J. FROGER, Les chants de la messe aux VIIIe–IXe siècle, in: Revue grégorienne 27 (1948), Teilausg. (Tou 1950); H. BESSELER, Bourdon u. Fauxbourdon (L 1950, [2]1974); J. A. JUNGMANN, Missarum sollemnia. Eine genetische Erklärung der römischen Messe, 2 Bde. (W [5]1962).

COMPENIUS, deutsche Orgelbauerfamilie des 16. und 17. Jh. aus Hessen. – **1) Heinrich** der Ältere, * um 1525, † 2. 5. 1611 Nordhausen. Er lebte 1546–72 in Eisleben und veröffentlichte 1567 eine (verlorene) *Musica Teutsch in kurze Regulas und Schriftstücke verfaßt.* 1580 ließ er sich als Orgelbauer in Nordhausen nieder. Er baute die Orgeln der Predigerkirche zu Erfurt (1579), der Stadtkirche von Cönnern (1580–82), von Hettstedt (1589) und des Doms in Fritzlar (1588–90). – **2) Timotheus,** Bruder von 1). Er wirkte als Orgelbauer in Bayreuth (1597) und in Hof (St. Michael, 1605). – **3) Esaias** der Ältere, Sohn von 1), * 1560 Eisleben, † 1617 Frederiksborg bei Kopenhagen. Er war das bedeutendste Mitglied der Familie. Nach der Ausbildung bei seinem Vater, mit dem er bis 1589 zusammenarbeitete, ließ er sich 1590 als selbständiger Orgelbauer in Magdeburg nieder. Zu seinen Auftraggebern gehörte u. a. das Domstift zu Halberstadt. 1603–04 restaurierte er die Orgel des Gröninger Schlosses im Auftrag Herzog Heinrich Julius' von Braunschweig-Lüneburg, Bischof von Halberstadt, dessen Orgel- und Instrumentenmacher er 1605 wurde. 1606–12 lebte er am Hofe des Herzogs, wo er neben dem Kapellmeister M. Praetorius auch als Organist wirkte. Unter dessen Leitung entstand 1605–10 die Orgel des Schlosses Hessen bei Lüneburg (27 Reg., 2 Man.). Diese ausschließlich aus Holzpfeifen bestehende Orgel ist die einzige heute noch spielbare Compenius-Orgel.

Praetorius, mit dem ihn eine enge Freundschaft verband, ließ sich für sein Buch *De Organographia* (Wb 1619) von ihm beraten und bewog seinerseits C. zur Abfassung einer Abhandlung über den Orgelbau, *Orgeln Verdingnis, Baw und Lieferung, sowohl in newer Verfertigung als alter Orgeln revision,* die er nach C.' Tod selbst vollendete (NA von Fr. Blume in: Kieler Beitr. z. Musikwissenschaft 4, Wb–B 1936). 1612 ließ sich C. wieder in Magdeburg nieder, baute 1613 die Orgel von St. Martin in Croppenstedt (20 Reg., 2 Man.) und 1615 sein größtes Werk, die Orgel der Stadtkirche in Bückeburg (48 Reg., 3 Man.). Als 1616 die Herzoginwitwe Elisabeth von Braunschweig die Orgel des Schlosses Hessen (s.o.) ihrem Bruder König Christian IV. von Dänemark schenkte, leitete C. 1617 den Transport und stellte die Orgel in Schloß Frederiksborg bei Kopenhagen auf. Er starb dort nach dem Ende der Arbeiten noch im selben Jahr. – **4) Heinrich** der Jüngere, Bruder von 3), * 1565 Eisleben, † 22. 9. 1631 Halle. Er ließ sich 1587 in Halle nieder. Als Orgelbauer des Fürstbischofs und Kurfürsten von Magdeburg baute er 1604–05 die Orgel für den Magdeburger Dom (42 Reg., 3 Man.), die größte aller Compenius-Orgeln. Von ihm stammen auch die Orgeln der Schleizer Bergkirche und Stadtkirche, Orgeln in Delitzsch, Hildesheim, Schraplau, Schmiedeberg, Lobenstein, Saalburg, des Klosters Riddagshausen (um 1610), von St. Georgen in Glaucha (1612) und der Stadtkirche von Markranstädt (1617). Restaurationsarbeiten führte er durch an den Orgeln des Merseburger Doms (1616), der Leipziger Paulanerkirche (1626–27), von St. Ägidien in Oschatz (1627) und der Thomaskirche in Leipzig (1630). – **5) Adolph,** Sohn von 3), † 1650. Er hatte eine Werkstatt in Rinteln an der Weser. Um 1620 baute er das Positiv für die Bückeburger Schloßkapelle. Von ihm stammt auch die Orgel für die Kirche St. Ägidien in Hannover, an der er seit 1626 Organist war. – **6) Johann Heinrich,** Sohn von 4), † 1642. Er baute 1624–26 die Orgel der St.-Moritz-Kirche in Halle (26 Reg., 2 Man.), an der damals S. Scheidt als Organist wirkte. – **7) Esaias** der Jüngere, Sohn von 4), * um 1600. Er arbeitete 1617–34 in der Werkstatt seines Vaters. 1634 reparierte er die Orgel von St. Andreas in Eisleben. – **8) Ludwig,** Bruder von 7), * 1603 Halle (?), † 11. 2. 1671 Erfurt. Er ließ sich 1632 in Magdeburg nieder, war für das Domstift in Naumburg als festangestellter Orgelbauer tätig und baute die Orgeln von St. Nikolai in Zeitz (1632), des Naumburger Domes (1635) und von St. Johanni in Gera (1646–47). 1647 übersiedelte er nach Erfurt. Dort schuf er 1647–49 die Orgel der Predigerkirche, die später J. Pachelbel spielte. Außerdem schuf er 1655–56 die Orgel für die Brüderkirche in Altenburg, 1657–58 die Orgel des Weimarer Schlosses, die später auch von Bach gespielt wurde, und 1670 ein Cembalo für die Leipziger Thomaskirche.

Lit.: TH. SCHNEIDER, Die Orgelbauerfamilie C., in: AfMf 2 (1937); J. WÖRSCHING, Die C.-Orgel auf Schloß Frederiksborg (Mz 1946); W. LOTTERMOSER, Akustische Unters. an der C.-Orgel im Schlosse Frederiksborg bei Kopenhagen, in: AfMw 15 (1958); U. PAPE, Die Orgel in der Klosterkirche in Riddagshausen (Brau 1962); CH. MAHRENHOLZ, Die C.-Orgel in Derneburg, in: MuK 38 (1968).

COMPÈRE, Loyset, * um 1450 St-Quentin, † 16. 8. 1518 ebd.; franko-flämischer Komponist. C. erhielt seine erste Ausbildung als Chorknabe in St-Quentin. 1474–75 war er Sänger der Kapelle Herzog Galeazzo Maria Sforzas in Mailand, der auch Josquin des Prés, A. Agricola, J. Martini und G. van Weerbeke angehörten. 1486 ist er in Paris als Hofkapellsänger nachweisbar, 1498 erhielt er eine Präbende in Cambrai, 1500 in Douai; zuletzt war er Kanonikus am Kollegiatstift in St-Quentin.

WW (hsl. und in Sammeldrucken 1501–41 erhalten; C. gehört zu den Komponisten, deren Werke in den frühesten musikal. Drukken zahlenmäßig stark vertreten sind, namentlich in RISM 1501, 1502¹, 1502², 1503¹): 2 Messen für 4 St.; einzelne 4st. Messesätze; 3 sog. Vertretungsmessen *(Motetti missales)* mit jeweils 8 Motetten für 4–5 St.; 15 weitere 4–5st. Motetten; 5 lat.-frz. Liedmotetten für 3 St.; 4 Magnificat für 3–4 St.; 35 Chansons für 3 St.; 17 Chansons für 4 St.; 2 Frottolen für 4 St.

C. selbst scheint Dufay als seinen Lehrmeister betrachtet zu haben, den er in seiner Motette *Omnium bonorum plena* zitiert, doch läßt sich in anderen Werken eine Nähe zu Hayne von Ghizeghem feststellen, und einige imitatorisch gearbeitete Messensätze stehen stilistisch dem späten Schaffen Josquins nahe. Bedeutung erlangte C. vor allem durch seine Chansons, die als eine verfeinerte Form des spätburgundischen Liedsatzes die französischen Chansons des 16. Jh. vorbereiteten. Die 3st. Werke dieser Gattung zeigen neben alten, geschlossenen Formen (vierzeiliges Rondeau) auch den Typus der Liedmotette. C. verwendete neben akkordisch-syllabischer Schreibweise Imitations- und Kanontechniken und stellte diese Stilmittel oft kontrastierend gegenüber. Die Melodik ist eng an den Text gebunden.

Ausg.: GA, hrsg. v. L. FINSCHER, 5 Bde. (R 1958–72) (= CMM 15); Motette *O vos omnes,* hrsg. v. Y. ROKSETH, in: Treize motets et un prélude pour orgue ... (P 1930); 3st. Motetten *Circumdederunt, Corpusque meum, Regina celi* u. 13 Chansons aus *Harmonice Musices Odhecaton A* (= RISM 1501), hrsg. v. H. HEWITT (C/M 1946) (= The Middle Ages Acad. of America Publication 42, Studies and Documents 5); Messe *Allez regrets,* hrsg. v. L. FINSCHER, in: Chw 55 (1956); 4 Messen, 2 Magnificat u. 4 Motetten, hrsg. v. D. FAGGION (Mi 1968) (= Archivium musices 13).

Lit.: O. GOMBOSI, Ghizeghem u. C. Zur Stilgesch. der burgundischen Chanson, in: FS G. Adler (W 1930); L. FINSCHER, Die Messen u. Motetten L. C.s (Diss. masch. Gö 1954); DERS., L. C. and His Works, in: MD 12 (1958)–16 (1962); TH. L. NOBLITT, The „Motetti missales" of the Late 15th Century (1963) (= Diss. Univ. of Texas); L. FINSCHER, L. C., life and works (R 1964) (= MSD 12); TH. L. NOBLITT, The Ambrosian „Motetti missales" Repertory, in: MD 22 (1968); A. DUNNING, Die Staatsmotette 1480–1555 (Utrecht 1970).

COMPLAINTE (frz.), französische Bezeichnung für das Klagelied, das in den volkssprachlichen Literaturen des Mittelalters in Anlehnung an antike und mittellateinische Trauergesänge, sog. ↗*Planctus* (z. B. *Planctus Karoli, Planctus Ugoni abbatis, Planctus Jacobi super filios suos),* entstand und seine erste bedeutende Ausformung im provenzalischen *Planh* fand. Die literarische Entwicklung dieser gelehrt beeinflußten Gattung ist durch eine allmähliche Lösung von rein religiösen Themen und eine Hinwendung zu allgemeinen, z. T. auch satirisch und polemisch inspirierten Reflexionen über die Vergänglichkeit und Nichtigkeit individueller Ansprüche und Bemühungen gekennzeichnet. Den tragischen Inhalten kommt häufig eine in zahlreichen Strophen balladesk ausgestaltende Form entgegen, die durch die Intensität der Beschreibung von Leiden und Verlorenheit des einzelnen den Zuhörer zu bannen sucht. Eines der bedeutendsten Beispiele auch für die musikalische Gestaltung der Gattung ist der Planh auf den Tod des Richard Löwenherz von Gaucelm Faidit (um 1170 bis um 1230). Etwa vom 15. Jh. an behandeln romaneske Varianten der C. Themen wie das des Ewigen Juden, der Geschicke des Königs Renaud, Henriettes und Damons, der Tochter des Königs Ludwig, der Genovefa von Brabant oder auch Judiths und des Holophernes. Einzelne dieser C.s liegen in neueren Schallplatteneinspielungen (z. B. mit dem Countertenor Jean Belliard) vor.

W.-D. LANGE

COMPLETORIUM (lat.), ↗Komplet.

COMPUTERMUSIK (engl.: computer music; frz.: composition automatique), Bz. für Musik, an deren Entstehungsprozeß ein Computer beteiligt ist. Da die Verwendung des Computers auf verschiedenen Stufen des musikalischen Kompositionsprozesses erfolgen kann, sollte C. nicht als musikalische Gattung, der Computer nicht als „Instrument" mißverstanden werden.

Zur Vorgeschichte der C. zählen die „Komponiermaschinen" vergangener Jahrhunderte, die „Arca musarithmica" Athanasius Kirchers (*Musurgia universalis,* R 1650), der „Ludus melothedicus" (Anonymus des 18. Jh., Paris, Bibl. Nat. Vm⁸ 1137) sowie Winkels „Componium" (Amsterdam 1821; heute in der Musikinstrumentensammlung des Brüsseler Conservatoire). Allen diesen Maschinen war gemeinsam, daß ein Teil der schöpferischen Entscheidungsgewalt des Komponisten an sie delegiert wurde. Um im jeweiligen Zeitstil zu musikalisch sinnvollen Ergebnissen zu gelangen, war das Ausgangsmaterial immer stark präformiert, so daß von einer echten Entscheidungsfreiheit jener Komponiermaschinen nicht gesprochen werden kann.

Die Entwicklung der Elektronik nach der Erfindung des Transistors erlaubte Mitte der 50er Jahre unseres Jahrhunderts die ersten Versuche mit computergesteuerter Musik. Dabei wurden zwei verschiedene Wege beschritten: Einerseits suchte man die strukturelle Organisation einer in traditioneller Notenschrift fixierten Musik informationstheoretisch zu beschreiben und zum Gegenstand der Computersteuerung zu machen (bekanntestes Beispiel dieser Entwicklung ist die *Illiac-Suite* für Streichquartett von L. A. Hiller und L. M. Isaacson, Urbana/Ill. 1957). Andererseits diente der Computer zur Steuerung des Instrumentariums eines Studios für ↗elektronische Musik, also zum Aufbau einer synthetischen Klangwelt, ausgehend von den physikalisch primären Schallereignissen (Sinusschwingung, Sägezahn-, Rechteckschwingung, weißes Rauschen). Beide Entwicklungsstränge der C. können als typisch für das Postulat der ↗experimentellen Musik angesehen werden, Erforschung des Materials und schöpferischen Prozeß zu verbinden. Besonders an amerikanischen Universitäten bestand häufig eine Personalunion von informationstheoretischer oder schallanalytischer Forschung und Komposition.

Da eine befriedigende Organisation des ↗Parameters ↗Klangfarbe mit den traditionellen Instrumenten nicht möglich schien, wandte sich das Interesse der Komponisten – synchron zur Entwicklung der elektronischen Musik – gegen Ende der 50er Jahre besonders der Computersteuerung der musikalischen Mikrostruktur zu. Im Gegensatz zur relativen Überschaubarkeit serieller Tonhöhen- und Dauernstrukturen eröffnete die Digitalisierung der Klangfarbe ein Arbeitsfeld, in dem der Einsatz elektronischer Rechenanlagen zwingend notwendig war. Ausgehend vom ersten Gerät zur steuerbaren Synthese akustischer Schwingungen, dem „RCA Electronic Music Synthesizer I" (1955), der an Stelle elektronischer Oszillatoren noch Stimmgabel-Oszillatoren besaß, entwickelten sich Apparate verschiedenster Komplexität zur elektronischen Klangsynthese und Klangtransformation, die als Computerterminal das Rechenergebnis hörbar werden ließen. Auch der in Unterhaltungsmusik

und Live-Elektronik verbreitete ↗Synthesizer, kommerzialisiertes Nebenprodukt der elektronischen Musik, kann als rudimentärer Analogcomputer betrachtet werden, da alle Schallschwingungen ja auch als Steuerspannungen für weitere Klangtransformationen dienen können.
Besonders während der 60er Jahre entstanden bedeutende Zentren für die Erforschung und Weiterentwicklung der C.: das „Coordinated Science Laboratory" der University of Illinois (Urbana/Ill.; L. A. Hiller, H. Brün), die Forschungslaboratorien der Bell Telephone Corp. (M. Mathews, J.-Cl. Risset), das „Studio voor elektronische Muziek" in Utrecht (G. M. Koenig, B. Truax), das – inzwischen wieder aufgelöste – Siemens-Studio in München (J. A. Riedl), die „Groupe de musique algorithmique" (Y. Xenakis, P. Barbaud), das „Artificial Intelligence Laboratory – Center for .Computer Research and Acoustics" der Stanford University (Stanford/Calif.; J. Chowing, D. Morrill, R. Erickson), das „Center for music experiment" an der University of California (San Diego Campus, La Jolla). Zu den jüngsten Gründungen zählen das Zentrum für C. am IRCAM im Centre Beaubourg, Paris, unter der Leitung von J.-Cl. Risset, sowie das Studio für C. in Erlangen.
In der C. der Zeit von 1960–1975 erstreckte sich die Steuerfunktion des Computers zumeist auf alle Parameter des Erklingenden. Wegen der außerordentlichen Komplexität der Steuervorgänge zur elektronischen Klangsynthese blieb der C. eine zum Weg der elektronischen Komposition (Umstellung auf live-elektronische Musik) parallele Entwicklung aber lange Zeit verwehrt, da die Erzeugung computergesteuerter Klänge im Moment des Erklingens (in „real-time") an Rechenzeiten und Speicherkapazitäten der verfügbaren Computer scheiterte. Die C. der 60er und beginnenden 70er Jahre führte daher – wie auch die traditionelle elektronische Musik vom Tonband – im Konzertleben ein Schattendasein, während wesentliche Impulse von der live-elektronischen Musik dieser Epoche ausgingen.
Erst in den letzten Jahren gelang es, die computergesteuerte Klangwelt im Augenblick des Erklingens, d.h. in „real-time", zu generieren. Die größere Rechenleistung der neuen Computergeneration trug dazu ebenso bei wie die – gegenüber der Epoche der ↗seriellen Musik – veränderten Voraussetzungen der musikalischen Ästhetik. In den Kompositionen *Wellenspiele* (B. Trümpy) und *Mirage* (J.-Cl. Risset), die 1978 in Donaueschingen uraufgeführt wurden, analysieren „envelope followers" die „Hüllkurven" der von traditionellen Instrumenten gespielten Klänge. Die resultierenden digitalen Informationen werden von einem Computer verarbeitet, der wiederum einen „digitalen Sound Processor" mit seinen Informationen speist, so daß der synthetische Klang den Lautstärkeveränderungen des Instrumentalklanges Antwort gibt, diesem aber zugleich als autonome Struktur gegenübertritt.
Mit der Möglichkeit, den Prozeß digitalen Komponierens im Moment des Erklingens ablaufen zu lassen, ist die C. in ein neues Stadium eingetreten. Wenn die wirtschaftlichen und institutionellen Voraussetzungen erfüllt werden, könnte sie in Zukunft vermehrten Einfluß auf das Musikleben gewinnen, heraustreten aus der Isolation des Experimentierstudios.

Lit.: A. BIED, Robots compositeurs de musique, in: Technica (1955) November-H.; OLSON – BELAR, Electronic music synthesizer, in: Journal Acoustic Society of America 27/3 (1955); A. A. MOLES, La création scientifique (G 1955); DERS. – V. USSACHEVSKY, Emploi du spectrographe acoustique et problème de la partition en musique expérimentale, in: Annales des Télécommunications 9 (1957); L. A. HILLER – L. M. ISAACSON, Experimental Music (NY – Toronto – Lo 1959); A. A. MOLES, Les musiques expérimentales (P – Z 1960); F. K. PRIEBERG, Musica ex machina (B – F – W 1960); J. C. TENNEY, Sound-Generation by Means of Digital Computer, in: JMTh 7 (1963); Y. XENAKIS, Musiques formelles, in: RM (1963); L. A. HILLER, Informationstheorie u. C., in: Darmstädter Beiträge zur Neuen Musik 8 (Mz 1964); G. H. ROLLER, The Development of the Methods for Analysis of Musical Composition and for the Formation of a Symmetrical Twelve-Tone Row Using the Electronic Digital Computer (1964) (= Diss. Michigan State Univ.); E. N. FERENTZY, Computer Simulation of Human Behaviour in Music Composition, in: Computational Linguistic Yearbook 4 (1965) (= Center of the Hungarian Acad. of Science/Budapest); P. BARBAUD, Initiation à la composition musicale automatique (P 1966); H. F. OLSON, Music, Physics and Engineering (NY 1967); M. KASSLER, A Trinity of Essays No. 3. Towards a Simple Programming Language for Musical Information Retrieval (1967) (= Diss. phil. Princeton); P. BARBAUD, La musique, discipline scientifique (P 1968); H. DAVIES, International Electronic Music Catalogue (C/M – Lo 1968); Music by Computer, hrsg. v. H. VON FOERSTER – J. W. BEAUCHAMP (NY 1969); N. LACHARTRE, Les musiques artificielles, in: Diagramme du monde (1969) Sonder-H.; M. V. MATHEWS, The Technology of Computer Music (C/M – Lo 1969); P. BARBAUD, Ars nova, in: L'Informatique et la vie. Automatisme 15 (1970) Sonder-H. 9; Musicology, Musicology and the Computer, Musicology 1966–2000 – A Practical Program. 3 Symposia, hrsg. v. B. S. BROOK (NY 1970); H. KUPPER, Computer u. musikal. Komposition (Brau 1970); H. POUSSEUR, Fragments théoriques sur la musique expérimentale (Bru 1970); Experimentelle Musik, hrsg. v. F. WINCKEL (B 1970); H. BRÜN, Über Musik u. zum Computer (Karlsruhe 1971); A. A. MOLES, Informationstheorie u. ästhetische Wahrnehmung (Kö 1971); R. CHAFIZOVIČ ZARIPOV, Kibernetika i muzyka (Mos 1971); D. E. JENSEN, Basic Principles of Electronic Sound Synthesis (1972) (= Diss. Florida State Univ.); L. SMITH, Editing and Printing. Music by Computer, in: JMTh 17 (1973); P. GROSSI, Computer and Music, in: The International Review of Music Aesthetic and Sociology 4 (1973); R. BROWN – M. OLSEN, Experimenting with Electronic Music (Slough/Bucks. 1974); M. MEYEROWITZ, Analog Sounds. Directions for New Music (NY 1974); I. RADAUER, Computer-Komposition, in:

Melos 41 (1974); J. A. SEKON, A Real-Time Collection, Generating and Control System (1975) (= Diss. Univ. of Illinois); C.-H. BACHMANN, Musik u. Computer in den USA, in: Melos/NZ 1 (1975); DERS., Kybernetisches Projekt, Computer-Planspiele u. Klangautomaten, in: ebd. 2 (1976); B. TRUAX, A Communicational approach to Computer Sound Programs, in: JMTh 20 (1976); A. K. BLOMBACH, A Conceptual Framework for the Use of the Computer in Music Analysis (1976) (= Diss. Ohio State Univ.); R. KAYN, Komponieren zwischen Computer u. Kybernetik, in: Melos/NZ 3 (1977); P. D. MANNING, The Development of Electronic Music and Its Synthesis by Computer (Diss. Durham 1977).

J. MAEHDER

COMTE D'ORY, LE, Oper von G. Rossini; dt. Titel: ↗Graf Ory.

CON BRIO (it., = mit Feuer), meist in Verbindung mit einer Satz- oder Tempobezeichnung verwendet (z.B. als *Allegro con brio*; ↗Brio), gelegentlich auch als dem Wortsinn entsprechende Vortragsbz.

CONCENTUS (lat., = Zusammentönen). – **1)** Seit dem 16. Jh. in der Chorallehre gebräuchliche Sammelbezeichnung für diejenigen liturgischen Gattungen des Gregorianischen Gesangs, deren Hauptmerkmal eine eigenständige melodische Gestaltung ist (z.B. Antiphon, Responsorium, Hymnus, Introitus und andere Propriumsgesänge der Messe) im Unterschied zu den formelhaft gestalteten und rezitierend ausgeführten Gattungen des Accentus ecclesiasticus (↗Accentus 1). – **2)** Heute gelegentlich Bz. für Ensembles, die sich speziell der Pflege der alten Musik, oft auf Originalinstrumenten, widmen, z.B. der 1952 gegründete *Concentus Musicus Wien* unter N. Harnoncourt.

CONCERTANTE (frz.), gelegentlich gleichbedeutend mit ↗Symphonie concertante.

CONCERTATO (it.), ↗Stile concertato.

CONCERTGEBOUWORKEST, niederländisches Symphonieorchester in Amsterdam. 1883 wurde die private Concertgebouw Gezelschap zur Errichtung eines Konzertsaals gegründet, während der Bauzeit auch ein Orchester ins Leben gerufen, mit dessen erstem Konzert 1888 der Konzertsaal eingeweiht wurde. Erster Dirigent war bis 1895 W. Kes. Ihm folgte W. Mengelberg, der das Orchester fast 50 Jahre leitete und zu internationaler Geltung führte. Berühmte Gastdirigenten waren in den 20er und 30er Jahren u. a. P. Monteux und B. Walter. Auch bedeutende zeitgenössische Komponisten führten eigene Werke mit dem C. auf, u.a. R. Strauss, I. Strawinsky, P. Hindemith und D. Milhaud. 1945 wurde E. van Beinum Chefdirigent, der bereits seit 1931 neben Mengelberg 2. Dirigent gewesen war. Ihm folgten 1961 gemeinsam E. Jochum und B. Haitink, der seit 1964 alleiniger Chefdirigent ist. Neben ihm wirken seit 1974 regelmäßig C. Davis, seit 1975 K. Kondraschin als ständiger Gastdirigent, seit 1979 als ständiger Dirigent. Das C. hat sich besonders für die Werke von A. Bruckner, G. Mahler und R. Strauss eingesetzt, u.a. im Rahmen bedeutender Festspiele, so 1912 mit einem Mahler-Festspiel, bei dem Mahlers gesamtes Orchester- und Chorschaffen aufgeführt wurde, 1924 mit einem Richard-Strauss-Festspiel. Zahlreiche Tourneen führten das Orchester seit 1898 auch ins Ausland, 1905 auch erstmals in die USA.

Lit.: M. BOTTENHEIM, Geschiedenis van het C., 3 Bde. (A 1948–50); 40 jaar Concertgebouw en kamermuziek (A 1960); Het C. 75 jaar, hrsg. v. M. FLOTHUIS (A 1963); O. GLASTRA VAN LOON, Onder de stenen lier (A 1969); 80 jaar C. in het Concertgebouw, jubileumconcert (A 1969); E. BYSTERUS HEEMSKERK, Over Willem Mengelberg (A 1971).

CONCERTINA, ein ↗Harmonika-Instrument, das erste gleichtönige Balginstrument (↗Akkordeon) mit sechseckigem Querschnitt. Die C. wurde 1827 von Charles Wheatstone erfunden, 1829 patentiert, und war vor allem in England sehr verbreitet. Sie ist mit einer auf beide Seiten verteilten, durchgehenden chromatischen Tonfolge ausgestattet. Das Instrument wurde in vier Größen, als Sopran-, Tenor-, Baß- und Kontrabaß-C., gebaut. – Von der C. zu unterscheiden ist die wechseltönige ↗Konzertina.

CONCERTINO (it., = kleines Konzert). – **1)** Besetzungsbezeichnung für eine Gruppe von Soloinstrumenten, vor allem im ↗Concerto grosso und in der ↗Symphonie concertante, die dem Orchestertutti (↗Tutti) oder dem Concerto grosso (als Besetzungsangabe; ↗Ripieno) im Wechsel gegenübertritt. – **2)** Seit dem 19. Jh. Gattungsbezeichnung für eine nach Umfang und Besetzung kleinere Komposition. Concertini schrieben u. a. I. Strawinsky (C. für Streichquartett, 1920; C. für 12 Instrumente, 1952), H. Genzmer (C. für Klavier, Streicher und Flöte oder Violine, Nr. 1, 1946 und Nr. 2, 1963), D. Milhaud *(Concertino d'automne* für 2 Klaviere und 8 Instrumente) und A. Honegger *(Concertino* für Klavier und Orchester).

CONCERTO (it., = Übereinstimmung, Vereinigung; dt.: Konzert; frz. u. engl.: concert bzw. concerto; span.: concierto), seit dem 16. Jh. zunächst Bz. für ein vokales oder instrumentales Ensemble. Der früheste Beleg im musiktheoretischen Schrifttum findet sich bei D. Ortiz *(Tratado de glosas,* R 1553), der für die Vihuela zwischen einem Spiel „in concierto", d. h. mit anderen Vihuelas zusammen, und dem Spiel einer Vihuela zusammen mit einem anderen Instrument unterscheidet. Gemäß dieser Bedeutung von Ensemble entstand im Laufe des 17. Jh. in Italien (parallel zu einer entsprechenden instrumentalen Satzweise) das Begriffspaar Concerto grosso – Concertino für ein mehrfach bzw. solistisch besetztes Streicherensemble, das dann zur Gattung des ↗Concerto grosso führte.

Dieser verwirrende terminologische Sachverhalt wird dadurch noch komplizierter, daß bereits im 16. Jh. C. auch als Bezeichnung für eine bestimmte Art mehrstimmiger Vokalmusik verwendet wird, und zwar zum ersten Mal als Werktitel bei A. u. G. Gabrieli (*Concerti... continenti musica di chiesa, madrigali, & altro, per voci, & strumenti musicali,* V 1587). Diese musikgeschichtlich bedeutsame Sammlung enthält ein- und mehrchörige, vokal oder gemischt vokal-instrumental aufzuführende Werke zu 6–16 Stimmen, die sich in ihrer musikalischen Gestaltung und in ihrem Ausdruck deutlich von der niederländisch-römischen Polyphonie des 16. Jh. unterscheiden. Sie bilden eine besondere Ausprägung der venezianischen Mehrchörigkeit (↗Venezianische Schule), wie sie dann später vor allem von Cl. Monteverdi fortgeführt und von M. Praetorius auch in die deutsche protestantische Kirchenmusik eingeführt wurde. Praetorius beschäftigte sich auch theoretisch mit dem C. (*Syntagma musicum,* III).

Es ist freilich ungewiß, ob sich für die Gabrielis und ihre Zeitgenossen der Terminus C. unmittelbar auf die spezifische Satzweise jener *Concerti* bezog. Nachdem er in der Folgezeit mehrere Male für ähnliche Werke verwendet wurde (u. a. von A. Banchieri), erscheint nämlich derselbe Terminus wiederum in Venedig als Titel einer nicht minder bedeutenden Sammlung mit Werken ganz anderer Art, der *Cento concerti ecclesiastici* (1602) von L. Viadana. Dies sind lateinische Motetten u. ä. für wenige (1–4) Stimmen, die allerdings ebenfalls außergewöhnlich für ihre Zeit waren, namentlich durch die Verwendung des ↗Generalbasses als satztechnisch konstituierendes Prinzip, das eng mit dem Prinzip der ↗Monodie verbunden ist. Dadurch kommt es in diesen Werken zu einer neuartigen Führung der einzelnen Stimmen, zu einem neuartigen Verhältnis der Stimmen zueinander und zu einem neuartigen Verhältnis von Wort und Ton – all dies in deutlichem Unterschied zum Motettenstil der sog. klassischen Vokalpolyphonie des 16. Jh., der ja während des 17. Jh. und darüber hinaus weiterhin gepflegt wurde (↗Motette, ↗Stile antico, ↗a cappella). Innerhalb des neuen Stils wurden die *Concerti* Viadanas maßgeblich für ähnliche Werke auch in anderen Ländern und auch in anderen Sprachen. Im protestantischen Deutschland kam es so zur Entstehung des ↗Geistlichen Konzerts mit deutschem Text (z. B. bei J. H. Schein, S. Scheidt, H. Schütz), das indes auch unter anderen Bezeichnungen (↗Cantio sacra, Symphonia sacra u. ä.) bekannt wurde.

Diese Entwicklung des C. führte dazu, daß man in der Vokalmusik des 17. Jh. den Terminus C. in zunehmendem Maße für Werke verwendete, die in jener Generalbaß-Satzweise geschrieben sind. Das gilt insbesondere auch für die abgeleitete Verbform „concertato" (dafür wird heute oft die deutsche Bz. „konzertierend" gebraucht). Jedenfalls drückt sich in der Messen- und Psalmenkomposition, in die die Satzweise der Concerti Viadanas ebenfalls eindrang, der Unterschied zwischen altem und neuem Stil meist in den Bezeichnungen *Missa concertata – Missa da cappella* bzw. *Salmo concertato – Salmo da cappella* aus. Dies geschieht schon vor der Zeit (ab Mitte 17. Jh.), in der die Verwendung obligater Instrumente das Wesen der Missa concertata (↗Messe) ausmachten und in der ja auch (s. o.) die Bezeichnung C. zunehmend für reine Instrumentalmusik benutzt wurde (↗Stile concertato).

Ende des 17. Jh. findet sich C. dann fast ausschließlich als Gattungsbezeichnung in der Instrumentalmusik. Für dieses instrumentale C., zu dessen Wesen die Mehrsätzigkeit gehört, beginnt nun eine eigene Geschichte, zunächst – synonym mit ↗Sinfonia oder Sonata (↗Sonate) – unter der Bezeichnung *Concerto a quattro* bzw. *a cinque* (für Streicher mit B.c.), z. B. bei Giuseppe Torelli und T. Albinoni. Aus solchen Concerti, die gelegentlich eine Tutti-Solo-Differenzierung aufweisen, entstand dann die Gattung des Solokonzerts mit seiner zur Norm gewordenen Dreisätzigkeit. Davon zu unterscheiden sind Concerti mit genereller Differenzierung von Tutti und mehreren Soloinstrumenten: aus ihnen entstanden die Gattung des ↗Concerto grosso und sonstige Gruppenkonzerte, zu denen etwa J. S. Bachs Brandenburgische Konzerte gehören (↗Konzert 1).

Andererseits wird C. seit dem frühen 18. Jh. als Lehnwort *Concert* im deutschen (dort später *Konzert*), englischen und französischen Sprachgebrauch in ganz neuer Bedeutung verwendet: als Bezeichnung für eine musikalische Zusammenkunft bzw. Veranstaltung (↗Konzert 2). Dabei ist zu beachten, daß nur in der deutschen Sprache das gleiche Wort Concert/Konzert sowohl die musikalische Gattung als auch die Veranstaltung bezeichnet, während die englische und französische Sprache zwischen dem Fremdwort concerto für die Gattung und dem Lehnwort concert für die Veranstaltung unterscheiden.

Lit.: M. PRAETORIUS, Syntagma musicum, III (Wb 1618,

Faks.-Nachdr. Kas 1959); A. ADRIO, Die Anfänge des geistlichen Konzerts (B 1935); F. GIEGLING, C., in: MGG II; H. H. EGGEBRECHT, Studien zur musikal. Terminologie (Wie 1955, ²1968) (= Akademie der Wiss. u. der Lit. Mainz, Abh. der geistes- u. sozialwiss. Klasse Jg. 1955, Nr. 10); DERS., C. in: RIEMANN ML, Sachteil; D. BOYDEN, When is a C. not a C., in: MQ 43 (1957); DERS., Konzert (A. Begriffsbestimmung), in: MGG VII; A. ADRIO – A. FORCHERT, Konzert (B. Das Vokalkonzert), in: ebd.; A. J. B. HUTCHINGS, The Baroque Concerto (Lo 1961); S. KUNZE, Die Entstehung des Concertoprinzips im Spätwerk G. Gabrielis, in: AfMw 21 (1964); S. KROSS, C. – concertare u. conserere, in: Kgr.-Ber. Leipzig 1966 (Kas 1970); E. REIMER, C./Konzert, in: Handwörterbuch der musikal. Terminologie (1973); G. MASSENKEIL, Die konzertierende Kirchenmusik, in: Gesch. der kath. Kirchenmusik, hrsg. v. K. G. Fellerer, II (Kas 1976). G. MASSENKEIL

CONCERTO GROSSO (it., = großes, d. h. stark besetztes Konzert, großes Ensemble), ein eigener Typus des Instrumentalkonzerts. Er ist durch eine charakteristische Satztechnik geprägt, der eine bestimmte Besetzung entspricht: nicht ein oder mehrere Soloinstrumente werden von einem Orchester begleitet, sondern ein kleinerer Klangkörper (Concertino) in Triosonaten-Besetzung, bestehend aus zwei Melodieinstrumenten (Satz *a due canti*) mit Generalbaß (Violoncello, Gambe, Fagott und Akkordinstrument), wird dem Orchester (*Concerto grosso* oder *Tutti,* auch *Ripieno* genannt) gegenübergestellt. Die Satztechnik des C. g. entwickelte sich in der 2. Hälfte des 17. Jh. in Italien und wurde zunächst nicht auf einen bestimmten Werktypus bezogen. Sie findet sich in Oratorien (A. Scarlatti) ebenso wie in Operneinleitungen und selbständigen Instrumentalstücken. Die Übertragung des satztechnischen Begriffs auf einen bestimmten Werktypus wird A. Corelli zugeschrieben, doch wurden nur 12 seiner Concerti grossi (und zudem erst 1714, nach seinem Tode) gedruckt. Vorformen finden sich bei A. Stradella und G. Torelli. Theoretisch beschrieben wurden Technik und Werktypus zuerst 1701 von G. Muffat im Vorwort seiner *Instrumental-Music,* die selbst Concerti grossi enthält; um dieselbe Zeit wurden solche Corellis handschriftlich bekannt. Der Typus muß also um 1700 fertig ausgebildet gewesen sein.

Die Besetzung des Concertino bestand in Italien aus 2 Violinen, Violoncello (oder Gambe) und Cembalo (oder Laute, Theorbe, Colascione), in Deutschland häufiger aus Bläsern (2 Oboen oder 2 Flöten, Fagott und Cembalo), so bei G. Ph. Telemann. Eine eigene Form besaß das C. g. nicht, vielmehr wurden aus der Trio-Sonate die Satzfolge und die Formtypen der Sonata da chiesa und der Sonata da Camera übernommen und mit ihnen die Tendenz zur Angleichung beider Formtypen bis zur späteren „neutralen" Trio-Sonate. Der bei Corelli überwiegende viersätzige Typ wurde jedoch häufig so sehr als entscheidend angesehen, daß gelegentlich Konzerte mit mehreren Solo-Instrumenten als C. g. bezeichnet wurden, wenn sie diese Formanlage aufwiesen. Die große Resonanz von Ausgewogenheit und straffer Form der Concerti grossi Corellis veranlaßte Fr. Geminiani, Corellis Sonaten op. 3 und 5 als Concerti grossi umzuarbeiten. In dem Maße jedoch, wie der generalbaßunterstützte Satz der Trio-Sonate zugunsten eines nicht auf akkordische Ergänzung angewiesenen vollstimmigen Satzes zurücktrat, verschwand mit ihm auch das Concerto grosso. Schon Corellis Schüler P. Locatelli verwendete in seinem op. 1 (A 1721) das Streicherquartett als Concertino. Dagegen hielt Geminiani in seinen Concerti grossi op. 2 und 3 (1732/33; Bearbeitungen nach Sonaten) sowie in op. 6 (1741) und op. 7 (1746) am Form- und Satztypus Corellis fest, doch zeigt die Dominanz der 1. Violine die Tendenz zum Solokonzert; auch werden Bläser im Concertino eingesetzt, so in den Concerti grossi der Sammlung *La Cetra* (um 1738) von A. Marcello. Die 4 Concerti grossi aus Fr. M. Manfredinis op. 3 (1718) zeigen die Instabilität der Gattung, da sie teilweise in die Satztechnik des Doppelkonzerts für 2 Violinen ausweichen. Händel, der 1705 in Rom bei Corelli war, publizierte 1738 seine Concerti grossi op. 3, die z. T. auf ältere Kompositionen zurückgreifen und mit nicht-konzertanten Sätzen sowie von Satz zu Satz wechselndem Concertino das Bild anreichern. Strenger orientieren sich Händels Concerti grossi op. 6 (1741) am Leitbild Corellis, doch weist deren Thematik schon deutlich auf die Klassik voraus. J. S. Bach verwendet in seinen *Brandenburgischen Konzerten* unter verschiedenen Formen des Konzertierens mit mehreren Soloinstrumenten das Prinzip des C. g. nur bedingt in Nr. 5, wo das Cembalo auch thematisch-solistisch eingesetzt ist.

Während das Konzert für mehrere Instrumente sich wie das Solokonzert zum Typus des symphonischen ↗Konzerts wandelte, verschwand das C. g. Mitte des 18. Jahrhunderts. Der Begriff wurde in der 1. Hälfte des 20. Jh. wieder aufgegriffen als Bezeichnung für konzertante Stücke mit Orchester: H. Kaminsky (1922), E. Křenek op. 10 und op. 25, B. Martinů (1938); E. Bloch bezeichnet als C. g. auch ein Werk mit Klavier und Orchester. Satztechnisch näherte sich I. Strawinsky dem alten Typus wieder im *Dumbarton-Oaks-Concerto* (1938).

Lit.: A. SCHERING, Gesch. des Instrumentalkonzerts (L 1094, ²1927); F. VATIELLI, La genesi del concerto strumentale e G. Torelli, in: Arte e Vita musicale a Bologna (Bol 1927); H. ENGEL, Das Instrumentalkonzert (L 1932); A. VEINUS, The Concerto (NY 1945); M. PINCHERLE, Vivaldi et la musique instrumentale (P 1948); DERS., Corelli et la musique instrumentale (P 1954); H. ENGEL, Das C. g. (Kö 1962); S. KUNZE, Die Entstehung des Concertoprinzips im Spätwerk G. Gabrielis, in: AfMw 21 (1964); E. SCHENK, Betrachtungen über die modenesische Instrumentalschule des 17. Jh., in: StMw 26 (1964).

S. KROSS

CONCERT SPIRITUEL (frz.), in Frankreich im 18. Jh. Bz. für die Institution, die an kirchlichen Festtagen, an denen die Oper und andere Theater nicht spielen durften, in der Salle des Suisses der Tuilerien Konzerte mit geistlicher Musik veranstaltete. Das C. s. wurde 1725 durch A. Danican Philidor begründet (erste Darbietung am 17. 3. 1725). In dem von der Académie royale de musique vergebenen Privileg war festgelegt, daß keine französische, d. h. mit französischem Text unterlegte Musik (bis 1728 in dieser Weise eingeschränkt) und keine Opernfragmente aufgeführt werden durften. Der Leiter des C. s. hatte jährlich 1000 Livres an die Opéra zu zahlen. Nach dem Tod Philidors (1728) stand die Institution unter häufig wechselnder Leitung. Die Französische Revolution setzte dann auch dem C. s. ein Ende. – Die Einrichtung fand auch außerhalb Frankreichs ein starkes Echo (z. B. in dem C. s. in Leipzig, seit 1749, in Berlin, seit 1783, begründet durch J. Fr. Reichardt, und in Wien, seit 1819, begründet durch Fr. X. Gebauer). In der Form des rein auf geistliche Musik beschränkten Konzerts lebte es 1805 auch in Paris wieder auf. – Eine Konkurrenz zu dem damals in Routine erstarrenden C. s. entstand 1769 durch die von Fr. J. Gossec geleiteten Concerts des amateurs, die im Hôtel de Soubise (heute Archives nationales) stattfanden und in denen der Schwerpunkt auf der zeitgenössischen Symphonik (Gossec, C. Stamitz, J. B. Vanhal u. a.) lag. Nachdem aber 1773 Gossec und P. Gaviniès die Leitung des C. s. übertragen worden war, nahm diese renommierte Institution einen neuen Aufschwung.

Das Repertoire des C. s. bestand aus lateinischen Motetten und den für Frankreich spezifischen Grands motets, wobei die Grands motets von M. R. Delalande einen festen Bestandteil der Programme bildeten, und einzelnen anderen vokalen Gattungen und Instrumentalmusik. Der italienische Einfluß führte zur Ausbildung von Sonate und Konzert in Frankreich. Nach 1740 fanden zunehmend italienische und deutsche Symphonien, Solokonzerte, seit 1758 auch das Oratorium und später die konzertante Symphonie Eingang in die Programme. Das C. s. war in Frankreich seit seiner Entstehung das wichtigste Forum fortschrittlicher musikalischer Richtungen.

Lit.: J. B. DUREY DE NOINVILLE – L. TRAVENOL, Histoire du Théâtre de l'Académie royale de musique (P [2]1757, Nachdr. G 1972); M. BRENET, Les concerts en France sous l'ancien régime (P 1900, Nachdr. NY 1969); C. PIERRE, Histoire du C. s. 1725–1790 (P 1900, Nachdr. P 1974) (= Publications de la Société française de musicologie, III/3); E. BORREL, L'Orchestre du C. s. et celui de l'Opéra de Paris de 1751–1800 d'après les Spectacles de Paris, in: Mélanges P. M. Masson, II (P 1955); E. LEBEAU, Un fonds provenant du C. s. à la Bibl. Nat., in: RMie 37 (1955) – 38 (1956); P. DAVAL, La Musique en France au XVIIIe siècle (P 1961).

H. SCHNEIDER

CONCITATO (it.), ↗Stile concitato.

CONCONE, Paolo Giuseppe Gioacchino, * 12. 9. 1801 Turin, † 1. 6. 1861 ebd.; it. Komponist und Gesanglehrer. Nachdem er erfolglos als Opernkomponist begonnen hatte, ließ C. sich 1837 als Gesang- und Klavierlehrer in Paris nieder, kehrte wegen der politischen Unruhen 1848 nach Italien zurück und war bis zu seinem Tode Hoforganist in Turin. Seine Solfeggien für alle Stimmlagen gehörten lange zum Übungsrepertoire in der Gesangsausbildung (*Leçons* für mittlere und tiefe St. op. 9 u. 10, *Exercices* für hohe und tiefe St. op. 11, *Vocalises* für Sopr. op. 12, *Leçons de chant* für Baß op. 17).

CONCORDANT (frz.), in Frankreich im 17. Jh. in der Kirchenmusik Bz. für eine Stimmlage zwischen Baß und Tenor (= Bariton als Lagenstimme) im 5st. Vokalsatz, die dem ↗Quintus entspricht. Im 5st. Instrumentalsatz bezeichnet C. die Lagenstimme zwischen ↗Taille und Basse (entsprechend der französischen *Quinte*).

CONCORDANTIA UND DISCORDANTIA (von lat. concordare = zusammenstimmen und discordare = nicht übereinstimmen). – **1)** Mittelalterliche Intervallbezeichnungen, die bisweilen gleichbedeutend mit *Consonantia* bzw. *Dissonantia* verwendet wurden (↗Konsonanz und Dissonanz). Im 13. Jh. wurden Concordantiae – Intervalle, die auf einfachen mathematischen Proportionen beruhen – differenziert in *Condordantiae perfectae* (Einklang und Oktave), *Concordantiae mediae* (Quinte und Quarte) und, der in der Musiktheorie umstrittenen Rolle der Terz entsprechend, *Concordantiae imperfectae* (kleine und große Terz); die übrigen diatonischen Intervalle galten als *Discordantiae.* Bei Johannes de Grocheo (um 1300) bezeichnet C. den melodischen Fortgang zweier Töne, während Consonantia – ein Terminus, der damals auch als Oberbegriff für C. und D. auftrat – deren Zusammenklang meint. – **2)** Bei C. Stumpf bezeichnen *Konkordanz* bzw. *Diskordanz,* als funktionale Bestimmung von Mehrklängen, Akkorde, während die Begriffe Konsonanz und Dissonanz hier das Verhältnis zweier gleichzeitig erklingender Töne definieren. Stumpf löste das musiktheoretisch strittige Problem der Konsonanz mit dem psychologisch fundierten Begriff der *Verschmelzung,* d. h., ein konsonantes Intervall nähert sich in der Wahrnehmung dem Eindruck eines einzigen Tones an. Die Verschmelzungstheorie gilt der Konsonanz von Intervallen; die Bestimmung von Akkorden dagegen als Konkordanz oder Diskordanz war für Stumpf eine „Sache der Auffassung und des beziehenden Denkens".

Lit.: C. STUMPF, Konsonanz u. Dissonanz, in: Beitr. zur Akustik u. Musikwiss. 1 (L 1998); DERS., Konsonanz u. Konkordanz, in: ebd. 6 (1911); H. RIEMANN, Zur Theorie der Konsonanz u. Dissonanz, in: Praeludien und Studien, III (L 1901); DERS., Stumpfs Konkordanz u. Diskordanz, in: ZIMG 12 (1911/12).

C. KÜHN

CONDUCTUS (lat.; frz.: conduit), Bz. für ein ein- oder mehrstimmiges lateinisches Lied des Mittelalters mit vorwiegend neu gedichtetem und meist strophischem Text geistlichen, jedenfalls ernsten oder moralisierenden Inhalts. Fast ausschließlich in allen Stimmen neu geschaffen, erlebte der C. seine Blütezeit in der St-Martial- und Notre-Dame-Epoche. – Die seit dem frühen 12. Jh. nachgewiesene Bz. dürfte, entgegen verschiedenen Deutungen durch Theoretiker des 13. Jh., daraus herzuleiten sein, daß der C. im 12. Jh. ein „Geleit-Gesang" war (für den Auftritt des Lektors im römischen Gottesdienst, bei Prozessionen oder anderen liturgischen Handlungen, auch in geistlichen Spielen beim Auftritt bestimmter Personen). Die Wurzeln des C. liegen aber nicht nur in der Liturgie und den mit ihr zusammenhängenden Bereichen; an seiner Entstehung und Entwicklung ist nicht zuletzt auch die endgültige Durchsetzung und der enorme Aufschwung der akzentuierenden mittelalterlichen Dichtung (↗Sequenz) seit dem Ende des 11. Jh. beteiligt (älteste Quelle Paris, Bibl. Nat. lat. 1139, um 1100). – Eine Überschneidung des geistlichen Repertoires mit dem der fahrenden Spielleute zeigt sich u. a. in den sog. Cambridger Liedern (11. Jh.). Die Aufnahme in die Liturgie konnte daher, ähnlich wie beim ↗Tropus, nur eine geduldete sein, wobei sich als Ort nur die Vorbereitung oder der feierliche Abschluß einer Handlung anboten (daher auch die weitgehende Identität mit den Benedicamus-Paraphrasen). Während diese Gattung im Repertoire von St-Martial den Hauptanteil bildet, spielt der rein liturgische C. in den Notre-Dame-Handschriften bereits wieder eine eher untergeordnete Rolle. Ganz offensichtlich aber blieb der große Verwendungsbereich im Leben der Geistlichkeit außerhalb der Liturgie (in Schule, Gemeinschaft, Repräsentation) die ganze Zeit über bestehen. Der Inhalt der Texte reicht vom kommentierenden Festlied für bestimmte Offizien über allgemein geistliche, moralisierende, oft gelegenheitsbezogene, bis zu rügenden oder gar zu parodierenden Stoffen. Besonders häufig wird die Unbefleckte Empfängnis Mariens behandelt. – Seiner Beschaffenheit nach stellt der C. daher zunächst sowohl das geistliche Pendant zum weltlichen Repertoire (Trouvères, Troubadours) dar, als auch eine eigene Art musikalisch-textlicher Interpolation. Darüber hinaus kennzeichnet der mehrstimmige C. eine Phase der Verselbständigung der neuen Art von Mehrstimmigkeit (↗Discantus) von der liturgischen Bindung. Die Unabhängigkeit des musikalischen Satzes des C. von einem liturgischen Tenor repräsentiert eine wesentliche französische Entwicklung des 11. bis 13. Jahrhunderts. Das syllabische Prinzip der einstimmigen Form wird dabei im mehrstimmigen C. zum Prinzip der gleichzeitigen Aussprache der Silben in allen Stimmen und mit der Verbindung zum Discantus (der mögliche Anteil des C. an der Ausbildung der Modalrhythmik selbst ist nicht untersucht) durch weitgehende Homogenität der Stimmen untereinander erweitert. Diese Merkmale (die man später als wesentlich für die ↗Homophonie ansehen wird) werden von sämtlichen Autoren des 13. Jh., denen es vornehmlich um die Abgrenzung von Organum und Motette ging, übereinstimmend hervorgehoben. Dennoch zeitigten die Entwicklungsstadien und Funktionen der C. auch mehrere Arten von Gemeinsamkeiten mit den übrigen Gattungen, wie strophische, dann teilweise oder ganz durchkomponierte Anlage, Betonung von Strophen- und Zeilenzäsuren durch Melismen, strenger Wechsel von syllabischen und melismatischen Abschnitten (hier sind sogar Fälle direkter Beziehungen zu Organum-Melismen bekannt geworden; M. Bukofzer). Diese verschiedenartigen Ausprägungen lassen es auch verständlich erscheinen, daß die bisher wesentlichste Frage der C.-Forschung, nämlich die der Rhythmik, stark umstritten blieb, was wiederum in den noch weitgehend fehlenden überzeugenden wissenschaftlichen Editionen zum Ausdruck kommt. Keiner der vorgelegten diesbezüglichen prinzipiellen Lösungsversuche (äqualistisch; geradtaktik nach H. Riemann; sog. syllabische Notation nach W. Apel; modal je nach Versmaß nach Fr. Ludwig; Prinzip der Silbenzählung nach H. Husmann; Analogieschlüsse bei Vorliegen von musikalisch identischen melismatischen und syllabischen Abschnitten nach Bukofzer und Husmann) wird Ausschließlichkeitsrecht beanspruchen können, sondern je nach praktischer Anwendbarkeit einerseits und unter Berücksichtigung der musikhistorischen Situation andererseits (in der vormodalen Epoche fallen sämtliche modalen Interpretationen von vornherein aus) werden sie insgesamt in gegenseitiger Kontrolle und Ergänzung brauchbare Ergebnisse zeitigen. (So versuchten die Übertragungen von Notre-Dame-C. durch J. E. Knapp und E. Thurston erstmals, durch eine stärkere Differenzierung der Rhythmisierung dem einzelnen C. eher gerecht zu werden, ohne jedoch alle Zweifel beseitigen zu können. Ähnlich verhält es sich beim vorliegenden ersten Band der Gesamtausgabe von G. A. Anderson.) Die allen Entwicklungsstufen gemeinsame Bindung des neugeschaffenen Tenors (der daher bereits den Keim des Wandels von der Kompositionsbasis zur Stimmgattung in sich trägt; ↗Tenor) an den nach eigenen Gesichtspunkten neu gestalteten Text brachte auch eine entsprechende formale Gestaltung des textlich-musikalischen Ganzen (u. a. Periodisierung) mit sich. Dies begann spätestens seit dem 13. Jh. wiederum auf andere Gattungen, besonders die ↗Motette, zurückzuwirken. Dadurch wurde der Umstand gefördert, daß der C. in seiner Funktion und Kompositionstechnik mehr oder weniger von der Motette aufgesogen wurde, als sie sich selbst von der Liturgie löste (vgl. auch die Mischform der C.-Motette). Der C. als eigene Gattung verschwand oder sank in den volkstümlichen Bereich (geistliches Lied, ↗Carol) ab. Der sog. C.-Stil fand jedoch eine Fortführung in der musikalischen Entwicklung in England (Worcester, Old Hall) und in Italien (Trecento). Im homophonen Chansonstil des 15. Jh. flossen diese Entwicklungen wieder zusammen.

Lit.: J. HANDSCHIN, Notizen über den Notre-Dame-C., in: Kgr.-Ber. Leipzig 1925 (L 1926); H. ANGLÉS, El Códex musical de Las Huelgas, 3 Bde. (Ba 1931); H. SPANKE, St-Martial-Stud., in: Zschr. für frz. Sprache u. Lit. 54 (1931); P. WAGNER, Die Gesänge der Jakobsliturgie zu Santiago de Compostela (Fr 1931); H. SPANKE, Beziehungen zwischen romanischer u. ma. Lyrik (1936) (= Abh. der Ges. der Wiss. zu Göttingen, phil.-hist. Klasse 3/18); E. GRÖNINGER, Repertoire-Unters. zum mehrst. Notre-Dame-C. (Rb 1939, Nachdr. Rb 1969); G. D. SASSE, Die Mehrstimmigkeit der Ars antiqua in Theorie u. Praxis (Borna – L 1940); W. APEL, Die Notation der polyphonen Musik 900–1600 (L 1962); M. BUKOFZER, Rhythm and Metre in the Notre-Dame-C., in: Bull. of the American Musicological Society 11 (1946) u. 13 (1948); J. CHAILLEY, Histoire musicale du Moyen Age (P 1950, [2]1970); A. GEERING, Die Organa u. mehrst. C. in den Hss. des dt. Sprachgebietes v. 13. bis 16. Jh. (Be 1952); J. HANDSCHIN, Zur Frage der C.-Rhythmik, in: AMl 24 (1952); DERS., C.-Spicilegien, in: AfMw 9 (1952); H. HUSMANN, Zur Grundlegung der Rhythmik des mittellat. Liedes, in: ebd.; DERS., Das Prinzip der Silbenzählung im Lied des zentralen MA, in: Mf 6 (1953); C. PARRISH, Some Rhythmical Problems of the Notre-Dame Organa and C., in: JAMS 6 (1953); M. BUKOFZER, Interrelations Between C. and Clausula, in: Ann. Mus. 1 (1953); E. THURSTON, The C. Compositions in Manuscript Wolfenbüttel 1206, 2 Bde. (Diss. NY 1954); H. HUSMANN, Das System der modalen Rhythmik, in: AfMw 11 (1954); F. GENNRICH, Lateinische Liedkontrafaktur (Da 1956); G. REANEY, A Note on C. Rhythm, in: Kgr.-Ber. Köln 1958 (Kas 1959); J. E. KNAPP, The Polyphonic C. in the Notre-Dame Epoch, 4 Bde. (1961) (= Diss. Yale Univ.); H. ANGLÉS, Der Rhythmus in der Melodik ma. Lyrik, in: Kgr.-Ber. New York 1961 (Kas 1961); J. E. KNAPP, 35 C. for 2 and 3 Voices (1965), vgl. dazu TH. GÖLLNER, in: Mf 23 (1970); F. L. HARRISON, Benedicamus, C., Carol: A Newly Discovered Source, in: AMl 37 (1965); E. F. FLINDELL, Syllabic Notation and Change of Mode, in: ebd. 39 (1967); W. OSTHOFF, Die C. des Codex Calixtinus, in: FS B. Stäblein (Kas 1967); G. A. ANDERSON, Mode and Change of Mode in Notre-Dame C., in: AMl 40 (1968); I. D. BENT, A New Polyphonic „Verbum bonum et suave", in: ML 51 (1970); W. DÖMLING, Überlieferung eines Notre-Dame-C. in mensurierter Notation, in: Mf 23 (1970); R. FALCK, New Light on the Polyphonic C. Repertory in the St. Victor Manuscript, in: JAMS 23 (1970); DERS., The Structure of the Polyphonic C. Repertories. A Study of Source Concordances and their Relation to the Chronology and Provenance of Musical Styles, 3 Bde. (1970) (= Diss. Brandeis Univ.); E. F. FLINDELL, Puncta Equivoca and Rhythmic Poetry. A Reply to G. Anderson, in: AMl 42 (1970); R. FALCK, Rondellus, Canon and Related Types before 1300, in: JAMS 25 (1972); G. A. ANDERSON, Notre-Dame and Related C. A Catalogue raisonné, in: Miscellanea Musicologica (1972) (= Adelaide Studies in Musicology 6); DERS., Thirteenth Century C. Obiter Dicta, in: MQ 58 (1972); F. RECKOW, C., in: Handwörterbuch der musikal. Terminologie (Wie 1973); G. A. ANDERSON, The Rhythm of Monophonic C., in: JAMS 31 (1978); DERS., Notre-Dame and Related Conductus. Opera omnia V: 2pt Conductus. Unica in the Four Central Sources (Seoul 1979) (= Inst. of Mediaeval Music. Collected Works X/5).

R. FLOTZINGER

CONFALONIERI, Giulio, * 23. 5. 1896 Mailand, † 28. 6. 1972 ebd.; it. Komponist und Musikschriftsteller. Er war Schüler am Liceo musicale in Bologna, wurde an der Universität Mailand in Literaturgeschichte promoviert und setzte seine Kompositionsstudien 1920–22 bei P. Dukas in Paris fort. Anschließend war er bis 1926 als Kapellmeister, Komponist und Kritiker in London tätig. Hier kamen 1926 sein Ballett *Une nuit de Versailles* und 1928 unter Th. Beecham seine Schauspielmusik zu *The Faithful Shepherdess* (von Fr. Beaumont und J. Fletcher) zur Uraufführung. 1931 dirigierte C. selbst in Cannes die Uraufführung seiner komischen Oper *L'habit neuf du Régent* (Libr. nach H. Chr. Andersen). Nach Mailand zurückgekehrt, schrieb er weiterhin Kammer- und Klaviermusik, auch symphonische Dichtungen, war aber vorwiegend als Publizist tätig, edierte klassische italienische Bühnenwerke, u. a. von A. Scarlatti, D. Cimarosa, L. Cherubini und G. Rossini, und fand mit einer Cherubini-Biographie (für die er 1948 den Literaturpreis Bugatta erhielt) sowie mit seiner *Storia della Musica* breitere Resonanz. Seit 1954 leitete er die Gesangsschule der Scala.

WW: **1) Kompositionen:** Kammermusik u. symphonische Dichtungen; Oper *Rosaspina* (1914–18), UA: Bergamo 1939; komische Oper *L'habit neuf du Régent*, UA: Cannes 1931; Bühnenmusik zu *The Faithful Shepherdess;* Ballette *Une nuit de Versailles;* UA: London 1926; *Gala*, UA: Venedig 1961. – **2) Schriften:** *Bruciar le ali alla musica* (Mi 1946); *La Cenerentola di Rossini* (Mi 1946); *Prigionia di un artista. Il romanzo di L. Che-*

rubini, 2 Bde. (Mi 1948); *Guida alla musica* I (Mi 1950), Neuaufl. als *Storia della Musica,* 2 Bde. (1958).

H. LINDLAR

CONFORTI (Conforto), **Giovanni Luca,** * um 1560 Mileto (Kalabrien); it. Sänger und Musiktheoretiker. C. war 1580–85 und erneut seit 1591 Altist der Päpstlichen Kapelle und galt als einer der größten Falsettisten seiner Zeit. Er schrieb zwei Abhandlungen über die Technik der vokalen Verzierungen und der improvisierten Ausführung des Falsobordone; *Breve et facile maniera d'essercitarsi… a far passaggi…* (R 1593; Faks.-Ausg. von J. Wolf, B 1922) und *Salmi passagiati sopra tutti i toni* (R 1601; Neudr. V 1607).

Lit.: M. KUHN, Die Verzierungskunst in der Gesangsmusik des 16.–18. Jh. (L 1902) (= BIMG 7); A. CAMETTI, G. L. C. Falsettista del cinquecento, in: Musica (R 1918); E. FERAND, Die Improvisation in der Musik (Z 1939).

CONFORTO, Nicolò, * 25. 9. 1718, † nach 1788 Madrid; it. Komponist. C. war Schüler am Konservatorium Santa Maria di Loreto in Neapel. Als Opernkomponist trat er dort erstmals 1746 mit *La finta vedova* hervor. Beifall erhielt seine nächste (1750 aufgeführte) Oper *Antigono* (Libretto von Metastasio). 1751 ging C. nach Madrid, ließ sich dort 1755 endgültig nieder und schrieb als Hofkomponist unter König Karl III. die Musik für die Festlichkeiten bei Hofe. Seit 1762 war er auch Musiklehrer der Infantin Maria Josefa.

WW (hsl. erhalten): Kantate *Il Nido degli amori;* Opern: *La finta vedova; L'Antigono* (Arien daraus in London o. J. gedruckt); *Ezio,* UA: Reggio 1754; *La pesca,* UA: 1756; *La danza,* UA: 1756; *La finta contessina,* UA: Aranjuez 1758; einzelne Arien aus weiteren Opern sind ebenfalls hsl. überliefert.

Lit.: J. SUBIRÁ, El Teatro del Real Palacio (Ma 1950).

CONGA (span.-amerik., = Kreis), volkstümlicher kubanischer Tanz negroiden Ursprungs von mäßiger bis rascher Bewegung im $^2/_4$-, $^4/_4$-, oder $^2/_2$-Takt und folgendem Rhythmus:

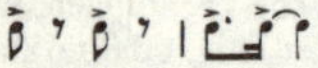

Bereits 1856 wurde die C. in den Salons der gehobenen Gesellschaft getanzt. Die C., eine Abart der ↗Rumba und nach der ↗Congatrommel benannt, gelangte in den 30er Jahren auch nach Europa.

CONGATROMMEL, Conga, Schlaginstrument, eine etwa 70 cm hohe, einfellige Handtrommel der lateinamerikanischen Folklore, die aber auch im Jazz, besonders im ↗Afro-Cuban Jazz und auch in der Unterhaltungsmusik verwendet wird. Die bauchige (*Tumbadora* oder *Tuba* genannt) oder

CONGATROMMELN

nach unten hin konische Trommel wird mit den ausgestreckten Fingern beider Hände gespielt oder mit den Handballen geschlagen. Sie ist nach unten offen. Meist wird sie zwischen den Knien gehalten, aber auch in einem Ständer montiert und gelegentlich sogar in doppelter und dreifacher Anordnung verwendet. Eine klangliche Differenzierung ergibt sich je nachdem, ob auf das Fell oder auf den Rand geschlagen wird.

CON MOTO (it., = mit Bewegung), meist in Verbindung mit einer Satz- oder Tempobezeichnung verwendet, z. B. *Andante con moto,* gelegentlich auch als dem Wortsinn entsprechende Vortragsbezeichnung.

CONON DE BÉTHUNE, * um 1160, † 17. 12. 1219 oder 1220 im Orient; frz. Trouvère. C. stammte aus einem angesehenen pikardischen Aristokratengeschlecht. Als seinen poetischen Lehrmeister nennt er seinen Onkel Huon d'Oisy, Schloßherrn zu Cambrai. 1182 wirkte er bei den Festlichkeiten anläßlich der Hochzeit König Philipps II. August mit Isabella von Brabant mit, fand aber – und dies vor Marie de Champagne! – mit seinen Versen wegen des pikardischen Dialekts wenig Anklang. Das Lied *Mout me semont Amours que je m'envoise* hält diesen Moment mit dem gegen seine Zuhörer gerichteten Vorwurf des unhöfischen Verhaltens fest. Im Dienst Graf Balduins I. von Flandern nahm C. 1189 am 3. und 1202–04 am 4. Kreuzzug teil. Bei der Belagerung Konstantinopels war er Wortführer der Kreuzfahrer gegenüber Kaiser Alexios IV.; in diesem Zusammenhang rühmte Villehardouin in seiner *Conquête de Constantinople* Beredsamkeit, Mut und Besonnenheit des Dichters. 1217 wurde C. Seneschall, 1219 Reichsverweser des byzantinischen Reiches. Zuletzt ist er im Dezember 1219 in den *Annales ecclesiastici* erwähnt. Von den zahlreichen Liedern, die C. in seiner Jugend verfaßte, überliefern die Handschriften nur 14 unter seinem Namen. Nach dem Stand der Forschung sind ihm davon jedoch bestenfalls 10 mit Sicherheit zuzuschreiben. Gattungsmäßig handelt es sich dabei um Tenzonen, Kreuzzugs- und Minnelieder; 10 Texte sind mit Melodien versehen. C. nimmt unter den nordfranzösischen Minnesingern aufgrund der Lebendigkeit, mit der er literarische Traditionen adaptierte und erneuerte, und aufgrund des persönlichen Klanges seiner Texte einen der hervorragendsten Plätze ein.

Lit. u. Ausg.: A. WALLENSKÖLD, Chansons de C. de B., trouveur artésien de la fin du XIIe siècle. Edition critique précédée de la biographie du poète (Diss. Helsingfors 1891); DERS., Les chansons de C. de B., in: Classiques français du Moyen Age 24 (P 1921); PH. A. BECKER, Die Kreuzzugslieder v. C. de B. u. Huon d'Oisi, in: Zschr. für frz. Sprache u. Lit. 64 (1941); I. M. CLUZEL – L. PRESSOUYRE, Les origines de la poésie lyrique d'oïl et les premiers trouvères (P 1962); J. M. DIXON, A Stylistic Appreciation of the Lyric Poetry of C. de B. (Diss. Nottingham 1962); A. ADLER, C. de B., Un Guerri le Sor Lyrique?, in: Studi ..., FS I. Siciliano (Fi 1966); J. MAILLARD, Anthologie de chants de trouvères (P 1967); PH. A. BECKER, Zur romanischen Lit.-Gesch. Ausgew. Stud. u. Aufsätze (Mn 1967).

W.-D. LANGE

CONRADI, August, * 27. 6. 1821 Berlin, † 26. 5. 1873 ebd.; dt. Komponist und Kapellmeister. C. studierte an der Königlichen Akademie der Künste in Berlin Harmonielehre und Komposition (bei K. F. Rungenhagen), Orgel und Klavier und setzte 1841 seine pianistische Ausbildung bei Liszt in Weimar fort. Dieser holte gelegentlich seinen Rat in Fragen der Instrumentierung ein und besorgte eine Klavierfassung seiner *Zigeunerpolka.* 1843 wurde C. Organist am Berliner Invalidenhaus und war außerdem als Musiklehrer tätig. Seit 1849 war er nacheinander Theaterkapellmeister in Stettin, Berlin, Köln und schließlich wieder in Berlin. C. schrieb u. a. Opern, 5 Symphonien, Kirchen- und Kammermusik, Lieder, Possen für Berliner Theater, auch Märsche, Tänze und Potpourris.

Lit.: G. R. KRUSE, A. C. Ein Gedenkblatt, in: Die Musik 12 (1912/13); E. HARASZTI, Les origines de l'orchestration de F. Liszt, in: RMie 34 (1952); E. HARDECK, C., in: Rheinische Musiker 4, hrsg. v. K. G. Fellerer (Kö 1966) (= Beitr. z. rheinischen Musikgesch. 64); E. WISCHER, Das Wallner-Theater in Berlin 1855–68 (Mn 1967) (= Diss. Freie Univ. Berlin); L. RICHTER, Das Couplet der Gründerzeit, in: Stud. z. Trivialmusik des 19. Jh. (Rb 1967) (= Stud. z. Musikgesch. des 19. Jh., 8).

CONRADI, Johann Georg, † 22. 5. 1699; dt. Komponist. C. war spätestens seit 1672 Musikdirektor in Oettingen, 1683–86 Kapellmeister in Ansbach, 1687–90 in Römhild, 1690–93 an der Hamburger Oper und ist 1698 als Kapellmeister wieder in Oettingen nachweisbar. Er schrieb vor allem Opern, Vokalkonzerte, Solomotetten und Choralarien. Neben einigen hsl. überlieferten kirchenmusikalischen Werken sind mehrere für Hamburg entstandene Opern erhalten: *Ariadne* (1691), *Numa Pompilius* (1691), *Carolus Magnus* (1692), *Jerusalem* (2 Teile, 1692), *Pygmalion* (1693) und *Gensericus* (1693). 1722 wurden *Ariadne* in einer Bearbeitung von R. Keiser und *Gensericus* in einer Neufassung von G. Ph. Telemann (unter dem Titel *Sieg der Schönheit*) in Hamburg wieder aufgeführt.

Lit.: H. R. JUNG, J. G. C., in: BzMw 13 (1971) u. 14 (1972); G. J. BUELOW, „Die schöne und getreue Ariadne" Hamburg 1691: a lost opera by J. G. C. rediscovered, in: AMl 44 (1972).

CONRAD VON ZABERN (Conradus Henczenklaus de Savernia), * Ende 14. Jh. Zabern (Elsaß), † um 1480; dt. Musiktheoretiker und Theologe. Er erwarb 1410 an der Artistenfakultät der Universität Heidelberg den Grad eines Baccalaureus, 1412 den eines Licentiatus (Magister) und gehörte dem geistlichen Stand an. Als Wandermagister war er ein überzeugender Theologe und Prediger, der in zunehmendem Maße (sicher belegt seit etwa 1460/70) auch Vorlesungen über Musik hielt, u. a. an den Universitäten in Heidelberg, Freiburg i. Br. und Basel, an den Kollegiatsstiften von Straßburg, Speyer, Worms, Mainz und in vielen Klöstern. Diese pädagogische Tätigkeit, die stark auf eine Reform des chorischen Choralgesangs abzielte, schlägt sich in den Musiktraktaten C.s nieder. Bemerkenswert darin ist die große Bedeutung, die er dem ↗Monochord als Hilfsmittel für den Unterricht der Chorsänger beimißt. C. genoß bei seinen Zeitgenossen hohes Ansehen und wurde auch nach seinem Tod vielfach gerühmt, so von den Humanisten Johannes Trithemius *(Liber de scriptoribus ecclesiasticis,* Bas 1494) und Jakob Wimpfeling *(Epitoma Germanorum,* Str 1505).

WW: *De modo bene cantandi choralem cantum in multitudine personarum* (Mz 1474), 2. Aufl. als *Ars bene cantandi*... (Mz 1509); *Opusculum de monochordo* (Mz um 1474); *Novellus musicae artis tractatus* (um 1460–70) (hsl. in Paris, Bibl. nat.); *Lere von korgesanck* (hsl. in Würzburg, Univ.-Bibl.).

Ausg.: Die vier Traktate in: K.-W. GÜMPEL (s. u. Lit.)

Lit.: K.-W. GÜMPEL, Das Tastenmonochord C.s von Z., in: AfMw 12 (1955); DERS., Die Musiktraktate C.s von Z. (Mz 1956) (= Abh. der geistes- u. sozialwiss. Klasse der Akad. der Wiss. u. der Lit. Mainz, 1956/4).

CONSEGUENTE (it.), seit G. Zarlino (*Istitutioni harmoniche,* 1558) Bz. für die nachfolgende (imitierende) Stimme im ↗Kanon. Auch gleichbedeutend mit ↗Comes im Gegensatz zum ↗Dux.

CONSEIL (Cunsel, Consilium), **Jean,** * 1498 Paris, † 11. (?) 1. 1535 Rom; frz. Komponist. C. wurde 1510 Mitglied der Kapelle Ludwigs XII., trat Ende 1513 in dessen Auftrag in die päpstliche Kapelle Leos X. ein und wurde dort Schüler von Carpentras. 1523–34 wirkte er unter Papst Clemens VII., der ihm am 7. 9. 1534 die Leitung seiner „Capella secreta" übertrug. C. oblag auch die Ausbildung der Chorknaben. Seine Kompositionen weisen – mit Ausnahme der klar rhythmisierten homophonen Chansons – einen kunstvollen kontrapunktischen Stil auf. 1533 vertonte er zwei (verlorene) Madrigale von Michelangelo, ein Zeugnis für den regen künstlerischen Austausch am Hofe Clemens' VII.

WW: 22 Motetten für 4–6 St., 5 Chansons für 4 St. u. ein Madrigal für 5 St. in Sammeldrucken 1529–54, einzelne Lautenintavolierungen von Motetten u. Chansons ebenfalls in Sammeldrucken, u. a. im Lautenbuch v. Neusidler (RISM 1544^{23}) u. in: M. DE FUENLLANA, *Orphénica Lyra* (RISM 1554^{32}); mehrere WW sind auch hsl. überliefert.

Ausg.: 2 Chansons in: EXPERT Maîtres 5 (1897); zahlr. Stücke in: P. ATTAIGNANT, *Treize livres de motets,* hrsg. v. A. Smijers bzw. (ab Bd. 8) A. T. Merrit (Monaco 1934–63): Bd. 2 (2 Stücke), Bd. 4 (3 Stücke), Bde. 7–8 u. 11–12 (je 1 Stück); das Stück aus RISM 1554^{32} in der GA dieser Quelle, hrsg. v. CH. JACOBS (O 1978).

Lit.: A. PIRRO, Histoire de la musique de la fin du XIVe siècle à la fin du XVIe (P 1940); A. EINSTEIN, The Italian Madrigal I (Princeton 1949); H. W. FREY, Michelagniolo u. die Komp. seiner Madrigale, in: AMl 24 (1952); A. M. BRAGARD, Détails nouveaux sur les musiciens de la cour de pape Clément VII, in: RBMie 12 (1958).

CONSONANTIA (lat.), ↗Konsonanz, ↗Concordantia und Discordantia.

CON SORDINO (it.), Spielanweisung: mit ↗Dämpfer zu spielen.

CONSORT (engl.; von lat. consortium = Gemeinschaft, Vereinigung), im 16. und 17. Jh. in England Bz. für instrumentale Kammermusikensembles (aus 4–6 Musikern), auch die für solche Ensembles geschriebene Musik. Es gab C.s mit Instrumenten nur einer Familie, etwa reine Streicher- oder Bläserensembles, sog. *Whole consorts,* unter denen die *Consorts of Viols* eine besondere Rolle spielten, und Ensembles mit Instrumenten unterschiedlicher Familien, sog. *Broken consorts.* Die C.s, zunächst die Whole c.s, später auch die Broken c.s, pflegten vor allem die ↗Fancy. Es entstanden zahlreiche Sammlungen speziell für C.-Musik, u. a. die *Consort Lessons* von Th. Morley (1599) für ein *Broken consort* mit der Besetzung Diskant- und Baßgambe, Baßblockflöte und drei Zupfinstrumente (Laute, Pandora und Cister) und *Taffel Consort* von Th. Simpson (1621). – Im 20. Jh. haben Instrumental- und Vokalensembles, die sich der Pflege alter Musik widmen, die Bz. Consort wieder aufgenommen, z. B. das *Leonhardt Consort, Donington Consort* und das *Deller Consort.*

Lit.: R. NORTH, Memoirs of Musick (Lo 1842); E. H. MEYER, English Chamber Music (Lo 1946, ²1951), dt. als: Die Kammermusik Alt-Englands (L 1958); TH. DART, Morley's Lessons of 1599, in: Proc. R. Mus. Ass. 74 (1947); M. BUKOFZER, Studies in Medieval and Renaissance Music (Lo 1951); PH. BRETT, The English consort song 1570–1625, in: Proc. R. Mus. Assoc. 88 (1961/62).

CON SPIRITO (it., = mit Geist), meist in Verbindung mit einer Satz- oder Tempobezeichnung verwendet, z. B. *Allegro con spirito,* gelegentlich auch als dem Wortsinn entsprechende Vortragsbezeichnung. Syn.: spiritoso.

CONSTANT, Marius, * 7. 2. 1925 Bukarest; frz. Komponist und Dirigent rumänischer Herkunft. C. studierte am Konservatorium in Bukarest, wo er 1945 mit dem Enescu-Preis ausgezeichnet wurde, dann am Pariser Conservatoire Komposition bei N. Boulanger, T. Aubin und O. Messiaen und Dirigieren bei J. Fournet. 1950 schloß er sich der Experimentiergruppe Club d'essai de la Radio an, übernahm 1956–66 die Leitung der Ballets de Paris von R. Petit und gründete 1963 das Solistenensemble Ars Nova. Seine Musik weist Strukturähnlichkeit mit Webernschen Kompositionen auf, verzichtet jedoch auf eine totale serielle Organisation und bezieht aleatorisch-improvisatorische Elemente mit ein, u. a. in dem Tanzmelodram *Chants de Maldoror,* in der Opern-Improvisation *La serrure* und in der Ein-Mann-Oper *Le souper.*

WW: **1) Instr.-WW:** *Trois Complexes* für Klv. mit Kb., UA: 1953 (P o.J.); für Orch.: *24 Préludes* (1958) (P o.J.); *Turner* (1961), 3 Essais für Orch.; *Concerto* für Klv. u. Orch., UA: 1958; *Chaconne et marche militaire* (1967); *Winds* (1968) für 13 Bläser u. Kb.; *Moulins à prière* für Cemb. (1971). – **2) Vokal-WW:** *Par le feu,* 5 Gesänge u. eine Stimmübung für Sopran u. großes Orch. (P 1966); Oratorium *Le Joueur de flûte,* UA: London 1952; *Cinq chants et une vocalise* (1968) für Sopran u. Orch. – **3) Bühnen-WW:** *La serrure* (1969) (Libr.: J. Tardieu), Opern-Improvisation für ein Instrumental-Ensemble, Sängerin u. Tänzerin; *Imagerie St. Michel,* Oper, UA: Venedig 1955 (unveröff.); *Le Souper* (1969) (Libr.: J. Tardieu), Ein-Mann-Oper für Bar. u. „Vokalorchester"; Ballette: *Haut Voltage* (Choreographie M. Béjart), UA:

Paris 1956 (unveröff.); *Cyrano de Bergerac* (Choreographie: R. Petit), UA: ebd. 1959; *Ponant 19*, choreographische Bewegung, hauptsächlich für Klv. u. 19 Instr., UA: ebd. 1961; *Les Chants de Maldoror*, Tanzmelodram für Sprecher, Tänzer, 23 Musiker (improvisateurs), 10 Vc. u. Dirigent als Pantomimen, UA: Vicenza 1962; *Eloge de la Folie* (Choreographie R. Petit), UA: Paris 1966; *Paradise lost*, UA: London 1967.

H. LINDLAR

CONTES D'HOFFMANN, LES, Opéra fantastique von J. Offenbach; dt. Titel: ↗Hoffmanns Erzählungen.

CONTI, Francesco Bartolommeo, * 20. 1. 1681 (1682?), Florenz, † 20. 7. 1732 Wien; it. Theorbist und Komponist. C. gehörte von 1701 bis zu seinem Tode als vielgerühmter Theorbist der Hofkapelle in Wien an (1713 Ernennung zum Hofkomponisten). 1706 wurden in Wien seine erste Oper (*Clotilde*) und sein erstes Oratorium *(Il Gioseffo)* aufgeführt, 1719 die Tragicommedia *Don Chisciotte in Sierra Morena*, die seine erfolgreichste Oper war und auch außerhalb Wiens gespielt wurde, so 1722 in Hamburg auf Veranlassung von J. Mattheson (zum Teil mit deutschem Text). C.s Oratorien weisen ihn neben J. J. Fux und A. Caldara als einen der bedeutendsten Vertreter der Gattung in seiner Zeit aus.

WW (hsl. erhalten, die Jahreszahl gibt die UA in Wien an): **1) Opern** (Opere serie, Feste teatrali, Serenate u.a.): *Clotilde* (1706), nur die Arien daraus erhalten u. in London o.J. gedruckt, zahlr. Arien auch einzeln gedruckt; *Il trionfo dell'amicizia e dell'amore* (1711); *L'ammalato immaginario* (1713); *Circe fatta saggia* (1713); *Alba Cornelia* (1714); *I Sattiri in Arcadia* (1714); *Alessandro in Sidone* (1715); *Ciro* (1715); *Teseo in Creta* (1715); *Il finto policare* (1716); *Sesostri, rè d'Egitto* (1717); *Amore in Tessaglia* (1718); *Astarto* (1718); *Cloris u. Thirsis* (UA: Hamburg 1719); *Don Chisciotte…* (1719); *Galatea vendicata* (1719); *La via del saggio* (1721); *Archelao, rè di Cappadocia* (1722); *Pallade trionfante* (1722); *Creseo* (1723); *Il trionfo della fama* (1723); *Meleagro* (1724); *Penelope* (1724); *Il contrasto della bellezza e del tempo* (1726); *Isicratea* (1726); *L'Issipile* (1732). – **2) Oratorien:** *Il Gioseffe* (1706); *Il martirio di S. Lorenzo* (1710); *La colpa originale* (1718); *Dio sul Sinai* (1719); *Mosè preservato* (1720); *Naaman* (1721); *Il David perseguitato da Saul* (1723); *David* (1724); *L'osservanza della divina legge nel martirio de' Maccabei* (1732). – **3) Weitere WW:** hsl. überliefert sind eine Messe, einige andere kirchenmusikal. WW u. it. Solokantaten.

Francesco C.s Sohn **Ignazio,** * 1699 Florenz, † 28. 3. 1759 Wien, war als Theorbist ebenfalls Mitglied der Wiener Hofkapelle. Im übrigen spielte er als „kaiserlicher Hofscholar" am Hofe nur eine untergeordnete Rolle. Er schrieb 7 Oratorien und 7 Opern, die in Wien aufgeführt wurden, außerdem Messen im A-cappella-Stil und andere kirchenmusikalische Werke.

Ausg.: **Zu Francesco C.:** Motette *Alma redemptoris mater* für Tenor, Str. u. B.c., hrsg. v. C. SCHOENBAUM, in: DTÖ 101/102 (Gr 1962).

Lit.: **Zu Francesco C.:** W. ARLT, Zur Deutung der Barockoper „Il trionfo dell'Amicizia e dell'Amore", in: Musik u. Geschichte. FS L. Schrade (Kö 1963); H. W. WILLIAMS, F. B. C. (1964) (= Diss. Columbia Univ.); S. KUNZE, Die Entstehung eines Buffo-Librettos. Don-Quijote-Bearbeitungen, in: DJbMw 12 (1967); E. u. C. FRUCHTMAN, Instrumental Scoring in the Chamber Cantatas of F. C., in: Studies in Musicology, FS G. Haydon (Chapel Hill/N. C. 1969).

CONTINO, Giovanni, * um 1513 Brescia, † Ende 1574(?) ebd.; it. Komponist. C. war Sängerknabe am Dom von Brescia, trat 1541 in den Dienst des Kardinals Cristoforo Madruzzo in Trient und wurde 1551 Domkapellmeister in Brescia. Nach kürzeren Aufenthalten in Trient und Mantua kehrte er nach Brescia zurück, wurde 1565 erneut Domkapellmeister, doch bereits im nächsten Jahr seines Amtes enthoben. C. schrieb vorwiegend Kirchenmusik, die stilistisch Palestrina nahesteht.

WW: **1) Geistliche WW:** 2 Bücher 5st. Motetten *(Modulationes)* (V 1560), 6st. Motetten (V 1560); *Introitus et Halleluia qui… per annum cantantur* für 5 St. (V 1560); *Hymni per totum annum* für 4 St. (V 1561); Magnificatvertonungen für 5 St. (Ferrara 1571); *Threni Jeremiae* u.a. Karwochengesänge für 5 St. (V 1561, Brescia 1588); Messen für 4 St. (V 1561), für 5 St. (Mi 1573). – **2) Weltliche WW:** 5st. Madrigale (V 1560).

Lit.: P. GUERRINI, G. C., in: Note d'archivio 1 (1924); H. ENGEL, L. Marenzio (Fi 1956).

CONTINUO (it.), verkürzte Bz. für Basso continuo. – ↗Generalbaß.

CONTRALTO, Contr'alto (it., = tiefer Alt), in Italien, Frankreich und in England Bz. für die (weibliche) ↗Alt-Stimme. – Im deutschen Sprachgebrauch bedeutet C. vorwiegend eine nach Umfang und Timbre besonders tiefe (bis d herunterreichende) und dunkle Alt-Stimme.

CONTRAPÀS (katalanisch, = Gegenschritt), alter katalanischer Volkstanz, ein Sprungtanz, der in der Reihe oder im Halbkreis ausgeführt und in der ursprünglichen Form als „C. largo" während der Fastenzeit in der Kirche zu Texten der Passion Christi dargeboten wurde. Kennzeichnend sind die ruhig schreitende, schlichte Melodie, zu der auch der ↗Aurresku getanzt wurde, und der Wechsel von geraden und ungeraden Metren. Neben dem zeitlich sehr ausgedehnten und ermüdenden „C. largo" setzte sich später als kürzere Variante der „C. corto" durch.

CONTRAPPUNTO ALLA MENTE (it.; frz.: chant sur le livre), Bz. für eine mehrstimmige Improvisationspraxis nach gewissen Regeln des Kontrapunkts. Ausgehend von dem mittelalterlichen, für die Improvisation bestimmten Discantus simplex (↗Discantus) und seinen Konsonanz- und Konsonanzfolgeregeln für den Satz Note gegen Note, behielt diese Praxis auch in der Folgezeit ihre Bedeutung: In dem von J. Tinctoris (*Liber de arte contrapuncti,* 1477) beschriebenen „super librum cantare" richtete sich – im Gegensatz zur schriftlich fixierten und von den Kontrapunktregeln her komplizierteren Komposition – die Improvisation nur nach einer Stimme. In der besonders in Deutschland im 16. und 17. Jh. gepflegten und von Theoretikern beschriebenen ↗Sortisatio erfolgte eine mehr oder weniger zufällige und demzufolge auch fehlerhafte Regelung der Zusammenklänge. Der C. war in Italien im 17. Jh., in Frankreich auch noch im 18. Jh. üblich.

CONTRAPUNCTUS (lat.), ↗Kontrapunkt.

CONTRATENOR, Contra (lat.), im 3- und mehrstimmigen Satz des 14.–16. Jh. Bz. für eine „gegen den Tenor" gesetzte Tiefstimme. Der Ausdruck findet sich erstmals in einer Motettenhandschrift it. Herkunft aus dem frühen 14. Jh. (Faks. bei F.-A. Gallo, in: *Quadrivium* IX, 1969, Tafel I). C. bezeichnet im Motettensatz des 14. und frühen 15. Jh. eine untextierte, im gleichen Klangraum wie der Tenor verlaufende, ihn häufig kreuzende Stimme, die einerseits als Füll-, andererseits als Stützstimme wirkt: Sie füllt das Cantus-Tenor-Gerüst im Sinne einer reicheren Klanglichkeit und stützt den Satz, indem sie zusammen mit dem Tenor ein Baßfundament bildet, in dem der jeweils tiefste Ton den Hauptbezug zu den übrigen Stimmen darstellt. An den Hauptschluß-Kadenzen übernimmt aber immer der Tenor als die cantustragende Hauptstimme den Grundton. Als Derivat dieses „Kombinationsbasses" (H. Besseler) begegnet – erstmals im wohl 1356 abgeschlossenen *Codex Ivrea* – der aus den tiefsten Tenor- und Contratenor-Tönen gebildete *Solus Tenor,* eine Kombinationsstimme, die die Möglichkeit bietet, ursprünglich 4stimmige Sätze auch 3stimmig auszuführen.
Im Kantilenensatz des späteren 14. Jh. (u. a. bei G. de Machaut) bildet der C. zusammen mit dem frei erfundenen Tenor ein im Vergleich zum Motettensatz durch lebhafteren Duktus und noch häufigere Stimmkreuzungen gekennzeichnetes Satzfundament. Im frühen 15. Jh. ist im Zusammenhang mit der Ausbildung des 4- und mehrstimmigen Vokalsatzes die Tendenz zu beobachten, die Füll- und die Stützfunktion des C. auf zwei eigenständige Stimmen zu verteilen: Auf eine Füllstimme im Klangbereich zwischen Cantus und Tenor und auf eine unter dem Tenor verlaufende autonome Fundamentstimme mit Quintfall-Klausel. Bei G. Dufay, in dessen Werk sich diese Entwicklung verfolgen läßt, wird der Tiefstimmen-C. zur Unterscheidung von der nach wie vor C. oder kurz Contra genannten Mittelstimme als *Contratenor secundus, Tenor secundus, Contratenor bassus,* oder auch *Tenor bassus* bezeichnet. J. Tinctoris faßt die drei möglichen Klangebenen des C. in seiner Definition wie folgt zusammen: „Contratenor est pars illa cantus compositi, quae principaliter contra tenorem facta inferior est supremo, altior autem aut aequalis aut etiam ipso tenore inferior" *(Terminorum musicae diffinitorium).*
Im späten 15. Jh. ist, analog zur Bildung *Contratenor bassus,* die Bezeichnung *Contratenor altus* belegt (Guilelmus Monachus, *De preceptis artis musicae,* in: CSM 11, 38), die sich in der Praxis jedoch nicht eingebürgert hat. In den Werken der Niederländer, sowohl in polyphonen Motetten- oder Chanson-Sätzen (Josquin des Près) als auch in einfacher strukturierten, vom italienischen Frottola-Typus beeinflußten Liedsätzen (L. Compère), setzen sich für die Baß- und die Füllstimme mehr und mehr die Bezeichnungsfragmente *Bassus* (↗Baß) und *Altus* (↗Alt) durch. Einzig in England bleibt der Terminus C. in ↗Countertenor erhalten, wenn auch nicht in seiner ursprünglichen Bedeutung: Von der Stimmbezeichnung im satztechnischen Sinne (Old-Hall-Ms.) wurde er zur Stimmlagenbezeichnung im physiologischen Sinne, zur Benennung des Männeralts.

Lit.: H. BESSELER, Bourdon u. Fauxbourdon (L 1950, ²1974); E. APFEL, Beitr. zu einer Gesch. der Satztechnik v. der frühen Motette bis Bach (Mn 1964); DERS., Grundlagen einer Gesch. der Satztechnik v. 13. bis zum 16. Jh. (Saarbrücken 1974); D. HOFFMANN-AXTHELM, Tenor/Contratenor u. Bourdon/Fauxbourdon. Beitr. zu einer Begriffsgesch. ma. Stimmbezeichnungen (1970) (= Diss. masch. Freiburg); DIES., C., in: Handwörterbuch der musikal. Terminologie (Wie 1973); N. ZASLAW, The enigma of the „haute-contre", in: MT 115 (1974).

D. HOFFMANN-AXTHELM

CONTREDANSE (frz.), im späten 17. Jh. in Frankreich und in den Niederlanden aus dem englischen ↗Country dance entstandener Gruppentanz in geradem Takt und lebhaftem Tempo; deutsche Bezeichnungen sind *Contretanz, Kontertanz* oder *Kontratanz.* Musikalisch werden bei der C. zwei jeweils aus acht oder einer anderen geraden Zahl von Takten bestehende Perioden wiederholt; oft schließt sich ein Trio an. Choreographisch ist zwischen der *C. anglaise* und der *C. française* zu unterscheiden. Der C. anglaise liegen die Longways (Doppelreihen) des Country Dance zugrunde; das durch eine lautliche Veränderung von „country" (ländlich) entstandene „contre" drückt hier das Gegenüber der Tänzer aus. Die C. française entwickelte sich aus dem Round (Rundtanz) des Country Dance; mit ihr stehen der ↗Cotillon und die ↗Quadrille in engstem Zusammenhang. Die C. war während des ganzen 18. Jh. in Frankreich und in den anderen europäischen Ländern außerordentlich beliebt als Gemeinschaftstanz in der bürgerlichen und höfischen Gesellschaft. Zahlreiche Melodien wurden bis weit ins 19. Jh. hinein – namentlich in Frankreich – veröffentlicht. Die wichtigsten Sammlungen sind: R. A. Feuillet, *Contredanses mises en choréographie* (P 1710, Faks.-Nachdr. NY 1968), G. Taubert, *Rechtschaffener Tantzmeister* (L 1717, Faks. Nachdr. Mn 1976), E. Ph. Chédeville, *Recueil de contredances ajustées pour les musettes et vièles* (P um 1735), J. Leclerc, 3 *Recueils de contre-danses* mit B.c. (P 1736–38), De la Cuisse, *Le répertoire des bals* (P 1762). Viele C.s wurden auch zu Vaudevilles verarbeitet und als Couplets verwendet.

Die Beliebtheit der C. im 18. Jh. zeigt sich nicht zuletzt darin, daß sie in die Oper jener Zeit Eingang fand (erstmals bei A. Campra, dann vor allem bei J. Ph. Rameau) und auch als Orchestertanz gebräuchlich wurde. Vor allem W. A. Mozart schrieb viele C.s als Einzelstücke oder zu Gruppen zusammengefaßt, z. T. mit programmatischen Überschriften (z. B. *Das Donnerwetter,* KV 534; *Der Sieg vom Helden Coburg,* KV 587). Im 1. Finale des *Don Giovanni* bildet ein Kontretanz (den Don Giovanni mit Zerlina tanzt) einen der drei sich überlagernden Tänze, von denen diese Szene musikalisch-dramatisch bestimmt wird. Bei L. van Beethoven schließlich erlangt eine C. (Nr. 7 aus den 12 *Contredances,* WoO 14, auch im Finale des Balletts *Prometheus* verwendet) Bedeutung an zentralen Stellen seines kammermusikalischen und symphonischen Schaffens: als Thema der Klaviervariationen op. 35 (sog. Eroica-Variationen) und des Finale der *Sinfonia eroica.*

Lit.: J. BEYTHIEN, Der Einfluß des Kontertanzes auf die Orch.-Musik der dt. Frühklassik (Diss. Jena 1957); H. BESSELER, Einflüsse der Contratanzmusik auf J. Haydn, in: Kgr.-Ber. Budapest 1959; J.-M. GUILCHER, La c. française, ses origines, son évolution (Diss. P 1963); DERS., La c. et les renouvellements de la danse (P 1969).

CONVENIENZE E INCONVENIENZE TEATRALI, LE, Oper von G. Donizetti; dt. Titel: ↗Viva la Mamma.

COOKE, Arnold Atkinson, * 4. 11. 1906 Gomersal (Yorkshire); engl. Komponist. C. studierte 1929–32 in Berlin Tonsatz bei P. Hindemith. 1933–38 war er Dozent für Harmonielehre und Kontrapunkt am Royal Manchester College of Music. 1947 wurde er Professor für Theorie und Tonsatz am Trinity College of Music in London. Die Universität Cambridge verlieh ihm 1948 für seine 1. Symphonie und für die Sonate für 2 Klaviere den Doktorgrad der Musik. Seine vorwiegend kammermusikalischen Werke sind durch kontrapunktischen Stil und sangliche Stimmführung der Barock-Tradition verpflichtet. In den Scherzo-Fugato-Sätzen zeigt er spezifisch englischen Humor.

WW: Klv.-Stücke; Orgelsonate (1973); zahlr. Kammermusik-WW für Bläser, Str. u. gem. Ensemble; Klv.-Konzert (1940); V.-Konzert (1958); 3 Sinfonien (1947, 1963, 1967); *Ode on St. Cecilia's Day* (1964) für Soli, Chor, Orch. u. Org.; Kantaten; Liederzyklen nach W. Blake, W. H. Auden u. a.; Oper *Mary Burton* (1949) (sozialkritisches Sujet nach Gaskell); Ballett *Jabez and the Devil* (1961), auch als Orch.-Suite; ferner Bühnen-, Film- u. Rundfunkmusiken.

Lit.: J. CLAPHAM, A. C., The Achievement of Twenty Years, in: Music Survey 3/4 (1951).

H. LINDLAR

COOKE, Benjamin, * 1734 London, † 14. 9. 1793 ebd.; engl. Organist und Komponist. C. war Schüler von J. Chr. Pepusch, seit 1757 Chordirigent und seit 1762 Organist an Westminster Abbey. 1775 wurde er Doctor of music an der Universität Cambridge, 1782 an der Universität Oxford und erhielt im selben Jahr das Organistenamt an St. Martin-in-the-Fields in London. C.s ↗Glees, frühe Beispiele ihrer Art, waren seinerzeit sehr beliebt. Er gilt auch als ein wichtiger Komponist anglikanischer Kirchenmusik in der 2. Hälfte des 18. Jahrhunderts.

WW: **1) Weltliche WW:** *A collection of glees, catches, and canons* für 3–6 St. (Lo 1775); *Nine glees and two duets,* hrsg. v. seinem Sohn ROBERT C. (Lo 1795); weitere Glees als Einzeldrucke u. in Sammeldrucken, so in: *Amusements for the Ladies,* 3 Bde. (Lo 1791–93), u. hsl.; *Ode on Handel* für 8 St. (Lo 1785); *Collin's Ode on the Passions* für Soli, Chor u. Instr. (Lo 1784); *Morning Hymn* aus dem 5. Buch v. Miltons *Paradise lost,* zus. mit J. E. Galliard (Lo 1773). – **2) Geistliche WW:** hsl. erhalten sind Services, Anthems u. a. einzelne kirchenmusikal. WW. – **3) Instr.-WW:** Duette für 2 Fl. oder 2 V. (Dublin o. J.); Fugen u. a. Stücke für Org. (Lo o. J.); gedruckt wurden auch der *Canon by twofold augmentation,* der sich auf seinem Grabstein in Westminster Abbey befindet.

Ausg.: Magnificat, hrsg. v. W. REED, in: The Treasury of English Church Music 4 (Lo 1965).

Lit.: H. COOKE, Some account of Dr. C. (Lo 1937).

COOKE, Henry, * um 1615 (1616 ?), † 13. 7. 1672 Hampton Court; engl. Sänger und Komponist. C. war Chorknabe der Chapel Royal. Im Bürgerkrieg kämpfte er als Offizier auf der Seite des Königs (er wurde daher allgemein „Captain C." genannt). 1660 trat er als Sänger und Master of the Children in den Dienst König Karls II. Er erhielt Vollmacht, die besten Chorknaben des Landes an die Chapel Royal zu ziehen (zu denen u. a. J. Blow, P. Humfrey, H. Purcell, Th. Tudway, W. Turner und M. Wise gehörten) und erneuerte mit großer Energie die lange Zeit unterbrochene Tradition des geistlichen Chorgesangs. C. strebte, u.a. durch Verwendung von Saiteninstrumenten in der Chapel Royal, eine Annäherung an den französischen Geschmack an. Als Nachfolger von Ch. Coleman oblag ihm auch das Komponieren für die „private Musick" des Königs. 1656 war C. an der Komposition der ersten englischen Oper, *The Siege of Rhodes*, beteiligt, bei deren Aufführung er auch als Sänger mitwirkte. Von seinen Werken sind etwa 30 Anthems und einige Songs hsl. erhalten; vier 3st. Songs wurden gedruckt (RISM 1667[6]).

Lit.: J. PULVER, A Biographical Dictionary of Old English Music (Lo 1927); W. K. FORD, The Chapel Royal at the Restoration, in: MMR 90 (1960).

COOKE, Thomas Simpson, * 1782 Dublin, † 26. 2. 1848 London; irischer Sänger, Violinist und Komponist. Er trat bereits mit 7 Jahren als Violinist auf und wurde mit 15 Jahren Leiter eines Theaterorchesters in Dublin. 1806–12 betrieb er ein Musikgeschäft, kam 1813 nach London und debütierte dort als Opernsänger. Seit 1815 war er Erster Tenor, seit etwa 1823 auch Erster Violinist am Drury Lane Theatre, dessen Leitung er dann in den 30er Jahren übernahm. C. war außerdem u.a. Musikdirektor und Dirigent an Covent Garden, Mitglied der Philharmonic Society, deren Konzerte er gelegentlich leitete, und seit 1846 Dirigent des Concert of Ancient Music. Er schrieb zahlreiche Opern, Glees, Lieder und freie Bearbeitungen von Opern, u.a. von C. M. von Weber, D. F. E. Auber, F. A. Boieldieu, L. J. F. Hérold und G. Rossini. C. genoß außerdem einen großen Ruf als Gesanglehrer und veröffentlichte auch Lehrbücher.

COOL JAZZ (engl., = „kühler" Jazz), Bz. für einen Ende der 40er Jahre des 20. Jh. aus dem ↗Bebop entstandenen Jazzstil mit weitgehend europäischem Charakter, der als ausgesprochen intellektuell gilt. Unter *to be cool* versteht man im afroamerikanischen Sprachgebrauch eine kühle, distanzierte Attitüde – nach L. Jones die zentrale Eigenschaft, die der schwarzen Bevölkerung Amerikas bei aller Unterdrückung zum Überleben verholfen hat –, die aber Engagement und Konzentration auf des Wesentliche einschließt. *Cool* kann daneben auch soviel wie angenehm und befriedigend bedeuten, etwas, das über eine rein physische Ekstase hinaus auf eine höhere geistige Ebene zielt. So kann sinngemäß auch ein *hot* geblasenes Solo *cool* sein.
Die Interpreten des C. J. haben weitgehend auf die ↗Hot-Intonation verzichtet: Die Bläser spielten glatt, ohne Vibrato und ↗Dirty tones. Man konzentrierte sich vorwiegend auf die Mittellage und improvisierte ohne ↗Off-beat-Technik in gleichbleibenden Notenwerten. Die Harmonik wurde auf atonale, dodekaphone und polytonale Bereiche erweitert, die Stimmen extrem kontrapunktisch geführt. Die in den Soli bis dahin übliche akkordische Struktur wich nun der Linearität. Die Zäsuren des ↗Chorus galten nicht mehr unbedingt.
Alle diese Versuche hatten höchst unterschiedliche Auswirkungen. Mit europäischen Formen experimentierten die Pianisten Dave Brubeck und John Lewis mit seinem Modern Jazz Quartet. Der Linearität verpflichtet waren der Pianist Lennie Tristano und seine Schüler Lee Konitz, Warne Marsh, Billy Bauer und andere, die teilweise bis zur völligen Auflösung der traditionellen Harmonik gingen. 1949 nahmen sie das erste „freie" Stück mit dem Titel *Intuition* auf. – Mit dem C. J. hängen zahlreiche Versuche zusammen, den modernen Jazz mit Elementen der Musik der europäischen Avantgarde zu verbinden. Diese Bemühungen wurden unter der Bezeichnung *Third Stream* zusammengefaßt. Der Trompetenton von Miles Davis verkörperte am reinsten das „kühle", gleichsam introvertierte Klangideal dieses Stils. Der Musiker nahm 1949 eine Platte in Big Band-Besetzung auf *(Birth of the Cool)*. Die Arrangeure des Miles Davis Capitol-Orchestra, vor allem Gil Evans, schufen einen neuen Big Band-Stil, wobei die bisherige Besetzung um Horn, Tuba und Flügelhorn erweitert wurde. Die Musiker verwendeten weitgestreute Klänge, deren Dissonanzen auf Grund des weichen, tiefen Orchesterklanges zu scheinbaren Konsonanzen verschmolzen.
Der C. J. hatte keine lange Blütezeit und wurde eigentlich vom Augenblick seiner Entstehung an von dem modernen Jazz absorbiert. Die wesentlichen Anregungen im Arrangement, in der Ausweitung der Harmonik, der melodischen Linie und der Form haben aber breite Wirkung gezeigt. Besonders in Europa ist der C. J. rezipiert worden und hat in den 50er Jahren den Stil des modernen Jazz entscheidend geprägt. Am intensivsten hat sich hier die Tristano-Schule ausgewirkt, ganz offensichtlich auf Grund der für europäisch geschulte Musiker leichter nachvollziehbaren polyphonen Strukturen.

Lit.: J. E. BERENDT, J. Lewis, König des Cool Jazz, in: Melos 22 (1955); M. HARRISON–M. JAMES, Controversiales. A Bebate on L. Konitz, in: The Jazz Review 3 (1960); H. PIKAR, Notes on Tristano, in: ebd.; L. FEATHER, Bebop, Cool-Jazz, Hard Bop, in: Die Story des Jazz, hrsg. v. J. E. Berendt (St 1975).
U. KURTH

COOPER, John, ↗Coperario, Giovanni.

COPERARIO (Coprario), **Giovanni** (eig. John

Cooper), * um 1575, † 1626 London; engl. Komponist. Er soll die italienisierte Form seines Namens nach einem Aufenthalt in Italien angenommen haben, von dem er vermutlich um 1605 nach England zurückgekehrt ist. C. wirkte als Lautenist, Gambist und Komponist am königlichen Hofe und war wahrscheinlich Lautenlehrer der Kinder König Jakobs I. Seine Bedeutung liegt vor allem – auch nach dem Zeugnis seiner Zeitgenossen – auf dem Gebiet der Instrumentalmusik. Seine Suiten für Violine, Gambe und B.c., die auch eine wichtige Station in der Entwicklung der Triosonate bilden, begründeten mit der Satzfolge *Fantasy – Alman – Ayre* (oder *Galliard*) einen eigenen englischen Typus dieser Gattung.

WW: **1) Instr.-WW:** 4 Fantasien für 3 Violen (RISM 1648[7]); hsl. erhalten weitere 3–6st. Fantasien u. Suiten für versch. Instr. u. B.c. – **2) Vokal-WW:** *Funeral Teares* für 1–2 St. (auf den Tod des Earl of Devonshire) (Lo 1606); *Songs of Mourning* für SingSt u. Laute oder Viole (auf den Tod des Prinzen Henry) (Lo 1613); 2 Anthems (RISM 1614[7]); Gesänge zu Masques (RISM 1614[20], 1614[22]); hsl. erhalten sind u.a. auch 3st. Villanellen. – **3) Schriften:** *Rules how to compose* (um 1610), hsl.

Ausg.: Mehrere Instr.-Stücke, hrsg. v. H. COATES – TH. DART, in: Mus. Brit. 9 (Lo 1952); Fantasie a 4 g-moll, hrsg. v. A. MANGEOT (Lo 1936); Fantasie a 4 a-moll, hrsg. v. E. H. MEYER, in: English Chamber Music (Lo 1946); *Fantasy-Chi puo mirarvi*, hrsg. v. N. DOLMETSCH – L. RING (NY 1960); 2 Fantasien, hrsg. v. N. DOLMETSCH (Lo 1962); *Funeral Teares* 1606, *Songs of Mourning* 1613 u.a. Gesänge, hrsg. v. E. H. FELLOWES, revidiert v. G. Hendrie – TH. DART (Lo 1959) (= The English Lute Songs I/17); 2 Gesänge, hrsg. v. P. WARLOCK – P. WILSON, in: English Ayres (Lo 1923, 1031); Poèmes de Donne, Herbert et Crashow mis en musique par leurs contemporains…, hrsg. v. A. SOURIS (P 1961) (= Le chœur des muses o. Nr.); *Rules how to compose*, Faks.-Ausg. v. M. BUKOFZER (Beverley Hills/Calif. 1952).

Lit.: V. DUCKLES, The English Musical Elegy of the Late Renaissance, in: Aspects of Medieval and Renaissance Music. FS G. Reese (NY 1966); R. CHARTERIS, Autographs of J. C., in: ML 56 (1975); R. MCGRADY, C.'s „Funeral teares“, in: MR 38 (1977).

COPERTO (it., = bedeckt), **Timpano coperto,** Spielanweisung, die Pauke mit Tuch, Leder, Filz oder mit den Fingern zu dämpfen.

COPLA (span.; von lat. copula), Bz. für die im allgemeinen gelehrt inspirierte Strophe innerhalb der spanischen Dichtung seit dem Mittelalter, mit unterschiedlichen Versmaßen, Rhythmen und Längen (z.B. *c. de arte menor; c. de arte mayor*). Die Reihe berühmter Beispiele reicht von Jorge Manrique (1440–79) bis zu Federico García Lorca (1898–1936). – In der höfischen Musik gewann die C. zumindest seit der 2. Hälfte des 15. Jh. zunehmende Bedeutung als Textvorlage.

Lit.: T. NAVARRO, Métrica española. Reseña histórica y descriptiva (Syracuse/N.Y. 1956); R. BAEHR, Spanische Verslehre auf hist. Grundlage (Tü 1962).

COPLAND (eig. Kaplan), **Aaron,** * 14. 11. 1900 Brooklyn (New York); amerik. Komponist und Pianist. C. entstammt einer aus Rußland eingewanderten jüdischen Familie. Er studierte in New York Komposition bei R. Goldmark, 1921–24 in Paris bei P. Vidal und N. Boulanger und erhielt 1925 und 1929 als erster Komponist ein Guggenheim-Stipendium. 1927–37 lehrte er an der New School for Social Research in New York, 1935–44 und 1951–52 an der Harvard University. Immer wieder hielt er sich für längere Zeit in Europa auf. In den 40er und 50er Jahren trat er häufig als Pianist und Dirigent auf. 1928–31 veranstaltete er mit R. Sessions zahlreiche Konzerte mit Werken zeitgenössischer Komponisten. C. bekleidete in der League of Composers und in der amerikanischen Sektion der IGNM mehrere Ämter, gründete außerdem die Cos Cob Press, die amerikanische Musik herausbrachte, und war 1937 maßgeblich an der Gründung der American Composers Alliance beteiligt. Durch seine intensive Lehrtätigkeit, u.a. in Tanglewood, hatte er bedeutenden Einfluß auf die amerikanischen Komponisten der jüngeren Generation. Seine Verdienste um das amerikanische Musikleben und die amerikanische Musik wurden durch zahlreiche Auszeichnungen gewürdigt.

WW: **1) Instr.-WW:** Für Klavier: *Passacaglia* (1922); Variationen (1930); Sonata (1941); *Piano Fantasy* (1955–57); Klavier-Quartett (1950); Sextett (1937) für Streichquartett, Klar. u. Klv.; Violinsonate (1943); Duo (1971) für Fl. u. Klv. – Für Orch.: *Dance Symphonie* (1925); *Music for the Theatre* (1925); *Symphony No. 1* (1928); *Symphony No. 2 (Short Symphonie)* (1933); *El salón méxico* (1936); *An Outdoor Ouverture* (1938); *Danzón cubana* (1942–44); *Symphony No. 3* (1946); *Dance Panels* (1959, überarbeitet 1962); *Orchestral Variations* (1957); *Connotations* (1961–62); *Orchestral Variations* (1957); *Connotations* (1961–62); *Music for a Great City* (1964); *Inscape* (1967); *Klavierkonzert* (1926); *Quiet City* (1940) für Trp., Englisch Horn u. Streichorch.; *Lincoln Portrait* (1942) für Sprecher u. Orch.; *Concerto* (1948) für Klar. u. Streichorch. mit Harfe u. Klv.; *Nonet* (1960) für Str.; *Emblems for Band* (1964). – **2) Vokal-WW:** *As It Fell Upon A Day* (1923) für SingSt, Fl. u. Klar.; *In the Beginning* (1947) für Mezzo-Sopran u. Chor; *Old American Songs* (1950–52) für SingSt u. Klv.; *12 Poems by Emily Dickinson* (1950) für mittlere St. u. Klv.; *Canticle of Freedom* (1955) für Chor u. Orch. – **3) Bühnen-WW:** Oper *The Tender Land* (1954), Orch.-Suite daraus (1957); Ballett *Billy the Kid* (1938); Ballett *Rodeo* (1942); *Appalachian Spring* (Ballett, auch Orch.-Suite (1944) für 13 Instr.; Filmmusik *Our Town* (1940). – **4) Schriften:** *What to listen for in music* (NY 1938, ²1957, ³1963), dt. Übers.: *Lerne Musik hören!* (B 1948), u.: *Vom richtigen Anhören der Musik* (Reinbek 1967); *Our New Music* (NY 1941, überarbeitet als: *The New Music* (NY 1968), dt. Übers.: *Unsere neue Musik* (Mn 1947); *Music and Imagination* (C/M 1952); *C. on Music* (NY 1960) (Gesammelte Aufsätze); ferner zahlr. Aufsätze in Musikzeitschriften.

C.s frühe Werke sind stark von der französischen

Avantgarde der 20er Jahre beeinflußt, zu deren führenden Vertretern in dieser Zeit auch Strawinsky zählte. Klare Formen, Polyrhythmen, Ostinati, wenig einprägsame Melodien und Dissonanzenreichtum bestimmen ihre bisweilen etwas dünne Textur. Mitte der 20er Jahre erstrebte C. die Entwicklung einer genuin amerikanischen Musik, was zu einer intensiven Auseinandersetzung mit dem Jazz führte, der seine Werke aus dieser Zeit wesentlich beeinflußte. Nach 1930 verließ er diesen Weg wieder, ohne allerdings die Idee eines „American Sound" aufzugeben, und verwendete eine sehr herbe, auf strengeren Kompositionsregeln fußende Tonsprache. Mit populären, häufig auf Volksliedthemen beruhenden Werken, suchte er sich ein breiteres Publikum zu erschließen. Daneben schrieb er auch weiterhin avantgardistische Stücke und machte sich ähnlich wie Strawinsky in den 50er Jahren die Zwölftontechnik zu eigen. C. trat auch als Filmkomponist hervor.

Lit.: A.C. A Complete Catalogue of His Works (Lo 1960). – A. BERGER, A. C. (1953); P. EVANS, The Thematic Technique of C.'s Recent Works, in: Tempo (1959); CH. E. BROOKHART, The Choral Music of A.C., R. Harris, and R. Thomson (1960) (= Diss. phil. Nashville); M. HARLAN, A Study of the Major Solo Piano Works of A. C. (1965) (= Diss. Northwestern Univ., Evanston/Ill.); W. SZMOLYAN, Gespräch mit A.C., in: ÖMZ 22 (1967); C.O. PEARE, A.C. (NY 1969); V. THOMSON, American Music since 1910 (NY 1971); H. C. WOLFF, Ordnung u. Gestalt. Die Musik v. 1900–1950 (Bonn-Bad Godesberg 1978). U. KURTH

COPPÉLIA ou La Fille aux yeux d'émail, Ballett in 2 Akten von Léo Delibes (1836–91) nach E.Th.A. Hoffmanns Erzählung *Der Sandmann;* Libretto von Charles Nuitter (1828–99) und Arthur Saint-Léon (1821–70). UA: 25.5.1870 in Paris (Grand Opéra), Choreographie: A. Saint-Léon; dt. EA: 30.4.1881 in Berlin (Königliches Opernhaus). Der Spannungsgegensatz von Puppen und Menschen inspirierte C. Nuitter und A. Saint-Léon zu diesem Ballett, in dem einige wenige Handlungsgrundzüge der romantischen Novelle E. Th. A. Hoffmanns entlehnt sind. Auch die Opern von A. Adam *(Die Nürnberger Puppe)* und von J. Offenbach *(Hoffmanns Erzählungen)* basieren auf dieser Thematik. C. wiederum wurde zum Vorbild für viele spätere Puppenballette, so für J. Bayers *Puppenfee* (1888), P. Tschaikowskys *Nußknacker* (1892), I. Strawinskys *Petruschka* (1911) und O. Respighis – G. Rossinis *Zauberladen* (1919). Allerdings unterscheidet sich die Figur der Coppélia von den meisten anderen Puppenfiguren darin, daß sie ursprünglich als Doppelrolle konzipiert ist: Swanhilda zieht die Kleider Coppélias über, spielt selbst die Puppe und decouvriert den Automaten.

Die choreographische Konzeption trug wesentlich zum triumphalen Erfolg der UA bei. Neben der Originalchoreographie Saint-Léons, die noch heute an der Pariser Oper reproduziert wird, gibt es zwei weitere tradierte Choreographien: die russische Version von Lew Iwanow und die eigenständige Fassung des Königlichen Balletts in Kopenhagen. Die symphonisch angelegte Musik dieser Ballettkomposition bietet eine Vielfalt musikalisch-künstlerischer Einfälle. Eingängige Melodien, z.B. die Variationen eines Themas von Moniuszko (1. Akt), der Csárdás und die Mazurka sowie die Automaten-Musik im Cabinet des Doktor Coppelius, erlangten – auch losgelöst von der übrigen Ballettmusik – eigenständige Popularität. G. LUDIN

COPPOLA, Pietro Antonio, * 11.12.1793 Enna, † 13.11.1877 Catania; it. Komponist. C. besuchte das Collegio di Musica in Neapel, war aber im wesentlichen Autodidakt. 1810–32 war er stellvertretender Dirigent am Teatro San Carlo in Neapel und seit 1832 dessen Leiter. 1836 ging er nach Wien. 1839–43 und 1850–71 dirigierte er am Teatro S. Carlos in Lissabon und wirkte anschließend 2 Jahre als Domkapellmeister in Novara. C. ist vor allem als Opernkomponist hervorgetreten.

WW: **1) Geistliche WW:** Oratorium *Matatia vincitore* (1866); *Requiem* u. Hymne *Voto sciolte* (1876) (komponiert für die Überführung von Bellinis Leichnam). – **2) Bühnen-WW:** Opern: *Il Destino*, UA: Catania 1825; *Il Figlio del bandito*, UA: ebd. 1825; *Achille in Sciro*, UA: ebd. 1828; *La Pazza per amore*, UA: Rom 1835; *Gli Illinesi*, UA: Turin 1835; *La Festa della rosa*, UA: Wien 1836; *Giovanna I*, UA: Lissabon 1850; *O Annel de Salomao*, UA: ebd. 1853.

Lit.: R. CAVELLARO, Elogio storico-biogr. di P. A. C. (Palermo 1857); U. P. COPPOLA, Biografia di P. A. C. (Catania 1898).

COPULA (lat., = Bindeglied, Verbindung), ein Terminus, der in der mittelalterlichen Musiktheorie in verschiedenen Bedeutungen verwendet wird: in der Lehre vom frühen ↗Organum (um 1100) zur Bezeichnung des „symphonen" Schlußklangs (im Einklang oder in der Oktave) eines musikalischen Abschnitts, in der Beschreibung der Notre-Dame-Mehrstimmigkeit (bei Johannes de Garlandia) zur Bezeichnung einer strophenartigen Satzweise „zwischen Discantus und Organum". Zur gleichen Zeit (2. Hälfte 13. Jh.) bedeutet C. bei anderen Autoren eine bestimmte irreguläre Vortragsart bzw. den irregulär vorgetragenen Abschnitt einer Notre-Dame-Choralbearbeitung. – ↗Copla.

Lit.: COUSSEMAKER Scr. u. GERBERT Scr. – G. D. SASSE, Die Mehrstimmigkeit der Ars antiqua in Theorie u. Praxis (Borna – L 1940) (= Diss. Berlin); W. G. WAITE, Discantus, C., Organum, in: JAMS 5 (1952); S. GULLO, Das Tempo in der Musik des XIII. u. XIV. Jh. (Be 1964) (= Publ. der Schweiz. Musikforsch. Ges. III/10); F. RECKOW, Der Musiktraktat des

Anonymus 4 (Wie 1967) (= Beihefte zu AfMw 4–5); R. FLOTZINGER, Der Discantussatz im Magnus liber u. seiner Nachfolge (W 1969) (= Wiener Musikwiss. Beitr. 8); F. RECKOW, Die C. Über einige Zusammenhänge zwischen Setzweise, Formbildung, Rhythmus u. Vortragsstil in der Mehrstimmigkeit v. Notre-Dame (Mz 1972) (= Abh. der geistes- u. sozialwiss. Klasse der Akad. der Wiss. u. Lit. Mainz); DERS., C., in: Handwörterbuch der musikal. Terminologie (Wie 1972).

COPYRIGHT (engl.), ↗Urheberrecht.

COR (frz.), das ↗Horn. – C. anglais ↗Englisch Horn; C. de basset ↗Bassetthorn; C. de chasse ↗Jagdhorn; C. des Alpes ↗Alphorn; C. à pistons, das Ventilhorn, C. simple, das Naturhorn.

CORBETT, William, * um 1670, † 7. 3. 1748 London (?); engl. Violinist und Komponist. C. wirkte 1700–03 als Komponist für das Lincoln's Inn Fields Theatre, das er 1705–11 leitete. Zwischen 1704 und 1714 trat er auch als Violinist in Benefiz-Konzerten hervor. Nach einem zweijährigen Aufenthalt in Rom stand er 1716–47 im Dienst des königlichen Hofs. Auf seinen zahlreichen Italienreisen erwarb er eine wertvolle Sammlung von Musikalien und alten Musikinstrumenten.

WW: **1) Instr.-WW:** Sonate für 2 V., Vc. u. B.c., op. 1 (A o.J.); Sonate für 2 Fl. u. B.c., op. 2 (Lo o.J.), u. op. 4 (Lo o.J.); *Le Bizzarie Universali (Concerti a 4)* für Str. u. B.c. (Lo o.J.). – **2) Vokal-WW:** Musik zu versch. Bühnen-WW u. einzelne Songs erschienen im Druck.

Ausg.: Sonate C-Dur für 2 Fl. u. B.c., hrsg. v. H. RUF (Kas 1973) (= Hortus Mus. 216).

Lit.: O. T. EDWARDS, The concerto in England during the 18th Century (1967) (= Diss. masch. Univ. of Wales).

CORBETTA, Francesco, * um 1620 Pavia, † März 1681 Paris; it. Lautenist. Er stand zunächst im Dienst des Herzogs von Mantua, der ihn 1656 an den Hof König Ludwigs XIV. nach Paris und anschließend an den Hof König Karls II. nach London entsandte. Seit 1669 war C. wieder in Paris, seit 1674 erneut in London. Zu seinen Schülern gehörte u. a. der Gitarrist und Theorbist R. de Visée. C. veröffentlichte 3 Bücher mit Werken für Gitarre in Tabulatur: *De gli scherzi armonici* (Bol 1639), *Varii capricci* (Mi 1643) und *La guitarre royalle* (P 1671 u. 1674, zwei verschiedene Drucke mit gleichem Titel).

Ausg.: Suite D-Dur sowie Suiten A-Dur u. G-Dur (aus *La guitarre royalle*), hrsg. v. D. KENNARD (Lo 1956, 64) 2 H.e; 16 Stücke aus *Varii capricci* für Gitarre, hrsg. v. A. BELLOW (NY 1967) (= Renaissance and Baroque 5); *La guitarre royalle* (Nachdr. Bol 1971) (= Bibl. musica Bononiensis 4).

Lit.: J. WOLF, Hdb. der Notationskunde, II (L 1919); M. SCHULZ, F. C. u. das Generalbaß-Spielen, in: Mf 4 (1951); R. KEITH, „La guitarre royale". A Study of the Career and Compositions of F. C., in: Rech. Mus. 6 (1966).

CORBIN DE MANGOUX, Solange, * 5. 4. 1903 Vorly, † 17. 9. 1973 Bourges; frz. Musikforscherin. 1957 wurde sie an der Sorbonne in Paris mit 2 Dissertationen über *La notation neumatique*... und *La déposition liturgique du Christ* promoviert. Seit 1950 war sie dort Lehrbeauftragte, seit 1958 Studienleiterin der École Pratique des Hautes Études. Seit 1961 lehrte sie Musikgeschichte und Musikwissenschaft an der Universität Poitiers. Sie hat eine Reihe wichtiger Studien vor allem über die Überlieferung des Gregorianischen Gesangs veröffentlicht, dem ihr wissenschaftliches Hauptinteresse galt.

Schriften: *Le Manuscrit 201 d'Orléans, drames liturgiques dits de Fleury*, in: Romania 74 (1973); *L'Église à la conquête de sa musique* (P 1960); *La notation neumatique dans les quatre provinces lyonnais* u. *La déposition liturgique du Christ* (Lis – P 1960); *La cantillation des rituels chrétiens*, in: RMie 47 (1961). – Sie leitete auch die Veröff. von *Répertoire des manuscrits médiévaux contenant des notations musicales* (P o.J.) u. *Cantillations dans les manuscrits des poètes latins.*

CORDA (it., = Saite). – Im Klavierspiel bezeichnet *una corda* (= eine Saite) das Anschlagen nur einer der für jeden Ton verfügbaren (meist drei) Saiten mit voller Verschiebung der Tastatur (↗Pedal), wodurch der Ton leiser wird, entsprechend *due corde* (= zwei Saiten), halbe Verschiebung; *tutte le corde* (= alle Saiten) bzw. *a tre corde* (= auf drei Saiten), ohne Verschiebung, d. h. mit voller Lautstärke. – Im Violinspiel fordert *sopra una corda* das Spiel auf nur einer Saite, *corda vuota* die ↗leere Saite.

CORDANS, Bartolommeo, * um 1700 Venedig, † 14. 5. 1757 Udine; it. Komponist. C. war Franziskanermönch, wurde aber vom Papst von seinen Gelübden entbunden. Zwischen 1727 und 1734 wurden von ihm in Venedig das Oratorium *San Romualdo*, 5 Opern, darunter *Orsmida* (1730 in London auch von Händel) und 2 Intermedien aufgeführt. 1735 wurde er Kapellmeister am Dom von Udine und wandte sich seitdem der Komposition geistlicher Musik zu (Messen, Motetten, Psalmen, darunter mehrere mehrchörige Werke, alle hsl. erhalten). Auch Triosonaten von ihm sind hsl. überliefert (Wien, Bibl. der Gesellschaft der Musikfreunde).

Ausg.: 3 Messen u. 5 Motetten, in: Musica sacra 2, hrsg. v. F. COMMER (B o.J.); Messe C-Dur, hrsg. v. H. MANDT (Düsseldorf 1956); *Jesu, salvator noster* für 4 St., hrsg. v. B. AMMANN (Luzern 1959).

Lit.: F. CHRYSANDER, G. F. Händel II (L ²1919); G. VALE, La Cappella Musicale del Duomo di Udine, in: Note d'Archivio 6 (1930).

CORDER. – 1) Frederick, * 26. 1. 1852 London,

† 21. 8. 1932 ebd.; engl. Komponist und Dirigent. C. war Schüler der Royal Academy of Music in London und studierte auch in Köln bei F. Hiller. 1888 wurde er Professor für Komposition an der Royal Academy und 1889 deren Kurator. Er schrieb u. a. die „romantische Oper“ *Nordisa* auf ein eigenes Libretto (UA: 1887 Liverpool), Operetten, Orchesterwerke, Chorwerke und Lieder. In London veröffentlichte er mehrere Schriften zur Musik: *The Orchestra and How to Write for It* (1895, [2]1902); *Modern Musical Composition* (1909) und *A History of the Royal Academy of Music* (1923). Mit seiner Frau übersetzte er die Libretti der Wagner-Opern *Rienzi, Meistersinger* und *Ring des Nibelungen* ins Englische. – **2) Paul,** Sohn von 1), * 14. 12. 1879 London, † 6. 8. 1942 ebd.; engl. Komponist. Er war Schüler seines Vaters an der Royal Academy und unterrichtete dort selbst seit 1907. C. schrieb Opern, Ballette, die gälische Orchesterfantasie *Morar, 4 Sea Songs* für Bariton und Orchester, *A Song of Battle* für Chor und Orchester sowie Klavierwerke.

CORDERO, Roque, * 16. 8. 1917 Panamá City; panamaischer Komponist und Dirigent. C. lernte unter bescheidenen Verhältnissen Klarinette und Violine. 1938 wählte ihn das Musikersyndikat in Panamá City zum Leiter eines neugegründeten Symphonieorchesters. Auf einer Tournee durch die USA wurde er von D. Mitropoulos und E. Křenek entdeckt und weiter gefördert. Nach Panamá zurückgekehrt, lehrte er dort 1950–66 Komposition am Nationalkonservatorium, das er 1953–64 auch leitete, und dirigierte das staatliche Symphonieorchester. 1964 ließ er sich in den USA nieder, wo er 1966–69 als Kodirektor und Professor für Komposition am lateinamerikanischen Musikzentrum der Indiana University wirkte. C. gilt als das Haupt einer stilistisch nicht gebundenen, panamaischen Schule, die folkloristische Elemente in eine allgemein gültige Musiksprache zu integrieren sucht. Er verfaßte auch eine Harmonielehre (1953) und einen Grundkurs für Solfège (1956).

WW: Kammer- u. Klv.-Musik; 3 Symphonien (1945, 1958, 1965); Konzerte für V., Va., Klv.; *Circunvoluciones y moviles* (1967) für 57 Musiker; *Paz, Paix, Peace* (1969) für 4 Trios u. Harfe; A-cap.-Chöre; ferner Bühnen- u. Ballettmusik.

Lit.: G. CHASE, Composed by C., in: Inter-American Music Bull. (1958) Nr. 7; R. R. SIDER, R. C. The Composer and His Style, in: ebd. (1967) Nr. 61.

H. LINDLAR

CORDES, Marcel (eig. Kurt Schumacher), * 11. 3. 1920 Stelzenberg (Rheinpfalz); dt. Sänger (Bariton). Er studierte seit 1935 am Konservatorium in Kaiserslautern, 1938–40 an der Musikhochschule in Mannheim und debütierte als Tenor in Eger als Canio in *I Pagliacci* von R. Leoncavallo. Nach Unterbrechung durch den 2. Weltkrieg war er seit 1948 in Kaiserslautern, 1950–51 in Mannheim und – inzwischen ins Baritonfach übergewechselt – 1951–54 in Karlsruhe engagiert. Seit 1954 ist er Mitglied der Bayerischen Staatsoper in München. Er gastierte an vielen anderen deutschen Bühnen, auch in Wien und Mailand. C. gilt als einer der bedeutendsten deutschen Vertreter des italienischen Baritonfachs.

CORDIER, Baude, * um 1380 Reims; frz. Komponist. Von ihm sind bekannt ein 3st. Gloria und 10 3–4st. Chansons. Diese Werke, die zum Teil auch in italienischen Quellen überliefert sind, zeigen Merkmale des manieristischen französischen Stils um 1400 (u. a. Mensurwechsel, Verwendung der Musica ficta), aber auch italienische Einflüsse. Das ist der Fall bei einem 3st. Stück *(Tout par compas suis,* Faks. in MGG II, Tafel 55), das satztechnisch (Oberstimmenkanon mit Stützstimmentenor) als ↗Caccia zu gelten hat.

Ausg.: GA, hrsg. v. G. REANEY, in: Early XVth Century Music (An 1955) (= CMM 11/1).

Lit.: H. BESSELER, C., in: MGG II (1952).

COREA, Chick (eig. Armando Anthony C.), * 12. 6. 1941 Chelsea (Massachusetts); amerik. Jazzmusiker (Piano). Er spielte zuerst in der Band seines Vaters, dann seit 1962 mit verschiedenen Gruppen, u. a. 1964–66 mit Blue Mitchell, 1968 bei Gary Burton. Seit 1968 wirkte er als Electric-Pianist bei vielen Einspielungen von Miles Davis mit, u. a. bei *In a silent way* (1968) und *Bitches Brew* (1970). 1970 gründete C. die Band „Circle“, 1972 die Gruppe „Return to forever“. Er spielt hier hauptsächlich verschiedene elektronische Tasteninstrumente. Stilistisch führte sein Weg vom Latin- und Rock-Jazz zu immer anspruchsloserem Pop. Eine wichtige Einspielung ist *Circle Paris Concert* (1971).

Lit.: K. LIPPEGAUS, Rock Jazz, in: Die Story des Jazz, hrsg. v. J. E. Berendt (St 1975, NA H 1978).

CORELLI, Arcangelo, * 17. 2. 1653 Fusignano (Faënza), † 8. 1. 1713 Rom; it. Komponist und Violinist. Nach erster Ausbildung in Faënza und Lugo kam C. mit 13 Jahren nach Bologna, wo er zunächst bei Giovanni Benvenuti, später bei dem als Improvisator berühmten Leonardo Brugnoli Violinunterricht erhielt. 17jährig wurde er 1670 Mitglied der Accademia dei Filarmonici, eine für einen Musiker in seinem Alter ungewöhnliche Ehre. Spätestens seit 1675, möglicherweise aber schon seit 1671, lebte er in Rom, wo er bei Oratorienaufführungen in S. Luigi dei Francesi und S. Marcello mitwirkte. 1679 leitete er als „Capo d'istromenti" die Premiere einer Oper B. Pasquinis. In den 70er Jahren nahm er noch Kontrapunkt-Unterricht bei dem bekannten Sänger der Cappella Pontificia, Matteo Simonelli, dem „Palestrina des Seicento". Zeitweise scheint C. im Dienst der Königin Christine von Schweden gewesen zu sein, der er 1681 seine *Sonate da chiesa* op. 1 widmete. Ins Reich der Fabel gehören dagegen eine Reise nach Paris (Verwechslung mit Cavalli) wie ein Aufenthalt in Deutschland (Verwechslung mit Torelli). 1682 lernte Georg Muffat im Hause C.s die neue, von A. Stradella in Rom eingeführte ↗Concerto-grosso-Praxis kennen, die C. später zu einem kompositorischen Prinzip ausbaute. Mitte der 80er Jahre hatte sich sein Ruf als Virtuose, Orchesterleiter und Komponist in Rom derart gefestigt, daß er ein Angebot Herzog Francescos II. von Modena ausschlagen konnte. 1688–90 lebte er im Palast des hochkultivierten Kardinals Benedetto Pamfili, dem er schon 1685 seine Kammersonaten op. 2 gewidmet hatte. Nach dem Weggang Pamfilis als Päpstlicher Legat nach Bologna holte ihn im April 1690 der junge Papstnepote Pietro Kardinal Ottoboni an seinen Hof. Hier leitete C. im Palazzo della Cancelleria die oft alle vierzehn Tage stattfindenden Akademien, aber auch Oratorien- und Opernaufführungen, die nicht zuletzt ihrer musikalischen Qualität wegen berühmt waren. 1694 widmete er dem Kardinal, der ihm freundschaftlich verbunden war, seine Kammersonaten op. 4. In den folgenden Jahren erlebte er zahlreiche Ehrungen: im Jahre 1700, in dem seine Violin-Sonaten op. 5 gleichzeitig in Rom, Amsterdam und London erschienen, wurde er „Guardiano degli stromenti" der Accademia S. Cecilia, 1706 verlieh ihm die Accademia dei Arcadi, eine der exklusivsten Akademien Italiens, ihre Mitgliedschaft. Ende 1709 zog er sich aus der Öffentlichkeit zurück und widmete sich ausschließlich der Fertigstellung und Veröffentlichung seiner Concerti grossi, die aber erst nach seinem Tod im Druck erschienen. Kurz vor Vollendung seines 60. Lebensjahres starb er. Kardinal Ottoboni ließ ihn mit päpstlicher Erlaubnis in S. Maria della Rotonda (dem antiken Pantheon) beisetzen. Postum verlieh ihm Kurfürst Johann Wilhelm von der Pfalz, dem die Concerti grossi op. 6 gewidmet sind, den Titel eines Marchese von Ladenburg.

WW: 12 *Sonate a tre*, op. 1 (R 1681) (Christine von Schweden gewidmet); 12 *Sonate da camera*, op. 2 (R 1685) (Kardinal B. Pamfili gewidmet); 12 *Sonate a tre*, op. 3 (R 1689) (Francesco II. von Modena gewidmet); 12 *Sonate a tre*, op. 4 (R 1694) (Kardinal P. Ottoboni gewidmet); 12 *Sonate a Violino e Violone o Cimbalo*, op. 5 (R 1700) (Sophie Charlotte von Brandenburg gewidmet); 12 *Concerti grossi*, op. 6 (A 1714) (Johann Wilhelm von der Pfalz gewidmet). Von den V.-Sonaten op. 5 erschien 1710 in Amsterdam eine Edition mit Verzierungen Corellis („... ou l'on a joint les agréemens des Adagio de cet ouvrage, composez par M. A. Corelli, comme il les joue"). Außerdem sind überliefert: *Sinfonia* zu dem Oratorium „S. Beatrice d'Este" v. G. L. Lulier (WoO 1); 2 *Concerti a quattro*, das 2. fragmentarisch (WoO 2,3); *Sonata a quattro* für Trp. u. Str. (WoO 4) sowie 6 *Sonate a tre*, op. postumum (A 1714) (WoO 5–10). Bei 118 Kompositionen ist die Echtheit zweifelhaft, 60 Kompositionen wurden C. irrtümlich zugeschrieben.

C.s gedrucktes Œuvre, das insgesamt nur aus 48 Triosonaten, 12 Violinsonaten und 12 Concerti grossi besteht, steht an Umfang in krassem Gegensatz zu den zahllosen Anlässen, für die er zu komponieren hatte. Zwar sind einige Kompositionen auch handschriftlich erhalten, etwa das *Concerto grosso* (WoO 1), das 1689 als Einleitung zu einem Oratorium G. L. Luliers entstanden ist, die beiden *Concerti a quattro* (WoO 2,3) oder die Sonate für Trompete und Streicher (WoO 4), die Züge der Bolognesischen Schule trägt, doch handelt es sich insgesamt nur um 10 Werke, die das gedruckte Œuvre ergänzen. Die Diskrepanz zwischen den tatsächlich komponierten und aufgeführten Werken einerseits und den erhaltenen andererseits ist so groß, daß eine zufällige Überlieferung als Begründung nicht ausreicht. Vielmehr ist für das relativ schmale Werk C.s, das eine so große Wirkung auch auf die Nachwelt hatte, sein Anspruch auf satztechnische Vollendung mit in Betracht zu ziehen. Das erklärt nicht nur die immer größer werdenden zeitlichen Abstände, in denen er seine Werke publizierte (die 6 opera erschienen 1681, 1685, 1689, 1694, 1700 und, postum, 1714), sondern auch die rigorose Beschränkung auf die instrumentalen Gattungen Triosonate, Violinsonate und Concerto grosso. In dieser stilistischen Begrenzung werden Züge des Klassizistischen erkennbar.

C.s Werke, sofern sie in autorisierten Drucken vorliegen, zeichnen sich durch äußerste Konzentration der kompositorischen Mittel, durch Ausgewogenheit der einzelnen Teile sowie durch bewußte Zurückhaltung des Ausdrucks aus. Obwohl sie auf ältere Formen und Praktiken zurückgehen (Kanzone, Opern-Sinfonia, Perfidia, Concerto grosso-Praxis), sind sie etwas genuin Neues. Unverkennbar ist auch der Verzicht auf spielerische Virtuosität und satztechnische, vor allem harmonische Kühnheiten. Sein Stil zeigt nicht zufällig Ähnlichkeiten mit dem Palestrinas, dessen Eigenheit C. bei Simonelli studiert hatte. Schließlich trug auch die formale Abgrenzung des Sonata da chiesa-Typs vom Sonata da camera-Typ zur Stilisierung und damit zur Nachahmung bei. Zahlreiche Schüler (J.-B. Anet, G. B. Somis, Fr. S. Geminiani, P. A. Locatelli,

J. Ravenscroft) haben den Stil ihres Lehrers imitiert, zeitgenössische Komponisten (Couperin, Bach, Händel, Telemann, um nur die wichtigsten zu nennen) haben sich von seinem Werk inspirieren lassen. Durch Matthesons Beschreibung des strengen Triostils hat C.s klassizistische Kunst auch Eingang in die Musiktheorie gefunden.

Ausg.: *Les Œuvres de A. C.*, op. 1–6, hrsg. v. FR. CHRYSANDER (Lo 1888–91); op. 1–4 bereits als Denkmäler der Tonkunst 3 (Bergedorf 1869); *Hist.-kritische GA der musikal. WW A. C.s*, hrsg. v. Musikwiss. Inst. der Univ. Basel unter der Leitung v. H. OESCH, bisher erschienen Bd. 4: Die Concerti grossi, hrsg. v. R. BOSSARD (Kö 1978), u. Bd. 5: Die WW ohne Opuszahl, hrsg. v. H. J. MARX (Kö 1976); außerdem liegen in praktischen Ausg. vor: op. 1–4 „nach dem Urtext", hrsg. v. W. KOLNEDER (Mz 1955–64); op. 5, hrsg. v. B. PAUMGARTNER (Mz 1953); op. 6 „nach dem Erstdruck", hrsg. v. W. WOEHL (L 1956); die Sonate D-Dur für Trp. u. Str. (WoO 4) erschien in einer praktischen Ausg., hrsg. v. N. CHERRY (Lo 1968).

Lit.: Fusignano ad A. Corelli nel secondo centenario della morte, hrsg. v. C. PIANCASTELLI (Bol 1914, Nachdruck 1969); F. VATIELLI, Il Corelli e i maestri bolognesi del suo tempo, in: RMI 23 (1916); M. PINCHERLE, A. C. (P 1933); M. RINALDI, A. C. (Mi 1953); M. PINCHERLE, A. C. et son temps (P 1954, engl. NY 1956, ²1968); F. STILLINGS, A. C. (1955) (= Phil. Diss. Univ. of Michigan); A. LIESS, Neue Zeugnisse v. C.s Wirken in Rom, in: AfMw 14 (1957); W. S. NEWMAN, The Sonata in the Baroque Era (Chapel Hill 1959); H. J. MARX, Die Musik am Hofe Pietro Cardinale Ottobonis unter A. C., in: Anal. mus. 5 (1968); Studi Corelliani. Atti del Primo Congresso Internazionale (Fi 1972); M. WITTE, Das Verhältnis v. Grosso- u. Concertino-Tonsatz in den Concerti grossi C.s, in: Mf 24 (1971); Nuovi Studi Corelliani. Atti del Secondo Congresso Int. (Fi 1978); H. J. MARX, Die Überlieferung der Werke A. C.s (Kö 1979).

H. J. MARX

CORELLI, Franco (Dario), * 8. 4. 1921 Ancona; it. Sänger (Tenor). Nach zunächst autodidaktischer Ausbildung gewann er 1950 den Gesangswettbewerb des Maggio Musicale Fiorentino; er setzte sein Gesangstudium fort und debütierte 1951 in Spoleto als Don José in *Carmen* von Bizet. 1954 trat er mit großem Erfolg erstmals an der Mailänder Scala auf (neben Maria Callas in *La Vestale* von Spontini). Danach wurde er durch Gastspiele u. a. in Wien, Salzburg, London und Paris auch international bekannt. 1960 sang er erstmals auch am Metropolitan Opera House in New York. C. galt in den 60er Jahren als der führende italienische Tenor im schweren Fach. Zu seinen Glanzrollen zählen der Pollione in *Norma* von Bellini, der Manrico in *Il Trovatore* von Verdi und Prinz Kalaf in *Turandot* von Puccini sowie die Tenorpartien in Opern von Mascagni, Leoncavallo und Giordano.

CORENA, Fernando, * 22. 12. 1916 Genf, † 26. 11. 1984 Lugano; it. Sänger (Baß). Er begann ein Theologiestudium, wurde dann aber Sänger u. debütierte 1948 in Triest als Warlaam in *Boris Godunow* von M. Mussorgski. Seit 1949 war er Mitglied der Mailänder Scala. Gastspiele führten ihn darüber hinaus an zahlreiche bedeutende Opernzentren. So debütierte er 1953 am Metropolitan Opera House in New York, 1960 an Covent Garden in London, 1956 bei den Salzburger Festspielen. C. beherrschte alle bedeutenden Baß-Buffo-Partien der Opernliteratur. Er wirkte auch bei einigen Uraufführungen moderner italienischer Opern mit: in *Il Cordovano* von Petrassi, *L'allegra brigata* und *Il figliuol prodigo* von Malipiero.

CORFE, engl. Organistenfamilie. – **1) Joseph,** * 25.12.1740 Salisbury, † 29.7.1820 ebd. C. war 1783–92 Gentleman der Chapel Royal, 1792–1804 Organist und Chorleiter an der Kathedrale von Salisbury. Er schrieb geistliche und weltliche Vokalmusik. Im Druck erschienen u. a. 3 Bücher mit je 12 Glees. Er verfaßte ferner 2 theoretische Schriften: *A treatise on singing* (Lo um 1799) und den Generalbaßtraktat *Thourough bass simplified* (Lo um 1800). – **2) Arthur Thomas,** Sohn von 1), * 9. 4. 1773 Salisbury, † 28. 1. 1863 ebd. Er war seit 1783 Chorsänger an Westminster Abbey, danach Klavierschüler von M. Clementi und übernahm 1804 die Ämter seines Vaters an der Kathedrale von Salisbury. Er schrieb einige Anthems und Klavierstücke.

CORKINE, William, engl. Lautenist, Gambist und Komponist. C. veröffentlichte 2 Bücher *Ayres* mit Lauten- und Viola-da-Gamba-Begleitung, die jeweils einen Anhang mit Tänzen für Lyra Viol enthalten (Lo 1610 und 1612).

Ausg.: *First* u. *Second Booke of Ayres* v. 1610 u. 1612, hrsg. v. E. H. FELLOWES, in: The English School of Lutenist Song Writers II/12 u. 13 (Lo 1927); *4 Dances for lyra-viole,* hrsg. v. TH. DART – W. COATES, in: Jacobean Consort Music (1955) (= Mus. Brit. 9); *Poèmes de Donne, Herbert et Crashaw mis en musique par leurs contemporains,* hrsg. v. A. SOURIS (P 1961) (= Le chœur des muses o. Nr.).

CORNAGO, Juan (Johannes), OFM, Komponist span. oder it. Abstammung. C. lebte zuerst am Hof von Neapel, von wo er 1455 mit einer königlichen Pension nach Rom geschickt wurde. Seit 1473 war er Sänger in der Kapelle Ferdinands V. von Aragón. Von ihm sind hsl. eine 3st. Messe, eine 4st. Motette und 17 weltliche Lieder, meist 3st. mit it. u. span. Text erhalten, die ihm einen beachtlichen Platz unter den spanischen Komponisten des 15. Jh. sichern.

Ausg.: 2 Lieder aus dem *Cancionero musical de Palacio* in der NA dieser Quelle, hrsg. v. H. ANGLÉS, Bd. I/2 (Ba 1947) (= MMEsp 5); diese Lieder u. 3 weitere aus dem *Cancionero musical de la Colombina* in dessen NA, hrsg. v. M. QUEROL GAVALDÁ (Ba 1971) (= MMEsp 33).

Lit.: H. ANGLÉS, La Música en la Corte del Rey Don Alfonso V de Aragón, in: Span. Forsch. der Görres-Ges. 1/8 (1939); H. BESSELER, C., in: MGG II; I. POPE, The Secular Compositions of J. C., Part I, in: FS H. Anglés, II (Ba 1961).

CORNAMUSA (it.). – **1)** Bz. für ↗Sackpfeife und für die ↗Piva. – **2)** Ein von M. Praetorius beschriebenes Windkapselinstrument mit Doppelrohrblättern und mit zylindrischer, gedackter Röhre (*Syntagma musicum* II, 1619), das nach ihm klanglich dem ↗Krummhorn verwandt, jedoch leiser und „lieblicher" ist. Die C. ist bereits für die 2. Hälfte des 16. Jh. mehrfach belegt, in Italien ebenso wie für die Hofkapelle in München unter der Leitung Orlando di Lassos.

Lit.: A. BAINES, Woodwind Instruments and their history (Lo ³1977); D. MACMILLAN, The mysterious cornamuse, in: Early Music VI (1978).

CORNELIUS, Peter, * 24. 12. 1824 Mainz, † 26. 10. 1874 ebd.; dt. Komponist und Dichter. Als Sohn eines angesehenen Schauspielerehepaares kam er schon früh mit Theater und Literatur in Berührung. 1843 wurde er nassauischer Hofschauspieler in Wiesbaden, gleichzeitig trieb er musikalische Studien bei H. Esser. Die in dieser Zeit entstandenen Lieder, Chöre und Kammermusikwerke blieben ungedruckt. Zweifel an seiner Begabung zum Schauspieler veranlaßten ihn nach dem Tode des Vaters (1843), sich ganz der Musik zu widmen. In Berlin fand er Aufnahme im Hause des berühmten Historienmalers P. von Cornelius, eines Vetters seines Vaters. Er machte die Bekanntschaft bedeutender Persönlichkeiten, u. a. A. von Humboldts, der Brüder Grimm und Fr. Rückerts. Enge Freundschaft verband ihn mit P. Heyse. 1844–46 studierte C. bei S. W. Dehn, in dessen strenger Schule er vor allem mit der Vokalpolyphonie Palestrinas und seiner Epoche vertraut gemacht wurde. Unter den zahlreichen Werken der Berliner Zeit ragt als bedeutende Leistung das *Stabat Mater* für Soli, Chor und Orchester hervor. Daneben entstanden viele Gedichte und die ersten Opernkritiken für das *Echo* und für die *Modezeitung.* 1853 siedelte er nach Weimar über, wo er sich dem Kreis um Fr. Liszt anschloß, den er als Führer der neuen musikalischen Richtung und Förderer der Werke R. Wagners und Berlioz' in Aufsätzen und Gedichten überschwenglich feierte. Er diente Liszt und der Fürstin Sayn-Wittgenstein auch als Sekretär und Übersetzer, wozu ihn sein ungewöhnliches Sprachentalent befähigte. Freundschaften verbanden ihn mit H. Bronsart, H. von Bülow, F. A. B. Draeseke, J. J. Raff, dem Sängerehepaar H. F. und R. Milde und dem Dichter Hoffmann von Fallersleben. An Kompositionen entstanden kirchenmusikalische Werke, besonders Messen, zu denen ihn Liszt, der in dem Dehn-Schüler einen Mitstreiter um die Erneuerung katholischer Kirchenmusik gefunden zu haben glaubte, angeregt hatte, und die ersten Liederzyklen. Die Bekanntschaft mit dem *Benvenuto Cellini* und dessen Schöpfer Berlioz, der 1855 in Weimar weilte, veranlaßten C. zur Dichtung und Komposition der komischen Oper *Der Barbier von Bagdad* (1855–57). Die Uraufführung am 15. Dezember 1858 unter Liszts Leitung wurde wegen einer von dem Intendanten Fr. Freiherr von Dingelstedt ausgehenden Demonstration, die eigentlich nur dem Hofkapellmeister galt, zu einem Skandal. Enttäuscht kehrte C. Weimar den Rücken und lebte 1859–64 unter bescheidensten Verhältnissen in Wien. Hier entstand seine zweite Oper, *Der Cid* (UA 1865 in Weimar). Freundschaftliche Beziehungen bahnten sich an zu Fr. Hebbel, J. Brahms, K. Goldmark, C. Tausig und vor allem zu Wagner, der sich wegen der geplanten *Tristan*-Aufführung 1861 in Wien aufhielt. C. war von Wagners genialer Persönlichkeit fasziniert, stand ihr aber nicht unkritisch gegenüber. Obwohl er um seine künstlerische Unabhängigkeit fürchtete, nahm er das von Wagner bei König Ludwig II. von Bayern erwirkte Gnadengehalt von 1000 Gulden an und übersiedelte nach München, wo er in den Parteienstreit um Wagner hineingezogen wurde. 1867 wurde er Lehrer für Rhetorik und Harmonielehre an der neugegründeten Königlichen Musikschule. In den Folgejahren entstanden noch weitere große Chorwerke, meist für den Riedel-Verein in Leipzig, literarische Arbeiten und vor allem die Musik zu seiner dritten Oper, *Gunlöd,* die jedoch Fragment blieb.

C.s Bedeutung liegt zunächst in seiner Oper *Der Barbier von Bagdad,* die eine der vorzüglichsten Musikkomödien des 19. Jh. darstellt. Hinter ihr treten seine beiden übrigen Opern, trotz bedeutender Einzelzüge, wegen ihrer allzu deutlichen Anlehnung an Wagner zurück. Durchaus eigenständig ist er auch als Liederkomponist meist eigener Texte. Hervorzuheben sind die Zyklen *Vater unser* op. 2, *Trauer und Trost* op. 3, *Weihnachtslieder* op. 8, *Brautlieder* o. op. und die Hebbel-Lieder der Wiener Zeit, die in ihrem expressiven deklamatorischen Stil schon auf H. Wolf hinweisen. Nicht weniger eindrucksvoll sind die großen, harmonisch oft sehr kühnen Chorwerke, die leider in der heutigen Musikpraxis kaum noch in Erscheinung treten. Auch als Dichter formvollendeter Sonette (an Rosa von Milde) und warm empfundener Lieder, als Essayist und Übersetzer fremdsprachiger Lyrik und Prosa nimmt C. einen ehrenvollen Platz unter den literarischen Persönlichkeiten seiner Zeit ein.

Ausg.: GA der musikal. WW, hrsg. v. M. Hasse u. W. v. BAUSSNERN, 5 Bde. (L 1905–06, Nachdr. 1971); P.C., Literarische Werke, hrsg. v. C. M. CORNELIUS – E. ISTEL – A. STERN, 4 Bde. (L 1904–05); Auszüge aus hsl. Aufzeichnungen in: B. GLAUERT, Spuren eines bewegten Lebens. Verschollenes u. Unveröffentlichtes v. P.C. (Mz 1974).

Lit.: A. SANDBERGER, Leben u. Werke des Dichtermusikers P. C. (L 1887); E. SULGER-GEBING, P. C. als Mensch und Dichter (Mn 1908); H. PAULIG, P. C. u. sein Barbier v. Bagdad (Diss. masch. Kö 1923); M. HASSE, Der Dichtermusiker P. C. (L 1923); C. M. CORNELIUS, P. C., 2 Bde. (Rb 1925); H. MÜLLER-ESCHBORN, Das Verhältnis C. – Wagner (Diss. Rostock 1933); K. PRICKEN, P. C. als Dichter u. Musiker in seinem Liedschaffen (Diss. Kö 1951); G. STEPHENSON, Zeugnisse aus dem Leben u. Schaffen eines Mainzer Komponisten. Der P.-C.-Nachlaß der Stadtbibl., in: Mainzer Zschr. 59 (1964); E. G. PORTER, The Songs of P. C., in: MR 27 (1966); W. KONOLD, P. C. u. die Liedästhetik der Neudeutschen Schule, in: The International Rev. of Music Aesthetics and Sociology 1 (1970); P. C. als Komp., Dichter, Kritiker u. Essayist. Vorträge, Referate u. Diskussionen, hrsg. v. H. FEDERHOFER – K. OEHL (Rb 1977) (= Stud. zur Musikgesch. des 19. Jh. 48); G. WAGNER, P. C., Verzeichnis seiner musikal. u. literar. Werke (Tutzing 1986) (= Mainzer Stud. zur Musikwiss. 13).

G. WAGNER

CORNEMUSE (frz.), gebräuchlichste frz. Bezeichnung für die ↗Sackpfeife, zugleich auch Name bestimmter Sackpfeifentypen Frankreichs. Heute werden als C. die mundgeblasenen Sackpfeifen bezeichnet (im Ggs. zu ↗Cabrette und ↗Musette), die mit einer Spielpfeife mit Doppelrohrblatt und 1–2 Bordunpfeifen (mit einfachem Rohrblatt) ausgestattet sind. Eine Ausnahme bildete früher die C. der Landes (SW-Frankreich), die nur einfache Rohrblätter hatte. Die französische C. ist ihrer Konstruktion nach verwandt mit der nicht mehr gespielten norditalienischen Cornamusa (↗Piva) und der nordspanischen ↗Gaita.

Lit.: A. BAINES, Bagpipes, in: Occasional Papers on Technology Nr. 9 (O 1960) (mit Bibliogr.); L. BONNAUD, Essai sur une chronologie de la c. en Limousin, in: Bull. de la Soc. archéologique et historique du Limousin 94 (1967); CH. ALEXANDRE, La c. dans les Pyrénées Françaises, in: The Brussels Museum of Musical Instruments Bull. 6, hrsg. v. R. de Maeyer: The Bagpipes in Europe, Teil 1 (Gent 1976); J. H. VAN DER MEER, Sackpfeife, in: MGG XVI.

CORNET (Cornette), **Pieter,** * um 1562, † 1633 (?); franko-flämischer Komponist. C. war seit etwa 1600 Organist der Hofkapelle in Brüssel. Er wirkte dort neben P. Philips und J. Bull. Trotz der geringen Zahl der erhaltenen Werke (5 Fantasien, eine Toccata, 2 Couranten und ein *Salve Regina*) gehört C. mit Sweelinck zu den bedeutendsten niederländischen Orgelkomponisten des frühen 17. Jahrhunderts.

Ausg.: Ausgewählte WW, hrsg. v. W. APEL (1969) (= Corpus of Early Keyboard Music 26).

CORNET, Séverin, * um 1530 Valenciennes, † März 1582 Antwerpen; frz. Komponist. Nach einem Italienaufenthalt ist C. 1559 in Antwerpen nachweisbar. Seit 1564 war er Meister der Chorknaben an der Kathedrale in Mecheln, 1572–81 Kapellmeister an der Kathedrale in Antwerpen. Als Antwerpen 1581 vorübergehend protestantisch wurde und C. deshalb seine Stelle verlor, bewarb er sich vergebens um das Kapellmeisteramt bei Erzherzog Ferdinand in Innsbruck. Sein Stil erinnert an Orlando di Lasso. Einer seiner Schüler war C. Verdonck.

WW: *Canzoni napolitane* für 4 St. (An 1563); *Cantiones musicae* für 5–8 St. (An 1581); *Madrigali* für 5–8 St. (An 1581); Chansons für 5–8 St. (An 1581); zahlr. Werke sind auch in Sammeldrucken erhalten.

Lit.: G. VAN DOORSLAER, S.C. (An 1925); J. VAN DEUN, in: Vlaams muziektijdschrift 22 (1970).

CORNETTO (it.), ↗Zink.

CORNOPHONE, Cornon, Familie von Blechblasinstrumenten mit Kesselmundstück und drei Ventilen. Sie umfaßt Instrumente in folgender Grundstimmung: Sopran in B, Alt in F oder Es, Tenor in C oder B, Baß in C oder B, Kontrabaß in F oder Es. Die C. wurden in den 80er Jahren des 19. Jh. von Fontaine-Besson (Paris) erfunden und 1890 unter der Bezeichnung C. patentiert. Ihr Klang steht zwischen dem des Horns und des Bügelhorns. Die C. wurden in Frankreich bei der ersten Aufführung des *Ring des Nibelungen* anstelle der Wagner-Tuben verwendet.

CORNU (lat. = Horn), ein halbkreisförmig gebogenes Metallhorn mit einer Querstange, die beim Blasen über die Schulter gelegt wurde. Im römischen Heer wurde es als Signalinstrument benutzt. – ↗Bucina, ↗Buccin.

CORNYSHE (Cornish), **William,** * um 1468 East Greenwich, † Oktober 1523 Hylden (Kent); engl. Komponist. C. war unter König Heinrich VII. seit spätestens 1496 Gentleman der Royal Household Chapel, wurde um 1509, im Jahr der Thronbesteigung Heinrichs VIII., Master of the Children und leitete 1508–16 Schauspiele und musikalische Unterhaltungen am Hofe. Drei 4st. Lieder und die Baßstimme einer Fantasie von C. sind in einem Londoner Sammeldruck (RISM 1530[6]) veröffentlicht. Weitere Werke sind hsl. erhalten, darunter ein *Magnificat* im prunkvollen englischen Chorstil der Zeit.

Ausg.: 4 geistliche Gesänge, hrsg. v. F. L. HARRISON, in: The Eton Choirbook, I–III (Lo 1956–61) (= Mus. Brit. 10–12); 14 weltliche Gesänge, hrsg. v. J. STEVENS, in: Music at the Court of Henry VIII (Lo 1962) (= ebd. 18); *Magnificat*, hrsg. v. P. DOE, in: Early English Church Music IV (Lo 1964).

Lit.: S. Angelo, W. C. in a Play, Pageants, Prison and Politics, in: Rev. of English Studies 10 (1959); W. K. FORD, Some Wills of English Musicians of the 15th and 16th Century, in: R.M.A. Research Chronicle 5 (1965).

CORONA (lat. und it., = Kranz), ↗Fermate.

CORONARO, it. Musikerfamilie. – **1) Antonio,** * 29. 6. 1851 Vicenza, † 24. 3. 1933 ebd. C. war seit 1885 Organist am Dom von Vicenza und lehrte am Tempio di Santa Corona Kontrapunkt, Harmonielehre und Komposition. Er schrieb Klavier- und Orgelkompositionen, Lieder, geistliche Musik und mehrere Opern, u. a. *Seila* (UA Venedig 1880) und *Falco di Calabria* (UA Vicenza 1901). – **2) Gaetano,** Bruder von 1), * 18. 12. 1852 Vicenza, † 5. 4. 1908 Mailand. Er war Schüler u. a. von Fr. Faccio am Mailänder Konservatorium und lehrte dort seit 1879 Harmonielehre und Kontrapunkt, seit 1893 auch Komposition. 1879–90 war er auch Kapellmeister an der Mailänder Scala. C. schrieb geistliche Musik, eine Symphonie (1872), Kammermusik, das dramatische Chorwerk *Un tramonto* (UA Mailand 1873) und mehrere Opern, u. a. *La Creola* (UA Bologna 1878), *Il Malacarne* (UA Brescia 1894) und *Un curioso accidente* (UA Turin 1903). – **3) Gellio Benvenuto,** Bruder von 1), * 30. 11. 1863 Vicenza, † 26. 7. 1916 Mailand. Er studierte 1881–83 am Liceo musicale in Bologna u. a. bei L. Mancinelli. C. schrieb geistliche Musik (2 Messen), 1 Streichquartett, Klavier- und Orgelstücke, Romanzen, mehrere Opern, u. a. *Jolanda* (UA Mailand 1883), *Festa a Marina* (UA Venedig 1893), *Claudia* (UA Mailand 1895) und *Bertoldo* (UA Mailand 1910) sowie die Operette *Minestrone Napoletano* (UA Messina 1895). – **4) Arrigo,** Sohn von 1), * 6. 8. 1880 Vicenza, † 7. 10. 1906 ebd. Er schrieb geistliche Musik, Kammermusikwerke und die szenische Skizze *Turiddu* (UA Turin 1905).

Lit.: E. ODDONE, Gaetano C. (R 1921); G. MANTESE, Storia musicale vicentina (Vicenza 1956).

CORO SPEZZATO (it., = geteilter Chor), im 16 Jh. in Venedig Bz. für die doppelchörige Satzweise in mehrstimmigen geistlichen Kompositionen (vor allem Psalmenvertonungen), die wohl am frühesten von G. Zarlino 1558 in seiner *Istituzioni harmoniche* (Bd. III, Kap. 66) eigens erwähnt wird („comporre alcuni Salmi in una maniera, che si chiama Choro spezzato"). Diese Satzweise trug den räumlichen Gegebenheiten der Kirche San Marco mit zwei gegenüberliegenden Emporen oberhalb des Hauptaltares und der Aufstellung der Sänger in zwei (oder drei) – jeweils mindestens 4st. – Gruppen Rechnung. Als vorbildlich rühmt Zarlino in diesem Zusammenhang die doppelchörigen 8st. *Salmi spezzati* von A. Willaert (V 1550), den er auch als Schöpfer dieser Technik ansieht. Vermutlich hat aber Willaert nur eine gängige Musizierpraxis aufgegriffen, die in Venedig schon seit dem ersten Viertel des 16. Jh. (nach G. d'Alessi) nachweisbar ist. Die wichtigsten Komponisten für Cori spezzati nach Willaert waren G. Nasco, G. M. Asola, B. Donato, Cl. Merulo, G. Croce und vor allem A. und G. Gabrieli.

Lit.: G. BENVENUTI, A. e G. Gabrieli e la musica strumentale in S. Marco (Mi 1931); R. CASIMIRI, Il coro battente o spezzato fu una novità di A. Willaert?, in: Boll. ceciliano (1943) April-H.; G. D'ALESSI, Precursors of A. Willaert in the Practice of C. S., in: JAMS 5 (1952); DERS., La cappella musicale del duomo di Treviso (1300–1633) (Vedelago 1954); D. ARNOLD, A. Gabrieli u. die Entwicklung der „cori-spezzati"-Technik, in: Mf 12 (1959); DERS., The Significance of „Cori spezzati", in: ML 40 (1959).

CORREA DE ARAUJO (Arauxo), **Francisco,** OP, * zwischen 1575 und 1577, † kurz vor dem 13. 2. 1655 Segovia; Komponist und Musiktheoretiker spanischer oder portugiesischer Abstammung. C. war 1599–1636 Organist an San Salvador in Sevilla, anschließend bis 1640 an der Kathedrale von Jaén und seit 1640 in Segovia. Er veröffentlichte ein *Libro de tientos y discursos de musica practica, y teorica de organo, intitulado facultad organica* (Alcalá 1626). Dieses Werk enthält im ersten Teil hauptsächlich eine Lehre vom Orgelspiel, im zweiten Teil 70 Orgelstücke (Tientos, Glosas, Variationen u. a.) und vermittelt insgesamt wertvolle Erkenntnisse über die spanische Orgelpraxis des frühen 17. Jahrhunderts.

Ausg.: *Libro de tientos,* hrsg. v. S. KASTNER, 2 Bde. (Ba 1948, 1952) (= MMEsp 6 u. 12).

Lit.: G. FROTSCHER, Gesch. des Orgelspiels u. der Orgelkomposition, II (B 1935, ²1959); S. KASTNER, s. o. Ausg.; W. APEL, Gesch. der Org.- u. Klv.-Musik bis 1700 (Kas 1967); R. STEVENSON, F. C. de A. New Light on His Career, in: Rev. Mus. Chilena 22 (1968); J. WYLY, La registrazione nella musica organistica di F. C. de A., in: L'organo 8 (1970); D. PRECIADO, Los quiebros y redobles en F. C. de A., in: Tesoro sacro mus. 53 (1970), 54 (1971); DERS., F. C. de A., organista de la catedral de Segovia 1640–1654. Nuevas noticias de su período segoviano, in: ebd. 55 (1972); DERS., F. C. de A. 1575/7–1654. Organista español o Portugues?, in: ebd. 56 (1973); CH. JACOBS, F. C. de A. (Den Haag 1973); M. E. SUTTON, A Study of the Seventeenth-Century Iberian Organ Batalla. Historical Development, Musical Characteristics, and Performance Considerations (1975) (= Diss. masch. Univ. of Kansas).

CORRÊA DE AZEVEDO, Luiz Heitor, * 13. 12. 1905 Rio de Janeiro; brasilian. Musikforscher. Er studierte am Instituto Nacional de Música in Rio de Janeiro, war 1932–39 dessen Bibliothekar, seit 1937 Professor für Musikgeschichte am Conservatorio Brasileiro de Música und seit 1939

Professor für brasilianische Volksmusik an der Escola Nacional de Música. Hier gründete er auch 1943 das Centro de Pesquisas Folcloricas. 1947–65 war er in Paris Leiter der Musikabteilung der UNESCO und lehrte auch 1954–68 Musikgeschichte am neugegründeten Institut des Hautes Études de l'Amérique Latine der Universität. C. widmete sich vor allem der Erforschung der brasilianischen Volksmusik. Er gründete 1934 die Zschr. *Revista Brasileira de Música,* die er bis 1941 herausgab.

Schriften: *Escala, ritmo e melodia na música dos Indios brasileiros* (Rio de Janeiro 1938); *Música e músicos do Brasil* (ebd. 1950); *Bibliografia mus. brasileira* (ebd. 1952); *150 Anos de música no Brasil* (ebd. 1956); *La musique en Amérique Latin* (P 1957); *La musique à la cour portugaise de Rio de Janeiro* 1808–21, in: Arquivos do Centro cultural português 1 (1969); *Le national dans la création musicale,* in: The International Revue of Music Aesthetics and Socioloy 1 (1970).

CORREGIDOR, DER, Oper in 4 Akten von Hugo Wolf (1860–1903), Text von Rosa Mayreder-Obermayer nach einer Novelle von Pedro de Alarcón *(El Sombrero de tres Picos,* dt.: *Der Dreispitz,* 1874). Ort und Zeit der Handlung: Andalusien 1804. UA: 7.6.1896 in Mannheim.

Die Oper um den Corregidor (Bürgermeister) eines kleinen Ortes, der der schönen Müllersfrau Frasquita nachstellt, dabei jedoch ausgiebig gefoppt und verprügelt wird, ist Wolfs einziges vollendetes Bühnenwerk. Der harmlosen und humorvollen Behaglichkeit der Handlung, einer liebenswürdig-ironischen Verwechselungskomödie über Frivolität, Eifersucht und Mutterwitz, entspricht die Dominanz des lyrischen Elements in der Musik: Zwar erweist sich Wolf vor allem in den Ensemblesätzen als Bühnenkomponist mit dramatischem Gespür; jedoch bleiben die durch kunstvolle Zwischenspiele und Rezitative verbundenen Liedformen die eigentlichen Höhepunkte des Werkes. Auch der C. lebt durch die Fähigkeit des Komponisten, Lokalkolorit, Situationsstimmungen und jegliche Art seelischer Bewegung bis in feinste Nuancen differenziert in der ihm eigenen musikalisch-poetischen Sprache auszudrücken. Die Oper enthält einige Gesänge aus dem bereits 1889/90 entstandenen *Spanischen Liederbuch,* so z.B. im 1. Akt das Lied der Frasquita *In dem Schatten meiner Locken.*

W. A. MAKUS

CORRENTE (it.), ↗Courante.

CORRETTE, frz. Musikerfamilie. – **1) Gaspard,** * Delft. C. war Organist in Rouen. 1703 veröffentlichte er eine Orgelmesse. Handschriftlich ist auch ein Buch *Pièces de Fun pour musette* erhalten (Paris, Bibl. Nat.). – **2) Michel,** Sohn von 1), * 1709 Rouen, † 22.1.1795 Paris; Organist und Komponist. Er erhielt 1726 in Paris das begehrte Organistenamt an Ste-Marie-Madeleine-en-la-Cité, wurde 1737 Organist des Großpriors von Frankreich und 1750 bei den Jesuiten in der Rue St-Antoine. Seit 1759 war er Organist des Prinzen von Condé, seit 1780 des Herzogs von Angoulême.

WW (nur die erhaltenen, alle in Paris gedruckt): **1) Instr.-WW:** für Org.: *Premier livre d'orgue,* op. 16 (1750); *IIe livre de pièces d'orgue* (1750); *IIIe livre d'orgue* (1732); *Nouveau livre de noëls* (1753); für Cemb. oder Klv.: *1er livre de pièces,* op. 12 (1734); *Divertissements* (Programmstücke) (1780); für 2 Fl. od. V.: Sonaten, op. 2 (1727); *Duetti,* op. 23 (o.J.); *Divertissements* für 2 Hörner oder andere Instr., op. 7 (1733); Sonaten für Cemb. u. V., op. 25 (o.J.), für Fl. oder V. u. B.c., op. 13 (o.J.); *Sonatilles* für Fl. oder V. u. B.c., op. 19 (o.J.), *Menuets nouveaux* für V. u. B.c. (o.J.); Triosonaten für Fl., V. u. B.c., op. 14 (o.J.). – Für 3 u. mehr Instr.: *Concertos* für Fl., V., Ob. u. B.c. (auch mit Musette, Vielle u.a. Instr., op. 3 (1728), op. 4 (o.J.); *Pièces* für Musette, Vielle u.a. Instr., op. 5 (o.J.); *6 Fantaisies* für Vielle oder Musette, Fl. u. B.c., op. 6 (o.J.); *Concert de simphonies* für V., Fl., Ob. u. B.c. (auch für Org., *à la manière de M. Haendel*), op. 15 (o.J.); Sonaten *Les Délices de la solitude* für Vc., Va., Fg. u. B.c., op. 20 (o.J.); *6 Concerti* für 6 Instr., op. 26 (o.J.); 22 *Concertos comiques* (mit charakterisierenden Titeln für jeweils 3 u. mehr verschiedene Instr. (V., Fl., Blockfl., Ob., Musette, Vielle u.a.) u. B.c., (Nr. 1–6 = op. 8) (1738–56); 4 *Concertos* für Musette, Vielle u. a. Instr., I: *Le Berger fortuné,* II: *Les récréations du Berger fortuné,* III: *Les voyage du Berger fortuné aux Indes orientales,* IV: *L'Asne d'or;* 5 Bücher *Concertos de noëls* für Fl., V., Musette, Vielle u.a. Instr. u. B.c., darunter IV: *Noëls suisses.* V: *Noël allemand; Le Phénix, Concerto* für 4 Vc. u. B.c. (o.J.); *Six symphonies en quatuor* (Noëls) für 3 Instr. u. B.c. (o.J.). – **2) Geistliche WW:** 4 Messen für 2 gleiche St. u. Org. (1788); Motetten *Laudate pueri* u. *Levavi* (1745); *Te Deum* (1752); *Leçons de ténèbres* für SingSt u. Org. (1784); *Laudate dominum* für 3 St., *arrangé dans le concerto du printemps de Vivaldi* (o.J.). – **3) Weltliche Vokal-WW:** Mehrere einzeln gedruckte *Cantatilles,* Airs u. Arietten mit Instr.; 3 Bde. *Vaudevilles et ariettes de l'opéra comique,* I u. II mit dem Titel *Les Délassemens de l'esprit* (1738); ein weiterer *Recueil de l'opera comique contenant les ariettes et tous les vaudevilles qui ont été chantez sur le théâtre de la Foire Saint-Germain en 1734,* op. 11 (o.J.). – **4) Schulwerke** (jeweils mit zahlreichen musikal. WW): *Méthodes* für V. *(École d'Orphée)* (1738), für Vc. (1741), für Pardessus de viole (1748), für Cemb. *(Le maître du clavecin pour l'accompagnement* ([2]1753), für Gitarre *(Les dons d'Apollon)* (1762), für Mandoline (1772), für Harfe (1774), für Va. (1782), für Vielle *(La belle vielleuse)* (1783), für Quer-Fl. (o.J.), für Block-Fl. *(Le berger galant)* (1784); *Le parfait maître à chanter. Méthode pour apprendre facilement la musique vocale et instrumentale* (o.J.); *Les Amusemens du Parnasse. Méthode... pour apprendre à toucher le clavecin* mit Airs, Brunettes, Ariettes u.a. Stücken für Cemb., 8 Bücher, davon I–IV, VI u. VIII erhalten (1749–72).

M.C.s Schaffen war sehr vielseitig. Es umfaßt im Bereich der Instrumentalmusik Orgelwerke für den liturgischen Gebrauch (u.a. Versetten, reich verzierte Préludes, Fugen über chorale Themen), Cembalostücke und Kammermusik für verschiedene Instrumente. Mit seinen zahlreichen Werken für und mit ↗Musette und Vielle (↗Drehleier) zog er sich gelegentlich die Geringschätzung seiner Zeitgenossen zu. Auf dem Gebiet der Vokalmusik spielte C. eine nicht unwichtige Rolle in der Frühgeschichte der ↗Opéra-comique, da er – in Zusammenarbeit mit den Violinisten A. J. Exaudet und É. Mangeant – in den Jahren 1733–37 fast sämtliche ↗Vaudevilles für die Theateraufführungen in den Pariser Vorstädten St-Laurent und St-Germain schrieb. Bedeutung für die Musikausübung seiner Zeit erlangte C. schließlich durch seine Schulwerke, die auch wichtige Informationen über die Aufführungspraxis des 18. Jh. in Frankreich vermitteln.

Ausg.: **Zu 1):** Messe du 8ᵉ ton, hrsg. v. E. SOUBERBIELLE – N. DUFOURCQ (P 1961). – **Zu 2):** Noëls für Org., hrsg. v. J. BONFILS (P 1953); Noëls für Org., hrsg. v. GUY-LAMBERT (P 1954); *Nouveau livre de noëls,* hrsg. v. DEMS. (P 1966); *Premier livre de noëls* u. *Nouveau livre de noëls,* hrsg. v. G. BOECHEY (Madison/Wisc. 1974) (= RRMBar 18); Œuvres de clavier, hrsg. v. CLASSENS (P 1959); *Pièces pour le clavecin,* Livre 1–2, hrsg. v. L. BOULAY (P 1967) (= L'Astrée o. Nr.); Cemb.-Sonate in d-moll, hrsg. v. H. RUF (Hei 1961); Sonatille für Fl. u. B.c., hrsg. v. L. BOULAY (P 1964); Airs u. Concerto *Noël allemand* für Fl. oder V. u. Cemb., hrsg. v. GUY-LAMBERT (G 1948); Sonate in D-Dur *(Les jeux olympiques)* für V. u. Cemb., op. 25 Nr. 5, hrsg. v. H. RUF (Mz 1968) (= V.-Bibl. Schott o. Nr.); Divertissement für 2 Trp., hrsg. v. RUYSSEN (Nizza 1950); Sonate en trio für Fl. u. Cemb., hrsg. v. F. PETIT (1960); 2 Triosonaten für Quer-Fl., V. u. B.c., hrsg. v. DEMS. (P 1960–65) (= L'Astrée o. Nr.); Sonate d-moll für 2 Fag. u. Cemb., hrsg. v. H. RUF (Hei 1960); Concerto d-moll für Cemb. (Org.) u. Str., op. 26 Nr. 6, hrsg. v. DEMS. (Kas 1959) (= Nagels MA 201). – *Le maître de clavecin,* Faks.-Ausg. (NY 1966) (= MMMLF II/13); *Méthode pour apprendre aisément à jouer de la flûte traversière...* (Nachdr. Hil 1974), in engl. Übers. hrsg. v. C. R. FARRAR: M. C. and Flute Playing in the 18th Century (Brooklyn 1970) (= Musical Theorists in Translation 9).

Lit.: M. BRENET, Les Concerts en France (P o.J.); F. RAUGEL, Les organistes (P 1923, ²1962); L. DE LA LAURENCIE, L'école française de violon II (P 1923); N. DUFOURCQ, L'orgue parisien (P 1959); F. LESURE – G. THIBAULT, Les méthodes de mandoline de M. C. 1772, in: FAM 13 (1966); J. F. PAILLARD, Les premiers concertos français pour instrument à vent, in: RM (1955) Nr. 226; D. HIGBEE, M. C. on the Piccolo..., in: Galpin 18 (1964); H. ELZINGA, The Organ Masses, Hymns and Magnificats of G. and M. C. (1967) (= Diss. Indiana Univ.); M. BRÖCKER, Die Drehleier. Ihr Bau u. ihre Gesch., 2 Bde. (Diss. Bonn 1970, Bonn-Bad Godesberg ²1977).

CORRI, engl. Musiker- und Verlegerfamilie it. Herkunft. – **1) Domenico,** * 4. 10. 1744 Rom, † 22. 5. 1825 London; it. Komponist und Musikverleger. C. war in Neapel Schüler von N. Porpora. 1771 wurde er Kapellmeister in Edinburgh, später dort Direktor des königlichen Theaters. Er war u. a. auch als Gesanglehrer und Konzertmanager tätig. Die Fortführung des von ihm gegründeten Verlags überließ er 1780 seinem ältesten Sohn John. Er selbst ging nach London, wo er 1792 mit J. L. Dussek, dem Ehemann seiner Tochter Sophia Giustina, einen Musikalienhandel und einen Verlag gründete. Die Firma geriet 1801 in finanzielle Schwierigkeiten und wurde seit 1804 von seinem Sohn Montague (s. u. 4) fortgeführt. C.s Werk, besonders seine Opern und seine – teilweise als Programmusik konzipierten – Cembalo-Sonaten waren zu ihrer Zeit sehr beliebt. – **2) Natale,** Bruder von 1), * 1765 Rom, † 1822 Edinburgh; Gitarrist und Verleger. Er leitete zunächst das Verlagshaus in Edinburgh und arbeitete dabei eng mit dem Londoner Verlag zusammen. Später wurde er Impresario in London. Er schrieb Vokal-, Instrumental- und Kammermusik. – **3) Sophia Giustina,** Tochter von 1), * 1. 5. 1775 Edinburgh, † um 1882 ebd.; Pianistin, Harfenistin und Sängerin. Sie komponierte zahlreiche Stücke für Klavier und Harfe. – **4) Montague,** Sohn von 1), * 1784 Edinburgh, † 19. 9. 1849 London; führte seit 1804 den Londoner Verlag, der seit 1808 als *Pearce & Co.* firmierte. Montague schrieb vor allem Bühnenmusiken. – **5) Haydn,** Sohn von 1), * 1785 Edinburgh, † 19. 2. 1860 Dublin; Pianist, 1828–48 Organist und Chorleiter der Chapel Royal in Dublin. – **6) Francesca,** Tochter von 2), * 1795 Edinburgh; sie war eine unter dem Namen Fanny C.-Paltoni bekannte Sängerin und trat vor allem in Rossini-Opern hervor.

WW: **Zu 1: 1) Instr.-WW** (alle in Edinburgh erschienen): Eine Sonate für Cemb. oder Klv.; Variationswerke für Cemb. oder Klv. über bekannte Songs, Airs, Balladen, Tänze u. a.; Sonaten für Cemb. oder Klv. mit V.; 2 Bücher Sonaten für Cemb. oder Klv. mit Fl., V. u. Vc. – **2) Vokal-WW:** Im Druck erschienen mehrere Slgen. v. Arien, Duetten u. a., die jeweils auch Regeln des Generalbaßspiels enthalten, ferner Canzonen für 2 St. u. Baß oder Gitarre (Edinburgh 1772); einzelne Songs u. Balladen. – **3) Bühnen-WW:** Opern: *Alessandro nell'Indie,* UA: London 1774, Klv.-Auszug gedruckt (Lo o.J.); *In and out of tune,* Farce; *The travellers, or Music's fascination;* gedruckt wurden auch einzelne Arien aus anderen Bühnen-WW. – **4) Unterrichts-WW:** *The beginning & practice of fingering the harpsichord* (Edinburgh o.J.) (nur Bd. 1 erhalten); *A complete musical grammar, with a concise dictionary* (ebd. um 1787); *The singing preceptor* (Lo 1810).

Ausg.: Faks. aus *The singing preceptor* in: E. FOREMAN, The Porpora Tradition (Lo 1968) (= Masterworks on Music 3).

Lit.: **Zu 1):** E. J. DENT, A Theatre for Everybody. The Story of Old Vic and Sadler's Wells (Lo 1946); E. W. WHITE, The Rise of English Opera (Lo 1951); P. J. REVITT, D. C.s „New System" for Reading Thorough-Bass, in: JAMS 21 (1968).

CORRIDO (span.), mexikanisches Volkslied mit erzählendem (oft politischem) Inhalt, meist im $^6/_8$- oder $^9/_8$-Takt. Der C. geht auf die spanische Romanze zurück und wird in der Regel zweistimmig in Terzen gesungen. Zur Begleitung dienen Gitarre, Guitarrón (eine mexikanische Baßgitarre), Bandalón (eine Art Theorbe) oder Harfe.

CORSI, Jacopo, * 17. 7. 1561 Florenz, † 1604 ebd.; it. Literat, Musiker und Mäzen. Sein Haus war seit Bardis Weggang nach Rom Treffpunkt der ↗Camerata Fiorentina. Er förderte die Bestrebungen der Camerata und wirkte auch als Musiker mit.

So übernahm er den Cembalo-Part bei der UA von O. Rinuccinis Oper *Dafne* (1598), zu der sein Schüler J. Peri die Musik geschrieben und C. selbst 2 Arien beigetragen hatte.

Ausg.: Die Arien in: F. GHISI, Alle fonti della monodia (Mi 1940).

Lit.: A. SOLERTI, Le origini del melodramma (Tn 1903); DERS., Gli albori del melodramma (Mi 1905); W. V. PORTER, Peri and C.'s „Dafne". Some New Discoveries and Observations, in: JAMS 18 (1965).

CORSINI, Bonaiuto (B. Corsini pitor), † nach 1433; it. Komponist. Er war „cofanarius" (= Schmuckkästchenmaler) und wohnte seit 1364 im florentinischen Stadtteil S. Giovanni. 1381 wurde er „consigliere per le Arti maggiori", 1394 Prior, dann „gonfaloniere" und einer der 12 „buonomini"; 1416 verkaufte er sein Geschäft. Er starb als Priester. Um 1380 ist er als Schüler von Andreas de Florentia bezeugt. Von seinen Kompositionen sind 4 zweistimmige Ballate erhalten.

Ausg.: GA, hrsg. v. N. PIRROTTA, in: The Music of XIVth-Century Italy (1964) (= CMM 8/5).

Lit.: R. TAUCCI, Fra Andrea dei Servi, in: Studi Storici sull'Ordine dei Servi di Maria 2 (1935); E. LI GOTTI, Per la biografia di due minori musicisti..., in: Restauri trecenteschi (Palermo 1947); N. PIRROTA – E. LI GOTTI, Il codice di Lucca, in: MD 3 (1949) – 5 (1951); G. REANEY, The Manuscript London, BrM Add. 29 987, in: MSD 13 (1965).

CORTECCIA (Corticius), **Francesco,** * 27. 7. 1502 Florenz, † 7. 6. 1571 ebd.; it. Organist und Komponist. C. war Priester. Er wurde 1531 Organist, 1542 auch Kapellmeister an S. Lorenzo in Florenz und wirkte seit 1539 als Kapellmeister und Komponist auch am Hofe Herzog Cosimos I. de' Medici.

WW: **1) Geistliche WW:** Motetten *(Cantici)* für 5 St. (V 1571) u. für 6 St. (V 1571); 2 Bücher Responsorien für die Karwoche (V 1570) (enthalten auch eine Passion u. ein *Canticum Zachariae);* eine Slg. von Hymnen *(Hinnario),* nur hsl. erhalten. – **2) Weltliche WW:** 2 Bücher Madrigale für 4 St. (1544 u. 1547) (das 1. Buch enthält in einer Ausg. v. 1547 auch Madrigale für die Commedia *Il Furto* von F. D'Ambra); Madrigale für 5–6 St. (V 1547); zahlr. WW in Sammeldrucken, darunter 9 Gesänge, die anläßlich der Hochzeit Cosimos (1539) vokal u. instrumental aufgeführt wurden (RISM 1539[25]).

Ausg.: Hinnario, hrsg. v. G. HAYDON, 2 H.e (Cincinnati 1958–60) (= Musica liturgica I/4 u. II/2); *Passione secondo Giovanni* für 4 gleiche St. (Siena 1965); 9 Gesänge in: A Renaissance entertainment. Festivities for the Marriage of Cosimo I... 1539, hrsg. v. A. C. MINOR – B. MITCHELL (Columbia/Mo. 1968); 11 Works to Latin Texts, hrsg. v. A. MCKINLEY (Madison/Wis. 1969) (= RRMRen 6).

Lit.: F. CORADINI, F. C., in: Note d'Archivio 11 (1934); F. GHISI, Feste musicali della Firenze Medicea (Fi 1939); A. EINSTEIN, The Italian Madrigal, 3 Bde. (Princeton 1949); B. BECHERINI, Dalla frottola al madrigale. Musicisti toscani (Siena 1955); G. HAYDON, The Dedication of F. C.'s Hinnario, in: JAMS 13 (1960); A. W. MCKINLEY, F. C.'s Music to Latin Texts, 2 Bde. (1963) (= Diss. Univ. of Michigan); M. FABBRI, La vita e l'ignota opera-prima di F. C., in: Chigiana 22, Neue Serie 2 (1965); DERS., Una preziosa raccolta di musica sacra cinquecentesca. Il „Cod. 215" dell'Archivio del duomo di Pistoia, in: Collectanea historiae musicae 4 (1966).

CORTÈGE (frz., = Gefolge, Geleit), in Frankreich Bz. für eine marschähnliche Instrumentalkomposition mit feierlichem Charakter. C.s schrieben u. a. E. Chabrier *(Cortège burlesque),* Cl. Debussy (in der *Petite Suite),* A. Glasunow *(C. solennel),* I. Ibert (in der *Suite élisabéthaine)* und G. Migot *(C. d'Amphitrite).*

CORTESE, Luigi, * 19. 11. 1899 Genua, † 10. 6. 1976 ebd.; it. Komponist, Pianist u. Musikschriftsteller. C. schloß sein Klavierstudium 1924 am Liceo musicale in Bologna ab und wurde im selben Jahr an der Universität Genua in Mathematik promoviert. 1925–26 studierte er Kontrapunkt bei A. Gédalge in Paris und 1929 Tonsatz und Klavier bei A. Casella in Rom. Seit 1930 war er als Konzertpianist, Klavierbegleiter, Musiklehrer und Kritiker tätig. 1939 begann er im Auftrag der Stadt Genua den Aufbau eines Paganini-Archivs. 1945–46 leitete C. die von ihm gegründete Società Filarmonica di Genova; 1951–64 war er Direktor des Liceo musicale di N. Paganini und leitete 1955–69 den Internationalen Paganini-Wettbewerb. Seit 1969 wirkte er als künstlerischer Direktor am Teatro Comunale in Genua. Er trat auch mit Schriften über italienische und französische Komponisten des 19. und 20. Jh. hervor, u. a. über Fr. Chopin, N. Paganini, Cl. Debussy, M. Ravel und A. Casella.

WW: Kammermusik; Klv.-Musik; Orch.-Musik; Liederzyklen nach Petrarca, Ronsard, Apollinaire u.a.; Oratorien: *David* (1941) u. *Inclina, Domine* (1967); Opern: *Prometeo* (1951) (nach Aischylos); *La notte veneziana* (1955) (nach A. de Musset); *Notti bianche* (1970) (nach Dostojewski); ferner Schauspiel- u. Filmmusiken.

Lit.: R. BERNARD, L. C., in: RM 18 (1937); L. ROGNONI, Ritratto di L. C. (Mi 1941); G. GAVAZZENI, Musicisti d'Europa (Mi 1951); R. DUMESNIL, Le Mythe de Prométhée dans la musique moderne. G. Fauré, M. Emmanuel, L. C., in: Le Monde (P 1960) September-H.; DERS., La Symphonie de L. C., in: ebd. (P 1964) Januar-H.

H. LINDLAR

CORTOT, Alfred Denis, * 26. 9. 1877 Nyon (Vaud), † 15. 6. 1962 Lausanne; frz. Pianist, Dirigent und Musikpädagoge. C. war Schüler von L. Diémer am Pariser Conservatoire. 1896 debütierte er als Pianist bei den Concerts Colonne und machte sich bald auch über Frankreich hinaus einen Namen. Durch Vermittlung E. Rislers wurde er 1898 Korrepetitor bei den Bayreuther Festspielen unter F. Mottl und H. Richter. C. setzte sich später in Frankreich stark für Wagner ein. 1902 gründete er die Société des Festivals lyriques, in deren Rahmen er selbst *Tristan und Isolde* und die französische Erstaufführung der *Götterdämmerung* dirigierte, 1903 die Société des Concerts C., deren Ziel die Förderung junger Komponisten war. 1904–07 leitete er die Concerts populaires in Lille. 1905 entstand das berühmt gewordene Trio mit P. Casals und J. Thibaud. 1907–17 lehrte C. Klavier am Pariser Conservatoire. 1918 gründete er mit A. Mangeot die École Normale de Musique, die er bis zu seinem Tod leitete, und 1943 die Société de Musique de chambre de la Société des Concerts du Conservatoire. – C. gehört zu den bedeutendsten Pianisten seiner Zeit. Er veröffentlichte auch kommentierte Ausgaben von Klavierwerken, u. a. von Chopin, Schumann und Liszt, und zahlreiche Arbeiten über Klaviermusik. Seine wertvolle Bibliothek musikalischer Handschriften und Drucke erschloß er bibliographisch in einem Katalog: *Bibliothèque A. C. Première partie: Théorie de la musique. Traités et autres ouvrages théoriques des XVe, XVIe, XVIIe et XVIIIe siècles* (Argenteuil 1936).

Schriften: *La musique française de piano,* 3 Bde. (P 1930–44), I (⁵1948), II u. III (³1948), dt. Übers.: *Frz. Klaviermusik,* I (Wie 1956); *Principes rationnels de la technique pianistique* (P 1928); *Cours d'interprétation,* hrsg. v. J. THIEFFRAY, 2 Bde. (P 1934); *Aspects de Chopin* (P 1949), dt. Übers.: *Chopin. Wesen u. Gestalt* (W 1950, Z ²1954).

Lit.: B. GAVOTY, A. C. (Monaco – G 1953); J. FESCHOTTE – K. HAHN, in: Feuilles mus. 10 (1957); K. CH. ADSCHEMOW, in: Sowjetskaja musyka 26 (1962); R. BOSS, in: SMZ 102 (1962); B. GAVOTY, in: Rev. musicale de la Suisse romande 17 (1963) H. 3 u. 4; A. H. KING – O. W. NEIGHBOUR, Printed Music from the Collection of A. C., in: The British Museum Quarterly 31 (1966); F. TRAFICANTE, Dispersal of the C. Collection. 290 Treatises in Lexington, in: Notes 26 (1969/70).

COSÌ FAN TUTTE, ossia La scuola degli amanti, komische Oper in 2 Akten von Wolfgang Amadeus Mozart (1756–91), KV 588, Text von Lorenzo da Ponte (1749–1838). Ort und Zeit der Handlung: Neapel im 18. Jahrhundert. UA: 26. 1. 1790 in Wien (Burgtheater); dt. EA (in dt. Sprache): 1. 5. 1791 in Frankfurt am Main (Übers. von Heinrich Gottlieb Schmieder und Carl David Stegmann als *Liebe und Versuchung*).

Kaum eine Oper ist so oft und so gründlich mißverstanden worden wie *Così fan tutte,* die Geschichte von zwei jugendlichen Liebhabern, die sich von dem weisen Menschenkenner Don Alfonso verleiten lassen, in phantasievoller Verkleidung die Treue ihrer Bräute auf die Probe zu stellen, und, bis an den Rand des eigenen Identitätsverlusts getrieben, ihre Geliebten und sich selbst beinahe ins Unglück stürzen. Die Realisation dieser imaginären menschlichen Komödie bedeutet stets aufs neue eine Gratwanderung zwischen Komödie und Burleske, zwischen Spiel und Ernst, zwischen Parodie und Realität. Da Pontes Rückgriff auf die tradierte Dramaturgie der neapolitanischen Buffa mit Verkleidungs- und Verwechslungsspäßen wurde in Mozarts musikalischer Gestaltung künstlerisch überhöht, so daß leiseste Nuancierungen in der Ausführung den Schritt vom Vordergründig-Possenhaften zum Tiefsinnig-Hintergründigen und umgekehrt bedeuten können. Dem Sujet angemessen, überwiegen bei weitem die Ensembles, die den Höhepunkt in Mozarts Ensemblekunst bilden. Gerade die Doppeldeutigkeit des Werkes wurde nach der mit freundlichem Beifall bedachten UA immer wieder benutzt, um das Libretto und schließlich sogar die Musik (Richard Wagner in *Oper und Drama*) anzufeinden. *Così fan tutte* erschien in den ersten 100 Jahren nach der UA in einer Vielzahl von Übersetzungen mit teilweise schwerwiegenden Eingriffen in die Dramaturgie und unter den verschiedensten Titeln auf den europäischen Opernbühnen. Erst Hermann Levi (als Übersetzer) und Richard Strauss (als Dirigent) stellten 1897 in München die Originalgestalt des Werkes wieder her.

J. SCHLÄDER

COSSET (Cossette, Cozette), **François,** * um 1610 St-Quentin (?), † 1673; frz. Komponist. C. wurde 1628 Succentor der Chorknaben an der Kathedrale von Reims, später in Laon, und schließlich Knabenkapellmeister in Senlis. 1637 erhielt er die Leitung der Maîtrise der Kathedrale von Reims. Am 4. Mai 1643 trat er die Nachfolge von J. Veillot als Knabenkapellmeister an Notre-Dame in Paris an, mußte jedoch bereits 1646 sein Amt niederlegen. 1650 wurde er Maître de musique an Notre-Dame in Reims, und hat vermutlich unter dem Namen *François Cozette* vom 20. 12. 1658 bis zum 18. 7. 1664 als Nachfolger von J. Cathala die Maîtrise der Kathedrale von Amiens geleitet und auch die Chapelle vicariale in St-Quentin betreut.

WW: 4st. Messen: *Cantate Domino* (P 1659), *Eructavit cor meum* (P 1659, ²1673, ³1687), *Exultate Deo* (P ²1659, ⁹1729); 5st. Messen: *Gaudeamus omnes* (P 1649, ³1659, ⁴1725), *Salvum me fac Deus* (P 1661); 6st. Messen: *Domine salvum fac* (P 1659), *Super flumina* (P ²1673), *Surge propera* (P 1659). – Die Messe *Eructavit* findet sich hsl. in Paris, Bibl. Nat., außerdem in einer Fassung mit hinzugefügtem B.c. von S. de Brossard, der auch zu der Messe *Gaudeamus* einen B.c. sowie Instrumente u. eine *Symphonie pour le Graduel* hinzufügte.

C. schrieb ausschließlich Messen, die, wie die meisten gedruckten liturgischen Werke französischer Komponisten bis zum Ende des 17. Jh., im A-cappella-Stil ohne Generalbaß gehalten sind und durch den fast gänzlich syllabischen Satz Note gegen Note in besonderer Weise den Beschlüssen des Trienter Konzils entsprachen.

Ausg.: Die Messen *Cantate Domino* u. *Exultate Deo*, hrsg. v. H. EXPERT (NA P 1951 u. 1956).

COSSONI, Carlo Donato, * um 1625 Mailand, † 8. 2. 1700 Gravedona bei Como; it. Organist und Komponist. C. war 1662–71 erster Organist an S. Petronio in Bologna, übersiedelte 1671 nach Mailand und war dort seit 1675 Kapellmeister des Fürsten Trivulzio, seit 1681 Mitglied der Accademia Filarmonica, 1684–92 Domkapellmeister und erhielt 1686 ein Kanonikat am Stift in Gravedona. C.s geistliche Werke sind, wie diejenigen von M. Cazzati und G. P. Colonna, in ihrer Besetzung und in ihrem Stil typisch für die Bolognesische Kirchenmusik in der 2. Hälfte des 17. Jahrhunderts.

WW (wenn nichts anderes angegeben, in Bologna erschienen): 3 Bücher Motetten für 1 St. u. B.c., op. 2 (1667), op. 10 (1670), op. 12 (1675); Hymnen u.a. Vespergesänge für 1 St., 2 V. u. B.c., op. 4 (1668); Lamentationen für 1 St. u. B.c., op. 5 (1668); 2 Bücher Motetten für 2–3 St. u. B.c., op. 1 (V 1665), op. 9 (1670); Motetten, Messe u. *Te Deum* für 8 St. u. B.c., op. 14 (1679); *Messe concertate* für 4 St., 2 V. u. B.c. mit 5st. Ripienochor ad lib., op. 8 (1669); *Salmi concertati* für 5 St., 2 V. u. B.c. mit 5st. Ripienochor ad lib., op. 6 (1668); Vesperpsalmen für 8 St. u. B.c., op. 3 (1667); Litaneien u. a. für 8 St. u. B.c., op. 11 (1671); weitere kirchenmusikal. WW in Sammeldrucken (RISM 1668[2], 1679[1], 1681[1]). – Italienische Kantaten für 1–3 St. u. B.c. – C. vermachte die Hss. seiner WW der Abtei Einsiedeln.

Lit.: A. SCHUBIGER, A. C. C., in: MfM 3 (1871).

COSSOTTO, Fiorenza, * 22. 4. 1935 Crescentino (Vercelli); it. Sängerin (Mezzosopran). Sie studierte Gesang u.a. in Turin bei Paola della Torre, kam 1955 als Elevin an die Mailänder Scala und trat hier nach und nach in größeren Partien auf. 1961 erregte sie als Leonora in Donizettis *La Favorita* an der Mailänder Scala Aufsehen. Seither gilt sie als eine der führenden Vertreterinnen ihres Fachs an allen bedeutenden Opernbühnen der Welt. Große Erfolge errang sie u. a. auch als Amneris in *Aida*, als Azucena in *Il Trovatore* und als Ulrica in *Un ballo in maschera* von Verdi, in der Titelrolle von Bellinis *Norma*, als Santuzza in *Cavalleria rusticana* von Mascagni und als Carmen in Bizets gleichnamiger Oper. Sie ist verheiratet mit dem italienischen Bassisten Ivo Vinco.

COSTA, Gasparo, it. Komponist des 16. Jh. aus Bologna. C. ist 1580–84 als Organist an der Kirche Madonna di San Celso, 1588–90 als Organist am Dom in Mailand nachweisbar. Im Druck erschienen von ihm 3 Bücher 3–4st. *Canzonette* (V 1580 bis 1584 und 1588) und 1 Buch mit 5st. Motetten und geistlichen Madrigalen (V 1581).

COSTA, Luis, * 25. 9. 1879 Fareläes, † 7. 1. 1960 Porto; portugiesischer Pianist und Komponist. C. war Schüler von J. Viana da Mota und von F. Busoni in Berlin. Er unterrichtete Klavier am Konservatorium in Porto, das er später selbst leitete.

WW: Klavierstücke, darunter: *Sete Prelúdios, Conto de Fadas, Ao pé da azenha, Canção do berço;* Klavierquintett; Streichquartett; Trio; Sonaten für V., Va. u. Vc. mit Klv.; Fantasie für Klv. u. Orch.; ferner Lieder.

COSTA, Sir **Michele Andrea Agniello** (Michel Andrew Agnus), * 4. 2. 1808 Neapel, † 29. 4. 1884 Hove (England); engl. Komponist it. Herkunft. C. war Schüler von N. A. Zingarelli in Neapel, wo von ihm u. a. eine 4st. Messe, ein Oratorium, Symphonien und mehrere Opern aufgeführt wurden. 1829 ging er nach England, wurde 1832 Musikdirektor am King's Theatre und leitete 1846–54 das Philharmonic Orchestra in London. 1849–82 dirigierte er bei den Festspielen in Birmingham, 1857–80 auch bei den Händel-Festspielen. Erfolgreich war er mit der Oper *Don Carlos* (1844) in London und mit den Oratorien *Eli* (1855) und *Naaman* (1864) bei den Festspielen in Birmingham.

COSTANTINI, it. Musikerfamilie. – **1) Fabio,** * um 1575 Staffolo bei Ancona, † nach 1644 Tivoli (?). C. war 1610–14 Kapellmeister in Orvieto, 1616 an Santa Maria in Trastevere in Rom, 1618–22 erneut in Orvieto, 1625–26 in Loreto und zuletzt 1642–44 am Dom von Tivoli. Er gab mehrere Sammeldrucke mit Motetten, Psalmen und Madrigalen heraus, die auch eigene Werke enthalten (besonders zahlreich RISM 1621[14] und 1634[1]). – **2) Alessandro,** Bruder von 1), * um 1581 Staffolo, † 20. 10. 1657 Rom. Er war Organist und Kapellmeister an mehreren römischen Kirchen und veröffentlichte ein Buch Motetten für 1–3 St. u. B.c. (R 1616) sowie *Componimenti musicali* (R 1626). Weitere Werke sind in Sammeldrucken der Jahre 1614–39 enthalten.

Ausg.: **Zu 1):** 2 Motetten, hrsg. v. K. PROSKE, in: Musica divina, I (1855).

COSTELEY, Guillaume, * um 1531 Pont-Audemer (?), † 1. (2.) 2. 1606 Evreux; frz. Komponist. C. war seit etwa 1560 Organist König Karls IX. und später König Heinrichs III. Er verkehrte im Kreis humanistischer Dichter und war mit A. de Baïf und R. Belleau befreundet. Seit 1570 hielt er sich vorwiegend in Evreux auf, wurde dort 1571 „Prince premier" der Bruderschaft Ste-Cécile und gründete 1575 den Puy de musique en l'honneur d'Evreux, der jedes Jahr Preise für Komposition verlieh. 1584 schied er aus dem königlichen Dienst. Bereits 1570 hatte er in Paris unter dem Titel *Musique de G. C.* den größten Teil seiner Chansons veröffentlicht, die vorwiegend für die Sänger der Kammer bestimmt waren.

WW: **1) Vokal-WW:** *Musique de G. C.* (P 1570, ²1579) (enthält eine Motette für 4 St. u. 2 für 5 St., 93 Chansons für 4 St., 7 für 5 St. und eine für 6 St.); zahlreiche Chansons finden sich in Sammeldrucken der Jahre 1554–1633. – **2) Instr.-WW:** *Fantasie sus orgue ou espinette* (hsl. in Paris, Bibl. Nat.).

C.s Chansons knüpfen stilistisch an die späten Werke Cl. Janequins an und stellen das Bindeglied zwischen der Chanson der 1. Hälfte des 16. Jh. und der durch it. Einflüsse gekennzeichneten Chanson der 70er und 80er Jahre des 16. Jh. dar. Durch die bevorzugte Verwendung homorhythmischer Satzweise und durch die häufige strophische Gestaltung sind sie zugleich Vorläufer des ↗Air de cour. Bemerkenswert ist C.s Versuch einer besonderen Art von Chromatik (in der Chanson *Seigneur Dieu ta pitié*), die auf der Einführung einer 19stufigen gleichschwebenden ↗Temperatur – wohl im Anschluß an N. Vicentino – beruht.

Ausg.: 61 Chansons für 4 St. in: EXPERT Maîtres 3 (1846), 18–19 (1904); 6 Chansons für 4 St. in: H. EXPERT, La fleur des musiciens de P. de Ronsard (P 1923); 2 Chansons für 4 St. u. eine für 5 St. in: EXPERT Florilège 4 (1928), vgl. H. EXPERT, Anthologie chorale (P o.J.); eine Chanson für 4 St. in: M. CAUCHIE, Quinze chansons du XVIᵉ siècle (P 1926); eine Chanson für 4 St. u. eine für 5 St. in: F. LESURE, Anthologie de la chanson parisienne au XVIᵉ siècle (Monaco 1953); *Seigneur Dieu ta pitié*, hrsg. v. K. J. LEVY (s. u. Lit.).

Lit.: M. CAUCHIE, Documents pour servir à une biographie de G. C., in: RMie 8 (1926); K. J. LEVY, C.'s Chromatic Chanson, in: Ann. Mus. 3 (1955); C. DAHLHAUS, Zu C.s chromatischem Chanson, in: Mf 16 (1963); V. E. GRAHAM, Music for Poetry in France (1550–80), in: Renaissance News 17 (1964); I. GODT, G. C., 2 Bde. (1969) (= Diss. New York Univ.); U. HERTIN, Die Tonarten in der frz. Chanson des 16. Jh. (Mn 1974); I. GOLDT, A Lesson in musica ficta from G. C. and le Roy & Ballard 1570–1579, in: MR 38 (1977).

COSYN (Cosin, Cosens), **Benjamin,** * um 1570, † nach 1644: engl. Organist und Virginalist. C. war 1622–24 Organist am Dulwich College und 1626–43 am Charterhouse. Von ihm ist eine hsl. Sammlung von 90 Virginalstücken überliefert (London, Brit. Mus., Royal Music Library Ms. 23.1.4), die Werke u. a. von Th. Tallis, W. Byrd, J. Bull, O. Gibbons und eigene Werke enthält. Unter den 4st. liturgischen Werken (Services), die dem Manuskript später hinzugefügt wurden, befindet sich auch ein *Venite* von C. selbst.

Ausg.: *25 Pieces ... from B.C.s Virginal Book,* hrsg. v. J. A. FULLER-MAITLAND – W. BARCLAY SQUIRE (Lo 1923); *3 Voluntaries,* hrsg. v. J. STEELE (Lo 1959); 8 Tänze, hrsg. v. F. CAMERON (Lo 1964).

COTILLON (frz., = Unterrock), ein in Frankreich seit 1723 bekannter Gesellschaftstanz, auch *Contredanse française* genannt, der aus dem Round (Rundtanz) des englischen ↗Country dance hervorging; 1741 kam er nach Deutschland und 1770 nach England. Den in Entrée und Refrain aufgeteilten Tanz mit seinem raschen, im dreiteiligen Zeitmaß stehenden Rhythmus tanzten ursprünglich vier über Kreuz aufgestellte Paare, die sich in einem Rundgang begrüßten (Entrée), um danach ihre Touren auszuführen (Refrain); schließlich fand man sich in der Ausgangsstellung wieder. Die Figuren wurden vom ersten und dritten Paar und dann vom zweiten und vierten Paar getanzt. Später nahmen auch mehr Paare teil. Vor allem im 19. Jh. tanzte man den C. nicht auf eine bestimmte Musik: Man verwendete Walzer, Polkas, Mazurkas und den Galopp; die Touren und Figuren änderten sich. Außerdem nahm der Tanz, der während des zweiten Kaiserreichs vor allem in Paris äußerst beliebt war, mehr und mehr die Formen eines Gesellschaftsspiels an, in dem z. B. die Herren den Damen Buketts und (auch äußerst wertvollen) Schmuck schenkten.

COTRUBAS, Ileana, * 9. 6. 1939 Galati; rumän. Sängerin (Sopran). Sie studierte Gesang an den Musikakademien in Bukarest und Wien und debütierte 1964 in Bukarest. Seit 1967 gastiert sie an bedeutenden Opernhäusern Europas. 1969 wurde sie an die Oper in Frankfurt a. M. engagiert und trat seitdem auch bei den Festspielen in Salzburg und Glyndebourne mit großem Erfolg auf. Zu ihren Glanzrollen gehören vor allem Partien in Mozart-Opern (Konstanze, Pamina und Susanna). C. genießt auch als Konzertsängerin großes Ansehen.

COTTON, John, ↗Johannes Affligemensis.

COTTRAU, it. Musiker- und Verlegerfamilie frz. Herkunft. – **1) Guillaume Louis,** * 9. 8. 1797 Paris, † 31. 10. 1847 Neapel. Er leitete den Musikverlag Bernardo Girard in Neapel und trat als Komponist neapolitanischer Lieder hervor, von denen einige später von Fr. Liszt in *Venezia e Napoli* verwendet wurden. – **2) Teodoro,** Sohn von 1), * 27. 11. 1827 Neapel, † 30. 3. 1879 ebd. Er gilt als Komponist der bekannten Lieder *Santa Lucia* und *Addio mia bella Napoli.* – **3) Giulio,** Sohn von 1), * 29. 10. 1831 Neapel, † 25. 10. 1916 Rom. Er schrieb vor allem Opern. Eine Zeitlang leitete er in Paris eine Gesangsschule.

Lit.: E. PIERO, La Canzone napoletana (R 1952); V. PALIOTTI, Storia della canzone napoletana (Mi 1958).

COULADE (frz., von couler = schleifen, rinnen),

auch *Passage* oder *Diminution* genannt, eine Verzierung in der französischen Vokalmusik des 17. und 18. Jahrhunderts. Sie besteht in der stufenweise auf- oder absteigenden melodischen Ausfüllung eines größeren Intervalls. Beispiel für eine C. aufwärts:

COULÉ (frz.), eine Verzierung, ↗Schleifer.

COUNTERTENOR (engl.; von lat. contratenor), **Alto,** vor allem in der englischen Kirchenmusik des 16. und 17. Jh. die höchste (nicht falsettierende) Männerstimme, deren Umfang etwa mit dem der weiblichen Altstimme übereinstimmt (f–f²). Der C.-Gesang hat sich in englischen Kirchenchören bis heute erhalten. In früherer Zeit wurden C.s meist an Stelle von Kastraten eingesetzt (z. B. von H. Purcell, der sehr anspruchsvolle Partien für C. geschrieben hat). Auch Händel und noch Mozart (*Idomeneo,* Partie des Idamante) komponierten für dieses Stimmfach. – Die Erfahrungen der letzten 20 Jahre mit der vermehrten Verwendung von Originalinstrumenten bzw. deren Rekonstruktionen beeinflußten die Wiedergabe vorbarocker Vokalmusik und führten zu einer Wiederbelebung auch des C.-Gesangs über England hinaus. Als erster setzte sich dafür A. Deller, selbst C., ein, auch mit seinem Deller Consort. Der bekannteste C.-Sänger ist heute P. Esswood, der vor allem mit N. Harnoncourt zusammenarbeitet. In den letzten zehn Jahren haben sich mehrere englische Ensembles, z. B. die King's Singers (bei denen zwei C.s mitwirken) auf Grund ihrer Interpretationen sowohl alter, vor allem englischer, als auch avantgardistischer Vokalsätze einen Namen gemacht. Auch für andere zeitgenössische Musik wird der Männeralt wieder vermehrt eingesetzt, z. B. in *King Lear* von A. Reimann (UA München 1978). Die Rolle des Edgard darin ist eine C.-Partie.

Lit.: A. H. D. PRENDERGAST, The Man's Alto in English Music, in: ZIMG 3 (1900/01); W. J. HOUGH, The Historical Significance of the C. Voice, in: Proc. R. Mus. Assoc. 69 (1937).

COUNTRY DANCE (engl., = ländlicher Tanz), engl. Tanz, der seit dem 16. Jh. bekannt ist; ursprünglich Volkstanz, dann Gesellschaftstanz. Die umfassendste Sammlung mit 900 Country dances gab 1650 J. Playford heraus; sie erschien in zahlreichen Neuauflagen, seit der 2. Aufl. unter dem Titel *The Dancing Master.* Oft lassen sich die meist in Gruppen von zwei zusammengehörigen Takten gesetzten Melodien des C. d. auf mittelalterliche Liedweisen zurückführen. Zur Zeit Königin Elisabeths I. (1558–1603) finden sie sich auch in der englischen Virginalmusik, im 18. Jh. gingen sie in die ↗Ballad opera ein. Im 19. Jh. verlor der C. d. allmählich seine Beliebtheit. Er wird aber gleichwohl heute noch gepflegt, so vor allem in den USA, in England und in Schottland (hier, in einer vom englischen Stil verschiedenen Form, z. B. von der Scottish Country Dance Society). – Der meist im Zweiertakt stehende C. d. mit seinen einfachen Schrittfolgen und den oft schwierigeren Figuren (Sterne, Platzwechsel, Kreuzen, Umkreisen, Kette usw.) wurde vor allem in zwei Grundmustern ausgeführt: a) als Reihentanz, bei dem sich die Tänzer, Partner gegen Partner, in einer Doppelreihe aufstellen (Longways); b) als Rundtanz, in dem sich die Tänzer, Partner neben Partner, zu einem Kreis formieren (Rounds). In Frankreich entwickelte sich im späten 17. Jh. aus dem C. d. die ↗Contredanse. Die Form des Round fand im ↗Cotillon und in der ↗Quadrille Eingang.

Ausg.: *The English Dancing Master,* Faks.-Ausg. v. M. DEAN-SMITH (Lo 1957).

Lit.: C. J. SHARP, The C. D. Books, 6 Bde. (Lo 1909–22); H. THURSTON, Bibliography of the C. D. Books, in: Journal of the English Folk Dance and Song Society 7 (1952); M. DEAN-SMITH, English Tunes Common to Playford's „Dancing Master", in: Proc. R. Mus. Assoc. 79 (1953).

F. OTTERBACH

COUNTRY ROCK (engl.), ↗Rock music.

COUNTRY & WESTERN MUSIC (engl.), ↗Western music.

COUPERIN, frz. Musikerfamilie. – **1) Charles I,** † April 1662; Organist der Abteikirche von Chaumes-en-Brie (Seine-et-Marne). Aus seiner Ehe mit Marie Aubry gingen 8 Kinder hervor, darunter Louis, François (I) und Charles (II). 1644 erwarb er das Gut Crouilly. – **2) Louis,** * um 1626 Chaumes-en-Brie, † 29. 8. 1661 Paris; Organist und Komponist. Er war seit 1653 Organist an St-Gervais in Paris, gehörte als Violenspieler der Kammermusik König Ludwigs XIV. an und wirkte auch an den Ballets de cour mit. Vermutlich lernte er in Paris J. J. Froberger kennen, der ihm auch das Werk und die Musikauffassung G. Frescobaldis vermittelte. C.s Œuvre, das nur hsl. überliefert ist, umfaßt außer 2 Fantasien für Violen, 2 Fantasien „sur le jeu des haubois" und 3 3st. Streichersymphonien 130 Stücke für Cembalo und etwa 70 Stücke für Orgel (entstanden zwischen 1650 und 1659). Unter den Cembalostücken finden sich vor allem Tanzsätze (Allemande, Branle, Courante, Sarabande, Chaconne, Rondeau), die aber noch nicht nach Art einer Suite geordnet sind. Einige Stücke sind gekennzeichnet durch kühne harmonische Wendungen, wie etwa das *Tombeau de M. Blancrocher.* Die Orgelkompositionen umfassen überwiegend Orgel-Versetten über chorale Cantus firmi in der Art von J. Titelouze, Fugen mit choralen Themen und die *Fantaisies-Recherches,* die auch die in Frankreich neu aufgekommenen tiefen Trompeten-, Kornett- und Krummhornregister verwenden. – **3) François I,** Sohn von 1), genannt „l'Ancien", * 1630 Chaumes-en-Brie, † nach 1708 Paris; Organist, Cembalist und Musiklehrer. Er ist der Ahnherr jener C.s, die nach François „le Grand" als berühmte Organisten an St-Gervais wirkten. – **4) Charles II,** Sieur de Crouilly, Sohn von 1), * 9. 4. 1638 Chaumes-en-Brie, † 1679 Paris. 1661 folgte er seinem Bruder Louis als Organist an St-Gervais. 1662 trat er in den Dienst der Herzogin von Orléans. Seine Cembalokompositionen sind verloren. – **5) François II,** Sieur de Crouilly, Sohn von 4), genannt „le Grand", * 10. 11. 1668 Paris, † 11. 9. 1733 ebd. C. wurde bis zu seinem 11. Lebensjahr von seinem Vater ausgebildet, danach vermutlich u. a. von J. D. Thomelin. 1685 übernahm C. das Organistenamt an St-Gervais. 1690 erhielt er durch Vermittlung M. R. Delalandes das Druckprivileg für 2 Orgelmessen, die jedoch nie veröffentlicht wurden. 1693 wurde er Hoforganist und Cembalolehrer beim Herzog von Burgund und der Prinzen und Prinzessinnen. In jener Zeit entstanden kleinere Kompositionen, Airs sérieux, Cembalostücke, Triosonaten und Motetten für die Versailler Kapelle. C. trat in St-Germain-en-Laye, Fontainebleau, Versailles, Sceaux, Saint-Maur und Compiègne auf. 1714–15 komponierte er 3 *Leçons de ténèbres,* vermutlich für ein Nonnenkloster, und die zur Aufführung vor dem alternden König in Versailles bestimmten *Concerts.* 1717 wurde er als Nachfolger von J. H. d'Anglebert Ordinaire de la Musique für Cembalo und unterrichtete den Adel. Von dieser pädagogischen Tätigkeit legen die (hsl. erhaltenen) *Règles pour l'accompagnement* und der Traktat *L'Art de toucher le clavecin* (1715–16) ein heute noch reizvolles Zeugnis ab. 1723 überließ C. seinem Neffen Nicolas das Organistenamt an St-Gervais. 1730 wurde er wegen seiner angegriffenen Gesundheit als Hoforganist durch G. Marchand abgelöst.

WW: **1) Instr.-WW:** *Pièces d'orgue consistant en deux Messes, l'une à l'usage ordinaire des Paroisses pour les Festes solemnelles, l'autre propre pour les convents de religieux et religieuses* (1690); 4 Bücher *Pièces de clavecin* (P 1713, 1717, 1722, 1730); 6 Préludes in: *L'Art de toucher le clavecin* (P 1716, [2]1717); Triosonaten (für 2 Dessus u. B.c.): *La Pucelle, La Visionnaire, L'Astrée, La Steinkerque* (um 1692–93); *La Sultane* (nach 1695) für 2 V., 2 Va. u. B.c.; *La Superbe* (1700), *L'Impériale* (um 1695) für 2 V., 2 Va. u. B.c.; *La Superbe* (1700), *L'Impériale* (um 1710); *4 Concerts royaux* (1714–15) (P 1722); *10 Nouveaux concerts (Les Goûts réunis)* (P 1724), darin: *Le Parnasse ou l'Apothéose de Corelli; Concert instrumental sous le titre d'Apothéose ... de Lully* (P 1725); *Les Nations* (P 1726), enthält die Sonaten von 1692 u. 1693 mit neuen Titeln: *La Française, L'Espagnole, La Piémontaise,* auf jede Sonate folgt eine Suite (1724 komponiert); 2 *Pièces de viole* (Suiten) (P 1728). – **2) Vokal-WW: a)** weltliche WW: 7 Airs sérieux, darunter: eine *Musette,* eine *Brunette* u. ein *Vaudeville,* in: *Recueil d'airs sérieux et à boire* (P 1697, 1701, 1711, 1712); ein Air à boire, *Épitaphe d'un paresseux* (nach La Fontaine), in: ebd. (1706); ein Trio, *Trois Vestales champêtres et trois Poliçons,* 2 Kanons, *La Femme entre deux draps* u. *A moi, tout est perdu* (hsl. in Paris, Bibl. Nat.). – **b)** geistliche WW: *Laudate pueri Dominum* (1697) (hsl. in Versailles, Bibl.); *Quatre versets d'un motet* (Psalm *Mirabilia testimonia tua*) *composé de l'ordre du roy ...* (P 1703); *Sept versets du motet* (Psalm *Benedixisti Domine terram tuam*) *composé de l'ordre du roy ...* (P 1704); *Sept versets du motet* (Psalm *Qui regis Israel, intende*) *composé de l'ordre du roy ...* (1705); *Motet de sainte Suzanne* (hsl. in Paris, Bibl. Nat.); Ostermotette *Victoria Christo resurgenti,* 13 Élévations u. versch. Motetten sind hsl. erhalten; *3 Leçons de Ténèbres* für 1–2 St. u. B.c. (P 1714?). – **3) Schulwerke:** *L'Art de toucher le clavecin* (P 1717) (darin 6 Préludes für Cemb.); *Règles pour l'accompagnement* (hsl. in Paris, Bibl. Nat.).

C. wuchs in Paris in einer Umgebung auf, von der viele und reiche künstlerische Anregungen ausgingen. Für seine musikalische Erziehung verdankte er viel seinem Onkel François (I.), durch den er u. a. mit der Kunst Champion de Chambonnières vertraut wurde. Vermutlich stand er in jungen Jahren auch mit M. R. Delalande, seit 1679 Organist an St-Gervais, in Verbindung, und er hat wohl die Opern J.-B. Lullys ebenso gehört wie die Messen, Motetten und Oratorien M.-A. Charpentiers, und er hatte wohl auch Zugang zu den nach Italien orientierten Kreisen an St-André-des-Arts. Später erschlossen sich ihm die Werke italienischer Komponisten wie P. Lorenzani, Fasolo, A. Corelli und T. Albinoni. So ist es zu verstehen, wenn C. zeit seines Lebens bemüht war, in seinen Werken eine Synthese zwischen dem französischen und dem italienischen Stil zu erreichen, eine „Réunion des goûts", um mit seinen eigenen Worten zu sprechen, wie er sie als Untertitel zu den *Nouveaux concerts* von 1724 setzte. Lully und Corelli, denen er mit jeweils einer *Apothéose* ein klingendes Denkmal gesetzt hat, erschienen ihm als die beiden gewissermaßen polaren Leitbilder seiner Kunst.

C.s Œuvre ist von großer Vielseitigkeit. Es umfaßt weltliche und geistliche Vokalwerke, Orgelmusik, instrumentale Kammermusik und Cembalowerke. Auf allen diesen Gebieten hat C. beachtenswerte Werke geschaffen, die ihn zu einer der bedeutendsten Persönlichkeiten der französischen Musikgeschichte machen. Von seinen Vokalwerken sind vor allem die kirchenmusikalischen Kompositionen für 1–2 Solostimmen und B.c. mit und ohne Instrumente zu nennen. Sie zeigen den Einfluß der italienischen Kantate eines Carissimi ebenso wie den der französischen Solomotette eines Nivers. Dagegen steht seine Orgelmusik in der unmittelbaren französischen Tradition. Die beiden Orgelmessen gehören zum Typus der sog. Alternatim-↗Messe und beruhen weitgehend auf choralen Melodien, die sowohl als Cantus firmi in breiten Notenwerten wie auch zu Imitations-Soggetti verarbeitet werden. In den Messen bringt C. auch die ganze Farbigkeit der Register zur Geltung, über die die Orgel seiner Zeit verfügte. Die instrumentale Ensemblemusik – in ihrem Kern die Sonaten für 2 Violinen und B.c. und die *Concerts* – zeigt seine Meisterschaft in der Suitenkomposition. Hier besonders geht es ihm um die Exposition und um die Vereinigung französischer und italienischer Elemente in der satztechnischen Gestaltung wie im musikalischen Ausdruck.

Im Zentrum von C.s Schaffen stehen freilich die 240 Cembalostücke, die in 4 Büchern veröffentlicht und zu 27 *Ordres* zusammengefaßt sind. In der Tradition der gleichartigen Werke von Champion de Chambonnières und Louis Couperin stehend, entfernen sie sich doch von diesen, u.a. dadurch, daß bei François der polyphone Satz und der imitatorische Stil keine so bedeutende Rolle mehr spielen und daß bei ihm die klassischen Tanzsätze mehr und mehr zugunsten von Stücken mit bestimmten Überschriften zurücktreten. Im 1. Buch der *Pièces de clavecin* sind von 85 Stücken 30 höfische Tänze, wobei manche, wie üblich, einfach als Allemande, Courante, Sarabande oder Gigue bezeichnet sind, während bei anderen signifikante Titel hinzutreten (z.B. *Allemande-l'Auguste; La Bourbonnaise. Gavotte; Sarabande la prude*). Dagegen finden sich im 4. Buch der *Pièces* von 50 Stücken nur mehr 5 eigens als Tanzsätze bezeichnete. Was die Titel der Stücke angeht, die in ihrer Gesamtheit gleichermaßen das höfische wie das bürgerlich-städtische Publikum ansprechen und die auf literarischem Gebiet in den Fabeln von La Fontaine und in den *Caractères* von La Bruyères eine Entsprechung zu haben scheinen, so gibt es darunter verschiedene Typen: Charakterbilder (z.B. *La Voluptueuse; La Laborieuse*), Gefühlsmomente *(Les Regrets; Les Charmes)*, Namen bestimmter weiblicher Personen *(La Garnier; La Forqueray; La Monflambert)*, auch solcher, die nicht mehr zu identifizieren sind, Namen hochgestellter Persönlichkeiten bei Hofe *(L'Auguste; La Régente; La Princesse Marie)*, Landschaften *(Les Vergers fleuris)*, Markt- und Dorfszenen, manchmal auch satirische Bezeichnungen. Jedes Stück ist zweiteilig, 2–3stimmig mit gelegentlichem Kreuzen der Hände. Annähernd 60 Stücke haben die Form des ↗Rondeau. In den kontrapunktisch gearbeiteten Stücken und Partien weicht C. einer allzugroßen Strenge der Stimmführung mit Hilfe immer neuer Verzierungen aus: in der Absicht, das Geflecht der Stimmen eindringlich und ausdrucksvoll zu gestalten entsprechend dem Bild, das es musikalisch zu malen gilt. C. schöpfte hier das ganze Reservoir der zeitgenössischen Agréments und Verzierungen aus mit seinen Pincés, Mordants, Ports de voix, Tremblements, Cadences und schuf so Stücke, deren Reiz von der Gesellschaft der damaligen Zeit offenbar in einer Weise ausgekostet wurde, wie das heute kaum mehr nachzuempfinden ist. Im übrigen weisen auch die *Pièces de clavecin* auf eine doppelte Tradition hin. In der Symmetrie der musikalischen Phrasen, die durchweg einer streng paarigen Taktordnung verpflichtet sind, in dem geradezu eigensinnigen Hervortreten bestimmter Motive, in den subtilen Dissonanzen zeigt sich italienischer Einfluß. Das Beibehalten der tänzerischen Gestik, die immer gleichsam beschleunigt oder gebremst wird durch die improvisierten Verzierungen, die Verwendung von Klangmalereien, von arpeggierten Akkorden, lautenmäßigen Effekten und aparter Harmonik – das alles macht den französischen Charakter dieser Stücke aus. Insgesamt herrscht in ihnen eine eigentümliche Phantasie, die vom Realen und Präzisen zum Geheimnisvollen und Unbestimmten wechselt und manchmal innehält vor den Bildern von Watteau *(z.B. Le Carillon de Cythère)*. In seinen Cembalostücken hat C., wie es scheint, mit Überlegenheit und Ironie die Pariser und Versailler Gesellschaft betrachtet und über sie geurteilt: voller Esprit und Charme, aber wohl auch mit der Melancholie, die der Angst des Kranken und der Angst vor den Problemen der krisenvollen Zeit entsprang, in der C. lebte.

6) Nicolas, Sohn von 3), * 1680 Paris, † 25. 7. 1748 ebd. Er war Musiker des Grafen von Toulouse und folgte 1723 François C. (II.) als Organist an St-Gervais. – **7) Armand Louis,** Sohn von 6), * 25. 2. 1727 Paris, † 2. 2. 1789 ebd. Er war Organist an Ste-Marguerite, St-Gervais, St-Barthélemy, St-Jean-en-Grève und an der Sainte-Chapelle, trat 1770 in die Musique du roi ein und wurde einer der 4 Organisten von Notre-Dame. Er hinterließ die Cantatille *L'Amour médecin* (P um 1750), Cembalosonaten mit Violinbegleitung (P 1765), Triosonaten (P 1770) und mehrere Motetten. – **8) Pierre Louis,** Sohn von 7), * 14.3.1755 Paris, † 10.10.1789 ebd. Er übernahm 1773 das Organistenamt seines Vaters an St-Gervais, außerdem an der Sainte-Chapelle und an Notre-Dame und wurde 1787 Hoforganist. Er schrieb mehrere Romanzen. – **9) Gervais François,** Sohn von 7), * 22.5.1759 Paris, † 11.3.1826 ebd. Er wurde 1789 Organist an der Sainte-Chapelle, an der Chapelle Royale und an St-Gervais und wirkte außerdem an St-Jean, St-François und St-Merry. Sein Schaffen umfaßt eine Symphonie, Cembalosonaten mit Violine oder Violoncello (P 1788), Klavierstücke, Transkriptionen und Romanzen. – **10) Céleste Thérèse,** Tochter von 9), * 1793 Paris, † 14. 2. 1860 Belleville; Organistin. Sie spielte als letzte aus der Familie C. bis 1830 die Orgel von St-Gervais.

Ausg.: **Zu 2):** GA, hrsg. v. P. BRUNOLD (P 1936), revidiert v. Th. Dart, als: Pièces de clavecin (Monaco 1959); L'œuvre d'orgue, bearbeitet v. N. PIERRONT – N. DUFOURCQ (P 1950) (= Orgue et liturgie 6); Pièces de clavecin, hrsg. v. A. CURTIS (P 1970) (= Le Pupitre 18). – **Zu 5):** GA, hrsg. v. P. BRUNOLD – M. CAUCHIE – A. GASTOUÉ – A. TESSIER, 12 Bde. (P 1933); 1. u. 2. Buch der Pièces de clavecin, hrsg. v. J. BRAHMS (Bergedorf 1869–71) (= Denkmäler der Tonkunst 4); dass., 1.–4. Buch, hrsg. v. K. GILBERT (P 1969–71) (= Le Pupitre 21–24); Selected Harpsichord Music, hrsg. v. S. MARLOWE (NY 1971); die beiden Orgelmessen, in: GUILMANT-PIRRO V (1904); dass., hrsg. v. N. DUFOURCQ (P 1963, 1964); *L'Astrée, La Sultane, L'Impériale* (Concerts 6, 10 u. 14 aus *Les goûts réunies*), hrsg. v. L. BOULAY (P 1963–67); *Concerts royaux* I–IV für Fl., Ob., V., Va. da gamba u. B.c., hrsg. v. D. LASOCKI, 4 H.e (Lo 1974); *Les goût réunis or Nouveaux Concerts* für 2 V. u. B.C., hrsg. v. DEMS., 3 Bde. (Lo 1975); *Les nations* für 2 Fl. u. B.c., hrsg. v. E. HIGGINBOTTOM (Lo 1976); *L'Apothéose de Corelli,* hrsg. v. DEMS. (Lo 1976); *L'Apothéose de Lully* für 2 V. u. B.c., hrsg. v. DEMS. (Lo 1976). Leçons de ténèbres, hrsg. v. D. VIDAL (P 1968); 9 Motetten, hrsg. v. P. OBOUSSIER (P 1972) (= Le pupitre 45); *L'art de toucher le clavecin,* mit dt. u. engl. Übers. (L 1958); dass., Faks.-Ausg. (NY 1969) (= MMMLF II/23).

Lit.: CH. BOUVET, Une dynastie de musiciens français. Les C. (P 1919); A. TESSIER, C. (P 1926); J. TIERSOT, Two centuries of a French musical family. The C., in: MQ 12 (1926); DERS., Les C. (P 1926, Nachdr. P 1975); O. E. DEUTSCH, Zur Bestimmung der C.-Auflagen, in: ZfMw 12 (1929/30); CH. BOUVET, Nouveaux documents sur les C. (P 1933); P. BRUNOLD, Le grand orgue de St-Gervais de Paris (P 1934); E. HARICH-SCHNEIDER, Zärtliche Welt. F. C. in seiner Zeit (B 1939); N. DUFOURCQ, La musique d'orgue française de J. Titelouze à J. Alain (P 1941, [2]1949); DERS., Le clavecin (P 1949, [2]1967); M. CAUCHIE, Thematic Index of the works of F. C. (Monaco 1949); P. HARDOUIN, Le grand orgue de St-Gervais, in: L'Orgue (1949) Nrn. 52–54; P. BRUNOLD, Fr. C. (Monaco 1949) (engl.); W. MELLERS, F. C. and the French Classical Tradition (Lo 1950); M. ANTOINE, Autour de F. C., in: RMie 34 (1952); DERS., Un acte inédit de F. C., in: RMie 37 (1955); P. HARDOUIN, Quelques documents relatifs aux C., in: RMie 37 (1955); P. CITRON, C. (P 1956); B. POCIEJ, Ornamentiyka w utworach klawesynowych Couperina, in: Muzyka 4 (1959); DERS., Faktura „Pièces d'orgue" Couperina in: ebd. 5 (1960); G. OLDHAM, L. C. A New Source of French Keyboard Music of the Mid 17th Century, in: Rech.Mus. 1 (1960); DERS., Two Pieces for 5 Part Shawm Band by L. C., in: Music, Libraries and Instruments (1961) (= Hinrichsens 11th Music Book); SH. HOFMAN, L'œuvre de clavecin de F. C. (P 1961); H. CHARLIER, F. C. (Ly 1965) (= Nos amis les musiciens o. Nr.); A. OTT, C. als Quelle für R. Strauss, in: FAM 13 (1966); M. H. WURTZ, The Sacred Vocal Works of F. C. (1966) (= Diss. Washington Univ.); M. THOMAS, Chaumes-en-Brie, pépinière d'organistes avant et après les C., in: Rech.Mus. 7 (1967); TH. KÄSER, in: MuG 22 (1968); M. PINCHERLE, F. C. et la conciliation des „goûts" français et italien, in: Chigiana 25, N.S. 5 (1968); Mélanges C. (P 1968); TH. DART, On C.s Harpsichord Music, in: MT 110 (1969); N. DUFOURCQ, Quelques remarques sur „Les nations" de F. C., in: Rech.Mus. 9 (1969); F. NEUMANN, C. and the Downbeat Doctrine for Appoggiaturas, in: AMl 41 (1969), vgl. dazu R. DONINGTON, in: ebd. 42 (1970) u. K. HOFMANN, in: ebd. 43 (1971); R. PAGANO, Poesia e subtilité nell'opera clavicembalistica di F. C. „Le Grand", in: NRMI 3 (1969); V. HILL, The „eleventh order" of F. C. A Study in Performance Practice, in: Diapason 61–62 (1970); K. HOFMANN, Noch einmal: C. and the downbeat doctrine for appoggiaturas, in: AMl 43 (1971); PH. OBOUSSIER, A. C. discovery, in: MT 112 (1971); DERS., C. motets at Tenbury, in: Proc. R. Mus. Assoc. 98 (1971–72); G. KENNETH, Les livres de clavecin de F. C. Note bibliographique, in: RMie 58 (1972); N. DUFOURCQ, „Les Baricades mistérieuses" de F. C., in: Rech. Mus. 13 (1973); TH. DART, Quelques précisions sur la notation des pièces de clavecin de F. C., in: L'interprétation de la musique française aux XVIIe et XVIIIe siècles (P 1974); TH. DART, On Some Details of the Notation used by F. C. in his four books of „Pièces de clavecin", in: C. Colloque Paris 1969 (P 1974); J. E. TURNER, „Notes inégales". Treatises by Bacilly, Loulié, and Démotz. Their Application to the „Mass for the convents" by F. C. (1974) (= Diss. Univ. of Wisconsin); B. GUSTAFSON, A Performer's Guide to the Music of L. C., in: Diapason 66 (1975).

COUPLET (frz.; von lat. copula = Verbindung, Paar; span.: copla), seit dem 14. Jh. in Frankreich Bz. für ein Reimpaar, später auch für die ganze Strophe (syn. Bz.: *stance* oder *strophe*). In der Troubadourdichtung wurde die Strophe entsprechend der altprovenzalischen ↗Cobla auch *cople* (später *couple*) genannt. – Im ↗Rondeau der französischen Instrumentalmusik des 17. und 18. Jh. heißen C. die Abschnitte zwischen den Reprisen. – Seit dem ausgehenden 18. Jh. bezeichnet C. ein Strophenlied mit Refrain mit witzigem oder satirischem Inhalt, das als Gesangseinlage in ↗Vaudevilles, Opéras-comiques und Operetten eingefügt wurde. In dieser Form fand das C. als selbständige Gesangsnummer auch Eingang in das moderne Kabarett. In Deutschland wurde es besonders von O. Reutter gepflegt.

COURANTE (frz., von courir = laufen; engl.: corant; it.: corrente; span.: corriente), französischer Tanz, offenbar ein Abkömmling des ↗Branle (vgl. einen *branle courant* bei Cl. Gervaise, *Danceries,* 1555). Der Wortsinn scheint darauf hinzuweisen, daß es sich ursprünglich um einen schnellen Tanz mit zahlreichen Bewegungen handelte. Nach Th. Arbeau (*Orchésographie,* 1589) wurden die Schritte bei der C. gesprungen, wodurch diese sich von der ↗Pavane und der ↗Bassedance unterschied. Nach Arbeau gehörte zum Tanz der C. um 1540 eine possenhafte Darstellung des Liebeswerbens dreier Paare. Die Tanzschritte wurden im Zickzack ausgeführt, zwei Einzelschritte und ein Doppelschritt nach links, dann nach rechts. Im 17. Jh. gehörte die C. dann zum festen Bestand der Tänze am französischen Hof, und war der Lieblings-

tanz König Ludwigs XIV. Getanzt wurde sie in dieser Zeit von Einzelpaaren mit gleitenden Schritten in die Diagonale. Im Laufe des 18. Jh. kam sie (wie u. a. J.-J. Rousseau in seinem *Dictionnaire,* 1758, bezeugt) außer Gebrauch.
In den musikalischen Quellen erscheint die C. zuerst in Lautentabulaturen des 16. Jh., am frühesten (als *Currendo*) bei Phalèse, *Carminum liber primus* (An 1549), unter der Bz. C. erstmals – wiederum vereinzelt – bei S. Vreedman (*Carminum liber secundus,* Löwen 1569). Als frühestes deutsches Beispiel hat eine *Courante du roy* bei B. Schmid (*Neue Kunstliche Tabulatur auff Orgel und Instrument,* Str 1577) zu gelten.
Im 17. Jh. wurde die C. einer der beliebtesten Tanzsätze innerhalb der solistischen und Ensemble-Instrumentalmusik. Sie gehört nun bis zur Mitte des 18. Jh. zum festen Bestand der ↗Suite, und fand Eingang auch in ↗Concerto grosso und ↗Sonata da camera. In der Suite folgt die C. in der Regel als zweiter Satz der ↗Allemande. Zahlreich sind auch die Drucke mit Instrumentalmusik des 17. Jh., in denen neben anderen Tanzsätzen auch C.n zu geschlossenen Gruppen zusammengestellt sind.
Die C. steht stets im Dreiertakt und ist meistens auftaktig (mit Viertel-, Achtel-, Sechzehntel- oder drei Sechzehntel-Auftakt). Hinsichtlich ihrer musikalischen Satzweise lassen sich im 17. und 18. Jh. mehrere Typen unterscheiden: Die C.n in der *Terpsichore* (1612) von M. Praetorius sind überwiegend mehrstimmig homorhythmisch gesetzte französische Tanzweisen im 3/2- oder 6/4-Takt, mit häufiger Punktierung der Note auf der ersten Zählzeit. Ähnliches gilt auch für die C.n der deutschen Zeitgenossen von Praetorius. In der späteren Zeit gibt es einen italienischen C.n-Typus im raschen 3/4- oder 3/8-Takt, ohne betont kontrapunktische Satzweise, mit kontinuierlicher „laufender" rhythmischer Bewegung. Zu diesem Typus gehören etwa die C.n im *Fitzwilliam Virginal Book,* die C.n A. Corellis und anderer italienischer Zeitgenossen sowie als späte Beispiele die C.n in J. S. Bachs Französischen Suiten Nr. 2, 3, 5 und 6 und in den Partiten Nr. 1, 3, 5 und 6.

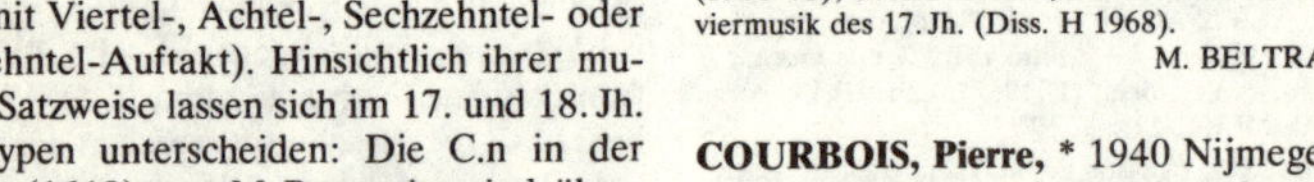

J.S. Bach, Französische Suite Nr. 6

Hiervon zu unterscheiden ist ein französischer C.n-Typus im mäßig schnellen 3/2- oder 6/4-Takt, im Rhythmus gekünstelter und weniger kontinuierlich, mit größerer kontrapunktischer Dichte gegenüber dem italienischen Typus. Er findet sich u. a. bei J. Champion de Chambonnières, L. u. Fr. Couperin, J. H. d'Anglebert und schließlich wiederum auch noch bei J. S. Bach (Englische Suite Nr. 2, Französische Suite Nr. 1).

J.S. Bach, Französische Suite Nr. 1

Nach Bach ist die C. nur noch ganz selten anzutreffen. Als Beispiel aus späterer Zeit sei hier auf den 2. Satz der 5. Sonatine für Klavier (1925) von M. Emmanuel verwiesen.

Lit.: K. NEF, Gesch. der Sinfonie u. Suite (L 1921); W. MERIAN, Der Tanz in den dt. Tabulaturbüchern (L 1927); P. NETTL, The Story of Dance Music (NY 1947); F. FELDMANN, Unters. zur C. als Tanz, in: DJbMw 6 (1962); J. BARIL, Dictionnaire de danse (P 1964); O. MORTENSEN, Über Typologisierung der C.n u. Sarabanden Buxtehudes, in: Dansk Aarbog for Musikforskning 6 (1968–72); U. KRAEMER, Die C. in der dt. Orchester- u. Klaviermusik des 17. Jh. (Diss. H 1968).

M. BELTRANDO-PATIER

COURBOIS, Pierre, * 1940 Nijmegen; ndl. Jazzmusiker (Schlagzeug). Er leitete bereits 1961 eine der ersten Gruppen des Free Jazz in Europa, wurde Mitte der 60er Jahre Mitglied der einflußreichen deutschen Avantgardegruppe von Gunter Hampel und gründete 1970 die (inzwischen wieder aufgelöste) Jazz-Rockformation „Association P. C.", die dem Jazz-Rock von Miles Davis ein gleichwertiges, eigenständig europäisches Konzept gegenüberstellte. C. gehört zu den führenden Schlagzeugern Europas. In seinem Spiel verbindet er die federnden Beats des Jazz mit den einfacheren Formeln des Rock.

Lit.: P. C., in: Jazz Podium 24 (St 1975); J. E. BERENDT, Ein Fenster aus Jazz (F 1978) Kap.: Der deutsche Jazz und die Emanzipation.

COURTOIS (Cortois, Courtoys, Mourtois), **Jean,** franko-flämischer Komponist, † vor 1567. C. ist 1539 als Maître de chapelle der Kathedrale von

Cambrai nachweisbar, als dort am 20. Januar anläßlich eines Aufenthalts Kaiser Karls V. seine Motette *Venite populi terrae* aufgeführt wurde. Mehrere Motetten und Chansons von ihm wurden in zeitgenössischen Sammeldrucken veröffentlicht. Weitere Motetten sowie 4 Messen sind hsl. überliefert.

Ausg.: 2 Chansons, hrsg. v. R. EITNER, in: PGfM 23 (1899); eine Chanson, in: EXPERT Maîtres 5 (1897); die Motette abgedruckt bei: N. BRIDGMAN, La participation musicale à l'entrée de Charles Quint à Cambrai ... 1540, in: Fêtes et cérémonies au temps de Charles Quint, hrsg. v. J. Jacquot (P 1960) (= Les fêtes de la Renaissance 2); 2 Sätze in: P. ATTAINGNANT, Treize livres de motets, Bd. 4, hrsg. v. A. Smijers (P 1960).

Lit.: D. CRAWFORD, Sixteenth-century choirbooks in the Archivio capitolare at Casale Monferrato (R 1975).

COURVILLE ↗Thibault de Courville.

COURVOISIER, Walter, * 7. 2. 1875 Riehen bei Basel, † 27. 12. 1931 Locarno; Schweizer Komponist und Musikpädagoge. C., der zunächst Medizin studiert hatte (1900 Promotion zum Dr. med.), wandte sich 1902 ganz der Musik zu und wurde in München Schüler von L. Thuille. Seit 1907 dirigierte er neben E. Boehe die Konzerte des Kaim-Orchesters und lehrte seit 1910 Musiktheorie und Komposition an der Akademie der Tonkunst (seit 1919 als Professor). Zu seinen Schülern gehörten u. a. W. Burkhard, H. Sutermeister und H. Reutter. C. war nach Thuilles Tod der führende Kopf der Münchner Schule. Er komponierte mehrere in München aufgeführte Opern, Orchesterwerke, Kammermusik, Vokalwerke mit Orchester und zahlreiche Lieder und schrieb *Über Erziehungsfragen aus dem Gebiete der Musiktheorie* (in: FS zum 50jährigen Bestehen der Akademie der Tonkunst, Mn 1924).

Lit.: TH. KROYER, W. C. (Mn 1929); H. J. MOSER, in: Musica 10 (1956); A. WÜRZ, Die Münchner Schule. Gestalten u. Wege, in: Musik in Bayern (Tutzing 1972).

COUSINEAU, Georges, * 1734 Meschant (Vendée), † 1800 Paris; frz. Harfenbauer. C. trat auch als Harfenspieler und Komponist hervor und war außerdem Besitzer einer Musikalienhandlung. 1783 wurde er Luthier ordinaire de la reine. Seine bedeutendste Erfindung waren die sog. „Béquilles" der Pedalharfe, kleine bewegliche Stege, mit deren Hilfe Halbtöne gespielt werden konnten, ohne die verkürzten Saiten aus ihrer Position zu bringen. – Sein Sohn **Jacques Georges,** * 13. 1. 1760 Paris, † 1824 ebd., war seit 1775 sein Teilhaber, wirkte als Harfenspieler und Komponist und unterrichtete als Harfenlehrer u. a. die Kaiserin Joséphine.

Ausg.: J. G. C., Méthode de harpe ..., in: MMMLF Reihe 2, 86 (1968).

Lit.: R. VANNES, Dictionnaire universel des luthiers (Bru ²1951).

COUSSEMAKER, Charles Edmond Henri de, * 19. 4. 1805 Bailleul (Nord), † 10. 1. 1876 Lille; frz. Musikforscher. C. studierte in Paris Jura, daneben privat Musik, u. a. bei A. Reicha (Komposition), war dann als Rechtsanwalt, schließlich als Richter tätig, zuletzt in Lille. Nach einigen kompositorischen Versuchen wandte er sich, angeregt u. a. durch die Forschungen von Fr.-J. Fétis, Arbeiten über die mittelalterliche Musik zu, die z. T. (wie vor allem die *Scriptorum ...*) heute noch grundlegend sind.

Schriften: *Notice sur les collections musicales de la Bibliothèque de Cambrai et des autres villes du Département du Nord* (P 1843, Nachdr. Hil 1970, Utrecht 1972); *Histoire de l'harmonie au moyen-age* (P 1852, Nachdr. Hil 1966); *Chants populaires des Flamands de France ...* (Gent 1856); *Drames liturgiques du moyen-age* (Rennes – P 1860, Nachdr. NY 1964); *Messe du XIIIe siècle* (die Messe v. Tournai) (P – Lille 1861); *Scriptorum de musica medii aevi nova series,* 4 Bde. (P 1864–76, Nachdr. Gr 1908, Hil 1962); *L'Art harmonique aux XIIe et XIIIe siècles* (P 1865, Nachdr. NY 1966); *Œuvres complètes du trouvère Adam de la Halle* (P 1872, Nachdr. Ridgewood/N.J. 1965).

Lit.: R. SCHLECHT, E. de C., in: Cäcilienkalender 2 (1877); Catalogue des livres, manuscrits et instruments de musique de feu M. Ch. E. H. de C. (Bru 1877, Nachdr. Buren 1977); P. AUBRY, La musicologie médiévale (P 1900); J. HANDSCHIN, Das Fragment C., in: AMl 7 (1935).

COUSSER, Johann Sigismund, ↗Kusser.

COWELL, Henry Dixon, * 11. 3. 1897 Menlo Park (Calif.), † 10. 2. 1965 Shady Hill (N.Y.), amerik. Komponist. C. debütierte 1906 als Violinist, 1912 als Pianist und begann 1913 an der University of California sein Kompositionsstudium, das er nach Teilnahme am Ersten Weltkrieg am Institute of Applied Music in New York fortsetzte. Bereits 1916 bis 1919 entstand mit Unterstützung seines Englischlehrers S.S. Seward sein Buch *New Musical Resources,* in dem u. a. der Gebrauch von ↗Clustern beschrieben ist. In den 20er und 30er Jahren reiste er fünfmal nach Europa, wo er seine Werke spielte und Vorträge hielt. Während seines letzten Aufenthalts vor Beginn des Zweiten Weltkrieges studierte er 1932–33 in Berlin bei E. von Hornbostel Vergleichende Musikwissenschaft; seither wandte sich sein Interesse immer stärker der außereuropäischen Musik zu. Bereits 1927 hatte er in den USA den Verlag New Music Edition gegründet, der neue Musik – besonders aus den USA – veröffentlichte. Lehrveranstaltungen und das Studium östlicher Musik führten ihn auf zahlreichen Reisen außer nach Europa auch in die Türkei, den Nahen Osten, nach Indien und Japan. Zuletzt lehrte er 1951–65 an der Columbia University in New York.

WW: **1) Instr.-WW:** Für Klv.: *Adventures of Harmony* (1911); *The Tides of Manaunaun* (1912); *Dynamic Motion* (1913); *Advertisement* (1914); *Antinomy* (1914); *Amiable Conversation* (1917); *6 Ings* (1916); *The Snows of Fujiyama* (1922); *Aeolian Harp* (1923); *Piece for Piano with strings* (1924); *The Banshee* (1925), auch als Ballett (1931), *Reel* (1925); *Sinister Resonance* (1925); *Tiger* (1928); *Hilarious Curtain Opener and Ritornelle* (1939). – Kammermusik: *Quartet Romantic* (1915) für 2 Fl., V. u. Va.; Vc.-Sonate (1915); 5 Streichquartette (1916, 1926, 1934, 1936, 1956); *Ensemble* (1924) für 2 V., Va., 2 Vc. u. 3 „thundersticks"; *7 Paragraphs* (1925) für Streichtrio; Suite (1928) für Solo-Str., Klv. u. Kammerorch.; *Sound-form for Dance* (1936) für Fl., Klar., Fag. u. Schlagzeug; *Ritual of Wonder* (1937) für Trp., Klv. u. Schlagzeug; *Shoonthree* (1940) für Band; *Little Concerto* (1942) für Klv. u. Band; *Animal magic* (1944); V.-Sonate (1945); *Set of Five* (1952) für V., Klv. u. Schlagzeug; *Homage to Iran* (1957) für V. u. Klv.; Quartet (1962) für Fl., Ob., Vc. u. Harfe; Klv.-Trio (1965); unter Verwendung alter amerik. Folklore schrieb C. für unterschiedliche kammermusikal. Besetzungen *18 Hymn and Fuguing Tones* (1944–64), die z.T. auch Eingang in seine Orch.-WW fanden. – Für Orch.: 20 Symphonien (1918, *Anthropos* 1938, *Gaelic* 1942, 1946, 1948, 1951, 1952, 1952, 1953, 1953, 1953, 1956, *Madras* 1958, 1960, *Icelandic* 1962, 1962, 1964); Konzerte: für Schlagzeug (1958), Akkordeon (1960), Harmonika (1960), Koto, I (1962), II (1965) u. Harfe (1965); *Vestiges* (1914–20); *Some Music* (1915); *Some More Music* (1916); *Polyphonica* (1930); *Synchrony* (1930); *Rhythmicana*, mit Rhythmicon (1931); *American Melting Pot* (1937); *Old American Country Set* (1937); *Tales of Our Countryside*, mit Klv. (1939); *An Ancient Desert Drone* (1940); *Saturday at the Firehouse* (1948); *Fiddler's Jig* (1952) mit V. u. Streichorch.; *Persian Set* (1956) für Kammerorch. mit Tär; *Ongaku: Music, or the Art and Science of sound* (1957); *Antiphony* (1959) für 2 Orch.; *Chiaroscuro* (1960). – **2) Vokal-WW:** *3 Antimodernist Songs* (1938) für SingSt u. Klv.; *The Coming of light* (1938) für Chor; *The Donkey* (1946) für SingSt u. Klv.; *The Little Black Boy* (1947) für SingSt u. Klv.; *Thanksgiving Psalm from the Dead Sea Scrolls* (aus den Qumran-Rollen) (1956) für Männerchor u. Orch.; *The Creator* (1963) für Vokalsolisten, Chor u. Orch. – **3) Bühnen-WW:** Oper *O'Higgins of Chile* (1947) (unvollendet); Ballette: *The Building of Banba* (1922), *Atlantis* (1926), *Cowell Program* (1926), *The Banshee* (1931), *Dance of Work and of Sport* (1932); *Trickster Coyote* (1941) u. *Moon in March* (1951); ferner Bühnenmusik zu: *King Lear* u. *Hamlet*.. – **4) Schriften:** *New Musical Resources* (NY 1930); *American Composers on American Music: A Symposium* (Stanford 1933, NA NY 1962); *Charles Ives and His Music* (zus. mit S. R. Cowell) (NY 1955, revidiert 1969); *Mein Weg zu den Clusters*, in: Melos 40 (1973).

Schon in seinen ersten Klavierkompositionen verwendete C. Cluster, später übernahm er sie auch in seine Kammer- und Orchestermusik. Weitere neue Spieltechniken sind das Anzupfen der Saiten bei tonlos niedergedrückten Tasten in seinem Klavierstück *Aeolian Harp* (1923) und das „künstliche" Stoppen der schwingenden Saite mit der Hand in *Sinister Resonance*, wobei die Variationsmöglichkeiten vom abrupten Unterbrechen bis zum zarten Ausklingen reichen. In den 30er Jahren entwickelte C. Formen, deren endgültige Gestalt vom Interpreten durch Zusammenstellen der Formteile und/oder improvisatorische Ergänzungen festzulegen sind. Diese „elastic forms" sind – ebenso wie die neuen Spieltechniken (als Vorformen des ↗Prepared piano) – für J. Cage, der auch bei C. studierte, wichtig geworden. Zur Verwendung improvisatorischer Elemente ist C. durch seine intensive Beschäftigung mit außereuropäischer Musik angeregt worden, von der er auch einzelne Instrumente, Skalen und rhythmische Modelle übernahm. 1931 entwickelte er zusammen mit L. Theremin ein „Rhythmicon" genanntes Gerät, mit dem mechanisch Überlagerungen komplizierter Rhythmen simuliert werden können. C. schrieb mit *Rhythmicana* zwar eine Komposition für dieses Gerät, betrachtete es jedoch grundsätzlich als Demonstrations- und nicht als Musikinstrument.

Lit.: Compositores de América, II (Washington/D.C. 1956, Nachdr. 1962); H. WEISGALL, The Music of H. C., in: MQ 45 (1959); R. F. GOLDMAN, H. C. (1897–1965). A Memoir and a Appreciation, in: Perspectives of New Music 4 (1965/66); C. J. HENRY, The Piano Music of H. C. (1967) (= Diss. Indiana Univ.); J. GODWIN, The Music of H. C. (1969) (= Diss. Cornell Univ.); CH. WEN-CHUNG, Asian Concepts and twenteenth-century composers, in: MQ 57 (1971); H. OESCH, H. C. Pionier u. Außenseiter der Neuen Musik, in: Melos 40 (1973); B. SAYLOR, The Writings of H.C. A Descriptive Bibliography (Brooklyn 1977) (= I.S.A.M. Monographs 7).

H. WEBER

COWEN, Sir **Frederic Hymen** (Hymen Frederick), * 29. 1. 1852 Kingston (Jamaika), † 6. 10. 1935 London; engl. Komponist. C. komponierte bereits mit 8 Jahren eine Operette und debütierte mit 11 Jahren als Pianist. 1865–66 studierte er am Konservatorium in Leipzig bei I. Moscheles, C. Reinecke und E. F. E. Richter, 1867–68 am Sternschen Konservatorium in Berlin. 1868 ließ er sich in London als Pianist und Dirigent nieder. Er leitete dort 1888–92 und 1900–07 die Philharmonic Society, 1896–99 in Manchester das Hallé Orchestra und dirigierte auch bei zahlreichen Musikfestspielen. C. schrieb 4 Opern, 2 Operetten, mehrere Ballette, 6 Symphonien, 3 Ouvertüren, Orchestersuiten und -fantasien, Klavierstücke, 2 Klavierkonzerte, *Rêverie* für Violine und Orchester, *The Dream of Endymion* für Tenor und Orchester, Oratorien, Kantaten, Oden und nahezu 300 Lieder. Er veröffentlichte eine Autobiographie unter dem Titel *My Art and my Friends* (Lo 1913).

COWPER (Cooper, Couper, Coper), **Robert,** * 1474 (?), † um 1516; engl. Komponist. C. war 1494–1506 als Nachfolger von R. Fayrfax „Vicar-choral" an der Kathedrale in Lincoln. 1507 wurde er Doctor of Music der Universität Cambridge. Von ihm sind ein 4st. Gloria, 6 Motetten und mehrere 3st. Lieder erhalten.

Ausg.: *Gloria in excelsis Deo*, Motette für 4 St., hrsg. v. H. B. COLLINS (Lo 1924); ein Lied *I have been a Foster* in: DAVISON-APEL Anth. I.

Lit.: H. W. GRATTAN, Flood. Early Tudor Composers (Lo 1925); J. STEVENS, Rounds and Canons..., in: ML 32 (1951); D. A. SEARS, The Rise of the English Hymn 1707–1779, in: Journal of Church Music 13 (1971).

COX, Jean, * 16. 1. 1922 Gadsden (Alabama); amerik. Sänger (Tenor). Nach seiner Ausbildung am Konservatorium in Boston und Engagements in den USA gelang ihm erst in Europa eine internationale Karriere. 1954 wurde er nach Kiel und Braunschweig verpflichtet, 1959 an das Nationaltheater in Mannheim. Zahlreiche Gastspiele führten ihn seitdem auch an die Opernhäuser in Hamburg, Stuttgart, Frankfurt a. M., Berlin und München, auch nach Wien und Lissabon. Bedeutende Erfolge errang er besonders als Heldentenor in Wagner-Partien, auch bei den Bayreuther Festspielen.

cps (Abk. für engl. cycle[s] per second), im angloamerikanischen Sprachraum gebräuchliche Frequenzeinheit anstelle von ↗Hertz (1 cps = $1 s^{-1}$ = 1 Hz).

CRAFT, Robert, * 20. 10. 1923 Kingston (New York); amerik. Dirigent und Musikschriftsteller. Er studierte u. a. an der Julliard School of Music und an der Columbia University in New York sowie am Berkshire Music Center in Tanglewood (Mass.), 1947 Dirigieren bei P. Monteux und ging 1948 zu Kompositionsstudien zu I. Strawinsky, der ihn seitdem förderte. Als Dirigent, u. a. des New York Brass and Woodwind Ensemble, der Chamber Art Society und des American Symphony Orchestra, setzte er sich für die zeitgenössische Musik ein, vor allem für A. Berg, A. Schönberg u. A. Webern, dessen Gesamtwerk er auch auf Schallplatten aufnahm.

Schriften (alle I. Strawinsky betreffend): *Avec Strawinsky* (Monaco 1958), dt. Teil-Übers.: *Strawinsky* (Mn 1962); *Conversations with I. Stravinsky* (ebd. 1959), dt. Übers.: *I. Strawinsky. Gespräche mit R. C.* (Z – Mz 1961); *Memories and Commentaries* Lo – Garden City/N. Y. 1960); *Exposition and Developments* (ebd. 1962) (zus. mit Strawinsky); *Dialogues and Diary* (Garden City/N. Y. 1963, Lo 1968); *Themes and Episodes* (NY 1967); *Retrospectives and Conclusions* (NY 1969), dt. Übers.: *Erinnerungen und Gespräche* (F 1972) (zus. mit Strawinsky); *Stravinsky. Chronicle of a Friendship, 1948–71* (NY 1972); *Prejudices in Disguise. Articles, Essays, Reviews* (NY 1974).

CRAMER, Carl Friedrich, * 7. 3. 1752 Quedlinburg, † 8. 12. 1807 Paris; dt. Schriftsteller und Musikverleger. C. war seit 1775 Professor für griechische und orientalische Sprachen an der Universität Kiel, wurde aber 1794 wegen seiner unverhohlenen Sympathien für die Französische Revolution entlassen und ließ sich als Buchhändler in Paris nieder. Die von ihm veröffentlichten Sammlungen vermitteln wichtige und originelle Aufschlüsse über die deutsche Musik seiner Zeit. So etwa enthält das *Magazin der Musik* (1783) die erste gedruckte Mitteilung über Beethoven (von der Hand seines Lehrers Chr. G. Neefe).

WW: Schriften: *Kurze Übersicht der Gesch. der frz. Musik* (B 1786); *Anecdotes sur W. A. Mozart* (P 1801). – Periodica u. Sammlungen: *Magazin der Musik*, 3 Jahrgänge (H 1783 u. 1786, Kop 1789); Sammlungen von Klv.- u. Singstücken (1783), von Liedern für Sopran (1787), *Flora* für SingSt u. Klv. (Kiel – H 1787) (mit WW u. a. von Chr. W. Gluck, J. Fr. Reichardt u. C. Ph. E. Bach). – C. gab auch Klv.-Auszüge von Opern von J. A. P. Schulz, F. L. Ae. Kunzen, J. G. Naumann und A. Salieri heraus.

Ausg.: *Magazin der Musik*, Nachdr. in 5 Bde. (Hil 1971–74).

CRAMER, dt. Musikerfamilie. – **1) Wilhelm,** getauft 2. 6. 1746 Mannheim, † 5. 10. 1799 London; Violinist, Dirigent und Komponist. C. war Schüler von J. Stamitz und J. Chr. Cannabich und wurde 1757 Mitglied der Mannheimer Hofkapelle. 1772 ging er nach London, wo er als Violinist und Dirigent u. a. an der Oper, bei den Ancient Concerts und den Professional Concerts wirkte und 1784 und 1787 auch die Händel-Festspiele leitete. Er schrieb Werke für Violine und Violoncello, Sonaten für Violine und B.c., Trios, Streichquartette und 3 Violinkonzerte. – **2) Johann Baptist,** Sohn von 1), * 24. 2. 1771 Mannheim, † 16. 4. 1858 Kensington bei London; Pianist und Komponist. C. war Schüler von M. Clementi (Klavier) und von C. F. Abel (Theorie). Er trat zuerst in den Professional Concerts in London auf. Seit 1788 unternahm er zahlreiche Konzertreisen in Europa, wobei er in Wien auch die Bekanntschaft Beethovens machte, der ihn sehr schätzte. 1824 gründete er mit R. Addison und T. Fr. Beale einen Musikverlag, der unter der Firma J. B. Cramer & Co., Ltd. noch heute in London besteht. Seit 1832 lebte er zunächst in München, dann in Paris und kehrte 1845 nach England zurück.

WW: für Klv.: 105 Sonaten (teilweise mit Begleitung ad. lib.), zahlr. Charakterstücke, Divertissements, Caprices, Rondeaus, Toccaten, Variationen; WW für Klv. zu 4 Händen u. für 2 Klv.e; zahlr. Sammlungen von Etüden, darunter *84 Etudes*, op. 50 (1815), als Fortsetzung dazu *16 Etudes*, op. 81 (um 1830); Kammermusik mit Klv.; 8 Klv.-Konzerte; ein *Concerto da camera*. – *Große praktische Pianoforte-Schule* (darin auch die *84 Etudes*) (Offenbach 1815) u. a. Studienwerke.

C. war als Komponist, Pianist und Lehrer während eines halben Jahrhunderts bestimmend für die Entwicklung des Klavierspiels. Von seinen Kompositionen haben ihn lediglich die Etüden überlebt, die, ähnlich wie die Unterrichtswerke K. Czernys, bis heute einen festen Platz in der pianistischen Ausbildung einnehmen. Eine enorme Verbreitung erfuhren die Etüden op. 50 und 81 (namentlich in einer Auswahlausgabe von H. v. Bülow). Sie sind freilich mehr als reine Übungsstücke; ihrem musikalischen Ausdrucksgehalt nach gehören sie zur Gattung des lyrischen Klavierstücks (↗Charakterstück) und bilden eine wichtige Vorstufe zu den *Liedern ohne Worte* von F. Mendelssohn Bartholdy.

Ausg. (außer den Etüden, die in vielen NA zugänglich sind): **Zu 1):** Trio op. 3 Nr. 2 B-Dur für 2 V. u. Vc., hrsg. v. H. RIEMANN, in: Mannheimer Kammermusik des 18. Jh., II (1915) (= DTB 16). – **Zu 2):** *Les menus plaisirs* für Klv., hrsg. v. H. ALBRECHT (Lippstadt 1951) (= Organum 5/10); 21 Etüden für Klv. nebst Fingerübungen von Beethoven. Nach dem Handexemplar L. v. Beethovens hrsg. v. H. KANN (W 1974).

Lit.: **Zu 1):** A. MOSER, Gesch. des Violinspiels (B 1923), verbessert u. ergänzt v. H.-J. Nösselt, 2 Bde. (Tutzing 1966–67). – **Zu 2):** J. PEMBAUR, Die 84 Etüden von J. B. C. (L 1901); TH. SCHLESINGER, J. B. C. u. seine Klaviersonaten (Mn 1928) (= Diss. München 1923) (mit Werke-Verz.); P. EGERT, Die Klaviersonate im Zeitalter der Romantik I (B-Johannistal – L 1934); A. H. KING, Mozart and C., in: Mozart in Retrospect (Lo 1955); J. B. BROCKLEHURST, The Studies of J. B. C. and His Prodecessors, in: ML 39 (1958); P. F. GANZ, J. B. C. and His Celebrated Etudes, in: Clavier 6 (1967); G. JARECKI, Beethovens Anmerkung zu Etüden v. C., in: Beethoven-Almanach 1970, hrsg. v. E. Tittel (W 1970) (= Publ. der Wiener Musikhochschule 4); W. S. NEWMAN, On the Rhythmic Significance of Beethoven's Annotations in C.'s Etudes, in: Kgr.-Ber. Bonn 1970 (Kas 1971); H. GOLDSCHMIDT, Beethovens Anweisungen zum Spiel der C.-Etüden, in: Kgr.-Ber. Berlin 1970 (B 1971); A. TYSON, A Fend between Clementi and C., in: ML 54 (1973); CH. R. SUTTONI, Piano and Opera. A Study of the Piano Fantasies Written on Opera Themes in the Romantic Era (1973) (= Diss. New York Univ.); J. C. GRAUE, The Clementi-C. Dispute Revisited, in: ML 56 (1975).

CRANKO, John, * 15. 8. 1927 Rustenburg (Südafrika), † 26. 6. 1973 Dublin; engl. Tänzer und Choreograph. Er besuchte zunächst die University of Cape Town Ballet School, wo er bereits 1942 sein erstes Ballett choreographierte (Strawinskys *Histoire du Soldat*), seit 1946 die Sadler's Wells Ballet School in London und trat dort bald als Tänzer in das Theatre Ballet ein, für das er 1946 das Ballett *Tritsch-Tratsch-Polka* schuf, das ihn weithin bekannt machte. Nach seinem zweiten großen Erfolg, *Children's Corner* (Debussy), arbeitete C. seit 1947 nur noch als Choreograph an international bedeutenden Ballettzentren. 1961 wurde er Ballettdirektor der Württembergischen Staatstheater in Stuttgart, deren Ensemble er in wenigen Jahren zu einem der besten in der Welt machte und mit dem er auch zahlreiche Auslandstourneen unternahm. 1968–71 war er außerdem Chef-Choreograph der Bayerischen Staatsoper in München. 1971 eröffnete C. in Stuttgart die erste Ballettschule mit Internat in der Bundesrepublik Deutschland (jetzt John-Cranko-Schule). – Im Mittelpunkt seiner dramaturgisch aufgefaßten Choreographien steht das „Mirakel Mensch" (Cranko) im Spannungsfeld von Identität und Widersprüchen, Niederlagen und Erfolgen. Auf der Grundlage des klassisch-akademischen Tanzes schuf C. einen poetisch-klaren und dabei ebenso phantasievollen wie leidenschaftlichen und ausdrucksstarken Stil, besonders in seinen Pas de deux. Dazu kam ein von Shakespeare, seinem Lieblingsautor, inspirierter Humor. Während C. die Gattung des Handlungsballetts entscheidend beeinflußte, stellen Choreographien wie *Présence* (1968, Musik: B. A. Zimmermann) oder *Opus 1* (1965, Musik: A. Webern) wichtige Beiträge zum experimentellen und abstrakten Ballett dar. Die *Initialen R.B.M.E.* (1972) nach Brahms' Klavierkonzert Nr. 2 gelten als ein Höhepunkt seiner Arbeiten. Ein besonderes Talent hatte er auch für die Entdeckung begabter Tänzer, z. B. Marcia Haydées, und Choreographen, z. B. John Neumeiers.

WW: Vollständiges Verz. in: Les Saisons de la danse (1972) März-H. – M. Ravel, *Beauty and the Beast* (1949); A. Sullivan, *Pineapple Poll* (1951) (bearb. v. Ch. Mackerras); G. Verdi, *The Lady and the Fool* (1954) (bearb. v. dems.); *Cranks* (1955); B. Britten, *Der Prinz der Pagoden* (1957); M. Theodorakis, *Antigone* (1960); D. Schostakowitsch, *Katalyse* (1961); S. Prokofjew, *Romeo u. Julia* (1962); I. Strawinsky, *Der Feuervogel* (1964); P. Tschaikowsky, *Onegin* (1965); B. A. Zimmermann, *Die Befragung* (1967); A. Scarlatti, *Der Widerspenstigen Zähmung* (1969) (bearb. v. K. H. Stolze); C. Debussy, *Brouillards* (1970); G. Bizet, *Carmen* (1971) (bearb. v. W. Fortner u. W. Steinbrenner); A. Scriabin, *Poème de l'Extase* (1970); G. Mahler, *Spuren* (1973).

Lit.: M. WINKLER-BETZENDAHL – H. KOEGLER, Ballett in Stuttgart (St 1964); J. C. u. das Stuttgarter Ballett (Pfullingen 1969, ²1973); Das Stuttgarter Ballett (St 1974); J. C. Ballett für die Welt, hrsg. v. H. KILIAN – K. GEITEL (Sigmaringen 1977).

B. A. KOHL

CRASSOT, Richard, * um 1530 Lyon, † vermutlich zwischen 28. und 31. 8. 1572 ebd.; frz. Musiker. C. war bis zu seiner Flucht 1560 Leiter der Maîtrise in Troyes. Möglicherweise ist er mit einem um 1572 in Orléans wirkenden Maître de chant gleichen Namens identisch. 1581 ist er in Tours nachweisbar. Er veröffentlichte eine Bearbeitung des Genfer Psalters (*150 Psaumes de David*, Ly 1564, G ²1569) im 4st. Satz Note gegen Note.

Lit.: P. PIDOUX, Le psautier huguenot, II (Bas 1962).

CREDO (lat., = ich glaube), das lateinische Glaubensbekenntnis, das als 3. Teil des ↗Ordinarium missae zur römisch-katholischen Liturgie gehört. Es entstand als Erweiterung des älteren „Apostolischen" Glaubensbekenntnisses *(Symbolum Apostolicum)*, das im frühen Christentum von den Neophyten gelernt und bei der Taufe gesprochen werden mußte, und wurde in dieser Form durch die Konzilien von Nizäa (325) und Konstantinopel (381) approbiert. Daher stammt die Bezeichnung

Symbolum Nicaeno-Constantinopolitanum, die noch J. S. Bach für das C. seiner h-moll-Messe *(Symbolum Nicenum)* verwendete. In den übrigen westlichen Liturgien wurde es vom Diakon in griechischer und lateinischer Sprache während der Taufvorbereitung gesungen. Kaiser Karl der Große ließ das Symbolum in die Messe in seiner Aachener Kapelle einführen und dehnte diesen Brauch dann auf sein ganzes Reich aus. In die römische Messe fand es erst im 11. Jh. unter Papst Benedikt VIII. Eingang, der damit dem Drängen Kaiser Heinrichs II. nachgab. Einige Zeit später begrenzte man die Verwendung des C. auf die Messe an Sonntagen und an bestimmten Festen, wie das auch heute noch üblich ist. Es bildet ferner einen Teil des Tauf- und Firmungsritus.

Das Credo im Gregorianischen Gesang. Von den mittelalterlichen und späteren choralen C.-Melodien sind nur 4 in die *Editio Vaticana* (↗Choralausgaben) aufgenommen worden (sie stehen in den gebräuchlichen Ausgaben getrennt von den Choralmessen). Die 1. Melodie (C. I), die sog. authentische, ist mit Sicherheit die älteste und die in den Quellen am meisten verbreitete. Sie ist vielleicht griechischen Ursprungs. Die 2. Melodie (C. II) stellt eine Variante der 1. dar; sie unterscheidet sich von ihr vor allem durch den weitgehenden Verzicht auf deren Melismen. Das C. III wird gelegentlich als *C. de angelis* bezeichnet, weil diese Melodie im selben Modus steht wie die *Missa de angelis* (8. Messe der *Editio Vaticana*) und weil sie in den Quellen des 15. und 16. Jh. manchmal zusammen mit dieser Messe erscheint. C. IV schließlich ist der Tenor eines 2–3st. C. aus der Zeit der Ars nova. In den von Solesmes besorgten Ausgaben der *Editio Vaticana* sind zwei weitere C.-Melodien ad libitum enthalten, um den Gesang des C. abwechslungsreicher zu gestalten: das C. V aus dem 12. Jh. (das „cassinensische" C., so genannt, weil es aus Monte Cassino stammt) und das etwas ältere C. VI (11. Jh., nach der Hs. Paris, Bibl. Nat. lat. 887; s. u. Lit. Gajard – Descrocquettes). Eine eigene Bedeutung erlangten in Frankreich seit dem 17. Jh. die C.-Melodien der *Messes royales* von H. Dumont (1679). Sie und ähnliche chorale Neuschöpfungen dieser Zeit (u. a. von A. Campra und M. R. Delalande) gehören in den Bereich des sog. ↗plain-chant musical.

Der Vortrag des choralen C. erfolgt seit alter Zeit so, daß der zelebrierende Priester das Wort *Credo in unum Deum* als „Intonation" singt. Die einzelnen Verse werden heute entweder alternierend – zwischen Schola und Chor, zwischen Schola und Gemeinde – oder nur von der Gemeinde gesungen. Die Intonation durch den Priester hat dazu geführt, daß die mehrstimmigen C.-Vertonungen des 15.–18. Jh. oft erst mit den Worten *Patrem omnipotentem* beginnen.

Das Credo in der mehrstimmigen Musik. Die ersten erhaltenen Beispiele für den mehrstimmigen Gesang des C. sind zwei 2st. C.s des 13. Jh. aus Italien und Frankreich. Auch im 14. Jh. sind die C.-Gesänge, wie andere Teile des Ordinarium missae, in der Regel separat überliefert. Es handelt sich um 2- und 3st. Stücke aus Hss. in Apt (NA in: CMM 29) und Ivrea (NA, hrsg. v. L. Schrade, Monaco 1956); nur zwei vollständige Ordinariumskompositionen existieren aus dieser Zeit: die anonyme sog. *Messe von Tournai* und die *Messe de Nostre Dame* von G. de Machaut. Seit der Mitte des 15. Jh. gehört das C. fest zum Verband der 5 Sätze, die die musikalische Gattung der Messe konstituieren.

Das C. von Machaut ist zugleich das erste Beispiel für das Bemühen um einen musikalischen Ausdruck bestimmter Textworte des C. und eines der frühesten Beispiele solchen Ausdrucks überhaupt: Machaut hebt die Worte *ex Maria Virgine* durch breite Noten auf jeder Silbe in allen Stimmen aus dem übrigen (in rascheren Notenwerten deklamierten) Text hervor. Das weist voraus auf viele spätere C.-Kompositionen, in denen ebenfalls diesen Worten und dem ganzen Abschnitt *Et incarnatus est de Spiritu Sancto… Et homo factus est* in vielfältiger Weise eine besondere musikalische Gestaltung zuteil wird.

Dies zeigt, daß es nicht nur in der Geschichte der Messe als Ganzes, sondern auch in der C.-Vertonung bestimmte Traditionen gibt, namentlich seit dem 17. Jahrhundert. Sie betreffen auch den musikalischen Ausdruck anderer Worte des C., so die Verwendung ab- und aufsteigender Melodik bei den Worten *descendit* bzw. *ascendit,* die Verwendung von Dissonanzen, von Chromatik oder anderen auffälligen klanglichen Mitteln bei *crucifixus,* die dazu meist kontrastierende musikalische Gestaltung der Worte *Et resurrexit tertia die* sowie eine auf den Eindruck der Einheit und Einzigartigkeit abzielende Vertonung der Worte *unum Deum, unum Dominum, unam sanctam… Ecclesiam.* Zu nennen ist in diesem Zusammenhang schließlich auch, daß der Schluß des C. *(Et vitam venturi saeculi. Amen)* in Messen des 18. und 19. Jh. oft als Fuge gestaltet ist. Als Höhepunkte solcher Ausdruckskunst, die auch über den Sinn einzelner Worte hinaus den theologischen Sinn des C. erhellen kann, erscheinen uns die C.s aus der h-moll-Messe J. S. Bachs, aus der *Missa solemnis* Beethovens und aus den großen Messen Bruckners. Diese Werke, jeweils zentrale künstlerische Äußerungen ihrer Komponisten, legen damit auch Zeugnis ab für deren Glauben. Im C. der *Missa solemnis* kommt Glaube zudem noch in einer anderen Weise zum Tragen: durch die mehrmalige Wiederholung des Wortes *Credo* gleichsam als Motto auch an Stellen, wo dies im liturgischen C.-Text nicht der Fall ist. Ähnliches findet sich bereits in Messen vor Beethoven, z.B. bei J. Haydn und L. Cherubini; man spricht hier vom Typus der Credo-Messe.

Credo-Gesänge im evangelischen Gottesdienst. In der evangelischen Liturgie wurde das lateinische C. anfangs beibehalten (vgl. Luthers *Formula missae,* 1523), dann aber durch Luthers deutsches C.-Lied *Wir glauben all an einen Gott* (Wittenberg 1524) ersetzt. Daneben existieren in der Reformationszeit auch deutsche Prosa-Übersetzungen des lateinischen C., denen man gregorianische Melodien adaptierte. Ein Beispiel dafür ist *Ich glaub in Gott* von M. Greiter (Str 1525), dessen Melodie sich an das gregorianische C. III anlehnt. Dieselbe Melodie liegt auch dem französischen C. von J. Calvin *Je croys en Dieu le père tout-puissant, Créateur du ciel* zugrunde (Str 1539). Es gibt auch ein C. von Cl. Marot, *Je croys en Dieu le père tout-puissant, Qui créa terre et ciel,* das wie das Lutherlied in Versen gehalten ist, das aber im Unterschied zu diesem nur kurze Zeit gesungen wurde.

Lit.: A. GASTOUÉ, Les Messes royales de H. Du Mont (P 1909); P. WAGNER, Einführung in die Gregorianischen Melodien, I u. III (L ^{3}1911 u. 1921, Nachdr. Hil 1962); J. GAJARD – J. H. DESCROCQUETTES, Le C. VI, in: Rev. Grégorienne 9 (1924); M. HUGLO, Origine de la mélodie „authentique" du C. de la Vaticane, in: ebd. 30 (1951); B. STÄBLEIN, C., in: MGG II; J. A. JUNGMANN, Missarum sollemnia, 2 Bde. (W – Fr – Bas ^{5}1962); F. BLUME, Gesch. der ev. Kirchenmusik (Kas ^{2}1965); Gesch. der kath. Kirchenmusik, hrsg. v. K. G. FELLERER, 2 Bde. (Kas 1972 u. 1976); T. MIAZGA, Die Melodien des einstimmigen C. der röm.-kath. Kirche (Gr 1976).

M. HONEGGER – M. HUGLO – G. MASSENKEIL

CRÉMAILLIÈRE (frz.), ↗Bogen 2).

CREMBALUM (lat.), ↗Maultrommel.

CREOLE JAZZ (engl.), ↗New Orleans Jazz.

CRÉQUILLON (Crecquillon), **Thomas,** † Anfang 1557 (?) Béthune; franko-flämischer Komponist. C. war vermutlich seit etwa 1540 Hofkapellmeister, möglicherweise unter C. Canis auch Kapellmeister der Chorknaben Karls V. in Brüssel. Er besaß später mehrere Pfründen in Löwen, Namur, Termonde und Béthune.

WW: 13 Messen, 116 Motetten, mehrere Psalmen u. Lamentationen, 192 Chansons. – Nur wenige WW sind in Einzeldrucken erschienen: *Liber septimus cantionum sacrarum* für 4 St. (Löwen 1559 mit mehreren Nachdrucken); *Opus sacrarum cantionum* für 4–6 u. 8 St. (ebd. 1576); *Le tiers livre de chansons* für 4 St. (A 1544). – Die übrigen WW in Sammeldrucken 1543–1636 veröff., darunter auch zahlr. Bearbeitungen für Laute bzw. für SingSt u. Laute.

C. gehört mit N. Gombert und Clemens non Papa zu den wichtigsten niederländischen Komponisten der Zeit nach Josquin. Seine geistlichen Kompositionen sind stilistisch durch die durchimitierende Satzweise der Niederländer geprägt, und auch die Chansons stehen durch ihre imitatorische Gestaltung der Motette näher als der damals in Frankreich üblichen Chanson. Mit den Werken von Janequin und Cl. de Sermisy gehören sie in instrumentaler Übertragung zu den charakteristischen Beispielen für die Gattung der Canzona francese (↗Kanzone). C.s Chanson *Ung gay bergier* war eines der beliebtesten Lieder des 16. Jahrhunderts.

Ausg.: GA, hrsg. v. B. HUDSON, bisher 4 Bde. Messen (1974–75) (= CMM 64). – 9 Chansons für SingSt u. Laute aus *Hortus musarum* (vgl. RISM 1553^{33}), in: Publications de la Soc. Fr. de Mie I/3–4 (P 1934); 2 Chansons für 4 St., hrsg. v. M. HONEGGER (P 1965); 2 Lamentationen in: Mehrstimmige Lamentationen aus der ersten Hälfte des 16. Jh., hrsg. v. G. MASSENKEIL (Mz 1965) (= Musikalische Denkmäler 6); 1 Te Deum in: Drei Te Deum-Komp. des 16. Jh., hrsg. v. W. KIRSCH (Wb 1967) (= Chw 102); 14 Motetten, in: De Leidse koorboeken..., Cod. A, Bd. 1, hrsg. v. K. PH. BERNET KEMPERS – CHR. MAAS (A 1970) (= Monumenta musica Neerlandica 9/1); Motetten, hrsg. v. H. L. MARSHALL (s. u. Lit.); *Dirige gressus meos à 5,* hrsg. v. B. MEIER (Wb 1976) (= Chw 121); 12 Canons à 3, hrsg. v. B. THOMAS (Lo 1976).

Lit.: W. LUEGER, Die Messen des Th. Cr. (Diss. Bonn 1948); CH. VAN DEN BORREN – E. CLOSSON, La musique en Belgique (Bru 1950); W. LUEGER, Ein vergessener Meister des 16. Jh.: Th. C., in: Zschr. für Kirchenmusik 74 (1954); R. M. TROTTER, The Franco-Flemish Chansons of Th. C., 2 Bde. (1957) (= Diss. Univ. of Southern California/Los Angeles); DERS., The Chansons of Th. C., in: RBMie 14 (1960); H. L. MARSHALL, The Four-V. Motets of Th. C., 4 Bde. (NY 1970–71) (II–IV = GA der Motetten); A. DUNNING, Die Staatsmotette 1480–1555 (Utrecht 1970).

CRESCENDO, DECRESCENDO (it., = zunehmend, abnehmend; Abk.: cresc., im 18. Jh. auch cres.; decresc. oder decr.; Zeichen: < bzw. > ; Synonym für d.: diminuendo). C. und d. gehören zu den wesentlichen Elementen der musikalischen ↗Dynamik und des musikalischen Vortrags. Als eigens notierte Ausführungsvorschrift für das Lauter- und Leiserwerden ist die Technik des An- u. Abschwellens eines Tons erst seit der Mitte des 18. Jh. belegt, doch scheint sie bereits um 1600 in den Gesangsschulen geübt worden zu sein. Auch P. Fr. Tosi beschreibt sie in *Opinioni de' cantori antichi e moderni* (Bol 1723) bereits als ältere Praxis. Eine genauere Ausführungsanweisung für das Crescendieren innerhalb musikalischer Abschnitte, „louder by degrees", findet sich bei M. Locke in *The Tempest* (1667); ihr entspricht die Aneinanderreihung dynamischer Vorschriften, etwa als Folge *forte – piano – pianissimo* bei italie-

nischen Komponisten des 17. Jh., so bei D. Mazzocchi in seiner Sammlung 5st. Madrigale (1638). Der Ausdruck c. selbst wird als Anweisung erstmals 1741 von N. Jommelli in *Astianatte* verwendet. 1742 erscheint er auch in den 12 Cembalosonaten von G. B. Platti. J.-Ph. Rameau und Fr. Geminiani verwenden statt dessen als entsprechende Zeichen die sogenannten c.-Gabeln: ◁▷ bzw. ◀▶. Bei Geminiani (*The Art of Playing on the Violin,* 1740) findet sich überdies gleichbedeutend mit c. die Bezeichnung „rinforzando“. Unter Berufung auf Ch. Burney, J. Fr. Reichardt und Chr. Schubart werden gelegentlich erster Gebrauch und Notierung des c. zu Unrecht der ↗Mannheimer Schule zugeschrieben, tatsächlich geht seine Einführung in Deutschland vermutlich auf den seit 1753 in Stuttgart lebenden N. Jommelli zurück, war zur selben Zeit auch schon in Frankreich bekannt und erscheint dort als Vorschrift u.a. in den Triosonaten (um 1753) von Fr. J. Gossec und im *Te Deum* von A. Calvière. Daneben wird auch die abgekürzte Form cres. verwendet, u.a. in den *6 Symphonies à grand orchestre* (1764) von J.B. Miroglio.
Immerhin war das Mannheimer Orchester um die Mitte des 18. Jh. dafür bekannt und berühmt, daß es dank seiner hohen Perfektion im Zusammenspiel gerade auch das Crescendieren und Decrescendieren als Vermittlung starker musikalisch-dynamischer Gegensätze überzeugend zum Ausdruck bringen konnte. Auch gibt es in den Orchesterwerken der Mannheimer Schule, namentlich in den schnellen Sinfoniesätzen, gewisse musikalisch-satztechnische Erscheinungen, die man als *Mannheimer Crescendo* bezeichnet und die zu den Stileigentümlichkeiten dieser Komponistengruppe gehört. Das Mannheimer Crescendo wurde später vor allem von den Komponisten der französischen Revolutionsmusik weiterentwickelt und trägt entscheidend zu deren mitreißendem Elan bei (vgl. u.a. E. N. Méhuls Ouvertüre *Le jeune Henri – Chasse*). Angeregt durch diese Musik, machte auch Beethoven von dem Mannheimer Crescendo Gebrauch (3. Leonoren-Ouvertüre). Ein Beispiel für ein Orchestercrescendo ganz besonderer Art ist später der *Boléro* (1928) von M. Ravel. Im Rahmen einer rhythmisch und melodisch ostinaten Struktur ist hier das Crescendo wesentliches Ziel einer großangelegten Entwicklung mit Hilfe raffinierter klanglicher und instrumentatorischer Mittel.

Lit.: M. BRENET, L'origine du c., in: Bull de la SIM 6 (1910); A. HEUSS, Das Orch.-C. bei Beethoven, in: ZfMw 9 (1926/27); E. NORMAN, The interpretation of Schubert's decrescendo markings and accents, in: MR 22 (1961).

CRESCENDOWALZE (engl.: crescendo pedal; frz.: pédale de crescendo; it.: crescendo rotativo; span.: rodillo del crescendo), **Rollschweller, Registerschweller,** auch kurz **Walze** genannt. Einrichtung der Orgel, die es dem Organisten ermöglicht, durch eine mit dem Fuß (außerhalb Deutschlands häufiger durch einen Balanciertritt) zu bedienende Walze die Register der Orgel ihrer Lautstärke nach sukzessiv ein- bzw. auszuschalten. Eine Skala mit Zeiger erlaubt die Kontrolle. – Das Registercrescendo ist in dieser Form eine Erfindung der 2. Hälfte des 19. Jh. und wurde technisch durch die pneumatische und elektrische Traktur realisiert, musikalisch durch einen Dispositions- und Intonationsstil, der auf die dynamische Abstufung gleich oder ähnlich-klingender Register und Teilwerke großen Wert legte, so daß sich ein stufenloses Crescendo bzw. Decrescendo ergeben konnte. Der Stil etwa der Orgelwerke von M. Reger trägt diesen klanglichen Möglichkeiten auch in der kompositorischen Struktur besonders Rechnung. – Die C., die von der ↗Orgelbewegung lange Zeit abgelehnt wurde, gilt heute jedoch als unverzichtbare Voraussetzung für eine stilgerechte Realisierung besonders der Orgelmusik des 19. Jahrhunderts. Bei älteren Orgeln wird es oft als nachteilig empfunden, daß Reihenfolge und Kombination der Register bei der C. ein für allemal festgelegt sind. Demgegenüber kann an neueren Orgeln die Reihenfolge meist vom Organisten frei eingestellt werden.

H.J. BUSCH

CRESCENTINI, Girolamo, * 2.2.1762 Urbania, † 24.4.1846 Neapel; it. Sänger (Kastrat) und Komponist. C. debütierte 1782 am Teatro Nuovo in Padua und wurde bald einer der berühmtesten Sopran-Kastraten in Europa. Er sang an den bedeutendsten italienischen Bühnen, ferner in London, Lissabon und Wien, wo er 1804 Gesanglehrer der kaiserlichen Familie wurde. Napoleon I., der ihn bewunderte, holte ihn 1806 ebenfalls als Gesanglehrer der kaiserlichen Familie an den Pariser Hof. 1812 nahm C. von der Bühne Abschied, kehrte nach Italien zurück und lehrte seit 1814 in Bologna, seit 1819 am Konservatorium in Neapel, wo Isabella Colbrán, die 1822 Rossini heiratete, zu seinen Schülerinnen gehörte. Er schrieb 6 Soprankantaten, Arietten und die *Esercizi per la vocalizzazione* (P 1811, zahlreiche NA).

Lit.: G. MONALDI, Cantanti evirati celebri (R 1920); C. SARTORI, Il Conservatorio di musica G. B. Martini (Bol 1942).

CRESTON, Paul (eig. Giuseppe Guttoveggio), * 10. 10. 1906 New York, † 24. 8. 1985 San Diego; amerik. Komponist. C. studierte Klavier und Orgel, war 1927–34 Kinoorganist und 1934–67

Kirchenorganist an St. Malachy in New York. 1956–60 führte er den Vorsitz des amerikanischen Komponistenverbandes (NAACC). Als Rhythmuslehrer und Musiktherapeut fand er in einer Privatpraxis großen Zulauf. 1968 wurde er am Central Washington State College Professor für Komposition. Einen bedeutenden Platz nehmen in seinem Gesamtschaffen die Sakralkompositionen ein. Er schrieb außerdem *Principles of Rhythm* (NY 1964) und *Creative Harmony* (NY 1970).

WW: **1) Instr.-WW:** Klv.-Stücke; Suite (1939) für V. u. Klv.; Suite (1937) für Br. u. Klv.; Sonate (1939) für Saxophon u. Klv.; Streichquartett (1936); für Orch.: *Two Choric Dances* (1938), *Threnody* (1938), 5 *Symphonies; Partita* (1937) für Fl., V. u. Streichorch.; Saxophon-Konzert (1941); Klv.-Konzert (1949); *Fantasy* (1942) für Klv. u. Orch.; *Poem* (1945) für Harfe u. Orch.; *Fantasy* (1947) für Pos. u. Orch.; *Corinthians: XIII*, op. 82 (1963); *Choreografic Suite*, op. 86 (1965); *Pavane Variations*, op. 89 (1966); *Chtonic Ode*, op. 90 (1966). – **2) Vokal-WW:** *Three Chorals from Tagore* (1936) für Chor a cap.; *Missa pro defunctis* (1938) für Tenor, Bar. u. Org.; *Psalm XXIII* (1945) für SingSt u. Org.; *Dirge* (1940) für Chor u. Streichorch.; *Isaiah's Prophecy*, Oratorium, UA: 1962; *From the Psalmist*, op. 91 (1967) für Alt u. Orch.; Missa *Cum jubilo*, op. 97 (1968) für 4st. gem. Chor a cap.; *The Northwest*, op. 98 (1969) für Chor u. Orch.

Lit.: H. COWELL, P. C., in: MQ 34 (1948); Boletin interamericano de música (1958) Nr. 7 (Werk-Verz.); Compositores de América 4 (Washington/D.C. 1958, Nachdr. 1962) (Werk-Verz.); S. D. WINICK, An Evaluation of Selected Methods of Rhythmic Instruction for the High School Instrumentalist with a Selective, Annotated Bibliography of Rhythm Materials (1973) (= Diss. Univ. of Rochester).

H. LINDLAR

CRICKBOOM, Mathieu, * 2. 3. 1871 Hodimont (Lüttich), † 30. 10. 1947 Brüssel; belg. Violinist und Komponist. Er war Schüler von E. Ysaye am Konservatorium in Brüssel, spielte 1888–94 in dessen Quartett, dann bis 1896 als Primarius im Quartett der Société Nationale in Paris. 1896–1905 war er Konzertmeister der Sociedad Filarmónica in Barcelona und gründete in jenen Jahren ein Quartett mit P. Casals. Seit 1910 lehrte er Violine am Konservatorium in Lüttich, 1919–44 in Brüssel. C. war gleichermaßen angesehen als Kammermusiker wie als Lehrer. Er schrieb u. a. Stücke und Etüden für sein Instrument, *Chant élégiaque* für Violoncello und Klavier und Lieder und verfaßte *Le violon théorique et pratique*, 5 Bde. (Bru 1908–11) und *La technique du violon*, 3 Bde. (ebd. 1908–11).

CRISTOFORI, Bartolomeo, * 4. 5. 1665 Padua, † 27. 1. 1732 Florenz; it. Instrumentenbauer. C. wirkte zunächst als Cembalo- und Geigenbauer in Padua. Seit 1690 ist er im Dienst Ferdinandos de' Medici in Florenz nachweisbar. Nach dessen Tod wurde er 1716 Konservator der Instrumentensammlung Cosimos III. de' Medici. C. baute 1698 das erste „Cembalo a martelletti" und gilt deshalb als der Erfinder der Hammermechanik (↗Pianoforte). Seine Erfindung wurde von Scipione Maffei in einem Aufsatz im *Giornale dei letterati d'Italia* beschrieben und so der Öffentlichkeit bekanntgemacht. Englische und deutsche Klavierbauer, darunter G. Silbermann, entwickelten die Mechanik weiter. Von C. sind 8 authentische Tasteninstrumente erhalten: 4 Cembali aus den Jahren 1693, 1722, 1726 (ein Instrument ist nicht datierbar) in der Musikinstrumentensammlung der Universität Leipzig, 1 Cembalo von 1703 im Musikhistorischen Museum Neupert in Bamberg, je 1 „Clavicembalo a martelletti" im New York Metropolitan Museum of Art, in der Soprintendenza alle Galerie des Lazio in Rom und in der Musikinstrumentensammlung der Universität Leipzig. Außerdem befindet sich ein Kontrabaß-Instrument von 1715 im Instrumentenmuseum des Konservatoriums Cherubini in Florenz.

Lit.: S. MAFFEI, Nuova invenzione d'un Gravecembalo col piano e forte..., in: Giornale dei letterati d'Italia 5 (V 1711); L. PULITI, Cenni storici della vita del Serenissimo Ferdinando dei Medici (Fi 1874); F. CASAGLIA, Per le onoranze a B. C. che avoranno luogo in Firence 1876 (Fi 1876); C. PONSICCHI, Il pianoforte (Fi 1876); G. SCHÜNEMANN, Ein Bildnis B. C.s, in: ZfMw 16 (1934); B. C. inventore del pianoforte nel terzo centenario della nascita (Padua 1957); M. FABBRI, A. Scarlatti e il Principe Ferdinando de' Medici (Fi 1961); DERS., Nuova luce sull'attività fiorentina di G. A. Perti, B. C. e G. F. Haendel, in: Chigiana 21 (1964); DERS., L'alba del pianoforte (Mi 1968).

CROCE, Giovanni, genannt „Il Chiozzotto", * um 1557 Chioggia bei Venedig, † 15. 5. 1609 ebd.; it. Komponist. C. war seit 1565 Sänger (Altist) an S. Marco in Venedig unter G. Zarlino. Inzwischen zum Priester geweiht, wurde er 1593 Maestro dei fanciulli an S. Marco, 1595 dort Vizekapellmeister und 1603 Kapellmeister als Nachfolger B. Donatos.

WW (zum Teil mit zahlreichen Auflagen u. Nachdrucken): **1) Geistliche WW:** Motetten für 4 St. (V 1597), für 5 St. (V 1601), 2 Bücher für 8 St. u. B.c. (V 1594 u. 1595); (V 1594 u. 1595); *Sacrae cantiones* für 5 St. (V 1601); *Sacre cantilene concertate* für 3, 5 u. 6 St. u. B.c. mit Ripienostimmen (V 1612); Messen für 5–6 St. (V 1599), für 8 St. (V 1596); Terzpsalmen für 8 St. (V 1599); Vesperpsalmen für 8 St. (V 1597); Magnificatkompositionen für 6 St. (V 1605); Lamentationen, Improperien u. a. Gesänge für 4 St. (V 1603); Lamentationen für 4 St. (V 1610); It. Bußpsalmen *(Sonetti penitenziali)* für 6 St. (V 1596), mit lat. Text (Nü 1599), mit engl. Text (Lo 1608); zahlreiche Motetten auch in Sammeldrucken bis 1630 überliefert. – **2) Weltliche WW:** Canzonetten für 3 St. (V 1601); 3 Bücher Madrigale für 5 St. (V 1585, 1592 u. 1607); *Novi pensieri musicali* für 5 St. (V 1594); Madrigale für 6 St. (V 1590); *Mascarate piacevole et ridicolose per il carnavale* für 4–8 St. (V 1590); *Triaca musicale* (u. a. mit Capricci für 4–7 St.) (V 1595).

C. war einer der führenden venezianischen Musiker seiner Zeit. Sein Schaffen zeigt einige überaus eigentümliche Züge. Die kirchenmusikalischen

Werke sind – typisch für die Zeit des Übergangs vom 16. zum 17. Jh. – zunächst im a cappella-Stil geschrieben, wobei (in den 8st. Motetten von 1594/95) bereits früh eine eigene Generalbaßstimme („Partitura") hinzugefügt ist. Die späten Motetten von 1612 weisen dagegen eine konzertierende Schreibweise auf. C.s Motetten erfuhren durch ihre Aufnahme in die großen Sammlungen von A. Schadaeus (1611–17) und J. Donfrid (1622–27) auch in Deutschland eine große Verbreitung und trugen mit bei zur Rezeption des konzertierenden Stils außerhalb Italiens. Von seinen weltlichen Werken ist besonders auf die *Triaca musicale* hinzuweisen, die zu den Hauptwerken der Madrigalkomödie zählt.

Ausg.: **1 Geistliche WW:** 2 Motetten für 8 St. in: TORCHI II; 9 Motetten für 4 St. in: L. SCHOEBERLEIN – F. RIEGEL, Schatz des liturg. Chor- u. Gemeindegesangs, 3 Bde. (Gö 1865–72); 8 Motetten für 4 St. in: K. PROSKE, Musica Divina I/2 (1855); 3 Messen für 5 St., hrsg. v. F. X. HABERL, in: Repertorium Musicae Sacrae I/4 u. 9, II/8 (Rb 1879); *Laudate Dominum* für 2 4st. gemischte Chöre (auch Bläserchöre), hrsg. v. O. ULF (Wb 1969). – **2) Weltliche WW:** ein Madrigal in: *The Triumphs of Oriana* v. Th. Morley, NA v. HAWES (Lo o.J.); *Triaca musicale*, hrsg. v. A. SCHINELLI, in: Capolavori polifonici del secolo XVI, III (R 1942); *Ecco l'alma beata*, geistliches Madrigal für 10 St., hrsg. v. P. WINTER (F 1960); Madrigalsätze aus dem Sammeldruck *I diporti della villa* (V 1601) (= RISM 1601[7]), hrsg. v. S. CISILINO (Mi 1961) (= Collana di musiche veneziane inedite o rare 1).

Lit.: L. TORRI, Nel 3. centenario della morte di G. C. detto il Chiozotto, in: RMI 16 (1909); A. EINSTEIN, The Italian Madrigal 2 (Princeton 1949, Nachdr. 1970, dt. Z 1952); D. ARNOLD, G. C. and the Concertato Style, in: MQ 39 (1953); DERS., C. and the English Madrigal, in: ML 35 (1954); DERS., Ceremonial Music in Venice and the Time of the Gabrielis, in: Proc. R. Mus. Assoc. 82 (1955/56); S. DALLA LIBERA, Cronologia musicale nella basilica di San Marco, in: MS 85 (Mi 1961); K. F. ARMSTRONG, Musical settings of the Penitential psalm cycle 1560–1620 (1974) (= Diss. masch. Univ. of Illinois); L. PUTZ, Die Tonsymbolik im Madrigalwerk G. C.s (Gr 1976) (= Grazer musikwiss. Arbeiten 2).

CROCHE (frz.), frz. Bz. für die ↗Achtelnote. – *Double c.* = Sechzehntel-, *triple c.* = Zweiunddreißigstel-, *quadruple c.* = Vierundsechzigstelnote.

CROFT, William, getauft 30. 12. 1678 Nether Ettington (Warwickshire), † 14. 8. 1727 Bath; engl. Organist und Komponist. C. war Chorknabe der Chapel Royal unter J. Blow. 1700 wurde er Organist an St. Anne in Soho, im selben Jahr „Gentleman Extraordinary" und 1704 neben J. Clarke Organist der Chapel Royal. 1708 folgte er J. Blow als Organist an Westminster Abbey und als Master of the children an der Chapel Royal. 1712 gab er das Organistenamt an St. Anne auf. 1713 erhielt er für die Komposition einer englischen und einer lateinischen Ode auf den Frieden von Utrecht den Doctor of Music der Universität Oxford. C. ist ein beachtenswerter Vokal- und Instrumentalkomponist in der Zeit zwischen Purcell und Händel. Seine *Musica sacra* von 1724 enthält neben den Anthems auch Gesänge für den anglikanischen Totengottesdienst (Burial service), die bis heute in der englischen Kathedral-Musik gebräuchlich sind; ein Teil davon stammt von Purcell.

WW: **1) Vokal-WW:** *Musica sacra* (30 Anthems u.a.) für 2–8 St., 2 Bde. (Lo 1724); 2 weitere Anthemsammlungen (o.O. o.J. und Birmingham 1771); andere Anthems erschienen einzeln oder in Sammeldrucken bzw. sind hsl. überliefert; die 2 oben genannten Oden wurden gedruckt als *Musicus apparatus academicus* (Lo 1713); Gesänge zu den Bühnenwerken *Courtship Alamode, The funeral, Modern prophets, The lying lovers* (Lo o.J.); mehrere einzelne Gesänge. – **2) Instr.-WW:** Sonaten für V. bzw. Fl. u. B.c. (Lo 1700); Sonaten für 2 Fl. (Lo 1704); Ayres u.a. Stücke für Cemb. u. WW für Org. in Sammeldrucken u. hsl. erhalten; Instr.-Musik zu Bühnenwerken.

Ausg.: **1) Vokal-WW:** *Burial service*, hrsg. v. G. C. MARTIN (Lo o.J.); Kantate *Celladon* für Sopran, Blockfl. (oder Ob., Fl., V.) u. B.c., hrsg. v. F. SPIEGL (Lo 1957); *Two Full anthems* für Soli, Chor u. B.c., hrsg. v. CH. DEARNLEY, in: The Treasury of English Church Music, III (Lo 1965); *God is gone up. Full anthem*, hrsg. v. W. SHAW (Sevenoaks 1978). – **2) Instr.-WW:** GA der Cemb.-WW, hrsg. v. H. FERGUSON – CH. HOGWOOD, 2 Bde. (Lo 1974); GA der Org.-WW, hrsg. v. R. PLATT, 2 Bde. (Lo 1976); 6 Sonaten für 2 Blockflöten, hrsg. v. P. RUBARDT, in: Nagels MA (Kas 1954); Sonate G-Dur für Altblockflöte u. B.c., hrsg. v. H. RURF (Kas 1954); Sonate G-Dur für Altblockflöte u. B.c., hrsg. v. H. RUF (Kas 1971) (= Hortus Mus. 208–209); Suite *The comedy call'd The Funeral* für Str. u. B.c., hrsg. v. R. PLATT (Lo 1976); *Laurus cruentas*, Ouvertüre für Kammerorch., hrsg. v. M. BEVAN (Lo 1977).

Lit.: F. CHRYSANDER, Dr. Croft's Gesänge für das Theater, in: VfMw 9 (1893); E. H. FELLOWES, English Cathedral Music (Lo 1941); H. W. SHAW, Eighteenth Century Cathedral Music (Lo 1952); R. L. SCANDRETT, The Anthems of W. C. (1961) (= Diss. Univ. of Washington); A. CARPENTER, W. C.'s Church Music, in: The Musical Times 112 (1971); R. MACGUINNES, English Court Odes 1660–1820 (O 1971).

CROIZA (eig. Conelly), **Claire,** * 14. 9. 1882 Paris, † 2. 5. 1946 ebd.; frz. Sängerin (Mezzosopran). Sie sang 1906–13 am Théâtre de la Monnaie in Brüssel, 1914 an der Opéra-Comique in Paris. Danach widmete sie sich fast ausschließlich dem Konzert-, insbesondere dem Liedgesang und galt als eine der bedeutendsten Liedersängerinnen ihrer Zeit, vor allem als Interpretin des zeitgenössischen französischen Liedes (u. a. von Cl. Debussy, G. Fauré und M. Ravel). Seit 1934 lehrte sie am Conservatoire in Paris.

CROLL, Gerhard, * 25. 5. 1927 Düsseldorf-Benrath; östr. Musikforscher dt. Herkunft. Er studierte am Robert-Schumann-Konservatorium in Düsseldorf und seit 1948 Musikwissenschaft an der Universität Göttingen, wo er 1954 mit der Dissertation *Das Motettenwerk Gaspars van Weerbeke* promoviert wurde. 1961 habilitierte er sich in Münster (Westf.) mit *A. Steffani (1654–1728). Studien zur Biographie* und lehrte dort, seit 1965 als Professor. Er ist seit 1966 ordentlicher Professor und Vorstand des Instituts für Musikwissenschaft an der Universität Salzburg. Seine Forschungsschwerpunkte sind die Musik der Renaissance und des 18. Jh. sowie die Geschichte der Oper. C. leitet die Gluck-GA und ist Mitarbeiter der Neuen Mozart-GA. Er ist ferner Leiter der *Publikationen des Instituts für Musikwissenschaft der Univ. Salzburg* (1970ff.) und der *Denkmäler der Musik in Salzburg* (1977ff.)

WW: **1) Schriften:** *Zur Vorgesch. der „Mannheimer"*, in: Kgr.-Ber. Köln 1958 (Kas 1959); *Zur Chronologie der „Düsseldorfer" Opern A. Steffanis*, in: FS K. G. Fellerer (Rb 1962); *Ein überraschender Mozart-Fund*, in: Mozart-Jb. 12 (1962/63); *Zu Mozarts Larghetto u. Allegro Es-Dur für 2 Klv.*, in: ebd. 13 (1964); *Briefe zum Requiem*, in: ebd. 15 (1967); *Gluck-Forsch. u. Gluck-GA*, in: Musik u. Verlag. FS K. Vötterle (Kas 1968); *A. Stadlers „Bassettklarinette" u. das „Stadler-Quintett" KV 581*, in: ÖMZ 24 (1969); *Festmusiken der Renaissance* (Salzburg – Mn 1969); *Ein unbekanntes tragisches Ballett v. Gluck*, in: Mitt. der Ges. für Salzburger Landeskunde 109 (1969); *Kanons von Michael Haydn*, in: Musicae Scientiae Collectanea. FS K. G. Fellerer (Kö 1973); *Papagenos Glockenspiel*, in: ÖMZ 29 (1974); *Das Claviorganum des J. Pock* (1591), in: Alte u. moderne Kunst 19 (1974); *Glucks Debut am Burgtheater*, in: ÖMZ 31 (1976); *Glucks „Don Juan" freigesprochen*, in: ebd.; *W. A. Mozart* (Da 1977) (= Wege der Forsch. 233); *Bemerkungen zum Ballo primo (KV Anhang 199/135a) in Mozarts Mailänder „Lucio Silla"*, in: Anal. Mus. 18 (1978). – **2) Editionen:** *W. A. Mozart, Der Schauspieldirektor* (Kas 1958) (= Neue Mozart-GA, Serie II/5); *W. A. Mozart, Larghetto u. Allegro in Es für zwei Klv.* (Kas 1964) (= Vorabdruck zum Suppl. der Neuen Mozart-GA 10,31); *Ch. W. Gluck, Le Cinesi* (Kas 1958) (= Gluck-GA III, 17); *Iphigenie auf Tauris. Deutsche Fassung Wien 1781* (1965) (= ebd. I, 11); *La danza* (1968) (= ebd. III, 18); *A. Steffani, Iphigénie en Tauride* (1973) (= ebd. I,9); *La Corona* (1974) (= ebd. III,26); *A. Steffani, Tassilone* (Düsseldorf 1958) (= Denkmäler rheinischer Musik 8); *Vita di Giuseppe Afflisio* (aus dem Nachlaß v. B. Paumgartner hrsg., zus. mit H. Wagner) (Kas 1977) (= Schriftenreihe der Int. Stiftung Mozarteum 7).

CROMORNE (engl., frz.), ↗Krummhorn.

CROES, Henri Jacques de, getauft 19. 9. 1705 Antwerpen, † 16. 8. 1786 Brüssel; belgischer Komponist. C. war Violinist, dann Vizekapellmeister an der Jakobskirche in Antwerpen und trat 1729 in den Dienst der Fürsten Thurn und Taxis in Regensburg. Nach Belgien zurückgekehrt, wurde er 1744 Konzertmeister und 1749 Kapellmeister der Brüsseler Hofkapelle. C. schrieb u. a. 15 4st. Messen mit Instrumenten, ein Requiem, 34 Motetten (alles hsl. erhalten); von seinen Instrumentalwerken wurden Sonaten, Divertimenti und Concerti für Streicher und B.c. sowie Triosonaten gedruckt.

Lit.: S. CLERCX, H. J. de C., compositeur et maître de chapelle du prince Charles de Lorraine 1705–86, 2 Bde. (Bru 1940).

CROSBY, Bing (eig. Harry Lillis), * 2. 5. 1904 Tacoma (Washington), † 14. 10. 1977 Madrid; amerik. Sänger und Filmschauspieler. Er begann ein Jurastudium an der Gonzaga University in Spokane (Wash.) und gründete dort mit Al Rinker eine Kapelle. 1927 ging er nach Los Angeles, wo er sich dem berühmten Paul Whiteman Orchestra als Sänger anschloß. 1930 machte er sich selbständig und entwickelte – bedingt durch eine Stimmschädigung und auch beeinflußt durch den Jazz – eine neue Art des Singens („crooning"), eine Mischung aus Sprechgesang und Gesang. Als gefeierter Schlagersänger trug er auch selbstkomponierte Titel vor (u. a. *Girl of My Dreams, Love me To-night* und *I would if I could, But I Can't*). Weltberühmt wurde er 1942 mit *White Christmas* von I. Berlin. Seit 1931 trat C. in über 70 Filmen auf – oft gemeinsam mit Bob Hope – und erhielt 1944 einen „Oscar" für seine Rolle in dem Film *Going My way*. Bereits in den 20er Jahren – nach dem Aufkommen des Rundfunks – ein Teenager-Idol, beeinflußte sein Stil später zahlreiche Sänger in aller Welt. Er erreichte mit über 300 Millionen verkauften Schallplatten einen Weltrekord. 1937 erhielt er die Ehrendoktorwürde der Gonzaga University. Autobiographisch erschien von ihm (zus. mit P. Martin) *Call Me Lucky* (NY 1953).

Lit.: E. J. (TED) CROSBY, The Story of B. C. (1946); E. J. MELLO – T. MCBRIDE, B. C. Discography (San Francisco 1947); B. ULANOV, The Incredible C. (NY 1948); J. T. H. MIZE, B. C. and the B. C. Style (Ch 1948); CH. THOMPSON, Bing. The Authorised Biography (Lo 1976); DERS., The Complete C. (Lo 1978) (revidiert). S. HELMS

CROESUS, Oper von R. Keiser; vollständiger Titel: Der ↗hochmütige, gestürzte und wieder erhabene Croesus.

CROTALES (frz., von griech. krotala), **Cymbales antiques** (engl.: antique cymbals, crotales; it.: cimballini, crotali), seit Anfang des 20. Jh. übliche Bz. für ein Schlaginstrument, eine Art ↗Becken, bei dem es sich um paarweise verwendete ↗Zimbeln (↗Kymbala) handelt, die aus gewölbtem Metall mit Öffnungen für einen Halteriemen bestehen und die mit den flachen Rändern aufeinander- oder leicht vorbeistreichend gegeneinandergeschlagen werden. Diese C., die nicht identisch sind mit den antiken ↗Krotala, wurden von H. Berlioz, der sie nach pompejanischen Vorbildern nachgießen ließ, in das Orchesterinstrumentarium eingeführt (*Roméo et Juliette*, 1839; *Les Troyens*, 1856–59). Er nannte sie „Cymbales antiques". Später wurden sie u. a. von Cl. Debussy (*Prélude à l'après-midi d'un Faune*, 1894), M. Ravel (*Daphnis et Chloé*, 1912), I. Strawinsky (*Les Noces*, 1917), D. Milhaud

(*L'homme et son désir,* 1921), P. Boulez (*Le visage nuptial,* 1951) und L. Nono (*Canciones a Guiomar,* 1963) verwendet. – Die C. bestehen aus dicken runden Platten mit buckelartiger Kuppe zum Durchziehen eines Halteriemens oder zum Befestigen auf einem Ständer (so z. B. die von Avedis Zildjian gebauten), auf dem sie meist chromatisch von c^4 bis c^5 angeordnet sind.

Lit.: H. KUNITZ, Die Instrumentation, 10 (Schlaginstr.) (L 1960); Music Instruments, hrsg. v. A. Baines (Harmondsworth/Middlesex 1961), dt. Übers.: Musikinstrumente (Mn 1962); K. PEINKOFER–F. TANNIGEL, Hdb. des Schlagzeugs (Mz 1969).
M. BRÖCKER

CROTCH, William, * 5. 7. 1775 Norwich, † 29. 12. 1847 Taunton; engl. Organist und Komponist. C. erregte als Wunderkind großes Aufsehen, schon mit 4 Jahren unternahm er eine Konzertreise durch England, seit 1786 war er Musikassistent an der Universität Cambridge und Organist am Trinity und am King's College. 1788 begann er in Oxford Theologie zu studieren, wandte sich aber bald wieder ganz der Musik zu, wurde 1790 Organist der Christ Church, 1794 Bachelor of Music, 1797 Professor für Musik an der Universität und war außerdem Organist am St. John's College. 1822–32 war er der erste Direktor der neugegründeten Royal Academy of Music in London und genoß großes Ansehen als Lehrer. Von den geistlichen Werken, darunter 3 Oratorien, Anthems und Orgelstücke, hatte nur das Oratorium *Palestine* 1812 einen größeren Erfolg. C. schrieb ferner Opern, Orchesterwerke und Klavierstücke. Er verfaßte auch Unterrichtswerke über Generalbaß und Komposition.

Lit.: C. BURNEY, Account of an Infant Musician, in: Philosophical Transactions 69 (1779) 1. Teil; E. R. JACOBI, Die Entwicklung der Musiktheorie in England nach der Zeit v. J.-Ph. Rameau, I (Str 1957) (= Slg. musikwiss. Abh. 35); P. F. WILLIAMS, J. S. Bach and English Organ Music, in: ML 44 (1963); B. S. BROOK, Le tempo dans l'exécution de la musique instrumentale à la fin du XVIIIe siècle, in: FAM 12 (1965); A W. KITTO JR., W. C. … and His Vocal Works (1967) (= Diss. Univ. of Washington); J. RENNERT, Dr. W. C. 1775–1847. Worth reviring?, in: The Consort 31 (1975); DERS., W. C. 1775–1847, in: MT 116 (1975).

CROTCHET, engl. Bz. für die ↗Viertelnote.

CRÜGER (Krüger), **Johann,** * 9. 4. 1598 Großbreesen bei Guben, † 23. 2. 1663 Berlin; dt. Organist und Komponist. Er studierte seit 1620 in Wittenberg Theologie, seit 1622 war er Kantor an der Nicolaikirche und Lehrer an dem berühmten Gymnasium zum Grauen Kloster in Berlin. C., der auch als Musiktheoretiker großen Einfluß hatte, wurde mit seinen zahlreichen Melodien u. a. zu Texten von Johann Franck und Paul Gerhardt der wichtigste Schöpfer evangelischer Kirchenlieder im 17. Jahrhundert. Viele von ihnen gehören bis in die Gegenwart zum Kernbestand des Gemeindegesangs (heute auch im katholischen Bereich): *Nun danket alle Gott, Nun danket all und bringet Ehr, Jesu meine Freude, Lobet den Herren alle, die ihn ehren, Ach wie flüchtig, ach wie nichtig, O Ewigkeit, du Donnerwort, Wie soll ich dich empfangen.* Auch seine mehrstimmigen Liedsätze und -bearbeitungen (↗Kantionalsatz) haben seit langem ihren festen Platz in der kirchenmusikalischen Praxis.

WW: **1) Gesangbücher** (1st. mit B.c., teilweise auch für mehrere St.): *Newes vollkömliches Gesangbuch* (B 1640); *Praxis pietatis melica* (B 1647, mit mehr als 40 Aufl.); *D. M. Luthers u. a. … geistliche Lieder und Psalmen* (B 1653); *Psalmodia sacra* (B 1658), 2. Teil als *D. M. Luthers, wie auch anderer … geistliche Lieder und Psalmen* (B 1657). – **2) Mehrstimmige kirchenmusikal. WW:** *Paradisus musicus* für 3 St. (B 1622), 2. Teil als *Meditationum musicarum Paradisus secundus, … neuer Deutscher Magnificat auß 2. und 8.stimmiger Harmonia* mit B.c. (B 1626); *Laudes Dei Vespertina* für 4–5 St. u. B.c. (B 1645); *Geistliche Kirchen-Melodien* für 4 St., 2 V. u. B.c. (B 1649); 2 Hochzeitsgesänge für 8 St. (B 1619 u. 1620). – **3) Theoretische WW:** *Kurtzer und verstendtlicher Unterricht, recht und leidlich singen zu lernen* (B 1625); *Praecepta musicae practicae figuralis* (B 1625); *Synopsis musica* (B 1630, veränderte u. erweiterte Fassung B 1654); *Quaestiones musicae practicae* (B 1650); *Musicae practicae praecepta brevia … Der rechte Weg zur Singekunst* (B 1660).

Ausg.: Sämtliche Melodien, in: J. ZAHN, Die Melodien der dt. ev. Kirchenlieder, 6 Bde. (Gütersloh 1889–93, NA Hil 1963); 40 Sätze in: L. SCHOEBERLEIN – F. RIEGEL, Schatz des liturg. Chor- u. Gemeindegesangs, 3 Bde. (Gö 1865–72); 9 geistliche Lieder für Chor, 2 Instr. u. B.c., hrsg. v. CH. MAHRENHOLZ (Kas o.J.); Deutsches Magnificat *Meine Seele erhebet den Herrn,* hrsg. v. A. ADRIO (B 1957) (= Staats- u. Domchor Berlin, Chorwerke in Einzelausg. 4); J. C., Geistliche Chormusik, hrsg. v. H. HILDEBRANDT (St 1965) (= Das Chorwerk alter Meister 11); 7 Psalmlieder aus *Psalmodia sacra* v. 1658, hrsg. v. R. HALLENSLEBEN (Wuppertal 1966) (= Singt u. spielt 9).

Lit.: E. FISCHER-KRÜCKEBERG, J. C. u. das Kirchenlied des 17. Jh., in: MGkK 34 (1939); DIES., J. C. als Musiktheoretiker, in: ZfMw 12 (1929/30); DIES., J. C.s Praxis pietatis melica, in: Jb. für Brandenburgische Kirchengesch. 26 (1931); DIES., J. C.s Choralbearb., in: ZfMw 14 (1931/32); S. FORNAÇON, J. C. u. der Genfer Psalter, in: JbLH 1 (1955); DERS., J. C. u. Berlin, in: Der Kirchenmusiker 13 (1962); DERS., J. C. u. das weltliche Lied, in: Württembergische Blätter für Kirchenmusik 29 (1962); O. SÖHNGEN – J. G. MEHL, in: Gottesdienst u. Kirchenmusik (1962); J. HOFFMEISTER, Der Kantor zu St. Nikolai. Beschreibung des Lebens v. J. C. (B 1964).

CRUMB, George, * 24. 10. 1929 Charleston (West Virginia); amerik. Komponist. C. wurde 1959 Doctor of Musical Art an der Universität von Michigan, studierte außerdem 1955–56 Komposition bei B. Blacher in Berlin und 1956–59 bei R. L. Finney in Michigan. Danach lehrte er Theorie und Tonsatz an der Colorado University in Boulder und wurde 1965 Professor für Komposition an der Pennsylvania University in Philadelphia. 1968 erhielt er den Pulitzer-Preis für Musik. Der Schwerpunkt seines

Schaffens liegt in den kammermusikalischen Werken, die sich vor allem durch die klangkombinatorisch-phantasievolle Zusammenstellung verschiedenartigster Instrumentengruppen auszeichnen und auch elektronische Mittel einbeziehen. Hierbei werden die einzelnen Parameter allerdings nicht im Sinne serieller Techniken gehandhabt. Hervorzuheben sind die Kompositionen für Singstimme auf Texte von F. García Lorca.

WW: *Night Music I* (1963) für Sopran, Klv. u. Schlagzeug, *II* (1964) für V. u. Klv.; 4 Bücher *Madrigals* (1965–69) für Sopran u. versch. Instr.; *Songs, Drones and Refrains of Death* (1968) für Bar. u. Kammerensemble; *Lux Aeterna* (1971) für Sopran, Fl., Sitar u. 2 Schlagzeuger; *Makrokosmos I–III* (1972–74) für Amplified piano.

Lit.: R. H. LEWIS, G. C., Night Music I, in: Perspectives of New Music 3 (1964).

H. LINDLAR

CRUZ, Ivo, * 19. 5. 1901 Corumbá (Brasilien), † 8. 9. 1983 Lissabon; port. Komponist und Dirigent. C. studierte Jura in Lissabon und widmete sich auch der Musik, in der er sich 1924–29 in München und Leipzig weiterbildete. 1931 gründete er in Lissabon den Chorverein Duarte Lobo, 1936 das Philharmonische Orchester. Als Direktor des Konservatoriums (seit 1938), Gründer und Leiter der Konzertreihe Pro Arte (seit 1951) und Präsident des Sindicato nacional de músicos hat er das portugiesische Musikleben entscheidend geprägt und sich auch als Herausgeber altportugiesischer Musik Verdienste erworben. Seine Kompositionen sind von portugiesischer Folklore beeinflußt.

WW: Kammer- u. Klv.-Musik; Klv.-Konzerte: *Lisboa* u. *Coimbra;* sinfonische Dichtungen: *Motivos usitanos, Bucolicás, Sinfonia de Amadis, Sinfonia Queluz* (1964); Bühnentänze, u. a.: *Pastoral; Chansons profanes* (1968).

CRWTH (kymrisch; altirisch: crott; latinisiert: chrotta; engl.: crowd), ein seit dem frühen Mittelalter in Europa bekanntes Saiteninstrument, das in Wales noch bis zu Beginn des 19. Jh. gespielt wurde. Der C. war ein Zargeninstrument mit einem achtförmigen, ovalen oder viereckigen Korpus, der in zwei aufsteigende Arme überging, die mit einem Querjoch verbunden waren. Von diesem führte ein Griffbrett ohne Bünde auf die Decke. Der C. wurde vermutlich zunächst gezupft, ist aber seit dem 11. Jh. als Streichinstrument belegt. Die älteren Instrumente hatten 3, die jüngeren 5–6 Saiten, von denen nur 3–4 über das Griffbrett gezogen waren und die restlichen als Bordunsaiten dienten. Ende des 18. Jh. hatten die Saiten die Stimmung g g^1, c^2 c^1, d^1 d^2 oder a a^1, e^1 c^2, h^1 h^2. Die Bordunsaiten sollen mit dem Daumen angezupft worden sein; der

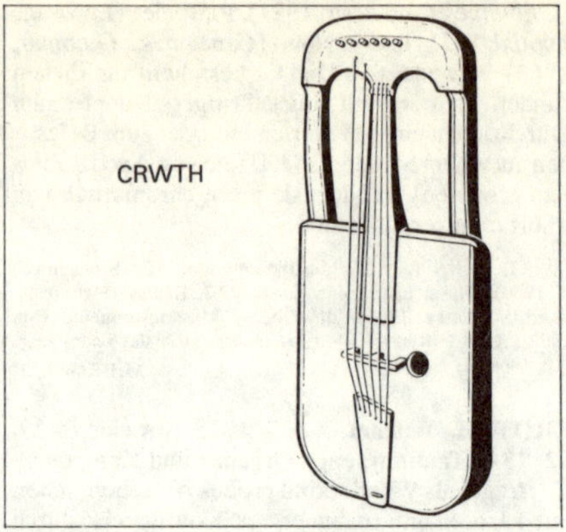

flache Steg erlaubte jedoch auch ein Anstreichen mit dem Bogen.

Lit.: O. ANDERSSON, Altnordische Streichinstr., in: Kgr.-Ber. Wien 1909 (W 1909); DERS., Stråkharpan (Sto 1923), engl. Übers.: The Bowed Harp (Lo 1930, Nachdr. NY 1973); H. PANUM, Middelalderens Strengeinstrumenter og deres forløbere i oltiden II (Kop 1928), engl. Übers.: The Stringed Instruments of the Middle Ages, hrsg. v. J. Pulver (Lo 1940, Nachdr. Lo 1971); H. STEGER, David rex et propheta (Nü 1961) (= Erlanger Beitr. z. Sprach- u. Kunstwiss. 6); M. REMNANT, Rebec, Fiddle and Crowd in England, in: Proc. R. Mus. Assoc. 95 (1968/69), 96 (1969/70); J. M. BEVIL, The Welsh Crwth, Its History, and its Genealogy (1973) (= Diss. masch. North Texas State Univ.).

M. BRÖCKER

CSÁRDÁS (ung., = Bauernschenkentanz), berühmtester ung. Nationaltanz des 19. Jahrhunderts. Der im 2/4 oder 4/8-Takt stehende C. entstand aus dem früheren ↗Verbunkos, dessen zweiteiliger Aufbau hier weiterentwickelt ist: er besteht aus langsamen *(lassú)* und schnellen *(györs)* Sätzen bzw. Satzpaaren. Seine charakteristischen melodischen und strukturellen Züge – Reihung geschlossener Perioden, synkopierte Themen, typische melodische Floskeln und Schlußbildungen – weisen ebenfalls auf Elemente des Verbunkos hin. Erste Verbreitung fand der C. – ungeachtet seines Namens und entgegen dem Verständnis der romantischen Literatur – zunächst in den höheren Kreisen der ungarischen Patrioten während der „Reform-Periode" vor 1848. Als erster bekannter C.-Komponist gilt M. ↗Rózsavölgyi.

Der C. entwickelte sich von Anfang an in zwei verschiedenen Traditionen. Als Unterhaltungsmusik fand er besonders durch die Zigeunerkapellen Verbreitung, und in die Kunstmusik gelangte er vor allem durch die Stilisierungen Fr. Liszts *(Ungarische Rhapsodien)* und J. Brahms' *(Ungarische Tänze).* Zu den bedeutenden C.-Kompositionen gehören

Fr. Liszts *C. macabre* (1881/82), sein *Allegro und C. obstiné* (1884), B. Bartóks *Csárdás* (1892) und die C.-Bearbeitung im Divertimento Nr. 1 von L. Weiner (1933/34). Häufig findet sich der außerordentlich beliebte Tanz in Opern, Operetten und Balletten mit ungarischem Kolorit (z.B. in der Operette *Die Csárdásfürstin* von E. Kálmán und in dem Ballett *Csárdás-Szene* von J. Hubay). In der Terminologie der heutigen ungarischen Tanzmusikforschung bezeichnet C. die Gesamtheit aller ungarischen Paartänze.

CSÁRDÁSFÜRSTIN, DIE, Operette in 3 Akten von Emmerich Kálmán (1882–1953), Text von Leo Stein und Béla Jenbach. Ort und Zeit der Handlung: Budapest und Wien vor 1914. UA: 13.11.1915 in Wien (Johann-Strauß-Theater). Verfilmungen: 1927 (als Stummfilm), 1934 und 1951.
Ausgangspunkt der Handlung ist das Orpheum in Budapest, in dem Sylva Varescu, die Csárdásfürstin, der gefeierte Star ist. Gegen den Willen seiner Familie schließt der junge Fürst Edwin Ronald von und zu Lipzert-Weylersheim mit Sylva einen Ehekontrakt. Nach Mißverständnissen und Verwicklungen – es stellt sich heraus, daß die Mutter des jungen Fürsten ebenfalls Chansonette war – kommt es schließlich zum Einverständnis der Familie mit der unstandesgemäßen Heirat, die zur Zeit der Handlung auch in der gesellschaftlichen Realität gar nicht selten war. Somit ist die Handlung nicht so märchenhaft, wie es zunächst scheint. Auf dieser Operette gründete Kálmáns Weltruhm, den er in erster Linie dem Melodienreichtum seines Werkes verdankt. Zu den bekanntesten Gesangsnummern zählen *Machen wir's den Schwalben nach, Ganz ohne Weiber geht die Chose nicht, Tausend kleine Englein, Weißt Du es noch?* und *Jaj, Maman, Bruderherz.* S. KUROCK – R. M. SIMON

CSERMÁK, Antal György, * 1774 (1771?), † 25.10.1822 Veszprém (Ungarn); ung. Violinist und Komponist. C. stammte vermutlich aus Böhmen. Über Wien, wo er als Violinist hervortrat, kam er in den 90er Jahren des 18. Jh. nach Ungarn. Dort spielte er u.a. im ungarischen Theater in Pest. Angeregt durch J. Bihari wandte er sich der ungarischen Nationalmusik zu und wurde einer der bedeutendsten Meister des Verbunkos neben Bihari und J. Lavotta. Seine Kompositionen sind im Vergleich zu denen Biharis stärker der abendländischen Musiktradition verpflichtet und wurden von ihm selbst auch notiert. Ein großer Teil der Werke ist nur hsl. erhalten (in der Nationalbibliothek in Budapest), andere wurden in Zeitschriften und Anthologien veröffentlicht, u.a. in den *Nationalungarischen Tänzen* (hrsg. von A. Mohaupt), in den *Ungarischen Weisen aus dem Komitat Veszprém* (hrsg. von I. Ruzitska) und in den Sammlungen *Pannonien, Hunnien* und *Flora* (hrsg. von G. Róthkrepf).

CUECA (span.), **C. chilena,** chilenischer Nationaltanz, auch unter dem Namen *Zamacueca* bekannt. Der gesungene Tanz, zu Beginn von langsamer Bewegung, sich gegen Schluß zu steigernd, steht im $^6/_8$-Takt. Dargestellt wird das Spiel der amourösen Eroberung von einem Paar, das dabei bunte Taschentücher in den Händen schwenkt. Die C. tanzt man auch in Bolivien, in Argentinien (unter dem Namen „zamba") und in Peru, ihrem Ursprungsland, wo sie heute „marinera" genannt wird.

CUI (Kjui), **César** (Zesar) **Antonowitsch,** * 6.(18.) 1.1834 Wilna, † 26.3.1918 St. Petersburg; russ. Komponist. C. erhielt seinen ersten Klavierunterricht mit 10 Jahren und fühlte sich vor allem zu Chopin hingezogen, in dessen Stil er auch zu komponieren begann. Dann übernahm St. Moniuszko seine weitere musikalische Ausbildung. Seit 1851 studierte er an der Ingenieurschule in St. Petersburg, seit 1855 an der Militäringenieur-Akademie und erhielt dort 1857 einen Lehrauftrag. 1878 wurde er Professor für Festungsbau und bekleidete zuletzt den Rang eines Generalleutnants. Seit 1857 gehörte C. der Gruppe junger russischer Musiker an, die ↗Balakirew um sich versammelte und die als das „mächtige Häuflein" oder als ↗Gruppe der Fünf bekannt wurde. Auch als Kritiker setzte er sich energisch für deren Grundsätze ein. Auf seine Musik, die weniger nationalrussische Züge aufweist als die der anderen Mitglieder der Gruppe, übte neben R. Schumann vor allem A. S. Dargomyschski den nachhaltigsten Einfluß aus. Heute sind C.s Werke fast vollständig in Vergessenheit geraten.

WW: **1) Instr.-WW:** zahlr. Stücke für Klv., für V. u. Klv. (Scherzi, Mazurken, Bagatellen u.a.); 3 Streichquartette, op. 45 (1893), op. 68 (1907), op. 91 (1913); 4 Suiten für Orch., op. 20 (1882), op. 38 (1887), op. 40 (1887), op. 43 (1890). – **2) Vokal-WW:** etwa 200 Lieder u. Romanzen für SingSt u. Klv.; Vokalquartette u. Chorwerke mit u. ohne Begleitung. – **3) Bühnen-WW:** Opern: *Kawkasski plennik* (Der Gefangene im Kaukasus; 1857–58, 1881–82), UA: St. Petersburg 1883 (ebd. 1882); *Syn mandarin* (Der Sohn des Mandarin; 1859), UA: ebd. 1879 (ebd. 1859); *William Ratcliff* (1861–68), UA: ebd. 1869 (ebd. 1869); *Angelo* (1871–75), UA: ebd. 1876 (2. Version 1901), 1. Version (ebd. 1876); der 1. Akt des Opern-Balletts *Mlada* (1872) (L 1911); *Le Flibustier* (1888–89) (P 1894, Mos 1912); *Pir wo wremja kumy* (Das Gelage zur Zeit der Pest; 1895–97) (L 1901); *Sarazin* (Der Sarezene; 1896–98) (Mos 1899); *Mam zelle Fifi* (1902–03) (Mos 1907); *Kapitanskaja dotschka* (Die Hauptmannstochter; 1907–09) (Mos 1910); ferner 4 Kinderopern; C. vollendete Dargomyschskis Oper *Der steinerne Gast* und bearbeitete u. vollendete Mussorgskis Oper *Der Jahrmarkt von Sorotschinzy.* – **4) Schriften:** *La Musique en Russie* (P 1880) (frz.); *Russkij romans* (St. Petersburg 1896); Gesch. der russischen Klv.-Lit. (1888–89) (ebd. ²1911) (russ.).

Ausg.: Lieder op. 54 (Bonn o.J.); Paraphrase über ein einfaches Thema für Orch., in: Tat-Tati (Bonn 1937); Isbrannyje stati (Leningrad 1952); Isbrannyje statji ob ispolniteljach (Mos 1957).

Lit.: N. FINDEISEN, Bibliographisches Verz. der musikal. Werke u. kritischen Aufsätze von C.A.C. (Mos 1894) (russ.); M. D. CALVOCORESSI-G. ABRAHAM, Masters of Russian Music (Lo 1936); W. W. STASSOW, C.A.C. (Mos 1954) (russ.); E. SCHMITZ, Das mächtige Häuflein (L 1955) (= Musikbücherei für jedermann 4); V. I. SEROFF, Das mächtige Häuflein (Z 1963, ²1967); M.-R. HOFMANN, C. C., officier du génie, in: La vie des grands musiciens russes (P 1965); H. ANGLÉS, Relations épistolaires entre C. C. et Ph. Pedrell, in: Fontes artis musicae 13 (1966); E. GUGLIELMI, C. C. et l'Ottocento musicale russo, in: Chigiana 25, N.S. 5 (1968); R. TARUSKIN, Realism as Preached and Practised. The Russian Opera Dialogue, in: MQ 56 (1970); A. ZORINA, Mogutschaja kutschka (Leningrad 1973); G. ABRAHAM, Heine, Queuille and „William Ratcliff", in: Musicae scientiae collectanea. FS K.G. Fellerer (Kö 1973).

CUÎCA, Puíta, brasilianische ↗Reibtrommel, die in der Musik der schwarzen Bevölkerung verwendet wird. In einer einseitig über ein Gefäß gespannten Membran ist ein Holzpflock befestigt, der vom Spieler mit der feuchten Hand oder mit einem angefeuchteten Tuch gerieben wird. Einige Komponisten, z. B. C. Guarnieri, haben die C. auch im Orchester eingesetzt.

CUIVRES (frz.), ↗Blechblasinstrumente.

CULLBERG, Birgit Ragnild, * 3. 8. 1898 Nyköping; schwedische Tänzerin und Choreographin. Ihre tänzerische Ausbildung erhielt sie nach einem Literaturstudium an der Universität Stockholm an der Joos-Leeder-Schule in Dartlington (England), im klassisch-akademischen Tanz in Stockholm und im Modern Dance an der Martha Graham School of Contemporary Dance in New York. 1946 schuf sie mit I. Cramér das Svenska Dansteatern, war 1952–57 Chefchoreographin des Königlichen Schwedischen Balletts in Stockholm, danach vor allem freischaffend tätig, und wurde 1967 Direktorin des öffentlich geförderten, nach ihr benannten C. Baletten. In ihren Balletten bevorzugte sie dramatisch-literarische und zeitkritische Stoffe. Sie hat auch zahlreiche Ballette für das Fernsehen choreographiert, darunter das mit dem Prix d'Italia ausgezeichnete Ballett *The Evil Queen* (1961). Zu ihren wichtigsten Balletten für die Bühne gehören u. a.: *Fröken Julie* (1957), *Medea* (1957), *Lady from the Sea* (1960), *Euridike är död* (1968), *Romeo und Julia* (1969) und *Bellmann* (1971).

Schriften: *Baletten och vi* (Lund 1952), engl. Übers.: *Ballet. Flight and Reality,* in: Dance Perspectives (1967) H. 29; *Television Ballet,* in: The Dance Has Many Faces, hrsg. v. W. SORELL (NY 1951, ²1967).

CULP, Julia (Bertha), * 6. 10. 1880 Groningen, † 13. 10. 1970 Amsterdam; ndl. Sängerin (Mezzosopran). Sie studierte in Amsterdam und Berlin und konzertierte seit 1900 in Europa, seit 1913 auch in Nordamerika. 1919 zog sie sich zurück. J. C. galt als die bedeutendste Lied- und Oratorieninterpretin ihrer Generation. Sie trat nie auf einer Bühne auf.

CUMMINGS, William Hayman, * 22. 8. 1831 Sidbury (Devonshire), † 6. 6. 1915 Dulwich bei London; engl. Komponist, Sänger und Musikforscher. C. war Chorknabe an der St. Paul's Cathedral in London, dann an der Temple Church. Später sang er als Tenor in den Chören von Westminster Abbey, der Temple Church und der Chapel Royal und trat seit 1871 wiederholt auch in den USA auf. 1879–96 lehrte er Gesang an der Royal Academy of Music, 1896–1911 leitete er die Guildhall School of Music. 1887 war er Hauptinitiator der Purcell Society. C. komponierte vorwiegend Glees und Lieder. Er veröffentlichte u. a. *A Biographical Dictionary of Musicians* (Lo – NY 1892, ²1934) und edierte einige Bände der Purcell-Gesamtausgabe.

CUNNINGHAM, Merce, * 16. 4. 1919 Centralia (Washington); amerik. Tänzer, Choreograph und Tanzpädagoge. Er wurde an der Cornish School of Fine Arts in Seattle und an der Bennington School of Dance (Vermont) ausgebildet. 1940–45 gehörte er der Martha Graham Dance Company an, trat dann solistisch auf und lehrte 1948–50 an der School of American Ballet in New York. 1952 debütierte er mit einem eigenen Ensemble, eröffnete 1959 eine Ballettschule in New York und leitete seit 1969 die Merce Cunningham and Dance Company. C. ist einer der bedeutendsten Vertreter des Modern Dance. Seine Ballette entstanden in enger Zusammenarbeit mit bildenden Künstlern (u. a. Jasper Johns, Robert Rauschenberg, Robert Morris, Frank Stella, Andy Warhol) und Musikern (vor allem J. Cage) der Avantgarde. In den 60er Jahren experimentierte er vor allem mit Mixed-Media-Elementen. Eine konstitutive Rolle spielt in seinen Choreographien das Bühnenbild mit einer aufwendigen technischen Apparatur. Für den Tanz sind stark reduzierte Bewegungsabläufe charakteristisch.

WW: *The Seasons* (1947); *Summerspace* (1958); *Rune* (1959); *Aeon* (1961); *Story* (1963); die beiden Mixed-Media-Ballette *Winterbranch* (1964) und *Variations V* (1965); *How to Pass, Kick, Fall and Run* (1966); *Scramble* (1967); *Rainforest* (1968); *Walkaround Time* (1968); *Canfield* (1969); *Second Hand* und *Tread* (beide 1970).

CUPIS (Cuppi, Cappi, Capi) **de Camargo,** Musiker- und Tänzerfamilie. – **1) Ferdinand Joseph,** getauft 29. 2. 1684 Brüssel, † 19. 3. 1757 Paris. Er war Musik- und Tanzlehrer in Brüssel und lebte später in Paris, wo er 1750 als Violinist der Opéra nachweisbar ist. – **2) Charles,** genannt „Cupis aîné" (der Ältere), Sohn von 1); Bratschist. Er war 1746–50 Orchestermusiker der Opéra. – **3) Marie-Anne de,** Tochter von 1), * 15. 4. 1710 Brüssel, † 28. 4. 1770 Paris; Tänzerin. Sie war Schülerin von Françoise Prévost, anschließend von Louis Pécourt, Nicolas Blondy und Louis Dupré, und debütierte in Brüssel und Rouen. 1726 kam sie an die Opéra in Paris und war dort bis 1751 Première Danseuse. Wegen einer Liaison mit dem Grafen von Clermont zog sie sich 1734 von der Bühne zurück, trat aber seit 1740 erneut auf. Als Tänzerin führte sie erstmals vorher nur Tänzern vorbehaltene Ballettsprünge (Entrechats, Cabrioles u. a.) aus, trug als erste statt langer Tanzkleidung das Tutu (Ballettröckchen) und schaffte die Absätze der Ballettschuhe ab. – **4) Jean,** genannt „Jean-Baptiste", Sohn von 1), getauft 23. 11. 1711 Brüssel, † 30. 4. 1788 Montreuil; Violinist. Er war ein angesehener Virtuose und trat 1738 auch im Concert spirituel auf. Von ihm wurden gedruckt 2 Bücher Violonsonaten mit B.c. (P 1738) und 6 Symphonien für Streicher (P o.J.). Rameau hat eines seiner *Pièces en concert* nach ihm benannt. – **5) François,** genannt „Cupis le jeune" (der Jüngere), Sohn von 1), * 10. 11. 1732 Paris, † 13. 10. 1808 ebd.; Violoncellist. Er war bis 1770 Mitglied des Orchesters der Opéra und schrieb ein Konzert und andere Werke für Cello. 1772 veröffentlichte er eine Violoncelloschule.

Lit.: G. LETAINTURIER-FRADIN, La C. (P 1908); L. DE LA LAURENCIE, L'école française de violon 2 (P 1923); CH. D. GRAVES, The Theoretical and Practical Method for Cello by M. Corrette. Translation, Commentary, and Comparison with seven other eighteenth-century cello Methods (1972) (= Diss. Michigan State Univ.).

CURJEL, Hans, * 1. 5. 1896 Karlsruhe, † 3. 1. 1974 Zürich; dt. Dirigent, Theaterleiter, Regisseur, Kunst- und Musikkritiker. Er studierte nach einer musikalischen Ausbildung Kunstgeschichte und Musikwissenschaft u. a. in München und Freiburg i. Br. und wurde hier 1920 mit einer Arbeit über Hans Baldung Grien promoviert. 1924 wurde er Kapellmeister am Düsseldorfer Schauspielhaus unter Louise Dumont. 1925–27 war er Vizedirektor der Karlsruher Kunsthalle, dann zunächst Dramaturg, später Mitglied der Direktoriums der Kroll-Oper in Berlin unter O. Klemperer, wo er mit viel beachteten Inszenierungen (u. a. L. Janáčeks *Aus einem Totenhaus* und G. Puccinis *Madame Butterfly,* mit Bühnenbildern von L. Moholy-Nagy) hervortrat. 1933 emigrierte er in die Schweiz, wo er bis 1942 Direktor des Corso-Theaters in Zürich, 1945–48 Direktor des Stadttheaters in Chur war. 1949 inszenierte er bei den Salzburger Festspielen den von ihm und B. Paumgartner bearbeiteten *Titus* von Mozart, auf der Biennale in Venedig Brecht-Weills *Aufstieg und Fall der Stadt Mahagonny.* Seit den 50er Jahren widmete er sich vor allem schriftstellerischer Arbeit über den Jugendstil und über moderne Musik.

Schriften: *Synthesen. Vermischte Schriften zum Verständnis der neuen Musik,* hrsg. v. A. ANDERSCH (H 1966); *Experiment Kroll-Oper* 1927–31, hrsg. v. E. KRUTTGE (Mn 1975). – Er gab die Schriften H. van de Veldes, *Zum neuen Stil* (Mn 1955) und dessen Memoiren, *Die Geschichte meines Lebens* (Mn 1962) heraus.

CURSCHMANN, Karl Friedrich, * 21. 6. 1805 Berlin, † 24. 8. 1841 Langfuhr bei Danzig; dt. Komponist. C. studierte zunächst Jura, wandte sich dann der Musik zu und wurde Schüler M. Hauptmanns und L. Spohrs in Kassel, wo 1828 auch seine Oper *Abdul und Erinnieh* aufgeführt wurde. 1829 ließ er sich in Berlin nieder. 1836 wurde er hier Mitglied der Singakademie. Er gewann als Liederkomponist große Popularität (GA, 2 Bde., B 1879).

Lit.: G. MEISSNER, K.F.C. (Diss. Leipzig 1899); H. ROSENWALD, Das dt. Lied zwischen Schubert u. Schumann (Diss. Hei 1929); D. CURSCHMANN-UNDENHEIM, Das Geschlecht C. (Oppenheim/Rhein 1937).

CURSUS (von lat. currere, = laufen), **C. Leoninus** (nach Papst Leo dem Großen benannt), mittelalterliche Bz. für den rhythmisch gefaßten Text am Ende eines Satzes. Der C., der aus den quantitierenden Klauseln der antiken Kunstprosa entstand und vom 3. bis zum 14. Jh. in weltlichen und kirchlichen Kanzleien und bei Autoren Anwendung fand, besteht aus 2 oder 4 (seltener 3) unbetonten Silben zwischen den Tonsilben der beiden letzten Wörtern eines Haupt- oder Nebensatzes. Die drei Hauptformen waren *C. velox:* glóriam perducámur (7 Silben), *C. tardus* oder *ecclesiasticus:* incarnatiónem cognóvimus (6 Silben) und *C. planus:* nóstris infúnde (5 Silben). Daneben kannte man noch den *C. trispondiacus:* ratiónem confirmávit. Der C. fand als stilistisches Mittel Eingang in die Sakramentarien – er sollte dem Liturgen den Vortrag der Lesungen erleichtern – und beeinflußte auch die Gestaltung des Gregorianischen Gesangs.

Lit.: Rev. des Études Latines 6 (1928ff.) u. in: L'Année Philologique (1930ff.). – A. MOCQUEREAU, in: Paléogr. Mus. 4 (1894); P. M. FERRETTI, Il cursus metrico e il ritmo delle melodie gregoriane (R 1913); H. LECLERCQ, C. in: Dictionnaire d'archéologie chrétienne et de liturgie III/2 (P 1914); M. L. NICOLAU, L'origine du cursus rythmique et les débuts de l'accent d'intensité en latin (P 1930); P. FERRETTI, Estetica gregoriana (R 1934); F. DI CAPUA, Il ritmo prosaico nelle lettere dei Papi e nei documenti della Cancelleria romana dal IV al XIV secolo, 2 Bde. (R 1937–39); G. LINDHOLM, Stud. zum mittellateinischen Prosarythmus (Sto 1963).

CURWEN, engl. Musikverleger. – **1) John,** * 14. 11. 1816 Heckmondwike (Yorkshire), † 26. 5. 1880 Manchester. Er begründete die sog. ↗Tonic Sol-fa-Methode, eine auf Solmisationsprinzipien beruhende Gesangs- und Notationsmethode, die in der Musikausbildung in England eine große Rolle spielte. Zu ihrer Verbreitung gründete er 1851 die Zeitschrift *The Tonic Sol-fa-Reporter,* 1853 die Tonic Sol-fa Association (heute die English Schools Music Association), 1864 den Musikverlag Tonic Sol-fa Agency, 1879 das Tonic Sol-fa College (heute das C. Memorial College). Der Verlag wurde 1897 in eine Aktiengesellschaft umgewandelt, firmiert seit 1900 als J. Curwen & Sons Ltd. C. veröffentlichte mehrere Unterrichtswerke zur Tonic Sol-fa-Methode. – **2) John Spencer,** Sohn von 1), * 30. 9. 1847 Plaistow, † 6. 8. 1916 London. Er führte den Verlag weiter, setzte die von seinem Vater begonnene Herausgabe von Schul- und Chormusikwerken fort und veröffentlichte später auch Werke älterer (W. Byrd, J. Dowland, H. Purcell) und zeitgenössischer (P. Warlock, G. Holst) Musik. Er gab auch mehrere Zeitschriften heraus: *The Musical News* (1891–1920), *The Sackbut* (1920–34) und *Musical Herald.* – Der Verlag fusionierte 1923 mit F. B. Goodwin Ltd. und wurde 1969 von Crowell Collier and Macmillan Inc. in New York übernommen.

Lit.: J. S. CURWEN, Memorials of J. C. (Lo 1882); K. MOLLOWITZ, Über die Musikerziehung bei Ann Glover u. J. C. (Diss. Königsberg 1933); H. WATKINS SHAW, The Musical Teaching of J. C., in: Proc. R. Mus. Assoc. 77 (Lo 1950); S. KLEINMANN, La solmisation mobile de J.-J. Rousseau à J. C. (P 1974) (= Diss. Paris 1971).

CURZON, Clifford, * 18. 5. 1907 London, † 1. 9. 1982 ebd.; engl. Pianist. Er studierte an der Royal Academy of Music in London und debütierte 1923 bei einem Promenade Concert. 1926 wurde er als Lehrer an die Royal Academy berufen. Seit 1928 setzte er seine Ausbildung in Berlin bei A. Schnabel fort und studierte anschließend bei W. Landowska und N. Boulanger in Paris. 1930 begann C. seine internationale Konzerttätigkeit und gab deswegen auch seine Professur an der Royal Academy auf. Innerhalb seines weitgespannten Repertoires von der Klassik bis zur Moderne hat er bevorzugt die Klaviermusik von Mozart, Schubert und Brahms interpretiert. Er ist auch als Kammermusiker hervorgetreten, u. a. mit J. Szigeti, W. Primrose und P. Fournier im Edinburgh Festival Piano Quartet. C., in dessen Spiel sich analytische Schärfe und virtuose Technik verbanden, zählt zu den bedeutendsten Pianisten unserer Zeit. – Er war seit 1931 mit der 1977 verstorbenen amerikanischen Cembalistin Lucille Wallace verheiratet. 1954 adoptierte er die beiden Söhne der verstorbenen Sängerin M. Cebotari.

Lit.: J. KAISER, Große Pianisten in unserer Zeit (Mn ^{3}1977).

CURZON, Henri de, * 6. 7. 1861 Le Havre, † 25. 2. 1942 Paris; frz. Musikschriftsteller und -kritiker. C. war seit 1882 Archivar der Archives Nationales in Paris. Er war Mitarbeiter mehrerer Zeitschriften (u. a. *Guide Musical, Le Théâtre Musical, Le Ménestrel* und *Journal des Débats*) und gehörte zu den Gründern der Société française de Musicologie. C. war auch Vizepräsident der Association de la critique dramatique et musicale.

WW: **1) Schriften:** *La Légende de Sigurd dans l'Edda* (1890); *Les lieder de Schubert* (1899); *Grétry* (1908); *Meyerbeer* (1911); *Mozart* (1914, ^{5}1938); *Rossini* (1920); *G. Fauré* (1923); *E. Reyer* (1924). – **2) Übersetzungen:** *Lettres de Mozart* (1888); *Écrits sur la musique et les musiciens de Schumann* (1898).

Lit.: J. G. PROD'HOMME, L'œuvre d'H. de C. Notes bibliographiques, in: RMie 22 (1942/43).

CUSTOS (lat., = Wächter; engl.: direct; frz.: guidon), Zeichen, das am Ende einer Notenzeile die Höhe des ersten Tons der nächsten Zeile angibt. Der C. findet sich in den Handschriften des Gregorianischen Gesangs, wurde später auch in Drucken verwendet und blieb bis zum Beginn des 18. Jh. in den getrennt notierten Stimmen der mehrstimmigen Musik in Gebrauch. Auch die modernen Choralausgaben verwenden den Custos. Das Zeichen kann verschieden gestaltet sein: ♦♦✓ (in Hss. und in gedruckten Stimmen mehrstimmiger Musik), ♩ (in der Editio Vaticana).

CUVELIER (Cunelier), **Jo.**; frz. Dichter und Komponist des 14. Jahrhunderts. C. ist sehr wahrscheinlich mit dem Dichter Jean C. identisch, der 1372 als „Diseur" des französischen Königs erwähnt wird. Wie aus den *Règles de la seconde rhétorique,* einem anonymen Traktat des 15. Jh. hervorgeht, nannte er sich Jaquemart de C., stammte aus Tournai und war „Faiseur" Karls V. 1387 vollendete er eine Biographie über den Connétable Bertrand de Guesclin. Die Hs. Chantilly (Paris, Musée Condé) enthält 3 von C. selbst komponierte 3st. Balladen für Sologesang mit Instrumentalbegleitung, typische Beispiele für den Stil der ↗Ars subtilior. Zwei dieser Werke sind Regeln zum Verständnis der Notation beigefügt.

Ausg.: eine Ballade in: J. WOLF, Gesch. der Mensural-Notation, II u. III (L 1904, Nachdr. Hil – Wie 1965) Nr. 65.

Lit.: H. BESSELER, Die Musik des MA u. der Rennaisance (Pd 1931) (mit Übertragung eines Stückes); G. REANEY, The Manuscript Chantilly, Musée Condé 1047, in: MD 8 (1954); U. GÜNTHER, Die Anwendung der Diminution in der Hs. Chantilly 1047, in: AfMw 17 (1960); DIES., Zwei Balladen auf B. u. O. du Guesclin, in: MD 22 (1968) (mit einem Faks. u. einer Übertragung der Ballade von C. u. Salinis); N. WILKINS, The Post-Machaut Generation of Poet-Musicians, in: Nottingham French Studies 12 (1968).

CUZZONI (Cuzzoni Sandoni), **Francesca,** * 1700 Parma, † 1770 Bologna; it. Sängerin (Alt). Sie war Schülerin von P. Lanzi und debütierte 1718. 1722 kam sie nach London und sang seit 1723 mit triumphalem Erfolg an dem von G. Fr. Händel geleiteten Theater. 1727 heiratete sie den Cembalisten und Komponisten P. G. Sandoni. Als sie sich mit Händel überwarf und durch Faustina Bordoni ersetzt wurde, führte die von Skandalen begleitete Rivalität der beiden schließlich dazu, daß die C. 1728 London wieder verließ. 1734–36 trat sie erneut in London auf und sang dort u. a. auch mit Farinelli. Danach hielt sie sich u. a. in Florenz, Wien, Hamburg und in Amsterdam auf. 1750 trat sie noch einmal bei einem Konzert in London auf, das aber ein Mißerfolg wurde.

Lit.: M. HÖGG, Die Gesangskunst der F. Hasse u. das Sängerinnenwesen ihrer Zeit (Diss. Berlin 1931); O. E. DEUTSCH, Handel. A Documentary Biography (Lo 1955); K. HONOLKA, Die großen Primadonnen (St 1960).

CVETKO, Dragotin, * 19. 9. 1911 Vučja Vas; jugoslawischer Musikforscher. C. studierte an den Konservatorien in Ljubljana und in Prag und an der Universität in Ljubljana und wurde dort 1938 mit der Dissertation *Das Problem der allgemeinen Musikerziehung* (slowenisch) zum Dr. phil. promoviert. Seit 1938 lehrte er Musikgeschichte an der Musikakademie in Ljubljana (seit 1945 als Professor) und wurde 1962 Professor für Musikwissenschaft an der dortigen Universität. 1967–72 war er Vizepräsident der Internationalen Gesellschaft für Musikwissenschaft. C. beschäftigte sich vor allem mit der slowenischen Musikgeschichte.

WW: **1) Schriften:** *Risto Savin – Osebnost in delo* (Ljubljana 1949, 1958); *Davorin Jenko i njegovo doba* (Belgrad 1952, Ljubljana 1955); *Jacobus Gallus and His Work,* in: Slavonic Review (1955), selbständig (Ljubljana 1965); *Zgodovina glasbene umnetnosti na Slovenskem,* 3 Bde. (ebd. 1958, 1959, 1960); *Academia Philharmonicorum Labacensis* (ebd. 1962); *Jacobus Gallus Carniolus* (ebd. 1965); *Contribution à la question de l'année de la fondation de l'Academia philharmonicorum labacensis,* in: FS W. Wiora (Kas 1967); *La question de la mélodique chez J. Gallus,* in: Renaissance-muziek 1400–1600. FS R. Lenaerts (Löwen 1969); *J. Gallus. Sein Leben u. Werk* (Mn 1972); *Die stilistischen Strömungen in der Musik des slowenischen Raumes am Anfang des 17. Jh.,* in: Convivium musicorum. FS W. Boetticher (B 1974); *Die soziologischen u. nat. Bedingungen für die Wandlungen in der musikal. Situation bei den Südslawen im 19. Jh.,* in: IRASM 5 (1974); *Musikgesch. der Südslawen* (Kas 1975); *Die Rolle G. Kreks in der Entwicklung der neueren slowenischen Musik* (Ljubljana 1977). – **2) Editionen:** *Skladatelji Gallus, Plautzius, Dolar in njihovo delo – Les compositeurs Gallus … et leur œuvre* (Ljubljana 1963); *J. Gallus, Harmoniae morales* (ebd. 1966); *ders., Moralia* (ebd. 1968); *Kgr.-Ber. Ljubljana 1967* (Kas 1970).

CYMBALA (lat., Sing.: Cymbalum; von griech. ↗Kymbala), im mittelalterlichen Schrifttum Bz. für verschiedene Instrumente. So werden C. als Schellen, Becken, auch Gabelbecken, oder als Glöckchen und ↗Glockenspiel beschrieben. In den zuletzt genannten Bedeutungen wird als Synonym für C. auch Tintinnabula verwendet. Größere Glocken wurden ↗Campana oder Nola genannt, jedoch ist die eindeutige Festlegung dieser Instrumente nach ihren Namen nicht immer möglich. Mit C. bezeichnete man seit dem 9. Jh. im allgemeinen eine abgestimmt nebeneinander aufgehängte Reihe von bis zu 15 (meist 4–9) Glöckchen ohne (sehr selten mit) Klöppel, die mit einem Holzstab oder einem Hammer angeschlagen wurden. Die seit dem 11. Jh. zahlreich überlieferten Darstellungen vor allem aus Nordfrankreich, den Niederlanden, Deutschland und England, zeigen die C. als Musikinstrumente, aber auch als Demonstrationsmittel des musiktheoretisch-mathematischen Unterrichts. Diese Funktion des Instruments beschreiben auch, neben genauen Anweisungen zum Guß, die vielen überlieferten Traktate über die Cymbala. Als Musikinstrument scheinen die C. immer nur untergeordnete Bedeutung gehabt zu haben.

Lit.: E. BUHLE, Das Glockenspiel in den Miniaturen des frühen MA, in: FS R. von Liliencron (L 1910); P. PRICE, The Carillon (Lo 1933); J. SMITS VAN WAESBERGHE, C., Bells in the Middle Ages, in: MSD 1 (1951); A. PALUEL-MARMONT, Cloches et carillons, leur histoire, leur fabrication, leurs légendes (P 1953); W. KRÜGER, Die authentische Klangform des primitiven Organum (Kas 1958) (= Musikwiss. Arbeiten 13); H. STEGER, David rex et propheta (Nü 1961) (= Erlanger Beitr. zur Sprach- u. Kunstwiss. 6); M. C. PATIER, Des c. aux carillons (Diss. P 1969).

CYMBALES ANTIQUES (frz.), ↗Crotales.

CYTHARINO (it.), ↗Cithrinchen.

CZERNOHORSKY ↗Černohorský.

CZERNY, Karl, * 20. 2. 1791 Wien, † 15. 7. 1857 ebd.; östr. Pianist, Komponist und Klavierpädagoge. C. erhielt den ersten Klavierunterricht von seinem Vater, dem Klavierlehrer Wenzel C. und trat bereits 1800 als Pianist auf. 1800–03 war er Schüler Beethovens. Schon wenige Jahre später war er selbst ein angesehener Klavierpädagoge, dem Beethoven sogar seinen Neffen Karl anvertraute. Zu seinen Schülern gehörten u. a. Fr. Liszt,

Th. Kullak und Th. Leschetitzky. Von einigen Reisen abgesehen, hat C. Wien nie verlassen. Er veranstaltete in seinem Haus eine Zeitlang regelmäßig sonntägliche Vorträge mit Klavierwerken Beethovens, wie er denn auch ein wichtiger Zeuge für Einzelheiten des Beethovenschen Klavierspiels ist. Das schlägt sich insbesondere in einem eigenen Kapitel über den Vortrag der Klavierwerke Beethovens in der *Pianoforte-Schule* op. 500 nieder. Der Komponist C. ist heute fast nur noch durch die Übungsstücke und einige andere Unterrichtswerke bekannt, die weithin als unentbehrlich für das Studium und Training der pianistischen „Geläufigkeit" gelten.

WW: **1) Klv.-WW:** Über 1000 gedruckte WW mit den Opuszahlen 1–861, darunter die Studienwerke *Die Schule der Geläufigkeit,* op. 299, *Die Schule des Virtuosen,* op. 365, *Die Schule der linken Hand,* op. 399, *Die Kunst der Fingerfertigkeit,* op. 740, *160 achttaktige Übungen,* op. 821, *50 vierhändige Übungsstücke,* op. 239; Sonaten, Sonatinen, Variationen u.a. WW für Klv. zu 2 Händen, zu 4 Händen, für 2 u. mehr Klv.; einige Klv.-Konzerte; Bearbeitungen von Rossinis Ouverturen zu *Semiramis* u. *Wilhelm Tell* f. 8 Klv. zu je 4 Händen. – **2) Andere WW** (hsl.): zahlreiche kirchenmusikal. WW, Chöre, Kammermusik-WW, Sinfonien u.a. Orch.-WW, Opern. – **3) Schulen:** *Vollständige theoretisch-praktische Pianoforte-Schule,* op. 500 (darin als 2 u. 3 Kap. des 4 Bd.: *Über den richtigen Vortrag der sämtlichen Beethoven'schen Werke für das Piano allein* und *Über den richtigen Vortrag der sämtlichen Beethoven'schen Werke für das Piano mit Begleitung*). – C. veröffentlichte auch einen *Umriß der ganzen Musikgeschichte* (Mz 1851) und edierte (frz. u. dt.): A. Reicha, *Traité de haute composition musicale* bzw. *Vollständiges Lehrbuch der musikalischen Composition,* 4 Bde. (W 1834). – Autobiographie: *Erinnerungen aus meinem Leben* (NA Str – Baden-Baden 1968). – Hsl. ist erhalten: *Anekdoten u. Notizen über Beethoven* (1852).

Ausg.: *Über den richtigen Vortrag der sämtlichen Beethoven'schen Klavierwerke.* Czerny's „Erinnerungen an Beethoven" sowie das 2. u. 3. Kap. des 4. Bd.es der „Vollständigen theoretisch-practischen Pianoforte-Schule op. 500", hrsg. u. kommentiert v. P. BADURA-SKODA (W 1963).

Lit.: A. PROSNITZ, Hdb. der Klv.-Lit. 1450–1830 (L – W ^{2}1908) (mit vollständigem Verz. der Klv.-WW); A. DREETZ, C. u. Beethoven (L 1932); G. SCHÜNEMANN, C.s Erinnerungen an Beethoven, in: Neues Beethoven-Jb. 9 (Brau 1939); R. HAAS, C. C., in: Musica 11 (1957); D. W. MCARDLE, Beethoven and the C.s, in: MMR 88 (Lo 1958); W. GEORGII, Kl.v-Musik (Z – Fr ^{3}1956); C. GARDAVSKÝ, Liszt u. seine tschechischen Lehrer, in: Studia musicologica 5 (1963); P. NETTL, C.C., der Etüdenmeister, in: Musik im Unterricht (allg. Ausg.) 56 (1956); C. CZERNY, Erinnerungen aus meinem Leben, hrsg. v. W. KOLNEDER (Str 1968) (= Slg. Musikwiss. Abh.en 46) (mit Werk-Verz.); J. MAHR, C. C., das Genie des Fleißes, in: NZfM 130 (1969); CH. R. SUTTONI, Piano and Opera. A Study of the Piano Fantasies written on Opera Themes in the Romantic Era (1973) (= Diss. New York Univ.); G. WEHMEYER, C.C. oder die Einzelhaft am Klavier ... (Kassel 1983).

CZERNY-STEFAŃSKA, Halina, * 30. 12. 1922 Krakau; poln. Pianistin. Sie studierte in Paris an der École Normale de Musique bei A. Cortot, am Konservatorium in Warschau und an der Musikhochschule in Krakau. 1949 gewann sie den 1. Preis beim Chopin-Wettbewerb in Warschau und zählt seither zu den namhaftesten Chopin-Interpretinnen der Gegenwart. Sie lehrt an der Musikhochschule in Krakau.

CZIBULKA, Alphons, * 14. 5. 1842 Szepes-Várallya, † 27. 10. 1894 Wien; ung. Komponist. C. war k.u.k. Armeekapellmeister in Wien und konnte sich als produktiver Tanz- und Salonkomponist mit einigen Stücken längere Zeit im Schatten des Walzerkönigs Johann Strauß (Sohn) behaupten, u.a. mit der *Stephanie-Gavotte* und dem *Liebestraum nach dem Ball.* Weniger erfolgreich blieb er mit seinen 6 Operetten, von denen allerdings die erste, *Pfingsten in Florenz* (Wien 1884), anfangs noch neben Millöcker, Zeller u.a. bestand. Einer seiner Librettisten, Victor Léon Hirschfeld, schrieb später die Textbücher u.a. auch für L. Fall und Fr. Lehár.

WW: Operetten: *Pfingsten in Florenz* (1884); *Der Jagdjunker* (1886); *Der Glücksritter* (1887); *Der Bajazzo* (1892).

Lit.: E. NICK, Vom Wiener Walzer zur Wiener Operette (H 1954); B. GRUN, Kulturgesch. der Operette (Mn 1961).

H. LINDLAR

CZIFFRA, György, * 5. 11. 1921 Budapest; ungarischer Pianist. Er erhielt seine Ausbildung an der Musikakademie in Budapest u.a. bei E. v. Dohnány und debütierte 1937. Nach Unterbrechungen durch den 2. Weltkrieg und 1950–53, als er aus politischen Gründen inhaftiert war, nahm er seine Konzerttätigkeit wieder auf. 1956 emigrierte er nach Frankreich. C. machte sich vor allem als Interpret der Klaviermusik des 19. Jh. und besonders Fr. Liszts international einen Namen.

CZIMBAL (ung.), ↗Cimbalom.

CZYZ, Henryk, * 16. 6. 1923 Graudenz (Grudziądz); poln. Dirigent und Komponist. Er studierte zunächst Jura an der Universität Thorn, dann 1948–52 Dirigieren bei W. Bierdjajew und Komposition bei T. Szeligowski an der Musikhochschule in Posen. Nach fünfjähriger Kapellmeistertätigkeit in Posen übernahm er 1959 die Leitung des Symphonieorchesters der Stadt Łódź, deren Musikpreis er 1959 erhielt. 1961 wurde er Chefdirigent der Krakauer Philharmonie und leitete 1966 die Uraufführung von Pendereckis Lukas-Passion im Dom zu Münster in Westfalen. 1971–73 war er Generalmusikdirektor in Düsseldorf und leitete seitdem die Staatliche Philharmonie Łódź.

WW: **1) Kompositionen:** Etüde (1949) für Orch.; Bläserquartett (1958); Klavierlieder; Oper *Die Weißhaarige* (1960) (Libr.: H.C.); Funkoper *Der Kynologe im Zwiespalt* (1964) (Libr.: S. Mrozek); ferner Film- u. Unterhaltungsmusik. – **2) Schriften:** *Giocoso ma non troppo* (1973); *Porzellan-Amor* (1975).

H. LINDLAR

D

D, d. 1) Im deutschen Sprachraum ↗Tonname für die 2. Stufe der C-Dur-Tonleiter; er entspricht der in der ↗Solmisation gebräuchlichen und heute noch in den romanischen Ländern seit dem 17. Jh. üblichen Solmisationssilbe *re.* Der einfach oder doppelt erniedrigte Ton D heißt Des bzw. Deses, der einfach oder doppelt erhöhte Ton Dis bzw. Disis. Die ↗Alteration wird in England, Frankreich und Italien wie folgt benannt:

dt.	engl.	frz.	it.
Des	d flat	ré bémol	re bemolle
Deses	d double flat	ré double bémol	re doppio bemolle
Dis	d sharp	ré dièse	re diesis
Disis	d double sharp	ré double dièse	re doppio diesis

2) Im System der ↗Kirchentöne seit dem 10. Jh. ↗Finalis des ersten und zweiten Tons (auch dorischer bzw. hypodorischer modus genannt). – **3)** Abk. für ↗Discantus. – **4)** Abk. für ↗Dominante.

DA CAPO (it., = von vorn; Abk.: D. C.), Anweisung, ein Musikstück (bis zu einer bestimmten Stelle) zu wiederholen: *D. C. al Fine,* von vorn bis zur Bz. Fine (Ende), *D. C. al Segno,* von vorn bis zum Zeichen (𝄋), D. C. ohne nähere Bz. bedeutet meist: bis zur ↗Fermate wiederholen.

DA CAPO-ARIE (it. da capo = von vorn), im weiteren Sinne Bz. für eine Arie mit dem großformalen Aufbau A B A mit unterschiedlichen Texten für A und B, wobei die Wiederholung des Teils A im Notentext lediglich durch den Verweis „da capo" (Abk. D.C.) angedeutet ist. Die dreiteilige Grundform begegnet bereits in den Opern Cl. Monteverdis und wurde in der Oper der ↗ Venezianischen Schule (Fr. Cavalli, A. Cesti, G. Legrenzi) erweitert und differenziert. Insbesondere entwickelte sich eine Fünfteiligkeit des Teils A, so daß um 1700 der Typus der D. im engeren Sinn ausgeprägt war. Der formale Verlauf läßt sich schematisch folgendermaßen darstellen:

(A)	(B)	(A')
R – a – R – a' – R –	b	– R – a – R – a' – R

Der Gesangsteil a und dessen erweiterte, variierte Wiederholung a' schließen mit einer Koloratur. Der kürzere Gesangsteil b kontrastiert meist thematisch und in der instrumentalen Besetzung zu a. Alle Gesangsabschnitte sind durch Generalbaß- bzw. Orchesterritornelle (R) und eine spezifische Tonartendisposition voneinander abgesetzt: Teil a moduliert in Dur-Arien zur Dominante, in Moll-Arien zur parallelen Dur-Tonart, während a' jeweils zur Tonika zurückführt; Teil b zeigt meist eine Wendung zur Moll-Parallele bzw. zu einer nahverwandten Dur-Tonart.

Die D. in diesem engeren Sinn ist in der Oper und im Oratorium sowie in der Kantate der ↗Neapolitanischen Schule die nahezu alleinbeherrschende Arienform und gilt als eines der wesentlichen Kennzeichen des neapolitanischen Stils. Einzig in ihrem Rahmen entfalten die betreffenden Komponisten (zu denen auch G. Fr. Händel mit seinen Opern gehört) die für ihr Schaffen charakteristischen reichen Möglichkeiten der musikalischen Affektdarstellung. Die Beliebtheit der D. gründete nicht zuletzt auch darauf, daß die Wiederholung des ersten Arienteils den Sängern Gelegenheit zu improvisierten Verzierungen gab.

Bis zur Mitte des 18. Jh. blieb die D. nicht nur in Oper, Oratorium und Kantate neapolitanischer Prägung weithin vorherrschend, sondern fand auch Verwendung in der Kirchenmusik beider Konfessionen. Im protestantischen Bereich bietet hierfür das Kantatenschaffen J. S. Bachs zahlreiche Belege, bezeugt aber durch die Vielfalt andersartiger Arientypen zugleich auch die Distanz zur neapolitanischen Tradition.

Lit.: H. GOLDSCHMIDT, Stud. zur Gesch. der it. Oper im 17. Jh., 2 Bde. (L 1901–04); B. FLÖGEL, Stud. zur Arientechnik in den Opern Händels, in: Händel-Jb. 2 (1929); H. HUCKE, Die neapolitanische Tradition in der Oper, in: Report of the Eighth Congress of the International Musicological Society (NY 1961); S. DÖHRING, Formgesch. der Opernarie v. Ausgang des 18. bis zur Mitte des 19. Jh. (Itzehoe 1975).

DADELSEN, Georg von, * 17. 11. 1918 Dresden; dt. Musikforscher. Er studierte seit 1946 an der Universität Kiel (Fr. Blume), danach an der Freien Universität Berlin (W. Vetter, W. Gerstenberg) und wurde hier mit einer Dissertation *Alter Stil und alte Technik in der Musik des 19. Jh.* promoviert. Seit 1952 war er Assistent am Musikwissenschaftlichen Institut der Universität Tübingen, wo er sich 1958 mit *Beiträge zur Chronologie der Werke J. S. Bachs* habilitierte. 1960 wurde er Ordinarius an der Universität Hamburg, 1971 an der Universität Tübingen (1984 emeritiert). D. leitet seit 1962 das J.-S.-Bach-Institut in Göttingen. Er ist auch Editionsleiter der Denkmälerreihe *Das Erbe deutscher Musik.*

WW: **1) Schriften:** *Zu den Vorreden des M. Praetorius,* in: Kgr.-Ber. Wien 1956 (Gr – Kö 1958); *Bemerkungen zur Handschrift J. S. Bachs, seiner Familie u. seines Kreises* (Trossingen 1957) (= Tübinger Bach-Stud. 1); *R. Schumann u. die Musik Bachs,* in: AfMw 14 (1957); *Beitr. zur Chronologie der Werke J. S. Bachs* (Trossingen 1958) (= Tübinger Bach-Stud. 4–5); *Die „Fassung letzter Hand" in der Musik,* in: AMl 33 (1961); *Die Vermischung musikal. Gattungen als soziologisches Problem,* in: Kgr.-Ber. Kassel 1962 (Kas 1963); *Über das Wechselspiel von Musik u. Notation,* in: FS W. Gerstenberg (Wb 1964); *Editionsrichtlinien musikal. Denkmäler* u. *Gesamtausgaben* (Kas 1968) (= Musikwiss. Arbeiten 22); *Telemann* u. *die sog. Barockmusik,* in: Musik u. Verlag. FS K. Vötterle (Kas 1968). – **2) Editionen:** J. S. Bach, Inventionen u. Sinfonien (Kas 1970) (= Neue Bach-Ausg., Serie V, 3); Urtextausgabe von Bachs Fantasien, Präludien und Fugen für Klv. (mit Kl. Rönnau) (Mn 1970).

Lit.: FS G. von Dadelsen, hrsg. v. TH. KOHLHASE – V. SCHERLIESS (Neuhausen – St 1978).

DAFNE, Dramma per musica von Jacopo Peri (1561–1633), Text von Ottavio Rinuccini. Ort und Zeit der Handlung: am Fluß Peneios, in mythischer Vergangenheit. UA: Karneval 1597 (1594?) in Florenz (Palazzo des Grafen Jacopo Corsi).
Diese Oper entstand aus den Bemühungen der ↗Camerata Fiorentina um eine Wiederbelebung der antiken Tragödien. In Anlehnung an die – wie man fälschlicherweise meinte, durchweg gesungenen – Dramen der Antike sollten nun dramatische Vorgänge auf der Bühne durch Intermedien gestaltet werden. Diese rein chorische, im strengen Kontrapunktstil geschriebene Untermalung wurde in dem „musikalischen Drama" *Dafne* zugunsten des neuen *stile recitativo,* vorgetragen von Gesangssolisten, aufgegeben. Über einer rein akkordischen Instrumentalbegleitung (Laute, Theorbe, Cembalo) komponierte Peri eine deklamatorische Gesangsstimme mit fester Tonhöhe. Dafne, ihrem Text nach eine Hirtendichtung (Favola pastorale), wurde in Florenz mit großem Erfolg mehrmals aufgeführt und gilt als erste Oper der Musikgeschichte. Erhalten geblieben ist nur der Text, so daß nur mittelbar auf die musikalische Faktur des Werkes geschlossen werden kann. B. DELCKER

DAGINCOUR, François, ↗Agincour.

DAHLHAUS, Carl, * 10. 6. 1928 Hannover; dt. Musikforscher. Nach Studien in Göttingen und Freiburg i. Br., wurde er 1953 in Göttingen mit der Dissertation *Studien zu den Messen Josquins des Prés* promoviert. Seit 1950 war er Dramaturg am Deutschen Theater in Göttingen, seit 1960 Redakteur bei der *Stuttgarter Zeitung* und 1962–66 Sachbearbeiter für musikalische Landesforschung an der Universität Kiel. Dort habilitierte er sich 1966 mit *Untersuchungen über die Entstehung der harmonischen Tonalität* und wurde im gleichen Jahr Wissenschaftlicher Rat an der Universität Saarbrücken. Seit 1967 ist D. Ordinarius an der Technischen Universität Berlin. 1968 lehrte er als Visiting Professor an der Princeton University (N.J.). 1977 bis 1982 war er Präsident der Gesellschaft für Musikforschung. Seit 1982 ordentliches Mitglied der Deutschen Akademie für Sprache und Dichtung, wurde er 1983 in die Friedensklasse des Ordens Pour le Mérite gewählt. Mit seinen zahlreichen, thematisch weitgespannten Arbeiten zur Musikgeschichte, Musikästhetik und Musiktheorie gehört D. zu den führenden und anregendsten Musikforschern der Gegenwart.

WW: Schriften: *Zu Kants Musikästhetik,* in: AfMw 10 (1953); *Die Termini Dur* u. *Moll,* in: ebd. 12 (1955); *Die Natur der Musik als Problem der Wissenschaft* (Kas 1962) (= Musikal. Zeitfragen 10); *J. Brahms, Klavierkonzert d-moll, op. 15* (Mn 1965) (= Meisterwerke der Musik 3); *Historismus u. Tradition,* in: FS J. M. Müller-Blattau (Kas 1966); *Musikästhetik* (Kö 1967) (= Musik-Taschen-Bücher, Theoretica 8); *Neue Wege der musikal. Analyse* (B 1967) (= Veröff. des Inst. für Neue Musik u. Musikerziehung Darmstadt 6); *Aspekte der Neuen Musik,* in: FS H. H. Stuckenschmidt (Kas 1968); *A. Schönberg, Variationen für Orch., op. 3* (Mn 1968) (= Meisterwerke der Musik 7); *Unters. über die Entstehung der harmonischen Tonalität* (Kas 1968) (= Saarbrücker Stud. zur Musikwiss. 2); *Analyse u. Werturteil* (Mz 1970) (= Musikpädagogik, Forschung u. Lehre 8); *Wagners Konzeption des musikal. Dramas* (Rb 1971) (= Arbeitsgemeinschaft „100 Jahre Bayreuther Festspiele" 5); *Einführung in die systematische Musikwissenschaft* (Kö 1971); *Zwischen Romantik u. Moderne* (Mn 1974) (= Berliner musikwiss. Arbeiten 7); *Grundlagen der Musikgeschichte* (Kö 1977); *Die Idee der absoluten Musik* (Kas – Mn 1978); *Schönberg und andere. Gesammelte Aufsätze zur Neuen Musik* (Mz 1978) (mit Schriften-Verz.); *Die Musik des 19. Jh.* (Wie 1980) (= Neues Handb. der Musikwiss. 6); *Systemati-*

sche Musikwissenschaft (zus. mit H. de la Motte-Haber (Wie 1982) (= ebd. 10); *Musikal. Realismus. Zur Musikgeschichte des 19. Jh.* (Mn 1982); *Die Musiktheorie im 18. u. 19. Jh. I – Grundzüge einer Systematik* (Da 1984) (= Gesch. der Musiktheorie 10); *Was ist Musik?* (zus. mit H. H. Eggebrecht) (Wilhelmshaven 1986). – D. ist bzw. war Hrsg. von: *R. Wagner, Sämtliche Werke* (Mz 1970ff.); *Riemann Musiklexikon, Ergänzungsbände Personenteil,* 2 Bde. (Mz 1972–75); *Brockhaus-Riemann Musiklexikon,* 2 Bde. (Wie – Mz 1978–79) (zus. mit H. H. Eggebrecht); Sammelpublikationen, darunter *Studien zur Trivialmusik des 19. Jh.* (Rb 1967), *Das Drama R. Wagners als musikal. Kunstwerk* (Rb 1970), *Wagner – Werk und Wirkung* (Rb 1971), *Das Problem Mendelssohn* (Rb 1974), *Beiträge zur musikal. Hermeneutik* (Rb 1975). *Studien zur Musikgeschichte Berlins im frühen 19. Jh.* (Rb 1980) (= Stud. zur Musikgesch. des 19. Jh. 8, 23, 26, 41, 43, 56); *Die Musik der fünfziger Jahre. Versuch einer Revision* (Mz 1985). – Musikal. Editionen: *J. Theile, Musikalisches Kunstbuch* (Kas 1965); *R. Wagner, Klavierwerke* (Mz 1970) (= Sämtliche Werke 19).

DAIRA, Dā'ira, Dâire u. ä. (pers., = Kreis), Rahmentrommel mit niedrigen Zargen, deren Fell über einen kreisförmigen, seltener auch achteckigen oder quadratischen Rahmen gespannt ist. Das Instrument ist mit Schellen, Glöckchen, Beckenpaaren, Münzen oder Metallringen ausgestattet, die in die Zargen eingesetzt oder innen im Rahmen angebracht sind. Die D. ist im Vorderen Orient, in Europa (↗Tamburin) und in Nordindien verbreitet; in Ägypten ist sie auch als Riq bekannt.

Lit.: H. NIXDORFF, Zur Typologie u. Gesch. der Rahmentrommeln, in: Baessler-Archiv. Beitr. zur Völkerkunde (B 1971).

DALAYRAC, Nicolas-Marie, ↗Alayrac.

D'ALBERT, Eugen, ↗Albert.

D'ALBORE, Lilia (Emilia), * 4.1.1914 Santa Maria Capua Vetere; it. Violinistin. Sie erhielt ihre Ausbildung an den Konservatorien in Rom und Pesaro und bei C. Flesch, debütierte 1931 und gewann danach bald großes internationales Ansehen. 1960 gründete sie das Ensemble Complesso Vivaldi di Roma, das sie selbst leitet, 1960–66 war sie zugleich Mitglied des Trio di Roma. Seit 1949 lehrt sie als Professor an der Accademia Nazionale di S. Cecilia in Rom. Sie ist Inhaberin des Musikverlags Elle in Rom.

DALL'ABACO, Musikerfamilie. – **1) Evaristo Felice,** * 12.7.1675 Verona, † 12.7.1742 München; dt. Komponist it. Herkunft. D. war vermutlich Schüler von G. Torelli. 1696 ging er an den Hof von Modena, der vor allem durch das Wirken von G. B. Vitali zu einem bedeutenden Musikzentrum geworden war. 1704 ließ er sich in München nieder, war Violoncellist, dann Kapellmeister am Hofe Kurfürst Maximilians II., dem er nach dessen Niederlage im Spanischen Erbfolgekrieg 1704 ins Exil nach Brüssel und Frankreich folgte. Nachdem Maximilian Bayern zurückerhalten hatte, wirkte D. 1715–40 als Kammerkonzertmeister erneut am Münchner Hofe. D. war neben A. Corelli und T. Vitali einer der bedeutendsten Vertreter der italienischen Violin- und Streichermusik seiner Zeit. In der Entwicklung der Solosonate sind seine Werke eine wichtige Station; sie vereinigen in sich gleichermaßen Elemente der Kirchen- und der Kammersonate und weisen – zumal in der Satzfolge und in der thematischen Gestaltung – auf die Sonate der Wiener Klassik voraus.

WW: 12 *Sonate da camera* für V. u. B.c., op. 1 (A um 1705–06); 12 *Concerti a 4 da chiesa,* op. 2 (A um 1712–14); 12 *Sonate da chiesa e da camera* für 2 V. u. B.c., op. 3 (P um 1712–15); 12 *Sonate da camera* für V. u. B.c., op. 4 (A 1714); 6 *Concerti a piu istrumenti* (Concerti grossi), op. 5 (A um 1717); 6 *Concerti a piu istrumenti* (Violinkonzerte), op. 6 (A 1717).

2) Joseph Maria Clemens, Sohn von 1), getauft 29.3.1710 Brüssel, † 31.8.1805 Arbizzano di Valpolicella bei Verona; dt. Violoncellist und Komponist. Er wurde 1729 Mitglied der kurfürstlichen Kapelle in Bonn und war dort seit 1738 Direktor der Kammermusik. Konzertreisen führten ihn, der vor allem als Cellist ein hohes Ansehen genoß, auch nach Wien und nach England. Von ihm sind hsl. zahlreiche Cellosonaten mit B.c. und eine für den Hof in Bonn geschriebene *Serenata* auf den Namenstag des Kurfürsten Clemens August erhalten.

Ausg.: **Zu 1):** Auswahl aus op. 1–4, hrsg. v. A. SANDBERGER, in: DTB 1 (1900); op. 1 u. 4, NA in: DTB 9 (1908); 6 Sonaten aus op. 1, hrsg. v. W. KOLNEDER (Mz 1956); *Concerto da chiesa* op. 2, Nr. 9, hrsg. v. RHENÉ-BATON (P 1936); *Concerti* op. 2, Nr. 6, 8 u. 10, hrsg. v. R. LÜCK, 3 H. (Kö 1966–68); Ausgewählte Werke, hrsg. v. H. SCHMID, in: DTB, N.F. 1 (Wie 1967); Concerto g-moll, op. 2, Nr. 5, hrsg. v. G. KEHR (Mz 1968); Triosonate C-Dur, op. 3, Nr. 1, hrsg. v. F. F. POLNAUER (Mz 1968). – **Zu 2):** A. CH. COLLINS, A Practical Edition of 6 Sonatas for Vc. and B.c. by J. D. (1965) (= Diss. Univ. of Rochester/N.Y.).

Lit.: A. SANDBERGER, Einleitungen zu DTB 1 (1900) u. 9/1 (1908); F. MANARA, Un musicista poco noto (Triest 1908); R. BRENZONI, Un grande musicista veronese. E. F. dall'Abaco, in: Note d'archivio 12 (1935); A. BONACCORSI, D. e la sonata duotematica, in: Rass. mus. 10 (1940).

DALLAPICCOLA, Luigi, * 3.2.1904 Pisino (Istrien; damals das östr. Mitterburg, heute das jugoslaw. Pazin), † 19.2.1975 Florenz; it. Komponist. D. studierte seit 1923 am Konservatorium von Florenz Klavier und Komposition. 1930 gründete er mit dem Violinisten Sandro Materassi ein Duo, das auf zahlreichen Konzertreisen in Europa hauptsächlich zeitgenössische Werke spielte. 1934–67 war er Professor für Klavier am Konservatorium in Florenz und nahm nach dem Zweiten Weltkrieg außerdem mehrere Lehraufträge in den USA wahr.

WW: 1) **Instr.-WW:** Für Klv.: *Sonatina canonica sopra capricci di N. Paganini* (1942–43); *Quaderna musicale d'Annalibera* (1952), als *Variazioni* (1954) für Orch.; Kammermusik: *Divertimento in quatro esercizi* (1934) für Sopran, Fl., Ob., Klar., Va. u. Vc.; *Musica per 3 pianoforti* (1935); *Ciaccona, intermezzo e adagio* (1945) für Vc. solo; *Due studi* (1947) für V. u. Klv., als *Due Pezzi* auch für Orch. – Für Orch.: *Partita* (1930–32) (mit Solo-Sopran); *Piccola musica notturna* (1954), auch für Kammerensemble (1961); *Three Questions with Two Answers* (1962); für Soli u. Orch.: *Piccolo concerto per Muriel Couvreux* (1939–41); *Tartiniana* (1951) für V. u. Kammerorch.; *Tartiniana seconda* (1955) für V. u. Klv.; *Dialoghi* (1960) für Vc. u. Orch. – 2) **Vokal-WW:** Liederzyklen *Fiuri di Tapo* (1925) u. *Caligo* (1926) für SingSt u. Klv.; *Due canzoni di Grado* (1927) für Mezzo-Sopran, Frauenchor u. Orch.; *Dalla mia terra* (1928) für Mezzo-Sopran, Chor u. Orch.; *Due Laudi di Fra Jacopone da Todi* (1929) für Sopran, Bar., Chor u. Orch.; *La canzona del Quarnaro* (1930) (Text: G. d'Annunzio) für Tenor, Männerchor u. Orch.; *Due liriche di Kalewala* (1930) für Tenor, Bar., Kammerchor u. Schlagzeug; *Tre Studi* (1932) (aus dem Kalewala-Epos) für Sopran u. Kammerorch.; *Estate* (1932) (nach Alkaios) für Männerchor a cap.; *Sei Cori di Michelangelo Buonarroti il Giovane*, Serie I: (1933) für gem. St., II: (1935) für 2 Soprane, 2 Alt u. 17 Instr., III: (1936) für Chor u. Orch.; *Tre Laudi* (1937) für Sopran u. 13 Instr.; *Canti di prigonia* (1938–41) für Chor u. Instr.; *Liriche greche* (Übers. v. S. Quasimodo): 1. *Cinque frammenti di Saffo* (1942) für Sopran u. 15 Instr., 2. *Due liriche di Anacreonte* (1945) für Sopran u. 4 Instr., 3. *Sex carmina Alcaei* (1943) für Sopran u. 11 Instr.; *Rencesvals* (1946) (3 Fragmente aus „Chanson de Roland") für Bar. u. Klv.; *Liriche di Antonio Machado* (1948) für Sopran u. Klv., auch (1964) mit Kammerorch.; *Tre Poemi* (1949) (nach J. Joyce, Michelangelo, Machado) für Sopran u. Kammerorch.; *Canti di liberazione* (1951–55) für Chor u. Orch.; *Goethe-Lieder* (1953) für Mezzo-Sopran u. 3 Klar.; *An Mathilde* (1955) (Text: H. Heine), Kantate für Sopran u. Orch.; *Concerto per la notte di Natale dell'anno 1956* (1957) für Sopran u. 17 Instr.; *Requiescant* (1958) (Text: Matthäus-Evangelium, O. Wilde, J. Joyce) für Chor u. Orch.; *Cinque Canti* (1962) (Text: S. Quasimodo) für Bar. u. 8 Instr.; *Preghiere* (1962) für Bar. u. Kammerorch.; *Parole di San Paolo* (1964) (1. Brief an die Korinther) für mittlere St. u. Instr.; *Sicut umbra* (1970) für Alt u. 4 Instrumentengruppen; *Commiato* (1972) für Sopran u. Kammerensemble. – 3) **Bühnen-WW:** Opern: *Volo di notte* (nach A. de Saint-Exupéry), UA: Florenz 1940; *Il Prigioniero* (nach Ph. A. Villiers de l'Isle-Adam u. Ch. de Coster), UA: ebd. 1950; *Ulisse*, UA: Berlin 1968; Geistliches Drama (Sacra rappresentazione) *Job*, UA: Rom 1950; Ballett *Marsia*, UA: Venedig 1948, daraus: *Quattro Frammenti sinfonici* für Orch. u. *Tre episodi* für Klv.; 1942 wurde in Florenz Monteverdis Oper *Il ritorno d'Ulisse in patria* in einer Bearb. D.s aufgeführt. – 4) **Schriften:** *Appunti, incontri, meditazioni* (Mi 1970) (Slg. verstreuter Schriften); *Begegnung mit A. Webern*, in: Melos 32 (1965); *Geburt eines Librettos* (Ulisse), in ebd. 35 (1968); *Meine Erinnerungen an Karl Amadeus Hartmann* in: ebd. 37 (1970); *Erinnerungen an H. Scherchen*, in: SMZ 115 (1975).

D., einer der bedeutendsten italienischen Komponisten des 20. Jh., wurde von der Triestiner – österreich-ungarischen – Kultur beeinflußt. In seinen frühen Werken orientierte er sich an F. Busoni und entwickelte einen Lyrismus, den er auch später in seinem vorzugsweise der Vokalkomposition gewidmeten Schaffen bewahrt hat. Manche seiner dem „Neomadrigalismo" der 20er und 30er Jahre verpflichteten Werke bezeugen die Auseinandersetzung mit der Musiktradition Italiens *(Cori di Michelangelo)*, doch übernahm D. in späteren Werken als erster italienischer Komponist die Zwölftontechnik der Wiener Schule (*Tre Laudi*, 1936–37, *Liriche greche*, 1942–45), die er mit einer spezifisch italienischen Kantabilität und Klangsinnlichkeit verband.

Lit.: L'opera di L. D. (Tn 1965) (= Quaderni della Rass. Mus. 2); F. NICOLODI, L. D. – Saggi, testimonianze, carteggio, biografia e bibliografia (Mi 1975); SMZ 115 (1975) Nr. 4 (Sonder-H.); C. MACDONALD, L. D. The Complete Works. A Catalogue, in: Tempo 116 (1976). – R. LEIBOWITZ, L. D., in: L'Arche (1947) Nr. 23; H. SCHERCHEN, Ein Savonarola der Musik, in: Mittag (1950) Mai-H.; H. U. ENGELMANN, D.s „Canti di liberazione", in: Melos 23 (1956); M. MILA, L'incontro Heine – D., in: Rass. Mus. 27 (1957); R. VLAD, L. D. (Mi 1957); H. NATHAN, The Twelve-Tone Compositions of L. D., in: MQ 44 (1958); J. WILDBERGER, D.s „Cinque canti", in: Melos 26 (1959); J. PERKINS, D.'s Art of Canon, in: Perspectives of New Music 1 (1962–63); G. H. GOULD, A Stylistic Analysis of Selected Twelve Tone-Works by L. D. (1964) (= Diss. Indiana Univ.); L. PINZAUTI, A colloquio con L. D., in: NRMI 1 (1967); C. ANNIBALDI, Tre studi d'estetica musicale (R 1968) (darin eine Stud. über „Canti di liberazione"); H. KAUFMANN, Zum Verhältnis zweier Musen (Wort-Ton-Problem in „Il Prigioniero"), in: Spurlinien (W 1969); J. E. DAPOGNY, Style and Method in Three Compositions of L. D. (Goethe-Lieder, Cinque canti, Preghiere) (1971) (= Diss. Univ. of Illinois); U. STÜRZBECHER, Werkstattgespräche mit Komponisten (Kö 1971); D. KÄMPER, „Ricerca ritmica e metrica". Beobachtungen am Spätwerk D.s, in: NZfM 135 (1974); W. SCHREIBER, Schönberg u. D., in: ÖMZ 29 (1974); F. NICOLODI, Su alcuni aspetti dell'opera critica di L. D., in: Antologies Viesseux 33/34 (1974); R. SHACKELFORD, D. e l'organo, in: NRMI 9 (1975); L. PINZAUTI, Un inedito di D., in: ebd.; C. PICCARDI, L. D. La ragione incatenata, in: L. D. Sondernummer der SMZ 115 (1975) Juli-August-H. (mit Werk-Verz. u. Diskographie); J. WILDBERGER, L. D.s musikgesch. Sternstunde, in: ebd.; H. NATHAN, Considérations sur la manière de travailler de L. D., in: ebd.; D. KÄMPER, „Commiato"-Bemerkungen zu D.s letztem Werk, in: ebd.; P. PETROBELLI, D.s last orchestral piece, in: Tempo 123 (1977); J. WILDBERGER, L. D.s gesellschaftlich engagierte Musik, in: FS Ed. Suvini Zerboni (Mi 1978); V. SCHERLIESS, Möglichkeiten moderner italianità. Zum Werk L. D.s, in: ebd.

DALLERY, frz. Orgelbauerfamilie. – **1) Charles,** * 23. 1. 1702 Buire-le-Sec (Pas-de-Calais), † 10. 1. 1779 Amiens. Er baute u.a. die Orgeln der Abteien von Corbie (1733) und Anchin (1738) und restaurierte die heute in der Pfarrkirche von Aire-sur-la-Lys (Pas-de-Calais) befindliche Orgel der Abtei von Clairmarais. – **2) Pierre,** Neffe von 1), * 6. 6. 1735 Buire-le-Sec, † 1810 Paris. Er wurde von seinem Onkel ausgebildet. 1767–78 war er Teilhaber von F. H. Clicquot. Von ihm selbst stammen die Orgeln der Klosterkirchen St-Lazare, Madeleine d'Arras und Ste-Suzanne de l'Ile-de-France in Paris. – **3) Pierre-François,** Sohn von 2), * 1764 Paris, † 1833 ebd. Er war Schüler Clicquots, restaurierte zahlreiche Instrumente in Paris und in der Provinz und baute u. a. die Orgel der Kirche in Albert (Picardie). – **4) Louis-Paul,** Sohn von 3), * 24. 2. 1797 Paris, † 28. 4. 1870 ebd. Er baute in

Paris vor allem die große Orgel der Kirche der Sorbonne (1825) sowie die Orgel von Notre-Dame de Bonne-Nouvelle (1827).

Lit.: HAMEL – GUÉDON, Manuel du facteur d'orgues (P 1903); F. RAUGEL, Les grandes orgues des églises de Paris (P 1927).

DALLINGER, Fridolin, * 16.2.1933 Eferding (Oberösterreich); östr. Komponist und Musikerzieher. Er war Kompositionsschüler von H. Eder und R. Schollum, wurde zunächst Volks- und Hauptschullehrer und studierte 1956–58 an der Wiener Musikakademie Klavier (Gershon Jarecki), Tonsatz (Ernst Tittel) und Dirigieren (H. Swarowsky). Anschließend war er wieder im Schuldienst tätig, studierte 1961–63 Schulmusik an der Akademie Mozarteum in Salzburg, war danach Musiklehrer an Realschulen und lehrt jetzt Musik an der Pädagogischen Akademie in Linz. Seine Kompositionen, darunter besonders Chor- und Kammermusik, sind im allgemeinen einer freien Tonalität und der Zwölftontechnik verpflichtet. D. widmet sich u.a. auch dem literarischen Chanson und der gehobenen Unterhaltungsmusik.

WW: **1) Instr.-WW:** Sonate (1965) für Va. u. Klv.; Quintett (1970) für Fl., Ob., Klar., Horn u. Fag.; Sonatine (1973) für Fl. u. Gitarre; Suite (1973) für Bläserquintett; Sonatine (1974) für V. u. Klv.; 2. Suite (1977) für Bläserquintett; Sonate für Vc. solo (1978). – *Concerto per orchestra d'archi* (1966); Konzert (1967) für Org.-Positiv u. Streichorch.; Sinfonietta (1973) für Streichorch.; Concertino (1975) für V., Klar. u. Streichorch. (auch Klv.-Fassung). – Für Orch.: *Nänie* (1968); Symphonie Nr. 1 (1975); *Symphonischer Marsch* (1977); *panta rhei* (1978). – **2) Vokal-WW:** *Bauernlieder* (1966) (nach G. Trakl), Zyklus für Sopran, Fl., Br. u. Vc.; *Menschliche Landschaften* (1964) (nach J. Weinheber) für gem. Chor a cap.; *Hunnenzug* (1977) (Text: B. F. von Münchhausen) für gem. Chor; *Zersprungene Saite* (1979), 2 Variationen für gem. Chor; Kantate *Des Krieges Ruhm* (1969) für gem. Chor, Sprecher, 2 Klv. u. Schlagwerk; *Magnificentia creatoris* (1972) für gem. Chor, Bläserquintett, Streichorch. u. Schlagwerk; *Deutsches Ordinarium* (1972) für Kantor, Volk, gem. Chor u. Org. – **3) Bühnen-WW:** Ballett *Die sieben Todsünden* (1965), UA: Linz 1968, UA der Neufassung: Wien 1971.

DALLMANN, Wolfgang, * 17.3.1924 Stettin; dt. Organist. Er studierte an den Musikhochschulen in Leipzig und Stuttgart Klavier, Orgel (A. Nowakowski; Ferienkurse bei F. Germani) und Komposition (G. v. Albrecht, J. N. David). 1955–62 war er Organist an der Stuttgarter Leonhardskirche, lehrt seit 1958 am Evangelischen Kirchenmusikalischen Institut in Heidelberg und ist seit 1962 auch Kantor und Organist an der Lutherkirche. Im Mittelpunkt seines Repertoires stehen J.S. Bach, M. Reger und bes. J.N. David, dessen späte Orgelwerke er z.T. uraufgeführt hat. D. setzt sich daneben auch für andere zeitgenössische Komponisten, u.a. H. Eder, H. Heilmann und T. Medek, ein. Zahlreiche Konzertreisen führten ihn durch Europa und nach Übersee. Seit 1978 ist er Präsident der Internationalen J. N. David-Gesellschaft.

WW: **1) Schriften:** *Der Kirchenmusiker in einer veränderten Welt,* in: MuK 35 (1965); *Zwölf Orgelfugen Werk 66 v. J. N. David. Versuch einer Werkbetrachtung* (Wie 1969); *J. N. Davids Orgelwerk. Einübung u. Darstellung,* in: Ex Deo nascimur. FS J. N. David, hrsg. v. G. SIEVERS (Wie 1970); *Struktur u. Aussage. Zum 80. Geburtstag v. J. N. David,* in: Ars Organi 24 (1975); *Soli Deo Gloria. Was wollen wir eigentlich,* in: MuK 45 (1975). – **2) Editionen:** *J. S. Bach, 20 Orgelchoräle, transponiert in die Tonarten des ev. Kirchengesangbuchs* (Wie 1970); *R. Schumann, Sechs Fugen über den Namen Bach,* op. 60 (Wie 1975); *M. Moussorgski, Lieder u. Tänze des Todes. Orgelübertragung* (Wie 1979).

B. A. KOHL

DAL MONTE, Toti (eig. Antonietta Meneghelli), * 27.6.1893 Mogliano Veneto bei Treviso, † 26.1.1975 Pieve di Soglio; it. Sängerin (Sopran). Sie studierte zunächst Klavier, dann Gesang und debütierte 1916 als Mezzosopran an der Mailänder Scala in *Francesca da Rimini* von A. Zandonai. Nach ihrem aufsehenerregenden Auftritt als Gilda in Verdis *Rigoletto* 1918 in Turin sang sie mit großem Erfolg auch an anderen italienischen Bühnen, seit 1923 auch im europäischen Ausland und in Süd- und Nordamerika. 1939 kehrte sie an die Scala zurück. Nach dem 2. Weltkrieg trat sie nur noch gelegentlich als Opernsängerin auf und lebte als gesuchte Gesanglehrerin in Venedig. Sie galt als eine der bedeutendsten Koloratursopranistinnen ihrer Zeit und war auch als Konzertsängerin sehr geschätzt. Autobiographisch erschien von ihr *Una voce nel mondo* (Mi 1962).

DAL SEGNO (it.), ↗Segno.

DALZA, Giovanni Ambrogio (Joan Ambrosio), * 2. Hälfte 15. Jh. Mailand, † nach 1508; it. Lautenist. D. ist der Verfasser einer der frühesten Lautentabulaturen: *Intabulatura de lauto, libro quarto* (V 1508). Das Werk enthält neben einigen Bearbeitungen von Frottolen B. Tromboncinos hauptsächlich Ricercari, Pivas, Pavanen, Saltarelli u.a. Tänze und ist (mit 13 Stücken) insbesondere die wichtigste Quelle für die spanische und italienische ↗Calata.

Lit.: H. M. BROWN, Instrumental Music Printed before 1600. A Bibliography (C/M 1965) (mit genauem Inhaltsverz. u. Verz. der Ausg. einzelner Stücke); R. CHIESA, Storia della letteratura del liuto e della chitarra – il cinquecento 4–6, in: Fronimo 1–2 (1973–74).

DAM, José van, * 27.8.1940 Brüssel; belg. Sänger (Baß-Bariton). Er wurde am Konservatorium in Brüssel ausgebildet und debütierte 1961 an der Grand Opéra in Paris, der er bis 1965 angehörte. 1965–67 sang er am Grand Théâtre in Genf und wurde 1967 an die Deutsche Oper Berlin verpflichtet. International bekannt wurde er in den folgenden Jahren durch Gastspiele u. a. in Brüssel, Stockholm, am Covent Garden in London, in München und bei den Festspielen in Aix-en-Provence. 1973 sang er zum ersten Mal bei den Salzburger Festspielen (den Figaro in Mozarts *Figaros Hochzeit*). Seither gilt van D. als bedeutender Mozart-Interpret, hatte aber große Erfolge u. a. auch als Escamillo in *Carmen* von G. Bizet und als Mephisto in *Faust* von Ch. Gounod.

DAMAN (Damon), **William** (Guillaume), * um 1540 Lüttich, † 1591 London; wallonischer Komponist. D. kam 1562 nach London, stand zunächst im Dienst von Thomas Sackville, Lord Buckhurst und wurde 1579 Gentleman der Chapel Royal am Hof Königin Elisabeths I. Er veröffentlichte *The psalmes of David in English Meter* für 4 St. (Lo 1579) sowie eine weitere Sammlung 4st. Psalmen in 2 Bde.n, *The former booke* bzw. *The second booke of the musicke… containing all the tunes of Davids psalmes* (Lo 1591). Den Gesängen liegen die Melodien des Hugenottenpsalters zugrunde, und zwar im 1. Bd. im Tenor, im 2. Bd. im Diskant. Einige Anthems und Motetten von D. sind hsl. überliefert (London, Brit. Museum).

DAMANCE (D'Amance), **Paul,** * um 1650, † um 1700; frz. Organist. Er war Priester des Trinitarierordens in Lisieux und Organist des Klosters. Zwischen 1687 und 1707 erschienen von ihm in Paris 12 einstimmige *Messes en plain chant,* die in der Tradition der *Messes royales* von H. Du Mont stehen.

DAMASE, Jean-Michel, * 27. 1. 1928 Bordeaux; frz. Komponist und Pianist. Er studierte am Pariser Conservatoire u. a. bei M. Dupré (Harmonielehre und Kontrapunkt), A. Cortot (Klavier) und H. Busser (Komposition). 1947 erhielt er den Prix de Rome. Er unternahm als Pianist zahlreiche Konzertreisen, u. a. in die USA und nach Südamerika. 1961–64 war er Professor für Klavier an der École Normale de Musique in Paris und wurde 1967 Direktor des Konservatoriums in Boulogne bei Paris. Im Mittelpunkt seines kompositorischen Schaffens stehen Bühnenwerke und Ballette, mit denen er sehr erfolgreich war.

WW (wenn nichts anderes angegeben, in Paris erschienen): **1) Instr.-WW:** Für Klv.: *Mouvement perpétuel* (1949); Sonate (1952); *Thème et variations* (1955); *4 Pièces brèves* (1956); *Féeries* (1957), 16 Stücke; *Passacaille* (1958) für Cemb. oder Klv.; *Intermezzo* (1959); für Harfe: *Sarabande* (1948), *Étude de concert* (1949); Sonatine für Harfe u. Klv. (1965); Sonate für Fl. u. Harfe (1965); *Scherzo* (1952) für Fl. u. Klv.; für Ob. u. Klv.: *Rapsodie* (1948), *Rigaudon* (1955); Trio für Fl., Harfe u. Vc. (1965); Quintett für Fl., V., Br., Vc. u. Harfe (1947); *17 Variations pour quintette à vent* (1951). – Für Orch.: *3 Chorals* (1953) für Streichorch.; *Sérénade* (1956) für Fl. u. Streichorch.; *Variations sur un thème de Rameau* (1966) für Cemb. u. Kammerorch.; *3 Interludes* (1948); *Divertimento* (1954); Symphonie (1954); *Silk rhapsody* (1966); *Concerto* für Klv. (1949); *Concertino* für Harfe u. Streichorch. (1951); *Concerto* für V. (1955); *Rapsodie de printemps* (1957) für Klv. u. Orch. – **2) Vokal-WW:** Für SingSt u. Klv.: *La Perle égarée* (1948); *3 Chansons de Ch. d'Orléans* (1951) u. *No exit* (1952); *Jeux de l'amour* (1964); *L'Arche de Noël* (1965); *Et la belle se réveille* (1947), Kantate; *5 Rondels de Ch. d'Orléans* (1958) für Chor a cap.; Messe (1966) für Chor u. Org.; *Hymne pour la jeunesse* (1965) für Chor u. Orch. – **3) Bühnen-WW:** Ballette: *La Croqueuse de diamants* (1950); *Piège de lumière* (1952); *Le Prince du désert* (1955), *Balance à trois* (1955) u. *La Boucle* (1957); *La Noce foraine* (1961); *La tendre Eléonore* (1958), Opéra-bouffe für den Rundfunk; *Colombe* (1958), Comédie-lyrique; *Eugène le mystérieux* (1963), Feuilleton musical; *Suite monégasque* (1964).

Lit.: C. CHAMFRAY, J. M. D., in: Courrier musical de France 18 (1967).

DAME BLANCHE, LA, Oper von F. A. Boieldieu; dt. Titel: Die ↗weiße Dame.

DAME KOBOLD, Komische Oper in 3 Akten von Felix von Weingartner (1863–1942), op. 57, Text vom Komponisten nach der gleichnamigen Komödie von Pedro Calderón de la Barca (*La dama duende;* 1629). Ort und Zeit der Handlung: Madrid im 17. Jh. UA: 23. 2. 1916 in Darmstadt.
Die Handlung in von Weingartners Libretto ist stark an Calderóns Intrigenkomödie angelehnt. Donna Angela, eine von ihrem Bruder Don Luis eifersüchtig bewachte junge Witwe, bedient sich einer durch einen Schrank getarnten Geheimtür, um in das an ihr eigenes Gemach grenzende Gästezimmer zu gelangen, in dem der von ihr verehrte Don Manuel logiert. Ungesehen kann sie dem Gast des Hauses, von dem sie gemäß dem strengen Sittenkodex der Zeit ferngehalten werden muß, briefliche Nachrichten zukommen lassen und schließlich ein Rendezvous arrangieren. Der heiteren Handlung mit glücklichem Ende entspricht von Weingartners Musik. Durch tänzerische Rhythmik geprägte musikantische Spielfreudigkeit bestimmt vom ersten Takt der temperamentvollen, an Rossinis Musik erinnernden Ouvertüre das Klangbild. Obwohl der Komponist auf tiefgründige Psychologisierung weitgehend verzichtete, gelang es ihm doch, durch klare Deklamatorik in den ausführlichen, die Handlung tragenden Arioso-Partien sowie durch geschickte Anpassung der Instrumentalbegleitung an die Singstimmen den bewegten Handlungsabläufen Spannung und einzelnen Situationen charakteristische Atmosphäre zu verleihen.

W. A. MAKUS

DAMENISATION ↗Solmisation.

DAMNATION DE FAUST, LA, Légende dramatique von H. Berlioz; dt. Titel: ↗Fausts Verdammung.

DAMON, William, ↗Daman.

DAMOREAU-CINTI (eig. Montalant), **Laure,** * 6. 2. 1801 Paris, † 25. 2. 1863 ebd.; frz. Sängerin (Sopran). Sie debütierte 1816 in Paris am Théâtre-Italien (nannte sich jetzt Cinti) und ging nach ihrer Heirat mit dem Sänger Vincent-Charles Damoreau 1826 an die Opéra, wo sie besonders in Opern von G. Rossini, D. F. E. Auber und von G. Meyerbeer gefeiert wurde. Seit 1835 sang sie an der Opéra-Comique. 1841 zog sie sich von der Bühne zurück. 1834–56 war sie Gesanglehrerin am Pariser Conservatoire.

Lit.: M. u. L. ESCUDIER, Études biographiques (P 1840); A. SOUBIÈS, Le Théâtre Italien (P 1913).

DÄMPFER (engl.: damper, mute; frz.: étouffoir, sourdine, voile; it.: smorzatore, sordino; span.: apagador, sordina), **Sordinen,** Bz. für Vorrichtungen, die die Lautstärke des Tones bei Saiten-, Blas- und Schlaginstrumenten verringern und teilweise auch die Klangfarbe ändern sollen. – Von den Saiteninstrumenten hat das Pianoforte zwei Arten der Dämpfung: Die mit Tuch, Wolle oder Filz belegten, beweglichen Leisten, die nach dem Loslassen der Taste auf die Saiten zurückfallen, verhindern ein Weiterklingen. Diese Dämpfung kann durch das rechte Pedal gänzlich aufgehoben werden. Der Verringerung der Lautstärke dient das linke Pedal, das eine Verschiebung der gesamten Tastatur bewirkt. Dadurch schlagen die Hämmer nicht mehr alle 2–3 Saiten für den Ton einer Taste an, sondern nur noch 1–2, je nach Bezug, der von der Tonhöhe abhängt. – Der Dämpfer der Streichinstrumente besteht aus einem kleinen Kamm aus Holz, Kautschuk oder Metall, der auf den Steg geklemmt wird. Er verändert vor allem auch die Klangfarbe. – Von den Blasinstrumenten lassen sich nur die Kesselmundstückinstrumente (Blechblasinstrumente) wirksam dämpfen, entweder durch Stopfen mit der Hand (vor allem bei Hörnern) oder durch zumeist kegelförmige Einsätze mit einem Loch in der Mitte, die in die Stürzen der Instrumente geschoben werden. Der Ton dieser Instrumente wurde früher beim Gebrauch eines D. vertieft oder erhöht, was bei den modernen D. vermieden wird. – Bei Schlaginstrumenten, wie Trommeln und Pauken, wird die wirksamste Dämpfung durch Auflegen eines Tuches auf die Membran oder durch mit Schwamm überzogene Schlegel erreicht. – Die Anweisung, mit Dämpfer zu spielen, erfolgt durch *con sordino.*

Lit.: H. EICHBORN, Die Dämpfung beim Horn (L 1897); W. OSTHOFF, Trombe sordine, in: AfMw 13 (1956).

M. BRÖCKER

DÄMPFUNG, Bz. für die Schwächung von Schwingungen oder Wellen durch Energieentzug oder Energieausbreitung. D. zeigt sich bei schwingenden Systemen, wie sie auch in den Musikinstrumenten vorliegen, in der Dauer der ↗Ausgleichsvorgänge. – D. durch Abstrahlung und Reibung, allgemein durch Umwandlung der Schwingungsenergie in andere Energieformen, verursacht das Abklingen der zum Schwingen angeregten Luftsäulen, Saiten, Stäbe, Platten und dergleichen nach Beendigung der Schwingungserregung. Stärker gedämpfte Schwingungen klingen schneller an und ab, haben kürzere ↗Einschwingvorgänge und Abklingvorgänge. Erhöhte D. der schwingenden Systeme bewirkt zugleich eine Abflachung und Verbreiterung der ↗Resonanzen. So ist bei der Vokalbildung in Sprache und Gesang die D. der Luftschwingungen im Vokaltrakt (Mund-, Rachenraum) verantwortlich für die Breite der Resonanzen, die sich in den Vokalspektren als ↗Formanten abzeichnen.

Ein Maß für die D. ist das Verhältnis der Amplituden zweier aufeinander folgender Schwingungen im Abklingvorgang. Innerhalb eines Abklingvorgangs ist dieses Verhältnis (auch *Dämpfungsverhältnis* genannt) konstant, wenn der Energieentzug durch die Umwandlung der Schwingungsenergie in andere Energieformen, z. B. durch Reibung und Abstrahlung, der jeweiligen Schwingungsamplitude proportional ist. Es gilt dann die Beziehung $A_1/A_2 = A_2/A_3 = A_n/A_{n+1} = e^{\Lambda}$, wobei A_n/A_{n+1} die Amplitudenverhältnisse sind, deren natürlicher Logarithmus das Logarithmische Dekremant $\Lambda = \ln(A_n/A_{n+1})$ genannt wird. Λ bezogen auf die Dauer T einer Schwingung ergibt die Dämpfungskonstante $\delta = \Lambda/T$, mit der sich der exponentielle Verlauf des Abklingvorgangs wie folgt darstellt: $A = A_0e^{-\delta t}$.

Abklingzeit ist diejenige Zeit $t = 1/\delta$, nach deren Ablauf die Amplitude A des Schwingungsvorgangs auf 37% (= 1/e) ihres Anfangswertes A_0 gesunken ist.

Zur Lautstärkeverringerung und zur gezielten Beendigung des Tones werden ↗Dämpfer verwendet, die die Klangabstrahlung verringern und den Klang verändern (↗Sordino) oder das Schwingen unterbinden (beim Klavier nach Loslassen der Taste).

D. der Schwingungen und Wellen in geschlossenen Räumen ist die Ursache für das Verklingen des Schalls, das als ↗Nachhall empfunden wird. Vergrößerung der in der Regel frequenzabhängigen D.

(durch Absorption an den Wänden und schallschluckende Materialien im Raum) wirkt sich in der ↗Raumakustik in einer Verkürzung der Nachhallzeit aus. Als Nachhallzeit ist diejenige Zeit definiert, innerhalb derer der Schalldruck auf 1‰ seines Anfangswertes abfällt.
Zur Kennzeichnung der Abschwächung von Schall bei seiner Ausbreitung oder von elektrischen Schwingungen beim Durchlaufen frequenzunabhängiger Dämpfungsglieder (bzw. frequenzabhängiger Netzwerke) wird als Dämpfungsmaß das ↗Dezibel verwendet. Im Falle der Abschwächung und Abschirmung von Schall durch Wände (Bauakustik) spricht man dagegen von *Dämmung.*

Lit.: W. TRENDELENBURG, Frequenzgang u. Dekrement der Eigenschwingungen der Mundhöhle bei Vokalstellungen, in: Sitzungs-Ber. der Preußischen Akad. der Wiss., physikalisch-mathematische Klasse 22 (B 1936); K. W. WAGNER, Einführung in die Lehre v. den Schwingungen u. Wellen (Wie 1947); F. TRENDELENBURG, Einführung in die Akustik (B ^{3}1961); vgl. die DIN-Blätter 1311, Blatt 1 (B 1956), Blatt 2 (1955), Blatt 3 (1961); 1332 (1957); 1320 (1969). J. P. FRICKE

DAMROSCH, amerik. Musikerfamilie dt. Herkunft. – **1) Leopold,** * 22. 10. 1832 Posen, † 15. 2. 1885 New York; Violinist und Dirigent. D. wurde 1854 in Berlin zum Dr. med. promoviert, widmete sich dann aber der Musik und studierte u. a. bei H. Ries und S. Dehn. 1855 wurde er Konzertmeister in Magdeburg und 1857 Erster Geiger der Weimarer Hofkapelle, wo er mit R. Wagner, Fr. Liszt und H. von Bülow bekannt wurde. 1858–60 leitete er in Breslau die Konzerte der Philharmonischen Gesellschaft und setzte sich dort besonders für Berlioz, Liszt und Wagner ein. Anschließend unternahm er mit Bülow und K. Tausig Konzertreisen und war bis 1871 Dirigent verschiedener Vereinigungen, insbesondere des 1862 von ihm gegründeten Orchestervereins in Breslau. 1871 übernahm er die Leitung des deutschen Männergesangvereins Arion in New York und entfaltete darüber hinaus eine rege organisatorische Tätigkeit, gründete 1873 die Oratorio Society, 1878 die New York Symphony Society und 1884 die Deutsche Oper mit deutschen Sängern im Metropolitan Opera House. – **2) Frank Heino,** Sohn von 1), * 22. 6. 1859 Breslau, † 22. 10. 1937 New York; Dirigent. Er kam 1871 mit seinem Vater nach New York, erhielt u. a. bei ihm Kompositions- und Klavierunterricht und war dann in New York als Organist, Musiklehrer und Leiter des Denver Chorus Club tätig. Nach dem Tod seines Vaters war er 1885–91 Chormeister an der Deutschen Oper und gründete 1892 Volkssingvereinigungen, aus denen die People's Choral Union hervorging. 1893–1920 dirigierte er die Musical Art Society, die sich der Pflege älterer und neuerer a cappella-Musik widmete. 1905 wurde er Direktor des Institute of Musical Art. – **3) Walter Johannes,** Sohn von 1), * 30. 1. 1862 Breslau, † 22. 12. 1950 New York; Dirigent. C. war u. a. Schüler von F. Draeseke und H. von Bülow, wanderte nach Amerika aus und setzte seine Studien in New York fort, wo er 1884–94 und 1900–02 als Kapellmeister am Metropolitan Opera House wirkte. Nach dem Tod seines Vaters leitete er 1885–98 und 1917–21 die Oratorio Society, dirigierte 1885–94 und 1903–28 auch die Symphony Society und 1894–99 die von ihm gegründete D. Opera Company. D. gab dem amerikanischen Musikleben vor allem durch Erstaufführungen von Werken europäischer Komponisten, u. a. von Wagner, Brahms, Tschaikowsky, Saint-Saëns, Sibelius und Ravel, starke Impulse.

Lit.: W. J. DAMROSCH, My Musical Life (NY 1923, Nachdr. Westport/Conn. 1972); W. J. HENDERSON, W. D., in: MQ 18 (1932); E. T. RICE, A Tribute to F. D., in: MQ 25 (1939); DERS., Personal Recollections of L. D., in: MQ 28 (1942); L. P. u. R. P. STEBBINS, F. D. (NY 1945); R. BERGES, The Family D., in: American-German Rev. 27 (1961); W. R. PERRYMAN, W. D. An Educational Force in American Music (1972) (= Diss. Indiana Univ.); F. TH. HIMMELEIN, W. D. A Cultural Biography (1972) (= Diss. masch. Univ. of Virginia); M. E. GOODELL, W. D. and his Contributions to Music Education (1973) (= Diss. masch. Catholic Univ. of America).

DANCKERS (Dankers, Dankerts), **Ghiselin,** * Tholen (Zeeland); franko-flämischer Komponist und Musiktheoretiker. D. war 1535–65 päpstlicher Kapellsänger. Auf dem Konzil von Trient wurde er als musikalischer Berater hinzugezogen. Für sein Ansehen spricht auch, daß er als Schiedsrichter in dem zwischen N. Vincentino und V. Lusitano entbrannten Streit über das Wesen der Tonleiter angerufen wurde. Seinen Standpunkt in dieser Auseinandersetzung legte er in dem *Trattato sopra una differentia musicale* (hsl. in der Biblioteca Vaticana) dar. Von D. sind 3 Kanons, 2 Motetten und 2 Madrigale in Sammeldrucken (RISM 1540^7, 1542^2, 1555^{27}) und hsl. erhalten.

Lit.: J. DE BRUYN, G. D., kapelaanzanger van de Pauselijke Kapel van 1538 tot 1565, in: TVer 16–17 (1946–55); J. HAAR, Madrigals from three generations. The Manuscript Bruxelles, Bibl. du Conservatoire Royal 27.731, in: RIMus 10 (1975).

DANCKERT, Werner, * 22. 6. 1900 Erfurt, † 5. 3. 1970 Krefeld; dt. Musikwissenschaftler. Er studierte in Leipzig bei H. Riemann, A. Schering und H. Abert und wurde 1923 mit der Dissertation *Geschichte der Gigue* (L 1926) promoviert. 1926 habilitierte er sich in Jena mit der Arbeit *Personale Typen des Melodiestils* (Kas 1931; umgearbeitet und erweitert unter dem Titel *Ursymbole melodischer Gestaltung,* Kas 1932). 1929–32 lehrte er an der Musikhochschule in Weimar Musikgeschichte und unterrichtete Cembalo. 1930 gründete D. die Musikinstrumentensammlung des Jenaer Stadtmuseums und die Museumskonzerte auf Instrumenten des Museums. 1937 wurde er Professor, ging 1939 nach Berlin und lehrte 1943–45 in Graz. 1949 erhielt er einen Ruf auf den musikwissenschaftlichen Lehrstuhl in Rostock, den er jedoch nicht mehr wahrnehmen konnte. Er floh 1950 in die Bundesrepublik Deutschland und lehrte bis 1953 an der Landeskirchenmusikschule Kaiserswerth in Krefeld. – D. veröffentlichte wichtige Arbeiten zur Musikgeschichte und Musikethnologie und fachübergreifende Arbeiten zu Goethe. Als einer der ersten setzte er sich, zunächst mit G. Becking in Erlangen, später in Jena, für die Aufführung älterer Musik auf Instrumenten der Zeit ein.

Schriften: *Beitr. zur Bachkritik* (Kas 1934); *Grundriß der Volksliedkunde* (B 1939); *Das europäische Volkslied* (B 1939, verbessert u. erweitert Bonn ²1970); *C. Debussy* (B 1950); *Goethe. Der mythische Urgrund seiner Weltschau* (B 1951); *Offenes u. geschlossenes Leben. Zwei Daseinsaspekte in Goethes Weltschau* (Bonn 1963); *Unehrliche Leute. Die verfemten Berufe* (B – Mn 1963); *Das Volkslied im Abendland* (B – Mn 1960) (= Slg. Dalp 98); *Tonreich u. Symbolzahl in Hochkulturen u. Primitivenwelt* (Bonn 1966) (= Abh. zur Kunst-, Musik- u. Lit.-Wiss. 36); *Symbol, Methapher, Allegorie im Lied der Völker*, hrsg. v. H. VOGEL, 4 Bde. (Bonn 1976–78) (mit Schriften-Verz.) (= Orpheus-Schriftenreihe zu Grundfragen der Musik 20–23); *Musik u. Weltbild. Morphologie der abendländischen Musik*, hrsg. v. M. BRÖCKER (Bonn 1979) (= ebd. 27).

M. BRÖCKER

DANCLA, Jean-Baptiste Charles, * 19. 12. 1817 Bagnères-de-Bigorre (Hautes-Pyrénées), † 10. 11. 1907 Tunis; frz. Violinist und Komponist. D. war am Pariser Conservatoire Schüler von P. M. F. Baillot, J. F. E. Halévy und H. M. Berton. Er gehörte 1841–63 als Soloviolinist dem Orchester der Société des Concerts du Conservatoire an und war 1853 auch Mitglied der Chapelle Impériale. 1855–92 lehrte er am Pariser Conservatoire. D. schrieb mehr als 200 Kompositionen, u. a. Violinsonaten, Violinkonzerte, Streichtrios und Streichquartette, und machte sich einen Namen als Verfasser mehrerer Unterrichtswerke für Violine. Er veröffentlichte außerdem *Les compositeurs chefs d'orchestre* (P 1873), *Miscellanées musicales* (P 1876) sowie die Autobiographie: *Notes et souvenirs* (P 1893). – Sein Bruder **Arnaud Philippe** (1819–62) war Cellist, sein Bruder **Jean-Pierre Léopold** (1822–95) Violinist und Lehrer am Pariser Conservatoire.

DANCO, Suzanne, * 22. 1. 1911 Brüssel; belg. Sängerin (Sopran). Sie wurde am Konservatorium in Brüssel und, nach dem Gewinn des Bel-canto-Preises 1936 in Wien, in Prag bei F. Carpi ausgebildet, begann als Konzertsängerin und debütierte 1941 in Genua als Fiordiligi in *Così fan tutte* von Mozart. Sie trat danach als Konzert- und Opernsängerin in Europa und in den USA auf, u. a. auch bei den Festspielen in Glyndebourne, Edinburgh und Aix-en-Provence. In den 50er Jahren zog sie sich als Sängerin zurück und unterrichtete Gesang an der Accademia Chigiana in Siena.

DANDRIEU, Jean-François, ↗Andrieu 2).

DANEAU, belgische Musikerfamilie. – **1) Nicolas Adolphe Gustave,** * 17. 6. 1866 Binche, † 12. 7. 1944 Brüssel; Komponist. D. studierte am Conservatoire in Gent, leitete 1896–1918 die Akademie in Tournai (seit 1913 Konservatorium) und anschließend bis 1931 das Konservatorium Mons. Er schrieb symphonische Werke, Kammermusik, Chöre, Lieder und mehrere Opern, u. a. *Myrtis, Le Sphinx* und *La Chasse du roi*. – **2) Suzanne,** Tochter von 1), * 17. 8. 1901 Tournai; Komponistin. Sie war Schülerin ihres Vaters und von P. Gilson und schrieb die Ballette *Le Diable violoneux* und *Le Réveil d'Endymion*, die symphonischen Werke *La Légende de St-Eleuthère, La Ronde perpetuelle*, Klavierstücke, Kammermusik und Lieder.

DÄNEMARK. Die Musikgeschichte auf dem Boden des heutigen D. ist eng mit derjenigen anderer Länder verbunden. Dabei spielten Einflüsse aus Frankreich und Italien und vor allem aus Deutschland eine wesentliche Rolle. Erst im 19. Jh. entstand eine spezifisch dänische Musiktradition.

Mittelalter. Die ersten Zeugnisse musikalischer Praxis in D. sind die aus Bronze gegossenen ↗Luren. Da sie jeweils paarweise gefunden wurden, ist zu vermuten, daß sie alternierend bei kultischen Anlässen eingesetzt wurden. Sie stammen aus der letzten Periode der Bronzezeit (bis um 500 v. Chr.). Die Existenz von Musikinstrumenten (Harfe, Rotta) wird auch in den ältesten Sagas (um 900) bezeugt; es wird jedoch nicht klar beschrieben, wie sie gespielt wurden. Der Geschichtsschreiber Saxo Grammaticus (um 1200) berichtet, daß im 12. Jh. ausländische Sänger und Instrumentalisten ihre Kunst im Land ausübten. Die dänische Ballade scheint französischem Einfluß zu entstammen. Ihre Blütezeit lag zwischen 1250 und 1350, sie wurde aber noch im 16. Jh. gepflegt. Meist bestand sie aus einer längeren Strophenfolge zu zwei oder vier Versen mit Refrain. Die Balladen waren zur Begleitung der höfischen Tänze bestimmt, drangen jedoch in der Folge in das Volks-Repertoire ein, wo sie dank der mündlichen Überlieferung lange lebendig blieben. Noch heute begleiten Balladen die Rundtänze auf den Färöer-Inseln. Sammlungen mit Musikhandschriften entstanden bereits in der Mitte des 16. Jh., jedoch begann man erst Anfang des 19. Jh. mit der systematischen Erforschung des Materials (hrsg. v. E. Abrahamsen u. H. Grüner Nielsen in *Danmarks gamle folkeviser*, Bd. 11, 1935; s. u. Lit.).

Die Reformation und die liturgische Musik. Mit der Einführung der Reformation in D. (1536) wurde auch hier die Landessprache in den Gottesdienst übernommen. Texte und Melodien von Chorälen erschienen im *Salmebog* von Hans Thomissøn (1569), deren Gebrauch auch außerhalb der Messe erlaubt wurde. Das *Gradual* von Niels Jesperssøn (1573), als Offiziumsbuch zugelassen, bezeugt, daß im Gottesdienst gregorianische Gesänge mit geistlichen Liedern in dänischer Sprache abwechselten Mit dem *Gradual* von Th. Kingo (1699) wurden neukomponierte Choralmelodien ausschließlicher Bestandteil gottesdienstlicher Musik. Im 19. Jh. prägte der Einfluß romantischer Musik das liturgische Liedgut. Am Ende des Jahrhunderts setzte, wie in Deutschland, eine Reaktion ein, die sich um die Wiederbelebung der Musik der Reformationszeit bemühte. Der Führer dieser Bewegung, Thomas Laub (1852–1927), gab 1918 einen Band *Dansk Kirkesang* heraus, der neu harmonisierte und zum Teil von ihm selbst komponierte Melodien nach Vorbildern des 16. Jh. enthielt.

Die Anfänge der Kunstmusik: 16. und 17. Jahrhundert. Kunstmusik im eigentlichen Sinne gab es erst zum Ende der Renaissance. Obwohl Instrumentalisten seit 1440 in den Rechnungsbüchern des Königshofes genannt werden, kann man von einer königlichen Kapelle erst seit der Mitte des 16. Jh. sprechen. Die Blüte des Musiklebens begann unter den Königen Christian III. (1534–59) und Friedrich II. (1559–88), erreichte einen Höhepunkt unter Christian IV. (1588–1648) und machte den dänischen Hof zu einem Musikzentrum Nordeuropas. Die Kapelle oder „Cantori“, die bis dahin aus dänischen Chorsängern bestanden hatte, wurde durch ausländische Sänger und Instrumentalisten ergänzt. Dazu gehören u. a. die Engländer J. Dowland, W. und Chr. Brade, die Niederländer Gregorius Trehou, M. Borchgrevinck und die Deutschen H. Schütz, M. Weckmann und G. Voigtländer. Der bedeutende Einfluß Venedigs um 1600 bewirkte, daß der König den verdientesten Komponisten die Vervollkommnung ihrer musikalischen Fähigkeiten bei G. Gabrieli ermöglichte. Unter diesen waren Hans Brachrogge, Hans Nielsen und M. Pederssøn. Letzterer zählt mit seinen zwei Madrigalbüchern (1608 und 1611) und einem großen geistlichen Werk, *Pratum spirituale* (1620), zu den wichtigsten Komponisten der Epoche. Außerhalb des höfischen Kreises sind Trude Aagesøn und J. Lorentz zu nennen.

Der wirtschaftliche Niedergang in den 40er Jahren des 17. Jh. machte den Bemühungen um Schaffung einer eigenständigen dänischen Musik ein Ende; das Musikleben blieb fortan von ausländischen Komponisten bestimmt. Dem deutschen und italienischen Einfluß folgte eine Zeit des französischen Einflusses mit den Komponisten Pascal Bence und Gaspard Besson, die Ballets de cour beisteuerten und Orchestermusik im französischen Stil pflegten. Einer der größten Komponisten jener Zeit, D. Buxtehude, ging 1668 von D. nach Lübeck und hatte kaum noch Einfluß auf die musikalische Entwicklung seines Geburtslandes.

Das 18. Jahrhundert. 1689 wurde mit *Der vereinigte Götterstreit* von Poul Christian Schindler die erste größere Oper am dänischen Hof aufgeführt, Zu Beginn des 18. Jh. schufen B. Bernardi und R. Keiser Werke für die königliche Oper. Unter der Regierung des pietistisch gesinnten Königs Christian VI. (1730–46) waren dann Opernaufführungen verboten. Nach der Aufhebung dieses Verbots gewannen italienische und französische Opernensembles die Gunst des Publikums. 1748 hielt sich Gluck mit einer italienischen Truppe in Kopenhagen auf. Der eifrigste Verfechter der französischen Oper war J. A. Scheibe, seit 1740 Kapellmeister am Hofe. In der 2. Hälfte des 18. Jh. entstanden Bemühungen um eine eigenständige dänische Oper. Die ersten Versuche des Italieners G. Sarti (*Gam og Signe,* 1756) und des Deutschen J. E. Hartmann (*Balders død* [Balders Tod], 1779, und *Fiskerne* [Die Fischer], 1780) hatten keinerlei Erfolg. J. A. P. Schulz, 1787–95 Kapellmeister am königlichen Theater, begründete schließlich den Typus, der für das dänische Theater maßgebend wurde. Aus der Verbindung der französischen Comédie lyrique und dem deutschen Lied mit dänischem Text schuf er die Opern *Høstgildet* (Das Erntefest, 1790) und *Peters Bryllup* (Peters Hochzeit, 1793). Seine Nachfolger waren Fr. L. Ae. Kunzen und Cl. N. Schall (1757–1835), der erste in D. geborene königliche Kapellmeister, der die unter dem Choreographen A. Bournonville eingeleitete dänische Ballettradition weiterführte. 1806 schuf Ed. du Puy mit der Oper *Ungdom og Galskab* (Jugend und Torheit) eine Synthese aus Elementen der Wiener Klassik und der französischen Comédie lyrique.

Die Wiener Klassik und die deutsche Musik des 18. Jh. bestimmten denn auch die dänische Musik während der ersten 4 Jahrzehnte des 19. Jahrhunderts. Sie fand den eigenständigsten Ausdruck im Werk von Chr. E. Fr. Weyse (1774–1842). Seine unter dem Einfluß von Schulz entstandenen Lieder behielten bis heute ihre Bedeutung für die dänische Vokalmusik. Beispiele dafür finden sich in den Singspielen *Sovedrikken* (Der Schlaftrunk, 1809), *Ludlams Hule* (Ludlams Höhle, 1816) und *Et eventyr i Rosenborg Have* (Ein Abenteuer im Rosenborger Garten, 1827). Ein anderer wichtiger Komponist der Epoche, Fr. D. R. Kuhlau (1786–1832), schuf neben den Opern (*Røverborgen* [Die Räuberburg], 1814; *Lulu*, 1824) und der Vertonung des Nationalschauspiels *Elverhøj* (Der Elfenberg, 1828) eine beträchtliche Anzahl von Instrumentalwerken. Stilistisch wurde er durch Beethoven und C. M. von Weber beeinflußt, deren Werke er auch in das Konzert-Repertoire in Kopenhagen aufnahm.

Die 2. Hälfte des 19. Jahrhunderts: Entstehung eines nationalen Stils. Mit N. W. Gade (1817–90) und J. P. E. Hartmann (1805–1900) fand die deutsche Romantik Eingang in Dänemark. Die Ouvertüre *Efterklang af Ossian* (Echos von Ossian), das Opus 1 von Gade, und seine 1. Symphonie begeisterten Mendelssohn Bartholdy, der den Komponisten nach Leipzig kommen ließ und ihn 1843–48 als Dirigent für die Gewandhauskonzerte verpflichtete. Mendelssohn war letztlich auch Vorbild für Gades Spätwerk. Als Leiter der Kopenhagener Musikgesellschaft und Direktor des königlichen Konservatoriums bestimmte Gade das dänische Musikleben jener Zeit.

Ähnlich wie bei Gade hat auch der Großteil des Œuvres von Hartmann die nordische Mythologie zur Vorlage. Zu seinen wichtigsten Werken gehören die Volksliedoper *Liden Kirsten* (Die kleine Christine, 1846), die Ballette *Valkyrien* (Die Walküre, 1861) und *Thrymskviden* (Die Legende von Thrym, 1868) sowie das Chorwerk *Vølvens Spådom* (Die Prophezeiung der Sibylle, 1872). Zu den bedeutenden dänischen Komponisten dieser Zeit zählen auch J. Fr. Fröhlich und Henrik Rung; letzterer wurde vor allem mit seinen Liedern bekannt. in H. Chr. Lumbye hatte die leichte Musik ihren wichtigen Vertreter. Unter den Komponisten der romantischen Richtung ragt P. A. Heise (1830–97) besonders hervor. Sein *Drot og Marsk* (Der König und der Marschall, 1877) ist zweifelsohne die wichtigste Oper vor den Werken von C. Nielsen. Der letzte der großen romantischen Liedkomponisten war P. E. Lange-Müller (1850–1926). Zu seinen größeren Werken zählt die Musik zum Drama *Der var engang* (Es war einmal, 1886); er führte in seinen Werken für Männerchor die Tradition von Kuhlau, Hartmann und Heise fort. Christian Frederik Emil Hornemann (1840–1906) schrieb vor allem Orchestermusik. Die Ouvertüre zu seiner Oper *Aladdin* (1864) und seine Musik zum historischen Drama *Gurre* (1902) gehören zum traditionellen Repertoire der Konzerte in Dänemark. Zusammen mit dem Norweger J. Svendsen übte er großen Einfluß aus auf den bedeutendsten dänischen Komponisten der Moderne, C. Nielsen (1865–1931).

Die Moderne seit C. Nielsen. Nielsen beeinflußte fast alle dänischen Komponisten bis in die 50er Jahre des 20. Jahrhunderts. Außer 6 Symphonien, 2 Opern und weiteren herausragenden Werken komponierte er viele Volkslieder, die er, oft zusammen mit Thomas Laub, nach dem Muster von J. A. P. Schulz („Schein des Bekannten") entwarf. Dieselbe Tendenz findet sich bei Thorvald Aagaard (1877–1937), Oluf Ring (1884–1946) und in der Gegenwart bei Otto Mortensen (* 1907), während Julius Beechgaard (1843–1917), Hakon Børresen (1876–1954), Rued Langgaard u. a. die romantische Tradition fortsetzten. Das Vorbild Nielsens für die junge Generation war so stark, daß die neuen Tendenzen aus dem Ausland nur sehr langsam Fuß fassen konnten. Man kann ein gewisses Interesse für die Groupe des Six, für B. Bartók, I. Strawinsky und P. Hindemith feststellen, während die Schönbergschule erst um 1960 Eingang fand. Zu den unmittelbaren Schülern Nielsens gehören Poul Schierbeck (1888–1949) und der Musikwissenschaftler Kn. Jeppesen (1892–1974). Von der französischen Musik beeinflußt wurden die Komponisten Poul Schierbeck, Kn. Riisager (1897–1974), Sv. E. Tarp (* 1908), Jørgen Jersild (* 1913). Nach dem Beispiel Hindemiths suchten Jørgen Bentzon (1897–1951) und F. Høffding (* 1899) engen Kontakt mit dem breiten Publikum. Herman D. Koppel (* 1908) orientierte sich an der Motorik der ostinaten Rhythmen von Bartók und Strawinsky. Das melodische Konzept Bartóks kehrt mit nordischen Elementen in den zahlreichen Instrumentalwerken von V. Holmboe (* 1909) wieder. Auf dem Gebiet der Instrumentalmusik und der Oper sind Ebbe Hamerik (1898–1951) und Svend S. Schultz (* 1913) zu nennen. N. V. Bentzon (* 1919) hat vor allem die Reihentechnik gefördert. Mit Jan Maegaard (* 1929), einem der ersten, der auch elektronische Effekte benutzte, fand die Zwölftontechnik Eingang in die dänische Musik. Zu nennen sind ferner Poul Rousing Olsen (* 1922), Bernhard Lewkovitch (* 1927), Ib Nørholm (* 1931), Per Nørgård (* 1932), Jørgen Plaetner (* 1930) und ihre Schüler. Einige Komponisten wie Leif Thybo (* 1922) sind weiterhin traditionellen Ausdrucksformen verbunden. Die allg. Tendenz der letzten Jahre befürwortet jedoch stärker Experimente und ist zunehmend für die neuesten europäischen Entwicklungen aufgeschlossen.

Die Musikinstitutionen. Mitte des 18. Jh. begann der Aufschwung des Konzertwesens durch die Musikgesellschaften und fand einen ersten Höhepunkt im 19. Jh.: in Kopenhagen mit Institutionen wie „Musikforeningen" (1836–1931), „Ceciliaforeningen" (1851–1934) und „Koncertforeningen" (1874–93). 1947 wurde die Oper von Jütland in Aarhus gegründet. Symphoniekonzerte werden heute hauptsächlich von städtischen oder staatlichen Institutionen getragen: dem Radiosymphonieorchester, der Königlichen Kapelle (Orchester des Königlichen Theaters) in Kopenhagen, dem Symphonieorchester von Seeland (früher Orchester von Tivoli), den städtischen Orchestern von Aarhus, Odense und Aalbord, dem Orchester von Süd-Jütland. Viele andere Orchester und Ensembles werden subventioniert. Im übrigen ist die Musikpflege Institutionen und Privatgesellschaften überlassen, wie etwa der dänischen Sektion der IGNM und „Det unge Tonekunstnerselskab". Die Chormusikpflege wird, wenn man von den Chören der großen Musikinstitutionen absieht, vor allem von Laien geleistet. Jährlich wird ein Organistenwettbewerb vom Rundfunk veranstaltet.
Die berufsorientierte musikalische Ausbildung wird an den staatlichen Konservatorien erteilt, in Kopenhagen und in Aarhus, sowie an den regionalen Konservatorien in Odense, Aalborg und Esbjerg. In den meisten großen Städten gibt es Musikschulen.
Die Musikwissenschaft wird an den Universitäts-Instituten in Kopenhagen (seit 1896) und Aarhus (seit 1946) gelehrt, wo auch Musiklehrer für die Gymnasien ausgebildet werden. Im Bereich der Bibliotheken, Archive und Museen sind in Kopenhagen die Königliche Bibliothek, das nationale Schallplattenarchiv, die dänischen Folklore-Sammlungen, das musikwissenschaftliche Museum und die Sammlungen von Carl Claudius zu nennen; in Aarhus die Staatsbibliothek, die Archive für die Geschichte des Gesangs; in Rebild das Museum für Dorfmusikanten („Spillemandsmuseet").

Lit.: **1) Bibliographien:** J. BALZER, Bibliografi over Danske Komponister (Kop 1932); G. LYNGE, Danske Komponister i det 20. Aarhundredes Begyndelse (Aarhus 1917); J. MAEGARD – D. FOG-OLSEN, Danish music 1871–1956 (Kop 1956). – **2) Ausgaben:** Danmarks gamle folkeviser, I–V, hrsg. v. S. GRUNDTVIG (Kop 1853–90), VI–VIII, hrsg. v. A. OLRIK (1898–1919), IX–X, hrsg. v. H. GRÜNER-NIELSEN (1920–38); XI (Melodien), hrsg. v. E. ABRAHAMSEN – H. GRÜNER-NIELSEN (1935–38); TH. LAUB – A. OLRIK, Danske folkeviser med gamle melodier, 2 Bde. (Kop 1899–1904, [2]1930); Gamle danske viser, hrsg. v. A. ARNHOLTZ – Ñ. SCHIØRRING – F. VIDERØ, 5 Bde. (Kop 1941–42); Dania sonans, I, hrsg. v. M. PEDERSON (Kop 1933), II, hrsg. v. H. NIELSEN – T. AAGESEN – H. BRACHROGGE (Egtved 1966), III, hrsg. v. M. PEDERSON – M. BORCHGREVINCK – N. GISTOU (1967). – **3) Studien:** W. NIEMANN, Die Musik Skandinaviens. Ein Führer durch die Volks- u. Kunstmusik v. D., Norwegen, Schweden u. Finnland bis zur Gegenwart (L 1906); A. HAMMERICH, Mediaeval Musical Relics of Denmark (L 1912); DERS., Dänemarks Musikgesch. bis ca. 1700 (Kop 1921) (dänisch); E. JACOBSEN – V. KAPPEL, Dänische Komponisten, in: Musikens Mestre 2 (Kop 1947) (dänisch); V. KAPPEL, Contemporary Danish Composers (Kop 1950); S. LUNN – T. NIELSEN – V. KAPPEL – S. KRAGH-JACOBSEN, La vie musicale au Danemark (Kop 1962); N. M. JENSEN, Den danske romance 1800–1850 og dens musikalske forudsaetninger (Kop 1964); K. A. BRUUN, Gesch. der dänischen Musik in der Epoche v. Holberg bis C. Nielsen, 2 Bde. (Kop 1969) (dänisch). – Veröffentlichungen in den Zschr.: Dansk Musiktidsskrift (1925 ff.), Musikhistorisk Arkiv (1931–39), Dansk Kirkesangs Aarsskrift (1940 ff.), Levende Musik (1942–46), Dansk Aarbog for Musikforskning (1961 ff.).

J. P. JACOBSEN

DANGLEBERT, Jean Henri, ↗Anglebert.

DANICAN, urspr. Name der Familie ↗Philidor.

DANIEL (Danyel), **John,** * um 1565, † um 1630; engl. Lautenist und Komponist. Er wurde 1604 Bachelor of Music an der Universität Oxford, als Nachfolger seines Bruders, des Dichters Samuel D., „Inspector of the children of the Queen's revels" und 1625 Mitglied der Royal Compagny of Musicians for the lute and voyces. Seine *Songs for the Lute, Viol and Voice* (Lo 1606) weisen ihn als einen der bedeutenden Komponisten des englischen Lautenliedes aus.

Ausg.: *Songs for the Lute, Viol and Voice,* hrsg. v. E. H. FELLOWES, in: The English School of Lutenist Song Writers, I/2 (Lo 1926), NA v. Th. Dart (1959).

Lit.: P. JUDD, The Songs of J. D., in: ML 17 (1936); B. PATTISON, Music and Poetry in the English Renaissance (Lo 1948).

DANIÉLIS, Daniel, getauft 1. 5. 1635 Visé (?) bei Lüttich, † 17. 9. 1696 Vannes; wallonischer Komponist. D. wurde 1657 Organist der Kathedrale St. Lambert in Lüttich, trat 1658 als Sänger in den Dienst des Herzogs Gustav-Adolf von Mecklenburg-Güstrow und wirkte 1661–81, von einigen Reisen abgesehen, die ihn durch Deutschland und möglicherweise auch nach Italien führten, als Kapellmeister in Güstrow. 1683 bewarb er sich bei einem Wettbewerb erfolglos um die Nachfolge H. Du Monts und P. Roberts an der Chapelle Royal in Versailles. 1684 wurde er Kapellmeister an der Kathedrale von Vannes. Von seinen Werken sind hsl. erhalten 72 Motetten für 1–4 St. und B.c., davon 7 mit Instrumentalbegleitung (Paris, Bibl. Nat.; Uppsala, Univ.-Bibl.).

Lit.: E. LEBEAU, D. D. 1635–1696, in: RBMie 12 (1958); G. BOURLIGUEUX, Le mystérieux D. D., in: Rech. Mus. 4 (1964); DERS., Autour de D. D., in: Bull. de la Société Polymathique du Morbihan (1970).

DANIEL-LESUR (eig. Daniel Jean Yves Lesur),

* 19. 11. 1908 Paris; frz. Pianist, Organist und Komponist. D. studierte am Pariser Conservatoire bei Ch. Tournemire, G. Caussade, J. Gallon und A. Ferté, 1927–37 war er Assistent Ch. Tournemires als Organist von Ste-Clothilde, 1937–44 Organist der Benediktiner-Abtei in Paris. 1935–62 lehrte er Kontrapunkt an der Schola Cantorum, deren Direktor er 1957–62 auch war. Seit 1945 ist er Mitarbeiter des französischen Rundfunks, wo er die Sendereihe „Nouvelles musicales" betreut, und seit 1962 auch musikalischer Berater beim französischen Fernsehen. D. gehört neben O. Messiaen, A. Jolivet und Y. Baudrier zur Gruppe „Jeune France". Seine Kompositionen stehen in der Tradition von C. Franck.

WW: **1) Instr.-WW:** Klv.-Stücke, darunter: *Les Carillons* (1930) (P o.J.); *Pastorale variée* (1947); *Ballade* (1948); *3 Etudes* (1962) (P o.J.); für Org.: *Scène de la Passion* (1931) (P o.J.); *La Vie intérieure* (1932) (P o.J.); *In Paradisum* (1933) u. *Hymnes*, 2 H.e (1935–39); mehrere Suiten: für Streichtrio (1939) (P o.J.), für Streichquartett (1940) (P o.J.), für Streichtrio u. Klv. (1943) (P o.J.); *Suite médiévale* (1945) für Fl., Harfe u. Streichtrio; *Sextuor* (1948) für Fl., Ob., Cemb. u. Streichtrio; für Orch.: *Suite française* (1935); *Pastorale* (1938) (P o.J.); *Ricercare (1939); Ouverture pour un Festival* (1951); *Symphonie de Danses* (1958) für Str. (P o.J.); *Passacaille* (1937) für Klv. u. Orch. (P o.J.); *Variations* (1943) für Klv. u. Str.; *Concerto da camera* (1953) für Klv. u. Orch.; 3 Etüden für Klv. (1963); Fantasie für 2 Klv. (1964). – **2) Vokal-WW:** Lieder mit Klv., darunter: *3 Poèmes de Cécile Sauvage* (1939); *Clair comme le jour* (1945); *Berceuses à tenir éveillé* (1947); *4 Lieder* (1933–39) für SingSt, Fl., V., Va., Vc., Klv. u. Harfe; *Chansons cambodgiennes* (1946–47) für SingSt u. Orch.; *10 Chansons populaires* für 3st. Chor (P o.J.); *Chansons françaises* für Chor a cap. (P 1942); *Cantiques des cantiques* (1953) für 12st. Chor a cap.; *L'Annonciation* (1952) (Text: L. Masson) für Sprecher, Tenor, Chor u. Kammerorch.; *Cantique des colonnes* (1954–57) (Text: P. Valéry) für Frauenchor u. Orch.; *Messe du Jubilé* für gem. Chor, Org., 3 Trp. u. Pauken (1960), mit Orch. (1962). – **3) Bühnen-WW:** Oper *Andrea del Sarto* (1968) (nach A. Musset), UA: Marseille 1969; Ballett *Le Bal du Destin* (1956); Bühnenmusik zu *L'Étoile de Séville* (1941) (Text: Lope de Vega) u. *Andrea del Sarto* (1949) (nach Musset).

Lit.: Werk-Verz., mit einem Vorwort v. N. HIRSCH (P 1958); J. ROY, D.-L., in: Musique française (P 1962); S. GUT, Le groupe Jeune France. Y. Baudrier, Daniel-Lesur, A. Jolivet, O. Messiaen (P 1977) (= Collection Musique – Musicologie 4).

DANIÉLOU, Alain, * 4. 10. 1907 Paris; frz. Musikethnologe. Er studierte bei Ch. Panzéra (Gesang) und M. d'Ollone (Komposition) und nach Reisen durch Nordafrika und Asien indische Musik an der Visva-Bhāratī-Universität in Sāntiniketan (Westbengalen). 1937 wurde er dort Direktor der Musikschule. 1938 ging er nach Benares, wo er 1949 Professor und Leiter des Instituts für Musikforschung wurde. Seit 1954 leitete er das Adyar Library and Research Centre in Madras. 1960 wurde D. Berater für orientalische und afrikanische Fragen beim Internationalen Musikrat der UNESCO und war 1963–75 Direktor des Internationalen Instituts für Vergleichende Musikstudien und Dokumentation in Berlin und Venedig.

Schriften: *Northern Indian Music*, 2 Bde. (Lo 1949–54); *La musique du Cambodge et du Laos* (Pondichéry 1957) (= Publications de l'Inst. Français d'Indologie 9); *Tableau Comparatif des intervalles musicaux* (ebd. 1958) (= ebd. 8); *Traité de musicologie comparée* (P 1959); *Purānas: Sélections. Textes des Purānas sur la théorie musicale* (Pondichéry 1959) (kritische Ausg. mit frz. Übers. u. Einleitung v. A. D. u. N. R. Bhatt); *Bharata, Muni, Le Gitālamkāra* (ebd. 1959) (= Publications de l'Inst. Français d'Indologie 16) (kritische Ausg. mit frz. Übers. u. Einleitung); *L'érotisme divinisé* (P 1963); *Inde du Nord* (P 1966) (= Les traditions musicales 1); *Sémantique musicale* (P 1967); *The Rāga-s of Northern Indian Music* (Lo 1968); *Die Musik Asiens zw. Mißachtung u. Wertschätzung* (Wilhelmshaven 1973) (= Taschenbücher zur Musikwiss. 8); *Einführung in die indische Musik* (ebd. 1975) (= ebd. 36); *Südostasien. Die indische Musik u. ihre Traditionen* (L 1978) (= Musikgesch. in Bildern I/4).

M. BRÖCKER

DANJOU, Jean Louis Félix, * 21. 6. 1812 Paris, † 4. 3. 1866 Montpellier; frz. Organist und Musikforscher. D. war am Pariser Conservatoire Schüler von Fr. Benoist, wurde 1834 Organist an St-Eustache und war 1840–47 Organist an Notre-Dame. Mit der Denkschrift *De l'état et de l'avenir du chant ecclésiastique en France* (P 1844) suchte D. eine Diskussion über den Gregorianischen Gesang in Gang zu bringen. Seine Forschungsergebnisse veröffentlichte er in der 1845–49 von ihm – zus. mit Fr.-J. Fétis, S. Morelot und J.-B. Laurens – herausgegebenen *Revue de la musique religieuse, populaire et classique*. D. beschäftigte sich auch mit Fragen des Orgelbaus und war künstlerischer Leiter der Orgelbaufirma Daublaine et Callinet. Er schrieb 3 Messen, Motetten, einige Orgelstücke und *Harmonisations du plain-chant en faux-bourdon à 4 v.* (8 Bde., P 1835).

Lit.: M.-P. HAMEL, Nouveau manuel complet du facteur d'orgues, 4 Bde. (P 1849), NA v. J. Guédon (P 1903); A. FLEURY, Dictionnaire biographique des facteurs d'orgues (P 1926).

DANKOWSKY, Wojciech, * zw. 1760 und 1765, † nach 1800; poln. Komponist. Er lebte in Lemberg, Gnesen und Grodzisk. D. schrieb zahlr. kirchenmusikalische Werke für Chor, Orchester und Orgelbegleitung, Messen, Motetten, Litaneien, Psalmen und Offertorien, sowie 8 Symphonien, bei denen es sich um wichtige Beispiele dieser Gattung in der polnischen Musik des 18. Jh. handelt. Etwa 50 von D. überlieferte Handschriften gingen im 2. Weltkrieg verloren, sind jedoch in vielen Kirchenarchiven in Kopien erhalten.

Lit.: H. OPIEŃSKI, Symfonie A. Dankowskiego i J. Wańskiego, in: Kwart. Muz. 16 (1932); T. STRUMIŁŁO, Beitr. zu Stud. über die Symphonie in Polen, in: Muzyka (1953), Nrn. 5–6 (poln.); W. ZIENTARSKI, Działalność Wojciecha Dankowskiego w Gnieźnie (Bydgoszcz 1962); J. WĘCOWSKI, Przyczynek do biografii Dankowskiego (ebd. 1963); A. NOWAK-ROMANO-

WICZ, Muzyka polskiego oświecenia i wczesnego romantyzmu (Krakau 1964); D. IDASZAK, Źródła rękopiśmienne do mszy żałobnych Wojciecha Dankowskiego, in: Muzyka 12 (1967); DIES., W. D. (Diss. masch. War 1972).

DANNREUTHER, Musikerfamilie elsässischer Herkunft. – **1) Edward George,** * 4.11.1844 Straßburg, † 12.2.1905 Hastings; Pianist und Musikschriftsteller. D. erhielt seine erste Ausbildung in Cincinnati (USA), wohin seine Familie 1849 ausgewandert war, studierte 1859–63 am Leipziger Konservatorium bei E. Fr. Richter, I. Moscheles und M. Hauptmann und debütierte 1863 als Pianist in London. Er gründete 1872 die Wagner Society, deren Konzerte er 1873 und 1874 auch dirigierte. 1895 wurde er Professor für Klavierspiel an der Royal Academy of Music. Er schrieb u.a. *Richard Wagner and the Reform of the Opera* (Lo 1873, ²1904), *Musical Ornamentation* (2 Bde., Lo 1893–95) und *The Romantic Period* (in: Oxford History of Music V, O 1905). – **2) Gustav,** Bruder von 1), * 21.7.1853 Cincinnati, † 19.12.1923 New York; Violinist. Er war Schüler von J. Joachim in Deutschland, lebte einige Jahre in London, kehrte 1877 in die USA zurück und wurde 1880 Mitglied des Boston Symphony Orchestra. 1884 gründete er in New York ein Streichquartett, 1886–89 war er Konzertmeister der New York Symphony Society und der Oratorio Society. Seit 1907 lehrte er am Vassar College in Poughkeepsie (N.Y.).

DANSE MACABRE (frz.), ↗Totentanz.

DANTE ALIGHIERI, * Mai/Juni 1265 Florenz, † 14.9.1321 Ravenna; it. Dichter. Er stammte aus adligem Geschlecht. Als Ratsmitglied seiner Vaterstadt und Anhänger der antipäpstlichen Guelfenpartei wurde er in politische Kämpfe verwickelt, 1302 mit Verbannung und (für den Fall seiner Rückkehr) mit dem Tod bestraft. Er führte danach ein unstetes Wanderleben. In den letzten Jahren seines Lebens fand er Zuflucht in Ravenna.
Seine Dichtungen und theoretischen Schriften enthalten eine Fülle von Erwähnungen und Beschreibungen, die sich auf Musik und Musikanschauung der Zeit beziehen. Nach *Convivio* II, XIII, 8 steht die Musik im Rahmen der 7 freien Künste an zweiter Stelle des Quadriviums und ist dem Planetenhimmel des Mars zugeordnet. Ihre Kennzeichen sind „numerus" und „proportio". Sie stiften die „bella relazione" der Dinge der Schöpfung untereinander und in ihrem Verhältnis zu Gott allgemein, von Vers, Metrum, Dichtung und Musik im besonderen. Die Musik hat ferner eine besondere Wirkung auf die Seelenkräfte. In *De vulgari eloquentia* II, 4, 8 behandelt D. die Musik vornehmlich in ihrem Verhältnis zur Sprache. In der *Divina Commedia* sind Klang, Musik und Tanz in planvoller Disposition auf das Straf- (Inferno), Läuterungs- (Purgatorio) und Seligkeits- (Paradiso)system verteilt, vom absoluten Schweigen im tiefsten Kreis der Hölle bis zum endlosen Gesang und Tanz im Himmel. Dabei verbindet D. in freier dichterischer Überformung die Hauptthemen und Motive der mittelalterlichen Musikanschauung: die Lehre vom zahlhaft geordneten musikalischen Kosmos, die Vorstellung einer von Engeln und Seligen ausgeführten himmlischen Liturgie, antike Hades- und Elysiumsmotive und solche aus der Visionenliteratur. Seine Musikbestimmungen sind bei aller Abstraktion und Vergeistigung immer zugleich von hoher poetischer Schönheit und sinnlicher Faßbarkeit.
Vertonungen Dantischer Texte u.a. von Josquin des Prés, A. Willaert und V. Galilei sind verloren. G. Verdi vertonte 1880 *Pater noster* für 5st. Chor und Streichorchester, *Ave Maria* für Sopran und Streichorchester und *Laudi alla Vergine* für Frauenchor aus dem letzten Gesang des Paradiso. Die Francesca da Rimini-Episode aus Inferno 33 wurde ein beliebter Opernvorwurf, u.a. für G. Mercadante (1828), Fr. Morlacchi (1839), H. Goetz (1877), A. Thomas (1890), S. Rachmaninow (1906) und R. Zandonai (1914). Über denselben Stoff schrieb Tschaikowsky 1876 eine Orchesterfantasie. F. Liszt schrieb eine *Fantasia quasi Sonata* „après une lecture du Dante" (1838–39) und eine Dantesymphonie (1855). G. Puccinis Einakter *Gianni Schicchi* (1918) geht auf den 30. Gesang des Inferno zurück.

Ausg.: Opere di Dante, hrsg. v. der Società Dantesca italiana (Fi 1921, ²1960); Die Göttliche Komödie, it. u. dt., übers. v. H. GMELIN, 3 Bde. (St 1949), dazu Kommentar, 3 Bde. (St 1954–57).

Lit.: A. BONAVENTURA, Dante e la musica (Livorno 1904, Nachdr. Bol 1978) (mit ausführlicher Biogr.); H. ZENCK, Die Musik im Zeitalter D.s, in: Dt. Dante-Jb. 17 (1935) (= Neue Folge 8); R. HAMMERSTEIN, Klang u. Musik in D.s Jenseits, in: Die Musik der Engel (Be – Mn 1962); DERS., Die Musik in D.s Divina Commedia, in: Dt. Dante-Jb. 41/42 (1964); R. BAEHR, D.s Verhältnis zur Musik, in: ebd.; K. MEYER-BAER, Music in Dantes „Divina Commedia", in: Aspects of Medieval and Renaissance Music. FS G. Reese (NY 1966); N. PIRROTTA, D. Musicus. Gothicism, Scholasticism, and Music, in: Speculum 43 (1968); J. STEVENS, D. and Music, in: Italian Studies 23 (1968); J. G. FILIPELLO, Musica, canto e danza nella Divina Commedia (Palermo 1970); G. SALVETTI, La musica in D., in: RIMus 6 (1971); S. HEINIMANN, Poesis u. musica in D.s Schrift „De vulgari eloquentia", in: FS A. Geering (Be 1972).

R. HAMMERSTEIN

DANTONS TOD, Oper in 2 Teilen von Gottfried von Einem (* 1918), op. 6, Text nach dem Drama

Georg Büchners (1835) von Boris Blacher und dem Komponisten. Ort und Zeit der Handlung: Paris 1794. UA: 6. 8. 1947 bei den Salzburger Festspielen.

Mit diesem ersten Bühnenwerk gelang von Einem ein sensationeller Erfolg. In der gemeinsam mit seinem Lehrer Blacher erstellten Textfassung bezieht der Komponist das Volk von Paris in starkem Maße in die Handlung ein. Die daraus resultierenden Chorszenen verdeutlichen den Hintergrund der Auseinandersetzung zwischen den Revolutionären Danton und Robespierre: Kampf des Idealismus gegen die Demagogie. Musikalisch überzeugend ist dieser Konflikt bei Dantons Fahrt zum Richtplatz ausgestaltet: Er und seine Anhänger wenden sich zur Melodie der *Marseillaise* gegen den „Unverstand der Massen", während das fanatisierte Volk die Revolutionshymne *Carmagnole* anstimmt. Diese Melodiezitate wirken in dem Fluß der Musik, die sich den immer neuen Situationen stets anpaßt und daher auf die Bildung von Themen und insbesondere deren Entwicklung verzichten muß, besonders auffällig. Von ergreifender Wirkung ist das schlichte Volkslied vom Schnitter Tod, welches die dem Wahnsinn nahe Frau eines Mitverschwörers inmitten des allgemeinen Aufruhrs teilnahmslos dahersingt. K. LANGROCK

DANTZIG, Rudi van, * 4. 8. 1933 Amsterdam; ndl. Tänzer und Choreograph. Seine Ausbildung erhielt er in den Niederlanden bei Sonia Gaskell und debütierte 1952 in deren Ballet-Recital, wurde entscheidend aber auch durch Martha Grahams Modern Dance angeregt. Seit 1954 war er Tänzer und Choreograph im Het Nederlands Ballet, seit 1959 im Het Nationale Ballet, choreographierte 1959–60 auch für das Nederlands Dans Theater und wurde 1967 Direktor beim Het Nationale Ballet. D. verbindet in seinen Balletten, die oft autobiographische Bezüge haben, den klassisch-akademischen Tanz mit dem Modern Dance.

WW: *Nacht-Eiland* (zur Musik von C. Debussys *Six épigraphes antiques,* 1955); *Sinfonie Nr. 29* (Musik von Mozart, 1957); *De disgenoten* (zur Musik von B. Bartóks Orchesterkonzert, 1958); *Jungle* (Musik von H. Badings, 1961); *Momente* (zur Musik von A. Weberns *Sechs Bagatellen* und den *Fünf Sätzen für Streichquartett,* op. 5, 1965); *Monument voor en gestorven jongen (zu* J. Boërmans elektronischer Komposition *Alchemie,* 1966); *Ogenblicken* (Musik von A. Webern, 1968); *Epitaph* (Musik von G. Ligeti, 1969); *Unterwegs* (Musik von Ysang Yun, 1970); *Après Visage* (Musik von L. Berio, 1972); *Ulysses* (nach J. Joyce, Musik von R. Haubenstock-Ramati, 1979).

DANZI, Franz, * 15. 6. 1763 Schwetzingen, † 13. 4. 1826 Karlsruhe; dt. Komponist. D. war Sohn und Schüler des aus Italien stammenden Mannheimer Hofcellisten Innocenzo Danzi. 1778 trat er selbst in die Hofkapelle ein, blieb jedoch, als diese noch im selben Jahr nach München verlegt wurde, als Repetitor des Hoftheaters zunächst in Mannheim. Dort war er auch Kompositionsschüler des Abbé Vogler. 1783 folgte er seinem Vater als Hofcellist nach München, unternahm 1796–98 mit seiner Frau, der Sängerin Maria Margarethe Marchand, mehrere Reisen und wurde 1798 Vizekapellmeister in München. Nach dem Tod seiner Frau im Jahre 1800 zog er sich einige Jahre ins Privatleben zurück. 1807–12 war er Hofkapellmeister in Stuttgart, seit 1813 in Karlsruhe. D. war mit C. M. von Weber befreundet, für dessen Werke er sich als Dirigent einsetzte und den er auch in beruflicher Hinsicht sehr förderte. Danzi, der ↗Mannheimer Schule in ihrer letzten Phase angehörig, hat ein reiches Schaffen hinterlassen, von dem heute noch seine Kammermusik- und Orchesterwerke zu interessieren vermögen. Sie zeigen eine starke Originalität in der lebendigen rhythmischen Gestaltung und in der kantablen, besondere klangliche Effekte ausnutzenden Führung der einzelnen Instrumente. Auf diesem Gebiet verdankt Weber dem älteren Freunde und Mentor viel für seine eigene Kunst der Instrumentation.

WW (gedruckt vor allem in Leipzig, Offenbach, Berlin, München): **1) Instr.-WW: a)** für Klv.: Sonaten u. Einzelstücke zu 2 u. 4 Hdn. – **b)** Kammermusik: 2 Duos für Va. u. Vc., Sonaten, u. a. Stücke für 2 Vc.; 2 Sonatinen für Klv. u. Fl. oder V.; 2 Sonaten für Klv. u. Harfe oder Vc.; Sonate für 2 Klv. u. V.; Trios für Fl., V. u. Vc., für V., Harfe u. Fag.; Sonate für Klv., V. u. Vc.; 5 Streichquartette; Quartette für Fl. u. Streichtrio, für Fag. u. Streichtrio; ein Streichquintett; Quintette für Fl. u. Streichquartett, für Fl., Ob., Klar., Harfe u. Fag.; 2 Quintette für Klv., Ob., Klar., Harfe u. Fag.; Sextuor für Streichquartett u. 2 Harfen, für Ob. od. V., 2 Va., Vc. u. 2 Harfen; Potpourris für verschiedene Besetzungen. – **c)** Orchester-WW: 5 Symphonien; 2 *Concertantes* (konzertante Symphonien) für Klar. u. Fag. u. für Fl. u. Klar. u. Orch.; 3 Konzerte und Concertino für Vc.; 3 Konzerte für Fl.; ein Klv.-Konzert. – **2) Weltliche Vokal-WW u. Bühnen-WW:** Zahlreiche Lieder, Balladen, it. Canzonetten, frz. Romanzen u. a. für 1–4 St. u. Klv.; *Singeübungen* für verschiedene Stimmlagen, 3st. Kanons; Kantaten mit Orch. od. Klv.: *Das Freudenfest; Cantate am Jahrestage v. Mozarts Tod;* Ode *An die Freude,* v. Schiller. – Von den Bühnen-WW D.s erschienen im Druck das Ballett *L'Enlèvement de Proserpine,* die komische Oper *Die Mitternachtsstunde* sowie Einzelstücke aus *Agnes Bernauerin, Der Calif v. Bagdad, Iphigenie in Aulis, Der Kuß;* hsl. sind erhalten *Cleopatra,* Duodrama (1780); *Turandot,* Singspiel; *Viola; Camillo u. Eugen.* – **3) Geistliche WW** (gedruckt u. hsl.): mehrere Messen; ein Requiem; weitere liturgische Gesänge (Offertorien, Te Deum, Marianische Antiphonen, Litaneien u. a.); Vesperpsalmen. – Oratorium *Abraham auf Moria,* daraus einzeln gedruckt: *Isaaks Morgengesang;* Kantate *Preis Gottes.*

Ausg.: Bläserquintett g-moll, op. 56/2, in: Mannheimer Kammermusik des 18. Jh. 1, hrsg. v. H. RIEMANN (L 1914) (= DTB 15); Sinfonie concertante, hrsg. v. H. ZIRNBAUER (Mz 1938); dass., hrsg. v. R. P. BLOCK (Lo 1976); 9 Vesperpsalmen für 4 SingSt mit Orch. oder Org. (W o. J.); Bläserquintett e-moll, op. 67/2, in: Dt. Bläsermusik v. Barock zur Klassik, hrsg. v. H. SCHULTZ (Hannover 1941, Nachdr. Kas 1961) (= EDM, RD 14); Quintett, op. 56/1, hrsg. v. G. WEIGELT (Mn 1941); 3 Quintette, op. 67, hrsg. v. F. KNEUSSLIN (Bas 1954–72); Quartette, op. 40/2 u. 3, hrsg. v. W. WATERHOUSE (Lo 1960 u. 1967); Quintette, op. 68/1 u. 2, hrsg. v. F. KNEUSSLIN (Bas 1960 u. 1965); Konzert für Fag. u. Orch., hrsg. v. R. MÜNSTER (Mn 1963); Quintett, op. 56/3 (P o.J., Mn 1966).

Lit.: H. RIEMANN, Einleitung zu: DTB 7/2 (1906) u. 16 (1915) (mit thematischem Verz. der Symphonien u. Kammermusikwerke); M. HERRE, F. D. Ein Beitrag zur Gesch. der dt. Oper (Diss. Mn 1924); O. KELLER, Die Familie D. in München, in: NMz 47 (1926); U. SIRKER, Die Entwicklung des Bläserquintetts in der ersten Hälfte des 19. Jh. (Rb 1968) (= Kölner Beitr. zur Musikforsch. 50).

DANZÓN, kubanischer Tanz, der gegen Ende des 19. Jh. populär wurde. Er scheint seinen Ursprung in der ↗Contredanse zu haben; von daher stammt der 2/4-Takt. Charakteristisch ist eine mehrteilige Anlage mit instrumentalen Zwischenspielen, in denen die Klarinette dominiert. Der streng durchlaufende Rhythmus 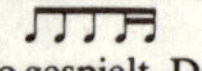 wird von Trommeln und dem ↗Guiro gespielt. Der D. zählt zu den wichtigsten Tänzen der afro-kubanischen Musik.

DAPHNE, Bukolische Tragödie in 1 Aufzug von Richard Strauss (1864–1949), op. 82, Text von Joseph Gregor (1888–1960). Ort und Zeit der Handlung: das mythische Griechenland, bei der Hütte des Peneios am gleichnamigen Fluß. UA: 15. 10. 1938 in Dresden (Staatsoper).
Die Daphne-Sage, die rettende Verwandlung der von einem liebesdürstigen Pan verfolgten Nymphe in einen Lorbeerbaum, gehört zu den prominenten Stoffen der Weltliteratur. Gregor hat die bukolische Sage frei nachgedichtet. Strauss gestaltet in seiner Musik den Gegensatz von dionysischer Erdverbundenheit und apollinischer Transzendenz, indem er die Mittel seines dramatischen Ausdrucksstils mit dem ariosen Strömen eines naturhaften Lyrismus verbindet. Dadurch gelingt ihm in dieser Partitur ein Werkstil sui generis. Die leitmotivische Technik Wagners und die formgliedernde Kraft orchestraler Zwischenspiele, die schon in älteren Werken des Komponisten konzeptionell hervortreten, wurden beibehalten. Das dramaturgische Element des Verkleidens und Verwandelns wußte Strauss in das spezifische Chroma seiner musikalischen Sprache zu übertragen. H. BECKER

DAPHNIS UND CHLOË, Sinfonische Choreographie in 3 Teilen von Maurice Ravel (1875–1937), nach der gleichnamigen „Bukolischen Idylle" des Longus. Libretto: Michail Fokin (1880–1942). UA: 8. 6. 1912 in Paris (Théâtre du Châtelet), Choreographie: Fokin; dt. EA: 15. 7. 1962 in Stuttgart (Württembergische Staatstheater).
Serge Diaghilew beauftragte M. Ravel, für das Ensemble der „Ballets Russes" die Ballettmusik zu *Daphnis und Chloë* zu komponieren. In seinen autobiographischen Aufzeichnungen nennt der Komponist sein Werk – im Sinne der französischen Kunstästhetik des ausgehenden 18. Jh. – ein „ausgedehntes musikalisches Fresko" und äußert sich über die Struktur seiner Ballettmusik: „Das Werk ist nach einem sehr strengen tonalen Grundriß sinfonisch gebaut mittels einer kleinen Anzahl von Motiven, deren Verarbeitung und Entwicklung die Einheit des Werkes verbürgen." Trotz dieses strengen Werkverständnisses stellte der Komponist aus einzelnen Sätzen zwei Orchestersuiten zusammen (I: Nocturne, Interlude und Tanz der Krieger; II: Morgengrauen, Pantomime und Allgemeiner Tanz), die weitaus erfolgreicher wurden als die vollständige Komposition. – Die choreographische Gestaltung beeindruckte Wacław Nischinski (1889 bis 1950) nachhaltig und inspirierte ihn bei seinen eigenen Konzeptionen *(Après-midi d'un Faune; Sacre du Printemps).* Um neuere Inszenierungen bemühten sich gleichermaßen Choreographen wie bildende Künstler: F. Ashton und John Craxton (London 1951), S. Lifar und M. Chagall (Brüssel 1958), J. Cranko und N. Georgiadis (Stuttgart 1962) und J. Neumeier und J. Rose (Frankfurt a. M. 1972). G. LUDIN

DA PONTE, Lorenzo (eig. Emmanuele Conegliano), * 10. 3. 1749 Ceneda (Venetien), † 17. 8. 1838 New York; it. Schriftsteller. 1773 wurde er zum Priester geweiht und lehrte anschließend Literatur und Rhetorik am Seminar von Treviso. Wegen seiner Verteidigung Rousseauscher Ideen 1776 entlassen und nach Jahren eines unsteten Lebens 1779 für 15 Jahre aus Venedig verbannt, ging er über Görz und Wien nach Dresden, wo er eine Anstellung am Hof zu finden hoffte, und kam schließlich 1781 nach Wien. Dort wurde er 1783 auf Empfehlung A. Salieris und Kaiser Josephs II. Theaterdichter des neugegründeten Italienischen Theaters. Er schrieb Libretti u. a. für Salieri, Martin y Soler und Mozart. Wegen seines hochmütigen und intriganten Verhaltens mußte er Wien nach dem Tod seines kaiserlichen Gönners 1790 verlassen und kam über Prag und Dresden 1792 nach London. 1793 erhielt er dort eine Stellung als Theaterdichter des King's Theatre, ging aber 1805 wegen finanzieller Schwierigkeiten nach Amerika, wo er u. a. als Opernunternehmer und Sprachlehrer ein Auskommen suchte. Seit 1825 war er Professor für italienische Literatur am Columbia College in New York.

WW: ca. 40 Libretti (teilweise Bearbeitungen fremder und eigener Vorlagen), vertont außer von Mozart u. a. von F. Bianchi,

D. Cimarosa, V. Martin y Soler, V. Righini, A. Salieri, P. Winter. Außer anderen literarischen WW schrieb er die Autobiographien *Storia compendiosa della vita di Lorenzo da P.* (NY 1807) und *Memorie di Lorenzo Da P. da Ceneda scritte da esso,* 4 Bde. (NY 1823–27, ²1829–30).

D. wurde bekannt vor allem durch seine Libretti für die späten italienischen Opern W. A. Mozarts *(Le Nozze di Figaro, Don Giovanni* und *Così fan tutte),* die sich durch Eleganz der Sprache wie durch eine treffende Personen- und Situationsschilderung auszeichnen. Mit ihnen schuf er eine wichtige Voraussetzung für Mozarts musikalisch-dramatische Kunst, die gerade in den genannten Opern ihren Höhepunkt erreichte.

Ausg.: *Memorie,* hrsg. v. G. GAMBARIN – F. NICOLINI, 2 Bde. (Bari 1918); Denkwürdigkeiten des Venezianers L. da P. übers. u. hrsg. v. G. GUGITZ, 3 Bde. (Dresden 1924–25) (mit Verz. der WW); Memoirs of L. da P., hrsg. v. L. A. SHEPARD (Lo 1929); dass., hrsg. v. A. LIVINGSTON (Lo – Philadelphia 1929, Nachdr. NY 1967); Mein abenteuerliches Leben (gekürzte Neufassung der *Memorie*) (Reinbek – H 1960) (= Rowohlts Klassiker der Lit. u. der Wiss. 74–75); Gesch. meines Lebens, übers. u. hrsg. v. CH. BIRNBAUM (Tü 1969); L. da P., Memoiren des Mozart-Librettisten, galanten Liebhabers u. Abenteurers, hrsg. v. G. ALBRECHT (B 1970); *Memorie e altri scritti,* hrsg. v. P. CHIARA (Mi 1971) (= I cento libri 26).

Lit.: A. MARCHESAN, Della vita e delle opere di L. da P. (Treviso 1900); H. BOAS, L. da P. als Wiener Theaterdichter, in: SIMG 15 (1913/14); H. ABERT, W. A. Mozart II (L 1921); J. L. RUSSO, L. da P. (NY 1922); A. LOEWENBERG, L. da P. in London, in: MR 4 (1943); A. FITZLYON, The libertine Librettist (Lo 1955, NY 1957); W. FREITAG, L. da P. in Amerika, in: Musica 14 (1960); K. M. PISAROWITZ, Da P. in Augsburg, in: Acta Mozartiana 9 (1962); A. LIVERMORE, „Cosi fan tutte". A Well-Kept Secret, in: ML 46 (1965); M. FUBINI – E. BONORA, L'opera per musica dopo Metastasio, in: P. Metastasio, Opere, hrsg. v. M. Fubini (Mi 1968) (= La letteratura italiana 41); A. ROSENBERG, Don Giovanni. Don Juans Gestalt u. Mozarts Oper (Mn 1968); S. KUNZE, Don Giovanni vor Mozart (Mn 1972) (= Münchener Univ.-Schriften 10).

DAQUIN (d'Aquin), **Louis-Claude,** * 4. 7. 1694 Paris, † 15. 6. 1772 ebd.; frz. Organist und Komponist. Er war Schüler von L. Marchand (Orgel) und von N. Bernier (Komposition). 1706 wurde er Organist des Klosters Petit-Saint-Antoine, 1729, als Sieger aus einem Wettbewerb mit J.-Ph. Rameau, an St-Paul, seit 1732 an der Kirche der Cordeliers, seit 1739 der Chapelle Royale und seit 1755 an Notre-Dame. D., ein brillanter Virtuose und hervorragender Improvisator, gehört zu den wenigen Organisten seiner Zeit, die die Manierismen des herrschenden Geschmacks vermieden. Seine *Pièces de clavecin,* vorwiegend deskriptive Stücke *(Coucou, Hirondelle),* weisen ihn als einen der originellsten Cembalo-Komponisten neben Fr. Couperin und Rameau aus. D.s *Noëls* für Org. u. Cemb. gehören zu den klassischen Beispielen der Gattung; sie umfassen reich verzierte und variierte Stücke mit genauen Anweisungen für die Registrierung.

WW: *1er Livre de pièces de clavecin* (P 1735); *Nouveau livre de Noëls pour l'orgue et le clavecin, dont la plupart peuvent s'exécuter sur les violons, flûtes, hautbois & c.* (P o.J.); eine Cantatille *La Rose* (P 1762); zahlr. WW sind hsl. erhalten, darunter 2 Messen, ein *Te Deum,* mehrere Motetten für großen Chor u. Instrumente, ein *Miserere,* mehrere Lamentationen *(Leçons de ténèbres),* Kantaten, Divertissements, die beim Concert spirituel 1728 u. 1729 uraufgeführt wurden.

Ausg.: Die *Pièces de clavecin,* hrsg. v. L. FARRENC (P 1869) (= Trésor des pianistes 16); Ausw. aus den *Pièces de clavecin,* in: H. EXPERT, Maîtres français du clavecin, hrsg. v. P. BRUNOLD (P 1926); *Nouveau livre de Noëls,* hrsg. v. N. DUFOURCQ (P 1955) (= Orgue et liturgie 27–28).

Lit.: P. L. DAQUIN (sein Sohn), Lettres sur les hommes célèbres sous le règne de Louis XV (P 1752); A. PIRRO, Les clavecinistes (P 1924); DERS., L'art des organistes, in: LAVIGNAC Tech. II (P 1926); F. RAUGEL, Les organistes (P 1923); N. DUFOURCQ, La musique d'orgue française de J. Titelouze à J. Alain (P 1941, ²1949); H. BOL, L. C. D. ... en zijn Noëls, in: Gregoriusblad 82 (1961); B. BARTELINK, in: ebd. 83 (1962); A. SCHNEIDER-KLEMENT, L. C. D. 1694–1772, in: Ars organi 20 (1972).

DARABUKKA, Darbukka, einfellige vorderorientalische Trommel, deren becherförmiges Korpus meist aus Ton gefertigt wird. Der Spieler hält das Instrument unter einem Arm bzw. stützt es auf die Knie und schlägt das Fell mit beiden Händen. Durch Veränderung des Anschlagpunktes – Mitte oder Rand des Felles, gelegentlich auch Außenwand des Korpus – lassen sich Klangfarbe und Lautstärke differenzieren. Die D. findet sowohl in der Volks- als auch der Kunstmusik Verwendung und ersetzt im traditionellen arabischen Orchester ↗Takht häufig die ↗Naqqârat.

Lit.: H. HICKMANN, La d., in: Bull. de l'Inst. d'Egypt 33 (1950/51); D. DROST, Tönerne Trommeln in Afrika, in: Jb. des Museums für Völkerkunde zu Leipzig 14 (1955); H. HICKMANN, Die Gefäßtrommeln der Ägypter, in: Mitt. des Dt. Archäologischen Inst., Abt. Kairo, 14 (1956).

DARCIS (d'Arcy, Darcy), **François Joseph,** * 1759 (1760?) Wien, † nach 1778 (1783?) Moskau; frz. Komponist. D. war Kompositionsschüler von A. M. Grétry. 1771 trat er erstmals öffentlich im Concert spirituel hervor. Die Comédie Italienne brachte 1772 und 1774 zwei Opéras-comiques von ihm zur Aufführung *(Le bal masqué* und *La fausse peur).* Nachdem D. durch seinen Lebenswandel mit dem Gesetz in Konflikt geraten war, mußte er Frankreich verlassen und ließ sich in Rußland nieder. 1778 wurde in Moskau seine Opéra-comique *L'Intendant* in russischer Sprache aufgeführt.

WW: für Cemb.: 2 Bde. Sonaten (P o.J.); *Petits airs de Lucile et de Julie* (P o.J.); ein *Quintetto concertant* für Klv., V., Va., Fag. u. B.c. (P o.J.). – Von den Opern sind erhalten: *Le bal masqué* (hsl.), Arietten daraus erschienen gedruckt (P 1772); *La fausse peur* (P ²1774).

DARGOMYSCHSKI, Alexander Sergejewitsch, * 2. (14.) 2. 1813 Troizkoje (Gouvernement Tula), † 5. (17.) 1. 1869 St. Petersburg; russ. Komponist. D. lebte seit 1817 in St. Petersburg, wurde als Pianist ausgebildet und begann schon mit 11 Jahren zu komponieren. Zunächst als Beamter tätig, entschied er sich nach der Begegnung 1833 mit M. I. Glinka, der ihn in kompositorischen Fragen beriet, ganz für die Musik. Auf einer Reise, die ihn 1845 über Wien, Paris und Brüssel führte, lernte er D. Fr. E. Auber und J. F. E. Halévy kennen, deren Einflüsse in seiner ersten, zwischen 1838 und 1841 entstandenen Oper *Esmeralda* spürbar sind. In Brüssel befreundete er sich auch mit F. J. Fétis. 1855 vollendete er *Russalka,* eine Oper mit sozialkritischem Einschlag, sein bedeutendstes Werk, das bei der Wiederaufführung 1857 in St. Petersburg seinen Ruhm begründete. Mit seiner letzten, von C. Cui und N. Rimski-Korsakow vollendeten Oper *Der steinerne Gast (Kamenny Gost),* der er als Libretto den vollständigen Text des *Don Juan* von Puschkin zugrunde legte, schuf er eine neue Art des Musikdramas, dessen Realismus an die klassische russische Tradition anknüpfte und musikalisch mit Hilfe eines konsequent durchgeführten melodischen Rezitativs unter Verzicht auf klar abgrenzbare musikalische Formen gestaltet wurde. D. stellte vor allem das einfache Volk in scharf pointierten, teils ideologisierenden *(Der alte Korporal),* teils satirischen *(Der Titularrat, Der Wurm)* Gesängen dar.

WW: **1) Instr.-WW** (für Orch.): *Baba-Jaga, ili s Wolgi nach Riga* (Baba-Jaga, oder von der Wolga nach Riga) (1862) (St. Petersburg 1870); *Kasatschok, fantasija na temu malorossiskogo kasatschka* (Kasatschok, Fantasie über ein kleinrussisches Kosakenthema) (1864) (Mos 1870); *Tschuchonskaja fantasija* (Finnische Fantasie) (1862) (St. Petersburg 1870). – **2) Vokal-WW:** Nahezu 100 Romanzen u. Lieder mit Klv., Duos, Trios u. Vokalquartette. – **3) Bühnen-WW:** *Esmeralda* (1838–41) (nach V. Hugos Roman *Notre Dame de Paris*), Oper, UA: Moskau 1847 (Mos 1861); *Torschestwo Wakcha* (Der Triumph des Bacchus), urspr. eine Kantate (nach Puschkin) (1843–46), dann zu einer Ballettoper umgearbeitet (1848) (St. Petersburg 1867); *Russalka* (1848–55) (nach Puschkin), Oper, UA: St. Petersburg 1856 (St. Petersburg 1857–58, NA Mos 1949); *Kamenny Gost* (Der steinerne Gast) (1866–69) (nach Puschkin), Oper, von Cui u. Rimski-Korsakow vollendet, UA: St. Petersburg 1872 (St. Petersburg 1872, NA 1906, Mos 1929).

Ausg.: Polnoje sobranije... (Gesamtausgabe...), hrsg. v. M. S. PEKELIS, 4 Bde. (Mos 1947–67); *Russalka,* hrsg. v. P. A. LAMMA, 2 Bde. (Mos 1949). – Awtobiografija, pisma, wospominanija sowremennikow (Autobiographie, Briefe, Erinnerungen von Zeitgenossen), hrsg. v. H. FINDEISEN (Petrograd 1921, [2]1922); A. S. D. Isbranje pisma (Ausgewählte Briefe), hrsg. v. M. S. PEKELIS (Mos 1952).

Lit.: H. FINDEISEN, A. S. D. Otscherk jego schisni i musikalnoi dejatelnosti (St. Petersburg 1904); O. VON RIESEMANN, Monographien zur russ. Musik, I (Mn 1923, Nachdr. Hil 1971); M. S. PEKELIS, A. S. D. (Mos 1932) (russ.); G. ABRAHAM, Studies in Russian Music (Lo 1936, Nachdr. Freeport/N. Y. 1968); DERS. – M. D. CALVOCORESSI, Masters of Russian Music (NY 1936); G. ABRAHAM, On Russian Music (Lo 1939); M. S. PEKELIS, D. i narodnaja i pesnja (Mos – Leningrad 1951); S. SCHLIFSTEIN, D. (Mos 1951, [3]1960) (russ.); S. POWOŁOCKI, D., in: Muzyka 5 (1954) H. 3/4; M. S. PEKELIS, Ob Awtobiografija, in: Sowjetskaja musyka 21 (1957); T. N. LIWANOWA, D. i Glinka, in: Pamjati Glinki..., hrsg. v. W. A. Kisseljow u. a. (Mos 1958); K. LAUX, D., in: MuGes 13 (1963); M.-R. HOFMANN, D. A l'ombre de V. Hugo et de Pouchkine, in: La vie des grandes musiciens russes (P 1965); M. S. PEKELIS, A. S. D. i jego okruschenije, 2 Bde. (Mos 1966–73); G. MASCHEWSKI, O nekotorych tschertach wyrasitelnosti wokalnowo pisma Dargomyschskowo, in: Woprossy teorii i estetiki musyki 8, hrsg. v. Ju. A. Kremljow (Leningrad 1968); DERS., Wokalnoje ispolnitelstwo w wossrenijach i praktike A. S. Dargomyschskowo, in: ebd. 9, hrsg. v. L. N. Raaben (1969); A. A. GOSENPUD, Russkij opernyj teatr XIX weka (1836–56) (Leningrad 1969); M. S. PEKELIS, D. i Schtschepkin, in: Sowjetskaja musyka 33 (1969); R. TARUSKIN, Realism as Preached and Practised. The Russian Opera Dialogue, in: MQ 56 (1970); J. BAKER, D. Realism and the Stone Guest, in: MR 37 (1976).

DARMSTÄDTER FERIENKURSE ↗Internationale Ferienkurse für Neue Musik.

DART, Thurston, * 3. 9. 1921 London, † 6. 3. 1971 ebd.; engl. Musikforscher und Cembalist. Er war 1938–39 Schüler des Royal College of Music in London und studierte anschließend bis 1942 Mathematik an der dortigen Universität. 1945 besuchte er einen Kurs bei Ch. van den Borren in Brüssel. Danach machte er sich einen hervorragenden Namen als Cembalist. Seit 1947 lehrte er an der Universität Cambridge (seit 1962 als Professor) und seit 1964 am King's College der Universität London. Als Interpret wie als Musikforscher erwarb sich D. große Verdienste um die alte Musik, auch mit zahlreichen Neuausgaben. 1948–58 war er Herausgeber der instrumentenkundlichen Zeitschrift *The Galpin Society Journal* und 1949–64 Sekretär der *Musica Britannica.*

WW: **1) Schriften:** *The Interpretation of Music* (Lo 1954, [4]1967), dt. Übers.: *Practica musica. Vom Umgang mit alter Musik* (Be 1959); *The Printed Fantasies of O. Gibbons,* in: ML 37 (1956); *Purcell's Chamber Music,* in: Proc. R. Mus. Assoc. 85 (1958/59); *Purcell's Harpsichord Music,* in: MT 100 (1959); *Bach's „Flauti d'Echo“,* in: ML 41 (1960); *Elisabeth Eysbook's Keyboard Book,* in: H. Albrecht in memoriam (Kas 1962); *Editing Early Music* (Mit W. Emery u. Chr. Morris) (Lo 1963); *Elizabeth Edgeworth's Keyboard Book,* in: ML 50 (1969); *On Couperin's Harpsichord Music,* in: MT 100 (1969); *Quelques précisions sur la notation des pièces de clavecin de F. Couperin,* in: L'interprétation de la musique française aux XVIIe et XVIIIe siècles (P 1974); *On some Details of the Notation used by F. Couperin in his four books of „Pièces de clavecin“,* in: Couperin Colloque Paris 1969 (P 1974). – **2) Editionen:** *Jacobean Consort Music* (mit W. Goates) (Lo 1955, revidiert 1966) (= MusBrit 9); Bd. 31 der Purcell-GA (Lo 1959); *L. Couperin, Pièces de clavecin* (Monaco 1959) (revidierte Ausg. der GA von P. Brunold); *L. Marchands Pièces de clavecin* (Monaco 1960); *Parthenia* (Lo 1960); *J. Bull's Keyboard Music,* II (Lo 1963) (= MusBrit 19); ferner revidierte Ausgaben der E. H. Fellowes-Ausgaben (s. dort) von: *The English*

Madrigal School, The English School of Lutenist Song Writers and The Collected Works of W. Byrd. – Neu-Ausg. v. *F. W. Galpin, Old English Instrument of Music* (Lo [4]1965).

Lit.: S. JEANS, R. Th. Dart 1921–1971. An Appreciation by a Friend, in: GalpinJ 24 (1971); A. LEWIS, in: ML 52 (1971).

DASER, Ludwig, * um 1525 München, † 27.3. 1589 Stuttgart; dt. Komponist. D. war seit 1550 Sänger und seit 1552 Kapellmeister der Münchner Hofkapelle. 1563, als Orlando di Lasso berufen wurde, wurde er entlassen. 1572 wurde er Hofkapellmeister in Stuttgart. Von D. sind hsl. 22 4–6st. Messen überliefert, die in einer an L. Senfl erinnernden, für ihre Zeit altertümlichen Schreibweise gehalten sind, ferner 2 Propriumszyklen, 24 4–8st. Motetten und 34 deutsche geistliche Lieder. Im Druck erschien eine 4st. Passion (*Passionis Domini nostri Iesu Christi historia,* Mn 1578). Darin verwendet D. in motettischer Schreibweise einen auch von J. Obrecht, J. Galliculus, J. Bucenus u. a. vertonten Text, der aus den vier Evangelien kompiliert ist (*Summa passionis;* ↗Passion).

Ausg.: Motetten, hrsg. v. A. SCHNEIDERS (Lippstadt 1964) (= EDM 1/47).

Lit.: H. MARQUARDT, Die Stuttgarter Chorbücher, unter besonderer Behandlung der Messen (Diss. Tü 1934); K. KELLOGG, Die Messen v. L. D. (Diss. Mn 1938); A. SCHNEIDERS, L. D. Beitr. zur Biogr. u. Komp.-Technik (Diss. Mn 1953); W. BLANKENBURG, Zu den Johannes-Passionen v. L. D. 1578 u. L. Lechner 1593, in: Musa – Mens – Musici, FS W. Vetter (L 1969).

DASIA-NOTATION ↗Notenschrift.

DASSOUCY, Sieur d'Assoucy, ↗Assoucy.

DASTGAH ↗Iran.

DAUBE, Johann Friedrich, * 1730, † 19.9.1797 Wien; dt. Theorbist, Komponist und Musiktheoretiker. D. wurde mit 11 Jahren Theorbist am Hof König Friedrichs II. von Preußen, wirkte 1744–65 als Hofmusiker in Stuttgart und ließ sich 1769 in Wien nieder. Seine Schriften basieren hauptsächlich auf dem neuen Harmoniesystem J.-Ph. Rameaus, das er damit weiten Kreisen von musikalischen Fachleuten und Liebhabern im deutschsprachigen Raum näherbrachte.

WW: **1) Theoretische WW:** *General-Bass in drey Accorden, nebst einem hierauf gebaueten Unterricht: wie man aus einer jeden aufgegebenen Tonart, nur mit zwey Mittels-Accorden, in ein von den drey und zwanzig Tonarten, die man begehret, gelangen kann…* (L – F 1756); *Eine Abhandlung des Generalbasses… mit untergemengten Opernarien etc., Solis, Duetten u. Trio für die meisten Instrumenten,* in: Der musikalische Dilettant (Wochenschrift) (W 1771); *Eine Komposition, welche nicht allein die neuesten Setzarten der zwo drey u. mehrst. Sachen: sondern auch die meisten künstlichen Gattungen der alten Kanons: der einfachen u. Doppelfugen, deutlich vorträgt, und… Beyspiele erkläret,* in: ebd. (W 1773); *Anleitung zur Erfindung der Melodie und ihrer Fortsetzung,* 2 Bde. (W 1797–98 u. ö.); *Beweis, dass die gottesdienstliche Musik… dauern werde* (W 1782). – **2) Kompositionen:** zahlreiche dt., it. u. frz. Lieder, Arien u. a. sowie Instrumentalstücke für verschiedene kammermusikal. Besetzungen sind (meist anonym) in *Der musikalische Dilettant* gedruckt. Ferner sind überliefert einzelne Sinfonien (hsl.), eine Sinfonia in D-Dur (o.O., o.J.) und ein Trio für Laute, Fl. u. B.c. (hsl.).

Lit.: H. RIEMANN, Gesch. der Musiktheorie im IX.–XIX. Jh. (B 1898, Hil [3]1961); P. BENARY, Die dt. Kompositionslehre des 18. Jh. (L 1961) (= Jenaer Beitr. zur Musikforsch. 3); M. KARBAUM, Das theoretische Werk J. F. D.s (Diss. W 1968).

DAUER (engl.: duration; frz.: durée; it.: durata), Bz. für die zeitliche Ausdehnung eines Tones oder einer Pause. – Als Kategorie des kompositorischen Denkens impliziert der Begriff, daß von der Position des Notenwertes im Taktmetrum abgesehen wird. In der ↗seriellen Musik wird die Länge eines Tones daher gewissermaßen verabsolutiert und entsprechend dem Prinzip der Reihentechnik (↗Zwölftonmusik) mathematisch organisiert. Vorbild dieser Reduktion der musikalischen Zeit auf die physikalisch meßbare war wahrscheinlich die Analogie von Tondauer und Tonbandlänge in der elektronischen und konkreten Musik. Bei der Organisation der verschiedenen ↗Parameter (nach K. Stockhausen: Tonhöhe, Tondauer, Tonfarbe, Tonstärke, Tonort) ist zu beachten, daß die menschliche Perzeption Tondauern linear registriert, Tonhöhen dagegen gemäß dem Logarithmus ihrer Frequenz; jeder Parameter verlangt daher eine andere mathematische Behandlung. Eine hochdifferenzierte serielle Organisation der Tondauern wurde von K. Stockhausen entwickelt (*… wie die Zeit vergeht…*, in: Die Reihe, W 1957). Darin wird das Zeitverhältnis 1 : 2 als *Dauernoktave* gefaßt, die gemäß der Tonhöhenorganisation der abendländischen Musik mit elf Zwischenwerten versehen wird.

Seit 1950 wurde die Notenschrift um eine Vielzahl neuer Möglichkeiten bereichert, Zeitproportionen präzise oder bewußt ungefähr zu notieren. Eine wichtige Aufgabe kommt dabei dem von J. Cage erfundenen *Dauernstrich* zu, der als graphisches Äquivalent der zu spielenden Notendauer fungiert. Im Gegensatz zur traditionellen Taktnotation bildet der Dauernstrich die Zeitstruktur der Musik nicht digital ab, sondern dient als analoge Veranschaulichung musikalischer Zeit, als Spielvorschrift für die Ausführenden.

Lit.: K. STOCKHAUSEN, Texte zur elektronischen u. instrumentalen Musik I (Kö 1963); E. KARKOSCHKA, Das Schriftbild der Neuen Musik (Celle 1966); N. GOODMAN, Sprachen der Kunst (dt. F 1973).

J. MAEHDER

DAUNER, Wolfgang, * 30.12.1935 Stuttgart; dt.

Jazzmusiker (Klavier, Orgel, Trompete, Ventilposaune) und Komponist. Er studierte seit 1958 an der Musikhochschule in Stuttgart Trompete, Klavier und Komposition. In den frühen 60er Jahren wurde er überregional durch den Avantgarde-Jazz mit Eberhard Weber (Baß) und Fred Braceful (Schlagzeug) bekannt. Seit dem Ende der 60er Jahre entwickelte er die Spieltechniken auf elektronischen Tasteninstrumenten weiter. Er gehört mit Jasper van't Hof zu den wichtigsten Vertretern des ↗Electric Jazz. 1969 wurde D. Leiter der Radio-Jazzgroup Stuttgart des SDR, seit 1970 lehrt er Jazz an der Stuttgarter Musikhochschule. Als Komponist widmet er sich sowohl dem reinen Jazz als auch der Verbindung von Jazz und moderner Musik.

DAUTREMER, Marcel, * 11. 6. 1906 Paris, † 25. 11. 1978 ebd.; frz. Komponist, Dirigent und Musikpädagoge. D. studierte am Pariser Conservatoire bei N. Gallon, P. Dukas und Ph. Gaubert. Anschließend war er zunächst Musiklehrer an Pariser Schulen. 1946 wurde er Direktor des Konservatoriums und Dirigent des Symphonieorchesters in Nancy. 1947–57 war er auch Präsident der Association nationale des Directeurs des Conservatoires, später deren Ehrenpräsident. Nach Paris zurückgekehrt, wurde er 1970 Generalsekretär der Association des anciens élèves du Conservatoire de Paris. Als Komponist ist D. von P. Dukas beeinflußt. Seine Werke zeigen starke formale Gebundenheit und Vorliebe für freie Polytonalität. D. schrieb auch mehrere Unterrichtswerke.

WW: **1) Kompositionen:** Für Klv.: *Toccata* u. *Marche burlesque* (P 1963); mehrere Stücke für Blasinstr. u. Klv.; für Orch.: *Tartarin de Tarascon* (P 1943); *Sinfonietta* für Streichorch. (P 1962); *Divertissement* für V. u. Orch. (P 1952); *Concertino* für Vc. (Nizza 1955); *Duo-Concertino* für V., Fag. u. Str. (P 1955); *Concerto* für Saxophon (P 1962); *Coulissiana* für Pos. u. Orch. (P 1967). – **2) Pädagogische WW:** *45 Leçons d'harmonie* (1943); *200 Leçons d'harmonie* (1963); *Cours complet d'éducation musicale* (1952).

DAUVERGNE, Antoine, ↗Auvergne.

DAVAUX (d'Avaux, Davau), **Jean-Baptiste,** * 19. 7. 1742 La Côte-Saint-André (Isère), † 2. 2. 1822 Paris; frz. Komponist. Nach seiner Ausbildung als Violinist kam er mit 25 Jahren nach Paris und trat bald mit ersten Kompositionen an die Öffentlichkeit. Anhaltenden Erfolg hatte er mit den seit 1773 im Concert spirituel aufgeführten konzertanten Symphonien im Stil der Mannheimer Schule, den er als einer der ersten französischen Komponisten übernahm. Nach der Französischen Revolution war er in der Verwaltung tätig und widmete sich der Musik nur noch aus Liebhaberei.

WW: **1) Instr.-WW:** *6 Duos d'airs connus* für 2 V. (P 1788); *6 Trios concertants* für 2 V. u. Va., op. 15 (P um 1792); Streichquartette, op. 1 (P um 1768), op. 6 (P 1773), op. 9 (P 1779), op. 10 (P 1780), op. 14 (P um 1790); 3 *Symphonies à grand orchestre*, op. 11 (P 1784); *Symphonies concertantes*, op. 5 (P um 1772), op. 7 (P 1773), op. 8 (P 1776), op. 12 (P 1785), op. 13 (P 1787), op. 16 (P 1800); eine *Symphonie concertante* aus *Théodore* (P 1785); eine *Symphonie concertante mêlée d'airs patriotiques* (P 1794); Violinkonzerte, op. 2 (P 1769–71). – **2) Vokal- u. Bühnen-WW:** 2 Ariettes: *Les Charmes de la Liberté* u. *Le Portrait de Chimène* (P 1768); 2 Opéras-comiques: *Théodore ou le bonheur inattendu*, UA: Paris 1785 (die Ouvertüre u. einzelne Arien daraus erschienen im Druck); *Cécilia ou les Trois Tuteurs*, UA: ebd. 1786.

Lit.: B. S. BROOK, La symphonie française dans la 2de moitié du XVIIIe siècle (P 1962).

DAVESNES (D'Avesnes), **Pierre Just,** † April 1784; frz. Violoncellist und Komponist. D. spielte 1750–66 im Orchester der Académie Royale de Musique und trat im Concert spirituel mit mehreren Motetten für großen Chor (1749, 1751), 2 Symphonien (1757) und mit dem Oratorium *La Conquête de Jéricho* (1760) hervor. Im Druck erschienen von ihm die folgenden Werke für Orchester (P o.J.): 6 4st. Ouvertüren, eine *Suite de menuets*, mehrere *Suites de contredanses* und 6 italienische Arietten.

DAVID, König von Israel, lebte um 1000 v. Christus und führte Israel zu einer vorher nicht gekannten, außerodentlichen Machtstellung. Nach den Berichten des Alten Testaments (1 Sam 16 bis 1 Kön 2) war er ein Sohn des Isai (Jesse) aus Betlehem und kam als junger Hirte an Sauls Hof, um mit seinem Harfenspiel die Schwermut des Königs zu besänftigen. Durch die als gottgesandt angesehene Wirkung seiner Musik stieg er vom Spielmann und Waffenträger zum Heerführer auf und wurde nach Sauls Tod zunächst König des Stammes Juda und schließlich ganz Israels. – Wegen der Berichte über sein Harfenspiel wurde er eine Symbolfigur für die göttliche Heilkraft der Musik. Man schrieb ihm die Erfindung verschiedener Instrumente zu, vor allem der Harfe selbst. Außerdem sah man in ihm den Autor des biblischen Buches der Psalmen, zumindest aber eines Teils davon. Da diese Psalmen auch Hinweise auf die Musik und die Musikausübung der Juden enthalten, setzten sich die Kirchenväter des Mittelalters in ihren Psalmenkommentaren häufig mit Fragen der Musik auseinander. Auch in Fragen der musikalischen Gestaltung des Gottesdienstes berief man sich im Mittelalter auf D., und noch Luther nahm dafür dessen Autorität in Anspruch. D. wurde Patron der Musiker und Dichter, speziell der Meistersinger (vgl. in R. Wagners *Meistersingern* die Worte „geschmückt mit König Davids Bild"). In der bildenden Kunst wurde D., vor allem in den Psalterien, seit dem frühen Mittelalter mit den verschiedensten Musikinstrumenten dargestellt – in Adaptation der Orpheus-Sage auch mit der Leier. Diese Darstellungen sind wichtige ikonographische Zeugnisse für die mittelalterliche Musik. – In der Musik der neueren Zeit fand die D.-Geschichte Eingang u. a. in J. Kuhnaus *Musikalischen Vorstellung einiger biblischen Historien in sechs Sonaten auf dem Klavier zu spielen* (1700), in Opern von A. Caldara (1724), G. Liverati (1802) und D. Milhaud (*David*, 1954), in Oratorien von Mozart (*Davidde penitente*, 1785) und A. Honegger (*Le Roi David*, 1921).

Lit.: H. ABERT, Die Musikanschauung des MA (Hl 1905, Nachdr. Tutzing 1964); H. BESSELER, Die Musik des MA u. der Renaissance (Pd 1931); H. STEGER, D. rex et propheta (Nü 1961) (= Erlanger Beitr. zur Sprach- u. Kunstwiss. 6); R. HAMMERSTEIN, Die Musik der Engel (Mn 1962); H. J. ZINGEL, König D.s Harfe in der abendländischen Kunst (Kö 1968); C. A. BACKUS, D., King of Israel. A Study Composed for His Great Lamentations (1973) (= Diss. Univ. of Illinois, Urbana); M. SALEVIĆ, Die Vertonung der Pss. im 20. Jh., Stud. im dt. Sprachbereich (Rb 1976) (= Kölner Beitr. zur Musikforsch. 87).
U. KURTH

DAVID, Félicien César, * 13.4.1810 Cadenet (Vaucluse), † 29.8.1876 St-Germain-en-Laye; frz. Komponist. D. war zunächst Kapellmeister an der Kathedrale und 2. Dirigent am Theater in Aix-en-Provence. 1830 wurde er am Pariser Conservatoire Schüler von Fr. J. Fétis (Komposition) und von Fr. Benoist (Orgel). 1831 schloß er sich der sozialreligiösen Bewegung der Saint-Simonisten an und ging 1833 nach deren Verbot in Frankreich als ihr Missionar in den Orient. 1835 kehrte er nach Paris zurück und veröffentlichte eine Sammlung orientalischer Gesänge, die aber kein Echo fanden. Einen großen Erfolg errang er dagegen 1844 mit dem als „Ode-symphonie" bezeichneten weltlichen Oratorium *Le Désert*. Dieses Werk, in dem er ebenfalls Eindrücke seines Orientaufenthaltes musikalisch verarbeitete, trug D. den Ruf ein, als erster Komponist in größerem Umfang und programmatisch Elemente exotischer Musik verwendet und damit den Weg für die spätere Vorliebe für musikalische Exotismen gerade in Frankreich bereitet zu haben. Von seinen Werken der nächsten Jahre – vor allem weiteren Oratorien und Opern – war nur noch die Oper *Lalla-Roukh* (1862) ähnlich erfolgreich. 1869 folgte er Berlioz als Bibliothekar am Conservatoire; im gleichen Jahr wurde er auch dessen Nachfolger als Mitglied der Académie.

WW: **1) Instr.-WW:** Klv.-Stücke, darunter 2 Slgen. mit *Mélodies orientales; 12 Mélodies* für Vc. u. Klv. (oder V. u. Klv.); 2 Trios; 4 Streichquartette, davon nur Nr. 1 gedruckt (o.O. 1868); *Les Quatre Saisons*, 24 Quintette für Str. (mit Kb.) (o.O. 1846); 4 Symphonien, davon nur Nr. 1 gedruckt (o.O. 1846). – **2) Vokal-WW:** *Ménilmontant*, Chant religieux (um 1832); zahlr. Lieder; *6 Motets religieux* mit Org. oder Harmonium (o.O. 1853); *La Ruche harmonieuse* 30 Gesänge für Männerchor (o.O. 1854); *Le Désert* (Text: A. Colin), Ode-symphonie (P 1844); *Moïse au Sinaï* (Text: S. Saint-Étienne), Oratorium (o.O. 1846); *Christophe Colomb ou la Découverte du Nouveau-Monde* (Text: S. Saint-Étienne u. J. Méry), Ode-symphonie (P 1847). – **3) Bühnen-WW:** Die Opern: *La Perle du Brésil* (Libr.: G. u. S. Saint-Étienne), UA: Paris 1851; *Herculanum* (Libr.: J. Méry u. M. A. Hadot), UA: ebd. 1859; *Lalla-Roukh* (Libr.: H. J. Lucas u. P. L. Carré), UA: ebd. 1862; *Le Saphir* (Libr.: Leuven, P. L. Carré u. M. A. Hadot), UA: ebd. 1865; *La Captive* (Libr.: P. L. Carré) wurde nicht aufgeführt.

Lit.: J. G. PROD'HOMME, F. D.s Reise nach Deutschland 1845. Ungedruckte Briefe, in: Die Musik 5 (1905/06); R. BRANCOUR, F. D. (P 1911); TH. GOUIN, F. D. Le père de l'exotisme musicale, in: Musica (Disques) (1962); M. J. ACHTER, F. D., A. Thomas, and French opéra lyrique 1850–1870 (1972) (= Diss. masch. Univ. of Michigan); R. P. LOCKE, Exotic Techniques and Their Meaning in the Music of F. D. (1974) (= Diss. masch. Univ. of Chicago); P. GRADENWITZ, F. D. 1810–1876 and French Romantic Orientalism, in: MQ 62 (1976).

DAVID, Ferdinand, * 20. 1. 1810 Hamburg, † 19. 7. 1873 Klosters (Graubünden); dt. Violinist und Komponist. D. war in Kassel Schüler von L. Spohr und M. Hauptmann, spielte seit 1826 am Königsstädtischen Theater in Berlin, wurde 1829 1. Geiger im Quartett des Landrats und konzertierte auch in St. Petersburg, Moskau und Riga. F. Mendelssohn Bartholdy, mit dem er sich in Berlin angefreundet hatte, holte ihn 1835 als Konzertmeister an das Gewandhausorchester nach Leipzig, wo er seit 1843 am neugegründeten Konservatorium auch Violine lehrte. Zu seinen Schülern gehörten J. W. von Wasielewski und J. Joachim. 1845 spielte er in der Uraufführung Mendelssohns Violinkonzert. D. schrieb die Oper *Hans Wacht*, 5 Violinkonzerte, Violinstücke, 2 Symphonien und Lieder, die jedoch bald in Vergessenheit gerieten. Nachhaltigen Einfluß übte er dagegen aus mit Ausgaben und Bearbeitungen von Werken Bachs, Beethovens, Haydns, Mozarts u. a. sowie mit seinen Schulwerken für Violine, darunter *Violinschule* (L 1863), *Zur Violinschule. 24 Etüden* (L o.J.), *Zur Violinschule. 18 Etüden* (L o.J.) und *Die hohe Schule des Violinspiels* (L 1867–72, $_2$1903).

Lit.: J. ECKARDT, F. D. u. die Familie Mendelssohn-Bartholdy (L 1888); W. ALTMANN, Zur Erinnerung an F. D., in: Die Musik 2 (1903); A. MOSER, Gesch. des Violinspiels (B 1923); M. GRÜNBERG, F. D., in: Meister der V. (St 1925); W. SCHWARZ, Eine Musikerfreundschaft des 19. Jh., Unveröff. Briefe v. F. D. an R. Schumann, in: FS J. Müller-Blattau (Kas 1966) (= Saarbrücker Stud. zur Musikwiss. 1); J. FORNER, Mendelssohns Mitstreiter am Leipziger Konservatorium, in: BzMw 14 (1972).

DAVID, 1) Johann Nepomuk, * 30. 11. 1895 Eferding (Oberösterreich), † 22. 12. 1977 Stuttgart; dt. Komponist und Dirigent östr. Herkunft. D. war 1906–09 Sängerknabe im Augustiner-Chorherrenstift St. Florian und erhielt dort eine gründliche Ausbildung in Violine, Klavier und im Gregorianischen Gesang, der zur Grundlage seiner musikalischen Sprache werden sollte. Die frühesten bisher bekannten Werke entstanden während der Studienzeit an der Bischöflichen Lehrerbildungsanstalt in Linz (Lieder mit Klavier-Begleitung, Chorwerke, Kammermusik). 1915–20 war D. Volksschullehrer in Peterskirchen (Innkreis). Dort komponierte er zahlreiche Lieder(zyklen) sowie Chor- und Instrumentalwerke. Danach trat D. eine Lehramtsstelle in Waizenkirchen an, erhielt aber bald Studienurlaub. 1921–22 studierte er bei M. Springer und J. Marx (Kontrapunkt, Komposition), F. Schütz (Orgel), E. Thomas (Chorleitung) und E. Mandyczewski (Instrumentation) an der Musikakademie sowie Musikwissenschaft und Philosophie an der Universität in Wien, wo er u. a. auch mit A. Schönberg zusammentraf. 1922–24 war D. mit der Planung und Durchführung von Konzerten bei der Linzer „Kunststelle" beauftragt. In jenen Jahren entstanden Werke für Orgel, Chor, Kammermusik, Lieder sowie für großes Orchester. Die Uraufführung der Symphonie *Media vita* 1923 in Linz unter eigener Leitung fand auch überregionale Beachtung. 1924 heiratete D. die Pianistin Berta Eybl. In deren Heimatstadt Wels wirkte er dann zehn Jahre als Lehrer, Chorleiter und Organist. Mit der Gründung des Bachchores (1926) und dem Umbau der Orgel in der Christuskirche (1929–32) hat D. das Musikleben ganz Österreichs nachhaltig beeinflußt. In seinen Konzerten führte er Werke der Niederländer ebenso auf wie die von Zeitgenossen oder von A. Bruckner. Bei der Einbeziehung historischer Erkenntnisse der Orgelbewegung ging es D. um ein modernes, nicht historisierendes Klangbild der Orgel. Seit 1934 lehrte D. am Landeskonservatorium in Leipzig, 1942–45 als Professor und Direktor dieser Institution (seit 1942 Hochschule) Komposition und Chorleitung und war auch Dirigent der Kantorei. Nach Ende des 2. Weltkriegs leitete er zunächst das Salzburger Mozarteum. 1948 wurde er Professor für Theorie und Kontrapunkt an der Stuttgarter Musikhochschule. Dort leitete er außerdem 1949–52 den Brucknerchor und 1950–53 das Hochschulkammerorchester. Nach schwerer Erkrankung und der Pensionierung (1963) widmete er sich ausschließlich seinem kompositorischen Schaffen.

WW (wenn nichts anderes angegeben, in Leipzig, nach 1952 in Wiesbaden veröff.): **1) Instr.-WW: a)** für Org.: Ricercare h-moll bzw. c-moll (1925; 1. Fassung, unveröff.) (Au 1928); *Introitus, Choral u. Fuge über ein Thema von A. Bruckner* (1926; 1. Fassung, unveröff.), für Org. u. 9 Blasinstr., op. 25 (1939); Chaconne a-moll (1927); Passamezzo u. Fuge g-moll (1928); Toccata u. Fuge f-moll (1928); Präludien u. Fugen, Hymnen, Fantasien u. Fugen; Chaconne u. Fuga (1962); 12 Fugen, op. 66 (1968); Partiten, u. a.: *Innsbruck, ich muß dich lassen* (1955); *B-a-c-h* (1964); *Hölderlin* (Ode-Elegie-Hymne), op. 70 (1970); *Franz v. Assisi („Quant li Rosignol")* (1972); *Thomas v. Aquin („Pange lingua")* (1972); *Choralwerk*, 21 Hefte (1929–73). – **b)** für versch. Instr.: Sonaten für Fl., für V., für Va., für Vc., für Laute, op. 31 (1942–44); weitere WW für V. solo, darunter Sonate, op. 58, Nr. 1 (1963), *Variationen üner Mozarts Wiegenlied...*, op. 58, Nr. 2 (1971); *Duo concertante* für V. u. Vc., op. 19 (1937); Sonaten bzw. Duos für Fl. u. Va., für Blockfl. u. Laute, für 2 V., op. 32 (1943–48); Sonate für V. u. Org., op. 75 (1975); Sonate für Fl., Va. u. Gitarre, op. 26 (1940); 4 Streichtrios, op. 33 (1945–48); Trios für versch. Besetzungen; *Variationen u. Fuge über ein Thema von J. S. Bach* für Streichquartett (1925) (unveröff.). – **c)** für Orch.: Symphonien Nr. 1–8, op. 18, 20, 28, 39, 41, 46, 49, 59 (1937–65); weitere Symphonien, darunter *Media vita in morte sumus*, op. 6 (1922) (unveröff.), *Sinfonia preclassica*, op. 44 (1953), *Sinfonia breve*, op. 47 (1955), *Sinfonia per archi*, op. 54 (1959); *Kume, kum geselle min, Divertimento nach alten Volksliedern*, op. 24 (1939); 2 Partiten, I (1935), II: op. 27 (1940); *Magische Quadrate*, op. 52 (1959); *Spiegelkabinett* (Walzer), op. 55 (1960); Chaconne, op. 71 (1972); 3 Konzerte für Streichorch., op. 40, Nr. 1 u. 2 (1949), op. 74 (1974); Fl.-Konzert (1936); 3 V.-Konzerte, I: op. 45 (1952), II: op. 50 (1957), III (1961) (unveröff.); *Melancholia* für Va. u. Kammerorch., op. 53 (1958); Konzert für Org., op. 61 (1965); Josquin-Variationen für Fl., Horn u. Streichorch., op. 62 (1966); Konzert für V., Vc. u. kleines Orch., op. 68 (1969). – **2) Vokal-WW: a)** für Chor a cap.: zahlr. dt. u. lat. Motetten (u. a. op. 23, 34, 35); *Ex Deo nascimur* für 8 St. (1936); *6 Evangelienmotetten* (1958); Psalm 139 für 4–8 St. (1961); *Marienpreis* (mit Sopran-Solo), op. 63 (1966); 3 Chöre nach Hölderlin, Goethe u. Ptah Hotep, op. 76 (1970–75); *Deutsche Messe*, op. 42 (1952); *Missa choralis*, op. 43 (1953); Messe für 4 Oberst., op. 67 (1968); Volksliedsätze u. a. – **b)** für Chor u. Instr. bzw. Orch.: u. a. Messe (1917) (unveröff.); *Requiem chorale* (mit Solost.), op. 48 (1956); *Ezzolied*, Oratorium (mit Solost.), op. 51 (1932; 1. Fassung, unveröff.) (1957); *Pollio* (1960), Kammeroratorium (mit Bar.-Solo) (unveröff.); 5 Choralkantaten für 3 St. u. Positiv, op. 60 (1965); *Wân (Denken)* mit Fl. u. Horn, op. 64 (1966); *O wir armen Sünder*, Kantate mit Alt-Solo u. Org., op. 65 (1966); 3 Evangelienmotetten, op. 69 (1971); *Komm, Heiliger Geist/Veni Creator Spiritus*, Kantate für 2 Chöre u. Orch., op. 72 (1972). – **3) Schriften:** *Die Jupiter-Symphonie* (mit einem Anhang: *Das Os justi von A. Bruckner*) (Gö 1953, ⁴1960); *Die zweistimmigen Inventionen von J. S. Bach* (Gö 1957, ³1967); *Die dreistimmigen Inventionen von J. S. Bach* (Gö 1959); *Das Wohltemperierte Klavier. Der Versuch einer Synopsis* (Gö 1962); einzelne Aufsätze, u. a. *Der Kontrapunkt in der musikal. Kunst*, in: Bach-Jb. 36 (1939); *Der musikal. Satz im Spiegel der Zeit*, in: FS der Akad. für Musik... in Graz (Gr 1963).

Der melische Gesang und ein ursprüngliches klanglich-harmonisches Empfinden bilden den Ausgangspunkt für D.s musikalische Sprache, die sich durch eine bedingungslos polyphone Schreibweise auszeichnet. In der Musik Josquin des Prés' und J. S. Bachs fand er einerseits sein eigenes Wesen wieder, andererseits bedeutete ihm Linearität Abbild des Göttlichen im Sinne der Mystik Meister Eckharts; entsprechend werden seine Kompositionen aus einem einzigen Thema (Cantus firmus) entwickelt (Monothematik). Auf dem Gebiet der Tonalität, die er nach 1924 nie mehr verlassen hat, erreichte er über polytonale Architekturen und über die gelegentliche Verwendung panchromatischer Themen (einer eigenen Variante Schönbergscher Dodekaphonie) äußerste Grenzen. Sein gültiges Schaffen (D. verwarf zuletzt die meisten der vor etwa 1940 entstandenen Werke) umfaßt mit Ausnahme von Lied und Oper alle Gattungen, die für ihn gleichgewichtig sind. Seine Kammermusik und seine Symphonik wurden freilich bisher wenig beachtet. Das *Choralwerk* (1929–73) für Orgel ist nach D.s eigener Bekundung als „Rechenschaftsbericht" einer langen Entwicklung anzusehen. In ihrer strukturellen Dichte von Satztechnik und Ausdruck stellen die *6 Evangelienmotetten* (1958) einen Höhepunkt der a cappella-Literatur dar. Das Oratorium *Ezzolied* (1957) gilt als D.s Hauptwerk. In seiner Auffassung von der erzieherischen Macht der Musik ist D. Platon-Schüler. Aus solchem Ethos und aus einer tiefen christlichen Gläubigkeit wuchs sein, wie er es nannte, „Gehorsam", d.h. seine große Verantwortlichkeit gegenüber dem kompositorischen Material, was sich auch in einer handwerklich orientierten Lehre zeigte. Disziplin musikalischen Denkens verband sich bei ihm mit einer ungewöhnlich großen geistigen Weite. Seine von starken inneren Spannungen beherrschte Persönlichkeit äußerte sich in einem gestisch sparsamen, im Ausdruck allerdings leidenschaftlichen Interpretationsstil. – 1978 wurde in Stuttgart eine Internationale J.-N.-D.-Gesellschaft gegründet.

2) Thomas Christian, Sohn v. 1), * 22.12.1925 Wels (Oberösterreich); östr. Komponist und Dirigent. Er studierte Flöte und Dirigieren in Leipzig und unterrichtete 1945–48 Flöte am Salzburger Mozarteum. 1952–56 studierte er in Tübingen Musikwissenschaft. Seit 1952 leitete er in Stuttgart den Süddeutschen Madrigalchor, wurde 1958 Professor für Generalbaßspiel und Partiturkunde (seit 1956 auch für Komposition) an der Wiener Musikakademie und wirkte gleichzeitig als Flötist, Cembalist und als Dirigent. 1967–73 leitete er die Musikabteilung an der Universität in Teheran und war Chefdirigent des staatlichen iranischen Fernsehorchesters NIRTV. Seither lehrt er wieder Komposition an der Wiener Musikhochschule und konzertiert daneben in Europa und in Übersee.

WW: **1) Instr.-WW:** Kammermusik: 5 Bagatellen u. Sonate für Klv.; Capriccio (1978) für V. solo; 3 Intermezzi u. 3 Canzonen für V. u. Klv.; Sonate für Vc. u. Klv.; Trio für Fl., V. u. Va., op. 8; 5 Streichquartette; Quintett für Fl., Ob., Klar., Horn u. Fag.; Konzert für 9 Soloinstr.; Trio *Es sungen drei Englein* (1976) für Fl., Englischhorn u. Vc.; Trio (1978) für V., Klar. u. Klv. – Für Orch.: 3 Konzerte (1960, 1970, 1973) für Str.; Konzert (1960) für 5 Bläser u. Str.; Konzert (1964); Konzert (1965) für 12 Str.; Solo-Konzerte mit Klv. (1961), mit V. (1962), mit Gitarre (1963), mit Ob. (1975), mit Org. (1975); Konzert (1977) für 2 V. u. Str.; Concerto grosso (1977) für 2 Va., Vc., Kb. u. Str.; 2 Sinfonien (1966, 1971). – **2) Vokal-WW:** 4 Lieder nach chinesischen Gedichten (1964) für SingSt u. Klv.; 4 Gesänge nach Hafez (1971) für Sopran u. Kammerorch.; Goethe-Lieder (1977) für Bar. u. Klv.; 5 Lieder (1978) für Sopran u. Klv.; *Missa in adventu Christi*, 6st. (1961); *Missa in honorem Mariae*, 4st. (1964); Madrigale für Chor a cap.; 3 Goethe-Chöre mit Klv. 4händig (1978); *Das Lied des Menschen* (1975), Oratorium; *Atossa* (1968), Oper.

3) Lukas Florian, Sohn von 1), * 5.6.1934 Wels (Oberösterreich); dt. Violinist. Ersten Geigenunterricht erhielt er an der Musikhochschule Leipzig und am Salzburger Mozarteum, war dann Schüler von M. Kergl an der Stuttgarter Musikhochschule, 1949–57 von T. Varga an der Nordwestdeutschen Musikakademie in Detmold und bis 1959 dessen Assistent. Seit 1959 hatte er einen Lehrauftrag für Violine an der Wiener Musikakademie und wurde 1966 Professor in Detmold. D., der internationale Anerkennung fand, gilt als ausgesprochener Virtuose. Tourneen führten ihn durch Europa, in den Orient, in die USA und nach Südafrika. Schwerpunkte seines Repertoires sind die romantisch-virtuosen Werke und die zeitgenössische Musik. Er hat selbst viele Komponisten angeregt, vor allem aber sind die Violinwerke seines Vaters (darunter mehrere Solokonzerte) in enger Zusammenarbeit mit ihm entstanden.

Lit.: **Zu 1)** H. BÜTTNER, J. N. D., in: ZfM 105 (1938); F. OESER, J. N. D., in: Jb. der dt. Musik 1943 (L– B 1943); F. KESSLER, Neue Bestrebungen auf dem Gebiet des Orgelchorals (Diss. Mz 1950); H. SCHMIDT, Unters. zur choralgebundenen Orgelmusik seit M. Reger (Diss. Erl 1952); D. CH. JOHNS, J. N. D.s Choralwerk (1960) (= Diss. Northwestern Univ., Evanstone/Ill.); G. SIEVERS, Magische Quadrate, in: Musica 14 (1960); W. KIRSCH, J. N. D. als Vokalkomponist, in: MuA 13 (1960/61); H. FEDERHOFER, J. N. D.s Analysen von Werken J. S. Bachs, in: AfMw 19/20 (1962/63); H. G. BERTRAM, Material–Struktur–Form. Stud. zur musikal. Ordnung bei J. N. D., 2 Bde. (Wie 1965) (= Diss. Wü 1963); R. KLEIN, J. N. D. (W 1964) (= Östr. Komp. des 20. Jh., III); G. SIEVERS, Das Ezzolied in der Vertonung v. W. Burkhard u. J. N. D., in: FS H. Engel (Kas 1964); H. H. STUCKENSCHMIDT, J. N. D. (Wie 1965); W. DALLMANN, Zwölf Orgelfugen, Werk 66 v. J. N. D. Versuch einer Werkbetrachtung (Wie 1969); Ex Deo nascimur. FS J. N. David, hrsg. v. G. SIEVERS (Wie 1970); H. G. BERTRAM, J. N. D., Partita über b-a-c-h für Orgel. Versuch einer synoptischen Interpretation, in: MuK 40 (1970); L. B. MARSH, The Choral Music of J. N. D. (1974) (= Diss. Univ. of Washington); B. A. KOHL, Die mystische Ordnung der Dinge im Werk J. N. D.s, in: MS 97 (Kö 1977). – **Zu 2)** W. SZMOLYAN, Zeitgenössische Komponisten aus Oberösterreich, in: ÖMZ 25 (1970). B. A. KOHL

DAVIES, Sir **Henry Walford,** * 6.9.1869 Oswestry (Shropshire), † 11.3.1941 Wrington (Somerset); engl. Komponist, Organist und Musikpädagoge. Er trat 1882 in den Chor der St. George's Chapel in Windsor ein und erhielt dort seine erste musikalische Ausbildung. Seit 1890 studierte er am Royal College of Music bei Ch. H. H. Parry und

Ch. V. Stanford, war gleichzeitig Organist an St. Anne's, seit 1891 an der Christ Church in Hampstead. 1895–1903 lehrte er Kontrapunkt am Royal College of Music, 1919–26 am University College of Wales in Aberystwyth, seit 1924 am Gresham College in London. 1898–1923 war er auch Organist an der Temple Church in London, 1927–32 an der St. George's Chapel, 1903–07 auch Leiter des Londoner Bach-Chors. 1924 wurde er Mitarbeiter der BBC, wo er vielbeachtete Musiksendungen für die Jugend und populäre Vortragsreihen über Musik *(Music and the Ordinary Listener, Everyman's Music)* veranstaltete. D. wurde 1922 geadelt und 1934, als Nachfolger E. Elgars, Master of the King's Music. Seit 1939 lebte er in Bristol.

WW: **1) Instr.-WW:** Org.-Stücke; Kammermusik, darunter 2 Sonaten für V. u. Klv. (1894, 1896) u. ein Quintett mit Klv. (1927, revidiert 1940); Orch.-WW, u. a.: *Memorial Suite*, op. 50 (1919–23), für Klv. u. Orch. – **2) Vokal-WW:** Lieder; Chor-WW; Kirchenmusik; Kantate *Everyman*, op. 17 (1904, revidiert 1934) (nach einem altengl. Mysterienspiel); *Ode on Time*, op. 27 (1908, revidiert 1936) für Bar., Chor u. Orch. – **3) Schriften:** zahlr. Veröff., darunter *Music and Worship* (1935). – D. war auch Hrsg. zahlr. engl. u. walisischer Liederbücher.

Lit.: H. C. COLLES, W. D., in: ML 22 (1941); DERS., W. D., a Biography (Lo 1942) (darin Werk-Verz. v. J. Wison).

DAVIES, Peter Maxwell, ↗Maxwell Davies, Peter.

DAVIS, Colin, * 25. 9. 1927 Weybridge (Surrey); engl. Dirigent. Er studierte Klarinette am Royal College of Music in London, nach dem Militärdienst als Musiker bei einer Kavallerieeinheit bildete er sich autodidaktisch im Dirigieren aus. Er war dann mehrere Jahre als freier Dirigent tätig und dirigierte u. a. das Kalmar Orchestra und das Orchester der Chelsea Opera Group. 1957 wurde er stellvertretender Dirigent des Scottish Symphony Orchestra der BBC. 1959 ging er als Gastdirigent nach Toronto, wurde im gleichen Jahr Dirigent bei der Sadler's Wells Opera Company, 1960 deren Chefdirigent bei der BBC und 1971, als Nachfolger G. Soltis, der Covent Garden Opera. D. zählt zu den prominentesten Opern- und Konzertdirigenten der Gegenwart. Er machte sich vor allem als Interpret der Werke von Mozart und Berlioz einen Namen.

DAVIS, Miles Dewey, * 25. 5. 1926 Alton (Illinois); amerik. Jazzmusiker (Trompete, Flügelhorn) und Bandleader. Er spielte bereits 1941–43 professionell bei Eddie Randall, zusammen mit Clark Terry, der ihn stark beeinflußte, kam 1945 nach New York, geriet dort rasch in den Kreis der Bebop-Musiker und spielte 1946–48 u. a. mit Charlie Parker, Coleman Hawkins, Benny Carter und in der Billy Eckstine-Band. 1948 gründete er das Miles Davis Capitol-Orchestra, das eine Keimzelle des ↗Cool Jazz wurde. Der Sound wurde wesentlich von Blechbläsern (Waldhörnern, Posaune und Tuba) geprägt. 1949 entstanden die berühmten Capitol-Aufnahmen. 1954 spielte D. vor allem mit Art Blakey und Horace Silver zusammen, die dann in der 2. Hälfte der 50er Jahre den ↗Hardbop einleiteten. Das 1956 gegründete Quintett mit John Coltrane, Red Garland, Paul Chambers und Philly Joe Jones setzte Maßstäbe für alle folgenden Quintettbesetzungen im modernen Jazz und wurde auch weit über den Jazz hinaus bekannt. In ihm wurde die modale Spielweise entwickelt, die die direkte Vorstufe zum ↗Free Jazz bildet: Die Improvisation orientierte sich nicht mehr an Akkorden, sondern an Skalen. D. selbst spielte ohne attacca, häufig mit Dämpfer, bevorzugte das mittlere und untere Register der Trompete und schuf damit einen eigenen Trompetenstil. Daneben entstanden die bedeutenden Schallplatteneinspielungen mit der Big Band von Gil Evans: *Miles Ahead* (1957), *Porgy and Bess* (1958) und *Sketches of Spain* (1959). 1963 änderte D. sein Spiel. An die Stelle lyrischer Einfachheit traten komplexe Rhythmen und sehr schnelle Tempi. Seine Band formierte sich neu. Die Einspielung von *In a silent way* 1968 kennzeichnet seine allmähliche Hinwendung zum Rock-Jazz auf Anregung von Joe Zawinul; die Einspielung *Bitches Brew* 1970 wurde das Manifest der neuen Richtung. – D. ist eine der zentralen Erscheinungen des gesamten Modern Jazz. Er hat in über 30 Jahren stets anregend auf den Jazz gewirkt und, wie im Modern Jazz nur noch Dizzy Gillespie, zahlreiche Trompeter beeinflußt. Kompositionen von ihm, die zum Standardrepertoire des modernen Jazz gehörten, sind u. a. *E.S.P., Seven Steps to Heaven, So what* und *Compulsion.*

Lit.: A. HODEIR, M. D. and the cool tendency, in: Jazz, its Evolution and Essence (NY 1956); N. HENTHOFF, An Afternoon with M. D., in: Jazz Review (1958); S. M. JAMES, M. D. (Lo – NY 1961); G. HOEFER, Early Miles, in: Down Beat (1967); J. G. JEPSEN, M. D. A Discography of M. D. (Kop 1969); F. KERSCHBAUMER, Zum Personalstil v. M. D., in: Jazzforschung 3/4 (1971/72); J. E. BERENDT, M. D., in: Das Jazzbuch. Von Rag bis Rock (F 1973); B. COLE, M. D. A Musical Biography (NY 1974); G. HALL, M., in: Down Beat (1974); L. FEATHER, Bebop, Cool Jazz, Hard Bop, in: Die Story des Jazz, hrsg. v. J. E. Berendt (St 1975); A. POLILLO, Jazz. Gesch. u. Persönlichkeiten der afro-amerik. Musik (dt. Mn 1978); F. KERSCHBAUMER, M. D. Stilkritische Unters. zur musikal. Entwicklung seines Personalstils (Gr 1978) (= Beitr. zur Jazzforschung 5).

DAVIS, Sammy, jr., * 12. 8. 1925 New York; amerik. Sänger, Instrumentalist (Schlagzeug, Vibraphon, Trompete), Tänzer und Schauspieler. Seit frühester Kindheit trat er mit seinem Vater und seinem Nennonkel Will Mastin in dessen Truppe Holiday in Dixieland (später Will Mastin Trio) auf. 1949 erschien seine erste Schallplatte, 1954 sein erstes Plattenalbum *(Starring Sammy Davis jr.)*. 1956 gelang ihm der Durchbruch am Broadway in *Mister Wonderful.* Er trat danach in zahlreichen berühmten Fernsehserien und zunehmend auch im Film auf. D. ist als Allround-Entertainer einer der profiliertesten Stars des internationalen Showbusiness. Zu seinen erfolgreichsten Gesangstiteln gehören u.a.: *Hey There, Mr. Bojangles, It Ain't Necessarily So, Mr. Wonderful, Too Close for Comfort, Without You, Candy Man, The Lady is a Tramp, For Once in My Life.*

DAVISSON, Walther, * 15.12.1885 Frankfurt a.M., † 18.7.1973 Bad Homburg v.d.H.; dt. Violinist und Dirigent. Er studierte am Hoch'schen Konservatorium in Frankfurt a.M., war 1906–13 Sekundarius des Rebner-Quartetts und lehrte seit 1908 Violine am Konservatorium in Frankfurt, danach in Leipzig. 1924–32 war er dort stellvertretender, bis 1942 leitender Direktor. 1947–48 lehrte er als Professor an der Musikhochschule in Halle/Saale, war 1950–55 Direktor der Frankfurter Musikhochschule und leitete dort noch bis 1957 eine Violinklasse. In Leipzig und 1950–55 in Frankfurt leitete er jeweils auch die Dirigentenklasse und das Hochschulorchester; als Gastdirigent trat er im Leipziger Gewandhaus sowie bei Bach- und Reger-Festen auf.

WW: 1) Editionen: Zahlr. WW für V. (solo u. mit Klv. oder Orch.), u. a. v.: J. S. Bach, G. F. Händel, J. Haydn, W. A. Mozart, L. van Beethoven, P. Rode, R. Kreutzer, J.-F. Mazas u. R. Schumann. – **2) Schrift:** *Schule der Tonleitertechnik für die V.*, 3 H.e (L 1930–33).

B.A.KOHL

DAVUL (Dawul), **Tapan, Tupan,** große Zylinder-Trommel der Türkei und der Balkanländer mit zwei Fellen. Das Instrument hängt an einem Schulterriemen und wird vom Spieler waagerecht bis schräg so gehalten, daß er mit unterschiedlichen Schlegeln beide Felle schlagen kann. Der D. gehörte früher zur ↗Janitscharenmusik, seine wichtigste Funktion war und ist jedoch, meist zusammen mit einer Kegeloboe (↗Zurna), die Begleitung des Tanzes, bei dem der Trommler gleichzeitig als oft virtuoser Solotänzer und Spieler in Erscheinung tritt.

Lit.: F. HOERBURGER, Der Tanz mit der Trommel (Rb 1954) (= Quellen u. Forsch. zur musikal. Folklore, 2).

DAVY, Gloria, * 29.3.1921 Brooklyn (New York); amerik. Sängerin (Sopran). Sie studierte bis 1953 Gesang an der Juilliard School of Music in New York. International berühmt wurde sie nach 1954 durch eine Welttournee als Bess in G. Gershwins *Porgy and Bess.* Es folgten Gastspiele in Europa, u.a. an der Scala in Mailand und 1957 bei den Donaueschinger Musiktagen in der UA von *Nachtstücke und Arien*, das H. W. Henze für sie geschrieben hatte. 1958 trat sie erstmals am Metropolitan Opera House in New York auf, 1963–68 war sie ständiger Gast an der Deutschen Oper Berlin. Auf ihren weltweiten Gastspielreisen hat sie auch als Liedsängerin triumphale Erfolge.

DAVY, Richard, * um 1467, † um 1516 wahrscheinlich Blickling Hall (Norfolk); engl. Komponist. D. war 1490–92 Chormeister und Organist des Magdalen College in Oxford, 1497 wurde er zum Priester geweiht, 1497–1506 wird er als Vicar-choral der Kathedrale von Exeter genannt. Von ihm sind 6 große 5st. Votiv-Antiphonen hsl. erhalten, anschauliche Beispiele für den prunkvollen Stil der zeitgenössischen englischen Chormusik. Seine im *Eton Choirbook* überlieferte 4st. Passion (nur Turbasätze) nach Matthäus ist die älteste erhaltene Passion eines namentlich bekannten Komponisten.

Ausg.: Alle erhaltenen WW in: The Eton Choirbook II–III, hrsg. v. F. L. HARRISON (1958–61) (= Mus.Brit. 11–12).

DAWYDOW (Davidov), **Karl Juljewitsch,** * 3. (15.) 3.1838 Goldingen (Kurland), † 14. (26.) 2.1889 Moskau; russ. Violoncellist und Komponist. Nach dem Mathematikstudium an der Universität Moskau wandte er sich ganz der Musik zu und studierte Violoncello in Moskau, St. Petersburg und Leipzig, wo er auch Kompositionsschüler von M. Hauptmann war. Seit 1860 war er Solocellist des Gewandhausorchesters und Lehrer am Konservatorium in Leipzig, 1862–82 Solocellist an den Kaiserlichen Theatern in St. Petersburg und Lehrer am dortigen Konservatorium, das er 1876–86 selbst leitete. D. schrieb 4 Cellokonzerte, die *Russische Phantasie* für Violoncello und Orchester, je ein Streichquartett, Klavierquartett und Streichsextett, Orchester- und Klavierwerke. Er verfaßte auch eine Celloschule.

Lit.: P. GUTOR, K. J. D. (Mos 1899), neu hrsg. v. S. L. Ginsburg (Mos – Leningrad 1950); S. L. GINSBURG, K. J. D. (Leningrad 1936); DERS., K. J. D. (ebd. 1950); W. PAPE, Die Entwicklung des Vc.-Spiels im 19. Jh. (Diss. Saarbrücken 1962).

DAZA (Daça), **Esteban;** span. Vihuelist des 16. Jahrhunderts. Sein *Libro de música de cifras para vihuela intitulado El Parnaso* (Valladolid 1576) ist die letzte Sammlung mit Vihuela-Kompositionen. Es enthält eigene Fantasien und Übertragungen von Motetten, Chansons und Villancicos französischer und spanischer Komponisten (u. a. Th. Crequillon und J. Navarro).

Ausg.: 11 Stücke in: Les Luthistes espagnols du XVIe siècle hrsg. v. G. MORPHY, II (L 1902); 2 Stücke in: LAVIGNAC Hist. IV.

Lit.: H. ANGLÉS, La música en Espana (Ba 1934); J. SUBIRÁ, La Música (Ba 1949).

dB, Abk. für ↗Dezibel.

D.C., Abk. für ↗da capo.

DEAN, Winton Basil, * 18. 3. 1916 Birkenhead; engl. Musikforscher und -kritiker. D. studierte Altphilologie und Anglistik am King's College in Cambridge und privat Musikwissenschaft bei Philip Radcliffe. 1965–66 war er „Ernest Bloch Professor of Music" an der University of California. D.s besonderes Interesse gilt der Oper des 18. und 19. Jahrhunderts.

Schriften: *Bizet* (Lo 1948), überarbeitet u. erweitert unter dem Titel *G. Bizet. His Life and Work* (Lo 1965); *Carmen. The Novel the Libretto and the Music* (Lo 1949); *An Introduction to the Music of Bizet* (Lo 1950); *Puccini,* in: The Heritage of Music 3 (Lo 1951); *Handel's Dramatic Oratorios and Masques* (Lo 1959); *Shakespeare and Opera,* in: Shakespeare in Music (Lo 1964); *Opera Under the French Revolution,* in: Proc. R.Mus. Assoc. 94 (1967/68); *Handel and the Opera Seria* (Berkeley – Lo 1970); *Donizetti's Serious Operas,* in: Proc. R. Mus. Assoc. 100 (1973/74).

DEATH IN VENICE, THE, Oper von B. Britten; dt. Titel: Der ↗Tod in Venedig.

DEBAIN, Alexandre François, * 1809 Paris, † 3. 12. 1877 ebd.; frz. Instrumentenbauer. D. gründete 1834 eine Pianofortefabrik. Er erfand mehrere Musikinstrumente und verbesserte vor allem die Orgue expressif, die er sich 1840 unter dem Namen ↗Harmonium patentieren ließ.

DEBIERRE, Louis François, ↗Beuchet-Debierre.

DE BLASIS, Carlo, * 4. 11. 1797 Neapel, † 15. 1. 1878 Cernobbio am Comer See; it. Tänzer, Ballettmeister und Choreograph. Er war der Sohn des Komponisten Francesco Antonio de Blasis. Zwölfjährig debütierte er in Marseille und gastierte später an den bedeutendsten französischen und italienischen Opernbühnen. Als Solotänzer und Choreograph wurde er an der Mailänder Scala und im King's Theatre in London gerühmt. Er schuf Choreographien zu Opern von Gluck, Sacchini und Mozart und kreierte etwa 90 Ballette, für die er zum Teil auch die Musik schrieb. 1837–53 leitete er die Kaiserliche Tanzakademie der Mailänder Scala und erwarb als Pädagoge nachhaltigen Ruhm. Er vervollkommnete das System des klassisch-akademischen Tanzes, das als Lehrmethode heute noch verbindlich ist und dessen Regeln er in mehreren theoretischen Werken kodifizierte: *Traité élémentaire, théoretique et pratique de l'art de la danse* (Mi 1820), *Code of Terpsichore* (Lo 1830), *Notes Upon Dancing* (Lo 1847), *L'Uomo fisico, intellettuale e morale* (Mi 1857). G. LUDIN

DEBUSSY, Claude (Achilles-Claude), * 22. 8. 1862 Saint-Germain-en-Laye, † 25. 3. 1918 Paris; frz. Komponist. D. war der älteste Sohn aus einer in einfachen Verhältnissen lebenden Familie burgundischer Herkunft. Eine Schule besuchte er nicht; die Mutter vermittelte ihm die notwendigsten Kenntnisse. Seine künstlerische Ausbildung wurde dagegen von seinen Paten, seiner Tante Mme Roustan (im Taufregister Octavie de la Ferronière genannt) und Achille Arosa, gefördert. Einigen Biographen zufolge sprechen gute Gründe für die Vermutung, daß es sich bei den Paten in Wirklichkeit um seine natürlichen Eltern handelte. Vor allem Arosa, Bruder des Gauguin-Mäzens Gustave Arosa, sorgte in den ersten Jahren für die Ausbildung des jungen D., finanzierte den ersten Klavierunterricht und Fahrten an die Côte d'Azur. Auf diesen Reisen sammelte er Eindrücke, die vermutlich die Wahl verschiedener Stil-Elemente in späteren Werken wie etwa *Sirènes* und *La Mer* bestimmten. Das künstlerische Talent des ungefähr 8 Jahre alten D. entdeckte und förderte schließlich Mme Mauté de Fleurville, eine namhafte Pianistin und Schülerin Chopins. Am 2. 10. 1872 wurde D. am Pariser Conservatoire aufgenommen; seine Lehrer waren u. a. A. Fr. Marmontel (Klavier), E. Guiraud (Komposition), A. J. A. Lavignac (Theorie), J. E. Fr. Massenet und kurze Zeit auch C. Franck. 1880/81 unterbrach er das Studium für einige Monate und arbeitete als Hauspianist und Musiklehrer bei Tschaikowskys Gönnerin Nadeshda von Meck. Ihre Familie begleitete er auf zwei Reisen durch die Schweiz, Italien und Rußland, auf denen er seinen musikalischen Horizont erweitern konnte. Nachdem D. den Schwerpunkt seiner Ausbildung vom Klavierspiel, bei dem ihm trotz verschiedener Auszeichnungen der erhoffte große Erfolg versagt blieb, auf die Komposition verlegt hatte, errang er 1884 mit der Kantate *L'Enfant prodigue* den Prix de Rome. Der bereits früher fertiggestellte Partiturentwurf zu *Diane aux bois* (nach Théodore de Banville) blieb auf den Rat E. Guirauds hin unveröffentlicht; die „Kühnheiten" der Komposition sollten zunächst nicht bekannt werden, um die Chancen des Rompreis-Anwärters nicht zu verringern.

Am 21. 1. 1885 reiste D. nach Rom. Die Trennung von Freunden und die strenge Reglementierung des

Lebens in der Villa Medici ließen ihn jedoch den Romaufenthalt wie ein Exil empfinden. Nach kaum mehr als der Hälfte der vorgesehenen 3 Jahre brach er die kompositorisch wenig produktive „Verbannung" ab. Die meisten Arbeiten waren über das Stadium von Entwürfen und Plänen nicht hinausgekommen; Sie sind heute – wie z. B. der erste Teil der symphonischen Ode *Zuléima* – verschollen oder wurden – wie die symphonische Suite *Printemps* und die *Fantaisie* für Klavier und Orchester – erst Jahre später veröffentlicht. Neue musikalische Eindrücke, angefangen von den a cappella-Werken Palestrinas und Orlando di Lassos bis hin zu einer intensiven Auseinandersetzung mit der Musik Richard Wagners, trugen in Rom noch keine Früchte und wirkten sich erst im späteren Schaffen aus. Als begeisterter Wagnerianer besuchte D. 1888 und 1889 Bayreuth und hörte dort den *Tristan,* die *Meistersinger* und den *Parsifal,* äußerte aber bereits nach der zweiten Bayreuth-Reise Kritik und warnte vor dem umfassenden Anspruch der Theorien Wagners. In dem frühen Werk *La Damoiselle élue* (nach D. G. Rossetti) 1887/88 klingt die Musik des *Parsifal* noch unverkennbar nach. Gleichzeitig begannen zahlreiche neue Eindrücke wirksam zu werden. Seine bisherigen ästhetischen Maximen wurden durch den Umgang mit Literaten und Malern, zu deren Zirkeln er als einziger Musiker Zugang hatte, einer Überprüfung unterzogen. So entwikkelte er dort eine Vorliebe für die Lyrik Baudelaires, Verlaines und Mallarmés. In seinen Kompositionen schlug sich in dieser Zeit die Begeisterung für die auf der Pariser Weltausstellung von 1889 erstmals gehörte fernöstliche Musik, insbesondere für die Kunst der javanischen Gamelan-Orchester, nieder. Gleichzeitig übte die neurussische Kunstmusik wachsenden Einfluß auf ihn aus. Besonders enthusiastisch wandte er sich nach dem Studium der Partitur der Urfassung des *Boris Godunow* seit 1893 M. Mussorgski zu.

Seit Beginn der 90er Jahre, in denen Hauptwerke wie *Prélude à l'après-midi d'un faune* (UA 22. 12. 1894) und *Pelléas et Mélisande* (nach Maeterlinck; UA 30. 4. 1902) entstanden, führte D. in Paris das Leben eines Bohemiens. Für fast 10 Jahre fand er in Gabrielle Dupont (Gaby) eine Gefährtin, die ihn gegen alltägliche Querelen abschirmte und so die Arbeit am *Pelléas* bedeutend förderte. Der Briefwechsel des Komponisten mit seinem engen Freund, dem Dichter Pierre Louys, hält die Stationen dieser Liaison fest, die durch eine kurze Verlobung D.s mit der Sängerin Thérèse Roger unterbrochen wurde und erst kurz vor seiner Heirat mit Rosalie Texier (Lilly) 1899 endgültig zerbrach. Aber schon 1904 verließ er seine Frau, um mit der verheirateten Emma Moyse-Bardac ein luxuriöses Leben zu führen. Sie wurde 1905, im Jahr der Scheidung von Lilly, Mutter seines einzigen Kindes, Claude-Emma. 1908, nachdem ihre Ehe ebenfalls geschieden worden war, heiratete er sie.

Nach der Uraufführung des *Pelléas* unternahm D. zahlreiche Reisen, um in England, Italien, Österreich, Ungarn, Holland und Rußland eigene Werke zu dirigieren. Seit 1909/10 behinderte ein Krebsleiden zunehmend die kompositorische Arbeit.

Zur Verbesserung seiner fast zeitlebens angespannten finanziellen Lage schrieb D. zeitweilig Kritiken; Paul Valérys *Une soirée avec M. Teste* (Herr Teste; 1895) inspirierte ihn dazu, sich einer literarischen Persona, die er M. Croche nannte, zu bedienen, um gelegentlich sein eigenes Werk zu verteidigen und ästhetische Postulate zu formulieren. Trotz seiner Krankheit erfüllte reger Schaffensdrang die letzten Lebensjahre. *Le Martyre de Saint Sébastien* (nach d'Annunzio; UA Paris, 22. 5. 1911) und das Ballett *Jeux* (auf Anregung von W. Nischinski; UA 15. 5. 1913), das mit Diaghilews „Ballets Russes" aufgeführt wurde, entstanden als Auftragswerke neben Arbeiten an geplanten Opern nach Erzählungen von E. A. Poe, *La Chute de la Maison Usher* und *Le Diable dans le beffroi.* Immer wieder durch seine Krankheit unterbrochen, komponierte D., erfaßt von der „Krankheit derer, die nicht aufhören können" (Brief an Caplet vom 19. 11. 1912), solange es ihm möglich war. 1915 entschloß man sich zu einer Operation, die aber den Verfall nur beschleunigte.

WW (wenn nicht anders angegeben, in Paris erschienen): **1) Instr.-WW: a)** Für Klv. allein: *Danse bohémienne* (1880) (Mz o.J.); *Deux Arabesques* (1888); *Rêverie, Ballade, Danse* (instrumentiert von M. Ravel), *Valse romantique* (1890); *Nocturne* (1890); *Suite bergamasque: Prélude, Menuet, Clair de lune, Passepied* (1890–1905); *Mazurka* (1891); *Pour le piano: Prélude, Sarabande* (instrumentiert von M. Ravel), *Toccata* (1896–1901); *Estampes: Pagodes, Soirée dans Grenade, Jardins sous la pluie* (1903); *D'un cahier d'esquisses* (1903); *Masques* (1904); *L'Isle joyeuse* (instrumentiert von B. Molinari) (1904); *Images I: Reflets dans l'eau, Hommage à Rameau, Mouvement* (1905); *Children's Corner: Doctor Gradus ad Parnassum, Jimbo's Lullaby, Serenade for the Doll, The Snow Is Dancing, The Little Shepherd, Golliwogg's Cake-Walk* (1906–08), instrumentiert von A. Caplet; *Images II: Cloches à travers les feuilles, Et la lune descend sur le temple qui fut, Poissons d'or* (1907–08); *The Little Nigar* (1909); *Hommage à Haydn* (1909); *Douze Préludes I: Danseuses de Delphes, Voiles, Le Vent dans la plaine, Les Sons et les parfums tournent dans l'air du soir, Les Collines d'Anacapri, Des Pas sur la neige, Ce qu'a vu le Vent d'Ouest, La Fille aux cheveux de lin, La Sérénade interrompue, La cathédrale engloutie, La Danse de Puck, Minstrels* (1909–10); *La plus que lente* (1910), auch Orchesterfassung von D.; *Douze Préludes II: Brouillards, Feuilles mortes, La Puerta del Vino, Les Fées sont d'exquises danseuses, Bruyères, General Lavine-eccentric, La Terrasse des audiences du clair de lune, Ondine, Hommage à S. Pickwick, Esq., P.P.M.P.C., Canope, Les Tierces alternées, Feux d'artifice* (1910–13); *La Boîte à joujoux: Prélude, Le Magasin de jouets, Le Champ de ba-*

taille, La Bergerie à vendre, Après fortune faite, Épilogue (1913); *Berceuse héroïque* (1914), instrumentiert von D.; *Douze Études I* und *II* (1915). – **b)** Für Klv. 4händig: *Symphonie en si mineur* (1880) (Mos 1933) (einsätziger Entwurf für Klv. zu 4 Händen); *Triomphe de Bacchus* (Orchesterzwischenspiel) (1882) (P 1928); *Petite Suite: En Bateau, Cortège, Menuet, Ballet* (1889), instrumentiert von Henri Büsser; *Marche écossaise sur un thème populaire* (The Earl of Ross's March) (1891), instrumentiert von D.; *Six Épigraphes antiques: Pour invoquer Pan, dieu du vent d'été, Pour un Tombeau sans nom, Pour que la nuit soit propice, Pour la danseuse aux crotales, Pour l'Égyptienne, Pour remercier la pluie au matin* (1914–15), auch für Klv. 2händig, instrumentiert von E. Ansermet. – **c)** Für 2 Klv.: *Lindaraja* (1901) (P 1926); *En Blanc et Noir* (Trois Caprices) (1915). – **d)** Kammermusik: *Quatuor à cordes g-mineur* (1893); *Rhapsodie* (1903–05) für Saxophon u. Klv. (auch für Klv. solo), Orchesterfassung von R. Ducasse; *1er Rhapsodie* (1909–10) für Klar. u. Klv., instrumentiert von D.; *Petite Pièce* (1910) für Klar. u. Klv., instrumentiert von D.; *Syrinx* (1913) für Solofl.; Sonate (1915) für Vc. u. Klv.; Sonate (1915) für Fl., Br. u. Harfe; Sonate (1916–17) für V. u. Klv.; *Intermezzo* für Vc. u. Klv. (Philadelphia 1944). – **e)** Für Orch.: *Printemps* (1887) (neu instrumentiert 1908); *Fantaisie* (1889) für Klv. u. Orch. (P 1919); *Prélude à l'après-midi d'un faune* (1892–94), Fassung für 2 Klv. von D., Fassung für Klv. 4händig von M. Ravel; *Nocturnes: Nuages, Fêtes, Sirènes* (1892–99) (*Sirènes* mit Frauenchor); *La Mer* (3 sinfonische Skizzen): *De l'aube à midi sur la mer, Jeux de vagues, Dialogue du vent et de la mer* (1903–05); *Deux Danses: Danse sacrée, Danse profane* (1903) für Harfe u. Str.; *Le Roi Lear: Fanfare, Sommeil de Lear* (1904) (unvollendet); *Images: Gigues* (Instrumentierung vollendet von A. Caplet), *Ibéria, Rondes de Printemps* (1906–11). – **2) Vokal-WW: a)** Lieder: *Nuit d'étoiles* (1876?) (Text: Th. de Banville); *Beau soir* (1878?) (Text: P. Bourget); *Fleur des blés* (1877) (Text: A. Guiraud); *Mandoline* (1880–83) (Text: P. Verlaine); *La Belle au bois dormant* (1880–83) (Text: E. V. Hypsa); *Voici que le printemps* (1880–83) (Text: P. Bourget); *Paysage sentimental* (1880–83) (Text: P. Bourget); *Zéphir* (1881) (Text: Th. de Banville); *En Sourdine* (1882) (Text: P. Verlaine), 1. Version des gleichnamigen Liedes der *Fêtes Galantes; Rondeau* (1882) (Text: A. de Musset); *Quatre mélodies pour Mme Vasnier: Pantomime* (Text: P. Verlaine), *Clair de Lune* (Text: ders.). 1. Version des gleichnamigen Liedes der *Fêtes Galantes, Pierrot* (Text: Th. de Banville), *Apparition* (Text: St. Mallarmé) (1882–84); *Cinq poèmes de Baudelaire: Le Balcon, Harmonie du soir, Le Jet d'eau* (instrumentiert von D.), *Recueillement, La Mort des amants* (1887–89); *Ariettes oubliées: „C'est l'extase…", „Il pleure dans mon cœur…", „L'ombre des arbres…", Chevaux de bois, Green, Spleen* (1888) (Texte: P. Verlaine); *Deux Romances: Romance, Les Cloches* (1891) (Texte: P. Bourget); *Les Angélus* (1891) (Text: P. Gravolet); *Trois mélodies: „La mer est plus belle…", „Le son du cor s'afflige…", L'Échelonnement des haies* (1891) (Texte: P. Verlaine); *Fêtes Galantes I: En sourdine, Fantoches, Clair de lune* (1892) (Texte: P. Verlaine); *Proses lyriques: De Rêve, De Grêve, De Fleurs, De Soir* (1892–93) (Texte: C. D.), auch Orchesterfassung von R. Ducasse; *Chansons de Bilitis: La Flûte de Pan, La Chevelure, Le Tombeau des Naiades* (1897) (Texte: P. Louys); *Fêtes Galantes II: Les Ingénus, Le Faune, Colloque sentimental* (1904) (Texte: P. Verlaine); *Trois Chansons de France: Rondel, „Le temps a laissié son manteau…"* (Text: Ch. d'Orléans), *La Grotte* (Text: T. Lhermite), *Rondel, „Pour ce que plaisance est morte…"* (Text: Ch. d'Orléans) (1904); *Le Promenoir des deux amants: „Auprès de cette grotte sombre…" (= La Grotte), „Crois mon conseil", „Je tremble en voyant ton visage"* (1910) (Texte: Tr. Lhermite), auch orchestriert von L. Beydts; *Trois Ballades de Fr. Villon: Ballade de Villon à s'amye, Ballade que feit Villon à la requeste de sa mère pour prier Nostre Dame, Ballade des femmes de Paris* (1910), instrumentiert von D.; *Trois poèmes de St. Mallarmé: Soupir, Placet futile, Éventail* (1913); *Noël des enfants qui n'ont plus de maison* (1915) (Text: C. D.), auch für Kinderchor. – **b)** Chorwerke: *Trois Chansons de Charles d'Orléans: „Dieu! qu'il la fait bon regarder!", „Quand j'ai ouy le tabourin…", „Yver, vous n'estes qu'un villain"* (1898–1908) für Chor a cap.; *Salut Printemps* (1882) (Text: Ségur) für Sopran, Frauenchor u. Orch. (P 1956); *Invocation* (1883) (Text: A. de Lamartine) für Männerchor u. Orch. (P 1957); *L'Enfant prodigue* (1884) (Text: E. Guinand), Kantate für Sopran, Tenor, Bar. u. Orch. (2. Fassung 1906–07); *La Damoiselle élue* (1887–89) (Text: D. G. Rossetti, frz. v. G. Sarrazin), Kantate für Sopran, Mezzo, Chor u. Orch.; *Ode à la France* (1916) (Text: L. Laloy) für Solo, Chor u. Orch. (unvollendet; ergänzt u. vollendet v. M.-F. Gaillard) (P 1928). – **3) Bühnen-WW:** *Pelléas et Mélisande* (1893–1902) (Libr.: M. Maeterlinck), UA: Paris 1902; *Le Martyre de Saint Sébastien* (1911) (Libr.: G. d'Annunzio), Mysterienspiel für Soli, Chöre u. Orch.; *Jeux* (1912) (Ballett); *Khamma* (1912), Ballett, auch instrumentiert v. Ch. Koechlin; *La Boîte à joujoux* (1913) (Libr.: A. Hellé), Ballett, Instrumentierung vervollständigt v. A. Caplet. – **4) unveröffentlichte WW:** Zu den bedeutenden unveröff. WW gehören die Kantaten *Hymnis* (1880) (Text: Th. de Banville); *Daniel* (1880–84) (Text: E. Cécile); *Le Gladiateur* (1883) (Text: E. Moreau); *Diane aux bois* (1884–86) (Text: Th. de Banville); ferner die Oper *Rodrigue et Chimène* (1890–92) (Libr.: C. Mendès); die Opernskizzen *Le Diable dans le beffroi* (1902–03) (Libr.: C. D. nach E. A. Poe); *La Chute de la maison Usher* (1908–18) (Libr.: C. D. nach E. A. Poe), UA: SWF 1978. – **5) Bearbeitungen:** C. Saint-Saëns, *Caprice sur les airs de ballet de l'Alceste de Gluck*, Bearb. für Klv. zu 4 Händen; ders., *Introduction et Rondo capriccioso pour violon et orchestre*, Bearb. für 2 Klv.; ders., *Ballet d'Étienne Marcel* aus der Oper *Étienne Marcel*, Bearb. für 2 Klv.; ders., *Deuxième Symphonie*, Bearb. für 2 Klv.; E. Satie, *Deux Gymnopédies*, Klv.-Stücke 1 u. 3, Bearb. für Orch.; J. Raff, *Humoresque en forme de valse*, Bearb. für Klv. solo; R. Schumann, *An der Quelle*, Bearb. für Klv. solo; ders., *Sechs kanonische Etüden*, Bearb. für Klv. solo; ders., *Sechs kanonische Etüden*, Bearb. für Klv. zu 4 Händen; P. Tschaikowsky, *Der Schwanensee*, 3 Tänze bearb. für Klv. solo; R. Wagner, *Vorspiel zum Fliegenden Holländer*, Bearb. für 2 Klv.; D. besorgte auch die Ausg. von F. Chopin, Klavierwerke u. J. S. Bach, Gambensonaten mit B.c. – **6) Schriften:** D. schrieb zahlr. Artikel in: Comoedia, Excelsior, Le Figaro, Gil Blas, Mercure de France, Musica, La Revue Blanche, La Revue Bleue, RSIM; einige davon faßte er zusammen in: *M. Croche antidilettante* (P 1921, NA 1945).

D.s Gesamtschaffen erlaubt eine grobe Gliederung in 3 Abschnitte. Die erste Periode des Studiums und des „symbolistischen Frühschaffens" (Danckert) gipfelt 1902 im *Pelléas*. In der folgenden Zeit, auf dem Höhepunkt des Erfolges, vollzog sich ein allmählicher Stilwandel, dem nach 1911/12 eine klassizistische Periode folgte. Die Werke der ersten Schaffensperiode bieten ein überaus heterogenes Bild: Anfänglich wechselt die Qualität der Kompositionen sprunghaft vom Suchenden, Schulmäßigen in *L'Enfant prodigue* zum harmonisch „Gewagten" der *Diane aux bois* und der bereits typischen satztechnischen Durchsichtigkeit und spezifischen Klangqualität in Liedern wie *Mandoline* oder *L'Ombre des arbres dans la rivière*. Die in Rom geschriebenen oder konzipierten Werke *Printemps* und *La Damoiselle élue* tragen bereits signifikante Merkmale eines allmählich gefestigten Personalstils, gekennzeichnet durch die Verwendung von Kirchentonarten, Pentatonik, Ganztonreihen und Parallelakkordik. *Printemps*, von den Preisrichtern des Conservatoire als unspielbar verworfen, gab Anlaß, Gounods öffentliche Warnung (20. 10. 1883) vor übertriebenen Modernismen, die sich mit leeren Schlagworten wie Idealismus, Realismus und Impressionismus nicht begründen ließen, wieder in Erinnerung zu rufen. In der präraffaelitischen Kantate *La Damoiselle élue* ist bereits ein entscheidender Schritt zur schwebenden Melodik der späteren Werke getan. Mit der allmählichen Verfestigung eigener ästhetischer Vorstellungen, die zum Verzicht auf Funktionsharmonik und formale Schemata (z.B. die Sonatenhauptsatzform) führten, und mit der parallel dazu verlaufenden rationalen Verarbeitung der zahlreichen musikalischen Impulse, die von Wagner, Mussorgski und zeitgenössischen französischen Komponisten ausgingen, nahm die stilistische Heterogenität der Werke ab. Die 5 Baudelaire-Gesänge von 1890, vielleicht das „Reifezeugnis" des Komponisten, entstanden neben meisterlichen Werken wie *Ariettes oubliées, Fêtes Galantes, Proses lyriques,* der *Suite bergamasque* und dem einzigen Streichquartett. In diese Zeit fällt auch die Abfassung des unveröffentlichten Opernmanuskripts *Rodrigue et Chimène,* das, wie der erste Entwurf zum *Prélude à l'après-midi d'un faune,* der damaligen Lebensgefährtin Gaby gewidmet ist. D., der Programmusik ausdrücklich ablehnte, versuchte in diesem für die musikhistorische Entwicklung bedeutsam gewordenen „symphonischen Vorspiel" „eine sehr freie Erläuterung des schönen Gedichts von Stéphane Mallarmé" (Programm zur Uraufführung). Das Element des Traums sollte nach der Intention D.s hier zum Inbegriff des Ästhetischen werden. 1899 vollendete er die 2. Fassung der *Nocturnes,* die zunächst „für Sologeige und Orchester" (Brief an E. Ysaye) als eine Art von „Farbstudie" geplant waren, als „Versuch, in verschiedenen Besetzungen eine einzige Farbe wiederzugeben". Die spätere reine Orchesterfassung behielt das Schwergewicht auf dem Element der Klangfarbe bei. Das Triptychon *Nocturnes* stellt den Höhepunkt des orchestralen Schaffens in der ersten Periode dar; vergleichbar sind im Bereich der Gesänge die *Chansons de Bilitis* (1897) und im Klavierschaffen die Suite *Pour le piano* (vollendet 1901). Gleichsam als Realisierung seiner theoretischen Ansichten über das Musikdrama beendet die einzige vollendete und in Szene gesetzte Oper, *Pelléas et Mélisande,* die erste Schaffenszeit des Komponisten. Das Werk, das von vielen Zeitgenossen als revolutionierende Erneuerung der Oper und als Gegenpol zum Musikdrama Wagners begrüßt wurde, gründet seiner Idee nach im Fin-de-siècle. Eine kurzatmig wirkende Folge von Bildern soll das Pathos großer Monologe ablösen und Menschen zeigen, die „das Leben und das Schicksal hinnehmen". Nach der Grundidee seiner Naturästhetik soll die Musik „den Traum der Klänge unmerklich an den der Worte knüpfen" und beinahe metaphysisch Einheit von Sprache und Musik stiften. Die Oper ist nicht frei von Wagnerismen, doch revolutionierte D. durch sie die Gattung im Detail. Fast durchgängig rezitativisch, mit kleinen Intervallschritten und sparsamer Harmonik schmiegt sich die Musik psychologisch verstärkend an den symbolistischen Text M. Maeterlincks an, ohne aber tonmalerisch zu werden. Zwangsläufig folgt aus dieser Konzeption, daß *Pelléas et Mélisande* ein Werk ohne eigentliche musikalisch-dramatische Höhepunkte bleiben mußte.

Im Zentrum der mittleren Schaffensphase stehen die beiden Orchesterwerke *La Mer* (1903–05) und *Ibéria* (1906–08). In ihnen erfolgt durch intensive Ausschöpfung tonmalerischer Techniken eine Annäherung an die programmatisch gebundene Musik. *La Mer* ist eine eigentümliche Mischung aus Realem und Traumbild, während in *Ibéria* das Realistische überwiegt. Klare Linienführung in der Melodik wird als Kontrast zu eigenwertigen Klangflächen eingesetzt. D. schrieb in dieser Zeit keine Kammermusik und verlegte sein Interesse auf konzertante Stücke wie die *Danses* für Harfe und Streichorch. (1904) und die 2 Klarinettenwerke *Rhapsodie* und *Petite pièce* (beide 1910). Unter den Gesangswerken treten die 2. Folge der *Fêtes Galantes* (nach Verlaine, 1904) und die *Trois Ballades de Fr. Villon* durch ihre scharfe, sparsame Linienführung hervor, während im Klavierschaffen D. mit Meisterwerken wie *L'Isle joyeuse, Images, Estampes* und 24 *Préludes* brilliert. Seiner Tochter Claude-Emma (Chouchou) widmete er die Suite *Children's Corner* (1906–08), eine Folge von musikalischen Miniaturen. Frühere Klangfarbenexperimente führen in diesen Werken zur Vollendung eines bisher nicht gekannten Klavierstils. Während D. den Plan, mit E. A. Poes *Der Teufel im Glokkenstuhl (Le Diable dans le beffroi)* ein burleskes Gegenstück zum *Pelléas* zu schaffen, bald aufgab, fand er am Ende der zweiten Schaffensphase in G. d'Annunzios *Le Martyre de Saint Sébastien* eine Vorlage, die sein Interesse bis zum Abschluß der Komposition fesselte. Das Werk, das in seiner Bedeutung für D. gern mit dem Stellenwert des *Parsifal* im Schaffen Wagners verglichen wird, kann keiner der Gattungen Oper, Oratorium oder Tanzspiel zweifelsfrei zugeordnet werden. Es weist auf die den späteren Vokalwerken eigene Melodik voraus und verbindet diese mit den farbigen Klangflächen der großen sinfonischen Kompositionen.

Die von der Krankheit des Komponisten überschattete dritte Schaffensperiode ist durch wenige Marksteine abzugrenzen. Es entstanden die Ballettmusiken *Khamma, La Boîte à joujoux* (Kinderballett) und *Jeux* sowie als kammermusikalische Werke die Sonaten für Violoncello und Klavier (1915), Flöte, Bratsche und Harfe (1915) und Violine und Klavier (1916/17). Für Klavier schrieb D. die *Douze Études, En Blanc et Noir* (für 2 Klaviere), *Six Épigraphes antiques* und *Berceuse héroïque*. Der Spätstil, der sich in diesen Werken abzeichnet, wird in den *Trois poèmes de St. Mallarmé* noch einmal exemplarisch greifbar: Die oft festzustellende Kleingliedrigkeit der früheren Melodik verliert sich hier zugunsten weit gespannter Melodiebögen, wird zum filigran gearbeiteten Arioso.

Zur Beschreibung von D.s Gesamtschaffen sollte auf den musikologisch untauglichen Begriff „Impressionismus" verzichtet werden. D. trug seinen Teil zu den unter zeitgenössischen Komponisten verbreiteten Versuchen bei, die klanglichen Möglichkeiten der abendländischen Musik und den Rahmen traditionellen Komponierens entscheidend zu erweitern. Sein Beitrag, kompositionstechnisch charakterisiert einerseits durch den Verzicht auf Funktionsharmonik und tradierte Formen, andererseits durch die Verwendung von Klangflächen, Parallelakkordik mit einem Nebeneinander entfernter Dreiklänge, Kirchentonarten, Ganztonreihen und fernöstlichen Idiomen, nimmt in einer Zeit des musikgeschichtlichen Umbruchs zweifellos einen hervorragenden Platz ein und erlangte in manchen Werken historische Bedeutung.

Ausg.: Vollständige Ausg. der Schriften: Monsieur Croche et autres écrits, hrsg. v. F. LESURE (P 1971), dt. Übers.: Monsieur Croche. Sämtliche Schriften u. Interviews (St 1974); Lettres de C. D. à son éditeur (P 1927); Correspondance de C. D. et P. J. Toulet (P 1929); La Jeunesse de Pelléas. Lettres de C. D. à A. Messager, hrsg. v. J. ANDRÉ-MESSAGER (P 1938); Lettres de C. D. à deux amis (P 1942); Correspondance de C. D. et P. Louys 1893–1904, hrsg. v. H. BOURGEAUD (P 1945); D. et d'Annunzio. Correspondance inédite (P 1948); Lettres inédites à A. Caplet (1908–14), hrsg. v. E. LOCKSPEISER (Monaco 1957); Lettres de C. D. à sa femme Emma (P 1957); PASTEUR VALLERY-RADOT, Tel était C. D. Suivi de lettres de D. à l'auteur (P 1958); Correspondance de D. et de L. Laloy (1902–14), in: RMie 48 (1962).

Lit.: **1) Bibliographien:** C. ABRAVANEL, C. D. A Bibliography (Detroit 1974) (= Detroit Studies in Music Bibliography 29); F. LESURE, „Bibliographie Debussyste" in: RMie Sonderheft (P 1962). – **2) Biographien und umfassende Darstellungen:** L. LALOY, D. (P 1909, NA 1944); A. SUARÈS, D. (P 1922, NA 1936, 1949); L. FABIAN, C. D. und sein Werk, mit besonderer Rücksicht auf den musikal. Impressionismus (Mn 1923); R. PETER, D. Vues prises de son intimité (P 1931, [2]1944 [erweitert], NA 1952); L. VALLAS, C. D. et son temps (P 1932, [2]1958 [umgearbeitet]), dt. Übers.: D. u. seine Zeit (Mn 1961); E. DECSEY, C. D. (Gr 1936, W [2]1949); A. LIESS, C. D. Das Werk im Zeitbild, 2 Bde. (Str 1936, NA Baden-Baden 1978); H. STROBEL, C. D. (Z 1940, [5]1961); A. MARTIN, C. D. Catalogue de l'exposition organisée du 2e au 17e mai 1942 au Foyer de l'Opéra Comique (P 1942); Inédits sur D. (Collection Comoedia-Charpentier), hrsg. v. A. HOÉRÉE (P 1942; W. DANKKERT, C. D. (B 1950; G. u. D. E. INGHELBRECHT, C. D. (P 1953); H. RUTZ, C. D. Dokumente seines Lebens u. Schaffens (Mn 1954); V. SEROFF, C. D. musician of France (NY o. J. [1956], frz. P 1957); E. VUILLERMOZ, C. D. (Ge 1957, P [2]1962); E. LOCKSPEISER, D., His Life and Mind, 2 Bde. (Lo – NY 1962–64); M. DIETSCHY, La passion de C. D. (Neuchâtel 1962); J. BARRAQUÉ, C. D. in Selbstzeugnissen u. Bilddokumenten (H 1964); S. JAROCÍNSKI, D. A Impresjonizm i Symbolizm (Krakau 1966), frz. Übers.: D. Impressionisme et Symbolisme (P 1971); R. NICHOLS, D. (Lo 1973); C. D. (Mn 1977) (= Musikkonzepte H. 1/2); A. JAKOBIK, C. D. oder Die lautlose Revolution in der Musik (Wü 1977). – **3) Zur Musik D.s, zu einzelnen Werken u. Werkgruppen:** GATTI, L'Opera pianistica di C. D., in: RMI 27 (1920) u. MQ 7 (1920); L. PERRACHIO, L'opera pianistica di C. D. (Mi 1924); M. EMMANUEL, Pelléas et Mélisande (P 1926, [2]1950); K. WESTPHAL, Die moderne Musik im Lichte D.s, in: Mk 20 (1928); A. CORTOT, La Musique pour Piano de C. D., in: La Musique Française de Piano, Série 1 (P 1930, NA 1948), dt. Übers.: Die Klaviermusik von C. D., in: Die Französische Klv.-Musik, I (Wie 1956); H. POWISCHER, Stud. zur Harmonik D.s (Diss. Prag 1931); H. F. KÖLSCH, Der Impressionismus bei D. (Diss. Kö 1937); A. JAKOBIK, Die assoziative Harmonik in den Klavier-Werken C. D.s (Wü 1940) (= Diss. Berlin 1931); G. SCHAEFFNER, C. D. und das Poetische (aus Igors Papieren) (Be 1943); L. P. MONDINO, Prélude à l'Après-midi d'un Faune (Preludio a la tarde de un fauno) de C. D. (Buenos Aires 1946); J. d'ALMENDRA, Les modes grégoriens dans l'œuvre de C. D. (P 1948); G. INGHELBRECHT, Le Martyre de Saint Sébastien, mystère de G. d'Annunzio, musique de C. D. Analyses et textes destinés à accompagner les exécutions symphoniques (P 1948); V. JANKÉLÉVITCH, D. et le mystère (Neuchâtel 1949, [2]1962); T. MUNRO, „The Afternoon of a Faun" and the interrelation of the arts, in: Journal of Aesthetics and Art Criticism 10 (1951), abgedruckt in: Toward Science in Aesthetics. Selected Essays (NY 1956); F. GERVAIS, Étude parallèle des langages harmoniques de Fauré et de D., 2 Bde. (P 1951); J. VAN ACKERE, Pelléas et Mélisande. Ou la rencontre miraculeuse d'une poésie et d'une musique (Bru 1952); A. GOLÉA, Pelléas et Mélisande: Analyse poétique et musicale (P 1952); A. SCHAEFFNER, D. et ses rapports avec la musique russe, in: Musique Russe 1 (1953); R. E. MUELLER, The Concept of Tonality in Impressionist Music. Based on the Works of D. and Ravel (1954) (Diss. Indiana Univ.); P. BOULEZ, D. „Jeux", in: Gravesaner Blätter 2–3 (1956); R. CUTTOLI, Le Martyre de Saint Sébastien, in: RM (1957) 234; F. GERVAIS, La Notion d'Arabesque chez D., in: RM (1958) 241; H. EIMERT, D.s „Jeux", in: Die Reihe 5 (1959); U. BÄCKER, Frankreichs Moderne von C. D. bis Pierre Boulez. Zeitgesch. im Spiegel der Musikkritik (Rb 1962) (= Kölner Beitr. zur Musikforsch. 21); C. M. CNATTINGIUS, Notes sur les œuvres de jeunesse de C. D., in: STMf 44 (1962); F. LESURE, C. D. Sonder-H. RMie (P 1962); F. LESURE, D. et le XVIe siècle, in: FS H. Albrecht (Kas 1962); D. et l'évolution de la musique au XXe siècle, hrsg. v. E. WEBER, in: Colloques internationaux du Centre National de la Recherche Scientifique, Paris 1962 (P 1965); P. RUSCHENBURG, Stilkritische Unters. zu den Liedern C. D.s (Diss. H 1966); I. STORB, Unters. zur Auflösung der funktionalen Harmonik in den Klv.-WW v. C. D. (Diss. Kö 1967); E. HARDECK, Unters. zu den Klv.-Liedern C. D.s (Rb 1967) (= Kölner Beitr. zur Musikforsch. 44); V. JANKÉLÉVITCH, La vie et la mort dans la musique de D. (Neuchâtel 1968); E. N. WIL-

SON, Form and Texture in the Chamber Music of D. and Ravel (Diss. Washington 1968); J. H. BEIN, D.s Orchestral Images (Diss. Rochester/N.Y. 1970); G. GRUBER, Zur Funktion der primären Klangformen in der Musik D.s, in: Symbolae historiae musicae (Mz 1971); J. P. REICHE, Die theoretischen Grundlagen javanischer Gamelan-Musik u. ihre Bedeutung für C. D., in ZfMTh 3 (1972); E. STAEMPFLI, Pelleas und Melisande. Eine Gegenüberstellung der Werke von C. D. u. A. Schönberg, in: SMZ 112 (1972); J. TREVITT, D. inconnu, in: MT 114 (1973), Nr. 1567 u. Nr. 1568; C. ZENCK-MAURER, Versuch über die wahre Art, D. zu analysieren (Mn – Salzburg 1974); M. PORTEN, Zum Problem der Form bei D. Unters. am Beispiel der Klv.-WW (Mn 1974); R. ORLEDGE, D.s Musical Gifts to Emma Bardac, in: MQ 60 (1974); DERS., D.s Orchestral Collaborations, 1911 bis 1913, in: MT 115 (1974); W. DÖMLING, C. D. La Mer (Mn 1976); C. MAURER ZENCK, Form- u. Farbenspiele: D.s Jeux, in: AfMw 33 (1976); R. ORLEDGE, D.'s „House of Usher" revisited, in: MQ 62 (1976); M. IMBERTY, Signification and Meaning in Music. On D.s Préludes pour le piano (Montréal 1976); M. G. COBB, Centre de documentation C. D., in: FAM 24 (1977); W. HAUG, C. D., hist. Einordnung. Analyse L'après-midi d'un faune (Ravensburg 1977); U. ECKART-BÄCKER, C. D.s Verhältnis zu Musikern der Vergangenheit, in: Mf 30 (1977); F. LESURE, C. D. Esquisses de Pelléas et Mélisande 1893–1895 (G 1977); R. MYERS, The Opera That Never Was. D.s Collaboration with V. Segalen, in: MQ 64 (1978); TH. HIRSBRUNNER, Zu D.s u. Ravels Mallarmé-Vertonungen, in: AfMw 35 (1978); DERS., C. D. u. P. Louys, in: Mf 31 (1978); DERS., D.s Ballett „Khamma", in: AfMw 36 (1979).
R. QUANDT

DÉCACHORDE (frz.; von griech. dekachordos = zehnsaitig), **Guitare Décacorde,** eine von dem Versailler Lautenmacher Caron um 1785 entwikkelte Gitarre mit 6 Melodie- und 4 zusätzlichen Bordunsaiten. Der Resonanzkörper hat eine der Laute entlehnte Form mit ovalem Umriß und eine flache Decke mit gleichfalls ovalem Schalloch als geschnitzter Rosette. Die Saiten enden in zwei übereinander angeordneten Wirbelkästen. Bei einigen Instrumenten können die Bordunsaiten mit Hilfe eines Metallhebels um einen Halbton höher gestimmt werden.

DECAUX, Abel Marie, * 1869 Auffay (Seine-Maritime), † 19. 3. 1943 Paris; frz. Organist und Komponist. D. war Kompositionsschüler von J. E. F. Massenet und Orgelschüler von Ch.-M. Widor und F. A. Guilmant. Er wirkte 25 Jahre als Organist an Sacré-Cœur von Montmartre und wurde anschließend Professor für Orgel an der Schola Cantorum. 1923 ging er in die USA und lehrte an der Eastman School of Music in Rochester. Bei seinen Zeitgenossen galt D. als „französischer Schönberg", weil er in seinen *Clairs de lune* die Atonalität und die „lunologie musicale" (A. Schaeffner) von Schönbergs *Pierrot lunaire* vorwegzunehmen scheint.

WW: *Clairs de lune* für Klv.: *Minuit passe* (1900), *La Ruelle* (1902), *Le Cimetière* (1903), *La Mer* (1907) (P 1913); ein 5. „Clair de lune" *La Forêt* ist im Entwurf vorhanden, wurde aber v. D. nicht vollendet.

Lit.: A. SCHAEFFNER, Variations Schönberg, in: Contrepoints 7 (P 1951); G. BRELET, Un „Schönberg français": A. D., in: RMS 101 (1961).

DÉCHANT (frz.), ↗Discantus.

DECHEVRENS, Antoine, SJ, * 3. 11. 1840 Chêne-Bourg bei Genf, † 17. 1. 1912 Genf; frz. Musikforscher. D. trat 1861 in den Jesuitenorden ein und wurde später Professor für Theologie und Philosophie an der katholischen Universität in Angers. Seine musikhistorischen Forschungen auf dem Gebiet des Gregorianischen Chorals galten vor allem dem Rhythmusproblem. Er vertrat die Ansicht, daß der Gregorianische Choral von Anfang an rhythmisiert gewesen sei und daher eine mensuralistische Ausführung verlange. Er schrieb: *Du rythme dans l'hymnographie latine* (1891, *Études de science musicale* (4 Bde., P 1898–99), *Composition musicale et composition littéraire* (P 1910); ferner Aufsätze über das chinesische Tonsystem (in: SIMG 2, 1900/01).

DECIUS (vom Hofe, Deeg, Tech), **Nikolaus,** * um 1485 Hof a. d. Saale, † nach 1546; dt. Theologe und Kantor. D. studierte an der Universität Leipzig, wurde dann Mönch und kam um 1515 nach Braunschweig. Nach seiner Hinwendung zur Reformation (1519) wurde er dort 1522 Schulmeister.
1523 studierte er Theologie in Wittenberg, ging 1524 als Prediger nach Stettin, später nach Ostpreußen, wo er in Königsberg 1540–42 Hofprediger und Unterkantor in der Kapelle des Herzogs von Preußen war. Danach wirkte er als Prediger in Mühlhausen bei Elbing. D. ist der Verfasser der deutschen Meßgesänge *Allein Gott in der Höh sei Ehr* (Gloria-Lied), *Heilig ist Gott der Vater* (Sanctus-Lied) und *O Lamm Gottes unschuldig* (Agnus-Dei-Lied), die – 1522/23 entstanden – zu den frühesten Gemeindeliedern der deutschen Reformation und (abgesehen vom Sanctus-Lied) nicht nur bis heute zum Kernbestand des *Evangelischen Kirchengesangbuchs* gehören, sondern auch im neuen katholischen *Gotteslob* zu finden sind.

Lit.: F. BAHLOW, Wer war N. Tech?, in: Archiv für Reformationsgesch. 4 (L 1906/07); H. HOFMANN, N. Tech u. F. Spitta, Die Entstehungszeit des Liedes „Allein Gott ...", in: MGkK 24 (1919); K. AMELN – C. GERHARDT, Die dt. Glorialieder, in: ebd. 43 (1938); K. AMELN, Das Sanctus- u. Agnus Dei-Lied v. N. D., in: ebd. 45 (1940).

DECKER, Franz-Paul, * 22. 6. 1923 Köln; dt. Dirigent. Er studierte an der Musikhochschule in Köln Dirigieren bei E. Papst und Komposition bei Ph. Jarnach. 1946 wurde er Musikdirektor in Krefeld, 1950 1. Kapellmeister an der Oper in Wiesbaden und dort 1953 Städtischer Musikdirektor. 1956–64 war er GMD in Bochum, 1962–68 Leiter des Rotterdams Philharmonisch Orkest. Seit 1967 ist D. Chefdirigent des Montreal Symphony Orchestra, seit 1975 auch künstlerischer Berater des Calgary Philharmonic Orchestra und dessen ständiger Gastdirigent.

DECRESCENDO (it.), Abk.: decresc. oder decr.; Zeichen: >: leiser werdend, an Lautstärke abnehmen. Syn.: *diminuendo.* – ↗Crescendo, decrescendo.

DEDEKIND, Constantin Christian, * 2.4.1628 Reinsdorf, beerdigt 2.9.1715 Dresden; dt. Komponist. Sein Großvater *Henning D.* (1562–1626) war Kantor und Pastor und veröffentlichte neben einigen didaktischen Werken einen Sammelband mit Tricinien (*Dodekatonon musicum,* Erfurt 1588 [= RISM 1588[30]]); auch sein Großonkel *Euricius (Heinrich) D.* (1554–1619) und sein Vater *Stephan D.* (1595–1636) waren Musiker. – C. Chr. D. war Schüler von Chr. Bernhard in Dresden und später Musiker am Hof des Kurfürsten von Sachsen. Sein Hauptwerk, die *Aelbianische Musenlust,* enthält 174 Lieder und Kanzonetten mit B.c. in der Tradition von H. Albert.

WW: *Zehen andächtige Buß-Gesänge* (L 1655); *Aelbianische Musenlust,* 4 Tle. (Dresden 1657 u. 1665); *Geistliche Erstlinge* u. *Musikalische Spätlinge* (ebd. 1662); *Davidischen Gebets und Trosts, Ruhms und Danks, doppelte Sang-Zälle, zur geistlichen Haus-Musik* (Dresden 1662); *Süßer Mandel-Kärnen… in 15 Gesängen* mit 2 V., 2 Tle. (ebd. 1664); *K. R. P. belebte oder ruchbare Myrrhen-Blätter* für 2 St. u. B.c. (ebd. 1666); *Davidischer Harfen-Schall* (Psalmgesänge) (F 1670); *Sonderbarer Seelen-Freude,* Geistliche Konzerte für SingSt u. B.c., 2 Tle. (Dresden 1672); *Musicalischer Jahr-Gang, und Vesper-Gesang,* Geistliche Konzerte für 2 St. u. B.c. (ebd. 1673); *König Davids Göldenes Kleinod* für 3 St., 3 Instr. u. B.c. mit 4st. Capellchor (ebd. 1674–75); im Druck erschienen auch einige Hochzeits- u. Begräbnisgesänge. – D. schrieb außerdem Schauspiele u.a. geistliche u. weltliche Dichtungen.

Ausg.: 4 geistliche Konzerte, hrsg. v. A. RODEMANN (1926) (= Nagels MA 43).

Lit.: F. STEGE, C. Ch. D. Ein Dichter u. Musiker des 17. Jh. (Diss. B 1922); DERS., C. Ch. D., in: ZfMw 8 (1925/26); I. GALLWITZ, Die Neuen dt. Lieder v. 1584 u. 1586 des Gr. Langius u. deren Bearbeitung durch Ch. Demantius u. H. D. (Diss. W 1960); K. G. HARTMANN, Die Hs. KN 144 der Ratsbücherei zu Lüneburg, in: Mf 13 (1960); H. WALTER, Musikgesch. der Stadt Lüneburg. Vom Ende des 16. bis zum Anfang des 18. Jh. (Tutzing 1967).

DEERING (Dearing), **Richard,** ↗Dering.

DE FESCH, Willem, ↗Fesch.

DE FRANCO, Buddy (Boniface Ferdinand Leonardo), * 17.2.1923 Camden (New Jersey); amerik. Jazzmusiker (Klarinette). Er spielte 1941–42 bei Gene Krupa, 1943–44 bei Charlie Barnet und 1944–45 bei Tommy Dorsey, Ende der 40er Jahre mit Bebop-Musikern. 1950 war er Mitglied im Septett von Count Basie, gründete 1951 eine eigene Big Band, 1952 ein eigenes Quartett und unternahm 1953–54 eine Europatournee. 1966 übernahm er die Leitung des Glenn Miller-Orchesters. – De F. begann im Swingstil von Goodman und Shaw, übertrug dann unter dem Einfluß von Charly Parker die Bebop-Phrasierungen auf die Klarinette und experimentierte in den 60er Jahren auf der Baßklarinette auch mit Avantgarde-Jazz. Er gilt vielfach mit Rolf Kühn als Schlüsselfigur der modernen Jazzklarinette. Eine wichtige Schallplatteneinspielung ist *Gershwin Song Book.*

DEGEN, Helmut, * 14.1.1911 Aglasterhausen bei Heidelberg; dt. Komponist. D. studierte 1930–33 an der Musikhochschule Köln Theorie und Tonsatz bei W. Maler, E. G. Klussmann und Ph. Jarnach und Dirigieren bei C. Ehrenberg. 1933 gründete er in Köln ein Jugendorchester für Neue Musik, studierte bis 1937 an der Bonner Universität Musikwissenschaft bei L. Schiedermair und L. Schrade und war in Altenkirchen (Westerwald) Organist und Musiklehrer. 1937–42 wirkte er als Dozent für Tonsatz am Duisburger Konservatorium, 1942–47 am Landerziehungsheim Buchenau bei Hersfeld und 1947–66 als Dozent, seit 1954 als Professor für Komposition am Hochschulinstitut Trossingen. – Als Komponist vorwiegend von Jugend- und Volksmusikwerken, suchte D. breiteren Kreisen den Zugang zur zeitgenössischen Musik zu erleichtern. D. besorgte auch revidierte Ausgaben älterer Instrumentalmusik. Er schrieb ferner ein *Handbuch der Formenlehre* (Rb 1957).

WW: Klv.- u. Akkordeonmusik; 2 Streichquartette (1941, 1950); Sonaten für Saxophon u. Klv. (1950) u. für Fl. u. Va. (1963); Konzert für Vc., Streichorch. u. Klv. ad lib. (1953); 3 Symphonien (1945, 1947, 1948); Konzert für Streichorch. (1946, 2. Fassung 1951); *Symphonisches Spiel I* (1956), *II* (1957) für V., Vc., Klv. u. Orch., *III* (1960) für Str., Fl., Ob. u. Pk.; Kantate *Stufen* (1958) (nach R. M. Rilke u. H. Hesse) für Frauenchor u. Instr.; *Johannespassion* (1962) für Sopran, Tenor u. 2–7st. Chor; *Osteroratorium;* szenisches Oratorium *Suto* (1952); Tanzspiele, u.a.: *Der Flandrische Narr* (Brau 1941); Lehrstück *Konferenz der Tiere* (nach E. Kästner) (Fr 1951).

DEGENHARDT, Franz Josef, * 3.12.1931 Schwelm (Westfalen); dt. Liedermacher und Chansonsänger. Er studierte Rechtswissenschaften, war 1961–64 Assistent am Institut für Europäisches Recht an der Universität Saarbrücken und wurde 1966 zum Dr. jur. promoviert. 1963 brachte er seine erste LP *(Zwischen Null Uhr Null und Mitternacht)* heraus und wurde bald einer der profiliertesten Protestsänger mit politischen und sozialkritischen Liedern, die er auf einfache, von „folkloristischen und jazzigen Motiven“ (Degenhardt) durchsetzte Melodien schrieb. Außer auf zahlreichen Schallplatten erschienen seine Lieder u.a. in den Büchern: *Spiel nicht mit den Schmuddelkindern. Balladen, Chansons, Grotesken, Lieder* (H 1967, NA 1969); *Da habt ihr es! Stücke und Lieder für ein dt. Quartett* (mit W. Neuss, H. D. Hüsch u. D. Süverkrüp) (H 1968, NA 1970); *Im Jahr der Schweine. 27 neue Lieder mit Noten* (H 1970, NA 1973); *Laßt nicht die roten Hähne flattern ehe der Habicht schreit* (Mn 1974, NA 1976). D. schrieb u.a. auch die Romane *Zündschnüre* (H 1973, NA 1975) und *Brandstellen* (Mn 1975, NA 1977). (NA bedeutet hier stets: Taschenbuch-Ausg., Reinbek.)

Ausg.: Politische Lieder 1964–1972, hrsg. v. H. L. ARNOLD (Mn 1972) (= Edition Text + Kritik 8).

Lit.: O. u. H. KRÖGER, Rotgraue Raben. Vom Volkslied zum Folksong (Heidenheim 1969); W. BURCKHARDT, Väterchen zwischen den Heuhaufen. Der bisherige Weg des F. J. D., in: Fono forum 15 (1970); Väterchen Franz. F. J. D. u. seine politischen Lieder, hrsg. v. H. L. ARNOLD (Reinbek 1975); A. u. U. MASKE, Das werden wir schon ändern. F. J. D. u. seine Lieder (Dortmund 1977).

DEGLI ANTONI. – 1) Pietro, * 1648 Bologna, † um 1720; it. Komponist. D. trat zunächst als Kornettspieler auf mehreren Reisen durch Europa hervor. In Bologna, wo er zeitlebens wirkte, war er seit 1680 Kapellmeister an S. Maria Maggiore, 1686–90 an S. Stefano und seit 1697 an S. Giovanni in Monte. Er war Mitglied der Accademia dei Filaschi und Mitgründer der Accademia Filarmonica. 1703 heiratete er die berühmte Sängerin Maria Maddalena Musi, genannt Migualta (1669–1751).

WW (alle in Bologna erschienen): **1) Vokal-WW:** Motetten für 1 SingSt, 2 V. u. B.c., op. 7 (1696); *Messa, e salmi concertati* für 3 St. u. B.c., op. 2 (1670); *Messe concertate* für 3 St. u. B.c., op. 8 (1697); Kammerkantaten für 1 SingSt u. B.c., op. 6 (1690). – **2) Instr.-WW:** *Sonate e versetti* für Org., op. 9 (1712); Sonaten für V. u. B.c., op. 4 (1676) u. op. 5 (1686); *Arie, Gighe, Balletti* u.a. Tanzsätze für V. u. B.c. mit 2. V. ad lib., op. 1 (1670); *Balletti, Correnti, & Arie diverse* für V. u.a. Instr., op. 3 (1671).

2) Giovanni Battista, Bruder von 1), * um 1660 Bologna. Er war seit 1687 Organist an S. Jacopo Maggiore in Bologna.

WW (alle in Bologna erschienen): Orgelversetten, op. 2 (1687) u. op. 7 (1696); *Ricercate* für Vc. od. Cemb., op. 1 (1687); *Ricercate* für V. u. B.c., op. 5 (1690); *Balletti* u.a. Tanzsätze für V. u. B.c., op. 3 (1677) u. op. 6 (1690); *Balletti* u.a. für 2 V. u. B.c., op. 4 (o.J.).

Lit.: F. VATIELLI, Arte e vita musicale a Bologna (Bol 1927); A. SCHLOSSBERG, Die it. Sonata für mehrere Instr. im 17. Jh. (Diss. Hei 1932); W. S. NEWMAN, The Sonata in the Baroque Era (Chapel Hill 1959).

DE GOGORZA, Emilio, * 29.5.1872 Brooklyn (New York), † 10.5.1949 New York; amerik. Sänger (Bariton) span. Herkunft. Er wurde in jungen Jahren in Spanien, später in New York ausgebildet, debütierte dort 1897 und machte sich in Amerika als Konzertsänger bald einen bedeutenden Namen, vor allem auch durch eine ungemein große Anzahl von Schallplattenaufnahmen, von denen die meisten unter verschiedenen Künstlernamen erschienen (u.a. Ė. Francisco, Carlos Francisco, Eldrige R. Johnson, Edward Franklin). Viele Jahre war er künstlerischer Leiter der Schallplattenfirma Victor Company (seit 1929 RCA Victor). Nach Beendigung seiner Laufbahn war er als Gesangspädagoge in New York tätig. Er war einige Jahre mit der Sopranistin Emma Eames verheiratet.

DEGTJAROW (Dechterjow), **Stepan Anikijewitsch,** * 1766 Borissowka, † 23.4.(5.5.) 1813 bei Kursk; russ. Komponist. D. war Kompositionsschüler von G. Sarti in St. Petersburg, studierte später in Italien und wurde Konzertmeister der Theater des Grafen Scheremetjew in Kuskow und Ostankino. Nach dessen Tod (1809) lebte er in Moskau. Dort trat er mit großem Erfolg als Komponist von Kirchenmusik, von Oratorien und von Instrumentalmusik hervor. Er übersetzte außerdem V. Manfredinis *Regole armoniche* (St. Petersburg 1805) ins Russische.

DEHN, Siegfried Wilhelm, * 24.2.1799 Altona, † 12.4.1858 Berlin; dt. Musiktheoretiker und -pädagoge. D. studierte Jura und war zunächst Angestellter der schwedischen Gesandtschaft in Berlin. Nach dem Verlust des väterlichen Vermögens (1830) wandte er sich ganz der Musik zu. Er studierte Musiktheorie bei B. Klein und wurde selbst ein gesuchter Kompositionslehrer. Zu seinen Schülern gehörten u.a. P. Cornelius, A. Rubinstein, Th. Kullak und M. I. Glinka. Auf Empfehlung G. Meyerbeers wurde er 1842 Bibliothekar der Musikabteilung der Königlichen Bibliothek in Berlin, um deren Ausbau und Katalogisierung er sich große Verdienste erwarb. 1842–48 redigierte er die Zeitschrift *Cäcilia*. D. schrieb eine *Theoretisch-praktische Harmonielehre* (B 1840, ²1860). B. Scholz gab aus seinem Nachlaß die *Lehre vom Contrapunkt, dem Canon und der Fuge* (B 1859, ²1883) heraus.

Lit.: K.-H. KÖHLER, Die Editionstätigkeit der Musikabteilung in Gesch. u. Gegenwart, in: BzMw 4 (1962); M. GOLDSTEIN, Zwei Zeugnisse des jungen A. Rubinstein, in: ebd. 6 (1964); F. W. RIEDEL, S. W. D.s Besuche in Wien 1814–1846, in: Beitr. zur Musikdokumentation. FS F. Grasberger (Tutzing 1975).

DEIDAMIA oder Achill unter den Mädchen, Oper

in 3 Akten von Georg Friedrich Händel (1685–1759), Text von Paolo Rolli. Ort und Zeit der Handlung: Die Insel Skyros im Ägäischen Meer kurz vor Ausbruch des Trojanischen Krieges. UA: 10. 1. 1741 in London (Lincoln's Inn Field Theatre); EA in dt. Sprache: 1953 in Halle anläßlich der Händelfestspiele.
Auf der Insel Skyros wächst Achill als Mädchen verkleidet auf, um so seinem vom Orakel vorhergesagten Tod zu entgehen. Dieses Verkleidungsmotiv, das auch in dem Drama *Achille in Sciro* von Metastasio eine Rolle spielt, benutzten Rolli und Händel im Gegensatz zu Metastasio dazu, der Oper einen ausgesprochen heiteren Charakter zu geben. In den Arien der Dienerin Nerea und der galanten, als Menuett komponierten Arie des Odysseus (2. Akt) spiegelt sich die ironisch heitere Seite der Oper, während in den Arien der Deidamia die ernste Seite zum Ausdruck kommt: z.B. *Fürcht' ich wahr* (2. Akt) und *Du nahmst all mein Glück mir* (3. Akt). Die Oper ist das letzte Bühnenwerk Händels und hatte bei der UA einen so geringen Erfolg, daß sie nur zweimal wiederholt wurde. Auch nach der EA in deutscher Sprache 1953, der noch einige weitere Aufführungen folgten, konnte sich das Werk nicht auf der Opernbühne durchsetzen.

B. DELCKER

DE JONG, Marinus, * 14. 8. 1891 Oosterhout (Brabant); belgischer Komponist und Pianist. C. studierte 1907–14 am Königlich Flämischen Konservatorium in Antwerpen Kontrapunkt und Klavier. Während des 1. Weltkriegs hielt er sich in den Niederlanden auf, ließ sich dann wieder in Antwerpen nieder und bereiste als Konzertpianist 1920–30 Westeuropa und die USA. 1931–58 lehrte er Klavier, seit 1946 auch Kontrapunkt am Antwerpener Konservatorium. D.s Stil ist in der ersten Schaffensperiode bis um 1930 durch seine in holländischen, belgischen und französischen Benediktinerklöstern (u. a. in Solesmes) betriebenen Studien zum Gregorianischen Gesang beeinflußt, zeigt in der bis um 1945 reichenden mittleren Phase die Tendenz zur Verschmelzung kirchentonaler und chromatischer Strukturen, während die späte Schaffensperiode u.a. auch durch die Einbeziehung dodekaphonischer Satztechniken gekennzeichnet ist.

WW: Org.- u. Klv.-Musik; Konzerte für Klv., V., Va., Trp. u. Orch.; Streichquartette; Klv.- u. Bläser-Kammermusik; 3 Symphonien; symphonische Dichtungen; Messen; Motetten; Kantaten; Oratorien: *Hiawalta's Lied* (1947) u. *Imitatio Christi* (1954); 3 Opern. – D. schrieb auch eine *Harmonielehre* (o.O., o.J.) u. eine *Geschichte des Kontrapunkts* (o.O., o.J.).

Lit.: K. DE SCHREIJER, Levende Componisten uit Vlaanderen (Löwen 1954); H. SERVAES, Vier grote Orgelwerken v. M. De Jong, in: Musica sacra 62 (Mecheln 1961).

H. LINDLAR

DEKACHORD (griech., = Zehnsaiter), in der spätmittelalterlichen Literatur Name für das zehnsaitige ↗Psalterium.

DEKLAMATION (von lat. declamare, = laut reden, vortragen), Bz. für die kunsthafte, über der Alltagssprache stehende Sprechweise, in der Dichtungen vorgetragen und Reden gehalten werden. Hat schon die gesprochene D. etwas Musikalisches an sich, so verleiht ihr, wie eine alte Redensart sagt, die Musik Flügel. Musikalische D. ist in Musik gehobene, gesteigerte Sprache. Mit dem Begriff der musikalischen D. verbindet sich denn auch meist die Idee eines Gesanges, der die Sprache hervorkehrt, der sie verständlich, schön, sinngemäß und leidenschaftlich vorträgt. Wo deklamiert wird, beherrscht die Sprache die Musik oder hält ihr wenigstens die Waage. In dem Maße, in dem sich die Sprache in der Musik verliert, hört diese auf zu deklamieren.
Über Charakter und Güte einer musikalischen D. entscheidet das Verhältnis, das die Sprache mit den wesentlichen Faktoren der Musik, mit Rhythmus, Melodie und Harmonie, eingeht. Musikalische D. setzt vor allem ein gutes Verhältnis des sprachlichen zum musikalischen Rhythmus voraus. Ist dieses Verhältnis widersprüchlich, können die übrigen Faktoren der Komposition diese Unstimmigkeit wohl vergessen machen, die Melodie durch Schönheit und Ausdruckskraft, der Satz durch Kunst und Wohlklang, zu deklamatorischer Prägnanz aber bringt sie es kaum oder gar nicht. Die Melodie versetzt eine D., deren sprachlicher und musikalischer Rhythmus harmonieren, in eine bestimmte „Tonart“, verleiht ihr Ausdruck und Stimmung. Ein Übermaß an melismatischem Zierat oder strömendem Pathos stört die Deklamation. Noch hinderlicher ist ein Zuviel an kunsthafter Polyphonie.
Urbild und Vorbild musikalischen Deklamierens ist die griechische Musikē. Sie hat ursprünglich Sprache, Musik und Tanz zu einem untrennbaren Ganzen vereinigt. Obwohl sie selbst nicht überliefert ist, sind die Grundgesetze ihres Rhythmus bekannt. Die Griechen haben die Silben gemessen. Maßeinheit war die Zeit, die die Aussprache einer kurzen Silbe benötigt. Die Dauer der langen Silbe verhielt sich dazu wie zwei zu eins. Kürzen und Längen waren die Elemente der rhythmisch-metrischen Einheiten, der Füße, Verse und Strophen. Auch nachdem die antike Rhythmik ihre allgemeine Geltung verloren hatte, haben Dichtungs- und Musiktheoretiker ihre Deklamationsgrundsätze weitergegeben, viele davon in Anlehnung an Augustinus' Schrift *De Musica*. Aufgrund dieser Tradition und wegen der „Natürlichkeit“ der antiken Deklamationsweise begegnet man in der europäischen

Musik allenthalben Kompositionen, die ganz oder teilweise ihr Prinzip realisieren. Glarean restaurierte um 1547 absichtlich in seinem Sinne die erste Ode des Horaz:

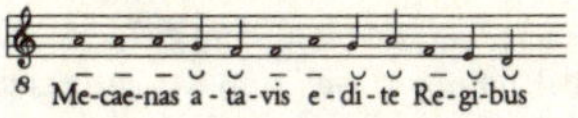

Gluck faßte um 1771 den daktylischen Rhythmus einer Klopstock-Ode nach antiker Manier:

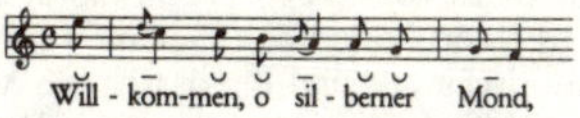

Seit dem Mittelalter ist die musikalische D. nicht mehr grundsätzlich an die antike Regel gebunden. Zwei neue Prinzipien erlauben ihre Abwandlung und Verfeinerung. Das eine Prinzip gestattet den Ersatz einer Länge durch eine Betonung, durch eine „innere Länge", wie man im 18. Jh. sagte. Die einförmige Achtelbewegung, in der Schubert die erste Zeile des Liedes *Das Wandern* gesetzt hat, ist innerlich gestuft. Betonte und unbetonte Zeiten

wechseln miteinander ab. Dabei überragt der Taktbeginn die Taktmitte. Das zweite Prinzip gestattet es, das zeitliche Verhältnis der Längen und Kürzen zu variieren. Die europäische Rhythmik hat in der Polyphonie eine breite Skala von Notengattungen entwickelt. Mit ihrer Hilfe kann die musikalische D. unendlich verfeinert werden. Dabei gilt grundsätzlich: lange oder betonte Silben sind mit langen Notenwerten, kurze oder unbetonte mit kürzeren zu verbinden, und zwar so, daß sich das Zeitverhältnis der langen und kurzen Werte nicht allzuweit von der antiken Regel entfernt. Geschieht das dennoch, so kann das allerdings auch als ästhetische Qualität sui generis empfunden werden. So in Schuberts Lied *Gretchen am Spinnrad.*

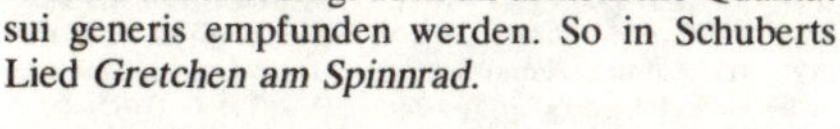

Das Verhältnis der langen zu den kurzen Werten beträgt darin fünf zu eins. Ihre Ungleichheit ist Ausdruck der Unruhe, die den Charakter des Liedes bestimmt. Die Vielzahl der verfügbaren Deklamationswerte ermöglicht es dem Komponisten, verschiedene Deklamationsstile und -weisen voneinander zu unterscheiden. Er kann nun Wichtiges und Beiläufiges, Hohes und Niederes, Ernsthaftes und Heiteres, Trauriges und Fröhliches in der D. kompositorisch kenntlich machen. In der Initialzeile des Madrigals *Morte, da me tant' aspettata, vieni* von Bottegari (1554–1620) werden die Aufforderung „vieni" (komm) und die Anrede „Morte" (Tod) hervorgehoben; die Apposition „da me tant' aspettata" (du lang erwarteter) tritt dagegen zurück.

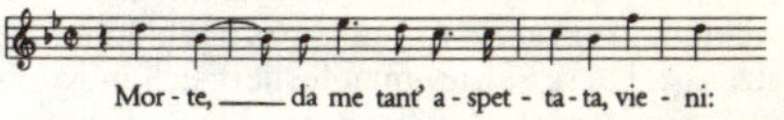

Die elementare Deklamationseinheit, in die die Silben eingehen, ist der Pes oder Versfuß. J. Mattheson nannte 1739 seine musikalische Variante „Rhythmus". Er klassifizierte die musikalischen Pedes in Analogie zu den poetischen. Die Pedes verbinden sich zu Zeilen. Die Zeile ist die wichtigste Einheit der musikalischen Deklamation. Ihre Mitte ist die Deklamationspartie, im Prinzip eine Phase syllabischen Deklamierens. Ihr „Attraktionszentrum" ist der Schluß, die letzte betonte Silbe, oft das Ziel einer kadenzierenden Wendung.
Die Melodie einer Zeile ist deklamationsgerecht, wenn sie den Sprachduktus ins Melodische hebt, das Auf und Ab der Sprachgebärden abbildet und die Schlüsselwörter emphatisch hervorhebt. Es gehört ferner zur Kunst der musikalischen D., die rhetorisch-poetischen Figuren, die Redeteile, Redewendungen, Gegensätze, Parallelismen, Fragen, Exklamationen, Parenthesen u. ä., auch musikalisch, vor allem melodisch sinnfällig werden zu lassen. Eine Theorie dieser Technik bietet Mattheson. Melismen werden angebracht, wenn es der Stil oder der Ausdruck einer D. fordert. Reich ornamentiert werden z. B. D.en hohen Stils. Grundsätzlich verziert man das Zeilenende, die Paenultima, gelegentlich auch den Anfang, selten die Deklamationspartie. Melismen in der Zeilenmitte gefährden den Deklamationszusammenhang. Im 19. und 20. Jh. wird die Deklamationszeile oft dynamisch abschattiert und so zu einem motivartig an- und abschwellenden Ereignis umgebildet. Sie nimmt in dieser Form hochpathetischen, expressionistischen Charakter an, wie der Anfang des folgenden Liedes von Reger (op. 104, 3) zeigt:

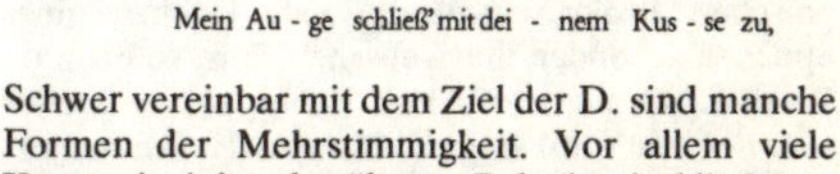

Schwer vereinbar mit dem Ziel der D. sind manche Formen der Mehrstimmigkeit. Vor allem viele Kunstprinzipien der älteren Polyphonie (die Mensurenschichtung, der Kanon, die Fuge und die

Imitation) widersprechen ihren Gesetzen. Ein großer Teil der Kritik, die im Laufe der Geschichte an ihr geübt worden ist, stützt sich auf dieses Faktum. So ist das Ideal der polyphonen D. der einfache, homorhythmische Satz. Erst die Spaltung des musikalischen Satzes in einen Sologesang und eine instrumentale Begleitung ermöglicht es, D. und Polyphonie zu versöhnen. Die Deklamationsstimme tritt als Ausdruck eines Individuums in Erscheinung, obwohl sie Teil eines mehrstimmigen Satzes ist. Diese Satzart manifestiert sich in nahezu allen modernen Deklamationsstilen. Einseitige Realisationen dürften das Melodrama und die hochpathetische Arie sein. Das Melodrama versammelt alles Musikalische in der Begleitung; darüber wird deklamiert. Die Arie opfert die D. weitgehend den Prinzipien des modernen Instrumentalstils, seiner numeralen Periodik, seiner wendigen, ausdrucksstarken Melodik und seiner lebhaften und reichen Begleitung. Zwischen den Extremen stehen u. a. die Monodie, das Rezitativ, das Arioso, das Lied, die Arien niederen und heiteren Stils sowie der Gesangsstil R. Wagners und H. Wolfs.

In der Musikgeschichte gibt es Epochen und Gattungen, die das Deklamatorische hervorkehren. In der einstimmigen Musik ist es wichtig. Viele Formen des Chorals sind z.B. musikalische D.en: die Lektion und Lamentation, die Psalmodie und die Litanei, der Hymnus und die Sequenz. Die kunsthaften polyphonen Gattungen des Mittelalters, das hochstilisierte Notre Dame-Organum des 13. und die isorhythmische Motette des 14. Jh. bringen den Text nicht in deklamatorischer Absicht zur Erscheinung; dies tun eher der Conductus und die ältere Motette des 13. Jahrhunderts. Die Satzkunst und die Dekoration des niederländischen Stils verhindern D. weitgehend, wenn nicht vollständig. Allerdings bemühen sich die Komponisten schon um 1500 darum, Musik und Sprache aufeinander abzustimmen. Die späten Werke von Josquin des Près belegen das. Die Komponisten nach ihm, namentlich A. Willaert, Orlando di Lasso und G. Palestrina, harmonisieren, soweit das möglich ist, die Prinzipien guten Deklamierens mit denen eines kunstreichen Satzes. G. Zarlino gibt dafür Regeln. In humanistisch gebildeten Kreisen wird zudem seit dem Beginn des 16. Jh. die antike D. erforscht und kompositorisch erneuert. Um 1600, in der italienischen Monodie, ist zum ersten Mal in der europäischen Musikgeschichte die D. das Hochziel eines epochemachenden musikalischen Stils, so etwa im Werk Cl. Monteverdis. Von Italien aus verbreitet sich der neue Stil in ganz Europa. H. Schütz verwirklicht ihn in Deutschland, H. Purcell in England, J.-B. Lully erneuert ihn aus dem Geist der französischen Sprache. Noch Glucks Reformopern knüpfen an diese Tradition an. In dem Maße, in dem sich gegen Ende des Barock die vokalen Formen verfestigen, nimmt die Bedeutung der D. ab. In einigen Gattungen, etwa in der Passionsvertonung, bleibt sie aber zentral bis hin zu J. S. Bach. Die Musik der Klassik unterwirft sie, vom Rezitativ abgesehen, den Gesetzen des Takt- und Periodenrhythmus. Schuberts Lied erst stellt zwischen der D. und den Errungenschaften des klassischen Instrumentalstils einen Ausgleich her. Wagners Musikdramen und H. Wolfs Lieder richten den Gesang weithin aufs Deklamatorische aus und überlassen die Melodie im weitesten Sinne dem instrumentalen Part, dem Orchester und dem Klavier.

In den Vokalkompositionen des 20. Jh., vor allem in denen der Wiener Schule, zählt die D. zu den formbildenden Faktoren. Die Musik stellt den Text in prosaischer Freiheit dar. In Kompositionen der Gegenwart wird die Sprache oft so gedehnt und zerlegt, daß sie ihre Aussagekraft verliert.

Lit.: G. ZARLINO, Istitutioni harmoniche (1558, Nachdr. Ridgewood/N.J. 1966); J. MATTHESON, Der vollkommene Capellmeister (1739, Nachdr. Kas – Bas 1954); J. SCHUBACK, Von der musikal. D. (Gö 1775); J. K. F. RELLSTAB, Versuch über die Vereinigung der musikal. u. oratorischen D. (B 1785); R. WAGNER, Oper u. Drama (1851), in: Sämtliche Schriften u. Dichtungen III/IV (L o.J.); H. RIEMANN, Katechismus der Gesangskomposition (L 1891, [3]1921); A. SCHÖNBERG, Das Verhältnis zum Text, in: Der Blaue Reiter (Mn 1912), auch in: Gesammelte Schriften I (1976); K. G. FELLERER, Die Deklamationsrhythmik in der vokalen Polyphonie des 16. Jh. (Düsseldorf 1928); R. GERBER, Das Passionsrezitativ bei H. Schütz (Gütersloh 1929); H. ABERT, Wort u. Ton in der Musik des 18. Jh., in: Gesammelte Schriften u. Vorträge, hrsg. v. F. Blume (Hl 1929); E. E. LOWINSKI, Zur Frage der Deklamationsrhythmik in der a-cappella-Musik des 16. Jh., in: AMl 7 (1935); D. JOHNER, Wort u. Ton im Choral (L 1940, [2]1952); TH. G. GEORGIADES, Der griech. Rhythmus (Hei 1949); J. MÜLLER-BLATTAU, Das Verhältnis von Wort u. Ton in der Gesch. der Musik (St 1952); TH. G. GEORGIADES, Musik u. Sprache (B – Gö – Hei 1954); H. H. EGGEBRECHT, Heinrich Schütz. Musicus poeticus (Gö 1959); K. STOCKHAUSEN, Musik u. Sprache, in: die Reihe 6 (W 1960), auch in: Texte z. elektronischen u. instrumentalen Musik 2 (Kö 1964); H. H. EGGEBRECHT, Machauts Motette Nr. 9, in: AfMw 19/20 (1962/63); K. H. EHRENFORTH, Ausdruck u. Form. Schönbergs Durchbruch z. Atonalität in den George-Liedern op. 15 (Bonn 1963); TH. G. GEORGIADES, Schubert. Musik u. Lyrik (Gö 1967); D. BECKMANN, Sprache u. Musik im Vokalwerk Weberns (Rb 1970); W. WIORA, Das dt. Lied (Wb – Z 1971); C. DAHLHAUS, Wagners Konzeption des musikal. Dramas (Rb 1971); E. APFEL – C. DAHLHAUS, Stud. z. Theorie u. Gesch. der musikal. Rhythmik u. Metrik, 2 Bde. (Mn 1974). W. SEIDEL

DE KONTSKI, poln. Musikerfamilie, ↗Kątski.

DELALANDE, Michel Richard, * 15. 12. 1657 Paris, † 18. 6. 1726 Versailles; frz. Organist und Komponist. D. trat um 1666 in die Maîtrise von St-Germain-l'Auxerrois ein, wo er auch Orgel- und

Cembalounterricht erhielt. 1672 wurde er gleichzeitig Organist bei den Jesuiten und an Petit-St-Antoine. Nach Ch. Couperins Tod vertrat er für dessen Sohn François die Organistenstelle an St-Gervais, bis dieser sie 1686 mit 18 Jahren übernehmen konnte. 1683 nahm er mit der Motette *Beati quorum* erfolgreich an einem Wettbewerb um eine der 4 Stellen eines Sous-maître der Königlichen Kapelle teil und wurde von König Ludwig XIV. mit weiteren wichtigen musikalischen Aufgaben betraut. Er wurde Maître Compositeur und schließlich Surintendant de la Musique du Roy. Wegen dieser vielfältigen Verpflichtungen gab er die Organistenstellen in Paris auf. Nach dem Tod des Königs (1715) zog er sich aus mehreren Ämtern zurück, die er zum Teil an Schüler und Freunde weitergab.

WW: **1) Instr.-WW:** *Symphonies pour les Soupers du Roy* (hsl. erhalten; ca. 550 Stücke, die zu Suiten zusammengefaßt sind), davon 19 Stücke als *Symphonies des Noëls* bezeichnet. – **2) Bühnen-WW:** Ballets, Divertissements, Intermèdes zu Comédies u. a., davon gedruckt das Ballett *L'inconnu* (P 1720) u. die Intermèdes zu der Pastorale héroique *Mirtil et Mélicerte* (P 1699). – **3) Geistliche WW:** 71 Grands Motets für Soli, Chor u. Instr., 40 davon gedruckt, hrsg. von der Witwe D.s u. von C. de Blamont, 20 Bde. (P 1729); andere Quellen sind die Hss. von Philidor d. Ä. (1689–90; Versailles, Bibl. Munic., Mss. 8–17) u. die Collection Cauvin (ebd., 20 Bde.; Bd. 21 im Besitz von J. Chailley). Die Jahreszahlen in der folgenden Aufstellung stammen aus dem Druck von 1729; Stücke ohne Jahreszahl sind nur in den Hss. von Philidor enthalten: *Ad te Domine* (1703), *Ad te levavi oculos, Afferte Domino, Audite coeli* (2 Versionen), *Beati omnes* (1698), *Beati quorum, Beatus vir* (1692), *Benedictus Dominus Deus Israel* (1702), *Benedictus Dominus Deus meus* (1695), *Cantate Domino canticum novum* (1707), *Cantemus Domino, Christe Redemptor, Confitebimur tibi Deus* (1701), *Confitebor tibi Domine in consilio* (1699), *Confitebor tibi Domine quoniam* (1697), *Confitemini Domino* (1705), *Credidi propter* (1697), *Deitatis majestatem, De profundis* (2 Versionen), *De profundis* (1689), *Deus Deus meus, Deus in adjutorium* (1691), *Deus misereatur nostri, Deus noster refugium* (1699), *Dixit Dominus* (2 Versionen), *Dixit Dominus* (1708), *Domine in virtute tua* (2 Versionen), *Domine in virtute tua* (1689), *Domine non est exaltatum, Dominus regit me* (1695), *Dominus regnavit* (1704), *Ecce nunc benedicite, Exaltabo te Deus meus* (1712), *Exaltabo te Domine* (1704), *Exaudi Deus, Exultate justi* (1710), *Exurgat Deus* (1706), *In convertendo* (2 Versionen), *In convertendo* (1684), *Jubilate Deo, Judica me Deus* (1693), *Lauda Jerusalem* (2 Versionen), *Lauda Jerusalem* (1725), *Laudate Dominum omnes gentes, Laudate Dominum quoniam* (1700), *Laudate pueri* (2 Versionen), *Magnus Dominus* (1702), *Miserere mei Deus quoniam, Miserere mei Deus secundum* (1687), *Miserere mei Deus secundum* (2 Versionen), *Nisi Dominus* (1704), *Nisi quia Dominus* (1703), *Notus in Judaea* (1702), *O filii* (1698), *Omnes gentes, Pange lingua* (1689), *Quam dilecte, Quare fremuerunt* (1706), *Quemadmodum* (1696), *Regina coeli* (1698), *Sacris solemnis* (1709), *Super flumina, Te Deum* (1684), *Te Deum* (2 Versionen), *Usquequo Domine* (1692), *Veni Creator, Venite exultemus* (1700). – Von D.s geistlichen WW wurden ferner gedruckt: *Les III Leçons de Ténèbres et le Miserere* für SingSt u. B.c. (P 1730); hsl. sind erhalten: weitere kleinere Motetten; *Cantique de Racine;* 1st. *Messe des Deffuns* nach Art der *Messes royales* von H. Du Mont.

D. war einer der beliebtesten französischen Komponisten in der Zeit Ludwigs XIV. Seine weltlichen Kompositionen umfassen etwa 20 Ballette und Divertissements. Einige dieser Stücke sind erste Beispiele der „Cantate à l'italienne", andere sind Vorläufer des späteren Opéra-ballet. Hinzu kommen die diesen Werken entnommenen und von D. selbst für Triosonatenbesetzung bearbeiteten Tanzsuiten *(Symphonies pour les Soupers du Roy).* Die geistlichen Kompositionen, namentlich die 71 Grands Motets, übertreffen die weltlichen an Bedeutung. In den Grands Motets (↗Motette) führte D. die Tradition von P. Robert und H. Du Mont weiter, indem er der Gattung eine profiliertere Gestalt verlieh. Diese Stücke umfassen instrumentale Vorspiele, kleine 3st. und große 4st. Chöre, Rezitative, Ariosi, Arien, Duette, Terzette, Quartette und kurze Ritornelle. Bei den Arien handelt es sich meist um einen generalbaßbegleiteten Dialog zwischen Singstimme und Instrument, im allgemeinen Flöte, Violine oder Oboe. Die Ausführung der Motetten erforderte etwa 120 Sänger und Instrumentalisten, Orgel, häufig auch ein Cembalo. An Instrumenten verwendet D. Blockflöte und Querflöte, Fagott, Oboe, Violine, Viola, Krummhorn, Trompete, Pauke, Trumscheit, Laute und Erzlaute. D.s Stil wurde auch von A. Campra und vor allem von J.-B. Lully beeinflußt, dessen Vorbild sich in den Ouvertüren, in den kunstvoll deklamierten Rezitativen und in der Klangpracht mancher Chöre zeigt. Wie M.-A. Charpentier hat auch er Elemente der italienischen Musik aufgenommen, insbesondere von G. Carissimi, P. Lorenzani und A. Stradella.

Ausg.: **1) Weltliche WW:** *Symphonies des Soupers du Roy,* 1. Suite, hrsg. v. A. CELLIER (P 1955); Auszüge aus den „*Symphonies…*", hrsg. v. L. BOULAY (P 1965) (= L'Astrée o. Nr.); *Symphonies des Noëls* (die ersten 4), hrsg. v. A. CELLIER (P 1937); *Symphonies…,* 1.–3. Caprice für Orch., hrsg. v. J. F. PAILLARD (P 1965) (= Arch. de la musique instrumentale 6–8). – **2) Geistliche WW:** *Beati omnes,* hrsg. v. H. LETOCART (P 1928); *Beatus vir,* hrsg. v. J. PAGOT (P 1950); *Benedictus,* hrsg. v. F. RAUGEL (P 1951); *Christe Redemptor,* hrsg. v. G. ROUSSEL (P 1952); *Confitebimur tibi Deus,* hrsg. v. A. CELLIER (P 1952); *De profundis,* hrsg. v. DEMS. (P 1944); *Deus in adjutorium,* hrsg. v. DEMS. (P 1958); *Dixit Dominus,* hrsg. v. SARLIT-GENNARO (P 1950); Auszüge aus *Miserere mei,* hrsg. v. H. LETOCART (P 1927); *O filii,* hrsg. v. G. ROUSSEL (o.O. 1953); *Quare fremuerunt,* hrsg. v. A. CELLIER (P 1949); *Regina coeli,* hrsg. v. S. SPYCHET (P 1951); *Te Deum,* hrsg. v. SARLIT-GENNARO (P 1951).

Lit.: A. TESSIER, La carrière versaillaise de La Lande, in: RMie 12 (1928); A. CELLIER, Les motets de M. R. de La Lande, in: RM 22 (1946); N. DUFOURCQ, M. R. D., in: RMie 35 (1953); Notes et Références pour servir à une histoire de M. R. D…., hrsg. v. N. DUFOURCQ (P 1957); DERS., Retour à M. R. D., in: Rech. Mus. 1 (1960); L. BOULAY, Notes sur 4 motets inédits de M. R. D., in: ebd.; G. THIBAULT, Le „Te Deum" de Lalande, in: Fontes artis musicae 12 (1965); D. B. STEIN, The French Te Deum from 1677–1644. Its Esthetic, Style and Development (1974) (= Diss. masch. Univ. of Illinois).

DELANGE, Hermann François, getauft 2. 6. 1715

Lüttich, † 27. 10. 1781 ebd.; wallonischer Violinist und Komponist. D. erhielt seine erste Ausbildung in Lüttich, setzte seine Studien nach 1738 in Rom bei G. B. Costanzi fort und wurde, nach Lüttich zurückgekehrt, um 1760 Violinist an St-Martin und 1762 an St-Paul. Er schrieb Sonaten, Symphonien, Ouverturen, 11 Messen, ein *Magnificat* und zwei Opern, *Le Riche malheureux* (UA Lüttich 1763) und *Nicette ou l'École de la vertu* (UA ebd. 1776). Im Druck erschienen 6 Sonaten für 2 V. und B.c. (P o.J.) und eine Sammlung Menuette für Cemb., Vl. und Querflöte (Lo o.J.).

Ausg.: Sonate in G-Dur für V. u. B.c., hrsg. v. E. MAWET (Nizza 1966).

Lit.: J. QUITIN, Les maîtres de chant et la maîtrise de la collégiale St-Denis, à Liège, au temps de Grétry (Bru 1964); E. DELANGE, En ce temps-là, le voix de H. F. D. 1715–81 chantait sur le Pont d'Isle (Lüttich 1966).

DELANNOY, Marcel François Georges, * 9. 7. 1898 La Ferté-Alais (Seine-et-Oise), † 14. 9. 1962 Nantes; frz. Komponist. D. studierte zunächst Architektur, wandte sich dann der Musik zu und studierte bei J. Gallon, A. Gédalge, E. Cools, L. Aubert, Roland-Manuel und insbesondere bei A. Honegger. Seine erste Oper, *Le Poirier de Misère* (UA Paris 1927), hatte einen glänzenden Erfolg. Seine Musik ist stark von einer expressionistischen Grundhaltung geprägt und weist auch Einflüsse Honeggers auf, berührt sich sonst aber nur wenig mit zeitgenössischen Strömungen.

WW (alle in Paris erschienen): **1) Instr.-WW:** Für Klv.: *4 Mouvements* (1921–24); *La Clef des Songes* (1930); *Dîner sur l'eau* (1937); *Le Cahier de Sylvine* (1933–56); *La Prise de Guingamp* (1948); *Quatuor à cordes* (1927–31); *Rapsodie* (1933) für Klv., Saxophon, Pos. u. Vc. – Für Orch.: *1re Symphonie* (1933); *Sérénade concertante* (1936–37) (auch bearb. für V. u. Klv.); *L'Homme danse* (1937); *Ballade 39* (1939); *Concerto de mai* (1949–50) für Klv. u. Orch. – **2) Vokal-WW:** Lieder, *Deux Pièces: Le Miroir* (1917) (Text: E. Haraucourt), *Premier chagrin* (1918) (Text: Comtesse de Noailles) u. *3 Historiettes* (1924–26) (Text: J. P. Moréas); *4 Regrets de J. du Bellay* (1928–30); *2 Chansons de Clarin* (1933); *3 Chansons* (1933); *2 Chants* (1934); *2 Ballades* (1934); *L'Amour de moi, Condamné à mort, La Mort de Jean Renaud* (1936) für SingSt u. Klv.; *Le Brodequin et le petit soulier* (1936); *5 Quatrains de F. Jammes* (1934–36); *Noël* (1941); *2 Poèmes de Ch. Oulmont* (1947–48); *2 Poèmes d'A. Germain* (1926) für SingSt, Fl., Streichquartett u. Klv.; *O Salutaris* (1924–27), für 2 St. u. Org.; *Deus Abraham* (1934) für 2 Solost., Chor u. Org.; Oratorium *Maria Goretti* (1953). – **3) Bühnen-WW:** Opern u. Opéras-comiques: *Le Poirier de Misère* (1923–25) (Libr.: J. Limozin u. A. de la Tourrasse), UA: Paris 1927; *Le Fou de la Dame* (1927–28) (Libr.: dies.), UA: ebd. 1930; *Philippine* (1928–37); *Les trois choux de M. Patacaisse* (1937); *Ginevra* (1938–42) (Libr.: J. Luchaire nach Boccaccio), UA: 1942; *Puck* (1943–45) (Libr.: A. Boll nach Shakespeares *Ein Sommernachtstraum*) (Str 1949); *Arlequin radiophile* (1946); *Travesti* (1952); *Abraham et l'ange* (1957) (unveröff.); eine Fernseh-Kammeroper *La Nuit du temps* (Libr.: Ph. Soupault), UA: Paris RTF 1962; Ballette: *Cendrillon ou la Pantoufle de vair* (1931) u. *Les Noces fantastiques* (1943–45); ferner zahlr. Bühnenmusik. – **4) Schrift:** *A. Honegger* (P 1953).

Lit.: A. MACHABEY, Portraits de trente musiciens français (P 1949); A. BOLL, M. D., musicien de théâtre, in: RM 25 (1949); G. FERCHAULT, M. D., in: Melos 18 (1951); A. BOLL, M. D. (P 1957) (= Musiciens d'aujourd'hui o. Nr.); DERS., in: Rev. d'histoire du théâtre 14 (1962); C. CHAMFRAY, M. D., in: Le Courrier musical de France (1963) Nr. 3; G. BRELET, M. D., in: Musique contemporaine en France (P 1963).

DELATRE (De Lattre), **Petit Jean,** † 31. 8. 1569 Utrecht; franko-flämischer Komponist. D. war 1554 Kapellmeister des Bischofs von Lüttich. Von ihm wurden veröffentlicht 3–6st. Lamentationen (Maastricht 1554), 4st. Chansons (Löwen 1555), ferner in Sammeldrucken 1540–1644 14 französische und 2 niederländische Chansons und 14 Motetten. Drei der französischen Chansons erschienen auch in Lautentabulaturen (= RISM 1552[29]). – D. ist nicht identisch mit Claude Petitjean, Maître des enfants de chœur an der Kathedrale von Verdun, der 1576 den Prix de la lyre des Puy von Evreux erhielt.

Ausg.: eine Chanson in: 15 flämische Lieder der Renaissance, hrsg. v. R. B. LENAERTS (Wb 1964) (= Chw 92).

Lit.: A. AUDA, La musique et les musiciens de l'ancien Pays de Liège (Bru 1930) (mit Ausg. einer frz. Chanson); F. LESURE, P. J. de L. et C. P. Jehan, in: Renaissance-muziek 1400–1600. FS R. B. Lenaerts (Löwen 1969); J. QUITIN, A propos des trois musiciens liègeois du 16e siècle. P. J. de L., J. Mangon et M. de Sayve, in: Musicae scientiae collectanea. FS K. G. Fellerer (Kö 1973).

DEL CAMPO, Conrado, ↗Campo y Zabaleta.

DELDEVEZ, Édouard Marie Ernest, * 31. 5. 1817 Paris, † 6. 12. 1897 ebd.; frz. Violinist, Dirigent und Komponist. Er war seit 1825 am Pariser Conservatoire Schüler von Fr. A. Habeneck, H. M. Berton und J. F. E. Halévy, danach Violinist in verschiedenen Pariser Orchestern. 1860 wurde er 2. Dirigent, 1872 1. Dirigent der Société des Concerts du Conservatoire, 1873–77 war er Dirigent an der Opéra. 1873–85 leitete er eine Orchesterklasse am Conservatoire. D. schrieb Opern, Ballette, Symphonien, Kammermusik, Chorwerke und Lieder. Er verfaßte auch mehrere Unterrichtswerke, darunter *L'Art du chef d'orchestre* (P 1878) und *De l'Exécution d'ensemble* (P 1888). Seine *Mémoires* (P 1898) enthalten auch ein Werkverzeichnis.

DELERUE, Georges, * 12. 3. 1925 Roubaix; frz. Komponist und Dirigent. D. war am Pariser Conservatoire Kompositionsschüler von D. Milhaud, erhielt 1949 den Prix de Rome und 1963 den Prix Italia. Seit 1952 ist er Dirigent beim ORTF. In seinen Kompositionen vor allem auf Eingängigkeit und Wirkung bedacht, wandte sich D. besonders der Filmmusik zu.

WW: **1) Instr.-WW:** *Poème fantasque* (1953) für Horn u. Klv.;

ordas-J. B.

Claude DEBUSSY: Pastellbildnis von Marcel Baschet aus dem Musée de Versailles.

COSÌ FAN TUTTE von W. A. Mozart ist eine Charakterkomödie mit vielschichtigem psychologischem Tiefgang (Foto: Österreichischer Bundestheaterverband / Axel Zeininger).

DON CARLOS: Mirella Freni und Luis Lima 1989 in einer Inszenierung der Wiener Staatsoper (Foto: Österreichischer Bundestheaterverband / Axel Zeininger).

Mouvement (1952) für Schlaginstr. u. Klv.; 2 Streichquartette (1948); Quartett (1947) für Str. u. Klv.; Trp.- u. Klv.-Konzert (1951, 1954); *Panique* (1949), symphonischer Satz; *Triptyque sur des thèmes roumains* (1953); *Suite d'orchestre pour la libération de Paris* (1954); *Symphonie concertante* (1957) für Klv. u. Orch. – **2) Vokal- u. Bühnen-WW:** *3 Mélodies sur des poèmes d'Éluard* (1950); Kammeroper *Ariane* (1954); Oper *Le Chevalier de neige* (1956), UA: Nancy 1956; Kammeroper *Une regrettable histoire* (1961); *Medis et Alysio,* UA: Straßburg 1974; Ballette: *L'Emprise* (1957); *Conte cruel* (1959); *La Leçon,* UA: Kopenhagen 1963 (D. erhielt dafür den Prix Italia); *Les trois Mousquetaires* (1964–65); Bühnenmusik zu G. Büchners *Dantons Tod* u. Chr. Frys *La dame ne brulera pas;* Filmmusik: *Jules et Jim* (1962); *Viva Maria!* (1965); Walzer in *Hiroshima mon amour.*

DEL GIOVANE, Giovan Domenico, genannt „da Nola“, * um 1510 Nola bei Neapel, † 5.5.1592 ebd.; it. Komponist. D. war Organist und 1563–88 auch Kapellmeister an der Chiesa dell'Annunziata in Neapel. Als Komponist trat er vor allem mit Villanellen und Madrigalen hervor. Die meist auf dialektgefärbte Texte komponierten Villanellen stehen in ihrer Neigung zum Komischen der ↗Mascarade nahe, tendieren jedoch mehr als diese zu kontrapunktischer Schreibweise. Die *Villanelle alla Napolitana* von 1567 sind schlichter und volkstümlicher. A. Einstein schreibt D. auch die meisten Moresken zu, die in verschiedenen italienischen Sammlungen nach 1555 anonym gedruckt wurden.

WW: 2 Bücher *Canzoni villanesche a 3 v.* (V 1541, ^{2}1545 [erweitert]); 2 Bücher Madrigale, I für 4 St. (V 1545), II für 5 St. (R 1564); 2 Bücher Motetten, I für 5 St. (V 1549), II für 5–6 St. *viva voce ac omnis generis instrumentis* (V 1575); *Villanelle alla Napolitana* für 3–4 St. (V 1567); weitere Werke sind in Sammeldrucken seiner Zeit erhalten.

Ausg.: 3 Madrigale, in: TORCHI Arte mus. I (1897); 3 Villanellen hrsg. v. E. HERTZMANN, in: Chw 8 (1930); 5 Karnevalslieder, hrsg. v. K. WESTPHAL, in: Chw 43 (1936); 2 Canzoni villanesche u. eine Moresca, hrsg. v. A. EINSTEIN, in: The Italian Madrigal III (1949, Nachdr. 1970); 1 Villanelle in: H. ENGEL, Das mehrstimmige Lied des 16. Jh. in Italien, Frankreich u. England (Kö 1952, engl. 1961) (= Das Musikwerk 3); ein Satz, in: The Bottregari Lutebook, hrsg. v. C. MCCLINTOCK (Wellesley/Mass. 1965) (= The Wellesley Edition 8).

Lit.: G. M. MONTI, Le villanelle alla napoletana e l'antica lirica dialettale a Napoli (Città di Castello 1925); E. HERTZMANN, A. Willaert in der weltlichen Vokalmusik seiner Zeit (L 1931); A. EINSTEIN (s.o. Ausg.); B. M. GALANTI, Le villanelle alla napolitana (Fi 1954).

DELIBES, Clément Philibert Léo, * 21.2.1836 St-Germain-du-Val (Sarthe), † 16.1.1891 Paris; frz. Komponist. D. studierte seit 1848 am Pariser Conservatoire, u.a. Harmonielehre bei Fr.-E.-J. Bazin, Orgel bei Fr. Benoist und Komposition bei A. Adam. 1853 wurde er Organist an St-Pierre-de-Chaillot. Als Bühnenkomponist trat er erstmals 1856 am Théâtre des Folies Nouvelles mit der einaktigen Operette *Deux Sous de Charbon* hervor, der rasch weitere Operetten, Opéras-comiques und Opern folgten. 1865–72 war er 2. Chordirektor der Opéra. Mit der 1873 aufgeführten Opéra-comique *Le Roi l'a dit,* seinem besten Werk, wurde er auch über Frankreich hinaus bekannt. Noch größeren Erfolg hatte er 1883 mit der Opéra-comique *Lakmé;* die sog. Glöckchenarie daraus ist noch heute beliebt. Von nachhaltiger Wirkung waren vor allem seine Ballette, die diese Gattung wieder auf ein anspruchsvolles Niveau hoben und die bis in unsere Gegenwart zum festen Repertoire gehören. D. war seit 1881 Professor für Komposition am Pariser Conservatoire und wurde 1884 Mitglied der Académie Française.

WW: **1) Opern:** *L'Omelette à la Follembuche* (Libr. Marc-Michel u. Labiche), UA: Paris 1859; *Le Jardinier et son Seigneur* (= *Le Lièvre,* v. Th. Barrière), UA: ebd. 1863; *Le Serpent à plumes,* UA: ebd. 1864; *Malbrough s'en va-t-en guerre* (Libr.: Siraudin, Williams u. Busnacht), UA: ebd. 1868 (nur die Musik des 4. Aktes stammt v. D., die ersten 3 Akte wurden v. Bizet, Jonas u. Legouix komponiert); *La Cour du roi Pétaud* (Libr.: Ph. Gille u. Jaime), UA: ebd. 1869; *Le Roi l'a dit* (Libr.: E. Gondinet), UA: ebd. 1873; *Lakmé* (Libr.: ders. u. Ph. Gille), UA: ebd. 1883; *Kassya,* unvollendet, Orchestrierung v. Massenet (P 1893). – **2) Ballette:** *La Source* (= *Naila, die Quellenfee*), UA: Paris 1866 (das 2. u. 3. Bild stammen v. D., alle anderen v. Minkus, Nuitter u. Saint-Léon); *Coppélia ou la Fille aux yeux d'émail* (Libr.: Ch. Nuitter u. A. Saint-Léon), UA: ebd. 1870; *Sylvia ou la Nymphe de Diane* (Libr.: J. Barbier u. Reynach), UA: ebd. 1876. – D. schrieb auch Klv.-WW und einige kirchenmusikal. WW, darunter eine *Messe brève* für Chor mit Org. u. Streichorchester.

Lit.: E. GUIRAUD, L. D. (P 1892); A. JULLIEN, Musiciens d'aujourd'hui, 2. Reihe (P 1894); C. VAN VECHTEN, Back to D., in: MQ 8 (1922); J. LOISEL, „Lakmé“ de L. D. (P 1924); H. DE CURZON, L. D. (P 1927); F. NOSKE, La mélodie française (P – A 1954), engl. Übers.: French Song from Berlioz to Duparc (NY 1970); A. COQUIS, L. D. (P 1958); D. BLAIZE, La 1500e de „Lakmé“, in: Musica (Disques) (1961) H. 84; I. DAVIDSON, Balety Delibessa, in: Sowjetskaja musyka 25 (1961); R. TATRY, Comment „Léo“ ... est devenue D., in: Musica (Disques) (1963) H. 106.

DELIUS, Frederick (eig. Fritz Albert Theodor), * 29.1.1862 Bradford (Yorkshire), † 10.6.1934 Grez-sur-Loing (Seine-et-Marne); engl. Komponist dt. Abstammung. Als Sohn eines Wollhändlers ursprünglich für den kaufmännischen Beruf bestimmt, wandte er sich aber um 1884–86 endgültig der Musik zu. 1886–88 studierte er bei S. Jadassohn und C. Reinecke am Leipziger Konservatorium. In Leipzig schloß er auch Freundschaft mit E. Grieg. 1888 ging er nach Paris, wo er später die Malerin Jelka Rosen heiratete. Seit 1897 trat D. als Komponist hervor. Von seinen 6 Opern hatte *Romeo und Julia auf dem Dorfe* (nach Gottfried Keller) den größten Erfolg. Nach ihrer UA 1907 in Berlin wurde sie auch in London mehrmals aufgeführt. Auch die Opern *Koanga* (1897) und *Fennimore und Gerda* (1910) wurden in Deutschland uraufgeführt. D. war Anhänger der Philosophie Friedrich Nietzsches, wovon insbesondere *Eine Messe des Lebens* für Soli, Chor und Orchester nach Texten aus dem *Zarathustra* zeugt. Seiner vorwiegend traditionell harmonisch bestimmten Schreibweise entspricht auch die Bevorzugung der Variationsform. Zu den bedeutendsten Werken von D. auf diesem Gebiet zählen die Orchestervariationen *Appalachia* (1902; über eine amerik. Volksweise) und *Brigg Fair* (1907; über ein engl. Volkslied). Th. Beecham rief zur Verbreitung der Werke den „Delius Trust" ins Leben.

WW: **1) Instr.-WW:** Sonate Nr. 1 (eigentlich Nr. 2) (1915) für V. u. Klv. (Lo o.J.); Sonate Nr. 4 (1930) für V. u. Klv. (Lo o.J.); Sonate Nr. 2 (1924) für Br. u. Klv. (Lo o.J.); Sonate Nr. 3 (1917) für Vc. u. Klv.; 2 Streichquartette (1916) (Lo o.J.). – Für Orch.: *Little Suite* (1889) (W. o. J.); *Paris, the song of a great city* (1899); *Brigg Fair* (1907); *In a summer garden* (1908); *A Dance Rhapsody n° 1* (1908) (Mn o.J.); *A Dance Rhapsody n° 2* (1916); *Summer Night on the River* (1912); *On hearing the first cuckoo in Spring* (1912) (Lo o.J.); *North Country Sketches* (1914); *Eventyr* (1917); *A Song before sunrise* (1918); *Air and Dance* (1925); *A Song of summer* (1930) (Lo o.J.); Konzerte für Klv. (1906), für V. (1916), für Vc. (1921), für V., Vc. u. Orch. (1916). – **2) Vokal-WW:** Lieder u. Chorstücke; für Chor u. Orch.: *Appalachia* (1902); *Sea-Drift* (1903) (nach W. Whitman); *Eine Messe des Lebens (A Mass of Life)* (1905) (nach F. Nietzsches *Also sprach Zarathustra*); *Songs of sunset* (1907) (Text: A. Symons); *Arabesk* (1911) (Text: J. P. Jacobsen); *A Song of the High Hills* (1912); *Songs of Farewell* (1932) (Text: W. Whitman). – **3) Bühnen-WW:** 6 Opern: *Irmelin* (1892), hsl.; *The Magic Fountain* (1893), hsl.; *Koanga* (1895–97), UA: Elberfeld 1904; *Romeo und Julia auf dem Dorfe (Romeo and Juliet)* (1901), UA: Berlin 1907; *Fennimore und Gerda* (1908–10), UA: Frankfurt/Main 1919; ferner Bühnenmusik.

Ausg.: Konzert, op. 33 a-moll für Vc. u. Orch., *Dance rhapsody* Nr. 2, *Eventyr. Once upon time, North country sketches,* korrigiert v. R. THRELFALL (Lo 1976); *3 early part-songs* für gem. Chor, hrsg. v. I. HUMPHRIS (Lo 1977); *Prelude and Idylle* für Sopran u. Bar. u. Orch. (Lo 1978).

Lit.: P. H. HESELTINE, F. D. (Lo 1923); E. BLOM, D. and America, in: MQ 15 (1929); C. DELIUS, F. D.: Memories of My Brother (Lo 1935); E. FENBY, D. as I Knew Him (Lo 1936, NA Lo – NY 1966); A. HUTCHINGS, D. A Critical Biography (Lo 1948, ²1949); A. K. HOLLAND, The songs of D. (Lo 1951); B. VAN DIEREN, D., in: D. Ewen, The book of modern composers (NY 1956); TH. BEECHAM, F. D. (Lo 1959, NY 1960, 1973); J. W. KLEIN, D. as a Musical Dramatist, in: MR 22 (1961); P. J. PIRIE, Epitaph on a Centenary, in: MR 23 (1962); F. HOWES, The English Musical Renaissance (Lo 1966); D. GRIMES, Form in the Orchestral Music of F. D. (1966) (= Diss. North Texas State Univ.); G. JAHODA, The Road of Samarkand. F. D. and His Music (NY 1969); CH. PALMER, D., Vaughan Williams and Debussy, in: ML 50 (1969); S. UPTON – M. WALKER, F. D. (Edgware/Middlesex 1969) (Diskographie); CH. PALMER, D. and Poetic Realism, in: ML 51 (1970); DERS., D. and P. Grainger, in: ML 52 (1971); E. W. FENBY, D. (Lo 1971); W. RANDEL, „Koanga" and Its Libretto, in: ML 52 (1971); A. JEFFERSON, D. (NY 1972); R. L. E. FOREMAN, The British Musical Renaissance. A Guide to Research (1972) (= Diss. masch. Library Association London); R. LOWE DUGMORE, F. D. and Norway, in: Studies in Music 6 (1972); L. CARLEY, H. Haym. D.'s Prophet and Pioneer, in: ML 54 (1973); R. LOWE, The Music Archive of the D. Trust, in: MR 34 (1973); B. N. S. GOOCH, E. Dowson and F. D. On „Songs of Sunset" as mentioned in A. Hutching's „D.", in: MR 36 (1975); CH. REDWOOD, D. and Strindberg, in: ML 56 (1975); A. D. Companion, hrsg. v. DEMS. (Lo 1976); CH. PALMER, D. Portrait of a Cosmopolitan (Lo 1976); F. TOMLINSON, Warlock and D. (Lo 1976); L. CARLEY – R. THRELFALL, D. A Life in Pictures (O 1977); R. THRELFALL, A Catalogue of the Compositions of F. D. Sources and References (Lo 1977).

DELLA CASA, Lisa, * 2. 2. 1919 Burgdorf (Bern); Schweizer Sängerin (Sopran). Nach dem Gesangsstudium in Zürich gab sie ihr Operndebüt 1941 in Solothurn-Biel in Puccinis *Madame Butterfly,* nachdem sie schon vorher als Konzertsängerin hervorgetreten war. Ihre internationale Karriere begann sie als Zdenka in *Arabella* von R. Strauss bei den Salzburger Festspielen 1947. Im gleichen Jahr wurde sie Mitglied der Wiener Staatsoper und trat bald in allen Musikzentren der Welt auf, u. a. seit 1953 auch als Mitglied des Metropolitan Opera House in New York. 1953 sang sie in Salzburg alle drei Frauenrollen bei der Uraufführung von G. von Einems Oper *Der Prozeß.* Bedeutende Erfolge errang sie vor allem mit Opern von Mozart und Strauss (insbesondere als Arabella), aber auch als Liedinterpretin.

Lit.: H. ROSENTHAL, Sopranos of Today (Lo 1956); G. FITZGERALD, in: Opera 19 (1968); B. DEBELJEVIC, Ein Leben mit L. D. C. oder „In dem Schatten ihrer Locken" (Z 1975).

DELLA CIAJA, Azzolino Bernardino, * 21. 3. 1671 Siena, † 15. 1. 1755 Pisa; it. Komponist. D. trat mit 7 Jahren in Siena in den Orden der Cavalieri di Santo Stefano ein, diente später auf Galeeren des Ordens, stand eine Zeitlang im Dienst des Connétable Colonna, wurde Ordensgeistlicher und war zuletzt Komtur der Ordenskomturei von Lucca. Der Kirche Santo Stefano in Pisa schenkte er eine noch erhaltene große 4manualige Orgel mit über 100 Registern, deren Disposition er selbst entworfen hatte. D. war einer der berühmtesten Musikdilettanten seiner Zeit. Er veröffentlichte 5st. *Salmi concertati* mit 2 V. u. B.c., op. 1 (Bol 1700), *Cantate da camera* für 1 SingSt u. B.c., op. 2 (Lucca 1701) und Cembalosonaten, op. 4 (R 1727). Diese Sammlung enthält Sonaten, die, zwischen Suite und Sonate stehend, in der Entwicklung der Klaviersonate einen besonderen Platz einnehmen. Außerdem sind von ihm hsl. kirchenmusikalische Werke, darunter mehrere Messen, sowie Orgelstücke im stile ecclesiastico erhalten.

Ausg.: 3 *Sonate per cembalo,* hrsg. v. G. BUONAMICI (Fi 1912); 12 Soggetti, 6 Ricercari u. Orgelmesse (aus op. 4), hrsg. v. A. ESPOSITO (Padua 1956); 2 Org.-Stücke, hrsg. v. DEMS. (ebd. 1956).

Lit.: F. TORREFRANCA, L'impressionismo ritmico e le sonate del Cavaliere Della C., in: Vita Musicale (1913); A. PUCCIANTI, Di un opuscolo contenente la descrizione dell'organo di A. Della

C., in: RMI 53 (1950); G. CHIGI SARACINI, Un organista del secolo XVIII. A. Della C., in: Bull. dell'Accad. Chigiana (Siena 1950 u. 1951); W. LOTTERMOSER, Akustische Unters. an der Orgel v. A. B. Della C. in Pisa, in: Das Musikinstrument 13 (1964).

DELLA CORTE, Andrea, * 5. 4. 1883 Neapel, † 12. 3. 1968 Turin; it. Musikforscher. Er war in der Musik Autodidakt. Nach dem Jurastudium war er seit 1906 Musikreferent verschiedener Zeitungen, insbesondere 1919–67 Musikkritiker der Turiner Zeitung *La Stampa*. 1926–53 lehrte er als Professor Musikgeschichte am Liceo Musicale und 1939–53 an der Universität in Turin. D., der sich in seinen zahlreichen Schriften vor allem mit der Musik des 18. und 19. Jh. beschäftigte und auch ein wichtiges Musiklexikon veröffentlichte, war einer der angesehensten italienischen Musikforscher seiner Generation.

Schriften: *Paisiello* u. *Saggi di critica musicale* (Tn 1922); *L'opera comica italiana del'700*, 2 Bde. (Bari 1923); *Dizionario di musica*, zusammen mit G. M. Gatti (Tn 1925, [6]1959); *N. Piccinni* (Bari 1928); *V. Bellini*, zusammen mit G. Pannain (Tn 1936); *Pergolesi* (Tn 1936); *Toscanini* (Vizenza 1946); *Satire e grotteschi di musiche e di musicisti d'ogni tempo* (Tn 1946); *Le sei più belle opere di Verdi: Rigoletto, Il Trovatore, La Traviata, Aida, Otello, Falstaff* (Mi 1947, [3]1958); *Gluck* (Fi 1948); *B. Galuppi* (Siena 1948); *Storia della musica*, zusammen mit G. Pannain, 3 Bde. (Tn [3]1952, revidiert [4]1964), span. in 2 Bde. v. H. Anglès (Ba 1950), in 3 Bden. ([2]1956); *L'interpretazione musicale e gli interpreti* (Tn 1951); *Drammi per musica dal Rinuccini allo Zeno*, 2 Bde. (Tn 1958); *La critica musicale e i critici* (Tn 1961).

Lit.: G. BARBLAN, in: RIMus 3 (1968); M. MILA, L'opera di A. D. C. per la cultura musicale italiana, in: NRMI 2 (1968).

DELLA VIOLA, Alfonso, * um 1508 Ferrara, † um 1570 ebd.; it. Komponist. D. stand als Instrumentalist, später vermutlich als Kapellmeister im Dienst des Herzogs von Ferrara und schrieb Musik für den Hof. Von seinen Bühnenmusiken, meist Intermedien im madrigalesken Stil, ist lediglich eine Szene mit Chor aus *Il Sacrificio* (UA 1554) erhalten. 7 Madrigale finden sich in Sammeldrucken der Zeit (RISM 1542[16], 1543[18], 1562[6]); hsl. sind Kompositionen in Bibliotheken in Modena, München und Wolfenbüttel erhalten.

Ausg.: Szene u. Chor aus *Il Sacrificio*, in: A. SOLERTI, Gli albori del melodramma I (Mi 1903, Nachdr. Hil 1969); 1 Satz in: 6 it. Madrigale, hrsg. v. B. MEIER (Wb 1956) (= Chw 58).

Lit.: W. WEYLER, Documenten betreffende de muziekkapel aan het hof van Ferrara, in: Vlaamsch jaarboek voor muziekgeschiedenis 1 (1939); A. EINSTEIN, The Italian Madrigal I (Princeton 1949, Nachdr. 1970); J. N. MARVIN, Ferrarese Masses of the Late Renaissance (1971) (= Diss. masch. Univ. of Illinois).

DELLER, Alfred George, * 31. 5. 1912 Margate (Kent), † 16. 7. 1979 Bologna; englischer Sänger (Countertenor). Nach autodidaktischer Ausbildung sang er 1940–47 im Chor der Kathedrale von Canterbury und übernahm danach die Leitung des Chors der St. Paul's Cathedral in London. Als Solist und mit dem 1948 von ihm begründeten Vokalensemble, dem *Deller Consort*, bemühte er sich um die Wiederbelebung vor allem älterer englischer Musik, insbesondere um die des ↗Countertenor-Gesangs. Er errang damit auf Konzertreisen in aller Welt und durch beispielhafte Schallplattenaufnahmen bedeutende Erfolge.

Lit.: M. u. M. HARDWICK, A. D., A Singularity of Voice (Lo 1968, NY 1969).

DELLER, Florian Johann, getauft 2. 5. 1729 Drosendorf (Niederösterreich), † 19. 9. 1773 München; östr. Komponist. Er wurde 1751 Violinist der Stuttgarter Hofkapelle und war auch Kompositionsschüler des Hofkapellmeisters N. Jommelli. Seit 1760 war er musikalischer Hauptmitarbeiter des Ballettmeisters J. Fr. Noverre. Nach dessen Weggang 1767 wandte sich D., seit 1769 Konzertmeister und Hofkomponist, mit Erfolg der Opera buffa und dem Singspiel zu. 1771 wurde er wegen zu hoher Gehaltsforderungen entlassen und ging nach Wien, wo im selben Jahr seine komische Oper *Il maestro di cappella* zur Uraufführung kam. In London erschienen von ihm 6 Triosonaten; 4 Symphonien sind hsl. erhalten. Seine Ballette nehmen in der Geschichte der Gattung einen beachtlichen Platz ein.

Ausg.: Die Ballette *Orfeo ed Euridice* (UA: Stuttgart 1763), *La Constance, Ballo polonois* u. *La schiave liberata*, in: Ausgew. Ballette Stuttgarter Meister aus der 2. Hälfte des 18. Jh., hrsg. v. H. ABERT (1913) (= DDT 43/44).

Lit.: H. ABERT, J. G. Noverre u. sein Einfluß auf die dramatische Ballettkomposition, in: Jb. Peters 15 (1908); DERS., Einleitung, in: DDT 43/44.

DELLO JOIO, Norman, * 24. 1. 1913 New York; amerik. Komponist. D. war Schüler des Institute of Musical Art und der Juillard School, 1934–40 Organist an der St. Ann's Church in New York, 1940 Kompositionsschüler P. Hindemiths an der Berkshire Music School in Tanglewood und 1941–43 musikalischer Leiter des Dance Players Ballet in New York. Eine Zeitlang leitete er auch ein Jazz-Orchester. 1945–50 lehrte er Komposition am Sarah Lawrence College, seit 1957 an der Mannes School of Music in New York. 1958 erhielt er den Pulitzer-Preis für Musik. In seinen unter dem Einfluß Hindemiths vorwiegend neoklassizistisch geprägten Werken verwendet er u. a. auch Elemente der Gregorianik und Jazz-Rhythmen.

WW: **1) Instr.-WW:** Für Klv.: 3 Sonaten (1942, 1944, 1947) (alle NY o. J.); 2 Präludien: *To a Young Musician* (1943), *To a Young Dancer* (1943); 2 Nocturnos (1946); *Diversions. A Set of 5 Pieces*

(1975); *Stage Parodies. Piano Suite for Young Players* (1975) für Klv. 4händig; 5 Lyric Pieces for the Young Organist (1975); Trio (1944) für Fl., Vc. u. Klv.; für Orch.: Serenade (1947); *Epigraph* (1952); *Meditations on Ecclesiastes* (1956); *Le Louvre* (1965) für Militärkapelle; für Klv. u. Orch.: *Magnificat* (1941); 3 Ricercari (1945); *Fantasia and Variations* (1962); *Concertante* (1973) für Bläser; 3 Essays für Klar. u. Klv. (1974); *Lyric Fantasies* (1975) für Va.-solo u. Streichorch. oder Streichquintett; *Satiric Dances for a Comedy by Aristophanes* (1975) für Konzertband. – **2) Vokal-WW:** *A Psalm of David* (1950); *Lamentations of Saul* (1954); *Mass in Honor of the Blessed Virgin Mary* für Vorsänger, Gemeindegesang u. 3st. Chor mit Orgel (u. Bläsern ad lib.) (1975). – **3) Bühnen-WW:** Opern: *The Ruby* (1954); *The Trial at Rouen* (1955) (NY o.J.), Neufassung als: *The Triumph of St. Joan*, UA: New York 1959; *Blood Moon* (1961); ferner Ballette.

Lit.: O. DOWNES, The Music of N. dello J., in: MQ 48 (1962); V. S. JENNINGS, Selected Twentieth-Century Clarinet Solo Literature. A Study in Interpretation and Performance (1972) (= Diss. Univ. of Oklahoma); J. E. CARMAN, Twentieth-Century American Song Cycles. A Study in Circle Imagery (1973) (= Diss. Univ. of Iowa); TH. A. BUMGARDNER, The Solo Vocal Works of N. dello J. (1973) (= Diss. masch. Univ. of Texas).

DEL MAR, Norman, * 31. 7. 1919 London; engl. Dirigent. Er studierte Komposition am Royal College of Music in London, gründete 1944 das Chelsea Symphony Orchestra, wurde 1947 auch Dirigent des Croydon Symphony Orchestra und im gleichen Jahr Assistent Th. Beechams beim Royal Philharmonic Orchestra. 1949 wurde er Chefdirigent der von B. Britten mitbegründeten English Opera Company. 1951–54 war er Dirigent beim London Philharmonic Orchestra, dann ein Jahr lang beim Yorkshire Symphony Orchestra, und 1960–61 Chefdirigent des BBC Scottish Orchestra in Glasgow. Seitdem ist er als Gastdirigent tätig. D. M. setzte sich stark für die zeitgenössische Musik ein. Er schrieb u. a.: *Modern Music and the Conductor,* in: Twentieth Century Music, hrsg. v. R. H. Myers (Lo 1960, ²1968, Paperback-Ausg. 1970) und *R. Strauss, A Critical Commentary of His Life and His Works,* 2 Bde. (Lo – Philadelphia 1962–68).

DELMAS, Marc, * 28. 3. 1885 Saint-Quentin, † 30. 11. 1931 Paris; frz. Komponist. D. war am Pariser Conservatoire Schüler von X. Leroux und P. Vidal und erhielt 1919 den Prix de Rome. Er trat hauptsächlich als Opernkomponist hervor. Daneben setzte er sich sehr für die Chorbewegung und, als Mitglied des „Conseil supérieur de la Musique populaire", auch für die Volksmusik ein.

WW: **1) Vokal- u. Instr.-WW:** Klv.-Stücke; Kammermusik; symphonische Dichtungen: *Au Pays wallon, Le Bateau ivre;* Chorstücke; *Messe de Requiem.* – **2) Bühnen-WW:** *Jean de Calais; Laïs; Stéphanie; Camille,* UA: Paris 1921; *Cyrca,* UA: ebd. 1927; *Le Giaour,* UA: Vichy 1928. – **3) Schriften:** *Georges Bizet* (P 1930); *Gustave Charpentier* (P 1931).

DEL MONACO, Mario, * 27. 7. 1915 Florenz, † 16. 10. 1982 Mestre; it. Sänger (Tenor). Nach einem Studiem der Malerei wurde er im Gesang am Konservatorium in Pesaro ausgebildet und debütierte hier 1939 als Turiddu in P. Mascagnis *Cavalleria rusticana.* Durch den Militärdienst während des Krieges wurde seine Karriere stark behindert. Nach 1945 errang er aber bald, auch international, große Erfolge. 1946 erregte er Aufsehen als Radames in Verdis *Aida* bei den Festspielen in Verona, debütierte 1950 an dem Metropolitan Opera House in New York, dem er 1951–59 angehörte. D. sang vor allem die dramatischen Tenorpartien der italienischen Oper und wurde besonders in der Titelpartie von Verdis *Othello* gefeiert.

DE LOS ANGELES, Victoria, ↗Los Angeles.

DE LUCA, Giuseppe, * 25. 12. 1876 Rom, † 26. 8. 1950 New York; it. Sänger (Bariton). Er studierte Gesang an der Accademia di Santa Cecilia in Rom, debütierte 1897 in Piacenza als Valentin in Ch. Gounods *Faust* und trat, auch außerhalb Italiens, bald mit wachsendem Erfolg auf. 1915 wurde er an das Metropolitan Opera House in New York engagiert, dem er bis 1946 ununterbrochen angehörte. 1947 beendete er seine Laufbahn anläßlich eines Konzerts in der Town Hall in New York. D., einer der bedeutendsten Sänger seiner Zeit, beherrschte das gesamte Baritonfach der italienischen und französischen Oper und wirkte an einigen Uraufführungen veristischer Opern mit. Er war auch als Konzertsänger geschätzt.

Lit.: R. CELLETI, in: Discoteca 9 (1968) Nr. 81.

DE LUCIA, Fernando, * 10. 10. 1860 Neapel, † 23. 2. 1925 ebd.; it. Sänger (Tenor). Er studierte am Konservatorium in Neapel zunächst Fagott und Kontrabaß, dann Gesang. 1885 debütierte er in Neapel als Faust in Ch. Gounods gleichnamiger Oper und sang bald an den bedeutenden Opernhäusern in Europa, vor allem am Londoner Covent Garden. 1893 trat er mit großem Erfolg erstmals am New Yorker Metropolitan Opera House auf. D. galt als einer der letzten Vertreter der tenoralen Belcanto-Tradition des 19. Jh. und sang vor allem die lyrischen Tenorpartien der italienischen und französischen Opern, einschließlich der Opern des Verismo. Nach 1910 war er als Gesangspädagoge in Neapel tätig.

DELVARD, Marya (eigentlich Marie Biller), * 11. 9. 1874 Réchicourt-le-Château bei Nancy, † 28. 9. 1965 Pullach bei München; frz. Diseuse. Sie wurde zunächst von Y. Guilbert als Schauspielerin und Sängerin ausgebildet und studierte seit 1891

Musik und Gesang in München. Hier war sie 1901–06 Mitglied des Kabaretts *Die elf Scharfrichter* und dessen herausragende Diseuse. Danach setzte sie zusammen mit Marc Henry ihre Arbeit mit dem Aufbau der Wiener Kabaretts *Nachtlicht* (1906) und *Fledermaus* (1907) fort. M. D. beeinflußte nachhaltig das deutschsprachige literarische Chanson (↗Chanson 2). Sie gab auch die Sammlung *Vieilles chansons de France* (L 1928) heraus.

Lit.: K. BUDZINSKI, Die Muse mit der scharfen Zunge (Mn 1961); H. GREUL, Die elf Scharfrichter (Z 1962); W. V. RUTTKOWSKI, Das literarische Chanson in Deutschland (Bern 1966).

DELVINCOURT, Claude, * 12. 1. 1888 Paris, † 5. 4. 1954 Orbetello (Toscana); frz. Komponist. D. erhielt schon früh eine musikalische Ausbildung (u. a. in Klavier und Gesang), studierte aber zunächst Jura und wurde danach 1908 Kompositionsschüler von Ch.-M. Widor am Pariser Conservatoire. 1913 erhielt er für seine Kantate *Faust et Hélène* den Prix de Rome. Eine schwere Kriegsverletzung unterbrach für längere Zeit seine musikalische Laufbahn. Seit 1931 leitete er das Conservatoire in Versailles und seit 1941 das Conservatoire in Paris. D. setzte sich für eine Reform des Unterrichtswesens ein, um die Musik aus ihrer Isolierung herauszulösen. Er gründete u. a. am Conservatoire ein Jugendorchester, das im Pariser Musikleben eine wichtige Rolle spielte. Als Komponist stand D. in der Tradition E. Chabriers. In seinen Werken zeigt sich eine Vorliebe für ältere Musik und für die Chanson populaire, aber auch neueren musikalischen Strömungen gegenüber war er aufgeschlossen.

WW: **1) Instr.-WW:** Für Klv.: *Boccacerie* (1922) (auch für Orch. instrumentiert); *5 Pièces* (1923), *Croquembouches* (1926), *Heures juvéniles* (1928) (P o.J.); für Klv. 4händig: *Images pour les contes du temps passé* (1934) (P o.J.); *Sonate* für Klv. u. V. (1919) (P o.J.); *Danceries* (1930) für V. u. Klv.; *Contemplations* für V. (oder Fl.) u. Klv. (P 1935); für Orch.: *Le Bal vénitien* (1927); *Pamir* (1928); *Radio-Sérénade* (1938). – **2) Vokal-WW:** *Six Poèmes* für SingSt u. Klv. (1918); *La Source* für Chor (P 1925); *Ce Monde de rosée*, 14 „Uta" japonais (1925); *Onchets* (1929) (Text: R. Chalupt) (P o.J.); *Chansons de la ville et des champs* (1933); *4 Chansons de Clément Marot* (1935) für Sopran u. Klv. (oder Orch.); *Faust et Hélène* (1913), Scène lyrique; *Salut solennel* für Soli, Chöre u. Orch. (1948). – **3) Bühnen-WW:** *La femme à barbe* (1936), Comédie musicale, UA: Versailles 1938; *Lucifer* (Libr.: R. Dumesnil), Mysterienspiel, UA: Paris 1948; ferner Bühnenmusik zu: *Œdipe-Roi, Le Bourgeois gentilhomme.*

Lit.: W. L. LANDOWSKI, L'œuvre de Cl. D. (P 1947); A. MACHABEY, Portraits de 30 musiciens français (P 1949).

DEMANTIUS, Johannes Christoph (Christoph Demuth), * 15. 12. 1567 Reichenberg (Böhmen), † 20. 4. 1643 Freiberg (Sachsen); dt. Komponist. Nach Studien in Wittenberg und mehrjährigem Aufenthalt in Leipzig wurde er 1597 Kantor in Zittau und 1604 in Freiberg.

WW: **1) Geistliche WW:** *Trias precum vespertinarum* (Magnificat, Psalmen u. a.) für 4–6 St. vokal u. instr. (Nü 1602); *Corona harmonica* (Evangeliensprüche) für 6 St. (L 1610); *Triades Sioniae Introitum, Missarum, et Prosarum* für 5–8 St. (Freiberg 1619); *Threnodiae* (Begräbnisgesänge) für 4–6 St. (ebd. 1620); *Deutsche Passion, nach dem Evangelisten S. Iohanne* für 6 St. (ebd. 1631); gedruckt wurden auch zahlr. Gelegenheits- (meist Hochzeits-) Gesänge (1594–1642); einzelne Motetten hsl. u. in Sammeldrucken erhalten (RISM 1618¹ u. 1621²). – **2) Weltliche WW:** *Neue Teutsche Weltliche Lieder* für 5 St. vokal u. instr. (Breslau 1595); *Ander Theil neuer deutscher Lieder* für 5 St. (L 1615); *Tympanum militare, Ungerische Heerdrummel und Feldgeschrey* für 6 St. vokal u. instr. (Nü 1600, verbesserte u. erweiterte NA 1615); *Neue außerlesene ... polnischer und teutscher Art Täntze mit und ohne Texten* für 4–5 St. vokal u. instr. (Nü 1601); *Conviviorum deliciae* (Intraden, Aufzüge, Galliarden, poln. Tänze u. a.) für 6 St. instr. u. vokal (Nü 1608); *Convivalium concentuum farrago* (dt. Madrigale, Canzonetten, Viallanellen, Dialogi) für 8 St. vokal u. instr. (Jena 1609); *Fasciculus chorodiarum* (Tänze u. a. der gleichen Art wie im Druck von 1601) (Nü 1613); *Neue deutsche Lieder* (5st. Bearb. 3st. Lieder v. G. Lang, 2 Teile (L 1614 u. 1615). – **3) Theoretische WW:** *Forma musices. Gründtlicher und kurtzer Bericht der Singekunst* (Bautzen 1592); *Isagoge artis musicae ... Kurtze Anleitung, recht und leicht singen zu lernen* (enthält auch eine alphabetisch angeordnete Aufstellung und Erklärung von musikalischen Ausdrücken) (Nü 1607, 8 weitere Aufl. [teilweise modifiziert] bis 1684). – D. veröffentlichte auch dt. u. lat. Gedichtsammlungen u. philos. Schriften.

D. hielt zeitlebens an der a cappella-Schreibweise fest. Zu ihrer Sicherung gegenüber den neuen monodischen u. a. Tendenzen erfand er eine eigene Satztechnik, „Bassus et Cantus generalis" (*Triades Sioniae*, 1619), die aber ohne Einfluß auf Um- und Nachwelt blieb. In der Beibehaltung des Alten war D. ein Meister der kontrapunktischen Kunst und der Fähigkeit, musikalische Mittel im Dienst nachdrücklichen, bild- und affekthaften Wortausdrucks zu verwenden. Dies bezeugt wie in einem Brennspiegel seine Johannes-Passion von 1631, die – seltsam anachronistisch inmitten einer neuen Zeit – das letzte bedeutende Beispiel einer motettischen Passion darstellt.

Ausg.: *Dt. Passion nach dem Evangelisten Johannes ...*, hrsg. v. F. BLUME (Wb 1934) (= Chw 27); *116. Psalm* für 5 St., hrsg. v. A. ADRIO (Wb 1935) (= Chw 36); 4 dt. Motetten für 6 St., hrsg. A. A. ABERT (1936) (= Chw 39); *Neue dt. weltliche Lieder* u. *Convivalium concentuum farrago*, hrsg. v. K. STANGL (Reichenberg 1939, NA Kas 1954) (= EDM, LD 1); *Dt. Tänze* für 4 Streich- oder Blasinstr., hrsg. v. J. D. DEGEN, in: Hortus Mus. 148 (Kas 1941, 1957); *Corona harmonica* von 1610, hrsg. v. P. SCHMIDT, 8 H.e (B 1958–62); 10 Fugen für 2 St. (aus *Isagoge artis musicae* ¹⁰1632), hrsg. v. H. MÖNKEMEYER (Wilhelmshaven 1963) (= Consortium . Nr.); *Conviviorum deliciae* von 1608, hrsg. v. DEMS. (Z 1973) (= Musica instrumentalis 23–24).

Lit.: R. KADE, Ch. D. 1567–1643, in: VfMw 6 (1890); K. STANGL, Ch. Demants Lieder 1595 u. Farrago 1609 (Diss. Pr 1940); I. HASAK, Ch. D. als Dichter (Diss. Jena 1951); H. H. EGGEBRECHT, Ein Musiklexikon v. D., in: Mf 10 (1957); I. GALLWITZ, Die Neuen dt. Lieder v. 1584 u. 1586 des G. Langius u. deren Bearbeitung durch Ch. D. u. H. Dedekind

(Diss. W 1960); D. KRICKEBERG, Das prot. Kantorat im 17. Jh. (B 1965) (= Berliner Stud. zur Musikwiss. 6); C. R. MESSERLI, The „Corona harmonica" 1610 of Ch. D. and the Gospel Motet Tradition, 2 Bde. (1974) (= Diss. Univ. of Iowa) (darin 15 Motetten aus *Corona harmonica*).

DEMESSIEUX, Jeanne, * 14.2.1921 Montpellier, † 11.11.1968 Paris; frz. Organistin und Komponistin. Sie spielte bereits seit 1933 die Orgel an St-Esprit in Paris. Nach Klavier- und Orgelstudien am Pariser Conservatoire trat sie auf zahlreichen Konzertreisen in Frankreich und in Europa hervor. 1950–53 lehrte sie Orgel am Konservatorium in Nancy, seit 1952 am Conservatoire in Lüttich und war seit 1962 Organistin an Ste-Madeleine in Paris. D. zählte zu den bedeutenden französischen Organisten ihrer Zeit.

WW: Für Org.: *6 Études* (1946) (P o.J.); *7 Méditations sur le Saint-Esprit* (1947), *Tryptique* (1949) (P o.J.); *Poème* (1952) für Org. u. Orch.; *12 Chorals-Préludes* (1951) (Boston o.J.); *Te Deum* (1965).

Lit.: P. DENIS, Les organistes français d'aujourd'hui: J. D., in: L'orgue (1956) Nr. 75; J. PICCAND, in: SMZ 105 (1965); W. PAAP, in: Mens en melodie 24 (1969).

DEMETER, Ballett in 4 Bildern von Boris Blacher (1903–75). UA: 4.6.1964 in Schwetzingen (Schloßtheater), Choreographie: Yvonne Georgi (* 1903).
Die Handlung des Librettos folgt im wesentlichen dem mythischen Sujet, das im homerischen Hymnus überliefert ist. Zu der von Georgi geschaffenen Choreographie komponierte Blacher eine zehn Nummern umfassende Musik, in der chromatisch geprägte sowie melodisch- und rhythmisch-motivische Passagen einander abwechseln. – Das Werk – eine Auftragskomposition für die Schwetzinger Festspiele – blieb bislang ohne weitere Resonanz.

G. LUDIN

DEMUS, Jörg, * 2.12.1928 St. Pölten; östr. Pianist. Er studierte 1940–45 an der Wiener Musikakademie, anschließend Klavier bei Y. Nat in Paris und W. Gieseking in Saarbrücken, 1953 Komposition bei J. N. David in Stuttgart. Nach seinem Debüt 1943 in Wien konzertierte er bald in zahlreichen europäischen und außereuropäischen Musikzentren. D., der gern auf historischen Tasteninstrumenten (auch seiner eigenen Sammlung) musiziert, legte Gesamteinspielungen der Klavierwerke R. Schumanns und Cl. Debussys vor. Weitere Schwerpunkte seines Repertoires sind Werke von J. S. Bach, Haydn, Mozart und Schubert. Er tritt auch als Liedbegleiter (u.a. von D. Fischer-Dieskau) und als Kammermusiker hervor. Lehraufträge hatte er u.a. an den Musikhochschulen in Wien und Stuttgart. Er schrieb neben Aufsätzen *Abenteuer der Interpretation* (Wie 1967) und *Die Klaviersonaten von L. van Beethoven* (ebd. 1970; mit P. Badura-Skoda).

DEMUTH (eig. Pokorny), **Leopold,** * 2.11.1861 Brünn, † 4.3.1910 Czernowitz; dt. Sänger (Bariton). Nach dem Gesangsstudium in Wien debütierte er 1889 in Halle (Saale) in H. Marschners Oper *Hans Heiling*. Seit 1891 war er an der Oper in Leipzig, 1895–97 in Hamburg engagiert. 1897 wurde er Mitglied der Wiener Hofoper, der er bis zu seinem Tode angehörte. Gastspiele gab er daneben im gesamten deutschsprachigen Raum, auch bei den Bayreuther Festspielen, ferner an Covent Garden in London. Er starb während eines Konzerts in Czernowitz. Große Erfolge errang er vor allem in Opern von Mozart und Wagner.

DEMUTH, Norman Frank, * 15.7.1898 South Croydon (Surrey), † 21.4.1968 Bognor Regis (Sussex); engl. Komponist und Musikschriftsteller. D. war zunächst als Organist, Chor- und Orchesterleiter tätig. Seit 1930 lehrte er Komposition an der Royal Academy of Music in London, wo er auch die R.A.M. New Music Society mitbegründete. Sein Œuvre, das stark von der französischen Musik des 19. und 20. Jh. beeinflußt ist, umfaßt 4 Opern, 5 Ballette, zahlreiche Orchesterwerke, u.a. Symphonien und Konzerte für Violine, Saxophon und Klavier (darunter eines für die linke Hand), Kammermusik, Orchesterlieder, Chorwerke, Bühnen- und Filmmusiken. Er veröffentlichte auch mehrere Schriften.

Schriften: *A. Roussel* (1947); *Ravel* (1947, NY 1962) (= Great Composer's Series o.Nr.); *An Anthology of Musical Criticism* (1948); *C. Franck* (1949); *P. Dukas* (1949); *The Symphony. Its History and Development* (1950); *Gounod* (1951); *A Course in Musical Composition*, 4 Teile (Lo 1951–59); *Some Trends of 20th Century Music* (1951); *Musical Forms and Textures* (Lo 1953, [2]1964); *French Opera. Its Development to the Revolution* (Horsham/Sussex 1963).

DENÉRÉAZ, Alexandre, * 31.7.1875 Lausanne, † 25.7.1947 ebd.; Schweizer Komponist, Chorleiter und Musikpädagoge. Nach Musikstudien in Dresden wurde er 1896 Theorielehrer am Konservatorium und Organist der Kirche St-François in Lausanne, wo er auch mehrere Chorvereinigungen leitete. Seit 1918 war er Privatdozent an der Universität Lausanne. Als Komponist trat er mit 4 Symphonien, symphonischen Dichtungen, je einem Klavier-, Violin- und Violoncellokonzert, Streichquartetten-, Orgel- und Klavierstücken sowie mit Liedern u.a. Werken für Männerchor hervor.

WW: Schriften: *Les harmonies du monde* (Lau 1918); *L'évolution de l'art musical depuis ses origines jusqu'à l'époque moderne* (ebd. 1919); *La musique et la vie intérieure* (P 1920) (zus. mit L. Bourguès); *Rythmes humains et rythmes cosmiques* (1931); *Cours d'harmonie* (Lau 1937).

Lit.: G. B. MERCHANT, A Translation and Critique of „La musique et la vie intérieure" by L. Bourguès and A. D., 3 Bde. (1961) (= Diss. State Univ. of Iowa).

DENIS, frz. Instrumentenbauerfamilie in Paris. – **1) Robert I,** * 1520, † 1588 oder 1589 Paris. Er wirkte seit 1544 als Orgel- und Spinettbauer in Paris. – **2) Claude,** Sohn von 1), * 27.5.1544 Paris, † 1587 ebd. Neben Spinetten stellte er auch Saiteninstrumente, insbesondere Lauten, Gitarren und Mandolinen her. – **3) Jehan,** Sohn von 1), * 23.3.1549 Paris, † nach 1634 ebd. Er war Schüler des Orgelbauers Dargillières. – **4) Robert II,** Sohn von 1), * nach 1550, † Oktober 1589 Paris. Er war ebenfalls Schüler Dargillières' und betrieb eine Instrumentenhandlung, die besonders nach Padua, Brescia, Lyon, Venedig und Flandern lieferte. – **5) Jean,** Sohn von 3), * um 1600, † 1.1.1672 Paris. Er ist 1628 als Organist an St-Barthélémy nachweisbar. 1630 übernahm er die Werkstatt seines Vaters. Seine Spinette werden von Mersenne in der *Harmonie universelle* (1636) lobend erwähnt. Er verfaßte einen *Traité de l'accord de l'espinette* (P 1643, ²1650), in dem er eine Stimmung forderte, die der menschlichen Stimme am nächsten komme.

Lit.: F. LESURE, Les facteurs d'instruments de musique à Paris au XVIe siècle (P 1950); N. DUFOURCQ, N. Lebègue (P 1954); DERS., Une dynastie française. Les D., in: RMie 38 (1956); C. SAMOYAULT-VERLET, Les facteurs de clavecin parisiens (P 1966) (= Publications de la Société française de musicologie 2/11).

DENKMÄLER (engl.: monuments; frz.: monuments; it.: monumenti; span.: monumentos), Bz. für jene groß angelegten Publikationsreihen, die sich nicht auf das Werk eines einzelnen Komponisten beschränken (↗Gesamtausgaben), sondern die einen umfassenden Überblick über ein bestimmtes regional, historisch oder gattungsmäßig begrenztes Musikrepertoire geben sollen. Wie alle historisch-kritischen Ausgaben beruhen sie auf der Grundlage quellen- und textkritischer Untersuchung, deren Ergebnisse im kritischen Bericht mit Quellenbeschreibung, -bewertung und Lesarten dargestellt werden (↗Edition). Einige der wichtigsten D.reihen werden oder wurden als nationale Unternehmen von verschiedenen musikwissenschaftlichen Gesellschaften, Institutionen und Kommissionen herausgegeben. Die aufblühende Musikwissenschaft im deutschsprachigen Raum schuf seit dem Ende des 19. Jh. drei maßgebliche, später wiederaufgelegte D.reihen: *D. deutscher Tonkunst* (DDT, 65 Bde., 1892–1931), *D. der Tonkunst in Österreich* (DTÖ, 83 Bde., 1894–1938) und *D. der Tonkunst in Bayern* (DTB = DDT, 2. Folge, 36 Bde., 1900–31). Sie fanden im nationalsozialistischen Deutschland ihre Fortsetzung im *Erbe deutscher Musik* (EDM, 1935ff.) mit den beiden Reihen *Reichsdenkmale* (RD) und *Landschaftsdenkmale* (LD). Nach dem Ende des 2. Weltkriegs wurde das *Erbe deutscher Musik* in der Bundesrepublik Deutschland in anderer Form fortgeführt (1978 erschien Bd. 84), die DTÖ erschienen wieder selbständig (bisher insgesamt 127 Bde.). Die DTB wurden 1967 mit einer neuen Folge wieder aufgenommen.

Den genannten D.ausgaben gingen in Deutschland verschiedene, meist auf Einzelinitiativen beruhende Projekte voraus (ältere, aus der Praxis erwachsende Ausgaben waren in England solche zur ↗Cathedral music). Die universalgeschichtliche Forschung des 18. Jh. ließ den von I. Sonnleithner und J. N. Forkel verfolgten Plan einer fünfzigbändigen „Geschichte der Musik in D.n" entstehen, die aber nie erschienen ist. 1869 begann der Händelforscher Fr. Chrysander eine Reihe *D. der Tonkunst* (6 Bde.), die fortwirkte. Den sichernden Rückhalt einer Institution hatte zuerst R. Eitners *Publikation älterer praktischer und theoretischer Musikwerke* (PGfM, 29 Bde., 1873–1905), die von der Gesellschaft für Musikforschung herausgegeben wurde. Beschränkten sich die DDT noch auf den Zeitraum vom 16. bis zum 18. Jh., so gingen die DTÖ bis zur mittelalterlichen Einstimmigkeit (Minnesang) zurück. Heute gibt es keinen Zweig und keine Epoche der Musikgeschichte, die nicht durch eine D.ausgabe bedacht wäre. An neueren Unternehmungen, die den Schwerpunkt auf eine bestimmte Epoche legen, seien stellvertretend die von L. Schrade begründete Trecento-Edition *Polyphonic Music of the Fourteenth Century* (1956ff., bisher 13 Bde.) sowie das amerikanische *Corpus Mensurabilis Musicae* (CMM, 1947ff.) genannt, in welchem besonders die großen Komponisten der Epoche der Mensuralmusik (G. Dufay, J. Ockeghem, A. Willaert usw.) in einer Folge von Gesamtausgaben vorgelegt werden. Die heutige Verbreitung der alten Musik von der frühen Mehrstimmigkeit an wäre ohne die zahlreichen D.ausgaben kaum vorstellbar.

Weitere Informationen bieten die Länder-, Epochen- und Gattungsartikel dieses Lexikons mit ihren entsprechenden bibliographischen Angaben.

Lit.: H. J. MOSER, Das musikal. D.-Wesen in Deutschland (Kas 1952) (= Musikwiss. Arbeiten 7); A. H. HEYER, Historical Sets, Collected Editions and Monuments of Music. A Guide to their Contents (Ch 1957, ²1969); S. R. CHARLES, Handbook of Music and Music Literature in Sets and Series (NY–Lo 1972).

H.-H. LÖHLEIN

DENNER, Johann Christoph, * 13. 8. 1655 Leipzig, † 26. 4. 1707 Nürnberg; dt. Instrumentenbauer. D. entstammte einer Instrumentenbauerfamilie und spezialisierte sich auf den Bau von Holzblasinstrumenten, darunter Blockflöten, Oboen, Fagotte und Bombarden. Bekannt wurde er vor allem dadurch, daß er die Konstruktion des ↗Chalumeau verbesserte, indem er es in der Mensur vergrößerte und mit einem Schallbecher versah. So wurde er um 1700 zum Erfinder der ↗Klarinette. Die Werkstatt wurde nach seinem Tod von den Söhnen weitergeführt.

Lit.: H. NEUBERGER, J. Chr. D., der Schöpfer der Klarinette, in: ZfIb 52 (1931/32); PH. T. YOUNG, Woodwind Instrument by the D.s of Nürnberg, in: GalpinJ 20 (1967); H. FITZPATRICK, Jacob D.'s Woodwinds for Göttweig Abbey, in: ebd. 21 (1968); R. A. WARNER – F. VON HUENE, A Jacob D. Recorder in the USA, in: ebd.

DENSS (Denssius), **Adrian,** ndl. oder dt. Lautenist. Er veröffentlichte ein *Florilegium … cantionum … ad testudinis tabulaturam accomodatarum* (Kö 1594), das Tänze und Fantasien für Laute sowie Bearbeitungen von Motetten, Chansons und Madrigalen für Singstimme und Laute bzw. für Laute allein enthält. Als Komponisten sind vertreten: am häufigsten G. Costa, mit jeweils mehreren Werken u. a. auch M. Ferrabosco, O. Vecchi, G. G. Gastoldi und Orlando di Lasso.

DENT, Edward Joseph, * 16. 7. 1876 Ribston (Yorkshire), † 22. 8. 1957 London; engl. Musikforscher. Er studierte in Eton und Cambridge und war Schüler von Ch. Wood und Ch. V. Stanford. Seit 1902 lehrte er Musik an der Universität Cambridge, war nach 1918 in London als Musikkritiker tätig und 1926–41 erneut Professor in Cambridge. Nach dem 1. Weltkrieg setzte sich D. bei der Organisation des Musiklebens und im Bereich der Musikforschung für eine internationale Zusammenarbeit ein, besonders der europäischen Länder. Er gehörte 1923 zu den Gründern der Internationalen Gesellschaft für Neue Musik (IGNM), deren Präsident er bis 1938 war, und führte 1931–49 den Vorsitz der Internationalen Gesellschaft für Musikwissenschaft. Seit 1944 lebte er in London. Hier gehörte er dem Direktorium des Opernhauses Sadler's Wells an. D., der auch mehrere Opernlibretti (u. a. von Mozarts *Zauberflöte, Hochzeit des Figaro* und *Don Giovanni,* von Beethovens *Fidelio* und von Webers *Freischütz*) übersetzte, war einer der bedeutendsten Musikhistoriker der 1. Hälfte des 20. Jahrhunderts. Sein Andenken wird auch durch die „Dent Medal" gewahrt, die die Royal Music Association alljährlich an verdiente Musikhistoriker verleiht.

WW: Vollständige Bibliogr.: L. HAWARD, E. J. D. A Bibliography (C 1956). – **1) Schriften:** *A. Scarlatti* (Lo 1905), NA v. F. WALKER (Lo–NY 1960); *Mozart's Operas* (Lo 1913, NA 1947, Lo 1955, dt. B 1924); *Terpander or Music and the Future* (Lo 1926), Nachdr. als: *The Future of Music* (Lo 1965); *Foundations of English Opera* (C 1928), NA mit einer Einleitung v. M. M. Winesanker (NY 1965, 1973); *F. Busoni* (Lo–NY 1933, Nachdr. O 1966); *Life of Handel* (Lo 1934). – **2) Editionen:** *Cupid and Death* von M. Locke u. Ch. Gibbons, in: Mus. Brit 2 (1951); Werke von Purcell, darunter *Dido and Eneas* (Lo 1925).

Lit.: K. JEPPESEN, in: AMl 8 (1936); E. WELLESZ, in: ebd. 16 (1944) – 19 (1947); A. CORPERT, in: RBMie 11 (1957); G. M. GATTI, in: Rass. Mus. 27 (1957); J. A. WESTRUP, in: AMl 29 (1957); H. F. REDLICH, in: Mf 11 (1958); W. DEAN, E. J. D. A Centenary Tribute, in: ML 57 (1976).

DENTICE, it. Musikerfamilie neapolitanischer Herkunft. – **1) Fabrizio.** Er ist in der 2. Hälfte des 16. Jh. in Rom und am Hof von Parma nachweisbar. Von ihm erschienen 5st. *Lamentationi* (Mi 1593), ferner einige Lautenstücke im *Thesaurus Harmonicus* von J.-B. Bésard. – **2) Scipione,** Neffe von 1), * 19. 1. 1560 Neapel, † April 1635. Er kam 1593 nach Rom. 1610 trat er in das Oratorium des Filippo Neri in Neapel ein. Er veröffentlichte 5 Bücher 5st. *Madrigale* (Neapel 1591, V 1596, Neapel 1598, 1602 und 1607), 2 Bücher 5st. *Madrigali spirituali* (Neapel 1620 und 1640), ein Buch 5st. *Motetten* (R 1594). Einige Lauden erschienen in Sammeldrucken. – **3) Luigi,** Bruder von 2). Von ihm ist ein Traktat *Due dialoghi della musica …* (Neapel 1552, R ²1553) überliefert.

DENZLER, Robert F., * 19. 3. 1892 Zürich, † 26. 8. 1972 ebd.; Schweizer Dirigent und Komponist. Er studierte in Zürich am Konservatorium und Komposition bei V. Andreae und war dann Korrepetitor an der Kölner Oper und in Bayreuth. 1912 wurde er Städtischer Musikdirektor in Luzern und 1915 Operndirigent am Stadttheater in Zürich. Anfang der 20er Jahre begann er eine umfangreiche Tätigkeit als Gastdirigent. 1925–31 widmete er sich besonders den Wagner-Festspielen am Grand Théâtre de Genève in Zusammenarbeit mit dem Orchestre de la Suisse Romande, dem er seitdem besonders verbunden blieb. 1927–32 war er 1. Dirigent an der Städtischen Oper in Berlin-Charlottenburg, seit 1934 musikalischer Oberleiter am Stadttheater Zürich, wo er u. a. die Uraufführungen der Opern *Lulu* von A. Berg, *Mathis der Maler* von P. Hindemith und *Die schweigsame Frau* von R. Strauss leitete. Seit 1947 war er wieder als Gastdirigent in Europa und in Südamerika tätig, vor allem auch bei den Festspielen in Salzburg, Luzern, Zürich, San Sebastian und Buenos Aires. – D., einer der profiliertesten Dirigenten der Schweiz in den letzten Jahrzehnten, setzte sich besonders für das Werk R. Wagners und zeitgenössischer Komponisten (u. a. auch für die Opern O. Schoecks) ein. Als Komponist war er vor allem romantischen Vorbildern verpflichtet. Er schrieb Kammermusik, darunter 2 Streichquartette, Orchesterwerke, u. a. *Romantische Sinfonie* (1959), Werke für Männerchor, ein Klavierkonzert, Suite für 2 Soloviolinen, Lieder mit Orchester bzw. Klavier.

DERING (Dearing, Deering), **Richard,** * um 1580, beerdigt 22. 3. 1630 London; engl. Komponist. 1610 wurde er Bachelor of Music der Universität Oxford. 1612 hielt er sich wahrscheinlich in Italien auf. Später wirkte er als Organist der Englischen Benediktinerinnen in Brüssel. 1625 stand er als Organist im Dienst der englischen Königin Henriette Maria, der Gemahlin Karls I. D.s Kompositionen zeigen eine lebendige und aufgelockerte kontrapunktische Schreibweise. In seinen seit 1617 veröffentlichten generalbaßbegleiteten Werken sind die während seines Italienaufenthaltes aufgenommenen Einflüsse wirksam. D. steht stilistisch A. Grandi und S. d'India nahe.

WW: *Cantiones sacrae* bzw. *Cantica sacra* für 2–3 St. u. B.c. (Lo 1662), für 5 St. u. B.c. (An 1617, ²1634), für 6 St. *(ad melodiam madrigalium elaborata)* (An 1618); Fantasien u. Tänze für 2 Va., 2 Quodlibet für Va. u. SingSt *(City Cries* u. *Country Cries)*, einige Antiphonen sowie engl. u. it. Madrigale (für 1–4 St.) mit B.c. sind hsl. erhalten.

Ausg.: Versch. Motetten, hrsg. v. F. BRIDGE (Lo 1908–16); dass., hrsg. v. B. TURNER (Mz o.J.); *City Cries*, hrsg. v. D. STEVENS (1965) (= Pennsylvania State Univ. Series); 2 Lieder in: Consort Songs, hrsg. v. PH. BRETT, in: Mus. Brit. 22 (Lo 1967); *Secular Vocal Music*, hrsg. v. P. PLATT, in: ebd. 25 (1969); 6st. *Factum est silentium*, hrsg. v. C. F. SIMKINS (Lo 1970); *Cantica sacra 1618* für 6 St. u. B.c., hrsg. v. P. PLATT (Lo 1974).

Lit.: A. WOOD, Lives of the Musicians (Ms. v. 17. Jh.) (O o.J.); F. BRIDGE, The Musical Cries of London in Shakespeare's Time, in: Proc. R. Mus. Ass. 46 (1919); DERS., Twelve Good Musicians (Lo 1920); DERS., D.'s Country Cries, in: Proc. R. Mus. Ass. 49 (1922); CH. HUGHES, R. D.'s Fancies for Viols, in: MQ 27 (1941); P. PLATT, D.'s Life and Training, in: ML 33 (1952); DERS., R. D. (Diss. O 1952); E. BRENNECKE, The „Country Cryes" of R. D., in: MQ 42 (1956); P. PLATT, Perspectives of D.'s Vocal Music, in: Studies in Music (Perth 1967) Nr. 1 (mit 2 Sätzen); TH. DART, An early seventeenth-century book of English organ music for the Roman rite, in: ML 52 (1971).

DERMOTA, Anton, * 4. 6. 1910 Kropa (Slowenien); östr. Sänger (Tenor). Er studierte Komposition und Orgel in Laibach und seit 1934 weiter Gesang in Wien. 1936 debütierte er als Don Ottavio in Mozarts *Don Giovanni* an der Wiener Staatsoper, deren Mitglied er bis zum Ende seiner Bühnenlaufbahn 1966 blieb. An der Musikakademie übernahm er 1966 als Professor eine Lied- und Oratorienklasse. Gastspiele führten ihn daneben an zahlreiche bedeutende Opernhäuser in der Welt, u. a. an das Metropolitan Opera House in New York, an Covent Garden in London, an die Mailänder Scala und nach Paris, seit 1938 regelmäßig auch zu den Salzburger Festspielen. D. gilt – neben Fritz Wunderlich – als der bedeutendste Mozart-Tenor der Nachkriegszeit. Er wurde gleichermaßen als Oratorien- und Liedsänger bekannt. Er schrieb die Autobiographie *Tausendundein Abend. Mein Sängerleben* (B-W 1978).

DERNESCH, Helga, * 13. 2. 1939 Wien; östr. Sängerin (Sopran). Sie studierte Gesang am Konservatorium in Wien und trat zunächst als Konzertsängerin auf. 1961–63 war sie in Bern, anschließend in Wiesbaden und 1966–69 in Köln engagiert. Seither singt sie als Gast vor allem an der Kölner Oper und an der Deutschen Oper Berlin. D. begann als lyrischer Sopran und wechselte in ihrer Wiesbadener Zeit ins dramatische Fach; 1965 sang sie erstmals auch bei den Bayreuther Festspielen. Sie gilt heute als ausgesprochene Wagnersängerin.

DE SABATA, Victor (Vittorio), * 10. 4. 1892 Triest, † 11. 12. 1967 Santa Margherita Ligure; it. Dirigent und Komponist. Er studierte bis 1910 am Mailänder Konservatorium u. a. Komposition bei G. Orefice. Seine Dirigentenlaufbahn begann er 1918 an der Oper in Monte Carlo, wo er auch 1925 die Uraufführung von *L'enfant et les sortilèges* von M. Ravel leitete. 1927–57 gehörte er der Mailänder Scala an. Daneben dirigierte er die bedeutenden Orchester in Europa und in den USA. De S., einer der herausragenden Dirigenten seiner Zeit, hat sich im Bereich der Oper vor allem für die Werke Verdis und Puccinis eingesetzt, als Konzertdirigent besonders als Beethoven-Interpret einen Namen gemacht. Als Komponist von R. Strauss und den Impressionisten beeinflußt, schrieb er vor allem Opern, darunter *Il Macigno* (UA Mailand 1917) und *Mille e una notte* (UA ebd. 1931), auch Schauspielmusiken, u. a. zu Shakespeare's *Der Kaufmann von Venedig* (1934), ferner Orchesterwerke, u. a. 3 Symphonische Dichtungen: *Juventus* (1918), *La notte di Platone* (1923) und *Gethsemani* (1925), 2 Ouvertüren und eine Orchestersuite.

Lit.: R. MUCCI, V. De S. (Lanciano 1937); G. M. GATTI, V. De S. (Mi 1958).

DESAUGIERS, Marc-Antoine, * 1742 Fréjus, † 10. 9. 1793 Paris; frz. Komponist. D. wirkte als Kapellmeister in Fréjus und später als „Directeur du Grand Concert" in Marseille. 1764 kam er nach Paris. Hier entstanden etwa 10 Opern, die eine gute Aufnahme fanden. Zum Andenken Sacchinis, mit dem er, wie auch mit Gluck, befreundet war, schrieb er 1786 ein *Requiem*. Als Anhänger der Französischen Revolution komponierte er das „Hiérodrame" *La Prise de la Bastille* auf Bibeltexte in lateinischer Sprache, das unter Mitwirkung von 600 Musikern im Juli 1790 in Notre-Dame aufgeführt wurde. D. übersetzte auch einen Traktat von J. B. Mancini unter dem Titel *Réflexions sur l'art du chant figuré* (P 1776).

WW: Opern, u. a.: *Le Petit Œdipe*, UA: 1779; *Florine*, UA: 1780; *Erixène ou l'Amour enfant*, UA Paris 1780; *L'Amant travesti* (nach La Fontaine), UA: ebd. 1790; *Les deux Sylphes*, UA: ebd. 1792; *Le Médecin malgré lui*, UA: 1792.

Lit.: Notice sur la vie et les œuvres de M. A. D., in: Chansons et Poésies diverses de M. A. D. 4 (P 1827); C. PIERRE, Les hymnes et les chants de la Révolution (P 1904).

DESCARTES, René (Renatus Cartesius), * 31. 3. 1596 La Haye (Touraine), † 11. 2. 1650 Stockholm; frz. Philosoph und Mathematiker. D. war Schüler des Jesuitenkollegs in La Flèche, wo er M. Mersenne kennenlernte, lebte 1612–17 in Paris, diente mehrere Jahre in der Armee, kehrte 1625 nach Paris zurück und ging 1629 in die Niederlande. 1649 folgte er einer Einladung der Königin Christine an den Stockholmer Hof. Seine erste erhaltene Schrift über Musik ist das 1618 für seinen Freund Isaac Beeckmann verfaßte *Compendium musicae* (postum Utrecht 1650, engl. Übers. von W. Brounckers, Lo 1668, frz. Übers. von N. Poisson, P 1668). Es enthält Aussagen, die für die Geschichte des musikalischen Hörens und der musikalischen Wahrnehmung von Bedeutung sind und die man als die frühesten Äußerungen über den musikalischen Periodenbau bezeichnen kann. In dem auf den *Principia philosophica* (A 1644, frz. Übers. von Picot, P 1647) basierenden Traktat *Les passions de l'âme* (P 1649) entwickelte D. eine rationalistisch begründete ↗Affektenlehre, die vor allem in Deutschland nachhaltigen Einfluß ausübte. Weitere Bemerkungen zur Musik finden sich u. a. in seinem Briefwechsel mit C. Huygens und Mersenne.

Ausg.: *Compendium musicae* von 1650, Faks.-Ausg. v. G. BIRKNER (Str 1965); dass., hrsg., ins Deutsche übertragen u. mit Anmerkungen versehen v. J. BROCKT (Da 1978); dass., engl. Übers. v. W. ROBERT, mit einer Einleitung u. Anmerkungen v. CH. KENT (R 1961) (= MSD 8); Correspondance, hrsg. v. CH. ADAM – G. MILHAUD, 3 Bde. (P 1936–41); Correspondance of D. and C. Huygens, hrsg. v. L. ROTH (O 1926); vgl.: La Correspondance du P. Mersenne, hrsg. v. P. TANNERY – C. DE WAARD – R. PINTARD (P 1933 ff.); Briefe, Auswahl in dt. Übers. v. F. Baumgart, hrsg. v. M. BENSE (Kö 1949).

Lit.: E. MERCADIER, Les théories musicales de D., in: RM 1 (1901); A. PIRRO, D. et la musique (P 1907, Nachdr. G 1973); J. RACEK, Contribution au problème de l'esthétique musicale chez D., in: RM 11 (1930); A. W. LOCKE, D. and 17th Cent. Music, in: MQ 21 (1935); G. MASSENKEIL, Bemerkungen zum „Compendium musicae" 1618 des R. D., in: Kgr.-Ber. Köln 1958 (Kas 1959); R. D. L. SADOWSKY, J. B. Abbé DuBos. The Influence of Cartesian and Neo-Aristotelian Ideas on Music Theory and Practice (1960) (= Diss. Yale Univ.); A. BEIJER, „La naissance de la paix", Ballet de cour de R. D., in: Le lieu théatral à la Renaissance, hrsg. v. J. Jacquot (P 1964) (= Colloques internat. du Centre national de la recherche scientifique, Sciences humaines o. Nr.); B. AUGST, D.'s Compendium on Music, in: Journal of the History of Ideas 26 (1965); W. SEIDEL, D.s Bemerkungen zur musikal. Zeit, in: AfMw 27 (1970); H. SCHNEIDER, Die frz. Kompositionslehre in der 1. Hälfte des 17. Jh. (Tutzing 1972) (= Mainzer Stud. zur Musikwiss. 3); W. SEIDEL, Über Rhythmustheorien der Neuzeit (Be–Mn 1975); J. LOHMANN, D.' „Compendium musicae" u. die Entstehung des neuzeitl. Bewußtseins, in: AfMw 36 (1979).

DESCORT (von lat. discordia, = Mißklang, Zwiespalt, Zwietracht), Bz. für eine poetisch-musikalische Form der provenzalischen Dichtung vor allem des 12. und 13. Jahrhunderts. Der D. beruht auf der gleichen Verflechtung und melodisch-metrischen Entsprechung (Responsion) wie ↗Sequenz und ↗Lai. Nach der Definition der *Leys d'amors* (1356) besteht er aus fünf bis zehn metrisch, musikalisch und oft auch sprachlich verschiedenen Strophen mit jeweils eigenem Reimschema. Die letzte Strophe ist häufig eine *Tornada* oder Widmungsstrophe (an den Mäzen oder die Dame), die entweder die bisher gebrauchten Sprachen verwendet oder die Sprache der letzten ↗Cobla aufnimmt. Der D. bringt die Gefühle eines unglücklich Liebenden zum Ausdruck, der nicht mehr fähig ist, Text und Musik in Einklang zu bringen. Melodisch steigen die Töne, wenn sie fallen sollten – bewegen sich also immer anders, als man von ihnen erwartet. Eine als *gai* oder *légère* bezeichnete Melodie ist daher oft mit einer verzweifelten Liebesklage verbunden. Texte und Singweisen stammen jeweils von demselben Autor, wie einige Troubadours, z. B. Raimbaut de Vaqueiras, ausdrücklich betonen. Der vom Dichter-Musiker angestrebte Effekt des *Diskordierens* ist eine raffinierte Spielart des *trobar clus* der *Trobadores*. Meister dieser schwierigen Kunst waren u. a. Aimeric de Péguilhan, Elias de Barjols, Guilhem de Cervera, Guiraut de Calanson, Pons de Capdoil und Raimbaut de Vaqueiras, dessen fünfstrophiger D. *Ara quan vei verdejar* in fünf verschiedenen Sprachen gedichtet ist.
Als „Erfinder" des D. bezeichnet sich in seiner *Vida* Garin d'Apchier (13. Jh.; nach Jeanroy ist er aber wahrscheinlich jünger als Raimbaut de Vaqueiras). – Von den etwa 28 bekannten D.s sind nur drei mit Melodien überliefert: *Qui la ve en ditz* von Aimeric de Peguilhan, *Sans alegretge* von Guilhem Augier Novella, und *Bella donna cara*, ein anony-

mer *Acort,* der Guilhem Augier Novella zugeschrieben wird. Die seltene Form des *Acort* ist, genaugenommen, ein Anti-Descort. Die ebenfalls unregelmäßigen Strophen bringen hier den poetischen Inhalt, ein glückliches Liebeserlebnis, in Einklang (accord) mit der Musik.

Außerhalb der provenzalischen Literatur ist der D. selten und fast nur in entarteter Form zu finden. Nordfranzösische Trouvères wie Adam de Givenchi, Gautier de Dargies, Colin Muset, Guillaume de Vinier oder Thomas Érier gebrauchten zwar den Begriff D., lehnten sich formal aber teilweise an die Struktur des ↗Lai an, die jedoch nicht den strengen Regeln des D.s unterworfen war. Von dieser nordfranzösischen Art des D.s sind etwa zehn (fast alle mit Melodien überliefert) erhalten. Der letzte D. der *langue d'oil* erschien unter dem Titel *Lai des Hellequines* in den Musikeinlagen des *Roman de Fauvel* (um 1314). Die dem Lai angenäherte Form hielt sich in der galizisch-portugiesischen Literatur bis ins 15. Jh. bei Dichtern wie Lopo Lias, Martim Moxa, Nun Eanes Cerzeo, Don Alfonso Lopez de Bayan, doch ist sie nicht mehr mit der ursprünglichen kunstvollen Form zu vergleichen. – Gelegentlich bezeichnet der Ausdruck D. den Gesang der Vögel: „Incessantes los discores de melodiosas aves".

Auf der Iberischen Halbinsel verlor sich der Terminus langsam, nur die ↗Ensalada oder Ensaladilla des 16. Jh. erinnert noch entfernt an die raffinierte Kunst des Descorts. Theoretisch (Rengifo, *Arte poetica espanola,* 1592) entsprach sie zwar noch den alten Regeln des D., in der Praxis jedoch war eine quodlibetartige Form daraus geworden. – In Deutschland hat die D.-Technik einen gewissen Einfluß auf den Minneleich ausgeübt. In Italien bildete der in der ersten Hälfte des 13. Jh. nachweisbare *Discordo* der Trovatori eine kunstlosere, formal und inhaltlich oft abweichende Abart. Ein den Regeln des D.s entsprechendes Beispiel ist das Dante zugeschriebene Gedicht *Ai fals ris,* das zwar wie der D. Raimbaut de Vaqueiras isometrischen Strophenbau zeigt, sich aber in der Verwendung dreier Sprachen inhaltlich (Klage des Liebenden über das falsche Lächeln seiner Dame, das ihn getäuscht hat) an die *Leys d'amor* hält.

Lit.: C. APPEL, Vom D., in: Zschr. für romanische Philologie 11 (1887); H. R. LANG, The D. in Old Portuguese and Spanish Poetry, in: FS G. Gröber (Hl 1899); A. JEANROY – L. BRANDIN – P. AUBRY, Lais et descorts français du XIIIe siècle (P 1901); G. O. GOTTSCHALK, Der dt. Minneleich u. sein Verhältnis zu Lai u. D. (Diss. Marburg 1908); Las Leys d'Amors, hrsg. v. F. ANGLADE, 4 Bde. (Toulouse – P 1919–20); F. GENNRICH, Formenlehre des ma. Liedes (Hl 1932); J. MAILLARD, Problèmes musicaux et littéraires du descort, in: Mélanges I. Frank (Saarbrücken 1957); DERS., Anthologie de chants de troubadours (Nizza 1967); G. TAVANI, Repertorio metrico della lirica gallego-portoghese (R 1967); J. M. D'HEUR, Des descorts occitans et des descorts galiciens-portugais, in: Zschr. für romanische Philologie 84 (1968); R. BAUM, Le descort ou l'anti-chanson, in: Mélanges J. Boutière (Lüttich 1971); J. MAILLARD, Coblas dezacordablas et poésies d'oc, in: ebd.; DERS., Structures musicales complexes au Moyen Age, in: Mélanges P. Le Gentil (P 1972).

L. HÜBSCH

DESDERI, Ettore, * 10. 12. 1892 Asti, † 23. 11. 1974 Florenz; it. Komponist. D. studierte in Bologna Architektur am Polytechnikum u. gleichzeitig Komposition bei L. Perrachio und später bei Fr. Alfano am Liceo musicale. 1921–22 war er Schüler I. Pizzettis in Florenz. Anschließend wirkte er als Mitarbeiter mehrerer Musikzeitschriften und 1926 bis 48 als Schriftleiter der *Rivista musicale italiana.* 1933–41 leitete er das Liceo musicale A. Vivaldi in Alessandria, lehrte 1941–51 Komposition am Mailänder Konservatorium und war 1951–63 Direktor des Konservatoriums in Bologna. D. ist als Komponist vor allem mit Kirchenmusik hervorgetreten.

WW: **1) Kompositionen:** Kammermusik; Orch.-WW, darunter: *Intermezzi all'Antigone* (1926); *Architetture di cattedrali* (1937) für Kammerorch.; Lieder u. Chöre; Messen u. Motetten für Chor a cap. oder mit Org.-Begleitung; für Soli, Chor u. Orch.: *Job* (1927), biblische Kantate; *Canzone alla Vergine* (1941); *2 Laudi di Jacopone* (1943). – **2) Schriften:** *La musica contemporanea* (Tn 1930); versch. Artikel über M. Reger, in: RMI 33 (1926) u. 34 (1927); zahlr. Aufsätze über zeitgenössische italienische Komponisten.

Lit.: M. BRUSCHETTINI, E. D., in: Boll. Bibl. Mus. (Mi 1931); M. PANATERO, Le liriche di E. D., in: RMI 45 (1941); H. O. BOEHM, E. D., in: Zschr. für Kirchenmusik 11/12 (1951); A. NICOLA – E. DESDERI, Musicista Piemontèis, in: Musicalbrandé (Tn 1959); A. E. D. nel suo 70° compleanno (Bol 1963).

DESERTEUR, DER (Le Déserteur), Opéra-comique in 3 Akten von Pierre Alexandre Monsigny (1729–1817), Text von Michel Sedaine. Ort und Zeit der Handlung: ein französisches Dorf und das Pariser Militärgefängnis im 18. Jahrhundert. UA: 6. 3. 1769 in Paris (Comédie Italienne); EA in dt. Sprache: 1770 in Hamburg und Braunschweig.

In der Zeit der sich ankündigenden Revolution gelangte in Frankreich das Sittenstück in immer stärkerem Maß auf die Bühne. So wird auch hier kein Soldatendrama geschildert, sondern eine Begebenheit aus dem Privatleben des Soldaten Alexis. Verzweifelt über den angeblichen Treuebruch seiner Braut desertiert der Soldat, wird gefangengenommen und zum Tode verurteilt. Die Diskrepanz zwischen auslösendem Moment und der Reaktion ermöglichen es den Autoren, tragische und komische Szenen unvermittelt nebeneinander zu stellen. Beispielsweise entsteht eine derartige Kontrastkomik in einer Szene im 3. Akt, in welcher Alexis einen Abschiedsbrief an Louise schreibt (tragische Seite), während der ihn bewachende

Montauciel die an ihn selbst gerichteten Liebesbriefe buchstabiert (komische Seite). Zahlreiche Seufzermotive und Vorhalte sollen musikalisch die Gefühle der handelnden Personen verdeutlichen und das Publikum rühren. Die Uraufführung war ein Mißerfolg, aber die folgenden Aufführungen brachten für das Werk den Durchbruch und sicherten für längere Zeit seine Beliebtheit auf französischen und deutschen Bühnen. B. DELCKER

DESFONTAINES, Jean, * um 1658, † nach 1752; frz. Komponist. D. lebte in Paris und ist vor allem als Kirchenkomponist hervorgetreten. Handschriftlich erhalten sind von ihm 12 Bücher 1–3st. lateinische Motetten (Paris, Bibl. Nat.), ferner die Kantate *Narcisse* (ebd.) und die Pastorale *Le Désespoir de Tircis* (Uppsala, Univ.-Bibl.). Einige *Airs sérieux et à boire* erschienen zwischen 1678 und 1751 in Sammeldrucken Ballards.

Ausg.: 4 Motets à voix seule (P 1920).

Lit.: A. TESSIER, Quelques notes sur J. D., in: RMie 10 (1929); C.-A. MOBERG, Un compositeur oublié de l'école de Lully. J. D., in: ebd. 10 (1929).

DESHAYES. – 1) Prosper Didier, * vor 1750, † nach 1815 Paris; frz. Ballettmeister und Komponist. D. war seit etwa 1764 Ballettmeister an der Comédie-Française, seit 1784 Tanzmeister der École Royale de Danse et de Musique und seit 1801 Ballettmeister an der Opéra. Im Concert spirituel brachte er 1777 mehrere (verlorene) Motetten und 1780 sein erstes Oratorium, *Les Macchabées,* zur Aufführung. Für die Comédie-Française schrieb er zahlreiche Werke, von denen sich jedoch nur *Le faux serment* (P 1785) und *Zelia* (P 1791) erhalten haben. Ferner wurde von ihm eine Suite für Harmoniemusik gedruckt. – **2) André Jean-Jacques,** vielleicht mit 1) verwandt, * 24. 1. 1777, † 9. 12. 1846 Baltignolles; frz. Tänzer und Choreograph. Er debütierte 1791 als Tänzer an der Opéra. Später wirkte er als Tänzer und dann als Choreograph vor allem in London. Hier choreographierte er u.a. 1829 Beethovens 6. Symphonie (Pastorale) und 1842 (mit J. Perrot) die Erstaufführung von *Giselle* von A. Adam. Im selben Jahr schrieb er auch für F. Cerrito das Libretto zu *Alma ou La Fille de Feu.* Er veröffentlichte in Paris die Schriften *Idées spéciales sur l'Acad. Royale de Musique et plus spécialement sur la Danse* (1822) und *Observations sur les salles de spectacles* (o.J.).

DESMARETS (Desmarest), **Henri** (Henry), * Februar 1661 Paris, † 7. 9. 1741 Lunéville; frz. Komponist. Seine musikalische Ausbildung erhielt er in der Hofkapelle König Ludwigs XIV. Als Komponist widmete er sich zunächst ganz der Kirchenmusik. Erst nach dem Tode Lullys entstanden mehrere Opern, deren erste, *Didon,* 1693 mit Erfolg aufgeführt wurde. 1698 wurde er als Nachfolger M.-A. Charpentiers Maitre de musique bei den Jesuiten in Paris. Als er bald darauf die Tochter eines höheren Beamten heimlich heiratete, wurde er wegen Entführung angeklagt und in Abwesenheit zum Tode verurteilt. Er floh aus Frankreich, trat 1699 in Brüssel in den Dienst Kurfürst Maximilians II. Emmanuel von Bayern und ging 1701 als Leiter der Kammermusik König Philipps V. nach Madrid. Nach Auflösung der Kammermusik war D. 1707–37 Surintendant de la musique am Hof Herzog Leopolds von Lothringen in Lunéville. Inzwischen vom französischen König begnadigt, hatte er sich 1726 vergeblich um die Nachfolge Delalandes als Kapellmeister Ludwigs XV. bemüht.

WW: **1) Vokal-WW:** Eine Messe für 2 Chöre (vor 1704) (hsl. in Tenbury, Library of St. Michael's College); 18 Grands Motets (die meisten hsl. ebd.); 2 *Te Deum,* eines für Doppelchor (11 St.), 5 Instr. u. B.c. (1687) (Paris, Bibl. Nat.), ein anderes für 4 St., Instr. u. B.c. (1707?) (Lyon, Bibl. Municipale); *Veni Creator* (vor 1704); Psalmen (hsl. in Versailles, Bibl. Municipale); *Cum invocarem* (auch gedruckt, P 1714), *Exaudiat te Dominus, Domini est terra, Quemadmodum desiderat, Deus in adjutorium, Confitebimur tibi, Dominus regnavit* (eine andere Fassung in Paris, Bibl. Nat.) u. *Adorate eum omnes angeli ejus* (= Vers 7 des vorgenannten Psalms), *Nisi Dominus, Beati omnes, De profundis* (alle vor 1704); *Confitebor tibi* (1707); 2 Kompositionen von *Usque quo Domine* (1708) (Paris, Bibl. Nat., u. Lyon, Bibl. Municipale); *Domine ne in furore* u. *Lauda Jerusalem* (nach 1707) (Paris, Bibl. Nat.); eine *Hymne en français sur la Grandeur de Dieu* (zw. 1698 u. 1728) (Text: Herzog von Vancy), in: *Nouvelles poésies spirituelles et morales* (P 1730); Airs in Ballards *Airs sérieux et à boire* (1702, 1706, 1713, 1721). – **2) Bühnen-WW:** 6 Opern (alle im UA-Jahr in Paris erschienen: *Didon* (Libr.: Mme de Saintonge), UA: 1693; *Circé* (Libr.: dies.), UA: 1694; *Théagène et Chariclée* (Libr.: Herzog von Vancy), UA: 1695; *Vénus et Adonis* (Libr.: J. B. Rousseau), UA: 1697; *Iphigénie en Tauride,* zus. mit Campra (Libr.: Herzog von Vancy u. A. Danchet), UA: 1704; *Renaud ou la suite d'Armide* (Libr.: S. J. Pellegrin), UA: 1722; 2 Opéra-ballets: *Les Amours de Momus* (Libr.: Herzog von Vancy), UA: 1695; *Les Festes galantes* (Libr.: ders.), UA: 1698 (P 1698); Divertissements: *La Diane de Fontainebleau,* UA: Fontainebleau 1686; von anderen Divertissements, deren Aufführung nachgewiesen werden kann, ist die Musik nicht erhalten.

D. war einer der Schöpfer des Opéra-ballet (*Les Amours de Momus,* 1695; *Les Festes galantes,* 1698) und gilt als einer der begabtesten und originellsten Komponisten in der Nachfolge Lullys. Als erster ersetzte er in der Opéra-ballet das Air durch das Rezitativ. Von seinen Zeitgenossen unterscheidet er sich in seinen Werken vor allem durch einen starken Ausdruck und durch die Vorliebe für einen pathetischen Stil.

Lit.: TITON DU TILLET, Supplément au Parnasse françois jusqu'en 1743 ... (o.O. o.J.); M. BRENET, D., un compositeur oublié du XVIIIe siècle, in: Le Ménestrel (1883) Nr. 39; M. ANTOINE, H. D. 1661–1741 (P 1965) (= Vie musicale en

France sous les rois bourbons 10); D. B. STEIN, The French Te Deum from 1677–1744. Its Esthetic, Style and Development (1974) (= Diss. masch. Univ. of Illinois).
M. ANTOINE

DESMOND (eig. Breitenfeld), **Paul,** * 25. 11. 1924 San Francisco, † 30. 5. 1977 Los Angeles; amerik. Jazzmusiker (Altsaxophon). D. spielte seit den 40er Jahren mit D. Brubeck zusammen und gehörte 1951–67 dessen Quartett an, zu dessen Weltruhm er beitrug. Auch nach 1967 spielte er nochmals mit Brubeck zusammen, aber u. a. auch mit Jim Hall. D. gilt als der Lyriker des Cool Jazz, vor allem wegen seiner melodischen Erfindungen.

Lit.: N. SHAPIRO – N. HENTOFF, Jazz erzählt (Mn 1962); J. E. BERENDT, Das Jazzbuch. Von Rag bis Rock (F 1973); L. FEATHER, Bebop, Cool-Jazz, Hard Bop, in: Die Story des Jazz, hrsg. v. J. E. Berendt (St 1975).

DÉSORMIÈRE, Roger, * 13. 9. 1898 Vichy, † 25. 10. 1963 Paris; frz. Dirigent und Komponist. D. war Schüler am Pariser Conservatoire sowie von Ch. Koechlin und V. d'Indy und gehörte der von E. Satie gegründeten École d'Arcueil an. 1924/25 war er Dirigent der Ballets Suédois, 1925–30 von S. Diaghilews Ballets Russes. In den folgenden Jahren dirigierte er u. a. in München, Brüssel, Paris, Leningrad und Moskau, wirkte 1936–44 an der Opéra-Comique in Paris und 1944–46 an der Opéra. D. setzte sich sowohl für die zeitgenössische Musik ein (mit S. Nigg, L. Durey und E. Barraine gründete er die Association Française des Musiciens progressistes) als auch für die alte Musik, insbesondere für die der Renaissance und gab u. a. *Danceries de la Renaissance* sowie Werke von Cl. Le Jeune, A. Campra, J.-Ph. Rameau und Fr. Couperin heraus. Als Komponist schrieb er u. a. zahlreiche Filmmusiken in Zusammenarbeit u. a. mit G. Auric und D. Milhaud.

Lit.: D. MAYER – P. SOUVTCHINSKY, R. D. et son temps (Monaco 1966).

DESPREZ ↗Josquin des Prés.

DESSAU – 1) Paul, * 19. 12. 1894 Hamburg, † 28. 6. 1979 (Ost-)Berlin; dt. Komponist und Dirigent. D. erhielt früh Violinunterricht und trat mit 11 Jahren erstmals öffentlich auf. 1910–12 besuchte er das Klindworth-Scharwenka-Konservatorium in Berlin. Danach schlug er die Kapellmeister-Laufbahn ein. Sein besonderes Interesse für das Musiktheater hatte bereits 1910 zu einem ersten Opernversuch, *Giuditta,* geführt. 1912 erhielt D. eine Stelle als Korrepetitor am Stadttheater Hamburg unter F. Weingartner und nahm bei dem Kritiker und Musikwissenschaftler Max Loewengard Kompositionsunterricht. In den Sommermonaten 1913 und 1914 war er 2. Kapellmeister für Operette am Tivoli-Theater in Bremen. Nach dem 1. Weltkrieg wirkte er als Schauspielkapellmeister und -komponist an den Hamburger Kammerspielen, wurde 1919 als Korrepetitor und Kapellmeister von O. Klemperer nach Köln geholt, ging 1923 als 1. Kapellmeister nach Mainz und wurde 1925 auf Empfehlung Klemperers von Br. Walter an die Städtische Oper Berlin verpflichtet. Seit 1928 arbeitete er als Kapellmeister in einem Kinoorchester, für das er auch Filmmusik schrieb. 1933 emigrierte D. zunächst nach Paris, wo er seine Arbeit auf einem politischen Hintergrund zu sehen begann. Bei Kriegsausbruch ging er in die USA. Dort arbeitete er seit 1942 mit Bert Brecht zusammen, dessen dialektisches Prinzip auch sein eigenes Schaffen beeinflußte. Beide sahen vor allem in der Parodie ein wirkungsvolles Mittel dialektischer Deutung von Worten und Vorgängen. 1948 kehrte D. nach Deutschland zurück, ließ sich in (Ost-)Berlin nieder und wurde 1959 zum Professor ernannt. Seit 1954 lebte er in Zeuthen (Mark). Hier verfolgte er im Schulmusikunterricht eines seiner Hauptziele: die Erziehung des Hörers zur Aufgeschlossenheit gegenüber nichttraditioneller Musik. Dabei führte er seine Schüler durch gemeinsam erstellte Liedkompositionen zu umfassendem Musikverständnis. Als höchste Pflicht des Komponisten galt D. die eigene künstlerische Weiterentwicklung, weil diese eine Entwicklung seiner Interpreten und damit auch die des Publikums nach sich zöge. Daher suchte er stets neue Möglichkeiten der musikalischen Reflexion. Seine kompositorischen Mittel (freie Harmonik, Dodekaphonie, Betonung des Rhythmischen) sind meist einer außermusikalischen Aussage verpflichtet. D.s populärstes Werk ist das im Pariser Exil entstandene Lied *Die Thälmannkolonne.* Als „ausdrucksstärkstes Genre, um die großen gesellschaftlichen Probleme unserer Zeit künstlerisch zu beleuchten", bevorzugte er in der Nachkriegszeit die Oper. D. selbst nannte seine Musiksprache, eine Synthese aus komplizierten und schlichten – oft der Unterhaltungsmusik entlehnten – Elementen, „volkstümlich, denn sie dient der Sache des Volkes".

WW: **1) Instr.-WW: a)** Kammermusik: *Klv.-Sonate* (1914); *Concertino* für V. solo, Fl., Klar. u. Horn (1924); Lustige Variationen über *Hab' mein Wagen vollgeladen* für Klar., Fag. u. Cemb. (1928), Bearb. für Klv. (1953); *Guernica,* für Klv. (1938); Streichquartette (1932, 1943, 1946, 1948, 1955, 1971); *Elf jüdische Volkstänze* für Klv. (1946); *Kleinste Nachttopfmusik* für Fl., Klv. u. 2 Nachttöpfe (1958); *Quattrodramma* für 4 Vc., 2 Klv. u. Schlagzeug (1965). – **b)** Orch.-WW: Erste Symphonie (1926); Orch.-Suite (1934), mit 3. Satz *Hommage à Bartók* ergänzt zur 2. Symphonie (1962); *Orchestermusik 1955* (urspr. als *Dithyrambus*); *In memoriam B. Brecht* (1957); *Bach-Variationen* (1963); *Sinfonische Adaptation* des Streichquintetts Es-Dur KV 614 von

W. A. Mozart (1965); Orch.-Musik Nr. 2 *Im Meer der Stürme* (1967) (anläßlich der 1. weichen Mondlandung eines unbemannten sowjetischen Raumschiffs); Orch.-Musik Nr. 3 *Lenin* (1969) (zum 100. Geburtstag); Orch.-Musik Nr. 4 (1971). – **c)** Musik zu etwa 60 Filmen. – **2) Vokal-WW: a)** Lieder u. Chöre: *Kampflied der schwarzen Strohhüte* (1936) (Text: B. Brecht); *Die Thälmannkolonne* (1936) (Text: K. Ernst); *Captain Potatoe* (1937) (Text: ders.); *Les Voix* (1939) (Text: P. Verlaine) für Sopran u. Klv., bearb. für Sopran, Klv. u. Orch. (1941); *Proletarier aller Länder, vereinigt euch* (1948) (Text: K. Marx u. Fr. Engels), Etüden für Chor a cap.; *Friede* (1951) (Text: P. Neruda) für Gesang u. Klv.; *5 Lieder* (1955) (Text: Claudius, Goethe, Ringelnatz) für Gesang u. Klv.; *27 Lieder* (1963–67) (Text: G. Maurer) für Sopran, Alt, Tenor, Bar., Baß u. Klv. – **b)** Kantaten u. Oratorien: *Haggada* (1936) (Text: M. Brod) für Soli, Chor, Kinderchor u. Orch.; *Deutsches Miserere* (1944–47) (nach Brecht) für Soli, Chor, Kinderchor u. Orch. u. Trautonium; *Die Erziehung der Hirse* (1952) (Text: B. Brecht) für Bar., Sprecher, Chor, Jugendchor u. Orch.; Epilog zu *Jüdische Chronik* (1960) (Text: Gerlach) für Bar., Sprecher, Chor, Jugendchor u. Orch. (als Beitrag zu einer Gemeinschafts-Arbeit mit B. Blacher, K. A. Hartmann, H. W. Henze u. R. Wagner-Régeny); *Marburger Bericht* (1961) (Text: ders.) für Bar., Chor, Kinderchor u. Orch.; *Requiem für Lumumba* (1963) (Text: K. Mickel) für Soli, Chor u. Instr. – **3) Bühnen-WW: a)** Lehrstücke: *Tadel der Unzuverlässigkeit* (1930–31) (Text: R. Seitz); *Das Eisenbahnspiel* (1930–31) (Text: ders.); *Orpheus 1930/31, ein heiteres Hörspiel* (Text: ders.); *Kinderkantate* (1931–32) (Text: P. D.); *Herrnburger Bericht* (1951) (Text: B. Brecht). – **b)** Schauspielmusiken zu: B. Brecht, *Mutter Courage u. ihre Kinder* (1946) u. *Der gute Mensch von Sezuan* (1948); J. W. von Goethe, *Faust I* (1949); Brecht, *Herr Puntila u. sein Knecht Matti* (1949); Goethe, *Urfaust* (1952); Brecht, *Der kaukasische Kreidekreis* (1954). – **c)** Tanzszenen: *Die den Himmel verdunkeln sind unsere Feinde* (1958) (Szenarium v. R. Berghaus, J. Gerlach, kompositorische Mitarbeit: R. Bredemeyer); *Flug zur Sonne* (1959) (zus. mit dens.); *Hände weg!* (1962), Tanz-Essay für 9 Instr. (Szenarium v. R. Berghaus). – **d)** Opern: *Die Verurteilung des Lukullus* (1949) (Libr.: B. Brecht), UA: Berlin 1951 (mehrmals überarbeitet); *Puntila* (1957–59) (Libr.: P. Palitzsch u. M. Wekwerth nach Brecht), UA: ebd. 1966; *Lanzelot* (1969) (Libr.: H. Müller nach J. Schwarz), UA: ebd. 1969; *Einstein* (1972) (Libr.: K. Mickel), UA: ebd. 1974; *Leonce u. Lena* (1978) (Libr.: Th. Körner nach G. Büchner), UA: geplant ebd. 1979. – **4) Schriften:** *Musikarbeit in der Schule* (B 1968); ferner versch. Texte über Musik u. Politik in Zschr.en, Programm-Heften u. ä. K. LANGROCK

2) Ruth (geb. Berghaus), Ehefrau von 1), * 2. 7. 1927 Dresden; Dt. Regisseurin. Ihre Ausbildung erhielt sie an der Palucca-Schule in Dresden und an der Deutschen Akademie der Künste in Berlin. 1949–50 war sie Tanzpädagogin und Choreographin an der Palucca-Schule, wirkte seit 1951 als Choreographin, dann auch als Regisseurin an Berliner Theatern, seit 1967 beim Berliner Ensemble und war 1971–77 dessen Intendantin. Seitdem gehört sie als Regisseurin der Berliner Staatsoper an. Dort inszenierte sie die Uraufführungen der Opern *Herr Puntila und sein Knecht Matti* (1966), *Lanzelot* (1970) und *Einstein* (1974) von Paul Dessau. Inzwischen machte sie sich mit Inszenierungen auch klassischer Werke des Opernrepertoires über die DDR hinaus einen Namen.

Lit.: **Zu 1):** F. HENNEBERG, D., Brecht. Musikal. Arbeiten (B 1963); DERS., P. D. Eine Biogr. (ebd. 1965); H. SANDBERG, Der Musikantenspiegel (L 1965); F. K. PRIEBERG, Musik im anderen Deutschland (Kö 1968); G. MAYER, Neue Musik. Neue Aspekte der Analyse, in: Sammelbde. der Musikgesch. der DDR I (1969); DERS., Über die musikal. Integration des Dokumentarischen, in: Kgr.-Ber. Leipzig 1966 (Kas 1970); F. HENNENBERG, P. D. Für Sie portraitiert (L 1974); DERS., P. D. Aus Gesprächen (L 1974) (mit ausführlichem Werk- u. Lit.-Verz.).
K. LANGROCK

DESSUS (frz., = oben), im 15.–17. Jh. französische Bz. für die höchste Stimme einer mehrstimmigen Komposition (gleichbedeutend mit lat. Cantus, Discantus und Superius) sowie für die höchste Stimme einer Instrumentengruppe (*D. de viole, D. de violon* usw.).

DESTINN, Emmy (eig. Emilie Pavlina Kittlová), * 26. 2. 1878 Prag, † 28. 1. 1930 Budweis; tschech. Sängerin (Sopran). Nach anfänglichem Violinstudium wandte sie sich bald dem Gesang zu und wurde von Marie Löwe-Destinn ausgebildet (aus Verehrung für diese nahm sie den Künstlernamen D. an). 1898 debütierte sie als Santuzza in P. Mascagnis *Cavalleria rusticana* an der Königlichen Oper in Berlin. Dort blieb sie bis 1908 und gastierte u. a. in Bayreuth (1901) und in Paris (1907). 1908–16 gehörte sie als gefeierte Primadonna dem New Yorker Metropolitan Opera House an, wo sie 1910 auch maßgeblich am Erfolg der Uraufführung von G. Puccinis Oper *La fanciulla del West* (mit Caruso als Partner) beteiligt war. 1916 kehrte sie in die Heimat zurück. Sie schrieb Novellen, Gedichte, zwei Opernlibretti und das Drama *Rahel.* 1919–21 ließ sie sich noch einmal an die Metropolitan Opera verpflichten. Danach trat sie nur noch selten in Konzerten auf und nahm 1926 endgültig Abschied von der Bühne. E. D. war eine der bedeutendsten Sopranistinnen ihrer Zeit. Sie verfügte über ein ungemein großes Repertoire (80 Partien), das von lyrischen Partien bis zum dramatischen Wagner-Fach reichte, und zeichnete sich zugleich durch ihre darstellerische Kunst aus.

Lit.: A. REKTORYS, E. Destinnová (Pr 1936); M. MARTÍNKOVÁ, Strážská černa paní (Pilsen 1940, [2]1946); DIES., Život E. Destinnové (ebd. 1946); J. F. E. DENNIS, E. D., in: The Record Collector (Ipswich 1971); V. HOLZKNECHT – B. TRITA, E. Destinnová ve slovech a obrazech (Pr 1972); M. POSPÍSIL, Veliké srdce. Život a umění E. Destinnové (Pr 1974).

DESTOUCHES (des Touches), **André Cardinal,** getauft 6. 4. 1672 Paris, † 7. 2. 1749 ebd.; frz. Komponist. D. war 1681–86 Schüler des Jesuiten-Kollegs in Paris, beteiligte sich 1687 an einer Missionsreise nach Siam, gab aber später die geistliche Laufbahn auf, trat 1692 in die Armee ein und nahm am Krieg Frankreichs gegen die Augsburger Liga teil. In dieser Zeit entstanden seine ersten Kompositionen. 1694 nahm er seinen Abschied vom Militär und wurde Kompositionsschüler von A. Campra, durch den er auch seinen späteren Librettisten, Houdar de la Motte, kennenlernte. Für das Opéra-ballet *L'Europe galante* (1697) von Campra schrieb er 3 Airs. Sein erstes Bühnenwerk war die Pastorale héroïque *Issé*, die anläßlich der Hochzeit des Dauphins mit Adelaide von Savoyen aufgeführt wurde. 1713 wurde er Generalinspecteur der Académie Royale de Musique. Zusammen mit Delalande komponierte er 1721 das Opéra-ballet *Les Éléments*. Nach dessen Tod (1726) wurde er gemeinsam mit Colin de Blamont Surintendant de la Musique du Roi, 1727 Maître de la Musique de la Chambre und war 1728–30 Direktor der Académie Royale de Musique. 1726 war sein letztes Bühnenwerk, *Les stratagèmes de l'amour*, entstanden, das aber wenig Anklang fand. Mehr Erfolg hatte er mit seinen geistlichen Werken im Concert spirituel. Auf Anregung der Königin Maria Leszczyńska, seiner Gönnerin, richtete er am Hofe eine dem Concert spirituel entsprechende Institution ein. Seitdem schrieb er vorwiegend geistliche Werke.

WW: **1) Vokal-WW:** Einzelne Airs sérieux et à boire: *Dieu du vin, Mars laissez reposer Bellone et la Victoire* (P 1698, 1704); Kantaten: *Œnone* u. *Sémélé* (P 1716, 1719); *Carillon d'Orléans; O dulcis Jesu* (1716); *Te Deum* (1732); *Diligam te* u. *Deus, Deus meus* (1736); *O Jesu* (1738), alle diese Motetten sind offenbar verschollen. – **2) Bühnen-WW:** *Issé* (Libr.: La Motte), Pastorale héroïque, UA: Paris 1699 (P 1697), neue Fassung in 5 Akten (P 1708); Tragédies en musique: *Amadis de Grèce* (Libr.: DERS.), UA; ebd. 1699 (P 1699 u. ö.); *Marthésie, reine des Amazones* (Libr.: DERS.), UA: ebd. 1699 (P 1699); *Omphale* (Libr.: DERS.), UA: ebd. 1701 (P 1701); *Callirhoé* (Libr.: P. Ch. Roy), UA: ebd. 1712 (P 1712); *Télémaque* (Libr.: S. J. Pellegrin), UA: ebd. 1714 (P 1714, ²1715, ³1728); *Sémiramis* (Libr.: P. Ch. Roy), UA: ebd. 1718); *Le carnaval et la folie* (Libr.: La Motte), Comédie en musique, UA: ebd. 1704 (P 1704), NA mit Änderungen u. Ergänzungen (P 1748), der 3. Akt daraus separat als Divertissement *Le professeur de folie* (P 1711); Opéra-ballets: *Les stratagèmes de l'amour*, UA: Paris 1726 (P 1726); *Les Éléments* (zus. mit M. R. Delalande), UA: ebd. 1721 (P 1721).

Bei aller stilistischen Verwandtschaft mit Lully und Campra besitzen D.s Werke bemerkenswerte Originalität. Besonders die Frische seiner Melodien und die Kühnheit der Harmonik machen ihn zu einem Vorläufer von Rameau und Gluck. D. löst sich von vielen Gewohnheiten seiner Epoche; häufiger als seine Vorgänger verwendet er unvorbereitete Dominant-Septimen, Harmonisationen mit der Unter-Quint, Chaconne-Bässe in den Airs sowie den Leitton der Dominante vor der Kadenz. Häufig bilden aufeinanderfolgende Quinten eigenartige Harmoniefolgen. Gerade durch diese scheinbaren „Ungeschicklichkeiten" erhält sein Werk besonderen Reiz. Dabei handelt es sich nicht um zufällige Ergebnisse; dies beweisen nicht zuletzt zahlreiche Korrekturen, mit denen D. versuchte, seiner Musik größere Ausdruckskraft zu verleihen.

Ausg.: *Issé, Omphale, Les éléments*, in: Chefs-d'œuvre classiques de l'opéra français, 4., 5. u. 6. Reihe (1882, 1883, 1883); einzelne Arien in den Slg.n: Archives du chant au XVIIIᵉ siècle (P 1885), P. LACÔME, Les fondateurs de l'opéra français (P 1878) u. J. ARGER, La cantate aux XVIIᵉ et XVIIIᵉ siècles (P o.J.); *Amadis de Grèce*, Nachdr. der Ausg. Paris 1712 (Lo 1967).

Lit.: V. D'INDY, D. et la musique dramatique, in: Renaissance musicale (1883) Mai-H.; J. CARLEZ, La Sémiramis de D. (Caen 1892); G. PELLISSIER, Famille, fortune et succession d'A. C. D. (Nogent-le-Rotrou 1900); M. BRENET, D. et son opéra d'Issé, in: Courrier Musical (1908); K. DULLE, A. C. D. (L 1910); A. TESSIER, Correspondance de D. et du prince A. de Monaco, in: RM 8 (1926/27); R. P.-M. MASSON, A. C. D. surintendant de la musique du Roi, directeur de l'Opéra 1672–1749, in: RMie 43 (1959); DERS., A. D. à Siam, in: Mélanges d'histoire et d'esthétique musicales. FS P.-M. Masson 2 (P 1955); D. R. B. KIMBELL, The Amadis Operas of D. and Handel, in: ML 49 (1968); L. HARNISCH, „Les éléments". Study of a Second Period Opera-Ballet (1974) (= Diss. masch. Univ. of Arizona).

R. P.-M. MASSON

DÉTACHÉ (frz., = getrennt), straffer, abgesetzter Bogenstrich bei Streichinstrumenten; besonders in der Barockmusik sehr häufige Strichart, die fortlaufend zw. Auf- u. Abstrich wechselt mit je einem Strich pro Note.

Lit.: A. POCHON, Le rôle du point en musique (Lau 1947).

DEUTEKOM, Cristina (eig. Christine Engel), * 28.8.1932 Amsterdam; ndl. Sängerin (Sopran). Ihre Ausbildung erhielt sie am Konservatorium in Amsterdam. Sie sang zunächst als Choristin an der Amsterdamer Oper, dann als Solistin hochliegende Sopran- und Koloraturpartien und errang 1965 in Amsterdam den ersten großen Erfolg als Königin der Nacht in Mozarts *Zauberflöte*. Diese Partie blieb eine ihrer Glanzrollen. Später wechselte sie in das dramatische Fach über und interpretierte vor allem auch die frühen, teilweise vergessenen Opern Verdis. Engagements führten sie an alle bedeutenden westeuropäischen Opernhäuser, seit 1968 wiederholt auch an das Metropolitan Opera House in New York und 1972 an das Teatro Colón in Buenos Aires.

DEUTERUS ↗Kirchentöne.

DEUTSCH, Otto Erich, * 5.9.1883 Wien, † 23.11.1967 ebd.; östr. Musikwissenschaftler. D. studierte in Wien und Graz Kunst- und Literaturgeschichte. Zunächst Assistent am Kunsthistorischen Institut in Wien und Kunstkritiker der Wiener Tageszeitung *Die Zeit*, widmete er sich bald ausschließlich Quellenstudien zur Musik des 18. und 19. Jh., von denen die Arbeiten über Schubert und Mozart für die künftige Forschung grundlegend wurden. 1926–35 war er Bibliothekar der Musiksammlung Anthony van Hoboken. Nach der Besetzung Österreichs lebte er 1939–53 in Cambridge im Exil, anschließend bis zu seinem Tode wieder in Wien. D. begründete die neue Form der Dokumentarbiographie (Händel, Mozart, Schubert); mit dem *Thematischen Verzeichnis* der Werke Schuberts (kurz „Deutsch-Verzeichnis" gen.; Abk.: D, mit entspr. Werknummer), hat er entscheidende Grundlagen für die Schubertforschung gelegt, indem er überhaupt erst eine Übersicht über Schuberts umfangreiches Schaffen gab. Zu seinem 80. Geburtstag wurde er mit einer Festschrift geehrt (hrsg. v. W. Gerstenberg u. a., Kas 1963; mit Verzeichnis seiner Veröffentlichungen).

Veröffentlichungen: **1) Zu Schubert:** *Schubert-Brevier* (B 1905); *F. Schubert. Die Dokumente seines Lebens u. Schaffens:* I: geplant als Werk-Verz., nicht erschienen, II/1: *Die Dokumente seines Lebens* (Mn–L 1914, Kas ²1964) (= Neue Schubert- Ausg., Serie 8, Bd. 5), II/2: *Die Erinnerungen seiner Freunde* (L 1957, ²1966, engl. Lo–NY 1958), in Ausw. als: *Schubert. Zeugnisse seiner Zeitgenossen* (F 1964), III: *Sein Leben in Bildern* (Mn 1913), engl. Übers.: *Schubert. A Documentary Biography*, übers. u. erweitert v. E. Blom (Lo 1946), amerik. Ausg.: *The Schubert Reader* (NY 1947); *F. Schubert. Briefe u. Schriften* (Mn–L 1919, W ⁴1954, engl. Lo–NY 1928); *Schuberts Tagebuch* (W–NY 1928); *Die Originalausgabe v. Schuberts Goethe-Liedern. Ein musikbibliogr. Versuch* (W 1926); *Das „Advokaten"-Terzett…*, in: ZfMw 11 (1928/29); *The Chronology of Schubert's String Quartets*, in: ML 24 (1943); *Schubert. Thematical Catalogue of All His Works in Chronological Order* (Lo– NY 1951) (zus. mit D. R. Wakeling), *Corrections and Additions*, in: ML 34 (1953), NA in dt. Sprache: *Franz Schubert. Thematisches Verz. seiner Werke in chronologischer Folge* (Kas 1978) (= Neue Schubert-Ausg., Serie 8, Bd. 4); *The Discovery of Schubert's Great C-Major-Symphony. A Story in 15 Letters*, in: MQ 38 (1952); *Drei Briefe über Schuberts Nachlaß*, in: Das Musikleben 6 (1953); *F. Schubert* (W 1954); *Neue Schubert-Dokumente* (Z 1954). – **2) Zu Mozart:** *Mozart-Drucke*, in: ZfMw 14 (1931/32) (zus. mit C. B. Oldman); *Mozart u. die Wiener Logen* (W 1932); *L. Mozarts Briefe an seine Tochter* (Salzburg–L 1936) (zus. mit B. Paumgartner); *Mozart u. seine Welt in zeitgen. Bildern* (Kas 1961) (= Neue Mozart-Ausg. Serie 10, Werkgruppe 32); *Mozart. Die Dokumente seines Lebens* (Kas 1961 (= ebd. Werkgruppe 34) (engl. Lo 1965), in Ausw. (Mn 1963), dazu *Addenda u. Corrigenda*, zusammengestellt v. J. H. EIBL (Kas 1978) (= ebd. Werkgruppe 31, Bd. 1); *Mozart. Briefe u. Aufzeichnungen* I–IV (Kas 1962–63) (zus. mit W. A. Bauer), dazu V u. VI (Kommentar) u. VII (Register), hrsg. v. J. H. EIBL (Kas 1971, 1975). – **3) Sonstiges:** *Beethovens Beziehungen zu Graz* (Gr 1907); *Haydns Kanons*, in: ZfMw 15 (1932/33); *Das Wiedener Freihaustheater* (W 1937); *The First Editions of Brahms*, in: MR 1 (1940); *Music Publisher's Numbers* (Lo 1946), dt. [verbesserte] Ausg.: Musikverlags-Nummern (B 1961); *Handel. A Documentary Biography* (Lo 1955). – Von dem hsl. Zettelkatalog D.s *Das Repertoire der Wiener Oper 1641–1938* in der Östr. Nat.-Bibl. in Wien wurde der chronologische Teil veröff. als: *Das Repertoire der höfischen Oper, der Hof- u. Staatsoper*, in: ÖMZ 24 (1969); ferner war D. Hrsg. v. *Joseph Haydn, Kanons* (Mn 1959) (= Haydn-GA, Reihe 31).

Lit.: O. E. D., in: ÖMZ 13 (1958) Sonder-H.; W. ADERHOLD, Der neue D. Zur 2. Aufl…., in: Musica 32 (1978).

H. WEBER

DEUTSCHER MUSIKRAT. 1953 mit Sitz in Bonn gegründeter Dachverband von etwa 50 Organisationen aus allen Bereichen des Musiklebens in der Bundesrepublik Deutschland. Er vertritt die gemeinsamen Interessen der ihm angeschlossenen Organisationen in der Öffentlichkeit. Organe sind das Präsidium, die Generalversammlung (aus Vertretern der Mitgliedorganisationen und namhaften Persönlichkeiten des Musiklebens), ein Verwaltungs- und ein Planungsbeirat sowie der Generalsekretär für die laufende Geschäftsführung. Zu den besonderen Aufgaben und Einrichtungen des D. M.es gehören der „Deutsche Musikwettbewerb", die Bundesauswahl „Konzerte Junger Künstler" und die „Verbindungsstelle für Internationale Beziehungen", ferner, im Rahmen der Arbeitsgemeinschaft Musikerziehung und Musikpflege, die Veranstaltung „Jugend musiziert" und das Bundesjugendorchester. Der D. M. gehört als Sektion Bundesrepublik Deutschland dem ↗Internationalen Musikrat an. Seit 1965 erscheint die Zeitschrift *Deutscher Musikrat, Referate, Informationen.* – Präsidenten: H. Mersmann (seit 1953), H. Dressel (seit 1964), W. Egk (seit 1969) und S. Borris (seit 1971), R. Jakoby (seit 1977) Generalsekretär ist seit 1980 A. Eckhardt.

DEUTSCHER TANZ, ursprünglich aus einer Abgrenzung gegenüber der Tanzweise anderer Länder hervorgegangene Bz. für Formen des deutschen Volkstanzes. Dabei handelte es sich insbesondere im Mittelalter und in der Renaissance hauptsächlich um geradtaktige langsame Vortänze (Schreittänze), denen sich ungeradtaktige rasche Nachtänze (Springtänze, Dreher) anschlossen. Seit dem 18. Jh. bezeichnete der nun fester umrissene Begriff D. T. im Süden Deutschlands und in Österreich einen von Einzelpaaren ausgeführten schnellen Drehtanz im 3/4- oder 3/8-Takt, auch *Deutscher, Tedesco, Danza tedesca* oder *Allemande* genannt; seine Tanzweise leitete sich von den oben genannten Nachtänzen her. Dieser bis ins frühe 19. Jh. verbreitete Tanz hat mit der ↗Allemande weder choreographisch noch musikalisch etwas gemeinsam – auch wenn diese zuweilen „Teutscher Tantz" genannt wurde. Vielmehr stand der recht derb und vor allem von den niederen Volksschichten getanzte „Deutsche" in engem Zusammenhang mit Tänzen wie dem Ländler und Dreher; manche Ländler nannte man geradezu „Deutscher Tanz". Im frühen 19. Jh. nahm das Tempo des „Deutschen" zu; er wurde dann vom Walzer abgelöst. Den Zusammenhang beschrieb J. Popowitsch (*Vocabula Austriaca*, um 1760): „Walzen ist eine Art der Teutschen Tänze, die man insbesondere das Ländlerische Tanzen nennet. Der Tänzer und die Tänzerin hüpfen und drähen sich beständig." Haydn komponierte 35, Mozart 50 und Beethoven 24 Deutsche Tänze für Orchester; Schubert schrieb über 100 Deutsche Tänze für Klavier. Oft reihte man mehrere Deutsche Tänze aneinander; sie wurden meist mit einer Coda beendet. In der Regel besteht der D. T. der Klassiker aus zwei achttaktigen Perioden, deren jede wiederholt wird und die in ihrer Mitte eine (innere) Zäsur haben:

Deutscher Tanz aus J. N. Hummel, *Sei Balli Tedeschi e duodici Trii per il Piano,* op. 16 (W 1804)

Häufig wurde dem D. T. ein Trio, gelegentlich auch mehrere Trios hinzugefügt. Sie bestanden gleichfalls aus achttaktigen Perioden. In den beiden Trios, die Hummel seinem D. T. beifügte, sind die Begleitakkorde der linken Hand schon in einem recht deutlich ausgeprägten Walzerrhythmus gesetzt. Im 2. Trio ist die 2. Zählzeit der Takte in den Oberstimmen betont. Dies ist beim D. T. öfters zu beobachten:

Trio I zum Deutschen Tanz von J. N. Hummel

Trio II zum Deutschen Tanz von J. N. Hummel

F. OTTERBACH

DEUTSCHER VERLAG FÜR MUSIK, 1954 in Leipzig als VEB gegründeter Musikverlag. Das Verlagsprogramm umfaßt: Musikwissenschaft (Gesamtausgaben, Faksimileausgaben, Handbücher und Lexika, Dokumente, Biographien, Tagebücher, Briefe, Bibliographien), Musikpädagogik, populärwissenschaftliche Werke und Kinderliteratur, Orchester-, Vokal- und Kammermusik und Unterrichtsmusik. Zu erwähnen sind besonders: die *Musikgeschichte in Bildern,* hrsg. v. H. Besseler und M. Schneider (1961 ff.; bisher 16 Bde.); das *Musiklexikon* von H. Seeger (2 Bde., 1966); das *Handbuch der europäischen Volksmusikinstrumente* (1968 ff.; bisher 2 Bde.); die *Neue Bach-Ausgabe* (1954 ff.; bisher 50 Notenbände) und die *Hallische Händel-Ausgabe* (beide in Zusammenarbeit mit dem Bärenreiter-Verlag in Kassel); die bisher ungedruckten Jugendwerke Mendelssohn Bartholdys (Leipziger Ausgabe); die Werke Hanns Eislers; die Briefe R. Wagners (in Zusammenarbeit mit der Richard-Wagner-Stiftung in Bayreuth) und die Konversationshefte Beethovens (12 Bde.). Der Musikalienkatalog des Verlags enthält etwa 90 zeitgenössische Komponisten mit über 375 Titeln, darunter über 100 Orchesterwerke.

Lit.: Deutscher Verlag für Musik, in: H. SEEGER, Musiklexikon, I (L 1966); VEB Deutscher Verlag für Musik 1954–1974 (L 1973).

DEUTSCHLAND. Frühgeschichte. Aus der Frühgeschichte fehlen schriftliche Zeugnisse. ↗Luren der nordgermanischen Bronzezeit, meist paarweise als Grabbeigaben überliefert, lassen auf eine gewisse Vorliebe für Blasinstrumente schließen. Im 4. Jh. n. Chr. erwähnt der römische Historiker A. Marcellinus, daß germanische Gefangene für die Römer Blechblasinstrumente spielen mußten. – Die Frühzeit bis zum Ende der Völkerwanderung war stark von altgermanischem Brauchtum und

Formen bestimmt, die sich nur langsam im Zuge der Christianisierung wandelten. Die Musik hatte in allen Lebensbereichen Heil zu spenden, aktuelle Ereignisse zu kommentieren, Helden der Geschichte zu verherrlichen und schließlich auch den Kult und den Tanz zu begleiten.
Das jüngere Hildebrandslied zeigt im Vergleich mit den großen Heldenliedern der westlichen, nordischen und östlichen Nachbarvölker bereits wesentliche Eigenheiten: Weitzügigkeit, ausdrucksvolle Stimmgebärden und zielstrebige Rhythmen. Die vierhebige altgermanische Langzeile wirkte noch lange weiter fort, auch als der Endreim schon eingeführt war. Das entscheidende Merkmal der deutschen Sprache, die Herrschaft einer Stammsilbe, die stets den Wortakzent trägt, hat in der Praxis die quantitierende Rhythmik zugunsten einer akzentuierenden verändert. – Nach der Übernahme des Christentums wurde allmählich die archaische Vielfalt poetischer Formen durch das regelmäßige Strophenlied zurückgedrängt, während der rezitativische Vortrag entweder starre Tonwiederholungen oder liedhafte Versketten benutzte. Die ältesten – erst im Spätmittelalter entstandenen – deutschen geistlichen Volksweisen (*Christ ist erstanden, Nun bitten wir den heiligen Geist*, auch die sog. ↗Geißlerlieder u. a.) gehen z. T. auf typenverwandte Brauchtumsweisen zurück. Die rhythmische und melodische Gestaltung wurde seit der Völkerwanderung zunehmend vielgestaltiger, ebenso das Instrumentarium, das bereits im 11. und 12. Jh. – neben den im Brauchtum verankerten primitiven Geräuschinstrumenten – zahlreiche Blas-, Streich- und Zupfinstrumente kannte, die Spielleute und fahrende Musiker aus fremden Ländern nach D. brachten. Sie wurden im Laufe der Zeit bestimmten sozialen Ständen zugeordnet.
Mittelalter. Der Gregorianische Gesang wurde unter Pipin († 768) und Karl dem Großen († 814) auch im deutschen Sprachgebiet nach römischem Vorbild eingeführt. Dabei bildete sich der sog. deutsche Choraldialekt heraus, der anstelle einer Sekunde häufig dort eine kleine Terz bevorzugt, wo sich die Melodik in der Nähe der labilen Halbtonstufen (e-f, h-c) bewegt (z. B. statt d-e: d-f). Der Vorrang der Terz ist wohl hauptsächlich aus der germanischen Pentatonik zu erklären, die sowohl im volkstümlichen Bereich als auch im späteren Hymnenschaffen hinsichtlich des Melodieaufbaus zur Terzenschichtung tendiert. Schon bald nach der Übernahme des römischen Repertoires führten eigenschöpferische Kräfte zu neuen Formen: zu ↗Tropus und ↗Sequenz. Walahfrid Strabo, Hermann der Lahme (Hermannus contractus) und Berno von Reichenau, Hildegard von Bingen und Udascalc von Maisenach, Abt in Augsburg, haben nicht nur die alten Gesänge bereichert, sondern gerade in neugedichteten und -komponierten Sequenzen (Wipos Ostersequenz *Victimae paschali laudes*) überzeugende Beispiele geschaffen. Während sich im Bereich des Chorals das musikalisch Neue nur in Verbindung mit der lateinischen Sprache zeigte, gelang gleichzeitig im höfischen ↗Minnesang der endgültige Durchbruch der Volkssprachen. In ihm bilden Wort und Weise eine untrennbare Einheit. Als Vorbild diente dem deutschen Minnesang mehr die Kunst der südfranzösischen Troubadours als die der nordfranzösischen Trouvères. Formal überwog nach 1200 die Strophe in Barform (↗Bar). Man unterschied ↗Lied, ↗Spruch und ↗Leich. Aus dem 1. Zeitabschnitt (nach 1150) sind nur Texte überliefert, die auf bekannte französische Weisen gesungen wurden. Auch von Walther von der Vogelweide († 1230), der dichterisch hervorragt, ist nur eine Melodie, das *Palästinalied*, original erhalten; andere Melodien existieren jedoch in Kontrafaktur. Neben ihm sind Friedrich von Hausen und Ulrich von Gutenberg zu nennen. Mit dem 2. Zeitabschnitt (nach 1200) beginnt eine rege Überlieferung der Melodien. Ihm gibt Neidhart von Reuenthal mit textlich derben Bauernszenen und sinnenfreudigen Naturbildern sein Gepräge. Diese noch ganz auf den höfischen Zuhörerkreis zugeschnittene Thematik fand, vergröbert und popularisiert, viele Nachahmer (Pseudo-Neidharte). Der 3. Zeitabschnitt (nach 1250) wird gleichermaßen von sog. „Meistern“ bürgerlicher Herkunft (Meister Alexander) und Aristokraten wie Graf von Arberg und Wizlaw von Rügen († 1325) bestimmt. Die Melodik besitzt oft archaische Züge und ist straff rhythmisiert, die moralisierenden Texte bevorzugen die Allegorie. Der 4. Zeitabschnitt (um 1380–1445) ist als Nachblüte des deutschen Minnesangs zu verstehen und fällt in die Zeit des Niedergangs des Rittertums. Beim Mönch von Salzburg, bei Hugo von Montfort, vor allem aber bei dem herausragenden Oswald von Wolkenstein lockert sich der Zusammenhang von Wort und Ton. Spruch mit religiösem und scholastischem Inhalt herrscht vor. Spielmännischer Einfluß ließ den deutschen Minnesang allmählich in die frühe Mehrstimmigkeit münden. Der Minnesang fand seit dem 14. Jh. im ↗Meistersang der Handwerker eine bürgerliche Variante, der aber stets einstimmig blieb und schnell im Formelhaften erstarrte, so daß allenfalls seine dichterische Substanz (so bei Hans Sachs) Bedeutung erlangte.
Die in Frankreich ausgebildete Mehrstimmigkeit der Notre-Dame-Organa und der frühen Motette fand in D. nur sehr zögernd Widerhall. Man musi-

zierte hier noch lange in einer primitiven, an das frühe Organum gemahnenden Art von parallel geführten Quarten oder Quinten, und viele Handschriften zeigen, wie stark die Tradition nachwirkte. Lediglich die Randgebiete des Reiches waren der neuen Kunst gegenüber aufgeschlossener. Die Wimpfener Fragmente einer größeren Mensuralhandschrift aus dem Westen überliefern die auf deutschem Boden entstandene Tripel-Motette *Homo luge – Homo miserabilis – Brumas e mors*, während schlesische Quellen im 14. Jh. die zeitweilige Tätigkeit G. de Machauts in Prag bezeugen. Das später musikalisch führende Mitteldeutschland trat zu dieser Zeit noch nicht hervor.

Renaissance. Zwischen 1450 und 1530 erlebte die deutsche Musik wie die bildende Kunst einen Aufschwung, der kurz nach 1500 zur ersten Blütezeit der Polyphonie führte. Träger dieser Entwicklung waren weniger die deutschen Höfe als das aufstrebende Bürgertum und das Patriziat der Städte. Im Reich gab es – im Gegensatz zu den glanzvollen Renaissancehöfen in Italien – nur eine große zentrale Hofkapelle, die kaiserliche in Wien. Bedeutende deutsche Musiker wirkten deshalb zeitweilig als Kapellmeister an osteuropäischen Höfen. – Die deutsche Musik dieser Zeit ist durch die allmähliche Rezeption des franko-flämischen (niederländischen) Stils gekennzeichnet, wie sie sich im Schaffen H. Fincks († 1527) und seines Schülers Th. Stoltzer († 1526) vollzog. Die Verschmelzung der neuen, vom Wort geprägten Kunst mit traditionellen Satztechniken und die Vorliebe für den ↗Cantus firmus gaben der geistlichen deutschen Musik dieser Zeit ein eigenständiges Gepräge. Bevorzugt wurden liturgische Motetten sowie die mehrstimmige Hymnenkomposition. Finck begann nach 1491 – bevor er 1498 abermals nach Wilna und später wieder nach Krakau zog – in Mitteldeutschland, den niederländischen Stil zu studieren und seine Motetten stärker zu „versprachlichen“. In *O Domine Jesu Christe* erreicht er ein Höchstmaß an ausdrucksvoller, durch Wohlklang unterstützter Wortdarstellung. Daß er jedoch den „alten Stil“ mit ↗Kanon- und Redicta-Technik niemals ganz preisgab, zeigt seine hochbedeutende 5st. *Missa super Ave praeclara* aus der Zeit nach 1510. Im Spätschaffen Stoltzers gewann die lateinische Psalmmotette nach dem Vorbild Josquins des Prés Bedeutung; sie gipfelt in vier umfangreichen deutschsprachigen Kompositionen (1524–26) nach der Psalter-Übersetzung Luthers, den ersten großen geistlichen musikalischen Kunstwerken in einer Nationalsprache überhaupt. – Im 3–5st. deutschen Lied über frei erfundene oder volksliedhafte Tenores entstand – seit 1450 überwiegend für das bürgerliche Musizieren – eine eigene Form, deren frühe Entwicklung sich im Lochamer (um 1450), Schedelschen (um 1460) und Glogauer Liederbuch (um 1480) deutlich abzeichnet und von Meistern wie Finck, Hofhaimer, Stoltzer und vor allem L. Senfl († 1543; über 300 Sätze) bis etwa 1550 zu hoher Blüte gebracht wurde. Selbst flämische Meister in deutschen Diensten wie H. Isaac und später M. Le Maistre haben solche deutschen Tenorlieder geschaffen. – Neben der dominierenden Vokalmusik gewann die Instrumentalmusik an Boden. Stadtpfeifer organisierten sich in Zünften, und in den Hofkapellen war der Anteil der ↗colla parte-, d. h. der den Gesang begleitenden Instrumentisten, verhältnismäßig groß. Mit den *Octo Tonorum Melodiae* schrieb Stoltzer um 1520 den ersten 5st. Instrumentalzyklus im motettischen Stil. Für die Orgelmusik sind K. Paumann († 1473) und P. Hofhaimer († 1537) als Komponisten und Interpreten repräsentativ.

Die Reformation Martin Luthers hat die Entwicklung der deutschen Musik für Jahrhunderte entscheidend beeinflußt. Dank seiner Musikalität und Weitsicht hat Luther, im Unterschied zu Calvin und Zwingli, den Figuralgesang, die Orgelmusik sowie den neugeschaffenen nationalsprachigen Gemeindegesang fest im Gottesdienst verankert und gleichzeitig der Musik im Rahmen der Erziehung einen hervorragenden Platz eingeräumt. Der Anteil des Gregorianischen Gesangs wurde gekürzt, die lateinische liturgische Musik jedoch im ganzen 16. Jh. weiter gepflegt, so daß zwischen dem evangelischen und katholischen Bereich Deutschlands zunächst eine weitgehende musikalische Konkordanz bestehen blieb. Unerreichtes Vorbild für das eigene Schaffen blieb nach wie vor der Vokalstil der großen niederländischen Meister Josquin des Prés, N. Gombert, A. Willaert u. a. Den deutschen evangelischen (und katholischen) Ländern mangelte es im 16. Jh. an hervorragenden musikalischen Talenten, so daß oft niederländische oder italienische Musiker als Kapellenleiter verpflichtet werden mußten, z. B. Le Maistre und A. Scandello nach Dresden oder Orlando di Lasso an den katholischen Hof nach München. In J. Walter († 1570) fand Luther einen tüchtigen Komponisten und hervorragenden musikalischen Berater bei seinen Reformen. Walters Kantorenamt wurde bis zu J. S. Bach Leitbild im Rahmen der evangelischen Kirchenmusik. Eine eigene Note erhielt das deutsche Schaffen durch zahlreiche für das Bürgertum geschriebene Gelegenheitswerke privaten oder kirchlichen Charakters (Symbola, Trauer-, Hochzeits- und deutschsprachige Psalmmotetten); sie sind textlich häufig von humanistischem Bildungsgut mitbestimmt. Allgemein wurde der deutsche Renaissance-Komponist in seiner Individualität als Musicus poeticus anerkannt und in das vom Mittelalter weiterwirkende theozentrische Weltbild eingefügt.

Barock. Die Abhängigkeit der deutschen Musik wandelte sich zwischen 1580 und 1740 insofern, als nunmehr Italien und seit 1680 Frankreich für zwei Generationen fast gleichrangige Hauptanreger wurden. Seit dem 17. Jh. waren im zunehmenden Maße italienische Musiker in Deutschland tätig, so daß man sich häufig in bissigen und ironischen Kommentaren gegen die „Überfremdung" wehrte (J. Kuhnau, *Der musikalische Quacksalber,* 1700). Zur gleichen Zeit wanderten aber auch viele Deutsche in das gelobte Land der Musik, um sich dort weiter ausbilden zu lassen, und noch L. Mozart hielt Reisen nach Italien für unumgänglich. Die enge Verflechtung der europäischen Musik befreite D. allmählich aus seiner Isolierung. Die fruchtbare Auseinandersetzung mit dem fremden Schaffen führte zur inneren Aneignung und Verarbeitung, aus der schließlich gegen Ende der Epoche die Neugestaltung des Eigenen erwuchs. Zu keiner anderen Zeit haben deutsche Musiker gegen die Fülle der andrängenden Leistungen anderer Völker so bewußt ihre eigenen Fähigkeiten eingesetzt, wie in diesem Zeitalter. Dieser zunächst rein innerdeutsche Prozeß ergriff alle Schichten der Gesellschaft, alle Landschaften, Städte und Dörfer. Die hohe Durchschnittsqualität der Musikausübung vermittelte den deutschen Musikern ein neues, starkes Selbstbewußtsein. Die Werke Bachs und G. Fr. Händels beweisen schließlich, daß aus der tiefgreifenden schöpferischen Rezeption nicht nur ein typisch deutscher Barock entstand, sondern gleichzeitig auch Gipfelleistungen der europäischen Musik überhaupt. – In der Hierarchie der barocken Welt lassen gerade die deutschen Musiker eine überaus strenge Standesordnung erkennen. Auf der untersten Stufe standen die auf genossenschaftlicher Grundlage organisierten freien Musiker („Rollbrüder"). Privilegiert und festbesoldet waren dagegen die Ratsmusiker, die nach mittelalterlichem Vorbild zunftgebundenen ↗Stadtpfeifer. Diese handwerklich-soliden Instrumentisten erlangten in großen Städten wie Nürnberg, Augsburg, Leipzig und Lübeck beträchtliches Ansehen. Spezifisch deutsch war der bürgerlich-kirchliche Musikerstand, der im Kantorenamt des Luthertums wurzelt. Der Breite der Musikausübung entsprechend, überzog weite Teile Deutschlands ein dichtes Netz von Organisten- und Kantorenstellen, deren Inhaber von weltlichen oder geistlichen Behörden oft auf Lebenszeit besoldet wurden. Die lange Reihe der vorzüglichen Kantoren an St. Thomas in Leipzig, St. Ägidien und St. Sebald in Nürnberg sowie der Marienorganisten in Lübeck zeigt den hohen Rang dieser Ämter, zu denen sich ungezählte weniger bedeutende gesellten. In ihrem Aufgabenkreis wirkte das überlieferte Standesbewußtsein nach, das sich in älteren Musizierpraktiken und häufig traditionell gestalteten Kompositionen ausprägte, wie sie in Nachbarländern längst nicht mehr existierten. Erstrebte Spitzenstellungen des deutschen Musikers waren jedoch die des höfischen Dienstes (Hofmusiker und -kapellmeister). Nach dem verheerenden 30jährigen Krieg war D. in eine große Zahl von Kleinstaaten zersplittert, deren Souveräne im Zeitalter des Absolutismus nach dem großen französischen Vorbild ihre bescheidene Macht glanzvoll zu entfalten suchten. So politisch beklagenswert die Zerstückelung D.s auch war, so fruchtbar wirkte sich andererseits die Gründung zahlreicher kleinerer und größerer Hofkapellen auf die Entwicklung der deutschen Musik aus. Ihre Musiker verschrieben sich zwar auf Gedeih und Verderb den regierenden Fürsten, erhielten aber dafür eine wirtschaftlich sichere und gesellschaftlich angesehene Stellung und durften der Resonanz ihres Schaffens und ihrer Interpretation durch den Hof gewiß sein. Wie stark das Denken in höfischen Kategorien selbst überragende Musiker beeinflußte, zeigt das Beispiel J. S. Bachs, der sich von Leipzig aus um den Titel eines „Kapellmeisters von Haus aus" am Dresdner Hof bemühte.

Die Zeit des sog. Frühbarock (1580–1630) ist durch tiefgreifende Wandlungen gekennzeichnet. Die Prachtentfaltung der von Italien ausgehenden Gegenreformation ließ an S. Marco in Venedig unter A. und G. Gabrieli die konzertierende mehrchörige Musik entstehen, die auf die fließende Kontrapunktik des niederländischen Stils weitgehend verzichtete. Diese Kunst stieß – im Gegensatz zu Frankreich, Spanien und England – gerade im protestantischen und katholischen Deutschland auf lebhaften Widerhall, selbst wenn die räumlichen Voraussetzungen zum Musizieren (Emporen an S. Marco) hier häufig fehlten. J. Gallus († 1591), H. L. Haßler († 1612), M. Praetorius († 1621) u. a. ahmten sie mit großem Geschick nach. Dennoch begann sich zu dieser Zeit die Kirchenmusik beider Konfessionen zu trennen. Während in der süddeutsch-katholischen Kirchenmusik die lateinische Liturgie weiterhin vertont wurde, setzten sich im protestantischen Mittel- und Norddeutschland die ausdrucksbetonte deutsche Lied- und Spruchmotette, teilweise mit Generalbaß, sowie der schlichte 4st. Kantionalsatz als neue Formen immer stärker durch. Profilierte Musiker wie J. H. Schein († 1630), L. Lechner († 1606) und M. Praetorius trugen zu dieser Entwicklung Wesentliches bei.

Auch die protestantische Orgelkunst, angeregt durch den Italiener G. Frescobaldi, vor allem aber durch den Holländer J. P. Sweelinck, der dank seiner zahlreichen Schüler als „deutscher Organistenmacher" galt, gewann schnell ihr eigenes Profil. S. Scheidts *Tabulatura nova* (1624) enthält neben traditionellen Stücken mit choralem Cantus firmus schon Variationssätze, die auch in die Kirchenmusik Eingang fanden. In dieser Zeit wurde der Grundstein für die glanzvolle Entfaltung der protestantischen deutschen Orgelmusik gelegt, der weder von deutscher katholischer Seite noch von anderen europäischen Ländern etwas Ebenbürtiges zur Seite zu stellen ist. – Mit den italienischen Tanzliedern Villanella und Balletto (G. G. Gastoldi u. a.), 1596 auf deutschem Boden nachgestaltet durch H. L. Haßler und L. Lechner, fand zunächst in Kleinformen der Akzentstufentakt (↗Akzent, ↗Metrik) in die Musik Eingang. Diesem neuen, der niederländischen Polyphonie diametral entgegengesetzten und nicht nur Länge und Kürze der Notenwerte messenden Prinzip sollte die Zukunft gehören. Es begünstigte die Entstehung der eigenständigen deutschen Instrumentalgattung der Orchestersuite, einer solistisch ad libitum zu besetzenden Folge von Tänzen. 1611 verband P. Peuerl zum erstenmal zwei Tanzsatzpaare variationsmäßig zu einem Zyklus. Diesen Typus erweiterte J. H. Schein 1617 auf fünf Tänze oder Charakterstücke. In späterer Zeit wurden die Tänze mehr und mehr stilisiert (J. Rosenmüller).

Für den deutschen Hochbarock (1630–80) wurde H. Schütz († 1672) die überragende Persönlichkeit. Bei G. Gabrieli und später bei Cl. Monteverdi ausgebildet, übernahm Schütz Praktiken seiner italienischen Vorbilder, wobei er sie der spezifisch deutschen Denkart anpaßte. Er benutzte nicht nur für die meisten seiner Werke die deutsche Sprache, sondern glich den Vokalsatz auch der neuen Textgrundlage akzentuierend an. Der geradezu mitreißende Rhythmus vieler seiner Kompositionen beruht auf der sprachbeeinflußten Unterscheidung von Auftakt und Taktschwerpunkt. Mit seinem Schaffen machte er auch die ↗Monodie in D. bekannt und bereitete die Entstehung der Kantate vor. Während ihn die Not des 30jährigen Krieges zeitweilig zu drastischer Reduzierung der Klangmittel zwang, tendierte er im Altersschaffen nach 1648 wieder stärker zur polyphonen Schreibweise, jedoch unter Beibehaltung der akzentuierenden Rhythmik. – Um die Mitte des 17. Jh. entstand das generalbaßbegleitete Lied unter H. Albert († 1651) und A. Krieger († 1666). Über die zahlreichen protestantischen Choralmelodien, seit etwa 1660 unter dem Einfluß des Pietismus, schrieben Organisten wie J. Pachelbel († 1706), M. Weckmann († 1674) und D. Buxtehude († 1703) mannigfaltig gestaltete ↗Choralbearbeitungen, die zu einer spezifischen Eigentümlichkeit der deutschen Orgelliteratur wurden. Buxtehude als bedeutendster Orgelspieler und -komponist vor Bach gab seinen frei gestalteten Fantasien und Fugen ein besonderes Kolorit. Seine seit 1668 außerhalb des Gottesdienstes in Lübeck veranstalteten ↗Abendmusiken waren weit berühmt. Allenthalben wurde in D. das Musizieren in der Öffentlichkeit üblich. Das ↗Collegium musicum der Musikliebhaber wurde in vielen größeren Städten bis zum Ende der Epoche zu einer charakteristischen Einrichtung. Die mehrstimmige Instrumentalmusik kannte neben der stilisierten Suite vor allem die Sonate, die J. Rosenmüller († 1684) als erster nach italienischen Vorbildern bekannt machte. J. J. Froberger († 1667), der bedeutendste deutsche Klaviermeister des Hochbarocks, verschmolz in seinen Suiten italienische und französische Anregungen und vereinheitlichte diese Form durch die Technik der Variation.

Im Spätbarock (1680–1740) wurde die deutsche Musik gleich stark von Italien und Frankreich beeinflußt. J. Mattheson führte 1713 für die nationalen Stileigentümlichkeiten dieser Länder den Begriff des „Geschmacks" (it.: gusto; frz.: goût) ein und ließ es frei, welchem von beiden, dem italienischen oder französischen, der deutsche Musiker folgen sollte. Noch 1752 meinte J. J. Quantz, der deutsche Geschmack resultiere aus einer Mischung beider. – Mit der Ausstrahlung der Kultur Frankreichs wurde auch seine Musik in D. schnell heimisch. Die Form der französischen Ouvertüre nebst ihren Tänzen ahmte 1682 J. S. Kusser († 1727) erstmals nach. Eine die Vorbilder weit überbietende Gestaltung fand die sog. Ouvertürensuite (↗Suite) 1695 bei J. C. F. Fischer († 1746) und bei J. S. Bach. Fischers Klaviermusik, aus der Bach mehrfach zitiert hat, zeigt erstmals den starken Einfluß der französischen Clavecinisten, der für mehrere Jahrzehnte den der italienischen Klaviermeister weit übertraf. Italien beherrschte dagegen nahezu uneingeschränkt die deutsche Opernbühne, z. B. in den führenden Residenzen in München und Dresden. Bescheidene Versuche mit deutschen Opern, seit 1627 mit der (verlorengegangenen) *Daphne* von Schütz zu registrieren, waren mit Ausnahme von Hamburg, wo um 1700 R. Keiser († 1739) und später G. Ph. Telemann († 1767) wirkten, nie von langer Dauer. Starken Einfluß übte die italienische Oper auch auf die protestantische Kirchenkantate aus (↗Kantate), die nach 1700 von ihr ↗Rezitativ und ↗Arie übernahm, vor allem auf der Grundlage der neuen Texte von E. Neumeister.

Die deutsche Barockmusik gipfelt in dem Schaffen J. S. Bachs († 1750), das mit gleicher künstlerischer Gewichtung die Vokal- und Instrumentalmusik berücksichtigt. Es verkörpert letztmalig in der deutschen Musikgeschichte jene von Luther geforderte Einheit des geistlichen und weltlichen Bereichs, wie das so häufig von ihm benutzte ↗Parodie-Verfahren beweist. Bach verschmolz alte und neue Stilelemente zu etwas absolut Eigenem, Unwiederholbarem. In seinen Kantaten und Passionen, in der h-moll-Messe und in den Motetten gelangte er auf der Grundlage der ↗Figurenlehre, der vergeistigten Symbolsprache und des Einsatzes affektbetonter Motive zu einem höchst individuell geprägten Gesangsstil, dessen Melodiegestaltung ihre Abhängigkeit von der instrumentalen Sphäre nie ganz verleugnet. Seine choralgebundenen und freien Orgelwerke weitete er zu teilweise monumentalen Großformen aus. In den zahlreichen, überwiegend in Köthen entstandenen Klavierwerken belebte er die Polyphonie mit Lied- und Tanzelementen und führte die Fugentechnik zu ihrer Vollendung. Ursprünglich aus pädagogischer Absicht heraus entstandene Kompositionen wie die Inventionen, Suiten und das *Wohltemperierte Clavier* sind unübertroffene Muster künstlerischer Konzentration und Aussagekraft. Die 40jährige intensive Auseinandersetzung mit Form und Satztechnik des italienischen Instrumentalkonzerts (↗Konzert) beeinflußte nicht nur das gesamte instrumentale Schaffen, sondern ließ insbesondere die *Brandenburgischen Konzerte,* zahlreiche Solokonzerte unterschiedlicher Besetzung sowie das erste als solches originale Klavierkonzert mit Orchesterbegleitung (für 2 Klaviere in C-Dur, BWV 1061) entstehen. Spätwerke wie die Orgelchoralvariationen und die *Kunst der Fuge* sind Bekenntnisse eines von seiner Umwelt kaum noch verstandenen genialen Musikers. – Die Zeitgenossen schätzten indessen Musiker wie den vielseitigen G. Ph. Telemann oder J. Chr. Graupner († 1760) wesentlich höher ein als Bach. Auch G. Fr. Händel († 1759) hatte in seinem Leben mehr Fortune als der Thomaskantor. In D. und Italien gründlich ausgebildet, scheiterte er zunächst in England mit der italienischen Oper, erlangte aber mit seinen wesentlich vom Chor getragenen Oratorien in seiner Wahlheimat beispiellose Popularität. Diese bedeutende eigenschöpferische Leistung war indessen nur im sozial fortgeschrittenen, frühkapitalistischen England denkbar. In D. bildeten sich bürgerliche Chöre erst 1771 in Leipzig, 1791 in Berlin und allgemein seit 1800 infolge der – nicht zuletzt auch durch Händel angeregten – Oratorien J. Haydns.

Klassik. Im 18. Jh. löste sich die deutsche Musik aus ihrer Abhängigkeit von fremden Vorbildern und wurde auf der Grundlage der aus Italien und Frankreich übernommenen Stil- und Formenwelt für rund 150 Jahre selbst zum Vorbild für Europa. Diese Hegemonie entstand nicht nur kraft ihrer schon bei Bach sichtbar werdenden Fähigkeit, alle gesamteuropäischen musikalischen Ideen in einer Synthese schöpferisch zu verarbeiten, sondern auch dank der allgemeinen geistesgeschichtlichen Situation. Die Musik der Wiener ↗Klassik und ihrer Umgebung wurde zum Spiegelbild des Deutschen Idealismus: sie wurde zur Verkörperung reiner Menschlichkeit, diente der sittlichen Selbstdarstellung und Selbstveredlung des Menschen und erstrebte Allgemeingültigkeit für alle Völker. Ihre weltbeherrschende Macht verdankte sie aber auch dem Bedeutungszuwachs der Instrumentalmusik, die, durch neue Inhalte bereichert, an Eigenwert ständig gewann und nach der klassischen Ästhetik Schillers und Chr. G. Körners (1795) vornehmlich der Darstellung des Menschlich-Charakteristischen dienen sollte. Besaß in Mozarts Schaffen noch die Vokal- vor der Instrumentalmusik den Vorrang, so verschoben sich bereits bei Beethoven eindeutig die Akzente zugunsten der Instrumentalwerke, die den Zeitgenossen als Muster ethischer Sinnerfüllung galten. Die jahrhundertealte Vorherrschaft der Vokalmusik war damit gebrochen. Schließlich erfuhr der Begriff „deutsch“ eine Ausweitung. Reichsdeutsche und österreichische Musik ließen sich um 1780 kaum noch voneinander trennen. Wien wurde für ein halbes Jahrhundert zum Kristallisationspunkt und Zentrum des musikalischen Europa. – Das Zeitalter der Wiener Klassik war zugleich das des deutschen Bürgertums. Musik wurde zum frei zugänglichen Bildungsgut, das man als „Liebhaber“ oder gebildeter „Kenner“ aktiv oder passiv konsumieren konnte. Mit dem öffentlichen Konzert schuf sich das Bürgertum im späten 18. Jh. eine neue Form der Musikdarbietung. Damit wandelte sich auch die Stellung des deutschen Musikers grundlegend. War er noch im Barock als Hof-, Kirchen- oder Stadtmusiker fest besoldet und im Ordnungsgefüge der damaligen Lebenswelt verankert, so strebte er in der Klassik zunehmend nach sozialer Unabhängigkeit und moralischer Selbstverantwortlichkeit. Gluck konnte als einer der wenigen dank seiner Leistungen als Kapellmeister und Komponist das Ideal des freien Künstlers schon früh verwirklichen, Mozart scheiterte in dieser Hinsicht, während der Adel den zu weltweiter Anerkennung gekommenen Haydn und auch Beethoven zwar besoldete, aber keine unmittelbaren Dienstleistungen mehr von ihnen verlangte, sich also ihnen gegenüber als Mäzen verstand.

C. Ph. E. Bachs († 1788) Klavierkompositionen lassen die wachsende Individualisierung des musikalischen Kunstwerks in der sog. deutschen Vorklassik (1740–81) besonders deutlich erkennen. Von der Empfindsamkeit ausgehend, steigerte sich das erlebnishafte Musizieren im Laufe der Jahre immer stärker zum Sturm und Drang der Geniezeit. Höhepunkt seines Schaffens, das vor allem J. Haydn stark beeinflußt hat, sind die Klavierfantasien, die nach 1780 in den 6 Sammlungen *für Kenner und Liebhaber* gedruckt wurden. Weltmännischer, eleganter und stärker den italienischen Vorbildern verpflichtet komponierte hingegen sein Bruder Johann Christian († 1782) in London, dessen Persönlichkeit und Schaffen Mozart beeindruckten, wie überhaupt J. S. Bachs Söhne unmittelbar auf den Stil der Wiener Klassik eingewirkt haben. – Für die Instrumentalmusik um und nach 1750 waren Berlin und Mannheim zwei wichtige Zentren. Während die Berliner Musiker, vor allem J. J. Quantz († 1773), Flötenlehrer Friedrichs II. und Verfasser eines vorbildlichen Flötenlehrbuchs (1752), der Kapellmeister C. H. Graun († 1759) und der Konzertmeister J. G. Graun († 1771), in ihren Instrumentalwerken dem recht konservativen Geschmack ihres Königs folgen mußten, gestaltete in Mannheim J. Stamitz († 1757) zusammen mit anderen Musikern seiner Kapelle die italienische Sinfonia durch erlebnishafte Crescendi, volkstümliche Melodik und neuartige Instrumentation in einer Weise um, daß 1751 seine Gastkonzerte in Paris begeisterte Zustimmung erhielten und ein Pariser Symphoniendruck mit Mannheimer Werken aus der gleichen Zeit den Titel *La Melodia Germanica* tragen konnte. Der neuen viersätzigen Symphonie der Mannheimer stand jedoch bis zu Mozarts Zeiten die dreisätzige ebenbürtig zur Seite. Erfolgreich taten sich nach 1760 auch einige deutsche Pianofortespieler in Pariser Salons hervor, u. a. J. Schobert und J. G. Eckard. Nachdem sich der Prozeß der Individualisierung in allen Künsten durchgesetzt hatte, konnte I. Kant 1790 in seiner *Kritik der Urteilskraft* definieren: Genie ist „die meisterhafte Originalität der Naturgabe eines Subjekts im freien Gebrauch seiner Erkenntnisvermögen"; es ist die „angeborene Gemütslage (ingenium), durch welche die Natur der Kunst die Regel gibt".

Anders entwickelte sich hingegen die deutsche Vokalmusik. Die italienische Opera seria bestimmte wie in Wien auch am Berliner und Dresdner Hof bis 1841 (!) das Repertoire. Chr. W. Gluck († 1787) verwarf als einer der ersten das Intrigen-Libretto Metastasios, das in Typik erstarrt war. Angeregt durch den Realismus der französischen ↗Opéra-comique, schrieb er seit 1762 zusammen mit dem Librettisten Calzabigi die italienischen Reformopern über antike Stoffe, in denen echte Empfindung und dramatische Wahrheit vorherrschten. Erst seine französischen Reformopern zwischen 1774–79 führten in Paris zum durchschlagenden Erfolg. Inzwischen hatte sich in bürgerlichen Theatern Wiens, Leipzigs, Berlins und anderer Städte das deutsche ↗Singspiel nach dem Vorbild der komischen Opern benachbarter Länder durchgesetzt. J. A. Hiller († 1804) schrieb seit 1766 12 derartige „Operetten" mit gesprochenem Dialog und volkstümlichen Arietten. G. Benda († 1795) bemühte sich seit 1775 in Gotha erfolgreich um das ↗Melodram. Das empfindsame Sololied mit Klavierbegleitung, von C. Ph. E. Bach und im Liedschaffen der ↗Berliner Schule kultiviert, erhielt durch J. G. Herders Veröffentlichung von Volksliedern (zunächst nur Texte, bald aber auch Melodien) seit 1778 neue Impulse, die sich nicht nur in den *Liedern im Volkston* (1782) von J. A. P. Schulz kompositorisch niederschlugen, sondern auch die Melodiebildung in Instrumentalwerken der Wiener Klassik beeinflußt haben. J. Haydn († 1809) leitete 1781 mit den Streichquartetten op. 33 eine neue Phase in der Musik der Wiener Klassik ein, die man als deutsche Hochklassik bezeichnen kann, und die bis zum Tode Beethovens (1827) reicht. In ihrer dichten, von J. S. Bach und seinen Söhnen beeinflußten motivisch-thematischen Arbeit sind diese Quartette nach Haydns eigenen Worten „auf eine neue Art" komponiert, die bis Beethoven für alle Formen der Instrumentalmusik verbindlich wurde. Nach den Übersteigerungen im Sturm und Drang halten sich nun Vernunft und Gefühl die Waage. Kammermusik, Symphonien und Konzerte wurden zwar überwiegend noch im Auftrag, aber meist zweckfrei und nach musikalischer Eigengesetzlichkeit geschaffen. Das instrumentale Kunstwerk ist nun autonom. Musterbeispiele der neuen Freiheit sind Haydns 12 Londoner Symphonien. W. A. Mozart († 1791) ließ sich ebenfalls 1781 in Wien als freier, auf sich selbst gestellter Künstler nieder. Sein Instrumentalschaffen gipfelt in den drei letzten Symphonien (1788), den späten Streichquartetten (1789/90), zahlreichen Sonaten, vor allem aber in den Klavierkonzerten, die – überwiegend für eigenes Konzertieren geschrieben – wohl seine persönlichste schöpferische Leistung darstellen. In seinen Opern spiegelt sich letztmalig in der deutschen Musikgeschichte der Prozeß der tiefgreifenden Umformung italienischer Vorbilder, der in die beiden späten Opern mit deutschem Text, *Die Entführung aus dem Serail* (1782) und *Zauberflöte* (1791), mündet. In der Kunst der musikalischen Charakterisierung des Menschen auf der Bühne blieb Mozart unübertroffen. Auch in dem völligen Einschmelzen der Polyphonie (*Requiem* u.a. Werke) zeigte sich seine vielleicht nur mit J.S. Bach zu vergleichende Gabe der schöpferischen Umgestaltung. L. van Beethoven († 1827) führte seit 1800 in Wien die Wiener Klassik zur Vollendung. Trotz schwerer persönlicher Schicksalsschläge hielt er an seinem Idealismus fest und blieb in seinem Schaffen der Wirklichkeit nahe (Pastoral-Symphonie, *Wellingtons Sieg oder die Schlacht bei Vittoria* u.a. Werke). Für die Darstellung des Charakteristischen und Individuellen in der Instrumentalmusik hinterließ er mit 9 Symphonien, 32 Klaviersonaten, 5 Klavierkonzerten und zahlreichen kammermusikalischen Werken dem 19. Jh. ein verpflichtendes Erbe, dessen Wert – nach Auffassung der Nachwelt – den der Vokalmusik erheblich übertraf. Seinem nach dem Modell der französischen Revolutions- und Schreckensoper komponierten *Fidelio* blieb anfangs die breite Anerkennung versagt.

Romantik und 19. Jahrhundert. Die deutsche Instrumentalmusik konnte im ganzen 19. Jh. ihre europäische Vormachtstellung weiter festigen. Selbst auf dem Gebiet der Oper errang D. mit R. Wagners „Gesamtkunstwerk" für 50 Jahre eine gewisse Führungsposition. Die Stellung des Künstlers zur Musik wandelte sich jedoch vor allem unter dem Einfluß der Romantik grundlegend. Schon um 1800 entwarfen meist in Berlin ansässige Dichter und Schriftsteller, Wackenroder, L. Tieck, Fr. Schlegel, E. Th. A. Hoffmann u.a., ein Idealbild von der Musik als Abbild des Unendlichen, als Ursprache der Natur, als reine, absolute Kunst. Sie forderten (nach H. Besseler) – im Gegensatz zum „aktiv-synthetischen" Hören der Klassik –, die Musik passiv genießend aufzunehmen und sich von ihrem Stimmungsgehalt erfüllen zu lassen. Eine solche Vorstellung bedingte grundlegende strukturelle Änderungen der Musik selbst, wie sie sich z.T. in der Instrumentation und in der Darstellung der Naturstimmung von C. M. von Webers († 1826) *Freischütz* (1821) oder in der „einstimmenden" Begleitung der Klavierlieder Fr. Schuberts († 1828) ankündigten. Nach 1830 trat in der Instrumentalmusik anstelle der Darstellung des Allgemein-Menschlichen, wie es die Klassik gefordert hatte, immer stärker die der persönlichen Empfindungswelt des Komponisten, die sich schließlich zum schrankenlosen Subjektivismus steigerte. Mit der ↗Programmusik, die eine zunehmende Literarisierung der Musik zur Folge hatte, tauchte das Form-Inhalt-Problem auf, das das ganze Zeitalter im heftigen Für und Wider diskutierte. Dennoch war das 19. Jh. von dem unbeirrbaren Glauben an den künstlerischen Fortschritt erfüllt. In Schriften, Manifesten und oft bestürzend neuen Kompositionen wurde der revolutionäre Schwung durch R. Schumann, Fr. Liszt und R. Wagner immer wieder neu ausgelöst und die romantische Überzeugung von der Führerstellung der Musik im Reich des Geistes zum Ausdruck gebracht. Diesem Idealismus entsprach auch die elitäre Position, die die Gesellschaft dem vielseitig gebildeten Musiker der Romantik zuzuweisen begann.

Schon vor den 30er Jahren des 19. Jh., mit denen eine neue Phase der deutschen Musik (1830–60) beginnt, hatten die Kriege, die zur Befreiung von der napoleonischen Herrschaft führten, in vielen europäischen Ländern das Aufkommen des Nationalismus begünstigt. Auch in D. besann man sich stärker auf das eigene Volkslied und die ältere nationale Musik. Dank der Bemühungen C. Fr. Zelters († 1832) in der Berliner Singakademie und F. Mendelssohn Bartholdys († 1847) wurden J.S. Bachs Werke allmählich wiederentdeckt. Sie führten im Schaffen späterer Generationen zu einem tiefgreifenden Historisierungsprozeß. Bereits in Mendelssohns eigener Kirchen- und Kammermusik sind die historisierend-klassizistischen Tendenzen unverkennbar, während seine Orchestermusik mehr romantischen Grundzügen verpflichtet ist. Zur gleichen Zeit trennte sich die deutsche Musik in zwei Stilbereiche, in einen ernsten, hohe Ideale anstrebenden, für Theater, Konzert und „Kammer", und in einen tänzerisch-volkstümlichen. Dieser wurde zunächst von den Wiener „Walzerkönigen" J. Strauß, J. Lanner u.a. getragen, verflachte aber im 19. Jh. immer stärker zur Unterhaltungs- und Salonmusik. – R. Schumann († 1856) war der letzte universale Komponist der deutschen Romantik. Er hat sowohl mit Vokalwerken, der Oper *Genoveva*, mit Oratorien, vor allem aber mit seinen hochbedeutenden Liederzyklen, wie mit seinen zahlreichen Klavierkompositionen, 3 Konzerten und 4 Symphonien, in denen er jeweils – nach eigener Bekundung – eine „poetische Idee" zu verwirklichen bemüht war, die deutsche Musik seiner Zeit entscheidend mitgeprägt. Fr. Liszt († 1886) begann kurz vor 1830 seine kometenhafte Laufbahn als Klaviervirtuose. Seit der Klavierübertragung der *Symphonie fantastique* von H. Berlioz 1833, die dieses Werk in Europa bekannt machte, wirkte er im Sinne eines neuen Subjektivismus in der Musik. Wenn auch viele seiner Klavierkompositionen modischen Zeitströmungen huldigten, schrieb er doch mit den zwei Klavierkonzerten Werke von bleibendem Wert. Von der großen Literatur der Vergangenheit inspiriert sind die zwischen 1848 und 1857 geschaffenen Symphonischen Dichtungen. Sie galten der ↗Neudeutschen

Schule als Muster romantischer Programmusik. Liszt war ein großer Anreger und einer der kühnsten Harmoniker des Jahrhunderts.
Die deutsche Oper entwickelte sich nach Webers frühem Tod nur langsam weiter. H. Marschners († 1861) Stimmungsoper *Hans Heiling* (1833) und die bis heute lebendigen komischen Opern *Zar und Zimmermann, Der Wildschütz* und *Der Waffenschmied* von A. Lortzing († 1851) bezeichnen einige markante Stationen. R. Wagner († 1883) knüpfte außer an französische zunächst auch an bewährte deutsche Vorbilder an und brachte mit *Tannhäuser* (1845) und *Lohengrin* (1850) die deutsche romantische Oper zum Höhepunkt und Abschluß. Künstlerische Besinnung und Neuorientierung um 1850, niedergelegt in seiner Schrift *Oper und Drama,* führten zur Konzeption des „Musikdramas", in der eigene Stabreimdichtungen mit der Musik eine vollkommene Einheit bilden, die Nummerneinteilung endgültig aufgegeben und mit Hilfe der schon früher entwickelten ↗Leitmotiv-Technik ein dichtes Geflecht innerer und äußerer Beziehungen im Kunstwerk hergestellt wird. Höhepunkte seines Schaffens bilden die Tetralogie *Der Ring des Nibelungen* (1852–1874), *Die Meistersinger von Nürnberg* (1868), vor allem aber *Tristan und Isolde* (1865), dessen ↗Chromatik entscheidend in die Zukunft gewirkt hat. Wagners Tonsprache und der Mythos seiner Kunst haben das musikalische Europa in einer heute kaum noch vorstellbaren Weise beeinflußt und in zwei Lager gespalten.
In der Entwicklung der deutschen Musik seit etwa 1860 wurde J. Brahms († 1897) zum Anführer einer mehr konservativen Richtung. Er lehnte subjektive außermusikalische Programme ab und schrieb mit seiner Kammer- und Orchestermusik, mit seinen Liedern und dem oratorischen Werk *Ein deutsches Requiem* überwiegend autonome Kunstwerke. Seine Rückbesinnung auf das deutsche Volkslied, die Musik der Wiener Klassik und besonders auf J. S. Bach förderte den sich immer deutlicher abzeichnenden Prozeß der Historisierung, der im vielseitigen Schaffen von M. Reger († 1916) im Rahmen der nachromantischen Musik seinen Höhepunkt fand. Zur konservativen Partei gehörte auch P. Cornelius († 1874), dessen *Barbier von Bagdad* als eine der ganz wenigen heiteren Opern der Wagnerzeit bis heute erfolgreich war. – Unter Wagners unmittelbarem Einfluß standen die Österreicher A. Bruckner († 1896), H. Wolf († 1903) und G. Mahler († 1911). Bruckner hat mit eigenem Klanggefühl Wagners Tonsprache seiner eigenen Symphonik eingeschmolzen, aber auch außerhalb des Wagnerschen Einflusses katholische Kirchenmusik von starker Originalität geschaffen. Mahler gestaltete seine Symphonien als höchst subjektive Bekenntnisse, mit denen er die Menschen läutern und erlösen wollte. Durch Wolf schließlich erfuhr die Gattung des deutschen Sololieds einen neuen Aufschwung und eine Bereicherung des Ausdrucks.
H. Pfitzners († 1949) Schaffen, das in der Oper *Palestrina* (1917) gipfelt, aber auch wertvolle Instrumentalmusik umfaßt, ist das schöpferische Bekenntnis des in der Romantik wurzelnden Künstlers. Er hat es bis zuletzt streitbar verteidigt. Progressiv im Sinne von Liszt begann auch R. Strauss († 1949) seit 1889 mit literarisch beeinflußten symphonischen Dichtungen in einem sehr persönlich geprägten Stil. Nach Fehlschlägen auf der Bühne errang er mit den harmonisch kühnen, dissonanzenreichen Opern *Salome* (1905) und *Elektra* (1909) durchschlagende Erfolge. Vor der letzten Konsequenz, der Atonalität, schreckte er jedoch zurück. Statt dessen schlug er in der Musikkomödie *Der Rosenkavalier* (1911) einen anderen Weg ein: harmonisch eher wieder rückwärts gewandt, verschmolz er alte und neue Formen und Techniken und reduzierte den Orchesterapparat. Auch in der Folgezeit blieb die Oper sein bevorzugtes Schaffensgebiet. Die sich über Jahrzehnte erstreckende fruchtbare Zusammenarbeit mit dem Dichter H. von Hofmannsthal hat die Operndramaturgie der Neuzeit stark beeinflußt. Die Werke von Strauss haben zum letzten Mal in der Geschichte die Weltbedeutung der deutschen Musik bestätigt.
Zeitgenössische Musik. Der weltweite Stilwandel, der sich zu Beginn des 20. Jh. anbahnte und zunächst zu einer demonstrativen Abkehr von den Gestaltungsprinzipien und dem Ausdrucksstreben des 19. Jh. führte, hat auch die deutsche Musik nach 1920 tiefgreifend verändert. Bei der wechselseitigen Beeinflussung der europäischen Länder, zu denen nun auch die USA traten, fällt gegenwärtig keiner Nation eine ausgeprägte Führungsrolle zu. Immerhin hat innerhalb des deutschen Sprachgebietes A. Schönberg († 1951) mit seiner ↗Zwölftonmusik, die auf strenger kontrapunktischer Basis unter Beibehaltung der Expressivität über das Erbe der Romantik hinausführte, nahezu allen Musikern zwischen 1920 und 1960 entscheidende Anregungen vermittelt. Sein Schüler A. Berg († 1935) modifizierte schöpferisch die serielle Technik (↗serielle Musik) und gilt mit seinem Violinkonzert und der ungewöhnlich erfolgreichen Oper *Wozzek* als profiliertester Vertreter des deutschen ↗Expressionismus, während A. Webern († 1945), dessen Schaffen dank größter Ausdrucksintensität und

aphoristischer Kürze den Endpunkt dieser Entwicklung markiert, erst postum Anerkennung fand. – P. Hindemith († 1963) hat mit seinem vielseitigen, alle Gattungen umfassenden Gesamtwerk die deutsche Musik zwischen 1920 und 1950 entscheidend mitgeprägt. Von Brahms über Reger führt ein direkter Weg zu seinem Schaffen. Als einer der führenden Vertreter des Neoklassizismus griff er überwiegend auf barocke Gestaltungs- und Formprinzipien zurück, die er auf der Grundlage einer erweiterten Tonalität mit den Errungenschaften der Moderne verschmolz. Der Durchbruch des neuen Stils gelang ihm 1924 überzeugend mit dem Liederzyklus *Das Marienleben* auf Gedichte von R. M. Rilke. Nach der Aufführung seiner Oper *Mathis der Maler* zwang ihn der Nationalsozialismus zur Emigration. Hindemith fand auch in den 20er Jahren engen Kontakt zur musikalischen ↗Jugendbewegung unter F. Jöde, die das gemeinschaftliche Singen und Musizieren förderte und die bisher sich selbst genügende Musik wieder stärker an Aufträge und Anlässe band. Unter ihrem Einfluß nahm auch die Kirchenmusik beider Konfessionen einen Aufschwung. H. Kaminski († 1946) und H. Distler († 1942) schrieben einen sehr persönlich geprägten Chorstil, den E. Pepping und J. N. David († 1977) mit deutlicherer Hinwendung zu barocken Vorbildern weiterentwickelten, wobei sie aber auch auf nahezu allen Gebieten der Instrumentalmusik beachtenswerte Werke vorlegten. Aus der Vielzahl der Komponisten dieser neobarocken Richtung seien nur G. Bialas, S. Borris, W. Fortner und K. Hessenberg genannt, obwohl sie in ihrem Schaffen später häufig andere Wege einschlugen. – Für die Erneuerung des deutschen Bühnenschaffens haben seit den 30er Jahren W. Egk und C. Orff Wesentliches geleistet. Egk hatte vornehmlich mit Opern und Balletten nachhaltigen Erfolg, während Orff mit Hilfe der Musik Sprache und Bewegung zu einer neuen Form des statuarischen Musiktheaters führen wollte (*Antigonae*, 1949; *Oedipus*, 1959). Er liebte Sprachmischungen, wie sie aus mittelalterlichen Dramen bekannt sind, schrieb auch Werke im bayerischen Dialekt (*Die Bernauerin*, 1947) und weithin beliebte Volksstücke (*Die Kluge*, 1943). Sein *Schulwerk* hat die früher vernachlässigte rhythmische Erziehung der Jugend in neue Bahnen gelenkt. – Seit 1950 verschrieb sich die deutsche, nach 1925 geborene ↗Avantgarde immer stärker der ↗experimentellen Musik, die auf den Menschen als vermittelndes Medium immer stärker verzichtet und sich der elektronischen Klang- und Schallerzeugung bedient (↗elektronische Musik). Auf der Suche nach neuen Wegen gibt diese Generation viele der nach 1920 erst mühsam zurückgewonnenen Gemeinsamkeiten in der musikalischen Gestaltung wieder auf, um sich erneut einem extremen Subjektivismus zu widmen. Beispielgebend dafür ist der kompositorische Weg K. Stockhausens, der 1952 mit Klavier- und Kammermusik begann, später Klangkombinationen verschiedener Gruppen erprobte, mit der Synästhesie von Klangraum und Rhythmus, Sprachlaut und visueller Kommunikation experimentierte und heute seine Musik eng mit transzendenten Ideen indischer Weisheitslehren verbindet. Zu den starken Begabungen der Nachkriegszeit gehört H. W. Henze, dessen Schaffen alle Bereiche der Musik umfaßt, auf dem Gebiet der Oper und des Balletts aber besonders erfolgreich war. Seine Kompositionen, die Zwölftonmusik und elektronische Musik ebenso selbständig verarbeiten wie den diffizilen spätromantischen Orchesterklang, zeichnen sich durch subtile Farbgebung aus. In der Instrumentalmusik folgt er gern außermusikalischen Anregungen. Im Bereich der experimentellen Oper (↗experimentelles Musiktheater) trat 1969 B. A. Zimmermann († 1970) mit seinem Werk *Die Soldaten* hervor. Diese auf der Basis einer Allintervallreihe seriell vollkommen durchstrukturierte Oper sucht einerseits Anschluß an den Expressionismus von A. Bergs *Wozzek*, erstrebt andererseits aber auch mit der Simultaneität im Szenischen und Musikalischen (bis zu 5 Handlungen laufen gleichzeitig parallel) eine neue Art des „Gesamtkunstwerks". In der jüngsten, nach 1975 schöpferisch tätig werdenden Generation erhebt sich wieder zunehmend der Ruf nach mehr Emotion und Spontaneität anstelle ausgeklügelter Konstruktion im musikalischen Kunstwerk.

Lit.: **1) Bibliographien:** C. F. BECKER, Systematisch-chronologische Darstellung der musikal. Lit., 19 Bde. (L 1852–1940); A. ABER, Hdb. der Musikliteratur in systematisch-chronologischer Anordnung (L 1922); Bibliogr. des Musikschrifttums, hrsg. v. K. TAUT – G. KARSTÄDT, 4 Jg.e (1936–39) (L 1936–41), fortgeführt v. W. SCHMIEDER (1950/51 ff.) (F 1954 ff.); R. SCHAAL, Verz. deutschsprachiger musikwiss. Dissertationen 1861–1960 (Kas 1963), 1961–70 (Kas 1974). – **2) Tondenkmäler:** PGfM; DDT; DDB; EDM. – ↗Denkmäler. – **3) Studien: a)** Allgemeine WW: A. SCHERING, Dt. Musikgesch. im Umriß (L 1917); H. J. MOSER, Gesch. der dt. Musik, 3 Bde. (St – B 1920–24), I–II (⁵1930), III (²1928); DERS., Kleine dt. Musikgesch. (St 1938, ³1949); R. MALSCH, Gesch. der dt. Musik (B 1949); L. SCHIEDERMAIR, Dt. Musik im europäischen Raum (Mr – Kö 1954); Musikgesch. in Bildern, hrsg. v. H. BESSELER – W. BACHMANN (L 1962); F. BLUME, Gesch. der ev. Kirchenmusik (Kas ²1965); C. ROSTAND, La musique allemande (P 1969); Gesch. der kath. Kirchenmusik, hrsg. v. K. G. FELLERER, 2 Bde. (Kas 1972–76); H. MERSMANN, Musikgesch. der abendländischen Kultur (Kas ³1973). – **b)** Über die Konzeption u. Rolle der Musik: P. MOOS, Die Philosophie der Musik. Von Kant bis E. von Hartmann (St ²1922); G. SCHÜNEMANN, Gesch. der dt. Schulmusik (L 1928, ²1931); W. DILTHEY, Von dt. Dichtung u. Musik (L 1933, St – Gö ²1957); A. WELLEK, Typologie der

Musikbegabung im dt. Volk (Mn 1939); TH. GEORGIADES, Musik u. Sprache (B – Gö – Hei 1954); H. RIEDEL, Musik u. Musikerlebnis in der erzählenden dt. Dichtung (Bonn 1959). – **c)** MA u. Renaissance: H. BESSELER, Die Musik des MA u. der Renaissance (Pd 1931–34); G. PIETZSCH, Zur Pflege der Musik an dt. Univ. bis zur Mitte des 16. Jh., in: AfMw 1, 3, 5–6 (1936–41); F. GENNRICH, Troubadours, Trouvères, Minne- u. Meistersänger, in: Das Musikwerk 2 (Kö 1951); A. GEERING, Die Organa u. mehrstimmigen Conductus in den Hss. des dt. Sprachgebietes (Be 1952); F. BEHN, Musikleben im Altertum u. frühen MA (St 1954); W. SALMEN, Die Schichtung der ma. Musikkultur in der ostdeutschen Grenzlage (Kas 1954); E. JAMMERS, Die Anfänge der abendländischen Musik (Str 1955); W. SALMEN, Der fahrende Musiker im europäischen MA (Kas 1960); TH. GÖLLNER, Formen früher Mehrstimmigkeit in dt. Hss. des späten MA (Tutzing 1961); P. GÜLKE, Mönche, Bürger, Minnesänger (L 1976). – **d)** 17. bis 19. Jh.: W. VETTER, Das frühdeutsche Lied, 2 Bde. (Mr 1928); L. SCHIEDERMAIR, Die dt. Oper. Grundzüge ihres Werdens u. Wesens (L 1930); E. PREUSSNER, Die bürgerliche Musikkultur. Ein Beitr. zur dt. Musikgesch. des 18. Jh. (H 1935, Kas [3]1954); E. REBLING, Die soziologischen Grundlagen der Stilwandlung der Musik in D. um die Mitte des 18. Jh. (B 1935); H. J. MOSER, Das dt. Lied seit Mozart, 2 Bde. (B – Z 1937); E. BÜCKEN, Das dt. Lied (H 1939); W. WIORA, Gesch. des dt. Volksliedes im Aufriß (Mz 1953); L. HOFFMANN-ERBRECHT, Dt. u. it. Klv.-Musik zur Bachzeit (L 1954); H. H. EGGEBRECHT, Das Ausdrucksprinzip im musikal. Sturm u. Drang, in: DVfLG 29 (1955); L. HOFFMANN-ERBRECHT, Sturm u. Drang in der dt. Klv.-Musik von 1753 bis 1763, in: Mf 10 (1957); H. BESSELER, Das musikal. Hören der Neuzeit, in: Ber. ... der Sächsischen Akad. der Wiss. zu Leipzig, Philologisch-hist. Klasse 104/6 (B 1959); P. BENARY, Die dt. Kompositionslehre des 18. Jh. (L 1961); R. BROCKPÄHLER, Hdb. zur Gesch. der Barockoper in D., in: Die Schaubühne 62 (Emsdetten 1964); Beitr. zur Gesch. der Musikanschauung im 19. Jh., hrsg. v. W. SALMEN (Rb 1965); R. DAMMANN, Der Musikbegriff im dt. Barock (Kö 1967). – **e)** Das 20. Jh.: K. H. WÖRNER, Musik der Gegenwart (Mz 1949); DERS., Neue Musik in der Entscheidung (Mz 1954); H. MERSMANN, Dt. Musik des 20. Jh., in: Kontrapunkte I (Rodenkirchen 1958); U. DIBELIUS, Moderne Musik 1945–65 (Mn 1966); J. HÄUSLER, Musik im 20. Jh. Von Schönberg zu Penderecki (Bremen 1969); H. VOGT, Neue Musik seit 1945 (St 1972).

L. HOFFMANN-ERBRECHT

DEUX JOURNÉES, LES, Opéra lyrique von L. Cherubini; dt. Titel: Der ↗Wasserträger.

DEUX PETITS SAVOYARDES, LES, Komische Oper von N. d'Alayrac; dt. Titel: Die ↗beiden Savoyarden.

DEVIENNE, François, * 31. 1. 1759 Joinville (Haute-Marne), † 6. 9. 1803 Charenton; frz. Komponist, Fagottist und Flötist. D. war Musiker der Schweizergarde in Rom, seit 1789 Fagottist im Orchester des Théâtre de Monsieur in Paris. 1795–1802 lehrte er Flöte am Conservatoire. D. gilt als einer der großen Flötenvirtuosen des 18. Jahrhunderts. Seine Instrumentalwerke, zum überwiegenden Teil Kammermusik für und mit Bläsern, konzertante Symphonien und Bläserkonzerte, erfreuten sich zu seiner Zeit einer großen Beliebtheit und werden, dank vieler Neuausgaben, auch heute wieder viel gespielt.

WW: **1) Instr.-WW** (in Paris gedruckt): Sonaten für Cemb. oder Pianoforte; Sonaten für Cemb. oder Pianoforte mit V. oder Fl.; Soli für Fl. u. Baß; Sonaten für Fl. u. Baß, Klar. u. Baß, Fag. u. Baß, V. u. Baß; Duos für 2 Fl., 2 Klar., 2 Flageolets, 2 V., Fl. u. V., Fl. u. Va., Klar. u. Fag.; Trios für 3 Fl., 2 Fl. u. Baß, für Fl., V. u. Baß, für Fl., Va. u. Baß, für 2 Klar. u. Fag., für Horn, Klar. u. Baß, für V., Fag. u. Baß, für Cemb., Fl. u. Fag. oder Vc.; Quartette für Fl., V., Va. u. Vc., für Fag., V., Va. u. Baß; eine Sonate für Cemb. mit Fl., Horn u. obligater Va.; Konzerte Nr. 1–12 u. Konzerte über bekannte Airs für Fl. u. Orch.; Konzerte für Fag. u. Orch.; Symphonie *La Bataille de Jemmapes* (1792); Symphonies concertantes für Bläser u. Orch.; *Harmonie à grand orchestre et en* 8 parties (o.J.). – **2) Vokal-WW:** Arien, Romanzen, Hymnen u. patriotische Gesänge. – **3) Bühnen-WW:** 1 Oper u. 10 Opéras-comiques, darunter *Les Visitandines* (Libr.: L. B. Picard), UA: Paris 1792; *Les Comédiens ambulants* (Libr.: ders.), UA: ebd. 1798; *Le Valet de deux maîtres* (Libr.: F. Roger), UA: ebd. 1799. – **4) Schriften:** *Méthode de flûte théorique et pratique* (P 1795 u.ö.).

Ausg.: Eine Ouvertüre u. 3 Revolutionsgesänge in: C. PIERRE, Musique des fêtes et cérémonies de la Révolution française (P 1899); Studienkonzert C-Dur für Fag. u. Klv. (L 1956); Quatuor, op. 11 Nr. 1 (Lo 1961); *Méthode de flûte* (P 1908, 1915, 1950); Fl.-Konzert Nr. 4 G-Dur, Partitur hrsg. v. J. SZEBENYI (Budapest – Mz 1952) (= Concertino o.Nr.); Fl.-Konzerte Nr. 8 G-Dur u. Nr. 1 D-Dur, hrsg. v. DEMS. (Budapest 1966–68); Trio für Fl., Va. u. Vc. g-moll, op. 66 Nr. 2, u. Duos concertants für 2 Fag. (oder Vc.), op. 3, hrsg. v. E. HESS (Bas 1957–60) (= Für Kenner u. Liebhaber 14 bzw. 21); Quartett C-Dur für Fag. u. Streichtrio, op. 73 Nr. 1, hrsg. v. A. LUMSDEN (Lo 1960); Klar.-Sonate Nr. 1, bearbeitet v. J. P. DAUTEL (P 1962); 6 Duos concertants für 2 Fl., op. 83 (Z 1965); Duo concertant C-Dur für 2 Klar., op. 67 Nr. 1, hrsg. v. H. STEINBECK (W 1965) (= Diletto mus. Nr. 136); Trio Nr. 5 g-moll für 3 Fl., hrsg. v. R. J. KOCH (H 1966); 18 kleine Fl.-Duette, hrsg. v. L. KALMÁR (Budapest – Mz 1968); Klar.-Duette, op. 69 Nr. 1 u. 3, hrsg. v. W. LEBERMANN (Mz 1968); Fl.-Konzert Nr. 1 u. 5, hrsg. v. S. DUDLEY (P 1971) (= Le pupitre 42); 3 Duette für Fl., op. 18 Nr. 4–6, hrsg. v. F. NAGEL (Wilhelmshaven – NY – Lo 1972) (= L'arte del flaute 5); Duo VI für Klar. u. Fag., hrsg. v. H. STEINBACH (Adliswil-Z 1973); 6 Duos für 2 Klar., op. 74, hrsg. v. B. KOVÁCS (F – Budapest 1974); Trio, op. 61 Nr. 3, hrsg. v. G. MEERWEIN (F 1977).

Lit.: E. HUMBLOT, Un musicien joinvillois de l'époque de la Révolution, F. D. (St-Dizier 1909); A. GIRARD, Histoire et richesse de la flûte (P 1953); B. S. BROOK, La symphonie française dans la 2de moitié du XVIIIe siècle (P 1962); J. M. STOLTIE, A Symphonie concertante Type, 2 Bde. (1962) (= Diss. State Univ. of Iowa) (darin Partitur der 2e Symphonie concertante für Ob. oder Klar. u. Fag.); W. L. MONTGOMERY, The Life and Works of F. D. 1759–1803, 2 Bde. (1975) (= Diss. Catholic Univ. of America).

DEVIN DU VILLAGE, LE, Singspiel von J.-J. Rousseau; dt. Titel: Der ↗Dorfwahrsager.

DE VITO, Gioconda, * 26. 7. 1907 Martina Franca (Apulien); it. Violinistin. Sie wurde am Liceo Musicale in Pesaro bei Remy Principe und am Konservatorium in Rom ausgebildet. 1932 war sie 1. Preisträgerin bei einem internationalen Wettbewerb in Wien. Danach lehrte sie am Liceo Musicale in Bari, seit 1944 an der Accademia di Santa Cecilia in Rom. 1946–53 konzertierte sie in England, wo sie seit ihrer Heirat 1949 lebt. De V. machte sich international einen Namen als Interpretin der Violinkonzerte des 18. und 19. Jahrhunderts.

DEVRIENT, Eduard, * 11.8.1801 Berlin, † 4.10.1877 Karlsruhe; dt. Sänger (Bariton), Schauspieler und Schriftsteller. Er war Schüler K. Fr. Zelters und begann seine Sängerlaufbahn 1819 an der Königlichen Oper in Berlin. In dieser Zeit schrieb er das Libretto zur Oper *Hans Heiling* von H. Marschner und sang bei deren Uraufführung 1833 auch die Titelpartie. Später wechselte er ins Schauspielfach über, leitete 1844–46 das Dresdener, 1852–59 das Karlsruher Hoftheater.

Schriften: *Dramatische u. dramaturgische Schriften,* 10 Bde. (L 1846–74). – darin u. a.: *Gesch. der dt. Schauspielkunst,* 5 Bde. (1848–74, NA 1929) (= Bde. V–IX), u. *Meine Erinnerungen an Felix Mendelssohn-Bartholdy u. seine Briefe an mich* (1869, [3]1891) (= Bd. X); *Das Nationaltheater des neuen Deutschlands* (L 1849); *Das Passionsschauspiel in Oberammergau* (L 1851).

Lit.: E. D. und Therese D., Briefwechsel, hrsg. v. H. DEVRIENT (M 1922); J. BAB, Die Devrients (B 1932); E. D., Aus seinen Tagebüchern, 2 Bde., hrsg. v. R. KABEL (Weimar 1964).

DEVRIENT, Wilhelmine, ↗Schröder-Devrient.

DEZÈDE, N. (Nicolas, hieß aber möglicherweise Alexandre), * um 1740, † 11.9.1792 Paris; frz. Komponist. D. trat seit 1772 an der Comédie-Italienne in Paris mit mehreren Opéras-comiques hervor, von denen besonders *Les trois fermiers* (1777) und *Blaise et Babet* (1783) großen Erfolg hatten. Insgesamt schrieb er 17 Opéras-comiques, ferner Romanzen und 6 Sonaten für Harfe.

DEZETT (von lat. decem, = zehn; frz. dixtuor), analog zu Quartett, Quintett usw. eine kammermusikalische Komposition für 10 Instrumente. Obwohl es im 18. Jh. – namentlich im Bereich der ↗Serenade und des ↗Divertimento – viele solcher Kompositionen gab, wird D. als Werkbezeichnung erst in neuerer Zeit und auch nur selten verwendet, so z. B. von G. Enescu (*Dixtuor* für Bläser, op. 14, 1906). Weitere Werke dieser Art (für unterschiedliche Besetzungen) schrieben Fr. Poulenc (*Mouvements perpétuels,* 1918), D. Milhaud (*Petites Symphonies,* Nr. 4 und 5) und B. Blacher *(9 Estnische Tänze).*

DEZIBEL, Abk. dB, Bz. für ein logarithmisches Maß, welches das Verhältnis von zwei gleichen physikalischen Größen (z. B. Schalldruck, elektrische Spannung, Leistung usw.) charakterisiert. – Unsere Sinnesorgane reagieren auf das Verhältnis zweier Größen, nicht auf deren Differenz. So empfindet man den Gewichtsunterschied von 100 auf 200 Gramm wesentlich stärker als von z. B. 4,9 auf 5 kg, obwohl es sich in beiden Fällen um die gleiche Differenz handelt. Ebenso werden die Tonhöhenunterschiede entsprechend dem Frequenzverhältnis und nicht der Frequenzdifferenz empfunden (↗Intervall). Maßgebend ist also der Faktor, um den sich ein Wert ändert. Diese Verhältnisse lassen sich mathematisch durch den Logarithmus der beiden Werte wiedergeben, da beim Logarithmieren ein Produkt in eine Addition umgewandelt wird: [$\log(a \cdot b) = \log a + \log b$ bzw. $\log(a/b) = \log a - \log b$]. Nach dem englischen Konstrukteur und Erfinder A. G. Bell benannte man den dekadischen Logarithmus ($\log_{10}$) des Verhältnisses zweier Größen gleicher Art mit *Bel.* In der Praxis ist dieses Maß zu unhandlich, man verwendet deshalb als 10fach kleineren Wert das Dezibel. Dieses ist also zunächst kein absolutes Maß, sondern gibt ein Größen*verhältnis* an; logarithmierte Größenverhältnisse nennt man *Pegel.* Häufig will man zur Vereinfachung auch absolute Pegelwerte angeben und bezieht sich dann auf vereinbarte Vergleichsgrößen, wie Hörschwelle (↗Schalldruck, ↗Hörfläche) oder den in der Nachrichtentechnik international festgelegten Spannungspegel von 0,775 Volt = 0 dBm (dieser Wert ergibt eine Leistung N von 1 mW an einem Widerstand R von 600 Ohm, deshalb die Bezeichnung dB*m*). So folgt für die Leistungsverstärkung: $V_{dB} = 10 \log (N_A/N_E)$ (N_E = Leistung am Eingang eines Verstärkers, N_A = Leistung am Ausgang). Da $N = U^2/R$, ergibt sich bei Einsetzen der entsprechenden Spannungswerte: $V_{dB} = 10 \log (U^2/U^2) = 20 \log (U_A/U_E)$. Für einen Faktor (Verhältnis) von $U_A/U_E = 10$ erhalten wir dann V = 20 dB, da log 10 = 1 ist; entsprechend für den Faktor 100: V = 40 dB und für 1000: V = 60 dB. Für den Faktor 2 ergibt sich V = 6 dB. Bei einer Dämpfung, wenn also die Ausgangsspannung U_A kleiner als die Eingangsspannung U_E ist, ergeben sich die gleichen Werte, jedoch mit negativem Vorzeichen: Für $U_A/U_E = 1/10 = 0{,}1$ erhalten wir V = – 10 dB, was mit D (Dämpfung) = 10 dB identisch ist. Damit erhalten wir durch Addition bzw. Subtraktion viele Zwischenwerte:
$1:1 \triangleq 0\,\mathrm{dB}$; $2:1 \triangleq 6\,\mathrm{dB}$; $4:1 \triangleq 6+6=12\,\mathrm{dB}$; $8:1 \triangleq 18\,\mathrm{dB}$; $10:1 \triangleq 20\,\mathrm{dB}$; $20:1 = (2 \cdot 10):1 \triangleq 20\,\mathrm{dB} + 6\,\mathrm{dB} = 26\,\mathrm{dB}$; $100:1 \triangleq 40\,\mathrm{dB}$; $500:1 = (1000:1):2 \triangleq 60\,\mathrm{dB} - 6\,\mathrm{dB} = 54\,\mathrm{dB}$ usw.

Lit.: P. LIÉNARD, Décibel et indices de bruit (P 1974); Handbuch für Tonstudiotechnik, bearb. v. M. DICKREITER (Mn – NY 1978).

U. KRAUS

DEZIME (von lat. decimus = der Zehnte), Bz. für

das Intervall, das aus einer Oktave plus einer Terz besteht. Man unterscheidet *große D.* (z. B. c–e[1]), *kleine D.* (c–es[1]), *übermäßige D.* (c–eis[1]) und *verminderte D.* (c–eses[1]).

DIABELLI, Anton, * 5. 9. 1781 Mattsee bei Salzburg, † 8. 4. 1858 Wien; östr. Komponist und Musikverleger. D. war seit 1788 Chorknabe im Kloster Michaelbeuern und seit 1790 der Domkapelle in Salzburg, wo er auch Kompositionsschüler des Domorganisten Michael Haydn wurde. 1794–97 studierte er an der Universität Salzburg. 1798 trat er in das bayrische Zisterzienserkloster Raitenhaslach ein. Als dieses infolge der Säkularisierung 1803 aufgelöst wurde, ließ er sich als Komponist, Musiklehrer und Verleger in Wien nieder. 1818–24 war er Geschäftspartner von A. Cappi, führte später den Verlag (unter der Firma D. und König) allein weiter und verkaufte ihn 1852 an C. A. Spina. D. war Schuberts Hauptverleger. Er selbst trat als Komponist mit Opern, Kirchen- und Kammermusik in einem an M. Haydn geschulten Stil hervor. Einzelne Werke davon (u. a. die Pastoralmesse op. 147 und kammermusikalische Werke für und mit Gitarre) erfreuen sich in neuerer Zeit wieder großer Beliebtheit. Andererseits nehmen viele der vierhändigen Klavierstücke D.s seit ihrem Erscheinen dank ihrer leichten Ausführbarkeit und ihrer gefälligen musikalischen Faktur im häuslichen Musizieren und im pianistischen Anfangsunterricht einen festen Platz ein. – Berühmt wurde der Name D. auch durch Beethovens *33 Variationen über einen Walzer von D.*, op. 120, mit dem dieser, zunächst mit einer einzigen Variation, D.s Bitte um einem Beitrag für die Sammlung *Vaterländischer Künstlerverein* nachkam.

WW: Tänze für Orch., Kammermusik, Werke für Gitarre, Sonaten u. a. für Klv. zu 2 u. 4 Händen, zahlr. Bearbeitungen, Pots pourris, usw.; 17 Messen, Lieder, Chöre, Kirchenmusik; 8 Bühnen-WW, darunter 2 Opern.

Ausg.: (nur neuere): Hymne *Virgo Maria* für 4st. Chor u. Orch. (oder Org.), hrsg. v. B. BLEI (Au 1955); Sonatine in C-Dur für Vc. (oder Va.) u. Klv., bearbeitet v. J. BAECHI (Z 1956); Sonate in C-Dur für Gitarre, hrsg. v. S. BEHREND (Wilhelmshaven 1960); *Grande sonate brillante*, op. 102, für Gitarre u. Klv., hrsg. v. DEMS. (B 1963) (= Gitarre-Bibl. 4/26); Sonaten op. 32, 33, 37 u. Sonatinen op. 151 u. 168 für Klv. (Mi 1961); 3 Stücke für Gitarre, hrsg. v. S. URBAN (Pr 1964); 11 Sonatinen für Klv., hrsg. v. M. CERNOVODEANU (Bukarest 1966); *2 Sonates mignonnes* u. *Rondeau militaire* für Klv. vierhändig, op. 150, hrsg. v. A. RUTHARDT (F 1967); Sonatine für Gitarre u. Klv., op. 68, hrsg. v. K. SCHEIT (W 1970) (= Musik für Gitarre 21); Fuge für 2 Gitarren, hrsg. v. L. VERECZKEY (Budapest – Z 1971); 3 Stücke für Fl. (oder V.) u. Gitarre, hrsg. v. F. NAGEL (Wie 1973).

Lit.: W. ALTMANN, Verz. v. WW für Klv. vier- u. sechshändig (L 1943); L. KANTNER, Leben u. Kirchenkompositionen von A. D. (Diss. W 1957); DERS., in: Mitt. der Ges. für Salzburger Landeskunde 98 (1958); J. MÜLLER-BLATTAU, D.-Variationen im „Vaterländischen Künstlerverein" in: FS A. Orel (W – Wie 1960); G. PROIER, Abbé Joseph Gelinek als Variationenkomp. (Diss. W 1962); L. U. ABRAHAM, Trivialität u. Persiflage in Beethovens D.-Variationen, in: Neue Wege der musikal. Analyse (B 1967) (= Veröff. des Inst. für Neue Musik u. Musikerziehung Darmstadt 6); M. BUTOR, Dialogue avec 33 variations de L. van Beethoven sur une valse de D. (P 1971).

DIABOLUS IN MUSICA (lat., = der Teufel in der Musik), ↗Tritonus.

DIAGHILEW, Serge Pawlowitsch de, * 19. (31.) 3. 1872 in der Kaserne Selischtschew (Gouvernement Nowgorod), † 19. 8. 1929 Venedig; russ. Impresario und Ballettmanager. Während seines Jurastudiums in St. Petersburg schloß er sich jungen Künstlern an und wurde Schüler von Antonio Cotogni, Nikolai A. Sokolow und A. K. Ljadow. Mit seinen Freunden gründete er 1899 die Zeitschrift *Mir Iskusstwa* (Die Welt der Kunst). Seit 1904 betätigte er sich als Theatermanager in St. Petersburg. 1908 organisierte er ein Gastspiel an der Opéra in Paris mit M. Mussorgskis *Boris Godunow* mit F. Schaljapin in der Titelrolle. Nach Rußland zurückgekehrt, bildete er aus den begabtesten Tänzern (u. a. M. Fokin, W. F. Nischinski, A. Pawlowa, T. P. Karsawina und Ida Rubinstein) der Kaiserlichen Theater in Moskau und St. Petersburg eine Compagnie, die 1909 in Paris am Théâtre du Chatelet mit Aufführungen von *Les Sylphides, Le Pavillon d'Armide, Le Prince Igor* und *Cléopatre* großen Erfolg hatte. Im folgenden Jahr stellten die gleichen Künstler in Paris die Ballette *Scheherazade* (N. Rimski-Korsakow), *Le Carnaval* (R. Schumann), *Der Feuervogel* (I. Strawinsky) und *Giselle* (A. Adam) vor. 1911 gründete D. ein eigenes Ensemble, die *Ballets Russes,* für die er in Rom, London, Monte Carlo und in Paris (zur Einweihung des Théâtre des Champs-Élysées, 1913) Gastspiele organisierte. Später bereiste er auch die USA und Südamerika. Die Aufführungen von *Petruschka* (I. Strawinsky, 1913), *Spectre de la rose* (nach C. M. von Webers *Die Aufforderung zum Tanz*), *Schwanensee* (P. I. Tschaikowsky), *L'après-midi d'un faune* (nach Cl. Debussy, 1912), *Daphnis und Chloé* (M. Ravel), *Le Sacre du Printemps* (I. Strawinsky) und *Jeux* (Cl. Debussy, 1913) begründeten den Ruhm des Ensembles. Nischinski, Fokin, L. Massine und G. Balanchine schufen für die Ballets Russes Choreographien. Maler wie L. Bakst, G. Rouault, M. Utrillo, P. Picasso, A. Derain, H. Matisse, G. Braque, die Komponisten Cl. Debussy, I. Strawinsky, M. de Falla, S. Prokofjew, E. Satie, F. Poulenc, P. Hindemith, D. Milhaud und G. Auric und Literaten, darunter vor allem J. Cocteau, konnte D. für die Realisation seiner künstlerischen Ideen gewinnen. D. nimmt als Wiederbegründer der klassischen Ballettkunst im 20. Jh. eine zentrale Position in der Geschichte des ↗Balletts ein.

Lit.: S. LIFAR, S. de D. (Monaco 1954); I. STRAWINSKY, D. Wie ich ihn kannte, in: Melos 22 (1955); C. HOPKINSON, D., Chaliapine and Their Contrasts, in: MR 26 (1964); R. ZANETTI, Prokofieff u. D., in: Melos 32 (1965); A. L. HASKELL, Ballet Russe. The Age of D. (Lo 1968); B. KOCHNO, D. and the Ballets Russes (NY 1970); J. PERCIVAL, The World of D. (Lo 1971); R. BUCKLE, Nijinski (Lo 1971); B. W. BLACKWOOD, The Music of the Ballets Russes 1909–19 (1972) (= Diss. masch. Cambridge Univ.).

DIALOG (von griech. dialogos = Zwiegespräch, Wechselrede). – **1)** Als dramatisches Element ist der D. wie im gesprochenen Drama auch in der ↗Oper von zentraler Bedeutung. Gewicht und Art der musikalischen Ausformung der D.e können für die verschiedenen Stadien in der Geschichte der Oper signifikant sein. So trugen sie in der frühen Oper – namentlich bei Cl. Monteverdi – entscheidend zur dramatischen Belebung des Stile recitativo und des Stile rappresentativo bei, während sie im weiteren Verlauf des 17. Jh. und speziell in der ↗Opera seria der ↗Neapolitanischen Schule an musikalischem Gewicht verloren. In dem Maße nämlich, wie sich in diesem Bereich ↗Arie und ↗Rezitativ als polare Gegensätze herausbildeten, wurden die D.e fast ausschließlich als Rezitative vertont. Demgegenüber bezog man im Rahmen der ↗Opera buffa auch den D. – wie überhaupt die dramatische Aktion – wieder stärker in das Zentrum der musikalischen Gestaltung ein und führte zudem als besondere Art musikalischen Dialogisierens die Gattung des ↗Duetts zu großer Blüte. Andere Operntypen des 18. Jh. und der späteren Zeit (deutsches ↗Singspiel, französische ↗Opéra comique, ↗Operette, ↗Musical) sind dagegen dadurch gekennzeichnet, daß wesentliche Teile des D.s nur gesprochen werden. – **2)** Im weiteren Sinne Bz. für eine musikalische Gestaltung oder Aufführungsweise, die einer Wechselrede zweier oder mehrerer Partner entspricht. In diesem Zusammenhang sind der ↗Antiphonale Gesang und die ↗Mehrchörigkeit zu nennen. Die französische Orgelmusik kennt den D. (Dialogue) als Alternieren verschieden registrierter Stimmen oder Abschnitte. – **3)** Bz. für eine eigene Gattung in der Vokalmusik des 17. Jahrhunderts. Dabei lassen sich drei Haupttypen unterscheiden: a) *Der lateinische Dialogus,* wie er besonders in Venedig und Rom in den ersten Jahrzehnten des 17. Jh. verbreitet war. Er beruht, ähnlich wie die Evangelienmotette (↗Motette) des 16. Jh. auf dialogischen biblischen Texten, die in der Regel den genauen oder gekürzten Wortlaut der Vulgata beibehielten. Beliebte Themen waren aus dem NT: Die Verkündigung Mariä, der zwölfjährige Jesus im Tempel, die Auferweckung des Lazarus; aus dem AT: Adam und Eva, Abraham und Isaak, das Gespräch zwischen Bräutigam und Braut nach dem Hohen Lied. Als Komponisten kommen u. a. in Betracht: L. Viadana, S. Bonini, A. Banchieri, G. F. Anerio, St. Bernardi, I. Donati (vgl. das Verzeichnis der Quellen bei H. Smither; s. u. Lit.). In ihrer musikalischen Gestaltung sind diese Dialogi eine Sonderform des geringstimmigen ↗Concerto. Sie weisen in dieser Hinsicht auf das lateinische ↗Oratorium G. Carissimis u. a. römischer Autoren seiner Zeit hin, unterscheiden sich aber von diesem wesentlich durch den strenger biblischen Text wie auch durch ihre liturgische Zweckbestimmung. – b) *Der italienische geistliche Dialogo.* Er ist eine Weiterentwicklung der ↗Lauda mit dialogischem Text (sog. Dialoglauda), die im 16. Jh. (z. B. bei G. Animuccia) chorisch, nun aber monodisch gestaltet wurde. Solche Dialoghi – wichtigster Dichter war A. Manni – wurden in Rom in den geistlichen Übungen der Gemeinschaften des F. ↗Neri gesungen und bilden eine wichtige Stufe in der Vorgeschichte des Oratoriums in italienischer Sprache. Die bedeutendste Sammlung von Dialoghi ist G. F. Anerios *Teatro armonico spirituale* (R 1619). – c) *Der deutsche protestantische Dialog.* Im Zuge der Rezeption des italienischen Concerto und seiner Umgestaltung zum Geistlichen Konzert fand in der 1. Hälfte des 17. Jh. auch der D. Eingang in die protestantische Kirchenmusik in Deutschland und wurde dort zu einer überaus beliebten musikalischen Gattung. Die Texte sind im Kern meist biblisch, beziehen aber allmählich auch freie geistliche Dichtungen betrachtenden Charakters mit ein. In der musikalischen Gestaltung – auch sie eine Sonderform der konzertierenden Schreibweise – ging man oft über das einfache Dialogisieren zweier oder mehrerer Stimmen hinaus und kam zu komplexen Formen mit der differenzierten Abfolge von Soli, Ensembles und Chören und verwendete mehr und mehr auch Instrumente, so daß die Grenzen zur Gattung der ↗Historia fließend sind. Die Themen der deutschen D.e entsprechen im wesentlichen denen der lateinischen. Entscheidende Anregungen für die D.-Komposition in Deutschland gingen vor allem aus von Werken S. Scheidts *(Dialog vom Jüngsten Gericht,* 1634), H. Schütz' *(Sei gegrüßet, Maria,* 1639) und A. Hammerschmidts *(Dialogi oder Gespräch zwischen Gott und einer gläubigen Seelen,* 1645). Als Komponisten sind ferner zu nennen: Th. Selle, W. C. Briegel, Chr. Bernhard, J. Rosenmüller. Gegen Ende des 17. Jh. mündete dann die Entwicklung des protestantischen D.s in die der ↗Kantate, und noch manche Kantaten J. S. Bachs enthalten D.-Partien oder sind überhaupt auch als D. bezeichnet (z. B. die Kantate 32, *Liebster Jesu, mein Verlangen*).

Lit.: TH. KROYER, Dialog u. Echo in der alten Chormusik, in: Jb. Peters 16 (1909); A. SCHERING, Gesch. des Oratoriums (L 1911, Nachdr. Hil–Wie 1966); F. BLUME, Das monodische Prinzip in der prot. Kirchenmusik (L 1925); A. ADRIO, Die Anfänge des geistl. Konzerts (B 1935); H. O. HUDEMANN, Die prot. Dialogkomposition im 17. Jh. (Diss. Kiel 1941); E. NOACK, D., in: MGG III; H. E. SMITHER, The Latin Dramatic Dialogue and the Nascent Oratorio, in: JAMS 20 (1967).

DIALOGE DER KARMELITERINNEN, DIE *(Les dialogues des Carmélites)*, Oper in 3 Akten (12 Bildern) von Francis Poulenc (1899–1963), Text vom Komponisten nach dem gleichnamigen Schauspiel von Georges Bernanos (dt. Titel der Übersetzung von E. Peterich: *Die begnadete Angst*), das wiederum auf die Novelle *Die Letzte am Schafott* von Gertrud von le Fort zurückgeht. Ort und Zeit der Handlung: Compiègne und Paris während der Französischen Revolution. UA: 26. 1. 1957 in Mailand (Scala), dt. EA (in dt. Sprache): 16. 7. 1957 in Köln (Städt. Bühnen).

Die Oper schildert das Martyrium und den Tod einer Gemeinschaft von Karmeliterinnen während der Französischen Revolution. Das Werk ist ein Mosaik aus „Opéras minutes", eine Sequenz von Momentaufnahmen in Form musikalischer Miniaturen. Poulenc war sich, wie auch die Widmung zu seiner Oper erkennen läßt, der vielen stilistischen Anleihen bewußt; besonders auffällig ist die Affinität zum Schaffen Debussys. Die trotz dreifacher Bläserbesetzung des Orchesters zu jeder Zeit gültige Dominanz der Singstimme manifestiert sich in rezitativischer, textausdeutender Deklamation. Der Erfolg, den das tief religiös empfundene Werk bei der UA (Leitung Nino Sanzogno) erzielte, konnte bei späteren Aufführungen nicht wiederholt werden; die dt. EA in Köln stand deutlich im Schatten der dort im gleichen Jahr uraufgeführten *Bluthochzeit* von Wolfgang Fortner. R. QUANDT

DIAMOND, David Leo, * 9. 7. 1915 Rochester (New York), amerik. Komponist. D. erhielt seine erste musikalische Ausbildung 1928–29 in Cleveland, setzte seine Studien 1930–34 bei B. Rodgers an der Eastman School of Music in Rochester fort, war anschließend Kompositionsschüler von R. Sessions in New York und von N. Boulanger am amerikanischen Konservatorium in Fontainebleau bei Paris. 1951–53 war er Fulbright-Professor an der Universität in Rom und lebte dann als freischaffender Komponist in Florenz. 1965 kehrte er in die USA zurück und wurde Professor für Komposition an der Manhattan School of Music in New York. Seine Kompositionen verarbeiten Elemente der amerikanischen Folklore und sind auch an modernen Stilrichtungen orientiert.

WW (wenn nichts anderes angegeben, in New York erschienen): Sonate für Solo-V. (1965); Sonate für V. u. Klv. (1950); 10 Streichquartette (1940–66); Bläserquintett (1962); *Music* für doppeltes Streichorch., Blechbläser u. Pk. (1939, revidiert 1968); *Night Music* für Akkordeon u. Streichquartett (1964); Nonet für Str. (1964); 8 Symphonien (1941–60); Psalm für Orch. (1938); Ouvertüre zu Shakespeares *Sturm* (Lo 1950); *The World of Paul Klee* für Orch. (1961); Konzert für Streichquartett u. Orch. (1961); *Music* für 37 Instrumentalisten (1969); Praeludium für Org. (1973); Chorsymphonie *To Music* für Tenor, Baßbar., gem. Chor u. Orch. (1967); ferner Film- u. Bühnenmusik.

Lit.: R. M. LARSON, Stylistic Characteristics in a cappella Composition in the United States, 1940–53, As Indicated by the Works of J. Berger, D. D., D. Milhaud and M. Rozsa (1953) (= Diss. Northwestern Univ.); J. E. CARMAN, Twentieth-Century American Song Cycles. A Study in Circle Imagery (1973) (= Diss. Univ. Of Iowa).

DIAPASON (griech., = durch alle [zu ergänzen: Töne der Tonleiter]). – **1)** In der griechischen Musiktheorie und im Mittelalter Bz. für das Intervall der Oktave (↗Systema teleion). – **2)** Im romanischen Sprachraum Bz. für den ↗Stimmton bzw. die ↗Tonhöhe (frz. und it.: diapason; span.: diapasón). Im französischen Sprachgebrauch darüber hinaus auch Bz. für die ↗Mensur eines Saiten- oder Blasinstruments oder einer Orgelpfeife. – **3)** In England bezeichnete D. schon früh das Orgel- (und Harmonium-)Register Prinzipal 8′ (↗Prinzipal) im Unterschied zum Prinzipal 4′.

DIAPENTE (griech., = durch fünf), in der altgriech. Musik Bz. für die ↗Quinte. – ↗Systema teleion.

DIAPHONIA (von griech. diaphōnia = Auseinanderklingen). Vom wörtlichen Sinn dieses latinisierten griechischen Wortes gehen, trotz gelegentlicher Mißverständnisse, sämtliche Verwendungen des Terminus D. von der Antike bis in die Zeit des Humanismus aus. Sie lösen daher, so verschiedenartig sie auch scheinen mögen, einander auch nicht ab, sondern beeinflussen und durchdringen sich wechselseitig. Bei Platon steht das Wort D. zunächst noch ganz allgemein für „nicht zusammenpassende" Sachverhalte musikalischer wie nicht-musikalischer Natur. Erst bei Aristoxenos und Euklid erscheint es als speziell musiktheoretischer Begriff für alle nicht symphonen (d. h. nicht durch einfache Zahlenverhältnisse konstituierte und deshalb „nicht zusammenpassende") Intervalle: Das lateinische Schrifttum verwendet dafür später den Begriff *dissonantia* (↗Konsonanz, Dissonanz) als Übersetzung des griechischen Terminus. Bei Gaudentios jedoch wird das Wort D. nicht in dieser wertenden, sondern in einer allgemeineren Bedeutung von ↗Intervall (= Unterschied der Tonhöhen, Auseinanderklingen) schlechthin verwendet. Diese Wortbedeutung bleibt zwar weiter erhalten, spielt aber im mittelalterlichen Sprachgebrauch keine besondere Rolle. Vielmehr liegt der Bedeutungsschwerpunkt seit Isidor von Sevilla wieder auf dem Moment des „Nichtübereinstimmens“, „Nichtzusammenpassens“, Dissonanten: *diaphonia, i.e. voces discrepantes vel dissonae*. Diese negative Charakterisierung behält der Begriff auch in der Theorie der frühen Mehrstimmigkeit bei, wo er in einer dritten Bedeutung als gelehrter Name für das „Auseinanderklingen“ zweier Stimmen dient und damit synonym mit „Mehrstimmigkeit“ selbst verwendet wird. Auf diese Bedeutung geht die seit etwa 1100 vielfach tradierte irrige Etymologie *Diaphonia ... a dya, quod est duo* zurück. Ihrem negativen Beigeschmack („diaphonia, vulgariter organum“) suchte man meist durch entsprechende Beiwörter zu begegnen. – Der weite Begriffsumfang des Wortes D. erlaubte eine dem jeweils aktuellen Stand der Kompositionstechnik wie auch dem sich wandelnden Verständnis der Mehrstimmigkeit entsprechende Verwendung. Bis ins 11. Jh. geschieht dies vor allem im Hinblick auf die Trennung der beteiligten Stimmen; daraufhin tritt nach etwa 1100 eine auf die Gesamtheit der Stimmen bezogene Auffassung in den Vordergrund. Noch im späten Mittelalter wird der Begriff verwendet, gelegentlich sogar als Synonym für ↗Discantus und schließlich *Contrapunctus* (↗Kontrapunkt) (im Sinne des Auseinandersingens mehrerer Cantus bzw. einer Satzweise „Note gegen Note“), erhält aber seit dem späten 12. Jh., da die Fach-Terminologie durch die Begriffe Organum und Discantus beherrscht wird, zunehmend antiquierten Charakter; bestenfalls soll er weiterhin gelehrt klingen.

Lit.: C. STUMPF, Gesch. des Consonanzbegriffes, 1. Teil (Mn 1897), Abdruck aus: Abh.en der Königl. Bayer. Akad. der Wiss., Philos.-philologische u. hist. Klasse 21; E. L. WAELTNER, Das Organum bis zur Mitte des 11. Jh. (Diss. masch. Hei 1955); H. P. GYSIN, Stud. zum Vokabular der Musiktheorie im MA (Diss. Bas 1958); F. RECKOW, D., in: HmT. – ↗Organum.

R. FLOTZINGER

DIASCHISMA (griech.), ↗Schisma.

DIASTEMA (griech., = Abstand, Intervall), in der antiken Musiktheorie Bz. für Tonabstände innerhalb des ↗Tetrachords. Boëthius *(De Institutione Musicae* I, 8) und später die mittelalterlichen Theoretiker bevorzugten dafür Termini wie *intervallum, modus, spatium* und *coniunctio*.

Die graphische Unterscheidung verschiedener Tonhöhen *(Diastematik* bzw. *Diatematie)* hat sich im Zusammenhang mit der Entwicklung der Neumenschrift (↗Neumen) im 10. und 11. Jh. in Frankreich und Italien herausgebildet. Die melodischen Abläufe wurden zunächst auf eine gedachte, später auf eine in Pergament geritzte und häufig auch gefärbte Linie ausgerichtet (in Aquitanien, Süditalien, Benevent, Monte Cassino). Eine exakte Tonhöhendifferenzierung war damit noch nicht möglich. Der gegen Ende des 10. Jh. eingeführte ↗Custos gab die relative Höhe des ersten Tones der folgenden Zeile an. Erst seit der Einführung des ↗Liniensystems und der Schlüsselung (↗Notenschlüssel) konnte die Tonhöhe eindeutig bestimmt werden. Die Diastematik innerhalb dieses Systems setzte sich im 11. und 12. Jh. in Italien, Frankreich, Spanien und in England allgemein durch und verdrängte die einfachere Diastematik der aquitanischen Neumenschrift. – Adiastematische, d. h. die Tonhöhe nicht anzeigende Neumen waren im deutschsprachigen Raum noch im 13. Jh., in St. Gallen sogar noch im 15 Jh. üblich.

Lit.: D. G. SUNYOL, Introduction à la paléographie musicale grégorienne (Tou 1935); J. SMITS VAN WAESBERGHE, De musico ... Guidone Aretino ... (Fi 1953); H. BLAISE, Dictionnaire latin-français des auteurs chrétiens (Turnhout 1954); P. WAGNER, Einführung in die Gregorianischen Melodien, II: Neumenkunde ... (L 1905, ²1912, Neudruck Hil–Wie 1962); C. FLOROS, Universale Neumenkunde, 3 Bde. (Kas 1970).

DIATESSARON (griech., = durch vier), in der altgriech. Musik Bz. für die ↗Quarte. – ↗Systema teleion.

DIATONIK (von griech. diatonos = durch Ganztöne gehend; engl.: diatonism; frz.: diatonisme; it. und span.: diatonismo). Der Begriff D. wird üblicherweise im Zusammenhang mit der natürlichen 7stufigen Tonleiter (↗Heptatonik) gebraucht. Die diatonische Skala besteht aus einer stufenweisen Aneinanderreihung von 5 Ganztönen und 2 Halbtönen, wobei die beiden Halbtöne – je nach Einordnung der Skala – in Dur oder Moll bzw. im System der Kirchentöne unterschiedlich plaziert werden. Heute betrachtet man natürliche Tonleitern auch dann als diatonisch, wenn sie weniger als sieben Töne innerhalb des Oktavrahmens enthalten (↗Pentatonik). Andererseits gilt die 7stufige D. als Bezugssystem für die ↗Chromatik. – Im antiken griechischen Tonsystem wurden drei Tongeschlechter unterschieden: D., ↗Chromatik und ↗Enharmonik. Das diatonische Tongeschlecht ist durch eine Teilung des ↗Tetrachords in zwei Ganztöne und einen Halbton (z. B. *a g f e*) bestimmt. Es ist nach der Beschreibung des Aristoxenos wahrscheinlich das älteste Tongeschlecht und wird dort

namentlich erwähnt, um die Bedeutung der beiden Ganztöne *(tonoi)* innerhalb des Tetrachords zu unterstreichen. Die diatonischen Halbtöne nannten die Griechen *limmata,* die sich als Differenz zwischen der pythagoreischen Terz und der Quart ergaben. Die D. bildete das Fundament und den Ausgangspunkt für die Musiktheorie und die Bildung der anderen Tongeschlechter.
In der mittelalterlichen Musik waren die Genera Chromatik und Enharmonik praktisch bedeutungslos; ihre Grundlage war die D., die wohl seit dem 8. Jh. fast ausschließlich benutzt wurde. Im Gegensatz dazu blieben Reste der Chromatik bis zum 13. Jh. in der byzantinischen Musik erhalten, die im 15. Jh. unter türkischem Einfluß eine zusätzliche Veränderung erfuhr. Seit Guido von Arezzo (11. Jh.) erfaßte das ↗Hexachord und seine Transpositionen alle Töne der diatonischen Skala. Mit der Entwicklung der Mehrstimmigkeit jedoch erfuhr das diatonische System, so sehr es auch in den gregorianischen Modi verankert war, eine Erweiterung. In der Tat sind die Forderungen, die sich aus der Verbindung von vertikaler Konsonanz und melodischer Zielstrebigkeit – etwa bei Kadenzen – stellen, nicht immer mit dem diatonischen Ablauf vereinbar. So gelangte die Chromatik seit dem 14. Jh. in den Bereich der allgemein üblichen Diatonik. Vorerst wurde sie jedoch vorsichtig und nur dann eingesetzt, wenn sie sich als notwendig erwies. Im Gegensatz dazu rückte die Chromatik seit dem 16. Jh. durch den Humanismus und durch die Freude an neuen Ausdrucksmitteln in den Vordergrund, blieb aber noch auf bestimmte Gattungen sowie auf einzelne Komponisten und Werke beschränkt. Seit dem 17. Jh. verdrängten Dur- und Molltonarten die gregorianischen Modi. Die D. stand fortan im Zusammenhang mit der ↗Tonalität und blieb die Norm für die musikalische Schreibweise. Die Chromatik hingegen wurde als Zutat betrachtet. Im allgemeinen kam reine D. in einfachen und volkstümlichen Liedern oder in geistlichen – z. T. a cappella – Kompositionen vor. Die Chromatik wiederum wurde im Zusammenhang mit der kunstvollen Schreibweise sowie mit der Darstellung bestimmter Affekte bevorzugt. Daher ließe sich eine Einteilung nach Gattungen vornehmen. Die Tendenz zur diatonischen oder chromatischen Schreibweise innerhalb einer Epoche wurde schließlich ein Stilkriterium: so nahm die Chromatik z. B. bei J. S. Bach eine gewichtigere Rolle ein als bei G. Fr. Händel. In der Mitte des 19. Jh. gewann die Chromatik immer größere Bedeutung, die bis zur unbestrittenen Vormachtstellung gegenüber der D. führte. Bei R. Wagner (*Tristan und Isolde,* 1859) und Fr. Liszt *(Weinen, Klagen,* 1862) wurde die D. durch die Chromatik verdrängt. Beide Komponisten bedienten sich der Chromatik, um Leidenschaften, heftige Gefühle, Kummer und Schmerz darzustellen. Andererseits jedoch blieb daneben den volkstümlichen, naturhaften, religiösen (im Sinne der Andacht), historischen und übernatürlichen Themen die D. zugeordnet. Die D. verschwand mit der freien ↗Atonalität und der ↗Zwölftonmusik. Der Gebrauch einer Tonleiter stellte seit 1860 immer häufiger ein besonderes Problem dar. Die beiden grundlegenden Eigenschaften der natürlichen Tonleitern wurden aufgegeben: Folgen von Quarten und Quinten, in ihrer Art ungleiche Intervalle, wurden miteinander verbunden, so daß der Begriff D. seine ursprüngliche und übliche Bedeutung verlor. Dennoch konnte er im erweiterten Sinn auf miteinander verbundene Stufen einer Tonleiter bezogen werden.
Zwischen 1860 und 1920 gelang einigen Komponisten, besonders in Frankreich und Rußland, eine Erneuerung der D., indem sie die in Vergessenheit geratenen alten gregorianischen Modi wieder benutzten, jedoch auf der Grundlage der bisherigen harmonischen Errungenschaften (Fr. Liszt, M. Mussorgski, A. Borodin, Cl. Debussy, M. Ravel). Darüber hinaus bedeutet dies einen Rückgriff auf eine noch frühere D. als die der mittelalterlichen Modi, da sie sich im Rahmen der Pentatonik bewegte (Debussy, Ravel, I. Strawinsky, C. Orff). Ebenso scheint es, als würde die Chromatik allmählich in die Zwölftonmusik als eine Art „Ultra-Chromatik" und dann auch in das elektronische Klangkontinuum eindringen und somit einer Erneuerung der D. und bisweilen einer Rückkehr zu einfacheren, ja sogar primitiven Strukturen entsprechen.

Lit.: ↗Chromatik, ↗Harmonie. S. GUT

DIAZEUXIS (griech., = Trennung). In der altgriechischen Musik Bz. für den Ganzton, der zwischen zwei unverbundenen ↗Tetrachorden liegt. – ↗Systema teleion.

DIBDIN, Charles, getauft 4. 3. 1745 Southampton, † 25. 7. 1814 London; engl. Schauspieler, Schriftsteller, Sänger und Komponist. D. war 1756–59 Chorknabe an der Kathedrale von Winchester, trat später in Richmond (1762) und Birmingham (1763) als Komödiant auf und war seit 1764 Schauspieler und Sänger an Covent Garden. Im selben Jahr kam dort seine Pastorale *The Shepherd's Artifice* zur Aufführung, für die er auch das Libretto geschrieben hatte. Seit 1768 wirkte er am Drury Lane Theatre, hielt sich 1776–78 in Frankreich auf und war dann als Komponist erneut an Covent Garden tätig. 1782 wurde er Mitdirektor des neugegründeten Royal Circus Theatre. 1785 brachte er im Drury Lane Theatre seine Oper *Liberty Hall* zur Aufführung und suchte sich auch an anderen Londoner Bühnen durchzusetzen. Nachhaltigen Erfolg hatte er seit 1789 mit einer neuen Art von musikalischen Schauspielen, sog. Table entertainments, in denen er Komponist, Sänger und Sprecher in einer Person war. Besonders gut wurden *The Oddities* (mit den noch heute bekannten Songs *The Lamplighter* und *Tom Bowling*) aufgenommen. Dadurch ermutigt, eröffnete D. am Leicester Square ein kleines Theater, das bis 1805 bestand.

WW: 1) **Kompositionen:** Songs zu über 60 Bühnen-WW, die in großer Zahl und teilweise mit vielen Auflagen separat gedruckt wurden (meist in London oder Dublin); weitere etwa 60 einzelne Songs. An Instr.-WW erschienen im Druck (Lo o.J.): *Works for two flutes* (mit ca. 300 Songs); eine weitere Slg. von Songs für 2 Fl.; *Six lessons* für Cemb. oder Klv.; *The pupil's compendium* für Cemb. (mit V., Fl. oder Gitarre); eine Sonate. – 2) **Schriften:** *The Musical Tour of Mr. D.* (Sheffield 1788); Autobiographie *The Professional Life of Mr. D.* (Lo 1803).

Lit.: G. HOGARTH, Memoir of Ch. D. (Lo 1842); E. R. DIBDIN, A. Ch. D. Bibliography (Liverpool 1937); E. M. LOCKWOOD, Ch. D.'s Musical Tour, in: ML 13 (1932); W. PARKINGTON, Ch. D. (Lo 1944); H. G. SEAR, Ch. D., in: ML 26 (1945); E. WALKER, A History of Music in England (O 1952).

DIBELIUS, Ulrich, * 14. 11. 1924 Heidelberg; dt. Musikschriftsteller. D. studierte Soziologie, Kunstgeschichte und Deutsche Literatur, war anschließend Feuilleton-Redakteur bei der *Frankfurter Neuen Presse* und beim *Hamburger Fremdenblatt* und 1955–57 Hörspieldramaturg und Redakteur des Nachtprogramms beim Norddeutschen Rundfunk in Hamburg. 1957 wurde er Redakteur des Sonderprogramms und 1964 der Musikabteilung beim Bayerischen Rundfunk in München.

Schriften: *Moderne Musik 1945–1965* (Mn 1966, St 1968); *Musik auf der Flucht vor sich selbst* (Mn 1969, ²1970); *Verwaltete Musik. Analyse eines Zustandes* (Mn 1971); *Mozart-Aspekte* (Mn 1972, ²1973); *Herausforderung Schönberg. Was die Musik des Jahrhunderts veränderte* (Mn 1974).

DIDELOT, Charles-Louis, * 1767 Stockholm, † 7. 11. 1837 Kiew; frz. Tänzer, Choreograph, Ballettmeister und Pädagoge. D., Sohn eines schwedischen Tänzers, erhielt seinen ersten Tanzunterricht bei seinem Vater am Königlichen Theater in Stockholm. Ein Stipendium des schwedischen Königs ermöglichte ihm die Fortbildung bei bedeutenden Künstlern wie J. Dauberval, J.-B. Lany, J.-G. Noverre und A. Vestris. Nach glänzenden Erfolgen als Choreograph und Tänzer in Bordeaux, London und Paris, wo er 1790 an der Opéra debütierte, folgte er 1801 einer Einladung Zar Pauls I. nach St. Petersburg, wo er, unterbrochen nur durch Aufenthalte in Paris und London, bis 1829 als Ballettmeister, Choreograph und Pädagoge tätig war. Er begründete das St. Petersburger Ballett-System und pflegte die von seinem Lehrer Noverre entwickelte Form des Handlungsballetts.

DIDEROT, Denis, * 5. 10. 1713 Langres, † 10. 7. 1784 Paris; frz. Schriftsteller und Philosoph. D. war Hauptredakteur der *Encyclopédie ou Dictionnaire raisonné des sciences, des arts et des métiers* (1751–72), für die er selbst über 1000 Beiträge verfaßte. Im Bereich der Musik beschäftigte er sich mit Problemen der Akustik, des Instrumentenbaus und insbesondere mit der Oper. Ursprünglich ein Anhänger J.-Ph. Rameaus, setzte er sich im ↗Buffonistenstreit entschieden für die italienische Musik ein. Seine naturphilosophisch begründeten Reformideen, die die Entwicklung der französischen Oper beeinflußten, legte er vor allem in seiner nachgelassenen Schrift *Le Neveu de Rameau* nieder.

Schriften: *Mémoires sur différents sujets de mathématique* (P 1748); *Lettre sur les aveugles* (Lo 1749); *Lettre sur les sourds et les muets* (o.O. 1751); *Le Neveu de Rameau,* dt. Übers. aus dem Manuskript v. J. W. v. Goethe: *Rameau's Neffe* (L 1805), frz. Rück-Übers. (P 1821), 1. Ausg. des frz. Originaltextes (P 1891).

Ausg.: GA, hrsg. v. J. ASSÉZAT – M. TOURNEUX (P 1875–77, Nachdr. NY 1966); Correspondance, hrsg. v. M. TOURNEUX (P 1877–82); dass. hrsg. v. G. ROTH (P 1955–68); *Le Neveu de Rameau,* kritische Ausg. mit Anmerkungen (G 1950, NA 1963); Philosophische Schriften, übers. u. hrsg. v. TH. LÜCKE, 2 Bde. (B 1961–67); Ästhetische Schriften, übers. u. hrsg. v. F. BASSENGE, 2 Bde. (F 1968); Writings on the theatre, hrsg. v. F. G. GREEN (C 1936, Nachdr. NY 1978).

Lit.: J. G. PROD'HOMME, D. et la musique, in: ZIMG 15 (1913/14); L. WERNER, D. als Kunstphilosoph (Königsberg 1918); F. VEXLER, Studies in D.'s Aesthetic Naturalism (NY 1922); R. L. EVANS, D. et la musique (Diss. Birmingham 1932); E. SCHRAMM, Goethe u. D.s Dialog „Rameaus Neffe“, in: ZfMw 16 (1934); A. R. OLIVER, The Encyclopedists as Critics of Music (NY 1947); H. G. FARMER, D. and Rameau, in: MR 22 (1961); A. R. OLIVER, D. über Musik, in: BzMw 7 (1965); M. WACHS, D.'s Letters to C. Ph. E. Bach, in: Romanische Forsch. 77 (1965); R. CREVEL, Le clavecin de D. (P 1966); F. M. LEEDS, D., the Philosopher as Musician (1971) (= Diss. Pennsylvania State Univ.); E. HALFPENNY, D.'s Tunings for the Violin Family, in: GalpinJ 27 (1974); J.-M. BARDEZ, D. et la musique (P 1975).

DIDO UND AENEAS, Oper mit Prolog in 3 Akten von Henry Purcell (1659–95), Text von Nahum Tate nach einer Episode aus dem 4. Gesang der *Aeneis* von Vergil. Ort u. Zeit der Handlung: Karthago nach der Zerstörung Trojas. UA: 1689 in Chelsea (Pensionat des Josias Priest); dt. EA (konzertant, in engl. Sprache): 12. 6. 1924 in Homburg v. d. H.; EA in dt. Sprache: 14. 3. 1926 in Münster (Westf.).

In der gesamten Oper dominieren die Molltonarten; sie dienten Purcell zur musikalischen Ausdeutung des tragischen Konflikts der Hauptgestalten zwischen Zuneigung und Pflichterfüllung. Der Librettist Tate ersetzte in seiner Adaption des Vergil-Textes das Wirken überirdischer, göttlicher Gewalten (wie z.B. Juno) durch die im englischen Restaurationstheater beliebte Personifizierung dunkler Schicksalsmächte durch Hexen. Obgleich nicht an einem tradierten großformalen Aufbau der Oper orientiert, kann die Musik doch Einflüsse der italienischen Oper (monodische Teile) und der Oper Lullys (Echochor der Hexen *In our deep vaulted cell*) nicht leugnen. Die Arien, bis auf wenige Ausnahmen immer nur von Cembalo und Basso continuo begleitet, haben gestischen oder bildhaften Charakter. In den 15 vom Streichorchester begleiteten Chören wird meist kommentierend auf die Thematik der voraufgegangenen Solonummern eingegangen, wobei Purcell auch musikalisch danach strebte, Solo und Chor zu einer in sich geschlossenen Einheit zu formen. – Purcell, der persönlich vom Cembalo aus die UA leitete, hatte die Komposition dem Können der Schülerinnen des Pensionats angepaßt, die fast alle Solopartien und alle Chornummern selbst sangen. *Dido und Aeneas* gilt als die erste englische Nationaloper. In Deutschland konnte sich das Werk nicht durchsetzen; bekannt sind nur noch wenige Aufführungen, wie z.B. 1959 an der Deutschen Hochschule für Musik in Berlin. Bekannteste Nummer ist das Lamento *When I am laid in earth* (Dido/Chor), eine Passacaglia, mit der die Oper ausklingt.

B. DELCKER

DIEBISCHE ELSTER, DIE *(La gazza ladra)*, Melodrama in 2 Akten von Gioacchino Rossini (1792–1868), Text von Giovanni Gherardini nach der Komödie *La Pie Voleuse* (1815) von J.M.T. Baudouin d'Aubigny und L.C. Caigniez. Ort und Zeit der Handlung: Palaiseau Anfang des 19. Jahrhunderts. UA: 31.5.1817 in Mailand (Scala) mit Teresa Belloc (Sopran) als Ninetta und Filippo Galli (Baß) als Vater; dt. EA (in it. Sprache): November 1817 in München, EA in dt. Sprache: 6.1.1819 in Graz.

Mit diesem „Rührstück" erzielte Rossini 1817 einen durchschlagenden Erfolg. Die Heldin, das Dienstmädchen Ninetta, wird wegen angeblichen Diebstahls eines Silberlöffels zum Tode verurteilt, aber rehabilitiert, als man das corpus delicti im Nest einer Elster wiederfindet. Es mag an der Trivialität des Librettos wie an der für den heutigen Geschmack überladenen Auszierung der Vaudeville-Finali liegen, daß *Die diebische Elster* nicht mehr gespielt wird. Einzig die Ouvertüre, deren Eingangs-Trommelwirbel angeblich einen Besucher der UA auf Mordgedanken brachten, genießt den Ruf der Unsterblichkeit. Sogar in der Kirche wurde diese Ouvertüre aufgeführt. Das neue Theater in Pesaro, der Geburtsstadt des Komponisten, eröffnete am 10.6.1818 mit *Die diebische Elster;* der Erfolg war spektakulär.

R. QUANDT

DIEHL (Diel, Dihl), dt. Geigenbauerfamilie. – **1) Nicolas,** * 1779 Mannheim, † 1851. Er wurde 1811 Instrumentenbauer am Hof in Darmstadt. Vor allem seine Violinen und Kontrabässe waren sehr geschätzt. – **2) Johann,** Bruder von 1). Er wirkte seit 1808 als angesehener Geigenbauer in Mainz. – **3) Jacob,** * 1806 Mainz, † 1872, Sohn von 1). Er lernte bei seinem Vater, gründete eine Werkstatt in Mainz, wirkte seit 1834 in Bremen und seit 1858 in Hamburg. – **4) Nicolas Louis,** Sohn von 3), † 1876. Er lernte bei J.-B. Vuillaume in Paris und ließ sich 1860 in Hamburg nieder. Er schrieb *Die Geigenmacher der alten italienischen Schule* (H 1864, ²1866, ³1877). – **5) Auguste,** Enkel von 1), * 1852 Darmstadt. Er lernte bei seinem Vater (Friedrich, * 1814 Darmstadt, † 1888), gründete 1875 eine Werkstatt in Darmstadt und ließ sich nach dem Tod von Jacob D. in Hamburg nieder. Er verfaßte *Etwas über Geigenbau…* (1905).

Lit.: R. VANNES, Dictionnaire universel des luthiers (Bru ²1951).

DIÉMER, Louis, * 14.2.1843 Paris, † 21.12.1919 ebd.; frz. Pianist und Komponist. D. war am Pariser Conservatoire Schüler von A. Fr. Marmontel und A. Thomas. Seit 1888 leitete er als Nachfolger Marmontels dort selbst eine Klavierklasse. Zu seinen Schülern gehörten u. a. E. Risler, A. Cortot und R. Casadesus. Nach seinem Erfolg mit Konzerten französischer Cembalomusik des 17. und 18. Jh., die er anläßlich der Pariser Weltausstellung von 1889 organisiert hatte, wandte er sich besonders der älteren französischen Klaviermusik zu, von der er eine 4bändige Sammlung, *Clavecinistes français,* in Paris herausgab. Er gründete auch die Société des Instruments anciens.

DIENER, Hermann, * 25.1.1897 Rostock, † 27.1.1955 Berlin; dt. Violinist und Dirigent. Er war zunächst Violinist in Orchestern in Wismar, Baden-Baden und Freiburg i.Br., nahm dann hier einen Lehrauftrag am Konservatorium wahr, bildete sich aber selbst noch bei A. Busch und B. Eldering weiter. 1924 gründete er das Collegium musicum in Heidelberg und lehrte seit 1928 als Professor an der Akademie für Kirchen- und Schulmusik in Berlin. Als Solist interpretierte er vor allem Werke der Wiener Klassiker. Daneben machte er sich einen Namen mit vorbildlichen Aufführungen älterer Musik, vor allem J. S. Bachs *Musikalischem Opfer* und der *Kunst der Fuge.*

DIEPENBROCK, Alphons (Alphonsus Johannes Maria), * 2. 9. 1862 Amsterdam, † 5. 4. 1921 ebd.; ndl. Komponist. Er studierte 1880–88 klassische Philologie in Amsterdam, wurde anschließend Lehrer in 's-Hertogenbosch und ließ sich 1894 als Privatlehrer in Amsterdam nieder. Musikalisch war er Autodidakt. Als Komponist fühlte er sich Palestrina und R. Wagner verpflichtet, später auch Debussy, entwickelte aber einen sehr persönlichen Stil. Er schrieb überwiegend Vokalmusik, vor allem Lieder und Chöre nach niederländischen, französischen und deutschen Gedichten, und bemühte sich dabei besonders um Textverdeutlichung. D. gilt als einer der bedeutendsten niederländischen Komponisten der jüngeren Vergangenheit.

WW: **1) Geistliche WW:** *Missa „in die festo“* (1894) u. *Te Deum* (1897); *Stabat Mater* (1896) (A o.J.); ferner Hymnen, Motetten für Chor oder Solostimmen. – **2) Weltliche WW:** Etwa 50 Lieder für SingSt mit Klv., Org. oder Orch.; Chöre a cap. oder mit Begleitung. – **3) Bühnen-WW:** *Marsyas* (1911); *Gijsbrecht van Aemstel* (1912); *De Vogels* (1917); *Faust* (1918); *Elektra* (1920). – D. schrieb auch Essays, Kritiken u. a.

Ausg.: *Verzamelde geschriften,* hrsg. v. E. REESER (Utrecht 1950); *Verzamelde liederen,* hrsg. v. DEMS., 4 Bde. (A 1951–59); A. D., Brieven en documenten, hrsg. v. DEMS., 3 Bde. (A 1962, 1967 u. 1970).

Lit.: E. ADAIEWSKY, Le „Te Deum“ d'A. D. au festival Néerlandais à Amsterdam, in: RMI 19 (1912); E. REESER, De muzikale handschriften van A. D., in: TVer 14 (1935); DERS., A. D. (A 1938); DERS., A. D., in: Sonorum speculum (1962) Nr. 12; DERS., Catalogus van werken van nederlandse componisten. A. D. 1862–1921 (A 1962); P. OP DE COUL, A. D. „Im großen Schweigen“, in: Sonorum speculum (1971) Nr. 47.

DIEREN, Bernard van, * 27. 12. 1884 Rotterdam, † 24. 4. 1936 London; ndl. Komponist frz. Abstammung. D. studierte zunächst Naturwissenschaften, wandte sich aber seit 1904 ganz der Musik zu und ließ sich 1909 als Musikreferent des *Nieuwe Rotterdamsche Courant* in London nieder. Als Komponist war er Autodidakt. Seine Vorbilder waren vor allem F. Busoni und Fr. Delius, zum Teil auch A. Schönberg. Seine Werke weisen eine sehr dichte und komplexe Kontrapunktik auf. Er schrieb u. a. die Kammeroper *The Tailor* (1917), *Chinese Symphony* (1914) für 5 Solisten, Chor und Orchester, *Diafonia* auf 3 Sonette von Shakespeare für Bariton und 17 Instrumentalsolisten, eine Symphonie in 3 Sätzen (unvollendet), 6 Streichquartette, Klavierstücke und Lieder. Außerdem veröffentlichte er eine Sammlung musikalischer Essays, *Down Among the Dead Men* (Lo 1935, Nachdr. Freeport/N.Y. 1967).

Lit.: J. DAVENPORT, B. van D., in: MT 96 (1955); G. GROUSE, B. van D. Three Early Songs in Relation to His Subsequent Development, in: MR 29 (1968).

DIES IRAE (lat., = Tag des Zornes), die Anfangsworte einer ↗Sequenz, die im Laufe des 14. Jh. in die römische Totenmesse (↗Requiem) aufgenommen wurde, nach der Neuordnung des *Missale Romanum* 1570 als eine der 5 Sequenzen in der römisch-katholischen Liturgie verblieb, nach der Liturgiereform 1970 jedoch nicht mehr offiziell in Gebrauch ist. Der Text stammt aus dem 13. Jh.; er ist die Umformung eines älteren Reimgebets, das in der Zahl der Strophen und im Wortlaut einiger Strophen divergiert. Eine Reihe von sprachlichen Wendungen verweist auf das Responsorium *Libera me Domine* (aus den Exequien; ↗Absolutio super tumulum) mit seinen zahlreichen im Mittelalter gebräuchlichen Versen sowie (bei den Anfangsworten) auf Zef 1,15.
Der Text des D. i. besteht aus 17 Strophen zu je drei miteinander reimenden Zeilen (1. Strophe: *Dies irae, dies illa, / Solvet saeclum in favilla: / Teste David cum Sibylla.),* denen sich 2 zweizeilige Strophen und der Vers *Pie Jesu Domine, dona eis requiem* mit dem *Amen* anschließen. Die Sequenz schildert das Jüngste Gericht und enthält die Bitte um göttliche Gnade und Vergebung der Sünden. Dank der geradezu suggestiven Kraft seiner bildhaften und expressiven Sprache gehört das D. i. zu den bedeutendsten Dichtungen des Mittelalters. Die chorale Melodie – gleichfalls aus dem 13. Jh. stammend und teilweise verwandt mit der Melodie des Responsoriums *Libera me* – ist in ihrem Ablauf durch das Prinzip der paarigen Wiederholung gekennzeichnet, das ähnlich auch für die meisten anderen mittelalterlichen Sequenzen charakteristisch ist: je 2 aufeinanderfolgende Textstrophen haben dieselbe Melodie, wobei bis Strophe 17 drei verschiedene Melodien regelmäßig wiederkehren (aabbccaabbcc...). Nur die beiden letzten Strophen und der Schlußvers weisen eine teilweise eigene Melodie auf.
Das D. i. findet sich im Rahmen der mehrstimmigen Requiemvertonung bis zum 18. Jh. nur selten: im 16. Jh. bei A. Brumel, J. de Kerle und G. M. Asola jeweils als ↗Alternatim-Komposition und unter gelegentlicher Verwendung der choralen Sequenzmelodie, im 17. Jh. ebenfalls als Alternatim-Satz bei O. Vecchi, doppelchörig u. a. bei G. F. Anerio, im konzertierenden Stil bei Fr. Cavalli, J. C. Kerll, G. B. Bassani. Im 18. Jh. enthalten die Requiems u. a. von N. Jommelli, J. A. Hasse, M. Haydn und W. A. Mozart D. i.-Kompositionen, die gelegentlich auch separat überliefert sind, so von G. B. Lully,

M. A. Charpentier, A. Lotti und J. Chr. Bach. Vom Ende des 17. Jh. an veranlaßten in immer stärkerem Maße bestimmte Partien des Textes die Komponisten zu musikalischer Wortausdeutung und tonmalerischen Effekten (z.B. *Quantus tremor, Tuba mirum, Ingemisco tamquam reus, Lacrimosa dies illa*). Das gilt besonders auch für die D.i.-Vertonung in Requiems des 19. Jh., namentlich in den Stücken, die nicht mehr für den liturgischen, sondern für den Konzert-Gebrauch bestimmt sind (von Berlioz, Verdi, Dvořák). Und es gilt noch für die wenigen nennenswerten D.i.-Kompositionen unseres Jahrhunderts, von B. Britten (*War Requiem*, wo der lateinische Sequenztext mit den Antikriegsgedichten von W. Owens kombiniert ist), J. N. David und von G. Ligeti.

Eine eigene Geschichte hat die Verwendung der choralen D.i.-Melodie als Zitat in Instrumentalwerken des 19. und 20. Jahrhunderts. Hier dienen namentlich die ersten 4–8 Töne der Choralmelodie häufig dazu, Assoziationen an das Jüngste Gericht zu wecken. Zu nennen sind in diesem Zusammenhang: H. Berlioz, *Symphonie fantastique* (1830); Fr. Liszt, *Totentanz* (1849); C. Saint-Saëns, *La danse macabre* (1875); G. Mahler, *Das klagende Lied* (1880) und 2. Symphonie (1894); S. Rachmaninow, Rhapsodie über ein Thema von Paganini (1934), 3. Symphonie (1936), *Symphonische Tänze* (1940); L. Dallapiccola, *Canti di prigionia* (1941); J. N. David, *Fantasie und Fuge* (1924), *Partita „Es ist ein Schnitter/Dies irae"* aus dem *Choralwerk* (1947); W. Kraft, *Fantasie* (1965). – ↗Totentanz.

Lit.: R. GREGORY, D.i., in: ML 34 (1953); F. WANNINGER, D.i., Its Use in Non-Liturgical Music from the Beginning of the Nineteenth Century (1962) (= Diss. Northwestern Univ., Evanston/Ill.); M. BOYD, D. i. Some Recent Manifestations, in: ML 49 (1968); M. C. HILFERTY, The Domine Jesu Christe, Libera me, and Dies irae of the Requiem. A Historical and Literary Study (1973) (= Diss. Catholic Univ. of America); K. VELLEKOOP, Dies ire dies illa. Studien zur Frühgesch. einer Sequenz (Bilthoven 1978).

B. A. KOHL

DIESIS (griech.), ↗Enharmonik.

DIESSENER (Diesineer, Diesener), **Gerhard,** * um 1640; Komponist vermutlich dt. Herkunft. D. war um 1660 bis um 1673 Mitglied der Kapelle des Landgrafen von Hessen in Kassel und ließ sich später in London nieder. Dort veröffentlichte er 10 Suiten (mit bis zu 18 Sätzen) im Pariser Stil als *Instrumental Ayres in 3 and 4 parts* (o.J.). 4 Tänze für Tasteninstrumente erschienen in M. Lockes *Melothesia* (Lo 1673). Weitere Instrumentalstücke sind hsl. erhalten. D. gehört zu den originellsten deutschen Instrumentalkomponisten seiner Zeit.

Ausg.: 2 Suiten aus einer Kasseler Hs. aus dem Jahre 1661 in: Vingt suites d'orchestre du XVIIe siècle français, hrsg. v. J. ÉCORCHEVILLE, 2 Bde. (P 1906).

Lit.: E. H. MEYER, G. D., in: ZfMw 16 (1934); CH. ENGELBRECHT, Die Kasseler Hofkapelle im 17. Jh. (Kas 1958) (= Musikwiss. Arbeiten 14).

DIETRICH, Sixt (Xistus Theodericus), * zwischen 1492 und 1494 Augsburg, † 21. 10. 1548 Sankt Gallen; dt. Komponist. D. war vermutlich Chorknabe am Münster in Konstanz, studierte seit 1509 an der Universität Freiburg i. Br., ging 1517 nach Konstanz zurück und wurde „pro informatore choralium" an der dortigen Domschule angestellt. Als Anhänger der Reformation mußte er diese Stelle nach einigen Jahren aufgeben. 1540–41 studierte er an der Universität Wittenberg und knüpfte auch Beziehungen zu Luther an. 1544 begab er sich von Konstanz aus, wo er seit 1541 wieder ansässig war, nochmals nach Wittenberg. Kurz vor seinem Tode floh er vor der Einnahme Konstanz' durch Karl V. nach Sankt Gallen.

WW: *Magnificat octo tonorum* für 4 St. (Str 1535); *Novum ac insigne opus musicum,* Antiphonen für 4 St. (Wittenberg 1541); *Novum opus musicum,* 3 Bde. Hymnen für 4 St. (ebd. 1544); *Epicedion Thomae Sporeri* (Str 1534) (unvollständig erhalten); 4st. Kanon *Laudate Dominum* (Au 1547) (Einblattdruck); Motetten sowie weltliche u. geistliche dt. Lieder hsl. u. in den meisten dt. Drucken 1538–45 erhalten, besonders (in jeweils größerer Zahl) RISM 1544[21] (dt. geistliche Lieder) u. RISM 1545[5] (lat. Weihnachtsmotetten).

D., dessen Lebensweg entscheidend durch sein Eintreten für die Reformation und den dadurch erfolgten Verlust einer festen Anstellung geprägt war, gehört zu den Komponisten, die die niederländische Polyphonie in der Musik des frühprotestantischen Gottesdienstes zur Geltung brachten. Wie die meisten von ihnen hat D. auch zahlreiche deutsche Lieder geschrieben, meist ↗Tenorlieder.

Ausg.: Ausgew. WW, I: Hymnen 1545, hrsg. v. H. ZENCK (L 1942) (= EDM, RD 23); II: Hymnen, hrsg. v. DEMS. (St. Louis 1960); *Novum ac insigne opus musicum* 1541, hrsg. v. W. E. BUSZIN, in: G. Rhau, Musikdrucke VII (Kas 1964); 8 Choralbearb., hrsg. v. J. WOLF (1908) (= DDT 34); 2 Lieder in: G. Forster, Ein Auszug guter ... teutscher Liedlein v. Nürnberg 1539, hrsg. v. K. GUDEWILL – W. HEISKE (L 1942, NA Wb 1964) (= EDM, RD 20).

Lit.: H. ZENCK, S. D. (L 1928, Nachdruck Hil – Wie 1967); M. VAN CREVEL, A. Petit Coclio (Den Haag 1940), vgl. dazu H. ZENCK, in: AfMf 7 (1942); A. W. GRAUER, The Vocal Style of S. D. and J. Eccard and Their Contributions to Lutheran Church Music, 2 Bde. (1960) (= Diss. Univ. of Rochester/N.Y.); M. JENNY, Gesch. des dt.-schweizerischen ev. Gesangbuches im 16. Jh. (Kas – Bas 1962); W. LIPPHARDT, Das wiedergefundene Gesangbuch. Autograph v. A. Reissner aus dem Jahre 1554; in: JbLH 10 (1965).

DIETSCH, Pierre Louis Philippe, * 17. 3. 1808 Dijon, † 20. 2. 1865 Paris; frz. Komponist, Dirigent und Kontrabassist. D. war Schüler von

A. E. Choron am Pariser Conservatoire, später Kapellmeister an St-Paul–St-Louis, an St-Eustache und an Ste-Madeleine und wirkte außerdem als Kontrabassist am Théâtre Italien und als Organist an St-Roch. 1860–63 war er Kapellmeister an der Opéra und dirigierte dort 1861 die Pariser Erstaufführung von R. Wagners *Tannhäuser*, die mit einem Skandal endete. An der École Niedermeyer lehrte er seit 1840 Harmonielehre und seit 1861 Kontrapunkt. Seine Oper *Le Vaisseau fantôme ou le Maudit des mers*, die 1842 in Paris uraufgeführt wurde, trug ihm den – letztlich nicht gerechtfertigten – Vorwurf ein, bei dem von P. Foucher und H. Révoil verfaßten Textbuch handle es sich um eine Übersetzung der Wagnerschen ersten Fassung des *Fliegenden Holländers*, die dieser kurz zuvor der Pariser Oper eingereicht hatte. Den Schwerpunkt in D.s kompositorischem Schaffen bilden seine Messen, die wegen ihrer teilweise originellen Züge Interesse verdienen.

WW: Messe mit Orch. (1838) (Meyerbeer gewidmet); *Te Deum* (1844) für 5 St. u. großes Orch. (o.O. 1852); *Requiem* (1857) (zur Erinnerung an A. Adam); 22 weitere Messen; *Stabat Mater* (o.O. 1864); *Le Vaisseau fantôme ou le Maudit des mers* (Libr.: P. Foucher u. H. Révoil), UA: Paris 1842; Ballet zum Freischütz (1846); Bühnenmusik zu Bellinis *Romeo et Juliette* (1846); *Manuel du maître de chapelle* (P 1846).

Lit.: G. SERVIÈRES, Épisodes d'histoire musicale (über die beiden Vaisseaux fantômes) (P 1914); E. HARASZTI, P. L. D. u. seine Opfer (Arcadelt, Bellini, Liszt, Verdi, Wagner u. Weber), in: Mf 8 (1955).

DIEUPART, François, * um 1670, † um 1740 London; frz. Cembalist, Violinist und Komponist. D. kam um 1700 nach England und wirkte seit 1707 an Opernaufführungen des Drury Lane Theatre in London mit. Nach seiner Entlassung 1711 machte er sich als Cembalolehrer und Virtuose einen Namen. Er schrieb ausschließlich Instrumentalmusik, die auch J. S. Bach schätzte. Vermutlich war die Gigue aus der 1. Cembalosuite von D. Vorbild für das Präludium in Bachs 1. Englischer Suite.

WW: *Six suittes de clavessin* für V. u. Fl. mit B.c. (A o.J.); *Select lessons for the harpsichord* (Lo o.J.); *Six suittes* für Fl. oder V. u. B.c. (A o.J.); *Six sonatas* für Fl. u. B.c. (A o.J.); einzelne Songs u. Arien für SingSt u. B.c., auch mit Flöte.

Ausg.: 6 Suiten für Cemb., hrsg. v. P. BRUNOLD (P 1934); Airs et chansons, hrsg. v. DEMS. (P 1934); Suite F-Dur für Quer-Fl. u. B.c., hrsg. v. H. RUF (Z 1969) (= Musica instr. 14); Suite Nr. 6 f-moll für Quer-Fl. oder Sopran-Block-Fl. oder V., hrsg. v. DEMS. (Z 1970) (= ebd. 19); Suite Nr. 4 e-moll, hrsg. v. J.-C. VEILHAN (P 1974) (= Arch. de la musique ancienne).

Lit.: A. PIRRO, Les clavecinistes (P 1925); P. HARDOUIN, in: RMie 41/42 (1958).

DIFERENCIA (span., = Verschiedenheit), Bz. für die ↗Variation über Volks- und Tanzweisen bzw. über gregorianische Melodien in der spanischen Instrumentalmusik des 16. Jahrhunderts. Der Begriff erscheint erstmals in der Lautentabulatur von L. de Narváez (*Los seys libros del Delphín*, Valladolid 1538). Die Hauptquellen für die D. sind L. Venegas de Henestrosa, *Libro de cifra nueva* (Alcalá de Henares 1557), D. Ortiz, *Tratado de glosas* (R 1553) sowie vor allem A. de Cabezón, *Obras de música* (Ma 1578).

DIFFERENTIAE (lat., = Unterschiede, Verschiedenheiten), Bz. für die mit Rücksicht auf die Verbindung von Psalm und Antiphon verschiedenen melodischen Schlußformeln (Terminationes) der choralen ↗Psalmtöne.

DIFFERENZTON, Bz. für einen ↗Kombinationston, der durch das Zusammenklingen zweier Frequenzen durch nichtlineare ↗Verzerrungen entsteht. Seine Frequenz ist gleich der Differenz der vorgegebenen Frequenzen.

DIFFRAKTION (lat., = Beugung), Bz. für eine Eigenschaft jeder Art von Wellen, so auch der Schallwellen, Hindernisse zu umgehen. Dabei ist die D. um so leichter möglich, je größer die Wellenlänge im Vergleich zum Hindernis ist.

DIFFUSITÄT (lat.), in der ↗Raumakustik Bz. für die durch ↗Reflexionen erzielte Schallverteilung des ↗Nachhalls in einem Raum. Im freien Schallfeld, wo keinerlei reflektierende Gegenstände vorhanden sind und nur der direkte Schallstrahl zum Hörer gelangt, ist keine D. vorhanden. Die Akustik eines Raumes soll – abgesehen von der Bedeutung der Nachhallzeit – jedem Zuhörer neben einer deutlich wahrnehmbaren ersten Wellenfront (zur Förderung der Durchsichtigkeit und Verständlichkeit in schnellen Passagen und bei Sprache) einen ausgewogenen Raumeindruck ohne auffällige Klangverfärbungen bieten. Der vom Klangkörper abgestrahlte Direktschall wird meist durch entsprechende Deckengestaltung über dem Podium zum Publikum reflektiert und dadurch verstärkt (↗Echo); eine gleichmäßige, in der Summierung ungerichtete Verteilung der den Nachhall bildenden Reflexionen wird durch gezielte Gestaltung der Absorptionseigenschaften der Wände und eventuell durch Anbringung von Reflektoren verschiedenster Gestalt erreicht. Es gibt zwar keine technische Definition für den Grad der D., so wie die Wertung aller raumakustischen Parameter letztlich von der Erfüllung programmabhängiger oder subjektiver Bedürfnisse bestimmt ist, doch läßt sich von einer guten D. immer dann sprechen, wenn der Nachhallverlauf an jedem interessierenden Platz eines Raumes frei ist von auffälligen Klangverfärbungen und einzeln wahrnehmbaren Reflexionen.

DILETTANT ↗Kenner und Liebhaber.

DILLIGER (Dillinger), **Johann,** * 30. 11. 1593 Eisfeld (Franken), † 28. 8. 1647 Coburg; dt. Komponist. D. war zwischen 1611 und 1618 vermutlich Schüler von M. Praetorius in Magdeburg. Später studierte er Theologie in Wittenberg und war dort Kantor der Schloßkirche. 1625 ließ er sich in Coburg nieder, wo er noch 1634 als Diakon und Prediger nachweisbar ist. Er schrieb ausschließlich geistliche Musik für Kirche und Haus, meist ohne Basso continuo.

WW (die Slgen. sind alle in Coburg erschienen): *Musica votiva, Deo sacra* für 2–5 St., 2 Teile (1622 u. 1629); *Musica Christiana-Cordialis-Domestica, oder Christliche Hauß und Hertzens Musica* für 2–4 St. (1625, NA 1630); *Neues geistliches musicalisches Lustgärtlein* für 2–4 St. u. B.c. (1626) (= RISM 1629^9); *Musica Oratoria et Laudatoria, oder Bet und Lob Musica* für 3–5 St. (1630); *Musica Poenitentiaria et Consolatoria, oder Buß und Trost Musica* für 3–8 St. (1630); *Musica Thanatobuleutica et Excitatoria, oder Bedachtsame Auffmunterungs und Sterbens Musica* für 3–8 St. (1631); *Musica Christiana Castrensis, oder Christliche Heer und Feld-Musica* für 4 St. (1632) (unvollständig erhalten); *Musica Concertiva, oder Schatzkämmerlein Neuer Geistlichen … Concerten* für 1–15 St. u. B.c. (1632) (= RISM 1632^2); *Prodromus Musicae Christianae Scholasticae & Academicae, oder Vortrab der Christlichen Schüler und Studenten Musica* für 4–5 St. (1633) (unvollständig erhalten); *Musica Christiana Valedictoria* für 3 St. (1642) (unvollständig erhalten); im Druck erschienen auch mehrere Gelegenheitsgesänge.

Lit.: H. TRÜMMLER, J. D. 1593–1647, Kantor in Wittenberg u. Coburg (Diss. Hl 1941) (mit Werke-Verz.); O. WESSELY, Ein unbekannter Kasualgesang v. J. D., in: Mf 8 (1955).

DIMA, Gheorghe, * 28. 9. (10. 10.) 1847 Kronstadt (Brașov), † 4. 6. 1925 Klausenburg (Cluj); rumänischer Komponist und Dirigent. D. studierte zunächst am Polytechnikum in Karlsruhe, wandte sich dann der Musik zu und wurde am Leipziger Konservatorium Schüler von S. Jadassohn und C. Reinecke. Nach Rumänien zurückgekehrt, wirkte er als Musikpädagoge und Chorleiter in Kronstadt und Hermannstadt (Sibiu). Seit 1919 leitete er das Konservatorium in Klausenburg. D. ist vor allem als Komponist von Chorwerken und Liedern hervorgetreten und gilt als einer der Begründer des rumänischen Liedes.

Lit.: Z. VANCEA, Locul și rolul lui G. D. în muzica româneasca – la împlinireă a 125 de ani de la mașteres sa, in: Muzica 22 (1972).

DIMINUENDO (it., = abnehmend, leiser werdend; Abk.: dim., dimin.), Vortragsbezeichnung, synonym mit *decrescendo*. – ↗crescendo, decrescendo.

DIMINUTION (von lat. diminutio = Verkleinerung). – **1)** In der Mensuralnotation eine besondere Art der Notierung einer Stimme, die dadurch charakterisiert ist, daß an Stelle des notierten Wertes bei der Ausführung der nächstkleinere Wert tritt (der umgekehrte Vorgang, daß der nächstgrößere Wert gemeint ist, heißt ↗Augmentation). Am häufigsten findet sich eine Reduktion auf die Hälfte (Proportio dupla) und auf ein Drittel (Proportio tripla) des notierten Wertes (↗Proportion). Im Notentext wird die D. in der Regel durch die entsprechenden Zahlen nach dem Mensurzeichen oder durch einen senkrechten Strich durch das Mensurzeichen angezeigt, z. B. C 2, C^{2}_{1} oder ¢ für die Proportio dupla, C 3 oder C^{3}_{1} für die Proportio tripla im Tempus imperfectum. Das Verfahren der D. erscheint erstmals in der Motette des 14. Jh., wo häufig eine Tenormelodie solchermaßen diminuiert wiederholt wird, und ist später vor allem in der Cantus-firmus-Messe des 15. und 16. Jh. gebräuchlich, und zwar nicht nur auf den Tenor beschränkt. Die D. gehört zur Kanontechnik dieser und der folgenden Zeit. Sie wird auch in der Fugenkomposition verwendet, und zwar meist so, daß in der ↗Engführung das Fugenthema in seinen Notenwerten um die Hälfte verkürzt wird, z. B. in der Fuge E-Dur des *Wohltemperierten Claviers II* von J. S. Bach und in *Contrapunctus VI* und *VII* der *Kunst der Fuge,* wo das Thema gleichzeitig in seiner ursprünglichen, diminuierten und augmentierten Gestalt erklingt. – **2)** Bz. für ein besonders im 17. Jh. gebräuchliches Verfahren, die Melodie eines Vokal- oder Instrumentalstückes zu verzieren. Der Terminus wurde allgemein synonym mit ↗Kolorierung und ↗Figuration verwendet (↗Verzierungen). D. bezeichnet hier die meist improvisierte Zerlegung der Gerüsttöne einer Melodie in Gruppen von mehreren Noten (Bildung von Durchgangsnoten, Arpeggien u. a. Auszierungen).

Lit.: **Zu 1):** W. APEL, Die Notation der polyphonen Musik 900 bis 1600 (L 1962). – **Zu 2):** H. FEDERHOFER, Die D. in den Klavierwerken von Chopin u. Liszt, in: Studia musicologica 5 (Budapest 1963); It. D.en. Die zw. 1553 u. 1638 mehrmals bearb. Sätze, hrsg. v. R. ERIG – V. GUTMANN (Z 1979) (= Prattica musicale 1). – ↗Kolorierung, ↗Verzierungen.

DIMMLER (Dimler, Dümler), deutsche Musikerfamilie. – **Franz Anton,** * 14. 10. 1753 Mannheim, † 7. 2. 1827 München. Als Schüler von Joseph Ziwini wirkte er 1767–78 als Hornist im kurpfälzischen Orchester zu Mannheim. Mit dem Umzug der Residenz ging er 1778 nach München, wo er seit 1784 als Kontrabassist angestellt war. Schon 1775 nahm er Kompositionsunterricht bei G. J. Vogler. In Mainz und München veröffentlichte er 2 Bde. Streichtrios *(Drei angenehme und leichte Terzette)* für 2 Violinen und Baß. Außer einzelnen

Streichquartett-Sätzen und zwei Violinkonzerten (1793) sind seine Konzerte für Flöte, für Oboe, Horn, Klarinette und Klavier verschollen, ebenso seine etwa 185 Ballettmusiken und die für München geschriebenen Singspiele *Der Guckkasten* (1794/97), *Ritterliebe* (Bühnenmusik, 1796), *Die Schatzgräber* (1798), *Die Zobeljäger*. – Seine Brüder **Joseph** (* 1761?, † 13. 10. 1783 München?) und **Gerhard** sind schon vor dem Residenzwechsel in Mannheim als Hornist bzw. Flötist nachweisbar, danach beide in München. – **Anton** (* 24. 4. 1783 München), Sohn von Fr. A. D., trat mit dem Klarinettenkonzert seines Vaters 1795 erstmals vor das Münchener Publikum.

Lit.: F. J. LIPOWSKY, Baierisches Musik-Lexikon (Mn 1811); F. WALTER, Gesch. des Theaters u. der Musik am kurpfälzischen Hofe (L 1898); H. RIEMANN, Einleitung, in: DTB 16/2 (1915) (mit thematischem Verz. der Kammermusik-WW).

R. WÜRTZ

DIOMEDES CATO ↗Cato.

DIONYSOS, Bakchos, lat. **Bacchus,** Gottheit der griechischen Mythologie. D., Sohn des Zeus und der Semele, wurde von den alten Griechen als Naturgottheit, vor allem als Weingottheit verehrt und galt ihnen als Symbol für den Rhythmus des Werdens und Vergehens in der Natur. Sein Kult, vor allem in der Provinz Attika verbreitet, kam im 8. Jh. v. Chr. vermutlich aus Thrakien und Kleinasien nach Griechenland und bestand aus nächtlichen, nur Frauen vorbehaltenen Mysterienfeiern unter dem Schutze Apollons. Als Begleiter des D. traten Silenen und Mänaden auf, die zum Klang von Doppelaulos, Schellen, Tambourin und Barbitos tanzten. Platon, Pindar und Aristoteles führten den ↗Dithyrambos auf den D.-Kult zurück. – Zum Begriffspaar „apollinisch-dionysisch“: ↗Apollon.

Lit.: W. F. OTTO, D., Mythos u. Kultus (1933, Da ^{3}1960); M. WEGNER, Das Musikleben der Griechen (B 1949); H. JEANMAIRE, D. Histoire du culte de Bacchus (P 1951); K. KERÉNYI, Die Herkunft der D.-Religion nach dem heutigen Stand der Forsch. (Kö 1956); M. P. NILSSON, The Dionysiac Mysteries of the Hellenistic and Roman Age (Lund 1957); C. VON WESTERNHAGEN, Nietzsches D.-Mythos, in: NZfM 119 (1958); K. KERÉNYI, Der frühe D. (Oslo 1961); M. VOGEL, Apollinisch u. Dionysisch. Gesch. eines genialen Irrtums (Rb 1966) (= Stud. zur Musikgesch. des 19. Jh., 6).

DIPLE (etymologisch vermutlich mit „doppelt“ zusammenhängend), auf dem Balkan Bz. für eine Gruppe von Blasinstrumenten mit Aufschlagzungen, die in zwei engparallele Röhren eingesteckt werden. Diese können in ein Stück Holz gebohrt sein oder aus zwei getrennten, zusammengebundenen Holzröhren bestehen. Die Röhren haben gleiche Länge und eine gleiche (dann meist je sechs) oder eine ungleiche Anzahl von Grifflöchern, die so parallel nebeneinander gebohrt sind, daß der Spieler mit einem Finger auf beiden Pfeifen je ein Loch decken kann. Sie enden meist in einem gemeinsamen Hornschallstück oder in einem entsprechend konischen Holzschalltrichter. Als D. werden sowohl mit dem Mund direkt angeblasene Instrumente bezeichnet, die manchmal auch nur aus einer einzelnen Pfeife bestehen, als auch Sackpfeifen mit der entsprechenden Pfeifenanordnung. Letztere sind in Istrien und Dalmatien auch als *Mih* oder *Mišnice* bekannt. Instrumente mit der Bz. D. finden sich am häufigsten in Kroatien, Bosnien, Montenegro, Albanien, in der Herzegowina und in Dalmatien.

Lit.: P. BRÖMSE, Flöten, Schalmeien u. Sackpfeifen Südslawiens (Brünn – Pr – L – W 1937) (= Veröff. des musikwiss. Inst. der dt. Univ. Prag 9); A. BAINES, Bagpipes (O ^{2}1973); Tradicijska Narodna Glazbala Jugoslavije, hrsg. v. J. BEZIĆ – M. GAVAZZI u. a. (Zagreb 1975).

M. BRÖCKER

DIRECTANEUS, Cantus directaneus (lat.), ↗Psalmodie.

DIRECTOR MUSICES (lat.), ↗Musikdirektor.

DIRGE (engl.), seit dem 16. Jh. in England gebräuchliche Bz. für die zu Begräbnisfeierlichkeiten komponierte, meist vokale Musik, auch Bz. für Klagelieder allgemein. Der Name D. geht auf den Anfang der die I. Nokturn des Totenoffiziums eröffnenden Antiphon *Dirige Domine Deus meus*... zurück. In neuerer Zeit findet sich die Bz. u. a. bei I. Strawinsky (*In Memoriam Dylan, Thomas, D.-Canons and Song,* 1954) und B. Bartók (*For Children II,* Nr. 38, 1945).

DIRIGENT, Dirigieren (von lat. dirigere = lenken, leiten; engl.: conductor, to conduct; frz.: chef d'orchestre, diriger, conduire; it.: direttore, dirigere; span.: director, dirigir). Der D. koordiniert und leitet ein Ensemble (Orchester, Chor) durch Handbewegungen, mit denen er den Ausführenden das Tempo, den Takt und die rhythmischen Akzente durch gleichmäßigen Taktschlag angibt, und vermittelt darüber hinaus den Musikern seine künstlerischen Intentionen durch bestimmte Gesten und durch erläuternde Absprache in den Proben. Die rechte Hand schlägt den Takt in den Dirigierfiguren, die sich graphisch etwa folgendermaßen darstellen lassen:

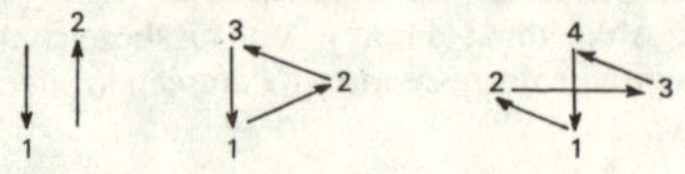

Zweierschlag   Dreierschlag   Viererschlag

Die betonte erste Taktzeit wird durch einen Abwärtsschlag angegeben, während die weniger betonten Zeiten (vor allem der Auftakt) in der Regel in Aufwärtsrichtung geschlagen werden. Die Schläge richten sich nach dem Tempo. Als Grundregel gilt: ein Schlag pro Taktzeit, der jedoch in langsamen Sätzen in zwei oder mehr Schläge pro Taktzeit (sog. Zwischenschläge; z.B. in einem Adagio im 4/4-Takt 8 Schläge pro Takt) unterteilt wird. In schnellen Sätzen können mehrere Zeiten zu einem Schlag zusammengefaßt werden (z.B. in einem Allegro im 6/8-Takt genügen zwei Schläge auf je drei Achtel pro Takt; im 9/8-Takt drei Schläge auf je drei Achtel pro Takt usw.). Die Bewegungen werden im allgemeinen unter Zuhilfenahme eines Taktstocks verdeutlicht. Ohne Taktstock dirigiert der D. vor allem a-cappella-Musik. Durch kleinere oder größere Bewegungen kann er zugleich Nuancen angeben, etwa p und f oder crescendo und decrescendo. Durch Änderung der Richtung, scharfe oder abgerundete Schläge kann er überdies die Artikulation und den Charakter eines Stückes beeinflussen: etwa legato, staccato, tenuto, marcato spielen oder singen lassen. Besonders wichtig ist der dem ersten Ton eines Stücks vorangehende erste Schlag, der gelegentlich Auftakt genannt wird und der den Ausführenden bereits das Tempo angibt (in diesem Sinne nicht mit dem ↗Auftakt als realem Notenwert zu verwechseln, mit dem ein Musikstück auf unbetonter Taktzeit beginnt). Während die rechte Hand hauptsächlich den Takt schlägt, ist die linke Hand frei, um Intensitäts- und Stärkegrade anzugeben und um den musikalischen Verlauf einer Phrase oder auch agogische Nuancen anzuzeigen; häufig gibt der D. mit der linken Hand die Einsätze. Die Unabhängigkeit beider Hände ist eine wichtige Voraussetzung des Dirigierens. Doch stellen diese Bewegungen nicht die einzige Verbindung zu den Ausführenden her. Haltung, Blick des D., seine Mimik, das gesamte Verhalten, das gespannt oder entspannt sein kann, haben Einfluß auf die Musiker.
Der Beruf des D.en setzt eine vielseitige Ausbildung voraus. Von ihm werden solide Kenntnisse in Theorie und Praxis gefordert, Vertrautheit mit den Stilen verschiedener Epochen und Komponisten, Sinn für musikalische Analyse, Fähigkeit in Menschenführung und Organisation. Der Chor-D. muß mit den spezifisch vokalen Problemen wie Stimmbildung, Aussprache und Intonation vertraut sein. Der Theater-D. hat die oft schwierige Aufgabe, Sänger, Chor und Ballett auf der Bühne mit dem Orchester zu koordinieren. Bisweilen führt er auch Regie oder korrepetiert mit den Sängern. Seit A. Toscanini und der pädagogischen Pionierarbeit H. Scherchens ist heute eine Dirigentenausbildung gewährleistet, die den Anforderungen der Zeit gerecht wird. Grundsätzlich kann man zwischen zwei Typen des D. unterscheiden: zwischen dem intensiven Probenarbeiter, der während der Aufführung nur noch aufmerksamer Kontrolleur ist, und dem D., der mehr der Eingebung des Augenblicks vertraut.
Bei Aufführungen von Werken älterer Musik erfolgt die Koordination des Zusammenspiels meist nicht durch einen D.en, sondern – in Anlehnung an Praktiken früherer Zeiten – durch einen Solisten (etwa vom Cembalo aus) oder den ↗Konzertmeister. Bei kleineren kammermusikalisch besetzten Ensembles ist ein D. überflüssig. Hier koordiniert an schwierigeren Stellen oder bei Einsätzen und Schlüssen einer der Interpreten von seinem Platze aus (z.B. im Streichquartett der 1. Geiger).
Im Mittelalter war Dirigieren im heutigen Sinn nicht üblich. Als eine Art Vorform des Dirigierens kann die sog. ↗Cheironomie betrachtet werden, bei der durch Handzeichen bestimmte Tonstufen bzw. Intervalle angegeben wurden. Die Komplizierung der musikalischen Faktur in der Mensuralmusik, die größer besetzten Chöre und die Entwicklung der Kapellen im 15. Jh. führten zu der Notwendigkeit, die Musiker durch präzise Zeichengebung zu koordinieren. Hierzu diente der Tactus, der zugleich einen Nieder- und Aufschlag (depressio, elevatio) der Hand bezeichnet. Er regelte die mensurale bzw. rhythmische Zusammenordnung bei der Ausführung.
Im Zeitalter des Barock wurde der Kapellmeister häufig vom Konzertmeister (1. Violinist) unterstützt. Der am Cembalo den Generalbaß ausführende „Maestro al cembalo" oder „Maestro di capella" hatte grundsätzlich eine ähnliche Funktion wie heute der vor dem Orchester stehende Dirigent. Ein anschauliches Bild, wie etwa J. S. Bach die Musik leitete, vermittelt ein Bericht des damaligen Rektors der Leipziger Thomasschule, Johann Matthias Gesner: „Wenn Du ihn sähest, sag ich, wie er... nicht etwa nur eine Melodie singt... und seinen eigenen Part [am Instrument] hält, sondern auf alle zugleich achtet und von 30 oder gar 40 Musizierenden diesen durch ein Kopfnicken, den nächsten durch Aufstampfen mit dem Fuß, den dritten mit drohendem Finger zu Rhythmus und Takt anhält, dem einen in hoher, dem anderen in tiefer, dem dritten in mittlerer Lage seinen Ton angibt; wie er ganz allein mitten im lautesten Spiel der Musiker, obwohl er selbst den schwierigsten Part hat, doch sofort merkt, wenn irgendwo etwas nicht stimmt; wie er alle zusammenhält und überall abhilft und wenn es irgendwo schwankt, die Sicherheit wiederherstellt; wie er den Takt in allen Gliedern fühlt; die

Harmonien alle mit scharfem Ohre prüft, allein alle Stimmen mit der eigenen begrenzten Kehle hervorbringt.“ Werke mit großer Besetzung (z.B. Opern und geistliche Musik) wurden mit einem großen Stock geleitet, mit dem man auch auf den Boden schlug (z.B. in der Pariser Oper), um so den Takt anzugeben, oder mit einer Notenblattrolle.
Seit dem Ende des 18. und dem Beginn des 19. Jh. dirigierte man häufig noch mit dem Violinbogen, aber bereits auch mit dem Taktstock, wie wir ihn heute kennen. Sehr oft führte der Komponist noch selbst seine Werke auf. Im Laufe des 19. Jh. schließlich wurden Berufsdirigenten mit der Orchesterleitung betraut. Durch R. Wagner, dessen Schrift *Über das Dirigieren* (1869) in mancher Hinsicht wegweisend wurde, und die in seiner Tradition wirkenden D.en H. von Bülow, H. Richter, H. Levi, K. Muck, F. Mottl, G. Mahler, R. Strauss und F. von Weingartner erreichte der Dirigentenberuf ein besonderes Ansehen.
Werke der neuesten Musik erfordern statt der traditionellen Schlagtechnik oft eine neue Zeichengebung. Beispielsweise werden in Partituren ohne Takteinteilung vom D.en Kreisbewegungen verlangt, die die Musiker ähnlich wie auf einer Uhr zu lesen haben. Häufig wechselt das Zeichenrepertoire von einem Stück zum andern. Für die verschiedenen Arten des Vortrags, Intensitätsgrade, improvisatorische Einschübe usw. wurden optische Signale erfunden. Nicht selten muß sich der D. eigene Zeichen ausdenken. Dann ist jedoch eine Absprache zwischen ihm und den Musikern unabdingbar. Einige Werke der Avantgarde fordern sogar mehrere D.en (z. B. bei Simultankonzerten). Indes wurde in London bereits 1784 ein Konzert veranstaltet, bei welchem dem an der Orgel sitzenden Gesamtleiter 9 „Direktionsgehilfen“ zur Seite gestanden haben sollen, die den 525 Mitwirkenden Zeichen und Winke gaben.

Lit.: H. BERLIOZ, L'art du chef d'orchestre, in: Grand Traité d'instrumentation ... (P ²1856), dt. Übers.: Die Kunst des Dirigierens (Heilbronn ⁶o.J.); R. WAGNER, Über das Dirigieren (L 1869); E. M. E. DELDEVEZ, L'art du chef d'orchestre (P 1887); M. KUFFERATH, L'art de diriger l'orchestre (Bru 1891); J. PEMBAUR, Über das Dirigieren (L 1892); F. WEINGARTNER, Über das Dirigieren (B 1895); H. EHRLICH, Die Virtuosen auf dem Orchester, in: Modernes Musikleben (B 1895); A. CHYBIŃSKY, Beiträge zur Geschichte des Taktschlagens (L 1912); G. SCHÜNEMANN, Gesch. des Dirigierens (L 1913, Nachdr. Hil–Wie 1965); C. KREBS, Meister des Taktstocks (B 1919); A. BOULT, A Handbook of the Technique of Conducting (Lo 1921, ²1949); A. CARSE, Orchestral Conducting (Lo 1929); C. SCAGLIA, Guida alto studio della direzione d'orchestra (Mi 1929); H. SCHERCHEN, Lehrbuch des Dirigierens (L 1929, Mz ²1956, engl. Lo 1933); K. THOMAS, Lehrbuch der Chorleitung, 3 Bde., I–II (L 1935), III (1948), NA I–III (Wie 1961); A. LUALDI, L'arte di dirigere l'orchestra (Mi 1940); D. BROOK, Conductor's Gallery (Lo 1947); D. E. INGHELBRECHT, Le chef d'orchestre et son équipe (P 1949); M. RUDOLF, The Grammar of Conducting (NY 1950); K. BLAUKOPF, Große D.en (St. Gallen 1950); F. PREVITALI, Guido allo studio della direzione d'orchestra (R 1951); F. GOLDBECK, Le parfait chef d'orchestre (P 1952); M. WOLSCHKE, Der Weg zum Schul- u. Jugendorch. (Mz 1952); F. HERZFELD, Magie des Taktstocks (B 1953); CH. MÜNCH, Je suis chef d'orchestre (P 1954), dt. Übers.: Ich bin D. (Z 1956); H. ZERASCHI, Das Orch. (L 1954); H. W. VON WALTERSHAUSEN, Die Kunst des Dirigierens (B ²1954); B. CROSBAYNE, Techniques of Modern Orchestral Conducting (C/M–Lo 1956); M. BOWLES, The Art of Conducting (NY 1959); G. LENZEWSKI, Ratgeber für die Leitung eines Streichorch. (Kö 1959); H. DIESTEL, Ein Orch.-Musiker über das Dirigieren (Wilhelmshaven ²1960); M. BOWLES, The Conductor (Lo 1961); F. BUSCH, Der D. (1961); A. BOULT, Thoughts on Conducting, dt. Übers.: Zur Kunst des Dirigierens (Mn 1965); E. ANSERMET – G. KEHR – R. KUBELIK, Der D. (Z 1965); G. HAUSSWALD, Dirigieren. Bild u. Schrift (B 1965); G. PÖSSIGER, Die großen Sänger u. D.en (Mn 1968) (mit Diskographie); S. BORRIS, Dirigieren. Die sichtbare Kunst der Klangdeutung (H 1969); H. C. SCHONBERG, Die großen D.en. Eine Gesch. des Orch. u. der berühmtesten D.en v. den Anfängen bis zur Gegenwart (Be 1970); W. ROSENBERG, Dirigieren. Macht zw. Kult u. Attitüde, in: Verwaltete Musik, hrsg. v. U. Dibelius (Rb 1971); C. DAHLHAUS, Zur Gesch. des Taktschlagens im frühen 17. Jh., in: Studies in Renaissance and Baroque Music. FS A. Mendel (Kas 1974); TH. MÖLICH, Praxis der Orch.-Probe (F–Lo 1975); E. VOSS, Die D.en der Bayreuther Festspiele (Rb 1976).

DIRTY TONES (engl.; dt. = schmutzige Töne), emphatische Intonationsweise in der afrikanischen und afroamerikanischen Musik zur Artikulation starker innerer Erregung. D. t. entstehen, indem der Sänger die im oberen Brustraum gestaute Atemluft durch den nicht ganz geöffneten Kehlverschluß nach außen preßt. Der sehr kräftige Ton klingt unrein und wird häufig noch durch Kehlkopfvibrato verstärkt. – In der afroamerikanischen Musik wurde diese Intonationsform auch auf Instrumente übertragen und prägte das Timbre der ↗*Hot-Intonation* in fast allen Gattungen wie ↗Blues, ↗Jazz, ↗Worksong, ↗Negro Spiritual. Auch im Jazzgesang (↗Shout, ↗Scat) blieb sie konstitutiv. – Der musiksprachliche Charakter der D. t. wurde häufig mißverstanden und diente zur oft böswilligen, karikierenden Nachahmung afroamerikanischer Musiker und deren Musizierweisen, etwa in der *Minstrelsy*.

DIRUTA (eig. Mancini), **Girolamo,** OFM, * 1561 (um 1550?) Deruta bei Perugia; it. Organist und Komponist. D. trat 1574 in Correggio in den Franziskanerorden ein, wurde später Schüler von Cl. Merulo, C. Porta und G. Zarlino in Venedig und war dort bis 1593 Organist an S. Maria dei Frari. 1594 wurde er Domorganist in Chioggia, 1609 in Gubbio. D. ist der Verfasser einer Lehrschrift für das Spiel auf Tasteninstrumenten *Il Transilvano* (2 Teile, V 1593 u. 1609, mehrere spätere Auflagen). Der Titel spielt an auf den Widmungsträger, den musikliebenden Fürsten Sigismund Bathory von Transilvanien (= Siebenbürgen). Das in Dialogform geschriebene Werk ist das früheste Zeugnis für eine unterschiedliche Behandlung des Orgelspiels gegenüber dem Clavichord- und Cembalospiel. Es enthält im 1. Teil spieltechnische Anweisungen sowie eine Sammlung von Tokkaten, im 2. Teil einen Traktat über die Praxis des Intavolierens und des Diminuierens und eine Sammlung von Hymnen in den 12 Modi. Als Komponisten sind vertreten u. a. Cl. Merulo, A. Gabrieli, A. Banchieri und D. selbst. D. veröffentlichte ferner eine Sammlung von 5st. Antiphonen (V 1580), die jedoch nur unvollständig erhalten ist.

Ausg.: *Il Transilvano*, Faks. der Ausg. V 1612–22 (Bol 1970) (= Bibl. musica Bononiensis, II/33); Toccaten u. Ricercare für Org., hrsg. v. E. KRAUS (Rb 1976) (= Cantantibus organis 18).

Lit.: C. KREBS, G. D.s Transilvano, in: VfMw 8 (1892); O. KINKELDEY, Org. u. Klv. in der Musik des 16. Jh. (L 1910, Nachdr. Hil – Wie 1968); G. PANNAIN, Le origini e lo sviluppo dell'Arte pianistica in Italia dal 1500 al 1730 (Neapel 1917); E. HARASZTI, S. Bathory... et la musique italienne d'après un manuscrit de 1595 de la Bibl. Nat. de Paris, in: RM 12 (1931); DERS., Les rapports italo-transylvains de Il Transilvano de G. D., in: FS L. de la Laurencie (P 1933); F. BRIGANTI, Il primo libro dei „Contrappunti" di G. D., in: Perugia (1950) Nr. 6; Z. FALVY, D. – Il Transilvano, in: Studia Musicologica 11 (1969).

DISCANTUS (lat.). – **1)** Im Mittelalter Bz. für eine besondere Form improvisierter wie artifizieller Mehrstimmigkeit. Schon bei Guido von Arezzo bezeichnet das Wort „discantus" – in seiner Bedeutung als „Auseinandergesang" eine Analogiebildung zum griechischen Dissonanzbegriff ↗Diaphonia (= „Auseinanderklang") – eine besondere Art der Mehrstimmigkeit, die gegenüber dem ausschließlich mit den antiphonen und paraphonen Intervallen (Oktave, Quinte, Quarte) arbeitenden Parallelorganum (Anonymus Lafage 355; ↗Organum) im wesentlichen durch einen syllabischen Satz Note gegen Note oder Melisma gegen Melisma gekennzeichnet ist, in möglichst stufenweiser Gegenbewegung unter Beachtung der perfekten Stützklänge und von dazwischen erlaubten imperfekten Durchgängen. Diese Prinzipien wurden vor allem im improvisierten D. *(d. ex improviso, d. simplex, d. supra librum, déchant sur le livre)* beibehalten, der als einfacheres Gegenstück zur sich rasch entwikkelnden kunstvollen Mehrstimmigkeit vor allem abseits von deren Zentren fortlebte und noch im 17. Jh. als *contrapunctus simplex, contrapunctus alle mente, Sortisatio* beschrieben wird. Eine besondere Art ist der von M. Bukofzer so genannte, vor allem auf transponierenden Leseweisen des Tenors beruhende *Englische Diskant.* Auch innerhalb der artifiziellen Entwicklung hat der D. stets die Prinzipien des „einträchtig-auseinanderklingenden" Nebeneinanders von Konsonanz und Dissonanz in der Bewegung sämtlicher beteiligter Stimmen beibehalten (z. B. St-Martial, *Codex Calixtinus*). Besonders das Prinzip des parallelen Bewegungsablaufs brachte ihn in der ↗Notre-Dame-Schule und in Verbindung mit der aufkommenden Modalrhythmik (↗Modus) zu größter Bedeutung: in der konsequenten Durchrhythmisierung sämtlicher Stimmen trat er dem (zunächst noch nicht-modalen) Organum und der (nur im Duplum modalrhythmischen) ↗Copula entgegen und durchdrang diese im Laufe des 13. Jh. derart, daß die Unterschiede allmählich verschwanden. Auf dieser kompositorischen Basis wurden in der Praxis der französischen ↗Ars antiqua und ↗Ars nova ↗Motette und ↗Kantilenensatz, im italienischen ↗Trecento u. a. ↗Madrigal und ↗Ballata entwickelt; in der Theorie führte der D. zur Ausbildung des ↗Kontrapunkts. R. FLOTZINGER

2) Discant oder **Diskant,** seit dem 16. Jh. vor allem in Deutschland (und synonym mit ↗Cantus, ↗Superius, ↗Sopran) Bz. für die höchste Stimme eines mehrstimmigen Vokalsatzes. Sie wurde meist von Knaben ausgeführt, die noch zur Zeit von J. S. Bach Diskantisten hießen. – **3)** Diskant bezeichnet, ähnlich wie ↗Sopran, in Verbindung mit einem Instrumentennamen das Instrument mit der höchsten Tonlage einer Instrumentenfamilie, z. B. D.-Posaune, D.-Viola.

Quellen-Ausg. und Lit.: **Zu 1):** GERBERT Scr.; E. DE COUSSEMAKER, Histoire de l'harmonie au Moyen Age (P 1852); Anonymus, hrsg. v. J. A. DE LAFAGE, in: Essais de diphtérographie musicale (P 1864, Nachdr. A 1964); An Anonymous Treatise from St. Martial, hrsg. v. A. SEAY, in: Ann. Mus. 5 (1957); H. RIEMANN, Gesch. der Musiktheorie im 9.–19. Jh. (B ^{2}1920); H. BESSELER, Stud. zur Musik des MA, in: AfMw 7 (1925) bis 8 (1926); P. WAGNER, Ein versteckter D., in FS J. Wolf (B 1929); J. HANDSCHIN, Der Organum-Traktat v. Montpellier, in: FS G. Adler (W – L 1930); M. BUKOFZER, Gesch. des engl. Diskants u. des Fauxbourdons (Str 1936, Nachdr. Baden-Baden 1973); TH. GEORGIADES, Engl. Diskanttraktate aus der 1. Hälfte des 15. Jh. (Mn 1937); J. CHAILLEY, Histoire musicale du Moyen Age (P 1950, ^{2}1970); R. VON FICKER, Zur Schöpfungsgesch. des Fauxbourdon, in: AML 23 (1951); W. G. WAITE, D., Copula, Organum, in: JAMS 5 (1952); E. APFEL, Der Diskant in der Musiktheorie des 12. bis 15. Jh. (Diss. Hei 1953); DERS., Stud. z. Satztechnik der ma. engl. Musik, 2 Bde. (Hei 1959); L. A. DITTMER, An English Discantuum Volumen, in: MD 8 (1954); S. W. KENNEY, „English Discant" and Discant in England, in: MQ 45 (1959); F. ZAMINER, Der Vatikanische Organum-Traktat (Ottob. lat. 3025) (Tutzing 1959); R. L. CROCKER, D., Counterpoint and Harmony, in: JAMS 15 (1962); E. H. SANDERS, Cantilena and Discant in 14th-Century England, in: MD 19 (1965); R. FLOTZINGER, Der Discantussatz im Magnus liber u. seiner Nachfolge (W 1969); K.-J. SACHS, Zur Tradition der Klangschritt-Lehre. Die Texte mit der Formel „Si cantus ascendit..." u. ihre Verwandten, in: AfMw 28 (1971); JOHANNES DE GARLANDIA, De mensurabili musica, hrsg. v. E. Reimer, 2 Bde. (Wie 1972) (= Beihefte

z. AfMw, 10–11); S. FULLER, An Anonymous Treatise „dictus de Sancto Martiale". A New Source for Cistercian Music Theory, in: MD 31 (1977); DERS., Discant and the Theory of Fifthing, in: AMl 50 (1978). R. FLOTZINGER

DISCORDANTIA (lat.), ↗Concordantia und Discordantia.

DISDIAPASON (griech., = zweimal durch alle), Bz. für die doppelte Oktave. – ↗Diapason.

DISKANT ↗Discantus.

DISKANTSCHLÜSSEL ↗Notenschlüssel.

DISKOGRAPHIE ↗Schallplattenverzeichnis.

DISKOTHEK (frz.: discothèque; engl.: discotheque; Analogiebildung zu Bibliothek; von griech. diskos = Scheibe). – **1)** Vor allem im frz. Sprachgebrauch Bz. für Schallplattensammlung. Im dt. Sprachgebrauch ist dafür die Bz. ↗Phonothek üblicher. – **2)** Meist von Jugendlichen besuchtes Lokal, in dem Musik von Schallplatten oder vom Tonband, häufig zum Tanzen, dargeboten wird. Auswahl und Reihenfolge der Musikstücke werden in größeren D.en manchmal durch einen sog. Diskjockey festgelegt und in einer Art Conférence präsentiert.

DISPOSITION (von lat. disponere = anordnen; engl.: specification; frz.: composition; it.: disposizione; span.: disposición), der Aufbauplan einer Orgel – seltener eines anderen Tasteninstruments (Cembalo, Harmonium) –, der alle wichtigen Daten enthält: die Namen und Fußtonzahlen sämtlicher Register, angeordnet nach ihrer Verteilung auf die einzelnen Klaviaturen (Manuale, Pedal) bzw. auf die diesen zugeordneten Teilwerke (Hauptwerk, Rückpositiv, Oberwerk, Schwellwerk, Pedal usw.). Die D. enthält außerdem folgende Angaben: Erbauer, Baujahr des Instruments, Umfang der Klaviaturen, Spielhilfen (Koppeln, Kombinationen, Absteller usw.), Laden- und Traktursystem. Als Muster einer umfassenden D. diene die folgende, die zugleich ein typisches Beispiel für die D. einer deutschen Dorforgel an der Wende vom 19. zum 20. Jahrhundert ist:

Orgel der Evangelischen Kirche Breitenberg/Holstein, erbaut 1900 von Wilhelm Sauer, Frankfurt/Oder

Hauptwerk (I. Manual)		**Schwellwerk** (II. Manual)	
Bordun	16′	Geigenprinzipal	8′
Prinzipal	8′	Gedackt	8′
Flute	8′	Aeoline	8′
Gemshorn	8′	Voix céleste	8′
Oktave	4′	Flaute dolce	4′

Cornett 3–4fach 2⅔′

Pedal		**Spielhilfen**
Violon	16′	Koppeln II/I, I/P, II/P
Subbaß	16′	Feste Kombinationen:
Oktave	8′	Piano, Mezzoforte, Tutti

Manualumfang: C–f³ Pedalumfang: C–d¹

Kegelladen, pneumatische Traktur

Die Aufstellung der D. für eine neue oder umzubauende Orgel wird in der Regel vom Orgelbauer und einem orgelsachverständigen Organisten gemeinsam vorgenommen. Die Auswahl und Anordnung der Register und Werke, die Entscheidung über Spielhilfen und technische Anlage des Instruments richten sich dabei nach technischen, räumlichen, architektonischen und akustischen wie auch nach musikalisch-künstlerischen und musikpraktischen Gesichtspunkten, oft auch nach den finanziellen Möglichkeiten. Jede D. ist daher durch die jeweilige musikgeschichtliche Situation bestimmt, zeit-, personen- und oft auch landschaftsgebunden. „Allgemein gültige" Dispositionsprinzipien wurden immer wieder aufgestellt, haben sich jedoch stets als dem Wandel unterworfen erwiesen.
Eine D. gibt indes keineswegs erschöpfende Auskünfte über die musikalische und technische Beschaffenheit eines Instruments. Von wesentlicher Bedeutung sind auch Mensuration und Intonation der Register sowie, im Zusammenhang mit den raumakustischen Verhältnissen, der Aufstellungsort und die Anordnung der Teilwerke, in technischer Hinsicht die Qualität von Material und Verarbeitung.

Lit.: C. ELIS, Neuere Orgeldispositionen, 2 Bde. (Kas 1930–32); G. FROTSCHER, Dt. Orgeldispositionen aus fünf Jahrhunderten (Wb 1939); W. SUPPER, Die Orgeldisposition (Kas 1950, ²1977); U. PAPE, Dispositionen zweimanualiger Orgeln, 2 Bde. (Wb 1967–69); W. ADELUNG, Orgeln der Gegenwart (Kas 1972); H. G. KLAIS, Überlegungen zur Orgeldisposition (F 1973). H. J. BUSCH

DISSONANZ (von lat. dissonantia), ↗Diaphonia, ↗Konsonanz und Dissonanz.

DI STEFANO, Giuseppe, * 24. 7. 1921 Motta Sant' Anastasia bei Catania; it. Sänger (Tenor). Nach dem Gesangsstudium bei Luigi Montesanto in Mailand debütierte er 1946 in Reggio Emilia als Des Grieux in J. Massenets *Manon* und hatte schon bald darauf in Bologna großen Erfolg in V. Bellinis *La Sonnambula.* 1946–47 sang er an der Oper in Rom, 1947 erstmals an der Mailänder Scala und 1948 am Metropolitan Opera House in New York, an dem er bis 1956 wiederholt gastierte. Seit 1951 war er Ensemble-Mitglied der Scala. Hier feierte er triumphale Erfolge und war jahrelang der bevorzugte Partner von Maria Callas. Bis in die Mitte der

60er Jahre gastierte er daneben an den bedeutenden Opernhäusern der Welt.

Lit.: H. EGGERS, G. di St. (B 1967).

DISTICHON (griech., = Doppelzeile), zweizeilige Strophe, besonders in der Verbindung von Hexameter und Pentameter.

DISTINCTIO (lat.), in der Kanonistik und in den theologisch-philosophischen Schriften des Mittelalters Bz. für die Unterscheidung bzw. Unterteilung von Begriffen. Im Sinne einer Aufgliederung durch Textzäsuren bezeichnet die D. im Gregorianischen Gesang die damit verbundenen Melodieabschnitte. Die Gliederung wird durch Distinktionsstriche angezeigt (z.B. Comma, Colon, ↗Punctus). Über diese formale Bedeutung hinaus wurden die Distinctiones auch für die modale Zuweisung entscheidend. In diesem Sinne wird die D. wohl zuerst bei Odo von St-Maur (*Dialogus de musica;* Gerbert Scr. I, S. 257) und bei Guido von Arezzo (*Micrologus* XV; vgl. CSM IV, S. 163ff.) genannt. Letzterer macht die Länge der Zäsur von der Stellung der D. innerhalb des Gesamtzusammenhanges abhängig.

DISTLER, Hugo, * 24.6.1908 Nürnberg, † 1.11.1942 Berlin; dt. Komponist, Organist und Chordirigent. Er studierte 1927–31 in Leipzig Orgel bei G. Ramin und Komposition bei H. Grabner. 1931–37 war er Kantor der Jakobikirche in Lübeck, wurde 1937 Professor für Komposition, Orgel und Chorleitung an der Musikhochschule Stuttgart und ging 1940 in gleicher Eigenschaft nach Berlin, wo er 1941 auch die Leitung des Domchors übernahm. Die Nationalsozialisten, die ihn seit 1936 verfemten, betrachteten D. als Repräsentanten einer „entarteten Kunst". Als er 1942 zum Kriegsdienst eingezogen wurde, wählte er in der Nacht des Reformationstages den Freitod. – D. gilt wie E. Pepping als einer der schöpferischen Erneuerer der evangelischen Kirchenmusik in Deutschland. Anknüpfend an die neobarocken Tendenzen der Orgel- und Chorbewegung der 20er Jahre, entwikkelte er einen rhythmisch-melodisch gelockerten, aus dem Wortduktus hergeleiteten Chorstil.

WW: **1) Instr.-WW:** Sonate für 2 Klv., op. 1 (1931); Org.-Partiten u. Choral-Bearb., op. 8 (1933–38); 30 Spielstücke u. Sonate für Org., op. 18 (1936–38); Cembalokonzert, op. 14 (1936); Sonate für 2 V. u. Klv. (1938); 11 kleine Klv.-Stücke (1942). – **2) Vokal-WW:** Doppelchor-Motette *Herzlich lieb hab ich Dich, o Herr,* op. 2 (1931); *Kleine Adventsmusik,* op. 4 (1932), für Sprecher, Chor u. Instr.; 6st. dt. Choralmesse, op. 3 (1932); *Choral-Passion,* op. 5, für 5st. Chor u. 2 Vorsänger (1933); *Die Weihnachtsgeschichte,* op. 10 (1933), für 4st. Chor, Sopran u. 4 Vorsänger; *Neues Chorliederbuch,* op. 16 (1936–38); Mörike-Chorliederbuch, op. 19 (1939); Motette *Nun freut euch, lieben Christen g'mein* (1935); 3st. Motette *Jesus Christus gestern u. heute* (1938). – Kantaten: *Lied am Herde* (1941) für Bar. u. Kammerorch.; *Nun danket all* (1941) für Sopran, Tenor, 4st. Chor u. Instr.; *Kleine Sommerkantate* (1942) für 2 Soprane u. Str.; *An die Natur,* op. 9 (1933) für Sopran, 4st. Chor u. Str.; *Wo Gott zum Haus gibt nit sein Gunst,* op. 11 (1935) für Soli, 4st. Chor u. Instr. – **3) Schriften:** *Funktionelle Harmonielehre* (Kas 1940); ferner Aufsätze in: ZfM (1935), Musica (1947) u. Hausmusik (1952).

Lit.: B. GRUSNICK, H. D.s Choralpassion, in: MuK 5 (1933); F. HAMEL, H. D., in: Melos 12 (1933); W. BLANKENBURG, Neue Kultmusik. Zum Erscheinen der Liturgischen Sätze v. H. D. über altevangelische Kyrie- u. Gloriaweisen, in: MuK 8 (1936); O. SÖHNGEN, Am Grabe H. D.s, in: Musica 3 (1949); W. BIESKE, Die Orgelwerke H. D.s, in: MuK 22 (1952); H. SCHMOLZI, Das Wort-Ton-Verhältnis in D.s Choralpassion, in: Musica 7 (1953); H. BORNEFELD, Schöpferischer Historismus. Zur 50. Wiederkehr v. H. D.s Geburtstag, in: ebd. 12 (1958); B. GRUSNICK, Wie H. D. Jakobiorganist in Lübeck wurde, in: MuK 28 (1958); U. VON RAUCHHAUPT, Die vokale Kirchenmusik H. D.s (Gütersloh 1963); B. GRUSNICK, H. D. u. H. Grabner, in: Musica 18 (1964); F. KESSLER, Merkmale des Distlerschen Orgelstils, in: MuK 34 (1964); L. G. PALMER, H. D. and His Church Music (St. Louis/Mo. 1967); W. D. PRITCHARD, Creative Historicism in the Choral Music of H. D. (1967) (= Diss. Univ. of Colorado); K. FLÄMIG, Ev. Kirchenmusik im Aufbruch, in: Credo musicale, FS R. Mauersberger (Kas 1969); U. HERMANN, H. D. Rufer u. Mahner (B 1972); L. L. RHOADES, Theme and Variation in Twentieth-Century Organ Literature. Analysis of Variations by A. Barber, D., Dupré, Duruflé, and Sowerby (1973) (= Diss. masch. Ohio State Univ.).

H. LINDLAR

DISTROPHA ↗Neumen.

DITHYRAMBOS (griech.), vermutlich aus Kleinasien stammender, zuerst im 7. Jh. v. Chr. bei Archilochos belegter, vom Aulos begleiteter Chorgesang zu Ehren des Dionysos, der um 600 v. Chr. durch Arion seine klassische Form erhielt. Ursprünglich wohl zu einfachen Gastmählern dargeboten, wurde er im 6. Jh. ein wichtiger Bestandteil der dionysischen Feste in Athen, bei denen dithyrambische Wettkämpfe zwischen Chören mit 50 im Kreis tanzenden Personen stattfanden. Die inhaltliche Bindung an Dionysos wurde allmählich zugunsten anderer Themenkreise, insbesondere Heldensagen, aufgegeben. Im 5. Jh. wurde der D. u.a. von Pindar, Bakchylides und Simonides gepflegt. Später verlagerte sich der Akzent, besonders bei den Musikern Melanippides, Timotheos und Telestes, zunehmend auf die musikalische Gestaltung, so daß der D. als eigenständige dichterische Gattung schließlich verfiel. – Nach Aristoteles entstand die Tragödie aus dem improvisierten Dithyrambos.

Lit.: H. SCHÖNEWOLF, Der jungattische D. (Diss. Gießen 1938); A. W. PICKARD-CAMBRIDGE, D., Tragedy and Comedy, revidiert v. T. B. L. Webster (O [2]1962).

DITONUS (lat.; von griech. ditonos = Zweiton), in der mittelalterlichen Musiktheorie verwendete Bz. für die aus 2 Ganztönen gebildete große Terz.

DITTERSDORF, Karl (Carl) **Ditters von,** * 2. 11. 1739 Wien, † 24. 10. 1799 Schloß Rothlhotta (Böhmen); östr. Violinist und Komponist. D. wurde mit 12 Jahren Page des Fürsten von Sachsen-Hildburghausen in Wien, der ihn durch den Opernkomponisten J. Bonno unterrichten ließ. 1761 wurde er Mitglied des Wiener Hofopernorchesters, 1763 unternahm er mit Gluck eine Reise nach Italien, wo er mit großem Erfolg als Violinvirtuose auftrat. 1765 wurde er Nachfolger M. Haydns als Kapellmeister des Bischofs von Großwardein in Ungarn. Nach Auflösung der Kapelle trat er 1769 in Johannisberg in den Dienst des Fürstbischofs von Breslau, Philipp Gotthard Schaffgotsch. Dort schrieb er zwischen 1770 und 1777 11 komische Opern für ein von ihm gegründetes kleines Theater. Seine wichtigsten Werke entstanden aber bei Aufenthalten in Wien in den Jahren 1775 und 1786. Das Singspiel *Doktor und Apotheker* wurde 1786 ein großer Erfolg und übertraf zeitweilig *Die Hochzeit des Figaro* von Mozart an Beliebtheit. *Die lustigen Weiber von Windsor* war eine seiner letzten Opern. Nach dem Tode des Fürstbischofs wurde er 1796 pensioniert. Kurz vor seinem Tode verfaßte er eine Autobiographie.

WW: **1) Instr.-WW:** Für Cemb. oder Klv.: *Serenade* für Cemb. (um 1776/77); *Sonate* A-Dur (1779); 12 Sonaten nach den Kammermusik-WW (1796–97); 6 Sonaten nach den *Metamorphosen*-Symphonien (1797–98); *Duetto* Es-Dur für Va. u. Cemb.; Trios für 2 V. u. Baß; 6 Streichquartette (W 1788); Streichquartett Es-Dur (mit konzertierendem Vc.); 6 Streichquintette mit Kb. (1782); 6 Streichquintette mit 2 Vc. (1789); *Sonata da camera* für 5 Instr.; etwa 130 Symphonien, davon wurden 30 gedruckt, u. a. *3 Simphonies exprimant trois métamorphoses d'Ovide* (o.O. 1785); zahlr. Konzerte, u. a. 14 für V. (1766–77), 3 für Br. (1776–77), 2 für Kb., 3 für Ob. (um 1775), eines für Ob. in A-Dur; 3 konzertante Quartette mit Orch. (um 1793); *Concertino* für 2 Ob., Fag., 2 Hörner, 2 V., 2 Br. u. Baß; Divertimenti u. Serenaden, u. a. *Il combattimento dell'umane passioni;* 2 *Parthien,* in C-Dur u. F-Dur. – **2) Geistliche Vokal-WW** (alle hsl. erhalten): 4 Oratorien, darunter *L'Esther,* UA: Wien 1773, u. *Giobbe,* UA: Wien 1786; einige Messen, Offertorien u. a. kirchenmusikal. WW; geistliche Kantaten mit dt. Text. – **3) Bühnen-WW** (nur die vollständig erhaltenen bzw. gedruckten): *Amore in musica,* UA: Wien 1767; *Il tribunale di Giove* (um 1774); *Doktor und Apotheker (Der Apotheker und Doktor)* und *Der Betrug durch Aberglauben,* UA: Wien 1786; *Democrito corretto, Hieronymus Knicker* und *Die Liebe im Narrenhaus,* UA: Wien 1787; *Das rote Käppchen,* UA: Wien 1788; *Der Gutsherr,* UA: Wien 1790; *Das Gespenst mit der Trommel,* UA: Wien 1794; *Die lustigen Weiber von Windsor,* UA: Oels 1796. Aus allen genannten Werken erschienen im Druck auch zahlreiche einzelne Gesänge. – **4) Schriften:** *Über die Grenzen des Komischen u. Heroischen in der Musik,* in: AmZ (L 1798); *Über die Behandlung it. Texte bei der Komposition,* in: ebd.; *Lebensbeschreibung… in die Feder diktiert* (1799).

D. ist der bedeutendste Kleinmeister aus dem Umkreis der Wiener Klassik. In seinen Bühnenwerken – Opere buffe, Singspiele, Possen – bevorzugte er insbesondere das heitere Genre, dessen musikalisch-dramatische Möglichkeiten er geschickt und vielfältig nutzte. Sein Hauptwerk *Doktor und Apotheker* wurde wichtig für die Entwicklung der deutschen komischen Oper. Von den Instrumentalwerken finden heute besonders die Streichquartette und -quintette und die Konzerte Interesse.

Ausg.: Sonate für V. u. Sonate für Br. (L 1929); 6 Triosonaten, hrsg. v. E. NOACK, in: Hortus Mus. 92 (1952); 6 Streichquartette (B 1866, 1923); 2 Streichquintette A-Dur u. G-Dur (Kö o.J.); Selected Orchestral Works, hrsg. v. J. LIEBESKIND (NY 1973); 3 Sinfonien, 1 Serenata, hrsg. v. V. LUITHLEN (1936) (= DTÖ 43); Symphonie C-Dur v. 1788, hrsg. v. H. KRETZSCHMAR (L 1895); 6 Symphonien nach Ovids *Metamorphosen,* Symphonien F-Dur u. Es-Dur (L 1899); Sinfonische Konzertante D-Dur für Kb. u. Br. mit Orch., hrsg. v. W. ALTMANN (L 1938); Fl.-Konzert e-moll, hrsg. v. H.-D. SONNTAG (Wb 1959); Ob.-Konzert G-Dur (Wie 1948); Ob.-Konzert A-Dur u. 2 *Parthien* C-Dur u. F-Dur (Mannheim o.J.); V.-Konzert D-Dur, hrsg. v. E. MAJOR (Budapest 1967); Cemb.-Konzert A-Dur, hrsg. v. W. UPMEYER, in: Nagels MA (1929, [2]1950); *Parthia* D-Dur, hrsg. v. K. HAAS (Lo 1958); *Doktor u. Apotheker* u. *Hieronymus Knicker* (W – Lo o. J.); *Betrug durch Aberglauben* (L o. J.); *Lebensbeschreibung,* hrsg. v. E. ISTEL (L 1908); dass., hrsg. v. E. SCHMITZ (Rb 1940); dass., hrsg. v. B. LOETS (L 1940); dass., hrsg. v. N. MILLER (Mn 1967) (= Lebensläufe 12).

Lit.: K. HOLL, C. D. v. D.s Opern für das wiederhergestellte Johannisberger Theater (Diss. Bonn 1913); C. KREBS, Dittersdorfiana (B 1900) (mit Werk-Verz.); H. KRETZSCHMAR, Vom alten D., in: Gesammelte Aufsätze I (L 1911); L. RIEDINGER, D. als Opernkomponist, in: StMw 2 (1914); L. DA PONTE, Denkwürdigkeiten, hrsg. v. G. Gugitz (Dresden 1924); G. RIGLER, Die Kammermusik D.s, in: StMw 14 (1927) (mit Ergänzungen zum Krebs-Kat.); J. LA RUE, D. Negotiates a Price, in: H. Albrecht in memoriam (Kas 1962); R. WÜRKERT, in: MuGes 14 (1964); A. PADUA, Aktive D.-Forsch., in: ÖMZ 27 (1972); M. GRAVE, D.'s First-movement Form as a Measure of his Symphonic Development (1977) (= Diss. New York Univ.).

DITTRICH, Paul-Heinz, * 4. 12. 1930 Gornsdorf (Erzgebirge); dt. Komponist. D. studierte 1951–56 in Leipzig bei Fidelio F. Finke Komposition und bei G. Ramin Chordirigieren. Nach vorübergehender Tätigkeit als Chordirigent in Weimar besuchte er 1958–60 die Meisterklasse für Komposition von R. Wagner-Régeny an der Deutschen Akademie der Künste in Berlin. 1963–76 unterrichtete er Tonsatz und Formanalyse an der Deutschen Hochschule für Musik „Hanns Eisler" in Berlin. Seit 1976 lebt er freischaffend in Zeuthen bei Berlin.

WW: **1) Instr.-WW:** *Pentaculum* (1960) für Bläserquintett; *Begegnung* (1970) für V., Va., Vc., Kb. u. Bläserquintett; *Kammermusik I* (1970) für 4 Holzbläser, Klv. u. Tonband; *Kammermusik II* (1975) für Ob., Vc., Klv. u. Tonband; Streichquartett (1971); *Die anonyme Stimme* (1972) für Ob., Pos. u. Tonband; Konzert für Ob. u. Kammerorch. (1973); *Rondo a la Rossini – Über den Ton „D" wie Dittrich* (1974) für Vc. u. Kb.; *Dialoge* (1974) für Fl. u. Kb.; Konzert für Vc. (1975) Konzert Nr. 1 (1976) für mehrere Instr.; *Illuminations* (1976) für Orch.; *Action – Reaction* für Ob., Tonband u. Synthesizer (1976). – **2) Vokal-WW:** *Stabiles und Mobiles* (1969) für Vokalensemble u. Orch.; *Les Fleurs de Baudelaire* (1969) für 3 hohe St. u. Instr.; *Memento vitae* (1970) (Text aus Brechts Antigone-Bearb.) für Bar., 12 Vokalisten, 4 Chorgruppen u. 9 Schlagzeugspieler; *Vocalblätter* (1972/73) (Altes Testament, J. Joyce, B. Brecht u.

J. W. v. Goethe) für Sopran u. 12 Vokalisten; *Area sonates* (1972/73) für instr. u. vokale Gruppen; *Cantus II – unum necessarium* (1977) (Text: P. Eluard, übers. v. St. Zweig) für Sopran, Vc., Orch. u. Tonband; *Concert avec plusieurs instruments Nr. 11* (1979).

DIVERTIMENTO (it., = Vergnügen, Unterhaltung; frz.: divertissement). – **1)** Die Bz. D. findet sich erstmals im 17. Jh. in Titeln von Musikdrucken neben den analogen Bezeichnungen ↗Divertissement und „Gemüthsergötzung". Um 1750 wurde D. in Italien zu einem Formbegriff der Instrumentalmusik; dabei blieb, wie im Divertissement, die Verbindung zum Tanz erhalten. Für die neue Gattung, die in Wien, im süddeutsch-österreichischen Raum und in Mannheim ihre Zentren hatte, ist die Übernahme von Suitensätzen wie der Polacca (↗Polonaise) oder der ↗Anglaise bezeichnend. Ein späteres Charakteristikum ist die Einführung zweier Menuette gegenüber einem in Quartett oder Symphonie (vgl. W. A. Mozarts D., KV 251, oder *Eine kleine Nachtmusik,* KV 525, deren 1. Menuett allerdings verloren ist. Die ursprüngliche Satzfolge lautete: Allegro, Menuett, Andante, Menuett, Rondo). – Aus der Vielfalt der Erscheinungsformen lassen sich 4 Haupttypen bestimmen, deren weitere Entwicklung jedoch unterschiedlich verlief. 1. Das D. für Klavier (Wagenseil op. 1–4, J. A. Steffan op. 1, ab op. 2: *Sonate*), das direkt zur Klaviersonate führte; der Titel eines Wagenseil-Druckes von 1756 stellt die Beziehung von Divertissement und Sonate her: *Divertissement Musical contenant VI Sonates pour le Clavessin.* Ähnliche Titel gibt es auch bei F. Durante und A. Paganelli. – 2. Das D. für solistisches Streicherensemble, das vom Streichquartett abgelöst wird, wobei das Cello den vorher üblichen Kontrabaß ersetzt; Haydns früheste Quartette sind noch unter dem Titel D. überliefert. – Ohne direkte Weiterführung blieben 3. das Bläser-D. und 4. das D. für ein größeres Ensemble von Bläsern und Streichern, bei denen chorische Besetzung möglich, aber nicht generell nötig ist. Dieses sog. Orchesterdivertimento bestand lange Zeit neben der Symphonie, von der es sich durch mehr Sätze und solistische Einlagen für einzelne Instrumente unterscheidet. Dieser Typus wurde u. a. auch Serenade, Cassation, Notturno genannt. Durch Reduzierung der Satzzahl und Eliminierung der Solonummern konnte Mozart einige seiner Serenaden auch als Symphonien verwenden (z. B. KV 204 und 250). – Zu Beginn des 19. Jh., als bloßes „Unterhalten" den neuen ästhetischen Ansprüchen an die Musik nicht mehr genügte, verlor sich der Begriff Divertimento. – Versuche zur Wiederbelebung des D.s im 20. Jh. (I. Strawinsky, 1934; L. Dallapiccola, 1934; B. Bartók, 1939) blieben Ausnahmen. – **2)** In der italienischen Kontrapunkt-Terminologie bezeichnet D. auch den freien Zwischensatz einer Fuge.

Lit.: **Zu 1):** H. HOFFMANN, Über die Mozartschen Serenaden u. Divertimenti, in: Mozart-Jb. 3 (1929); G. HAUSSWALD, Mozarts Serenaden (L 1951); DERS., Der D.-Begriff bei Wagenseil, in: AfMw 9 (1952); C. BÄR, Zum Begriff des „Basso" in Mozarts Serenaden, in: Mozart-Jb. (1960/61); R. HESS, Serenade, Cassation, Notturno u. D. bei M. Haydn (Diss. Mz 1963); E. R. MEYER, The Viennese D., in: MR 29 (1968).

M. H. SCHMID

DIVERTISSEMENT (frz., = Zerstreuung). In den frz. Verhaltenslehren des 17. Jh. hatte *divertissement* im Rahmen der höfischen und bürgerlichen Gesellschaft eine wichtige Funktion. Es galt als förderlich für *bienséance* und höfische Gesinnung, wurde als Heilmittel gegen Krankheiten angesehen und führte den Menschen in eine illusionäre Welt. Im engeren musikal. Sinn bezeichnet D. seit dem 17. Jh. die aus dem ↗Ballet de cour hervorgegangenen Tanz- und Gesangseinlagen (Airs, gesungene Dialoge, Ensembles und Chöre) in Bühnenwerken. Auf Grund der klassischen französischen Ästhetik waren D.s in den Komödien und ↗Comédie-ballets nur in realitätsbezogenen Zusammenhängen (z. B. als Trinklied in einer Tafel- oder Wirtshausszene) oder in Szenen des Wunderbaren zulässig. An diese Tradition knüpften auch Ph. Quinault und J.-B. Lully in ihren ↗Tragédies en musique an, in denen die D.s möglichst aus dem dramatischen Zusammenhang motiviert und häufig auch mit der dramatischen Szene verwoben sind. Die erst nach der Beendigung der Komposition textierten (d. h. parodierten) Tänze der Opern Lullys stießen wegen zu eindeutiger Belobigung erotischer Beziehungen auf kirchliche Kritik. – Vokal- und Instrumentalsätze der D.s gingen häufig in die Gebrauchssuiten ein (z. B. für die Tafelmusik oder für die Abendunterhaltung). In der Nachfolge Lullys trug die Verselbständigung der D.s zur Entstehung der Gattung des ↗Opéra-ballet bei. D.s finden sich im 18. Jh. in der Comédie française und in der Comédie italienne sowie im Théâtre de la Foire, während sie sich in der frz. Oper noch bis ins 19. Jh. erhalten haben.

Lit.: R. M. ISHERWOOD, Music in the Service of the King (Ithaca – Lo 1973); J. R. ANTHONY, French Baroque Music from Beaujoyeulx to Rameau (Lo 1974); A. D. STOLL, Figur u. Affekt. Zur höfischen Musik u. zur bürgerlichen Musiktheorie der Epoche Richelieus (Tutzing 1978) (= Frankfurter Beitr. z. Musikwiss. 4); H. SCHNEIDER, Die Verbreitung u. Rezeption der Opern Lullys im Frankreich des Ancien Régime (Habil-Schr. Mz 1978).

H. SCHNEIDER

DIVISI (it., = geteilt), Abk.: div., Ausführungshinweis in den Orchesterstimmen für Streicher, daß zwei- oder mehrstimmig notierte Partien auf die

Spieler der jeweiligen Gruppe aufgeteilt, d.h. nicht als Doppelgriffe gespielt werden sollen.

DIVISION (engl., = Teilung), im 16. und 17. Jh. in England Bz. für die Verzierung (↗Diminution, ↗Kolorierung) vorgegebener Melodien bzw. für die ↗Variation über Baßmodelle (↗Grounds). Es gab D.s vor allem für und mit Tasteninstrumenten und für Viola da gamba. Sammlungen solcher Stücke sind: Chr. Simpson, *The Division Violist* (Lo 1659), J. Playford, *The Division-Violin* (Lo 1685 und 1695) (= RISM 1685^{10} u. 1695^{15}).

DIVISIONES (lat., = Teilungen), im italienischen Notationssystem des 14. Jh. Bz. für die Unterteilungen der Brevis. Im Gegensatz zur französischen Notation können die D. als bereits eindeutige Verbindungen von ↗Tempus und ↗Prolatio verstanden werden. Die D. werden nach Anzahl der Brevis-Unterteilungen unterschieden, wobei die D. primae – die einfache Aufteilung in zwei oder drei Werte – lediglich von theoretischer Bedeutung sind. In den Quellen erscheinen folgende D. mit entsprechenden Abkürzungen:

Ausg.: 1 Magnificat u. 1 Motette, in: P. Attaingnant, *Treize livres de motets*, hrsg. v. A. SMIJERS bzw. A. T. MERRITT, VI (P 1962), X (1962); *Missa Quem dicunt homines*, hrsg. v. L. LOCKWOOD (Wb 1961) (= Chw 83); *Magnificat II. toni*, in: G. Rhau, Postremum vespertini... opus, hrsg. v. P. BUNJES (Kas 1970).

Lit.: G. VAN DOORSLAER, A. D., in: TVer 13 (1929); DERS., La Chapelle musicale de Philippe le Beau, in: Rev. Belge d'archéologie et d'histoire de l'Art 4 (1934); K. E. ROEDIGER, Die geistlichen Musik-Hss. der Univ.-Bibl. Jena, 2 Bde. (Jena 1935).

DIXIELAND-JAZZ, Bz. für den ersten *weißen* Jazzstil. Er ist aus der Nachahmung des ↗New Orleans Jazz durch weiße Musiker entstanden und läßt sich schematisch als eine Verbindung von ↗Ragtime und Marschmusik umreißen. Dixieland wurden im 19. Jh. volkstümlich die Südstaaten der USA genannt (südlich der um 1765 fixierten Dixon Line). – Die Entstehung des D. ist mit den verschiedenen Bands des Schlagzeugers Jack „Papa" Laine verbunden, dessen Reliance Brass Band gegen Ende des 19. Jh. als erste weiße Band den Stil der farbigen „street bands" imitierte. 1895 entstand seine Ragtime Band, die sich an den schwarzen Tanzkapellen orientierte. Einige Musiker aus Laines verschiedenen Bands spielten 1915 in Chicago

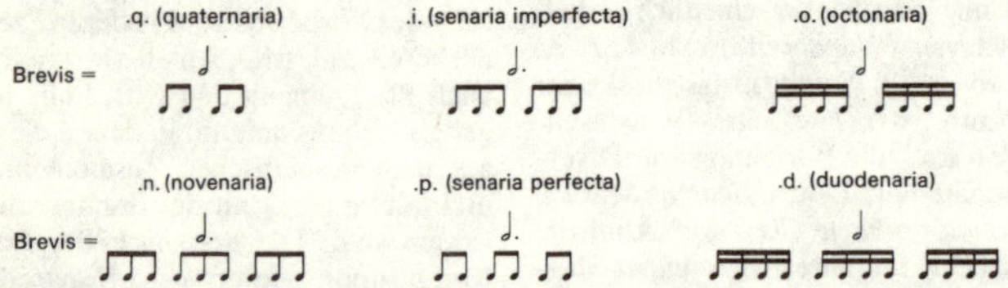

DIVISION VIOL (engl.), ein im 16. und 17. Jh. in England gebräuchliches, tiefes, besonders zur Ausführung der sog. ↗Division bestimmtes Instrument der ↗Viola da gamba-Familie.

DIVITIS (De Rijcke, De Rycke, De Ryke, le Riche), **Antonius,** * um 1475 Löwen; franko-flämischer Komponist. D. war 1501–04 Zangmeester an St. Donatus in Brügge, 1504–05 Magister cantus an St. Romuald in Mecheln und 1505–06 Sänger der Kapelle Philipps des Schönen von Burgund, den er nach Spanien begleitete. 1515 gehörte er der Kapelle des französischen Königs an. Möglicherweise ist er mit einem Richardus Antonius identisch, der 1526 als Sänger der päpstlichen Kapelle genannt wird. Von D. wurden eine Messe, Messensätze, 3 Motetten, 2 Magnificat und mehrere 2st. Stücke in Sammeldrucken der Zeit (1514–49) veröffentlicht (vgl. RISM). Weitere geistliche und weltliche Kompositionen sind hsl. überliefert (in Berlin, Cambrai, Jena, München, London und Bologna).

und schließlich 1917 mit großem Erfolg in New York unter dem Namen Original Dixieland Jass Band. Dieser Band verdanken wir auch die ersten Schallplattenaufnahmen mit Jazzmusik; durch sie wurde die Bezeichnung Jazz populär. Die Herkunft des D. vom Ragtime ist offenkundig. Viele Stücke muten in ihrer Synkopierung, formalen Anlage und ihren binnenrhythmischen Patterns wie arrangierter Ragtime an. Die Besetzung (meist drei Bläser [Klarinette, Trompete, Posaune], Klavier und Schlagzeug) und die Technik der Kollektivimprovisation sind von den schwarzen Bands übernommen worden, doch bestehen in der musikalischen Ausformung wesentliche Unterschiede gegenüber dem New Orleans Jazz: der D. kennt keine ↗Blues-Tonalität, sondern ist wesentlich an den europäischen vertikalen Zusammenhängen orientiert, die den Verlauf des Stückes bestimmen. Die mehrstimmigen Improvisationen bestehen aus Verzierungen der Kern-Melodie, die von den Bläsern umspielt wird. Die Gestaltungsmittel der Afroamerikaner

(Off-Beat-Technik, ↗Dirty tones, Bluestonalität, ↗Intonation usw.) werden nicht konstitutiv in das musikalische Geschehen einbezogen, sondern als musikalische Showeffekte benutzt, ähnlich wie in der *Minstrelsy*. – In einer zweiten Welle, deren führende Gruppe die New Orleans Rhythm Kings waren, lehnte der D. sich mehr an den New Orleans-Stil an. Seit den 30er Jahren gab es immer wieder D.-Revivals, die diesen Stil wieder zu beleben suchten. Diese Revivals fanden nach dem 2. Weltkrieg überwiegend in Europa statt (Chr. Barber, Cl. Luter oder H. Lyttleton). – D. ist heute weit verbreitet, wird aber mehr von Amateuren als von Profis gespielt, und gilt als eine problemlose, gute Laune bereitende Musik, die mit gewissen Exzentrizitäten verbunden ist. Die Bezeichnungen *Happy Jazz* oder auch *Hot Jazz* werden häufig synonym für den D. verwendet.

Lit.: CH. DELAUNY, Hot Discographie (P 1940ff.); H. PANASSIÉ, La véritable musique du jazz (P 1946); R. BLESH, Shining Trumpets (NY 1946); DERS. – H. JANIS, They All Played Ragtime (NY 1959); A. M. DAUER, Der Jazz (Kas ³1977); K. KUHNKE – M. MILLER – P. SCHULZE, Gesch. der Pop-Musik, I (Lilienthal ²1977). – ↗Jazz, ↗New Orleans Jazz. U. KURTH

DIXON, Dean, * 10. 1. 1915 New York, † 4. 11. 1976 Oberägeri bei Zug (Schweiz); amerikanischer Dirigent brit.-westindischer Herkunft. Er studierte zunächst Violine an der Juilliard School of Music in New York, 1936–39 Dirigieren bei A. Stoessel und Musikpädagogik an der Columbia University, gründete dann eine Musikschule, war Gastdirigent mehrerer amerikanischer Orchester und leitete 1944–49 auch das von ihm gegründete American Youth Orchestra. Seit 1949 dirigierte er in Europa und in Israel. 1953–60 war er Chefdirigent des Symphonieorchesters in Göteborg, 1961–74 des Symphonieorchesters des Hessischen Rundfunks, 1964–67 auch musikalischer Leiter des Sydney Symphony Orchestra. In den letzten Lebensjahren trat er wieder häufiger in den USA auf.

DIXTUOR (frz.), ↗Dezett.

DŁUGORAJ, Wojciech (Adalbert), * 1550 Gostyniec, † nach 1619; polnischer Lautenist und Komponist. D. lebte seit 1583 als Lautenist am Hofe König Stephan Báthorys. Er schrieb Fantasien, Tänze und andere Stücke für Laute. Seine Kompositionen zeigen ein reich entwickeltes tonales und harmonisches Gefühl. Einzelne Stücke (u. a. 6 Villanellen) sind in J.-B. Bésards *Thesaurus Harmonicus* (1603) gedruckt, andere (u. a. eine *Chorea polonica*) sind hsl. erhalten (Stadtbibl. Leipzig).

Ausg.: Biblioteca di rarità musicali 9, hrsg. v. O. CHILESOTTI (Mi 1915); Gesch. der Musik in Beispielen, hrsg. v. A. SCHERING (L 1931); Fantasien u. Villanellen für Laute, hrsg. v. M. SZCZEPANSKA (Krakau 1953) (= WDMP 23); dass. (Celle 1953); 9 Stücke aus D.s Lautentabulatur, in: Muzyka w dawnym krakowie (Krakau 1964); 3 Sätze in: Muzyka Staropolska, hrsg. v. H. FEICHT (ebd. 1966).

Lit.: A. SIMON, Poln. Elemente in der dt. Musik (Z 1916); H. OPIENSKI, La musique polonaise (Lau 1918, P ²1929); J. DIECKMANN, Die in dt. Lautentabulatur überlieferten Tänze des 16. Jh. (Kas 1931) (= Diss. L 1930).

DO, die erste Solmisationssilbe (↗Solmisation), seit dem 17. Jh. anstelle der früher gebräuchlichen Silbe *ut* verwendet. In Italien und Spanien – sowie in Frankreich neben dem üblicheren ut – bezeichnet do auch den Ton ↗C. In der ↗Tonika-Do-Methode ist do die Tonika.

DÖBEREINER, Christian, * 2. 4. 1874 Wunsiedel, † 14. 1. 1961 München; dt. Violoncellist, Gambist und Dirigent. Nach dem Studium an der Akademie der Tonkunst in München war er dort Mitglied des Kaim- und des Hoforchesters. 1897–98 lehrte er an den Konservatorien in Athen und Karlsruhe und gehörte dann wieder dem Münchner Hoforchester an. D. wirkte bahnbrechend für die Wiederentdeckung und Pflege alter Kammermusik. (1905 gründete er mit E. Bodenstein die Vereinigung für alte Musik.) Vor allem setzte er sich für die fast vergessene Viola da Gamba ein und lehrte 1921–24 an der Akademie für Tonkunst Gambenspiel. 1934–44 leitete er den Münchner Bach-Verein, mit dem er sich besonders für die Verbreitung der Werke J. S. Bachs im süddeutschen Raum einsetzte. D. gab zahlreiche Werke alter Kammermusik heraus, vor allem für und mit Gambe. Er schrieb u. a.: *Über die Viola da Gamba und ihre Verwendung bei J. S. Bach,* in Bach-Jb. 8 (1911); *Schule für die Viola da Gamba* (Mz 1936, ²1954); *Zur Renaissance alter Musik* (B 1950, Tutzing ²1960); *50 Jahre alte Musik in München* (Mn 1955).

DOBIÁŠ, Václav, * 22. 9. 1909 Radčice bei Železného Brodu, † 1978 Prag; tschechischer Komponist. Studierte 1937–39 am Prager Konservatorium, wurde 1939 Sekretär des tschechischen Vereins für zeitgenössische Musik und war 1955–66 Vorsitzender des Verbandes tschechoslowakischer Komponisten. Seit 1950 lehrt er als Professor Komposition an der Prager Akad. der Musischen Künste. D. hat viele Einflüsse und Strömungen verarbeitet, u. a. das Vierteltonsystem von A. Hába, ist aber vor allem der tschechischen Volksmusiktradition verbunden.

WW: **1) Instr.-WW:** Für Klv.: Sonate (1931–40); 3 Sonatinen,

3 Suiten (1937–39) (die 3. in Vierteltönen); Sonate (1936) für V. u. Klv.; Sonate (1939) für Vc. u. Klv.; 4 Streichquartette (1931–42); Quartettino (Pr 1948); Bläserquintett (1943) (Pr 1961); Kammersymphonie (1939); Symphonie Nr. 1 (1943); Symphonie Nr. 2 (1957) (Pr o.J.); Sinfonietta; V.-Konzert in Vierteltönen; Klv.-Sonate, Bläserquintett (Pr 1958); eine Festspielouvertüre (1965) (zum Prager Frühling). – **2) Vokal-WW:** Zahlr. Lieder, u. a. *Sny* (nach chinesischen Gedichten) (Pr 1958); ferner Chorkomp., Kantaten, Film- u. Bühnenmusik.

Lit.: M. LADMANOVÁ, V. D. (Diss. Pr 1953) (tschechisch); J. MATEJCEK – M. KOUBOVÁ – M. PŘÍHODA, V. D. (Pr 1961) (tschechisch; mit Werk- u. Schriften-Verz.); V. STEPANIK – B. KARASEK, Tschechische Musik (Pr 1964); C. GARDAVSKY, Contemporary Czechoslovak Composers (Pr 1965); W. JEGOROWA, V. D. (Mos 1966).

DOBLINGER, östr. Musikverlag. 1857 erwarb *Ludwig Doblinger* (1816–76) in Wien die 1816 von Fr. Mainzer gegr. Musikalienleihanstalt, die 1876 *Bernhard Herzmansky sen.* (1852–1921) übernahm. Als *Musikhaus Ludwig Doblinger (Bernhard Herzmansky) K.G.* baute er die Musikalienhandlung und das Musikantiquariat aus und gründete einen eigenen Verlag, der zunächst Operetten (von C. M. Ziehrer, J. Strauß, Fr. Léhar, O. Straus, L. Fall, R. Benatzky, E. Eysler, O. Nedbal) verlegte. Mit dem Erwerb der Klavierunterrichtswerke von Hans Schmitt wurde der Grundstein zur musikpädagogischen Verlagssparte gelegt. Mit dem Musikverlag J. P. Gotthard erwarb D. neben Studienwerken (u. a. von J. Hellmesberger) auch zahlreiche Schubert-Erstdrucke sowie auch Instrumental- und Vokalmusik in der Nachfolge der Wiener Klassik und der Romantik, besonders aus dem Kreis um J. Brahms. D. war auch der wichtigste Verleger für Bruckner zu dessen Lebzeiten. Ebenso erschien G. Mahlers 4. Symphonie zuerst bei Doblinger. 1921 übernahm *Bernhard Herzmansky jr.* (1888–1954) die Firma, der die zeitgenössische österreichische Musik förderte und seit 1924 im Barocksalon des Verlagshauses Konzerte lebender Komponisten veranstaltete. Er gab auch die Zeitschrift *Der Musikbote* heraus. Nach dem Tod Bernhard Herzmanskys jr. übernahm 1955 sein Neffe *Christian Wolff* (* 1913) den Verlag. Mitte der 50er Jahre erfuhr die Verlagsstruktur eine grundlegende Änderung. Neuer Schwerpunkt ist die „ernste" Musik. Zu den zeitgenössischen Autoren gehören u. a. P. Angerer, H. E. Apostel, H. Bauernfeind, C. Bresgen, Th. Chr. David, J. Fr. Doppelbauer, H. Eder, A. Heiller, P. Kont, E. Kornauth, J. Marx, M. Robin, K. Schiske, F. Schmidt, R. Schollum, K. Schwertsik, O. Siegl, J. Takács, A. Uhl, E. Urbanner, E. Wellesz, F. Wildgens. 1955 wurde von E. H. Mueller von Asow ein *Thematisches Verzeichnis* der Werke von R. Strauss begonnen (fortgeführt von A. Ott und F. Trenner), 1958 mit Erstdrucken von Werken J. Haydns die Reihe *Diletto musicale* (bisher über 600 Titel) begründet. In der Reihe *Thesauri musici* erscheint Musik aus Sammeldrucken des 15., 16. und des beginnenden 17. Jh. in Partiturausgaben.

Lit.: S. WEYR, 100 Jahre D. (W 1957); H. VOGG, 100 Jahre Musikverlag D. 1876–1976 (ebd. 1976); 100 Jahre Musikverlag D., in: ÖMZ 31 (1976); 100 Jahre Musikverlag D. (Ausstellungs-Kat.) (W 1976).

DOBRONIĆ, Antun, * 2. 4. 1878 Jelsa auf Hvar (Kroatien), † 12. 12. 1955 Zagreb; kroatischer Komponist. D. war Schüler u. a. von V. Novák am Prager Konservatorium. Er selbst lehrte 1922–40 am Konservatorium in Zagreb. D. gehört zu den wichtigsten Vertretern des national-kroatischen Stils zu Beginn des 20. Jh., insbesondere auf dem Gebiet der Oper. Er schrieb u. a. 13 Opern, 6 Ballette, 8 Symphonien, 8 Orchestersuiten, *Tanz der Jelsa* für Streicher, Kammermusik, 12 Kantaten, Lieder und Chorwerke. Von seinen Schriften zur Musik ist vor allem *A Study of Jugoslav Music* (in: MQ 12, 1926) zu nennen.

Lit.: S. DJURIĆ-KLAJN, Poslednja nadanja i traganja A. D., in: Arti musices 3 (1972).

DOBRZYŃSKI, Ignacy Feliks, * 15. 2. 1807 Romanow (Wolhynien), † 10. 10. 1867 Warschau; poln. Musikpädagoge, Pianist, Dirigent und Komponist. D. war Schüler von J. Elsner am Konservatorium in Warschau, wo er sich mit Fr. Chopin befreundete. Später wirkte er als Dirigent in Posen und Berlin, wurde 1852 Direktor der Warschauer Oper und gründete 1857 ein Symphonieorchester. Seine vorwiegend kammermusikalischen Werke sind in manchen harmonischen und melodischen Zügen von der deutschen Romantik beeinflußt, insgesamt aber noch am Vorbild Beethovens orientiert. Er schrieb u. a. die Oper *Monbar oder die Flibustiere* (UA Warschau 1838), 2 Symphonien, ein Klavierkonzert, 3 Streichquartette, 2 Streichquintette und ein Streichsextett.

Lit.: S. ŚLENDZIŃSKI-LIDZKI, Gesch. der Symphonie in Warschau während der 1. Hälfte des 19. Jh. (War 1934); Z. JACHIMECKI, Die poln. Musik in der geschichtlichen Entwicklung (Krakau 1951) (poln.); DERS., Monbar czyli Flibustierowie. Zaginiona opera I. F. Dobrzyńskiego, in: Pamiętnik teatralny 1 (1952); S. ŚLEDZIŃSKI, Na temat domniemanego udziału I. F. Dobrzyńskiego w instrumentacji koncertów Chopina, in: Muzyka 6 (1955).

DOCHMIUS (lat.), ↗Metrum.

DOCKE oder **↗Springer,** Teil der Mechanik beim Cembalo.

DODDS, 1) Johnny, * 12. 4. 1892 New Orleans,

† 8. 8. 1940 Chicago; amerik. Jazzmusiker (Klarinettist). Er spielte 1911–18 in der Kid Ory-Band in New Orleans, danach auf Tourneen mit verschiedenen Bands, seit 1920 in King Olivers Creole Jazz Band in Chicago. Seit 1924 leitete er eigene Bands. In der zweiten Hälfte der 20er Jahre entstanden jazzgeschichtlich bedeutende Studioaufnahmen mit L. Armstrongs Hot Five und Hot Seven (*Wild Man Blues, Potato Head Blues,* 1927). D. war Vorbild für viele bedeutende Klarinettisten des Swing; seine eigene Stärke war aber der Blues. – **2) Baby** (Warren), Bruder von 1), * 24. 12. 1898 New Orleans, † 14. 2. 1959 Chicago; amerikanischer Jazzmusiker (Schlagzeug). Er spielte seit 1913 mit verschiedenen Bands in New Orleans, 1918–21 auf Mississippidampfern, folgte dann seinem Bruder in die Band von King Oliver. Seit 1924 war er hauptsächlich Schlagzeuger in den Bands seines Bruders. Nach dessen Tod spielte er bei Jimmy Noone. 1944 entstanden im aufkommenden New Orleans-Revival Schallplatteneinspielungen mit Bunk Johnson. In den folgenden Jahren spielte D. in New York, u. a. bei Art Hodes, 1948 in Frankreich mit Mezz Mezzrow. Nach einem Schlaganfall 1949 trat er nur noch gelegentlich in der Band von Natty Dominique auf. D. gehörte zu den bedeutendsten Schlagzeugern des traditionellen Jazz. Er bereitete den durchgeschlagenen 4/4-Beat des Swing vor und beeinflußte damit die großen Schlagzeuger des Swing. Seine Autobiographie *The Baby D. Story as Told to Larry Gara* (Los Angeles 1959) erschien in seinem Todesjahr.

Lit.: G. E. LAMBERT, J. D. (Lo 1961); N. SHAPIRO – N. HENTOFF, Jazz erzählt (Mn 1962); J. F. RIESCO, El jazz classico y J. D. (Santiago de Chile 1972); R. VON ESSEN, New Orleans, in: Die Story des Jazz, hrsg. v. J. E. Berendt (St 1975).

DODEKAPHONIE ↗Zwölftonmusik.

DOFLEIN, Erich, * 7. 8. 1900 München, † 29. 10. 1977 Hinterzarten; dt. Musikpädagoge und Musikschriftsteller. D. studierte seit 1919 in München, später in Breslau, wo er 1924 mit der Dissertation *Über Gestalt und Stil in der Musik. Ein Beitrag zur Relationspsychologie der Produktion* promoviert wurde. Dann war er in Freiburg i. Br. Schüler von W. Gurlitt und H. Erpf und gründete 1928 zusammen mit E. Kaller und E. Katz ein Privatmusiklehrerseminar im Tonkünstlerverband, das nach dem Beitritt J. Weismanns „Musikseminar der Stadt Freiburg" hieß und bis 1937 bestand. 1938 wurde er Seminarleiter an der städtischen Musikschule in Freiburg, 1941 Dozent für Tonsatz und Musikgeschichte an der Landesmusikschule Breslau. Seit 1947 lehrte er als Professor an der Freiburger Musikhochschule. 1948 gehörte er zu den Mitgründern des Instituts für Neue Musik und Musikerziehung in Darmstadt und war 1956–60 dessen erster Vorsitzender. – Als Schriftsteller trat D. seit 1925 für die Neue Musik ein, die er vor allem in pädagogischer Hinsicht förderte. Das in Zusammenarbeit mit seiner Frau Elma entstandene *Geigenschulwerk,* für das er auch zahlreiche moderne Komponisten, u. a. P. Hindemith und B. Bartók, gewann, wurde ein Standardwerk der modernen Violinpädagogik. Dieser Beitrag „pädagogischer Musik" führte zu einer langjährigen Auseinandersetzung mit Th. W. Adorno. D. gab außerdem zahlreiche für den Laien bestimmte und relativ leicht spielbare Sammlungen mit älterer und neuerer Musik heraus.

Veröffentlichungen: **1) Aufsätze u. Schriften:** *Über Strawinsky,* in: Melos 5 (1926); *Hindemiths Lieder für Singkreise,* in: Die Musikantengilde (1929); *Aufgabe u. Form der Musiklehrerbildung,* in: Dt. Tonkünstlerzeitung (1930); *Zur Lage der Musiklehre. Historisierung u. Gegenwärtigkeit,* in: Melos 11 (1932); *Reproduktion u. Produktion. Eine Grundfrage,* in: Melos 14 (1946/47); *Das Musiktheater C. Orffs,* in: Der Musikalmanach, hrsg. v. V. Schwarz (Mn 1948); *Béla Bartók,* in: Melos 16 (1949); *Musik, heute. Entwurf einer Diagnose,* in: Prisma der gegenwärtigen Musik, Tendenzen u. Probleme, hrsg. v. J. E. Berendt – J. Uhde (H 1959); *Historismus in der Musik,* in: Die Ausbreitung des Historismus über die Musik, hrsg. v. W. Wiora (Rb 1969); *Schönbergs Opus 16, Nr. 3. Der Mythos der Klangfarbenmelodie,* in: Melos 36 (1969); *Über Gestalt und Stil in der Musik* (postum Kastellaun 1979). – **2) Pädagogische WW:** *Geigenschulwerk,* 5 Bde. (Mz 1932–50 u. ö.), engl. Übers.: *Doflein Method. The Violinist's Progress,* 4 Bde. (Mz 1957). – **3) Editionen:** *J. J. Quantz, Sonate für drei Fl.* (Kas 1935); *J. Pachelbel, Ausgew. Klv.-WW* (Kas 1935); *C. Ph. E. Bach, Sechs Sonaten,* 2 H.e (Mz 1935, NA Mz 1963); *F. Durante, Concerti per due Violini, Viola e Basso,* 3 H.e (Mz 1966); *Altfrz. Duette für V.,* 3 H.e (Mz [2]1959, 1964).

Lit.: FS E. Doflein, hrsg. v. L. U. ABRAHAM (Mz 1972) (mit Schriften-Verz.).

U. KURTH

DÖHL, Friedhelm, * 7. 7. 1936 Göttingen; dt. Komponist. D. war in Freiburg i. Br. Kompositionsschüler von W. Fortner. Er studierte außerdem Schulmusik und Musikwissenschaft, unterrichtete 1965–68 am R.-Schumann-Konservatorium in Düsseldorf und wurde 1967 in Göttingen promoviert mit einer Dissertation über A. Webern, der für sein eigenes kompositorisches Schaffen eine Schlüsselstellung einnimmt. Seit 1969 lehrte er Musiktheorie an der Freien Universität Berlin und ist seit 1974 Direktor der Musikakademie in Basel. In seiner Vokalmusik verwendet D. häufig Sinngedichte; seine Instrumentalmusik zeichnet sich durch Klarheit und Transparenz aus.

WW: **1) Instr.-WW:** 4 Klv.-Sonaten (1959–63); Oktett (1961) für Bläser u. Str.; *Klangfiguren* (1962) für 5 Bläser; *Oculapis* (1962) für Fl. u. Klv.; *Miniaturen* (1963) für Fl. u. Klv.; Toccata (1964) für Fl., Trp., Cemb. u. Klv.; *Tappeto* (1967), Impressionen für Harfe u. Vc.; *Klangszene* (1970) für 2 (Hammond-) Orgeln, elektrische Transformation, Lautsprecher u. abstrakte Szene; *Textur*

(1971) für Fl.; *Sotto voce* (1973) für Fl., Vc. u. Klv. – **2) Vokal-WW:** *Hälfte des Lebens* (1959) (nach Hölderlin) für Chor u. Orch.; *7 Haiku* (1963) für Sopran, Fl. u. Klv.; Fragment *Sibylle* (1963) (nach Hölderlin) für Bar. u. Kammerorch.; *Epitaph* (1963) (nach einem japanischen Tanka) für Sopran, Klv. u. Kammerensemble; *Sternverdunkelung* (1964) (nach dem Propheten Joel u. Nelly Sachs) für Bar., gem. Chöre, Org. u. Instrumentenensemble; *Melancolia* (1968), Magische Quadrate für großes Orch., Chor, Sopran; *Wann aber*... (1969) (nach Hölderlin), 9 Fragmente für Bar. u. Klv.; Requiem *Auf schmalem Grat* für 6 St., UA: Basel 1979. – **3) Schriften:** *Weberns Beitr. zur Stilwende der Neuen Musik. Stud. über Voraussetzungen, Technik u. Ästhetik der „Komposition mit 12 nur aufeinander bezogenen Tönen“* (Mn – Salzburg 1976) (= Berliner musikwiss. Arbeiten 12); *Leiermann u. Doppelgänger. Der andere Schubert u. die „Romantik“*, in: Melos/NZ 4 (1978). H. LINDLAR

DOHNÁNYI. – **1) Ernst** (Ernö) **von,** * 27.7.1877 Preßburg, † 9.2.1960 New York; ungar. Pianist, Dirigent und Komponist. D. war 1893–97 Schüler der Franz-Liszt-Hochschule für Musik in Budapest, anschließend Klavierschüler von E. d'Albert und debütierte als Pianist 1899 in Berlin. Nach zahlreichen Konzerttourneen in Europa und Amerika wirkte er 1905–15 als Klavierlehrer an der Berliner Musikhochschule und seit 1916 als Professor am Budapester Konservatorium, das er später auch leitete. 1919 wurde er Dirigent des Orchesters der Philharmonischen Gesellschaft in Budapest, unternahm weiterhin Konzertreisen ins Ausland und lebte 1925–27 in den USA. Nach seiner Rückkehr leitete er die Fortbildungsklassen für Komposition und Klavier an der Budapester Musikakademie, deren Direktor er 1934 wurde. 1931–44 war er auch Generalmusikdirektor beim ungarischen Rundfunk. Nach dem 2. Weltkrieg verließ er Ungarn und übernahm 1949 in Tallahassee eine Professur an der Florida State University.

WW: **1) Instr.-WW:** Für Klv.: *Variationen u. Fuge* (1897); *Passacaglia* (1899); 4 Rhapsodien (1902–03); *Winterreigen* (1905) (W o.J.); *Humoresken in Form einer Suite* (1907); 3 Stücke (1912); *Suite im alten Stil* (1913) (B o.J.); *6 Konzertstudien* (1916); *Variationen über ein ung. Volkslied* (1917); *Ruralia Hungarica* (1923–24) (Budapest o.J.); 6 Stücke (1945) (Lo o.J.); Sonate für V. u. Klv. (1912); Sonate für Vc. u. Klv. (1899) (Mz o.J.); Streichtrio (1902); 3 Streichquartette, I (1899), II (1906), III (1926); 2 Quintette mit Klv. (1895, 1914); Sextett (1935) für Klv., V., Br., Vc., Klar. u. Horn; 3 Symphonien, I (1895–96) (unveröff.), II (1900–01), III, 1. Fassung (1943–44) (unveröff.), 2. Fassung (1953–56); Suite fis-moll (1908–09); *Szimfonikus percek zenekarra* (1933); 3 Klv.-Konzerte, I (1897–98), II (1936) (unveröff.), III (1946–47); *Variationen über ein Kinderlied* (1914) für Klv. u. Orch.; 2 V.-Konzerte, I (1914–15) (B o.J.), II (1949–50) (NY o.J.); Konzertstück für Vc. u. Orch. (1903–04); *Concertino for Harp and Chamber Orchestra* (1952) (NY o.J.). – **2) Vokal-WW:** Lieder u. Volkslieder für SingSt u. Klv.; *Missa in dedicatione ecclesiae* (1930); *Cantus Vitae*, Kantate für Soli, Chor u. Orch. (Budapest 1941); *Stabat Mater* (1952–53) (NY o.J.). – **3) Bühnen-WW:** Opern: *Tante Simone* (1911–12), UA: Dresden 1913 (Wie o.J.); *A Vajda tornya* (1915–22), UA: Budapest 1922; *A Tenor* (1920–27), UA: ebd. 1929; *Der Schleier der Pierrette* (1908–09), Pantomime, UA: Dresden 1910.

D. gehörte zu den bedeutendsten Pianisten seiner Zeit. Als Komponist knüpfte er an die nachromantische Musik an. Der jungen ungarischen Schule mit ihren Hauptvertretern B. Bartók und Z. Kodály stand er nicht nahe, setzte sich als Dirigent aber für ihre Werke ein. Er schrieb die Autobiographie *Message to Posterity* (hrsg. v. M. F. Parmenter, Jacksonville/Fla. 1960, mit Werke-Verz.).

2) Christoph von, Enkel von 1), * 8.9.1929 Berlin; dt. Dirigent. Er studierte 1948–51 in München, dann bei seinem Großvater in den USA und nahm auch an einem Dirigierkurs bei L. Bernstein teil. Seit 1952 Korrepetitor und Kapellmeister in Frankfurt a. M. unter G. Solti, wurde er 1957 GMD in Lübeck, 1963 in Kassel und war 1964–70 zeitweise gleichzeitig Chefdirigent des Rundfunk-Sinfonie-Orchesters in Köln. 1968 wurde er GMD, 1972 Direktor der Oper in Frankfurt a. M., seit 1977 ist er Intendant der Hamburgischen Staatsoper. D. setzt sich besonders auch für das zeitgenössische Musiktheater ein. Er dirigierte u. a. die Uraufführungen der Opern *Der junge Lord* (1965) und *Die Bassariden* (1966) von H. W. Henze.

Lit.: **Zu 1):** L. POLLATSEK, E. von D., in: Mk 20 (1927/28); M. U. RUETH, The Tallahassee Years of E. von D. (1962) (= Diss. Florida State Univ.); I. PODHARADSZKY, The Works of E. D., in: Studia musicologica 6 (1964); M. ECKHARDT, Briefe aus dem Nachlasse E. von D.s, in: ebd. 9 (1967); B. VÁZSONYI, D. E. (Budapest 1971); G. L. MABRY, The Vocal and Choral Works of E. von D. (1973) (= Diss. George Peybody College for Teachers, Nashville/Tenn.).

DOINĂ, altes rumänisches, improvisiertes Tanzlied von meist schwermütigem Charakter. Es wird vokal und instrumental ausgeführt. Wichtigste Instrumente der instrumentalen Form sind Dudelsack, Flöte, Panflöte und Schalmei. Die freie, reich verzierte Melodik wird von einem parlando-rubato-Rhythmus getragen und kontinuierlich variiert. Auf eine rhythmisch-melodische Einleitungsformel folgt ein aus mehreren improvisierten melodischen Formeln bestehender Mittelteil und eine aus ähnlichen melodischen Phrasen bestehende Schlußformel. Charakteristisch für die D. sind die ↗Glottis-Tongebung, ein glissandoartiges Aneinanderreihen der Töne, differenzierte Dynamik, rhythmische Vielfalt bei agogischem Bewegungsablauf, Verwendung nicht-temperierter Intervalle und Verzierung der tonalen Hauptstufen. Die Melodik ist modal mit Bevorzugung der dorischen und äolischen Tonleitern und moduliert nicht. Die ursprünglich der Welt der Hirten entstammende D. nimmt als vielseitige Musizierform einen festen Platz im Brauchtum Rumäniens ein. Die rumänische Kunstmusik verdankt ihr wichtige Anregungen.

Lit.: B. P. HASDEU, Doină. Originea poeziei populare la români, in: Columna lui Traian 3 (Bukarest 1882); C. BRAÏLOÏU, La musique populaire roumaine, in: RM 21 (1940); O. PAPADIMA, Consideratii despre doină, in: Studii si cercetari de istorie literară si folclor 4 (Bukarest 1960); E. COMISEL, Genurile muzicii populare. Doină, in: Studii de muzicologie 5 (ebd. 1969); L. AGAPIE, Doină bucovineana. Contribuţii la cunoaşt erea cîntecului popular, in: REF 16 (1971); C. ZAMFIR, Despre obîrsia si filiatia unor melodii de doină, in: Studii de muzicologie 8 (1972).

DOKTOR, Paul, * 28.3.1919 Wien; amerik. Bratschist östr. Herkunft. Er studierte bei seinem Vater Karl D., der Mitglied des Busch-Quartetts war, Violine und Musiktheorie an der Wiener Musikakademie. Ende der 30er Jahre ging er nach England, 1940 in die Schweiz. Dort war er Solobratschist des Symphonieorchesters in Luzern, des Orchestre de Chambre de Lausanne und des Collegium Musicum Zürich. Seit 1947 wirkt er in den USA, seit 1951 auch wieder in Europa.

DOKTOR FAUST, Dichtung für Musik in 6 Bildern von Ferruccio Busoni (1866–1924), Text vom Komponisten nach der alten Faust-Sage in Anlehnung an Christopher Marlowes dramatische Fassung (*The tragical history of Doctor Faustus,* 1589). Ort und Zeit der Handlung: Deutschland und Italien im ausgehenden Mittelalter. UA: 21.5.1925 in Dresden (Dirigent: Fritz Busch).
Busoni starb, bevor er die Arbeit an der Oper, die als sein bedeutendstes Werk gilt, abgeschlossen hatte; sein Lieblingsschüler Philipp Jarnach vollendete die Komposition. Beim Verfassen des Textes versuchte Busoni bewußt, eine bloße Kopie von Goethes Dichtung zu vermeiden: Der Teufelspakt blieb als Kernstück der Handlung zwar erhalten, die Gretchen-Episode z.B. wurde jedoch nur wenig ausführlich gestaltet und erhielt nicht die große handlungsdramatische Bedeutung, die ihr in Goethes Werk zukommt. Obwohl Busoni weder von Wagner noch von Puccini unbeeinflußt blieb, suchte er sich in seiner Klangsprache doch von diesen beiden Komponisten zu distanzieren. Insbesondere harmonisch entwickelte er durch kühne Ausnutzung von Sept- und Nonakkordkombinationen einen originellen musikalischen Stil. Trotz des hohen absolut-musikalischen Eigenwertes der Komposition wurden spezifisch opernhafte Gestaltungselemente nicht vernachlässigt. So bleibt das Klanggeschehen durchweg nachvollziehbar als adäquater Ausdruck von Affektgehalt und emotionaler Atmosphäre der einzelnen Handlungsstationen. Besonders kunstvoll sind die ausführlichen gesungenen Dialoge, bei denen trotz geschickter satztechnischer Verflechtung von Sing- und Instrumentalstimmen die Textverständlichkeit immer erhalten bleibt. W. A. MAKUS

DOKTOR JOHANNES FAUST, Oper in 3 Akten von Hermann Reutter (* 1900), op. 47, Text von Ludwig Andersen nach dem Puppenspiel vom Doktor Faust in der Fassung von Karl Simrock (1845). Ort und Zeit der Handlung: Mainz und Parma im ausgehenden Mittelalter. UA: 26.5. 1936 in Frankfurt am Main, UA der Neufassung: 8. 6. 1955 in Stuttgart.
In Andersens Libretto bewirkt schon die Gestalt des Hans Wurst, daß das heitere Element gegenüber dem sich ins Geheimnisvoll-Magische verbohrenden grüblerischen Intellekt des Doktor Faust stärker zur Geltung kommt als in Goethes Dichtung. Jedoch nicht nur der Librettist vermied den Rückgriff auf ein großes Vorbild, auch Reutter gestaltete die Faust-Geschichte nicht zu einem Musikdrama, sondern zu einer Nummernoper, in der auch musikalisch das Volkstümlich-Derbe zu einer wesentlichen Ausdrucksnuance wird. Busonis Musik vergleichbar, ist auch Reutters Klangsprache ein Kompromiß zwischen Traditionalismus in Formgebung und Melodik und origineller Modernität in Rhythmik und Harmonik. Bei freier Tonalität und differenzierter rhythmischer Struktur beweist Reutter in den überschaubaren, geschlossenen Formen dieser Oper einmal mehr, daß er ein Meister in der Behandlung der Singstimme ist. Durch auf Textverständlichkeit und Kantabilität gleichermaßen ausgerichtete Vertonung gelingt es ihm, eingängig-zündende Musikalität und intellektuell sensible Charakterzeichnung zu einer wirkungsvollen Einheit zu verbinden. W. A. MAKUS

DOKTOR UND APOTHEKER, Singspiel in 2 Aufzügen von Karl Ditters von Dittersdorf (1739–99), Text von Gottlob Stephanie d.J. (1741–1800). Ort und Zeit der Handlung: eine dt. Kleinstadt im 18. Jahrhundert. UA: 11. 7. 1786 in Wien (Kärntnerthor-Theater).
Diese Verkleidungs- und Verwechslungskomödie verläuft nach zu einfachen Handlungsmustern, als daß der Text in der heutigen Zeit begeistern könnte. Die beschwingte Musik wirkt jedoch immer wieder mitreißend, so daß der große Erfolg erklärbar ist, den dieses Singspiel im ausgehenden 18. Jh. erzielte: das Publikum zog *Doktor und Apotheker* der sechs Wochen zuvor – ebenfalls in Wien – zur UA gebrachten Oper Mozarts *Die Hochzeit des Figaro* vor; bei einer Aufführung im Burgtheater am 12.2.1797 wurde in Anwesenheit Kaiser Franz' I. das Kaiserlied Haydns erstmals aufgeführt. Die Gattungsbezeichnung „Singspiel" ist irreführend, denn mit vielen anspruchsvollen Ensemblesätzen unterscheidet sich das Werk von Komödien mit Gesangseinlagen (der Schauspieler) und tendiert zur

komischen Oper. Mit dieser Bezeichnung erscheint *Doktor und Apotheker* in einer dreiaktigen Fassung in den meisten neuen Bearbeitungen, die insbesondere den Text „verbessern". K. LANGROCK

DOLCAN, Dolcian, Dolkan, ein Orgelregister (Labialstimme) des ↗Flötenchors mit trichterförmigem Pfeifenkörper in der 8'- und 4'-Lage. Es hat einen hellen, zarten Klang.

DOLCE (it., = süß, lieblich, anmutig, zart), **con dolcezza,** seit dem frühen 18. Jh. in der Vokal- und Instrumentalmusik Bz. für einen dem Wortsinn entsprechenden Vortrag. Häufig synonym verwendet mit ↗cantabile bzw. espressivo, z. T. auch für piano. Gelegentlich kommt sogar der Superlativ *dolcissimo* vor.

DOLCIAN, Dolcan, Orgelregister. – ↗Dolcan, ↗Dulzian.

DOLDINGER, Klaus (Pseud.: Paul Nero), * 12. 5. 1936 Berlin; dt. Jazzmusiker (Sopran- und Tenorsaxophon, Klarinette, Tasteninstrumente). Er begann 1952 in der Düsseldorfer Amateur-Dixieland-Band Feetwarmers, spielte zunächst Sopransaxophon und Klarinette, später Tenorsaxophon, das sein Hauptinstrument wurde, und wandte sich dann als Berufsmusiker dem Modern Jazz zu. 1961 gründete er ein Quartett, das in der Besetzung mit Ingfried Hoffmann (Orgel), Peter Trunk (Baß) und Klaus Weiss (Schlagzeug) international berühmt wurde. D. arbeitete u. a. auch immer wieder mit Johnny Griffin zusammen. Seit dem Ende der 60er Jahre machte er interessante Versuche, Jazz mit Rock und Beat zu verbinden (z. B. in *Sahara*), in den 70er Jahren vor allem mit der Gruppe Pass Port. Kompositionen von ihm sind u. a.: *Jive Cats* und *Bluesy Toosy,* wichtige Schallplatteneinspielungen: *Doldinger At Blue Note, Doldinger in Südamerika* und *Made in Germany.*

Lit.: J. E. BERENDT, Kleine Gesch. des dt. Nachkriegsjazz, in: Ein Fenster aus Jazz (F 1977).

DOLENDO, dolente (it.; von lat. dolere = leiden, trauern), Vortrags-Bz.: schmerzlich, klagend.

DOLES, Johann Friedrich, * 23. 4. 1715 Steinbach-Hallenberg (Thüringen), † 8. 2. 1797 Leipzig; dt. Kantor und Komponist. D. ging 1739 zum Studium der Theologie nach Leipzig und war hier 4 Jahre lang Schüler J. S. Bachs. 1743–44 dirigierte er das Große Konzert (Vorgänger der Gewandhaus-Konzerte) und wurde anschließend Kantor und Musikdirektor in Freiberg. 1755 übernahm er nach dem Tod des Bach-Nachfolgers J. G. Harrer das Amt des Thomaskantors in Leipzig, das er bis 1789 innehatte, und wirkte 1770–78 auch als Musikdirektor an der Universität.

WW: Etwa 160 Kirchenkantaten, davon gedruckt *Kantate über das Lied des... Gellert: Ich komme vor dein Angesicht* (L 1790); *Der sechs und vierzigste Psalm* (L 1758); 3 Passionen; 2 Passionsoratorien; 5 Messen (Kyrie – Gloria), einzelne Messesätze; Te Deum-Kompositionen; *Melodien zu... C. F. Gellerts Geistlichen Oden und Liedern* für 4 St. u. B.c. (L 1758); *Vierstimmiges Choralbuch... vorzüglich nach dem Leipziger und Dreßdner Gesangbuche* für Org. mit u. ohne Instr. (L 1785); *Neue Lieder nebst ihren Melodien* (L 1750); *Singbare und leichte Choralvorspiele für Lehrer und Organisten auf dem Lande und in den Städten,* 4 Hefte (L 1795–97).

Als Motettenkomponist noch deutlich unter Bachs Einfluß stehend, bevorzugte D. in den meisten seiner Kompositionen eine eingängige Melodie und eine einfache Harmonik. Seine Werke lassen sich größtenteils dem Empfindsamen Stil zurechnen.

Ausg.: Motette *Ein feste Burg,* in: Alte geistliche Lieder für gem. St., hrsg. v. F. JÖDE (Wb 1931) (= Chorbuch 1); Choralpräludien für Org., hrsg. v. G. AMFT, in: Berühmte Werke alter Meister (L o.J.).

Lit.: B. F. RICHTER, J. F. D. Selbstbiographie, in: MfM 25 (1893); R. KADE, Beitr. zu Kantor D., in: ebd. 20 (1888); A. SCHERING, J. S. Bachs Leipziger Kirchenmusik (L 1936, ²1954, Nachdr. [der 2. Aufl.] Wie 1968) (= Veröff. der Neuen Bach-Ges. 36/2); H. BANNING, J. F. D., Leben u. Werke (L 1939); A. WERNER, Ein neuer Beitr. zum Streit Bidermann-D., in: AfMw 5 (1940); A. SCHERING, J. S. Bach u. das Musikleben Leipzigs (L 1941) (= Musikgesch. Leipzigs 3).

DOLKAN, ein Orgelregister, ↗Dolcan.

DOLLARPRINZESSIN, DIE, Operette in 3 Akten von Leo Fall (1873–1925), Text von Arthur Maria Willner und Fritz Grünbaum nach einem Lustspiel von Gatti-Trotha. Ort und Zeit der Handlung: New York und Aliceville (Kanada) um 1900. UA: 2. 11. 1907 in Wien (Carl-Theater).
In dieser Operette wird das zentrale Motiv aus William Shakespeares *Der Widerspenstigen Zähmung* variiert, indem der Ort der Handlung aus dem Padua der Renaissance nach Amerika verlegt wird. Aus Katharina wird die hochmütige Alice, Tochter des Kohlenkönigs Couder, aus Petruchio der stolze Fredy Wehrburg. Das Libretto ist eine Persiflage auf die europäischen Vorstellungen des Amerika vor dem 1. Weltkrieg. Da gibt es den steinreichen Industriemagnaten, der sich vornehme Europäer als Dienstboten hält; die vermeintlich kühle Amerikanerin, die glaubt, mit ihrem Geld alles kaufen zu können; und natürlich den Auswanderer aus Deutschland, der im Land der unbegrenzten Möglichkeiten sein Glück macht, finanziell und privat. Die Musik zeichnet sich durch einen gehobenen

Lustspielton aus; sie ist reich an lyrischen und dramatischen Einfällen und volkstümlichen Liedsätzen, wie z. B. *Das sind die Dollarprinzessen.*

S. KUROCK – R.-M. SIMON

DOLMETSCH, engl. Musikerfamilie. – **1) Arnold,** * 24. 2. 1858 Le Mans, † 28. 2. 1940 Haslemere (Surrey); Instrumentenbauer und Musikforscher. Er stammte aus einer Instrumentenbauerfamilie und beschäftigte sich schon früh mit Klavier- und Orgelbau. Später wurde er Violinschüler von H. Vieuxtemps in Brüssel, studierte Komposition und Dirigieren am Royal College of Music in London und wurde 1885 Violinlehrer am Dulwich College. Die Entdeckung hsl. überlieferter Gambenstücke des 17. Jh. regte ihn 1889 zum Bau von Gamben an. Später stellte er auch Clavichorde, Cembali, Lauten und Blockflöten nach altem Vorbild her. 1902–09 arbeitete er als Instrumentenbauer bei Chickering & Sons in Boston und 1911–14 bei Gaveau in Paris. 1914 gründete er eine eigene Werkstatt für alte Instrumente in Haslemere, wo er mit seiner Familie auch alte Musik aufführte und seit 1925 jährliche Musikfeste veranstaltete. 1928 gründete er zur Förderung seiner Bestrebungen die D.-Foundation, die seit 1929 die Zeitschrift *The Consort* herausgibt. D. veröffentlichte auch Werke älterer Musik, insbesondere von A. Corelli, H. Purcell und G. Fr. Händel, und schrieb ein grundlegendes Werk zur Aufführungspraxis: *The Interpretation of the Music of the 17th and 18th Centuries* (Lo 1915, ²1944, NA Seattle/Wash. 1969). – **2) Mabel,** Ehefrau von 1), * 6. 8. 1874 London, † 12. 8. 1963 Haslemere; Tänzerin und Gambistin. Sie schrieb *Dances of England and France* (Lo 1949) und *Dances of Spain and Italy from 1400 to 1600* (Lo 1954). – **3) Nathalie,** Tochter von 1) und 2), verheiratete **Carley,** * 31. 7. 1905 Chicago; Gambistin. Sie gründete 1948 die Viola da Gamba Society, 1970 – zusammen mit ihrer Tochter *Louise Carley* (* 1935) – die D. Historical Dance Society; sie edierte ältere Werke Gambenmusik und schrieb *The Viola da Gamba* (NY – Lo 1962). – **4) Rudolph,** Sohn von 1) und 2), * 8. 11. 1906 Cambridge (Massachusetts), † 6./7. 12. 1942 (auf See vermißt); Cembalist, Gambist und Dirigent. Er veröffentlichte *The Art of Orchestral Conducting* (Lo 1942). – **5) Carl Frederick,** Sohn von 1) und 2), * 23. 8. 1911 Fontenay-sous-Bois bei Paris; Blockflötist. Er setzte als Instrumentenbauer, insbesondere mit handgearbeiteten Blockflöten, die Tradition seiner Familie fort. Seit 1940 leitet er das Haslemere Festival, gibt als Direktor der D. Foundation die Zeitschrift *The Consort* heraus, veröffentlichte ältere Blockflötenmusik und schrieb Schulwerke für die Blockflöte.

Lit.: **Zu 1):** R. DONINGTON, The Work and Ideas of A. D. (Haslemere 1932); P. GRAINGER, A. D. Musical Confucius, in: MQ 19 (1933); M. D. FERGUSON, The Development of the D. Movement, in: Hinrichsen's Musical Year Book 4 (1947)–5(1948); R. DONINGTON, A. D. A Centenary Tribute, in: MT 99 (1958); M. DOLMETSCH, Personal Recollections of A. D. (Lo 1958); DIES., The Life Work of A. D., in: The Consort 18 (1961); M. CAMPBELL, D. The Man and His Work (Lo – Seattle/Wash. 1975).

DOLPHY, Eric (Allan), * 20. 6. 1928 Los Angeles, † 29. 6. 1964 Berlin; amerik. Jazzmusiker (Altsaxophon, Klarinette, Baßklarinette, Flöte). D. spielte zuerst in Mainstream-Bands, in der zweiten Hälfte der 50er Jahre bei Chico Hamilton, seit 1960 in der Avantgardegruppe von Charles Mingus. 1961 war er mit Ornette Colemans Doppelquartett an der historisch bedeutenden Einspielung *Free Jazz* beteiligt, gründete ein eigenes Quartett und begann die Zusammenarbeit mit John Coltrane. 1962 gründete er eine Gruppe mit dem Trompeter Freddie Hubbard. D. hat als Altsaxophonist das revolutionierende Spiel von Charlie Parker weiterentwickelt und die Baßklarinette für den modernen Jazz entdeckt.

Lit.: D. H. KRANER, The E. D. Discography 1958–64 (Gr 1967); J. E. BERENDT, Das Jazzbuch. Von Rag bis Rock (F 1973); V. SIMOSKI – B. TEPPERMAN, E. D. A Musical Biography and Discography (Washington/D.C. 1974); E. JOST, Free Jazz, in: Die Story des Jazz, hrsg. v. J. E. Berendt (St 1975).

DOLZIANA (it.), ↗Dulzian.

DOMGRAF-FASSBAENDER, Willi, * 19. 2. 1897 Aachen, † 13. 2. 1978 Nürnberg; deutscher Sänger (Bariton). Er studierte in Aachen Musik, war zunächst Kapellmeister, ließ sich dann aber in Mailand (bei G. Borgatti) und in Berlin (vor allem bei P. Bruns) zum Sänger ausbilden und debütierte 1922 am Aachener Stadttheater. Nach Engagements am Deutschen Opernhaus in Berlin, in Düsseldorf und Stuttgart wurde er 1928 an die Berliner Staatsoper verpflichtet, der er bis 1948 angehörte. Gastspiele u. a. bei den Glyndebourne-Festspielen, bei den Salzburger Festspielen, in Wien und Mailand machten ihn auch international bekannt, vor allem als Mozart-Interpret. 1953–62 war er Oberspielleiter der Oper in Nürnberg, wo er seit 1964 als Gesangspädagoge auch am Konservatorium wirkte. Seine Tochter und Schülerin ist die Altistin Brigitte Fassbaender.

DOMINANTE (frz.: dominante), nach der Funktionstheorie die 5. Stufe der Dur- oder Mollskala und der auf ihr errichtete Dreiklang; im Unterschied zur ↗Subdominante bezeichnet D. stets die Oberdominante als den Gegenpol zur ersten Stufe, dem tonalen Zentrum der ↗Tonika. Überwiegt bei der Subdominante der „Klanggehalt“, so bei der D. der „Spannungsgehalt“ (W. Maler), da sie durch die Terz als Leitton und den fallenden Quintschritt zur Auflösung in die Tonika strebt: 

D T

Durch Tonika, Subdominante und D. als Hauptfunktionen wird eine Tonart eindeutig bestimmt (↗Kadenz). – Die Bezeichnung D. taucht erst zu Beginn des 17. Jh. auf und meinte die 5. Stufe bei authentischen (↗authentisch) bzw. die 4. Stufe bei plagalen Tonarten (↗plagal), daneben auch den Rezitationston (Repercussa) im Gregorianischen Gesang. – Das heutige Verständnis von D. geht auf J.-Ph. Rameau (1726) zurück, der neben die *tonique (Centre harmonique)* die *dominante* und *sousdominante* stellte; er faßte allerdings – neben dem Septakkord auf der 5. Stufe einer Tonart *(dominante tonique)* – jeden Septakkord mit anschließendem Quintfall als D. auf. – Nach H. Chr. Koch, der Tonika, Subdominante und D. als „wesentliche“ Harmonien von den „zufälligen“ Akkordstufen (II, III, VI) abhob, bezog M. Hauptmann die D. auf die 5. Stufe einer Tonart. H. Riemann führte die Anfangsbuchstaben der drei Funktionen T (Tonika), S (Subdominante) und D (Dominante) als Funktionszeichen ein; diese drei Akkorde werden als Hauptfunktionen verstanden, denen alle anderen Akkorde als Vertreter untergeordnet sind. Als Vertreter der Durdominante (D) kann der parallele Molldreiklang (p) auftreten (z. B. für G-Dur als D, e-moll als Dp [= Dominantparallele]) oder – seltener – umgekehrt statt einer Molldominante (d) die Durparallele (P) (für e-moll als d, G-Dur als dP [= Dominantparallele]). – Zwischendominanten, bezeichnet mit (D), sind eingeschobene D.n, die sich lediglich auf die folgende Funktion beziehen – z. B. ist (D) Tp[= Tonikaparallele] in C-Dur die Folge E-Dur/a-moll – oder aber eine ↗Ausweichung einleiten; besonders häufig tritt dabei, bezeichnet mit $\not{D}$, die Dominante der D. auf (Doppeldominante oder Wechseldominante). *Dominantische Funktion* erhält jeder Durdreiklang durch die hinzugefügte kleine Sept (↗Dominantseptakkord). Dominantische Auftakte zeigen oft Volkslieder:

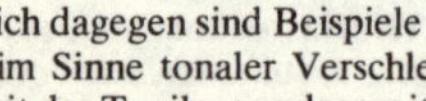

Ungewöhnlich dagegen sind Beispiele Beethovens, in denen – im Sinne tonaler Verschleierung – ein Satz nicht mit der Tonika, sondern mit der D. (z. B. Klaviersonate, op. 31 Nr. 2) oder mit einem Dominantseptakkord (Einleitung der 1. Symphonie) beginnt.

Lit.: J.-PH. RAMEAU, Nouveau système de musique théorique (P 1726); H. CHR. KOCH, Handbuch bey dem Studium der Harmonie (L 1811); M. HAUPTMANN, Die Natur der Harmonik u. Metrik (L 1853, ^{2}1873); H. RIEMANN, Vereinfachte Harmonielehre oder die Lehre von den tonalen Funktionen der Akkorde (L – NY 1893, ^{2}1903). C. KÜHN

DOMINANTSEPTAKKORD, Vierklang, der sich aus dem Durdreiklang auf der ↗Dominante mit hinzugefügter kleiner ↗Septime ergibt (D^7); die kleine Septime im D. gilt als „charakteristische Dissonanz“, da sie auch jedem anderen Durdreiklang dominantische Funktion zuweist. Bei regulärer Auflösung des D.s ist die Septime stufenweise abwärts, die Terz des Dreiklangs als Leitton stufenweise aufwärts zu führen, z. B. in C-Dur:

D^7 T

Als Umkehrungen des D.s ergeben sich der Quintsextakkord (D^7_3) (V^6_5) 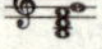, der Terzquartakkord (D^7_5) (V^4_3) , und der Sekundakkord (D_7) (V^2) . Fehlt im D. im vierstimmigen Satz die Quinte (*unvollständiger D.* = $D^{7}_{\not 5}$), wird der Grundton verdoppelt ; bei fehlendem Grundton (*verkürzter D.* = $\not{D}^7$) ergibt sich ein verminderter Dreiklang , bei dessen vierstimmiger Darstellung im Regelfall die Quinte verdoppelt wird 

$\not{D}^7_5$

. Seit der Zeit Bachs wird der D., dem aufgrund der Septspannung ein hohes Auflösungsbedürfnis zukommt, in Kadenzen und Schlußwendungen bevorzugt eingesetzt. Seit der Mitte des 19. Jh. jedoch erscheint der D. immer weniger als Spannungsakkord; in dem Maße, in dem die Musik sich funktionaler Eindeutigkeit entzieht und zugleich spannungsreichere Klangbildungen entdeckt, ändert auch der D. seine Funktion: er wird, häufig unter Verzicht auf reguläre Fortführung, zum Farbwert und Klangreiz, wie etwa in der folgenden Passage aus Debussys *La Cathédrale engloutie* (*Préludes,* Bd. I):

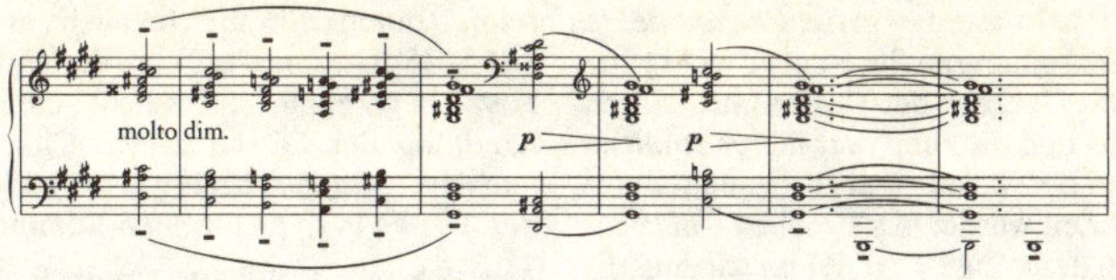

C. KÜHN

DOMINGO, Plácido, * 21. 1. 1941 Madrid; span. Sänger (Tenor). Er erhielt seine Gesangsausbildung zunächst durch seine Eltern, die Zarzuela-Sänger in Mexiko waren, studierte später am Konservatorium in Mexico-City und debütierte dort 1961 als Alfredo in Verdis *Traviata*. 1962–64 sang er an der Hebrew Opera in Tel Aviv. International bekannt wurde er 1966, als er in New Orleans kurzfristig für Franco Corelli einsprang und dann bei der Neueröffnung der New York City Opera im Lincoln Center ebenfalls sehr erfolgreich war. 1968 trat er erstmals am Metropolitan Opera House in New York, 1969 an der Mailänder Scala auf. Seither gastiert D. an allen großen Opernhäusern der Welt. In jüngster Zeit tritt er gelegentlich auch als Dirigent auf.

DOMINO NOIR, LE, Opéra-comique von D. F. E. Auber; dt. Titel: Der ↗schwarze Domino.

DOMRA (russ.), **Dombra, Dumbra,** in der russischen Volksmusik sehr beliebte Langhalslaute mit bauchigem Korpus. Sie wurde im 13. Jh. von den Mongolen eingeführt. Gegen Ende des 17. Jh. entstand aus ihr die Balalaika. Die D. gehört zur Familie der ↗Tanbur, wie auch der aus dem kirgisischen „dambura" abgeleitete Name zeigt. Die D. hatte ursprünglich 2 in Quarten gestimmte Saiten; heute hat sie 3 Metallsaiten, die mit einem Plektrum oder einem Schlagring gespielt werden. Sie wird in 6 Größen gebaut, deren Stimmungen identisch sind mit denen der Balalaikafamilie.

DONATH (eig. Erwin), **Helen,** * 10. 7. 1940 Corpus Christi (Texas); amerik. Sängerin (Sopran). Nach der Gesangsausbildung in ihrer Heimat fand sie in Deutschland ihr erstes Engagement im Studio der Kölner Oper, wo sie unter W. Sawallisch bereits Rollen wie die 1. Rheintochter in Wagners *Ring* sang. 1963–68 war sie in Hannover, 1965–67 zugleich in Frankfurt a. M. engagiert. Seitdem ist sie Mitglied der Bayerischen Staatsoper München. Sie gastiert an vielen bedeutenden Opernhäusern und singt regelmäßig auch bei den Festspielen in Edinburgh und Salzburg. Als Konzertsängerin beherrscht H. D. das lyrische Oratorienfach und ein umfangreiches Liedrepertoire.

DONATI, Ignazio, * um 1570 Casalmaggiore bei Cremona, † 21. 1. 1638 Mailand; it. Komponist. D. war zunächst Domorganist in Pesaro, 1596–98 Kapellmeister in Urbino, 1600 in Pesaro, 1601–05 in Fano, 1612–15 erneut in Urbino, 1616–19 an der Confraternità dello Spirito Santo in Ferrara und 1620–23 in Casalmaggiore. 1623 wirkte er als Domkapellmeister in Novara, 1629–30 in Lodi und zuletzt 1631–38 in Mailand. D. schrieb fast ausschließlich geringstimmige geistliche Werke im konzertierenden Stil in der unmittelbaren Tradition L. Viadanas.

WW (alle in Venedig gedruckt, teilweise mit mehreren Auflagen): 2 Bücher Motetten für 1 SingSt u. B.c., op. 7 (1634) u. op. 14 (1636); *Concerti ecclesiastici* (bzw. *Sacri concerti*) für 1–5 St. u. B.c. (1612, 1618), op. 5 (1618); 2 Bücher Motetten für 5 St. u. B.c. *in concerto* (1616 u. 1629); *Motetti concertati* für 5–6 St. u. B.c., op. 6 (1618); 2 Bücher Messen für 4–6 St. *da capella e da concerto* (1622), op. 12 (1633); *Salmi boscarecci concertati* u. *Messa concertata* für 6 St. u. B.c. mit 6st. Ripienochor ad lib. (1623); *Le vecchiarelli et peregrini concerti* u. *Messa concertata* für 2–4 St. u. B.c. (1636); geistliche WW sind auch in Sammeldrucken (RISM 1619^5, 1620^2, 1626^3, 1626^5, 1629^5) u. hsl. erhalten; *Le Fanfalughe* (Madrigale) für 2–5 St. u. B.c. (1630).

Lit.: H. TH. MCELRATH, A Study of the Motets of I. D. (1967) (= Diss. masch. Univ. of Rochester).

DONATO (Donati), **Baldassare** (Baldissera), * um 1530, † Juni 1603 Venedig; it. Komponist. Er war vermutlich Schüler von A. Willaert und C. de Rore, der 1548 eine seiner Kompositionen in sein 3. Madrigalbuch aufnahm. 1550 wurde er Sänger an San Marco in Venedig, 1562 dort Lehrer der Chorknaben und 1564 Magister der Capella parva, die der Ausbildung der heranwachsenden Sänger diente. Nachdem diese 1565 aufgehoben worden war, wurde D. wieder Sänger. 1580 wurde er zum Kapellmeister am Dom von Padua ernannt, blieb aber in Venedig als Gesanglehrer am neugegründeten Seminar von San Marco. 1590 folgte er G. Zarlino als 1. Kapellmeister an San Marco nach.

WW: *Le napolitane et alcuni madrigali* für 4 St. (V 1550), erweiterte Ausg. als *Il primo libro di canzon villanesche alla napolitana* (V 1550) (= RISM 1550^{19}, mit mehreren Nachdrucken); 2 Bücher Madrigale, I: für 5–6 St. (V 1553), II: für 4 St. (V 1568); Motetten für 5, 6 u. 8 St. (V 1599); in Sammeldrucken 1548–1613 zahlreiche Madrigale u. Canzoni, auch mit dt. u. engl. Text, als lat. geistliche Parodien und in instrumentaler Bearbeitung.

D. wurde berühmt vor allem durch seine Villanellen. Besonders beliebt war davon die *Canzon del la Gallina* (die Zuschreibung an ihn ist aber nicht ganz sicher), in der das Gackern der Henne musikalisch nachgeahmt wird und die zum Vorbild für ähnliche Lautmalereien in der Vokal- und Instrumentalmusik der späteren Zeit wurde. D.s Tanzlied *Chi la gagliarda* (mit dem deutschen Text *Wenn wir hinausziehn* von P. Cornelius) gehört seit langem zum Repertoire vieler Madrigalchöre.

Ausg.: 2 Villanellen u. 3 Madrigale in: TORCHI Arte Mus. I; *Canzon della Gallina*, in: Ausgew. Madrigale, hrsg. v. W. BARCLAY SQUIRE (L o. J.); *Wenn wir hinausziehn*, in: Alte Madrigale, hrsg. v. F. JÖDE (1929); 3 Madrigale in: A. EINSTEIN, The Italian Madrigal (Princeton 1949, Nachdr. 1970); 2 Gesänge in: Fünf Madrigale venezianischer Komponisten um A. Willaert, hrsg. v. H. MEIER (Wb 1969) (= Chw 105).

Lit.: E. KIWI, Stud. zur Gesch. des it. Liedmadrigals (Wü 1937); A. EINSTEIN, s. o. Ausg.

DONATONI, Franco, * 9. 6. 1927 Verona; it. Komponist. D. studierte bei P. Bottagisio in Verona, bei E. Desderi in Mailand und bei A. Zecchi in Bologna und war 1951–53 Schüler von I. Pizzetti in Rom. Anschließend wirkte er als Theorielehrer am Konservatorium in Bologna, seit 1955 am Konservatorium in Mailand, wo er 1961 Professor wurde, und lehrt jetzt am Konservatorium in Turin. Seine Kompositionen, deren Schwerpunkt die Instrumentalwerke bilden, waren zunächst an der italienischen Variante des Neoklassizismus orientiert, verwenden jedoch seit Ende der 50er Jahre eine reichere Palette auch avantgardistischer Stilmittel. Seinen Standort als Komponist suchte D. in seiner Schrift *Questo* (Mi 1970) zu bestimmen.

WW: Concertino (1952) für Str., Blechinstr. u. Pk.; *Musica* (1955) für Kammerorch.; *Composizione* in 4 Sätzen (1955) für Klv.; *Strophes* (1959) für Orch.; *Movimento* (1959) für Cemb., Klv. u. 9 Instr.; *Sezioni (Invenzione per orchestra)* (1960); Quartetto IV (1963) für Str.; *Black and White* (1964) für 37 Str.; *Babai* (1964) für Cemb.; *Puppenspiel II* (1968) für Fl., Piccolo-Fl. u. Orch.; *Orts (Souvenir II)* (1968) für 14 Instr. u. Vorleser ad lib.; *Black and White* (1969), Übung für die 10 Finger auf Tasteninstrumenten; *Secondo estratto* (1970) für Harfe, Klv. u. Cemb.; Serenata (1959) für 16 Instr. u. Frauenstimmen; Ballett *La Lampara* (1957); *Duo pour Bruno* für Orch. (1975).

Lit.: M. BORTOLOTTI, The New Music in Italy, in: MQ 51 (1965); P. CASTALDI, Drei Stücke, in: Lo spettatore musicale (Bol 1970); G. STEFANI, Su Questa di F. D., in: ebd.; L. PINZAUTI, A colloquio con F. D., in: NRMI 4 (1970); M. BARONI, F. D. 1967–1970 (Mi 1971).

H. LINDLAR

DONATUS DE FLORENTIA (Don Donato da Cascia); it. Komponist. D. war vermutlich Benediktinermönch und wird von Franco Sacchetti als „Presbiter de Cascia" der Gemeinde von Florenz bezeichnet. Die von ihm hsl. überlieferten Kompositionen, darunter ein 3st. kanonisches Madrigal, weitere 14 Madrigale, eine Ballata und ein 2st. Virelai, stammen wahrscheinlich aus den Jahren 1355–75. D., ein Vertreter der Florentiner ↗Ars nova, bevorzugte eine reiche melismatische Behandlung der Oberstimmen. Charakteristisch ist auch die nicht gleichzeitig erfolgende Deklamation des Textes in den einzelnen Stimmen.

Ausg.: WW, hrsg. v. N. PIRROTTA, in: The Music of 14th Century Italy (1954 u. 1962) (= CMM 8/1 u. 3); 15 Madrigale, hrsg. v. J. WOLF, in: Der Squarcialupi-Codex Pal. 87... (Lippstadt 1955); 19 Madrigale u. Virelais, hrsg. v. W. TH. MARROCCO (Monaco 1971) (= Polyphonic Music of the 14th Century 7).

Lit.: J. WOLF, Florenz in der Musikgesch. des 14. Jh., in: SIMG 3 (1901/02); F. KAMMERER, Die Musikstücke des Prager Kodex 11 E 9 (Au–Brünn 1931); E. LI GOTTI – N. PIRROTTA, Il Sacchetti e la tecnica musicale del Trecento italiano (Fi 1935); A. VON KÖNIGSLÖW, Die it. Madrigalisten des Trecento (Wü 1940); E. LI GOTTI, La poesia musicale italiano del secolo XIV (Palermo 1944); K. VON FISCHER, Stud. zur it. Musik des Trecento u. frühen Quattrocento (Be 1956); G. CORSI, Madrigali e ballate inedite del Trecento, in: Belfagor 14 (1959).

DONAUESCHINGER MUSIKTAGE für zeitgenössische Musik. Sie gehen zurück auf eine Anregung W. Rehbergs aus dem Jahre 1920 und auf die Initiative des Fürstlich Fürstenbergischen Musikdirektors Heinrich Burkard und erhielten die ideelle und materielle Unterstützung des Fürstenhauses, das damit auch an die eigene bedeutende Musiktradition anknüpfte. Veranstalter wurde die bereits 1913 in Donaueschingen zur Förderung der privaten Musikpflege gegründete „Gesellschaft der Musikfreunde". Zielsetzung der erstmals 1921 als „Donaueschinger Kammermusik-Aufführungen zur Förderung zeitgenössischer Tonkunst" durchgeführten Musiktage war es, dem „Schaffen ausschließlich noch unbekannter oder umstrittener schöpferischer musikalischer Talente" ein Forum zu geben. Die Beschränkung auf die Kammermusik war sicherlich mitbedingt durch die begrenzten organisatorischen und finanziellen Mittel, beruhte vor allem aber auf dem Umstand, daß sich das Neue in der Musik jener Jahre besonders in den kammermusikalischen Formen kundtat. Einem Ehrenausschuß, der die Idee der Musiktage mittrug, gehörten namhafte Komponisten und Musiker an: F. Busoni, S. von Hausegger, A. Nikisch, M. von Pauer, H. Pfitzner, Fr. Schreker und R. Strauss. Die Auswahl der eingereichten Kompositionen traf ein Musikausschuß mit Burkard, E. Erdmann und J. Haas. Schon die erste Veranstaltung 1921 fand eine außergewöhnliche Resonanz. Sie brachte vor allem die schlagartige Anerkennung P. Hindemiths als Repräsentant der Neuen Musik in Deutschland. Als nach den Musiktagen 1922 und 1923 der Ertrag der Suche nach richtungweisenden neuen Komponisten und Werken immer geringer wurde, griff man 1924 – entgegen der ursprünglichen Zielsetzung – auf

schon bekanntere Komponisten zurück und stellte A. Schönberg und seine Schule zur Diskussion. Seit diesem Jahr gehörte auch Hindemith (anstelle von Erdmann) dem Musikausschuß an. 1925 und 1926 lag der Schwerpunkt auf Versuchen mit Gebrauchs- und Gemeinschaftsmusik (Chormusik, Musik für Militärkapellen) und auf der mechanischen Musik (Welte-Mignon-Klavier). Die Kammermusik trat in den Hintergrund. Das Hauptinteresse fand 1926 das *Triadische Ballett* mit der Musik Hindemiths für eine kleine mechanische Orgel und in der Gestaltung Oskar Schlemmers vom Bauhaus. Mit dem Sphärophon Jörg Magers wurde bereits der Weg gewiesen für die Donaueschinger Experimente mit der elektronischen Musik nach dem 2. Weltkrieg. Insgesamt kamen 1921–26 82 Werke von 55 Komponisten zur Aufführung, darunter waren 60 Uraufführungen. Außer durch Hindemith wurden die Musiktage durch Werke u.a. von A. Berg, Ph. Jarnach, E. Křenek, A. Hába, H. Reutter, E. Pepping, E. Toch und J. M. Hauer geprägt.
1927 wurden, u. a. weil man neue Möglichkeiten für größere Aufgaben suchte, die Musiktage nach Baden-Baden verlegt, wo sie auch 1928 und 1929 als „Deutsche Kammermusik Baden-Baden" durchgeführt wurden. 1930 ging man sogar nach Berlin („Neue Musik Berlin 1930"). Die Ortsveränderungen brachten aber keine neuen Impulse. Vielmehr trat eine mehrjährige Pause ein. 1934 wurden durch Hugo Herrmann, der auch die Veranstaltungen in Baden-Baden und in Berlin stark beeinflußt hatte, die Musiktage in Donaueschingen wiederbelebt und auch 1936 unter dem Motto „Alte und neue Musik aus dem schwäbisch-alemannischen Raum" durchgeführt. Mit den Veranstaltungen seit 1938 verloren dann unter nationalsozialistischem Vorzeichen die Musiktage vollends ihre Identität. Sie sollten nun als „Oberrheinische Musikfeste" im Sinne der völkischen Idee dem „gemeinsamen geistigen Erbe" des „oberrheinisch-alemannischen Kulturkreises" dienen.
Als „Neue Musik 1946" versuchte man nach dem 2. Weltkrieg wieder an die Tradition der Musiktage der 20er Jahre anzuknüpfen. Veranstalter wurde wieder die „Gesellschaft der Musikfreunde", künstlerischer Leiter Hugo Herrmann. So verdienstvoll die Bestandsaufnahme und auch ein Ansatz zur Internationalisierung waren, ein neues, tragfähiges Konzept ergab sich weder 1946 noch auch 1947. Unsicherheit über den einzuschlagenden Weg führte zu einer erneuten Pause. 1949 machte dann Burkard den Vorschlag, Kontakt mit dem Südwestfunk Baden-Baden aufzunehmen. Damit wurde er zum Initiator auch des Neubeginns in Donaueschingen. Veranstalter blieb die „Gesellschaft der Musikfreunde", seit 1948 unter der Präsidentschaft von Max Rieple. Unterstützt wurde sie bald von der Gesellschaft der „Freunde der Donaueschinger-Musiktage". 1950 fand die erste Veranstaltung unter der Bezeichnung „Donaueschinger Musiktage für zeitgenössische Musik" statt. In zwei Kammerkonzerten und einem Orchesterkonzert kamen die Werke von 12 Komponisten aus sechs Ländern zur Aufführung. Werke von O. E. Schilling, K. A. Hartmann, G. Klebe und W. Fortner wurden uraufgeführt. Seither haben sich die D. M. mit ihrer breiten stilistischen und thematischen Spannweite als Forum und Umschlagplatz der zeitgenössischen Musik fest etabliert. Auch diese Zeit war – wie die der 20er Jahre – nicht ohne krisenhafte Situationen, und sie war begleitet von der Diskussion über Zielsetzung, Sinngebung und Ertrag der Musiktage. Eine wesentliche Voraussetzung für das Gelingen war die Zusammenarbeit mit dem SWF in planender, künstlerischer, aber auch in finanzieller Hinsicht. Die Programmplanung der ersten beiden Jahrzehnte lag in den Händen H. Strobels, der diesen neuen Abschnitt der D. M. entscheidend prägte, 1971 übernahm sie Otto Tomek, 1976 Josef Häusler. Zur künstlerischen Realisierung trug nicht minder entscheidend im Bereich der jetzt in den Mittelpunkt gerückten Orchestermusik das Symphonieorchester des SWF unter seinen Chefdirigenten H. Rosbaud und (seit 1964) E. Bour bei. Aber auch darüber hinaus wurden die D. M. immer wieder zu bedeutenden Ereignissen der Interpretation. Wichtigste Zielsetzung war es, möglichst alle Formen Neuer Musik bei konsequenter Internationalität umfassend zu repräsentieren, so auch durch die Einbeziehung des Jazz (seit 1954) oder durch die des Musikfilms (z. B. M. Kagels *Ludwig Van,* 1970). Besonderes Kennzeichen der D. M. wurde ferner die zunehmende Berücksichtigung des Experiments und der Grundlagenentwicklung vor allem im Bereich der elektronischen Klangerzeugung und -verarbeitung (in enger Zusammenarbeit mit dem Experimentalstudio des SWF in Freiburg i. Br. unter der Leitung H. P. Hallers). Breiteren Raum erhielt auch die theoretische Auseinandersetzung mit der Neuen Musik. Zu den Komponisten, die die Musiktage in den vergangenen drei Jahrzehnten profilierten, oft aber auch erst durch die Aufführungen ihrer Werke in Donaueschingen eigenes Profil erhielten, und die die Entwicklung der zeitgenössischen Musik insgesamt nachhaltig beeinflußten, gehören u. a. P. Boulez, K. Stockhausen, L. Nono, J. Cage, H. W. Henze, B. A. Zimmermann, G. Klebe, W. Lutosławski, Y. Xenakis und L. Berio. Viele der aufgeführten Werke entstanden als Auftragskompositionen des SWF. Daneben

dienten immer wieder einzelne Veranstaltungen der Standortbestimmung. Sie waren entweder den „Klassikern der Moderne", wie A. Berg, P. Hindemith, B. Bartók, A. Honegger, A. Schönberg, A. Webern oder I. Strawinsky, gewidmet oder aber den Arrivierten innerhalb der neuen Avantgarde, z. B. L. Dallapiccola, E. Křenek, W. Fortner, K. A. Hartmann, R. Liebermann oder O. Messiaen, von denen ebenfalls immer wieder neue Impulse in Donaueschingen ausgingen.

Lit.: H. BENNWITZ, Donaueschingen u. die Neue Musik 1921 bis 1955 (Donaueschingen 1956); M. RIEPLE, Musik in Donaueschingen (Konstanz 1959); H. BENNWITZ, Die D. Kammer-M. 1921–1926 (Diss. masch. Fr 1962); D. M. (Fr – Be – Mn 1963); K. LAUX, Burkard, Haas, Hindemith. Eine schöpferische Freundschaft, in: Musicae Scientiae Collectanea. FS K. G. Fellerer (Kö 1973); O. TOMEK, Donaueschingen heute, in: FS für einen Verleger. L. Strecker (Mz 1973).

DONAUWEIBCHEN, DAS, Romantisch-komisches Volksmärchen mit Gesang in 2 Teilen (je 3 Akten) von Ferdinand Kauer (1751–1831), Text von Karl Friedrich Hensler nach dem anonym erschienenen Wiener Roman gleichen Titels, mit dem Thomas Berling den zunächst ebenfalls anonym erschienenen Roman *Die Saal-Nixe. Eine Sage der Vorzeit* von Christian August Vulpius nahezu wörtlich plagiierte. Ort und Zeit der Handlung: Waldgegend, am Donauufer und auf der Feste Burgau, zur Ritterzeit. UA: 11. 1. 1798 (1. Teil) und 13. 2. 1798 (2. Teil) in Wien (Leopoldstädter Theater).
Mit dem D. wurde in Wien die Gattung der romantisch-komischen Volksmärchen begründet, die in der Tradition des Wiener Singspiels stehen und eine auf Publikumswirksamkeit berechnete Mischung aus melodienseligen Liedern, schlichten Ensembles, melodramatischen Partien und spektakulären Aktfinali darstellen. Eine der Bühnenattraktionen bildeten die Auftritte des Wiener Hanswurst, der beherrschenden komischen Figur, die der berühmte Kasperl Johann Laroche zu seiner Paraderolle machte. Die Titelpartie der Hulda bot mit 19 Soloauftritten, zum Teil mit schwierigsten Koloraturen, und elf verschiedenen Rollenkostümen eine beliebte Bewährungsprobe für jede Sängerin. Beide Singspiel-Teile wurden in 26 Jahren allein in Wien 222mal aufgeführt, eine für damalige Verhältnisse unvorstellbar große Zahl. Rascheste Verbreitung der beiden Singspiele in ganz Europa und überdurchschnittlich hohe Aufführungsziffern dokumentieren den Erfolg und die Beliebtheit des D., das gern als Vorstufe zur deutschen romantischen Oper betrachtet wird. J. SCHLÄDER

DON CARLOS, Oper in 5 Akten von Giuseppe Verdi (1813–1901), Text von François Joseph Méry und Camille Du Locle nach Schillers gleichnamigem Drama (1805). Ort und Zeit der Handlung: Spanien, zweite Hälfte des 16. Jahrhunderts. UA: 11. 3. 1867 in Paris (Opéra); dt. EA (in dt. Sprache): 29. 3. 1868 in Darmstadt. Umarbeitung mit Reduzierung auf 4 Akte und Streichung der Balletteinlagen: 10. 1. 1884 in Mailand (Teatro alla Scala); 1887 Wiedereinfügung des 1. Aktes, aber Beibehaltung der übrigen Änderungen.
Noch unter dem Eindruck von Meyerbeers *Afrikanerin* und Wagners *Tannhäuser* stehend, die er im Spätherbst 1865 in Paris hörte, schrieb Verdi den *Don Carlos.* Die Einflüsse sind unüberhörbar, dennoch ist das Werk eine typisch italienische Oper mit bravourösen Arien (Eboli), mit leidenschaftlichen und von Wohlklang geprägten Duetten (Carlos-Posa, Carlos-Elisabeth), mit breit ausladenden Melodiebögen (Elisabeth) und einem tief-ergreifenden Monolog des Philipp *Sie hat mich nie geliebt.* Die düsteren Farben dominieren, vor allem in der großartigen, frei angelegten Szene, in der sich Philipp und der unerbittliche Großinquisitor gegenüberstehen. Das Fehlen einer Ouvertüre kennzeichnet die Konzentration auf das Drama. H. BECKER

DONFRID (Donfridt, Donfried), **Johannes,** * 1585 Veringenstadt (Hohenzollern), † 4. 8. 1650 Rottenburg am Neckar; dt. Komponist und Kantor. D. war seit 1610 Kantor und seit 1622 Rektor der Lateinschule in Rottenburg. Er veröffentlichte in Straßburg die Sammeldrucke *Promptuarium musicum,* 3 Teile (1622, 1623, 1627), *Viridarium Musico Marianum* (1627), *Corolla musica* (Messen; 1628) und *Jubilus Bethlehemiticus* (1628; verschollen). – D.s musikgeschichtliche Bedeutung liegt darin, daß er in großem Umfang die geringstimmige generalbaßbegleitete lateinische Motette und Messe des frühen 17. Jh. im katholischen Deutschland bekannt gemacht hat. Die von ihm veröffentlichten Werke sind größtenteils dem konzertierenden Stil zuzurechnen (↗Concerto, ↗Motette). Als Komponisten sind hauptsächlich Italiener vertreten (bes. G. F. Anerio, A. Banchieri), aber auch zahlreiche Deutsche, meist süddeutscher Herkunft (vor allem Gr. Aichinger und U. Loth). Von D. selbst ist nur eine einzige, 3st. Motette bekannt *(Hodie Christus natus).*

Lit.: J. VLEUGELS, Zur Pflege der kath. Kirchenmusik in Württemberg (Diss. Tübingen 1928); A. ADRIO, Die Anfänge des geistlichen Konzerts (B 1935); A. KRIEßMANN, Gesch. der kath. Kirchenmusik in Württemberg (1939); R. SCHMITT, Unters. zu J. D.s Sammeldrucken unter besonderer Berücksichtigung der Geistlichen Konzerte U. Loths (Bonn 1974) (= Diss. Bonn 1973).

DON GIL VON DEN GRÜNEN HOSEN, Musikalische Komödie in 3 Aufzügen von Walter Braunfels (1882–1954), op. 35, Text vom Komponisten nach dem Intrigenspiel *Don Gil de las calzas verdes* des Tirso de Molina (1571–1648). Ort und Zeit der Handlung: Madrid zur Zeit des Velasquez (1599–1660). UA: 15.11.1924 in München unter Hans Knappertsbusch.

Diese turbulente Verkleidungskomödie (zum Schluß versuchen gleichzeitig vier Personen in der Kleidung des gar nicht existierenden Don Gil einen Partner zu gewinnen oder einen Konkurrenten auszustechen) ist vom Komponisten ohne aufdringliches Lokalkolorit illustriert worden. Doch gelingen ihm eindrucksvolle Milieuschilderungen (Tänze der Landbewohner, Bürger und Adligen in der Szene im Park), mit denen er manche Überspitzungen des Textes wie *Schönste, die im Mondlicht schimmert, höre, wie Don Gil hier wimmert* mildert. Sehr wirkungsvoll sind die vielen Ensembles, in denen zunächst jede Stimme einzeln geführt ist, sobald aber die gerade fällige Intrige eingeleitet ist, mit ihrem Partner zur „Terzenseligkeit" verschmilzt. In den Zwischenspielen zeichnet der Komponist impressionistische Stimmungsbilder, wobei er teilweise altspanische Themen verwendet. K. LANGROCK

DON GIOVANNI, ossia Il dissoluto punito, Dramma giocoso in 2 Akten von Wolfgang Amadeus Mozart (1756–91), KV 527, Text von Lorenzo da Ponte (1749–1838) nach der gleichnamigen Oper von Gazzaniga mit Text von Giovanni Bertati (UA: 5.2.1787 in Venedig). Ort und Zeit der Handlung: Spanien im 17. Jahrhundert. UA: 29.10.1787 in Prag (Gräflich Nostizsches National-Theater, das heutige Tyl-Theater); EA in dt. Sprache: 13.3.1789 in Mainz (Übers. von Heinrich Gottlieb Schmieder); Wiener Premiere am 7.5.1788 im Burgtheater; Wiederaufnahme am 5.11.1792 im Theater auf der Wieden (Übers. von Christian Heinrich Spieß).

Die „Oper der Opern", wie *Don Giovanni* gern genannt wird, bildet den Höhepunkt in Mozarts musikdramatischem Schaffen. In Dramaturgie und Charakterzeichnung erscheint sie als brillante Kombination früherer Versionen des Don-Juan-Stoffes. Die Gattungsbezeichnung gab Anlaß zu einem fortwährenden Disput über den Primat des Komischen oder des Tragischen in der Handlung, obgleich *Dramma giocoso* zu Mozarts Zeit synonym für *Opera buffa* stand. Buffa-Merkmale bilden die Zweiaktigkeit, die großen Ensembles und ausgebauten Finali, die Mischung der musikalischen Stilebenen aus ernster und heiterer Gattung und die Kombination von hoher und niederer Liebesintrige. Beide Intrigen sind durch die Figur des Don Giovanni eng verknüpft, werden erst im zweiten Teil des 2. Finales gleichsam als Epilog aufgelöst und scheinen nur erfunden zu sein, um die dramatische Präsentation des berüchtigten Don-Juan-Charakters zu ermöglichen. Stilistisch weist das Werk weit ins 19. Jh. voraus, weil das gattungstypische Verhältnis von Rezitativ (als Handlungsträger) und Arie (als Ort des affektiven Ausdrucks) neu bestimmt wird: Aus der optimalen Verbindung von Affekt und dramatischer Aktion in den Arien und Ensembles sowie von dramatischem Dialog und affektiver Reflexion in den Rezitativen erwächst eine für die damalige Zeit völlig neuartige Geschlossenheit der musikdramatischen Gestaltung.

Dramaturgisches Glanzstück der Oper ist die Tanzszene im Finale des 1. Aktes, in der das Menuett zweifach-integrierende Funktion erlangt: musikalisch verbinden sich Menuett, Contredance und Deutscher Tanz, die von drei verschiedenen Bühnenorchestern gespielt werden; dramatisch werden drei Paare, nach Charakter, Stand, Tanzart und Handlungsabsicht unterschieden, in einer Konfiguration zusammengeführt. Die Polyvalenz des Musikdramatischen eröffnet sich Hörer und Zuschauer im Kontrast von höchst realistisch-verwickelter Dramatik und gleichzeitiger totaler Desintegration von Realität in der artifiziellen musikalischen Gestaltung.

Don Giovanni, als Auftragskomposition für die italienische Opernbühne in Prag geschrieben, zählt zu den erfolgreichsten Werken der Operngeschichte: in Prag wurde die Oper in 100 Jahren 532mal aufgeführt, in Berlin 491mal und in Wien 472mal. Das Duett Don-Giovanni/Zerlina *Reich mir die Hand, mein Leben* gehört zu den meistvariierten Themen der Musikgeschichte, die *Champagnerarie* des Don Giovanni zu den bekanntesten Bravourstücken unter den Baritonpartien. J. SCHLÄDER

DONI, Antonio Francesco (Antonfrancesco), * 16.5.1513 Florenz, † 1574 Monselice bei Padua; it. Musikschriftsteller und Komponist. D. verfaßte einen *Dialogo della musica* (V 1544), der das zeitgenössische Musikleben Venedigs beschreibt und 28 4–8st. Madrigale verschiedener Komponisten enthält, darunter auch eigene Stücke. Die beiden Bücher *Libraria* (V 1550, 1551) sind der erste Versuch einer Musikbibliographie in Italien. Sie enthalten auch ein Verzeichnis der italienischen Musikakademien.

Ausg.: Dialogo della musica, hrsg. v. G. F. MALIPIERO – V. FAGOTTO (Mi 1965) (= Collana di musiche veneziane inedite o rare 7).

Lit.: A. EINSTEIN, Il Dialogo della musica di Messer A. Fr. D., in: Rass. Mus. 7 (1934); G. F. MALIPIERO, A. D. musico

(V 1946); A. EINSTEIN, The Italian Madrigal (Princeton 1949, Nachdr. 1970); R. MARSILI-LIBELLI, A. F. D. scrittore e stampatore. Bibliogr. delle opere e della critica e annali tipografici (Fi 1960); J. HAAR, Notes on the „Dialogo della musica" of A. D., in: ML 47 (1966); A. M. MONTEROSSO VACCHELLI, L'opera musicale di A. D. (Cremona 1969); J. HAAR, The „Libraria" of A. D., in MD 24 (1970).

DONI, Giovanni Battista, * 1594 Florenz, † 1.12.1647 ebd.; it. Musiktheoretiker. D. studierte klassische Philologie, Mathematik, Philosophie und Jura in Bologna, Rom und Bourges und wurde in Pisa 1618 Doktor der Rechte. Als Begleiter des Kardinals Ottavio Corsini kam er 1621 nach Paris, wo er Mersenne kennenlernte. 1622 kehrte er nach Florenz zurück, folgte seinem Gönner Kardinal Francesco Barberini nach Rom und begleitete ihn auch auf Reisen nach Paris und Madrid. Seit 1629 war er Sekretär des Kardinalskollegiums und erhielt 1640 eine Professur für Rhetorik an der Universität Florenz. D., ein umfassend gebildeter Gelehrter, behandelte in seinen Schriften über die antike Kultur vor allem die Musik und konstruierte Instrumente, auf denen neben den Tonarten seiner Zeit auch die chromatischen und enharmonischen Tongeschlechter der Griechen gespielt werden konnten. Auf seiner nach dem Kardinal Maffeo Barberini, dem späteren Papst Urban VIII., benannten „Lyra Barberina" sollten durch Anordnung der Saiten auf drei verschiedenen Saitenebenen alle Tongeschlechter gespielt werden können. Außerdem konstruierte er eine besondere Art von Violen und Violinen („Viole diarmoniche" und „panarmoniche") und beschäftigte sich mit Tasteninstrumenten (Cembali, Orgeln), die eine Verbesserung von N. Vicentinos 31tönigem Cembalo sein sollten. In seinen Schriften versuchte D., seinen Zeitgenossen die Vorzüge der antiken Theorie und Praxis darzulegen, und trat nachdrücklich für eine Wiederbelebung des antiken Theaters und seiner Musik ein. Die neu entstehende Gattung Oper sah er als ersten Schritt in dieser Richtung und als Beginn einer neuen, besseren Musik an und äußerte sich mehrfach zur Bühnenmusik, zur Gestaltung von dramatischen Effekten und vor allem zum ↗Stile recitativo.

Schriften: Zu Lebzeiten D.s erschienen: *Compendio del trattato de' generi e de' modi della musica* (R 1635); *Annotazioni sopra il compendio de' generi ... con due trattati, l'uno sopra i tuoni e modi veri, l'altro sopra i tuoni ò armonie degli antichi, et sette discorsi sopra le materie più principali della musica o concernenti alcuni instrumenti nuovi ...* (R 1640); *De praestantia musicae veteris libri tres* (Fi 1647); weitere Schriften erschienen (zus. mit dem zuletzt genannten Traktat) erst in einer Ausgabe von A. F. Gori und G. B. Passeri unter dem Titel *Lyra Barberina*, 2 Bde. (Fi 1763): *Lyra Barberina* (als eigene Schrift); *Progymnastica musicae pars veterum; Dissertatio de musica sacra; Trattato sopra il genere enarmonico; Trattato sopra gl'instromenti di tasti di diverse armonie; Trattato della musica scenica; Discorso del conservare la salmodia de' Greci; Discorso della Ritmopeia de' versi latini.*

Ausg.: *Lyra Barberina*, Faks.-Ausg., 2 Bde. (Bol 1974); *De praestantia musicae veteris*, Faks. der Ausg. Florenz 1647 (Bol 1970) (= Bibl. musica Bononiensis 2/49); Auszug aus *Trattato della musica scenica*, in: A. SOLERTI, Le origini del melodramma (Tn 1903, Nachdr. Hil 1969).

Lit.: Commentarium de vita et scriptis I. B. D. (Fi 1755); H. GOLDSCHMIDT, Stud. zur Gesch. der it. Oper im 17. Jh., I (L 1901); F. VATIELLI, La Lyra barberina di G. B. D. (Pesaro 1909); D. P. WALKER, Der musikal. Humanismus im 16. u. 17. Jh. (Kas 1949) (= Musikwiss. Arbeiten 5); R. SCHAAL, Ein unbekannter Brief v. G. B. D., in: AMl 25 (1953); C. GALLICO, Discorso di G. B. D. sul recitare in scena, in: RIMus 3 (1968); P. LEDDA, G. B. D., Il „De praestantia musicae veteris", in: Cl. Monteverdi e il suo tempo, Kgr.-Ber. Venedig 1968 (Verona 1969).

DONINGTON, Robert, * 4.5.1907 Leeds (Yorkshire); engl. Gambist und Musikforscher. Er studierte 1926–29 am Queen's College in Oxford, 1926–38 Viola da Gamba, Violine und Interpretation alter Musik bei A. Dolmetsch und Komposition bei E. Wellesz. 1934–38 war er Sekretär der Dolmetsch Foundation und Herausgeber ihrer Zeitschrift *The Consort*, 1935–39 Gambist des English Consort of Viols, seit 1950 des London Consort of Viols. 1955 gründete er und leitete seitdem das Donington Consort. 1966 übernahm er in den USA eine Professur an der University of Iowa in Iowa City. Die Aufführungspraxis älterer Musik verdankt D. entscheidende Anregungen.

WW: **1) Schriften:** *The Work and Ideas of A. Dometsch* (Haslemere 1932); *A Practical Method für the Recorder* (zus. mit E. Hunt), 2 Bde. (Oxford 1935); *The Instruments of Music* (Lo 1949, Lo – NY ³1962; Paperback-Ausg. ebd. 1970); *Tempo and Rhythm in Bach's Organ Music* (Lo 1960); *The Interpretation of Early Music* (NY 1963, revidierte Ausg. 1974, Nachdr. 1975); *Wagner's „Ring" and Its Symbols* (Lo – NY 1963, Lo ³1974, dt. St 1976); *A Performer's Guide to Baroque Music* (Lo 1973); *The Opera* (NY 1978). – **2) Editionen:** *English Fantasies for Viols* (Lo 1949); Werke von H. Purcell.

DONIZETTI, Gaetano, * 29.11.1797 Bergamo, † 8.4.1848 ebd.; it. Komponist. D. stammte aus ärmlichsten Verhältnissen. Unterricht in Gesang, Cembalo- und Bratschenspiel erhielt er in S. Mayrs Musikschule *Lezioni caritatevoli.* 1815–17 nahm er Kontrapunktunterricht bei Padre Mattei in Bologna. D. schrieb zunächst Symphonien, Streichquartette und Kirchenmusik, ehe er sich an die ersten Opernkompositionen wagte. Erst sein viertes Werk für die Opernbühne, *Enrico di Borgogna*, wurde 1818 in Venedig uraufgeführt, im selben Jahr dort auch *Una follia.* D. verlegte sich bald gänzlich auf Opernkompositionen und erzielte 1822 mit *Zoraide di Granata* einen vielbeachteten Erfolg und die gewünschte Aufmerksamkeit in Rom. In diesem Jahr wurden allein vier seiner Opern uraufgeführt.

Neben seinen Kompositionsaufgaben betätigte er sich erfolgreich auch als Gesangsmeister, Repetitor, Regisseur und Dirigent. Als Dirigent veranlaßte er wichtige Neuerungen in der Aufstellung des Orchesterapparates.

Ein zweiter, von keinem anderen Komponisten seines Jahrhunderts erreichter Höhepunkt seines kompositorischen Schaffens fällt in die Jahre 1827–30. Für diese Zeit unterschrieb D. einen Kontrakt mit dem damals erfolgreichsten Theaterdirektor Europas, Domenico Barbaja, in dem er sich verpflichtete, innerhalb von drei Jahren zwölf Opern zu komponieren. Er erfüllte den Vertrag. 1829 heiratete er Virginia Vasselli († 1837), Tochter eines bekannten römischen Juristen, ließ sich in Neapel nieder und wurde dort im selben Jahr Musikdirektor der königlichen Theater. Am zweiten Weihnachtstag 1830 gelang D. mit *Anna Bolena* sein bis dahin größter Erfolg, der ihn mit einem Schlag auch über Italien hinaus berühmt machte. Schon drei Vierteljahre später debütierte er mit dem Werk am Théâtre Italien in Paris. D. gewann mit *Anna Bolena* die Gunst des italienischen Opernpublikums gegen V. Bellini, dessen Oper *La Sonnambula* nur wenige Monate später erschien. Der Wettstreit beider Komponisten währte bis 1835, als D. im März in Paris mit *Marin Faliero* trotz bester Besetzung nicht an den Erfolg von Bellinis *I Puritani* heranreichen konnte. Gleichsam der öffentlichen Meinung zum Trotz brachte er schon ein halbes Jahr später in Neapel sein Meisterwerk auf dem Gebiet der romantisch-dramatischen Oper auf die Bühne: *Lucia di Lammermoor.* Die Freude über den triumphalen Erfolg wurde ihm jedoch vergällt durch die Nachricht, Bellini sei drei Tage vor dieser Uraufführung verstorben. Viermal hatten die beiden großen Kontrahenten, die die Nachfolge Rossinis antreten wollten, in derselben Spielzeit für dasselbe Theater Opern geschrieben: 1828 für das Teatro Carlo Felice in Genua (Bellinis revidierte Fassung von *Bianca e Fernando* u. D.s *Alina*), 1830/31 für das Teatro Carcano in Mailand *(La Sonnambula* u. *Anna Bolena),* 1831/32 für die Scala in Mailand *(Norma* u. *Ugo, conte di Parigi)* und 1835 für das Théâtre Italien in Paris. Drei Werke komponierte D. unter dem Eindruck von Bellinis Tod: die *Messa da Requiem* (1835) für die Begräbnisfeierlichkeiten, das *Lamento* (1836) auf den Tod Bellinis und eine Sinfonie über Themen von Bellini (1836).

1834 wurde D. Lehrer für Kontrapunkt und Komposition am Real Collegio di Musica in Neapel. *Marin Faliero* wurde als erste seiner Opern in Paris uraufgeführt, und mit dem triumphalen Erfolg der *Lucia* begann die sehr fruchtbare Zusammenarbeit mit Salvatore Cammarano, dessen Libretti D.s Neigung zur romantisch-tragischen Oper vielleicht am ehesten entgegenkamen. Seine kompositorische Produktivität nahm wieder zu, aber 1838 wurde Cammaranos Textbuch zur Oper *Poliuto* von der italienischen Zensur verboten. Zur gleichen Zeit überging man D. bei der Wahl des Konservatoriums-Direktors in Neapel. Über beide Ereignisse verärgert, ging er nach Paris. Hier arbeitete E. Scribe das Libretto zu *Poliuto* um, und 1840 ging das Werk unter dem Titel *Les Martyrs* in Szene. Im selben Jahr errang D. seine wohl größten Erfolge mit der komischen Oper *La Fille du régiment* und mit der dramatischen Oper *La Favorite.* Damit festigte er endgültig seine Stellung als erster Opernkomponist Italiens und als legitimer Nachfolger Rossinis.

1842 leitete D. in Bologna in Gegenwart des Komponisten die Uraufführung von Rossinis *Stabat mater.* Wenige Monate später führte er das Werk in Wien auf, wo er einige Tage darauf auch die Uraufführung seiner Oper *Linda di Chamounix* leitete. Der österreichische Kaiser ernannte ihn spontan zum Kammerkapellmeister und Hofkompositeur – ein Amt, das elf Jahre verwaist war u. das vor ihm bereits Mozart ausgeübt hatte. Anfang 1843 feierte D. in Paris seinen letzten großen Erfolg mit der Uraufführung seines Meisterwerkes auf dem Gebiet der komischen Oper: *Don Pasquale.* Nach *Maria di Rohan* (für Wien) folgte nur noch eine einzige Oper, *Dom Sébastien de Portugal,* auf einen Text von Scribe, die jedoch in Paris nur wenig Aufsehen erregte. Im Februar 1846 wurde D. mit allen Anzeichen fortschreitender Paralyse in einer Anstalt in Ivry bei Paris interniert. Im September 1847 brachte man ihn in seine Heimatstadt Bergamo.

WW: 2 Oratorien, 29 Kantaten, 5 Hymnen, Kirchenmusik (darunter die *Messa da requiem* auf den Tod Bellinis); Orch.-WW, darunter vier Solokonzerte; Kammermusik, u.a. 19 Streichquartette, 3 Streichquintette u. 4 Sonaten; Klaviermusik zu zwei und vier Händen; Vokalkompositionen für eine u. mehr Stimmen. – *Opern:* (fast alle WW wurden, wenn nicht eigens angegeben, unmittelbar vor der UA komponiert) *Il Pigmalione* (1816) (Libr. unbekannt), UA: Bergamo 1960; *Enrico di Borgogna* (Libr.: B. Merelli), Opera semiseria, UA: Venedig 1818; *Una follia* (Libr.: ders.), UA: ebd. 1818; *Piccioli Virtuosi ambulanti* (Libr.: ders.), Opera buffa, UA: Bergamo 1819; *Il falegname di Livonia, o Pietro il Grande, czar delle Russie* (Libr.: G. Bevilacqua?), Opera buffa, UA: Venedig 1819; *Le nozze in villa* (Libr.: B. Merelli), Opera buffa UA: Mantua 1820; *Zoraide di Granata* (Libr.: ders.), Opera seria, UA: Rom 1822; *La Zingara* (Libr.: A. L. Tottola), Opera seria, UA: Neapel 1822; *La Lettera anonima* (Libr.: G. Genoino), Farsa, UA: ebd. 1822; *Chiara e Serafino, O I Pirati* (Libr.: F. Romani), Opera semiseria, UA: Mailand 1822; *Alfredo il Grande* (Libr.: A. L. Tottola), Opera seria, UA: Neapel 1823; *Il fortunato inganno* (Libr.: ders.), Opera buffa, UA: ebd. 1823; *L'Ajo nell'imbarazzo, o Don Gregorio* (Libr.: J. Ferretti), Opera buffa, UA: Rom 1824; *Emilia di Liverpool* (Libr.: G. Checcherini), Opera semiseria, UA: Neapel 1824; *Alahor di*

Granata (1825) (Libr.: M. A.), Opera seria, UA: Palermo 1826; *Elvida* (Libr.: G. F. Schmidt), Opera seria, UA: Neapel 1826; *Gabriella di Vergy* (1826) (Libr.: A. L. Tottola), Opera seria, UA: ebd. 1869; *Olivo e Pasquale* (Libr.: J. Ferretti), Opera buffa, UA: Rom 1827; *Otto Mesi in due ore, ossia Gli Esiliati in Siberia* (Libr.: D. Gilardoni), Opera romantica, UA: Neapel 1827; *Il Borgomastro di Saardam* (Libr.: ders.), Opera buffa, UA: ebd. 1827; *Le convenienze ed inconvenienze teatrali* (*Viva la Mamma;* Libr.: G. D.), Farsa, UA: ebd. 1827; *L'Esule di Roma, ossia Il Proscritto* (Libr.: D. Gilardoni), Opera seria, UA: ebd. 1828; *Alina, regina di Golconda* (auch: *La regina di Golconda;* Libr.: F. Romani), Opera buffa, UA: Genua 1828; *Gianni di Calais* (Libr.: D. Gilardoni), Opera semiseria, UA: Neapel 1828; *Il giovedì grasso, o Il nuovo Pourceaugnac* (Libr.: D. Gilardoni), Farsa, UA: ebd. 1828; *Il Paria* (Libr.: ders.), Opera seria, UA: ebd. 1829; *Elisabetta al castello di Kenilworth* (auch: *Il Castello di Kenilworth;* Libr.: A. L. Tottola), Opera seria, UA: ebd. 1829; *Il pazzi per progetto* (Libr.: D. Gilardoni), Farsa, UA: ebd. 1830; *Il diluvio universale* (Libr.: ders.), Azione tragico-sacra, UA: ebd. 1830; *Imelda de'Lambertazzi* (Libr.: A. L. Tottola), Opera seria, UA: ebd. 1830; *Anna Bolena* (Libr.: F. Romani), Opera seria, UA: Mailand 1830; *Gianni di Parigi* (1831) (Libr.: ders.), Opera comica, UA: ebd. 1839; *Francesca di Foix* (Libr.: D. Gilardoni), Opera semiseria, UA: Neapel 1831; *La Romanziera e l'uomo nero* (Libr.: ders.), Opera buffa, UA: ebd. 1831; *Fausta* (Libr.: ders.), Opera seria, UA: ebd. 1832; *Ugo, conte di Parigi* (Libr.: F. Romani), Opera seria, UA: Mailand 1832; *L'Elisir d'amore* (*Der Liebestrank;* Libr.: ders.), Opera comica, UA: ebd. 1832; *Sancia di Castiglia* (Libr.: P. Salatino), Opera seria, UA: Neapel 1832; *Il Furioso all'isola di San Domingo* (Libr.: J. Ferretti), Opera semiseria, UA: Rom 1833; *Parisina* (Libr.: F. Romani), Opera seria, UA: Florenz 1833; *Torquato Tasso* (auch: *Sordello;* Libr.: J. Ferretti), Opera seria, UA: Rom 1833; *Lucrezia Borgia* (Libr.: F. Romani), Opera seria, UA: Mailand 1833; *Rosmonda d'Inghilterra* (auch: *Eleonora di Gujenna;* Libr.: ders.), Opera seria, UA: Florenz 1834; *Maria Stuarda* (1834) (Libr.: G. Bardari), UA: Mailand 1835, als *Buondelmonte* (Libr.: P. Salatino), Opera seria, UA: Neapel 1834; *Gemma di Vergy* (Libr.: E. Bidera), Opera seria, UA: Mailand 1834; *Marin(o) Faliero* (Libr.: ders.), Opera seria, UA: Paris 1835; *Lucia di Lammermoor* (Libr.: S. Cammarano), Opera seria, UA: Neapel 1835; *Belisario* (Libr.: ders.), Opera seria, UA: Venedig 1836; *Il Campanello* (*Die Nachtglocke;* Libr.: G. D.), Farsa, UA: Neapel 1836; *Betly, ossia La Capanna svizzera* (Libr.: G. D.), Opera giocosa, UA: ebd. 1836; *L'Assedio di Calais* (Libr.: S. Cammarano), Opera seria, UA: ebd. 1836; *Pia de' Tolomei* (Libr.: ders.), Opera seria, UA: Venedig 1837; *Roberto Devereux, ossia Il Conte di Essex* (Libr. ders.), Opera seria, UA: Neapel 1837; *Maria di Rudenz* (Libr.: ders.), Opera seria, UA: Venedig 1838; *Poliuto* (1839) (Libr. ders.), Opera seria, UA: Neapel, 1848, als *Les Martyrs* (Libr.: E. Scribe), Grand Opéra, UA: Paris 1840; *Le Duc d'Albe* (1839) (Libr.: E. Scribe u. Ch. Duveyrier), Grand Opéra, vollendet v. Matteo Salvi, UA: Rom 1882; *La Fille du régiment* (*Die Regimentstochter;* Libr.: J.-H. Vernoy de Saint-Georges u. J.-F.-A. Bayard), Opéra-comique, UA: Paris 1840; *La Favorite* (ursprünglich: *L'Ange de Nisida;* dt.: *Die Favoritin*) (1839–40) (Libr.: A. Royer u. G. Vaez), Grand Opéra, UA: ebd. 1840; *Adelia, o La Figlia dell'arciere* (Libr.: F. Romani), Opera seria, UA: Rom 1841; *Rita, ou Le Mari battu* (1841) (Libr.: G. Vaez), Opéra-comique, UA: Paris 1860; *Maria Padilla* (Libr.: G. Rossi), Opera seria, UA: Mailand 1841; *Linda di Chamounix* (Libr.: ders.), Opera semiseria, UA: Wien 1842; *Caterina Cornaro* (ursprünglich: *La Regina di Cipro*) (1842–43) (Libr.: G. Saccherò), opera seria, UA: Neapel 1844; *Don Pasquale* (Libr.: G. Ruffini u. G. D.), Opera buffa, UA: Paris 1843; *Maria di Rohan, o Il Conte di Calais* (Libr.: S. Cammarano), Opera seria, UA: Wien 1843; *Dom Sébastien de Portugal* (Libr.: E. Scribe), Grand Opéra, UA: Paris 1843. – Außerdem ist Material zu vier nicht aufgeführten bzw. unvollendeten Werken vorhanden: *L'Ira d'Achille* (1817), *L'Olimpiade* (1817), *Il Castello degli invalidi* (1825–26) und *La Bella prigioniera* (1826).

Das ästhetische Werturteil über D.s 70 Bühnenwerke ist eigenartig ambivalent: Dem Vorwurf der Vielschreiberei, durch die so manches Werk in die Nähe der Trivialmusik rücke, steht die Erkenntnis über D. als Schöpfer neuer, aus tradierten Gattungstypen entwickelten Opernformen entgegen. Die Verbindung von italienischer Opera seria und französischer Grand Opéra gilt als seine bedeutsame Leistung. Man sah in ihm stets den legitimen Nachfolger Rossinis, und viele Stilmerkmale italienischer Opernmusik bis hin zu Verdis Meisterwerken sind in seinen Opern vorgeprägt.

Ein Drittel seiner Opern sind komische Opern, rund die Hälfte Opere serie. Im Anschluß an Rossini schuf D. einen eigenständigen romantischen Opernkompositionsstil, in dem er neue musikalische Ausdrucksmöglichkeiten erschloß. In *Anna Bolena* gelang ihm die Integration von Nummern und rezitativischen Passagen in Szenenkomplexe, die von einer zuvor nicht erreichten Konzentration musikdramatischer Ausdrucksmittel geprägt sind. Typisierung der Form in scheinbar retrospektiver Annäherung an den tradierten großformalen Aufbau der Opera seria erlaubten ihm etwa in *Lucrezia Borgia* oder auch in *Maria Stuarda,* den musikalisch-thematischen Beziehungsreichtum über längere Szenenabschnitte hinweg zu erhalten. Emotionalisierung der Gesangslinie und symphonisch-thematische Disposition ganzer Szenenkomplexe, verbunden mit der nahezu ständigen Präsenz des thematischen Materials im Orchester, kennzeichnen die stilistische Entwicklung in Richtung auf Verdis Opern. Diese Technik führte D. in *Lucia di Lammermoor* zu einem Höhepunkt auf dem Gebiet der romantischen Musiktragödie. Dank seiner auffälligen Doppelbegabung schuf D. auch im Bereich der komischen Oper Werke von epochaler Bedeutung. Schon *L'Elisir d'amore* schien den Zeitgenossen eine vorbildlich gestaltete Opera buffa, in der Stoff, komödiantischer Spielwitz und musikalische Faktur optimal aufeinander abgestimmt sind. Als für die weitere Entwicklung dieser Gattung richtungsweisendes Werk gilt wegen seiner dramaturgisch dichten Synthese von Libretto und Musik *Don Pasquale,* den man zwischen Rossinis *Barbiere di Siviglia* und Verdis *Falstaff* ansetzt. Mit *La Favorite* und *La Fille du régiment* gelangen D. aufgrund seiner stilistischen Anpassungsfähigkeit Pendants zu *Lucia* und *L'Elisir d'amore* im französischen Musikgeschmack.

Emotionalisierung des Rezitativs im musikalischen Ausdruck durch expressive ariose Themen, „dramatische" Gestaltung des Dialogs und Konzentration des Handlungsverlaufs in ausgefeilten Ensembles gelten als signifikante Stilmerkmale in D.s Opern. Für die effektvolle ↗Cabaletta kreierte er einen neuen Typus. Diese Merkmale führten in ihrer Gesamtheit zu einer Reglementierung des Nummernplans der italienischen romantischen Oper, die noch für Verdi weitgehend Gültigkeit besaß. Gerade die entwicklungsgeschichtlich bedeutsamen Elemente in D.s Opern erschweren aber eine ausgewogene Bewertung seines Gesamtschaffens, denn die stilistische Höhe dieser Passagen vermochte er nur selten ein ganzes Werk hindurch zu halten; Triviales und Mediokres finden sich neben musikdramatisch Genialem. Dies mag Begründung dafür sein, daß sich neben den genannten komischen Opern nur *Lucia di Lammermoor* im Repertoire westeuropäischer Bühnen halten konnte.

Lit.: **1) Briefwechsel:** Alcune Lettere di G. D., pubblicate per nozze Sigismondi-Scotti (Bergamo 1873); Lettere inedite di G. Rossini e G. D., per nozze Tozzoni-Torrigiani, hrsg. v. P. GALESTI (Imola 1889); G. D., Lettere inedite, hrsg. v. F. MARCHETTI – A. PARISOTTI (R 1892); G. D., Lettere inedite, hrsg. v. A. DE EISNER-EISENHOF (R 1897); N. BENNATI, Quattro lettere inedite de G. D. e una lettere di G. Meyerbeer (Ferrara 1908); G. MORAZZONI, Lettere inedite di G. D. (Mi 1930) (mit Ikonographie); Contributo all'epistolario di G. D., hrsg. v. G. BARBLAN – F. WALKER (Bergamo 1962) (= Studi donizettiani 1). – **2) Biographien u. Studien:** F. CICCONETTI, Vita di G. D. (R 1864); F. ALBORGHETTI – M. GALLI, G. D. e S. Mayr (Bergamo 1875); E. C. VERZINO, Contributo ad una biografia di G. D. (ebd. 1896); A. GABRIELLI, G. D. (Tn 1904); A. CAMETTI, D. a Roma (Tn 1907); G. BONETTI, G. D. (Neapel 1926); G. DONATI-PETTENI, Studi e documenti donizettiani (Bergamo 1929); DERS., G. D. (Mi 1930); E. BIENENFELD, D. u. Verdi, in: Die Musik 22 (1930); A. GEDDO, D. (Bergamo 1938); G. GAVAZZENI, G. D. (Mi 1937); G. MONALDI, G. D. (Tn 1938); A. FRACCAROLI, D. (Mi 1944); M. DAUB-MOHR, Ein Meister der it. Oper: Zum 100. Todestag v. D., in: Neue Musikzeitschrift (1948); W. DEAN, D. and Queen Elizabeth, in: Opera 4 (1953); F. SCHLITZER, L'eredità di G. D., in: Chigiana 11 (1954); E. DENT, D., an Italian Romantic, in: Fanfare for E. Newman (Lo 1955); L. BOSSI, D. (Brescia 1956); A. GEDDO, D. (Bergamo 1956); DERS., D.: „ordine fra i suoi quartetti", in: La Scala (1956) Nr. 77; W. ASHBROOK, D. (Lo 1965) (mit weitgehend zuverlässigem Werk-Verz. u. Lit.); G. BARBLAN, Attualità di D., in: L'opera italiana in Musica. FS E. Gara (Mi 1965); R. GIAZOTTO, D. ospite d'onore fra i dementi di Ivry, in: NRMI 2 (1968); R. CELLETTI, Il vocalismo italiano da Rossini a D., Teil 2: Bellini e D., in: Anal. Mus. 7 (1969); Il museo donizettiano di Bergamo (Bergamo 1970); P. M. KATONA, Staunen bei D.: „Roberto Devereux", in: Fono forum 15 (1970); J. FREEMAN, D. in Palermo and „Alohor in Granata", in: JAMS 25 (1972); L. MIKOLETZKY, G. D. u. der Kaiserhof zu Wien. Neue Dokumente, in: Anal. Mus. 14 (1974); J. S. ALLITT, D. and the Tradition of Romantic Love (Lo 1975); Journal of the D. Society (Lo 1974ff.); F. LIPPMANN, D. u. Bellini, in: Studi Musicali 4 (1975); DERS., Verdi u. D., in: FS A. A. Abert (Tutzing 1975). – **3) Zu den Werken:** E. C. VERZINO, Le opere de G. D. (Bergamo 1897); GUISEPPE DONIZETTI, Ricordi di G. D. (ebd. 1897); E. PROUT, Auber's „Le Philtre" and D.'s „L'Elisir d'amore". A Comparison, in: MMR (1900); C. B. MICCA, Giovanni Ruffini e il libretto del „Don Pasquale", in: Riv. di Bergamo 10 (1931); G. BARBLAN, La „Messa di Requiem" di G. D., in: Rass. Mus. (1948); DERS., L'Opera di D. nell'età romantica (Bergamo 1948); N. GALLINI, Inedite donizettiani. Ultima scena dell'opera „Catarina Cornaro", in: RMI 55 (1953); F. SCHLITZER, L'ultima pagina della vita di G. D., in: Chigiana 28 (1953); B. DAL FABBRO, D. e l'opera buffa (Fi 1954); H. NAHLER, Die Commedia dell'arte u. ihre Nachwirkungen in den komischen Opern Rossinis u. D.s, in: Theater der Zeit 13 (1958); F. WALKER, The Librettist of „Don Pasquale", in: MMR 99 (1958); P. BERRI, Il Librettista del Don Pasquale: Leggende, ingiustizie, plagi, in: La Scala (1959) Nr. 110; J. COMMONS, „Emilia di Liverpool", in: ML 40 (1959); M.-P. BOYÉ, D. et l'opera italiana (Algier 1960); H. WEINSTOCK, D. and the World of Opera in Italy, Paris and Vienna in the First Half of the 19th Century (NY 1963, Lo 1964) (mit weitgehend zuverlässigem Werk- u. Lit.-Verz.); G. BARBLAN, Una donizettiana farsa di costume „Le convenienze e le inconvenienze teatrali", in: Chigiana 20 (1963); H. LIEBSCH, Eine Oper, zwei Texte, in: MuGes 13 (1963) (zu Don Pasquale); G. BARBLAN, Alla ribalta un'ottocentesca tragedia lirica" „Parisina d'Este" di G. D., in: Chigiana 21 (1964); DERS., Lettura di un'opera dimenticata: „Pia de' Tolomei" di D., in: Chigiana 24 (1967); F. CELLA, Indagini sulle fonti francesi dei libretti di G. D., in: Contributi dell'Istituto di filologia moderna, Serie francese 4 (1966); F. LIPPMANN, Die Melodien D.s, in: Anal. Mus. 3 (1966); W. BOLLERT, G. D. Opéra comique u. Opera buffa, in: Musica 23 (1969); W. ASHBROOK, D.'s Historical Operas, in: Opera 20 (1969); H. KUPFER – W. RÖSLER, Primadonnenstück oder musikalisches Drama? (zu „Lucia"), in: Theater der Zeit 25 (1970); P. RATTALINO, Il processo compositivo nel „Don Pasquale" di D., in: NRMI 4 (1970); W. DEAN, D.'s serious operas, in: Proc. R. Mus. Assoc. 100 (1973/74).

J. SCHLÄDER

DON JUAN ou Le Festin du Pierre, Tragische Ballett-Pantomime in 1 Akt mit 3 Bildern von Christoph Willibald Gluck (1714–87). Libretto und Choreographie: Gasparo Angiolini (1723–96). UA: 17. 10. 1761 in Wien (Kärntnerthor-Theater). Angiolinis Adaption des „Don Juan"-Stoffes ist in den Handlungsgrundzügen weitaus enger an Molières Tragikomödie *Don Juan ou le Festin du Pierre* (1665) angelehnt als an das Drama *El Burlador de Sevilla y convidado de piedra* (1630) von Tirso da Molina. Die musiktheatralische Komposition repräsentiert den Typus des klassischen Handlungsballetts; als erstes „ballet d'action" nimmt sie in der Geschichte der Gattung eine herausragende Stellung ein. In diesem Ballett ist der Choreograph darum bemüht, seine begründeten innovativen Vorstellungen exemplarisch zu realisieren: der zeitgenössische Bühnentanz soll nach dem Vorbild antiker Tanzkunst als tragische Ballett-Pantomime gestaltet werden. Angiolini, der neben J.-G. Noverre (1727–1810) als Schöpfer des „ballet d'action" gilt, verwirft die Konzeption eines starr formalisierten Balletts. Sein Vorwort zum *Don Juan* leitet er mit einer Sentenz aus der *Ars poetica* des Horaz ein: „Schwächer bewegt die Seele, was durch die Ohren sie trifft, als was ihr treu die Augen vermitteln." Er beruft sich auf die Autorität des Horaz, um die funktionale Bindung der Musik an den Tanz zu rechtfertigen: die musikalische Komposition habe komplementär zu der dramatischen Pantomime zu sein und aufgrund ihrer mimetischen Möglichkeiten symphonische Gemälde (Don Juans Höllenfahrt, Duell- und Sterbeszene, Furientanz) zu entwerfen. – Das *Don Juan*-Ballett beherrschte in der ganzen zweiten Hälfte des 18. Jh. das Repertoire der Wiener Bühnen. In jüngerer Zeit wurde es – im Rahmen wiederholter Reformbestrebungen – aktualisiert, so durch Heinrich Kröller (1924), Rudolf von Laban (1925), Michail Fokin (1936) und Erich Walter (1962/1965). G. LUDIN

DONNA DIANA, Heitere Oper in 3 Akten von Emil Nikolaus von Reznicek (1860–1945), Text nach Moreto y Cavanas Komödie *El desdén con el desdén* (1654) vom Komponisten, der die dt. Übersetzung von Josef von Schreyvogel *(Donna Diana oder Stolz und Liebe)* benutzte. Ort und Zeit der Handlung: Barcelona im 17. Jahrhundert. UA: 16. 12. 1894 in Prag (Dt. Theater); dt. EA: 15. 4. 1895 in Karlsruhe.

Reznicek verdankt dieser Oper seinen Ruf als Komponist. Er hielt sich im Text streng an Moretos Vorlage, verlegte aber die Handlung des größeren Farbenreichtums wegen in die Karnevalszeit. Die Übernahme spanischer Originalmelodien und eine typische Instrumentation (Gitarre, Mandoline u. a.) vermitteln gewünschtes Lokalkolorit. Das Werk stellt eine glückliche Mischung aus geschlossenen Formen (Arien und Lieder) und durchkomponiertem Musikdrama dar. Als eigenständige Leistung auf dem Gebiet der deutschen komischen Oper fand *Donna Diana* zunächst großen Zuspruch, ohne jedoch Repertoirestück zu werden. 40 Jahre nach der UA entschloß sich Reznicek zur Umarbeitung, für die Julius Kapp eine modernisierte, in die Gegenwart verlegte Handlung schrieb. Diese Fassung ging am 15. 11. 1933 in Wuppertal und am 31. 12. 1933 in Berlin in Szene. Die Ouvertüre zu *Donna Diana* ist ein heute noch beliebtes Orchesterstück. J. SCHLÄDER

DONNERZUG (frz.: orage), im 19. Jh. beliebtes Orgelregister. Bei Betätigung des Registerzugs öffnen sich die Ventile einiger nebeneinander liegender tiefer Pfeifen eines 16'- oder 32'-Registers oder auch aller Pedalregister, wodurch ein dem rollenden Donner ähnlicher Klang entsteht.

DONOSTIA (baskischer Ordensname; span.: San Sebastián), **José Antonio de** (eig. José Gonzálo Zulaica y Arregui), Kapuziner, * 10. 1. 1886 San Sebastián, † 30. 8. 1956 Lecároz; baskischer Komponist und Musikforscher. D. lernte am Ordenskolleg der Kapuziner in Lecároz Violine, Klavier und Orgel, trat 1902 in den Orden ein und studierte Musik bei E. Cools in Paris. Er wurde Lehrer und Organist am Kolleg in Lecároz, ging 1936 nach Toulouse, lebte 1939–40 in Paris und war 1941–43 Organist in Bayonne. 1943 war er Mitgründer des Instituto Español de Musicología in Barcelona, dessen folkloristische Abteilung er leitete. D. komponierte zahlreiche Werke für Orgel, Violine und Violoncello, Streichquartette sowie Lieder und Chorwerke, durch die er vor allem bekannt wurde. Hervorzuheben sind die *Preludios vascos* (4 Hefte, 1912–23), *Poema de la pasión* (1937) für 8st. gemischten Chor, 2 Sopranst. und Englischhorn, *Itinerarium mysticum* für Orgel (1943) und *Venerabilis barba capucinorum,* Scherzo für 4st. gemischten Chor (1949). Er schrieb ferner Bühnenmusiken zu Werken von Henri Ghéon. D. verfaßte auch mehrere Schriften über die baskische Musik. Sein spätromantischer Kompositionsstil ist durch die baskische Volksmusik, wie auch insbesondere durch M. Ravel beeinflußt.

Ausg.: Obras mus., hrsg. v. J. DE RIEZU (Lecároz 1960ff.).

Lit.: J. DE RIEZU, Vida, obra y semblenza espiritual del P. J. A. de D., in: Boletin oficial de la provincia capuchina de Navarra 65 (Pamplona 1956), Teilausg.: Pambelune, Verdad y Caridad (ebd. 1956).

DONOVAN (eig. Donovan Philip Leitch), * 10. 5. 1946 Glasgow; schottischer Sänger und Instrumentalist (Gitarre, Mundharmonika). Mit 18 Jahren machte er seine ersten Schallplattenaufnahmen, trat kurz darauf im BBC-Fernsehen und seit 1965 in den USA auf. Er schrieb und interpretierte anfänglich Protestsongs, bevorzugte später Lieder mit Naturpoesie und bilderreichen Idyllen. Man hat ihn daher als Träumer und Märchenerzähler der Popmusik bezeichnet. Als seine wichtigsten Vorbilder nennt er selbst B. Dylan und die Folksänger W. Guthrie und J. Ellit. Seine jüngeren Lieder wurden nicht mehr nur mit der Gitarre begleitet, sondern (wie z. B. *Hurdy Gurdy Man* mit dem jazzartigen Arrangement) u. a. durch „Bachtrompeten", Saxophone, Flöten, Violoncelli und Sitar. Sie sind textlich phantasievoll und musikalisch abwechslungsreich. D. komponierte auch die Musik zu mehreren Filmen. Erfolgreiche Gesangstitel sind u. a. *Sunshine Superman, I am dying, Season of the witch, Colours, There is a mountain, Mellow yellow, Jennifer Juniper.* In Deutschland wurde er vor allem mit *Atlantis* und *Hurdy Gurdy Man* bekannt.

DON PASQUALE, Komische Oper in 3 Akten von Gaetano Donizetti (1797–1848), Text vom Komponisten nach Angelo Anellis Libretto zu Stefano Pavesis Oper *Ser Marcantonio* (UA: 26. 9. 1810 in der Mailänder Scala). Ort und Zeit

der Handlung: Rom 1750. UA: 3. 1. 1843 in Paris (Théâtre Italien); dt. EA (in dt. Sprache): 28. 5. 1844 in Hannover.
Die in wenigen Wochen komponierte Oper ist Donizettis populärstes Werk und zugleich sein letzter großer Bühnenerfolg. Ungeklärt ist bis heute, ob Salvatore Camarano, wie oftmals angegeben, oder Giacomo Ruffini unter dem Pseudonym Michele Accursi am Libretto mitgearbeitet haben. Donizetti gewann den aus tradiertem Komödiengut gewonnenen Handlungsklischees mit den Typen des geizigen, liebestollen Alten, des kapriziösen Weibchens und des falschen Notars neues Leben ab und schuf einen musikalischen Komödienstil mit überzeugend herausgearbeiteten Einzelcharakteren. So wurde *Don Pasquale* zu einem der Höhepunkte in der Geschichte des spezifisch italienischen Gattungstypus der komischen Oper. In Szene und Quartett-Finale des 2. Aktes gelang Donizetti die musterhafte Umsetzung einer dramatischen Dialogszene in musikalischen Buffostil. Bekanntgeworden sind ferner Norinas Cavatine *Auch ich versteh die feine Kunst*, eine der brillantesten Koloraturarien der Opernliteratur, und Ernestos Serenade im 3. Akt.
J. SCHLÄDER

DON QUICHOTTE *(Don Quixote)*, Oper in 4 Akten von Jules Massenet (1842–1912), Text von Henri Cain nach dem gleichnamigen Roman von Miguel de Cervantes. Ort und Zeit der Handlung: Spanien im 16. Jahrhundert. UA: 19. 2. 1910 in Monte Carlo; dt. EA (in dt. Sprache): 31. 3. 1911 in Nürnberg (Übersetzung: E. Huldschinsky).
Die Abenteuer des Ritters von La Mancha gehören zu den meistvertonten Stoffen der Musikgeschichte: Über 50 musikalische Bühnenwerke basieren auf Cervantes' meisterhafter Satire gegen den Ritterroman. Massenet, der gerne als Komponist des „ewig Weiblichen" bezeichnet wird, sieht das Movens der Handlungen Don Quichottes im Werben um Dulcinea, verzichtet also auf das in der literarischen Vorlage im Vordergrund stehende Motiv der geistigen Gefährdung durch die Lektüre von Ritterromanen. So bekannte Abenteuer wie der Kampf mit den Windmühlen werden in Berichtform wiedergegeben und das Motorische der Erzählung durch entsprechende musikalische Mittel hervorgehoben. Die Baßpartie des Don Quichotte konzipierte Massenet für F. Schaljapin. Bis heute kann sie als Prüfstein für jeden Bassisten gelten.
R. QUANDT

DON QUICHOTTE AUF DER HOCHZEIT DES COMACHO, Serenata von Georg Philipp Telemann (1681–1767), Text vermutlich von Daniel Schiebeler. Ort der Handlung: Hochzeitsfest auf dem Lande; Zeit: unbestimmt. UA: 1761 in Hamburg.
Die überlieferte Werkbezeichnung *Serenata* zeigt an, daß das Werk äußere Merkmale der Oper wie Akteinteilung und Ouvertüre nicht aufweist. Die Komposition beginnt gleich mit einer Arie des Löwenritters, Don Quichotte, der zusammen mit seinem Diener Sancho Pansa gerade zurecht kommt, als der Schäfer Basilio dem Comacho die Braut, die Schäferin Quiteria, rauben will. Dem idealistischen Ritter steht der mehr den leiblichen Genüssen zugeneigte Diener gegenüber, was Telemann in einem Duett deutlich charakterisierte. Don Quichotte: *Wenn ich die Trommel, die Trommel höre, dann hüpft mein Herz, dann wallt mein Blut;* dagegen Sancho: *Wenn ich den Bratenwender... höre, dann hüpft mein Herz...* Trotz des Fehlens von Kennzeichen der Oper muß das Werk aufgrund seiner dramatischen Gestaltung als Kurzoper angesehen werden. Bei der UA wurde es konzertant aufgeführt, eine weitere Aufführung erlebte das Werk 1967 bei den Sommerlichen Musiktagen Hitzacker.
B. DELCKER

DOORSLAER, Georges van, * 27.9.1864 Mecheln, † 16. 1. 1940 ebd.; belgischer Musikforscher. Er war Arzt und widmete sich daneben der Musikgeschichte, vor allem Mechelns. D. verfaßte u. a. *Philippe de Monte* (Mecheln 1894), *La vie et les œuvres de Philippe de Monte* (Bru 1921) sowie mehrere Schriften über die Glockengießer in Mecheln. Zusammen mit J. van Nuffel und Ch. van den Borren besorgte er auch die GA der Werke Ph. de Montes (31 Bde., Brügge – Düsseldorf 1927–39).

DOPPEL-B ↗B 2).

DOPPELBAUER, Josef Friedrich, * 5. 8. 1918 Wels (Oberösterreich); östr. Komponist und Organist. D. war 1938–40 an der Musikhochschule in Graz Kompositionsschüler von Karl Marx und Orgelschüler von Franz Illenberger und studierte 1955–56 Schulmusik am Mozarteum in Salzburg. 1947–57 war er Chorleiter und Organist an der Stadtpfarrkirche Wels und 1957–60 Theorielehrer am Bruckner-Konservatorium in Linz. Seit 1960 ist er Professor für Orgel und Komposition an der Akademie Mozarteum in Salzburg. Seine Kompositionen, vorwiegend geistliche Chormusik und Orgelwerke für den liturgischen und konzertanten Gebrauch, sind in der Nachfolge P. Hindemiths, J. N. Davids und H. Distlers einer durch modale Elemente erweiterten Tonalität verpflichtet.

WW: **1) Instr.-WW:** Klv.-Musik; Kammermusik für Bläser; 3 Streichquartette (1958, 1970, 1975); 2 Streichtrios (1976,

1977). – Für Org.: Sonatine (1956); *Toccata u. Fuge in memoriam Maurice Ravel* (1951); *Suite breve* (1961); *Ornamente* (1969); 2 Fantasien (1974, 1978); Partiten u. Choralvorspiele. – Für Orch.: Symphonie in g (1978); Konzert für Org. u. Streichorch. (1958); Konzert für Va. u. Kammerorch. (1953, 1968); Capricci u. Elegien für Vc. u. Orch. (1979). – **2) Vokal-WW: a)** geistliche WW: Messen; Deutsche Ordinarien; Propriumsgesänge; Motetten; Vespern; *Te Deum* (1974); Oratorium *Dein Reich komme* (1976). – **b)** weltliche WW: Kantaten; Lieder mit versch. Instr.; Chorlieder. – **3) Schriften:** *Die a-cappella-Chorwerke v. K. Marx*, in: FS K. Marx, hrsg. v. E. Karkoschka (St 1967); *Kompositorische Fragen u. Aufgaben* (Altötting 1972); *Die Zukunft der Kirchenmusik*, in: Singende Kirche 25 (1977/78).

Lit.: W. KOLNEDER, J.F. D. als Org.-Komp., in: MuA 12 (1960/61); R. EWERHART, J.F. D., in: MS 89 (1969); J.F. D. zum 60. Geburtstag (Altötting – W 1978). H. J. BUSCH

DOPPELCHOR. – 1) Doppelchörigkeit. Kompositions- und Aufführungstechnik, die eine Aufteilung und getrennte Aufstellung verschiedener Stimmen vorsieht und die bereits im ↗Antiphonalen Gesang des mittelalterlichen Chorals vorgebildet ist. Doppelchörigkeit war im 16./17. Jh. nicht nur in der Vokal-, sondern auch in der Instrumentalmusik (↗Doppelorchester) häufig und weitete sich gelegentlich bis zur Vier- (und Mehr-)Chörigkeit aus. Bestimmte lokale kirchenmusikalische Traditionen dieser Zeit sind geradezu durch die Vorliebe für die doppel- oder mehrchörige Schreibweise charakterisiert, so etwa die ↗Venezianische Schule des späten 16. Jh. (↗Coro spezzato) und der sog. römische Kolossalbarock des 17. Jh. (u. a. O. Benevoli). Aber auch noch viele Vokalwerke der späteren Zeit bis hin zur Gegenwart sind doppelchörig komponiert. Bekannte Beispiele sind das *Osanna* aus der h-moll-Messe von J. S. Bach, *Qui tollis, Sanctus* und *Osanna* aus der c-moll-Messe von W. A. Mozart. – **2)** Bz. für zwei Orgelpfeifen von gleicher Bauart und Fußtonlage, jedoch mit manchmal leicht veränderter ↗Mensur. Der D. dient weniger einer Verstärkung des Tones, als vielmehr der Klangentfaltung (z. B. Prinzipal 8′ und Prinzipal 8′ auf gleichem Werk). Er wurde bevorzugt im barocken, besonders im spanischen Orgelbau, verwendet.

DOPPELDOMINANTE ↗Dominante.

DOPPELFLÖTE, Doiflöte, Duiflöte, Orgelregister des ↗Flötenchors mit zwei einander gegenüberstehenden Labien, meist aus Holz gefertigt und fast immer in 8′-Lage; von fülligem Klang. Die D. kommt schon im barocken Orgelbau vor, war aber besonders im dt. Orgelbau des 19. Jh. beliebt.

DOPPELFUGE ↗Fuge.

DOPPELGANZE, aus der ↗Brevis der Mensuralnotation hervorgangenes Notenzeichen, das für den Wert zweier ganzer Noten steht: =, auch |o|;

Pause: 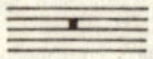

DOPPELGEDACKT, ein Orgelregister der ↗Gedackten mit 2 gegenüberstehenden Labien; im Orgelbau des 19. Jh. häufig, heute kaum mehr gebaut.

DOPPELGRIFF (engl.: double stop; frz.: doubles cordes; it.: doppia corda), Bz. für eine Spieltechnik, bei der mindestens zwei Töne zugleich auf verschiedenen Saiten gespielt werden (bei mehr als zwei Tönen spricht man von drei- bis sechsstimmigen D.n). Obwohl von der Sache her auch auf entsprechendes Spielen von Zupf- und Tasteninstrumente anwendbar, wird diese Bz. im allgemeinen nur bei Streichinstrumenten gebraucht. Schon im 16. Jh. ist der D. für die Viola da gamba belegt (S. Ganassi, 1552) und seit Anfang des 17. Jh. für die Violine. Die D.-Technik dient meist entweder einer polyphonen Stimmführung auf nur einem Streichinstrument (z. B. in den Solosonaten für Violine oder den Solosuiten für Violoncello von J. S. Bach oder M. Reger) oder dem brillanten virtuosen Effekt (etwa in den Capricci für Violine solo von N. Paganini). Nicht selten wurde zur Erleichterung und Bereicherung des D.-Spiels ↗Scordatura vorgeschrieben (z. B. bei H. I. Fr. Biber, Mysteriensonaten für Violine u. B.c.; J. S. Bach, Violoncellosuite Nr. 5; Z. Kodály, Sonate für Violoncello solo, op. 8). Die Ausführung des mehr als zweistimmigen D.s mit dem Bogen erfolgt meist von unten nach oben „gebrochen“:

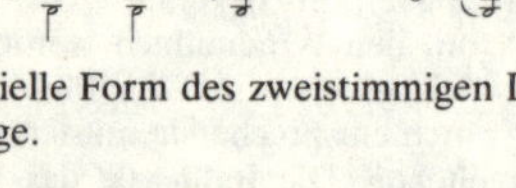

Es kommt aber auch die umgekehrte Richtung (aus Stimmführungsgründen schon bei Bach) vor:

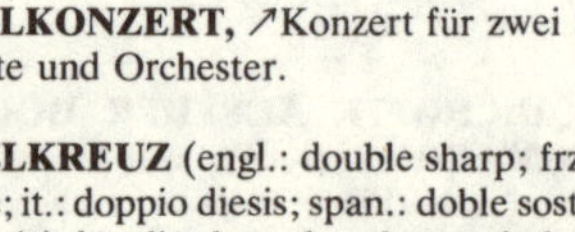

Eine spezielle Form des zweistimmigen D.s ist die ↗Bariolage.

DOPPELKANON ↗Kanon.

DOPPELKONZERT, ↗Konzert für zwei Soloinstrumente und Orchester.

DOPPELKREUZ (engl.: double sharp; frz.: double dièse; it.: doppio diesis; span.: doble sostenido), Zeichen (**×**) für die doppelte chromatische Erhöhung eines Tones. Der Tonname für den doppelt erhöhten Ton wird durch Hinzufügung der Endung „is“ zum Tonnamen des einfach erhöhten Tones (z.B. cis – cisis) gebildet. Das D. kam mit der gleichschwebend ↗temperierten Stimmung auf, die zum Gebrauch entfernterer Tonarten und alterierter Akkorde führte.

DOPPELORCHESTER, die bereits in der Komposition vorgegebene, getrennte Aufstellung zweier (in der Regel gleich oder ähnlich besetzter) Orchester oder Instrumentalgruppen. Sie wurde in Anlehnung an die Doppelchörigkeit (↗Doppelchor) bzw. die ↗Coro spezzato-Technik der Vokalmusik bereits von der ↗Venezianischen Schule auf die Instrumentalmusik übertragen. Spätere Beispiele finden sich bei A. Vivaldi, G. H. Stölzel (in einigen Concerti grossi), bei J. Stamitz und J. Chr. Bach (in einigen Symphonien), bei Chr. W. Gluck (Ouvertüre zu *Echo et Narcisse,* 1778/79), bei J. Haydn (*Echo,* Divertimento für 2 Streichtrios) und bei W. A. Mozart (*Serenata notturna,* KV 239; *Notturno,* KV 286 = 269a [4 Orchester]), im 20. Jh. bei H. Kaminski (*Concerto grosso* für 2 Orchester, 1922).

DOPPELROHRBLATT ↗Rohrblattinstrumente.

DOPPELSCHLAG, eine seit dem 17. Jh. häufige Verzierung in der Vokal- und Instrumentalmusik. Er besteht aus 4 Noten, die die Hauptnote umspielen, in der Normalform (Zeichen ∾) mit der oberen Nebennote, als „umgekehrter“ D. (∽, häufiger ∾) mit der unteren Nebennote beginnend. Der D. kommt vor 1. als Verzierung auf einer Note; das Zeichen wird dabei über die Note gesetzt, die erste Note des D.s erklingt dann auf der betreffenden Zählzeit (die Vorzeichen für eine chromatische Veränderung der oberen oder unteren Nebennote stehen gegebenenfalls über bzw. unter dem Zeichen):

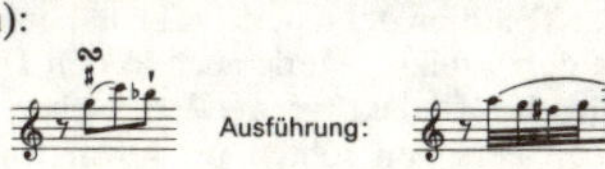

W. A. Mozart, Klaviersonate KV 189d, 1. Satz

Es gibt den D. auch 2. zwischen 2 Noten mit entsprechender Plazierung des Zeichens. Beispiel für einen solchen – hier umgekehrten – D.:

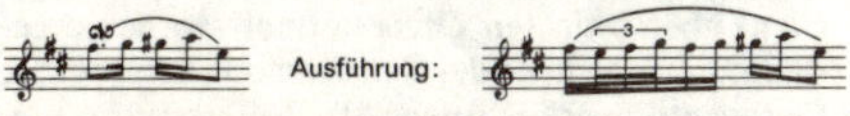

W. A. Mozart, Klaviersonate KV 205b, 3. Satz, Var. XI

Häufig wird diese Art des D.s auch mit kleineren Noten ausgeschrieben:

W. A. Mozart, Klaviersonate KV 284c, 3. Satz

Es liegt jedoch im Wesen der Verzierungen, daß die Art der rhythmischen Ausführung des D.s – schneller oder langsamer, freier oder strenger im Zeitmaß – sich letztlich nicht eindeutig festlegen läßt, sondern ein Element des individuellen musikalischen Vortrags ist.

Der D. ist indes nicht immer nur melodisches Ornament, sondern wird oft auch als Ausdrucksmittel verwendet. So bewirkt er in Opernarien des 19. Jh. meist eine Intensivierung des gesanglichen Pathos. In anderer Weise erscheint eine doppelschlagähnliche Figur (im 17.–18. Jh. als *Circolo mezzo* – Halbkreis – bezeichnet) in der *Weihnachtshistorie* von H. Schütz als bildhafter Ausdruck des Wortes „Stern“. Im Kopfsatz von Beethovens 1. Klaviersonate op. 2,1 schließlich erhält eine doppelschlagähnliche Figur entscheidende Bedeutung für die motivische Entwicklung des ganzen Satzes:

DOPPELTER KONTRAPUNKT ↗Kontrapunkt.

DOPPELTRILLER, ein ↗Triller, der mit einer Hand gleichzeitig auf zwei Tönen (meist im Terz- oder Sextabstand) ausgeführt wird.

DOPPLER, östr. Musikerfamilie. – **1) Albert Franz,** * 16. 10. 1821 Lemberg, † 27. 7. 1883 Baden bei Wien; Flötist und Komponist. Er war 1838–45 Erster Flötist am deutschen, später am ungarischen Nationaltheater in Pest und brachte dort 1847 mit *Benyovszky (Graf Benjowsky)* seine erste ungarische Oper zur Aufführung. 1858 ging er als Soloflötist an die Hofoper in Wien, wo er auch die Ballettvorstellungen dirigierte. Seit 1865 lehrte er Flöte am Wiener Konservatorium und wurde 1669 Musikdirektor des Hofballetts. Außer den durch nationales Kolorit gekennzeichneten ungarischen Opern, darunter *Ilka und die Husarenwerbung* (UA Pest 1849), schrieb D. auch die deutschsprachige Oper *Judith* (UA Wien 1870), zahlreiche Ballette, ferner Chorwerke, Melodramen, *Ungarische Weisen* für Klavier zu 4 Händen sowie zahlreiche Stücke und Transkriptionen für Flöte. Er instrumentierte auch die *Ungarischen Rhapsodien* von Franz Liszt. – **2) Karl,** Bruder von 1), * 12. 9. 1825 Lemberg, † 10. 3. 1900 Stuttgart;

Flötist, Dirigent und Komponist. Er war bis 1862 Flötist und 2. Kapellmeister am Nationaltheater in Pest und 1865–68 1. Kapellmeister am Stuttgarter Hoftheater. Er schrieb die Oper *Feldlager der Grenadiere* (1853), den 3. Akt der Oper *Erzébet* (1857; 1. u. 2. Akt von Albert Franz D. und F. Erkel), ferner eine *Ungarische Idylle* für Klavier (Pest 1859), eine Fantasie über ungarische Weisen für 2 Flöten und Klavier, ungarische Tänze und Männerchöre.

DORATI, Antal, * 9. 4. 1906 Budapest; amerik. Dirigent und Komponist ung. Herkunft. Er studierte an der Musikakademie in Budapest u. a. bei B. Bartók, Z. Kodály (Komposition) und Z. Székely (Klavier) und debütierte 1924 als Dirigent an der Budapester Oper. 1928 wurde er Assistent von Fr. Busch an der Dresdner Staatsoper und war 1929–32 musikalischer Leiter der Städtischen Oper in Münster (Westfalen). 1933 emigrierte er nach Frankreich. Seit 1935 dirigierte er die Ballets de Monte Carlo an Covent Garden in London und auf Tourneen in Europa, Australien und in den USA, wo er sich 1941 niederließ. Er war zunächst Dirigent des Ballet Theatre und der New Opera Company in New York, leitete seit 1945 das Dallas Symphony Orchestra, das er zu einem der führenden Orchester des Landes machte, und 1949–60 das Minneapolis Symphony Orchestra. 1963 wurde er Chefdirigent des BBC Symphony Orchestra in London, war 1966–75 Chefdirigent des Philharmonischen Orchesters in Stockholm, seit 1969 auch Musikdirektor (seit 1970 musikalischer Leiter) des National Symphony Orchestra in Washington (bis 1977) und übernahm 1975 die Leitung des Royal Philharmonic Orchestra in London. D. ist einer der profiliertesten Opern- und Konzertdirigenten der Gegenwart und hat sich vor allem auch für die Werke moderner Komponisten eingesetzt, u. a. Bartóks, G. Mahlers und der Schönberg-Schule. Mit der Philharmonia Hungarica hat er sämtliche Symphonien J. Haydns nach der Neuedition von H. C. Robbins Landon aufgenommen. D. schrieb Orchestermusik, darunter 2 Klavierkonzerte (1963 und 1975), Kammermusik, darunter ein Oktett für Streicher (1963), Vokalmusik, u. a. den Liederzyklus *Chamber Music* (nach J. Joyce), und Ballette.

DORET, Gustave Vincent-Charles, * 20. 9. 1866 Aigle (Kanton Vaud), † 19. 4. 1943 Lausanne; Schweizer Dirigent und Komponist. D. war 1885–87 Violinschüler von J. Joachim in Berlin, dann am Pariser Conservatoire von M. P. J. Marsick und dort auch Kompositionsschüler von F. Cl. Th. Dubois und J. É. F. Massenet. 1893–95 war er 2. Dirigent der Concerts d'Harcourt und leitete auch die Konzerte der Société Nationale de Musique, in deren Rahmen er 1894 Debussys *Prélude à l'après-midi d'un faune* zur Uraufführung brachte. Seit 1907 dirigierte er auch an der Opéra-Comique. 1914 kehrte er in die Schweiz zurück und arbeitete mit dem Librettisten René Morax vor allem für das Théâtre du Jorat in Mézières. D. gehört mit Jaques-Dalcroze zu den bedeutenden Komponisten der französischen Schweiz. Mit seinen einfachen und volkstümlichen Liedern und Weisen erlangte er große Popularität.

WW: **1) Instr.-WW:** Streichquartett D-Dur (P o.J.); Klv.-Quintett c-moll (G o.J.); *Suite tessinoise* für Orch. (Z o.J.). – **2) Vokal-WW:** Lieder, Chöre, Kantaten; Oratorium *Les sept Paroles du Christ* (1895). – **3) Bühnen-WW:** *En prison* (1892), nicht aufgeführt; *La Fête des Vignerons de 1905 (Segen der Arbeit)* (Libr.: R. Morax) (Laû o.J.); *Les Armaillis (Die Sennen)* (Libr.: H. Cain u. D. Baud-Bovy), UA: Paris 1906 (P o.J.); *Henriette* (1908) (Libr.: R. Morax); *Aliénor* (Libr.: ders.), UA: Paris 1914; *La Nuit des Quatre-Temps* (1912) (Libr.: R. Morax); *Le Nain du Hasli* (1912) (Libr.: Cain u. Baud-Bovy), UA: Genf 1908, dt. als: *Der Zwerg vom Haslital,* UA: Zürich 1920; *Tell* (Libr.: R. Morax), UA: Paris 1914; *Davel* (1922) (Libr.: ders.); *La Tisseuse d'orties* (1927) (Libr.: ders.) (P o.J.); *La Fête des Vignerons de 1927 (Unsere Erde)* (Libr.: P. Girard); *La Servante d'Evolène* (Libr.: R. Morax), UA: Paris 1937. – **4) Schriften:** *Musique et musiciens* (Lau – P 1915); *Lettre à ma nièce sur la musique en Suisse* (G – P 1918); *Pour notre indépendance musicale* (G 1919); *La musique en Suisse romande* (Lau 1930); *Temps et contretemps* (Fribourg 1942).

Lit.: J. DUPÉRIER, G. D. (Lau – P 1932); V. VINCENT, Le Théâtre du Jorat (Neuchâtel 1933); W. TAPPOLET, G. D., in: RMS 83 (1943); P. MEYLAN, G. D. musicien de théâtre, in: SMZ 106 (1966).

DORFSÄNGERINNEN, DIE *(Le Cantatrici Villane),* Opera buffa in 2 Akten von Valentino Fioravanti (1764–1837), Text von Giuseppe Palomba. Ort und Zeit der Handlung: Marktplatz von Casoria in der Nähe Neapels im 18. Jahrhundert. UA: Januar 1799 in Neapel (Teatro dei Fiorentini); dt. EA: Dresden 1804, EA in deutscher Sprache: 4. 5. 1806 in Frankfurt am Main.

Gemäß der Tradition der Opera buffa, italienisches Volkstum darzustellen, wurde auch in den D. der neapolitanische Dialekt verwendet. Neben den bürgerlichen Personen sollten vor allem Ensembleszenen mit zahlreichen Dialogen dazu dienen, den Eindruck wirklichen Lebens auf der Bühne zu erwecken. Die komisch-realistische Wirkung der Figuren wurde musikalisch in den Arien durch Parlando (Nachahmen von atemlosem, hastigem Sprechen) über ostinaten Orchestermotiven hervorgerufen. Entsprechend der Zeitströmung verarbeitete Fioravanti auch Formen der Volksmusik. Beispielsweise ist die Polonaise im Schlußteil der Arie des Soldaten, *Ein Weib soll mich nicht äffen,* „alla polacca" überschrieben. 1820–50 gehörten die D., manchmal auch unter dem Titel *Die Sängerinnen auf dem Lande,* zu den meistgespielten ausländischen Repertoirestücken auf deutschen Bühnen.

B. DELCKER

DORFWAHRSAGER, DER *(Le devin du village),* Intermezzo in 1 Akt von Jean-Jacques Rousseau (1712–78), Text vom Komponisten. Ort und Zeit der Handlung: ein französisches Dorf im 18. Jahrhundert. UA: 18. 10. 1752 vor dem Hofstaat in Fontainebleau, erste öffentliche Auff.: 1. 3. 1753 in Paris (Académie Royale de Musique), dt. EA (in dt. Sprache): November 1759 in Frankfurt am Main.

Das Singspiel des französischen Philosophen war eines der erfolgreichsten Bühnenwerke seiner Zeit; dafür spricht neben der Zahl von über 400 Aufführungen in Paris (bis 1829) auch die beträchtliche Zahl von Parodien, Nachahmungen und Bearbeitungen – am bekanntesten ist sicherlich Mozarts *Bastien und Bastienne.* Für die erste Aufführung vor König Ludwig XV. wurde eine „angemessene" Ouvertüre verlangt, die, da Rousseau sich zu Änderungen nicht in der Lage sah, von dem Sänger Pierre de Jéliotte und von François Francœur (Mitglied der 24 Violons du Roi) durch eine Pasticcio-Ouvertüre ersetzt wurde. Auch Rousseaus Rezitative wurden bearbeitet. Für die öffentliche Aufführung in Paris nahm der Komponist Umarbeitungen und Ergänzungen vor und setzte seine Ouvertüre und die eigenen Rezitative wieder ein. Das Eifersuchtsspiel, in dem zwei Liebende vom Dorfwahrsager wieder vereint werden, stellt inhaltlich keinerlei Ansprüche. Musikalisch empfanden die Zeitgenossen das Werk als absolutes Novum: Graziöse Melodien, mit dem sicheren Instinkt des begabten Dillettanten geschrieben, sind dominantes Charakteristikum. Die Begleitung bleibt auf einfachste Akkordfolgen beschränkt. Gerade die natürliche Schlichtheit und Naivität, die so sehr Rousseaus Philosophie entsprechen, vermochten aber die Zeitgenossen zu begeistern.

R. QUANDT

DORISCH, in der altgriechischen Musiktheorie Bz. für die Oktavgattung mit dem Umfang e^1 – e. – Im System der ↗Kirchentöne Bz. für den 1. Modus, der durch die Skala d e f g a h c^1 d^1 bestimmt wird. Bekannte Beispiele für dorische Melodien in diesem Sinne sind im Gregorianischen Gesang die Sequenz ↗Dies irae und das Kyrie der *Missa IV* der *Editio Vaticana (Kyrie Cunctipotens),* im evangelischen Choral *Christ lag in Todesbanden, Christ ist erstanden, Wir glauben all an einen Gott.*

DORN, Heinrich Ludwig Egmont, * 14. 11. 1800 Königsberg (Ostpreußen), † 10. 1. 1892 Berlin; dt. Dirigent, Komponist und Musikschriftsteller. D. studierte zunächst Jura in Königsberg. Nach dem Abschluß des Studiums unternahm er mehrere Reisen, u. a. nach Dresden, wo er C. M. von Weber kennenlernte. Später ließ er sich in Berlin nieder, wurde hier Schüler von L. Berger, C. Fr. Zelter und B. Klein und trat als Komponist erfolgreich mit der Oper *Rolands Knappen* (1826) hervor. Nach kurzer Lehrtätigkeit am Stöpelschen Musikinstitut in Frankfurt am Main 1827 war er 1828 Kapellmeister am Stadttheater in Königsberg, 1829–32 am Hoftheater in Leipzig, wo R. Schumann sein Schüler war, vorübergehend am Hamburger Stadttheater und schließlich in Riga. Dort traf er mit R. Wagner zusammen, dessen entschiedener Gegner er wurde. 1843–49 war er Städtischer Musikdirektor in Köln, gründete dort die Rheinische Musikschule, aus der 1850 das Konservatorium hervorging, und leitete 1844–47 die Niederrheinischen Musikfeste. 1849 wurde er neben W. Taubert Nachfolger O. Nicolais als Kapellmeister der Berliner Hofoper. Nach seiner Pensionierung 1869 wirkte er vor allem als Musiklehrer und -schriftsteller.

WW: **1) Kompositionen:** Kammermusik; Ouvertüren für Orch.; Klv.-Lieder, Chorwerke, 9 Opern, eine Operette, ein Ballett. – **2) Schriften:** *Spontini in Deutschland* (L 1830); *Aus meinem Leben,* 7 Bde. (B 1870–86).

Lit.: O. DORN, H. D., in: Die Musik 4 (1904/05); A. RAUH, H. D. als Opernkomponist (Diss. Mn 1939); R. SIETZ, H. D. in Köln, in: Jb. des Kölnischen Geschichtsvereins 29/30 (1954/55); W. SCHWARZ, Aus H. D.s Rigaer Zeit. Unveröff. Briefe an R. Schumann, in: Musik des Ostens 3 (Kas 1965).

DORNRÖSCHEN *(Spjaschtschaja krasawiza),* Ballett in 3 Akten und einem Prolog von Peter I. Tschaikowsky (1840–93) nach dem Märchen *La Belle au bois dormant* (1697) von Charles Perrault (1628–1703). Libretto und Choreographie: Marius Petipa (1818–1910) und Iwan Wsewoloschki. UA: 3. (15.) 1. 1890 in St. Petersburg (Marinsky-Theater), dt. EA: 27. 6. 1949 in Berlin (Deutsche Staatsoper).

Für dieses als Inbegriff des russischen Ballett-Klassizismus geltende Märchenballett arbeitete der französische Choreograph M. Petipa ein detailliertes Szenarium aus, das sogar bestimmte musikalische Zeitspannen und Klangfarben vorsah und tanz-motivische Verknüpfungen von klassizistisch konzipierten Nummern und einzelnen Bildern enthielt. Streng an dieser choreographischen Vorlage orientiert, schuf Tschaikowsky seine symphonisch durchgestaltete Komposition, in der den zahlreichen Märchenfiguren melodiöse, effektvoll instrumentierte Tänze, Märsche und Divertissements zugeordnet sind. – Nach der erfolgreichen UA des

Balletts blieb Petipas klassizistische Choreographie jahrzehntelang unangetastet, bis seine Konzeption veraltet und zu aufwendig erschien; am 2. 11. 1921 stellte Serge P. Diaghilews Ballets Russes im Londoner Alhambra Theatre eine modernisierte Version vor. Die Choreographie besorgte Bronislawa Nischinska, Igor Strawinsky arrangierte die Musik, Léon Bakst entwarf das Bühnenbild und die Kostüme. Diese Neuinszenierung – zugleich die erste Aufführung des Balletts außerhalb Rußlands – begründete die weltweite Anerkennung des Werkes. Wegen der außergewöhnlich hohen Produktionskosten sah sich Diaghilew wenig später veranlaßt, nur den letzten Akt als selbständiges Ballett zu inszenieren; 1922 wurde diese reduzierte Fassung unter dem Titel *Le Mariage de la Belle au bois dormant (Aurora's Wedding)* in Paris mit großem Erfolg aufgeführt. Seither bemühten sich renommierte Choreographen wie F. Ashton, T. Gsovsky, N. Beriozeff, W. Orlikowsky oder R. Nurejew um choreographische Neuinterpretationen der vollständigen bzw. gekürzten Komposition. G. LUDIN

DOERR, Ludwig, * 12. 7. 1925 Speyer; dt. Organist. Er studierte seit 1947 an der Musikhochschule in Köln und Stuttgart Orgel (bei J. Zimmermann bzw. A. Nowakowski) und Theorie (bei H. Lemacher bzw. K. Marx). 1950 errang er in Leipzig den 2. Preis für Orgel beim Internationalen J. S. Bach-Wettbewerb. 1952–71 war D. Domorganist in Speyer und lehrte gleichzeitig am Bischöflichen Kirchenmusikalischen Institut, seit 1964 auch Orgel an der Musikhochschule Saarbrücken. 1971 wurde er Professor und Leiter einer Meisterklasse für Orgel an der Musikhochschule in Freiburg i. Br., 1972 dort auch Domorganist. Im Mittelpunkt seines Repertoires steht das Werk J. S. Bachs und M. Regers. D. hat als Improvisator einen bedeutenden Ruf. Er ist auch als Komponist von liturgischer Gebrauchsmusik (Orgelstücke, Vokalwerke) hervorgetreten.

DORSEY, 1) Jimmy (James), * 29. 2. 1904 Shenandoa (Pennsylvania), † 12. 6. 1957 New York; amerik. Jazzmusiker (Altsaxophon, Klarinette) und Bandleader. Er spielte 1921 bei Jean Goldkette, hatte 1922 eine Novelty-Band, spielte danach bei Paul Whiteman, bei den California Ramblers und bei Red Nichols. 1928 gründete er mit seinem Bruder Tommy das Dorsey Brothers Orchestra, eine der erfolgreichsten Bands des Swing (bekanntestes Stück: *Boogie Woogie*). Ende der 40er Jahre beteiligte er sich hauptsächlich an Dixieland-Arrangements. 1953 löste sich das Orchester auf. Nach dem Tod seines Bruders übernahm er dessen Band. – **2) Tommy** (Thomas), Bruder von 1), * 19. 11. 1905 Shenandoa (Pennsylvania), † 26. 11. 1956 Greenwich (Connecticut); amerik. Jazzmusiker (Posaune, Trompete) und Bandleader. Besonders in den 20er Jahren spielte er bevorzugt Trompete und war bei den California Ramblers, bei J. Goldkette und P. Whiteman engagiert. Das 1928 mit seinem Bruder Jimmy gegründete Dorsey Brothers Orchestra verließ er 1935 wieder, leitete danach eine eigene Band und darin auch die Combo Clambake Seven, die sich dem Dixieland widmete. Als technisch brillanter Posaunist war er in den 30er Jahren stilbildend. Seine Erkennungsmelodie war *I'm getting sentimental over you.*

Lit.: S. S. ALLEN, The Fabulous D.s, hrsg. v. J. Vedey (Lo 1947, [2]1948); E. EDWARDS – G. HALL – B. KORST, J. D. and His Orchestra. Complete Discography (Whittier/Calif. 1966) (= Jazz Discography Unlimited); H. SANFORD, Tommy and Jimmy. The D. Years (Lo 1972); W. BURKHARDT, Chicago, in: Die Story des Jazz, hrsg. v. J. E. Berendt (St 1975); D. MORGENSTERN, Swing, in: ebd.

DOSTAL, Nico, * 27. 11. 1895 Korneuburg bei Wien, † 27. 10. 1981 Salzburg; östr. Komponist. D. studierte in Wien zunächst Jura, dann an der Kirchenmusik-Abteilung der Wiener Akademie in Klosterneuburg. Nach dem 1. Weltkrieg war er Theaterkapellmeister in Innsbruck, Wien, Salzburg und Berlin, wo er später als Arrangeur und Komponist von Unterhaltungsmusik tätig war. 1922/23 entstand seine erste Operette *Lagunenzauber.* Der Durchbruch gelang ihm jedoch erst 1933 mit *Clivia,* seinem größten Erfolg. Ursprünglich Kirchenmusiker, erwarb sich D. als Arrangeur und Komponist von Unterhaltungsmusik und Schlagerpotpourris jene Leichtigkeit der Tonsprache und der Sicherheit des Ausdrucks, die den Erfolg seiner Werke maßgeblich bestimmten. Sein Hauptinteresse galt der Lustspiel-, weniger der Ausstattungsoperette.

WW (Operetten): *Lagunenzauber,* UA: Graz 1923; *Clivia* (Libr.: Ch. Amberg u. F. Maregg), UA: Berlin 1933; *Die Vielgeliebte,* UA: Berlin 1934; *Prinzessin Nofretete,* UA: Köln 1935; *Extrablätter:* UA: Bremen 1936; *Monika* (Libr.: H. Hermecke), UA: Stuttgart 1937; *Die ungarische Hochzeit* (Libr.: ders.), UA: ebd. 1939; *Die Flucht ins Glück,* UA: ebd. 1940; *Die große Tänzerin,* UA: 1941; *Manina* (Libr.: H. Adler u. A. Lix), UA: Berlin 1942; *Der Kurier der Königin,* UA: Hamburg 1950; *Zirkusblut,* UA: Bielefeld 1951; *Doktor Eisenbart,* UA: Nürnberg 1952; *Liebesbriefe,* UA: 1955; ferner die Musik zu zahlr. Filmen.

S. KUROCK – R.-M. SIMON

DOUBLE (frz.), in der französischen Musik des 17. und 18. Jh. Bz. für die melodisch veränderte bzw. verzierte Wiederholung eines vokalen oder instrumentalen Satzes, insbesondere im ↗ Air de cour, im Air sérieux und in der Lauten- und Cembalomusik. In Deutschland finden sich D.s vor allem in Suiten (z. B. in J. S. Bachs h-moll-Suite, BWV 1067). Zu-

DORNRÖSCHEN ist eines der großen klassischen Ballette von Peter I. Tschaikowsky (Foto: Österreichischer Bundestheaterverband / Axel Zeininger).

CINDERELLA von Sergei Prokofjew in der Choreographie von Susanne Kirnbauer (Foto: Österreichischer Bundestheaterverband / Axel Zeininger).

DORNRÖSCHEN hat nicht nur märchenhaften Charakter, sondern beinhaltet auch lustige Szenen (Foto: Österreichischer Bundestheaterverband / Axel Zeininger).

weilen folgen auch mehrere D.s aufeinander (J. Ph. Rameau, *Les Niais de Sologne* aus *Pièces de clavecin,* 1724, und *Gavotte* aus den *Nouvelles Suites de Pièces de Clavecin,* um 1728). Ende des 18. Jh. setzte sich für D. die Bz. ↗Variation durch.

Lit.: M. REIMANN, Zur Entwicklungsgesch. des D., in: Mf 5–6 (1952–53).

DOUBLE CADENCE (frz.), ein ↗Triller mit Nachschlag. Mit der oberen Nebennote beginnend, berührt er in Art eines ↗Doppelschlags zuletzt die untere Nebennote:

J. Ph. Rameau, *Pièces de clavecin* (1724), Verzierungstabelle

DOWLAND. – 1) John, * um 1563, beerdigt 20. 2. (?) 1626 London; engl. Komponist. D. stand 1579–84 im Dienst des englischen Gesandten in Paris, Sir Henry Cobham und dessen Nachfolgers Sir Edward Stafford. 1588 wurde er Bachelor of Music der Universität Oxford. 1594 bewarb er sich vergeblich um die Nachfolge des verstorbenen Hoflautenisten John Johnson. 1594–95 hielt er sich zeitweilig am Hof des Herzogs von Braunschweig in Wolfenbüttel und des Landgrafen Moritz von Hessen in Kassel auf und ging anschließend nach Italien, wo er in Venedig G. Croce kennenlernte. Vermutlich kehrte er 1596 nach England zurück. 1598–1606 war er Lautenist am Hofe König Christians IV. von Dänemark und ist 1609 wieder in London und vor 1612 als Lautenist von Lord Walden nachweisbar. 1612 wurde er „Musician for the lutes" am königlichen Hof, wo er in Dokumenten seit 1623 als „Doctor Dowland" bezeichnet wird.

WW: **1) Instr.-WW:** *Lachrimae, or Seaven tears* (Pavanen, Galliarden, Allemanden), 5st., für Laute, Violen oder V. (Lo 1604); zahlr. Lautenstücke sind hsl. (Verz. bei D. Lumsden, s. u. Lit.) und in Sammeldrucken erhalten (RISM 1596^{20}, 1600^{6}, 1603^{15}, 1610^{22-23}, 1612^{18}, 1615^{24}, 1621^{19} u. spätere). – **2) Vokal-WW:** 3 Bücher *Songes or ayres* für 4 St. u. Laute u. a. Instr., I (Lo 1597, 1600, 1603, 1606, 1613), II (Lo 1600), III (Lo 1603); *A Pilgrimes Solace* für 3–5 St. mit Laute u. Violen (Lo 1612); 4 Songs (RISM 1610^{20}); 3 Psalmen (RISM 1592^{9}); 31 Psalmen (RISM 1599^{9}). – **3) Schriften:** Engl. Übers. von A. Ornithoparchus, *Micrologus* (Lo 1609); *Other Necessarie Observations Belonging to the Lute,* in: R. Dowland, Varietie of Lute Lessons (Lo 1610) (= RISM 1610^{23}).

D.s Œuvre umfaßt im wesentlichen die in den 3 Büchern *Songes or ayres* und in *A Pilgrimes Solace* enthaltenen Lautenlieder, die in Sammeldrucken oder hsl. überlieferten Solostücke für Laute sowie die in *Lachrimae* veröffentlichten 5st. Stücke für Instrumente mit Lautenbegleitung. Die Lautenlieder behandeln verschiedene Themen, religiöse Texte finden sich jedoch nur in *A Pilgrimes Solace.* Musikalisch handelt es sich um durchkomponierte Lieder oder, vorwiegend, um Strophenlieder, die von einer zwar verzierten, aber insgesamt homorhythmischen Begleitung gestützt werden. Die Textdeklamation bleibt durchgehend deutlich, Verzierungen werden als Ausdruckselemente eingesetzt, Imitation und Madrigalismen finden nur selten Verwendung. Die Solostücke für Laute sind Fantasien, Variationen, Pavanen, Gaillarden, Allemanden und andere Tanzsätze, zuweilen offenbar auch Bearbeitungen vokaler oder instrumentaler Ensemblemusik. Imitatorische Elemente, Chromatik und Wiederholung melodischer Partikel kommen vor allem in den Fantasien vor, während in den Tänzen und Variationssätzen eine aparte Harmonik in den Vordergrund tritt. Zu seiner Zeit war D. als Lautenist und Komponist bekannter Stücke wie *Now oh now I needs must part* und *Flow my tears* hochberühmt, und auch heute noch sind vor allem seine Werke für und mit Laute durch subtile Textbehandlung, melodische Erfindungskraft, rhythmische Vielfalt und harmonischen Reichtum von großem Reiz.

Ausg.: **1) Instr.-WW:** GA der WW für Laute (C/M 1958); The Lute Music of J. D., hrsg. v. P. WARLOCK (Lo 1927); *Lachrimae,* Faks.-Ausg., hrsg. v. W. EDWARDS (Leeds 1974); dass., hrsg. v. P. WARLOCK (Lo 1927); dass., hrsg. v. F. J. GIESBERT (Kas 1953). – **2) Vokal-WW:** Die Lieder der 3 Slgen. v. 1597, 1600 u. 1603, aus *A Pilgrimes Solace* u. aus R. Dowlands *A Musicall Banquet,* in: The English School of Lutenist Song Writers 1, 2, 5, 6, 10–12 u. 14, hrsg. v. E. H. FELLOWES (1920–24), revidierte NA als: *The First Book of Songes* 1957, hrsg. v. TH. DART (Lo 1965) (= The English Lute Songs I/1–2); *The Second Booke of Songes* 1600, hrsg. v. DEMS. (1969) (= ebd. I/5–6); *The Third Booke of Songes* 1603, hrsg. v. DEMS., (1961–62) (= ebd. I/10–11), erneut revidiert v. D. SCOTT (1970); *A Pilgrimes Solace* 1612 u. 3 Lieder aus *A Musicall Banquet* 1610, hrsg. v. TH. DART (1960, 1969) (= ebd. I/12 u. 14); *Ayres for four voices* übertragen v. E. H. Fellowes, hrsg. v. TH. DART – N. FORTUNE (Lo 1953, revidiert 1963) (= Mus. Brit. 6); *The first booke of Songes or Ayres* 1597, Faks.-Ausg. v. D. POULTON (Lo 1968). – **3) Schriften:** *A. Ornithoparchus' Micrologus or introduction. Containing the art of singing by J. D.,* Faks.-Ausg. in: The English Experience 160 (A – NY 1969); dass., hrsg. v. G. REESE – S. LEDBETTER (NY 1973).

2) Robert, Sohn von 1), * um 1591 vermutlich London, † vor dem 1. 12. 1641 Holborn bei London. Er folgte seinem Vater als Lautenist am Hofe Karls I. nach und gab zwei Lautenwerke heraus: *Varietie of Lute-Lesson* (Lo 1610), das auch 2 Beiträge über das Lautenspiel enthält, und *A Musicall Banquet* (Lo 1610) (= RISM 1610^{20}).

Ausg.: *Varietie of Lute-Lessons* 1610, Faks.-Ausg. v. E. HUNT 2 Bde. (1956–58) (mit Übertragung für Cemb.); *A Musicall Banquet* 1610, hrsg. v. P. STROUD (Lo 1968) (= The English Lute-Songs II/20).

Lit.: **Zu 1):** W. NAGEL, J. D.'s Necessary Observations..., in: MfM 23 (1891); O. BECKER, Die engl. Madrigalisten Byrd, Morley, D. (Diss. Bonn 1901); E. H. FELLOWES, The English Madrigal Composers (Lo 1921, ²1948); W. H. FLOOD, L. Marenzio e J. D. di Dublino, in: Note d'archivio 1 (1924); P. WARLOCK, The English Ayre (Lo 1926); O. H. MIES, D.'s Lachrymae Tune, in: MD 4 (1950); D. POULTON, D.s Songs and Their Instrumental Forms, in: MMR 81 (1951); DIES., The Lute Music of J. D., in: The Consort 8 (1951); D. LUMSDEN, The Sources of English Lute Music 1540–1620 (Diss. C 1955); E. KLESSMANN, Die Deutschlandreisen J. D.s u. Die Italienreise J. D.s, in: Musica 11 (1957); E. T. GOINS, J. D. and The Art Song (1962) (= Diss. State Univ. of Iowa); C. HILL, J. D. some New Facts and a Quatercentenary Tribute, in: MT 104 (1963); D. POULTON, J. D., Doctor of Musick, in: The Consort 20 (1963); E. O. DOUGHTIE, Poems from the Songbooks of J. D. (1963) (= Diss. Harvard Univ.); U. OLSHAUSEN, Das lautenbegleitete Sololied in England um 1600 (Diss. F 1963); D. POULTON, J. D. His Life and Works (Berkeley 1972); D. POULTON, J. D. (Lo 1972); R. E. ANDERSON, R. Alison's Psalter 1599 and Devotional Music in England to 1640 (1974) (= Diss. Univ. of Iowa); I. SPINK, English Song, D. to Purcell (Lo 1974); J. G. SMITH, J. D., A Reappraisal of His Ayres (1974) (= Diss. Univ. of Illinois). – **Zu 2):** R. D.'s Musicall Banquet 1610, in: The Musical Antiquary 1 (1909–10); C. HILL, J. D., Some New Facts, in: MT 104 (1963); E. DOUGHTIE, Sidney, Tessier, Batchelor, and „A Musicall Banquet", in: Renaissance News 18 (1965).

DOXOLOGIE (von griech. doxologia = Lobpreisung). D.n, kurze hymnenartige Lobsprüche, waren bereits in der synagogalen Praxis der Juden als Schlußwendungen zur Verherrlichung Gottes üblich. Im gleichen Sinne wurden sie in die Liturgie der christlichen Kirche aufgenommen. D.n finden sich im NT häufig, vor allem in den Briefen des Apostels Paulus. Im 3. Jh. wurde in die Grundform der altchristlichen D. – den Lobpreis Gottes durch Christus – der Hl. Geist einbezogen (Klemens v. Alexandrien, *Quis dives* 42,2). Die liturgischen D.n haben sich im Anschluß daran entwickelt. Im Orient – speziell in Syrien – wurde bereits im 4. Jh. die D. *Ehre dem Vater und dem Sohn und dem Hl. Geist* bevorzugt. Ähnliche D.n beschließen in der byzantinischen Liturgie fast alle Gebete. Im 5. Jh. wurde es im Abendland üblich, mit dem *Gloria Patri, et Filio, et Spiritui Sancto,* der sog. „kleinen D.", die antiphonisch vorgetragenen Psalmen zu beenden. Die „große D.", das ↗*Gloria in excelsis Deo,* wurde im 6. Jh. Bestandteil der römischen Messe. Auch das ↗*Te Deum laudamus,* das zur gleichen Zeit in das Offizium aufgenommen wurde, ist ein doxologischer Hymnus. Mit der kleinen D. samt dem Nachsatz *Sicut erat in principio, et nunc, et semper, et in saecula saeculorum. Amen* schließen im Offizium außer den Psalmen die Cantica (darunter das ↗Magnificat), das Invitatorium und die Responsoria brevia. Bei den liturgischen Hymnen ist in der Regel die letzte Textstrophe unter Beibehaltung des jeweiligen Metrums als D. gestaltet.

In der Psalmodie des Gregorianischen Gesangs wird die D. auf die gleichen melodischen Formeln (↗Psalmtöne) gesungen wie der vorangehende Psalm. Dabei entsprechen die Worte *Gloria Patri,... Spiritui Sancto* und der Nachsatz *Sicut erat... saecula saeculorum, Amen* je einem Psalmvers. Den Vokalen der letzten 6 Silben ↗euouae werden seit alter Zeit in den Choralbüchern die in den einzelnen Psalmtönen zur melodischen Anpassung an die jeweilige Antiphon variabel gehaltenen Schlußformeln (Differentiae) zugeordnet. Die Singweise der D. am Ende der anderen genannten Gesänge richtet sich nach deren Melodik.

In der mehrstimmigen Vertonung der liturgischen Stücke, die eine D. enthalten, wurde diese gelegentlich durch eine besondere musikalische Gestaltung herausgehoben. So gab es im 17. Jh. Psalmkompositionen, in denen – in Anspielung auf die göttliche Trinität – sich die D. durch Dreiertakt von dem übrigen Stück unterscheidet. Vielleicht gehört in diesen Zusammenhang auch die D. in J. S. Bachs *Magnificat.* Hier sind den Worten *Gloria Patri et Filio* die einzigen Triolen des ganzen Werkes zugeordnet.

Lit.: D. J. GAILLARD, in: Catholicisme 5 (1952); D. B. BOTTE – CH. MOHRMANN, L'ordinaire de la messe (P 1953); A. STUIBER, D., in: Reallexikon für Antike u. Christentum 4 (1958); J. PINELL, La grande conclusion de Canon romain, in: La Maison-Dieu (1966) Nr. 88.

Dp, Abk. für Dominantparallele. – ↗Dominante.

DRÄGER, Hans-Heinz, * 6. 12. 1909 Stralsund, † 9. 11. 1968 Austin (Texas); dt. Musikforscher. D. studierte seit 1931 Musikwissenschaft an der Universität Berlin (Fr. Blume, E. M. von Hornbostel, C. Sachs, A. Schering und G. Schünemann) und wurde dort 1937 mit einer Dissertation über *Die Entwicklung des Streichbogens und seine Anwendung in Europa* (Kas 1937) promoviert. Anschließend war er in Berlin Assistent am Institut für Deutsche Musikforschung, seit 1938 am Musikinstrumenten-Museum, das er seit 1939 kommissarisch leitete. Daneben lehrte er Instrumentenkunde an der Hochschule für Musik. 1946 habilitierte er sich an der Universität Kiel und wurde 1947 Professor an der Universität Greifswald. Seit 1949 lehrte er Systematische Musikwissenschaft an der Humboldt-Universität in (Ost-)Berlin und seit 1953 an der Freien Universität Berlin (West). 1961 ging er an die University of Texas in Austin und erhielt dort 1963 den Lehrstuhl für Systematische Musikwissenschaft.

Schriften: *Führer durch das Berliner Musikinstrumentenmuseum* (B 1939) (mit A. Ganse u. K. Reinhard); *Prinzip eine Systematik der Musikinstrumente* (Kas 1948); *Der heutige Bach-Hörer u. die gleichschwebende Temperatur,* in: Bach-Probleme (L 1950); *Zur mitteltönigen und gleichschwebenden Temperatur,* in: Ber. über die wiss. Bachtagung Leipzig 1950 (L 1951); *Begriff des Tonkörpers,* in: AfMw 9 (1952); *Das Instrument als Träger u. Ausdruck des musikal. Bewußtseins,* in: Kgr.-Ber. Bamberg 1953 (Kas 1954); *Die Verbindlichkeit der mathematischen Intervall-Definition,* in: Die Natur der Musik als Problem der Wiss. (Kas 1962) (= Musikal. Zeitfragen 10); *Zur Frage des Wort-Ton-Verhältnisses im Hinblick auf Schuberts Strophenlied,* in: AfMw 11 (1954); *A Quantitative Analysis of Music as Exemplified by Beethoven's Sketches for His Op. 131,* in: FS W. Wiora (Kas 1967).

DRAGHI, it. Musikerfamilie. – **1) Antonio,** * 1635 Rimini, † 16. 1. 1700 Wien; Sänger und Komponist. D. war zunächst Bassist an der Oper in Venedig und am Hof von Mantua und seit 1658 Mitglied der Kapelle der Kaiserinwitwe Eleonora in Wien. 1669 wurde er dort Kapellmeister, 1673, als Nachfolger M. A. Cestis, Intendente delle Musiche theatrali und 1682 Hofkapellmeister. D. war mit seinen mehr als 120 Opern und 30 Oratorien einer der fruchtbarsten Komponisten dieser Gattungen, deren Hochblüte am Wiener Kaiserhof er in den letzten drei Jahrzehnten des 17. Jh. repräsentiert. Charakteristisch für sein Schaffen sind insbesondere die zahlreichen szenisch aufgeführten ↗Rappresentazioni sacre, meist nach Libretti von N. Minato (auch Azioni sacre genannt), die eine Wiener Sonderart des Passionsoratoriums darstellen (↗Oratorium). – **2) Carlo Domenico,** Sohn von 1), * 21. 5. 1669 Wien, † 2. 5. 1711 ebd.; Organist. Er war Schüler von F. T. Richter, ging 1692 zur weiteren Ausbildung nach Italien und wurde 1698 Hoforganist in Wien. Die von ihm komponierten Arien waren vermutlich für die Opern seines Vaters bestimmt. – **3) Giovanni Battista,** vermutlich Bruder von 2); Organist und Cembalist. Er ist zwischen 1667 und 1701 in London nachweisbar, wo er *Six select suites of lessons for the harpsichord* veröffentlichte.

Ausg.: **Zu 1):** Kirchen-WW, hrsg. v. G. ADLER (W 1919) (= DTÖ 46). – **Zu 3):** *Il maestro di musica,* komische Oper, hrsg. v. F. CAFFARELLI (R 1935).

Lit.: E. WELLESZ, Die Opern u. Oratorien in Wien v. 1660–1708, in: StMw 6 (1919); M. NEUHAUS, A. D. (L 1919); A. OREL, D., in: MGG III (mit Werke-Verz.); M. TILMOUTH, The Royal Academies of 1695, in: ML 38 (1957); R. SCHNITZLER, The Sacred Dramatic Music of A. D. (1971) (= Diss. masch. Univ. of North Carolina); N. HILTL, Die Oper am Hofe Kaiser Leopolds I.... Tätigkeit v. Minato u. D. (Diss. W 1973); H. SEIFERT, Neues zu A. D.s weltlichen Werken (W 1978).

DRAGMA (griech., = Garbe). Im späten 14. und im frühen 15. Jh. Bz. für eine Semibrevis mit doppelter ↗Cauda (♦). Ähnlich wie die Kolorierung (↗Color) in der Notierung der späteren Zeit zeigt das D. einen vorübergehenden Mensurwechsel an und hat hinsichtlich seines jeweiligen Wertes unterschiedliche Bedeutung; so z. B. in der ↗Prolatio major den Wert einer zweizeitigen Semibrevis.

Lit.: W. APEL, Die Notation der polyphonen Musik 900–1600 (L 1970).

DRĂGOIU (Dragoi), **Sabin Vasile,** * 6. (19.) 6. 1894 Seliste (Banat), † 31. 12. 1968 Bukarest; rumänischer Komponist. D. studierte 1919–22 an den Konservatorien in Klausenburg (Cluj) und Prag. 1924–42 und 1946–50 lehrte er als Professor Harmonielehre, Kontrapunkt und Komposition am Konservatorium in Temeswar (Timişoara), das er 1925–43 und 1949–50 auch leitete. 1940–44 war er Direktor der rumänischen Oper in Klausenburg-Temeswar. 1950–52 lehrte D. Folklore am Konservatorium in Bukarest und leitete 1950–64 dort das Institut für Folklore bei der Rumänischen Akademie der Wissenschaften, deren korrespondierendes Mitglied er seit 1953 war. 1940–45 und 1952–56 war er auch Vizepräsident des rumänischen Komponistenverbandes. Seine Werke sind stark durch die rumänische Volksmusik und die Siebenbürgens und des Banat beeinflußt, zu deren Erforschung er auch durch Sammlungen von Volksliedern und -tänzen und mehrere Schriften beitrug. D. hat die Entwicklung der modernen rumänischen Musik maßgeblich beeinflußt.

WW: **1) Instrumental-WW: a)** Kammermusik: *8 Miniaturi* für Klv. (1923); *25 Doine* für Klv. (1923); Violinsonate (1949); Streichquartett in d (1952); *Dixtuor* für Holzbläser, Str. u. Klv. (1955); Kleine Suite für Klv. In Erinnerung an B. Bartók (1955); *10 Miniaturi* für Klv. (1960); *12 Miniaturi* für Klv. (1968). – **b)** Orchesterwerke: *Divertisment rustic* (1928); Klavierkonzert (1941); *Petrecere populară (Volksfest),* Suite für Kammerorch. (1950); 7 Volkstänze für kleines Orch. (1960). – **2) Vokal-WW:** Chorwerke: 6 Männerchöre nach Volksthemen (1926); 3 Werke für gem. Chor nach Volksthemen (1933); *Liturghia solemnă F* für gem. Chor (1937). – Lieder: *Doine* (1925); *Doine* (1946); *30 Cîntece populare* (1961). – *Povestea bradului (Erzählung der Tanne),* Oratorium für Soli, Chor und Orch. (1952). – **3) Bühnen-WW:** *Năpasta (Das Unheil;* nach I. L. Caragiale), musikal. Volksdrama in 3 Akten (Bukarest 1935, revidierte Fassung 1935); *Constantin Brâncoveanu,* Mysterium (Bukarest 1935); *Kir Januela,* phantastisch-komische Oper (Klausenburg 1939); *Păcăla,* komische Oper für Kinder in 8 Bildern (Kronstadt 1962). – **3) Schriften:** *Musical Folklore Research in Rumania and B. Bartók's Contribution to It,* in: Studia memoria B. Bartók sacra (Budapest 1956); *The Production of New Songs in the Rumanian People's Republik,* in: Journal of the International Folk Music Council 12 (1960).

DRAGONETTI, Domenico, * 7. 4. 1763 Venedig, † 16. 4. 1846 London; it. Kontrabassist und Komponist. D. war seit 1787 Kontrabassist an S. Marco in Venedig, wurde aber bald über Italien hinaus bekannt und erhielt Einladungen nach St. Petersburg und London, wo er sich 1794 niederließ. 1795 lernte er dort J. Haydn kennen, mit dem er sich befreundete. Anläßlich eines Besuches 1808–09 in

Wien traf er auch mit Beethoven zusammen und spielte dessen Cellosonate op. 5 Nr. 2 zur größten Zufriedenheit des Komponisten. D. beherrschte sein Instrument so virtuos (daher auch „Paganini des Kontrabasses" genannt), daß er darauf den Cello-Part vieler Kammermusikwerke spielte. Noch 82jährig trat er 1845 beim Bonner Beethovenfest auf. D. schrieb für sein Instrument Konzerte, Sonaten und Stücke für Kb. solo und mit Klv. (hsl. in London, Brit. Mus.). Er richtete auch J. S. Bachs Orgelfugen für Kb. und Klv. ein (Lo 1836).

Ausg.: Duo für Vc. u. Kb. B-Dur (NY 1960); Kb.-Konzert A-Dur, Klv.-A., hrsg. v. S. SANKEY (NY 1963); 2 Soli für Kb. u. Klv. G-Dur, hrsg. v. R. MALARIĆ (W 1964 u. 1966) (= Diletto musicale Nr. 118, 189); Andante u. Rondo für Kb. u. Str., hrsg. v. DEMS. (W 1966) (= ebd. 190–191); Grande Allegro für Kb. u. Str., hrsg. v. DEMS. (W 1968) (= ebd. 292, 385); *Pezzo di concerto*, hrsg. v. DEMS. (1974) (= ebd. 664).

Lit.: F. CAFFI, Biogr. di C. D. (V 1846); F. WARNECKE, Der Kontrabass (H 1911); S. DALLA LIBERA, Cronologia musicale della basilica di San Marco in Venezia, in: MS 6 (Mi 1961); G. DARDO, D. D. „Il patriarca dei contrabassi", in: Chigiana 20 (1963); DERS., D. D. e Beethoven, in: Musica d'oggi 6 (1963); E. DOERNBERG, in: MT 104 (1963); R. G. Y. SLATFORD, D. D., in: Proc. R. Mus. Assoc. 97 (1970/71).

DRAGONI, Giovanni Andrea, * um 1540 Mendola, † 1598 Rom. D. war Schüler Palestrinas und seit 1576 Kapellmeister an der Lateranbasilika in Rom.

WW (alle in Venedig erschienen): 4 Bücher 5st. Madrigale, I–II (1575), III (1579), IV (1594); je ein Buch 4st. (1581) u. 6st. Madrigale (1584), 5st. Villanellen (1588) u. 5st. Motetten (R 1600); weitere Kompositionen sind in Sammeldrucken 1574–1610 erschienen oder hsl. überliefert.

Lit.: R. J. DEFORD, R. Giovanelli and the Madrigal in Rome 1572–1599 (1975) (= Diss. masch. Harvard Univ.).

DRAGONS DE VILLARS, LES, Komische Oper von L. A. Maillart; dt. Titel: Das ↗Glöckchen des Eremiten.

DRAME LYRIQUE. Während der Terminus im französischen Sprachgebrauch nicht unbedingt auf eine bestimmte Epoche eingegrenzt ist – bereits Opern der Revolutionszeit wie *La Caverne* (1793) von J.-Fr. Le Sueur und *Mélidore et Phrosine* (1796) von É. N. Méhul tragen diese Gattungsbezeichnung –, hat sich im Deutschen eine spezifischere Verwendung eingebürgert, nämlich als Bz. für die französische Oper zwischen der Grand opéra und dem musikalischen Drama des französischen Symbolismus, d. h. etwa für die Zeit zwischen Ch. Gounods *Faust* (1859) und Cl. Debussys *Pelléas et Mélisande* (1902). Schon die Verwendung des Begriffs D. l. anstelle von „Opéra" deutet auf eine größere Autonomie der Libretti hin, die sich in Frankreich – parallel zur analogen Entwicklung in der italienischen Oper – besonders in der zunehmenden Bevorzugung von Stoffen der Weltliteratur als Vorwurf für das Musiktheater äußerte. Zugleich deckt sich die Zeit des D. l. mit der des französischen Wagnerismus; die schöpferische Aneignung der musikdramatischen Theorien R. Wagners spiegelt sich in einem – trotzdem eigenständigen – evolutionären Prozeß, in dessen Verlauf die nach musikalischen Nummern und szenischen Tableaux organisierte Grand opéra zum durchkomponierten, psychologisierten D. l. umgeschmolzen wurde.
Trotz der Vielzahl musikdramatischer Gattungsbezeichnungen in Frankreich in der zweiten Hälfte des 19. Jh. besaß die traditionelle französische Einteilung szenischer Musik in Oper mit gesprochenem Dialog (Opéra-comique) und mit gesungenem Rezitativ (Tragédie, Opéra, Drame) für jene Zeit noch eine gewisse Verbindlichkeit. Mischformen, d. h. Opern mit tragischem Grundcharakter und gesprochenem Dialog (G. Bizet, *Carmen,* 1875; J. Offenbach, *Hoffmanns Erzählungen,* 1881; J. Massenet, *Manon,* 1884), führten bis zur Jahrhundertwende zur allmählichen Auflösung der Gattungsgrenzen. Bezeichnend für das D. l. ist die dramaturgische wie musikalische „Verinnerlichung" der dramatischen Konflikte; gegenüber der Grand opéra wurde der szenische wie musikalische Aufwand vermindert, die individuelle Personencharakteristik dagegen wesentlich intensiviert. Aus der Verschmelzung der festgefügten musikalischen Formteile mit dem Rezitativ resultierte eine äußerst biegsame musikalische Deklamation über dem harmonischen Fundament eines psychologisierenden Orchesterkommentars. Dramaturgie und Musiksprache von J. Massenets *Werther* (1892) können als paradigmatisch für das D. l. angesehen werden.
Während Ausläufer dieser Gattung noch bis zum 1. Weltkrieg ihre Uraufführungen erlebten (J. Massenet, *Don Quichotte,* 1910; G. Fauré, *Pénélope,* 1913; J. Massenet, *Cléopâtre,* 1914), hatte Cl. Debussys *Pelléas et Mélisande* bereits 1902 die Strukturbedingungen des D. l. erfüllt und überwunden: Die Vertonung eines – nur unwesentlich gekürzten – Schauspieles als Prosatext schaltete die traditionelle Zwischenstufe des Librettos aus, und die Lokalisierung der Handlung in einer zeit- und raumlosen Innenwelt der Personen vollendete die Psychologisierung der Handelnden, schuf ein musiktheatralisches Analogon zum symbolistischen Drama Henri de Régniers und Maurice Maeterlincks, zum „Théâtre de l'Œuvre" Lugné-Poes.

Lit.: F. CLEMENT – P. LAROUSSE, Dictionnaire lyrique ou Histoire des opéras (P 1867–69); DASS. mit Supplementen v.

A. Pougin (P 1899–1905); E. SCHURÉ, Le Drame musical (P 1875); H. LICHTENBERGER, R. Wagner, poète et penseur (P 1889); A. POUGIN, Massenet (P 1914); P. LANDORMY, Le Faust de Gounod (P 1922); DERS., Bizet (P 1924); M. EMMANUEL, Pelléas et Mélisande (P 1926); CH. KOECHLIN, G. Fauré (P 1927); D. E. INGHELBRECHT, Comment on ne doit pas interpréter Carmen, Faust, Pelléas (P 1933); J. W. KLEIN, Bizet's Early Operas, in: ML 18 (1937); L'Enfance de Pelléas. Lettres de C. Debussy à A. Messager, hrsg. v. J. A. MESSAGER (P 1938); H. HARTLEB, Einführung zur Oper Margarethe (B 1939); P. LANDORMY, Gounod (P 1942); DERS., La musique française de Franck à Debussy (P 1943); P. FAURÉ-FREMIET, La genèse de Pénélope, in: RM (1945) Mai-H. (Sonder-H.); K. ANTAROWA, Studienarbeit mit Stanislawski ..., 5 Gespräche über die Arbeit an der Oper „Werther" v. Massenet, aufgezeichnet in den Jahren 1918–1922, bearb. v. O. Gaillard (B 1951); J. VAN ACKERE, Pelléas et Mélisande (Bru 1952) (= Publications de la société belge de musicologie II/2); M. CURTISS, Gounod before Faust, in: MQ 38 (1952); P. FORTASSIER, Rythme verbal et rythme musical. A propos de la prosodie de G. Fauré, in: FS P.-M. Masson, I (P 1955); PH. FAURÉ-FREMIET, G. Fauré (P 1957); E. LOCKSPEISER, Debussy et E. Poe (Monaco 1961); F. POULENC, E. Chabrier (P 1961); TH. GOUIN, F. David, le père de l'exotisme musical, in: Musica (Disques) (1962) H. 99; J. W. KLEIN, Debussy as a Musical Dramatist, in: MR 23 (1962); E. LOCKSPEISER, Debussy (Lo 1962, NY 1965); G. FAURÉ, Catalogue de l'exposition à la Bibl. Nat., hrsg. v. F. Lesure (P 1963); J. BRUYR, Massenet, musicien de la Belle époque (Ly 1964); U. ECKHART-BÄCKER, Frankreichs Musik zw. Romantik u. Moderne. Die Zeit im Spiegel der Kritik (Rb 1965); P. FORTASSIER, Musique et livret dans les opéras de Berlioz, Gounod et Bizet, in: Opéra et littérature française (1965) (= Cahiers de l'Assocation internationale des études françaises 17, Teil 1); M. J. VAN APPLEDORN, A Stilistic Study of C. Debussy's Opera „Pelléas et Mélisande" (1966) (= Diss. Univ. of Rochester/N. Y.); J. A. WESTRUP, Bizet's „La jolie fille de Perth", in: FS E. Wellesz (O 1966); CH. S. HISS, Abbé Prévost's „Manon Lescaut" as Novel, Libretto and Opera (1967) (= Diss. Univ. of Illinois); E. BOUILHOL, Massenet. Son rôle dans l'évolution du théâtre musical (St-Etienne 1969); J. W. KLEIN, The other „Hamlet", in: Opera 20 (1969); L. L. STOCKER, The Treatment of the Romantic Literary Hero in Verdi's Ernani and in Massenet's „Werther" (1969) (= Diss. Florida State Univ.); P. CAHN, Der Szenenaufbau in Debussys „Pelléas et Mélisande", in: Kgr.-Ber. Bonn 1970 (Kas 1973); J. HARDING, Massenet (Lo 1970, NY 1971); E. KRAUSE, Traum u. Wirklichkeit des Eros. Über die Opern v. J. Massenet, in: Jb. der Komischen Oper Berlin 12 (1970/71); F. ROBERT, E. Chabrier (P 1970); G. NEUWIRTH, Parsifal u. der musikal. Jugendstil, in: R. Wagner. Werk u. Wirkung, hrsg. v. C. Dahlhaus (Rb 1971); M. J. ACHTER, F. David, A. Thomas and French „Opéra lyrique" 1850–1870 (1972) (= Diss. Univ. of Michigan); J. M. NECTOUX, Fauré (P 1972); J. HARDING, Gounod (NY – Lo 1973); J. W. KLEIN, Reflections on Bizet's „Djamileh", in: MR (1974); Die „Couleur locale" in der Oper des 19. Jh., hrsg. v. H. BECKER (Rb 1976); C. Debussy, Esquisses de „Pelléas et Mélisande", hrsg. v. F. LESURE (G 1977); C. Debussy, hrsg. v. H.-K. METZGER – R. RIEHN (Mn 1977) (= Musikkonzepte 1/2); R. QUANDT, Der Wandel der Musikanschauung in Frankreich während der zweiten Hälfte des 19. Jh. (Diss. Bochum 1977).

J. MAEHDER

DRAMMA PER MUSICA (it.), **Dramma in musica,** im 17. und 18. Jh. häufig Bz. für italienische Opern mit ernstem Inhalt. – J. S. Bach gab einigen seiner weltlichen Kantaten die Bz. Dramma per musica (BWV 201, 205, 206, 207, 207a, 213, 214, 215, 249b).

DRAESEKE, Felix August Bernhard, * 7. 10. 1835 Coburg, † 26. 2. 1913 Dresden; dt. Komponist. D. studierte 1852–55 am Leipziger Konservatorium, privat Komposition bei Julius Rietz und schloß sich dem Kreis um Fr. Liszt an, zu dem auch H. von Bülow und Fr. Brendel gehörten. Letzterer beauftragte ihn mit Kritiken für die NZfM. Seit 1856 lebte D. in Dresden, seit 1862 in der Schweiz, wo er 1863–75 am Konservatorium in Lausanne Klavier lehrte. 1876 kehrte er nach Dresden zurück und lehrte dort seit 1884 als Nachfolger Fr. Wüllners Komposition am Konservatorium. 1892 wurde er Professor an der Universität Berlin. Von der ↗Neudeutschen Schule ausgehend, entwickelte D. in seinen Werken einen ausgeprägten klassizistischen Stil. Breitere Anerkennung blieb ihm jedoch versagt. Sein Hauptwerk, die Oratorien-Tetralogie *Christus,* ist als Gegenstück zu Wagners *Ring des Nibelungen* konzipiert. Mit seiner vor allem gegen R. Strauss gerichteten Streitschrift *Die Konfusion in der Musik* löste er eine heftige Kontroverse über die neueren musikalischen Strömungen aus.

WW (wenn nichts anderes angegeben, in Leipzig erschienen): **1) Instr.-WW:** zahlr. Klavierstücke, u. a. eine Sonate; Kammermusik, u. a. eine Sonate für Vc. u. Klv. (1890); 3 Streichquartette (1879–95); Quintett (1888) für Streichtrio, Klv. u. Horn; für Orch.: 4 Symphonien (1868–1912) (die 4. unveröff.); symphonische Dichtungen u. Präludien; ein Klavierkonzert (1885–86). – **2) Vokal-WW:** Lieder u. Balladen; WW für Chor a cap., u. a. *Große Messe* (1908–09); für Soli, Chor u. Orch.: *Requiem* (1876–80); *Adventslied* (1871–75); *Osterszene* (1863–64, 1886–87) (nach Goethes Faust); *Columbus* (1889), große Kantate; *Große Messe* (1890–91) (Mn o. J.); *Christus* (1895–99), Mysterium mit einem Vorspiel, *Die Geburt des Herrn,* u. 3 Oratorien: *Christi Weihe, Christus der Prophet* u. *Tod und Sieg des Herrn* (B 1912). – **3) Bühnen-WW:** Opern, nach eigenem Libretto: *König Sigurd* (1853–57) (unveröff.); *Herrat* (1877–79); *Gudrun* (1882–84); *Bertran de Born* (1892–94) (unveröff.); *Fischer u. Kalif* (1894–95), Opéra comique (unveröff.); *Merlin* (1903–05). – **4) Schriften:** *Anweisung zum kunstgerechten Modulieren* (1875); *Die Beseitigung des Tritonus* (1880); *Der gebundene Stil,* 2 Bde. (Hannover 1902); *Die Konfusion in der Musik* (St 1906); *Lebenserinnerungen* (1906–11).

Lit.: H. PLATZBECKER, F. D. (L 1909); O. ZUR NEDDEN, Die Opern u. Oratorien F. D.s (Diss. Marburg 1926); E. ROEDER, F. D. als Programmusiker (Diss. Hei 1927); DERS., F. D., 2 Bde. (Dresden 1932 u. B 1937) (mit Werk-Verz.); H. STEPHANI, F. D., in: ZfMw 17 (1935); A. H. KRUECK, The Symphonies of F. D. (Diss. Z 1967, Roscoe/Pa. 1967).

DRECHSLER, Joseph, * 26. 5. 1782 Wällisch-Birken (Böhmen), † 27. 2. 1852 Wien; östr. Komponist. D. war seit 1792 Sängerknabe in Passau, ging anschließend nach Prag, wo er Theologie und später Jura studierte, und kam 1807 nach Wien. Dort lebte er zunächst als Musiklehrer, wurde 1816 Chorregent an St. Anna, seit 1823 an der Universitäts- und Pfarrkirche und gleichzeitig Kapellmeister am Leopoldstädter Theater. Seit 1844 wirkte er als

Kapellmeister am Stephansdom. D. schrieb Opern, Singspiele und Schauspielmusiken, von denen die zu Werken Fr. Raimunds noch heute gespielt werden, ferner Kammer- und Kirchenmusik (vor allem Messen) und Klavierstücke. Er verfaßte auch eine damals viel benutzte *Harmonie- und Generalbaßlehre* (W 1816, ²1830).

Lit.: R. VON PROCHÁZKA, Musikal. Streiflichter (Dresden 1897); C. PREISS, J. D. 1782–1852, ein Tondichter aus „Alt-Wien" (Gr 1910); U. THOMSON, Voraussetzungen u. Artung der östr. Generalbaßlehre zw. Albrechtsberger u. Sechter (Diss. W 1960); E. SEIDEL, Eine Wiener Harmonie- u. Generalbaßlehre der Beethoven- u. Schubertzeit, in: Symbolae historiae musicae. FS H. Federhofer (Mz 1971).

DREHER, ein in Süddeutschland und Österreich vor allem im 18. Jh. verbreiteter Volkstanz im 3/4- oder 3/8-Takt. Der D., dessen Melodien in der Regel aus achttaktigen Perioden bestehen, die wiederholt werden, stand vor allem dem ↗Ländler, aber auch dem ↗Deutschen Tanz nahe. – Allgemein bezeichnet D. Formen des Volkstanzes, bei denen sich die Paare um sich selbst drehen.

DREHLEIER, Bauernleier, Radleier (engl.: hurdy-gurdy; frz.: vielle à roue; it.: lira rustica, lira tedesca; port.: sanfona; span.: zanfona), Streichinstrument mit 3–6 Saiten, die über ein senkrecht stehendes, aus der Decke herausragendes Scheibenrad geführt werden. Das mit Kolophonium bestrichene Rad ist im Innern des Korpus befestigt und mit einer an der Außenseite angebrachten Kurbel verbunden, die der Spieler mit der rechten Hand dreht. Von den Saiten laufen eine oder zwei als Melodiesaiten durch einen Aufsatz auf der Decke, aus dem Tasten (= Tangenten) herausragen. Diese werden vom Spieler mit der linken Hand gegen die Melodiesaite(n) gedrückt und erzeugen die entsprechenden Melodietöne. Die anderen Saiten sind zu beiden Seiten des Tangentenkastens über das Rad gezogen. Alle vorhandenen Saiten werden gleichzeitig vom Rad in Schwingung versetzt, es entsteht also immer eine Melodie mit dazu erklingenden Borduntönen. Der Tonumfang der D. ist unterschiedlich groß. Je nach Herkunft des Instrumentes schwankt die Anzahl der Tangenten zwischen 5–8 und 23. Neben Volksmusikinstrumenten mit diatonischen Skalen geringeren Umfangs gibt es französische Instrumente mit einer chromatischen Skala über zwei Oktaven. Die Bordunsaiten werden in Oktaven und Quinten zum Grundton der Melodiesaite gestimmt. Mitunter ist eine der Bordunsaiten über einen kleinen, lose in einen größeren Steg eingesteckten, asymmetrisch geformten (einem Damenschuh vergleichbar) Steg geführt, dessen „Absatz" beim Spielen die Saitenschwingung auf

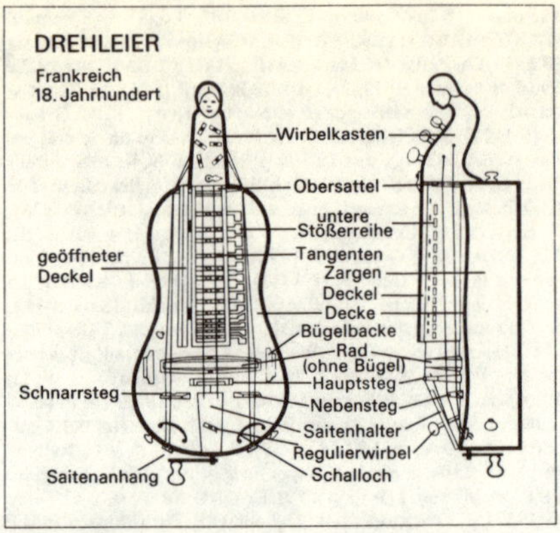

Quelle: Staatliches Inst. für Musikforschung Preußischer Kulturbesitz. Musikinstrumentenmuseum Berlin. Katalog der Streichinstrumente, hrsg. v. J. Otto und O. Adelmann, Berlin 1975

die Decke überträgt. Das erzeugt einen schnarrenden, knatternden Ton, dessen Stärke der Spieler mit Hilfe einer Spannsaite (in Frankreich) oder eines Keils (in Deutschland und Ungarn) regulieren kann. Durch ruckweises Drehen der Kurbel wird der Schnarrton zur Rhythmisierung eingesetzt. Das Prinzip der Schnarrsaite ist vom ↗Trumscheit entlehnt.

Die D. wurde im Spätmittelalter zunächst in zwei verschiedenen Formen gebaut. Das Organistrum war ein großes Fundamentinstrument, das von zwei Spielern bedient werden mußte. Der eine drehte die Kurbel, der andere bewegte die Tangenten. Dieses Instrument und seine Bezeichnung lassen sich nur im 12.–14. Jh. nachweisen. Gleichzeitig war ein kleineres Instrument für nur einen Spieler weiter verbreitet, das unter dem Namen „Symphonia" u. ä. (frz. u. a. auch „chifonie", „cifonie"; engl. u. a. auch „sifonie") bekannt war. Erst seit dem 15./16. Jh. wurden auch andere Bezeichnungen verwendet. Der Resonanzkörper der D. hatte nie eine einheitliche Form; er konnte kasten-, gitarren-, birnen- oder später viola- und lautenförmig sein.

Die D., seit dem 12. Jh. in Europa nachweisbar, gehörte zunächst zu den in allen Bevölkerungsschichten angesehenen Musikinstrumenten, wurde dann aber im ausgehenden Mittelalter bevorzugt von Blinden und Bettlern gespielt und verlor dadurch ihr Ansehen. In dieser Funktion eines Bettlerinstruments überlebte sie bis ins 19. Jh. in vielen Ländern Europas. Daneben gehörte sie zum Volksmusikinstrumentarium in den ländlichen Gebieten fast ganz Europas. Für kurze Zeit im 17. Jh. und länger dann im 18. Jh. erlebte sie in Frankreich eine Blüte, als die aristokratische Gesellschaft mit der Schäfermode auch die Instrumente der Schäfer in die Salons holte. So wurde die D. zusammen mit der ↗Musette ein Modeinstrument, für das zahlreiche Kompositionen geschrieben wurden, u.a. von J. Bodin de Boismortier, M. Corrette, E.-Ph. und N. Chédeville, J. Chr. Naudot, A. Vivaldi. Diese Mode führte zur Entwicklung eines neuen D.-Typs durch Ch. Bâton, der aus vorhandenen Lauten „vielles en luth" baute, aber auch zur Entwicklung eines neuen Instruments, der ↗Orgelleier. Mit der Französischen Revolution fand die Mode der französischen Gesellschaft ihr Ende. Übrig blieben zahlreiche wertvolle Instrumente und vor allem die neue Form des Lautenkorpus, das, von den Volksmusikern Frankreichs übernommen, bis heute wegen seiner hervorragenden Klangeigenschaften mit Vorliebe gebaut wird. Außer in ländlichen Rückzugsgebieten verschwand die D. gegen Ende des 19. Jh. in fast allen Ländern, in denen sie je verbreitet war. Sie hielt sich bis in die jüngste Zeit nur in Ungarn, in Nordspanien und vor allem in Mittelfrankreich, wo sie eine ununterbrochene Tradition in der Volksmusik hat, außerdem aber auch in Weißrußland und in der Ukraine.

Lit.: A. TERRASSON, Dissertation historique sur la vielle (P 1741, Faks.-Nachdr. A 1966); H. LAPAIRE, Vielles et corne muses (Moulins 1901); E. DE BRICQUEVILLE, Notice sur la vielle (P ²1911); M. BRÖCKER, Die D. Ihr Bau u. ihre Gesch., 2 Bde. (Düsseldorf 1973, Bonn-Bad Godesberg ²1977 [erweitert]); R. D. LEPPERT, Arcadia at Versailles [D. am frz. Hof ca. 1660–1789] (A–Lisse 1978); A. KOPEĆ, Zur Gesch. der D. in Polen, in: Studia instrumentorum musicae popularis 6, hrsg. v. E. Stockmann (Sto 1979). M. BRÖCKER

DREHORGEL, Leierkasten (engl.: barrel organ; frz.: orgue à cylindre, orgue de Barbarie; it.: organino [a cilindro], organo portatile), auf einem Gestell fahrbares oder tragbares mechanisches Musikinstrument, das als Vergrößerung der ↗Serinette anzusehen ist. Die D. kann mit (gedackten) Pfeifen oder Zungen ausgestattet sein, die durch das Drehen einer Kurbel mit Wind versorgt werden, aber nur erklingen, wenn eine sich drehende, ebenfalls von der Kurbel bewegte Stiftwalze oder eine gelochte Scheibe die entsprechenden Pfeifenventile öffnet. Sie ist seit Anfang des 18. Jh. nachweisbar. Im frühen 19. Jh. baute der Italiener Gavioli (in Paris) erstmals auch Instrumente mit perforierten, gefalteten Pappkartonstreifen. Aus der D. entwickelten sich später die größeren Instrumente, die auf Jahrmärkten vorgeführt werden. Die D. war ein Instrument der Straßenmusiker und Bänkelsänger; in England wurde sie bis zur Mitte des 19. Jh. in ärmeren Kirchen auch anstelle einer Orgel benutzt. Die frz. Bezeichnung „Orgue de Barbarie" soll auf den Italiener G. Barberi (in Modena) zurückgehen; sie wurde erstmals 1702 verwendet.

Lit.: H. ZERASCHI, D., Serinette u. Barrel Organ (Diss. masch. L 1961); L. G. LANGWILL – C. N. BOSTON, Church and Chamber Barrel-Organs (E 1967, ²1970); H. ZERASCHI, Das Buch von der D. Gesch. u. Herkunft (Z 1971); DERS., Die D. in der Kirche (Z 1973); DERS., D.n (L 1976). M. BRÖCKER

DREIGROSCHENOPER, DIE, Oper in 8 Szenen mit Prolog von Kurt Weill (1900–50), Text von Bertolt Brecht nach Elisabeth Hartmanns Übersetzung der *Bettleroper* (1728) von John Gay. Ort und Zeit der Handlung: London, Anfang des 18. Jahrhunderts. UA: 31. 8. 1928 in Berlin (Theater am Schiffbauerdamm).

Das „Stück mit Musik", wie das Werk im Untertitel richtiger bezeichnet wird, ist einer der größten Theatererfolge im 20. Jahrhundert. Bereits die UA unter der Leitung von Theo Mackeben wurde glänzend aufgenommen, was nicht zuletzt auf die Besetzung mit Lotte Lenya, Kate Kühl, Rosa Valetti, Harald Paulsen, Erich Ponto und Kurt Gerron zurückgeführt werden muß. Weills Musik, für die Entwicklung der Oper weniger bedeutsam, ist ein gelungener Versuch, das Publikum direkt anzusprechen und für die engagierten Texte empfänglich zu machen. Die Songs, durch gesprochene Dialoge verbunden, vereinigen Stilelemente des Jazz und der Tanzmusik unter dem Topos des Bänkelsängerliedes, wobei der Komponist sogar die „falschen" Töne jener volkstümlichen Künstler in seine Partitur einarbeitete. Die Melodien sind auf die Stimmen gesanglich ungeschulter Schauspieler zugeschnitten, was auch kleinen Bühnen die Möglichkeit eröffnete, die D. aufzuführen und so zu ihrem Erfolg beizutragen. Berühmteste Nummern sind der Kanonensong *Soldaten wohnen auf den Kanonen* und Mackie Messers Moritat *Und der Haifisch, der hat Zähne.* R. QUANDT

DREIKLANG (frz.: triple accord, accord parfait; engl.: triad; it.: accordo perfetto), als einfachste Form des ↗Akkords der Zusammenklang von Grundton, Terz und reiner Quint bzw. von zwei Terzen. Grundformen in dur-moll-tonaler Musik sind der Durdreiklang, zusammengesetzt aus großer und kleiner Terz (c – e – g), und der Molldreiklang, gebildet aus kleiner und großer Terz (c – es – g). Während sich der Durdreiklang als 4., 5. und 6. Partialton aus der ↗Obertonreihe ableiten läßt, ist die Begründung des Molldreiklangs umstritten; der ↗Dualismus begreift ihn, mit der theoretischen Konstruktion einer zur Obertonreihe spiegelbildlichen Untertonreihe (H. Riemann), als Spiegelung des Durdreiklangs. Die Dreiklangstöne können ihre Stellung vertauschen, ohne ihre Eigenschaft als Grundton, Terz oder Quinte zu verlieren: neben die Grundstellung c – e – g, bei der Grundton und Baßton identisch sind, treten die erste Umkehrung e – g – c (Sextakkord: die Terz ist Baßton) und zweite Umkehrung g – c – e (Quartsextakkord: die Quinte ist Baßton). Die Dreiklänge auf der 1., 4. und 5. Stufe einer Dur- oder Mollskala sind als ↗Tonika, ↗Subdominante und ↗Dominante Hauptdreiklänge, denen sich die Dreiklänge der 2., 3. und 6. Stufe als Nebendreiklänge zuordnen; der leitereigene D. der 7. Stufe (in C-Dur: h – d – f) bildet einen *verminderten D.*, aufgebaut aus zwei kleinen Terzen im Rahmen einer verminderten Quint, der als verkürzter ↗Dominantseptakkord gedeutet wird. *Übermäßige Dreiklänge* bestehen demgegenüber aus zwei großen Terzen im Rahmen einer übermäßigen Quint (c – e – gis). Als quintverwandt gelten Dreiklänge, deren Grundtöne im Verhältnis einer Quint zueinander stehen (c – e – g/g – h – d), als terzverwandt, wenn die Grundtöne zueinander eine Terz bilden; entsprechend der gegebenen Terz wird dabei zwischen Kleinterz- (c – e – g/a – c – e) und Großterzverwandtschaft (c – e – g/as – c – es) unterschieden. – Bis ins 16. Jh. hinein galt die Terz als unvollkommene Konsonanz und wurde deshalb in Schlußklängen gemieden; seit dem 16. Jh. setzten sich Schlüsse mit vollständigen Dreiklängen durch. Die Erkenntnis G. Zarlinos (1558), daß die tonale Musik auf dem Dur- und Molldreiklang als übergeordneten Einheiten beruhe, bedeutete den Durchbruch eines vollkommen neuen musikalischen Denkens: die Quinte hat keine Distanz mehr zum Grundton – wie etwa in der Gregorianik –, sondern verschmilzt mit ihm und der Terz zum D. als unmittelbar gegebener Einheit. Für die dur-moll-tonale Musik des 17.–19. Jh. haben Dreiklänge konstitutiven Rang: sie stiften tonalen Zusammenhang und beeinflussen gleichfalls die thematische Erfindung – die aufsteigenden Dreiklangsbrechungen der Mannheimer Schule („Mannheimer Raketen"), die noch beim

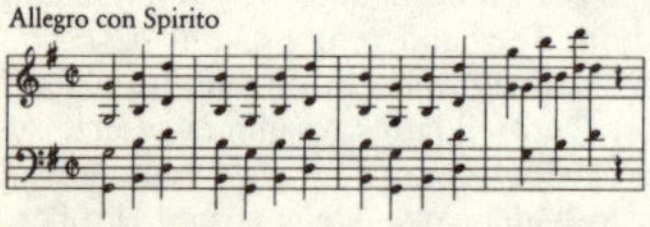

K. Stamitz, *Quartetto concertante*.

jungen Beethoven nachwirken (Klaviersonate op. 2 Nr. 1), zeigen das ebenso wie unzählige Beispiele aus der Wiener Klassik (z. B. Mozart, Klaviersonate D-Dur, KV 576) und dem 19. Jh. (z. B. Schumann, 3. Symphonie) oder aus dem Bereich des Volkslieds. Wie sehr Dreiklänge für Tonalität einstehen, belegt auch die Anweisung der ↗Zwölftonmusik, in der Reihe Dreiklangsbildungen zu vermeiden.

Lit.: G. ZARLINO, Istitutioni harmoniche (V 1558); J. PH. RAMEAU, Génération harmonique ou Traité de musique théorique et pratique (P 1737); H. RIEMANN, Das Problem des harmonischen Dualismus (L 1905); C. STUMPF, Konsonanz u. Konkordanz, in: Beitr. zur Akustik u. Musikwiss. 6 (L 1911); A. VON OETTINGEN, Das duale Harmoniesystem (L 1913); J. HANDSCHIN, Der Toncharakter (Z 1948); C. DAHLHAUS, War Zarlino Dualist?, in: Mf 10 (1957); J. A. MORTON, Numerical Orders in Triadic Harmonny, in: JMTh 4 (1960); J. CHAILLEY, Expliquer l'harmonie? (Lau 1967); S. GUT, La tierce harmonique dans la musique occidentale (P 1970); S. E. GILBERT, The Trichord. An Analytic Outlook for Twentieth-Century Music (1970) (= Diss. Yale Univ.); S. GUT, La notion de consonance chez les théoriciens du Moyen Age, in: Studia Musicologica 16 (1974).

C. KÜHN

DREIMÄDERLHAUS, DAS, Singspiel in 3 Akten, Musik nach Franz Schubert (1797–1828) für die Bühne bearbeitet von Heinrich Berté (1858–1924), Text von Arthur Maria Willner und Heinz Reichert unter Benutzung des Romans *Schwammerl* von Rudolf Hanns Bartsch. Ort und Zeit der Handlung: Wien 1826. UA: 15. 1. 1916 in Wien (Raimundtheater). Verfilmungen: 1931, 1936 und 1958.

Im Mittelpunkt der Handlung steht die unglückliche Liebe Schuberts zu Hannerl Tschöll im biedermeierlichen Wien. Bertés eigene Musik wurde auf nachdrücklichen Wunsch des Theaterdirektors Karczag durch Schubertmelodien ersetzt. Die Ballettmusik aus *Rosamunde,* Teile der Symphonie h-moll, der *Unvollendeten,* Motive aus den *Deutschen Tänzen* und vieles andere fand Verwendung. Von Kritikern wurde das Werk heftig angegriffen. R. Strauss soll sogar die Zuchthausstrafe „für ein solches Verbrechen" gefordert haben. Dabei übersah man meist, daß schon 1864 Fr. von Suppé ein komisches Liederspiel *Franz Schubert* mit Originalmelodien geschrieben hatte. Beim Publikum wurde das Singspiel von „Schuberté", wie Spötter sagten, zu einem Welterfolg. Allein in den ersten 5 Jahren nach der UA gab es 5778 Aufführungen.

S. KUROCK – R.-M. SIMON

DREI MASKEN VERLAG (Dreiklang-Dreimasken), 1910 in München gegr. Bühnen- u. Musikverlag, der Opern, Operetten, Tanz- und Schlagermusik verlegte. 1920 wurde der Verlagssitz nach Berlin verlegt und hier unter der gleichen Firma ein musikliterarischer Buchverlag gegründet, der zeitweise (bis 1931) seinen Sitz in München hatte. 1934 entstand der Dreiklang-Verlag, der nach Zerstörung im 2. Weltkrieg seit 1948 in Wiesbaden wiederaufgebaut wurde. Seit 1957 ist der Verlagssitz wieder München. Der **Drei Masken Verlag** vertritt nur noch Aufführungsrechte an Bühnenwerken für die

Sprechbühne. Die Firma **Dreiklang-Dreimasken** (seit 1970) ist Nachfolgerin des Musikverlags für Opern, Operetten, Schlager, Chansons und Filmmusik.

DREI PINTOS, DIE, komische Oper in 3 Akten von Carl Maria von Weber (1786–1826), bearbeitet von Gustav Mahler (1860–1911), Text von Carl von Weber unter Zugrundelegung des gleichnamigen, jetzt verschollenen Textbuches von Theodor Hell (d.i. Hofrat Carl Winkler) nach der 1819 in der *Dresdner Abendzeitung* erschienenen Novelle *Der Brautkampf* von C. Seidel. Ort der Handlung: Dorfschänke zu Panaranda und Haus Don Pantaleones in Madrid. UA: 20. 1. 1888 in Leipzig (Stadttheater) unter Mahler.
Webers erste Beschäftigung mit dem Stoff datiert aus dem Jahr 1820, doch blieb die Arbeit unvollendet. Erhalten sind lediglich Skizzen zu sieben der geplanten 17 Nummern. Die Singstimmen sind ausgeschrieben, Baß und Instrumentation nur angedeutet; vollständig instrumentiert sind nur die 18 Takte der Orchestereinleitung zum eröffnenden Chorensemble. Webers Witwe Caroline beauftragte auf des Komponisten Wunsch hin zunächst Giacomo Meyerbeer mit der Vollendung der Partitur, doch gab dieser das Notenmaterial 1852 unbearbeitet an die Familie Weber zurück. Auch Vincenz Lachner, der Kapellmeister des Kärntnerthor-Theaters in Wien, erteilte eine Absage.
Die Bekanntschaft mit Webers Enkel Carl und seiner Frau Marion gab für Mahler den Anstoß, sich während seines Engagements als 2. Kapellmeister an der Leipziger Oper mit der unvollendeten Partitur zu beschäftigen. Die Vollendung verlangte ebensoviel Einfühlung in Webers musikalische Sprache wie souveräne künstlerische Eigenständigkeit. Mahler komponierte 13 zu den von Weber skizzierten sieben Nummern hinzu, indem er Kompositionen aus Webers ungedrucktem Nachlaß als Vorlage wählte – eine Arbeitstechnik, die schon Meyerbeer vorgeschlagen hatte. Lediglich das zweiteilige Finale des 3. Aktes, zusammengestellt aus Themen der beiden ersten Akte, und die Zwischenaktmusik nach dem 1. Akt *(Pintos Traum)* sind Mahlers kompositorische Eigenleistung, in der seine brillante Instrumentationstechnik aufblitzt. Das Werk ist im Singspiel-Stil mit gesprochenen Dialogen geschrieben; die unkomplizierte, heitere Musik eröffnet einen schier unerschöpflichen Melodienreichtum. Glanzvollste Nummer ist das parodistische Terzett Gaston / Don Pinto / Ambrosio aus dem 1. Akt. Die UA brachte dem Werk und seinem Bearbeiter einen überschwenglichen Erfolg.

J. SCHLÄDER

DREISPITZ, DER *(El sombrero de tres picos),* Ballett in einem Akt von Manuel de Falla (1876–1946), Libretto: Gregorio Martínez Sierra (1881–1947). UA: 22. 7. 1919 in London (Alhambra Theatre), Choreographie: Léonide Massine (* 1896), Dekoration, Bühnenbild u. Kostüme: Pablo Picasso (1881–1973); dt. EA: 15. 1. 1963 in Köln.
De Falla wählte als literarische Vorlage die 1874 von Pedro Antonio de Alarcón y Ariza veröffentlichte Novelle *El Sombrero de tres picos,* auf der auch das Libretto zu H. Wolfs Oper *Der Corregidor* basiert. Eine zunächst als pantomimische Farce (farsa mimica) konzipierte Version wurde unter dem Titel *El Corregidor y la molinera* 1917 in Madrid im Teatro Eslava uraufgeführt. S. Diaghilew regte danach den Komponisten an, das Werk für die Ballets Russes umzugestalten. De Falla revidierte die Partitur; er bereicherte das Handlungsballett um neukomponierte Tänze und eine Gesangseinlage für Mezzosopran. Als Vorbild für die melodisch-rhythmische Gestaltung und die Klangfarbenkonzeption der Musik diente ihm andalusische Zigeunermusik; er adaptierte auch Stilmerkmale des „Cante Flamenco" und Modelle durchkomponierter spanischer Zigeunertänze (die andalusische Farucca, den Fandango und die Jota). Für die UA der revidierten Fassung, anläßlich eines Gastspiels der Ballets Russes in London, wurden prominente Künstler verpflichtet. Léonide Massine, der als Schöpfer des „Symphonischen Balletts" gilt, choreographierte die Ballettkomödie; er berücksichtigte in seinem Konzept die Anregungen des jungen spanischen Flamenco-Tänzers Felix Fernandes García und strebte eine Synthese von klassizistisch-tänzerischen Elementen und Stileigenheiten des spanischen Folkloretanzes an. Pablo Picasso trug durch die Gestaltung des Bühnenbildes, der Dekoration und der Kostüme zum Erfolg des Werkes bei. Diese Inszenierung – eine der berühmtesten Produktionen für die Ballets Russes – gilt als gelungene Integration der musikalisch-künstlerischen Gestaltungskomponenten.

G. LUDIN

DRESDEN, Sem (Samuel), * 20. 4. 1881 Amsterdam, † 30. 7. 1957 Den Haag; ndl. Komponist. D. war Schüler von B. Zweers in Amsterdam und von H. Pfitzner in Berlin. 1917 wurde er Professor für Harmonielehre und Kontrapunkt am Konservatorium in Amsterdam, das er 1924–37 auch leitete, anschließend Direktor des Königlichen Konservatoriums in Den Haag. 1914 gründete er die Madrigaalvereeniging zur Aufführung älterer und zeitgenössischer a cappella-Musik, aus der später die Haarlemsche Motet- en Madrigalvereeniging hervorging. D. war Präsident der niederländischen Sektion der SIMC und der Jeunesses Musicales. Neben W. Fr. J. Pijper der führende niederländische Komponist des 20. Jh., wurde D. zunächst stark vom französischen Impressionismus, später vor allem durch A. Roussel beeinflußt.

WW: **1) Kompositionen:** Kammermusik, Orch.-WW u. Org.-WW; *Chorus tragicus* (1932) (nach Vondels *Hierusalem verwoest*), für gem. Chor, Blechbläser u. Schlaginstr.; *Chorus symphonicus* (1933–44) (über 4 Psalm-Texte) für Soli, Chor u. Orch. (A o. J.); Oratorien: *Saint Antoine* (1953), *Saint Joris* (1954), *Rembrandts Saul en David* (1956) (A o. J.); die Oper *François Villon* (1957). – **2) Schriften:** *Het Muziekleven in Nederland sinds 1880* (A 1923); *Stromingen en Tegenstromingen in de Muziek* (Haarlem 1953); *Algemeene muziekleer* (1931, [9]1956), hrsg. v. J. Daniskas (Groningen [11]1963).

Lit.: W. PAAP, in: Mens en melodie 12 (1957); DERS., De opera „Fr. Villon" v. S. D., in: ebd. 13 (1958); J. WOUTERS in: Sonorum speculum (1965) Nr. 25.

DRESDNER KREUZCHOR, Capella sanctae crucis, Kruzianer. 1300 ist die Kreuzschule in Dresden erstmals urkundlich bezeugt. Ihre Gründung steht in enger Verbindung mit der der Kapelle zum heiligen Kreuz (die ursprünglich dem hl. Nikolaus geweiht war und 1234 in den Besitz einer Kreuzesreliquie kam). Die Schule diente vornehmlich der Ausbildung von Chorknaben und Lektorenknaben. Erst in der Reformation wurde sie zur lateinischen Stadtschule erweitert. Aus dem Jahre 1388 stammen die ältesten Hinweise auf das Alumnat. Über 300 Jahre lang kristallierte sich in dem Chor der Kreuzschule die städtische und kirchliche Musikpflege in Dresden bis zur Gründung der Hofkapelle 1548. Mit Sebaldus Baumann (1540–53) beginnt die Reihe der evangelischen Kreuzkantoren. Einen besonderen Aufschwung nahm der Chor unter Christoph Neander (1615–25), der mit 30 Chorknaben u. a. 12–16st. Messen aufführte. Unter Michael Lohr (1625–54) setzte sich die schon unter Neander begonnene stilistische Wende von reinen a cappella- zum instrumentalbegleiteten Gesang fort. Der Chor wurde seither auch durch Kräfte der Bürgerschaft, sog. „Adjuvanten", unterstützt. Seit Johann Zacharias Grundig (1713–20) nahm er, ausgelöst durch die Neugründung der italienischen Oper, die doppelte Aufgabe als Kirchen- und Opernchor bis 1817 wahr. Seine bis dahin höchste Blütezeit erlebte der Kreuzchor unter G. A. Homilius (1755–85), verlor aber nach einem erneuten Brand der Kreuzkirche (1760) für die nächsten 32 Jahre seine Heimstatt. Unter Chr. E. Weinlig (1785–1813) begann eine Konfliktszeit zwischen Chor und Schule, als diese in ein neuhumanistisches Gymnasium umgewandelt wurde und sich damit die Pflichten einer Mitwirkung auch bei der Oper nicht mehr vertrugen. Ernst Julius Otto (1828–75) bemühte sich um die Festigung des Alumnats und begründete u. a. die enge Zusammenarbeit mit dem Gewerbehausorchester (↗Dresdner Philharmonie). Friedrich Oskar Wermann (1876–1906) pflegte verstärkt den a cappella-Gesang von den Niederländern bis zu den Zeitgenossen und begann die seither zum besonderen Anliegen des Chores gewordene Bach-Pflege. 1920 unternahm der Chor unter Otto Richter (1906–30) seine erste Auslandstournee. 1930 wurde R. Mauersberger Kreuzkantor. Er führte den Chor in über 40jähriger Tätigkeit (bis zu seinem Tod 1971) zu weltweitem Ansehen, und widmete sich mit ihm gleichermaßen den liturgischen Aufgaben als auch der darüber hinaus gehenden Musikpflege. 1955 erfolgte die Weihe der nach der Kriegszerstörung wiederaufgebauten Kreuzkirche. Seit 1971 leitet Martin Flämig den heute 150 Knaben umfassenden Chor.

Lit.: K. HELD, Das Kreuzkantorat zu Dresden (L 1894, Neudr. Walluf bei Wiesbaden 1972); O. SOCHER, 700 Jahre D. K. (Dresden 1937); E. H. HOFMANN, Capella sanctae crucis (B 1956); H. BÖHM, Die ev. Kreuzchöre, in: Kirchenmusik heute. FS R. Mauersberger (B 1959); E. H. HOFMANN, Der D. K. (L 1962).

DRESDNER PHILHARMONIE, dt. Symphonieorchester. Vorgänger war die aus den Stadtpfeifern hervorgegangene Dresdner Stadtkapelle, die seit 1870 regelmäßig Konzerte im neuerrichteten Gewerbehaus durchführte. Als sie 1872 aufgelöst wurde, schloß der Gewerbeverein einen Vertrag mit dem Kapellmeister Hermann Gustav Mannsfeldt. 1885 richtete der Berliner Konzertunternehmer H. Wolff „Philharmonische Konzerte" ein, die er dem verstärkten „Gewerbehausorchester" unter Jean Louis Nicodé übertrug und die bald über Dresden hinaus Ansehen gewannen. Seit 1886 war Ernst Stahl Dirigent. 1890 wurden die Gewerbehauskonzerte an den Dirigenten August Trenkler als Privatunternehmer verpachtet. Ihm folgte 1903 der bisherige Konzertmeister Henrik Willy Olsen, unter dem das Orchester auch in den USA gastierte. Auch Edwin Lindner führte das Orchester, das nun Dresdner Philharmonisches Orchester hieß, in privater Trägerschaft weiter. Chefdirigent wurde 1923 Joseph Gustav Mraczek, unter dem das Orchester seinen heutigen Namen erhielt. Die Trägerschaft ging nun auf eine Genossenschaft Dresdner Philharmonie EV über. Schon 1924 wurde Eduard Mörike neuer Chefdirigent. Seit 1926 wurden für eine eigene Konzertreihe auch namhafte Gastdirigenten verpflichtet. Vor allem die von E. Kleiber geleiteten Konzerte begründeten den Ruhm der Philharmoniker. 1929–32 leitete Paul Scheinpflug, 1932–34 Werner Ladwig das Orchester. 1929–33 dirigierte auch der Chefdirigent der Dresdner Staatskapelle,

Fr. Busch, zahlreiche Konzerte, 1930–44 C. Schuricht. Seit 1934 leitete P. van Kempen die D. Ph., die jetzt von einer Stiftung getragen wurde. Er richtete 1935 die Sommerkonzerte ein, mit denen er die Tradition des Dresdner Musiksommers begründete, ferner die zeitgenössischen Musiktage und die Zwinger-Serenaden. Seit 1942 wirkte er nach einem Zerwürfnis mit den Nationalsozialisten nur noch als Gastdirigent. 1944 wurde Schuricht zum Chefdirigenten ernannt, das Orchester aber wenige Wochen später aus Anlaß der Proklamierung des „totalen Krieges" aufgelöst. Am 7. 10. 1944 wurde das Domizil der D. Ph., das Gewerbehaus, zerstört. Chefdirigent wurde nach Kriegsende 1945 Gerhart Wiesenhütter. Als Gastdirigenten wirkten vor allem H. Abendroth und R. Kempe. 1947 wurde H. Bongartz neuer künstlerischer Leiter und führte die D. Ph., seit 1950 staatliches Orchester, wieder zu großem Ansehen. Sein Nachfolger als Chefdirigent wurde 1964 Horst Förster, 1967 K. Masur. Im gleichen Jahr wurde der Philharmonische Chor gegründet. Seit 1969 konzertiert die D. Ph. im neuerbauten Kulturpalast. Seit 1977 ist Herbert Kegel Chefdirigent.

Lit.: D. HÄRTWIG, Die D. Ph. Eine Chronik des Orchesters 1870–1970 (L 1970).

DRESDNER STAATSKAPELLE, ↗Staatskapelle Dresden.

DRESE, Adam, * Dezember 1620 Thüringen, † 15. 2. 1701 Arnstadt; dt. Komponist. D. war in Warschau Schüler von Marco Scacchi, wurde um 1652 Hofkapellmeister in Weimar, 1662 in Jena und 1683 in Arnstadt. Er war mit H. Schütz bekannt und arbeitete in seiner Weimarer Zeit mit G. Neumark zusammen, der einige seiner Choralmelodien im *Musikalischen Lustwäldlein* (1652–57) veröffentlichte. Von seinen Kompositionen sind nur erhalten eine Sammlung *Etlicher neuen Balletten, Capriccien, Couranten und Sarabanden* für 1–3 Violen u. B.c. (Jena 1645), ein Trauergesang (Erfurt 1648) und einzelne hsl. Vokal- und Instrumentalwerke.

Lit.: H. KOCH, A. D., ein thüringischer Komp., in: Thüringisch Fähnlein 4/10 (Jena 1935); K. MÜLLER, Der junge Bach (Arnstadt 1950); A. DÜRR, Stud. über die frühen Kantaten J. S. Bachs (L 1951).

DRESSEL, Heinz, * 23. 6. 1902 Mainz; dt. Dirigent. Er studierte 1926–31 an der Kölner Musikhochschule u. a. Dirigieren bei H. Abendroth und war 1926–30 zugleich Kapellmeister am Theater und Städtischer Musikdirektor in Plauen (Vogtland). 1931–41 war er GMD in Lübeck, wo durch seine Initiative das Konservatorium (heute Landesmusikschule Schleswig-Holstein) gegründet wurde, das er auch leitete, anschließend bis 1951 GMD in Münster (Westf.), dann bis 1956 GMD in Freiburg i. Br. Hier lehrte er seit 1954 auch als Professor an der Musikhochschule. 1956–68 war er Direktor der Folkwangschule bzw. Folkwanghochschule in Essen und gründete dort u. a. die jährlichen Sommerakademien und ein Studio für Neue Musik. 1964–68 war er auch Präsident des Deutschen Musikrates.

DRESSLER, Ernst Christoph, * 13. 8. 1734 Greußen (Thüringen), † 6. 4. 1779 Kassel; dt. Komponist, Sänger und Musikschriftsteller. Er studierte 1751–53 Theologie in Halle und Jena, anschließend Jura und Poetik (bei Chr. F. Gellert) in Leipzig. Später nahm er Gesangsunterricht in Bayreuth, wo er Sekretär des Markgrafen wurde. Seit 1763 war er Kammermusikus in Gotha, seit 1767 Kapelldirektor in Wetzlar. 1771–74 lebte er als Opernsänger in Wien und anschließend in Kassel. D. gab mehrere Liedsammlungen heraus, wurde aber vor allem durch seine Schriften zur Musik, insbesondere über das Theater bekannt, durch die er u. a. auch die Entwicklung einer nationalen deutschen Oper propagierte.

WW: **1) Kompositionen:** *Melodische Lieder für das schöne Geschlecht* (F 1771); 2 Bücher *Freundschaft u. Liebe in melodischen Liedern* (Nü 1774, Kas ²1777); weitere einzeln gedruckte Lieder. – **2) Schriften:** *Fragmente einiger Gedanken des musikal. Zuschauers, die bessere Aufnahme der Musik in Deutschland betreffend* (Gotha 1767); *Angemerkte bescheidene Kleinigkeiten, die wahre Art das Theater zu bessern, betreffend* (Wetzlar 1770); *Gedanken, die Vorstellung der Alceste* [v. Wieland u. Schweizer], *ein deutsches ernsthaftes Singe-Schauspiel betreffend* (F–L 1774); *Theater-Schule für die Deutschen, das ernsthafte Schauspiel betreffend* (Hannover – Kas 1777).

DRESSLER, Gallus, * 16. 10. 1533 Nebra an der Unstrut, † zwischen 1580 und 1589 Zerbst (Anhalt); dt. Komponist und Musikpädagoge. D. hat vermutlich einige Zeit in der Regio Belgica gelebt, ging 1557 an die Universität Jena und wurde 1558 Nachfolger M. Agricolas als Kantor der Magdeburger Lateinschule. 1570 wurde er Magister der Universität Wittenberg und 1575 Diakon an St. Nikolai in Zerbst. Seine hauptsächlich geistlichen Kompositionen stehen stilistisch den Werken von O. di Lasso und J. Clemens non Papa nahe. Als Theoretiker ist D. einer der frühesten Vertreter der Lehre von der ↗Musica poetica als einer wesentlichen Grundlage des musikalischen Unterrichts in den deutschen Lateinschulen des 16.–17. Jh.

WW: **1) Kompositionen:** 4 Sammlungen *Cantiones (sacrae)* für 4 u. mehr St. (Wittenberg 1565, Magdeburg 1567, 1569 u. 1570), die letzte Sammlung mit mehreren Aufl.; *Magnificat octo tonorum* für 4 St. (Magdeburg 1671); *Aliquot Psalmi latini et germanici* für

4–6 St. (hsl. in Heilbronn, Stadtbibliothek); *Zehen deudsche Psalmen* für 4 u. mehr St. (Jena 1562); *XVI. Gesang* für 4 u. mehr St. (Magdeburg 1570); *Außerlesene teutsche Lieder* für 4–5 St. (Nü 1575 u.ö.); ein Gelegenheitsgesang (Wittenberg 1566); einzelne Gesänge sind hsl. erhalten; 1 Motette für Laute in den Tabulaturen von M. Waissel (1573) und E. N. Amerbach (1575); 3 Motetten für Orgel in der Tabulatur von J. Rühling (1583). – **2) Schriften:** *Practica modorum explicatio* (Jena 1561); *Musicae practicae elementa* (Magdeburg 1571, 1575, 1584, 1601); *Praecepta musicae poeticae* (verfaßt 1563, nur hsl.).

Ausg.: *Praecepta,* hrsg. v. B. ENGELKE, in: Geschichtsblätter für Stadt u. Land Magdeburg 49 (1914) bis 50 (1915); 11 Motetten, hrsg. v. L. SCHOEBERLEIN, in: Schatz des liturg. Chor- u. Gemeindegesangs III (Gö 1872); 17 Motetten für 4 u. 5 St. 1565, hrsg. v. A. HALM – R. EITNER, in: PGfM 24 (1900); 5 Motetten, hrsg. v. M. RUETZ (1934) (= Chw 28).

Lit.: W. M. LUTHER, Zur Biogr. G. D.s, in: ZfMw 17 (1935); DERS., G. D. Ein Beitr. zur Gesch. des prot. Schulkantorats im 16. Jh. (Kas 1941) (= Göttinger musikwiss. Arbeiten 1).

DRETZEL (Drechsel, Trezel, Trexel), dt. Musikerfamilie. – **1) Valentin,** * 13.5.1578 Nürnberg, † 23.3.1658 ebd.; Organist. Er war seit 1616 Organist der Spitalskirche, seit 1618 an St. Lorenz und seit 1634 an St. Sebald in Nürnberg. D. schrieb neben einigen Instrumentalstücken vorwiegend Vokalwerke, darunter zahlreiche Gelegenheitsgesänge. Im Druck erschienen in Nürnberg 4–5st. *Vier Teutsche Geistliche Gesänglein* (1618), ein 8st. *Magnificat... Teutsch* (1620, zusammen mit J. Staden), 3–8st. Motetten, *Sertulum Musicale* (1620) und mehrere Gelegenheits- (meist Neujahrs-)Gesänge mit B.c. – **2) Georg,** Neffe von 1), * zwischen 1608 und 1612, † nach 1676 Schwäbisch Hall; Organist. Er war 1640–51 Organist der Michaeliskirche in Schwäbisch Hall. Von ihm sind nur einige Gelegenheitsgesänge bekannt. – **3) Cornelius Heinrich,** Enkel von 2), getauft 18.9.1697 Nürnberg, † 7.5.1775 ebd.; vielleicht Schüler von J. Pachelbel und J. S. Bach. In Nürnberg wurde er 1711 Organist an U. L. Frauen, 1719 an der Ägidienkirche, 1743 an St. Lorenz und 1764 an St. Sebald. D. war ein sehr angesehener Organist und Komponist. Von seinen Werken ist ein Choralbuch, *Des Evangelischen Zions Musicalische Harmonie,* 1st. mit B.c. (Nü 1731), und eine *Harmonische Ergötzung, bestehend in einem Concert auf das Clavier gesetzt* (Nü o. J.) überliefert.

DREVES, Guido Maria, SJ, * 27.10.1854 Hamburg, † 1.6.1909 Mitwitz (Oberfranken); dt. Hymnologe. D. trat 1869 in den Jesuitenorden ein und studierte Theologie in Münster (Westf.), Blijenbeck (Niederlande) und Ditton (England). Seit 1884 durchforschte er in dann 20jähriger Tätigkeit Bibliotheken in ganz Europa, ursprünglich, um im Auftrag des Ordens eine Geschichte der lateinischen Hymnodie zu schreiben. Er legte damit den Grundstock für die von ihm gegründeten und geleiteten *Analecta hymnica medii aevi,* eine umfassende Sammlung von quellenmäßig belegten lateinischen geistlichen Dichtungen (Hymnen, Sequenzen, Tropen, Reimoffizien und -gebeten), die seit 1886 erschien und die er bis Bd. 24 allein, später mit Cl. ↗Blume und H. M. ↗Bannister betreute.

Schriften: *Angelus Silesius,* in: KmJb 1 (1886); *Beitr. zur Gesch. des älteren mehrstimmigen Tonsatzes,* in: Gregoriusblatt 13 (1888), 15 (1890); *Zur Gesch. des Tantum ergo,* in: ebd. 15; *Aurelius Ambrosius* (Fr 1893); *Psalteria rhythmica* (1901); *Die Kirche der Lateiner in ihren Liedern* (Kempten 1908); *Ein Jahrtausend lateinischer Hymnendichtung,* hrsg. v. C. Blume, 2 Teile (L 1909).

Lit.: T. HAMACHER, J. Mohr u. G. M. D., zwei Reformatoren des kirchlichen Volksgesanges im 19. Jh., in: Dienste der Kirche 49 (1968).

DREYER, Johann Melchior, * 24.6.1746 Röttingen (Württemberg), † 22.3.1824 Ellwangen (Jagst); dt. Komponist. Er war seit spätestens 1779 Organist, seit 1790 Kapellmeister an der reichsfürstlichen Stiftskirche zu Ellwangen, wo seit dem 17. Jh. ein überaus reiches Musikleben zu verzeichnen ist. Aus dieser Tätigkeit heraus komponierte und veröffentlichte (Au 1790–1803) D. zahlreiche kirchenmusikalische Werke für Soli, Chor u. Orchester. Darunter finden sich auch viele Beispiele für den damals im katholischen Süddeutschland beliebten Typus der kurzen und leicht ausführbaren „Rural- oder Landmesse“ (↗Messe).

Lit.: G. REICHERT, D., in: MGG III.

DREYSCHOCK. – **1) Alexander,** * 15.10.1818 Zak bei Czaslau (Böhmen), † 1.4.1869 Venedig; böhmischer Pianist und Komponist. D. trat mit 8 Jahren erstmals öffentlich auf, kam 1833 nach Prag und wurde Klavier- und Kompositionsschüler von W. J. Tomášek. Nach glänzenden Erfolgen als Pianist in ganz Europa wurde er 1862 Professor am Konservatorium in St. Petersburg, leitete gleichzeitig die Musikschule des dortigen Theaters und wurde zum russischen Hofpianisten ernannt. Von seinen Klavierwerken sind einige nur für die linke Hand geschrieben. – **2) Felix I,** Bruder von 1), * 30.8.1824 Zak, † 6.2.1869 Stötteritz bei Leipzig; Violinist. Er begleitete seinen Bruder auf Konzertreisen, wurde 1850 2. Konzertmeister im Gewandhaus- und im Theaterorchester in Leipzig und war Violinlehrer am Konservatorium. Seine Frau, **Elisabeth Nose** (1832–1911), eine bedeutende Altistin, gründete in Leipzig ein Gesangsinstitut, das sie 1870 nach Berlin verlegte. – **3) Felix II,** Neffe von 2), * 27.12.1860 Leipzig, † 1.8.1906 Berlin. Er war Konzertpianist und Professor am Stern'schen Konservatorium in Berlin.

DRIESCH, Kurt Wilhelm Cäsar, * 15.5.1904 Heidelberg; dt. Komponist und Musikschriftsteller. D. studierte 1919–22 am Kölner Konservatorium Theorie bei F.W. Franke, 1922–27 am Leipziger Konservatorium Tonsatz bei St. Krehl und Klavier bei R. Teichmüller, 1927–30 an der Musikhochschule Köln Komposition bei W. Braunfels und Ph. Jarnach. Er wirkte bis 1933 als Korrepetitor und Kapellmeister an der Leipziger Oper und lebte anschließend als freischaffender Komponist bei Berlin. 1948 übersiedelte er nach Köln, wo er seither als Komponist, Vortragender und Kritiker tätig ist. – D. hat sich, vor allem anläßlich der Kranichsteiner Nachkriegskurse mit W. Fortner, kritisch mit der Schönberg-Schule auseinandergesetzt und läßt von seinen Kompositionen nur die seit dieser Zeit entstandenen Arbeiten gelten. Das über 100 Titel, z.T. Auftragskompositionen, umfassende Gesamtwerk ist von außerordentlicher Vielfalt. Er schrieb Orgeltrios, Motetten, Solokonzerte und Symphonien, Liederzyklen, Kammermusik und Kammeropern, Operetten und Begleitmusik für Kulturfilme.

WW: Divertimento (1948) für Fl., Klar. u. Streichorch.; *Cassation* (1950) für V., Vc., Schlagzeug; Sinfonie (1951); 4. Streichquartett (1955); Drei Reihen für Orch. (1957); Bläserquintett (1958); Serenade (1968) für 8 Instr. u. 2 Schlagzeuger; 5. Streichquartett (1979); Sinfonietta (1979). – Kammeroper *Der Großindustrielle* (nach B. Traven), UA: Köln 1953, auch als: *Der Indianer,* UA: Dresden 1953; Oper *Die Frühglocke* (1966) (nach Schmidthenner) für Schauspieler.

Lit.: H. LINDLAR, K. D. 60, in: Musica 3 (1964).

H. LINDLAR

DRIESSLER, Johannes, * 26.1.1921 Friedrichsthal bei Saarbrücken; dt. Komponist. Er studierte Orgel, Chorleitung und Kontrapunkt bei Karl Rahner sowie Klavier, Horn und Theorie am Konservatorium in Saarbrücken, 1939–40 Schulmusik und Kirchenmusik an der Kölner Musikhochschule. Seit 1946 lehrt er an der Nordwestdeutschen Musikakademie in Detmold, baute dort die Kirchenmusikabteilung auf, wurde 1958 Professor für Komposition und war 1960–72 stellvertretender Direktor. Einen besonderen Rang in D.s reichem Schaffen nehmen seine (geistlichen und weltlichen) Oratorien ein. Namentlich *Dein Reich komme* gehört dank der eigentümlichen Kraft des musikalischen Wortausdrucks zu den wenigen bedeutenden deutschen Oratorien unserer Zeit.

WW: **1) Instr.-WW:** Konzert für Horn u. Streichorch., op. 16 (1950); Konzert für Klv. u. Orch., op. 27 (1956); Konzert für Violoncello u. Orch., op. 35 (1954); *Concerto da Camera* für V., Fl., Englisch Horn u. Streichorch., op. 51 (1962); Konzert für Streichtrio u. Orch. (Tripelkonzert), op. 54 (1963); 1. Symphonie *Dum spiro spero,* op. 55 (1964); 2. Symphonie *Dum ludo laudo,* op. 60 (1966); 3. Symphonie *Amo dum vivo,* op. 63 (1969) für Str. u. Schlagzeug. – **2) Vokal-WW:** *Sinfonia sacra,* op. 6 (1948) für 6st. Chor; Chorzyklus *Diogenes im Faß,* op. 12 Nr. 1–2 (1948) (nach Goethe); *Cantica nova,* op. 13 (1950) für 2 gem. Chöre; Psalm 124 *Wo der Herr nicht bei uns wäre,* op. 25 Nr. 1–2 (1953) für Chor u. Org.; *Altenberger Messe,* op. 33 (1955) für 7st. Chor u. Holzbläser; *2 Concerti sacri,* op. 47 Nr. 1–2 (1961) für Sopran, bzw. Bar. u. Org.; Symphonie *Ikarus,* op. 48 (1960) für 2 Soli, Chor u. Orch.; geistliches Konzert *Et resurrexit,* op. 52 (1963) für Bar. u. Org.; 2 Chorzyklen *Nicht ganz zahme Xenien* (1965) (nach Goethe). – Kantaten: *Denn dein Licht kommt,* op. 4, Weihnachts-Kantate für 2 Soli, 8st. Doppelchor u. 7 Instr. (1947); *Triptychon,* op. 15 (1950) für Chor u. kleines Orch.; *O wundersame Liebe,* op. 18 (1951) für Bar., 3 gleiche St., Fl., Ob., Va. u. Vc.; *Balduin Brummel,* op. 20 (1952) für Soli u. Orch. – Oratorien: *Dein Reich komme,* op. 11 (1949); *Gaudia mundana,* op. 19 (1951); *De profundis,* op. 22 (1952) für 2 gem. Chöre, Blasorch., Pk. u. Klv.; *Drum sei getrost,* op. 28 (1954) für Tenor, Chor, 3 Trp., 3 Pos., Pk. u. Org.; *Der Lebendige* (1956); *Der große Lobgesang,* op. 45 (1959) für Mezzosopran, Chor, Holz- u. Blechbläser. – *Markus-Passion* für Chor a cappella op. 36 (1954). – **3) Bühnen-WW:** Lyrische Oper *Claudia amata,* op. 17, UA: Münster 1952; Märchenoper *Prinzessin Hochmut,* op. 21, UA: Kassel 1952; Jugendoper *Der Unfried* (1957); Oper *Doktor Lucifer Trux* (1958).

Lit.: E. VALENTIN, in: ZfM 111 (1950); O. RIEMER, J. D. als Opernkomp., in: Musica 6 (1952); K. H. SCHWEINSBERG, J. D.s „De profundis“, in: MuK 24 (1954).

DRIVE (engl., = Antrieb, Triebkraft), Bz. für ein rhythmisches Phänomen im Jazz, das durch bestimmte Kombinationen von Beschleunigungsakzenten entsteht. Sowohl im durchlaufenden *Beat* der Rhythmusgruppe als auch in den Soli oder Bläsersätzen werden Notenwerte geringfügig vorgezogen, was ein Gefühl der Beschleunigung bewirkt, obwohl das Grundmetrum tatsächlich konstant bleibt. Dieses vorwärtstreibende, „losgehende“ Element hat seinen Ursprung in der afrikanischen Perkussionsrhythmik. – ↗Off-beat, ↗Swing.

DROSTE-HÜLSHOFF. – **1) Maximilian Friedrich** Freiherr von, * 22.10.1762 Hülshoff (Westfalen), † 8.3.1840 Alst (Westfalen); dt. Komponist. Er war Priester und wurde 1782 Domherr in Münster, verzichtete aber bald zugunsten seines Bruders auf seine Pfründe, um sich ausschließlich der Komposition zu widmen. Er schrieb u.a. 2 Messen, 3 Te Deum, geistliche und weltliche Vokalwerke, auch mit Orchester, 3 Opern, 4 Symphonien, Kammermusik, darunter 14 Streichquartette, und zahlreiche Klavierstücke. Seine Kompositionen, die Einflüsse der Wiener Klassik aufweisen und zum Teil in den Umkreis der deutschen Romantik gehören, wurden von J. Haydn geschätzt, der auch eine Messe und die 4. Symphonie in Wien aufführte. Für den Unterricht seiner Nichte Annette schrieb er *Einige Erklärungen über den Generalbaß und die Tonsetzkunst überhaupt* (1821). – **2) Annette** Freiin von, Nichte von 1), * 10.1.1797 Hülshoff, † 24.5.1848 Meersburg am Bodensee; dt. Dichterin. Sie wurde seit frühester Kindheit auch musikalisch gefördert und schrieb u. a. Lieder auf Texte von Goethe, Cl. Brentano und auf eigene Texte, ferner Volksliedbearbeitungen, und bearbeitete auch das Lochamer Liederbuch.

Ausg.: **Zu 2):** Lieder u. Gesänge, hrsg. v. K. G. FELLERER (Mn 1954).

Lit.: K. G. FELLERER, M. von D.-H., ein westfälischer Komp., in: AfMf 2 (1937); DERS., Das Lochamer Liederbuch in der Bearb. der A. von D.-H., in: Mf 5 (1952); DERS., A. von D.-H. als Musikerin, in: AfMw 10 (1953).

DROUART DE BOUSSET ↗Bousset.

DROUET, Louis François Philippe, * 14. 4. 1791 Amsterdam, † 8. 9. 1873 Bern; frz. Flötist. D. war Schüler von E. N. Méhul und A. Reicha in Paris. 1808 kam er als Soloflötist an den Hof Louis Bonapartes nach Holland. 1811 rief ihn Napoleon I. nach Paris, 1815 wurde er unter König Ludwig XVIII. 1. Flötist der Königlichen Kapelle. Wegen seiner Rivalität mit dem Flötisten J.-L. Tulou ging er 1817 nach England, gründete hier 1818 eine Flötenfabrik, die aber nur ein Jahr bestand, und konzertierte anschließend als Virtuose in Europa. 1840 wurde er Kapellmeister des Herzogs von Sachsen-Coburg-Gotha, reiste 1854 nach Amerika und trat in New York mit seinem Sohn auf. Zuletzt lebte er in der Schweiz. D. war einer der brillantesten Flötisten seiner Zeit. Er schrieb für sein Instrument 10 Konzerte, Arienparaphrasen, Fantasien, Duette, 1 Sonate mit Klavier und zahlreiche Etüden, u. a. *Cent études pour la flûte,* op. 126.

DRUMS (engl., = Trommeln), in der Jazzmusik Bz. für das ↗Schlagzeug.

DRUSINA, Benedictus de, * um 1520 Drausen bei Elbing, † um 1580; dt. Lautenist. D. studierte an der Universität in Frankfurt an der Oder und unternahm nach eigenem Zeugnis mehrere Studienreisen nach Italien. Er veröffentlichte eine Lautentabulatur mit Tanzsätzen, Fantasien und Übertragungen geistlicher und weltlicher Gesänge u. a. von Josquin des Prés und J. Clemens non Papa (Frankfurt/Oder 1556) und übertrug 2 Sammlungen von M. Neusidler (RISM 1566[29] und 1566[30]) von der italienischen in die deutsche Lautentabulatur (ebd. 1573[25]).

DUALISMUS, eine Theorie zur Erklärung des Dur-Moll-Systems, die den Dur- und Moll-↗Dreiklang als spiegelbildlich identisch ansieht und ihnen verschiedene Erzeugertöne zuweist. Entsprechend dem Durdreiklang, der als 4., 5. und 6. Partialton aus der vom Grundton aufsteigenden Obertonreihe resultiert, entstammt nach dualistischer Auffassung der Molldreiklang einer vom Quintton absteigenden Untertonreihe. Beide Akkorde spiegeln also einander und haben verschiedene Ursprünge: im Durdreiklang c – e – g ist der Grundton c, im Molldreiklang a – c – e die Quinte e die Klangwurzel. Analog läßt sich für die Durtonleiter eine genau gespiegelte Molltonleiter entwickeln (für C-Dur die von e absteigende, mit dem griechischen Dorisch identische Skala e – d – c – h – a – g – f – e). Der D. wurde von A. von Oettingen (1866) begründet, von dem auch der Name stammt. Er stützte sich dabei zum Teil auf Deutungen M. Hauptmanns, der als ein Vorläufer des D. gilt. Von Oettingen setzte der „Tonizität" des reinen Durakkordes (dessen Teiltöne den ersten Obertönen des Grundtons, der „Tonika" des Akkordes, entsprechen) die „Phonizität" des reinen Mollakkordes entgegen (dessen Töne ihren höchsten Ton, die „Phonika", als gemeinsamen Oberton haben): in c – e – g *sind* e und g Obertöne von c; in a – c – e *haben* a und c den gemeinsamen Oberton e. – Von den Thesen von Oettingens ausgehend, machte H. Riemann, um eine Integration in die praktische Harmonielehre bemüht, den D. sehr bekannt. Nach dem Scheitern seiner Versuche, die reale Existenz der Untertöne zu beweisen, ging er davon ab, Dur und Moll mit Hilfe der Partialtöne zu erklären. S. Karg-Elert erweiterte den Begriff D. und führte ihn mit dem System des Polarismus zu extremer Konsequenz. Dabei werden in Moll auch die Funktionen gespiegelt, so daß – in Umkehrung üblicher Funktionsbezeichnungen – die Mollsubdominante als „Dominante", die Molldominante als „Kontradominante" („Kontrante") gelten; analog wird die Dursubdominante als „Durkontrante" bezeichnet. – Im Unterschied zum D. bestreitet die monistische Molltheorie einen polaren Gegensatz von Dur und Moll: der c-moll-Akkord, als „getrübte" Konsonanz, ergebe sich aus Elementen des C-Dur- (c – g) und Es-Dur-Akkordes (es – g). – Im Sinne der Formenlehre bezeichnet der Begriff D. das im klassischen Sonaten- und Symphoniesatz vorherrschende Prinzip des Themendualismus: das – von der Monothematik des Barock sich abkehrende – Verfahren, zwei im Charakter kontrastierende Themen zu exponieren.

Lit.: M. HAUPTMANN, Die Natur der Harmonik u. der Metrik (L 1853, ²1873); A. VON OETTINGEN, Harmoniesystem in dualer Entwicklung (Dorpat – L 1866); H. RIEMANN, Über das musikal. Hören (Gö 1873); DERS., Das Problem des harmonischen D., in: NZfM (L 1905); A. VON OETTINGEN, Das duale Harmoniesystem (L 1913); S. KARG-ELERT, Polaristische Klang- u. Tonalitätslehre (L 1931); J. HANDSCHIN, Der Toncharakter (Z 1948); F. REUTER, Praktische Harmonik des 20. Jh. (Hl 1952); P. SCHMIEDEL, Zur Frage der Dur-Moll-Polarität, in: AfMw 13 (1956); C. DAHLHAUS, War Zarlino Dualist?, in: Mf 10 (1957); D. JORGENSON, A Résumé of Harmonic Dualism, in: ML 44 (1963); E. SEIDEL, Die Harmonielehre H. Riemanns, in: Beitr. zur Musiktheorie des 19. Jh. (Rb 1966) (= Stud. zur Musikgesch. des 19. Jh.); M. VOGEL, A. von Oettingen u. der harmonische D., in: ebd.; P. SCHENK, Karg-Elerts polaristische Harmonielehre, in: ebd. C. KÜHN

DUBARRY, DIE, Operette in 9 Bildern, Musik nach Karl Millöcker (1842–99) von Theo Mackeben (1897–1953), Text nach Paul Knepler und J. H. Welleminsky von Hans Martin Cremer. Urfassung des Librettos in 3 Akten von F. Zell (Pseudonym für Camillo Walzel) und Richard Genée. Ort und Zeit der Handlung: Frankreich zur Zeit Ludwigs XV. UA der Urfassung: 31. 10. 1879 in Wien (Theater an der Wien); UA der Neufassung: 14. 8. 1931 in Berlin (Admiralspalast). Verfilmungen: 1933 mit Gitta Alpár – ein Welterfolg außer in Deutschland, wo der Film infolge Zensurbestimmungen nicht mehr gezeigt wurde – und 1951.
Die D. galt lange Zeit als eines der schwachen Werke Karl Millöckers, dem der Erfolg versagt blieb. Erst die durchgreifende Überarbeitung von Theo Mackeben verhalf zu einem neuen Start und zu bleibendem Erfolg. Dies belegen schon über 300 Aufführungen en suite nach der Uraufführung. Im Mittelpunkt der Handlung steht die kleine Modistin Jeanne mit ihrem märchenhaften Aufstieg zur Gräfin Dubarry und zur Mätresse Ludwigs XV. Mackeben suchte zusammen mit den Bearbeitern des Librettos die besten Musiknummern aus Millöckers Partitur aus und ergänzte sie durch eigene Kompositionen. Von diesen wurden *Ich schenk mein Herz nur dem allein* und *Ja, so ist sie, die Dubarry* zu den bekanntesten und beliebtesten Gesangsnummern. S. KUROCK – R. M. SIMON

DÜBEN, dt. Musikerfamilie. – **1) Andreas I,** * 27. 5. 1558 Lützen, † 19. 5. 1625 Leipzig. Er war Organist in Wurzen und seit 1595 an der Thomaskirche in Leipzig. – **2) Anders** (Andreas) **der Ältere (II),** Sohn von 1), * um 1590, † 7. 7. 1662 Stockholm; Organist und Kapellmeister. Er war 1614–20 Schüler von J. P. Sweelinck, wurde 1621 Hoforganist und 1640 Hofkapellmeister in Stockholm. Von seinen Kompositionen sind das 8st. *Pugna triumphalis* (1632) zur Beisetzung König Gustavs II. Adolf und das 5st. *Miserere* (1660) zur Beisetzung König Karls X. Gustav zu nennen. Er schrieb ferner 4- und 5st. Tänze. – **3) Gustav I,** Sohn von 2), * 1624 Stockholm, † 19. 12. 1690 ebd.; Organist und Komponist. 1647 wurde er Mitglied der Hofkapelle, 1663 Hofkapellmeister und Organist der deutschen Kirche in Stockholm. Er schrieb Arien, Chöre und Tänze. Seine umfangreiche Musiksammlung, die eine der bedeutendsten Quellen für die deutsche Kirchenmusik des 17. Jh. darstellt und zahlreiche Unika und Autographen (u. a. von D. Buxtehude und Chr. Bernhard) enthält, befindet sich heute in der Universitäts-Bibliothek von Uppsala. – Seine beiden Söhne **Gustav II** (1659–1726) und **Anders III** (1673–1738) waren nacheinander Nachfolger ihres Vaters im Amt des Hofkapellmeisters. Beide wurden in den Adelsstand erhoben.

Ausg.: **ZU Andreas II:** *Pugna triumphalis,* hrsg. v. N. FRANZÉN (Sto 1932); *Miserere,* hrsg. v. T. NORLIND, in: SIMG 1 (1899/1900); 5 Choralvariationen für Org., in: Allein Gott in der Höh sei Ehr. 20 Choralvariationen der dt. Sweelinck-Schule, hrsg. v. H. J. MOSER (Kas 1953); Ausgew. Org.-WW, hrsg. v. DEMS., in: Org.-Stücke aus der dt. Sweelinck-Schule (Kas 1954/55); 2 Choräle in: 46 Choräle für Org. v. J. P. Sweelinck u. seinen dt. Schülern, hrsg. v. G. GERDES (Mz 1957). – **Zu Gustav I:** 3 Tänze, hrsg. v. S. E. SVENSSON (Sto 1940); *Veni sancte spiritus* (1650) für 4st. Chor, Str. u. B.c., in: Drei Vokalwerke der schwedischen Großmachtepoche (Sto 1968). – **Zu Andreas III:** 3 Klv.-Stücke, hrsg. v. K. BRODIN, in: Svensk Klassisk musik 6 (Sto 1937).

Lit.: C. STIEHL, Die Familie D., in: MfM 21 (1889); T. NORLIND, Familjen D., in: STMf 24 (1942) (schwedisch); B. GRUSNICK, Die D.-Slg., in: ebd. 46 (1964) u. 48 (1966); DERS., Die Datierungen der D.-Slg., in: Norddeutsche u. nordeuropäische Musik, hrsg. v. C. Dahlhaus – W. Wiora (Kas 1965) (= Kieler Schriften zur Musikwiss. 16); M. GECK, Die Vokalmusik D. Buxtehudes u. der frühe Pietismus (1965) (= ebd. 15); F. KRUMMACHER, Die Überlieferung der Choralbearbeitung in der frühen ev. Kantate (B 1965) (= Berliner Stud. zur Musikwiss. 10); J. O. RUDÉN, Ett nyfunnet komplement till Dübensamlingen, in: STfM 47 (1965); DERS., Vattenmärken och musikforskning. Presentation och tillämpning av en dateringsmetod pa musikalier i handskrift i Uppsala universitetsbibl. Dübensamling, 2 Bde. (Diss. Uppsala 1968); B. KYHLBERG, När föddes G. D. d. ä.? Anteckningar kring nagra oklara punkter i familjen D. biografi, in: STMf 56 (1974).

DUBOIS, François Clément Théodore, * 24. 8. 1837 Rosnay (Marne), † 11. 6. 1924 Paris; frz. Komponist. D. war Schüler von A. Fr. Marmontel und A. Thomas am Pariser Conservatoire und erhielt 1861 für die Kantate *Atala* den Prix de Rome. Aus Italien zurückgekehrt, war er zunächst Kapellmeister an Ste-Clotilde, seit 1869 Chordirigent und später Organist an der Madeleine. 1871 wurde er Professor für Harmonielehre am Conservatoire und war 1895–1905 als Nachfolger von A. Thomas auch dessen Leiter. – Sein Stil, der in seiner Grundhaltung dem musikalischen ↗Akademismus französischer Prägung zuzurechnen ist, zeigt sich in der Melodik eingängig, in der Harmonik nach rückwärts gewandt. Von seinen zahlreichen Werken hat lediglich die Kirchenmusik über seinen Tod hinaus in Frankreich Interesse gefunden. Seine Oratorien sind gleichwohl wichtige Stationen in der Entwicklung dieser Gattung in Frankreich.

WW: **1) Instr.-WW:** Klv.-Stücke; Org.-Stücke; Kammermusik; zahlreiche Orch.-WW; Suiten, Pièces, 3 Symphonien, darunter eine *Symphonie française* (P 1908). – **2) Vokal- u. Bühnen-WW:**

9 Messen, teilweise für Chor a cap., teilweise mit Soli u. Org. bzw. Orch.; zahlreiche Motetten für versch. Besetzungen; 5 Oratorien, darunter *Les 7 paroles du Christ* (mit lat. Text) (P 1867) u. *Le paradis perdu* (P 1878); weltliche WW für Männerchor; Kantaten (Scènes lyriques); 2 Opern, 3 Opéras comiques, 1 Ballett. – **3) Schriften:** *Notes et études d'harmonie pour servir de supplément au Traité d'harmonie de Reber* (P 1889); *Traité d'harmonie* (P 1921).

Lit.: A. SCHERING, Gesch. des Oratoriums (L 1911, Nachdr. Hil – Wie 1966).

DUBOS (Du Bos), Abbé **Jean-Baptiste,** * Dezember 1670 Beauvais, † 23. 3. 1742 Paris; frz. Diplomat und Schriftsteller. Nach dem Studium der Theologie und der Archäologie an der Sorbonne war er einige Zeit Berater des Direktors der Opéra. 1695 trat er in den diplomatischen Dienst. 1720 wurde er Mitglied der Académie Française und 1722 ihr Secrétaire perpétuel. Sein Hauptwerk, die *Réflexions critiques sur la poésie, la peinture et la musique* (3 Bde., P 1719, ^{6}1755, dt. Utrecht 1734), enthält kunstphilosophische Gedanken im Sinne einer Nachahmungsästhetik, die u. a. von J.-J. Rousseau weiterentwickelt wurde.

Lit.: A. MOREL, Étude sur l'abbé D. (P 1849); LOMBARD, L'abbé D. (P 1913); H. GOLDSCHMIDT, Die Musikästhetik des 18. Jh. (Z – L 1915, Nachdr. Hil 1968); E. TEUBER, Die Kunstphilosophie des Abbé D., in: Zschr. für Ästhetik 17 (1924); W. SERAUKY, Die musikalische Nachahmungsästhetik ... (Mr 1929); R. SCHÄFKE, Gesch. der Musikästhetik (B 1934); R. D. L. SADOWSKY, J.-B. Abbé Dubos. The Influence of Cartesian and Neo-Aristotelian Ideas on Music Theory and Practice (1960) (= Diss. Yale Univ.).

DUBS, Hermann, * 23. 3. 1845 Zürich, † 22. 12. 1969 ebd.; Schweizer Chorleiter. Er studierte Dirigieren, Orgel und Gesang am Konservatorium in Zürich. 1922 übernahm er die Leitung des Häussermann'schen Privatchors. Diesen Kammerchor führte er in über 3 Jahrzehnten (bis zu dessen Auflösung 1958) mit der Aufführung von Werken alter Meister und moderner Chormusik auch über die Schweiz hinaus zu großem Ansehen.

Lit.: 50 Jahre Häussermann'scher Privatchor Zürich mit chronologischem Verz. aller Aufführungen des Chores, hrsg. v. W. SCHUH (Winterthur 1947).

DUC (le Duc, de Duc), **Philippe** (Filippo); frankoflämischer Komponist. Er lebte in Italien und ist um 1570 in Padua nachweisbar. D. schrieb vor allem Madrigale mit komischen und heiteren sowie auch mit geistlichen Texten *(Le Vergini)*.

WW (alle in Venedig erschienen): Madrigale: für 4 St. mit einer Serenade u. einem Dialog für 8 St. (1570); für 6 St. *(Le Vergini)* mit einem Dialog für 8 St. (1574); für 5 u. 6 St. (1586); 2 Madrigale (RISM 1590^{20}); 10 Motetten (RISM 1568$^{2-5}$); andere Motetten u. Messen sind hsl. erhalten.

Lit.: A. EINSTEIN, The Italian Madrigal (Princeton 1949, Nachdr. 1970).

DU CANGE (eig. Dufresne), **Charles** Sieur, * 18. 12. 1610 Amiens, † 23. 10. 1688 Paris; frz. Historiker u. Philologe. Sein dreibändiges *Glossarium ad scriptores mediae et infimae latinitatis* (P 1678) mit 140 000 Stichwörtern enthält auch zahlreiche Erklärungen und Belege musikalischer Begriffe und Beschreibungen mittelalterlicher Musikinstrumente und ist bis heute unentbehrlich. Das Werk wurde mehrmals neu aufgelegt, zuletzt durch L. Favre (10 Bde., P 1883–87, Neudruck 1937–38, Gr 1954).

DUCASSE ↗Roger-Ducasse.

DU CAURROY, Eustache, * Beauvais, getauft 4. 2. 1549, † 7. 8. 1609 Paris; frz. Komponist. D. war seit etwa 1569 Altist der Chapelle Royale. 1578 wurde er Vizekapellmeister, 1595 Hofkomponist und 1599 Surintendant de la Musique du Roi. Außer einigen Chansons wurden seine Werke erst nach seinem Tod veröffentlicht.

WW: **1) Vokal-WW:** 2 Bücher *Preces ecclesiasticae* (50 Motetten u. Psalmen für 4–7 St.) (P 1609); *Meslanges* (36 Chansons und Chansons mesurées, Noëls u. Psalmen für 4–6 St.) (P 1610); *Missa pro defunctis* für 5 St. (P 1633); ein 6st. Kanon *Pie Jesu Domine* in: M. Mersenne, Harmonie universelle (P 1636–37); einzelne Chansons auch in Sammeldrucken (RISM 1583^{7}, 1583^{8}, 1597^{10}). – **2) Instr.-WW:** *Fantasies* für 3–5 Instr. (P 1610).

Von D.s Werken sind die geistlichen Gesänge und die instrumentalen Stücke bei weitem am interessantesten. Auf ihnen beruht in erster Linie sein Einfluß auf die französischen Komponisten des 17. Jh., die in ihm (nach M. Mersenne) ihren „Meister" sahen. D.s *Missa pro defunctis* genoß die Auszeichnung, bei den Trauerfeierlichkeiten am französischen Königshof gesungen zu werden. Die Motetten sind im imitatorischen Stil gehalten; manchmal findet sich ein Alternieren mit choralen Versetten. Neuartig für seine Zeit ist in einigen Motetten die Doppelchörigkeit, wie sie dann später N. Formé u. a. verwendet haben. Bemerkenswert an den instrumentalen Fantasien D.s ist, daß sie auf gregorianischen Melodien beruhen, die abschnittsweise imitatorisch oder fugiert durchgeführt werden oder in breiten Notenwerten erscheinen. Diese Werke bilden damit eine eigentümliche Art der instrumentalen ↗Choralbearbeitung.

Ausg.: *O Crux ave* für 6 St. u. *Ave Maria* für 4 St., hrsg. v. E. TYR (P 1937, 1939); 4 Motetten, hrsg. v. D. LAUNAY, in: Anthologie du motet latin polyphonique (P 1963); *Missa pro defunctis*, hrsg. v. E. MARTIN – J. BURALD (P 1951); 5 Chansons für 4 St., 7 Noëls, 8 Psalmen u. Chansons mesurées aus den *Meslanges*, in: EXPERT Maîtres 17 (1903); 1 Chanson für 6 St. u. 1 Dialog für 7 St., hrsg. v. D. P. WALKER – F. LESURE, in: Anthologie de la chanson parisienne au XVIe siècle (P 1952); 5 Fantasien, hrsg. v. H. EXPERT (P 1910); *Fantaisie sur „Ave maris stella"*, in: Orgue et Liturgie 14 (1952); Fantasien für Org., hrsg. v. J. BONFILS (P 1968) (= Les grandes heures de l'orgue o.Nr.).

Lit.: N. DUFOURCQ, A propos d'E. D., in: RMie 32 (1950); F. LESURE, La carrière et les fonctions de D., in: RMie 34 (1952); D. LAUNAY, La fantaisie en France jusqu'au milieu du XVIIe siècle, in: La Musique instrumentale de la Renaissance (P 1955); J. BONFILS, Les fantaisies instrumentales d'E. D., in: Rech. Mus. 2 (P 1961–62); M. HUGLO, A propos du „Requiem" de D., in: RMie 51 (1965). A. VERCHALY

DUCHAMBGE (Mädchenname: du Montet), **Pauline,** * um 1778 Martinique, † 23. 4. 1858 Paris; frz. Komponistin. D. war Schülerin von L. Cherubini, J. L. Dussek und D. Fr. E. Auber. Bedeutsam für ihre Arbeit wurde ihre Bekanntschaft mit der Dichterin Marceline Desbordes-Valmore. D. schrieb etwa 400 Romanzen und vertonte u. a. Texte von Fr. R. V. Chateaubriand, V. Hugo, A. Lamartine und A. Vigny. Ihr Stil ist charakteristisch für eine französische Romantik.

DU CHEMIN, Nicolas, * 1520 Sens, † 1576 Paris; frz. Musikverleger. D. lebte seit 1540 als Buchhändler in Paris, erhielt 1548 sein erstes Druckprivileg und veröffentlichte zwischen 1549 und 1576 etwa 110 Verlagswerke. Da er selbst keine musikalische Ausbildung besaß, assoziierte er sich mit verschiedenen Musikern, u. a. 1551–55 mit Cl. Goudimel. Von seinen Drucken, die 40 Messen, 90 Motetten, annähernd 200 Psalmen, 175 Instrumentalwerke und etwa 700 Chansons umfassen, sind besonders 16 Bücher *Chansons nouvelles* (1549–67), die Psalmen und Chansons spirituelles von Cl. Janequin sowie das Supplément musical zu *Les amours* von Ronsard zu nennen. D. gehört neben P. Attaingnant und Le Roy & Ballard zu den wichtigsten Musikverlegern des 16. Jahrhunderts.

Lit.: F. LESURE – G. THIBAULT, Bibliographie des éditions musicales par N. Du Ch., in: Ann. Mus. 1 (1953), Nachträge in: ebd. 4 (1956) u. 6 (1963); J. H. ALEXANDER, N. Du Ch.'s „Moduli undecim festorum" of 1554, 2 Bde. (1967) (= Diss. Union Theological Seminary N.Y.).

DUCIS, Benedictus, * um 1490 bei Konstanz, † Ende 1544 Schalkstetten bei Ulm; dt. Komponist. D. hielt sich vermutlich zwischen 1510 und 1520 in Österreich auf, möglicherweise zu Studien in Wien. Er schloß sich der Reformation an und pflegte Beziehungen zu einigen süddeutschen Reformatoren, darunter Simon Grynaeus, Joachim Vadian und Ambrosius Blarer. 1533–35 war er Pfarrer in Stubersheim bei Geislingen und anschließend in Schalkstetten. D. ist nicht, wie lange Zeit angenommen, identisch mit Benedictus Appenzeller oder Benedictus de Opitiis. Seine Kompositionen, eine Messe, 11 Motetten, 3 lateinische Psalmen und 6 Oden, 14 deutsche Choralbearbeitungen und ein weltliches Lied, wurden 1536–64 in Sammeldrucken jener Zeit veröffentlicht und sind auch hsl. überliefert. Stilistisch zeigen sie eine größere Nähe zu H. Isaac und S. Dietrich als zu Josquin des Prés, den man früher für seinen Lehrer hielt.

Ausg.: 10 Choralsätze (RISM 1544[21]), hrsg. v. J. WOLF, in: DDT 34 (L 1908); 2 Psalmmotetten, hrsg. v. H. ALBRECHT (Gr 1957) (= Musik alter Meister 6); *Missa de beata virgine,* hrsg. v. DEMS. (Gr 1959) (= ebd. 11); 1 Vespergesang, in: *Vesperarum precum officia,* hrsg. v. H. J. MOSER (Kas 1960); 1 Lied in: 15 flämische Lieder der Renaissance, hrsg. v. R. B. LENAERTS (Wb 1964) (= Chw 92); 1 Motette in: De Leidse koorboeken ..., Cod. A I, hrsg. v. K. PH. BERNET-KEMPERS – CH. MAAS (A 1970) (= Monumenta musica Neerlandica 9).

Lit.: F. SPITTA, B. D., in: MGkK 18 (1912); W. BARCLAY SQUIRE, Who was „Benedictus"?, in: SIMG 13 (1911/12); CH. VAN DEN BORREN, Benedictus de Opitiis, in: MS 34 (Tou 1927); D. BARTHA, B. D. u. Appenzeller (Wb 1930); A. DUNNING, Die Staatsmotette 1480–1555 (Utrecht 1970).

DUCTIA (lat.), ↗Estampie.

DUDA (tschech., immer als Plur. Dudy gebraucht; poln.: Dudey), ein Sackpfeifentyp in der Tschechoslowakei und in Polen, dessen zylindrisch gebohrte Melodie- und Bordunpfeife einfache Rohrblätter haben. Die Bordunpfeife besteht aus 2 bis 3 Teilen, ist entweder gerade und sehr lang und wird über die Schulter gelegt, oder sie wird abgewinkelt und hängt senkrecht am Rücken des Spielers herunter. Oft befindet sich im oberen Teil der Bordunpfeife ein breiteres Teilstück, in dem die Röhre in mehrfach gebohrten Windungen verläuft, um die Gesamtlänge der Pfeife bei gleichbleibendem Ton zu verkürzen. Die D. werden teils mit dem Mund angeblasen, teils mit Blasebalg gespielt. Der Sack besteht aus Ziegenfell, die Tülle der Melodiepfeife ist zumeist mit einem holzgeschnitzten Ziegenkopf verziert. Bordun- und Melodiepfeife enden in einem aufwärts gerichteten, oft mit Schnitzereien verzierten, konischen Schallstück aus Rinderhorn oder aus Messing. Sackpfeifen dieser Art waren offenbar auch in Deutschland bekannt: M. Praetorius erwähnt bereits eine Sackpfeife Dudey mit 3 Pfeifen (*Syntagma musicum* II, 1619). Aus Dudey entstand auch das deutsche Wort Dudelsack.

Lit.: J. MARKL, Typologie der tschechischen Sackpfeifen, in: Studia instrumentorum musicae popularis 1, hrsg. v. E. Stockmann (Sto 1969) (= Musikhistoriska muséets skrifter 3); A. BAINES, Bagpipes (O ^{2}1973); L. KUNZ, Die Volksmusikinstrumente der Tschechoslowakei, Teil 1 (L 1974) (= Hdb. der europäischen Volksmusikinstr. Serie 1, 2); S. OLĘDZKI, Polskie instrumenty ludowe (Krakau 1978). M. BRÖCKER

DUDELSACK ↗Sackpfeife.

DUE (it., = zwei), **a due** (frz.: à deux), a 2, in Partituren und Einzelstimmen die Anweisung, daß zweifach besetzte Instrumente (Holz- oder Blechbläser), die auf einem System notiert sind, eine und dieselbe Stimme spielen sollen.

DUETT, Musikstück für zwei Vokalstimmen im Unterschied zur Komposition für zwei Instrumente, die vor allem im deutschsprachigen Raum als ↗Duo bezeichnet wird. (Freilich wird umgangs- und fachsprachlich oft nicht streng zwischen beiden Termini unterschieden.) Obwohl satztechnisch und stilistisch aus derselben Wurzel, der dialogischen Wechselrede, entstanden, entwickelte sich das D. zu zwei voneinander unabhängigen Formen, dem *Kammer-D.* und dem *Opern-D.*, von denen die erstere Gattungscharakter trägt.

1) Das Kammerduett. Dialogisches Musizieren in Analogie zur Wechselrede findet sich in allen Epochen der Musikgeschichte in vokalen, instrumentalen und gemischten Sätzen. Die engere Entwicklungsgeschichte des Kammer-D.s setzte mit den 2st. Sätzen der frühen ↗Monodie (seit 1600) ein. Die stilistischen Reformbestrebungen der ↗Camerata Fiorentina mit rezitativischen Wechselreden in den frühen Opern und die Herausbildung einer eigenständigen, allerdings zumeist undramatischen D.-Gattung liefen parallel. Im Gegensatz zum Operndialog bilden die Kammer-D.e jedoch häufig musikalische Sätze, die von ihrer Textanlage her keine duettistische Behandlung erforderten. In diesen Kompositionen wird die entwicklungsgeschichtlich bedeutsame Nähe des Kammer-D.s nicht nur zum Dialog mit einer Textanlage als Gespräch, sondern auch zum Madrigal der Zeit um 1600 mit seiner nicht-dialogischen Textgestaltung faßbar. Noch bis in die Zeit der ↗Neapolitanischen Schule sind Kammer-D.e mit dialogisierenden Texten die Ausnahme. Dies schlug sich auch terminologisch nieder: Die Bezeichnung *Duetti* findet sich bereits in Kantaten von B. Strozzi (1651), der Terminus *Duetti per camera* erst 1677 in den so betitelten Kompositionen von M. Cazzati; aber noch bei A. Steffani, der an der Wende zum 18. Jh. die unbestrittenen Meisterwerke auf dem Gebiet des Kammer-D.s schuf, finden sich dieser Gattung zuzurechnende Werke mit „Madrigali à due" überschrieben.

Grundlegende Elemente der Formentwicklung hat das Kammer-D. mit der Solokantate des 17. Jh. gemeinsam. Durch die nach der Jahrhundertmitte vermehrt zu beobachtende Vertonung dialogisierender Texte fand das dramatische Element Eingang in diese kammermusikalische Gattung. Die satztechnische und stilistische Nähe zu den *Dialoghi* wird deshalb zunehmend deutlicher. Als Formmuster bildete sich ein rezitativischer Wechselgesang, häufig im imitatorischen Stil, mit einem zweistimmigen, von geschlossener liedmäßiger Melodik geprägten Schluß heraus. Parallelen zur formalen Gestaltung des Opern-D.s im frühen 18. Jh. sind nicht zu leugnen. Durch die Einlagerung solistischer Vokalpartien und instrumentaler Zwischensätze (bisweilen für konzertierende Soloinstrumente) in diesen Typus des Kammer-D.s entwickelte sich das „große Kammerduett" (Fr. Chrysander), zu dessen formaler Gestaltung die Komponisten zahlreiche Anregungen aus der zeitgenössischen Opernliteratur empfingen und das als Gattungstypus zu größeren Formen wie Kantate und Oratorium tendierte und auch in diesen aufging.

Satztechnisch wurde die kontrapunktische Satzweise nicht für die gesamte Gattung stilprägend, dieses Element zeichnet aber vor allen anderen die Kammer-D.e Steffanis aus. Er erweiterte die formale Anlage des großen Kammer-D.s, doch ist bei ihm trotz formaler Parallelen zur Solokantate der Wechsel von Rezitativ und Arie weniger bedeutsam als derjenige von D. und Solo. Imitatorische Verflechtung der beiden Stimmen und komplizierte Chromatik prägen die *Duetti e terzetti da camera* von G. C. Clari (Bol 1720), die neben Steffanis Werken zu den Höhepunkten der Gattung zählen.

2) Das Opernduett. Die Geschichte des Opern-D.s repräsentiert die Grade von Problembewußtsein, mit dem die Komponisten der dramatischen Gattung Oper entgegentraten. Unvermittelte dialogische Figurenrede ist (im Gegensatz zu epischen und lyrischen Texten) die sprachliche Grundform dramatischer Texte; dramatischen Dialog hat man im Hinblick auf eine konfliktorientierte Dramentheorie vielfach als gesprochene Handlung aufgefaßt. Dieser Bedingung einer dramatischen Gattung trugen die Komponisten in unterschiedlicher Weise Rechnung. Im Gegensatz zu den *Dialoghi,* die stets von Wechselrede im komplementären Satzstil geprägt sind, führten die differierenden Auffassungen vom „Singen zu zweit" im Opern-D. zu traditionell verfestigten Formen und Satzstilen, an denen man den Grad dramatischer Grundkonzeption einer Opernkomposition ablesen kann. Die drei satztechnischen Möglichkeiten des alternierenden (strophisch gegliederte Trennung der beiden Vokalpartien), komplementären (in dialogische Wechselrede eingebundene Stimmen) und simultanen D.s (beide Stimmen bewegen sich im Terzen-, Sexten- oder Oktavabstand) erlauben Rückschlüsse auf die Funktion des Dialogs in der Oper. Die Distanz der Wechselrede wird ein wichtiges Kriterium für Dialogizität. Ein homorhythmisch gearbeitetes Simultan-D. und das Prinzip der Dialogizität schließen einander aus. Simultaneität vermag nur affektive Übereinstimmung der Dialogpartner, nicht aber dramatisch bedeutsame Zuspitzung des Dialogs zu vermitteln. So bedeutet

Simultangesang satztechnisch eine Verdichtung, dramaturgisch eine theatralisch-effektvolle Finalkonzeption. In dieser stilistischen Ausprägung strebt das Simultan-D. zum kontemplativen Zwiegesang in Form der *Aria a due* (die deshalb fälschlich ausschließlich mit dem Liebes-D. in der Oper identifiziert wird), während auf Konflikt angelegter Dialog nur noch in einer im Accompagnato-Stil gehaltenen Wechselrede möglich ist. Diese kunstimmanenten Tendenzen führten in der Oper des 18. Jh. zur strikten Trennung von Secco-Rezitativ und Arie mit ihren unterschiedlichen dramatischen Funktionen, während das Accompagnato-Rezitativ als Form der auskomponierten Wechselrede erst im 19. Jh. als dramatische Kategorie der Oper begriffen wird.

Cl. Monteverdi bildete beide Möglichkeiten des Opern-D.s, die rezitativisch-dialogische Wechselrede und den affektiv bestimmten Simultangesang, in seinen Opern vor. Daß er auch die ästhetischen Qualitäten dieser Stilausprägungen differenziert einzusetzen wußte, beweisen seine Opern *L'Incoronazione di Poppea* und *Il ritorno d'Ulisse,* in deren Schlußduetten die Simultanpartien um ihrer künstlerischen Ausdrucksmöglichkeiten willen sehr sparsam eingesetzt sind. Diese musikdramatischen Funktionen der D.-Komposition wurden in die Oper des 18. Jh. nicht übernommen. Der rezitativisch-monodische Dialog und Monolog gerannen zum Secco-Rezitativ, und das D. wurde aus der Oper fast völlig verdrängt, weil die Errungenschaft der melodienreichen Arie und die Improvisationskunst der solistisch auftretenden Opernsänger dem dramatischen Dialog als musikalische Qualität entgegenstanden. In der Opera buffa kreierte man jedoch anstelle des musikalischen Dialogs eine spezielle Form des Opern-D.s, in der zwar die Stimmen der Dialogpartner komplementär geführt, die einzelnen Phrasen aber aus einer durchlaufenden, vom Orchester vorgetragenen Melodielinie gewonnen werden. Signifikant für diesen D.-Typus ist die geschlossene musikalische Form, die thematisch primär vom Orchester erfüllt wird. Eines der frühesten Beispiele, zudem in der beliebten Form des Zank-D.s, findet sich in G. B. Pergolesis *La serva padrona (Lo conosco).* Dieser D.-Typus behält noch für Mozarts Opern seine Gültigkeit, obgleich hier das Orchester mit eigenständiger Thematik den beiden Vokalstimmen gegenübertritt; an der D.-Faktur als quasi-komplementär geführtem Dialog in einer geschlossenen musikalischen Form ändert dies jedoch wenig. Einzig das D. Donna Anna/Octavio aus dem 1. Akt des *Don Giovanni* eröffnet stilistisch weiterführende Möglichkeiten, weil Mozart in dieser Passage den Dialog aus dem Secco-Rezitativ heraus in ein Accompagnato führte und somit zu differenzierten, den wechselnden Affekt der Bühnenfiguren nachzeichnenden musikalischen Ausdrucksqualitäten gelangte.

Bezeichnenderweise wurde dieser Formtypus im 18. Jh. als Opern-D. terminologisch festgeschrieben, so daß sich in der Folgezeit eine beherrschende Formtradition fernab vom dramatischen Dialog aufweisen läßt, die Beethovens *Fidelio (O namenlose Freude)* ebenso prägt wie zahlreiche frühromantische Opern und in A. Lortzings meisterhaften Lied-D.en auf einen kompositorischen Gipfelpunkt geführt wurde. Insbesondere für die italienische Oper des 19. Jh. erlangte dieser Typus große Bedeutung. Die perfekte Ausgestaltung einer effektvollen ↗Cabaletta, wie sie vor allem G. Donizetti gelang, und die formprägende Funktion des Orchesterparts, aus dessen Melodie- und Stimmführung sich die Vokalstimmen nur selten zu lösen vermögen, bestimmten die stilistische Qualität des Opern-D.s selbst in den fortschrittlich-dialogisch konzipierten Opern G. Verdis (etwa in den drei D.en Elisabeth/Don Carlos in *Don Carlos*). Auch das Schlußduett Pollione/Norma in Bellinis *Norma* bewahrt trotz ausgeprägter dialogischer Konzeption die Struktur dieses Typus sehr deutlich. Gerade in der italienischen Oper des 19. Jh. setzte sich die Tradition fort, das effektvoll schließende D. an die dramaturgischen Knotenpunkte der Haupthandlung zu stellen.

Evolutionäre Elemente für die Komposition des Opern-D.s finden sich in den zur Szene erweiterten dialogischen Partien der französischen Grand Opéra und der deutschen romantischen Oper. Die revolutionärste „Scène à deux", die auch den Zeitgenossen als Inkarnation des modernen Opern-D.s galt, schuf G. Meyerbeer im 4. Akt seiner *Hugenotten.* Im D. Raoul/Valentine werden die Aufbauprinzipien von der affektorientierten Wahl der Stilmittel bestimmt; die großformale Anlage wird thematisch nicht mehr erfüllt. Das Accompagnato ist beherrschendes Stilmittel der musikalischen Szene. Vorgebildet findet sich diese Art der Komposition in C. M. von Webers *Euryanthe* in der großen Verschwörungsszene Lysiart/Eglantine am Beginn des 2. Aktes. Eine stilistische und dramaturgisch-funktionale Kopie dieser Szene schuf R. Wagner für den Beginn des 2. Aktes seiner Oper *Lohengrin,* wobei der Simultanteil (der eigentliche Schwur zwischen Telramund und Ortrud) gegenüber Webers szenischer Anlage radikal gekürzt wurde. Der Wechsel vom Simultangesang in Terzen und Sexten (Weber) zum Oktavenunisono (Wagner) markiert den Geschmackswandel in der ästhetischen Bewertung des Zwiegesangs.

Diese D.-Konzeption führte Wagner mit dem Liebesdialog zwischen Tristan und Isolde im 2. Akt der gleichnamigen Oper auf einen perfekt gestalteten Höhepunkt; feiner wird man zwischen dramatischer Wechselrede (im partiell arios geführten Accompagnato) und affektiver Kongruenz der Gesprächspartner (im Simultangesang) nicht differenzieren können. Dieser Kompositionsstil, eines der wichtigsten Differenzkriterien zwischen Oper und Musikdrama, wurde in der Folgezeit bis an die Grenzen musikdramatischer Ausdrucksmöglichkeiten gesteigert, so in Cl. Debussys *Pelléas et Mélisande*, einer nahezu ausschließlich dialogisch konzipierten Oper, in der simultane Stimmführung lediglich in vier Takten unmittelbar vor Pelléas' Tod als dramatische Steigerungsform eingesetzt ist, so auch in *Salome* und *Elektra*, in denen R. Strauss trotz offenkundiger Gelegenheiten, die sich im Libretto bieten, den Zwiegesang aus musikdramatischen Gründen mied. Diese Entwicklung ließ sich mit musikdramatischen Mitteln jedoch nicht fortsetzen, so daß in traditionellen Opern des 20. Jh. das D. musikalisch und dramatisch-funktional wieder dem sog. italienischen Typus angenähert wird.

Lit.: **Zu 1):** E. SCHMITZ, Zur Gesch. des it. Kammerduetts im 17. Jh., in: Jb. Peters (1916); TH. VAN HUYSTEE, Die vier D.e aus Bachs „Drittem Theil der Clavier Übung", in: MuK 43 (1973); R. BIRK, Die Bedeutung der „Vier Duette" in Bachs „Klavierübung III", in: MuK 46 (1976). – **Zu 2):** H. BECKER, Das D. in der Oper, in: FS Henle (1979). J. SCHLÄDER

DUFAUT (Du Fault oder du Faulx); frz. Lautenist des 17. Jahrhunderts. D. war Schüler von D. Gautier. Außer einem mutmaßlichen Englandaufenthalt 1669 ist über sein Leben nichts weiter bekannt. Er veröffentlichte eine *Tablature de luth de différents autheurs sur des accords nouveaux* (1631). Verschiedene Werke sind hsl. erhalten (in Paris, Besançon, Berlin, Rostock, Wien, Klosterneuburg und Krems).

Ausg.: Œuvres de D., hrsg. v. A. SOURIS (P 1965).

DUFAY, Guillaume, * um 1400, † 27. 11. 1474 Cambrai, frz. Komponist. Über seine Herkunft ist nichts Genaueres bekannt; wahrscheinlich stammte er aus dem Hennegau, vielleicht aus der südlich von Cateau-Cambrésis gelegenen Ortschaft Fay. Seit 1409 ist er als Kapellknabe in Cambrai nachweisbar, zunächst unter dem Maître de chapelle Nicolas Malin, der bis 1412 in diesem Amt wirkte. Von Malins Nachfolger, Richard Loqueville (1413–18), ist ein tropiertes *Sanctus* überliefert, dessen Tenor auch in einem *Sanctus* von D. erscheint. Der als Komponist von Motetten und Chansons bekannte Nicolas Grenon war erst 1421–24 als Maître de chapelle in Cambrai tätig; obgleich er somit D. nicht mehr als Kapellknaben betreut hat, stand dieser auch nach seinem Fortgang von Cambrai mit Grenon noch lange in enger Verbindung.

Wahrscheinlich befand sich D. im Gefolge des Bischofs von Cambrai und Kanzlers der Pariser Universität, Pierre Dailly, als dieser 1417/18 am Konstanzer Konzil teilnahm. Da Dailly dort sicherlich auch mit Carlo Malatesta dem Älteren zusammentraf, mag hier der Grund gelegt worden sein für die engen Beziehungen D.s zum Hof der Malatesta; Beziehungen, die durch drei datierbare Kompositionen für die Zeit von 1420 bis 1426 bezeugt sind: die Festmotette *Vasilissa ergo gaude* zur Abreise der Cleofe Malatesta nach Byzanz (1420), die Ballade *Resvellies vous* für die Hochzeit von Victoria Colonna und Carlo Malatesta dem Jüngeren (1423) und die Motette *Apostolo glorioso* für Pandolfo Malatesta, Erzbischof von Patras (1426). In diesen Jahren war D. wahrscheinlich vorwiegend am Hof der Malatesta tätig, hielt sich daneben jedoch mehrmals auch in seiner Heimat auf (zwischen 1426 und 1428, wie es scheint, sogar für längere Zeit). Verschiedene Pfründen wurden ihm in dieser Zeit zuteil, aus denen er Einkünfte bezog. So wurde er Kaplan von St-Fiacre in Laon und von St-Jean-Baptiste, einer Kirche in der Diözese Laon, und Kanonikus in Tournai. 1428 wurde der Diakon D. zum Priester geweiht, wahrscheinlich in Bologna.

Ende 1428 begann D.s fast fünfjährige Tätigkeit in Rom als Kapellsänger, zunächst unter Papst Martin V., seit 1431 unter Papst Eugen IV., auf dessen Wahl zum Papst sich wahrscheinlich die Motette *Ecclesiae militantis* und auf dessen Friedensschluß mit dem von ihm zum Kaiser gekrönten Sigismund sich die Motette *Supremum est mortalibus* von 1433 beziehen. Unter Eugen IV. erhielt D. 1431 in Lausanne ein weiteres Kanonikat. Sicher datierbar ist aus der römischen Zeit außer den beiden genannten Motetten kein weiteres Werk; ob die Ballade *C'est bien raison* anläßlich des Friedens von Ferrara 1433 oder erst einige Jahre später geschrieben wurde, ob ferner liturgische Werke wie das *Sanctus Papale* und die Ordinariumssätze mit Oberstimmen-Cantus firmus ebenfalls in Rom entstanden sind, läßt sich nicht sicher entscheiden. Die von H. Besseler angenommene Entstehung des 3st. Hymnenzyklus in Rom wird heute bezweifelt (Ch. Hamm). Trotz vieler entsprechender Versuche lassen sich überhaupt nur relativ wenige Kompositionen D.s mit Sicherheit datieren.

Von August 1433 bis Mitte 1435 lebte D. abwechselnd am Hof des Herzogs von Savoyen und in seiner Heimat. Danach war er bis Mitte 1437 erneut Mitglied der päpstlichen Kapelle, wirkte jetzt jedoch nicht mehr in Rom, sondern in Florenz und

Bologna. 1436 wurde ihm vom Papst ein Kanonikat an der Kathedrale von Cambrai verliehen, das er jedoch erst später persönlich in Besitz genommen hat. Aus dieser Zeit ist vor allem die großartige 4st. Motette *Nuper rosarum flores* zu nennen, die am 25. März 1436 bei der Einweihung des von Brunelleschi mit einer Kuppel gekrönten Domes in Florenz aufgeführt wurde. Seit 1437 trat D. wieder in nähere Beziehung zu Herzog Ludwig von Savoyen, obwohl nicht klar ist, ob die siebenjährige Anwesenheit in Savoyen, von der D. in seinem Testament spricht, in diese Zeit fällt. Man kennt auch nicht genau die Art seines Amtes am herzoglichen Hof. Nach neuesten Forschungen (C. Wright) verbrachte D. die Zeit von 1439 bis 1450 vorwiegend in Cambrai, die Jahre 1450–58 zum größten Teil in Savoyen und die letzte Lebenszeit, 1458–74, jetzt kaum noch reisend, in Cambrai.
In einem Dokument aus dem Jahre 1446, das sich auf die Übernahme eines Kanonikats in Mons bezieht, sowie in der Inschrift auf seinem Grabstein (heute im Museum in Lille) trägt D. den Titel „baccalarius in decretis". Wann und an welcher Universität er kanonisches Recht studierte und wann er diesen Titel erwarb, ist nicht bekannt; C. Wright macht Bologna vor 1428 wahrscheinlich. In der genannten Urkunde von 1446 wird D. als „capellanus" des Herzogs von Burgund, in einer anderen Quelle als dessen „cantor" bezeichnet. Doch dürften dies nur Ehrentitel gewesen sein, da engere Beziehungen zum burgundischen Hof nicht bezeugt sind. Auch über die Beziehungen zu G. Binchois, der im Dienste des Herzogs von Burgund wirkte, ist nur bekannt, daß die beiden Musiker einander im März 1449 in Mons sowie wahrscheinlich schon 1434 in Chambéry begegnet sind. Wiederum weiß man nur von wenigen erhaltenen Werken mit Sicherheit, daß sie in den letzten Lebensjahren, in denen D. fest mit Cambrai verbunden war, entstanden sind. Auf den Fall von Konstantinopel (1453) bezieht sich die Klagemotette *O tres piteulx*, die vielleicht 1454 auf dem Fasanenbankett in Lille gesungen wurde. 1463 wurde in Cambrai die Messe *Ecce ancilla domini* kopiert, ein Jahr später die Mottete *Ave Regina caelorum*, deren Text auf D.s eigene Todesstunde Bezug nimmt. Seine letzte erhaltene Messe, *Ave Regina caelorum*, beruht auf dieser Motette und ist also wohl 1464 oder später entstanden. In seinem datierten Testament vom 8. Juli 1474 äußerte D. den Wunsch, die Motette *Ave Regina* möge an seinem Sterbebett gesungen werden. Das Werk wurde dann bei den Exequien nach seinem Tod aufgeführt. Ein ebenfalls im Testament genanntes *Requiem* ist nicht erhalten geblieben.

WW: 9 Messen: *Missa sine nomine, Missa Sancti Antonii Viennensis* für 2–3 St. ohne C.f., *Missa Sancti Jacobi* für 3–4 St. mit Proprium, der C.f. liegt im Superius oder im Tenor, *Caput, La Mort de St. Gothard, „Se la face ay pale", „L'homme armé", „Ecce ancilla domini", „Ave regina caelorum"* mit gleichbleibendem C.f. im Tenor; 37 Meßfragmente: 13 *Kyrie*, 13 *Gloria*, 4 *Credo*, 4 *Sanctus*, 3 *Agnus Dei*, von denen einige 2st., die meisten jedoch 3st. sind, ab und zu mit C.f. im Superius; 14 isorhythmische Motetten für 3–5 St.; 60 weitere Motetten, zumeist kleine geistliche WW (Hymnen, Sequenzen, Antiphonen, *Magnificat, Benedicamus Domino*); über 80 Chansons, meist 3st. frz. Rondeaux. – D.s Werk ist vorwiegend hsl. erhalten. Die überaus zahlr. Quellen stammen aus ganz Europa u. erstrecken sich v. der 1. Hälfte des 15. bis zum Ausgang des 16. Jh.s. Die wichtigsten dieser Mss. befinden sich in: Bologna (Liceo musicale [Q 15] u. Bibl. universitaria [2216]), Trient (Mss. 87–93), Oxford (Bodleian Libr. [Can. misc. 213]), Aosta (Seminar), Modena (Bibl. Estense [lat. 471 u. lat. 456]), Cambrai (Bibl. de la ville [Mss. 6 u. 11]) u. Brüssel (Bibl. Royale [5557]).

Mit D. beginnt in der Musik der Zeitabschnitt, den man seit der Preisschrift von Kiesewetter über *Die Verdienste der Niederländer um die Tonkunst* (1829) besonders im deutschsprachigen Schrifttum oft das „Zeitalter der Niederländer" genannt hat. Für die Musiker der Generation von D. und Binchois findet man zuweilen auch die Bezeichnung „burgundisch". Da jedoch die Niederlande als selbständiges Staatsgebilde im 15. Jh. noch gar nicht existierten, da ferner die Komponisten im ganzen zum Herzogtum Burgund, das bereits 1477 zu bestehen aufhörte, keine engeren Beziehungen hatten als zu anderen europäischen Fürstenhöfen und da schließlich die „niederländischen" Komponisten des 15. und 16. Jh. zum größten Teil aus dem französischen und nur zum geringen Teil aus dem flämisch-holländischen Sprachgebiet stammten, ist die Bezeichnung „französisch" oder „franko-flämisch" vorzuziehen. D. selbst war weder Niederländer noch Flame, sondern Nordfranzose.
Kennzeichnend für D.s Musik und die seiner Nachfolger jedoch ist es, daß sie sich gerade nicht als „französisch" charakterisieren läßt. D.s große Bedeutung liegt darin, daß er als erster die musikalische Tradition Frankreichs mit Traditionselementen der englischen wie der italienischen Musik verschmolzen und eine für die hohe Kunstmusik Europas verbindliche musikalische Sprache geschaffen hat. (Zwar hatte schon der aus Lüttich stammende J. Ciconia italienische Anregungen verarbeitet, doch wurzelt seine Musik ihrer Faktur nach noch ganz in der französischen ↗Ars nova und ist weder ihrem Umfang noch ihrer Substanz nach mit dem universalen Werk D.s zu vergleichen.) Die von D. ausgehende Tendenz, nämlich die Hervorbringung einer für die musikalische Entwicklung Europas im ganzen verbindlichen Mehrstimmigkeit, wurde in den nachfolgenden Generationen durch J. Ockeghem, J. Obrecht und Josquin des

Prés fortgesetzt und erreichte ihren Gipfel und vorläufigen Abschluß im Werk G. Palestrinas und Orlando di Lassos.

In D.s Schaffen, das alle Bereiche der weltlichen und geistlichen Mehrstimmigkeit umfaßt, dominieren als zentrale Gattungen die Chanson, die Tenormotette und die Vertonung des Ordinarium missae. Von ihnen sind Chanson und Motette rückwärts gewandt, während die im 15. Jh. immer stärker hervortretende Komposition des Meßordinariums in die Zukunft weist. In der – meist 3st. – französischen Chanson setzte D. die Tradition G. Machauts fort; in der zunächst immer noch isorhythmischen – durchwegs 4st. – Motette wurzelt er ebenfalls in der französischen Ars nova. Die zahlreichen, größtenteils aus der ersten Schaffenszeit stammenden Meßfragmente sind zwar noch vorwiegend im traditionellen 3st. Chansonsatz komponiert; die großen vierstimmigen Messen aus der späteren Zeit *(Se la face ay pale, Caput, L'homme armé, Ecce ancilla domini* und *Ave Regina caelorum*), deren einzelne Sätze nach englischen Vorbildern durch einen gleichbleibenden Tenor-Cantus firmus zum Zyklus verbunden werden, stellen jedoch etwas Neues dar, das für die Folgezeit maßgeblich geworden ist.

Der Vielzahl von musikalischen Gattungen im Werk D.s liegen im wesentlichen nur zwei Arten von Kompositionstechniken zugrunde: der 3st. „Chanson-Satz", der im Kern 2st. ist (Superius und Tenor, dazu Contratenor als Füllstimme – so schon bei Machaut), und der wahrscheinlich von der englischen Musik beeinflußte „motettische" Satz, der im Kern vielstimmig ist (Tenor- oder Tenor-Contratenor-Unterbau und mehrere Oberstimmen). Während der „Chanson-Satz" außer in der Chanson selbst auch in allen anderen Bereichen vorkommen kann (Meßfragmente, liturgische Kompositionen usw.), ist der „motettische" Satz zunächst vorwiegend an die Motette gebunden. Aus der Verschmelzung beider Arten entstand die Technik der 4st. Werke der späteren Schaffenszeit: der Tenormessen, aber jetzt auch der Motette *(Ave Regina caelorum)*. Diese „endgültige" Vierstimmigkeit D.s ist für die Komponisten der nachfolgenden Generationen verbindlich geblieben.

Englische Anregungen zeigen sich auch im oft zitierten ↗Fauxbourdon, der in Verbindung mit diesem Terminus zum ersten Mal in D.s wohl um 1427 entstandener *Missa Sancti Jacobi* erscheint. Ob D. wirklich der erste war, der diese stereotype Klangtechnik der Engländer übernahm – und im Sinne des französischen Chanson-Satzes umdeutete –, ist in Anbetracht der erheblichen Lücken in der hsl. Überlieferung ungewiß. Einen Einfluß der italienischen (Trecento-)Musik zeigen melodische und klangliche Eigenschaften in D.s Musik, insbesondere eine Vorliebe für I-V-I-Schritte der tiefsten Stimme, die für unsere Ohren oft nach moderner, „dominantischer" Tonalität klingt. Wichtig ist jedoch, daß diese so modern wirkende tiefste Stimme kompositionstechnisch oft eine bloße Ergänzungsstimme darstellt. Sie trägt zwar wesentlich zur Steigerung der Klangfülle bei, ist jedoch im Satzganzen noch nicht wirklich integriert wie der spätere „Baß" der Musik seit etwa 1600.

Zu den wichtigsten Fortschritten D.s auf dem Wege zu einer immer stärkeren Durchrationalisierung der musikalischen Schreibweise gehören die Preisgabe der Isorhythmik und das „Einschmelzen" der für die Ars nova typischen starren ornamentalen Floskeln. Die einzelnen Stimmen müssen nun bis in die kleinsten Notenwerte hinein immer mehr Rücksicht aufeinander nehmen und werden dabei trotzdem zugleich immer selbständiger. Der Rhythmus ist nicht mehr willkürliche ornamentale Zutat einer Einzelstimme, sondern in jeder Stimme in jedem Augenblick auf den melodischen und rhythmischen Verlauf der anderen Stimmen, d. h. auf das kompositorische Ganze, bezogen. So ist D.s Musik, im Unterschied zu allem Vorhergegangenen, das erste europäische Zeugnis echter „Mehrstimmigkeit" im uns vertrauten Sinne. Hier entstand die Grundlage, ohne welche die Mehrstimmigkeit Palestrinas und diejenige J. S. Bachs nicht denkbar sind.

Ausg.: GA, hrsg. v. H. BESSELER, 6 Bde. (R 1947–66) (= CMM 1), I: *Motetti* (revidierte Ausg.; urspr. v. G. de Van 1947–48 als Bde. I–II hrsg.), II: *Missarum pars I* (1960) (darin aufgegangen die urspr. v. dems. 1949 als Bde. III–IV einzeln hrsg. *Missa sine nomine* u. *Missa Sancti Jacobi*), III: *Missarum pars II* (1951) nebst separatem *Apparatus criticus* (1962), IV: *Fragmenta missarum* (1962), V: *Compositiones liturgicae minores* (1966), VI: *Cantiones* (1964).

Lit.: F. X. HABERL, Wilhelm du Fay, in: VfMw 1 (1885); J. WOLF, Gesch. der Mensuralnotation von 1250 bis 1460, I (L 1904); R. VON FICKER, Die frühen Messenkomp. der Trienter Codices, in: StMw 11 (1924); CH. VAN DEN BORREN, G. D. (Bru 1925); H. BESSELER, Stud. zur Musik des MA I, in: AfMw 7 (1925); K. DÈZES, Das D. zugeschriebene „Salve regina" eine dt. Komp., in: ZfMw 10 (1927/28); H. BESSELER, Von D. bis Josquin. Ein Lit.-Ber., in: ZfMw 11 (1928/29); DERS., Die Musik des MA u. der Renaissance (Pd 1931); E. DANNEMANN, Die spätgotische Musiktradition in Frankreich u. Burgund vor dem Auftreten D.s (Str 1936); A. PIRRO, Histoire de la musique de la fin du XIVe siècle à la fin du XVIe (P 1940); CH. VAN DEN BORREN, Études sur le XVe siècle musical (An 1941); H. BESSELER, Bourdon u. Fauxbourdon (L 1950, ^{2}1974); M. BUKOFZER, Studies in Medieval and Renaissance Music (NY 1950); R. VON FICKER, in: AMl 23 (1951); H. BESSELER, in: ebd. 24 (1952) (sowie zahlr. weitere Art. der eben genannten u. anderer Autoren in dieser Zschr. in den folgenden Jahren); H. BESSELER, Neue Dokumente zum Leben u. Schaffen D.s, in: AfMw 9 (1952); D. PLAMENAC, An Unknown Composition by D., in: MQ 40 (1954); H. BESSELER, D. in Rom, in: AfMw 15 (1958); R. BOCKHOLDT, Die frühen Messenkomp. v. G. D. (Tutzing 1960); DERS., Notizen zur Hs. Trient „93" u. zu D.s frühen Messensätzen, in: AMl 33 (1961);

E. APFEL, Beitr. zu einer Gesch. der Satztechnik v. der frühen Motette bis Bach, 2 Bde. (Mn 1964, 1965); R. DAMMANN, Die Florentiner Domweihmotette D.s, in: W. Braunfels, Der Dom v. Florenz (Olten 1964) (= Architektur u. Musik 1); A. JONNEN, D.s Hymnenkomp. u. Fragen der Aufführungspraxis, in: MS 84 (1964); A. VAN DER LINDEN, G. D. fut-il chanoine de Soignies, in: RBMie 18 (1964); L. MACCLINTOCK, Once More on the Pronounciation of D., in: AMl 37 (1965); L. TREITLER, Tone System in the Secular Works of G. D., in: JAMS 18 (1965); F. A. GALLO, Citazione da un trattato di D., in: Collectanea Historiae Musicae 4 (1966); W. MARGGRAF, Tonalität u. Harmonik in der frz. Chanson zw. Machaut u. D., in: AfMw 23 (1966); A. LANGE, Une lettre du duc Louis de Savoie au duc de Bourgogne à propos de G. D., in: Publications du Centre européen d'études burgundomédianes 9 (1967); CH. E. HAMM, A Chronology of the Works of G. D. (Princeton 1964); G. CROLL, D.s Festmusik zur Florentiner Domweihe, in: ÖMZ 23 (1968); W. ELDERS, Stud. zur Symbolik in der Musik der alten Niederländer (Bilthoven 1968) (= Utrechtse bijdragen tot de mw. 4); W. NITSCHKE, Stud. zu den C.f.-Messen G. D.s, 2 Bde. (B 1968) (= Berliner Stud. zur Musikwiss. 13); M. u. I. BENT, D., Dunstable, Plummer. A New Source, in: JAMS 22 (1969); G. CROLL, Festmusiken der Renaissance (Salzburg – Mn 1969); R. NOWOTNY, Mensur, C.f., Satz in den caput-Messen von D., Ockeghem u. Obrecht (Diss. Mn 1970); A. E. PLANCHART, Guillaume D.'s Masses. Notes and Revisions, in: MQ 58 (1972); M. MILA, G. D., 2 Bde. (Tn 1972–73); F. OTTERBACH, Kadenzierung u. Tonalität im Kantilenensatz D.s. Ein Beitr. zur Harmonik des späten MA (Diss. Fr 1973); E. FÄSSLER, Die Kadenzen der frz. Chansons v. Machaut bis D. (Diss. I 1973); F. J. BARBOUR, A Model for the Analysis of Structural Work and Tonal Movement in Composition of the Fifteenth Century, 2 Bde. (1975) (= Diss. Yale Univ.); C. WRIGHT, D. and Cambrai. Discoveries and Revisions, in: JAMS 28 (1975); D. FALLOWS, D. and Nouvion-le-Vineux. Some Details and a Thought, in: AMl 48 (1976); W. ELDERS, Humanism and Early-Renaissance Music. A Study of the Ceremonial Music by Ciconia and D., in: TVer 27 (1977); R. BOCKHOLDT, Die Hymnen in der Hs. Cambrai 6 – zwei unbekannte Vertonungen von D.?, in: TVer 30 (1980). R. BOCKHOLDT

DUFF (arab.), **Daff, Deff,** bereits aus vorislamischer Zeit bekannte Rahmentrommel des Vorderen Orients, meist in quadratischer oder achteckiger Form mit zwei Fellen und Schnarrsaiten. In manchen Gebieten werden zusätzlich noch Schellen eingesetzt.

Lit.: H. G. FARMER, Duff, in: Enz. des Islam, II (L 1914–28).

DUFOURCQ, Norbert, * 21. 9. 1904 St-Jean-de-Braye (Loiret); frz. Musikforscher. D. studierte 1922–24 an der Sorbonne, erwarb 1928 an der École des Chartes das Diplom als Archiviste-Paléographe und 1935 an der Sorbonne den Grad eines Docteur ès lettres mit einer Arbeit über die Geschichte der Orgel in Frankreich. Seit 1923 war er Organist an St-Merry in Paris. 1926 gründete er die Vereinigung Amis de l'orgue, deren Generalsekretär er auch wurde. Seit 1928 arbeitete er im Verlag Larousse, seit 1941 lehrte er Musikgeschichte am Pariser Conservatoire, 1956–59 war er auch Präsident der Société Française de Musicologie. D. beschäftigte sich besonders mit J. S. Bach und der französischen Musik des 17. und 18. Jh., schrieb vor allem über Orgelmusik und veröffentlichte französische Orgel- und Cembalomusik, u. a. von Fr. Couperin, L. N. Clérambault, G. G. Nivers und N. Lebègue. Mit F. Raugel und A. Machabey gab er den *Larousse de la musique* heraus und leitete u. a. das Sammelwerk *La musique des origines à nos jours.*

WW (alle in Paris erschienen): **1) Schriften:** zu J. S. Bach: *J. S. Bach, génie allemand, génie latin?* (1947, ²1949); *J. S. Bach, le maître de l'orgue* (1948); *J. S. Bach, La musique de chambre* (Bru 1950); zur Org.: *Essai d'une bibliographie de l'histoire de l'orgue en France* (1929); *Esquisse d'une histoire de l'orgue en France* (1935); *Trois siècles de musique d'orgue* (1936); *Les grandes formes de la musique d'orgue* (1937); *Documents inédits pour servir à l'histoire de l'orgue*, 2 Bde. (1943–45); *La très curieuse histoire d'un orgue bigourdan* (1938); *Orgues comtadines et orgues provençales* (1955); *La musique d'orgue française de J. Titelouze à J. Alain* (1941, ²1949); *Les Clicquot* (1942); *L'Orgue* (P 1948, ²1958, ³1964); *Le Clavecin* (1949, revidiert 1967, 1969); *J. de Joyeuse* (1958); *Le livre d'orgue français 1589–1789*, I: *Les sources* (1971), II: *Le buffet* (1969), III: *La facture* (1975), IV: *La musique* (1972); zu anderen Bereichen der frz. Musik: *La musique française* (1949, revidiert 1970); *C. Franck* (1949); *N. Lebègue* (1954); *Notes et références sur Delalande* (1957); *J. B. de Boësset* (1962); *Autour de Coquard, Franck et d'Indy* (1952); *Petite histoire de la musique en Europe* (1943, revidiert ⁶1954, 1969). – **2) Editionen:** *La musique des origines à nos jours* (1946, ²1954); Lexikon *Larousse de la musique*, 2 Bde. (1957–58); *La musique, les hommes, les instruments, les œuvres*, 2 Bde. (1964–65); *N. Lebègue, Œuvres de clavecin* (Monaco 1957).

Lit.: M. LOUVET, Entretien avec N. D., in: Courrier musical de France 38 (1972); FS N. Dufourcq (1975) (= Rech. Mus. 15) (mit Schriften-Verz.).

DUKAS, Paul, * 1. 10. 1865 Paris, † 17. 5. 1935 ebd.; frz. Komponist. D. studierte seit 1881 am Pariser Conservatoire Harmonielehre bei Th. Dubois, seit 1885 Komposition bei E. Guiraud. In jenen Jahren veröffentlichte er auch seine ersten Kompositionen: *Air de Clytemnestre* (1882) und die Ouvertüre zu *King Lear* von Shakespeare (1883). 1884 wurde seine Ouvertüre zu *Goetz von Berlichingen* von Goethe in Genf aufgeführt. 1888 erhielt er für seine Kantate *Velléda* (unveröffentlicht) den 2. Prix de Rome. 1892 wurde in den Concerts Lamoureux mit großem Erfolg die Ouvertüre zu Corneilles *Polyeucte* aufgeführt, die bereits einen ausgeprägten persönlichen Stil zeigt. 1896 vollendete D. die 1897 aufgeführte 1. Symphonie in C-Dur, 1897 *L'Apprenti sorcier,* ein symphonisches Scherzo nach Goethes Ballade *Der Zauberlehrling,* das einen durchschlagenden Erfolg erzielte. 1901 entstand die Sonate für Klavier in es-moll, 1903 *Variations, interlude et finale sur un thème de Rameau* für Klavier, 1906 die *Villanelle* für Horn und Klavier. 1907 wurde sein Conte lyrique *Ariane et Barbe-Bleue (Blaubart)* an der Opéra-Comique aufgeführt und von V. d'Indy und G. Fauré in der Presse nachdrücklich gewürdigt. 1909 entstanden 2 Gelegenheitskompositionen, *Prélude élégiaque sur le nom* *de Haydn* für Klavier und *Vocalise-Étude „alla gitana"*, 1912 die mit großem Beifall aufgenommene Tanzdichtung *La Péri.* Nach 1912 veröffentlichte D. lediglich noch 2 kleine Kompositionen, die zum Andenken an Debussy geschriebene *Plainte, au loin, du faune* für Klavier und das *Sonnet de Ronsard* für Gesang und Klavier. Alle anderen in jener Zeit entstandenen Kompositionen ließ er vor seinem Tode vernichten. Die Gründe dafür sind nicht bekannt. Er lehrte an der École Normale de Musique und seit 1928 Komposition am Conservatoire in Paris.

D. ist neben Debussy, Ravel, d'Indy und Fauré einer der bedeutendsten französischen Komponisten seiner Zeit. In der Vielseitigkeit seiner Begabung und seiner Neigungen zeigen sich gegensätzliche Tendenzen, die er nicht immer auflösen konnte. Von sensibler, poetischer Natur, verfügte er über eine außerordentlich reiche Palette orchestraler Ausdrucks- und Klangmöglichkeiten, gleichzeitig bewunderte er die Vollkommenheit der Form und Architektur in den Werken der Wiener Klassiker. Ziel seiner Musik war die Darstellung psychischer Konflikte, wobei er sich in seiner kompromißlosen Strenge nicht vom Publikumsgeschmack leiten ließ.

Ausg.: Écrits sur la musique de P. D. (P 1948); Lettres intimes, hrsg. v. G. FAURÉ (P 1951); Correspondance de P. D., hrsg. v. G. FAVRE (P 1970).

Lit.: G. SAMAZEUILH, P. D. (P 1913); A. CORTOT, La musique française de piano, I (P 1930, [5]1948); RM (1936) Mai/Juni-H. (Sonder-Nr.); G. FAVRE, P. D. (P 1948); E. BONDEVILLE, P. D. (P 1965); M. RINALDI, P. D. oltre Debussy, in: Chigiana 22 (1965); G. FAVRE, L'œuvre de P. D. (P 1969); DERS., Les débuts de P. D. dans la critique musicale, in: RMie 56 (1970); R. ALEXANDRESCU, P. D. (Bukarest 1971); R. A. HAGOPIAN, The d'Indy and D. Piano Sonatas (1975) (= Diss. Indiana Univ.).

DULCIMER (von lat. dulce melos; dt.: Hackbrett; frz.: Doulcemelle; it. und span.: Salterio). – **1)** Ein seit dem Spätmittelalter bekanntes, äußerlich dem ↗Psalterium ähnliches ↗Hackbrett, dessen Saiten mit zwei Klöppeln geschlagen werden. Gespielt wird der D. entweder an einem Tragband getragen oder auf die Knie bzw. auf einen Tisch gelegt. Die Anzahl der Saiten wechselte ebenso wie die Bespannung mit einer Saite oder Saitenchören zu 2, 3 oder 4 Saiten pro Ton, desgleichen auch die Form, je nach Herkunftsland. Die Abstammung vom persischen ↗Sanṭûr ist wahrscheinlich, jedoch nicht bewiesen. Die Unterscheidung von Psalterium und D. ist für die frühen ikonographischen und schriftlichen Quellen sehr schwierig. Im 15. Jh. beschrieb H. Arnault de Zwolle den D. als Instrument mit Tasten und Hämmern. – **2)** In den USA und in Kanada Name eines Zupfinstruments der südlichen Appalachen, das mit dem französischen ↗Epinette des Vosges, dem deutschen ↗Scheitholz, dem flämischen Buche de Flandre oder ↗Hummel u. a. ähnlichen Zithern verwandt ist. Der amerikanische D. hat eine längliche Achterform ohne Hals. Das Griffbrett verläuft über die Decke. Die gewöhnlich diatonisch angebrachten Bünde liegen unter den 3 bis 4 Saiten des Instruments, manchmal auch nur unter einer Melodiesaite. In jedem Fall dienen eine oder mehrere Saiten als Bordunsaiten. Der D. wird mit einem Plektrum oder mit den Fingern gespielt.

Lit.: **Zu 1):** J. PEARSE, The Dulcimer Book (Lo 1970); A. VICOL, Contribuţii la cercetarea monografica a ţambalului, in: REF 15 (1970); J. LEACH, The cimbalon, in: ML 53 (1972); G. LÁNG, A cimbalom fejlödéstörténete, in: Muzsika 16 (1973). – **Zu 2):** CH. F. BRYAN, American Folk Instruments, in: Tennessee Folklore Society Bull. 18 (Murfreesboro 1952); CH. SEEGER, The Appalachian D., in: Journal of American Folklore 71 (Austin 1958). M. BRÖCKER

DULICHIUS (Deulich, Deilich, Dulichs), **Philipp,** * 18. 12. 1562 Chemnitz, † 24. 3. 1631 Stettin; dt. Komponist. Er studierte seit 1579 an der Universität Leipzig und wurde 1587 Kantor am fürstlichen Pädagogium und an der Marienkirche in Stettin. 1604 hielt er sich einige Zeit in Danzig auf, wo er sich vergeblich um das Kantorat der dortigen Marienkirche bemühte. D. schrieb etwa 250 5–8st., meist lateinische Motetten und hat fast ausschließlich diese Gattung gepflegt. Er knüpfte darin an Orlando di Lasso und an die Venezianische Schule an. Die neuen Kunstmittel des 17. Jh., wie Generalbaß, Monodie und konzertierender Stil, finden sich bei ihm nicht.

WW (alle in Stettin erschienen): *Cantiones* bzw. *Harmoniae (sacrae)* für 5 St. (1593), für 5–6 St. (1589), für 4 u. 8 St. (1590), für 7 St. (1593); *Dicta insigniora ex evangeliis* (Evangeliensprüche) für 2 St. (1595), 2 Bücher für 5 St. (1598 u. 1599); *Centuria ... harmonias sacras laudibus sanctissimae triados consecratas continens* für 7–8 St., 4 Teile (1607, 1608, 1610, 1612), *Centuria* ... für 6 St. (1630); einzelne Gelegenheitsgesänge.

Ausg.: *Prima pars Centuriae*, hrsg. v. R. SCHWARTZ (L 1907) (= DDT 31); *Secunda pars Centuriae...*, hrsg. v. DEMS. (L 1911) (= ebd. 41); 8st. Motette *Deus venerunt gentes*, hrsg. v. G. GOETEL (Neuhaus-St 1973) (= Die Motette 505).

Lit.: R. SCHWARTZ, Ein pommerscher Lassus, in: MGkK 1 (1896); G. KITTLER, Ph. D., in: Monatsblätter der Ges. für Pommersche Gesch. 51 (1937).

DÜLON, Friedrich Ludwig, * 14. 8. 1769 Oranienburg, † 7. 7. 1826 Würzburg; dt. Flötist. D., der seit frühester Kindheit blind war, wurde von seinem Vater nach der Methode von Quantz im Flötenspiel unterrichtet. Seit 1781 unternahm er zahlreiche große Konzertreisen. 1796–98 lebte er als Hofmusiker in St. Petersburg, nach seiner Rückkehr längere Zeit in Stendal und seit 1823 in Würzburg. D. schrieb mehrere Stücke für Flöte, ein Flötenkonzert und Duos für Flöte und Violine. Seine in Stendal entstandene Autobiographie *D.s, des blinden Flötenspielers Leben* (2 Bde., Z 1807–08) wurde vom Chr. M. Wieland veröffentlicht.

Lit.: R. SIETZ, Der Flötenvirtuose F. L. D., in: Mf 7 (1954); M. HÄRTING, D.s Reisen durch das Rheinland, in: Mitt. der Arbeitsgem. für rheinische Musikgesch. 2 (1958–61).

DULZIAN (engl.: Dolcian, Dulcian; frz.: Dulcian; it.: Dolziana; span.: Dulcian). – **1)** Name eines Blasinstruments, das in musiktheoretischen Schriften des 13. –16. Jh. sehr häufig auch unter Bezeichnungen wie *Douçaine, Dolçaina, Dolzaina, Dolcian* oder *Dulcina* erwähnt wird, ohne daß sich feststellen läßt, ob es sich immer um das gleiche Instrument handelt und wie das jeweils genannte Instrument beschaffen war. Vermutlich bezeichnete D. jedoch stets ein Blasinstrument mit Doppelrohrblatt ohne Windkapsel und ohne Lippenstütze (Pirouette). Nach J. Tinctoris (1486) hatte es 7 Grifflöcher und 1 Daumenloch, nach L. Zacconi (1592) 8 Grifflöcher und zusätzlich Klappen. In Deutschland verstand man vom Ende des 16. bis zum Beginn des 18. Jh. unter D. das alte, aus einem Holzstück gefertigte ↗Fagott. M. Praetorius (1619) benutzte den Namen sowohl für das Fagott als auch für den Sordun, und M. Mersenne (1636) beschreibt den D. als Fagott mit 3 Klappen. – **2)** Orgelregister des ↗Zungenchors mit langbecherigem zylindrischem Aufsatz in 16'- oder 8'-Lage. Es hat einen mittelstarken, hohlknatternden Klang.

Quellen-Ausg. u. Lit.: **Zu 1)** J. TINCTORIS, De inventione et usu musicae, hrsg. v. K. Weinmann (Rb 1917); L. ZACCONI, Prattica di musica (V 1592, ²1596), Faks. der Ausg. 1592, 2 Bde. (Bol 1967) (= Bibl. musica Bononiensis II/1–2); G. KINSKY, Doppelrohrblattinstr. mit Windkapsel, in: AfMw 7 (1925); A. BAINES, 15th Century Instruments in Tinctoris „De inventione ...", in: GalpinJ 3 (1950); A. REIMANN, Stud. zur Gesch. des Fagott (Diss. Fr 1956); W. VOIGT, Unters. zur Formantbildung in Klängen v. Fagott u. Dulzian (Rb 1975) (= Kölner Beitr. zur Musikforsch. 53).

DUMESNIL, René, * 19. 6. 1879 Rouen, † 26. 12. 1967 Paris, frz. Musikkritiker und -schriftsteller. D. studierte Literaturwissenschaft an der Sorbonne in Paris. Als Musikkritiker des *Mercure de France* und von *Le Monde* wie auch in seinen Schriften setzte er sich vor allem mit der zeitgenössischen französischen Musik auseinander. Für seine kritische Ausgabe der Werke Flauberts erhielt er 1949 den Prix National de Littérature. D. trat auch als Librettist hervor, u. a. mit dem Mysterienspiel *Lucifer* (Musik von Cl. Delvincourt). 1965 wurde er Mitglied der Académie des Beaux Arts.

Schriften zur Musik: *Le rythme musical, Essai historique et critique* (P 1921, ²1949); *Le Don Juan de Mozart* (P 1926, ²1955); *R. Wagner* (P 1929, ²1955); *La musique contemporaine en France*, 2 Bde. (P 1930, ²1949); *Histoire illustrée de la musique* (P 1934); *Portraits de musiciens français* (P 1936); *La musique romantique en France* (P 1945); *La musique française entre les deux guerres* (G 1946); *Histoire illustrée du théâtre lyrique* (P 1953); *Mozart présent dans ses œuvres lyriques* (Bru 1965). – D. setzte J. Combarieus *Histoire de la musique* fort: III: *Courants et tendances au XIXᵉ siècle* (NA 1955, ³1961), IV: *L'aube du XXᵉ siècle* (1958) u. V: *La première moitié du XXᵉ* siècle (1960).

DUMKA (Diminutiv von ukrainisch duma = Gedanke, Volkslied), ein in Rußland und Polen verbreiteter Volksliedtyp ukrainischen Ursprungs. Die D. ist eine Art Ballade von melancholischem, elegischem und schmachtendem Ausdruck, jedoch sehr kontrastreich. Sie hat ausgeprägte Moll-Tonalität und wird in langsamem Tempo vorgetragen. Als Begleitinstrument dient die Kobza bzw. ↗Bandura. Die D. fand auch Eingang in die Kunstmusik, so bei Beethoven, *Air russe* aus *10 Variierte Themen* für Klavier mit Flöte oder Violine ad. lib., op. 107; Fr. Liszt, *Dumka* für Klavier, op. 48; H. Wieniawski, *Dumka* für Violine und Klavier, und vor allem bei A. Dvořák, *Dumka und Furiant* für Klavier, op. 12, *Dumka* für Klavier, op. 35, Klaviertrio, op. 90 („Dumky-Trio").

Lit.: L. CHODZKO, Les chants historiques de l'Ukraine (P 1879); M. SCHERER, Les dumky ukrainiennes (P 1947); D. in: Ukrainska radjenska Enzyklopedija (Ukrainische Enzyklopädie), Bd. IV (Kiew 1961).

DU MONT, Henry (eig. Henri Dumont de Thier), * 1610 Villers-l'Évêque bei Lüttich, † 8. 5. 1684 Paris; wallonischer Komponist und Organist. Du M. war Chorknabe an Notre-Dame in Maastricht und seit 1630 dort Organist. 1638 kam er nach Paris, wo er seit 1640 Organist an St-Paul war. 1652 wurde er am königlichen Hof Cembalist des Herzogs von Anjou, 1660 Cembalist der Königin und war 1663–83 als Nachfolger J. Veillots einer der vier Musikdirektoren der Königlichen Kapelle. 1672 wurde er zum Hofkomponisten, 1673 zum Maître de la Musique de la reine ernannt. Nach dem Tode seiner Frau erhielt er eine Pfründe an der Abtei von Silly und wurde Kanoniker an St-Servais in Maastricht.

WW (alle in Paris erschienen): *Cinq messes en plain-chant* (1669), seit der 4. Aufl. (1701): *Cinq messes en plein-chant musical, appellées messes royales* (⁵1711); *Motets* für 2 St. u. B.c. (1668); *Cantica sacra* für 2–4 St. vokal u. instr. u. B.c. (1652); *Motets* für 2–4 St., vokal u. instr. u. B.c. (1681); *Airs* für 3–4 St. *en forme de motets*... über die Psalmen v. A. Godeau (1663); *Meslanges* für 2–5 St. u. B.c. (Chansons, Motetten, Litanei, Magnificats, Préludes u. Allemanden) (1657), dazu separat eine *3ᵉ partie* für Instr.-Baß (1661); *Motets pour la chapelle du roy* für Soli, Chor u. Instr. (postum 1686); *Dialogus de anima* für 5 St., 2 V. u. B.c. (hsl. Paris, Bibl. Nat.); weitere Motetten (hsl. Uppsala, Univ.-Bibl.).

Du M. war Schüler flämischer Komponisten, vermutlich des in Lüttich lebenden L. de Hodemont. Dort, wie später in Paris, lernte er auch die italienische Musik kennen. Er unterhielt freundschaftliche Beziehungen zu Lully, und eine wechselseitige Beeinflussung ist wahrscheinlich. Wie Lully auf dem Gebiet der Oper, führte Du M. in der geistlichen Musik einen neuen, harmonisch reichen Stil ein; auch verwendete er als einer der ersten Komponisten in Frankreich den Generalbaß. In seinen geringstimmigen Motetten bemühte er sich darum, den Sinn der Worte musikalisch auszudrücken. Mit seinen Grands Motets (↗Motette), die dem Vorbild N. Formés und J. Veillots folgen, wurde Du M. der erste bedeutende Meister dieser Gattung, die sich dann am Versailler Hof einer großen Beliebtheit erfreute. Über seinen Tod hinaus wurde er bekannt vor allem durch seine 5 einstimmigen Messen (*Messes en plain-chant*, 1669; ↗Plain-chant musical), die sog. *Messes royales*, die aber nicht in der königlichen Kapelle aufgeführt wurden. Ihre Melodik folgt nicht den Gegebenheiten der gregorianischen Modi, sondern ist dem dur-moll-tonalen Denken des 17. Jh. verpflichtet. Die *Messes royales* erreichten im gottesdienstlichen Gebrauch in Frankreich bis zur Gegenwart hin eine enorme Popularität und wurden zum Teil auch in die Choralausgaben von Solesmes aufgenommen.

Ausg.: Die 1., 2. u. 5. *Messe royale* (in moderner Umschrift) bei A. GASTOUÉ (s. u. Lit.) sowie (melodisch modifiziert u. in Choralnotation der *Editio Vaticana* übertragen) in: Liber Usualis Missae et Officii (Tournai 1953 u.ö.); ein Credo in: J. SCHMIDT-GÖRG, Gesch. der Messe (Kö 1967) (= Das Musikwerk 30); 4 Motetten, in: Anthologie du motet latin polyphonique en France 1609–61, hrsg. v. D. LAUNAY (P 1963) (= Publications de la Soc. Fr. de Mie I/16).

Lit.: H. QUITTARD, Un musicien en France au XVIIe siècle: H. Du M. (P 1906); A. GASTOUÉ, Les messes de Du M. (P 1912); A. AUDA, La musique et les musiciens de l'ancien pays de Liège (Lüttich 1930); M. GARROS, Du M., in: La musique en Belgique du Moyen Age à nos jours (Bru 1950); CH. PINEAU, A propos d'une messe du quatrième ton d'H. du M., in: Musique sacrée 56 (1963); M. GARROS, Du M., in: MGG III; J.-M. MEIGNIEN, L'orgue de Moussey/Aube (Troyes 1974); L.-H. COLLARD, Quelques documents sur H. Du M., in: Rech. Mus. 15 (1975).

DUNAJEWSKI, Isaak Ossipowitsch, * 18. (30.) 1. 1900 Lochwiza bei Poltawa, † 25. 7. 1955 Moskau; sowjetischer Komponist. D. studierte 1910–19 am Konservatorium in Charkow Violine und Komposition. Er schrieb Operetten, Bühnen-, Filmmusik und Ballette und gilt durch die Einbeziehung von Jazzelementen auch als Begründer des „sowjetischen Jazz". Große Popularität erlangte er mit seinen volkstümlichen Liedern, darunter *Die Heimat, Marsch der fröhlichen Kinder* und *Kachowka.*

WW: Operetten: *Das goldene Tal* (1937, 2. Fassung 1955) (Mos 1955); *Frischer Wind* (1947) (Mos 1955); *Der Sohn des Clowns* (1950) (unveröff.); *Weiße Akazie* (1955) (Mos 1956). – Ballette: *Die Ruhe des Fauns* (1924); *Murzilcha* (1924); *Die Stadt* (1924). – Filmmusik: *Drei Kameraden* (1934); *Das Tor* (1936); *Zirkus* (1936); *Die Kinder des Captain Grant* (1936); *Die Glückssucher* (1936); *Wolga-Wolga* (1938); *Kuban-Kosaken* (1949); *Der Ersatzspieler* (1954).

Ausg. (Briefe u. Erinnerungen): Wystuplenija, stati, pisma. Wospominija, hrsg. v. E. A. GROSCHEWA (Mos 1961); Wospominanija i pisma (Mos 1963); I. O. D. Isbrannye pisma, hrsg. v. D. M. PERSON (Leningrad 1974).

Lit. (alle russ.): M. JANKOWSKI, I. O. D. (Leningrad – Mos 1940); L. DANILEWITSCH, I. O. D. (ebd. 1947); A. PEN, I. D. (Mos 1956); A. TSCHERNOW, I. O. D. (ebd. 1961); A. MICHEJEWA, I. O. D. (Leningrad 1963).

DUNCAN, Isadora, * 26. 5. 1877 San Francisco, † 14. 9. 1927 Nizza; amerik. Tänzerin und Tanzpädagogin. D. begründete eine neue, gegen den akademischen Tanz gerichtete szenische Tanzkunst. Nach dem Vorbild überlieferter Plastiken adaptierte sie die Tanztechnik der griechischen Antike und propagierte den „natürlichen Ausdruckstanz", den sie nur mit dem griechischen Chiton bekleidet und barfuß darbot. Da sie Tanz als physisch-psychische Einfühlung von Musik verstand, wagte sie als erste die mimische Ausdeutung klassischer Konzertmusik, u. a. von Beethoven, Chopin und Gluck. Zusammen mit ihrer Schwester *Elisabeth* (1874–1948) gründete sie 1904 in Berlin ihre erste Tanzschule für Kinder, entwickelte eine eigene Lehrmethode und lehrte unentgeltlich die Kunst des „Freien Tanzes". Weitere Schulgründungen folgten in Deutschland, Österreich, Rußland, Griechenland und in den USA. Auf zahlreichen triumphalen Tourneen durch ganz Europa demonstrierte sie ihre emotional-expressive Tanzkunst, deren Prinzipien und ethisch-ästhetischen Ideale sie auch in Vorträgen und in z. T. autobiographischen Schriften propagierte.

Schriften: *The Dance of the Future* (1903); *Écrits sur la danse* (P 1927); *My Life* (NY 1927), dt. Übers.: *Memoiren*, bearb. v. C. ZELL (W 1928, NA 1969); *The Art of Dance* (NY 1928), neu hrsg. v. SH. CHENEY (NY 1970).

Lit.: J.-P. LAFITTE, Les danses de I. D. (P 1910); S. STOKES, I. D. (Lo 1928), NA als: Isidora. An Intimate Portrait (Lo 1968); IRMA DUNCAN, The Technique of I. D. (NY 1937); I. I. SCHNEIDER, I. D. The Russian Years (Lo 1968); M. DUFET, Bourdelle et la danse, Isidora et Nijinsky (P 1969); V. SEROFF, The Real Isadora (NY 1971). G. LUDIN

DUNI (Duny), Musikerfamilie it. Abstammung. – **1) Antonio,** * um 1700 Matera bei Neapel, † um 1766 Schwerin; Komponist. Er war Schüler des Conservatorio della Pietà dei Turchini in Neapel, ging später an den kurfürstlichen Hof in Trier, anschließend nach Madrid, wo er auf Empfehlung C. Farinellis Leiter der Königlichen Kapelle und Musiklehrer des Herzogs von Ossuna wurde. Später wirkte D. u. a. als Gesanglehrer an der Universität Moskau; zuletzt war er vermutlich Mitglied der Hofkapelle in Schwerin.

WW: Duette, Ouvertüren, 6 Symphonien u. Arien; 6 Kantaten da camera (Lo 1735); 1 Messe für 5 St. u. 6 Motetten; *L'amor mascherato,* Intermezzo, UA: Schwerin 1756.

2) Egidio Romualdo, Bruder von 1), * 9.2.1709 Matera, † 11.6.1775 Paris; Komponist. Er war in Neapel Schüler des Conservatorio di Santa Maria di Loreto und, durch Vermittlung des mit ihm befreundeten Fr. Durante, des Conservatorio della Pietà dei Turchini, wo er u.a. mit der Oper *Artaserse* als Komponist hervortrat. Später hielt er sich einige Zeit in London und in Leiden auf, war 1743–46 Kapellmeister in Bari und wirkte seit 1754 am Hof des spanischen Infanten Don Felipe in Parma. Unter dem Einfluß der Herzogin, einer Tochter König Ludwigs XIV., wandte er sich der französischen Opéra-comique zu, für deren Entwicklung er eine maßgebliche Rolle spielte. Der Erfolg seiner in Paris aufgeführten Oper *Le Peintre amoureux de son modèle,* bewog ihn, nach Paris überzusiedeln, wo er in der Folge etwa 20 Comédies à ariettes und Opéras-comiques herausbrachte. Librettisten waren u.a. Anseaume, Vadé und Favart. Obwohl sich seine Melodie vollkommen dem Duktus der französischen Sprache anpaßte, deren Musikalität er im Gegensatz zu Rousseau ausdrücklich hervorhob, weisen viele seiner Werke italienische Züge auf.

WW: **1) Bühnen-WW:** Opern (zum größten Teil im Jahr der UA gedruckt, von den meisten erschienen auch Arien u.a. separat): *Ninette à la cour,* UA Parma 1755; *Le peintre amoureux de son modèle,* UA: Paris 1757; *Le docteur Sangrado* (mit J. L. Laruette), UA: ebd. 1758; *La fille mal gardée,* UA: ebd. 1758; *Nina et Lindor,* UA: ebd. 1758; *La chercheuse d'esprit,* UA: ebd. um 1758; *La veuve indécise,* UA: ebd. 1759; *L'isle des foux,* UA: ebd. 1760; *Mazet,* UA: ebd. 1760; *Le retour au village,* UA: ebd. 1761; *Les deux chasseurs,* UA: ebd. 1763; *Le milicien,* UA: ebd. 1763; *Le rendez-vous,* UA: ebd. 1763; *Das Fischermädchen,* UA: ebd. 1763; *La fée Urgel,* UA: Fontainebleau u. Paris 1765; *La clochette,* UA: Paris 1766; *Les moissonneurs,* UA: ebd. 1768; *Les sabots,* UA: ebd. 1768; *Le Chinois; Le maître en droit; Le procès; Thémire* (nur einzelne Arien erhalten); auch von D.s frühen it. Opern sind nur einzelne Stücke überliefert; Ballet *Aline, reine de Golconde,* UA: Paris 1766; einzelne it. Arien sind hsl. erhalten. – **2) Geistliche WW** (hsl.): Oratorium *Giuseppe riconosciuto;* einige kirchenmusikal. WW (Messen, Te Deum, Litanei). – **3) Instr.-WW:** *Sei sonate a tre* für 2 V. u. B.c. (Rotterdam o.J.); *Minuetti e contridanze* (Lo 1738); *Ouverture d'Hellé* für Cemb. oder Klv. mit V. ad lib. (P o.J.).

Ausg.: *La clochette,* hrsg. v. G. LEGOUIX (P 1911); versch. Arietten in: Répertoire français de l'ancien chant classique (P 1911).

Lit.: **Zu 1):** R. A. MOOSER, Annales de la musique et de musiciens en Russie au XVIIIe siècle (G 1948). – **Zu 2):** A. POUGIN, D., in: Gazette musicale de Paris (1859) u. in: Le Ménestrel 48 (1880); G. CUCUEL, Les créateurs de l'opéra-comique française (P 1914); M. PERRUCCI, G. M. Trabaci ed E. R. D. nella storia della musica italiana (Matera 1965); CH. E. KOCH JR., The Dramatic Ensemble Finale in the Opéra comique of the 18th Century, in: AMl 39 (1967).

DUNSTABLE (Dunstaple, Dumstaple), **John,** † 24. 12. 1453; engl. Komponist, Mathematiker und Astronom. In einem astronomischen Traktat aus dem Besitz D.s findet sich ein Eintrag, demzufolge er als Canonicus und Musicus im Dienste des Herzogs von Badford stand. Dieser, ein Bruder König Heinrichs V., hatte 1422–35 die Regentschaft über Frankreich inne, und es ist wahrscheinlich, daß D. ihm nach Paris gefolgt ist. Seine Motetten geben einen Hinweis darauf, daß er Beziehungen zur Benediktiner-Abtei St. Alban in Hertfordshire pflegte. So findet sich der in der Motette *Albanus roseo rutilat* verwendete Cantus firmus nur in der *Albanus*-Messe von R. Fayrfax, der an St. Alban wirkte. Auch die namentliche Erwähnung D.s in einem aus späterer Zeit stammenden Missale der Abtei weist auf seine Beziehung hin. Für sein großes Ansehen sprechen, daß er in zahlreichen zeitgenössischen Chroniken genannt wird, sowie die häufigen Abschriften seiner Werke. In *Champion des Dames* (1441–42) gibt Martin Le Franc G. Binchois und G. Dufay den Vorzug vor älteren französischen Musikern (J. Carmen, J. Tapissier, J. Cesaris), weil sie nach D.s Vorbild die „contenance angloise" angenommen hätten. Tinctoris spricht im Vorwort seines *Proportionale Musices* von einer tiefgreifenden Veränderung der Musik des frühen 15. Jh., die sie als eine „ars nova" erscheinen lasse, und er führt die Veränderung auf den Einfluß der Engländer, besonders D.s zurück, den er jedoch, wohl mit Rücksicht auf bedeutende Zeitgenossen wie L. Power, J. Benet, J. Bedingham und J. Plummer zurückhaltend als „primus inter pares" bezeichnet.

WW: *Missa Rex seculorum* (ohne Kyrie); 6 einzeln (je 1 Kyrie, Credo, Sanctus, 3 Glorias) und 8 paarweise (3 Gloria-Credo, 1 Sanctus-Agnus Dei) überlieferte Messesätze; Gloria-Credo *super Jesu Christe Fili Dei;* Credo-Sanctus *super Da gaudiorum premia;* 12 isorhythmische Motetten (davon eine, *Nesciens mater,* untextiert); 19 Motetten, meist mit marianischen Texten; 2 weltliche WW: *O rosa bella* u. das Rondeau *Puisque m'amour;* für mehrere andere geistliche u. weltliche WW ist die Autorschaft D.s fraglich.

Die von D. überlieferten Kompositionen sind 3–4st., doch weist der Index der Hs. Eton (das entsprechende Folio ist verloren) auch auf eine 5st. Antiphon, *Gaude flore virginali,* hin. Wie viele englische Komponisten seiner Zeit übernahm auch D. in den geistlichen Werken den französischen Chansonsatz mit textierter Oberstimme (bei D. häufig ein verzierter, liturgischer Cantus firmus) und mit 2 stützenden, untextierten Begleitstimmen. Der Cantus firmus ist, wie in *Regina caeli,* durch eine außerordentlich reiche Kolorierung zuweilen fast unkenntlich. Dieser melodisch reich entfaltete, der Chanson nahestehende Stil findet sich auch in seinen isorhythmischen Motetten. Neben Stücken mit komplexer kompositorischer Anlage wie *Veni sancte Spiritus,* in der dem Tenor-Cantus firmus ein kolorierter Oberstimmen-Cantus firmus gegenübertritt, schrieb D. auch Kompositionen von einfacher, akkordischer Faktur, so das 3st. *Quam pulchra es,* das (nach H. Besseler) vielleicht auf eine Auseinandersetzung D.s mit der Harmonik und der ↗Fauxbourdon-Praxis G. Dufays hinweist. Von seinen weltlichen Werken war *O rosa bella* – die Zuschreibung ist freilich nicht ganz sicher – einer der bekanntesten Gesänge des 15. Jh. und ist (mit anderen Stücken D.s) im ↗Buxheimer Orgelbuch auch in Orgelbearbeitung überliefert.

Ausg.: GA, hrsg. v. M. BUKOFZER (1953, [2]1970) (= Mus. Brit. 8).

Lit.: M. BUKOFZER, Über Leben u. Werke von D., in: AMl 8 (1936); H. BESSELER, Bourdon u. Fauxbourdon (L 1950, [2]1974); M. BUKOFZER, J. D. A Quincentenary Report, in: MQ 40 (1954); F. L. HARRISON, Music in Medieval Britain (Lo 1958); S. E. BROWN JR., The Motets of Ciconia, D. and Dufay (1962) (= Diss. Indiana Univ.); E. SPARKS, C.f. in Mass and Motet (Berkeley – Los Angeles 1963); E. KOVARIK, A Newly-Discovered D. Fragment, in: JAMS 21 (1968); M. u. I. BENT, Dufay, D., Plummer. A New Source, in: ebd. 22 (1969); R. E. STAHURA, A Stylistic Study of the Works of J. D. (1969) (= Diss. Indiana Univ.); D. R. HOWLETT, A Possible Date for a D. Motet, in: MR 36 (1975).

D. CHADD

DUO (lat.: = zwei). – **1)** In 3- und mehrst. Vokalwerken des 15.–17. Jh. erscheint die Bz. D. oft als bloße Angabe der Stimmenzahl bei längeren Stellen oder geschlossenen Sätzen, um die Sänger in den getrennt notierten Stimmen auf die Reduzierung der Stimmenzahl aufmerksam zu machen. Seit dem Ende des 15. Jh. bezeichnete man mit D. selbständige 2st. textierte und untextierte Sätze. Einen frühen Beleg dafür bietet J. Tinctoris (*Diffinitorium,* 1475/75: „Duo est cantus duarum tantum partium relatione ad invicem compositus"). Im 16. Jh. entstand auch eine beträchtliche Zahl vokaler D.s im Rahmen der verschiedenen Gattungen der Zeit: als Motetten (im deutschen Sprachgebiet bis ins 17. Jh. oft unter dem Titel ↗Bicinium), Chansons (u. a. in den Sammlungen von J. Moderne, 1535; A. Gardane, *Canzoni francesi a due,* 1539) und als Madrigale (u. a. G. Scotto, 1541, B. Lupacchino – J. M. Tasco, = RISM 1539[24], mit zahlreichen Nachdrucken bis 1688). Daneben gab es im 16. Jh. auch zahlreiche untextierte D.s, die in der Regel für instrumentale Ausführung bestimmt und meist als Lehrstücke für den 2st. Kontrapunkt gedacht waren. Eines der berühmtesten Stücke ist A. Willaerts *Quid non ebrietas* (um 1520), das im Notenbild mit einer Septime endet und in der Geschichte der ↗Chromatik eine bis zur Gegenwart vieldiskutierte Rolle spielt. Weitere instrumentale Lehr-D.s stammen von A. Licino (*Duo cromatici,* 1545/46) und V. Galilei (*Contrapunti a due voci,* 1584).
Nach 1600 entwickelten sich das vokale und das instrumentale D. auf getrennten Wegen. In der Vokalmusik wurde die Zweistimmigkeit eine häufige Erscheinungsform der geringstimmigen ↗Motette bzw. des vokalen ↗Concerto und des ↗Geistlichen Konzerts und bestimmte darüber hinaus wesentlich die Gattungen des lateinischen ↗Dialogs, der italienischen Duett-↗Kantate und des Opern-↗Duetts. In der Instrumentalmusik trat mit dem Aufkommen des Generalbaßsatzes das „echte" D., die reine Zweistimmigkeit, zugunsten der Satzweise für 2 gleiche Instrumente mit B.c. zurück (↗Triosonate), und auch die Bz. D. findet sich im 17. Jh. bei Stücken mit B.c. nicht.
Erst in der 1. Hälfte des 18. Jh. kam es in der instrumentalen Kammermusik ohne B.c. oder Cembalo zu einer Neubelebung der D.-Komposition, vor allem bei französischen Komponisten. Sie erscheint als Suite (z. B. bei J. Hotteterre) und als Sonate (z. B. bei J. B. de Boismortier, J. Aubert, N. de Chédeville). Als Besetzung kommen vor: 2 Violinen oder 2 Flöten, Flöte und Violine, aber auch die modischen Instrumente der Zeit, Musette und Drehleier, allein oder kombiniert. Im Laufe des 18. Jh. setzte sich D. immer mehr auch als Werkbezeichnung durch (neben Duett und weiterhin Sonate). Vor allem aber nahm jetzt das D. an dem enormen Aufschwung der französischen Violinmusik und des Violinspiels teil, was die zahlreichen Violin-D.s der Träger dieser Entwicklung, R. Kreutzer, I. Pleyel, P. Rode, J. Mazas, G. B. Viotti, J. Dancla, bezeugen. Für dieselbe Zeit, Ende 18./Anfang 19. Jh. sind als Komponisten von Violin-D.s (auch von *Duos concertants, Duos dialogués*) weiter zu nennen: P. Nardini, L. Boccherini, G. G. Cambini und die Vertreter der ↗Mannheimer Schule.
Neben den Violin-D.s, für die manchmal auch die Besetzung freigestellt war (2 Flöten, Violine und Flöte usw.), gab es im 18. Jh. auch D.s für viele andere Besetzungen, so von W. A. Mozart für Violine und Viola (KV 423 und 424), für 2 Hörner oder Bassetthörner (KV 487), auch für Fagott und Violoncello (Sonate KV 292), von L. v. Beethoven für 2 Flöten (WoO 26), für Klarinette und Fagott (WoO 27) und für Viola und Violoncello (WoO 32: *Duett mit zwei obligaten Augengläsern*). Großer Beliebtheit erfreuten sich im ganzen 18. Jh. auch die D.-Arrangements beliebter Opernmelodien.
Im 19. Jh. setzte sich die Produktion von D.s für 2 Melodieinstrumente gleicher oder verschiedener Art und Lage fort. Herausragende Beispiele sind die *Grands Duos* für 2 Violinen von L. Spohr. Um die Mitte des Jahrhunderts dehnte man die Bezeichnung D. zeitweise auch aus, auf die 4händige Klaviermusik (vgl. etwa Schuberts *Grand Duo,*

op. 140), auf die Musik für 2 Klaviere, auf Stücke für 2 Harfen und für Klavier und Harfe sowie – umgangssprachlich – generell auf Werke für Violine und Klavier. Im 20. Jh. schließlich heißen D. dann wieder vorzugsweise Kompositionen für 2 Melodieinstrumente, wie etwa bei Z. Kodály (*Duo* für Violine und Violoncello, op. 7), I. Strawinsky (*Duo concertant* für Violine und Klavier), B. Bartók (44 D.s für 2 Violinen). Unterschiedliche Bezeichnungen tragen eine Sonate für Violine und Violoncello von M. Ravel und die *14 leichten Stücke* für 2 Violinen von P. Hindemith. – **2)** Als D. wird heute gelegentlich ein festes Ensemble von zwei Instrumentalisten (z. B. Klavierduo Kurt Bauer – Heidi Bung) oder zwei Sängern – zumal im Bereich der Popmusik – bezeichnet.

Lit.: E. BRENNECKE, The Amenities of Duet-Playing, in: MQ 12 (1926); O. GOMBOSI, Violinduette im 15. Jh., in: AMl 9 (1937); E. VON MOOCK, Zur Gesch. des Instrumentalduetts in der Zeit von 1700 bis 1850 (Diss. Kö 1939); A. ROWLEY, Four Hands, One Piano. A Short Résumé of Pianoforte Duets, in: MR 1 (1940); H. M. MILLER, The Earliest Keyboard Duets, in: MQ 29 (1943); H. MOLDENHAUER, Duo-Pianism (Ch 1950); D. KÄMPER, Das Lehr- u. Instrumentalduo um 1500 in Italien, in: Mf 18 (1965); J. ROCHE, The Duet in Early Seventeenth Century Italian Church Music, in: Proc. R. Muss. Assoc. 93 (1966/67); H. FERGUSON, Style and Interpretation. An Anthology of Keyboard Musik (Lo 1971); E. DOFLEIN, Das V.-D. in der Musikgesch. Mit Bibliographie, in: ÖMZ 27 (1972); O. R. JOTTI, Violin and Violoncello in Duo Without Accompaniment. Based on the Work by A. Feinland (Detroit 1973) (= Detroit studies in music bibliography 25). G. MASSENKEIL

DUODEZIME (lat.: duodecima), Bz. für die Oktave der ↗Quinte.

DUOLE (engl.: duplet; frz.: duolet; it.: duina; span.: dosillo), im Dreiertakt oder -rhythmus eine Folge zweier Noten gleichen Werts, deren Dauer drei Noten der gleichen Form entspricht. Die D. wird in der Regel durch eine unter oder über die Noten gesetzte „2" gekennzeichnet. Beispiel für eine Viertel-D. im $^3/_4$-Takt:

DUPARC (eig. Fouques-D.), **Henri** (Marie Eugène Henri), * 21. 1. 1848 Paris, † 12. 2. 1933 Mont-de-Marsan; frz. Komponist. Nach dem Besuch des Jesuitenkollegs in Vaugirard, wo er Klavierunterricht von C. Franck erhielt, der auch seine ersten Kompositionsversuche unterstützte und ihn später (1872–75) in Harmonielehre unterrichtete, studierte er Jura. 1868 wurden seine ersten Lieder und 1869 seine ersten Klavierstücke veröffentlicht. 1870 reiste er mit C. Saint-Saëns zur Uraufführung von R. Wagners *Walküre* nach München. Nach dem Kriege von 1870/71 war sein Haus Mittelpunkt namhafter Literaten und Musiker, darunter G. Fauré, E. A. Chausson, Saint-Saëns, P. Bénoit und A. E. Chabrier. 1871 gründete er mit R. Bussine und Saint-Saëns die Société Nationale de Musique, deren Sekretär er war. Eine bereits 1875 einsetzende Nervenkrankheit und völlige Erblindung führten seit 1885 zum Ende fast jeder künstlerischen Tätigkeit.

WW: **1) Instr.-WW:** Für Klv.: *Rêveries* (1863 ?); *Feuilles volantes*, op. 1 (1869); *Beaulieu* (1869) (bei R. Stricker veröff.); *Suite pour le piano* (1877) (verschollen); Sonate (1867) für Vc. u. Klv., UA: 1948 (ungedruckt); *Suite d'orchestre* (1872) (verschollen); *Laendler* (1873), Walzersuite für Orch. (nur eine Fassung für 2 Klv. vorhanden); *Poème nocturne* (1874) für Orch.: *Aux Étoiles* (1910 überarbeitet); *Lutins et follets; Duo: l'Aurore* (vernichtet); *Lénore* (1875) (nach G. Bürger), Symphonische Dichtung (P o.J.); *Aux Étoiles* (1910), Entracte für ein unveröff. Drama (P 1911); *Danse lente* (aus *Roussalka*) für Orch. (Klv.-Bearb. bei Stricker). – **2) Vokal-WW:** 13 *Mélodies* für SingSt u. Klv. (P 1911): *Chanson triste* (1868) (Text: J. Lahor), orchestriert; *Soupir* (1868 oder 1869) (Text: S. Prud'homme), UA: 1872?; *Au Pays où se fait la guerre* (ursprünglich: Absence) (1869 oder 1870) (Text: Th. Gautier), orchestriert; *L'Invitation au voyage* (1870) (Text: Ch. Baudelaire), UA: 1872?, orchestriert; *La Vague et la cloche* (1871) (Text: F. Coppée), UA: 1873, orchestriert; *Extase* (1872) (Text: J. Lahor), UA: 1882; *Élégie* (1874) (Text: Th. Moore); *Le Manoir de Rosemonde* (1879) (Text: R. de Bonnières), orchestriert; *Sérénade florentine* (1880) (Text: J. Lahor), UA: 1882; *Phidylé* (1872–82) (Text: Leconte de Lisle), UA: 1889, orchestriert; *Lamento* (1883) (Text: Th. Gautier); *Testament* (1883) (Text: A. Silvestre), UA: 1898, orchestriert; *La Vie antérieure* (1876–84) (Text: Ch. Baudelaire), orchestriert; weitere Mélodies: *Le Galop* (1868); *Romance de Mignon* (1869); *Sérénade* (1869); *La Fuite* (1870), Duo für Sopran u. Tenor (P 1872); *Recueillement* (unvollendet u. verschollen); Motette *Benedicat vobis Dominus* (1882).

D., den C. Franck als seinen begabtesten Schüler bezeichnete, war ein ungemein selbstkritischer Komponist, der nur weniges gelten ließ und den größten Teil seiner Werke vernichtete. Gleichwohl war er von maßgeblichem Einfluß auf die Entwicklung der französischen Musik in der zweiten Hälfte des 19. Jahrhunderts. Sein Schaffen kulminiert fast ausschließlich in seinen 13 *Mélodies*, die Glanzpunkte in der Geschichte des französischen Sololieds darstellen. D. hat in jedem einzelnen Lied die Stimmung und den poetischen Reiz des Textes in vollendeter Weise musikalisch ausgedrückt. Er bedient sich dabei aparter harmonischer Wendungen und einer großen rhythmischen Prägnanz und steigert den vokalen und instrumentalen Ausdruck mitunter so, daß manche dieser Mélodies nicht nur in der Orchesterfassung, sondern auch in der Klavierfassung den kammermusikalischen Rahmen zu sprengen scheinen. So weisen diese Werke nicht so sehr dem späteren französischen Klavierlied den Weg als vielmehr dem ↗Orchestergesang.

Lit.: H. DUPARC, Souvenirs sur Franck pendant le siège de Paris, in: RM (1922) Dezember-H.; F. L. MERLE, Psychologie et pathologie d'H. D. (Bordeaux 1933); P. DE BRÉVILLE, H. D., in: La musique Française (P 1933) Mai-H.; CH. OULMONT, La musique de l'amour 2 (1935); H. D. Une amitié mystique, d'après ses lettres à F. Jammes, hrsg. v. G. FERCHAULT (mit Einleitung u. Anmerkungen) (P 1944); S. NORTHCOTE, The Songs of H.D. (Lo 1949); F. NOSKE, La mélodie française de Berlioz à D. (P – A 1954), revidierte Ausg. v. R. BENTON – F. NOSKE: French Song from Berlioz to D. (NY [2]1970); L. VALLAS, La véritable histoire de C. Franck (P 1955); Lettres de D. à Chausson, hrsg. v. Y. GÉRARD, in: RMie 38 (1956); R. STRICKER, H. D. et ses mélodies (1961) (hsl. Paris, Bibl. Nat.); F. JAMMES, Conférence sur H. D. (hsl. Paris, Bibl. Nat.); G. WERKER, in: Mens en melodie 13 (1958); L. DAVIES, The Gallic Muse (Lo 1967); DERS., C. Franck and His Circle (Boston 1970).

DU PHLY (Duphly, Duflitz), **Jacques,** * 12. 1. 1715 Rouen, † 15. 7. 1789 Paris; frz. Cembalist und Komponist. D. war Schüler von Fr. d'Agincourt. 1730 wurde er Organist der Kathedrale von Évreux, 1734 an St-Éloi und 1740 an Notre-Dame-la Ronde in Rouen. 1742 ließ er sich als Cembalolehrer in Paris nieder. Von ihm erschienen in Paris 1744–68 4 Bücher *Pièces de clavecin* in der Tradition Fr. Couperins.

Ausg.: *1er livre de clavecin,* hrsg. v. L. FARRENC, in: Le Trésor des Pianistes 14 (P 1871); *La Vanloo, La Victoire* u. *La Villeroy* in: Les Clavecinistes français 4 (P o.J.); *La De Valmalette, La Du Failly* u. *La Decasaubon,* hrsg. v. J. VOLANT-PANEL (P 1961); GA der WW für Cemb., hrsg. v. F. PETIT (P 1967).

Lit.: A. PIRRO, Les clavecinistes (P 1924); L. PANEL, J. du Ph., in: La musique et les musiciens en Normandie (1955) (= Études normandes 15); F. PETIT, Sur l'œuvre de J. D., in: Courrier musical de France (1968) Nr. 23.

DUPLEX LONGA (lat.), ↗Longa.

DUPLUM (lat.), in der ↗Notre-Dame-Schule und in der ↗Ars antiqua Bz. für die über dem ↗Tenor liegende Stimme. Analog wird eine 3. oder 4. hinzutretende Stimme mit *Triplum* oder *Quadruplum* bezeichnet. Das mit einem zum Tenor unterschiedlichen Text versehene D. wird *Motetus* (↗Motette) genannt.

DUPONT, Jacques, ↗Jacque-Dupont.

DUPORT, frz. Musikerfamilie. – **1) Jean-Pierre,** genannt „l'aîné" (der Ältere), * 27. 11. 1741 Paris, † 31. 12. 1818 Berlin; Violoncellist und Komponist. Er spielte 1761 im Concert spirituel und bis 1769 in der Kapelle des Prinzen Conti. Nach mehreren Konzertreisen wurde er 1773 Erster Cellist der Hofkapelle in Berlin. Er veröffentlichte Cellosonaten mit Baßbegleitung (P und Lo). Hsl. erhalten ist ein Cellokonzert. – **2) Jean-Louis,** Bruder von 1), genannt „le jeune" (der Jüngere), * 4. 10. 1749 Paris, † 7. 9. 1819 ebd.; Violoncellist und Komponist. Er war zunächst Tänzer, wurde dann von seinem Bruder als Cellist ausgebildet und spielte an der Opéra und im Concert spirituel. 1789 floh er vor der Französischen Revolution nach Deutschland, kehrte 1806 nach Paris zurück und war zunächst Musiker Exkönig Karls IV. von Spanien, dann Mitglied der Hofkapelle Napoleons I. und schließlich Lehrer am Pariser Conservatoire. Nach der Restauration wirkte er im Dienst König Ludwigs XVIII. Er veröffentlichte 6 Cellokonzerte, 3 Duos für 2 Vc. (P o.J.), 6 Sonaten für Vc. und Baß, ferner Romanzen und Nocturnos für verschiedene Instrumente. Gedruckt wurden auch pädagogische Werke, darunter der *Essai sur le doigté du violoncelle et sur la conduite de l'archet* (P 1806 u.ö.). Unter dem Eindruck des Violinspiels von G. B. Viotti versuchte D., dessen Stil auf sein Instrument zu übertragen und wurde damit der Schöpfer des modernen Cellospiels.

Ausg.: **Zu 1):** Sonate Nr. 5 für Vc. u. Klv., revidiert v. H. ROGISTER (P 1935); Vc.-Sonate, hrsg. v. L. BOULAY (P 1967) (= L'Astrée o.Nr.). – **Zu 2):** *Études célèbres pour violoncelle de D.* (P 1924); *21 Exercices pour violoncelle dans tous les tons majeurs et mineurs,* revidiert v. P. BAZELAIRE (P 1924); dass., revidiert v. P. FOURNIER (P 1926); Sonate für Vc. u. Cemb., hrsg. v. L. BOULAY (P 1967).

Lit.: F. KOHLMORGEN, Die Brüder D. u. die Entwicklung der Violoncelltechnik v. ihren Anfängen bis zur Zeit B. Rombergs (Diss. B 1922); L. MOORE, The D. Mystery, in: Dance Perspectives 7 (Brooklyn 1960); W. PAPE, Die Entwicklung des Violoncellspiels im 19. Jh. (Diss. Saarbrücken 1962); K. MARX, Die Entwicklung des Vc. u. seiner Spieltechnik bis J.-L. D. (Rb 1963) (= Forsch.-Beitr. zur Musikwiss. 13).

DUPRÉ, Marcel, * 3. 5. 1886 Rouen, † 30. 5. 1971 Meudon (Hauts-de-Seine); frz. Organist und Komponist. D. stammte aus einer Musikerfamilie. Er wurde bereits mit 12 Jahren Organist an St-Vivien in Rouen, errang als Schüler von F. A. Guilmant und Ch.-M. Widor am Pariser Conservatoire Erste Preise für Orgel, Klavier und Fuge und 1914 den Prix de Rome für seine Kantate *Psyché.* 1920 begann seine internationale Karriere als Orgelvirtuose. Im gleichen Jahr führte er, erstmalig für Paris, dort das gesamte Orgelwerk Bachs auf (wie es vorher sein ehemaliger Mitschüler bei Widor, Albert Schweitzer, in Straßburg getan hatte). 1926 wurde er Professor für Orgel am Pariser Conservatoire (das er 1954–56 auch leitete) und folgte 1934 Widor als Organist an St-Sulpice. Mit seinen Orgelimprovisationen erlangte er seither Weltruhm, insbesondere auch auf Konzertreisen nach England und in die USA. 1946 wurde er Direktor des Conservatoire Américain in Fontainebleau und 1956 Mitglied des Institut de France. Als Orgelkomponist verfolgte D. weniger liturgische Wege, sondern suchte vielmehr symphonische Klangfarben und konzertante Formen einzubeziehen, womit er seinen bedeutendsten Schüler, O. Messiaen, nachhaltig beeinflußte. D. schrieb auch mehrere Unterrichtswerke für die Orgel, darunter einen *Cours complet d'improvisation à l'orgue* (P 1962).

WW (alle in Paris erschienen): **1) Instr.-WW:** Für Org.: *3 Préludes et fugues*, op. 7 (1912); *3 Préludes et fugues*, op. 36 (1938) *15 Versets sur les Vêpres de la Ste. Vierge* (1919); *Variations sur un vieux noël* (1922); *Suite bretonne* (1923); *Symphonie-Passion* (1924); 2. Symphonie cis-moll (1929); *79 Chorals* (1931); *Le Chemin de la Croix* (1932); *3 Élévations* (1935); *Évocation* (1941); *Le Tombeau de Titelouze* (1943); Suite, op. 39 (1944); *Offrande à la Vierge* (1944); *Vision* (1947); *Psalm XVIII* (1950); *Tryptique*, op. 51 (1957); *Les nymphéas*, op. 54 (1959); *Choral et fugue*, op. 57 (1962); *In memoriam*, op. 61 (1965); *Entrée, méditation, sortie*, op. 62 (1967); *4 Fugues modales*, op. 63 (1968); *Vitrail*, op. 65 (1969). – Für Org. u. Klv.: *Ballade* (1932); Variationen zu zwei Themen (1938); Sinfonia (1946). – Für Org. u. versch. Instr.: Quartett d-moll, op. 52 (1958), für V., Va., Vc. u. Org.; Trio f-moll, op. 55 (1960), für V., Vc. u. Org.; Sonate a-moll, op. 60 (1964), für Vc. u. Org. – Für Org. u. Orch.: *Cortège et Litanie* (1921); Sinfonie g-moll (1928); Konzert e-moll (1934); *Verdun. Poème héroique* (1936) für Org. u. Blechbläser. – **2) Vokal-WW:** 4 Motetten (1916) für gem. St. u. 2 Org.; *De Profundis* (1917) für Soli, Chor, Org. u. Orch.; Oratorium *La France au Calvaire* (1956) für Soli, Chor, Org. (oder Orch. ad lib.). – Bearbeitungen, u. a.: Händel, 16 Konzerte (1937) für Org. u. Orch. – **3) Schriften u. Lehr-WW:** *Traité d'improvisation à l'orgue* (P 1924); *Méthode d'orgue* (P 1927); *Cours de contrepoint* (P 1938); *Cours de fugue* (P 1938); *Cours complet d'improvisation à l'orgue* 1 (P 1962); *M. Dupré raconte*... (P 1972), engl. Übers.: *Recollections*, übers. u. hrsg. v. R. KNEERAM (Melville/N.Y. 1975). – **4) Editionen:** Bach, Org.-WW, 12 Bde. (1938); GA der Org.-WW v. Mendelssohn, Schumann, C. Franck.

Lit.: R. DELESTRE, L'œuvre de M. D. (P 1952); B. GAVOTY – R. HAUERT, M. D. (G 1955); F. RAUGEL, M. D., Catalogue des œuvres, in: Études normandes (1955) Nr. 15; F.-J. ZIMMERHOF, in: MS 82 (1962); J. PICCAND, Trois organistes français, in: SMZ 104 (1964); H. FUNK – E. BÄCHTOLD, in: MuG 20 (1966); H. WAGENER, in: MS 91 (1971); N. DUFOURCQ, Hommage à M. D., in: Orgue 140 (1971); G. STEED, M. D. A Study of His Symphonic Poem for Organ, Evocation op. 37, in: MT 112 (1971); R. SMITH, D. in the Twenties, in: Diapason 7 (1971); Exposition D. (Rouen 1972) (Kat.); L. L. RHOADES, Theme and Variation in Twentieth-Century Organ Literature. Analyses of Variations by Alain, Barber, Distler, D., Duruflé and Sowerby (1973) (= Diss. Ohio State Univ. 1973); D. W. CASE, A Study and Performance of Three Organ Works by Langlais, D. and Messiaen (1973) (= Diss. Univ. of Southern California); J. M. PAGETT, The Music of M. D. (1975) (= Diss. Theological Seminary, New York).

H. LINDLAR

DUPUIS, Albert, * 1. 3. 1877 Verviers, † 19. 9. 1967 Brüssel; wallonischer Komponist. Er war Schüler am Conservatoire in Verviers, später an der Schola Cantorum in Paris bei V. d'Indy und F. A. Guilmant und schließlich am Brüsseler Konservatorium, wo er 1903 für die lyrische Legende *Chanson d'Halewyn* den belgischen Prix de Rome erhielt. 1908–47 leitete er das Conservatoire in Verviers. D. ist mit mehreren Opern, Balletten, Symphonien, Instrumentalkonzerten, Kammermusik und Liedern hervorgetreten.

WW: Sonaten für V. u. Klv. (P o.J.); ein Streichquartett; 2 Symphonien; *Rapsodie liégeoise* für Klv. u. Orch.; *Fantaisie rapsodique* für V. u. Orch.; ein Konzert für Vc. u. Orch.; zahlr. Lieder; *Psaume CXVIII*; Oratorium *La Gileppe*. – Bühnen-WW: *Jean Michel*, UA: Brüssel 1903; *Martille*, UA: ebd. 1904; *Fidelaine*, UA: Lüttich 1911 (P o.J.); *Le château de la Bretèche*, UA: Nizza 1913 (P o.J.); *La Passion*, UA: Brüssel 1916 (P o.J.); *La délivrance*, UA: Lille 1921; *La victoire*, UA: Brüssel 1923; *Ce n'était qu'un rêve* (1930), UA: Antwerpen 1935; *Hassan* (1931), UA: Brüssel 1938; *Un drame sous Philippe II* (1931), UA: ebd. 1948; Ballette: *Rêve d'enfant* (1951); *Aux temps jadis*, UA: Antwerpen 1952: *Évocation d'Espagne* (1954).

Lit.: J. DOR, A. D. (Lüttich 1935); R. MICHEL, Un grand musicien belge méconnu, A. D. (1967).

DUPUIS, Sylvain, * 9. 10. 1856 Lüttich, † 28. 9. 1931 Brügge; belgischer Komponist und Dirigent. D. war Schüler am Konservatorium in Lüttich, erhielt 1883 den belgischen Prix de Rome und wurde dort 1886 Professor für Harmonielehre. 1888 gründete er die Nouveaux concerts symphoniques in Lüttich, leitete 1900–1911 das Orchester des Théâtre de la Monnaie und die Concerts populaires in Brüssel und war anschließend Direktor des Lütticher Konservatoriums. D. spielte im belgischen Musikleben seiner Zeit eine bedeutende Rolle. Als Komponist trat er mit Opern, Kantaten, Orchester-, Chorwerken und Liedern hervor.

Lit.: R. BARBIER, Souvenirs sur S. D., in: Bull. des Beaux Arts de l'Académie Royale Belgique 58 (1972).

DUR. D. ist neben ↗Moll eines der beiden Tongeschlechter, auf denen die tonale Musik beruht. Die D.-Skala (c – d – e – f / g – a – h – c) ist aus zwei gleich gebauten ↗Tetrachorden zusammengesetzt, die jeweils mit einem Halbton enden; der Halbtonschritt von der 7. zur 8. Stufe stellt den eigentlichen, zur Auflösung strebenden Leitton der Skala dar. Demgegenüber zeigt die asymmetrisch aufgebaute natürliche Moll-Skala (a – h – c – d – e – f – g – a) Halbtonschritte zwischen der 2. und 3. (h – c) sowie zwischen der 5. und 6. Stufe (e – f). In Analogie zur D.-Skala können die 7. Stufe *(harmonisches Moll)* oder die 6. und 7. Stufe *(melodisches Moll)* erhöht werden; umgekehrt kann sich die D.-Skala durch Übernahme der kleinen Sexte der Moll-Skala annähern: c – d – e – f – g – *as* – h – c bezeichnet das *harmonische Dur*. Maßgeblich für D. ist also letztlich die große (c – e – g), für Moll die kleine Terz (c – es – g) des ↗Dreiklangs. Den D.-Dreiklang als 4., 5. und 6. Partialton aus der Obertonreihe abzuleiten ist seit J.-Ph. Rameau (1722) üblich; die akustische Begründung des Moll ist dagegen bis heute umstritten (↗Dualismus). – Die Bezeichnung D. geht auf die mittelalterlichen ↗Hexachorde zurück: das Hexachord f – d mit dem Ton b, der aufgrund seiner runden Schreibweise „b rotundum" oder „b molle" genannt wurde, hieß *hexachordum molle;* das Hexachord g – e dagegen *hexachordum durum*, da sein Ton h aufgrund quadratischer Schreibung „b quadratum" oder „b durum" genannt wurde (↗B). Diese etymologische Herleitung widerspricht der Auffassung, D. und Moll als „hart" und „weich" charakterisierten den D.- und Moll-Dreiklang; gleichwohl empfand G. Zarlino (1558) den D.-Dreiklang als heiter, den Moll-Dreiklang als traurig – eine Anschauung, die über das Tongeschlecht hinaus auf das Problem des Charakters der ↗Tonarten verweist. Durch Glarean war die D.-Skala als jonischer Modus den acht ↗Kirchentönen zugefügt worden: unter Berufung auf antike Schriften, die von mehr als acht Modi sprechen, und gestützt durch die Beobachtung, daß zu seiner eigenen Zeit der jonische C-Modus transponiert als F-Modus mit dem Ton b im Gebrauch war, ergänzte er in seiner Zwölftonartenlehre (*Dodekachordon*, 1547) die acht Kirchentöne um den aeolischen und jonischen Modus sowie deren plagale Skalen (↗plagal). Anfang des 17. Jh. spricht J. Lippius (*Synopsis musicae novae*, 1612) vom D.-Dreiklang noch als einer „Trias harmonica perfecta", J. Kepler (*Harmonice Mundi*, 1619) nennt die D.-Skala „Genus durum", J. G. Walther (*Musicalisches Lexicon*, 1732) „Modus major". – Für die Ausbreitung der D.-Moll-Tonalität kommt der Errechnung der gleichschwebenden ↗temperierten Stimmung durch A. Werckmeister (1698) hervorragende Bedeutung zu. Die dur-moll-tonale Musik vom 17. bis 19. Jh. beruht auf den Prinzipien von D. und Moll: Ordnungsprinzip des D.-Moll-Systems ist die Tonalität, die Bezogenheit von Tönen und Akkorden auf ein tonales Zentrum (↗Tonika) und deren hierarchische Ordnung innerhalb dieses tonalen Bezugssystems. Die Funktionstheorie beschreibt dieses System, das einerseits an eine harmonisch inspirierte D.-Moll-Melodik gebunden ist, andererseits durch die Akkordfunktionen ↗Tonika, ↗Subdominante und ↗Dominante ausgeprägt wird. Durch fortschreitende Chromatisierung und kompliziertere Akkordbildungen wurde das D.-Moll-System seit dem 19. Jh. mehr und mehr in Frage gestellt. Wagners *Tristan* signalisiert die „Krise der Dur-Moll-Tonalität" (E. Kurth). Eine Konsequenz aus dieser Entwicklung war der Umschlag in die ↗Atonalität.

Lit.: H. J. MOSER, Die Entstehung des Durgedankens, ein kulturgesch. Problem, in: SIMG 15 (1913/14); R. MAYRHOFER, Der Kunstklang, I: Das Problem der Durdiatonik (W 1910); J. HANDSCHIN, Der Toncharakter (Z 1948); C. DAHLHAUS, Die Termini D. u. Moll, in: AfMw 12 (1955); P. BEYER, Stud. zur Vorgesch. des D.-Moll (Kas 1958) (= Musikwiss. Arbeiten 12); J. CHAILLEY, L'imbroglio des modes (P 1960); DERS., Formation et transformation du langage musical (P 1961); E. APFEL, Spätmittelalterliche Klangstruktur u. D.-Molltonalität, in: Mf 16 (1963); E. H. SANDERS, Tonal Aspects of 13th Century English Polyphony, in: AMl 37 (1965); N. BÖKER-HEIL, Ein algebraisches Modell des Durmolltonalen Systems, in: Kgr.-Ber. Stuttgart 1971 (St 1972); J. LESTER, Major-minor Concepts and Modal Theory in Germany 1592–1680, in: JAMS 30 (1977).

C. KÜHN

DURAND, frz. Musikverleger. – **1) Auguste,** * 18. 6. 1830 Paris, † 31. 5. 1909 ebd. Er war Schüler von C. Saint-Saëns und von Fr. Benoist (Orgel). Seit 1849 war er nacheinander Organist an St-Ambroise, Ste-Geneviève, St-Roch und 1862–74 an St-Vincent-de-Paul in Paris. 1870 assoziierte er sich mit dem Verleger Schönewerk und erwarb den 1847 gegründeten Verlag Flaxland. Der Verlag firmierte als *D. & Schönewerk*, seit 1891, als D. alleiniger Besitzer wurde, als *A. D. & Fils*. – **2) Jacques Massacrie,** Sohn von 1), * 22. 2. 1865 Paris, † 22. 8. 1928 Bel-Ébat bei Fontainebleau. Er leitete den Verlag seit 1921 zusammen mit G. Choisnel und R. Dommage (seit 1934: *Éditions D. & Cie*). – Schwerpunkte des Verlagsprogramms sind Werke französischer Komponisten des 19. und 20. Jh., darunter C. Saint-Saëns, J. É. Fr. Massenet, É. Lalo, V. d'Indy, P. Dukas, Cl. Debussy, M. Ravel, G. Fauré, A. Roussel und Ch. Koechlin, sowie Neuausgaben von Werken älterer französischer Komponisten, an denen u. a. Saint-Saëns, Fauré, Debussy und Dukas mitwirkten. Eine von Saint-Saëns begonnene Ausgabe der Werke Rameaus blieb unvollendet.

DURANTE, Francesco, * 31. 3. 1684 Frattamaggiore bei Neapel, † 30. 9. 1755 Neapel; it. Komponist. D. war Violinschüler von G. Francone. Nach N. Piccinni soll er in Rom auch Schüler von O. Pitoni und möglicherweise von B. Pasquini gewesen sein. In Neapel war er 1710–11 Lehrer am Conservatorio di Sant'Onofrio, 1728–39 Kapellmeister am Conservatorio de' Poveri di Gesù Cristo, 1742–55 als Nachfolger N. Porporas Lehrer am Conservatorio di S. Maria di Loreto und 1745–55 gleichzeitig auch an Sant'Onofrio. Seine Schüler waren in Neapel u. a. G. B. Pergolesi, T. Traëtta, D. Terradellas, N. Piccinni (den er besonders schätzte), N. Jommelli, A. Sacchini, P. Guglielmi, G. Paisiello, F. Fenaroli. Seit 1718 war D. Mitglied der Congregazione dei Maestri di Musica di Roma S. Cecilia und in den folgenden Jahren daher vermutlich zumindest zeitweise in Rom tätig.

WW (größtenteils hsl. in zahlr. Bibliotheken überliefert, allein 62 Bde. in Paris, Bibl. Nat.; ein vollständiges Verzeichnis gibt es nicht): **1) Instr.-WW:** *6 Sonate per cembalo divise in studi e divertimenti* (Neapel o. J.); *Toccate per il cembalo solo*; ein *Partimento* für Cemb. u. Str.; 8 *Concerti a 4* für Str., auch als: *Quartetti concertanti per archi*. – **2) Vokal-WW:** zahlr. Messen u. Messensätze für 4–9 St., mit u. ohne Instr.; Psalmen für 1–8 St., mit u. ohne Instr.; Hymnen, Magnificats, Motetten, Antiphonen, Litaneien, Madrigale mit B.c.; Oratorien: *La Cerva assetata*, UA: Neapel

1719; *Abigaille,* UA: Rom 1736; *S. Antonio da Padova,* UA: Venedig 1753; Chöre zu A. Marcheses Tragödie *Flavio Valente.* – **3) Unterrichts-WW:** 11 Solfeggien für 2 St. u. B.c. aus Kantaten v. A. Scarlatti; *Maniera di ben suonare il cembalo; Regole di partimenti diminuti.*

D. zählt zur ↗Neapolitanischen Schule, obwohl er selbst keine Opern komponiert hat; immerhin war er der Lehrer der bedeutendsten neapolitanischen Opernkomponisten des 18. Jahrhunderts. Sein eigenes Schaffen konzentrierte sich – wenn man von einigen Oratorien absieht – vorab auf die Kirchenmusik, in zweiter Linie auf die Instrumentalmusik. In seinen kirchenmusikalischen Werken versuchte D. in dem Nebeneinander von Partien im Stile antico, der sich an der kontrapunktischen Kunst Palestrinas orientiert, und von Partien, die von den modernen, opernmäßigen Kunstmitteln bestimmt sind, einen Ausgleich dieser divergierenden Kräfte. Er schuf damit eine Schreibweise, die man als „Stile misto" bezeichnet hat, zu seiner Zeit auch als „Durantismo" – als Gegenbegriff zu dem „Leismo", dem konsequenter modernen Kirchenstil L. Leos. D.s Instrumentalwerke sind bemerkenswerte Zeugnisse für die Verbindung traditioneller Züge der italienischen Solo- und Ensemblemusik mit den neuen melodischen und harmonischen Elementen der 1. Hälfte des 18. Jahrhunderts.

Ausg.: Cemb.-Komp.: 6 Sonaten, hrsg. v. A. FARRENC, in: Le Trésor des pianistes 9 (1861); 8 Toccaten, hrsg. v. G. PANNAIN (Mi 1915); Studi, toccate e divertimenti, hrsg. v. A. TONI, in: I Classici della Musica Italiana 10 (Mi 1920); 6 Studi u. 6 Divertimenti, hrsg. v. B. PAUMGARTNER (Kas 1949); 6 Stücke, hrsg. v. G. TAGLIAPIETRA, in: Antologia di Musica antica e moderna per il pianoforte 11 (Mi 1932); Gagliarda a-moll, bearb. v. S. BEHREND (H 1964); *3 Concerti,* f-moll, g-moll u. e-moll für 2 V., Va. u. Baß, hrsg. v. E. DOFLEIN (Mz 1966); *8 Concerti* für Streichorch., hrsg. v. R. BLANCHARD (P 1970) (= Le pupitre 26); versch. geistliche WW in: F. COMMER, Musica sacra, Bde. 2, 4, 5, 7 u. 16; 3 Stücke für Gesang u. Gitarre, bearb. v. M. ABLÓNIZ (Mi 1959); *Magnificat* B-Dur für Chor u. Str., hrsg. v. D. HELLMANN (St 1965); *Misericordias Domini,* 2 Motetten für 8st. Doppelchor, hrsg. v. G. GOEBEL (Neuhausen – St 1974) (= Die Motette 507).

Lit.: G. C. PARIBENI, F. D. clavicembalista, in: Il Pianoforte (Tn 1921); S. DI GIACOMO, I Quattro antichi conservatori di musica a Napoli, 2 Bde. (Palermo 1924 u. 1928); R. FIMMANÒ, Per la posa della prima pietra del monumento a F. D. in Frattamaggiore (Neapel 1930); A. LUALDI, Musiche sconosciute del fondatore della scuola musicale di Napoli, F. D., in: RMI 51 (1949) A. DELLA CORTE, D.: in: MGG III; U. PROTA GIURLEO, F. D. (Neapel 1955); W. S. NEWMAN, The Sonata in the Baroque Era (Chapel Hill 1959); F. DEGRADA, Appunti critici sui concerti di F. D., in: Chigiana 24 (1967); G. A. BRUNGARDT, Some Selected Motets of F. D. (1967) (= Diss. Univ. of Illinois).

DURAZZO, Conte **Giacomo,** * 27. 4. 1717 Genua, † 15. 10. 1794 Venedig; it. Adliger. Nach einem Aufenthalt in Paris wurde er 1749 Gesandter der Republik Venedig in Wien. Er stand in enger Verbindung zum Wiener Adel, u. a. zur Familie Esterházy. Als Graf Franz Esterházy 1752 zum Oberdirektor der kaiserlichen Theater ernannt wurde, wurde D. sein Assistent. D. holte damals eine französische Truppe ans Burgtheater und schaffte damit dem französischen Theater Eingang in Wien. 1753 trat er als Ratgeber in den Dienst der Kaiserin Maria Theresia und wurde 1754 „Generalspektakeldirektor". D. arbeitete in Wien eng mit Gluck und mit dem Ballettmeister G. Angiolini zusammen und unterhielt auch enge Beziehungen zu Ch. Favart in Paris. Durch seine Unterstützung der Reformen Glucks hatte er wichtigen Anteil an der Entwicklung der Oper im 18. Jahrhundert.

Lit.: R. HAAS, Gluck u. D.... (W 1925); DERS., Die Wiener Oper (W 1926); L. M. LEVATI, I Dogi biennali (Genua 1930); R. HAAS, Der Wiener Bühnentanz..., in: Jb. Peters 45 (1938); R. HENN, Das Wiener Théâtre français près de la cour (Diss. W 1937).

DURCHFÜHRUNG (frz.: développement), Bz. für den Mittelteil der Sonatensatzform zwischen ↗Exposition und ↗Reprise, in dem die Gedanken der Exposition ohne formale Bindung entwickelt werden. Der Begriff ist in verschiedenen Varianten, als *Durcharbeitung* oder *Entwicklung,* seit dem 19. Jh. gebräuchlich. A. Reicha hat ihn 1824, vermutlich in Anlehnung an die Dramentheorie, in die Musiktheorie eingeführt. Seinen Begriff *développement* übersetzte C. Czerny mit *Entwicklung.* Reicha nannte nicht nur die Mitte der Sonatensatzform, sondern die entwickelnden Teile aller größeren Formen Durchführung. Auch heute wird der Begriff noch gelegentlich in dieser weiten Bedeutung verwendet. Andere Theoretiker, z. B. H. Chr. Koch (1793), nannten die D., wenn sie die Sonatensatzform für zweiteilig ansahen, erste Hauptperiode ihres zweiten Teils, oder schlicht – wenn sie jene für dreiteilig ansahen, wie z. B. A. B. Marx (um 1840) – deren zweiten Teil. Für Koch war die D. das wichtigste, wenngleich nicht das einzige Resultat der Ausarbeitung, der die „Anlage" unterzogen wird.

Format, Struktur und ästhetische Bedeutung der D. haben sich im Laufe ihrer Geschichte gewandelt. Man unterscheidet im allgemeinen einen harmonisch, einen thematisch und einen dynamisch bestimmten Typus. In der Sonate des 18. Jh. ist die D. vor allem eine Zone der Ausweichung in verwandte oder, bei größeren Kompositionen, in entlegene Tonarten. Sie beginnt gewöhnlich in der Dominante der Haupttonart und endet auch in dieser. Dazwischen werden vorzugsweise die Tonika- und die Dominantparallele berührt. In der Folge dieser Modulationen werden die Themen oft durch kontrapunktische Techniken verwandelt und zergliedert. Manche D.en heben auch nebensächliche Motive der Exposition hervor oder führen neue Motive ein. Die harmonischen Bewegungen ereignen sich oft in Sequenzen. Koch faßte die D. im Sinne der Empfindungsästhetik als eine Zone gesteigerten Ausdrucks auf. In kleinen, zweiteiligen Sonaten werden D. und Reprise oft miteinander verbunden. Die D. beschränkt sich auf die Ausarbeitung des Hauptsatzes; die Reprise setzt bereits mit dem Seitensatz in der Tonika ein (J. Haydn, Klaviersonate Hob. XVI: 6). Beethoven erweiterte die D., indem er die thematische Arbeit, die Zergliederung der Themen in ihre Motive, in den Vordergrund stellte. Die stereotypen Ausweichungen des älteren Typus' werden aufgegeben. Die harmonische Fortschreitung wird zur Funktion der thematischen Arbeit. Beethoven verwendete in großen Sonaten selbst die entlegensten Tonarten. Das bedingt enharmonische Verwechslungen. Die neue D. hat dramatischen Charakter, sie ist eine Phase des Konflikts (H. Riemann). Sie bringt die Dualismen der Exposition auf ihren motivischen Kern. Die kompositorischen Mittel, die dabei verwandt werden, sind mannigfaltig. Reicha zählt in seiner Theorie auf: Modulation, Sequenz, Imitation und Kanon, den motivischen Dialog, die Einführung neuer Motive, die Variation der Gedanken, die Einführung neuer Begleitfiguren und die Veränderung der exponierten Gedankenfolge. Obwohl die D. im Prinzip formlos ist, zeichnen sich oft drei Phasen ab: eine erste, die zwischen der Exposition und dem Kern der D. vermittelt, eine zweite ausgedehnte, die sich auf die Diskussion eines oder mehrerer thematischer Modelle konzentriert, und eine dritte kürzere, die über einem langen Orgelpunkt der Dominante zur Reprise hinführt. Schubert ging von der Themenzergliederung zur Themenverwandlung über; er veränderte dabei im wesentlichen ihren dynamischen Charakter. In Bruckners Symphonien ist die D. der Ort stürmischer dynamischer Entwicklungen. Sie bezeichnet hier den formalen und ästhetischen Höhepunkt der Form (E. Kurth).

Langsame Sätze und Ouvertüren in Sonatensatzform haben meist nur eine kurze oder gar keine Durchführung. Auch in Konzertsätzen ist die D. meist kurz. – In Anlehnung an die Sonatentheorie nennt man auch die modulierende Periode einer ↗Fuge Durchführung.

Lit.: ↗Sonatensatzform. W. SEIDEL

DURCHGANG (lat. transitus). In der Harmonielehre werden als Durchgänge harmoniefremde Töne bezeichnet, die mit diatonischen oder chromatischen Sekundschritten zwei Töne derselben Harmonie

oder verschiedener Akkorde miteinander verbinden.

Im Kontrapunkt Palestrinas waren – mit dem Sonderfall der ↗Cambiata – Dissonanzen als Durchgangstöne zwischen konsonierenden Tönen gestattet:

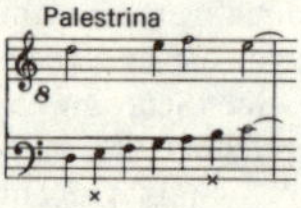

Durchgänge stehen – ebenso wie ↗Nebennoten, ↗Wechselnoten und ↗Antizipation, anders aber als der ↗Vorhalt – auf unbetonter Zählzeit. Als Dissonanzen greifen sie in den harmonischen Verlauf eines musikalischen Satzes nicht wesentlich ein, tragen aber entscheidend zu dessen linearer Bewegtheit und figurativem Reichtum bei. Gleichzeitige Durchgänge in mehreren Stimmen sind in der Regel untereinander konsonant; auftretende Dissonanzen werden durch Gegenbewegung der Stimmen legitimiert:

Als stufenweise eingeführter und verlassener Durchgangsakkord tritt auf unbetonter Zeit häufig der Quartsextakkord auf:

Von Durchgangstönen sind Durchgangsharmonien zu unterscheiden, die oft über einen Orgelpunkt erscheinen, die harmonische Situation aber nicht beeinflussen, z. B.:

DURCHKOMPONIERT nennt man ein Lied, dessen einzelne Strophen nicht wie beim Strophenlied auf dieselbe Melodie gesungen werden, sondern die eine jeweils eigene Vertonung erhalten, so daß eine engere Beziehung zwischen Text und Musik hergestellt wird. – Als d. werden auch Werke des Musiktheaters bezeichnet, die, im Gegensatz z. B. zur Opéra-comique oder zum Singspiel, keine gesprochenen Texte enthalten.

DUREY, Louis, * 27. 5. 1888 Paris, † 3. 7. 1979 St-Tropez; frz. Komponist. D. besuchte in Paris das Institut des Hautes Études Commerciales und studierte dann Musik an der Schola Cantorum. 1917 gründete er mit E. Satie, G. Auric und A. Honegger die Gruppe der Nouveaux Jeunes, aus der 1919 die ↗Groupe des Six hervorging. 1938 wurde er Generalsekretär der Fédération Musicale Populaire. D. setzte sich auf der Grundlage des sozialistischen Realismus stets für eine einfache, volkstümliche Musik ein und ergriff nach dem 2. Weltkrieg auch musikpolitisch Partei. 1948 wurde er Vizepräsident der Association Française des Musiciens Progressiste, die dem Prager Manifest von 1948 verpflichtet ist. Seit 1950 schrieb D. Musikkritiken für die kommunistische Tageszeitung *L'Humanité*.

WW: **1) Instr.-WW:** Für Klv.: 3 Sonatinen (1926); *10 Inventions* (1928), Bearb. der Inventions für 2 St. u. für versch. Instr. (1926); *Nocturne* (1928) (Lo o.J.); *Carillon* u. *Neige* (1917), für Klv. 4händig (P o.J.); Sonatine (1920) für Fl. u. Klv. (P o.J.); Streichtrio (1918); 3 Streichquartette, I (1917), II (1919), III (1928); *Fantaisie concertante* (1947) für V. u. Vc.; Trioserenade (1955) (in memoriam B. Bartók) für V., Va. u. Vc.; Ouvertüre *Ile-de-France* (1955) für Orch.; Concertino (1956) für Klv., 16 Bläser, Kb. u. Pk.; *Mouvement symphonique* (1964); *Les soirées de Valfère* (1964) für Bläserquintett; *4 octophonies* (1966) für 8 Str. (Soli oder Orch.); Sinfonietta (1966); *Dilection* (1969) für Str. – **2) Vokal-WW:** Lieder, u.a.: *Épigrammes de Théocrite et 3 Poèmes de Pétrone* (1918) (P o.J.); *Inscriptions sur un oranger* (1918) Text: E. Parny) u. *Le Bestiaire* (1919) (Text: Apollinaire); für SingSt u. Orch.: *Image à Crusoe* (1918) (Text: Saint-John Perse); *Chansons basques* (1919) (Text: J. Cocteau); Chorstücke, Kantaten, darunter: *La Guerre et la Paix* (1949), *La Longue Marche* (1949) (Text: Mao Tse-tung); *Paix aux hommes par millions* (1949) (Text: W. W. Majakowski), *Cantate à Ben Ali* (1952); *España 63* für 4st. Chor u. Klv. (1963); *Trois polyphonies vocales et instrumentales* für Vokalquartett u. 8 Instr. (1963); *Cantate de la rose et de l'amour* für Sopran u. Str. (oder Klv.) (1965). – **3) Bühnen-WW:** *L'Occasion* (1923) (nach Mérimée), Drame-lyrique; ferner Bühnenmusik zu Maeterlincks *L'intruse* (1933).

D.s Kompositionen zeigen deutliche Einflüsse A. Schönbergs, I. Strawinskys und besonders Cl. Debussys. Er verwendete heterogene Satztechniken, von der Adaption klassischen Ausdrucks bis hin zur Atonalität. Seinem politischen Engagement entspricht die große Zahl von Vokalwerken. D. hat sich auch um die Wiederherstellung älterer Musik bemüht und Chansons von Cl. Janequin und G. Costeley übertragen sowie Werke von Fr. J. Gossec bearbeitet. Er trat ferner als Komponist von Filmmusik hervor.

Lit.: J. BRUYR, L'écran des musiciens 1 (P 1930); L. EON, Ein fortschrittlicher frz. Komponist. L. D. zum 60. Geburtstag, in: MuGes 8 (1958); F. ROBERT, L. D., l'aîné des Six (P 1968).

DUREZZA (it., = Härte), bezeichnet in Italien im 17. Jh. eine von den Regeln abweichende Stimmführung, aus der sich unvorbereitete oder nicht aufgelöste Dissonanzen, Querstände oder ungebräuchliche Intervalle ergeben. Zunächst ein Ausdrucksmittel des Madrigals, wurde D. mit Beginn des 17. Jh. auch in der Instrumentalmusik verwendet, u.a. bei J. de Macque, seinem Schüler G. M. Trabaci, bei A. Banchieri, G. Frescobaldi *(Capriccio di durezze; Toccata di durezze e ligature)* und bei J. K. Kerll *(Toccata cromatica con durezze e ligature)*. – Die später aufgekommene Vortragsbezeichnung „con durezza" verlangt, in einer anderen Weise dem Wortsinn entsprechend, eine harte, energische Spielweise.

DURKÓ, Zsolt, * 10. 4. 1934 Szeged; ung. Komponist. Er studierte Komposition 1955–60 bei F. Farkas in Budapest und 1962–63 bei G. Petrassi in Rom. Seit 1963 lebt er als freischaffender Komponist in Budapest. D. gehört zu den Komponisten, mit denen die ungarische Musik – nach der Abgeschlossenheit der 50er Jahre – wieder ein organischer Bestandteil der internationalen Entwicklung wurde. Er sucht in seinen Werken jeweils originelle Aufbauprinzipien zu verwirklichen und bezieht auch Elemente der ungarischen Volksmusik ein.

WW: **1) Instr.-WW:** Für Klv.: *Psicogramme* (1964); *Chance* (1973); *Kindermusik* (1977); *Assonanze* (1973) für Org.; Acht Duos (1978) für Hörner; Fünf Stücke (1977) für Tuba und Klv.; *Iconography Nr. 1* (1970) für 2 Baßviolen u. Cemb.; *11 Pezzi* (1962) für Streichquartett; 2 Streichquartette (1967, 1970); *Quartetto d'ottoni* (1970); *Serenata* (1973) für 4 Harfen; *Improvvisazioni* (1965) für Bläserquintett; *Colloides* (1969) u. *Fire Music* (1970–71) für Kammerensemble; Kammermusik (1973) für 2 Klv. u. 11 Solo-Str.; *Episodi sul tema B-A-C-H* (1962–63) u. *Fioriture* (1966) für Orch.; *Turner-Illustrationen* (1976) für V. u. Kammerorch.; *Organismi* (1964) für V. u. Orch.; *Una Rapsodia Ungherese* (1964–65) für 2 Klar. u. Orch.; für Horn u. Orch.; *Altamira* (1967–68); *Symbols* (1968–69); *Içonography Nr. 2* (1971); *Cantilene* (1968) für Klv. u. Orch. – **2) Bühnen- u. Vokal-WW:** *Mózes* (1973–77), Oper (Libr.: Z. Durkó); *Cantata Nr. 1* u. *2* (1971 u. 1972) (nach E. Ady); *Halotti beszéd* (Grabrede) (1967–72) für Tenor, Bar., Chor u. Orch.; *Dartmouth Concerto* (1966) für Sopr. u. Kammerorch.

Lit.: Contemporary Hungarian Composers (Budapest 1970); S. WOLSH, Introduction to the Music of Z. D. (Lo 1971); G. KROÓ, A magyar zeneszerzés harminc éve (Budapest 1976).

DURON, Sebastián, getauft 19. 4. 1660 Brihuega (Guadalajara), † 3. 8. 1716 Cambo (Basses-Pyrénées); span. Komponist. D. war seit 1679 Organist der Kathedrale La Seo in Saragossa, seit 1680 an der Kathedrale in Sevilla, seit 1684 in Burgo de

Osma und seit 1686 in Palencia. 1691 wurde er Organist, später Kapellmeister der Capilla Real in Madrid. Da er im Spanischen Erbfolgekrieg für Erzherzog Karl von Österreich gegen König Philipp V. Partei nahm, mußte er 1706 aus Spanien flüchten. Seit 1715 war er in Bayonne Kaplan der Witwe König Karls II. Entgegen früherer Annahme war nicht Sebastián, sondern sein Bruder Diego Kapellmeister in Las Palmas.

WW (hsl. erhalten in: Bibl. u. Königspalast Madrid, Zentralbibl. Barcelona, Gemeindebibl. Porto, Staatsbibl. München, Kathedrale Cuenca, Abtei Montserrat, Kloster Escorial u. Decalzas Reales Madrid): 2 Totenoffizien für 8 St., 3 Totenmessen für 8 St., große Messe für 8 St., Litaneien u. Completorien; Villancicos u. Org.-WW; Zarzuelas: *Las nuevas armas de amor, Satir el amor del mundo, Selva encantada de amor; La guerra de los gigantes;* Komödie *Muerte en amor es la ausencia;* ferner Entremeses, Tonadas u. Folias.

Ausg.: 7 Stücke in: Teatro lírico español, hrsg. v. F. PEDRELL, III (La Coruna 1897) u. IV (1898); 2 Tonadas in: Cancionero musical popular español, hrsg. v. DEMS., IV (Valls 1922); 3 Tientos, hrsg. v. L. G. SIEMENS HERNÁNDEZ, in: Orgue et liturgie 74 (P 1967).

Lit.: N. A. SOLAR-QUINTES, Nuevos documentos para la biogr. del compositor S. D., in: Anuario Mus. 10 (1955); DERS., Nuevas obras de S. D. y de L. Boccherini, in: ebd. 13 (1958); L. G. SIEMENS HERNÁNDEZ, Nuevos documentos sobre el músico S. D., in: ebd. 16 (1961); DERS., Nuevas aportaciones para la biogr. de S. D., in: ebd. 18 (1963); L. DE LA TORRE DE TRUJILLO, La capilla de música de la catedral de Las Palmas, in: El Museo Canario 24 (1963); A. MARTÍN MORENO, El músico S. D. Su testamento y muerte. Hacia una posible biografia, in: Anuario Mus. 27 (1972); M. QUEROL, La producción musical de los hermanos S. y D. D. Catálogo de sus obras, in: ebd. 28 (1973) u. 29 (1974).

DÜRR, Alfred, * 3.3.1918 Berlin; dt. Musikforscher. Er studierte seit 1945 an der Universität Göttingen und wurde dort 1950 mit der Arbeit *Studien über die frühen Kantaten J. S. Bachs* promoviert. Seit 1951 war D. wissenschaftlicher Mitarbeiter, 1962–81 stellvertretender Direktor des J.-S.-Bach-Instituts in Göttingen und damit maßgeblich für die *Neue Bach-Ausgabe* verantwortlich (Kas – L 1954ff.). 1953–81 gab D. auch (zusammen mit W. Neumann) das *Bach-Jahrbuch* heraus.

WW: **1) Schriften:** *Studien über die frühen Kantaten J. S. Bachs* (L 1951, Wie ²1977); *Gedanken zu J. S. Bachs Umarbeitungen eigener Werke,* in: Bach-Jb. 43 (1956) und in: Kgr.-Ber. Hamburg 1956 (Kas – Bas 1957); *Zur Chronologie der Leipziger Vokalwerke J. S. Bachs,* in: Bach-Jb. 44 (1957), auch separat (mit Nachträgen) (Kas 1976); *Die Gebeine u. die Bildnisse J. S. Bachs,* in: Bach-Jb. 46 (1959); *Gedanken zum Kirchenmusikschaffen E. Peppings,* in: MuK 31 (1961); *J. S. Bach, Weihnachtsoratorium BWV 248* (Mn 1967) (= Meisterwerke der Musik 8); *Eine Handschriftensammlung des 18. Jh. in Göttingen,* in: AfMw 25 (1968); *Editionsprobleme bei Gesamtausgaben,* in: Musik u. Verlag. FS K. Vötterle (Kas 1969); *Die Kantaten von J. S. Bach,* 2 Bde. (Mn – Kas 1971, ²1975). – **2) Editionen:** *Neue Bach-Ausgabe* (Kas – L 1954ff.), Serie I Bde. 1, 2, 10, 12, 14, 15, 18, 27, 35, Serie II, Bde. 3, 5, 5a, 6, und Serie VII, Bd. 2; *G. Kirchhoff – J. G. Goldberg, Kirchenkantaten* (Kas 1957) (= EDM 35); *J. S. Bach, Weihnachtsoratorium* (BWV 248), Faks.-Ausg. (Kas 1960); *J. S. Bach, h-moll-Messe* (BWV 232), Faks.-Ausg. (Kas 1965).

DURUFLÉ, Maurice, * 11. 1. 1902 Louviers, † 16. 6. 1986 Paris; frz. Organist und Komponist. D. war in Paris Schüler von E. Gigout und P. Dukas sowie bei L. Vierne und G. Tournemire. 1930 wurde er Organist an St-Étienne-du-Mont in Paris und 1944 Professor für Harmonielehre am Conservatoire. D. unternahm zahlreiche Konzertreisen durch Europa und in die USA. D., einer der angesehensten französischen Organisten unserer Zeit schreibt in seinen Kompositionen einen Stil von großem harmonischen Reiz, der u. a. auf der Verwendung neomodaler Elemente beruht und gelegentlich an O. Messiaen denken läßt. Sein *Requiem* ist – nicht zuletzt durch die originelle und das ganze Werk prägende Verarbeitung gregorianischer Melodien – eines der bedeutendsten kirchenmusikalischen Schöpfungen der letzten Jahrzehnte. – D.s Ehefrau **Marie-Madeleine D.-Chevalier** war ebenfalls eine bedeutende Orgelvirtuosin.

WW (alle in Paris erschienen): *Prélude, Récitatif et Variations* (1929) für Fl., Va., Klv.; *Trois Danses* (1938) für Orch.; *Andante et Scherzo* (1951) für Orch.; für Org.: *Scherzo* (1928), *Prélude, Adagio et Choral varié* über das „Veni Creator" (1931), *Suite* (1934), *Prélude et Fugue* über den Namen J. Alain (1943); *Requiem* (1947) für Soli, Chor, Orch. u. Org.; *Quatre Motets* über gregorianische Themen (1960) für Chor a cap.; *Messe „cum jubilo"* (1966) für Solobariton, Baritonchor u. Orch. (oder Org.).

Lit.: C. ROSTAND, Un maître normand et son chef-d'œuvre. M. D. et son Requiem, in: Études normandes 26 (1958); G. BEECHEY, The Music of M. D., in: MR 32 (1971); L. L. RHOADES, Theme and Variation in Twentieth-century Organ Literature. Analysis of Variations by A. Barber, Distler, Dupré, Duruflé, and Sowerby (1973) (= Diss. Ohio State Univ.).

DUSCHEK (Dušek), **Franz Xaver** (František Xaver), * 8. 12. 1731 Chotěboř (Böhmen), † 12. 2. 1799 Prag; böhmischer Pianist und Komponist. D. war Klavierschüler von G. Chr. Wagenseil in Wien. Später ließ er sich in Prag nieder, wo er bald einen ausgezeichneten Ruf als Klavierlehrer genoß. Zu seinen Schülern gehörten u. a. J. N. Vitásek und L. Koželuh. Er war Mozart freundschaftlich verbunden, der in seinem Landhaus „Bertramka" den *Don Giovanni* vollendete. D. veröffentlichte ein Concertino für Cemb., 2 Vl., Va. und Baß, Klaviersonaten für 2 und 4 Hände und ein Andante mit Variationen für Klavier; hsl. sind von ihm Symphonien, Klavierkonzerte und Kammermusikwerke erhalten. – Seine Frau **Josepha,** geborene Hambacher, * 7. 3. 1753 Prag, † 8. 1. 1824 ebd., war eine geschätzte Sängerin. Mozart schrieb für sie die Konzertarien *Ah, lo previdi* (KV 272) und *Bella mia fiamma* (KV 528).

Ausg.: Klv.-Sonate B-Dur, hrsg. v. G. RHAU (Wie 1948); 8 Klv.-Sonaten, hrsg. v. A. NĚMEC – J. RACEK, in: MAB 8 (1951); 2 Klv.-Stücke, hrsg. v. V. J. SÝKORA – J. RACEK, in: MAB 14 (1953); 4händige Klv.-Stücke, in: Album čtyřručních skladeb starých českých mistrů, hrsg. v. E. KLEINOVÁ – A. FISEROVA – E. MÜLLEROVÁ (Pr 1960).

Lit.: V. J. SÝKORA, F. X. D. Život a dílo (Pr 1958) (mit thematischem Kat.); DERS., W. A. Mozart u. Prag, in: Musica 16 (1962); E. GROSS, Backgrounds and Problems for a Historical and Critical Edition of the String Quartets of F. X. D., in: MMASt 6 (1972).

DUSHKIN, Samuel, * 13. 12. 1891 Suwałki bei Warschau, † 24. 6. 1976 New York; amerik. Violinist russ. Herkunft. Er kam 1903 mit seinen Eltern in die USA und studierte Violine bei L. Auer in New York, dann bei Fr. Kreisler in Paris. An sein Debüt 1918 schloß sich bald eine weltweite Konzerttätigkeit an. D. wandte sich früh der zeitgenössischen Musik zu. Er spielte 1925 in Amsterdam die Uraufführung von M. Ravels *Tzigane* und konzertierte 1931–37 häufig mit I. Strawinsky, der ihm auch sein Violinkonzert widmete. D. schrieb auch Etüden für Violine und bearbeitete alte und neue Musik für sein Instrument.

DUSSEK (Dusik), **Johann Ladislaus** (Jan Ladislav), * 12. 2. 1760 Czaslau (Böhmen), † 20. 3. 1812 St-Germain-en-Laye bei Paris; böhmischer Pianist und Komponist. D. erhielt seinen ersten Klavierunterricht bei seinem Vater, der bis 1808 als Organist und Chorleiter in Czaslau wirkte, anschließend bei einem Verwandten, Pater Ladislaus Spinar. Später studierte er Theologie in Prag und wurde dort zum Baccalaureus promoviert. Durch seinen Gönner, den Grafen Männer, kam er in die Niederlande und wurde Organist in Mecheln und in Bergen op Zoom. Als Klavier- und Glasharmonika-Virtuose trat er u. a. in Berlin, St. Petersburg und in Paris auf, wo er sich 1788 niederließ. 1790 floh er vor der Französischen Revolution nach London und trat hier 1792 in den Musikverlag von D. Corri ein, dessen Schwiegersohn er wurde. Nach dem Bankrott des Unternehmens ging er 1799/1800 nach Hamburg und wurde dort mit Prinz Louis-Ferdinand von Preußen bekannt, der ihn weiter förderte. Nach dessen Tod wurde er nach vorübergehender Anstellung beim Prinzen von Isenburg 1808 Kapellmeister des Fürsten Talleyrand in Paris.

WW (nur die gedruckten, Opuszahlen teilweise mehrmals vertreten): **1) Instr.-WW:** Für Klv. 2händig: Sonaten op. 8 *(La chasse)*, 9, 10, 12, 23, 31, 35, 39, 43, 44, 45, 47, 75, 77; Variationen op. 6, 12, 71; *Rondeaux* op. 13, 15, 25, 27, 40, 68, 70 *(Le Retour à Paris); Leçons progressives*, op. 16; *Fantaisie et fugue*, op. 55; *Fantaisie*, op. 76; *Elégie harmonique*, op. 61; *La consolation*, op. 62; *Recueil d'airs connus*, op. 71; *L'Invocation*, op. 77; zahlr. Einzelstücke, Charakterstücke u. a. ohne Opuszahl. – Für Klv. zu 4 Händen: Sonaten op. 32, 48, 67, 72, 73, 74, weitere Sonaten u. a. ohne Opuszahl; Fugen, op. 64. – Für Harfe: Sonaten, Sonatinen, Airs mit Variationen, *Nocturne russe*. – Für Klv. u. V. oder Fl. (z. T. ad lib.): Sonaten op. 1–5, 7–10, 13, 14, 16, 18, 25a, 27, 28, 30, 36a, 46, 51, 61, 69. – Für 2 Klv. (z. T. auch für Klv. u. Harfe): Duos op. 12, 25b, 26, 36b, 38, 72, 73. – Sonate für Microchordon oder Klv. mit Trommel u. Triangel ad lib. – Für Klv., V. (oder Fl.) u. Vc. (z. T. ad lib.): Sonaten op. 2, 20, 21, 24, 29, 31, 37, 65, *Notturno concertant*, op. 68; Sonaten für Harfe mit V. u. Vc., op. 34. – Klv.-Quartette, op. 46, 56, 60; Klv.-Quintett, op. 41; Klv.-Konzerte op. 1, 3, 15, 17, 22, 26, 27, 30, 40, 66, 70, weitere Klv.-Konzerte ohne Opuszahl. – **2) Vokal- u. Bühnen-WW:** Kanzonetten u. a. Gesänge für SingSt. u. Klv., Kanons für 3–4 St.; Ouvertüren u. a. Stücke zu *The captive of Spilberg, Feudal times, Pizarro*. – **3) Theoretische WW:** *Instruction on the art of playing the piano forte or harpsichord* (Lo 1796), dt. Übers.: *Pianoforte-Schule* (L o.J. u. ö.); *Kleine theoretisch-praktische Klavier-Schule* (zus. mit I. Pleyel u. J. B. Cramer) (W o.J.).

D.s Schaffen war fast ausschließlich der Musik für und mit Klavier gewidmet. Seine überaus zahlreichen Werke zeigen, von der älteren norddeutschen Klaviermusik ausgehend, eine breite Entwicklung bis hin zum romantischen Klavierstil in den letzten Sonaten (*Élégie harmonique*, op. 61; *Le Retour à Paris*, op. 70; *L'Invocation*, op. 77).

Ausg.: Eine Sammel-Ausg. erschien bereits kurz nach seinem Tode (Lo 1813–17, Nachdr. NY 1973); GA der Klv.-Sonaten in: MAB 46, 53, 59, 63 (1960–63); Klv.-Konzerte op. 50 u. op. 70 (L o.J.); *Dvanact melodicgych edud* für Klv. op. 16, in: MAB 21 (1954); V.-Sonate, in: MAB 41 (1959); 6 Sonatinen für Harfe, in: MAB 22 (1959, NA 1965); 4 Lieder für 1 SingSt u. Klv., hrsg. v. O. PULKERT (Pr 1961); *Notturno concertante* op. 68, hrsg. v. CH. D. S. FIELD (Kas 1972).

Lit.: L. SCHIFFER, J. L. D., seine Sonaten u. seine Konzerte (Diss. Mn 1914, Nachdr. NY 1973); H. TRUSCOTT, D. and the Concerto, in: MR 16 (1955); Z. ZOUHAR, J. L. D., 1760–1960 (Brünn 1960) (tschechisch; Bibliogr.); S. HIPPMAN, Dusíkovská kapitola (Čáslav 1960); M. MAREK, J. L. D. a Čáslav (ebd. 1960); S. V. KLÍMA, D. in England, in: ML 41 (1960); DERS., D. in London, in: The Monthly Musical Record 90 (1960); V. J. SÝKORA, J. L. D., der älteste Vorgänger Chopins, in: Chopin-Kgr.-Ber. (War 1960); A. VON AMERONGEN, in: Mens en melodie 17 (1962); H. A. CRAW, A Bibliographical and Thematical Catalogue of the Works of J. L. D. (1964) (= Diss. Univ. of Southern California); W. S. NEWMAN, K. 457 and op. 13. Two Related Masterpieces in C minor, in: MR 28 (1967); M. TARANTOVÁ, V. J. Tomášek a J. L. D., in: Zprávy Bertramky 53 (1968); A. L. RINGER, Beethoven and the London Pianoforte School, in: MQ 56 (1970); J. D. SANDLIN, Romantic Elements in the Piano Sonatas of J. L. D. 1760–1812 (1974) (= Diss. Univ. of Miami).

DU TERTRE (Dutertre), **Étienne,** frz. Komponist des 16. Jahrhunderts. D. wird in einem Dokument aus dem Jahre 1556 als Organist und „Courtisan" bezeichnet. Er gehört zu den bedeutenden Vertretern der französischen Chanson. D. schrieb ferner Instrumentalmusik und zahlreiche Tänze, in denen er sich Cl. Gervaise als ebenbürtig erweist.

WW: 7ᵉ *Livre de Danceries* für 4–5 Instr. (P 1557), enthält Pavanen, Gaillarden, Branles; etwa 60 4st. Chansons in Sammeldrucken von 1543 bis 1567.

Ausg.: 1 Chanson, hrsg. v. R. EITNER, in: PGfM 23 (1899); 1 Chanson, hrsg. v. M. CAUCHIE (P 1926); 1 Chanson, hrsg. v. Y. GIRAUD, in: La fleur des chansons (P 1965); 3 Chansons, hrsg. v. M. HONEGGER (P o. J.); 6 Instrumentaltänze, in: EXPERT Maîtres 23 (1908).

Lit.: C.M. CUNNINGHAM, E. du T., „savant musicien", J. d'Estrée, „joueur de hautbois du Roy", and the Mid-Sixteenth Century Franco-Flemish Chanson and Ensemble Dance, 3 Bde. (1969) (= Diss. Bryn Mawr College); DERS., E. du T. and the Mid-Sixteenth Century Parisian Chanson, in: MD 25 (1971).

DUTILLEUX, Henri, * 22.1.1916 Angers; frz. Komponist. D. studierte am Pariser Conservatoire bei J. und N. Gallon, Ph. Gaubert, H. Busser und M. Emmanuel und erhielt 1938 den Prix de Rome. Später war er Chorleiter der Opéra, 1944–63 Leiter der Musikproduktionen des ORTF und seit 1961 Dozent für Komposition an der École normale de musique in Paris. 1967 wurde er mit dem Grand Prix national de la musique ausgezeichnet. Internationales Ansehen erreichte D., der weitgehend dem symphonischen Stil A. Roussels verpflichtet ist, mit seiner 1. Symphonie. Besonders charakteristisch ist sein schon bei V. d'Indy *(Istar)* vorgebildetes Prinzip der Variation, bei dem die thematischen Elemente erst im Verlauf der musikalischen Entwicklung ihre eigentliche Gestalt erhalten. D. schrieb mehrere Auftragskompositionen, u.a. für die Kussewitzky-Foundation und für das Cleveland Orchestra. Das 1969 vollendete Violoncellokonzert wurde von M. Rostropowitsch in Auftrag gegeben.

WW: **1) Instr. WW:** Sonate (1947) für Klv. (P o.J.); Sonatine (1942) für Fl. u. Klv.; *Sarabande et Cortège* (1942) für Fag. u. Klv. u. Sonate (1947) für Ob. u. Klv. (P o.J.); *Danse fantastique* (1942) für Orch.; *3 Tableaux symphoniques d'après les Hauts de Hurlevent* (1945) (P o.J.); *1er Symphonie* (1950–51) (P o.J.); *2e Symphonie „Le double"* (1957–59), *Sept pièces* (1961) u. *Cinq métaboles* (1964); *Sérénade concertante* (1952) für Klv. u. Orch.; Konzerte für Vc. u. Orch.: *Nef* (1961) u. *Tout un monde lointain…* (1974). – **2) Vokal-WW:** *4 Mélodies* (1942) für SingSt u. Klv.; *La Geôle* (1944) (Text: J. Cassou) für SingSt u. Orch. u. *3 Sonnets de J. Cassou* (1954) für Bar. u. Orch. – **3) Bühnen-WW:** Ballette, u.a. *Le Loup* (1953).

Lit.: P. MARI, H. D. (P 1973) (= Musiciens de notre temps o. Nr.); R. JACOBS, H. D. (P 1974).

DUTILLIEU, Pierre, * 15.5.1754 Lyon, † 28.6. 1798 Wien; frz. Komponist. D. war zunächst Rechtsanwalt in Lyon und wandte sich später ganz der Musik zu. 1787 ließ er sich in Neapel nieder und brachte dort mit Erfolg mehrere Ballette zur Aufführung. 1791 wurde er als Nachfolger D. Cimarosas Hofkomponist in Wien. Außer Ballettmusiken schrieb D. mehrere Opern für Wien. Davon ist nur *Gli accidenti della villa* (UA 1794) vollständig erhalten. Gedruckt wurden von ihm 6 Duos für 2 Violinen (W 1800); ein Violinkonzert ist hsl. überliefert.

DUX (lat., = Führer; it.: guida), in der Exposition der Fuge Bz. für das Thema in seiner Grundgestalt, das vom ↗Comes beantwortet wird. – D. bezeichnet auch die einen ↗Kanon eröffnende Stimme.

DUX, Claire, * 2.8.1885 Witkowicz bei Bromberg, † 8.10.1967 Chicago; amerik. Sängerin (Sopran) dt. Herkunft. Sie studierte in Berlin bei M. Schwadtke und A. Deppe, später in Mailand bei T. Arkel und debütierte 1906 in Köln als Pamina in Mozarts *Zauberflöte*. Bis 1911 blieb sie in Köln und war dann bis 1918 Mitglied der Berliner Königlichen Oper. 1918–21 sang sie an der Königlichen Oper in Stockholm. 1921–26 gehörte sie der Chicago Opera Company an. Cl. D. interpretierte alle bedeutenden lyrischen Sopranpartien der Opernliteratur. Anfang der 30er Jahre zog sie sich von der Bühne zurück. Sie war in zweiter Ehe mit dem Schauspieler Hans Albers verheiratet.

DVOŘÁK, Antonín, * 8. 9. 1841 Nelahozeves bei Prag, † 1. 5. 1904 Prag; tschech. Komponist. Musikalische Grundlagen erhielt er als Chorknabe und als Geiger in Tanzkapellen. 16jährig wurde er in die Organistenschule des Prager Konservatoriums aufgenommen. Später spielte er als Bratscher u.a. in der Kapelle von K. Komzák und 1866–71 im Orchester des Prager Interimstheaters unter Fr. Smetana. 1872 wurden seine ersten größeren Werke (Kammermusik und Lieder) öffentlich aufgeführt; im gleichen Jahr dirigierte Smetana seine 2. Symphonie. 1873 heiratete D. Anna Cermák, die Tochter eines Goldschmieds. Nachdem er seine Tätigkeit am Theater aufgegeben hatte, wirkte er einige Jahre als Organist an St. Adalbert in Prag und widmete sich hauptsächlich der Komposition. In dieser Zeit lernte er auch J. Brahms kennen, dem er eine lebenslange Freundschaft bewahrte und durch den er Kontakt mit dem Verleger Simrock erhielt. Dessen Veröffentlichung der *Slawischen Tänze* und der *Klänge aus Mähren* (1878) machten D. zunehmend in ganz Europa bekannt und berühmt. Ein weiteres entscheidendes Ereignis war der große Erfolg des *Stabat Mater* in London (1883) und New York (1884), mit dem sich sein Ruhm gerade in England und in den Vereinigten Staaten festigte. 1890 wurde D. Lehrer am Konservatorium in Prag. 1892 ließ er sich beurlauben und nahm eine Einladung des National Conservatory in New York an, das er bis 1895 leitete und von wo aus er dem amerikanischen Musikleben mannigfache Anregungen vermittelte, wo er aber auch Eindrücke für sein eigenes Schaffen in sich aufnahm. In die Heimat zurückgekehrt, setzte D. 1895 seine Lehrtätigkeit am Prager Konservatorium fort, dessen Direktor er seit 1901 war.

WW: **1) Instr.-WW: a)** Kammermusik: Für Klv. zu 2 Händen: Tänze (Polka, Menuette, Walzer, Mazurkas, Dumkas, Furiant); Charakterstücke, darunter: *Silhouetten*, op. 8 (1879); *Humoresken*, op. 101 (1894), bekannt daraus vor allem Nr. 7 Ges-Dur, nicht zuletzt durch die zahlr. Bearb. fremder Hand, auch vokal *Eine kleine Frühlingsweise*. – Für Klv. zu 4 Händen: *Slawische Tänze*, I: op. 46 (1878); II: op. 72 (1886), auch für Orch. bearb.; *Aus dem Böhmerwalde*, op. 68 (1884) u. a. Charakterstücke .– Für V. u. Klv., u. a.: *Romantische Stücke*, op. 75 (1893); Sonatine, op. 100 (1893); einige Stücke für Vc. u. Klv.; Streichtrio, op. 65 (1883); Trio (Terzett) für 2 V. u. Va., op. 74 (1887); 2 Klv.-Trios, op. 21 (1875), op. 26 (1876) u. op. 90 *(Dumky-Trio)* (1891); 17 Streichquartette, davon mit Opuszahlen op. 10 (1870), 16 (1874), 80 (1876), 34 (1877), 51 (1879), 61 (1881), 96 *(Nigger-Quartett)* (1893), 105 (1895) u. 106 (1895); Klv.-Quartette, op. 23 (1875) u. op. 87 (1889); Streichquintette op. 1 (1861), ohne Opuszahl (1872), op. 77 (1875), op. 97 (1893); Klv.-Quintett, op. 81 (1887). – **b)** Für Orch.: 9 Symphonien (die Numerierung v. 1–9 gemäß der Reihenfolge ihrer Entstehung ist erst neuerdings üblich; die alte Numerierung, die v. D. nur für die 5 letzten Symphonien durchgeführt war, ist in römischen Ziffern hinzugefügt. Für die ersten 5 Symphonien hatte D. Opuszahlen vorgesehen, die aber später anderweitig vergeben wurden: op. 3, 4, 10, 13 u. 24): Nr. 1 u. 2 (1865), Nr. 3 (1873), Nr. 4 (1874), Nr. 5 (III), op. 76 (1875), Nr. 6 (I), op. 60 (1881), Nr. 7 (II), op. 70 (1884), Nr. 8 (IV), op. 88 (1889), Nr. 9 (V) *Aus der neuen Welt*, op. 95 (1893); Serenade für Str., op. 22 (1875); *Symphonische Variationen*, op. 78 (1877); Serenade für Bläser, Celli u. Kontrabässe, op. 44 (1878); 3 *Slawische Rhapsodien*, op. 45 (1878); Orch.-Fassung der *Slawischen Tänze*, op. 46 u. 72 (1878, 1886); Ouvertüre *Husitská*, op. 67 (1883); 5 Symphonische Dichtungen nach Balladen v. J. Erben, op. 107–111: *Die Mittagshexe, Das goldene Spinnrad, Die Waldtaube, Heldenlied;* ferner einzelne weitere Orch.-Stücke. – Konzerte: für Klv., op. 33 (1876), für V., op. 53 (1880), für Vc., op. 104 (1893). – **2) Vokal- u. Bühnen-WW:** Lieder für SingSt u. Klv., u. a.: *Zigeunermelodien*, op. 55 (1880); *Biblische Lieder*, op. 99 (1894), teilweise v. D. für Orch. bearb.; Duette mit Klv., darunter: *Klänge aus Mähren*, op. 32 (1876) für Sopran u. Alt; einige a cap. Chöre; WW für Chor u. Orch. mit u. ohne Soli, u. a.: *Stabat Mater*, op. 58 (1877), UA: Prag 1880; Oratorium *Die heilige Ludmila*, op. 71, UA: Leeds 1886; Messe D-Dur (1887); *Requiem*, op. 89 (1890), UA: Birmingham 1891; *Te Deum*, op. 103, UA: New York 1892. – 10 Opern, darunter die tragische Oper *Wanda* (1875), UA: Prag 1876; komische Oper *Der Bauer ein Schelm* (1877), UA: ebd. 1878; *Dimitrij* (1881–82), UA: ebd. 1882; lyrisches Märchen *Rusalka* (1900), UA: ebd. 1901.

D.s kompositorisches Schaffen läßt sich etwa in vier Perioden einteilen, deren erste die Werke bis zum *Stabat Mater* (1876) umfaßt. In dieser Zeit stand D. unter dem deutlichen Einfluß der Musik der deutschen Romantik und J. Brahms', was sich sowohl in der Kammermusik (Streichquartette op. 16 und 86, Klavierquartett op. 23) wie in den Orchesterwerken (Symphonien Nr. 1–5) zeigt. In einigen Werken dieser Zeit begann D. bereits auch Anregungen aus der tschechischen und slawischen Volksmusik zu verarbeiten, die dann entscheidend für die zweite Periode (ca. 1878–91) wurden. Zu nennen sind hier vor allem die *Slawischen Rhapsodien* (1878), das Streichquartett op. 51 (1879), das eine ↗Dumka enthält, die Ouvertüre *Husitská* (1883) und das *Dumky-Trio* (1891). Die Oper *Dimitrij* (1881) und das Oratorium *Die heilige Ludmila* (1885–86) nehmen auch durch ihr Sujet auf den nationalen Bereich besonders Bezug. Mit dem letzteren Werk setzte D. den mit dem *Stabat Mater* eingeschlagenen Weg als Schöpfer großer oratorischer Werke fort, der im *Requiem* (1890) zu einer der bedeutendsten Requiemvertonungen des 19. Jh. führte. Auf dem Gebiet der Orchestermusik zeigen in dieser zweiten Periode vor allem die Symphonien Nr. 6–8 und die Konzerte für Violine und Klavier D. auf der Höhe seiner Kunst, zumal in der reichen melodischen Erfindung und in der brillanten Instrumentierung.

Mit dem Aufenthalt in Amerika begann für D. eine dritte Phase seines Schaffens. Ein neuer Ton klingt in den dort entstandenen Werken an. Symptomatisch dafür ist die Symphonie Nr. 9 mit ihrem bezeichnenden Untertitel *Aus der neuen Welt* und mit ihren an Spirituals und amerikanische Songs gemahnenden Melodien. Ähnliches gilt für die *Biblischen Lieder* (1894), mit denen er zugleich einen wichtigen Beitrag zur Entwicklung des geistlichen Sololieds geleistet hat. Auch das Cellokonzert in h-moll, bis heute vielleicht das populärste Werk D.s, enthält manche Anklänge an Melodien der neuen Welt.

Nach seiner Rückkehr in die Heimat konzentrierte sich D. vornehmlich auf die Gattung der Symphonischen Dichtung (Zyklus von 5 Werken nach Balladen von J. Erben, 1895–96) und auf die Oper. Außerhalb seiner tschechischen Heimat konnte er sich aber nur mit *Rusalka* (1900) gegenüber der zeitgenössischen Opernproduktion durchsetzen.

D. hat mit Smetana die Weltgeltung der tschechischen Musik begründet. Während aber bei diesem das nationale Idiom einen elementaren Grundzug seines Stils ausmacht, ist für D. das Nationale nur ein – wenn auch im Einzelfall starker – Quell der musikalischen Inspiration. Er wird gewissermaßen aufgesogen von einer für seine Zeit seltenen Universalität des künstlerischen Schaffens, das inmitten des symphonischen, kammermusikalischen und oratorischen Erbes des 19. Jh. bis heute einen unverwechselbaren Platz einnimmt.

Ausg.: GA, hrsg. v. C. ŠOUREK u. a. (Pr 1955ff), 6 Serien, bisher 42 Bde. erschienen.

Lit.: O. ŠOUREK, Život a dílo A. Dv. a, 4 Bde. (Pr 1929–33), I–II (³1954–55), dt. Übers.: Leben u. Werk A. D.s, in einem Bd. verkürzt von P. STEFAN (W–L–Pr 1935), III–IV (Pr ²1956 bis 1957); DERS., Dvořákova čítanka (Pr 1929 u. ö., dt. Pr 1953); A. ROBERTSON, D. (Lo 1945, NA NY 1949), revidiert (Lo–NY 1964, Nachdr. NY 1971) (= Master Musicians o. Nr.), dt. (Z 1947); O. ŠOUREK, A. D., Briefe u. Erinnerungen (1955); DERS., Werkanalysen: Dvořákovy skladley komorní, Dvořákovy sladky orchestrální, Dvořákovy symfonie, dt. Übers. v. P. Eisner, 2 Bde. (Pr 1955); J. BURGHAUSER, A. D. Thematický kat., bibliogr. přehled života a díla (Pr 1960), dt. Übers.: A. D., Thematisches Verz., Bibliogr. Übersicht des Lebens u. Werks (Kas–L 1960); A. SYCHRA, Estetica Dvořákovy symfonické tvorby (Pr 1959), mit dt. Übers. hrsg. v. W. Beyer–E. Kapst

(L 1973); I. HRUŠOVSKÝ, A. D. (Preßburg 1964); R. M. ABORN, The Influence on American Music Culture of D.'s Sojourn in America (1965) (= Diss. Indiana Univ.); A. HETSCHKO, A. D. (L 1965); J. BURGHAUSER, Nejen pomníky. Smetana, D., Fibich (Pr 1966); DERS., A. D. (Pr 1966); G. ERISMANN, A. D., l'homme et son œuvre (P 1966); G. HUGHES, D., His Life and Music (Lo–NY 1967); J. A. MOLNAR, Smetana, D. (Budapest 1967) (ungar.); G. ABRAHAM, Verbal Inspiration in D.'s Instrumental Music, in: FS B. Szabolcsi (Kas 1969); J. CLAPHAM, D.'s Relations with Brahms and Hanslick, in: MQ 57 (1971); L. DAVIS, D. and American Music, in: FS D. N. Ferguson (Minneapolis 1972); P. A. KOSINSKI, D., Steam Engines, and Pigeons, in: FS D. Newlin (Denton 1973); Z. GULINSKAJA, A. D. (Mos 1973); A. SYCHRA, A. D. Zur Ästhetik seines sinfonischen Schaffens (L 1973); J. CLAPHAM, D.'s Unknown Letters on His Symphonic Poems, in: ML 56 (1975), dt. Übers.: Unbekannte Briefe A. D.s zu seinen symphonischen Dichtungen, in: ÖMZ 31 (1976); K. HONOLKA, A. D. in Selbstzeugnissen u. Bilddokumenten (Reinbek 1977).

DYK (Dijk), **Peter van,** dt. Tänzer und Choreograph; * 21.8.1929 Bremen. Nach seiner Ausbildung u.a. bei T. Gsovsky und S. Lifar debütierte er 1946 an der Deutschen Staatsoper in Berlin und hatte 1951–54 Engagements an der dortigen Städtischen Oper, am Staatstheater in Wiesbaden (als Ballettchef) und beim Ballett Janine Charrat (seit 1953 Le Ballet de France) in Paris und gehörte dort 1955–60 der Opéra an. Er wurde 1962 Ballettdirektor der Hamburgischen Staatsoper, 1970 der Opéra du Rhin in Straßburg und 1978 am Grand Théâtre in Genf. Seine Choreographien (seit 1951) beruhen auf dem klassisch-akademischen Tanz.

DYLAN, Bob (eig. Robert Zimmermann; D. nannte er sich nach dem Dichter Dylan Thomas), * 24.5.1941 Duluth (Minnesota); amerik. Rock-, Protest- und Folksänger und Instrumentalist (Gitarre, Klavier, Mundharmonika). 1959 besuchte er zunächst eine Kunsthochschule, erhielt 1960 ein Stipendium für die Universität von Minnesota, zog aber kurz darauf nach Greenwich Village (New York) zum Folklore Center Izzy Youngs. D., Idol einer ganzen Generation, löste mehrfach neue Trends der Popmusik aus und ist in seiner Bedeutung den Beatles vergleichbar. Seine Melodien sind z.T. eng an die amerikanische und englische Folklore (Shanties) angelehnt. In seinen Gesangsstil übernahm er Elemente des Rhythm and Blues, der Neger-Folksänger und der Country and Western Music. Als Autor ist D., der auch als wichtiger Lyriker Amerikas gilt, bedeutender denn als Sänger. Seine Themen sind: politische Satire, soziale Anklage, Bürgerrechtsbewegung (*Blowing in the wind,* 1962). Bekannte Titel sind u.a.: *Masters of War* und *Hard Rain's Gonna Fall.* Seit der Verwendung einer Elektrogitarre sowie einer Rock'n'Roll-Begleitgruppe 1964/65 gilt er als Begründer des Folk-Rock. 1970 verlieh ihm die Princeton University die Würde eines Ehrendoktors. Prosatexte und Gedichte von ihm erschienen unter dem Titel *Tarantula* (NY 1971).

Ausg.: B. D. Song Book (NY 1965).

Lit.: D. KRAMER, B. D. (NY 1967); M. GRAY, Song and Dance Man. The art of B. D. (Lo 1972); A. SCADUTO, B. D. (Lo 1972); B. D. Writings and Drawings (NY 1973, dt. F 1975); F. HETMANN, B. D. (Reinbek 1976); S. HOGGARD, B. D. An Illustrated Discography (O 1978).

DYNAMIK (engl.: dynamic; frz.: dynamique oder nuances; it. und span.: dinamica). – **1)** Summarische Bz. für die Klang- und Tonstärkegrade in der Komposition und Interpretation eines Musikwerkes (so aber erst seit dem frühen 19. Jh., während der Begriff selbst seit der Antike zum philosophischen Vokabular gehört). Die dynamischen Grade in kürzeren oder längeren Abschnitten oder von Einzeltönen und ihre Abstufungen werden im Notentext meist durch italienische Worte bzw. durch die entsprechenden Abkürzungen und graphischen Zeichen wiedergegeben (↗forte, ↗piano, ↗sforzato, ↗smorzando, ↗crescendo – decrescendo, ↗diminuendo). Es gehört zum Wesen der musikalischen D., daß alle Bezeichnungen jedoch nur relative dynamische Unterschiede angeben können; allein die Angabe der Lautstärke in ↗Phon wäre eine absolute Festlegung. Dynamische Grade sind auch für bestimmte Arten des musikalischen ↗Akzents maßgeblich.
Die D. als Element der kompositorischen Gestaltung ist erst in der 2. Hälfte des 16. Jh. konkret faßbar, als erstmals in der Musiktheorie von der Realisation von Tonstärkegraden die Rede ist (z.B. bei G. Zarlino), und als erstmals Komponisten bestimmte Bezeichnungen im Notentext verwendeten. Das bedeutet nicht, daß man bis dahin ohne jegliche dynamische Nuancen musiziert hätte, sondern lediglich, daß die D. noch nicht ein wesentlicher Gegenstand des musikalischen Denkens war. Das änderte sich vor allem durch das Schaffen der ↗Venezianischen Schule des späten 16. Jahrhunderts. In ihrem Umkreis erscheinen zum ersten Mal auch die Bezeichnungen forte und piano, geradezu plakativ im Titel und als das ganze Stück wesenhaft bestimmende Vortragshinweise in G. Gabrielis *Sonata pian e forte* (1597), weiterhin u.a. bei A. Banchieri (*La pazzia senile,* 1598). Der hier beabsichtigte dynamische Effekt weist auf das ↗Echo hin, das in dieser Zeit ein beliebtes musikalisches Mittel war; im 17. Jh. wurden piano und Echo im Notentext sogar weithin synonym verwendet. Dynamische Nuancen kamen in erster Linie in der unvermittelten Aufeinanderfolge von forte und

piano (und umgekehrt) zum Ausdruck. Symptomatisch hierfür ist u.a. insbesondere das Tutti-Solo-Prinzip des ↗Concerto grosso und verwandter Gattungen. Man spricht hier von einer für die gesamte Barockzeit charakteristischen „Terrassen“- oder „Stufen-D.“, die auch auf die durch Registerwechsel hervorgerufene spezifische D. des Orgelklangs verweist. In der Vokalmusik dieser Zeit konnte die dynamische Nuancierung auch durch den Text bedingt sein (z.B. bei H. Schütz, *Saul, was verfolgst du mich*). Insgesamt blieb aber bis zur Mitte des 18. Jh. in der Instrumental- und in der Vokalmusik eine ausdrückliche Bezeichnung der Stärkegrade, wie auch des crescendo – descrescendo, selten. Erst mit dem Stilwandel in der zweiten Hälfte des 18. Jh. wurde die D. mehr und mehr ein konstituierendes Element der satztechnischen Gestaltung (ähnliches gilt auch für die musikalische ↗Phrasierung und ↗Artikulation); die dynamischen Zeichen gehörten nun fest zum Notentext und verpflichteten den Interpreten zu entsprechendem ↗Vortrag. Auch wurde die Bezeichnung der D. im 19. Jh. differenzierter; gelegentlich notierte man ein bis zu vierfaches forte (ffff) oder piano (pppp). Manche Komponisten verwendeten statt der italienischen dynamischen Bezeichnungen auch solche in ihrer Muttersprache (z.B. R. Schumann, R. Wagner, V. d'Indy, Cl. Debussy). Generell wird seit der Wiener Klassik bis in unsere Gegenwart die Entwicklung der Musik nicht nur in Melodik, Harmonik und Rhythmik erfaßbar, sondern stets auch – und in enger Verbindung mit diesen Elementen – in der Dynamik. Und es läßt sich zeigen, daß die bedeutenden Komponisten der letzten 200 Jahre je auch in der D. ihrer Werke ein eigenes Profil haben. In der Gegenwart schließlich haben sich insbesondere P. Boulez und K. Stockhausen mit dem Problem der Einbeziehung der D. (als Parameter der „Tonlautheit“) in die serielle Kompositionsweise beschäftigt. – **2)** In der Elektroakustik Bz. für das Verhältnis zwischen größtem und kleinstem Schalldruck, den ein elektrisches Übertragungsgerät einwandfrei verarbeiten kann. Dieses Verhältnis wird in ↗Dezibel (dB) angegeben. Bei einzelnen Musikinstrumenten liegt der Dynamikumfang zwischen 10 und 60 dB, bei einem großen Orchester meist bei 50 bis 60 dB, d.h. bei einem Schalldruckverhältnis von 1:1000, aber auch höher. Die D. ist bei der Tonaufnahme oder Tonwiedergabe von großer Bedeutung.

Der D.-Umfang eines Übertragungskanals ist gegeben durch dessen Eigengeräusch (Rauschen, Brummen) als Untergrenze und den Einsatz hörbarer, nichtlinearer ↗Verzerrungen als Obergrenze. Einige Durchschnittswerte: Verstärker 50–70 dB, UKW-Rundfunk 45–60 dB, Cassettenrecorder 40–50 dB, Spulentonbandgerät 45–60 dB, digitale Tonaufzeichnung 80–90 dB, Schallplatte 40 bis 55 dB. Von der technischen Seite ist die Originaldynamik eines Symphonieorchesters also in den meisten Fällen zu übertragen. Äußere Gegebenheiten (Straßenlärm, „Zimmerlautstärke“) machen jedoch eine Einengung bei der Aufnahme auf 35 bis maximal 45 dB sinnvoll: einerseits liegt die Schalldämmung der Wände zwischen 40 und 50 dB (DIN 4109, Blatt 2), so daß der maximale Abhörschalldruck 85 dB kaum überschreiten darf; andererseits muß der durch Außengeräusche gegebene Störpegel mit 40 dB vorausgesetzt werden. Setzt man nun eine Wiedergabe-D. von 45 dB an, so erreicht der Abhörpegel bereits einen Wert von 85 dB; die leisen Passagen sind dann ebenso laut wie das Störgeräusch. Das Piano z.B. muß also lauter wiedergegeben werden, als es in Wirklichkeit klingt, während es sich beim Forte umgekehrt verhält. Die wegen dieser Gesichtspunkte notwendige Einengung der Originaldynamik durch den Tonmeister stellt einen künstlerischen Eingriff dar, der Verantwortungsbewußtsein, Einfühlungsvermögen und deshalb eine entsprechende Ausbildung und Praxis verlangt.

Lit.: **Zu 1):** H. RIEMANN, Musikal. D. u. Agogik (H 1884); G. TIERSCH, Rhythmik, D. u. Phrasierungslehre der homophonen Musik (B 1886); E. JAQUES-DALCROZE, Les gammes et les tonalités, le phrasé et les nuances (P 1906); A. HEUSS, Über die D. der Mannheimer Schule, in: FS H. Riemann (L 1909); DERS., Einige grundlegende Begriffe für eine hist. Darstellung der musikal. D., in: Kgr.-Ber. Wien 1909 (W 1909); DERS., Die D. der Mannheimer Schule 2, in: ZfMw 2 (1919/20); H. HERING, Die D. in J.S. Bachs Klaviermusik, in: Bach-Jb. 38 (1949/50); A. BONACORSI, La dinamica nella storia, in: Rass. Mus. 27 (1957); D.D. BOYDEN, Dynamics in Seventeenth and Eighteenth Century Music, in: FS A.Th. Davison (C/M 1957); W. KOLNEDER, D. u. Agogik in der Musik des Barock, in: Kgr.-Ber. Köln 1958 (Kas 1963); H. JURISCH, Prinzipien der D. im Klavierwerk Ph. E. Bachs (Diss. Tü 1959); K. STOCKHAUSEN, Musik im Raum, in: die reihe 5 (W 1959), auch in: Texte 1 (Kö 1963); G. GAVAZZENI, Problemi di traduzione dinamico-fraseologica e critica testuale in Verdi e in Puccini (Mi 1961); I. FELLINGER, Über die D. in der Musik v. J. Brahms (B 1961); P. BOULEZ, Musikdenken heute 1 (Mz 1963) (= Darmstädter Beitr. zur Neuen Musik 5); P. BOOMSLITER – W. CREEL, Extended reference. An Unrecognized Dynamic in Melody, in: JMTh 7 (1963); H. JURISCH, Zur D. im Klavierwerk Ph. E. Bachs, in: Kgr.-Ber. Kassel 1962 (Kas 1963); V. ZUKKERMAN, Die Beethovensche D. in ihren strukturellen u. formbildenden Erscheinungen, in: Ber. über den int. Beethoven-Kgr. 1970 Berlin (B 1971); H.-B. DIETZ, Relations Between Rhythm and Dynamics in Works of Beethoven, in: Kgr.-Ber. Bonn 1970 (Kas 1973); J. M. GERINGER – TH. BREEN, The Role of Dynamics in Musical Expression, in: Journal of Music Therapy 12 (1975); D. PATIER, La dynamique des instruments à cordes dans la première moitié du XVIIIe siècle, in: Musica antiqua 5 (1978). – **Zu 2):** Hdb. der Tonstudio-Technik (Mn–NY 1978).

E

E, e. – 1) Im deutschen Sprachraum ↗Tonname für die dritte Stufe der C-Dur-Tonleiter; entspricht der in der ↗Solmisation gebräuchlichen und heute noch in den romanischen Ländern seit dem 17. Jh. üblichen Solmisationssilbe *mi.*
Der einfach oder doppelt erniedrigte Ton E heißt Es bzw. Eses, der einfach oder doppelt erhöhte Ton Eis bzw. Eisis. Diese ↗Alterationen werden in England, Frankreich und Italien wie folgt benannt:

dt.	engl.	frz.	it.
Es	E flat	mi bémol	mi bemolle
Eses	E double flat	mi double bémol	mi doppio bemolle
Eis	E sharp	mi dièse	mi diesis
Eisis	E double sharp	mi double dièse	mi doppio diesis

2) Im System der ↗Kirchentöne seit dem 10. Jh. Finalis des dritten und vierten Tons (auch phrygischer bzw. hypophrygischer Modus genannt).

EAMES, Emma, * 13. 8. 1865 Shanghai, † 13. 6. 1952 New York; amerik. Sängerin (Sopran). Nach ihrer Ausbildung in Boston bei C. Munger und in Paris bei M. Marchesi debütierte sie 1889 an der Pariser Grand Opéra als Juliette in Ch. Gounods Oper *Roméo et Juliette.* 1891–1909 war sie Mitglied des Metropolitan Opera House in New York und sang 1911/12 in Boston. Sie gastierte daneben auch an anderen bedeutenden Opernhäusern, vor allem seit 1891 regelmäßig an Covent Garden in London. 1911 heiratete sie den Bariton E. de Gogorza. Später war sie als Gesanglehrerin in New York tätig. Ihr Repertoire umfaßte das lyrische und dramatische Fach. Sie schrieb *Some Memories and Reflections* (1927).

EAST (Est), engl. Musiker- und Verlegerfamilie. – **1) Thomas,** * um 1540, † 1609 London; Musikverleger. Er erwarb nach dem Tode von Th. Tallis dessen Anteil des mit W. Byrd gemeinsam gehaltenen Notendruckmonopols. Als erster Musikdruck erschienen 1587 die *Psalmes, Sonets and Songs* von W. Byrd. E. trug wesentlich zum Aufschwung des Notendruckes in England bei und brachte die meisten Werke der englischen Madrigalisten, insbesondere Madrigalbücher von Th. Morley, heraus. Die Druckerei wurde nach seinem Tode verkauft. – **2) Michael,** Sohn von 1) (?), * um 1580, † 1647/48 Lichfield (Staffordshire); Komponist. Er wurde 1606 Bachelor of Music der Universität Cambridge und um 1618 Master of the choristers, später auch Organist der Kathedrale in Lichfield. Von ihm wurden 7 Bücher Madrigale gedruckt, die auch instrumental ausgeführt werden können und zahlreiche Instrumentalwerke (Fancies u.a.) enthalten (Lo 1604–38). E. schrieb auch Anthems und Songs.

Ausg.: Madrigale, Bücher 1 u. 2 u. Teile von 3 u. 4, hrsg. v. E. H. FELLOWES (= The English Madrigal School 29–31), revidiert v. TH. DART u.a., 4 Bde. (Lo 1960–62) (= The English Madrigalists 29–31b); einige Fantasien für Va., in: Mus. Brit 7; 20 Light Fantasies (aus dem 5. Buch der Madrigale) für 3 Melodieinstrumente, bearb. v. D. GOLDSTEIN (Provincetown/Mass. 1969).

Lit.: E. H. FELLOWES, The English Madrigal Composers (Lo 1921, 21948, Nachdr. [der 2. Aufl.] Lo 1958); E. H. MEYER, English Chamber Music (1946, 21951, Nachdr. NY 1971), dt. Übers.: Die Kammermusik Alt-Englands (L 1958); R. ILLING, Barley's Pocket Edition of Est's Metrical Psalter, in: ML 49 (1968); DERS., Est – Barley – Ravenscroft and the English Metrical Psalter (Adelaide 1969); DERS., Est's Psalter, I (ebd. 1969) (mit Kommentar u. Übertragung); D. W. KRUMMEL, English Music Printing 1553–1700 (Lo 1975, NY 1976).

EAST COAST JAZZ (engl.), ↗West Coast Jazz.

EASTON, Florence, * 24. 10. 1884 Middlesbrough-on-Tees, † 13. 8. 1955 New York; engl. Sängerin (Sopran). Nach ihrer Ausbildung am Royal College of Music in London und bei E. Haslan in Paris debütierte sie 1903 in London als Hirtenknabe in Wagners *Tannhäuser.* 1907–13 war sie Mitglied der Berliner Königlichen Oper und sang hier 1913 die Najade in der Uraufführung der *Ariadne auf Naxos* von R. Strauss. 1914–16 war sie in Hamburg, anschließend in Chicago und 1917–29 (und erneut 1935–36) am Metropolitan Opera House in New York engagiert. 1928–31 sang sie wiederholt an der Covent Garden Opera. Sie beherrschte ein Repertoire von über 100 Partien. Bewundert wurde sie vor allem im dramatischen Fach, insbesondere in Wagner-Partien.

E-BASS, umgangssprachlich für ↗Elektrobaß.

EBELING, Johann Georg, * 8.7.1637 Lüneburg, † 4. 12. 1676 Stettin; dt. Komponist. E. wurde 1662 Musikdirektor der Hauptkirche und, als Nachfolger von J. Crüger, Kantor an St. Nikolai in Berlin und war seit 1668 Kantor und Griechischlehrer am Gymnasium Carolinum in Stettin. Er veröffentlichte *Pauli Gerhardi Geistliche Andachten, bestehend in 120 Liedern auf alle Sonntage* (B 1667, mit zahlr. Aufl.) für 4 Stimmen, 2 Violinen und B.c., von denen *Die güldene Sonne voll Freud und Wonne, Du meine Seele singe* und *Warum sollt ich mich denn grämen* noch heute zum Kern des evangelischen Kirchenliedguts gehören.

Ausg.: *P. Gerhardi Geistliche Andachten* (1667), Faks.-Ausg. v. F. KEMP (Be 1975) (= Dt. Barock-Lit. 10); Zwölf geistliche Lieder P. Gerhards für 4st. gem. Chor, 2 V. u. B.c. (Kas 1934); 12 Choralsätze für 4 gem. St. u. 2 Instr.-Oberst. (St 1951).

Lit.: W. BLANKENBURG, J. G. E. 1637–1676, in: MuK 46 (1976).

EBERHARD VON FREISING (Eberhardus Frisingensis), OSB, dt. Musiktheoretiker des 11. Jahrhunderts. Er ist vermutlich der Verfasser zweier überlieferter Musiktraktate, *Tractatus de mensura fistularum* und *Regula ad fundendas nolas id est organica tintinnabula* (Gerbert Scr. II), die die Mensur der Orgelpfeifen und der Glocken behandeln.

EBERL, Anton Franz Josef, * 13.6.1765 Wien, † 11. 3. 1807 ebd.; östr. Pianist und Komponist. E. studierte zunächst Rechtswissenschaft, wandte sich später ganz der Musik zu und war Schüler von G. Chr. Wagenseil, J. A. Štěpán und L. Koželuch, 1785–86 auch von Mozart. Er unternahm mehrere Konzertreisen durch Deutschland, u.a. 1795 mit Mozarts Witwe Constanze, lebte 1796–99 und 1801–02 als Klavierlehrer und angesehener Komponist in St. Petersburg und anschließend wieder in Wien. 1806 unternahm er erneut eine Konzertreise, die ihn u. a. nach Prag, Berlin, Leipzig und Weimar führte. E. brachte in Wien mehrere Opern zur Aufführung. Anerkennung fand er aber vor allem mit seiner Kammermusik. Er schrieb ferner 5 Symphonien, 5 Klavierkonzerte und weitere Klaviermusik. Sein Stil ist vorwiegend von Mozart, unter dessen Namen zunächst einige seiner Klavierstücke erschienen, später auch von Beethoven beeinflußt.

Ausg.: Sonatine für Pianoforte, op. 6, in: F. GIEGLING, Die Solosonate (Kö 1959) (= Das Musikwerk 15); Sextett für Klar., Horn, V., Va., Vc. u. Klv., hrsg. v. W. GENUIT – D. KLOCKER (Lo 1965) (= Musica rara o.Nr.); *Grand trio* für Klar., Vc. u. Klv., hrsg. v. H. VOXMAN (Lo 1973).

Lit.: F. J. EWENS, A. E.s Leben u. Werke (Dresden 1927) (mit thematischem Kat.); R. HAAS, A. E., in: Mozart-Jb. 1951 (Salzburg 1953); A. D. WHITE, The Piano Works of A. E. (1971) (= Diss. Univ. of Wisconsin).

EBERLIN, Daniel, getauft 4.12.1647 Nürnberg, † 1715 Kassel (?); dt. Kapellmeister und Komponist. Er kämpfte im Dienste der päpstlichen Truppen gegen die Türken, war darauf kurze Zeit Bibliothekar in Nürnberg und hielt sich öfters in Eisenach auf, 1676–78 als „Cammer-Secretär“ und Kapellmeister. Anschließend war er Kapellmeister in Kassel, seit 1685 wieder in Eisenach. 1690 wurde ihm dort die Verantwortung über die Münze anvertraut. Er floh jedoch 1692 nach der Entdeckung eines bedeutenden Fehlbetrages. Zwischen Dezember 1713 und dem 5.7.1715 war er vermutlich wieder in Kassel. E., dessen unstet verlaufendes Leben nicht in allen Teilen geklärt ist, scheint sich vor allem um das Ansehen der Eisenacher Hofkapelle Verdienste erworben zu haben. G. Ph. Telemann, sein Schwiegersohn, nannte ihn einen „gelehrten“ Kontrapunktisten und „starken“ Geiger. Im Druck erschien von ihm eine Sammlung Triosonaten (Nü 1675). Einige Kantaten für Solostimme sowie ein Choral sind hsl. erhalten. Johann Christoph Bach schrieb Cembalovariationen über eine Arie E.s unter dem Titel *Aria Eberliniana*.

Ausg.: 15 Variationen für Cemb. über die Aria Eberliniana, hrsg. v. C. FREYSE (L 1940) (= Veröff. der Neuen Bach-Ges. 39/2).

Lit.: F. ROLLBERG, D. E., in: Thüringisch Fähnlein (1935) H. 4; C. FREYSE, s.o. Ausg.; CH. ENGELBRECHT, Die Hofkapelle des Landgrafen Carl von Hessen-Kassel, in: Zschr. des Vereins für hessische Gesch. u. Landeskunde 68 (1957); C. OEFNER, in: Mf 22 (1969).

EBERLIN, Johann Ernst, * 27.3.1702 Jettingen (Bayerisch-Schwaben), † 19.6.1762 Salzburg; dt. Komponist. Er studierte am Jesuitenkolleg in Augsburg, wo er Musikunterricht bei G. Egger und B. Siberer erhielt, und 1721–23 Jura an der Universität Salzburg. 1726 trat er als Hoforganist in die Dienste des Erzbischofs von Salzburg und wurde 1749 zum Hofkapellmeister ernannt. E., der ein bedeutendes kompositorisches Werk schuf, beeinflußte stark die Salzburger Musiker, darunter auch W. A. Mozart. L. Mozart und E. setzten die Salzburger Tradition des ausgehenden Barocks fort, dessen wichtigster Vertreter H. I. Fr. Biber war, und banden jene Tradition in den neuen Stil ein, der in W. A. Mozart und J. Haydn seine Erfüllung fand. Neben liturgischer Musik schuf E. geistliche Oratorien, Opern, Musik zu Schuldramen an der Salzburger Benediktineruniversität und Instrumentalmusik.

WW: 1) Instr.-WW: 23 Sinfonien als „Introduzione" zu dramatischen WW; 3 dreisätzige Sinfonien; 1 Divertimento; 2 Klv.-Sonaten; 248 Org.-Versetten; 9 Toccaten u. Fugen; 4 Stücke für das Org.-Werk des mechanischen Theaters in Hellbrunn; 5 Stücke für das Hornwerk auf der Feste Hohensalzburg. – **2) Geistliche WW:** 58 Messen; 8 *Requiem;* 2 *Te Deum;* 30 Litaneien; 70 Offertorien; 3 Introitus; 34 Vespern; 9 *Miserere;* 5 *Regina caeli;* 1 Tenebrae; ferner 7 kleinere liturg. WW. – **3) Bühnen-WW:** 22 Oratorien; 3 Opern; 3 Operetten (oder Bauernstücke); 59 Musiken zu Schuldramen.

Ausg.: Oratorium *Der blutschwitzende Jesus,* hrsg. v. R. HAAS (1921) (= DTÖ 28/1) (im Anhang Stücke aus anderen Oratorien); 2 Motetten, hrsg. v. K. A. ROSENTHAL – C. SCHNEIDER (1936) (= ebd. 43/1); 9 Tokkaten u. Fugen, hrsg. v. R. WALTER (Altötting 1958, ²1968) (= Süddeutsche Orgelmeister des Barock 4); *Missa II. toni* für Soli, gem. Chor u. Orch., hrsg. v. DEMS. (ebd. 1972) (= ebd. 2); 65 Vor- u. Nachspiele, Versetten u. Fughetten, hrsg. v. R. WALTER (W – Mn 1975) (= Diletto Musicale 568–569); *Missa V. toni* für gem. Chor und Orch. hrsg. v. W. FÜRLINGER (Altötting 1972) (= Süddeutsche Kirchenmusik des Barock 5); Aufzüge für Trompeten u. Pauken. Musikstücke für mechanische Orgelwerke v. J. E. E. u. L. Mozart, hrsg. v. M. M. SCHNEIDER-CUVAY – E. HINTERMAIER – G. WALTERSKIRCHEN (Mn – Salzburg 1977) (= Denkmäler der Musik in Salzburg 1).

Lit.: R. HAAS, E.s Schuldramen u. Oratorien, in: StMw 8 (1921); H. J. HERBORT, Die Messen des J.E.E. (1961) (= Diss. masch. Münster); H. G. PAULY, J. E. E.'s Motets for Lent, in: JAMS 15 (1962); DERS., J. E. E.'s Concerted Liturgical Music, in: Musik u. Gesch. FS L. Schrade (Kö 1963); M. M. SCHNEIDER-CUVAY, Die Instrumentalwerke J. E. E.'s (1975) (= Diss. masch. Salzburg). E. HINTERMAIER

EBERS, Clara, * 26.12.1902 Karlsruhe; dt. Sängerin (Sopran). Sie studierte bei Eduard Erhard in Karlsruhe, debütierte dort 1924 und hatte ihr erstes Engagement 1925/26 in Mönchengladbach. 1926–28 sang sie in Düsseldorf, 1928–34 in Frankfurt a. M. und gehörte danach bis 1963 der Hamburgischen Staatsoper an. Daneben gastierte sie an den meisten bedeutenden Opernhäusern Europas. 1964–71 lehrte sie als Professorin Gesang an der Hamburger Musikhochschule. Sie trat auch erfolgreich als Konzertsängerin auf.

EBERT, Carl, * 20. 2. 1887 Berlin, † 14. 5. 1980 Santa Monica (USA); amerik. Regisseur u. Theaterleiter dt. Herkunft. Er war 1909–14 in Berlin Schauspieler bei M. Reinhardt, 1915–22 in Frankfurt a. M., wo er auch eine Schauspielschule gründete. Anschließend spielte er wieder in Berlin (bei L. Jessner) u. leitete zugleich als Professor eine Schauspielklasse an der Hochschule für Musik. 1927 wurde er Generalintendant des Hessischen Landestheaters in Darmstadt, wo er sich erstmals der Opernregie zuwandte, 1931 Intendant und Generaldirektor der Städtischen Oper in Berlin. 1933 von den Nationalsozialisten entlassen, emigrierte er in die Schweiz und war in den nächsten Jahren als Gastregisseur tätig. 1934 gründete er mit Fr. Busch und R. Bing die Festspiele in Glyndebourne und wirkte seit 1937 auch bei den Festspielen in Edinburgh mit. 1936–39 war er Berater für Theaterwesen bei der türkischen Regierung in Ankara, gründete dort eine Theaterschule und leitete 1939–47 das von ihm mit aufgebaute Nationaltheater. Danach leitete er wieder die Festspiele in Glyndebourne, war Operndirektor der Edinburgher Festspiele und Opernregisseur in London. 1948–54 lehrte er an der University of Southern California in Los Angeles und war dort seit 1950 auch Direktor der Guild Opera Company. 1954 folgte er H. Tietjen als Generalintendant der Städtischen Oper in Berlin und war zugleich Leiter des von ihm der Oper angegliederten Studios. Seit 1956 war er auch Präsident der deutschen Sektion des Internationalen Theater-Instituts in Berlin. 1961 verließ er Berlin und wirkte danach wieder als Gastregisseur. E. hat entscheidend zur Erneuerung der Opernregie beigetragen, u. a. durch seine weltweiten Initiativen, durch vorbildliche Inszenierung klassischer Werke des Opernrepertoires, vor allem Mozarts und Verdis, dadurch, daß er viele vergessene Werke für das Repertoire zurückgewann (u. a. Verdis *Nabucco,* Janaček's *Katja Kabanowa,* Rossinis *Graf Ory,* Cherubinis *Medea*) und nicht zuletzt durch die Förderung zeitgenössischer Opern (u. a. H. W. Henzes *König Hirsch,* L. Dallapiccolas *Nachtflug,* A. Schönbergs *Moses und Aron,* Uraufführung von I. Strawinskys *The Rake's Progress* 1951 in Venedig). E. erhielt zahlreiche Ehrungen und Auszeichnungen und war u. a. Ehrenmitglied der Deutschen Oper Berlin und des Staatstheaters Darmstadt sowie Ehrendoktor der Universitäten in Edinburgh und Los Angeles.

EBERWEIN, dt. Musikerfamilie. – **1) Traugott Maximilian,** * 27.10.1775 Weimar, † 2.12.1831 Rudolstadt; Violinist, Dirigent und Komponist. Bereits mit 8 Jahren spielte er in der Weimarer Hofkapelle, der auch sein Vater angehörte. 1797 trat er als Violinist in die Hofkapelle des Fürsten von Schwarzburg-Rudolstadt ein, wurde dort 1810 Hofmusikus und 1817 Hofkapellmeister. Daneben unternahm er mehrere Konzertreisen durch Europa, auf denen er u. a. J. A. Hiller, K. Fr. Zelter, Beethoven, A. Salieri und J. L. Dussek kennenlernte. Er schrieb 11 Opern und Singspiele (darunter *Der Jahrmarkt von Plundersweilern,* nach Goethe, 1818), Symphonien, Instrumentalkonzerte, Kammermusik, Chorwerke und Lieder. – **2) Franz Carl Adalbert,** Bruder von 1), * 10.11.1786 Weimar, † 2.3.1868 ebd.; Komponist. Er war seit 1803 Violinist der Hofkapelle in

Weimar, 1808–10 Schüler von K. Fr. Zelter in Berlin und anschließend wieder Kammermusikus in Weimar. Seit 1818 war er Kapellmeister der Stadtkirche, 1826–49 herzoglicher Musikdirektor und Dirigent der Oper in Weimar. Er stand in enger Beziehung zu Goethe, von dem er auch einige Gedichte vertonte. Er schrieb 7 Opern, Bühnenmusiken, u.a. zu Goethes *Faust* I und II und zu *Proserpina*, ferner Chor- und Kammermusik sowie zahlreiche Lieder. Von ihm stammt auch die Melodie zu dem Studentenlied *Hier sind wir versammelt zu löblichem Tun, drum, Brüderchen, ergo bibamus* (1813; nach einem Gedicht von Goethe).

Lit.: W. BODE, Goethes Schauspieler u. Musiker (B 1912); H. J. MOSER, Goethe u. die Musik (L 1949).

EBINGER, Blandine, * 4. 3. 1904 Berlin; dt. Chansonsängerin und Schauspielerin. Sie begann als Schauspielerin bei Max Reinhardt und wurde später Mitglied des Berliner Kabaretts „Größenwahn". Sie sang insbesondere Lieder nach Texten von Klabund und von Fr. Hollaender getextete und komponierte Chansons (u. a. den Zyklus *Lieder eines armen Mädchens*). In den 30er Jahren trat sie in Berlin in Revuen auf. 1937 emigrierte sie in die USA. 1946 kehrte sie nach Europa zurück und war danach am Schauspielhaus in Zürich und später an Berliner Theatern engagiert.

Lit.: F. HOLLAENDER, Lieder und Chansons für B. E. (Fr 1957); DERS., Von Kopf bis Fuß (Mn 1965); W. V. RUTTKOWSKI, Das literarische Chanson in Deutschland (Be 1966).

ECCARD, Johannes, * 1553 Mühlhausen (Thüringen), † Herbst 1611 Berlin; dt. Komponist. Er war seit 1567 Sängerknabe der herzoglichen Kapelle Weimar, 1571–73 Kapellsänger und Schüler von Orlando di Lasso in München. 1578 stand er im Dienste Jakob Fuggers in Augsburg, wurde 1580 herzoglicher Vizekapellmeister in Königsberg, dort 1586 mit den Aufgaben eines Kapellmeisters betraut, aber erst 1604 zum Kapellmeister ernannt. 1608 ging er als Kapellmeister an den kurfürstlichen Hof nach Berlin. E. hat ausschließlich geistliche und weltliche Vokalwerke komponiert, in der Mehrzahl Choralbearbeitungen und Choralsätze (↗Kantionalsatz). Sein Schaffen ist nicht zuletzt bestimmt durch das Bemühen, den imitatorischen Motettenstil franko-flämischer Tradition mit einer schlichteren liedmäßigen Gestaltung in Einklang zu bringen. E.s Choralsätze wurden bereits in der ersten Hälfte des 19. Jh. für die evangelische kirchenmusikalische Praxis wiederentdeckt, in der sie bis heute einen festen Bestand bilden.

WW: *Neue Christliche Gesäng* für 4 St. (Mühlhausen 1574) (unvollständig erhalten); *Neue deutsche Lieder* für 4–5 St. (ebd. 1578); *Neue Lieder* für 4–5 St. (Königsberg 1589); *Odae sacrae* für 4 St. (Mühlhausen 1596) (unvollständig erhalten); *Geistliche Lieder, auff den Choral ... gerichtet* für 5 St., 2 Teile (Königsberg 1597); zahlr. einzeln gedruckte Gelegenheits- (meist Hochzeits-) Gesänge (1585–1610); 6 Messen u. 1 Kyrie sind hsl. erhalten (Augsburg u. München); gemeinsam mit Joachim a Burck veröffentlichte E. *Viertzig deutsche christliche Liedlein M. Ludovici Helmboldi* für 4 St. (Mühlhausen 1599) (RISM 1599⁸); postum erschienen, zusammen mit WW von J. Stobaeus u. von diesem hrsg., *Geistliche Lieder auf gewöhnliche Preußische Kirchenmelodeien* für 5–8 St. (Danzig 1634) u. *Preußische Festlieder* für 5–8 St., 2 Teile (Elbing 1642, Königsberg 1644).

Ausg.: *Preußische Festlieder* 1642 u. 1644, hrsg. v. G. W. TESCHNER (L 1858); *Geistliche Lieder auf den Choral,* hrsg. v. DEMS. (L 1860); *Geistliche Lieder,* 1. Teil hrsg. v. F. VON BAUSSNERN (Wb – B 1928), 2. Teil, mit Nachdr. der Ausg. des 1. Teils (1963); *Neue Lieder* (1589), hrsg. v. R. EITNER, in: PGfM 21 (L 1897); 56 Sätze, hrsg. v. L. SCHOEBERLEIN – F. RIEGEL, in: Schatz des liturg. Chor- u. Gemeindegesangs 1–3 (Gö 1865–72), vgl. dazu Hdb. der dt. ev. Kirchenmusik III/2 (Gö o.J.); 29 Chorsätze (St 1958) (= Geistliche Chormusik 4/2); Missa *Mon cœur se recommande à vous* für 5 St., hrsg. v. U. HERRMANN (St 1962); Motette *Christ ist erstanden,* hrsg. v. G. GRAULICH (St 1969); *Zanni e magnifico* für 5 St. 1589, hrsg. v. W. Kirkendale, in: *Madrigali a diversi linguaggi* v. L. Marenzio, O. Vecchi, J. E. u. M. Varotto (Wb 1974) (= Chw 125).

Lit.: A. MAYER-REINACH, Zur Gesch. der Königsberger Hofkapelle, in: SIMG 6 (1904/05); E. PRAETORIUS, Ein unbekanntes Erstlingswerk J. E.s, in: ebd. 7 (1905/06); G. REICHMANN, J. E.s weltliche Werke (Diss. Hei 1923); A. ADRIO, J. E., in: Der Kirchenmusiker 4 (1953); DERS., J. E.s „Preussische Festlieder", in: MuK 23 (1953); A. W. GRAUER, The Vocal Style of S. Dietrich and J. E. and Their Contributions to Lutheran Church Music (1960) (= Diss. Univ. of Rochester/N.Y.); H. HECKMANN, J. E.s Gelegenheitskompositionen, in: FS B. Stäblein (Kas 1967).

ECCLES, engl. Musikerfamilie. – **1) Solomon,** * 1618 London, † 11. 2. 1683 ebd. Als er um 1660 Quäker wurde, verbrannte er seine sämtlichen Bücher und Instrumente und wurde Schuhmacher. In der Schrift *A musick-lector: or, the art of musick* (Lo 1667) übte er heftige Kritik an der Kirchenmusik. – **2) John,** Sohn von 1), * 1668 London, † 12. 1. 1735 Kingston-on-Thames. Er wurde 1700 Master der King's Band.

WW: **1) Vokal-WW:** Masques: *The Judgment of Paris* (Libr.: Congreve) (1701); *Acis and Galatea* (Libr.: Motteux) (1701); *Semele* (Libr.: Congreve) (1710); zahlr. Songs u. a. Stücke für mehr als 40 Bühnenwerke (Masques, Comedies u. a.), viele davon erschienen einzeln im Druck; Sammlungen: *Theatre Music ... a collection of ayres for the violin, French dances, etc.,* 3 Bde. (Lo 1698–1700); *A collection of songs* für 1–3 St. u. Instr. mit B.c. (Lo 1704); Musik zur Krönung der Königin Anna (1702, hsl. erhalten) und Gelegenheitsgesänge zu ihrem Geburtstag und zu Neujahr (Lo 1703); einzelne Songs und Catches (Lo o.J.). – **2) Instr.-WW:** *Country dances for the year 1753* für V. u. Fl. oder Ob. (Lo 1753).

3) Henry, Bruder von 2), * um 1652 London, † 1742 Paris; Violinist. Er war 1674–1710 Musiker der King's Band, übersiedelte dann nach Paris und wurde Mitglied der Chapelle Royale. Er veröffentlichte 2 Bücher mit 12 Violinsonaten (P 1720 u.

1723), die ohne Hinweis auf die Autoren Sätze von G. Valentini und F. A. Bonporti enthalten.

Ausg.: **Zu 1):** Sonata g-moll für Va. u. Klv., hrsg. v. P. KLENGEL (Lo 1953). – **Zu 2):** Tanzsätze für Cemb. in: The Contemporaries of Purcell, hrsg. v. J. A. FULLER-MAITLAND, Bd. 6 (Lo 1921); Sonata Nr. 11 g-moll für Vc. u. Klv., hrsg. v. N. TICCIATI (Lo 1960); 8 Songs, hrsg. v. M. PILKINGTON (Lo 1978). – **Zu 3):** Sonata F-Dur für Alt-Blockfl. (oder Querfl., V.) u. B.c., hrsg. v. H. Ruf (Mz 1964).

Lit.: E. BORREL, H. E., in: Bull. de la Société Française de Mie ([4]1924); J. JEFFREYS, The E. Family, a Little-Known Family of XVII the Century English Musicians (Ilford 1951); S. LINCOLN, The First Setting of Congreve's „Semele", in: ML 44 (1963); DERS., The Last of Tradition (Diss. O 1963–64); DERS., E. and Congreve. Music and Drama on the Restauration Stage, in: Theatre Notebook 18 (1963/64): R. MCGUINNESS, English Court Odes 1660–1820 (O 1971); S. LINCOLN, A Congreve Masque, in: MT 113 (1972).

ÉCHAPPEMENT (frz.), Teil der Mechanik des ↗Klaviers.

ECHEVARRÍA (Echavarría, Chavarría, Chevarría), Name vieler, vermutlich zur selben Familie gehöriger Orgelbauer baskischer Abstammung im 17. und 18. Jahrhundert. – **1) José,** OFM. Er lebte in der 2. Hälfte des 17. Jh. im Kloster von Bilbao und baute Orgeln in Alcalá de Henares, Eibar, Mondragón, Vitoria und Tolosa. – **2) José,** Schüler von 1). Er lebte in Oñate (Baskenland) und schuf Orgeln für die Kathedralen von Palencia und Burgos und für Santa María de Tolosa. – **3) Pedro de Liborna I,** * 2. Hälfte des 17. Jh., † 1724 Madrid. Er war seit 1703 Orgelbauer der Real Capilla in Madrid, arbeitete für die Kathedralen von Toledo und Segovia und für das Kloster der Descalzas Reales de Madrid. – **4) Pedro de Liborna II,** Sohn von 3), * Anfang 18. Jh., † 25. 4. 1771 Madrid. Er folgte 1724 seinem Vater als Orgelbauer der Real Capilla und baute die Orgeln der Kathedralen von Salamanca, Oviedo, Toledo und Segovia. – **5) José de Liborna,** Sohn von 4), * um 1746 Salamanca, † 22. 5. 1804 Madrid. Er wurde 1771 Orgelbauer des Königs. Mit seinem Vater baute er die Orgel der Kathedrale von Segovia. Eigene Werke schuf er für die Kathedralen von Zamora und Burgo de Osma und für mehrere Kirchen in Madrid. – Die E.s beanspruchten, wohl zu Recht, die Erfindung der für den spanischen Orgelbau typischen Horizontaltrompeten.

Lit.: J. A. DE DONOSTIA, Música y músicos en el Pais Vasco (San Sebastián 1951); G. BOURLIGUEUX, Recherches sur la musique à la cathédrale d'Oviedo, in: Mélanges de la Casa de Velázquez 3 (1967); J. WYLY, Historical Notes on Spanish Façade Trumpets, in: OYb 8 (1977).

ÉCHIQUIER (frz.), **Eschequier,** ↗Schachbrett.

ECHO (engl.: echo, frz.: écho, it. und span.: eco). – **1)** Effekt einer Schallwelle, die an einem gegebenen Punkt nach einer Reflektion mit einer ausreichenden Intensität und Verzögerung auftritt, um von der direkten Schallwelle unterschieden zu werden. Dazu ist eine Laufzeitdifferenz zwischen direktem und reflektiertem Schall von mindestens 35 m/sec notwendig; dies entspricht bei einer Schallgeschwindigkeit von 344 m/sec einem Wegunterschied von etwa 12 m.

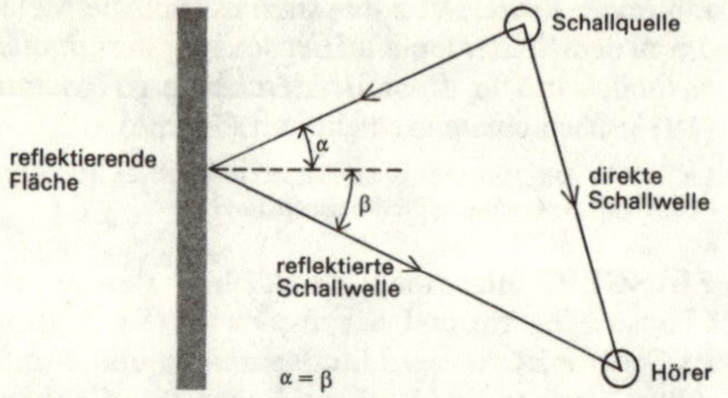

Bis zu einer Laufzeitdifferenz von 50 m/sec (entsprechend etwa 17 m) wird der reflektierte Schall als Verstärkung des direkten vernommen und trägt zur Erhöhung von Lautstärke und Durchsichtigkeit bei. Größere Wegunterschiede werden vor allem beim Sprechen als störend empfunden; ebenso verliert Musik an Durchsichtigkeit. In der Praxis sind die Grenzen jedoch fließend; sie hängen z. B. ab von der Komposition, der Richtcharakteristik der Schallquelle und der Richtung, aus der das E. den Hörer erreicht. Im normalen Raum verdichten sich die E.s zum ↗Nachhall. Zwischen zwei reflektierenden parallelen Wänden treten mehrere E.s in gleichem zeitlichem Abstand auf, die auch bei geringerem Wandabstand als 6 m klangfärbend wirken und sehr stören können („Flatterechos"). Sie lassen sich vermeiden, wenn die Wände etwa 5° gegeneinander geneigt sind. – **2)** Kompositionstechnik, die den natürlichen Echoeffekt imitiert. Sie ist durch eine leisere Wiederholung eines kürzeren musikalischen Abschnittes gekennzeichnet. H. Isaac soll als erster ein Gedicht von A. Poliziano mit Echoeffekten vertont haben (Werk verschollen). In der 2. Hälfte des 16. Jh. wurde das E. ein wichtiges Stilmittel der Madrigalkomposition: in Italien bei Sper'in Dio Bertoldo (1561), L. Marenzio (*O tu che fra le selve; Dialogo a otto in risposta d'Ecco,* 1580), A. Gabrieli, O. Vecchi, L. Agostini (3 Bücher *Canones et echo,* 1572, 1581, 1583) und bei R. Del Mel; in Deutschland bei Orlando di Lasso *(O la, o che bon eccho),* J. Heugel, M. Franck, M. Praetorius; in Frankreich bei Cl. Le Jeune. Seit den Opernanfängen der Camerata Fiorentina wurde es von J. Peri (*Eco con due risposte,* 1589), G. Caccini, M. da Gagliano, Cl. Monteverdi (Echoszene im

5. Akt des *Orfeo,* 1607), verwendet, dann auch in den Opern der Römischen (S. Landi, D. Mazzocchi, M. Rossi), der Venezianischen (P. Fr. Cavalli, A. Draghi) und der Neapolitanischen Schule (N. Jommelli, A. Scarlatti), schließlich auch in Opern mythologischen und pastoralen Inhalts außerhalb Italiens, u. a. bei H. Purcell *(The Fairy Queen),* J. B. Lully, J. Ph. Rameau und Chr. W. Gluck *(Orfeo).* In neuerer Zeit verwandten Echoeffekte u. a. E. Humperdinck *(Hänsel und Gretel)* und R. Strauss *(Ariadne auf Naxos).* Heute ist es durch elektroakustische Mittel (Laufzeitverzögerung mittels Tonband oder digitaler Verzögerungsgeräte) möglich, auch bei live-Aufführungen physikalisch exakte E.s zu erzeugen, die auch zu kreisförmig wandernden Klängen ausgebaut werden können. Hiervon haben u. a. Gebrauch gemacht P. Boulez, K. Stockhausen oder O. Sala sowie viele Musiker im Bereich der Pop- und Unterhaltungsmusik. – Seit dem 16. Jh. läßt sich das E. auch in der Orgelmusik nachweisen (z. B. bei H. Buchner, *Preambulum in ut;* J. P. Sweelinck, *Fantasien op de manier van eene echo,* und bei vielen deutschen und französischen Organisten des 17. und 18. Jh.). Seit Beginn des 17. Jh. findet es sich auch in der Instrumentalmusik (A. Banchieri, *Fantasia in Eco,* 1603; B. Marini, *Sonata in Eco con 3 violini,* 1629; J. K. F. Fischer, *8. Suite* aus dem *Journal du Printemps,* 1695; zahlreiche weitere Beispiele bei A. Vivaldi, G. Fr. Händel, J. Chr. Bach und K. Stamitz). J. Haydn schrieb ein *Echo* genanntes Divertimento für 2 Streichtrios (1767), W. A. Mozart ein *Notturno* (KV 286) für 4 Orchester, in dem ein dreifaches Echo vorkommt. – Der Echoeffekt kann, ohne daß er durch einen eigenen Hinweis im Notentext angezeigt wird, an entsprechenden, durch Wiederholung musikalischer Abschnitte charakterisierten Stellen auch frei verfügbares Ausdrucksmittel im vokalen oder instrumentalen Vortrag sein.

Lit.: **Zu 1):** E. HAAS, Über den Einfluß eines Einfachechos auf die Hörsamkeit von Sprache, in: Acustica 1 (1951). – **Zu 2):** TH. KROYER, Dialog u. E. in der alten Chormusik, in: Jb. Peters 16 (1909); E. BOLTE, Das E. in Volksglauben u. Dichtung (1935) (= Sitzungs-Ber. der Preuß. Akad. der Wiss., Philos.-hist. Klasse 16).

ECHOS (griech.), ↗Oktoechos.

ECHOWERK (engl. und frz.: echo; it. und span.: eco), Bz. für das Teilwerk einer Orgel, dessen Register in einem teilweise oder auch allseits geschlossenen Kasten untergebracht sind und so beim Alternieren mit anderen, frei aufgestellten Registern Echoeffekte ermöglichen. Besonders charakteristisch ist das E. für die französische Barockorgel, wo es in der Regel das vierte Manualwerk darstellt und ausschließlich mit Diskantregistern besetzt ist. Der westdeutsche, vom französischen Stil beeinflußte Orgelbau des 18. Jh. (namentlich der Familie Stumm) kennt auch bei kleineren, zweimanualigen Instrumenten das E. als einziges Nebenwerk neben dem Hauptwerk. Aus dem E. entstand durch Anbringung beweglicher Jalousien im 19. Jh. das ↗Schwellwerk (einzelne Vorläufer gab es bei spanischen und englischen Orgeln des 18. Jh.), das deshalb anfangs häufig auch noch E. genannt wurde. – Als E. wird gelegentlich auch das ↗Fernwerk bezeichnet.

ECK, dt. Musikerfamilie. – **1) Georg,** Hornist. Er stammte aus Böhmen, war 1766–78 Mitglied der Mannheimer, dann der Münchener Hofkapelle. – **2) Johann Friedrich Gerhard,** Sohn von 1), getauft 25. 5. 1767 Schwetzingen, † 22. 2. 1838 Bamberg; Violinist. 1778 ging er mit seinem Vater nach München, wo er 1788 Konzertmeister wurde. 1793–1801 war er Direktor der Oper am Nationaltheater. Mit W. Cramer ist E. einer der letzten wichtigen Repräsentanten der Mannheimer Schule. Er veröffentlichte 5 Violinkonzerte und eine *Concertante* (konzertante Symphonie) für zwei Violinen und Orchester. – **3) Franz Anton,** Bruder von 2), getauft 9. 2. 1776 Mannheim, † 1804 Straßburg; Violinist. 1789–1801 war er Mitglied der Hofkapelle in München. 1802 nahm er L. Spohr als Schüler auf seinen Konzertreisen mit. Katharina II. von Rußland engagierte ihn als Solisten der Hofkapelle nach St. Petersburg.

Lit.: L. SPOHR, Selbstbiographie (Kas – Gö 1860–61, NA Kas – Bas 1954–55); J. W. VON WASIELEWSKI, Die Violine u. ihre Meister (L 1883, 7-8 1927); A. MOSER, Gesch. des Violinspiels (B 1923).

ECKARD, Johann Gottfried, getauft 21.1.1735 Augsburg, † 24.7.1809 Paris; dt. Pianist und Komponist. 1758 kam er mit dem Instrumentenbauer J. A. Stein nach Paris, wo er sich sehr schnell als Pianist einen Namen machte. E. war der erste französische Komponist, der seine Cembalosonaten (op. 2) ausdrücklich auch für das Pianoforte bestimmte. Sein Einfluß ist bei J. Schobert und dem jungen Mozart (z. B. in den ↗Albertischen Bässen der frühen Klaviersonaten) erkennbar.

WW: *Six sonates pour le clavecin,* op. 1 (P 1763); *Deux sonates pour le clavecin ou le piano forte,* op. 2 (P 1764); *Menuet d'Exaudet* mit Variationen für Cemb. (P 1764).

Ausg.: GA der Klv.-WW, hrsg. v. E. REESER (A 1956).

Lit.: E. REESER, J. G. E. 1735–1809, in: TVer 17 (1949); W. PAAP, De klaviersonates v. J. G. E., in: Mens en melodie 12 (1957); E. REESER, De nalatenschap v. J. G. E., in: FS A. van Hoboken (Mz 1962).

ECKEL, Matthias, dt. Komponist. Er ist 1516 als „Rentschreiber" des Herzogs von Sachsen in Dresden nachweisbar. Von seinen datierbaren Kompositionen stammt die späteste aus dem Jahre 1537. D. schrieb Motetten, Psalmen, Hymnen sowie 10 4–5st. deutsche Lieder, die (1536–69) in Sammeldrucken erschienen oder hsl. überliefert sind.

Ausg.: 4 Lieder, hrsg. v. R. EITNER, in: PGfM 1–3 (1873–76); ein Lied u. ein Hymnus, in: EDM, Reihe RD 20 u. 21 (1940, 1942).

Lit.: R. EITNER, Das alte dt. mehrst. Lied, in: MfM 26 (1894); H. J. MOSER, P. Hofhaimer (St – B 1929); O. GOMBOSI, Die Musikalien der Pfarrkirche zu St. Aegidi in Bártfa, in: FS J. Wolf (B 1929); H. ALBRECHT, Zwei Quellen zur dt. Musikgesch. der Reformationszeit, in: Mf 1 (1948).

ECKELT (Eckold), **Johann Valentin,** getauft 8.5.1673 Werningshausen bei Langensalza, † 18.12.1732 Sondershausen; dt. Komponist. E. war 1690 Schüler von J. Pachelbel in Erfurt, 1697–1703 Organist in Werningerode und anschließend an der Dreifaltigkeitskirche in Sondershausen. Von ihm sind hsl. der Traktat *Prolegomena de musica in genere* und eine Orgeltabulatur mit Werken u. a. von Pachelbel, J. J. Froberger, Ph. H. Erlebach und A. N. Vetter erhalten. Die darin nicht gezeichneten Stücke stammen möglicherweise von E. selbst.

Lit.: E. JACOBS. Der Orgelspieler u. Musikgelehrte J. V. E., in: VfMw 9 (1893).

ECKSTINE (eig. Eckstein), **Billy** (William Clarence), * 8.7.1914 Pittsburgh (Pennsylvania); amerik. Jazz- und Popmusiker (Gesang, Trompete, Posaune) und Bandleader. Er war zuerst Sänger und Entertainer in Nachtclubs. 1939 kam er in Chicago zu Earl Fatha Hines, 1944–47 hatte er mit Budd Johnson eine eigene Band, der prominente Bebop-Musiker wie Charlie Parker, Dizzy Gillespie, Miles Davis und Sarah Vaughan angehörten. Seit 1948 wandte er sich als Sänger fast ganz der Popmusik zu, hatte aber auch immer wieder Auftritte mit Jazzmusikern (z. B. Terry Gibbs, Maynard Ferguson und Duke Ellington). Jazzeinspielungen (mit Earl Hines) sind u. a. *Jelly Jelly* (1940), *Water Boy* (1941) und *Stormy Monday Blues* (1942). 1966 entstanden mit dem Orchester von Count Basie Blues-Aufnahmen.

ÉCLAIR, L', Opéra-comique von J. F. Halévy; dt. Titel: Der ↗Blitz.

ÉCORCHEVILLE, Jules Armand Joseph, * 17. 7. 1872 Paris, † (gefallen) 19. 2. 1915 Perthes-lès-Hurlus (Marne); frz. Musikforscher. Er studierte 1887–90 Komposition bei C. Franck sowie Literatur- und Kunstgeschichte und 1904–05 in Leipzig Musikwissenschaft bei H. Riemann. 1906 wurde er an der Sorbonne in Paris zum Docteur ès lettres promoviert. 1907 begründete É. die Zeitschrift *Revue musicale S. I. M.*, die sowohl musikhistorisch orientiert war als auch der musikalischen Avantgarde in Frankreich diente. Von seinen Veröffentlichungen sind bis heute grundlegend: der *Catalogue du fonds de musique ancienne de la Bibliothèque nationale* (8 Bde., P 1910–14) und die Edition *Vingt suites d'orchestre du XVIIe siècle français* (2 Bde., P 1906).

Schriften (außer den genannten): *De Lulli à Rameau – L'esthétique musicale* (P 1906); *Corneille et la musique* (P 1907); *Actes d'état civil des musiciens insinués au Chatelet de Paris* (1539–1650) (P 1907).

Lit.: L. LALOY – L. DE LA LAURENCIE – E. VUILLERMOZ, Le tombeau de J. É. suivi des lettres inédites (P 1916); Catalogue des livres ... de feu J. É., mit einer Einleitung v. H. Prunières (P 1920).

ECOSSAISE (frz.), ursprünglich ein schottischer Volkstanz im Dreiertakt. Nach 1700 wurde er in Frankreich zusammen mit anderen ↗Country dances populär, gleichzeitig jedoch verändert: Als rascher Tanz im 2/4- oder 2/8-Takt ist die E. mit der ↗Anglaise verwandt. Im ersten Drittel des 19. Jh. fand die E., meist in der formalen Anlage von je zwei zu wiederholenden achttaktigen Perioden, auch Eingang in die Kunstmusik. E.n für Klavier schrieben u. a. J. Gelinek, A. Gyrowetz, Fr. Kuhlau, Beethoven (WoO 83), C. M. von Weber, Fr. Schubert (op. 18, 33, 49, 67) und Fr. Chopin (op. 72).

EDELHAGEN, Kurt, * 5. 6. 1920 Herne (Westfalen), † 8. 2. 1982 Köln; dt. Bandleader. Er studierte u. a. Dirigieren an der Folkwangschule in Essen und leitete seit 1945 eine kleinere Jazzgruppe, seit 1946 eine größere Formation, die 1947 an den Rundfunk in Stuttgart, 1949 an den Sender Nürnberg des Bayerischen Rundfunks engagiert wurde. 1952 gründete E. eine neue Big Band beim SWF Baden-Baden, mit der er 1955 auch das *Concerto for Jazzband and Symphony Orchestra* von R. Liebermann uraufführte. 1957 ging er mit Teilen der Band zum WDR Köln. 1958–60 leitete er zugleich die neu gegründete Jazzklasse an der Musikhochschule in Köln. E. war in seinem Big-Band-Stil vor allem von Stan Kenton beeinflußt. In den 50er Jahren galt die Band als eine der besten in Europa. Mit der Combo „Edelhagen All Stars" pflegte er experimentellen Jazz, u. a. durch Verwendung von Zwölftonreihen.

Lit.: J. E. BERENDT, Kleine Gesch. des dt. Nachkriegsjazz, in: Ein Fenster aus Jazz (F 1977).

EDELMANN, Johann Friedrich (Jean Frédéric), * 5. 5. 1749 Straßburg, † 17. 7. 1794 Paris; elsässischer Cembalist, Pianist und Komponist. Er studierte zunächst Jura an der Universität Straßburg, wandte sich dann der Musik zu und ließ sich 1773 in Paris nieder, wo er bis 1789 als angesehener Pianist und Komponist lebte. In der Französischen Revolution schloß er sich in Straßburg den Jakobinern an, wurde aber selbst ein Opfer der Revolution und 1794 in Paris durch die Guillotine hingerichtet.

WW: **1) Instr.-WW** (alle in Paris erschienen; Opuszahlen teilweise mehrfach vergeben): Airs für Cemb., op. 16; Sonaten für Cemb. mit V. ad lib., op. 1, 2, 3, 5–8, 10; für Cemb. u. Orch.: *Sinfonie (Ouverture)*, op. 4; *Concerto*, op. 12; für Cemb., 2 V. u. Va.: Quartette op. 9 u. 15; *Concerts*, op. 14; *Divertissements*, op. 15. – **2) Bühnen- u. Vokal-WW:** *Ariane dans l'isle de Naxos*, Drame lyrique (P 1782); *Le feu*, 1. Entrée eines *Ballet des éléments* (P 1782); *La bergère des Alpes*, Scène lyrique, op. 11 (P 1781); Oratorium *Esther*.

Ausg.: 2 Sonaten für Klv. u. V., op. 2/1 u. 4/3, hrsg. v. H. RIEMANN (1915) (= DTB 16); eine Sonate, op. 8/1, in: E. REESER, De klaviersonate met vioolbegeleiding (Rotterdam 1939).

Lit.: R. BENTON, J. F. E. A Musical Victim of the French Revolution, in: MQ 50 (1964); DIES., The Instrumental Music of J. F. E. A Thematic Catalogue and List of Early Editions, in: FAM 11 (1964).

EDELMANN, OTTO, * 5. 2. 1917 Wien; östr. Sänger (Baßbariton). Er erhielt seine Ausbildung in Wien an der Akademie für Musik und darstellende Kunst und debütierte 1938 am Landestheater in Gera. Nach Unterbrechung seiner Laufbahn durch den 2. Weltkrieg wurde er 1949 Mitglied der Wiener Staatsoper, der er bis heute angehört. E. gastierte daneben u. a. bei den Festspielen in Bayreuth, Salzburg und Edinburgh, an der Mailänder Scala und seit 1954 wiederholt auch am New Yorker Metropolitan Opera House. Schwerpunkte seines Repertoires sind die Wagner-Partien seines Stimmfachs, aber auch der Ochs von Lerchenau im *Rosenkavalier* von R. Strauss sowie einige andere Buffo-Rollen, darunter der Leporello in Mozarts *Don Giovanni*.

EDER, Helmut, * 26. 12. 1916 Linz; östr. Komponist und Dirigent. Nach dem Besuch der Lehrerbildungsanstalt in Linz (1937) und Kriegsdienst war E. seit 1945 Volksschullehrer in Eferding (Oberösterreich). Gleichzeitig studierte er Komposition und Klavier am Bruckner-Konservatorium Linz, wo er seit 1950 selbst diese Fächer sowie Chorleitung unterrichtete (seit 1962 als Professor). E. war daneben auch Kompositionsschüler von P. Hindemith (1947 und 1950), C. Orff (München 1953) und J. N. David (Stuttgart 1954) und studierte Dirigieren bei F. Lehmann in München. 1959 gründete er das Elektronische Studio in Linz. Seit 1967 lehrt er als Professor Komposition am Salzburger Mozarteum. 1948 gründete E. den Davidchor Eferding, den er bis 1962 leitete, wie in Linz auch den Kammerchor des Bruckner-Konservatoriums sowie den Sängerbund Frohsinn (später Singakademie). Auch als Orchesterdirigent ist E. besonders mit Ur- und Erstaufführungen hervorgetreten.

WW (angegeben ist das Entstehungsjahr): **1) Instr.-WW:** Für Org.: Partita über ein Thema v. J. N. David, op. 42 (1965); 5 Choralpartiten, op. 47 (1969–73); *Vox media*, op. 53 (1969); Partita über alte Volkslieder, op. 67 (1976). – Für versch. Instr.: Sonatinen, op. 34 für V., Va., Fag., Fl., Klar., Horn, Vc., mit Klv.; Streichtrio, op. 28 (1960); *Impressioni*, op. 43 (1966) für Streichquartett; 3 Bläserquintette: op. 25 (1958), *Septuagesima instrumentalis*, op. 51 (1969) u. *Litzlberg-Serenade*, op. 67 (1977); Otetto breve, op. 33 (1961); *Hommage à J. Kepler*, op. 55 (1970) für Bläserseptett; *Piecen* u. *Melismen*, op. 58 (1971–73) für Block-Fl., Cemb. u. Schlagzeug; *Melodia-Ritmica*, op. 59 Nr. 1 (1973) für 12 Vc.; dass. auch für Streichorch., op. 59 Nr. 2 (1973). – Für Orch.: Symphonien: op. 6 (1950); op. 24 (1959); op. 29 (1960) für Str.; *Choral-Sinfonie*, op. 60 (1974); *Hommage à J. N. David*, Variationen über ein Thema v. Händel, op. 10 (1951); *nil admirari*, op. 46 (1967); Konzerte: *Concerto semiserio*, op. 30 (1960) für 2 Klv.; für V., op. 32 (1960); für V., op. 41 (1963); für Ob., op. 35 (1963); für Fag. u. Kammerorch., op. 49 (1967); *L'homme armé*, op. 50 (1968) für Org.; *Memento* op. 57 (1970) für Org.-Positiv u. 2 Str.-Gruppen; Serenade, op. 69 (1977) für 6 Hörner u. 46 Str.; Doppelkonzert, op. 70 (1978) für Vc. u. Kb. – **2) Vokal-WW:** Für Chor a cap.: *2 Bücherchöre*, op. 31 (1960); Psalm 83, op. 39 (1962). – Mit Orch.: *Cadunt umbrae*, op. 61 (1974) für Alt, Frauenst. u. Tonband; Divertimento, op. 64 (1976) für Koloratursopran u. Orch.-Gruppen; *Non sum qualis eram*, op. 62 (1975), Oratorium für Sopran, Bar., Baß u. gem. Chor. – **3) Bühnen-WW:** Opern: *Ödipus* (Libr.: nach Sophokles), UA: Linz 1960; *Der Aufstand* (Libr.: G. Fussenegger), UA: ebd. 1976; *George Dandin oder Der betrogene Ehemann* (Libr.: J. B. Molière), UA: ebd. 1979; Ballette: *Tanzreihen*, op. 22 (1954); *Moderner Traum* (1957); *Die Irrfahrten des Odysseus* (1965); ferner Bühnen- u. Hörspielmusik.

E.s stilistische Entwicklung, in der Einflüsse von A. Berg, J. N. David und G. Ligeti unverkennbar sind, verlief bis zur Mitte der 50er Jahre, von neobarocker Kontrapunktik ausgehend, über eine strenge Linearität zur Dodekaphonie und nähert sich seither unter Einbeziehung aleatorischer Techniken, von Cluster und Mikrointervallik wieder mehr der Tonalität. Das (espressiv-)Melodische und (tänzerisch-)Rhythmische sind dabei als Grundelemente seiner Musik Anlaß zu „kleinsten Verästelungen, weitgezogenen Linien, flüchtigen Arabesken, ausladenden Kantilenen, harmonischen Schichtungen und amorphen, stehenden und mobilen Flächen" (Eder). In diesem sicher gehandhabten Pluralismus der kompositorischen Verfahren verbürgt die am konsequentesten von David ausgeprägte Monothematik die Einheit von Fläche und Figur.

Lit.: E. VALENTIN, Ein neues Profil: H. E., in: ZfM 116 (1955); W. SZMOLYAN, Zeitgenössische Komponisten aus Oberösterreich, in: ÖMZ 25 (1970). B. A. KOHL

EDITIO MEDICAEA ↗Choralausgaben.

EDITION, Editionspraxis. Musikalische E. bedeutet allgemein Herausgabe von Musik; entweder die darauf gerichtete Tätigkeit, die Editionspraxis, oder deren Ergebnis, die Ausgabe selbst bzw. eine Ausgabenreihe. Allgemeines Ziel einer E. ist die Verbreitung einer Komposition in einer möglichst objektivierten Gestalt, in der Regel durch das Mittel des Notendrucks. Im speziellen Sinne bezieht sich der Begriff E. auf die Veröffentlichung von Musik der Vergangenheit in einer der Gegenwart verständlichen und angemessen erscheinenden Form der Darstellung. Sie wird „besorgt" durch den Herausgeber, der sich als Sachwalter des Urhebers verstehen soll, im Gegensatz zum Bearbeiter, der einen höheren eigenschöpferischen Anteil in eine Ausgabe einbringt.

Die E. einer Komposition im Sinne ihrer Objektivierung und zugleich auch ihrer Auszeichnung (nicht alle Musik wird als „druckreif" erachtet) hängt unmittelbar zusammen mit der Vorstellung vom autonomen Kunstwerk, das nach einer Phase der Entwicklung schließlich seine endgültige Gestalt erhält, die sich in einem vom Komponisten autorisierten musikalischen Text manifestiert. Als Prototyp dafür steht das Werk Beethovens, dessen permanenter Schaffensprozeß sich in Entwürfen verschiedener Stadien sowie in zahllosen Verbesserungen während der Niederschrift und selbst noch bei den Vorbereitungen zum Notenstich niederschlägt, und der erst in der autorisierten „Originalausgabe" seinen definitiven Abschluß findet.

Die Editionspraxis, das Verfahren der kritisch-wissenschaftlichen Herausgabe, umfaßt zwei Hauptgebiete, deren Grundsätze und Probleme sich aufgrund unterschiedlicher stilistischer Gegebenheiten wesentlich voneinander unterscheiden. Es handelt sich zum einen um alte Musik bis etwa 1600, zum anderen um die „neuere" Musik vom 18. Jh. an; dazwischen bildet das 17. Jh. eine Zeit des Übergangs, in der beide Bereiche sich überschneiden. Charakteristisches Kennzeichen ihrer stilistischen Divergenz ist die musikalische Notation.

Die Edition älterer Musik. Die Kompositionen der älteren Epoche sind in unterschiedlichen Tonschriften (Choral-, Modal-, Mensuralnotation, Tabulaturschriften) überliefert, denen gemeinsam ist, daß sie in der Form der Zeichen, vor allem aber im Notationsprinzip, von der heute gebräuchlichen Notierungsweise wesentlich abweichen. Die Musik jener Zeit bedarf demnach für entsprechende Ausgaben der Vermittlung. Die Frage einer sinnvollen Übersetzung früherer Notierungsformen in die gegenwärtige Notenschrift stellt sich der Editionspraxis seit ihren Anfängen, ohne daß dafür bisher eine generelle Lösung gefunden wurde. Das musikhistorische Denken des 19. Jh., das den entscheidenden Anstoß für die E. musikalischer ↗Denkmäler der Vergangenheit gab, gründete sich auf die Überzeugung, daß die Transkription anderer Tonschriften in die „moderne" Notation notwendig und möglich sei. In der Editionspraxis kamen allerdings die von verschiedenen Ansätzen ausgehenden Übertragungsverfahren zu sehr unterschiedlichen Ergebnissen. Diese Erfahrungen sowie eingehendere Untersuchungen zum Verhältnis von Schrift- und Klangintention der betreffenden Musik haben bewußt gemacht, daß alte Tonschriften nicht primitive Vorstufen der heutigen Notation darstellen, sondern daß sie eigenwertige Systeme sind und dem Wesen der Musik, die sie übermitteln, in besonderer Weise entsprechen. Jede Übertragung in eine andere Schrift bedeutet zugleich einen Verlust an Information. Die sich daraus ergebende Konsequenz, nämlich auf eine Umschrift ganz zu verzichten und die Quellen lediglich faksimiliert oder in einer „textkonstituierenden Edition" (d.h. in einer der Vorlage genau entsprechenden, lediglich graphisch vereinheitlichten Druckfassung) zu veröffentlichen, würde das Problem jedoch nur verlagern und jene Musik in die Unzugänglichkeit des Spezialgebietes zurückverweisen. Der Vorschlag, solche Musik in dreifacher Version – als „Faksimile-Edition", als „textkonstituierende Edition" und als „Umschrift-Edition" (H. H. Eggebrecht) – zu veröffentlichen, ist in der Theorie so plausibel wie vom Aufwand her unrealistisch. Die Notwendigkeit, außerhalb der Norm stehende Tonschriften zu übertragen, besteht weiterhin, und es bleibt Aufgabe der Editionstechnik, für jeden Einzelfall eine adäquate Lösung zu finden.

Neben diesem zentralen Problem erscheint die Frage der Quellenbewertung für den Herausgeber alter Musik oft unerheblich, da viele Werke aus dieser Zeit nur in einer einzigen erwägenswerten Quelle überliefert sind. Ein kritischer Vorlagenvergleich entfällt von vornherein bei *Quellen-Editionen.* Dies sind Veröffentlichungen von bedeutsamen Einzelquellen, in der Regel Sammlungen, die ein einheitliches Gattungsrepertoire überliefern (z.B. Wolfenbütteler Hss., Buxheimer Orgelbuch, Trienter Codices). Hier besteht die editorische Aufgabe darin, den Inhalt der Quelle, so wie er – vermutlich – intendiert ist, d.h. mit Verbesserung offensichtlicher Fehler und unter Fortlassung nichtauthentischer Zusätze, in lesbarer und musikalisch adäquater Form vorzulegen.

Von grundsätzlicher Bedeutung für die Gestaltung einer E. alter Musik ist die „Werk-Problematik". Die Musikwissenschaft des 19. Jh. übertrug ihre Vorstellungen vom autonomen Kunstwerk unterschiedslos auf die Musik aller Epochen und Kulturkreise. Der „Wandel des historischen Bewußtseins" im 20. Jh. hat jedoch deutlich gemacht, daß der Begriff des selbständigen, abgeschlossenen Kunstwerks für die Musik vieler Stilbereiche keine Geltung hat. So ist z.B. die schriftliche Fixierung der frühen Mehrstimmigkeit des Mittelalters nicht eine genau zu befolgende, zu eindeutigem Resultat führende Vorschrift wie das uns vertraute moderne Notierungssystem, sondern eher ein Entwurf, der innerhalb des gegebenen Rahmens verschiedene klangliche Ergebnisse zuläßt. Eine Ausgabe, die Kompositionen solcher Art als geschlossenes „Werk" darstellen wollte, würde den Sinn dieser Musik verfälschen.

Die Edition neuerer Musik. Der zweite Aufgabenbereich, die „Neuzeit" im editionstechnischen Sinne, ist äußerlich dadurch gekennzeichnet, daß hier generell das „moderne", das heute vertraute Notationssystem angewendet ist, das Problem der Übertragung also entfällt. Geringfügige Abweichungen der Schreibweise im 18. Jh. (etwa in Partituranordnung, Schlüsselung und Akzidentiensetzung) lassen sich leicht und ohne Sinnverfälschung angleichen. Zwar gibt es auch innerhalb dieses Stilbereichs in Einzelheiten Bedeutungsunterschiede (z.B. bestehen Meinungsverschiedenheiten über den Sinn der Artikulationszeichen Strich, Punkt und Keil zur Zeit Mozarts und Beethovens), sie sind aber geringfügig und betreffen nicht den Primärbereich der Notation. Das neuzeitliche Notierungssystem ist zugleich Ausdruck einer veränderten Sinngebung: war Notenschrift in der älteren Epoche vorwiegend Ausführungsanweisung für den Musiker, was sich besonders deutlich in den Instrumental-Griffschriften (↗Tabulaturen) zeigt, so erhält die Musikaufzeichnung seit dem 18. Jh. in wachsendem Maße die Bedeutung eines Strukturplanes, der die Komposition in allem vom Autor für wesentlich erachteten Teilen festlegen soll. Damit verbindet sich die Vorstellung von einer bestimmbaren, idealen Gestalt des musikalischen Kunstwerks, die nach einem mehrstufigen Schaffensprozeß die endgültige, „klassische" Form annimmt. Die Auswirkungen dieser Denkweise auf die Editionspraxis sind gewichtig. Hauptaufgabe ist nun die Suche nach dem „Original- oder Urtext", d.h. nach der idealen, endgültigen Schriftform, die der Komponist seinem Werke gegeben hat (oder nach den gesicherten Erkenntnissen des Herausgebers vermutlich geben wollte). Sie ist nicht immer identisch mit dem Autograph. Nur selten ist der Text einer Komposition der neueren Zeit in einer einzigen Quelle unmißverständlich und in aller Ausführlichkeit fixiert. Auf dem Wege von der ersten Niederschrift bis zur ersten Aufführung oder bis zur Drucklegung erfährt ein Werk – je nach der Schaffensweise des Komponisten – in größerem oder geringerem Ausmaß Veränderungen, die sich in verschiedenen Formen der Aufzeichnung niederschlagen. Bei günstiger Quellenüberlieferung läßt sich anhand der Schriftzeugnisse der gesamte Entstehungsprozeß einer Komposition nachvollziehen. Die durch unterschiedliche Zweckbestimmung der Notierungsformen (etwa als Konzept, Kopie, Stimmenmaterial, Druckvorlage usw.) bedingte Vielfalt von Quellen, deren Gewichtigkeit für die E. vom Herausgeber durch kritischen Vergleich zu bestimmen ist, läßt sich gliedern: a) nach schrifttechnischen Kriterien (Handschriften und Drucke), b) nach der Authentizität der Quelle (Autograph oder Fremdabschrift bzw. vom Autor überwachte Originalausgabe oder Nachdruck), c) nach der Funktion der Quelle (z.B. erste Niederschrift, fremdschriftliche Stichvorlage, authentisches Aufführungsmaterial, Korrekturverzeichnis, eigenhändig verbessertes Handexemplar der Originalausgabe). Diese Rangordnung der Quellen sagt jedoch nichts Endgültiges aus über ihre Bedeutung für die Ausgabe. Der redaktionelle Wert einer Quelle hängt ab von ihrer Position innerhalb der Entstehungsgeschichte der jeweiligen Komposition, d.h. von der Frage, wie zuverlässig und in welchem Ausmaß sie die endgültigen Entscheidungen des Komponisten über die Werkgestalt wiedergibt. So kann das von Kopisten geschriebene Stimmenmaterial für eine vom Komponisten geleitete Aufführung die definitive Gestalt eines Werkes vollständiger wiedergeben als die autographe Partitur.

Textkritik in der Editionspraxis. Zentraler Teil der wissenschaftlichen Editionspraxis ist die Textkritik. Ihre Methode richtet sich nach Stil und Quellenlage des herauszugebenden Werkes, doch ergibt sich, bei Vorhandensein mehrerer Quellen, das folgende allgemeine Verfahren: Nach einer vergleichenden inhaltlichen Prüfung *(Recensio)* aller in Betracht kommenden Quellen auf den Grad ihrer Authentizität und auf ihre wechselseitige Abhängigkeit *(Filiatio)* werden die für die E. belanglosen Schriftstücke ausgeschieden *(Eliminatio)*. Verbleiben nach der Sondierung mehrere Quellen vergleichbarer Zuverlässigkeit, so ist anhand ihrer besonderen Lesarten und sonstiger Merkmale zu prüfen, welche von diesen für die Ausgabe von Bedeutung sind *(Selectio)*. Aus dem entstehungsgeschichtlichen Verhältnis der Quellen zueinander ergibt sich, ob der E. eine einzige, den Originaltext real vorstellende Vorlage zugrunde gelegt wird (weil sich die relevanten Quellen gegenseitig ausschließen), oder ob man einen fiktiven Originaltext aus mehreren Quellen zusammenstellt. Letzteres ist sinnvoll, wenn sich aus dem vorliegenden Material ein zielgerichteter mehrstufiger Arbeitsprozeß erkennen läßt, bei dem jedes Stadium zusätzliche Informationen bringt, ohne die früheren Quellen entbehrlich zu machen. Der zur Editionsgrundlage bestimmte Text ist schließlich auf seine inhaltliche Stimmigkeit zu untersuchen *(Examinatio),* unzweifelhafte Fehler sind zu verbessern, Fehlendes ist gegebenenfalls zu ergänzen. Das Ausmaß der Ergänzungen hängt ab von der Zweckbestimmung der Ausgabe (s.u.). Die Zusätze des Herausgebers werden in der Regel im Notentext der Ausgabe durch typographische Mittel (Kleinstich, Kursivschrift, Einklammerung, Strichelung) von der Originalnotation abgehoben. Über die Editionsprobleme informiert meist ein Wortkommentar (Revisionsbericht). Der Umfang dieser redaktionellen Erläuterungen kann von der lakonischen „Vorbemerkung" bis zum ausführlichen Beiheft reichen. Ein ernstzunehmender Revisionsbericht sollte zumindest ausreichende Angaben über die der Ausgabe zugrunde gelegten Quellen und über die aus dem Notentext nicht ablesbaren Eingriffe des Herausgebers enthalten. Die „Kritischen Berichte" der neueren ↗Gesamtausgaben erscheinen ihrer Ausführlichkeit wegen und um den Notentext nicht zu belasten, separat im Umfang eines Heftes oder Buches. Hier wird eine genaue Beschreibung der Quellen und ihrer Geschichte gegeben, deren Abhängigkeit voneinander dargestellt und die Authentizität der für den „Originaltext" benutzten Quellen nachgewiesen. In einem Lesartenverzeichnis wird über die Varianten oder über problematische Stellen der Vorlagen berichtet. Hinzu kommen gegebenenfalls spezielle Erörterungen über Aufführungspraxis oder – bei Werken mit nicht gesicherter Urheberschaft – zur Echtheitskritik.

Der große Aufwand an philologischer Detailarbeit, der vor allem bei Werken mit komplizierter Quellenüberlieferung erforderlich ist, scheint, wenn man bei Neuausgaben klassischer Werke das klanglich relevante Ergebnis der Textrevision mit der Klanggestalt unkritisch edierter Ausgaben vergleicht, in vielen Fällen nicht gerechtfertigt zu sein. Es darf jedoch nicht übersehen werden, daß die gründliche Erforschung der authentischen Quellen Erkenntnisse zu Biographie, Chronologie, Schaffenspsychologie, Aufführungspraxis und Strukturanalyse bringen kann, die über die Bedeutung der Textedition weit hinausgehen.

Grundsätzlich sollte jede Art von E. vom kritisch ermittelten Originaltext ausgehen. Dagegen richten sich die graphische Gestaltung und das Ausmaß an Herausgeberzusätzen nach der Zweckbestimmung der Ausgabe. Bei Bänden, die dem wissenschaftlichen Studium dienen sollen, kann ein langsamer, häufig rückbeziehender Lesevorgang angenommen werden. Der Text kann mehrschichtig sein; neben dem Grundtext sind Verweise und Kommentare möglich oder sogar erwünscht. Ausgaben für die Praxis sind auf das Spielen gerichtet, ihre Notierungsform soll in einer Zeit, die der realen Dauer des Musikwerks entspricht, perzipiert werden. Das erfordert eine klare, dem Wahrnehmungsvermögen angemessene Darstellung und Verzicht auf belastende zusätzliche Zeichen. Zu den Ausgaben, die allein für Studienzwecke bestimmt sind, gehören die *Faksimile-Edition* mit wissenschaftlichem Kommentar und die bereits erwähnte *textkonstituierende Edition,* die den Text des Originals in einer lesbaren, normierten, aber nicht transkribierten Form wiederzugeben sucht. In dieser Art werden auch Skizzen und Entwürfe veröffentlicht. Zwischen wissenschaftlichem Anspruch und praktischer Verwendbarkeit vermitteln sollen die *Urtext-Ausgaben,* indem sie den kritisch erschlossenen Text möglichst frei von Herausgeberzusätzen in einer an die heutigen Notationsnormen angeglichenen Form vorlegen. Überwiegend für die Praxis bestimmte Ausgaben, oft mit didaktischer Zielsetzung *(Instruktive Ausgaben),* ergänzen den mehr oder weniger kritisch gesichteten Text durch Spielhilfen (Fingersatz-, Bogenstrichangaben) und vervollständigen die Artikulations- und Lautstärkebezeichnungen. Gehen die Eingriffe des Herausgebers wesentlich über philologisch begründbare Ergänzungen hinaus, fügt er stilfremde Vortragsbezeichnungen hinzu oder nimmt er Änderungen an der Substanz des Werkes vor, so spricht man von einer *Interpretationsausgabe,* die ein historisches Werk individuellen ästhetischen Vorstellungen angleicht (Fr. Liszt, H. von Bülow, F. Busoni). Sonderfall einer mehr theoretisch formanalytischen Interpretation ist der Typus der *Phrasierungsausgaben* von H. Riemann, in der dieser klassische Werke im Sinne seiner Lehre von der „Musikalischen Rhythmik und Metrik" eingerichtet hat. Mit der aufführungspraktischen *Einrichtung* einer Komposition durch einen Herausgeber ist die Grenze zur ↗Bearbeitung überschritten. Wo genau diese Grenze verläuft, ist allerdings nicht exakt zu bestimmen.

Die grundlegende Schwierigkeit der E. alter Musik beruht – abgesehen von der Frage der Transkription – auf dem Gegensatz von modernem Perfektionsstreben bei der Gestaltung heutiger Ausgaben und einer in dieser Hinsicht eher indifferenten Haltung früherer Quellen. Von der E. eines Textes, bei dessen Vortragsbezeichnungen sich Kopisten oder Stecher oft Nachlässigkeiten erlaubten und bei dem der Autor selbst sich oft auf Andeutungen beschränkte, erwartet man heute Präzision und Vollständigkeit: das Vieldeutige soll eindeutig, das Individuelle soll objektiviert dargestellt werden. Da es als unbillig gilt, die Klärung ungewisser Sachverhalte dem Benutzer zu überlassen, werden vom Herausgeber Entscheidungen verlangt, die oft mangels objektiver Kriterien subjektiv sein müssen. Insofern ist jede E. immer zugleich auch Bearbeitung.

Lit.: **1) Allgemeines:** M. FRIEDLÄNDER, Über die Herausgabe musikal. Kunstwerke, in: Jb. Peters 14 (1907); H. WETZEL, Über Textkritik, Analyse u. Bearb. v. Kunstwerken, in: ZfMw 2 (1919/20); H. J. MOSER, Das musikal. Denkmälerwesen in Deutschland (Kas 1952) (= Musikwiss. Arbeiten 7); G. HENLE, Über die Herausgabe v. Urtexten, in: Musica 8 (1954); G. FEDER – H. UNVERRICHT, Urtext u. Urtextausgaben, in: Mf 12 (1959); A. DÜRR, Wissenschaftliche NA u. die Praxis, in: MuK 29 (1959); G. VON DADELSEN, Die Fassung letzter Hand in der Musik, in: AMl 33 (1961); TH. GEORGIADES, Musik u. Schrift (Mn 1962, [2]1964); E.s-Richtlinien musikal. Denkmäler u. GA, hrsg. v. DEMS. (Kas 1967) (= Musikwiss. Arbeiten 22); A. DÜRR, E.s-Probleme bei Gesamtausgaben, in: Musik u. Verlag. FS K. Vötterle (Kas 1968); G. VON DADELSEN, Über den Wert musikal. Textkritik, in: FS W. Schmieder (F 1975); Musikal. Erbe u. Gegenwart. Musiker-GA in der Bundesrepublik Deutschland, hrsg. v. H. BENNWITZ – G. FEDER – L. FINSCHER – W. REHM (Kas 1975). – **2) Spezielle Lit.:** R. VON FICKER, Probleme der E. ma. Musik, in: Kgr.-Ber. Basel 1949 (Kas 1951); A. CARAPETYAN, Problems of Editing and Publishing Old Music, in: MD 15 (1961); D. STEVENS, Problems of Editing and Publishing Old Music, in: Kgr.-Ber. New York 1961; H. BESSELER, Grundsätzliches zur Übertragung v. Mensuralmusik, in: StMw 25 (1962); Musikal. E. im Wandel des hist. Bewußtseins, hrsg. v. TH. GEORGIADES (Kas 1971) (= Musikwiss. Arbeiten 23) (mit Beitr. zu E.-Problemen der Musik von der Antike bis zum 17. Jh.). – E.-Probleme des späten 18. Jh., in: Kgr.-Ber. Köln 1958 (Kas 1963); W. OSTHOFF, Per la notazione originale nelle pubblicazioni di musiche antiche e specialmente nella nuova edizione Monteverdi, in: AMl 34 (1962); M. REIMANN, Zur E. v. Musik des 17. Jh., in: Norddt. u. Nordeuropäische Musik, hrsg. v. C. Dahlhaus – W. Wiora (Kas 1965) (= Kieler Schriften zur Musikwiss. 16). – **3) Einzelfragen:** M. UNGER, Grundsätzliches über Revisionsausg. v. Beethovens Werken, in: Die Musik 33 (1940); W. EMERY, New Methods in Bach-Editing, in: MT 90 (1950); F. GIEGLING, Probleme der Neuen Mozart-Ausg., in: SMZ 96 (1956); P. MIES, Textkritische Unters. bei Beethoven (Mn – Duisburg 1958); H. UNVERRICHT, Die Eigenschriften u. die Originalausg. v. Werken Beethovens in ihrer Bedeutung für die moderne Textkritik (Kas 1960) (= Musikwiss. Arbeiten 17); G. FEDER, Gedanken über den kritischen Apparat aus der Sicht der Haydn-GA, in: Colloquium Amicorum. FS J. Schmidt-Görg (Bonn 1967); W. REHM, Die Neue Mozart-Ausg. Ziele u. Aufgaben, in: FAM 15 (1968); W. DÜRR – A. FEIL, Die Neue Schubert-Ausg., in: Musica 32 (1978).

E. PLATEN

EDITION PETERS ↗Peters.

ÉDITIONS MAX ESCHIG S.A.R.L. ↗Eschig.

EDITIO VATICANA ↗Choralausgaben.

EDWARDS, Richard, * um 1522 Yeovil (Somersetshire), † 31. 10. 1566 London; engl. Dichter und Komponist. E. studierte in Cambridge und Oxford und war seit 1553 Gentleman und seit 1561 Master of the Children der Chapel Royal. Er schrieb zwei Dramen, die auch Musik enthielten (*Damon and Pithias,* aufgeführt 1564, gedruckt Lo 1571, und *Palamon and Arcite;* überliefert ist nur 1 Song) und damit auf die spätere englische Oper vorausweisen. Eine Messe sowie mehrere Motetten und Madrigale von ihm sind hsl. erhalten.

Ausg.: 2 Madrigale *In goin to my naked bed,* hrsg. v. E. H. FELLOWES, in: English Madrigal School 36 (Lo 1924); *When May is in His Prime,* hrsg. v. P. WARLOCK (Lo 1927); *Damon and Pithias* 1571, hrsg. v. A. BROWN – F. P. WILSON (O 1957) (= Malone Society Reprints o. Nr.).

Lit.: T. R. WALDO, Music and Musical Terms in R. E.'s „Damon and Pithias", in: ML 49 (1968).

EFFREM (Efrem, d'Effrem), **Muzio,** * um 1555 Bari, † 1626 Neapel; it. Komponist. Er lebte 1593–1615 als Musiker am Hof des Fürsten Gesualdo da Venosa und wurde 1616 Kapellmeister am Hof von Mantua. Dort war er neben Monteverdi an der Komposition der Sacra Rappresentazione *La Maddalena* von G. B. Andreini (V 1617) beteiligt. 1622 ging er an den Hof von Florenz, wo er auch eine gegen M. da Gagliano gerichtete Streitschrift, *Censure di Mutio Effrem sopra il Sesto libro di Madrigali di M. Marco da Gagliano...* (V 1623), verfaßte. 1626 gab er in Neapel die 6st. Madrigale Gesualdos heraus. Von seinen eigenen Kompositionen erschienen einige Madrigale in Sammeldrucken der Zeit.

EGEDACHER, dt. Orgelbauerfamilie. – **1) Joseph Christoph,** * 1646 Straubing, † 5. 4. 1706 Salzburg. Er wurde 1663 Bürger von München und 1673 Orgelbauer am Hof des Fürsterzbischofs von Salzburg. E. starb während des Baus der Salzburger Domorgel. Sein größtes noch erhaltenes Werk befindet sich in der Zisterzienserinnen-Abtei Waldsassen (1698; 2 Manuale, 38 Register). – **2) Johann Christoph,** Sohn von 1), * 1664 München, † 1747 Salzburg. Er war einer der bedeutendsten Orgelbauer seiner Zeit. 1703 reiste er nach Trient, um dort die Orgel E. Casparinis in der Kirche S. Maria Maggiore kennenzulernen. Er stand auch in Verbindung mit A. Silbermann in Straßburg. Aus einer Synthese der Errungenschaften Casparinis, des deutschen barocken und des französischen Orgelbaus schuf er sein eigenes neues Klangideal, was sich an den 3 Bauabschnitten der Salzburger Domorgel (1703, 1706, 1718) deutlich verfolgen läßt. 1704–43 war er Orgelbauer am Hof des Fürsterzbischofs in Salzburg. Sein bedeutendstes Werk ist die von seinem Vater begonnene Salzburger Domorgel (1718 vollendet; 3 Manuale, 44 Register). Er baute ferner die Orgeln in Stuhlfelden (1706), der Kollegienkirche Salzburg (1708–09), des Münsters St. Martin in Landshut (1714), die Hauptorgel (1714) und die Trinitatisorgel (1719) in Salem, die Orgeln in Burghausen (1717), Maria Thal (1730), in der Benediktinerabtei Kremsmünster (1731 bis 1738), in Lienz (1738) und in Prien am Chiemsee (1739). – **3) Johann Rochus,** Sohn von 2), * 1714, † 14.6.1785 Salzburg. Er war 1743–74 Orgelbauer am Hof in Salzburg und baute Orgeln in Britten (1740), Sterzing (1742) und im Schloß Hellbrunn bei Salzburg (1753). – **4) Johann Joseph,** Bruder von 3), † 1787 Salzburg. Er folgte seinem Bruder 1774 als Hoforgelbauer. – **5) Johann Ignaz,** Bruder von 4), * 1675, † 1744 Passau. Er war Orgelbauer in Passau, wo er 1727 Nachfolger von L. Freundt wurde. Seine größten Werke sind die Domorgel in Passau (1733; 3 Manuale, 39 Register) und die Orgel der Zisterzienserabtei Zwettl (3 Manuale, 35 Register).

Lit.: J. B. SAMBER, Continuatio ad manuductionem organicam (Salzburg 1707); J. A. SILBERMANN, Von Orgelmachern (hsl. in Paris, Archiv Silbermann); W. M. SCHMID, Die große Orgel im Passauer Dom (Passau 1928); H. SPIES, Die Salzburger großen Domorgeln (Au 1929); J. WÖRSCHING, Der Orgelbauer K. Riepp (Mz 1940); R. QUOIKA, Die altöstr. Orgel der Renaissance u. des Barock (Kas 1953); O. EBERSTALLER, Orgeln u. Orgelbauer in Östr. (Gr – Kö 1955); H. HEILING, Johann Ignaz E. u. seine Orgel in der Stiftskirche zu Zwettl (Mz 1959).

EGENOLFF (Egenolphus), **Christian,** * 26.7.1502 Hadamar, † 9.2.1555 Frankfurt am Main; dt. Notendrucker und Musikverleger. E. lebte 1529 bis 1530 in Straßburg und gründete anschließend eine Notendruckerei in Frankfurt am Main, die bis Mitte des 17. Jh. bestand. Von seinen Verlagswerken sind zu nennen: die Vertonung der Horaz-Oden durch P. Tritonius, *Odarum Horatii Concentus* (1532), deren 2. Auflage, *Geminae undeviginti Odarum Horatii Melodiae* (= RISM 1551[17]), durch Sätze von L. Senfl, J. Heugel u. a. erweitert wurde, ferner die 3 Liedsammlungen *Gassenhawerlin, Reutterliedlin* und *Gassenhawerlin und Reutterliedlin* (1535), die zu den wichtigsten Quellen für das deutsche mehrstimmige Lied des 16. Jh. zählen.

Ausg.: *Gassenhawerlin und Reutterliedlin,* Faks.-Ausg., hrsg. v. H. J. MOSER (Au – Kö 1927); 18 weltliche Lieder aus den Drukken Ch. E.s zu 3 bis 5 St., hrsg. v. H.-CH. MÜLLER (Wb 1970) (= Chw 111).

Lit.: N. BRIDGMAN, Ch. E., in: Ann. Mus. 3 (1955); H. HÜSCHEN, Hessische Gesangbuchdrucker u. -verleger des 16. u. 17. Jh., in: FS H. Engel (Kas 1964); H.-CH. MÜLLER, Die Liederdrucke Ch. E.s (Diss. Kiel 1964); M. STAEHELIN, Zum E.-Diskantband der Bibl. Nat. in Paris, in: AfMw 23 (1966); E. L. BERZ, Die Notendrucker u. ihre Verleger in Frankfurt von den Anfängen bis etwa 1630 (Kas 1970) (= Cat. musicus 5).

EGER (Egher), **Heinrich** (Henricus Calcariensis, Henricus de Calcaria), Kartäuser, * 1328 Kalkar (Niederrhein), † 20.12.1408 Köln; dt. Gelehrter. Er studierte an der Universität in Köln und an der Sorbonne in Paris, wo er 1355 den Doktorgrad erhielt, 1356 Magister, 1359 Professor und 1362 Dekan wurde. 1363 verließ er die Universität und trat 1365 in den Kartäuserorden ein. E. verfaßte ein wichtiges didaktisches Kompendium der zeitgenössischen Choraltheorie, *Cantuagium sive de musica liber I.*

Ausg.: Das Cantuagium des H. E. v. Kalkar, hrsg. v. H. HÜSCHEN (Kö 1952) (= Beitr. zur rheinischen Musikgesch. 2).

Lit.: F. J. PETREJUS, Bibl. Cartusiana sive illustrium S. O. Cartusiensis scriptorum catalogus (Kö 1609); J. HARTZHEIM, Bibl. Coloniensis (Kö 1747); H. HÜSCHEN, E., in: Rheinische Musiker 1, hrsg. v. K. G. Fellerer (Kö 1960) (= Beitr. zur rheinischen Musikgesch. 43).

EGGE, Klaus, * 19.7.1906 Gransherad (Telemark), † 7.3.1979 Oslo; norwegischer Komponist. Er studierte bis 1929 Orgel am Konservatorium in Oslo, war dort 1933–45 Gesanglehrer an höheren Schulen und redigierte 1935–38 die Zeitschrift *Tonekunst.* 1937–38 studierte er an der Berliner Musikhochschule. Seit 1945 war er Musikkritiker beim *Arbeiterbladet* in Oslo, 1946–48 auch Vorsitzender der Nordisk Komponistrad und seit 1945 Präsident der Norsk Komponistforening. E. war eine der bedeutendsten Persönlichkeiten des norwegischen Musiklebens der Gegenwart. Sein Stil ist stark durch die norwegische Folklore geprägt, insbesondere durch Rhythmus und tonale Strukturen der Hardingfeler Tänze.

WW: Fantasien, op. 12 (1941–50) für Klv.; Kammermusik; 3 Symphonien, I (1942), II (1947) (Oslo o.J.), III *„Louisville"* (1957); 2 Klv.-Konzerte (1938, 1946); V.-Konzert (1953); Vc.-Konzert (1966); *Sinfonia sopra B.A.C.H. – E.G.G.E.* (1967); *Sinfonia dolce quasi passacaglia* (1969); Lieder u. Volkslieder für Chor; lyrische Suiten für Männerchor; Komp. für Chor u. Orch., u.a. das Oratorium *Sveinung Vreim* (1938).

Lit.: A. NORDHEIM, Kl. E.s nye symfoni, in: Dansk musiktidsskrift 34 (1959); J. DORFMÜLLER, Stud. zur norwegischen Klv.-Musik der ersten Hälfte des 20. Jh. (Kas 1969) (= Marburger Beitr. zur Musikforsch. 4); B. KORTSEN, Contemporary Norwegian Chamber Music (Bergen 1971).

EGGEBRECHT, Hans Heinrich, * 5.1.1919 Dresden; dt. Musikforscher. Er studierte Schulmusik in Berlin und Weimar, danach Musikwissenschaft in Weimar (R. Münnich), Halle/Saale (M. Schneider) und Jena (H. J. Moser), wo er 1949 mit einer Dissertation über *Melchior Vulpius* promoviert wurde. Anschließend war er bis 1951 Assistent an der Humboldt-Universität in Berlin. 1951–54 arbeitete E. unter W. Gurlitt für die Mainzer Akademie am *Handwörterbuch der musikalischen Terminologie* in Freiburg i. Br. und war zugleich Lehrbeauftragter für Musikwissenschaft an der dortigen Universität, wo er sich 1954 mit *Studien zur musikalischen Terminologie* habilitierte. 1954–61 war er Privatdozent an der Universität Erlangen und vertrat 1956–57 auch den musikwissenschaftlichen Lehrstuhl an der Universität Heidelberg. Seit 1961 leitet E. als Nachfolger W. Gurlitts das musikwissenschaftliche Seminar an der Universität Freiburg. 1965 wurde er ordentliches Mitglied der Akademie der Wissenschaften und der Literatur zu Mainz und 1966 Vorsitzender des Kuratoriums der Walcker-Stiftung für orgelwissenschaftliche Forschung. E. ist Herausgeber des *Riemann Musiklexikon,* 12. Aufl., Sachteil (Mz 1967), des *Brockhaus Riemann Musiklexikon,* 2 Bde. (Wie – Mz 1978–79) (mit C. Dahlhaus), des *Handwörterbuch der musikalischen Terminologie* (seit 1971) und folgender Periodica und Schriftenreihen: *Archiv für Musikwissenschaft* (AfMw, seit 1964), *Beihefte zum AfMw* (seit 1966), *Veröffentlichungen der Walcker-Stiftung für orgelwissenschaftliche Forschung* (seit 1967) und *Freiburger Schriften zur Musikwissenschaft* (seit 1970). Mit vielen musikgeschichtlich und methodologisch grundlegenden Arbeiten gehört E. zu den führenden deutschen Musikforschern der Gegenwart.

Schriften: *M. Vulpius,* in: Mf 3 (1950), MuK 20 (1950), 23 (1953) u. in: FS M. Schneider (Halle 1955); *Stud. zur musikal. Terminologie* (Wie 1955, ²1968) (= Abh.en der geistes- u. sozialwiss. Klasse der Akad. der Wiss. u. der Lit. zu Mainz, Jg. 1955, Nr. 10); *Über Bachs geschichtlichen Ort,* in: DVfLG 31 (1957); *H. Schütz – Musicus poeticus* (Gö 1959); *Die Orgelbewegung* (St 1967) (= Veröff. der Walcker-Stiftung 1); *Schütz und Gottesdienst* (St 1969) (= ebd. 3); *Ad organum faciendum. Lehrschriften der Mehrstimmigkeit in nachguidonischer Zeit* (zus. mit F. Zaminer) (Mz 1970) (= Neue Stud. z. Musikwiss. 3); *Über Adornos „Zur Musikpädagogik"*, in: Musik u. Bildung 3 (1971); *Versuch über die Wiener Klassik. Die Tanzszene in Mozarts „Don Giovanni"* (Wie 1972) (= Beihefte z. AfMw 12); *Zur Geschichte der Beethoven-Rezeption. Beethoven 1970* (Wie 1972) (= Abh.en der geistes- u. sozialwiss. Klasse der Akad. der Wiss. u. der Lit. zu Mainz, Jg. 1972, Nr. 3); *Musikalisches Denken. Aufsätze zur Theorie u. Ästhetik der Musik* (Wilhelmshaven 1977); *Sinn u. Gehalt. Aufsätze zur musikal. Analyse* (ebd. 1979).

EGGEN, norwegische Musikerfamilie. – **1) Erik,** * 17.11.1877 Trondheim, † 7.6.1957 Ringsaker. E. war Volksschul- und Gymnasiallehrer, daneben beschäftigte er sich vorwiegend mit der Volksmusik und mit mittelalterlicher Musik. 1910–17 war er Redakteur der Zeitschrift *Norsk Toneblad.* 1921 und 1925 unternahm er Forschungsreisen nach Island und zu den Färöer-Inseln und wurde 1925 an der Universität Oslo mit einer Dissertation über die Entstehung der nordischen Tonleitern, *Skalastudier,* promoviert. Er schrieb ferner *Edvard Grieg* (Oslo 1911) und *Norsk Musikksoge* (ebd. 1923) sowie Aufsätze über die norwegische Volksmusik. E. trat auch mit eigenen Kompositionen und Volksliedbearbeitungen hervor. – **2) Arne,** Bruder von 1), * 28.8.1881 Trondheim, † 26.10.1955 Bærum bei Oslo; Organist und Komponist. Er studierte an den Konservatorien in Oslo und Leipzig. 1908–24 war er Organist in Drammen, 1927–45 Vorsitzender der Norsk Komponistforening und 1928–30 der Urheberrechtsgesellschaft Tono. Seine Kompositionen sind von E. Grieg beeinflußt und stark von folkloristischen Elementen geprägt. E. bearbeitete auch zahlreiche norwegische Volkslieder.

WW: Sonate für V. u. Klv. (Oslo o.J.); eine Symphonie (1920); etwa 60 Gesänge mit Klv.- oder Org.-Begleitung; zahlr. Chöre a cap.; Oratorien: *Liti Kersti* (1915); *Kong Olav* (1930); Opern: *Olav Liljekrans* (nach Ibsen), UA: Oslo 1940; *Cymbeline* (nach Shakespeare), UA: ebd. 1951.

Lit.: H. HULDT-NYSTRÖM, in: Nordisk musikkultur 4 (1955).

EGGERTH, Martha, * 17.4.1912 Budapest; amerik. Sängerin (Sopran) und Filmschauspielerin östr.-ung. Herkunft. Sie gab schon als musikalisches Wunderkind Konzerte in ganz Europa und wandte sich dann der Operette zu. Seit 1927 wurde sie durch den Film berühmt. 1936 heiratete sie den polnischen Tenor J. Kiepura, mit dem sie seitdem im Film und auf der Bühne auftrat. 1938 emigrierten beide über Wien und Paris in die USA, wo sie in mehreren Musikfilmen spielten und Konzerte, Operetten- und gelegentlich auch Operngastspiele gaben, u.a. auch am Metropolitan Opera House in New York. Nach dem 2. Weltkrieg gastierten sie auch wieder in Europa, und wirkten ebenfalls wieder in Filmen mit. Zu ihren bekanntesten Filmen gehören u.a.: *Hofkonzert, Die Unvollendete, Wo die Lerche singt, Es war einmal ein Walzer, Die Czardasfürstin, Leise flehen meine Lieder, Bohème, Mein Herz ruft nach Dir, Walzer der Liebe* und *Land des Lächelns.*

EGIDIUS (Magister Egidius Augustinus); frz. Augustinermönch und Komponist. Er ist vermutlich mit dem aus Orléans stammenden Theologen E. de Aurelianis identisch, der in Deutschland, Italien und Paris studierte und 1379 den Doktortitel erhielt. 1379, 1385 und 1393 wurde er von Papst Clemens VII. mit wichtigen Missionen betraut. Unter Benedikt XIII. lebte er in Avignon, wo vermutlich seine hsl. (in den Codices Chantilly 564, Modena α M. 5,24 und Paris Reina) überlieferten Kompositionen – 3 3st. französische Balladen und eine 4st. isorhythmische Motette – entstanden. Eine Ballade ist Papst Clemens, eine andere dem Herzog von Berry und seiner Verlobten Jeanne de Boulogne, einer Nichte Clemens' VII., gewidmet. E.s Werke sind reich an Synkopen, aber noch nicht in den um 1380 aufkommenden neuen Notenformen notiert, so daß eine Identität E.s mit dem Musiktheoretiker Egidius de Murino ausgeschlossen ist. Dagegen könnte er mit dem Frater Egidius identisch sein, der im Codex Squarcialupi neben Guilielmus de Francia als Komponist der 5 2st. italienischen Ballate im Trecentostil genannt wird.

Ausg.: French Secular Music of the Late 14th Century, hrsg. v. W. APEL (C/M 1950); Zehn datierbare Kompositionen der Ars nova, hrsg. v. U. GÜNTHER (H 1959); The Motets of the Mss. Chantilly ... and Modena ..., hrsg. v. DERS. (1965) (= CMM 39); Der Squarcialupi-Codex ..., hrsg. v. J. WOLF – H. ALBRECHT (Lippstadt 1955).

Lit.: N. PIRROTTA, Il codice Estense lat. 568 e la musica francese in Italia al principio del '400, in: Atti della Reale Accademia di Scienze, Lettere e Arti di Palermo IV/5 (1946); G. REANEY, The Ms. Chantilly, Musée Condé 1047, in: MD 8 (1954); K. VON FISCHER, Stud. zur it. Musik des Trecento u. frühen Quattrocento (Be 1956) (= Publ. der Schweizerischen Musikforschenden Ges. II/5); R. HOPPIN – S. CLERCX, Notes biographiques sur quelques musiciens français, in: Les Colloques de Wégimont 2 (P 1959); U. GÜNTHER, Datierbare Balladen des späten 14. Jh. II, in: MD 16 (1962).

E-GITARRE, umgangssprachlich für ↗Elektrogitarre.

EGK, Werner (eig. Werner Joseph Mayer), * 17. 5. 1901 Auchsesheim (heute Ortsteil von Donauwörth), † 10. 7. 1983 Inning/Ammersee; dt. Komponist und Dirigent. E. studierte in Frankfurt a. M., war in München Kompositionsschüler von C. Orff und hörte musikwissenschaftliche Vorlesungen bei A. Sandberger. An der „Schaubühne" wirkte er als Komponist, Musiker und Bühnenmaler und sammelte grundlegende praktische Theatererfahrung. 1923 heiratete er die Violinistin Elisabeth Karl. Aus dem Monogramm ihres Namens bildete er sein Pseudonym. Nach einem Italienaufenthalt arbeitete er 1925–27 in München und an P. Branns Marionettentheater und ging 1928 nach Berlin. Dort wurde er vom Intendanten der „Funkstunde" mit der Komposition von Hörspielmusiken beauftragt. Diese Werke mit kantatenhaften Zügen, u.a. *Ein Cello singt in Daventry, Zeit im Funk, 91 Tage,* auf Texte von R. Seitz, waren oft sozialkritische Reportagen. 1929 kehrte E. nach München zurück und arbeitete 1930–33 für den Bayerischen Rundfunk. Neben zahlreichen Hörspielmusiken entstanden 1931 die Singspiele für Kinder *Der Löwe und die Maus* und *Der Fuchs und der Rabe,* deren Texte von Schulkindern selbst gestaltet worden waren. 1934 erzielte er mit der heiteren Volksoper *Die Zaubergeige* einen bahnbrechenden Erfolg, worauf ihn H. Tietjen an die Oper Unter den Linden in Berlin verpflichtete. Aufgrund zunehmender politischer Intrigen zog er sich 1940 nach Lochham in Bayern zurück. Anläßlich einer Aufführung seines ersten Balletts, *Joan von Zarissa,* in Paris hatte er dort die Gelegenheit zur Zusammenarbeit mit S. Lifar und dessen Primaballerina Solange Schwarz und zog daraus wichtige Anregungen für sein späteres kompositorisches Schaffen. Seit den letzten Kriegsjahren arbeitete E. auch für Urheberschutzgesellschaften und vertrat die Interessen der Komponisten in der STAGMA und als Fachschaftsleiter bei der Reichsmusikkammer. Nach dem Kriege – 1948 war sein Ballett *Abraxas* uraufgeführt worden – war er 1950–53 Direktor der Hochschule für Musik in Berlin, an deren Wiederaufbau er maßgeblichen Anteil hatte. Lange Jahre war er Aufsichtsratsvorsitzender der GEMA und wurde Präsident des 1954 von ihm mitgegründeten Deutschen Komponistenverbandes. 1976 wurde er Präsident der CISAC. 1953 verließ E. Berlin wieder und ging als Gastdirigent an die Staatsoper München, wodurch er Gelegenheit erhielt, einige seiner Bühnenwerke selbst zur Uraufführung zu bringen. E., der die Libretti seiner Werke im allgemeinen selbst schrieb und auch den Text zur *Abstrakten Oper No. 1* von B. Blacher verfaßt hatte, sah im Libretto „eine Dichtung, in der die dramatische Konzeption und die sprachliche Formulierung von der Vorstellung des Zusammenwirkens von dramatischer Handlung und Musik bestimmt wird". Für seine Sujets wählte er „Gestalten, deren Schicksal den Menschen aller Zeiten etwas Allgemeines und Bedeutungsvolles enthüllt". Die Libretti enthalten oft gesellschaftskritische Momente; im Hintergrund steht fast immer die „Idee der vollen Verantwortlichkeit auch des aller Hilfe beraubten und durch ungeheure Pressionen bedrohten Individuums". Seine der Tradition verbundene Musiksprache gewinnt ihren Ausdruck aus großer Farbigkeit der Instrumentation in Verbindung mit einer erweiterten Tonalität; häufig lassen sich Züge echter *(Zaubergeige)* oder nachempfundener *(Revisor)* Folklore erkennen.

WW: **1) Instr.-WW:** *Georgica,* vier Bauernstücke für Orch.; *Geigenmusik mit Orch.* (1936); *Olympische Festmusik* (1936); Sonate für Klv. (1947); 2 Orch.-Sonaten (1948, 1969); Französische Suite (1949, Ballett-Fassung 1952) (nach Rameau) für großes Orch.; *Allegria* (1952), Godimento in quattro tempi für großes Orch.; *Variation über ein karibisches Thema* (1959), Ballett-Fassung *Danza* (1960); *Moira* (1972) Musik in C für großes Orch.; Divertissement (1973) für 10 Bläser; 5 Stücke (1974) für Bläserquintett; Polonaise u. Adagio (1975) für 9 Instr. – **2) Vokal-WW:** *Furchtlosigkeit u. Wohlwollen* (1931, Neufassung 1958/59) für Tenorsolo, Chor u. Orch.; *Quattro Canzoni* (1932, Neufassung 1956) für Tenor u. Orch.; *Natur–Liebe–Tod* (1937) (nach Gedichten v. L. C. H. Hölty) für Bar. u. Kammerorch.; *Mein Vaterland* (1937) (nach Klopstock), Hymne für 1st. Chor u. Orch. oder Org.; *Variationen über ein altes Wiener Strophenlied* (1938) (als Einlage für Erna Berger zu Rossinis *Der Barbier von Sevilla*) für Koloratursopran u. Orch.; *La Tentation de Saint Antoine* (1946) für Alt u. Steichquartett; dasselbe (1952) für Alt, Streichquartett u. Streichorch.; dasselbe (1978) für Chor u. Orch.; *Chanson et Romance* (1953) für Sopran u. Orch.; Kantate *Nachgefühl* (1975) (nach Versen v. Klabund) für Sopran u. Orch. – **3) Bühnen-WW:** Opern: *Columbus* (1932), UA: als Rundfunkoper: Bayerischer Rundfunk 1933, Bühnenfassung: Frankfurt a. M. 1942; bearbeitet als Ballett-Oratorium (1951); *Die Zaubergeige* (1935) (Libr.: E. u. L. Andersen), UA: Frankfurt a. M. 1942, UA der Neufassung: Stuttgart 1954; *Peer Gynt* (1938) (Libr.: E. nach Ibsen), UA: Berlin 1938; *Circe* (1941–44) (Libr.: E. nach Calderons *El mayor encanto amor*), UA: Berlin 1948, neue Fassung als: *Siebzehn Tage u. vier Minuten*, UA: Stuttgart 1966; *Irische Legende* (1955) (Libr.: E. nach W. Butler Yeats' *Countess Cathleen*, UA: Salzburg 1955, Neufassung (1970); *Der Revisor* (1956) (Libr.: E. nach Gogol), UA: Schwetzingen 1957; *Die Verlobung in San Domingo* (1963) (Libr.: E. nach Kleist), UA: München 1963). – Ballette: *Joan von Zarissa* (1939), daraus: Konzert-Suite (1940), *Triptychon*, drei Chöre für je 5 Frauen- u. Männerst. a cap.; *Abraxas* (1946) (nach H. Heine), daraus Suite (1948); *Ein Sommertag* (1950) (nach einer Idee v. P. Strecker); *Die chinesische Nachtigall* (1953) (nach Ch. Andersens Märchen), daraus: Divertimento für Streichorch.; *Casanova in London* (1966–68), bearb. als: *Englische Suite* (1968). – **4) Schriften:** *Musik – Wort – Bild* (Mn 1960) (darin Beitr. v. K. H. Ruppel u. H. Strobel); Komödie *Das Zauberbett* (1945) („Parergon" zu Calderons *El mayor encanto amor*) (F 1958); Libr. zu B. Blachers *Abstrakte Oper No. 1* (UA: Mannheim 1953); Autobiogr. *Die Zeit wartet nicht* (Percha 1973); *Lochhamer Opernbrief* (Mz 1935) (= Vorwort zur Zaubergeige); ferner zahlr. Zschr.-Beiträge.

Lit.: K. H. WÖRNER, Gesch. der Neuen Musik (Mz 1949); K. LAUX, Musik u. Musiker der Gegenwart (Essen 1949); B. KOHL – E. NÖLLE, W. E. Das Bühnenwerk (Mn 1971) (Ausstellungskat.); E. KRAUSE, W. E. Oper u. Ballett (B – Wilhelmshaven 1971); K. SCHUMANN, W. E. (Mz 1976) (Werk-Verz.).

K. LANGROCK

EGLI, Johann Heinrich, * 4.3.1742 Seegräben bei Zürich, † 19.12.1810 Zürich; Schweizer Komponist. E. lebte seit 1760 als Gesang- und Klavierlehrer und als Violinist des Orchesters in Zürich. Er ist der wichtigste Schweizer Vertreter der Liedkunst in der Tradition der ↗Berliner Schule.

WW (alle in Zürich gedruckt, mit teilweise zahlr. Aufl.): Sammlungen (z. T. auch mit WW anderer Komponisten) für SingSt. u. Klv.: *Auserlesene moralische Lieder* (1776); *Geistliche Gesänge* (1780); *Singcompositionen* (1785); *Zwölf Kinderlieder* (1789); für 1–4 St. mit u. ohne B.c. bzw. Klv.: *Auserlesene geistliche Lieder* (1775); *Geistliche Gesänge* (1777); *Sammlung geistlicher Lieder* (1779); *Schweizerlieder* (1787); *C. F. Gellerts geistliche Oden und Lieder mit Choralmelodien* (1789); *Lieder der Weisheit und Tugend* (1790); *Gellerts geistliche Oden... Mit leichten Melodien* (1791); *Gesänge über Leben, Tod und Unsterblichkeit* (1792); mehrere Einzelgesänge; postum erschien 1816 *J. H. Eglis Musikalischen Nachlasses Erste Abteilung* mit 2–3st. Liedern.

EHMANN, Wilhelm, * 5.12.1904 Freistatt (Niedersachsen); dt. Chorleiter und Musikforscher. Er war 1928–37 Kantor an der Christuskirche in Freiburg i. Br. und studierte daneben an den Universitäten Freiburg und Leipzig. 1934 wurde er in Freiburg promoviert und habilitierte sich dort auch 1937. 1940–45 war E. Leiter des Musikwissenschaftlichen Instituts der Universität Innsbruck, 1939–43 zugleich Hauptschriftleiter der Zeitschrift *Deutsche Musikkultur*. 1948–76 leitete er die von ihm gegründete Westfälische Landeskirchenmusikschule in Herford und hatte 1949–54 zugleich einen Lehrauftrag an der Universität Münster (Westf.). E., der auch Gründer und Leiter der Westfälischen Kantorei ist, hat mit seinen Schriften, mit seinen Konzerten und Schallplatteneinspielungen in den letzten Jahrzehnten vielfältige Anregungen für die Aufführungspraxis insbesondere der Werke von H. Schütz und J. S. Bach gegeben.

WW: **1) Schriften:** *Adam von Fulda* (B 1936); *Der Thibaut-Behaghel-Kreis. Ein Beitrag zur Gesch. der musikal. Restauration im 19. Jh.*, in: AfMf 3 (1938) u. 4 (1939); *Die Chorführung*, 2 Bde. (1949, [3]1964 [ein Bd.]); *Tibulustrum, das geistliche Blasen* (Kas 1950); *Die bläserische Kunst* (Kas 1951); *Bläserfibel* (Kas 1951); dass. in 3 H.en (1962), NA des 1. H.s (1967); *Chorische Stimmbildung* (Kas 1953, [2]1956); *Alte Musik in der neuen Welt* (Da 1961); *J. Kuhlo, „Ein Spielmann Gottes"* (St 1951, Witten [5]1974); *Voce et tuba. Gesammelte Reden u. Aufsätze 1934–74*, hrsg. v. D. BERKE U. A. (Kas 1976) (= FS zum 70. Geburtstag). – **2) Editionen:** H. Schütz, Kleine geistliche Konzerte (Kas 1963) (= Neue Schütz-GA 10–12).

Lit.: Musik als Lobgesang, hrsg. v. G. MITTRING – G. RÖDDING, in: FS W. E. (Da 1964) (mit Bibliogr.); U. WULFHORST, in: Gottesdienst u. Kirchenmusik (1964); Interview mit W. E., in: MuK 40 (1970); G. MITTRING, Reformator der Kirchenmusik. Ein Porträt W. E.s, in: Musica 26 (1972).

EICHENDORFF, Joseph Karl Benedikt, Freiherr von, * 10.3.1788 Lubowitz (Oberschlesien), † 26.11.1857 Neiße; dt. Dichter. E., einer der bedeutendsten Vertreter der deutschen literarischen Romantik, wurde durch die Einfachheit und unmittelbare Musikalität seiner dichterischen Sprache der meistvertonte deutsche Dichter neben Goethe. Unter den Kompositionen nach Gedichten E.s sind als besonders bekannt hervorzuheben: *Liederkreis*, op. 39, von R. Schumann, *20 Gedichte von E.* und *Sechs geistliche Lieder nach Gedichten von E.* für gem. Chor von H. Wolf, *Der Einsiedler*, op. 144a, für Bariton, Chor u. Orch. von M. Reger, *Von deutscher Seele. Eine romantische Kantate nach Gedichten von E.*, op. 28 von H. Pfitzner. Vertonungen aus jüngerer Zeit sind *Sprüche und Lieder* für a cappella-Chor (1930) von E. Pepping, die Oper *Schloß Dürande*, op. 53 (1943) von O. Schoeck, *E.-Liederbuch* (1966) von G. Bialas, und *Nachtstück* für Bar. u. Klv. (1966) von A. Reimann.

Lit.: W. WENDLER, E. und das musikalische Theater. Unters. zum Erzählwerk (Bonn 1969); E. BUSSE, Die E.-Rezeption im Kunstlied. Versuch einer Typologie anhand v. Kompositionen Schumanns, Wolfs u. Pfitzners (Wü 1975) (= Diss. Marburg 1973); H. JANCIK, H. Wolfs E.-Chöre, in: ÖMZ 28 (1973); N. SIARA, Szenische Bauweise des Erzählers E. nach dem Opernvorbild Glucks u. Mozarts (Diss. F 1973); J. THYM, The Solo Song Settings of E.'s Poems by Schumann and Wolf (1974) (= Diss. Case Western Reserve Univ.); G. SPEER, E.s Lyrik in Vertonung, in: Aurora 34 (1974); K. SCHLAGER, Erstarrte Idylle. Schumanns E.-Verständnis im Lied op. 39/VII (Auf einer Burg), in: AfMw 33 (1976).

EICHNER, Ernst Dietrich Adolf, getauft 15.2.1740 Arolsen (Nordhessen), † um 1777 Potsdam; dt. Fagottist und Komponist. D. war seit 1762 Musiker des Hoforchesters von Zweibrücken, 1768 dessen Konzertmeister, gab 1772 seine Stellung auf und ging nach Paris. 1773 trat er mit Erfolg in London auf und wurde im selben Jahr Mitglied der Kapelle des Prinzen von Preußen, des nachmaligen Königs Friedrich Wilhelm II. Zeitgenossen rühmten den Empfindungsreichtum der Werke E.s, die stilistisch der ↗Mannheimer Schule nahestehen, aber in manchen Einzelzügen auch an J. Chr. Bach erinnern.

WW: Sonaten u. Sonatinen für Klv., für Klv. u. V.; Duos für V. u. Va.; Triosonaten bzw. Klv.-Trios; Streichquartette; für Orch.: Symphonien (jeweils 3 bzw. 6 unter einer Opuszahl) op. 1, 5, 6, 7, 10, 11; 2 Konzerte für Harfe oder Cemb.; Konzert für Ob. oder Fl.; *Divertissement* für Bläser. – Gedruckt wurde auch eine Ballade *Delia* für SingSt u. Klv.

Ausg.: Symphonie D-Dur, op. 7/5, in: Sinfonien der Pfalzbayerischen Schule II/2, hrsg. v. H. RIEMANN (1907) (= DTB 8/2); Fl.-Quartett D-Dur, op. 4/4, in: Mannheimer Kammermusik des 18. Jh. I, hrsg. v. DEMS. (1914) (= ebd. 15/1); Klv.-Trios c-moll, op. 1/3, A-Dur, op. 2/1, in: ebd. II, hrsg. v. DEMS. (1915) (= ebd. 16); 6 Duette, op. 10 für V. u. Va., hrsg. v. W. ALTMANN (Hannover 1929) (= Nagels MA 125–128); Ob.-Konzerte C-Dur u. B-Dur, hrsg. v. E. ROTHWELL (Lo 1951); DASS., hrsg. v. D. GERHARDT (L 1958); Faks. der Ballade *Delia* in: MGG III.

Lit.: Thematischer Kat. v. 31 Symphonien, in: Sinfonien der Pfalzbayerischen Schule II/1, hrsg. v. H. RIEMANN (1906) (= DTB 7/2); Verz. der Druckausg. u. thematischer Kat. seiner Kammermusik, in: Mannheimer Kammermusik des 18. Jh., hrsg. v. DEMS., II (1915) (= ebd. 16); A. VOLK, E. E. Leben u. Bedeutung für die Entwicklung der Kammermusik u. des Solokonzerts (Diss. Kö 1943); R. FUHRMANN, Mannheimer Klv.-Kammermusik (Diss. Marburg 1963); W. GRUHN, Ergänzungen zur Zweibrücker Musikgesch., in: Mf 23 (1970); M. REISSINGER, Die Sinfonien E. E.s (Wie 1970) (= Neue musikgeschichtliche Forsch. 3).

EICHORN, dt. Musikdrucker und Musikverleger. – Erstes namhaftes Mitglied der Familie ist **Johann E.** (1524–83). Er studierte an der Universität Frankfurt an der Oder und erwarb dort 1549 die Druckerei von Nicolaus Wolrab. 1568/69 gründete er in Stettin ein Zweiggeschäft, das 1572 von seinem Schwiegersohn Andreas Keller übernommen wurde. Das Unternehmen in Frankfurt wurde seit 1581 von seinem Sohn **Andreas** († 1615) und 1615–42 von seinem Enkel **Johann** fortgeführt. – Die Familie E. gehört zu den wichtigen deutschen Musikdruckern und -verlegern der 2. Hälfte des 16. Jahrhunderts. In ihrer Offizin erschienen Werke u. a. von W. Figulus, Ph. Dulichius, B. Gesius und N. Zangius, Lautentabulaturen von M. Waissel (1573, 1591, 1592), B. Drusina (1573) und Gr. Krengel (1584), ferner die erste Kirchenliedsammlung der Mark Brandenburg (1552) sowie Musiktraktate von H. Faber und N. Listenius.

Lit.: K. REGLING, J. E., in: Mitt. des hist. Vereins zu Frankfurt/Oder 31 (1930); H. GRIMM, Von den Druckerzeichen des ... J. E. (Frankfurt/Oder – B 1930); W. RECKZIEGEL, Das Gesangbuch v. J. E. dem Älteren zu Frankfurt/Oder, in: JbLH 7 (1962), 10 (1965); W. LIPPHARDT, Das Gesangbuch v. J. E. dem Älteren zu Frankfurt a. d. Oder u. seine ältesten Ausg., in: ebd. 13 (1968) u. 14 (1969).

EIMERT, Herbert, * 8.4.1897 Bad Kreuznach, † 15.12.1972 Düsseldorf; dt. Musiktheoretiker und Komponist. Er studierte in Köln bei H. Abendroth an der Musikhochschule und bei E. Bücken an der Universität, an der er mit der Dissertation *Musikalische Formstrukturen im 17. und 18. Jh.* (Au 1932) promoviert wurde. Nach redaktioneller Tätigkeit am Westdeutschen Rundfunk bis 1933 arbeitete er als Musikkritiker und Redakteur an der *Kölnischen Zeitung,* nahm nach Kriegsende seine Tätigkeit beim Rundfunk in Köln wieder auf und leitete das „musikalische Nachtprogramm“, in dem vor allem die musikalische Avantgarde vorgestellt wurde, sowie das von ihm – als erstes seiner Art – gegründete Studio für elektronische Musik. Zusammen mit K. Stockhausen gab er als Periodicum für neue Musik *die reihe* heraus (8 Bde., W 1955–62). 1965 übernahm er an der Kölner Musikhochschule als Professor die Leitung des dort neu gegründeten Studios für elektronische Musik. – ↗elektronische Musik.

WW: **1) Kompositionen:** Streichquartett (1925); *Tanzmusik* (1926) für Saxophon, Fl. u. mechanische Instr.; 2 Chöre mit Orch. (1929); *Glockenspiel* (1953); *Etüden für Tongemische* (1954); *Zu Ehren v. I. Strawinsky* (1957); *Selektion I* (1960); *Epitaph für Aykibichi Kuboyama* (1960–62). – **2) Schriften:** *Atonale Musiklehre* (L 1924); *Lehrbuch der Zwölftontechnik* (Wie 1950, [17]1973); *Grundlagen der musikal. Reihentechnik* (W 1964); *Das Lexikon der elektronischen Musik* (Rb 1973) (zus. mit H. U. Humpert) (= bosse music paperback 2).

EINEM, Gottfried von, * 24.1.1918 Bern; östr. Komponist. Noch in seinem Geburtsjahr übersiedelte die Familie nach Malente (Holstein). Nach dem Abitur ging er 1934 zu Sprachstudien nach England und anschließend, nach kurzem Militärdienst in Wien, nach Berlin, um bei P. Hindemith, den er bereits durch seinen früheren Musiklehrer, E. Rabsch, kennengelernt hatte, zu studieren. Da Hindemith aber bereits aus seinem Amt an der Musikhochschule geschieden war, wandte E. sich zunächst der Praxis zu und wurde vom Generalintendanten der Preußischen Staatstheater, H. Tietjen, als Kapellmeister-Korrepetitor an die Staatsoper verpflichtet. 1941 wurde er Kompositionsschüler von B. Blacher. Bereits sein erstes veröffentlichtes, auf Anregung von W. Egk entstandenes Werk, *Turandot,* brachte dem gerade 26jährigen frühen Erfolg. Um das von H. von Karajan angeregte *Concerto,* dessen letzter Satz Jazz-Variationen enthält, entstand in Berlin kulturpolitischer Wirbel, dem sich E. durch eine Berufung an die Wiener Staatsoper entziehen konnte. Dort erhielt er seinen ersten Kompositionsauftrag, dem ein gemeinsam mit B. Blacher nach *Dantons Tod* von G. Büchner verfaßtes Operntextbuch zugrunde lag. Diese unter dem Eindruck der Ereignisse des 20. Juli 1944 begonnene erste Oper wurde 1946 vollendet und begründete 1947 mit ihrer Uraufführung bei den Salzburger Festspielen seinen Weltruhm. Neben seiner Tätigkeit als Lektor für die Wiener Konzerthausgesellschaft wurde E. 1948 Direktionsmitglied im Salzburger Festspielkomitee und später dort Vorsitzender des Musikrates. Als Präsident der Gesellschaft der Autoren, Komponisten und Musikverleger (AKM) setzte er sich für den Urheberschutz ein. 1963 erhielt er einen Lehrauftrag an der Wiener Akademie für Musik und darstellende Kunst. Seit 1973 widmet sich E. ganz seinem Schaffen als Komponist.

WW: **1) Instr.-WW: a)** Kammermusik: Vier Klv.-Stücke, op. 3 (1943); 2 Sonatinen für Klv., op. 7 (1947); Sonate für V. u. Klv., op. 11 (1949); 4 Studien für Gitarre, op. 34 (1967); *Reifliches Divertimento,* op. 35a (1973) für V., Br., Horn u. Klv.; 2 Capricen, op. 36 (1973) für Cemb.; 2 Streichquartette, op. 45 (1976), op. 51 (1978); Bläserquintett, op. 46 (1978); Sonate, op. 47 für V.-solo. – **b)** Orch.-WW: Capriccio, op. 2 (1943); Concerto, op. 4 (1943); *Orchestermusik,* op. 9 (1948); Serenade, op. 10 (1949) für doppeltes Streichorch.; *Meditationen,* op. 18 (1954); *Wandlungen,* op. 21 (1956); *Symphonische Szenen,* op. 22 (1956); *Ballade,* op. 23 (1957); *Tanz-Rondo,* op. 27 (1959); *Philadelphia Symphonie,* op. 28 (1960); *Nachtstück,* op. 29 (1960); *Hexameron,* op. 37; *Bruckner Dialog,* op. 39; *Wiener Symphonie,* op. 48; Konzert für Klv. u. Orch., op. 20 (1955); Konzert für V. u. Orch., op. 33 (1967); Arietten für Klv. u. Orch. (= 2. Klv.-Konzert), op. 50, UA: 1978. – **c)** Bearbeitungen: *Eine Nacht auf dem kahlen Berge,* Neufassung der Fantasie v. M. Mussorgsky; *F. Schubert: Walzer,* komp. zur Hochzeit seines Freundes Kupelwieser, aufgeschrieben v. R. Strauss u. instrumentiert v. G. von E. – **2) Vokal-WW:** mehrere Liederzyklen mit Klv.-Begleitung (op. 5, 8, 15, 19, 25, 43, 49); *Hymnus,* op. 12 (1949) (Text: Lernet-Holenia) für Alt, Chor u. Orch.; *Das Stundenlied,* op. 26 (Text: B. Brecht) für gem. Chor u. Orch., UA: 1959; *Von der Liebe,* op. 30 (1961) für Sopran, Gesang u. Orch.; Kammergesänge, op. 32 (1965) für mittlere St. u. kleines Orch.; *Geistliche Sonate,* op. 38 (1974), für Sopran, Trp. u. Org.; *Rosa Mystica,* op. 40 (1973) (Text: H. C. Artmann), 8 Lieder für mittlere St. u. Orch.; *Die träumenden Knaben,* op. 41 (1973) (Text: O. Kokoschka), für Chor, Klar. u. Fag.; *An die Nachgeborenen,* op. 42 (1975), für Sopran, Bar., Chor u. Orch.; *Leib- u. Seelen-Songs,* op. 53 (1978), für hohe St. u. Gitarre. – **3) Bühnen-WW: a)** Opern: *Dantons Tod,* op. 6 (Libr.: B. Blacher u. E. nach G. Büchner), UA: Salzburg 1947; *Der Prozeß,* op. 14 (1950–52) (Libr.: B. Blacher u. H. von Cramer nach F. Kafka), UA: ebd. 1953; *Der Zerrissene,* op. 31 (1961–64) (Libr.: B. Blacher nach Nestroy), UA: Hamburg 1964; *Der Besuch der alten Dame,* op. 35 (Libr.: F. Dürrenmatt), UA: Wien 1971; *Kabale u. Liebe,* op. 44 (nach Schiller), UA: ebd. 1976; *Jesu Hochzeit,* op. 52 (Libr.: L. Ingrisch), UA: geplant ebd. 1980. – **b)** Ballette: *Prinzessin Turandot,* op. 1, UA: Dresden 1944; daraus 4 Episoden für Orch., op. 1a, UA: 1954; *Rondo vom Goldenen Kalb,* op. 13 (1950), UA: Hamburg 1952; *Pas de Cœur,* op. 16, UA: München 1952; *Glück, Tod u. Traum,* op. 17, UA: Alpbach 1954 (= Alpbacher Tanzserenade); *Medusa,* op. 24 (1957), UA: Wien 1957. – **4) Schriften:** *Komponist im Turm* (Autobiogr.), in: Das musikal. Selbstportrait, hrsg. v. J. MÜLLER-MAREIN – H. REINHARDT (H 1963); dass., in: Melos 31 (1964); *Die Freiheit des Komponisten,* in: ÖMZ 20 (1965); *Komponist u. Gesellschaft* (Karlsruhe 1967) (= MuGes 1).

Durch strenge formale Gliederung mit scharfen Konturen und durch farbige Instrumentation erzielt E. in seinen musikalischen Werken eine unmittelbar verständliche Aussage, wodurch deren Erfolg wohl zu erklären ist. Er mutet seinem Publikum keine dissonanzenreiche Harmonik oder gar Atonalität zu. Durch melodische Zielstrebigkeit erreicht er im Aufeinandertreffen der Höhepunkte gegeneinander versetzter Abläufe eine wirkungsvolle asymmetrische, synkopische Rhythmik. Bis zu *Kabale und Liebe* läßt E.s Schaffen sich als „klassizistisch" kennzeichnen; in jüngster Zeit finden sich häufiger Einflüsse der Spätromantik. In der *Wiener Symphonie* zeigt er sich als Bewahrer einer Tradition, die, von Haydn ausgehend, Bruckner und auch Mahler einschließt. Anläßlich dieser Komposition formulierte er: „Aufgeschlossene Zuhörer werden vielleicht am Spiel der klingenden Linien und Farben, das nach strengen Regeln vor sich geht, Freude empfinden", eine Aussage, die wohl Allgemeingültigkeit für seine kompositorische Zielsetzung beanspruchen kann.

Lit.: G. von E., Das dramatische Werk, in: Ausstellungskat. der Östr. Nationalbibl. (W 1971). – H. RUTZ, Neue Oper. G. von E. u. seine Oper „Dantons Tod" (W 1947); K. LAUX, Musik u. Musiker der Gegenwart (Essen 1949); K. H. WÖRNER, Neue Musik in der Entscheidung (Mz 1954); H. FIECHTNER, G. von E., in: Melos 21 (1954); DERS., G. von E. u. sein Werk, in: ÖMZ 10 (1954); D. HAJAS, „Dantons Tod" nach 16 Jahren, in: ebd. 18 (1963); D. HARTMANN, G. von E. (W 1967) (= Östr. Komp. des 20. Jh., 11); I. FABIAN, Bekenntnis zur Gattung der Oper. Ein Gespräch mit G. von E., in: Opernwelt (1976) H. 12; R. KLEIN, Der Symphoniker G. von E., in: ÖMZ 33 (1978).

K. LANGROCK

EINGESTRICHEN ↗Tonnamen.

EINHANDFLÖTE ↗Galoubet.

EINHEITSPARTITUR ↗Partitur.

EINKLANG ↗Unisono.

EINSCHWINGVORGANG (engl.: attack transient), bei einer Einteilung des Klangerzeugungsvorgangs in die drei Abschnitte: Anklingen, Aushalten und Abklingen des Tones derjenige Abschnitt, der das Anwachsen der Schwingungsbewegung vom Ruhezustand bis zum mehr oder weniger gleichmäßigen Schwingen mit voller Schwingungsweite (maximaler Schwingungsamplitude) umfaßt. Strenge Gleichmäßigkeit ist infolge der ständig vorliegenden ↗Ausgleichsvorgänge bei mechanischer Erregung von Schwingungen durch Selbststeuerung, wie sie beim Streichen und Anblasen von Musikinstrumenten vorliegt, auch im ausgehaltenen Mittelteil der Klänge kaum anzutreffen. Bei den durch Anschlagen, Anzupfen und Anreißen erregten Klängen fehlt wegen des unmittelbaren Übergangs vom Anklingen zum Abklingen ein solcher mittlerer Abschnitt ganz. Deshalb wird aus Definitionsgründen für die Einschwingdauer häufig die Zeit des Anstiegs von einem ersten erkennbaren Anfang bis zu einem festgesetzten Prozentsatz (63, 70 oder 80%) der maximalen Schwingungsamplitude angegeben. Eine an den hörbaren und musikalisch bedeutsamen Phänomenen orientierte Definition betont demgegenüber, daß der E. erst beendet ist, wenn er gehörsmäßig zur Differenzierung des Klanggeschehens keinen Beitrag mehr leistet.

Infolge unterschiedlicher ↗Dämpfung und Resonanzverhältnisse schwingen die einzelnen Klangbestandteile verschieden schnell ein. Demnach muß als Einschwingzeit des komplexen, aus Geräuschanteilen und vielfältigen Klangbestandteilen zusammengesetzten E.s diejenige Zeit gelten, die die Komponente mit der längsten Einschwingdauer benötigt. Es ist die Zeit, in der die Ausgleichsvorgänge abgeklungen sind. Diese sind nur an der Feinstruktur des E.s zu erkennen, nicht an dem Anstiegsverlauf der Gesamtamplitude. Bei den labialen Orgelpfeifen ist der E. darüber hinaus gekennzeichnet durch sog. Vorläufertöne, die dadurch entstehen, daß die Pfeife nicht von Anfang an mit konstantem Druck arbeitet, sondern der Winddruck im Pfeifenfuß erst allmählich ansteigt. Erst danach wird ein mehr oder weniger regelmäßiges „Aufschaukeln" der Schwingungen bis zu ihrer endgültigen Amplitude erkennbar.

Die Einschwingzeit richtet sich bei den Musikinstrumenten nach der Stärke der Tongebung, ist bei weich angesetzten Tönen länger als bei angestoßenen, bei tiefen Tönen meist länger als bei hohen und ist vor allem abhängig vom Instrument. Die kürzesten Einschwingvorgänge liegen in der Größenordnung von 15 msec und werden bei hohen Rohrblatt- und Blechblasinstrumentenklängen gemessen, die längsten – bei tiefen Streichinstrumentenklängen – bei 150 (in Ausnahmefällen bis 300) msec.

Die Bedeutung des E.s wird dadurch unterstrichen, daß er das Erkennen der Musikinstrumente erleichtert, gelegentlich sogar erst ermöglicht. Durch Abschneiden und Verändern des E.s auf dem Wege der elektroakustischen Übertragung werden die Klänge in der Regel dann nicht unkenntlich gemacht, wenn ↗Formanten und ↗Ausgleichsvorgänge genügend Erkennungsmerkmale enthalten, jedoch so weit entstellt, daß ihnen etwas Charakteristisches fehlt.

Lit.: F. TRENDELENBURG – E. FRANZ, Unters. an schnellveränderlichen Schallvorgängen, in: Zschr. für technische Physik 16 (1935); O. VIERLING, Wesentliche Eigenschaften v. Musikklängen, in: ebd. 16 (1935); W. LOTTERMOSER, Klanganalytische Unters. an Zungenpfeifen, in: Neue dt. Forsch. 105 (B 1936); F. TRENDELENBURG – E. THIENHAUS – E. FRANZ, Klangeinsätze an der Org., in: Akustische Zschr. 1 (1936); W. LINHARDT, Über die Funktionen der verschiedenen Traktursysteme der Org., in: Kgr.-Ber. Hamburg 1956 (Kas 1957); BOEGNER, Akustisch-praktische Daten zum Waldhorn, in: Gravesaner Blätter 4 (1960) H. 15/16; A. RAKOWSKI – E. G. RICHARDSON, Eine Analyse des Intonierungsvorganges bei Org., in: ebd.; J. MEYER, Über Resonanzeigenschaften u. Einschwingvorgänge v. labialen Org.-Pfeifen (1960) (= Diss. Technische Hochschule Braunschweig); F. TRENDELENBURG, Einführung in die Akustik (B [3]1961); D. LUCE – M. CLARK, Durations of Attack Transients of Nonpercussive Orchestral Instruments, in: Journal Audio Engineering Society 13 (1965); W. LOTTERMOSER – J. MEYER, Orgelakustik in Einzeldarstellungen (F 1966); A. MELKA, Messungen der Klangeinsatzdauer bei Musikinstr., in: Acustica 23 (1970); U. MÜLLER, Unters. zu den Strukturen v. Klängen der Clarin- u. Ventiltrompete (Rb 1971) (= Diss. Köln 1970); J. MEYER, Akustik u. musikal. Aufführungspraxis (F 1972); R.-D. WEYER, Time-.Frequency-Structures in the Attack Transients of Piano and Harpsichord Sounds, Teil 1, in: Acustica 35 (1976), Teil 2, in: ebd. 36 (1976/77). – Vgl. DIN-Blatt 1311 (1956) u. DIN-Blatt 5488 (B 1969).
J. P. FRICKE

EINSTEIN, Oper in 3 Akten von Paul Dessau (1894–1979), Text von Karl Mickel nach einer Vorlage des Komponisten. Ort und Zeit der Handlung: Deutschland und Amerika, 2. Viertel des 20. Jahrhunderts. UA: 16. 2. 1974 in Berlin (Staatsoper) unter O. Suitner.

Diese Oper um den Physiker Albert Einstein soll nicht biographisch sein; sie handelt vielmehr von der Verantwortung des Wissenschaftlers vor der Menschheit. Die zeitlose Aktualität dieses Themas wird von den Autoren angedeutet in Auseinandersetzungen, die Einstein mit G. Bruno, Galilei und Leonardo da Vinci führt. Die Haupthandlung scheint zwischen den Akten durch possenhafte Intermezzi unterbrochen, doch ist die Aussage der Oper hier auf eine allegorische Ebene verlegt: Hans Wurst – das Volk – kämpft gegen das Krokodil – Faschismus –, er kann nie endgültig unterliegen; seine Auferstehung im Epilog der Oper zeigt ihn als wahren Herrn der Lage. Dessau komponierte den Stoff mit von Dodekaphonie beeinflußter Musiksprache; um die Transparenz der Handlung zu gewährleisten, schuf er eine fast strenge Nummernoper. Häufige Musikzitate dienen im Sinne Brechts der Verfremdung. K. LANGROCK

EINSTEIN, Alfred, * 30. 12. 1880 München, † 13. 2. 1952 El Cerrito (Kalifornien); amerik. Musikforscher dt. Herkunft. E., ein Vetter des Physikers Albert Einstein, studierte in München bei A. Beer-Walbrunn (Komposition) und A. Sandberger (Musikwissenschaft). 1903 wurde er mit der

Arbeit *Zur deutschen Literatur für Viola da Gamba* (L 1905) promoviert. 1918 wurde E. Redakteur der *Zeitschrift für Musikwissenschaft* (bis 1933) und Musikkritiker bei der *Münchener Post* (bis 1927), später beim *Berliner Tageblatt* in Berlin. 1933 verließ er Deutschland, lebte zunächst in London, dann in Florenz und ließ sich 1939 in Northampton (Mass.) nieder, wo er bis 1950 am Smith College lehrte. E. hat sich besonders der italienischen und deutschen Musik des 16.–18. Jh. gewidmet. Viele seiner Arbeiten – die lexikalischen wie die bibliographischen, über das italienische Madrigal, über Mozart u. a. – sind grundlegend.

WW: **1) Schriften:** *Gesch. der Musik*, dazu *Beispielsammlung zur älteren Musikgesch.* (L 1917–18, [5]1934) (= Aus Natur u. Geisteswelt 438–439), erweiterte NA in einem Bd. (Z 1953), engl. Übers.: *A Short History of Music* (Lo 1936, [5]1948); *H. Schütz* (Kas 1928); *Gluck*, (Lo 1936, 1954, NY 1962, Lo– NY 1964, dt. 1954); *Greatness in Music* (Lo– NY– Toronto 1941), dt. Übers.: *Größe in der Musik* (Z 1951); *Mozart* (NY 1945, [4]1959, 1962, 1966, dt. Sto 1947, revidiert Z 1953, NA F 1968); *Music in the Romantic Era* (NY 1947, [2]1949), dt. Übers.: *Die Romantik in der Musik* (W 1950); *The Italian Madrigal*, 2 Bde. u. Bsp.-Slg. (Princeton/N.Y., Nachdr. ebd. 1970, dt. Z 1952); *Schubert* (NY– Lo 1951, dt. Z 1952). – Aufsatz-Slg. *Essays on Music*, hrsg. v. P. H. LANG (1956, revidiert Lo 1958, Nachdr. NY 1962). – **2) Editionen:** E. war Hrsg. der 9.–11. Aufl. des Riemann Musiklexikons (B 1919, 1922, 1929); der dt. Ausg. v. A. Eaglefield-Hulls *Dictionary of Modern Music and Musicians*, als: *Das Neue Musiklexikon* (B 1926); der NA L. von Köchel, *Chronologisch-thematisches Verz. sämtlicher Tonwerke W. A. Mozarts* ([3]1937, Neudr. Ann Arbor 1947, L [4]1958); ferner veröff. er E. Vogels *Bibliography of Italian Secular Vocal Music Printed between the Years 1500–1700* (1945–48).

Lit.: E. HERTZMANN, A. E. and C. Sachs, in: MQ 27 (1941); G. REESE, Ripe Fruit at Sixty, in: MQ 27 (1941); I. CAZEAUX, A. E., in: RMie 34 (1952); H. F. REDLICH, A. E. zum Gedächtnis in: Mf 5 (1952); M. F. BUKOFZER, A. E. in memoriam, in: AMl 24 (1952); C. SARTORI, Omaggio a E., in: RMI 54 (1952); E. DOFLEIN, A. E. zum Gedächtnis, in: Musica 6 (1952).

EIPPERLE, Trude, * 12. 8. 1910 Stuttgart; dt. Sängerin (Sopran). Sie studierte Gesang an der Musikhochschule in Stuttgart, debütierte 1930 am Staatstheater in Wiesbaden und ging 1938, nach Engagements in Braunschweig und Nürnberg, an die Bayerische Staatsoper in München. 1945–51 gehörte sie der Kölner, danach der Stuttgarter Oper an. Gastspiele führten sie daneben nach Bayreuth, Salzburg, Wien, London, Paris und Mailand. T.E. machte sich vor allem als Mozart-, Strauss- und Wagner-Sängerin auch international einen Namen.

EISBRENNER, Werner, * 2. 12. 1908 Berlin, † 7. 11. 1981 ebd.; dt. Komponist. Er studierte an der Akademie für Kirchen- u. Schulmusik in Berlin. 1954 wurde er Dirigent des Studio-Orchesters Berlin, 1959 beim Sender Freies Berlin. E. schrieb zahlreiche Orchestermusik (u. a. Symphonien, Rhapsodien, Variationen, eine Suite), Kammermusik, *Lieder und Chansons* (auf Texte von W. Dehmel, 1968), Hörspiel- und vor allem über 80 Filmmusiken.

Musik für Filme: *Romanze in Moll* (1943, mit L. Brühne); *Große Freiheit Nr. 7* (1944); *Zwischen gestern und morgen* (1947); *Menschen in Gottes Hand* (1948); *Berliner Ballade* (1948); *Herrliche Zeiten* (1950, beide mit G. Neumann); *Herz der Welt* (1952); *Nachts auf den Straßen* (1951); *Ein Herz spielt falsch* (1953); *Kinder, Mütter und ein General* (1955); *Vor Sonnenuntergang* (1956); *Herrscher ohne Krone* (1957); *Buddenbrooks* (1959).

EISLER, Hanns, * 6. 7. 1898 Leipzig, † 6. 9. 1962 (Ost-)Berlin; dt. Komponist. E. erhielt 1919–23 Kompositionsunterricht bei A. Schönberg und A. von Webern in Wien. Für seine Klaviersonate op. 1 wurde er 1924 mit dem Musikpreis der Stadt Wien ausgezeichnet. 1925–33 unterrichtete er am Klindworth-Scharwenka-Konservatorium in Berlin, wo er sich der Gruppe proletarischer Musiker *(Komsomol)* anschloß und seine Zusammenarbeit mit B. Brecht begann. 1933 emigrierte er über Österreich, Dänemark und Spanien in die USA. Dort unterrichtete er seit 1938 zunächst an der New School of Social Research in New York, dann an der University of Southern California in Los Angeles. 1942–48 schrieb er Musik für zahlreiche Hollywood-Filme. Als McCarthys „Komitee zur Untersuchung unamerikanischer Tätigkeit" E. aus den USA auswies, kehrte er 1948 nach Wien zurück, ließ sich dann 1950 in (Ost-)Berlin nieder, wo er an der Deutschen Akademie der Künste eine Kompositionsklasse leitete. – In seinem äußerst umfangreichen Schaffen hat E. sich der unterschiedlichsten Kompositionstechniken bedient, vom einfachen harmonischen Satz (Nationalhymne der DDR *Auferstanden aus Ruinen*, 1949 nach einem Text von Johannes R. Becher) bis zur Zwölftontechnik (*Vierzehn Arten den Regen zu beschreiben*, 1941). Sein Standpunkt, daß die Wahl der kompositorischen Mittel von der gesellschaftlichen Funktion der zu komponierenden Musik abhänge, hat zu Spannungen zwischen ihm und dem von ihm verehrten Schönberg geführt und steht der Idee einer autonomen Entwicklung des musikalischen Materials entgegen; dennoch hat er nach dem Zerfall des Serialismus auch außerhalb der DDR viele Komponisten in ihrem Verhalten zum Problem des musikalischen Materials beeinflußt.

WW: **1) Instr.-WW: a)** für Klv.: Erste Sonate, op. 1 (1923); 4 Klv.-Stücke, op. 3 (1923); Zweite Sonate (in Form von Variationen), op. 6 (1924); 8 Stücke, op. 8 (1926); *Klv.-Stücke für Kinder:* 18 kleine Stücke, op. 31 (1932/33); 7 Stücke, op. 32 (1932/33); *Sonatine (Gradus ad Parnassum)*, op. 44 (1934); ferner *Variationen* (1941); 3. Sonate (1943); 3 Fugen (1946). – **b)** Kammermusik: Divertimento, op. 4 (1923) für Bläserquintett; Duo, op. 7 (1924) für V. u. Vc.; *Praelud. u. Fuge über B-A-C-H (Studie über eine Zwölftonreihe)*, op. 46 (1934) für Streichtrio;

Sonate, op. 49 (1935) für Fl., Ob. u. Harfe; Sonate (1937) für V. u. Klv.; Streichquartett (1938); Nonett Nr. 1: Variationen (1939) für Fl., Klar., Fag., Horn, Streichquartett u. Kb.; Nonett Nr. 2: Suite (1941) für Fl., Klar., Fag., Trp., 3 V., Kb. u. Schlagzeug; *Vierzehn Arten den Regen zu beschreiben*, op. 70 für Fl., Klar., V., Vc. u. Klv., nach der Musik zu dem Film *Der Regen* von J. Ivens (1941) (A. Schönberg zum 70. Geburtstag gewidmet); *Zirkus* (1947) für Fl., Klar., Fag. u. Streichquartett. – **c)** für Orch.: Suite Nr. 1, op. 23 (1930); Suite Nr. 2: *Niemandsland*, op. 24 (1931) (nach der Musik zum gleichnamigen Film von V. Trivas); Suite Nr. 3: *Kuhle Wampe*, op. 26 (1932) (nach der Musik zum gleichnamigen Film von Brecht u. S. Dudow, op. 27); Kleine Symphonie, op. 29 (1932); Suite Nr. 4: *Die Jugend hat das Wort*, op. 30 (1932) (nach der Musik zum gleichnamigen Film von J. Ivens); Suite Nr. 5: *Dans les rues*, op. 34 (1933) (nach der Musik zum gleichnamigen Film von V. Trivas); Nr. 6 *Le grand jeu*, op. 40 (1934) (nach der Musik zum gleichnamigen Film von J. Feyder); 5 Orch.-Stücke (1938); *Variationen über ein marschartiges Thema* (1938); *Scherzo* mit Solo-V. (1938); Kammersymphonie für 15 Instr., op. 69 (1940); Ouvertüre zu einem Lustspiel für kleines Orch. (1948) (aus der Bühnenmusik zu Nestroys *Höllenangst*); Rhapsodie (1949) (Text aus Goethes Faust II) für Orch. mit Sopran-Solo. – **2) Vokal-WW: a)** für SingSt u. Klv.: 6 Lieder, op. 2 (1922); *Zeitungsausschnitte*, op. 11 (1925–26); 2 Lieder, op. 48 (1931) (Text: J. B. Clément, D. Weber); *4 Wiegenlieder für Arbeitermütter*, op. 33 (1932) (Text: Brecht); *2 Elegien* (1937) (Text: ders.); *Elegie 1939* (1939) (Text: ders.); *Hollywood-Elegien* (1942–44) (Text: ders. u. E.); *5 Anakreon-Fragmente* (1943); *6 Hölderlin-Fragmente* (1943); *Neue deutsche Volkslieder* (1950) (Text: J. R. Becher); *Legende von der Entstehung des Buches Taoteking* (1956) (Text: Brecht); *Lieder nach Texten v. K. Tucholsky* (1959–61). – **b)** für SingSt bzw. Sprecher u. mehrere Instr. bzw. Orch.: Studien über Zwölftonreihen *Palmström*, op. 5 (1924) (Text: Ch. Morgenstern) für Sprecher, Fl. (auch Piccolo-Fl.), Klar., V. (Va.) u. Vc.; *Ballade vom Soldaten*, op. 39 (1928) (Text: Brecht) mit kleinem Orch. (oder Klv.); 6 Lieder, op. 28 (1929–31) (Text: E. Weinert, D. Weber) mit Orch.; 6 Balladen, op. 18 (1930) (Text: D. Weber, Brecht, W. Mehring) mit kleinem Orch. (oder Klv.); *Anrede an ein neugeborenes Kind*, op. 37 (1931) (Text: W. Mehring) mit kleinem Orch.; *Kantate zu Herrn Meiers erstem Geburtstag* mit Va. u. Klv.; 4 Balladen, op. 41 (1931–32) (Text: Brecht) mit kleinem Orch. (oder Klv.); *Die Ballade von der Billigung der Welt*, op. 42 (1934) (Text: ders.) mit kleinem Orch. (oder Klv.); *Spartakus 1919*, op. 43 (1934) mit kleinem Orch. (oder Klv.); *Die Weißbrotkantate, Die römische Kantate, Man lebt vom einem Tag zu dem andern*, op. 62, *Kriegskantate*, op. 65, *Die den Mund auf hatten, Zuchthauskantate* mit 2 Klar., Va. u. Vc. (alle 1937) (nach I. Silone); Kantate *Nein* (1937) (nach dems.) mit Streichquartett; *Kantate auf den Tod eines Genossen*, op. 64 (1937) (nach dems.) mit Fl., Klar., Va. u. Vc. (oder Klv.); *7 Kinderlieder* (1950–51) (Text: Brecht) mit kleinem Orch. (oder Klv.); *Ernste Gesänge* (1962) (Text: F. Hölderlin, B. Viertel, G. Leopardi) für Bar. u. Streichorch.; *Die Teppichweber von Kujan-Bulak* (1957) (Text: Brecht) (zum 40. Jahrestag der UdSSR) für Sopran u. Orch. – **c)** für mehrere SingSt bzw. Chor mit u. ohne Instr.: *Tagebuch des Hanns E.*, op. 9 (1926) für Frauenterzett, Tenor, V. u. Klv.; 3 Männerchöre a cap., op. 10 (1926) (Text: H. Heine); 4 Stücke, op. 13 (1928) für gem. Chor a cap.; 2 Männerchöre a cap., op. 14 (1928); *Auf den Straßen zu singen*, op. 15 (1929) (Text: D. Weber) für gem. Chor; 2 Männerchöre, op. 17 (1929) (Text: D. Weber u. J. Hill); 2 Männerchöre, op. 19 (1929); 2 Stücke, op. 21 (1930) (Text: Brecht u. E.) für gem. Chor; 4 Balladen, op. 22 (1930) (Text: B. Traven, K. Tucholsky, A. Gmeiner, J. Arendt) für Männerchor u. Orch. (oder Solo u. Klv.); 2 Männerchöre, op. 35 (1933) (Text: Brecht, K. Kraus); Kantate in Variationsform *Gegen den Krieg*, op. 51 (1936) (Text: Brecht) für gem. Chor a cap.; Triptychon *Das Vorbild* (1952) (nach Goethe) für Alt, Bar. u. kleines Orch. – **d)** für Soli (Sprecher), Chor u. Orch.: *Tempo der Zeit*, op. 16 (1929) (Text: D. Weber) für Alt, Baß, Sprecher, gem. Chor u. kleines Orch.; Lehrstück *Die Maßnahme*, op. 20 (1930) (Text: Brecht) für Tenor, 3 Sprecher, gem. Chor u. Orch.; *Kalifornische Ballade*, op. 47 (1934) (Text: E. Ottwald) für Solo St., gem. Chor u. Orch., *Deutsche Sinfonie*, op. 50 (1935–39) (Text: Brecht) für Soli, 2 Sprecher, gem. Chor und Orch.; Requiem *Lenin* (1936–37) (Text: ders.) für Solo-St., gem. Chor u. Orch.; *Die Gott-sei-bei-uns-Kantate* (1937) (Text: ders.) für Solo-St., Chor u. Streichquartett; *Mitte des Jahrhunderts* (1950) (Text: J. R. Becher) für Solo-St., gem. Chor u. Orch.; *Kriegsfibel* (1957) (Text: Brecht) für Soli, Männerchor u. Orch. – **3) Bühnen-WW:** Bühnenmusik (siehe auch Suiten Nr. 2–6 für Orch.): *Kalkutta 4. Mai* (B 1928) (nach L. Feuchtwanger); *Dantons Tod*, op. 36 Nr. 1 (B 1929) (nach G. Büchner); *Der Kaufmann von Berlin* (B 1929) (nach W. Mehring); *Die letzten Tage der Menschheit. Nachspiel: Die letzte Nacht*, op. 36 Nr. 2 (B 1931) (nach K. Kraus); *Rote Revue* (B 1932) (nach Brecht); *Die Mutter*, op. 25 (B 1932) (nach dems. u. M. Gorki); *Die Rundköpfe u. die Spitzköpfe*, op. 45 (Kop 1936) (nach Brecht); *Furcht u. Elend des III. Reiches* (NY 1945) (nach dems.); *Galileo Galilei* (Los Angeles 1946) (nach dems.); *Schweyk im 2. Weltkrieg* (1946, bis 1959 mehrfach erweitert) (nach dems.); *Höllenangst* (W 1948) (nach J. Nestroy); *Eulenspiegel* (W 1951) (nach dems.); *Volpone* (W 1953) (nach B. Jonson); *Lysistrata* (W 1954) (nach Aristophanes); *Hamlet* (W 1954) (nach Shakespeare); *Winterschlacht* (B 1955) (nach J. R. Becher); *Wilhelm Tell* (B 1962) (nach Schiller); von dem Opernprojekt *Johannes Faustus* sind Kompositionsskizzen erhalten, das Libretto wurde veröff. (B 1952). – **4) Filmmusik:** *Opus III* (1927); *Neue Erde* (1933); *400 Millionen* (1938); *Der Regen* (1940); *Hangmen also die* (1942); *None but the lonely heart* (1944); *Woman on the beach* (1947); *So well remembered* (1947); *Unser täglich Brot* (1949); *Der Rat der Götter* (1950); *Nuit et brouillard* (1956) (Auschwitzfilm v. A. Resnais); *Die Hexen von Salem* (1957); *Trübe Wasser* (1959); – **5) Schriften:** *Composing for the Films* (NY–Lo 1947) (zus. mit Th. W. Adorno), dt. Übers.: *Komposition für den Film* (B 1949) (nur unter E.s Namen u. in veränderter Fassung; Originalfassung Mn 1969); dasselbe abgedruckt in: TH. W. ADORNO, Gesammelte Schriften 15 (F 1976), u. in: H. E.–GA, Serie 3/4 (L 1977); *Reden u. Aufsätze*, hrsg. v. W. HÖNTSCH (L 1961); *Musik u. Politik*, hrsg. v. G. MAYER (L–Mn 1973) (= Passagen 30); *Materialien zu einer Dialektik der Musik*, hrsg. v. M. GRABS (L 1973).

Ausg.: Gesammelte WW, begründet v. N. Notowicz, hrsg. v. S. EISLER – M. GRABS (L 1969ff.); Lieder u. Kantaten, 10 Bde. (L 1956–66).

Lit.: N. NOTOWICZ – J. ELSNER, H. E. Quellennachweise (L 1966). – E.-Sonderhefte: MuGes 8 (1958), Sinn u. Form 16 (1964) (mit Aufsätzen E.s), BzMw 15 (1973), Arbeitshefte der Akad. der Künste der DDR (Sektion Musik) 19 (B 1974); in Argument-Sonderbde. 5 (B 1975). – E. RATZ, H. E., in: Musikblätter des Anbruch 6 (1924); TH. W. ADORNO, H. E., Zeitungsausschnitte, in: ebd. 9 (1927); H. A. BROCKHAUS, H. E. (L 1961); W. VETTER, Das Wissen um die soziale Rolle der Musik. Streiflichter auf das Wirken H. E.s, in: FS H. Besseler (L 1961); N. NOTOWICZ, E. u. Schönberg, in: DJbMw 8 (1963); G. MAYER, Zur Dialektik des musikal. Materials, in: BzMw 7 (1965), erweitert in: Texte zur Musiksoziologie, hrsg. v. T. KNEIF (Kö 1975); M. GRABS, Über H. E.s Kammerkantaten, in: MuGes 18 (1968); DERS., Film- u. Bühnenmusik im sinfonischen Werk H. E.s, in: Sammelbde. zur Musikgesch. der DDR 1 (B 1969); H. A. BROCKHAUS, Probleme der H.-E.-Forsch., in: MuGes 19 (1969); G. KNEPLER, Erinnerungen an H. E., in: BzMw 11 (1969); H. BUNGE, Fragen Sie mehr über Brecht. H. E. im Gespräch (Mn 1970); G. MAYER, Die Kategorie des musikal. Materials in den ästhetischen Anschauungen H. E.s

(Diss. B 1970); R. BRINKMANN, Kompositorische Maßnahmen E.s, in: Über Musik u. Politik (Mz 1971) (= Veröff. des Inst. für Neue Musik u. Musikerziehung Darmstadt 10); DERS., Kritische Musik. Ber. über den Versuch H. E.s, in: Über Musik u. Kritik (Mz 1971) (= ebd. 11); F. HENNENBERG, Zur Dialektik des Schließens in Liedern v. H. E., in: Sammelbde. zur Musikgesch. der DDR 2 (B 1971); J. ELSNER, Zur vokalsolistischen Vortragsweise der Kampfmusik H. E.s (L 1971); N. NOTOWICZ, „Wir reden hier nicht v. Napoleon. Wir reden von Ihnen!" Gespräche mit H. E. u. G. Eisler (B 1971); Musik zwischen Engagement u. Kunst, hrsg. v. O. KOLLERITSCH (Gr 1972) (= Stud. zur Wertungsforsch. 3); G. HEMPEL, H. E. in Östr., in: MuGes 22 (1972); K. CSIPÁK, Probleme der Volkstümlichkeit bei H. E. (Mn 1975) (= Berliner musikwiss. Arbeiten 11); H. DANUSER, Musikal. Prosa (Rb 1975) (= Stud. zur Musikgesch. des 19. Jh. 46); E. KLEMM, H. E. (L 1975); A. BETZ, H. E. Musik einer Zeit, die sich eben bildet (Mn 1976) (= edition text u. kritik o. Nr.); A. DÜMLING, Schönberg u. sein Schüler H. E., in: Mf 29 (1976); R. TREXLER, Wie ich E.s „Hölderlin-Fragmente" singe, in: Melos/NZ 4 (1978). H. WEBER

EISTEDDFOD (walisisch), Bz. für die alljährlich in Wales stattfindenden musikalischen Wettbewerbe. Das E., ursprünglich ein Barden-Wettkampf, geht vermutlich auf den im 7. Jh. lebenden walisischen König Cadwalladar zurück, der der Überlieferung nach ein Treffen von Barden und Spielleuten anregte. Es hatte bis ins hohe Mittelalter Bedeutung und diente in erster Linie der Kodifizierung und Bewahrung der Regeln bardischer Verskunst und der Aufnahme von Schülern in den Kreis der Barden. Um 1800 wurde diese Tradition von in London ansässigen Walisern zur Pflege ihrer Muttersprache wieder aufgegriffen und führte im 19. Jh. zur Einrichtung mehrerer lokaler Eisteddfodau, die neben Vortrags- und Dichtkunst auch solistischen und chorischen Gesang umfaßte. Bald wurde jährlich im August ein nationales E. in einer walisischen Stadt ausgetragen, dessen Sieger zum „chief bard" gekrönt wurde. Seit 1947 findet in Llangollen jährlich ein auch für ausländische Teilnehmer offenes International Musical E. statt.

Lit.: T. PARRY – T. CYNAN, The E. of Wales (Liverpool 1951).

EITNER, Robert, * 22.10.1832 Breslau, † 2.2. 1905 Templin; dt. Musikforscher. Nach dem Musikstudium in Breslau war er seit 1853 in Berlin als Musiklehrer tätig und gründete 1863 eine eigene Musikschule. Anläßlich eines Wettbewerbs in den Niederlanden erhielt er 1867 für ein Lexikon über niederländische Komponisten (das unveröffentlicht blieb) den ersten Preis. Seitdem wandte er sich bibliographischen Arbeiten, vor allem über das 16. und 17. Jh., zu. 1868 war er Mitgründer der „Gesellschaft für Musikforschung" und redigierte die von ihr herausgegebenen *Monatshefte für Musikgeschichte* (bis 1904) und die *Publikationen Aelterer Praktischer und Theoretischer Musikwerke*. Seine wichtigsten, bis heute unentbehrlichen Arbeiten sind die mit Fr. X. Haberl, A. Lagerberg u. C. F. Pohl hrsg. *Bibliographie der Musik-Sammelwerke des 16. u. 17. Jh.* (B 1877, Nachdr. NY 1950 u. Hil 1963), vor allem aber das *Biographisch-Bibliographische Quellenlexikon der Musiker u. Musikgelehrten ... bis zur Mitte des 19. Jh.* (10 Bde., L 1900–04; 2. Aufl. mit Nachträgen [u. a. *Miscellanea Musicae Bio-bibliographica,* hrsg. v. H. Springer, M. Schneider u. W. Wolffheim, L 1912–14] und Verbesserungen, 11 Bde., Wie – Gr 1959–60). E. publizierte ferner ein *Chronologisches Verzeichnis der gedruckten Werke von H. L. Haßler und O. de Lassus* (1873–74) und schrieb zahlr. Beiträge für die *Monatshefte für Musikgesch.* u. für die *Allgem. Dt. Biographie.*

Lit.: A. GÖHLER, R. E., in: ZIMG 6 (1904/05); Chronologisches Verz. der im Druck erschienenen Musikhistorischen Arbeiten v. R. E., in: MfM 37 (1905); G. TISCHER, R. E., in: ebd.; F. W. RIEDEL, Zur Gesch. der musikal. Quellenüberlieferung u. Quellenkunde, in: AMl 38 (1966).

EITZ, Carl Andreas, * 25.6.1848 Wehrstadt bei Halberstadt, † 18.4.1924 Eisleben; dt. Akustiker und Musikpädagoge. E. war Volksschullehrer und widmete sich daneben Problemen der Akustik. Für seine Forschungen wurde ihm 1918 vom Preußischen Kultusministerium der Professorentitel und 1922 von der Univ. Kiel die Ehrendoktorwürde verliehen. 1883 gewann E. durch die Teilung der Oktave in 1000 Teile auf logarithmischem Wege ein arithmetisches Oktavenmaß. Aufgrund dieser Ergebnisse konstruierte er zur Demonstration verschiedener Stimmungen ein Reinharmonium in zwei Ausführungen, wobei die Oktave in 36 bzw. 104 Teile geteilt war. Für den Gesangsunterricht in Schulen erfand er eine neue Solmisationsmethode (sog. Tonwortsystem) auf der Basis einer 22tönigen Oktave, die eine bessere Intonation ermöglichte.

Schriften: *Das mathematisch-reine Tonsystem* (L 1891); *Bausteine zum Schulgesangsunterricht* (L 1911, ²1928); *Ratschläge zur Verbesserung des Schulgesangsunterrichts* (L 1914); *Der Gesangsunterricht als Grundlage der musikal. Bildung* (L 1914).

Lit.: F. BENNEDIK, Die psychologischen Grundlagen der musikal. Gehörsbildung mit Beziehung auf die pädagogische Bedeutung der Tonwortmethode v. E. (Diss. Jena 1913); H. STEPHANI, C. E., in: ZfMw 6 (1923/24); M. KOCH, Kurzgefaßte Einführung in das Eitzsche Tonwort u. seine unterrichtliche Verwendung (Wü 1925); W. STOLTE, Tonwort-Taschenbuch (Detmold 1951); DERS., Tonwort im Dienste musischer Erziehung (ebd. 1953); R. JUNKER, C. E., in: ZfM 115 (1954); DERS., Das Tonwortsystem v. C. E. u. seine allgemeine Bedeutung für die Musikerziehung, in: ebd.; S. KLEINMANN, La solmisation mobile de J.-J. Rousseau à J. Curwen (P 1974).

EKKEHARD. Zwischen dem 10. und 13. Jh. sind in St. Gallen 5 Benediktinermönche dieses Namens nachweisbar, von denen 2 auch musikgeschichtlich interessant sind. – **Ekkehard (I.),** * um 910,

† 14. 1. 973 St. Gallen. 957 unternahm er eine Romreise und war 958–64 Dekan in St. Gallen. Er verfaßte Sequenzen im Stil Notkers, einen Hymnus und (nicht erhaltene) Antiphonen. Das lat. Epos von Walther und Hildegunde, *Carmen Waltharii manu fortis,* das seinen Namen berühmt machte, stammt aber wahrscheinlich nicht von ihm. – **Ekkehard (IV.),** * um 980, † 21. 10. 1060 St. Gallen. Er war 1022–32 unter Erzbischof Aribo Leiter der Schola cantorum in Mainz. Nach St. Gallen zurückgekehrt, setzte er zwischen 1034 und 1053 die Klosterchronik fort. Der auf mündlicher Überlieferung beruhende Bericht umfaßt die Jahre 883–973. Er ist oft ungenau, aber wertvoll im kulturhistorischen Detail, und gibt auch wichtige Aufschlüsse über die Musikpflege in St. Gallen, insbesondere über die Einführung des Gregorianischen Gesangs und über das Wirken verschiedener Musiker, vor allem des Notker Balbulus.

Lit.: G. MAYER VON KNONAU, Die E. von St. Gallen (Bas 1876); P. WAGNER, St. Gallen in der Musikgesch., in: Die Dichterschule v. St. Gallen, hrsg. v. S. Singer (L 1922); R. VAN DOREN, Étude sur l'influence musicale de l'Abbaye de Saint-Gall (Louvain 1925); CH. A. CINGRIA, La civilisation de Saint-Gall (Lau 1929); J. HANDSCHIN, St. Gallen in der ma. Musikgesch., in: SMZ 85 (1945); H. HUSMANN, Die St. Galler Sequenztradition bei Notker u. E., in: AMl 26 (1954).

EKPHONETISCH (griech.), Bz. für eine Vortragsweise der liturgischen Lesungen (eine Art Sprechgesang) und für die entsprechende Notation im ↗Byzantinischen Gesang. – ↗Notenschrift.

ELDERING, Bram, * 8. 7. 1865 Groningen (Niederlande), † 17. 6. 1943 Köln (bei einem Bombenangriff); ndl. Violinist. Er studierte Violine bei J. Hubay in Brüssel und bei J. Joachim in Berlin. Seit 1886 war er Bratscher in Hubays Streichquartett in Budapest, 1891–94 Konzertmeister der Berliner Philharmoniker, anschließend der Meininger Hofkapelle. 1899 übernahm er eine Violinklasse an der Musikschule in Amsterdam, seit 1903 lehrte er am Kölner Konservatorium und war zugleich Konzertmeister des Gürzenich-Orchesters und Gründer und Primarius des Gürzenich-Quartetts. E. genoß als Interpret wie als Lehrer internationales Ansehen. Zu seinen Schülern gehörten u. a. A. Busch, M. Strub, W. Stross und S. Borries.

ELDRIDGE, Roy (Davis Roy), * 30. 1. 1911 Pittsburgh (Pennsylvania); amerik. Jazzmusiker (Trompete, auch Flügelhorn, Klavier, Schlagzeug und Gesang). Er hatte 1934–35 mit seinem Bruder Joe und mit Kenny Clarke eine eigene Band, spielte 1936–37 u. a. bei Fletcher Henderson und hatte 1937 in Chicago wieder eine eigene Band, die als seine erfolgreichste gilt, danach neben eigenen Gruppen Engagements u. a. bei Gene Krupa, Artie Shaw und Benny Goodman. Ende der 40er Jahre spielte E. mit Charlie Parker zusammen. In den 50er Jahren war er mit dem Unternehmen „Jazz at the Philharmonic" auf Europatournee, gründete Ende der 50er Jahre mit Coleman Hawkins ein Quartett und spielte nun auch Flügelhorn. Seit den 50er Jahren begleitet er auch oft Ella Fitzgerald. 1956–66 bestand sein Quartett mit Richie Kamuca, danach war er bis in die 70er Jahre bei Count Basie engagiert. E. ist der wichtigste Trompeter zwischen traditionellem und modernem Jazz, zwischen Louis Armstrong und Dizzy Gillespie.

Lit.: R. E., in: A. POLILLO, Jazz, Geschichte und Persönlichkeiten der afro-amerik. Musik (Mn 1978).

ELECTRIC JAZZ (engl.), **Jazzrock, Rockjazz** oder **Fusion Music,** Bz. für die bedeutendste Stilrichtung des Jazz der 70er Jahre, entstanden aus der Verbindung von Jazz- und Rockmusik unter den Einflüssen elektronischer, asiatischer, afrikanischer und europäischer Kunstmusik des 19. Jahrhunderts. – Kristallisationspunkt war die Gruppe des Trompeters Miles Davis um 1970, die die erste wichtige stilbildende Schallplatte des E. J. veröffentlichte *(Bitches Brew).* Fast alle großen Musiker des E. J. kamen aus der Davis-Band: Ch. Corea, H. Hancock, J. McLaughlin, der sich später Mahavishnu nannte, W. Shorter, J. Zawinul. – Kennzeichnend ist eine fast völlige Elektrifizierung der Instrumente: Tonabnehmer, Effektgeräte (Echo-Hall, Verzerrer, Phase-Shifter usw.), elektrische Klaviere und Synthesizer bestimmen den Klang. In der Besetzung dominieren die Instrumente der Rockmusik: Schlagzeug, E-Gitarre, Baßgitarre und Tasteninstrumente. In musikalischer Hinsicht dagegen bedeutet der E. J. einen großen Schritt hinter das im Jazz bereits erreichte (↗Free Jazz, ↗Bebop) zurück; der ↗Beat läuft überdeutlich in starrer Markierung, meist im 8/8-Takt durch, die Harmonik hält sich an II-V-I-Verbindungen, simple Rükkungen und eindeutige tonale Beziehungen; die Virtuosität rückt in den Vordergrund, insbesondere bei Pianisten, die häufig mit „Versatzstücken" romantischer und impressionistischer Klaviermusik beeindrucken wollen (wie Ch. Corea und K. Jarret). Die elektronischen Hilfsmittel dienen meist nur dem Effekt und werden nicht substantiell herangezogen, wie es in Europa z. B. W. Dauner, D. Fechner und M. Waisfiz versuchen. – Maßgeblichen Einfluß auf den E. J. hat von Anfang an die Industrie genommen: die Musiker der *Bitches Brew* taten sich auf Anregung von Davis' Plattenfirma zusammen, die den gesamten kommerziellen Bereich verantwortete.

Lit.: E. JOST, Divergierende Tendenzen im Jazz der 70er Jahre, in: Avantgarde, Jazz, Pop. Tendenzen zwischen Tonalität und Atonalität, hrsg. v. R. BRINKMANN (Mz 1978) (= Veröff. des Inst. für Neue Musik u. Musikerziehung); DERS., Zur Ökonomie u. Ideologie der sog. Fusion Music, in: Jazzforsch. 9 (Gr 1978). – ↗Jazz, ↗Afroamerikanische Musik. U. KURTH

ELECTRONIC ROCK (engl.), Bz. für die um 1970 entstandene Rockmusik, die in Anlehnung an die ↗elektronische Musik überwiegend mit Generatoren (↗Synthesizern) und elektroakustischen Verfremdungsgeräten (wie Ringmodulator, Hallgeräten und Phase-Shiftern) arbeitet. Diese Geräte werden auch für Gitarre, Orgel und andere Instrumente gebraucht. – Die englische Gruppe *Pink Floyd* hatte erstmals Elemente der elektronischen Musik übernommen. In Deutschland waren es Gruppen wie Tangerine Dream, Ash Ra Tempel, Popol Vuh, Kraftwerk, ferner Klaus Schulze und der Jazzmusiker Wolfgang Dauner, die mit der Elektronik experimentierten. Zwei Stilrichtungen sind erkennbar: zum einen wird versucht, für die Elektronik speziell angemessene Musik zu schaffen (W. Dauner), zum anderen – und überwiegend – entstanden kompositorisch nicht spezifisch gestaltete Zufallsprodukte oder aber Stücke, deren musikalische Substanz etwa aus der Mitte des 19. Jh. stammen könnte.

Lit.: L. VON BRAHA, Die Entwicklung elektro-akustischer Mittel in der Rockmusik seit 1967 (1976) (= Diss. Pädagogische Hochschule Berlin).

ELEGIE (von griech. elegeia), Versform der lyrischen Dichtung. In der altgriechischen Literatur bezeichnet E. das Distichon, bestehend aus epischen Hexametern und Pentametern, sowie allgemein ein Gedicht in Distichen. Inhaltlich waren bei diesen frühen E.n verschiedene Themen vertreten, z. B. Lobsprüche auf Liebe und Wein, Betrachtungen über Krieg, Politik und Moral und Totenklagen. Die römische Literatur schränkte diese Themen auf Liebes- u. Klagedichtung ein. Seit der Renaissance betrauerte die E. die Vergänglichkeit des Schönen und floh in Vergangenheit und Natur. Obwohl sich die heutige Bedeutung von elegos, der Bz. für den altgriechischen Trauergesang (meist mit Aulos-Begleitung) ableiten läßt, ist sie doch erst seit der Zeit der Empfindsamkeit (18. Jh.) üblich. Der deutsche Idealismus verstand das Elegische gegenüber dem Idyllischen als Sehnsucht nach dem Ideal (Schiller, Hölderlin), ohne den alten Motivkreis aufzugeben (Goethe, Mörike). – In der Musik finden sich E.n unter der Bz. ↗Tombeau schon bei den Clavecinisten und in vereinzelten Vertonungen z. B. durch J. Coperario *(Funeral Teares,* 1606) und H. Purcell. In Deutschland erlangten sie aber erst in Kompositionen von J. Fr. Reichardt, J. R. Zumsteeg, J. A. P. Schulz, L. v. Beethoven (*Elegischer Gesang,* op. 118 für 4 SingSt u. Streichquartett) und Fr. Schubert besondere Beliebtheit. Als Titel für reine Instrumentalkompositionen ist E. im Charakter von Trauergesang und Liebesklage seit dem 19. Jh. (J. L. Dussek) gebräuchlich, ohne noch formal gebunden zu sein. Als Komponisten seien hier u. a. genannt: Fr. Liszt, E. Grieg, F. Busoni, M. Reger, A. Casella, W. Fortner (für Klv.), G. Fauré (für Vc. u. Klv.), I. Strawinsky (für V. oder Va.), J. N. David (für Org.), B. Bartók und E. Křenek (für Orch.). H. W. Henze schrieb die Oper *Elegie für junge Liebende.*

Lit.: C. M. BOWRA, Early Greek Elegists (Lo 1928); F. BEISSNER, Gesch. der dt. E. (B 1941, [2]1961) (= Grundriß der germanischen Philologie 14); D. A. CAMPBELL, in: Journal of Hellenic Studies 84 (1964) (zur Musik); V. DUCKLES, The English Musical Elegy of the Late Renaissance, in: FS G. Reese (NY 1966).

ELEGIE FÜR JUNGE LIEBENDE *(Elegy For Young Lovers),* Oper in 3 Akten von Hans Werner Henze (* 1926), Text von Wystan Hugh Auden und Chester Kallman, deutsch von Werner Landgraf unter Mitarbeit von Werner Schachteli und dem Komponisten. Ort und Zeit der Handlung: ein Berggasthof in den östr. Alpen, 1910. UA (in dt. Sprache): 20. 5. 1961 bei den Schwetzinger Festspielen durch die Bayerische Staatsoper München. Durch die solistische Besetzung aller Instrumente (die Streicher können chorisch besetzt werden) ist die Verständlichkeit des – oft im Sprechgesang vorgetragenen – metaphernreichen Textes gewährleistet. Hauptfigur ist der herablassend überlegene Poet, der den von ihm selbst verschuldeten Bergtod eines jungen Paares zur Vorlage eines seiner erfolgreichen Gedichte nimmt. In der Schlußszene „verliest" er sein Werk stumm einer Festgemeinde, dabei mischen sich die Stimmen der mit der Entstehung des Gedichtes eng verknüpften Personen wortlos (Vokalisen auf *Ah* oder gesummt) zu einem Klangteppich. Obwohl der symbolträchtige Text mit Anspielungen überladen ist, wurden die hohen Erwartungen des Opernpublikums (sieben Inszenierungen waren bereits vor Beendigung der Komposition vertraglich fixiert) von dem Gesamtwerk nicht enttäuscht. K. LANGROCK

ELEKTRA, Tragödie in 1 Aufzug von Richard Strauss (1864–1949), op. 58, Text von Hugo von Hofmannsthal (1874–1929) nach dem gleichnamigen Bühnenstück (1903) des Dichters. Ort und Zeit der Handlung: das mythische Griechenland. UA: 25. 1. 1909 in Dresden (Königliches Opernhaus). Strauss hat in dieser Oper den in *Salome* (1905) eingeschlagenen Weg eines musikalischen Expressionismus konsequent weiterverfolgt und zum Abschluß gebracht. Mit dem Werk, das ein Welterfolg wurde, festigte er nicht nur seinen Ruf als progressiver Komponist, sondern vollzog auch die endgültige Abkehr von der musikdramatischen Konzeption Richard Wagners, dessen leitmotivische Kompositionstechnik er allerdings beibehielt. Die Gliederung des szenischen Kontinuums wird mittels orchestraler Zwischenspiele erreicht, in denen der Komponist die handlungstragenden Abschnitte motivisch und stimmungsgemäß verknüpft. Die männlichen Singstimmen sind zugunsten der Frauenstimmen zurückgedrängt. Die Chöre erfüllen nur periphere Funktionen, auch die Ensembleabschnitte bleiben Staffage. Im Mittelpunkt der Konzeption stehen ausgedehnte monologische Abschnitte der drei weiblichen Protagonisten Elektra, Klytämnestra und Chrysothemis. H. BECKER

ELEKTROAKUSTIK, innerhalb der Physik die Lehre von der Umwandlung von Schallwellen in elektrische Signale und umgekehrt, in bezug auf die Aufnahme, Wiedergabe und Übertragung eines Schallereignisses mit elektrischen Mitteln. – ↗elektroakustische Übertragungskette.

ELEKTROAKUSTISCHE ÜBERTRAGUNGSKETTE, Bz. für eine Anordnung von Geräten, die unter Anwendung von elektrischen, mechanischen und akustischen Prinzipien in sinnvoller Kombination für eine Schallübertragung zusammengeschaltet werden. Dadurch entsteht ein Übertragungskanal, der eine räumliche oder eine zeitliche Funktion haben kann. Als erste e. Ü. gilt das von Graham Bell 1878 erfundene Telephon.

Eine e. Ü. kann auf vielfältige Art und Weise aufgebaut sein. Vereinfacht kann man sie folgendermaßen darstellen: Ein erstes Glied (elektroakustischer Wandler) bewirkt immer eine Umwandlung der im allgemeinen energiearmen akustischen Signale in elektrische Größen, die zunächst in einem sog. „Vorverstärker" verstärkt werden müssen, um über Leitungen oder Sende- und Empfangseinrichtungen weitergeleitet zu werden. Die Signale können in einem ↗Verstärker oder ↗Mischpult hinsichtlich der ↗Klangfarbe vielfältig verändert und verfremdet, mit künstlichem ↗Nachhall versehen oder auch nur zur Steuerung anderer Signale verwendet werden. Als letztes Glied bewirkt der ↗Lautsprecher die Rückwandlung der elektrischen Signale, die ihm von den beteiligten Bausteinen zugeführt werden, in hörbare Schallwellen. Die hierzu benötigte Leistung wird ihm durch einen „Leistungsverstärker" zugeführt. Bei einer solchen Anordnung spricht man von einem Übertragungskanal mit *räumlicher* Funktion. Falls die Signale auf einem Informationsträger (↗Magnetband, ↗Schallplatte) gespeichert werden, ergibt sich als zusätzliches Glied ein Übertragungskanal mit *zeitlicher* Funktion. (Die Unterscheidung zwischen „räumlicher" und „zeitlicher" Übertragungsfunktion dient hier der praxisbezogenen Vereinfachung, denn streng genommen unterliegt wegen der immer vorhandenen Laufzeiten jede elektrische Signalübertragung einer Zeitfunktion.) Nach Wiedergewinnung der gespeicherten Information (mit Hilfe des Hörkopfes oder eines Tonbabnehmersystems) und anschließender Verstärkung kann das Signal wieder einem Lautsprecher zugeführt werden.

Lit.: A. A. MOLES, Das elektroakustische Institut H. Scherchen, in: Gravesaner Blätter (1956) H. 5; P. SCHAEFFER, L'intrusion de l'électroacoustique en musique, in: ebd. (1956) H. 2–3; H. SCHERCHEN, Methoden elektroakust. Schallaufnahmen, in: ebd. (1960) H. 15–16; R. VERMEULEN, Musik u. Elektroakustik, in: ebd. (1960) H. 17; F. A. LOESCHER, Das Problem der sekundären elektroakustischen Wandler, in: ebd. (1960) H. 18; L. VON BRAHA, Die Entwicklung elektro-akustischer Mittel in der Rockmusik seit 1967 (1976) (= Diss. Pädagogische Hochschule Berlin); Handbuch der Tonstudiotechnik (Mn – NY 1978).
U. KRAUS

ELEKTROBASS, Elektrobaßgitarre, E-Baß. Das vor allem in der Unterhaltungs- und Popmusik verwendete Instrument hat 4 Saiten, die, wie beim Kontrabaß, in Quart-Intervallen gestimmt sind und die mit dem Plektrum gespielt werden. Es hat normalerweise keinen Resonanzkörper (erzeugt daher einen härteren ↗Einschwingvorgang) und besitzt im Unterschied zum Kontrabaß Bünde. Die Schwingungen der Saiten werden mit magnetischen Tonabnehmern abgenommen. Klang und Lautstärke können am Instrument selbst oder mit Fußpedalen sowie am Verstärker beeinflußt werden.

ELEKTROGITARRE, E-Gitarre, wie der ↗Elektrobaß vor allem in der Unterhaltungs- und Popmusik verwendete, elektrisch verstärkte Gitarre, die in der Spielweise der nicht elektrisch verstärkten Gitarre (sog. Akustik-Gitarre) entspricht. Die Saiten werden mit dem Plektrum angerissen, die Schwingungen der Saiten werden mit magnetischen Tonabnehmern abgenommen und verstärkt. Sie können mannigfaltig beeinflußt werden durch Filter, Verzerrer oder akustische bzw. elektrische Rückkopplung, die einen konstanten Ton erzeugt. Die E. wird, wie der Elektrobaß, meist ohne Resonanzkörper gebaut, gelegentlich aber auch mit Resonanzkörper als kombinierte Akustik- und Elektrogitarre. Klang und Lautstärke der E. können am Instrument selbst, aber auch mittels Fußpedalen und am Verstärker beeinflußt werden.

ELEKTRONISCHE MUSIK, Anfang der 50er

Jahre von einer Gruppe von Komponisten um H. Eimert eingeführte Bz. für Musik, die nicht mehr für Instrumente oder Stimmen komponiert und von Interpreten aufgeführt wird, deren Klänge vielmehr ausschließlich aus ↗Generatoren stammen (zunächst nur Sinuston- und Rauschgenerator, später auch Impulsgenerator) und mit den Mitteln der elektroakustischen Studio- und Tonbandtechnik vom Komponisten selbst verarbeitet werden. Schematisch dargestellt vollzieht sich die Realisation der e.n M. in drei Stufen: Zunächst wird das Grundmaterial erzeugt, das in den Anfangsjahren entweder durch „analytischen Abbau" (des Rauschens mittels ↗Filter) oder durch „synthetischen Aufbau" (von Sinustönen) entstand; es folgen die elektronischen Prozeduren der Veränderung durch eine gewissermaßen aktivierte Tonbandtechnik sowie Modifizierung durch eine Reihe von Transformationsgeräten und schließlich die Montage, die Synchronisation dieser Ableitungen. Am Ende liegt die Musik in Gestalt des fertigen Tonbandes in verbindlicher Form wiedergabebereit vor. – Die Bz. „e. M." wurde zwar 1949 erstmals von W. Meyer-Eppler verwendet, jedoch wandte er sie zunächst (bis 1954) auf elektrische Spielinstrumente an.

Nach der Gründung des ersten Studios für e. M. im Kölner Funkhaus des damaligen NWDR durch H. Eimert (1951) kamen junge Komponisten nach Köln (u. a. K. Stockhausen, P. Gredinger, H. Pousseur und K. Goeyvaerts, später auch G. M. Koenig, G. Ligeti, M. Kagel, B. Nilsson), die die e. M. als Teil der ↗seriellen Musik verstanden, sogar als die eigentlich serielle Musik, weil deren Verknüpfungsgesetze in der Instrumentalmusik, wie sich schnell herausstellte, auf unlösbare Widerstände stießen. Mit den Mitteln der e.n M. waren aber auch diejenigen musikalischen Elemente zu organisieren, die in der seriellen Instrumentalmusik nicht in eine Reihenordnung zu bringen waren, vor allem die Klangfarbe. Dieser systematische, serielle Ansatz, von den Komponisten selbst in der Schriftenfolge *die reihe* vielfach kommentiert, wurde bereits um 1955 allmählich aufgegeben, weil erkannt worden war, daß die musikalischen ↗Parameter (↗Tonhöhe, ↗Dauer, ↗Lautstärke, ↗Klangfarbe und ↗Artikulation) keineswegs gleichberechtigt nebeneinanderstehen; es begann eine Durchdringung des seriellen Komponierens durch aleatorische Verfahren (↗Aleatorik). Parallel zu dieser Entwicklung erfolgte eine Erweiterung der rein elektronischen Klangbestände um Mikrophonaufnahmen von instrumentalen und vokalen Klängen; man blieb aber bei der Bezeichnung e. M., hauptsächlich mit dem Hinweis auf die elektronischen Transformationsprozeduren. Solchen Klangumformungen wurden schließlich auch Aufnahmen von Umweltgeräuschen unterworfen. Damit war die mehrjährige Unterscheidung zwischen den verwandten Verfahren der frühen ↗Musique concrète (P. Schaeffer, P. Henry) sowie der amerikanischen „Music for Tape" (V. Ussachevsky, O. Luening, M. Babbitt) einerseits und der e.n M. Kölner Provenienz andererseits überflüssig geworden; geblieben ist, nach der Aufgabe der alten Bezeichnung, die französische Variante *Musique électroacoustique*.

Die ersten Studios für e. M. wurden, aus technischen Gründen, an Rundfunkanstalten eingerichtet, außer in Köln in Mailand (u. a. L. Berio, B. Maderna, L. Nono), Warschau (u. a. J. Patkowski, W. Kotonski) oder Stockholm (u. a. L. G. Bodin, B. Hambraeus), zunehmend aber auch an Hochschulen, etwa in New York (Studio der Princeton und Columbia Universities, deren Protagonisten Ussachevsky, Luening und Babbitt seit 1952 die „Music for Tape" inaugurierten), in Utrecht (G. M. Koenig), Urbana (USA) (u. a. L. Hiller, H. Brün), Gent (L. Goethals) oder Pisa (P. Grossi). Als erste deutsche Musikhochschule richtete 1965 die in Köln ein elektronisches Studio ein (H. Eimert, H. U. Humpert). In der jüngsten und aufwendigsten Neueinrichtung, dem 1974 in Paris gegründeten und von P. Boulez geleiteten Institut *IRCAM*, erforschen Komponisten wie V. Globokar, L. Berio und J. Cl. Risset systematisch die vielfältigen Fragen der e.n M.

Eine der wichtigsten technischen Voraussetzungen für das Entstehen der e.n M. war die erst nach dem 2. Weltkrieg voll ausgebildete Magnetbandtechnik und ihre Erweiterung zur Mehrspurtechnik. Für die Erzeugung und Verarbeitung elektronischer Klänge muß außerdem eine Reihe elektroakustischer Apparaturen zur Verfügung stehen, die häufig aus dem Bereich der Rundfunk-Meßtechnik stammen. Ein einschneidendes Ereignis war um 1964 die Einführung der Technik der Spannungssteuerung (durch ↗Synthesizer), die mit ihrer automatischen Herstellung von Klangformen und Klangabläufen der älteren Studiotechnik weit überlegen war, weil sie zum ersten Mal auf die speziellen technischen Bedürfnisse der e.n M. zugeschnitten war. Bestrebungen nach weitergehender Automatisierung führten in manchen Studios schließlich zur elektronischen ↗Computermusik.

Die Notation e.r M. kann sich, da sie nicht im herkömmlichen Sinne gespielt wird, auch keiner Notenschrift bedienen; vielmehr sorgen technische Daten für die Aufzeichnung von Frequenzen (Tonhöhen), Dauern, Lautstärken, Artikulation,

Hallbeimischung usw.; häufig ist die diagrammatisch dargestellte Zusammenschaltung der benutzten Apparaturen mit der Aufzeichnung aller eingestellten Werte die einzige Möglichkeit einer Notation. Mit der traditionellen Notenschrift kommt die e. M. dann in Verbindung, wenn Tonbandklänge und „live" spielende Instrumentalisten aufeinander abgestimmt werden müssen; in diesen Fällen hat sich eine klanglich-graphische „Orientierungsnotation" bewährt.
In der Entwicklung der e.n M. haben sich einige unterschiedliche Formen der Materialbehandlung herausgebildet, die sich allerdings häufig durchdringen. So brachte die Verbindung von elektronischen Klängen und Instrumenten den Interpreten wieder „ins Spiel". Um 1960 entstanden auffallend häufig elektronische Werke, in denen, gelegentlich sogar ausschließlich, Sprache als klangliches Ausgangsmaterial verwendet wurde, sog. *Sprachkompositionen.* Nach manchen Versuchen, auch „live" spielende Instrumente mit elektronischen Mitteln zu transformieren, entwickelte sich etwa seit 1970 durch die Mitwirkung der verhältnismäßig einfach zu handhabenden Synthesizer in den Ensembles die sog. *live-elektronische Musik* (↗Live-Elektronik), in der sich die e. M. nicht mehr als „Tonbandmusik", sondern wieder als „Konzertmusik" darstellt. Seit Mitte der 70er Jahre werden, vor allem in den USA, Multimedia-Versuche unternommen, u. a. mit sog. Videosynthesizern, um audiovisuelle Beziehungen zwischen elektronischen Klängen und elektronisch transformierbaren Bildern herzustellen. Alle diese unterschiedlichen Aktivitäten werden heute unter der Bezeichnung e. M. zusammengefaßt.

Lit.: W. MEYER-EPPLER, Elektronische Klangerzeugung (Bonn 1949); Klangstruktur der Musik, hrsg. v. F. WINCKEL (B 1955), 2. Aufl. als: Phänomene des musikal. Hörens (B – Wunsiedel 1960); E. M., hrsg. v. H. EIMERT – K. STOCKHAUSEN (W 1955) (= die reihe 1); Gravesaner Blätter (1955) Nr. 1–6, A. A. MOLES, Les musiques expérimentales (P 1960); V. USSACHEVSKY, Notes on a Piece for Tape Recorder, in: MQ 46 (1960), K. STOCKHAUSEN, Texte, hrsg. v. D. Schnebel, 3 Bde. (Kö 1963, 1964, 1971); F. C. JUDD, Electronic Music and Music Concrète (Lo 1964); F. K. PRIEBERG, E. M. aus Lochstreifen, in: Melos 31 (1964); W. KAEGI, Was ist e. M.? (Z 1967); Electronic Music Reports (Utrecht 1969ff.); Experimentelle Musik, hrsg. v. F. WINCKEL (B 1970); A. STRANGE, Electronic Music. System, Technique, and Controls (Sacramento 1972, [3]1973); H. EIMERT – H. U. HUMPERT, Das Lexikon der e.n M. (Rb 1973, [2]1977); K. STOCKHAUSEN, Vier Kriterien der E. M., in: Selbstdarstellung, hrsg. v. W. Herzogenrath (Düsseldorf 1973); E. SCHWARTZ, Electronic Music. A Listener's Guide (NY 1973): W. M. STROH, Zur Soziologie der e. M. (Z 1975); H. S. HOWE, Electronic Music Synthesis. Concepts, Facilities, Techniques (NY 1975); M. PFITZMANN, E. M. (St 1975); The Development and Practice of Electronic Music, hrsg. v. J. H. APPLETON – R. C. PERERA (Eaglewood Cliffs 1975); M. CHION – G. REIBEL, Les musiques électroacoustiques (1976); H. A. DEUTSCH, Synthesis. An Introduction to the History, Theory, and Practice of Electronic Music (Port Washington/N.Y. 1976); D. ERNST, The Evolution of Electronic Music (Lo – NY 1977); W. BRANCHI, Tecnologia della musica elettronica (Cosenza 1977).

H. U. HUMPERT

ELEKTRONISCHE ORGEL, Elektronenorgel, ein zu den ↗Elektrophonen gehörendes orgelähnliches Musikinstrument. Hatte die e. O. zunächst noch die Ausmaße eines normalen Orgelspieltisches, allerdings mit beträchtlich herabgesetztem Gewicht und Umfang, so ist sie heute, dank wesentlich kleinerer elektrischer Bauteile, kaum größer als die dazugehörigen Manuale. Sie verfügt über ein oder mehrere Manuale mit einem Umfang von 2½–5 Oktaven. Ihr Pedal hat 2½ Oktaven, zuweilen auch nur eine Oktave, häufig noch einige Baßtasten, die dem Manual linksseitig angefügt sind. Die Registerknöpfe, auf denen man entsprechend einer klanglichen Annäherung die gängigsten Registerbezeichnungen der traditionellen Orgel und anderer Instrumente findet, geben die technischen Daten der Tonhöhe (16′, 8′, 4′) und der Klangfarbe an. Die Register bieten zwei Grundklangfarben, die der Labial- und die der Zungenpfeifen. Man kann sie einzeln oder gekoppelt spielen. Der e.n O. steht eine gewisse Anzahl fertiger Kombinationen zur Verfügung, die vom Konstrukteur festgelegt werden. Zusätze, darunter das Schwellpedal, vervollständigen die Möglichkeiten des Instruments. Die zwölf Grundtöne der temperierten Stimmung werden von einzelnen Generatoren oder von einem integrierten elektronischen Baustein („Mutter-Generator") mit nachgeschalteten Frequenzteilern erzeugt. Die Frequenz, d. h. die Tonhöhe des Muttergenerators bzw. der einzelnen Tongeneratoren, ist regelbar. Die Klangfarbe der Töne wird durch ↗Filter gesteuert. Die Regulierbarkeit von Lautstärke und Tonhöhe sowie die Möglichkeit zahlreicher spezieller Effekte verleihen dem Instrument einen zusätzlichen Reiz durch Vibrato-Effekte (hervorgerufen durch periodische Tonhöhen-Änderung), durch Resonanz-Effekte (erzeugt durch sog. Resonanz-Filter) und durch Hall (meist durch zum Mitschwingen gebrachte Spiralfedern erzeugt). Trotzdem bleibt die musikalische Verwendbarkeit der e.n O. begrenzt, weil ihr Klang, der eine Imitation der Pfeifenorgel darstellt, etwas Uniformes an sich hat, das denjenigen bald ermüdet, der die klanglichen Besonderheiten und die Individualität der Pfeifen aus Holz oder Zinn mit ihrem lebendigen ↗Einschwingvorgang („Spucken") und Klang schätzt. Die Versuche, den klanglichen Eigenheiten der Pfeifenorgel auf elektronischem Wege nahezukommen, gehen jedoch weiter. Ursprünglich als Ersatz für die Pfeifenorgel entstanden, ist die e. O. heute, hauptsächlich im Bereich der Unterhaltungsmusik, zu einem eigenständigen Instrument geworden, mit dem vielerlei Instrumente nachgeahmt werden können und das in diesem Bereich eine eigene Ästhetik entwickelt hat, ähnlich anderen elektronischen oder elektrifizierten Instrumenten. Die e. O. eignet sich besonders auch für den häuslichen Gebrauch. Über ihren kirchlichen Gebrauch gehen im Grundsätzlichen und in Einzelfällen die Meinungen oft auseinander.

Lit.: O. VIERLING, Das elektrische Musikinstr., in: Zschr. des Verbandes dt. Ingenieure 76 (1932); W. MEYER-EPPLER, Elektrische Klangerzeugung (Bonn 1949); N. H. CROWHURST, Electronic Musical Instrument Handbook (NY 1962); J. MICHEL, Konsequenzen (Heimerdingen 1964); R. BIERL, Elementare technische Akustik der elektronischen Musikinstr. (F 1965); J. MICHEL, Umgang mit Org.n (F 1967); DERS., – K. VON LOEFFELHOLZ, Das elektronische Auxiliaire zur Pfeifen-Org. (B 1968); R. H. BÖHM, Elektronische Orgeln u. ihr Selbstbau (F 1969); M. RIELÄNDER, Die e. O. (F 1975) (= Das Musikinstrument 15).

U. KRAUS

ELEKTROPHONE, Sammelbezeichnung für elektrifizierte und elektronische Musikinstrumente. Die Grenzen zwischen beiden Gruppen sind teilweise fließend.
Zu den „elektrifizierten" Instrumenten gehören alle jene, deren Tonerzeugung auf mechanischen Prinzipien beruht, die z. B. Saiten oder Zungen verwenden. Sie gleichen äußerlich den Bauformen entsprechender traditioneller Instrumente, besitzen also häufig den zur akustischen Schallverstärkung notwendigen Resonanzkörper; ihr Ton wird jedoch akustisch oder elektrisch abgenommen und mit oder ohne Klangbeeinflussung über Lautsprecher wiedergegeben. Zu dieser Gruppe gehören z. B. der Neo-Bechstein-Flügel von Walter Nernst, das Elektrochord von Oskar Vierling, das Cembalo von Erich Thienhaus, aber auch elektrifizierte Gitarren, Kontrabässe, Blockflöten, Oboen, Saxophone, Clavichorde oder Pauken. Bei einer anderen Gruppe entfällt der Resonanzkörper gänzlich, so bei der ↗Elektrogitarre oder dem ↗Elektrobaß. Sie werden nur noch über ↗Verstärker gespielt, sind handlicher und werden wegen ihres spezifischen Klangcharakters und der erzielbaren größeren Lautstärke hauptsächlich in der Unterhaltungs- und Popmusik verwendet. – Ein Übergangsstadium zu den rein elektronischen Instrumenten bilden jene, die entweder auf Tonband aufgenommene Klänge (z. B. Streicher, Chor) wiedergeben (Mellotron) oder die beliebige (oft durch Klanganalyse natürlicher Instrumentenklänge mittels Oszillographen festgelegte) Kurvenformen wiedergeben (z. B. bei der ↗Hammondorgel).
Zu den „elektronischen" Musikinstrumenten gehören jene, deren Klangerzeugung und -formung ohne mechanische Mittel erfolgt. Man unterscheidet dabei die „additive" und die „selektive" Klangerzeugung. Bei der additiven werden die gewünschten Teiltöne eines Klanges mittels einzelner Sinustongeneratoren erzeugt. Es lassen sich damit Klänge beliebigen Oberton-Aufbaus herstellen. Bei der selektiven Klangerzeugung steht als Ausgangsmaterial ein obertonreicher Klang (meist Rechteck- oder Sägezahnschwingung) zur Verfügung, bei dem die Teiltöne in ganzzahligem Frequenzverhältnis zueinander stehen, deren Amplitude jedoch durch ↗Filter verändert werden kann. Zu dieser Gruppe zählen die meisten ↗elektronischen Orgeln, auch die als Ersatz oder Ergänzung für die Pfeifenorgel gedachten, ferner u. a. ↗Trautonium, ↗Ondes Martenot und Theremin-Gerät (↗Thérémine, Léon). U. KRAUS

ELER (Elerus), **Franz,** * um 1500 Uelzen, † 22. 2. 1590 Hamburg; dt. Musiker. Er wurde nach 1529 in Hamburg Lehrer und Kantor am Johanneum und später Director musices am Dom. 1588 veröffentlichte er dort ein Kirchengesangbuch in 2 Teilen, *Cantica sacra* und *Psalmi D. Martini Lutheri,* das bis etwa 1700 in Gebrauch blieb.

ÉLÉVATION (frz.; von lat. elevatio), das Emporheben und Zeigen von Hostie und Kelch bei der Wandlung in der römisch-katholischen Messe. Seit dem 17. Jh. in Frankreich auch Bz. für eine Motette (oder ein anderes Gesangstück) oder ein Orgelstück, das während der Wandlung gesungen oder gespielt werden soll. Solche Werke *ad elevationem* (it.: *per l'elevazione;* ↗Toccata) sind bereits im 15.–16. Jh., vor allem in Frankreich und Italien, bekannt. Bevorzugter Text für die É.s ist *O salutaris hostia.* Stücke mit diesem (und anderem) Text sind in viele französische Messen des 18.–19. Jh. fest eingefügt (zwischen Benedictus und Agnus Dei), und auch die Zahl der Orgel-É.s ist beträchtlich. Eine Sammlung mit vokalen É.s veröffentlichte u. a. S. de Brossard (1695).

ELEVAZIONE (it.; von lat. elevatio), als liturgischer Begriff gleichbedeutend mit ↗Élévation, wird er in der italienischen Orgelmusik des 17. Jh. vor allem in der Bz. *Toccata per l'elevazione* (u. a. bei G. Frescobaldi) für eine Toccata verwendet, die während der Wandlung gespielt werden soll.

ELGAR, Sir **Edward,** * 2. 6. 1857 Broadheath bei Worcester, † 23. 2. 1934 Worcester; engl. Komponist. E. wurde durch seinen Vater, einen Musikalienhändler, der auch die Orgel der katholischen St. Georgs-Kirche in Worcester spielte, musikalisch gefördert, bildete sich jedoch, besonders im Erlernen verschiedener Instrumente (Klavier, Streichinstrumente, Fagott), weitgehend autodidaktisch weiter. 1879 nahm er Violinunterricht bei A. Pollitzer. Die folgenden Jahre, in denen er als Violinlehrer und Gelegenheitskomponist in seiner Heimatstadt lebte, Chorvereinigungen, Amateurorchester und eine Bläservereinigung dirigierte, blieben ohne nennenswerte äußere Ereignisse und wurden lediglich 1882 durch einen kurzen Aufenthalt in Leipzig unterbrochen. Nach seiner Heirat 1889 ließ er sich in London nieder, konnte jedoch im Musikleben der Stadt nicht Fuß fassen und zog sich 1891 nach Malvern (Worcestershire) zurück. 1893 wurde in Worcester sein erstes großes Chorwerk, *The Black Knight*, aufgeführt. 1896 fand er mit dem Oratorium *Lux Christi* auf dem Worcester Festival und mit dem Oratorium *King Olaf* auf dem North Staffordshire Musical Festival in Hanley größere Beachtung. Mit dem 1899 aufgeführten *Enigma Variations* und dem 1900 aufgeführten Oratorium *The Dream of Gerontius* erzielte er die ersten bedeutenden Erfolge. 1905–06 hielt er Vorlesungen an der Universität Birmingham. 1924 wurde er Master of the King's Music. E. erfuhr zahlreiche Ehrungen, u.a. erhielt er die Ehrendoktorwürde der Universitäten Cambridge, Yale und Oxford.

WW (wenn nichts anderes angegeben, in London erschienen): **1) Instr.-WW:** Klv.- u. Org.-Stücke; V.-Sonate, Streichquartett, Quintett mit Klv. (1918); für Orch.: Ouvertüren *Froissart*, UA: 1890, *Cockaigne* (1901) (Lo o.J.) u. *In the South* (1902); Suiten: *The Wand of Youth* (1907), *Severn Suite* (1930) u. *Nursery Suite* (1931) (Lo o.J.); *Enigma Variations* (1899); *Introduction and Allegro* für Str. (1905); *Serenade for Strings*, UA: 1905; 2 Symphonien (1908, 1911); Konzert für V. u. Orch. (1910); Konzert für Vc. u. Orch. (1919). – **2) Vokal-WW:** Lieder u. Chorstücke; für Chor u. Orch.: *The Black Knight* (nach L. Uhlands *Der schwarze Ritter*), UA: 1893; *King Olaf* (Text: H. A. Acworth), UA: 1896; *The Banner of St. George* (Text: Shapcott Wensley), UA: London 1897; *Caractacus* (Text: H. A. Acworth), UA: Leeds 1898; Oratorien: *The Dream of Gerontius* (Text: Henry Kardinal Newman) (1900), *The Apostles* (1903) u. *The Kingdom* (1906).

E. ist seit H. Purcell und G. Fr. Händel der erste Komponist internationalen Ranges in England und Schöpfer eines modernen englischen Nationalstils. Der Stil seiner Instrumentalmusik ist von der Neudeutschen Schule beeinflußt, in der Technik der Instrumentierung auch von H. Berlioz und besonders von R. Strauss, der ihn sehr schätzte. Seine Oratorien, mit denen diese Gattung erstmals seit Händel wieder einen Höhepunkt erreichte, zeigen in der Verwendung von Leitmotivik und in der symphonischen Gestaltung des Orchesterparts eine deutliche Anlehnung an R. Wagner.

Aus.: GA der WW für Bläserquintett, hrsg. v. R. MCNICOL, 7 Bde. (Croydon 1976–77); 5 part-songs, op. 71, 72, 73 für gem. Chor (Sevenoaks 1977).

Lit.: D. G. MASON, A Study of E., in: MQ 3 (1917); B. MAINE, E. His Life and Works, 2 Bde. (Lo 1933, Nachdr. Bath 1973); W. H. REED, E. as I Knew Him (Lo 1936, Nachdr. Lo 1973); D. POWELL, E. Memories of a Variation (Lo 1937, 21947); W. R. ANDERSON, Introduction to the Music of E. (Lo 1949); W. H. REED, E. E. Leben u. Werk (Z 1950); D. M. MCVEAGH, E. E. His Life and Music (Lo 1955); B. MAINE, E., in: D. Ewen, The Book of Modern Composers (NY 1956); P. M. YOUNG, Elgar (Lo 1955, revidierte Ausg. Lo 1973); DERS., Letters of E. E. (Lo 1956); P. J. PIRIE, World's End. A Study of E. E., in: MR 18 (1957); E. HELM, The E. Case. Ruminations pro and contra, in: MR 128 (1957); H. KELLER, E. the Progressive, in: ebd.; G. SHARP, A Note on E.'s Music, in: ebd.; J. A. WESTRUP, E.'s Enigma, in: Proc. R. Mus. Assoc. 86 (1959/60); J. N. MOORE, An Approach to E.'s „Enigma", in: MR 20 (1959); P. M. YOUNG, Letters to Nimrod from E. E. (Lo 1965); A. WHITTALL, E.'s „Last Judgment", in: MR 26 (1965); M. KENNEDY, Portrait of E. (Lo 1968); DERS., E. Orchestral Music (Lo 1970); I. PARROTT, E. (Lo 1971); F. DAWES, E.'s Cottage in Sussex, in: MT 112 (1971); J. N. MOORE, E. A Life in Photographs (Lo 1972); R. L. E. FOREMAN, The British Musical Renaissance. A Guide to Research, 3 Bde. (Diss. Lo 1972); I. PARROTT, E.'s two-fold Enigma. A Religious Sequel, in: ML 54 (1973); R. FANSELAU, Die Orgel im Werk E. E.s (Kas 1973) (= Göttinger musikwiss. Arbeiten 5); J. N. MOORE, E. on Record. The Composer and the Gramophone (Lo 1974); TH. V. HOWTEN, „You of all people". E.'s Enigma, in: MR 37 (1976); J. P. VOGEL, E. E. Ein britischer Staats-Komp.?, in: Musica 31 (1977).

ELÍAS, José, * um 1675 Katalonien, † nach 1749 Madrid; span. Organist und Komponist. E. war um 1690 Schüler von J. Cabanilles, wurde 1715 Organist der Kirche Santos Justo y Pastor in Barcelona, später 1. Organist des Barfüßerinnenklosters in Madrid und 1727 Kapellan des Königs. Seine Orgelwerke sind hsl. erhalten (Madrid, Bibl. Nacional; Barcelona, Bibl. Central; Bologna, Liceo musicale).

Ausg.: ein *Octavo Preludio*, hrsg. v. F. PEDRELL, in: Salterio Sacro-Hispano 116 (Ba 1905); 5 Stücke, hrsg. v. DEMS., in: Antología de Organistas clásicos Españoles, II (Ma 1908).

Lit.: J. M. LLORENS, La obra orgánica de J. E., discípulo de J. B. Cabanilles, in: Anuario Mus. 17 (1962).

ELIAS SALOMONIS, frz. Musiktheoretiker der 2. Hälfte des 13. Jahrhunderts. E. war nach eigener Aussage Geistlicher in St-Astière. Er verfaßte den Traktat *Scientia seu doctrina musicae artis* (Gerbert Scr. III), in dem er Theorie und Ausführungsweise des Gregorianischen Gesangs, die Darstellung der ↗Guidonischen Hand sowie den in seiner Kapitelskirche gepflegten organalen Gesang behandelt.

Lit.: J. SMITS VAN WAESBERGHE, Singen u. Dirigieren der mehrst.en Musik im MA, in: Mélanges R. Crozet (Poitiers 1966).

ELISIR D'AMORE, L', Oper von G. Donizetti; dt. Titel: Der ↗Liebestrank.

ELIZALDE, Federico, * 12. 12. 1907 Manila, † 16. 1. 1979 ebd.; span. Komponist und Dirigent. E. studierte Klavier in Madrid, ging 1921 nach England, dann in die USA, wo er Kompositionsschüler E. Blochs war, setzte anschließend sein in den USA begonnenes Rechtsstudium in Cambridge (England) fort und leitete dort ein von ihm gegründetes Jazz-Orchester. Seit 1928 dirigierte er Konzerte in Deutschland, Belgien und in den Niederlanden. Sein Ballett *The Heart of a Nigger* wurde 1928 von der Truppe Diaghilews aufgeführt. 1930 wandte er sich ganz der Musik zu, wurde Leiter des Symphonieorchesters in Manila und war 1931–33 Gastdirigent mehrerer Orchester in Paris, wo er auch M. Ravel und D. Milhaud (von dem er mehrere Werke uraufführte) kennenlernte. Danach lebte er abwechselnd in Frankreich und in Spanien. Hier trat er in enge Beziehungen zu M. de Falla. F. García Lorca regte ihn zu Kompositionen an. Er vertonte u.a. dessen *Don Perlimplin.* 1948 wurde E. Leiter des philippinischen Rundfunks in Manila. Mit einem von ihm gegründeten Streichorchester und als Gastdirigent anderer Orchester konzertierte er daneben in Europa und in den USA. Er schrieb u.a. die Oper *Paul Gauguin* (1948), 3 Symphonische Dichtungen *(Jota, Spirituals* und *Moods),* eine *Sinfonia concertante* für Klv. und Orch. (1936), ein Violin- (1943) und ein Klavierkonzert (1947), Kammermusik und Lieder.

ELLINGTON, Duke (Edward Kennedy), * 29. 4. 1899 Washington / D.C., † 24. 5. 1974 New York; amerikanischer Jazzmusiker (Pianist, Arrangeur, Komponist und Bandleader). Er schlug 1917 ein Stipendium für ein Kunststudium aus, um sich ganz der Musik zu widmen. Sein wichtigster Lehrer war Oliver „Doc" Perry, er wurde aber auch von James P. Johnson beeinflußt. E. spielte bald als Ragtime-Pianist in Washington und hatte bereits 1922 eine eigene Band. 1923 ging er nach New York. 1923–27 hatte die Band ein Engagement im Hollywood Club (dem späteren Kentucky Club). In diesen Jahren entwickelte sich der erste typische E.-Stil, „jungle style" genannt, gekennzeichnet durch den extensiven Gebrauch von Dämpfern bei den Blechbläsern und die ↗Growl-Spieltechnik. Wesentlich zu seiner Entwicklung trugen Bubber Miley, Charlie Irvis und Joe „Tricky Sam" Nanton bei. Die bekanntesten Stücke des „jungle style" sind: *Black and Tan Fantasy, East St. Louis Toodle-O* und *Creole Love Call.* 1924 schrieb E. eine Revue, *Chocolate Kiddies,* die zwei Jahre lang mit großem Erfolg in Berlin gespielt wurde. 1927 trat E. ein Engagement im Cotton Club an. 1929 spielte er in den Ziegfield-Shows, 1930 in Hollywood und 1933 in England vor Mitgliedern des Königshauses. Außerdem begleitete er M. Chevalier und wurde in den Katalogen jener Schallplattenfirmen geführt, die sonst nur weißen Musikern vorbehalten waren. Alles das waren zugleich wichtige Beiträge zur Emanzipation der farbigen Musiker. Um 1930 stießen Johnny Hodges, Cootie Williams, Barney Bigard, Harry Carney, Wellman Braud, Nanton und Ivie Anderson zur E.-Band. Ein neuer Stil gesellte sich zum „jungle style", der „mood style", gekennzeichnet durch getragene Tempi und raffinierte Orchesterfarben, die bereits harmonische Kühnheiten wagen. Seine Grundstimmung ist melancholisch-sentimental. Bekannte Stücke sind: *Mood Indigo, Solitude* und *Sophisticated Lady.* Dieser Stil prägt bis heute das Genre, das in der amerikanischen Populärmusik „Ballad" genannt wird. In der zweiten Hälfte der 30er Jahre begann E. mit der Form zu experimentieren. Er komponierte Stücke, die jeweils einen Solisten herausstellten und damit ein konzertantes Prinzip befolgten (u.a. in *Echoes of Harlem* für Cootie Williams oder *Clarinet Lament* für Barney Bigard). Neue Impulse gingen Ende der 30er Jahre von Ben Webster, Jimmy Blanton und vor allem von Billy Strayhorn aus, der bis zu seinem Tod 1967 große Teile des E.-Repertoires prägte. In jener Zeit entstanden viele zu Standards gewordene Swing-Nummern, u.a. *Caravan* von Juan Tizol und *Take the A-Train* von Strayhorn. In den 40er Jahren wandte E. sich größeren Formen zu. 1941 schrieb er mit Hal Borne die Revue *Jump for Joy,* die sich kritisch mit den Klischees über die Afroamerikaner auseinandersetzte. Es folgten mehrere sozialkritische Suiten: *Black, Brown, and Beige* (1943), *Deep South Suite* (1946), *Liberian Suite* (1947); außerdem entstanden *Beggar's Holiday* (1947), ein Opernversuch nach Gays und Pepuschs *Beggar's Opera,* und *Harlem,* ein Concerto grosso für Jazzband und Orchester, eine Auftragsarbeit des NBC Symphonie Orchestra, das damals von Toscanini geleitet wurde. Neue bedeutende Orchestermitglieder wurden in den 40er Jahren Cat Anderson, Oscar Pettiford und Russell Procope. Bis zu seinem Tod schrieb E. noch weitere Suiten und die Musik zu mehreren Filmen sowie eine Bearbeitung von Tschaikowskys Nußknacker-Suite (mit Strayhorn, 1960), ferner das Ballett *The River* (1970) und die beiden geistlichen Konzerte *Sacred Concert* (1965) und *Second Sacred Concert* (1968). Daneben entstanden viele kleinere Stücke, die zu Jazzstandards geworden sind, z.B. *Satin Doll* (1953). Wichtige Bandmitglieder der 50er Jahre waren Louie Bellson, Clark Terry, Paul Gonsalves und Jimmy Woode. In den 60er Jahren spielte E. auch mit Vertretern der Avantgarde, mit Max Roach, Charles Mingus und John Coltrane zusammen. – E. ist von einzigartiger Bedeutung für die afroamerikanische Musik. Seit den frühen 20er Jahren bis zu seinem Tod leitete er ein eigenes Orchester, das den

Big Band-Jazz prägte und stilistisch wie personell eine erstaunliche Kontinuität besaß. E. war 15facher Ehrendoktor und Inhaber zahlreicher hoher Auszeichnungen. Seit seinem Tod versucht sein Sohn **Mercer E.** (* 1919) die Band weiterzuführen.

Lit.: D. ELLINGTON, Music is my Mistress (Garden City/N.Y.), dt. Übers.: Autobiographie. D. E. (Mn 1974) (mit Werk-Verz., Bibliogr. u. Diskographie). – D. E.: His Life and Music, hrsg. v. P. GAMMOND (Lo 1958, dt. Mn 1961); G. E. LAMBERT, D. E. (Lo 1959); E. SHEPARD, Der Weg zum Duke, in: Jazz Podium 14 (1965); L. MASSAGLI – L. PUSATERI – G. M. VOLONTÈ, D. E.'s Story on Records, 5 Bde. (Mi 1966–69); G. SCHULLER, Early Jazz (NY 1968); E. R. MONTGOMERY, D. E., King of Jazz (Champaign/Ill. 1972); G. SCHULLER, The E. Style. Its Origins and Early Development, in: Jazz, hrsg. v. N. Hentoff – A. J. McCarthy (NY 1974); D. JEWELL, Duke. A Portrait of Duke E. (Lo 1977). – ↗Jazz.

U. KURTH

ELLIS (eig. Sharp), **Alexander John,** * 14. 6. 1814 London, † 28. 10. 1890 ebd.; engl. Philologe und Akustiker. E. studierte zunächst Jura, wandte sich aber bald der Phonetik und der Akustik zu. Er beschäftigte sich u. a. mit der Geschichte des Kammertons und setzte sich auch für dessen Einführung in England ein. Durch seine Forschungen über außereuropäische Tonskalen, deren vorwiegend durch Messungen am exotischen Instrumentarium gewonnene Ergebnisse er 1884 in den *Tonometrical Observations on Some Existing Non-Harmonic Scales* veröffentlichte, gilt E. als einer der Begründer der Vergleichenden Musikwissenschaft. In der musikalischen Akustik führte er das Centmaß (↗Cent) ein.

Schriften: Übersetzung v. H. Helmholtz' *Die Lehre v. den Tonempfindungen,* als: *On the Sensations of Ton as a Physiological Basis for the Theory of Music* (Lo 1875, ²1885, Nachdr. NY 1954); *The History of the Musical Pitch,* in: Journal of the Society of Art 5 (1880), separat (Lo 1880, Nachdr. A 1963); abgedruckt in: Studies in the History of Musical Pitch (A 1968); *Tonometrical Observations on Some Existing Non-Harmonic Scales,* in: Proceedings of the Royal Society 37 (1884).

Lit.: L. S. LLOYD, The A Priori Theorist and Music, in: ML 26 (1945); DERS., Pitch, in: Grove 6 (⁵1954); P. RIGHINI, Attualità di una monografia quasi secolare: „The History of Musical Pitch" di A. J. E., in: RIMus 6 (1971).

ELLIS, Don (Donald Johnson), * 15.7.1934 Los Angeles, † 17. 12. 1978 Hollywood; amerik. Jazzmusiker (Trompeter, Komponist und Bandleader). E. studierte Komposition in Boston und später in Los Angeles, spielte u. a. 1958–59 bei Maynard Ferguson, hatte 1961 ein eigenes Trio, spielte dann bis 1962 bei George Russell und gründete 1963 ein Improvisations-Workshop-Orchester. 1964 ging er von New York nach Los Angeles und gründete dort mit Hari Har Rao das Hindustani Jazz-Sextet sowie eine Big Band. 1965–68 nahm er am New Port Festival, 1968 am Festival in Antibes und an den Berliner Jazztagen teil. Hier führte er mit der Berlin Dream Band die Kantate *Reach* auf. – E. verwendet gerne Skalen der Musik Indiens und des Balkans mit ungeraden, komplizierten Metren. Von K. Stockhausen inspiriert ist seine Einspielung *How Time Passes* (1960). In den 60er Jahren war er ein maßgebender Erneuerer des Big Band-Jazz.

ELMAN, Mischa (Michael Saulowitsch), * 8. (20.) 1. 1891 Talnoje (Gouvernement Kiew), † 5. 4. 1967 New York; amerik. Violinist russ. Herkunft. In seiner Kindheit erhielt er Violinunterricht an der Kaiserlichen Musikschule in Odessa bei Max Fiedelmann. 1901–04 studierte er am Konservatorium in St. Petersburg Violine bei L. Auer, gleichzeitig Komposition bei C. Cui. 1904 debütierte er in Berlin und konzertierte bald mit sensationellem Erfolg in vielen Ländern. 1908 blieb er im Anschluß an eine Tournee in den USA. E. galt in seiner Zeit als „der beste Geiger der Welt". Besonders berühmt war sein ausdrucksvoller Geigenton („Elman-Ton"). Er war ein ausgezeichneter Interpret klassischer Musik, insbesondere der russischen. E. komponierte auch kleine Konzertstücke für Violine und Klavier, u. a. *La Gondola* und *Romance,* und bearbeitete Werke u. a. von Beethoven, Schubert und Rachmaninow für sein Instrument.

Lit.: S. ELMAN, Memoirs of M. Elman's Father (NY 1933); MCDONELL CARPENTER, M. E. and J. Szigeti (NY 1955); J. W. HARTNACK, Große Geiger unserer Zeit (Gütersloh 1968).

ELMENDORFF, Karl, * 25. 10. 1891 Düsseldorf, † 21. 10. 1962 Hofheim (Taunus); dt. Dirigent. Er studierte zunächst Philologie in Freiburg i. Br., München, Münster (Westfalen) und Bonn, dann 1913–16 Dirigieren am Kölner Konservatorium bei Fr. Steinbach und H. Abendroth. Nach Kapellmeistertätigkeit in Düsseldorf, seit 1920 in Mainz, 1923–24 in Hagen, kurze Zeit in Aachen und 1925–31 an der Staatsoper in München wurde er 1932 musikalischer Oberleiter am Nassauischen Landestheater in Wiesbaden. Bereits 1927 dirigierte er auch in Bayreuth, 1930 dort den *Ring des Nibelungen.* 1935 wurde er GMD in Mannheim, gehörte seit 1938 auch der Berliner Staatsoper an und wurde 1942 als Nachfolger von K. Böhm GMD der Dresdner Staatsoper. 1949 wurde er an das Staatstheater in Kassel verpflichtet und 1951 musikalischer Oberleiter des Staatstheaters in Wiesbaden. Seit 1955 wirkte er nur noch als Gastdirigent. E. genoß internationalen Ruf vor allem als Wagner-Interpret.

DAS GROSSE LEXIKON DER MUSIK

3

DAS GROSSE LEXIKON DER MUSIK

in acht Bänden

herausgegeben von
Marc Honegger und Günther Massenkeil

Dritter Band

Elsbeth – Haitink

Herder
Freiburg · Basel · Wien

DAS GROSSE LEXIKON DER MUSIK
herausgegeben von Günther Massenkeil, Bonn

auf der Grundlage des
DICTIONNAIRE DE LA MUSIQUE
herausgegeben von Marc Honegger, Straßburg,
Verlag Bordas, Paris

Redaktionelle Bearbeitung der deutschen Ausgabe:
Karin Andrae, Hamburg; Christian Berger, Kiel; Charles Biegala, Baden-Baden; Marianne Bröcker, Bonn; Marie-Agnes Dittrich, Hamburg; Ursula Eckart-Bäcker, Aachen; Ingela Flotzinger, Graz; Maria Franke, Au bei Freiburg i. Br.; Maximilian Herbstmeier, München; Thomas B. H. Knospe, Kiel; Dieter Kroll, Oststeinbek bei Hamburg; Ulrich Kurth, Kiel; Dieter Möller, Hamburg; Ulrike Patow, Hamburg; Friedemann Pods, Kiel; Barbara Progscha-Weiner, Hamburg; Gertrud Rinderle, Kirchzarten; Peter Ruschenburg, Hamburg; Roswitha Schlager, Erlangen; Angelus Seipt, Köln; Jerg Trescher, Freiburg i. Br.; Petra Weber-Bockholdt, München; Elisabeth Winkler, Graz; Wolfgang Winkler, Graz

sowie die Lexikonredaktion des Verlages Herder

Sonderausgabe für den
Zweiburgen Verlag

Herstellung: Freiburger Graphische Betriebe 1992
ISBN 3-451-22921-8

E

ELSBETH, Thomas, * Neustadt (Franken), † um 1624 Jauer (Oberschlesien); dt. Komponist. E. ist um 1600 in Frankfurt an der Oder, 1602 in Coburg und 1606 in Liegnitz nachweisbar. 1606–16 lebte er, wahrscheinlich als Kantor, in Jauer.

WW: *Neue geistliche, zu Christlicher Andacht bewegende Lieder* für 5 St. (Frankfurt/Oder 1599); Evangelienmotetten *durchs gantze Jahr* für 5 St., 2 Tle. (Liegnitz o.J.); *Selectissimae & novae cantiones* für 6 St. (Frankfurt/Oder 1600); Oster- u. Pfingstoffizium für 5 St. (Liegnitz 1615) (unvollständig erhalten); *Neue Ausserlesene Weltliche Lieder* für 5 St. (Frankfurt/Oder 1599) (unvollständig erhalten).

Ausg.: 3 Gesänge für 3 u. 5 St., hrsg. v. F. JÖDE, in: Das Chorbuch (Wb 1927–31).

Lit.: N. HAMPEL, Deutschsprachige protest. Kirchenmusik Schlesiens bis zum Einbruch der Monodie (Diss. Breslau 1937); H. GRIMM, Meister der Renaissancemusik an der Viadrina (Frankfurt/Oder – B 1942); H. J. MOSER, Die ev. Kirchenmusik in Deutschland (B – Da 1954).

ELSNER, Joseph Anton Franz, * 1. 6. 1769 Grottkau (Schlesien), † 18. 4. 1854 Elsnerowo bei Warschau; polnischer Dirigent und Komponist dt. Herkunft. E. erhielt Unterricht in Orgel, Violine und Komposition im Dominikanerkloster in Breslau. Nach dem Medizinstudium in Wien wurde er 1791 Konzertmeister in Brünn, 1792 Theaterkapellmeister in Lemberg und 1799 in Warschau. 1810 gründete er hier eine Musikhochschule, 1816 eine Schule für Gesang und Deklamation, aus der 1821 das Konservatorium hervorging, dessen Direktor er wurde. 1803 hatte er auch eine Notenstecherei gegründet und 1815 einen Verein zur Förderung der Vokal- und Kirchenmusik in Polen ins Leben gerufen. Seine Bedeutung für die polnische Musik liegt vor allem in seinen organisatorischen und pädagogischen Aktivitäten. Fast alle wichtigen polnischen Komponisten der 1. Hälfte des 19. Jh., darunter auch Chopin, waren seine Schüler. Seine Kompositionen vereinigen Elemente des klassischen symphonischen Stils, der italienischen Oper und des nationalen Volksliedes.

WW: Zahlr. Polonaisen u. Mazurkas für Klv. (P – L – Offenbach o.J.); Sonaten, u.a. *Grande Sonate en si b majeur* für Cemb., V. u. Vc. (W 1798); 6 Trios, 13 Quartette, u.a.: *Grand Quatuor* op. 14 Es-Dur (P o.J.); Quartett op. 15 (P 1805); 3 Quartette (Offenbach 1806); 2 Quintette, ein Septett; 8 Symphonien, u.a. eine in B-Dur (L um 1818), eine in C-Dur (Offenbach 1805); 6 Polonaisen u. Märsche für Orch.; ferner 90 Lieder, 55 Kantaten, 2 Requiems, 3 Oratorien, Offertorien, Psalmen, Motetten, 19 Opern u. 6 Melodramen.

Lit.: A. NOWAK-ROMANOWICZ, J. E. (Krakau 1957, Kattowitz 1958) (mit Bibliogr.); J. HERRMANN, J. E. u. die polnische Musik (Mn 1969) (= Silesia 6); P. RONGE, J. E., Herkunft, Familienkreis, Nachkommen, in: Genealogie 18 (1969); J. THAMM, Zum Gedenken an J. E., in: Schlesien 15 (1970); I. BELZA, Portrety romantyków (War 1974); K. MUSIOŁ, Nieznane elsneriana z oficyny wrocławskiej, in: Muzyka 20 (1975); Tra dycje śląskiej kultury muzycznej. J. E. a polska kultura muzyczna XIX wieku (Kattowitz 1977) (Sammel-Bd.).

ELSSLER, östr. Musikerfamilie. – **1) Joseph (I),** * Kieslingen (Schlesien), † 1782 Eisenstadt. Er war Kopist und Instrumentalist in der Hofkapelle des Fürsten Esterházy in Eisenstadt, seit um 1760 auch Kopist J. Haydns. – **2) Joseph (II),** Sohn von 1), * 7. 8. 1767 Eisenstadt, † 6. 10. 1843 Wien. Er war ebenfalls Kopist und kopierte vermutlich auch Werke Haydns. 1796 trat er als Oboist in die Feldharmonie ein und wurde 1800 Mitglied der Hofkapelle des Fürsten Esterházy. – **3) Johannes** (Florianus), Sohn von 1), * 3. 5. 1769 Eisenstadt, † 12. 1. 1843 Wien. Er war Kopist und Kammerdiener Haydns, den er auf dessen 2. Londoner Reise (1794–95) begleitete. Fast ausschließlich von ihm stammt das Haydn- oder E.-Verzeichnis aus dem Jahre 1805. – **4) Fanny** (Franziska), Tochter von 3), * 23. 6. 1810 Gumpendorf bei Wien, † 27. 11. 1884 Wien; Tänzerin. Sie war mit ihrer Schwester *Therese* (1808–1878), mit der sie später auch zusammen auftrat, Schülerin der Ballett-Schule des Theaters an der Wien und des Wiener Hoftheaters am Kärntnerthor. Nachdem sie 1830 erfolgreich in Berlin debütiert hatte, unternahm sie ausgedehnte Tourneen durch Europa (England, Frankreich, Belgien, Rußland, Italien und Ungarn), durch die USA und in Kuba (Havanna), auf denen sie triumphale Erfolge feierte. Mit Nationaltänzen wie der Cachucha, Polka und dem Krakowiak bereicherte sie das Repertoire des Wiener Balletts. Sie zählt zu den bedeutendsten Tänzerinnen des romantischen Balletts. 1851 zog sie sich ins Privatleben zurück. – Nach Melodien von J. Strauß schrieben H. Adler und O. Stalla eine Operette *Die Tänzerin Fanny Elßler* (UA Wien 1934). Daraus wurde insbesondere das Walzerlied *Draußen im Sievering blüht schon der Flieder* weltberühmt.

Ausg.: Drei Haydn-Kataloge, hrsg. v. J. P. LARSEN (Kop 1941).

Lit.: **Zu 1)–3):** W. SCHMIEDER, J. Haydns Kopist u. Bediensteter schreibt einen Brief, in: AmZ 64 (1937); J. P. LARSEN, Die Haydn-Überlieferung (Kop 1939). – **Zu 4):** E. BIRCHAU, F. E. Eine Wienerin tanzt um die Welt (W 1940); R. RAAB, F. E. Eine Weltfaszination (W 1962); DIES., in: Maske u. Kothurn 13 (1967); I. GUEST, The Romantic Ballet in Paris (Lo 1966); G. WINKLER, Das Wiener Ballett v. Noverre bis F. E. (Diss. W 1967); I. GUEST, F. E. (Lo 1970).

EMBELLISHMENTS (engl.), ↗Verzierungen.

EMMANUEL, Maurice Marie François, * 2. 5. 1862 Bar-sur-Aube, † 14. 12. 1938 Paris; frz. Komponist und Musikforscher. E. war seit 1880 am Pariser Conservatoire Schüler von Th. Dubois, L.-A. Bourgault-Ducoudray und von L. Delibes. Später gehörte er der Kompositionsklasse von E. Guiraud an, wo er Cl. Debussy kennenlernte. Gleichzeitig studierte er an der Sorbonne und an der École du Louvre, außerdem bei Fr. A. Gevaert in Brüssel und erwarb 1895 an der Sorbonne den Grad eines Docteur ès lettres. 1904–07 war er Kapellmeister an Ste-Clotilde und lehrte 1909–36 Musikgeschichte am Pariser Conservatoire. E. war Mitarbeiter an der Rameau-GA.

WW: **1) Instr.-WW:** Für Klv.: 6 *Sonatines*, I: *„bourguignonne"* (1893) (P 1923), II: *„pastorale"* (1897) (P 1923), III (1920) (P 1923), IV: *sur des modes hindous* (1920) (P 1923), V: *alla francese* (1925) (P 1928), VI (1926) (P 1928); Sonate (1902) für V. u. Klv. (P 1903); *Suite sur des airs populaires grecs* (1907) für V. u. Klv. (P 1914); Sonate (1887) für Vc. u. Klv. (P 1921); Sonate (1907) für Klar., Fl. u. Klv. (P 1929); Streichquartett (1903) (P 1919); *Suite française* nach der *Sonatine* V (P 1943); *Poème du Rhône* (1938) (nach F. Mistral). – **2) Vokal-WW:** *Musiques* (1908) (Text v. L. de Launay), 12 Lieder für SingSt u. Klv. (P 1928); 30 *Chansons bourguignonnes* (1913) für Solost. oder Chor u. Klv. (P 1917); *Trois Odelettes anacréontiques* (1911) (Text v. R. Belleau u. P. de Ronsard) für SingSt, Fl. u. Klv. (P 1914); *In Memoriam* (1908) (Text v. R. Vallery-Radot) für SingSt, V., Vc. u. Klv. (1909); *O. Filii* (1905) für Soli, Chor u. Org. (P 1923). – **3) Bühnen-WW:** *Prométhée enchaîné* (1916–18) (nach Aischylos), Tragédie lyrique (unveröff.); *Salamine* (1921–23, 1927–28) (Libr.: Th. Reinach nach Aischylos), Tragédie lyrique, UA: Paris 1929 (P 1931). – **4) Schriften:** *Essai sur l'orchestique grecque* (P 1895); *Histoire de la langue musicale*, 2 Bde. (P 1911, ²1928); *La musique grecque antique*, in: LAVIGNAC Hist. I (1913); *Traité de l'accompagnement modal des psaumes* (Ly 1913); *Pelléas et Mélisande de Cl. Debussy* (P 1926, ²1950); *César Franck* (P 1930); *Anton Reicha* (P 1936).

E. war neben A. Pirro der bedeutendste französische Musikforscher seiner Zeit. Sein Interesse galt vor allem der Rhythmik und den modalen Strukturen in der Volksmusik und der Musik der griechischen Antike. Diese Forschungen beeinflußten auch sein kompositorisches Schaffen im Sinne einer von Zeitgenossen häufig mißverstandenen und abgelehnten neoklassizistischen und neomodalen Schreibweise, in der er zuweilen auch exotische Skalen verwendete. Von Debussy übernahm E. zwar das ästhetische Konzept, nicht aber die impressionistische Schreibweise. Er ist der erste bedeutende Vertreter des französischen Neoklassizismus vor M. Ravel und A. Roussel.

Lit.: A. CORTOT, La musique française de piano, II (P 1930, ³1948); M. BÉCLARD D'HARCOURT, L'œuvre musical de M. E., in: RM 16 (1935); J.-G. PROD'HOMME, M. E., in: RMI 43 (1939); H. F. STEWART, M. E., in: ML 20 (1939); RM (1947) Sonder-Nr. (mit Lit.-Verz.); R. STEVENSON, in: ML 40 (1959).

EMPFINDSAMKEIT, Wortschöpfung nach Lessings Übersetzungsvorschlag „empfindsam" für „sentimental" in L. Sternes *Sentimental Journey* (1768) und Bezeichnung für die gefühlsbetonte Dichtung seit 1750, die mit Goethes *Die Leiden des jungen Werthers* (1774) ihren literarischen Höhepunkt erreichte. Der Sache nach ist E. in der Kunst jedoch früher vorhanden als der Terminus. So dienten empfindsame, insbesondere lyrische Texte bereits seit dem Pietismus als musikalische Vorlage. Zur breiten geistesgeschichtlichen Strömung wurde E. aber erst unter dem Einfluß des englischen bürgerlich-sentimentalen Romans (S. Richardson, Sterne, O. Goldsmith). Die Ausbreitung empfindsamer Literatur ist verknüpft mit der Verbürgerlichung der Kunst. Ihre Kennzeichen – melancholische Tränenseligkeit, sentimentale Natur- und Nachtschwärmerei, Freundschaftskult (Klopstock) – sind jedoch weitgehend inhaltlich bestimmt und wirken in die Musik kaum stilbildend hinein. Der Einfluß der französischen Comédie larmoyante auf die Oper beschränkt sich ebenfalls auf das Stoffliche. Dagegen veränderte der literarische Einfluß nachhaltig das Musikverständnis. Galt es noch der Bach-Generation unter dem Einfluß des englischen Sensualismus als unstreitig, daß das Gehör als seelische Kraft und die Erfahrung das musikalische Urteil bestimmen (J. Mattheson), und forderte die folgende Generation noch die Verifizierung dieses Urteils durch den Verstand (J. A. Scheibe, Fr. W. Marpurg), so definierte Chr. G. Krause (*Abhandlung von der musikalischen Poesie*, B 1753) unter dem Einfluß der literarischen Entwicklung Musik als „genaue Abbildung der Herzensempfindungen". Seither galt vom ästhetischen Urteil, „die Vernunft verbiete bey einem solchen Urtheil Vernunftschlüsse zu machen. Denenselben gehöre die Entscheidung dieser Frage nicht zu, sondern den Empfindungen" (Krause 363). Versuche, die zunehmende Emotionalisierung der Musik und des Musikverständnisses zeitlich und auf konkrete Stilmerkmale festzulegen, haben bisher zu keinen überzeugenden Ergebnissen geführt. Vor allem erweist es sich als schwierig, sie zeitlich und sachlich als Reaktion auf die Aufklärung gegen andere Strömungen, wie z. B. Sturm und Drang oder die frühe Romantik, abzugrenzen. Musikalisch fand die E. eine Entsprechung in der ätherisch und durchdringend klingenden ↗Glasharmonika. Wegen ihrer großen Wirkung auf die übersensibilisierten Menschen wurde sie zu magnetisch-hypnotischen Praktiken (Fr. A. Mesmer) benutzt, z.T. aber auch verboten.

S. KROSS

EMSHEIMER, Ernst, * 15.1.1904 Frankfurt am Main; schwedischer Musikwissenschaftler dt. Herkunft. Nach Studien in Wien (G. Adler, W. Fischer) und in Freiburg i. Br. (W. Gurlitt und H. Besseler) wurde er hier 1927 mit einer Dissertation über *Johann Ulrich Steigleder. Sein Leben und seine Werke* (Kas 1928) promoviert. 1932–34 war er musikwissenschaftlicher Mitarbeiter an der Staatlichen Akademie für Kunstwissenschaft in Leningrad und übernahm 1934 im Auftrag des Phonogrammarchivs der Akademie der Wissenschaften der UdSSR die Bearbeitung ossetischer und georgischer Schallaufnahmen (unveröffentlicht). 1936 leitete er eine musikethnologische Expedition in die Hochgebirgstäler des nördlichen Kaukasus. 1937 ging E. nach Stockholm, arbeitete dort zunächst am Ethnographischen Museum und gleichzeitig als wissenschaftlicher Mitarbeiter für die Scientific Expedition to the North-Western Provinces of China unter Sven Hedin. 1949–73 leitete er das Musikhistorische Museum in Stockholm. 1967 wurde ihm der Professorentitel verliehen. 1974 wurde er mit einer Festschrift geehrt (hrsg. v. G. Hilleström, = Studia instrumentorum musicae popularis, Sto 1974 = Musikhistoriska museets skrifter 5).

Schriften: Zahlreiche Aufsätze über Grundfragen der europäischen und außereuropäischen Volksmusik sowie speziell über lappische, georgische, sibirische und mongolische Musik und Musikinstrumente, u.a. in den Zeitschriften *Ethnos* (1937–48) u. *Journal of the Int. Folk Music Council* (1956–67); einige Arbeiten erschienen als *Studia ethnomusicologica eurasiatica* (Sto 1964); für MGG die Art. *Lappen* (Bd. VIII), *Mongolen* (Bd. IX) u. *Georgische Volksmusik* (Bd. XVI); *Zur Typologie der schwed. Holztrompete,* in: Studia instrumentorum musicae popularis 1 (Sto 1969); *Die Darbietung von Musikinstr. als Gegenstand hist. u. anthropologischer Forsch. in Instrumentenmuseen,* in: Kgr.-Ber. Kopenhagen 1972 (Kop 1974); *Schwedische Schellenmagie,* in: Studia instrumentorum musicae popularis 5 (Sto 1977); *Zungenspaltflöten. Die Berichtigung eines Irrtums,* in: FS H. Glahn (Kop 1979). – E. ist (zus. mit E. Stockmann) Hrsg. des *Handbuchs der europäischen Volksmusikinstrumente* (L 1968ff.) (bisher 2 Bde.).

M. BRÖCKER

ENCINA (eig. de Fermoselle), **Juan del,** * 12.7.1468 Encinas bei Salamanca, † Ende August (?) 1529 León; span. Dichter und Komponist. Er war seit 1484 Chorknabe in Salamanca und widmete sich literarischen Studien an der dortigen Universität, wahrscheinlich als Schüler des Grammatikers und Humanisten Nebrija. Seit etwa 1492 stand er im Dienste von Don Fadrique Álvarez de Toledo, Herzog von Alba, an dessen Hof er volkstümliche religiöse Hirtenspiele (Églogas bzw. Autos) verfaßte und aufführte und auch die Musik zu den darin enthaltenen Villancicos usw. schrieb. 1509 wurde er Archidiakon der Kathedrale in Malaga. Er hielt sich wiederholt in Rom auf und unternahm eine Reise nach Jerusalem. 1519 wurde er zum Priester geweiht und im gleichen Jahr Prior in León. E. gilt als „Vater des spanischen Dramas". Sein literarisches Werk ist unter dem Titel *Cancionero de las obras de Juan del enzina* (Salamanca 1496) überliefert. Es ist von einer *Arte de poesía castellana* eingeleitet, einer spanischen Poetik, die mit der Troubadourkunst in Zusammenhang steht. Das erhaltene und ihm sicher zuzuschreibende musikalische Werk – über 60 Kompositionen, darunter (unter dem Namen Fermoselle) das wahrscheinlich auch von ihm stammende 3st. Lied *Amor, por quien yo padeso* – ist im *Cancionero musical de Palacio* (um 1500–30 geschrieben) niedergelegt. Es handelt sich um eine oft schlicht wirkende mehrstimmige Vokalmusik, die deutlich auch Einflüsse der kastilischen Volksmusik zeigt. Alle überlieferten Kompositionen sind weltliche Stücke, meist nach Art des Villancico verfaßt: einer kurzen Einleitung (estribillo) folgt die Strophe (copla) mit einer neuen Melodie und Wiederaufnahme der Melodie der Einleitung (vuelta).

Ausg.: *Cancionero musical de Palacio,* hrsg. v. F. A. BARBIERI (Ma 1890), daraus 69 Komp. auch in: La música en la corte de los Reyes Católicos 2–3, Polifonía profana 1–2, hrsg. v. H. ANGLÉS (Ba 1947, 1951) (= MMEsp 5 u. 10); *Cancionero de las obras de Juan del enzina* (Salamanca 1496), Faks.-Ausg. hrsg. v. E. COTARELO Y MORI (Ma 1928); Villancicos de diversos autores (RISM 1556[30], der sog. Cancionero von Uppsala), hrsg. v. J. BAL Y GAY, in: El Colegio de México (1944); Poesía, lírica y cancionero musical, hrsg. v. R. O. JONES – C. R. LEE (Ma 1975) (= Clásicos Castalia 62).

Lit.: R. MITJANA, Estudios sobre algunos músicos españoles del siglo XVI (Ma 1918); R. ESPINOSA MAESO, Nuevos datos biográficos de J. del E., in: Bol. de la Real Academia Española 8 (1921); J. SUBIRÁ, La música en la Casa de Alba (Ma 1927); G. CHASE, J. del E., Poet and Musician, in: ML 20 (1939); J. A. ANDREWS, J. del E. (Berkeley 1959); C. TERNI, J. de E., in: Chigiana 25 (1968); M. QUEROL, La producción mus. de J. del E., in: Anuario Mus. 24 (1969).

ENDE EINER WELT, DAS, Oper in einem Akt von Hans Werner Henze (* 1926), Text von Wolfgang Hildesheimer nach seiner Satire *Lieblose Legende.* Ort der Handlung: die künstliche Insel einer Marchesa südöstlich von Murano; unbestimmte, gegenwartsnahe Zeit. UA: 30. 11. 1965 in Frankfurt am Main (Kammerspiele).
Diese Oper geht auf ein Radiophonisches Musikspiel zurück, das Henze 1953 im Auftrag des NWDR schrieb. In der Bühnenfassung verzichtet der Komponist auf spezifische Elemente des Funks, wie Bandmontagen und Halleffekte; es bleibt eine vordergründige Hintergrundsmusik, welche die grotesken Züge der Satire noch betont. So klingt im Orchester die Barkarole aus *Hoffmanns Erzählungen* an, während Herrn Fallersleben eröffnet wird, daß er eigentlich in der vornehmen Gesellschaft fehl am Platze sei – einer Gesellschaft, zu der er nur durch ein großzügiges Geschenk für die Sammlung von Badeutensilien der Marchesa (die Badewanne, in der Marat ermordet wurde) Zutritt gefunden hat. Höhepunkt der Oper ist der Vortrag einer „wiederaufgefundenen barocken Flötensonate", während dessen das Fundament der Insel zerstört wird und diese sinkt. Der Erzähler rettet sich in seinem Geschenk.

K. LANGROCK

ENESCU (Enesco), **Georges,** * 19. 8. 1881 Liveni, † 4. 5. 1955 Paris; rumänischer Violinist und Komponist. E. war Schüler u. a. von S. Badrich, J. Hellmesberger (Sohn) und R. Fuchs in Wien und setzte seit 1895 sein Studium am Pariser Conservatoire bei M. P. J. Marsick, A. Thomas, Th. Dubois, S. Gédalge, J. Massenet und G. Fauré fort. Anschließend trat er als gefeierter Violinvirtuose, insbesondere als Bachinterpret, in Europa und in den USA auf. Als Violinlehrer gehörte später u. a. Y. Menuhin zu seinen Schülern. Obwohl E. durch seine Ausbildung in der französischen Tradition steht, sind seine Kompositionen weitgehend durch Wagner und Brahms sowie durch die rumänische Zigeunermusik und Folklore geprägt.

WW: **1) Instr.-WW:** Für Klv.: 1. Suite *în stil vechi,* op. 3 (1897); Klv.-Trio (1897); 2. Suite, op. 10 (1901–03); 3. Suite, *Pièces impromptus,* op. 18 (1913–16); 2 Quartette, op. 16 u. op. 30 (1909, 1944); Quintett, op. 29 (1940); *Prélude et fugue* (1903) (P 1965); 3 Sonaten, op. 24 (1924, 1937, 1933–35). – 3 Sonaten, die 3. *în caracter popular românesc* (1897, 1899, 1935) für V. u. Klv.; *Impromptu concertant* (1903) für V. u. Klv.; Suite *Impresii din copilări,* op. 28 (1940) für V. u. Klv.; 2 Sonaten (1898, 1935) für Vc. u. Klv. (P 1957); *Nocturna și saltarelle* (1897) für Vc. u. Klv.; Andante religioso (1900) für 2 Vc. u. Org.; *Cantabile și presto* (1904) für Fl. u. Klv.; *Allegro de concert* (1904) für Harfe u. Klv.; 2 Vc.-Sonaten, op. 26 (1898, 1935); 2 Streichquartette, op. 22 (1916–20, 1951) (P 1956, 1957); 2 Klv.-Quartette, op. 16 u. op. 30 (1909, 1944); Streichoktett, op. 7 (1900) (P 1905); Dezett, op. 14 (1906) für Bläser. – Für Orch.: *Poema română,* op. 1 (1897); 3 Suiten, op. 9 (1903), op. 20 (1915), op. 27 *Sătească* (1937); 2 rumänische Rhapsodien, op. 11 (1901, 1902); 1. Symphonie, op. 13 (1905); 3. Symphonie, op. 21 (1916–18, revidiert 1921) für Klv., Celesta, Harmonium, Chor u. Orch.; *Suite châtelaine,* op. 17 (1911); Konzertouvertüre über rumänische Volksthemen, op. 32 (1948); Symphonische Dichtung *Vox maris,* op. 31 (1950); Kammersymphonie, op. 33 (1954) (P 1959); *Sinfonia concertantă,* op. 8 (1901) für Vc. u. Orch. (P 1938). – **2) Vokal-WW:** Lieder auf Gedichte v. Lemaître u. Prud'homme (P 1899) u. v. F. Gregh (1915–16); 7 Lieder, op. 15 (1908) (nach C. Marot) (P 1909); *Doïna* (1905) für SingSt, Va. u. Vc. (P 1965); Kantaten: *La vision de Saül* (1895); Legende *Ahasverus* (1895); *L'aurore* (1898) (nach Leconte de Lisle) für Sopran, Frauenchor u. Orch. – **3) Bühnen-WW:** Lyrische Tragödie *Oedipe,* op. 23 (1920–31) (Libr.: E. Fleg), UA: Paris 1936.

Lit.: M. PINCHERLE – FR. GOLDBECK, G. E., in: RM 13 (1932). V. GHEORGIU, G. E. (Bukarest 1943) (rumänisch); L. VOICULESCU, G. E.s Ödipus (ebd. 1947) (rumänisch); R. HAUERT – B. GAVOTY, Menuhin et E. (Monte-Carlo – G 1953); G. E. – B. GAVOTY, Les souvenirs de G. E. (P 1955); A. TUDOR, E. (Bukarest 1957); G. E. Zu seinem 80. Geburtstag, hrsg. v. M. JORA (Bukarest 1961) (Sammelwerk); N. TAUTU, Itinerar liric. G. E. (ebd. 1961) (rumänisch); G. BĂLAN, G. E. (ebd. 1963, dt. ebd.); G. E.: (ebd. 1964) (Sammelwerk); B. J. KOTLJAROW, G. E. (Mos 1965, [2]1970 [revidiert]); E. CIOMAC, E., hrsg. v. C. L. Firca (Bukarest 1968); C. TĂRANU, E. in conştiinta prezentului (ebd. 1969); P. BRÂNCUSI, Istoria muziccii romanesti (ebd. 1969); R. LEJTES, Oedipe G. E. (Diss. Mos 1970); A. HOFFMANN – E. ZOTTOVICEANU, G. E., 2 Bde. (ebd. 1971); M. RĂDULESCU, Violonistica enesciană. Violonistu E. Creatia enesciană pesstru vioară (ebd. 1971); B. KOTLJAROV, G. E. (Mos 1971); G. E. Monografie, 2 Bde. (ebd. 1971); M. VOICANA, G. E. (ebd. 1971); C. FIRCA, Transfigurations de certaines modalités musicales de tradition européenne à travers la musique de G. E., in: Kgr.-Ber. Bonn 1970 (Kas 1973); D. VARGA, O operă monumentală a muzicii de camera. Cvartetul in mi bemol op. 22 nr. 1 de G. E., in: Studii de muzicologie 9 (1973); La personnalité artistique de G. E. (Bukarest 1976) (= Enesciana 1); C. FIRCA, Catalogul tematic … G. E. I (1886–1900) (Bukarest 1985).

ENFANT PRODIGUE, L', Titel einer Scène lyrique von Cl. Debussy und eines Balletts von S. S. Prokofjew; dt. Titel: Der ↗verlorene Sohn.

ENGCHOR, Bz. für Orgelstimmen von enger bis mittlerer Mensur: Prinzipale und ihre Oktaven, Prinzipalaliquoten und Klangkronen.

ENGEL, Hans, * 20. 12. 1894 Kairo, † 15. 5. 1970 Marburg; dt. Musikforscher. Er studierte Dirigieren und Komposition an der Münchner Akademie der Tonkunst und Musikwissenschaft an der Universität bei Sandberger. Dort wurde er 1924 mit der Dissertation *Die Entwicklung des dt. Klavierkonzertes von Mozart bis Liszt* promoviert. 1922–24 war E. Theaterkapellmeister. 1926 habilitierte er sich in Greifswald über *L. Marenzio, ein Beitrag zur Geschichte des Madrigals* und wurde dort 1932 außerordentlicher Professor. 1935–45 lehrte er in Königsberg (seit 1944 als ordentlicher Professor), 1946–63 als Ordinarius an der Universität Marburg. E. war 1948–70 Mitherausgeber der Zeitschrift *Musikforschung.* 1964 wurde er mit einer Festschrift geehrt (hrsg. v. H. Heussner, Kas 1964; mit Schriften-Verz.).

WW: **1) Schriften:** *Die Entwicklung des dt. Klavierkonzertes von Mozart bis Liszt* (L 1927, Nachdr. Hil 1971); *Das Instrumentalkonzert* (L 1932, NA Wie 1971) (= Führer durch den Konzertsaal 3 bzw. 1); *C. Loewe* (Greifswald 1934); *F. Liszt* (Pd 1936); *J. S. Bach* (B 1950); *Musik der Völker u. Zeiten* (Da 1952, NA Wie 1968); *L. Marenzio, ein Beitr. zur Gesch. des Madrigals* (erweitert Fi 1956); *Versuche einer Sinndeutung v. R. Wagners „Ring der Nibelungen"*, in: Mf 10 (1957)); *Musik u. Gesellschaft* (B 1960) (= Stimmen des 20. Jh. 3); *Die Quellen des klassischen Stils,* in: Kgr.-Ber. New York 1961, I (Kas 1961); *Das Concerto grosso* (Kö 1962) (= Das Musikwerk 23); *Die Grenzen der romantischen Epoche u. der Fall Mendelssohn,* in: FS O. E. Deutsch (Kas 1963); *Das Solokonzert* (Kö 1964) (= Das Musikwerk 25); *Probleme der Mozartforsch.*, in: Mozart-Jb. 1964 (1965); *Musik in Thüringen* (Kö 1966) (= Mitteldeutsche Forsch. 39); *Interpretation u. Aufführungspraxis,* in: Mozart-Jb. 1968 (1969); *Thematische Satzverbindungen zyklischer Werke bis zur Klassik,* in: Musa-Mens-Musici (L 1970). – **2) Editionen:** *L. Marenzio, Motetten* (W 1926); *J. Fischer, Lustige Suiten* (Kas 1928, ²1950); *Denkmäler der Musik in Pommern,* 4 Bde. (Kas 1930–36); *G. Ph. Telemann, Konzert für 4 Violinen* (Kas 1930, ²1951); *Hochzeitsarien und Kantaten Stettiner Meister nach 1700* (Kas 1937) (= EDM 10, LD Mecklenburg u. Pommern); *H. Schütz, Geistliche Konzerte* (B 1950, NA 1960); *H. Kugelmann, Concentus novi* (Kas 1954) (= EDM, Sonderbd. 2); *W. A. Mozart, Klavierkonzerte KV 466, 467 und 482* (Kas 1959) (= Neue Mozart-Ausg. Serie V, Werkgruppe 15, Bd. 6).

ENGEL, Karl, * 1. 6. 1923 Birsfelden bei Basel; Schweizer Pianist. Er erhielt seine Ausbildung bei P. Baumgartner am Konservatorium in Basel und bei A. Cortot an der École Normale de Musique in Paris. Seit 1946 konzertiert er als Solist und Kammermusiker (u. a. mit P. Tortelier, P. Casals und S. Végh) sowie als Liedbegleiter (u. a. von D. Fischer-Dieskau und H. Prey). E. lehrt als Professor Klavier an der Musikhochschule in Hannover.

ENGEL KOMMT NACH BABYLON, EIN, Oper in 3 Akten von Rudolf Kelterborn (* 1931); Text von Friedrich Dürrenmatt als Umarbeitung seiner gleichnamigen „fragmentarischen Komödie" (1954). Ort und Zeit der Handlung: Babylon zur Zeit des Nebukadnezar. UA: 5. 6. 1977 in Zürich; dt. EA: 28. 9. 1977 in Duisburg.
Der Librettist Dürrenmatt begreift sich als „Möglichmacher der Musik, so daß die Musik etwas Selbstverständliches wird". Aufgrund der engen Zusammenarbeit von Dichter und Komponist gerät die Musik nie zum Selbstzweck, sondern sie stützt und verdichtet ausdrucksvoll, auf verschiedenen Ebenen, den Text; bei plakativer Verwendung erscheinen die musikalischen Mittel fast ins Groteske übersteigert (Salonmusik beim Auftreten der Hetäre Tabtum). Im Mittelpunkt der Handlung stehen weder der Engel noch das Mädchen, welches er dem Geringsten der Erde in göttlichem Auftrag übergeben soll, sondern eben dieser scheinbar Geringste, der letzte Bettler, Akki, der den ernsten Hintergrund dieser faszinierenden „Komödie" formuliert: „Die Welt zu bestehen, muß der Schwache sie erkennen... Erniedrige dich, und du brichst jede Mauer."

K. LANGROCK

ENGELMANN, Hans Ulrich, * 8. 9. 1921 Darmstadt; dt. Komponist. Er studierte seit 1945 zunächst Architektur in Darmstadt, seit 1947 Komposition bei W. Fortner in Heidelberg, wo er, wie auch H. W. Henze, die Musik Schönbergs für sich „entdeckte". 1946–52 studierte er bei Fr. Gennrich und H. Osthoff Musikwissenschaft an der Frankfurter Universität und wurde dort 1952 mit einer Arbeit über *Béla Bartóks Mikrokosmos* promoviert. 1954–61 war er Bühnenkomponist am Hessischen Landestheater Darmstadt, 1960 und 1967 Villa-Massimo-Stipendiat in Rom. Seit 1969 ist er Lehrer für zeitgenössische Komposition an der Frankfurter Musikhochschule. E. nahm im Verlauf seiner kompositorischen Entwicklung Elemente von Zwölftontechnik und Serialismus, Musique concrète und Aleatorik, Jazz und Elektronik auf, bewahrte jedoch einen eigenständigen, klangfarbig und rhythmisch expressiven Stil. Kompositionsaufträge und -preise, u. a. von in- und ausländischen Rundfunkanstalten, bezeugen seine herausragende Stellung unter den Komponisten seiner Generation.

WW: **1) Instr.-WW:** *Toccata* (1947) für Klv.; Klv.-Stücke (1950); *Klv.-Suite I* (1950) u. *II* (1952); *Integrale* (1954) für Saxophon u. Klv.; *Permutazioni* (1959) für Holzbläser-Quartett (Variante für Flötensolo); *Cadenza* (1961) für Klv.; *Timbres* (1963) für Kammerensemble u. Tonbänder; *Duplum* (1965) für 1 Klv.; Sonate (1967) für Jazzband; *99 Takte* (1967) für Cemb.; *Mobile II* (1968) für Klar. u. Klv.; *Modelle I* (1970) für elektronisches Ensemble, *Modelle II* (1970) für Schlagzeugensemble u. Pos.; *Mini-Music for S. Palm* (1970) für Vc. – Für Orch.: Fantasie (1951); Partita (1953); *Strukturen* (1954); *Polifonica* (1957); *Trias* (1962) für Klv., Orch. u. elektronisches Tonband; *Shadows* (1964); *Capricciosi* (1967); Sinfonies (1968). – **2) Vokal-WW:** *Elegia e canto* (1952) nach Shakespeare), Konzertarie für Sopran, Klv. u. Str.; Komposition in 4 Teilen (1953) für Sopran, Fl., Klv., Vibraphon, Xylophon, Pk. u. Schlagzeug; *Incanto* (1959) für Sopran u. Instr.; *Eidophonie* (1962) für gem. Chor u. Schlagzeug; *Mobile I* (1967) für gem. Chor u. Klv.; *Commedia humana* (1972) für Doppelchor, live-elektronische Verfremdungen, Vc. u. Tonband. – **3) Bühnen-WW:** Funkoper *Doctor Fausts Höllenfahrt* (1951) (nach Klabund); Melodrama *Magog* (1957); Opern: *Der verlorene Schatten* (1962); *Der Fall van Damm* (1968); *Revue* (1973); Musik-Aktions-Theater *Ophelia* (1969); Elektronisches Aktions-Ballett *Coincidentials* (1970); Ballette: *Noche de Juna* (1962) u. *Serpentina* (1963); ferner zahlr. Bühnenmusik.

Lit.: U. STÜRZBECHER, H. U. E., in: Werkstattgespräche mit Komponisten (1971) (mit Werk-Verz. 1947–70).

H. LINDLAR

ENGEN, Kieth, * 5. 4. 1925 Frazee (Minnesota); amerik. Sänger (Baß). Er studierte zunächst in den

USA. später in Wien an der Akademie für Musik und darstellende Kunst, begann als Konzertsänger und gab sein Bühnendepüt 1954 in Graz. Seit 1956 ist er als 1. Bassist Mitglied der Bayerischen Staatsoper München. 1958 wirkte er erstmals auch bei den Bayreuther Festspielen mit. Gastspiele als Opern- wie als Oratorien- und Liedsänger führten ihn in alle Musikzentren Europas.

ENGFÜHRUNG (lat.: restrictio; frz.: strette; it. und engl.: stretto), Bz. für eine besondere Themendurchführung in der ↗Fuge: Das Thema in einer Stimme setzt bereits ein, bevor es in einer anderen Stimme beendet ist. Dadurch entsteht eine Verdichtung der imitatorischen Vorgänge. Die E. hat in der Regel am Schluß der Fuge ihren Platz.

ENGLAND ↗Großbritannien.

ENGLISCH HORN (frz.: cor anglais; it.: corno inglese; span.: corno inglés). – **1)** Alt-Instrument der Oboenfamilie in F, dessen Name und Herkunft nicht geklärt sind. Möglicherweise mit der zur Zeit J. B. Lullys in Frankreich entwickelten Tenoroboe (Taille des Hautbois) verwandt, entstand das E. H. um 1730–40 vermutlich unmittelbar aus der Oboe da caccia. Es hatte zunächst eine gebogene Form, die durch Zusammensetzen zweier getrennt ausgehöhlter Holzteile entstand, die mit Leder überzogen wurden. Neben Instrumenten mit ausladendem Schalltrichter gab es schon früh auch solche mit dem birnenförmigen Schallstück der Oboe da caccia, dem sog. ↗Liebesfuß, der den Klang dämpfte. In der 1. Hälfte des 19. Jh. wurde das bis dahin wenig benutzte E. H. von Frédéric Triébert und Henri Brod in Paris nach dem Vorbild der Oboe neu konstruiert und erhielt jetzt seine endgültige gerade Form mit abgeknicktem Mundstück und einem der Oboe entsprechenden Klappenmechanismus. Der Liebesfuß wurde bei diesem etwa 1 m langen Instrument beibehalten. In dieser Form erst fand es auch Eingang in das Orchester, wo es seit dem frühen 19. Jh. seinen festen Platz hat. Es wird dort im Instrumentalchor der Doppelrohrblattinstrumente in der Tonlage zwischen Oboen und Fagotten eingesetzt, gelegentlich aber auch solistisch verwendet. In der Ästhetik der Instrumentation des 19. Jh. gilt der Klang des solistisch eingesetzten E. H.s als besonders geeignet, „Bilder und Gefühle der Vergangenheit" zu beschwören und „Abwesenheit, Vergessenheit, Vereinsamung, Weltferne" (H. Berlioz) auszudrücken. Wagner benutzte – auf diesem ästhetischen Hintergrund – das E. H. im *Tristan* als Hirteninstrument (*Hirtenreigen,* auf der Bühne gespielt, am Anfang des 3. Aufzugs). Eine bekannte E. H.-Stelle ist auch der Anfang des 2. Satzes aus A. Dvořáks Symphonie *Aus der Neuen Welt.* –

2) Orgelregister des ↗Zungenchors in 8′-, aber auch in 4′- und 16′-Lage, mit umgekehrt konischer Bohrung und mit Doppelkegelaufsatz.

Lit.: H. BERLIOZ, Große Instrumentationslehre (dt. L 1904) (= Literarische WW 10); A. MYERS, A Bibliography of the Oboe and English Horn (1972) (= Diss. Kent State Univ.); R. DAHLQVIST, Taille, Oboe da Caccia and Corno Inglese, in: GalpinJ 26 (1973); H. W. MÜLLER, Bachs Jagdoboe wurde neu gebaut, in: Instrumentenbau-Zschr. 27 (Konstanz 1973); R. N. DAHLKE, The Literature for Unaccompanied Oboe or English Horn. A Comprehensive Survey (1975) (= Diss. Eastman School of Music); A. BAINES, Woodwind Instruments and Their History (Lo ³1977); R. M. LONGYEAR, The English Horn in Classic and Early Romantic Music, in: MMASt 9 (1977).

ENGLISCH HORN
20. Jahrhundert

ENGLISH WALTZ (engl.), langsamer Walzer im ruhigen $^3/_4$-Takt, dem nordamerikanischen ↗Boston ähnlich. Die Schrittfolge ist Schritt–Schritt–Füße zusammen; sie wird vorwärts, rückwärts und in der Drehung getanzt. Dem weichen Tanzstil entspricht die musikalische Begleitung. Öfters ist in den Begleitstimmen der akzentuierte Walzerrhythmus ein wenig verschleiert; die Melodien wirken manchmal etwas sentimental. 1929 wurde der E. W. auf einer int. Konferenz der Tanzlehrerverbände in England zum Standardtanz erhoben.

ENGRAMELLE, Marie Dominique Joseph, * 24. 3. 1727 Nédonchel (Pas-de-Calais), † 1781 Paris. E war Augustiner-Chorherr in Paris. Sein Buch *La Tonotechnic oul l'Art de noter les cylindres, et tout ce qui est susceptible de notage dans* *les instruments de concerts mécaniques* (P 1775) beschreibt Verfahrensweisen zur Notierung von Musik für mit Walzen betriebene mechanische Musikinstrumente. Für den Traktat *L'Art du Facteur d'Orgues* von Dom Bédos de Celles schrieb er ein Kapitel über die Notation.

Lit.: H.-P. SCHMITZ, Die Tontechnik des Père E. (Kas 1953).

ENHARMONIK (von griech. enarmonios = in der Harmonia). Die altgriechische Musik kannte außer dem diatonischen (↗Diatonik) und chromatischen (↗Chromatik) auch ein enharmonisches Tongeschlecht. Es entstand durch Teilung der reinen Quarte (abwärts) in eine große Terz und zwei enharmonische Intervalle (griech. *Diesis*), die zusammen einen chromatischen Halbton ergaben. Die zugrundeliegenden Zahlenverhältnisse wurden jedoch bei den Theoretikern unterschiedlich beschrieben. So gab Archytas von Tarent (4. Jh. v. Chr.) zwei Diesen verschiedener Größe an (36:35 und 28:27); Eratosthenes (um 275–195 v. Chr.) vergrößerte die große Terz (19:15) und gliederte das Restintervall in zwei praktisch gleiche Diesen (39:38 und 30:39); Didymos (1. Jh. n. Chr.) kehrte zur reinen großen Terz (5:4) mit zwei praktisch gleichen Diesen (31:30 und 32:31) zurück. Aristoxenos (4. Jh. v. Chr.) hielt die E. für eine rein mathematische Spekulation, die keinen Einfluß auf die Musikpraxis habe. Hingegen beklagte (Pseudo-)Plutarch (um 48–123 n. Chr.) in *De musica*, daß die E., „dieses schönste musikalische Tongeschlecht", in Vergessenheit geraten sei. Die Bedeutung der E. für die mittelalterliche Musik ist noch ungeklärt. In der Renaissance wurde aufgrund von Forschungen auf dem Gebiet antiker Musik die E. von verschiedenen Theoretikern und Komponisten wiederentdeckt. In seinem Traktat *L'antica musica ridotta alla moderna prattica* (1555) führte N. Vicentino Beispiele für enharmonische Kadenzen und Vokalkompositionen an. Er ließ auch ein „Archicembalo" mit 6 Klaviaturen und 132 Tasten bauen, wobei die Oktave in 31 Intervalle unterteilt war; ähnlich disponiert war ein „Arciorgano" mit 126 Tasten. Auf diesen Tasteninstrumenten konnten demnach enharmonische Intervalle gespielt werden. Noch nach Einführung der gleichschwebend ↗temperierten Stimmung ging G. Tartini in seinem *Trattato di musica secondo la vera scienza dell'armonia* (1754) auf die E. zurück, indem er die Naturseptime (7. Oberton) verwendete, die er in Beziehung setzte zur großen Sexte (21:20) und zur kleinen Septime (36:35). Mit der großen Terz (5:4) kam er zu einer etwas zu großen Quarte und verletzte so die von den Griechen aufgestellte Regel von der reinen Quarte.

Die temperierte Stimmung, die jeden Unterschied zwischen diatonischem (15:16) und chromatischem (24:25) Halbton aufhob, machte eine kompositorische Einbeziehung der E. unmöglich. Dennoch verwendete J.-Ph. Rameau die E. für besondere Effekte in seinen Opern (*Hippolyte et Aricie*, Parzen-Terzett; *Les Indes galantes*, Erdbeben) und in seinen Cembalostücken *(La Triomphante, L'Enharmonique)*. Theoretisch unterschied er ein diatonisch-enharmonisches Tongeschlecht, das zwei absteigende diatonische Halbtöne durch ein enharmonisches Intervall (125:128) (Bsp. a) miteinander verknüpfte, und ein chromatisch-enharmonisches Tongeschlecht, in dem zwei aufsteigende chromatische Halbtöne durch das gleiche enharmonische Intervall verbunden wurden (Bsp. b):,

Da die beiden diatonischen Halbtöne zusammen größer sind als die Summe des kleineren (9:10) und des größeren Intervalls (8:9), muß das *as* etwas höher sein als das *gis*, damit der Ganztonschritt *g–a* rein bleibt. Dagegen entsprechen die beiden chromatischen Halbtonschritte nicht dem Intervall *c–d*, weil auch in diesem Fall das *cis* etwas höher ist als das *des*. Unter Berücksichtigung der temperierten Stimmung präzisierte Rameau in den *Nouvelles Suites de pièces de clavecin avec des remarques sur les différents genres de musique:* „Ce n'est pas de l'intervalle en particulier que naît l'impression que nous devons en recevoir, c'est uniquement de la modulation qui le constitue pour ce qu'il est" („Nicht aus dem Intervall selbst entsteht der Eindruck, den wir davon empfangen müssen, sondern einzig aus der Modulation, die das Intervall zu dem macht, was es ist"). Modulation bedeutet in diesem Zusammenhang nicht im späteren Sinne das Verlassen einer Tonart, sondern noch das Bleiben in ihr. Rameau meint, bezogen auf das Beispiel b, daß sich *cis* und *des*, obwohl akustisch gleich, hier dennoch voneinander unterscheiden, weil derselbe Ton des Zusammenhanges wegen einmal als Leitton in d-moll, das andere Mal dagegen als 6. Stufe in f-moll verstanden wird. Er fordert übrigens auch eine besondere Interpretation solcher Stellen durch einen weichen Anschlag der betreffenden enharmonischen Akkordfolgen. Rameaus enharmonisches Intervall 125:128, das aus dem System Zarlinos abgeleitet ist, entspricht der Differenz zwischen 3 großen Terzen und der Oktave, während das ältere pythagoreische System das enharmonische Intervall als Differenz zwischen 12 Quinten und 7 Oktaven definiert (Pythagoreisches Komma 524'288:531'441). – Es ist zu beachten, daß dieses von Rameau u. a. verwendete Phänomen nichts mit dem antiken Tongeschlecht zu tun hat, sondern das darstellt, was in der Musiktheorie später als *enharmonische Umdeutung* bezeichnet wird. Vor allem die Musik des 19. Jh. hat – ermöglicht durch die temperierte Stimmung – davon regen Gebrauch gemacht. Hierbei erhält ein Akkord durch enharmonische Umdeutung eines oder mehrerer seiner Töne eine neue harmonische Funktion in einer Tonart, die oft weit von der Ausgangstonart entfernt liegt (↗Alteration; Bsp.: Fr. Schubert, Sonate op. 42). die Notation solcher Akkorde kann nur eine ihrer beiden Funktionen deutlich machen; bisweilen entspricht sie theoretisch weder der einen noch der anderen, da die Komponisten in bestimmten Fällen die leichtere Lesart einer orthographisch korrekten Schreibweise vorziehen. Trotz dieser Vereinfachungstendenz in der Praxis konnte sich keine Notationsweise, die ein besonderes enharmonisches Symbol (z. B. für *cis* und *des*) einführen wollte, durchsetzen. In der Atonalität verliert die E. ihren Sinn.

Lit.: A. SCHÖNBERG, Harmonielehre (W 1911, ^{7}1966); H. STEPHANI, E. bei Beethoven, in: Kgr.-Ber. Wien 1927 (W 1927); C. DEL GRANDE, Musica enarmonica nell'antica Grecia, in: RMI 36 (1929); O. GOMBOSI, Tonarten u. Stimmungen der antiken Musik (Kop 1939, Nachdr. 1950); D. P. WALKER, Der musikal. Humanismus im 16. u. frühen 17. Jh. (Kas 1949) (= Musikwiss. Arbeiten 5); K. J. LEVY, Costeley's Chromatic Chanson, in: Ann. Mus. 3 (1955), dazu C. DAHLHAUS, in: Mf 16 (1963); H. PFROGNER, Zur Theorieauffassung der E. im Zeitalter Mozarts, in: Kgr.-Ber. Wien 1956 (Gr – Kö 1958); C. GIRDLESTONE, J.-Ph. Rameau (Lo 1957); W. KELLER, Hdb. der Tonsatzlehre, I (Rb 1957); J. LOHMANN, Die griech. Musik als mathematische Form, in: AfMw 14 (1957), Nachdr. in: Musiké u. Logos..., hrsg. v. A. GIANNARÁS (St 1970); E. SEIDEL, Die E. in den harmonischen Großformen F. Schuberts (Diss. F 1962); M. VOGEL, Anregendes Griechentum, in: Mf 15 (1962); DERS., Die E. der Griechen, 2 Bde. (Düsseldorf 1963) (= Orpheus-Schriftenreihe zu Grundfragen der Musik 3–4); R. P. WINNINGTON – INGRAM, Die E. der Griechen, in: Mf 18 (1965); G. ALBERSHEIM, Die Rolle der E. in der abendländischen Musik, in: FS W. Wiora (Kas 1967).

M. FAVRE

ENOCH ARDEN (*Der Möwenschrei*), Oper in 4 Bildern von Ottmar Gerster (1897–1969), Text von Karl Michael von Levetzow nach der gleichnamigen Verserzählung Alfred Tennysons. Ort und Zeit der Handlung: ein Fischerdorf und eine Südseeinsel, um 1850. UA: 15. 11. 1936 in Düsseldorf unter Hugo Balzer.

Gerster veranschaulicht in seiner Musik das Schicksal des zehn Jahre verschollenen und für tot erklärten Seemanns Enoch Arden unter Verwendung mehrerer volkstümlicher Elemente, darunter das Akkordeon im Orchester, eingängige Liedmelodien und große Tanzeinlagen. Damit steht der Komponist, dessen Musik nie ins Triviale abgleitet, in der Tradition des deutschen Opernverismus. Musikalischer Höhepunkt ist das Orchesterzwischenspiel vor dem dritten Bild. Gerster beweist hier seine kontrapunktischen Fähigkeiten in einer Fuge *Ausfahrt und Schiffbruch;* hinzu treten aussagekräftige Erinnerungsmotive wie der fast immer gegenwärtige „Möwenschrei", und die bedrückende Grundstimmung des Folgenden wird vorbereitet. Das Schlußbild zeigt die Heimkehr des Enoch Arden, der erkennen muß, daß seine Frau ihn aus ihrem Gedächtnis gestrichen hat. Enoch Arden segnet nun seinen Sohn vor dessen erster Fahrt und geht dann ins Wasser, von wo seine Frau Annemarie den schicksalsträchtigen „Möwenschrei" zu hören glaubt.

K. LANGROCK

ENSALADA (span., = Salat, „Mischmasch"), eine dem ↗Quodlibet verwandte, besonders im 16. Jh. beliebte vokale Kompositionsgattung in Spanien, für die die mehr oder weniger willkürliche Aneinanderreihung unzusammenhängender, auf je eigene, teilweise verschiedensprachige (span. Dialekte, Latein) Texte gesungener Melodien charakteristisch ist. Die Popularität der E.s war so groß, daß sie häufig von Vihuelisten transkribiert wurden. Die seinerzeit bekanntesten Kompositionen stammen von Mateo Flecha dem Älteren, die von seinem Neffen, Mateo dem Jüngeren, zusammen mit eigenen Beiträgen unter dem Titel *Las ensaladas de Flecha* (Pr 1581) veröffentlicht wurden. F. Pedrell wies in E.-Kompositionen noch heute in Spanien populäre Volkslieder nach.

Ausg.: M. Flecha, *Las Ensaladas*, hrsg. v. H. ANGLÉS, in: Publicaciones del Departamento de Música de la Bibl. de Catalunya 16 (Ba 1954).

Lit.: J. ROMEU FIGUERAS, Las canciones de raiz tradicional acogidas por Cárceres en su ensalada „La trulla", in: Miscelánea en homenaje a... H. Anglès, II (Ba 1961); K. GUDEWILL, Ursprünge u. nationale Aspekte des Quodlibets, in: Kgr.-Ber. New York 1961 (Kas 1961).

ENSEMBLE (frz., = zusammen, miteinander; das Zusammenwirken). – **1)** Umgangssprachliche Bz. für eine Vokal- oder Instrumentalgruppe, insbesondere in kleiner kammermusikalischer Besetzung. Auch die Gesamtheit der Sänger eines Opernhauses oder der Tänzer eines Balletts wird als

E. bezeichnet. – **2)** In der Oper Bz. für bestimmte Abschnitte, in denen mehrere Solisten gleichzeitig singen. Das E. findet sich schon vereinzelt in Opern des 17. Jh., entwickelte sich aber erst seit der Entstehung der Opera buffa zu einem wesentlichen Element musikalisch-dramatischer Gestaltung (neben Arie, Duett und Chorsatz). E.s stehen oft im Innern eines Aktes, wenn es darum geht, gemeinsamen Gedanken mehrerer Personen (seltener gemeinsamen Aktionen) Ausdruck zu verleihen. Unter den Bezeichnungen Terzett, Quartett usw. gibt es viele solcher E.s u. a. in Opern W. A. Mozarts. Weitere Höhepunkte ausdrucksvoller Opern-E.s sind in späterer Zeit in Beethovens *Fidelio* das Quartett *Mir ist so wunderbar* (aus dem 1. Akt) und in Wagners *Meistersingern* das Quintett *Selig wie die Sonne* (aus dem 3. Akt).

Lit.: **Zu 1):** D. KÄMPER, Stud. zur instr. Ensemblemusik des 16. Jh. in Italien (Kö – W 1970) (= Anal. Mus. 10).

ENTFÜHRUNG AUS DEM SERAIL, DIE, Singspiel in 3 Akten von Wolfgang Amadeus Mozart (1756–91), KV 384, Text von Gottlieb Stephanie d. J. nach Christoph Friedrich Bretzners Libretto *Belmont und Constanze* (UA: 25. 5. 1781 in Berlin mit der Musik von Johann André). Ort und Zeit der Handlung: das Landgut des Bassa Selim, 16. Jahrhundert. UA: 16. 7. 1782 in Wien (Hofburgtheater).

Auf Wunsch Kaiser Josephs II., der 1776 das Burgtheater in die Verwaltung des Hofes übernommen und mit dem „National-Singspiel" eine Pflegestätte für nationale, deutschsprachige Kunst gegen die übermächtige italienische Oper eingerichtet hatte, vertonte Mozart zum erstenmal einen deutschen Text. Die Nummernoper mit gesprochenen Dialogen anstelle der italienischen Secco-Rezitative geriet dank der überragenden musikalischen Gestaltung zur ersten bedeutenden Oper in deutscher Sprache. Die Disposition der einzelnen Nummern mit geglückter Verbindung von italienischer Arie und deutschem Lied geht weit über den Singspiel-Rahmen hinaus; im Orchester entfaltete Mozart einen bis dahin nicht gehörten musikalischen Naturalismus. Anstelle der traditionellen Buffa-Finali komponierte er Ensembles, von denen das Final-Quartett des 2. Aktes die geniale musikdramatische Konzeption späterer Ensembles antizipiert. Stilprägend für die Gattung der deutschen komischen Oper wurden die musikalischen Charakterrollen: der „lyrische" Koloratursopran Konstanze, der lyrische Tenor Belmonte, die Koloratursoubrette Blondchen und der Buffo-Tenor Pedrillo. Insbesondere die Baßpartie des Osmin ist von größter Charakterkomik (*Solche hergelaufne Laffen* aus dem 1. Akt und *O wie will ich triumphieren* aus dem 3. Akt). Die Premiere wurde ein überwältigender Erfolg für Mozart. Die meisten Nummern, die schon bei der UA wiederholt werden mußten, erlangten die Bekanntheit von Gassenhauern.

J. SCHLÄDER

ENTR'ACTE (frz.), ↗Zwischenaktmusik.

ENTRADA (span.; it.: Entrata), ↗Intrada.

ENTRÉE (frz., = Eintritt). Im Mittelalter in Frankreich Bz. für den Auftritt verkleideter oder maskierter Personen in Ballett oder Pantomime (↗Entremets), dann auch für die mit Musik begleiteten Aufzüge und Aufführungen zum Empfang des Königs. Im 17. Jh. war das E. ein inhaltlich lokker mit der Gesamthandlung verbundener, aber in sich geschlossener szenischer Bestandteil des ↗Ballet de cour. Später wurden mit E. auch die in die Zwischenakte des Comédie-ballet eingeschobenen Divertissements (Molière, *Les Fâcheux,* 1661), die einzelnen Akte des Balletts (J. B. Lully, *Le Temple de la Paix,* 1685, bestehend aus 6 E.s) und des Opéra-ballet (A. Campra, *L'Europe galante,* 1697, bestehend aus 5 E.s; J. Ph. Rameau, *Les Fêtes d'Hébé,* 1739, bestehend aus einem Prolog und 3 E.s) bezeichnet. Auch die deskriptive Musik zu den getanzten E.s des ↗Opéra-ballet und charakterisierende instrumentale Zwischenspiele wurden E. genannt, so die sog. *Entrées du luth,* die in Sammeldrucken R. Ballards erscheinen. Von dort wurde die Bz. im frühen 18. Jh. unabhängig von der Bühne für ähnliche deskriptive Instrumentalstücke übernommen u. a. auch in Tanzsuiten französischer Clavecinisten, so eine abschließende *Entrée joyeuse* bei N. Siret (1719).

ENTREMETS (frz., = Zwischenmahlzeit), im 14. u. 15. Jh. in Frankreich zu festlichen Gastmählern bei Hofe dargebotene Tänze und Pantomimen mit Vokal- und Instrumentalmusik, in prachtvoller Dekoration und mit theatralischen Effekten. Solche E. sind beispielsweise bezeugt für das sogenannte Fasanenbankett von Lille, 1454, mit Musik u. a. von G. Dufay. Die E. können als Vorläufer des späteren ↗Ballet de cour gelten.

ENTREMONT, Philippe, * 6. 6. 1934 Reims; frz. Pianist und Dirigent. E., dessen Vater Dirigent und dessen Mutter Pianistin waren, wurde mit 8 Jahren Klavierschüler von Marguerite Long in Paris. 1950 debütierte er in Barcelona und kam auf weltweiten Tourneen rasch zu großem Ansehen. 1952 gewann er den Concours musical international Reine Élisabeth, 1953 den Concours international de piano et violon M. Long – J. Thibaud. Seit 1973 hält er jährlich einen Kurs für Klavier in St-Jean-de-Luz (Baskenland) an der Académie Internationale de Musique M. Ravel, deren Präsident er auch ist. Seit 1976 leitet er das Wiener Kammerorchester.

ENVIRONMENT (engl.), ↗Multimedia.

ENVOI (frz., = Widmungs-, Geleitstrophe), in der französischen ↗Ballade des Mittelalters die Endstrophe, in welcher der Person gehuldigt wird, der die Dichtung gewidmet ist. Sie findet sich häufig, war aber nicht verbindlich. Der E. endet, wie die vorhergehenden Strophen, mit einem Refrain, hat aber nur die Hälfte der Verse.

EPHRAIM DER SYRER, * um 306 Nisibis (oder bei Nisibis), † 9.6.373 Edessa; Diakon und Kirchenlehrer. E. wirkte bis 363 als berühmter Lehrer an der Schule von Nisibis, übersiedelte nach deren Auslieferung an die Perser nach Edessa, wo er vermutlich Diakon war und auch an der edessenischen Schule lehrte. Er gilt als der bedeutendste orientalische Hymnendichter der christlichen Antike und spielte für die Entwicklung des frühen liturgischen Gesangs eine maßgebliche Rolle. Mit den von ihm gepflegten Gattungen der cantillierten Memrā, der sangbaren Mādrāšā sowie der aus letzterer hervorgegangenen Sogīthā hat er insbesondere zur Entwicklung des griechischen ↗Kontakions beigetragen. Eine bedeutsame Neuerung für die strophisch gebaute, isosyllabische und bis 11silbige Verse umfassende Mādrāšā war der von E. nach dem Vorbild der responsorialen Psalmodie eingeführte Refrain für die Gesamtheit der Gläubigen. Die Hymnen wurden auf bekannte Melodien gesungen, deren Volkstümlichkeit wohl das Erlernen der Gesänge erleichtern und damit der Erhaltung und Verbreitung des durch die Häretiker gefährdeten orthodoxen Glaubens dienen sollten. Neben dem Kontakion regte E. auch die Entstehung weiterer liturgischer Gattungen im griechischen, armenischen, äthiopischen und jüdischen Raum an; seine Einflüsse sind auch im mozarabischen Gesang, im römischen Responsorium und in den ambrosianischen Hymnen erkennbar. Wichtig sind ferner seine Betrachtungen zur Symbolik der Musikinstrumente, denen er vor allem Psalmtexte sowie die Schriften von Bardesanes zugrunde legte.

Lit.: D. J. JEANNIN, Mélodies liturgiques syriennes et chaldéennes I (P 1924); E. WELLESZ, A History of Byzantine Music (O 1949); E. WERNER, The Sacred Bridge (Lo – NY 1959); S. CORBIN, L'Église à la conquête de sa musique (P 1960); H. HUSMANN, Madraše u. Seblata. Repertoire-Unters. zu den Hymnen E. des S.s, in: AMl 48 (1976).

EPILOG (von griech. epilogos = Schluß einer Rede, Nachwort, Nachspiel), **Epilogus,** innerhalb der an der Rhetorik orientierten Musiktheorie des 16.–18. Jh. Bz. für den Schluß einer Vokalkomposition. – Neuerdings scheint man damit auch die Vorstellung von einer musikalischen und gedanklichen Zusammenfassung zu verbinden. So heißen die Reminiszenz, mit der R. Strauss die symphonische Dichtung *Till Eulenspiegel* enden läßt, und das Stück, das nachwortartig die Lehre aus I. Strawinskys Oper *The Rake's Progress* zieht, Epilog.

ÉPINETTE (frz.), ↗Spinett.

ÉPINETTE DES VOSGES (frz.), dem ↗Scheitholz, dem ↗Dulcimer und dem ↗Hummel verwandte Zither, die im 18. und 19. Jh. in den Vogesen (vor allem um das Val-d'Ajol und um Gérardmer) sehr beliebt war. Zithern dieser Art waren im Mittelalter in Zentral- und Nordeuropa weit verbreitet. Das É. d. V. besteht aus einem länglich-rechteckigen Kasten, über den Saiten gespannt sind, die teils über einem Griffbrett mit Bünden liegen (Melodiesaiten), teils daneben (Bordunsaiten). Die Saiten wurden ursprünglich mit dem Daumen der rechten Hand gezupft, später mit dem Kiel einer Vogelfeder oder einem Plektrum. Das Instrument existiert in seinen ursprünglichen Verbreitungsgebieten in zwei Formen: im Gebiet von Gérardmer hat es eine Länge von 70–80 cm und 7 Saiten (3 Melodie- und 4 Bordunsaiten); im Gebiet des Val-d'Ajol ist es kleiner, meist feiner verarbeitet und hat 5 Saiten (2 Melodie- und 3 Bordunsaiten). Beide Typen haben eine diatonische Bundanordnung. Das É. d. V. ist heute wieder vor allem in den Volksmusikgruppen der Vogesen und Lothringens beliebt.

Lit.: T. NORLIND, Systematik der Saiteninstr., I: Gesch. der Zither (Sto 1936); G. J. MICHEL, L'épinette des Vosges au Val-d'Ajol au XIXe siècle, in: Pays lorrain 39 (1958); DERS., L'épinette des Vosges, in: Arts et traditions des Hautes-Vosges, I: Au pays des lacs (Gérardmer 1960); J. BRANDLMEIER, Hdb. der Zither (Mn 1963); G. J. MICHEL, La fabrication de l'épinette des Vosges à Fougerolles et au Val-d'Ajol du XVIIIe au XXe siècle, in: Mémoires de la Société d'Agriculture, Lettres Sciences et Arts de la Haute-Saône, Neue Reihe 1 (1968); J. F. DUTERTRE, Accords élémentaires et claviers de l'épinette des Vosges et du dulcimer, in: Gigue, revue de Folk 1 (1972), September-H.; H. BOONE, De hommel in de Lage Landen, in: The Brussels Museum of Musical Instruments Bull. 3 (Bru 1976).

EPIPHONUS (lat.), ↗Neumen.

EPISCOPIUS (de Bisshop), **Ludovicus,** * um 1520 Mecheln, † 29.4.1595 Straubing (Niederbayern); franko-flämischer Komponist. E. studierte seit 1538 an der Universität Mecheln, wurde zum Priester geweiht und war 1545–64 und erneut seit 1577

Kapellmeister und Kantor an St. Servatius in Maastricht. 1582 ging er nach Bayern, lebte zunächst in München und war seit 1591 Kanonikus der Priesterbruderschaft in Straubing. Von ihm sind eine Messe, *Si mon service a mérite,* 4 4–5st. Motetten sowie mehrere in Sammeldrucken (RISM 1554^{31} und 1572^{11}) veröffentlichte 3–8st. flämische Lieder bekannt.

Ausg.: 4 flämische Lieder für 4 St., hrsg. v. R. LAGAS (Den Haag 1954–59) (= Musica antiqua batava 6, 11, 20, 30); 5 weltliche flämische Lieder 1554, hrsg. v. M. PRICK VAN WELY (Wb 1977) (= Chw 122).

Lit.: G. VAN DOORSLAER, L. E., in: Bull. du Cercle Archéologique ... de Malines 36 (1931), auch separat (Mecheln 1932); R. LENAERTS, Het Nederlands polifonies Lied (Mecheln – A 1933); H. OSTHOFF, Die Niederländer u. das dt. Lied 1400–1640 (B 1938); A. SCHARNAGL, L. E., in: KmJb 34 (1950).

EPISEMA (griech.), ↗Neumen.

EPISODE (von griech. epeisodion = Einschaltung), ein für den formalen Aufbau einer Komposition eher nebensächlicher Abschnitt; in der Fuge gleichbedeutend mit Zwischenspiel, in anderen Formen auch Bz. für Überleitungspartien bzw. für solche Formteile, die als eingeschobene Zwischenspiele keine weitere Verarbeitung erfahren. Zuweilen werden die nichtthematischen Couplet-Partien des Rondos als E.n bezeichnet. – In Opern sind E.n in sich abgeschlossene Handlungsteile, die in den Ablauf der Haupthandlung eingeschoben werden. – E.n als eindeutig trennende Einschübe zwischen den einzelnen Werkteilen (Sätzen) finden sich z. B. in A. Schönbergs Streichtrio, op. 45 sowie in W. Lutosławskis Orchesterkomposition *Livre* (wo sie als Zwischenspiele bezeichnet werden); der 3. Satz der Sonate A-Dur für V. u. Klv. von C. Franck besteht aus sukzessiven E.n (*Recitativo* u. *Fantasia*).

Lit.: S. SCHMALZRIEDT, E., in: HMT (1978).

EPISTEL ↗Lesungen.

EPITHALAMION (griech., = das zum Brautgemach Gehörende), in hellenistischer Zeit Bz. für das Hochzeitslied (↗Hymenaios), das nach der Hochzeitszeremonie von einem Chor junger Männer und Mädchen vor dem Brautgemach gesungen wurde. Von der Dichterin Sappho ist eine Sammlung solcher Epithalamia fragmentarisch überliefert. Eine literarische Gestaltung fand das E. in der 18. Idylle des Theokritos. – In der Musik des 16. Jh. erscheint E. – auch latinisiert als Epithalamium – gelegentlich als Titel von mehrstimmigen lateinischen oder deutschen geistlichen Hochzeitsgesängen, u. a. nach Texten aus dem Hohenlied, z. B. bei Chr. Demantius (*Epithalamion* für Johann u. Sabina Mayer, L 1595).

EPPSTEIN, Hans, * 25. 2. 1911 Mannheim; schwedischer Musikforscher und Musikpädagoge. E. studierte seit 1929 Musikwissenschaften an den Universitäten Heidelberg, Freiburg i. Br. und Bern, wo er 1934 mit einer Dissertation über *Nicolas Gombert als Motettenkomponist* (Wü 1935) promoviert wurde. 1934–36 war er Schulmusiklehrer. Seit 1936 lebt er in Schweden, war seit 1949 Mitarbeiter, seit 1953 Chefredakteur des Musiklexikons *Tonkonsten* (2 Bde., Sto 1955–57, ^{2}1972) und lehrte u. a. 1965–66 Musikgeschichte am Konservatorium in Göteborg. 1966 wurde er an der Universität Uppsala mit der Dissertation *Studien über J. S. Bachs Sonaten für ein Melodieinstrument und obligates Cembalo* (Uppsala 1966) promoviert, habilitierte sich gleichzeitig und lehrt seither dort Musikwissenschaft. Seit 1972 ist E. Herausgeber der *Monumenta Musicae Svecicae* (Sto 1958 ff.).

Schriften (außer den genannten): *J. Brahms* (Sto 1948); *Grundzüge in J. S. Bachs Sonatenschaffen,* in: Bach-Jb. 55 (1969); *Chronologieprobleme in J. S. Bachs Suiten für Soloinstrumente,* in: Bach-Jb. 62 (1976).

EQUAL, Equale, ↗Aequal.

ÉRARD, Sébastien, * 5. 4. 1752 Straßburg, † 5. 8. 1831 La Muette bei Passy; frz. Klavier- und Harfenbauer. E. lernte seit 1768 bei einem Cembalobauer in Paris, der jedoch sein rasch erworbenes Können nicht erkannte und ihn bald entließ. Er fand einen neuen Arbeitgeber, der ihn mit dem Bau eines für ein Kuriositätenkabinett bestimmten „clavecin mécanique" beauftragte, das in der Pariser Musikwelt Aufsehen erregte. Die Marquise von Villeroy ermöglichte ihm in ihrem Schloß die Einrichtung einer Werkstatt. 1777 vollendete er das erste französische Hammerklavier. Um 1780 eröffnete er mit seinem Bruder **Jean-Baptiste,** * 7. 7. 1745 Straßburg, † 10. 4. 1826 Paris, in Paris einen eigenen Betrieb. Sébastien baute u. a. für die Königin Marie-Antoinette ein „piano organisée", das mit einem Klavier- und einem Orgelmanual und mit einer Transponiervorrichtung ausgestattet war. Wegen der engen Beziehungen zum Hofe ging er 1786 vor den beginnenden revolutionären Unruhen nach England; Jean-Baptiste führte währenddessen die Pariser Werkstatt allein weiter. In England studierte Sébastien den fortschrittlichen englischen Klavierbau und trug seinerseits zu dessen Fortentwicklung bei. Er widmete sich auch dem Bau von Harfen. Durch das sog. „système à fourchette" verbesserte er den Umstimmechanismus. 1794 gründete er in London eine Firma, kehrte aber 1796 nach Frankreich zurück. Er baute Hammerflügel, von denen einer 1803–16 auch in Beethovens Besitz war (heute im Museum in Linz a. D.). 1810 gelang ihm die Konstruktion der Doppelpedalharfe, deren Prinzip bis heute beibehalten wurde. Das Unternehmen wurde nach seinem Tode von seinem Neffen **Pierre,** * 10.3.1794 Paris, † 14.8.1865 ebd., weitergeführt. Dieser vervollkommnete die Repetitionsmechanik. – Die Firma É. fusionierte später mit ↗Gaveau und firmiert seither als Gaveau-Érard, S. A. Hergestellt werden heute Klaviere, Flügel, Cembali und Harfen.

Schriften (von Pierre É.): *The Harp in its present improved state compared with the original pedal Harpe* (Lo 1821); *Perfectionnements apportés dans le mécanisme du piano par les Érard depuis l'origine de cet instrument jusqu'à l'exposition de 1834* (P 1834); *Exposition de l'industrie française Exportation. Pianos d'Érard* (P 1849).

Lit.: La maison É. Ses origines. Ses inventions. Ses travaux. 1780 bis 1803 (P 1903); FRANQUEVILLE, Le château de la Muette (P 1915); J. GARDIEN, Les É. (P 1962).

J. GARDIEN

ERB, Karl, * 13.7.1877 Ravensburg, † 13.7.1958 ebd.; dt. Sänger (Tenor). E. war städtischer Beamter in Ravensburg. Ohne eine geregelte Gesangsausbildung erhalten zu haben, debütierte er 1907 in Stuttgart als Mathias in W. Kienzls Oper *Der Evangelimann.* 1908–10 war er in Lübeck engagiert und kehrte danach an das Stuttgarter Hoftheater zurück. 1913 wurde er von Br. Walter an das Hof- und Nationaltheater in München geholt, dessen Mitglied er bis 1925 blieb. Diese Jahre stellen den Höhepunkt seiner Bühnenlaufbahn dar. In München sang er 1917 auch in der Uraufführung des *Palestrina* von H. Pfitzner die Titelpartie. In vielen Opern trat er mit Maria Ivogün auf, mit der er 1921 bis 1931 verheiratet war. 1930 zog sich E. nach einem Unfall von der Bühne zurück und widmete sich seitdem ausschließlich dem Lied- und Oratoriengesang. In vielen Konzerten im In- und Ausland, die er noch bis in die 50er Jahre hinein gab, erwies er sich als überragender Lied- und Oratorieninterpret, u. a. in den Evangelistenpartien der Passionen von J. S. Bach.

Lit.: M. MÜLLER-GOEGLER, K. E., Das Leben eines Sängers (Offenburg 1948); F. STÜHMKE, Der Sänger des Palestrina, in: Musica 11 (1957).

ERB, Marie-Joseph, * 23.10.1858 Straßburg, † 9.7.1944 Andlau (Bas-Rhin); frz. Komponist und Organist. E. wurde 1874 Schüler von E. Gigout an der École Niedermeyer in Paris, später auch von Ch.-M. Widor. 1880 kehrte er ins Elsaß zurück und wurde 1883 Organist in Schlettstadt. 1884 machte er in Eisenach die Bekanntschaft von Fr. Liszt und war kurze Zeit in Weimar dessen Schüler. Nach Straßburg zurückgekehrt, wurde er Organist an St-Jean. 1910 erhielt er auf Empfehlung H. Pfitzners eine Professur für Klavier, Orgel und Komposition am Konservatorium in Straßburg und übte dieses Amt bis 1937 aus.

WW: **1) Instr.-WW:** Klv.-Stücke, u. a.: *Images et légendes d'Alsace* (1884) (L o. J.); *En Alsace* (1921), Suite (P o. J.); *4 Feuillets d'Album* (1884) für Klv. 4händig (Z o. J.); Org.-Stücke, darunter: 3 Sonaten über gregorianische Themen, I (1905) (P o. J.), II (1912), III (1927) (P o. J.); *Suite liturgique* (1913) (P o. J.); für V. u. Klv.: 3 Sonaten, I (1885) (L o. J.), II (1892) u. III (1922); Suite (1894) (W o. J.); mehrere kammermusikal. u. Orch.-WW blieben unveröffentlich. – **2) Vokal- u. Bühnen-WW:** Lieder, Chorstücke u. Kantaten, 17 Messen, darunter: *Messe „Dona nobis pacem"* (1916) (Altötting o. J.); *Messe „Salve Regina"* u. *Messe „In te Domine speravi"* (1937); 15 Motetten; 20 Offertorien; etwa 10 Bühnen-WW, u. a.: *Abendglocken* (1894) u. *Der glückliche Taugenichts* (1898); *L'Homme de Fer,* Conte lyrique (1928); *Saxophone et Cie,* Farce satirique (1932).

Lit.: P. DE BRÉVILLE, Un grand musicien français, M.-J. E. Sa vie et son œuvre (Str 1948) (mit Werk-Verz.); A. BENDER, in: Caecilia 66 (Str 1958).

ERBACH, Christian, * um 1570 Gau-Algesheim bei Mainz, begraben 14.6.1635 Augsburg; dt. Komponist. Er war 1596–1614 Organist der Kapelle der Fugger in Augsburg, dort 1602–25 als Nachfolger H. L. Haßlers Stadtorganist und Meister der Stadtpfeifer und seit 1625 Domorganist. E. war ein geschätzter Komponist und Lehrer. Seine Messensätze und Motetten stehen in ihrer Klangpracht und in ihrer teils mehrchörigen Anlage der Venezianischen Schule, insbesondere G. Gabrieli, nahe. Den Schwerpunkt seines Schaffens bilden jedoch die Orgelwerke – darin besonders die Toccaten –, mit denen er nachhaltigen Einfluß auf die süddeutsche Orgelschule ausübte.

Ausg.: Ausgew. Werke für Org. u. Tasteninstr., hrsg. v. E. VON WERRA (1903) (= DTB 4/2); GA der Org.-WW, hrsg. v. C. R. RAYNER (R 1971 ff.) (= Corpus of early keyboard music 36); Orgelstücke in: Orgelwerke alter Meister aus Süddeutschland, hrsg. v. H.-A. METZGER (Tü 1954); 1 Hymnus in: Die Orgel im Kirchenjahr, hrsg. v. E. KRAUS (Rb 1958) (= Cantantibus organis 1); eine Fantasie u. eine Toccata in: Orgelmusik an europäischen Kathedralen, hrsg. v. DEMS. (1959) (= ebd. 2); 3 Introitus mit Versus, hrsg. v. W. KRUMBACH, in: Die Orgel II/11 (Lippstadt 1959); Ausgew. Kompositionen, hrsg. v. A. REICHLING (Altötting 1965); 8 Kanzonen für Orgel oder andere Tasteninstr., hrsg. v. DEMS., in: Veröff. der Ges. der Orgelfreunde 23 (B 1965); Canzona *La paglia* für 3 V. u. 2 Vc., hrsg. v. A. GOTTRON, in: Hortus Mus. 156 (Kas 1959); 5 Motetten, hrsg. v. F. COMMER (Rb 1878) (= MS 28); 12 geistliche Chorwerke, hrsg. v. A. GOTTRON (Mz 1943); 3 Chorsätze, hrsg. v. DEMS., in: Die Chorsammlung A 58–60 (Rb 1957); Magnificat 1603, hrsg. v. DEMS. (Rb 1960) (= MS 51); 8 Motetten für 3–5 St., hrsg. v. W. K. HALDEMAN (Wb 1974) (= Chw 117).

Lit.: E. VON WERRA, Einleitung, in: DTB 4/2 (1903); A. GOTTRON, Die Kanons E.s im Pommerschen Kunstschrank 1617, in: Mf 12 (1959); W. HALDEMAN, The Vocal Compositions of Ch. E., 2 Bde. (1962) (= Diss. Univ. of Rochester); O. MISCHIATI; L'intavolatura d'organo tedesca della Bibl. Nazionale di Torino, in: L'Orgue 4 (1963); R. BUSCH, in: MS 90 (1970).

ERBACH, Friedrich Karl Graf zu (Frédéric Charles d'Erpac), * 21. 5. 1680 Erbach (Odenwald), † 20. 2. 1731 ebd.; dt. Komponist. Er widmete sich zeitlebens intensiv der Musik und unterhielt in Erbach eine Hofkapelle. Von seinen Kompositionen, für die er vermutlich den Rat des ihm freundschaftlich verbundenen G. Ph. Telemann einholte, sind erhalten eine Sammlung *Divertimenti Armonici* mit 24 3st., teils als Kirchensonaten, teils als Suiten konzipierten Sinfonien sowie 6 Duette für Violoncello und Fagott.

Ausg.: VI Duetti für Vc. u. Fag., hrsg. v. F. NOACK, in: Hortus Mus. 122 (1954, Kas ²1963); 2 Divertissements mélodieux D-Dur u. g-moll, hrsg. v. L. HOFFMANN-ERBRECHT, in: Organum III/60 (Lippstadt 1961) u. 69 (1964).

Lit.: G. SIMON, Gesch. der Dynasten u. Grafen zu Erbach (1858); E. PREUSSNER, Die musikal. Reisen des Herrn von Uffenbach (Kas 1949).

ERBSE, Heimo, * 27. 2. 1924 Rudolstadt (Thüringen); dt. Komponist. Er studierte bis 1947 in Weimar Dirigieren bei H. Abendroth und Opernregie bei E. Kranz, war als Regisseur in Mitteldeutschland tätig und lebte seit 1950 als Film- und Bühnenkomponist, besonders des Theaters am Kurfürstendamm, in Berlin. Hier setzte er seine Kompositionsstudien bei B. Blacher fort und erhielt 1956 den Berliner Kunstpreis. 1957 übersiedelte er nach Taxenbach (Salzkammergut), wo er für die Salzburger Festspiele 1959 Musik und Text der Oper *Julietta* (nach Kleists Novelle *Die Marquise von O.*) schrieb. Seither lebt E. als freischaffender Komponist. In seinen Werken findet sich eine individuelle Verbindung von A. Bergs expressiver Dodekaphonie und Blachers ausgesparter Variationstechnik.

WW: **1) Instr.-WW:** Sonate (1951) für 2 Klv.; Streichquartett (1951); *Aphorismen* (1954) für Fl., V., Klv.; Bläserquartett (1961); Sonate (1966) für Fl. u. Klv.; Nonett (1971) für Ob., Klar., Fag., Horn u. Streichquintett. – Für Orch.: *Impression, Präludium* (beide 1954); Sinfonietta (1955); *Tango-Variationen* (1958); *Pavimento* (1960); Sinfonie in 4 Sätzen (1964); Capriccio (1952) für Klv., Schlagzeug, Streichorch.: *Miniaturen* (1954) für Str., Klv. u. Schlagzeug; Klv.-Konzert (1962); Tripelkonzert für Solo-V., Solo-Vc., Solo-Klv. u. Orch., op. 32, UA: 1975. – **2) Vokal-WW:** *Das Hohelied Salomo's* (1968), Solokantate für Sopran, Bar. u. Orch.; 5 Gesänge nach G. Trakl (1969) für Bar. u. Orch.; 3 Klv.-Lieder nach J. v. Eichendorff (1954); 3 Klv.-Lieder nach P. Celan (1963); 4 Gesänge aus den Anakreontischen Liedern (1977) für Sopran oder Tenor, Fl. u. Cemb. – **3) Bühnen-WW:** Kammeroper *Fabel in C* (1951); *Julietta* (1955), Opera semiseria nach H. v. Kleist; Komische Oper *Der Herr in Grau* (1966); Ballett *Ruth* (1959).

Lit.: W. SZMOLYAN, H. E. erhielt den Würdigungspreis, in: ÖMZ 29 (1974).

H. LINDLAR

ERDMANN, Eduard Paul Ernst, * 5. (18.) 3. 1896 Wenden (Livland), † 21. 6. 1958 Hamburg; dt. Pianist und Komponist. Er studierte 1914–17 in Berlin Klavier bei C. Ansorge und 1915–18 Komposition bei H. Tiessen an der Musikhochschule. Als Pianist beeinflußte ihn vor allem sein Lehrer A. Schnabel. 1919 debütierte er in Berlin als Pianist, war 1921–23 Mitglied der Jury der Donaueschinger Musiktage für zeitgenössische Tonkunst und leitete 1925–35 eine Meisterklasse für Klavier an der Musikhochschule in Köln. Diese Stelle gab er aus Protest gegen Ausschreitungen der Nationalsozialisten gegen Kollegen auf. Seit 1950 war er Professor an der Musikhochschule in Hamburg. E. gehörte zu den bedeutendsten Pianisten seiner Zeit. Er setzte sich zunächst vor allem für die zeitgenössische Klaviermusik und die Werke wenig bekannter Komponisten der Vergangenheit ein, wandte sich dann zunehmend der großen klassischen Klavierliteratur zu und war auch an der Wiederentdeckung der Klavierwerke Fr. Schuberts beteiligt. E. war auch ein vielbeachteter Komponist. Er schrieb u. a. 4 Symphonien, Orchesterstücke, ein Klavierkonzert, Solostücke für Violine und Klavier und Lieder.

Lit.: K. WAGNER, Ein Sechziger: E. E., in: Musica 10 (1956); H. WEIHER-WAEGE, E. E., in: ebd. 12 (1958); K.-O. PLUM, E. E., in: Rheinische Musiker, 7. Folge, hrsg. v. D. Kämper (Kö 1972) (= Beitr. zur rheinischen Musikgesch. H. 97); Begegnungen mit E. E., gesammelt und hrsg. v. C. BITTER – M. SCHLÖSSER (Da 1968, NA 1972) (= Agora 26).

ERDMANNSDÖRFER, Max (von), * 14. 6. 1848 Nürnberg, † 14. 2. 1905 München; dt. Dirigent. Nach seiner Ausbildung 1863–67 am Konservatorium in Leipzig und im Dirigieren 1868–69 bei J. Rietz in Dresden, war er, als Nachfolger von M. Bruch, 1871–80 Hofkapellmeister beim Fürsten von Schwarzburg-Sondershausen. Hier machte er die „Lohkonzerte" zum Treffpunkt der Norddeutschen Schule und setzte sich besonders für R. Wagner und Fr. Liszt ein. Seit 1882 war er Dirigent der Konzerte der Kaiserlich Russischen Musikgesellschaft in Moskau, wo er auch am Konservatorium lehrte, 1889–95 der Philharmonischen Konzerte des Porgesschen Chorvereins. Im gleichen Jahr verlieh ihm der bayerische König den persönlichen Adelstitel. E. war verheiratet mit der angesehenen Weimarer und Darmstädter Hofpianistin Pauline Fichtner, einer Schülerin Liszts.

EREDE, Alberto, * 8. 11. 1909 Genua; it. Dirigent. Er studierte an den Konservatorien in Genua, Mailand (Klavier, Violoncello und Komposition) und Basel (Dirigieren bei F. Weingartner), war dann einige Jahre Assistent von Fr. Busch und machte sich bald einen Namen als Operndirigent in Glyndebourne und in Salzburg. 1945–46 leitete er das Radio-Symphonieorchester in Turin und war anschließend Musikdirektor und ständiger Dirigent der New London Opera Company am Cambridge Theatre in London. 1950–55 dirigierte er am Metropolitan Opera House in New York und als Gastdirigent Opern und Konzerte in zahlreichen Musikzentren der Welt. 1957–62 war E. GMD der Deutschen Oper am Rhein (Düsseldorf – Duisburg). Seit 1961 leitete er u. a. die Symphoniekonzerte in Göteborg. 1968 dirigierte er bei den Bayreuther Festspielen den *Lohengrin*. 1976 wurde E. zum künstlerischen Leiter des Premio Internazionale di Violino „Niccolò Paganini" ernannt.

EREDIA, Pietro, ↗Heredia, Pietro.

ERFINDUNG. Im musikalischen Sinn versteht man unter E. die Kunst oder intuitive Fähigkeit, musikalisches Material, Themen oder musikalische Kombinationen zu finden, die sich zur technischen Ausarbeitung und phantasievollen Ausgestaltung eignen, oft jedoch über den Rahmen der jeweils herrschenden Musiktheorie und des ästhetischen Geschmacks einer Epoche hinausreichen. So wurde die musikalische E. (lat.: inventio) bereits seit G. Tinctoris (*De inventione et usu musicae*, Neapel um 1487) dem Kriterium der Neuheit unterstellt. Die E. bezog sich bis etwa 1300 auf die einstimmige Melodie, in der nachfolgenden Zeit der Mehrstimmigkeit auf die kontrapunktische Faktur, seit 1600 auf die Harmonie, später auf die individuelle Kombination der musikalischen Elemente. Bis zum Barock galt E. als lehrbare Kunst (ars inveniendi), die von den Theoretikern in Traktaten und Kompositionslehren abgehandelt wurde. Glareanus unterscheidet zwischen Erfinder (phonascus, inventor) und Bearbeiter (symphoneta, compositor) einer Melodie. Das Schwergewicht der Wertung lag bis ins 18. Jh. auf der Ausarbeitung. Zur Anregung der Phantasie empfahlen die Theoretiker vielfach außermusikalische, auf Nachahmung und Kombinatorik beruhende Mittel (Vokale, Naturlaute, Geräusche). J. Mattheson zählt als wichtigste Hilfsmittel die aus der Rhetorik übernommenen Loci topici auf (z. B. Locus notationis und locus descriptionis), die durch bestimmte regelhafte Anwendung die musikalische Phantasie anregen sollen. Die rational erfaßbare E. wird mit dem Übergang zur Romantik durch eine Überbewertung des originalen Einfalls abgelöst. Mit der Wende zum 20. Jh. pendelt sich das Gleichgewicht zwischen E. und Ausarbeitung neu ein, nicht zuletzt durch das Wiederanknüpfen an die Tradition J. S. Bachs, der in seinen *Inventionen* eine Synthese von E. und ausgearbeiteter Form fand.

Quellen und Lit.: A. KIRCHER, Musurgia universalis, 2 Bde. (R 1650), Faks. in einem Bd. (Hil 1969); J. G. WALTHER, Praecepta der Musicalischen Composition (Wr 1708), NA hrsg. v. P. Benary (L 1955) (= Jenaer Beitr. zur Musikforsch. 2); J. D. HEINICHEN, Der Generalbaß in der Composition (Dresden 1728, Nachdr. Hil – NY 1969); J. MATTHESON, Der vollkommene Capellmeister (H 1739) darin Kap. 4: Die melodische Erfindung, Faks. hrsg. v. M. Reimann (Kas 1954, ²1969) (= DMI I/5); A. SCHERING, Geschichtliches zur ars inveniendi in der Musik, in: Jb. Peters 32 (1925); H. PFITZNER, Die neue Ästhetik der musikal. Impotenz, in: Gesammelte Schriften 2 (Au 1926); F. FELDMANN, Mattheson u. die Rhetorik, in: Kgr.-Ber. Hamburg 1956 (Kas 1957).

L. HÜBSCH

ERFURTH, Arno, * 31.1.1908 Berlin, † 15.5. 1975 Tübingen; dt. Pianist. Er studierte 1926 bis 1932 an der Musikhochschule in Berlin Klavier (K. Börner) und Komposition (P. Hindemith). 1935–42 unterrichtete er dort selbst Klavier, danach an der Musikhochschule Stuttgart, seit 1943 als Professor, und war hier seit 1952 stellvertretender, 1967–73 leitender Direktor. Als Pianist setzte er sich besonders für die zeitgenössische Klaviermusik ein. Er spielte u. a. die deutsche Erstaufführung von B. Bartóks 3. Klavierkonzert (1947) und ihm gewidmeter Kompositionen H. E. Apostels und E. Křeneks. Im Mittelpunkt seines Repertoires stand das Klavierwerk P. Hindemiths, vor allem dessen *Ludus tonalis*. E. komponierte Klavier- und Kammermusik sowie Lieder. In Vorträgen und Aufsätzen befaßte er sich hauptsächlich mit J. S. Bach, L. van Beethoven, R. Schumann, Cl. Debussy und P. Hindemith, mit Fragen des Klavierspiels, der Neuen Musik und des zeitgenössischen Musiklebens.

Schriften: *Die naturwissenschaftliche Denkweise in der Musik*, in: Der Musikstudent 1 (St 1948/49); *Thomas Mann – Arnold Schönberg – Adrian Leverkühn*, in: ebd.; *Das Beethoven-Phänomen in der Gegenwart*, in: Das Musikleben 4 (1951); *Neue Musik als Lehrfach*, in: Musik im Unterricht 47 (1956); *Kompositionstechnische Neuerungen in unserem Jh.*, in: ebd. 60 (1969).

ERHARD (Erhardi), **Laurentius** (Lorenz), * 5.4. 1598 Hagenau (Elsaß), † 6.11.1669 Frankfurt am Main; elsässischer Komponist und Musiktheoretiker. E. war in Straßburg vermutlich Schüler von Chr. Th. Walliser. 1625 wurde er Kantor der St.-Katharinen-Kirche und des Gymnasiums in Frankfurt am Main. Er veröffentlichte ein 2–6st. *Harmonisches Chor- u. Figural Gesang-Buch, Augsburgischer Confession* (F 1659), zu dem er selbst 6 Kompositionen beitrug, und ein *Compendium musices latino-germanicum* (F ²1660).

ERHÖHUNGSZEICHEN ↗Akzidentien.

ERK, Ludwig Christian, * 6.1.1807 Wetzlar, † 25.11.1883 Berlin; dt. Volksliedsammler. Er war seit 1826 Seminarmusiklehrer in Moers (Rheinland), wurde 1835 an das Königliche Seminar in Berlin berufen, wurde 1857 Königlicher Musikdirektor und 1876 Professor. 1843 gründete er den Erkschen Männergesangverein und 1852 den Erkschen Gesangverein für gemischten Chor. Er veröffentlichte mehrere, weitverbreitete Schulliederbücher. Er hinterließ hsl. 41 Quartbände mit über 20000 Liedeintragungen aus den Jahren 1830–82. Ein Teil des von ihm gesammelten Liedgutes erschien in den Sammlungen *Deutscher Liederhort* und *Deutscher Liederschatz*.

WW: *Deutscher Liederhort* (B 1856), Neubearbeitung u. Fortsetzung v. F. M. Böhme, 3 Bde. (L 1893–94, ²1925, Nachdr. Hil – Wie 1963); *Deutscher Liederschatz* für SingSt u. Klv., 3 Bde. (B 1859–73), erweiterte u. mit Anmerkungen versehene NA v. M. Friedländer (L 1928, Nachdr. 1956).

Lit.: F. VAN DUYSE, A propos du... „Deutscher Liederhort"..., in: Bull. de l'Académie royale de Belgique, Reihe III/29 (Bru 1895); H. SCHMEEL, L. E. (Gießen 1908); W. HANSEN – J. KOEPP, Die dt. Volkslieder mit ihren Singweisen v. L. E. (B 1934); A. PERLICK, Aus unveröff. Briefen v. L. E. an L. Glock, in: Zschr. für Volkskunde 54 (1958); E. SCHADE, Auf den Spuren L. E.s, in: Mitteilungsblätter der Hoffmann v. Fallersleben-Ges. 10 (1962); W. GUNDLACH, Die Schulliederbücher v. L. E. (Kö 1969) (= Beitr. zur rheinischen Musikgesch. 82); E. SCHADE, L. E.s kritische Lierderslg. u. sein Volkslied-Begriff (Diss. Marburg 1971).

ERKEL, ungarische Musikerfamilie. – **1) Ferenc,** * 7.11.1810 Gyula, † 15.6.1893 Budapest; Komponist, Dirigent und Pianist. Er war seit 1830 Kapellmeister des neueröffneten Ungarischen Nationaltheaters in Pest und später, bis 1884, dessen Musikdirektor. Der Großteil ungarischer Erstaufführungen (in ungarischer Sprache) von Opern u.a. von Beethoven, Cherubini, Weber, Donizetti, Bellini, Rossini, Meyerbeer, Gounod, Verdi und Wagner ist mit seinem Namen verbunden. 1853 gründete er die heute noch bestehende Pester (ab 1873 Budapester) Philharmonische Gesellschaft und leitete ihre Konzerte bis 1869. An der Budapester Musikakademie wirkte E. seit ihrer Gründung 1875 bis 1886 als Direktor und Professor für Klavier. 1867–81 war er auch Landes-Musikdirektor.

WW: Opern: *Bátori Mária,* UA: Pest 1840; *Hunyadi László,* UA: ebd. 1844; *Bánk Bán* (1844–52), UA: ebd. 1861; komische Opern: *Sarolta,* UA: ebd. 1862; *Dózsa György,* UA: ebd. 1867; *Brankovics György,* UA: Budapest 1874; *Névtelën hösök,* UA: ebd. 1880; *István király,* UA: ebd. 1885; ferner eine *Ouverture solennelle,* UA 1887.

Durch sein vielseitiges Wirken schuf E. wesentliche Grundlagen für die Entwicklung der ungarischen Musik und Musikkultur. In seinen Opern, von denen *Bánk Bán* und *Hunyadi László* bis heute in Ungarn als frühe Zeugnisse eines nationalen ungarischen Opernstils populär sind, verbinden sich Elemente der italienischen, französischen und deutschen Oper mit der ungarischen ↗Verbunkos-Musik. E. komponierte 1844 zu dem Text von F. Kölcsey eine *Volkshymne,* die bis heute Ungarns Nationalhymne ist. – **2) Gyula,** Sohn von 1), * 4.7. 1842 Pest, † 22.3.1909 Neupest; Komponist. Er war Schüler seines Vaters und von M. Mosonyi, 1856–60 Orchestermitglied der Budapester Nationaloper, 1863–89 deren Kapellmeister und seit 1880 Professor an der Musikakademie. 1891 gründete er ein Konservatorium in Neupest. Als Komponist trat E. mit symphonischen Werken, Bühnenmusiken und Gesängen für Volksstücke hervor. – **3) Elek,** Sohn von 1), * 2.11.1843 Pest, † 10.6.1893 ebd. Er war Kapellmeister am Népszínház, einem volkstümlichen Theater in Budapest, und schrieb mehrere Operetten und Musikeinlagen für Volksstücke. – **4) László,** Sohn von 1), * 9. 4. 1845 Pest, † 3. 12. 1896 Preßburg. Er war Chorleiter und Klavierlehrer in Preßburg. Zu seinen Schülern gehörte B. Bartók. – **5) Sándor,** Sohn von 1), * 2.1.1846 Pest, † 14.10.1900 Békéscsaba. Dirigent und Komponist. Er war Schüler seines Vaters und von M. Mosonyi, 1861–74 Orchestermitglied der Budapester Nationaloper, seit 1875 deren Kapellmeister und seit 1876 Operndirektor. Er schrieb eine ungarische Ouvertüre, Chöre und das Singspiel *Csobáncz* (UA 1865).

Lit.: **Zu 1):** K. ÁBRÁNYI, E. F. élete és müködése (Budapest 1895); B. SZABOLCSI, A XIX. század magyar romantikus zenéje (ebd. 1951); F. BÓNIS, E. F. (ebd. 1953, ²1954); Z. KODÁLY, E. és a népzene (Gyula 1960); F. BÓNIS, G. Mahler u. F. E., in: Studia musicologica 1 (Budapest 1961); J. MARÓTHY, E.s Weg von der „heroisch-lyrischen" Oper zum kritischen Realismus, in: ebd.; L. SOMFAI, Az Erkel-kéziratok'problémái (Budapest 1961); A. NÉMETH, E. F. (ebd. 1967); E. MAJOR, E. F. müveinek jegyzéke (ebd. 1968) (Werke-Verz.); G. BADACSONYI, „Bánk bán". Hungary's National Opera, in: Opera 19 (Lo 1968); F. BÓNIS, F. E. über seine Oper Bánk bán, in: Studia musicologica 11 (1969); D. LEGÁNY, E. F. müvei és korabeli történetük (Budapest 1975); G. VÉBER, Ungarische Elemente in der Opernmusik F. E.s (Bilthoven 1976) (= Utrechtse Bijdr. tot de Muziekwet. 9).

ERLANGER, Baron **François Roldophe d',** * 7.6.1872 Boulogne-sur-Seine, † 29.10.1932 Sidi-bou-Said (Tunesien); frz. Maler, Komponist und Musikforscher. E. lebte seit 1910 in Tunesien, wo er sich seit etwa 1924 mit der arabischen Musik und Musikgeschichte beschäftigte. Seine Forschungen veröffentlichte er in dem grundlegenden Werk *La Musique arabe* (6 Bde., P 1930–59, ab Bd. 3 hrsg. von H. G. Farmer), das arabische Musiktraktate des 10.–16. Jh. in französischer Übersetzung und einen Abriß der zeitgenössischen Musiktheorie enthält. Er schrieb ferner *Chants populaires de l'Afrique du Nord* (in: Bibliothèque musicale du

Musée de la Parole, I/4, P 1931) und *Mélodies tunisiennes: Hispano-arabes, Arabo-Berbères, Juives, Nègres* (P 1937).

ERLEBACH, Philipp Heinrich, getauft 25.7.1657 Esens (Ostfriesland), † 17.4.1714 Rudolstadt (Thüringen); dt. Komponist. E. war spätestens seit 1679 Musiker am Hof in Rudolstadt, dort seit 1681 Kapelldirektor und seit 1708 Kapellmeister. Er war ein zu seiner Zeit vielbeachteter Komponist von Vokal- und Instrumentalmusik. Seine Ouvertüren und Sonaten zeigen den Einfluß der Musik Lullys; seine Kantaten sind auch heute noch reizvolle Beispiele für die mitteldeutsche Kirchenmusik der Zeit vor Bach. Eine hsl. Verzeichnis E.s der Rudolstädter Musikalien (um 1700) gibt wertvolle Aufschlüsse über Art und Weise des dortigen Musizierens.

WW: **1) Weltliche Vokal-WW:** *Harmonische Freude Musicalischer Freunde, bestehend in ... moralisch- und politischen Arien* für SingSt, 2 V. u. B.c., 2 Teile (Nü 1697 bzw. [2]1710 u. 1710). – **2) Geistliche Vokal-WW:** *Gott-geheiligte Sing-Stunde,* Geistliche Arien für 1–2 St., 2 V. u. B.c. (Rudolstadt 1704); hsl. erhalten sind 4 Kurzmessen für 4–5 St., 2 Motetten für 4 u. 6 St., etwa 10 Kantaten für SingSt u. Instr. – Von zahlr. WW, darunter je eine Weihnachts-, Passions-, Oster- u. Pfingst-Historia, geistliche u. weltliche Huldigungskantaten u.a. mehr, sind nur die Textbücher oder nur die Titel erhalten. – **3) Instr.-WW:** *VI Ouvertures... nach französischer Art* für 6 St. (Nü 1693); Sonaten für V., Va. da gamba u. B.c. mit 2. V. ad lib. (Nü 1694).

Ausg.: *Harmonische Freude musikalischer Freunde* 1 u. 2, hrsg. v. O. KINKELDEY – O. SCHMIDT (L 1914) (= DDT 46 u. 47); 2 Motetten, in: Thüringische Motetten der 1. Hälfte des 18. Jh., hrsg. v. M. SEIFFERT (L 1915) (= ebd. 49–50); Kantate *Ich will Wasser gießen auf die Dürstenden,* hrsg. v. O. VON STEUBER (St 1960) (= Geistliche Chormusik I/101); Kantate *Lobe den Herrn,* hrsg. v. DEMS. (Kas 1960); Kantate *Der Herr hat offenbaret,* hrsg. v. L. HOFFMANN-ERBRECHT (Lippstadt 1962) (= Organum I/33); Kantate *Siehe ich verkündige euch eine große Freude,* hrsg. v. O. VON STEUBER (St 1962) (= Die Kantate 19); Nr. 2, 3 u. 4 aus den *VI Ouvertures,* hrsg. v. M. SEIFFERT (L o.J.) (= Organum III/5, III/15, III/16); Nr. 1 u. 3 aus den *VI Sonates* 1694, hrsg. v. F. ZOBELEY (Kas 1954) (= Hortus Mus. 117, 118). – Das hsl. Verz. v. E., in: DDT 46 (s.o.).

Lit.: E. VOM LEHN, The Sacred Cantatas of Ph. H. E. (1958) (= Diss. Univ. of North Carolina); F. W. LUCKS, Ein Brief Ph. H. E.s, in: BzMw 3 (1961); B. BASELT, Die Musiksammlung der Schwarzburg-Rudolstädtischen Hofkapelle unter Ph. H. E., in: Tradition u. Aufgaben der hallischen Musikwiss. (Hl 1963); DERS., Der Rudolstädter Hofkapellmeister Ph. H. E. (Diss. Hl 1964); K.-H. WIECHERS, Ph. H. E. (Aurich 1964) (= Abh. u. Vorträge zur Gesch. Ostfrieslands 39).

ERNANI, Oper in 4 Akten von Giuseppe Verdi (1813–1901), Text von Francesco Maria Piave nach Entwürfen von Verdi, denen das Drama *Hernani ou l'honneur castillan* (1830) von Victor Hugo zugrunde lag. Ort und Zeit der Handlung: Aragonien, Kaisergruft im Dom zu Aachen, Saragossa, 1519. UA: 9.3.1844 in Venedig (Teatro Fenice); dt. EA: 27.12.1845 in Berlin (Königstädtisches Theater); EA in dt. Sprache: 20.1.1847 in Hamburg. EA in Paris: 6.1.1846 (Théâtre italien) unter dem Titel *Il Proscritto,* da Victor Hugo Einspruch wegen angeblicher Entstellung seines Dramas erhoben hatte.
E. gehört einerseits in die Gruppe der seinerzeit beliebten Räuberopern mit pittoresken Lagerszenen in dunklen Wäldern, deren Titelheld jedoch ein edler Rebell vornehmer Herkunft ist (vgl. auch *I. Masnadieri* von Giuseppe Verdi); andererseits zählt das Werk wegen der großartigen Verschwörungsszene im Aachener Dom zu Verdis politischen Opern. In den aufrüttelnden Chor *Si ridest'il Leon di Castiglia (Wenn der Löwe Kastiliens erwacht... wir sind alle eine Familie, laßt uns kämpfen mit Armen und Herzen)* stimmten die unter österreichische Herrschaft gezwungenen Italiener bei zeitgenössischen Aufführungen begeistert ein.

H. BECKER

ERNIEDRIGUNGSZEICHEN ↗Akzidentien.

ERNOUL DE GASTINOIS, aus dem Gâtinais stammender Trouvère des 13. Jahrhunderts. In den Handschriften wird er als „Ernoul li vielle" oder „li viel" bezeichnet, wobei unklar bleibt, ob damit auf ihn als Spieler der Fiedel (le vielleur) oder auf sein Alter (le vieux) Bezug genommen wird. Er ist vor allem durch den *Lai de Notre-Dame* und den *Lai de l'Ancien et du Nouveau Testament* aus dem Chansonnier von Noailles bekannt. Außerdem sind von ihm 4 Pastourellen, davon eine vollständig notierte, erhalten, deren Melodien in 3 vielleicht von ihm selbst komponierten Motetten verwendet wurden.

Lit.: J. MAILLARD, Lais and chansons d'E. de G., in: MD 17 (1963).

EROBERUNG TROJAS, DIE, Oper von H. Berlioz; dt. Titel: Die ↗Trojaner.

ERO DER SCHELM *(Ero s noga svijeta),* Oper in 3 Akten von Jakov Gotovac (1895–1982), Text von Milan Begovič. Ort und Zeit der Handlung: ein kleiner Ort am Fuße des Dinaragebirges im 20. Jahrhundert. UA: 2.11.1935 in Zagreb; dt. EA (in dt. Sprache): 3.4.1938 Karlsruhe.
Das naive Märchen vom armen, von einer bösen Stiefmutter gequälten Mädchen und dem als Retter auftretenden reichen Bauernsohn spielt sich in einem kroatischen Dorf ab. Die Eingangsszene – ein Kreis von Mädchen entschrotet Maiskolben – ist eine für Volksstücke typische Genreszene. Diese Tradition bestimmt auch die musikalische Gestaltung der Oper. Einfache Lieder und Instrumental-

sätze, in denen Gotovac die der osteuropäischen Folklore eigene rhythmische Vielfalt und eigentümliche gesangliche Melodik verarbeitete, prägen das musikalische Bild. *Ero der Schelm* ist das dritte Opernwerk Gotovacs und war bei der UA wie auch bei der deutschen EA ein großer Erfolg. In der DDR ist diese Oper zum Repertoirestück geworden; in der Bundesrepublik wird sie hingegen nur noch gelegentlich aufgeführt.

B. DELCKER

ERPF, Hermann Robert, * 23.4.1891 Pforzheim, † 17.10.1969 Stuttgart; dt. Musiktheoretiker, Musikpädagoge und Komponist. Er studierte in Heidelberg Mathematik und Naturwissenschaften und seit 1911 Musikwissenschaft, Philosophie und Kunstwissenschaft in Leipzig, wo er 1913 bei H. Riemann mit der Arbeit *Der Begriff der musikalischen Form* (St 1914) promovierte. Seit 1919 lehrte er in Pforzheim und Freiburg i.Br. Klavier, Musiktheorie und Musikgeschichte und wurde 1925 in Münster (Westfalen) stellvertretender Direktor der Akademie für Bewegung, Sprache und Musik. 1927 wurde er in Essen zunächst Leiter der Musikabteilung, 1935 Direktor der Folkwangschulen. 1943–45 und 1952–56 war er Direktor der Stuttgarter Musikhochschule. E. komponierte Werke für Orch., Chor (auch mit Instrumenten), Kammermusik, Lieder u. Volksliedbearbeitungen.

Schriften: *Entwicklungszüge in der zeitgen. Musik* (Karlsruhe 1922); *Stud. zur Harmonie- u. Klangtechnik der neueren Musik* (L 1927, Nachdr. Wie 1969); *Harmonielehre in der Schule* (L 1930); *Lehre v. den Instr. u. der Instrumentation* (Pd 1936); *Vom Wesen der neuen Musik* (St 1949); *Neue Wege der Musikerziehung* (St 1953); *Gegenwartskunde der Musik* (Mz 1954); *Tagesfragen des Musiklebens* (St 1957); *Wie soll es weitergehen?* (Rodenkirchen 1958); *Lehrbuch der Instrumentation u. Instrumentenkunde* (Mz 1959); *Form u. Struktur in der Musik* (Mz 1967); *Über Bach-Analysen am Beispiel einer Fuge aus dem Wohltemperierten Klavier,* in: AfMw 16 (1959).

Lit.: K. HONOLKA, in: Musica 10 (1956); K. M. KOMMA, in: ZfMth 1 (1970).

B. A. KOHL

ERTMANN (eig. Graumann), **Dorothea von,** * 3.5.1781 Frankfurt a.M., † 16.3.1849 Wien; dt. Pianistin. 1798 heiratete sie Stephan Leopold Freiherr von Ertmann, einen österreichischen Offizier, und siedelte nach Wien über. Hier lernte sie vor 1804 Beethoven kennen, der ihr Spiel sehr schätzte und der ihr seine 1816 vollendete Klaviersonate A-Dur, op. 101 widmete. Nach G. R. Marek (s.u. Lit.) soll sie dessen „Unsterbliche Geliebte" gewesen sein. 1820–35 lebte sie in Mailand. Ihr Talent und besonders ihre Interpretationen der Klavierwerke Beethovens wurden u.a. von J. Fr. Reichardt, M. Clementi, I. Moscheles und F. Mendelssohn Bartholdy gerühmt. Sie trat aber nie öffentlich auf. Rückschlüsse auf ihr Können erlaubt auch ein thematischer Katalog mit etwa 170 Klavierwerken, vor allem der Wiener Klassiker, den sie bereits als 16–17jährige angelegt hatte.

Lit.: H. FEDERHOFER, Ein thematischer Katalog der D. Graumann (Freiin v. E.), in: FS J. Schmidt-Görg (Bonn 1957). G. R. MAREK, L. van Beethoven – Das Leben eines Genies (Mn 1970).

ERWARTUNG, Monodram in einem Akt von Arnold Schönberg (1874–1951), op. 17, Text von Marie Pappenheim. Ort der Handlung: Ein nächtlicher Wald, unbestimmte Zeit. UA: 6.6.1924 in Prag (Neues Deutsches Theater) unter Alexander Zemlinsky; dt. EA: 22.1.1928 in Wiesbaden.

Der Text besteht aus Gefühlsäußerungen einer einsamen Frau, die ihren Geliebten in einem finsteren Wald sucht und ihn tot auffindet. Schönberg verwendet zur Deutung und Verstärkung der inneren Vorgänge die vielfältigen klanglichen Möglichkeiten eines großen Orchesters der Spätromantik, komponiert aber keine monumentalen Klangflächen, sondern – dem Text angemessen, der kaum vollständige Sätze aufweist – kleine musikalische Einheiten unterschiedlicher Klangfarben. Die so entstandene Partitur von nur 426 Takten weist in der konzentrierten, knappen Tonsprache alle typischen Merkmale einer expressionistischen Komposition auf; es erscheint dem Text adäquat, daß die Grenzen der Tonalität überschritten werden. Die fesselnde musikalische Verfeinerung der psychologischen Schwankungen ergibt ein „freudianisches" Musikwerk, von dem der Komponist bemerkt: „Das ganze Stück kann als Alptraum aufgefaßt werden."

K. LANGROCK

ERYTHRÄUS (eig. Roth), **Gotthart,** * um 1560 Straßburg, † 1617 Altdorf bei Nürnberg. Er wurde in Altdorf 1595 Kantor und 1609 oder 1610 Rektor der Lateinschule. E. veröffentlichte eine Sammlung mit 85 4st. Kantionalsätzen, *Herrn D. Martini Lutheri und anderer Gottesförchtigen Männer Psalmen und Geistliche Lieder* (Nü 1608), in denen nach dem Vorbild L. Osianders die Melodie im Sopran liegt.

Ausg.: 13 Sätze, hrsg. v. G. VON TUCHER, in: Schatz des ev. Kirchengesanges, II (L 1848); 12 Sätze, hrsg. v. L. SCHOEBERLEIN – F. RIEGEL, in: Schatz des liturg. Chor- u. Gemeindegesangs, 3 Bde. (Gö 1865–72).

ERZÄHLER ↗Evangelist, ↗Testo.

ERZCISTER (engl.: bass citern; frz.: archicistre; it.: arcicetera), eine nach dem Prinzip der ↗Erzlaute gebaute ↗Cister, deren tiefe Saiten entweder an einem Sattel außerhalb des Halses oder an einem zweiten Wirbelkasten befestigt sind. Eine „Cetерissima" genannte Form ist bereits Ende des 16. Jh. in Italien nachweisbar, doch fällt die Blütezeit der E. erst in die Mitte des 18. Jahrhunderts. Anfang des 19. Jh. kam die E. allmählich außer Gebrauch.

ERZLAUTE (engl.: archlute; frz.: archiluth; it.: arciliuto; span.: archilaúd), Lautenfamilie mit einem zweiten, manchmal auch dritten Wirbelkasten zum Spannen besonders tiefer, frei neben dem Griffbrett verlaufender, d.h. nur leer gezupfter Bordunsaiten. Diese Lautenart, zu deren wichtigsten Vertretern die theorbierte Laute, die ↗Theorbe und der ↗Chitarrone gehören, kam im letzten Drittel des 16. Jh. in Italien mit der Entwicklung der Monodie auf, die besonders leistungsfähige Baßinstrumente erforderte. Die Stimmung der E. richtete sich nach dem auszuführenden Musikstück.

ESCHENBACH, Christoph, * 20. 2. 1940 Breslau; dt. Pianist und Dirigent. Er studierte Klavier bei E. Hansen und Dirigieren bei W. Brückner-Rüggeberg. 1962 war er 1. Preisträger beim Internationalen Wettbewerb der ARD München, 1965 gewann er den Concours Clara Haskil in Luzern und begann bald eine erfolgreiche Konzerttätigkeit, seit 1969 auch in den USA. Seit 1972 tritt E. international auch als Konzert- und Operndirigent auf. Seit 1979 ist er GMD und Chefdirigent der Staatsphilharmonie Rheinland-Pfalz, Ludwigshafen, seit 1980 auch ständiger Gastdirigent des Tonhalle-Orchesters Zürich. E. interpretiert Klaviermusik von Bach bis zur zeitgenössischen Musik. Er spielte 1968 auch die Uraufführung des 2. Klavierkonzerts von H. W. Henze.

ESCHER, Rudolf George, * 8. 1. 1912 Amsterdam; ndl. Komponist. Er studierte 1931–37 am Konservatorium in Rotterdam u. a. bei W. Pijpers. Später arbeitete er in den Studios für elektronische Musik an den Universitäten Delft und Utrecht und ist seit 1964 Mitarbeiter des Musikwissenschaftlichen Instituts der Universität Utrecht. Seine Werke sind polymelodisch gestaltet, enthalten aber auch klangliche Reminiszenzen an Debussy.

WW (wenn nichts anderes angegeben, in Amsterdam erschienen): **1) Kompositionen:** Für Klv.: Sonate (1935); *Arcana musae dona* (1944); Sonatine (1951); Sonate für 2 Fl. (1955); *Sonate concertante* (1943) für Vc. u. Klv.; Streichtrio (1959); *Trio d'anches* (1946); *Le Tombeau de Ravel* (1952) für Fl., Ob., V., Br., Vc., Cemb.: *Quintetto a fiati* für Altfl., Ob. d'amore, Klar., Fag. u. Horn (1967). – Für Orch.: *Musique pour l'esprit en deuil* (1941–42) (erhielt den Preis der Stadt Amsterdam); Konzert für Streichorch. (1948); *Hymne du Grand Meaulnes* (1959); Symphonie (1951); Symphonie (1958, revidiert 1971); *Summer Rites at Noon* (1962–68) für 2 Orch.; *Univers de Rimbaud, 1er cycle* (1969–70) für Tenor u. Orch.; ferner Lieder, Chöre u. Bühnenmusik. – **2) Schriften:** *Toscanini en Debussy. Magie der Werkelijkheid* (Rotterdam 1938); *Maurice Ravel* (1939).

Lit.: W. PAAP, Twe bekroonde nederlandse composities, in: Mens en Melodie 15 (1960); R. E., Musique pour l'esprit en deuil (Analyse), in: Sonorum Speculum 20 (1964).

ESCHIG, Éditions Max Eschig S.A.R.L., frz. Musikverlag in Paris, gegründet von **Max Eschig,** * 27. 5. 1872 Troppau, † 3. 9. 1927 Paris, der 1907 Geschäftsführer der von B. Schott's Söhne in Paris errichteten Niederlassung „Éditions Schott" wurde. Nach deren Enteignung während des 1. Weltkrieges führte E. seit 1919 als neuer Besitzer den Verlag unter seinem Namen weiter. Er vertrat neben Schott's Söhne nun auch andere ausländische Musikverlage, darunter Breitkopf & Härtel, Simrock, Universal Edition und Fürstner. Nach seinem Tode 1927 firmierte der Verlag als Max E. & Cie. Die Leitung wurde 1936 von den Brüdern Jean und Philippe Marietti übernommen. Schwerpunkt des Verlagsprogramms ist die zeitgenössische Musik, vor allem die französische.

ESCLAMAZIONE (it.), ↗Exclamatio.

ESCOBAR (Scobar), **Pedro de,** † 1514(?) Sevilla; span. Komponist. Er wird 1507 als Kapellmeister der Kathedrale in Sevilla, 1513 dort als Magister puerorum erwähnt. Von ihm sind 17 3- und 4st. Villancicos im *Cancionero Musical de Palacio* überliefert. Weitere weltliche und geistliche Werke sind hsl. u. a. in Sevilla, Colombina, in der Zentralbibliothek in Barcelona, im Archiv der Kathedrale von Tarazona und in der Universitätsbibliothek in Coimbra erhalten.

Ausg.: Eine 4st. Motette in: J. B. ELÚSTIZA – G. CASTRILLO, Antología musical 9 (Ba 1933); eine 4st. Messe in: H. ANGLÉS, La Música en la Corte de los Reyes Católicos, I (Ba 1941, ²1960); 17 Villancicos in: Cancionero Musical de Palacio, hrsg. v. H. ANGLÉS, in: La Música en la Corte de los Reyes Católicos, II (Ba 1947) u. III (1953) (= MMEsp 5 u. 10); 8 Hymnen in: Spanisches Hymnar um 1500, zu 4 Stimmen, hrsg. v. R. GERBER (Wb 1957) (= Chw 60).

Lit.: G. HAYDON, Ave maris stella from Apt to Avignon, in: FS B. Stäblein (Kas 1967).

ESCOBEDO (Scobedo), **Bartolomé,** * um 1515 Zamora, † 1564 Segovia, span. Komponist. E. war zunächst Sänger an der Kathedrale von Salamanca, ging später nach Rom und ist dort seit 1536 als Sänger der Päpstlichen Kapelle nachweisbar. 1541–45 hielt er sich in Spanien auf, war anschließend wieder päpstlicher Kapellsänger und ging 1548 als Kapellmeister an den Hof der Infantin Doña Juana von

Kastilien. 1552 ließ er sich in Segovia nieder, wo er eine Pfründe erhielt. Für sein Ansehen spricht, daß er in dem berühmten Streit um das diatonische, chromatische und enharmonische Tongeschlecht zwischen N. Vicentino und V. Lusitano neben Ghiselin Danckerts als Schiedsrichter angerufen wurde. Von seinen Kompositionen wurde die Motette *Exsurge* in der *Musica quatuor vocum* von N. Gombert (V 1541) gedruckt. Die anläßlich der Krönung Philipps II. komponierte *Missa „Philippus Rex Hispaniae"* (1556), die 6st. *Missa „Ad te levavi"* und mehrere Motetten sind hsl. überliefert (Rom, Bibl. Vaticana; Toledo, Arch. der Kathedrale).

Ausg.: 3 4st. Motetten, hrsg. v. H. ESLAVA, in: Lira Sacra-Hispana I/1 (Ma 1869); eine davon auch in: A. W. AMBROS, Gesch. der Musik, V (L 1882, ³1911).

ESCRIBANO (Scrivano), **Juan,** * um 1480 Salamanca (?), † um 1557; span. Komponist. E. kam Ende 1502 oder Anfang 1503 nach Rom und lebte dort, zunächst unter Alexander VI., als Cantor sopranus am päpstlichen Hof. Unter Leo X. wurde er Apostolischer Notar und unter Clemens VII. Decanus der Päpstlichen Kapelle. Er wirkte auch an der spanischen Nationalkirche in Rom. Nach 1539 kehrte er nach Salamanca zurück und lebte erst gegen Ende seines Lebens wieder in Rom. E. veröffentlichte 2 Canciones in den *Canzoni nove* (R 1510, = RISM 1510). Handschriftlich sind u. a. ein 4st. *Magnificat VI toni,* eine 6st. Motette und 4–6st. Lamentationen erhalten.

Lit.: J. M. LLORENS CISTERÓ, J. E., cantor pontificio y compositor, in: Anuario Mus. 12 (1957).

ESCUDERO, Vicente, * 27. 10. 1892 Valladolid; span. Tänzer und Choreograph. Er trat schon in frühester Jugend in Cafés und Kabaretts auf. 1920 debütierte er im Olympia in Paris und gab 1922 seinen ersten eigenen Tanzabend in der Salle Gaveau. Danach gastierte er bis 1961, u. a. als Partner von Carmita García und von La Argentinata, mit bedeutenden Truppen, später auch mit einer eigenen Truppe, in der ganzen Welt. In Madrid wirkte er als Tanzpädagoge. E. gilt als der berühmteste spanische Tänzer seiner Zeit und als einer der bedeutendsten Tänzer des Flamenco, um dessen stilistisch reine Erhaltung und Vermittlung er sich auch als Lehrer bemühte. Er schrieb: *Mi baile* (Ba 1947) und *What is the Flamenco Dance?,* in: Dance Magazine (1955).

ESCUDIER, Marie, * 29. 6. 1819 Castelnaudary, † 7. 4. 1880 Paris, und sein Bruder **Léon,** * 17. 9. 1821 Castelnaudary, † 22. 6. 1881 Paris, frz. Journalisten und Musikschriftsteller. Nach Studien in Toulouse gründeten sie in Paris einen Musikverlag, der vor allem Werke G. Verdis verlegte. Mit der Zeitschrift *La France Musicale,* die sie mit J. Maurel ins Leben gerufen hatten und die vor allem die italienische Musik favorisierte, übten sie einen beträchtlichen Einfluß auf das Pariser Musikleben aus. 1850–58 redigierten sie auch *Le Pays* und veröffentlichten gemeinsam mehrere Schriften zur Musik. 1860 wandte sich Marie dem politischen Journalismus zu; Léon führte den Verlag weiter. Er gründete eine neue Zeitschrift, *L'Art Musical.* 1876–78 leitete er das Théâtre-Italien, in das er sein gesamtes Vermögen investierte und sich damit wirtschaftlich ruinierte.

Schriften: **Marie E.:** *Études biographiques sur les chanteurs contemporains* (P 1840); *Dictionnaire de musique d'après les théoriciens, historiens, et critiques les plus célèbres,* 2 Bde. (P 1844), NA als: *Dictionnaire de musique théorique et historique* (P 1854, ⁵1872); *Rossini* (P 1854); *Vie et aventures des cantatrices célèbres précédées des musiciens de l'Europe et suivies de la vie anecdotique de Paganini* (P 1856); ferner 2 Libretti (Musik v. Verdi): *Le Proscrit ou le Corsaire de Venise* (P 1845) u. *Ernani* (nach V. Hugo) (P 1858). – **Léon E.:** *Mes souvenirs* (P 1863, ²1868).

Lit.: U. ECKART-BÄCKER, Frankreichs Musik zw. Romantik u. Moderne (Rb 1969) (= Stud. zur Musikgesch. des 19. Jh. 2).

ESKIMO (indianisch, = Rohfleischesser; Eigen-Bz.: Inuit = Menschen). Die Musik der E. (einem Volk mit weniger als 50 000 Seelen in der Arktis von Sibirien bis Grönland) ist ausschließlich vokal und monodisch und begleitet den Tanz, das Ballspiel sowie das „Trommel-Duell" (eine rechtliche Zeremonie). Sie verbindet sich in den Kinderspielen und vor allem in den magischen Gesängen mit fremden oder zur Kultur des amerikanischen Kontinents gehörenden Elementen. In jüngster Zeit ist sie bedroht durch das Eindringen der Zivilisation der Weißen seit dem Ende des 2. Weltkrieges im Zusammenhang mit der neuen strategischen und wirtschaftlichen Bedeutung der Polargebiete.

Das Instrument der E. ist eine Rahmentrommel, *Krilaut;* Rhombus, Rasseln und Pfeife sind selten und haben keine musikalische Funktion. Die Trommel – aus Leder, flach und rund (im Smith-Sound-Gebiet oval) –, mit 1 m Durchmesser in Kanada, ist kleiner als in anderen Gebieten. Sie ist mit einem Griff versehen und wird in der linken Hand gehalten, während die rechte Hand den Rahmen mit einem Holzschlegel (in Kanada) oder mit einem biegsamen Stab (in Alaska) schlägt. Die Trommel begleitet den gemeinsamen Gesang. Im allgemeinen wird sie von einem Solotänzer gehandhabt, jedoch gibt es in Alaska auch mehrere (5 oder 6) Trommelschläger. – Der Tanz des Mannes, in Kanada ruhig („piherk"), im Westen lebhafter („aton"), erlaubt nur eine beschränkte Bewegung

von der Stelle; die Frau bewegt nur die Arme und den Oberkörper. Die nachahmenden Tänze sind wahrscheinlich jünger.
Die Texte der Gesänge, die vielfältige Themen umfassen, zeigen durchaus das Streben nach einer phonetisch sowie stilistisch-metrisch geordneten Form. Sie bleiben oft elliptisch. Ein wichtiger Bestandteil sind die Vokalisen *ya-ya-haiya-ya*. Ein Lied ist das Eigentum dessen, der es geschaffen hat; es ist der „Träger seines Seelen-Namens" (ein E. hat mehrere Seelen). Der ziemlich gellende gemeinsame Gesang erreicht oft einen spitzen, schrillen Klang; ein einzelner Mann singt eher mit einer lieblichen und tiefen Stimme. Der Rhythmus wird kaum variiert, und Wiederholungen ein und derselben Note sind häufig. Die seltenen Melodien mit zwei Tönen sind ein Archaismus oder resultieren aus der Reduktion einer reicheren Tonleiter.
Die Melodien der E.-Musik stützen sich auf eine zentrale Note, die als Schluß, als Hauptpunkt der Unterstützung oder als Rezitationsnote (z.B. *g*) dient. Der melodische Schwung steigt durch die Einbeziehung der Untersekunde *(f)*. Der älteste und häufigste Typus umfaßt in jeder Strophe ein Couplet, das auf *f* basiert und verschiedene konvexe Kurven zeichnet (vor allem auf den Stufen *f–g–a–c'*), und einen auf *g* zentrierten, in konkaven Kurven bis *d* absteigenden Refrain. Dieser wird auf *ya-ya* gesungen, während das Couplet Worte hat. Es gibt verschiedene Varianten, auch in Moll *d (des?)–f–g–as–c'/des'*. Häufig bilden die fundamentalen Noten auch eine Terz nach indianischer Art.
Zu nicht datierbarer Zeit breitete sich der in Alaska bestehende Stil, der wahrscheinlich von den Indianern beeinflußt ist (Terzen, absteigende Linien, verschiedene Längen), nach Grönland aus. In einer zweiten Etappe eignete sich die Musik der E. in Alaska die mongolische Melodik in zwei Stufen an: die Zelle *d'–c'*, mit allen dazugehörigen Noten, erweiterte sich zur Grundlage *g–f*, ohne daß der verbreiterte Ambitus den Stil der Melodien veränderte. Die Ausbreitung dieses Stils in Richtung Osten wurde im Gebiet des Coronation Gulf von Niederlassungen der Kupfer-E. aufgehalten. Deren Musik (Gebrauch von Terzen; das Couplet besteht häufig aus einer einzigen aufsteigenden Melodie, der Refrain aus einem entsprechenden Abfallen), vermischt mit der lokalen Musik, fand nicht zu einer stilistischen Einheit. In Grönland wurden schon vor langer Zeit Couplet und Refrain von dem alten melodischen Typus getrennt: sie bildeten künftig unabhängige Strophen; die alten Refrains sind fast verschwunden. – In Alaska finden sich deutliche Gegensätze in der Bewegung (langsam-schnell). Im Unterschied dazu behielten die Karibu-E. westlich der Hudson Bay den alten Stil mit den eigentümlichen Verfeinerungen im Aufbau der Melodien und in den Wirkungen der Polyrhythmik bei, Eigentümlichkeiten, die auch außerhalb Alaskas bekannt sind: Trommel, Gesang und Schrei der Tänzer folgen unabhängigen Rhythmen, indem jeder auf seine Art den Zusammenklang bildet. Jeder E.-Stamm hat darin übrigens eine ihm eigene Art ausgebildet.
Die Musik der E. ist das einzige Beispiel eines archaischen Stils, dessen Geschichte sich über mehr als tausend Jahre rekonstruieren läßt. Sie hat seit langem die Forscher interessiert, u.a. H. Egede (1741), W. E. Parry (1824), Fr. Boas (1888), Chr. Krems (erste Tonaufnahmen, 1901–02), E. Thalbitzer (1900–01) und R. Stein (1902).

Lit.: F. BOAS, The Central E. (Washington 1888); W. THALBITZER – H. H: THUREN, Melodies from East Greenland, in: Meddeleser om Grønland 40 (1911); H. THUREN, On the E. Music in Greenland, in: ebd.; CH. LEDEN, Musik u. Tänze der grönländischen E., in: Zschr. für Ethnologie 43 (1911); D. JENNENS, E. Music in Northern Alaska, in: MQ 8 (1922); H. THUREN – W. THALBITZER, The Ammassalik E. (Kop 1923); H. H. ROBERTS – D. JENNENS, E. Songs (Kupfer-E.s) (Ottawa 1925); M. BARBEAU, Songs of the Northwest, in: MQ 19 (1933); Z. ESTREICHER, Zur Polyrhythmik in der Musik der E.s, in: RMS 87 (1947); DERS., La polyphonie chez les Esquimaux, in: Journal de la Soc. des Américanistes, N.S. 37 (1948); DERS., Die Musik der E.s. Eine vergleichende Stud., in Anthropos 45 (1950); CH. LEDEN, Über die Musik der Smith Sund E.s (Kop 1952); Z. ESTREICHER, Cinq chants des Esquimaux Ahearmiut, in: G. van den Steenhoven, Research Report on Caribou E. Law (Den Haag 1956); E. GROVEN, Eskimosmelodier fra Alaska (Oslo 1956); P. R. OLSEN, Dessins mélodiques dans les chants esquimaux du Groenland de l'Est, in: Dansk Aarbog for Musikforskning 3 (1963); P. R. OLSEN, Acculturation in the E. Songs of the Greenlanders, in: YbIFMC 4 (1972); B. CAVANAGH, Annotated Bibliography. E. Music, in: Ethnomusicology 16 (1972).

Z. ESTREICHER

ESLAVA (Eslaba) **Y ELIZANDO, Miguel Hillarión,** * 21. 10. 1807 Burlada (Navarra), † 23. 7. 1878 Madrid; spanischer Komponist und Musikforscher. Er wurde 1816 in den Knabenchor der Kathedrale von Pamplona aufgenommen, wo er auch in Klavier, Orgel und Violine unterrichtet wurde. Nach Abschluß seiner Ausbildung bei Fr. Secanilla, Kapellmeister in Calahorra, wurde er 1828 Kapellmeister an der Kathedrale in Burgo de Osma, 1832 zum Priester geweiht und im gleichen Jahr Kapellmeister der Kathedrale in Sevilla. 1847 ging E. als Kapellmeister an die Königliche Kapelle nach Madrid und wurde dort 1854 Professor für Komposition am Konservatorium und 1866 auch dessen Direktor. Er schrieb drei italienische Opern, etwa 140 geistliche Werke, darunter ein Requiem, ein Te Deum und zahlreiche Motetten, eine Symphonie und zahlreiche didaktische und musikwissenschaftliche Abhandlungen, vor allem in der von ihm gegründeten Zeitschrift *Gaceta Musical.* Seine *Lira Sacro-Hispana* (10 Bde., Ma 1869) ist die erste umfassende Anthologie der spanischen Kirchenmusik; sie enthält Werke des 16.–19. Jahrhunderts. Er schrieb ferner *Método completo de solfeo sin acompañamiento* (Ma 1846, NA 1957).

Lit.: G. CHASE, M. H. E., in: MQ 24 (1938); I. DE FAGOAGA, Retablo vasco (Zaranz 1959) (= Colección Auñamendi 6).

ESPINEL, Vicente, * 27. 12. 1550 Ronda (Andalusien), † 4. 11. 1624 Madrid; span. Dichter und Musiker. Er studierte an der Universität Salamanca und führte anschließend ein abenteuerliches Leben in Spanien und Italien. 1599 verlieh ihm die Universität Alcalá den Titel eines Maestro de Artes. Auch war er Priester der Kapelle des Bischofs von Plasencia in Madrid. E. ist der Verfasser des berühmten Sittenromans *Vie de l'écuyer Marcos de Obregón* (Ba 1618 u. ö.), der wegen der darin enthaltenen Beschreibungen musikalischer Schauspiele für die Musikgeschichte interessant ist. Er war auch ein zu seiner Zeit angesehener Komponist, doch ist keines seiner Werke überliefert. E. soll die 5. Saite der Gitarre eingeführt haben.

ESPLÁ Y TRIAY, Oscar, * 5. 8. 1889 Alicante, † 6. 1. 1976 Madrid; span. Komponist. Er wandte sich nach einem Ingenieurstudium ganz der Musik zu und studierte u. a. Komposition bei C. Saint-Saëns in Paris und bei M. Reger in München. 1931 bis 1936 war er Vorsitzender der Junta Nacional de Música, seit 1936 Direktor des Konservatoriums in Madrid. 1939 ging er ins Exil nach Brüssel. Nach seiner Rückkehr 1951 wurde er 1953 Mitglied der Real Academia de bellas artes de San Fernando in Madrid und als Nachfolger A. Honeggers auch Mitglied des Institut de France. Er war ferner Präsident der spanischen Sektion der IGNM und Vertreter Spaniens im Internationalen Musikrat der UNESCO. E. gilt neben M. de Falla als der wichtigste Vertreter der spanischen Musik des 20. Jahrhunderts. In seinen auf mediterraner Volksmusik basierenden Kompositionen verwendet er auch selbst erfundene Skalen, z. B. c–des–es–e–f–ges–as–b.

WW: **1) Kompositionen:** Klv.-Stücke, u. a. eine *Sonate espagnole* (1949); eine Sonate (1913) für V. u. Klv.; 2 Streichquartette (1920, 1956); symphonische Dichtungen: *El Sueño de Eros* (1910) u. *Don Quijote velando las armas* (1924); *Suite levantina* (1911); 2 Suiten über volkstümliche Themen für Kammerorch. (1931, 1933); *Sonata del Sur* (1943) für Klv. u. Orch.; eine Symphonie (1947–50) für Chor u. Orch.; szenische Kantate *La noche buena del diablo* (1926); Chorsymphonie (1947–50); Psalm 124 *De Profundis* (1967) für Soli, Chor u. Orch.; die Opern: *La Bella durmiente,* UA: Wien 1909; *La Balteira* (1933); 2 Ballette: *El contrabandista* (1928) u. *Cíclopes de Ifach* (1937). – **2) Schriften:** *El arte y la musicalidad; Las actividades del espiritu y su fundamento estético.*

Lit.: G. CHASE, O. E., in: MMR 69 (1939); L. GARCÍA-ABRINES. Un musicien espagnol, O. E., in: Rev. Int. de Musique (1951) Nr. 9; A. IGLESIAS, O. E., Su obra para piano (Ma 1962) (mit Werk-Verz.); F. SOPEÑA IBÁÑEZ, Historia crítica del Cons. de Madrid (Ma 1967); J. DE D. AGUILAR GÓMEZ, Historia de la música su la provincia de Alicante (Alicante 1970); A. IGLESIAS , O. E. (Ma 1973) (= Artistas españoles contemporaneos 56).

ESPOSITO, Michele, * 29. 9. 1855 Castellammare di Stabia bei Neapel, † 23. 11. 1929 Florenz; it. Pianist, Dirigent und Komponist. E. studierte 1865–73 Klavier am Königlichen Konservatorium in Neapel, lebte 1878–82 als Pianist und Klavierlehrer in Paris und wurde anschließend Professor für Klavier an der Academy of Music in Dublin. Hier errang er auch glänzende Erfolge als Pianist und Dirigent. 1899 gründete er die Dublin Orchestral Society. E. schrieb mehrere Opern und Kantaten, 2 Symphonien, Orchester- und Kammermusik, Klavierstücke und Lieder. Viele seiner Kompositionen wurden mit internationalen Preisen ausgezeichnet.

WW: zahlr. Klv.-Stücke; Kammermusik, u. a.: 2 Streichquartette; für Orch.: 2 Symphonien; *Poem; Irish Suite* für Streichorch.; *2Irish Rapsodies* für V. u. Orch.; Lieder; die Kantate *Deirdre* (Dublin 1897); die Opern: *Camorra,* UA: St. Petersburg 1903; *Il Gentiluomo,* UA: Moskau 1905; *The Tinker and the Fairy,* UA: Dublin 1910.

Lit.: G. L. AIELLO, Al musicista M. E. (Castellammare di Stabia 1956).

ESQUIVEL BARAHONA, Juan de, * um 1565 Ciudad Rodrigo; span. Komponist. Er war Kapellmeister an den Kathedralen von Salamanca und Ciudad Rodrigo. Im Druck erschienen von ihm 1608 in Salamanca je ein Buch Messen und Motetten zu 4–6 und 8 Stimmen. Ein von V. Espinel erwähntes Buch mit verschiedenen geistlichen Werken, darunter Psalmen, Hymnen, 2 Magnificat und 8 Messen (Salamanca 1613) ist verschollen. Erhalten sind daraus nur Teile einer *Missa pro defunctis* in einer Kopie von F. Pedrell.

Lit.: L. GEIGER, J. E. Ein unbekannter span. Meister des 16. Jh., in: FS Sandberger (Mn 1918); H. ANGLÉS, Catàleg dels Mss. Musicals de la Collecció Pedrell (Ba 1921) (mit Veröff. der Fragmente der *Missa pro defunctis*).

ESTAMPIE (frz.; lat.: stantipes; provenzalisch: estampida; it.: istampita; mhd.: stempenie), ein im höfischen Europa des 12.–14. Jh. sehr beliebter Tanz, der im musikalischen Aufbau der ↗Sequenz und dem ↗Lai ähnlich ist. Etymologisch von dem germanischen Wort „stampjan" (stampfen) ableitbar, bezeichnet E. sowohl eine instrumentale Tanzmelodie als auch eine spezifische Gattung der Dichtung, die ebenfalls getanzt wurde. Zahlreiche Texte unterstreichen den liebenswürdigen, rhythmisch ei-

genartigen Charakter der E., die von Fußstampfen und Händeklatschen begleitet wurde.
Nach den *Leys d'amour* (1356) kann die E. entweder instrumental (mit Vielle) ausgeführt oder nach Art des Verses oder der ↗Chanson textiert werden. Nach Johannes de Grocheo (*De musica*, um 1300) hingegen ist die E. (stantipes) ein textloses, melodisch schwieriges Tonstück, das sich aus mehreren (6 oder 7) „Puncta" (Abschnitten) zusammensetzt, im Unterschied zur Ductia mit drei, seltener vier, und zur Nota mit vier Puncta. Jedes Punctum besteht aus zwei gleichen Zeilen mit verschiedenen, als „apertum" und „clausum" (↗ouvert et clos) bezeichneten, verschieden langen Schlüssen (Zwillingsversikel mit Halb- und Ganzschluß). Die Schwierigkeiten bei der Aufführung einer E. sollen den Sinn der Jünglinge und Mädchen von schlechten Gedanken abhalten, ähnlich der kürzeren Ductia, einem leicht und schnell auf- und absteigenden Gesang (dessen Rhythmus nach Johannes de Grocheo zum Tanz anregte), der die Herzen gegen Eitelkeit und Leidenschaft schützen soll. Die Quellen stimmen mit diesen theoretischen Angaben jedoch nicht immer überein. Sowohl die Formbezeichnungen als auch der Text lassen eine klare Unterscheidung zwischen E., Ductia und Nota oft nicht zu.
Die älteste überlieferte E., *Kalenda maya* von Raimbaut de Vaqueiras (um 1190), entspricht inhaltlich den Forderungen der *Leys d'amour:* Anrufung der Natur, Hymne auf die Liebe und Huldigung der Dame. Zu der Melodie existierte (nach H. Spanke) bereits vorher ein französischer Text, *Souvent souspire.* Einer Legende nach soll Raimbaut während eines Empfanges bei Hofe seine Verse zu einer Tanzmelodie, die zwei nordfranzösische Spielleute vortrugen, improvisiert haben. Die dreiteilige Form von *Kalenda maya* entspricht zwar nicht genau dem Schema der E., zeigt aber in der Motivverflechtung der Strophen die charakteristischen Merkmale mittelalterlicher Tanzmelodik. Auch fünf provenzalische Sätze (ohne Melodie), deren strophisches Schema aus kurzen Versen oder stark rhythmisierten Binnenreimen besteht, folgen der Vorlage von *Kalenda maya.* Außerdem enthält der *Chansonnier du Roi* acht *Estampies royales* in moderner Instrumentalnotation, die aus sieben Puncta mit Halb- und Ganzschluß gebildet sind, wobei der gleichbleibende Refrain beim ersten Versikel vollständig niedergeschrieben, bei den folgenden Versikeln nur durch ein „incipit" angegeben ist. Zum erhaltenen Repertoire gehören noch 19 E.n (ohne Melodien) einer französischen Hs. (Oxford, Bodleian Library) in der „langue d'oil". – Drei zweistimmige E.n überliefert eine Londoner Hs. (Brit. Mus., Harley 978): zwei Sätze sind als Nota oder auch, nach der Meinung Johannes' de Grocheo, als Ductia oder Stantipes imperfecta anzusehen, da sie weniger als 6 Puncta aufweisen. – Italienischer Herkunft hingegen sind die ebenfalls in einer Londoner Hs. (Brit. Mus., Add. 29.978) enthaltenen 8 1st. *Istampite* aus dem 13. Jh., die z. T. spezifische, wohl auf vokale Vorlagen hinweisende Titel tragen, wie *Lamento di Tristano* oder *Manfredina.*
Anklänge an die E. findet man auch in einigen polyphonen Sätzen. So können E.-Abschnitte gelegentlich im Tenor von Motetten auftreten. Im Cod. Bamberg z. B. ist unter den 5 instrumentalen *In seculum*-Kompositionen auch ein 3st. Satz *In seculum viellatoris* aufgezeichnet, dessen tanzmäßige Dur-Melodik wie die Erwähnung der Vielle an die E. erinnern. – Ein Beispiel für die von Johannes de Grocheo erwähnte Nota ist die anonyme Nota *Martinet (J'ai trouvé et prouvé mon cuer plus amouré)* einer Pariser Handschrift. Der kunstvolle Satz mit seinen Wiederholungen verschiedener Strophen läßt an die Struktur des doppelten Cursus der Sequenz denken. Nach Johannes de Grocheo können volkstümliche Formen wie ↗Cantilena, Stantipes und Ductia nicht nach ↗Kirchentönen eingeteilt werden. Dem entspricht, daß viele der überlieferten Melodien ganz oder teilweise Dur-Charakter tragen. Kennzeichnend ist außerdem die Dreizeitigkeit (die ↗Perfectio), die von den mehrstimmigen, mensural notierten Sätzen bestätigt wird. Noch Praetorius beschreibt die Stampita als einen Tanz, der von Schalmeien und Pfeifen ausgeführt wurde (*Syntagma musicum* III, 1619).
Erst im 20. Jh. wurde die E. vereinzelt wiederaufgenommen, so die *Estampes* für Klavier (1903) von Cl. Debussy.

Lit.: J. WOLF, Die Musiklehre des Johannes de Grocheo, in: SIMG 1 (1899); P. AUBRY, E. et danses royales, in: Mercure Mus. (1906, Teilausg. P 1907); J. WOLF, Die Tänze des MA, in: AfMw 1 (1918/19); Las Leys d'Amors, hrsg. v. J. ANGLADE, 4 Bde. (Toulouse – P 1919–20); H. J. MOSER, Stantipes u. Ductia, in: ZfMw 2 (1919/20); J. HANDSCHIN, Über E. u. Sequenz, in: ebd. 12 (1929/30) u. 13 (1930/31); W. O. STRENG-RENKONEN, Les estampies françaises, in: Les classiques français du Moyen Age 65 (P 1931); F. GENNRICH, Grundriß einer Formenlehre des ma. Liedes (Hl 1932, Tü [2]1970); L. HIBBERD, E. u. Stantipes, in: Speculum 19 (1944); H. HUSMANN, Kalenda maya, in: AfMw 10 (1953); H. WAGENAAR-NOLTHENIUS, E., Stantipes, Stampita, in: L'ars nova italiana del trecento. Kgr.-Ber. 1969 (Certaldo 1970).

L. HÜBSCH

ESTERHÁZY, E. von Galántha, ung. Adelsgeschlecht; zahlreiche Mitglieder der Familie taten sich als Mäzene hervor. Schon **Miklos** (Nikolaus) **E.** (1582–1645), der zum Palatin von Ungarn erhoben wurde, richtete 1619 auf seiner Burg Minkács eine kleine Kapelle ein. Nach der Übersiedlung seines Hofes 1624 nach Eisenstadt (Kismarton) unterhielt er dort eine kleine Feldmusik, seit 1627 auch eine Sängerkapelle mit einigen Instrumentalisten an der Hofkirche. – **1) Paul** (Pál), * 7.9.1635 Eisenstadt, † 26.3.1713 ebd.; Dichter und Komponist. Er lebte seit 1661 am Hof Kaiser Leopolds I. in Wien als Oberhofmeister. 1681 wurde er zum Palatin von Ungarn gewählt und 1687 vom Kaiser in den Fürstenstand erhoben. – In einer Gedichtsammlung (*Palas u. Ester*, 1656) beschrieb er das zeitgenössische Instrumentarium damaliger Ensemblemusik. Er betätigte sich auch als Virginalspieler. Seine einzig erhaltenen Kompositionen sind ein Jahrgang geistlicher Konzerte (meist für Solostimme mit Instr., Chor u. B.c.), *Harmonia Caelestis seu Melodiae musicae per decursum totius anni adhibendae* (gedruckt 1711). – **2) Michael** (1670–1721), Sohn von 1), reduzierte zwar die Kapelle, richtete aber im Eisenstädter Schloß ein Theater ein, das seit 1718 auch Opern aufführte. – **3) Paul Anton,** Sohn von 2), * 22. 11. 1711, † 18.3.1762. Für den noch Unmündigen berief 1728 seine Mutter G.J. Werner als Kapellmeister, er selbst holte 1761 J. Haydn als Vizekapellmeister und erweiterte gleichzeitig die Kapelle. Sie bestand nun aus dem traditionellen Chor und aus der neuen Hof- und Kammermusik. Aufgaben der Hofmusik waren die Tafelmusik, Opernaufführungen, gelegentlich auch Mitwirkung bei der Kirchenmusik. Oboen, Hörner und Fagotte wurden auch für die Militärmusik verwendet. – **4) Nikolaus Joseph** (Nikolaus I.), Bruder von 3), * 18. 12. 1714, † 28. 9. 1790. Er spielte selbst Violoncello und ↗Baryton. Er förderte Haydn, der für die Opernaufführungen in der 1768 neu erbauten Residenz Schloß Esterházy in Eisenstadt zahlreiche Werke schrieb. Für den persönlichen Gebrauch des Fürsten komponierte Haydn nicht weniger als 126 Baryton-Trios und 25 Baryton-Duos. – **5) Anton,** Sohn von 4), * 11.4.1738, † 22.1.1794, löste nach dem Tod des Vaters das Opernensemble und die Kammermusik auf, während die Kirchenmusik bestehenblieb. Haydn erhielt von ihm eine Rente. – **6) Nikolaus II.,** Sohn von 5), * 12.12.1765, † 25. 11. 1833, rief nach dem Tod seines Vaters das Orchester wieder ins Leben und holte Haydn 1795 als Kapellmeister aus England zurück. Dieser komponierte zu den Namenstagen der Fürstin Maria bis 1802 die 6 späten großen Messen, die sog. Hochämter. Nikolaus beauftragte später auch Beethoven mit der Komposition einer Messe (C-Dur-Messe, op. 86), die ebenfalls zum Namenstag der Fürstin 1807 und unter der Leitung des Komponisten in Eisenstadt aufgeführt wurde, die aber dem Fürsten nicht recht gefiel. Nachfolger Haydns als Kapellmeister waren 1804–11 J.N. Hummel, 1812–21 A. Polzelli und (bis 1839) J.N. Fuchs. Nachdem die Kapelle bereits 1813 bzw. 1827 reduziert worden war, wurde sie 1848 ganz aufgelöst. – Mit anderen Mitgliedern der Familie E. standen auch Mozart, Schubert und Liszt in Verbindung.

Ausg.: **Zu 1):** P.E., *Harmonia Caelestis*, hrsg. v. F. BÓNIS (Kas 1959).

Lit.: B. SZABOLCSI, Probleme der alten ung. Musikgeschichte, in: ZfMw 7 (1924/25) – 8 (1925/26); M. HORÁNYI, Das Esterhazysche Feenreich (dt. Budapest 1959, engl. Philadelphia – Lo 1962); J. HÁRICH, E.-Musikgesch. im Spiegel der zeitgen. Textbücher (Eisenstadt 1959); D. BARTHA – L. SOMFAI, Haydn als Opernkapellmeister (Budapest 1960); J. HÁRICH, Das Repertoire des Opernkapellmeisters J. Haydn in Esterháza 1780–90, in: Haydn-Jb. 1 (1962); H.C.R. LANDON, Haydn's Marionette Operas and the Repertoire of the Marionette-Theatre at Esterház Castel, in: ebd. 1 (1962); J. HÁRICH, Haydn-Documenta 1–2, in: ebd. 2 (1963/64) u. 3 (1965); DERS., Das fürstlich E.sche Fideikommiß, in: ebd. 4 (1968); D. BARTHA – L. SOMFAI, Haydn's Italian Opera Repertory at Esterháza Palace, in: New Looks at Italian Opera. FS D.J. Grout (Ithaca/N.Y. 1968); M. DOMOKOS, P.E., Harmonia Caelestis 1711, in: Studia musicologica 10 (1968); J. HÁRICH, Anfänge der Musikpflege in der Residenz des Palatins Nikolaus E., in: ÖMZ 25 (1970); H. DREO, Die fürstlich E.sche Musikkapelle v. ihren Anfängen bis zum Jahre 1766, in: Beitr. zur Musikgesch. des 18. Jh. (Eisenstadt 1971); J. HÁRICH, Das Haydn-Orch. im Jahr 1780, in: Haydn-Jb. 8 (1971); DERS., Inventare der E.-Hofmusikkapelle in Eisenstadt, in: ebd. 9 (1975); S. GERLACH, Haydns Orchestermusiker v. 1761 bis 1774, in: Haydn-Stud. 4 (1976).

ESTEVE Y GRIMAU, Pablo, * um 1734 Barcelona (?), † 4.6.1794 Madrid; span. Komponist. Er kam 1760 nach Madrid, wurde dort 1761 durch seine erste Tonadilla *Fortunita* bekannt und war 1778–90 Maestro compositor einer Madrider Theatergruppe. E., einer der berühmtesten Tonadilla-Komponisten seiner Zeit, schrieb mehr als 400 Tonadillas, mehrere Zarzuelas, zahlreiche Komödien, kleinere Festspiele (Loas) und Sainetes.

Lit.: J. SUBIRÁ, La tonadilla escénica, 3 Bde. (Ma 1928–30); DERS., Tonadillas teatrales inéditas. Libretos y partituras (Ma 1932); DERS., La tonadilla escénica. Sus obras y sus autores (Ba 1933); DERS., Cat. de la sección de música (de la Bibl. municipal de Madrid), I (Ma 1965) (= Teatro menor, tonadillas y sainetes o.Nr.).

ESTRÉE, Jean d', † Ende 1576 Paris; frz. Oboist. Er war Mitglied der Musique du Roi in Paris. 1552–58 spielte er auch mit anderen Musikern auf Festlichkeiten der Stadt. E. veröffentlichte eine 4bändige Sammlung von Tänzen für 4 Instr. (Branles, Basse-danses, Allemanden, Pavanen, Galliarden; I–III: P 1559, IV: 1564).

Lit.: F. LESURE, Bibliogr. des éditions musicales publiées par N. du Chemin, in: Ann. Mus. 1 (1953); P. NETTL, Die Tänze J. d'E.s, in: Mf 8 (1955); C.M. CUNNINGHAM, E. du Tertre, „savant musicien“, J. d'E., „joueur de Hautbois du Roy“ and the Mid-Sixteenth Century Franco-Flemish Chanson and Ensemble Dance, 3 Bde. (1969) (= Diss. Bryn Mawr College/Pa.).

ESTREICHER, Zygmunt, * 3. 12. 1917 Freiburg i. Ü.; Schweizer Musikforscher poln. Herkunft. Er studierte am Konservatorium in Krakau, Musikwissenschaft an der dortigen Universität und in Freiburg i. Ü. und wurde hier 1946 mit der Dissertation über *Tanzgesänge der Rentiereskimos* promoviert. Seit 1948 leitete er die ethno-musikalische Abteilung des Musée d'Ethnographie in Neuchâtel und lehrte seit 1951 auch an der dortigen Universität, war 1957–69 Direktor der Universitätsbiliothek, lehrt seit 1961 zugleich an der Universität Genf, seit 1969 als ordentlicher Professor.

Schriften: *Zur Polyrhythmik in der Musik der Eskimos,* in: SMZ 87 (1947); *La musique des Esquimaux-Caribous,* in: Bull. de la Société Neuchâteloise de Géographie 54 (1949); *Die Musik der Eskimos,* in: Anthropos 45 (1950); *Une technique de transcription de la musique exotique,* in: Bibliothèques et Musées de la Ville de Neuchâtel 1956 (Neuchâtel 1957); *Le rythme des Peuls Bororo,* in: Ethnomusicologie 3 (1958/60) (= Les Colloques de Wégimont 5); *J.-J. Rousseau réformateur de la musique,* in: Musée neuchâteloise (1962); *Le sous-entendu, facteur de la forme musicale* (Essai d'Analyse), in: Publ. der Schweizerischen Musikforschenden Ges. III/2 (1974) (= Schweizer Beitr. zur Musikwiss. 3).

ESTRIBILLO (span.), der ↗Refrain. – ↗Villancico.

ETHOS (griech., = Gewohnheit, Sinnesart, Charakter), nach antiker Auffassung die in der Tonbewegung – dem „handelnden" Moment der Musik – liegende Macht über Seele und Sinnesart der Menschen. Die von der Musik ausgehende psychagogische, ethische, erzieherische Wirkung besaß daher auch eine „reinigende" und heilende Kraft (↗Musiktherapie). Als grundlegend galt die Verwandtschaft von Musik und Seele, von musikalischen und seelischen Vorgängen (↗Harmonie, ↗Sphärenharmonie). Träger des musikalischen E. konnten die Tonarten (Harmoniai), Tongeschlechter (↗Genos), Rhythmen, ferner die Tonlage und das Melos sein. Eine bei frühgriechischen Denkern (Pythagoreer, Damon) und Dichtern (Pindar) sich ankündigende, aber erst seit Platon (*Staat* 398ff., *Gesetze* 653ff., 800ff.) und Aristoteles (*Politik* 1339ff.) faßbare Lehre, die E.-Lehre (H. Abert), behandelt die unterschiedliche ethische Bedeutung der Tonarten (Dorisch gilt als ernst, männlich, Phrygisch als leidenschaftlich, Lydisch als klagend), der Tongeschlechter (Diatonik = männlich, Chromatik = weichlich, Enharmonik = erhaben) und Rhythmen (kurze Zeitwerte eignen sich für Waffentanz, lange für feierliche Hymnen). Der Lehre widersprachen die von der Sophistik herkommenden „Formalisten" (bezeugt durch Hibeh-Papyrus, Philodemus, Sextus Empiricus), die jede natürliche Verwandtschaft zwischen musikalischen Elementen und der Seele leugneten. Unter neuplatonischem Einfluß (Plutarch, Aristides Quintilianus, Augustinus, Boëthius) lebte die Lehre in der Spätantike und im Mittelalter weiter (↗Kirchentöne) und fand neuen Aufschwung seit der Renaissance (↗Tonarten-Charakter, ↗Affektenlehre).

Lit.: H. ABERT, Die Lehre vom E. in der griechischen Musik (L 1899, Nachdr. Tutzing 1968) (= Slg. musikwiss. Arbeiten 2); DERS., Die Musikanschauung des MA u. ihre Grundlagen (Hl 1905, Nachdr. Tutzing 1964); W. CRÖNERT, Die Hibehrede über die Musik, in: Hermes 44 (1909); E. M. VON HORNBOSTEL, Tonart u. E., in: Musikwiss. Beitr. FS J. Wolf (B 1929); L. P. WILKINSON, Philodemus on E. in Music, in: Classical Quarterly 32 (1938); W. VETTER, E., in: MGG IV; A. J. FESTUGIÈRE, L'âme et la musique d'après Aristide Quintilien, in: Transaction of the American Philological Association 85 (1954); A. J. NEUBECKER, Die Bewertung der Musik bei Stoikern u. Epikureern. Eine Analyse v. Philodems Schrift „De musica" (B 1956); W. D. ANDERSON, E. and Education in Greek Music (C/M 1966, Lo 1967); G. STEFANI, L'etica musicale di S. Agostino, in: Jucunda laudatio 6 (1968); D. ZOLTAI, E. u. Affekt (B – Budapest 1970).

F. ZAMINER

ÉTOUFFÉ (frz., = erstickt), Spielanweisung bei Schlag- und Saiteninstrumenten, nach dem Schlag (bei Becken und Pauke) bzw. nach dem Anspielen (bei der Harfe), den Ton sofort zu dämpfen.

ETT, Caspar, * 5. 1. 1788 Eresing (Oberbayern), † 16. 5. 1847 München; dt. Komponist und Organist. Er studierte 1800–07 am kurfürstlichen Gregorianum in München Gesang (J. B. Schmid), Orgel (J. Schlett) und Komposition (J. Grätz). Zuerst als Musiklehrer in München tätig, wurde er dort 1816 zum Hoforganisten an St. Michael ernannt. In diesem Amt war E. stark um die Wiederbelebung älterer a cappella-Kirchenmusik bemüht. Besonders die Aufführung eines *Miserere* von Gr. Allegri 1816 setzte hier ein Zeichen, das nicht nur in kirchlichen Kreisen viel beachtet wurde. E. wurde damit zu einer Schlüsselfigur der kirchenmusikalischen ↗Restauration des frühen 19. Jh. und zu einem Wegbereiter des späteren ↗Caecilianismus. Auch seine eigenen Kompositionen (u. a. Messen, ein Requiem, ein *Miserere,* ein *Stabat mater*) sind weitgehend von den Reformbemühungen beeinflußt. Weite und langjährige Verbreitung fand seine Sammlung geistlicher Gesänge *Cantica sacra in usum studiosae iuventutis* (1827; bearb. von B. Bock, als *Der praktische Chorregent und Organist,* Rb – Mn [7]1923).

Lit.: K. F. E. VON SCHAFHÄUTL, Erinnerungen an C. E., 1847, in: KmJb 6 (1891); F. BIERLING, C. E. (Ellbach 1906) (mit vollständigem Werk-Verz.); B. A. WALLNER, Zum 50. Todestag J. K. Aiblingers ... u. zum 70. Todestag K. E.s, in: MS 1 (1917); O. URSPRUNG, Restauration u. Palestrina-Renaissance (Au 1924). – ↗Cäcilianismus.

ETÜDE (engl.: study; frz.: étude; it.: studio), Bz. für eine Komposition, die meist ein didaktisches Ziel verfolgt und dann dem oder den Ausführenden ein bestimmtes instrumentaltechnisches Problem als musikalische „Aufgabe" stellt. In der Klavierliteratur hat die E. eine eigene Entwicklungsgeschichte, die von der kompositionstechnischen Studie bis zur symphonischen Konzert-E. reicht. – Obwohl die Geschichte des instrumentaltechnischen Übungsstücks insbesondere für Klavierinstrumente bis ins 16. Jh. zurückreicht, tritt der Terminus E. erst um 1800 auf. Er wurde zuerst für eine Sammlung kompositionstechnischer Studien verwandt: die *Études de transition* ... sind eine 1800 erschienene Sammlung von Modulationsübungen von A. Reicha. Die *Études pour le pianoforte en 42 exercices* (Bd. I 1804, Bd. II 1810) von J. B. Cramer knüpfen in ihrer Verbindung des instrumentaldidaktischen Ansatzes mit dem kompositorischen Anspruch des „Vortragsstücks" an die Tradition der entsprechenden Werke J. S. Bachs *(Clavier Übung),* D. G. Türks und L. Mozarts (↗Handstücke) an. Sie sind mit dem *Gradus ad parnassum* (1817/1826) von M. Clementi zu vergleichen, der seine E.n nicht selten in Suiten- oder Sonatenform mit Fuge und Kanon anlegte. Ihnen folgen die E.n-Werke von D. Steibelt, A. E. Müller, L. Berger, J. N. Hummel, Fr. Kalkbrenner, K. Czerny, I. Moscheles und H. Bertini. Diese E.n, die oft (schon dem Titel nach) dem ↗Charakterstück nahestehen, sind so gehalten, daß sie ihres Ausdrucksgehalts wegen auf die Bedürfnisse häuslich musizierender Dilettanten zugeschnitten sind.

Seit 1830, als der Einfluß des virtuosen Konzerts stärker wurde, trat die Konzert-E. in den Vordergrund, die dem öffentlichen Nachweis hochvirtuoser Technik ebenso diente wie der Darstellung kompositorischer Qualität. Vor allem wurde diese Gattung von Fr. Liszt und Fr. Chopin gepflegt, in deren Nachfolge von S. Thalberg, A. von Henselt, Ch. Alkan und H. Litoff. Im allgemeinen stehen stets technische Probleme im Vordergrund der Kompositionen, selbst wenn sich die Konzert-E.n dem Charakterstück nähern oder frei, in der Art der Rhapsodie, komponiert oder an ein Programm gebunden sind. Konzert-E.n für Klavier schrieben u. a. A. Rubinstein, F. Busoni (op. 16, op. 17), H. Pfitzner (op. 51), A. Skrjabin (op. 8, op. 42, op. 65), B. Bartók *(Mikrokosmos),* K. Szymanowski (op. 4, op. 33), Cl. Debussy, G. Migot und O. Messiaen *(Quatre Études de rythme).* Neben zahlreichen Kompositionen für Violine u. a. von F. Rode, R. Kreutzer, Ch. A. de Bériot und O. Ševčik waren es die *Capricci* N. Paganinis, durch die auch die Violin-E. Eingang in den Konzertsaal fand. Für das Violoncello schrieben u. a. die Gebrüder Duport, B. Romberg, Fr. Dotzauer, Fr. W. L. Grützmacher und D. Popper; für Violine und Violoncello z. B. B. Martinů *(Sept Arabesques, Études rythmiques);* für Orchester D. Milhaud, I. Strawinsky, H. W. Henze und Fr. Martin. – ↗Capriccio.

Lit.: E. GURK, Die Entwicklung der Klv.-E. v. Mozart bis Liszt (Diss. W 1930); S. KASWINER, Die Unterrichtspraxis für Tasteninstr. 1450–1750 (Diss. W 1930); G. MÜLLER, D. Steibelt (L 1933); R. HÄFNER, Die Entwicklung der Spieltechnik u. der Schul- u. Lehrwerke für Klv.-Instr. (Mn 1937); H. C. M. KLOPPENBURG, De ontwikkelingsang van de piano methoden (Utrecht – Bru 1951); P. F. GANZ, The Development of the E. for Pianoforte (1960) (= Diss. North Western Univ., Evanston/Ill.); D. MARIA-STOLBA, A History of the Violin Etude to About 1800 (1965) (= Diss. Univ. of Iowa); D. THEMELIS, Étude ou caprice. Die Entstehungsgesch. der V.-E. (Mn 1967); DERS., Klv.-E. oder V.-E.? Zur Frage der chronologischen Priorität, in: Mf 26 (1973); R. L. BOBO, Patterns in Selected Piano Studies (1975) (= Diss. Indiana Univ.).

R. CADENBACH

EUGEN ONEGIN *(Jewgeni Onjegin),* Lyrische Szenen in 3 Akten von Peter Tschaikowsky (1840–93), Text vom Komponisten und von Konstantin Schilowski nach Alexander Puschkins (1799–1837) gleichnamigem Versepos (1833). Ort und Zeit der Handlung: auf dem Lande und in St. Petersburg, 1. Hälfte des 19. Jahrhunderts. UA: 29. 3. 1879 in Moskau (Maly-Theater) in einer Aufführung durch Studenten des Konservatoriums; dt. EA (in dt. Sprache): 19. 1. 1892 in Hamburg unter Leitung von Gustav Mahler, nachdem der Komponist wegen sprachlicher Verständigungsschwierigkeiten von der Leitung zurückgetreten war.

Trotz umfangreicher wörtlicher Übernahmen aus der literarischen Vorlage gelang Tschaikowsky nicht die adäquate Umsetzung des Versepos in eine Opernhandlung, da bei der Umformung die erzähltechnischen und thematisch-sozialkritischen Feinheiten der Vorlage verlorengingen. Tschaikowsky erkannte selbst die undramatische Form seiner Oper, deren Handlung des straffen Aufbaus entbehrt, hoffte aber auf die Wirkung der musikalischen Poesie. Wegen der locker gefügten Bilderreihung ist *Eugen Onegin* keine Oper im überlieferten Sinne mehr; die Gattungsbezeichnung beschreibt treffend den epischen Duktus des Werkes. Zentrale Szene ist Tatjanas Briefszene im 2. Bild mit leitmotivischer Verdichtung der Personal- und Erinnerungsmotive, in der die Musik jeder psychischen Regung der Figur folgt und über das Verstummen der Sängerin hinaus den Gefühlsüberschwang zum Ausdruck bringt. In bewußt aufgebautem Kontrast zur psychologisierenden Musik stehen zwei brillant komponierte Ballszenen und einige traditionelle Opernnummern. Eine der genialen musikdramatischen Erfindungen ist die musikalische Vereinigung der befreundeten Duellkontrahenten Onegin und Lenski in einem streng geführten Kanon, um so die Unsinnigkeit des Geschehens zu entlarven.

J. SCHLÄDER

EULENBURG, Musikverlag. Er wurde 1874 von **Ernst E.** (* 30. 11. 1847 Berlin, † 11. 9. 1926 Leipzig) in Leipzig gegründet und spezialisierte sich zunächst auf gängige Chor- und Unterrichtswerke. Nach dem Erwerb von „Paynes kleiner Partitur-Ausgabe" 1892 und von „Donajewskis Orchester-Partitur-Ausgabe" 1894 entstand mit „E.s kleiner Partitur-Ausgabe" ein neuer selbständiger Verlagszweig, der zunächst Taschenpartituren klassischer, später auch zeitgenössischer Musik umfaßte und den Weltruf des Hauses begründete. 1911 ging die Verlagsleitung an Ernst E.s Sohn **Kurt E.** (* 22. 2. 1879 Leipzig, † 10. 4. 1982 London) über, der den Ruf des Hauses mit kritisch revidierten Ausgaben in Zusammenarbeit mit angesehenen Musikwissenschaftlern, u.a. mit Fr. Blume und A. Einstein, weiter festigte. Der geschäftliche Erfolg wurde auch durch Komponisten von großer Breitenwirkung, wie F. R. Volkmann und P. Graener, gesichert. 1939 wurde der Verlag unter der Firma Ernst E. Ltd. nach London verlegt. Filialen entstanden 1947 in Zürich und 1950 in Stuttgart. 1968 übergab Kurt E. die Geschäftsleitung an den Musikverlag Schott & Co. Ltd. London, der den Verlag E. bereits 1957 erworben und als selbständiges Unternehmen weitergeführt hatte.

EULER, Leonhard, * 15. 4. 1707 Basel, † 18. 10. 1783 St. Petersburg; Schweizer Mathematiker. Er war Schüler J. Bernoullis und studierte neben Mathematik Theologie, Medizin und orientalische Sprachen. 1727 wurde er Professor für Physik und Mathematik in St. Petersburg, 1741 in Berlin, dort 1744 auch Leiter der Abteilung Mathematik der Akademie der Wissenschaften. 1766 kehrte er nach St. Petersburg zurück. Er erblindete kurz darauf, widmete sich aber weiter seinen Forschungen, darunter auch Problemen der musikalischen Akustik. Von der These ausgehend, daß das Konsonanzempfinden in direktem Zusammenhang mit der Einfachheit der Tonverhältnisse steht, entwickelte er unter Zugrundelegung einer entsprechenden quantitativen Maßeinheit eine Konsonanz- bzw. Dissonanzgradtheorie, die sich aber trotz mancher Übereinstimmungen in der Praxis nicht völlig mit dem musikalischen Empfinden deckt und sich daher als nicht haltbar erwies. Die in der Schrift *Tentamen novae theoriae musicae* (St. Petersburg 1739) niedergelegten Ergebnisse wurden in 2 späteren Abhandlungen, *Conjecture sur la raison de quelques dissonances* (B 1764) und *Du véritable caractère de la musique moderne* (B 1764), ergänzt. E. führte auch die Logarithmen zur einfacheren Darstellung von Tonhöhenunterschieden ein.

Ausg.: Die musikal. Schriften, in: Opera omnia III/1 (L – B 1926); *Tentamen* u. *Lettres à une princesse d'Allemagne,* in: GA III/11–12, hrsg. v. A. SPEISER (Z 1960) (darin: M. Vogel, Die Musikschriften L. E.s); Die Berliner u. die Petersburger Akad. der Wiss. im Briefwechsel L. E.s, II, hrsg. v. A. P. JUSKEWITSCH – E. WINTER (B 1961); L. E., Perepiska, Annotirowanny ukasatel, hrsg. v. T. N. KLADO – J. CH. KOPELEWITSCH – T. A. LUKINA (Leningrad 1967); Die Register der Berliner Akad. der Wiss. 1746–66, hrsg. v. E. WINTER (B 1957).

Lit.: S. SCHULZ-EULER, L. E. (F 1907); L. G. DU PASQUIER, L. E. et ses amis (P 1927); J. HANDSCHIN, Der Toncharakter (Z 1948); CH. S. SMITH, L. E.'s „Tentamen novae theoriae musicae" (1960) (= Diss. Indiana Univ.) (mit Übers. u. Kommentar); H. R. BUSCH, L. E.s Beitrag zur Musiktheorie (Rb 1970) (= Diss. Köln 1970; Kölner Beitr. z. Musikforschung 58).

EUNUCHENFLÖTE ↗Mirliton.

EUOUAE, Evovae, in liturgischen Büchern gebräuchliche, aus den Vokalen gebildete Abkürzung für die Schlußworte der kleinen ↗Doxologie „... saeculorum. Amen".

Lit.: M. HUGLO, Les tonaires (P 1971).

EUPHON (von griech. euphonios, = wohlklingend), ein um 1790 von E. Chladni erfundenes, von der Glasharmonika herkommendes Friktionsinstrument. Dabei wurden Glasröhren durch Reibung mit angefeuchteten Fingern in Schwingungen versetzt, diese auf mit den Glasröhren verbundene Stahlstäbe übertragen. Durch die mittelbare Friktion der Stahlstäbe konnte eine größere Lautstärke des Tones und stärkere Modulationsfähigkeit erreicht werden.

EUPHONIUM (von griech. euphōnios = wohlklingend). – **1)** in C oder B gestimmtes, in Helikon-, Tuba- oder Trompetenform gebautes Baritonhorn mit weiter konischer Bohrung und 4–5 Ventilen. Es soll 1843 von Sommer in Weimar erfunden worden sein. – **2)** Früher Name der Baß-↗Ophikleide. – **3)** Klarinettenähnliches Orgelregister des ↗Zungenchors mit konischer Röhre in 16′-, 8′- und 4′-Lage. Es war um die Mitte des 19. Jh. in Frankreich besonders beliebt.

EURIDICE, LA, Oper mit Prolog in 6 Szenen von Jacopo Peri (1561–1633), Text von Ottavio Rinuccini. Ort und Zeit der Handlung: Griechenland in sagenhafter Vorzeit. UA: 6. 10. 1600 in Florenz; dt. EA: 23. 1. 1934 in München (Universität).

Die Aufführung der Oper fand anläßlich der Hochzeit von Maria de' Medici mit Heinrich IV. von Frankreich statt. Der Erfolg, den das Werk vor der Festversammlung erzielte, war beispiellos. Peri selbst sang den um die verlorene Gattin trauernden Orpheus. In der Vorrede zu E. äußerte sich der Komponist über den in seinem Werk angewandten Stil. Die Beobachtung von redenden Personen habe ihm den Weg gewiesen, ihre Sprechweise in der Musik genau nachzubilden. So wird für das leidenschaftliche Sprechen das Tempo gesteigert, für den Ausdruck der Trauer ein langsames Tempo gewählt. Da die Partitur der Oper *Dafne* verloren ist, gilt E. als das erste Zeugnis für die neue musikalische Gattung. Das Wort allein bestimmt die Komposition. Die Originalpartitur enthält nur die Gesangstimme und den Generalbaß ohne weitere Instrumentierungsangaben. Die Gestaltung der Oper blieb somit weitgehend der Improvisationsfähigkeit der Ausführenden überlassen.

B. DELCKER

EURIDICE, LA, Oper mit Prolog in 6 Szenen von Giulio Caccini (1550–1610), Text von Ottavio Rinuccini. Ort und Zeit der Handlung: Griechenland in sagenhafter Vorzeit. UA: 5. 12. 1602 in Florenz (Palazzo Pitti).

Caccini, der für die ↗*Euridice* Peris bereits einige Nummern komponierte, vertonte später das Libretto Rinuccinis selbst noch einmal vollständig. Die beiden Kompositionen ähneln sich in Anlage und Ausführung außerordentlich, nur daß Caccini, der gerade als Sänger in Florenz sehr berühmt war, die Sologesänge durch Koloraturen bereicherte und so die strengen Regeln des stile recitativo durchbrach.

B. DELCKER

EUROPE GALANTE, L', Opéra-ballet mit Prolog in 4 Entrées von André Campra (1660–1744), Text von Antoine Houdar de la Motte. Orte der Handlung: Frankreich, Italien, Spanien und Türkei; Zeit: unbestimmt. UA: 24. 10. 1697 in Paris (Académie Royale de Musique).

Campra vertonte das eigentlich für seinen Schüler A. C. Destouches gedachte Libretto selbst, veröffentlichte die Komposition aber unter dem Namen seines Bruders, da es sich um sein erstes Bühnenwerk nach seiner Abwendung von der Kirchenmusik handelte. Die vier verschiedenen Nationen Frankreich, Italien, Spanien und die Türkei werden in charakteristischen Liebesszenen auf der Bühne vorgestellt, z. B. die Türkei mit einer dramatischen Eifersuchtsszene, die im Serail spielt. Hervorgegangen aus den komischen Nebenhandlungen der Tragédie lyrique, bilden die einzelnen Akte autonome dramatische Einheiten, die als Einakter (Entrée) für sich stehen könnten und durch eine Rahmenidee nur lose verbunden sind. Über einfachen Baßlinien entfalten sich die Melodien; zum Teil findet sich bereits wieder Ausweitung zu ↗Da capo-Arien im Stil der italienischen Oper. Das Werk war bei der UA ein großer Erfolg, geriet dann aber in Vergessenheit.

B. DELCKER

EURYANTHE, Romantische Oper in 3 Akten von Carl Maria von Weber (1786–1826), Text von Helmina von Chézy. Ort und Zeit der Handlung: Schloß Préméry und Burg Nevers, nach 1110. UA: 25. 10. 1823 in Wien (Kärntnerthor-Theater) mit Henriette Sontag in der Titelrolle; dt. EA: 8. 3. 1824 in Frankfurt am Main; Dresdner Premiere am 31. 3. 1824 mit Wilhelmine Schröder-Devrient in der Titelrolle.

E. gilt zwar als Webers kompositionstechnisches Meisterstück und erste durchkomponierte deutsche Oper, stand aber im Erfolg stets weit hinter dem *Freischütz* zurück und ist trotz aller musikalischen Vorzüge ein Außenseiter der Repertoires geblieben. Gerade Webers Bestreben, die Konzeption der Nummernoper dem höheren Gesetz sinnvoller szenischer Gliederung zu unterwerfen, mag den erwarteten Erfolg verhindert haben. In E. stehen reine Secco-Rezitative mit Orchester- anstelle von Cembalo-Begleitung und Accompagnato-Rezitative neben ausgefeilten musikdramatischen Dialogen und durchgestalteten ariosen Partien; traditionelle Opernnummern finden sich neben durchkomponierten Opernszenen mit erinnerungsmotivisch strukturiertem sinfonischen Orchestersatz. Die überzeugendste Gestaltung einer szenischen Einheit gelang Weber am Beginn des 2. Aktes in der Verschwörungsszene Lysiart–Eglantine, die sich Richard Wagner zum Vorbild für seine Ortrud–Telramund-Szene in *Lohengrin* nahm. Der geringe Erfolg der Oper wurde auf das konfuse Libretto zurückgeführt. Schon Weber hatte das Textbuch elfmal überarbeiten lassen. Kurt Honolka führte es auf die stoffliche Vorlage einer altfranzösischen Romanze zurück (EA: 9.1.1954 in Stuttgart), und Hans Joachim Moser schrieb zu Webers Musik ein völlig neues Libretto unter dem Titel *Die sieben Raben* (1917).

J. SCHLÄDER

EUTERPE, in der griechischen Mythologie Muse der Tonkunst und der lyrischen Dichtung. Sie wird mit dem ↗Aulos dargestellt.

EVANGELATOS, Antiochos, * 25. 12. 1903 (7. 1. 1904) Lixurion auf Kephallinia; griech. Dirigent und Komponist. Er studierte zunächst Jura in

Athen, dann 1923–28 Musik am Leipziger Konservatorium, anschließend in Wien und Basel Dirigieren bei F. Weingartner. 1932 nach Athen zurückgekehrt, wurde er 1933 Lehrer für Harmonielehre, Kontrapunkt und Komposition und 1937 Co-Direktor am dortigen Konservatorium. Seit 1938 war er Chefdirigent des griechischen Rundfunks in Athen, seit 1940 Kapellmeister der Staatsoper und leitete 1954–59 die Musikabteilung des griechischen Rundfunks. 1935–57 war er Generalsekretär des griechischen Komponistenverbandes und seit 1957 Präsident des Nationalen Musikrates. E. schrieb Orchesterwerke, darunter 2 Symphonien, ein Klavierkonzert, Kammermusik, Vokalwerke, Lieder und Bühnenmusiken.

EVANGELIMANN, DER, Musikalisches Schauspiel in 2 Akten von Wilhelm Kienzl (1857–1941), op. 57, Text vom Komponisten nach einer Erzählung aus Leopold Florian Meißners *Aus den Papieren eines Polizeikommissärs* (1894). Ort und Zeit der Handlung: Benediktinerkloster St. Othmar in Niederösterreich 1820 und Wien 1850. UA: 4. 5. 1895 in Berlin (Königliche Oper).

Die Handlung basiert zum großen Teil auf Meißners Schilderung eines authentischen Kriminalfalls: Die Brüder Matthias und Johannes Freudhofer rivalisieren um Martha, die Nichte des Klosterpflegers; um seinen Konkurrenten auszuschalten, steckt Johannes das Kloster in Brand und lenkt geschickt den Verdacht auf seinen Bruder, der daraufhin für 20 Jahre ins Gefängnis muß; nach seiner Entlassung zieht Matthias als Sänger frommer Lieder über Land; in Wien wird er ans Sterbebett seines Bruders gerufen: Er gibt sich ihm zu erkennen und verzeiht ihm. Nicht nur diese Handlung, sondern auch die Komposition, eine gelungene Mischung aus an R. Wagner orientiertem Musikdrama und bisweilen rührseliger Volkstümlichkeit, ließ das Werk mit 5300 Aufführungen bis 1935 zur erfolgreichsten deutschen Oper zwischen Wagner und R. Strauss werden. Die Melodie *Selig sind, die Verfolgung leiden,* ist noch heute beliebt.

W. A. MAKUS

EVANGELIST, Evangelista, in der deutschen protestantischen ↗Passions-Vertonung seit dem 16. Jh. – später auch in der ↗Historia – Bz. für den Sänger, der nur den erzählenden Text vorträgt, nicht aber die direkten Reden Christi und der anderen Personen. Gelegentlich erscheint (so schon in M. Luthers *Deutscher Messe* 1526) dafür auch die Bz. *Vox evangelistae.* In der Sache entspricht der E. dem „Chronista" der lateinischen choralen Passion (in der *Editio Vaticana* nur abgekürzt mit C bezeichnet), dem ↗Historicus des lateinischen und dem ↗Testo des italienischen ↗Oratoriums im 17.–18. Jahrhundert. Das Vorhandensein einer eigenen, solistisch in Erscheinung tretenden E.en-Partie macht das Wesen der responsorialen und der oratorischen Passion aus, während bei der motettischen Passion der erzählende Text und der Text der direkten Reden gleichermaßen in den polyphonen Ablauf einbezogen sind. Das Fehlen einer E.en- (d. h. Testo-)Partie dagegen ist charakteristisch für das Passionsoratorium.

EVANGELISTI, Franco, * 21. 1. 1926 Rom, † 29. 1. 1980 ebd.; Komponist und Elektroakustiker. Er studierte Ingenieurwissenschaft an der Universität Rom, seit 1948 auch Musiktheorie, zunächst bei F. Germani und D. Paris in Rom und 1954–56 an der Musikhochschule in Freiburg i. Br.; gleichzeitig besuchte er die Darmstädter Ferienkurse für Neue Musik und arbeitete auf Einladung von H. Eimert und H. Scherchen in den elektronischen Studios von Köln bzw. Gravesano. 1958 gründete er in Rom die Zeitschrift *Ordini,* 1959 in Palermo das Ensemble Nuova Consonanza. Er selbst rief Studios für elektronische Musik 1967 in Rom (Studio R 7 und an der Accademia di Santa Cecilia) und 1970 in Aquila (am A. Casella-Konservatorium) ins Leben. Nach sieben Jahren experimentellen Komponierens im temperierten System widmete sich E. seit 1962 fast ausschließlich der Erforschung elektroakustischer Fragen und Phänomene. Hierüber berichtete er u. a. in den *Ordini* (1959) und in *Melos* (1966).

WW: *Aleatorio* für Streichquartett (1959); *Ordini* für 16 Instr. (1955); *Random or not Random* (1956–62), Skizzen für Orch.; *Spazio* (1961) für 4 Schlagzeuggruppen, Vokalklänge u. elektronische Bearbeitung; *Die Schachtel* (1963) (nach F. Nonnis) für 5–7 Mimen, Bildprojektor, Tonband u. Kammerorch.

Lit.: A. GENTILUCCI, Guida all'ascollo della Musica Contemporanea (1969); M. BORTOLOTTO, Fase seconda (1969).

H. LINDLAR

EVANGELIUM (lat., von griech. euangelion = gute Botschaft, Siegesbotschaft). **1)** Die Heilsbotschaft des Neuen Testaments, die Jesus Christus verkündet, dann auch die apostolische Predigt als Verkündigung von Christus und seiner Heilsbotschaft. Seit dem 2. Jh. wird die schriftliche Fixierung dieser „Frohen Botschaft" in der vierfachen Darstellung der Evangelisten Matthäus, Markus, Lukas und Johannes ebenfalls E. (kanonisches E.) genannt. Die Liturgie der römischen Kirche enthält neben anderen Texten der Bibel auch zahlreiche Texte aus den vier Evangelien: kürzere als Gesänge des ↗Proprium missae oder als ↗Antiphonen im ↗Offizium, längere als ↗Lesungen (s. u.) oder (im

Offizium) als Cantica (↗Canticum). Diesen Teilen sind die entsprechenden Gattungen des ↗Gregorianischen Gesangs zugeordnet. In der mehrstimmigen Musik finden sich Texte aus den Evangelien (wie z. T. auch aus anderen biblischen Büchern) in wörtlicher oder paraphrasierter Fassung vor allem in ↗Passion, ↗Oratorium, ↗Historia und ↗Kantate. – **2)** In den christlichen Liturgien Bz. für die Lesung eines Abschnittes (Perikope) aus einem der vier Evangelien. In der katholischen Messe ist diese Lesung der zentrale Teil des Wortgottesdienstes. Sie ist seit frühester Zeit vor den anderen ↗Lesungen der Messe und des Offiziums ausgezeichnet u. a. durch den Ort ihrer Verkündigung (früher vom ↗Ambo auf der linken Seite des Altarraums aus, der sog. Evangelienseite), durch die Person des Verkündigers (ausschließlich Diakon oder Priester), im feierlichen Gottesdienst auch durch eine Prozession zum Ambo. Es gibt eigene Evangelienbücher (↗Liturgische Bücher), denen besondere Verehrung erwiesen wird. Sie enthalten entweder alle vier Evangelien *(Evangeliare)* oder nur die bei der Messe benötigten Perikopen *(Evangelistare).* Im Mittelalter waren sie oft künstlerisch reich ausgestattet.

Der Vortrag des E.s wird eingeleitet durch die lateinischen (oder entsprechenden deutschen) Worte des Priesters *Dominus vobiscum* mit der Antwort der Gemeinde *Et cum spiritu tuo,* mit der Ankündigung der Perikope *Lectio sancti Evangelii secundum* ... und mit der Akklamation der Gemeinde *Gloria tibi, Domine.* Er wird beendet durch die Worte des Priesters *Verbum Domini* mit der Antwort der Gemeinde *Laus tibi, Christe.* Bis zur Liturgiereform des 2. Vatikanischen Konzils war das E. der katholischen Messe für alle Tage des Kirchenjahres festgelegt. Diese Perikopenordnung ist im wesentlichen auch auf den lutherischen Sonn- und Feiertagsgottesdienst übergegangen. Im Zusammenhang damit bestimmte sie im 17.–18. Jh. die Entwicklung der ↗Kantate in Richtung auf den Typus der Evangelienkantate. Von besonderer Bedeutung waren hier – u. a. für das Kantatenschaffen J. S. Bachs – die Dichtungen von E. Neumeister (z. B. *Das Wort Christi ... oder Cantaten über alle Evangelien,* 1708) und Chr. F. Henrici (= Picander) (*Sammlung Erbaulicher Gedanken bey und über die gewöhnlichen Sonn- und Festtags-Evangelien,* 1725). In der katholischen Liturgie wurde nach dem 2. Vatikanischen Konzil die Perikopenordnung geändert; sie umfaßt jetzt für die Evangelien und Episteln an Sonn- und Festtagen drei verschiedene jährliche Zyklen („Lesejahre" A, B und C), die der Reihe nach abwechseln.

Der gesungene Vortrag des E.s erfolgt im ↗Gregorianischen Gesang mit Hilfe von Lektionstönen, deren Hauptmerkmal das Rezitieren auf einem Ton und die Verwendung melodischer Formeln für bestimmte Akzente und für die syntaktische Gliederung des Textes sind (↗Accentus 1). Im Mittelalter kannte man eine große Zahl solcher Evangelientöne. Von ihnen gingen 3 einfache Töne in die *Editio Vaticana* ein. Eine Sonderform des gesungenen E.s stellt die chorale lateinische ↗Passion (mit ihren deutschen „Abkömmlingen") dar. Neben den einfachen Evangelientönen gab es im Mittelalter viele weniger formelhafte und reicher geschmückte Evangelienmelodien, besonders für die sog. Genealogien (*Liber generationis* am Anfang des Matthäus-E.s und bei Lk 3,23–38). Lektionsmäßige, reich geschmückte Melodien sind charakteristisch insbesondere auch für die mittelalterlichen geistlichen Spiele (↗Liturgisches Drama). Seit dem 2. Vatikanischen Konzil ist es allgemein üblich geworden, das E. in der Landessprache und in gesprochener Form zu verkündigen (gelegentlich mit gesungener lateinischer oder deutscher Ankündigung und Akklamationen). Für den feierlichen, gesungenen Vortrag der Evangelien an Weihnachten und anderen Hochfesten komponierten u. a. H. Schroeder und H. Sabel eigene Melodien.

Für den evangelischen Gottesdienst, in dem das E. überhaupt den Hauptteil der gesamten Liturgie darstellt, entstanden im 16. Jh. eigene Singweisen. Sie lehnen sich z. T. an die lateinischen Lektionstöne an. Die beiden Evangelientöne M. Luthers (in der Deutschen Messe, 1526) folgen anderen Gestaltungsprinzipien: Anlehnung an Psalmtöne (an den 6. Ton für das E., an den 8. Ton für die Epistel), größere Zahl von melodischen Formeln für die verschiedenen Interpunktionen und für die Satzanfänge mit flexiblerer Anpassung an die deutsche Sprachmelodie, ferner Verwendung von drei Rezitationstönen (in Anlehnung an den choralen Vortrag der ↗Passion). Damit erreichte Luther eine überaus plastische und lebendige Darstellung der Evangelientexte, wie sie in der Geschichte der einstimmigen Evangeliumsvertonung einzigartig sein dürfte. Der gesungene Vortrag des E.s – wie auch der Epistel – konnte sich jedoch im protestantischen Gottesdienst auf die Dauer nicht durchsetzen und kam schließlich völlig außer Gebrauch. Dafür entstand im 17. und 18. Jh. – teilweise auf der Grundlage von einstimmigen Evangelientönen – ein reiches Repertoire von (lateinischen und deutschen) „Evangelienmotetten", in denen bedeutsame Stellen aus den Sonn- und Festtagsevangelien mehrstimmig vertont werden. Sie wurden oft als Zyklus in der Ordnung des Kirchenjahres veröffentlicht. Solche Sammlungen sind aus dem

16. Jh überliefert u. a. von H. Herpol, L. Paminger, J. Wanning, J. Gallus, A. Raselius, S. Calvisius und Ph. Dulichius, auch als Sammeldruck von Montanus & Neuber (*Evangelia dominicorum et festorum dierum*, 6 Bde., Nü 1554–56). In das 17. Jh. gehören die Sammlungen u. a. von G. Otto, Chr. Demantius, Th. Elsbeth, M. Franck und J. Christenius. Seit der Erneuerung der evangelischen Kirchenmusik im 20 Jh. wird auch die Evangelienmotette wieder verstärkt gepflegt (u. a. von J. N. David).

Ausg.: Die lat. Evangelientöne der *Editio Vaticana* u. a. in: Graduale … de Tempore et de Sanctis (Solesmes – Tou 1974); Luthers Töne in der Faks.-Ausg. der *Deutschen Messe*, hrsg. v. J. WOLF (Kas 1934) (= Veröff. der Musikbibl. P. Hirsch 11); Hdb. der dt. ev. Kirchenmusik, hrsg. v. K. AMELN – CH. MAHRENHOLZ – W. THOMAS I/1 (Gö 1941); H. SCHROEDER, Episteln u. Evangelien in dt. Sprache für Feste u. besondere Anlässe, 3 Tle. (Düsseldorf 1965).

Lit.: H. J. MOSER, Die mehrst. Vertonung des E.s I (mehr nicht erschienen) (L 1931, Hil – Wie ²1968); TH. KLAUSER, Das römische Capitulare Evangeliorum. Texte u. Unters. zu seiner ältesten Gesch., in Liturg. Quellen u. Forsch. 28 (Mr 1935); W. LIPPHARDT, Die Gesch. des mehrstimmigen Proprium Missae (Hei 1950); CH. MAHRENHOLZ, Altargesang, in: MGG I; A. JUNGMANN, Missarum sollemnia, 2 Bde. (W – Fr – Bas ⁵1962); B. STÄBLEIN – CH. MAHRENHOLZ, Epistel, in: MGG III; DIES., Evangelium, in: ebd. (mit zahlr. Melodien); W. APEL, Gregorian Chant (Bloomington 1958); O. BRODDE, Ev. Choralkunde, in: Leiturgia 4 (Kas 1961); P. RADÓ, Enchiridion Liturgicum, 2 Bde. (R – Fr – Ba 1961).

G. MASSENKEIL

EVANS, Bill (William), * 16. 8. 1929 Plainfield (New Jersey), † 15. 9. 1980 New York; amerik. Jazzpianist. Er kam 1949 zum Jazz und wurde als Mitglied des Miles Davis-Sextetts 1958 berühmt. Er spielte mit zahlreichen namhaften Jazzmusikern zusammen, bevorzugte aber die Triobesetzung mit Baß und Schlagzeug. Berühmt wurde sein *Waltz for Debby*. – Sein zurückhaltendes Spiel, das auch von Lennie Tristano beeinflußt ist, zeigte sowohl ein Gespür für ausgesuchte Harmonien als auch für die Kombination von Klangeffekten, die das tonale System fast auflösen. E.' Einfluß reichte bis in den ↗Free Jazz hinein.

EVANS. – 1) Edwin sen., * 1844 London, † 21. 12. 1923 ebd.; engl. Organist und Musikschriftsteller. Er schrieb u. a. *A Historical, Descriptive and Analytical Account of the Entire Works of Johannes Brahms* (4 Bde., Lo 1912–36) und *Beethoven's Nine Symphonies* (2 Bde., ebd. 1923–24). – **2) Edwin** jun., Sohn von 1), * 1. 9. 1874 London, † 3. 3. 1945 ebd.; Musikkritiker. Er war Autodidakt und wurde zu einem Pionier der Musikkritik in England. E. setzte sich entschieden für zeitgenössische Komponisten ein, u. a. für Cl. Debussy, A. Roussel, M. Ravel und I. Strawinsky. 1938–45 war er Präsident der Internationalen Gesellschaft für zeitgenössische Musik, die er mitbegründet hatte. Er schrieb u. a. *The Margin of Music* (O 1924) und *Tschaikovsky* (Lo 1906, NA NY 1935, 1957, 1966); Aufsatzsammlung *Music and Dance* (Lo 1948).

EVANS, Geraint, * 16. 2. 1922 Pontrypidd (Wales); engl. Sänger (Bariton). Ausgebildet wurde er u. a. bei Th. Herrmann in Hamburg und bei F. Carpi in Genf. 1948 debütierte er am Londoner Covent Garden, dessen Ensemble er seitdem angehört. Daneben war er Gast anderer bedeutender Opernhäuser (u. a. der Mailänder Scala, der Wiener Staatsoper, der Metropolitan Opera in New York) und bei Festspielen, u. a. seit 1949 regelmäßig in Glyndebourne, seit 1963 in Salzburg. E. gilt als bedeutender Interpret von Mozartpartien, vor allem des Figaro in *Figaros Hochzeit* und des Leporello im *Don Giovanni*, ebenso des Figaro im *Barbier von Sevilla* von Rossini und der Titelpartien des *Falstaff* und *Don Carlos* von Verdi sowie des *Wozzeck* von A. Berg. An Covent Garden sang er auch den Mr. Flint und den Montjou in den Uraufführungen von B. Brittens Opern *Billy Budd* bzw. *Gloriana*.

EVANS, Gil (eig. Ian Ernest Gilmore Green), * 13. 5. 1912 Toronto; amerik. Jazzmusiker (Arrangeur, Komponist, Bandleader und Pianist) kanadischer Herkunft. 1933–38 leitete E. eine eigene Band in Stockton (Calif.), 1941–44 und 1946–48 war er Hauptarrangeur der Claude Thornhill-Band. Dort begann er mit Klängen zu experimentieren („Thornhill Sound"), die dann in den Capitol-Aufnahmen von Miles ↗Davis zu wesentlichen Neuerungen im Big Band-Jazz führten. Die Besetzung Waldhorn, Tuba, Altsaxophon, Baritonsaxophon, Klavier, Kontrabaß und Schlagzeug ist kleiner als in der herkömmlichen Big Band. Waldhorn und Tuba geben dem Ensemble einen sehr weichen, warmen Klang, in dem Dissonanzen weitgehend aufgefangen sind. Seit Ende der 50er Jahre spielte er – bis in die 70er Jahre – wieder mit Miles Davis zusammen. Es entstanden die jazzgeschichtlich bedeutsamen Einspielungen *Miles Ahead, Porgy and Bess* und *Sketches of Spain.* Zu den genannten Instrumenten traten auch Flöte, Oboe, Fagott und Harfe hinzu. E. ist ein sehr eigenständiger Arrangeur, der seine Vorlagen so weit verändert, daß man von Neukompositionen sprechen kann. Er hat einen ausgeprägten Sinn für den Orchesterklang und ist äußerst sorgfältig im Detail der Instrumentation. Seine sehr weichen Klangüberlagerungen muten bisweilen impressionistisch an. Anfang und Mitte der 70er Jahre trat er wieder hervor, diesmal mit seiner Version des ↗Electric Jazz. Dabei ragt besonders die Platte *Gil Evans plays the music of Jimi Hendrix* heraus. Sein Orchester ist nun weitgehend elektrifiziert, verleugnet aber nie seinen jazzmäßigen Drive. Die dunklen weichen Klänge sind hier einem hellen scharfen Klang gewichen.

Lit.: N. HENTOFF, G. E. (NY 1960); G. E., in: Jazz Podium 24 (1975).

U. KURTH

EVE, ndl. Musikerfamilie. – **1) Honoré Eugène d'E.,** † nach 1685. Er war seit 1652 Sänger der königlichen Kapelle in Brüssel, seit spätestens 1664 dort Lieutenant de musique und 1666 Leiter der Kapelle. Vermutlich stammen die mit d'Eve oder d'Here signierten, im Fonds Ste-Gudule im Brüsseler Konservatorium aufbewahrten 7 Kompositionen von ihm. – **2) Alphonse d'E.,** Sohn von 1), getauft 20. 8. 1666 Brüssel, begraben 10. 10. 1727 Antwerpen; Komponist. Er war, allerdings ohne feste Anstellung, 1708–25 Kapellmeister der Kathedrale von Antwerpen. d'E. veröffentlichte die kirchenmusikalischen Sammlungen *Genius musicus* (A o.J.) und *Philomena delectans* (An 1708). Weitere Werke sind hsl. erhalten.

Lit.: A. E. SCHROEDER, Medeling over A. d'E., in: RBMie 1 (1946–47); H. LANGLEY, The Newly Arne Mass, in: MMR 81 (1951) (betrifft die Messe aus *Genius musicus*).

EVERDING, August, dt. Regisseur und Theaterleiter, * 31. 10. 1928 Bottrop (Westfalen). Er studierte Philosophie, Germanistik, Theologie und Theaterwissenschaft in Bonn und München, war Regieassistent bei H. Schweikart, Fr. Kortner, P. Verhoeven, L. Steckel und H. Käutner, führte seit 1955 Regie an den Münchener Kammerspielen und wurde dort 1959 Oberspielleiter und 1963 Intendant. 1965 wandte er sich (mit der Inszenierung von Verdis *La Traviata*) der Opernregie zu. Er inszenierte u. a. 1969 bei den Bayreuther Festspielen *(Der Fliegende Holländer)*, 1971 auch erstmals am Metropolitan Opera House in New York (Wagners *Tristan und Isolde*). 1973 ging er an die Hamburgische Staatsoper als Nachfolger von R. Liebermann und wurde 1977 als Nachfolger von G. Rennert Intendant der Bayerischen Staatsoper München. Seit 1973 lehrte er Regie und Dramaturgie an der Universität München, übernahm dann an der Universität Hamburg eine Professur für Rollendramaturgie und 1978 für Opernregie an der Musikhochschule in München. E. wurde 1980 zum Generalintendanten der Bayerischen Staatstheater in München ernannt.

EVERGREEN (engl.), ↗Schlager.

EVOVAE ↗Euouae.

EWERHART, Rudolf, * 15. 6. 1928 Lebach bei Saarlouis; dt. Organist, Dirigent und Musikforscher. E. studierte 1946–49 Katholische Kirchenmusik an der Kölner Musikhochschule, 1949–51 Orgel und Chorleitung an der Freiburger Musikhochschule und Musikwissenschaft an den Universitäten Freiburg i. Br. und Köln und promovierte 1953 in Köln mit der Dissertation über *Die Handschrift 322/1994 der Stadtbibliothek Trier als musikalische Quelle* (Rb 1955). 1955 wurde er Dozent für Chorleitung und Orgel an der Kirchenmusikschule Münster (Westfalen), 1964 deren Direktor (bis 1974). Seit 1972 ist er Professor an der Staatl. Hochschule für Musik Rheinland in Köln und Leiter des Instituts für Katholische Kirchenmusik. E. gab u. a. die Reihen *Cantio Sacra. Geistliche Solokantaten* (Kö 1954 ff., bisher 61 H.e) und *die kantate* (Kö 1957 ff., bisher 11 H.e) heraus.

Schriften: *New Sources for Handel's „La Resurrezione"* in: ML 41 (1960); *Die Händel-Handschriften der Santini-Bibliothek in Münster,* in: Händel-Jb. 6 (1960); *Wiederbelebung des originalen Klangbildes,* in: Alte Musik in unserer Zeit (Kas 1968) (= Musikal. Zeitfragen 13).

EXCLAMATIO (lat., = Ausruf). – **1)** Als musikalisch-rhetorische Figur der Sprung zur kleinen Sexte aufwärts, wie er in der Vokalmusik des 17.–18. Jh. häufig bei exklamatorischen Texten erscheint. – **2) Esclamazione** (it.), in der it. Diminutionslehre des 17. Jh. Bz. für eine melodische Verzierung. Sie ist, ähnlich wie der spätere ↗Schleifer, ein Vorschlag mit zwei stufenweise zum Hauptton aufsteigenden Noten. – J. S. Bach verband in der 1. Arie der Kantate BWV 82 bei den Anfangsworten beide Arten der E. (Notierung des Vorschlags hier der Ausführung entsprechend):

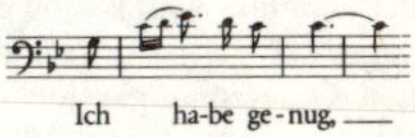

EXEQUIEN (von lat. exsequiae, = Leichenbegängnis), die kirchlichen Riten des Totengeleits. Sie wurden für die röm.-kath. Kirche erstmals 1614 im Rituale Romanum rubriziert. Danach umfassen die E.: 1. Vorgänge im Sterbehaus, 2. Überführung der Leiche zur Kirche (die Prozession unterlag je nach der gesellschaftlichen Stellung des Verstorbenen einer besonderen „Conductordnung"), 3. die liturgische Feier in der Kirche (Officium defunctorum; Missa pro defunctis [↗Requiem]; ↗Absolutio super tumulum) und 4. Geleit zur Gruft oder zum Grab. – Musikalisch von Interesse sind diejenigen Teile der liturgischen Feier, die, je nach Rang und gesellschaftlicher Stellung einer Person, als eigens für das betreffende Begängnis geschaffene Komposition erklingen konnten und nicht nur gesprochen oder choraliter ausgeführt wurden. Hierzu zählen die zahlreichen mehrstimmigen Vertonungen der Psalmen *De profundis* und *Miserere* (z.B. vertonte Kaiser Leopold I. 5 Totenoffizien), die des Responsoriums *Libera me* (zur Absolutio super tumulum) und vor allem die Requiem-Vertonungen. – Auch im protestantischen Bereich war bei Trauerfeierlichkeiten die Aufführung von ↗Figuralmusik – die üblicherweise bei außergewöhnlichen Leichenbegängnissen noch im 18. Jh. als ↗Motette erklang – den privilegierten Ständen vorbehalten. Aus diesem Umkreis kommt den 1636 zum Tode des Fürsten Heinrich von Reuß komponierten *Musicalischen Exequien* von H. Schütz besondere Bedeutung zu.

Lit.: F. PROBST, Exequien (Tü 1856); K. J. MERK, Die meßliturgische Totenehrung in der römischen Kirche (St 1926); R. GERBER, Die musikalischen E. von H. Schütz, in: MuK 6 (1934); F. HAMEL, Die Leipziger Funera. Zur Kulturgeschichte der Begräbnismusik, in: SMZ 88 (1948).

EXIMENO Y PUJADES, Antonio, SJ, * 26. 9. 1729 Valencia, † 9. 6. 1808 Rom; span. Musikforscher. E. studierte Mathematik und Musik in Salamanca, trat in den Jesuitenorden ein und unterrichtete dort Literatur und Mathematik. 1763 wurde er wissenschaftlicher Direktor der Artillerieschule von Segovia. Nach dem Verbot seines Ordens in Spanien ging er 1767 nach Italien und kehrte erst 1798 wieder zurück. 1774 veröffentlichte er in Rom eine aufsehenerregende Abhandlung, *Dell'origine e delle regole della musica colla istoria del suo progresso, decadenza e rinnovazione* (span. Übersetzung von Fr. A. Gutiérrez als *Del Origen y reglas ...*, 3 Bde., Ma 1796), in der er sich gegen die überkommene Auffassung eines inneren Zusammenhanges zwischen musikalischen und mathematischen Gesetzmäßigkeiten wandte. Kritisch nahm dazu u.a. Padre Martini in *Il Dubbio di D. Antonio Eximeno sopra il saggio fondamentale...* (R 1775) Stellung. E. verfaßte auch einen musikalischen Abenteuerroman in der Art des *Don Quixote, Don Lazarillo Vizcardi* (hrsg. von Fr. A. Barbieri, 2 Bde., Ma 1872–73), dessen Held, ein Musiker, über dem Studium des Kontrapunktes seinen Verstand verliert.

Lit.: F. PEDRELL, P. A. E. (Ma 1920); N. OTANO, El P. A. E. (Ma 1943); J. SUBIRA, Historia de la música española e hispano-americana (Ba 1953, ³1958), dt. Übers. v. A.-E. Cherbuliez: Musikgesch. v. Spanien, Portugal u. Lateinamerika (Z 1957); A. M. POLLIN, Toward an Understanding of A. E., in: JAMS 10 (1957); J. I. SYLVESTER, The E.-Martini Polemic (1969) (= Diss. Syracuse Univ.); G. STEFANI, Padre Martini e l'E., in: NRMI 4 (1970).

EXOTISMUS. Man versteht darunter die Einbeziehung von Elementen aus Musikkulturen außereuropäischer Gebiete oder europäischer Randgebiete in die abendländische Musik, die von der ihr zugrundeliegenden Musikästhetik als fremdartig empfunden werden. Hierzu zählen vor allem von der Dur-Moll-Tonalität abweichende Skalen wie Pentatonik, Zigeuner- und Ganztonleiter, parallel geführte Quinten, Quarten und Oktaven, bestimmte Rhythmen sowie ein spezifisch exotisches Instrumentarium. Exotische Elemente wurden zuerst in die Ballett- und Tanzmusik einbezogen, manifestierten sich aber zunächst lediglich in der Dekorierung, in den Kostümen und in der Verwendung unüblicher Utensilien, z.B. von Fußschellen beim Tanz von ↗Moresca und ↗Canarie, auf die Th. Arbeau in seiner *Orchésographie* (1589) Bezug nimmt. Ähnliches gilt von den Ballets de cour (z.B. *Le Prince de la Chine,* 1605) und den Comédie-ballets z.B. J.B. Lullys. So unterscheiden sich die Einzugsmusik der Ägypter in *Le Mariage forcé* (1664) wie auch der zeremonielle Marsch der Türken in *Le Bourgeois Gentilhomme* (1670) nicht von anderen Ouvertüren und Märschen. Spezifisch musikalische Exotismen setzten sich in der Kunstmusik erst im 18. Jh. im Zuge der Übernahme der ↗Janitscharenmusik durch, deren typisches Instrumentarium u.a. in Mozarts *Entführung aus dem Serail* verwendet wird (Becken, Triangel, große Trommel). Im 19. Jh. erscheinen Exotismen zunächst nur in sehr stilisierter Form, so in *La Captive* von H. Berlioz, wo der verführerische, fremdländische Reiz der Levante nur im wiegenden Begleitrhythmus anklingt. Dagegen liegt der Ode-Symphonie *Le Désert* (1884) von F. David, der allgemein als Begründer des eigentlichen E. gilt, erstmals eine authentische ägyptische Melodie zugrunde. Orientalismen finden sich später besonders bei G. Bizet (*Adieux de l'hôtesse arabe,* 1866), L. Delibes und C. Saint-Saëns (*Mélodies persanes,* 1870). Vor allem die Pariser Weltausstellungen von 1867, 1878, 1889 und 1900 verstärkten das Interesse der Künstler an den Musikkulturen des Nahen und Fernen Ostens; markante Beispiele dafür sind A. Borodins *Eine Steppenskizze aus Mittelasien* (1880) und G. Puccinis *Madame Butterfly* (1904) und *Turandot* (1926). Indes ist es nicht erstaunlich, wenn der E. auch in der Operette und in der Unterhaltungsmusik anklingt. Durch die weitgehende Erforschung und zunehmende Verfügbarkeit außereuropäischer Musik im 20. Jh. hat der E. in dem hier gemeinten Sinne heute an Bedeutung verloren. Es gibt aber auch moderne Komponisten, für deren Schaffen die Beschäftigung mit außereuropäischer Musik wesentlich geworden ist (z.B. O. Messiaen, K. Stockhausen).

Lit.: G. CAPELLEN, Exotische Rhythmik, Melodik u. Tonalität als Wegweiser zu einer neuen Kunstentwicklung, in: Mk 6 (1906/07); H. QUITTARD, L'orientalisme musical. Saint-Saëns orientaliste, in: RM 6 (1906); G. CAPELLEN, Ein neuer exotischer Musikstil, an Notenbeispielen nachgewiesen (St 1910); W. NIEMANN, Musikal. E., in: Mk 11 (1911/12); E. M. VON HORNBOSTEL, Musikal. E., in: Melos 1 (1921); E. FELBER, E. u. Primitivismus in der neueren Musik, in: Mk 21 (1929); H. WOLF-CERUTTI, Die Einschmelzung der E., in: Musica 3 (1949); K. REINHARD, E. in der abendländischen Gegenwartsmusik, in: Melos 18 (1951); F. NOSKE, Sur l'orientalisme dans la mélodie française, in: La mélodie française de Berlioz à Duparc (1954); B. SZABOLCSI, E. in Mozart, in: ML 37 (1956); G. CONFALONIERI, Immagini esotiche nella musica italiana (Siena 1957); R. ALLORTO, Mala di terre lontane (ebd. 1957); W. KARPILOW WHAPLES, E. in Dramatic Music 1600–1800 (1958) (= Diss. Indiana Univ.); P. NETTL, E. in früher Zeit, in: Musica 14 (1960); CH. WOLFF, Der Orient in der frz. Oper des 19. Jh., in: Die „Couleur locale" in der Oper des 19. Jh., hrsg. v. H. Becker (Rb 1976) (= Stud. zur Musikgesch. des 19. Jh. 42).

EXPERIMENTELLE MUSIK (engl.: experimental music; frz.: musique expérimentale; it.: musica sperimentale), Sammelbegriff für verschiedene Arten des Komponierens in der musikalischen ↗Avantgarde nach 1950. Er umschreibt die nach dem 2. Weltkrieg verbreitete Tendenz, mit dem schöpferischen Akt des Komponierens zugleich Forschungen über die Struktur des musikalischen Materials, dessen Verarbeitung durch die menschlichen Rezipienten und dessen Erweiterung zu verbinden. Diese Tendenz kann als letzte Konsequenz aus der Entwicklung werkhafter Autonomie der Musik begriffen werden: Auf die Individualisierung des musikalischen Personalstils und auf die Autonomisierung der Einzelwerke folgte in der Musik nach 1950 ein Stadium des Komponierens, in dem jedes einzelne Werk zum Prüfstein für die Gültigkeit einer musikalischen Problemlösung wurde.

Von den verschiedenen Entwicklungen, die gemeinhin unter dem Schlagwort „experimentell" zusammengefaßt werden, seien hier u.a. genannt: ↗Musique concrète, ↗elektronische Musik, ↗Computermusik, ↗experimentelles Musiktheater, ↗Multimedia-Kompositionen, musikalische Organisation des Raumes, Anwendung der Informationstheorie auf musikalische Analyse und Komposition (vgl. dazu auch ↗Computermusik), Visualisierung musikalischer Strukturen durch elektronische Hilfsmittel (z.B. durch den Kathodenstrahl-Oszillographen), Lautkomposition, d. h. musikalisch autonome Organisation sprachlicher Lautstrukturen.

Angewandt auf experimentelle Dichtung, hat H.M. Enzensberger (*Die Aporien der Avantgarde*, 1962) in seiner Kontroverse mit H. Heißenbüttel (*Was bedeutet eigentlich das Wort Experiment?*, 1963) die Unverbindlichkeit derjenigen künstlerischen Äußerungen kritisiert, die den Anspruch des Experimentellen mit einem Rückzug auf die Ebene des reinen (Sprach-)Materials verbinden. Ihm antwortete Th. W. Adorno: „Das Gewalttätige am Neuen, für welches der Name des Experimentellen sich eingebürgert hat, ist nicht der subjektiven Gesinnung oder psychologischen Beschaffenheit der Künstler zuzuschreiben. Wo dem Drang kein an Formen und Gehalt Sicheres vorgegeben ist, werden die produktiven Künstler objektiv zum Experiment gedrängt... Der experimentelle Gestus, Name für künstlerische Verhaltensweisen, denen das Neue das Verbindliche ist, hat sich erhalten, bezeichnet aber jetzt, vielfach mit dem Übergang des ästhetischen Interesses von der sich mitteilenden Subjektivität an die Stimmigkeit des Objekts, ein qualitativ Anderes: daß das künstlerische Subjekt Methoden praktiziert, deren sachliches Ergebnis es nicht absehen kann." (Gesammelte Schriften, VII: *Ästhetische Theorie*, F 1970, S. 42f). Ist die e. M. also schöpferischer Reflex der gewandelten technischen Bedingungen, unter denen Musik produziert und konsumiert wird, so hat sie ihr besonderes Daseinsrecht auf dem Gebiet der Verschmelzung verschiedener Einzelkünste erworben; die Werke des ↗experimentellen Musiktheaters, die von theatralisierter Musik bis zum Klangenvironment die verschiedenen Spielarten multimedialen Komponierens ausschreiten, sprengen gemeinhin die traditionellen Organisationsformen musikalischer Vermittlung (wie Oper und Konzert) und verwirklichen kraft ihrer Individualität neue Organisationsformen musikalischer Kommunikation.

Lit.: P. SCHAEFFER – A. A. MOLES, A la recherche d'une musique concrète (P 1952); F. WINCKEL U.A., Klangstrukturen der Musik (B 1955); A. A. MOLES, La création scientifique (G 1957); DERS. – V. USSACHEVSKY, Emploi du spectrographe acoustique et problème de la partition en musique expérimentale, in: Annales des Télécommunications (1957) Nr. 9; A. A. MOLES, Théorie de l'information et perception esthétique (P 1958); J. CAGE, Zur Gesch. der e. M. in den Vereinigten Staaten, in: Darmstädter Beitr. zur Neuen Musik 1959 (Mz 1959); L. A. HILLER – L. M. ISAACSON, Experimental Music (NY – Toronto – Lo 1959); A. A. MOLES, Les musiques expérimentales (P – Z 1960); U. ECO, Opera aperta (Mi 1962, dt. F 1973); Y. XENAKIS, Musiques formelles, in: RM (1963); M. BENSE, Aesthetica (Baden-Baden 1966); P. BARBAUD, La musique, discipline scientifique (P 1968); A. HILL U. A., Data, Directions in Art, Theory and Aesthetics (Lo 1968); H. RONGE U. A., Kunst u. Kybernetik (Kö 1968); J. CLAUS, Expansion der Kunst (Reinbek 1970); H. POUSSEUR, Fragments théoriques sur la musique expérimentale (Bru 1970); E. M., hrsg. v. F. WINCKEL (B 1970); T. DWYER, Composing with Tape Recorders. Musique concrète for Beginners (Lo 1971); H. W. FRANKE, Apparative Kunst (Kö 1973); H. W. FRANKE, Phänomen Kunst. Die kypernetischen Grundlagen der Ästhetik (Kö 1974); M. NYMAN, experimental music – Cage and beyond (Lo 1974); D. SCHNEBEL, Über e. M. u. ihre Vermittlung, in: Melos/NZ 2 (1976); C. HENIUS, Musikal. Experimentiertheater. Kommentare aus der Praxis, in: ebd. 3 (1977).

J. MAEHDER

EXPERIMENTELLES MUSIKTHEATER, Sammelbegriff für verschiedene Formen szenischen Komponierens in der Musik nach 1950, die die Trennung der traditionellen musikalischen Vermittlungssphären (Konzert, Oper, Ballett) überwinden oder ad absurdum führen: 1. Werke, die die vertraute Erzählhaltung des musikalischen Theaters destruieren und szenische Ereignisse nicht nach einer Handlungslogik, sondern nach immanent-musikalischen Kriterien ordnen („Musikalisierung des Theaters"). – 2. Werke, die die szenischen Begleiterscheinungen des Musizierens thematisieren und sie als theatralisches Ereignis präsentieren („Theatralisierung der Musik"). – 3. Multimedia-Kompositionen, die mehrere Sinne der Zuschauer ansprechen (akustisch, optisch, evtl. auch den Tast- und Geruchssinn), ohne sich der traditionellen Vermittlungsformen zu bedienen. – 4. Klang-Environments, die neue Räume (z. B. ein Haus, im Extremfall eine ganze Stadt) mit Klang überfluten, dessen Rezeption sich je nach dem Standort der (mobilen) Zuhörer ändert.

Während die erste Form des e. M.s normalerweise eine traditionelle Bühne als Spielort verwendet (und deren Ambiente benötigt, um den institutionellen Rahmen der Veranstaltung zu ironisieren), haben sich für andere Formen an verschiedenen deutschen Opernhäusern die sog. „Experimentierbühnen" etabliert (München, Kiel, Stuttgart, Braunschweig, Hamburg, Nürnberg, Gelsenkirchen, Frankfurt a. M.). Diese Theater zeichnen sich durch große Variabilität der räumlichen und technischen Möglichkeiten aus, da die Werke des e. M.s meist auch die technischen Produktionsbedingungen ihrem Formgesetz werkhafter Einmaligkeit unterwerfen.

Beispiele für die Musikalisierung des Theaters bieten die Kompositionen *Aventures* (1962) und *Nouvelles Aventures* (1965) von G. Ligeti, besonders aber M. Kagels Werke *Die Himmelsmechanik* (1965) und *Staatstheater* (Hamburg 1971); die Theatralisierung der Musik kann – nach Anerkennung der Einflüsse von J. Cage – an Kagels *Match für drei Spieler* (1964) und an den Werken von D. Schnebel studiert werden. Als Modell einer Multimedia-Komposition mag Walter Haupts *Sensus* (München 1973, Neufassung 1975) dienen: Das Publikum, das auf dem Boden einer Tragluft-Halbkugel aus Kunststoff liegt, richtet den Blick aufwärts in die von Projektionen erfüllte Kuppel; ein musikalisches Kontinuum wird ihm über Kopfhörer zugespielt, Laserstrahlen durchziehen den Raum, synchron zur Musik werden abgestimmte Duftnoten durch das Gebläse der Traglufthalle in den Zuschauerraum eingebracht. Das Spektrum musikalischer Environments schließlich reicht von Wandelkonzerten, der *Musik für ein Haus* (K. Stockhausen, Darmstadt 1968), bis zur Beschallung ganzer Städte und Landschaften; ihr Kennzeichen ist der Wandel der subjektiven „Hörperspektive" durch die Bewegung der Zuhörer. Die beschriebenen Formen des e. M.s bedürfen noch weitgehend der theoretischen Durchdringung, insbesondere der Erforschung der (wichtigen) Rolle der Zuschauer im Prozeß der musikalisch-szenischen Vermittlung.

Lit.: U. ECO, Opera aperta (Mi 1962, dt. F 1973); K. STOCKHAUSEN, Texte 2 (Kö 1964); M. KESTING, Happenings. Analyse eines Symptoms, in: Melos 36 (1969); DIES., Musikalisierung des Theaters – Theatralisierung der Musik, in: ebd.; E. SALMENHAARA, Das musikal. Material u. seine Behandlung in den Werken Apparitions, Atmosphères, Aventures u. Requiem v. György Ligeti (Rb 1969); K. SCHURBOHM, Technische Voraussetzungen u. die Möglichkeiten u. Formen synästhetischer Ton- u. Lichtregie im modernen Musiktheater (Diss. masch. W 1969); J. CLAUS, Expansion der Kunst (Reinbek 1970); F. RITZEL, Musik für ein Haus (Mz 1970) (= Darmstädter Beitr. zur Neuen Musik 12); D. SCHNEBEL, Mauricio Kagel, Musik, Theater, Film (Kö 1970); K. STOCKHAUSEN, Texte 3 (Kö 1971); D. SCHNEBEL, Denkbare Musik, Schriften 1952–1972 (Kö 1972); J. Cage, hrsg. v. R. KOSTELANETZ (Kö 1973); G. LA FACE, Teatro, Eros e Segno nell'opera di Sylvano Bussotti, in: RIMus 9 (1974); Die Musik der sechziger Jahre, hrsg. v. R. STEPHAN (Mz 1974); M. KAGEL, Tamtam, Dialoge u. Monologe zur Musik (Mn – Z 1975); W. KLÜPPELHOLZ, Sprache als Musik. Stud. zur Vokalkomposition seit 1956 (Herrenberg 1976); C. HENIUS, Musikal. Experimentiertheater. Kommentare aus der Praxis, in: Melos/NZ 3 (1977); W. KLÜPPELHOLZ, Musik als Theologie. Zu Kagels „Rezitativarie", in: ebd.; W. KÖNIG, Vinko Globokar. Komposition u. Improvisation (Wie 1977).

J. MAEHDER

EXPERT, Isidore-Norbert-Henry, * 12. 5. 1863 Bordeaux, † 18. 8. 1952 Tourrettes-sur-Loup (Alpes-Maritimes); frz. Musikforscher. Er studierte seit 1881 an der École Niedermeyer in Paris (u. a. bei G. Lefèvre und E. Gigout), später noch bei C. Franck und G. Fauré. 1902–05 war E. Professor und Chorleiter an der École des Hautes Études und an der École Niedermeyer, 1905–09 Bibliothekar an der Bibliothek Ste-Geneviève, seit 1920 als leitender Bibliothekar, dann bis 1933 am Pariser Conservatoire. Mit E. Maury gründete er 1909 die Société d'études musicales et de concerts historiques, aus der 1924 die Chanterie de la Renaissance hervorging. – E.s Name ist aufs engste verbunden mit der Wiederbelebung der französischen Musik des 15. und 16. Jahrhunderts. Seine monumentalen Ausgaben von Werken dieser Zeit besitzen großen wissenschaftlichen und praktischen Wert.

Veröffentlichungen: **1) Zum 16. Jh.:** *Les maîtres musiciens de la Renaissance française*, 23 Bde. (1894–1908, Faks.-NA NY o. J.); *Le Psautier Huguenot du XVIe siècle* (Texte u. Melodien) (1902); *La Fleur des Musiciens de P. de Ronsard,* 7 Hefte (1923); *Les monuments de la musique française au temps de la Renaissance,*

10 Bde. (1924–29), 11 postum hrsg. v. J. CHAILLEY – M. HONEGGER (1958), Faks.-NA dieser Slg. (NY o.J.); *Florilège du Concert vocal de la Renaissance*, 8 Hefte (1928–29, Faks.-Ausg. NY o.J.); *Musique instrumentale de la Renaissance française; Messe de la Bataille de Janequin* (1948). – **2) Zum 17. u. 18. Jh.:** *Chants de France et d'Italie; Maîtres français du clavecin des XVIIe et XVIIIe siècles; Amusements des maîtres français du XVIIIe siècle;* ferner veröff. E. den Art. *A propos de la musique française au temps de la Renaissance*, in: LAVIGNAC Hist. III (1914).

EXPOSITION (lat. expositio, = Aufstellung), Bz. für den ersten Teil der ↗Sonatensatzform, in dem die Themen aufgestellt werden. Die klassische E. besteht in der Regel aus zwei Themen, dem ersten Thema auf der Tonika, dem zweiten in Sonaten der Dur-Tonarten auf der Dominante, in Sonaten der Moll-Tonarten meist auf der Tonikaparallele. Den ersten Themenkomplex nennt man auch ↗Hauptsatz, den zweiten ↗Seitensatz. Die thematischen Perioden werden meist durch eine ↗Überleitung miteinander verbunden. Dem Seitensatzthema folgt in der Regel eine längere zergliedernde oder virtuose Ausbreitung. Viele E.en werden durch eine kurze Schlußgruppe eingefaßt. Den Begriff E. führte A. Reicha 1824 in die Musiktheorie ein. Durch die Übersetzung seiner Kompositionslehre von C. Czerny wurde der Begriff auch in Deutschland bekannt. Reicha bezeichnete damit nicht nur den Anfang des Sonatensatzes, sondern den aufstellenden Teil aller größeren Formen. Andere, so H. Chr. Koch (1793), nennen die E. „erste Hauptperiode" oder, so A. B. Marx (um 1840), schlicht ersten Teil der Sonatenform. Koch erörterte die gedankliche Substanz einer Sonate auch unter dem Begriff der „Anlage". Die E. ist hier das erste Ergebnis ihrer Ausarbeitung.

Gestalt und Ereignischarakter der E. wandelten sich im Laufe der Sonatengeschichte. Man unterscheidet im allgemeinen einen harmonisch, einen thematisch und einen dynamisch bestimmten Typus. Für die Sonate des 18. Jh. ist die tonale Organisation konstitutiv: in der E. die Entfaltung des Verhältnisses von Tonika und Dominante oder von Tonika und Tonikaparallele in angemessenen melodischen Gebilden. Das Thematische ist sekundär. J. Haydn versinnlichte deshalb oft Haupt- und Seitensatz durch Varianten eines einzigen melodischen Gedankens. Mozart andererseits verzichtete oft auf gedankliche Einheit und besetzte Haupt- und Seitensatz jeweils durch mehrere verschiedene Melodien. Ihr Verhältnis zueinander wird durch die Kadenzordnung, durch die von Koch so genannte musikalische Interpunktion bestimmt. Koch beschreibt den Formablauf einer E. im Sinne der Empfindungsästhetik als die Darstellung einer Haupt- und einer Nebenempfindung. Beethoven konzentrierte die E. aufs Thematische. Er arbeitete den Gegensatz der Themen heraus, entwickelte die Themen auseinander. Das konventionelle tonale Verhältnis des Haupt- und Seitensatzes wird infolgedessen bisweilen verändert. Beethoven verdeutlichte z.B. in der Klaviersonate op. 53 den Themendualismus, indem er dem Hauptsatz in C-Dur einen Seitensatz in E-Dur entgegensetzte. Mit der Verschärfung des Themengegensatzes gewann der Überleitungssatz an Bedeutung; die Distanz, die er zu überbrücken hat, ist nun vergrößert. Fr. Schubert erweiterte gelegentlich, A. Bruckner regelmäßig die E. von zwei auf drei thematische Komplexe. Dabei spielen im tonartlichen Aufbau Medianten eine wichtige Rolle. Im ersten Satz des Streichquintetts C-Dur op. 163 von Schubert findet sich zwischen dem Hauptsatz in C-Dur und dem abschließenden Seitensatz in G-Dur ein dritter, in sich geschlossener, lyrisch verweilender Satz in Es-Dur. Die Überwindung des Themendualismus geht einher mit einer Dynamisierung der Exposition. Sie wird zur Evolution umgebildet (E. Kurth). Der Unterschied der Themen und ihr Verhältnis zueinander wird dynamisch aufgefaßt. Das macht Überleitungen weitgehend überflüssig; die Sätze bedingen sich wechselseitig.

Eine eigentümliche Struktur hat die E. des sonatensatzförmig angelegten Konzertsatzes. Die Orchester-E., die der Solo-E. im Sinne einer Einleitung vorangestellt wird, verzichtet auf eine tonale Entwicklung. Erst in der meist weiter ausgeführten Solo-E. wird der Seitensatz auf die Nebentonart versetzt.

In Anlehnung an die Sonatentheorie nennt man auch die erste Periode einer ↗Fuge, in Anlehnung an die Dramentheorie ebenso den in die Handlung einführenden Teil einer Oper Exposition.

Lit.: ↗Sonatensatzform. W. SEIDEL

EXPRESSION, Registerzug des nach dem Druckwindsystem arbeitenden ↗Harmoniums, wodurch die vom Spieler betriebenen Fußschöpfer den Druckwind unmittelbar den Zungen zuführen, um die Tonstärke zu beeinflussen.

EXPRESSIONISMUS, Kunstrichtung während der ersten Jahrzehnte des 20. Jh., besonders in Deutschland, die durch den Bruch mit überkommenen ästhetischen Konventionen eine Steigerung des Ausdrucks erstrebte. Von der Malerei ausgehend, ergriff der E., obwohl ihm keine übergreifende stilistische Konzeption zugrunde lag, auch andere Künste, vor allem Literatur, Theater und Film. Durch die Bezeichnung „musikalischer E." werden Kompositionen, besonders solche der Wiener

Schule aus der Phase der freien ↗Atonalität, zu stilistischen Phänomenen in anderen Künsten in Beziehung gesetzt in der (oft stillschweigend vorausgesetzten) Annahme, daß eine bestimmte historische Situation, die geistesgeschichtlich zu bestimmen sei, in allen Künsten ihren Niederschlag finde über die Grenzen hinweg, die das jeweils unterschiedliche Material setzt.

Die ersten expressionistischen Bilder schufen Maler der Künstlergemeinschaften „Die Brücke" in Dresden (1905–12; Ludwig Kirchner u.a.) und „Neue Künstlervereinigung" bzw. „Der Blaue Reiter" in München (1909–12; Wassily Kandinsky u.a.); wesentlichen Anteil an der Verbreitung des E. hatte auch die Galerie „Der Sturm" in Berlin, die Herward Walden 1912 der Redaktion seiner gleichnamigen Zeitschrift angegliedert hatte. Um eine größtmögliche Intensität des Ausdrucks zu erreichen, überdehnten Maler Formen, verzerrten die Perspektive, lösten die Farben aus ihren natürlichen Bindungen an die Dinge der Außenwelt. Realität wurde nicht mehr bloß abgebildet, sondern in Übersteigerung dargestellt. Solche Techniken standen allerdings im Dienste unterschiedlicher Intentionen. Während die Maler der „Brücke" lediglich durch Deformierung des Dargestellten dessen Ausdruckskraft ins Provokative zu steigern trachteten, drängte die Gruppe um Kandinsky auf eine Befreiung von den traditionellen Formen des Sehens und Darstellens, die letztlich zur abstrakten Malerei führte: es ist Aufgabe des künstlerischen Subjekts, eine neue bildnerische Syntax zu entwickeln, die eine Neuschöpfung der Wirklichkeit in einer nunmehr nicht natürlichen Ordnung ermöglicht. Diese beiden Tendenzen prägten auch die expressionistische Literatur. In ihr wird einerseits die Situation des Menschen in der neu entstandenen Industriegesellschaft, seine Verlorenheit in der modernen Großstadt thematisiert (Georg Heym), andererseits die Autonomie des künstlerischen Subjekts beschworen, das mit visionärem Blick und frei von den Bindungen an die Realität die Utopie eines „neuen Menschen" (Georg Kaiser, *Die Bürger von Calais,* 1914) entwirft. Untergangsstimmung und Vorahnung einer neuen Zeit meint doppelsinnig der Titel der berühmten, 1919 von Kurt Pinthus herausgegebenen Anthologie *Menschheitsdämmerung.* Wie in der Malerei wird auch in der Literatur die gewohnte Syntax der Bausteine – hier der Wörter – aufgelöst, und zwar durch eine Sprachbehandlung, die grammatikalische Bezüge zwischen den Wörtern häufig zugunsten von assoziativen aufgibt, aber mit dem Schlagwort vom „expressionistischen Schrei" nur unzureichend charakterisiert ist.

Seit etwa 1920 wird das Wort E. auch im Zusammenhang mit Musik gebraucht, um kompositorische Entwicklungen der beiden letzten Jahrzehnte mit Phänomenen in anderen Künsten in Beziehung zu setzen. Die Parallelen, die sich ziehen lassen, wirken nur auf den ersten Blick bestechend: Durch Aufgabe der Tonalität wird wie in anderen Künsten eine tradierte Syntax außer Kraft gesetzt; durch Überdehnung der Intervalle wird die Ausdruckskraft der Melodik gesteigert; die Form des kurzen „Stückes", für die Instrumentalmusik der frühen Atonalität charakteristisch, läßt an ähnliche Tendenzen in der expressionistischen Lyrik denken. Aber all dies sind Momente, die sich ebensogut, wenn nicht überzeugender, aus der autonomen Entwicklung der Musik erklären lassen und einer Stützung durch Parallelisierung zum E. in anderen Künsten nicht bedürfen. Am ehesten greifbar wird der Einfluß expressionistischer Ideen in Äußerungen Schönbergs, der zur Zeit des „Blauen Reiters" mit Kandinsky in engem Kontakt stand; so bereits in dem Aphorismus von 1910: „Kunst ist der Notschrei jener, die an sich das Schicksal der Menschheit erleben." Als eine Forcierung dieses Moments von Schönbergs Selbstverständnis mutet noch die Bemerkung H. Eislers aus den fünfziger Jahren an, Schönbergs Musik habe die Angst der Menschen in den Bunkern beschrieben, noch ehe das Bombenflugzeug erfunden worden sei. Andererseits heißt es in Schönbergs *Harmonielehre* (1911): „Der neue Klang ist ein unwillkürliches Symbol, das den neuen Menschen ankündigt." Auch in Schönbergs Denken sind jene beiden Komponenten des E., Anklage und Utopie, präsent.

Zur Rechtfertigung seiner kompositorischen Entwicklung hat sich Schönberg immer wieder auf die Kategorie des Ausdrucks als letzte Instanz berufen: „Jeder Akkord, den ich hinsetze, entspricht einem Zwang; einem Zwang meines Ausdrucksbedürfnisses, vielleicht aber auch dem Zwang einer unerbittlichen, aber unbewußten Logik in der harmonischen Konstruktion" (ebd.). Und im Rückblick auf den Durchbruch zur Atonalität: „In meinen ersten Werken des neuen Stils haben mich insbesondere starke Ausdrucksgewalten bei der Formgebung im einzelnen und im ganzen geleitet..." (*Gesinnung oder Erkenntnis,* 1926). Doch hat Schönberg es vermieden, sich mit dem E. als „Bewegung" zu identifizieren (*Schöpferische Konfessionen,* 1920: „... auch ich könnte ein expressionistisches Programm aufstellen"; er hat es nicht getan). Das Verhältnis von „Ausdrucksbedürfnis" und „unbewußter Logik" (Schönberg, s.o.) in expressionistischer Kunst hat Ernst Bloch (1918) als „Expressionslogik" beschrieben. Bestimmte Eigenheiten des Materials (z.B. Dur–Moll) verweisen nicht mehr – als durch die Geschichte der Musik vermittelte Metaphern – auf bestimmte Ausdrucksbereiche (etwa: Freude – Trauer), sondern in der kompositorischen Geste (Schönberg: „unwillkürlich gefundenes Symbol") fallen „Ausdruckswahrheit" und „Konstruktionswahrheit" (Bloch) zusammen (vgl. R. Brinkmann, 1969). Doch zeigen Vokalkompositionen, daß auch in der freien Atonalität der überlieferte Verweisungscharakter des Materials gelegentlich aufgegriffen wird, wenn auch in ambivalenter Weise: Einerseits repräsentieren tonale Anklänge sowohl das Abgegriffene (C-Dur-Akkord als Zeichen des Geldes in Bergs *Wozzeck*) als auch das unwiederbringlich Verlorene (Schönberg, op. 21 Nr. 21: „O alter Duft aus Märchenzeit"); andererseits vermag Atonalität ebenso für Verzweiflung wie für Ekstase einzustehen. – Durch die Wandlung des Terminus Atonalität von einem Material- zu einem Stilbegriff hat in neuerer Zeit der Begriff E. für die Musik an Bedeutung verloren, zumal seine Eingrenzung Schwierigkeiten bereitet. Die Vereinnahmung anderer Komponisten, die mit der Tonalität brachen, für den E. ist z. T. unhaltbar (Ch. Ives, A. N. Skrjabin) oder zumindest problematisch (B. Bartók, I. Strawinsky), ebenso die Ausdehnung des Begriffs auf die Musik der 20er Jahre (Zwölftonmusik, „Neue Sachlichkeit" des jungen Hindemith). Eine derart erweiterte Vorstellung von musikalischem E. begegnet jedoch im Ausland, wo – vor allem auch durch die weltweite Wirkung des deutschen expressionistischen Films der 20er Jahre (*Das Kabinett des Dr. Caligari,* Robert Wiene, 1919/20) – der E. in seiner Widersprüchlichkeit zwischen Weltschmerz und Utopie als Inbegriff der deutschen Kunst vor dem 2. Weltkrieg gilt.

Lit.: Der Blaue Reiter, hrsg. von W. KANDINSKY – F. MARC (Mn 1912), NA hrsg. von K. LANKHEIT (Mn 1965); B. S. MYERS, Die Malerei des E. (Kö 1957). – R. BRINKMANN, E. Forschungsprobleme 1952–1960 (St 1961). – Zur Frühgeschichte des Begriffs E. in der Musik: A. WEISSMANN, Konzert-Dämmerung, in: Feuer. Monatshefte für Kunst u. künstlerische Kultur, hrsg. v. G. Bagier (1919/20); H. R. FLEISCHMANN, Expressionistische Musik in Östr., in: ebd.; A. SCHERING, Die expressionistische Bewegung in der Musik, in: Einführung in die Kunst der Gegenwart (L 1919, ²1920), Nachdr. in: Vom Wesen der Musik. Ausgew. Aufsätze, hrsg. u. eingeleitet v. K. M. KOMMA (St 1974); H. TIESSEN, Der neue Strom (I–IV), in: Melos 1 (1920); L. RIEMANN, E. Naturmusik?, in: ebd.; H. R. FLEISCHMANN, Expressionistische Musik, in: Auftakt 1 (1920/21); W. NIEMANN, Musikal. Impressionismus u. E., in: NZfM 88 (1921); U. RUKSER, E. als Ziel, in: Melos 2 (1921); E. BRANDT, E. in der Musik. Eine kritische Betrachtung (Brau 1922); E. BÜCKEN, Führer u. Probleme der neuen Musik (Kö 1924); K. WESTPHAL, Impressionistische u. expressionistische Lebensform, in: Melos 5 (1925/26). – E. BLOCH, Geist der Utopie (Mn 1918, B ²1923, neu bearb. F 1964), vgl. dazu: TH. W. ADORNO, Blochs Spuren, in: Noten zur Lit. 2 (F 1961); TH. W. ADORNO, Philosophie der Neuen Musik (Tü 1949, NA B 1972); L. ROGNONI, E. e dodecafonia (Tn 1954), NA als: La scuola mus. di Vienna (1966); T. KNEIF, E. Bloch u. der musikal. E., in: FS E. Bloch (F 1965); R. BRINKMANN, A. Schönberg: Drei Klv.-Stücke op. 11 (Wie 1969) (= Beihefte zum AfMw 7); K. H. WÖRNER, Die Musik in der Geistesgesch. (Bonn 1970) (= Abh. zur Kunst-, Musik- u. Lit.-Wiss. 92); A. SCHÖNBERG, Stil u. Gedanke. Aufsätze zur Musik (F 1976) (= Gesammelte Schriften 1); R. BRINKMANN, Schönberg u. das expressionistische Ausdruckskonzept, in: Schönberg-Kgr.-Ber. (W 1978).

H. WEBER

EXTEMPORIEREN ↗Improvisation.

EYBLER, Joseph Leopold, Edler von, * 8. 2. 1765 Schwechat bei Wien, † 24. 7. 1846 Wien; östr. Komponist. Er war 1776–79 in Wien Kompositionsschüler von J. G. Albrechtsberger. Den Plan, Jura zu studieren, mußte er 1782 aus finanziellen Gründen aufgeben und wandte sich endgültig der Musik zu. Seinen Lebensunterhalt bestritt er zunächst als Instrumentalist und als Violin- und Klavierlehrer. 1792 wurde er Regens chori der Karmeliterkirche, 1801 Musiklehrer der kaiserlichen Familie, 1804 Vize-Hofkapellmeister und 1825, nach A. Salieris Tod, erster Hofkapellmeister, konnte dieses Amt aber krankheitshalber seit 1833 nur noch beschränkt ausüben. 1834 wurde er vom Kaiser geadelt. E. war befreundet mit J. Haydn und W. A. Mozart, dessen *Così fan tutte* er einstudierte und dessen *Requiem* er als erster ergänzte. Er galt allgemein als hervorragender Komponist. Seine Werke umfassen vor allem Kirchenmusik (darunter 32 Messen und ein Requiem) und Kammermusik (darunter Wiener Walzer), ferner die Oper *Das Zauberschwert,* 2 Oratorien (darunter *Vier letzte Dinge*), Symphonien, ein Klarinettenkonzert, geistliche Chorwerke und Lieder.

Ausg.: Mozarts Requiem-Fragment mit den Ergänzungen v. E. u. Süßmayr, hrsg. v. L. NOWAK (Kas 1965) (= Neue Mozart-Ausg. I/1, Abt. 2, Teil-Bd. II).

Lit.: F. OELSINGER, Die Kirchenmusikwerke J. E.s (Diss. masch. W 1932); J. GAUDEFROY-DEMOMBYNES, Un oratorio inédit d'E. (P 1940); R. HAAS, J. L. Edler von E., in: Mozart-Jb. 1952 (1953); L. NOWAK, Ein Bauernkanon v. J. E., in: Jb. des östr. Volksliedwerkes 8 (1959); R. W. RICKS, The Published Masses of J. E. (Washington/D.C. 1967) (= Diss. Catholic Univ. of America); F. F. MUELLER, The Austrian Mass Between Schubert and Bruckner (Champaign 1973) (= Diss. Univ. of Illinois at Urbana); H. HERRMANN, Thematisches Verz. der Werke von J. L. E. (Mn – Salzburg 1976) (= Musikwiss. Schriften 10): H.-J. IRMEN, W. A. Mozart, Requiem. Versuch einer Neufassung (1978).

EYCK, Jacob van, * um 1590, † 26. 3. 1657 Utrecht, ndl. Musiker. Er war seit 1624 Glöckner der Kathedrale, seit 1632 der Johanniskirche in Utrecht und seit 1628 auch Inspekteur der Glocken aller städtischen Kirchen. Als Sachverständiger wurde er zur Begutachtung von Glockenspielen hinzugezogen. Durch die Bestimmung der Partialtöne und Verfeinerung der Form erreicht er ein besseres Zusammenklingen der Glocken. E., der auch Flötist war, schrieb *Der Fluyten Lusthof* (3 Bde., A 1646) mit 167 Stücken für 1–2 Flöten oder andere Instrumente. Er war vor allem ein Meister der Variation und gehört zu den wichtigsten niederländischen Komponisten des 17. Jahrhunderts.

Ausg.: *Der Fluyten Lusthof*, hrsg. v. G. VELLEKOOP (A 1957); dass., hrsg. v. H. M. LINDE (Mz 1965).

Lit.: W. H. THYSSE, Zeven eeuwen Nederlandse Muziek (Rijswijk 1949); A. LEHR, De klokkengieters François en Pieter Hemony (Asten 1959); DERS., Van paardebel tot speelklok (1971); R. A. RASCH, Some Midseventeenth Century Dutch Collections of Instrumental Ensemble Music, in: TVer 22 (1972).

EYSLER (eig. Eisler), **Edmund,** * 12. 3. 1874 Wien, † 4. 10. 1949 ebd.; östr. Komponist. E. wurde 1890 Schüler von J. N. und R. Fuchs und ließ sich zum Klavierlehrer, später auch zum Kapellmeister ausbilden. In diesen Jahren begegnete er auch dem jungen L. Fall. Er schrieb zunächst Kammermusik, Klavierstücke, die Oper *Fest auf Solhaug* und das Ballett *Schlaraffenland*. Die Oper *Der Hexenspiegel*, 1902 entstanden, die er an keiner Bühne unterbringen konnte, wurde nach einem Plan des Librettisten M. West (Pseud. für Moritz Nitzelberger) zu der Operette *Bruder Straubinger* umgearbeitet, mit der E. 1903 der Durchbruch gelang und aus der das Lied *Küssen ist keine Sünd'* bis heute bekannt und beliebt ist. Dem *Bruder Straubinger* schlossen sich weitere Erfolge an, aber auch einige Mißerfolge blieben bei E.s enormer kompositorischer Produktivität nicht aus. Als besonders gelungen erwies sich von den späteren Werken *Die gold'ne Meisterin*.

WW: Operetten: *Bruder Straubinger* (Libr.: M. West, J. Schnitzer), UA: Wien 1903; *Künstlerblut* (1906); *Der unsterbliche Lump* (1910); *Der lachende Ehemann* (1913); *Komm, deutscher Bruder* (1914) (zus. mit F. Léhar); *Wenn zwei sich lieben* (1915); *Leute von heute* (1918) (zus. mit R. Stolz); *Die Parlamentskathi* (1921); *Die fromme Helene* (1921); *Der König heiratet* (1924); *Die gold'ne Meisterin* (1927); *Ihr erster Ball* (1930); *Wiener Musik* (1947); *Immer wieder Liebe* (1949). – Opern: *Fest auf Solhaug; Hexenspiegel* (1900); *Hochzeitspräludium* (1946); ferner ein Ballett *Schlaraffenland* (1899).

Lit.: K. EWALD, E. E. (W 1934); R. M. PROSL, E. E. (W 1947); F. HADAMOWSKY – H. OTTE, Die Wiener Operette (W 1947); A. BAUER, 150 Jahre Theater an der Wien (W 1952); S. CZECH, Das Operettenbuch (St 1960).

F

F, f. – 1) Im deutschen Sprachraum ↗Tonname für die 4. Stufe der C-Dur-Tonleiter; entspricht der noch heute in den romanischen Ländern üblichen ↗Solmisations-Silbe *fa.* Der einfach oder doppelt erniedrigte Ton F heißt Fes bzw. Feses, der einfach oder doppelt erhöhte Ton Fis bzw. Fisis. Diese ↗Alterationen werden in England, Frankreich und Italien wie folgt benannt:

dt.	engl.	frz.	it.
Fes	F flat	fa bémol	fa bemolle
Feses	F double flat	fa double bémol	fa doppio bemolle
Fis	F sharp	fa dièse	fa diesis
Fisis	F double sharp	fa double dièse	fa doppio diesis

2) Im System der ↗Kirchentöne ist F ↗Finalis des fünften und sechsten Tons (auch lydischer bzw. hypolydischer Modus genannt). – **3)** Seit dem Anfang des 19. Jh. ist F gebräuchliche Abk. für den F-Dur-Akkord oder die Tonart F-Dur und f für den f-moll-Akkord oder die Tonart f-moll. – **4)** In der Notation des ↗Gregorianischen Gesangs und der frühen Mehrstimmigkeit (bis etwa zum 14. Jh.) wird der Buchstabe F – auch in stilisierter Form – im Sinne eines ↗Notenschlüssels verwendet und stellt graphisch die früheste Form des F-Schlüssels dar. – **5)** Abk. für ↗forte, ff für fortissimo.

FA, die vierte ↗Solmisations-Silbe, die im mittelalterlichen ↗Hexachord-System je nach Transposition die Töne c, f oder b bezeichnete. – Im Französischen, Italienischen u. Spanischen der Ton ↗F.

FABER, Gregor, * um 1520 Lützen (Kreis Merseburg), † nach 1554; dt. Musiktheoretiker. F. studierte 1545–47 an der Universität Leipzig, seit 1549 an der Universität Tübingen und hielt dort während seiner Studienjahre als Musices professor ordinarius auch Musikvorlesungen an der Artisten-Fakultät. 1554 wurde er Doktor der Medizin. Seine Abhandlung *Musices practicae erotematum libri II* (Bas 1553) setzt sich kritisch mit der Modustheorie von Glareanus auseinander.

Lit.: G. PIETZSCH, Zur Pflege der Musik an den dt. Univ.en bis zur Mitte des 16. Jh., in: AfMf 3 (1938) u. 6 (1941); E. E. LOWINSKY, M. Greiter's „Fortuna". An Experiment in Chromaticism and in Musical Iconography, in: MQ 42 (1956) u. 43 (1957); K. W. NIEMÖLLER, Unters. zu Musikpflege u. Musikunterricht an den dt. Lateinschulen v. ausgehenden MA bis um 1600 (Rb 1969) (= Kölner Beitr. zur Musikforschung 54).

FABER, Heinrich (Magister Henricus Faber) * um 1500 Lichtenfels, † 26. 2. 1552 Ölsnitz (Vogtland); dt. Kantor. Möglicherweise ist er mit H. Lychtenfels identisch, der 1515–24 Altist der Hofkantorei König Christians II. von Dänemark war. F. wurde 1542 an der Universität Wittenberg immatrikuliert und dort 1545 zum Magister artium liberalium promoviert. Er war bereits 1544 als Kantor und Rektor der Stiftsschule nach Naumburg berufen worden, ging nach 1545 nach Braunschweig und wurde dort 1548 Rektor des Martineums. 1549 kehrte er nach Naumburg zurück, wurde Rektor der Städtischen Lateinschule, mußte wegen seiner antipäpstlichen Einstellung die Stadt aber bald wieder verlassen und ging vermutlich nach Ölsnitz. 1551 hielt er Musikvorlesungen an der Universität Wittenberg. Von F. sind hsl. 2 4st. Stücke und zahlreiche kleinere, für den liturgischen Gebrauch bestimmte Kompositionen erhalten. Größere Bedeutung erlangte er durch zwei an den Lateinschulen des 16. und 17. Jh. weitverbreiteten Abhandlungen: *Ad musicam practicam introductio* (Nü 1550 u. ö.) und besonders *Compendiolum musicae pro incipientibus* (L 1551, 45 Aufl. bis 1617; dt. Übers.en von Chr. Rid, Nü 1572, und von J. Colhardt, L 1605; zweisprachige [lat. und dt.] überarbeitete und erweiterte Ausg. von M. Vulpius, Hl 1620; von A. Gumpelzhaimer bearbeitete Übers. von Rid, Au 1591, [13]1681).

Lit.: W. GURLITT, Die Kompositionslehre des dt. 16. u. 17. Jh., in: Kgr.-Ber. Bamberg 1953 (Kas 1954); E. T. FERAND, Bemerkungen zu den neuen Quellen v. H. F.s „Musica poetica", in: Mf 11 (1958); F. PETERS-MARQUARDT, War H.

Lychtenfels der spätere H. F.?, in: H. Albrecht in memoriam (Kas 1962); CH. STROUX, Die „Musica" des Magisters H. F. (Diss. Fr 1967); K. W. NIEMÖLLER, Unters. zu Musikpflege u. Musikunterricht an den dt. Lateinschulen v. ausgehenden MA bis um 1600 (Rb 1969).

FABER, Johann Christoph, dt. Komponist; genaue Lebensdaten unbekannt. Anhaltspunkte dafür bieten lediglich 2 datierte Werke aus den Jahren 1689 und 1729, deren Widmungen auf Beziehungen zum Wolfenbütteler und Öttinger Hof hinweisen. Seine hsl. erhaltenen Kompositionen sind wegen ihrer Buchstaben- und Zahlenrätsel interessant.

WW (alle hsl. in Wolfenbüttel): *Compositio obligata* für 2–4 V., Va., Vc. u. Cemb.; *Compositio obligata in zweyen absonderlichen Mysteria* für Ob., 2 V., Va, Vc. u. B.c.; *Parties für 3 Blockfl.; Neu erfundene obligate Composition; Invention, wie zwey Concerten ... können aufgeführt werden.*

Lit.: P. NETTL, Beitr. zur Gesch. des Singballetts sowie zur Öttinger u. Nördlinger Musikgesch., in: ZfMw 6 (1923/24): M. JANSEN, Bachs Zahlensymbolik, in: Bach-Jb. 34 (1937); M. RUHNKE, F., in: MGG III.

FABER STAPULENSIS, Jacobus (Jacques Lefèbvre d'Étaples), * um 1455 Étaples (Pas-de-Calais), † 1537 (?) Nérac (Lot-et-Garonne); frz. Gelehrter. F. kam 1475 nach Paris, ging 1486 zu Studien nach Italien und kehrte 1492 zurück. Er gehört zu den bedeutendsten französischen Humanisten. Außer theologischen, philosophischen und mathematischen Schriften veröffentlichte er auch einen Musiktraktat *Elementa musicalia* (P 1496 mit 4 späteren Aufl., teilweise unter anderem Titel), der sich auf die Musiktheorie der griechischen Antike und auf die Musiklehre des Boëthius stützt.

FABRICIUS, Werner, * 10.4.1633 Itzehoe (Holstein), † 9.1.1679 Leipzig; dt. Komponist. F. war in Hamburg Schüler des Kantors Th. Selle und des Organisten H. Scheidemann und ging 1650 zum Rechtsstudium an die Universität Leipzig. Danach war er neben seiner Tätigkeit als Advokat in Leipzig seit 1656 Organist und Musikdirektor an der Pauliner-Kirche seit 1658 auch Organist an der Nicolai-Kirche.

WW: *Deliciae Harmonicae,* Suiten für 5 St. u. B.c. (L 1656); *E. C. Homburgs Geistliche Lieder Erster Theil* für 1 St. u. B.c. (Naumburg 1659); *Geistliche Arien, Dialogen u. Concerten* für 4–8 St., Instr. u. B.c. (L 1662); *Unterricht, wie man ein neu Orgelwerk ... examinieren ... soll* (F–L 1756); gedruckt wurden auch mehrere Gelegenheitsgesänge.

Lit.: C. VON WINTERFELD, Der ev. Kirchengesang 2 (L 1845, Nachdr. Hil 1966) (darin 2 Melodien aus den *Geistlichen Liedern* E. C. Homburgs); A. SCHERING, Musikgeschichte Leipzigs 2 (L 1926) (darin 2 Melodien aus den *Geistlichen Liedern,* eine 4st. Trauermotette u. *Gigue Belle* für Cemb.); H.-J. BUCH, Die Tänze, Lieder u. Konzertstücke des W. F. (Diss. Bonn 1961).

FABURDON (engl.), Bz. für die tiefste von drei oder mehr Stimmen einer in England um die Mitte des 15. Jh. gepflegten Stegreif-Praxis. Nach einer Beschreibung im Traktat des Anonymus Pseudo-Chilston *The sight of ffaburdon with his a cordis* (London, BrM, Ms. Landsdowne 763) liegt bei dieser Praxis der C.f. *(Plainsong)* in der Mittelstimme *(Mene).* Der F., der nicht notiert ist, sondern durch Sight-Lesung (improvisierte Transposition) des Plainsong entsteht, beginnt und endet in der Unterquinte. Der übrige Verlauf wird durch Unterterzen und gelegentlich auftretende Quintklänge bestimmt. Die Oberstimme *(Treble)* bildet konstant Oberquarten zum Plainsong. Der daraus resultierende Satz Note gegen Note ist also klanglich durch längere, von einzelnen Quint-Oktav-Klängen unterbrochene Terz-Sext-Ketten charakterisiert.

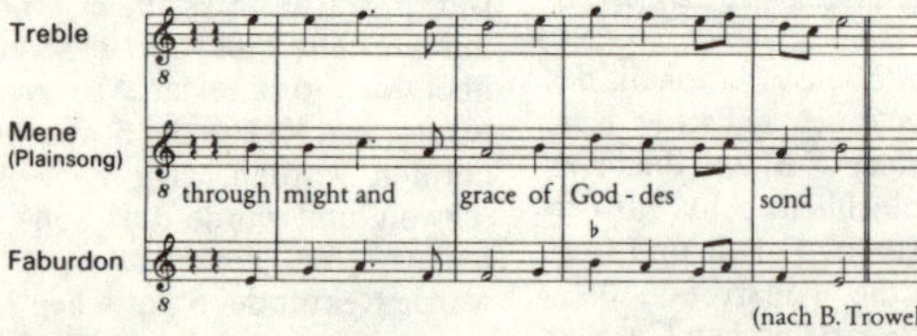

(nach B. Trowell)

Noch im 16. Jh. begegnet F. in der Bedeutung einer tiefen Gegenstimme zum Plainsong, so bei J. Redford in der um 1550 datierten Orgelkomposition *O lux on the faburden* (Mus.Brit. I, S. 23f.). Daneben bezeichnet der Ausdruck in dieser Zeit aber auch die gesamte Praxis (Th. Morley, *A Plaine and Easie Introduction to Practicall Musicke,* Lo 1597, hrsg. von R. A. Harmann und Th. Dart, Lo 1952) und erscheint ferner als Bezeichnung für die kontinentale Fauxbourdon-Praxis (Ms. London, BrM, Add. 4911, f. 94–95': *Heir beginnis Faburdon,* nach 1558). – Herkunft und Bedeutung des Ausdrucks sind nicht geklärt. Der früheste Wortbeleg findet sich in einem zwischen 1427 und 1432 datierten Empfehlungsschreiben aus dem Umkreis der Kathedrale von Durham (... *of connyng sufficiante in redynge and sigynge of plane sange and te synge a tribull til faburdun ...* [Trowell 71]). Seine Bedeutung liegt nach Trowell in der Tatsache, daß beim F.-Singen *in voice* nur b-fa, nie aber b-mi erklingt. Unter Bezug darauf, daß mittelenglisch *fa* in der Bedeutung von „Gegner" und mittelenglisch *burdon* in der von „Cantusträger" überliefert ist, ergibt sich eine andere mögliche Deutung: „gegen den Cantus gesetzte Tiefstimme". F. ist in diesem Falle sprachlich eine mittelenglische Entsprechung zu lateinisch Contratenor. – Zur Diskussion der Wortgeschichte ↗Fauxbourdon.

Lit.: H. M. MILLER, 16th Century English Faburden Compositions for Keyboard, in: MQ 26 (1940); G. REESE, Music in the Middle Ages (NY 1940); D. STEVENS, Processional Psalms in Faburden, in: MD 9 (1955); G. REESE, Music in the Renaissance (NY 1954, revidiert ²1959); F. LL. HARRISON, Music in Medieval Britain (Lo 1958, NY 1959); B. TROWELL, Faburden and Fauxbourdon, in: MD 13 (1959); F. LL. HARRISON, Faburden in practice, in: MD 16 (1962); D. HOFFMANN-AXTHELM, F./Fauxbourdon/Falso bordone, in: HMT (1972); E. APFEL, Aufsätze u. Vorträge zur Musikgesch. u. hist. Musiktheorie (Saarbrücken 1977).

D. HOFFMANN-AXTHELM

FACCIO, Franco (Francesco Antonio), * 8. 3. 1840 Verona, † 21. 7. 1891 Monza; it. Dirigent und Komponist. F. studierte 1855–61 am Mailänder Konservatorium. Dort befreundete er sich mit A. Boito, der für ihn die Libretti mehrerer Opern schrieb. 1863 brachte er in Mailand die Oper *I profunghi fiamminghi* zur Aufführung, 1865 in Genua die Oper *Amleto.* 1868 wurde er Professor für Harmonielehre am Mailänder Konservatorium und Dirigent am Teatro Carcano, später an der Scala, wo er die Uraufführungen von G. Verdis *Aida* (1872), A. Ponchiellis *La Gioconda* (1876), von Verdis *Othello* (1887) und G. Puccinis *Edgar* (1889) leitete. F., der als der bedeutendste italienische Dirigent seiner Zeit galt, setzte sich auch für R. Wagners Opern ein. Er komponierte u. a. 3 Symphonien und Kammermusikwerke.

Lit.: R. DE RENSIS, F. F. e Verdi (Mi 1934) (= I grandi musicisti italiani e stranieri 7); C. SARTORI, F. F., in: RMI 42 (1938); A. DELLA CORTE, F. F., in: Il Musicista (1940); F. WALKER, The Man Verdi (Lo 1962).

FACHIRI, Adila, * 26. 2. 1886 Budapest, † 15. 12. 1962 Florenz; ung. Violinistin. Schwester von J. d'Aranyi (↗Aranyi).

FADO, Fadinho (port.; von lat. fatum = Schicksal), Bz. für ein seit dem frühen 19. Jh. in den Städten Portugals populär gewordenes strophisches Lied, wahrscheinlich brasilianischen oder afrikanischen Ursprungs. Die geradtaktige, aus zwei symmetrischen Teilen bestehende Melodie wird rhythmisch frei, stark synkopiert gesungen. Die Gitarrenbegleitung folgt hingegen einem strengen rhythmischen Modell. Heute findet der F. auch in der kommerziellen Musik häufig Verwendung.

Lit.: G. GALLOP, The F., in: MQ 19 (1933); DERS., The Folk Music of Portugal, in: ML 14 (1933); DERS., The Folk Music of Eastern Portugal, in: MQ 20 (1934); I. MELLO CARVALHO, O Fado, in: Boletin latino-americano de música 6 (1946); F. LOPES GRAÇA, A música portuguesa, 2 Bde. (Porto 1944, Lis 1959).

FAGO, Nicola, genannt il Tarantino, * 26. 2. 1677 Tarent, † 18. 2. 1745 Neapel; it. Komponist. F. war in Neapel 1693–95 Schüler von Fr. Provenzale und G. Ursino am Conservatorio della Pietà dei Turchini, 1704–08 Kapellmeister am Conservatorio di Sant'Onofrio als Nachfolger von A. Durante und 1705–40 Lehrer am Conservatorio della Pietà dei Turchini als Nachfolger von G. Ursino. 1709–31 wirkte er zugleich als Kapellmeister am Tesoro di S. Gennaro und 1736–45 an S. Giacomo dei Spagnuoli. Zu seinen Schülern gehörten L. Leo, Fr. Feo, N. Jommelli, N. Sala und G. de Majo. Er schrieb vorwiegend Kirchenmusik, mehrere Oratorien und Opern. – **2) Lorenzo,** Sohn von 1), * 13. 8. 1704 Neapel, † 30. 4. 1793 ebd.; Komponist. Er war zunächst Organist, später Kapellmeister am Tesoro di S. Gennaro und lehrte seit 1737 am Conservatorio della Pietà dei Turchini, wo er L. Leo als Erster Kapellmeister nachfolgte. Er schrieb Kirchenmusik. – **3) Pasquale,** genannt Pasquale Tarantino oder Tarantini, Sohn von 2), * um 1740 Neapel, † 1794. Er war ebenfalls Kapellmeister am Tesoro di S. Gennaro und schrieb mehrere Opern.

WW: **Zu 1):** Gedruckt wurde lediglich 1 Bd. Chöre für 1 St. u. B.c. aus der Tragedia *Eustachio* des Herzogs Annibale Marchese (Neapel 1729); hsl. erhalten: zahlr. kirchenmusikal. Werke in versch. vokaler Besetzung mit u. ohne Instr. (Messesätze, Hymnen, Litaneien, Psalmen, Magnificats u. a.); Oratorium *Faraone sommerso;* weitere Oratorien u. Opern, deren Auff. bezeugt ist, sind nicht erhalten; Serenata für 6 St.; mehrere it. Solokantaten u. einzelne Arien; eine Toccata für Cemb.

Ausg.: Die Toccata, hrsg. v. G. PASTORE (Padua 1959).

Lit.: E. FAUSTINI-FASINI, Il Tarantino e la sua famiglia (Tarent 1931).

FAGOTT (engl.: bassoon; frz.: basson; it.: fagotto; span.: bajón, seit dem 19. Jh. fagot[e]). – **1)** Doppelrohrblattinstrument mit geknickter, konisch gebohrter Röhre, die aus vier Holzteilen (meist Ahorn) zusammengesetzt ist: dem sog. Flügel (d. h. dem Oberstück), dem Stiefel mit der U-förmigen Knickung, der Baßröhre oder Baßstange (parallel zum Flügel verlaufend) und der Schallstürze (dem Kopfstück). Der Flügel ist durch ein S-förmiges Anblasrohr aus Metall verlängert, auf welches das Doppelrohrblatt aufgesteckt wird. Das heutige F. hat folgenden Tonumfang:

Der Name F. leitet sich ab von dem italienischen Wort „fagotto" (= Bündel), das um 1500 als Bezeichnung für ein Blasinstrument mit zwei Pfeifen (Phagotum) diente (vgl. aber auch lat. fagus = Buche). Indes wurde im 16. und 17. Jh. das F., das in Deutschland bis ins 18. Jh. auch unter dem Namen ↗Dulzian bekannt war, aus einem Holzstück mit zwei Kanälen gefertigt. Es hatte nach der Darstellung bei M. Praetorius (*Syntagma musicum* II, Tafel 10) vorderständige Grifflöcher (davon eins mit einer offenen Klappe), zwei Daumenlöcher und ein weiteres hinterständiges Griffloch mit Klappe. Diese Bauweise traf zumindest auf die tieferen Instrumente der F.-Familie zu, die Praetorius folgendermaßen chorisch aufgeteilt: Diskant-, Alt-, Tenor-, Chorist- (offen und gedackt) und Doppel-F. (Quart- und Quint-Fagott). M. Mersenne erwähnt F.e mit drei und vier Klappen (*Harmonie universelle,* 1636–37). Erhaltene Instrumente aus der 2. Hälfte des 17. Jh. bestehen bereits aus mehreren Teilen und haben drei bis vier Klappen. Die Anzahl der Klappen nahm im Laufe des 18. Jh. immer weiter zu und wurde auf fünf oder sechs, schließlich auf sieben erweitert. So spielte u.a. E. Ozi, der erste F.-Lehrer am Conservatoire in Paris (1795), bereits ein Instrument mit 7 Klappen. Eine dieser Klappen war auf dem Flügel angebracht und sollte vor allem das Hervorbringen der hohen Töne erleichtern. Weitere Klappen erweiterten den Tonumfang in der Tiefe und ermöglichten das Spielen einer chromatischen Skala. Um 1800 hatte das F. 10 bis 11 Klappen. Um 1823 baute u.a. der Pariser Instrumentenbauer J. N. Savary (genannt Savary fils) F.e mit 15 Klappen. Der ebenfalls in Paris ansässige F. G. Adler versah seine Instrumente bereits mit 17 Klappen und nahm zahlreiche andere Verbesserungen vor. Der Versuch von Fr. Triébert (Paris um 1845), den gesamten Böhm-Mechanismus von der Flöte auf das F. zu übertragen, führte jedoch zu keinem Erfolg. Hingegen gelang Buffet-Crampon ein entscheidender Schritt, als er auf der Konstruktionsgrundlage von Savary fils und Triébert das moderne französische F. mit 22 Klappen und 6 offenen Grifflöchern entwickelte. In Deutschland begann C. Almenräder zwischen 1817 und 1825 Stand und Durchmesser der Löcher und die Art der Klappen (offene Klappen) zu verändern und schuf damit den Prototyp des heutigen deutschen Fagotts. Aus diesem Instrument mit 20 Klappen wurde von W. Heckel später das moderne deutsche F. mit 24 Klappen und 5 offenen Grifflöchern entwickelt. Es wurde in dieser Form zunächst in Österreich, Rußland und Amerika übernommen und hat sich seit 1945 in den Orchestern der meisten Länder, speziell auch in Frankreich, durchgesetzt. Unabhängig von dieser Entwicklung werden jedoch im Zusammenhang mit der Aufführungspraxis älterer Musik heute häufig wieder Originalinstrumente oder Kopien eingesetzt. – ↗Kontrafagott. – **2)** Orgelregister mit ein- oder aufschlagender ↗Zunge und mit unterschiedlich geformtem Schallbecher (konisch, zylindrisch, vierkantig, halb- und ganzgedackt). In den Tonlagen 16′–8′ wird das F.-Register vom Pedal und Manual aus gespielt. Bereits in der *Organographia* von 1619 (*Syntagma Musicum* II) zählt M. Praetorius das F. zu den Registern des gedackten Schnarrwerks. Auch in England war es schon im 17. Jh. bekannt und kam im 19. Jh. über Deutschland nach Frankreich, wo man es besonders im romantischen Orgelbau vorfindet. Dort ergänzt das 16′-F. das 8′-Oboenregister in der Baßlage; daher auch die Bezeichnung F.-Oboe (frz.: basson-hautbois).

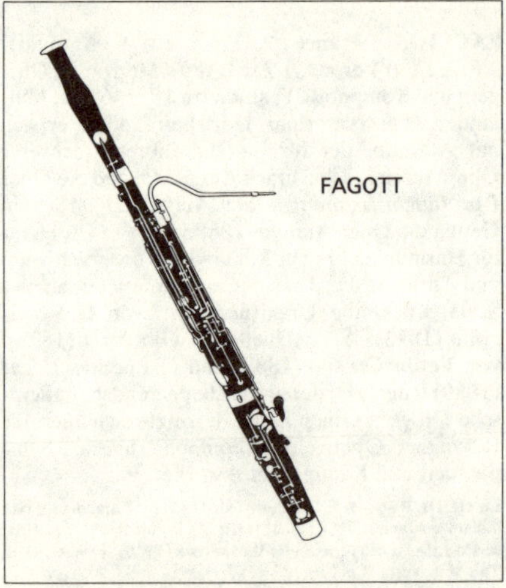

Musik für Fagott. Berichte über die Verwendung des F.s gehen auf das 16. Jh. zurück und erscheinen u. a. bei T. Susato (1551) und bei P. Phalèse (1571). Als Generalbaß-Instrument ist das Fagott namentlich seit dem frühen 17. Jh. nachweisbar. In dieser Funktion blieb es zusammen oder alternierend mit dem Violone und dem Violoncello bis zur Mitte des 18. Jh. fester Bestandteil des Basso continuo-Apparates. Trotz der beschränkten technischen Möglichkeiten, die sich aus der zunächst unvollkommenen Mechanik des Instruments ergaben, wurde das F. in zunehmendem Maße auch obligat eingesetzt. Beispiele dafür finden sich bei zahlreichen Komponisten des Barock. Die im Laufe des 18. Jh. durchgeführten grundlegenden Verbesserungen des F.s leiteten eine Wende ein, die sich in der großen Anzahl von Kammermusikwerken, Solo-Konzerten und konzertanten Symphonien niederschlug. Neben solistischen Aufgaben erhielt das F. schließlich im entstehenden klassischen Orchester einen festen Platz innerhalb der Holzbläsergruppe. – In der Instrumentalmusik wurde das F. zuerst in den *Affetti musicali* op. 1 (1617) und im op. 8 (1628) von B. Marini, in den *Composizioni armoniche* (1619) von Fr. Usper und den *Canzoni* (1620) von G. B. Riccio eingesetzt. Zwei- und dreistimmige Instrumentalstücke mit F. erschienen auch im *Olor Solymnaeus nascenti Jesu* von Matthias Spiegler (1631). Die wohl erste Komposition mit obligatem F. enthält der *Primo libro de Canzoni, Fantasie et Correnti da suonnare ad una, 2, 3, 4 col B. c.* (1638) von Fray Bartolomé de Selma y Salaverde. Weisen die *Compositioni musicali* (1645) von G. A. Bertoli bereits eine solistische Anlage auf, so lassen spätere Kompositionen eine weitere Steigerung und Ausschöpfung der spieltechnischen Möglichkeiten erkennen. Hierzu zählen kammermusikalische Werke von G. Fr. Händel, J. Bodin de Boismortier, M. Corrette, Fr. Devienne, J. P. Guignon, G. Ph. Telemann, A. Vivaldi und J. D. Zelenka. Die konzertante Musik für F. des 18. Jh. umfaßt zahlreiche Werke u. a. von A. Vivaldi (37 F.-Konzerte und 15 Konzerte für mehrere Instrumente, zumindest mit einem F.), G. Ph. Telemann (5 Konzerte für mehrere Instrumente), J. Bodin de Boismortier (Konzerte op. 26, 30 und 37 – die ersten französischen Konzerte für ein Blasinstrument überhaupt), M. Corrette (Konzert *Le Phénix*) und von J. M. Molter (2 F.-Konzerte und Konzert für Flöte und F.). Aus der Zeit der Vorklassik und der Wiener Klassik ragen vor allem Werke hervor von J. Chr. Bach (F.-Konzert und *Symphonie concertante*), C. Stamitz (konzertante Symphonien für Oboe und F. und für Horn und F.), Fr. Devienne (6 Konzerte und 6 *Symphonies concertantes*), L. Boccherini *(Symphonie concertante)*, J. Haydn *(Sinfonia concertante)* und von W. A. Mozart (2 Konzerte und *Sinfonia concertante* für Oboe, Klarinette, Horn und F.). Eine bedeutende Rolle spielte das F. auch in der Kammermusik dieser und der nachfolgenden Zeit. Dazu zählen insbesondere die Werke für Bläserensemble von W. A. Mozart (Quintett für Oboe, Klarinette, Horn, F. und Klavier und die Sonate für F. und Violoncello), A. Reicha (3 Bläserquintette), L. van Beethoven (Klavierquintett op. 16, Septett op. 20, Sextett op. 71, Oktett op. 103 und 3 Duos für Klarinette und F.) und von G. Rossini (6 *Sonate a quattro* für Flöte, Klarinette, Horn und F.). Zu den bedeutenden Werken des 19. Jh. für F. gehört u. a. das Konzert F-Dur und das *Andante e Rondo ungarese* von C. M. von Weber und das Konzert op. 53 von N. Rimski-Korsakow. Die Verbesserungen des Instruments zu Ende des 19. Jh. erweiterten seine spieltechnischen und ausdrucksmäßigen Möglichkeiten. Das bezeugen Kompositionen für Fagott und Orchester, u. a. von M. Bitsch, E. Bozza, A. Jolivet, M. Landowski, H. Tomasi, A. Tisné, A. Marescotti, H. Villa-Lobos und Werke mit Fagott von R. Strauss, C. Beck, B. Blacher, P. Hindemith, H. Martelli, B. Martinů. Zahlreich sind außerdem die Kammermusikwerke für Fagott und Klavier, u. a. von C. Saint-Saëns, G. Pierné, P. Hindemith, H. Dutilleux.

G. GOURDET

Lit.: **Zu 1):** L. ZACCONI, Prattica di musica (V 1592, ^{2}1596), Faks. der Ausg. 1592, 2 Bde. (Bol 1967) (= Bibl. musica Bononiensis 2); M. PRAETORIUS, Syntagma musicum, II: De organographia (Wb 1618, ^{2}1619), NA v. R. Eitner, in: PGfM 12 (1884), Faks.-Ausg. v. W. Gurlitt (Kas 1958–59); M. MERSENNE, Harmonie universelle (P 1636–37), Faks.-Ausg. v. Fr. Lesure, 3 Bde. (P 1963); J. F. B. C. MAJER, Museum musicum (Schwäbisch Hall 1732), Faks.-Ausg. v. H. Becker (Kas 1954); ABRAHAM, Principe de basson (P um 1780); W. HECKEL, Der F. (Biebrich 1899, revidiert ^{2}L 1931); L. LETELLIER – E. FLAMENT, Le basson, in: LAVIGNAC Techn. III (1925); A. OREFICE, Storia del fagotto (Tn 1926); L. G. LANGWILL, The Bassoon, in: Proc. Mus. Assoc. 66 (1939); A. REIMANN, Stud. zur Gesch. des F. (Diss. Fr 1956); H. KUNITZ, Die Instrumentation, V: F. (L 1957); W. SPENCER, The Art of Bassoon Playing (Evanston/Ill. 1958); L. G. LANGWILL, The „Boehm" Bassoon: A Retrospect, in: GalpinJ 12 (1959); DERS., The Bassoon and Contrabassoon (Lo – NY 1965); M. D. DAGRADE, A Translation and Study of the Bassoon Section of J. Fröhlich's „Vollständige Theoretisch-praktische Musiklehre" 1810–11 (1970) (= Diss. Indiana Univ.); H. HEYDE, C. Almenräders Verdienst um das F., in: BzMw 14 (1972); R. D. SEIDLER, The Bassoon Concertos of A. Vivaldi (1973) (= Diss. masch. Catholic Univ. of America); H. LOTSCH, Das große Rohrbuch. Systematischer Lehrgang für den Bau v. F.-Rohren (F 1974); W. VOIGT, Unters. zur Formantbildung in Klängen v. F. u. Dulzianen (Rb 1975) (= Kölner Beitr. zur Musikforsch. 80); J. L. BURTON, Bassoon bore Dimensions (1975) (= Diss. Eastman School of Music); J. EPPELSHEIM, Das „Subkontra-F.", in: Ber. über die erste internat. Fachtagung zur Erforschung der Blasmusik Graz 1974 (Tutzing 1976) (= Alta musica); J. D. VOORHEES, Notes on the Fingering Systems of „Boehm" Bassoons, in: GalpinJ 29 (1976); K. VENTZKE, Boehm-System-F. im 19. Jh., in: Tibia 1 (1976); R. E. ELIASON, Oboe, Bassoons, and Bass Clarinets, Made By Hartford Connecticut, Makers Before 1815, in: ebd. 2 (1977); H. RIEDELBAUCH, Bassonographie. Zur Problematik einer Griffschrift für F. u. Basson, in: ebd. 2 (1977); C. MARTIN, „Basson" oder F.?, in: ebd. 2 (1977); W. JANSEN, The Bassoon, Its History, Construction, Makers, Players and Music, 3 Bde. (Buren 1978ff.); H. LANGE – J. M. THOMSON, The baroque bassoon, in: Early Music 7 (1979).

FAGOTTGEIGE (it.: viola di fagotto), im 17. und 18. Jh. Bz. für eine viersaitige ↗Viola da spalla in der Violoncellostimmung (C G d a). Die Korpuslänge betrug etwa 45 cm, die Zargenhöhe etwa 7 cm (z. B. ein Exemplar im Instrumenten-Museum der Musikakademie Basel). Nach der Beschreibung bei D. Speer (*Grund-richtiger... Unterricht der musicalischen Kunst*, 1687) und J. F. B. C. Majer (*Museum musicum*, 1732) wurde die F. auf dem Arm gehalten. Ihre metallumsponnenen Saiten erzeugten schnurrende – dem Fagottklang ähnliche – Töne.

FAHRBACH, östr. Musikerfamilie. – **1) Joseph,** * 25. 8. 1804 Wien, † 6. 6. 1883 ebd.; Flötist und Gitarrist. Er war zunächst Militärkapellmeister, später Flötist in der Hofkapelle und im Orchester des Theaters an der Wien. Er verfaßte als Leiter einer Musikschule mehrere Unterrichtswerke für Blasinstrumente und schrieb etwa 90 Kompositionen, darunter Opernfantasien. – **2) Friedrich,** Bruder von 1), * 17. 7. 1809 Wien, † 19. 3. 1867 Verona; Flötist. Er war zunächst Flötist bei J. Strauß (Vater), leitete anschließend eine eigene Kapelle, wurde 1848 Militärkapellmeister und wirkte seit 1855 als Dirigent der Società filarmonica in Ala und zuletzt als Musiklehrer in Verona. – **3) Philipp** (der Ältere), Bruder von 2), * 26. 10. 1815 Wien, † 31. 3. 1885 ebd.; Violinist und Flötist. Er war zunächst Mitglied eines Tanzorchesters, später Flötist bei J. Strauß (Vater). 1835 gründete er ein eigenes Orchester und vertrat seit 1838 den im Ausland gastierenden J. Strauß als Dirigent bei den Hofbällen, die er später bis 1856 abwechselnd mit J. Strauß (Sohn) leitete. 1856–65 war er Militärkapellmeister. Er schrieb beliebte Tanz- und Unterhaltungsmusik, darunter zahlreiche Walzer, Potpourris und Märsche. – **4) Anton,** Bruder von 3), * 10. 2. 1819 Wien, † 1. 12. 1887 ebd.; Flötist. Er war Flötist bei J. Strauß (Vater), später im Orchester J. Lanners, anschließend am Theater an der Wien und zuletzt am Burgtheater. – **5) Wilhelm,** Sohn von 1), * 8. 9. 1838 Wien, † 13. 6. 1866 ebd.; Kapellmeister. Er war Theaterkapellmeister in Teschen, Bielitz und Lemberg und schrieb 6 Singspiele, 3 Opern und Lieder. – **6) Philipp** (der Jüngere), Sohn von 3), * 16. 12. 1843 Wien, † 15. 2. 1894 ebd.; Violinist und Kapellmeister. Er war 1870–84 Militärkapellmeister, dirigierte später auf Gastreisen im Ausland und komponierte zahlreiche Tanz- und Unterhaltungsmusik.

Lit.: O. SCHNEIDER, Die „F.s", eine Wiener Musikerfamilie der Strauß-Zeit, in: ÖMZ 22 (1967).

FAIGNIENT, Noé (Noël), * um 1540 Cambrai, † zwischen 1595 und 1598 Antwerpen; franko-flämischer Komponist. F. erhielt 1561 das Bürgerrecht in Antwerpen und war seit 1580 Sangmeester Herzog Erichs II. von Braunschweig. Vermutlich war er ein Anhänger der Reformation. F., der nach dem Zeugnis von J. G. Walther (*Musicalisches Lexicon*, 1732) „Simia (= Affe) Orlandi" genannt wurde, steht in seinen Werken vor allem durch die Kunst des bildhaften und affektiven Wortausdrucks tatsächlich dem Schaffen Orlando di Lassos nahe.

WW: *Chansons, madrigales & motetz* für 4–6 St. (A 1568); zahlr. Motetten, geistliche u. weltliche Chansons mit frz. u. flämischem Text, Hugenottenpsalmen, it. Madrigale u. dt. Lieder auch in Sammeldrucken 1569–1609, besonders zahlr. in: RISM 1569[11] u. 1574[3]; 42 Gesänge in einer Sammelhs. in Linköping, Stifts- och Landsbiblioteket.

Ausg.: 2 Madrigale u. 2 frz. Chansons, in: Maldeghem Trésor 13 (1878), 28 (1891); 2 flämische Lieder, in: F. VAN DUYSE, Een duytsch musyck boeck (L 1903), 3 in: R. B. LENAERTS, Het Nederlands polifonies lied in de 16de eeuw (Mecheln – A 1933), eines in: 15 flämische Lieder der Renaissance, hrsg. v. DEMS. (Wb 1964) (= Chw 92); Psalm 34 u. *Que peut au fol richesse profiter* für 3 St., hrsg. v. M. HONEGGER (P 1960–61) (= Soli Deo gloria o. Nr.); *Jamais ne cessera*, hrsg. v. P. PIDOUX (P 1960) (= ebd. o. Nr.).

Lit.: R. B. LENAERTS, Het Nederlands... (s. o. Ausg.); F. NOSKE, The Linköping F.-Manuscript, in: AMl 36 (1964).

FAIRCHILD, Blair, * 23. 6. 1877 Belmont (Massachusetts), † 23. 4. 1933 Paris; amerik. Komponist. F. studierte an der Harvard University, war später Klavierschüler von G. Buonamici in Florenz, übte aber zunächst einen kaufmännischen Beruf aus und war 1901–03 Diplomat im Dienst der Vereinigten Staaten. Dann wandte er sich ganz der Musik zu, ließ sich in Paris nieder und vervollständigte dort seine Ausbildung bei Ch.-M. Widor.

WW: Klv.-Stücke u. Kammermusik; Symphonische Dichtungen: *East and West*, op. 17 (1908); *Zal*, op. 38; *Shah Feridoûn*, op. 39 (1915); für V. u. Orch.: *Légende*, op. 31 (1911); *Étude symphonique*, op. 45 (P 1922); Klv.-Lieder; für Orch. a. cap.: *6 Psalms*, op. 33; *In Memoriam*; ein Requiem für Tenor u. Männerchor, Org. oder Klv.; *2 Bible Lyrics*, op. 29 (1911) für Sopran, Chor u. Orch.; Ballett *Dame Libellule*, UA: Paris 1921.

FAIRY QUEEN, THE, Oper von H. Purcell; dt. Titel: Die ↗Feenkönigin.

FAISST (eig. Faißt), **Immanuel Gottlob Friedrich,** * 13. 10. 1823 Esslingen (Württemberg), † 5. 6. 1894 Stuttgart; dt. Organist und Komponist. F. studierte Theologie an der Tübinger Universität, wandte sich auf Anraten F. Mendelssohn Bartholdys der Musik zu, in der er sich aber im wesentlichen als Autodidakt weiterbildete. Seit 1846 lebte er als Klavierlehrer und Leiter einer Orgelschule in Stuttgart, leitete 1847–91 einen von ihm gegründeten Verein für klassische Kirchenmusik, dirigierte 1848–57 den Stuttgarter Liederkranz und war außerdem Organist und Chordirigent der Stiftskirche. 1859 wurde er Direktor des Stuttgarter Konservatoriums, zu dessen Gründern er gehörte, lehrte dort Orgel, Chorleitung und Komposition und führte die

Anstalt zu großem Ansehen. Außerdem machte er sich durch Aufführungen von Chorwerken Schütz', Bachs und Händels bekannt. Seine eigenen Werke, Instrumental- und Vokalkompositionen, gerieten in Vergessenheit. F. verfaßte auch mehrere musiktheoretische und -pädagogische Schriften, darunter *Elementar- und Chorgesangschule* (2 Bde., St 1880–82) und *Beiträge zur Gesch. der Klaviersonate* (NA in: Neues Beethoven-Jb. 1, 1924) und war Mitarbeiter der *Neuen Zeitschrift für Musik.*

FALCINELLI, Rolande, * 18.2.1920 Paris; frz. Organistin und Komponistin. F. war u.a. Schülerin von M. Dupré am Pariser Conservatoire, wo sie 1942 den 2. Prix de Rome erhielt, 1946–70 Organistin an Sacré-Cœur de Montmartre und seit 1948 Professor am Amerikanischen Konservatorium in Fontainebleau. Später vertrat sie Dupré an der Orgel von St-Sulpice und am Conservatoire und wurde dort 1955 seine Nachfolgerin. Seit 1951 leitet sie auch die Orgelabteilung der École normale de musique in Paris. F. schrieb geistliche Musik, Chorwerke, Lieder, Klavier- und Orgelstücke. In der *Anthologie des maîtres classiques de l'orgue* gab sie zahlreiche Orgelstücke heraus.

Lit.: P. DENIS, Les organistes français d'aujourd'hui. R.F., in: L'orgue (1958) Nr. 85–86; J. PICCAND, in: SMZ 105 (1965).

FALCON, Marie Cornélie, * 28.1.1814 Paris, † 25.2.1897 ebd.; frz. Sängerin (Sopran). F. war Schülerin von A. Nourrit und debütierte 1832 an der Grand Opéra als Alice in G. Meyerbeers *Robert le Diable.* In dieser Rolle sowie als Donna Anna in Mozarts *Don Giovanni,* als Amélie in D. Fr. E. Auberts *Gustave III,* als Valentine in Meyerbeers *Les Huguenots* und in der Titelrolle von Fr. Halévys *La Juive* errang sie ihre größten Erfolge. Sie verlor früh ihre Stimme. In Paris bezeichnet ihr Name noch heute das Rollenfach des dramatischen Soprans.

Lit.: CH. BOUVET, C.F. (P 1927); J. GHEUSI, La dramatique destinée de C.F., in: Musica (Disques) (P 1960) Nr. 78.

FALCONIERI, Andrea, * um 1585 (1586?) Neapel, † 29.7.1656 ebd.; it. Lautenist und Komponist. F. war 1610–14 als Lautenist am Hof von Parma, lebte später in Florenz, in Rom und 1620–21 am Hof von Modena und hielt sich anschließend vermutlich längere Zeit in Spanien und in Frankreich auf. 1629 kehrte er an den Hof von Parma zurück, lehrte 1632–37 am Collegio S. Brigida in Genua und war seit 1639 Kapellmeister am Hof von Neapel. F.s Instrumentalwerke gelten als frühe Beispiele für einen konzertanten Instrumentalstil und als Vorläufer des Concerto grosso.

WW: Villanellen für 1–3 St. mit Gitarren-Tabulatur (R 1616); *Musiche* für 1–3 St. mit Gitarren-Tabulatur, V: (Fi 1619), VI: (V 1619); *Sacrae modulationes* für 5–6 St. (V 1619) (unvollständig erhalten); *Il primo libro di canzone, sinfonie, fantasie, capricci, brandi, correnti, gagliarde, alemane, volte* für 1–3 V., Violen oder andere Instr. mit B.c. (Neapel 1650).

Ausg.: 7 Instr.-Werke, in: TORCHI Arte Mus. 7 (Mi 1907); Villanellen für 1 St., hrsg. v. PARISOTTI, in: Arie Antiche (Mi o.J.); 17 Arien, hrsg. v. G. BENVENUTI (Mi 1922); 4 Arien, hrsg. v. KN. JEPPESEN, in: La Flora 2 u. 3 (Kop 1949); ein Satz aus *Musiche,* in: K. G. FELLERER, Die Monodie (Kö 1964) (= Das Musikwerk 31).

Lit.: C. SARTORI, Bibliografia della musica strumentale italiana (Fi 1952); A. DAMERINI, F., in: MGG III.

FALKENHAGEN (Falckenhagen), **Adam,** * 26.4. 1697 Groß-Dalzig bei Leipzig, † 1761 Bayreuth; dt. Lautenist u. Komponist. Er erhielt seine musikalische Ausbildung bei einem Verwandten in Knauthain bei Leipzig und setzte seine Lautenstudien bei J. J. Graf in Merseburg fort. 1719 war er an der Universität Leipzig immatrikuliert, in den folgenden Jahren unterrichtete er in Leipzig und Merseburg. Nach mehrjähriger Tätigkeit am Weißenfelser Hof stand er 1729–32 im Dienst des Herzogs von Sachsen-Weimar. Seit 1734 wirkte er als Kammermusikus und Kammersekretär des Markgrafen von Brandenburg-Kulmbach in Bayreuth. F. gehört zu den namhaften mitteldeutschen Lautenisten zur Zeit J. S. Bachs. Seine Werke für und mit Laute sind technisch sehr anspruchsvoll.

WW: Sonaten u. Partiten für Laute, op. 1 (o.O. [1740]), op. 2 (Nü o.J. [ca. 1742]); *Concerti* für Laute, Fl., Ob. oder V. u. Cemb. (Nü o.J.); *Erstes Dutzend Erbauungs-voller Geistlicher Gesänge mit Variationen auf die Laute* (Nü o.J. [ca. 1758]); einige andere Stücke sind hsl. erhalten.

Lit.: W. BOETTICHER, F., in: MGG III; H.-J. SCHULZE, Wer intavolierte J. S. Bachs Lautenkompositionen?, in: Mf 19 (1966).

FALL, östr. Komponisten. – **1) Leo,** * 2.2.1873 Olmütz, † 16.9.1925 Wien. Er war der älteste Sohn des Militärkapellmeisters Moritz F. (1848–1922) und studierte am Wiener Konservatorium bei J. N. und R. Fuchs. Zusammen mit Fr. Lehár war er als Violinist in der Militärkapelle von dessen Vater, später in Berlin, Hamburg, Köln und Wien als Kapellmeister tätig. In Hamburg schrieb er seine erste Bühnenmusik zu Georg Okonkowskis Sensationsstück *Der große Brand von Hamburg.* Als Hauskomponist des Kabaretts „Die bösen Buben" erzielte er erste Erfolge. Nach den beiden Opern *Frau Denise (Paroli)* (1902) und *Irrlicht* (1905) sowie der zunächst wenig erfolgreichen Operette *Der Rebell* (1905) machte ihn die Operette *Der fidele Bauer* (1907) schlagartig berühmt. Die Erfolge setzten sich mit den Operetten *Die Dollarprinzessin* (1907) und *Die geschiedene Frau* (1908) fort. Auch *Der Rebell* konnte sich in der Neufassung als *Der liebe Augustin* (1912) durchsetzen. Gefälligkeit der melodischen Erfindung, Volkstümlichkeit des musikalischen Ausdrucks und reizvolle Orchesterbehandlung heben seine Werke, so auch *Die Rose von Stambul* (1916) und vor allem *Madame Pompadour* (1923), über den Durchschnitt der Operettenproduktion des 20. Jahrhunderts. Neben Fr. Lehár, O. Straus und E. Kálmán gehört F. zu den bekanntesten Komponisten der zweiten Blütezeit der Wiener Operette.

WW: Operetten: *Der Rebell* (1905); *Der fidele Bauer* (Libr.: V. Léon), UA: Mannheim 1907; *Die Dollarprinzessin* (Libr.: A. M. Willner, F. Grünbaum), UA: Wien 1907; *Die geschiedene Frau* (1908); *Brüderlein fein* (nach einem Singspiel v. J. Wilhelm), UA: Wien 1909; *Der liebe Augustin* (Libr.: R. Bernauer, E. Welisch), UA: Berlin 1912; *Die Kaiserin* (1915); *Die Rose von Stambul* (Libr.: J. Brammer, A. Grünwald), UA: Wien 1916; *Madame Pompadour* (Libr.: R. Schanzer, E. Welisch), UA: ebd. 1923); ferner Bühnenmusik u. Orch.-Stücke.

2) Richard, Bruder von 1), * 3. 4. 1882 Gewitsch (Mähren), † 1943 (?) im Konzentrationslager Auschwitz (?). Er wirkte mehrere Jahre als Filmkomponist in Hollywood. 1938 emigrierte er von Wien nach Frankreich, wo er 1943 von den Nationalsozialisten verhaftet wurde. F. schrieb u. a. Operetten und Singspiele. Populär wurden die Schlager *Was machst Du mit dem Knie, lieber Hans; Wo sind Deine Haare, August* (Texte: Fr. Löhner).

WW: Operetten: *Wiener Fratz* (1912), *Das Damenparadies* (1915), *Die Dame von Welt* (1917), *Großstadtmärchen* (1920), *Die Glocken von Paris* (1927).

Lit.: **Zu 1):** W. ZIMMERLI, L. F., Meister der Wiener Operette. Eine Studie (Z 1957); S. CZECH, Das Operettenbuch (St 1960); B. GRUN, Kulturgesch. der Operette (Mn 1961).

FALLA Y MATHEU, Manuel Maria de, * 23. 11. 1876 Cadix, † 14. 11. 1946 Alta Gracia (Provinz Córdoba, Argentinien); span. Komponist. F. war in Madrid Klavierschüler von José Tragó und Kompositionsschüler von F. Pedrell. Mit der Nationaloper *La Vida breve* errang er 1905 den 1. Preis eines von der Real Academia de Bellas Artes veranstalteten Wettbewerbs. 1907–14 lebte er in Paris, wo er durch seine Bekanntschaft mit Cl. Debussy, P. Dukas, M. Ravel und I. Albéniz fruchtbare Anregungen für sein weiteres Schaffen erhielt. Besonders der Spanier Albéniz wurde ihm Vorbild für einen eigenständigen, national geprägten und doch universellen Musikstil, doch beeinflußte auch Debussys Einfühlungsgabe in das Wesen spanischer Musik sein eigenes Schaffen nachhaltig. In dieser ersten Pariser Schaffensperiode entstanden *Trois Mélodies* (nach Texten von Th. Gautier, P 1909), *4 Piezas españolas* für Klavier (P 1909) und *Siete canciones populares españolas* (um 1912, P 1922) für Gesang. Nach Spanien zurückgekehrt, schrieb er das Ballett *El amor brujo (Liebeszauber)* nach einem Entwurf von Gregorio Martinez Sierra (UA Madrid 1915), dessen zweite Fassung (Lo 1921) seinen Weltruhm begründete. Auch die 1917 in Madrid aufgeführte Pantomime *El corregidor y la molinera* nach einem sich auf Volkserzählungen gründenden Roman von Pedro Antonio de Alarcón wurde erst in der auf Anregung von S. Diaghilew erweiterten und von diesem inszenierten Ballett-Fassung *El sombrero de tres picos (Der Dreispitz)* 1919 in London ein Erfolg. Die *Noches en los jardines de España (Nächte in spanischen Gärten)* für Klavier und Orchester (1911–15, P 1922–23) beschließen diese Schaffensperiode, in der noch impressionistische Einflüsse anklingen. Mit der *Fantasía baética* für Klavier (1919, Lo 1922) wird dagegen eine Wende im musikalischen Schaffen F.s eingeleitet, das nun endgültig die Grenzen der bisher durch I. Albéniz und E. Granados repräsentierten spanischen Musik verläßt. Als wichtigste Werke entstehen *El retablo de Maese Pedro* (UA Sevilla und Paris 1923) für drei Gesangsstimmen und kleines Orchester nach Cervantes' *Don Quichotte* und das *Concerto per clavicembalo* mit 5 Soloinstrumenten (1923–26, P 1928), mit denen F. den auch von der sonstigen spanischen Musikliteratur unübertroffenen Höhepunkt seines Schaffens erreichte. Nach einer langen, lediglich durch die 1939 am Teatro Colón in Buenos Aires zur Aufführung gelangte Orchesterfassung des *Homenajes*, Suite in 4 Teilen: *Fanfare auf den Namen Arbós, À Claude Debussy, À Paul Dukas, Pedrelliana* unterbrochenen schöpferischen Pause starb F. vor Vollendung seiner letzten Oper *La Atlántida* auf einen Text von Mosén Jacinto Verdaguer, die von Ernesto Halffter fertiggestellt wurde. Bisher liegt zu diesem Werk allerdings noch keine kritische Ausgabe von F.s Manuskripten vor, um Halffters Anteil an diesem Werk würdigen zu können.

WW: **1) Instr.-WW:** *Cuatro Piezas españolas* (1906–08) für Klv.; Symphonische Impressionen *Noches en los jardines de España* (1911–15, P 1922–23) für Klv. u. Orch.; *Fantasía baética* (1919, Lo 1922) für Klv.; *Concerto per clavicembalo (o pianoforte)* 1923–26) mit Fl., Ob., Klar., V. u. Vc. (P 1928); *Suite Homenajes* (1920–38) für Orch., mit den Sätzen: *Fanfare sobre el nombre de E. F. Arbos* (1934) für 4 Hörner, 4 Trp. u. Schlagzeug; *À C. Debussy (Elegiá de la guitarra,* Orch.-Fassung v. *Homenaje pour le tombeau de C. Debussy*) (1920) für Gitarre, auch für Klv.; *À P. Dukas (Spes vitae,* Orch.-Fassung v. *Hommage pour le tombeau de P. Dukas*) (1935) für Klv.; *Pedrelliana*, nach Motiven aus F. Pedrells Oper *La Celestina*. – **2) Vokal-WW:** *Tus ojillos negros* (um 1900–02) für SingSt u. Klv.; 3 Lieder auf Texte v. Th. Gautier (1909); *Oracíon de las madres que tienen a sus hijos en brazos* (1914) u. *Siete Canciones populares españolas* (P 1922) für SingSt u. Klv.; *Psyché* (1924) (Text: G. Jean-Aubry) für SingSt, Fl., Va., Vc. u. Harfe (Lo 1927); *Ballada de Mallorca* (1938) für gem. Chor (nach Chopins Ballade op. 38). – **3) Bühnen-WW:** Lyrisches

Drama *La vida breve* (1905, revidiert 1913), UA: Nizza 1913; Ballett *El amor brujo*, UA: Madrid 1915 (Lo 1921); Farsa mimica *El Corregidor y la molinera* (nach P. A. de Alarcón), UA: Madrid 1917, Neufassung als Ballett *El sombrero de tres picos*, UA: London 1919 (Lo 1921); Marionettenspiel *El retablo de Maese Pedro* (1919–22) (nach Cervantes *Don Quixote*), UA: Sevilla u. Paris 1923; szenische Kantate *Atlántida* (1927–46) vollendet v. E. Halffter, UA konzertant: Barcelona 1961, szenisch: Mailand 1962; Zarzuelas: *El corneta de órdenes; La cruz de Malta; Los amores de la Inés; La casa de Tócame Roque; Limosna de amor* (alle 1900–1902); komische Oper *Fuego fatuo* (1918–19) (nach Themen v. Chopin). – **4) Schriften:** *C. Debussy et l'Espagne*, in: RM 1 (1920); *El Cante jondo* (Granada 1922); *F. Pedrell*, in: RM 4 (1923); alle veröff. v. F. Sopeña als: *Escritos de F.* (Ma 1947).

Ausg.: M. de F., hrsg. v. M. MILA (Mi 1962) (= Symposium ... 3) (darin auch Schriften F.s); Sonder-H. M. de F. (1962) (= Musica d'oggi 5, Nr. 4/5); M. de F. Spanien u. die neue Musik, hrsg. v. J. GRÜNFELD (Z 1968); M. de F., Descriptive Catalogue of His Works, hrsg. v. R. CRICHTON (Lo 1976, F 1977).

Lit.: ROLAND-MANUEL, M. de F. (P 1930, Buenos Aires 1946); A. SAGARDIA, M. de F. (Ma 1946); J. PAHISSA, Vida y obra de M. de F. (Buenos Aires 1947); H. COLLET, La mort de M. de F., in: RM (1947) Januar-H.; A. MONTICELLI, M. de F., in: Rass. Mus. 17 (1947); L. CAMPODONICO, M. de F. (P 1949) (frz.); J. JAENISCH, M. de F. u. die span. Musik (Z 1952); K. PAHLEN, M. de F. u. die Musik in Spanien (Olten 1953) (= Musikerreihe 14); A. GAUTHIER, M. de F. (P 1966) (= Musicien de tous les temps 27); L. CARDONA, The Style of M. de F. Analyzed Through His Piano Works (1967) (= Diss. Boston Univ.); M. GARCIA MATOS, El folklore en „La vida breve" de M. de F., in: Anuario Mus. 26 (1971); I. HERMANN, „Nächte in span. Gärten" v. M. de F., in: Das Orch. 19 (1971); B. TONAZZI, Considerazioni sull' „Omaggio a Debussy" per chitarra di M. de F., in: Fronimo 2 (1974); A. CAMPOAMOR GONZÁLES, M. de F. 1876–1946 (Ma 1976); J. CASANOVAS, M. de F., cien años (Ba 1976); J.-M. NECTOUX, M. de F. Un itinéraire spirituel, in: SMZ 117 (1977).

FALSETT (it. u. engl.: falsetto; frz.: fausset; span.: falsete). – **1)** Bz. für ein hohes Register der Männerstimme, das im Klang etwa der weiblichen Kopfstimme entspricht. Wahrscheinlich bezieht sich die sprachliche Ableitung der Bz. F. von italienisch falso = falsch auf dieses Moment der klanglichen „Verfremdung". Der Unterschied zwischen F. und ↗Contratenor liegt wesentlich darin, daß dieser kein Stimmregister, sondern eine (hohe männliche) Stimmlage ist. Die genauen physiologischen Vorgänge und Stimmfunktionen bei der Entstehung von F.-Tönen sind nicht genau geklärt. Das F.-Singen, das demnach nicht recht beschreibbar, aber gesangstechnisch erlernbar ist, ist seit dem 16. Jh. bezeugt, und zwar für die Ausführung des Diskants und des Alts in mehrstimmigen geistlichen und weltlichen Kompositionen (anstelle von Knabenstimmen) durch Tenöre, die man *Falsetti* (auch *Tenorini* oder *Alti naturali*, dt. *Falsettisten*) nannte. Die gleichen Stimmlagen wurden im 17. Jh. gelegentlich auch von ↗Kastraten, in England vornehmlich von Contratenören gesungen. Daß Falsettisten auch in der geringstimmigen oder monodischen konzertierenden Kirchenmusik des frühen 17. Jh. beliebt waren, geht u. a. aus der Vorrede zu L. Viadanas *Cento concerti* (1602) hervor: „Die Falseten ... geben allezeit in dieser Manier einen lieblichen Laut und Harmoni in die Orgel." In der Aufführungspraxis älterer Musik wird heute vereinzelt die Kunst des Falsettierens wieder gepflegt. Die Ähnlichkeit des F.s mit dem Klang der Frauenstimme wurde in der Oper des 19. Jh. manchmal in komischem Sinne dazu ausgenutzt, eine Frauenstimme von einem männlichen Darsteller imitieren zu lassen, so etwa in G. Verdis *Falstaff* (1. Akt, 1. Teil):

2) F. heißt auch bei Blasinstrumenten der höchste und tiefste (schwer ausführbare) Ton.

Lit.: V. FUCHS, Die Kunst des Singens (Kas 1967); H. PIPER-ZIETHEN, Alto naturale oder: von der Kunst des Falsettierens, in: Fono forum 19 (1974).

FALSOBORDONE (it.), **Falso bordone,** im engeren Sinne die italienische Bz. für Begriff und Technik des ↗Fauxbourdon, im weiteren Sinne seit dem 16. Jh. gebräuchliche Bz. für eine Kompositionstechnik, die charakterisiert ist durch die meist 4st. „Harmonisierung" einer choralen ↗Psalm- oder ↗Canticums-Melodie (seltener anderer Gesänge des ↗Accentus ecclesiasticus) mit ihren Rezitationstönen und Interpunktionsformeln im Satz Note gegen Note; die Choralmelodie liegt in der Regel in der Oberstimme oder im Tenor, die Akkorde erscheinen meist mit dem Grundton im Baß. Der Rhythmus ist nicht mensuriert. Ein einziges musikalisches Modell dient nach dem Vorbild der choralen Psalmodie für den Vortrag aller Verse eines Psalms. Die frühesten Beispiele für die F.-Technik, die vielleicht auf einer improvisatorischen Praxis beruht, stammen aus dem 15. Jh.; gebräuchlich wurde sie seit dem 16. Jh. vor allem in der Päpstlichen Kapelle in Rom. Sie ist dort und an vielen Kathedralkirchen auch in Deutschland bis heute vor allem für den mehrstimmigen Vortrag der Psalmen und Cantica in der feierlichen Vesper und

Komplet sowie auch der ↗Improperien des Karfreitags üblich. Viele Komponisten des 16.–18. Jh. schrieben F.-Sätze (auch *Falsobordoni* genannt). Erhalten sind solche aus dem 16. Jh. auch für den lutherischen Gottesdienst, z. B. von J. Walter (in: G. Rhau, *Vesperarum precum officia,* 1540; NA, hrsg. v. H. J. Moser, Kas 1960):

Sonderformen der F.-Technik sind im 17. Jh. die – ebenfalls über Psalmmelodien gesetzten – *Falsobordoni passeggiati* für Solostimme und B. c., u. a. von L. Viadana (in den *Cento concerti,* 1602) und die instrumental (für 4 Gamben) ausgesetzte Generalbaßbegleitung der Evangelistenpartie in der *Auferstehungshistorie* von H. Schütz (1623) (vgl. auch ↗Cappella fidicinia).

Lit.: M. BUKOFZER, Studies in Medieval and Renaissance Music (Lo 1951); G. REESE, Music in the Renaissance (NY 1954, [2]1959); E. TRUMBLE, Fauxbourdon. An Historical Survey (Brooklyn 1959); M. VOGEL, Musica falsa u. falso bordone, in: FS W. Wiora (Kas 1967); R. A. HALL, L'etimologia del „Falsobordone", in: Archivio Glottologico Italiano 53 (1968); R. HUDSON, The Folia, Fedele, and Falsobordone, in: MQ 58 (1972); D. HOFFMANN-AXTHELM, Faburdon/Fauxbourdon/Falso bordone, in: HMT (1972); TH. GÖLLNER, F.-Anklänge in Prologen u. Auftritten der frühen Oper, in: Kgr.-Ber. Bonn 1970 (Kas 1973); F. P. CONSTANTINI, Über die Ausführung des F. in der Auferstehungs-Historia v. H. Schütz, in: MuK 47 (1977); M. C. BRADSHAW, The Falso bordone. A Study in Renaissance and Baroque Music (St 1978) (= MSD 34).

FALSTAFF, Commedia lirica in 3 Akten von Giuseppe Verdi (1813–1901), Text von Arrigo Boito nach Shakespeares *The Merry Wives of Windsor* (1602) und *Henry IV* (1598). Ort und Zeit der Handlung: Windsor um 1400. UA: 9. 2. 1893 in Mailand (Scala). Wenig später, anläßlich der EA in Rom, die Verdi an der Seite des Königs Umberto erlebte, wurde der Komponist zum Ehrenbürger von Rom ernannt. Dt. EA: 1. 6. 1893 in Berlin, EA in dt. Sprache: 10. 9. 1893 in Stuttgart.
Verdi komponierte nur zwei komische Opern, *Un Giorno di Regno* als zweite Oper am Beginn und *Falstaff* am Ende und als Krönung seines Schaffens. Boito hatte ihn angeregt, sein Lebenswerk mit „einem enormen Ausbruch von Heiterkeit" abzuschließen. Verdi nahm die amourösen Abenteuer des dicken Schwerenöters Falstaff und die List und Rache der gewitzten Frauen nicht zum Anlaß für eine derbe Burleske; er schrieb eine kammermusikalisch-intime Komödie in einfacher Szenerie, ein Werk ohne Ouvertüre oder Vorspiel, ohne Arienpathos und vorgebildete Formen, in einem von weisem Humor geprägten lockeren Konversationsstil mit lustig schnatternden Parlando-Ensembles. Parodierende oder karikierende Motive klingen im durchsichtigen Orchestersatz auf, die Harmonik ist betont schlicht. In der meisterlichen Schlußfuge ertönt das Motto des Werkes: *Alles ist Spaß auf Erden.* Der fast 80jährige „ehrwürdige Greis von St. Agata" leitete persönlich die Proben für die UA, die sich zu einem Triumph für ihn gestaltete.

H. BECKER

FAMINZYN, Alexander Sergejewitsch, * 24. 10. (5. 11.) 1841 Kaluga, † 24. 6. (6. 7.) 1896 Ligowo; russ. Musikkritiker, Musikschriftsteller und Komponist. Nach Musikstudien in St. Petersburg bildete er sich 1862–64 in Leipzig bei M. Hauptmann, E. Richter, I. Moscheles und K. Riedel und 1864 bis 1865 in Löwenberg bei M. Seifritz weiter. Nach Petersburg zurückgekehrt, war er dort 1865–72 Professor für Musikgeschichte am Konservatorium, und 1870–80 war er Sekretär der Kaiserlich Russischen Musikgesellschaft. Von seinen Schriften sind vor allem die über den Bau russischer Volkslieder, über die alte indisch-chinesische Tonleiter in Asien und Europa (1889), über die Gusli (1890) und über die Domra zu nennen. Ein geplantes russisches Musikerlexikon blieb unvollendet. Als Musikkritiker wandte F. sich gegen die ↗Gruppe der Fünf. Er schrieb die Opern *Sardanapal* (UA 1875) und *Uriel Acosta,* eine Russische Rhapsodie für Violine und Orchester, 2 Streichquartette, ein Klavierquintett und Klavierstücke.

FANCIULLA DEL WEST, LA, Oper von G. Puccini; dt. Titel: Das ↗Mädchen aus dem Goldenen Westen.

FANCY, Fantasy (engl., = Fantasie), bevorzugte Gattung der englischen Instrumentalmusik des 16. und 17. Jh., die vor allem von den ↗Consorts gepflegt wurde. Die F. entspricht dem ↗Ricercar oder der ↗Fantasie der italienischen Instrumentalmusik. Sie war ursprünglich eine instrumentale Version der englischen ↗Motette. Die ersten eigenständigen Beispiele der Gattung (etwa aus der Zeit zwischen 1520–80) folgen in ihrer kontrapunktischen Satzweise mit weitgespannten Melodielinien der einzelnen Stimmen noch vokalen Vorbildern. Spätere Fancies, u. a. von R. Fayrfax, J. Taverner und Chr. Tye, zeigen hingegen einen stark gegliederten Aufbau mit Abschnitten von unterschiedlicher Mensur oder unterschiedlicher Satztechnik und sind insbesondere durch den Wechsel von homophonen und polyphonen Passagen charakterisiert. Die 3–6stimmige F. hatte bis zum Ende des 17. Jh. eine unbestrittene Vorrangstellung innerhalb der englischen Instrumentalmusik trotz der Einflüsse aus Italien und Frankreich. Sie fand vor allem durch Komponisten wie Th. Morley, W. Byrd, G. Farnaby, J. Coperario, J. Bull, O. Gibbons, T. Tomkins, W. Lawes und Ch. Coleman ihre typische Ausprägung. Erst nach 1660 – im Zusammenhang mit der Wandlung der höfischen Kultur unter Karl II. – galt die F. als veraltet: an ihre Stelle trat die Sonate. Unter Einbeziehung formaler und satztechnischer Neuerungen komponierten u. a. J. Jenkins, Chr. Simpson, M. Locke weiterhin Fancies traditioneller Art. Die Fancies H. Purcells bilden gewissermaßen den Abschluß dieser Kompositionsgattung in England.

Lit.: TH. MORLEY, A Plaine and Easie Introduction to Practicall Musicke (Lo 1597), Faks.-Ausg. v. E. H. Fellowes (Lo 1937), NA v. R. A. Harmann – Th. Dart (Lo 1952); TH. MACE, Musick's Monument (Lo 1676), Faks.-Ausg. v. J. Jacquot, 2 Bde. (P 1958); E. H. MEYER, Die mehrstimmige Spielmusik des 17. Jh. ... (Kas 1934); D. STEVENS, Purcell's Art of Fantasia, in: ML 33 (1952); C. ARNOLD – M. JOHNSON, The English Fantasy Suite, in: Proc. R. Mus. Assoc. 82 (1955–56); TH. DART, The Printed Fantasies of O. Gibbons, in: ML 37 (1956); E. H. MEYER, English Chamber Music (Lo 1946, Nachdr. NY 1971), dt. Übers.: Die Kammermusik Alt-Englands (L 1958); M. TILMOUTH, The Technique and Forms of Purcell's Sonatas, in: ML 60 (1959); P. WILLETTS, Sir Nicholas le Strange and J. Jenkins, in: ML 42 (1961); J. JENKINS, Three-part f. and ayre divisions (Wellesley 1966).

FANDANGO (span.), ein seit dem 17. Jh. in Spanien nachweisbares, meist von Gitarre, Kastagnetten und Schellentrommel begleitetes Tanzlied. Die Herkunft des Wortes ist umstritten. Möglicherweise ist der F. afro-kubanischen Ursprungs („Fanda“, etwa = Gastmahl) oder eine Abart des portugiesischen ↗Fado. Wahrscheinlich stammt er jedoch aus Andalusien, denn von dort gelangte er in die spanischen Kolonien, wo er aber wegen der Art seiner Ausführung Anstoß erregte und z. T. sogar verboten wurde (Androhung der Exkommunikation in einem Edikt von 1743 in Buenos Aires). Ursprünglich war der F. ein mäßig rascher Tanz im 6/8-Takt, nahm jedoch später einen lebhafteren Charakter im 3/4-Takt an. Der F. wurde entweder „por alto“ sehr virtuos oder „por bajo“ in gleichbleibendem Rhythmus und ohne die dem alto-Stil eigenen Verzierungen ausgeführt. Je nach Landschaft heißt er ↗Malagueña, Rodeña, Murciana oder Granadina. Der F. findet sich häufig in Tanzsammlungen des 18. Jahrhunderts. Heute ist der „Fandanguillo“ ein F. der Provinz Huelva. – Gelegentlich fand der F. auch Eingang in die Kunstmusik: Chr. W. Gluck (Ballett *Don Juan,* Nr. 19) und W. A. Mozart (*Die Hochzeit des Figaro,* Finale 3. Akt) verwendeten eine damals wohl in Wien bekannte F.-Melodie:

In stilisierter Form finden sich F.s später u. a. bei N. Rimski-Korsakow *(Capriccio espagnol, 1887),* I. Albéniz (*Iberia,* 1909), E. Granados (*Goyescas,* 1911), M. de Falla (*Der Dreispitz,* 1919).

Lit.: M. SCHNEIDER, F., in: MGG III.

FANFARE (frz.; it.: fanfara; wahrscheinlich von arabisch anfár = Trompeten). – **1)** In einem allgemein musikalischen, nicht auf ein spezielles Instrument bezogenen Sinn bezeichnet F. im Französischen jede Art von Blechbläsersignal (z. B. auch Jagdsignal). Diese Bedeutung steht im Zusammenhang mit der ursprünglichen Funktion der Blechblasinstrumente, die im Mittelalter als Heroldsinstrumente aus dem Orient übernommen wurden und vor allem höfisch-militärischen Zwecken dienten. Entsprechend wurden in Frankreich und Italien seit dem 19. Jh. auch Militär- oder andere Blechblaskapellen F. genannt. – Im 18. Jh. wurde die Bz. F. in Deutschland aus dem Französischen entlehnt und war „bey allerley Freuden- und Gallatagen gebräuchlich“. Trompeter und Pauker führten sie aus dem Stegreif aus. Sie bestand aus zwei Teilen, Intrade und Tusch, und war „eigentlich ... eine kurze und freye Fantasie, die aus lauter untermengten

Akkorden und Läufern besteht" (J. E. Altenburg). In diesem Sinne wurde die F. auch in der französischen Musik des 18. und 19. Jh. verstanden und z. T. programmatisch eingesetzt. – Die Kunstmusik des 19. Jh. übernahm die F. in ihrer funktionalen Bedeutung: als Blechbläserpart (mit und ohne Pauken) in Dreiklangsmelodik unterstrich sie entweder als kurzes Stück oder als Teil eines symphonischen oder operndramatischen Werkes zeremonielle und festliche Zusammenhänge. Das Trompetensignal im 2. Akt in Beethovens *Fidelio* ist als F. mit dramaturgischer Doppelbedeutung zu verstehen. Im 20. Jh. sind F.n u. a. von P. Dukas *(La Péri)*, A. Jolivet *(F. pour Britannicus)*, M. de Falla *(F. sur le nom d'Arbos*, aus *Homenajes)*, H. Tomasi *(Fanfares liturgiques)*, A. Copland *(F. for the Common Man)* und B. Britten *(F. for St. Edmondsbury)* komponiert worden. Daneben schrieben zahlreiche britische Komponisten spezielle Krönungsfanfaren. – **2)** In der Vergleichenden Musikwissenschaft bezeichnet F. einen Melodietyp, der große Intervalle (Terzen, Quarten, Quinten) bevorzugt. – **3)** Mit F. wird heute auch umgangssprachlich (aber instrumentenkundlich unkorrekt) eine F.n-Trompete bezeichnet. Diese moderne, meist in Es gebaute Naturtrompete wird vor allem in F.n- und Spielmannszügen verwendet.

Lit.: J. G. WALTHER, Musicalisches Lexicon (L 1732), Faks.-Ausg. hrsg. v. R. SCHAAL (Kas 1953, ³1967) (= DMl I/3); J. E. ALTENBURG, Versuch einer Anleitung zur heroisch-musikal. Trompeter- u. Pauker-Kunst (Hl 1795, Nachdr. A – NY 1966, L 1973); H. HEYDE, Trompete u. Trompeteblasen im europäischen MA (Diss. L 1965); D. ALTENBURG, Zum Repertoire der Hoftrompeter im 17. u. 18. Jh., in: Alta Musica 1 (1976).

E. TARR

FANNY, amerik. Musical in 2 Akten von Harold Rome (* 1908), Buch von Samuel Nathan Behrmann und Joshua Logan nach der *Marius*-Trilogie *(Marius, Fanny, César)* von Marcel Pagnol, Song-Texte vom Komponisten. Ort und Zeit der Handlung: Marseille in unbestimmter Gegenwart. UA: 4. 11. 1954 in New York (Majestic Theater) mit Ezio Pinza als César und Walter Slezak als Panisse. Dt. Übersetzung von Günther Schwenn und Michael Freytag, EA in dt. Sprache: 16. 12. 1955 in München (Bayerisches Staatstheater am Gärtnerplatz). Verfilmt 1960 unter der Regie von J. Logan mit Leslie Caron, Charles Boyer und Maurice Chevalier unter Verwendung des Titel-Songs als leitmotivisches Hintergrund-Thema.

Mit *Fanny* schrieb Rome sein anspruchvollstes Musical, das viele opernhafte Züge trägt. Es stellt eine adäquate Adaption von Pagnols literarisch-dramatischer Vorlage dar, die in diesem Werk neue Dimensionen gewinnt. Außergewöhnlich gut gelungen ist die Charakterisierung bzw. Motivierung der Personen und der Handlung durch die Musik (Songs und Orchesterpart) und durch die Texte. Den Erfolg beim amerikanischen Publikum spiegeln die 888 Broadway-Aufführungen en suite. Zu den bekanntesten Nummern gehören der Titelsong *Fanny* sowie *To my Wife, Be kind to your Parents* und *Restless Heart.* In Deutschland wurde *Fanny* als eines der ersten amerikanischen Musicals nach dem 2. Weltkrieg aufgeführt, knapp zwei Wochen nach der EA von Cole Porters *Kiss me Kate,* an dessen Erfolg es jedoch nicht heranreichte.

R.-M. SIMON – S. SIMON

FANTASIE (von griech. phantasia = Vorstellung, Erscheinung), als musikalisches Vorstellungsvermögen ein wesentliches Element musikalischen Schaffens und Nachschaffens, erscheint F. seit dem 16. Jh. auch als Titel für Instrumentalstücke. Die F. tritt damit neben bereits gebräuchliche Gattungen wie ↗Ricercar, ↗Toccata und ↗Praeludium, ohne sich von diesen in der musikalischen Faktur wesentlich zu unterscheiden. Dem Ricercar in der italienischen Klavier- und Lautenmusik entspricht die F. oft durch den kontrapunktischen Stil, dem Praeludium durch improvisatorische Züge. Häufig sind die F.n in diesem Bereich dadurch gekennzeichnet, daß akkordische und virtuos figurierte Passagen abwechseln. Der erste bedeutende Vertreter der F. war Francesco da Milano (3 Bücher *Intavolatura di liuto*, 1536–47). 1549 veröffentlichte M. de Barberiis F.n für 2 Lauten mit kühnen Modulationen und mit beherrschender Oberstimme. Am Ende des 16. Jh. verwenden A. Gabrieli, O. Vecchi und G. Gabrieli in ihren F.n im allgemeinen ein einziges Thema, das durch Ornamentierung, Umkehrung u. a. Verfahren modifiziert wird. Eine ähnliche Satzweise hat die F. auch noch bei G. Frescobaldi, bevor sie in Italien verschwand.

In Spanien entwickelte sich die F. im 16. Jh. als Stück für Laute, Arpa und Vihuela bzw. Gitarre in ebenfalls nur wenig charakteristischer Weise. Den Regeln, die T. de Sancta Maria in seinem Traktat *Arte de taner Fantasía* (1565) formulierte, entsprechen im wesentlichen die F.n von L. Milan, A. Mudarra, D. Pisador und M. de Fuenllana. L. Venegas de Henestrosa und vor allem A. Cabezon nähern sich diesen F.n in ihren Tientos bzw. Ricercari. In England erscheint die F. unter der Bz. ↗Fancy und als Komposition für Violenensemble zuerst im Schaffen von W. Byrd. Im Unterschied zum englischen Ricercar dieser Zeit liegen ihr neugeschaffene Themen und keine choralen Melodien zugrunde. Die frühesten F.n in Frankreich (für Laute) schrieben im 16. Jh. die Italiener A. de Rippe und G. P. Paladino sowie A. Le Roy. Vom Ende des

Jahrhunderts sind lediglich 2 F.n für Orgel bzw. Cembalo bekannt (von N. de la Grotte über das Madrigal *Anchor che col partire* von C. de Rore und von G. Costeley).
Im 17. Jh. erhielt die F. in England starke Verbreitung durch die Werke von G. Farnaby, G. Coperario, J. Bull, O. Gibbons, T. Tomkins, J. Jenkins, W. Lawes und Ch. Coleman. M. Locke, dessen Suiten (in *Consort of Four Parts, Broken Consort,* hsl. 1651) jeweils mit einer F. beginnen, und H. Purcell führten die Gattung zu einer letzten Blüte. In Frankreich fand die F. für Cembalo eine typische Ausprägung (u. a. durch Durchimitation, sog. „fugues continues", und durch Verzicht auf virtuose Gestaltung) bei Cl. Le Jeune, E. Du Caurroy, Ch. Guillet, Ch. Raquet, E. Moulinié und L. Couperin. N. Metru und M. Marais veröffentlichten F.n für Violen, A. Francisque, J. B. Bésard und der nach den Niederlanden emigrierte N. Vallet solche für Laute. Später kam die Gattung sowohl in der Cembalo- wie in der Lautenmusik mehr und mehr außer Gebrauch. In den Niederlanden erhielt die F. bei J. P. Sweelinck eine zusammengesetzte Form, während in Deutschland die F.n von S. Scheidt durch die englische Fancy und das Ricercar beeinflußt wurden und J. Froberger in seinen F.n eine Synthese verschiedener nationaler Stile schuf.
Im 18. Jh. ist in Italien die F. nach dem Tode G. Frescobaldis längere Zeit nicht mehr gepflegt worden. Das Feld beherrschten hier nun Sonata und Sinfonia. In Frankreich ist in dieser Zeit (nach S. de Brossard) die F. identisch mit dem ↗Capriccio. Für Deutschland sind hier vor allem die F.n von J. S. Bach zu nennen. Es sind Werke für Cembalo und Orgel teils über ein einziges Thema (F. c-moll für Orgel, BWV 562), teils über zwei Themen (F. c-moll für Cembalo, BWV 906) oder ohne bestimmtes thematisches Material (F. G-Dur für Orgel, BWV 572). Die *Chromatische Fantasie* d-moll für Cembalo (BWV 903) und die F. g-moll für Orgel (BWV 542), die beide einer Fuge vorangestellt sind, weisen rezitativische und stark modulierende Teile auf und haben einen rhapsodischen Charakter. Nach 1750 steht die F. deutlich unter dem Einfluß des Sonaten- und Rondoprinzips. Bei W. Fr. Bach näherte sie sich noch der älteren Toccata oder erscheint bereits als Sonatensatz, manchmal mit zwei oder mehr kontrastierenden Themen. Die F.n C. Ph. E. Bachs (z. B. F. c-moll für Klavier) sind oft durch einen leidenschaftlichen Ausdruck gekennzeichnet, der auf die Romantik vorauszuweisen scheint. Auch W. A. Mozart hat seinen Beitrag zur Geschichte der Gattung geleistet. Er schrieb F.n für Klavier (darunter die F. c-moll, KV 475, die als mehrfach gegliederter Formkomplex einer mehrsätzigen Sonate vorangestellt ist) und für Orgel bzw. Orgelwalze (KV 528a und 608).
Noch weniger als im 18. Jh. ist im 19. Jh. die Bz. F. an eine bestimmte Formanlage gebunden, und noch mehr erscheint die F. jetzt als gestaltgewordenes Fantasieren und als Gegenstück zu den überkommenen klassischen Formen der Instrumentalmusik. Das zeigt sich bereits deutlich bei L. van Beethoven, dessen Kunst des freien Fantasierens und Improvisierens am Klavier von den Zeitgenossen gerühmt wurde. Seine F.n – die beiden Klaviersonaten op. 27 mit den Titeln *Sonata quasi una Fantasia,* die Klavier-Fantasie op. 77 und die sog. Chorfantasie op. 80 – tragen denn auch in verschiedener Weise improvisatorische Züge, besonders (nach P. Mies) in den pausenlosen Übergängen zwischen den einzelnen Sätzen und Satzteilen. Insgesamt wurde die F. im weiteren Verlauf des 19. Jh. zu einer überaus beliebten Gattung speziell der Klaviermusik. Dabei lehnen sich die F.n von Fr. Schubert noch stark an die Mehrsätzigkeit der klassischen Sonate und an das Sonatensatzprinzip an. Mehr als sie scheint die F. f-moll von Fr. Chopin (1841) in ihrer leidenschaftlichen Grundhaltung für ihre Zeit den Idealtyp der Gattung zu verkörpern, obwohl auch sie in ihrer Themengestaltung noch entfernte Beziehungen zum Sonatenprinzip hat. Sonatenähnliche Mehrsätzigkeit (mit einem Variationensatz) weist auch noch die F. C-Dur von R. Schumann (1836) auf, während seine *Phantasiestücke* (1837) eine Folge von unterschiedlichen Charakterstücken sind. Bezeichnend für die formale Indifferenz der F. auch und besonders in der ersten Hälfte des 19. Jh. ist ihre wechselnde Nähe zu anderen musikalischen Gattungen: zum Capriccio (F. Mendelssohn Bartholdy, *Trois Fantaisies ou Caprices,* 1829), zur symphonischen Dichtung (trotz ihres in eine andere Richtung weisenden Titels die *Fantasia quasi una sonata* von Fr. Liszt, 1837, die von einer Dante-Lektüre inspiriert ist, ferner die *Kreisleriana* von R. Schumann, 1838, nach E. Th. A. Hoffmann), zur Rhapsodie (Liszt, *Fantaisie sur des airs populaires hongrois,* 1852, die später zur 14. Rhapsodie wurde), zum dreiteiligen Lied (Chopin, *Fantaisie-Impromptu* cis-moll, um 1834), zum Intermezzo (J. Brahms, F.n op. 116, 1893), schließlich zum Potpourri als einer Folge von Opernarien (Liszt, *Fantaisies* über Themen aus *Robert le diable* von G. Meyerbeer, 1831; aus *Lelio* von H. Berlioz, 1834; aus *Lucia di Lammermoor* von G. Donizetti, 1835–36; aus *Don Givanni* von Mozart, 1841; aus *Rigoletto* von G. Verdi, 1851 usw.), zum Potpourri mit Volksmelodien (Chopin, *Grande fantaisie sur des airs nationaux polonais,* 1834; N. Rimski-Korsakow, F. über serbische Themen, 1867; E. Lalo,

Fantaisie norvégienne für V. u. Orch., 1878; C. Saint-Saëns, *Africa,* F. für Klv. u. Orch., 1891) bzw. zum Potpourri mit exotischen Melodien (M. Balakirew, *Islamey,* Orientalische F.). Ein vereinzeltes Werk ohne solche Anlehnungen ist die F. für Klv. u. Orch. von Cl. Debussy (1889).
Insgesamt zeigt sich, daß der Titel F. im 19., dann auch im 20. Jh., nur selten außerhalb der Klaviermusik erscheint. Zu nennen sind hier aus diesem Jahrhundert Werke von R. Vaughan Williams (*Fantasia* über ein Thema von Th. Tallis für Streichorch., 1910), G. Fauré (*Fantaisie* für Klv. u. Orch., 1918), D. Milhaud (*Fantaisie-pastorale* für Klv. u. Orch., 1938), A. Jolivet (*Fantaisie-Caprice* für Fl. u. Klv. und *Fantaisie-Impromptu* für Saxoph., Br. u. Klv., 1953) und G. Migot (Fantasien für Fl. bzw. Ob. bzw. Klar. u. Klv.). In der Orgelmusik des 19. und 20. Jh. führte die Rückbesinnung auf barocke Formen und Gattungen auch zu einer Wiederbelebung der Fantasie. Werke dieser Art stammen von Liszt (*Fantasie u. Fuge über den Choral „Ad nos, ad salutarem undam"*, 1850), C. Franck (*Fantaisie* A-Dur, 1878), M. Reger (*Phantasie u. Fuge,* op. 29 u. 135b, *Symphonische Phantasie u. Fuge,* op. 57, Choral-F.n op. 33, 40 u. 52, *Phantasie u. Fuge über B-A-C-H,* op. 46), C. Saint-Saëns (3 F.n, 1856, 1896, 1919), L. Boëllmann (F., 1906), L. Vierne (*Pièces de fantaisie* in 4 Suiten, 1926–27), J. N. David (u. a. *Fantasia super „L'homme armé"*, 1929), Ch. Tournemire (*Fantaisie symphonique,* 1933) und J. Alain (2 F.n, 1934 u. 1936). Alain schrieb auch eine F. für 4st. Chor *à bouches fermées* (Summstimmen). In der Neuen Musik und in der avantgardistischen Musik der Gegenwart findet die F., wie die meisten anderen traditionellen Gattungen, kaum noch Interesse. Ausnahmen sind die F. für Klv. u. V. von A. Schönberg (1949) und die *Phantasie über die Tonfolge b-a-c-h* für Klv., 9 Soloinstr. u. Orch. von W. Fortner (1950).

Lit.: O. DEFFNER, Über die Entwicklung der F. für Tasteninstr. bis J. P. Sweelinck (Kiel 1928); H. MEYER, Die mehrstimmige Spielmusik des 17. Jh. in Nord- u. Mitteleuropa (Kas 1934); E. TH. FERAND, Die Improvisation in der Musik (Z 1939); M. REIMANN, Zur Deutung des Begriffs Fantasia, in: AfMw 10 (1953); D. LAUNAY, La fantaisie en France jusqu'au milieu du XVIIe siècle, in: Musique instrumentale de la Renaissance, hrsg. v. J. Jacquot (P 1955); R. MURPHY, Fantaisie et ricercare dans les premières tablatures de luth du XVIe siècle, in: Le luth et sa musique, hrsg. v. J. Jacquot (P 1958); G. THIBAULT, La musique instrumentale au XVIe siècle. Italie – Allemagne – France, in: Encyclopédie de la Pléiade, Histoire de la Musique I, hrsg. v. Roland-Manuel (P 1960); J. BONFILS, Les Fantaisies instrumentales d'E. Du Caurroy, in: Rech. Mus. 2 (P 1961–62); A. COHEN, The Fantasy for Instrumental Ensemble in 17th Century. France, in: MQ 48 (1962); P. SCHLEUNING, „Diese F. ist einzig..." Das Rezitativ in Bachs Chromatischer F. u. seine Bedeutung für die Ausbildung der freien F., in: Bach-Interpretationen (Gö 1969); L. CZACZKES, Bachs chromatische F. u. Fuge. Form u. Aufbau, die Arpeggienausführung (W 1971); J. T. JOHNSON, The English Fantasia-Suite, ca. 1620–1660 (Diss. Berkeley 1971); P. SCHLEUNING, Die F., 2 Bde. (Kö 1971) (= Das Musikwerk 42–43); J. P. VOGEL, Die „Grazer Fantasie" v. F. Schubert, in: Mf 24 (1971); A. EDLER, „In ganz neuer u. freier Form geschrieben". Zu Liszts Phantasie u. Fuge über den Choral „Ad nos ad salutarem undam", in: Mf 25 (1972); J.-P. MÜLLER, La f. libre, esquisse historique et sociologique d'un genre musical du 15e au 17e siècle (Diss. Bru 1972); J. HAAR, The „Fantasie et Recerchari" of G. Tiburtino, in: MQ 59 (1973); P. SCHLEUNING, Die Freie F. Ein Beitr. zur Erforschung der klassischen Klaviermusik (Göppingen 1973) (= Göppinger Akademische Beitr. 76); C. R. SUTTONI, Piano and Opera: A Study of the Piano F. written on Opera Themes in the Romantic Era (1973) (= Diss. New York Univ.); J. PARKER, The Clavier F. from Mozart to Liszt: A Study In Style and Content (1974) (= Diss. Stanford Univ.).

A. VERCHALY

FANTASTICKS, THE, Musical von H. Schmidt; dt. Titel: Die ↗Romanticker.

FANTINI, Girolamo, * um 1600 Spoleto; it. Trompeter. F. stand 1630 im Dienst Erzherzog Ferdinands II. von Toskana, den er auf mehreren Reisen begleitete, vermutlich auch nach Deutschland, wo er eine Trompetenschule veröffentlichte: *Modo per imparare a sonare di tromba* (F 1638). Wie virtuos F. sein Instrument beherrscht haben muß, geht aus einem Brief von P. Bourdelot aus Rom an M. Mersenne hervor. Danach hat F., von Frescobaldi auf der Orgel begleitet, sämtliche chromatische Tonstufen geblasen.

Ausg.: Faks. der Trompetenschule, in: Collezione di Trattati e Musiche Antiche edite in Fac-Simile (Mi 1934).

Lit.: M. MERSENNE, Harmonicorum libri XII, lib. II (P 1648); H. EICHBORN, C. F., in: MfM 22 (1890); DERS., Das alte Clarinblasen auf Trompeten (L 1894); R. DOUGLASS, The First Trumpet Method: G. F.'s „Modo per imparare a sonare di tromba", 1638, in: Journal of Band Research 7 (1971).

FĀRĀBĪ, Abū Naṣr Muḥammad Ibn Ṭarḥān Ibn Uzalāġ al-F. (Alfarabius, Avennaser), * um 870 Fārāb (Turkestan), † um 950 Damaskus; arabischer Musiktheoretiker türkischer Herkunft. Erhalten sind von seinen Schriften der 1. Band des *Größeren Buches über Musik (Kitāb al-mūsīqī al-kabīr)* und das *Buch über die Einteilung der Wissenschaften (Kitāb iḥṣā al-ʿulūm),* in dem er die Musik in einen praktischen und einen theoretischen Zweig gliedert. Sie gehören zu den wichtigsten Quellen über die mittelalterliche arabische Musik.

Ausg.: *Kitāb al-mūsīqī al-kabīr,* vollständige frz. Übers. v. R. D'ERLANGER (P 1930–35) (= La musique arabe 1–2); dass., hrsg. v. GATTĀS 'ABDALMALIK HAŠABA (Kairo 1967) (= Turātunā o. Nr.) (mit Einleitung v. M. A. el Hefni). – *Kitāb iḥṣā al-ʿulūm,* dt. Übers. v. E. WIEDEMANN, in: Verhandlungen der Phyikalisch-medizinischen Sozietät zu Erlangen 39 (1907); Text mit lat. Fassungen, engl. Übers. u. Kommentar, in: H. G. FARMER, Al-Farabi's Arabic-Latin Writings on Music

(Glasgow 1934, Nachdr. NY 1965) (= Collection of Oriental Writers on Music 2).

Lit.: N. RESCHER, A.-F., An Annotated Bibliography (Pittsburgh 1962). – H. G. FARMER, A History of Arabian Music to the 13th Century (Lo 1929, Nachdr. 1967); E. A. BEICHERT, Die Wiss. der Musik bei Alfarabi, in: KmJb 27 (1932); H. G. FARMER, The Sources of Arabian Music (Bearsden 1940, revidiert Leiden 1965); R. WALZER, in: The Encyclopedia of Islam, NA hrsg. v. H. A. R. Gibb – E. Lévi-Provençal – J. Sacht, 2 (Leiden – Lo 1965).

FARANDOLE (frz.), mäßig rascher Tanz provenzalischen Ursprungs im $^6/_8$-Takt, bei dem die Tänzer und Tänzerinnen eine sich schlängelnd fortbewegende Kette bilden. Dabei werden sie von einem oder mehreren Musikern angeführt, die den ↗Galoubet mit der einen Hand und den ↗Tambourin mit der anderen spielen. Die F. ist mit ↗Branle und ↗Cotillon verwandt. Sie fand auch Eingang in die Kunstmusik, u. a. bei Ch. Gounod *(Mireille)*, G. Bizet *(L'Arlésienne)*, V. d'Indy (*Suite* op. 91 für Flöte, Violine, Viola, Violoncello und Harfe), bei D. Milhaud (*Suite provençale* und *Suite française)* und bei Cl. Delvincourt (*Danceries* für V. u. Klv.).

FARBENHÖREN (frz.: audition colorée), die zwangsläufige Auslösung optischer Wahrnehmungsqualitäten auf akustische Reize. Das F. beruht auf der auf Koordination und Integration unserer Sinnesorgane ausgerichteten Wahrnehmungsstruktur. Bereits 1888 stellte V. Urbantschitsch fest, daß die über ein spezifisches Sinnesorgan rezipierten Reize Wahrnehmungsqualitäten nichtspezifischer Art hervorrufen können. Neurophysiologisch läßt sich dieses Phänomen erklären durch die Vielzahl afferenter und efferenter Bahnen der einzelnen Nervenstränge und durch neuronale Querverbindungen zwischen spezifischen Bahnen, vor allem in den verschiedenen Zentren von Stamm- und Zwischenhirn. Die Verarbeitung der über unsere Rezeptoren eingegangenen Informationen erfolgt demnach in der Art eines hochkomplizierten Verbundes ineinandergreifender Rückkoppelungssysteme. Intermodale Qualitäten wie Helligkeit, Rauhigkeit, Bewegung usw., Synästhesien wie hoch und tief im optischen und akustischen Bereich und die auf synästhetischen Zusammenhängen beruhende Elementarsymbolik kennzeichnen in gleicher Weise die Bedeutung sinnesübergreifender Faktoren für die Objektseite der Reize, für den Wahrnehmungsprozeß und für die Anordnung von Reizstrukturen im Kunstprodukt.

Das F. ist als Sonderfall der geschilderten Beziehungen zwischen den verschiedenen Wahrnehmungsbereichen zu verstehen. Nachdem zu Beginn des 20. Jh. die Eindrücke einzelner Farbenhörer untersucht worden waren (G. Anschütz, R. Lach, R. Wallaschek, A. Wellek u. a.), glaubte man in den 20er und 30er Jahren allgemeine Gesetzmäßigkeiten des F.s formulieren zu können (vgl. die zu diesem Zweck in Hamburg unter Vorsitz von G. Anschütz abgehaltenen Kongresse zur Farbe-Ton-Forschung). Obwohl dieses Bemühen wegen der Individualität der optischen Wahrnehmungsqualitäten auf akustische Reize bei verschiedenen Versuchspersonen scheiterte, bleibt den Vertretern der Farbe-Ton-Forschung das Verdienst, erstmals mit Nachdruck auf fundamentale Zusammenhänge im Wahrnehmungsbereich hingewiesen zu haben, die das Verständnis gegenüber deskriptiver Musik und Tonmalerei bis hin zur ↗Farbenmusik aus wahrnehmungspsychologischer Sicht in bewußter Abkehr vom musikästhetischen Ansatz der absoluten Musik vertiefen konnten.

Lit.: V. URBANTSCHITSCH, Über den Einfluß einer Sinneserregung auf die übrigen Sinnesempfindungen, in: Arch. für die gesamte Physiologie des Menschen und der Tiere 42 (1888); CH. RUTHS, Experimental-Unters. über Musikphantome u. ein daraus erschlossenes Grundgesetz der Entstehung, der Wiedergabe u. der Aufnahme v. Tonwerken (Da 1898); R. LACH, Über einen interessanten Spezialfall v. „Audition colorée", in: SIMG 4 (1902/03); R. WALLASCHEK, Psychologie u. Pathologie der Vorstellung, in: Beitr. zur Grundlegung der Ästhetik (L 1905); F. MAHLING, Das Problem der „Audition colorée", in: Arch. für die gesamte Psychologie 57 (1926); G. ANSCHÜTZ, Kurze Einführung in die Farbe-Ton-Forsch. (L 1927); A. WELLEK, Doppelempfinden u. Programmusik. Beitr. zur Psychologie, Kritik u. Gesch. der Sinnenentsprechung u. Sinnensymbolik (Diss. masch. Wien 1928); G. ANSCHÜTZ, Abriß der Musikästhetik (L 1930); DERS., Psychologie. Grundlagen, Ergebnisse u. Probleme der Forsch. (H 1953); A. WELLEK, Musikpsychologie u. Musikästhetik (F 1963); H. WERNER, Intermodale Qualitäten (Synästhesien), in: Hdb. der Psychologie I/1 (Gö 1966); K. PRIBRAM, Zur Neuropsychologie der Persönlichkeit, in: Forsch. u. Information 3 (B 1969); T. MCLAUGHLIN, Music and Communication (Lo 1970); C. BURKHART, Schoenberg's „Farben". An Analysis of op. 16, No. 3, in: Perspectives of New Music 12 (1973/74); R. GERLACH, Rausch. u. Konstruktion. Farbklang-Klangfarbe, in: NZfM 134 (1973); Music and the Brain. Studies in the Neurology of Music, hrsg. v. MACDONALD CRITCHLEY – R. A. HENSON (Lo 1977).

H. RÖSING

FARBENMUSIK. Sie resultiert aus der Verbindung von Klängen mit Farben. Analogien zwischen akustischem und optischem Bereich, insbesondere zwischen Klangfarbe und Farbe, wurden immer wieder zu verwirklichen versucht, z. B. von L. B. Castel mit seinem – zumindest als Idee konzipierten – Farbenklavier oder von A. Skrjabin mit dem „Clavier à lumières" in *Prométhée*, op. 60 (1911). Obwohl durch das Phänomen des ↗Farbenhörens eine wahrnehmungspsychologische Grundlage gegeben ist, werden derartige Versuche immer dann fragwürdig, wenn anstelle ästhetischer Kriterien vermeintliche Gesetzmäßigkeiten bestimmend für die Abfolge von Klängen und Farben werden. Farbenorgel, psychedelische Musik, Synthesizer-Darbietungen mit Lichteffekten (E. Schoener) oder die von R. Rauschenberg 1968 entwickelten Soundings (Sammlung Ludwig, Köln) verzichten auf direkte Entsprechungen. F. wird hier zu einem simultanen Darbietungsprozeß von Musik (Schall) und Farbe (Licht).

Lit.: W. HOFMANN, Beziehungen zw. Malerei u. Musik, Schönberg – Berg – Webern. Bilder – Partituren – Dokumente (W o. J.) (= Kat. des Museums des 20. Jh. Nr. 36); H. RÖSING, Musik u. bildende Kunst. Über Gemeinsamkeiten u. Unterschiede beider Medien, in: IRASM 2 (1971).

H. RÖSING

FARCE (frz., von lat. farcire = stopfen, einlegen; engl.: farce, farse; it. und span.: farsa), Bz. für ein kurzes komisches Theaterstück in Prosa, ursprünglich in Frankreich als Zwischenspiel, seit dem 14. Jh. verselbständigt und mit Musikeinlagen, im 16. Jh. auch in England, Italien und Spanien, seit dem 18. Jh. auch in Deutschland gepflegt und dort meist Posse genannt. Ende des 18. und in den ersten Jahrzehnten des 19. Jh. wurden, besonders für Neapel und Venedig, sog. *Farse* geschrieben, kurze, ein- oder höchstens zweiaktige Opere buffe vorwiegend komischen, oft lasziven Inhalts, und als Parodie der Opera seria, gelegentlich mit sentimentalem Einschlag *(Farsa sentimentale* oder *Farsa lagrimosa).* Komponisten von Farse waren u. a. D. Cimarosa *(L'impresario in angustie,* 1786), F. Paer, G. Paisiello, G. Rossini *(La cambiale di matrimonio,* 1810; *L'inganno felice,* 1812; *La scala di seta,* 1812; *L'occasione fa il ladro,* 1812; *Il signor Bruschino,* 1813), S. Mayr und G. Donizetti (*Una follia,* 1818; *La lettera anonima,* 1822; *Le convienienze e inconvenienze teatrali,* 1827; *Il giovedi grasso,* 1828). Gelegentlich wurde die Bz. F. auch später noch verwendet (J. Ibert, *Angélique,* 1927).

Lit.: L. PETIT DE JULLEVILLE, Répertoire de théâtre comique en France au moyen-âge (P 1886); A. BENEKE, Das Repertoire u. die Quelle der frz. F. (Diss. Jena 1910); A. WIEDENHOFER, Beitr. zur Entwicklungsgesch. der frz. F. (Diss. Mr 1913); G. COHEN, Études d'histoire du théâtre en France au Moyen-âge et à la Renaissance (P 1956); R. L. L. HUGHES, A Century of English F. (Princeton/N.J. 1956).

FARINA (Farini), **Carlo,** * um 1600 Mantua, † um 1640 wahrscheinlich Massa (Toscana); it. Komponist und Violinist. F. war unter H. Schütz längere Zeit Konzertmeister am kursächsischen Hof in Dresden, unternahm 1636–37 Reisen nach Parma, Mühlhausen und Danzig und ist seit 1637 als Violinist der Ratsmusik in Danzig nachweisbar. F., mit B. Marini einer der ersten Geiger, die in Deutschland wirkten, übte einen nachhaltigen Einfluß auf die Entwicklung der deutschen solistischen und chorischen Violinmusik aus. Seine Werke umfassen die gebräuchlichen Gattungen der instrumentalen Ensemblemusik des frühen 17. Jh. Sie enthalten auch Stücke, die in virtuoser Weise Tierlaute, wie das Gackern der Henne, und den Klang bestimmter Instrumente (z. B. Gitarre, Drehleier) nachahmen. Bezeichnend hierfür ist u. a. ein *Capriccio stravagante* für 4 St.

WW: 5 Bücher *Pavane, gagliarde, brandi, mascherata, aria franzese, volte, balletti, sonate, canzone* für 2–4 St. u. B.c. (z. T. mit unterschiedlichen, auch dt. Titeln), I (Dresden 1626), II u. III (ebd. 1627), IV u. V (ebd. 1628).

Ausg.: Torgauer Gagliarde u. 20 Brandi, in: H. J. MOSER, Das Musik-Kränzlein, hrsg. v. H. Diener (L 1932).

Lit.: G. BECKMANN, Das Violinspiel in Deutschland vor 1700 (L 1918); A. MOSER, Gesch. des Violinspiels (B 1923, Tutzing [2]1966–67); W. S. NEWMAN, The Sonata in the Baroque Era (Chapel Hill 1959, revidiert 1966).

FARINA, it. Musikerfamilie. – **1) Guido,** * 30. 10. 1903 Pavia; Komponist und Musikpädagoge. Er studierte an den Konservatorien von Mailand und Parma. 1928–40 lehrte er am Istituto musicale in Pavia, das er seit 1949 leitete, 1940–41 am Konservatorium in Bozen und 1945–46 sowie erneut seit 1953 am Konservatorium in Mailand, dessen Vizedirektor er 1960–66 war. Außerdem lehrte er Komposition am Pontificio Istituto Ambrosiano di Musica Sacra in Mailand.

WW: Kammermusik; Orch.-Werke, u. a. *Sinfonia dell'autunno pavese* u. *Quadri sinfonici dedicati alla città di Pavia;* Geistliche Musik; Vokal-Werke. – Opern: *La dodicesima notte ovvero quel che volete,* UA: Mailand 1928; *Tempo di carnevale,* UA: Pavia 1938; *La finta ammalata,* UA: Bergamo 1940. – Lehrwerke: *Il basso senza numeri e la sua armonizzazione* (Mi 1923); *Solfeggi cantati e facili melodie* (Mi 1935); *Trattato d'armonia,* 2 Bde. (Mi 1948, 1957) (Bd. 2 zus. mit F. Broussard); *Nuova raccolta di solfeggi cantati* (Mi 1961).

2) Edoardo, Sohn von 1), * 9. 4. 1939 Pavia; Komponist und Musikpädagoge. Er studierte bei seinem Vater, dann am Mailänder Konservatorium Komposition, Dirigieren und Klavier und war dort 1964 bis 1968 Theorielehrer. Seit 1968 unterrichtet er Harmonielehre, Kontrapunkt und Fuge am Civico Liceo Musicale F. E. Dall'Abaco in Verona. F. konzertiert auch als Pianist und, besonders mit dem Ensemble I solisti veneti, als Cembalist.

WW: Klv.-Stücke; Klv.-Trio; Fantasie (1968) für Fl., Str. u. Klv.; Sonate für V. u. Klv. (1969); für Orch.: *Concerto da camera* (1958) für Str.; *Concerto da camera* (1962) mit konzertierender V.; *Sonata detta „La Battaglia"* (1963); *Studi per Solisti di Venezia; Ouverture da concerto* (1965); *Elegia per Ghedini* (1966) für V. u. Str.; *Messa dei poveri* für Soli, Chor u. Org. (Mi 1966); Kammerballett *Notturno* für 2 Klv. – Aufsatz *Un musicista pavese alla corte del Re sole (F. Corbetta),* in: Un secolo di vita dell'Istituto Musicale di Pavia (Pavia 1967).

FARINELLI (Farinello; eig. Carlo Broschi), * 24. 1.

1705 Andria (Apulien), † 16. 9. 1782 Bologna; it. Sänger (Kastrat). F. war Schüler seines Vaters Salvatore Broschi, später von N. Porpora in Neapel und debütierte wahrscheinlich 1720 in Porporas *Angelica e Medoro*, der ersten Vertonung eines Librettos von P. Metastasio, mit dem ihn eine durch einen regen Briefwechsel belegte Freundschaft verband. 1724 trat er erstmals erfolgreich am Wiener Hof auf, anschließend in Venedig, Verona, Parma und Bologna, wo er sich bei dem Kastraten Antonio Bernacchi vervollkommnete. 1734–37 sang er mit beispiellosem Erfolg für ein Londoner Opernunternehmen, 1736 am königlichen Hof in Paris, 1737 wurde er an den spanischen Hof geholt, wo er 22 Jahre als Operndirektor wirkte und als Vertrauter der Könige Philipp V. und Ferdinand VI. auch im politischen Leben eine Rolle spielte. 1760 kehrte er nach Italien zurück und lebte seit 1761 in Bologna. Er komponierte einige Arien und (verlorene) Instrumentalwerke. F., der als Sänger als der berühmteste der Kastraten gilt, besaß ungewöhnliches geistiges Format.

Lit.: L. FRATI, Metastasio e F., in: RMI 20 (1913); F. HABÖCK, Die Gesangkunst der Kastraten, I: Die Kunst des Cavaliere C. Br. F. (W 1923) (mit 6 Arien v. F.); R. BOUVIER, F., le chanteur des rois (P 1943); A. HERIOT, The Castrati in Opera (Lo 1956); A. GIOVINE, C. Broschi detto F., in: Musicisti e cantanti di terra di Bari (Bari 1968) (= Bibl. dell'arch. delle tradizioni populari baresi o. Nr.); R. FREEMAN, Farinello and His Repertory, in: Studies in Renaissance and Baroque Music. FS A. Mendel (Kas 1974).

FARINELLI, Giuseppe (eig. Giuseppe Francesco Finco), * 6. 5. 1769 Este, † 12. 12. 1836 Triest; it. Komponist. F. erhielt seine erste Ausbildung bei A. Martinelli in Venedig und war seit 1785 Schüler von N. Fago, N. Sala und G. Tritto am Conservatorio della Pietà dei Turchini in Neapel, wo er 1792 seine komische Oper *Il dottorato di Pulcinella* zur Aufführung brachte. 1810–17 lebte er in Turin, anschließend in Triest, leitete dort die Proben am Teatro Grande und wurde 1819 Kapellmeister an San Giusto. F. war zu seiner Zeit einer der beliebtesten italienischen Opernkomponisten, vor allem auf dem Gebiet der einaktigen Opera buffa (Farsa). Sein Ruhm nahm indessen im gleichen Maße ab, wie Rossini die Gunst des Publikums gewann.

WW: ca. 60 Opern u. 3 Oratorien, aufgeführt hauptsächlich in Venedig, Mailand, Florenz u. Rom, davon nur wenige hsl. erhalten; einige kirchenmusik. WW; 3 Sonaten für V. u. Klv.

Lit.: G. A. CARPANI, Le Rossiniane (Padua 1824); C. PIETROGRANDE, Biografie estensi (Padua 1881); C. G. BOTTURA, Storia aneddotica documentata del Teatro Comunale di Trieste (Triest 1885); R. DI BENEDETTO, Un'opera di F., in: Rass. mus. Curci 22 (1969).

FARKAS, Ferenc, * 15. 12. 1905 Nagykanizsa; ungarischer Komponist. F. war 1922–27 Schüler von L. Weiner und A. Siklós an der Budapester Musikakademie und 1929–31 von O. Resphighi in Rom. 1934–36 arbeitete er als Filmkomponist in Wien und Kopenhagen, unterrichtete 1935–41 an der Höheren Musikschule in Budapest und war anschließend Leiter des Opernchors und Professor für Komposition in Klausenburg, seit 1949 lehrt er als Professor Komposition und Instrumentation an der Budapester Musikhochschule. F., dessen Werk vor allem durch die ungarische Folklore und die italienische Musiktradition geprägt wurde, verwendet seit den 1950er Jahren auch Elemente der Zwölftontechnik. Besondere Bedeutung haben in der neueren ungarischen Musik seine Vokalkompositionen. Zu seinen Schülern gehören u. a. G. Ligeti und Z. Durkó.

WW: **1) Instr.-WW:** Für Klv.: *Quaderno Romano* (1931); *Három Burleszk* (1940/41); Alte ungar. Tänze aus dem 18. Jh. (1943); *Correspondances* u. *Hybrides* (1957); für V. u. Klv.: 3 Sonatinen (1930, 1931, 1960); *Rondo capriccio* (1957); für Vc. u. Klv.: Ballade (Lo o. J.); Bläserquintett (1951); für Orch.: Divertimento (1930); Präludium u. Fuge (1947); *Piccola Musica de Concerto* (1962) für Streichorch.; *Planctus et Consolationes* (1965); Concertino für Harfe (1937) (W o. J.); Concertino für Klv.; *Trittico concertante* (1964) für Vc. u. Streichorch.; *Sérénade concertante* (1967) für Fl. u. Str. – **2) Vokal-WW:** *Gyümölcskosár* (1946–47); 12 Lieder für Sopran, Klar., V., Vc. u. Klv.; *Cantata lirica* (1946) für gem. Chor u. Orch.; *Cantus pannonicus* (1959) für Sopran, Chor u. Orch.; Messe *Sancti Andrea* (1962); Kantate *Tavaszvárás* (Frühlingserwarten) (1967); Kassák-Kantate *Flatternde Flammen* (1972/73); 12 Miniaturen *Naptár* (Kalender) (1955) für Sopran, Tenor u. 11 Solo-Instr.; 3 Chansons (1960); *Hommage à Alpbach* (1968); *Autumnalia* (1969) für SingSt u. Klv. – **3) Bühnen-WW:** Singspiele: *A fülemüle* (Die Nachtigall) (1941); *Csínom Palkó*, Funkfassung UA: 1950, szenisch UA: Budapest 1951 (revidiert 1960); Märchenspiel *Búbos vitez* (Der Held mit dem Helm) (1953); Opern: *A bűvös szekrény* (Der Wunderschrank) (1938–42), UA; ebd. 1942; *Vidróczki*, Funkfassung UA: 1959, szenisch UA: Szeged 1964; Ballett *Furfangos diákok* (Die listigen Studenten) (1949), UA: Budapest 1949; ferner Tanzoratorium *Panegyricus* (1972). – F. schrieb außerdem die Musik zu zahlr. Filmen.

Lit.: J. S. WEISSMANN, Guide to Contemporary Hungarian Composers, in: Tempo (1957–58) Nrn. 44–47; J. UJFALUSSY – M. TÓTH, F. F. (Budapest 1969).

FARMER, Art (Arthur Stewart), * 21. 8. 1928 Council Bluffs (Iowa); amerik. Jazzmusiker (Trompete und Flügelhorn). F., der seit 1945 auftritt, spielte u. a. 1948 bei Benny Carter, 1951 bei Wardell Gray und 1952–53 bei Lionel Hampton. 1953 unternahm er seine erste Europatournee. 1954–56 hatte er ein eigenes Quintett mit Gigi Gryce und spielte 1956 bei Horace Silver. 1958 trat er mit G. Mulligan mit großem Erfolg beim New Port-Festival auf. Seit 1959 hatte er mit Benny Golson (Tenorsaxophon) ein eigenes „Jazztet", 1962–64 ein Quartett mit Jim Hall. Seit der Mitte der 60er Jahre trat F. abwechselnd in den USA und in Europa auf, nahm hier seinen Wohnsitz in Wien und spielte u. a. auch mit österreichischen Musikern zusammen. In den 70er Jahren war er der herausragende Solist in Peter Herbolzheimers Rhythm Combination & Brass. Inzwischen kehrte er in die USA zurück. F. vertritt die lyrische Spielart des Jazz, ist dem Cool Jazz verpflichtet, aber nicht von Miles Davis abhängig.

Lit.: J. S. WILSON, A. F., in: The Collector's Jazz: Modern (Philadelphia 1959) (= Keystone Books in Music o. Nr.); R. G. REISNER, The Jazz Titans (Garden City/N.Y. 1960).

FARMER, Henry George, * 17. 1. 1882 Birr (Irland), † 30. 12. 1965 Garluke (Lanarkshire); irischer Musikforscher und Komponist. F. studierte Musik und Theologie in London, wandte sich dann ganz der Musik zu und bestritt als Instrumentalist, Kapellmeister und Musiklehrer seinen Lebensunterhalt. 1914 ging er nach Glasgow und widmete sich dort vor allem der Erforschung persischer und arabischer Musik. 1930–35 Leverhulme Research Fellow und seit 1933 auch Cramb Lecturer in Music an der Universität Glasgow. 1949 wurde ihm von der Universität Edinburgh die Ehrendokorwürde verliehen. F. veröffentlichte zahlreiche Schriften zur Musik des Vorderen Orients. Er komponierte auch Bühnenmusiken, ein Ballett, Ouvertüren, Kammer- und Klaviermusik.

Schriften: *A History of Arabian Music to the 13th Century* (Lo 1929, Nachdr. 1967); *Historical Facts for the Arabian Musical Influence* (Lo 1930); *The Organ of the Ancients: from Eastern Sources, Hebrew, Syriac, and Arabic* (Lo 1931); *Studies in Oriental Musical Instruments,* 2 Reihen (Lo 1931, 1939); *An Old Moorish Lute Tutor* (Glasgow 1933); *Al-Fārābī's Arabic-Latin Writings on Music* (ebd. 1934); *The Sources of Arabian Music. An Annotated Bibliography* (Bearsden 1940, revidiert Leiden 1965); *Sa'adyah Gaon on the Influence of Music* (ebd. 1943); *A History of Music in Scotland* (Lo 1947); *Islam* (1966) (= Musikgesch. in Bildern III/2); *The Music of Ancient Mesopotamia, The Music of Ancient Egypt* u. *The Music of Islam,* in: Ancient and Oriental Music, hrsg. v. E. WELLESZ (Lo 1957) (= New Oxford History of New Music I).

Lit.: Bibliogr. der Veröff. über den Vorderen Orient, in: Music Library Association Notes 5 (1947/48) u. 7 (1950).

FARMER, John, * um 1565, † um 1605; engl. Komponist. F. wurde 1595 Organist und Master of the Choristers, 1596 Vicar-Choral an der Kathedrale von Dublin. 1599 kam er nach London, wo er möglicherweise von Edward de Vere, Earl of Oxford, gefördert wurde, dem er ein Lehrwerk mit Kanons gewidmet hatte. F. ist in England bis heute bekannt vor allem durch ein 5st. Glee *(Fair Phillis),* das 1595 gedruckt wurde.

WW: *Divers and sundry waies,* 2st. Kanons (Lo 1591); Engl. Madrigale für 4 St. (Lo 1599); 19 Psalmen in RISM 1592^7 (vgl. dazu auch RISM 1599^9 u. 1611^9); 1 Madrigal, in: Th. Morley, *The triumphes of Oriana* (= RISM 1601^{16}); 2 Instr.-Sätze in RISM 1610^{22}.

Ausg.: Die Madrigale, in: E. H. FELLOWES, The English Madrigal School 8 (Lo 1914) u. 32 (1923).

Lit.: E. H. FELLOWES, The English Madrigal Composers (Lo ^{2}1948, Nachdr. 1958); G. REESE, Music in the Renaissance (NY 1954, revidiert 1959); J. KERMAN, The Elizabethan Madrigal (NY 1962) (= MSD 4).

FARMER, Thomas, † 1689 oder 1690; engl. Komponist. F. war seit 1671 Violinist König Karls II., seit 1679 Mitglied der Private Musick des Königs als Nachfolger J. Banisters. 1684 wurde er Baccalaureus der Universität Cambridge. Er veröffentlichte unter dem Titel *A Consort of Musick in 4 parts* (Lo 1686) 33 Lessons. Von F. sind Songs und Arien sowie Instrumentalstücke für Bühnenwerke auch in englischen Sammeldrucken der Zeit und hsl. erhalten.

Lit.: C. L. DAY – E. B. MURRIE, English Song-Books 1651–1702 (Lo 1940).

FARNABY, Giles, * um 1565, beerdigt 25. 11. 1640 London; engl. Komponist. Er ist seit 1587 in London nachweisbar und wurde dort 1592 Bachelor of Music. F. ist einer der ältesten Virginalisten und mit 52 Stücken im *Fitzwilliam Virginal Book* vertreten (das auch Werke seines Sohnes Richard, * 1598, enthält). Charakteristisch für seine Klaviermusik sind die volkstümlich anmutenden kleineren Tänze und die Liedvariationen. F. veröffentlichte auch 4st. Kanzonetten (*Canzonets,* Lo 1598); 4st. englische Psalmen erschienen in Sammeldrucken (RISM 1592^7, vgl. auch 1599^9 u. 1611^9). Weitere Werke, darunter 4st. Motetten, sind hsl. erhalten.

Ausg.: *Fitzwilliam Virginal Book,* hrsg. v. J. A. FULLER-MAITLAND – W. BARCLAY SQUIRE (L 1899, Nachdr. NY 1963); *Canzonets to Four Voices,* hrsg. v. E. H. FELLOWES (Lo 1922) (= The English Madrigal School 20), revidiert v. TH. DART (Lo 1965) (= The English Madrigalists 20); einige Fantasien, hrsg. v. H. F. REDLICH, in: Virginalmusik der Elisabethanischen Zeit (W 1938, ^{2}1953); 17 Stücke aus dem Fitzwilliam Virginal Book, hrsg. v. TH. DART (Lo 1957); G. u. R. F., Keyboard Music, hrsg. v. R. MARLOW (Lo 1965) (= Mus. Brit. 24).

Lit.: A. E. B. OWEN, G. and R. F. in Lincolnshire, in: ML 42 (1961); R. MARLOW, The Keyboard Music of G. F., in: Proc. R. Mus. Assoc. 92 (1965/66); M. H. SCHMIDT, The Keyboard Music of G. F. (1975) (= Diss. Univ. of Washington).

FARNADI, Edith, * 25. 9. 1921 Budapest, † 12. 12. 1973 Graz; östr. Pianistin. Sie studierte an der Franz-Liszt-Akademie in Budapest u. a. bei B. Bartók, E. Székely und L. Weiner, debütierte als 12jährige, wurde zweimal mit dem Lisztpreis ausgezeichnet und legte mit 16 Jahren ihr Konzertexamen ab. Schon bald darauf erhielt sie an der Akademie eine Professur für Klavier. Auf ausgedehnten Tourneen in Europa konzertierte sie vor allem auch im Duo u.a. mit den Violinisten A. Gertler, J. Hubay, Br. Huberman und G. Taschner. Sie leitete (seit 1970 als Professor) eine Meisterklasse für Klavier an der Musikakademie in Graz.

FARRANT, Richard, * um 1530, † 30.11.1580 oder 1581 Windsor; engl. Komponist und Organist. F. war Mitglied der Chapel Royal, seit 1564 Organist und Master of the Choristers an St. George's Chapel und seit 1569 gleichzeitig Gentleman der Chapel Royal. Seit 1567 führte er jährlich ein Theaterstück vor Elisabeth I. auf. Seine Kirchenkompositionen waren zu seiner Zeit weit verbreitet.

Ausg.: *Morning and Evening Service in A Minor,* hrsg. v. E. H. FELLOWES (Lo o.J.); Antifone *Hide not thy Face* u. *Call to Remembrance,* hrsg. v. RAMSBOTHAM (O o.J.); 2 Cemb.-Stücke, in: The Mulliner Book, hrsg. v. D. STEVENS (Lo 1951, revidiert 1954) (= Mus. Brit. 1); 2 Songs, in: Consort Songs, hrsg. v. PH. BRETT (Lo 1967) (= ebd. 22).

Lit.: G. E. P. ARKWRIGHT, Early Elizabethan Stage Music, in: The Musical Antiquary 1 (O 1909) u. 4 (1912); DERS., Elisabethan Choirboy Plays and Their Music, in: Proc. Mus. Assoc. 30 (1913–14); A. SMITH, The Gentleman and Children of the Chapel Royal of Elizabeth I., in: Royal Musical Academy Research Chronicle 5 (1965).

FARRAR, Geraldine, * 28.2.1882 Melrose (Massachusetts), † 11.3.1967 Ridgefield (Connecticut); amerik. Sängerin (Sopran). Sie erhielt zunächst Gesangsunterricht in Boston, dann in Paris und bei Lilli Lehmann in Berlin, und debütierte dort 1901 am Königlichen Opernhaus als Margarethe in Ch. Gounods *Faust.* Sie blieb bis 1906 dessen Mitglied und gastierte in vielen europäischen Städten. Ende 1906 debütierte sie an der Metropolitan Opera in New York, wo ihr 1907 der Durchbruch in der Titelpartie von G. Puccinis *Madame Butterfly* gelang. 1910 sang sie dort in der Uraufführung von E. Humperdincks *Königskindern.* Sie gehörte der Met bis 1931 als ständiges Mitglied an und gestaltete viele Partien u.a. an der Seite E. Carusos, A. Scottis und Louise Homers. Nach 1922 trat sie aber nur noch gelegentlich in Konzerten auf. Ihr weit gespanntes Repertoire umfaßte vor allem die lyrischen Sopranpartien in französischen und italienischen Opern des 19. Jh., aber auch Partien in veristischen Opern. Sie gehörte zu den bedeutendsten Sängerinnen ihrer Zeit und beeindruckte auf der Bühne auch durch ihre äußere Erscheinung. Sie schrieb die beiden Autobiographien *The Story of an American Singer* (NY 1916, dt. von A. Sacerdoti-Thomin, Mz 1928) und *Such Sweet Compulsion* (NY 1938, Nachdr. NY – Freeport/N.Y. 1970).

Lit.: E. WAGENKNECHT, G. F. (Seattle 1929); W. R. MORAN, G. F., in: The Record Collector 13 (Ipswich 1960) (Diskographie).

FARRENC, frz. Musikerfamilie. – **1) Jacques Hippolyte Aristide,** * 9.4.1794 Marseille, † 31.1.1865 Paris; Flötist. F. kam 1815 nach Paris, wurde 2. Flötist des Théâtre Italien und 1816 Schüler des Conservatoire. 1821 gründete er einen Musikverlag, gab ihn aber 1841 wieder auf, um sich, angeregt durch Fr. J. Fétis, musikhistorischen Studien zu widmen. Er unterstützte Fétis bei der 2. Auflage von dessen *Biographie universelle.* Von seinen eigenen Publikationen ist die bedeutendste der *Trésor des pianistes* (20 Bde., P 1861–72), eine umfangreiche, mit biographischen Anmerkungen versehene Sammlung von Klavierwerken des 16.–19. Jh., die auf seinerzeit weniger bekannte Komponisten wie A. Scarlatti, Fr. Couperin, W. Byrd und J. Ph. Rameau aufmerksam machen sollte. Sie wurde nach seinem Tode von seiner Frau fortgeführt. F. schrieb ferner *Les concerts historiques de Mr. Fétis à Paris* (o.J.). – **2) Jeanne-Louise,** Frau von 1), * 31.5.1804 Paris, † 15.9.1875 ebd.; Pianistin und Komponistin. Sie war Schülerin von J. Fétis, J. N. Hummel und I. Moscheles, später auch von A. Reicha. 1842–73 war sie Klavierlehrerin am Pariser Conservatoire. Sie veröffentlichte einen *Traité des abréviations (signes d'agréments et ornements) employées par les clavecinistes des XVIIe et XVIIIe siècles* (P 1897) und schrieb 3 Symphonien, sowie zahlreiche Klavier- und Kammermusikwerke, die teilweise unter dem Namen ihres Mannes veröffentlicht wurden.

Lit.: F. J. FÉTIS, F., in: Biographie universelle des musiciens (P ²1875), Ergänzungs-Bd. (1878); B. FRIEDLAND, L. F. (1804–1876). Composer, Performer, Scholar, in: MQ 60 (1974).

FARSA (it.), ↗Farce.

FARWELL, Arthur George, * 23.4.1872 Saint Paul (Minnesota), † 20.1.1952 New York; amerik. Komponist. F. war in Boston Schüler von H. Norris und setzte seit 1897 seine Ausbildung in Europa bei E. Humperdinck und H. Pfitzner in Berlin und bei F. A. Guilmant in Paris fort. Nach Amerika zurückgekehrt, lehrte er 1899–1901 an der Cornell University in Ithaca, gründete 1901 die Wa-Wan Press zur Veröffentlichung moderner, national-amerikanischer Musik, 1905 die American Music Society, deren Präsident er auch war. 1909–15 gehörte er der Schriftleitung des *Musical America* an, war 1915–18 Direktor des Music School Settlement in New York, lehrte dann an der University of California, später an der Berkeley University und 1927–37 am Michigan State College, wo er die Abteilung Musiktheorie leitete. F. sah als einer der ersten in der Verwendung indianischer Folklore einen Weg zur Entwicklung einer eigenständigen nationalen amerikanischen Musik, hat diese Möglichkeit selbst aber nur teilweise genutzt. Er steht, besonders in den Instrumentalwerken, der zeitgenössischen neuenglischen Schule nahe.

Lit.: J. T. HOWARD, Our American Music (NY 1929, ³1946); C. R. REIS, Composers in America (NY 1947); E. L. KIRK, Toward American Music, A Study of the Life and Music of A. G. F., 2 Bde. (1959) (= Diss. Univ. of Rochester/N.Y.); J. R. PERKINS, An Examination of the Solo Piano Music Published by the Wa-Wan Press (1969) (= Diss. Boston Univ.); The Wa-Wan Press 1901–1911, 5 Bde. hrsg. v. B. LAWRENCE (NY 1970); E. H. J. DAVIS, The Significance of A. F. as an American Music Educator (1972) (= Diss. Univ. of Maryland); A Guide to the Music of A. F. and to the Microfilm Collection of His Work. A Centennial Commemoration Prepared by His Children, hrsg. v. B. FARWELL (Briarcliff Manor 1972).

FASANO, Renato, * 21. 8. 1902 Neapel, † 3. 8. 1979 Rom; it. Dirigent und Komponist. Er studierte Klavier und Komposition am Konservatorium in Neapel. Früh wandte er sich in Forschung und Praxis der italienischen Musik des 16. und 17. Jh. zu und betreute die Sammlung *Antiche Musiche Strumentali Italiane*. Seit 1944 war er Direktor der Accademia Nazionale di S. Cecilia in Rom und gründete hier das Collegium Musicum Italicum zur Aufführung alter Musik. 1947 wurde er Direktor des Konservatoriums in Cagliari, später in Triest, 1952 in Venedig und 1960 in Rom. Aus dem Collegium Musicum Italicum ging das Ensemble Piccolo Teatro Musicale della Città di Roma hervor, mit dem F. das Opernrepertoire des 18. Jh. erarbeitete und auch bei Gastspielen im Ausland aufführte, ebenso das Kammerorchester I Virtuosi di Roma, mit dem er in der ganzen Welt triumphale Erfolge feierte. – Er schrieb *Storia degli abbellimenti musicali dal canto gregoriano a G. Verdi e guida all'interpretazione* (R 1949) und war Herausgeber der Auswahlausgabe *La musica sacra di A. Vivaldi* (Mi 1969). Er komponierte symphonische Werke, Kammermusik und Lieder.

FASCH, dt. Musikerfamilie. – **1) Johann Friedrich,** * 15. 4. 1688 Buttelstedt bei Weimar, † 5. 12. 1758 Zerbst; Komponist. Er war 1700 Sängerknabe an der Hofkapelle in Weißenfels unter J. Ph. Krieger und seit 1701 Schüler von J. Kuhnau an der Thomasschule in Leipzig. 1708–1711 studierte er an der Universität Leipzig und gründete dort nach dem Vorbild von Telemann ein Collegium musicum, dessen Abendmusiken rasch beliebt wurden. Durch die Vermittlung J. D. Heinichens gab Herzog Moritz Wilhelm von Sachsen-Zeitz mehrere (nicht erhaltene) Opern bei ihm in Auftrag, die in Naumburg aufgeführt wurden: *Clomire* (1711), *Lucius Verus* (1711) und *Dido* (1712). 1713 wurde er Kompositionsschüler von Chr. Graupner in Darmstadt, um seine bislang autodidaktische Ausbildung zu vervollkommnen. 1714 wurde er Violinist in Bayreuth, war 1714–19 Sekretär und Kammerschreiber in Gera, anschließend bis 1721 Organist und Stadtschreiber in Greiz und 1721 Kapellmeister des Grafen Morzin in Lukaveč. 1722 wurde er Kapellmeister am Hof in Zerbst. Von F.s umfangreichem Schaffen haben namentlich die Instrumentalwerke seit ihrer Wiederentdeckung durch H. Riemann in Wissenschaft und musikalischer Praxis bis heute großes Interesse gefunden. Von der barocken Formenwelt der Suite, des Concerto grosso, der Triosonate und der Sinfonia ausgehend, war er einer der Wegbereiter für die neue Kunst der Sonate und der Symphonie im Zeitalter der Wiener Klassik.

WW: hsl. erhalten: Triosonaten; Quartette (Quadri); etwa 19 Symphonien; 69 Ouvertüren (Suiten); 21 Konzerte für V., Fl., Op., Fag.; Messen, Motetten u. zahlreiche Kirchenkantaten; eine Passion.

2) Christian Friedrich Carl, Sohn von 1), * 18. 11. 1736 Zerbst, † 3. 8. 1800 Berlin; Komponist. F. war Schüler von J. Chr. Hertel in Strelitz. 1756 wurde er neben C. Ph. E. Bach 2. Cembalist am Hof Friedrichs II. in Potsdam, leitete 1774–76 in Berlin die Königliche Oper und verdiente dann als Privatlehrer seinen Lebensunterhalt. 1791 gründete er die Berliner Singakademie, die nach seinem Tod von seinem Schüler C. Fr. Zelter geleitet wurde, und trug durch die Aufführung älterer wie zeitgenössischer Chormusik wesentlich zur Pflege der bürgerlichen Musikkultur bei. Seine Aufführung von J. S. Bachs Motette *Komm, Jesu, komm* wurde Ausgangspunkt der Bach-Renaissance in Berlin. Da F. vor seinem Tod zahlreiche Manuskripte vernichten ließ, sind nur wenige seiner Werke überliefert. Die erhaltenen Klavierwerke zeigen ihn in Satztechnik und Ausdruck in der Nachfolge C. Ph. E. Bachs, die geistlichen Vokalwerke, vor allem die 16st. Missa brevis, bekunden dagegen eine stark restaurative Haltung.

WW: **1) Instr.-WW:** Für Cemb. oder Klv. (gedruckt in Berlin): 6 Sonaten (o. J.); *Minuetto* mit Variationen (1767); *Andantino* mit Variationen (1787); *Ariette* mit Variationen (o. J.); weitere Klv.-Werke in Sammeldrucken. – **2) Vokal-WW:** *Mendelssohniana* (= Ps. 30 in der Übers. v. Mendelssohn), *6 Gesänge* für 3–7 St. (L o.J.); *Miltons Morgengesang* für Soli, Chor u. Orch. (Kas o.J.); *Fünffacher Canon* für 25 St (o.O., o.J.). Diese Werke u. weitere Psalmen, Motetten u. 1 Requiem für 3–8 St. mit u. ohne Klv. erschienen 1839 in Berlin als: *Sämtliche Werke v. K. Ch. F.*, hrsg. v. der Singakad. Berlin. Ferner sind erhalten: 4 Kirchenkantaten (hsl.) u. einige Lieder (in Sammeldrucken). – **3) Schriften:** *Verz. der Opern vom Antritt der Regierung Friedrichs des Zweiten v. 1742 bis zu seinem Ableben 1786* u. einige Schriften über akustische Probleme (hsl.).

Ausg.: **Zu 1):** Sonate à 3, hrsg. v. L. SCHÄFFLER (Hannover 1937) (= Nagels MA 56); Sonata à 3, hrsg. v. G. HAUSSWALD (Kas 1954) (= ebd. 169); Sonata à 4, hrsg. v. E. DANCKER-

LANGNER (Hannover 1939) (= ebd. 148); dass. hrsg. v. W. WOEHL, in: Hortus Mus. 26 (Kas 1949); Orch.-Suite e-moll, hrsg. v. G. HAUSSWALD (L 1951); Konzert f-moll für Orch., hrsg. v. K.M. KOMMA in: Gruppenkonzerte der Bachzeit (L 1938, Nachdr. Wie 1962) (= EDM I/11); *Siehe, dass deine Gottesfurcht nicht Heuchelei sei,* hrsg. v. A. EGIDI (B 1930); Sinfonie G-Dur für Orch., hrsg. v. M. SCHNEIDER (L 1972); Sonate c-moll für 2 V. u. B.c., hrsg. v. H.-J. SCHULZE (L 1974); Sonate D-Dur für Fl., V. u. B.c., hrsg. v. F. NAGEL (Adliswil 1974); Konzert a-moll für Ob. u. Streichorch., hrsg. v. J. BRAUN (ebd. 1976); Konzert e-moll für Fl., Ob. u. Streichorch., hrsg. v. DEMS. (ebd. 1976); Konzert G-Dur für Ob., 2 V. u. B.c., hrsg. v. I. HECHLER (L 1977); Concerto C-Dur für Fag., Str. u. B.c., Klv.-A. v. W. H. SALLAGAR (Wilhelmshaven 1978); Concerto C-Dur für Fl., V., Fag. (Vc.) u. B.c., hrsg. v. H. RUF (ebd. o.J.); Sonate D-Dur für Fl., V., Fag. u. B.c., hrsg. v. WOYCIECHOWSKI (H 1979) (= Ludus 91). – **Zu 2):** Klv.-Stücke, hrsg. v. L. LANDSHOFF (Hannover 1929) (= Nagels MA 38); Sonate G-Dur u. *La Cecchina* für Klv., hrsg. v. H. FISCHER (B 1936 .

Lit.: **Zu 1):** Autobiographie, in: F. W. MARPURG, Hist. kritische Beyträge 3 (1757, Nachdr. Hil 1970); dass., in J. A. HILLER, Lebensbeschreibungen berühmter Musikgelehrten und Tonkünstler neuerer Zeit (L 1784, Nachdruck L 1975); H. RIEMANN, J. F. F. u. der freie Instrumental-Stil, in: Blätter für Haus- u. Kammermusik 4 (1900); H. WÄSCHKE, Die Zerbster Hofkapelle unter F., in: Zerbster Jb. (1906); B. ENGELKE, J. F. F. (Diss. L 1908) (mit thematischem Verz. der Vokal-WW); C. A. SCHNEIDER, J. F. F. (Diss. Mn 1932); P. TRYPHON, Die Sinfonien v. J. F. F. (Diss. B 1954); G. KÜNTZEL, Die Instrumentalkonzerte v. J. F. F. (Diss. F 1965); D. A. SCHELDON, The Chamber Music of J. F. F. (1968) (= Diss. Indiana Univ.); DERS., J. F. F.: Problems in Style Classification, in: MQ 58 (1972); H.-J. SCHULZE, Das c-moll-Trio BWV 585, eine Org.-Transkription J. S. Bachs?, in: DJbMw 16 (1974). – **Zu 2):** C. F. ZELTER, K. F. (B 1801); C. VON WINTERFELD, Über K. F. Ch. F.s geistliche Gesangswerke (B 1839); M. BLUMNER, Gesch. der Singakad. ... (B 1891); G. SCHÜNEMANN, Die Singakad. zu Berlin 1741–1941 (Rb 1941).

FASSBAENDER, Brigitte, * 3. 7. 1939 Berlin; dt. Sängerin (Alt). Ihre Ausbildung erhielt sie bei ihrem Vater, dem Bariton W. Domgraf-Fassbaender, und seit 1957 am Konservatorium in Nürnberg. 1961 debütierte sie an der Bayerischen Staatsoper München, der sie seitdem angehört. 1965 wurde sie auch Mitglied des Ensembles der Deutschen Oper am Rhein Düsseldorf-Duisburg. Bald errang sie auch bedeutende internationale Erfolge in Europa (u. a. fast jährlich bei den Salzburger Festspielen), in den USA, wo sie 1974 erstmals am Metropolitan Opera House in New York auftrat und auch in Japan. In ihrem weitgespannten Repertoire gehört die Rolle des Octavian im *Rosenkavalier* von R. Strauss zu ihren Glanzrollen. B. F., die auf der Bühne auch durch ihre Darstellungskunst beeindruckt, genießt gleichermaßen großes Ansehen als Konzert- und als Oratoriensängerin.

FAUGUES (Fagus), **Guillermus** (Vincent ?), franko-flämischer Komponist des 15. Jahrhunderts. Er wird von J. Tinctoris mit J. Ockeghem zu den bedeutenden Musikern seiner Generation gezählt und namentlich auch in der Motette *Omnium bonorum plena* von L. Compère erwähnt. Von F. sind mehrere Messen erhalten.

Ausg.: Messe *Le serviteur,* in: DTÖ 19/1 (1912) (wird Ockeghem zugeschrieben); Messe *L'homme armé,* hrsg. v. L. FEININGER, in: Monumenta Polyphoniae Liturgicae S. Ecclesiae Romanae I/1 u. 4 (R 1948, Trient 1965); Opera omnia, Faks.-Ausg. v. G. C. SCHUETZE JR. (1959) (= Publications of Mediaeval Music Manuscripts 7); Collected Works, in Übertragung hrsg. v. DEMS. (Brooklyn 1961) (= Publications of Mediaeval Music, Collected Works I).

Lit.: CH. VAN DEN BORREN, Études sur le XVe siècle musical (An 1941); M. BUKOFZER, Studies in Medieval and Renaissance Music (Lo–NY 1950, Nachdr. NY 1964); CH. VAN DEN BORREN, Geschiedenis van de muziek in de Nederlanden I (An 1951); G. C. SCHUETZE, An Introduction to F. (Brooklyn 1960) (= Musicological Studies 2).

FAURÉ, Gabriel Urbain, * 12. 5. 1845 Pamiers (Ariège), † 4. 11. 1924 Paris; frz. Komponist. F. trat 1854 in die École Niedermeyer ein und war dort seit 1861 Klavierschüler von Saint-Saëns. 1866 wurde er Organist an St-Sauveur in Rennes, kehrte 1870 als Hilfsorganist von Notre-Dame de Clignancourt nach Paris zurück, wurde später Organist an St-Honoré d'Eylau und schließlich Chororganist an St-Sulpice, wo er auch Ch.-M. Widor vertrat. 1877 wurde er als Nachfolger Th. Dubois' Kapellmeister an der Madeleine und lehrte gleichzeitig an der École Niedermeyer. Ende 1877 begleitete er Saint-Saëns nach Weimar, der dort seine Oper *Samson und Dalila* zur Aufführung brachte. 1878 reiste er nach Köln und 1879 nach München, um dort Wagner-Opern zu hören. Seit 1879 widmete sich F., der 1876 mit einer Violinsonate einen ersten großen Erfolg erzielt hatte, intensiv der Komposition. Erste bedeutende Werke sind die *Ballade* für Klavier und Orchester (1881), 3 *Impromptus* (1882–83), 6 *Barcarolles* (1882–95), 7 *Nocturnes* (1883–97), das Klavierquartett in g-moll (1886) und das zum Tode seiner Eltern entstandene *Requiem* (1887–88). Während eines Venedig-Aufenthalts 1891 entstanden die ersten Entwürfe zum Verlaine-Liederzyklus. 1892 wurde er Inspecteur des Conservatoires de province und 1896 Nachfolger von Th. Dubois an der großen Orgel von der Madeleine und von J. E. Fr. Massenet als Professor für Komposition am Conservatoire. Dort gehörten Fl. Schmitt, L. Aubert, G. Enesco, N. Boulanger, Roger-Ducasse, P. Ladmirault, E. Vuillermoz, A. Casella und besonders M. Ravel zu seinen bedeutendsten Schülern. 1900 brachte er in Béziers sein erstes Bühnenwerk, die Tragédie-lyrique *Prométhée,* zur Aufführung. Vorher waren bereits die Bühnenmusiken *Caligula* (1888), *Shylock* (1889) und *Pelléas et Mélisande* (1898) entstanden. 1905–20 war er als Nachfolger Th. Dubois' Direktor des Conservatoire, wurde 1909 Mitglied der Académie des Beaux-Arts und schrieb 1903–13 Musikkritiken für den *Figaro*. Zwischen 1906 und 1910 entstand mit dem Liederzyklus *Chanson d'Ève* eine seiner vollkommensten Schöpfungen. Zwischen 1907 und 1913 schrieb er die Oper *Pénélopé*, die 1913 in Monte Carlo ihre Uraufführung erlebte und mit der noch im selben Jahr das neue Théâtre des Champs-Elysées eröffnet wurde. Bereits 1903 hatten sich erste Anzeichen eines zunehmenden Gehörleidens bemerkbar gemacht, so daß F. in seinen letzten Lebensjahren sehr zurückgezogen lebte.

WW: **1) Instr.-WW:** Für Klv.: *Trois Romances sans paroles*, op. 17 (1863); 6 *Impromptus* (1882, 1883, 1883, 1905, 1909, 1910); 13 *Barcarolles* (1882–1921); 4 *Valses Caprice* (1883, 1884, 1891, 1894); Mazurka, op. 32 (1883); 13 *Nocturnes* (1883 bis 1921); *Thème et variations*, op. 73 (1897); *Huit pièces brèves*, op. 84 (1898–1902); *Neuf préludes*, op. 103 (1910); *Souvenirs de Bayreuth* (1880); *Dolly*, op. 56 (1893–96) für Klv. zu 4 Händen; Klv.-Quartette op. 15 (1879) u. op. 45 (1886); Klv.-Quintette op. 89 (1905) u. op. 115 (1921); ferner auch Komp. für andere Besetzungen mit Klv.; Streichquartett, op. 121 (1924); Streichquintette, op. 89 (1891, 1903–06) u. op. 115 (1919–21). – Für Orch.: u. a. *Suite d'orchestre*, op. 20 (1873), der 1. Satz auch als *Allegro symphonique*, op. 68 für Klv. zu 4 Händen (bearb. v. L. Boellmann); Orch.-Suite *Pelléas et Mélisande*, op. 80 (1898); *Ballade*, op. 19 (1881) für Klv. u. Orch.; *Fantasie*, op. 111 (1918). – **2) Vokal-WW: a)** Lieder mit Klv. u. a.: 20 *Mélodies*, op. 1–8 (1860–79); *Nell* (Text: Leconte de Lisle), *Le Voyageur* u. *Automne*, op. 18 (um 1880) (Text: A. Silvestre); *Notre Amour* u. *Le Secret*, op. 23 (1881) (Text: ders.); *Les présents* u. *Clair de Lune*, op. 46 (1887) (Text: Villiers de l'Isle-Adam, P. Verlaine); *La Rose*, op. 51 (um 1889) (Text: Leconte de Lisle); *Cinq Mélodies* genannt „*de Venise*", op. 58 (1891) (Text: P. Verlaine); Liederzyklen: *La Bonne Chanson*, op. 61 (1892–93) (Text: ders.); *La Chanson d'Ève*, op. 95 (1906–10) (Text: Ch. van Lerberghe); *La jardin clos*, op. 106 (1915) (Text: ders.); *Mirages*, op. 113 (1919) (Text: Baronne de Brimont). – **b)** WW für mehrere St. mit Begleitung: *Hymne à Apollon*, op. 63 (1894) für Chor, Harfe, Fl. u. 2 Baßklar.; *Chant funéraire* (1921) (zum 100. Todestag Napoleons I.); *La naissance de Vénus*, op. 29 (1882); *Puisqu'ici bas* (Text: V. Hugo) u. *Tarentelle* (Text: M. Monnier), op. 10 (1874); *Le Ruisseau*, op. 22 (1881). – **c)** Geistliche WW: u. a. *Cantique de Racine*, op. 11 (1863 oder 1864) für Chor u. Org. oder Klv.; *Tu es Petrus* (1884) für Bar.-solo, Chor u. Org.; *Requiem*, op. 48 (1887–88) für Soli, Chor u. Orch. (P 1900); *Ecce fidelis servus*, op. 54 (um 1890) für 3 St., Org. u. Cemb. – **3) Bühnen-WW:** Tragédie lyrique *Prométhée*, op. 82 (1899–1900) (Libr.: J. Lorrain u. F. A. Hérold), UA: Béziers 1900; Drame lyrique *Pénélope* (1907–13) (Libr.: R. Fauchois), UA: Monte Carlo 1913; Divertissement *Masques et Bergamasques*, op. 112 (1919) (Libr.: ders.); Bühnenmusik zu A. Dumas, *Caligula*, op. 52 (1888) für Chor u. Orch.; E. Haraucourt, *Shylock*, op. 57 (1889) (nach Shakespeare) für SingSt u. Orch.; M. Maeterlinck, *Pelléas et Mélisande*, op. 80 (1898), UA: London 1898; G. Clemenceau, *Le Voile du bonheur*, op. 88 (1901) (unveröff.). – **4) Schriften:** Eine Auswahl v. Art. aus der Zschr. *Figaro* ist erschienen unter dem Titel *Opinions musicales* (P 1930).

F., 17 Jahre älter als Debussy und 30 Jahre älter als Ravel, gehört zu den bedeutendsten Komponisten der nachromantischen Erneuerung in Frankreich, auch wenn er ohne unmittelbaren Einfluß auf die nachfolgende Komponistengeneration blieb. Seine Kunst entfaltete sich im wesentlichen unabhängig und abseits von den beiden großen musikalischen Entwicklungslinien in Frankreich, die einerseits von A. E. Chabrier zu Cl. Debussy, M. Ravel, Fl. Schmitt, zur Groupe des Six und O. Messiaen, andererseits von C. Franck zu A. E. Chausson, V. d'Indy, P. Dukas und A. Roussel führten. Weniger auf dramatische Wirkungen bedacht und indifferent gegenüber den Möglichkeiten eines reichen Orchesterkolorits entwickelte F. einen eher esoterischen und schlichten Stil, dessen reifste Form in einer apart harmonisch gestalteten und melodisch frei fließenden Mehrstimmigkeit erreicht wird. Seine Vorliebe für das Detail und der behutsame Einsatz musikalischer Mittel führten ihn vor allem in den Bereich der Kammermusik, als deren eigentlicher Schöpfer er innerhalb der französischen Musik gilt. F. stand zunächst unter dem Einfluß Ch. Gounods, was vor allem in seiner Melodiebildung deutlich wird, und übernahm satztechnisch die für die Romanze charakteristische Aufspaltung von Melodiestimme und Begleitung, sowohl im Klavierlied wie im rein instrumentalen Satz. Das Vorbild der großen Klavierkomponisten des 19. Jh., Mendelssohn Bartholdy, Schumann und Chopin, führte ihn zu einer stärkeren thematischen Durchdringung des musikalischen Satzes, in dem nun – wie in der 1. *Romance sans paroles* – auch Gegenthemen erscheinen können. Die stärkere thematische Arbeit erscheint jedoch eher als strukturierendes Element und hat nicht jene vorwärtstreibend-dynamische Tendenz, wie sie besonders für die klassische Musik charakteristisch ist. Dies zeigt sich besonders in seinen frühen Meisterwerken, in der 1. Violinsonate mit Klavier und in den 2 Klavierquartetten, wo zwar das Prinzip des Themendualismus angewendet wird, die Gesamtanlage sich aber als sozusagen episch breit erweist mit blockartig aneinandergefügten Teilen. Unter dem Einfluß Wagners wandte sich F. namentlich in den Vokalwerken immer mehr von der symmetrischen Anlage zugunsten unregelmäßig gebauter Perioden ab und gelangte schließlich zu einer frei sich entfaltenden Melodik. Beispielhaft steht hier *La Bonne Chanson*. In diesen Klavierliedern wird auch im Klavierpart weitgehend thematisches Material verarbeitet, wenn auch in einigen Stücken wie *L'Aube grandit* und *L'hiver a cessé* die grundsätzliche Trennung von Melodie und Begleitung noch beibehalten wird. Insgesamt ist *La Bonne Chanson* einer der bedeutenden Zyklen in der Geschichte des Klavierlieds. Für F.s Verhältnis zu Wagner sind freilich auch jene *Souvenirs de Bayreuth* für Klavier zu 4 Händen nicht unwesentlich, die er zusammen mit A. Messager komponierte. In Form der seinerzeit in der Salonmusik außerordentlich beliebten ↗Quadrille verarbeitete er darin in witzig distanzierter Weise Motive aus Wagners *Ring*, dessen Aufführung er 1879 in München miterlebte. Die *Thèmes et variations* (1897) und das 7. Nocturne (1897) leiten einen symphonischeren Stil ein, doch vermeidet F. eine harmonisch-flächige, vertikale Schreibweise und Klangeffekte und strebt in konsequenter Weiterverfolgung der bisherigen Entwicklung ein stärker diatonisch gebundenes, kaum modulierendes Satzgefüge mit ausgeprägter linear-melodischer Zielstrebigkeit und starker rhythmischer Differenzierung an. Schlußpunkte dieser Entwicklung sind das 13. Nocturne und das letzte Streichquartett op. 121 (1923/24). Einen besonderen Platz im Schaffen F.s nimmt sein Requiem ein, dessen Wertschätzung seit mehreren Jahren auch in Deutschland zunimmt. In der konsequenten Aussparung symphonischer Mittel im instrumentalen Satz, im Verzicht gleichermaßen auf ariose Führung wie kontrapunktische Dichte in der Behandlung der Singstimmen, in der sparsamen Verwendung von dissonanten Klängen und harmonischen Spannungen gibt sich das Bemühen F.s um einen eigenen spezifisch religiösen Stil kund.

Ausg.: 2 Stücke für Harfe, hrsg. v. M. KLUVETASCH (L 1974); *Requiem*, op. 48, Klv.-A. v. B. HOWDEN (NY – Lo 1975); dass., Klv.-A. (L 1977); dass., hrsg. v. R. FISKE – P. INWOOD (Lo 1978); Sonate A-Dur, op. 13 für V. u. Klv. (L 1977); Klv.-WW, hrsg. v. E. KLEMM, 2 Bde. (L 1977); Messe basse and Other Sacred Works, hrsg. v. D. RATCLIFFE (Sevenoaks 1977); *Dolly*, op. 36, Suite für Klv. zu 4 Händen (Lo 1978).

Lit.: **1) Briefwechsel:** Lettres à une fiancée, hrsg. v. C. BELLAIGUE, in: Revue des Deux-Mondes (P 1928); Lettres intimes, hrsg. v. PH. FAURÉ-FRÉMIET (P 1951); Deux Lettres de G. F. à C. Debussy, in: RMie 48 (1962); J.-M. NECTOUX, Correspondance Saint-Saëns–F., in: RMie 58/59 (1972/73), separat (P 1973). – **2) Biographien u. Schriften zu biographischen Details:** L. VUILLEMIN, G. F. et son œuvre (P 1914); CH. KOECHLIN, G. F. (P 1927, ²1949, Nachdr. NY 1970); PH. FAURÉ-FRÉMIET, G. F. (P 1929, ²1957); G. SERVIÈRES, G. F. (P 1930); G. FAURE, G. F. (P 1945); C. ROSTAND, L'œuvre de F. (P 1945); N. SUCKLING, F. (Lo 1946, ²1951); G. SAMAZEUILH, La leçon de l'art de G. F., in: Musiciens de mon temps (P 1947); E. VUILLERMOZ, G. F. (P 1960); R. ALEXANDRESCU, G. F. (Bukarest 1968); J.-M. NECTOUX, Proust et F., in: Bulletin de la Société des amis de M. Proust et des amis de Combrais 21 (1971); M. FABRE, G. F. dans les Pyrénées, in: Revue régionaliste des Pyrénées 191/192 (1971); J.-M. NECTOUX, G. F. (P 1972): J. VUAILLAT, G. F. (Ly 1973); V. JANKÉLÉVITCH, De la musique au silence. F. et l'inexprimable (P 1974); J.-M. NECTOUX, Ravel, F. et les débuts de la Société Musicale Indépendante, in: RMie 61 (1975); TH. HIRSBRUNNER, G. F. u. C. Debussy oder Das Ende der Salonmusik, in: SMZ 115 (1975). – **3) Zu einzelnen WW u. Werkgruppen:** V. JANKÉLÉVITCH, G. F. et ses mélodies (P 1938, erweitert ²1951); PH. FAURÉ-FRÉMIET, La genèse de Pénélope, in: Le centenaire de G. F. (P 1945); M. FAVRE, G. F.s Kammermusik (Z 1949) (= Diss. Bern 1947); F. GERVAIS, Étude parallèle des langues harmoniques de F. et de Debussy (Diss. P 1951) (hsl. Paris Bibl. Nat.); F. NOSKE, La mélodie française de Berlioz à Duparc (P – A 1954) (mit Verz. der Lieder), engl. Übers.: Song from Berlioz to Duparc (NY 1970); K. D. PENNINGTON, A History and Stylistic Study of the „Mélodies" of G. F. (1961) (= Diss. Indiana Univ.); M. LONG, Au piano avec G. F. (P 1963) (zus. mit J. Weill); P. B. SOMMERS, F. and His Songs. The Relationship of Text, Melody and Accompaniment (1969) (= Diss. Univ. of Illinois); F. GERVAIS, Étude comparée des langages harmoniques de F. et de Debussy, in: RM 272 (1971); L. H. MATTSON, „Prometheus" in Sound. One Hundred Years of Musical Adaptations of the Myth of Prometheus: Beethoven, Schubert, Liszt, Wolf, Parry, F., Scriabin (1972) (= Diss. Univ. of the Pacific); R. BOWMAN, Eight Late Songs of F.: An Approach to Analysis, in: Musical Analysis 1 (1972); J. B. JONES, The Piano and Chamber Works of G. F. (1973) (= Diss. Cambridge Univ.); D. GOLOVATCHOFF, Suites by Debussy, F., and Ravel for Piano Duet (1974) (= Diss. Indiana Univ.); A. DOMMEL-DIÉNY, L'analyse harmonique en exemples de J. S. Bach à Debussy. Contribution à une recherche de l'interprétation. Fascicule 12: G. F. (P 1974); R. ORLEDGE, F.'s „Pelléas et Mélisande", in: ML 56 (1975); J.-M. NECTOUX, Les orchestrations de G. F.: Légende et vérité, in: SMZ 115 (1975); TH. HIRSBRUNNER, Musik u. Sprache bei G. F. u. C. Debussy, in: Melos/NZ 1 (1975); P. FORTASSIER, Le rythme dans les mélodies de G. F., in: RMie 62 (1976).

FAUST, Oper von Ch. Gounod; dt. Titel: ↗Margarethe.

FAUST, Große Oper in 2 Akten von Louis Spohr (1784–1859), Text von Joseph Carl Bernard. Ort u. Zeit der Handlung: Straßburg, eine Rheinburg, der Blocksberg und Aachen, im Jahre 1200. UA: 1. 9. 1816 in Prag (unter Leitung Carl Maria v. Webers); dt. EA: 15. 3. 1818 in Frankfurt am Main. Zusammen mit E. Th. A. Hoffmanns *Undine* gilt *Faust* als früheste deutsche romantische Oper. Im Libretto finden sich Motive des deutschen Volksbuches und aus Friedrich Maximilian Klingers Roman *Fausts Leben, Taten und Höllenfahrt* (1791) mit Bernards originären Ideen vereinigt: Faust, der mit Hexenkünsten das Böse besiegen will, stürzt zwei Liebespaare ins Unglück und fällt der ewigen Verdammnis anheim. – Stilistisch spiegelt diese Oper die entwicklungsgeschichtliche Umbruchsituation des frühen 19. Jahrhunderts. Als Nummernoper mit gesprochenem Dialog konzipiert, bietet sie in den Accompagnato-Rezitativen und den wenigen szenisch-durchkomponierten Passagen (etwa die Blocksbergszene und das Hochzeitsfest zu Aachen) entscheidende Ansatzpunkte für die künftige Ausprägung der romantischen Oper. Die im Stil der italienischen Belcanto-Oper geschriebenen Musiknummern setzen höchste technische Perfektion bei den Sängern voraus; doch sind die Nummern nur selten zur Szene erweitert und stellen keine neue Lösung der Formproblematik dar. Stilistische Neuerungen markieren darüber hinaus die schon in der Ouvertüre angelegte leitmotivische Konzeption des Werkes und die Besetzung der Titelpartie mit einer Baßstimme, die den

Rahmen der zeitgenössischen Rollenfächer für einen Titelhelden sprengte. – Das Werk, ursprünglich für das Theater an der Wien komponiert, war ein großer Erfolg. Die latent vorhandene Konzeption als große italienische Oper unterstrich Spohr selbst durch eine Umarbeitung in italienischer Sprache mit nachkomponierten Rezitativen für eine Aufführung am 15. 7. 1852 an Covent Garden in London; diese dreiaktige Fassung wurde in deutscher Sprache zuerst am 12. 6. 1853 in München gegeben. J. SCHLÄDER

FAUSTS VERDAMMUNG *(La Damnation de Faust),* Légende dramatique in 4 Teilen (19 Szenen) von Hector Berlioz (1803–1869), Text vom Komponisten und Almire Gandonnière nach Gérard de Nervals Adaption von Goethes *Faust.* UA (konzertant): 6. 12. 1846 in Paris (Opéra Comique), UA als Bühnenwerk: 18. 2. 1893 in Monte Carlo, dt. EA (in dt. Sprache): 19. 6. 1847 in Berlin (konzertant), dt. EA der Bühnenfassung (Übersetzung: Minslaff): 30. 10. 1902 in Hamburg.
Mit dem Faust-Stoff beschäftigte sich Berlioz bereits in den 20er Jahren. 1828 wurden seine *Huit scènes de Faust* uraufgeführt, Szenen, die später in *Fausts Verdammung* verarbeitet wurden. Dem „Meister der Orchestration" geben vor allem die phantasmagorischen Vorstellungen von Invokation, Höllenfahrt und Pandämonium Gelegenheit, sein Können auszuschöpfen. Das Diabolische und das Religiöse werden immer wieder hart gegenübergestellt; so ertönt mitten in Fausts Monolog *Ich verließ ohne Reu* die Osterhymne, so singen betrunkene Studenten in Auerbachs Keller lautstark eine „akademische" *Amen-Fuge,* so ist in die Musik zum *Höllenritt* die Litanei *Sancta Maria, ora pro nobis* eingeflochten. Die „religiöse" Musik unterliegt, so könnte man sagen, der „infernalischen", wie Faust Mephisto unterliegt. Die Musik, die das Höllische ausmalt, gelingt Berlioz bei weitem überzeugender als die Erlösungsklänge zu Margarethes Verklärung (Chor der himmlischen Geister: *Steig auf zu Gott*). R. QUANDT

FAUXBOURDON (frz.: faux-bourdon; engl.: faburdon; it.: falso bordone; dt. auch: faberthon). – 1) Der Ausdruck F. ist seit dem frühen 15. Jh. im Zusammenhang mit einer Kompositionstechnik überliefert, bei der der Cantus firmus in der Oberstimme verläuft und von Mittel- und Tiefstimme in Quart- bzw. Sextparallelen abgestützt wird.

G. Dufay, *Propter nimiam caritatem,* nach H. Besseler, Bourdon und Fauxbourdon (L 1950) S. 264

Charakteristisch für die Niederschrift dieser Satzart ist, daß nur Cantus und Tenor notiert sind, während der Contratenor als in Unterquarten zum Cantus geführte Mittelstimme zu ergänzen ist. Entsprechend heißt es als Beischrift zum frühesten bekannten F.-Beleg, der Postcommunio *Vos qui secuti estis* aus der *Missa Sancti Jacobi* von G. Dufay in BL (um 1430, s.u. Quellen; NA der gesamten Messe, hrsg. v. H. Besseler, in: CMM 1, 2): „Si trinum queras / a summo tolle figuras / et simul incipito / dyatessaron insubeondo." Allerdings läßt sich nicht ausmachen, ob der Ausdruck F. am Anfang seiner Geschichte als Bezeichnung für nur eine Stimme gemeint ist, oder – wie es für das späte 15. Jh. belegt ist – den ganzen Satz benennt (so Guilielmus Monachus, der vom „modus faulxbourdon" spricht; vgl. CSM 11, S. 39).
Herkunft und Bedeutung des Ausdrucks F. sowie das Abhängigkeitsverhältnis zwischen dem kontinentalen Terminus und dem ebenfalls seit dem frühen 15. Jh. belegten englischen Ausdruck für die Praxis ↗Faburdon sind umstritten. Gegen die Deutung, F. bedeute „falscher Baß" und ziele auf den Contratenor als diejenige Stimme, die durch den strikten Quartschematismus eine nach kontrapunktischen Gesetzen verlaufende harmonietragende Tiefstimme unmöglich mache (H. Besseler), spricht das Fehlen jeglicher Zeugnisse, die das Wort Bourdon im Sinne von „Harmonieträger" belegten. Auch die These, F. sei eine französische Adaption von mittelenglisch *faburdon* (= „Quartstütze", gebildet aus der Solmisationssilbe *fa* und mittelenglisch *burdon* = „Stütze") und kennzeichne in der kontinentalen F.-Praxis den in Quarten an den Cantus gebundenen Contratenor als „falsche Stütze" (R. v. Ficker), ist schon von den für den englischen Terminus angenommenen Voraussetzungen her nicht haltbar: die Solmisationssilbe *fa* kann nicht mit der Quarte identifiziert werden, da diese als vierte Stufe im Hexachord zwar eine festgelegte Tonumgebung, nicht aber das

Quartintervall repräsentiert. Unter Einbeziehung der Tatsache, daß die englische Faburdon-Praxis nach dem Zeugnis von Pseudo-Chilston (Mitte 15. Jh.) durch einen in der Mittelstimme verlaufenden Cantus firmus gekennzeichnet ist, der von einer in Unterterzen geführten, als Faburdon bezeichneten Unterstimme und einer in Oberquarten sich bewegenden Oberstimme begleitet wird, scheint folgende These Übereinstimmung zwischen Wort und Sache zu bieten: da einerseits mittelenglisch *burdon* in der Bedeutung „cantustragende Tiefstimme", mittelenglisch *fa* in der von „Gegner" nachweisbar ist und der Faburdon andererseits eine gegen den *burdon* gesetzte Tiefstimme ist, so darf *fa-burdon* im Sinne von „gegen den Cantus gesetzte Tiefstimme" verstanden werden, wäre also eine dem lateinischen Wort Contratenor analoge mittelenglische Wortbildung. Damit ist freilich weder ein Nachweis dafür erbracht, daß französisch *fauxbourdon* eine Adaption von englisch *faburdon* ist, noch ein Hinweis auf die Bedeutung des französischen Terminus gegeben; dies ist beim gegenwärtigen Stand der Forschung nicht möglich. Vielleicht verhält es sich mit der Bedeutung so, wie Guilielmus Monachus, der um 1490 die früheste überlieferte Worterklärung bietet, es sieht: danach ist die F.-Praxis insofern „falsch", als der Cantus firmus nicht, wie im kontrapunktischen Satz üblich, im Tenor, sondern in der Oberstimme liegt: „Iste enim modus communiter faulxbourdon appellatur, supranus enim ille reperitur per cantum firmum" (CSM 11, S. 39).

Im Gegensatz zum englischen Faburdon, einer sich ebenfalls im wesentlichen in Terz-Sext-Parallelen bewegenden Stegreif-Praxis, deren Klangprinzip den Anstoß zur Ausbildung des kontinentalen F. gegeben zu haben scheint, handelt es sich bei letzterem um eine Res facta. Entsprechend zeigt der frühe F. in der relativ eigenständigen Linienführung von Cantus und Tenor und gleichermaßen in der Beschränkung der parallelen Stimmfortschreitung auf höchstens fünf aufeinanderfolgende Klänge noch deutliche Spuren kontrapunktischer Tradition (Dufays *Vos qui secuti estis*). Der „klassische" F. allerdings unterscheidet sich rhythmisch und klanglich grundsätzlich vom Kontrapunkt der Polyphonie, indem die Selbständigkeit der Stimmen zugunsten eines homophonen Voranschreitens von Cantus, Tenor und Contratenor aufgegeben wird: alle drei Stimmen bewegen sich in langen Terz-Sext-Ketten und lösen sich auf den Ultimae in Quint-Oktav-Klänge auf. Dieser rhythmisch-harmonische Gleichschritt wird allenfalls in der Penultima-Zone aufgelockert, wo Synkopierung und Dissonanzbildung erscheinen (vgl. die Magnificat-Antiphon von G. Dufay, *Propter nimiam caritatem,* s. Bsp.). In der zweiten Hälfte des 15. Jh. wird die Tendenz zur Emanzipierung von der strengen Parallelführung der Stimmen deutlich, indem nun Sätze begegnen, deren Tenor-Cantus-Gerüst zwar nach wie vor in parallelen Sexten aufgebaut ist, deren Contratenor jedoch in Terzen und Quinten unter dem Tenor verläuft und damit den Ansatz zur Ausbildung eines Baßfundaments im F.-Satz verrät. Später erscheint diese Satzstruktur erweitert durch einen in Terzen und Quarten zum Cantus verlaufenden Contratenor altus (vgl. z. B. *In exitu Israel,* hrsg. von B. Trowell). Die weitere Entwicklung führt schließlich zu dem zwar auch homophon geführten, jedoch vom Stimmparallelismus befreiten und mit einer harmonietragenden Tiefstimme versehenen ↗Falsobordone.

Der F. fand vor allem Anwendung im Bereich der kleineren liturgischen Gattungen wie Hymne, Sequenz und Magnificat, seltener in größerem Zusammenhang wie etwa im Meß-Ordinarium. Hier wie dort tritt er jedoch bevorzugt als kontrastierendes Element auf. G. Dufay z. B. läßt in seinen Hymnen (GA, hrsg. v. R. Gerber, Wolfenbüttel 1937, = Chw 49) versweise choralen Vortrag und solchen im F. alternieren; im *Magnificat Octavi Toni* (DTÖ 14/15, S. 174ff.) setzt er zwei- und dreistimmige kontrapunktische Partien gegen F.-Passagen ab. In manchen Sätzen läßt ein zusätzlich komponierter kontrapunktischer Contratenor die Wahl zwischen kontrapunktischem und F.-Satz (vgl. den Hymnus *Ave maris stella,* in: Chw 49). Soweit sich aus der Überlieferung ersehen läßt, hat sich Entstehung und Blütezeit des F. in einem Zeitraum von nur 35–40 Jahren vollzogen: die Überlieferung durch Quellen ist jedenfalls von den frühesten Belegen aus der Zeit um 1430 (BL) über die Jahrhundertmitte (ModB, Tr. 87, Tr. 92, Em, Ao und FM) bis zum zweiten Drittel des 15. Jh. (Tr. 88–90 und Tr. 93) zurückzuverfolgen. Insgesamt sind bislang 172 F.-Stücke überliefert, von denen die meisten von G. Dufay komponiert sind. Zahlreiche Kompositionen mit F. stammen u. a. von G. Binchois, J. Brassart und J. de Lymburgia. – **2)** Im 16. Jh. begegnet in Deutschland Faberthon auch als Bezeichnung für ein Orgelregister in Quint-Oktav-Mixtur – so in der Disposition der 1544–48 von Jörg Ebert erbauten Orgel des Münsters zu Freiburg i. Br. – **3)** Im 17. Jh. auch Bz. für eine musikalisch-rhetorische Figur, die durch parallele Terz-Sext-Folgen gekennzeichnet ist und u. a. bei J. Burmeister und J. Nucius als Satzfigur beschrieben wird.

Musikal. Quellen: **Zu 1):** Ao = Aosta, Bibl. del Seminario maggiore ohne Sign.; BL = Bologna, Civico Museo bibl. mus. Q 15; Em = München, Bayer. Staatsbibl., Cod. lat. 14274, sog. Codex von St. Emmeram; FM = Florenz, Bibl. Naz. Magl. XIC. 112bis; Modb = Modena, Bibl. Estense α. X. 1, 11; Tr = Trienter Codices.

Musiktheor. Quellen: **Zu 1) u. 3):** J. TINCTORIS, De arte contrapuncti, in: COUSSEMAKER Scr. IV (1876); GUILIELMUS MONACHUS, De preceptis artis musicae…, NA v. A. Seay (1965) (= CSM 11); ADAM VON FULDA, De musica, in: GERBERT Scr. III (1784); FR. GAFFURIO, Practica musice (Mi 1496, Faks.-Neudr. Farnborough 1967); G. M. LANFRANCO, Scintille di musica (Brescia 1533); A. P. COCLICO, Compendium musices (Nü 1552, Faks.-Neudr. Kas 1954); G. ZARLINO, Istitutioni harmoniche (V 1558); J. BURMEISTER, Musica poetica (Rostock 1606, Faks.-Neudr. Kas 1955); M. PRAETORIUS, Syntagma musicum III (Wb 1619, Faks.-Neudr. Kas 1958); A. WERKMEISTER, Hypomnemata musica (Quedlinburg 1697, Faks.-Neudr. Hil 1970).

Lit.: G. ADLER, Stud. zur Gesch. der Harmonie, in: Sitzungsber. Wien 98/3 (1881); M. BUKOFZER, Gesch. des engl. Diskants u. des F. .: . . (Str 1936, Nachdr. Baden-Baden 1973); TH. GEORGIADES, Engl. Diskanttraktate aus der 1. Hälfte des 15. Jh. (Mn 1937); J. HANDSCHIN, Aus der alten Musiktheorie, in AMl 14 bis 15 (1942–43); H. BESSELER, Bourdon u. F. (L 1950, ²1974); J. HANDSCHIN, Eine umstrittene Stelle bei G. Monachus, in: Kgr.-Ber. Basel 1949 (Kas 1951); R. VON FICKER, Zur Schöpfungsgesch. des F., in: AMl 23 (1951); H. BESSELER, Tonalharmonik u. Vollklang, in: ebd. 24 (1952); M. BUKOFZER, F. Revisted, in: MQ 38 (1952); R. VON FICKER, Epilog zum F., in: AMl 25 (1953); H. FLASDIECK, Frz. F. u. frühneuengl. faburden, in: ebd. 25 (1953); N. WALLIN, Zur Deutung der Begriffe Faburden-F., in: Kgr.-Ber. Bamberg 1953 (Kas 1954); G. KIRCHNER, Frz. „F." u. frühneuengl. faburden (H. Flasdieck). Epilog zum F. (R. von Ficker). Eine Erwiderung, in: AMl 26 (1954); H. BESSELER, Das Neue in der Musik des 15. Jh., in: ebd. 26 (1954); H. FLASDIECK, Elisabethan „F." u. neuengl. Burden „Refrain", in: Anglia 74, N. S. 62 (1956); H. BESSELER, Das Ergebnis der Disk. über F., in: AMl 29 (1957); S. CLERCX, Aux origines du fauxbourdon, in: RMie 40 (1957); G. SCHMIDT, Über den F. Ein Lit.-Ber., in: JbLH 4 (1958–59); B. TROWELL, Faburden u. F., in: MD 13 (1959); E. TRUMBLE, F. A Historical Survey (Brooklyn/N. Y. 1959); F. LL. HARRISON, Faburden in Practice, in: MD 13 (1959); E. TRUMBLE, Authentic and Spurious Faburden, in: RBMie 14 (1960); R. DAMMANN, Der Musikbegriff im dt. Barock (Kö 1967); M. VOGEL, Musica falsa u. falso bordone, in: FS W. Wiora (Kas 1967); A. B. SCOTT, The Beginning of F., in: JAMS 24 (1971); C. DAHLHAUS, Miszellen zur Musiktheorie des 15. Jh., in: Jb. des Staatlichen Inst. für Musikforsch. Preußischer Kulturbesitz 1970 (B 1971); D. HOFFMANN-AXTHELM, Faburdon/Fauxbourdon/Falso bordone, in: HMT (1972).

D. HOFFMANN-AXTHELM

FAVART, Charles Simon, * 13. 11. 1710 Paris, † 12. 3. 1792 ebd.; frz. Dichter und Librettist. F. schrieb zunächst mit Vaudeville-Einlagen untermischte Komödien und Parodien, u. a. *Les Jumelles* (1734) und *La Chercheuse d'esprit* (1741), die er mit anhaltendem Erfolg auf der Foire St-Germain aufführte. 1743 wurde er Regisseur am Théâtre du Faubourg St-Germain, nach dessen Schließung an der Opéra-Comique, 1757 deren Direktor. Seit dem Zusammenschluß der Opéra-Comique mit der Comédie-Italienne 1762 schrieb F. Textbücher für Opéras-comiques, mit denen er die Entwicklung dieser Gattung maßgeblich beeinflußte. Hervorzuheben sind u. a. die Libretti *Anette et Lubin* (Musik von A. B. Blaise), *Ninette à la cour* (Musik u. a. von L. J. Cl. Saint-Amans und E. R. Duni) und *La Rosière de Salenci* (Musik u. a. von Fr. A. Philidor und A. E. M. Grétry). 1780 erhielt die Opéra-Comique zu seinen Ehren den Namen „Salle Favart". – Seine Frau **Marie Justine,** geb. Duronceray, * 15. 6. 1727 Avignon, † 21. 4. 1772 Paris, war eine gefeierte Sängerin und Schauspielerin. J. Offenbach machte sie zur Titelheldin seiner Operette *Madame Favart.*

WW: *Théâtre de Monsieur (et Madame) F. ou Recueil des comédies, parodies et opéra-comiques donnés jusqu'à ce jour, avec les airs, rondes et vaudevilles notés dans chaque pièce* (P 1763–72, Nachdr. Ge 1971); *Mémoires et correspondances littéraires, dramatiques et anecdotiques de Ch. S. F.,* 3 Bde. (P 1808).

Lit.: P. SMITH, F., sa vie et ses lettres, in: Revue et Gazette musicale de Paris (1851); A. FONT, F., l'opéra-comique et la comédie vaudeville au XVIIe et au XVIIIe siècle (P 1894); L. DE LA LAURENCIE, Le Théâtre de la Foire, in: AM 1 (1911); A. JACUZZI, The European Vogue of F. The Diffusion of the Opéra-comique (NY 1932, Nachdr. NY 1978); P. J. SALVATORE, F.'s Unpublicated Plays. The Rise of the Popular Comic Opera (NY 1935).

FAVEL, Andrée, ↗Lacombe.

FAVOLA (it., = Fabel), Bz. für eine in Italien seit dem Mittelalter gepflegte literarische Gattung. In den Anfängen der italienischen Oper des frühen 17. Jh. wurden Textvorlagen bevorzugt aus dem Bereich dieser Gattung gewählt. Dem Operntitel wurde entsprechend die Bz. „F. in musica" beigefügt (z. B. bei Cl. Monteverdi, *Orfeo. F. in musica*). Auch näher kennzeichnende Zusätze wie „F. pastorale" oder „F. dramatica" waren üblich.

FAVORITIN, DIE *(La Favorite),* Oper in 4 Akten von Gaetano Donizetti (1797–1848), Text von Alphonse Royer und Gustave Vaëz, überarbeitet von Eugène Scribe (1791–1861) nach Baculard-Darnauds *Le Comte de Commingues.* Ort u. Zeit der Handlung: Kastilien im Jahre 1340. UA: 2. 12. 1840 in Paris (Grand Opéra) unter François Habeneck; dt. EA (in dt. Sprache): 31. 5. 1841 in Kassel (Übers.: R. O. Spazier).

Die Favoritin war nach *Les Martyrs* Donizettis zweiter Versuch, mit einer Grand Opéra in Paris Erfolge zu erzielen. Ursprünglich als Dreiakter unter dem Titel *L'Ange de Niside* für eine Aufführung im Théâtre de la Renaissance bestimmt, ging das Werk nach gründlicher Überarbeitung an der Grand Opéra in Szene. Bezeichnend für die mit der Aufführung verbundenen Intentionen des Komponisten ist die Widmung an Giacomo Meyerbeer. – *Die Favoritin* stellt eine Verbindung dar zwischen dem italienischen Typus der Belcanto-Oper und der französischen Grand Opéra. In der musikalisch-szenischen Disposition (die auch Balletteinlagen im

2. Akt einschließt) gelang Donizetti die Adaption des französischen Opernstils, während er sich in der Ausgestaltung der Solonummern nicht von der artistischen Führung der Vokalstimmen, die den italienischen Opernstil dieser Zeit kennzeichnet, zu lösen vermochte. Stilistisch bedeutsam sind die Finali des 2. und 3. Aktes mit durchkomponierten Dialogen sowie der gesamte 4. Akt, den Donizetti musikdramatisch zwingend gestaltete. Für die UA standen ihm mit der Mezzosopranistin Rosine Stoltz (d.i. Victorine Nöb) und dem ersten Tenor der Grand Opéra, Gilbert Duprez, die besten Gesangskräfte für die Hauptrollen zur Verfügung. In Frankreich war das Werk ein großer Erfolg und wurde bis 1904 rund 650mal gespielt. Heute wird es meist in it. Sprache (ohne die für die Grand Opéra typischen Balletteinlagen) aufgeführt.

J. SCHLÄDER

FAVRE, Georges, * 26.7.1905 Saintes (Charente-Maritime); frz. Komponist und Musikforscher. Er studierte in Paris am Conservatoire u.a. bei A. Gédalge, P. Dukas und V. d'Indy und wurde an der Sorbonne mit einer Arbeit über Boieldieu zum Docteur-ès-lettres promoviert. Seit 1956 war er Inspecteur général de l'enseignement de la musique im französischen Erziehungsministerium. Als Musikforscher beschäftigte er sich vor allem mit der französischen Musik.

WW: **1) Kompositionen:** *Métope* für Bläserquintett; Poème symphonique *Equinoxe* (1958) für Orch.; *Sinfonia brevis* (1960) für Streichorch.; Drames lyriques *Guna* (1966) u. *Le départ* (1969); Comédie lyrique *La Mandragore* (1968) (nach Machiavelli); Ballett *Cactées* (1954). – **2) Schriften:** *Boieldieu. Sa vie, son œuvre,* 2 Bde. (P 1944–45); *P. Dukas. Sa vie, son œuvre* (P 1948); *La musique française de piano avant 1830* (P 1953); *Musiciens français modernes* (P 1953); *Berlioz* (P 1956); *Écrits sur la musique et l'éducation musicale* (P 1966); *Les débuts de P. Dukas dans la critique musicale,* in: RMie 56 (1970); *Histoire musicale de la principauté de Monaco du XVIe au XXe siècle* (P 1974); *Une claveciniste monégasque au XVIIIe siècle: la princesse de Chabeuil,* in: RMie 61 (1975). – **3) Edition:** *Correspondance de P. Dukas* (P 1974).

FAYRFAX (Fairfax), **Robert,** getauft 23.4.1464 Deeping Gate (Lincolnshire), † 24.10.1521 St. Alban's; engl. Komponist. F. war seit etwa 1496 Gentleman der Chapel Royal und ist anläßlich der Krönung König Heinrichs VIII. 1509 als erster im Verzeichnis der Sänger genannt. Seit 1502 war er auch Organist und Informator chori an St. Alban's Abbey. 1504 erhielt er für die Messe *O quam glorifica* die Doktorwürde der Universität Cambridge, 1511 auch die der Universität Oxford. Von F.' geistlichen Werken, die den Hauptteil seines Schaffens ausmachen, weisen die Messen und einige Motetten einen rhythmisch überaus komplizierten kontrapunktischen Satz auf. Charakteristisch für die Messen ist auch der ständige Wechsel 5- und 3stimmiger Abschnitte. F.' Magnificats sind frühe Beispiele für die musikalische Parodietechnik.

WW: Hsl. erhalten: 5 Messen für 5 St., 1 Messe für 4 St. (vollständig nur in Lautenbearb. erhalten); 2 Magnificats für 5 St.; 11 Motetten für 4–5 St., 5 davon unvollst. erhalten; 8 engl. Partsongs für 2–3 St. Gedruckt erschienen 2 Stücke für 4 Instr. in einem Songbook (= RISM 1530[6]).

Ausg.: GA, hrsg. v. E. B. WARREN, 3 Bde. (1959–66) (= CMM 17); 3 Gesänge, in: The Eton Choirbook 2–3, hrsg. v. F. L. HARRISON (1958–61) (= Mus. Brit. 11–12); ein Lied u. 2 Kanons in: Music at the Court of Henry VIII, hrsg. v. J. STEVENS (1962) (= ebd. 18); ein Magnificat, in: Early Tudor Magnificats 1, hrsg. v. P. DOE (Lo 1964) (= Early English Church Music 4); Messe *Tecum principium,* hrsg. v. D. STEVENS (1965) (= Chw 97).

Lit.: Werk-Verz. v. A. HUGHES, in: ML 30 (1949); DERS., An Introduction to F., in: MD 6 (1952); E. B. WARREN, The Life and Works of R. F., in: MD 11 (1957); DERS., The Masses of R. F., in: MD 12 (1958); DERS., R. F.: Motets and Settings of the Magnificat, in: MD 15 (1961); DERS., Life and Works of R. F. 1464–1521 (Dallas 1969) (= MSD 22); TH. MESSENGER, Texture and Form in the Masses of F., in: JAMS 24 (1971).

FEDELI, it. Musikerfamilie. – **1) Carlo,** * Venedig, † 20.1.1686 ebd.; Violinist. Er spielte seit 1660 in der Kapelle von San Marco in Venedig, deren Konzertmeister er dann wurde. 1685 veröffentlichte er in Venedig ein Buch Sonaten für 2–4 Instr. u. B.c. – **2) Ruggiero,** Sohn von 1), * um 1655 Venedig, beerdigt 30.1.1722 Kassel. Er war 1673–77 Bassist an San Marco und seit 1675 auch in Bergamo, später bis 1681 Kapellmeister in Bayreuth, zwischen 1687 und 1688 einige Monate auch in Dresden. 1691 ist er als Hofkomponist in Berlin und seit 1700 als Hofkapellmeister in Kassel nachweisbar, wo J. A. Birckenstock zu seinen Schülern und Mitarbeitern gehörte. F. schrieb hsl. erhaltene Solokantaten und geistliche Musik im neapolitanischen Stil. Seine Oper *Almira* (UA Braunschweig 1703) beeinflußte vermutlich die in Hamburg entstandenen Opern von R. Keiser und G. Fr. Händel.

Lit.: E. J. LUIN, La famiglia F., in: RMI 38 (1931); CH. ENGELBRECHT, Die Hofkapelle des Landgrafen Carl v. Hessen-Kassel, in: Zschr. des Ver. für hessische Gesch. u. Landeskunde 68 (1957); DIES., Musik u. Theater in Kassel von den Anfängen … bis 1785, in: Theater in Kassel (Kas 1959).

FEDELTÀ PREMIATA, LA, Dramma pastorale giocoso von J. Haydn; dt. Titel: Die ↗belohnte Treue.

FEDER, Franz Georg, * 30.11.1927 Bochum; dt. Musikforscher. Nach Kompositionsstudien bei Emil Peeters in Bochum studierte er 1949–55 Musikwissenschaft, Philosophie und Geschichte in Tübingen, Göttingen und Kiel, wo er 1955 mit der (ungedruckten) Dissertation *Bachs Werke in ihren*

Bearbeitungen 1750–1950, I: Die Vokalwerke promovierte. Seit 1957 ist er Mitarbeiter am J.-Haydn-Institut in Köln, dessen Leitung er 1960, zusammen mit der der Haydn-Gesamtausgabe (Mn – Duisburg 1962ff.), übernahm. Seither ist er vor allem auch mit Arbeiten über J. Haydn hervorgetreten und betreut als Herausgeber die *Haydn-Studien* (Mn 1965ff). Als Gastprof. lehrte F. an der City University in New York und an der Indiana University in Bloomington. 1965–82 leitete er auch den Musikverlag ↗Kistner & Siegel Köln.

WW: **1) Schriften:** *Zur Datierung Haydnscher Werke*, in: FS A. van Hoboken (Mz 1962); *Verfall u. Restauration*, in: Gesch. der ev. Kirchenmusik, hrsg. v. F. Blume u.a. (Kas 1965); *Gesch. der Bearb. v. Bachs Chaconne*, in: Bach-Interpretationen, hrsg. v. M. Geck (Gö 1969); *Bemerkungen zu Haydns Skizzen*, in: Beethoven-Jb. 1973–77 (Bonn 1977); *Haydns Korrekturen zum Klavierauszug der „Jahreszeiten"*, in: FS G. von Dadelsen (Neuhausen – St 1978); *Zu F. Mendelssohn Bartholdys geistlicher Musik*, in: Religiöse Musik in nicht-liturg. Werken v. Beethoven bis Reger (Rb 1978) (= Stud. zur Musikgesch. des 19. Jh. 51); *J. Haydns Skizzen u. Entwürfe*, in: FAM 26 (1979); *„Die Jahreszeiten nach Thomson, in Musik gesezt von J. Haydn"*, in: FS G. Massenkeil (Bonn 1986); *Musikphilologie. Eine Einführung in die musikal. Textkritik, Hermeneutik u. Editionstechnik* (Da 1987). – **2) Editionen:** J. Haydn: Streichquartette op. 9 u. op. 17, in: Haydn-GA XII/2 (Mn – Duisburg 1963); Klv.-Sonaten, in: ebd. XVIII/1–3 (ebd. 1966–70); Frühe Streichquartette, in: ebd. XII/1 (ebd. 1973) (zus. mit G. Greiner); Streichquartette op. 20 u. op. 33, in: ebd. XII/3 (ebd. 1974) (zus. mit S. Gerlach); Streichquartette op. 64 u. op. 71/74, in: ebd. XII/5 (ebd. 1978) (zus. mit I. Saslav). – Ferner *4 Motetten der Bach-Schule* (Wb 1963) (= Chw 89).

FEDERHOFER, Hellmut, * 6. 8. 1911 Graz; östr. Musikforscher. Er studierte seit 1931 in Wien an der Musikakademie Komposition, Dirigieren und Musiktheorie und an der Universität Musikwissenschaft (bei A. Orel und R. Lach). 1936 wurde er dort mit der (ungedruckten) Dissertation *Akkordik und Harmonik in frühen Motetten der Trienter Codices* promoviert und ging anschließend in den Bibliothekarsdienst nach Graz, wo er sich 1944 über *Musikalische Form als Ganzheit* (gedruckt in: *Beiträge zur musikalischen Gestaltanalyse,* Gr – W – I 1950) habilitierte und 1951 zum Professor ernannt wurde. 1962 folgte F. einem Ruf auf das musikwissenschaftliche Ordinariat an der Universität Mainz (emeritiert 1979). Seit 1979 ist er Korrespondierendes Mitglied der Österreichischen Akademie der Wissenschaften in Wien. 1962–86 war er Schriftleiter der *Acta musicologica* und gab bis 1986 die Reihe *Musik Alter Meister* (Gr 1949ff.) und die *Mainzer Studien zur Musikwissenschaft* (Tutzing 1967ff.) heraus. 1955–67 war er Editionsleiter der J.-J. Fux-GA und ist dies wieder seit 1986. Zum 60. Geburtstag wurde F. mit der Festschrift *Symbolae Historiae Musicae,* hrsg. von Fr. W. Riedel u. H. Unverricht (Mz 1971) (mit WW-Verz.), geehrt.

WW: **1) Schriften:** *Denkmäler der ars nova in Vorau Cod. 380,* in: AMl 22 (1950); *Zur Chiavetten-Frage,* in: Anzeiger der phil.-hist. Klasse der Östr. Akad. der Wiss. (1952); *M. Ferrabosco,* in: MD 7 (1953); *Graz Court Musicians and Their Contributions to the „Parnassus musicus Ferdinandaeus" 1615,* in: MD 9 (1958); *Die Niederländer an den Habsburgerhöfen in Österreich,* in: Anzeiger... Akad. der Wiss. (1956); *Musikleben in der Steiermark,* in: Die Steiermark (Gr 1956, ²1971); *Zur Einheit v. Stimmführung und Harmonik in den Instrumentalwerken Mozarts,* in: Mozart-Jb. 1956 (Salzburg 1957); *Monodie u. musica reservata,* in: DJbMw 2 (1958); *Unbekannte Kirchenmusik v. J. J. Fux,* in: KmJb 43 (1959); *Bemerkungen zum Verhältnis v. Stimmführung u. Harmonik bei J. S. Bach,* in: FS H. Besseler (L 1962); *Musikpflege u. Musiker am Grazer Habsburgerhof der Erzherzöge Karl u. Ferdinand v. Inneröstr.* 1564–1619 (Mz 1967); *Die Dissonanzbehandlung in Monteverdis kirchenmusikal. Werken u. die Figurenlehre v. Ch. Bernhard,* in: C. Monteverdi e il suo tempo (V – Mantua – Cremona 1968); *Zum Manierismus-Problem in der Musik,* in: Renaissance-Muziek 1400–1600. Donum natalicium R. B. Lenaerts (Leuven 1969), dass., in: DVfIG 44 (1970); *Zur Rezeption Neuer Musik,* in: IRASM 3 (1972); *Der Manierismusbegriff in der Musikgesch.,* in: Studi musicali 3 (1974); *Neue Musik. Ein Literaturber.* (Tutzing 1977) (= Mainzer Stud. zur Musikwiss. 9); *Zur Analyse u. Deutung des Schubert-Liedes,* in: Sitzungsber. der Östr. Akad. der Wiss., phil.-hist. Klasse 341 (1978); *Akkord u. Stimmführung in den musiktheoretischen Systemen v. H. Riemann, E. Kurth u. H. Schenker* (W 1981); *Musikwiss. u. Musikpraxis* (W – Kö – Gr 1985); *H. Schenker* (Hil 1985). – **2) Editionen:** *J. de Cleve, Missa „Vous perdes Temps"* (Gr 1949) (= Musik Alter Meister 1); *Begräbnisgesänge Nürnberger Meister für Exulanten aus der Steiermark* (Gr 1951) (= ebd. 3); *Niederländische u. it. Musiker der Grazer Hofkapelle Karls II. 1564–1590* (W 1954) (= DTÖ 90); *W. A. Mozart, Kammermusik. Quartette u. Quintette mit Klv. u. mit Glasharmonika* (Kas u.a. 1957) (= Neue Mozart-Ausg. VIII/22), kritischer Ber. dazu (ebd. 1958), davon Einzelausg. mit Vorreden (Gr 1958); *G. Muffat, An Essay on Thoroughbass* (1961) (= MSD 4); *W. A. Mozart, Kleinere Kirchenwerke* (Kas u. a. 1963) (= Neue Mozart-Ausg. I/3), kritischer Bericht dazu (Gr 1964); *W. A. Mozart, Litaneien* (Kas u. a. 1969) (= Neue Mozart-Ausg. I/2) (zus. mit R. Federhofer-Königs), kritischer Ber. dazu (Kas 1974); *J. A. Sgatberoni, Zwei Konzerte für Cemb. mit Begleitung v. Streichinstr.* (Gr 1972) (= Musik Alter Meister 28/29) (zus. mit G. M. Schmeiser); *J. M. Steinbacher, Zwei Suiten für Cemb.* (Gr. 1973) (= ebd. 35) (zus. mit ders.); ferner die Bde. I/1–2, III/1 u. V/1–2 in der GA v. J. J. ↗Fux.

FEDORA, Oper in 3 Akten von Umberto Giordano (1867–1948), Text von Arturo Colautti nach dem gleichnamigen Drama (1882) von Victorien Sardou (1831–1908). Ort u. Zeit der Handlung: St. Petersburg, Paris u. in der Schweiz, gegen Ende des 19. Jahrhunderts. UA: 17. 11. 1898 in Mailand (Teatro Lirico); dt. EA (in dt. Sprache): 10. 10. 1899 in Mainz.

Die Oper, in der die Geschichte der tragischen Liebe des russischen Nihilisten Graf Loris Ipanow zu Prinzessin Fedora Romanow erzählt wird, ist klanglich und konzeptionell das Nachfolgewerk zu Giordanos Erfolgsoper *Andrea Chénier.* Der Stil der Dialogoper ist noch konsequenter durchgehalten; nur selten lösen sich aus den Zwiegesprächen kurze ariose Vokalpartien heraus. Beachtung findet die ausgefeilte symphonische Faktur des Orchesterparts, dessen Klangmittelrepertoire, ebenso wie in *Andrea Chénier,* deutlich an Puccinis Werken orientiert ist. Der Stoff gab reichlich Gelegenheit zu lokalkoloristischer Färbung, die jedoch nur als äußerlicher Effekt eingesetzt ist. Als ungewöhnlicher Einfall darf die Gestaltung der Liebesszene zwischen Fedora und Loris im 2. Akt im Rahmen einer Soirée gelten, in der die Orchesterbegleitung durch ein im Hintergrund der Szene erklingendes Klavier-Nocturne ersetzt wird. In der UA sang Enrico Caruso den Loris. Die Oper war für Giordano ein großer finanzieller Erfolg. J. SCHLÄDER

FÉDOROV, Vladimir, * 5. (18.) 8. 1901 bei Tschernigow (Ukraine), † 9. 4. 1979 Paris; frz. Musikforscher russ. Herkunft. F. studierte Musikwissenschaft an der Universität Rostow und an der Sorbonne in Paris. Seine musikalische Ausbildung erhielt er an den Konservatorien in Dresden und Leipzig und am Pariser Conservatoire. 1933–39 war er Bibliothekar an der Sorbonne, anschließend an der Bibliothèque de documentation internationale contemporaine und 1946–66 Bibliothekar und Konservator in der Musikabteilung der Bibliothèque Nationale und der Bibliothek des Conservatoire. 1951 gründete er die Association internationale des bibliothèques musicales (AIBM), war 1955 bis 1962 deren Vizepräsident und 1962–65 sowie 1968–71 deren Präsident. Seit 1952 gehörte er als Generalsekretär der Commission Internationale Mixte des *Répertoire International des Sources Musicales* (RISM) an und redigierte auch dessen Zeitschrift *Fontes artis musicae* (FAM). 1961–64 war er Vizepräsident, 1964–67 Präsident der Internationalen Gesellschaft für Musikwissenschaft und 1962–64 Vizepräsident, 1964–66 Präsident des Internat. Musikrats (IMC). Zum 65. Geburtstag wurde ihm eine Festschrift gewidmet (hrsg. v. H. Hechmann – W. Rehm, 1966, mit Werk-Verz.).

Schriften: *Sur un manuscrit de Moussorgskij. Les différentes éditions de ses lieder,* in: RMie 16 (1932); *Moussorgskij. Biographie critique* (P 1935); *Interférences* (P 1953); *Rossica* (P 1953); *Le voyage de M. I. Glinka en Italie,* in: Collectanea hist. mus. (Fi 1957); *Correspondance inédite de Čajkovskij avec son éditeur français,* in: RMie 39 (1957); *M. I. Glinka en Espagne,* in: FS H. Anglés I (Ba 1958); *Musicien russe ou compositeur européen* (A. K. Glasunow), in: RMie 40 (1958); *B. V. Asaf'ev et la musicologie russe…,* in: Kgr.-Ber. Köln 1958 (Kas 1959); *A propos de quelques lettres de Santini à Bottée de Toulmon,* in: FS K. G. Fellerer (Rb 1962); *V. V. Stasov chez l'abbé F. Santini,* in: FS A. van Hoboken (Mz 1962); *Des Russes au Concile de Florence 1438–39,* in: FS H. Albrecht (Kas 1962); *Lettres de quelques voyageurs russes au XVIIIe siècle,* in: FS F. Blume (Kas 1963); *S. Prokofiev,* in: Encyclopédie de la Pléiade, Histoire de la Musique 2 (P 1963); *J. Ph. Rameau,* Ausstellungs-Kat. der Bibl. Nat. (P 1964); *Les années d'apprentissage de Rameau,* in: Chigiana 21 (1964); *Debussy vu par quelques Russes,* in: Debussy et l'évolution de la musique au XXe siècle (P 1965); *Čajkovskij et la France,* in: RMie 54 (1968). – Ferner Mitarbeit an der *Encyclopédie de la musique* (zus. mit F. Lesure), 3 Bde., hrsg. v. F. Michel (1958–61).

Lit.: E. MOHR, in: AMl 38 (1966).

FEENKÖNIGIN, DIE *(The Fairy Queen),* Oper mit Prolog in 5 Akten von Henry Purcell (1659–1695), Text von einem anonymen Bearbeiter (vermutlich Elkanah Settle) der Shakespeare-Komödie *A Midsummer Night's Dream.* Ort und Zeit der Handlung: Athen und ein Wald bei Athen zu unbestimmter Zeit. UA: wahrscheinlich 2. 5. 1692 in London (Dorset Gardens), dt. EA (in dt. Sprache): 27. 6. 1931 in Essen (Freilichtaufführung) in einer Übersetzung von E. Schulz-Dornburg.

Die fünf „Akte" der Bühnenmusik sind eigentlich selbständige Masques, die an die gesprochenen Akte des Spiels angehängt wurden. Purcells Musik mit verschiedenen Vokalsoli, Chören, Balletten und reinen Instrumentalsätzen bildete ursprünglich den Rahmen zur Aufführung einer von E. Settle für das englische Theater der Restaurationszeit eingerichteten Version von Shakespeares *Sommernachtstraum.* Der panegyrische Text und das Datum der UA lassen darauf schließen, daß das Werk als Huldigung zum Geburtstag (30. 4.) der mit William III. zusammen regierenden Königin Mary gedacht war. Entsprechend dieser Absicht und im Sinne der zeitgenössischen Bühnenästhetik legten die beteiligten Künstler besonderen Wert auf prunkvolle Dekorationen und auf eine gewisse Internationalität der Musik, die Einflüsse des französischen Ballet de cour und der italienischen Opernmusik (Da capo-Arie) aufweist. *Die Feenkönigin* geriet trotz anfänglichen Erfolges bald in Vergessenheit. Erst zu Anfang des 20. Jh. entdeckte man die fast 200 Jahre lang verschollene Partitur wieder. Eine der Hauptschwierigkeiten bei der Aufführung liegt in der Besetzung von Alt-Partien mit Männerstimmen.

R. QUANDT

FEHENBERGER, Lorenz, * 24. 8. 1912 Oberweidach (Oberbayern), † 27. 7. 1984 München; dt. Sänger (Tenor). Nach seinem Studium in München erhielt er 1939 ein Engagement in Graz, war 1941–45 Mitglied der Dresdner Staatsoper und seit 1946 der Bayerischen Staatsoper München. F. gastierte daneben u. a. an italienischen Opernhäusern, an der Wiener Staatsoper, bei den Salzburger Festspielen sowie am Teatro Colón in Buenos Aires. Er trat auch als Lieder- und Oratoriensänger hervor.

FEHRINGER, Franz, * 7. 9. 1910 Nußloch bei Heidelberg; dt. Sänger (Tenor). Er studierte an der

Musikhochschule in Karlsruhe und war seit 1934 als lyrischer Tenor am dortigen Theater, 1938–44 am Deutschen Theater in Wiesbaden engagiert. 1946–48 hatte er einen Gastspielvertrag am Nationaltheater Mannheim und war danach ausschließlich als Konzertsänger tätig. 1960–70 lehrte er am Staatlichen Hochschulinstitut für Musik in Mainz. Vor allem aufgrund zahlreicher Funk- und Schallplattenaufnahmen gehörte F. zu den bekanntesten Operettentenören der Zeit unmittelbar nach dem 2. Weltkrieg.

FEICHT, Hieronim, * 22. 9. 1894 Mogilno bei Posen, † 31. 3. 1967 Warschau; poln. Musikforscher. F. studierte zunächst Theologie, später, nach der Priesterweihe, Musikwissenschaft bei A. Chybiński in Lemberg und bei P. Wagner in Freiburg (Schweiz). 1925 wurde er in Lemberg mit der Dissertation *Die geistlichen Kompositionen des B. Pękiel* (poln.) promoviert. 1927–30 und 1935–39 lehrte er am Konservatorium in Krakau, 1930–32 an der Warschauer Musikhochschule, leitete 1946–52 das Konservatorium in Breslau und unterrichtete auch an der Universität. 1952–64 war er Professor für Musikgeschichte an den Universitäten Warschau und Posen. F. war seit 1952 Editionsleiter der Ausgabenreihe alter polnischer Musik (*Wydawnictwo dawnej muzyki polskiej,* Krakau 1947 ff.) und der Denkmälerreihe *Antiquitates Musicae in Polonia* (War – Gr 1963 ff.). Er widmete sich vor allem der polnischen Musikgeschichte. F. schrieb u.a. eine Geschichte der polnischen Kirchenmusik (*Dzieje polskiej muzyki religijnej,* Lublin 1965), ferner *Polifonia Renesansu* (*Die Mehrstimmigkeit in der Renaissance,* Krakau 1957) und *Bogurodzica* (*Die Gottesmutter,* Breslau 1962). Zu seinem 70. Geburtstag erschien die Festschrift *Studia H. F. septuagenario dedicata* (mit Werk-Verz. hrsg. von Z. Lissa, Krakau 1967). F. trat auch mit geistlichen Kompositionen hervor.

Lit.: Z. LISSA, H. F., in: La musique en Pologne 2 (War 1967); DIES., in: AMl 40 (1968); B. PILARSKI, in: Szkice o muzyce (War 1969); Opera musicologica, hrsg. v. Z. LISSA (Krakau 1975).

FEIL, Arnold, * 2. 10. 1925 Mannheim; dt. Musikforscher. Er studierte 1946–54 in Heidelberg Musikwissenschaft (bei Thr. Georgiades), Geschichte und lateinische Philologie des Mittelalters sowie Musiktheorie (bei W. Petersen, G. Frommel) an den Musikhochschulen in Mannheim und Heidelberg. 1954 wurde er in Heidelberg mit der Dissertation *Satztechnische Fragen in den Kompositionslehren von Niedt, Riepel und Koch* (Hei 1955) promoviert und war bis 1958 Musikreferent der Stadt Ludwigshafen am Rhein. 1965 habilitierte er sich in Tübingen mit *Studien zu Schuberts Rhythmik* (Mn 1966), leitete 1959–67 das Collegium musicum instrumentale und wurde 1971 Professor für Musikwissenschaft. Seit 1959 lehrt er auch an der Universität und an der Fachhochschule für Bibliothekswesen in Stuttgart. 1977/78 war er Professor an der Musikhochschule Hannover. Mit W. Dürr und Chr. Landon (†) ist F. Editionsleiter der Neuen Schubert-Ausgabe (Kas 1964 ff.). Er ist auch Präsident der Internationalen Schubert-Gesellschaft.

WW: 1) **Schriften:** *Zum Gradus ad Parnassum v. J. J. Fux,* in: AfMw 14 (1957); *Zur Satztechnik in Beethovens Vierter Sinfonie,* in: ebd. 16 (1959); *Mozarts Duett „Bei Männern, welche Liebe fühlen". Periodisch-metrische Fragen,* in: FS W. Gerstenberg (Wb 1964); *Musikmachen und Musikwerk,* in: Mf 21 (1968); *Die Neue Schubert-Ausgabe. Über einige Probleme des Herausgebens v. Musik,* in: ÖMZ 24 (1969) (zus. mit W. Dürr); *Volksmusik u. Trivialmusik. Bemerkungen eines Historikers zu ihrer Trennung,* in: Mf 26 (1973); *F. Schubert. Die schöne Müllerin. Winterreise* (St 1975); *Zur Satztechnik in Schuberts 6. Sinfonie. Analyse u. Interpretation,* in: Schubert-Stud., hrsg. v. der Östr. Akad. der Wiss. (W 1978); *Schuberts mus. Text in der Übersetzung vom Autograph in den Druck,* in: Kgr.-Ber. Wien 1978 (W 1979); *Eine dritte Musikkultur: Die europäische Mehrstimmigkeit,* in: Kgr.-Ber. Berkely 1977 (Kas 1980). – 2) **Editionen:** *F. Schubert, Sinfonien 1–3* (Kas 1967) (= Neue Schubert-GA V/1) (zus. mit Ch. Landon); *ders., Oktette u. Nonett* (Kas 1969) (= ebd. VI/1); *ders., Kompositionen für Klv. u. mehrere Soloinstr.* (Kas 1975) (= ebd. VI/7); *O. E. Deutsch, F. Schubert. Thematisches Verz. seiner Werke* (Kas ²1978) (= ebd. VIII/4) (zus. mit W. Dürr, Ch. Landon u. W. Aderhold).

FEINBERG (Fejnberg), **Samuil Jewgenjewitsch,** * 26. 5. 1890 Odessa, † 22. 10. 1962 Moskau; russ. Pianist, Klavierpädagoge und Komponist. Er war 1905–11 am Moskauer Konservatorium Klavierschüler von A. Goldenweiser und 1911–12 Kompositionsschüler von Nikolaj Schiljajew. Seither konzertierte er in Rußland als Pianist, vornehmlich mit zyklischen Aufführungen des *Wohltemperierten Klaviers* von J. S. Bach und mit den Klaviersonaten von Beethoven und A. Skrjabin. Seit 1922 war er Professor und Leiter einer Klavierklasse am Moskauer Konservatorium. Neben H. Neuhaus gilt F. als der namhafteste russische Klavierpädagoge seiner Zeit. Die Prinzipien seiner Pädagogik sind in der Schrift *Der Weg zur Meisterschaft* (dt. L 1976, mit Werk- und Schriften-Verz.) niedergelegt. Seit 1930 trat F. auch als Komponist mit 3 Klavierkonzerten und 12 Klaviersonaten hervor, die stilistisch in der Nachfolge Skrjabins stehen.

Lit.: V. M. BELJAJEW, S. F. (Mos 1927) (russ. u. dt.); D. GOJOWY, Neue sowjetische Musik der 20er Jahre (Laaber 1980).

H. LINDLAR

FEINHALS, Fritz, * 14. 12. 1869 Köln, † 30. 8.

FRANKREICH, 15. Jahrhundert: Miniatur, die König David mit der Harfe zeigt; die Instrumentalisten spielen Hackbrett, Schalmei, Portativ, Zugtrompete, Armfidel und Trommel.

Ph. Hubert Josse © Photeb

FRANKREICH, 17. Jahrhundert: Gobelin mit verkleideten Musikanten; Musée des Tapisseries, Aix-en-Provence (linke Seite).
FRANKREICH, 19. Jahrhundert: Das Orchester der Pariser Oper, im Mittelpunkt der Fagottist Désiré Dihau; Gemälde von Edgar Degas (oben).

Ph. © Philippe Coqueux

Ph. © Philippe Coqueux

FRANKREICH,
20. Jahrhundert: Das Ensemble für Neue Musik Puissance IV. (oben); Futuristie 1, Musique concrète mit Pierre Henry (rechts).

1940 München; dt. Sänger (Bariton). Nach seiner Ausbildung, vornehmlich bei Alberto Giovannini in Mailand und bei Alberto Selva in Padua, debütierte er 1895 in Essen, war 1897/98 in Mainz engagiert und gehörte seit 1898 der Hofoper bzw. der Staatsoper in München an. Gastspiele führten ihn vor allem nach Paris, London, Wien und New York. 1917 sang er in der Uraufführung von H. Pfitzners *Palestrina* die Partie des Kardinals Borromeo. F. galt vor allem als einer der führenden Wagner-Interpreten seiner Zeit. Nach seinem Rücktritt von der Opernbühne 1927 wirkte er als angesehener Gesanglehrer in München.

FELDFLÖTE, Feldpfeife. – 1) ↗Querpfeife. – **2)** Orgelregister des ↗Flötenchors in der 2′- oder 1′-Lage mit stark durchdringendem Klang. Bis in das 17. Jh. war die F. als überblasende Flöte im deutschen Orgelbau zu finden.

FELDMAN, Morton, * 12. 1. 1926 New York; amerik. Komponist. Er war 1948–49 Schüler von St. Wolpe an der Contemporary Music School in New York. Seit 1950 entwickelte er mit J. Cage in New York ein „Project of Music for Magnetic Tape". F. ersetzte A. von Weberns Serialismus durch die Indetermination des kompositorischen Ablaufs. Von „aleatorischer Modulation" und „musikalischer Grafik" ausgehend, trug sein Schaffen zur Entwicklung der ↗Aleatorik bei.

WW: Für V. u. Klv.: *Extensions I* (1951); *Projections IV* (1951) u. *Piece;* für Streichquartett: *Structures* (1951); *Three Pieces* (1954–56); für Instrumentalisten: *The Straits of Magellan* (1961); *For Franz Kline* (1962) u. *Between Categories* (1969); Stücke für 1, 2, 3 u. 4 Klv.; für Orch.: *Intersection* (1951); *Marginal Intersection* (1951); ... *Out of „Last Pieces"* (1960); *Structures* (1962); *On Time and the Instrument Factor* (1965). – *Rabbi Akiba* (1964) für Sopran u. 10 Instr.; *Christian Wolff* (1965) für Chor; *Rothko Chapel* (1971) für Sopran, Alt, Chor, Va., Celesta u. Schlagzeug; *Two Voices and Cello* (1973); *Elemental Procedures* (1976) für Sopran, Chor u. Orch.

Lit.: P. A. GRIFFITHS, M. F., in: MT 113 (1972); Desert Plants, Conversations With 23 American Musicians, hrsg. v. W. ZIMMERMANN (Vancouver 1976).

FELDMANN, Fritz, * 18. 10. 1905 Gottesberg (Schlesien), † 24. 9. 1984 Hamburg; dt. Musikforscher. Er studierte Schulmusik und Musikwissenschaft in Breslau, wo er 1932 mit der Dissertation *Der Codex Mf. 2016 des Musikalischen Instituts bei der Universität Breslau* (2 Bde., Breslau 1932) promovierte. Anschließend war er Assistent am Musikwissenschaftlichen Institut der Universität und Lehrer für Musikgeschichte an der Evangelischen Kirchenmusikschule in Breslau. 1937 habilitierte er sich mit der Arbeit *Musik und Musikpflege im mittelalterlichen Schlesien* (Breslau 1938, Neudruck Hil 1973). 1939–41 war er stellvertretender Direktor des Musikwissenschaftlichen Instituts und des Hochschulinstituts für Kirchen- und Schulmusik in Breslau, 1948–52 Studienrat in Hamburg und schließlich bis 1972 Professor für Musikwissenschaft an der dortigen Universität und an der Musikhochschule. F. leitete 1966–79 die Musikgeschichtliche Arbeitsstelle des J.-G.-Herder-Forschungsrats in Hamburg, die sich der Erforschung der Musik des deutschen Ostens widmet.

WW: **1) Schriften:** *2 weltliche Stücke des Codex 2016,* in: ZfMw 13 (1930/31); *Ein Tabulaturfragment des Breslauer Dominikanerklosters aus der Zeit Paumanns,* in: ZfMw 15 (1933); *Chr. G. Wecker, ein Schüler Bachs als schlesischer Kantor,* in: Bach-Jb. 31 (1934); *Zur Frage des Liederjahres bei R. Schumann,* in: AfMw 9 (1952); *Unters. zum Wort-Ton-Verhältnis in den Gloria-Credo-Sätzen von Dufay bis Josquin,* in: MD 8 (1954); *Die Zahlensymbolik und ihre Anwendung in der Meßkomposition v. Dufay bis Josquin,* in: Kgr.-Ber. Oxford 1955; *Musiktheoretiker in eigenen Kompositionen. Unters. am Werk des Tinctoris, Adam von Fulda u. Nucius,* in: DJbMw 1 (1956); *Numerorum mysteria,* in: AfMw 14 (1957); *Historische Tänze der musikalischen und choreographischen Weltliteratur...,* in: Volkstanz im Tanzarchiv 5 (H 1960); *Unters. zur Courante als Tanz insbesondere im Hinblick auf die Klaviersuiten-Courante J. S. Bachs,* in: DJbMw 6 (1961); *Der Hamburger J. Mattheson (1681–1764) und die Musik Mittel- u. Ostdeutschlands,* in: Hamburger mittel- u. ostdt. Forsch. 5 (H 1966); *Schlesische Musik – Woher? Wohin?,* in: Vom Schicksal ostdt. Kultur... (Dülmen o. J.); *Schlesiens Musikgeschichte im Überblick,* in: Musik in Schlesien (ebd. 1970); *Stud. zur Gesch. der Schulmusik Schlesiens,* in: Hamburger mittel- u. ostdt. Forsch. (H. 1970); *Die Schlesische Kirchenmusik im Wandel der Zeiten,* in: Das ev. Schlesien, hrsg. v. G. Hultsch, VI/2 (Lübeck 1975); *Die Entwicklung der dt. Musik im Osten* v. 1400 bis 1900, in: Dt. Musik im Osten (Kö 1976) (= Stud. z. Deutschtum im Osten 12). – **2) Editionen:** *Missa anonyma* II aus dem Codex Breslau Mf. 2016 (Wb 1956) (= Chw 56); *J. Tinctoris, Missa 3 vocum* (An 1960) (= CMM 18).

FELDMUSIK. Bis ins 19. Jh. verwendete Bz. für die militärische Blasmusik: im engeren Sinne zunächst nur für die einstimmigen Signale (Feldstücke, später Ordonnanzmusik), die beim Fußvolk mit Pfeife (Feldpfeife; ↗Querpfeife) und Trommel, später mit dem Horn, bei der Reiterei mit Trompete (Feldtrompete) und Pauke (Heerpauke) ausgeführt wurden; im weiteren Sinne ganz allgemein Bz. für die mehrstimmige Blasmusik sowohl des dienstlichen Bereichs, d. h. im Feld und beim militärischen Zeremoniell (insbesondere Märsche), als auch des außerdienstlichen Bereichs bei Offiziersaufwartungen, Ständchen und ähnlichen Anlässen (im 17. und 18. Jh. vor allem Feldpartien, d. h. Suiten, aber auch Märsche und Bearbeitungen unterschiedlichster Art für Bläserbesetzung). Im übertragenen Sinne bezeichnete man im 17. und 18. Jh. auch die bei höfischen und städtischen Lustbarkeiten erklingende Freiluftmusik als Feldmusik. – ↗Harmoniemusik. – F. wurde auch das Ensemble der Militärmusiker (Feldpfeifer, Schalmeier, Hautboisten usw.) bzw. das Blasorchester genannt (z. B. Regiments-Feldmusik; ↗Militärmusik). Am französischen Königshof hieß das entsprechende Ensemble der für die Ausführung der Freiluftmusik angestellten Musiker Musique d'écurie. Die Écurie war eine Abteilung der Verwaltung am französischen Hof, die vom Grand Écuyer geleitet wurde (vgl. auch ↗Frankreich. Die unter König Franz I. (1515 bis 1547) gegründete Musique d'écurie bestand im 17. Jh. u.a. aus Trompeten, Pauken, Schalmeien bzw. Oboen, Posaunen, Zinken, Pfeifen, Trommeln, Krummhörnern und Musettes de Poitou. Wie an deutschen Höfen die Trompeter-, Hautboisten- und Waldhornistenkorps, traten die zur Écurie gehörigen Instrumentalisten in kleineren und größeren Gruppen auf bei im Freien stattfindenden Lustbarkeiten (Jagden, Feuerwerken, Gartenfesten usw.) und bei zeremoniellen Anlässen (Geburt, Taufe, Hochzeit, Krönung usw.).

Ausg.: Trompeterfanfaren, Sonaten u. Feldstücke nach Aufzeichnungen dt. Hoftrompeter des 16.–17. Jh., hrsg. v. G. SCHÜNEMANN (Kas 1936) (= EDM RD 7/1); Hist. Blätter. Slg. hist. Feld- u. Armeemusik, 13 H.e, hrsg. v. F. DEISENROTH (Wie 1961ff.); C. Bendinelli, Tutta l'arte della Trombetta, 1614, Faks.-Ausg. hrsg. v. E. TARR (Kas usw. 1975) (= DMI II/5).

Lit.: H. PRUNIÈRES, La musique de la Chambre et de l'Écurie sous le règne de François 1er, in: AM (1911); G. SCHÜNEMANN, Sonaten u. Feldstücke der Hoftrompeter, in: ZfMw 17 (1935); P. PANOFF, Militärmusik in Gesch. u. Gegenwart (B 1938); M. BENOIT, Musiques de Cour. Chapelle, Chambre, Écurie 1661–1733 (P 1971) (= La vie musicale en France sous les Rois Bourbons 20); D. ALTENBURG, Zum Repertoire der Hoftrompeter im 17. u. 18. Jh., in: Ber. über die erste int. Fachtagung zur Erforsch. der Blasmusik Graz 1974 (Tutzing 1976) (= Alta Musica 1).

D. ALTENBURG

FELICIANI (Felisiani), **Andrea,** * Siena, † zwischen 1597 und 1609 Siena (?); it. Komponist. F. war Kapellmeister und Organist am Dom von Siena. Seine Kompositionen stehen in der Tradition Palestrinas, dessen Schüler er möglicherweise war.

WW: **1) Geistliche WW:** Messen für 4, 5 u. 8 St. (V 1584); Vesperpsalmen für 8 St. (V 1589–90), für 4–5 St. (V 1599); *Musica in Canticum Beatissimae Virginis Mariae* für 4, 8 u. 12 St. (V 1591). – **2) Weltliche WW:** Madrigale für 5 St. (V 1579), für 6 St. (V 1586, unvollst. erhalten); mehrere Madrigale auch in Sammeldrucken der Zeit (RISM 1575[12], 1586[7], 1597[24]).

FELIS, Stefano, * 1550 Bari, † um 1603 ebd.; it. Komponist. F. war seit 1579 erzbischöflicher Kapellmeister, seit 1583 Kapellmeister und Kanonikus am Dom von Bari. Später kam er im Gefolge des Herzogs von Croy nach Prag und lernte dort Philippe de Monte kennen. Nach Italien zurückgekehrt, wurde er 1591 Kapellmeister am Dom von Neapel und gehörte dem Kreis um G. Gesualdo an. 1596 kehrte er nach Bari zurück. Seine Werke waren im letzten Viertel des 16. Jh. stark verbreitet.

WW: **1) Geistliche WW:** 3 Bücher Motetten für 5–8 St. (V 1585, 1591, 1596); 2 Bücher Messen für 6 u. 8 St. (Pr 1588, V 1603) (unvollständig erhalten). – **2) Weltliche WW:** 1 Buch Madrigale für 6 St. (V 1579); 9 Bücher Madrigale für 5 St., davon erhalten: I (V 1579), IV (1585), VI (1591), IX (1602); 22 Madrigale u. Villanellen in Sammeldrucken 1574–1605; ferner einzelne Ricercari u. 1 Fantasia.

Lit.: A. EINSTEIN, The Elizabethan Madrigal and Musica Transalpina, in: ML 25 (1944); DERS., The Italian Madrigal 2 (Princeton 1949, Nachdr. NY 1970, dt. Z 1952); B. D. HOAGLAND, A Study of Selected Motets of S. F., 2 Bde. (1967) (= Diss. Univ. of Missouri).

FELLERER, Karl Gustav, * 7. 7. 1902 Freising, † 7. 1. 1984 München; dt. Musikforscher. F. studierte an der Kirchenmusikschule Regensburg, war Kompositionsschüler von H. K. Schmid und J. Haas in München, studierte dort und in Berlin Musikwissenschaft (u. a. bei A. Sandberger, H. Abert, J. Wolf und C. Sachs) und wurde 1925 in München mit der Dissertation *Beiträge zur Musikgeschichte Freisings von den ältesten christlichen Zeiten bis zur Auflösung des Hofes 1803* (Freising 1926) promoviert. 1927 habilitierte er sich in Münster mit *Der Palestrinastil und seine Bedeutung in der vokalen Kirchenmusik des achtzehnten Jahrhunderts* (Au 1929). Seit 1932 lehrte er als Professor an der Universität Fribourg (Schweiz), 1939–70 war er Direktor des Musikwissenschaftlichen Instituts an der Universität Köln, deren Rektor er 1967–68 war. Seine umfangreichen Forschungen galten vor allem der katholischen Kirchenmusik, W. A. Mozart und der Musikgeschichte des 19. Jahrhunderts. F. war Herausgeber des *Kirchenmusikalischen Jahrbuchs* (1930 bis 1976), der *Kölner Beiträge zur Musikforschung* (Rb 1941ff.), der Reihe *Das Musikwerk* (47 Bde., Kö 1951–75), der *Denkmäler rheinischer Musik* (Düsseldorf 1951ff.), der *Beiträge zur rheinischen Musikgeschichte* (Kö 1952ff.) und der *Geschichte der katholischen Kirchenmusik* (2 Bde., Kas 1972–76). Daneben entfaltete er als Mitglied wissenschaftlicher Gesellschaften und Forschungseinrichtungen weitgespannte Aktivitäten. Er war 1951–75 Vorsitzender der Arbeitsgemeinschaft für rheinische Musikgeschichte, 1955–68 Mitglied des Direktoriums der Internationalen Gesellschaft für Musikwissenschaft, 1961–73 Vorsitzender der Musikgeschichtlichen Kommission und 1962–68 Präsident der Gesellschaft für Musikforschung. Seit 1964 leitete er den Arbeitskreis Musikwissenschaft der Thyssen-Stiftung, war 1969–80 Vorsitzender des Zentralinstituts für Mozartforschung und 1973–76 auch Vorsitzender des Joseph-Haydn-Instituts. 1956–72 war er ferner Vorsitzender des Programmbeirats des WDR. F. war Mitglied der Akademien der Wissenschaften von Düsseldorf, Brüssel, Kopenhagen und London. 1958 erhielt er die Ehrendoktorwürde der Universität Löwen. Zu seinem 60. und 70. Geburtstag wurde er mit mehreren Festschriften geehrt: FS K. G. Fellerer, hrsg. v. H. Hüschen (Rb 1962) (mit Schriften-Verz.); Musicae sacrae ministerium. FS K. G. F., hrsg. v. J. Overath (Kö 1962) (= Schriftenreihe des Allgemeinen Cäcilienverbandes... 5); Stud. zur Musikgesch. des Rheinlandes 2. FS K. G. F., hrsg. v. H. Drux – K. W. Niemöller – W. Thoene (Kö 1962) (= Beitr. zur rheinischen Musikgesch. 52); Musicae scientiae collectanea. FS K. G. F., hrsg. v. H. Hüschen (Kö 1973).

1) Schriften: *Die Deklamationsrhythmik in der vokalen Polyphonie des 16. Jh.* (Düsseldorf 1928); *Org. u. Org.-Musik, ihre Gesch.* (Au 1929); *Palestrina* (Rb 1930, Düsseldorf ²1960); *Stud. zur Org.-Musik des ausgehenden 18. u. frühen 19. Jh.* (Kas 1932); *Die Aufführung der kath. Kirchenmusik* (Einsiedeln 1933); *Der gregorianische Choral* (Rb 1936); *G. Puccini* (Pd 1937); *Gesch. der kath. Kirchenmusik* (Düsseldorf 1939, ²1949); *E. Grieg* (Pd 1942); *Einführung in die Musikwiss.* (B 1942, H 1953); *Hdb. der kath. Kirchenmusik* (Essen 1949) (zus. mit H. Lemacher); *Die Messe, ihre musikal. Gestalt vom MA bis zur Gegenwart* (Dortmund 1951); *Der gregor. Choral, seine Gesch. u. Formen* (ebd. 1951); *Händel* (H 1953); *Mozarts Kirchenmusik* (Salzburg 1955); *W. A. Mozart* (Krefeld 1956); *Soziologie der Kirchenmusik* (Kö 1963); *Klang u. Struktur in der abendländischen Musik* (Kö 1967); *Das Problem Neue Musik* (Krefeld 1967); *C. Monteverdi e la musica del suo tempo,* in: RIMus 2 (1968); *Zum Wandel der abendländischen Musikauffassung,* in: Studia musicologica 11 (1969); *The Problem of Heritage in the Musical Life of the Present,* in: Studies in 18th Century Music. FS K. Geiringer (Lo 1970); *Monodie u. Polyphonie in der Musik des 16. Jh.* (Bru 1972); *Der Stilwandel in der abendländischen Musik* (Kö – Opladen 1972); *M. Bruch 1838–1920* (Kö 1974) (= Beitr. zur rheinischen Musikgesch. 103); *Der Akademismus in der dt. Musik des 19. Jh.* (Opladen 1976); *Der Futurismus in der it. Musik* (Bru 1977); *Wandlungen der mehrst. Kirchenmusik im 16. Jh.,* in: KmJb 61/62 (1977/78). – **2) Editionen:** *W. A. Mozart, Vespern* (1959) (= Neue Mozart-Ausg. I/2,2); *G. F. Händel, Passion nach Johannes* (1964) (= Hallische Händel-Ausg. 2).

Lit.: Gedenkrede v. K. W. NIEMÖLLER, in: Kölner Universitätsreden 63 (1984); Nachrufe v. G. MASSENKEIL, in: KmJb 67 (1983) u. in: Jahres- u. Tagungsber. der Görres-Ges. 1984 (Kö 1985).

K. W. NIEMÖLLER

FELLOWES, Edmund Horace, * 11. 11. 1870 London, † 21. 12. 1951 Windsor; engl. Musikforscher. F. war 1897–1900 Minor Canon und Precentor an der Kathedrale von Bristol, seit 1900 Minor Canon an St. Georges's Chapel in Windsor. 1923–27 dort auch Kapellmeister. 1918–48 war er Bibliothekar am St. Michael's College in Tenbury. Er war ein bedeutender Kenner der Vokal- und Instrumentalmusik der elisabethanischen Epoche, die er durch zahlreiche grundlegende Veröffentlichungen und Studien erschloß und für deren Aufführung er sich tatkräftig einsetzte.

WW: **1) Schriften** (wenn nichts anderes angegeben, in London erschienen): *English Madrigal Verse* (1920, ²1931), 3. Aufl. hrsg. v. F. W. Sternfeld – D. Greer (O 1967); *The English Madrigal-Composers* (1921, ²1948), Nachdr. der 2. Aufl. (1958); *W. Byrd* (1923, ²1928), ein 2. Buch mit dems. Titel (1936, ²1948); *O. Gibbons* (1925, ²1951, Nachdr. Hamden/Conn. 1970); *The English Madrigal* (1925, ³1947); *The Catalogue of Manuscripts in the Library of St. Michael's College, Tenbury* (P 1941, ³1946), revidiert v. J. A. Westrup (Lo – NY 1969); *Organists and Masters of the Choristers of St. George's Chapel in Windsor Castle* (1974). – **2) Editionen:** *The English Madrigal School,* 36 Bde. (1913–24), revidiert v. Th. Dart als: *The English Madrigalists* (1956 ff.); *The English School of Lutenist Song Writers,* 32 Bde. (1920 ff.), revidiert v. dems. als: *The English Lute-Songs* (Lo 1956 ff.); *The Collected Vocal Works of W. Byrd* (1937–50), Bd. 18–20 als: *The Collected Works of W. Byrd* (1962 ff.); *J. Dowland, Song I to X from Third Book of Airs* 1603 (Lo – NY 1961). – F. war Mitherausgeber der *Tudor Church Music,* 10 Bde. (Lo 1922–29, Suppl. 1947).

Lit.: E. H. F., Memoirs of an Amateur Musician (Lo 1946); H. F. REDLICH, In Memoriam E. H. F., in: Mf 5 (1952); S. T. WARNER, E. F. as Editor, in: MT 93 (1952); E. J. DENT, E. H. F., in: The Score (1952) Februar-H.; W. SHAW, E. H. F. 1870–1951, in: MT 111 (1970).

FELSENSTEIN, Walter, * 30. 5. 1901 Wien, † 8. 10. 1975 Berlin; östr. Regisseur und Theaterleiter. Er begann an der TH in Graz zu studieren, nahm dann aber 1921–23 Schauspielunterricht in Wien. Nach Engagements an mehreren deutschen Bühnen, wo er sich bald auch als Schauspielregisseur auswies, wurde er Oberspielleiter in Basel und in Freiburg i. Br., 1932 an der Oper in Köln, 1934 in Frankfurt am Main und – nach freiberuflicher Tätigkeit 1936–38 – am Schillertheater in Berlin, obwohl ihn die Reichskulturkammer ausgeschlossen hatte. Schon seit den 30er Jahren machte er auch als Opernregisseur auf sich aufmerksam. Nach 1945 wirkte er zunächst am Hebbeltheater in Berlin und wurde 1947 Intendant der Komischen Oper in Ost-Berlin. F. erhielt zahlreiche Ehrungen und Auszeichnungen. Er war Mitglied, seit 1954 auch Vizepräsident der Deutschen Akademie der Künste in Ost-Berlin, Ehrendoktor der Humboldt-Universität und der Universität Prag und wurde 1959 zum Professor ernannt. – F., der bis in seine letzten Lebensjahre mit großem Erfolg auch Schauspielregie führte, verdankt seinen Ruhm der Arbeit für das Musiktheater. Für seine gegen ein „kulinarisches Theater" gerichtete Konzeption des „realistischen Musiktheaters" waren ihm die Ästhetik und die Arbeitsweise K. Stanislawskis Vorbild, und wie dieser erstrebte er das totale Bühnenkunstwerk. Ausgang für seine Regiearbeit war der Text, dem er – im akribischen Zurückgehen auf die Quellen und oft durch Neuübersetzung – die psychologische Begründung der Handlung und damit die innere Wahrheit der Darstellung abzuringen versuchte. Dabei war F. zugleich ein Fanatiker des Details. Der Verwirklichung seiner Konzeption diente auch die Heranbildung des Sänger-Darstellers (gegen den bloßen „Stimmbesitzer" oder „Vokal-Idioten"); Singen sollte als selbstverständlicher

Ausdruck von Emotionen und Aktionen empfunden werden. Seiner kompromißlosen Zielstrebigkeit entsprach eine auch in der zeitlichen Ausdehnung exzessive Probenarbeit. Zu seinen bedeutenden Inszenierungen (seit 1947) gehören u.a.: *Die Fledermaus* von J. Strauß (1947), *Orpheus in der Unterwelt* von J. Offenbach (1948), *Carmen* von G. Bizet (1949 und 1972), *Figaros Hochzeit* von W. A. Mozart (1950 und 1975), *Die verkaufte Braut* von Fr. Smetana (1950), *Pariser Leben* von J. Offenbach (1951), *Der Freischütz* von C. M. von Weber (1951), *Falstaff* von G. Verdi (1952), *Das schlaue Füchslein* von L. Jánaček (1956), *Hoffmanns Erzählungen* von J. Offenbach (1958), *Othello* und *La Traviata* von G. Verdi (1959 bzw. 1960), *Ein Sommernachtstraum* von B. Britten (1961), *Ritter Blaubart* von J. Offenbach (1963), *Don Giovanni* von W. A. Mozart (1966), *Die Liebe zu den drei Orangen* von S. Prokofjew (1968), *Der Fiedler auf dem Dach* von J. Bock und J. Stein (1971). – Einige seiner Inszenierungen hat er auch exemplarisch verfilmt (*Othello, Hoffmanns Erzählungen* und *Ritter Blaubart*), um die Konzeptionen „in Einzelbezügen noch klarer und umfassender herauszuarbeiten". – Zu seinen Schülern gehören u.a. J. Herz (sein Nachfolger an der Komischen Oper), G. Friedrich, R. Berghaus-Dessau, H. Kupfer und K. Horres.

Schriften: *Musiktheater. Beitr. zur Methodik u. zu Inszenierungs-Konzeptionen*, hrsg. v. S. STOMPOR (L 1970, revidiert ²1976) (= Reclams Universal-Bibl. 458) (mit Inszenierungs- u. Schriften-Verz. sowie Bibliogr.); *Schriften zum Musiktheater*, hrsg. v. DEMS. (B 1978).

Lit.: Die Komische Oper 1947–54, hrsg. v. W. OTT – G. FRIEDRICH (B 1954); Jb. der Komischen Oper Berlin 1ff. (1960/61ff.); R. MÜNZ, Unters. zum realistischen Musiktheater W. F.s (1964) (= Diss. Humboldt-Univ. Berlin); CH. PARKER, Studying with F., in: Opera 15 (1964); Wege zum Musiktheater, hrsg. v. K. SCHLEGEL (B 1965) (darin auch mehrere Beiträge F.s); G. FRIEDRICH, W. F. (B 1967); E. KRAUSE – C. KOHL, F. auf der Probe (B 1971); K. SCHLEGEL, Tewje u. seine Schwiegersöhne. Zur Analyse v. zwei Szenen des Musicals „Der Fiedler auf dem Dach" in der Inszenierung v. W. F., in: Jb. der Komischen Oper 11 (1971); G. FRIEDRICH, Von F. lernen, in: ebd.; M. KOERTH, F. inszeniert Carmen (B 1973); W. F. über Musiktheater, hrsg. v. S. STOMPOR (B 1973) (= Material zum Theater 35).

FELSZTYN (Felstinensis, de Felstin, Felsztyński), **Sebastian von,** * zwischen 1480 und 1490 Felsztyn (Galizien), † 1544 (1543?); poln. Musiktheoretiker und Komponist. F. studierte 1507–09 an der Krakauer Universität, die er als Baccalaureus artium liberalium verließ, war später Vikar in Felsztyn und anschließend vermutlich in Przemyśl. Er war der erste Mensuraltheoretiker und vermutlich auch der erste Vertreter der vierstimmigen Schreibweise in Polen. In seinen wenigen erhaltenen Motetten pflegte er die ältere Technik der Bearbeitung eines Cantus firmus in gleich langen Notenwerten.

WW: **1) Kompositionen:** 4 lat. Mariengesänge (hsl. in Krakau); ein Druck mit 4st. Hymnen (Krakau 1532) ist nicht erhalten. – **2) Schriften:** *Opusculum musice ... pro institutione adolescentum in cantu ... gregoriano* (Krakau um 1515, spätere Aufl. um 1525 und, mit einem Anhang von M. Kromer *Musica figurativa*, 1534); weitere Traktate sind verloren.

Ausg.: *Virgini Mariae laudes*, hrsg. v. J. SURZYŃSKI, in: Monumenta Musices Sacra in Polonia 2 (Posen 1887); je ein Satz in: Muzyka w dawnym Krakowie, hrsg. v. Z. M. SZWEYKOWSKI (Krakau 1964), in: Muzyka staropolska, hrsg. v. H. FEICHT (ebd. 1966).

Lit.: A. CHYBIŃSKI, Teoria mensuralna ... (Krakau 1910); Z. JACHIMECKI, Die poln. Musik zur Zeit der Piasten u. Jagiellonen in Polen, ihre Gesch. u. Kultur (War 1927) (poln.); S. ŁOBACZEWSKA, O utworach S. a z Felsztyna, in: Kwart. Muz. (1929) Nrn. 3–4; A. CHYBIŃSKI, Do biografii S. a z Felsztyna, in: ebd. (1932) Nrn. 14–15; Z dziełów polkiej kultury muzycznej 1, hrsg. v. S. ŁOBACZEWSKA – T. STRUMIŁŁO – Z. M. SZWEYKOWSKI (Krakau 1958).

FELTON, William, * 1715 Drayton (Shropshire), † 6.12.1769 Herford; engl. Komponist. F. studierte seit 1735 am St. John's College in Cambridge und wurde 1741 zum Priester geweiht. Im gleichen Jahr wurde er Vicar choral und Sub-chanter an der Kathedrale von Herford und 1769 Kustos des Vicars choral-Kollegiums. Er veröffentlichte in London 5 Sammlungen mit insgesamt 32 Concerti für Orgel oder Cembalo mit Streichern und Oboen im Stil Händels, 2 Sammlungen Suiten für Cembalo, ferner ein 3st. Lied, *Fill the Glass*, das später unter den Namen *F.'s Gavot* und *Farewell Manchester* berühmt wurde.

Ausg.: Concerto op. 1, Nr. 5, hrsg. v. J. W. WEST (Lo 1904); Concerto op. 2, Nr. 3, hrsg. v. E. P. BIGGS (NY 1942); *Three Movements from Concertos*, hrsg. v. H. WALL (O 1939). – *Gavot*, hrsg. v. Craxton & Moffat (Lo 1928); dass. hrsg. v. H. WALL (Lo 1928); *Alman, Siciliana and Jig*, hrsg. v. H. WALL (Lo 1938); *Minuet and Variations*, hrsg. v. DEMS. (Lo 1936).

Lit.: CH. BURNEY, A General History of Music 4 (Lo 1789), in der NA v. F. MERCER 2 (Lo 1935); J. VENN, Alumni Cantabrigienses I/2 (C 1922).

FENAROLI, Fedele, * 25. 4. 1730 Lanciano (Abruzzen), † 1. 1. 1818 Neapel; it. Komponist und Musikpädagoge. F. war Schüler von L. Leo und von Fr. Durante am Conservatorio di S. Maria di Loreto in Neapel, seit 1762 dort Zweiter und seit 1777 Erster Kapellmeister. Nach der Vereinigung dieses Instituts mit dem Conservatorio della Pietà dei Turchini, aus der 1808 das Conservatorio S. Pietro a Majella hervorging, wurde F. mit G. Paisiello und G. Tritto mit der Reorganisation des Unterrichts beauftragt und lehrte weiterhin Kontrapunkt. Bedeutung erlangte er vor allem als Lehrer. Zu seinen Schülern gehörten u.a. D. Cimarosa, N. Zingarelli, C. Coccia und Carafa de Colobrano.

WW: **1) Kompositionen** (hsl. erhalten): *Intavolature e Sonate per cembalo* (1793); zahlreiche kirchenmusikal. Werke in versch. Besetzung, meist mit Instr., einige Opern u. Oratorien. – **2) Schriften:** *Regole musicali per i principianti di cembalo nel sonar coi numeri e per i principianti di contrappunto* (Neapel 1775); *Partimenti ossia Basso numerato* u. *Studio del contrappunto* (R um 1800).

Lit.: T. CONSALVO, La teoria musicale del F. (Neapel 1826); G. DE NAPOLI, F. F. nel secondo centenario della nascita, in: Musica d'oggi 12 (1930); DERS., G. Tritto, V. Lavigna, S. Mercadante (Mi 1931).

FENNIMORE UND GERDA, Zwei Episoden aus dem Leben Niels Lyhnes von Frederick Delius (1862–1934), Text vom Komponisten nach dem Roman *Niels Lyhne* (1880) von Jens Peter Jacobsen. Ort und Zeit der Handlung: Dänemark in der zweiten Hälfte des 19. Jahrhunderts. UA (in dt. Sprache): 21. 10. 1919 in Frankfurt am Main.

Einen Zeitraum von etwa sieben Jahren umspannt die von Delius in seiner letzten, bereits 1910 vollendeten Oper beschriebenen Geschichte um den Schriftsteller Niels Lyhne, der nach einer unglücklichen Liebe mit Fennimore, der Frau seines Vetters Erik Refstrup, eine offenbar unkomplizierte Verbindung mit der sehr viel jüngeren Gerda Skinnerup eingeht. In elf Bildern werden Stationen der geistigen und seelischen Entwicklung der Figuren momentartig belichtet – zusammengefaßt in zwei Episoden, deren erste (Bild 1–9) die Entwicklung einer Dreiecksbeziehung in einer durch sensiblen Intellektualismus geprägten Atmosphäre vorstellt. In scharfem Kontrast dazu steht die zweite Episode (Bild 10 und 11), in der Niels Lyhne aus dem Künstler- und Intellektuellendasein in ein Leben rustikaler, teils abgeklärter, teils resignativer Einfachheit flieht. Die an spätromantischen Klangidealen orientierte musikalische Sprache – besonders geprägt durch zarte Bläsermixturen über einem ständig modulierenden, dunkel gesättigten Streicherchor und einzelne impressionistische Elemente, wie etwa die zu klangtraubenartiger Begleitung gesungene Tenorvokalise einer Stimme auf dem Wasser (2. Bild) – verleiht dem Werk eine nur von dramatischen Höhepunkten unterbrochene Grundstimmung von melancholischer Empfindsamkeit und träumerischer Idylle.

W. A. MAKUS

FEO, Francesco, * 1691 Neapel, † 28. (18.?) 1. 1761 ebd.; it. Komponist. F. war 1704–12 Schüler von N. Fago am Conservatorio della Pietà dei Turchini in Neapel und trat dort am Teatro San Bartolomeo 1713 mit seiner ersten Oper *L'Amor tirannico* hervor. 1723–38 war er Kapellmeister am Conservatorio Sant'Onofrio, 1739–43 am Conservatorio dei Poveri di Gesù Cristo und 1726–45 auch an S. Annunziata. F. schrieb etwa 10 Opere serie mit Buffo-Einlagen, ferner 5 Oratorien und viele geistliche Werke. Mit seinen Opern zählt F. zu den Vertretern des neapolitanischen Stils; in seiner Kirchenmusik verbinden sich kontrapunktisch strenge Satzweise mit kantabler Melodik.

WW (hsl. erhalten): Zahlr. kirchenmusikal. Werke (Messen, Motetten, Psalmen u. a.) in versch. Besetzung mit u. ohne Instr.; 5 Oratorien, ca. 10 Seria-Opern, teilweise mit Buffo-Einlagen, darunter *L'amor tirannico,* UA: Neapel 1713; *Siface, re di Numidia,* UA: ebd. 1723; *Oreste,* Serenata, UA: Madrid 1738; *Arsace,* UA: Turin 1741.

Lit.: H. ABERT, N. Jommelli (Hl 1908); S. DI GIACOMO, I quattro antichi Conservatori di Napoli 1 (Palermo 1924); K. G. FELLERER, Der Palestrinastil u. seine Bedeutung in der vokalen Kirchenmusik des 18. Jh. (Au 1929); U. PROTA-GIURLEO, Breve storia del teatro di Corte (Neapel 1952).

FERAGUT (Feragutius, Ferracuti), **Beltrame** (Bertrand, Beltrandus, Frater Beltramus), Augustiner-Eremit; wahrscheinlich aus Avignon stammender, in Italien wirkender Komponist der 1. Hälfte des 15. Jahrhunderts. F. lebte vielleicht einige Zeit in Vicenza, wie seine 1409 zur Amtseinführung des Bischofs Pietro Emiliani geschriebene Motette *Excelsa civitas Vincencia* nahelegt. Sie wurde 1433 mit leicht verändertem Text auch für Emilianis Nachfolger F. Malipiero aufgeführt. 1425–30 wirkte F. unter dem Namen Don Beltrandus de Vignone als Kapellmeister und Tenorist am Mailänder Dom. Die Motette *Francorum nobilitate* entstand wahrscheinlich für den Empfang König Karls VII. von Frankreich in Ferrara während des Konzils von Ferrara-Florenz-Rom. 1439 war er Sänger an S. Maria del Fiore und an S. Giovanni in Florenz, 1449 Erster Chapelain der Kapelle König Renés von Sizilien. Seine Kompositionen, die an den Frühstil Dufays anknüpfen, umfassen 3 3st. Liedmotetten, von denen nur die Oberstimme textiert ist, 4 3st. Messesätze mit 1–2 Instrumentalstimmen, eine Hymne, ein Magnificat in Fauxbourdon-Technik sowie ein 3st. Rondeau.

Ausg.: Motette *Excelsa civitas Vincencia,* hrsg. v. CH. VAN DEN BORREN, in: Polyphonia Sacra (Burnham 1932, NA Pennsylvania 1963); dass., in: A. GALLO – G. MANTESE, Ricerche sulle origini della cappella musicale del duomo di Vicenza (V – R 1964); Rondeau, in: F. FANO, La cappella musicale del Duomo di Milano. Le origini e il primo maestro di cappella: Matteo de Perugia (Mi 1956).

Lit.: H. BESSELER, Stud. z. Musik des MA 1, in: AfMw 7 (1925/26); W. KORTE, Stud. z. Gesch. der Musik in Italien im ersten Viertel des 15. Jh. (Kas 1933); G. DE VAN, Inventory of Ms. Bologna, Liceo Musicale (olim 37), in: MD 2 (1948); H. BESSELER, Bourdon u. Fauxbourdon (L 1950, ²1974); G. DE VAN, The Ms. Bologna Bibl. Universitaria 2216, in: MD 6 (1952); G. REANEY, The Ms. Oxford, Bodl. Libr. Can. Misc. 213, in: MD 9 (1955); C. SARTORI, Matteo da Perugia et B. F., i due primi maestri di cappella del Duomo di Milano, in: AMl 28 (1956); F. A. D'ACCONE, The Singers of S. Giovanni in Florence during the 15th Century, in: JAMS 16 (1961); A. GALLO, s. o. Ausg.

FERAND, Ernest Thomas, * 5. 3. 1887 Budapest, † 29. 5. 1972 Basel; amerik. Musikforscher ungarischer Herkunft. F. studierte 1904–08 an der Technischen Hochschule, 1907–11 an der Musikhochschule und 1910–12 an der Universität in Budapest. 1913–14 war er Schüler von É. Jaques-Dalcroze in Hellerau bei Dresden, 1919–20 am Institut Jaques-Dalcroze in Genf. 1912–19 lehrte er am Fodorschen Konservatorium in Budapest, 1920–25 als Nachfolger von Jaques-Dalcroze an der Neuen Schule Hellerau, die er nach ihrer Verlegung nach Schloß Laxenburg bei Wien bis 1938 leitete. Er studierte Musikwissenschaft an der Universität Wien und wurde 1937 mit der Dissertation über *Die Improvisationspraxis in der Musik. I. Teil: Von den Anfängen bis um 1600* (gedruckt als *Die Improvisation in der Musik,* Z 1939) promoviert. 1938 emigrierte F. in die USA und war dort 1939–65 Associate Professor of Music an der New School for Social Research in New York. 1958–59 lehrte er als Gastprofessor auch an den Universitäten in Köln und Frankfurt am Main, 1962–63 in Basel.

Schriften: *Die Improvisation in Beispielen* (Kö 1956) (= Das Musikwerk 12) (revidiert Kö ²1961); *What is „res facta"?,* in: JAMS 10 (1957); *Zum Begriff der „compositio" im 15. u. 16. Jh.,* in: Kgr.-Ber. Köln 1958 (Kas 1959); *Anchor che col partire. Die Schicksale eines berühmten Madrigals,* in: FS K. G. Fellerer (Rb 1962); *Didactic Embellishment Literature in the Late Renaissance,* in: Aspects of Medieval and Renaissance Music. FS G. Reese (NY 1966).

Lit.: E. LICHTENHAHN, in: SMZ 112 (1972).

FERDINAND III., * 13. 7. 1608 Graz, † 2. 4. 1657 Wien; römisch-dt. Kaiser (1637–57). Als Sohn und Nachfolger Ferdinands II. setzte F. dessen Politik im Sinn der Gegenreformation fort. In der Musik erhielt er Unterricht durch den Hofkapellmeister G. Valentini. Seine musikalische Veranlagung führte ihn auch zu eigener kompositorischer Tätigkeit. Die geistlichen wie weltlichen Werke zeichnen sich durch freie Formgebung mit rasch wechselnden kurzen Sätzen, kontrastreiche Besetzung und farbige Harmonik aus. Sie spiegeln den Einfluß der venezianischen Schule, der auch Valentini angehörte, und der italienischen Frühmonodie wider. Hervorzuheben sind ein 12st. *Miserere* und das von A. Kircher (*Musurgia Universalis,* 1650) gerühmte *Drama musicum* (vor 1649), ein allegorisches Spiel von himmlischer und irdischer Liebe, mit dem F. an E. de' Cavalieris *Rappresentazione di Anima e di Corpo* anknüpfte. F. ist zu verdanken, daß die italienische Oper in Wien Fuß fassen konnte. Wie Valentini betätigte er sich auch als Dichter; er gründete im letzten Regierungsjahr eine literarische Akademie nach it. Vorbild.

Ausg.: Musikal. WW der Kaiser F. III., Leopold I u. Joseph I, hrsg. v. G. ADLER, 2 Bde. (W 1892), Nachdr. in einem Bd. (Farnborough 1971); 3 Sonaten in: Musik östr. Monarchen für Spielmusikgruppen, hrsg. v. R. CLEMENCIC (W 1970) (= Rote Reihe 21).

H. FEDERHOFER

FERDINAND CORTEZ oder die Eroberung Mexikos *(Fernand Cortez ou la conquête du Mexique),* Oper in 3 Akten von Gasparo Spontini (1774 bis 1851), Text von Joseph Alphonse Esménard und Victor Joseph Étienne de Jouy nach der gleichnamigen Tragödie (1744) von Alexis Piron. Ort u. Zeit der Handlung: Mexiko, im November 1519. UA: 28. 11. 1809 in Paris (Opéra), dt. EA (in it. Sprache): März 1812 in Dresden, EA in dt. Sprache: 26. 5. 1812 in Wien (Kärntnerthor-Theater) (Übers. von I. F. Castelli).

Die Oper, eines der drei in Paris komponierten Werke Spontinis, steht am Beginn einer langen Reihe historischer Ausstattungsopern. Die Handlung ist gegenüber Pirons Tragödie in einen glücklichen Ausgang umgebogen, bei dem sich Spanier und Mexikaner anläßlich der Hochzeit des Ferdinand Cortez mit der Schwester des mexikanischen Kriegshelden Telasko, Amazily, versöhnen. – Das Werk zeigt schon Eigentümlichkeiten der Grand Opéra: Durchkomposition mit Verknüpfung der einzelnen Nummern durch Accompagnato-Rezitative, zahlreiche Ensemble- und Chorszenen, ausgedehnte Tanzeinlagen und reichste personelle wie szenische Ausstattung. Das Werk, dessen UA Napoleon befohlen hatte, mußte als Konsequenz aus der politischen Situation in seiner Ereignisfolge umgearbeitet werden (UA der Neufassung: 28. 5. 1817 in Paris) und erlebte sowohl in Paris (bis 1840 etwa 250 Aufführungen) als auch in Berlin (bis 1894 ständig im Repertoire) zahlreiche Wiederholungen. Carl Maria von Weber gab mit dieser Oper 1813 sein Debüt als Dirigent in Prag. Eine 1974 in Venedig vorgenommene Einstudierung blieb ohne Nachklang.

B. DELCKER

FERGUSON, Howard, * 21. 10. 1908 Belfast; engl. Komponist und Musikforscher. F. war in London seit 1922 Schüler des Royal College of Music und 1948–63 Kompositionslehrer an der Royal Academy of Music. In seinen Schriften beschäftigte er sich vor allem mit der älteren Klaviermusik, die er auch edierte. Als Komponist knüpfte F. an die deutsche Romantik an und bevorzugte besonders die kleineren Formen. Er trat auch als Pianist auf.

WW: **1) Kompositionen:** 2 Sonaten für V. u. Klv. (Lo 1933, 1949); Oktett, op. 4 (1933) für Klar., Fag., Horn, Streichquartett u. Kb.; für Orch. u. a.: *Partita,* op. 5a (Lo 1937); *Four Diversions,* op. 7 (Lo 1948); Klv.-Konzert, op. 12 (Lo 1952); *Two Ballads,* op. 1 für Bar. u. Orch. (Lo 1934); Kantaten: *Amore Langueo,* op. 18 (1956) für Tenor, Chor u. Orch.; *The Dream of the Rood,* op. 19 (1959) für Sopran, Chor u. Orch. – **2) Schriften:** *Preparatory Exercises in Score-Reading* (zus. mit R. O. Morris) (Lo 1931); *Style and Interpretation,* 4 Bde. (Lo 1963–64); *Early French Keyboard Music,* 2 Bde. (Lo 1966); *Early Italian Keyboard Music,* 2 Bde. (Lo 1968); *Early German Keyboard Music,* 2 Bde. (Lo 1970); *Early English Keyboard Music,* 2 Bde. (Lo 1971); *Keyboard Interpretation from the 14th to the 19th Century* (Lo 1975). – **3) Editionen:** Ältere Klv.-Musik, u. a. von: *H. Purcell* (Lo 1964); *J. Blow* (Lo 1965); *F. d'Agincourt* (P 1969).

Lit.: J. RUSSELL, H. F.'s „Amore Langueo", in: Tempo (1956) Nr. 12.

FERMATE (von it. fermata = Halt, Haltepunkt; engl.: pause, hold; frz.: point d'orgue; span.: calderón; it. auch corona genannt), das Zeichen 𝄐 über (in bestimmten Fällen auch unter) einer Note bzw. einem Akkord, seltener über einer Pause oder – wie bei manchen Komponisten des 20. Jh. – über dem Taktstrich. Es zeigt in der Regel eine in ihrer Dauer nicht exakt bestimmte Verlängerung des Notenwertes (bzw. des Pausenwertes oder einer durch den Taktstrich markierten Zäsur) an. In der Musik des 14.–15. Jh. erscheinen F.n nur selten, und zwar meist über einzelnen Noten in homorhythmischen Abschnitten, um eine bestimmte Klangfolge und den ihr zugeordneten Text nachdrücklich hervorzuheben. Ein früher Beleg dafür findet sich in der Ballade *Se galaas* von Jo. Cuvelier (Hs. Chantilly, Musée Condé 1047, NA u. a. in CMM 53), spätere Beispiele bietet u. a. G. Dufay (z. B. in der Motette *Alma redemptoris mater,* NA u. a. in Chw 1), wo bei den Schlußworten *peccatorum miserere* die einzelnen Akkorde zu jeder Silbe F.n tragen. Die erste Erwähnung der F. im musiktheoretischen Schrifttum (als *Corona*) geschieht bei Anonymus X (Coussemaker Scr. III). In der Musik seit dem 16. Jh. wird die Setzung von F.n häufiger. Sie werden nun auch dazu verwendet, um den Schluß eines Stückes anzuzeigen, so etwa in vielen Motetten und Messen des 16.–17. Jh., und noch Beethoven setzt an das Ende aller Sätze der *Missa solemnis* Pausen über die Schlußakkorde bzw. -pausen. Ein Sonderfall dieser Verwendungsart der F., die wohl auch im Sinne eines optischen Signals zu verstehen ist, betrifft die homorhythmisch harmonisierten Choräle des 17./18. Jh. (↗Kantionalsatz), wie sie sich namentlich auch in vielen Kantaten J. S. Bachs finden. In ihnen ist in der Regel das Ende jeder Choralzeile durch eine F. markiert. In ↗Da capo-Arien bezeichnet die F. (oft mit der zusätzlichen Angabe Fine) das Ende des ersten, zu wiederholenden Arienteils. In Solokonzerten des 18. Jh. zeigt sie den Eintritt der Kadenz (↗Kadenz 2) an. In ↗Kanons stehen F.n dort, wo die einzelnen Stimmen zum Schluß geführt werden können.

Lit.: F. NOSKE, Bemerkungen zur F., in: Mf 17 (1964).

G. MASSENKEIL

FERNÁNDEZ, Oscar Lorenzo, ↗Lorenzo Fernández, Oscar.

FERNÁNDEZ ARBÓS, Enrique, * 24. 12. 1863 Madrid, † 2. 6. 1939 San Sebastian; span. Violinist, Dirigent und Komponist. F. studierte am Madrider Konservatorium u. a. bei J. de Monasterio, war später Schüler von H. Vieuxtemps und Fr. Gevaert in Brüssel und von J. Joachim in Berlin. Nach vorübergehender Lehrtätigkeit am Hamburger und am Madrider Konservatorium lehrte er seit 1891 Violine am Royal College of Music in London. 1903–36 dirigierte er das Madrider Symphonieorchester, war außerdem Konzertmeister des Orchesters der Königlichen Kapelle und Violinlehrer am Konservatorium. Als Dirigent setzte er sich besonders für die Werke von J. Brahms und der neuen französischen Schule ein.

WW: *Trois pièces originales dans le genre espagnol* für Klv.-Trio; V.-Stücke; musikal. Komödie *Viaje del centro de la tierra* (Ma 1895); Orch.-Bearb. der Iberia-Suite v. Albéniz; Lieder. – F. edierte ferner Werke v. Vieuxtemps. – Autobiographie *Arbós* (Ma 1963) (= Yunque 17), mit Anhang v. J. M. Franco, Aspectos biográficos y críticos.

Lit.: V. ESPINÓS, El maestro A. (Ma 1942).

FERNÁNDEZ CABALLERO, Manuel, * 14. 3. 1835 Murcia, † 26. 2. 1906 Madrid; span. Komponist. F. war Schüler von P. Albéniz am Konservatorium in Madrid, trat dort als Violinist in das Teatro Real ein, leitete seit 1853 verschiedene Theaterorchester und seit 1864 in Kuba 7 Jahre lang eine Zarzuela-Truppe. Nach Spanien zurückgekehrt, widmete er sich mit großem Erfolg der Komposition von Zarzuelas, die ihn über Spanien hinaus bekanntmachten. Sein populärstes Werk war *El Dúo de la Africana* (1893).

WW: Zarzuelas, u. a.: *La Marsellesa* (1876); *Los Sobrinos del Captain Grant* (1877); *El Salto del Pasiego* (1878); *El Dúo de la Africana* (1893); *El Cabo primero* (1896); *La Viejecita* (1897); *Gigantes y Cabezudos* (1898).

Lit.: E. COTARELO Y MORI, Historia de la zarzuela (Ma 1934); J. DELEITO Y PINELA, Origen y apogéo del género chico (Ma 1949).

FERNE KLANG, DER, Oper in 3 Akten von Franz Schreker (1878–1934), Text vom Komponisten. Ort u. Zeit der Handlung: Deutschland u. Venedig, in der Gegenwart; der 2. Akt spielt zehn Jahre nach dem 1., der 3. Akt fünf Jahre nach dem 2. UA: 18. 8. 1912 in Frankfurt am Main.
Schrekers erste Oper, entstanden zwischen 1901 und 1910, vereinigt bereits alle musikalischen Ausdrucksmöglichkeiten, die den Kompositionsstil dieses Musikers prägen: Elemente der veristischen Oper, des deutschen spätromantischen Musikdra-

mas und der harmonischen und klangfarblichen Eigentümlichkeiten impressionistischer Kompositionen. Die klangliche Nähe zu frühen Werken Arnold Schönbergs, insbesondere zu den *Gurre-Liedern,* ist nicht zu überhören. Mit einer Vielzahl von Stilmitteln, die von Belcanto-Partien bis zum gesprochenen Wort und von der geschlossenen musikalischen Form bis zur melodramatischen Partie reichen, gelingt Schreker eine detaillierte Abstufung und Intensivierung musikdramatischer Ausdruckswerte. In Verbindung mit einer Künstlertragödie als Bühnenhandlung, die den Gesetzen des bürgerlichen Trauerspiels gehorcht, entsteht auf diese Weise ein Werktyp, den man gern als Prototyp der Fin-de-siècle-Oper bezeichnet. Der 2. Akt hinterläßt den nachhaltigsten Eindruck stilistischer Geschlossenheit und bietet musikdramatisch bedeutsame Partien, weil synchrone Handlungselemente sprachlich, szenisch und musikalisch parallel realisiert werden und an Knotenpunkten der Handlung in klanglich-szenischen Tableaux konvergieren. *Der ferne Klang* wurde am 13. 9. 1964 als erste Wiederaufführung einer Schreker-Oper nach dem Verbot durch die Nationalsozialisten (1933) in Kassel inszeniert.

J. SCHLÄDER

FERNEYHOUGH, Brian, * 16. 1. 1943 Coventry; engl. Komponist. Er war Schüler von L. Berkeley an der Royal Academy of Music in London und von Kl. Huber an der Musik-Akademie der Stadt Basel. Dann ließ er sich als freischaffender Komponist in der Schweiz nieder. Sein Schaffen ist durch äußerste Kompliziertheit und Konzentration gekennzeichnet. Eine Fülle neuer Symbole, ergänzt durch zahlreiche konventionelle Angaben, bestimmt das Partiturbild. Die kompositorische Struktur geht insofern über die serielle Technik hinaus, als sie bewußt das den Variationsprozessen zugrunde liegende Material nicht erkennen läßt.

WW: 3 Klv.-Stücke (1971); *Coloratura* (1966) für Ob. u. Klv.; *Sonata* (1967) für 2 Klv.; *Sonatas* (1967) für Streichquartett; *Epicycle* (1968) für 20 Solo-Str.; *Cassandra's Dream Song* (1970) u. *Unity Capsule* (1978) für Solofl. – *Missa Brevis* (1969) für 12 St.; *Time and Motion Study III* (1974) für 16 Solo-St., Schlagzeug u. elektron. Verstärkung; *Transit* für Stimmen u. Instr. – Ferner ein Aufsatz *Epicycle, Missa Brevis, Time and Motion Study III,* in: Ferienkurse '76, hrsg. v. E. Thomas (Mz 1976) (= Darmstädter Beitr. zur Neuen Musik 16).

Lit.: C. GOTTWALD, B. F. oder Von der Metaphysik des Positivismus, in: Melos/NZ 3 (1977).

FERNSEHEN, Musik im Fernsehen. Das ästhetische Medium Musik und das technische Medium F. befinden sich in einem kaum auflösbaren Gegensatz: optische und akustische Wahrnehmungsverläufe stehen gleichsam quer zueinander. Sehen bedeutet im wesentlichen das Auffassen von Simultangestalten, während beim Hören überwiegend Sukzessivgestalten aufgenommen und ausgegliedert werden. Die Fernseh-Wahrnehmung setzt sich quantitativ aus ⅘ Sehen und ⅕ Hören zusammen. Vor dem Bildschirm schlägt das Musikhören in eine Art Bildersehen um unter Preisgabe der Konzentration auf das, worauf es primär ankäme: auf den musikalischen Prozeß. Fernsehmusik – so die empirischen Befunde – wird weniger positiv eingeschätzt als nur gehörte Musik; das Bild unterbindet eigenschöpferische Assoziationsflüsse; es verhindert weitgehend eine werkbezogene Wahrnehmung, schmälert die Eindrucks-Intensität, schwächt die auditive Wahrnehmungs-Energie oder zehrt diese ganz auf. Die Dominanz der Bilder ist mehr oder weniger total und deswegen der Wahrnehmungs- wie der Seins-Form von Musik inkompatibel. Und nur wenige Redakteure haben bislang die Konsequenz daraus gezogen, allein solche Musik ins Bild zu setzen, für die eine gestisch-szenische Komponente konstitutiv ist, d. h. szenische Musik im weitesten Sinne.

Musiksendungen im F. beruhen auf einer Bildregie, die entweder assoziativ das Musikwerk mit optischen Impressionen versieht, wobei das Werk selbst auf die Funktionsstufe von Background Music zurückfällt, oder die strukturierend die jeweils spielenden Instrumente ins Bild rückt. Musiksendungen mit Dokumentation machen einen noch spärlichen Anteil aus, obwohl gerade ihnen eine medienspezifische Bedeutung zugesprochen wird, da sie anstelle des fertigen musikalischen Produkts den Entstehungsprozeß zeigen und damit Interesse auf das Werk selbst hervorrufen. Im Unterschied dazu sind Unterhaltungssendung oder Hitparaden vordergründig audiovisuell konzipiert. Eine besondere Bedeutung im F. kommt der Oper zu (Live-Übertragungen, ↗Play-back-Verfahren und gedoubelte Aufführungen). Die Entwicklung einer medienspezifischen Gattung *Fernsehoper* hingegen steckt noch in den Anfängen wie auch das Konzept eines medientypischen Fernsehballetts nach dem Vorbild von Birgit Cullmann.

Musik im Fernsehen ist aber nicht nur bildbegleitet, sondern noch häufiger bildbegleitend und dann vorwiegend ein „heimliches" Fernseh-Angebot: als funktional-hintergründige Musik in Kindersendungen, bei Dokumentarfilmen, als klingende Titel-Signets, als „Tafelmusik" (bei wandernden Schrifttafeln), in Werbespots und Fernseh-Serien.

Lit.: J. THIEL, Musikdramaturgie für den Bildschirm, in: Gravesaner Blätter 7 (1965); G. MIELKA, Musiktheater auf dem Bildschirm, in: Jb. der Komischen Oper Berlin 7 (1966/67); F. MUGGLER, Rundfunk u. F. als Kulturträger, in: SMZ 110

(1970); H. BERTZ-DOSTAL, Oper im F., 2 Bde. (W 1970–71); Musik in den Massenmedien Rundfunk u. F. Perspektiven u. Materialien, hrsg. v. H.-CH. SCHMIDT (Mz 1976) (mit umfangreicher Bibliogr.); DERS., Zum Dilemma der Visualisierung v. Musik im F. (1977) (= Das Orch. 12); DERS., Die Musik in der Kindersendung des F. Analyse, Kritik, Wirkungen, in: Forsch. in der Musikerziehung, hrsg. v. E. Kraus (Mz 1977); H. J. PAULI, Musik in den Massenmedien (Kas 1977) (= In Sachen Musik); J. M. FISCHER, Prima le immagini, dopo la musica. Überlegungen zur Gesch. u. aktuellen Situation der sogenannten „E-Musik", speziell der Oper im F., in: Fernsehsendungen u. ihre Formen, hrsg. v. H. Kreuzer – K. Prümm (St 1979); H.-CH. SCHMIDT, Musik im F. Operngianz auf Mattscheiben? (1980) (= Musik u. Bildung 1); Musik im F., in: Musica 1 (1980) (Sonder-H.).

H.-CH. SCHMIDT

FERNWERK, vom übrigen Pfeifenwerk weit entfernt aufgestellter Teil einer großdisponierten Orgel; gelegentlich auch ↗Echowerk genannt. Meist befindet sich das F. in einem abgeschlossenen Raum (z. B. Dachboden), der durch einen Kanal mit dem Hauptraum verbunden ist. Der als „Fernklang" erzeugte Effekt war im 19. und beginnenden 20. Jh. sehr beliebt.Erhalten geblieben sind F.e u. a. in Esslingen (Stadtkirche), Luzern (Hofkirche) und Mannheim (Christuskirche).

FERRABOSCO (Ferabosco), Musikerfamilie it. Herkunft. – **1) Domenico Maria,** * 14. 2. 1513 Bologna, † Februar 1574 ebd.; Komponist. Er war zunächst Sänger, seit 1547 Kapellmeister an San Petronio in Bologna, 1551–55 päpstlicher Kapellsänger in Rom und zuletzt vermutlich Kapellmeister an San Lorenzo in Damasia.

WW: Madrigale für 4 St. (V 1542); viele Madrigale, auch in Lautenbearb., erschienen in Sammeldrucken des 16. Jh.

2) Alfonso (I), Sohn von 1), getauft 18. 1. 1543 Bologna, † 12. 8. 1588 ebd.; Komponist. Er stand seit 1562 im Dienst Königin Elisabeths I. von England und ist bis 1578 in England nachweisbar. Nach Italien zurückgekehrt, wirkte er beim Herzog von Savoyen in Turin. F.s Wirken und seine Werke hatten maßgeblichen Anteil an der Rezeption italienischer Musik in der 2. Hälfte des 16. Jh. durch englische Komponisten, die durch ihn insbesondere die Gattung des Madrigals kennenlernten; Th. Morley rühmt ihn als Meister der Imitation.

WW: **1) Instr.-WW** (hsl. erhalten): Fantasie u. Pavane für Laute; Fantasien u. *In nomine*-Kompositionen für 3 u. 5 Violen. – **2) Vokal-WW:** 2 Bücher Madrigale für 5 St. (V 1587), 19 daraus auch in RISM 1588[29] u. 1598[24]; hsl. erhalten bzw. in Sammeldrucken: 2 Chansons für 5 St.; 76 Motetten für 3–7 St.; 4 Lamentationen für 5–6 St.; weitere lat. Gesänge für 5–6 St.

3) Alfonso (II), Sohn von 2), * um 1572 Greenwich (?), begraben 11. 3. 1628 ebd.; Komponist. Er trat 1592 in den Dienst Königin Elisabeths I., wurde unter Jakob I. 1604 Violinist der Chapel Royal und Musiklehrer des Prinzen Heinrich sowie des späteren Königs Karl I., unter dem er 1626 als Nachfolger J. Coperarios Hofkomponist wurde. F.s Kompositionen für Violenensemble gehören zu den bedeutendsten ihrer Zeit in England. Auch war er einer der ersten, die für Lyra-Viol komponierten.

WW: **1) Instr.-WW:** *Lessons* für 1–3 Violen (Lo 1609); einzelne Stücke in dt. Sammeldrucken (RISM 1603[15] u. 1621[19]); zahlr. Werke für Violenensemble (Dumps, Fancies, *In nomine*-Kompositionen u. a.) hsl. in London u. Oxford; *Lessons* für Lyra-Viol. – **2) Vokal-WW:** *Ayres* für 1–2 St. mit Laute u. Baß-Viole (Lo 1609) (enthält Gesänge u. Dialoge, z. T. aus Masques von B. Jonson); 3 Anthems in RISM 1614[7]; Motetten für 3–4 St.; Lamentationen; 23 Madrigaletten für 4 St.

4) John, Sohn von 3), getauft am 22. 9. 1626, † 15. 16. 1682 Ely; Komponist. Er war 1662–82 Organist an der Kathedrale von Ely und wurde 1671 Bachelor of Music in Cambridge. In Ely sind 14 Services und 11 Anthems hsl. von ihm erhalten. – **5) Matthia** (Mattio, Mattia), Vetter von 1), getauft 16. 7. 1550 Bologna, † 23. 2. 1616 Graz; Komponist. Er war 1581–1616 am Grazer Hof, zunächst als Altist, später auch als Vizekapellmeister und Praeceptor der Kapellknaben. Er veröffentlichte einen Band *Canzonette für 4 St.* (V 1585), mit denen er zu den frühen Meistern der Gattung zählt. – **6) Costantino,** vermutlich Bruder von 5), * nach 1550 Bologna; Komponist. Er stand im Dienst Rudolfs II. Auch von ihm wurden *Canzonette* für 4 St. veröffentlicht (Nü 1590).

Ausg.: **Zu 2):** 9 Madrigale, hrsg. v. G. E. P. ARKWRIGHT, in: Old English Edition 11–12 (Lo 1894). – **Zu 3):** 15 Stücke, hrsg. v. TH. DART – W. COATES (Lo 1955, ²1962) (= Mus. Brit. 9); 4 Fantasien, hrsg. v. J. EDMUNDS (Lo 1969); *Ayres* 1609, Faks.-Ausg. hrsg. v. D. GREER (Menston 1970) (= English Lute Songs 1597–1632 V); *Lessons* 1609, Faks.-Ausg. (A – NY 1973) (= The English Experience 514).

Lit.: G. E. P. ARKWRIGHT, Un compositore italiano alla corte di Elisabetta, in: RMI 4 (1897); DERS., „Master Alfonso" and Queen Elizabeth, in: ZIMG 8 (1906/07); DERS., Notes on the F. Family, in: Musical Antiquary 3–4 (1911–13) (mit Verz. der Werke v. A. F. II.; vgl. dazu ML 32, 1951); G. LIVI, The F. Family, in: ebd. 4 (1912/13); E. H. MEYER, English Chamber Music (Lo 1946, Nachdr. NY 1971), dt. Übers.: Die Kammermusik Alt-Englands (L 1958) (darin eine Fantasie für 4 Violen v. A. F. II.); J. KERMAN, Master Alfonso and the English Madrigal, in: MQ 38 (1952); M. FEDERHOFER, M. F., in: MD 7 (1953); R. VAUGHT, The Fancies of A. F. II., 2 Bde., I: Text, II: Ausg. der unveröff. Fancies (1959) (= Diss. Stanford Univ./Calif.); J. KERMAN, The Elizabethan Madrigal (NY 1962); J. V. COCKSHOOT, The Sacred Music of A. F., Father 1543–88, with Critical Commentary (Diss. O 1963); J. LEJEUNE, A. F. II et ses œuvres pour lyra-viol, in: RBMie 28 (1974) – 30 (1976).

FERRANDINI (Ferradini, Ferandini), **Giovanni,** * 1710 Venedig, † 29. 9. 1791 München; it. Komponist. F. war Schüler am Conservatorio dei Mendicanti in Venedig, kam 1722 als Oboist an den Münchner Hof und bildete sich in der Komposition vermutlich bei P. Torri und G. Bernabei weiter.

1729 brachte er seine ersten beiden Opern zur Aufführung. 1732 wurde er Kammerkomponist und Musiklehrer, 1737 Direktor der Kammermusik am Münchner Hof. F. war auch Gesanglehrer der Prinzessin Maria Antonia Walpurgis, der Schwester des bayerischen Kurfürsten Max Joseph III. und Gemahlin des Kurfürsten von Sachsen. Mit F.s Oper *Catone in Utica* wurde 1753 das Cuvilliéstheater eröffnet. Um 1755 übersiedelte er nach Padua. In seinem Hause veranstaltete er Musikakademien, an denen 1771 u. a. auch Mozart mitwirkte. Um 1790 kehrte er nach München zurück. F. hat Anteil an der letzten Blütezeit des an Italien orientierten Münchner Opernbarock.

WW: Opern *Scipione nelle Spagne,* UA: München 1732; *Demofoonte,* UA: ebd. 1737; *Adriano in Siria,* UA: ebd. 1738; *Artaserse,* UA: ebd. 1739; *Catone in Utica,* UA: ebd. 1753; *Demetrio,* UA: ebd. 1756; *Talestri, regina delle Amazoni* (Libr.: Maria Antonia Walpurgis); *L'amor prigionero;* ein Oratorium; zahlr. Solokantaten; Kammermusik; Sinfonien. Im Druck erschienen Sonaten für Fl. oder Ob. oder V. u. B.c. (P o.J.).

Ausg.: Weihnachtssymphonie (Sinfonia pastorale) für 2 Block- oder Querfl., Streichorch. u. Cemb. (oder Klv.), hrsg. v. K. SCHULTZ-HAUSER (B 1963) (= Musikschätze vergangener Zeiten o. Nr.).

Lit.: M. ZENGER, Gesch. der Münchner Oper, hrsg. v. Th. Kroyer (Mn 1923); E. J. LUIN, G. F. e l'apertura del Teatro Residenziale à Monaco nel 1753, in: RMI 39 (1932).

FERRARI, Benedetto, genannt **Benedetto della tiorba,** * 1597 oder 1604 Reggio nell'Emilia, † 22. 10. 1681 Modena; it. Komponist, Theorbist und Librettist. F. erhielt seine Ausbildung in Rom. 1619–23 war er Hofmusiker in Parma, kam später nach Venedig und pachtete dort mit Fr. Manelli das Teatro San Cassiano, das 1637 mit der von Manelli komponierten Oper *Andromeda,* zu der F. das Libretto geschrieben hatte, eröffnet wurde. Damit war *Andromeda* die erste in einem öffentlichen Theater dargebotene Oper. 1638 folgte, ebenfalls nach einem Libretto von F., Manellis Oper *La Maga fulminata.* In den nächsten Jahren trat F. selbst als Opernkomponist hervor. 1645 wurde er Hofkapellmeister in Modena, 1651 Mitglied der kaiserlichen Kapelle und Leiter der Hoffeste in Wien. 1653 kehrte er nach Modena zurück, wurde beim Regierungswechsel 1662 entlassen, 1674 zurückberufen. Die Musik zu seinen Opern, die in Venedig, Modena, Parma, Bologna, Mailand, Piacenza und Wien aufgeführt wurden, ist verloren, ebenso seine Musik zu Reiterspielen und Balletten. Von seinen Kompositionen sind erhalten das Oratorium *Il Sansone,* die Instrumentaleinleitung zum Ballett *Dafne* (hsl.) und 3 Bücher it. Solokantaten (V 1633, 1637, 1641). 6 Libretti F.s erschienen 1644 in Mailand unter dem Titel *Poesie drammatiche di B. Ferrari.*

Ausg.: Solokantaten *Premo il giogo* u. *Voglio di vita uscir,* hrsg. v. H. RIEMANN, in: Kantatenfrühling 1 (L o.J.); Rezitativ aus dem Oratorium *Il Sansone,* in: A. SCHERING, Gesch. des Oratoriums (L 1911, Nachdr. Hil – Wie 1966); Libretto *Il pastor regio,* in: Drammi per musica dal Rinuccini allo Zeno 1, hrsg. v. A. DELLA CORTE (Tn 1958) (= Classici italiani 57/1).

Lit.: A. SCHERING, s.o. Ausg.; E. SCHMITZ, Gesch. der weltlichen Solokantate 1 (L 1914, ²1955); F. VATIELLI, Operisti-librettisti dei secoli XVII-XVIII, in: RMI 43 (1939); S. T. WORSTHORNE, Venetian Opera in the 17th Century (O 1954); A. A. ABERT, C. Monteverdi u. das musikal. Drama (Lippstadt 1954); P. PETROBELLI, F. Manelli, in: Chigiana 24, N.S. 4 (1967).

FERRARI. – 1) Carlo, * um 1710 Piacenza, † 2. 4. 1790 Parma; it. Violoncellist. In den 50er Jahren des 18. Jh. lebte er als angesehener Virtuose in Paris und ist seit 1765 als Hofmusiker in Parma nachweisbar.

WW (sämtlich in Paris gedruckt): Duos für 2 V.; Sonaten für Vc. u. Baß, op. 1 u. op. 5; 6 *Sonate a quatro* für Str., op. 2; Symphonien für Str. u. 2 Hörner, op. 3.

2) Domenico, Bruder von 1), * 1722 Piacenza, † 1780 Paris; it. Violinist. Er war Schüler von G. Tartini und wurde einer der berühmtesten Violinisten seiner Zeit, der vor allem durch seine Flageolett- und Oktaventechnik glänzte. Nach mehrjähriger Tätigkeit als Konzertmeister in Stuttgart ließ er sich endgültig in Paris nieder.

WW: Sonaten für V. u. Baß, op. 1–6 (P o.J.); Triosonaten für 2 V. oder Fl. u. Cemb. (Lo o. J.); 2 Bde. *Romances* für SingSt u. Klv. (P O.J.).

Lit.: **Zu 2):** W. J. VON WASIELEWSKI, Die V. u. ihre Meister (L ⁶1920, Nachdr. Wie 1968); A. MOSER, Gesch. des V.-Spiels (B 1923, Tutzing ²1966–67); K. DITTERS VON DITTERSDORF, Lebensbeschreibung, hrsg. v. E. Schmitz (Rb 1940) (= Dt. Musikbücherei 22); V. D. KOCK, The Works of D. F. 1722–1780, 2 Bde. (1969) (= Diss. Tulane Univ., New Orleans).

FERRARI, Giacomo Goffredo (Jacopo Gotifredo), getauft 2.4.1763 Rovereto, † Dezember 1842 London; it. Komponist. Er erhielt seine erste Ausbildung in Verona, später im Kloster Marienberg bei Chur und studierte 1784–89 in Neapel Kontrapunkt bei G. Latilla und Komposition bei G. Paisiello. 1787 ging er als Gesanglehrer nach Paris, war Akkompagnist der Königin Marie-Antoinette, Cembalist am Théâtre de Monsieur und brachte 1791 am Théâtre Montansier mit Erfolg seine erste Oper, *Les Événements imprévus,* heraus. Seit 1792 lebte er als Gesanglehrer und Cembalist des Haymarket Theatre in London, war 1823–27 Gesanglehrer in Edinburgh und kehrte anschließend nach London zurück. Nach seiner eigenen Bekundung war F. in seinem reichen Schaffen stets darauf bedacht, die Worte gefühlvoll auszudrücken und einen bravourösen Stil zu vermeiden.

WW (gedruckt hauptsächlich in London, Paris, Leipzig, Wien): **1) Instr.-WW:** Zahlr. Sonaten, Sonatinen, Variationen für Klv.; Sonaten, Duos u. a. für Klv. u. V. (teilweise ad lib.), für Klv. u.

Harfe, für Harfe u. V.; Trios bzw. *Trios concertants* für Klv., V. u. Vc.; Divertimentos für Klv. u. Harfe mit Engl. Horn u. Tambourin ad lib. – **2) Vokal-WW:** Zahlr. Slgen. u. Einzelausg. it. Arietten, Canzonetten, Romanzen, Kanons, dt. Lieder für 1–3 St. u. Klv. bzw. Gitarre. Im Druck erschienen auch einzelne Arien u. Arienarrangements aus Opern F.s – **3) Schriften:** *Breve trattato di canto italiano* (Lo 1818, mit engl. Übers.); *Studio di musica pratica, teorica* (Lo um 1830); Autobiographie *Aneddoti piacevoli ed interessanti*, 2 Bde. (Lo 1830), NA, hrsg. v. S. di Giacomo (Pa 1920).

Lit.: E. ZANIBONI, J. G. F. (Trient 1907); A. TONI, Musicisti trentini (Mi 1912); D. G. FINO, J. G. F. (Trient 1928); G. DE SAINT-FOIX, A Music Traveller, in: MQ 25 (1939); S. MARTINOTTI, La Villanella di Bianchi rapita da Ferrari, in: Chigiana 32 (1975).

FERRARI, Luc, * 5. 2. 1929 Paris, frz. Komponist. F. war Schüler von A. Honegger, E. Varèse und O. Messiaen. 1959–63 leitete er die Groupe de Recherches Musicales bei der RTF in Paris und ist seither dort Mitarbeiter der Fernsehabteilung. Ausgehend von der Musique concrète nach dem Vorbild P. Schaeffers und P. Henrys, entwickelte F. eine als „Musique anecdotique" bezeichnete Tonbandmusik, in die er auch traditionelle Instrumente einbezieht, aber deren historische Funktionen negiert.

WW: *Visage I* (1956) für Klv.; ... *II* (1956) für Blechbläser u. Schlagzeug; ... *IV*, oder: *Profils* (1957/58) für 10 Instr.; ... *V*, Musique concrète (1958/59); *Tautologos I*, elektronische Musik (1961); ... *II*, Musique concrète (1961); ... *III*, oder: *Vous plairait-il de tautologuer avec moi* (1969) für eine beliebige Instrumentengruppe; *Société II*, oder: *Et si le piano était un corps de femme* (1967) für 4 Solisten u. 16 Instr.; ... *IV*, oder: *Mécanique collectivité individu* (1967) für Orch.; ... *V*, oder: *Participation or not Participation* (1967–69) für 6 Schlagzeuger, Schauspieler u. Publikum; ... *VI*, oder: *Liberté, liberté, chérie* (1969), Handlung für Publikum solo; *Symphonie inachevée* (1963–66) für Orch.; *J'ai tort. J'ai tort. J'ai mon très grand tort* (1971), Dialogimitation für gem. Chor; *Allo, ici la terre* (1974), 2. Teil für versch. Instr. u. Stimmen.

Lit.: H. PAULI, Für wen komponieren Sie eigentlich? Gespräche mit L. F. u. a. (F 1971) (= Reihe Fischer 16).

FERRARI TRECATE, Luigi, * 25. 8. 1884 Alessandria (Piemont), † 17. 4. 1964 Rom; it. Komponist, Organist und Pianist. F. war Orgelschüler von A. Cicognani und Kompositionsschüler von P. Mascagni am Liceo musicale in Pesaro, anschließend Organist an verschiedenen Kirchen. 1930–32 lehrte er Orgel am Konservatorium in Bologna und leitete 1929–55 das Konservatorium in Parma. Seit 1955 war er Präsident der Accademia Filarmonica in Bologna und Leiter der Musikabteilung des Consiglio superiore delle belle arti. F. trat auch als Dirigent hervor. Als Pianist konzertierte er u. a. mit J. Szigeti, C. Flesch und J. Thibaud. F. komponierte zahlreiche Opern mit vorwiegend märchenhaften Stoffen, ferner geistliche Musik, ein Streichquartett, Klavierstücke und Lieder.

WW: Opern, u. a.: *La regina Ester*, UA: Faenza 1900; *Il Corsaro* (Libr.: nach Byron), UA: Pesaro 1903; *Galvina*, UA: Alessandria 1904; *Fiorella*, UA: Pesaro 1904; Kinderoper *Ciottolino*, UA: Rom 1922; *Pierozzo*, UA: Alessandria 1922; *La Bella e il Mostro*, UA: Mailand 1926; *Le Astuzie di Bertolo*, UA: Genua 1936; *Ghirlino*, UA: Mailand 1940; *Buricchio*, UA: Bologna 1948; *L'Orso re*, UA: Mailand 1950; *La Capauna dello zio Tom*, UA: Parma 1953.

Lit.: E. CAMPOGALLIANI, L. T. F. operista (Verona 1955); A. TAFURI, La vita musicale di Alessandria 1729–1968 (Alessandria 1968).

FERRAS, Christian, * 17. 6. 1933 Le Toucquet (Pas-de-Calais), † 15. 9. 1982 Paris; frz. Violinist. Er studierte u. a. am Conservatoire (in) Nizza, bei J. Calvet am Pariser Conservatoire und bei G. Enescu. 1946 debütierte er mit Beethovens Violinkonzert in Paris und begann 1947 mit Konzerttourneen, die ihn bald in die ganze Welt führten. F., dessen Repertoire von der Bach-Zeit bis zur Moderne reicht, interpretiert aber vor allem Werke der Klassik und Romantik.

FERRETTI, Giovanni, * um 1540 Ancona (?), † nach 1609 Loreto; it. Komponist. F. war 1575–79 Domkapellmeister in Ancona, 1580–82 und 1593–1603 Kapellmeister der Santa Casa in Loreto. F. ist einer der Hauptmeister der Canzone alla Napolitana (↗Kanzone); viele seiner Werke waren auch außerhalb Italiens bekannt.

WW: 5 Bücher *Canzoni alla napolitana* für 5 St. (V 1568, 1569, 1570, 1573, 1585), 2 Bücher für 6 St. (V 1573, 1575), sämtlich mit z. T. zahlr. NA u. Nachdr.; Canzoni auch in Sammeldr., besonders zahlr. in RISM 1585^{19}, 1589^{8}, 1590^{17}, 1592^{22} u. 1600^{5a}; einzelne Werke auch in Lautentabulatur. – Eine Messe, ein Magnificat, Motetten u. Hymnen sind hsl. in Loreto erhalten.

Ausg.: Eine Canzone, in: A. EINSTEIN, The Italian Madrigal 3 (Princeton/N. J. 1949, Nachdr. 1970, dt. Z 1952); ein Lautenstück, in: The Bottegari Lute Book, hrsg. v. C. MACCLINTOCK (Wellesley/Mass. 1965) (= The Wellesley Edition 8).

Lit.: A. EINSTEIN, The Italian Madrigal 2 (s.o. Ausg.).

FERRETTI, Paolo, OSB, * 3. 12. 1866 Subiaco, † 23. 5. 1938 Bologna; it. Musikforscher. F. war seit 1884 Mönch in Subiaco und seit 1900 Abt von Torrechiara (Parma). Seit 1913 lehrte er als Professor an der Scuola Superiore di Musica Sacra (seit 1931 Pontificio Istituto di Musica Sacra) in Rom, deren Leitung er 1922 übernahm. F. verfaßte bedeutende Arbeiten über den Gregorianischen Gesang.

Schriften: *Principii teorici e pratici di canto gregoriano* (R 1905, ^{3}1914); *Il cursus metrico e il ritmo delle melodie gregoriane* (R 1913); *Étude sur la notation aquitaine d'après le Graduel de Saint-Yrieix* (Paris, Bibl. Nat. lat. 903), in: Paléographie Musicale 13 (1925) (Einleitung); *Estetica Gregoriana ossia Trattato delle forme musicali del Canto Gregoriano* I (R 1934, NA V 1964); *Harmonica e ritmica nella musica antica* (1937, NA 1969).

FERRI, Baldassare, * 9. 12. 1610 Perugia,

† 18. 11. 1680 ebd.; it. Sänger (Kastrat). Mit 11 Jahren war er Kapellsänger in Orvieto, kam 1625 nach Rom, wo er wahrscheinlich Schüler von V. Ugolini war. Im selben Jahr holte ihn der spätere polnische König Wladislaw IV. an den Warschauer Hof. Seit 1655 lebte F. am kaiserlichen Hof in Wien unter Ferdinand III. und Leopold I. und kehrte 1675, mit Ehrungen überhäuft und wohlhabend, nach Perugia zurück. Zeitgenossen (u. a. A. Bontempi, *Historia musica,* 1695) rühmen den Umfang und die dramatische Ausdruckskraft seiner Stimme, besonders auch seine Trillertechnik.

FERRIER, Kathleen, * 22. 4. 1912 Higher Walton (Lancashire), † 8. 10. 1953 London; engl. Sängerin (Alt). Sie studierte zunächst Klavier und erwarb 1928 und 1930 Diplome als Klavierlehrerin. Erst 1940 begann sie ihre Gesangsausbildung, die sie 1942 bei Roy Henderson in London abschloß. Sie debütierte im gleichen Jahr in Newcastle in J. S. Bachs *Matthäuspassion* und gewann rasch großes Ansehen als Oratorien- und Liedersängerin. 1946 sang sie bei den Festspielen in Glyndebourne die Titelrolle in der Uraufführung von B. Brittens *The Rape of Lucretia,* 1947 dort die Titelrolle in Glucks *Orfeo.* Diese beiden Rollen blieben ihre einzigen Opernpartien. Triumphale Erfolge errang sie danach auf dem Kontinent und in Amerika. In ihrem weitgespannten Repertoire ragen u. a. die Interpretationen von Liedern und Gesängen G. Mahlers hervor.

FERSTL, Erich Rudolf, * 4. 5. 1934 München; dt Pianist, Gitarrist, Schlagzeuger und Komponist. Nach seiner musikalischen Ausbildung (u. a. in Klavier, Violine, Gitarre, Musiktheorie) war er zunächst als Studiomusiker tätig und konzertierte dann als Pianist und Gitarrist sowie mit einem eigenen Jazzensemble. Als Komponist wandte er sich auch der Musik für Film und Fernsehen zu und erhielt 1967 den Bundesfilmpreis in Gold für die Musik zu *Wilder Reiter GmbH* und *Der Spezialist.* F. schrieb auch Erzählungen und Hörspiele, ferner *Die Schule des Jazz* (Mn 1963).

WW: Zahlr. Gitarrenmusik, u. a. Partita für Gitarre, 2 V. u. Va. (1961); Concierto español *Sol y sombra* (1968) für Gitarre u. kleines Streichorch.; *Up-town Concertino* (1966) für Gitarre u. Big Band; *Rhythmische Studien* (1964), 12 Solostücke für Jazzpiano. – Musik zu Spielfilmen: *Der sanfte Lauf* (1967); *Konferenz der Tiere* (1969); zu Fernsehfilmen: *Mensch und Kunstfigur* (1969); *Marino Marini* (1969); zu Fernsehspielen: *Der Zauberer Gottes* (1967) u. *Asche des Sieges* (1969).

FESCA. – 1) Friedrich Ernst, * 15. 2. 1789 Magdeburg, † 24. 5. 1826 Karlsruhe; dt. Komponist und Violinist. F. wurde in Magdeburg und seit 1805 in Leipzig ausgebildet, wo er auch im Theater- und Gewandhausorchester spielte. 1806 trat er in die Oldenburgische Hofkapelle ein und wurde Ende 1807 Soloviolinist in der Kapelle König Jérômes in Kassel. Seit 1814 war er Soloviolinist und seit 1815 Konzertmeister der Hofkapelle in Karlsruhe. F. schrieb vorwiegend Kammermusikwerke, darunter 19 Streichquartette, 4 Flötenquartette und ein Flötenquintett, ferner 2 Opern, 3 Symphonien, ein Violinkonzert, Lieder und Chorwerke. – **2) Alexander Ernst,** Sohn von 1), * 22. 5. 1820 Karlsruhe, † 22. 2. 1849 Braunschweig; Pianist und Komponist. Seine pianistische Ausbildung erhielt er bei K. Fr. Rungenhagen in Berlin. Er schrieb u. a. 4 Opern und Lieder, die größere Beachtung fanden.

Lit.: E. VALENTIN, F. E. F., in: Mitteldeutsche Lebensbilder 5 (Magdeburg 1930); DERS., Magdeburgs Musikgesch., in: Geschichtsblätter für Stadt u. Land Magdeburg 68/69 (ebd. 1934).

FESCH (Veg, Feghg, Feche), **Willem de,** getauft 26. 8. 1687 Alkmaar, † 3. 1. 1761 London; ndl. Violinist und Komponist. 1710 ist er in Amsterdam nachweisbar; 1718, 1719 und 1722 wird er auch als Solist genannt. 1725–30 war er Kapellmeister an der Kathedrale in Antwerpen. Danach wirkte F. in London u. a. als Violinlehrer. Seit 1748 leitete er das Orchester von Marylebone Gardens. F. war u. a. mit G. Fr. Händel bekannt; er wirkte bei der Aufführung von dessen *Occasional Oratorio* als Violinist mit. F. war ein zu seiner Zeit viel beachteter Komponist, dessen Stärke und Originalität in den klein besetzten kammermusikalischen Werken liegt. Er hat auch als einer der ersten Vertreter des englischen Oratoriums zu gelten, doch haben sich keine Werke dieser Gattung erhalten.

WW (gedruckt hauptsächlich in London, Paris, Amsterdam, Brüssel): **1) Instr.-WW** (Opuszahlen nach RISM): Sonaten bzw. Duette für 2 Fl., op. 9 u. op. 11; Duette für 2 V., op. 1a; Sonaten für 2 Vc., op. 1b, op. 2b, op. 3b, op. 4, op. 8a; Sonaten für V. oder Fl. u. Org., op. 6; Sonaten für Vc. u. B.c., op. 8b u. op. 13; Sonaten für 2 Fl. oder V. u. B.c., op. 7 u. op. 12; Sonaten für V., Vc. u. Cemb., op. 4; Concerti für Str., op. 2a u. op. 3a; Concerti für 2 Fl. u. Str., op. 5; Concerti für versch. Besetzungen, op. 10. – **2) Vokal-WW:** 2 Slgen. it. Canzonetten für 1 SingSt u. B.c. mit anderen Instr. ad lib.; *English Songs* für 1 SingSt, Fl., V. u. B.c. sowie nur für Fl., V. u. B.c.; zahlr. einzelne Songs. Eine it. Kantate *Apis amata* ist hsl. in Brüssel, Bibl. du Conservatoire, erhalten. 3 Oratorien, eine Serenade und eine *Missa pascalis,* deren Auff. bezeugt sind, haben sich nicht erhalten.

Ausg.: **1) Instr.-WW:** op. 4, Nr. 7, hrsg. v. K. SIMPSON (F–NY 1960); op. 4, Nr. 11 (B 1905, Mi 1914); op. 6, Nr. 1 u. 3 (An 1941); op. 7, Nr. 2, 4 u. 8 (A 1947); dies., hrsg. v. F. SCHROEDER (Wilhelmshaven 1965); op. 8a, Nr. 1–6 (Kas 1932); op. 8a, Nr. 7–12 (Celle 1940); op. 8b, Nr. 1–3 u. 6 (Mz 1953); Nr. 1–4 u. 6, hrsg. v. E. KOCH – B. WEIGART – R. EWERHART (Mz 1965–68) (= Cello-Bibl. 96, 107, 54, 102 u. 99); Nr. 1–6 hrsg. v. W. SCHULZ (L 1961); op. 9, hrsg. v. H. RUF (Hei 1961); op. 10, Nr. 7, hrsg. v. DEMS. (Kas 1958) (= Nagels MA 195); 8 Duette aus op. 11, hrsg. v. H. STEIN-

BECK (Adliswil 1975); op. 12, Nr. 1–3, hrsg. v. W. NOSKE (A 1957) (= Stichting voor auder ndl. muziek 4); op. 13, Nr. 1–6, hrsg. v. R. EWERHART – E. KOCH (Mz 1963–67) (= Cello-Bibl. 87–92); Sonate B-Dur für Fl. u. B.c., hrsg. v. H. U. STAEPS (W 1972); Sonate F-Dur für Kb. u. Klv., hrsg. v. K. SIEBACH (L 1976). – **2) Vokal-WW:** Mehrere Canzonetten (An – Lo o.J.); Songs (Lo 1936).

Lit.: F. VAN DEN BREMT, W. De F., Nederlands Componist en Virtuoos (Louvain–Bru 1949); H. O'DOUWES, De cello-composities d. W. De F., in: Mens en melodie 14 (1959).

FESTA, Costanzo, * um 1480 Villafranca bei Turin, † 10.4.1545 Rom; it. Sänger und Komponist. F. lebte 1510–17 in Ischia am Hofe der Konstanze von Avalos, Herzogin von Francavilla, und war anschließend päpstlicher Kapellsänger in Rom. Er gehört in einer Zeit sich anbahnender nationaler Differenzierungen in der Musik zu den ersten Vertretern eines typisch italienischen Stils, besonders in der Madrigalkomposition, und auch der ↗Römischen Schule des 16. Jh.

WW: **1) Geistliche WW:** Magnificatkompositionen für 4 St. (V 1554); hsl. erhalten, bzw. in Sammeldrucken erschienen: 3 Messen für 4 St., eine Messe für 5 St., etwa 50 Motetten für 4–6 St., über 100 Hymnen, Lamentationen. – **2) Weltliche WW** (meist gedruckt, in mehr als 70 Sammeldrucken 1519–1608, in jeweils größerer Zahl in RISM 1537^{7}, 1539^{23}, 1541^{11} u. 1551^{14}): 95 Madrigale; eine frz. Chanson. Einige Madrigale sind auch in Lautentabulatur überliefert.

Trotz der weiten Verbreitung seiner Madrigale beruht F.s geschichtliche Bedeutung in erster Linie auf seiner Kirchenmusik. In den Messen werden, was sonst selten ist, teilweise chorale Messenmelodien verarbeitet, gelegentlich auch zusammen mit weltlichen Cantus firmi. Bei F.s Motetten fällt die große Zahl der 3st. Stücke auf. In den 4- und mehrstimmigen Motetten ist häufig ein Wechsel von in allen Stimmen durchimitierten Passagen mit akkordisch-homorhythmischen und imitatorischen 2st. Abschnitten zu beobachten. Diese Gestaltungsweise kann als charakteristisch für den römischen Motettenstil unmittelbar vor Palestrina gelten.

Ausg.: Opera omnia, hrsg. v. A. MAIN (An 1962ff.) (= CMM 25); 15 Motetten, 2 Hymnen u. 1 Magnificat, in: Sacrae cantiones 3–6 v., hrsg. v. E. DAGNINO (R 1936) (= Monumenta polyphoniae Italicae 2); *Hymni per totum annum,* hrsg. v. G. HAYDON (R 1958) (= ebd. 3); Ausw. v. Madrigalen, hrsg. v. P. G. PISTONE (Tn 1935).

Lit.: A. CAMETTI, Per un precursore del Palestrina: il compositore piemontese C. F., in: Boll. Bibl. Mus. 6 (1931); A. EINSTEIN, The Italian Madrigal, 3 Bde. (Princeton/N.J. 1949, Nachdr. 1970, dt. Z 1952); K. JEPPESEN, F., in: MGG IV; G. HAYDON, The Hymns of C. F., in: JAMS 12 (1958); A. MAIN, C. F., The Masses and Motets (1960) (= Diss. New York Univ.); D. CRAWFORD, A Review of C. F.'s Biography, in: JAMS 28 (1975); E. E. LOWINSKY, On the Presentation and Interpretation of Evidence: Another Review of C. F.'s Biography, in: ebd. 30 (1977); H. MUSCH, C. F. als Madrigalkomp. (Baden-Baden 1977); I. FENLON – J. HAAR, Fonti e cronologia dei madrigali di C. F., in: RIMus 13 (1378).

FESTING, Michael Christian, * um 1680, † 24.7.1752 London (?); engl. Violinist und Komponist. F. war Violinschüler von Richard Jones und Fr. Geminiani. 1735 wurde er Hofmusiker in London und war seit 1737 Kapellmeister der Italienischen Oper, seit 1742 an Ranelagh Gardens. 1738 gründete er mit M. Greene die noch heute bestehende Royal Society of Musicians zur Unterstützung notleidender englischer Musiker und Komponisten. Zu seinen Schülern gehörte Th. A. Arne.

WW (sämtlich in London gedruckt): **1) Instr.-WW:** *Solos* für V. u. B.c., op. 1 (1729/30), op. 4 (1736), op. 7 (o.J.), op. 8 (o.J.); Sonaten für 2 V. u. B., op. 2 (1731), op. 6 (1742); *Concertos in seven parts* für Str. u. B.c., op. 3 (1734), op. 5 (1739), op. 9 (o.J.); Airs für 2 Fl. (1737); 2 Menuette für V., Fl. u. B.c. (1733/34). – **2) Vokal-WW:** *English songs* (o.J.), *English Cantatas* (o.J.); mehrere einzelne Songs und Kantaten.

Ausg.: Concerto a 7 D-Dur für 2 Fl., Streichorch. u. B.c., hrsg. v. H. RUF (Kas 1960) (= Nagels MA 203); Konzert d-moll für 2 V., Vc. u. B.c. op. 3, Nr. 3, hrsg. v. A. HOFFMANN (Wb 1964) (= Corona 82); E. L. KRANTZ, Practical Edition of Six Sonatas for Violin and Piano by M. Ch. F. (NY 1973) (= Diss. Univ. of Richester, Eastman School of Music) (Ausg. v. op. 8); 2 Sonaten für V. u. B.c., op. 4, 2 u. 3, hrsg. v. G. BEECHEY (Lo 1975) (= Musica da camera 24).

Lit.: B. LAM, M. F., in: MMR 81 (1951).

FESTIVALS (engl., frz.) ↗Festspiele.

FESTSPIELE, Musikfeste (engl. u. frz.: festivals), über mehrere Tage oder Wochen sich erstreckende Musikveranstaltungen, die meist in regelmäßigem Turnus und in der Regel am gleichen Ort stattfinden. Durch spezifische Programmgestaltung und durch die Verpflichtung namhafter Künstler sollen konzertante Musik und/oder Werke des Musiktheaters in besonders vorbildlichen Interpretationen zur Aufführung kommen. Für die Wahl des Ortes sind oft dessen Musiktradition, aber auch seine durch Architektur und Landschaft besonders ausgezeichnete Atmosphäre bestimmend. Einige F. sind vorrangig dem Werk eines einzigen Komponisten gewidmet: so etwa die verschiedenen Bach-Feste, die Beethoven-Feste des Vereins Beethovenhaus Bonn (seit 1890) bzw. der Stadt Bonn (seit 1931), die ↗Bayreuther F. (seit 1876), die Göttinger Händel-Feste (seit 1920), die Händel-F. in Halle/Saale (seit 1952), die Mozart-Feste der Internationalen Stiftung Mozarteum Salzburg (seit 1877). Andere F. sind speziell der zeitgenössischen Musik gewidmet: die Donaueschinger Musiktage für zeitgenössische Tonkunst (mit Unterbrechungen seit 1921) und die an wechselnden Orten veranstalteten Musikfeste der IGNM (seit 1923). Einige F. sind nicht ausschließlich der Musik gewidmet, sondern umfassen auch Schauspiel (z. B. die Salzburger F.), Film oder bildende Kunst.

Festspiele

Die ersten F. im modernen Sinn fanden in England statt: die „Festivals" der Corporation of the Sons of the Clergy (seit 1709) in der St. Pauls-Kirche in London brachten z. B. kirchenmusikalische Werke von H. Purcell zur Aufführung; bei den Three Choirs Festivals, an denen die vereinigten Chöre der Kathedralen von Gloucester, Hereford und Worcester teilnahmen (seit 1724 jährlich und mit wechselndem Aufführungsort) und bei den Händel-Festen in der Westminster-Abtei (1784–87 und 1791) standen Werke G. Fr. Händels im Mittelpunkt. Auch die in Wien 1772 von der Tonkünstler-Societät ins Leben gerufenen Musikalischen Akademien können als Vorläufer der modernen F. gelten. Die ersten Musikfeste in Deutschland fanden 1810 in Frankenhausen (Thüringen) statt (mit L. Spohr als Kapellmeister). Seit 1817 (bis 1940 jährlich) wurden durch die Initiative eines Vereins die Niederrheinischen Musikfeste veranstaltet, die durch hervorragende Interpreten und außergewöhnliche Programmwahl zunehmend an Bedeutung gewannen und sich vor allem der Pflege größerer Werke von Händel, Haydn, Mozart und Beethoven widmeten. Die von der Neuen Bach-Gesellschaft seit 1901 u. a. in Berlin (1901), Leipzig (1904) und Eisenach (1907) durchgeführten Festwochen waren hingegen ausschließlich dem Werk J. S. Bachs gewidmet. Zwischen den beiden Weltkriegen, vor allem aber seit 1945, wurden zahlreiche F. in allen Ländern begründet. Wichtige F. sind in der folgenden Tabelle zusammengestellt.

Lit.: H. J. MOSER, Gesch. des musikal. Festspiels, in: Mk 22 (1930); G. PINTHUS, Die Entwicklung des Konzertwesens in Deutschland bis zum Beginn des 19. Jh. (Str 1932) (= Slg. musikwiss. Abh. 8); W. A. FISHER, Music Festivals in the USA (Boston/Mass. 1933); D. STOLL, Music Festivals of Europe (Lo 1938); J. ALF, Gesch. u. Bedeutung des Niederrheinischen Musikfests in der 1. Hälfte des 19. Jh., in: Düsseldorfer Jb. 42/43 (1940/41); G. GAVAZZENI, Le feste musicali (Mi 1944); J. FESCHOTTE, Les hauts lieux de la musique (P 1949); N. BOYER, Petite histoire des festivals en France (P 1955); D. GRAY, Music Festivals of the World (O 1963); Neue Musik u. Festival, hrsg. v. O. KOLLERITSCH (Gr 1973) (= Stud. zur Wertungsforsch. 6); L. LUCAS, Die Festspiel-Idee R. Wagners (Rb 1973); K. PAHLEN, Erster europäischer Festspielführer (Mn 1979).

Ort	Bezeichnung	Termin	Veranstaltungen
Aix-en-Provence (Frankreich)	Internationales Opern- und Musikfestival	Juli / August	O, K
Aldeburgh (Großbritannien)	Aldeburgh-Festival	Juni	O, K, A
Amsterdam, Den Haag, Eindhoven, Rotterdam, Utrecht (Niederlande)	Holland-Festival	Juni	O, K, S, B, A
Ansbach	Bachwoche	Juli / August (alle 2 Jahre)	K
Antibes-Juan-les-Pins (Frankreich)	Weltfestival des Jazz	Juni	J
Athen (Griechenland)	Athens Festival	Juli / August	O, K, S, B, N
Augsburg	Deutsches Mozartfest	Juni (alle 2–3 Jahre)	O, K
Bad Gandersheim	Domfestspiele	Juni / Juli	K, S
Bad Hersfeld	Festspielkonzerte	Juli / August	K
Bath (Großbritannien)	Bath-Festival	Mai / Juni	O, K, J
Bayreuth	Internationales Jugend-Festspieltreffen	August	O, K, S (Kurse)
	Bayreuther Festspiele	Juli / August	O
Bergen (Norwegen)	Festspillene i Bergen	Mai / Juni	O, K, B, S, F, A
(Ost-)Berlin	Musik-Biennale	Februar	
	Berliner Festtage	September / Oktober	O, K, B, S, F, J, A
Berlin (West)	Berliner Festwochen	September / Oktober	O, K, B, S, J, A, Film
Bonn	Beethovenfest		
Bordeaux (Frankreich)	Mai Musical	Mai	O, K, S, B
Bregenz (Österreich)	Bregenzer Festspiele	Juli / August	O, K, S
Brüssel und andere Städte Belgiens	Festival van Vlaanderen	April – Oktober	O, K, B
Donaueschingen	Donaueschinger Musiktage für zeitgenössische Musik	Oktober	N
Dresden	Internationale Musikfestspiele	Mai / Juni	O, K, B, N
Dubrovnik (Jugoslawien)	Festival Dubrovnik	Juli / August	O, K, B, S
Edinburgh (Großbritannien)	Edinburgh-Festival	August / September	O, K, B, S, A

Ort	Bezeichnung	Termin	Veranstaltungen
Florenz (Italien)	Maggio Musicale Fiorentino	Mai	O, K, B, S
Frankfurt / Main	Deutsches Jazz-Festival	Mai	J
Glyndebourne (Großbritannien)	Opernfestival	Mai – August	O
Göttingen	Händelfest	Juni	O, K
Graz (Österreich)	Steirischer Herbst	Oktober	N
Gstaad (Schweiz)	Menuhin-Festival	August / September	K
Halle	Händelfestspiele der DDR	Mai/Juni	O, K
Hannover	Musik und Theater in Herrenhausen	Juli / August	O, K, S
Helsinki (Finnland)	Finnland-Festival	August / September	O, K, S, B
Hitzacker	Sommerliche Musiktage	Juli / August	O, K, N
Kassel	Kasseler Musiktage	November	K
Köln	Internationale Sommerakademie des Tanzes	Juni / Juli	B, Film
Kopenhagen (Dänemark)	Ballett-Festival	August	B
Leipzig	Bachfest	Juni (alle 4 Jahre)	
Linz (Österreich)	Internationales Brucknerfest	September	K
Lissabon (Portugal)	Festival Gulbenkian de Música	Mai / Juni	O, K, B
Luzern (Schweiz)	Internationale Musikfestwochen	August / September	K, S, A, N
	Bach-Fest	Mai	K
München	Opernfestspiele	Juli / August	O, K, B
Newport / R. I. (USA)	American Jazz Festival	Juli	J
Nürnberg	Internationale Orgelwoche musica sacra	Juni	K
Ossiach, Villach (Österreich)	Carinthischer Sommer	Juni / August	K, B, A
Prades (Frankreich)	Festival de Prades	Juli / August	K
Prag (ČSSR)	Prager Frühling	Mai / Juni	O, K, B, A
Recklinghausen	Ruhrfestspiele	Juni/Juli	O, K, S, J, F, A
Salzburg (Österreich)	Mozart-Woche	Januar	O, K, B
	Salzburger Festspiele	Juli / August	O, K, B, S
	Salzburger Osterfestspiele	Ostern	O, K
Schwetzingen	Schwetzinger Festspiele	Mai / Juni	O, K, B, S
Spoleto (Italien)	Festival dei due Mondi	Juni / Juli	O, K, B, S
Strasbourg	Internationales Musikfest	Juni	O, K, S
Tanglewood (USA)	Berkshire Symphonic Festival	Juli / August	O, K
Verona (Italien)	Opernfest	Juli / August	O, B
Warschau (Polen)	Warschauer Herbst	September	O, K, B, N
Wien (Österreich)	Wiener Festwochen	Mai / Juni	O, K, B, S
Wiesbaden	Internationale Maifestspiele	Mai	K
Witten	Tage für neue Kammermusik	April	N
Würzburg	Bachtage	November/Dezember	K
	Mozartfest	Juni	O, K
Zagreb (Jugoslawien)	Musicki biennale-Internationalni Festival suvremene Muzike	Mai (alle 2 Jahre)	O, K, B
Zürich (Schweiz)	Internationale Juni-Festwochen	Mai / Juni	O, K, A

O = Oper; K = Konzert; B = Ballett; S = Schauspiel; F = Folklore; A = Ausstellungen; J = Jazz; N = Neue Musik.

FÉTIS, François-Joseph, * 25. 3. 1784 Mons, † 26. 3. 1871 Brüssel; belgischer Musikforscher, Musikpädagoge und Komponist. F. erhielt seine erste musikalische Ausbildung von seinem Vater, der Organist war. 1800 trat er in das Pariser Conservatoire ein und war dort u. a. Klavierschüler von Fr.-A. Boieldieu. 1811 ließ er sich in Bouvignes bei Dinant nieder und wurde 1813 Organist an Saint-Pierre in Doudi. Nach seiner Rückkehr 1818 nach Paris versuchte er sich zunächst als Komponist verschiedener Opéras-comiques, wurde 1821 Kompositionslehrer und 1826 Bibliothekar am Conservatoire. 1827 gründete er die *Revue musicale,* die erste ausschließlich der Musik gewidmete Zeitschrift in Frankreich, deren Beiträge er bis 1835 selbst verfaßte. Außerdem schrieb er Kritiken für mehrere Pariser Zeitungen. 1828 wurde seine Schrift über die Verdienste der Niederländer wie auch ein gleichgerichteter Beitrag R. G. Kiesewetters bei einem von der Académie des Pays-Bas ausgeschriebenen Wettbewerb preisgekrönt. Von der Regierung des neuen belgischen Staates wurde er 1833 als Direktor des neugegründeten Konservatoriums nach Brüssel berufen und hatte in dieser Funktion einen entscheidenden, ja allumfassenden Einfluß auf das Musikleben der Stadt.

WW: **1) Kompositionen:** Quartette; Quintette; Ouvertüren; ein Konzert für Fl. u. Orch. (1869); eine Symphonie für Org. (1865); Requiem (1850) (dem König v. Belgien gewidmet); Opéra-comique *Marie Stuart en Écosse,* UA: 1823. – **2) Schriften:** *Solfèges progressifs* (P 1827); *Méthode des méthodes de piano* (P 1837, Nachdr. G 1973); *Méthode des méthodes de chant* (P 1862); *Méthode élémentaire de plain-chant* (P 1843); *Méthode élémentaire et abrégée d'harmonie et d'accompagnement* (P 1823, ^{3}1841); *Traité du contrepoint et de la fugue* (P 1824, ^{2}1846); *Traité de l'accompagnement de la partition sur le piano ou l'orgue* (P 1829); *Verhandelingen over de vraag: Welke verdiensten hebben zich de Nederlanders vooral in de 14e, 15e en 16e eeuw in het vak der toonkunst verworven...* (A 1829) (zus. mit R. G. Kiesewetter); *Traité élémentaire de musique* (Bru 1831–32); *Traité du chant en chœur* (P 1837); *Traité complet de la théorie et de la pratique de l'harmonie* (P 1844, ^{12}1879). – *Biographie universelle des musiciens et bibliographie générale de la musique,* 8 Bde. (Bru 1837–44, P ^{2}1860–65, 2. Ausg. P 1873–75), *Supplément et complément,* hrsg. v. A. Pougin, 2 Bde. (P 1878–80), Nachdr. der 2. Ausg. u. Suppl., 10 Bde. (Bru 1963); *Histoire générale de la musique,* 5 Bde. (P 1869–76) (bis zum 15. Jh.).

Als Komponist von eher mittelmäßigem Rang, verdient F. vor allem als Musikforscher und Musikpädagoge Beachtung. Er war ein hervorragender Historiker und Systematiker, außerdem ein gefürchteter Musikkritiker. Wenn auch seine musiktheoretischen Ansichten zuweilen dogmatischen Charakter tragen, weshalb ihm die zeitgenössische Musik verschlossen blieb und sein geschichtliches Verständnis lediglich die Zeit bis zur Wiener Klassik erfaßte, so wußte er doch als Lehrer dank seiner systematischen Begabung die Grundlagen der Musik klar und anschaulich zu vermitteln. Sein Sinn für das Spezifische jeder musikgeschichtlichen Epoche in Verbindung mit einer enzyklopädisch-systematischen Gesamtschau der Musik ließen seine Arbeiten, wichtige Pionierleistungen in fast allen musikgeschichtlichen Forschungsgebieten, für die Geschichte der Musikhistoriographie und der Musikwissenschaft von außerordentlicher Bedeutung werden. Seine in dieser Hinsicht wichtigste Arbeit ist die *Biographie universelle des musiciens et bibliographie générale de la musique.*

Lit.: F. A. GEVAERT, Discours prononcé à l'occasion du 100e anniversaire de la naissance de F. F. (Gand 1884); W. GURLITT, F.-J. F. u. seine Rolle in der Musikwiss., in: Kgr.-Ber. Lüttich 1930; D. FRYKLUND, Eine schwedische Slg. v. Briefen v. u. an F., in: ebd.; J.-G. PROD'HOMME, F., bibliothécaire du Conservatoire, in: RM 12 (1931); E. HARASZTI, F. fondateur de la musicologie comparée, in: AMl 4 (1932); R. WANGERMÉE, Les premiers concerts historiques à Paris, in: Mélanges Closson (Bru 1948); DERS., F.-J. F., musicologue et compositeur (Bru 1951) (= Acad. Royale de Belgique, Classe des Beaux-Arts, Mémoires 6/4); D. FRYKLUND, Nogra F.-abrev., in: STMf 35 (1953); R. S. NICHOLS, F.-J. F. and the Theory of „tonalité" (1971) (= Diss. Univ. of Michigan); P. TINEL, F.-J. F., père de la musicologie et polémiste, in: Bull. de la classe des Beaux-Arts de l'Académie Royale de Belgique 53 (1971); F.-J. F. et la vie musicale de son temps 1784–1871, hrsg. v. B. HUYS (Bru 1972); P. A. BLOOM, F.-J. F. and the „Revue musicale" 1827–1835 (1972) (= Diss. Univ. of Pennsylvania); DERS., Critical Reaction to Beethoven in France; F.-J. F., in: RBMie 26 (1972)–27 (1973); N. S. JOSEPHSON, F.-J. F. and R. Wagner, in: ebd.; R. WANGERMÉE, Les techniques de la virtuosité pianistique selon F., in: ebd.; M. J. ARLIN, F.' Contribution to Practical and Historical Music Theory, in: ebd.; R. S. NICHOLS, F.' Theories of Tonalité and the Aesthetics of Music, in: ebd.; G. BECQUART-ROBYNS, F.-J. F. maître de chapelle de Léopold Ier, in: ebd.; F. LESURE, L'affaire F., in: ebd. 28 (1974)–30 (1976); B. R. SIMMS, Choron, F., and the Theory of „tonalité", in: JMTh 19 (1975).

P. WEBER-BOCKHOLDT

FEUERMANN, Emanuel, * 22. 11. 1902 Kołomyja bei Lemberg, † 25. 5. 1942 New York; östr. Violoncellist poln. Herkunft. 1909 kam er mit seiner Familie nach Wien. Unterricht erhielt er zunächst von seinem Vater und trat bereits mit 11 Jahren erstmals öffentlich auf. Dann studierte er am Konservatorium in Leipzig bei J. Klengel. Bereits 1918 wurde er Lehrer am Konservatorium in Köln, war unter Bram Eldering Solocellist des Gürzenich-Orchesters und Mitglied des Gürzenich-Quartetts. 1937–38 lebte er in Zürich. F. unternahm umfangreiche Konzertreisen und konzertierte u. a. auch im Trio mit A. Schnabel und Br. Huberman bzw. A. Rubinstein und J. Heifetz. 1938 wanderte er in die USA aus und lehrte seit 1941 am Curtis Institute of Music in Philadelphia.

FEUERVOGEL, DER *(L'Oiseau de Feu),* Ballett in einem Akt (2 Szenen) von Igor Strawinsky (1882–1971) nach russ. Volksmärchen. Libretto u. Choreographie von Michail Fokine (1880–1942). UA: 25. 6. 1910 in Paris (Théâtre National de l'Opéra), dt. EA: 4. 3. 1964 in Berlin (Dt. Oper), Choreographie von John Cranko (1927–1973).
Dieses Werk, das Strawinsky seinem Lehrer Rimski-Korsakow (1844–1908) widmete, zählt zu den erfolgreichsten Balletten des 20. Jahrhunderts. Bei seinem ersten Auftragswerk für die Ballets Russes arbeitete der Komponist eng mit Fokine zusammen, der auch die Inszenierung besorgte. Die Handlungsgrundzüge des Balletts sind den russischen Märchen vom *Iwan Zarewitsch,* vom *Feuervogel* und vom *Unsterblichen Kastschej* entnommen: Prinz Iwan Zarewitsch besiegt mit Hilfe des wundersamen Feuervogels den bösen Zauberer Kastschej vernichtend und befreit die Prinzessin Zarewna; mit der Hochzeitsfeier des Prinzen und der Prinzessin endet das Märchen-Ballett.

Verschiedene Tanzformen – Allegro rapace, Pas de deux, Vivo assai, Allegretto, Lento assai, Pas d'action, Ronde des princesses, Danse infernale du roi Kastschej, Berceuse, Allegro Générale – bilden die musikalisch-formalen Grundlagen der choreographischen Konzeption. Den einzelnen Märchenfiguren sind diatonische Themen zugeordnet; der außermenschlichen Sphäre – der Welt des Feuervogels und des Zauberers – entsprechen hingegen impressionistische, chromatisch eingefärbte Klangspektren. Die choreographische Konzeption sowie die vollendete künstlerische Darbietung durch die Ballets Russes und durch die Darsteller Tamara Karsawina (Feuervogel), Vera Fokina (Prinzessin Zarewna), Michail Fokin (Prinz Iwan Zarewitsch), Enrico Cecchetti (der Zauberer Kastschej) trugen zum triumphalen Erfolg der UA bei. 1954 wurde das Ballett anläßlich des 25. Todestages von Serge Diaghilew bei den Edinburgher Festspielen vom Sadler's Wells Ballet noch einmal in der Fassung der UA aufgeführt. G. LUDIN

FEUERWERK, Musikal. Komödie in 3 Akten von Paul Burkhard (1911–77), Buch von Eric Charell und Jürg Amstein, Gesangstexte von Robert Gilbert und Amstein. Ort und Zeit der Handlung: die Villa des Fabrikanten Albert Oberholzer, um die Jahrhundertwende. UA: 16. 5. 1950 in München (Theater am Gärtnerplatz). Verfilmt 1954.
1939 hatte Burkhard nach dem Dialektlustspiel *De sächzigscht Giburtstag* von Emil Sautter das musikalische Lustspiel *Der schwarze Hecht* geschrieben. Dieses Werk überarbeitete Charell ein Jahrzehnt später und präsentierte es 1950 als *Feuerwerk* In dieser Fassung wurde es zu einem wichtigen Bestandteil des deutschsprachigen Unterhaltungstheaters nach dem 2. Weltkrieg. Im Mittelpunkt der Handlung steht die Feier aus Anlaß des 60. Geburtstags des Fabrikanten Albert Oberholzer, zu der auch dessen Bruder Alexander erscheint, der, weil er Zirkusdirektor wurde, als das „schwarze Schaf" der Familie gilt. Die Gegenüberstellung des bürgerlichen Milieus mit der Zirkuswelt gipfelt in den Geschehnissen, die Alexanders Frau Iduna durch das Chanson *O mein Papa* hervorruft. Neben diesem auch international erfolgreichen Lied wurden Idunas Pony-Lied und das Duett *Ein Leben lang verliebt* bekannt. R.-M. SIMON – S. SIMON

FEUILLET, Raoul Auger, * um 1660; frz. Tanzmeister. Er veröffentlichte 1700 in Paris, auf der Grundlage der Arbeiten seines Lehrers P. Beauchamp, ein Tanzschriftsystem, bei dessen Bezeichnung er als erster den Begriff ↗Choreographie verwendete (*Chorégraphie,* P 1700). Die Kompliziertheit des F.schen Systems begrenzte seine praktische Verwertbarkeit auf die Verbreitung zeitgenössischer Gesellschaftstänze. Gleichwohl gibt die Schrift genaue Auskunft über den Entwicklungsstand der klassischen Choreographie. F. wandte sein Notationssystem hauptsächlich an, um die zahlreichen Choreographien des Balletmeisters L. Pécour zu veröffentlichen.

Schriften: *Chorégraphie ou l'art de décrire la danse par caractères, figures et signes démonstratifs* (P 1700 u.ö.), dt. Übers., in: G. Taubert, *Rechtschaffener Tanzmeister oder gründliche Erklärung der Frantzösischen Tantzkunst,* 3 Bde. (L 1717); *Recueil de dances, composées par Mr. Pécour et mises sur le Papier par Mr. Feuillet* (1700); *Recueil de dances contenant un très grand nombre des meilleures Entrées de Ballet de Mr. Pécour, recueillies et mises au jour par Mr. Feuillet* (1704, 1709); *Recueil de contredances mises en Chorégraphie* (1706).

Ausg.: *Chorégraphie ou l'art de décrire la danse*... Faks. der Ausg. Paris 1701 (Hil 1967); dass. (NY 1968) (= MMMLF II/130); Faks.-Ausg. der dt. Übers. v. Taubert, 2 Bde. (Mn 1977) (= Documenta Choreologica 22); *Recueil de dances contenant un très grand nombre*..., Faks. der Ausg. Paris 1704 (Farnborough 1970); *Recueil de contredanses,* Faks. der Ausg. Paris 1706 (NY 1968) (= MMMLF II/135).

Lit.: M. DRABECKA, Kilka uwag o „Choréographie" R. A. Feuilleta, in: Muzyka 10 (1965).

FEURICH, Julius F. Pianofortefabrik GmbH. Sie wurde von **Julius Gustav F.,** * 19.3. 1821 Leipzig, † 31. 7. 1900 ebd., der seine Ausbildung u. a. bei Érard und Pleyel in Paris erhalten hatte, 1851 in Leipzig gegründet. 1894 ging sie an seinen Sohn **Heinrich Hermann** (1854–1925) über, der sich besonders auf den Bau von Konzertflügeln spezialisierte. In Berlin und Leipzig eröffnete er nach ihm benannte Konzertsäle. Nach dem 1. Weltkrieg übernahmen seine Söhne **Julius Adolph** und **Erich** die Firma und bauten den im 2. Weltkrieg zerstörten Betrieb in Leipzig-Leutzsch wieder auf, 1958 siedelten sie in die Bundesrepublik Deutschland über. Zusammen mit der Euterpe Pianofortefabrik errichtete **Julius Hermann,** Julius Adolphs Sohn, 1959 in Langlau (Mittelfranken) die Firma neu.

FEURIGE ENGEL, DER *(Ognenny angel),* Oper in fünf Akten von Sergei Prokofjew (1891–1953), op. 37, Text vom Komp. nach Waleri J. Brjussows (1873–1924) Roman *Ognenny angel* (1907/08). Ort und Zeit der Handlung: Köln und Umgebung, um 1534. Konzertante UA: 25. 11. 1953 in Paris (Rundfunk-Produktion); szenische UA: 29. 9. 1955 in Venedig (Teatro la Fenice); dt. EA: 10. 6. 1960 in Köln (alle Auff. jeweils in der Landessprache).
Wie im Roman des führenden russischen Symbolisten Brjussow bildet auch in Prokofjews Oper die Umbruchszeit der Reformation den historischen Rahmen eines Geschehens, das gleichermaßen

durch Magie und Mystizismus, durch Teufelswahn wie überspannte Erotik geprägt ist. Die junge, höchst sensible Renata glaubt unbeirrt an Madiel, ihren visionär geschauten „feurigen Engel", den sie bedingungslos liebt; bei ihrem Streben nach Erfüllung und Erlösung muß sie leidvoll den existentiellen Grundkonflikt von Körper und Seele erfahren: geleitet von ihren reinen Empfindungen, erscheint Renata zugleich dämonischen Mächten ausgeliefert und wird als Hexe schließlich der Inquisition überantwortet. Prokofjew ist bemüht, die psychischen Prozesse und Spannungen sowie die auf theatralische Wirkung hin angelegten Vorgänge in einer rhythmisch profilierten, expressiv-dramatischen Tonsprache zu präsentieren. Rezitativische Deklamation und arios-kantable Partien werden miteinander verschränkt; tonikal gebundene Abschnitte stehen neben Passagen, die chromatisch bis zur Dissonanzhäufung geschärft sind; einige, den Hauptfiguren bzw. Situationen zugeordnete Leitthemen erweisen sich in einzelnen Szenen und für die Verknüpfung des Werkgefüges als konstitutiv. – Mit wechselnder Intensität widmete sich Prokofjew 1919–27 dieser Oper, von der zu seinen Lebzeiten lediglich Fragmente des 2. Akts konzertant aufgeführt wurden (14. 6. 1928 in Paris). Nach erfolglosen Versuchen, westeuropäische oder amerikanische Bühnen für eine UA der Oper zu gewinnen, verarbeitete der Komponist musikalisches Material daraus in seiner 3. Symphonie (op. 44).

E. FISCHER

FÉVIN, Antoine de, * um 1473 wahrsch. Arras, † Ende 1511 oder Anfang 1512 Blois; frz. Komponist. Über sein Leben ist wenig bekannt. Er war Musiker am Hofe König Ludwigs XII. und zu seiner Zeit trotz seines jugendlichen Alters sehr geschätzt. Das geht aus mehreren Zeugnissen hervor, so auch aus einer lobenden Äußerung des Königs selbst. Besonders gerühmt wird F. von H. Glarean *(Dodekachordon,* 1547); als herausragendes Werk gilt ihm die *Missa Ave Maria,* der ein *Ave Maria* Josquins des Prés zugrunde liegt. Tatsächlich stehen viele Werke F.s auch stilistisch in der Nähe Josquins, u. a. in der Art der Imitationstechnik. J. Mouton ehrte F. nach seinem frühen Tod durch eine Chanson, *Qui ne regrettroit le gentil Févin* (NA P 1967).

WW: 10 Messen, davon 4 gedruckt (V 1515 u. 1516) (= RISM 1515[1] u. 1516[1]), die anderen Messen, einzelne Messesätze u. 1 Requiem hsl.; die *Missa Ave Maria* wurde auch in einer Lautenbearb. v. M. de Barberiis gedruckt (V 1546) (= RISM 1546[22]); ca. 20 Motetten, ein Magnificat u. Lamentationen in Sammeldrukken 1514–58 u. hsl.; ca. 15 frz. Chansons in Sammeldrucken 1520–78 u. hsl.

Ausg.: *Missa Mente tota,* in: EXPERT Maîtres 10 (1899); *Missa Ave Maria,* hrsg. v. J. DELPORTE (Tou 1934); *Benedictus Sancta Trinitas,* in: Treize motets et un prélude pour orgue, hrsg. v. Y. ROKSETH (P 1930, Nachdr. 1968) (= Publ. Soc. fr. de Mie I, 5); einige Motetten in: P. ATTAINGNANT, Treize livres de motets 1534 et 1535, Bd. 5, hrsg. v. A. Smijers, Bde. 10–11, hrsg. v. A. T. Merritt (Monaco 1960–62); ein Song in: Music at the Court of Henry VIII, hrsg. v. J. STEVENS (Lo 1962) (=Mus. Brit. 18); 4 Chansons in: Theatrical Chansons of the 15th and Early 16th Century, hrsg. v. H. M. BROWN (C/M 1963); eine Chanson in: Chansons françaises, hrsg. v. M. HONEGGER (P 1964); die Lamentationen in: Mehrstimmige Lamentationen aus der 1. Hälfte des 16. Jh., hrsg. v. G. MASSENKEIL (Mz 1965) (= Musikal. Denkmäler 6); eine Chanson in: Das Liederbuch des J. Heer v. Glarus, hrsg. v. A. GEERING – H. TRÜMPY (Bas 1967) (= Schweizerische Musikdenkmäler 5).

Lit.: B. KAHMANN, A. de F., in: MD 4 (1950) u. 5 (1951); A. T. MERRITT, A Chanson Sequence by F., in: Essays on Music. FS A. Th. Davison (C/M 1957); J. F. SPRATT, The Masses of A. de F., 2 Bde. (1960) (= Diss. Florida State Univ.); E. H. CLINKSCALE, The Complete Works of A. de F., 2 Bde. (1965) (= Diss. New York Univ.); A. DUNNING, Die Staatsmotette 1480–1535 (Utrecht 1970).

FÉVRIER, frz. Musikerfamilie. – **1) Henry,** * 2. 10. 1875 Paris, † 6. 7. 1957 ebd.; Komponist. F. war Privatschüler von A. Ch. Pr. Messager und setzte seine Studien am Pariser Conservatoire u.a. bei J. Massenet und G. Fauré fort. Er widmete sich erst der Instrumentalmusik, später der Oper.

WW: Kammermusik; Sonate für V. u. Klv. (1901); Klaviertrio (1907); Lieder u. symphonische WW. – Opern: *Le Roi aveugle,* UA: Paris 1906; *Monna Vanna* (Libr.: C. M. Maeterlinck), UA: ebd. 1909; *Carmosine,* UA: ebd. 1912; *Gismonda,* UA: Chicago 1918; *La Damnation de Blanchefleur,* UA: Monte Carlo 1921; *L'Ile désenchantée* (Libr.: E. Schuré), UA: Paris 1925; *La femme nue* (nach H. Bataille), UA: Monte Carlo 1929.

2) Jacques, Sohn von 1), * 27. 7. 1900 St-Germain-en-Laye, † 2. 9. 1979 Remiremont (Vosges); frz. Pianist. Schüler von É. Risler und M. Long. Er lehrte am Pariser Conservatoire und gehörte zu den angesehensten Pianisten seiner Generation.

FEZANDAT, Michel, frz. Musikdrucker. Er ist seit 1539 als Drucker in Paris nachweisbar. Zwischen 1551 und 1558 gab er u. a. 15 Bände Lauten- und Gitarrentabulaturen mit Tanzsätzen und Chanson- bzw. Psalmbearbeitungen von S. Gorlier, G. Morlaye und A. de Rippe heraus, von denen einige in einer Aufl. von 1200 Exemplaren gedruckt wurden.

Lit.: J. G. PROD'HOMME, G. Morlaye éditeur d'A. de Rippe, in: RMie 9 (1925).

ff, Vortragsbezeichnung, Abk. für fortissimo, ↗forte.

ffz, Vortragsbezeichnung, Abk. für forzatissimo, ↗sforzato.

FIALA, Joseph, * 3. 2. 1748 Lochowitz (Böhmen),

† 31. 7. 1816 Donaueschingen; böhmischer Violoncellist, Oboist und Komponist. Nach seiner Ausbildung in Prag als Violoncellist und Oboist war er seit 1774 Oboist in der Fürstlich Öttingen-Wallersteinschen Hofkapelle, seit 1777 in der Münchner Hofkapelle und 1778–85 auch Cellist in der Fürsterzbischöflichen Kapelle in Salzburg. Von dort ging er nach Wien und nach St. Petersburg. Auf einer Konzertreise durch Deutschland wurde er am 1. Januar 1792 Cellist in der Fürstlich Fürstenbergischen Hofkapelle in Donaueschingen. Der gefeierte Virtuose war als Komponist der Mannheimer Schule und W. A. Mozart verpflichtet, der seine (Bläser-)Kompositionen lobte („recht hübsch... sehr gute Gedanken"; Brief vom 3. 10. 1777 aus München) und ihn in Wien freundschaftlich in sein Haus aufnahm.

WW: *Duos concertants für V. u. Vc.*, op. 4 (Au o.J.); *Duo concertant für Fl. u. Fag.* (Rb o.J.); Streichquartette (z.T. Quatuors concertants), op. 1 (F o.J.), op. 3 u. op. 4 (W o.J.); Kammermusik, Divertimenti, Symphonien u. Konzerte für Ob., Klar. u. Va., Vc. u. Cemb., 2 Hörner sind hsl. erhalten.

Ausg.: Konzert für Engl. Horn (Pr 1957); 2 Ob.-Quartette, hrsg. v. M. KLEMENT (Pr 1966) (= Musica viva hist. 16); Konzert Nr. 1 D-Dur für Ob. u. Orch., hrsg. v. L. STORCH (Oceanside/N.Y. 1969); 3 Quintette für 2 Engl. Hörner, 2 Waldhörner u. Fag., hrsg. v. K. JANETZKY (L 1970).

Lit.: L. SCHIEDERMAIR, Die Blütezeit der Öttingen-Wallersteinschen Hofkapelle, in: SIMG 9 (1907); DERS., Die Briefe W. A. Mozarts u. seiner Familie (Mn – L 1914); A. BOPP, Das Musikleben in der freien Reichsstadt Biberach (Kas 1930); O. E. DEUTSCH – B. PAUMGARTNER, Leopold Mozarts Briefe an seine Tochter (Salzburg – L 1936).

FIBICH, Zdeněk (Zdenko), * 21. 12. 1850 Všebořice bei Časlau, † 15. 10. 1900 Prag; böhmischer Komponist. F. war 1865–66 in Prag Schüler von Fr. Smetana, anschließend bis 1867 am Leipziger Konservatorium bei E. F. Richter und S. Jadassohn. Seine weitere Ausbildung erhielt er 1868–69 in Paris und dann in Mannheim bei V. Lachner. 1871 ließ er sich in Prag nieder, wirkte dort zunächst ohne feste Verpflichtung als Dirigent, Chorleiter und künstlerischer Berater am Nationaltheater, war 1875–78 dessen 2. Kapellmeister und 1878–81 Chorleiter der russischen Kirche. F. war ein Bewunderer Fr. Smetanas, doch stärker als dieser der deutschen Romantik verpflichtet. Der oft balladeske Stil seiner symphonischen Dichtungen hatte vermutlich Schumann zum Vorbild. In der Oper *Bouře* (1895) entwickelte er in Anlehnung an R. Wagner, dem er unter den böhmischen Komponisten am nächsten steht, eine von großen melodischen Spannungen getragene Musiksprache, die auch für die weiteren Opern charakteristisch ist. Sein für Klavier geschriebenes *Poème* ist ein beliebtes Stück der Unterhaltungsmusik.

WW: Quintett für V., Vc., Klar., Horn u. Klv. (1894); Klv.-Quartett (1874); 2 Streichquartette (1874, 1878); zahlr. Klv.-Stücke. – Ouvertüren: *Pražský zid* (1871); *Noc na Karlštejně* (1886); *Komenský* (1892); *Oldřich a Božena* (1898). – Symphonische Dichtungen: *Othello* (1873); *Záboj, Slavoj a Luděk* (1873); *Toman a lesní panna* (1875); *Vesna* (1881); *2 vigilie* (1883); *V podvečer* (1893); ferner 3 Symphonien (1883, 1892, 1898); Variationen für Orch. – Melodramen, u. a.: *Štědry den* (1875); Věčnost (1878); *Královna Emma* (1883). – Opern: *Bukovín*, UA: Prag 1874; Blaník, UA: ebd. 1877; *Nevěsta Messinska* (Die Braut von Messina), UA: ebd. 1884; *Bouře*, UA: ebd. 1895; *Hedy*, UA: ebd. 1897; *Šárka*, UA: ebd. 1897; *Pád Arkuna*, UA: ebd. 1900.

Ausg.: Souborné vydáni (GA), hrsg. im Auftrag der Z. F.-Ges. (Pr 1953 ff.).

Lit.: Z. NEJEDLY, Z. F. (Pr 1901); J. BARTOŠ, Z. F. (Pr 1914); M. OČADLIK, Život a dílo Z. F.a (Pr 1950) (= Profily 22); J. BROŽOVSKÁ, Realismus v operním díle Z. F.a (Diss. Pr 1952); DIES., K. F. ovu scénickému melodramu, in: Národní divadlo 34 (1958); J. JIRÁNEK, Z. F. (Pr 1963) (= Hudební profily 10); V. HUDÉC, F. ovo skladatelskě mládí (Pr 1966); G. ABRAHAM, An Erotic Diary for Piano, in: Slavonic and Romantic Music (Lo 1968); V. HUDÉC, Z. F. (Pr 1971); ST. HOZA, Z spomienkach na Z. Folprechta, in: Hudobný život 7 (1975).

FICHER, Jacobo, * 15. 1. 1896 Odessa, † 9. 9. 1978 Buenos Aires; argentinischer Violinist, Dirigent und Komponist russischer Herkunft. F. war 1912–17 Violinschüler am Petersburger Konservatorium und 1919–23 Konzertmeister an der Oper. Seit 1921 lebte er in Argentinien, gründete in Buenos Aires die Gruppe Renovación, leitete dort seit 1953 das Orquesta Sinfónica der Asociación General de Músicos de la Argentina (AGMA) und lehrte seit 1966 als Professor Komposition am Konservatorium M. de Falla und am Kunstinstitut des Teatro Colón. Seine Kompositionen stehen unter dem Einfluß der russischen Schule und weisen Elemente der hebräischen Folklore auf.

WW: Klv.-Stücke, u. a.: Quintett (1961); *Preludio, siciliana y fuga* (1968) für Klv. 4händig; Kammermusik, darunter 4 Streichquartette; 8 Symphonien; Orch.-Suiten; symphonische Dichtung *Hamlet* (1948); V.-Konzert (1942); 3 Klv.-Konzerte (1945, 1954, 1960); Harfenkonzert (1955); Rhapsodie (1957) für 4 Saxophone u. Orch.; Fl.-Konzert mit Kammerorch. (1965); Variationen u. Fuge über ein Thema v. Mozart (1961); *Obertura festiva* (1962); *Salmo de Alegría* (1949) für Soli, Chor u. Orch.; *Oda a la libertad* (1957) für Sprecher u. Orch.; Kantate *Mi aldea* (1951); ferner Liederzyklen; 2 Kammeropern: *El Olso* (1952) (Libr.: A. Tschechow) u. *Pedido de mano* (1955) (Libr.: ders.), UA: Buenos Aires 1968; ferner Ballette.

Lit.: J. F., in: Compositores de America 2 (Washington/D.C. 1956, Nachdr. 1962) (mit Werk-Verz.); B. ZIPMAN, J. F. (Buenos Aires 1966).

FICKER, Rudolf von, * 11. 6. 1886 München, † 2. 8. 1954 Igls (Tirol); östr. Musikforscher. F. war Kompositionsschüler von L. Thuille und W. Courvoisier an der Akademie der Tonkunst in München. Anschließend studierte er in Wien Musikwissenschaft bei G. Adler und wurde 1913 mit der Dissertation *Die Chromatik im italienischen Madrigal des*

16. Jh. promoviert. 1920 habilitierte er sich an der Universität Innsbruck, wo er 1923 Professor wurde. Seit 1927 war er Professor und Mitvorstand am Musikwissenschaftlichen Seminar der Universität Wien und seit 1931 Ordinarius für Musikgeschichte an der Universität München. F. arbeitete vor allem über die Musik des Mittelalters und machte sich auch um deren praktische Wiederbelebung verdient.

WW: **1) Schriften:** *Beitr. zur Chromatik des 14.–16. Jh.*, in: StMw 2 (1914); *Die Kolorierungstechnik der Trienter Messen*, in: ebd. 7 (1920); *Die frühen Messen der Trienter Codices*, in: ebd. 11 (1924); *Formprobleme der ma. Musik*, in: ZfMw 7 (1924/25); *Primäre Klangformen*, in: Jb. Peters 36 (1929); *Probleme der Editionstechnik*, in: Kgr.-Ber. Basel 1949 (Kas 1951); *Zur Schöpfungsgesch. des Fauxbourdon*, in: AMl 23 (1951); *Grundsätzliches zur ma. Aufführungspraxis*, in: Kgr.-Ber. Utrecht 1952; *Epilog zum Faburdon*, in(AMl 25 (1953); *The Transition on the Continent*, in: Ars nova and the Renaissance, hrsg. v. A. Hughes – G. Abraham (Lo 1960) (= New Oxford History of Music 3). – **2) Editionen:** Trienter Codices 4.–6. Teil (= DTÖ 53, 61 u. 76); *Perotinus, Sederunt principes* (W 1930).

Lit.: K. JEPPESEN, in: AMl 26 (1954); TH. G. GEORGIADES, R. von F. 1886–1954, in: Mf 8 (1955), Wiederabdruck in: DERS., Kleine Schriften (Tutzing 1977) (= Münchner Veröff. zur Musikgesch. 26).

FIDDLER ON THE ROOF, Musical von J. Bock; dt. Titel: ↗Anatevka.

FIDELE BAUER, DER, Operette in einem Vorspiel und 2 Akten von Leo Fall (1873–1925), Text von Victor Léon (Pseudonym für Victor Hirschfeld). Ort und Zeit der Handlung: das Dorf Oberwang in Oberösterreich, Wien, 1896 und 1907. UA: 27. 7. 1907 in Mannheim (Hoftheater); verfilmt 1951.

Zentrales Thema der Operette ist der Gegensatz zwischen Stadt- und Landbevölkerung. Stefan, der studierte Sohn des „fidelen Bauern" Scheichelroither, verschweigt bei seiner Heirat mit der Tochter eines Geheimrates seine einfache Herkunft. Als ihn später seine Verwandten aus dem Dorf besuchen, kommt es deshalb zum Konflikt; doch die Gutmütigkeit der Leute vom Land führt zur Versöhnung. Fall stellt in dieser Operette das melodisch schlichte Element in den Vordergrund, ohne jedoch banal zu werden oder auf große Ensemblewirkung zu verzichten. Dies äußert sich besonders in dem Kinderlied *Heinerle, Heinerle, hab kein Geld,* hinter dessen vermeintlicher Simplizität sich melodisches und harmonisches Raffinement verbergen. Durch den überzeugenden Premierenerfolg rückte der Komponist in die erste Reihe deutscher Operettenkomponisten; bereits sechs Monate nach der UA gehörte *Der fidele Bauer* zum Repertoire vieler deutscher Bühnen. R.-M. SIMON – S. SIMON

FIDELIO oder die eheliche Liebe, Oper in 3 Akten von Ludwig van Beethoven (1770–1827), op. 72, Text von Joseph Sonnleithner nach Jean Nicolas Bouillys Libretto *Léonore ou l'amour conjugal.* Ort der Handlung: Ein spanisches Staatsgefängnis bei Sevilla, Zeit: Ende des 18. Jahrhunderts. UA: 20. 11. 1805 in Wien (Theater an der Wien).

Die Handlung der Oper basiert auf einer wahren Begebenheit, die mit einiger Sicherheit auf das Jahr 1794 datiert werden kann. Bevor Sonnleithner den Text des französischen Librettos für Beethoven übersetzte und bearbeitete, entstanden in kurzer Folge 3 Opern nach Bouillys Buch: Pierre Gaveaux (1798), Ferdinand Paer (1804) und Simon Mayr (1805) komponierten Leonoren-Opern. Der Erfolg von Paers *Leonora* verhinderte, daß Beethovens Werk unter dem geplanten Titel *Leonore* aufgeführt wurde; man entschied sich für den bei Shakespeare entlehnten Titel *Fidelio.* Heute verwendet man den von Beethoven gewünschten Titel nur für die 1. Fassung, die seit einigen Jahren gelegentlich mit Erfolg gespielt wird (auch als *Ur-Leonore*). Zur Uraufführung erklang die sog. 2. *Leonoren*-Ouvertüre; eine frühere (die sog. 1. *Leonoren*-Ouvertüre) verwarf der Komponist – sie wurde nie zur Oper gespielt. *Fidelio* wurde ein Mißerfolg. Nach nur zwei Wiederholungen am 21. und 22. 11. wurde das Werk abgesetzt. Nicht minder erfolglos blieb die von Stephan v. Breuning auf zwei Akte gekürzte zweite Fassung von 1806 (EA – mit der sog. 3. *Leonoren*-Ouvertüre – am 29. 3. 1806 im Theater an der Wien, Leitung: I. v. Seyfried). Nach nur einer Wiederholung am 10. 4. zog Beethoven die Partitur zurück. Erst die dritte Fassung, die heute als *Fidelio* gespielt wird, brachte Erfolg. Am 23. 5. 1814 ging die nunmehr endgültig zweiaktige Version, die in Zusammenarbeit mit dem Librettisten Friedrich Treitschke entstanden war, am Kärntnerthor-Theater in Wien erfolgreich in Szene. Dirigent war, hinter dem Rücken des ertaubten Beethoven, Michael Umlauf. Man spielte als Ouverture *Ruinen von Athen,* die neue, eigentliche *Fidelio*-Ouverture in E-Dur wurde erst zur zweiten Aufführung am 26. 5. fertiggestellt.

Der Wandel von der *Ur-Leonore* zum *Fidelio* ist musikalisch wie dramaturgisch tiefgreifend. Das zum Ideendrama herangereifte, in Musik und formaler Gestaltung weniger konventionell gearbeitete Werk besitzt jetzt größere dramatische Dichte als in den Frühfassungen. Besonders deutlich wird dies in der neuen Ouverture und in den beiden zentralen Monologen Leonores *Abscheulicher, wo eilst du hin* und Florestans *Gott, welch Dunkel hier.* Die ursprüngliche Mischung musikdramatischer Elemente und solcher, die an Mozarts Singspieltypus orientiert sind, gibt Beethoven nicht völlig auf, obwohl typische Singspielszenen wie das Terzett *Ein Mann ist bald genommen* (Marzelline/Jaquino/Rocco) und das Duett *Um in der Ehe froh zu leben* (Marzelline/Leonore) in der Fassung von 1814 gestrichen wurden. Neben dem Chor der Gefangenen *O welche Lust* wurde vor allem die dritte der insgesamt vier Ouverturen berühmt, die als symphonisches Werk die Konzertsäle eroberte und im *Fidelio* (in der heute meist gespielten Fassung von 1814) häufig – ohne Gewinn für das musikalische Drama – während der Verwandlung zum Schlußbild gespielt wird. R. QUANDT

wurde. Darstellungen des 12. und 13. Jh. zeigen indessen zwei verschiedene, jeweils jedoch vereinheitlichte Typen der F.: eine mit ovalem Korpusumriß, abgesetztem Hals mit Wirbelplatte für vorder- oder hinterständige Wirbel und C-förmigen Schallöchern, eine andere mit stärker der Gitarre ähnlichem Umriß in Achterform. Bei beiden Formen handelte es sich um Zargeninstrumente. Hieronymus de Moravia (*Tractatus de Musica,* Ende des 13. Jh., NA in: Coussemaker Scr. I) gibt für die fünfsaitige F. folgende drei Stimmungen an:

(* = Bordunsaite)

FIEBIG, Kurt, * 28. 2. 1908 Berlin; dt. Komponist. F. studierte in Berlin Orgel bei A. Dreyer, Kontrapunkt bei K. Rathaus und Komposition bei Fr. Schreker. 1931 erhielt er den Berliner Mendelssohnpreis für Komposition. 1926–36 war er Organist und Kantor in Berlin, anschließend bis 1938 Domorganist in Quedlinburg und 1941–50 Leiter der Evangelischen Kirchenmusikschule Halle an der Saale. 1951 ging er als Organist und Kantor nach Hamburg, wo er seit 1960 auch als Theorielehrer an der Musikhochschule tätig war. F. zählt zu den Bewahrern und Erneuerern einer Evangelischen Kirchenmusik aus dem Geiste der Liturgie. Sein umfangreiches Schaffen ist mit Choralkantaten, Choralvorspielen, Oratorien, Passionen und Messen vornehmlich gottesdienstbezogen.

WW: Kammermusik; Introiten für die Festtage des Kirchenjahres für 4–6st. Chor (1941); *Markuspassion* (1951) für Soli u. 2 Chöre a cap.; *Deutsches Magnificat* (1952) für Sopran u. Chor a cap.; *Osteroratorium* (1954) für Soli u. 3 Chöre a cap.; Messe *Media vita* (1956) u. *Missa secunda* (1964); Konzerte für Cemb. (1937) bzw. für V. (1954) u. Streichorch.; 8 Choralkantaten (1935–45); Kantaten: *Hallische Kantate* (1939); *Wie nach einer Wasserquelle* (1955); *Et unam sanctam* (1957); Nikodemus-Kantate (1959); *Du meine Seele singe* (1965); P.-Gerhardt-Kantate (1966); Liederzyklus *Jahrkreis der Liebe* (1955) (nach R. Huch).

Lit.: Autobiographische Skizzen, in: MuK 28 (1948); H. HOFFMANN, Vom Wesen der zeitgen. Kirchenmusik (Kas 1949); J. PIERSIG, in: Musica 11 (1957).

FIEDEL, Fidel (engl.: fiddle; frz.: vièle, vielle; it.: viella; sp.: fidula), ein vermutlich im Mittelalter aus dem Orient über Spanien nach Zentraleuropa eingeführtes Streichinstrument. Die große Vielfalt der auf Abbildungen aus jener Zeit überlieferten Korpusformen macht eine Abgrenzung der Instrumente schwierig. Eindeutig feststellen läßt sich lediglich, daß es sich um ein Instrument mit mindestens drei Saiten handelte, das überwiegend in Armhaltung, seltener in Kniehaltung gespielt

Das mit der Jugendbewegung Anfang des 20. Jh. einsetzende Interesse an älterer Musik führte dazu, daß neben anderen Instrumenten des Mittelalters auch F.n wieder nachgebaut wurden. Diese Instrumente sind jedoch häufig nicht historisch originale Abbilder, sondern weisen eher Merkmale der Violen mit Quart-, Terz-, aber auch mit Quint-Stimmung auf oder sollen als frei nachempfundene Nachbildungen sogar den Laien zur eigenen Anfertigung anregen. Innerhalb der Jugendmusikschulen gehört Gruppenarbeit mit F.n heute zum häufig üblichen Ausbildungsprogramm.

FIEDEL
12. Jh.

Lit.: C. SACHS, The History of Musical Instruments (NY 1940); W. BACHMANN, Die Anfänge des Streichinstrumentenspiels (L 1964) (= Musikwiss. Einzeldarstellungen 3); H. STEGER, Philologia Musica. Sprachzeichen, Bild u. Sache im literarisch-musischen Leben des MA: Lire, Harfe, Rotte u. F. (Mn 1971) (= Münsterische MA-Schriften 2); J. TIMPANY, And Out of His Knapsack He Drew a Fine Fiddle. An Introduction to the Technique of English Fiddling (Lo 1973); CH. PAGE, An Aspect of Medieval Fiddle Construction, in: Early Music 2 (1974); M. REMNANT, The Diversity of Medieval Fiddles, in: ebd. 3 (1975); L. WRIGHT, Sculptures of Medieval Fiddles in Gargilesse, in: GalpinJ 32 (1979).

FIEDLER, Arthur, * 17. 12. 1894 Boston (Massachusetts), † 10. 7. 1979 ebd.; amerik. Dirigent. F., Sohn eines aus Österreich eingewanderten Violinisten des Boston Symphony Orchestra, studierte Musik in Berlin und wurde 1915 ebenfalls Mitglied des Bostoner Orchesters unter K. Muck. Seit 1927 stellte er in eigener Initiative aus dessen Musikern ein Orchester zusammen, ließ am Charles River einen Musikpavillon errichten und führte dort 1929 das erste der bis heute ungeheuer populären Esplanade Concerts auf. Aufgrund des großen Erfolges wurde ihm 1930 die Leitung des 1885 gegründeten Boston Pop Orchestra übertragen, die er bis zu seinem Tod innehatte. 1930–36 leitete er auch den dem Boston Symphony Orchestra angeschlossenen Chor der Cecilia Boston Society. F. wollte Musik einem Massenpublikum nahebringen. Er mischte daher in seinen Programmen klassische Musik und Unterhaltungsmusik und nahm später u. a. auch die Beatles und den Rock and Roll darin auf. Populär wurden auch seine wöchentlichen Auftritte im nichtkommerziellen Fernsehen „Evening at Pops". Er bot seine Konzerte als Show dar, war aber immer auf hohe Qualität bedacht. Oft war er auch Gastdirigent international renommierter Orchester. Seine Schallplattenaufnahmen erreichten Millionenauflagen. Seit 1950 lehrte F. als Gastprofessor an der Boston University. Er erhielt zahlreiche Auszeichnungen und Ehrungen und war u.a. mehrfacher Ehrendoktor amerikanischer Universitäten.

Lit.: R. MOORE, F., the Colorful Mister Pops (Boston 1968); C. G. WILSON, A. F., Music for the Millions (NY 1968) (mit Diskographie).

FIELD, John, * 26. 7. 1782 Dublin, † 11. (23.) 1. 1837 Moskau; irischer Pianist und Komponist. F. kam 1792 nach London, wo er 1794 als Verkäufer in die Klavierhandlung M. Clementis eintrat, der als Gegenleistung dafür seine pianistische Ausbildung übernahm. 1802 begleitete er Clementi nach Paris und St. Petersburg, ließ sich dort nieder und erlangte als Pianist und Klavierlehrer bald einen bedeutenden Ruf. 1822–31 lebte er in Moskau, kehrte dann nach London zurück und unternahm von dort Konzertreisen nach Belgien, Frankreich, in die Schweiz und zuletzt nach Italien. In Neapel erkrankte er schwer und wurde 1835 nach Moskau zurückgebracht. – F.s Klavierspiel zeichnete sich nach dem Zeugnis der Zeitgenossen durch differenzierten, dynamisch abgestuften Vortrag, nuancenreichen Anschlag und zurückhaltenden Pedalgebrauch aus, ohne daß es ihm an Kraft und energischer Geste gefehlt hätte. Fr. Liszt lobte sein klares, flüssiges und perlendes Spiel. F.s Klavierstil spiegelt sich in den noch heute hoch geschätzten 20, darunter 12 von ihm selbst so bezeichneten *Nocturnes,* den ersten Beispielen dieser Gattung und unmittelbaren Vorbildern für Fr. Chopin. Er schrieb weitere Solostücke für Klavier, ferner Klavierquintette und 7 Klavierkonzerte.

Ausg.: Klv.-Konzerte Nr. 1–3, hrsg. v. F. MERRICK (Lo 1961) (= Mus. Brit. 17); 8 Klv.-WW, hrsg. v. D. BRANSON (Hastings 1976).

Lit.: C. HOPKINSON, A Bibliography. Thematic Catalogue of the Works of J. F. (Lo 1961); E. BLOM, J. F., in: Classics, Major and Minor (Lo 1958); G. H. SOUTHALL, J. F.'s Piano Concertos (1966) (= Diss. Univ. of Iowa); A. TYSON, J. F.'s Earliest Compositions, in: ML 47 (1966); W. KRUEGER, Das Nachtstück. Ein Beitrag zur Entwicklung des einsätzigen Pianofortestückes im 19. Jh. (Mn 1971) (= Schriften zur Musik 9); D. BRANSON, J. F. and Chopin (NY 1972); A. A. NIKOLAJEW, J. F. (NY 1973); P. PIGOTT, The Life and Music of J. F., 1782–1837, Creator of the Nocturne (Berkeley – Lo 1973); N. TEMPERLEY, J. F. and the First Nocturne, in: ML 56 (1975).

FIELD HOLLER (engl., = Feld-Jodler), ein einfaches melodisches Rufen, das die Arbeit der Negersklaven begleitete. – ↗Worksong.

FIGARO LÄSST SICH SCHEIDEN, Oper in 2 Akten von Giselher Klebe (* 1925), op. 40, Text vom Komponisten nach Ödön von Horváths (1901–38) gleichnamigem Drama (1936/37). Ort und Zeit der Handlung: irgendein Land, in dem Revolution war. UA: 28. 6. 1963 in Hamburg unter Leopold Ludwig.
In dieser Oper werden die Schicksale der aus Mozarts Oper *Die Hochzeit des Figaro* bekannten Personen nach der – schon dort vorauszusehenden – Revolution verfolgt: gemeinsame Flucht, Verarmung des Grafen, Figaros Trennung von Susanne und seine Rückkehr als Verwalter im Dienste der Revolution auf das gräfliche Schloß. Dorthin folgt ihm später Susanna, die als Kellnerin in Cherubins Bar gearbeitet hat. In ihrer Begleitung kehrt auch Almaviva zurück, der von den erstarkten revolutionären Kräften unbehelligt bleibt. Klebe trägt dem hohen dramatischen Eigenwert des Stückes durch eine nicht-illustrierende Musik Rechnung. Nur selten bewirkt die Komposition eine Steigerung des Ausdrucks (die lautlose Angst im Grenzwald bei Flucht und heimlicher Rückkehr; die innige Liebe der Gräfin, die ihrem Mann das letzte Geld für einen Besuch im Café gibt). Als Hauptthema der Oper hebt Klebe das Problem der reinen Menschlichkeit hervor; das Libretto kulminiert in dem Satz: *Die Menschlichkeit ... ist nur ein schwaches Licht in*

der Finsternis. So wollen wir hoffen, daß kein noch so starker Sturm es auslöschen kann.

K. LANGROCK

FIGAROS HOCHZEIT, Komische Oper von W. A. Mozart: Die ↗Hochzeit des Figaro.

FIGULUS (eig. Töpfer), **Wolfgang,** * um 1525 Naumburg, † wahrscheinlich September 1589 Meißen; dt. Komponist und Musiktheoretiker. F. war 1545–46 Kantor in Lübben, ist 1547 an der Universität in Frankfurt an der Oder nachweisbar und immatrikulierte sich im Winter 1547/48 an der Universität Leipzig. 1549 wurde er Thomaskantor und lehrte gleichzeitig Musik an der Universität. 1551–88 war er Kantor der Fürstenschule in Meißen. F., der entscheidende Anregungen von M. Agricola und G. Fabricius empfing, widmete sich fast ausschließlich der Komposition und Pflege geistlicher Vokalmusik. Sein Wirken steht in enger Beziehung zum Kantorei- und Schulgesang.

WW: **1) Kompositionen:** *Praecationes* für 4 St. (L 1553); *Tricinia sacra* für Knabenst. (Nü 1559); *Cantiones sacrae* für 4–6 u. 8 St. (Frankfurt/Oder 1575); *Hymni sacri de natali Domini nostri Iesu Christi* für 5 St. (Wittenberg 1587); *Hymni sacri et scholastici,* postum hrsg. v. F. Birck (L 1604); Gelegenheitsgesänge. – **2) Editionen:** M. Agricola, *Deutsche Musica und Gesangbüchlin* (Nü 1560 u. ö.); *Vetera nova carmina sacra ... de natali Domini ... artige und kurtze Weynacht-Liedlein* für 4 St. (Frankfurt/Oder 1575), = RISM 1575² (darin außer Gesängen v. M. Agricola, Clemens non Papa, L. Senfl u. a. 10 Stücke v. F.). – **3) Schriften:** *Elementa musicae brevissima* (L 1555), erweitert u. bearb. als: *De musica practica liber primus* (Nü 1565); *Libri primi musicae practicae elementa brevissima* (ebenfalls Bearb. der *Elementa* v. 1555?) (Nü 1565).

Ausg.: Tricinium *Ach Gott vom Himmel sieh darein,* in: Luthers Kirchenlieder in Tonsätzen seiner Zeit, hrsg. v. K. AMELN (Kas 1934); Tricinium *Und Du Kindlein,* in: Hdb. der dt. ev. Kirchenmusik 2, hrsg. v. DEMS. – CH. MAHRENHOLZ – W. THOMAS (Gö 1935).

Lit.: P. KRAUSE, Die Hymni sacri et scholastici des W. F., in: Zschr. der M.-Luther-Univ. (Hl 1959/60) (= Ges.- u. sprachwiss. Reihe 9).

FIGURALMUSIK (lat.: musica figuralis, musica figurata, musica figurativa; cantus figuratus bzw. figuralis) weist im Gegensatz zur Musica plana (↗Cantus planus) unterschiedliche Notenwerte auf; die verschiedenen Notenzeichen (figurae) bestimmen die Tondauer. Diese Musik gab es seit dem 13. Jh.; seit dem 15. Jh. wurde sie als F. (nicht mehr als Mensuralmusik) bezeichnet. Nachdem der Begriff figura im 17. Jh. mehrdeutig geworden war und auch musikalisch-rhetorisches Ornament (↗Figuren) und Verzierungsfloskel (↗Figuration) bedeuten konnte, verschwand der Terminus F. im 18. Jh. aus der musiktheoretischen Umgangssprache.

FIGURATION, Figurierung, seit dem 18. Jh. Bz. für melodisch und rhythmisch formelhafte – und damit von den ↗Verzierungen zu unterscheidende – Spielfiguren (z. B. ↗Albertische Bässe, ↗Diminution) und Akkordbrechungen, die in der virtuoseren Instrumentalmusik – insbesondere der für Tasteninstrumente – im 16.–19. Jh. gebräuchlich waren. Beispiele hierfür finden sich besonders in den Figuralvariationen der Virginalisten und J. P. Sweelincks, auch in figurierten Choralkompositionen J. S. Bachs.

FIGUREN, musikalisch-rhetorische F. In der deutschen Kompositionslehre des 17.–18. Jh. ist in einer besonderen Weise das Bewußtsein der Verwandtschaft von Musik und Rhetorik lebendig, nachdem beide Künste im mittelalterlichen Bildungssystem der Artes liberales, der 7 „Freien Künste" eingeordnet waren. Der Traditionszusammenhang zeigt sich vor allem darin, daß man nun in Analogie zu den rhetorischen Figuren (und Tropen) – das sind Abweichungen von der gewöhnlichen Art zu sprechen – solche musikalischen Mittel, die von der einfachen Art der Komposition abweichen, als musikalische Figuren *(Figurae musicae)* bezeichnete. Mit der einfachen Satzweise ist im wesentlichen der *Stylus antiquus,* der kontrapunktische Satz in der Tradition Palestrinas gemeint (vgl. auch ↗a cappella). Ihm gegenüber, als dem strengen Regelsystem, werden die F. als Freiheiten *(Licentiae),* auch als Schmuck *(Ornamentum, Color, Flos)* aufgefaßt. Ihr wichtigster Zweck ist es, in der Vokalmusik Sinn und Affekt einzelner Worte oder eines textlichen Zusammenhangs auszudrücken bzw. einzelne Worte emphatisch hervorzuheben.
Wenn auch eine schriftlich fixierte Figurenlehre erst seit der Wende des 16. zum 17. Jh. nachzuweisen ist, so erscheinen doch die F. selbst schon viel früher, vereinzelt bereits im 15. Jh., zunehmend im 16. Jh., namentlich bei Josquin und Lasso. Mit Beispielen hauptsächlich aus seinen Werken erläutert denn auch J. Burmeister (1599ff.) seine Figurenlehre, die erste ihrer Art. Im Zuge der Entstehung und Entwicklung des neuen Stils um 1600 – mit ↗Monodie, ↗Generalbaß, konzertierendem Stil – kommt es dann zu einer immer reicheren Verwendung von F., vorab in der Vokalmusik, und zu einer immer stärkeren Berücksichtigung in der Kompositionslehre, meist im Rahmen der ↗Musica poetica. Die wichtigsten Quellen bieten die Traktate von J. Burmeister, J. Lippius, J. Nucius, J. Thuringus, J. A. Herbst, A. Kircher, Chr. Bernhard, W. C. Printz, J. G. Ahle, Th. B. Janowka, J. G. Walther, J. Kuhnau, M. Vogt, J. A. Scheibe, J. Mattheson und J. N. Forkel. Die Zahl der von ihnen behandelten F. beträgt mehr als

100. Einige F. entsprechen in ihrem musikalischen Sachverhalt und in ihrer Benennung rhetorischen F., so z.B. die ↗Climax und andere Wiederholungs-F. (s.u.), viele andere tragen Namen, die sich nur auf den musikalischen Sachverhalt beziehen. Die F. können klassifiziert werden (nach H. H. Eggebrecht in Brockhaus-Riemann) in:
a) Hypotyposis-F. (F. der offenkundigen Bildhaftigkeit; ↗Hypotyposis). Sie umfassen Wendungen, mit denen bestimmte durch den Text bezeichnete Vorgänge musikalisch analog ausgedrückt werden können, z.B. Auf- und Abwärtsbewegung (Anabasis, Katabasis), auch in übertragenem Sinn etwa musikalische Abwärtsbewegungen als Zeichen der Demut oder dergleichen;
b) weitere melodische Figuren: die Verwendung übermäßiger oder verminderter Intervalle als Sprung oder Gang (↗Saltus duriusculus, ↗Passus duriusculus), auch die Verwendung chromatischer Gänge (↗Pathopoeia) zum Ausdruck trauriger, leidvoller Textinhalte;
c) Pausen-F. zum Ausdruck des Seufzens oder des Abbrechens, Abschneidens (↗Pause, ↗Suspiratio);
d) Wiederholungs-F. (↗Wiederholung): die Wiederholung kürzerer Melodieabschnitte auf derselben oder einer anderen Tonstufe, wie sie besonders dann zu einer nachdrücklichen Hervorhebung des Textes führt, wenn mit ihr eine textliche Wiederholung (oder Steigerung, wie bei der ↗Climax) verbunden ist;
e) sog. Satz-F., z.B. die musikalische Kontrastbildung zum Ausdruck eines textlichen Kontrasts oder die homorhythmische Hervorhebung eines bestimmten Wortes bzw. einer Wortgruppe inmitten einer kontrapunktisch aufgelockerten Umgebung (↗Noema).
f) Manieren (↗Manier) oder ↗Verzierungen als F. zu bildhaft-emphatischem oder nur emphatischem Ausdruck (etwa ↗Accentus, ↗Doppelschlag).
Die Kenntnis der Figurenlehre ist für das Verständnis der Verhältnisse von Wort und Ton in der Musik des 16.–18. Jh. unabdingbar. Bei einigen Komponisten dieser Epoche bildet die Verwendung von F. ein wesentliches Kennzeichen ihres künstlerischen Profils und erlaubt in Einzelfällen Aufschlüsse nicht nur über die Art und Weise des musikalischen Wort*ausdrucks,* sondern darüber hinaus unter Umständen auch über eine spezielle Wort*auslegung.* Untersucht wurde dies bisher vor allem bei J. S. Bach sowie bei H. Schütz und G. Carissimi. Bach war zugleich einer der letzten Komponisten, dessen Schaffen – auch die wortgebundene Instrumentalmusik – von musikalischen F. bestimmt war. Eine neue Art des musikalischen Ausdrucks, der es nicht mehr primär auf Sinn und Affekte der Worte ankam, die Auffassung von der Musik als einer Sprache der Gefühle, die neue Nachbarschaft von Musik, Poesie und bildender Kunst, in der es keinen Platz mehr für die Rhetorik gab – dies alles ließ das musikalische Figurenwesen weitgehend aus dem Bewußtsein der Komponisten, der Hörer und der Theoretiker verschwinden. Und nur noch vereinzelt lassen sich bis hin in unsere Zeit die Spuren dieser musikalisch-rhetorischen Tradition verfolgen.

Lit.: A. SCHERING, Die Lehre von den musikal. F., in: KmJb 21 (1908); H. BRANDES, Stud. zur musikal. Figurenlehre im 16. Jh. (Diss. B 1935); H. H. UNGER, Die Beziehungen zwischen Musik u. Rhetorik im 16.–18. Jh. (Wü 1941, Nachdr. Hil 1969); W. GURLITT, Musik u. Rhetorik, in: Helikon 5 (1944); DERS., Zu J. S. Bachs Ostinato-Technik, in: Ber. über die wiss. Bachtagung Leipzig 1950 (L 1951); A. SCHMITZ, Die Bildlichkeit der wortgebundenen Musik J. S. Bachs (Mz 1950) (= Neue Stud. zur Musikwiss. 1); DERS., Die Figurenlehre in den theoretischen Werken J. G. Walthers, in: AfMw 9 (1952); G. MASSENKEIL, Die oratorische Kunst in den lat. Historien u. Oratorien G. Carissimis (Diss. masch. Mz 1952), daraus in z. T. erweiterter Form gedruckt: Die Wiederholungsfiguren in den Oratorien G. Carissimis, in: AfMw 13 (1956) u. Zur Frage der Dissonanzbehandlung in der Musik des 17. Jh., in: Les Colloques de Wégimont, 4: Le „baroque" musical (P 1963); H. FEDERHOFER, Die Figurenlehre nach Ch. Bernhard u. die Dissonanzbehandlung in den Werken v. H. Schütz, in: Kgr.-Ber. Bamberg 1953 (Kas – Bas 1954); C. DAHLHAUS, Die Figurae superficiales in den Traktaten Ch. Bernhards, in: ebd.; M. RUHNKE, J. Burmeister (Kas 1955) (= Schriften des Landesinst. für Musikforsch. 5); A. SCHMITZ, F., musikal.-rhetorische, in: MGG IV; F. FELDMANN, Das Opusculum bipartitum des J. Thuringus 1625, in: AfMw 15 (1958); H. H. EGGEBRECHT, Zum F.-Begriff der Musica poetica, in: ebd. 16 (1959); DERS., H. Schütz, Musicus poeticus (Gö 1959); F. KRUMMACHER, Textauslegung u. Satzstruktur in J. S. Bachs Motetten, in: Bach-Jb. 60 (1974); H. H. EGGEBRECHT, F., in: Brockhaus-Riemann, Musiklexikon I (Wie – Mz 1978); D. BARTEL, Hdb. der musikal. F. (Laaber 1985).

G. MASSENKEIL

FIGURENLEHRE ↗Figuren.

FILARE IL SUONO (it., = den Ton spinnen, frz.: filer un son), Bz. für eine Tongestaltung, bei der ein lang und gleichmäßig ausgehaltener Ton nicht durch Einatmen oder Bogenwechsel unterbrochen werden darf. Eine andere Gestaltung ist durch kontinuierliches Crescendo und Decrescendo möglich (↗Messa di voce). Der Terminus bezeichnete ursprünglich eine italienische Gesangstechnik des 18. Jh., die in der Folge auch auf bestimmte Instrumente (z.B. Violine, Viola, Violoncello, Flöte) übertragen wurde.

FILLE DU RÉGIMENT, LA, Oper von G. Donizetti; dt. Titel: Die ↗Regimentstochter.

FILMMUSIK. Als Begleitung zu den frühen Stummfilmen, die als proletarisches Vergnügen auf Jahrmärkten und in Hinterzimmern von Variété-

und Vaudevilletheatern gezeigt wurden, diente die dort gespielte Salonmusik; sie stand ohne jede Beziehung zu den gezeigten Bildern und hatte lediglich die Funktion, das Geräusch des Projektors zu übertönen (K. London; s. u. Lit.) oder doch das Gespenstische der stummen Schatten vergessen zu machen (H. Eisler – Th. W. Adorno; s. u. Lit.). Die Funktion der F. änderte sich, als die Filmindustrie durch Aufwertung ihres Produkts das gehobene Bürgertum als neue Publikumsschicht zu gewinnen suchte, indem sie statt kurzer Sketches Spielfilme anbot und damit zum Theater in Konkurrenz trat. Zu diesem Zweck gründete man in Frankreich eine neue Gesellschaft mit dem bezeichnenden Firmennamen „Film d'art". Für die Begleitmusik zu dem erstem Film, *L'Assassinat du duc de Guise* von A. Calmette (1908), gewann man C. Saint-Saëns als Komponisten (veröff. als Suite für Str., Klv. und Harmonium, op. 128). Zu einem der ersten großen italienischen Ausstattungsfilme, *Cabiria* von G. Pastrone (Drehbuch G. d'Annunzio; 1913), schrieb I. Pizzetti die Musik. Mit seiner *Sinfonia del fuoco* lieferte er die musikalische Untermalung zum zentralen Spektakel des Films, dem Brand Karthagos. In den USA griff D. W. Griffith die Konzeption des italienischen Monumentalfilms mit seinem dreistündigen Filmepos *The Birth of a Nation* (1915) auf. In enger Zusammenarbeit mit dem Komponisten C. Briel stellte er die Begleitmusik u. a. aus den Ouvertüren zu V. Bellinis *Norma* und C. M. von Webers *Freischütz* sowie R. Wagners „Walkürenritt" zusammen. Die Kooperation zwischen Regisseur und Komponist blieb zwar lange das unerreichbare Vorbild, da die musikalische Begleitung zu Stummfilmen in der Regel erst von dem Musiker bzw. Kapellmeister des jeweiligen Aufführungskinos besorgt wurde, aber im Prinzip spiegelt die F. zu *The Birth of a Nation* die seit etwa 1910 gängige Praxis, der „künstlerischen" Forderung nach Abstimmung zwischen Bild und Ton zu entsprechen: Unter Ausnutzung des gesamten Repertoires der romantischen Epoche wurden Musiknummern, die einem bestimmten Ausdrucksbereich zuzuordnen sind, mit entsprechenden Typen von Filmsituationen verbunden (z. B. musikalische Idylle – Liebesszene). Die Reihenfolge der Nummern, von dem Musiker auf einem gesonderten Blatt (cue sheet) zur Gedächtnisstütze notiert, wurde durch improvisierte Überleitungen zu einem suitenähnlichen Gebilde zusammengefaßt. Diese Praxis, die dem Geschmack des bürgerlichen Publikums entgegenkam, begründete die Orientierung der F. an der Musiksprache des 19. Jh., die bis in die 50er Jahre anhielt. Mit der Größe der „Filmtheater" wuchs auch die Besetzung für die F., vom Klavier über Wurlitzer-Orgel und Salonorchester bis zu einigen wenigen „Symphonieorchestern", die die Filmgesellschaften in den Metropolen unterhielten. Für diese Ensembles wurden Notenarchive (Kino[biblio]theken) angelegt, die für jede Besetzung standardisierte Musiknummern samt Überleitungen zu jeder nur erdenklichen Filmsituation anboten. Der Effekt der Klischeebildung für die Rezeption der Musik des 19. und frühen 20. Jh., der von den Kinotheken als bedeutenden Multiplikationsfaktoren ausging, kann schwerlich überschätzt werden. Während diese zusammengestückten „Suiten" in den 20er Jahren für die Massenware Film typisch blieben, setzte sich für Filme mit künstlerischem Anspruch die Originalpartitur durch, die eigens für den Film komponiert wurde. Musik zu Filmen von Regisseuren, die der Avantgarde angehörten, schrieben z.B. in Frankreich A. Honegger (*La Roue* von A. Gance, 1923; bearbeitet als „symphonischer Satz" *Pacific 231*) und E. Satie (*Entr'acte* von R. Clair als Zwischenspiel zu dem Ballett *Relâche* von Fr. Picabia). Im Unterschied zu Honegger verzichtete Satie auf deskriptive Elemente und paßte seine Musik dem durch die Montage der Einstellungen gegebenen Bildtempo des Films an. Den entgegengesetzten Weg ging die Regisseurin G. Dulac, die vorgegebene musikalische Verläufe durch Bildsequenzen zu interpretieren versuchte (*L'invitation au voyage* nach Musik von Beethoven, 1927; *Arabesque* nach Musik von Debussy, 1929). In Deutschland entstanden, z. T. in Anlehnung an Ideen des Bauhauses, abstrakte Filme von V. Eggeling, O. Fischinger, W. Ruttmann und H. Richter; in diesen Filmen, zu denen auch M. Butting und H. Eisler Musik schrieben, stellte sich die Frage nach einer strukturellen Verbindung von Bild und Ton. 1925 erregte E. Meisels Musik zur Berliner Erstaufführung von S. Eisensteins *Panzerkreuzer Potemkin* Aufsehen, da in ihr Elemente moderner Musik verwendet wurden, um der illusionierenden und romantisierenden Funktion von F. entgegenzuwirken.

Mit dem Aufkommen des Tonfilms fand die F. ein gesteigertes Interesse bei Komponisten der „Neuen Sachlichkeit". Technische Möglichkeiten der Koppelung von Bild und Ton wurden schon seit Beginn des Jahrhunderts erprobt (Elge-Verfahren von L. Gaumont, „Tonbilder" von O. Messter). Aber erst die Erfindung der elektroakustischen Schallaufzeichnung ermöglichte eine angemessene Verstärkung des Klanges. Die ersten Tonfilme im Nadeltonverfahren (Konservierung des Tons auf einer Schallplatte) brachte die amerikanische Gesellschaft Warner Brothers auf den Markt (*Don Juan,* 1925; den entscheidenden finanziellen Erfolg brachte *The Jazz Singer,* 1927). Da der Gleichlauf zwischen Filmprojektor und Grammophon für Störungen anfällig war, ersetzte Warner Brothers diese Technik bald durch das in Deutschland von „Triergon" entwickelte Lichttonverfahren, das im Prinzip heute noch verwendet wird: die Tonspur wird direkt auf den Filmstreifen aufgetragen, so daß eine genaue Synchronisation von Bild und Ton möglich ist. Unter dem Eindruck der technischen Entwicklung war F. ein zentrales Thema der Musiktage in Baden-Baden 1927–29, bei denen Tonfilme mit Kompositionen von P. Hindemith, D. Milhaud, E. Toch, P. Dessau, W. Gronostay und H. Eisler (*op. III* von W. Ruttmann, 1927; bearbeitet als Orchestersuite Nr. 1) vorgeführt wurden. Von Regisseuren, die ihren Stil im Stummfilm entwickelt hatten, wurde der Ton im Film zunächst sehr vorsichtig gehandhabt. Entweder nutzten sie die Tonspur hauptsächlich für Musik und reduzierten den Dialog auf das Notwendigste (*Sur les toits de Paris* von R. Clair, 1930), oder sie reservierten umgekehrt die Tonspur für den Dialog und ließen Musik nur zu, soweit sie durch die gezeigten Szenen motiviert wurde (*Der blaue Engel* von J. von Sternberg, Musik: Fr. Hollaender; 1930). In der Frühzeit des Tonfilms unterschied Hollywood zwischen reinen Sprechfilmen („All-Talkies") und ↗Musicals. Erst die getrennte Aufnahme von Bild und Ton (getrennte Spuren Geräusch/Sprache/Musik) sowie deren nachträgliche Synchronisation ermöglichte wieder die aus der Stummfilmzeit vertraute breite Untermalung des Films mit Musik, nun im Wechsel oder in Überlagerung mit dem Sprechton. Während der 30er Jahre wurden in Hollywood zwei unterschiedliche Dramaturgien für die F. im Tonfilm entwickelt. Im „underscoring" untermalt der Komponist detailliert das Geschehen bis zur Verdoppelung der Gestik, wie es M. Steiner in *King Kong* (von M. C. Cooper und E. B. Schoedsack, 1933) praktizierte. Das andere Verfahren war die von A. Newman entwickelte „mood-technique": die Stimmung des Filmes wird durch in sich abgeschlossene, eher liedmäßige musikalische Komplexe wiedergegeben. Unter den zahlreichen Filmkomponisten Hollywoods (häufig Emigranten wie Fr. Waxmann, D. Tiomkin, M. Rózsa und E. W. Korngold) ragt B. Herrmann als derjenige hervor, der sich am stärksten der modernen Musik öffnete (*Citizen Kane* von O. Welles, 1941). Gegenüber der Serienproduktion von F. in den USA konnte vor allem in Frankreich ein höheres Niveau gehalten werden durch Komponisten wie G. Auric (*A nous la liberté* von R. Clair, 1932), M. Jaubert (*L'Atalante* von J. Vigo, 1934) und J. Kosma (*La grande illusion* von J. Renoir, 1935). In Deutschland dagegen setzte Hitlers Machtergreifung dem Wirken P. Dessaus, K. Weills und H. Eislers (*Niemandsland* von V. Trivas, 1931; *Kuhle Wampe* von Sl. Dudow und B. Brecht, 1933) ein Ende. Dafür kam es dann in den 30er und 40er Jahren zu einer Hochblüte des – wesentlich auf Musik gestellten – Unterhaltungs- und Ausstattungsfilms. Erfolgreich waren in diesem Genre namentlich M. Jary, Fr. Grothe und W. Eisbrenner, deren Hauptschaffensgebiet in diesen Jahren die F. war, aber auch Operettenkomponisten wie R. Stolz und N. Dostal. In der Sowjetunion, wo der Regisseur Ws. Pudowkin die kontrapunktische Funktion der Musik im Film theoretisch begründet hatte (zus. mit Eisenstein und Alexandrow im Tonfilmmanifest von 1927), schrieben D. Schostakowitsch (*Das neue Babylon* von Gr. Kosinzew und I. Trauberg) und S. Prokofjew (*Alexander Newski,* 1938, und *Iwan der Schreckliche,* 1943 bis 1945, von S. Eisenstein) Partituren, die gegenüber den Bildern ihre eigenständige Funktion bewahren.

Mit dem Aufkommen des Fernsehens in den 50er Jahren verlor der Film weitgehend sein bürgerliches Publikum; die Industrie wandte sich an die Jugend als neue Zielgruppe. Mit dieser Umstrukturierung des Publikums änderte sich auch die F., der symphonische Sound wurde immer mehr durch Genres der Unterhaltungsmusik und (vorübergehend) durch den Jazz (*A Streetcar named Desire* von E. Kazan, Musik: A. North, 1951) verdrängt. Die Annäherung zwischen F. und Unterhaltungsmusik eröffnete die Möglichkeit, durch den Verkauf von Schallplatten mit F. zusätzlichen Profit zu machen und gleichzeitig durch frühzeitige Verbreitung der Schallplatten, Interesse für den Film zu wecken, d. h. mit der Titelmusik als Schallplatte für den Film zu werben. Die Erfindung von F. ist damit nicht mehr in erster Linie an dramaturgischen Funktionen orientiert, sondern folgt dem Modewandel innerhalb der Unterhaltungsbranche – der neue Sound steht im Mittelpunkt des Interesses (*Spiel mir das Lied vom Tod* von S. Corbucci, Musik: E. Morricone, 1968). Obwohl gelegentlich Komponisten von Rang F. schrieben (*Die verlorene Ehre der Katharina Blum* von V. Schlöndorff, Musik: H. W. Henze, 1975), gehört F. als eigenständiges Genre mit einer Entwicklung von historischer Kontinuität bereits der Vergangenheit an.

Lit.: G. SADOUL, Histoire générale du cinéma, 6 Bde. (P 1947–54); U. GREGOR – E. PATALAS, Gesch. des Films (Gütersloh 1962); J. TOEPLITZ, Gesch. des Films, 4 Bde. (B 1975). – K. HUBER, Der Ausdruck musikal. Elementarmotive (B 1923); E. RAPÉE, Motion Pictures Moods for Pianists and Organists (NY 1924, Nachdr. 1974); H. ERDMANN, Der künstlerische Spielfilm u. seine Musik, in: Das dt. Lichtspieltheater (B 1926); DERS. – G. BECCE, Allgem. Hdb. der F., 2 Bde.

(B 1927); L. BRAV, Thematischer Führer durch die Orchestermusik (B 1927); J. BRUYR, L'écran des musiciens (P 1930); K. LONDON, Film Music (Lo 1936, Nachdr. NY 1970); K. OTTENHEYN, Film u. Musik bis zur Einführung des Tonfilms (Diss. B 1944); M. JAUBERT, La musique dans le film, in: L'intelligence du cinématographe, hrsg. v. M. Herbier (P 1946); H. EISLER, Composing for the Films (Lo – NY 1947, dt. B 1949, NA Mn 1969) (zus. mit Th. W. Adorno); La musica nel film, hrsg. v. E. MASETTI (R 1950); R. MANVELL – J. HUNTLEY, The Technique of Film Music (Lo 1957), erweitert v. R. ARNELL – P. DAG (1975); E. NICK, Musik der Stummfilmzeit, in: Die 3 großen „F." Film, Funk, Fernsehen, hrsg. v. H. Lindlar – R. Schubert (Bonn 1958) (= Musik der Zeit, N.F. 2); H. A. THOMAS, Die dt. Tonfilmmusik (Gütersloh 1962); H. COLPI, Défense et illustration de la musique dans le film (Ly 1963); S. KRACAUER, Theorie des Films (F 1964, NA F 1973) (= Schriften 3); Z. LISSA, Ästhetik der F. (B 1965); H. BIRETT, Stummfilmmusik. Materialslg. (B 1970) (mit Verz. v. „Kinotheken" u. Originalpartituren); H. EISLER, Materialien zu einer Dialektik der Musik (L 1973); T. THOMAS, Music for the Movies (South Brunswick/N.Y. – Lo 1973, ²1975); R. LANGHAM SMITH, Debussy and the Art of the Cinema, in: ML 54 (1973); J. L. LIMBACHER, Film Music. From Violins to Video (Metuchen/N.Y. 1974); M. DE COSTER, L'Exemple de la musique classique enregistrée, in: International Rev. of the Aesthetics and Sociology of Music 6 (1975); H. BATTENBERG, Dramaturgische u. ideologische Funktionen der Musik in der Fernsehserie „Bonanza", in: Schulfach Musik (Mz 1976) (= Veröff. des Inst. für Neue Musik u. Musikerziehung); H. PAULI, F. Ein hist.-kritischer Abriß, in: Musik in den Massenmedien Rundfunk u. Fernsehen, hrsg. v. H.-Ch. Schmidt (Mz 1976); D. STERN, Komponisten gehen zum Film. Zum Problem angewandter Musik in den 20er Jahren, in: Angewandte Musik – 20er Jahre (B 1977) (= Argument-Sonderbd. 24); H. DE LA MOTTE-HABER, F., in: Musik u. Bildung 9 (1977); DIES., Fünf Thesen zur F., in: Melos/NZ 4 (1978). H. WEBER

FILS (Filz, Filtz), **Johann Anton,** getauft 22.9.1733 Eichstätt (Bayern), begraben 14.3.1760 Mannheim; dt. Violoncellist und Komponist. F. trat 1754 als Cellist in die Mannheimer Hofkapelle ein und wird in einem Dokument aus dem Jahre 1756 als 2. Cellist nach I. Danzi genannt. Im Titel seiner Triosonaten op. 3 nennt er sich bereits Kammervirtuose des Kurfürsten und Schüler von J. Stamitz. Der frühverstorbene, doch frühvollendete Komponist wurde schon von seinen Zeitgenossen mit G. B. Pergolesi verglichen. Der neue aufkommende Genie-Begriff wurde in bezug auf die Mannheimer allerdings nur mit F. und J. Stamitz in Verbindung gebracht. Letzterem stand F. besonders in der Originalität seiner Musik nahe, die sich in der Unregelmäßigkeit des Periodenbaues und in der Frische und Volkstümlichkeit der melodischen Erfindung zeigt. Charakteristisch für F. sind besonders Bohemismen und die Verwendung tänzerischer Elemente. D. Schubart hielt ihn für den „besten Symphonieschreiber" aller Zeiten und C. L. Junker setzte ihn an die erste Stelle unter den älteren Mannheimern.

WW: Mehr als 40 Symphonien, op. 1, 2, 5; 3 Fl.-Konzerte (P 1765, 1785); 24 Triosonaten, op. 2, 3, 4, 6; 6 Quartette (Lo 1785); 6 Klv.-Trios u. Sonaten für V. u. Vc., op. 5; zahlr. Symphonien, Fl.- u. Vc.-Konzerte u. geistliche Werke sind hsl. erhalten.

Ausg.: 4 Sinfonien, hrsg. v. H. RIEMANN, in: Sinfonien der Pfalzbayerischen Schule 1 u. 2/1 (L 1902, L 1906) (= DTB 3/1 u. 7/2); ein Streichtrio, hrsg. v. DEMS., in: Coll. Mus. 17 (L 1907); ein Streichtrio u. ein Klv.-Trio, in: Mannheimer Kammermusik des 18. Jh. 2, hrsg. v. DEMS. (1915) (= DTB 16); Symphonie A-Dur, hrsg. v. R. SONDHEIMER (B 1932); *Sinfonia a più strumenti obligati* Nr. 6, Faks.-Ausg. v. H. HÖCKNER (L 1936); Symphonie Es-Dur, hrsg. v. A. CARSE (Lo 1937); 6 Symphonien, hrsg. v. J. RACEK – J. POHANKA (1960) (= MAB 44); Fl.-Konzert G-Dur, in: Fl.-Konzerte der Mannheimer Schule, hrsg. v. W. LEBERMANN (Wie 1964) (= EDM 51, Abt. I/5); Vc.-Konzert G-Dur, hrsg. v. H. KLUG (Wie 1968); Konzert D-Dur für Fl. u. Orch., Klv.-A. hrsg. v. H. KASLIK (Pr 1975).

Lit.: Verz. der Druck-Ausg. u. thematisches Verz. der Symphonien, in: DTB 3/1 (Ergänzungen in DTB 7/2); dass. für die Kammermusik-WW in: DTB 16; H. RIEMANN, Vorworte zu den genannten Bd.en u. zu DTB 15; F. WALTER, Gesch. des Theaters u. der Musik am kurpfälzischen Hofe (L 1898); R. SONDHEIMER, Die formale Entwicklung der vorklassischen Sinfonie, in: AfMw 4 (1922); DERS., Die Theorie der Sinfonie u. die Beurteilung einzelner Sinfoniekomponisten bei den Musikschriftstellern des 18. Jh. (L 1925); H. STEPHAN, Der Mannheimer Stil u. seine dt.-böhmischen Vertreter, in: Ackermann aus Böhmen 4 (Pr 1936); H. H. EGGEBRECHT, Der Begriff des Komischen in der Musikästhetik des 18. Jh., in: Mf 4 (1951); W. S. NEWMAN, The Sonata in the Classic Era (Chapel Hill/N.C. 1963); P. VIT, Kompositionsprinzipien der Sinfonien des A. F., in: Sborník prací filosofické faculty brnênské univ. 21 (1972). R. WÜRTZ

FILTER, grundsätzlich jede Einrichtung (mechanischer, optischer, elektrischer Art), die bestimmte Frequenzgebiete hervorhebt oder abschwächt. In der *Akustik* zählen hierzu der Helmholtz-Resonator, Dämpfungsmaterialien (z.B. Vorhänge oder Schallabsorber), aber auch Resonanzkörper bei Musikinstrumenten, die deren typische Klangfarbe bestimmen, und die für die Klang-, Vokal- und ↗Formant-Bildung der Stimme benutzten Resonanzräume im Kopf- und Brustraum. In der *Elektroakustik* werden unter Verwendung frequenzabhängiger Bauteile F. verschiedenster Art gebaut. Man unterscheidet Höhen-F., Tiefen-F. und Band-F., die bei hohen, tiefen oder mittleren Frequenzen eine Hervorhebung oder Abschwächung („Anheben" und „Absenken") ermöglichen. Technisch spricht man meist von Tiefpaß (die hohen Frequenzen werden abgeschwächt, die tiefen können ungehindert „passieren"), Hochpaß (die tiefen Frequenzen werden abgeschwächt, die hohen können „passieren") und Bandpaß bzw. Bandsperre oder „Notchfilter" (Hervorheben bzw. Abschwächen eines Frequenz-Bandes). Eine Besonderheit ist das Resonanz-F., das einen nur äußerst schmalen Frequenzbereich durchläßt. Der Wirkungsbereich eines F.s wird gekennzeichnet durch die „Einsatz"-, „Grenz"- oder „Übergangs"-Frequenz, bei der das F. zu arbeiten beginnt, und durch seine maximale Anhebung bzw. Absenkung. In der elektronischen Musik (↗Synthesizer) werden vor allem spannungsgesteuerte F. eingesetzt (VCF = Voltage Controlled F.). In der Elektroakustik finden F. Anwendung in Verstärkern, Lautsprechern, elektrischen und elektronischen Musikinstrumenten (↗Elektrophone).

U. KRAUS

FINALE (it., = Schlußstück), in der Instrumentalmusik seit dem 18. Jh. der (meist nicht eigens so bezeichnete) Schlußsatz eines mehrsätzigen, zyklischen Werkes (Sonate, Symphonie). Er kann verschieden gebaut sein, als Sonatensatz, Rondo, Variationssatz oder Fuge; der schlußbildende Charakter kann in verschiedener Weise ausgeprägt sein: als heiterer „Kehraus" (in manchen Symphonien von J. Haydn), als Kulmination einer kontinuierlichen und zielstrebigen Entwicklung vom 1. Satz ab, auch mit dem Rückgriff auf thematisches Material vorangehender Sätze und sogar (in der 9. Symphonie von Beethoven) unter Einbeziehung von Vokalsoli und Chor. Vereinzelt erscheint die Bz. F. auch außerhalb zyklischer Formen, so in den *Six pièces* und in *Prélude, Aria et Finale* für Orgel von C. Franck.

In der ↗Oper ist das F. die Schlußszene eines Aktes, wie sie sich erst im Laufe der Entwicklung der Oper zu einem Komplex von Arien, Ensembles, manchmal auch Chören ausprägte. Vollends seit dem späten 18. Jh. wurde das F. zu einem überaus charakteristischen Bestandteil der Oper, in dem sich in der Regel dramatische Aktion und musikalische Gestaltung intensivieren und verdichten. Dies läßt sich besonders an den letzten Opern W. A. Mozarts beobachten, später vor allem bei Verdi.

Lit.: E. J. DENT, Ensembles and Finales in 18th Century Italian Opera, in: SIMG 11 (1909/10); M. FUCHS, Die Entwicklung des F. in der it. Opera buffa vor Mozart (Diss. W 1932); THR. G. GEORGIADES, Aus der Musiksprache des Mozart-Theaters, in: Mozart-Jb. 1950 (1951); H. ENGEL, Die Finali der Mozartschen Opern, in: ebd. 1954 (1955); G. V. NOÉ, Der Strukturwandel der zyklischen Sonatensatzform, in: NZfM 125 (1964); B. SPONHEUER, Haydns Arbeit am Finalproblem, in: AfMw 34 (1977).

FINALIS (lat.). – **1)** Im System der ↗Kirchentöne der Schlußton eines liturgischen Gesanges bzw. der Bezugston charakteristischer melodischer Formeln. Gemeinsam mit Tenor und Ambitus legt die F. den ↗Modus einer Melodie fest: Bei den authentischen (↗authentisch) Kirchentönen fällt sie mit dem Grundton des jeweiligen Modus zusammen, bei den dazugehörigen plagalen (↗plagal), d. h. eine Quarte tiefer transponierten Kirchentönen hingegen liegt sie eine Quarte höher und ist folglich bei den jeweiligen authentischen und plagalen Modi identisch. Demnach heißt die F. des 1. und 2. Kirchentons d, des 3. und 4. e, des 5. und 6. f und die des 7. und 8. g. – **2)** Schlußklang einer ↗Klausel.

FINCK. – **1) Heinrich,** * um 1445 Bamberg, † 9. 6. 1527 Wien; dt. Komponist. Er war wahrscheinlich Sohn des Bamberger Stadtbaumeisters und Ratsherrn Heinrich F., kam etwa achtjährig in die polnische Hofkapelle nach Krakau, wurde dort zum Sänger und Musiker ausgebildet und später zum Priester geweiht. 1482 war er vorübergehend an der Universität Leipzig immatrikuliert. Um 1490 lernte er in Krakau K. Celtis kennen. Eine Verbindung zu anderen deutschen Humanisten, vor allem zu J. Vadian in Wien, ist auch aus späterer Zeit verbürgt. Nach Auflösung der Hofkapelle 1492 hielt sich F. zwischen 1494 und 1498 mit einiger Sicherheit in Mitteldeutschland auf. 1498 wurde er Hofkapellmeister beim Großfürsten Alexander von Litauen in Wilna. Als dieser 1502 König von Polen wurde, kehrte F. mit seiner Kapelle wieder nach Krakau zurück, wo er bis 1510 wirkte. 1510–14 war er Kapellmeister Herzog Ulrichs von Württemberg in Stuttgart. Vermutlich seit 1519 stand er als Komponist im Dienst des Fürsterzbischofs von Salzburg, zog sich aber nach 1524 in das Schottenkloster in Wien zurück, wo er sogleich wieder eine Kantorei aufbaute. Am 1. Januar 1527 ernannte ihn König Ferdinand I. von Böhmen und Ungarn zum Hofkapellmeister. Ferdinand I. ließ bei seinem Tod eine Gedenkmedaille für ihn schlagen, die das eindrucksvolle Porträt des „musicus excellentissimus" festhält. Zu F.s Schülern gehören J. Zangerus, A. von Bruck, St. Mahu und der kongeniale Th. Stoltzer.

Seit dem 19. Jh. gilt F. in der Musikforschung als erster deutscher „Großmeister". Die geistige Spannweite seines Schaffens und die universale Behandlung aller geistlichen und weltlichen Formen der Musik seiner Zeit rechtfertigen uneingeschränkt diesen Titel. Von ihm sind 112 Kompositionen überliefert – nur ein Bruchteil des mutmaßlichen Gesamtœuvres, von dem bis 1510 lediglich einige Werke erhalten sind. Die meisten Werke wurden erst postum in rund 60 Drucken und Handschriften, überwiegend von Mitteldeutschland (Wittenberg) aus, verbreitet. F., Zeitgenosse von Josquin des Prés, hat etwa 60 Jahre lang komponiert; sein Schaffen war daher beträchtlichen stilistischen Wandlungen unterworfen. Bewundernswert bleibt seine innere Bereitschaft, noch im höheren Alter die um die Wende des 15. zum 16. Jh. „moderne" Musik (H. Isaac, Josquin u. a.) schöpferisch zu verarbeiten. Diese Rezeption franko-flämischer Musik, besonders klar belegbar um 1495, als F. in der Nähe von Leipzig (Motetten *Ave Jesu Christe, Deo dicamus* u.a.), und nach 1510, als er in Süddeutschland wirkte (Motette *O Domine Jesu Christe, Missa Dominicalis* u.a.), dokumentiert sich im vollklingenden Satz und einer zunehmenden „Versprachlichung" seiner Musik, während der Frühstil *(Missa 3 voc.)* durch harte kontrapunktische Linienführung, reiche Melismen und konstruktive Kanon- und Sequenztechnik an die Sänger höchste Ansprüche stellt. Charakteristisch für F.s Spätstil, wie er sich am überzeugendsten in seiner 5st. *Missa super Ave praeclara* (vgl. L. Hoffmann-Erbrecht; s.u. Lit.) darstellt, ist die Verbindung archaisierender und moderner Stilmittel in einer höchst eigenwilligen „deutschen" Synthese. – Die deutschen Liedsätze, imitationsreich in der Stimmführung und sorgfältig im Textvortrag, gehören zu den gediegensten Kompositionen ihrer Art im frühen 16. Jahrhundert. 30 von ihnen wurden bezeichnenderweise als erste Werke postum unter dem Titel *Schöne auserlesene Lieder des hoch berümpten Heinrici Finckens samt andern neuen Liedern* 1536 in Nürnberg gedruckt.

2) Hermann, Großneffe von 1), *31.3.1527 Pirna, † 28.12.1558 Wittenberg; dt. Komponist und Musiktheoretiker. Er war Musiker am Hofe Ferdinands I., studierte 1545 an der Universität Wittenberg und hielt dort seit 1554 Vorlesungen über Musik, aus denen sein Lehrbuch *Practica Musica* (Wittenberg 1556) entstand. Von ihm sind nur wenige Gelegenheitskompositionen überliefert.

Ausg.: **Zu 1):** 27 Lieder, hrsg. v. R. EITNER, in: PGfM 8 (1879); 24 Hymnen, hrsg. v. R. GERBER: davon 8 in: Chw 9 (1931) u. 2 in: ebd. 32 (1934), 22 in: EDM 21 (1942) u. 25 (1943); *Missa in summis,* hrsg. v. K. HASSE, in: Chw 21 (1933); 3 Messen, 3 Motettenzyklen u. 1 Alleluja, in: Ausgew. WW I, hrsg. v. L. HOFFMANN-ERBRECHT (1962) (= EDM 57); 2 Messen, 7 Motetten, 2 Magnificat, 28 Lieder, in: ebd. II, hrsg. v. DEMS. – H. LOMNITZER (1980) (= EDM 70).

Lit.: G. REESE, Music in the Renaissance (NY 1954); L. HOFFMANN-ERBRECHT, H. F. in Polen, in: Kgr.-Ber. Kassel 1962 (Kas 1963); DERS., Th. Stoltzer (Kas 1964); P. MATZDORF, Die Practica Musica Hermann F.s (Diss. F 1967); L. HOFFMANN-ERBRECHT, Stoltzeriana, in: Mf 27 (1974); M. JUST, Der Kodex Mus. Ms. 40021 der Staatsbibl. Berlin (Preußischer Kulturbesitz). Unters. am Repertoire einer dt. Quelle des 15. Jh., 2 Bde. (Tutzing 1975); L. HOFFMANN-ERBRECHT, Dt. Musiker um 1500 in Osteuropa, in: Dt. Musik des Ostens (Kö–W 1976); W. STEUDE, Unters. zur mitteldt. Musiküberlieferung u. Musikpflege im 16. Jh. (L 1978); L. HOFFMANN-ERBRECHT, H. F.s „Missa super Ave praeclara". Eine wichtige Neuentdeckung, in: Renaissance-Stud. FS H. Osthoff, hrsg. v. L. Finscher (Tutzing 1979) (= Frankfurter Beitr. zur Musikwiss. 11); E. F. FIEDLER, H. F., G. van Weerbeke u. die Göttin Venus. Ein Beitr. zur Gesch. der C.f.-Praxis im frühen 16. Jh., in: ebd.; L. HOFFMANN-ERBRECHT, Henricus F., musicus excellentissimus (in Vorbereitung). L. HOFFMANN-ERBRECHT

FINE (it., = Ende; frz.: Fin). Die Bz. F. inmitten eines Werkes markiert die Stelle, an der eine Komposition nach einer Wiederholung endet (↗Da capo al Fine). Meist wird diese Stelle durch das Zeichen 𝄐 (↗Fermate) zusätzlich bzw. stellvertretend für die Bz. F. gekennzeichnet.

FINETTI, Giacomo, OFM, * Ancona, † nach 1629 vermutlich Venedig; it. Komponist. Er ist 1605 bis um 1609 als Kapellmeister in Jesi, danach in Ancona und seit etwa 1613 in Venedig (Kloster Ca Grande) nachweisbar. F., dessen frühe Werke noch ohne B.c. sind, war neben A. Grandi einer der führenden Komponisten des geringstimmigen ↗Concerto im 2. Jahrzehnt des 17. Jh. Seine Werke waren auch in Deutschland im Druck weit verbreitet.

WW (teilweise mit mehreren Nachdrucken): 2 Bücher *Concerti* bzw. *Sacrae cantiones* für 2 St. u. B.c. (V 1611, 1613), für 3 St. u. B.c. (V 1613), für 4 St. u. B.c. (V 1612), für 1–6 St. u. B.c. (F 1621) (darin auch Werke v. P. Lappi u. G. Belli); für 2–4 St. u. B.c. (An 1621); *Corona Mariae* für 4 St. u. B.c. (V 1622); Gesänge zur Weihnachtsmatutin für 5 St. (V 1609); *Completorium* für 5 St. (V 1605); *Orationes vespertinae* für 4 St. (V 1606); Pss. für 3 St. u. B.c. (V 1614); Vesperpsalmen für Fronleichnam für 8 St. u. B.c. (V 1611); ein Sammelwerk von 7 vordem in Venedig erschienenen Büchern Motetten, Concerti u. Pss. für 2–4 u. 8 St., 7 Bde. (F 1631); über 60 Motetten in den Sammeldrucken v. J. Donfrid 1622–27 (Verz. bei R. Schmitt, s. u. Lit.).

Lit.: A. ADRIO, Die Anfänge des Geistlichen Konzerts (B 1935); R. SCHMITT, Unters. zu J. Donfrids Sammeldrucken ... (Diss. Bonn 1974).

FINGER, Gottfried (Godfrey), * um 1660 Olmütz, begraben 31.8.1730 Mannheim; mährischer Komponist. F. ist 1682 in München nachweisbar und kam 1685 nach London, wo er unter König Jakob II. Instrumentalist der Hofkapelle wurde, der er offenbar nur kurze Zeit angehörte. Er blieb aber in London und trat dort mit Kammermusikwerken und Musikeinlagen zu Theaterstücken hervor. 1701 beteiligte er sich mit einer (nicht erhaltenen) Schauspielmusik zu *The Judgement of Paris* von W. Congreve an einem öffentlichen Wettbewerb, erhielt aber hinter J. Weldon, J. Eccles und D. Purcell lediglich den 4. Preis. Wenig später verließ er England. F. war dann vermutlich kurze Zeit in Breslau und hielt sich mehrmals zur Aufführung eigener Werke in Berlin auf. 1707 wurde er Kammermusiker und 1708 Konzertmeister der Innsbrucker Hofkapelle. Seit 1717 lebte er als kurpfälzischer Konzertmeister und Hofkammerrat in Neuburg a. D., dann in Mannheim, wo er in dieser Stellung zuletzt 1723 nachweisbar ist.

WW: **1) Instr.-WW:** Sonaten für 2 Fl., op. 2 (Lo o.J.); *Ayres* für 2 u. 3 Fl. (Lo o.J.); Sonaten: für V. bzw. Fl. u. B.c. (Lo 1690), für Fl. u. B.c., op. 3 (A o.J.), für 2 Fl. u. B.c. (A o.J.), für 2 V. u. Vc. od. B.c. (A o.J.), für 3 Streichinstr. mit B.c. (A 1688). – **2) Vokal-WW:** Gedruckt wurden einzelne Songs zu Bühnen-Werken, auch in instr. Bearb.

Ausg.: Sonate für Fl., Ob. oder V. u. B.c., hrsg. v. P. RUBARDT (Hannover 1932); 2 Sonaten für 2 Block- oder Querflöten, hrsg. v. A. RODEMANN (Celle 1939); Sonata ottava für 3 V. u. B.c., hrsg. v. D. STEVENS (Lo 1957); Triosonate, hrsg. v. W. TWITTENHOFF, in: Musica Practica 25; Sonate d-moll für 2 Fl., hrsg. v. E. KÖLZ (Lo 1972); Sonate C-Dur für Trp., V., Ob. u. B.c., hrsg. v. R. MINTER (Lo 1974); Sonate F-Dur für Blockfl. u. B.c., hrsg. v. P. HUBBARD (Bamberg 1975); Leichte Duette für 2 Instr., hrsg. v. J. HARF (Wilhelmshaven 1975).

Lit.: W. SENN, Musik u. Theater am Hof zu Innsbruck (I 1954); A. W. MARSHALL, The Chamber Music of G. F., in: Consort 26 (1970).

FINGERSATZ, Applikatur (engl.: fingering; frz.: doigté; it.: diteggiatura; span.: digitación), die Festlegung der Abfolge der einzelnen Finger beim Greifen oder Anschlagen eines Blas- oder Saiteninstrumentes (mit und ohne Tasten), als Hilfsmittel für den Spieler in Ziffern notiert. Der F. wird gelegentlich vom Komponisten selbst eigens angegeben. Heute sind F.e in der Regel Bestandteil (und charakteristisches Zeichen) praktischer Ausgaben älterer Instrumentalmusik. – Der einfachste F. trifft für Blechblasinstrumente mit drei Ventilen zu, die von den mittleren Fingern der linken oder rechten Hand betätigt werden. Blasinstrumente mit Grifflöchern bzw. Klappen werden mit einem in linke und rechte Hand aufgeteilten F. gespielt, wobei sich eine diatonische Abfolge der Töne ergibt. Chromatische Töne werden durch Gabelgriffe oder besondere Klappenkombinationen erreicht. – Bei Streichinstrumenten ist der F. vor allem von der technischen Anforderung abhängig. Im allgemeinen bezeichnet 1 den Zeigefinger, 2 den Mittelfinger, 3 den Ringfinger, 4 den kleinen Finger der linken Hand, 0 die leere Saite; beim Violoncello und Kontrabaß wird zusätzlich der Daumen (mit ♀ angegeben) benutzt, der, quer über das Griffbrett gelegt, als beweglicher Sattel dient. Aus der Angabe des F.es ergibt sich auch die entsprechende ↗Lage, die manchmal aber auch zusätzlich – etwa durch Saitenangabe – angezeigt wird. Entsprechendes gilt für Lauten, Gitarren und ähnliche Instrumente mit Bünden. Für diese Instrumente wurden Kompositionen bis in das 17. Jh. hinein ausschließlich in ↗Tabulatur, d.h. nur in Griffschrift, notiert. – Bei Tasteninstrumenten sind die F.-Möglichkeiten vielfältiger und änderten sich deshalb auch häufig. So wurde im 16. Jh. beim Spielen der aufsteigenden Skala oft auf den Gebrauch des Daumens und kleinen Fingers verzichtet. Spanische Organisten der gleichen Zeit gebrauchten hingegen alle Finger. Aus dem 17. Jh. stammt bereits die moderne Bezeichnung der Finger (für beide Hände: 1 = Daumen – 5 = kleiner Finger) und findet sich in G. Dirutas Traktat *Il Transilvano* (Ausgabe V 1612 bis 1622). Deutsche Komponisten (z. B. P. Hofhaimer) verwendeten hingegen eine andere Ziffernfolge, die z. B. von den alten englischen Bezeichnungen (etwa bei H. Purcell) abwich. Wiederum andere Fingersätze sind aus dem 18. Jh. bekannt, u. a. durch eines der *Livre de clavecin* von J.-Fr. d'Andrieu belegt, das Stücke mit vollständigem F. enthält. Wesentliche Änderungen im Gebrauch der Fingerabfolge gehen auf Fr. Couperin, C. Ph. E. Bach und im 19. Jh. insbesondere auf M. Clementi, Fr. Chopin und Fr. Liszt zurück.

Lit.: F. COUPERIN, L'art de toucher le clavecin (P 1716, ²1717), hrsg. mit dt. Übers. v. A. LINDE (L 1933), Faks. der Aufl. 1717 (NY 1969) (= MMMLF II/23); L. MOZART, Versuch einer gründlichen Violinschule (Au 1756, Faks.-Ausg. F 1956); D. G. TÜRK, Klavierschule (L–Hl 1789), Faks.-Ausg. v. E. R. Jacobi (Kas 1962) (= DMl I/23); L. ADAM, Méthode ou principe général du doigté (P 1798); CH. NEATE, An Essay on Fingering (Lo 1855); G. A. MICHELSEN, Der F. beim Klv.-Spiel (L 1896); A. DOLMETSCH, The Interpretation of the Music of the XVIIth and XVIIIth Century (Lo 1916, ²1946); S. BABITZ, On Using J. S. Bach's Keyboard Fingerings, in: ML 43 (1962); D. F. COWAN, A Classroom Instructional Method for Combining C and F Fingering in Unison on Recorders (1971) (= Diss. Univ. of Northern Colorado); E. J. RODGERS, Early Keyboard Fingering, ca. 1520–1620 (1971) (= Diss. Univ. of Oregon); S. BABITZ, Violin Fingering (Los Angeles ²1974); W. MÜLLER-NISHIO, Zur Typologie des F. auf der V., in: V.-Spiel u. V.-Musik in Gesch. u. Gegenwart (W 1975) (= Beitr. zur Aufführungspraxis 3).

FINIAN'S RAINBOW, amerik. Musical in 2 Akten von Burton Lane (* 1912), Buch von Edgar „Yip" Harburg und Fred Saidy, Song-Texte von Harburg. Ort und Zeit der Handlung: Rainbow Valley im Phantasiestaat Missitucky im Süden der USA, zur Zeit der UA. UA: 10. 1. 1947 in New York (46th Street Theater). Verfilmt 1968 mit Fred Astaire. Im Mittelpunkt der phantasievollen Handlung stehen der irische Auswanderer Finian McLonergan und seine Tochter Sharon. Finian hat in seiner Heimat dem Kobold Og einen Topf voll Gold gestohlen und kommt damit nach Rainbow Valley, um ihn dort, in der Nähe von Fort Knox, zu vergraben. Er glaubt, die Nähe der US-Goldreserven werde sein Gold wachsen lassen. Das Gold des Kobolds erfüllt Finian außerdem drei Wünsche: es verwandelt einen rassenfanatischen Senator in einen Neger-Prediger, sorgt für Sharons Glück und läßt den Kobold zum Menschen werden. Die Autoren attackieren wirtschaftliche und soziale Probleme der USA zur Zeit der UA, die z. B. in *When the idle poor become the idle rich* angesprochen werden. Die romantische Note wird in den „ballads" *How are things in Glocca Morra?* und *Look to the rainbow* akzentuiert. *Finian's Rainbow* lief am Broadway 725mal en suite. Auszeichnung: Donaldson Award als bestes Musical der Saison. R.-M. SIMON – S. SIMON

FINK, Gottfried Wilhelm, * 8. 3. 1783 Sulza an der

Ilm (Thüringen), † 27.28.1846 Leipzig; dt. Theologe und Musikschriftsteller. Er studierte 1804–09 Theologie und Geschichte in Leipzig und trat dort auch mit Liedkompositionen hervor. 1810–16 war er Prediger in einer reformierten Leipziger Gemeinde und leitete 1814–27 eine von ihm gegründete Erziehungsanstalt für junge Theologen. 1828–41 gehörte er als Redakteur der *Allgemeinen musikalischen Zeitung* (AmZ) zu den namhaftesten deutschen Musikkritikern seiner Zeit. 1838–43 war er Lehrbeauftragter an der Leipziger Universität, seit 1842 deren Musikdirektor. Neben zahlreichen musikkritischen und musiktheoretischen Schriften gab er mehrere Liedsammlungen heraus. F. komponierte und veröffentlichte auch zahlreiche Lieder nach eigenen Texten.

WW: **1) Kompositionen:** Liederhefte: *Häusliche Andachten*, 2 H. (L 1811–14); *Volkslieder*, 5 H. (L 1812–15); *Romanzen u. Balladen* (L 1812); *Neue häusliche Andachten* (L 1834). – **2) Schriften:** *Musikal. Grammatik* (L 1836, ^{2}1839, Langensalza ^{3}1862); *Wesen u. Gesch. der Oper* (L 1838); *Der neumusikal. Lehrjammer* (L 1842); *Musikal. Kompositionslehre*, hrsg. v. Th. Coccius (L 1847). – **3) Editionen:** *Musikal. Hausschatz* (L 1844–45); *Die deutsche Liedertafel* (L 1845).

Lit.: M. BIGENWALD, Die Anfänge der Leipziger AmZ (Diss. Fr 1934); K. DOLINSKY, Die Anfänge der musikal. Fachpresse... (Diss. B 1940); K. G. FELLERER, A. B. Marx u. G. W. F., in: FS A. Orel (W 1960); K.-E. EICKE, Der Streit zw. A. B. Marx u. G. W. F. um die Kompositionslehre (Rb 1966) (= Kölner Beitr. zur Musikforsch. 42); DERS., Das Problem des Historismus im Streit zw. Marx u. F., in: Die Ausbreitung des Historismus über die Musik, hrsg. v. W. Wiora (Rb 1969) (= Stud. zur Musikgesch. des 19. Jh. 14); R. SCHMITT-THOMAS, Die Entwicklung der dt. Konzertkritik im Spiegel der Leipziger AmZ 1798–1848 (F 1969) (= Kultur im Zeitbild 1).

FINKE, Fidelio F. (Friedrich, Fritz), * 22.10.1891 Josephsthal bei Gablonz (Böhmen), † 12.6.1968 Dresden; dt. Komponist. 1908–11 studierte er Klavier und Tonsatz, zuletzt Komposition bei V. Novák am Prager Konservatorium, an dem er selbst 1915–20 Klavier, Theorie und Kontrapunkt lehrte. 1920 zum Staatlichen Kommissar für das deutsche Musikschulwesen in der ČSR bestellt, lehrte er seit 1926 Komposition an der zwischenzeitlich vom Prager Konservatorium abgetrennten Deutschen Akademie für Musik, deren Leitung er 1927–45 innehatte. Seit 1946 war er Direktor der Staatlichen Akademie für Musik und Theater in Dresden, lehrte dort auch Komposition und hatte 1951–58 eine Professur für Theorie und Tonsatz an der Musikhochschule Leipzig. Seit 1956 war er ordentliches Mitglied der Deutschen Akademie der Künste in Ost-Berlin. Im Anschluß an R. Strauss, M. Reger und A. Schönberg entwickelte F., Repräsentant einer neueren deutsch-böhmischen Musikkultur, einen spätromantisch-polyphonen Kompositionsstil, vor allem in seinem umfangreichen Lied- und Kammermusikschaffen, aber auch in volkstümlichen Beiträgen bis hin zu Massenchören und Kompositionen speziell für Laienorchester.

WW: **1) Instr.-WW:** Für Klv.: *Reiterburleske* (1913); *Romantische Suite* (1919); *Marionetten-Musiken* (1922); 10 Stücke zu 4 Händen (1938); *Egerländer Sträußlein* (1939); Sonatine (1945); Var. über ein Adventslied (1946); 19 Klv.-Stücke für Kinder (1950); 12 Klv.-Stücke nach slawischen Volksliedern (1952); für Org.: Choralvorspiele (1928); Fantasie, Var. u. Doppelfuge *Aus tiefer Not* (1928); Toccata u. Fuge (1930); 5 Streichquartette, das 2.: *Der zerstörte Tasso* (nach Gedichten v. F. Bruckner) für Sopran u. Streichquartett; Bläserquintett; Duosonaten für V., Va., Blockfl. mit Klv. – Für Orch.: Klv.-Konzert (1930); Concertino für Klv. (1931); Capriccio für Klv. (1953); Sinfonie *Pan* (1919); Konzert für Orch. (1931); 8 Orch.-Suiten (1947–61); *Festliche Musik* (1964). – **2) Vokal-WW:** Klv.- u. Kammerliederzyklen: *Der Apfelbaum am Wegrand* (1965); *Kantata piccola* (1966) (nach W. Busch); *Der Rauch* (1966) (nach B. Brecht); *Eros* (1912–62) für Sopran, Tenor u. Orch.; *Weihnachtskantilene* (1948) für Frauenchor, Klv., V. u. Vc.; *Glaubensbekenntnis* (1959) für 6st. Chor; *Glaubensbekenntnis* (1962) für 4st. Chor u. Orch.; ferner a cap. Chöre, Schulchöre u. Massenchöre. – **3) Bühnen-WW:** Opern: *Die versunkene Glocke* (1918) (nach G. Hauptmann); *Die Jakobsfahrt* (1936); *Der schlagfertige Liebhaber* (1954); Märchenballade *Der Zauberfisch* (1960) (Libr.: W. Hübner nach den Brüdern Grimm).

Lit.: K. M. KOMMA, Schicksal u. Schaffen sudetendt. Komponisten, in: Stifter-Jb. 3 (1953); D. HÄRTWIG, F. F. F., in: Sammelbde. zur Musikgesch. der DDR 1 (1969); DERS., F. F. F. (L 1970) (= Habil.-Schrift Univ. Leipzig).

H. LINDLAR

FINNLAND. Die wohl ältesten Belege einer Musikausübung in F. sind im Zusammenhang mit der volkstümlichen Musik zu suchen, die aus Rufen, Beschwörungen und anderen Brauchtumsweisen besteht. Das erzählende Volkslied ist noch heute in den einfachen Liedern Lapplands und in den Klagegesängen der strenggläubigen Bevölkerung von Ingrien und Karelien lebendig. Im Gegensatz zu den alten Runenmelodien der sog. Kalewalapoesie, die über das Pentachord aufgebaut sind, überschreiten die zahlreichen neueren Volkslieder – meist lyrischen Inhalts – diesen Umfang. Formal handelt es sich dabei um Strophenform mit Schlußreimen.

Die geistliche Musik seit dem Mittelalter. Mit der um 1150 von Schweden ausgehenden Christianisierung wurde auch der ↗Gregorianische Gesang in F. eingeführt. Die entscheidenden Impulse für die Entstehung der frühen geistlichen Musik F.s kamen aus der Diözese Köln. Daneben lassen sich jedoch – vor allem hinsichtlich melodischer und notenschriftlicher Besonderheiten – auch französische Einflüsse feststellen. Diese sind insbesondere auch im liturgischen Bereich zu finden, denn die Liturgie der um 1330 gegründeten Diözese Turku entsprach derjenigen der Dominikaner in Paris.

Turku war mit seinen Kirchen und den daran angeschlossenen Schulen bis zum 16. Jh. das Zentrum des musikalischen Lebens. Wie anderenorts auch, nahm die Unterweisung der Schüler im Kirchengesang einen wichtigen Platz ein. Neben dem Gregorianischen Gesang mußten diese auch außerliturgische religiöse Gesänge ausführen. Davon zeugt eine gedruckte Ausgabe aus der Zeit der Reformation: *Piae cantiones ecclesiasticae et scholasticae veterum episcoporum* (Greifswald 1582; zahlreiche Aufl.). Diese Sammlung von 74 Gesängen wurde durch den finnischen Studenten Theodoricus Petri Rutha veröffentlicht und vom Leiter der bischöflichen Schule von Turku, Jaakko Finne, herausgegeben. Sie enthält lateinische, z. T. mittelalterliche Gesänge. Die finnische Ausgabe dieser Sammlung (Rostock 1616) zählt zugleich zu den ersten Zeugnissen einer nationalen finnischen Dichtkunst. Die meisten Gesänge sind einstimmig, einige auch mehrstimmig. Gerade die 2st. Rondeaus, die an die Tradition der Ars antiqua anschließen, ragen besonders heraus. Mehr als die Hälfte der Gesänge stammt aus Frankreich, England, Deutschland und Böhmen; die ältesten gehen auf das 10. Jh. zurück. Aus der Quellenlage wird deutlich, daß die finnischen Studenten, die an verschiedenen Universitäten Europas studierten, diese Gesänge mitbrachten. Einige sind jedoch möglicherweise finnischen Ursprungs. Im Verlauf der Reformation wurde das Ordinarium der Messe ins Finnische übersetzt, während die Propriumsgesänge durch Choräle, die als Entlehnungen aus Deutschland und Schweden zu gelten haben, ersetzt wurden.

Die Entwicklung seit dem 17. Jh. Die Instrumentalmusik und die Oper hatten zunächst geringere Bedeutung, denn ein höfisches Zentrum gab es in F. in jener Zeit nur vorübergehend. Mittelpunkt eines regen Musiklebens wurde vielmehr die 1640 gegründete Universität von Turku. Einen großen Aufschwung erfuhr die Musikpflege gegen Ende des 18. Jh. vor allem durch Persönlichkeiten des öffentlichen Lebens. Zu ihnen zählt u. a. Henrik Gabriel Porthan (1739–1804), der sich als Begründer der finnischen Geschichtsforschung zum erstenmal mit der Folklore F.s beschäftigte. 1790 wurde in Turku die erste Musikgesellschaft F.s gegründet. Ihr Orchester setzte sich vor allem aus Professoren und Studenten der Universität und aus Beamten zusammen. In den ersten Jahren ihres Bestehens (1790–1808) zählte sie 900 Mitglieder mit etwa 70 aktiven Musikern. Die zugehörige Bibliothek (über 2000 Partituren) erwarb bereits früh Werke von J. Haydn, W. A. Mozart und L. van Beethoven. Der Gesellschaft gehörten auch Komponisten an, z. B. Erik Tulindberg (1761–1814) und Bernhard Henrik Crusell (1775–1838), der jedoch früh F. verließ und in Schweden als Klarinettist und Komponist (von Klarinettenkonzerten und Kammermusikwerken) wirkte.

Das 19. Jahrhundert. Als F. 1809 von Schweden an Rußland abgetreten wurde, rissen die kulturellen Verbindungen zu Schweden indes nicht ab. Turku blieb bis 1827 Zentrum des musikalischen Lebens. Nach der Zerstörung der Stadt durch einen Brand wurde die Universität im folgenden Jahr nach der neuen Hauptstadt Helsinki verlegt, die auch neuer Mittelpunkt der Musikpflege wurde. Die Akademische Musikgesellschaft bemühte sich, die Tradition von Turku fortzusetzen. Insbesondere der aus Deutschland stammende Fr. Pacius (1809–91), ein Schüler von L. Spohr, übte seit 1835 als Musikdirektor der Universität, als Gründer der Neuen Musikgesellschaft, aber auch als Chor- und Orchesterleiter, Violinist und Komponist einen entscheidenden Einfluß aus. Gegen Mitte des Jahrhunderts stieg die Zahl der finnischen Komponisten an, von denen sich vor allem Aksel Gabriel Ingelius (1822–68) und Johan Filip von Schantz (1835–65) um einen finnischen Nationalstil bemühten. Nach 1870 fanden auch regelmäßige Opernaufführungen unter der Leitung von R. Faltin statt. 1882 wurden das Musikinstitut durch M. Wegelius (1846–1906) und die Philharmonische Gesellschaft mit einem ständigen Orchester durch R. Kajanus (1856 bis 1933) gegründet. – Mit J. Sibelius (1865–1957) erreichte die Musikentwicklung F.s schließlich einen Höhepunkt. Gerade in seiner frühen und in der Romantik wurzelnden Schaffensphase lehnte er sich stark an das nationale Volksepos *Kalewala* an und begründete damit seinen auch im Ausland anerkannten, national geprägten Stil. Obwohl er der Tonalität der Spätromantik verbunden war und die symphonische Tradition von Beethoven und Brahms fortsetzte, gilt er doch auch als Neuerer in der formalen Gestaltung.

Das 20. Jahrhundert. Wie Sibelius ließen sich auch andere Komponisten von Natur, Mythologie, Volksdichtung und Volksweisen F.s inspirieren. Zu ihnen zählen u. a. Erkki Melartin (1875 bis 1937), S. Palmgren (1878–1951), Toivo Kuula (1883–1918) und L. Madetoja (1887–1947). Die Liederzyklen von Y. Kilpinen (1892–1959) sind der deutschen Spätromantik verpflichtet. Die Kompositionen von Ernest Pingoud (1883–1942) zeigen russischen Einfluß, insbesondere den von Skrjabin. Die von Pingoud eingesetzten neuartigen Effekte wurden als Sensation in F. aufgenommen. Auch Väino Raitio (1891–1945) zählt zu den Neuerern der finnischen Musik. Die ersten wirklich modernen Elemente finden sich jedoch in den späten Werken von A. Merikanto (1893–1958), der polyphone Kompositionen in freier Tonalität, verbunden mit expressionistischen Stilmitteln schrieb. Zu den Nachfolgern dieser Komponisten gehören u.a.: Uuno Klami (1900–61), ein Schüler von M. Ravel, Erik Bergman (* 1911) und Bengt Johansson (* 1914), die vorwiegend Chormusik schrieben, und Einar Englund (* 1916), der die Phase der Neuen Musik in F. einleitete. Tauno Marttinen (* 1912) und Tauno Pylkkänen (* 1918) erlangten einen gewissen Ruf als Opernkomponisten. Als Vertreter neuerer Orchestermusik gilt Joonas Kokkonen (* 1921), dessen Stil eine eigenwillige Mischung aus der Melodik B. Bartóks, der Kompositionstechnik Sibelius' und der polyphonen Schreibweise J. S. Bachs prägt. Die Werke von Einojuhani Rautavaara (* 1928) knüpfen an Kompositionen der Spätromantik an, orientieren sich aber auch an der Harmonik des Expressionismus. Erkki Salmenhara (*1940), Aulis Sallinen (*1935), der z.T. durch Einbeziehung tonalen Materials einen persönlichen Stil entwickelte, Usko Meriläinen (* 1930) und Paavo Heininen (* 1938) repräsentieren die gemäßigte Richtung in der Neuen Musik, Kari Rydman (* 1936) und Henrik Otto Donner (* 1939) die radikalste Richtung. Während Rydman der ↗Musique concrète verpflichtet ist, widmet sich Donner dem Experiment mit neuen Ausdrucksmitteln. Pehr Henrik Nordgren (* 1944) gehört zu den vielversprechenden Avantgardisten.

Musikinstitutionen. Die wichtigsten Symphonieorchester haben ihren Sitz in Helsinki: das Städtische Symphonieorchester (gegründet 1882) und das Radio-Symphonieorchester. Tampere (Tamerfors), Lahti, Oulu (Uleåborg), Kuopio und Jyväskylä verfügen ebenfalls über ständige Orchester. Die einzige Oper F.s, die National-Oper, befindet sich in Helsinki, ebenso die bedeutendste Ausbildungsstätte für Musik, die Sibelius-Akademie. Außerdem besitzt F. etwa 50 regionale Musikschulen. Lehrstühle für Musikwissenschaft sind den Universitäten von Helsinki und Jyväskylä und der Akademie von Åbo (Turku) angegliedert. Ein Studio für elektronische Musik befindet sich in Helsinki. Die Gesellschaft für neue Musik wurde 1951 als Finnische Sektion der ISCM integriert.

Lit.: **1) Bibliogr. WW:** Catalogue of Finnish Orchestral Works (He [2]1961) (= Ges. für Autorenrechte). – **2) Ausg. finnischer Volksmusik:** Suomen kansan sävelmiä, 5 Bde., hrsg. v. I. KROHN – A. LAUNIS – A. O. VÄISÄNEN (He 1898 bis 1933). – **3) Studien:** A. LAUNIS, Über Art, Entstehung u. Verbreitung der estnisch-finnischen Runenmelodien (He 1910); I. KROHN, Die finnische Volksmusik, in: Ber. aus dem Inst. für Finnlandkunde 9 (Greifswald 1935); DERS., Merkmale der finnischen Volksmusik, in: AmZ 65 (1938); T. HAAPANEN, Die musikwiss. Forsch. in F., in: AfMf 4 (1939); I. HANNIKAINEN, The Development of Finnish Music (Lo 1949); V. HELASVUO – P. SJÖBLOM, Sibelius and the Music of F. (He 1952); N. E. RINGBOM, Die Musikforsch. in F. seit 1940, in: AMl 31 (1959); Composers of F., hrsg. v. T. KARILA (Porvoo 1961); J. HORTON, Scandinavian Musik. A Short History (Lo 1963); T. MÄKINEN – S. NUMMI, Musica Fennica (He 1965) (frz., engl. u. dt.); D. RICHARDS, The Music of F. (Lo 1968); F. ALA-KÖNNI, Finnische Volksmusik (Vammala 1969) (finnisch); L. VIKÁR, Archaic Types of Finno-Ugrian Melody, in: Studia Musicologica Academiae Scientiarum Hungaricae 15 (1972); E. MARVIA, Die Instrumentalmusik in F. im 17. u. 18. Jh., in: Musica antiqua III, Acta scientifica (Bydgoszcz 1972); P. GRONOW, Popular Music in F. A Preliminary Survey, in: Ethnomusicology 17 (1973); Suomalaisten äänilevyjen luettelo 1972, hrsg. v. U. HAAPANEN (He 1973); A. GRANHOLM, Finnish Jazz: History, Musicians, Discography (He 1974); J. SERMILÄ, Biografier över 16 nutida finska tonsättare, in: Musikrevy 30 (1975); K. RALF, De tusen sangarnas land, in: ebd.; J. TIENSUN, Finnland nach Sibelius, in: Melos/NZ 4 (1977).

H. I. LAMPILA

FINSCHER, Ludwig, * 14. 3. 1930 Kassel; dt. Musikforscher. Er studierte seit 1949 Musikwissenschaft (bei R. Gerber und W. Boetticher), Germanistik, Anglistik, Philosophie (bei N. Hartmann) und Theaterwissenschaft in Göttingen und promovierte dort 1954 mit der Dissertation *Die Messen und Motetten Loyset Compères* (erweitert als: *L. Compère, ca. 1450–1518. Life and Works,* R 1964). Seit 1960 war er Assistent an den Universitäten Kiel und Saarbrücken und habilitierte sich hier 1967 mit einer Arbeit über *Das klassische Streichquartett und seine Grundlegung durch* J. Haydn. 1968–81 lehrte F. als Ordinarius an der Universität Frankfurt am Main, seit 1981 hat er das gleiche Amt an der Universität Heidelberg inne. 1961–74 war er (seit 1969 zus. mit Chr. H. Mahling) Schriftleiter der *Musikforschung,* auch gehört er der Editionsleitung der Hindemith-GA an (Mz 1975ff.). F. war Präsident der Gesellschaft für Musikforschung (1974–77) und der Internationalen Gesellschaft für Musikwissenschaft (1977 bis 1982). Seit 1982 ist er ordentliches Mitglied der Heidelberger Akademie der Wissenschaften.

WW: **1) Schriften:** *Beitr. zur Gesch. der Königsberger Hofkapelle,* in: Musik des Ostens 1 (Kas 1962); *Zur Cantus-firmus-Behandlung in der Psalm-Motette der Josquinzeit,* in: H. Albrecht in memoriam (Kas 1962); *Deutsch-polnische Beziehungen in der Musikgesch. des 16. Jh.,* in: Musik des Ostens 2 (Kas 1963); *Zum Begriff der Klassik in der Musik,* in: DJbMw 12 (L 1967), dass. in: Kgr.-Ber. Leipzig 1966 (Kas – L 1970); *Zum Parodieproblem bei Bach,* in: Bach-Interpretationen, hrsg. v. M. Geck (Kö 1968); *Hindemiths Geschichtlichkeit,* in: Musica 25 (1971), dass., in: Universitas 15 (1973) u. in: Musik u. Bildung 6 (1974); *Gesualdos „Atonalität" u. das Problem des musikal. Manierismus,* in: AfMw 29 (1972); *Das Originalgenie u. die Tradition. Zur Rolle der Tradition in der Entstehungsgesch. des Wiener klass. Stils,* in: Stud. zur Tradition in der Musik. FS K. von Fischer (Mn 1973); *Stud. zur Gesch. des Streichquartetts, I: Die Entstehung des klass. Streichquartetts. Von den Vorformen zur Grundlegung durch J. Haydn* (Kas 1974) (= Saarbrücker Stud. zur Musikwiss. 3); *Bach u. die Wiener Klassik,* in: Vorträge der Berliner Bachtage 1975 (B 1977), engl. Übers., in: Miscellanea Musicologica 10

(Adelaide 1979); *Mozarts „musikalische Regie" – eine musikdramatische Analyse*, in: Così fan tutte. Beitr. zur Wirkungsgesch. v. Mozarts Oper (Bayreuth 1978) (= Schriften zum Musiktheater 2); *Zum Verhältnis v. Imitationstechnik u. Textbehandlung im Zeitalter Josquins Desprez*, in: Renaissance-Stud. FS H. Osthoff (Tutzing 1979). – **2)Editionen:** *Franchinus Gafurius, Collected Musical Works*, 2 Bde. (R 1955, 1960) (= CMM 10); *Loyset Compère, Opera omnia*, bisher 5 Bde. erschienen (R 1958–72) (= ebd. 15); *W. A. Mozart, Streichquartette* 3 (Kas u. a. 1961) (= Neue Mozart-Ausg. VIII/20/1/3); *ders., Streichquartette* 2 (ebd. 1962) (= ebd. VIII/20/1/2); *ders., Le Nozze di Figaro* (ebd. 1973) (= ebd. II/5/16); *Ch. W. Gluck, Orfeo ed Euridice* (Kas u. a. 1963) (= Sämtliche Werke I/1) (zus. mit A. A. Abert); *ders., Orphée et Euridice* (ebd. 1967) (= ebd. I/6); *P. Hindemith, Sancta Susanna* (Mz 1975) (= Sämtliche Werke I/3) (zus. mit M. Reißinger); *ders., Mörder, Hoffnung der Frauen* (Mz 1979) (= ebd. I/1) (zus. mit ders.).

FINTA GIARDINIERA, LA, Opera buffa von W. A. Mozart; dt. Titel: Die ↗Gärtnerin aus Liebe.

FINTA SEMPLICE, LA, Opera buffa von W. A. Mozart; dt. Titel: Die ↗Heuchlerin aus Liebe.

FINZI, Gerald, * 14. 7. 1901 London, † 27. 9. 1956 Oxford; engl. Komponist. F. erhielt Unterricht in Harmonielehre, Kontrapunkt und Tonsatz bei E. Beirstow in Yorkminster und bei R. C. Morris in London. 1930–33 war er Professor für Komposition an der Royal Academy of Music in London. Seitdem lebte er als freischaffender Komponist in Berkshire. Er gab außerdem englische Kammer- und Chormusik des 18. und frühen 19. Jh., u. a. von J. Stanley und R. Mudge, heraus und leitete Liebhaber-Orchester und Laienchöre. Sein kompositorisches Schaffen, vorwiegend Chor- und Kammermusik, knüpfte an die neuenglische Folklore-Bewegung an und erreichte mitunter Verfeinerungen der nachromantischen Klangschrift eines R. Vaughan Williams.

WW: Kammermusik; Klar.-Konzert (1949); Vc.-Konzert (1956); *Grand Fantasia and Toccata* (1954) für Klv. u. Orch.; Kantate *Dies Natalis* (1939) (nach T. Traherne) für Sopran u. Streichorch.; *Two Sonnets* (1936) (nach J. Milton) für Tenor u. Kammerorch.; Klv.-Liederzyklen nach Th. Hardy, Shakespeare u. a.; 2 Oden für Tenor u. Orch.: *Intimations of Immortality* (1950) (nach W. Wordsworth) u. *For St. Cecilia's Day* (1947) (nach E. Blunden); Weihnachtsmotette *All This Night* für gem. Chor; Christmas Scene *In terra pax* (1956) für Sopran, Bar., Chor u. Orch.

Lit.: H. FERGUSON, G. F., in: ML 38 (1957); D. E. VOGEL, A Recital of Selected Songs for the Low Male Voice Composed by G. F., Using the Poetry of Th. Hardy (1966) (= Diss. Columbia Univ./N.Y.); S. D. BANFIELD, The Immortality Odes of F. and Somervell, in: MT 116 (1975); E. A. PIERCE, A Video Cassette Analysis and Performance of Song Cycles by R. Vaughan Williams, G. F., and I. Gurney With Short Commentary on Each (1975) (= Diss. Eastman School of Music).

FIOCCO, belgische Musikerfamilie it. Herkunft. – **1) Pierre Antoine** (Pietro Antonio), * um 1650 Venedig, † 3. 9. 1714 Brüssel; Komponist. Er kam um 1681 nach Brüssel und wurde dort 2. Hofkapellmeister. 1694 gründete er ein Opernhaus, wo er vorwiegend Opern J.-B. Lullys mit eigenen Prologen zur Aufführung brachte. 1703 wurde er Hofkapellmeister und leitete außerdem die Sängerkapelle von Notre-Dame in Sablon. Von seinen Kompositionen haben sich erhalten: *Sacri concerti* für 1 u. mehr St. mit Instr. u. B.c. (A 1691) und einige hsl. Vokalwerke. – **2) Jean Joseph,** Sohn von 1), getauft 15. 12. 1686 Brüssel, begraben 30. 3. 1746 ebd.; Komponist. 1714 wurde er Nachfolger seines Vaters am Hof und an Notre-Dame in Sablon. Auch von ihm wurden *Sacri concentus* für 3–4 St., Str. u. B.c. gedruckt (A o.J.). – **3) Joseph Hector,** Sohn von 1), * 20. 1. 1703 Brüssel, † 22. 6. 1741 ebd.; Komponist. Er war seit 1725 Violinist und seit 1729 2. Kapellmeister der Hofkapelle in Brüssel, 1731–37 Kapellmeister an der Kathedrale in Antwerpen und seit 1737 an der in Brüssel.

WW: *Pièces de clavecin* (Bru um 1730); hsl. sind erhalten (in Brüssel, Conservatoire): 22 Motetten für 1–4 St. mit Instr.; 9 *Leçons de ténèbres* (Lamentationen) für 1 SingSt u. B.c.; 3 Messen (davon eine unvollst.) für 4 bzw. 7 St. u. Instr.

Ausg.: **Zu 3)** *Pièces de clavecin*, hrsg. v. J. WATELET (An ²1936) (= MMBelg 3); Gavotte, Adagio u. Andante für Org., in: Oudnederlandse meesters voor het orgel, hrsg. v. F. PEETERS, I/II (P – Bru 1945); 3 Lamentationen für Sopran u. B.c. (teilweise mit 1 bzw. 2 Vc.), hrsg. v. R. EWERHART (Kö 1960–66) (= Die Kantate 6 u. 13 sowie Cantio sacra 33).

Lit.: C. STELLFELD, Les F. (Bru 1941); S. CLERCX, La Musique en Belgique. Le XVIIe et le XVIIIe siècle (Bru 1950); DIES., F., in: MGG IV; H. HEUGHEBAERT, Herontdekking v. J.-H. F., in: Harop 20 (1968).

FIORAVANTI. – 1) Valentino, * 11. 9. 1764 Rom, † 16. 6. 1837 Capua; it. Komponist. Er war in Rom Schüler von G. Jannaconi, in Neapel (seit 1780) u. a. von N. Sala. Mit 19 Jahren schrieb er für Rom seine erste Oper und entfaltete dann eine reiche Tätigkeit als Opernkomponist für die bedeutendsten Theater Italiens. Nach Aufenthalten in Lissabon (1804–05) und Paris (seit 1806) kehrte er wieder nach Italien zurück, lebte eine Zeitlang in Neapel und wurde 1816 Kapellmeister an St. Peter in Rom (Cappella Giulia).

WW (fast ausschließlich hsl.): Etwa 80 Opern, davon 41 (meist in Neapel) erhalten; 6 Oratorien; etwa 400 kirchenmusikal. Werke (Messen, Messensätze, Psalmen, Hymnen, Offertorien, Motetten u. a.) für verschiedene Besetzungen (Verz. bei L. M. Kantner, s. u. Lit.).

F. genoß zu seinen Lebzeiten zunächst als Buffokomponist, der stilistisch in der Nähe von D. Cimarosa steht, hohes Ansehen. Am bekanntesten war seine Oper *Le cantatrici villane*, die 1799 in Neapel uraufgeführt wurde und u. a. auch in Paris einen enormen Erfolg hatte. F.s kirchenmusikalisches

Schaffen, dem er sich seit 1816 fast ausschließlich widmete, zeigt eine auch für andere italienische Komponisten dieser Zeit charakteristische Verbindung verschiedenartiger Gestaltungselemente (neapolitanische Opernmelodik, konzertante Kontrapunktik, Stile antico).

2) Vicenzo, Sohn von 1), * 5. 4. 1799 Rom, † 28. 3. 1877 Neapel; Komponist. Er folgte – gegen dessen Willen – dem Vorbild seines Vaters. 1819 debütierte er in Neapel mit der Oper *Pulcinella molinaro.* Er schrieb etwa 40 Buffo-Opern. F. ist der letzte Repräsentant der Opera buffa im neapolitanischen Stil und war einer der beliebtesten neapolitanischen Opernkomponisten seiner Zeit.

WW: Etwa 40 Opern, darunter: *Pulcinella molinaro,* UA: Neapel 1819; *Il Ritorno di Pulcinella di Padova,* UA: ebd. 1837; *Le Gelosie di Pulcinella,* UA: ebd. 1843; *Gli Zingari o Gli Amori di Pulcinella,* UA: ebd. 1844.

Lit.: **Zu 1):** F. FLORIMO, La scuola musicale di Napoli e i suoi Conservatorii 3 (Neapel 1883); G. ROBERTI, L'Autobiogr. di V. F., in: Gazetta musicale di Milano 50 (1895); L. M. KANTNER, · „Aurea luce". Musik an St. Peter in Rom 1790–1850 (W 1979) (= Veröff. der Kommission für Musikforsch. der Östr. Akad. der Wiss. 18). – **Zu 2):** Cento anni del Teatro San Carlo (Neapel 1949); G. PANNAIN, L'ottocento musicale italiana (Mi 1952).

FIORÈ, it. Musikerfamilie. – **1) Angelo Maria,** * 1650 oder 1660 Turin (?), † 4. 6. 1723 ebd.; Komponist. Er war Mitglied der Accademia dei Filarmonici in Bologna und 1697–1721 Violoncellist der Turiner Hofkapelle. Er schrieb *Trattenimenti da camera* für Vc. u. Cemb. od. V. u. Vc. (Lucca 1698) und einige hsl. erhaltene Instrumentalwerke. – **2) Andrea Stefano,** Sohn von 1), * 1686 Mailand, † 6. 10. 1732 Turin. Er erhielt seine Ausbildung in Rom, wurde 1697 Mitglied der Accademia dei Filarmonici in Bologna, 1699 Hofmusiker und 1709 Hofkapellmeister in Turin. Zwischen 1707 und 1730 schrieb er 27 Opern für Turin, Mailand, Genua, Wien und Reggio nell'Emilia. 1699 veröffentlichte er in Modena 12 Kirchensonaten.

WW: *Sinfonie da chiesa* für 2 V. u. B.c. (Modena 1699). – Von seinen Opern sind hsl. erhalten: *Ercole in cielo,* UA: Wien 1710; *Innocenza difesa,* UA: 1722; *Atenaide* (nur 1. Akt), UA: Wien 1709; *La Zenobia* (nur 2. Akt). Erhalten sind ferner gedruckte Libretti zu anderern Opern F.s.

Ausg.: **Zu 1):** Sonate in C für Vc. u. Cemb., hrsg. v. G. F. GHEDINI (Padua 1919).

Lit.: N. PELICELLI, Musicisti in Parma, in: Note d'archivio 10 (1933); C. SARTORI, Bibliografia della musica strumentale italiana stampata in Italia fino al '700 (Fi 1952); M. T. BOUQUET, De quelques relations musicales franco-piémontaises 1648–1775 (Diss. P 1967).

FIORELLO!, amerik. Musical in einem Prolog und 2 Akten von Jerry Bock (* 1928), Buch von Jerome Weidman und George Abbott, Song-Texte von Sheldon Harnick. Ort und Zeit der Handlung: New York in der Zeit vor dem 1. Weltkrieg bis 1934. UA: 23. 11. 1959 in New York (Broadhurst Theater).

Titelfigur dieses Musicals, das biographische Züge trägt, ist eine der populärsten Figuren in der Geschichte der Stadt New York, der frühere Oberbürgermeister Fiorello H. La Guardia (1882–1947). Geschildert wird sein Aufstieg vom kleinen Anwalt bis zum Oberbürgermeister. Das Musical war beim Publikum wie bei der Kritik gleichermaßen erfolgreich. Dies spiegeln nicht nur die 795 Aufführungen en suite am Broadway, sondern auch die Auszeichnungen: Pulitzer-Preis für Drama (1960), Drama Critics Circle Award (1960) sowie mehrere Antoinette Perry und Donaldson Awards, darunter der für das beste Musical der Saison (1960). *Politics and Poker* und *Little Tin Box* als satirische Songs sowie die „ballad" *Till Tomorrow* gehören zu den bekanntesten Musiknummern. R.-M. SIMON – S. SIMON

FIORILLO, it. Musikerfamilie. – **1) Carlo,** neapolitanischer Komponist. Er veröffentlichte ein Buch 5st. Madrigale (R 1616). – **2) Ignazio,** * 11. 5. 1715 Neapel, † Juni 1787 Fritzlar (Hessen). Er war Schüler von L. Leo und Fr. Durante am Conservatorio di S. Maria di Loreto in Neapel. 1754 brachte er in Venedig seine erste Oper, *Mandane,* zur Aufführung. Reisen führten ihn u. a. 1748 nach Prag und 1750 nach Braunschweig, wo er 1754 Hofkapellmeister wurde. 1762–80 war er Hofkapellmeister in Kassel und zog sich zuletzt nach Fritzlar zurück. Von seinen etwa 20 Opern sind die nach Libretti von P. Metastasio vertonten Opern *L'Olimpiade* (UA Venedig 1745), *L'Amante ingannatore* (UA Prag 1748), *Diana ed Endimione* (UA Kassel 1763), und *Artaserse* (UA Kassel 1765) erhalten. F. schrieb außerdem das Oratorium *Isacco* (verloren), geistliche Musik, 6 Cembalosonaten (Brau 1750) und weitere Instrumentalwerke. – **3) Federico,** Sohn von 2), getauft 1. 6. 1755 Braunschweig, † nach 1822 London. Er trat als Violinist und Mandolinist in Rußland und Polen auf. 1782 wurde er Kapellmeister am Theater in Riga. 1785 spielte er im Concert spirituel in Paris. 1788–94 ist er in London nachweisbar, wo er als Bratschist Mitglied des Salomon-Quartetts war. Anschließend ließ er sich vermutlich in Amsterdam nieder und kehrte kurz vor Ende seines Lebens nach London zurück. F. schrieb ausschließlich Instrumentalwerke. Sein Ruhm gründet hauptsächlich auf seinen Caprices für Violine, die noch heute zum festen Bestand des Violinstudiums gehören.

WW (gedruckt hauptsächlich in London, Paris, Berlin): **Zu 3):** *Divertimentos* für Klv.; Sonaten u. Duos bzw. *Duos concertants* meist für 2 V., einzelne auch für V. u. Va. u. für V. u. Vc.; Sonaten für Cemb. oder Klv. u. V.; Trios bzw. *Trios concertants* für 2 V. u. Baß, für Fl., V. u. Va., für Klv., V. (oder Fl.) u. Baß; Quartette bzw. *Quatuors concertants* für Streichquartett u. für Fl., V., Va. u. Vc.; Streichquintette; 5 V.-Konzerte; 5 konzertante Symphonien (3 für 2 V., je 1 für 2 Fl. bzw. 2 Ob. u. Orch.). – Studienwerk: *Étude pour le violon formant 36 caprices*, op. 3 (P o.J.) (mit überaus zahlr. Aufl. u. Nachdrucken, auch dt., engl. u. it.); bekannt wurde auch eine Ausg. v. L. Spohr (L o.J.) mit 2. V. als „Begleitungsstimme für den Lehrer".

FIORITURE, Fioretti (it.), ↗Verzierungen, ↗Kolorierung.

FIRKUŠNÝ, Rudolf, * 11.2.1912 Napajedlá (Mähren); amerik. Pianist tschech. Herkunft. Er studierte seit 1920 am Konservatorium in Brünn Komposition (bei L. Janáček) und Klavier (bei V. Kurz), seit 1929 an der Meisterschule in Prag u. a. Komposition bei J. Suk und schloß seine Klavierausbildung bei A. Schnabel ab. 1920 bereits trat er erstmals öffentlich in Prag auf. Seit Anfang der 30er Jahre konzertierte er dann regelmäßig in Europa, seit 1938 auch in den USA. Seit 1946 gehörte er dem Vorstand des Berkshire Music Center in Tanglewood (Texas) an. Heute lehrt er an der Juilliard School of Music in New York. Innerhalb seines weitgespannten Repertoires hat er sich stets besonders für die moderne tschechische Musik eingesetzt. Als Komponist trat er u. a. mit einem Klavierkonzert, Klavierstücken und mit Liederzyklen hervor.

FISCHER, Annie, * 5. 7. 1914 Budapest; ung. Pianistin. Sie studierte an der Musikakademie in Budapest bei A. Székely und E. von Dohnányi und gewann 1936 den Liszt-Wettbewerb. Danach konzertierte sie mit großem Erfolg in Europa, besonders als Liszt- und Schumann-Interpretin. 1941–46 lebte sie in Schweden. 1961 konzertierte sie erstmals auch in Nordamerika.

FISCHER, Edwin, * 6. 10. 1886 Basel, † 24. 1. 1960 Zürich; Schweizer Pianist und Dirigent. F., der aus einer Musikerfamilie stammte, studierte Klavier bei H. Huber am Basler und bei M. Krause am Sternschen Konservatorium in Berlin. Hier unterrichtete er bereits 1905–14 Klavier. Als Klavierpädagoge gewann er seit 1914 als Leiter der Sommerkurse am Musikinstitut für Ausländer in Potsdam rasch internationalen Ruf, seit 1916 dann auch als Pianist. 1926 wurde er Dirigent des Lübecker Musikvereins, 1928 des Münchner Bachvereins. Seit 1931 lehrte er als Nachfolger A. Schnabels an der Berliner Musikhochschule und gründete dort ein eigenes Kammerorchester, mit dem er Klavierwerke von Bach und Mozart neu erarbeitete und aufführte. Seit 1936 leitete er auch regelmäßig Kurse an der Akademie für Tonkunst in München. 1942 kehrte F. in die Schweiz zurück. Mit G. Kulenkampff (nach dessen Tod 1948 mit W. Schneiderhan) und mit E. Mainardi bildete er ein berühmt gewordenes Klaviertrio. Seit 1945 war er mehrere Jahre Direktor des Konservatoriums in Luzern und leitete noch bis 1958 die Meisterkurse. Nach einem Schlaganfall 1954, der ihn teilweise lähmte, gab er nur noch wenige Konzerte. F. zählt zu den herausragenden Pianisten des 20. Jh., vor allem aufgrund seiner Interpretationen der Werke Bachs, Mozarts, Beethovens und Brahms'. Als Dirigent trat er u. a. als Bruckner-Interpret mit den Berliner und Wiener Philharmonikern hervor. Als Klavierpädagoge übte er großen Einfluß auf die jungen Pianisten seiner Zeit aus. F. komponierte einige Lieder, Orchestergesänge und Klavierstücke, bearbeitete Werke Mozarts (KV 236, 534 und 608) für Klavier und schrieb Kadenzen zu einigen Mozart-Klavierkonzerten. Er war Ehrendoktor der Universitäten Köln (1928) und Basel (1956). Die von ihm gegründete Künstlerhilfe Luzern stand Musikern aller Nationen als Studienhilfe zur Verfügung. Sein Vermögen wurde bestimmungsgemäß nach seinem Tod in eine Stiftung zur Förderung junger bzw. zur Unterstützung notleidender Künstler umgewandelt.

Schriften: *J. S. Bach* (Pd 1945, H [2]1950, Be 1948); *Musikal. Betrachtungen* (Wie 1949); *L. van Beethovens Klaviersonaten* (Wie 1956, F 1966); *Von den Aufgaben des Musikers* (Wie 1960).

Lit.: Dank an E. F., hrsg. v. H. HAID (Wie 1962) (mit Diskographie). – B. GAVOTY – R. HAUERT, E. F. (F 1955) (= Die großen Interpreten 9); A. BRENDEL, in: ÖMZ 15 (1960); H. EHINGER, E. F. 1886–1960 (Bas 1961); H. S. OLSEN, E. F., A Discography (Kop 1974).

FISCHER, Ernst, * 10. 4. 1900 Magdeburg, † 10. 7. 1975 Locarno (Tessin); dt. Komponist. Er studierte seit 1916 am Hoch'schen Konservatorium in Frankfurt am Main und 1919–22 am Stern'schen Konservatorium in Berlin, konzertierte anschließend als Pianist, wirkte seit 1926 in Berlin zunächst als Kinoorganist und Komponist für Stummfilme, dann als Arrangeur für Schallplatte, Rundfunk und Tonfilm. Seit 1936 und erneut, nach freier Mitarbeit 1946 bis 1950 beim NWDR, war er als freischaffender Komponist tätig. F. komponierte zahlreiche geschmackvolle, z. T. sehr populär gewordene Unterhaltungsmusik.

WW: Suiten: *Südlich der Alpen* (1936); *François-Villon-Suite* (1951); *In vino veritas* (1952); *Danzorama* (1954); 5 Skizzen: *Skurrile Portraits* (1958) für großes Orch.; Ouvertüren: *Treffpunkt Wien!* (1937); *Jugendstreiche* (1954); Rhapsodien: *Rhapsodie fantastique* (1952); Walzer *Patisserien* (1959); für Klv. u. Orch.: *Triade* (1956); ferner zahlr. Stücke für Salon-Orch. u. kleine Besetzung; Klavierstücke; Chöre: *Fünf Tanzweisen* (1956);

Fünf neue Tanzlieder (1959); *Hobbies* (1962) für Männerchor u. Combo; *O, diese Frauen! Nein, diese Männer!* (1969) für gem. Chor u. Combo; 2 Operetten.

FISCHER, Johann, * 25. 9. 1646 Augsburg, † um 1716 Schwedt; dt. Violinist und Komponist. F. war nach 1661 Schüler von S. Capricornus in Stuttgart, kam nach dessen Tod 1665 nach Paris und war dort 5 Jahre lang Notist bei J.-B. Lully. 1673 trat er in die Stuttgarter Hofkapelle ein, lebte seit 1674 in Augsburg und wurde hier 1677 Musiker an der Barfüßerkirche. 1683 wurde er Violist der Ansbacher Hofkapelle, war 1690–97 Kapellmeister des Herzogs von Kurland, 1701–04 Konzertmeister des Herzogs von Mecklenburg in Schwerin, lebte später in Kopenhagen, Schwerin, Stralsund, Stettin und Stockholm und war zuletzt Kapellmeister des Markgrafen von Brandenburg in Schwedt. F., der zu den wichtigsten Suitenkomponisten seiner Zeit gehört, pflegte unter dem Einfluß Lullys besonders den französischen instrumentalen Ensemblestil.

WW: **1) Instr.-WW:** *Musicalisch Divertissement* (Ouverturen, Suiten) für 2 Instr. (Violen, Ob. oder Blockfl.) (Dresden 1699); *Neu-Verfertigtes Musicalisches Divertissement* (Ouverturen, Tanzsätze) für 4 Instr. (Au 1700); *Tafel-Musik* (Ouverturen, Chaconnen, Suiten, Poln. Tänze) für 3–4 Instr. mit u. ohne B.c. (Schwerin – H 1702), vermehrte Aufl. als *Musicalische Fürsten Lust* (Lübeck 1706); hsl. erhalten sind u.a.: Fl.-Suiten, eine Suite für Str. *Musicalische Composition über die weltberühmte Lüneburger Sültze; Das Eins-Drey,* Suite für 2 V. u. Va. (mit B.c.), die jeweils nur einzeln v. einem einzigen Spieler in Skordatur gespielt werden. – **2) Vokal-WW:** *Himmlische Seelen-Lust,* geistliche Lieder für Sopran mit Str. u. B.c. (Nü 1686); einzelne Vokal-Werke auch hsl.

Ausg.: Suiten u. Tänze für 3 Streichinstr. (aus der *Tafel-Musik*), hrsg. v. H. ENGEL (Kas 1938); Ouvertüren (aus der *Tafel-Musik)* für 4 Streichinstr. mit oder ohne B.c., hrsg. v. DEMS. (Kas 1950) (= Hortus Mus. 17); 4 Suiten für Blockfl. u. B.c., hrsg. v. W. WOEHL (Kas o.J.) (= ebd. 59); *Tafelmusik* für 3 Blockfl., hrsg. v. U. STAEPS (W 1966) (= Flautario 1).

Lit.: E. WÓJCIKÓWNA, Tance polskie Jana Fischera 1702, in: Kwart. Muz. II/2 (War 1914); G. BECKMANN, Das V.-Spiel in Deutschland vor 1700 (L 1918), in der Musikbeilage dazu (1920) die Suite *Das Eins-Drey*; E. WÓJCIKÓWNA, J. F. als Suitenkomponist, in: ZfMw 5 (1922/23); DIES., Un disciple de J. B. Lully: J. F., in: RMie 13 (1929).

FISCHER, Johann Caspar Ferdinand, * um 1670 (?), † 27. 8. 1746 Rastatt; dt. Komponist. F. stand seit etwa 1690 als Hofkapellmeister im Dienst der Markgrafen von Baden, zuerst in Schlackenwerth (Böhmen), seit 1716 in Rastatt. Er galt als einer der „stärksten Klavierspieler seiner Zeit“. Seine *Ariadne Musica,* eine Sammlung von Präludien und Kurzfugen für Orgel in 20 verschiedenen Tonarten, hat J. S. Bach, vor allem dessen *Wohltemperiertes Clavier,* nicht unwesentlich beeinflußt. In den Klaviersuiten von 1696 dominieren französische, im *Musikalischen Parnassus* (1738) zunehmend auch italienische Stilmerkmale. Während die Präludien überwiegend in der deutschen Tradition stehen, lehnen sich die 8 Suiten des *Journal du Printemps* (1695) im 5st. Satz und in der Trompetenbehandlung an J.-B. Lullys Ouvertüren an, sind aber sorgfältiger gearbeitet und gehören zu den besten Orchestersuiten vor Bach. F.s Opern im venezianischen Stil (1721) und zahlreiche Festmusiken sind nicht erhalten. Die bisherige Ansicht, F. sei überwiegend als Instrumentalkomponist hervorgetreten, wird von neuen Funden (vgl. R. Walter; s. u. Lit.) widerlegt. Die in Prag und Brünn wiederentdeckten acht 4–8st. Messen mit z. T. starker Instrumentalbegleitung, die elf z. T. mehrchörigen Offertorien und anderen geistlichen Motetten zeigen F. als gediegenen, mit dem italienischen Vokalstil bestens vertrauten Musiker, der auch das Instrumentarium konzertierend einzusetzen verstand.

WW: *Le journal du printemps,* op. 1 (Au 1695); *Les Pièces de clavessin,* op. 2 (Schlackenwerth 1696), unter dem Titel: *Musicalisches Blumen-Büschlein* ([2]1698); *Vesperae, seu Psalmi pro toto anno* für 4 St., 2 V. u. B.c. mit Ripienochor, op. 3 (Au 1701); *Ariadne Musica,* 20 Präludien u. Fugen, 5 Ricercare (Schlackenwerth 1702?, [2]1715); *Lytaniae Lauretanae,* op. 5 (Au 1711); *Blumen-Strauß,* 8 Präludien mit je 6 Fugen u. einem Finale für Org. (Au nach 1732); *Musicalischer Parnassus,* 9 Klv.-Suiten (Au 1738). – Hsl. in Prag, Nationalmuseum: 8 Messen; 9 Motetten, z. T. mit Instr.-Begleitung; in Brünn, Mährisches Museum: eine 8st. Motette (thematisches Verz. bei Walter, s. u. Lit.).

Ausg.: Sämtliche WW für Klv. u. Org., hrsg. v. E. VON WERRA (L 1901, Nachdr. NY 1965); *Ariadne Musica,* hrsg. v. E. KALLER, in: Liber Organi 7 (Mz 1935); dass., hrsg. v. D. TOWNSEND (NY 1963); *Le Journal du Printemps,* hrsg. v. E. VON WERRA (L 1902) (= DDT 10/1); *Musicalischer Parnassus,* hrsg. v. H. RUF – H. BAUMANN (Mz 1971) (= Klv.-Musik der Vorklassik 2); Suiten Nr. 2–6 für 4 Streich- oder Blasinstr., hrsg. v. W. WOEHL (Kas 1971, 1976) (= Hortus Mus. 204, 227).

Lit.: R. OPPEL, Über J. C. F. F.s Einfluß auf J. S. Bach, in: Bach-Jb. 7 (1910); A. EINSTEIN, Ein Kirchenwerk J. C. F. F.s, in: AMl 23 (1951); L. HOFFMANN-ERBRECHT, J. K. F. F. der Jüngere, in: Mf 5 (1952); G. CH. MULACEK, The „Musikalische Blumen-Büschlein“ of J. K. F. F. (1965) (= Diss. Colorado Univ.); L. HOFFMANN-ERBRECHT, Noch einmal: J. C. F. der Jüngere, in: Mf 23 (1970); DERS., Zur Doppelautorschaft in J. C. F.s Musikalischem Parnassus 1738, in: Mf 24 (1971); W. LEBERMANN, J. C. Ferdinand und (oder) J. C. F.?, in: ebd.; R. WALTER, Zu J. C. F. F.s geistlicher Vokalmusik, in: AfMw 32 (1975); DERS., Der Kirchenkomponist J. C. F. F., in: MS 97 (1977).

L. HOFFMANN-ERBRECHT

FISCHER, Johann Christian, * 1733 Freiburg im Breisgau, † 29. 4. 1800 London; dt. Oboist und Komponist. 1760–64 war er Oboist der Dresdener Hofkapelle und reiste dann nach Italien, Paris, Mannheim und Holland. 1767 trat er in den Dienst König Friedrichs II. von Preußen. Nachdem er 1768 in London gemeinsam mit J. Chr. Bach aufgetreten war, ließ er sich in England nieder, wurde 1780 mit Bach und C. Fr. Abel Kammermusiker der Königin und heiratete im gleichen Jahr die Tochter des Malers Gainsborough, der ihn auch porträtierte. F. war als Virtuose in ganz Europa berühmt. Mozart, der ihn wiederholt in Konzerten in Den Haag und Wien gehört hatte, schrieb seine Klaviervariationen KV 189a über ein Menuett Fischers.

WW: *Divertimentos* für 2 Fl. (Lo um 1780); Sonaten für Fl. u. Cemb. (Lo um 1780); 10 Konzerte für Ob. oder Fl., oder V. (Lo um 1770–85); gedruckt wurden auch Variationen u. Einzelwerke für u. mit Cemb. – F. veröff. eine Oboenschule *The compleat tutor for the hautboy* (Lo o.J.).

Ausg.: Menuet für Ob. u. Vc., hrsg. v. E. H. HUNT (Lo 1937); Ob.-Konzert C-Dur, Partitur u. Klv.-A., hrsg. v. A. CARSE (Lo 1956); Ob.-Konzert Es-Dur Nr. 2, Partitur u. Klv.-A., hrsg. v. R. MEYLAN (Wie 1963); 7 Divertimenti für 2 Fl., hrsg. v. F. NAGEL (Adliswil 1974).

Lit.: C. F. POHL, Mozart u. Haydn in London 2 (W 1867); R. G. HUMISTON, A Study of the Ob.-Concertos of A. Besozzi and J. Ch. F. (1968) (= Diss. Univ. of Iowa).

FISCHER, Johann Ignaz Ludwig, getauft 19. (18.?) 8. 1745 Mainz, † 10. 7. 1825 Berlin; dt. Sänger (Bassist). F. war Schüler des Tenors A. Raaff in Mannheim und übernahm dort 1775 den Gesangunterricht am Seminario musico. 1778 ließ er sich in München nieder und wurde 1780 an das Wiener Nationaltheater berufen. 1783 reiste er nach Paris, anschließend nach Italien und kehrte 1785 nach Deutschland zurück. Durch die Vermittlung J. Fr. Reichardts erhielt er 1789 ein festes Engagement an der Berliner Oper. Mozart schrieb für ihn die Rolle des Osmin in der *Entführung aus dem Serail.* F. ist der Komponist des noch heute bekannten Trinkliedes *Im tiefen* (eig. *kühlen*) *Keller sitz' ich hier* (1802).

Lit.: H. THEINERT, Jahrhundertfeier eines dt. Trinkliedes, in: Mk 2/4 (1902) (mit einer Autobiogr. v. F.); A. GOTTRON, Die Selbstbiogr. des Bassisten L. F. aus Mainz, in: Mainzer Almanach 1959.

FISCHER, Kurt von, * 25. 4. 1913 Bern; Schweizer Musikforscher. Er studierte zunächst Klavier bei Fr. J. Hirt in Bern und bei Cz. Marek in Zürich sowie Musikwissenschaft (bei E. Kurth und W. Gurlitt), Geschichte und Deutsche Literatur in Bern. 1938 promovierte er in Bern mit der Dissertation *Griegs Harmonik und die nordländische Folklore* (Be 1938) und lehrte dort seit 1939 am Konservatorium. 1948 habilitierte er sich an der Universität mit der Arbeit *Die Beziehungen von Form und Motiv in Beethovens Instrumentalwerken* (Str 1948). 1957–79 war F. Professor für Musikwissenschaft an der Universität Zürich, 1956–57 auch Gastdozent an der Universität Basel und 1967 Visiting Professor der University of Illinois/Urbana. 1967–72 war er Präsident der Internationalen Gesellschaft für Musikwissenschaft. Er wurde korrespondierendes Mitglied der Akademie der Wissenschaften und der Literatur in Mainz (1969), der British Academy (1975) sowie der Slowenischen Akademie der Wissenschaften (1979). Mit L. Finscher leitet er die Hindemith-GA (Mz 1975ff.) und ist seit 1965 Mitherausgeber des *Archivs für Musikwissenschaft* (AfMw) sowie seit 1976 General Editor der *Polyphonic Music of the 14th Century.* Innerhalb seiner weitgespannten Forschungen bilden die Musik der Frührenaissance, besonders des italienischen Trecento, die Passionsmusik, aber auch die neuere Musik (P. Hindemith, A. Honegger, G. Mahler) besondere Schwerpunkte. Zum 60. Geburtstag wurde er mit einer Festschrift geehrt (*Studien zur Tradition in der Musik,* hrsg. V. H. H. Eggebrecht – M. Lütolf, Mn 1973).

WW: **1) Schriften:** *Die Beziehungen v. Form u. Motiv in Beethovens Instrumentalwerken* (B – Str 1948); *Zum Formproblem bei Bach,* in: Bach-Gedenkschrift, hrsg. v. K. Matthaei (Z 1950); *Die Variation* (Kö 1956) (= Das Musikwerk 11); *Stud. zur it. Musik des Trecento u. frühen Quattrocento* (Be 1956) (= Publ. der Schweizerischen Musikforsch. Ges. II/5); *Zur Theorie der Variation im 18. u. beginnenden 19. Jh.,* in: FS J. Schmidt-Görg (Bonn 1957); *Chaconne u. Passacaglia,* in: RBMie 12 (1958); *Der Begriff des „Neuen" in der Musik v. der Ars nova bis zur Gegenwart,* in: Kgr.-Ber. New York 1961; *Die Rolle der Mehrstimmigkeit am Dome v. Siena zu Beginn des 13. Jh.,* in: AfMw 18 (1961); *Mozarts Klv.-Variationen,* in: H. Albrecht in memoriam (Kas 1962); *Zur Entstehungsgesch. der Orgelchoralvariation,* in: FS F. Blume (Kas 1963); *Tradition(alismus), Antitradition(alismus) u. das Problem des Fortschrittes in der Musik der Gegenwart,* in: Das Problem des Fortschrittes – heute, hrsg. v. R. W. Meyer (Da 1969); *Repertorium der Quellen tschechischer Mehrstimmigkeit des 14. bis 16. Jh.,* in: Essays in Musicology. FS D. Plamenac (Pittsburgh/Pa. 1969); *Beethoven. Klassiker oder Romantiker?,* in: Beethoven Symposion Wien 1970 (W 1971); *The Sacred Polyphony of the Italian Trecento,* in: Proc. R. Mus. Assoc. 100 (1973–74); *Die Passion v. ihren Anfängen bis ins 16. Jh.,* in: Gattungen der Musik 1 (Be 1974); *Bemerkungen zu Gustav Mahlers Liedern,* in: Musikološki Zbornik 13 (1977); *„Never to be performed in public". Zu Beethovens Streichquartett op. 95,* in: Beethoven-Jb. 1973–77 (Bonn 1977); *Das Dramatische in der geistlichen Musik,* in: AfMw 34 (1977); *Précis sur l'histoire de la musique Suisse* (1977); *Philippe de Vitry in Italy,* in: L'Ars nova del trecento 4 (1978); *Zur Bedeutung v. Textinterpretationen in Schuberts Liederzyklen,* in: Kgr.-Ber. Wien 1978; *A. Honegger,* in: Neujahrsblatt der Allgemeinen Musikges. Zürich (Z 1978). – **2) Editionen:** *W. A. Mozart, Variationen für Klavier* (Kas 1961) (= Neue Mozart-Ausg. IX/26); *O. di Lasso, Die vier Passionen* (Kas 1961) (= Lasso-GA, Neue Reihe 2); *Hss. mit mehrstimmiger Musik des 14., 15. u. 16. Jh.,* 2 Bde. (Mn 1972) (= RISM B IV/3–4) (zus. mit M. Lütolf); *Polyphonic Music of the 14th Century: Italian Sacred Music* (Monaco 1976).

Lit.: I. LIEBERMANN, Some Representative Works from Beethovens Early Period Analyzed in the Light of the Theories of E. Kurth and K. von F. (1968) (= Diss. Columbia Univ./N.Y.); H. CONRADIN, Die Musikwiss. an der Univ. Zürich, in: 150. Neujahrsblatt der Allgemeinen Musikges. Zürich (Z 1971); L. FINSCHER, K. v. F., in: SMZ 119 (1979).

FISCHER, Lore, * 27. 5. 1911 Stuttgart; dt. Sängerin (Alt). Sie studierte am Konservatorium in Stuttgart Violine und Gesang und vollendete ihre Gesangsausbildung bei Maria Philippi am Konservatorium in Köln. Dort gab sie 1934 ihre ersten

Konzerte und machte sich bald auch international als Lied- und Oratoriensängerin einen Namen. 1942 heiratete sie den Bratschisten Rudolf Nel. Mit ihm und dem Komponisten Hermann Reutter gründete sie das Lore Fischer-Trio, das neben Werken der Gegenwart auch ältere Musik aufführte. Seit 1963, seit 1969 als Professorin, unterrichtet L. F. Gesang an der Musikhochschule in Stuttgart.

FISCHER, Wilhelm Robert, * 19.4.1886 Wien, † 26.2.1962 Innsbruck; östr. Musikforscher. Er studierte an der Universität Wien Geographie, Geschichte und Musikwissenschaft (bei G. Adler), promovierte dort 1912 mit der Dissertation *Matthias Georg Monn als Instrumentalkomponist* (W 1913) (= Einleitung zu DTÖ 39) und war dann Assistent am Musikhistorischen Institut. 1915 habilitierte er sich in Wien mit der Arbeit *Zur Entwicklungsgeschichte des Wiener klassischen Stils* (StMw 3, 1915), lehrte anschließend als Privatdozent und seit 1923 als Professor. Seit 1928 war er Professor für Musikwissenschaft an der Universität Innsbruck, wurde 1938 von den Nationalsozialisten entlassen und lehrte 1948–61 erneut in Innsbruck. F. war u. a. seit 1951 Präsident des Zentralinstituts für Mozartforschung der Internationalen Stiftung Mozarteum in Salzburg. Zum 70. Geburtstag wurde er mit einer Festschrift geehrt (hrsg. v. H. Zingerle, I 1956) (= Innsbrucker Beitr. z. Kulturwiss., Sonder-H. 3).

WW: **1) Schriften:** *Zur Kennzeichnung der mehrstimmigen Schreibweise um 1500,* in: StMw 5 (1917); *Zur entwicklungsgeschichtlichen Wertung der Kirchenfuge A. Bruckners,* in: In memoriam A. Bruckner (W 1924); *Gesch. der Instrumentalmusik 1450–1880* u. *Gesch. der Musikwiss.,* in: G. Adler, Hdb. der Musikgesch., 2 Bde. (F 1924, B ²1931, Nachdr. Tutzing 1961); Stilkritischer Anhang zu: A. Schnerich, J. Haydn u. seine Sendung (Z– L– W ²1926); *Die Laute als Generalbaß-Instrument,* in: Östr. Gitarre-Zschr. (1927) H. 3; *Das Lacrimosa in Mozarts Requiem,* in: Mozart-Jb. 1951; *Mozarts Weg v. der begleitenden Klaviersonate zur Kammermusik,* in: ebd. 1956; *Mozart der Symphoniker,* in: Neues Augsburger Mozartbuch (Au 1962) (= Zschr. des Hist. Vereins für Schwaben 62/63); *Die Herkunft des „Ite, missa est" V. toni,* in: FS A. Orel (W– Wie 1960). – **2) Editionen:** *Tanzbrevier* (W 1925); *W. A. Mozart, Sinfonien* (Kas 1956) (= Neue Mozart-Ausg. IV, Werkgruppe 11/3); K. Weinmann, *J. Tinctoris 1445–1511 u. sein unbekannter Traktat „De inventione et usu musicae"* (Tutzing 1961).

Lit.: P. NETTL, in: AMl 34 (1962); H. VON ZINGERLE, in: Mf 15 (1962) (mit Bibliogr.).

FISCHER-DIESKAU, Dietrich, * 28.5.1925 Berlin; dt. Sänger (Bariton). Gesangunterricht erhielt er während seiner Schulzeit bei Georg A. Walter, 1947–48 bei H. Weißenborn an der Musikhochschule in Berlin. 1947 war er bereits beim Sender RIAS engagiert, gab 1948 in Leipzig seinen ersten Liederabend, wurde im gleichen Jahr Mitglied der Städtischen Oper Berlin, wo er als Posa in G. Verdis *Don Carlos* unter F. Fricsay debütierte, und bald zu Gastspielen an die Staatsopern in Wien und München verpflichtet. Seit 1949 trat er auch im Ausland auf, u. a. 1950 erstmals an der Mailänder Scala, 1952 bei den Festspielen in Edinburgh, 1954 in Bayreuth und 1956 in Salzburg. Der Durchbruch auf der Bühne erfolgte 1953 als Don Giovanni in Mozarts gleichnamiger Oper unter K. Böhm in der Regie C. Eberts. – F.-D. gehört als überall gefeierter Opern-, Oratorien- und Liedersänger zu den herausragenden Sängerpersönlichkeiten der Gegenwart und genießt Weltruhm vor allem als Liedersänger. Seine Interpretationen vereinen virtuose Beherrschung der stimmlichen Mittel mit der Fähigkeit, die Nuancen und den Stimmungsgehalt des vertonten Textes auszudrücken. F.-D. verfügt über ein außergewöhnlich umfangreiches Repertoire vom 17. Jh. bis zur Gegenwart. Schwerpunkte sind darin das Liedschaffen Fr. Schuberts, das er auch (mit Ausnahme der ausgesprochenen Frauenlieder) vollständig auf Schallplatten aufgenommen hat, und die zeitgenössische Musik. So schrieb H. W. Henze für ihn die Rolle des Gregor Mittenhofer in der Oper *Elegie für junge Liebende* (1951), B. Britten die Baritonpartie im *War Requiem* (1962), A. Reimann die Titelrolle in der Oper *Lear* (1978). F.-D. erhielt zahlreiche Auszeichnungen und Ehrungen, u. a. die Ehrendoktorwürde der Universität Oxford und der Pariser Sorbonne. 1986 wurde er in die Friedensklasse des Ordens Pour le Mérite gewählt. F.-D. trat auch gelegentlich als Dirigent auf.

Schriften: *Auf den Spuren der Schubert-Lieder* (Wie 1971, Taschenbuchausg. Kas – Mn 1976); *Wagner u. Nietzsche* (St 1974); *R. Schumann* (St 1981); *Töne sprechen, Worte klingen. Zur Gesch. u. Interpretation des Gesangs* (St o.J.).

Lit.: F. HERZFELD, D. F.-D. (B 1958) (= Rembrandt-Reihe Bühne u. Film 10); K. HÖCKER, Gespräche mit Berliner Künstlern (B 1964); G. MOORE, in: Opera 16 (1965); J. DEMUS, D. F.-D. (B 1966); R. CELLETTI, F.-D. L'uomo la voce, il personaggio, in: Discoteca 9 (1968) Nr. 68 (mit Diskographie).

FISCHER VON CATANIA, DIE *(Les Pêcheurs de Catane),* Lyrische Oper in 3 Akten von Louis (genannt Aimé) Maillart (1817–71). Text von Eugène Cormon und Michel Carré. Ort und Zeit der Handlung: Sizilien in der Umgebung von Catania, während der spanischen Herrschaft. UA: 17.12. 1860 in Paris (Théâtre Lyrique), dt. EA (in dt. Sprache): 14.3.1862 in Hamburg (übersetzt von J. C. Grünbaum).

Die heute kaum noch bekannte Oper um die Liebe des Fischermädchens Nella zu dem adligen Spanier Don Fernando erfreute sich beim zeitgenössischen

Publikum großer Beliebtheit. Lokalkolorit und einprägsame Melodien trugen zum Erfolg des stellenweise stark an Aubers *Stumme von Portici* erinnernden Werkes bei. Sehr wirkungsvoll gestaltet ist der Chor *Pêcheurs de Catane, enfants de l'Etna,* während die Trivialität der Musik in Nellas Todesszene (Nella stirbt an gebrochenem Herzen) doch dramatisches Gespür vermissen läßt. Bezüglich der musikalischen Qualitäten sind *Die Fischer von Catania* Maillarts bester Oper, *Das Glöckchen des Eremiten,* gleichzusetzen. R. QUANDT

FISCHHOF, Joseph, * 4. 4. 1804 Butschowitz (Mähren), † 28.6.1857 Baden bei Wien; östr. Pianist. Er begann in Wien Medizin zu studieren, war daneben Klavierschüler von A. Halm und Kompositionsschüler von I. von Seyfried und wandte sich dann ganz der Musik zu. F. war einer der bedeutendsten Pianisten seiner Zeit und ein namhafter Klavierpädagoge. 1833–56 lehrte er am Wiener Konservatorium. Seine reichhaltige Musikbibliothek mit zahlreichen Manuskripten und Autographen, 1859 von der Staatsbibliothek in Berlin erworben, wurde wichtig vor allem für die Bach- und Beethovenforschung.

Lit.: H. KLEINLERCHER, J. F. Leben und Werk (Diss. masch. W 1948); R. SCHAAL, Dokumente zur Wiener Musiksammlung v. J. F. Ihre Erwerbung durch die Berliner Staatsbibl., in: Mozart-Jb. 1967 (1968).

FISCHIETTI (Fischetti), **Domenico,** * um 1725 Neapel, † nach 1810 Salzburg; it. Komponist. F. war Schüler von I. Prota und Fr. Feo am Conservatorio Sant'Onofrio in Neapel, wo am Teatro Fiorentini 1742 seine erste Oper, *Armindo,* aufgeführt wurde. 1755 ließ er sich in Venedig nieder, wo er vorwiegend mit Buffo-Opern hervortrat und bald eine bedeutende Rolle spielte. 1764 ist er in Prag nachweisbar, wurde 1766 als Nachfolger J. A. Hasses Hofkapellmeister in Dresden, 1772 in Salzburg. Dort wird er zwischen 1776–83 als Titularkapellmeister genannt. Später kehrte er vermutlich nach Italien zurück. In den Buffo-Opern – so in den außerordentlich erfolgreichen *Il mercato di Malmantile* und *Il signor dottore* – verwendete F. meist Libretti von C. Goldoni. Ihre musikalische Sprache ähnelt der B. Galuppis. In Salzburg wandte er sich zunehmend der Kirchenmusik zu. Auch die Werke aus diesem Bereich waren sehr geschätzt.

WW: **1) Bühnen-WW:** Etwa 20 Opern, davon hsl. erhalten: *Lo speciale,* UA: Venedig 1755; *Il mercato di Malmantile,* UA: Rom 1757; *La ritornata di Londra,* UA: Neapel 1756; *Il signor dottore,* UA: Neapel 1758; *Vologeso rè dei Parti,* UA: Prag 1764; *Les métamorphoses de l'amour,* UA: Dresden um 1770; *Nitteti,* UA: Neapel 1775; *Arianna e Teseo,* UA: ebd. 1777. – **2) Geistliche WW** (hsl. erhalten): Oratorium *La morte di Abele;* Messen, Offertorien, Pss., Litaneien, meist für Chor u. Orch.

Lit.: R. ENGLÄNDER, D. F. als Buffokomponist in Dresden, in: ZfMw 2 (1919/20); A. DELLA CORTE, L'opera comica italiana nel Settecento (Bari 1923); E. HINTERMAIER, D. F. u. W. A. Mozart, in: ÖMZ 29 (1974).

FISCORNO (span.), im Spanischen gebräuchliche Bz. für das ↗Bügelhorn. Der F. wird häufig im ↗Cobla-Ensemble als Baßinstrument, den Rhythmus markierend, zur Begleitung der ↗Sardana eingesetzt.

FISTOULARI, Anatole (Anatol Grigorjewitsch), * 7.(20.) 8. 1907 Kiew; engl. Dirigent russ. Herkunft. Musikunterricht erhielt er zunächst von seinem Vater, damals Direktor des Philharmonischen Konservatoriums in St. Petersburg, dirigierte bereits als 8jähriger in Kiew P. Tschaikowskys 6. Symphonie und setzte sein Musikstudium in Westeuropa fort. 1929 verließ er die UdSSR, war 1933–36 in Paris Dirigent der Grand Opéra Russe und 1937–39 (neben Efrem Kurtz) der Ballets Russes de Monte Carlo. 1940 ging er nach England, dirigierte beim London Symphony Orchestra, wurde 1943 Chefdirigent des London Philharmonic Orchestra und gründete 1946 das London International Orchestra. F. hat sich, auch auf zahlreichen Konzertreisen und als Gastdirigent, vor allem für die Werke von J. Brahms und russischer Komponisten, besonders Tschaikowskys, eingesetzt. Er war 1942–56 mit G. Mahlers Tochter Anna verheiratet.

FITELBERG, poln. Musikerfamilie. – **1) Grzegorz** (Gregor), * 18.10.1879 Dünaburg (Lettland), † 10.6.1953 Kattowitz; Dirigent und Komponist. F. studierte am Warschauer Konservatorium und erhielt dort für seine 1. Violinsonate 1896 den Paderewski-Preis. 1905 gründete er mit K. Szymanowsky, M. Karlowicz und L. Rózycki die Gesellschaft junger polnischer Komponisten. Er war u. a. Konzertmeister der Warschauer Philharmonie, seit 1908 dort Kapellmeister und seit 1912 an der Wiener Oper. 1914–21 dirigierte er in Moskau und St. Petersburg, anschließend in Paris die Ballets Russes S. Diaghilews und das Symphonieorchester in Warschau. 1935–39 leitete er dort das Radiosymphonie-Orchester. Während des 2. Weltkrieges dirigierte er in Portugal und Amerika, kehrte 1947 nach Polen zurück und leitete in Kattowitz das Große Symphonieorchester des polnischen Rundfunks. F. förderte als Dirigent besonders auch die zeitgenössische polnische Musik. Als Komponist gehörte er zu den Wegbereitern einer modernen, national gebundenen polnischen Musik.

WW: 2 V.-Sonaten (1894, 1912); ein Klv.-Trio (1901); 2 Symphonien (1905, 1907); 3 Symphonische Dichtungen: *Pieśń o sokole* (Das Lied vom Falken; nach M. Gorki) (1906), *Pro-*

tesilaos i Laodamie (1908) u. *W głebi morze* (In der Meerestiefe) (1914); 2 poln. Rhapsodien u. ein V.-Konzert.

2) Jerzy, Sohn von 1), * 20. 5. 1903 Warschau, † 25. 4. 1951 New York; Komponist. Er studierte am Warschauer Konservatorium und 1922–26 bei Fr. Schreker und W. Gmeindl an der Musikhochschule in Berlin. 1933–39 lebte er in Paris und seit 1940 in New York.

WW: 3 Klv.-Sonaten, eine V.-Sonate; 5 Quartette; eine Serenade für 9 Instr.; eine Symphonie für Streichinstr.; 3 Suiten u. Variationen für Orch.; symphonische Dichtung *Prométhée;* Konzerte für: Klv., V., Br., Vc. u. Pos.; ferner Chorstücke u. Bearb. v. Werken u. a. Bachs u. Händels.

Lit.: E. ELSNER, J. F., in: The Chesterian (Lo 1939); W. LUTOSŁAWSKI, G. F., in: Muzyka (1954) Nrn. 7–8 (poln.).

FITZGERALD, Ella, * 25. 4. 1918 Newport News (Virginia); amerik. Jazzsängerin. Sie wurde 1934 in New York bei einem Amateurwettbewerb von Chick Webb engagiert und hatte 1938 mit dem selbst geschriebenen Song im Swing-Stil *A Tisket, A Tasket* den ersten überragenden Erfolg. 1939 übernahm sie nach Webbs Tod dessen Band und leitete sie bis 1941. Danach trat sie in Clubs und Theatern auf, u. a. mit Louis Armstrong. 1946 band sie sich vertraglich an Norman Granz und ging mit dessen Tournee-Unternehmen Jazz at the Philharmonic jährlich auch nach Europa und Japan. 1948–52 wurde sie vom Trio ihres damaligen Ehemannes, des Bassisten Ray Brown, begleitet. 1958 gab sie mit Duke Ellington ein großes Konzert in der New Yorker Carnegie Hall, wirkte in Benny Goodmans Fernseh-Show „Swing into spring“ mit, ließ sich in den 60er Jahren bevorzugt vom Oscar-Peterson-Trio begleiten und trat 1965–66 noch einmal mit Duke Ellington auf. In den 70er Jahren war der Gitarrist Joe Pass ihr bevorzugter Begleiter. – E. F. begann mit Swing-Songs, wandte sich 1946 dem Modern Jazz zu und trat seither auch mit Scat-Gesang im Bebop-Stil hervor *(How high the moon, Air mail special),* den sie wie kaum ein anderer Jazzsänger beherrscht. Darüber hinaus gilt sie, die man auch „The First Lady of Jazz“ nennt, als die bedeutendste Sängerin in der Geschichte des Jazz. Sie interpretierte aber auch Schlager und Pop- und Beatmusik. Zu ihren berühmtesten Titeln gehören: *Crazy Rhythm, Lady Be Good, I Got Rhythm, Ma Patin Doll, The Boy from Ipanema, Can Anyone Explain, Basin Street Blues, Flying Home* und *How High the Moon.*

Lit.: G. T. SIMON, E. F., in: Metronome 66 (1950); R. G. REISNER, The Jazz Titans (Garden City/N. Y. 1960); J. JUNGERMANN, E. F. (Wetzlar 1960) (= Jazz-Bücherei 4); R. AMBOR, Ella. Ein Bildband (H 1961); CHARGESHEIMER, L. Armstrong, E. F. (Kö 1961); O. ALSTRÖM, Portrait of My Pals (Sto 1965) (= Foto expo-bok 4).

FITZWILLIAM VIRGINAL BOOK, eine nach dem englischen Kunstmäzen und -sammler Richard Viscount Fitzwilliam of Meryon (1745 bis 1816) benannte Sammlung (ein hsl. Folioband) englischer Virginalmusik des 16. und beginnenden 17. Jahrhunderts. Sie wurde 1609–19 von F. Tregian, einem wegen seines Glaubens inhaftierten Katholiken, während seiner Gefängnishaft in London zusammengestellt und ist die wichtigste Quelle der frühen englischen Klaviermusik. Das F. V. B. enthält 297 Stücke der Zeit zwischen 1562 und 1612, u. a. von W. Byrd, J. Bull, G. Farnaby, O. Gibbons und P. Philips, in z. T. unzuverlässig überlieferter Form. Fitzwilliam vermachte seine reiche Gemäldesammlung und Bibliothek, darunter auch das F. V. B. nach seinem Tod der Universität Cambridge. Es befindet sich heute im Fitzwilliam Museum in Cambridge (Music Ms. 32. G 29).

Ausg.: The F. V. B., hrsg. v. J. A. FULLER-MAITLAND – W. BARCLAY-SQUIRE, 2 Bde. (L 1894–99, Lo–L ²1904, Nachdr. NY 1963).

Lit.: M. H. GLYN, About Elisabethan Virginal Music and Its Composers (Lo 1924); L. NEUDENBERGER, Die Var.-Technik der Virginalisten im F. V. B. (B 1937); E. COLE, Seven Problems of the F. V. B., in: Proc. R. Mus. Assoc. 79 (1952/53); H. D. JOHNSTONE, A Fitzwilliam Mystery, in: MT 107 (1966).

FLABIOL (provenzalisch), ↗Fluviol.

FLAGEOLETT (engl., frz., span.: flageolet; it.: flagioletto). – **1)** Kleine, seit dem 16. Jh. belegte Schnabelflöte mit vier vorderständigen und zwei hinterständigen Grifflöchern. Sie wird von M. Mersenne (1636), P. Trichet (um 1640) und S. Pepys (1667, 1668) beschrieben. Das F. ist möglicherweise aus der Hirtenflöte Nordspaniens entstanden, wo es heute noch gespielt wird. Als ↗Fluviol mit und ohne Klappen ist es vor allem in Katalonien Instrument der ↗Cobla. Nach einer anderen Überlieferung soll um 1581 Sieur de Juvigny in Paris diese Flöte konstruiert haben. Als zum Tanz geeignetes Begleitinstrument (Quadrille) war das F. besonders in England und Frankreich bis ins 19. Jh. beliebt. Im 18. Jh. wurde in Frankreich der Schnabel durch ein Mundstück in der Art einer Windkapsel ersetzt, in der sich die in der Atemluft enthaltene Feuchtigkeit niederschlug. Dieses Instrument war bis ins ausgehende 19. Jh. als französisches F. bekannt – im Unterschied zum englischen F., das 6 vorderständige Grifflöcher und ein Daumenloch hatte. Das englische F. existierte entweder mit Klappen für alle Grifflöcher oder ohne jegliche Klappen. Beide F.-Typen wurden im 19. Jh. auch als Doppel-F. oder Tripel-F. mit gewöhnlichem Schnabel gebaut. Das F. wurde – bis zur Einführung der Pikkoloflöte – auch als Orchesterinstrument in der Kunstmusik verwendet, und zwar zur Ausführung der in der Partitur mit Flautino, Piffero, Flauto piccolo o. ä. bezeichneten Partien, so etwa in G. F. Händels *Rinaldo,* in Chr. W. Glucks *Les pèlerins de Mecque* und in W. A. Mozarts *Entführung.* – **2)** Orgelregister des ↗Flötenchors in 2′- oder 1′-Lage, meist konisch, gelegentlich auch zylindrisch gebaut. Bis zum 19. Jh. war das F. weiter mensuriert und hatte einen weichen, der Blockflöte ähnlichen Klang. Heute meist engmensuriertes, scharfklingendes Manualregister. – **3)** Bz. für Töne (frz.: sons harmoniques; engl.: harmonics), die auf Saiteninstrumenten durch leichtes (bei der Gitarre kurzzeitiges) Auflegen eines Fingers an einer bestimmten Stelle der Saite erzeugt werden und dem ↗Überblasen der Blasinstrumente entsprechen. Man unterscheidet natürliche und künstliche F.-Töne. Beim natürlichen F. wird eine Saite auf 1/2, 1/3, 1/4 ... ihrer Länge unterteilt, wobei an dem jeweiligen Schwingungsknoten der 2., 3., 4. ... Ton der auf dem Saitenton aufbauenden Obertonreihe erklingt. Beim künstlichen F. ist der Bezugston nicht die leere Saite, sondern ein fest gegriffener Ton, der einen neuen Sattel bildet und die Saite entsprechend verkürzt. Mit einem anderen Finger (meist Quartgriff) wird das künstliche F. gegriffen. Notiert werden die F.-Töne in rhombischen Noten (für die Berührungsstelle) über dem Grundton (beim künstlichen F. = Griffstelle). Der erklingende Ton erscheint dabei häufig als kleine Note darüber (Bsp. a). Heute wird meist nur noch die tatsächliche Höhe

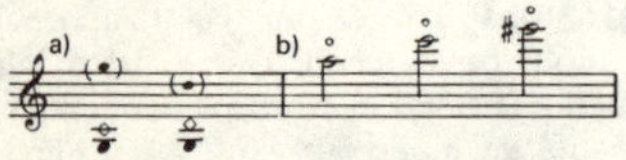

des F.-Tones angegeben, der erklingen soll, wobei die Ausführungsart (natürliches oder künstliches F.) dem Spieler überlassen bleibt. Über die betreffende Note wird das Zeichen o gesetzt (Bsp. b).

Lit.: **Zu 1):** M. MERSENNE, Harmonie universelle (P 1636), Faks.-Ausg., hrsg. v. F. Lesure, 3 Bde. (P 1963); J. G. WALTHER, Musicalisches Lexicon (L 1732), Faks.-Ausg., hrsg. v. R. Schaal (Kas – Bas 1953, [3]1967) (= DMI I/3); H. MOECK, Czakane, Englische u. Wiener F.e, in: Studia instrumentorum musicae popularis III. FS E. Emsheimer (Sto 1974) (= Musikhistorika museets skrifter 5); D. LINDSEY, A 17th-Century Flageolet Tablature at Guilford, in: GalpinJ 31 (1978).

FLAGSTAD, Kirsten, * 12. 7. 1895 Hamar, † 8. 12. 1962 Oslo, norwegische Sängerin (Sopran). K. F., Tochter eines Dirigenten und einer Pianistin, erhielt ihre Gesangsausbildung in Oslo und an der Dalcroze-Schule in Stockholm, sang dann in Oslo, Göteborg und Helsinki und wieder in Oslo, eignete sich ein umfangreiches Opernrepertoire an, trat aber auch in Operetten und musikalischen Komödien auf (1928 nahm sie an einer Operettentournee durch England teil). 1933 sang sie erstmals in Bayreuth, wo sie 1934 als Sieglinde in der *Walküre* und als Gutrune in der *Götterdämmerung* sensationellen Erfolg hatte. 1935–42 und 1951–53 gehörte sie dann der Metropolitan Opera in New York an und feierte dort und auch an anderen bedeutenden Opernhäusern der Welt (u. a. 1948–51 an der Covent Garden Opera in London) Triumphe. 1953 zog sie sich von der Bühne zurück, trat aber gelegentlich noch als Konzert- und Oratoriensängerin auf. Danach war sie am Aufbau der neuen Norwegischen Staatsoper in Oslo beteiligt, die sie 1958–60 leitete. K. F. zählt zu den überragenden Sängerinnen des 20. Jahrhunderts. Sie galt als die bedeutendste Wagner-Sängerin ihrer Zeit, beeindruckte aber ebenso u. a. als Leonore in Beethovens *Fidelio,* als Dido in *Dido und Aeneas* von H. Purcell und als Alceste in Chr. W. Glucks gleichnamiger Oper. Sie schrieb (mit L. Biancolli) *The F. Manuscript* (NY 1952, Lo 1953).

Lit.: B. MILES, K. F., in: Opera (1950); H. D. ROSENTHAL, Sopranos of Today (Lo 1956); J. FESCHOTTE, in: Musica (Disques) (1963) Nr. 107; E. MCARTHUR, F., A Personal Memoir (NY 1965); A. REIN, K. F. (Oslo 1967) (mit Diskographie).

FLAMENCO (span.), **Cante (Canto) Flamenco,** Bz. für Gesänge und Tänze der südspanischen Folklore. Name, Ursprung und Geschichte des F. sind nicht eindeutig geklärt. Die Formengeschichte verlief mehrschichtig und vielgestaltig. Arabisch-indische, spaniolisch-synagogale und mittelbar auch zigeunerische Elemente trugen nach heutiger Erkenntnis zu seinen verschiedenen Formstrukturen bei. Grundsätzlich lassen sich zwei Stilarten unterscheiden: der schwermütig-dramatische *Cante jondo* (von andalusisch hondo = tief, innerlich) und der schlichtere *Cante chico* (von span. chico = klein, leicht). Beide Typen sind schriftlich seit dem frühen 19. Jh., mündlich jedoch seit dem 16./17. Jh. überliefert. Besungen werden Liebe und Tod, Schuld und Sühne. Der Gesang hebt mit der melismatisch ausgesponnenen Klagesilbe *Ay* an, der ein melodisch engintervalliger, rezitativartiger und in stereotype Finalbildungen ausmündender Versgesang folgt. Seiner Tonskala nach ist der andalusische F. auf einen E-Modus zurückzuführen, der auch in der nordafrikanischen und indischen Volksmusik feststellbar ist. Die Einzelstrophe des F. umfaßt in der Regel 4 Verszeilen zu je 8 ungleich gereimten Silben mit Refrain. Worte oder Wortsequenzen, die in den einzelnen Strophen (coplas) wiederkehren, werden rhythmisch und melodisch frei variiert, bzw. rhythmisch hervorstechende Passagen werden durch Händeklatschen unterstrichen. In den Pausen zwischen dem strophischen Vortrag des Sängers kann ein Gitarrist kleinere, meist virtuos ausgezierte Intermezzi improvisieren. Der ältere F. wurde rein vokal vorgetragen *(Tona grande, Tona chica, Carcelera* u.a.), der jüngere wird instrumental begleitet *(Sevillana, Alegría* u.a.). Zu der Gruppe instrumental begleiteter Tanzlieder *(Baïle jondo, Baïle chico)* gehören u.a. die weitverbreiteten Formtypen *Fandangillo, ↗Seguidilla, ↗Malagueña* und *↗Tango*. Sie werden als Solo- oder als Einzelpaar-Tanzlieder vorgetragen, wobei die Tänzer den Takt dazu mit den Füßen stampfen bzw. mit den Händen oder Kastagnetten schlagen. Der Canto F. ist weniger nach Stilformen als nach Ausdrucksarten zu unterscheiden aufgrund der Vielzahl von Mischformen, den sog. Canciones aflamencadas, die bislang noch nicht analysiert wurden. Zu letzteren gehört z.B. auch die ↗Saëta, die zur nächtlichen Karfreitagsprozession gesungen wird. Auf Anregung von M. de Falla und F. García Lorca fand 1922 in Granada ein erster Canto-jondo-Wettbewerb statt. – In die spanische Kunstmusik ging der F. u.a. bei I. Albéniz, M. de Falla, E. Granados und J. Turina ein.

Lit.: M. DE FALLA, El canto jondo. Canto primitivo andaluz (Granada 1922); C. CIMORRA, El canto jondo (Ba 1943); M. GARCÍA MATROS, Cante F. Algunos de sus presuntos orígenes, in: Anuario Mus. 5 (Ma 1950); F. el de Triana. Arte y artistas flamencos (Ma 1952); D. E. POHREN, The Art of F. (Jérez de la Frontera 1952); D. MANFREDI CANO, Geografía del cante jondo (Ma 1955); J. UDAETA, F., hrsg. v. K. Peters (Kö 1964) (= Tanzarchivreihe 5); F. GARCÍA LORCA, Dichtung vom Cante Jondo, übers. u. hrsg. v. E. Beck (F 1967) (darin „Der Cante Jondo. Andalusischer Urgesang").
H. LINDLAR

FLANDRISCHE ZITHER ↗Hummel.

FLAT (engl., = flach), Abk. *fl.*, im englischsprachigen Raum in Verbindung mit einem Tonbuchstaben Bz. für die Erniedrigung des betreffenden Tons. So entspricht A flat (auch als Tonarten-Bz. mit dem Zusatz major oder minor) dem dt. As (Dur oder Moll), B flat dem dt. B (!, weil im Englischen B dem dt. H entspricht), C flat dem dt. Ces usw.

FLATTERZUNGE, Bz. für eine Zungenstoß- bzw. Artikulationstechnik bei Blasinstrumenten. Dabei wird eine Legatokette von Tönen durch Artikulation des Konsonanten d oder t begonnen und mit einer Folge von R fortgesetzt, die einem Tremolo gleichkommt. So bezeichnet auch M. Ravel diese Technik als „trémolo dental" (Zahntremolo). Im solistischen Spiel wurde die F. gelegentlich bereits vor 1850 angewandt. Seit R. Strauss, der die F. auch bei Orchesterinstrumenten einsetzte, gehört sie zu den beliebtesten Effekten auf Blasinstrumenten. Je nach Instrument und Lage kann die Wirkung vom Unheimlich-Grotesken bis zum Heiter-Eleganten reichen.

FLAUTATO, flautando (it., = flötenartig), Spielanweisung bei Streichinstrumenten, die Saiten am Griffbrett anzustreichen (daher auch die dt. Bz.: am oder auf dem Griffbrett; frz.: sur la touche; it.: sulla tastiera), wodurch flötenartige Töne erzeugt werden, bei denen die für Streichinstrumentenklänge typischen geradzahligen Obertöne entfallen.

FLECHA (Flexa), span. Musikerfamilie. – **1) Mateo,** * 1481 Prades (Tarragona), † 1553 im Zisterzienserkloster Poblet (Tarragona); Komponist. Er war 1523–25 Kapellmeister an der Kathedrale von Lérida, anschließend Lehrer der Infantinnen Doña María und Doña Juana, der Töchter Kaiser Karls V. Seine ↗Ensaladas (Quodlibets) wurden von Fray Mateo veröffentlicht (*Las ensaladas de F.,* Pr 1581). – **2) Fray Mateo** der Jüngere, Karmelitermönch, Neffe von 1), * 1530 Prades, † 20.2.1604 im Kloster Portella (Solsona); Komponist. Er stand bis 1552 im Dienst der Infantinnen Doña Juana und Doña María, der späteren Gattin Maximilians II., trat dann in den Karmeliterorden der Provinz Valencia ein und folgte später Kaiserin Maria als Kaplan und Kapellsänger an den Wiener Hof. Im Gefolge Maximilians, dem er ein Buch Madrigale widmete, kam er mehrmals auch nach Prag. 1579 wurde er von Maximilians Nachfolger, Kaiser Rudolf II., zum Titularabt von Tihany (Ungarn) ernannt.

WW: *Il 1° libro de madrigali a 4 et 5 con uno sesto et un dialogo a 8* (V 1568); *Divinarum Completarum Psalmi, lectio brevis et Salve Regina cum aliquibus motettis* (Pr 1581) (unvollständig erhalten).

Ausg.: **Zu 1):** *Ensaladas,* hrsg. v. H. ANGLÈS (Ba 1955) (= Publicaciones del Departamento de música de la Bibl. de Cataluña 6). – **Zu 2):** 2 Madrigale, in: Italienische Musiker und das Kaiserhaus 1567–1625, hrsg. v. A. EINSTEIN (W 1934) (= DTÖ 77).

Lit.: **Zu 1):** J. ROMEU FIGUERAS, M. F. el Viejo, in: Anuario Mus. 13 (1958); DERS., „El Toro", ensalada poético-musical ineditado, in: ebd. 20 (1965); DERS., Una nueva versión de la ensalada „El Toro", in: ebd. 24 (1969). – **Zu 2):** L. KARL, Der Benediktinerabt M. F. u. seine Werke, in: Archiv für das Stud. der neueren Sprachen u. Literaturen 18 (1926) 150; H. ANGLÈS, Estudis Universitaris Catalàns 11 (1926); E. HARASZTI, M. F. le jeune, abbé de Thyon, in: AMl 7 (1935); J. W. WOLDT, Spanish Madrigals. A Study of the Madrigals of Morales, Fl., Valenzola, Brudieu and Rimonte, 2 Bde. (1950) (= Diss. Univ. of Rochester/N.Y.); H. ANGLÈS, M. F. el jovea, in: Studia musicologica 3 (1962).

FLEDERMAUS, DIE, Operette in 3 Akten von Johann Strauß (Sohn) (1825–99), Text von Karl

Haffner und Richard Genée nach dem Vaudeville *Le Réveillon* (UA: 10.9.1872 in Paris) von Henri Meilhac und Ludovic Halévy, das seinerseits auf dem Lustspiel *Das Gefängnis* (UA: 11.12.1851 in Berlin) von Roderich Benedix basiert. Ort und Zeit der Handlung: ein Badeort nahe einer großen Stadt, zur Zeit der UA, oft auch in einer beliebigen Gegenwart. UA: 5.4.1874 in Wien (Theater an der Wien) mit Marie Geistinger als Rosalinde. Filmfassungen: 1931, 1937, 1944/45, 1955 (unter dem Titel *Rauschende Nächte)* und im gleichen Jahr in einer dt.-engl. Coproduktion *Fledermaus 1955* mit Ludmilla Tscherina und Anneliese Rothenberger. *Die Fledermaus* gilt als einer der Gipfelpunkte sowohl im Werk des Komponisten als auch in der Geschichte der Operette. Strauß und seinen Librettisten gelang es, drei durch kontrastierendes Milieu gekennzeichnete und in sich abgeschlossene Akte gleichwohl durch die „Rache" der „Fledermaus" zu einer Einheit zusammenzufassen: Dr. Falke, nach einem früheren Maskenball, als Fledermaus verkleidet, von seinem Freund Eisenstein betrunken dem Spott der ganzen Stadt preisgegeben, inszeniert nun selbst eine turbulente Intrige, um seinerseits Eisenstein bloßzustellen. Von den ersten drei Tönen der Ouvertüre, die sich auch im Konzertsaal durchsetzte, bis zum Finalchor des 3. Aktes, *Champagner hat's verschuldet,* wird der Zuhörer von immer neuen, raffinierten musikalischen Einfällen gefangengenommen. Die Bedeutung des Werkes gründet aber auch in der logisch und konsequent aufgebauten Handlungsfolge. Zu dem durchschlagenden Erfolg trugen insbesondere die zahlreichen Nummern bei, die außergewöhnliche Popularität erlangten, u. a. das komisch-ironische Abschiedsterzett *So muß allein ich bleiben,* das kecke Couplet *Mein Herr Marquis,* der große Csárdás *Klänge der Heimat,* Orlofskys *Ich lade gern mir Gäste ein* und *Im Feuerstrom der Reben,* das das Finale zum 2. Akt einleitet, ein Finale, das die Grenzen der Operette in Richtung auf die Opéra-comique sprengt und auch dem Ballett eine dominierende Rolle zuweist. Trotz des großen Premierenerfolges konnte sich *Die Fledermaus* erst nach der Berliner EA im Sommer 1874 auch in Wien durchsetzen. 1894 brachte Gustav Mahler sie in Hamburg erstmals in einem Opernhaus heraus. Seither ist *Die Fledermaus* im Repertoire aller großen Opernbühnen des In- und Auslands. Trotz des großen persönlichen Erfolges des Komponisten in den USA und der Dominanz europäischer Operetten auf amerikanischen Bühnen erreichte *Die Fledermaus* erstaunlicherweise dort zunächst nicht die Popularität wie z.B. die Werke von Gilbert und Sullivan oder Franz Lehár. Erst 1912 wurde sie am Broadway aufgeführt, den späteren Erfolg sicherten jedoch erst die Wiederaufnahme von 1929 als *A Wonderful Night* und die Inszenierung von Max Reinhardt (1873–1943) 1942 unter dem Titel *Rosalinda.*

R.-M. SIMON – S. SIMON

FLEISCHER, Friedrich Gottlob, * 14.1.1722 Köthen, † 4.4.1806 Braunschweig; dt. Komponist und Organist. F. wurde 1746 Organist an St. Martin und St. Ägidien in Braunschweig und war außerdem Hofmusiker und Musiklehrer der herzoglichen Familie. Sehr beliebt waren zu seiner Zeit seine Lieder. Sie gehören zu den ersten Kompositionen, in denen der bezifferte Baß durch eine auskomponierte Begleitung ersetzt ist.

WW: Singspiel („Operette") *Das Orakel* (Text: Ch. F. Gellert), Klv.-A. (Brau 1771); *Oden und Lieder mit Melodien,* I (Brau – Hil 1756 u.ö.), II (ebd. 1757); *Cantaten zum Scherz und Vergnügen* für SingSt u. Klv. (Brau 1763); *Sammlung größerer und kleinerer Singstücke* (ebd. 1788); Klv.-Stücke (ebd. 1769); *Clavier-Übung* (Sonate) (Nü o.J.).

Lit.: M. FRIEDLAENDER, Das dt. Lied im 18. Jh., 3 Bde. (St – B 1902, Nachdr. Hil 1962); H. CHR. WOLFF, Das Orakel, in: Mitteilungen der Niedersächsischen Musikerges. (1943–44); W. WÖHLER, F. G. F. als Vokalkomp. (Diss. Pr 1944).

FLEISCHER, Oskar, * 2.11.1856 Zörbig bei Bitterfeld, † 8.2.1933 Berlin; dt. Musikforscher. F. studierte 1878–82 Philologie und Philosophie in Halle, anschließend Musikwissenschaft bei Ph. Spitta in Berlin. 1888 wurde er dort Leiter der Königlichen Musikinstrumentensammlung und lehrte seit 1892 als Dozent, 1895–1925 als Professor zugleich an der Universität. 1899 gehörte er zu den Gründern der Internationalen Musikgesellschaft. In ihrem Rahmen begründete und leitete er mehrere Jahre die *Sammelbände* (SIMG, zus. mit J. Wolf) und die *Zeitschrift* (ZIMG, zus. mit M. Seiffert). Beide Publikationen haben grundlegende Bedeutung für die Entwicklung der modernen Musikwissenschaft. Von F.s Schriften waren insbesondere die *Neumenstudien* wegweisend.

Schriften: *D. Gaultier,* in: VfMw 2 (1886) (darin Ausg. v. *Rhétorique des Dieux*); *Königliche Hochschule für Musik zu Berlin, Führer durch die Slg. alter Musikinstr.* (B 1892); *Neumenstudien,* I: *Über Ursprung u. Entzifferung der Neumen* (L 1895), II: *Das altchristliche Recitativ* (L 1897), III: *Die spätgriechische Tonschrift* (B 1904); *Die Reste der altgriechischen Tonkunst, bearb. für eine SingSt u. Klv.* (L 1899); *Gesch. des Klavierspiels,* in: M. Seiffert, Gesch. der Klaviermusik (L 1899, Nachdr. Hil – Wie 1966) (= 3. Ausg. v. C. F. Weitzmanns Gesch. des Klavierspiels); *Mozart,* in: Geisteshelden 23 (B 1899); *Musikal. Bilder aus Deutschlands Vergangenheit* (B 1913); *Die germanischen Neumen* (F 1924).

Lit.: A. EINSTEIN, O. F., in: ZfMw 15 (1932/33).

FLEISHER, Leon, * 23.7.1928 San Francisco; amerik. Pianist. Er erhielt seine Ausbildung zunächst bei seiner Mutter, trat 7jährig erstmals öffentlich auf und studierte dann in Italien und in den USA bei A. Schnabel. Seit 1943 konzertierte er vor allem in Amerika, nach dem Ende des 2. Weltkriegs auch in Europa und gewann 1952 den Concours musical international Reine Elisabeth de Belgique in Brüssel. Seit 1959 lehrt er am Konservatorium in Baltimore.

FLENTROP, F. – Orgelbouw N. V., ndl. Orgelbauwerkstatt. Sie wurde 1903 von **Hendrik Wichert F.** (1866–1950) in Zaandam gegründet. Sein Sohn **Dirk Andries** (* 1. 5. 1910 Zaandam) arbeitete bei Faust in Schwelm, Frobenius in Lyngby (Dänemark) und bei Giesecke in Göttingen und übernahm 1940 die Werkstatt seines Vaters, in der er seit 1949 nur noch Schleifladenorgeln mit mechanischer Traktur herstellte. Er war Mitbegründer der International Society of Organ-Builders und 1958–65 deren Präsident. 1976 trat er in den Ruhestand und übergab die Leitung seines Hauses an J. A. Steketee. Die Firma restaurierte die Schnitger-Orgeln der St. Laurenskerk in Alkmaar und der St. Michaelskerk in Zwolle sowie die Orgel der St. Janskerk in Gouda. Selbst baute sie u. a. die Orgeln des Busch-Reisinger-Museums der Harvard University in Cambridge/Mass. (1959, 3 Man., 27 Register), der Maranatha Kerk in Amsterdam (1959, 3 Man., 30 Register), der Sofia Albertinakerk in Landskrona (1959–60, 4 Man., 53 Register), der Kathedrale in Lissabon (1964, 4 Man., 51 Register), der Mark's Cathedral in Seattle/Wash. (1965, 4 Man., 56 Register), der Paul-Gerhardt-Kirche in Berlin (1966, 3 Man., 37 Register), des Brucknerhauses in Linz (1973, 3 Man., 51 Register) und der Duke University in Durham/N. C. (1976, 3 Man., 66 Register).

FLESCH, Carl, * 9. 10. 1873 Wieselburg (Ungarn), † 15. 4. 1944 Luzern; ung. Violinist. F. erhielt seine Ausbildung am Konservatorium in Wien und 1890–94 am Pariser Conservatoire. 1895 debütierte er in Wien. 1897–1902 lehrte er am Bukarester, 1903–08 am Amsterdamer Konservatorium. 1908 ließ er sich in Berlin nieder. 1923 ging er in die USA, wo er neben seiner Konzerttätigkeit eine Violinklasse am Curtis Institute in Philadelphia leitete. 1929–34 lehrte er an der Berliner Musikhochschule, übersiedelte dann nach London, bei Kriegsbeginn nach Amsterdam und lehrte seit 1943 als Professor am Konservatorium in Luzern. F. genoß großes internationales Ansehen sowohl als Interpret wie als Lehrer. Mit A. Schnabel (später C. Friedberg) und H. Becker bildete er ein berühmtes Trio. Er schrieb mehrere Lehrwerke für Violine und gab zahlreiche Violinwerke klassischer und romantischer Komponisten heraus.

WW: Unterrichtswerke: *Urstudien* (B 1911); *Etüden-Slg.* für V., 3 Bde. (Kop 1921); *Die Kunst des Violinspiels* 1 (B 1923, ^{2}1928), 2 (B 1928), als Anhang dazu: *Das Skalensystem* (B 1926); *Das Klangproblem im Geigenspiel* (B 1931, NA B 1954); *Die Hohe Schule des Violin-Fingersatzes* (hsl.), engl. Übers.: *Violin Fingering, Its Theory and Practice,* hrsg. v. B. Schwarz (Lo – NY 1966). – Postum erschien *Erinnerungen eines Geigers,* hrsg. v. C. F. Flesch (Fr 1960, ^{2}1961), engl. Übers.: *The Memoirs of C. F.,* hrsg. v. dems. – H. Keller (Lo 1957, NY 1958, NA Harlow 1973).

Lit.: W. BREDERODE, C. F. (Haarlem 1938); S. EATON, Two Great Violin Teachers, F. and Dounias, in: The Score (1955) Nr. 11; CH. VON HEYDEBRAND, C. F. als Lehrer, in: SMZ 103 (1963); J. W. HARTNACK, Große Geiger unserer Zeit (Mn 1967).

FLEXA (lat., von flectere, = biegen, beugen). – **1)** Bz. für eine zweitönige ↗Neume, gleichbedeutend mit Clivis. – **2)** In der ↗Psalmodie eine melodische Formel (Absenken der Stimme um eine Sekunde oder Terz) oder ein kurzes Pausieren. Dies wird notwendig, wenn der erste Teil eines Psalmverses zwei distinkte Glieder aufweist, was jedoch nur selten der Fall ist. In der *Editio Vaticana* wird die F. durch ein Kreuz (†) im Psalmtext gekennzeichnet. Beispiel für eine F. in Ps 110 im 1. Psalmton (hier unter Wiedergabe nur des ersten Teils der Psalmmelodie):

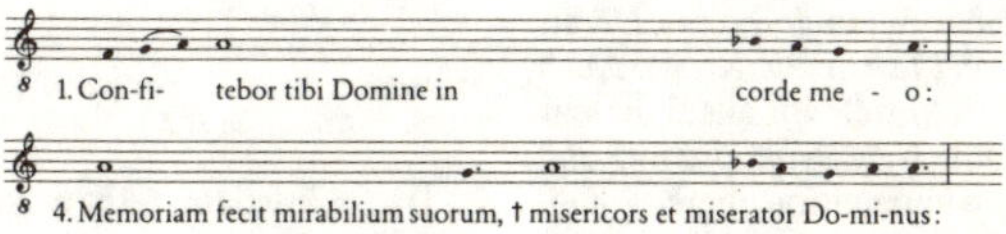

Nach Jacobus v. Lüttich (*Speculum musicae,* hrsg. v. R. Bragard [R 1955–73] [= CSM 3]) waren es die Dominikaner, die die F. in die Psalmodie einführten.

FLIEGENDE HOLLÄNDER, DER, Romantische Oper in 3 Aufzügen von Richard Wagner (1813–83), Text vom Komponisten. Ort und Zeit der Handlung: an der norwegischen Küste um 1650. UA: 2. 1. 1843 in Dresden.
Die Handlung der Oper um den zu ewiger Seefahrt verdammten Holländer, der durch die Treue Sentas, der Tochter des norwegischen Kapitäns Daland,

von seinem Fluch erlöst wird, bot Wagner vielfache Gelegenheit, typisch romantische Stoffelemente und Empfindungskategorien, z. B. das Mythisch-Dunkle, das Symbolhaft-Geheimnisvolle oder das Pittoresk-Volkstümliche zu höchst bühnenwirksamer Einheit zu verknüpfen. Obwohl neben eigenen Erlebnissen auf seiner Flucht von Riga nach London – das Schiff mußte wegen eines Sturms in Südnorwegen vor Anker gehen – vor allem die Lektüre von Heinrich Heines *Memoiren des Herrn von Schnabelewopski* (1839) den entscheidenden Anstoß zur Arbeit am *Fliegenden Holländer* gab, verstand sich Wagner erstmals nicht mehr als Librettist, sondern als Dichter: Selbständige poetische Gestaltung eines Sagenstoffes unter Dominanz eines zum Symbol aufgewerteten stofflichen Hauptmotivs deuten bereits im *Fliegenden Holländer,* der als ein Höhepunkt in der Geschichte der romantischen Oper gilt, ein wesentliches Arbeitsprinzip des späteren Musikdramatikers Wagner an. Zwar ist das Werk musikalisch noch der Grand Opéra verpflichtet: In vielen Arioso-Partien noch zu beobachtender klassischer Periodenbau und melodische Orientierung am italienischen Belcanto-Ideal bezeugen dies ebenso wie die äußerliche Einteilung in traditionelle Nummern wie Rezitativ, Arie, Ensemble und Chor. Jedoch geht der Anteil von Elementen des Werkstils späterer Musikdramen über die Bedeutung bloßer Ansätze weit hinaus: Liegt auch ein Netz von Leitmotiven mit psychogrammatischer und symbolhafter Funktion noch nicht in der aus den Musikdramen gewohnten Dichte und Konsequenz vor, so ist die motivische Geschlossenheit des Werkes doch ausgeprägt. Fast alle auftretenden Motive sind ableitbar aus einer musikalischen Keimzelle, der Ballade der Senta *Jo ho hoe! Traft ihr das Schiff im Meere an* (2. Aufzug, Nr. 4). Auch werden die musikalischen Mittel, vor allem die minutiös dem Text angepaßte freie Synkopierung und sensibel nuancierte Instrumentation, bereits meisterhaft zur Erzeugung von Situationsatmosphäre, stimmungsvoller Bildhaftigkeit und differenzierter Wortausdeutung eingesetzt. – Am 17. 9. 1839 fast mittellos in Paris angekommen, litt Wagner während seiner Arbeit am *Fliegenden Holländer* große materielle Not; schließlich war er gezwungen, den Prosaentwurf für 500 Francs an den Direktor der Grand Opéra zu verkaufen. Aufgrund allzu hastiger Vorbereitung fand die UA in Dresden trotz der Mitwirkung von Wilhelmine Schröder-Devrient als Senta nur wenig Resonanz; begeistert aufgenommen wurde das Werk erstmals am 7. 1. 1844 in Berlin. Der *Fliegende Holländer* gehört bis heute fest zum Repertoire auch kleinerer Opernhäuser. Der Chor der norwegischen Matrosen *Steuermann, laß die Wacht* (3. Aufzug, Nr. 7) wurde besonders populär. W. A. MAKUS

FLOQUET, Étienne-Joseph, * 25.11.1748 Aix-en-Provence, † 10.5.1785 Paris; frz. Komponist. Mit 6 Jahren wurde er Chorknabe an St-Sauveur in Aix, wo schon früh seine *Motets à grand chœur* und andere geistliche Werke von ihm aufgeführt wurden. An der Académie Royale in Paris bewarb er sich mit der Ballettoper *L'union de l'amour et des arts* (UA: Paris 1773), die 60 Aufführungen erreichte. Die Erfolge Glucks vor Augen, ging F. nach Italien, um sich dort weiter auszubilden. 1775 nahm er in Neapel Unterricht bei N. Sala und 1776–77 bei Padre Martini in Bologna. Seit 1777 entstanden dann in Paris seine wichtigsten Werke. F. drängte es letztlich zur Tragödie, womit er sich ehrgeizig gegen Gluck und Piccinni stellen wollte. Als Zeitgenosse des Buffonistenstreits und der Gluckschen Opernreform, aber auch im Anschluß an Gluck und Rameau nimmt F. einen wichtigen Platz in der Geschichte der französischen Oper des 18. Jh. ein. Als sein Hauptwerk gilt *Alceste,* deren Aufführung jedoch durch die königlichen Behörden verhindert wurde (die einzelnen Stimmen sind hsl. erhalten).

WW: 10 Opern, die meisten hsl. erhalten (einige davon nicht aufgeführt); gedruckt wurden: *L'union de l'amour et des arts,* UA: Paris 1773; *Le seigneur bienfaisant,* UA: ebd. 1780; *La nouvelle Omphale,* UA: Versailles 1782; einzelne Airs daraus u. Ouvertüren-Arrangements erschienen separat; eine Slg. *Airs détachés* bzw. *Ariettes* (P o.J.); hsl. erhalten sind kontrapunktische Übungen u. einige kirchenmusikal. Werke. – Ferner Chaconne für 2 V., Va. u. B.c. (P o.J.), gedruckt auch in Bearb. für andere Instr.; neun 4–5st. Fugen über Themen v. Padre Martini (hsl. Bologna).

Lit.: A. POUGIN, F., in: Revue et Gazette musicale de Paris 30 (1863); G. DESNOIRESTERRES, Gluck et Piccini (P 1872); J.G. PROD'HOMME, Écrits de musiciens 15–18 (P 1912); M. BRIQUET, A propos de E. J. F., in: RMie 23 (1939); DIES., L'Alceste de E. J. F., in: FS P.-M. Masson (P 1955).

FLOR, Christian, * 1626 Neukirchen bei Eutin, † 28.9.1697 Lüneburg; dt. Organist. Er wirkte seit 1652 an St. Lamberti, seit 1676 auch an St. Johannis in Lüneburg. Seine *Matthäus-Passion* nimmt in der Geschichte der protestantischen Passion einen besonderen Platz ein. F. übernimmt darin für die Worte der Einzelpersonen den unbegleiteten Passionston (↗Passion) von M. Vulpius (aus dessen Passion von 1613), während die chorischen Turbasätze sowie Einleitungs- und Schlußchor mit Instrumenten und B.c. begleitet werden. Vermutlich als erstes Werk ihrer Gattung enthält F.s Passion jedoch auch ariose Sologesänge mit B.c. (teilweise auch mit Instrumenten) – Choralarien bzw. Konzerte mit neugedichtetem Text – und selbständige Instrumentalstücke (Symphoniae).

WW: **1) Instr.-WW:** 2 Klv.-Suiten (hsl. Berlin, Staatsbibl.); 3 Org.-WW in den Lüneburger Tabulaturen. – **2) Vokal-WW:** 164 Lieder, in: J. Rist, Neues Musikalisches Seelenparadies, 2 Bde. (Lüneburg 1660, 1662); 36 Lieder, in: Ch. von Stöcken, Heilige Nachtmahlsmusik (Plön 1676); Passion nach Matthäus (1667) für 4 St., 3 Instr. u. B.c. (befand sich – nicht ganz vollständig – hsl. in Steinau/Oder).

Ausg.: 8 Lieder, in: C. VON WINTERFELD, Der ev. Kirchengesang 2 (L 1845, Nachdr. Hil 1966); Präludium zum Choral *Ein feste Burg*, in: LAVIGNAC Hist. II/2 (1921); 2 Präludien, hrsg. v. M. SEIFFERT, in: Organum IV/2 (L o.J.).

Lit.: W. KRABBE, J. Rist u. das dt. Lied (Diss. B 1910); W. WOLFHEIM, Die Möllersche Hs., in: Bach-Jb. 9 (1912); P. EPSTEIN, Ein unbekanntes Passions-Oratorium v. Ch. F., in: ebd. 27 (1930); W. SCHULZ, Stud. über das dt. prot. monodische Kirchenlied des 17. Jh. (Diss. Breslau 1935); W. BRAUN, Die mitteldt. Choralpassion im 18. Jh. (B 1961); H. WALTER, Musikgesch. der Stadt Lüneburg (Tutzing 1967).

FLORES (lat., = Blumen), mittelalterliche, vermutlich der antiken Rhetorik entnommene Bz. für vokale und instrumentale Verzierungen. Quintilian z. B. nennt in seiner *Institutio Oratoria* drei genera dicendi, von denen eines als „genus floridum" näher bestimmt wird; dieses soll dem „delectare" oder dem „conciliare" dienen. In der mehrstimmigen Musik des Mittelalters wird unter „florere vocis" zunächst die Auszierung der Melodiestimme verstanden. Johannes de Garlandia (13. Jh.) nennt das Beben der Stimme auf einem Ton „florificatio soni"; ähnlich äußern sich Anonymus IV, Franco von Köln (beide spätes 13. Jh.) und W. Odington (um 1300). Hieronymus de Moravia (spätes 13. Jh.) differenziert in „flores longi", „aperti" und „subiti" verschiedene Triller, die sich durch Geschwindigkeit und Halb- bzw. Ganztonwiederholung unterscheiden. Pseudo-Tunstede (spätes 14. Jh.) erwähnt verzierende Zwischentöne als Durchgang von einem Ton zum anderen. Mit F. werden aber auch die Auszierungen der Paenultima bezeichnet; der sog. Anonymus de Lafage (spätes 12. Jh.) nennt dies das „deflorere finem clausulae". Im Minne- und Meistersang heißen speziell die Initial- und Schlußmelismen „Blumen". Auch die Copula wird seit dem 13. Jh. als „floritura", als Schmuck des Organum, betrachtet und z. B. durch Anonymus IV, Anonymus St. Emmeram und Franco von Köln beschrieben. Die mittelalterliche Musiktheorie versteht also unter F. zum einen bestimmte Verzierungsformeln, zum anderen aber auch Kompositionstechniken, die als Verzierungen eines einfachen Gerüstsatzes angewandt werden. – Unter dem Titel *Flores musicae omnis cantus Gregoriani* schrieb Hugo von Reutlingen 1332 (1342 erweitert) eine didaktische musiktheoretische Schrift in Gedichtform über den Gregorianischen Gesang.

Lit.: Anonymi tractatus de musica, in: J.A.L. DE LAFAGE, Essais de diphtérologie musicale 1 (P 1864, Nachdr. A 1964); COUSSEMAKER Scr.; G. ADLER, Die Wiederholung u. Nachahmung in der Mehrstimmigkeit, in: VfMw 2 (1886); R. LACH, Stud. zur Entwicklungsgesch. der ornamentalen Melopöie (L 1913); J. HANDSCHIN, Zur Frage der melodischen Paraphrasierung im MA, in: ZfMw 10 (1927/28); H. SOWA, Ein anon. glossierter Mensuraltraktat 1270 (Kas 1930); H. de Moravia, Tractatus de Musica, hrsg. v. S. M. CSERBA (Rb 1935) (= Freiburger Stud. zur Musikwiss. 2); K.-W. GÜMPEL, Art. Hugo von Reutlingen, in: MGG VI; Hugo Spechtshart von Reutlingen, Flores musicae 1332/42, eingeleitet u. hrsg. v. K.-W. GÜMPEL (Mz 1958) (= Abh. der geistes- u. sozialwiss. Klasse der Akad. der Wiss. u. der Lit. Mainz, Nr. 3); H. P. GYSIN, Stud. zum Vokabular der Musiktheorie im MA, (Diss. Bas 1958); G. VON DADELSEN, Verzierungen, in: MGG XIII; F. REKKOW, F., in: Riemann Musiklexikon, Sachteil; DERS., Musiktraktat des Anonymus IV, 2 Bde. (Wie 1967) (= Beihefte zum AfMw 4 u. 5); J. de Garlandia, De mensurabili musica, hrsg. v. E. REIMER. Kritische Edition mit Kommentar u. Interpretation der Notationslehre 1 (Wie 1972) (= ebd. X); J. MARTIN, Antike Rhetorik. Technik u. Methode (Mn 1974) (= Hdb. der Altertumswiss. II/3); Franco de Colonia, Ars cantus mensurabilis, hrsg. v. G. REANEY – A. GILLES (R 1974) (= CSM 18).

B. R. SUCHLA

FLOROS, Constantin, * 4. 1. 1930 Thessaloniki; dt. Musikforscher griech. Herkunft. Er studierte in Thessaloniki zunächst Rechtswissenschaft, dann 1951–55 an der Universität Wien Musikwissenschaft (bei E. Schenk), Kunstgeschichte, Philosophie und Psychologie, wo er 1955 mit der Dissertation *C. A. Campioni als Instrumentalkomponist* (Teildruck in: Rivista di Livorno 1, 1955, u. 3, 1959) promoviert wurde, und an der Musikakademie Komposition (bei A. Uhl) und Dirigieren (bei H. Swarowsky). 1961 habilitierte er sich in Hamburg mit der (ungedruckten) Arbeit über *Das mittelbyzantinische Kontakienrepertoire. Untersuchungen und kritische Edition* (3 Bde.) und lehrt dort seitdem, seit 1967 als Professor, Musikwissenschaft. F. ist Herausgeber der *Hamburger Beiträge zur Musikwissenschaft* (H 1971 ff.) sowie des *Hamburger Jahrbuchs für Musikwissenschaft* (H 1975 ff.).

WW: Schriften: *Das Kontakion,* in: DVfLG 34 (1960); *Die Thematik in J. S. Bachs Orchestersuiten,* in: StMw 25 (1962); *Die Musik der Ostkirche,* in: Das Buch der heiligen Gesänge der Ostkirche, hrsg. v. E. Benz – C. F. – H. Thurn (H 1962); *Das „Programm" in Mozarts Meisterouvertüren,* in: StMw 26 (1964); *Die Entzifferung der Kondakarien-Notation,* in: Musik des Ostens 3 (Kas 1964), u. in: ebd. 4 (1967); *Universale Neumenkunde,* 3 Bde. (Kas 1970); *Zur Antithese Brahms – Bruckner,* in: Brahms-Stud. 1 (H 1974); *Das esoterische Programm der Lyrischen Suite v. A. Berg,* in: HJbMw 1 (1975), Nachdr. in: Musikkonzepte, 4: A. Berg, Kammermusik 1 (Mn 1978); *G. Mahler,* 2 Bde. (Wie 1977); *Beethovens Eroica u. Prometheus-Musik,* Sujet-Stud. (Wilhelmshaven 1978) (= Veröff. zur Musikforsch. 3); *G. Ligeti. Prinzipielles über sein Schaffen,* in: Musik u. Bildung 10 (1978); *Mozart-Stud.,* 1: *Zu Mozarts Sinfonik, Opern- u. Kirchenmusik* (Wie 1979); *Das Kammerkonzert v. A. Berg,* in: Musikkonzepte, 9: A. Berg, Kammermusik 2 (1979); *Einführung in die Neumenkunde* (Wilhelmshaven 1980); *Brahms u. Bruckner* (Wie 1980); *R. Strauss u. die Programmusik* (im Druck).

FLOSS DER MEDUSA, DAS, Oratorio volgare e militare in 2 Teilen von Hans Werner Henze (* 1926), Text von Ernst Schnabel, nach Augenzeugenberichten. Ort und Zeit der Handlung: das Floß, 17. 6.–17. 7. 1816. UA: 9. 12. 1968 in Hamburg (Planten un Blomen) unter Leitung des Komponisten; szenische UA: 15. 4. 1972 in Nürnberg unter Hans Gierster.
„Méduse" hieß die von unfähigen Offizieren im Juni 1816 vor der westafrikanischen Küste auf Grund gesetzte französische Fregatte. Die Befehlshaber retteten sich in vier Booten und ließen auf einem manövrierunfähigen Floß 150 Personen zurück, von denen nur 15 überlebten. In dem Oratorium wird in erster Linie die Resignation der Schiffbrüchigen (Chor) angesichts ihres nahenden Todes dargestellt. Charon (in der griechischen Mythologie der Fährmann über den Styx) kommentiert als Erzähler sachlich das Geschehen; als handelnde Personen treten – allegorisch – La Mort und der Mulatte Jean-Charles auf (letzterer ist eine Hauptfigur in dem Gemälde „Le Radeau de la Méduse" von Th. Géricault). Durch enge Cluster in den tiefen Lagen der Orchesterinstrumente und lautmalende Vokalisen des Chores wird die tiefe Resignation musikalisch verdeutlicht. Die UA dieses Che Guevara gewidmeten Werkes fiel zeitlich mit den Studentenunruhen in Deutschland zusammen. Politische Gruppen funktionierten die Aufführung zum klassenkämpferischen Manifest um und verursachten damit einen weltweiten Skandal.

K. LANGROCK

FLÖTE (engl.: flute; frz.: flûte; it.: flauto; span.: flauta). – **1)** Im engeren Sinn in musikalischen Werken seit dem 18. Jh. im allgemeinen Bz. für die ↗Querflöte. Im weiteren Sinn Sammelbezeichnung für ↗Blasinstrumente, auf denen Töne nicht durch die schwingenden Lippen des Spielers oder durch elastische Zungen (Rohrblätter) erzeugt werden, sondern durch ein Luftband, das gegen eine scharfe Kante (Schneide) gelenkt und an ihr gebrochen wird (Schneidenton). Die dadurch erzeugten Wirbel versetzen die Luftsäule des Instrumentenkörpers durch Resonanz in Schwingung. Die Höhe des entstehenden Tones, d. h. die Frequenz der Schwingungen, hängt von der Länge der Röhre zuzüglich der Mündungskorrekturen an beiden Enden ab. Die Frequenz ist nur halb so groß (doppelte Länge), wenn die Röhre an einem Ende geschlossen (↗gedackt) ist. Durch ↗Überblasen kann der Tonumfang der F. nach oben erweitert werden. Durch Auf- bzw. Abdecken der Grifflöcher wird die schwingende Länge der Luftsäule verkürzt bzw. verlängert und damit die Tonhöhe verändert. Der Klang der F. ist von der Bohrung (zylindrisch oder konisch), von der Mensur und vom Material abhängig. F.n mit enger Mensur klingen heller und schärfer als F.n mit weiter Mensur. Die verschiedenen F.n lassen sich nach der Spielhaltung in Längs- und Quer-F.n und nach der Art des Anblasens und der dafür vorgesehenen Vorrichtung einteilen. Die Längs-F.n können nach Art der Anblasvorrichtung unterschieden werden: in oben offene F.n mit einer oberen Kante, die zur Erleichterung des Anblasens auch abgeschrägt sein kann und in diesem Fall vom Spieler schräg an den Mund gesetzt wird, in oben offene F.n mit eingeschnittener Kerbe (Kerb-F.), gegen die der Spieler bläst, und in F.n, bei denen der Anblasvorgang durch einen in den oberen Teil eingesetzten Kern oder Block erleichtert wird (daher ↗Blockflöte). Zwischen Kern und Innenwandung bleibt ein Spalt frei, durch den die Luft gegen die Kante eines Aufschnitts gelenkt wird (Kernspalt-F.). Dieser Kernspalt kann an der Vorder- oder Rückseite der F. sitzen und zusätzlich mit einem Mundstück verbunden sein (Schnabel-F.). Zu den Längs-F.n gehören auch die z. T. gedackten bzw. offenen ↗Panflöten, die eine Zusammenstellung von grifflochlosen Längs-F.n verschiedener Länge darstellen. Das wichtigste Merkmal der ↗Querflöte, bei der direkt eine Kante angeblasen wird, ist das geschlossene obere Ende. Die Gefäß-F.n (↗Okarina) sind zu den Schnabel-F.n zu zählen. Die Nasen-F.n kommen als Längs-, Quer- oder Gefäß-F.n vor und unterscheiden sich lediglich in der Anblasart, nicht in der Anblasvorrichtung.
Ursprung und Entwicklung der einzelnen F.n-Typen lassen sich nur schwer rekonstruieren, denn die zahlreichen archäologischen Funde enthalten lediglich F.n aus widerstandsfähigem Material (Knochen, Ton, Metall). Aus diesen Funden und ebenso aus zahlreichen bildlichen Darstellungen geht jedoch hervor, daß die F.n zu den ältesten Musikinstrumenten der verschiedenen Kulturen gehören. So waren Längs- und Gefäß-F.n bereits bei den Sumerern seit dem 3. Jt. v. Chr. ebenso bekannt wie bei den Ägyptern, während die Quer-F. eine spätere Entwicklung zu sein scheint. Sie wurde erstmals im 9. Jh. v. Chr. in China abgebildet. Kernspalt-F.n existierten bereits in vorgeschichtlicher Zeit, wie F.n-Funde zeigen. Allerdings ist wegen des oft fehlenden Kerns die richtige Einordnung fragwürdig. Ebenso offen bleibt die entwicklungsgeschichtliche Einordnung der Griffloch-F. vor der grifflochlosen.
In Europa sind etwa seit dem Übergang vom 10. zum 11. Jh. zwei Hauptgruppen nachweisbar: die Kernspalt- und die quer gehaltene kernspaltlose F., aus denen sich die spätere Block-F. und die Quer-F.

entwickelt haben. Insbesondere bildliche Darstellungen (z.B. in der ↗Heidelberger Liederhandschrift) geben eine Vielzahl von F.n-Typen wieder, die mannigfaltigste Verwendung vor allem durch Spielleute im weltlichen Bereich bei Spiel und Tanz fanden. Aus schriftlichen Quellen jener Zeit gehen Bezeichnungen wie mittelhochdeutsch *vloite, floyte,* altfranzösisch *flahute,* vulgärlateinisch *flauta,* aber auch *fistula, tibia, pipa* oder mittelhochdeutsch *pfîfe* hervor. Nur in wenigen Ausnahmen wurden nähere Differenzierungen beschrieben, wie etwa im 13.Jh. bei Adenet le Roi und im 14.Jh. bei G. de Machaut, der mehr als 10 Arten unterscheidet. – **2)** Bei der Orgel werden mit F.n die je nach Bauart und Klangcharakter unterschiedenen Stimmen des ↗Flötenchors bezeichnet.

Lit.: TH. BOEHM, Schema zur Bestimmung der Löcherstellung auf Blasinstrumenten (1862), hrsg. v. K. Ventzke (Celle 1980); D. EHRLICH, The History of Flute from Ancient Times to Boehm's Invention (NY 1921); F. BRÜCKER, Die Blasinstr. in der altfrz. Lit. (Gießen 1926); R.S. ROCKSTRO, A Treatise on the Construction, the History and the Practice of the Flute, Including a Sketch of the Elements of Acoustics and Critical Notes of Sixty Celebrated Flute-Players (Lo 1928, Nachdr. Lo 1967); H.M. FITZGIBBON, The Story of the Flute (Lo ²1929); D. TREDER, Die Musikinstr. in den höfischen Epen der Blütezeit (Greifswald 1933); V. BELAIEV, The Longitudinal Open Flute of Central Asia, in: MQ 19 (1933); O. SEEWALD, Beitr. zur Kenntnis steinzeitlicher Musikinstr. (W 1934) (= Bücher zur Ur- u. Frühgesch. 2); TH. GÉROLD, Histoire de la musique des origines à la fin du XIVᵉ siècle (P 1936); A. SCHAEFFNER, Origine des instruments de musique (P 1936); C. SACHS, The History of Musical Instruments (NY 1940); K. DITTMER, Zur Entstehung der Kernspaltflöte, in: Zeitschrift für Ethnologie 75 (1950); H.A. MOECK, Ursprung u. Tradition der Kernspaltflöte des europäischen Volkstums u. die Herkunft der musikgesch. Kernspalttypen (Diss. Gö 1951); H. KÖLBEL, Von der F. (Kö 1951); Musikgesch. in Bildern, hrsg. v. H. BESSELER – M. SCHNEIDER (L 1961ff.); TH. BATE, The Flute. A Study of Its History, Development and Construction (Lo 1969); A. CH. BRADE, Die Kernspaltflöte v. Haithabu u. ihre musikal. verwandten Formen in Mittel- u. Nordeuropa (Diss. Gö 1971); R. MEYLAN, La flûte (Lau 1974), dt. Übers.: Die F. Grundzüge ihrer Entwicklung v. der Urgesch. bis zur Gegenwart (Be – St 1974); L. MEIEROTT, Die geschichtliche Entwicklung der kleinen F.-Typen u. ihre Verwendung in der Musik des 17. u. 18. Jh. (Tutzing 1974) (= Würzburger musikhist. Beitr. 4); A. CH. BRADE, Die ma. Kernspaltflöte Mittel- u. Nordeuropas (Neumünster 1975) (= Göttinger Schriften zur Vor- u. Frühgesch. 14); CH. BALL, Renaissance et Baroque Recorders, in: Early Music 3 (1975); H. FITZPATRICK, The Medieval Recorder, in: ebd.; B. THOMAS, The Renaissance Flute, in: ebd.; G. SCHECK, Die F. u. ihre Musik (Mz 1975); R. WEBER, Recorder Finds From the Middle Ages, and Results of Their Reconstruction, in: GalpinJ 29 (1976); H. MOECK, Typen europäischer Kernspaltflöten (Celle 1977); O. ELSCHEK, Melographische Interpretationscharakteristika von Flötenmusik, in: Studia instrumentorum musicae popularis 6 (Sto 1979) (= Musikhistoriska museets skrifter 8). M. BRÖCKER

FLÖTENCHOR, Weitchor. Zum F. gehören zunächst die Orgelregister mit weit mensurierten ↗Labialpfeifen. Die Register des F.s lassen sich jedoch nach Bau, Mensur, Material und Klang näher bestimmen. Die Einteilung berücksichtigt dabei Register des offenen Weitchors, aber auch engmensurierte, gedackte (↗gedackt) und halbgedackte (↗halbgedackt) Stimmen, die der zylindrischen, konischen oder trichterförmigen Bauart und dem Material (Zinn, Kupfer oder Holz) entsprechend unterschiedlich benannt werden.

FLÖTENUHR, ein Spieluhrwerk mit meist zwei Flötenregistern (z.B. Gedackt 4′, Offen 2′). Durch einen Blasebalg werden die Pfeifen mit Wind versorgt; sie erklingen jedoch erst dann, wenn die Stifte einer rotierenden Walze, auf die eine Komposition übertragen wird, die jeweiligen Pfeifenventile öffnen. Der mechanische Antrieb des Instruments erfolgt durch ein Uhrwerk. F.en wurden oft auch mit Zeituhren verbunden und erklangen dann zu jeder vollen Stunde. F.en waren bereits im 16.Jh. bekannt, erlangten jedoch in der 2. Hälfte des 18.Jh. besondere Beliebtheit. Kompositionen für F.en schrieben u.a. J. Haydn, W. A. Mozart (Adagio u. Allegro KV 594, Fantasie KV 608, Andante KV 616) und L. van Beethoven (5 Stücke WoO 33). Im 19. Jahrhundert wurde die F. durch andere ↗mechanische Musikwerke verdrängt.

Lit.: G. KINSKY, Beethoven u. die F., in: Beethoven Almanach (Rb 1927); E.F. SCHMID, J. Haydn u. die F., in: ZfMw 14 (1931/32); K. WALTHER, C. Ph. E. Bachs kleine Stücke für die F., in: Zschr. für Schulmusik 6 (1933); L. MISCH, Zur Entstehungsgesch. v. Mozarts u. Beethovens Kompositionen für die Spieluhr, in: Mf 13 (1960); O.D. BOWERS, Encyclopedia of Automatic Musical Instruments (NY 1972).

FLOTHUIS, Marius Hendrikus, * 30. 10. 1914 Amsterdam; ndl. Komponist und Musikforscher. Er studierte 1932–37 Musikwissenschaft in Utrecht und Amsterdam. Nach Kriegsende war er bis 1950 Mitarbeiter der Musikstiftung „Donemus" und bis 1953 Musikkritiker bei *Het Frije Volk.* 1955 übernahm er die künstlerische Administration des Concertgebouworkest. 1969 wurde F. an der Universität Amsterdam mit der Dissertation *Mozarts Bearbeitungen eigener und fremder Werke* (Salzburg 1969) promoviert und 1974 von der Universität Utrecht zum Ordinarius für Musikwissenschaft berufen. In seinen Kompositionen setzt sich die niederländische Linie von W. Pijper fort.

WW: **1) Instr.-WW:** *6 Monuments musicaux* (1947) für Klv.; Partita (1950) für V. u. Klv.; Streichquartett (1952); *4 Invenzioni* (1963) für 4 Hörner; Bläserquintett (1942); Divertimento (1952) für Klar., Fag., Horn, V., Va. u. Kb.; Kleine Suite (1952) für 12 Harfen. – Für Orch.: Dramatische Ouvertüre (1943); Konzert-Ouvertüre (1956); *Rondo festoso* (1956); *Symphonic Music* (1957); *Canti e giuochi* (1964) für Bläser u. Streichorch.; Fl.-, Horn-, Klar.-, V.- u. Klv.-Konzerte; Sinfonietta concertante (1955) für Klar., Saxophon u. kleines Orch.; Concertino (1968) für Ob. u. Streichorch.; *Per sonare ed ascoltare* (1971), 5 Canzoni für Fl. u. Orch. – **2) Vokal-WW:** *To an Old Love* (1948) für Mezzosopran u. Orch.; Madrigal *Odysseus and Nausikaa* (1960) für 4 St. u. Harfe; *Hymnus* (1965) (nach I. Bachmann) für Sopran u. Orch.; *Fantasia quasi una cantata* (1964) für 11 Streichinstr., Cemb. u. Mezzosopran. – **3) Schriften:** *W. A. Mozart* (Den Haag 1940); *Pianomuziek* (Bilthoven 1958) (= Leesen luister o. Nr.); *Über die Notwendigkeit einer kritischen GA der Werke L. Janáčeks*, in: Sborník prací filosofické fakulty brněnské university 14 (1965); *Jupiter oder Sarastro?*, in: Mozart-Jb. 1965/66; *Mozarts Bearb. eigener u. fremder Werke* (Salzburg 1969) (= Schriftenreihe der Int. Stiftung Mozarteum 2); Hrsg. der FS *Het Concertgebouworkest 75 jaar* (A 1963). – **4) Edition:** J. Haydn, *Arianna a Naxos* (Salzburg 1965).

Lit.: W. PAAP, M. F., in: Sonorum Speculum (1961) Nr. 6; J. GERAEDTS, in: ebd. (1965) Nr. 25; F. NOSKE, in: ebd. (1969) Nr. 41.

FLOTOW, Friedrich Freiherr von, * 26. 4. 1812 Teutendorf (Mecklenburg), † 24. 1. 1883 Darmstadt; dt. Komponist. Von seinem Vater ursprünglich für die Diplomatenlaufbahn bestimmt, erhielt er auf eigenen Wunsch eine musikalische Ausbildung und wurde während seiner Studien in Paris 1828–30 als Kompositionsschüler von A. Reicha und Klavierschüler von Johann Peter Pixis entscheidend gefördert und geprägt. 1831 siedelte er für längere Zeit nach Paris über und lernte die dort führenden Bühnenkomponisten der frz. Metropole kennen, darunter A. Adam, Fr. D. E. Auber, G. Meyerbeer, Fr. Halévy, Ch. Gounod und G. Rossini. Trotz verschiedener erfolgreicher Aufführungen seiner Bühnenwerke in Haustheatern des Freundeskreises und Anfangserfolgen in öffentlichen Theatern als Mitkomponist an Pasticcio-Werken bemühte er sich lange vergeblich, an der Opéra-Comique mit einem Werk angenommen zu werden. Erst die Zusammenarbeit mit A. Grisar und Veröffentlichung eigener Werke unter dessen Namen brachten das erhoffte Ansehen und 1843 den Sprung an die Grand Opéra mit einem Akt zum Ballett *Lady Harriet* (1843), das Wilhelm Riese später zur Oper *Martha* umarbeitete. 1855–62 übernahm F. die Intendanz des Hoftheaters zu Schwerin, siedelte 1868 nach seiner dritten Verheiratung nach Hirschwang in der Nähe von Wien über, lebte seit 1873 wieder auf seinem Gut bei Teutendorf und seit 1880 in Darmstadt. – Seine rund 40 Opern sind von der französischen Tradition der Opéra-comique und der vor allem durch J. Offenbach meisterhaft gestalteten einaktigen Operette inspiriert. Trotz dauerhaften Zuspruchs durch das Publikum muß die Mehrzahl dieser Werke zur Tagesproduktion gezählt werden. Nachhaltigen Erfolg erzielte F. nur mit seinen beiden durchkomponierten Opern *Alessandro Stradella* (1844) und *Martha* (1847), mit denen er einen wichtigen Beitrag zur Entwicklungsgeschichte der komischen Oper leistete.

WW: **1) Instr.-WW:** 2 Klv.-Konzerte; Streichquartett C; *Trio de Salon* für Klv., V. u. Vc.; Sonate für Klv. u. V. op. 14; *Rêveries* für Vc. u. Klv. (zus. mit J. Offenbach); Etüden für Klv. zu 4 Händen, 2 Folgen. – **2) Vokal-WW:** Lieder; Melodramen; *Chants du soir* für Vc. u. Klv. (zus. mit J. Offenbach). – **3) Bühnen-WW:** *Pierre et Cathérine* (1830–31) (Libr.: Saint-Georges), UA: Ludwigslust 1835; *Rob-Roy* (Libr.: Duport u. Deforges), UA: Paris 1837; *Alessandro Stradella* (1843–44) (Libr.: Riese), UA: Hamburg 1844; *Die Matrosen* (= Neubearb. v. *Le Naufrage de la Méduse*) (Libr.: ders.), UA: ebd. 1845; *Martha oder der Markt zu Richmond* (Libr.: ders.), UA: Wien 1847; *Die Großfürstin Sophia Katharina* (Libr.: Birch-Pfeiffer), UA: Berlin 1850; *Rübezahl* (Libr.: zu Putlitz), UA: privat Retzien 1852, öffentlich Frankfurt/Main 1853; *Indra* (Libr.: ders.), UA: Wien 1852; *La veuve Grapin* (Libr.: Deforges), UA: Paris 1859; *Zilda* (Libr.: Saint-Georges, Chivot, Duru), UA: Paris 1866; *L'Ombre (Sein Schatten)* (Libr.: Saint-Georges), UA: ebd. 1870; *Die Musikanten* (1869–70) (Libr.: Genée), Aufführung nicht nachweisbar.

Lit.: G. VON FLOTOW, Beitr. zur Gesch. der Familie von F. (Dresden 1844); W. NEUMANN, F. von F. (Kas 1855); F. von F., Erinnerungen aus meinem Leben, in: J. LEWINSKY, Vor den Coulissen II (B 1882), u. in: Dt. Revue 8/1 (1883); R. SVOBODA, F. von F.s Leben. Von seiner Witwe (L 1892); B. BARDI-POSWIANSKY, F. als Opernkomponist (Diss. Königsberg 1927); R. STOCKHAMMER, F. von F.s Beziehungen zu Wien, in: ÖMZ 17 (1962); W. HUSCHKE, Zur Ahnenschaft des Opernkomponisten F. von F., in: Genealogie 19 (1970); A. GOEBEL, Die dt. Spieloper bei Lortzing, Nicolai u. F. (Kö 1975).

J. SCHLÄDER

FLOTZINGER, Rudolf, * 22. 9. 1939 Vorchdorf (Oberösterreich); östr. Musikforscher. Er studierte seit 1958 in Wien an der Musikakademie Tonsatz und an der Universität Musikwissenschaft und Germanistik, wurde 1964 mit der Dissertation *Die Lautentabulaturen des Stiftes Kremsmünster* (Teildruck in: Tabulae Musicae Austriacae 2, W 1965) promoviert und habilitierte sich dort 1969. Seit 1971 lehrt er als Professor und Direktor des Instituts für Musikwissenschaft an der Universität Graz. F. ist Herausgeber der *Grazer musikwissenschaftlichen Arbeiten* (Gr 1975 ff.), 1978–86 der J.-J.-Fux-GA (Kas – Gr 1959 ff.) und der *Musikgeschichte Österreichs,* 2 Bde. (Gr – W – Kö 1977 u. 1979) (zus. mit G. Gruber).

Schriften: *Eine Quelle it. Frühmonodie in Östr.* (W 1966) (= Veröff. der Kommission für Musikforsch. 6); *Der Discantussatz im Magnus liber u. seiner Nachfolge* (W – Gr – Kö 1969) (= Wiener musikwiss. Beitr. 8).

FLUDD, Robert (Robertus de Fluctibus), * 1574 Milgate bei Bearsted (Kent), † 9. 9. 1637 London; engl. Philosoph. Er studierte seit 1591 Medizin in Oxford, reiste als Student mehrere Jahre durch Europa, wurde 1598 Magister artium und 1609 Doktor der Medizin in Oxford. Mit seinen breitgefächerten philosophischen und naturwissenschaftlichen Arbeiten, in denen auch die Musik einen wichtigen Platz einnimmt, gehört F. zu den großen Universalgelehrten seiner Zeit. In vielen seiner Schriften behandelt er als zentrales Problem die

Musik, die für ihn – im mittelalterlichen Sinne als Versinnlichung von Zahlenverhältnissen aufgefaßt – das einigende Prinzip seines kosmologischen Systems ist. Er hat damit insbesondere die deutschen Musiktheoretiker des 17./18. Jh. bis hin zu J. Mattheson stark beeinflußt, geriet zu seiner Zeit freilich auch in scharfen Gegensatz zu empirisch-mathematisch orientierten Gelehrten. So entstand auf Grund seiner Schrift *Utriusque cosmi... historia* (1617) eine Kontroverse mit J. Kepler, die dieser in *Harmonices mundi libri V* eröffnete und die mehrere Traktate beider Gelehrter veranlaßte. Eine andere Kontroverse, die aber keine grundlegenden musikalischen Fragen zum Gegenstand hatte, führte F. mit M. Mersenne.

Schriften: *Utriusque cosmi, maioris scilicet et minoris, metaphysica atque technica historia*, 2 Bde. (Oppenheim 1617), in Tractatus I ein Kapitel *De musica mundana*, in Tractatus II (auch separat Oppenheim 1618, F [2]1624) die Schrift *De templo musicae; Tomus secundus de... microcosmi historia* (Oppenheim 1619); gegen Kepler: *Veritatis proscenium* (F 1621) u. *Monochordum mundi symphoniacum* (F 1622); ferner philosophische, medizinische, physikalische u. a. Schriften.

Lit.: H. LUDWIG, M. Mersenne u. seine Musiklehre (Hl 1935); O. J. AMANN, The Musical Theory and Philosophy of R. F., in: Journal of the Warburg and Cortauld Inst. 30 (Lo 1967); J. GODWIN, R. F. on the Lute and Pandora, in: Lute Society Journal 15 (1973); DERS., Instruments in R. F.'s „Utriusque cosmi... historia", in: GalpinJ 26 (1973).

FLÜGEL. – 1) Bz. für besaitete Tasteninstrumente größerer Bauart, bei denen die Form des Gehäuses der abnehmenden Saitenlänge vom Baß zum Diskant entspricht und daher dem Umriß eines Vogelflügels ähnelt. Zu unterscheiden ist eine gegenüber den Tasten horizontale und eine vertikale Anordnung der Saiten und des Resonanzkastens. In Flügelform wurden zuerst die Kielinstrumente (↗Cembalo) gebaut. Instrumente mit horizontal verlaufenden Saiten wurden in Deutschland Kiel-F. genannt. Das ↗Claviziterium hatte vertikal angeordnete Saiten. Auch bei den seit dem späten 18. Jh. aufgekommenen Instrumenten mit Hammermechanik (↗Pianoforte) unterscheidet man Flügelformen mit horizontaler Anordnung der Saiten (das heute im engeren Sinne F. genannte Instrument) und mit vertikaler Anordnung. Ein F. in aufrechter Bauart ist das ↗Giraffenklavier. Heute unterscheidet man bei F.n der Größe nach Klein-F. (etwa 1,40 m lang), Stutz-F. (etwa 1,65–1,80 m lang) und Konzertflügel (etwa 2,50–2,90 m lang). – **2)** Teil des ↗Fagotts.

FLÜGELHORN ↗Bügelhorn.

FLUT, DIE, Kammeroper in einem Akt von Boris Blacher (1903–76), Text von Heinz von Cramer frei nach der Novelle *Das Wrack* (L'Épave, 1886) von Guy de Maupassant. Ort und Zeit der Handlung: auf einer Sandbank am Wrack eines gestrandeten Seglers, heute oder gestern. Ursendung von Radio Berlin: 20. 12. 1946; erste szenische Aufführung: 4. 3. 1947 in Dresden.

Die Oper ist eine zeitkritische Studie, in der geistige Leere, Langeweile und bis zu Mordlust gesteigerte Habgier als Folgen einer brüchigen, allzusehr auf materiellen Gewinn und seichte Genüßlichkeit konzentrierten Gesellschaft dargestellt werden: Fünf Personen besichtigen unter Führung eines Fischers ein altes Wrack; als ihnen von der Flut der Weg zum Festland abgeschnitten wird, beginnen sie unter dem Eindruck der Lebensgefahr ihre wahren Charaktere, geheimen Wünsche und Schwächen zu offenbaren. Dem gleichnishaften Charakter als Zeitbildnis angemessen ist Blachers musikalische Sprache: Äußerst ökonomisch werden in den elf Nummern der Oper Textausdeutung und Affektdarstellung durch bewußt karge Melodiepartikel und prägnante, häufig ostinate Rhythmen erreicht; klanglich aufwendige Psychodramatik romantischer Operntypen wird ersetzt durch knappe, gestisch-musikalische Charakterisierung seelischer Vorgänge. Auch der Einsatz des Kammerchores, der nicht nur Szenenanweisungen singt, sondern auch zum Schluß des Stückes – direkt ans Publikum gerichtet – die moralische Quintessenz der Oper vorträgt, entspricht dem intellektuell distanzierten, auf Vermeidung totaler illusorischer Identifikation des Hörers mit den agierenden Figuren gerichteten Lehrstückcharakter des Werkes. W. A. MAKUS

FLUVIOL (katalanisch; baskisch: txistu; kastilisch: flautilla; provenzalisch: flabiol oder flaviol), Bz. für eine kleine, in den Pyrenäen verbreitete Schnabelflöte, die in zwei Formen auftritt: In Andorra und in den französischen Pyrenäen als Einhandflöte von etwa 16 cm Länge mit 3 Grifflöchern (↗Galoubet), die zusammen mit einer kleinen Trommel vom selben Spieler gespielt wird. Diese Kombination ist seit dem 13. Jh. nachgewiesen. In Katalonien und im Roussillon bezeichnet F. eine etwa 24 cm lange Schnabelflöte, die zur ↗Cobla gehört. Sie ist meist aus Elfenbein gefertigt und hat drei vorderständige Griff- und zwei Schallöcher, ein Daumenloch und zwei hinterständige Schallöcher. Außerdem hat das F. noch 3 Löcher mit Klappen. Dieses Instrument hat einen Tonumfang von g^2–g^4.

FODOR, niederländische Musikerfamilie. – **1) Joseph** (Josephus Andreas), * 21. 1. 1751 Venlo, † 3. 10. 1828 St. Petersburg; Violinist und Komponist. Er war in Berlin Schüler von Fr. Benda, ließ sich 1787 in Paris als Komponist und Violinlehrer nieder und übersiedelte 1792 nach St. Petersburg. F. war in seiner Zeit als Komponist effektvoller Konzerte und Kammermusik für Streicherensemble bekannt.

WW: 2 Klv.-Sonaten; zahlreiche V.-Duos; ferner Sonaten, Caprices u. Arrangements für 2 V.; 4 Bücher u. 4 einzelne Streichquartette bzw. *Quatuors concertants;* 10 V.-Konzerte; Romanzen für SingSt u. Klv.

2) Carolus Antonius (Karl Anton), Bruder von 1), * 12. 4. 1768 Venlo, † 22. 2. 1846 Amsterdam; Pianist, Dirigent und Komponist. Er wurde in Mannheim als Cembalist ausgebildet und ging anschließend nach Paris; 1795 kam er nach Amsterdam, wo er bald als Virtuose und Lehrer hoch geschätzt war. Er dirigierte dort auch das Orchester der Hochdeutschen Oper und 25 Jahre lang die Konzerte der Gesellschaft Felix Meritis.

WW: Sonaten u.a. Stücke für Cemb. oder Klv. zu 2, 4 u. 6 Hdn.; Ouverture für Klv. u. V.; 5 Klv.-Quartette; 2 Symphonien u. 1 Ouverture für Orch.; 3 Konzerte u. 2 Concertinos für Klv. u. Orch.

3) Joséphine (Mainvielle-F.), Tochter von 1), * 13. 10. 1789 Paris, † 14. 8. 1870 St-Genis bei Lyon; Sängerin (Sopran). Sie war eine der berühmtesten Sängerinnen ihrer Zeit mit Erfolgen an vielen europäischen Bühnen. Sie schrieb *Réflexions et conseils sur l'art du chant* (P 1857).

Lit.: C. UNGER, J. Mainvielle-F. (W 1823).

FOGGIA. – 1) Francesco, * 1604 Rom, beerdigt 8. 1. 1688 ebd.; it. Komponist. Er war in Rom Schüler von A. Cifra und P. Agostini, dessen Tochter er heiratete. Über eine Tätigkeit F.s am Hof des Kölner Kurfürsten Ferdinand Maximilian vermutlich in Bonn fehlen genauere Belege und Daten. Sicher ist, daß er seit 1628 in Rom als Kapellmeister wirkte, und zwar hauptsächlich an S. Giovanni in Laterano (1637–61), S. Lorenzo in Damaso (1661–77) und S. Maria Maggiore (seit 1677). Daneben leitete er um 1650 verschiedentlich die musikalischen Aufführungen im Oratorio del Crocifisso (↗Oratorium). F. war der Lehrer von G. O. Pitoni, dessen *Notizie* (s. u. Lit.) eine wichtige Quelle für seine Biographie darstellen.

WW: 2 Slgen. Messen für 3–5 St. u. B.c. (R 1672, 1675); Messen für 4–9 St. u. B.c. (R 1665); *Missa et sacrae cantiones* für 2–5 St. u. B.c. (R 1650); 2 Slgen. Motetten *(Concentus ecclesiastici* bzw. *Sacrae cantiones)* für 2–5 St. u. B.c. (R 1645), zwei weitere Slgen. (R 1661); *Sacrae cantiones* u.a. Gesänge für 3 St. u. B.c. (R 1665); *Motetti et offertorii* für 2–5 St. u. B.c. (R 1673); Offertorien für 4–8 St. u. B.c. (R 1681); *Litaniae et sacrae cantiones* für 2–5 St. u. B.c. (R 1652); Psalmen für 4 St. u. B.c. (R 1660) u. für 5 St. u. B.c. (R 1667); Messen u. Motetten auch hsl., zahlr. Motetten in Sammeldrucken (1642–75); lat. Oratorien (hsl. Bologna): *David fugiens a facie Saul* u. *Tobias.*

F. schrieb ausschließlich geistliche Werke. Davon gehören einige der Messen in ihrer mehrchörigen Anlage zum sog. römischen Kolossalbarock. Die Motetten sind zum größeren Teil im geringstimmig konzertierenden Stil (↗Concerto), zum kleineren Teil im a cappella-Stil mit B.c. geschrieben. F.s lateinische Oratorien stehen G. Carissimi nahe, allerdings ohne die großartige Wirkung von dessen Chorpartien zu erreichen. Mit Carissimi und B. Graziani zählte F. in seiner Zeit auch außerhalb Italiens zu den herausragenden Repräsentanten einer *Musica Romana,* wie aus dem Vorwort eines deutschen Motetten-Sammeldrucks mit diesem Titel (RISM 1665³) hervorgeht.

2) Antonio, Sohn von 1), * um 1650, † 1707 (?). Er war ebenfalls Musiker und erhielt nach dem Tod des Vaters dessen Stelle an S. Maria Maggiore. Von ihm sind eine Messe und einige Motetten in Sammeldrucken und hsl. erhalten.

Ausg.: **Zu 1):** *De valle lacrimarum* u. *Cessate, deh cessate* für Sopran oder Tenor u. B.c., hrsg. v. R. EWERHART (Kö 1960, 1962) (= Cantio sacra 28, 38). – **Zu 2):** *O quam fulgido splendore* für Sopran oder Tenor u. B.c., hrsg. v. R. EWERHART (Kö 1958) (= Cantio sacra 10).

Lit.: G. O. PITONI, Notizie de' Contrappuntisti e Compositori di Musica (um 1720) (hsl. Rom, Biblioteca Vaticana); A. SCHERING, Gesch. des Oratoriums (L 1911, Nachdr. Hil – Wie 1966); K. G. FELLERER, F., in: MGG IV; A. LIESS, Materialien zur röm. Musikgesch. des Seicento, in: AMl 29 (1957); L. FEININGER, Zu einigen Hss. der Biblioteca Vaticana (Fondo Cappella Giulia), in: StidMg 7 (Kö – W 1970) (= Anal. Mus. 9); C. FASSBENDER, F. F., Beitr. zu seiner Biogr. u. zu seinem Motettenschaffen (Diss. Bonn 1980).

C. FASSBENDER

FOGLIANO (Fogliani, Folianus). – **1) Giacomo,** * 1468 Modena, † 10. 4. 1548 ebd.; it. Organist und Komponist. Er war 1489–97 und erneut seit 1504 Organist am Dom zu Modena. 1543 und 1547 wurde er als Orgelgutachter nach Parma gerufen. Im Druck erschienen von ihm ein Buch 5st. Madrigale (o.O. 1547) und andere weltliche Werke (Frottolen, Canzoni) in Sammeldrucken zwischen 1507 und 1551. Einige Orgelkompositionen und Ricercari sind hsl. überliefert. Zu seinen Schülern gehörte u.a. G. Segni. – **2) Lodovico** (Ludovico), Bruder von 1), * Ende 15. Jh. Modena, † um 1538 ebd.; it. Musiktheoretiker. Er war 1513–14 Sänger der Päpstlichen Kapelle in Rom und stand dann als Chordirigent am Dom zu Modena im Dienste des Kardinals d'Este. F. wurde vor allem als Theoretiker bekannt. In seinen Traktaten stellt er sich gegen die pythagoreische Lehre von den Konsonanzen und vertritt im aristotelischen Sinne die Auffassung, daß das Gehör der natürliche Richter über Konsonanz und Dissonanz ist. Auch entwickelte er ein Tonsystem mit reinen (großen und kleinen) Terzen und Quinten. F.s Frottola *Fortuna d'un gran tempo* ist eines der frühesten Quodlibets; es enthält in den einzelnen Stimmen 18 Zitate aus italienischen Volksliedern.

WW: *Musica theorica … in qua quamplures de harmonicis intervallis, non prius tentatae, continentur speculationes* (V 1529); *Flosculi e philosophia Aristotelis et Averrois* (hsl. in Paris, Bibl. Nat.); Frottola *Fortuna d'un gran tempo*, in: RISM 1509²; Psalmen hsl. in Modena.

Ausg.: **Zu 1):** Eine Frottola, hrsg. v. K. WESTPHAL, in: Karnevalslieder der Renaissance (Wb 1937) (= Chw 43); 2 Lauden, hrsg. v. K. JEPPESEN, in: Die mehrstimmige it. Laude (L – Kop 1935); 4 Ricercari für Org., hrsg. v. G. BENVENUTI, in: I Classici Musicali Italiani 1 (Mi 1941); eine Frottola u. ein Madrigal, hrsg. v. A. EINSTEIN, in: The Italian Madrigal 3 (Princeton/N.J. 1949, Nachdr. 1970, dt. Z 1952); 3 Sätze, in: Italia sacra musica 1, hrsg. v. K. JEPPESEN (Kop 1962). – **Zu 2):** eine Messe, in: Italia sacra musica 2, hrsg. v. K. JEPPESEN (Kop 1962); *Musica theorica*, Faks. der Ausg. Venedig 1529 (NY 1969) (= MMMLF II/93).

Lit.: N. PELICELLI, Musicisti in Parma, in: Note d'Archivio 7 (1931); N. BRIDGMAN, Un manuscrit italien du début du XVIe siècle à la Bibl. Nat., in: Ann. Mus. 1 (1953); G. RONCAGLIA, La cappella musicale del Duomo di Modena (Fi 1957); G. MASSERA, Musica inspettiva e accordatura strumentale nelle scientille di Lafranco da Terenzo, in: Quadrivium (Bol 1964).

FOKIN (Fokine), **Michail Michailowitsch** (Michel), * 26. 4. 1880 St. Petersburg, † 22. 8. 1942 New York; russ. Ballettänzer und Choreograph. F. studierte Tanz an der Kaiserlichen Ballettschule am Marien-Theater in St. Petersburg und war dort seit 1898 Premier danseur und Schüler des Choreographen Christian Johannson. Seit 1904 unterrichtete er an der Kaiserlichen Ballettschule und entwickelte eine neue Konzeption des Tanzes, die Stilelemente des siamesischen Balletts mit der Tanztechnik I. Duncans verband. Seine ersten Choreographien entstanden 1905. 1908 kam F. dann von S. Diaghilew engagiert, nach Paris und choreographierte zahlreiche Ballette für die Bullets Russes zuletzt *Daphnis et Chloé* von M. Ravel (1912), das das Ende der Zusammenarbeit mit Diaghilew markiert, der ihm W. Nischinski vorzog. Nach erneutem Aufenthalt in Rußland und dann in den USA reiste er 1921 zur Wiederaufführung von *Daphnis et Chloé* nach Paris. 1934 schuf er im Auftrag von Ida Rubinstein die Ballette *Le Boléro* und *La Valse* (M. Ravel). Als Chefchoreograph des Balletts von Monte Carlo kreierte er 1936–37 einige seiner berühmtesten Choreographien. 1942 schuf er sein letztes Werk: *La Belle Hélène* (J. Offenbach). Seine theoretischen Erwägungen faßte F. in einer Notiz zu einem Ballettentwurf für *Daphnis et Chloé* zusammen: Das Ballett lasse sich nicht auf eine Gymnastik mit musikalischer Begleitung zurückführen, sondern erfordere eine inspirierte Partitur, so daß Musik und Tanz zu einer dramatischen Einheit verschmelzen. Für den Tänzer bedeute Technik somit nicht nur starres Reglement, sondern biete zugleich auch die Möglichkeit, kreative Fähigkeiten zu entwickeln. Spätere Aussagen zu seinem ballettreformatorischen Programm finden sich in zwei Briefen an *The Times* (6. 7. 1940) und *Dancing Times* (Mai 1932). Danach sollen im modernen Ballett Musik, Tanz, mimische Gestik, Bühnenbild und Dekoration als gleichwertige Komponenten zusammenwirken. – F. schrieb: *Memoirs of a Ballett Master* (Boston 1961).

WW: Insgesamt 68 Choreographien, darunter (außer den genannten): C. Saint-Saëns, *La Mort du Cygne* (*Der sterbende Schwan*, getanzt v. A. Pawlowa) (1905); J. Schneitzhoeffer, *Les Sylphides* (1908); A. Borodin, *Les Danses Polovetsiennes (Polowetzer Tänze aus Fürst Igor)* (1909); I. Strawinsky, *Der Feuervogel* (1910); N. Rimski-Korsakow, *Scheherazade* (1910); I. Strawinsky, *Petruschka;* W. A. Mozart, *L'Épreuve d'Amour* (1936); Ch. W. Gluck, *Don Juan* (1936); *Les Éléments* (1937) (nach J. S. Bachs h-moll-Ouvertüre).

Lit.: C. W. BEAUMONT, M. F. (Lo 1945); Complete Book of Ballets (Lo 1937–56), Ergänzungs-Bd. (1952); M. F. CHRISTOUT, F., in: Dictionnaire du ballet moderne (P 1957); H. SCHMIDT-GARRE, Die F.-Ära des Diaghilew-Balletts, in: NZfM 126 (1965); A. L. HASKELL, Ballet Russe. The Age of Diaghilew (Lo 1968).

G. LUDIN

FOLDES (Földes), **Andor,** * 21. 12. 1913 Budapest; amerik. Pianist und Dirigent ungar. Herkunft. Frühen Musikunterricht erhielt er u. a. von seiner Mutter, einer Pianistin, und von seinem Onkel István Ipolyi, Bratschist des Budapester Streichquartetts. Bereits 7jährig debütierte er mit einem Klavierkonzert von Mozart. Seine weitere Ausbildung erhielt er bis 1933 bei E. von Dohnányi (Klavier) und bei L. Weiner an der Franz-Liszt-Hochschule in Budapest. Anschließend konzertierte er in Europa, seit 1939 auch in den USA, wo er bis 1957 lebte, später auch in den anderen Kontinenten. 1958–65 leitete F. als Nachfolger W. Giesekings die Meisterklasse für Klavier an der Musikhochschule in Saarbrücken. Seit 1961 hat er seinen Wohnsitz in der Schweiz. F. hat sich vor allem für die Klavierwerke von Mozart, Beethoven, Schumann und Brahms eingesetzt, ferner für die Werke B. Bartóks, mit dem ihn eine lange Freundschaft verband und mit dem er dessen Klavierwerke gemeinsam erarbeitete. In den 70er Jahren trat F. zunehmend auch als Dirigent hervor. Als Komponist schrieb er u. a. Klavierstücke, Kadenzen zu einigen Mozart-Konzerten und eine Suite für Streicher.

Schriften: *Keys to the Keyboard* (NY – Lo 1948), dt. Übers.: *Wege zum Klavier* (Wie 1952, ²1963); *Gibt es einen zeitgen. Beethoven-Stil? u. andere Aufsätze* (Wie 1963); *Seit meinem vierten Lebensjahr spiele ich Klavier*, in: Fonoforum 18 (1973).

Lit.: S. STRUTH, in: NZfM 117 (1956); W.-E. VON LEWINSKI, A. F. (B 1970) (= Rembrandt Reihe 61); DERS., A. F., in: SMZ 110 (1970).

FOLIA (port., = Tollheit; frz.: folie; it.: follia; span.: folía), Bz. für einen portugiesischen Tanz, der im 15.–17. Jh. mit der auf der Iberischen Halbinsel weitverbreiteten ↗Moresca und dem dabei üblichen Masken- und Possentreiben in Zusammenhang stand. Die zu entsprechenden Bühnenstücken (Intermedien) von Gil Vicente (um 1500) und Sánchez de Badajoz (um 1550) entstandenen Gesangs- und Tanzeinlagen wurden dort „folias" genannt. Diese Bz. findet sich u. a. auch bei Lope de Vega (z. B. in *Peribáñez*) und bei Sebastián Covarrubias, in dessen *Tesoro de la lengua castellana* (Ma 1611) die F. als pantomimischer Tanz geschildert wird, bei dem verkleidete Knaben auf den Schultern von Männern getragen wurden. – Die seit dem ausgehenden 16. Jh. als Variationstyp verstandene F. beruht auf einem Baßmodell, das bereits im *Cancionero musical de Palacio* (↗Cancionero) mehrmals nachweisbar ist. Das Foliamodell umfaßte zunächst 8 Töne (bzw. Takte), die später auf 16 erweitert wurden. Es ist mit dem ↗Passamezzo und der ↗Romanesca verwandt, insbesondere in der Behandlung des Basses als Grundlage für einen Gerüstsatz bzw. dessen Variierung. Ein Unterschied besteht hingegen in der zunächst freien rhythmischen Gestaltung der Folia. In dieser Weise ist sie u. a. bei Fr. Salinas (*De musica,* Salamanca 1577) und in anderen Instrumentalmusik enthaltenden Quellen des 16. Jh. (z. B. bei D. Ortiz und A. de Cabezón mit italienischen Bezeichnungen) belegt. Erst durch Bindung des Modells an den F. genannten Tanz im 17. Jh. erhielt die F. ihre einheitliche und typische – insbesondere in der Oberstimme an der Sarabande orientierte – Rhythmisierung im $^3/_4$– oder $^3/_2$-Takt:

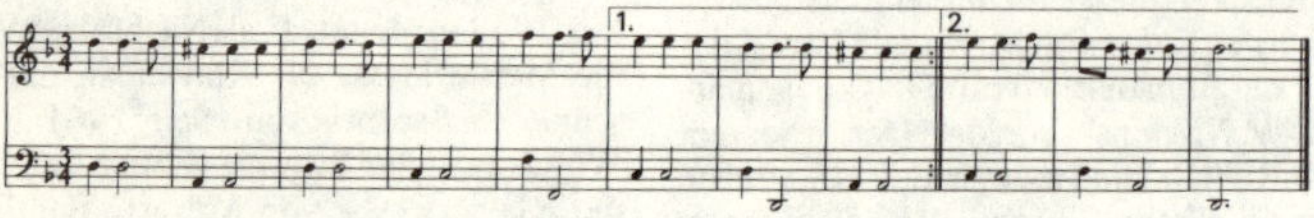

Im Zusammenhang damit entwickelte sich auch eine feste Schrittfolge, die z. B. G. Taubert in seinem *Rechtschaffenen Tanzmeister* (L 1717) festgehalten hat. In der Folge entstanden z. T. auf Abwandlung des Modells beruhende F., die häufig Folies d'Espagne genannt wurden und aus mehreren Variationsfolgen bestehen. Kompositionen dieser Art für verschiedene Instrumente stammen u. a. von Chr. Simpson und M. Marais für Viola da gamba, von B. Pasquini und J. H. d'Anglebert für Cembalo sowie von M. Farinelli und A. Corelli für Violine. Diese F. wurden später – wenn auch nicht konsequent dem Modell folgend – von zahlreichen Komponisten als Vorlage aufgegriffen: u. a. von A. Vivaldi, J. S. Bach, D. Scarlatti, L. Cherubini (in *L'hôtellerie portugaise,* 1798), Fr. Liszt (*Spanische Rhapsodie,* 1863), C. Nielsen (in *Maskarade,* 1906) und S. Rachmaninow (Variationen über ein Thema von Corelli, 1932).

Ausg.: Folies d'Espagne: Variationen über die F. für Klv., hrsg. v. F. GOEBELS (Mz 1970).

Lit.: A. MOSER, Zur Genesis der Folies d'Espagne, in: AfMw 1 (1918/19); O. GOMBOSI, Zur Frühgesch. der F., in: AMl 8 (1936); DERS., The Cultural and Folkloristic Background of the F., in: Papers of the American Musicological Society 4 (1940); J. WARD, The F., in: Kgr.-Ber. Utrecht 1952; H. SPOHR, Stud. zur it. Tanzkomp. um 1600 (Diss. Fr 1956); D. KÄMPER, La Gamba. F.-Bearb. für Instrumentalensemble um die Mitte des 16. Jh. in Italien, in: Kgr.-Ber. Leipzig 1966 (L 1970); R. HUDSON, The F. Dance and the F. Formula in the 17th Century Guitar Music, in: MD 25 (1971); DERS., The F., Fedele, and Falsobordone, in: MQ 58 (1972); W. KIRKENDALE, L'Aria di Fiorenza, id est Il Ballo del Gran Duca (Fi 1972); R. HUDSON, The F. Melodies, in: AMl 45 (1973); E. APFEL, Zur F. u. zu anderen Ostinato-Modellen, in: Mf 28 (1975).

FOLKLORE (von engl. folk = Volk und lore = Lehre, Kunde), erstmals 1846 von William John Thoma in einer Mitteilung an den Londoner Athenaeum-Club verwandte Bz. im Sinne von „Volkswissen" als das im Volksbewußtsein lebende Überlieferungsgut von Sprache, Märchen, Rätsel, Sprichwort, Lied. Unter Fachgelehrten verbreitete sich der Terminus im 19. Jh. innerhalb des angelsächsischen, skandinavischen und romanischen Sprachgebietes. Im deutschsprachigen Raum fand er jedoch keine Aufnahme. Statt dessen setzte sich hier der Ausdruck Volkskunde durch, ein seit dem 18. Jh. auch für authentische Volksüberlieferung verwendeter Terminus, der seit dem Wirken Wilhelm Heinrich Riehls nach 1850 allgemein in wissenschaftlichen Kreisen aufgenommen wurde. Im Gegensatz zu F. schließt Volkskunde die materiellen Zeugnisse (Haus, Gerät, Tracht) mit ein.

Nach 1945 wurde F. vor allem durch die Verbreitung angelsächsischer Volks- und Unterhaltungsmusik zu einem auch außerhalb seines wissenschaftlichen Geltungsbereiches viel verwendeten Modewort, das bald in verschiedenen verengten und erweiterten Bedeutungen gebraucht wurde: 1. verengt auf Musik und Tanz vor allem jenseits der deutschen Sprachgrenzen; 2. erweitert auf die nicht ursprüngliche Volksüberlieferung und auch auf die durch die Medienproduktion und Unterhaltungsindustrie im traditionellen Stil herausgebrachten Neuschöpfungen; 3. verengt auf Musik und Tanz außereuropäischer Völker, dabei aber erweitert auf die gesamte Musikproduktion einschließlich der hochartifiziellen Kunstmusik jener Völker bezogen; 4. erweitert auf Tracht (folklorelook) und Mobiliar mit „rustikalen" Stilelementen. Diese Ausdehnung des Begriffs auf beliebig verfügbare und abrufbare Produkte der Industrie (Mode, Tourismus) erforderte eine Abgrenzung durch diejenigen Wissenschaftler, die den Begriff F. in seiner ursprünglichen Bedeutung bewahrt wissen wollten. R. M. Dorson prägte 1959 den Ausdruck „fakelore" (von engl. fake = Fälschung). In Deutschland wurde in den frühen 60er Jahren der Ausdruck „Folklorismus" eingeführt. Eine Abgrenzung von der anderen Seite erfolgte bereits 1945 durch Pete Seeger, der seine Organisation „People's songs" nannte, um sich von wissenschaftlichen Gesellschaften („scholarly societies") zu unterscheiden. Eine Rückbesinnung auf die deutsche Tradition seit etwa 1975 mit der unter 1. gekennzeichneten Verwendung des Begriffs einschließlich des deutschen traditionellen Liedes führte zu der Wortschöpfung „Volklore". – ↗Folksong.

Lit.: H. A. KRAPPE, The Science of Folk-Lore (NY – Lo 1930); R. M. DORSON, American F. (Ch 1959); H. MOSER, Folklorismus in unserer Zeit, in: Zschr. für Volkskunde 58 (1962); H. BAUSINGER, Kritik der Folklorismuskritik, in: Populus revisus 14 (1966); DERS., F. u. gesunkenes Kulturgut, in: Dt. Jb. für Volkskunde 12 (1966); DERS., Folklorismus in Europa. Eine Umfrage, in: Zschr. für Volkskunde 65 (1969); E. KLUSEN, Zwischen Symphonie u. Hit. F., in: Musikpädagogik heute, hrsg. v. W. Gundlach – H. Antholz (Düsseldorf 1975); P. BAUMANN, Musikf. u. Musikfolklorismus. Eine ethnomusikologische Unters. zum Funktionswandel des Jodelns (Winterthur 1976); U. OLSHAUSEN, Die Dorflinde im Aufnahmestudio. F. u. Folksong als Teil der Rockmusik-Szene, in: Rockmusik. Aspekte zur Gesch., Ästhetik u. Produktion, hrsg. v. W. Sandner (Mz 1977).

E. KLUSEN

FOLK ROCK (engl.), ↗Rock music.

FOLKSONG (engl.), im angelsächsischen Sprachbereich Bz. für ein volkstümliches Lied, die sich dort erst im Laufe des 19. Jh. in Anlehnung an J. G. Herders Wortschöpfung „Volkslied" durchsetzte und den zu gleicher Zeit auch im skandinavischen, slawischen und romanischen Sprachgebiet verwendeten Wortprägungen „folkvisa", „národní písne", „chanson populaire" entspricht. In englischen Drucken des 18. Jh. finden sich hingegen noch verschiedene Bezeichnungen. So nannte Thomas Percy die 1756 veröffentlichten alten englischen und schottischen Balladen „Reliques", und als „Songs" und „Airs" bezeichneten die englischen Verleger 1792 und 1818 J. Haydns Bearbeitungen schottischer, walisischer und irischer Lieder. Mit dem Vordringen englischer, irischer und amerikanischer Lieder, aber auch im Zusammenhang mit der gleichzeitigen Abkehr vom ideologisch mißbrauchten deutschen „Volkslied" der Jahre unter dem Nationalsozialismus verbreitete sich der Ausdruck nach 1945 in Deutschland. Diese Entwicklung vollzog sich überwiegend in einer jüngeren, intellektuellen und politisch links orientierten Schicht parallel zu Th. W. Adornos Ideologiekritik in den 50er Jahren. Die neue Einstellung kommt z. B. in einem der ersten Lieder von F. J. Degenhardt zum Ausdruck: „... tot sind unsre Lieder / unsre alten Lieder / Lehrer haben sie zerbissen / Kurzbehoste sie zerklampft / braune Horden totgeschrien / Stiefel in den Dreck gestampft."
Der Begriff „Volkslied" taugte weder für die nach 1945 begierig aufgenommenen traditionellen Lieder aus dem angelsächsischen Sprachgebiet noch für die alten und neuen sozialkritischen ausländischen und deutschen Lieder. F. oder „Song" war die weitverbreitete Bezeichnung, „Folksinger" der Name für ihre Interpreten, „Folkniks" hießen die Anhänger dieser Singbewegung, die seit 1960 stark unter dem Einfluß der amerikanischen Bürgerrechtsbewegung stand. P. Rohland, der in den 50er Jahren das deutsche sozialkritische Lied des 19. Jh. für den praktischen Gebrauch entdeckte, verwendete den Ausdruck „Lied" – ohne „Volk". R. Mey wird die Bz. „Liedermacher" zugeschrieben.
Eine Neuorientierung zeigte sich schließlich nach 1971, als einer der führenden amerikanischen „Folksinger", Pete Seeger, die Europäer mahnte, sich stärker ihrer eigenen Tradition bewußt zu werden. Deutsche „Folksinger" kümmerten sich seit Mitte der 70er Jahre immer stärker um das traditionelle, unpolitische deutsche Lied. Der „Zupfgeigenhansel" wurde neu entdeckt, und in Norddeutschland griff Hannes Wader auf die Gedichte von Klaus Groth und auf die traditionellen Lieder dieser Landschaft zurück. In den Kreisen dieser Sänger wird neben F. der Ausdruck „Volkslied" als Bestandteil einer neuen „Volklore" wieder gebrauchsfähig.

Lit.: TH. W. ADORNO, Dissonanzen (F 1956); E. KLUSEN, Das apokryphe Volkslied, in: Jb. für Volksliedforsch. 10 (St 1965); DERS., Das Gruppenlied als Gegenstand, in: ebd. 12 (B 1967); H. u. O. KRÖHER, Rotgraue Raben. Vom Volkslied zum F. (Heidenheim 1969); B. LASSAHN, Volksliedboom, in: Rundbrief der AG Song, hrsg. v. S. Rögner (Obernburg a. Main 1977); R. HIPPEN, Entstehungsgesch. der Folklorefestivals, in: ebd.; B. JAMES, Versuch einer Beschreibung der dt. Folk-Szene, in: Jb. für Volksliedforsch. 22 (1977).

E. KLUSEN

FOLQUET DE MARSEILLE (Fulko von Marseille), * um 1155 Marseille (?), † 25. 12. 1231; provenzalischer Troubadour. Sein Vater war ein aus Genua nach Marseille eingewanderter vermögender Kaufmann, dessen Geschäft er einige Zeit fortführte. Um 1195 trat er mit seiner Frau und seinen beiden Söhnen in das Zisterzienserkloster Toronet (Provence) ein, wo er um 1201 Abt wurde. Seit 1205 war er Bischof von Toulouse und spielte eine führende Rolle im Albigenserkrieg. F. gehört zu den bedeutendsten Troubadours der Spätzeit, welche die Minne mehr und mehr spiritualisierten. Er war mit Johannes de Garlandia bekannt und wurde u.a. von Barral des Beaux in Marseille, von König Richard I. Löwenherz und Alfons II. von Aragonien gefördert. Von F. sind 27 Lieder, davon 13 mit Melodien in mehreren Fassungen, überliefert. Auf den Tod Barrals des Beaux schrieb er einen bewegenden Planctus (Planh). In der *Divina Commedia* Dantes gehört er im *Paradiso* zu den „spiriti amanti" des Venushimmels.

Lit.: J. BOUTIÈRE – A. H. SCHUTZ, Biogr. des troubadours (P 1950, revidiert 1964); E. LOMMATZSCH, Leben u. Lieder der provenzalischen Troubadours, 2 Bde. (B 1957); F. GENNRICH, Der musikal. Nachlaß der Troubadours, 3 Bde. (Da 1958–65); R. NELLI – R. LAVAUD, Les troubadours, II: Le trésor poétique de l'Occitanie (Brügge 1966); P. BEC, Petite anthologie de la lyrique occitane au moyen âge (Avignon 1966, [5]1970); B. STÄBLEIN, Zur Stilistik der Troubadour-Melodien, in: AMl 38 (1966); J. MAILLARD, Anthologie de chants de troubadours (Nizza 1967); A. MEIJER, in: Mens en Melodie 22 (1967); R. LEJEUNE, L'évêque de Toulouse, F. de M. et la principauté de Liège, in: Études sur l'histoire du pays mosan au moyen âge. FS F. Rousseau (Bru 1968).

FOMIN, Jewstignei Ipatowitsch, * 5. (16.) 8. 1761 St. Petersburg, † Ende April/Anfang Mai 1800 ebd.; russ. Komponist. F. war Schüler von H. F. Raupach und A. B. Sartori an der St. Petersburger Akademie der Schönen Künste, 1782–85 von Padre Martini in Bologna, wo er 1785 Mitglied der Accademia dei Filarmonici wurde. 1786 kehrte er nach St. Petersburg zurück und brachte dort mehrere seiner Opern zur Aufführung. F., eine der interessantesten Erscheinungen unter den russischen Musikern seiner Zeit, gilt als ein Vorläufer M. Glinkas.

WW: Opern: *Nowgorodskij bogatyr Bojeslawowitsch* (Bojeslawowitsch, der Held von Nowgorod; Libr.: Katharina II.), UA: St. Petersburg 1786; *Jamschtschiki na podstawe* (Die Kutscher an der Station), UA: ebd. 1787; *Amerikanzy* (Die Amerikaner), UA: ebd. 1788; *Orfei i Evridika* (Orpheus und Eurydike), UA: ebd. 1800.

Ausg.: Stücke aus *Orfei*..., *Jamschtschiki*... u. *Amerikanzy,* in: S. L. GINZBURG, Istorija russ. muzyki v notnych obrazcach 1 (Leningrad 1940).

Lit.: V. B. DOBROCHOTOW, E. I. F. (Mos 1947, [3]1968); R. A. MOOSER, Annales de la musique et des musiciens en Russie 2 (G 1951); G. SEAMAN, The National Element in Russian Opera, in: ML 42 (1961); J. W. KELDYSCH, Russkaja muzyka XVIIIweka (Mos 1965), daraus das 4. Kap. in dt. Übers. v. E. Meyer: F. u. das russ. Musiktheater des 18. Jh., in: BzMw 9 (1967); G. SEAMAN, Russian Opera Before Glinka, in: Russia. Essays in History and Literature (Leiden 1972).

FONTAINE (Fonteine, de Fontaines), **Pierre,** * nach 1380 Rouen, † um 1450; frz. Komponist. Er war Chorknabe an der Kathedrale in Rouen, stand spätestens seit 1404 im Dienst des Herzogs von Burgund und wurde 1415 dort Kaplan. 1420–27 gehörte er der päpstlichen Kapelle in Florenz an und kehrte 1428 an den burgundischen Hof zurück, wo er 1431–47 2. Kaplan war und wahrscheinlich die Hofkapelle leitete. Sein Nachfolger wurde G. Binchois. Hsl. sind von ihm überliefert: 6 3st. Chansons und Rondeaus, u.a. *J'ayme bien celui,* das auch (in der Hs. Madrid, Escorial VIII. 24) mit einem wahrscheinlich von G. Dufay stammenden instrumentalen Contratenor überliefert ist (mit der Bezeichnung „Contratenor trompette" zur Ausführung auf einer Zugposaune). Insgesamt gilt F. (nach H. Besseler) hinsichtlich der Ausbildung einer tonalen Harmonik als einer der unmittelbaren Vorläufer Dufays.

Ausg.: eine Chanson, hrsg. v. J. WOLF, in: Gesch. der Mensuralnotation 3 (L 1904, Nachdr. Hil – Wie 1965); eine Chanson, hrsg. v. P. AUBRY, in: Iter Hispanicum 2 (1906/07) (= SIMG 8); 5 Chansons, hrsg. v. J. MARIX, in: Les musiciens de la cour de Bourgogne au XVe siècle (P 1937); ein Rondeau, in: A 15th Century Repertory from the Cod. Reina, hrsg. v. N. E. WILKINS (An 1966) (= CMM 37).

Lit.: J. MARIX, Histoire de la musique et des musiciens de la cour de Bourgogne sous le règne de Philippe le Bon (Str 1939); H. BESSELER, Bourdon u. Fauxbourdon (L 1950, [2]1974).

FONTANA, Giovanni Battista, genannt „dal Violino", * 2. Hälfte 16. Jh. Brescia, † 1630 Padua; it. Violinist und Komponist. F. ist zuerst in Venedig, später in Rom und Padua nachweisbar. Postum erschienen von ihm 18 *Sonate a 1–3 per il violino o cornetto, fagotto, chitarone, violoncino o simile altro istromento* (V 1641). Er gilt als einer der bedeutendsten Instrumentalkomponisten seiner Zeit und als einer der Vorläufer A. Corellis. Möglicherweise gehörte B. Marini zu seinen Schülern.

Ausg.: Eine Sonate für Solo-V. u. eine Triosonate, in: J. W. VON WASIELEWSKI, Instr.-Sätze v. Ende des XVI. bis Ende des XVIII. Jh. (B 1874); eine Sonate u. *Balletto e passe'e mezzo,* in: Torchi Arte Mus. 7; Triosonate a-moll, hrsg. von E. SCHENK (W 1954) (= Hausmusik 169); *Sonata decima* für V., Fag. u. B. c., in: F. GIEGLING, Die Solosonate (Kö 1959) (= Das Musikwerk 15); 6 V.-Sonaten, hrsg. v. F. CERHA, 3 H. (W 1962) (= Diletto mus. 13–15); Sonate F-Dur, e-moll, F-Dur (Nr. 9, 10, 12) für V., Fag. u. B.c., hrsg. v. DEMS. (W 1976).

Lit.: D. J. ISELIN, B. Marini (Diss. Bas 1930) (darin eine Sonate v. G. B. F.; dies. Sonate in: DAVISON-APEL Anth. II); W. S. NEWMAN, The Sonata in the Baroque Era (Chapel Hill/N.C. 1959, revidiert 1966).

FONTANELLI (Fontanella), **Alfonso,** * 15. 2. 1557 Reggio nell'Emilia, † 11. 2. 1622 Rom; it. Komponist und Dichter. F. stand lange im Dienste der Fürsten Este, seit 1586 als Maestro di camera unter Cesare d'Este, seit 1588 unter Alfonso II. und seit 1597 als Kapellmeister unter Cesare II. 1605–08 war er „gentiluomo residente" des Herzogs von Modena in Rom und wurde 1611 an den spanischen Hof entsandt, von wo er 1613 zurückkehrte. 1621 wurde er zum Priester geweiht und trat in ein Kloster ein. Im Druck erschienen von ihm 2 Bücher 5st. *Madrigali* (Ferrara 1595, V 1604, beide in mehreren NA).

Lit.: G. RONCAGLIA, La capella musicale del duomo di Modena (Fi 1957); A. NEWCOMB, A. F. and the Ancestry of the seconda pratica Madrigal, in: Studies in Renaissance and Baroque Music. FS A. Mendel (Kas 1974).

FONTEI, Nicolò, * um 1600 Orciano bei Pesaro; it. Komponist und Organist. 1640 wurde ihm Fr. Cavalli für die 2. Organistenstelle an S. Marco in Venedig vorgezogen. 1645 wurde er zum Regens chori der Kathedrale von Verona ernannt.

WW: 3 Bücher *Bizzarie poetiche* für 1–3 St. u. B.c. (V 1635, 1636, 1639) (auf Gedichte v. G. Strozzi); *Melodiae sacrae* für 2–5 St. u. B.c. (Mi 1638); *Compieta e Letanie* u.a. Gesänge für 3 u. 5 St. u. B.c., teilweise mit 2 V. (V 1640); *Messa e Salmi* für versch. St., Instr. u. B.c. (V 1647); *Salmi breve* für 5 St. (V 1647); ferner eine Oper *Sidonio e Dorisbe,* UA: Venedig 1642.

Lit.: A. SPAGNOLO, Le scuole accolitali in Verona (Verona 1905).

FONTEYN, Dame **Margot** (eig. Peggy Hookham), * 18. 5. 1919 Reigate (Surrey); engl. Ballettänzerin. Sie studierte in Schanghai bei George Gancharot, in London bei S. Astafieva und an der Sadler's Wells School. 1934 debütierte sie in Tschaikowskys *Nußknacker* mit dem Vic-Wells Ballet und erhielt 1935 in dem von Frederic Ashton choreographierten Ballett *Le Baiser de la Fée* (I. Strawinsky) ihr erstes Solo. Sie avancierte zur Primaballerina des Royal Ballet, tanzte alle bedeutenden Rollen des traditionellen Repertoires und schuf gemeinsam mit Ashton zahlreiche Ballette. Als Primaballerina assoluta der westlichen Welt gefeiert, gastierte sie häufig auch bei deutschen Kompanien in Stuttgart, München und Berlin. In ihrer langjährigen Zusammenarbeit mit R. Nurejew erlangte M. F. bei der Gestaltung des Pas de deux eine vollendete Virtuosität. Sie erhielt zahlreiche Auszeichnungen und Ehrungen, u. a. die Ehrendoktorwürde der Universitäten London und Leeds. 1951 wurde ihr der Titel C. B. E. (Commander of the British Empire) verliehen und 1956 wurde sie von der englischen Königin geadelt. Als Präsidentin der Royal Academy of Dancing organisiert sie in London Galavorstellungen mit den begabtesten Tänzerinnen und Tänzern. Sie schrieb eine Autobiographie (dt. Übers.: *Die zertanzten Schuhe,* Mn 1976, [3]1977).

Lit.: G. ANTHONY, M. F. (Lo 1941); A. HASKELL, The National Ballet (Lo 1943); C. W. BEAUMONT, M. F. (Lo 1948); W. CHAPPELL, F. Impressions of a Ballerina (Lo 1951); H. FISHER, M. F. (Lo 1952) (= Dancers of Today 1); J. MONAHAN, F. A Study of the Ballerina in Her Setting (Lo 1957); The Art of M. F. (NY 1965, 1966) (mit Kommentar v. N. de Valois, F. Ashton, K. Money u. M. F.); C. CRISP, M. F., in: Les Saisons de la danse (1968) Dezember-H. (mit vollständigem Verz. der Rollen).
G. LUDIN

FONTYN, Jacqueline, * 27. 12. 1930 Antwerpen; belgische Komponistin. Sie studierte Klavier bei M. Maas in Antwerpen, später Komposition bei M. Quinet in Brüssel und bei M. Deutsch in Paris sowie Komposition und Dirigieren an der Wiener Musikakademie. 1956–59 wirkte sie an der Chapelle Musicale de la Reine Elisabeth, war 1963–70 Professor für Kontrapunkt am Amsterdamer Konservatorium und lehrt seither Komposition am Konservatorium in Brüssel.

WW: *Mouvements concertants* (1957) für 2 Klv. u. Str.; *Five Mosaics* (1965) für Fl., Ob., Klav. u. Fag.; *Musica a quattro* (1966) für V., Klar. oder Va., Vc. u. Klv.; *Digressions* (1962) für Vc. u. Kammerorch.; für Kammerorch.: Divertimento (1957); *Digressions* (1964) u. *Galaxie* (1968); für Orch.: *Danceries* (1956); *Deux estampies* (1961) u. *Six ébauches* (1963); V.-Konzert (1974); *2 Rondels de Ch. d'Orléans* (1956) für SingSt u. Klv.; Kantaten: *La Trapéziste qui a perdu son cœur* (1953); *Psalmus tertius* (1959) für Bar., Chor u. Orch.; ferner ein Ballett *Piedrigrotta,* UA: Antwerpen 1962.

FOOTE, Arthur William, * 5. 3. 1853 Salem (Massachusetts), † 8. 4. 1937 Boston (Massachusetts); amerik. Komponist und Organist. Er studierte seit 1870 an der Harvard University u. a. Komposition bei J. Knowles Paine. 1878–1910 war er Organist an der First Unitarian Church in Boston, 1909–12 Präsident der American Guild of Organists. Seit 1921 lehrte er Klavier am New England Conservatory in Boston. Seine Musik, gleichermaßen nobel und raffiniert, entsprach dem in Boston vorherrschenden amerikanischen Geschmack des ausgehenden 19. Jahrhunderts. In seiner Kammermusik ist der Einfluß von J. Brahms deutlich spürbar, in der symphonischen Dichtung *Francesca da Rimini* derjenige Fr. Liszts, und in *The Wreck of the Hesperus* und *The Skeleton in Armor* derjenige R. Wagners.

WW: **1) Kompositionen:** Klv.-Quintett, op. 38; Klv.-Quartett, op. 23; 3 Streichquartette, op. 70; Vorspiel zu *Francesca da Rimini; The Wreck of the Hesperus;* 2 Orch.-Suiten d-moll, op. 36 u. E-Dur, op. 63; 4 Charakterstücke für Orch., op. 48 (nach dem *Rubáiját* v. O. Khayjám); *The Skeleton in Armor* für Chor u. Orch.; mehr als 100 Lieder, u. a.: *The Night has Thousand Eyes; I know a Little Garden Path; Constancy; In Picardie; Ashes of Roses.* – **2) Schriften:** *Modern Harmony in its Theory and Practice* (zus. mit W. R. Spalding) (Boston – NY 1905, [2]1936, revidiert u.

erweitert Evanston/Ill. 1959, 1969); *Modulation and Related Harmonic Questions* (Boston 1919); *A Bostonian Remembers*, in: MQ 23 (1937); *Autobiography*, hrsg. v. K. Foote Raffry (Norwood/Mass. 1946).

Lit.: F. KOPP, A. F., 2 Bde. (1957) (= Diss. Univ. of Rochester/N. Y.); D. ALVIANI, The Choral Church Music of A. W. F., 2 Bde. (1962) (= Diss. Union Theological Seminary).

FORBERG, Robert Forberg Musikverlag. Er wurde 1862 von **Robert F.** (1833–80) in Leipzig gegründet und verlegte u. a. Werke von J. Rheinberger, J. Raff und C. Reinecke. 1880 übernahm **Robert Max F.** (1866–1920), der älteste Sohn des Gründers, die Leitung des Unternehmens. 1917 erwarb die Firma die Rechte des Moskauer Musikverlags P. Jurgenson, wodurch der Verlagskatalog durch bedeutende russische Komponisten wie P. Tschaikowsky und N. Rimski-Korsakow erweitert wurde. Einen weiteren Schwerpunkt bildet noch heute die Ballettmusik des 19. Jh., darunter Kompositionen von A. Adam und L. Delibes, aber auch Werke von E. d'Albert, M. v. Schillings und R. Strauss. 1922 nahm **Franziska F.**, die Witwe von Robert Max F., ihren Neffen **Horst von Roebel** als Teilhaber auf, der das Haus von 1942 bis zu seinem Tode 1965 gemeinsam mit seiner Frau **Helga von Roebel** leitete. Diese ist seither zusammen mit ihrem Sohn **Joachim von Roebel** (* 1945) Inhaberin des Unternehmens, das seit 1949 seinen Sitz in (Bonn-)Bad Godesberg hat. Neben Ballett- und Orchestermusik des 19. Jh. konzentriert sich die Verlagsproduktion vor allem auf Orgelmusik, insbesondere auf Neuausgaben von Orgelwerken des 19. Jh. (J. Rheinberger, H. Reimann, J. G. Töpfer u. a.). In der Reihe *Sonata* erscheint Kammermusik des 18. Jahrhunderts.

Lit.: 100 Jahre R. F. Musikverlag, hrsg. v. H. LINDLAR (Bad Godesberg 1962).

FORD, Thomas, * um 1580, beerdigt 17. 11. 1648 London; engl. Lautenist und Komponist. F. war Kammermusiker des Prinzen von Wales und seit 1626 Hofmusiker unter König Karl I. Er wurde vor allem als Komponist schlichter und gefälliger Airs bekannt. Er veröffentlichte die *Musicke of sundrie kindes*, eine Sammlung von Lautenliedern mit verschiedenen Instrumenten und von instrumentalen Tänzen (2 Teile, Lo 1607). Weitere Werke, u. a. Instrumentaltänze, Glees und geistliche Lieder, sind in Sammeldrucken der Zeit oder hsl. überliefert.

Ausg.: *Musicke of sundrie kindes* 1, hrsg. v. E. H. FELLOWES (Lo 1921) (= The English School of Lutenist Song Writers 1), revidiert v. TH. DART (Lo 1966) (= English Lute Songs I/3); 3 Instr-Stücke, in: Jacobean Consort Music, hrsg. v. TH. DART – W. B. COATES (Lo 1955, revidiert 1966) (= Mus. Brit. 9).

Lit.: P. WARLOCK, The English Ayre (Lo 1926); L. DE LA LAURENCIE, Les luthistes (P 1928); R. SIEMENS, If Music and Sweet Poetry Agree. Th. F.'s „Since First I Saw Your Face", in: Renaissance Quarterly 21 (1968); J. E. SAWYER, An Anthology of Lyra Viol Music in Oxford, Bodleian Library, Manuscripts Music School d 245–247 (1972) (= Diss. Univ. of Toronto).

FORKEL, Johann Nikolaus, * 22. 2. 1749 Meeder bei Coburg, † 20. 3. 1818 Göttingen; dt. Musikforscher. Seinen ersten Musikunterricht erhielt er bei dem Meedener Kantor J. H. Schulthesius, später am Johanneum in Lüneburg. 1767 wurde er Präfekt des Domchores von Schwerin. 1769 immatrikulierte er sich an der juristischen Fakultät der Universität Göttingen, wo er seit 1772 Privatvorlesungen über Musiktheorie und -geschichte hielt und 1779 in das Amt des Universitäts-Musikdirektors berufen wurde. Seine Bewerbung um die Nachfolge C. Ph. E. Bachs in Hamburg 1789 wurde abgelehnt, und er blieb bis zu seinem Lebensende in Göttingen.

Schriften: *Über die Theorie der Musik insofern sie Liebhabern u. Kennern notwendig u. nützlich ist* (Gö 1777); *Musikalisch-kritische Bibliothek I–III* (Gotha 1778–79, Nachdr. Hil 1964); *Musikal. Almanach für Deutschland 1782* (L 1782), dass. für 1783, 1784, 1789 (Nachdr. Hil – NY 1974); *Allgemeine Gesch. der Musik*, 2 Bde. (L 1788, 1801); *Allgemeine Litteratur der Musik oder Anleitung zur Kenntniß musikal. Bücher* (L 1792, Nachdr. Hil 1962); *Über J. S. Bachs Leben, Kunst u. Kunstwerke* (L 1802, engl. 1920, Nachdr. NY 1970); ferner übersetzte F. aus dem Italienischen: *Gesch. der it. Oper*, 2 Bde. (L 1789).

F. begriff im Sinne einer aufgeklärten Geschichtsauffassung die Musikgeschichte als ein Fortschreiten zum „gereinigten Geschmack", den er insbesondere in den Werken J. S. Bachs nach 1720 verwirklicht sah. Das hatte zur Folge, daß er gewissen Epochen der Musikgeschichte nicht gerecht werden konnte, maß er doch alle am gleichen dogmatischen Maßstab. Die musikalische Entwicklung nach Bach sah er als Verfall an. Damit geriet er mit seinen Göttinger Schülern W. v. Humboldt, A. W. Schlegel, W. H. Wackenroder und L. Tieck in Konflikt, den Vertretern des romantischen Geschichtsverständnisses. Allerdings hat F.s Werk über *J. S. Bachs Leben, Kunst und Kunstwerke* die im 19. Jh. einsetzende Wiederentdekkung Bachs stark mitbeeinflußt. Eine mit dem Wiener J. Sonnleithner geplante *Geschichte der Musik in Denkmählern von der ältesten bis zur neuesten Zeit*, die auf 50 Bände geplant war, kam aufgrund politischer Ereignisse nicht zustande. F. komponierte Werke für Klavier, eine Symphonie, 9 Klavierkonzerte, mehrere Kantaten und ein Oratorium. Der nach seinem Tode verfaßte Katalog seines Nachlasses verzeichnet 2305 Musikbücher und 1592 Musikalien, unter ihnen auch inzwischen verschollene Werke Werke J. S. Bachs.

Ausg.: *Über J. S. Bachs Leben*, hrsg. v. J. MÜLLER-BLATTAU (Au 1925, [4]1950); dass., NA v. W. VETTER (B 1966); dass. (Kas 1968); *Allgemeine Gesch. der Musik*, Faks.-Ausg. v.

O. WESSELEY, 2 Bde. (Gr 1967) (= Die großen Darstellungen der Musikgesch. in Barock u. Aufklärung 8).

Lit.: H. SCHLEDER, Aus dem Leben J. N. F.s, in: Zschr. für ev. Kirchenmusik 8 (1930); H. OSTHOFF, Die Anfänge der Musikgeschichtsschreibung in Deutschland, in: AMl 5 (1933); H. EDELHOFF, J. N. F. (Gö 1935); W. FRANCK, Musicology and its Founder J. N. F., in: MQ 35 (1949); T. KNEIF, F. u. die Geschichtsphilosophie des ausgehenden 18. Jh., in: Mf 16 (1963); W. F. KÜMMEL, Gesch. u. Musikgesch. (Marburg 1967) (= Marburger Beitr. zur Musikforsch. 1); V. DUCKLES, J. N. F., The Beginning of Music Historiography, in: 18th Century Studies 1 (1967/68).

P. WEBER-BOCKHOLDT

FORLANA, Furlana, auch Frulana oder Friauler, aus der italienischen Provinz Friaul stammender Volkstanz. Ursprünglich wurde die F. nur bei volkstümlichen Vergnügungen getanzt, und zwar in gemäßigtem Zeitmaß und im Zweiertakt.

P. Phalèse, *Ballo forlana „L'Arboscello"*, um 1583

Im 17. Jh. fand sie, inzwischen ein beliebter Hoftanz geworden, ihre endgültige Ausprägung im schnellen $^6/_4$- oder $^6/_8$-Takt mit Auftakt und melodischen Wiederholungen:

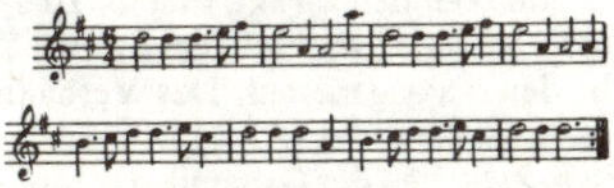

L. Pécourt, *Recueil de dances,* Paris 1700

Anfang des 18. Jh. findet sich die F. häufig in französischen Instrumentalsuiten (L. Pécourt, *Recueil de dances,* 1700) und in der Theatermusik (A. Campra, *L'Europe galante,* 1697), gelegentlich auch in deutschen Suitenkompositionen des 18. Jh. (u. a. bei J. S. Bach, Ouvertüre C-Dur, BWV 1066). Für die Tanzkomposition des späteren 18. und des 19. Jh. blieb sie bedeutungslos. In neuerer Zeit schrieben F.s E. Chausson (*Quelques danses,* 1896) und M. Ravel (*Le tombeau de Couperin,* 1917).

Lit.: P. NETTL, Notes sur la forlane, in: RM 14 (1933); J. BARIL, Dictionnaire de danse (P 1964); G. REICHERT, Der Tanz (Kö 1965) (= Das Musikwerk 28); K. H. TAUBERT, Höfische Tänze, ihre Gesch. u. Choreographie (Mz 1968).

FORM, Bz. für die Ordnung, in der der Stoff der Musik – die Töne – zur Erscheinung gebracht wird. Es scheint, als bedürfe die flüchtige, vergängliche Materie der Musik der formalen Fassung mehr als die anderer Künste, um faßlich und anschaulich zu werden. Die Bemühungen, sich des musikalischen Stoffes zu versichern, manifestieren sich in den vielen Theorien, die seit der Antike die Musikgeschichte begleiten und ein Teil von ihr sind. Ihr zentraler Gegenstand ist die F.: Sie behandeln die Frage, wie die mannigfaltigen Töne geordnet und so auf eine höhere Einheit gebracht werden können, und dies in bezug auf jede ihrer Eigenschaften, vor allem aber in bezug auf Tonhöhe und -dauer. Ein wichtiges, vielleicht das wichtigste Ergebnis dieser Beschäftigung mit dem Ton ist die Entwicklung der musikalischen Schrift (↗Notenschrift). Sie setzt Erkenntnisse der antiken Theorie voraus, ist aber eine Leistung des Mittelalters. Seitdem ist es möglich und üblich, artifizielle Musik in schriftlicher Form darzustellen, wenn nicht gar zuzeiten – wie im Spätmittelalter – aus der Schriftform heraus zu erfinden.

Daß keine andere Kunst so viele Theorien hervorgebracht hat wie die Musik, ist ein Zeichen der Bedeutung, die das Formproblem für die Musik hat, und zugleich ein Zeichen für die Schwierigkeit, die seine Lösung bereitet. So ist der Gedanke vielleicht nicht ganz abwegig, der in der zweiten Hälfte des 18. Jh. in die Musiktheorie eingeführt worden ist: der musikalische Stoff wehre sich gegen seine formale Fassung, das Verhältnis der Materie zur F. sei zutiefst problematisch. E. Kurth glaubte feststellen zu können, daß diese Spannung in den verschiedenen Epochen der Musikgeschichte in unterschiedlicher Weise und Stärke zutage trete.

Es ist eine offene Frage, ob nicht bereits der Ton selbst, der vom Geräusch und von der Sprache sich absetzende Ton, F. habe. E. Hanslick hat dies angenommen, weil der Ton in der Natur nicht vorgegeben, sondern als musikalisch geformter Laut eine Errungenschaft der menschlichen Phantasie sei. Die meisten Theoretiker aber halten den Ton für den Grundstoff der Musik. Dieser nimmt demnach eine erste formale Qualität erst dort an, wo er mit anderen Tönen in ein geregeltes Verhältnis gesetzt und somit als Teil eines größeren Ganzen gedacht und sinnfällig wird. Die erste F. der Töne ist das ↗Tonsystem. Wir wissen heute, daß viele verschiedene Tonsysteme auf der Welt in Geltung waren und sind. Generationen von Musikern und Theoretikern haben das Tonsystem, das die Griechen erdacht haben und dessen Ordnung bis in unser Jahrhundert hinein in allgemeiner Geltung zu sein schien, für den Ausdruck der dem Menschen angeborenen musikalischen Natur, für ein ahistorisches, immer und überall gültiges System gehalten. Dies ist inzwischen vielfach widerlegt worden durch die musikhistorische und -ethnologische Forschung und nicht zuletzt durch die Entwicklung der Neuen Musik. Auch die innere Verfassung des europäischen Tonsystems hat sich im Laufe seiner Geschichte verändert. Es verwirklicht sich in verschiedenen, historisch bedingten ↗Stimmungen.

Wandelbarer freilich als System und Stimmung sind die elementaren formalen Modelle, die sinnfälligen Aspekte der Systeme: die melodischen Archetypen, die ↗Tonarten, Melodiemodelle, ↗Intervalle, Klänge (↗Klang) und ↗Akkorde. Was als elementare F. des Melodischen zu gelten hat, hängt von vielem ab: vom Epochen- und Gattungsstil, vom Stil des Komponisten und des Werks. Zu den grundlegenden Merkmalen tonaler Melodiemodelle zählt ihre Ausrichtung auf ein Zentrum, auf einen Grundton. Davon geht erst die atonale Musik (↗Atonalität) des 20. Jh. ab. In bezug auf das tonale Zentrum werden die Töne geordnet und bewertet. Besondere formale Bedingungen setzt die ↗Polyphonie voraus: das Intervall als Element des ↗Kontrapunkts, den Klang und den Akkord als die F.en, die simultan erklingende Töne vereinen. In der Kadenz und in der Sequenz verbinden sich diese wiederum zu typischen Verlaufsfiguren. Auch die ↗Klangfarbe vermag formale Bezüge zu verdeutlichen, indem sie die Mannigfaltigkeit der Stimm- und Klangcharaktere auf die Einheit des Gesamtklangs bezieht.

Vielfach werden die elementaren Einheiten der Musik nicht nur melodisch und harmonisch, sondern zugleich oder hauptsächlich rhythmisch definiert. Der ↗Rhythmus ist ein weiteres, wenn nicht gar, wie manche meinten, das formbildende Prinzip der Musik schlechthin. Angesichts der großen formbildenden Kraft, die davon ausgeht, verblassen die Ordnungen des Melodischen und Harmonischen zu Eigenschaften der Materie. Der Rhythmus ist, um einen antiken Topos aufzugreifen, der noch im 19. Jh. ernst genommen worden ist, die männliche Kraft, die dem weiblichen Melos Halt und Fassung gibt. Wo ein Ton rhythmisch aufgefaßt wird, geht er ein in ein weitgespanntes Netz von Beziehungen, wird er, wenn man an ein klassisches Musikstück denkt, Teil eines Motivs, eines Halbsatzes und einer Periode.

Das Urbild eines elementaren rhythmischen Zusammenhangs ist in Europa der Pes, der Vers- oder Klangfuß, dem Ursprung nach nicht nur eine poetische, sondern zugleich eine musikalische und tänzerische Formation. In Analogie zur antiken Theorie der Pedes haben die Musiktheoretiker seit der Renaissance die kleinsten musikalischen Sinneinheiten definiert und geordnet. J. Mattheson hat z. B. 1739 den Rhythmus ♩ ♩ Jambus (◡ –) und den Rhythmus ♩. ♪ ♩ Daktylus (– ◡◡) genannt. Noch Th. Wiehmayer verfährt 1917 im Sinne dieser Methode. Andere, so H. Riemann, haben versucht, die Dynamik der tönenden Materie mit zu berücksichtigen. Sie definieren die elementaren Ereignisse dynamisch und nennen sie Motive, Bewegungselemente. Notationstechnisch wird ein auftaktiges Motiv z. B. folgendermaßen dynamisch abschattiert: ♩ | ♩ (< >). Die größeren Einheiten entstehen aus der Korrespondenz kleinerer Einheiten. Wenn man Riemann folgt, verbindet sich damit eine Steigerung der dynamischen Spannung. Zwei einander entsprechende oder miteinander kontrastierende Motive gehen in der höheren Einheit des Halbsatzes auf. Und zwei Halbsätze, ein Vorder- und ein Nachsatz, verbinden sich miteinander zu einer Periode. Die F. kleiner Kompositionen, von Tänzen, Liedern und kleinen Arien, läßt sich ganz in diesem Sinne erklären. Der französische Theoretiker A. Reicha hat sie 1818 rhythmisch genannt. Ob andererseits mit den Kategorien der Rhythmik die F. großer Kompositionen, etwa die riesigen Zusammenhänge einer Oper von R. Wagner, begriffen werden kann, ist fraglich. A. Lorenz hat dies versucht.

Zum Begriff des Rhythmus gehört weiter die Vorstellung des Ebenmaßes und der Symmetrie. In allen rhythmischen Systemen des Abendlandes hat man die elementaren Ereigniseinheiten auf ein konstantes Maß bezogen: auf die Percussio, die ↗Perfectio, auf ein Mensurensystem (↗Mensur), auf den tactus oder den ↗Takt. Erst im 20. Jh. geht man davon ab; man wechselt häufig die Taktart oder gibt den Takt ganz auf. Das Verhältnis der elementaren Einheiten zum Takt ist bisweilen problematisch. Zwischen der Dynamik der Motive und dem Metrum des Taktes werden seit dem 18. Jh. oft absichtlich Konflikte herbeigeführt. Man empfindet sie als ästhetische Ereignisse sui generis: als ein charakteristisches Verhältnis von individuellem Ausdruck und verallgemeinernder Form. Seinen klassischen Ausgleich findet dieser Gegensatz in der Satzart des „singenden Allegro". Hier wird, wie sich G. Chr. Körner 1795 ausgedrückt hat, das Pathetische der Melodie durch das Ethische der rhythmischen Bewegung gefaßt.

Zu den wichtigsten formbildenden Faktoren zählt in der Musik die Sprache. Vokalmusik (weitaus die meiste Musik, die bis zum Ende des Barockzeitalters komponiert worden ist, ist Vokalmusik) erhält von der Sprache nicht nur Bedeutung, sondern zugleich formalen Halt. Die Sprache, die Prosa und noch mehr als diese die Poesie, sichert die Einheit einer Vokalkomposition und bestimmt zugleich ihre Gliederung. Sie zeichnet die formale Anlage der Komposition gleichsam vor. Vermutlich deshalb konnte die Theorie der Vokalmusik weitgehend darauf verzichten, dieser feste F.en vorzuschreiben. Die Möglichkeit, Musik über poetischen F.en zu komponieren, ist im 19. und 20. Jh. erneut aktuell geworden. So hat R. Wagner die Dichtung letztlich zum formstiftenden Faktor seiner Musikdramen gemacht und erklärt. Der formale Halt, den sie der Musik gewährt, schien ihm so stark und fest zu sein, daß er glaubte, seine musikalische Sprache von der Fessel der herkömmlichen musikalischen F.en befreien zu können, ohne dadurch unverständlich zu werden. Die so entstehende unendliche Melodie sollte Ausdrucksnuancen und -tiefen fühlbar machen, an die zuvor noch keine Musik gerührt habe. Die Komponisten um A. Schönberg sind weiter in diese Richtung gegangen. Sie gaben nicht nur die herkömmlichen rhythmischen F.en auf, sondern auch die der Tonalität; sie banden aber einen großen Teil ihrer Kompositionen an Sprache.

Die Instrumentalmusik, die der formbildenden Kraft der Sprache entbehrt, nötigt die Komponisten, eigenmusikalische F.en zu nützen und zu entwickeln. Die große Bedeutung, die die musikalische F. in der Musiktheorie des 18. und 19. Jh. gewonnen hat, hängt eng mit dem Aufstieg der Instrumentalmusik zu einer autonomen Kunst zusammen. Die wesentlichen formalen Prinzipien der Instrumentalmusik sind der Rhythmus und die F., diese hier in einem besonderen Sinne verstanden. Der Rhythmus bestimmt die Formation elementarer und satzartiger Einheiten bis hin zur Periode, die F. das Verhältnis der Perioden zueinander.

Zu den Instrumentalformen, die durch ein rhythmisches Muster vorgeprägt sind, zählen der Tanz und die Variation. Die Suite stilisiert und verbindet unterschiedliche Tanzrhythmen miteinander. Die Variation wandelt Lied- oder Tanzmodelle ab, oft auf ostinater Basis. Die Fuge, die eine solche formale Zurichtung nicht kennt, sucht ihre Einheit zum einen in der Einheit des Themas und zum anderen in der formalen Disposition, in der sie es durchführt. Erst im 18. und 19. Jh. wird in Instrumentalkompositionen großen Formats, in der Sonate, in der Symphonie und im Konzert, die formale An- und Zuordnung großer musikalischer Ereigniseinheiten zum zentralen Gegenstand und Problem der Komposition. Damit hängt es zusammen, daß die höchstorganisierten F.en der klassisch-romantischen Musik, das ↗Rondo und der ↗Sonatensatz, zum Inbegriff der musikalischen F. geworden sind.

Die Prinzipien der musikalischen F. im engeren Sinne unterscheiden sich nicht wesentlich von denen anderer Künste, die sich in der Zeit ereignen. F. hat Ganzheit und Einheit eines Werkes zum Ziel. Die Komponisten verwirklichen sie, indem sie die Großteile eines Werkes so ausbilden, daß sie sich zueinander verhalten wie Anfang, Mitte und Schluß: Sie bilden beispielsweise im 18. Jh. grundsätzlich einen Anfangsteil, der den Hauptgedanken vorbringt, in der Haupttonart beginnt und meist je nach Tongeschlecht auf der Dominante oder der Tonikaparallele endet; einen Mittelteil, der verwandte, in großen Stücken auch entlegene Tonarten berührt und dabei das Thema kunst- und wirkungsvoll zergliedert und abwandelt; und endlich einen Schlußteil, der die Haupttonart wieder zur Geltung bringt. Das Modell ist unendlich variabel. Es verwirklicht sich in verschiedenen Dimensionen eines Musikstücks und ist mit sich selbst kombinierbar. Unterstützt werden die formalen Prinzipien der Ganzheit durch die gedanklichen der Einheit. Ohne die Konzentration auf einen Hauptgedanken, einen Hauptsatz, ließe sich eine Instrumentalkomposition vom Format eines Sonatensatzes nicht zu einem einheitlichen Ganzen formen. Das Mittel der gedanklichen Vereinheitlichung ist die Wiederholung. Der Komponist besetzt die Schlüsselstellen der großen F.en, z.B. den Anfang des Satzes und den Beginn des Endes, den Anfang der ↗Exposition und der ↗Reprise, mit ein und demselben Gedanken. Dazwischen fügt er Seiten- und Zwischensätze, Überleitungen und ↗Durchführungen. Es gehört endlich zur F. der großen Instrumentalkomposition, daß sie die Teile, die einander entsprechen, in ein ausgewogenes Verhältnis zueinander setzt. Damit nimmt das Ganze in der Phantasie der Hörer gleichsam architektonische Festigkeit an. Die F. des Sonatensatzes wird deshalb von manchen Theoretikern mit der Front eines großen Gebäudes verglichen. Dabei entspricht die Mitte der musikalischen Form – die Durchführung – der Mitte des Bauwerks, dem Mittelrisalit; Exposition und Reprise entsprechen den Flügeln, die sich rechts und links daran anschließen.

Aus der Zusammenstellung mehrerer abgeschlossener Kompositionen entstehen die ↗zyklischen Formen. Instrumentale Zyklen wie die Suite und die Sonate vereinen Sätze verschiedenen Bewegungscharakters und gleicher oder wenigstens nahe verwandter Tonart miteinander. Größer und mannigfaltiger als die instrumentalen Zyklen können die vokalen sein: z.B. die Messe, das Oratorium, die Oper oder der Liederzyklus.

In dem Maße, in dem die Komponisten des 19. Jh. die musikalischen F.en dynamisierten, nimmt ihre Gestalthaftigkeit ab, tritt das prozessuale, fluktuale Moment hervor. Anfang, Mitte und Schluß verhalten sich zueinander, um mit E. Kurth zu sprechen, wie Aufschwung, Höhepunkt und Abschwung. In der Neuen Musik des 20. Jh., etwa in der Musik der Wiener Schule, verzichtet man weitgehend darauf, die mannigfaltigen musikalischen Ausdrucksgesten in eine geschlossene F. einzubinden. Die Bedeutung der F. tritt zurück hinter die der Struktur, dies vor allem in der ↗Zwölftonmusik. Die ↗serielle Musik ersetzt vollends F. durch Struktur, und die ↗Aleatorik wendet sich endlich auch von dieser ab. Sie vollendet die Emanzipation des Details vom Ganzen, die Th. W. Adorno schon in der frühen Atonalität erspürt hat.

Lit.: J. MATTHESON, Der vollkommene Capellmeister (H 1739, Nachdr. Kas 1954, ^{2}1969) (Nachdr. = DMl I/5); A. REICHA, Cours de Composition musicale (P 1818); E. HANSLICK, Vom Musikalisch-Schönen (L 1854, Wie ^{17}1972), Nachdr. der 1. Aufl. (Da 1965); M. STEINITZER, Über die psychologischen Wirkungen der musikal. Formen (Diss. Mn 1885); H. ERPF, Der Begriff der musikal. F. (St 1914); A. LORENZ, Das Geheimnis der F. bei R. Wagner (B 1924–33); E. KURTH, Musikpsychologie (B 1931, Nachdr. Hil 1969); J. HANDSCHIN, Der Toncharakter (Z 1948); TH. W. ADORNO, Philosophie der Neuen Musik (1949, NA F 1958, ^{3}1967); F. BRENN, Das Wesensgefüge der Musik, in: Kgr.-Ber. Basel 1949 (Kas 1951); W. WIORA, Der tonale Logos, in: Mf 4 (1951); F. BRENN, F. in der Musik (Fribourg 1953); W. SEIFERT, Ch. G. Körner u. seine Musikästhetik (L 1957) (= Jenaer Beitr. zur Musikforsch. 3); J. HANDSCHIN, Der Begriff der F. in der Musik, in: Gedenkschrift J. Handschin (St 1957); F. BLUME, Die musikal. F. u. die musikal. Gattungen, in: Syntagma musicologicum (Kas 1963); Form in der Neuen Musik, hrsg. v. E. THOMAS (Mz 1966) (= Darmstädter Beitr. zur Neuen Musik 10); P. H. FONTAINE, Basic Formal Structures in Music (NY 1967); H. ERPF, F. u. Struktur in der Musik (Mn 1967); G. GEORGE, Tonality and Musical Structure (Lo 1970); J. SUPIČIĆ, Matter and Form in Music, in: IRASM 1 (1970); E. LIPPOLD, Zur Frage der ästhetischen Inhalt-F.-Relation in der Musik (L 1971) (= Beitr. zur musikwiss. Forsch. in der DDR 3); F. BLUME, Das musikal. Kunstwerk in der Gesch., in: Syntagma musicologicum 2 (Kas 1973); C. DAHLHAUS, Some Models of Unity in Musical Form, in: Jb. der Musiktheorie 19 (1975); W. SEIDEL, Rhythmus. Eine Begriffsbestimmung (Da 1976); P. FALTIN, Phänomenologie der musikal. F. Eine experimentalpsychologische Unters. (Wie 1979) (= Beihefte zum AfMw 18).

W. SEIDEL

FORMANT, ein die ↗Klangfarbe von Klängen (↗Klang) und Geräuschen wesentlich bestimmendes Merkmal, das im spektralen Aufbau dieser Schallvorgänge durch einzelne oder in Gruppen hervortretende Teiltöne oder durch Bereiche erhöhter Energiedichte in Erscheinung tritt. F.en zeichnen sich in der spektralen Hüllkurve (Enveloppe) als Erhebungen (relative Maxima) in eng begrenzten Bereichen, den sog. Formantbereichen, -gebieten oder -strecken ab, die meist nicht breiter als eine Quinte sind. Sie bewirken die spezifischen Färbungen der Vokal- und Instrumentalklänge.

H. von Helmholtz hat als erster die Frequenzen der Vokalformanten, die als ↗Resonanzen des Mund-Rachenraumes (Vokaltrakts, Ansatzrohres) zu erklären sind, durch Analyse bestimmt. Er hat damit zugleich gezeigt, daß die F.en von der Stellung der Artikulationsorgane abhängig, von der gesungenen oder gesprochenen ↗Tonhöhe jedoch unabhängig sind. Bei veränderter Grundtonhöhe allein werden nur die jeweils in die Resonanzbereiche fallenden ↗Teiltöne hervorgehoben, die anderen geschwächt. So bleibt die Lage des F.en unverändert (Absoluttheorie).

L. Hermann führte den Begriff F. 1894 ein für eine der Resonanzfrequenz der Mundhöhle entsprechende Schwingung, die er in den Schwingungsaufzeichnungen von Vokalklängen fand. Obwohl diese in einem unharmonischen Verhältnis zur Grundschwingung stehen kann, sind die Teiltöne der Vokalklänge ausschließlich Harmonische, von denen eine oder mehrere in den infolge ↗Dämpfung breiten Resonanzbereich hineinfallen können (C. Stumpf). Sie bilden dann den F.bereich.

Für die gehörsmäßige Klassifizierung der Vokale sind ein bzw. zwei F.en ausreichend. Ihre Frequenzen streuen innerhalb folgender Bereiche:

	Hauptformant	Nebenformant		Hauptformant
u:	200– 400 Hz	i: wie u	und	2500–3300 Hz
o:	300– 600 Hz	e: wie o	und	2200–3000 Hz
ɔ:	500– 800 Hz	ɛ: wie ɔ	und	2000–2800 Hz
a:	800–1200 Hz			

An der Vokalbildung sind jedoch drei F.en beteiligt, die durch die Bewegung der Artikulationsorgane beeinflußt werden können. So entsteht z.B. der breite a-Formant bei 1000 Hz durch das Zusammenrücken der beiden unteren Formanten.

Wesentlich ist nicht nur die Lage des F.en, sondern bei mehreren F.en auch das Frequenz- und das Intensitätsverhältnis der F.en zueinander. Das gilt auch für die Musikinstrumente. Auch bei diesen wurden – im Gegensatz zu den Berechnungen von Helmholtz, die hier zur Relativtheorie führten – durch systematische Untersuchungen großer Serien von Klängen unterschiedlicher Dynamikgrade zum größten Teil feste F.en festgestellt (E. Schumannsche Absoluttheorie). Innerhalb der Formantbereiche zeigen sich aber spektrale Veränderungen, die von der Dynamik abhängig sind und von Schumann im Verschiebungs- und im Sprunggesetz beschrieben werden. Schumanns F.-Intervallgesetz besagt, daß sich (bei Vorhandensein mehrerer F.en) zwischen dem stärksten Teilton des einen F.en zum stärksten Teilton des anderen ein für jedes Instrument typisches Intervall ergibt, z. B. Fagott 3 : 8, Trompete 1 : 2 : 3.

Die F.en sind bei den Klängen der meisten Musikinstrumente wie bei den Vokalen auf die filternde Wirkung von Resonanzen zurückzuführen, die sich im Teiltonspektrum abbilden und die Hüllkurve formen. Bei den Blasinstrumenten kommen sie jedoch durch den Anblasvorgang, d. h. durch die Art und Weise, wie die Luftimpulse durch die schwingenden Rohrblätter oder Lippen geformt werden, und durch die Abstrahlgesetze des Instruments zu-

stande, wobei die Einhaltung der Klangfarbengesetze bei Dynamikänderungen nach dem Prinzip der Impulsformung erfolgt.
Ein an den Vokalen erfahrenes Prinzip der Klangformung ist also auf den größten Teil der abendländischen Instrumente übertragen worden. Es gibt auch einen Zusammenhang zwischen der Entwicklung dieses Instrumentariums und der des Kompositionsstiles. Denn das Prinzip der Klangformung ermöglicht zugleich Stimmendifferenzierung und Verschmelzungsklang. Jedes Instrument sendet seinen Schall vorzugsweise in besonderen Frequenzbändern aus, die sich selten vollständig verdecken. Deshalb kann der Klangcharakter eines Musikinstruments innerhalb des Orchesterklangs einer Tonaufnahme in spezifischer Weise verändert werden. Insbesondere können durch spektrale Veränderungen innerhalb der Formantgebiete Wirkungen im Sinne veränderter dynamischer Grade erzielt werden.
K. Stockhausen bezeichnet mit F. die rhythmische Strukturierung eines Zeitabschnittes mit Hilfe von Untereinheiten, die einen ganzzahligen Bruchteil des Zeitabschnittes darstellen – eine bisher umstrittene Verwendung des Begriffes. Die mit elektronischen Mitteln mögliche Beschleunigung des Zeitablaufs, die die rhythmischen Strukturen in den Tonbereich transponiert, führt dann aber tatsächlich dazu, daß (bei mehrfacher Wiederholung des Zeitabschnittes) die Teilerrhythmen zu hervortretenden harmonischen Teiltönen über dem durch die Grundperiode gegebenen Grundton transformiert werden.
Während der Begriff F. in der Definition Stockhausens die der Akustik berührt, besteht die von P. Boulez nur in einer Analogie. Er meint mit F.en charakterisierende, Bezüge herstellende, Entwicklungen auslösende Einheiten im Aufbau des Werkes und verwendet sie in dieser Weise in seiner 3. Klaviersonate.

Lit.: H. VON HELMHOLTZ, Die Lehre v. den Tonempfindungen (Brau 1863, [6]1913, Nachdr. Da 1968); L. HERMANN, Phonophotographische Unters. 6. Nachtrag zur Unters. der Vocalcurven, in: Arch. für die gesammte Physiologie des Menschen u. der Thiere 58, hrsg. v. E. F. W. Pflüger (Bonn 1894); DERS. – F. MATTHIAS, Phonophotographische Mittheilungen 5. Die Curven der Consonanten, in: ebd.; C. STUMPF, Die Struktur der Vokale, in: Sitzungs-Ber. der königlich-preußischen Akad. der Wiss. (B 1918); DERS., Die Sprachlaute (B 1926); E. SCHUMANN, Physik der Klangfarben (Habil.-Schr. B 1929); W. LOTTERMOSER, Akustische Eigenschaften hochwertiger Orgeln, in: Physikalische Blätter 4 (1948); DERS., Elektroakustische Messungen an berühmten Barockorgeln Oberschwabens, in: Zschr. für Naturforsch. 3a (1948) u. 5a (1950); K. STOCKHAUSEN, ... wie die Zeit vergeht ..., in: Die Reihe (1957) H. 3, Wiederabdruck, in: Texte zur elektronischen u. instrumentalen Musik 1, hrsg. v. D. SCHNEBEL (Kö 1963); G. UNGEHEUER, Elemente einer akustischen Theorie der Vokalartikulation (B 1962); G. FANT, Analysis and Synthesis of Speech Processes, in: Manual of Phonetics, hrsg. v. B. MALMBERG (A 1968); U. MÜLLER, Unters. zu den Strukturen von Klängen der Clarin- u. Ventiltrompete (Diss. Köln 1970) (Rb 1971) (= Kölner Beitr. z. Musikforsch. 60); J. MEYER, Akustik u. musikal. Aufführungspraxis (F 1972); P. BOULEZ, Werkstatt-Texte (F 1972); E. SCHUMANN, Zur Physik der Vokalklangfarben, in: Musicae Scientiae Collectanea. FS K. G. Fellerer (Kö 1973); J. P. FRICKE, Formantbildung in musikal. Klängen, in: Fernseh- u. Kinotechnik 27 (1973); DERS., Formantbildende Impulsfolgen bei Blasinstr., in: Fortschritte der Akustik DAGA '75 (Weinheim 1975); W. VOIGT, Unters. zur Formantbildung in Klängen von Fagott u. Dulzianen (Diss. Köln 1974) (Rb 1975) (= Kölner Beitr. z. Musikforsch. 80); W. GRAF, Zu den Problemen der Schallforsch. 4, in: Anzeiger der phil.-hist. Klasse der Östr. Akad. der Wiss. 114/7 (W 1977).

J. P. FRICKE

FORMÉ, Nicolas, * 26.4.1567 Paris, † 27.5.1638 ebd.; frz. Komponist. Er wurde 1587 Kleriker der Sainte-Chapelle in Paris und gehörte seit 1590 als Sänger der Hofkapelle unter E. Du Caurroy an, dem er 1609 als Vizekapellmeister und Komponist nachfolgte. 1626 erhielt er ein Kanonikat an der Sainte-Chapelle. König Ludwig XIII. schätzte seine Musik besonders. Nach dessen Tod gelangten F.s Kompositionen in die Hände seines Nachfolgers J. Veillot, der daraus persönlichen Vorteil gezogen haben soll. F. hielt sich – zu Unrecht – für den Erfinder der doppelchörigen Motette (dies war in Wirklichkeit E. Du Caurroy) und verlangte von seinem Verleger Ballard, zu seinen Lebzeiten keine Werke anderer Komponisten in ähnlichem Stil zu drucken. F.s zeitgenössischer Ruhm beruht auf seiner doppelchörigen Messe und der Motette von 1638, in denen ein 4st. vokales Soloensemble einem 5st. Chortutti gegenübergestellt ist; die Werke haben keinen B.c. Diese Satzweise ist singulär in der französischen Messenkomposition des 17. Jh. (↗Messe) und unterscheidet sich auch von den verschiedenen Typen der außerfranzösischen Messenkomposition. F.s Stil hat indessen die französische Motetten- und Psalmkomposition des 17. Jh. entscheidend beeinflußt (↗Motette).

WW: Messe *Aeternae Henrici magni ... memoriae et Ludovici justi ejus filii ... Nicolaus Formé ... Missam hanc duobus choris ac quator voc. compositam vovet* ... (P 1638) für 2 Chöre zu 4 u. 5 St., darin ein *Domine salvum fac regem* u. die Motette *Ecce tu pulchra es* für 2 Chöre; hsl. erhalten ein Magnificat für 4 St. (Paris, Bibl. Nat.).

Ausg.: *Sanctus* u. *Agnus* aus der Messe für 2 Chöre, hrsg. v. A. GASTOUÉ (P o.J.); *Ecce tu pulchra es*, hrsg. v. D. LAUNAY, in: Anthologie du motet latin polyphonique en France 1609–1661 (P 1963) (= Publications de la Soc. Fr. de Mie I, 17).

Lit.: H. QUITTARD, Un chanteur compositeur de musique sous Louis XIII, N.F., in: RM 3 (1903); DERS., Une composition française du XVIIe siècle, à 2 chœurs, in: RM 4 (1904); D. LAUNAY, s.o. Ausg.; F. LESURE, Un contrat d'exclusivité entre N. F. et Ballard, in: RMie 50 (1964); M. DE MOEL, La Chapelle de Musique sous Henri IV et Louis XIII, in: Rech. Mus. 6 (P 1966).

FORMENLEHRE, Bz. für einen wichtigen Teil der neuzeitlichen Musiktheorie. Er bestimmt die Ordnung, die die verschiedenen, oft gegensätzlich angelegten Abschnitte einer Komposition einhalten müssen, wenn sie ein einheitliches Ganzes bilden sollen. Die F. entstand im 18. Jh. mit dem Aufstieg der Instrumentalmusik zu einer autonomen Kunst. Vokalmusik ist nicht formlos, aber sie verdankt ihre Gestalt, ihre Gliederung und Einheit weitgehend der Sprache, die sie vertont. Die Theorien, die die formale Anlage vokaler Kompositionen (z. B. von Messen, Motetten, Arien und Liedern) beschreiben, lehnen sich deshalb an die rhetorisch-poetische Dispositionslehre an. N. Vicentino bestimmte 1555 unter Berufung auf Aristoteles, wie Anfang, Mitte und Ende einer Komposition zu formen seien. Ähnliche Aussagen finden sich in deutschen Musiklehren dieser Zeit, u. a. bei G. Dreßler (1563) und J. Burmeister (1606). J. Mattheson bediente sich (1739) ebenfalls dieser Methode. Er erklärt und benennt die unterschiedlichen formalen Qualitäten, die das Thema einer Arie im Verlauf des Stückes annimmt, mit rhetorischen Begriffen. Er hört das Stück, als wäre es eine Rede mit Exordium, Narratio, Propositio, Confutatio und Peroratio. In diesem Schema erkennt Mattheson den gelehrten Ausdruck der formalen Ordnung, die die Menschen unwillkürlich überall einhalten, wo sie sich vernünftig äußern.

Die ersten Theorien, die die Form instrumentaler Musik abhandeln, bieten weniger eine F. als eine Theorie der allgemeinen Form, deren Modifikation dem Komponisten überlassen bleibt. J. A. Scheibe (1745), J. Riepel (1755) und H. Chr. Koch (1793) erklären die Form harmonisch: als einen Gang, der in der Haupttonart ansetzt, von ihr ausgehend die nächstverwandte Tonart aufsucht, von ihr in Neben-, gelegentlich auch in ferne Tonarten ausweicht und am Ende über die Dominante in die Ausgangstonart zurückkehrt. Die Etappen des Ganges versinnlichen sich in Gedanken und Figuren entsprechender formaler Qualität: die Haupttonart im Hauptgedanken; die nächstverwandte Tonart in einem Nebengedanken, der auch eine schwächere Variante des Hauptgedankens sein kann; die modulierende Mitte in unsteten, aber ausdrucksstarken Abwandlungen des Hauptthemas und Sequenzen, die meist aus Motiven der Themen gebildet werden; die Tonika des Schlusses im Haupt- und im Nebengedanken. Große Bedeutung kommt dabei der Kadenzordnung, der musikalischen Interpunktion, zu. Kochs Theorie bietet darüber hinaus Ansätze einer Formenlehre. Sie bestimmt, welche Formen das allgemeine Prinzip zeitigt, wenn es im Blick auf die besonderen Bedingungen der verschiedenen musikalischen Gattungen, Besetzungen, Bewegungen und Formate differenziert wird. Koch begreift die so ermittelten Formen nicht als Schemata, die der Musik vorgegeben wären, sondern als Produkte eines natürlichen und kunstgerechten musikalischen Gedankenganges. Auch die F. von A. B. Marx ist in diesem Sinne eine Theorie der inneren Form. Marx begreift und formuliert sie in den Kategorien der durch Goethe geprägten organischen Kunstauffassung. Die musikalische Form ist demnach die Manifestation des dreiphasigen Umlaufs Ruhe – Bewegung – Ruhe. Marx verfolgt die Wirksamkeit des Prinzips von den ersten einfachen Bildungen bis hin zu den höchstorganisierten Formen wie der Fuge und dem Sonatensatz. Die Formen erscheinen so als die Produkte eines naturhaften Prozesses. H. Riemann orientierte sich 1902 an der Gedanklichkeit der Musik. Seine F. beruht auf der Unterscheidung thematischer und nichtthematischer Einheiten. Die Form kleiner Stücke ergibt sich demnach aus dem Wechsel von Haupt- und Nebengedanken, die großer aus dem Wechsel thematischer und nichtthematischer Teile. Die thematischen Teile stellen die Hauptgedanken einer Komposition rein und unversehrt dar; die nichtthematischen bestehen aus Zwischensätzen, Überleitungen und durchführungsartigen Abschnitten. Auch die Durchführung des Sonatensatzes ist ein nichtthematischer Teil.

Die herkömmliche Formtheorie setzt auf Statisches: auf die Tonika, die Ruhe, das Thema. Sie hält das Dynamische – die Phase der Ausweichungen, die Bewegung, das Nichtthematische, für ein störendes, destruktives Moment – für den Ausdruck eines Konflikts (H. Riemann). Es bedarf der statischen Umfassung, um ästhetisch genießbar zu sein. Erst E. Kurth hat in den 20er Jahren des 20. Jh. die musikalische Form in all ihren Phasen dynamisch aufgefaßt: den Anfang als Aufschwung, die Mitte als Gipfelzone, das Ende als Abschwung. Er hat diesen Formbegriff von hochromantischen Ereignischarakteren abgeleitet, namentlich von der Musik Bruckners.

H. Leichtentritt reduzierte 1911 die F. vom Prinzipiellen aufs Positivistische. Das Hauptgewicht seiner Theorie liegt auf der Beschreibung der formalen Schemata, die die musikalischen Gattungen vom Lied über die Fuge bis hin zum Sonatensatz realisieren. Dabei bedient er sich einer Schematisierungsmethode, die schon Riemann angewandt hat. Er drückt die Formen durch Buchstabenschemata aus. So steht z. B. das Schema AAB für die Barform, ABA für die von Marx so genannte Liedform, ABACA für eine einfache Form des Rondos.

Im 20. Jh. wird die Formtheorie erweitert: Man zieht einerseits die historische Musik und ansatz-

weise die europäische und außereuropäische Volksmusik mit in Betracht (H. Erpf) und erörtert andererseits unter dem Begriff der Form oder in engem Zusammenhang damit die Ereignisstrukturen der Musik. So erforschte man u. a. die Formen des Gregorianischen Gesangs (P. Wagner) oder des mittelalterlichen Liedes (Fr. Gennrich). Und man lernte historisch bedingte Struktur- und Formtypen zu unterscheiden. A. Halm stellte „Zwei Kulturen der Musik", die der Fuge und die der Sonate, einander gegenüber. W. Fischer unterschied den Lied- vom Fortspinnungstypus. Fr. Blume hob von der reihenden Fortspinnung die Entwicklung ab, das innere Umbilden und Verwandeln eines Motivs. Erpf verknüpfte diese Kategorien zu einer Typologie der musikalischen Formen. Er unterschied Reihen-, Gleichgewichts- und Entfaltungsformen.
In dem Maße, in dem die Musik des 20. Jh. darauf verzichtet, sich als formale Ganzheit zu artikulieren, wird die Kategorie der Form bedeutungslos. Vielfach, so in der Zwölftonmusik, wird strukturelle Einheit über formale Ganzheit gestellt. Es scheint, als spiegele sich diese Veränderung des musikalischen Interesses auch in einigen Formtheorien. E. Stein, H. Mersmann und R. Réti erklären die Form zum Ergebnis eines Variations- und Entwicklungsprozesses, der in einer kleinen motivartigen Einheit seinen substantiellen Kern hat. Serielle und aleatorische Musik entscheidet sich vollends aus dem Augenblick. Man hat deshalb ihre Form offene Form oder Momentform genannt.
Eher am Rande der Formenlehre steht die Theorie der musikalischen Zyklen. Sie erörtert die Frage, unter welchen Bedingungen mehrere selbständige Kompositionen ein größeres Ganzes bilden können. Dabei werden die verschiedenen kontrast- und einheitstiftenden Faktoren berücksichtigt: das Tempo, die Tonart, die Taktart, die Form und der Charakter. Ansätze einer Theorie der zyklischen Formen bieten die Formenlehren von A. B. Marx, Riemann und Erpf.

Lit.: N. VICENTINO, L'Antica Musica (R 1555, Nachdr. Kas 1959) (Nachdr. = DMl I/17); G. DRESSLER, Praecepta Musicae Poeticae (1563), NA, hrsg. v. B. Engelke, in: Geschichtsblätter für Stadt und Land (Magdeburg 1914/15); J. BURMEISTER, Musica poetica (Rostock 1606, Nachdr. Kas 1955) (Nachdr. = DMl I/10); J. MATTHESON, Der vollkommene Capellmeister (H 1739, Nachdr. Kas 1954, [2]1969) (Nachdr. = DMl I/5); J. A. SCHEIBE, Critischer Musikus (L 1745, Nachdr. Hil 1970); J. RIEPEL, Grundregeln zur Tonordnung insgemein (F – L 1755); H. CH. KOCH, Versuch einer Anleitung zur Composition (Rudolstadt – L 1782–93, Nachdr. Hil 1969); A. REICHA, Traité de haute composition musicale (P 1824–26); A. B. MARX, Die Lehre v. der musikal. Komposition, 4 Bde. (L 1837–47); E. F. E. RICHTER, Die Grundzüge der musikal. Formen u. ihre Analyse (L 1852); J. CH. LOBE, Lehrbuch der musikal. Composition (L 1858–60); G. ENGEL, Der Begriff der Form in der Kunst u. in der Tonkunst insbesondere, in: VfMw 2 (1886); E. PROUT, Musical Form (Lo 1893, Nachdr. NY 1971); DERS., Applied Forms (Lo [3]1895); H. RIEMANN, Das formale Element in der Musik, in: Präludien u. Stud. 1 (Heilbronn 1895); DERS., Große Kompositionslehre (B – St 1902–13); S. KREHL, Musikal. F. (L 1905); R. STÖHR, F. (L 1911); H. LEICHTENTRITT, Musikal. F. (L 1911, [5]1952) (= Hdb. der Musiklehre 7); A. HALM, Von zwei Kulturen der Musik (Mn 1913, St [3]1947); W. FISCHER, Zur Entwicklungsgesch. des Wiener klass. Stils, in: StMw 3 (1915); O. KLAUWELL, Die Formen der Instrumentalmusik, erweitert v. W. Niemann (L 1918); P. WAGNER, Einführung in die Gregorian. Melodien, III: Gregorian. F. (L 1921, Nachdr. Hil – Wie 1962); E. STEIN, Neue Formprinzipien, in: Anbruch 6 (1924); dass., in: H. H. STUCKENSCHMIDT, Neue Musik (B 1951); R. VON FICKER, Formprobleme in der ma. Musik, in: ZfMw 7 (1924/25); A. LORENZ, Das Geheimnis der Form bei R. Wagner (B 1924–33); E. KURTH, A. Bruckner, 2 Bde. (B 1925, Nachdr. Hil 1970); DERS., Musikpsychologie (B 1931, Nachdr. Hil 1969); B. ASSAFJEW, Die musikal. Form als Prozeß (1925, 1941/42, dt. B 1976); P. BEKKER, Musikgesch. als Gesch. der musikal. Formwandlungen (B – L 1926, Nachdr. Hil 1976); K. BLESSINGER, Grundzüge der F. (St 1926); F. BLUME, Fortspinnung u. Entwicklung, in: Jb. Peters 36 (1929); E. BÜCKEN, Geist u. Form im musikal. Kunstwerk (Pd 1929); H. MARTENS, Musikal. Formen in hist. Reihen, 20 Hefte (B 1930–37, Wb [2]1957 ff.); H. MERSMANN, Zur Gesch. des Formbegriffs, in: Jb. Peters 37 (1930); F. GENNRICH, Grundriß einer F. des ma. Liedes (Hl 1932, Nachdr. Da 1970); K. NOATZSCH, Praktische F. der Klaviermusik (L 1932); H. EIMERT, Musikal. Formstrukturen im 17. u. 18. Jh. (Au 1932); R. VON TOBEL, Die F. der klass. Instrumentalmusik (Be 1935); K. WESTPHAL, Der Begriff der musikal. Form in der Wiener Klassik (L 1935); E. J. DENT, Binary and Ternary Form, in: ML 17 (1936); H. MERSMANN, Musikhören (Pd – B 1938, [2]1952, Kas [2]1973); K. VON FISCHER, Die Beziehung v. Form u. Motiv in Beethovens Instrumentalwerken (Str – Z 1948); L. G. RATNER, Harmonic Aspects of Classic Form, in: JAMS 50 (1949); E. RATZ, Einführung in die musikal. F. (W 1951, [3]1973); R. RÉTI, The Thematic Process in Music (NY 1951); I. KROHN, Einheitliche Grundzüge musikal. Formgebung, in: AMl 25 (1953); W. GURLITT, Form in der Musik als Zeitgestaltung (1954) (= Akad. der Wiss. u. Lit. Mainz, Abh. der geistes- u. sozialwiss. Klasse 13); H. DEGEN, Hdb. der F. (Rb 1957); G. KÄHLER, Stud. zur Entstehung der F. (Diss. masch. Hei 1958); G. LIGETI, Wandlungen der musikal. Form, in: Die Reihe 7 (W 1960); W. HESS, Die Dynamik der musikal. Formbildung, 2 Bde. (W 1960–64); G. VON NOÉ, Der Strukturwandel der zyklischen Sonatenform, in: NZfM 125 (1964); H. ERPF, Form u. Struktur in der Musik (Mz 1967); K. BOEHMER, Zur Theorie der offenen Form in der neuen Musik (Da 1967); W. STOCKMEIER, Musikal. Formprinzipien (Kö 1967) (= Theoretica 5); C. DAHLHAUS, Gefühlsästhetik u. musikal. F., in: DVflG 41 (1967); R. STEPHAN, Gibt es ein Geheimnis der Form bei R. Wagner?, in: Das Drama R. Wagners als musikal. Kunstwerk (Rb 1970); F. RITZEL, Die Entwicklung der „Sonatenform" im musiktheoretischen Schrifttum des 18. u. 19. Jh. (Wie 1974); W.-A. SCHULTZ, Die freien Formen in der Musik des Expressionismus u. Impressionismus (H 1974) (= Hamburger Beitr. zur Musikwiss. 14); C. DAHLHAUS, Zur Theorie der musikal. Form, in: AfMw 34 (1977); DERS., Der rhetorische Formbegriff H. Ch. Kochs u. die Theorie der Sonatenform, in: ebd. 35 (1978); J. D. KRAMER, Moment Form in Twentieth Century Music, in: MQ 60 (1978); P. FALTIN, Phänomenologie der musikal. Form. Eine experimentalpsychologische Unters. zur Wahrnehmung musikal. Materials u. musikal. Syntax (Wie 1979) (= Beihefte zum AfMw 18).

W. SEIDEL

FORMSCHNEIDER (Formschneyder, latinisiert

Graphaeus, eig. Andre), **Hieronymus,** † 7. 5. 1556 Nürnberg; dt. Drucker und Formschneider. F. ist erstmals 1515 in Nürnberg als Mitarbeiter Dürers an der für Kaiser Maximilian I. bestimmten Ehrenpforte nachweisbar. 1535–42 war er städtischer Münzeisenschneider, 1544–49 Setzer bei Georg Wachter. Seit 1550 arbeitete er wieder als Formschneider. F. gehört zu den namhaftesten Musikdruckern der 1. Hälfte des 16. Jahrhunderts. Er verwendete schon für seinen ersten Musikdruck 1532 den von P. Haultin in Paris 1525 erfundenen einfachen Typendruck. Von seinen Musikdrucken sind u. a. zu nennen: *Musica Teusch* von H. Gerle (1532), das Sammelwerk *Trium vocum carmina* (1538) und *Choralis Constantinus* von H. Isaac (3 Bde., 1550–55).

Lit.: P. COHEN, Die Nürnberger Musikdrucker im 16. Jh. (Diss. Erl 1927); K. HOLZMANN, H. F.s Sammeldruck Trium vocum Carmina (Diss. Fr 1956).

FÖRNER, Christian, * 1610 Löbejün oder Wettin bei Halle/Saale, † 1678 (oder nach 1684) Halberstadt; dt. Orgelbauer. Er lernte bei dem Orgelbauer J. W. Stegmann in Wettin. F. baute die Orgeln des Doms in Halle/Saale (1667), der Schloßkirche der Augustusburg in Weißenfels (1675) und fertigte die Pläne für die Orgel von St. Ulrich in Halle, deren Bau 1673–75 von L. Compenius ausgeführt wurde. Er konstruierte 1667 die sog. Windwaage zur Luftdruckmessung in den Orgelpfeifen.

Lit.: W. SERAUKY, Musikgesch. der Stadt Halle II/1 (Hl–B 1939, Nachdr. Hil 1971); W. STÜVEN, Orgel u. Orgelbauer im halleschen Land vor 1800 (Wie 1964).

FORNEROD, Aloys, * 16. 11. 1890 Montet-Cudrefin (Vaud), † 8. 1. 1965 Fribourg; Schweizer Komponist. Er studierte Violine und Komposition am Konservatorium in Lausanne und an der Schola Cantorum in Paris, war anschließend Schüler von H. Pfitzner in Straßburg und von A. Sérieyx. Er war als Violinist und Chorleiter tätig und unterrichtete Musiktheorie in Lausanne, Saint-Maurice und in Fribourg, wo er seit 1954 das Konservatorium leitete. Sein durchaus eigenständiger, tonal gebundener und eher strenger Stil ist von G. Fauré und in der Melodik vom Gregorianischen Gesang beeinflußt.

WW: **1) Instr.-WW:** 2 Violinsonaten (1925 u. 1934); Konzert für 2 V. u. Klv. (1927); für Orch.: *Le Voyage de printemps* (1941) u. *Prométhée enchaîné* (1948); Suite *En Savoie* (1959) für Blasorch. – **2) Vokal-WW:** Motetten, Chor-WW; *Messe brève* a cappella für 4 St. (1926); *Messe brève* (1935) für 3 St. u. Org. (P o.J.); *Messe solennelle* für Soli, Chor u. Orch.; Psalm 103 (1959) für Männerchor; *Hymne à la Très Sainte Trinité* (1961) für Chor u. Bläser. – **3) Bühnen-WW:** *Geneviève* (Libr.: J. Bruyr), Opéra-comique, UA: Lausanne 1952. – **4) Schriften:** *Les tendances de la musique moderne* (Lau 1924); *La musique et le pays* (Lau 1928); *H. Opienski* (Lau 1942); *Traité de la réponse* (Lau 1962).

Lit.: A. F., in: Rev. musicale de Suisse romande 2 (1965) Sonder-H. – P.-A. GAILLARD, in SMZ 100 (1960); J.-M. HAYOZ, in: ebd. 104 (1964).

FORREST, Georg („Chet") (eig. George Forrest Chichester jr.), * 31. 7. 1915 Brooklyn (New York); amerikan. Textdichter und Komponist. F. hat nur mit Robert Wright zusammengearbeitet und sich dabei auf die Adaptation klassischer Musik für Broadway-Musicals spezialisiert. Die größten Erfolge dieses Autorenteams waren *Song of Norway* (nach Themen von E. Grieg) und *Kismet* (nach Musik von A. Borodin), aus dem der Song *Stranger in Paradise* ein Weltschlager wurde.

WW: *Song of Norway* (1944) (nach E. Grieg); *Gypsy Lady* (1946) (nach V. Herbert); *Magdalena* (1948) (nach Villa-Lobos); *Kismet* (1953) (nach Borodin); *Anya* (1965) (nach Rachmaninow).

FÖRSTEL, Gertrude, * 21. 12. 1880 Leipzig, † 7. 6. 1950 Bad Godesberg; dt. Sängerin (Sopran). Sie studierte zunächst Klavier am Konservatorium in Leipzig und debütierte 1897 als Pianistin, erhielt dann eine Gesangsausbildung in Berlin und Dresden und debütierte 1900 als Sängerin in Prag als Amina in V. Bellinis *La Sonnambula.* 1906–12 gehörte sie der Wiener Hofoper an und sang dort 1911 auch in der Wiener Erstaufführung des *Rosenkavalier* von R. Strauss die Sophie. 1904–12 wirkte sie auch bei den Bayreuther Festspielen mit. Nach 1912 trat sie mehr und mehr als Konzertsängerin auf. Sie wurde vor allem als bedeutende Mozart- und Mahler-Interpretin geschätzt. In den 30er Jahren beendete sie ihre Laufbahn und lehrte dann Gesang an der Musikhochschule in Köln.

FÖRSTEMANN, Martin Günther, * 15. 4. 1908 Nordhausen, † 27. 2. 1973 Hamburg; dt. Organist F. erblindete in früher Kindheit. Er studierte in Leipzig bei G. Ramin Orgel und bei R. Teichmüller Klavier. 1934–45 war er Organist an St. Johannis in Magdeburg, seit 1951 bis zu seinem Tode Professor für Orgel an der Musikhochschule in Hamburg. Er trat auch als Konzertorganist hervor.

FÖRSTER (Foerster, Forster). – **1) Caspar** (der Ältere), * um 1574, begraben 16. 5. 1652 im Kloster Oliva bei Danzig; dt. Kantor. Er war seit 1602 Musiker in Danzig, dort seit 1607 Kantor und Bibliothekar des Gymnasiums und Kantor an der Trinitatiskirche, seit 1627 an St. Marien. In einem zehnjährigen Streit mit dem Organisten seiner Kirche, P. Siefert, einem Schüler J. P. Sweelincks, trat er für die Venezianische Schule ein. – **2) Caspar** (der Jüngere), Sohn von 1), getauft 28. 2. 1616 Danzig, begraben 1. 3. 1673 Oliva; dt. Komponist. Seine

Ausbildung erhielt er bei seinem Vater, dann bei dessen Freund M. Scacchi in Warschau, wo er um 1640 nach einer längeren Italienreise als Bariton und Chorleiter in die Hofkapelle eintrat. Später kehrte er nach Venedig zurück. 1652 berief ihn König Friedrich III. von Dänemark zur Reorganisation seiner Kapelle nach Kopenhagen. 1655–57 war er Nachfolger seines Vaters als Kapellmeister an St. Marien in Danzig. Nachdem er in der Zwischenzeit von Venedig aus am Türkenkrieg teilgenommen hatte, war er 1661–68 wieder als Hofkapellmeister in Kopenhagen tätig. Von dort aus besuchte er öfters Chr. Bernhard in Hamburg, 1662 auch H. Schütz in Dresden. Von F.s Werken sind hsl. erhalten (vornehmlich in der Dübenschen Musiksammlung in Uppsala, Univ.-Bibl.) 6 Triosonaten, zahlreiche Kirchenkantaten und geistliche Konzerte, 3 lateinische Oratorien, die – namentlich in der Melodik und in den prägnant akkordisch geführten Chorsätzen – deutlich auf G. Carissimi hinweisen, den F. möglicherweise in Italien persönlich kennengelernt hat.

Ausg.: Ein Satz aus einer Triosonate v. C. F. junior, in: Hansische Triosonaten des Barock, hrsg. v. G. FOCK (L 1944).

Lit.: W. WOLFFHEIM, Gedenk-Säule C. F.s, in: AfMw 2 (1919 bis 1920). H. RAUSCHNING, Gesch. der Musik u. Musikpflege in Danzig (Danzig 1931); E. H. MEYER, Die mehrstimmige Spielmusik des 17. Jh. ... (Kas 1934); S. SØRENSEN, L'eredità monteverdiana nella musica sacra del Nord, in: RIMus 2 (1967); J. C. BAAB, The Sacred Latin Works of K. F. (1616–1673) (1970) (= Diss. Univ. of North Carolina).

FÖRSTER, Christoph, * 30. 11. 1693 Bibra bei Laucha (Thüringen), † 6. 12. 1745 Rudolstadt; dt. Komponist. F. war Schüler von J. D. Heinichen in Weißenfels und von G. Fr. Kauffmann in Merseburg, wurde dort Kammermusiker und Konzertmeister am Hofe und 1743 Vizekapellmeister in Rudolstadt. F.s Werke, namentlich seine Instrumentalmusik, die ähnlich wie die G. Ph. Telemanns und J. Fr. Faschs die Formen und Gattungen des ausgehenden Generalbaßzeitalters verwenden, zeigen gleichwohl Züge des galanten Stils. Sie galten denn auch in der 2. Hälfte des 18. Jh. als angenehm und gefällig (nach Fr. W. Marpurg, *Legenden einiger Musikheiligen,* 1786).

WW: **1) Instr.-WW:** Duetti für 2 V. u. Baß ad lib. (P o. J.); 6 Sinfonien für 2 V., Va., Vc. u. Cemb. mit Ripienost. (Ob., Harfe) (Nü o.J.) (unvollständig erhalten); hsl. erhalten sind 6 V.-Sonaten mit ausgearbeitetem B.c.; 6 Orch.-Suiten (Ouvertüren); 12 Sinfonien (6 für Str., die anderen für differenzierte Besetzung); 6 Solokonzerte. – **2) Vokal-WW:** Etwa 30 Kirchenkantaten; eine Messe, ein Sanctus; ein *Laudate Dominum;* 4 weltliche Werke (sämtlich hsl. erhalten).

Ausg.: Suite G-Dur für Str., hrsg. v. H. RIEMANN (Lo o.J.) (= Coll. Mus. 22) (NA 1975); Ouvertüre aus der Orch.-Suite A-Dur, in: DERS., Musikgesch. in Bspn. (L 1912, [4]1929); Trio B-Dur für 2 V., Vc. u. Cemb., hrsg. v. M. SEIFFERT (L o. J.) (= Organum III/14); Konzert Es-Dur für Waldhorn, Streichorch. u. Gb., hrsg. v. K. JANETZKY (L 1956) (= Waldhornarchiv. 1); Symphonie Es-Dur um 1740, hrsg. v. M. SCHNEIDER (L 1956) (= Mittel- u. Norddt. Kammersymphonien 1); 4 Sonaten für V. u. Cemb., hrsg. v. L. SCHUSTER (L 1958); Sonate c-moll für Ob. u. B.c., hrsg. v. H. STEINBECK (Z 1972).

Lit.: H. RIEMANN, Die frz. Ouvertüre in der 1. Hälfte des 18. Jh., in: Musikal. Wochenblatt 30 (1899); A. HARTUNG, Ch. F. (Diss. L 1914) (verschollen); B. ENGELKE, Die Rudolstädter Hofkapelle unter Lyra u. J. Graf, in: AfMw 1 (1918/19).

FÖRSTER, Emanuel Alois, * 26. 1. 1748 Niederstein (Schlesien), † 12. 11. 1823 Wien; östr. Komponist. F. besuchte eine Lateinschule und trat 1764 als Adjunkt in die gräflich Vettersche Wirtschaftskanzlei ein. 1766–68 diente er als Oboist in einem preußischen Regiment. Nach Vervollkommnung seiner musikalischen Ausbildung und Aufenthalten an verschiedenen Orten seiner engeren Heimat ließ er sich schließlich um 1779 in Wien nieder, wo er hauptsächlich als Lehrer für Generalbaß tätig war und eifrig komponierte. Mit Beethoven war F. schon bald nach dessen Übersiedlung nach Wien 1792 bekannt und befreundet. Beide wohnten eine Zeitlang in demselben Hause und verkehrten in denselben Adelskreisen. Beethoven hat F. verschiedentlich Schüler vermittelt (Fürst Rasumowski, Cipriani Potter), erhielt aber wahrscheinlich selbst keinen Unterricht von ihm. Außer einer *Anleitung zum Generalbaß* (1805) und einigen zugehörigen Beispielsammlungen hinterließ F. ein umfangreiches kammermusikalisches Œuvre, wovon einiges auch im Druck erschien. Die Streichquartette op. 7 (1793), op. 16 (1798) und op. 21 (1803) verraten solides handwerkliches Können, zeigen aber wenig Originalität und wirken im Vergleich zu den späten Quartetten Haydns und zu den frühen Beethovens (op. 18) antiquiert. Als Vorbild dienten sie Beethoven sicherlich nicht, der sich bekanntlich zunächst an J. Haydn (Hob. III: 31) und dann an W. A. Mozart (KV 387, 464, 465) orientierte.

WW: Klv.-Sonaten; V.-Sonaten; Divertimenti für versch. Besetzungen; 6 Klv.-Trios u. 6 Klv.-Quartette; 48 Streichquartette u. 4 Streichquintette; Klv.-Konzerte; Lieder.

Ausg.: Kammermusik (2 Quartette u. 3 Quintette), hrsg. v. K. WEIGL (1928) (= DTÖ 67) (mit unvollständigem Werk-Verz.).

Lit.: K. WEIGL, E. A. F., in: SIMG 6 (1904/05); F. LUDWIG, Zwei Briefe E. A. F.s, in: ZIMG 10 (1908/09); A. SALTSCHEFF, E. A. F. (Diss. Mn 1914).

S. BRANDENBURG

FÖRSTER, Franz Cäsar, * 7. 2. 1864 Löbau (Sachsen), † 20. 2. 1915 ebd.; dt. Klavierbauer. 1897 übernahm er die 1859 von seinem Vater Friedrich August F. (1829–97) in Löbau gegründete Pianofortefabrik. Er verbesserte u. a. den „durchgehenden Panzerrahmen“ (ein Patent seines

Vaters) und damit die Führung des Saitenbezugs, begann bereits 1907 mit dem Bau von Kleinklavieren und nahm auch die Fabrikation von Harmonien (nach dem Saugwindsystem) auf. In Georgswalde (Böhmen) errichtete er eine zweite Fabrikationsstätte. Unter ihm und seinen Nachfolgern erlangte das Unternehmen Weltruf. Es machte sich auch durch Sonderkonstruktionen (u. a. Vierteltonflügel, Elektrochord) einen Namen. Das Unternehmen firmiert heute als August Förster, Produktionsstätten für kunsthandwerklichen Flügel- und Pianobau.

Lit.: 100 Jahre F. Werden und Wirken dt. Klavierbauer (Zittau – Görlitz 1959).

FORSTER, Georg, * um 1510 Amberg (Oberpfalz), † 12.11.1568 Nürnberg; dt. Komponist. Seit 1521 war er Schüler der von L. Lemlin geleiteten kurfürstlichen Kantorei in Heidelberg. An der Universität studierte er alte Sprachen, seit 1531 Medizin in Ingolstadt und 1534–39 in Wittenberg, wo Luther ihn in seine Tischgemeinschaft aufnahm. 1544 promovierte er in Tübingen und wirkte danach als Arzt in Amberg, Würzburg, Heidelberg und seit 1547 in Nürnberg.

WW: **1) Sammeldrucke:** *Ein Ausszug guter alter und newer teutscher Liedlein* (Nü 1539), II: (Nü 1540), III: (1549), IV u. V: (Nü 1556), die einzelnen Teile mit unterschiedlichen Titeln, z. T. mit mehreren Aufl., auch erweitert; *Selectissimae mutetae* für 4–5 St. (Nü 1540); *Psalmi selecti* für 4–5 u. mehr St. (Nü 1542). – **2) Kompositionen:** Weltliche Gesänge in allen Teilen der *Teutschen Liedlein,* in den Sammeldrucken von G. Rhau (1542–45) u. in den Lautentabulaturen von H. Newsidler, H. Gerle u. E. N. Ammerbach; geistliche Gesänge in den Slgen. von G. Rhau (1538–40).

F.s musikgeschichtliche Bedeutung beruht vor allem auf den 5 Teilen seiner *Teutschen Liedlein.* Sie enthalten 321 4st. und 52 5st. Tenorlieder von etwa 50 Komponisten. Zahlenmäßig am stärksten vertreten sind davon Jobst vom Brandt, Forster selbst (mit 38 Gesängen), L. Senfl, C. Othmayr, St. Zirler und L. Lemlin. Die *Teutschen Liedlein* bilden wie kein anderer Sammeldruck der Zeit einen Querschnitt durch das gesamte deutsche Liedschaffen der 1. Hälfte des 16. Jh. und sind zugleich eine wichtige Quelle für das ältere deutsche Volkslied.

Ausg.: *Frische teutsche Liedlein,* hrsg. v. K. GUDEWILL u. a., bisher 3 Teile (Wb 1942, 1969, 1976) (= EDM, RD 20, 60 u. 61); 2 Lieder von F. in: 10 weltliche Lieder aus G. F.s *Frische teutsche Liedlein* II–V, hrsg. v. K. GUDEWILL (Wb 1957) (= Chw 53); 9 Magnificat-Antiphonen von F. aus: G. Rhau, Vesperarum precum officia, in: Rhau-GA 4, hrsg. v. H. J. MOSER (Kas 1960); *Frische Teutsche Liedlein,* GA der Texte, hrsg. v. E. MARRIAGE (Hl 1903) (= Neudr. dt. Literaturwerke des 16. u. 17. Jh. Nrn. 203–06). – Vgl. ebenso Ausg.-Verz. ↗Gerle u. ↗Rhau.

Lit.: R. EITNER, G. F. der Arzt u. G. F. der Kapellmeister, in: MfM 1 (1869); H. KALLENBACH, G. F.s Frische Teutsche Liedlein (Giessen 1931) (= Giessener Beitr. zur dt. Philologie 29); D. RASMUSSEN, Der Stil G. F.s (Diss. Fr 1953); K. GUDEWILL, Bemerkungen zur Herausgebertätigkeit G. F.s, in: Musik u. Verlag. FS K. Vötterle (Kas 1968).

FOERSTER, Joseph Bohuslav, * 30.12.1859 Prag, † 29.5.1951 Vestec; tschechischer Komponist. Er studierte am Prager Konservatorium, kam 1893 nach Hamburg, war dort Kritiker der *Freien Presse* und seit 1901 Lehrer am Konservatorium. 1903 ging er nach Wien, wurde dort Professor am Neuen Konservatorium und Musikkritiker der Tageszeitung *Die Zeit.* 1919–36 lehrte er am Prager Konservatorium, das er 1922–31 auch leitete, und an der Universität. Seine Kompositionen weisen durchweg einen lyrischen Grundton auf und zeigen in der Harmonik einen Übergang zur Moderne. In den Instrumentalwerken steht F. besonders G. Mahler nahe. Mit seinen Chorwerken gilt er als Erneuerer der romantischen Chormusiktradition in der Tschechoslowakei. Zu seinem 90. Geburtstag wurde er mit einer Festschrift geehrt (hrsg. v. J. Bartoš – P. Prazek – J. Plavec, Pr 1949; mit Werk- u. Lit.-Verz.).

WW: **1) Instr.-WW:** Nonett; Streichquintett; Bläserquintett; Klv.-Quintett; 4 Streichquartette; 3 Klv.-Trios; 2 V.-Konzerte, op. 88 (1911) u. op. 104 (1918–26); ein Vc.-Konzert, op. 143 (1931); 5 Symphonien: d-moll, op. 9 (1888); F-Dur, op. 29 (1893); D-Dur *Das Leben,* op. 36 (1895); c-moll, op. 54 (1905); d-moll op. 141 (1929). – **2) Vokal-WW:** *Stabat Mater,* op. 56 (1892–1908); *Mortuis fratribus,* op. 108 (1918); *Missa Glagolytica,* op. 123 (1923); Oratorium *Svatý Václav,* op. 140 (1928); Kantaten *Mai,* op. 159 (1936) u. *1945,* op. 187 (1945); *Missa in honorem Sancti Adalberti,* op. 188 (1947). – **3) Bühnen-WW:** Opern (UA in Prag): *Deborah,* op. 41, UA: 1893; *Eva,* op. 50, UA: 1899; *Jessica,* op. 60, UA: 1905; *Nepřemožení,* op. 100, UA: 1918; *Srdce,* op. 122, UA: 1923; *Bloud,* op. 158, UA: 1936. – **4) Schriften:** 3 Autobiogr.: *Paměti poutníka,* 2 Bde. (Pr 1929–32); *Poutník v. Hamburku* (Pr 1938, [2]1939); *Poutník v cizině* (Pr 1947), dt. Übers.: *Der Pilger* (Pr – Kas 1955).

Lit.: ZD. NEJEDLÝ, J. B. F. (Pr 1910); J. BARTOŠ, J. B. F. (Pr 1923); J. SEIDEL, Narodní umělec J. B. F. (Pr 1948); B. NĚMEŠKOVÁ-HOFMANNOVÁ, J. B. F. (Diss. Pr. 1950); M. K. CERNÝ, J. B. Foerstra „Kantata 1945“, in: Hudební rozhledi 8 (1955); J. PLAVEC, J. B. F. vobrazesch (1959) (= Obrazové souborý o. Nr.); J. KOVÁŘOVA, Suity J. B. Foerstra (Diss. Pr. 1960); F. PALA, J. B. F. (Pr 1962); J. PLAVEC, F., in: ČHS I (mit Werk-Verz.); B. TARABA, Poutník rozsěcí lampu. Jakzil a tvořil J. B. F. (Pr 1968).

FORSTER, Karl, * 1.8.1904 Großklenau (Oberpfalz), † 13.8.1963 Tirschenreuth (Oberpfalz); dt. Kirchenmusiker. Er studierte nach der Priesterweihe 1928 Musik an der Akademie der Tonkunst und Musikwissenschaft an der Universität in München und promovierte dort 1933 mit der Dissertation *Über das Leben und die kirchenmusikalischen Werke des G. A. Bernabei.* 1934 wurde er Domkapellmeister an der St. Hedwigs-Kathedrale in Berlin, deren Chor er über den liturgischen Dienst hinaus zu einem wichtigen Bestandteil des Berliner Musiklebens machte und den er, auch auf zahlreichen Konzertreisen, zu einem Oratorienchor von internationaler Geltung führte. 1952 wurde er zum Honorarprofessor an der TU Berlin, 1955 dort und an der Freien Universität zum Musikdirektor ernannt. Er komponierte Messen und Motetten.

Lit.: A. TINZ, in: MS 83 (1963); G. GERLACH, Monsignore Prof. Dr. K. F., in: MuA 16 (1964).

FORTE (it.), Abk.: *f,* stark, laut. Vortrags-Bz., die sich auf die Tonstärke (↗Dynamik) bei der Interpretation eines Musikwerks bezieht. Gegensatz: ↗Piano. Der Begriff F. in diesem Sinn erscheint erstmals am Ende des 16. Jh. (z. B. in der *Sonata pian e forte* von G. Gabrieli, 1597) und bürgert sich im Laufe der folgenden Jahrhunderte immer mehr ein. Es kommt dann auch zu einer Kennzeichnung der Differenzierung von „Lautheit“: *fortissimo,* Abk.: *ff* (sehr stark), *fortefortissimo,* Abk.: *fff* (äußerst stark). In Kompositionen seit dem 19. Jh. wird gelegentlich auch vier- und fünffaches f vorgeschrieben. Die Vorschrift, laut einzusetzen und sofort wieder leiser zu werden, wird mit *fortepiano* (Abk. *fp*) bezeichnet. *Mezzoforte* (Abk. *mf*) bedeutet mittelstark, *poco forte* (Abk. [selten] *pf*) ein wenig stark.

FORTEPIANO (it.). – **1)** Bz. für das Hammerklavier (↗Pianoforte). – **2)** Vortrags-Bz.: ↗forte.

FÖRTIG, Peter, * 15.3.1934 Pforzheim; dt. Komponist. Er war zunächst als Arrangeur und Klavierspieler tätig. 1957–61 studierte er an der Musikhochschule Freiburg i. Br. Klavier bei C. Seemann und Komposition bei W. Fortner und war außerdem 1967–69 Kompositionsschüler von K. Huber in Basel. Seit 1963 lehrt er Musiktheorie an der Freiburger Musikhochschule, seit 1969 als Professor. Der ausdrucksstarke Gestus seiner variabel seriell formierten, gleichwohl unmittelbar ansprechenden Kompositionen weist F.s eigentümliche Stellung unter seinen Generationsgenossen aus.

WW: Bläserquintett (1961); *Konzertstück* für Klv. u. 2 Instr.-Gruppen (1964); *Stationes* für Org. (1967); *Rhodope* für Fl. u. Klv. (1972); für Orch.: *Byzantinon* (1972); Vc.-Konzert *Lux et origo* (1974); V.-Konzert (1979); Va.-Konzert (1979); Solokantate *Menons Klagen* (1963) (nach Hölderlin) für Alt u. 5 Instr.; Solokantate *Hymnodia* (1976) (nach Notker) für Mezzosopran u. 9 Instr.; Oper *Der Nekromant* (1966–69) (nach W. Vordtriebe).

FORTISSIMO (it.), Vortrags-Bz.: ↗forte.

FORTLAGE, Arnold Rudolf Karl, * 12.1.1806 Osnabrück, † 8.11.1881 Jena; dt. Philosoph und Musikforscher. Er promovierte in München mit der Dissertation *Über die Denkweise der ältesten Philosophen* (Hei 1829), habilitierte sich in Heidelberg und lehrte seit 1842 in Berlin sowie seit 1846 in Jena, wo er 1873 als Nachfolger von Kuno Fischer ordentlicher Professor für Philosophie wurde. Er schrieb u. a. *Das musikalische System der Griechen in seiner Urgestalt,* worin er – im selben Jahre wie Fr. Bellermann – die altgriechische Musiknotierung entzifferte.

Schriften zur Musik: *Gesänge christlicher Vorzeit, eine Auswahl aus dem Vorzüglichsten, aus dem Griechischen u. Lateinischen übersetzt* (B 1844); *Das musikalische System der Griechen in seiner Urgestalt* (L 1847, Nachdr. A 1964); *Alt-Griechenland, Musik…,* in: Allgemeine Enzyklopädie der Wiss. u. Künste… (L 1863).

FORTNER, Wolfgang, * 12.10.1907 Leipzig; dt. Komponist und Dirigent. F. studierte an der Universität Leipzig Philosophie bei H. Driesch und Musikwissenschaft bei Th. Kroyer, am Konservatorium Komposition bei H. Grabner. Als seinen „bestimmenden Lehrer“ bezeichnet er selbst den Thomaskantor K. Straube. Als F. sein Studium 1931 mit dem Staatsexamen für das Künstlerische Lehramt an Höheren Schulen abschloß, war er durch die Kantaten *Vier marianische Antiphonen* (1928) und *Fragment Maria* (1929) und durch sein 1. Streichquartett (1930, UA beim Deutschen Tonkünstlerfest Königsberg) als Komponist bereits anerkannt. Von H. Poppen wurde er als Dozent für Komposition und Musiktheorie an das Kirchenmusikalische Institut in Heidelberg berufen. Dort gründete er 1935 ein Kammerorchester und rief 1947 die Musica viva-Konzerte ins Leben. Auch als Komponist und Lehrer wandte F. sich der in Deutschland erst nach dem 2. Weltkrieg bekannt werdenden „Neuen Musik“ zu und leitete schon 1946 einen Kompositions-Kurs bei den Kranichsteiner Ferienwochen. 1954 wurde er Professor für Komposition an der Nordwestdeutschen Musikakademie Detmold, 1957 an der Musikhochschule Freiburg i. Br., wo er bis 1973 wirkte. Nach dem Tode K. A. Hartmanns übernahm F. 1964 mit E. Thomas die Leitung der Musica viva-Reihe in München. F. erhielt zahlreiche Auszeichnungen, u. a. mehrere Kunstpreise und die Ehrendoktorwürde der Universitäten Heidelberg und Freiburg. Er war 1957–71 Präsident der deutschen Sektion der IGNM, gehörte 1967–69 dem Kulturpolitischen Ausschuß des Auswärtigen Amtes an und wurde 1955 Mitglied der Akademie der Schönen Künste in Berlin.

WW: **1) Instr.-WW:** Für Klv.: *Sonatina* (1935); *Kammermusik* (1944); *7 Elegien* (1950); *Epigramme* (1964). – Für Org.: *Toccata u. Fuge* (1930); *Praeambel und Fuge* (1935); *Intermezzi*

(1962). – Für Vc.: Suite (1932); *Thema und Variationen* (1975); 4 Streichquartette (1929, 1938, 1948, 1975); *New Delhi-Musik* (1959) für Fl., V., Vc. u. Cemb.; *Hymnus* (1976) für 3 Trp. u. 3 Pos.; Sonate (1945) für V. u. Klv.; *Zyklus* (1964) für Vc. u. Klv., bearb. für Vc., Bläser, Harfen u. Schlagzeug (1969); *9 Inventionen u. 1 Anhang* (1976) für 2 Fl.; Trio für V., Vc. u. Klv. (1978). – Für Orch.: Konzert für Org. u. Streichorch. (1932), bearbeitet als Konzert für Cemb. (1935); Konzert für V. u. Kammerorch. (1946); *Phantasie über die Tonfolge b-a-c-h* (1950) für 2 Klv., 9 Solo-Instr. u. Orch.; Konzert für Vc. u. Orch. (1951); *Mouvements* (1953) für Klv. u. Orch.; *Aulodie* (1960) für Ob. u. Orch., Neufassung (1966); *Prismen* (1974) für Solo-Instr. u. Orch.; Suite (1930) (nach Musik v. J. P. Sweelinck); Capriccio u. Finale (1939); Sinfonie (1947); *La Cecchina* (1954) (it. Ouvertüre nach N. Piccinni); *Impromptus* (1957); *Triplum* (1965/66) mit obligaten Klv.en; *Immagini* (1966/67) für Streichorch.; *Marginalien* für Orch. (Dem Andenken eines guten Hundes) (1969); *Triptychon* (1977). – **2) Vokal-WW:** *Fragment Maria* (Text: M. Raschke), Kammer-Kantate für Sopran u. 8 Instr. (1929); *4 Gesänge* (Text: Hölderlin) für tiefe St. u. Klv. (1933); *Shakespeare-Songs* (1946) für mittlere St. u. Klv.; *2 Exerzitien* (Text: B. Brecht) für Sopran, Mezzosopran, Alt u. Kammerorch. (1948); *Mitte des Lebens* (1951) (Text: Hölderlin), Kantate für Sopran u. 5 Instr.; *Isaaks Opferung,* Oratorische Szene nach der Vulgata (1952) für Alt, Tenor, Baß mit Begleitung von 40 Instr.; *The Creation* (1954) (Text: J. Weldon Johnson) für mittlere St. u. Orch.; *Prélude u. Elegie* (1959), Parergon zu *Impromptus* nach Hölderlin für großes Orch. mit Sopran; *Terzinen* (1965) (nach H. von Hofmannsthal), 4 Gesänge mit Zwischenspiel für Männerst. u. Klv.; *„Versuch eines Agon um ...?“* (1973) für 7 Sänger u. Orch.; *Machaut-Balladen* (1973) für Gesang u. Orch.; *Grenzen der Menschheit* (nach Goethe) (1930), Kantate für Bar., 5st. gem. Chor u. Orch.; *Eine deutsche Liedmesse* (1934) für gem. St. a cap.; *Nuptiae Catulli* (1937) für Tenor, Kammerorch. u. Kammerchor; *Herr, bleibe bei uns* (1945), *Geistliche Abendmusik* für tiefe St., Chor u. Org., Str. ad. lib; *An die Nachgeborenen* (Text: B. Brecht), Kantate für Sprecher, Tenor, 4st. Chor u. Orch.; *Chant de naissance* (Text: Saint-John Perse), Kantate für Sopran, V., Streichorch., 5st. Chor, Bläser, Schlagzeug u. Harfe (1958); *Pfingstgeschichte* (1962/63) (nach Lukas) für Tenor, 6st. Chor, Kammeroch. u. Org.; *Gladbacher Te Deum* (1973) für Baßbar., Chor, elektronische Klänge u. Orch. – **3) Bühnen-WW:** Opern: *Bluthochzeit* (nach F. García Lorca), UA: Köln 1957; *Corinna* (nach G. de Nerval), UA: Berlin 1958; *In seinem Garten liebt Don Perlimlín Belisa* (nach F. García Lorca), UA: Schwetzingen 1962; *Elisabeth Tudor* (Libr.: M. Braun), UA: Berlin 1972; *That Time* (Libr.: S. Beckett), UA: Baden-Baden 1977. – Ballette: *Die weiße Rose* (nach dem Märchen *Der Geburtstag der Infantin* v. O. Wilde), UA: 1950; *Die Witwe von Ephesus* (G. Weil nach Petronius), UA: 1952; *Carmen* (Bizet-Collagen, Ballett v. J. Cranko, Musik zus. mit W. Steinbrenner), UA: 1971; ferner ein Schulspiel mit Musik in 3 Akten *Creß ertrinkt*, UA: 1931. – **4) Aufsätze:** *Kompositorischer Werkunterricht*, in: Musik u. Volk (1934) September-Oktober-H.; *Die Wandlung des musikal. Materials,* in: Melos 18 (1951); *Kompositionslehrer in der Zwickmühle,* in: ebd. 22 (1955); *Revolution – aber mit Phantasie,* in: ebd. 23 (1956); *Subtilste Verständigung,* in: Akzente 2 (1957); *Geistliche Musik heute,* in: Die Stimme der Komponisten (Rodenkirchen 1958) (= Kontrapunkte 2); *Musikerziehung in der Sowjetunion,* in: Musik im Unterricht 52 (1961); *Die Weltsprache der Neuen Musik,* in: Das musikal. Selbstporträt, hrsg. v. J. MÜLLER MAREIN – H. REINHARDT (H 1963); *Noch immer braucht Musik den Interpreten,* in: Das Orchester 12 (1964). – **5) Editionen:** *Instrumental-Spielbuch,* 3 H. (leichte Originalsätze des 16. bis 19. Jh. für Orch.); A. Vivaldi, 6 Konzerte op. 10; J. Mattheson, Große Generalbaß-Schule, Praktischer Teil I (auch neu bearb.); *3 Gedichte v. Michelangelo* für Bar. u. Klv. v. H. Wolf (Instrumentation für Orch.).

F., der von seinem eigenen musikalischen Stil feststellt, er verzichte auf jede Rechtfertigung durch ein kompositorisches System und lebe einzig von der Überzeugungskraft der künstlerischen Aussage, gestaltet auch seinen Unterricht gemäß der Auffassung, in der Musik sei alles möglich geworden, nur müsse es logisch und satztechnisch überzeugend sein. Daher wurde er nicht Begründer einer „Komponistenschule“, sondern wies seine Schüler, u. a. H. W. Henze, A. Reimann und R. Kelterborn, in der Vermittlung von Erfahrungen aus der Entwicklung der modernen Musik bei gleichzeitiger Berücksichtigung der musikalischen Tradition auf eigene Wege. Sein kompositorischer Stil blieb bis etwa 1947 von P. Hindemith und I. Strawinsky beeinflußt, seit der *Sinfonie* findet A. Schönbergs Prinzip der Dodekaphonie Berücksichtigung. F. modifiziert jedoch die strenge Zwölftontechnik durch das „Ausschneiden eines Modus aus zwölf Tönen“ und durch „Interpolieren von mehreren Reihenabschnitten auf verschiedenen Transpositionsstufen“ und erreicht damit die „harmonische Festlegung eines Ausschnitts“. Auf der Suche nach neuen Mitteln der musikalischen Aussage wandte sich F. auch der Aleatorik und der elektronischen Musik zu *(Gladbacher Te Deum, Marginalien)*.

Lit.: W. F., Eine Monographie, Werkanalysen, Aufsätze, hrsg. v. H. LINDLAR (Rodenkirchen 1960) (= Kontrapunkte 4) (mit Werk-Verz.); W. F. Werk-Verz. mit Vorwort v. E. Thomas (Mz 1977). – F. DÖHL, Oper als lyrisches Kammerspiel, in: NZfM 125 (1964) (zu Don Perlimplín); U. DIBELIUS, Moderne Musik 1945–65 (Mn 1966); G. SCHUHMACHER, F.s instrumentales Werk, in: Melos 34 (1967); F. KAUFMANN, F.s „Deutsche Liedmesse“, in: MS 91 (1971); U. STÜRZBECHER, Werkstattgespräche mit Komponisten (Kö 1971); R. U. RINGGER, W. F. Musiker der Vielfalt. Ein Portrait im Überblick, in: NZfM 133 (1972); F. W. KORFF, Agon in Silben, in: Melos 41 (1974); W. LUDEWIG, Zwischen Tradition u. Fortschritt. Zum 70. Geburtstag v. W. F., in: Melos/NZ 3 (1977); Dem Publikum Gewohnheiten abgewöhnen. Gespräch mit W. F., in: NMZ (1980) H.e 1 u. 2.

K. LANGROCK

FÖRTSCH, Johann Philipp, getauft 14. 5. 1652 Wertheim am Main, † 14. 12. 1732 Eutin; dt. Komponist. F. studierte 1671–74 Jura und Medizin in Jena und Erfurt und erhielt anschließend wahrscheinlich musikalischen Unterricht von J. Ph. Krieger in Bayreuth. 1678 kam er nach Hamburg, wirkte dort als Tenorist der Ratskapelle und als Sänger, Komponist und Librettist an der neu eröffneten Oper (12 seiner Textbücher sind nachweisbar). 1680 wurde er als Nachfolger J. Theiles Hofkapellmeister in Gottorf (Schleswig-Holstein), 1689 Hofarzt und 1692 Leibarzt und Hofrat im Dienst des Lübecker Bischofs in Eutin. F.s geistliche Vokalwerke sind eine wichtige Station im Übergang vom deutschen geistlichen Konzert des

17. Jh. zur protestantischen Kirchenkantate der Bachzeit.

WW: **1) Bühnen- u. Vokal-WW:** Die 11 nachweislich in Hamburg aufgeführten Opern sind verschollen, seit 1939/45 auch bis dahin noch erhaltene 20 einzelne Arien daraus (Proben bei H. Ch. Wolff, s. u. Lit.); 82 geistliche Kantaten (1686–88) (hsl. in Berlin, Staatsbibl.), gedruckt wurde die Trauerkantate *Ich vergesse was dahinden ist* für 5 St., 4 Violen u. B.c. (Schleswig 1682). – **2) Instr.-WW** (hsl. erhalten): 32 Kanons u. ein Canon perpetuus über *Christ, der du bist der helle Tag;* weitere Kontrapunktstudien.

Ausg.: Kantaten *Siehe, um Trost war mir sehr bange,* hrsg. v. H. KÜMMERLING (B 1957); *Aus der Tiefe rufe ich,* hrsg. v. DEMS. (Gö 1957).

Lit.: F. ZELLE, J. Ph. F. (B 1893); A. SOLTYS, Georg Oesterreich ..., in: AfMw 4 (1922); C. WEIDEMANN, Leben u. Wirken des J. Ph. F. (Kas 1955); H. KÜMMERLING, J. Ph. F. als Kantatenkomponist (Diss. Hl 1956); H. CH. WOLFF, Die Barockoper in Hamburg, 2 Bde. (Wb 1957); H. KÜMMERLING, Kat. der Slg. Bokemeyer (Kas 1970) (= Kieler Schriften zur Musikwiss. 18).

FORTSPINNUNG, Bz. für ein melodisches Gestaltungsprinzip, bei dem ein aufgestellter thematischer Gedanke nicht aufgegriffen und zielgerichtet abgewandelt, sondern durch einen freien, meist sequenzierenden Bewegungsablauf weitergeführt wird. W. Fischer hat dieses Verfahren vor allem an den Ritornellen der Konzert- und Arienformen der 1. Hälfte des 18. Jh. untersucht und daraus einen für diese Zeit charakteristischen Formtypus abgeleitet, den er dem zweiteilig-symmetrischen Liedtypus (mit Vorder-Nachsatz-Verhältnis) gegenüberstellte. Der Fortspinnungstypus ist gekennzeichnet durch einen motivisch geprägten Beginn (Vordersatz), der in die F., eine Folge von Sequenzen in gesteigerter Bewegung, übergeht und meist durch einen zusammenfassenden Epilog aufgefangen und abgeschlossen wird.

Fr. Blume hat dagegen den Begriff allgemeiner definiert als ein „Verfahren der Aneinanderfügung an sich unbezogener, selbständiger Glieder, ein Nacheinander von Motiven, die nicht substanzverwandt zu sein brauchen und die erst durch ihre Stellung im Zusammenhang aufeinander bezogen werden". Den polaren Gegensatz dazu stellt das Prinzip der Entwicklung dar, ein „Verfahren der allmählichen Umbildung eines Ausgangsgliedes zu weiteren, ihm substanzverwandten und auf es bezogenen Gliedern". F. und Entwicklung sind nach Blume fundamentale Gestaltungsprinzipien, die „unmittelbar der natürlichen Anlage des Schaffenden" entspringen und als solche Grundbegriffe einer Stilkunde der Musik darstellen.

Lit.: W. FISCHER, Zur Entwicklungsgesch. des Wiener klass. Stils, in: StMw 3 (1915); E. KURTH, Grundlagen des linearen Kontrapunktes (Be 1917, [4]1948); F. BLUME, F. u. Entwicklung, in: Jb. Peters 36 (1929).

E. PLATEN

FORTUNATUS, Venantius, ↗Venantius Fortunatus.

FORTUNE, Nigel, * 5.12.1924 Birmingham; engl. Musikforscher. F. erwarb 1950 das Diplom für Musik an der Universität Birmingham. Anschließend studierte er Musikwissenschaft in Cambridge und promovierte dort 1954. 1956–59 war er Musikbibliothekar an der Londoner Universität, anschließend Lektor und seit 1969 Reader an der Universität Birmingham, 1957–71 auch Sekretär der Royal Music Association.

WW: **1) Schriften:** *Italian Secular Song from 1600 to 1635. The Origins and Development of Accompanied Monody* (C 1954); *Canto italiano del secolo XVII,* in: ML 35 (1954); *Italian 17th Century Singing,* in: ebd.; *A New Purcell Source,* in: MR 25 (1964); *Solo Song and Cantata,* in: The Age of Humanism 1540–1630, hrsg. v. G. Abraham (Lo 1968) (= New Oxford History of Music 4). – Mit D. Arnold zus. gab F. heraus: *The Monteverdi Companion* (Lo – NY 1968) u. *The Beethoven Companion* (Lo 1971). – **2) Editionen:** *J. Dowland, Ayres for Four Voices* (1953) (= Mus. Brit. 6) (zus. mit Th. Dart); Purcell-GA, Bde. 28–30 (1959–65) (zus. mit A. Lewis).

FORZA DEL DESTINO, LA, Oper von G. Verdi; dt. Titel: Die ↗Macht des Schicksals.

FORZATO (it.); Vortrags-Bz.: ↗sforzato.

FOSS (eig. Fuchs), **Lukas,** * 15.8.1922 Berlin; amerik. Komponist und Dirigent. Er studierte bis 1937 am Pariser Conservatoire, anschließend bis 1940 am Curtis Institute of Music in Philadelphia, war außerdem an der Yale University in New Haven Kompositionsschüler von P. Hindemith und wurde am Berkshire Music Center in Tanglewood bei S. Kussewitzki als Dirigent ausgebildet. 1950–52 war er als Fulbright-Stipendiat in Rom, 1953–62 Professor für Komposition an der University of California in Los Angeles. 1963 übernahm er das Buffalo Philharmonic Orchestra, 1972 das Rundfunkorchester in Jerusalem. Seine am nachhaltigsten von P. Hindemith beeinflußten Kompositionen zeigen neoklassizistische Züge im Stil der Werke der mittleren Schaffenszeit I. Strawinskys.

WW: **1) Instr.-WW:** Klv.-Stücke (NY 1946); *Dedication* für V. u. Klv. (NY 1945); Capriccio für Vc. u. Klv. (NY 1946); 4 Präludien

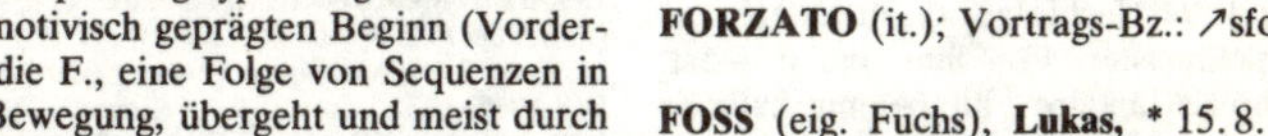

J. S. Bach, *Konzert C-Dur für 2 Klaviere,* BWV 1061

(1940) für Fl., Klar. u. Fag. (hsl.); Streichquartett (1947); *Ode* (1946) für Orch.; Ob.-Konzert (1948); Klv.-Konzert Nr. 2 (1951–52); *Symphony of Chorales* (1956–58) für Orch. (nach Bach-Chorälen); Concerto (1960) für improvisierende Instr. u. Orch.; *Echoi* (1961–63) für Klar., Vc., Schlagzeug u. Klv.; *Elytres* (1964) für 11–22 Spieler (4 Gruppen); *For 24 Winds* (1966), 1. Fassung als *Stillscape;* Vc.-Konzert (1966); *Geod* (1969) für einen Prinzipaldirigenten, 4 Subdirigenten u. 4 Orch.-Gruppen, Fassung mit Chor ad lib. (1973); *M. A. P.* (Men at Play) (1970) für 4–6 Spieler u. Tonband; Bläserquintett *The Cave of the Winds* (1972); 4 Etüden für Org. (1973). – **2) Vokal-WW:** Kantaten: *The Prairie* (1942) für Soli, Chor u. Orch.; *Song of Anguish* (1945) für Bar. u. Orch.; *Song of Songs* (1946); *Time Cycle* (1960), 4 Gesänge für Sopran u. Orch. (NY 1962); *Fragments of Archilochos* (1965) für Kontratenor, Sprecher, Sprecherinnen, 4 kleine Chöre, großen Chor ad lib., Mandoline, Gitarre u. Schlagzeug; *Lamdeni* (teach me) (1973) für Chor u. „plucked and beaten sounds (Any mixture)" (nach Synagogengesängen des 12. Jh.). – **3) Bühnen-WW:** Opern: *The Jumping Frog of Calaveras County* (1949) (nach M. Twain); *Griffelkin*, UA: NBC-Fernsehen 1955 u. Tanglewood/Mass. 1956.

Lit.: Werk-Verz., in: Compositores de América 6 (Washington/D.C. 1961) u. in: Bol. interamericano de música (1961) Nr. 25. – L. MORTON, L. F.'s „A Parable of Death", in: MQ 39 (1953); M. GRÄTER, L. F., in: Melos 21 (1954); G. CHASE, in: Die Musik Amerikas (B 1958); R. BREUER, in: Melos 28 (1961) (zu „Time Cycle"); M. H. WENNERSTROM, Parametrical Analysis of Contemporary Musical Form (1967) (= Diss. Indiana Univ.) (mit Analyse des „Echoi").

FOSSA, Johannes de, † 1603 München; ndl. (?) Komponist. Er ist möglicherweise identisch mit Jean de Fosses, der 1557 als Sänger der Kapelle Herzog Emmanuel Philiberts von Savoyen erwähnt wird. 1569 wurde er 2. Kapellmeister am Münchener Hof, dort 1594 Nachfolger O. di Lassos und 1597 Oberkapellmeister. Von ihm sind 6 4–5st. Messen, mehrere andere kirchenmusikalische Werke (Motetten, Magnificats, Litaneien, Antiphonen) und 2 weltliche Gesänge hsl. bzw. in deutschen Sammeldrucken des späten 16. und frühen 17. Jh. erhalten.

Ausg.: *Litaniae de Beata Virgine*, hrsg. v. K. PROSKE, in: Musica Divina 4 (1853); dass., in: MALDEGHEM Trésor (1886).

Lit.: CH. VAN DEN BORREN, F., in: MGG IV.

FOSTER, Arnold Wilfred Allen, * 6. 12. 1898 Sheffield, † 30. 9. 1963 Westminster (London); engl. Komponist. F. war in London Kompositionsschüler von R. Vaughan Williams am Royal College of Music, 1928–40 Musikdirektor am Morley College und Leiter des von ihm gegründeten English Madrigal Choir. 1945 wurde er Musikdirektor am London University Institute of Education und gründete im gleichen Jahr den Arnold Foster Choir. F.s Kompositionen sind häufig vom englischen Volkslied inspiriert. Neben eigenen Werken schrieb er auch mehrstimmige Bearbeitungen von Volksliedern aus England und von der Insel Man. Er gab ferner 3 Bände mit Volksliedern von der Insel Man und 5 Bände mit Tanzliedern heraus.

WW: *Three Moods* (1925) für Klv.; Suite für Str. nach engl. Volksweisen (1930); *Autumn Idyll* (1927), neue Fassung (1930) für Kammerorch.; *Variations on Elisabethan Airs by G. Farnaby* (1957) für 5 Bläser; für Orch.: Klv.-Konzert auf Country-Dance-Weisen (1930); *A Sword Dance Suite* (1936); *A Playford Suite* (1956); *Three Festive Carols* (1946) für Chor u. Orch.; *The Fairy Island* (1947) für Frauenchor u. Orch.; Ballad Opera *Lord Bateman* (1955) u. ein Ballett *Midsummer Eve* (1936).

FOSTER, Stephen Collins, * 4. 7. 1826 Lawrenceville (Pennsylvania), † 13. 1. 1864 New York; amerik. Komponist. F. schrieb u. a. etwa 200 Lieder (zu den meisten auch die Texte), von denen einige in Amerika volkstümlich und auch über Amerika hinaus populär geworden sind. Sie sind vor allem von der afro-amerikanischen Musik inspiriert; daneben findet sich auch der Einfluß des bürgerlichen Salons, z. B. in *Jeanie with the Light Brown Hair* (1854). Besondere Erfolge waren u. a. *Old Folks at Home* (1851), *My Old Kentucky Home, Old Black Joe* (1860) und *Massa's in the Cold Ground.*

Ausg.: M. FOSTER, Biography, Songs and Musical Compositions of S. C. F. (Pittsburgh ²1896, Nachdr. NY 1977); Songs of S. C. F., hrsg. v. W. EARHART – E. B. BIRGE (Indianapolis 1934); The Songs of S. F., hrsg. v. A. WIER (NY 1935); The Unknown F., hrsg. v. J. BEHREND (Bryn Mawr/Pa. 1964) (darin 7 Lieder).

Lit.: W. R. WHITTLESEY – O. G. SONNECK, Catalogue of First Editions of S. F. (Washington 1915, Nachdr. NY 1971); J. T. HOWARD, S. F., American's Troubadour (NY 1934, NA NY 1954); DERS., S. F. and His Publishers, in: MQ 20 (1934); G. P. JACKSON, S. F., Youth's Golden Dream (Princeton/N. J. 1936); E. F. MORNEWECK, Chronicles of S. F.'s Family, 2 Bde. (Pittsburgh 1944, Nachdr. NY 1973); J. T. HOWARD, The Literature on S. F. (Washington 1944); P. GREEN, The S. F. Story (NY 1960); L. LAMME, S. F. (Boynton Beach/Fla. 1969); S. WEIDNER, S. F. (Au 1973); W. W. AUSTIN, „Susanna", „Jeanie", and „The Old Folks at Home": The Songs of S. C. F. from His Time to Ours (NY 1975).

FŒTISCH, Charles, * 24. 11. 1838 Ballenstedt am Harz, † 13. 10. 1918 Pully bei Lausanne; Schweizer Musikverleger dt. Herkunft. Er erwarb in Lausanne die Musikalienhandlungen Delavaux und Hoffmann. Vier seiner Söhne führten das Geschäft fort und gründeten den Musikverlag *Fœtisch Frères* (seit 1905 Fœtisch Frères S. A.), der vor allem die Chormusik pflegt und auch Werke von A. Honegger (*Le Roi David,* 1921 und *Nicolas de Flue,* 1939) herausgab. Zwei Enkel von Charles gründeten 1947 einen neuen Verlag, *Maurice et Pierre Fœtisch,* der sich auf zeitgenössische Schweizer Musik und auf musikgeschichtliches Schrifttum spezialisiert hat.

FOUCQUET, Organisten- und Clavecinistenfamilie des 17. und 18. Jh. in Paris. Besonders zu erwähnen sind: **1) Pierre,** † 1734 oder Anfang 1735 Paris. Er war zunächst Organist an St-Eustache als Nach-

Carlo Maria GIULINI gilt als Dirigent sowohl im internationalen Konzertbetrieb als auch in der Opernszene als besonders durchgeistigt (Foto: Sony Classical).

In der Oper DER FERNE KLANG von Franz Schreker zeigte die Sopranistin Catherine Malfitano eine überragende Leistung (Foto: Österreichischer Bundestheaterverband / Axel Zeininger).

Dietrich FISCHER-DIESKAU, Bariton, wird als der bedeutendste Liedsänger seiner Generation gerühmt (Foto: Sony Classical).

Glenn GOULD ist als Pianist und Musikgestalter eigenwilligste, immer aber faszinierende Wege gegangen (Foto: Sony Classical).

folger seines Vaters Antoine († um 1708), und 1707–08 von L. Marchand an St-Honoré. Seine je 2 *Sonates à violon seul* und *Sonates à deux violons et basse continuo* (Kat. Brossard, Bibl. Nat., Paris) gelten als verschollen; zugeschrieben werden ihm 3 *Airs sérieux et à boire* (P 1703 und 1711). – **2) Pierre-Claude,** Sohn von 1), * 1694 Paris, † 13.2.1772 ebd. Er ist das bedeutendste Mitglied der Familie (er wird u.a. bei L. Dacquin, Fr. W. Marpurg und Ch. Burney erwähnt). 1723 wurde er Organist an St-Victor, dann an St-Honoré, um 1750 an St-Eustache, 1758 der Königlichen Kapelle und 1761 an Notre-Dame. Außer durch einige Airs wurde er vor allem bekannt durch seine von Fr. Couperin und J.-Ph. Rameau stark beeinflußten 3 Bücher *Pièces de clavecin* (geschrieben 1742–58). Sein Stil ist graziös, reich ornamentiert und humorvoll und zeigt gern malerische Effekte, reicht jedoch nicht an seine Vorbilder heran.

Lit.: G. SERVIÈRES, Documents inédits sur les organistes français des XVIIe et XVIIIe siècles (P 1923); A. PIRRO, Les clavecinistes (P 1924); F. RAUGEL, Les grandes orgues des églises de Paris et du département de la Seine (P 1927); CH. BOUVET, Musiciens oubliés, Musique retrouvée 1 (P o.J.).

FOUQUÉ, Friedrich Heinrich Karl Freiherr **de la Motte,** * 12.2.1777 Brandenburg, † 23.1.1843 Berlin; dt. Dichter. Er stammte aus einer französischen Emigrantenfamilie. Bis 1802 diente er in der preußischen Armee. Seit 1804 verkehrte er in den romantisch-literarischen Zirkeln in Berlin und übte dort starken Einfluß u.a. auf Eichendorff und Chamisso aus. 1834–40 lebte er in Halle, dann rief ihn König Friedrich Wilhelm IV. nach Berlin. Für E. Th. A. Hoffmann arbeitete er seine Märchennovelle *Undine* (1811) zu einem Opernlibretto (1813/14) um. Das nochmals von ihm selbst überarbeitete Libretto wurde später u.a. auch von A. Lortzing (1845) und P. Tschaikowsky (1869), in jüngster Zeit noch von H. W. Henze (Ballett *Undine,* 1958) verwendet.

Ausg.: Ausgew. WW, hrsg. v. W. ZIESEMER, 3 Bde. (o.O. 1908).

Lit.: W. PFEIFER, F.s Undine (Hei 1903); W. REICH, Neues Material über F. de la M. F., in: BzMw 4 (1962); W. W. CHAMBERS, Die Dramen v. F. de la M. F., in: Maske u. Kothurn 10 (1964).

FOURIERANALYSE, Bz. für eine von dem französischen Mathematiker und Physiker Jean-Baptiste Fourier (1768–1830) entwickelte mathematische Methode, mit der alle periodischen Vorgänge (z.B. Schwingungen einer Saite) als endliche oder unendliche trigonometrische Reihe darstellbar sind. Diese Formeln gelten streng genommen nur für „stationäre“, d.h. unendlich lang andauernde periodische Vorgänge, können aber auch für die im musikalischen Bereich vorkommenden, zeitlich begrenzten Klänge angewandt werden, die man deshalb als „quasistationär“ bezeichnet. – ↗Frequenzspektrum.

FOURNIER, Pierre, * 24.6. 1906 Paris, † 8.1. 1986 Genf; frz. Violoncellist. Er studierte am Pariser Conservatoire, trat seit 1925 öffentlich auf und lehrte selbst 1941–49 am Conservatoire. Danach widmete er sich als Solist und Kammermusiker ganz seiner weltweiten Konzerttätigkeit. F., der zu den bedeutendsten Cellisten der Gegenwart zählt, interpretierte neben dem klassischen Repertoire (darunter oft J. S. Bachs Suiten für Violoncello solo) auch Werke der Moderne (u. a. von B. Martinů und E. Bloch). Zeitweise bildete er mit A. Schnabel und J. Szigeti ein Trio.

Lit.: B. GAVOTY – R. HAUERT, P. F. (G 1955, dt. F 1955).

FOURNIER, Pierre Simon, genannt „le Jeune“ (der Jüngere), * 15.9.1712 Paris, † 8.10.1768 ebd.; frz. Stecher und Schriftgießer. F. führte in den französischen Musikdruck die Notentypen mit runden Köpfen ein. Im Unterschied zu den noch vom Verlag Ballard verwendeten quadratischen und rhombischen Noten waren sie mehr den geschriebenen und gestochenen Notenformen der damaligen Zeit angepaßt.

Schriften: *Essai sur un nouveau caractère de fonte pour l'impression de la musique* (P 1756); *Traité historique et critique sur l'origine et les progrès des caractères de fonte pour l'impression de la musique* (P 1765) (Auseinandersetzung mit den Vorwürfen Ballards u. a.); *Manuel typographique... de l'art de typographie,* 2 Bde. (P 1764–66).

Lit.: P. BEAUJON, P. S. F.... and the XVIIIth Century French Typography (Lo 1926); B. GUÉGAN, Histoire de l'imprimerie de la musique, in: Arts et métiers graphiques (1934) Nrn. 39 u. 41.

FOXTROTT (engl., = Fuchsgang), Gesellschaftstanz im geraden Takt (4/4 oder alla breve), afroamerikanischen Ursprungs, der nach dem Ersten Weltkrieg weltweite Popularität erlangte und noch heute zum festen Repertoire der Gesellschafts- und Turniertänze gehört. Wie viele andere Modetänze des frühen 20. Jh. ahmt er Tierbewegungen nach. Seine musikalischen Wurzeln liegen im ↗Ragtime und in der amerikanischen Marschmusik, etwa in den Märschen John Philipp Sousas. Die Tänzer Irene und Vernon Castle, die möglicherweise einige Schrittmuster erfunden haben, trugen zu seinem Bekanntwerden wesentlich bei. – 1924 wurde nach dem Vorbild des Onestep das Tempo des F.s schneller, wobei die Schrittfolge sich vereinfachte. Es entstand der *Quickstep,* der seit etwa 1927 fest definiert ist und in Deutschland den Namen F.

behielt. Für den eigentlichen, langsameren F. bürgerte sich der Name *Slowfox* ein. Beim Internationalen Turniertanz gilt heute für den Quickstep das Tempo ♩ = ca. 104 MM. – Bis in die 20er Jahre hinein stand die Ausführung des F.s wesentlich im Belieben der Tänzer, wobei die einfachen Grundschritte (4 langsame Schritte, 7 schnelle und ein „dip" im Knie, die auf 4 Takte verteilt sind) durch die Chassés des Twostep und alle nur möglichen Figuren aus anderen Tänzen ergänzt wurden. Seit 1929 ist die Schrittfolge festgelegt: Gehschritt, Dreierschritt, Rechts- und Linksdrehung, Federschritt und rückwärtige Welle. – Viele Schlager, zu denen der F. getanzt wurde (Grundpattern: ♩ ♫♩♩), gingen in das Standardrepertoire des Jazz ein: z.B. *Dinah, Tea for Two* oder *Sweet Georgia Brown.* Viele Komponisten griffen in den 20er Jahren den F. auf und integrierten ihn in stilisierter Form in ihre Kompositionen, u.a. G. Auric (*Adieu New York,* 1919), B. Blacher (*Jazz-Koloraturen* op. 1, 1929), P. Hindemith (*Tanz der Holzpuppen,* 1922), M. Ravel (*L'Enfant et les Sortilèges,* 1925), E. Schulhoff (*Suite dansante pour piano,* 1931).

Lit.: G. A. MASSON, La philosophie du fox-trot, in: Revue mondiale 2 (1920); A. HOÉRÉE, Le jazz, in: RM 8 (1927); M. WILK, Memory lane, 1890 to 1925. Ragtime, Jazz, F. and Other Popular Music and Music Covers (Lo 1973). U. KURTH

FRACASSINI, Aloisio Lodovico, * 1733 Orvieto, † 9. 10. 1798 Bamberg; it. Komponist. Er war Violinschüler von G. Tartini, wurde 1757 Erster Violinist in der Kapelle des Fürsterzbischofs von Würzburg und nahm dort bald eine führende Stellung ein. 1779 ließ er sich in Bamberg nieder, wo er die vom Niedergang bedrohte Hofkapelle wieder auf ein hohes musikalisches Niveau führte. Von F. erschienen im Druck *Vesperlieder* für 2 St. (Wü 1779), andere Werke, darunter die Oper *Il natal di Giove,* sind verschollen.

Lit.: J. H. JÄCK, Leben u. Werke der Künstler Bambergs 1 (Erl 1821); E. FREIHERR VON MARSCHALK, Die Bamberger Hofmusik (Bamberg 1885); H. DENNERLEIN, J. Umstatt, Bambergs bedeutendster Barockkomponist, in: Fränkische Blätter 15 u. 16 (ebd. 1952).

FRA DIAVOLO ou L'Hôtellerie de Terracine, Opéra-comique in 3 Akten von Daniel François Esprit Auber (1782–1871), Text von Eugène Scribe (1791–1861). Ort der Handlung: ein Dorf bei Terracina in Mittelitalien. Zeit: 1806. UA: 28. 1. 1830 in Paris (Opéra-Comique, Salle Ventadour), dt. EA (in dt. Sprache): 16. 7. 1830 in Berlin (Königstädtisches Theater), Übersetzung: K. A. Ritter. In Deutschland bekannter wurde die Übersetzung von C. L. Blum für die Aufführung vom 3. 8. 1830 in Berlin (Königliches Opernhaus). Das Stück um den historischen Banditen Fra Diavolo (eig. Michele Pezza – hingerichtet am 11. 11. 1806 in Neapel) ist Aubers erfolgreichste Opéra-comique. Das in jedem Augenblick heiter-elegante Spiel mit seinen brillanten ironischen Charakterzeichnungen unterhält durch seinen Spannungsreichtum und seinen Witz. Die Figur des reichen Engländers im Ausland ist eine der gelungensten Karikaturen auf der Opernbühne. Räuberromantik und Don-Juan-Eigenschaften des Titelhelden führen zu einer Atmosphäre, die musikalisch treffend und einfallsreich ausgestaltet wird. *Fra Diavolo* wurde vielfach bearbeitet: Auber selbst adaptierte 1858 für den ursprünglich gesprochenen Auftritt der Briganten im 1. Akt ein Trio aus seiner Opéra-comique *Les Chaperons Blancs* (UA: 9. 4. 1836 in Paris). Der Schluß der Oper ist in drei Spielarten bekannt: Nach dem Original wird – gattungsgemäß – Fra Diavolo in eine Falle gelockt und verhaftet; in späteren Bearbeitungen ließ man den Helden durch einen Gewehrschuß sterben. Nicht durchzusetzen vermochte sich die Happy End-Version nach der Neubearbeitung des Tenors Helge Rosvaenge (Berlin, Staatsoper, 1935). – Viele Nummern der Oper wurden beim zeitgenössischen Publikum zu Schlagern; die Ouverture, die Romanze des Lorenzo *Pour toujours, disait-elle (Ewig will ich Dir gehören),* die Barcarole des Marquis *Agnès la jouvencelle (Dorina, jene Kleine)* und die Romanze *Voyez sur cette roche (Erblickt auf Felsenhöhen)* (Zerline/Marquis) erfreuen sich bis heute großer Beliebtheit. R. QUANDT

FRAGER, Malcolm, * 15. 1. 1935 Clayton (Missouri); amerik. Pianist. Er erhielt seine Ausbildung 1949–55 bei C. Friedberg, gewann u.a. 1960 den Concours musical international Reine Elisabeth de Belgique in Brüssel und konzertiert seitdem weltweit mit großem Erfolg.

FRANÇAISE (frz.), ↗Anglaise.

FRANÇAIX, Jean-René, * 23. 5. 1912 Le Mans; frz. Komponist und Pianist. Seit früher Kindheit erhielt er Musikunterricht durch seinen Vater Alfred F., Pianist, Komponist und langjähriger Leiter des Konservatoriums in Le Mans, und durch seine Mutter Jeanne F., Gesangspädagogin und Kirchenchorleiterin. Schon mit 10 Jahren wurde er in das Pariser Conservatoire aufgenommen, wo er Komposition bei N. Boulanger und Klavier bei I. Philipp studierte. Nachdem er als Zwanzigjähriger beim Jahresfest der Internationalen Gesellschaft für Neue Musik (IGNM) in Wien mit Bagatellen für Streichquartett und Klavier (unveröffentlicht) Aufsehen erregt hatte, blieb er Repräsentant seines Landes auf den Programmen der IGNM. N. Boulanger und I. Philipp hatten den überaus leicht komponierenden und pianistisch brillanten jungen F. im Geiste des Neoklassizismus der 1920er Jahre herangebildet. Zwischen den „Neutönern", dem um vier Jahre älteren O. Messiaen und dem um zwölf Jahre jüngeren P. Boulez, wurde er Haupt einer der Jeune France nahestehenden, am altfranzösischen „Faire plaisir" orientierten musikästhetischen Richtung. Schon 1950 war ihm für sein damals auf etwa 60 Titel angewachsenes Gesamtwerk, das heute mehr als 120 Kompositionen aller Werkgattungen umfaßt, der nationale Prix Portique zuerkannt worden. F. verdankt seinen Ruf nicht nur der Komposition vielgespielter heiter-ironischer Klavier- und Kammermusikwerke, Kammeropern und Ballette, sondern gleichermaßen seinen Erfolgen als Pianist, dessen Repertoire Werke von Mozart bis Ravel – beide auch kompositorische Leitbilder für ihn – umfaßt.

WW: **1) Instr.-WW:** Für Klv.: *5 Portraits de jeunes filles* (1936); *Éloge de la danse* (1947); *8 Danses exotiques* (1957) für 2 Klv.; *Insectarium* (1953) für Cemb.; *2 Pièces* (1950) für Gitarre; Sonatine (1934) für V. u. Klv.; *Mouvement perpétuel* (1944) für Vc. u. Klv.; Divertissement (1953) für Fl. u. Klv.; Sonatine (1952) für Trp. u. Klv.; *Canon à l'octave* (1953) für Horn u. Klv.; Streichtrio (1933); Bläsertrio (1947); Streichquartett (1934); Saxophonquartett (1935); Quartett (1970) für Engl. Horn, V., Va. u. Vc.; *Bagatelles* (1931) für Klv. u. Streichquartett; Quintett (1934) für Fl., V., Br., Vc. u. Harfe; Quintett (1948) für Fl., Ob., Klar., Fag. u. Horn; Rondo (1957) für Streichquintett; Divertissement (1942) für Fag. u. Streichquintett; Divertimento (1974) für Fl. u. Kammerorch.; *9 pièces caractéristiques* (1974) für 2 Fl., 2 Ob., 2 Klar., 2 Fag. u. 2 Hörner; *Le gay Paris* (1975) für Trp. u. Bläser; *Aubade* (1976) für 12 Vc.; *Variations sur un thème plaisant* (1977) für Klv. u. Bläser. – Für Orch.: Sérénade (1934); *Les Bosquets de Cythère* (1946); *La doulce France* (1946); *Symphonie d'archets* (1948); *B. E. A., Jeu musical sur 3 notes* (1952); Symphonie (1953); *Si Versailles m'était conté* (1953); *Musée Grévin* (1956); *Hymne solennel* (1956); *6 Grandes Marches* (1957); Concertino (1932) für Klv.; Suite (1934) für V.; *Quadruple Concerto* (1935) für Fl., Ob., Klar., Fag.; Rapsodie (1946) für Br. u. Bläser; *Variations* (1950) für Vc., Klv.; Divertissement (1953) für V. u. Bläser; Concertino (1954) für V.; Thema u. Variationen (1974); Fantasie *La ville mystérieuse* (1974); *Cassazione* (1975); *Chaconne* (1976) für Harfe u. Streichorch.; *Tema avec variazioni* für Klar. u. Kammerorch., UA: Florenz 1978; Konzerte: für Klv. (1936); für Vc. (1954); für Fl. (1966); für Horn (1967); für Klar. (1968); für Harfe (*Jeu poétique en six mouvements* 1969); für Kb. (1974) für V. (1977); für 2 Harfen u. 11 Str., UA: Schwetzingen 1979. – **2) Vokal-WW:** Lieder: *L'Adolescence clémentine* (1942) (Text: C. Marot); *Invocation à la volupté* (1946) (Text: La Fontaine); *5 Poésies de Charles d'Orléans* (1946); *8 Anecdotes de Chamfort* (1949); *Scherzo-Impromptu* (1949) (Text: L. de Vilmorin); *Déploration de Tonton, chien fidèle* (1956) (Text: G. Ravon) u. *Naissance du Poussin* (1957) (Text: M. Drouet); *Chatte blanche* (1957) (Text: Madame d'Aulnoy); *L'Homme entre deux âges* (1958) (Text: La Fontaine) mit Fl. u. Streichquintett; 3 Duos (1934) für 2 Soprane u. Streichquartett; *3 Épigrammes* (1938) für Vokalquartett u. Streichquintett; *2 motets* (1946) für SingSt u. Org.; *5 Chansons pour les enfants* (1932) für 2st. Kinderchor u. Orch.; Oratorium: *L'Apocalypse de saint Jean* (1939); *Les inestimables chroniques du bon géant Gargantua* (1970) für Sprecher u. Streichorch. – **3) Bühnen-WW:** Opern: *Le Diable boiteux* (1937) (nach Le Sage), UA: Paris 1938; *L'Apostrophe* (1940) (nach Balzac), UA: Venedig 1950; *La Main de gloire* (1945) (nach Nerval), UA: Bordeaux 1950; *Paris à nous deux* (1954), UA: Fontainebleau 1954; Ballette: *Scuola di Ballo* (1933); *Le Roi nu* (nach Andersen), UA: Paris 1936; *Les Malheurs de Sophie* (1935) (nach der Gräfin Ségure), UA: ebd. 1948; *Le Jeu sentimental* (1936), UA: Brüssel 1936; *La Lutherie enchantée* (1936), UA: Antwerpen 1936; *Verreries de Venise* (1938); *Le Jugement du Fou* (1938); *Les Demoiselles de la Nuit* (1948) (nach Anouilh), UA: Paris 1948; *Les Zigues de Mars* (1950); *Le Roi Midas* (1952) (nach Ovid), UA: Straßburg 1957; *Les Dames dans la Lune* (1958), UA: Paris 1958; *Panik* (aus *8 danses exotiques*), UA: Köln 1971; ferner zahlr. Filmmusik.

Lit.: A. MACHABEY, Portraits de trente musiciens français (P 1949); C. DELAHAYE, Le culte de l'originalité en musique. Crédo artistique de J. F., in: SMZ 98 (1958); M. LANJEAN, J. F. (P 1961) (= Élites de notre temps, Musique o. Nr.); W. WÖHLER, J. F. – ein europäischer Franzose, in: Das Orchester 28 (1980).

H. LINDLAR

FRANCESCA DA RIMINI, Oper in zwei Bildern mit Prolog und Epilog von Sergei Rachmaninow (1873–1943), op. 25, Text von Modest Tschaikowski nach einer Episode aus Dantes *Divina commedia* (*Inferno,* Canto V). UA: 11. (24.) 1. 1906 in Moskau.

Der szenisch breit angelegte Prolog sowie der knappe Epilog spielen im Ersten Kreis der Hölle. Dort begegnen Dante und sein Führer Virgil den Schatten eines unglücklichen Liebespaares, dessen irdisches Schicksal im Mittelpunkt des musikalischen Dramas steht: Bei der gemeinsamen Lektüre eines höfischen Romans lassen sich Francesca – die Gattin des Regenten von Rimini – und ihr Schwager Paolo dazu hinreißen, ihre Gefühle füreinander einzugestehen; im Übermaß der Emotionen entschlossen, für einen Kuß selbst auf die Seligkeit des Himmels zu verzichten, sterben sie durch die Hand des ungeliebten und eifersüchtigen Ehemanns Lanceotto und fallen der ewigen Verdammnis anheim. Das Elend der Verzweifelten und das Pathos menschlicher Leidenschaften inspirierten Rachmaninow, in ausgedehnten Chorpartien des Rahmengeschehens sowie im gesteigert expressiven Gesang der drei handelnden Figuren die Grundstimmung des Stücks musikalisch zu intensivieren, die seiner Vorliebe für die Empfindungskategorie des Elegischen merklich entgegenkommt. Dabei bemühte sich der Komponist ebenso um die kontrastierende Darstellung der Charaktere wie um eine ausdeutende Vertonung der Textworte; zudem war er bestrebt, die gestisch-mimisch dargebotenen Vorgänge und das Atmosphärische der illusionierenden Bühne klanglich zu vergegenwärtigen. E. FISCHER

FRANCESCATTI, Zino (René), * 9. 8. 1902 Marseille; amerik. Violinist frz. Herkunft. F.,

Sohn eines Violinisten italienischer Herkunft, erhielt seine Ausbildung bei seinem Vater und in Paris bei J. Thibaud. Er interpretierte bereits als 10jähriger Beethovens Violinkonzert. Seit den 20er Jahren konzertierte er mit großem Erfolg in Europa, bald auch in Süd- und Nordamerika und ließ sich in den USA nieder. Nach dem 2. Weltkrieg konzertierte er regelmäßig auch wieder in Europa. F., der oft mit Br. Walter und R. Casadesus musizierte, interpretierte bevorzugt die virtuosen Konzerte von N. Paganini bis S. Prokofjew.

Lit.: H. REINOLD, in: NZfM 129 (1968).

FRANCESCHINI, Petronio, * um 1650 Bologna, † 25. 1. 1681 Venedig; it. Komponist. Er war Schüler von L. Perti in Bologna und von G. Corsi in Rom; danach kehrte er nach Bologna zurück, wurde dort eines der ersten Mitglieder der Accademia dei Filarmonici und seit 1673 deren Präsident. 1675–80 war er Cellist in der Kapelle von S. Petronio in Bologna. Dann ging F. nach Venedig, wo er den Auftrag für eine Oper *Dionisio* erhalten hatte, die er nicht mehr vollenden konnte.

WW (hsl. in Bologna u. Venedig erhalten): Opern: *Oronte di Memfi,* UA: Bologna 1676; *Arsinoe,* UA: ebd. 1677; mehrere kirchenmusikalische Werke (Messen, Motetten, Offertorien, Pss., Hymnen, Litaneien u. a.); einige Sonaten für mehrere Instr., eine Sonate gedruckt in RISM 1680[7].

Lit.: C. SARTORI, F., in: MGG IV.

FRANCESCO DA MILANO (eig. Francesco Canova), * wahrsch. 18. 8. 1497 Monza, † wahrsch. 15. 4. 1543; it. Lautenist und Komponist. Er stand um 1510 im Dienst des Herzogs von Mantua, um 1530 des Kardinals Ippolito de Medici, um 1535 Ottavio Farneses, schließlich Papst Pauls III.

WW: Ausschließlich Werke für Laute: Ricercari, Fantasien, Intavolierungen von Motetten, Chansons und Madrigalen (u. a. v. Josquin des Prés, C. Janequin, L. Compère), gedruckt in etwa 40 Sammeldrucken 1536–86, in jeweils größerer Zahl u. unter Nennung seines Namens im Titel in RISM 1536[11], 1546[27, 29 u. 30], 1547[21], 1548[13].

F. war nach dem übereinstimmenden Urteil seiner Zeitgenossen der überragende Lautenist in der 1. Hälfte des 16. Jh. Seine Ricercari und Fantasien (die Bezeichnungen werden in seinen Werken ohne klare Unterscheidung verwendet) umfassen sowohl kurze Stücke improvisatorisch-toccatenhafter Art als auch solche größeren Umfangs mit stark imitatorischer Satzweise.

Ausg.: The Lute Music of F. Canova da M., hrsg. v. J. A. NESS, 2 Bde. (C/M 1970) (= Harvard Publications in Music 3–4); Opere complete per liuto, 2 Bde., hrsg. v. R. CHIESA (Mi 1971).

Lit.: O. CHILESOTTI, F. da M., in: SIMG 4 (1902/03) (mit Bearb. v. 10 Fantasien); L. DOREZ, F. da M. et la musique du pape Paul III., in: RM 11 (1930); DERS., La cour du pape Paul III. (P 1932); E. A. WIENANDT, Musical Style in the Lute Compositions of F. da M., 2 Bde. (1951) (= Diss. State Univ. of Iowa); DERS., Perino Fiorentino and His Lute Pieces, in: JAMS 8 (1955); O. GOMBOSI, A la recherche de la forme chez F. da M., in: La musique instrumentale de la Renaissance (P 1955); R. M. MURPHY, Fantasie et recercare dans les premières tablatures de luth du XVIe siècle, in: Le luth et sa musique (P 1958); H. C. SLIM, F. da M. A Bio-Bibliographical Study, in: MD 18–19 (1964–65); H. M. BROWN, Instrumental Music Printed Before 1600. A Bibliography (C/M 1965); Y. GIRAUD, Deux livres de tablatures inconnus de F. da M., in: RMie 55 (1969); H. RADKE, Zu R. Chiesas Ausg. der Lautenkompositionen v. R. da M., in: Mf 26 (1973); H. C. SLIM, F. da M., in: MGG XVI.

FRANCHETTI, Alberto, * 18. 9. 1860 Turin, † 4. 8. 1942 Viareggio; it. Komponist. Nach erster Ausbildung in Venedig studierte er 1880–84 an den Konservatorien in München (bei J. Rheinberger) und Dresden (bei Fr. Draeseke). Seine im Anschluß daran komponierte *Sinfonia* wurde mehrfach in Italien und Deutschland aufgeführt. Seit 1888 wandte F. sich mit *Asrael* der Oper zu. Als sein Hauptwerk gilt *Cristoforo Colombo* (1892). 1926 bis 1928 war F. Direktor des Konservatoriums in Florenz. Seine Musik zeichnet sich durch starken dramatischen Ausdruck und durch eine virtuose Instrumentierung aus.

WW: Opern: *Asrael* (Libr.: F. Fontana), UA: Reggio Emilia 1888; *Cristoforo Colombo* (Libr.: L. Illica), UA: Genua 1892; *Fior d'Alpe* (Libr.: L. Castelnuovo), UA: Mailand 1894; *Il Signor di Pourceaugnac* (Libr.: F. Fontana), UA: ebd. 1897; *Germania* (Libr.: L. Illica), UA: ebd. 1902; *La figlia di Iorio* (nach G. D'Annunzio), UA: ebd. 1906; *Giove a Pompei* (zus. mit U. Giordano), UA: Rom 1921; *Glauco* (Libr.: G. Forzano nach E. L. Morselli), UA: Neapel 1922.

Lit.: L. TORCHI, Germania di A. F., in: RMI 9 (1902); L. TOMELLERI, D'Annunzio e la musica (Tn 1940); G. RONCAGLIA, Dimenticate, in: La Scala (Mi 1950); E. DESDERI, Musicisti piemontesi, A. F., in: Musicalbrandé (Tn 1961); F. CANDIDA, Ottocentista all'indice, in: La Scala 13 (Mi 1961).

FRANCHOIS ↗Lebertoul.

FRANCHOIS, Johannes, ↗Gemblaco.

FRANCHOMME, Auguste Joseph, * 10. (?) 4. 1808 Lille, † 21. 1. 1884 Paris; frz. Violoncellist und Komponist. F. war seit 1825 Schüler am Pariser Conservatoire (u. a. bei J. H. Levasseur). 1727 wurde er Cellist an der Opéra, 1828 am Théâtre-Italien, wo er zum Solocellisten aufstieg. Seit 1846 lehrte er am Pariser Conservatoire. F. war einer der bedeutendsten Cellisten seiner Zeit. Chopin, mit dem ihn eine enge Freundschaft verband, widmete ihm seine g-moll-Cellosonate und komponierte gemeinsam mit ihm ein Duo für Klavier und Violoncello über Melodien aus G. Meyerbeers *Robert le Diable.*

WW (alle in Paris erschienen): Für Vc. u. Orch.: *Thème varié,* op. 1; *Thème original et variations,* op. 3; *Romance,* op. 10; *Deux*

Adagios, op. 21 u. 29; *1er Concerto*, op. 32; *Thème varié* mit Orch. oder Streichquartett, op. 4; *Fantaisie sur des thèmes russes et écossais* mit Orch. oder Streichquartett, op. 6; *12 Caprices pour Violoncelle*, op. 7 (1830); *12 Études pour Violoncelle*, op. 35 (1855); *Thème russe varié*, op. 32 für Streichquartett u. Cemb. (1835); ferner zahlr. Bearb. (F. Chopin, C. M. von Weber u. F. Schubert).

Ausg.: 12 Etüden u. 12 Capricen, hrsg. v. H. BECKER (Mz 1913, 1916); 12 Etüden, op. 35 für Vc., hrsg. v. J. KLENGEL (1952, 1955); 12 Capricen, op. 7 für Vc., 2 Hefte: H. 1, hrsg. v. DEMS. (L 1958), H. 2, hrsg. v. W. SCHULZE (L 1967).

Lit.: W. J. VON WASIELEWSKI, Das Vc. u. seine Gesch. (L 1889, ³1925, Nachdr. Wie 1968); M. DEBRUN, Un manuscrit autographe de F. Chopin et A. F. à la Bibl. du Conservatoire, in: RMie 55 (1969).

FRANCISCUS, Magister; 2. Hälfte des 14. Jahrhunderts. Über sein Leben ist nichts bekannt; vielleicht ist er identisch mit Franciscus von Goano, der 1378–79 Pontifikalkantor in Avignon war. Die von Fr. Ludwig und anderen versuchte Identifizierung mit Fr. Landini ist nicht aufrecht zu erhalten. Seine beiden 3st. Balladen stehen stilistisch in unmittelbarer Nähe zu den späten Werken Machauts: *Phiton, Phiton, beste tres venimeuse* (geschrieben nach 1369) beginnt mit dem Zitat der drei Anfangstakte von Machauts *Phyton, le mervilleus serpent* und verherrlicht denselben Kunstmäzen Gaston Phébus de Foix; *De Narcissus* (geschrieben vor 1376) ist allein in fünf Handschriften überliefert, jedoch nennt nur die Handschrift Chantilly den Namen des Komponisten. F. könnte auch der Autor einer anonymen 3st. Ballade aus dem Codex Reina sein.

Ausg.: Ballade *De Narcissus*, hrsg. v. W. APEL, in: French Secular Music of the Late 14th Century (C/M 1950); Ballade *Phiton, Phiton*, hrsg. v. G. REANEY, in: MD 8 (1954); dass., hrsg. v. E. WILKINS, in: Repertory from the Cod. Reina (R 1966) (= CMM 36), vgl. dazu U. GÜNTHER, in: AfMw 24 (1967); 2 Balladen, hrsg. v. W. APEL, in: French Secular Compositions of the 14th Century 1 (R 1970) (= CMM 53/1).

Lit.: F. LUDWIG, G. de Machaut, GA 2 (L 1928, ²1954); J. HANDSCHIN, Über die Laude, in: AMl 10 (1938); L. ELLINWOOD, The Works of F. Landini (C/M 1939); G. REANEY, A Chronology of the Ballades, Rondeaux and Virelais set to Music by G. de Machaut, in: MD 6 (1952); DERS., The Manuscript Chantilly, Musée Condé 1047, in: MD 8 (1954); L. SCHRADE, Polyphonic Music of the XIVth Century. Commentary Notes to Volume 4 (Monaco 1958); U. GÜNTHER, Zur Biogr. einiger Komponisten der Ars subtilior, in: AfMw 21 (1964); DIES., Bemerkungen zum älteren frz. Repertoire des Codex Reina, in: AfMw 24 (1967).

FRANCK, César Auguste Jean Guillaume Hubert, * 10. 12. 1822 Lüttich, † 8. 11. 1890 Paris; frz. Organist und Komponist. F. wurde 1828 erster Schüler der neu gegründeten Königlichen Musikschule in Lüttich, wo er von deren Leiter L. J. Daussoigne-Méhul, einem Neffen des Komponisten É. N. Méhul, unterrichtet wurde. Von seinem Vater für eine Wunderkind-Karriere bestimmt, trat F. schon mit 11 Jahren, jedoch nur mit bescheidenem Erfolg, auf mehreren kleinen Konzertreisen in Belgien hervor und trug auch eigene Kompositionen vor, u. a. *Variations brillantes sur l'air du „Pré aux clercs"*, op. 5 (1834) und *Première Grande Sonate*, op. 10 (1835). Im Mai 1835 zog die Familie nach Paris. F. erhielt dort in Kontrapunkt, Fugentechnik und Komposition Privatunterricht bei A. Reicha, der zwar schon 1836 verstarb, aber für seine Weiterentwicklung eine entscheidende Rolle spielte. Am Conservatoire war er Klavierschüler von P. J. G. Zimmermann (Klavier) und seit 1840 Orgelschüler von Fr. Benoist, der ihn mit der Musik J. S. Bachs vertraut machte. 1840 und 1841 erhielt er Preise für Klavier, Fugenkomposition und Orgelspiel. Seine Studien wurden durch den Umzug der Familie nach Brüssel unterbrochen, die aber 1844 wieder nach Paris zurückkehrte. 1848 heiratete er Félicité Desmousseaux. 1848–53 war er Organist an Notre-Dame de Lorette, 1851–58 an St-Jean-St-François und 1859–90 an der neuen Cavaillé-Coll-Orgel an Ste-Clotilde. Daneben gab er Klavierunterricht. Liszt, der ihn 1866 spielen hörte, verglich ihn mit J. S. Bach.

F. komponierte seit frühester Jugend, doch gelten seine vor 1870 entstandenen Kompositionen vielfach als nur mittelmäßig, was man vor allem auf die starke Belastung durch Unterrichtsstunden zurückführte. Aus diesen Jahren datieren mindestens drei der vier Klaviertrios (1841), das Oratorium *Ruth* (1843–45), das in manchen Einzelzügen an *Joseph* von E. N. Méhul oder *Harold en Italie* von H. Berlioz erinnert, und eine Messe (1860), die C. Saint-Saëns, mit dem er befreundet war, als „monumental" bezeichnete und die noch 1890 von Ch. M. A. Bordes in St-Gervais aufgeführt wurde. Mit dem Klavierquintett (1879), das er in der von ihm 1871 mitbegründeten Société Nationale de Musique 1880 zur Aufführung brachte, trat F. mit einem neuen Kompositionsstil hervor. Das Werk, das eine zentrale Stellung in seinem Schaffen einnimmt, erregte beim Publikum große Aufmerksamkeit und erhielt eine Resonanz, die viele seiner anderen Werke nicht erreichten. So hatte F. z. B. sein Oratorium *Rédemption* für eine zweite Aufführung 1875 gänzlich umschreiben müssen, und seine symphonische Dichtung *Les Éolides* war 1876 von Ch. Lamoureux und 1877 von E. Colonne ohne jeglichen Erfolg aufgeführt worden. Der leidenschaftliche und unmittelbare Ausdruck der Chromatik des Quintetts scheint im übrigen nicht zu dem Bild des „Pater seraphicus" zu passen, das seine Schüler von ihm entworfen haben. Nach einem weniger gelungenen Werk, *Les Béatitudes* (1879), folgten jedoch noch einige Meisterwerke: *Pré-*

lude, Choral et Fugue für Klavier (1884), *Variations Symphoniques* für Klavier und Orchester (1885), *Prélude, Aria et Finale* für Klavier (1886/87), die Sonate für Violine und Klavier (1886) – seit der Interpretation E. Ysayes, dem sie gewidmet wurde, eine der berühmtesten Violinsonaten nach Beethoven –, ferner die Symphonie d-moll (1886–88), die in Frankreich Vorläufer nur in den Symphonien von Saint-Saëns und V. d'Indy hatte, das Streichquartett (1889) und schließlich sein letztes Werk, die *Trois Chorals* für Orgel (1890). J. BRUYR

WW: **1) Instr.-WW: a)** Für Org.: *Trois Antiennes* (1859); *Six Pièces* (1860–62); *Trois Pièces* (1878); *Trois Chorals* (1890); ferner sind zahlr. weitere Komp. für Org. oder Harmonium veröff. unter dem Titel: *L'Organiste*, 2 Bde. (P o.J.). – **b)** Für Klv.: *Prélude, Choral et Fugue* (1884); *Prélude, Aria et Finale* (1886–87). – **c)** Kammermusik: V.-Sonate A-Dur (1886) (E. Ysaye gew.); *Trois Trios concertants*, op. 1 (1841) für V., Vc. u. Klv.; *4ᵉ Trio concertant*, op. 2, h-moll (1842); Streichquartett D-Dur (1889); Klv.-Quintett f-moll (1878–79) (Saint-Saëns gew.). – **d)** Für Orch.: 4 symphonische Dichtungen: *Les Éolides* (1876) (nach Leconte de Lisle); *Le Chasseur maudit* (1882) (nach G. A. Bürger); *Les Djinns* (1884) (nach V. Hugo) für Klv. u. Orch.; *Psyché* (1887–88) mit Chor (P o.J.); Symphonie d-moll (1886–88); *Variations symphoniques* (1885) für Klv. u. Orch. – **2) Vokal-WW: a)** Lieder mit Klv. oder Orch.: *Le Mariage des roses* (1871) (Text: E. David); *Passez, passez toujours* (1872) (Text: V. Hugo); *Roses et papillons* (1872) (Text: ders.); *Lied* (1873) (Text: L. Paté); *Le Vase brisé* (1879) (Text: Sully-Prudhomme); *Nocturne* (1884) (Text: L. de Fourcaud); *Les Cloches du soir* (1888) (Text: A. Daudet); *La Procession* (1888) (Text: Ch. Briseux); *Six duos* für Chor zu gleichen St. (1888). – **b)** Geistliche WW: *Messe solennelle* (1858) für Baß-solo u. Org.; *Trois Motets* (1858) mit Org.; *Messe à 3 voix* (1860) für Sopran, Tenor u. Baß, Harfe, Vc., Cemb. u. Org. (P 1872); 3 Offertorien (1871) für Soli, Chor u. Org. oder Cemb.; *Domine non secundum* (1871) für 3st. Chor u. Org.; *Quare fremuerunt gentes* (1871) für 3st. Chor u. Org.; *Panis angelicus* (1872) für Tenor-solo, Harfe, Vc., Cemb. u. Org.; *Veni creator* (1872) für Tenor u. Baß soli u. Org. – **c)** Für Soli, Chor u. Orch.: Églogue biblique *Ruth* (1843–45) (P 1872); Oratorium *La tour de Babel* (1865); *Poème symphonie Rédemption* (Text: É. Blau) für Mezzosopran, Frauenchor, gem. Chor, Sprecher u. Orch. 1. Fassung (1871), 2. Fassung (1874): Oratorium *Les Béatitudes* (1869–79) (Text: Colomb); *Rebecca*, Scène biblique (1881) (Text: F. Collin), UA: Paris 1911; *Psaume CL* (1888). – **3) Bühnen-WW:** Opéra-comique *Le Valet de ferme* (1851–53) (Libr.: A. Royer, G. Vaes) (hsl. u. verschollen); *Hulda* (vollendet 1885) (Libr.: Ch. Grandmougin nach B. Björnson), UA: Monte Carlo 1894; Drame lyrique *Ghiselle* (1888–90) (Libr.: G. A. Thierry), UA: ebd. 1896 (nur der 1. Akt v. C. F. instrumentiert).

F. wuchs in wallonischer Umgebung auf, führte seine Studien seit seinem 13. Lebensjahr in Paris fort und wurde auch hauptsächlich durch französische Musiker ausgebildet, doch eröffnete ihm sein tschechischer Lehrer einen tiefen Zugang zur deutschen Klassik und Romantik. Daneben war F. auch mit der zeitgenössischen Musik vertraut und stand, wie die meisten Komponisten der 2. Hälfte des 19. Jh., unverkennbar unter dem Einfluß R. Wagners. Seine Werke stehen im übrigen nicht völlig in der deutschen Tradition und verdienen nicht den von Debussy erhobenen Vorwurf der „ganz und gar flämischen Schwerfälligkeit" (vgl. die Gespräche Debussys mit E. Guiraud, aufgezeichnet von M. Emmanuel). Sie übten aber wegen ihrer dem romanischen Empfinden fremden Geisteshaltung und damit durch den Reiz des Ungewöhnlichen einen bedeutenden Einfluß auf die französische Musik aus. Allerdings hatte sich die deutsche Musik auch schon vorher in Frankreich durchgesetzt, so daß sie nicht erst durch F. einen festen Platz innerhalb der französischen Musikkultur erhielt. Sein Verdienst ist eher darin zu sehen, daß sein Werk sich der modischen Seichtheit der zeitgenössischen französischen Musik widersetzte. Außerdem ist sein Werk das eines spät zur Reife gelangten Menschen: wäre F. bereits mit 50 Jahren gestorben, hätte er in der Musikgeschichte keine nennenswerte Rolle gespielt. Diese späte Reife kennzeichnet sein Werk als eine gleichermaßen überlegte wie spontan wirkende Kunst. Wenn F. auch formal ausgeklügelte Werke schrieb, so dominiert in ihnen dennoch stets ein improvisatorisches Element, das er auch als Virtuose auf der Orgel glänzend beherrschte. Seine breit angelegten Themen lösen sich meist vom Zwang der Vier- und Achttaktigkeit; ihre Plastizität und ihre reichen Entfaltungsmöglichkeiten lassen sie außerordentlich frei und kontinuierlich fließend erscheinen (hierin sind ihm Chopin und Berlioz Vorläufer). Auch in der Entwicklung der Harmonik spielte F. eine entscheidende Rolle, wobei er der Chromatik eine Fülle von Modulationsmöglichkeiten abgewann. Vermutlich schrieb er als erster chromatisch rückende Nonenakkorde (Finale der Symphonie). Er streift weitentlegene Tonarten, ohne die Grundtonart wirklich zu verlassen, oder erzielt, etwa durch ein Pendeln zwischen V. (Dominant-Septnonakkord) und II. Stufe (vgl. Anfang der Violinsonate) das Gefühl einer schwebenden Tonalität und damit harmonische Wirkungen, die auf Debussy vorausweisen. Seine originellen und raffinierten Klangfarben wurden von seinen Schülern (Duparc, Chausson, G. Lekeu) übernommen und weiterentwickelt. Auch in formaler Hinsicht versuchte F. neue Wege zu beschreiten: in seiner Symphonie faßt er die traditionellen zwei Hauptsatzteile zu einem einzigen zusammen; in *Prélude, Choral et Fugue* kombiniert er die Themen von Choral und Fuge und verwendet nach Berlioz *(Symphonie fantastique)*, Liszt (h-moll-Sonate) und Wagner die zyklische Form, da er die Verbindung zweier ungleichartiger Teile in einem Stück als künstlich ablehnte. Die zu Beginn des Werkes aufgestellten Themen werden immer wieder aufgegriffen und stellen ein einheitsstiftendes Moment dar, eine Technik, die Debussy und M. Ravel für ihre Streichquartette übernahmen. Auch die tonale Anlage spielt im Sinne einer syntaktisch-logischen Strukturierung (z. B. Exposition der Symphonie in C-Dur und f-moll) eine wichtige Rolle in seinen Kompositionen. Eine weitere Neuerung ist der sich linearer Kontrapunktik entziehende „symphonische", später für F. A. Guilmant, Ch.-M. Widor und L. Vierne vorbildliche Satz der Orgelstücke, mit denen er eine neue französische Orgelschule begründete. Mit Saint-Saëns verhalf F. in Frankreich den stark vernachlässigten Gattungen der Kammermusik und der Symphonie zum Durchbruch.

Ausg.: Le chasseur maudit, hrsg. v. A. COEUROY (Lo 1973); V.-Sonate A-Dur, hrsg. v. M. STEEGMANN (Mn 1975).

Lit.: **1) Biographien u. umfassende Darstellungen:** V. D'INDY, C. F. (P 1906, [16]1930, engl. Lo 1910, Nachdr. NY – Gloucester/Mass. 1965); M. DE RUDDER, C. F. (Turnhout 1920); A. SCHAEFFNER, Sur quelques caractères de l'influence franckiste, in: RM 3 (1922) Dezember-H.; E. CLOSSON, C. F. (Charleroi 1923); M. EMMANUEL, C. F., étude critique (P 1930); A. CORTOT, La musique française de piano 1 (P 1930, dt. Wie 1956); CH. TOURNEMIRE, C. F. (P 1931); CH. OULMONT, Musique de l'Amour, 2 Bde. (P 1935, Nachdr. 1970); H. HAAG, C. F. als Org.-Komp. (Kas 1936) (= Heidelberger Stud. zur Musikwiss. 4); A. YSAYE, C. F. et son époque (Bru 1942); W. MOHR, C. F. (St 1942, Tutzing [2]1969) (mit themat. Verz.); R. ZIMMERMANN, C. F. (Aachen 1942); M. KUNEL, La vie de C. F., l'homme et l'œuvre (P 1947); J. HORTON, C. F. (Lo 1948); N. DUFOURCQ, C. F. (P 1949); N. DEMUTH, C. F. (Lo 1949); CH. VAN DEN BORREN, C. F. (Bru 1950); CH. TAUBE, C. F. u. wir (B 1951); L. VALLAS, C. F. (P 1950, engl. Lo 1951, Nachdr. Westport/Conn. 1973); N. DUFOURCQ, Autour de Coquard, C. F. (1952); A. COLLING, C. F. (1952); L. VALLAS, La véritable histoire de C. F. (P 1955); J. GALLOIS, F. (P 1966); L. DAVIES, C. F. and His Circle (Lo 1970, Nachdr. NY 1977); DERS., F. (Lo–NY 1973). – **2) Zu einzelnen Werken und Werkgruppen:** CH. VAN DEN BORREN, L'œuvre dramatique de C. F. (Bru 1907); H. QUITTARD, Les chorals variés pour orgue de C. F., in: Revue d'histoire et de critique musical (1911); J. TIERSOT, Les œuvres inédites de C. F., in: RM 3 (1922) Dezember-H; R. JARDILLIER, La musique de chambre de C. F. (1929); P. KREUTZER, Die sinfonische Form C. F.s (Düsseldorf 1938); F. NOSKE, La mélodie française de Berlioz à Duparc (P – A 1954), engl. Übers.: French Song from Berlioz to Duparc (NY 1970); G. SIEVERS, Analyse v. C. F.s „Prélude, choral et fugue pour piano", in: Musik im Unterricht 49 (1958); H. HOLLANDER, Die tonpoetische Idee in der Sinfonie C. F.s, in: SMZ 99 (1959); R. STEPHAN, Ein seltsam notierter Takt in C. F.s Quintett, in: NZfM 123 (1962); J. JERSILD, De funktionelle principper i romantikkens harmonik. Belyst med udgangspunkt i C. F.'s harmoniske stil (Kop 1970); H. A. UPPER, An Historical and Analytical Study of Selected Works for Piano Obbligato With Orchestra (1971) (= Diss. Indiana Univ.); F. PEETERS, Die Org.-Werke C. F.s, in: MS 92 (1971); P. GÜLKE, Wider die Übermacht des Thematischen. Zum Verständnis C. F.s anhand seiner d-moll Sinfonie, in: BzMw 13 (1971); N. DUFOURCQ, C. F. et la genèse des premières œuvres d'orgue (P 1973) (= Cahiers et mémoires de l'orgue 147a); A. DOMMEL-DIÉNY, L'analyse harmonique en exemples de J. S. Bach à Debussy: C. F. (P 1973); A. LANDGRAF, Musica Sacra zw. Symphonie u. Improvisation. C. F. u. seine Musik für den Gottesdienst (Tü 1975); H. KLOTZ, Romantische Registerkunst. C. F. an der Cavaillé-Coll-Org., in: MuK 45 (1975); B. WEGENER, C. F.s Harmonik (Rb 1976) (= Kölner Beitr. zur Musikforsch. 92).

A. HOÉRÉE

FRANCK, Johann Wolfgang, getauft 17. 6. 1644 Unterschwaningen (Franken), † nach 1696; dt. Komponist. Er wurde 1665 Musiker und 1673 Kapellmeister und Direktor der Hofmusik in Ansbach, wo er als erster für die deutsche Oper eintrat und selbst drei deutsche Opern komponierte, u. a. *Die drey Töchter des Cecrops* (1679). Nach einem im Januar 1679 aus Eifersucht begangenen Totschlag floh er nach Hamburg, gewann dort Anschluß an die Gänsemarkt-Oper und führte bis 1686 16 eigene Opern auf. 1682–85 war er außerdem Musikdirektor am Hamburger Dom. 1687, nach der zeitweisen Schließung der Oper, verließ er Hamburg. 1690–96 veranstaltete er in London gemeinsam mit Robert King öffentliche Konzerte. In seinen geistlichen Liedern verbindet F. die Geisteshaltung des deutschen Kirchenliedes mit der Ausdrucksfähigkeit der Opernarie. Mit seinen Opern nimmt er durch frühe Einbeziehung bestimmter venezianischer Stilmittel, durch Formenreichtum und große Ausdrucksbreite in der frühdeutschen Oper vor R. Keiser eine wichtige Stellung ein.

WW: **1) Opern:** hsl. erhalten *Die drei Töchter des Cecrops;* aus weiteren Opern erschienen Arien (teilweise mit Ritornellen) im Druck: *Aeneas* (H 1680); *Vespasian* (H 1681); *Diocletian* (H 1682); *Cara Mustapha* (H 1683). – **2) Geistliche u. weltliche Vokal-WW:** *Geistliche Lieder* (Text: H. Elmenhorst) für 2 St. mit u. ohne B. c. (H 1681); *H. Elmenhorsts ferner besungene Vorfallungen* für 1 St. u. B. c. (H 1685); *Geistliches Gesangbuch* für 1 St. u. B. c. (H 1685); *Musicalische Andachten* (H 1687); *Remedium melancholiae* (Lo 1690); *Geistreiche Lieder* (Lüneburg 1700); einige hsl. erhaltene Kirchenkantaten u. Motetten; mehrere engl. Songs erschienen 1692–94 in London in *The Gentleman's Journal.*

Ausg.: 72 Lieder u. Liedsätze in: H. Elmenhorsts geistliche Lieder, hrsg. v. W. KRABBE – J. KROMOLICKI (L 1911) (= DDT 45); *Die drey Töchter des Cecrops,* hrsg. v. G. F. SCHMIDT – A. BEER-WALLBRUNN (Brau 1938) (= DTB 37/38); Arien, hrsg. v. H. CH. WOLFF, in Dt. Barockarien 1 (Kas 1943).

Lit.: F. ZELLE, J. W. F. (B 1889); A. WERNER, Die Briefe v. J. W. F., die Hamburger Oper betreffend, in: SIMG 7 (1905/06); W. BARCLAY-SQUIRE, J. W. F. in England, in: Musical Antiquary 3 (1911/12); A. WERNER, J. W. F.s Flucht aus Ansbach, in: SIMG 14 (1912/13); R. KLAGES, J. W. F. (H 1937); G. F. SCHMIDT, J. W. F. u. sein Singspiel „Die drey Töchter des Cecrops", in: AfMf 4 (1939); H. CH. WOLFF, Die Barockoper in Hamburg, 2 Bde. (Wb 1957); K.-E. SCHULTZE, J. W. F. u. die Ahnen seiner Kinder, in: Mf 13 (1960).

W. PFANNKUCH

FRANCK, Melchior, * um 1580 Zittau (Sachsen), † 1. 6. 1639 Coburg; dt. Komponist. Er war wahrscheinlich Schüler von Chr. Demantius in Zittau und gehörte der Kantorei von A. Gumpelzhaimer in Augsburg an. Nach einem kurzen Aufenthalt in Nürnberg (1602) war er seit 1603 Kapellmeister am

Hof in Coburg, wo unter der langen Regentschaft Herzog Johann Casimirs ein blühendes Musikleben entstanden war, das freilich nach 1632 den Kriegswirren zum Opfer fiel. Auch F. wurde dadurch schwer getroffen; er starb in großer äußerer Not.

WW (nur die vollständig erhaltenen): **1) Instr.-WW:** *Neue musicalische Intraden* für 4 u. 6 Instr. (Nü 1608). – **2) Geistliche Vokal-WW:** *Sacrae melodiae*, 4 Bde., I: für 4–8 St. (Au 1601), II: für 4–12 St. (Coburg – Nü 1604), III: für 3–4 St. (Coburg 1604), IV: für 5 u. 12 St. (ebd. 1607); *Contrapuncti compositi deutscher Psalmen* für 4 St. (Nü 1602); *Geistliche Gesäng u. Melodeyen* für 5–8 St. (Coburg 1608); *Viridarium musicum*, Motetten für 5–10 St. (Nü 1613); *Threnodiae Davidicae* für 6 St. (Nü 1615); *Geistlicher musicalischer Lustgarten* für 4–9 St. (Nü 1616); *Laudes Dei vespertinae* (dt. Magnificats), 4 Bde., I: für 4 St., II: für 5 St., III: für 6 St. u. IV: für 8 St. (Coburg 1622); *Gemmulae Evangeliorum Musicae* für 4 St. (ebd. 1623); *Rosetulum musicum* für 4–8 St. mit B.c. (ebd. 1627–28); *Sacri convivii musica sacra* für 4–6 St. (ebd. 1628); *Prophetia Evangelica* für 4 St. u. *Votiva Columbae Sioneae suspiria* für 4–8 St. (ebd. 1629); *Dulces mundani exilii deliciae* für 1–8 St. mit B.c. u. *Psalmodia sacra* für 4–6 St. (Nü 1631); *Paradisus musicus* für 2–4 St. mit B.c., 2 Bde. (Coburg – Nü 1636): mehr als 60 gedruckte Gelegenheitsgesänge. – **3) Weltliche Vokal-WW:** *Musicalischer Bergkreyen* für 4 St. (Nü 1602); *Reuterliedlein* für 4 St. (Nü 1603); *Deutsche weltliche Gesänge u. Täntze*, 2 Bde., I: für 4–8 St. (Coburg 1604), II: für 4 St. (ebd. 1605); *Musicalische Fröligkeit* für 4–8 St. (Coburg 1610); *Tricinia nova* (Nü 1611); *Lilia musicalia* für 4 St. (Nü 1616); *Newes Teutsches Musicalisches Fröliches Convivium* für 4–8 St. (Coburg 1621); *Musicalischer Grillenvertreiber*, 10 Quodlibets (ebd. 1622).

F.s umfangreiches Schaffen, das sich über seine Lebzeiten hinaus einer großen Beliebtheit erfreute, ist in starkem Maße der Tradition des 16. Jh. verpflichtet, und nur behutsam und zögernd wandte er sich den neuen musikalischen Satz- und Ausdrucksmitteln zu. Seine weltliche Vokalmusik – in den letzten 15 Lebensjahren fast ganz hinter dem geistlichen Schaffen zurücktretend – zeigt eine deutliche Vorliebe für ältere deutsche Volksliedweisen, volkstümliche Rufe u. ä. Charakteristisch ist für F. auch die große Zahl von Quodlibets, mit denen er zum Hauptmeister dieser Gattung im frühen 17. Jh. wurde. F.s geistliche Werke sind O. di Lasso, vor allem aber H. L. Haßler verpflichtet, durch den er auch mit dem venezianischen Stil des 16. Jh. vertraut wurde. Er vertonte lateinische Texte, deutsche Evangelien-, Andachts- und Choraltexte; in der musikalischen Gestaltung bewegt er sich zwischen den Polen einer liedhaft-akkordischen und einer kunstvoll imitatorischen Satzweise. Erst verhältnismäßig spät verwendete F. den Generalbaß und die konzertierende Satzweise, die zuerst in den Geistlichen Konzerten des *Rosetulum musicum* (1628) und auch später nur vereinzelt erscheint.

Ausg.: **1) Instr.-WW:** Ausgew. Instr.-Werke, hrsg. v. F. BÖLSCHE (1904) (= DDT 16); 7 Tänze, hrsg. v. R. STEGLICH (Hannover 1932) (= Nagels MA 80); fünf 6st. Intraden, aus *Neue musikalische Intraden* 1608 für Blockfl. oder andere Instr., hrsg. v. S. WERNER (Celle 1970) (= Zschr. für Spielmusik 368); 2 Intraden für Blechbläsersextett, hrsg. v. K. SINGLETON (NY 1975). – **2) Geistliche Vokal-WW:** 5 Motetten aus den *Geistlichen Gesängen* v. 1608, hrsg. v. A. A. ABERT (1933) (= Chw 24); *Gemmulae Evangeliorum*, hrsg. v. K. AMELN, als: Dt. Evangeliensprüche für das Kirchenjahr (Kas 1937); Ausgew. Kirchenlieder aus den *Contrapuncti*... 1602, hrsg. v. H. NITSCHE – H. STEIN (St 1963) (= Das Chorwerk alter Meister IV/14); Motette *Da pacem Domine* aus *Viridarium musicum* 1613, hrsg. v. K. GRAMSS (Wb 1969); *Alleluja, ecce Maria genuit nobis* für 12 St., hrsg. v. DEMS. (Wb 1977); *Noë, Noë. Siehe, ich verkündige euch* für 4 St. u. Cappella (vokal und/oder instr.), hrsg. v. DEMS. (Wb 1979) – **3) Weltliche Vokal-WW:** *Musicalische Bergkreyen* 1602, hrsg. v. B. GRUSNICK (1936) (= Chw 38); dass., hrsg. v. DEMS., 4 H. (Wb 1974); *Deutsche weltliche Gesänge u. Täntze*, hrsg. v. H. UNGER (Kas 1972); 3 Quodlibets für 4 St., hrsg. v. K. GUDEWILL (Wb 1956) (Chw 53); *Viva la musica* für 4 gem. St., 2 V. u. B.c., hrsg. v. K. GRAMSS (Wb 1975).

Lit.: R. EITNER, M. F., in: MfM 17 (1885); A. OBRIST, M. F. (Diss. B 1892); H. J. MOSER, Die mehrst. Vertonung des Evangeliums I (L 1931); DERS., Corydon I (Brau 1933); G. KRAFT, Die thüringische Musikkultur um 1600 (Wü 1941); K. AMELN, M. F., in: Der Kirchenchor 14 (1954); K. GUDEWILL, M. F. u. das geistliche Konzert, in: Kgr.-Ber. Köln 1958 (Kas 1959); DERS., Die Laudes Dei vespertinae v. M. F., in: H. Albrecht in memoriam (Kas 1962); W. ROGGE, Das Quodlibet in Deutschland bis M. F. (Wb 1965); H. TAESCHNER, Aus den letzten Jahren M. F.s. Ergänzungen zur Lebensgesch. des Komponisten, in: Jb. der Coburger Landesstiftung 12 (1967); K. GUDEWILL, M. F.s „Newes teutsches musicalisches fröliches Convivium" 1621, in: Musa – Mens – Musici. FS W. Vetter (L 1969); C. T. AUFDEMBERGE, M. F. and His Two Chorale Collections „Contrapuncti compositi" 1602 and „Psalmodia sacra" 1631 (1970) (= Diss. Univ. of Kansas).

FRANCK (Franc, Francke, Franke; Pseud. Cleander), **Salomon,** getauft 6. 3. 1659 Weimar, † 11. 6. 1725 ebd.; dt. Dichter. Nach dem Jura-, vermutlich auch Theologiestudium seit 1677 in Jena, lebte er in Zwickau, seit 1683 in Arnstadt und seit 1697 in Jena. 1701 wurde er in Weimar Konsistorialsekretär sowie Verwalter der herzoglichen Bibliothek und des Münzkabinetts. F. wurde hauptsächlich durch zahlreiche geistliche Dichtungen bekannt. Seine Kantatentexte sind von starker Bildhaftigkeit und von subjektiv-religiösem Gefühlsausdruck. Sie markieren in der Entwicklung der ↗Kantate den Übergang von einem älteren Typus (vorzugsweise aus Bibelwort und Strophengedichten bestehend, vgl. etwa J. S. Bachs Kantate Nr. 182, *Himmelskönig sei willkommen*) zu einem neuen Typus, der vor allem von E. Neumeister vertreten wird (mit neugedichteten Rezitativen als Hauptelementen, vgl. Bachs Kantate 147, *Herz und Mund und Tat und Leben*). Von F.s geistlichen Liedern, die im 18. Jh. in viele evangelische Gesangbücher aufgenommen wurden, ist heute noch *Ach Gott, verlaß mich nicht* bekannt.

Ausg.: R. WUSTMANN, J. S. Bachs Kantatentexte (L 1913, NA Wie 1967).

Lit.: A. DÜRR, Über Kantatenformen in den geistlichen

Dichtungen S. F.s, in: Mf 3 (1950); L. HOFFMANN-ERBRECHT, Bachs Weimarer Textdichter S. F., in: J. S. Bach in Thüringen, hrsg. v. H. Besseler – G. Kraft (Wr 1950); F. ZANDER, Die Dichter der Kantatentexte J. S. Bachs, in: Bach-Jb. 54 (1968).

FRANCKE, August Hermann, * 12.3.1663 Lübeck, † 8.6.1727 Halle/Saale; dt. Philologe und Theologe. Er studierte seit 1679 in Erfurt, Kiel, Hamburg, Gotha und Leipzig, wo er 1685 den Magistertitel erhielt und Philosophie lehrte. 1690 wurde er Diakon in Erfurt, 1692 Professor für Griechisch und orientalische Sprachen, 1698 Professor der Theologie an der Universität Halle. Für die Musikgeschichte ist F. durch seine neue Konzeption des Musikunterrichts von Bedeutung geworden, die er im Rahmen seiner berühmten Schülerpyramide (u.a. mit Armenschule, Latein- und Mädchenschule) in Glaucha (heute Halle) erarbeitete und die bald zum Modell für die Musikerziehung an höheren Schulen in Deutschland wurde. Als einer der wichtigsten Vertreter des Pietismus übte er entscheidenden Einfluß auf das evangelische Kirchenlied aus. Die in der Schrift *Kurzer Unterricht, wie man die Heilige Schrift zu seiner wahren Erbauung lesen solle* aufgestellten Forderungen erbaulicher Betrachtungen fanden ihren Niederschlag in den späteren Kantatentexten, auch bei E. Neumeister, der ein entschiedener Gegner des Pietismus war.

FRANCŒUR, frz. Musikerfamilie. – **1) Joseph,** † um 1741 Paris. Er war Kontrabassist an der Opéra und wurde 1706 Mitglied der 24 Violons du roi. – **2) Louis,** genannt l'Aîne (der Ältere), Sohn von 1), * um 1692 Paris, † September 1745 ebd. Nach der Ausbildung durch seinen Vater spielte er seit 1704 im Orchester der Opéra und wurde 1710 als Nachfolger von J.-B. Anet Mitglied der 24 Violons du roi. Seine in 2 Büchern veröffentlichten Violinsonaten (P 1715 u. 1726) sind nach dem Vorbild von A. Corelli geschrieben. – **3) François,** genannt le Cadet (der Jüngere), Bruder von 2), * 8.9.1698 Paris, † 5.8.1787 ebd. Er war Schüler seines Vaters und wurde mit 15 Jahren „dessus de violon" im Orchester der Opéra. 1723 hielt er sich anläßlich der Krönung Kaiser Karls VI. in Prag auf. 1727 wurde er in Paris Komponist der Musique de la Chambre, 1729 Mitglied der königlichen Orden von Notre-Dame du Mont Carmel und St-Lazare de Jérusalem und 1730 Nachfolger von J.-B. Senaillié bei den 24 Violons du roi. An der Opéra wurde er 1739 Maître de musique, 1744, zusammen mit Fr. Rebel, Inspecteur. 1757 übernahm er mit Rebel für 10 Jahre die Leitung der Opéra. Mit ihm gemeinsam komponierte er Bühnenwerke (Opern und Ballette), die in Paris aufgeführt wurden.

WW: **1) Instr.- u. Vokal-WW:** 2 Bde. Sonaten für V. u. B.c. (P 1720); *Recueil de différents airs* (hsl. Paris, Bibl. Nat.). – **2) Bühnen-WW** (sämtlich in Paris im Jahr der UA gedruckt): Tragédies: *Pirame et Thisbé*, UA: 1726; *Tarsis et Zélie*, UA: 1728; *Scanderbeg*, UA: 1735; Divertissements: *Les Augustales*, UA: 1744; *Le trophée*, UA: 1745; *Zélinder*, UA: 1745; Pastorale héroique *Ismène*, UA: 1747; *Ballet de la paix*, UA: 1738; Ballet héroique *Le Prince de Noisi*, UA: 1749.

4) Louis-Joseph, Neffe von 3), * 8.10.1738 Paris, † 10.3.1804 ebd. Er war Surintendant de la Musique de la Chambre du roi, Dirigent und Direktor der Opéra. Während der Französischen Revolution wurde er verhaftet und verlor seine Ämter. Er schrieb Violinstücke und die Oper *L'Aurore et Céphale* (Paris 1766) sowie eine Instrumentationslehre für Bläser *Diapason général de tous les instruments à vent* (P o.J., ²1772, erweiterte NA v. A.-É. Choron als: *Traité général des voix et instruments d'orchestre* ..., P 1812).

Ausg.: **Zu 3):** Sonate Nr. 6 für V. u. B.c., hrsg. v. J.-L. PETIT (P 1968) (= L'Astrée o.Nr.); Sonate d-moll für V. u. Klv., hrsg. v. F. KOSCHINSKY (L 1976).

Lit.: L.-B. FRANCŒUR, Notice sur ... L.-J. F., par son fils (P 1853); L. DE LA LAURENCIE, Les Rebels, in: SIMG 7 (1905/06); DERS., L'école française de violon 1 (P 1923, Nachdruck P 1971); F. ROBERT, Scanderbeg, le héros national albanais, dans un opéra de Rebel et F., in: Rech. Mus. 3 (1963); H. BARTENSTEIN, Die frühen Instrumentationslehren bis zu Berlioz, in: AfMw 28 (1971); G. BECKMANN, Die frz. Violinsonate mit B.c. v. J.-M. Leclair bis P. Gaviniès (H 1975) (= Hamburger Beitr. zur Musikwiss. 15).

FRANCO VON KÖLN, Musiktheoretiker des 13. Jahrhunderts. Nach einer Handschrift aus St-Dié war er Praeceptor des Ordenshauses der Johanniter in Köln. Er wird sowohl Franco von Köln als auch Franco von Paris genannt. Daß es zwei Musiktheoretiker mit Namen Franco gab, die epochemachend gewirkt haben, schließt H. Besseler aufgrund von Aussagen der Theoretiker Anonymus IV und Jacobus Leodiensis aus. Wegen der engen Beziehungen zwischen Köln und Paris im 13. Jh. ist anzunehmen, daß Franco sowohl in Köln als auch in Paris gewirkt hat. Er ist der Verfasser des Traktats *Ars cantus mensurabilis* (um 1280; vgl. W. Frobenius [s. u. Lit.] u. G. Reaney [s. u. Ausg. u. Lit.]), der eine weite Verbreitung erfahren hat.
F. v. K. hat die Entwicklung der ↗Notenschrift und der Mehrstimmigkeit nachhaltig beeinflußt. So nennt er erstmalig den Begriff der Tactuseinheit, die Perfectio, an deren Anfang in sämtlichen der 5 (statt der allgemein üblichen 6) von ihm aufgezählten Modi Konsonanzen erscheinen sollen. Außerdem legt er eine in den Einzelzeichen, Ligaturen und Konjunkturen voll ausgeprägte (sog. schwarze) Mensuralnotation dar, insbesondere in eindeutiger verständlicher Form eine mensurale Ligaturenlehre, bei der der Wert einer Ligatur im Gegensatz

zur modalen Ligatur nach dem äußeren Erscheinungsbild rhythmisch eindeutig differenziert wird. Wenn auch Einzelheiten dieser Lehre auf Vorgänger zurückgehen, so hat doch erst F. v. K. ein lückenloses und leicht anwendbares System geschaffen nach der Forderung: Figurae significare debent modos et non e converso, d.h., die Notenzeichen müssen die Modi bezeichnen und nicht umgekehrt, wie es vorher in der Modalnotation geschehen war. Da der Traktat des F. v. K. das erste theoretische Zeugnis ist, das in verständlicher Form Aussagen über diese entwickelte Notierungsweise macht, wird diese Notierungsweise oft franconische Notation genannt. Nach Jacobus Leodiensis ist F. v. K. in Paris auch mit Kompositionen hervorgetreten.

Ausg.: *Ars cantus mensurabilis* 1280, in: GERBERT Scr. 3 (1784) u. in: COUSSEMAKER Scr. 1 (1864), Neudr. hrsg. v. F. GENNRICH (Da 1957) (= Musikwiss. Studienbibl. 15/16); dass., in: Hieronymus de Moravia, Tractatus de Musica, hrsg. v. S. M. CSERBA (Rb 1935) (= Freiburger Stud. zur Musikwiss. 2); dass., hrsg. v. G. REANEY – A. GILLES (R 1974) (= CSM 18). – Übersetzungen: *Magistri Franconis Ars cantus mensurabilis*, übers. u. erklärt v. P. BOHN (Trier 1880); *Ars cantus mensurabilis*, in: W. O. STRUNK, Source Readings in Music History (NY 1950, Lo 1952), Nachdr., 5 Bde. (NY 1965–66).

Lit.: H. RIEMANN, Gesch. der Musiktheorie im IX.–XIX. Jh. (L 1898, B ²1921, Nachdr. Hil 1971); J. WOLF, Gesch. der Mensural-Notation v. 1250–1460, 3 Bde. (L 1904, Nachdr. Hil – Wie 1965); E. KURTH, Kritische Bemerkungen zum 5. Kap. der „Ars cantus mensurabilis" des F. v. K., in: KmJb 21 (1908); J. WOLF, Hdb. der Notationskunde 1 (L 1913, Nachdr. Hil – Wie 1963); H. BESSELER, Stud. zur Musik des MA, II: Die Motette v. F. v. K. bis Ph. v. Vitry, in: AfMw 8 (1926); G. REESE, Music in the Middle Ages (NY 1940); W. APEL, The Notation of Polyphonic Music 900–1600 (C/M 1942, ⁵1961), dt. Übers.: Die Notation der polyphonen Musik 900–1600 (L 1962, ²1970); F. GENNRICH, Abriß der Franconischen Mensuralnotation (Nieder-Modau 1946, Da ²1956) (2. Aufl. = Musikwiss. Stud.-Bibl. 1/2); H. J. RIECKENBERG, Zur Biogr. des Musiktheoretikers F. v. K., in: Arch. für Kulturgesch. 62 (1960); G. REANEY, The Question of Authorship in the Medieval Treatises on Music, in: MD 18 (1964); F. RECKOW, Proprietas u. Perfectio, in: AMl 39 (1967); DERS., Der Musiktraktat des Anon. 4, 2 Bde. (Wie 1967) (= Beihefte z. AfMw 4–5); W. FROBENIUS, Zur Datierung v. F.s „Ars cantus mensurabilis", in: AfMw 27 (1970); F. A. GALLO, Due trattatelli sulla notazione del primo Trecento, in: Quadrivium 12 (1971); W. FROBENIUS, Semibrevis, in: HMT (1971), Longa-brevis, in: ebd. (1973), Modus, in: ebd. (1974); B. R. SUCHLA, Zu Notation, Metrum u. Rhythmus des altfrz. Liedes. Dargestellt an einem Melodienachtrag zu dem Lied „Pour le tens qui verdoie" im Chansonnier de Saint-Germain, Paris, Bibl. Nat., f. fr. 20050, in: AfMw 36 (1979).

B. R. SUCHLA

FRANK, Maurits, * 29. 7. 1892 Rotterdam, † 3. 3. 1959 Köln; ndl. Violoncellist. Seine Ausbildung erhielt er an den Konservatorien in Rotterdam und in Amsterdam. 1911–29 lehrte er an der Musikakademie in Heidelberg, am Hoch'schen Konservatorium in Frankfurt am Main und an der Deutschen Musikakademie in Prag. Er war Mitglied des Rebner- und des Amar-Quartetts. 1934 kehrte er in die Niederlande zurück und gründete dort 1945 das Amsterdamer Streichquartett, dem er bis 1951 angehörte. Seit 1949 lehrte er als Professor an der Kölner Musikhochschule Violoncello und Kammermusik und leitete auch das Rheinische Kammerorchester.

FRANKEL, Benjamin, * 31. 1. 1906 London, † 11. 2. 1973 ebd.; engl. Komponist. Mit Ausnahme eines kurzen Studiums an der Guildhall School of Music and Drama in London war er Autodidakt. F. begann als Variétépianist und Arrangeur von Filmmusik und schrieb zwischen 1931 und 1944 Bühnenmusik für Londoner Theater sowie die Musik zu vielen Filmen. Danach wandte er sich der Komposition von Kammer- und Orchestermusik zu. Seit 1946 lehrte er an der Guildhall School of Music and Drama.

WW: Kammermusik: 2 Sonaten für V. solo, op. 13 (1946) u. op. 39 (1962); Klar.-Quintett (1953); Klv.-Quartett, op. 26 (1953); *Pezzi pianissimi*, op. 41 (1965) für Klar., Vc. u. Klv.; 5 Streichquartette, op. 14, 15, 18, 21, 43 (1967); *A Catalogue of Incidents* (nach *Romeo and Juliet*), op. 42 (1966) für Bläser. – Für Orch.: *Praeludium Mayday*, op. 22 (1950); V.-Konzert (1952); 7 Symphonien (1952–70); *Serenata concertante*, op. 37 (1961) für Trio u. Orch.; Va.-Konzert, op. 45 (1968); *Overture to a Ceremony* (1970). – *The Aftermath*, op. 17 (1947) für Tenor, Trp., Str. u. Pk.; 8 Lieder, op. 32 (1960). – Ferner zahlr. Film- u. Fernseh-Musik.

Lit.: H. KELLER, F. and the Symphony, in: MT 111 (1970).

FRANKENBERGER, Paul, ↗Ben-Haïm.

FRANKO-FLÄMISCHE SCHULE, franko-flämische Musik. Diese Bezeichnungen haben sich eingebürgert für das Schaffen mehrerer Generationen von Komponisten im 15. und 16. Jh., die aus nordfranzösischen und niederländischen Sprachgebieten stammten, aber in ganz Europa wirkten. Hierfür findet sich in der musikwissenschaftlichen Literatur auch die Bezeichnung Niederländische Musik, für die Zeit bis 1477 auch die Bezeichnung ↗Burgundische Schule bzw. Musik. Das Wort „Schule" ist insofern irreführend, als ein Lehrer- und Schülerverhältnis nur zwischen sehr wenigen dieser Komponisten nachweisbar ist. Hinzu kommt, daß sich die kompositorischen Errungenschaften beider Jahrhunderte nicht ohne weiteres in einer Regelsammlung zusammenfassen lassen, sondern die Gesamtheit der wachsenden kompositorischen Möglichkeiten gleichzeitig oder zu verschiedenen Zeiten arbeitender Komponisten darstellen, deren aller einheitliches Bestreben das der Beherrschung des musikalischen Satzes war. Gemeinsamkeit besteht unter diesen Komponisten sowohl ihrer Herkunft als auch ihrem Wirken nach. Die meisten von ihnen stammen aus dem Gebiet, das das heutige Nordfrankreich, Belgien und Südholland umfaßt, und waren also französisch- oder niederländischsprachig. Die musikalischen Zentren, an denen sie erzogen wurden und in denen sie teilweise später wirkten, waren die sog. Maîtrisen, die Kantoreien der Dome und der großen Kirchen in Lüttich, Tournai, Cambrai, Mons, Lille, Antwerpen, Brügge, Gent usw. Viele von ihnen bekleideten ein geistliches Amt, und alle komponierten für die Chöre, mit und in denen sie auch praktisch-musikalisch arbeiteten. Ihr Ruf, aus den führenden musikalischen Zentren der Zeit zu stammen, veranlaßte die weltlichen und geistlichen Fürsten ganz Europas, sie für ihre Kapellen zu gewinnen und sie dort zu halten. Daher erklärt sich ihr außerordentlich großes Wirkungsfeld. Die Zahl auch weniger bekannter Komponisten ist beträchtlich.

Die Musik der franko-flämischen Komponisten insgesamt ist gekennzeichnet durch eine immer stärkere Rationalisierung des erst drei- und vierstimmigen, später auch fünf-, sechs- und mehr als sechsstimmigen Satzes. Dies bedeutet, daß der Satz von den Zufallsdissonanzen, die sich aus der Führung der Einzelstimme ergaben, mehr und mehr befreit wurde: Alle Stimmen wurden immer stärker auf das Satzganze hin konzipiert. Mit dieser im 15. und 16. Jh. wachsenden Beherrschung der Phänomene des Zusammenklangs geht im Zusammenhang mit der nunmehr vollständig ausgebildeten Mensuralnotation (↗Notenschrift) eine vollkommene Beherrschung auch der kompliziertesten rhythmischen Möglichkeiten einher (↗Mensuren). Charakteristisch für diese Bewältigung der kompositionstechnischen Schwierigkeiten ist ein Ausspruch M. Luthers über Josquin des Prés: „Er ist der Noten Meister." Im Gegensatz zu ihm, fährt Luther sinngemäß fort, hätten sich andere Komponisten von den Noten, d.h. von den satztechnischen Schwierigkeiten, beherrschen lassen. Die unter dem Namen „Künste der Niederländer" bekannten kontrapunktischen Fertigkeiten (Kanontechnik, Mensurkombination) haben in dieser Meisterschaft ihre Voraussetzung. Für die Aufführung setzte sich immer stärker die rein vokale Ausführung des Satzes durch, die bei Palestrina zur unumstößlichen Regel geworden ist (↗a cappella).

Aus der Herkunft und dem Wirkungskreis der Komponisten der franko-flämischen Schule erklärt es sich, daß sie vor allem geistliche Musik schrieben. Dies unterscheidet sie u.a. von den Komponisten des 14. Jahrhunderts. Neben der Messe machen geistliche Motetten, Propriums- und Offiziumsgesänge (Hymnen, Antiphonen, Sequenzen, Magnificat, Psalmen u.a.) den Hauptbestand der Kompositionen aus. Die Zahl der weltlichen Motetten und der mehrstimmigen Liedkompositionen (↗Chanson) ist kleiner.

Komponisten und besondere Kompositionsmerkmale. Als unmittelbarer Vorläufer der franko-flämischen Schule ist J. Ciconia anzusehen, dessen Verankerung sowohl in der französischen ↗Ars nova wie in der italienischen Musik des Trecentos besonders leicht faßbar in der Komposition einerseits von isorhythmischen Motetten (↗Isorhythmie) und andererseits von Ballate (↗Ballata), Caccien (↗Caccia) und anderen italienischen Liedformen wird. Einen für das franko-flämische Komponieren besonders wichtigen Anstoß, nämlich die Begegnung mit der Musik Englands, hat er allem Anschein nach nicht erfahren. Dieser wird erkennbar im Werk G. Dufays, der wahrscheinlich als erster eine alte aus England stammende Stegreifpraxis, den ↗Fauxbourdon, übernommen und in seinen Kompositionen angewandt hat. Er hat anfangs noch die Isorhythmik gepflegt, sie später aber aufgegeben. Seine frühen Kompositionen sind meistens im dreistimmigen französischen Chansonsatz geschrieben; später überwiegt die Vierstimmigkeit. Die Tendenz zur Vereinheitlichung und Zusammenfassung, die sich in Dufays Satz erkennen läßt, kennzeichnet auch den Zusammenschluß der einzelnen Messensätze zu ganzen Meßzyklen. Zentral ist die Form der Tenormesse, die eine fremde, oft weltliche (Lied-)Melodie als Tenor für alle Sätze benutzt und so den einheitlichen Meßzyklus realisiert. Eine von mehreren franko-flämischen Komponisten verwendete Melodie ist z.B. *L'homme armé.* Daneben gibt es Meßzyklen, die an den Anfang eines jeden Ordinariumsteiles ein gleiches „Motto" stellen, z.B. Ockeghems *Missa Mi-Mi.* Von Dufays Zeitgenossen (N. Grenon, G. Binchois, J. Brassart, J. Barbireau) hatte Binchois besonders enge Beziehungen zu England und zur englischen Musik. Die Vertonungen weltlicher Texte umfassen etwa die Hälfte seines bekannten Werkes. Sollte er der Lehrer von J. Ockeghem gewesen sein, so ist das jedenfalls an beider Komponierweise nicht ohne weiteres abzulesen.

Ockeghem, der der nächsten Generation angehört, zeichnet sich in seinen Sätzen durch lang fließende Melodiebögen, hinausgezögerte oder gar vermiedene Kadenzen und durch komplizierte und altertümlich wirkende rhythmische und klangliche Verzahnung der Stimmen aus, Merkmale, die Binchois' weniger „gearbeitetem" Liedsatz fehlen. Beiden gemeinsam ist die extrem tiefe Lage mancher Sätze, bei Binchois z.B. in der Motette *Beata nobis,* bei Ockeghem z.B. im Requiem, der frühesten erhaltenen Vertonung der Totenmesse (↗Requiem). (Dufays Requiem ist verloren.) Zeitgenossen Okkeghems sind die am burgundischen Hofe nachweisbaren Komponisten A. Busnois, in dessen Werk wie bei Binchois die weltlichen Sätze zahlenmäßig stark vertreten sind, und Hayne van Ghizeghem (Burgundische Schule) sowie der etwas jüngere Gaspar van Weerbeke.

Der dritten Generation gehören drei voneinander sehr verschiedene Komponisten an, J. Obrecht, H. Isaac und Josquin des Prés, die alle lange Zeit in Italien tätig waren. Dieser Umstand ist von besonderer Bedeutung, denn Italiens Höfe und Städte entwickelten sich im 16. Jh. zu den wichtigsten musikalischen Zentren der Zeit und behielten diese Stellung noch im ganzen 17. Jahrhundert. Besonders kennzeichnend für die Werke von Josquin des Prés ist die ↗Imitation. Die Möglichkeit, die Einzelstimmen nacheinander auf verschiedenen Tonhöhen mit demselben ↗Soggetto einsetzen zu lassen, hat sich in seinen Sätzen zu einer großartigen kompositorischen Meisterschaft entwickelt, die eine ganz enge Verwebung der Stimmen mit sich bringt und so in eindrucksvoller Weise Einheitlichkeit stiftet. Neben ihm sind zu nennen der etwas jüngere P. de La Rue sowie dessen Zeitgenossen A. Agricola, J. Regis, L. Compère, J. Mouton, A. Brumel, Philippe Basiron und J. Ghiselin.

In Josquins des Prés und seiner Zeitgenossen Werk ist die Stimmenzahl gewachsen, und die Vierstimmigkeit, die in den kompositionstheoretischen Traktaten seit dieser Zeit den Regelfall darstellt, wird immer mehr überschritten. So ist auch in seines Schülers (?) N. Gombert Werk die Fünf- und Sechsstimmigkeit vorherrschend; Gombert ist der letzte der franko-flämischen Komponisten, der nicht von der Wirkung der italienischen Musik erfaßt worden ist. Mit der Vermehrung der Stimmenzahl wird gleichzeitig die Anzahl der natürlichen Stimmlagen überschritten, und so bietet sich bei z.B. vier doppelt besetzten Stimmlagen die Aufspaltung des Chores in einen Doppelchor an (vgl. auch ↗Coro spezzato). Doppelchörige Werke schrieb als einer der ersten Gomberts Zeitgenosse A. Willaert, mit dem die letzte, stark von Italien geprägte Phase franko-flämischen Komponierens einsetzte. Mit ihm sind der Venezianer A. Gabrieli, der Niederländer (Antwerpener?) C. de Rore und der aus Mecheln stammende Ph. de Monte sowie J. Arcadelt, J. Clemens non Papa und G. de Wert zu nennen.

Die beiden letzten Komponisten, die die zweihundertjährige Geschichte der franko-flämischen Musik auf je ganz verschiedene Weise krönen, sind bezeichnenderweise ein Italiener und ein aus dem Hennegau stammender Nordfranzose, G. P. da Palestrina und O. di Lasso, die ihre Zeitgenossen (J. de Cleve, J. de Kerle, J. Regnart) an Bedeutung weit überragen. Während Palestrina sich ausschließlich der Komposition von Messen und Motetten zuwandte, deren Satz auf einem ausgefeilten Kanon von Satzregeln beruht und insbesondere auch bezüglich der Textverständlichkeit seit der 2. Hälfte des 16. Jh. als Vorbild jeglicher Kirchenmusik gilt, umfaßt die Vielfalt des Werkes von Lasso den gesamten Bestand an Gattungen, die im 16. Jh. bekannt waren. Palestrina und Lasso sind die zusammenfassenden Vollender der franko-flämischen Musik. Die revolutionäre Wandlung der musikalischen Sprache um 1600 durch Cl. Monteverdi (↗Seconda pratica) ist bei keinem dieser Komponisten vorbereitet.

Lit.: R. G. KIESEWETTER, Die Verdienste der Niederlaender um die Tonkunst... (W 1828), in: ders. – F. J. Fétis, Verhandelingen over de vraag... (A 1829, Nachdr. Hil 1978); E. VAN DER STRAETEN, La musique aux Pays-Bas avant le XIXe siècle, 8 Bde. (Bru 1867–88, Nachdr. Hilversum 1969); A. W. AMBROS, Gesch. der Musik 3 (Breslau 1868, ³1891, Nachdr. Hil 1968); R. VON FICKER, Die frühen Messen der Trienter Codices, in: StMw 11 (1924); H. BESSELER, Die Musik des MA u. der Renaissance (Pd 1931); DERS., Von Dufay bis Josquin, in: ZfMw 11 (1928/29); H. BIRTNER, Stud. zur ndl.-humanistischen Musikanschauung (Diss. Marburg 1928, Teildruck Hei 1930); K. PH. BERNET KEMPERS, Die wallonische u. frz. Chanson in der 1. Hälfte des 16. Jh., in: Kgr.-Ber. Lüttich 1930; R. B. LENAERTS, Het Nederlands polifonies lied in de zestiende eeuw (Mecheln – A 1933); W. STEPHAN, Die burgundisch-ndl. Motette zur Zeit Ockeghems (Kas 1937) (= Heidelberger Stud. zur Musikwiss. 6); H. OSTHOFF, Die Niederländer u. das dt. Lied 1400–1640 (B 1938, Nachdr. Tutzing 1967) (= Neue dt. Forsch. 197, Abt. Musikwiss. 7); CH. VAN DEN BORREN, Études sur le XVe siècle musical (An 1941); E. E. LOWINSKY, Secret Chromatic Art in the Netherlands Motet (NY 1946, Nachdr. NY 1967) (= Columbia Studies in Musicology 6); CH. VAN DEN BORREN, Geschiedenis van de muziek in de Nederlanden, 2 Bde. (A – An 1949–51); H. BESSELER, Bourdon u. Fauxbourdon. Stud. zum Ursprung der ndl. Musik (L 1950, ²1974); R. B. LENAERTS, The 16th Century Parody Mass in the Netherlands, in: MQ 36 (1950); S. CLERCX, Introduction à l'histoire de la musique en Belgique, in: RBMie 5 (1951); B. MEIER, Die Harmonik im c.f.-haltigen Satz des 15. Jh., in: AfMw 9 (1952); R. DAMMANN, Spätformen der isorhythmischen Motette im 16. Jh., in: AfMw 10 (1953); F. FELDMANN, Unters. zum Wort-Ton-Verhältnis in den Gloria-Credo-Sätzen v. Dufay bis Josquin, in: MD 8 (1954); G. REESE, Music in the Renaissance (NY 1954, ²1959); R. B. LENAERTS, Contribution à l'histoire de la musique belge de la Renaissance, in: RBMie 9 (1955); F. FELDMANN, Numerorum mysteria, in: AfMw 14 (1957); H. CH. WOLFF, Die Musik der alten Niederländer (L 1956); H. BESSELER, Das musikal. Hören der Neuzeit (B 1959) (= Ber. über die Verhandlungen der Sächsischen Akad. der Wiss. zu Leipzig. Philos.-hist. Klasse 109/6); Ars nova and the Renaissance 1300–1540, hrsg. v. A. HUGHES – G. ABRAHAM (Lo 1960) (= New Oxford History of Music 3); E. E. LOWINSKY, Early Scores in Manuscript, in: JAMS 13 (1960); S. CLERCX, J. Ciconia. Un musicien liégeois et son temps, 2 Bde. (Bru 1960) (= Académie Royale de Belgique. Classe des beaux-arts. Mémoires, Série II/10, 1^{a–b}); P. GÜLKE, Das Volkslied in der burgundischen Polyphonie des 15. Jh., in: FS H. Besseler (L 1961); R. B. LENAERTS, Die Kunst der Niederländer (Kö 1962) (= Das Musikwerk 22); B. MEIER, Musikgesch. Vorstellungen des ndl. Zeitalters, in: FS W. Gerstenberg (Wb 1964); A. DUNNING, Die Staatsmotette 1480–1555 (Utrecht 1970); B. MEIER, Die Tonarten der klass. Vokalpolyphonie (ebd. 1974).

P. WEBER-BOCKHOLDT

FRANKREICH. Mittelalter. Die ältesten Zeugnisse einer Musik in Gallien sind Kirchengesänge. Der ↗Gallikanische Gesang wurde gepflegt, bis die Karolinger (Pippin der Jüngere, Karl der Große) sich aus politischen Gründen auch um die Einheit im kirchlichen Raum bemühten und den ↗Gregorianischen Gesang einführten. Diese Entscheidung setzte der Entwicklung einer eigenständigen liturgischen Musik ein Ende. Trotzdem nimmt F. in der frühen Geschichte der geistlichen Musik des Abendlandes einen wichtigen Platz ein, wie die Schriften von Alkuin, Aurelianus Reomensis, Remigius von Auxerre, Odo von Cluny und Guy de Charlieu bezeugen. Es ist auch bekannt, daß Pippin eine Hydraulis vom byzantinischen Kaiser erhalten hatte, daß König Robert der Fromme komponierte, und von Abaelard sind 6 ↗Planctus überliefert. Vermutlich wurden von Mönchen aus Jumièges die ersten Tropen (↗Tropus) und ↗Sequenzen geschrieben, die sich Ende des 11. Jh. von der Abtei St-Martial in Limoges aus verbreiteten und ihre höchste Entwicklung bei Adam de St-Victor fanden.

Noch viel schwieriger sind die Anfänge der weltlichen Musik zu fassen. Es ist keine außerkirchliche Musik in Gallien bekannt, noch weniger läßt sich über Einflüsse anderer Länder sagen. Die Chroniken berichten, daß an fränkischen Fürstenhöfen zur Kithara oder Harfe gesungen wurde. Aus der Karolingerzeit stammt eine Handschrift (Paris, Bibl., Nat., lat. 1154) in Neumennotation mit verschiedenen Gesängen zu Ehren fränkischer Helden (auf den Tod Karls des Großen, Erichs von Friaul u. a.). Die Überlieferung dieser lateinischen Gesänge auf politische Ereignisse setzte sich später fort in einstimmigen Gesängen (2 Planctus auf den Tod König Philipps II. August und ein ↗Conductus zur Krönung König Ludwigs VIII. 1223) sowie in der Polyphonie der Schule von Notre-Dame. Erhalten sind ferner Vertonungen von Horaz- und Vergil-Texten zu Unterrichtszwecken. Seit dem 11. Jh. entwickelten sich zwei nationale Gattungen: die ↗Chanson de geste, deren Musik verlorenging, und die ↗Canso der ↗Troubadours in der Langue d'oc, die in Süd-F. noch bis zum Albigenserkreuzzug Anfang des 13. Jh. gesprochen wurde. Die Kunst der Troubadours breitete sich durch die ↗Trouvères auch im Norden aus, wo die Langue d'oil gesprochen wurde. Über 1600 Gesänge sind von ihnen erhalten. Diese Gattung aus der Ritterzeit spiegelt das damalige soziale und politische Leben, vom Liebeslied bis zum Kreuzfahrerlied und zu den geistlichen Gesängen eines Gautier de Coinci. Ende des 13. Jh. verschwand die aristokratische Kunst der Trouvères und machte einer mehr bürgerlichen Platz, die etwa in Städten wie Arras blühte, wo man Akademien (sog. ↗Puys) veranstaltete: Adam de la Halle ließ dort um 1275 sein *Jeu de Robin et de Marion* aufführen. Immer mehr jedoch trat die Einstimmigkeit in der höfischen und bürgerlichen Musikausübung zurück zugunsten der Mehrstimmigkeit, die, im wesentlichen von Frankreich ausgehend, nun allenthalben in Europa gepflegt wurde.

Gleichzeitig mit dem gotischen Baustil entwickelte sich im 12.–15. Jh. die Musik zu einer ersten Hochblüte. Die frühesten Zeugnisse französischer Mehrstimmigkeit finden sich in Handschriften des 10. Jh. (Chartres, Laon, Fleury) mit Belegen von ↗Diaphonia. Eine Handschrift aus St-Martial (Paris, Bibl. Nat., lat. 1120) überliefert einen ↗Discantus. Die früheste erhaltene ↗Motette findet sich ebenfalls in einer Handschrift aus St-Martial (Paris, Bibl. Nat., lat. 1139), geschrieben Ende des 11. Jh., ein ↗Organum in einer Handschrift aus St-Maur des Fossés (Paris, Bibl. Nat., lat. 12596). Um die Mitte des 12. Jh. wurde Paris Zentrum der Musik mit der Abtei St-Victor und der Kathedrale Notre-Dame, die einer ganzen Epoche (bis Ende des 13. Jh.) ihren Namen gab. Hier wirkten Magister Albertus, Leoninus und vor allem Perotinus, dessen 4st. Organa einen wichtigen Platz im Werden der Mehrstimmigkeit einnehmen. Auch die Motette, von deren Komponisten Petrus de Cruce genannt wird, nahm eine wichtige Stellung ein. Sie ist geistlich oder weltlich, 2–4st., auf lateinischen oder französischen Text (Hs. Montpellier, 13. Jh.) komponiert. Die weltliche Musik verwirklichte sich in den 3st. ↗Rondeaux des Adam de la Halle und in der Musik des *Roman de Fauvel,* wichtigen Stationen in der Geschichte mittelalterlicher Mehrstimmigkeit. Im 14. Jh. bereicherte die ↗Ars nova, so genannt von Ph. de Vitry, der auch einige Motetten beisteuerte, die Musik durch kunstvolle Rhythmik (↗Isorhythmie). Dieser neue Stil fand einen hervorragenden Vertreter in G. de Machaut. Seine ↗Messe, die schon zum einheitlichen Zyklus tendiert, ist indes nicht die einzige ihrer Art in F.; schon aus der ersten Jahrhunderthälfte ist die 3st. Messe von Tournai überliefert, später die Messen von Toulouse und Besançon, die bereits Vorbilder für die Parodiemesse bieten. Machauts 98 Chansons und 19 Lais sind Beispiele einer verfeinerten weltlichen Kunst. Ende des 14. Jh. jedoch führten komplizierte Rhythmik und Stimmführung die Musik gewissermaßen in eine Sackgasse. Stücke, wie sie in den Hss. Chantilly, Musée Condé 564 und

Modena, Bibl. Estense, ms. α. M. 5,24 vertreten sind, bilden einen Endpunkt der Ars nova und sind typisch für die ↗Ars subtilior. Trotz der Wirren des 100jährigen Krieges spielte die Musik in F. unter den letzten Herrschern aus dem Hause Valois (Johann der Gute, Karl V. und Karl VI.) keine geringe Rolle. Im 15. Jh. bildete sich, ausgehend von Dijon, eine ↗Burgundische Schule, ein Kreis von Musikern, die sich jedoch nicht eigentlich mehr national empfanden; die nicht mehr dem geistlichen Stande angehörenden Komponisten zogen mit ihren Herren von Land zu Land. Zu ihnen gehören G. Binchois, N. Grenon und R. de Loqueville. Insgesamt verlor F. im Laufe des 15. Jh. allmählich seine Vormachtstellung auf dem Gebiet der Musik. Mit J. Dunstable trug England zu einer Entwicklung insbesondere der geistlichen Musik bei, die dann in der ↗Franko-flämischen Schule des 15.–16. Jh. mit G. Dufay, J. Ockeghem, J. Obrecht und Josquin des Prés gipfelt. Erst seit der zentralistischen Politik König Ludwigs XI. kann wieder von einer eigenständigen französischen Musik gesprochen werden.

16. Jahrhundert. Das 16. Jh. bedeutet für F. das Kommen einer neuen Welt, die gleichsam das Antlitz der Musik umformte. Es wurde nun der königliche Hof, der stets die höchste Instanz darstellte, sein Geschmack wurde der von ganz F., und alle bedeutenden Bewegungen gingen von Paris aus. Jedoch bildete zunehmend das Bürgertum eine neue mächtige gesellschaftliche Klasse. Es machte am Anfang des 16. Jh. seinen eigenen musikalischen Geschmack geltend und drängte die Komponisten zur weltlichen Musik. Entscheidend wurde das musikalische Denken in F. in diesem Jahrhundert durch die Begegnung mit der italienischen Kultur geprägt, was zúr Beschäftigung mit der klassischen Antike führte und in der Musik des späten 16. Jh. Züge eines neuplatonischen Humanismus erkennen läßt. Wichtig war auch die Tatsache, daß F. im 16. Jh. Schauplatz scharfer religiöser Auseinandersetzungen war. Die Gegenreformation beeinflußte in starkem Maße die Musikanschauung in der Regierungszeit König Heinrichs II. und seiner Söhne. Zu all dem trat eine allgemeine Tendenz zur Bildung einer Nationalitätsidee, die es der Musik des französischen 16. Jh. ermöglichte, die Originalität des nationalen Temperaments glanzvoll in Erscheinung treten zu lassen.

Dies zeigt sich darin, daß nun die Musik – auch dank der sich ausbreitenden Buch- und Notendrukkerkunst – zum täglichen Leben gehörte, zuvorderst und am höchsten ausgebildet zu dem des königlichen Hofes. König Franz I. vervielfachte die Anzahl aufwendiger Feste und theatralischer Darbietungen. Die Zahl der Musiker am Hofe wuchs derart an, daß man ihre Dienstleistungen in 3 Gruppen einteilte: die (Vokal-)Musik in der Kirche *(Chapelle,* ↗Kapelle), die Vokal- und (Instrumental-)Musik in den privaten und offiziellen Gemächern des Königs *(Chambre)* und die (Instrumental-)Musik zu höfischen Anlässen im Freien *(Écurie* genannt, weil die Musiker der Hofstallmeisterei unterstanden; ↗Feldmusik). Diese Ordnung blieb fast unverändert bis zur Französischen Revolution bestehen. Den verschiedenen Gruppen waren auch bestimmte Ämter zugeordnet, von denen das des Surintendant de la musique de la Chambre (1592 von König Heinrich IV. geschaffen) am bedeutendsten war. Mit der Schaffung dieses Postens begann in F. die Ära der offiziellen Hofmusiker.

Die neue Welt in der französischen Musik des 16. Jh. zeigt besonders die Chanson. Sie wurde die Gattung, in der sich die Ideen, der Geschmack und das realistische Denken des französischen Bürgers dieser Zeit ausdrücken, im Unterschied zur Chanson des 15. Jh., die für den platonisch verliebten Aristokraten geschrieben war. Nie sonst als im 16. Jh. waren die gesellschaftlichen Gruppen so wenig voneinander getrennt; zahlreich sind die volkstümlichen Elemente in der Chanson, die jedermann gefallen sollte. Die prominentesten Komponisten waren Cl. Janequin, P. Certon, Cl. de Sermisy, J. Maillard und Cl. Goudimel. Sie wandten sich von der gelehrten Satzweise der Niederländer (↗Franko-flämische Schule) ab, um zu den nach ihrer Meinung reinsten Werten des Volkes zurückzukehren, zu Klarheit, Verstand und Geist *(clarté, intelligence, esprit),* die das Gefühl verbergen. Die Musik wurde durch das Wort bestimmt, und es zeigt sich hier ein bevorzugtes Gestaltungsmerkmal vieler späterer französischer Musik. Um die Mitte des 16. Jh. wurde in der Chanson der italienische Einfluß bemerkbar (u. a. in der häufigen Verwendung von Chromatik). Schließlich machte in der zweiten Hälfte des 16. Jh. immer mehr die ganz andersartige Gattung des ↗Air der Chanson in der Beliebtheit den Rang streitig.

Für die starke Verbreitung der Chanson des 16. Jh. waren nicht zuletzt die französischen Musikdrucker und -verleger verantwortlich. Die erste französische Chansonsammlung erschien 1528 bei P. Attaingnant, der bis 1552 nicht weniger als 50 Sammlungen mit ca. 1500 Chansons veröffentlichte, die überwiegend von französischen Komponisten stammen. Weitere Sammlungen gaben J. Moderne in Lyon (300 Chansons), N. Du Chemin (693 Chansons zw. 1549 und 1576) sowie A. Le Roy und R. Ballard in Paris heraus. Der Chansonstil beeinflußte auch Messe und Motette und führte in diesen

Gattungen zu größerer Wortverständlichkeit. Das Erscheinen der ersten Werke O. di Lassos im Druck (1564) überstrahlte schließlich das Schaffen der französischen Komponisten dieser Zeit. Bezeichnend für deren großes Können sind namentlich die Werke von A. Bertrand, G. Boni, Cl. Le Jeune und J. Mauduit.

Die Gebildeten fanden indes an der traditionellen Chanson immer weniger Gefallen und verlangten nach einer Rückbesinnung auf die Antike. Der Dichter J. A. de Baïf gründete 1570 zusammen mit dem Musiker J. Thibaut de Courville unter dem Patronat König Karls IX. die Académie de Poésie et de Musique (↗Akademie). Zu quantitierenden Versen nach antikem Vorbild schrieben Komponisten eine entsprechend rhythmisierte Musik, die ↗Musique mesurée à l'antique. Bedeutendster Vertreter dieser Kunst, die freilich eine rein französische Angelegenheit blieb, war Cl. Le Jeune. Gegen die „verrückten Chansons" wandten sich auch die maßgeblichen Kreise der französischen Reformation und der Gegenreformation. In diesem Sinne bildete der ↗Hugenottenpsalter seit den 40er Jahren des 16. Jh. ein weithin wirksames Gegengewicht. Um seine musikalische Ausgestaltung bemühten sich gleichermaßen reformierte wie katholische Musiker (P. Certon, L. Bourgeois, D. Lupi, Cl. Goudimel, Ph. Jambe de Fer, J. Arcadelt, J. Servin, Cl. Le Jeune, P. de L'Estocart). In derselben Zeit entstand auch die Gattung der ↗Chanson spirituelle; ihr berühmtestes Beispiel war *Suzanne un jour,* das nicht weniger als 65mal vertont wurde, häufiger als jemals eine weltliche Chanson.

17. und 18. Jahrhundert. Während des ganzen 17. und des frühen 18. Jh. war noch mehr als vorher das französische Musikleben am Hof zentralisiert. Der König zog dort alles zusammen, was den Ruhm seines Reiches mehren konnte. Unter Ludwig XIV. nahm diese monarchische Zentralisation geradezu den Charakter einer Kunstdiktatur an mit der Ausprägung eines eigenen Stils, der seitdem als der klassische französische Stil („Classicisme") gilt. Selten traten in der französischen Geschichte die Beziehungen zwischen Politik und Musik so offen zutage wie während dieser Zeit der absoluten Monarchie. Andererseits ist die Epoche des Classicisme dadurch gekennzeichnet, daß es immer wieder zur Konfrontation von französischer und italienischer Musik kam. Dies führte zu ständigen kunsttheoretischen Auseinandersetzungen, die nicht nur gelegentlich die Form handfester Streits annahmen, sondern sich in vieler Hinsicht als fruchtbar für das französische Musikleben und das musikalische Denken erwiesen.

Zwei weltliche Gattungen traten nun in besonderer Weise in Erscheinung: das ↗Air de cour und das ↗Ballet de cour. Dies letztere war die bevorzugte Art höfischer Unterhaltung (↗Divertissement), und der König selbst nahm daran mit seinem Gefolge aktiv teil. Ludwig XIII. komponierte sogar ein *Ballet de la Merlaison* (1635). Die Geburt königlicher Nachkommen, militärische Siege und vieles andere waren Anlaß zu Ballettaufführungen. Indessen war es erst J.-B. Lully vorbehalten, die Gattung des Ballet de cour mit eigentlichem musikalischem Leben zu erfüllen. Im übrigen hielten sich die meisten französischen Komponisten dieser Zeit, nicht zuletzt in Reaktion auf die komplizierte Kontrapunktik der Musik des 16. Jh. einerseits und auf die Neuerungen des zeitgenössischen italienischen Stils andererseits, an die preziöse und wenig ausdrucksvolle Gattung des Air de cour, das später die Bezeichnung Air sérieux erhielt. Im Gegensatz zu diesen aristokratischen Gattungen bewahrte in den bürgerlichen Schichten das ↗Air à boire den derbmunteren Grundton bei, den es im 16. Jh. hatte. Die enorme Beliebtheit dieser Airs sérieux und Airs à boire schlägt sich in den zahlreichen Drucken der Ballards nieder.

Jene gemessene Eleganz – M. Mersenne spricht von „timidité" –, die die Franzosen vor kühnem Ausdruck und starken Emotionen zurückhielt, wie sie für die italienische Musik des 17. Jh. charakteristisch waren – eine solche Zurückhaltung genügte aber nicht allen musikalisch Interessierten. Manche wandten sich deshalb Italien zu, wie etwa der Schriftwechsel zwischen M. Mersenne und G. B. Doni (hsl. in Paris, Bibl. Nat., Nouv. acq. fr. 6204–6205) oder auch die *Response faite à un curieux sur le sentiment de la musique d'Italie* von A. Maugars (P 1639) belegt. Dieses Büchlein lenkte wie kaum eine andere Schrift der Zeit die Aufmerksamkeit der Franzosen auf die italienische Musik und eröffnete sozusagen den ersten Akt der nun ein Jahrhundert lang andauernden Streitigkeiten um die Überlegenheit der italienischen oder französischen Musik. Schon lange waren ja italienische Musiker in großer Zahl nach Frankreich gekommen, Katharina von Medici hatte einige ihrer berühmtesten Landsleute, wie den Komponisten G. Caccini und den Dichter und Librettisten O. Rinuccini, nach Frankreich gebracht. Erst recht kam es unter dem Einfluß von Mazarin seit 1643 zu einer wahren Invasion Italienischer Musik und Musiker, glanzvoll eingeleitet durch die Pariser Aufführungen von Fr. Sacratis *La finta pazza* (1645) und von L. Rossis *Orfeo* (1647). So kann Mazarin, der selbst ein begabter Musiker war, als einer der Schöpfer der französischen Oper angesehen werden. Trotz des

Widerstandes des Pariser Publikums allzu fremdartigen Darbietungen gegenüber, trotz einer antiitalienischen Kabale bei Mazarins Tod (1661) setzte sich der Einfluß der italienischen Oper auf die französische Musik durch. Da war es ausgerechnet der aus Italien stammende J.-B. Lully, der die Reaktion auf all dies verkörperte und schließlich eine eigenständige französische Kunst schuf. Die Karriere Lullys ist aufs engste verbunden mit der Entwicklung der französischen Musik des 17. Jh.: Zunächst beteiligte er sich am Ballet de cour, dann erkannte er die in F. traditionelle Vorherrschaft der Literatur gegenüber der Musik an und schuf mit Molière die ↗Comédie-ballet, die dann abgelöst wurde durch die ↗Opéra-ballet, und schließlich die ↗Tragédie en musique. Bis zum Tode Lullys (1687) wurde dann kein Bühnenwerk italienischer Prägung in F. gespielt, und erst 1698 ließ M.-A. Charpentier seine *Médée,* die stark italienisch beeinflußt ist, aufführen. In der Nachfolge Lullys blieben u. a. A. Campra und A. C. Destouches. Ihr Anteil an der Weiterentwicklung der Oper war jedoch nicht sonderlich groß, und nur von ferne glaubt man in ihren Werken die Neuerungen zu erkennen, die dann im Schaffen von J.-Ph. Rameau kulminierten. Er, dessen Kühnheiten der musikalischen Sprache zunächst Widerspruch erregten und zu einer Polarisierung von „Lullisten" und „Ramisten" führten, galt seit der triumphalen Aufführung der *Platée* (1749) als einer der größten europäischen Musiker seiner Zeit, auch wenn er gegen Ende seines Lebens immer unpopulärer wurde. Rameau war der wohl einmalige Fall eines Musikers, der als Komponist ebenso säkularen Rang besaß wie als Theoretiker, und er war damit auch der letzte Repräsentant einer Epoche, in der die Kunstpraxis die Kontrolle der Vernunft – „raison" – nicht ausschloß. Er selbst hat erklärt, wie sehr er durch die „méthode de Descartes", d. h. durch den Rationalismus erleuchtet („éclairé") war, und das in einer Zeit, wo diese Geisteshaltung gar nicht mehr so hoch im Kurs stand. Bereits in den letzten Regierungsjahren Ludwigs XIV. zeichnete sich gegen sie eine Reaktion ab, und ein anderes Ideal machte sich bemerkbar. Rameau steht an der Schwelle einer neuen Epoche der französischen Geistes- und Kunstgeschichte, in der man danach strebte, mehr den Sinnen zu gefallen als die Vernunft zu befriedigen.

Was die Streitigkeiten um die Überlegenheit der italienischen oder der französischen Musik angeht, so wurden diese in Gang gesetzt namentlich durch den Abbé Fr. Raguenet, der 1702 für die italienische Richtung Partei nahm. Ihm stellte sich alsbald vom Standpunkt der „klassischen" französischen Kunst aus J. L. Lecerf de la Viéville entgegen. In der Tat jedoch entsprach die italienische Musik in erstaunlichem Maße einer besonderen Art französischer Sensibilität auf vielen Gebieten der Kunst. In ein neues Stadium trat der Überlegenheitsstreit durch die Pariser Aufführungen von G. B. Pergolesis *La serva padrona* (1752). Im Zusammenhang damit zeigten sich J.-J. Rousseau, D. Diderot und die anderen „Enzyklopädisten" als erklärte Feinde des französischen klassischen Stils und forderten eine Oper nach italienischem Vorbild: der ↗Buffonistenstreit war ausgebrochen. Seine erste Konsequenz war die Entstehung der neuen Gattung ↗Opéra-comique mit J.-J. Rousseaus *Le devin du village* als erstem Beispiel. E. R. Duni, Fr. A. Philidor, P. A. Monsigny und A. M. Grétry gingen auf diesem Weg weiter; Grétrys künstlerische Laufbahn überstand ohne Schaden alle politischen Wirren der Französischen Revolution und des Empire. Andererseits war es merkwürdigerweise ein Deutscher, Chr. W. Gluck, seit 1774 in Paris, der letztlich die von den Enzyklopädisten seit 20 Jahren vorbereitete Reform der Oper ins Werk setzte, indem er ihren Ruf zur Rückkehr zur Natur verwirklichte. Aber zugleich war damit eine internationale Kunst entstanden, „allen Nationen eigen", wie man damals sagte, und jenseits aller Mode und aller Streitigkeiten, auch wenn die Parteigänger der Italiener N. Piccinni mit Gluck konfrontierten und eine neue „Querelle" schufen, die erst mit der Abreise Glucks (1779) und dann mit dem Ausbruch der Revolution ihr Ende fand.

Im wesentlichen abseits von diesen großen Bewegungen, die die weltliche Musik Frankreichs bestimmten, entwickelte sich in der „klassischen Epoche" die geistliche Musik. Sie blieb in den von der Tradition vorgezeichneten Bahnen. Durch die Weiterführung der klassischen Vokalpolyphonie in den kirchenmusikalischen Werken von E. Du Caurroy, J. Mauduit, N. Formé, E. Moulinié u. a. kam es nur langsam zur Einführung des Generalbasses und des konzertierenden Stils, hauptsächlich in der Motette, während die Messe im gesamten 17. Jh. bis auf wenige Ausnahmen im a cappella-Stil verblieb. Vom letzten Drittel des 17. Jh. an schrieben die Musiker Ludwigs XIV. für Versailles (wo 1682 die Kapelle eingeweiht wurde) Motetten, die in ihrer großen Besetzung (Soli, Chor, Orchester) der höfischen Repräsentation des Grand siècle angepaßt waren (↗Motette). Man kann hier von einer Versailler Schule sprechen, die bis in die Regierungszeit Ludwigs XV. hineinreicht und zu der die bedeutendsten Komponisten dieser Zeit gezählt werden können: von Lully, M. R. Delalande und A. Campra bis zu Fr. Couperin und Rameau.

Im Bereich der Instrumentalmusik schließlich

wurde das Lautenrepertoire um neue Formen (Tombeau, Chaconne, Tanzsuite) erweitert, vor allem durch die beiden Gaultier, deren Einfluß auf die späteren Lautenisten beträchtlich war, die Familie Gallot und durch Ch. Mouton. Gleichzeitig erfreute sich das Air für Solostimme mit Laute großer Beliebtheit. Schon 1603 enthielt J.-B. Bésards *Thesaurus harmonicus* Airs de cour mit Lautenbegleitung; besonders zwischen 1620 und 1630 wurden dann zahlreiche Sammlungen dieser Art veröffentlicht. J. Champion de Chambonnières war der erste glänzende Vertreter der großen Reihe der frz. „Clavecinisten", aus der später vor allem Fr. Couperin, J.-Fr. d'Andrieu und J.-Ph. Rameau herausragen. Die Orgel fand in J. Titelouze einen ihrer großen Meister mit seinen kunstvollen Bearbeitungen gregorianischer Melodien, der jedoch kaum Nachahmer fand. Die ihm folgenden Organisten (G. G. Nivers, L. Marchand, L.-N. Clérambault, L.-Cl. Daquin) wandten sich mehr der Kunst der farbigen Registrierung zu und schufen einen ornamentalen Stil in direkter Anlehnung an die Cembalomusik der Zeit. Im Bereich der Sonate (Fr. Couperin, J.-F. Rebel, J. J. C. de Mondonville) und des Konzerts (J.-P. Guignon, J.-M. Leclair) kam es zu einer Bevorzugung der Violine, während J. Hotteterre, M. Blavet und J. B. Boismortier Instrumentalmusik für und mit Bläsern veröffentlichten. Trotz des Widerstandes der „Philosophen", die der rein instrumentalen Musik Schönheit absprachen, erhielt die instrumentale Ensemblemusik nun ihren festen Platz im französischen Musikleben, was nicht zuletzt ausgelöst wurde durch die ersten Symphonien von Fr. J. Gossec, die 1753 bei A. de La Pouplinière aufgeführt wurden. Dieser reiche Musikliebhaber, der in seinem Haus zahlreiche Konzerte veranstaltete, wurde zu einem wichtigen Förderer der französischen Instrumentalmusik seiner Zeit.

Die französische Gesangskunst erfuhr im 17./18. Jh. nicht unerhebliche Veränderungen. Aus dem 17. Jh. datieren die ersten Zeugnisse eines professionellen Sologesangs. Bis dahin hatte das Wissen um den Gesang in Frankreich nicht den hohen Stand wie in Italien erreicht, das italienische Koloraturwesen wurde nicht geschätzt. Erst die große Verbreitung des Air de cour und die Entwicklung einer eigenständigen französischen Oper hatten die Zahl guter Sänger vergrößert. Während in Italien seit dem 16. Jh. immer mehr Schriften über den Gesang und Gesangslehren erschienen, war M. Mersenne der erste französische Theoretiker, der dieses Gebiet behandelte *(Quaestiones celeberrimae in Genesim,* 1623; *Harmonie universelle,* 1636–37). Eine eigene Gesangslehre schrieb erst später B. de Bacilly *(Remarques curieuses sur l'art de bien chanter,* 1668). Sie beruht auf der Methode des Sängers M. Lambert, einer Verbindung französischer und italienischer Gesangskunst. Mit ihr kann Lambert als der erste französische Gesangslehrer gelten. Er veranstaltete in seinem Hause eine regelrechte Akademie für Gesang und versammelte um sich Amateurmusiker, um ihre Kompositionen aufzuführen, er beeinflußte damit maßgeblich ein Konzertwesen, wie es damals in Paris Mode war. In ähnlicher Weise gab es bei Chambonnières eine Gruppe von Musikern, die „Honnestes Curieux". Andererseits begann 1769 im Hôtel de Soubise das „Concert des amateurs", eine Reihe öffentlicher Konzerte; hier hatten sich jüngere und fortschrittlich gesonnene Kräfte zusammengeschlossen, um dem konservativen Geist des ↗Concert spirituel entgegenzuwirken, das seit 1725 in den Tuilerien das Privileg öffentlicher musikalischer Veranstaltungen beanspruchte.

Französische Revolution und 19. Jahrhundert. Die Ereignisse nach 1789 gaben all dem einen ganz anderen Klang. Obwohl die Führer der Revolution die Musik als die am unmittelbarsten auf die Volksmassen wirksame Kunst erkannt hatten, entstanden in dieser Epoche nur künstlerisch mittelmäßige Musikwerke. Viele Musiker wurden in Dienst genommen, sie arbeiteten aber mehr als „Citoyens" denn als Künstler. Musik spielte sich jetzt nicht mehr in den Kirchen und in den Salons ab, sondern auf öffentlichen Plätzen und im Theater; sie wurde zu einer „sozialen" Kunst („art social") gemäß der Auffassung von Concordet und Mirabeau. Als der aktivste derjenigen Musiker, die eine neue Musik für eine neue Zeit schreiben wollten, erwies sich Fr. J. Gossec. An seinen Gelegenheitshymnen kann man die gesamte Geschichte der Revolutionsfeste und -zeremonien verfolgen. Neben und nach Gossec versorgten auch E. N. Méhul, J.-Fr. Le Sueur, Ch. S. Catel und Cl. J. Rouget de l'Isle – der Dichter und Komponist der Marseillaise (1792) (↗Nationalhymne) – die nationalen Feiern mit Gesängen, die auf die Volksmassen abgestimmt waren. Gleichzeitig entwickelte sich die Opéra-comique sowohl unter den Händen jener Revolutionskomponisten wie auch durch das Schaffen von N. M. d'Alayrac, H. M. Berton, Fr. Devienne und A. M. Grétry weiter. Es war dies auch die Zeit (1793), wo der französische Nationalkonvent die frühere École Royale de Chant et de Déclamation (gegründet 1784) in ein nationales musikalisches Ausbildungsinstitut (Institut National de Musique) umwandelte, wie es in dieser Weise nirgends sonst in Europa existierte. Aus ihm wurde später das Conservatoire National de Musique et de Déclamation. Das Verhältnis Napoleons zur Musik war nicht zuletzt dadurch gekennzeichnet, daß er italienische Musiker protegierte, G. Paisiello, F. Paer und G. Spontini, die zu seiner Zeit das Operntheater beherrschten, ohne allerdings die älteren französischen Meister ganz auszuschalten: Immerhin erhielt 1807 *Joseph* von É. N. Méhul den 2. Preis bei einem der vom Kaiser organisierten Wettbewerbe. Die Hochblüte der ↗Romanze, die schon vor der Revolution, um 1780, begonnen hatte, hielt bis zur Restauration an, während der auch die Opéra-comique, besonders mit *La dame blanche* von Fr. A. Boieldieu, ihren Siegeszug fortsetzte. Die Große Oper, vorbereitet durch L. Cherubinis *Médée* (1797) und Spontinis *La Vestale* (1807), erhielt ihre charakteristische Ausprägung zunächst in D. Fr. E. Aubers *La muette de Portici* (1828) und in G. Rossinis *Guillaume Tell* (1829), später vor allem in den Ausstattungsopern G. Meyerbeers, dessen beherrschende Stellung im französischen Musikleben seiner Zeit unbestritten war. Zum dritten Mal, nach Lully und Gluck, übte damit ein Ausländer einen entscheidenden Einfluß auf die französische Oper aus. Seinem Beispiel folgten manche seiner Zeitgenossen, gelegentlich mit allzu starker Neigung zu einem pompösen Stil (z. B. Fr. Halévy, *La Juive*). In beträchtlichem Gegensatz dazu entstanden in den Opern von A. Adam Beispiele für einen leichteren und leicht verständlichen Stil. Das Theater nahm die Komponisten dieser Zeit so völlig in Anspruch, daß nur wenige von ihnen sich der Kirchenmusik (A. P. Fr. Boëly, L. Niedermeyer) oder der Kammermusik widmeten (N. H. Reber, A. Reicha, P. Baillot, G. Onslow) – und damit auch nicht gerade hohen Ruhm erlangten. Man muß auch bedenken, daß die Instrumentalmusik in der ersten Hälfte des 19. Jh. in Frankreich noch viele Feinde hatte; Stendhal z. B., dessen Ideen wohl den zeitgenössischen Geschmack der Gebildeten widerspiegelte, lehnte das instrumentale Genre ab, das nach seiner Meinung die Musik verdorben hat, und entfachte, auch mit seiner Italienvorliebe, ein letztes Mal jene alte Kontroverse um das französische und italienische Wesen in der Musik. Angesichts dieser Situation muten die Person und das Werk von H. Berlioz wie eine glückliche Ausnahme an. Er verkörpert als einer der wenigen Geistesverwandten der deutschen ↗Romantik einen spezifisch französischen „Romantisme". Seine *Symphonie fantastique* (1830) hat die Programmusik und einen neuen Orchesterklang in Frankreich eingeführt, der, wiewohl ohne direktes Echo im eigenen Land, in die Zukunft wies. Berlioz markierte mit seinem musikalischen – und literarischen – Schaffen eine entscheidende Station in dem Bemühen, den musikalischen Geschmack in Frankreich, den man durch die Oper verbildet glaubte, neu zu orientieren. In der Folgezeit bemühte sich dann eine große Zahl von Komponisten mit mehr oder weniger Erfolg in dieser Richtung. Offenkundig blieb die Masse des Publikums der Oper treu; aber auf diesem Gebiet gab es keine entscheidende Entwicklung. Lediglich *Faust* von Ch. Gounod (1859) bedeutete einen originellen Versuch, sowohl von dem Riesenaufwand Meyerbeers als auch von der italienischen Kehlfertigkeit Abstand zu nehmen, wobei allerdings aus dem Drama Goethes zum Mißfallen mancher Kreise nur wenig mehr als eine Anekdote wurde. Gleichwohl verstand es Gounod, mit diesem Werk „einen großen Teil seiner Zeitgenossen angerührt und bewegt zu haben". Kein Geringerer als Cl. Debussy hat dies so gesehen; für ihn stellt Gounods Kunst ein „Moment der französischen Empfindsamkeit" dar (*À propos Ch. Gounod,* 1906). Ähnliches gilt auch für *Mignon* von A. Thomas (1866). Ein großes Meisterwerk im Bereich der französischen Oper des 19. Jh. ist *Carmen* von G. Bizet (1875).

Trotz reicher Produktion kamen die Opern insgesamt nicht über das Stadium des „Theaters mit Musik" hinaus, da das Gleichgewicht immer zugunsten des „Theaters" gestört wurde. J. Massenet, L. Delibes und É. Lalo bewiesen zwar Bühneninstinkt, doch hält sich ihre Musik oft in den Grenzen eines konventionellen Schönheitsideals. Von größerer Bedeutung ist dagegen die ↗Operette von Hervé und besonders die von J. Offenbach, die während des 2. Kaiserreiches Triumphe feierte. Opéras-comiques und Operetten erfreuten sich auch später großer Beliebtheit, so die von Ch. Lecocq, E. Audran, E. Chabrier, L. Varney, R. Planquette, A. Messager, Cl. Terrasse, G. Pierné, R. Hahn und L. Beydts.

Die Instrumentalmusik war indessen völlig vernachlässigt worden, und auch das Publikum war in dieser Beziehung wenig aufgeschlossen. Daher gründete C. Saint-Saëns, der auch als Opernkomponist *(Samson et Dalila,* 1877) von Bedeutung ist, 1871 zusammen mit R. Bussine die Société Nationale de Musique, in der unter der Devise „Ars Gallica" Kammer- und Orchestermusik lebender französischer Komponisten aufgeführt wurde. Mit seinen eigenen Symphonien gab Saint-Saëns selbst ein Beispiel und versuchte, die Franzosen an instrumentale Formen zu gewöhnen. Auch C. Franck übte durch sein Werk und durch seinen Unterricht am Conservatoire erheblichen Einfluß auf die Jüngeren aus, deren Geschmack er durch die Kenntnis des Kontrapunkts und die Besinnung auf das Werk J. S. Bachs schulte. Er versammelte um sich die begabtesten Musiker der jüngeren Generation: Der aktivste unter ihnen, V. d'Indy, gründete mit

Ch. Bordes und A. Guilmant die Schola Cantorum (1896), wo seine Kompositionsklasse Berühmtheit erlangte. Große Talente entwickelten sich: außer d'Indy selbst E. Chabrier, P. Dukas, E. Chausson, H. Duparc und vor allem G. Fauré. Entscheidend war für sie alle aber auch der Einfluß R. Wagners. Einen großen Anteil daran hatten die Konzerte von Ch. Lamoureux (seit 1882), und es kam in der Folgezeit zur Ausprägung einer spezifisch französischen Wagner-Begeisterung, die nicht nur musikalische, sondern auch literarische Kreise in ihren Bann zog und für die sich die Bezeichnung „Wagnérisme" einbürgerte. Man fuhr nach Bayreuth wie zu einem Wallfahrtsort. Ein wichtiges Zeugnis für den Wagnérisme wurde die 1885 gegründete *Revue wagnérienne.* Zahlreiche Werke der französischen Opernbühne in den letzten Jahrzehnten des 19. Jh. zeigen im Sujet und in der Komposition ganz oder teilweise den Einfluß der Musik oder der Ästhetik Wagners. Von ihnen sind besonders zu nennen die ↗Drames lyriques *Gwendoline* von E. Chabrier (1826), *Sigurd* von E. Reyer (1884), *Le rève* von A. Bruneau (1891) und *Fervaal* von V. d'Indy (1898). Nur wenige blieben inmitten all der Wagner-Bewunderer auf entschiedene Distanz: Franck, Saint-Saëns – er sprach von der „religion wagnérienne" –, G. Fauré, der in der dezidierten Hinwendung zur instrumentalen und vokalen Kammermusik sich dem Bann Wagners entzog, und nicht zuletzt auch Debussy, dem es mit dem *Prélude à l'après-midi d'un faune* (1894) gegeben war, die endgültige Abkehr von Wagner einzuleiten und den Weg zu einer neuen Epoche auch in der französischen Musik zu öffnen. N. BRIDGMAN

20. Jahrhundert. An der Wende des 19. zum 20. Jh. gab es in F. zwei musikalische Richtungen: eine „ältere", die der Tradition C. Francks und der Schola Cantorum verpflichtet war und unter der Führung von V. d'Indy stand. Ihr sind zuzurechnen H. Duparc, E. Chausson, P. de Bréville, G. Pierné, G. Ropartz, A. Magnard, Ch. Tournemire, D. de Séverac u. a. Bis hin in unsere Gegenwart wurde diese Richtung besonders auch von den prominentesten französischen Orgelkomponisten vertreten, namentlich von Ch.-M. Widor, L. Vierne, M. Dupré, M. Duruflé, J. Alain, J. Langlais und G. Litaize. Die „neuere" Richtung in der französischen Musik wurde am Beginn des 20. Jh. hauptsächlich von Cl. Debussy verkörpert. Sie setzte der als gelehrt empfundenen Kunst der „Schola" eine andere Kunst entgegen, die sich mehr auf die Intuition verläßt und auf kleinste äußere Eindrücke reagiert. Ein Werk Debussys war es auch, mit dem in Frankreich das musikalische 20. Jh. begann: *Pelléas et Mélisande,* dessen Uraufführung eines der bedeutendsten Ereignisse der neueren französischen Musikgeschichte ist. Der Erfolg dieser Aufführung, beim Publikum größer als bei der zurückhaltenden Presse, war höchst bezeichnend für das damalige Bedürfnis der französischen Musikliebhaber nach einer Musik, die mehr ihrem Empfinden entsprach als die Wagner-Nachahmungen. Eine musikalische Nüchternheit, der durchsichtige Orchestersatz, der allen Nuancen der französischen Sprache angepaßte rezitativähnliche Sprechgesang, die Verhaltenheit im Ausdruck menschlicher Leidenschaften – dies alles steht im Gegensatz zur Musik Wagners. Aber Debussy blieb in seiner Zeit eine Einzelerscheinung, trotz des Einflusses auf A. Caplet, was seinen Gegnern Recht zu geben schien, die seine musikalische Sprache für beunruhigend und in eine Sackgasse führend hielten. Einen Nachfolger fand Debussy in M. Ravel, dessen Werk den alten französischen Sinn für Klarheit und Ausgewogenheit („clarté" – „mesure") widerspiegelt und neue Wege eröffnete. Neben ihm ist Fl. Schmitt zu nennen mit einem imponierenden Œuvre, in dem sich „Classicisme" mit ungestümem Ausdruck verbindet und die Neuartigkeit mancher Züge auf die frz. Musik nach dem 1. Weltkrieg vorausweist.

Der Krieg von 1914–18 brachte tiefgreifende Veränderungen. Bei A. Roussel förderte er die Abkehr vom Impressionismus und die Hinwendung zu einem streng kontrapunktischen Stil, der auch in den Werken von M. Emmanuel und Ch. Kœchlin zu einem der überzeugendsten Merkmale des französischen Neoklassizismus wurde. Die neue Generation nach dem 1. Weltkrieg, beeindruckt vor allem durch die revolutionäre Ästhetik J. Cocteaus, verwarf gleichermaßen die Ausdrucksweise der Romantik, die sie als Schwulst empfand, wie das subtile Raffinement des Impressionismus. So entstand 1918 die ↗Groupe des Six (A. Honegger, D. Milhaud, G. Auric, Germaine Taillefer, L. Durey und Fr. Poulenc). Ihr Zusammenschluß beruhte mehr auf der Ablehnung bestimmter Prinzipien als auf der Zustimmung zu einer gemeinsamen Ästhetik. Zu verschiedenartig waren die Mitglieder der Gruppe. Von ihnen gilt Honegger als der im französischen Sinn „klassischste", Milhaud als der fruchtbarste und inspirierteste. Die „Six" fanden in E. Satie, dessen Nonkonformismus und beißende Ironie ihren eigenen Anschauungen entsprach, einen anregenden Förderer. Um Satie versammelten sich 1923 in Arcueil bei Paris auf Initiative von H. Sauguet 4 junge Komponisten (außer Sauguet R. Désormière, H. Cliquet-Pleyel und M. Jacob) zu einer „École d'Arcueil". Es war dies auch die Zeit, in der I. Strawinsky, nachdem sein *Sacre du printemps*

1913 die musikalische Welt erschüttert hatte, das Pariser Musikleben beherrschte und in der man sich für die neuartigen Rhythmen des ↗Jazz begeisterte. So schrieb Milhaud 1923 einen *Shimmy* für Jazzband, und auch M. Ravels Klavierkonzert für die linke Hand (1931) enthält viele Jazzelemente und -effekte. Es war die Zeit eines sozusagen nackten musikalischen Stils, man ließ sich von Chabriers Humor und von den unsinnigen Späßen Saties inspirieren und gefiel sich als Bürgerschreck. Andererseits wurden in dieser Zeit aber auch A. Schönberg und die Wiener Schule in F. bekannt, vor allem durch die Aktivitäten der 1933 von Pierre-Octave Ferroud gegründeten Gesellschaft zur Aufführung von Kammermusikwerken „Triton". Als Protest gegen bestimmte moderne Tendenzen, die man als Abstraktion in der Musik empfand, bildete sich 1936 die Gruppe „Jeune France" (Y. Baudrier, A. Jolivet, Daniel-Lesur, O. Messiaen). Sie hatte die Absicht, zum Gefühlsmäßigen („lyrisme") und zur Vermenschlichung („humanisation") in der Musik zurückzukehren. Für Messiaen ergab sich daraus die Notwendigkeit, die musikalische Sprache zu erneuern; er bereicherte Harmonik und Klangfarben und fand neue Ordnungsprinzipien für Melodik, Rhythmik und Dynamik. Er übte damit einen entscheidenden Einfluß auf die Komponisten der musikalischen Avantgarde nach dem 2. Weltkrieg aus.

Außerhalb der genannten Gruppierungen steht eine Reihe von anderen französischen Komponisten, die, teilweise bis heute schaffend, zwischen den beiden Weltkriegen in jeweils verschiedener Weise traditionelle und zeitgemäße kompositorische Mittel zu verbinden suchten und dabei zu einer oft originellen Tonsprache fanden: G. Migot, J. Ibert, M. Delannoy, E. Bondeville, H. Barraud, Elsa Barraine, J. Martinon, J. Françaix, M. Landowski, H. Dutilleux, S. Nigg u. a.

Der 2. Weltkrieg bedeutete nicht eigentlich einen Einschnitt in der musikalischen Entwicklung in F., er unterbrach aber doch die ästhetische Kontinuität der Zeit zwischen den beiden Kriegen. Neue, teilweise radikale Tendenzen traten zutage und verfestigten sich. 1947 wandte sich die Gruppe „Zodiaque" – mit M. Ohana als ihrem bezeichnendsten Vertreter – gegen Neoromantik und Intellektualismus, während sich R. Leibowitz mit Elan und Kompetenz für die ↗serielle Musik einsetzte und ihr eine breite Resonanz verschaffte. Am Conservatoire lehrte mittlerweile O. Messiaen eine dem Neuen überaus aufgeschlossene musikalische Ästhetik, in der die Werke der Wiener Schule einen wichtigen Platz einnehmen. Endlich erfuhr jetzt auch das Schaffen von E. Varèse allenthalben Anerkennung und beeindruckte die jungen Komponisten der Nachkriegszeit. P. Boulez war es gegeben, in souveräner Weise eine Synthese all dieser stilistischen Strömungen zu schaffen. In Anlehnung an Messiaens Untersuchungen zum musikalischen Rhythmus verschaffte er vor allem dem Begriff des Seriellen in der Musik große Geltung und stellte seine Forschungen zur Theorie der offenen Form zur Diskussion. Boulez ist bis heute eine der zentralen Persönlichkeiten der modernen Musik in Frankreich und weit darüber hinaus geblieben, auch wenn sich der Schwerpunkt seiner Aktivitäten mehr und mehr vom eigenen Komponieren auf andere Bereiche der Musikausübung verlagert hat. Marksteine seines Wirkens in dieser Beziehung sind die von ihm 1957 gegründete „Domaine musical" und neuerdings das „Institut de Recherche et Coordination Acoustique/Musique" (IRCAM) im Centre Beaubourg in Paris. Aus dem Umkreis Boulez' und der „Domaine musical" sind zu nennen Betsy Jolas, Jean-Pierre Guézec, G. Amy, Paul Méfano, J.-Cl. Eloy, Alain Louvier und Patrice Mestral.

Nicht weniger wichtig für die Entwicklung der zeitgenössischen französischen Musik ist der Einfluß von Y. Xenakis. Dieser – er erhielt eine doppelte Ausbildung als Architekt bzw. Mathematiker und als Musiker – ist kein serieller Komponist, kein Vertreter der Musique concrète, der elektronischen Musik oder der musikalischen Collage-Verfahren, sondern er ist ein unabhängig schaffender und forschender Künstler. In seinen Werken, von der stochastischen Musik bis zur Metamusik, will Xenakis am Spiel der kosmischen Kräfte teilhaben; seine Musik läßt, so scheint es, den Hörer das Geheimnis und den bitteren Geschmack des totalen Wagnisses kosten. Ebenso radikal, doch mit ganz unterschiedlichen Begriffen und Mitteln geben J. Barraqué, André Boucourechliev und Cl. Ballif jeweils individuell Antwort auf die Fragen und Probleme des Komponierens in der Gegenwart, so etwa Boucourechliev durch die Verwendung einer Art Semialeatorik, Ballif, indem er durch den Rückgriff auf die Tradition der französischen Musik vom Mittelalter bis zu Berlioz eine humanistische Idee zu realisieren sucht. Erwähnung verdienen hier auch Komponisten wie Ch. Chaynes, M. Constant und A. Tisné, die bei aller Modernität der von ihnen verwendeten kompositorischen Mittel der überzeugenden Ausdruckskraft eines Werkes größeren Wert beimessen als theoretischen Untersuchungen zur Entwicklung einer neuen musikalischen Sprache. Schließlich ist hervorzuheben, daß sich in F. seit 1948 durch die Arbeiten von P. Schaeffer auf dem Gebiet der ↗Musique concrète in beträchtlichem Umfang auch die ↗elektronische Musik etabliert und entwickelt hat. Zu dieser Richtung gehören Pierre Henry, M. Philippot, L. Ferrari, François Bayle, François-Bernard Mâche, Guy Reibel und B. Parmegiani.

N. BRIDGMAN – N. PINCHARD

Institutionen. An erster Stelle ist hier die Pflege des Musiktheaters zu nennen. In Paris wurde die Organisation der Opernhäuser 1969 der Direction de la Musique übertragen, deren erste Aufgabe die Neugliederung der Réunion des Théâtres Lyriques Nationaux war. Zu ihr gehören heute das Théâtre National de l'Opéra und das ihm angeschlossene Opéra-Studio, das der Förderung von Sängernachwuchs und Bühnenschaffenden dient. Außerhalb von Paris sind die Opernhäuser interkommunalen Verbänden angeschlossen, so die Opéra de Lyon, die Opéra du Rhin in Straßburg, Colmar und Mülhausen und die Opéra d'Aquitaine in Bordeaux. Andere Opernhäuser gibt es u. a. in Avignon, Marseille, Metz, Nancy, Nantes, Nizza, Rouen, Toulouse, Lille und Tours.

Eine Reihe von Instrumentalensembles bemühen sich, neue Hörerschichten zu gewinnen und besonders auch die zeitgenössische Musik zu fördern. Zu ihnen gehören Solistengruppen (Trio Nordmann; Quatuor Bernède, Löwenguth und Parrenin; Quintette à Vent de Paris; Octuor de Paris; Les Percussions de Strasbourg), Kammerorchester (Ensemble Instrumental de France und de Provence; Orchestre de Chambre de Rouen, Toulouse, Andrée Colson, Paul Kuentz und J.-Fr. Paillard) und Ensembles für zeitgenössische Musik (Ars Nova, Ensemble de Musique Contemporaine, Musique Vivante, Pupitre 14 von Amiens).

Die Symphonieorchester werden seit 1967 neu organisiert und sind z. T. aus früheren bedeutenden Orchestern hervorgegangen: 1. Orchestre de Paris (früher Orchestre de la Société des Concerts du Conservatoire de Paris, gegr. 1967 von Ch. Münch); 2. 5 regionale Symphonieorchester des Typs A (100–120 Musiker) für Konzert, Oper und Unterhaltung: Orchestre Rhône-Alpes in Lyon, Orchestre des Pays de la Loire in Nantes und Angers, Orchestre Philharmonique de Strasbourg, Orchestre d'Aquitaine in Bordeaux und Orchestre Midi-Pyrénées in Toulouse; 3. verschiedene andere wichtige Orchester des Typs B (60 Musiker) oder C (18–25 Musiker) befinden sich in Chambéry, Grenoble, Mülhausen, Nizza, Straßburg und Lille. Die 3 letzteren gingen aus dem früheren ORTF-Orchester hervor und wurden reorganisiert. Der Rundfunk unterhält ein eigenes bedeutendes Orchester, das Orchestre National de France.

Eine Reihe von Vereinigungen pflegt in F. den konzertanten Chorgesang. Maßgebliche Impulse gingen nach dem 2. Weltkrieg insbesondere von der von Jugendlichen getragenen Bewegung A Cœur Joie (gegr. von C. Geoffray) aus. Bedeutung erlangten auch, durch Schallplatteneinspielungen weit über Frankreich hinaus, die Berufschöre, u. a. der Chœur National, das Ensemble vocal Marcel Courand, der Chœur Elisabeth Brasseur, das Ensemble vocal Philippe Caillard und der Chœur National. Gruppen mit langer Tradition bestehen in Paris, Reims, Rouen und Straßburg. In der Confédération Musicale de France sind mehr als 6000 Volksmusikgruppen vereinigt.

Von den etwa 80 Festspielen auf französischem Boden sind von internationaler Bedeutung besonders die von Aix-en-Provence (jährlich im Juli), Avignon (Juli–August), Besançon (September), Bordeaux (Mai), Lyon (Juni–Juli), Paris (Juni–Juli) und Straßburg (Juni).

Die musikalische Ausbildung, bis zur Französischen Revolution unter der Obhut der ↗Maîtrisen, übernahm die von B. Sarrette 1789 gegründete Schule der Musique de la Garde Nationale (1792 École gratuite de la Garde Nationale, 1793 Institut National de Musique, 1795 Conservatoire National de Musique), das heutige staatliche Conservatoire National Supérieur de Musique (dreistufig: préparatoire, supérieur und perfectionnement). An weiteren Ausbildungsstätten gibt es heute im ganzen Land verteilt Conservatoires Nationaux de Région, Écoles Nationales de Musique und Écoles de Musique Agrées du 1er bzw. 2^{d} Degré. Daneben sind noch Privatschulen zu erwähnen, unter ihnen die École Normale de Musique, die Schola Cantorum, die École César-Franck und das Conservatoire International de Musique in Paris.

Musikwissenschaft wird an französischen Universitäten im Rahmen der Faculté des Lettres et des Sciences gelehrt. Musikwissenschaftliche Institute befinden sich in Paris und Straßburg. Ihnen obliegt auch die Ausbildung von Musiklehrern für die höheren Schulen. Von Musiksammlungen sind besonders das Département de la Musique der Bibliothèque Nationale, die Bibliothèque du Conservatoire National de Musique und die Bibliothèque et Musée de l'Opéra mit zahlreichen Musikdrucken und Handschriften hervorzuheben. Weitere für die Musikforschung bedeutsame Bibliotheken befinden sich außer in Paris in Aix-en-Provence, Avignon, Bordeaux, Cambrai, Carpentras, Chantilly, Dieppe, Dijon, Grenoble, Lille, Lyon, Montpellier, Rouen, Schlettstadt, Solesmes, Straßburg und Versailles (↗Musikbibliotheken).

O. ALAIN

Lit. (wenn nichts anderes angegeben, in Paris erschienen): **1) Bibliographien:** M. VOGELEIS, Quellen u. Bausteine zu einer Gesch. der Musik u. des Theaters im Elsaß 500–1800 (Str 1911);

La musique française du Moyen Age à la Révolution. Ausstellungskat. der Bibl. Nat., hrsg. v. E. DACIER (1934); F. LESURE – G. THIBAULT, Bibliographies des éditions musicales, publ. par N. Du Chemin 1549–1576, in: Ann. Mus. 1 (1953), Ergänzungen in: ebd. 4 (1956) u. 6 (1958–63); DIES., Bibliographies des éditions d'A. Le Roy u. R. Ballard 1551–1598 (1955); D. HEARTZ, P. Attaingnant, Royal Printer of Music (Berkeley/Calif. 1969); S. F. POGUÉ, J. Moderne, Lyons Music Printer of the 16th Century (G 1969); M. LANG, Bibliographie de l'histoire de la musique en Alsace, in: La musique en Alsace, hier et aujourd'hui (Str 1970). – **2) Lexika u. a.:** F. J. FÉTIS, Biographie universelle des musiciens (1837–44), Nachdr. der 2. Ausg., Bde. 1–8 (1873–79) u. Suppl., hrsg. v. A. POUGIN, 2 Bde. (1878–80), 10 Bde. (Bru 1963); A. LAVIGNAC – L. DE LA LAURENCIE, Encyclopédie de la musique et dictionnaire du Conservatoire, 1. Reihe: Histoire de la musique, 5 Bde., 2. Reihe: Technique de la musique, 6 Bde. (1913–31); H. RIEMANN, Dictionnaire de musique (P ^{3}1931); Art. F., in: MGG IV; RIEMANN ML Sachteil, hrsg. v. H. H. EGGEBRECHT (Mz ^{12}1967); Larousse de la musique, hrsg. v. N. DUFOURCQ, 2 Bde. (1957); Encyclopédie de la musique, hrsg. v. F. MICHEL, 3 Bde. (1958–61); C. ROSTAND, Dictionnaire de la musique contemporaine (1970) (= Les dictionnaires de l'homme du XXe siècle 40); Dictionnaire de la musique: Les hommes et leurs œuvres, hrsg v. M. HONEGGER, 2 Bde. (1970). – **3) Denkmälerausg.** (nur Sammelausg.): Chefs-d'œuvre de l'opéra français (Slg. Michaelis), hrsg. v. J. B. WECKERLIN – TH. DE LAJARTE – A. GUILMANT – V. D'INDY..., 38 Bde. (1880–1902); Les maîtres musiciens de la Renaissance française, hrsg. v. H. EXPERT, 23 Bde. (1894–1908, Faks.-NA NY o. J.); Monuments de la musique française au temps de la Renaissance, hrsg. v. DEMS., 10 Bde. (1924–29), Bd. 11 postum hrsg. v. J. CHAILLEY – M. HONEGGER (1959), Faks.-NA (NY o. J.); 20 suites d'orchestre du XVIIe siècle, hrsg. v. J. ÉCORCHEVILLE, 3 Bde. (1906); Cent motets du XIIIe siècle, hrsg. v. P. AUBRY, 3 Bde. (1908); Veröff. der Soc. Fr. de Mie, I: Monuments de la musique ancienne, 21 Bde., II: Documents et catalogues, 14 Bde., III: Études, 3 Bde., IV: Divers, 2 Bde. (1923ff.); Treize livres de motets publiés par P. Attaingnant 1534–35, 1–3 hrsg. v. A. SMIJERS (1934–38), 4–7 (Monaco 1960–62), 8–14 hrsg. v. A. T. MERRITT (ebd. 1962–64); Le manuscrit de Montpellier, hrsg. v. Y. ROKSETH, 4 Bde. (1935–39, 1948); Die drei- u. vierst. Notre-Dame-Organa, hrsg. v. H. HUSMANN (L 1940) (= PäM 11) (Nachdr. Hil – Wie 1967); French Secular Music of the Late 14th Century, hrsg. v. W. APEL (C/M 1950); Anthologie des chants populaires français, hrsg. v. J. CANTELOUBE, 4 Bde. (1951); Polyphonic Music of the 14th Century, hrsg. v. L. SCHRADE – F. LL. HARRISON, 4 Bde. (Monaco 1956ff.); Le chœur des Muses. Les luthistes, hrsg. unter der Leitung v. J. JACQUOT (1961ff.); Le pupitre, hrsg. unter der Leitung v. F. LESURE (1965ff.); French Secular Compositions of the 14th Century, hrsg. v. W. APEL – S. N. ROSENBERG, 3 Bde. (1970–72) (= CMM 53). – **4) Studien: a)** Zu einzelnen musikal. Gattungen: CH. NUITTER – E. THOINAN, Les origines de l'opéra français (1886, G 1972); M. BRENET, Notes sur l'histoire du luth en France (1899, Nachdr. G 1973); DERS., Musique et musiciens de la vieille France (1911); L. DE LA LAURENCIE, Les créateurs de l'opéra français (1930, Nachdr. 1975); N. DUFOURCQ, Esquisse d'une histoire de l'orgue en France du XIIIe à la fin du XVIIIe siècle (1935); DERS., La musique pour orgue française de J. Titelouze à J. Alain (1941, ^{2}1949); J. GAUDEFROY-DEMOMBYNES, Histoire de la musique française (1946); P. LALO, De Rameau à Ravel (1947); N. DUFOURCQ, La musique française (1949, ^{2}1970); La musique religieuse française de ses origines à nos jours, in: RM (1953–54), Sonder-Nr.; G. CHOUQUET, Histoire de la musique dramatique en France depuis ses origines jusqu'à nos jours (Utrecht 1972); R. LYON, La musique en France, in: SMZ 113 (1973); F. BRUYAS, Histoire de l'opérette en France (Ly 1974); A. BLUNT – E. LOCKSPEISER, French Art and Music since 1500 (Lo 1974). – **b)** Zu einzelnen Epochen: MA–16. Jh.: H. BESSELER, Die Musik des MA u. der Renaissance (Pd 1931) (= Bücken-Hdb. o. Nr.); F. GENNRICH, Grundriß einer Formenlehre des ma. Liedes (Hl 1932, Nachdr. Tü 1970); TH. GÉROLD, La musique au Moyen Age (1932); DERS., Histoire de la musique des origines à la fin du XIVe siècle (1936); E. DANNEMANN, Die spätgotische Musiktradition in F. u. Burgund vor dem Auftreten Dufays (Str 1936); A. PIRRO, Histoire de la musique de la fin du XIVe siècle à la fin du XVIe (1940); G. REESE, Music in the Middle Ages (NY 1940); Y. ROKSETH, La musique d'orgue au XVe et au début du XVIe siècle (1940); F. A. YATES, The French Academy of the 16th Century (Lo 1947); J. CHAILLEY, Histoire musicale du moyen âge (1950, revidiert P 1969) (= Collection Hier o. Nr.); DERS., La musique médiévale (1951); G. REESE, Music in the Renaissance (NY 1954, revidiert 1959); F. LESURE, Musicians and Poets of the French Renaissance (NY 1955); D. HEARTZ, Sources and Forms of the French Instrumental Dance in the 16th Century (1957) (= Diss. Harvard Univ./Mass.); J. CHAILLEY, L'école musicale de St-Martial de Limoges jusqu'à la fin du XIe siècle (1960); H. MAYER BROWN, Music in the French Secular Theater 1400–1550 (C/M 1963); J. CAZEAUX, French Music in the Fifteenth and Sixteenth Centuries (O – NY 1975); F. LESURE, Musique et musiciens français du XVIe siècle (G 1976). – **c)** 17. u. 18. Jh.: A. POUGIN, L'opéra-comique pendant la Révolution de 1788 à 1801 (1891, Nachdr. G 1973); M. BRENET, Les concerts en France sous l'Ancien Régime (1900, Nachdr. NY 1970); C. PIERRE, Musique des fêtes et cérémonies de la Révolution française (1899); J. TIERSOT, Les fêtes et les chants de la Révolution française (1908); G. CUCUEL, La Pouplinière et la musique de chambre au XVIIIe siècle (1913, Nachdr. G 1971); H. PRUNIÈRES, L'opéra italien en France avant Lully (1913); DERS., Le ballet de cour en France (1914, Nachdr. NY 1970); G. CUCUEL, Les créateurs de l'opéra-comique (1914); TH. GÉROLD, L'art du chant en France au XVIIe siècle (Str 1921, Nachdr. G 1971); L. DE LA LAURENCIE, L'école française de violon de Lully à Viotti, 3 Bde. (1922–24, Nachdr. G 1971, P 1975); J. GAUDEFROY-DEMOMBYNES, Les jugements allemands sur la musique française au XVIIIe siècle (1941); J. F. PAILLARD, La musique française classique (1960, ^{3}1973); Recherches sur la musique française classique, hrsg. v. N. DUFOURCQ, 14 Bde. (1960ff.); P. DAVAL, La musique en France au XVIIIe siècle (1961); B. S. BROOK, La symphonie française dans la seconde moitié du XVIIIe siècle, 3 Bde. (1962); N. DUFOURCQ, La musique française au XVIIIe siècle. État des questions, chronologie, sources et bibliographie, problèmes, in: XVIIIe siècle 2 (1970); M. BENOIT, Musiques de cour, Chapelle, Chambre, Écurie, 1661–1733. Documents (1971) (= La vie musicale en France sous les rois Bourbons 20); DERS., Versailles et les Musiciens du Roi 1661–1733. Étude institutionelle et sociale (1971) (= ebd. 19); R. MACHARD, Les musiciens en France, au temps de J.-Ph. Rameau d'après les actes du secrétariat de la Maison du Roi, in: Rech. Mus. 11 (1971); H. SCHNEIDER, Die frz. Kompositionslehre in der 1. Hälfte des 17. Jh. (Tutzing 1972) (= Mainzer Stud. z. Musikwiss. 3); R. M. ISHERWOOD, Music in the Service of the King. France in the Seventeenth Century (Ithaca – Lo 1973); R. ANTHONY, French Baroque Music from Beaujoyeulx to Rameau (Lo 1973, revidiert 1978); F. LESURE, L'opéra classique française (G 1973) (= Iconographie musicale 1); D. TUNLEY, The 18th Century French Cantata (Lo 1974); C. PIERRE, Histoire du Concert spirituel (1975). – **d)** 19. u. 20. Jh.: R. ROLLAND, Musiciens d'aujourd'hui (1914), dt. Übers.: Musiker von heute (B 1972); J. TIERSOT, Un demi-siècle de musique française... 1870–1917 (1918, ^{2}1924); E. VUILLERMOZ, Musique d'aujourd'hui (1923); A. CORTOT, La musique française de piano, 3 Bde. (1930–44), dt. Übers. v. Bd. 1 als: Frz. Klaviermusik (Wie 1956); R. DUMESNIL, La musique contemporaine en France, 2 Bde. (1930, ^{2}1949); H. ECKARDT,

Die Musikanschauung der frz. Romantik (Kas 1935); H. GOUGELOT, Cat. des romances françaises parues sous la Révolution et l'Empire, 2 Bde. (Melun 1937–38); P. LANDORMY, La musique française, 3 Bde. (1943–44, ²1948); R. DUMESNIL, La musique romantique en France (1945); DERS., La musique en France entre les deux guerres 1919 à 1939 (G 1946); G. SAMAZEUILH, Musiciens de mon temps (1947); P. DUKAS, Les écrits de P. D. sur la musique (1948); M. COOPER, French Music From the Death of Berlioz to the Death of Fauré (Lo 1951); R. MOOSER, L'impressionnisme français (peinture, littérature, musique) (G 1952); C. ROSTAND, La musique française contemporaine (1952, engl. NY 1955, Nachdr. 1973); G. FAVRE, La musique française de piano avant 1830 (1953); F. NOSKE, La mélodie française de Berlioz à Duparc (1954), revidiert als: French Song from Berlioz to Duparc (NY 1970); P. COLLAER, La musique moderne (P – Bru 1955); U. BÄCKER, F.s Moderne v. C. Debussy bis P. Boulez (Rb 1962); J. ROY, Musique française. Présences contemporaines (1962); U. ECKART-BÄCKER, F.s Musik zw. Romantik u. Moderne (Rb 1965) (= Stud. zur Musikgesch. des 19. Jh. 2); R. H. MYERS, Modern French Music From Fauré to Boulez (NY – O 1971); PH. TORRENS, Panorama de la musique contemporaine en France, in: Courrier musical de France 38–42 (1972–73); R. MYERS, A Music Critic in Paris in the Nineteen-Twenties. Some Personal Recollections, in: MQ 63 (1977). – **e)** Volkslied: J. TIERSOT, Histoire de la chanson populaire en France (1889, Nachdr. Osnabrück 1969); A. GASTOUÉ, Le cantique populaire en France (Ly 1924); J. TIERSOT, La chanson populaire et les écrivains romantiques (1931); P. COIRAULT, Notre chanson folklorique (1942); H. DAVENSON, Le livre des chansons ou Introduction à la chanson populaire (Neuchâtel 1946, P ²1958); P. COIRAULT, Formation de nos chansons folkloriques, 4 Bde. (1953–63); C. MARCEL-DUBOIS, Musique populaire, in: Encyclopédie de la musique II, hrsg. v. F. Michel (1959); CH. BRUNSCHWIG – L. J. CALVET – J.-C. KLEIN, Cent ans de chanson française (P 1972).

FRANTZ, Ferdinand, * 8. 2. 1906 Kassel, † 25. 5. 1959 München; dt. Sänger (Bariton). Er war Autodidakt, debütierte 1930 in Halle, sang seit 1932 in Chemnitz, 1937–43 in Hamburg und war danach bis zu seinem Tod Mitglied der Staatsoper München. Nach 1945 trat er häufig auch in Wien, Mailand, Paris, London und New York auf, ebenso bei den Bayreuther und Salzburger Festspielen. F. galt vor allem als bedeutender Wagner-Interpret und machte sich auch als Lied- und Oratoriensänger einen Namen.

FRANTZ, Justus, * 18. 5. 1944 Hohensalza bei Bromberg; dt. Pianist. Er studierte an der Musikhochschule in Hamburg Klavier (bei Eliza Hansen) und Dirigeren (bei Wilhelm Brückner-Rüggeberg), war 1967 Preisträger beim Wettbewerb der ARD in München und besuchte 1968 einen Meisterkurs bei W. Kempff in Positano. Im selben Jahr begann er seine Konzerttätigkeit, spielte 1969 mit den Berliner Philharmonikern unter H. von Karajan in London und konzertiert seit 1972 weltweit.

FRANZ, Robert, * 28. 6. 1815 Halle, † 24. 10. 1892 ebd.; dt. Komponist. F. war 1835–37 Kompositionsschüler von Friedrich Schneider in Dessau. Nach Halle zurückgekehrt, wurde er 1841 Organist an der Ulrichskirche, 1842 Dirigent der Singakademie, 1851 außerdem Universitäts-Musikdirektor. Wegen Taubheit mußte er 1867 alle Ämter aufgeben. Eine von Freunden zusammengetragene Ehrengabe sicherte seinen Lebensunterhalt. – K. Sasse zufolge schrieb F. 279 Lieder, von denen sich nur 36 datieren lassen und die übrigen wahrscheinlich in zwei Schaffensperioden (1842 bis 1858 und 1866–84) entstanden sind. Er vertonte 67 Gedichte Heinrich Heines und 51 des ihm befreundeten Dichters Wilhelm Osterwald. Seine Bearbeitungen betreffen in erster Linie Werke G. Fr. Händels *(Jubilate, L'Allegro, il Pensieroso ed il Moderato, Messias)* und J. S. Bachs, daneben Kammermusik von Mozart und Schubert. Obwohl F. ein schwieriger Charakter war, fand er immer großzügige Freunde und Förderer seiner Kunst, darunter auch Fr. Liszt. Der unter dem Namen Liszt 1855 erstmals erschienene Aufsatz über F. stammt weitgehend vom Komponisten selbst und ist, zusammen mit den veröffentlichten Briefen und Gesprächen, eine wichtige Quelle für dessen Kunstauffassung. F. sah die Wurzeln seiner Kunst im protestantischen Choral und erst in zweiter Linie in den Werken Fr. Schuberts und R. Schumanns, die er aus kritischer Distanz bewunderte. Sein strenger Begriff von Lyrik verlangte ein Festhalten an der Strophenform und eine bei aller Ausarbeitung zurückhaltende Klavierbegleitung. Die Gedichte Heines boten ihm die gesuchten „Naturlaute" und darüber hinaus die Möglichkeit, in der Vertonung weiterzuentwickeln, was im Text nur angedeutet ist. Heines Ironie hat er bewußt negiert und die Schlußpointen vieler Gedichte „zurückgebogen". Entgegen seiner eigenen Überzeugung hat F. durch seine Lieder und nicht durch seine Bearbeitungen älterer Musikwerke weitergewirkt.

Ausg.: R. F., Gespräche aus 10 Jahren, hrsg. v. W. WALDMANN (L 1895); R. F. u. A. Freiherr Senfft von Pilsach, Briefwechsel 1861–88, hrsg. v. W. GOLTHER (B 1907); Gesammelte Schriften über die Wiederbelebung Bachscher u. Händelscher WW, hrsg. v. R. BETHGE (L 1910).

Lit.: F. LISZT, R. F. (L 1872); LA MARA, Briefe hervorragender Zeitgenossen an F. Liszt II (L 1895); W. SERAUKY, R. F. als Meister des dt. Liedes, in: Musikgesch. der Stadt Halle II/2 (Hl 1942); DERS., R. F., in MGG IV; K. SASSE, Kat. zu den Slgen. des Händel-Hauses in Halle, 1. Teil: Hss.-Slg. (Hl 1961); DERS., Beitr. zur Forsch. über R. F. unter besonderer Berücksichtigung seiner gesellschaftlichen Stellung u. der Erschließung dokumentarischen Materials, 3 Bde. (Diss. masch. Halle 1962); DERS., Chronologisches Verz. zum Briefwechsel v. R. F., in: DJbMw 8 (1963); E. G. PORTER, The Songs of R. F., in: MT 104 (1963); DERS., R. F. on Song, in: MR 26 (1965); J. M. BOONIN, An Index to the Solo Songs of R. F. (Hackensack / N. J. 1970).

M. MARX-WEBER

FRÄNZL, dt. Musikerfamilie. – **1) Ignaz Franz Joseph,** getauft 4.6.1736 Mannheim, † 3.11. 1811 ebd.; Violinist und Komponist. Sein aus Innsbruck stammender Vater **Ferdinand Rudolph F.** (* 12.8.1710, † 5.9.1782 Mannheim) ist als Trompeter und Bratschist seit 1745 in der Mannheimer Hofkapelle nachweisbar. Ignaz F. wurde als Elfjähriger Akzessist der Hofkapelle und gehörte bereits mit 23 Jahren zu ihren höchstbezahlten Musikern. 1774 wurde er neben J. B. Toeschi Konzertmeister des damals in höchster Blüte stehenden Orchesters. In einem Brief vom 22.11.1777 an den Vater beschrieb der junge Mozart sein Spiel. Nach Wegzug des Hofes nach München 1778 wurde F. 1790 Musikdirektor des neugegründeten Nationaltheaters in Mannheim und begründete ein bürgerliches Musikleben mit der noch heute bestehenden Konzertreihe, der „Musikalischen Akademie", für die Mozart sozusagen als Starthilfe das Doppelkonzert für Klavier und Violine KV 315f (nur fragmentarisch erhalten) komponierte. – F.s Kompositionen zeigen alle Merkmale der 2. Generation der ↗Mannheimer Schule, aber auch individuelle Besonderheiten in der Vorliebe für die Mollparallele in langsamen Sätzen und in den Modulationsteilen.

WW: 6 Sinfonien; 6 V.-Konzerte; 4 Fl.-Quartette; 6 Trios für 2 V. u. Vc.; *Missa brevis;* Schauspielmusiken; 4 Ballettmusiken (zus. mit K. J. Toeschi).

2) Ferdinand, Sohn von 1), * 25.5.1767 Schwetzingen, † 27.10.1833 Mannheim; Violinist und Komponist. Als einer der ersten reisenden Virtuosen war F. schon als junger Violinist in ganz Europa erfolgreich und vervollkommnete sich auf seinen Reisen in der Komposition bei Fr. X. Richter und I. Pleyel in Straßburg und bei St. Mattei in Bologna. 1789 wurde er Konzertmeister in München, 1792 in Frankfurt und 1794 gleichzeitig Musikdirektor der Bernardschen Kapelle in Offenbach. 1806 wurde er Musikdirektor des Münchener Hoforchesters und der Oper und in dieser Eigenschaft Förderer seines Freundes C. M. von Weber. F. schrieb zahlreiche Singspiele, errang jedoch mehr Popularität durch seine an P. Rode und R. Kreutzer erinnernden Violinkonzerte.

WW: 9 Streichquartette, davon 6 als op. 1, 3 als op. 6; *Variations brillantes* für V. u. Streichquartett, op. 25; 3 Trios für 2 V. u. Baß; 6 Romanzen für V. u. Pianoforte; *3 Airs russes variés* für Streichquartett; Kantate *Das Reich der Töne;* Lieder. – Für Orch.: 4 Sinfonien für Streichorch.; 9 V.-Konzerte op. 2–9 u. 13; 3 Concertinos für V.; Ouvertüre op. 19. – Singspiele u. Opern (hsl. erhalten): *Die Luftbälle,* UA: Mannheim 1787; *Carlo Fioras oder Der Stumme in der Sierra Morena,* UA: München 1810; *Hadrian Barbarossa,* UA: ebd. 1815; *Der Faßbinder,* UA: ebd. 1824; *Der Einsiedler,* nicht aufgeführt.

Ausg.: **Zu 1)** Sinfonien für Streichorch., 2 Fl. u. Hörner ad lib., hrsg. v. R. WÜRTZ (Hei 1972).

Lit.: J. W. VON WASIELEWSKI, Die V. u. ihre Meister (L 1883, [7-8]1927); Verz. der Druckausg. u. thematischer Kat. der Kammermusik, in: Mannheimer Kammermusik des 18. Jh., hrsg. v. H. RIEMANN (L 1915) (= DTB 16); A. MOSER, Gesch. des Violinspiels (B 1923, Tutzing [2]1966–67); R. WÜRTZ, F. F., in: Mannheimer Hefte (1967); DERS., „... ein sehr solider Geiger". Mozart u. I. F., in: Acta Mozartiana 16 (1969); DERS., I. F. (Mz 1970) (= Beitr. zur mittelrheinischen Musikgesch. 12) (mit thematischem Verz.). R. WÜRTZ

FRANZONI, Amate, * um 1575 Mantua, † 1629 ebd.; it. Komponist. Er war Servitenmönch, um 1611 Kapellmeister am Dom in Forlì, um 1613 bis um 1620 an S. Barbara in Mantua im Dienst der Gonzaga.

WW: **1) Weltliche WW:** 3 Bücher *Fioretti musicali* für 3 St. u. B.c. (V 1605, 1607, 1617); *Madrigali a 3 v.* (V 1608). – **2) Geistliche WW:** *Concerti ecclesiastici* für 1–3 St. u. B.c. (V 1611); *Apparato musicale di Messe, Sinfonie* u.a. Werke, 2 Bücher (V 1613, Mantua 1614); *Vespertina Psalmodia* für 6 u. 8 St. mit B.c. (V 1619); Messen für 5 St. u. B.c. ad lib. (V 1623).

Lit.: A. M. VICENTI, Memorie di musicisti dell'ordine dei servi di Maria, in: Note d'archivio 7 (1931).

FRASER, Norman George, * 26.11.1904 Valparaíso (Chile); engl.-chilenischer Komponist, Pianist und Musikforscher. F. studierte 1912–24 in Lausanne, London und in Paris (u. a. als Klavierschüler von Isidore Philipp) und lebte anschließend in London als Pianist. Gleichzeitig war er Mitarbeiter bei der BBC und gehört als solcher zu den Rundfunkpionieren. 1943 ging er als Musikleiter des British Council nach Südamerika, kehrte 1946 nach Europa zurück und war in London beim International Folk Music Council und bis 1971 als European Music Supervisor bei der BBC tätig. F. setzte sich vor allem für die Vermittlung chilenischer Musik ein. Südamerikanisch-folkloristische Elemente zeigen auch seine eigenen Kompositionen. Sie umfassen Chorwerke, Klavierlieder, Klavier- und Kammermusik.

FRAUENCHOR, ein ↗Chor mit mehrfach besetzten Frauenstimmen bzw. eine Komposition für diese Besetzung. Kompositionen für F. sind naturgemäß an den Stimmumfang von etwa zwei Oktaven gebunden, können indes zu Vier- und Mehrstimmigkeit durch eine Unterteilung der Stimmgattungen Sopran und Alt erweitert werden. Eine eindeutige Abgrenzung ist damit jedoch nicht verbunden, denn auch Kompositionen für ↗Männerchor unterliegen gleichen Beschränkungen. Eine Besetzung für Frauen- oder Männerchor ist also lediglich aus sekundären Merkmalen (Inhalt des Textes, Überlieferung) zu ermitteln.
Frauengesang, auch chorischer, ist aus dem Mittleren und Neuen Reich Ägyptens als Tempelgesang belegt; in der griechischen Tragödie (Äschylos, *Eu-*

meniden) war er ebenso bekannt wie in anderen Hochkulturen der Antike. Auch in der Bibel werden drei der wichtigsten Gelegenheiten (kultischen) Frauengesangs sichtbar: Feiern von Siegen der Männer, Fruchtbarkeitsriten und Totenklage. Daran änderte sich auch im frühen Christentum nichts: der jüdisch-hellenistische Religionsphilosoph Philo von Alexandria (1. Jh.) berichtet von chorischem Wechselgesang zwischen Frauen und Männern. Erst seit dem 3. Jh. ging die Mitwirkung von Frauen in der frühen Kirche zurück, wohl unter Bezugnahme auf den Apostel Paulus (1 Kor. 14, 34). Entscheidend war jedoch der Übergang des liturgischen Gesangs an den Klerus, der an die Stelle der Gemeinde trat. Das Verbot des Frauengesanges für die Westkirche wurde erst durch die Synoden von Orange (441) und Orléans (532) definiert, brauchte aber zu seiner faktischen Durchsetzung noch Jahrhunderte.
Um so bedeutsamer wurde die hochstehende Musikkultur in Frauenklöstern seit dem Mittelalter. Die melismenreichen Gesänge der Hildegard von Bingen spiegeln dies wider. Später wurde innerhalb der Frauenorden auch mehrstimmige Musik gepflegt, wobei die tiefen Stimmen durch Instrumente ersetzt wurden. – Der Zugang der Frau zu Bildung und Wissenschaft in der Renaissance bedingte im 15. und 16. Jh. auch eine Änderung der Aufführungspraxis. So ist die Mitwirkung von Berufssängerinnen (Concerto di Donne in Ferrara, Sängerinnen am Hofe Philipps des Kühnen) bei weltlicher Musik bekannt, insbesondere seit den Anfängen der Oper. Über die gottesdienstliche Musik entscheidend hinaus gingen Musikerziehung und -pflege in venezianischen Mädchenpensionaten des 17.–18. Jh. (u. a. erlangte das Ospedale della Pietà unter A. Vivaldi internationale Berühmtheit), weil dort neue aufführungspraktische Maßstäbe gesetzt wurden. J. Fr. Reichardt berichtet, daß man geeignete Mädchenstimmen in tenorale Lagen hineintrainiert habe und auf diese Weise auch vokale Baßwirkungen erzielen konnte.
Mit dem Pietismus und der Emanzipation der Frau seit der Aufklärung begann der Aufschwung des chorischen Frauengesangs, zunächst in privaten oder geselligen Zirkeln. Obwohl auch Frauen zu den chorischen Organisationen zugelassen wurden, gab es vorerst keine Entsprechung der breiten sozialen Strömung der Männerchor-Bewegung. Immerhin stammen aus dieser Zeit bereits spezifisch für F. geschriebene Sätze; sie richteten sich jedoch in der Regel auf Gesangsübungen der weiblichen Mitglieder gemischter Chöre (u. a. von E. Grell für die Damen der Berliner Singakademie). Die pädagogischen Bestrebungen der Aufklärung, die Gründung von Singschulen (J. A. Hiller in Leipzig 1771) und die Beteiligung von Mädchen, förderten die Entwicklung von Frauenchören. 1834 wurden Gesang und Chorsingen obligatorisch für Mädchen-Elementarschulen in Berlin. Gesangslehrerinnen zählen zu den Initiatoren der ersten F.-Gründungen; viele Komponisten, z. B. Fr. Schubert, schrieben für die Frauenchöre.
Erst die Romantik entdeckte F. als Klangfarbe: F. Mendelssohn Bartholdys *Motetten* op. 39 sind ausdrücklich für Frauenstimmen geschrieben. Kaum austauschbar – etwa für Knabenchor – scheinen auch die Lieder op. 69 und 91 von R. Schumann, die wohl für die Damen seines Dresdner gemischten Chores komponiert wurden. J. Brahms schrieb für einen privaten Hamburger F. mehr als 50 Volksliedsätze sowie eine Reihe von Originalkompositionen (op. 12, 17, 22 [1. Fassung], 27, 37, 44 und 113), in denen er z. T. die Frauenstimme als spezifische Klangfarbe einsetzte. Auch in dramatischen Werken wurde häufig ein F. eingesetzt (C. M. v. Weber, *Der Freischütz;* G. Verdi, *Der Troubadour, Aida*). In Cl. Debussys *Nocturnes* ist der F. (textlos) nur noch als quasi-instrumentale Klangfarbe behandelt. – Seither sind Frauenchöre als Teil gemischter Chöre, aber auch als selbständige Organisationen fester Bestandteil des Musiklebens.

Lit.: M. BRENET, La musique dans les couvents de femmes depuis le moyen âge jusqu'à nos jours (P 1898); E. CHAILLIER, Frauen- u. Kinderchor-Kat. (Gießen 1904); K. MEYER, Der chorische Gesang der Frauen mit besonderer Bezugnahme seiner Betätigung auf geistlichem Gebiet I: Bis zur Zeit um 1800 (L 1917); E. VALENTIN, Hdb. der Chormusik, 2 Bde. (Rb 1953–58); S. DRINKER, Die Frau in der Musik (Z 1955); A. FRIEDRICH, Beiträge zur Gesch. des weltlichen F.s im 19. Jh. in Deutschland (Rb 1961) (= Kölner Beitr. zur Musikforsch. 18).
S. KROSS

FRAUENHOLTZ, Johann Christoph, * 19. 10. 1684 Coburg, † 9. 11. 1754 Straßburg; dt. Komponist. F. wurde 1714 Kapellmeister der Neuen Kirche in Straßburg. Er war damit für alle protestantischen Kirchen Straßburgs zuständig und spielte eine hervorragende Rolle im Musikleben der Stadt. Bei der Beisetzung des Grafen Moritz von Sachsen (Marschall von Sachsen) leitete er die Trauermusik. F. schrieb u. a. fünf Kantatenzyklen, von denen jedoch lediglich einer vollständig überliefert ist.

WW: *Zions geistliche Blumenlust, Kantaten, Arien und Lieder* (Str ^{2}1727, ^{3}1756) (nur Texte); hsl. erhalten sind: 50 Kantaten, ein *Catechismus-Stück „Schrecklich ist des Herrn Gesetze"* für 4 SingSt u. 3 Instr., eine Trauermusik, 15 Arien für eine SingSt, 3 Instr. u. B.c. (Straßburg, Bibl. des ev. Seminars); 6 Kantaten (Karlsruhe, Badische Landesbibl.).

Ausg.: 2 Kantaten, hrsg. v. H. ALBRECHT (Lippstadt 1954) (= Organum I/30–31).

Lit.: M. VOGELEIS, Quellen u. Bausteine zu einer Gesch. der Musik u. des Theaters im Elsaß (Str 1911); R. WENNAGEL, Les cantates strasbourgeoises du XVIIIe siècle (Diss. Str 1948).

FRAUENLOB ↗Heinrich von Meißen.

FRAU LUNA, Operette in 2 Akten (11 Bildern) von Paul Lincke (1866–1946), Text von Heinz Bolten-Baeckers. Ort und Zeit der Handlung: Berlin und auf dem Mond zur Zeit der UA. UA: 31. 12. 1899 in Berlin (Apollo-Theater). Verfilmt 1941.
Zur Zeit der UA war die Luftschiffahrt ein aktuelles Thema, das Lincke bereits in der Operette *Venus auf Erden* erfolgreich aufgegriffen hatte. Er wählte es nochmals in *Frau Luna*. Die Autoren erzählen die utopische Geschichte vom Berliner Mechaniker Fritz Steppke, der mit Freunden in einem Ballon auf den Mond fliegt, wo er mit der Titelheldin Frau Luna, dem Prinzen Sternschnuppe und seiner Freundin Mariechen phantastische Abenteuer erlebt. Mit *Frau Luna* beginnt die Geschichte der eigenständigen Berliner Operette. Der große Erfolg und die Popularität des Werkes sind vornehmlich in den einprägsamen Melodien begründet, die Lincke treffsicher über jeden Zeitgeschmack hinaus schuf. Zu den bekanntesten Nummern gehören die beiden Walzer *Schlösser, die im Monde liegen* und *Oh, Theophil*, der Marsch *Das ist die Berliner Luft* und *Schenk mir doch ein kleines bißchen Liebe*.

R.-M. SIMON – S. SIMON

FRAU OHNE SCHATTEN, DIE, Oper in 3 Akten von Richard Strauss (1864–1949), op. 65. Text von Hugo von Hofmannsthal (1874–1929), entstanden 1911–16. Frei erfundene märchenhafte Handlung unter Einbeziehung von Motiven aus dem Märchen *Die Schwanenjungfrau* und aus A. v. Chamissos Erzählung *Peter Schlemihl*. Seit 1913 arbeitete Hofmannsthal an einer erzählenden Fassung des Stoffes. Libretto und Erzählung erschienen 1919 in Berlin. Ort und Zeit der Handlung: Orient, in märchenhafter Vergangenheit. UA: 10. 10. 1919 in Wien (Staatsoper) unter Franz Schalk, dt. EA: 22. 10. 1919 in Dresden unter Fritz Reiner.
Kaiser und Kaiserin, Färber und Färberin werden als märchenhaftes und irdisches Gegenpaar konzipiert. Die Färberin, lebenslustig, will schön bleiben, auch um den Preis ihres Kindersegens; Barak, arbeitsam, täppisch und gut, ahnt nichts von den geheimen Wünschen seiner Frau. Die Kaiserin, Tochter des Geisterfürsten Keikobad, muß in das Feenreich zurückkehren, wenn sie kein Kind empfängt. Geister werfen keinen Schatten: Der Schatten als Symbol des Menschseins. Auf Rat der Amme sucht sie der kinderlosen Färberin ihren Schatten abzuhandeln. Diese, vom Versprechen ewiger Jugend geblendet, willigt ein. Barak, ihr Mann tritt dazwischen. Die Kaiserin muß sich entscheiden zwischen dem Glück der beiden klagenden Menschen und ihrer eigenen Menschwerdung. Sich überwindend, verzichtet sie auf ihren Schatten und gewinnt ihn dadurch *(Wer sich überwindet)*. Die Übermächte üben Verzeihung. – Die symbolträchtige Handlung, von Hofmannsthal bewußt mit dem „Unverständlichen" als „Hypothek auf die kommende Generation" belastet, wird von Strauss im Stil des Musikdramas durchkomponiert. Er verwendet ein stark besetztes Orchester mit reichem Schlagwerk, 2 Celestas, Glockenspiel, 5 Gongs usw. Die Partitur, nach über dreijähriger Arbeit im Sommer 1917 beendet, ein Kunstwerk der Instrumentation und zum Besten gehörend, was Strauss geschaffen hat, ist durch starke Ausdrucksgegensätze gekennzeichnet: eine dramatisch aufgewühlte Klangsprache kontrastiert mit idyllisch verlaufenden melodischen Bögen. Strauss kultiviert drei deutlich unterscheidbare bildhaft assoziative Klangschichten: die Märchenwelt des Kaisers, das dunkle Reich des Geisterfürsten und die lokalkoloristisch durchtränkte Diesseitigkeit der Färberhütte. Nur vereinzelte formal geschlossene Partikel ragen heraus: das Lied des Barak, das Terzett der Brüder, das Reueduett zwischen Barak und Färberin, die große Arie des Kaisers im Falknerhaus u. a. Den Höhepunkt setzt Strauss, wenn die Kaiserin die nahezu versteinerte Gestalt des Kaisers erblickt: an ihrem „Menschenschrei" zerbricht die Kantilene. Strauss wendet hier den Ausdruck höchster kreatürlicher Angst in die Kunst des Melodrams, d. h. des gesprochenen Wortes zu klingender Musik.

H. BECKER

FRAZZI, Vito, * 1. 8. 1888 San Secondo Parmense, † 7. 7. 1975 Florenz; it. Komponist. F. studierte in Parma. Seit 1912 lehrte er Klavier, Harmonielehre und Kontrapunkt am Konservatorium in Florenz, leitete dort seit 1928 eine Meisterklasse für Komposition und lehrte 1932–63 auch an der Accademia Musicale Chigiana in Siena.

WW: **1) Kompositionen:** Klv.-Stücke; Kammermusik; Orch.-WW; Lieder u. Chor-Kompositionen; Opern, u. a.: *Il Giardino chiuso, Re Lear*, UA: Florenz 1939; *Don Chisciotte*, UA: ebd. 1952. – Er bearbeitete ferner zahlreiche ältere Opern, u. a. von L. Cherubini, G. Donizetti, G. Rossini, G. Spontini u. Cl. Monteverdi. – **2) Schriften:** *Studio sull'armonia cromatica ultratonale; Il linguaggio armonico di Pizzetti*, in: Rass. Mus. 13 (1940); *I vari sistemi del linguaggio musicale* (Siena 1960).

Lit.: P. FRAGAPANE, Le scale alternate di V. F., in: Rassegna dorica (R 1933); L. DALLAPICCOLA, Musicisti del nostro tempo: V. F., in: Rass. Mus. 10 (1937).

FREDDI, Amadio, * um 1570 Padua, † 1634 ebd.;

it. Komponist. Er war vermutlich Schüler von G. M. Asola in Venedig und wurde 1594 Kapellsänger an S. Antonio in Padua. 1615–26 war er Kapellmeister in Treviso, 1632–34 Domkapellmeister in Vicenza und seit 1634 in Padua. F. schrieb Madrigale und geistliche Musik. Die Madrigale von 1614 sind beachtenswert wegen der Verwendung des B.c. „per concertare“.

WW: 2 Bücher Madrigale, I: für 6 St. (V 1605), II: für 5 St. u. B.c. (V 1614); Messe, Vesper u. Komplet für 5 St. u. B.c. mit Instr. (V 1616); Motetten für 1 St. u. B.c. (V 1623); *Divinae laudes* für 2–4 St. u. B.c. (V 1622); *Psalmi integri* für 4 St. u. B.c. (V 1626); *Hinni novi concertati* für 2–6 St., Instr. u. B.c. (V 1642); mehrere weltliche u. geistliche Werke auch in Sammeldrucken 1598–1625.

Lit.: G. D'ALESSI, La cappella musicale del Duomo di Treviso (Treviso 1954); G. MANTESA, Storia musicale vicentina (Vicenza 1956).

FREE CONCERT (engl., = Freikonzert), ein von Rockmusikern unentgeltlich gegebenes Konzert bei freiem Eintritt. F. C.s waren zuerst in der 2. Hälfte der 1960er Jahre in den USA, vor allem an der Westküste in Kalifornien, üblich, um 1970 auch in Europa. Sie waren ein besonderer Ausdruck der protestierenden Jugend jener Zeit: Die Rockmusik sollte das Gewinnstreben der bürgerlichen Welt negieren und sich in dem so gewonnenen Freiraum entfalten können. Ausartende Vorfälle, wie etwa ein Mord bei einem Konzert der „Rolling Stones“ in Altamont, und der Mißbrauch zu Werbezwecken brachten den F. C.s einen zwiespältigen Ruf ein.

FREE JAZZ (engl.), von einem Schallplattentitel O. Colemans (1961) abgeleitete Bz. für Spielweisen im Jazz seit den 60er Jahren, die den traditionellen Normenkanon der Jazzmusik negieren. Die daraus entstandenen Verfahren führten zu höchst unterschiedlichen Ergebnissen und lassen sich kaum noch unter einem einheitlichen Stilbegriff zusammenfassen. Sie eröffnen dem Jazz völlig neue Möglichkeiten. Die Struktur des ↗Chorus verliert ihre Verbindlichkeit. Die Melodik der Improvisationen orientiert sich nicht mehr an Harmonien, sondern an Skalen und greift auch zu Clustern und Geräuschen als Mittel der Gestaltung. Der Blues wird von einigen Musikern in seiner ursprünglichen Form wiederentdeckt (z. B. Albert Ayler). An die Stelle von Taktschema und Metrum treten häufig ein durchlaufender Puls oder ganz freie Tempi. Die Ensemblebesetzungen sind freier festgelegt als im früheren Jazz. Der F. J. läßt Kollektivimprovisationen zu und hat die Spielmöglichkeiten aller Instrumente wesentlich erweitert. Er bezieht Elemente der afrikanischen, asiatischen und europäischen Musik in seine Verfahren ein. Auch elektronische Musik und theatralische Elemente fanden Eingang in den F. J. – Besonders in Europa hat der F. J. großes Interesse gefunden und ermöglichte eine Loslösung des europäischen Jazz vom amerikanischen Vorbild. Auch bei der Produktion und Verbreitung von Jazzmusik hat er zu neuen, von den Musikern selbst organisierten Formen geführt. Zu den bedeutendsten F. J.-Musikern zählen in den USA J. Coltrane, O. Coleman und C. Taylor, in Europa Al. v. Schlippenbach, W. Breuker, P. Brötzmann und A. Mangelsdorff. Wichtige Musikerorganisationen sind die „Free Music Production“ in Berlin und die „Association for Advancement of Creative Musicians“ in Chicago.

Lit.: M. MILLER, F. J., eine New Thing Analyse, in: Jazz-Podium 15 (1966); H. KUMPF, Postserielle Musik u. F. J. (Herrenberg 1967); E. JOST, F. J. u. die Musik der Dritten Welt, in: Jazzforsch. 3/4 (Gr 1971/72); PH. CARLES–J.-L. COMOLLI, F. J., Black Power (F 1974); J. VIERA, Der F. J. Formen u. Modelle (W 1974) (= Reihe Jazz); L. JONES, Blues People (Da 1975); E. JOST, F. J. Stilkritische Unters. zum Jazz der 60er Jahre (Mz 1975); G. BATEL, Komponenten musikalischen Erlebens. Eine experimental-psychologische Unters. (Kas 1976); D. N. NOLL, Zur Improvisation im dt. F. J. Unters. zur Ästhetik frei improvisierter Klangflächen (H 1977); G. BATEL, F. J. als intensive Form sozio-musikal. Kommunikation, in: Melos/NZ 4 (1978); J. E. BERENDT, Der dt. Jazz u. die Emanzipation, in: Ein Fenster aus Jazz (F 1978); Neuer Jazz. USA contra Europa?, in: Melos/NZ 3 (1979) (darin Beitr. v. J. E. Berendt u. E. Jost).

U. KURTH

FREIMAURERMUSIK. Die weltbürgerliche Bewegung der Freimaurerei bezieht sich in ihrem Namen, in Symbolen und Riten auf die freien Steinmetzen an den mittelalterlichen Bauhütten. Ihr Ethos ist aber von den humanistischen und aufklärerischen Bestrebungen des 18. Jh. geprägt (erste Logengründungen nach älteren Ansätzen: 1717 in London, um 1725 in Frankreich, 1737 in Hamburg). Die gesellschaftliche Organisation und die Ziele der Freimaurer spiegeln sich auch in ihrer Musik wider. Zu unterscheiden sind dabei die Fragen nach Funktion, Ausmaß und Herkunft der im Logenleben verwendeten Musik von der entschieden schwieriger zu klärenden Frage nach einem freimaurerischen Gehalt bestimmter Musikstücke.

Die Freimaurerei kannte nie ein für alle Logen in gleicher Weise gültiges Ritual. Daher ist auch die Rolle der Musik unterschiedlich. Von allgemeiner musikhistorischer Bedeutung ist nur die Musik in der Blütezeit der Freimaurerei im 18. Jahrhundert. Den üblichen musikalischen Vorstellungen, die dem Zweck dienen, rituelle Feierlichkeit oder brüderliche Geselligkeit zu fördern, folgten auch die Freimaurer. Die den rituellen „Logenarbeiten“ entsprechenden musikalischen Gestaltungsmittel waren die instrumentalen Herrschaftssymbole (Trompeten und Pauken) und die Harmoniemusik (für deren Übernahme Militärorden als Vorläufer

der Freimaurerei eine Rolle gespielt haben mögen), für die rituellen Gesänge und für die der eigentlichen „Logenarbeit" folgenden geselligen Zusammenkünfte waren es die vielfältigen und jeweils beliebten Formen des Gesellschaftsliedes.
Die anfänglich nur mit Trompeten, Jagdhörnern und Pauken besetzte Harmoniemusik wurde im späteren 18. Jh. durch Klarinetten, Waldhörner und Fagotte erweitert. Diese Bläser-(nur selten Streicher-)Ensembles spielten beim Einzug oder Vorbeimarsch der Würdenträger Märsche aus eigenem Repertoire oder aus dem der Militärkapellen. Vor dem 19. Jh. wurde die Orgel bei rituellen Handlungen, ausgenommen in den englischen Logen, nicht verwendet. Partituren, die die Musik für bestimmte „Logenarbeiten" vollständig wiedergeben, sind aus älterer Zeit kaum erhalten. Eine Ausnahme bildet *Le Déluge* (1784) von Fr. Giroust: eine großangelegte Komposition mit Orchestersätzen, Gesangssoli und Männerchören. Einen Einblick in die musikalische Ausgestaltung des Ritus bei besonderen Anlässen gewährt auch W. A. Mozarts *Maurerische Trauermusik* KV 477 (1785). Mozarts Freimaurer-Kantaten KV 471 und 623 sind Beispiele für Versuche, die „Logenarbeit" musikalisch auszuschmücken und zu erweitern. Manche der älteren Logen setzten auch ungewöhnliche musikalische Akzente. So haben sich in der Frühzeit der englischen Freimaurerei Musiker offenkundig stark engagiert und auch eigene Vereinigungen gebildet (z. B. „Philo-Musicae et Architecturae Societas Apollinis", vor 1725 gegründet und von Fr. Geminiani geleitet). Logenkonzerte wurden mancherorts veranstaltet, auch Mozart wirkte bei derartigen Gelegenheiten in Wien mit. Zu einer exklusiven Berühmtheit gelangten in Paris die Konzerte der Loge „L'Olympique de la Parfaite Estime" (seit 1780) unter G. B. Viotti. Für diese Institution komponierte z. B. J. Haydn seine sechs Pariser Symphonien.
Musikalisch wenig anspruchsvoll, aber überall in den Logen verbreitet, war der Liedgesang. Schon in dem 1723 von dem Presbyterianer James Anderson veröffentlichten Konstitutionsbuch (sog. Freimaurerische Universalcharta) sind im Anhang vier Chansons enthalten, die im Anschluß an die „Logenarbeit" als Tafellieder angestimmt werden sollten. In den rituell verwendeten Liedern herrscht der Wechselgesang vor; im übrigen aber lassen sich keine musikalischen Charakteristika im Gegensatz zum nichtfreimaurerischen Gesellschaftslied feststellen. Vielmehr kommen Freimaurer-Lieder in allgemeinen Liedsammlungen vor (z. B. schon in Sperontes *Singender Muse an der Pleiße,* 1736), und umgekehrt übernahmen oder bearbeiteten die Herausgeber freimaurerischer Sammlungen häufig bekannte Vorlagen. Beispielhaft für die Vielfalt und Internationalität dieser Anleihen ist die 1766 von de Vignoles und du Bois in Den Haag herausgegebene Sammlung *La lire maçonne ou recueil de Chansons des Francs Maçons,* die französische Vaudevilles, volkstümliche Melodien, Tanzstücke und Gassenhauer nach Melodien aus der Opéra-comique enthält. Der Zuschnitt dieser zahlreichen Sammlungen ist in England (Th. Hale, 1763, S. Holden, 1795), Frankreich (J. Ch. Naudot, 1737) und Deutschland (J. A. Scheibe, 1749 und 1776, J. G. Naumann, 1782) jeweils ähnlich.
Bei der großen Bedeutung der Freimaurerei im 18. Jh. verwundert es nicht, daß sie gelegentlich von Musik und Theater zum Sujet gewählt wurde. In Tänzen und anderen Instrumentalstücken (u. a. Fr. Couperins) begegnen Anspielungen, und in Opern kommen auch Satiren auf die Freimaurerei vor: *The Generous Freemason,* Ballad opera von R. W. Chetwood (London, 1730), *Les Fri-Maçons* von Pierre Clément (Paris, 1737), *Les Fri-Maçonnes* von Henri Poinsinet (Paris, 1754), *Arlequin franc-maçon* (Paris, 1770). Andere Opern enthalten mehr oder minder offenkundig ein freimaurerisches Bekenntnis, wie J.-Ph. Rameaus *Zoroastre* (1749), einige kleine Freimaureropern von Fr. Giroust (zwischen 1784 und 1789, verschollen) oder J. G. Naumanns *Osiris* (1781). Als hervorragende Manifestation ihrer Ideale sieht die Freimaurerei selbst Mozarts Oper *Die Zauberflöte* (1791) an.
Einer Definition des freimaurerischen Gehaltes stehen beachtliche Hindernisse im Wege. Die Humanitätsideale der Aufklärung bestimmen das Ethos der Freimaurerei, und gerade besonders einflußreiche Aufklärer in Frankreich und Deutschland waren auch Freimaurer: daraus folgt aber nicht, daß jedes Hervorkehren von Menschenliebe und Toleranz in der Kunst des 18. Jh. auf die Freimaurerei zurückzuführen sei. So gesehen ist *Die Zauberflöte* mehr als eine Freimaureroper. Auch ist die Interpretation von Mozarts „Humanitätston" als freimaurerisches Bekenntnis (P. Nettl, s. u. Lit., S. 78 und 82f.) verengend, zumal Mozart selbst jeder eindeutigen weltanschaulichen Zuordnung bewußt auswich – und andererseits nur vage Forderungen an einen freimaurerischen Musikstil gestellt werden (das Hdb. der Freimaurerei verlangt „Würde und ruhige Heiterkeit"). Eher bestimmbar sind Auswirkungen der kryptischen Seite im freimaurerischen Ritual, obwohl auch hier nicht übersehen werden darf, daß das Interesse für altorientalische Mysterien im späten 18. Jh. ein allgemeines war. Dies gilt insbesondere für das ebenfalls in der *Zauberflöte* enthaltene Ritual der Prüfungen und

der Initiation. Gewisse musikalische Details, die in Freimaurer-Kompositionen häufiger begegnen, haben einen ausgesprochen freimaurerischen Bezug: so lassen sich bestimmte rhythmische Bildungen auf die Lehrlings- (◡◡–) und Meistersalve (– – –) oder längere Vorhaltssequenzen auf das Kettenbilden der Logenbrüder zurückführen.

Viele namhafte Musiker gehörten der Freimaurerei an. Freilich war die Intensität ihres Logenlebens sehr unterschiedlich; so war Mozart ein durch Jahre praktizierender Freimaurer, J. Haydn dagegen bemühte sich zunächst sehr um die Aufnahme, hat aber offensichtlich nur eine einzige Logensitzung besucht. Erwähnenswert sind außerdem: V. Adamberger, Th. Arne, M. Blavet, L. Cherubini, Cl. Fr. Cliquot, E. J. Floquet, Fr. J. Gossec, R. Kreutzer, J. B. de Laborde, R. P. Marais, J. P. Martini, E. N. Méhul, Fr. A. Philidor, N. Piccinni, Cl. J. Rouget de Lisle, A. Sacchini, P. Vranitzký im 18. Jh.; E. Batiste, J. M. Beauvarlet-Charpentier, A. Boieldieu, A. Boito, H. L. Ch. Duvernoy, J. N. Hummel, L. Koželuch, L. J. A. Lefebure-Wély, P. J. Lindpaintner, Fr. Liszt, F. Mendelssohn Bartholdy, G. Meyerbeer, A. M. Panseron, G. Puccini, G. Spontini, H. J. Taskin im 19. Jh.; Fr. Casadesus, P. M. Dubois, V. Legley, W. Pijper, J. Sibelius im 20. Jh.

Lit.: E. LENHOFF – O. POSENER, Int. Freimaurerlexikon (Z 1932, [3]1973); O. E. DEUTSCH, Mozart u. die Wiener Logen (W 1932); P. NETTL, Mozart u. die königliche Kunst (B 1932), NA als: Musik u. Freimaurerei (Esslingen 1956, engl. NY 1957); R. HAMMERSTEIN, Der Gesang der geharnischten Männer, in: AfMw 13 (1956); E. A. BALLIN, Der Dichter v. Mozarts Freimaurerlied „O heiliges Band" u. das erste erhaltene dt. Freimaurerliedbuch (Tutzing 1960); J. A. FAUCHER – A. RICKER, Histoire de la franc-maçonnerie en France (P 1967); J. CHAILLEY, La Flûte enchantée, opéra maçonnique (P 1968); A. MELLOR, La vie quotidienne de la franc-maçonnerie française (P 1973); D. LIGOU, Dictionnaire universel de la franc-maçonnerie (P 1974); R. COTTE, La musique maçonnique et ses musiciens (P 1975).
G. GRUBER

FREIRE, Nelson, * 18.10.1944 Boa Esperança (Brasilien); brasilian. Pianist. Er trat schon als 4jähriger auf. Nach der Ausbildung in seiner Heimat und 1957–59 in Wien bei Br. Seidlhofer konzertierte er zunächst in Südamerika, seit 1964 auch in Europa, erhielt in London die Dinu Lipatti-Medaille und gewann in Lissabon den Wettbewerb Vianna da Motta.

FREISCHÜTZ, DER, Romantische Oper in 3 Akten von Carl Maria von Weber (1786–1826), Text von Johann Friedrich Kind nach der gleichnamigen Erzählung aus August Apels und Friedrich Launs *Gespensterbuch* (1811). Ort u. Zeit der Handlung: Böhmen, nach Ende des 30jährigen Krieges. UA: 18.6.1821 in Berlin (Königliches Schauspielhaus).

Der Freischütz gilt als die deutsche Volksoper schlechthin, in der das typisch Deutsche sowohl in der Sujetwahl wie in der Musik vermeintlich optimal zum Ausdruck kommt. Man feierte die UA als ein Ereignis von nationaler Bedeutung, mit dem Weber nicht nur der deutschen romantischen Oper zum Durchbruch verhalf, sondern zugleich den endgültigen Sieg über die italienische Oper, speziell über Spontinis *Olympia*, die zur gleichen Zeit in Berlin aufgeführt wurde, errang. Zum „nationalen Ereignis" trugen auch äußere Umstände der UA bei: Es war der 6. Jahrestag der Schlacht von Waterloo, an dem die erste Opernaufführung in dem von Schinkel wiedererbauten Königlichen Schauspielhaus stattfand. – Stilistisch stellt das Werk eine Vereinigung deutscher, italienischer und französischer Gestaltungselemente in der Form des deutschen Singspiels mit gesprochenem Dialog dar: das Singspiel-Lied steht neben der italienischen Arie (Kaspars Rachegesang *Schweig, schweig* aus dem 1. Akt) und der französischen Romanze (Ännchens *Einst träumte meiner sel'gen Base* im 3. Akt). Von epochaler Bedeutung sind die programmatische Funktion der Ouvertüre, in der der Sieg des Guten über das Böse (als konsequente Umdeutung der literarischen Vorlage im christlich-versöhnenden Sinn) im sieghaft gesteigerten Agathe-Thema vorweggenommen wird, das instrumentale Kolorit, insbesondere in der neuartigen Verwendung von Horn und Klarinette, und die symphonische Disposition des Orchesterparts. Größtes Aufsehen erregte das Finale des 2. Aktes, die Wolfsschluchtszene, in der Weber optisch-szenische und musikalische Effekte nach „modernsten" Gesichtspunkten zu einer musikdramatischen Einheit verband. Die stilistischen Mittel reichen vom Secco- und Accompagnato-Rezitativ über das Melodram, ariose und thematisch-periodisch geschlossene Abschnitte bis hin zu tonmalerischen Effekten, leitmotivischer Verarbeitung der Personalmotive, harmonisch kühnen Wendungen und einem verklingenden Akt- und Szenenschluß. – Die UA war ein triumphaler Erfolg für Weber. Zahlreiche Nummern haben sich als „Opern-Schlager" durchgesetzt: Rezitativ und Arie des Max *Nein, länger trag ich nicht die Qualen* (1. Akt), Ännchens *Kommt ein schlanker Bursch gegangen* und Agathes *Leise, leise, fromme Weise* (2. Akt) sowie der Jägerchor *Was gleicht wohl auf Erden* und der Chor der Brautjungfern *Wir winden dir den Jungfernkranz* (3. Akt), der zum meistgesungenen Gassenhauer in Berlin wurde. Vor allem in Frankreich und Italien wurde das Werk in der 2. Hälfte des 19. Jh. mehrfach umgearbeitet und dem herrschenden Zeitgeschmack entsprechend aufgeführt. Heute zählt *Der Freischütz* zu den zehn meistgespielten Opern auf deutschen Bühnen nach dem Zweiten Weltkrieg.

J. SCHLÄDER

FREITAS, Frederico de, * 15. 11. 1902 Lissabon, † 12. 1. 1980 ebd.; port. Komponist. Er studierte Violine, Klavier und Komposition am Konservatorium in Lissabon. Nach Aufenthalten in mehreren europäischen Ländern und in Brasilien leitete er 1940–47 die von ihm zur Pflege portugiesischer Volkslieder gegründete Sociedad Coral in Lissabon. Seit 1947 dirigierte er das Symphonieorchester von Porto, seit 1956 die neugegründete Orquesta de Concierto, und leitete außerdem das Ballett Verde-Gayo. F., der zu den wichtigsten Komponisten seiner Zeit in Portugal gehört, verbindet in seinen Werken folkloristische Elemente mit modernen polytonalen und atonalen Techniken.

WW: Klv.-Stücke u. Kammermusik; *Quarteto concertante* (1945) für 2 V., 2 Vc. u. Str.; Symphonie *Jeronimos* (1962); Fl.-Konzert (1955); Volksliedbearbeitungen; *Misa solemne* (1940) für Soli, Chor u. Orch.; Kirchenmusik; Opern u. Ballette.

FREITAS BRANCO, Luis Maria da Costa de, * 12.10.1890 Lissabon, † 27.11.1955 ebd.; port. Komponist, Musikpädagoge und Musikschriftsteller. Er studierte Komposition u.a. in Paris und bei E. Humperdinck in Berlin. 1916–39 war er Professor, seit 1919 auch Vizedirektor des Konservatoriums, seit 1926 zugleich Direktor des San Carlo-Theaters in Lissabon. 1950–53 leitete er die von ihm gegründete *Gazeta Musical.* Seine ersten Kompositionen erregten in der portugiesischen Musikwelt Aufmerksamkeit wegen der Verwendung impressionistischer und atonaler Elemente. F. übte als Komponist wie als Lehrer zahlreicher Schüler bedeutenden Einfluß auf die Musik seines Landes aus.

WW: **1) Kompositionen:** Klv.-Stücke; 2 V.-Sonaten u. eine Vc.-Sonate; Streichquartett; Tripelfuge für Str.; dramatische Symphonie *Manfredo* (nach Byron) für Soli, Chor, Org. u. Orch.; 5 Symphonien (1924–50); symphonische Dichtungen (1908, 1910, 1913, 1916 u.a.); *Balada* für Klv. u. Orch. (1917); ein V.-Konzert; *Cena lirica* für Vc. u. Orch.; Lieder u. Chor-WW. – **2) Schriften:** u.a.: *A música em Portugal* (Sevilla 1929); *A personalidad de Beethoven* (1947).

Lit.: J. BRAGA SANTOS, in: Arte musicale 29 (1960); Ausstellungskat. L. de F. B. (Lis 1975).

FRÉMART, Henri, * Ende 16. Jh., † nach 1646; frz. Komponist. F. war 1611–25 Kapellmeister der Kathedrale von Rouen, dann bis 1640 an Notre-Dame in Paris. Seine Werke wurden u. a. von seinem Freund M. Mersenne hoch geschätzt. F. hat ausschließlich Messen im syllabisch deklamierenden A cappella-Stil ohne Generalbaß geschrieben, wie sie in Frankreich im 17. Jh. typisch waren.

WW: 4st. Messen: *Ad placitum* u. *Confundantur superbi* (P 1642); *Verba mea auribus percipe* (P 1645); 5st. Messen: *Paratum cor meum* (P 1642); *Eripe me, Domine* u. *Domine refugium* (P 1643); 6st. Messen: *Jubilate Deo* u. *Salvum me fac Deus* (P 1645).

Ausg.: Sanctus, Benedictus u. Agnus aus der Messe *Jubilate Deo*, in: F. L. CARTIER, L'Ancien chapitre de Notre-Dame de Paris (1897).

Lit.: F. L. CARTIER, s.o. Ausg.

FREMDSPANNUNG, als Begriff der Nachrichtentechnik Bz. für die angegebene Größe der von einem Gerät erzeugten, nicht im zu verarbeitenden Signal enthaltenen Störspannung (Rauschen und Brummen). Dieser Wert wird mit der Spannung in Beziehung gesetzt, die das Gerät maximal, d.h. weitgehend ohne nichtlineare ↗Verzerrungen verarbeiten kann. Man erhält damit den *Fremdspannungsabstand* und gibt ihn in ↗Dezibel an (Beispiel: Grundrauschen eines Verstärkers 1 Millivolt, maximale Spannung 1 Volt: Fremdspannungsabstand 1000:1 oder 60 Dezibel). Einen für den Höreindruck sinnvolleren Wert gibt der ↗Geräuschspannungs-Abstand an.

FRENI, Mirella, * 27. 2. 1936 Modena; it. Sängerin (Sopran). Sie debütierte 1955 in Modena als Micaëla in G. Bizets *Carmen,* pausierte dann bis 1957 und brachte danach ihre Gesangsausbildung bei Ettore Campogalliani zum Abschluß. International bekannt wurde sie nach Auftritten 1959 an der Niederländischen Oper in Amsterdam, 1960 beim Glyndebourne Festival und 1961 an der Londoner Covent Garden Opera. 1963 sang sie erstmals an der Mailänder Scala (die Mimi in *La Bohème* von G. Puccini), 1965 an der Metropolitan Opera in New York und 1966 bei den Salzburger Festspielen. Seither zählt sie zu den bekanntesten Sängerinnen der Gegenwart. Sie singt vor allem die lyrischen Partien der italienischen und französischen Oper des 19. Jh., tritt aber auch im Koloraturfach auf.

FRENKEL, Stefan, * 21. 11. 1902 Warschau; poln. Violinist. Seine Ausbildung erhielt er 1919–24 in Berlin, zunächst bei A. Busch, dann bei C. Flesch. Anschließend war er bis 1927 Konzertmeister der Dresdner Philharmonie, seit 1929 des Königsberger Rundfunkorchesters, 1935 des Orchestre de la Suisse Romande, 1936–40 am Metropolitan Opera House in New York und 1947 an der Oper in Rio de Janeiro. Danach konzertierte er mit großem Erfolg ausschließlich als Solist und Kammermusiker. 1964–68 lehrte er Violine an der Princeton University (N.J.). Er schrieb u. a. Werke für Violine (darunter ein Violinkonzert) und Kammermusik.

FREQUENZ, Bz. für die Anzahl der Schwingungen eines Körpers oder einer Wellenbewegung pro Zeiteinheit. Sie wird in ↗Hertz (Hz) – im angloamerikanischen Raum in ↗cps – gemessen und steht mit der Tonhöhenempfindung in logarithmischem Zusammenhang: ein vom Ohr als gleiche Tonhöhen-*Differenz* empfundenes ↗Intervall hat immer das gleiche Frequenz-*Verhältnis* zur Grundlage (↗Dezibel).

Lit.: H. SEIDL, F.-Tafeln, Cent, Hertz (F 1970); H.-P. REINECKE, Cents, F., Periode (B 1970).

FREQUENZBEREICH, der Bereich zwischen zwei ↗Frequenzen. Jedes Glied einer ↗elektroakustischen Übertragungskette besitzt, wie auch das Ohr, eine untere und eine obere ↗Grenzfrequenz. Die untere Hörgrenze liegt beim menschlichen Ohr bei etwa 16 Hz (↗Hertz), die obere bei 15000–21000 Hz. Die Obergrenze nimmt mit zunehmendem Alter des Menschen ab. Für eine qualitativ hochwertige Musikwiedergabe muß mindestens ein F. von 30–15000 Hz übertragen werden. – ↗Frequenzgang.

FREQUENZGANG. Alle Bausteine einer ↗elektroakustischen Übertragungskette müssen die zu verarbeitenden Schallsignale möglichst unverändert weiterleiten; sie dürfen die Kurvenform der Signale nicht verformen. Kriterien hierfür sind Klirrfaktor, Phasengang und vor allem der Frequenzgang. Er beschreibt die Abhängigkeit des Übertragungsfaktors (↗Dezibel) für sinusförmige Signale von der ↗Frequenz, wobei man sich meist auf den Übertragungsfaktor bei 1000 Hz (↗Hertz) bezieht und die Abweichungen innerhalb eines angegebenen Übertragungsbereiches bestimmt (z.B. 20–20000 Hz ± 2 dB).

FREQUENZSPEKTRUM. Nach J.-B. Fourier (↗Fourieranalyse) lassen sich alle Klänge (↗Klang) und ↗Geräusche als Summe einer endlichen oder unendlichen Anzahl von ↗Sinustönen verschiedener Frequenz und gleicher oder verschiedener Amplitude darstellen. Das F. stellt (wie bei der Spektralanalyse in der Optik) die Intensitätsverteilung dieser Einzelfrequenzen im gesamten interessierenden Frequenzbereich dar. Es kann auf zwei Arten bestimmt werden: 1. durch Messung von Frequenz und Intensität der Einzeltöne (Suchton-Analysator, steilflankige Resonanz-Filter), 2. durch Messung der Summe aller Frequenzen in einzelnen Bereichen mit z. B. Terz- oder Oktavbreite (Bandfilter; ↗Filter). Dieses Verfahren ist zwar nicht ganz exakt, eignet sich aber vor allem für die Analyse des F.s in der „Echtzeit", d.h. während der tatsächlichen Dauer eines Schallereignisses („Echtzeitanalysator"; Anzeige z.B. auf einem Bildschirm, mit Leuchtdioden u.ä.).

Lit.: H. VON HELMHOLTZ, Die Lehre von den Tonempfindungen... (Brau 1863, erweitert [6]1913, Nachdr. Da 1968); M. GRÜTZMACHER, Eine neue Methode der Klanganalyse, in: Elektrische Nachrichtentechnik 4 (1927); F. TRENDELENBURG, Ohms akustisches Grundgesetz u. die neueren Anschauungen über die Klanganalyse durch das Ohr, in: Elektrotechnische Zschr. 60 (1939); W. MEYER-EPPLER, Experimentelle Schwingungsanalyse, in: Ergebnisse der exakten Naturwiss. 23, hrsg. v. S. Flügge – F. Trendelenburg (B 1950); H. P. REINECKE – D. DROYSEN, Methode zur Unters. aperiodischer Vorgänge in der Akustik, dargestellt an einer Klavieranalyse, in: Elektronische Datenverarbeitung in der Musikwiss., hrsg. v. H. Heckmann (Rb 1967); K. SCHÜGERL, Zeitfunktion u. Spektrum in der subjektiven Akustik, in: FS W. Graf (W 1970) (= Wiener musikwiss. Beitr. 9); O. BROMOSE – F. E. HANSEN, A Survey of the SIM System, a Computer System for Performing Acoustical Analysis and Synthesis, in: Electronic Music & Musical Acoustics 1 (1975). U. KRAUS

FRESCHI, Giovanni (Gian) **Domenico,** * um 1625 Bassano, † 2. 7. 1710 Vicenza; it. Komponist. F. war Priester, Kanonikus und seit 1656 auch Kapellmeister am Dom von Vicenza. Neben geistlicher Musik schrieb er etwa 20 Opern, die vor allem in Venedig und Bologna aufgeführt wurden. G. A. Riccieri, der Lehrer von Padre Martini, gehörte zu seinen Schülern.

WW: *Messa a 5* mit Psalmen für 3 u. 5 St., 3 Instr. u. B.c. (V 1660); *Messa a 6* mit Psalmen für 2, 5 u. 6 St., Instr. u. B.c. (V 1673, Instr.-St. nicht erhalten); Oratorien (hsl. erhalten): *Giuditta* u. *Il miracolo del Mago;* Opern (hsl. erhalten): *L'Elena rapita da Paride* u. *Il Ratto d'Elena,* UA: 1677; *Sardanapalo* u. *Tullia superba,* UA: 1678; *Berenice vendicativa* u. *L'amante muto loquace,* UA: 1680; *Pompeo Magno in Cilicia,* UA: 1681; *Olimpia vendicata,* UA: 1682; *Dario,* UA: 1684.

Lit.: G. MANTESE, Storia musicale vicentina (Vicenza 1956).

FRESCOBALDI, Girolamo, * vermutlich 12. 9. 1583 Ferrara, † 1. 3. 1643 Rom; it. Komponist, Organist, Cembalist und Sänger. F. war bis zu seinem 20. Lebensjahr Schüler des berühmten Organisten L. Luzzaschi. Bis zu diesem Zeitpunkt hatte er bereits mehrere italienische Städte bereist und sich als Instrumentalist wie als Sänger einen Namen gemacht. 1604 wurde er als Organist und Sänger in die Accademia di Santa Cecilia in Rom aufgenommen. 1607 kam er im Gefolge des päpstlichen Nuntius G. Bentivoglio nach Brüssel. Dort entstanden die 5st. Madrigale, die 1608 in Antwerpen im Druck erschienen. Im selben Jahr kehrte er nach Rom zurück und wurde Organist an der Peterskirche. Dieses Amt übte er bis zu seinem Tode aus, nur unterbrochen durch einen mehrmonatigen Aufenthalt 1615 als Hoforganist in Mantua und durch einen Aufenthalt 1628–34 als Organist der Medici in Florenz.

WW: **1) WW für Tasteninstr.:** *Il 1° libro delle fantasie a quattro*

(Mi 1608); *Toccate e partite d'intavolatura di cimbalo, libro primo* (R 1615, erweitert ²1616, ⁵1637); *Recercari et canzoni francese fatti sopra diversi oblighi in partitura, libro primo* (R 1615 u.ö.); *Il primo libro di capricci fatti sopra diversi soggetti et arie in partitura* (R 1624); *Il primo libro di capricci canzon franzese e recercari, fatti sopra diversi soggetti et arie in partitura* (V 1626); *Il secondo libro di toccate, canzone, versi d'hinni, Magnificat, gagliarde, correnti et altre partite d'intavolatura di cimbalo et organo* (R 1627); *Fiori musicali di diversi compositioni, toccate, kirie, canzoni, capricci et ricercari in partitura a quattro, utili per sonatori. Opera duodecima* (V 1635); *Canzoni alla franzese in partitura ... libro 4°* (V 1645) (postum). – Hsl. sind erhalten: eine Partita, Ricercari, Toccaten u. Canzonen, darunter 2 eigens als zusammengehörig bezeichnete Satzpaare Toccata – Canzona (Rom, Lateranarchiv); 4 Instr.-Werke (Paris, Bibl. Nat., Ms. Bauyn). – **2) WW für mehrere Instr.:** *3 canzoni* für 4, 5 u. 8 St., in: Canzoni per sonare con ogni sorte d'istromenti, hrsg. v. A. Raveri (V 1608) (= RISM 1608[24]); *Il 1° libro delle canzoni* für 1–4 St. u. B.c., *accomodate per sonare ogni sorte di stromenti* (R 1628) (27 Stücke); *Il 1° libro delle canzoni* (37 Stücke) ... *con in fine, una per sonare con spinettina sola, overo liuto, l'altra spinettina e v., overo liuto e v.* (R 1628, erweitert V 1634). – **3) Vokal-WW:** Madrigale für 5 St. (An 1608); *Liber secundus diversarum modulationum* für 1–4 St. u. B.c. (R 1627, unvollständig erhalten); 2 Bücher *Arie musicali* für 1–3 St. mit Cemb. u. Theorbe (Fi 1630). In Sammeldrucken 1616–25 erschienen 5 Arien für 1–2 St. u. B.c. u. 3 Motetten für 3 St. u. B.c. Hsl. sind erhalten eine Lamentation *(Jod. Manum suam misit hostis)* für 1 St. u. B.c. u. *In te Domine speravi* für 8 St. (Bologna, Liceo musicale) sowie Messesätze für 8 St. (Rom, Lateranarchiv).

Die Bedeutung F.s liegt in erster Linie in der Instrumentalmusik, durch die er – obwohl kein Neuerer im eigentlichen Sinn – besonders im deutschen Raum bahnbrechend wirkte und vor allem Fr. Tunder, D. Buxtehude und J.S. Bach beeinflußte. Er pflegte die überkommenen Gattungen (Toccata, Canzona, Capriccio, Ricercar, Fantasie und Variation), erweiterte aber deren dreiteilige Form auf 5–7 Sätze meist verschiedener Mensur und belebte sie durch eine reiche, kühne und phantasievolle Entfaltung der Kompositionstechniken seiner Zeit. Bis zu den *Capricci* und bis zur *Canzona alla francese* ist vor allem der fugierte, häufig mit Akkordpassagen kontrastierende Satz eines seiner wichtigsten Stilmittel. In den als Tanzsuiten (Courante, Gaillarde, Passacaglia, Chaconne) gestalteten *Balletti* finden sich häufig Variationssätze über bekannte Ostinato-Bässe (Romanesca, Ruggiero, Fra Jacopino, Monica) mit satztechnischer Aufteilung der Stimmen in Melodie und Begleitung. Im Gegensatz zu den frei fließenden *Toccate* ist der Rhythmus dieser Stücke meist wesentlich gleichförmiger. Bisweilen finden sich in seinen Kompositionen auch gleichzeitig ablaufende Zweier- und Dreierrhythmen. Seiner Musikanschauung entsprechend dominiert bei F. die melodische Linie, die jedoch von einem durch Chromatik und Dissonanzen belebten, affektreichen harmonischen Satz getragen wird. Häufigste Tonart ist C-Dur. Stücke mit liturgischem Cantus firmus sind kirchentonal gehalten.

F.s Instrumentalwerke sind hauptsächlich für Orgel und Cembalo in temperierter Stimmung bestimmt. Ausnahmen bilden etwa die *Canzoni* zu 2–4 Stimmen, die, bis auf die letzten beiden Stücke, durch beliebige Instrumente ausgeführt werden können, und die als zusätzliche Stimme einen Basso seguente enthalten. Die 3 *Canzoni* von 1608 sind für 4 Violen und 4 Chitarronen oder Lauten komponiert. Für die in Florenz veröffentlichten *Arie* von 1630 ist Cembalo- bzw. Theorbenbegleitung vorgeschrieben. Die geistlichen Vokalwerke sind im allgemeinen mit einer durch die Orgel auszuführenden Basso continuo-Begleitung versehen, während die 5st. Madrigale und die 8st., zweichörigen Meßfragmente ohne Begleitung sind. F.s Musik wurde weitgehend von G. Gabrieli und besonders von G. M. Trabaci beeinflußt. Im späten, dem „galanten Stil" verpflichteten 18. Jh. erschien sein strenger Stil antiquiert, während heute, besonders durch die Neuausgaben seiner Werke in Deutschland, Italien und Frankreich, seine große musikgeschichtliche Bedeutung gewürdigt werden kann.

Ausg.: **1) WW für Tasteninstr.:** GA, hrsg. v. P. PIDOUX, 5 Bde. (Kas 1950ff.), darin nicht enthalten die Werke des Ms. Bauyn u. des Ms. Rom, Lateranarchiv, diese als: *14 composizioni inedite*, hrsg. v. A. SANTINI (R 1940); *Fiori musicali* u. *Toccate e partite*, 2 Bde., hrsg. v. F. GERMANI (R 1936–37, NA 1964); Ausgew. Org.-WW, 2 Bde., hrsg. v. H. KELLER (L 1943–48); *Nove toccate inedite*, hrsg. v. S. DALLA LIBERA (Brescia 1962) (= Monumenti di musica italiana I/2); *Ricercari e canzoni* 1615 Faks.-Ausg. (Lo 1967); Keyboard Compositions Preserved in Manuscripts, hrsg. v. W. R. SHINDLE (Dallas/Tex. 1968) (= Corpus of Early Keyboard Music 30); E. DARBELLAY, „Primo e secondo libro de toccate" de G. F., édition critique. En marge des deux livres de toccate de G. F., étude de style (Diss. Fribourg/Schweiz 1971). – **2) WW für mehrere Instr.:** *5 Canzoni a due canti*, hrsg. v. H. DAVID (Mz 1933); *Toccate per spinettina e violino*, hrsg. v. F. CERHA (W 1962) (= Diletto mus. 46); *Canzon* 13, 21, 29 für 4, 5, 8 Bläser, hrsg. v. R. P. BLOCK (Lo 1970); Canzoni für 1–4 Instr. u. B.c., hrsg. v. B. THOMAS (Lo 1975) 10 Hefte. – **3) Vokal-WW:** *1° libro di arie*, hrsg. v. F. BOGHEN – A. BONAVENTURA (Fi 1933); *Arie musicali*, hrsg. v. H. SPOHR (Mz 1960) (= Muskal. Denkmäler 4); Opere complete, bisher Bd. 1: *Due messe a 8 voci e b.c.*, hrsg. v. O. MISCHIATI – L. F. TAGLIAVINI (Mi 1975) (= Monumenti musicali it. 1).

Lit.: F. X. HABERL, G. F., in: KmJb 2 (1887); A. CAMETTI, G. F. in Roma, in: RMI 15 (1908); A. PIRRO, F. et les musiciens de France et des Pays-Bas, in: SIMG 10 (1908); A. CAMETTI, G. F. sunto bio-bibliografico, in: Boll. Bibl. Mus. 2 (1927); L. RONGA, G. F. (Tn 1930); F. MOREL, G. F. (Winterthur 1945); CL. SARTORI, Le 7 edizioni delle Toccate di F., in: La Bibliofila (Fi 1948); A. MACHABEY, G. F. (P 1952); L. RONGA, Grandezza e solitudine di G. F., in: RMI 56 (1954); R. LUNELLI, L'Arte organaria del Rinascimento in Roma (Fi 1958) (zu G. F. u. Roms Org.n); W. APEL, Die hsl. Überlieferung der Klavierwerke F.s, in: FS K. G. Fellerer (Rb 1962); A. P. LESSEM, The Style and Structure of F.'s Keyboard Ricercari and Fantasias (Diss. C 1965/66); W. APEL, Gesch. der Org.- u. Klaviermusik bis 1700 (Kas 1967); J. S. MUELLER, G. F. 1583–1643 (1969) (= Diss. Boston Univ.); R. JACKSON, On F.'s Chromaticism and Its Background, in: MQ 57 (1971); A. DIOLI, G. F., Principe degli organisti (Bol 1971); G. ZACHER, F. u. die instr. Redekunst, in: MuK 45 (1975); S. WOLLENBERG, A Note on Three Fugues Attributed to F., in: MT 116 (1975); F. HAMMOND, G. F. and a Decade of Music in Casa Barberini: 1634–1643, in: StidMg 12 (1979). A. MACHABEY

FRESNEUSE, Jean Laurent, ↗Lecerf de la Viéville de Fresneuse.

FREUND, Joki (Walter Jakob), *5.9.1926 Frankfurt am Main; dt. Jazzmusiker (Tenor- und Sopransaxophon, Klavier, Cembalo, Tuba). Er begann nach dem 2. Weltkrieg als Tenorsaxophonist und spielte bis 1954 in verschiedenen Bands. Seit 1955 trat er mit einem eigenen Quintett auf, zu dem u.a. auch Albert und Emil Mangelsdorff gehörten. Mehr und mehr wurde F. zum wichtigsten deutschen Arrangeur, u.a. für Albert Mangelsdorff und das Jazzensemble des Hessischen Rundfunks. Seit 1962 ist er Saxophonist und Arrangeur beim Südfunk-Tanzorchester Stuttgart unter Erwin Lehn, tritt aber immer wieder als Jazzmusiker auf. Er hat alle Stadien des Modern Jazz bis hin zum Free Jazz und Post Free Jazz durchlaufen. F. wirkte auch in dem deutschen Film *Praeludium in Jazz* (1958) mit.

FREUND, Karl, * 7.2.1904 Neustadt (Oberschlesien), † 6.11.1955 München; dt. Dirigent. Er war Schüler u.a. von W. Davisson in Leipzig und C. Flesch in Berlin, konzertierte dann als Solist und Kammermusiker. 1939 gründete er das Freund-Quartett mit G. Seitz (2. Violine), R. Nel (Bratsche) und H. von Beckerath (Violoncello). Fr. lehrte seit 1939 Violine an der Berliner, seit 1949 an der Münchener Musikhochschule. Mehrere Komponisten (u.a. W. Fortner, H. Genzmer, K. A. Hartmann) haben ihm Werke gewidmet.

FREUND FRITZ *(L'Amico Fritz),* Lyrische Komödie in 3 Akten von Pietro Mascagni (1863–1945), Text von P. Suardon nach dem Roman *L'ami Fritz* (1864) von Emile Erckmann und Alexandre Chatrian (bekannt geworden unter dem Doppelnamen Erckmann-Chatrian). Ort und Zeit der Handlung: im Elsaß, Mitte des 19. Jahrhunderts. UA: 31.10.1891 in Rom (Teatro Costanzi); dt. EA (in dt. Sprache): 12.3.1892 in Frankfurt am Main (Übers.: Max Kalbeck).
Daß die Oper um den Junggesellen Fritz Kobus, der von seinem Freund Rabbi David erfolgreich mit der Gutsverwalterstochter Suzel verkuppelt wird, trotz der Besetzung der Suzel-Rolle mit Emma Calvé kein Erfolg wurde, lag vor allem an den Erwartungen des Publikums: Nach dem triumphalen Erfolg der *Cavalleria rusticana* hatte man auf ein ähnlich reißerisches, alle Register des grellen bühnendramatischen Effekts ausnutzendes Stück gehofft. Statt dessen zeigte sich Mascagni in seinem neuen Werk als Meister der lyrischen Stimmungsmalerei mit feinsten instrumentatorischen Farben. Dem idyllischen, heiter-besinnlichen Charakter der Handlung entsprechen die nur selten auf Virtuosität, sondern zumeist auf sensible Kantabilität angelegten melodischen Linien und der besonders gelungene Einsatz von Instrumentalsoli mit lokalkoloristischer Wirkung: so z. B. im Violinständchen des Zigeuners (1. Akt) und dem von einer Solo-Oboe vorgetragenen elsässischen Volkslied *Es trug das Mädelein* (2. Akt). W. A. MAKUS

FREUNDT (Freund, Bonamicus), **Cornelius,** * um 1535 Plauen (Vogtland), beerdigt 26.8.1591 Zwickau; dt. Kantor und Komponist. F. war Kantor in Borna, seit 1565 an St. Marien in Zwickau. Seine zahlreichen meist geistlichen Werke mit deutschem und lateinischem Text sind fast ausschließlich hsl. erhalten. Davon finden besonders die Weihnachtslieder in der heutigen Kantoreipraxis Verwendung.

Ausg.: Das Weihnachtsliederbuch des Zwickauer Kantors C. F., hrsg. v. G. GÖHLER (L 1897, [2]1954); dass. als: Weihnachtsliederbuch v. C. F., hrsg. v. K. AMELN (Kas– Bas 1950); daraus: *Heut ist unser Heiland* u. *Meine Seel erhebet den Herrn,* in: Hdb. der dt. ev. Kirchenmusik I/2, hrsg. v. K. AMELN– CH. MAHRENHOLZ– W. THOMAS– C. GERHARDT (Gö 1942).

Lit.: G. GÖHLER, C. F. (Diss. L 1896); W. BRENNECKE, Zwei Beitr. zum mehrst. Weihnachtslied..., in: Mf 5 (1952)–6 (1953).

FREY, Schweizer Musikerfamilie. – **1) Emil,** * 8.4.1889 Baden (Aargau), † 20.5.1946 Zürich; Pianist und Komponist. Er studierte seit 1902 am Konservatorium in Genf u.a. bei O. Barblan und W. Rehberg, dann am Pariser Conservatoire bei L. Diémer, G. Fauré und Ch.-M. Widor. Seit 1907 lebte er in Berlin, von wo er ausgedehnte Konzertreisen unternahm. 1912–17 leitete er am Moskauer Konservatorium die Virtuosenklasse, seit 1922 am Konservatorium in Zürich eine Konzertausbildungsklasse und konzertierte weiter als gefeierter Virtuose in Europa und Südamerika. Seine Kompositionen, darunter vor allem Klaviermusik sowie Solo- und Chorlieder, gehören stilistisch der Nachromantik an.

WW: Klv.-Stücke; Vc.-Sonate (1907); V.-Sonate (1909); Klv.-Trio (1909); 2 Streichquartette (1918, 1926); Klv.-Quintett (1934); Variationen für Bläserquintett (1920); 2 Symphonien, die erste (1917) mit Chören; Klv.- u. V.-Konzert (1914); Vc.-Konzert (1919). – Unterrichts-WW: *Bewußt gewordenes Klavierspiel* (1932); *70 Rhythmische Transponierübungen* (1938).

2) Walter, Bruder von 1), * 26.1.1898 Basel; Pianist. Er studierte am Konservatorium in Zürich u.a. bei V. Andreae und am Hochschen Konservatorium in Frankfurt am Main bei W. Rehberg. Seit

1921 lehrte er an der Musikschule in Winterthur, 1925–58 am Konservatorium in Zürich. F. setzte sich als Pianist bes. für zeitgenössische Werke ein.

WW: *Schweizer Klaviermusik aus der Zeit der Klassik u. Romantik* (1937, [2]1957) (zus. mit W. Schuh).

FREYLINGHAUSEN, Johann Anastasius, * 2. 12. 1670 Gandersheim (Harz), † 12. 2. 1739 Halle; dt. Theologe. F. studierte seit 1689 in Jena, seit 1692 in Halle Theologie und wurde 1695 A. H. Franckes Mitarbeiter am Waisenhaus und Pädagogium in Halle, nach dessen Tod dort 1727 Direktor der Franckeschen Anstalten und Oberpfarrer an St. Ulrich. Er gab 1704 und 1714 zwei im Geist des Pietismus entstandene Kirchenliedsammlungen heraus, die bis ins 20. Jh. einen nachhaltigen Einfluß ausübten. Ihnen liegt das *Geistreiche Gesangbuch* von J. G. Hassel (Hl 1697, Da [2]1698) zugrunde, sie enthalten jedoch zahlreiche neue, vermutlich in Halle entstandene Melodien, deren Verfasserschaft nicht gesichert ist. Stilistisch entsprechen die durchweg mit beziffertem Generalbaß versehenen Melodien dem frühdeutschen Liedtypus des 17. Jh., besonders der barocken Aria. 1716 wandte sich ein Gutachten der Wittenberger Theologischen Universität, besonders im Hinblick auf die im Dreiertakt gehaltenen, daktylischen Texten angepaßten Melodien, scharf gegen solche „hüpfenden, springenden, daktylischen" Lieder. In meist vereinfachter Form fanden einige Lieder Eingang in den evangelischen Kirchengesang, darunter *Macht hoch die Tür* und *Morgenglanz der Ewigkeit.* Diese stehen heute auch in den katholischen Gesangbüchern.

WW: *Geistreiches Gesangbuch* (H 1704) (darin 683 Lieder mit 174 Melodien, davon 82 neue); *Neues Geistreiches Gesangbuch* (Hl 1714) (darin 815 Lieder mit 332 Melodien, davon 128 neue); *Geistreiches Gesang-Buch... Jetzo von neuem eingerichtet...,* hrsg. v. G. A. Francke (Hl 1741) (Zusammenfassung u. Erweiterung der Ausg. v. 1704 u. 1714, enthält 1581 Lieder mit 597 Melodien).

Lit.: J. ZAHN, Die Melodien der dt. ev. Kirchenlieder, 6 Bde. (Gütersloh 1889–93, Nachdr. Hil 1963); W. SERAUKY, Musikgesch. der Stadt Halle 2 (Hl 1939, Nachdr. Hil 1971); W. LUEKEN, Lebensbilder der Liederdichter u. Melodisten, in: Hdb. zum ev. Kirchengesangbuch II/1 (Gö 1957); W. BLANKENBURG, Gesch. der Melodien, in: ebd.; F. BLUME, Gesch. der ev. Kirchenmusik (Kas 1965); B. BASELT, Zur Stellung der Musik im Schulsystem A. H. Franckes, in: A. H. Francke, Das humanistische Erbe des großen Erziehers (Hl 1965).

FRICASSÉE (frz.), in Frankreich im 16. Jh. Bz. für eine mit dem ↗Quodlibet verwandte literarische und musikalische Gattung, in der gleichzeitig verschiedene Bruchstücke meist weltlicher Melodien volkstümlichen Charakters vermischt werden. Der Begriff F. scheint zum erstenmal in den Pariser Sammlungen von P. Attaingnant zur Bz. zweier 4st. anonymer Stücke gebraucht worden zu sein, *Auprès de vous* (in RISM 1531[1]) und *A l'aventure* (in RISM 1536[5]). Auch eine *Fricassée* von H. Fresneau (in RISM 1538[17]), die *Fricassée des cris de Paris* von J. Servin und ein spätes Beispiel von D. Caignet (in *Airs de cour,* P 1597) belegen diese Kompositionsart in Frankreich. Diese Kompositionen enthalten jeweils 50–100, z. T. in jeder Stimme verschiedene, Bruchstücke aus Chansons von Cl. de Sermisy, Cl. Janequin und anderer, oft anonymer Komponisten. Häufig dient eine vollständige, vorgegebene Stimme als Superius oder Bassus, während sich kleinere Bruchstücke auf die anderen Stimmen verteilen. Im 17. und 18. Jh. fand die F. eine Nachfolge im ↗Potpourri. In England entstanden im 17. Jh., wohl nach französischem Vorbild, ähnliche Kompositionen (↗Medley).

Lit.: F. LESURE, Anthologie de la chanson parisienne au XVIe siècle (Monaco 1952); DERS., Eléments populaires dans la chanson française au début du XVIe siècle, in: Musique et poésie au XVIe siècle (P 1954); K. ELLIOT – H. M. SHIRE, La f. en Écosse..., in: Les fêtes de la Renaissance 1, hrsg. v. J. Jacquot (P 1956); K. GUDEWILL, Ursprünge u. nat. Aspekte des Quodlibets, in: Report of the 8th Congress (IMS) New York 1961, 2 Bde. (NY 1961–62); H. M. BROWN, Music in the French Secular Theatre 1400–1550 (C/M 1963); Chanson and Madrigal, hrsg. v. J. HAAR (C/M 1964); M. R. MANIATES, Mannerist Composition in Franco-Flemish Polyphony, in: MQ 52 (1966).

FRICK, Gottlob, * 28. 7. 1906 Ölbronn (Württemberg); dt. Sänger (Baß). Er studierte am Konservatorium in Stuttgart und war seit 1927 Chorsänger an der Oper. 1934 debütierte er als Solist in Coburg, sang in den folgenden Jahren in Königsberg und in Freiburg i. Br., war 1938–50 Mitglied der Dresdner Staatsoper, dann der Städtischen Oper Berlin, seit 1953 der Münchner und der Wiener Staatsoper, und sang ständig auch an der Staatsoper Hamburg. In den 50er Jahren trat er mit großen Erfolgen auch im Ausland auf, u. a. an der Metropolitan Opera in New York, bei den Salzburger Festspielen. F., der sich in den seriösen wie in den Buffo-Partien seines Faches gleichermaßen auszeichnete, galt vor allem als bedeutender Wagner-Interpret und wirkte seit 1951 regelmäßig in Bayreuth mit.

FRICKE, Jobst P., * 5. 9. 1930 Bielefeld; dt. Musikforscher. Er studierte seit 1952 Musikwissenschaft, Physik und Psychologie an den Universitäten Göttingen, Berlin und Köln, promovierte hier 1959 mit der Dissertation *Über subjektive Differenztöne höchster hörbarer Töne und des angrenzenden Ultraschalls im musikalischen Hören* (Rb 1960) (= Kölner Beiträge zur Musikforschung 16). 1960–61 und 1963–70 war er Assistent am Musikwissenschaftlichen Institut mit dem Auftrag, die Abteilung Musikalische Akustik zur Erforschung der akustischen und psychologischen Grundlagen der Musik aufzubauen. 1969 habilitierte er sich mit der Arbeit *Intonation und musikalisches Hören* (Druck in Vorb.) und lehrt seit 1969 (seit 1970 als Professor) an der Universität, seit 1972 auch als Lehrbeauftragter für Musikalische Akustik an der Musikhochschule in Köln.

Schriften: *Die Innenstimmung der Naturtonreihe u. der Klänge,* in: FS K. G. Fellerer, hrsg. v. H. Hüschen (Rb 1962); *Klangeigenschaften v. Clarinen der Cappella Coloniensis,* in: FS H. Hüschen (Kö 1965) (= Beitr. zur rheinischen Musikgesch. 62); *Moderne Ansätze in Mengolis Hörtheorie,* in: FS K. G. Fellerer, hrsg. v. H. Hüschen (Kö 1973); *Elektronische Blasinstr. für Körperbehinderte,* in: Blasinstr. für Behinderte, hrsg. v. W. Moog (1978).

FRICKER, Peter Racine, * 5. 9. 1920 London; engl. Komponist. Er studierte in London Komposition bei R. O. Morris am Royal College of Music und – nach Unterbrechung durch den Kriegsdienst – 1946–48 bei M. Šeiber. 1952–64 war er Musikleiter des Morley College in London und lehrt seitdem Komposition an der University of California in Santa Barbara (USA). In seinen Kompositionen verbinden sich die durch Šeiber vermittelten kontrapunktischen Satztechniken B. Bartóks mit seriellen Methoden der Schönberg-Nachfolge.

WW: **1) Instr.-WW:** 2 Streichquartette, op. 8 (1947) u. op. 20 (1953); *Paseo,* op. 61 (1971) für Gitarre solo; *Entrada,* op. 64 (1973) für Org. – Für Orch.: 4 Symphonien: op. 9 (1949); op. 14 (1951); op. 36 (1960); op. 43 (1966); Konzerte für: V., op. 11 (1950); Va., op. 18 (1951–59); Klv., op. 19 (1952–54); 4 Concertanten: op. 14 (1950) für Engl. Horn u. Streichorch.; op. 15 (1951) für 3 Klv., Str. u. Pk.; op. 21 (1954) für V. u. Orch.; op. 52 (1968) für Fl., Ob., V. u. Streichorch. – **2) Vokal-WW:** Elegie *The Tomb of St. Eulalia,* op. 25 (1955) für Contratenor, Viola da gamba u. Cemb.; *Musick's Empire,* op. 28 (1956) für Chor u. kleines Orch.; Oratorium *The Vision of Judgement,* op. 29 (1958) für Sopran, Tenor, Chor u. Orch.; Magnificat, op. 50 (1968) für Sopran, Alt, Tenor, Chor u. Orch.; *Some Superior Nonsense,* op. 56 (1968) für Tenor u. Instrumentalensemble. – **3) Bühnen-WW:** Oper *The Golden Warrior;* Funkoper *The Death of Vivian* (1956); Ballett *Canterbury Prologue,* op. 16, UA: Canterbury 1951.

Lit.: G. LARNER, The Choral Music of P. R. F., in: MT 99 (1958); M. SCHAFER, in: British Composers in Interview (Lo 1963); A. HODDINOTT, in: Music and Musicians 18 (1969/70); M. A. KIMBELL, P. R. F.'s Second String Quartet. An Analysis (1973) (= Diss. Cornell Univ.).

FRICSAY, Ferenc, * 9. 8. 1914 Budapest, † 20. 2. 1963 Basel; östr. Dirigent ung. Herkunft. Er studierte an der Musikakademie in Budapest bei B. Bartók und Z. Kodály, wirkte 1934–44 als Dirigent in Szegedin, dirigierte in jenen Jahren bereits viermal bei den Salzburger Festspielen, war 1945–48 Dirigent der Staatsoper und des Philharmonischen Orchesters in Budapest und 1947–48 auch an der Wiener Staatsoper. 1947 leitete er in Salzburg, kurzfristig an Stelle O. Klemperers, mit sensationellem Erfolg die Uraufführung von G. von Einems *Dantons Tod,* 1948 dort die szenische Uraufführung von Fr. Martins *Der Zaubertrank* und 1949 die Uraufführung von C. Orffs *Antigonae.* 1948–53 wirkte er in Berlin zugleich als GMD der Städtischen Oper und als Dirigent des RIAS-Symphonieorchesters, das er in kurzer Zeit zu einem Spitzenorchester machte. Nach einem Aufenthalt als Orchesterleiter in Houston (Texas) war er 1956–58 GMD der Bayerischen Staatsoper in München. 1960 übernahm er wieder die Leitung des Rundfunkorchesters in Berlin (jetzt: Radio-Symphonieorchester) und wurde 1961 auch wieder GMD der vormals Städtischen, jetzt Deutschen Oper. F., der zu den profiliertesten Konzert- und Operndirigenten der Gegenwart zählt, interpretierte, auch als Gastdirigent anderer renommierter Orchester und der Festspiele u. a. in Salzburg, Edinburgh und Luzern, bevorzugt Werke Mozarts, der ungarischen, slawischen und italienischen Musik und setzte sich nachhaltig auch für das zeitgenössische Musikschaffen ein. Er war lange Zeit auch musikalischer Leiter der Deutschen Grammophon Gesellschaft und hat selbst ein ungemein großes Repertoire auf Schallplatten eingespielt (1978 wurde eine Fricsay-Edition der Deutschen Grammophon auf 40 Platten abgeschlossen). 1961 erhielt er in Österreich den Professorentitel verliehen. Er schrieb: *Über Mozart und Bartók* (F 1962).

Lit.: F. F. Ein Gedenkbuch, hrsg. v. F. HERZFELD (B 1964); A. WERNER, F. Ein vergessener unter den Großen? Eine diskografische Retrospektive, in: Fonoforum 18 (1973).

FRID, Géza, * 25. 1. 1904 Máramarossziget (Ungarn); ndl. Komponist und Pianist ungarischer Herkunft. Er trat bereits als Fünfjähriger erstmals öffentlich als Pianist auf. 1912–24 war er an der Musikakademie in Budapest Klavierschüler von I. Keéri-Szántó und B. Bartók sowie Kompositionsschüler von Z. Kodály. Danach konzertierte er in Europa, im Nahen und Fernen Osten und in Nord- und Südamerika. Seit 1948 lebt er in den Niederlanden, unternahm von dort weitere Konzertreisen und wurde 1964 Professor für Ensemblespiel am Konservatorium in Utrecht. F. war Präsident der Londoner Kodály-Stiftung.

WW: **1) Instr.-WW:** Für Klv.: Sonate, op. 5 (1929); *4 Études,* op. 12 (1932); *Dimensis,* op. 74 (1967); 4 Streichquartette, op. 2, 21, 30 u. 50a (1926, 1939, 1950, 1956); *Podium-Suite,* op. 3 (1928) für V. u. Klv., auch für Orch. (1949); Sonate für V. solo, op. 18 (1936); 20 Duos für 2 V., op. 37 (1951); *Rhapsodie,* op. 42 (1953) für Klar. u. Klv.; Sonate für V. u. Klv., op. 50 (1955); Sextett für Bläser u. Klv., op. 70 (1965); Doppeltrio für Bläser, op. 73 (1967); *Paganini-Variaties,* op. 77 (1968); *Chemins divers* (1968) für Fl., Fag. u. Klv. – Für Orch.: Divertimento für Str., op. 11 (1932); *Nocturnes,* op. 24 (1946) für Fl., Harfe u. Streichorch.; symphonische Fantasie *Paradou,* op. 28 (1948); *Variaties op een Nederlands Volkslied,* op. 29b (1949); *Suid-Africaanse Rhapso-*

die, op. 46 (1954); Serenade, op. 52 (1956); *Rhythmic Studies*, op. 58 (1959); Sinfonietta, op. 66 (1963); *7 Pauken en koperorkest*, op. 69 (1964); Konzerte: für 2 V., op. 40 (1952); für 2 Klv., op. 55 (1957); für 3 V., op. 78 (1969). – **3) Vokal-WW:** Lieder u. Chorwerke; Kantate *Das Sklavenschiff*, op. 51 (1956) (Text: H. Heine) für Soli, Chor u. Blasorch.; *Ballade*, op. 71 (1965) für gem. Chor mit Blechblasorch. oder mit Streichorch., op. 71a (1965). – **3) Bühnen-WW:** Oper *De zwarte Bruid*, op. 57 (1959); 3 Ballette u. Bühnenmusik.

Lit.: W. WIJDEVELD, in: Sonorum speculum (1964) Nr. 18; W. PAPE, De componist G. F., in: Mens en Melodie 25 (1970).

FRIDERICI (Friedrich, Friederich), **Daniel,** † 1584 Klein-Eichstedt bei Querfurt (heute Bezirk Halle/Saale), † 23. 9. 1638 Rostock; dt. Komponist und Musiktheoretiker. Nach mehreren Jahren der Wanderschaft und nach Studien bei V. Hausmann in Gerbstädt und Fr. Weißensee in Magdeburg immatrikulierte er sich 1612 an der Universität Rostock. Seit 1614 leitete er den Chorus musicum und war Kantor in Oldenburg. 1618 wurde er an die St. Marien-Kirche in Rostock berufen und erlangte 1619 an der dortigen Universität den Grad eines Magisters. 1623 wurde er „Kapellmeister aller Rostocker Kirchen". Den meisten geistlichen Werken F.s liegen versifizierte Bibeltexte zugrunde; charakteristisch für ihre musikalische Gestaltung ist die zweiteilige Liedform mit Wiederholung der beiden Teile und eine mehr homorhythmische als imitatorische Satzweise. F.s weltliche Werke erlauben wie bei kaum einem anderen Zeitgenossen einen Einblick in Art und Weise der geselligen vokalen Unterhaltungsmusik des frühen 17. Jahrhunderts. Über die musikalische Aufführungspraxis dieser Zeit enthält auch F.s weitverbreitete Musiklehre *(Musica figuralis)* aufschlußreiche Aussagen.

WW: **1) Weltliche WW:** *Sertum musicale ... oder Musicalisches Kräntzlein* für 3 St., 2 Bde. (Rostock 1614, Greifswald 1619); *Servia musicalis ... oder Musicalisches Sträusslein*, 2 Bde., I: für 3–4 St. (Rostock 1614), II: für 4–5 St. (Lübeck 1617); *Amores musicales oder ... lustige u. anmutige weltliche Liedlein* für 3–8 St., 2 Bde. (Rostock 1624, 1633); *Neues gantz lustiges und kurtzweiliges Quodlibet mit 5 Stimmen neben einem anmütigen musicalischen Dialogo mit 6 Stimmen* (ebd. 1622); *Honores musicales* für 4–6 St. (ebd. 1624); *Amores musicales* für 3–8 St. (ebd. 1624); *Amuletum musicum contra melancholiam* für 5 St. (ebd. 1627); *Hilarodicon d. i. gantz artige und sehr lustige newe Vinetten oder Wein Liederlein* für 5 St. (ebd. 1632); mehr als 30 Gesänge F.s erschienen auch postum in Sammeldrucken (RISM 1663[5] u. 1688[5]). F. gab heraus: *Th. Morley lustige und artige dreystimmige weltliche Liedlein* (Rostock 1624) (mit dt. Texten v. J. von Steinbach). – **2) Geistliche WW:** *Bicinia sacra* (Rostock 1623); *Viridarium musicum sacrum* für 4–6 St. (ebd. 1625); *Selige Grab- und Himmelsleiter von sieben Spalten* für 5 St. (ebd. 1628); *Deliciae juveniles* für 4 St., 2 Bde. (ebd. 1630). – **3) Theoretische WW:** *Musica figuralis oder newe ... Unterweisung der Singe Kunst* (Rostock 1618, mit 6 Aufl. bis 1677).

Ausg.: *Musica figuralis*, in: E. LANGELÜTJE, Die Musica figuralis des D. F. (B 1901); Lieder, hrsg. v. J. JÖDE, in: Alte Madrigale (Wb 1921, [2]1939), u. in: Hausmusik 14 u. 16 (Wb 1926); 14 geistliche Gesänge, hrsg. v. E. SCHENK – W. VOLL (F 1942) (= EDM, LD Mecklenburg u. Pommern 2).

Lit.: W. VOLL, D. F. Sein Leben u. seine geistlichen WW (Kas 1936).

FRIDZERI (Frizer, Frixer), **Alessandro Maria Antonio,** * 15. 1. 1741 Verona, † 16. 10. 1825 Antwerpen; it. Violinist und Komponist. F. war seit früher Jugend blind. 1760 wurde er Organist in Vicenza und ging 1765 nach Paris, wo er bald im Concert spirituel auftrat. Nach einer Konzerttournee durch Nordfrankreich und Belgien und nach einem Aufenthalt in Straßburg kehrte er 1771 nach Paris zurück und eröffnete dort eine Druckerei. Später lebte er etwa 10 Jahre in der Bretagne, kehrte erneut nach Paris zurück, wurde Mitglied des Lycée des Arts und gründete in Nantes (später auch in Paris) die Philharmonische Akademie. Seine letzten Jahre verbrachte er als Professor, Geigenbauer und Musikalienhändler in Antwerpen.

WW: Duos für 2 V., op. 7 (P o.J.); 2 Bücher Streichquartette, op. 1 (P 1771), u. op. 10 (P o.J.); eine *Symphonie concertante* für 2 V. u. Orch., op. 12 (P o.J.); 2 V.-Konzerte (P o.J.); 2 Opéras-comiques: *Les deux Miliciens*, UA: Paris 1771; *Les Souliers mordorés*, UA: ebd. 1776 (beide gedruckt im Jahr der UA); im Druck erschienen ferner einige Slgen. Airs mit Gitarre bzw. Harfe u. Revolutionsgesänge (P um 1795).

FRIED, Oscar, * 10. 8. 1871 Berlin, † 5. 7. 1941 Moskau; dt. Dirigent und Komponist. Seine musikalische Ausbildung erhielt er in der Stadtpfeiferei von Nowawes bei Potsdam und war dann Hornist in deutschen und russischen Orchestern. Nach Studien bei E. Humperdinck (Komposition) und Ph. Scharwenka (Kontrapunkt) wurde er nach 1904 Dirigent u. a. der „Neuen Konzerte" in Berlin. Als Komponist wurde er 1904 mit dem Chorwerk *Das trunkene Lied* schlagartig berühmt und hatte auch mit einigen anderen monumentalen, auf Massenwirkung zielenden Chorwerken Erfolg. Als Dirigent setzte er sich stark für die zeitgenössische Musik ein. 1934 emigrierte er in die UdSSR, wurde Theaterkapellmeister in Tiflis und nahm die sowjetische Staatsbürgerschaft an. Seinem kompositorischen Werk war kein nachhaltiger Erfolg beschieden.

WW: Chorwerke: *Das trunkene Lied* (nach F. Nietzsche); *Erntelied* (nach R. Dehmel); *Die Auswanderer* (nach E. Verhaeren u. St. Zweig); ferner: Adagio u. Scherzo für 13 Bläser, 2 Harfen u. Pauken; Präludium u. Doppelfuge für großes Streichorch.; *Verklärte Nacht* für Soli u. Orch. (nach R. Dehmel); Lieder u. Klavierstücke.

FRIEDBERG, Carl, * 18. 9. 1872 Bingen am Rhein, † 8. 9. 1955 Meran; dt. Pianist. Er studierte am Hochschen Konservatorium in Frankfurt am Main u. a. bei Clara Schumann. Seit 1904 lehrte er als Professor Klavier am Kölner Konservatorium, lebte 1914–18 in den USA, anschließend in München, kehrte 1924 in die USA zurück, und lehrte in New York an der Juilliard School of Music und seit 1928 als Direktor der Klavierabteilung am Institute of Musical Art. F. machte sich als Solist und Kammermusiker (u. a. im Trio mit H. Becker und C. Flesch) und als Klavierpädagoge einen Namen.

Lit.: J. F. SMITH, Master Pianist. The Career and Teaching of C. F. (NY 1963).

FRIEDERICI, dt. Orgel- und Klavierbauerfamilie. – **1) Christian Ernst,** * 8. 3. 1709 Meerane (Sachsen), † 4. 5. 1780 Gera. Er war Schüler von G. Silbermann in Freiberg und gründete um 1737 in Gera eine eigene Werkstatt für Tasteninstrumente, in die 1744 sein Bruder **Christian Gottfried** (1714–1777) eintrat. Die Werkstatt baute etwa 50 Orgeln, widmete sich aber vor allem dem Klavierbau. 1745 brachte sie erstmals einen als „Pyramide" bezeichneten, aufrechtstehenden Hammerflügel heraus, seit etwa 1758 unter dem Namen „Fortbien" ein Pianoforte in der rechteckigen Tafelform des Clavichords. Instrumente aus seiner Werkstatt besaßen u. a. L. Mozart, C. Ph. E. Bach und die Eltern Goethes. Pyramidenflügel von F. sind erhalten in der Instrumentensammlung des Conservatoire in Brüssel, im Goethehaus in Frankfurt und in der Sammlung Neupert in Bamberg. – **2) Christian Gottfried,** Neffe von 1), * 23. 8. 1750 Gera, † 21. 1. 1805 ebd. Er übernahm 1780 die Werkstatt seines Onkels und war ein ebenso geschätzter Instrumentenbauer. 1798 baute er ein „Sordin-Fortepiano mit 6 Veränderungen". Sein Sohn **Christian Ernst Wilhelm** (1782–1872) und sein Enkel **Ernst Ludwig** (1806–1883) führten das Unternehmen weiter, das nach dem Tod Ernst Ludwigs erlosch.

Lit.: F. J. HIRT, Meisterwerke des Klv.-Baues (Olten 1955); D. H. BOALCH, Makers of the Harpsichord and Clavichord (Lo 1956).

FRIEDERIKE, Singspiel in 3 Akten von Franz Lehár (1870–1948), Text von Ludwig Herzer und Fritz Löhner-Beda. Ort und Zeit der Handlung: Sesenheim und Straßburg, 1771 und 1779. UA: 4. 10. 1928 in Berlin (Metropol-Theater). Verfilmt 1932.

Die Operette behandelt die Geschichte der Liebe des jungen Johann Wolfgang von Goethe (1749 bis 1832) zu Friederike Brion (1752–1813), was anfangs auf heftige Kritik stieß, da die Darstellung Goethes als singender Bühnenheld manchen sehr bedenklich schien. Doch setzte sich Lehárs Musik durch und begründete den Erfolg des Werkes. Der besondere Reiz liegt in den volkstümlich-schlichten Liedern wie *Sah ein Knab ein Röslein stehn* und in den Tänzen (Rheinländer, Walzer, Menuett). Das Lied *O Mädchen, mein Mädchen,* in dem Goethe Friederike besingt, die seiner Karriere wegen auf ihr Glück verzichtet, wurde nicht zuletzt durch Richard Taubers (1892–1948) Interpretation zum bekanntesten der Operette. Friederikes *Warum hast du mich wachgeküßt?* wird von vielen für die schönste Nummer des Werkes gehalten.

R.-M. SIMON – S. SIMON

FRIEDLÄNDER, Max, * 12. 10. 1852 Brieg (Schlesien), † 2. 5. 1934 Berlin; dt. Sänger (Baß) und Musikforscher. Er studierte Gesang bei M. García in London und J. Stockhausen in Frankfurt am Main, dann Musikwissenschaft bei Ph. Spitta in Berlin. 1887 promovierte er in Rostock mit der Dissertation *Beiträge zur Biographie Franz Schuberts* (B 1887) und habilitierte sich 1894 an der Berliner Universität, an der er seit 1903 als Professor lehrte. 1911 hielt er Gastvorlesungen in den USA. F. veröffentlichte wichtige Arbeiten über das deutsche Kunst- und Volkslied. Er besorgte Neuausgaben von Liedern Fr. Schuberts, R. Schumanns, F. Mendelssohn Bartholdys, J. Brahms' und L. van Beethovens und gab mehrere noch ungedruckte Lieder Schuberts heraus. Er arbeitete auch an mehreren Volksliedausgaben mit. F. konnte nachweisen, daß das lange Mozart zugeschriebene Wiegenlied *Schlafe, mein Prinzchen, schlaf ein* (KV Anh. 284f.) von Bernhard Flies stammt.

Schriften: *Beitr. zur Biogr. F. Schuberts* (B 1887); *Mozarts Wiegenlied,* in: VfMw 8 (1892), u. in: Jb. Peters 3 (1896); *Goethes Gedichte in der Musik,* in: Goethe-Jb. 17 (1896); *Das dt. Lied im 18. Jh.,* 2 Bde. u. 1 Bsp.-Bd. (St 1902), Nachdr. in 2 Bde.n (Hil 1962); *Kompositionen zu Schillers Werken,* in: Dt. Rundschau 123 (1905); *Brahms' Lieder* (B 1922); *F. Schubert, Skizze seines Lebens u. Wirkens* (L 1928).

Lit.: FS M. F., in: Jb. Peters 29 (1922) (Teilabdruck mit Schriftenverz. v. G. Schünemann); W. FRIEDLÄNDER, in: Musica 7 (1953).

FRIEDMAN, Ignacy, * 14. 2. 1882 Podgorze bei Krakau, † 26. 1. 1948 Sydney; poln. Pianist. Nach erster Ausbildung in Krakau studierte er Klavier bei Th. Leschetitzky in Wien, Musikwissenschaft dort bei G. Adler und bei H. Riemann in Leipzig. Seit 1904 konzertierte er mit großem Erfolg in Europa und in Übersee. Er lebte später in den USA, seit 1940 in Australien. F. wurde besonders als Interpret der Werke von Fr. Chopin, aber auch von Fr. Liszt und R. Schumann gefeiert.

Lit.: W. H. HEILES, Rhythmic Nuance in Chopin Performance Recorded by M. Rosenthal, I. F. und G. J. Paderewski (1964) (= Diss. Univ. of Illinois).

FRIEDRICH, Götz, * 4. 8. 1930 Naumburg/Saale;

dt. Regisseur und Theaterleiter. Er studierte 1949–53 Theaterwissenschaft am Deutschen Theater-Institut in Weimar, wurde anschließend Regieassistent und Dramaturg an W. Felsensteins Komischer Oper in Berlin, 1959 dort Regisseur und 1968 Operspielleiter. Als erste eigene Iszenierung brachte er 1958 Mozarts *Così fan tutte* in Weimar und 1959 an der Komischen Oper *La Bohème* von G. Puccini heraus. Es folgten seit 1960 auch zahlreiche Gastinszenierungen u. a. in Kassel, Bremen, Kopenhagen und beim Holland Festival. Daneben war er auch als Film- und Fernsehregisseur tätig. 1972 erregte seine Inszenierung des *Tannhäuser* bei den Bayreuther Festspielen Aufsehen. 1973 ging F. als Oberspielleiter an die Hamburgische Staatsoper. 1974 debütierte er mit einer spektakulären Doppelpremiere von R. Wagners *Rheingold* und *Walküre* an der Covent Opera in London, inszenierte 1975 auch den *Siegfried* und wurde dort im gleichen Jahr neben seiner Hamburger Tätigkeit zum Director of Productions ernannt. 1979 inszenierte er in Bayreuth den *Lohengrin.* 1980 wurde er von 1981 an als Nachfolger S. Palms zum Intendanten der Deutschen Oper in Berlin berufen. F. hatte 1954–61 einen Lehrauftrag für Dramaturgie an der Staatlichen Schauspielschule in Ost-Berlin 1955–64 auch für Theatergeschichte und Dramaturgie an der Hochschule für Bildende Künste in West-Berlin, 1964–72 (seit 1970 als Professor) an der Musikhochschule „Hanns Eisler" in Ost-Berlin, danach an der Universität Hamburg.

Schriften: *Die humanistische Idee der Zauberflöte* (B 1954); *Die Zauberflöte in der Inszenierung W. Felsensteins* (B 1958); *W. Felsenstein. Leben u. Werk* (B 1961); *20 Notizen zu einer Aufführungskonzeption v. Porgy and Bess,* in: Jb. der Komischen Oper Berlin 9 (1968/69); *Musiktheater. Beitr. zur Methodik u. zu Inszenierungs-Konzeptionen,* hrsg. v. S. Stompor (L 1970, [2]1978) (= Reclams Universal-Bibl. 458) (mit Beitr. von G. F., W. Felsenstein u. J. Herz). – F. ist auch Hrsg. (zus. mit W. Ott) von *Die Komische Oper 1947–54* (B 1954).

Lit.: P. BARZ, G. F. Abenteuer Musiktheater (Bonn 1978).

FRIEDRICH II. (der Große), König von Preußen, * 24. 1. 1712 Berlin, † 17. 8. 1786 Sanssouci. Er ragt über die fürstlichen Musikdilettanten und Musikmäzene des Absolutismus durch eigene praktische Erfahrung weit hinaus. Musikunterricht gehörte bereits für den siebenjährigen Kronprinzen zur Ausbildung. Anläßlich eines Staatsbesuchs in Dresden kam er mit der Oper (J. A. Hasse) in Berührung und verpflichtete den Hofoboisten J. J. Quantz als Flötenlehrer. Als der Kronprinz eine eigene Hofhaltung bekam, baute er sogleich eine eigene Kapelle auf. Mit dem Regierungsantritt 1740 machte Friedrich in wenigen Jahren trotz der Kriege seinen Hof zu einem der bedeutendsten Musikzentren Europas: Knobelsdorff baute das Opernhaus „Unter den Linden"; zeitweise wurde auch in Potsdam Sommertheater gespielt, von wo aus *La Serva Padrona* von G. B. Pergolesi ihren Siegeszug durch Deutschland antrat. Für die bis zu 4 jährlichen Opernproduktionen wurden erhebliche Geldsummen aufgewendet. Unter der Leitung von C. H. Graun hatte die Hofkapelle bis zu 40 Mitglieder, darunter einige der bedeutendsten Musiker der Zeit, C. Ph. E. Bach, Quantz, J. G. Graun, Chr. Nichelmann, J. F. Agricola und die Familie Benda.

Friedrich galt seiner Zeit als ausgezeichneter Flötist. Seine reiche musikalische Phantasie wurde vor allem durch Quantz und Franz Benda geprägt. Er griff in die Textbücher und Proben seiner Opern ein und verfaßte selbst ein Libretto. Seinem rationalistischen Formverständnis widersprach die der Handlungslogik zuwiderlaufende Da Capo-Arie, und er veranlaßte C. H. Graun, sie durch die handlungsneutrale zweiteilige Kavatine zu ersetzen. Zu einer Oper schrieb er selbst die Ouvertüre; außerdem sind allein 121 Flötensonaten und 6 Flötenkonzerte, für den eigenen Gebrauch geschrieben, erhalten. Sie zeigen eine lebhafte Erfindungsgabe für prägnante Themen, doch mangelte es Friedrich wohl an den satztechnischen Kenntnissen zu ihrer Ausarbeitung. So weicht er trotz Mithilfe von Fr. Benda häufig in unmotivierte Läufe, Solfeggien aus; auch ist die Logik der harmonischen Verknüpfung nicht durchgehend gewahrt. Gerühmt wurde dagegen die Sanglichkeit seiner langsamen Sätze. Am 7. Mai 1747 empfing er J. S. Bach. Die Frage des Königs nach der Ausführbarkeit eines Satzes mit 5 realen Stimmen führte zur Entstehung des *Musikalischen Opfers.*

Ausg.: Musikal. Werke, hrsg. v. PH. SPITTA, 4 Bde. (L 1889) (in Bd. 1 thematisches Verz. der Fl.-Sonaten), Nachdr. als: The Musical Works of Frederick the Great, 3 Bde. (NY 1967); Kompositionen, hrsg. v. G. LENZEWSKI, 9 H. (B 1925); Das Flötenbuch F. des Großen (100 Etüden v. F. u. J. J. Quantz), hrsg. v. E. SCHWARZ-REIFLINGER – P. LUTHER (L 1934); Symphonie G-Dur, hrsg. v. H. OSTHOFF (Hannover 1934) (= Nagels MA 110).

Lit.: C. F. MÜLLER, F. der Große als Kenner u. Dilettant auf dem Gebiete der Tonkunst (Pd 1847); W. KOTHE, F. der Große als Musiker (Brau 1869); G. THOURET, F. der Große als Musikfreund u. Musiker (L 1898); R. BATKA, F. II. als Musiker, in: Der Kunstwart 25 (1912); E. WELLESZ, F. Algarotti u. seine Stellung zur Musik, in: SIMG 15 (1913/14); G. LENZEWSKI, Die Hohenzollern in der Musikgesch. des 18. Jh. (B 1926); G. MÜLLER, F. der Große, seine Fl. u. sein Flötenspiel (B 1932); H. OSTHOFF, F. der Große als Komponist, in: ZfM 103 (1936); J. BOURQUE, Frederick the Great as Music Lover and Musician, in: ML 28 (1947); E. E. HELM, Music at the Court of Frederick the Great (Norman/Okla. 1960).

S. KROSS

FRIEDRICH VON HAUSEN (Husen), † 6. 5. 1190 bei Philomelium (Kleinasien); dt. Minnesänger. F. stammte aus einem mächtigen rheinpfälzischen Geschlecht. Er fiel auf dem 3. Kreuzzug, an dem er als „iudicator" und „secretarius" Kaiser Friedrichs I. teilnahm. F. ist der erste bedeutende deutsche Minnesänger, der nach Italien und Frankreich reiste. Die 8 von ihm in der Heidelberger Liederhandschrift (Manessischen Handschrift) und in der Weingartner Handschrift ohne Melodien überlieferten Lieder sind von der französischen Troubadour- und Trouvèredichtung beeinflußt, insbesondere von Bernart de Ventadorn, Folquet de Marseille und Conon de Béthune. Themen seiner Lieder sind der Kreuzzug und die Entscheidung zwischen Gottes- und Frauenminne. Sein Vorbild wirkte nachhaltig auf den Minnesang im südwestdeutschen Raum und in der Schweiz.

Ausg.: 3 Lieder, hrsg. v. F. GENNRICH, in: ZfMw 7 (1924/25); 4 Lieder, in: Troubadours, Trouvères, Minne- u. Meistersang, hrsg. v. DEMS. (Kö 1951, NA Kö 1960) (= Das Musikwerk 2); Texte in Des Minnesangs Frühling, nach K. Lachmann u. a. neu bearb. v. C. VON KRAUS (L 1940, St [34]1967).

Lit.: F. GENNRICH, Sieben Melodien zu mhd. Minneliedern, in: ZfMw 7 (1924/25); DERS., Grundriß einer Formenlehre des ma. Liedes (Hl 1932, Nachdr. Tü 1970); H. BRINCKMANN, F. v. H. (Minden 1948); I. FRANK – W. MÜLLER-BLATTAU, Trouvères u. Minnesänger, 2 Bde. (Saarbrücken 1952–56) (= Schriften der Univ. des Saarlandes I–II) (darin 7 Kontrafakturen); H. HUSMANN, F. v. H.s Nachbildungen frz. u. provenzalischer Minnelieder, in: Euphorion 49 (1955); R. KIENAST, H.s Scheltlied u. der sumer von triere (1961); H. J. RIECKENBERG, Leben u. Stand des Minnesängers F. v. H. (Diss. Lo 1962/63); H. DE BOOR, Gesch. der dt. Lit. 2 ([7]1966); R. J. TAYLOR, The Art of the Minnesinger, 2 Bde. (Cardiff 1968) (darin 2 Kontrafakturen); H. MOSER – J. MÜLLER-BLATTAU, Dt. Lieder des MA (St 1968, Stud.-Ausg. 1971) (darin ein Lied); M. VOGEL, Der sumer von triere bei F. v. H., in: Mf 22 (1969).

FRIJSH, Povla (auch unter dem Namen Paula Frisch bekannt) * 3.8.1888 Århus, † 10.7.1960 Blue Hills (Maine); dän. Sängerin (Sopran). Sie studierte zunächst Klavier am Konservatorium in Kopenhagen, dann Gesang bei J. Périer und S. de Lalande in Paris und gab dort 1907 ihre ersten Konzerte. Bis zum 1. Weltkrieg sang sie ausschließlich in Frankreich – 1910 in Paris unter G. Mahler – und in den Niederlanden. Nach dem Krieg führten sie Konzertreisen in die Musikmetropolen der ganzen Welt. Nach Beendigung ihrer Laufbahn wanderte sie 1940 in die USA aus und lehrte Gesang an der Juilliard School of Music in New York. P. F. hat nur wenige Opernrollen gesungen. Als Konzertsängerin zählt sie zu den bedeutendsten Liedinterpretinnen des 20. Jahrhunderts.

FRIKTIONSINSTRUMENTE (von lat. frictio = Reiben), Bz. für bestimmte ↗Membranophone (z. B. ↗Reibtrommel) oder ↗Idiophone (z. B. ↗Glasharmonika), die durch Reibung zum Klingen gebracht werden. Die Reibung kann unmittelbar mit der Hand bzw. mit den Fingern oder mechanisch unter Zuhilfenahme einer Walze (so beim Klavizylinder) oder eines Bogens (z. B. bei der ↗Singenden Säge) erfolgen. F. sind im strengen Sinne auch die Streichinstrumente.

FRIML, Rudolf (Pseud. Roderich Freeman), * 2.12.1879 Prag, † 12.11.1972 Hollywood; amerik. Komponist und Pianist tschechischer Herkunft. Er studierte seit 1893 Klavier und Komposition (bei A. Dvořák) am Prager Konservatorium und kam 1901 als Klavierpartner J. Kubeliks erstmals in die USA, wo er seit 1906 ständig lebte. Durch Zufall kam der an klassischer Musik geschulte Komponist zur Operette. Sein erster Broadway-Erfolg war *The Firefly*. In den 20er Jahren, in denen die amerikanische Operette ihre große Blütezeit erlebte, komponierte F. seine bekanntesten Bühnenwerke *Rose-Marie* mit dem Weltschlager *Indian Love Call (Über die Prärie)*, *The Vagabond King* mit dem französischen Vagantendichter François Villon als Held und *The Three Musketeers* nach Alexandre Dumas. F., der oft mit Otto Harbach und O. Hammerstein II zusammenarbeitete, gilt als letzter „europäischer" Komponist, der sich am Broadway mit Erfolg durchsetzen konnte, und, mit S. Romberg, als Repräsentant der amerikanischen Operette in der Nachfolge Victor Herberts.

WW: Klv.-Konzert H-Dur (1904). – Operetten: *The Firefly* (1912); *The Peasant Girl* (1915); *You're in Love* (1917); *June Love* (1921); *The Blue Kitten* (1922); *Rose-Marie* (1924); *The Vagabond King* (1925); *The Wild Rose* (1926); *The White Eagle* (1927); *The Three Musketeers* (1928); *Luana* (1930); *Music hath Charms* (1934).

Lit.: L. A. PARIS, Men and Melodies (NY 1954); S. GREEN, The World of Musical Comedy (NY 1960, [3]1974).

FRIMMEL, Theodor von, * 15.12.1853 Amstetten (Niederösterreich), † 25.12.1928 Wien; östr. Musikforscher. F. studierte in Wien Medizin, wurde 1879 zum Dr. med. promoviert, wandte sich dann aber zunehmend der Musik und der bildenden Kunst zu. 1884–93 war er Kustos-Adjunkt am Wiener Hofmuseum und später Direktor der Galerie Schönborn-Wiesentheid. Gleichzeitig war er Dozent am Athenäum in Wien. F. widmete sich fast ausschließlich der Beethovenforschung. Sein *Beethoven-Handbuch* enthält eine Zusammenfassung vieler wertvoller Einzelforschungen.

Schriften: *Beethoven u. Goethe* (W 1883); *Neue Beethoveniana* (W 1888, [2]1890), erweitert als: *Beethovenstudien*, 2 Bde. (Mn – L 1905–06); *Josef Danhauser u. Beethoven* (W 1892); *Ritratti e caricature di Beethoven*, in: RMI 4 (1897); *L. van Beethoven* (B 1901, [6]1922) (= Berühmte Musiker 1); *Beethoven-Jb.*, 2 Bde. (Mn – L 1908–09); *Beethoven im zeitgen. Bildnis* (W 1923);

Beethoven-Handbuch, 2 Bde. (L 1926, Nachdr. Hil – Wie 1968); er revidierte die Bde. 1 u. 2 v. *Beethovens sämtliche Briefe*, hrsg. v. A. Ch. Kalischer (B – L 1910, 1911).

FRITSCH, Johannes G., * 27.7.1941 Auerbach (heute Gemeinde Bensheim); dt. Komponist und Bratschist. Er studierte Bratsche und Komposition (bei B. A. Zimmermann) an der Musikhochschule Köln. 1965–70 war er Dozent für Musiktheorie an der Rheinischen Musikschule Köln, bei deren Kursen für Neue Musik er mit K. Stockhausen zusammenarbeitete. Seit 1971 ist er Leiter des Seminars für Neue Musik an der Akademie der Tonkunst in Darmstadt und Lehrbeauftragter für Medienästhetik an der Musikhochschule Köln. 1970 gründete er in Köln das Feedback Studio mit Verlag für experimentelle Musik. Zu Forschungszwecken hielt er sich 1975 an der University of California in den USA, 1976 in der Villa Massimo in Rom auf. F. komponiert multimediale experimentelle Musik.

WW: Streichquartett *Zeichen* (1963–68); *Concerto da camera* (1965) für V. (mit Kontaktmikrophon) u. 12 Str.; *Modulation I* (1967) für V., Va., Vc., Kb. u. Klv.; *... II* (1967) für Kammerensemble u. Tonbänder; *... III*, permanente Musik für Räume oder Plätze (1968) für Tonbänder u. Mikrophone; *... IV* (1968) für 4 Lautsprechergruppen; *Concerto battuto* (1967) für Schlagzeug u. 3 Streichtrios; *Akroasis* (1968) für großes Orch.; Trp.-Konzert (1975); *Die Hugenotten* (1978), Konzert für V., Cimbal u. Orch., mit Zusatzspielband, UA: RIAS Berlin 1979; *Bestandteile des Vorüber* (1963) (nach M. Bense) für Sopran, tiefe Blasinstr. u. 3 Kb.; Ballett *Der große Gesang* (nach P. Neruda) für Sprecher, 2 Sänger, Gitarre, Pos., Schlagzeug u. Tonband, UA: Köln 1980; ferner zahlr. Bühnen- u. Hörspielmusik. – Schriften: *Feedback Papers Informationen, Dokumentationen*, 15 Hefte (1971 ff.).

H. LINDLAR

FRITZ, Kaspar (Gaspar), * 18. 2. 1716 Genf, † 23. 3. 1783 ebd.; Schweizer Violinist und Komponist dt. Abstammung. F. war (nach Ch. Burney) Schüler von G. B. Somis in Turin und lebte später als Pädagoge und Komponist in Genf. 1756 trat er in Paris im Concert spirituel auf. Burney, der ihn 1770 in Genf aufsuchte, rühmte ihn als Komponisten und Violinvirtuosen. Neben seinen Symphonien für Streicher, 2 Flöten und zwei Hörner, die wichtige Zeugnisse der vorklassischen Symphonik sind, schrieb F. besonders Sonaten.

WW: 6 Sonaten für 4 Instr., op. 1; 6 Sonaten für V. oder Querfl. u. Baß, op. 2 (vor 1750); 6 Sonaten für V. u. Baß, op. 3; 6 Sonaten, op. 4 u. 6 weitere Sonaten für 2 V. u. Baß; 6 Sinfonien, op. 6 (nach 1770).

Ausg.: Sonate, op. 1 Nr. 2, hrsg. v. R. BADER (G 1953); V.-Sonate e-moll, op. 2 Nr. 4, hrsg. v. F. MARTIN (G 1931); 6 Sonaten für V.-solo u. Baß, op. 3, hrsg. v. E. HUBER (B 1953); Sinfonia G-Dur op. 6 Nr. 3, hrsg. v. DEMS. (G 1950).

Lit.: CH. BURNEY, The Present State of Music in France and Italy (Lo 1771, [2]1773, dt. H 1772); E. REFARDT, Hist.-Biogr. Musiker-Lexikon der Schweiz (Z – L 1928); H. SCHERCHEN, in: SMZ 80 (1940); A.-E. CHERBULIEZ, in: Sinfonia 14 (1953); R.-A. MOOSER, Deux violonistes genevois, G. F., Ch. Haensel (G 1968); M. STAEHELIN, G. F. im Urteil seiner Zeitgenossen, in: SMZ 108 (1968).

FRITZSCHE (Frietsch, Fritsch, Fritz), dt. Orgelbauerfamilie. – **1) Gottfried**, * 1578 Meißen, † 1638 Ottensen bei Hamburg. F. lernte vermutlich bei dem Orgelbauer Hans Lange aus Wesselburen, der seinerseits Schüler von H. Scherer dem Älteren war. Spätestens 1604 ließ er sich als Orgelbaumeister in Meißen nieder. Nach einer Studienreise an den kaiserlichen Hof zu Prag, die er vermutlich mit H. L. Haßler unternahm, wurde er 1612 in Dresden seßhaft, wo er für H. Schütz die Orgel der Schloßkirche baute. 1629 übersiedelte er nach Ottensen. Mit E. Compenius und H. Scherer dem Jüngeren gehört F. zu den besten Orgelbauern seiner Zeit. In engem Kontakt mit vielen prominenten deutschen Komponisten seiner Zeit, u. a. mit Haßler, M. und J. Praetorius, Schütz, S. Scheidt und H. Scheidemann, entwickelte er den über seinen Lehrer Lange vermittelten Orgeltyp von H. Scherer dem Älteren weiter bis zum Typ der großen Hamburger Orgel von St. Nikolai mit 4 Manualen, den wenig später auch Arp Schnitger pflegte. Teile seiner Instrumente sind noch in St. Katharinen in Braunschweig (1621–23), in der Stadtkirche Wolfenbüttel (1620–24) und in der Schloßkirche Wolfenbüttel (1622–23) erhalten. Ein vermutlich von ihm 1627 gebautes Positiv befindet sich im Victoria and Albert Museum London. – **2) Hans Christoph**, Sohn von 1), † 1674 Hamburg. Er war Nachfolger seines Vaters und lebte spätestens nach 1651 in Hamburg, wo er Orgelwerke für Norddeutschland, die Niederlande und für Dänemark baute.

Lit.: W. GURLITT, Der kursächsische Hoforgelmacher G. F., in: FS A. Schering (B 1937); DERS., Der Schülerkreis des G. F., in: MuK 10 (1938); H. PFEIFER-DÜRKOP, Die Gesch. der F.-Org. in St. Katharinen zu Braunschweig (Mz 1956) (= Org.-Monographien 19).

FROBENIUS, dänische Orgelbauanstalt. Sie wurde von **Theodor F.** (* 7. 10. 1885 Weikersheim, † 22. 3. 1972 Kopenhagen), der bei A. Laukhuff, später bei Hock (Saarlouis), Seifert (Köln) und Klais (Bonn) gelernt hatte, 1909 in Kopenhagen gegründet und 1925 nach Lyngby bei Kopenhagen verlegt. 1944 traten seine beiden Söhne **Walter** (* 29. 3. 1920) und **Erik** (* 28. 6. 1926) in das Unternehmen ein, das sie seit 1967 leiten. Außer zahlreichen Restaurierungen sind über 600 neue Instrumente aus der Werkstatt F. hervorgegangen, u. a. die Orgeln der Kathedralen von Aarhus (1928; 4 Man., 88 Reg.), Kopenhagen (1931; 3 Man., 84 Reg.) und Ribe (1937; 3 Man., 50 Reg.), ferner die Orgeln von St. Johann in Kopenhagen (1953; 3 Man., 36 Reg.), der dänischen Kirche in Paris

(1955; 2 Man., 12 Reg.), der Kathedrale von Roskilde (1957; 3 Man., 50 Reg.), von St. Johann in Vejle (1957; 3 Man., 30 Reg.), von Karleby in Finnland (1958; 3 Man., 35 Reg.), der Kathedrale von Aalborg (1959; 3 Man., 40 Reg.), von Kristianstad in Schweden (1961; 4 Man., 47 Reg.), in der Queen's College Chapel in Oxford (1965; 2 Man., 22 Reg.) und in der First Church Congregational in Cambridge/Mass. (1972; 3 Man., 40 Reg.).

FROBERGER, Johann Jakob, getauft 19. 5. 1616 Stuttgart, † 6. oder 7. 5. 1667 Schloß Héricourt bei Montbéliard; dt. Komponist. F. war ein Sohn des aus Halle an der Saale stammenden Stuttgarter Hofkapellmeisters Basilius Froberger. 1637 ist er als Organist am Wiener Hof nachweisbar, auf dessen Kosten er vom selben Jahr an bis 1641 in Rom bei G. Frescobaldi seine Ausbildung vollendet. Weitere Unterbrechungen seines insgesamt bis 1657 dauernden Dienstes am kaiserlichen Hof gaben ihm die Möglichkeit zu einer zweiten Romreise (bis 1649), auf der er die Bekanntschaft G. Carissimis und A. Kirchers machte, sowie zu zahlreichen Konzertreisen, u. a. nach Brüssel, Paris und Dresden, die er auch nach seiner Entlassung aus dem Amt fortgesetzt zu haben scheint (bezeugt ist eine Reise nach London). Einen Teil seines Lebensabends dürfte er in der Umgebung seiner Gönnerin, der Herzogin Sibylla von Württemberg-Mömpelgard, verbracht haben, auf deren Witwensitz er verstarb. F.s Werk umfaßt nahezu ausschließlich Klavier- und Orgelmusik; nur zwei Vokalkompositionen (*Alleluia, absorpta est mors* und *Apparuerunt apostolis* für Sopran, Tenor, Baß, 2 V. und Bc.) sind hsl. erhalten (Univ.-Bibl. Uppsala). Von seinen Werken für Tasteninstrumente sind 24 Toccaten, 18 Capricci, 8 Fantasien, 6 Canzonen, 14 Ricercari, 30 Suiten und zahlreiche einzelne Suitensätze überliefert. Sie liegen überwiegend in drei zwischen 1649 und 1658 von ihm selbst angelegten und den Kaisern Ferdinand III. und Leopold I. gewidmeten Sammel-Hss. vor (Mss. 16560, 18706 und 18707 der Österreichischen Nationalbibl. Wien). Von der Wertschätzung des als Virtuose hochgeachteten F. auch als Komponist zeugen neben der Breite der hsl. Überlieferung bis hinein in den nord- und mitteldeutschen Raum die verhältnismäßig frühen Drucke einer Fantasia in A. Kirchers *Musurgia universalis* (1650) und eines Ricercare in Fr. Roberdays *Fugues et caprices* (1660), besonders aber die 1693/94 bei L. Bourgeat in Mainz erschienenen Sammeldrucke.

In seinen Klavier- und Orgelwerken erweist sich F. als universal gebildeter Musiker, der sich mit den vielfältigen musikalischen Strömungen seiner Zeit, besonders Italiens und Frankreichs, auseinandergesetzt hat und zu einem persönlichen Stil von oft starker Expressivität gelangt ist. Das gilt vor allem für seine Toccaten, in denen er sich einerseits stark dem Vorbild Frescobaldis verpflichtet zeigt, andererseits aber durch die symmetrische Anlage der Stücke, die harmonische Gestaltung der Einleitungsteile und die enge motivische Verknüpfung figurativer und imitierender Abschnitte zu einer stärkeren formalen Abrundung tendiert. F.s Auseinandersetzung mit den französischen Clavecinisten spiegelt sich in seinen Suiten; in ihnen wie in den Toccaten und den toccatenartigen Episoden der Capricci zeigt sich am deutlichsten auch die technische Virtuosität des Komponisten. Charakteristisch ist die Herausbildung eines spezifischen Klaviersatzes mit reicher Ornamentik, die an die Agréments der Clavecinisten erinnert, und mit einer Auflockerung des akkordischen Gefüges zur „Freistimmigkeit". Bedeutsam erscheint ferner die Erweiterung der Ausdrucksmöglichkeiten nicht nur durch eine chromatisch komplizierte Harmonik, sondern auch durch rezitativische Elemente mit weitgehender rhythmischer Ungebundenheit (wie sie etwa mit der Ausführungsanweisung „avec discrétion, sans observer aucune mesure" zu dem *Tombeau ... sur la mort de Monsieur Blancheroche* gefordert wird) und die Kühnheit der Dissonanzbehandlung, besonders in den Allemanden der Suiten Nr. XII, XIV und XXX, die die Grenzen eines stilisierten Tanzsatzes sprengen. Die Bedeutung F.s für die gattungsgeschichtliche Entwicklung der Suite liegt darin, daß er ihren zyklischen Charakter betonte, wozu vor allem die Beschränkung der Satzzahl und die Bildung eines Variationsverhältnisses zwischen Allemande und Courante beitrugen.

Ausg.: GA der Orgel- u. Klv.-Werke 1–3, hrsg. v. G. ADLER (W 1897) (= DTÖ 8, 9 u. 21) (Nachdr. Gr 1959) (darin Verz. der älteren Drucke); Toccaten, Fantasien, Ricercari, Canzonen u. Capricci, hrsg. v. R. WALTER (Altötting 1968) (= Süddt. Orgelmeister des Barock 7); weitere Einzelausg., u. a.: 10 Orgelwerke, hrsg. v. M. SEIFFERT (L o. J.) (= Organum 4/11); K. MATTHAEI, Ausgew. Orgelwerke (Kas 1931, [3]1951); K. SCHUBERT, Ausgew. Klv.-Werke (Mz 1936).

Lit.: F. BEIER, Über J. J. F.s Leben u. Bedeutung für die Gesch. der Klaviersuite, in: Slg. musikal. Vorträge 59/60 (L 1884); C. KREBS, J. J. F. in Paris, in: VfMw 10 (1894); W. DANCKERT, Gesch. der Gigue (L 1924); A. PIRRO, Les clavecinistes (P 1925); K. SEIDLER, Unters. über Biogr. u. Klavierstil J. J. F.s (Diss. Königsberg 1930) (nur der biogr. Teil ist gedruckt); M. REIMANN, Unters. zur Formgesch. der frz. Klv.-Suite (Rb 1940, Nachdr. 1968); F. W. RIEDEL, Quellenkundliche Beitr. zur Gesch. der Musik für Tasteninstr. in der 2. Hälfte des 17. Jh. (Kas – Bas 1960) (= Schriften des Landesinst. für Musikforsch. Kiel 10); W. APEL, Neu aufgefundene Clavierwerke v. Scheidemann, Tunder, F., Reinken u. Buxtehude, in: AMl 34 (1962); E. BAUER, Die Klaviermusik J. J. F.s (Diss. Saarbrücken 1962); A. SOMER, The Keyboard Music of J. J. F. (1963) (=

Diss. Univ. of Michigan); G. B. SHARP, in: MT 108 (1967); J. C. ZEHNDER, in: MuG 21 (1967); G. LEONHARDT, J. J. F. and His Music, in: L'Organo 6 (1968); U. SCHARLAU, Neue Quellenfunde zur Biogr. J. J. F.s, in: Mf 22 (1969); G. BEECHEY, J. J. F. 1616–1667, in: Consort 27 (1972); D. STARKE, F.s Suitensätze (Da 1972); H. SIEDENTOPF, J. J. F., Leben u. Werk (St 1977). B. SYDOW-SAAK

FRÖHLICH, Franz Joseph, * 28. 5. 1780 Würzburg, † 5. 1. 1862 ebd.; dt. Musikpädagoge, Musikforscher und Komponist. Er studierte Jura und Philosophie an der Universität in Würzburg und trat hier als Violinist in die fürstbischöfliche Hofkapelle ein. 1801 übernahm er, noch als Student, die Leitung des Collegium Musicum der Universität, aus dem auf seinen Vorschlag hin das Akademische Musikinstitut (die erste staatliche Musikschule in Deutschland) hervorging, dessen erster Direktor er 1804 wurde. Im gleichen Jahr wurde er Privatdozent, 1811 außerordentlicher und 1821 ordentlicher Professor. Er lehrte Theorie und Geschichte der Musik, Ästhetik, Pädagogik und Didaktik. Bis 1854 war er außerdem Universitätsmusikdirektor.

WW: **1) Kompositionen** (hsl., im 2. Weltkrieg vernichtet): Kammermusik; eine Symphonie u. andere Orch.-WW; Lieder u. Chorwerke; Kirchenmusik; eine Oper *Scipio* (1818). – **2) Schriften:** *Biographie des großen Tonkünstlers Abbé Vogler* (Wü 1845); *Systematischer Unterricht zum Erlernen u. Behandeln der Singkunst überhaupt* (Wü 1822); *Systematischer Unterricht in den vorzüglichsten Orchesterinstrumenten* (ebd. 1829).

Lit.: M. MEYER-OLBERSLEBEN, J. F., in: Lebensläufe aus Franken 2 (Wü 1922); F. KÜMMEL, Die Anfänge der Musikgesch. an den deutschsprachigen Univ., in: Mf 20 (1967).

FRÖHLICH, Friedrich Theodor, * 20. 2. 1803 Brugg (Aargau), † 16. 10. 1836 Aarau; Schweizer Komponist. 1825 gab er sein Jurastudium auf, um sich ganz der Musik zu widmen und studierte 1826–30 in Berlin bei K. F. Zelter und B. Klein. 1830 wurde er Musiklehrer an der Kantonsschule und am Seminar in Aarau und gab als Chor- und Orchesterdirigent dem Musikleben der Stadt wichtige Impulse. Als Komponist ist F. einer der ersten Vertreter einer musikalischen Romantik in der Schweiz. Seine Klavierlieder nehmen in ihrer differenzierten Klanggestaltung und innigen Empfindung oft Schumannsche Wendungen vorweg. Von seinen *Liedern im Volkston* ist *Wem Gott will rechte Gunst erweisen* populär geworden.

WW: Streichquartett E-Dur (1828); Symphonie A-Dur (1830); 3 Ouvertüren; Klavierlieder (auf Texte u. a. von Wilhelm Müller, Fr. Rückert, L. Tieck u. L. Uhland), u. a.: *Persische Lieder* (B 1834); Chor-Werke, darunter: Liederslg. *Lieder im Volkston*, op. 13 (B 1834); ferner einige geistliche WW für Soli, Chor u. Orch.

Ausg.: Finale einer Klv.-Sonate, in: Schweizer Klv.-Musik aus der Zeit der Klassik u. Romantik, hrsg. v. W. FREY – W. SCHUH (Z 1937, [2]1957); *Hyperions Schicksalslied*, hrsg. v. K. M. KOMMA, in: Hölderlin-Jb. 1953 (Tü 1953).

Lit.: E. REFARDT, Th. F., ein Schweizer Musiker der Romantik (Bas 1947) (mit Werk-Verz. u. Bibliogr.); F. DÖHL, Zum Problem der Textvertonung Hölderlins „Schicksalslied" in Vertonungen v. F., Brahms u. Fortner, in: Musik im Unterricht 55 (1964).

FRÖHLICH, Johannes Frederik, * 21. 8. 1806 Kopenhagen, † 21. 5. 1860 ebd.; dänischer Komponist und Violinist dt. Herkunft. Er studierte Klavier, Flöte und Violine (bei C. N. Schall) in Kopenhagen und wurde dort 1824 Violinist, 1827 Chordirigent am Königlichen Theater. 1829–31 unternahm er eine Studienreise nach Deutschland, Paris (wo er u. a. Cherubini und Halévy kennenlernte) und Rom. Nach Dänemark zurückgekehrt, war er 1836–44 Konzert- und Kapellmeister bei den Opernaufführungen der Hofkapelle. 1836–38 war er der erste Präsident der *Musikforeningen.* Seine Kompositionen zeugen von kontrapunktischer Begabung und orientieren sich in Form und Klangsprache an Beethoven und Cherubini. In den Ballettmusiken schuf er eine eigene Verbindung von Volkslied und Leitmotivtechnik.

WW: Kammermusik; WW für ein oder mehrere Hörner, u. a.: *Marche og Jagt-stykke* für 9 Hörner (1832); Symphonie Es-Dur (R 1830); 4 V.-Konzerte (P 1829); Ballettmusik, darunter *Valdemar* (1835) u. *Erik Menveds barndom* (1843) (der 1. Akt zus. mit R. Bochsa).

FROIDEBISE, Pierre Jean Marie, *15. 5. 1914 Ohey (Namur), † 28. 10. 1962 Lüttich; belgischer Komponist und Organist. F. studierte an den Konservatorien in Namur und Brüssel und war in Paris Orgelschüler von Ch. Tournemire. Später lehrte er in Lüttich Harmonielehre am Konservatorium, war Organist der Stiftskirche St-Jacques und Kapellmeister am Grand Séminaire. F. widmete sich besonders der Aufführungspraxis älterer Orgelmusik. Als Komponist knüpfte er zunächst an Strawinsky, später an die Zwölftonmusik an.

WW: **1) Instr.-WW:** *Hommage à Chopin* (1947) für Klv. (Bru o. J.); Präludium u. Fuge (1936) für Org.; *Prélude et fughetta* (1937) für Org. oder Cemb.; Sonatine (1938) für V. u. Klv. – **2) Vokal-WW:** *3 Poèmes japonais* u. *Poème chinois* für SingSt u. Klv. (auch mit Orch.); *Ne recorderis* für SingSt u. Org.; *Amercœur* (1948), kleine Kantate für SingSt, Bläserquintett u. Klv.; *Stèle pour Sei Shonagon* (1958) für Sopran u. 19 Instr. – **3) Bühnen-WW:** Funkopern: *La bergère et le ramoneur* u. *La Lune amère* (1957). – **4) Editionen:** *Anthologie de l'orgue, des primitifs à la Renaissance,* 2 Bde. (1958–59); Org.-WW v. J. Bermudo u. T. de Santa María (P 1960–61) (= Orgue et liturgie 47, 49).

Lit.: J. VAN DE CAUTER, in: Musica sacra „sancta sancte" 63 (1962) u. in: L'orgue (1963).

FROMM, Andreas, * 1621 Plänitz bei Wusterhausen (Mark Brandenburg), † 16. 10. 1683 Prag; dt. Theologe und Komponist. F. lebte vermutlich seit 1641 in Stettin, wo er 1649–51 Kantor am Marienstiftsgymnasium und an der Marienkirche und Professor musices am Pädagogium war. 1651 immatrikulierte er sich an der Universität Rostock, wurde im Oktober desselben Jahres Lizentiat und dann Pastor und Praepositus an St. Peter in Cölln an der Spree. Dort wurde er 1654 Konsistorialrat. Das Amt wurde ihm 1666 entzogen. 1668 trat er in Prag zum katholischen Glauben über. Nach der Priesterweihe wurde er Dechant in Kamnitz, 1671 Domherr in Leitmeritz. 1681 trat er in Prag in das Prämonstratenserstift Strahov ein. F. ist fast nur durch seinen Actus musicus *Vom Reichen Manne* bekanntgeworden. Er steht in wesentlichen Merkmalen der Textgestaltung (vorwiegend wörtlicher Bibeltext) und der musikalischen Anlage (Wechsel von rezitativischen und ariosen Teilen, Choralsätze und -bearbeitungen, selbständige Instrumentalsätze) der deutschen Evangelienhistorie und dem protestantischen ↗Dialog des 17. Jh. nahe. In den frei gedichteten Chören (so z.B. in einem „Chorus profanus" *Saufflied des Reichen und seiner Gesellen*) zeigt sich auch eine Entsprechung zum lateinischen ↗Oratorium in Italien.

Ausg.: *Vom Reichen Manne und Lazaro, Actus musicus de divite et Lazaro,* hrsg. v. H. ENGEL, in: Denkmäler der Musik in Pommern 5 (Kas 1936).

Lit.: R. SCHWARTZ, Das erste dt. Oratorium, in: Jb. Peters 5 (1899); A. SCHERING, Gesch. des Oratoriums (L 1911, Nachdr. Hil – Wie 1966); H. ENGEL, Drei Werke pommerischer Komponisten (Greifswald 1931).

FROMMEL, Gerhard, * 7. 8. 1906 Karlsruhe, † 22. 6. 1984 Heidelberg; dt. Komponist. F. war Schüler von H. Grabner am Leipziger Konservatorium und von H. Pfitzner an der Preußischen Akademie der Künste in Berlin. Zunächst Kompositionslehrer an der Folkwangschule in Essen, kam er 1933 in gleicher Funktion an das Hochsche Konservatorium in Frankfurt am Main. Weitere Stationen seiner Laufbahn als Hochschullehrer waren Trossingen, Heidelberg, Stuttgart und 1960 bis 1971 wieder Frankfurt. Grundlegende Aussagen über seinen Kompositionsstil finden sich in seinen Vorträgen mit dem programmatischen Titel *Neue Klassik in der Musik* (1937).

WW: Klv.-Sonaten Nrn. 1–4 (1930, 1935, 1941, 1944) u. 7 (1967); 2 Sonaten für V. u. Klv. (1947, 1950); Suite für 8 Bläser (1944); Suite für kleines Orch. (1936); *Rhapsodische Streichermusik* (1946); Sinfonietta für Streichorch. (1946); *Konzertstück* (1940) für Klv., Klar. u. Streichorch.; 2 Symphonien (1938, 1948); Liederzyklen nach Texten v. St. George u. Ch. Baudelaire; Chorkantaten; Ballett chanté *Der Mond auf der Gardine* (1953) für Sopran, Tenor, gem. Chor u. Orch.; Ballette: *Träumen verboten* (1955) u. *Der Gott und die Bajadere* (1936). – Schriften: *Geist der Antike bei R. Wagner* (B 1933); *Neue Klassik in der Musik* (Da 1937); *Tonalitätsprobleme der Neuen Musik vom Standpunkt des Komponisten,* in: Kgr.-Ber. Kassel 1962 (Kas 1963); *H. Pfitzner,* in: Mitteilungen der H. Pfitzner-Ges. (1970) H. 26.

Lit.: W. OSTHOFF, G. F.s George-Baudelaire-Gesänge u. das neuere Lied, in: Castrum peregrini 75 (1966).

FROSCH (engl.: frog; frz.: talon; it.: tallone), Griffvorrichtung des Streichbogens (↗Bogen), an dem der Haarbezug befestigt ist. Die Entwicklung des F.es, insbesondere im Hinblick auf einen spannungsregulierenden Mechanismus, führte über eine Vielfalt von Formen schließlich im 18. Jh. zu dem heute noch üblichen F. mit Gewinde und Stellschraube. – Verschiedentlich findet sich in Kompositionen seit dem 19. Jh. die Spielanweisung „am Frosch" (frz.: au talon), die einen kräftig angerissenen Strich fordert.

FROSCH (Froschius, latinisiert Rana), **Johannes,** * um 1480 Bamberg, † 1533 Nürnberg; dt. Theologe und Komponist. F. trat in Bamberg in den Karmeliterorden ein, studierte seit 1504 in Erfurt, wurde dort Magister, in Toulouse Baccalaureus und 1516 Licentiat in Wittenberg. 1517 wurde er Prior des Karmeliterklosters St. Anna in Augsburg, schloß sich aber 1518 in Wittenberg Luther an und wurde dort im selben Jahr zum Dr. theol. promoviert. Seit 1522 war er Prediger und Führer der Reformation in Augsburg, ging 1531 nach Nürnberg und wurde 1533 Pastor an der Sebalduskirche. Von F. sind 2 Evangelienmotetten zu 4 und 6 St., ein 4st. lateinischer Psalm, ein weltlicher lateinischer Satz zu 6 St., ein Kanon und andere 4st. deutsche Lieder erhalten. Er schrieb ferner den Traktat *Rerum musicarum opusculum rarum ac insigne* (Str 1535).

Ausg.: *Rerum musicarum opusculum,* Faks.-Ausg. (NY 1967) (= MMMLF II/39).

Lit.: M. SIMON, J. F., in: Lebensbilder aus dem bayerischen Schwaben 2 (1953); P. MOHR, Die Hs. B 211–215 der Proske-Bibl. zu Regensburg (Kas – Bas 1955) (= Schriften des Landesinst. für Musikforsch. Kiel 7); A. LAYER, Augsburger Musikkultur der Renaissance, in: Musik in der Reichsstadt Augsburg, hrsg. v. L. Wegele (Au 1965).

FROTSCHER, Gotthold, * 6. 12. 1897 Ossa bei Geithain (Sachsen), † 30. 9. 1967 Berlin; dt. Musikforscher. Er studierte seit 1916 in Leipzig und Bonn Musikwissenschaft (bei H. Abert, A. Schering und H. Riemann), Germanistik und Philosophie (bei E. Spranger und W. Wundt) und promovierte 1922 in Leipzig mit der Dissertation *Die Ästhetik des Berliner Liedes im 18. Jahrhundert* (Teilabdruck in: ZfMw 6, 1923/24). 1924 habilitierte er sich an der TH in Danzig mit der (ungedruckten) Arbeit *Hauptprobleme der Musikästhetik im 18. Jahrhundert,* lehrte dort anschließend am Konservatorium (seit 1930 als Professor) und am Musiklehrerseminar und war auch als Staatlicher Orgelsachverständiger tätig. 1936–45 lehrte er an der Universität (seit 1943 als Leiter des Musikhistorischen Seminars), an der Hochschule für Musikerziehung und an der Musikhochschule in Berlin, außerdem an der Musikhochschule in Weimar. 1930–33 und seit 1946 arbeitete F. auch für den Rundfunk. Seit 1950 hatte er einen Lehrauftrag an der Pädagogischen Hochschule Berlin.

WW: **1) Schriften:** *Die Orgel* (L 1927); *Gesch. des Orgelspiels u. der Orgelkomposition*, 2 Bde. (B 1935 bzw. 1936, [2]1959, [3]1966) (mit zusätzlichem Bsp.-Bd.); *Kult-, Kirchen- u. Konzert-Orgel*, in: Ber. über die 3. Tagung für dt. Orgelkunst (Kas 1928); *Schleiermachers Musikästhetik*, in: ZfMw 11 (1928/29); *Zur Problematik der Bach-Orgel*, in: Bach-Jb. 31 (1935); *Ein Danziger Musikantenspiegel*, in: FS A. Schering (B 1937); *Die Volksinstrumente auf Bildwerken des 16. und 17. Jh.s*, in: Musik u. Bild. FS M. Seiffert (Kas 1938); *Die Wechselbeziehungen zwischen Orgelmusik u. Orgelbau*, in: Ber. über die 2. Freiburger Tagung für dt. Orgelkunst (Kas 1939); *Deutsche Orgeldispositionen aus fünf Jhh.* (Wb 1939); *Goethe u. das deutsche Lied* (Wädenswil 1941); *Das sentimentale Lied*, in: Dt. Volkskunde 5 (B 1943); *G. Frescobaldi*, in: Dt. Musikkultur 8 (1943/44); *Aufführungspraxis alter Musik* (Wilhelmshaven 1963, NA ebd. 1971) (= Taschenbücher z. Musikwiss. 6); *Orgeln*, hrsg. v. K. Breh (Karlsruhe 1968) (= Orphica critica 2); *Der „Klassiker" Cabanilles*, in: Anuario mus. 17 (1962). – **2) Editionen:** *Orgelchoräle um J. S. Bach* (Brau 1937) (= EDM 9); Instr.-Kompos. v. D. M. Gronau, G. Ph. Telemann, G. H. Stölzel, J. A. Hasse, G. F. Händel, J. S. Bach, G. S. Löhlein u. D. G. Türk. – **3) Übersetzungen:** R. Rolland, *Gesammelte Aufsätze zur Geschichte der Musik* (Pd 1950); F. Florand, *J. S. Bach. Das Orgelwerk* (Lindau 1950).

FROTTOLA (it.; von mittellat. frocta = Auswahl und Anhäufung verschiedener Dinge), literarische und musikalische Gattung, die in der 2. Hälfte des 15. und in der 1. Hälfte des 16. Jh. in Italien gepflegt wurde. Sie umfaßt die F. im engeren Sinne, die auch *Barzelletta* genannt wird, und eine Reihe anderer Formen, die sich bei unterschiedlicher literarischer Struktur in der musikalischen Faktur weitgehend entsprechen. Die F. im engeren Sinn ist eine verkleinerte ↗Ballata mit vierzeiligem Refrain („ripresa") und einer bzw. mehreren Strophen mit sechs oder acht Zeilen, die in „mutazione" (= Stollen) und „volta" (= Abgesang) aufgeteilt sind. Der Refrain wird regelmäßig nach jeder Strophe ganz oder in Hälften geteilt wiederholt. Das vorherrschende Reimschema ist xyyx (oder xyxy) ab.ab.bccx (oder byyx oder bx) + xyyx (xyxy). Die Zeilen bestehen meist aus acht Silben. Daneben gibt es auch einen F.-Typ, der aus Strophen mit vier Zeilen zu je sieben Silben gebaut ist. Vertont wurden entweder nur der Refrain, wobei der Strophentext der Refrainkomposition unterlegt wurde, oder Refrain und Strophen unabhängig voneinander. Andere literarische Formen der F. sind der ↗*Strambotto* und die *Oda*. Diese hat eine strophische Anlage mit mehreren Vierzeilern. Die ersten drei Zeilen bestehen aus je sieben Silben, die letzte aus einer variablen Anzahl von Silben; dabei reimen sich jeweils die beiden mittleren Zeilen jeder Strophe und die letzte Zeile mit der ersten der nächsten Strophe (abbc cdde ...). Auch hier wurde meist nur der Text der ersten Strophe vertont und allen übrigen Strophen entsprechend unterlegt. Weitere literarische, z. T. komplexere Formen sind z. B. der *Capitolo*, der aus einer Reihe dreizeiliger Strophen mit elf Silben je Zeile besteht (Reimschema aba/bcb/cdc...), das ↗Sonett – das vierzehn Elfsilbler aufweist, in Gruppen von 2 × 4 und 2 × 3 Zeilen zusammengefaßt – und schließlich die ↗Kanzone, die aufgrund ihrer großen Anlage und der Verschiedenartigkeit ihrer metrischen Schemata eine Lockerung der starren und stereotypen Konstruktion, die sonst für die F. typisch ist erkennen läßt. Diese bereits in Sammlungen des 16. Jh. enthaltene neue Form fällt mit einem entscheidenden Stilwandel der F. zusammen, der schließlich durch weitere Änderungen literarischer und musikalischer Art zum ↗Madrigal führte. Daneben finden sich in den späten Sammlungen weitere Formen der F. wie ↗*Villota* und ↗*Villanella*, aber auch Vertonungen auf lateinische Verse der klassischen Antike (Vergil, Horaz, Ovid) oder der Humanisten. Inhaltlich kreisen die meisten Texte um die Liebe; sie behandeln aber auch moralisierende Stoffe oder haben allgemein bekannte Redensarten zum Gegenstand.

Die Vertonungen folgen streng den Versmetren, nur in Ausnahmefällen deuten sie bestimmte Textpartien aus. Im allgemeinen sind sie völlig vom Inhalt losgelöst, so daß melodische Schemata auf verschiedene Gedichte angewendet werden konnten, wie aus den Hinweisen „aer de capituli" oder „modo de dir sonetti" (Art und Weise Sonette vorzutragen) am Beginn verschiedener Kompositionen zu schließen ist. Die typische F. weist einen vierstimmigen, vollständig homophonen, d. h. blockhaft klanglichen Satz auf. Die Melodie liegt in der Oberstimme; der Baß ist die klanglich stützende Stimme, die Mittelstimmen haben klangfüllende Funktion. In einem weiter entwickelten Stadium weisen auch sie profiliertere melodische Linienführung auf, ohne jedoch das Fortschreiten des Satzes in Klängen zu ändern. Die strukturelle Übereinstimmung mit dem Text und die deutliche Gliederung des Satzes durch Kadenzen führen zu einer Ausgewogenheit und genauen symmetrischen Abgrenzung aller musikalischen Phrasen. Der Text wird in der Melodiestimme im wesentlichen syllabisch und in mehr oder weniger stereotypen Wendungen deklamiert. Diese satztechnischen Charakteristika legen eine Aufführung durch eine Singstimme mit instrumentaler Begleitung nahe. Vor allem Zeugnisse aus bildender Kunst und Literatur (Baldassare Castiglione, *Cortegiano*, Buch II, 14), aber auch Übertragungen der F. in einen Satz

für Sologesang und Laute belegen diese Annahme. Die F. hat ihre Wurzeln in Improvisationspraktiken des 15. Jh., die nach dem Verfall der Musik des Trecento in Italien besondere Bedeutung gewannen. In der 2. Hälfte des 15. Jh. begannen vor allem die Humanisten sich für diese volkstümliche Musik zu interessieren und führten sie an einigen der glänzendsten Fürstenhöfen Italiens wie Mailand, Ferrara, Urbino und besonders Mantua unter dem Patronat der Isabella d'Este ein. Zu den namentlich – z. T. aus Sammeldrucken von O. Petrucci und A. de Antiquis – bekannten Komponisten gehören u. a. B. Tromboncino, M. Cara, M. Pesenti, Francesco d'Ana, Giovanni Lullino, Nicolo Pifaro, Giovanni Battista Zesso und G. Fogliano. Als bekanntester Dichter gilt Serafino Aquilano, daneben sind u. a. Antonio Tebaldeo, Panfilo Sasso, Vincenzo Calmeta, Olimpo da Sassoferrato und einige Aristokraten wie Galeotto Del Carreto, Gaspare Visconti und Veronica Gambara zu nennen.
In der Musik der italienischen Renaissance spielte die F. eine herausragende Rolle. In der F. haben sowohl volkstümliche musikalische Praxis als auch neu geschaffene Formen entscheidend zur Ausbildung eines eigenständigen italienischen Stils beigetragen, der gleichberechtigt neben dem der Franko-flämischen Schule steht. Gerade die musikalischen Neuerungen, die unter der Gattung F. zusammengefaßt werden, schufen wichtige Voraussetzungen für typisch musikalische Erscheinungen des 16. und 17. Jh. wie Madrigal und Monodie.

Ausg.: O. Petrucci, Frottole, Buch I u. IV, hrsg. v. R. SCHWARTZ (L 1935) (= PäM 8); A. Antico, Canzoni, Sonetti, Strambotti et Frottole, Libro 3° (= RISM 1513[1]), hrsg. v. A. EINSTEIN (Northampton/Mass. 1941) (= Smith College Music Archives 4); Le frottole nell'edizione principe di O. Petrucci. Tomo I, Libro I–III, hrsg. v. G. CESARI – R. MONTEROSSO (Cremona 1954) (= Instituta et Monumenta 1); R. GIAZOTTO, Onde musicali nella corrente poetica di Serafino dell'Aquila, in: Musurgia nova (Mi 1959) (mit Ausg. des Ms. 55 der Bibl. Trivulziana, Mailand); Le frottole per canto e liuto intabulate da F. Bossinensis, hrsg. v. B. DISERTORI (Mi 1964) (= Istituzioni e Monumenti dell'arte musicale italiana 2/3); weitere NA s. u. Lit. (Rubsamen, Gallico, Einstein).

Lit.: W. H. RUBSAMEN, Literary Sources of Secular Music in Italy ca. 1500 (Berkeley 1943, Nachdr. NY 1972); H. ROSENBERG, F. u. dt. Lied um 1500. Ein Stilvergleich, in: AMl 18–19 (1946–47); A. EINSTEIN, The Italian Madrigal, 3 Bde. (Princeton/N.J. 1949, Nachdr. 1970, dt. Z 1952); N. BRIDGMAN, La f. et la transition de la f. au madrigal, in: Musique et poésie au XVIe siècle (P 1954); B. DISERTORI, La f. nella storia della musica, in: Le frottole nell'edizione principe di O. Petrucci (s. o. Ausg.); C. GALLICO, Un canzoniere musicale italiano del Cinquecento (Fi 1961); DERS., Un libro di poesie per musica dell'epoca d'Isabella d'Este (Mantua 1961); W. H. RUBSAMEN, From F. to Madrigal. The Changing Pattern of Secular Italian Vocal Music, in: Chanson and Madrigal, hrsg. v. J. Haar (C/M 1964); C. GALLICO, Frottola, in: La musica, Enciclopedia storica (Tn 1966); K. JEPPESEN, La f., 3 Bde. (Kop 1968–70) (= Acta Jutlandica 40/2, 41/1 u. 42/1); TH. F. JOHNSTON, From F. and Chanson to Early Madrigal. A Venetian metamorphosis (1968) (= Diss. California State Univ. at Hayward); L. PANNELLA, Le composizioni profane di una raccolta fiorentina del cinquecento, in: RIMus 3 (1968); W. OSTHOFF, Theatergesang u. darstellende Musik in der italienischen Renaissance, 2 Bde. (Tutzing 1969); N. PIRROTTA, Li due Orfei. Studi sul teatro e la musica del Rinascimento (Tn 1969); M. STAEHELIN, Eine Florentiner Musik-Hs. aus der Zeit um 1500. Quellenkundliche Bemerkungen zur F.-Slg. Ms. Egerton 3051 des British Museum, in: Schweizer Beitr. zur Musikwiss. 1 (1972); F. LUISI, Il secondo libro di f. di A. Antico. Considerazioni critiche e bibliografiche, in: NRMI 8 (1974); W. PRIZER, M. Cara and the North Italian F. (1974) (= Diss. Univ. of North Carolina); DERS., Performance Practices in the F., in: Early Music 3 (1975); C. GALLICO, Josquin's Compositions on Italian Texts and the F., in: Josquin des Prez, hrsg. v. E. E. Lowinsky (Lo 1976); F. LUISI, Le frottole per canto e liuto di B. Tromboncino e M. Cara nella edizione adespota di A. Antico, in: NRMI 10 (1976).

R. DI BENEDETTO

FRÜHBECK DE BURGOS (eig. Frühbeck), **Rafael,** * 15. 9. 1933 Burgos; span. Dirigent. Er studierte an den Konservatorien in Bilbao und Madrid und an der Musikhochschule in München. Seit 1951 war er Kapellmeister in Madrid und beim spanischen Militär, seit 1958 Chefdirigent des Symphonieorchesters in Bilbao, seit 1962 des Spanischen Nationalorchesters Madrid und 1966–70 GMD in Düsseldorf. Große Erfolge hatte er seitdem als Gastdirigent in Europa und in Übersee.

FRÜHCHRISTLICHE MUSIK, frühchristlicher Gesang. Unser Wissen über den Gesang des frühchristlichen Gottesdienstes, in dem der Gebrauch von Musikinstrumenten – im Gegensatz zum jüdischen Kult – grundsätzlich abgelehnt wurde, beruht auf literarischen Quellen, insbesondere auf gelegentlichen Bemerkungen der Kirchenväter. Versuche, durch den Vergleich Gregorianischer Gesänge mit Gesängen aus anderen Riten und aus der jüdischen Überlieferung, bestimmte Melodien als frühchristlich zu verifizieren oder eine einzige Tradition liturgischen Gesangs nachzuweisen, die von der Urgemeinde in Jerusalem oder gar vom jüdischen Tempel ausging und in den ↗Gregorianischen Gesang mündete, halten kritischer Betrachtung nicht stand. Einzelne Hymnen, die in den Gregorianischen Gesang eingegangen sind, werden zwar bestimmten Autoren aus frühchristlicher Zeit (z. B. dem hl. Ambrosius) zugeschrieben; die Überlieferung der Hymnenmelodien (↗Hymnar) setzt jedoch erst im 11. Jh. ein.
Musik ist von Anfang an Bestandteil des christlichen Gottesdienstes gewesen. Die bei Paulus (Kol. 3, 16; vgl. Eph. 5, 19) genannten „geistlichen Lieder" sind wohl als charismatische Gesänge zu verstehen. Einige frühchristliche Hymnentexte der ältesten Zeit sind im Neuen Testament und in den

neutestamentlichen Apokryphen erhalten (z. B. Eph. 1,3–10; Phil. 2,5–11; Kol. 1,12–20). Aus der folgenden Zeit konnten sich das Gloria in excelsis Deo und das Te Deum laudamus über alle Verbote nichtbiblischer Gesänge hinaus behaupten. Zu einer Hochblüte der christlichen Hymnodie kam es seit dem 4. Jh. in Syrien: von ihr geht die metrische Hymnendichtung des Christentums aus. Johannes Chrysostomos führte sie in Byzanz (↗Byzantinischer Gesang) ein und machte sie zur Grundlage seiner Liturgie; Hilarius von Poitiers griff sie in Gallien (↗Gallikanischer Gesang), Ambrosius in Mailand (↗Ambrosianischer Gesang) auf. Im Westen wurde der strophische Hymnus in metrischen Kurzversen zur liturgischen Gattung.

Unumstrittene Grundlage des christlichen Gesangs waren die Psalmen des Alten Testaments. Bestimmte Psalmen und Psalmverse konnte die Gemeinde auswendig singen. Auf den jüdischen Kult geht möglicherweise der Brauch zurück, daß im Anschluß an die Lesung ein Psalm vorgetragen wird und die Gemeinde mit einem Kehrvers antwortet (Psalmus responsorius; ↗Graduale; ↗responsorialer Gesang). Der Vorsänger wird als Psalmist, Kantor – der nach dem Konzil von Laodikeia im 4. Jh. ordnungsgemäß bestallt sein mußte – oder als Lektor bezeichnet, wobei die Bezeichnung Lektor offenbar weniger etwas über die Vortragsweise aussagt als über den Gesang als Vortrag des Gotteswortes. Auch der Diakon trat als Vorsänger auf. In den ostkirchlichen Riten wird das Vorsängeramt bis heute vom Diakon ausgeübt; im Westen hat Papst Gregor d. Gr. 595 den Diakonen (damit sie nicht ihrer schönen Stimme wegen gewählt würden) die Ausübung des Kantorendienstes verboten. In den frühchristlichen Klostergemeinschaften traten im Offizium die Mönche nacheinander zum Psalmvortrag vor.

In der syrischen Hymnendichtung des 4. Jh. finden sich verschiedene Formen, die zum Einschub in die Psalmen bestimmt waren. Zugleich taucht eine neue Vortragsweise der Psalmen auf: Die Psalmverse werden von einem Chor vorgesungen, ein anderer antwortet mit einem Refrain. Die ältesten Zeugnisse für den ↗antiphonalen Gesang stehen im Zusammenhang mit Berichten über Straßendemonstrationen der Arianer, die den Orthodoxen gegenübertraten. Dabei wurden Psalmen und Refrains gesungen.

Die antiphonale Vortragsweise hat Ambrosius in Mailand eingeführt, als er mit seiner Gemeinde die Basilica Portiana besetzte, um ihre Übergabe an die Arianer zu verhindern. In anderem Zusammenhang erfahren wir, daß die Vorsängerchöre von Fall zu Fall aus Knaben, Mädchen, Klerikern oder Lektoren gebildet wurden. An bedeutenden Kirchen sorgten Mönchsgemeinschaften für die gesangliche Ausgestaltung der Liturgie. Dies führte zur Herausbildung liturgischer und kirchenmusikalischer Zentren. Mit dem Rückgang der patristischen Literatur im 5. Jh. gehen auch die Nachrichten über den Gesang zurück. In der Regel des hl. Benedikt (1. Hälfte des 6. Jh.) rückte an die Stelle des „Psalmus responsorius“ nach den Lesungen das „Responsorium“, das mit der Überlieferung der Gesangstexte im „Responsorium (prolixum)“ des Offiziums und im „Responsorium (graduale)“ der Messe als Chorgesang mit Solovers eingeht. Diese Textkürzung ist wohl das Ergebnis musikalischer Entfaltung. Die Stelle der alten monastischen Solopsalmodie nimmt bei Benedikt entweder der Psalmenvortrag im Wechselchor mit Antiphon oder chorischer Psalmengesang ohne Antiphon („in directum“) ein: Die Prozessionsgesangsweise ist für die meditative Offiziumspsalmodie adaptiert und abgewandelt, aus dem Refrain ist ein Leitvers geworden, der die alttestamentlichen Psalmen dem christlichen Kirchenjahr anpaßt und die Psalmodie thematisch bestimmt. Als Prozessionsgesang findet sich die Psalmodie mit Antiphon in Liturgieordnungen des 7. Jh. in Gestalt des ↗Introitus und der ↗Communio der Messe wieder.

Lit.: H. ABERT, Die Musikanschauung des MA u. ihre Grundlagen (Hl 1905, Nachdr. Tutzing 1964); F. LEITNER, Der gottesdienstliche Volksgesang im jüdischen u. christlichen Altertum (Fr 1906); A. BAUMSTARK, Psalmenvortrag u. Kirchendichtung des Orients, in: Gottesminne 7 (Hamm 1912/13); F. J. DÖLGER, Sol salutis. Gebet u. Gesang im christlichen Altertum (Mr [2]1925); J. QUASTEN, Musik u. Gesang in den Kulten der heidnischen Antike u. christlichen Frühzeit (Mr 1929); H. HUCKE, Die Entwicklung des frühchristlichen Kultgesangs zum Gregor. Gesang, in: Römische Quartalschrift 48 (1953); H. LEEB, Die Psalmodie bei Ambrosius, in: Wiener Beitr. zur Theologie 18 (W 1967); DERS., Die Gesänge im Gemeindegottesdienst v. Jerusalem im 5. bis 8. Jh., in: ebd. 28 (1970) H. HUCKE

FRÜHLINGSOPFER, DAS *(Le Sacre du Printemps)*, Szenen aus dem heidnischen Rußland von Nicolas Roerich und Igor Strawinsky (1882–1971). UA: 29. 5. 1913 in Paris (Théâtre des Champs-Elysées), dt. EA: 4. 5. 1930 in Köln, Choreographie von Laslar Galpern.

Strawinsky komponierte das Ballett als Auftragswerk für die Ballets Russes von S. Diaghilew. Die Musik unterstreicht den atavistischen Charakter der Handlung, die im Opfertod eines jungen Mädchens gipfelt: Die tänzerisch stilisierte Darstellung eines heidnischen Frühlingsrituals wird von einer rhythmisch streng strukturierten, von Dissonanzballungen beherrschten Musik begleitet. Die einzelnen Sätze der Partitur, die in zwei große Abschnitte gegliedert ist, sind mit erklärenden

Überschriften versehen: I: Introduction (Lento), Vorboten des Frühlings/Tanz der Jünglinge, Das Spiel von der Entführung, Frühlingsreigen, Kampfspiel der feindlichen Stämme, Auftritt des Weisen, Anbetung der Erde/Tanz der Erde; II: Introduction (Largo), Geheimnisvoller Kreis der Mädchen, Verherrlichung der Auserwählten, Anrufung der Ahnen, Ritus der Ahnen, Opfertanz der Auserwählten. V. Nischinskis völlig unzureichende Choreographie bedingte ebenso wie die „unerhörte Musik" den katastrophalen Mißerfolg des Balletts. Die UA löste einen Theaterskandal aus. Kritiker bezeichneten das Werk als „Barbarei". Auch viele der nachfolgenden choreographischen Neugestaltungen konnten nur zum Teil überzeugen; wohlwollende Beachtung fanden Interpretationen u.a. von L. Massine (1920), M. Wigman (1957), M. Béjart (1959) und K. MacMillan (1962). In neuer Zeit erlangt die Komposition allmählich Anerkennung und wird auch konzertant aufgeführt.

G. LUDIN

FRUMERIE, Per Gunnar Fredrik de, * 20. 7. 1908 Nacka bei Stockholm; schwedischer Pianist und Komponist. 1923–28 studierte er Klavier am Konservatorium in Stockholm, anschließend in Wien bei E. Sauer und in Paris bei A. Cortot. 1945 wurde er Klavierlehrer an der Musikhochschule in Stockholm. Seine Kompositionen, in denen sich Formstrenge und romantisches Empfinden verbinden, wurden zunächst besonders durch Cl. Debussy und die Groupe des Six beeinflußt, seine Klavierwerke vor allem durch J. Brahms. Am bedeutendsten sind seine Kammermusik und seine Lieder, in denen er die Tradition der schwedischen Musik weiterführte.

WW: **1) Instr.-WW:** zahlr. Klv.-WW; 2 Violonsonaten (1934), 1944); Cellosonaten: Variationen (1931); *Elegisk svit* (1946); Suite (1933) für Fl. u. Klv.; 2 Klv.-Trios (1931, 1952); Streichquartett Nr. 3 (1942, revidiert 1948); 2 Klv.-Quartette (1941, 1963); 24 Stücke *Circulus quintus* (1965) für Klv. – Für Orch.: Suite für Kammerorch. (1930) u. Pastoralsuite (1933) für Fl., Str. u. Harfe; Partita (1937) für Streichorch.; Symphonische Variationen (1941); Divertimento (1951); Konzerte für: Klv., V., Harfe, Trp., Fl. (1969). – **2) Vokal-WW:** Zahlr. Lieder, u. a.: *Persiska sånger* (1936); *Tre sånger till text av Pär Lagerkvist* (1945); *Evighetslandet* (1946); *Tre sånger för alt* (1947); *Fyra sånger* (1961); *En stad i staden* (1962); weiterhin andere Lieder auf Texte v. Lagerkvist; *4 Kinesiska sånger* (1968); Kantate für Chor mit Orch. (1960). – **3) Bühnen-WW:** Oper *Singoalla* (1938–40), UA: Stockholm 1940; Ballett *Johannesnatten* (1947), UA: ebd. 1948.

FRYE, Walter, † vor dem 5. 6. 1475; engl. Komponist. F. ist 1457 als Mitglied der Musikerzunft in London nachweisbar und möglicherweise mit „Walter the Cantor" identisch, der 1443–53 an der Kathedrale von Ely tätig war. Möglicherweise stand er mit dem burgundischen Hof in Verbindung. Die Brüsseler Hs. 5557 ist die einzige Quelle seiner 3 erhaltenen Messen. Sie stehen A. Busnois und J. Obrecht nahe und zeigen, besonders im 4st. Satz, den Entwicklungsstand der englischen Musik nach J. Dunstable. Die Überlieferung dieser Werke ist bezeichnend für die Verbreitung des englischen Stils auf dem Kontinent.

WW: 3 Meßzyklen, davon 2 für 3 St. u. 1 für 4 St.; 6 Motetten über liturg. Texte, 5 für 3 St. u. 1 für 4 St.; ferner 4 Chansons.

Ausg.: Collected Works, hrsg. v. S. W. KENNEY (1960) (= CMM 19).

Lit.: M. F. BUKOFZER, An Unknown Chansonnier of the 15th Century, in: MQ 28 (1942); G. REESE, Music in the Renaissance (NY 1954, [2]1959); S. W. KENNEY, Contrafacta in the Works of F., in: JAMS 8 (1955); F. L. HARRISON, Music in Medieval Britain (Lo 1958, NY 1959); S. W. KENNEY, Ely Cathedral and the „Contenance Angloise", in: Musik u. Gesch. FS L. Schrade (Kö 1963); DIES., W. F. and the „Contenance Angloise" (New Haven/Conn. – Lo 1964) (= Yale Studies in the History of Music 3); P. E. CARAPEZZA, Regina angelorum in musica picta. W. F. e il „Maître au feuillage brodé", in: RIMus 10 (1975).

FRYKLUND, Lars Axel Daniel, * 4. 5. 1879 Västerås, † 25. 8. 1965 Hälsingborg; schwedischer Musikforscher. F. studierte Romanistik in Uppsala, war seit 1910 Lehrer in Sundsvall und 1921–44 in Hälsingborg. Als Musikforscher widmete er sich besonders der Instrumentenkunde. Seine Privatsammlung, die „Collection F.", umfaßte etwa 800 Instrumente und 10 000 Autographen.

Schriften: *Vergleichende Stud. über dt. Ausdrücke mit der Bedeutung Musikinstr.* (Uppsala 1910); *Afrikanska musikinstrument*... (Sundsvall 1915); *Etymologische Stud. über Geige, Gigue, Jig,* in: Studier i modern Språkvetenskap 6 (1917); *Stud. über die Pochette* (Sundsvall 1917); *Blåsinstrument av glas* (Hälsingborg 1934); *Spikharmonikan,* in: Slöjd och ton 5 (1934); Studier över galoubetu (Hälsingborg 1939); *Une Lyreguitare d'Ory* (ebd. 1957); ferner zahlr. Art. in STMf.

FUCHS, Aloys, * 22. 6. 1799 Raase (Österreichisch-Schlesien), † 20. 3. 1853 Wien; östr. Musikliebhaber und Musikaliensammler. Nach dem Studium der Rechte und der Philosophie an der Universität Wien wurde er Konzeptadjunkt im Hofkriegsrat. Seit 1836 war er auch Sänger (Bassist) der Hofkapelle. F. brachte seit seiner Studentenzeit eine Musikbibliothek zusammen, die eine der bedeutendsten zeitgenössischen Privatsammsammlungen war. Sie umfaßte u.a. etwa 1400 Autographen (meist vollständiger Werke), vor allem der Wiener Klassiker. Der größte Teil der Bibliothek wurde von der Königlichen Bibliothek (heute Staatsbibliothek) Berlin, ein geringerer von der Stiftsbibliothek Göttweig erworben. F. erstellte auch Werkverzeichnisse zu Gluck und Haydn.

Lit.: Thematisches Verz. der sämtlichen Compositionen v. J. Haydn, Faks. des Ms. 1839, hrsg. v. R. SCHAAL (Wilhelmshaven 1968) (= Quellen-Kat. zur Musikgesch. 2); Die Tonkünstler-Porträts der Wiener Musik-Slg. v. A. F., hrsg. v. DEMS. (1970) (= ebd. 3). – F. W. RIEDEL, A. F. als Sammler Bachscher Werke, in: Bach-Jb. 42 (1960); DERS., Die Bibl. des A. F., in: H. Albrecht in memoriam (Kas 1962); R. SCHAAL, Quellen u. Forsch. zur Wiener Musik-Slg. v. A. F., in: Veröff. der Kommission für Musikforsch. 5 (W 1966) (= Sitzungsber. der phil.-hist. Klasse Wien 251); DERS., Die Autographen der Wiener Musik-Slg. v. A. F., in: Haydn-Jb. 6 (1969); DERS., Hss.-Kopien aus der Wiener Musik-Slg. v. A. F., in: ebd. 7 (1970).

FUCHS, Carl Dorius Johannes, * 22. 10. 1838 Potsdam, † 27. 8. 1922 Danzig; dt. Pianist, Organist, Dirigent und Musikschriftsteller. Er studierte 1859–64 in Berlin zunächst Theologie, dann Philosophie, gleichzeitig Klavier bei H. von Bülow und danach Komposition bei C. F. Weitzmann und Fr. Kiel. Seit 1868 lehrte er an der Kullakschen Musikakademie und war seit 1869 Organist in Stralsund. 1871 promovierte er in Greifswald zum Dr. phil., lebte anschließend als Pianist und Musikschriftsteller wieder in Berlin, wirkte seit 1874 in Hirschberg (Schlesien) und seit 1879 in Danzig. Dank seiner vielfältigen Tätigkeiten und seiner weitgespannten geistigen Interessen machte er die Stadt zu einem Zentrum der deutschen Musikkultur jener Zeit. F. war befreundet mit Fr. Nietzsche, den er in musikalischen Fragen beriet, ebenso mit H. Riemann und beschäftigte sich im Anschluß an dessen Phrasierungslehre mit Fragen des musikalischen Vortrags.

Schriften: *Praeliminarien zu einer Kritik der Tonkunst* (Diss. Greifswald 1871); *Die Zukunft des musikalischen Vortrags*, 2 Bde. (Danzig 1884); *Die Freiheit des musikalischen Vortrags im Einklang mit Riemanns Phrasierungslehre* (ebd. 1885); *Praktische Anweisung zum Phrasieren* (B 1886) (mit H. Riemann).

Lit.: H. FUCHS, FS zum 100. Geburtstag von C. F. (Danzig 1938).

FUCHS, östr. Musikerfamilie. – **1) Johann Nepomuk,** * 5. 5. 1842 Frauenthal (Steiermark), † 5. 10. 1899 Vöslau (Niederösterreich); Dirigent und Komponist. Er studierte zunächst Jura, wandte sich aber bald ganz der Musik zu und war Schüler S. Sechters in Wien. 1864 wurde er Opernkapellmeister in Preßburg, wirkte dann u. a. in Köln, Hamburg und Leipzig und wurde 1880 an die Hofoper in Wien berufen, wo er großen Einfluß auf das dortige Musikleben gewann. Seit 1888 lehrte er als Professor Komposition am Konservatorium, dessen Direktor er seit 1893 war. 1894 erhielt er den Titel des Vizehofkapellmeisters. – **2) Robert,** Bruder von 1), * 15. 2. 1847 Frauenthal, † 19. 2. 1927 Wien; Komponist und Musikpädagoge. F. war Schüler des Wiener Konservatoriums, 1875–1912 dort Professor für Harmonielehre, außerdem kaiserlich-königlicher Hoforganist und Dirigent des Orchester-Vereins der Gesellschaft der Musikfreunde. Mit der Uraufführung seiner ersten Streicherserenade 1874 gelang ihm als Komponist der entscheidende Durchbruch. Seine erste Symphonie erhielt 1886 den Beethoven-Kompositionspreis der Gesellschaft der Wiener Musikfreunde. J. Brahms war sein Förderer. Jedoch erlangte er bleibende Bedeutung nicht durch seine Kompositionen, sondern als Lehrer. Zu seinen Schülern gehörten H. Wolf, G. Mahler, Fr. Schmidt, Fr. Schreker, A. von Zemlinsky, L. Fall, R. Heuberger und E. Eysler.

WW: **Zu 1):** Klv.-Stücke u. Orch.-WW; Lieder; Oper *Zingara*, UA: Brünn 1872; ferner bearb. F. Opern v. Händel, Gluck, Mozart u. Schubert. – **Zu 2):** Stücke für Klavier zu 2 u. 4 Händen; Kammermusik mit u. ohne Klv.; für Orch.: 5 Symphonien; 5 Serenaden (1874, 1876, 1878), die 4. u. 5. (W, L o. J.).

Ausg.: **Zu 2):** 12 Duette op. 60 für V. u. Va., hrsg. v. B. PÄULER (Winterthur 1978).

Lit.: A. MAYR, Erinnerungen an R. F. (Gr 1934); F. HAGENBUCHER, Die originalen Klavierwerke zu 2 u. 4 Händen v. R. F. (Diss. W 1940); W. STOCKMEIER, Vergessene Org.-Musik. Die Fantasien v. R. F., in: MS 89 (1969).

FUCHS, Marta, * 1. 1. 1898, Stuttgart, † 22. 9. 1974 ebd.; dt. Sängerin (Sopran). Nach ihrer Ausbildung in Stuttgart, München und in Mailand gab sie 1923 ihr Konzertdebüt und 1928 ihr Operndebüt als Altistin. Seit 1930 gehörte sie der Dresdner Staatsoper an, wechselte hier 1935 ins hochdramatische Sopranfach (sang erstmals als Sopran in der Uraufführung von *Die schweigsame Frau* von R. Strauss) und feierte 1936–42 an der Berliner Staatsoper und 1949–51 in Stuttgart große Erfolge. 1933–42 wirkte sie regelmäßig auch bei den Bayreuther Festspielen mit, wo sie als Isolde, Kundry und Brunhilde gefeiert wurde, und machte sich auch über Bayreuth hinaus vor allem als Wagner-Interpretin einen Namen. Nach 1945 trat sie nur noch gelegentlich auf.

FUČIK, Julius, * 18. 7. 1872 Prag, † 25. 9. 1916 Berlin; tschech. Komponist. Er war Schüler von A. Dvořák und wurde Kapellmeister in der österreichischen Armee. Von seinen zahlreichen Unterhaltungsstücken sind die Märsche *Einzug der Gladiatoren* und *Florentinermarsch* bis heute populär.

FUENLLANA, Miguel de, * um 1500 Navalcarnero bei Madrid, † um 1579 Valladolid; span. Vihuelist und Komponist. F., der blind war, stand als Musiker im Dienst der Marquise von Tarifa und 1562–69 Isabellas von Valois, der Gattin König Philipps II., am Hof in Madrid. Er veröffentlichte ein *Libro de musica para Vihuela, intitulado Orphenica lyra* (Sevilla 1554). Diese Sammlung, eine bedeutende Quelle für die ↗Vihuela-Praxis des 16. Jh., umfaßt 189 Werke, überwiegend für 1 Singstimme (seltener 2 Stimmen) und Vihuela, für Vihuela allein und für und mit Gitarre. Die Instrumentalstücke (etwa 50 Fantasien, 8 Tientos und einige andere Stücke) stammen von F. selbst und sind über das ganze Werk verteilt. Bemerkenswert sind einige instrumentale *Glosas* und *Contrapuntos,* die eine Bearbeitung vorangehender vokaler Stücke darstellen. An Gesängen mit Singstimme enthalten die Teile I–IV 3–5st. Motetten, Ausschnitte aus Messesätzen, Magnificatverse und Falsobordoni, Teil V spanische Madrigale, Villanescas und Romanzen, Teil VI u. a. Ensaladas sowie Stücke für und mit Gitarre. Die instrumentalen Partien sind in spanischer ↗Tabulatur aufgezeichnet, die Singstimme(n) in Mensuralnotation oder mit roten Ziffern in der Tabulatur. Als Komponisten sind am häufigsten vertreten Cr. Morales, J. Vasques, Josquin des Prés, N. Gombert, Fr. Guerrero, M. Flecha und J. Arcadelt.

Ausg.: Vollständige Übertragung, in: M. de F., Orphénica Lyra, hrsg. v. CH. JACOBS (O 1978); Übertragungen einzelner Gesänge s. auch unter Lit.

Lit.: H. RIEMANN, Das Lautenwerk des M. de F., in: MfM 27 (1895); A. KOCZIRZ, Die Gitarrekompositionen in M. de F.s Orphenica lyra, in: AfMw 4 (1922) (mit Übertragung v. 10 Stükken); W. APEL, Early Spanish Music for Lute and Keyboard Instruments, in: MQ 20 (1934); J. BAL Y GAY, F. and the Transcription of Spanish Lute Music, in: AMl 11 (1939); CH. JACOBS, La Interpretación de la Música Española del Siglo XVI para Instrumentos de Teclado (Ma 1959).

FUGA (lat., = Flucht). – **1)** Das Wort F. ist seit dem 14. Jh. als satztechnischer Begriff bekannt, wobei trotz wechselnder Bedeutung im Lauf der Geschichte die Beziehung zwischen dem ursprünglichen Wortsinn und dem entsprechenden musikalischen Vorgang (eine Stimme „flieht" vor der anderen) immer erhalten blieb. Die im 14. Jh. auftretende Gleichsetzung von F. und Chasse (oder ↗Caccia) für den Jagdkanon geht wohl auf die dahinterstehende Vorstellung von jagen und fliehen zurück. Im 15. Jh. hat sich der Begriff von seiner Bildbezogenheit gelöst und wird von Komponisten und Theoretikern als rein satztechnischer Ausdruck für kanonische Stimmführung verwendet, besonders ausgeprägt in der (Titel-)Bezeichnung *Missa ad fugam* für den seit der 2. Hälfte des 15. Jh. (Josquin des Prés u. a.) bis G. P. da Palestrina gepflegten Typus der Kanonmesse. Daneben bezeichnet man vom Ende des 15. Jh. an aber auch die einfache Imitation als Fuga. G. Zarlino bemühte sich in seinen *Istitutioni harmoniche* (1558) um eine Präzisierung des mehrdeutig gewordenen Begriffs und unterschied den konsequenten Kanon als F. legata von der F. sciolta, der bloßen Anfangsimitation. Zugleich erhielt der Terminus F. noch eine weitere Bedeutung. Zarlino bezeichnete mit F. die Ausführung der Nachfolgestimme in realer, alle Intervallgrößen genau bewahrender Form (vornehmlich in den Intervallabständen der Oktave, Quinte oder Quarte), wogegen er für Nachahmungen, bei denen sich aus kleinen Intervallen große (oder umgekehrt) ergeben, den Begriff Imitatione festsetzte. Auch die Imitatione kann konsequent (legata) – also kanonisch – oder auf den Anfang beschränkt (sciolta) durchgeführt werden. Ein Beispiel aus dem Lehrwerk *El melopeo y maestro* des P. Cerone zeigt den Unterschied (die von der realen Beantwortung abweichenden Intervalle sind mit * gekennzeichnet):

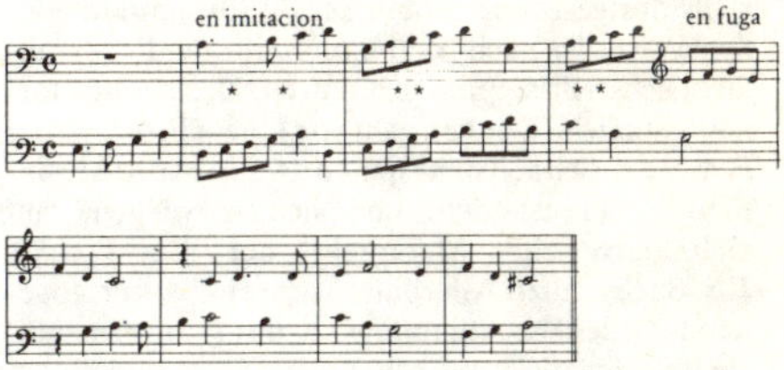

Die F. sciolta wurde das beherrschende Gestaltungsmittel des imitierenden Stils. Die Bedeutung verlagerte sich jedoch: nicht die reale Beantwortung, sondern das Imitationsintervall (vor allem Quinte und Quarte) wurde zum Träger der Bedeutung. Im Sprachgebrauch entfiel das Beiwort: unter F. verstand man nun generell einen Formabschnitt in imitierender Setzweise. Aus diesem Ansatz entwickelte sich im 16. und 17. Jh. die ↗Fuge. Für die F. legata kam die Bezeichnung ↗Kanon in allgemeinen Gebrauch. – **2)** In der Lehre von den musikalisch-rhetorischen ↗Figuren des 17. Jh. ist die F. im Sinne von kanonischer oder imitierender Stimmführung eine Metapher, die „Handlungen, die aufeinander folgen" ausdrückt. – Daneben gibt es die „F., alio nempe sensu" (in einem anderen Sinne), die das Fliehen als Bildfigur (↗Hypotyposis) durch rasche, flüchtige Tonfolgen darzustellen sucht.

Lit.: **Zu 1):** G. ZARLINO, Le Istitutioni harmoniche (V 1558, 1562, 1573), Faks. der Ausg. v. 1558 (NY 1965) (= MMMLF 2/1); H. RIEMANN, Gesch. der Musiktheorie (B ^{2}1921, Hil ^{3}1961, 2. Nachdr. 1971); J. HAAR, Zarlino's Definition of Fugue and Imitation; in: JAMS 34 (1971). – **Zu 2):** H.-H. UNGER, Die Beziehungen zw. Musik u. Rhetorik im 16.–18. Jh. (Diss. B 1941).

E. PLATEN

FUGARA (von mährisch-slowakisch fujara = Hirtenflöte), Orgelregister des ↗Streicherchors. Im böhmisch-mährischen Orgelbau des 17./18. Jh. fand die F. als eng mensurierte Flöte Verwendung. Im 19. Jh. war es als streichendes Register meist in 4′-, seltener in 8′-Lage, auch im deutschen Orgelbau üblich.

FUGATO (it.), Bz. für einen imitatorisch gearbeiteten Kompositionsabschnitt innerhalb eines kompositionstechnisch sonst anders gestalteten Satzes, z. B. in der Ouvertüre einer Suite, in der Symphonie und Sonate oder im Konzert und Streichquartett. Charakteristikum ist dabei die häufig im Sinne der Exposition einer ↗Fuge ablaufende Verarbeitung eines Themas, der jedoch keine weiteren Durchführungen folgen.

FUGE (von lat. fuga = Flucht; engl., frz.: fugue; it., span.: fuga), ein geschlossenes Musikstück mit jeweils festgesetzter Stimmenzahl in imitierender Setzweise, das nach bestimmten, für die F. charakteristischen Prinzipien gestaltet ist. Das heutige formenkundliche Denken geht von einem Prototyp der F. aus, der sich seit dem späten 18. Jh. in der Musiktheorie herausbildete und sich vorwiegend auf charakteristische Merkmale der F.n-Technik J. S. Bachs stützt. Allerdings kann eine davon abgeleitete Begriffsbestimmung in ihrer unvermeidlichen Schematisierung schon dem Formenreichtum Bachscher F.n nicht gerecht werden, noch weniger vermag sie die Vielfalt sämtlicher Erscheinungsformen der Geschichte der F. in einer erschöpfenden Definition zu erfassen. Trotzdem erscheint es sinnvoll, ein solches, wenn auch nur begrenzt verbindliches Modell zum Ausgangspunkt der Betrachtungen zu nehmen und die abweichenden Gestaltungsmöglichkeiten anschließend zu erörtern.
In diesem speziellen Sinne ist eine F. durch folgende Merkmale bestimmt: 1. Sie ist eine monothematische Komposition mit einheitlichem Satzcharakter. 2. Sie ist eine realstimmige Komposition, d. h., das Satzgefüge setzt sich – auch bei F.n für Tasteninstrumente – aus Einzelstimmen zusammen, deren Zahl im Verlauf des Satzes nicht beliebig vermehrt werden kann. 3. Das Thema wird durch alle Stimmen geführt, in der Regel in mehreren Gruppen von Einsätzen, die Durchführung genannt werden; es soll aber in seiner Grundstruktur unverändert bleiben (im Gegensatz zur ↗Durchführung in der Sonatenform, wo der Begriff Verarbeitung, Umgestaltung oder auch Auflösung thematischen Materials bedeutet). 4. Für die erste Durchführung *(Exposition)* gelten besondere Regeln: Die Eröffnung erfolgt durch sukzessive, systematische Präsentation des Themas in jeder Stimme, wodurch sich der Tonsatz vom einstimmigen Beginn bis zur (relativen) Vollstimmigkeit entfaltet. Der Gang des Themas durch das Stimmgefüge erscheint nicht nur als Nachahmung, sondern auch als Spannungsvorgang: je zwei Themeneinsätze stehen in einem Komplementärverhältnis zueinander, als Bild und Gegenbild, oder, in der Sprache der F.n-Theorie, als Grundgestalt *(Dux)* und Antwort *(Comes)*. Der Comes unterscheidet sich vom Dux durch seine Versetzung in die Oberquinte (bzw. Unterquarte). Hat die F. mehr als zwei Stimmen, so setzt die dritte wieder als Dux, eine vierte als Comes ein und so fort. Die Quintverlagerung der Antwort wird als harmonischer Kontrast erlebt, der durch den folgenden Dux wieder aufgehoben wird, sich bei dem Comes-Einsatz einer vierten Stimme aber von neuem wieder herstellt. Die durch das Pendeln zwischen den beiden harmonischen Ebenen entstehenden Spannungsschwankungen sind ein wesentliches Merkmal der Fuge. Ist der Comes eine invervallgetreue Quinttransposition des Dux, so handelt es sich um eine *reale* Antwort:

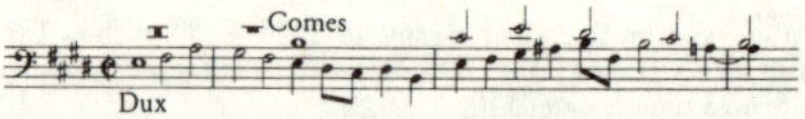

J. S. Bach, Fuge E-Dur aus dem *Wohltemperierten Clavier II*

Bei der *tonalen* Antwort erscheint der Beginn des Comes geringfügig abgewandelt, indem er sich zunächst der Tonart des Dux angleicht und erst im weiteren Verlauf in die exakte Quintbeantwortung übergeht:

J. S. Bach, Fuge dis-moll aus dem *Wohltemperierten Clavier I*

Das Problem der *Beantwortung* nimmt in der traditionellen Kontrapunktlehre einen breiten Raum ein. Ihre Grundregel: die 1. Stufe der Tonart wird durch die 5., die 5. Stufe durch die 8. beantwortet, hat ihren Ursprung in einer noch älteren Tradition der Imitationstechnik.

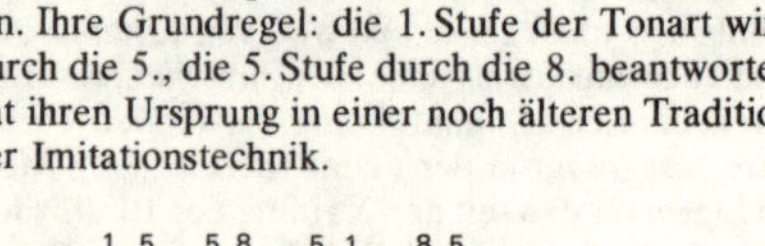

G. Palestrina, Motette *Meditabor*

Die Polarität von Dux und Comes kann sich auch in bezug auf ihre unterschiedliche harmonische Anlage äußern: einer modulierenden Grundgestalt wird eine rückmodulierende Antwort entgegengestellt:

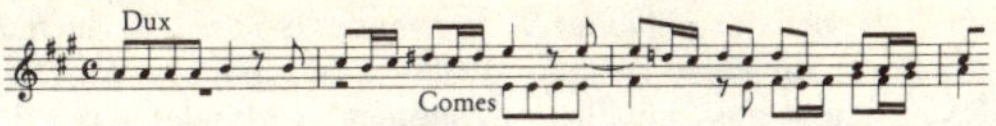

J. S. Bach, Fuge A-Dur, BWV 949

Bei dem Sonderfall der *Gegen-F.* (Fuga contraria) ist der Comes eine Intervallumkehrung des Dux:

D. Buxtehude, *Canzona* d-moll

Die Gestalt des Themas ist für die F. von besonderer Bedeutung. Die ältere Fugenlehre kennt drei Typen von Themen: 1. das ↗*Andamento,* ein mehrgliedriges, oft liedhaft oder fortspinnungsartig ausgearbeitetes Gebilde, 2. das ↗*Soggetto,* eine prägnante melodische Gestalt von mittlerer Ausdehnung und 3. das vorwiegend in fugierten Abschnitten anderer Formen (Fugato-Episoden) anzutreffende, motivartige *Attacco:*

Während die erste Durchführung der F. in bezug auf die satztechnische Gestaltung und den harmonischen Grundriß genau festgelegt ist, besteht für den weiteren Verlauf weitgehende Freiheit. Grundsatz bleibt, daß das Thema weiterhin ohne wesentliche Veränderung „durch die Stimmen geführt" wird. Gleichwohl kennt auch die F. gewisse Techniken der Abwandlung, jedoch handelt es sich dabei um Spiegelungs- oder Projektionsverfahren aus der Tradition der kontrapunktischen Handwerkslehre, bei denen das Thema in seiner Grundstruktur erhalten bleibt. Dazu zählen neben der Versetzung auf andere Tonstufen *(Transposition)* die Umkehrung der Intervallrichtung *(Inversion),* die proportionale Vergrößerung *(Augmentation)* oder Verkleinerung *(Diminution)* der Tondauerwerte und der *Krebsgang* (die rückläufige

Thementypen nach G. B. Martini:

Darstellung des Themas), der vom Ohr schwer zu erfassen ist und nur selten angewandt wird. Ein besonders spezifisches und wichtiges Gestaltungsmittel ist die *Engführung (Stretto),* eine Folge von Themeneinsätzen in verringertem Abstand; dabei wird das Thema gleichsam phasenverschoben mit sich selbst kombiniert:

J. S. Bach, Fuge g-moll aus dem *Wohltemperierten Clavier I*

Das Thema hat in der Regel keinen „förmlichen" Abschluß (J. Mattheson), es setzt sich unmittelbar fort als Gegenstimme, die den antwortenden Themeneinsatz einer anderen Stimme kontrapunktiert. In manchen F.n gewinnt diese Gegenstimme als beibehaltener oder fester Kontrapunkt (↗Kontrasubjekt) erhöhte strukturelle Bedeutung, wenn sie im weiteren Ablauf konsequent mit dem Thema zusammen auftritt.

Nach einer allgemein geltenden Regel muß die Exposition „vollständig" sein, d. h., das Thema muß in jeder Stimme einmal auftreten:

Schematische Darstellung einer Fugenexposition

S		Thema Comes (zw)	Kontrasubjekt	freie Gegenst.
A	Thema Dux	Kontrasubjekt (zw)		freie Gegenst.
T				Thema Comes
B			Thema Dux	Kontrasubjekt

Das Schema einer F.n-Exposition (nach J. S. Bach, F. g-moll aus dem *Wohltemperierten Clavier I*) zeigt zwischen dem 2. und 3. Themeneinsatz ein kurzes Binnenzwischenspiel (zw), das in Expositionen eingesetzt wird, wenn nach dem Comes eine Rückmodulation erforderlich ist.

Eine allgemeine Gliederung der Gesamtform ergibt sich häufig durch den Wechsel von themengeprägten Abschnitten (Durchführungen) mit thematisch freieren Partien (Zwischenspielen). Letztere sind meist geringstimmig und oft als Sequenzfolgen gegliedert; sie wirken leichter gegenüber den gewichtigeren Durchführungen des Themas und haben ausleitende oder vorbereitende Funktion. Steht ihre Motivik in Beziehung zum Thema, so ergeben sich Möglichkeiten für eine Verarbeitung im Sinne der klassischen Motivtechnik. Neben der gegliederten F. gibt es die kompakte Form, die keine auflokkernden Zwischenspiele kennt und ausschließlich vom Thema beherrscht wird (z.B. J.S.Bach, Fuge C-Dur aus dem *Wohltemperierten Clavier I*).

Die bisher dargestellten Merkmale der F. – sie betreffen bezeichnenderweise durchweg die Satztechnik – wurden von der F.n-Theorie des 18. Jh. als wesentlich für eine Fuga propria oder regularis (F. W. Marpurg) angesehen. Aber auch den Theoretikern war bewußt, daß die schöpferische Phantasie sich nicht auf jede Einzelheit eines Regelsystems festlegen läßt. So ließen sie alles, was nicht gerade bedenkenlos von der Norm abwich, als Lizenz im Sinne einer Fuga irregularis gelten: Unregelmäßigkeiten der Beantwortung, Abwandlungen des Themas oder Vermehrung der Stimmenzahl.

Eine Sonderstellung nehmen auch F.n mit mehreren Themen ein; sie stellen den Grundsatz der Einthemigkeit in Frage. F.n mit beibehaltenen Kontrapunkten gelten als einfache F.n, da die Kontrasubjekte in der Regel eine untergeordnete Funktion haben. Bei Doppel- oder Tripelfugen aber gewinnen die hervortretenden Nebengedanken die Bedeutung eines Themas. Ein Kriterium dafür ist die Hervorhebung solcher Nebenthemen durch eine eigene systematische Durchführung. Dennoch geht der monothematische Charakter nicht ganz verloren. Das Hauptthema steht weiter im Vordergrund und prägt die Grundstimmung der Form. Alle übrigen thematischen Bildungen sind auf das Thema hin erfunden und müssen mit ihm – in der Kombination der Themen – „vereinbar" sein.

Bei F.n mit mehreren Themen unterscheidet man einen Typus, bei dem die Soggetti zunächst gesondert exponiert und im weiteren Verlauf miteinander kombiniert werden (u.a. bei J.S.Bach, [Doppel-]F. gis-moll aus dem *Wohltemperierten Clavier II*; [Tripel-]F. Es-Dur für Orgel, BWV 552) und einen anderen, bei dem das Thema von Beginn an als Mehrfachthema auftritt und in dieser Gestalt auch durchgeführt wird (z.B. bei W.A.Mozart, [Doppel-]F. aus dem *Requiem*, vgl. folgendes Bsp.; L. Leo [Tripel-]F. *Dixit Dominus* G-Dur).

verwendet (so bei J. S. Bach, *Kunst der Fuge*, BWV 1080, Contrapunctus 5). Die *kanonische F.* (Fuga canonica) verbindet das Prinzip der Quintbeantwortung mit strenger kanonischer Führung (z.B. bei J. S. Bach, *Musicalisches Opfer*, BWV 1079, Contrapunctus 4). Bei der *Krebs-F.* (Fuga cancricans, ↗Cancricans) erfolgt entweder die jeweilige Beantwortung als rückwärts gespielte Version des Themas, oder es wird das gesamte Satzgefüge vom Mittelpunkt der Form aus rückläufig bis zum Anfang geführt (so bei P. Hindemith, *Ludus tonalis*, Fuga tertia in F). Bei der *Spiegel-F.* entsteht aus der systematischen Umkehrung der vollständigen Satzstruktur eine zweite Komposition, das genaue Spiegelbild der Urform (z.B. J.S.Bach, Die *Kunst der Fuge*, BWV 1080, Contrapunctus 12):

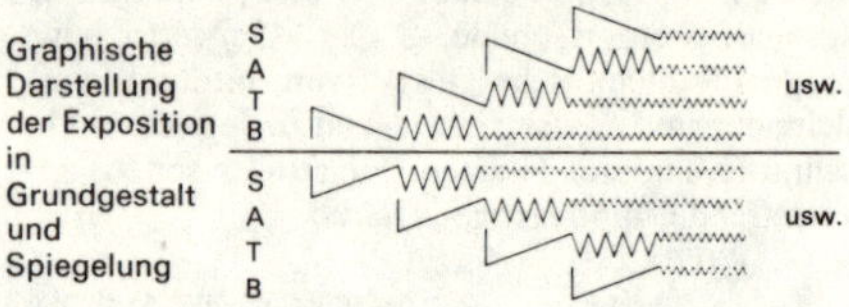

Ein völlig durchrationalisiertes Verfahren liegt der *Permutations-F.* zugrunde, die J.S.Bach in seinen Chor-F.n zu höchster Vollendung entwickelt hat. Das Thema (T) und die aus ihm herauswachsenden, konsequent beibehaltenen Kontrapunkte (K^1–K^3) bilden ein mehrstimmiges Satzmodell, das in der Exposition von der Einstimmigkeit bis zum vollen Satz systematisch aufgebaut wird und den weiteren Verlauf lediglich durch beständigen Stimmtausch (Permutation) prägt. Folgendes Schema des 1. Teils der Chor-F. aus J. S. Bachs Kantate *Herr, gehe nicht ins Gericht*, BWV 105, verdeutlicht das Verfahren.

S			T	K^1	K^2	K^3	K^3	T
A				T	K^1	K^2	T	K^1
T	T	K^1	K^2	K^3	K^3	T	K^1	K^2
B		T	K^1	K^2	T	K^1	K^2	K^3
	Exposition				Permutation			

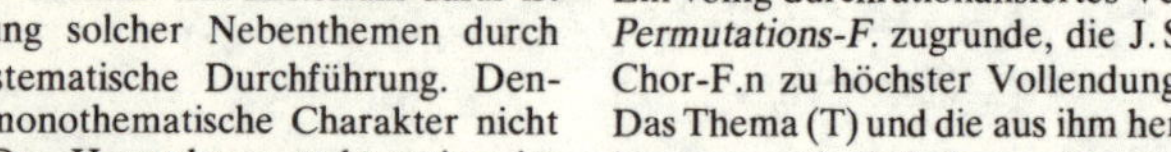

W. A. Mozart, Kyrie aus dem *Requiem*

In besonders kunstvollen F.n-Typen werden komplizierte kontrapunktische Techniken auf das Gestaltungsprinzip der F. angewandt: Die *Gegen-F.* (Fuga contraria) ist dadurch gekennzeichnet, daß sie als Comes-Version die Umkehrung des Themas

Das Prinzip ist das gleiche, das auch dem „Gesellschaftskanon" (↗Kanon) zugrunde liegt. Seine Anwendung auf die F. wird dadurch kompliziert, daß die Comes-Einsätze quintversetzt werden müssen, ein kontrapunktisches Problem, das Bach auf immer wieder neue Weise genial zu lösen verstand. Die Permutations-F. läßt sich als eine Weiterentwicklung der F. mit mehreren Kontrasubjekten verstehen und ist auch vereinzelt in Instrumentalformen der Zeit vor Bach anzutreffen (z. B. bei J. Pachelbel, Fuge D-Dur, in: DTB 4, 1).

Die F. ist keine Form, sondern ein Kompositionsprinzip. Dieses reguliert – wie beschrieben – gewisse satztechnische Verfahren, betrifft jedoch nicht das Formganze und seine Gliederung. Das Problem der F. als Form besteht darin, daß aus einer fast schematisch angelegten Formeröffnung eine individuelle, dem Thema und seinen Möglichkeiten gemäße Gesamtform zu entwickeln ist. Ein allgemein gültiges Gestaltungsprinzip dafür hat sich nie ausgebildet. Die Musiktheorie des 19. Jh. sah zwar in einseitiger Betonung der harmonischen Beziehungen in der F. eine dreiteilige Form: „grundlegender Teil in der Haupttonart, modulierender Zwischenteil, Schlußteil in der Haupttonart" (H. Riemann). Dies entspricht zwar dem harmonischen Grundriß aller F.n seit dem 18. Jh., stimmt aber keineswegs immer mit der thematischen Struktur überein. Häufig wird die individuelle Form unabhängig von der Harmonik durch planvolle Verwendung spezifisch satztechnischer Mittel gestaltet. Ein Beispiel für den systematischen Einsatz verschiedener kontrapunktischer Techniken in mehreren Durchführungen, deren Logos auch im Hörerlebnis deutlich wird, ist der Bauplan der Fuge b-moll aus dem *Wohltemperierten Clavier II* von J. S. Bach: 1. Exposition, 2. Engführung des Themas, 3. Durchführung der Umkehrung, 4. Engführung der Umkehrung, 5. Kombination des Themas und seiner Umkehrung in Engführungen.

Neben solchen absolut fugengemäßen Steigerungsformen sind aber auch ganz gegensätzliche Typen möglich, etwa symmetrische Formen, bei denen – ähnlich wie bei den zweiteiligen Suiten- oder Sonatensätzen – der zweite Teil eine geringfügig veränderte Reprise des ersten ist (z. B. bei J. S. Bach, Fuge e-moll aus dem *Wohltemperierten Clavier I*). Darüber hinaus hat die schöpferische Phantasie im Verlauf der historischen Entwicklung zahlreiche andere Gestaltungsmöglichkeiten erfunden, um einen dem Kompositionsprinzip F. adäquaten, geschlossenen Formverlauf zu schaffen.

Die Geschichte der F. beginnt gegen Ende des 16. Jh. mit der Übertragung des Kompositionsprinzips ↗Fuga auf eine selbständige Form. Ein Soggetto wurde nun nicht nur in einem Abschnitt – etwa dem Beginn einer Motette – imitierend durchgeführt, sondern in einem ganzen, in sich geschlossenen Satz. Diese von einem Thema beherrschte Form entwickelte sich bezeichnenderweise in der Instrumentalmusik, die ohne das zusammenhangstiftende Element eines Textes auf das rein musikalische Gestaltungsmittel thematischer Beziehungen verwiesen war. In den frühen Formen (unter der Bezeichnung ↗Ricercar, ↗Kanzone, ↗Fantasie, ↗Capriccio, ↗Tiento) spiegelt sich noch die Vielgliedrigkeit des motettischen Vorbildes in mehrfacher Abwandlung des Themas (Variationsricercar). Meister dieser Formen der F. sind J. Sweelinck, G. Frescobaldi, J. J. Froberger. Eine der ersten Kompositionen, in denen das Gestaltungsprinzip mit der Formbezeichnung übereinstimmt, ist S. Scheidts *Fuga* aus der *Tabulatura Nova* (1624). Gegen Ende des 17. Jh. wurde die Form verdichtet und gestrafft, vor allem im Schaffen bedeutender Organisten (J. A. Reincken, V. Lübeck, J. Pachelbel, J. Titelouze, N. de Grigny, L. Battiferi, F. Fontana). Das Prinzip des Variationenricercars übernahm D. Buxtehude in vielen seiner „Toccatenvariantenfugen", hier aber im Sinne einer ausgewogenen zyklischen Form. Über den Ausbau zur selbständigen Form hinaus beeinflußte das Prinzip der Fugierung auch andere Gattungen: die ↗Ouvertüre (mit fugiertem Mittelteil), die ↗Suite (hauptsächlich bei der ↗Gigue), die ↗Sonate da chiesa und das ↗Concerto grosso. Die ↗Choralbearbeitung erhielt durch fugierte Vorausimitationen den Charakter einer *Choralfuge*.

Die Vokal-F. bildete sich daneben allmählich aus der Tradition des ↗Stile antico heraus. Im Laufe des 17. Jh. wurde es zur festen Gepflogenheit, die Schlußabschnitte von Gloria- und Credo-Sätzen fugiert zu gestalten, die später zu den verselbständigten „Amenfugen" führt. Im Verlauf der weiteren Entwicklung erhielt die F. immer mehr eine zentrale Bedeutung innerhalb des polyphonen Stils; ihr galten die besonderen Bemühungen der Komponisten in bezug auf satztechnische Beherrschung und phantasievolle Formgestaltung. Sie fanden in J. S. Bachs F.n-Schaffen ihre Verwirklichung. Hier werden alle entwicklungsfähigen Ansätze der Vorgänger aufgegriffen, fortgeführt und mustergültig vervollkommnet: in den großen F.nkompositionen für Orgel, Klavier oder Chor und in den zahlreichen Übertragungen des F.n-Prinzips auf andere Gattungen (Konzertsatz, Arie, Suitensatz, Choralbearbeitung, Soloviolinsonate). Jeder Satztyp kann zur F. werden, aber auch diese kann ihrerseits andere Wesens- und Ausdrucksmerkmale annehmen: als Tanzsatz (BWV 848), als französische Ouvertüre (BWV 850), als Toccata (BWV 855) oder als Scherzando-Typ (BWV 879). Mit den beiden Werkserien des *Wohltemperierten Claviers*, BWV 846–869 und 870–893 (je 24 Präludien und

Fugen durch alle Dur- und Molltonarten des temperierten Systems) und der unvollendet gebliebenen *Kunst der Fuge,* BWV 1080, hat Bach in der Synthese von souveräner Stimmführungskunst und genialer Klangphantasie den Inbegriff der F. geschaffen.

Nach Bachs Tod, im Zeitalter des ↗galanten Stils, blieb der Einfluß dieser Werke zunächst noch auf einen kleinen Kreis von Verehrern beschränkt. Die Kontinuität der Gattung wurde gewahrt durch das pädagogische Wirken von G. B. Martini in Bologna und durch J. J. Fux, die beide den Stile antico lehrten. Aus dieser Tradition gingen die Vokal-F.n der Messen und Oratorien des 18. Jh. hervor, aber auch die Kammermusik-F.n Wiener Komponisten um Joseph II. (J. G. Albrechtsberger). Bei W. A. Mozart treffen die beiden Entwicklungslinien aufeinander: der einstige Schüler des Padre Martini macht sich 1782 „eine Collection von den bachischen fugen" zu Studienzwecken. Die Auswirkungen dieser nachdrücklichen Anregung finden sich u. a. in der F. c-moll, KV 426, in den fugierten Sätzen der Messe c-moll, KV 427, und des *Requiem,* KV 626.

Die von L. van Beethoven überlieferte Äußerung, es müsse „in die althergebrachte Form [der F.] ein anderes, ein wirklich poetisches Element kommen", findet in den F.n der späten Sonaten (op. 101, 102 Nr. 2, 106 und 110), des Quartetts op. 131 und der *Großen Fuge* op. 133 – mit dem bezeichnenden Motto: „Tantôt libre, tantôt recherchée" – zumindest der Intention nach ihre Verwirklichung. Aber trotz solcher markanter Beiträge zum Genre hat die F. seit der 2. Hälfte des 18. Jh. ihre Rolle als dominierendes Gestaltungsprinzip an die Sonate abgetreten, nur in der geistlichen Chormusik hat sie noch größere Bedeutung. Vereinzelt dringt die F.n-Technik als ↗Fugato in den thematischen Verarbeitungsprozeß der Sonate ein, als fugenartig imitierende Episode innerhalb eines nicht-polyphonen Satzes.

Die Entdeckung Bachs im 19. Jh. hatte auch eine Neubewertung der F. zur Folge, allerdings eher im Sinne der Pflege einer ehrwürdigen Tradition. Namentlich in der Orgelmusik erscheint sie als Nachweis handwerklich-satztechnischen Könnens (F. Mendelssohn Bartholdy, A. F. Hesse, J. G. Rheinberger, C. Franck, C. Saint-Saëns) oder als unmittelbares Bekenntnis zu J. S. Bach (B–A–C–H-F.n von R. Schumann und F. Liszt). A. Reicha konnte sich mit seinen F.n-Experimenten „d'après un nouveau système" nicht durchsetzen. Ein Eigenbeitrag des 19. Jh. ist die F. als ↗Charakterstück, deren Grundzüge allerdings in Bachs Themenanlage schon vorgebildet sind. In solcher Gestalt dient die F. auch als Mittel der Charakterisierung in Programmusik und Oper, bezeichnenderweise häufig als komisches Gegenbild oder als Parodie ihrer ehrwürdigen Urform (R. Wagner, *Meistersinger:* „Prügelfuge"; G. Verdi, *Falstaff:* Schlußszene; H. Berlioz, *Symphonie fantastique: Ronde du Sabbat;* R. Strauss, *Also sprach Zarathustra: Von den Wissenschaften).*

Insgesamt blieb die F. im Schaffen der bedeutenden Komponisten der Romantik – mit Ausnahme Mendelssohn Bartholdys – ein Ausnahmefall, allerdings oft von außerordentlichem Rang. Für M. Reger jedoch war die polyphone Setzweise die Grundform seines kompositorischen Denkens. In seiner Klavier-, Orgel-, Kammer- und Orchestermusik erhielt denn auch die F. noch einmal universelle Bedeutung. Eine kurze Nachblüte der F.n-Komposition entwickelte sich nach 1918 im Gefolge einer Rückwendung zu vergangenen Stilepochen (linearer Stil, Neobarock, Neoklassizismus) in den Werken von P. Hindemith, E. Krenek, K. A. Hartmann, J. N. David, W. Fortner, E. Pepping u. a. Auf ganz persönliche Weise leisteten I. Strawinsky mit einer exzentrischen *(Concerto per due pianoforti)* und B. Bartók *(Musik für Saiteninstrumente)* mit einer geistreich strukturierten Sonderform der F. ihren Beitrag zur Gattung. Zwei bedeutsame Zyklen stehen am – vorläufigen – Ende der Geschichte der F.: die *24 Präludien und Fugen,* op. 87 (1951) von D. Schostakowitsch und der *Ludus tonalis* (1942), in dem P. Hindemith noch einmal eine Zusammenfassung aller satztechnischen Künste im Rahmen einer „erweiterten Tonalität" gelang. Die avantgardistischen, auf Tonalität, Wiederholung oder thematische Arbeit überhaupt verzichtenden Stilrichtungen bieten keine Voraussetzungen mehr für das auf tonalen Beziehungen und Wiederkehr des Themas gegründete Kompositionsprinzip der Fuge.

Lit.: **1) Lehrbücher:** J. J. FUX, Gradus ad Parnassum (W 1725, Faks. NY 1966) (= MMMLF 2/24); J. MATTHESON, Der vollkommene Capellmeister (H 1739, Nachdr. Kas 1954 ^{2}1969) (= DMI 1/5); F. W. MARPURG, Abh. v. der F., 2 Tle. (B 1753–54, Nachdr. Hil 1970); G. B. MARTINI, Esemplare o sia saggio fondamentale prattico di contrappunto, 2 Tle. (Bol 1774 bis 75); J. G. ALBRECHTSBERGER, Gründliche Anweisung zur Composition (L 1790); A. REICHA, Über das neue Fugensystem (W 1804–05); F. J. FÉTIS, Traité du contrepoint et de la fugue (P 1824); H. RIEMANN, Lehrbuch des einfachen, doppelten u. imitierenden Contrapunkts (L 1888, $^{4-6}$1921); E. PROUT, Fugue (Lo 1891, Nachdr. NY 1969 u. Westport/Conn. 1970); DERS., Fugal Analysis (Lo 1892); I. KNORR, Lehrbuch der Fugenkomposition (L 1911). – **2) Allgemeines:** A. HALM, Von zwei Kulturen der Musik (Mn 1913, St ^{3}1947); J. MÜLLER-BLATTAU, Grundzüge einer Gesch. der F. (Königsberg 1923, Kas ^{3}1963) (= Königsberger Stud. zur Musikwiss. 1); L. OLDROY, The Technique and Spirit of Fugue (Lo 1948); A. GHISLANZONI, Storia della Fuga (Mi 1952); A. MANN, Study of Fugue (Lo 1960); A. ADRIO, Die F., H. 1 (Kö 1960) (= Das Musikwerk 19); I. HORSLEY, Fugue,

History and Practice (NY 1968); J. MÜLLER-BLATTAU, Die F., H. 2 (Kö 1968) (= Das Musikwerk 33). – **3) Spezielle Unters.:** W. FISCHER, Zur Gesch. des Fugenthemas, in: Kgr.-Ber. Leipzig 1925 (L 1926); E. GATSCHER, Die Fugentechnik M. Regers in ihrer Entwicklung (St 1925); F. DEUTSCH, Die Fugenarbeit in den Werken L. van Beethovens, in: StMw 14 (1927); W. NEUMANN, J. S. Bachs Chorfuge (L 1938) (= Schriftenreihe des Staatlichen Instituts für Musikforschung 4); H. BESSELER, Charakterthema u. Erlebnisform bei Bach, in: Kgr.-Ber. Lüneburg 1950 (Kas 1952); L. CZACZKES, Analyse des Wohltemperierten Klv.s, 2 Bde. (W 1956–63); U. UNGER, Die Klavierfuge im 20 Jh. (Rb 1956) (= Kölner Beitr. zur Musikwiss. 11); K. TRAPP, Die F. in der dt. Romantik v. Schubert bis Reger (F 1958); M. TALING-HAJNALI, Der fugierte Stil bei Mozart (Be 1959) (= Publikationen der Schweizerischen Musikforsch. Ges. 2/7); N. LINKE, Die Orchesterfuge in Spätromantik u. Moderne (Diss. H 1960); G. PAULY, G. F. Händels Klavierfuge (Diss. Saarbrücken 1962); H. J. PAULY, Die F. in den Orgelwerken D. Buxtehudes (Rb 1964) (= Kölner Beitr. zur Musikforsch. 31); W. KIRKENDALE, F. u. Fugato in der Kammermusik des Rokoko u. der Klassik (Tutzing 1966); W. KOLNEDER, Die Kunst der F., in: Mythen des 20. Jh., 5 Tle. (Wilhelmshaven 1977); K. NIEMÖLLER, Über das Fugato, in: FS W. Wiora (Tutzing 1979).

E. PLATEN

FUGGER, Augsburger Handelsherren, seit 1514 Reichsgrafen. Die F. förderten unter den Künsten besonders auch die Musik und spielten eine wichtige Rolle im deutschen Musikleben. Vor allem sind hier zu nennen **Jakob F.**, der Reiche (1459–1525), seine Neffen **Raymund** (1489–1535) und **Anton** (1493–1560) sowie Raymunds Sohn **Johann Jakob** (1516–1575), der O. di Lasso nach München zog. Neben diesem verkehrten u.a. auch L. Senfl, H. Isaac, P. Hofhaimer im Hause der Fugger. **Octavius Secundus** (1549–1600) holte H. L. Haßler als Kammerorganisten und Leiter der F.schen Haus- und Kirchenmusik nach Augsburg. Von etwa 1596 bis 1614 war Chr. Erbach Organist der Kapelle von **Marcus d.J.** (1564–1614). Die F. stifteten zahlreiche Orgeln in Deutschland und besaßen eine bemerkenswerte Instrumentensammlung. 1571 verkaufte Johann Jakob, der auch herzoglicher Musikintendant war, von Schulden bedrängt, seine bedeutende Bibliothek an Herzog Albrecht V. Sie wurde der Grundstock der heutigen Bayerischen Staatsbibliothek in München.

Lit.: W. MAASEN, H.-J. F., in: ZfMw 2 (1919/20); R. HAAS, Die Musik-Slg. der Nationalbibl., in: Jb. Peters 37 (1930); R. SCHAAL, Die Musikbibl. v. R. F. dem Jüngeren, in: AMl 29 (1957); A. LAYER, Musik u. Musiker der Fuggerzeit (Au 1959) (= Begleitheft zur Ausstellung der Stadt Augsburg); B. PAUMGARTNER, Zur Musikkultur Augsburgs in der Fuggerzeit, in: J. F., Kaiser Maximilian u. Augsburg (Au 1959); R. SCHAAL, Die Musikinstr.-Slg. v. R. F. dem Jüngeren, in: AfMw 21 (1964); Musik in der Reichsstadt Augsburg, hrsg. v. L. WEGELE (Au 1965).

FUGHETTA (it.), kleine ↗Fuge.

FÜHRER, Robert Johann Nepomuk, * 2.6.1807 Prag, † 28.11.1861 Wien; böhmischer Organist und Komponist. F. wurde 1826 Zweiter, 1831 Erster Domorganist in Prag. Seit 1830 unterrichtete er auch an der neugegründeten Orgelschule und war seit 1838 zugleich Organist im Prämonstratenserstift Strahov in Prag. 1839 wurde er als Nachfolger seines Lehrers J. A. Vitášek Domkapellmeister, verlor diese Stelle 1845 aber wegen Betrugs. In den nächsten Jahren führte er ein unstetes Wanderleben, war u.a. 1850 Chorleiter in Braunau am Inn und 1854/55 Organist in Gmunden. 1856 gewann er in Salzburg einen Orgelwettbewerb u.a. gegen A. Bruckner. 1859–60 verbüßte er eine Haftstrafe in Garsten, wo er sich mit dem Gefängnisdirektor und Komponisten Karl Santner befreundete. Er komponierte vor allem geistliche Musik.

WW: Org.-Stücke u. ein Präludienbuch *Der Landorganist* (Ried 1860); ca. 150 Messen u. zahlr. Kirchengesänge. – Schriften: *Die Tonleitern der Griechen* (Pr 1847); *Der Rhythmus* (Pr 1847); *Praktische Anleitung zur Orgelkomposition* (Pr um 1850).

FUHRMANN, Georg Leopold, dt. Kunststecher, Buchhändler und Lautenist. F. ist zwischen 1606 und 1616 in Nürnberg nachweisbar. Dort veröffentlichte er 1615 *Testudo Gallo-Germanica,* eine Sammlung von Lautenstücken in deutscher und französischer Tabulatur. Sie enthält Präludien, Fantasien, Ricercare, Kanzonen, Motetten, Madrigale und ältere und neuere Tänze verschiedener Komponisten, von denen H. L. Haßler zahlenmäßig am stärksten vertreten ist.

FUHRMANN, Martin Heinrich, getauft 29.12. 1669 Templin (Uckermark), † nach 1745 Berlin (?); dt. Musiktheoretiker. F. studierte um 1692 in Halle, war seit 1695 in Berlin Kantor der damaligen Neustadt und 1704–42 am Friedrich-Werderschen Gymnasium. Seine meist anonym oder unter einem Pseudonym veröffentlichten Schriften behandeln – z.T. in drastischer und satirischer Form – die Musiklehre und die Musikanschauung seiner Zeit.

Schriften: *Musicalischer Trichter* (Frankfurt/Spree = B 1706); *Musica vocalis in nuce* (B 1715); *Musicalische Strigel* (Athen an der Pleiß = L o.J.); *Das in unsern Opern-Theatris u. Comoedien-Bühnen siechende Christentum*... (Canterbury, d.h. in dem Wohnorte des Kantors = B 1728); *Gerechte Wag-Schal* (Altona 1728); *Die an der Kirchen Gottes gebauete Satans Capelle* (Cölln am Rhein = Cölln bei Berlin 1729).

Lit.: A. C. MÜLLER, Gesch. des Friedrich-Werderschen Gymnasiums (B 1881); G. SCHÜNEMANN, Gesch. der dt. Schulmusik 1 (L 1928, ²1931); M. RUHNKE, F., in: MGG IV.

FULLER, Albert, * 21.7.1926 Washington (D.C.); amerik. Cembalist. Er studierte u.a. bei R. Kirkpatrick und P. Hindemith und debütierte 1957 in New York. Danach machte er sich bald einen Namen auf Tourneen in den USA und auch in Europa. Seit 1964 lehrt er an der Juilliard School of

Music in New York. Er gab heraus: *Keybord Works of G. Le Roux* (New York 1958); *Concerts Royaux of Fr. Couperin* (ebd. 1962).

FULLER-MAITLAND, John Alexander, * 7. 4. 1856 London, † 30. 3. 1936 Borwick Hall Carnforth (Lancashire); engl. Musikforscher. F. studierte Musik in Cambridge und wurde 1882 Magister artium. 1884–89 war er Musikreferent des *Guardian* und 1889–1911 der *Times*. Er erwarb sich große Verdienste vor allem durch die Herausgabe altenglischer Musik, u. a. des ↗Fitzwilliam Virginal Book. F. M. arbeitete auch an der 1. Auflage von Groves *Dictionary of Music and Musicians* mit, redigierte das Supplement und die 2. Auflage.

WW: **1) Schriften:** *Schumann* (Lo 1884); *Catalogue of Music in the Fitzwilliam Museum* (Lo 1893); *Masters of German Music* (Lo 1894); *English Music of the 19th Century* (Lo 1902); *The Age of Bach and Handel* (Lo 1904, ²1931); *The Keyboard Suites of Bach* (Lo 1924); *A Door-Keeper of Music* (Lo 1929) (autobiographisch); *The Music of Parry and Stanford* (Lo 1934). – **2) Editionen:** *English Carols of the 15th Century* (Lo 1891) (zus. mit W. S. Rockstro); *English County Songs* (Lo 1893) (zus. mit L. E. Broadwood); *The Fitzwilliam Virginal Book* (L – Lo 1899, ²1904) (zus. mit W. Barclay Squire), Nachdr., 2 Bde. (NY 1963); *Twenty-five Pieces from B. Cosyn's Virginal Book* (Lo 1923) (mit W. Barclay Squire); *Fourteen Pieces by W. Byrd* (Lo 1923).

Lit.: H. C. COLLES, J. A. F.-M., in: MT 77 (1936).

FUNDAMENTINSTRUMENTE, Bz. für Instrumente, die nach M. Praetorius (*Syntagma musicum* II, 1619) „alle Stimmen eines jeden Gesanges repraesentiren und zuwege bringen", d. h. intavolieren bzw. den Generalbaß akkordisch ausführen können. Als F. zählt er u. a. auf: Orgel, Regal, Cembalo, Laute und Harfe. Im weitesten Sinne gehören dazu alle das Fundament (die Baßstimme) bildenden Instrumente.

FUNDAMENTUM (lat., = Grund, Grundlage), fachsprachlich auch **Fundamentbuch,** im 15. und 16. Jh. Bz. für Sammlungen mit methodischen Übungsstücken für Tasten-, gelegentlich auch für Saiteninstrumente. Unter Fundamentum verstanden die Musiktheoretiker jener Zeit im weiteren Sinne die Struktur bzw. die Basis einer Komposition. Im engeren Sinne war F. dann auch als satz- und grifftechnische Anweisung eine Kompositionsmethode bzw. das mehrstimmige Improvisieren über einen Cantus firmus. Als früheste Beispiele solcher Anleitungen gelten die Breslauer Tabulaturfragmente. Die Fundamentbücher C. Paumanns – das *Fundamentum organisandi* von 1452 und zwei weitere im ↗Buxheimer Orgelbuch – sind wohl die ersten systematischen Spielanweisungen in Orgeltabulatur (↗Tabulatur). Den darin enthaltenen 2- und 3st. Sätzen liegt jeweils ein C. f. zugrunde, der in der Oberstimme in formelhaften Fortschreitungen umspielt wird. Das Auf- oder Absteigen der Grundstimme wird nach den zu diminuierenden Intervallen mit „ascensus" oder „descensus simplex", „per tertias" usw. angegeben. Häufig bilden auch Orgelpunkte und Klauseln das entsprechende Gerüst. Notiert sind Unter- und Mittelstimme in Tonbuchstaben, die Oberstimme in Noten. Die Werke Paumanns waren Vorbilder für spätere Fundamentbücher, die z. B. mit drei weiteren Beispielen des Buxheimer Orgelbuches belegt sind und wahrscheinlich von Schülern stammen. Aus dem 16. Jh. ist hsl. ein *Fundamentum* von H. Buchner erhalten, das wesentliche Teile seines theoretischen, didaktischen und musikalischen Schaffens umfaßt. Die Bz. F. findet sich im frühen 16. Jh. auch in den gedruckten deutschen Lautentabulaturen von H. Judenkünig, H. Gerle und H. Neusidler für die längeren oder kürzeren spiel- und satztechnischen Anweisungen, die den betreffenden Werken vorangestellt sind. Im weiteren Verlauf des 16. Jh. verschwindet jedoch der Terminus F. in dieser Bedeutung; er erscheint später gelegentlich, gleichbedeutend mit Basis, als Bz. für die Baßstimme (z. B. bei M. Praetorius) oder den Generalbaß. – ↗Basse fondamentale.

Ausg.: C. PAESLER, Das Fundamentbuch v. H. von Constanz (H. Buchner), in: VfMw 5 (1889); Locheimer Liederbuch, Faks.-Ausg. hrsg. v. K. AMELN (B 1925); Das Buxheimer Orgelbuch, Faks.-Ausg. hrsg. v. B. A. WALLNER (Kas – Bas 1955) (= DMI II/1); Übertragung in 3 Bden., hrsg. v. DERS. – R. BLUME (Kas 1958–59) (= EDM 37–39).

Lit.: W. MERIAN, 3 Hss. aus der Frühzeit des Klavierspiels, in: AfMw 2 (1919/20); L. SCHRADE, Die hsl. Überlieferung der ältesten Instrumentalmusik (Lahr 1931), 2., ergänzte Aufl., hrsg. v. H. J. MARX (Tutzing 1968); F. FELDMANN, Ein Tabulaturfragment des Breslauer Dominikanerklosters, in: ZfMw 15 (1932/33); O. A. BAUMANN, Das dt. Lied u. seine Bearbeitungen in den frühen Orgeltabulaturen (Kas 1934); G. FROTSCHER, Gesch. des Orgelspiels und der Orgelkomposition 1 (B 1935, ²1959, ³1966); W. GURLITT, J. Kotter u. sein Freiburger Tabulaturbuch v. 1513, in: Elsaß-Lothringisches Jb. 19 (1940); B. A. WALLNER, C. Paumann u. sein Werk, in: Zschr. für Kirchenmusik 74 (1954); H. H. EGGEBRECHT, Stud. zur musikal. Terminologie (1955, Wie ²1968) (= Akad. der Wiss. u. der Lit. Mainz, Abh. der geistes- u. sozialwiss. Klasse Jg. 1955); K. HAHN, J. Kuhnaus „Fundamenta Compositionis", in: Kgr.-Ber. Hamburg 1956 (Kas 1957); H. J. MARX, Der Tabulatur-Codex des Basler Humanisten B. Amerbach, in: Musik u. Gesch. FS L. Schrade (Kö 1963); H. R. ZÖBELEY, Die Musik des Buxheimer Orgelbuchs (Tutzing 1964) (= Münchner Veröff. zur Musikgesch. 10).

FUNKOPER ↗Oper.

FUNKTION, bezeichnet Bedeutung und Rang eines ↗Akkords in der dur-moll-tonalen Musik des 17.–19. Jahrhunderts. In den hierarchisch geordneten Akkordbeziehungen dieses Zeitraums bilden die Dreiklänge (↗Dreiklang) der I., IV. und V. Stufe – Tonika, Subdominante und Dominante – die Hauptfunktionen einer Tonart; alle anderen Akkorde gelten als ihre Vertreter. Die Tonika funktioniert dabei als übergeordnetes tonales Zentrum, auf das sich alle harmonische Ereignisse beziehen. – ↗Funktionsharmonik, ↗Funktionsbezeichnung.

FUNKTIONSBEZEICHNUNG. Unter F. versteht man das von H. Riemann im Anschluß an G. Weber Ende des 19. Jh. eingeführte und von anderen Theoretikern (H. Grabner, W. Maler) weiterentwickelte Bezeichnungssystem für ↗Akkorde und Akkordbeziehungen dur-moll-tonaler Musik des 17.–19. Jahrhunderts. Während die ↗Stufenbezeichnung durch römische Ziffern den schrittweisen Fortgang der Akkorde und ihren Abstand vom Grundakkord angibt – also nichts über Akkordrelationen aussagt –, will die F. deutlich machen, wie die verschiedenen Akkorde mit einem tonalen Zentrum zusammenhängen: die Akkorde der I., IV. und V. Stufe sind hier die Hauptfunktionen einer Tonart, Tonika (T), Subdominante (S) und Dominante (D); S und D beziehen sich auf die T als tonalem Zentrum. Alle anderen Akkorde sind diesen Hauptfunktionen – die als ↗Kadenz eine Tonart eindeutig bestimmen – untergeordnet. In Dur sind T, S und D Durakkorde, im reinen Moll – als t, s und d bezeichnet – Mollakkorde: große Buchstaben stehen also für Dur, kleine für Moll, doch treten in Moll auch die S und – des strebigeren Leittons wegen – vor allem die D auf, wie umgekehrt – besonders gern in der Romantik – das Dur durch den Einsatz der s vermollt werden kann.
Zusammengesetzte Zeichen chiffrieren die Abhängigkeit der anderen Akkorde von den Hauptfunktionen. Tp, Sp und Dp stehen für die Mollparallelen (kleine Buchstaben) der Durfunktionen (große Buchstaben); tP, sP und dP umgekehrt für die Durparallelen der Mollfunktionen: Ist C-Dur Tonika (T), so ist a-moll als parallele Molltonart (p) die Tonikaparallele (Tp) – ist a-moll Tonika (t), so ist C-Dur als parallele Durtonart (P) die Tonikaparallele (tP).

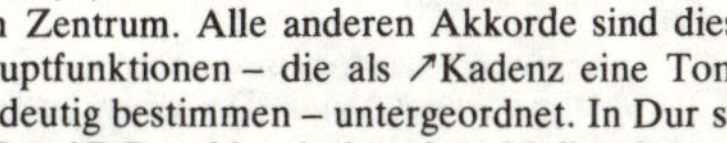

Der Dreiklang der VI. Stufe in Moll (in a-moll: F-Dur) heißt Gegenklang, geschrieben tG. Die Vermollung bzw. Verdurung der parallelen Tonarten nach Moll bzw. Dur wird durch die Schreibung – z. B. tp bzw. TP – in der F. sichtbar. Mit der F. ist es also möglich, innerhalb einer Tonart entfernter liegende, terzverwandte Akkorde funktionell zu erfassen, z. B. Es-Dur in C-Dur wäre tP (von der Molltonika t aus gesehen die parallele Durtonart P); und je nach harmonischem Zusammenhang ist As-Dur in C-Dur als tG zu bestimmen (Gegenklang der Molltonika) oder als sP (Durparallele der Mollsubdominante). Für die Vertreter der Hauptfunktionen in Dur und Moll ergeben sich also folgende F.n:

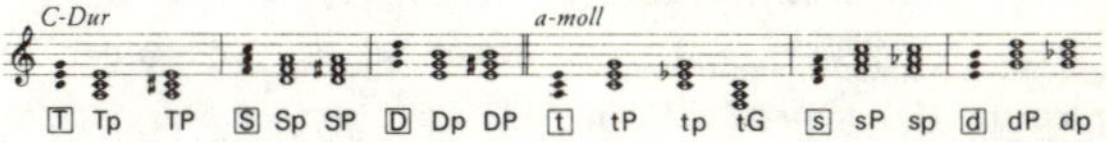

Akkordumkehrungen werden durch Ziffern angezeigt; die Zahl am Fuß des Buchstabens bezeichnet den Ton, der im Baß liegt; T_3 = Tonika-Sextakkord (Terz im Baß), T_5 = Tonika-Quartsextakkord (Quint im Baß). „Charakteristische Dissonanzen" – die hinzugefügte große Sext (sixte ajoutée) bei der S oder s, die kleine Sept bei der D – erscheinen als hochgestellte Ziffern: in C-Dur ist  $S^{\substack{6\\5}}$ (= die S mit Quinte und Sexte), in a-moll ist  $s^{\substack{6\\5}}$, in C-Dur ist  D^7. Dagegen wird  in C-Dur bzw.  in a-moll als S^6 bzw. s^6 chiffriert: 6 = Sexte statt der Quinte. Analog bezeichnet $D^{\underline{6}\ \underline{5}}_{\underline{4}\ \underline{3}}$ den kadenzierenden Quartsextakkord: in C-Dur 

. Der „neapolitanische Sextakkord" – die s mit tiefalterierter Sexte statt Quinte – heißt s^n: in a-moll  .

Umkehrungen des Dominantseptakkordes (D^7) erhalten Zahlen wie andere Akkordumkehrungen (D^7_3, D^7_5), der Sekundakkord (D^7 mit Sept im Baß) trägt jedoch nur die Fußziffer: D_7. Das Fehlen des Funktionsgrundtons beim „verkürzten D^7-Akkord" verdeutlicht ein Strich durch das D: in C-Dur 

. Chromatische Veränderungen eines

Funktionsbezeichnung

Akkordtons drückt das Zeichen < (Hochalteration) bzw. > (Tiefalteration) aus: in C-Dur ist  $D^{5<}$. Der Dominantseptnonakkord also, in Dur als $D^{\overset{9}{7}}$ bezeichnet (C-Dur: ), heißt in Moll wegen der leitereigenen kleinen None $D^{\overset{9>}{7}}$ (a-moll ). Der $D^{\overset{9>}{7}}$ ohne Funktionsgrundton ($\not{D}^{\overset{9>}{7}}$) ist der in Dur und Moll auftretende verminderte Septakkord, vereinfacht D^v geschrieben ($D^v = \not{D}^{\overset{9>}{7}}$, in C-Dur: ). Eingeschobene Dominanten (Zwischendominanten), die sich auf die nachfolgende Funktion beziehen, werden als (D) notiert, z. B. in C-Dur 

(D^7_3) S

; ebenso werden längere harmonische Strecken, die sich auf die folgende Funktion beziehen, in runde Klammern gesetzt. Als Zwischendominante tritt häufig die Dominante der Dominante (Doppel- oder Wechseldominante) auf, $\mathbb{D}$ geschrieben (z. B. in C-Dur: 

$\mathbb{D}_3$ D

); analog wird die Wechselsubdominante (in C-Dur: B-Dur) als $\mathbb{S}$ bezeichnet, und der D^v zur D als $\mathbb{D}^v$, z. B. in a-moll 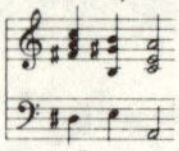

$\mathbb{D}^v$ D t

. Folgt der D eine andere als die

Folgende Tabelle stellt die genannten Funktionsbezeichnungen noch einmal zusammen:

T = Durtonika (Durdreiklang der I. Stufe)
t = Molltonika (Molldreiklang der I. Stufe)
S = Dursubdominante (Durdreiklang der IV. Stufe)
s = Mollsubdominante (Molldreiklang der IV. Stufe)
D = Durdominante (Durdreiklang der V. Stufe)
d = Molldominante (Molldreiklang der V. Stufe)
T_3 = Durtonika – Sextakkord
T_5 = Durtonika – Quartsextakkord (analog bei den anderen Funktionen)
$S^{\overset{6}{5}}/s^{\overset{6}{5}}$ = Subdominant-Quintsextakkord (= S/s + sixte ajoutée) in Dur/Moll
S^6/s^6 = Subdominante mit Sext statt Quint in Dur/Moll
s^n = Neapolitanischer Sextakkord (s mit tiefalterierter Sext statt Quint)
$\mathbb{S}$ = Wechselsubdominante (in C-Dur: B-Dur)

Tp = Mollparallele der Durtonika (in C: a-moll)
TP = verdurte Parallele der Durtonika (in C: A-Dur)
tP = Durparallele der Molltonika (in a: C-Dur)
tp = vermollte Parallele der Molltonika (in a: c-moll)
tG = Gegenklang der Molltonika (Durdreiklang der VI. Stufe in Moll; in a: F-Dur)
Sp = Mollparallele der Dursubdominante (in C: d-moll)
SP = verdurte Parallele der Dursubdominante (in C: D-Dur)
sP = Durparallele der Mollsubdominante (in a: F-Dur)

sp = vermollte Parallele der Mollsubdominante (in a: f-moll)
Dp = Mollparallele der Durdominante (in C: e-moll)
DP = verdurte Parallele der Durdominante (in C: E-Dur)
dP = Durparallele der Molldominante (in a: G-Dur)
dp = vermollte Parallele der Molldominante (in a: g-moll)
$D^{\overset{6}{4}\overset{5}{3}}$ = kadenzierender Quartsextakkord
D^7 = Dominantseptakkord (D + kleine Sept)
D^7_3 = Quintsextakkord (erste Umkehrung des D^7)
D^7_5 = Terzquartakkord (zweite Umkehrung des D^7)
D_7 = Sekundakkord (dritte Umkehrung des D^7)
$\not{D}^7$ = verkürzter D^7-Akkord (D^7 ohne Grundton)
$D^{\overset{9}{7}}/D^{\overset{9>}{7}}$ = Dominantseptnonakkord in Dur/Moll
$\not{D}^{\overset{9>}{7}} = D^v$ = verminderter Septakkord (= Dominantseptnonakkord mit kleiner None ohne Grundton)
(D) = eingeschobene D (Zwischendominante) zur folgenden Funktion
$\mathbb{D}$ = Doppel- oder Wechseldominante
$\mathbb{D}^v$ = Wechseldominante als verminderter Septakkord

</> = Zeichen für Hoch-/Tiefalteration eines Akkordtons
(….) = bezieht sich auf die folgende Funktion
[…] = nach einer D erwartete, aber nicht eintretende Funktion

erwartete Funktion, so erscheint dies reguläre Ziel über dem tatsächlich eintretenden in eckigen Klammern, z.B. in C-Dur 

.

Für dur-moll-tonale Musik bietet die F. ein sinnfälliges analytisches Instrumentarium, wenngleich sie bei der Erklärung harmonischer Zusammenhänge im späten 19. Jh. an ihre Grenzen stößt. Im folgenden Beispiel von Schumann (*Wichtige Begebenheit* aus *Kinderszenen* op. 15) verdeutlicht die F. die tonale Ambivalenz und Irritation:

Das A-Dur des Anfangs, scheinbare T, entpuppt sich als S von E-Dur; erst im 4. Takt ist A-Dur – mit demselben Kadenzvorgang wie vordem ihre Dominante – als reguläre T erreicht.
Bloße Chiffrierung von Musik allerdings ist nicht das Eigentliche: Die F. ist Hilfsmittel der Darstellung, Voraussetzung für Erkenntnis und Deutung, nicht schon die Sache selbst.

Lit.: H. RIEMANN, Vereinfachte Harmonielehre oder die Lehre v. den tonalen Funktionen der Akkorde (Lo – NY 1893, ²1903); H. GRABNER, Die Funktionstheorie H. Riemanns u. ihre Bedeutung für die praktische Analyse (Mn 1923); W. MALER, Beitr. zur Harmonielehre, 3 H. (L 1931), neu bearb. zus. mit G. Bialas u. J. Driessler als: Beitr. zur dur-moll-tonalen Harmonielehre (Mn – L ⁶1967), Bsp.-Bd. (²1960); D. DE LA MOTTE, Harmonielehre (Kas ²1978).

C. KÜHN

FUNKTIONSHARMONIK, Bz. für eine ↗Harmonik, die – gebunden an ↗Dur und ↗Moll sowie an ↗Tonalität – auf der funktionellen Rangordnung von Akkord- und Tonrelationen beruht. Grundlegend für die Musik des 17.–19. Jh., ist die F. durch den Zusammenhang von Tönen und Akkorden mit einem Zentrum sowie durch ihre ↗Funktion innerhalb dieses Bezugssystems bestimmt. Als tonales Zentrum aller harmonischen Vorgänge funktioniert die Tonika, der Grundton einer Tonart bzw. der auf ihm errichtete Dreiklang; zur Tonika treten die Subdominante (die Quarte über bzw. die Quinte unter der Tonika und ihr Dreiklang) und die Dominante (die Quinte über der Tonika und ihr Dreiklang). Tonika, Subdominante und Dominante – die Begriffe gehen auf den *Traité de l'harmonie* J. Ph. Rameaus (1722) zurück – bilden die Hauptfunktionen einer Tonart. Ihnen ordnen sich die anderen Akkorde unter: in Dur die II. Stufe als Subdominantparallele der IV., die III. als Dominantparallele der V. und die VI. als Tonikaparallele der I. Stufe; der verminderte Akkord der VII. Stufe wird als ↗Dominantseptakkord ohne Funktionsgrundton aufgefaßt. In der Abfolge zur ↗Kadenz als bekräftigender Schlußformel und als tragendem harmonischem Gerüst dur-moll-tonaler Musik geordnet, kommt den drei Hauptfunktionen grundlegende Bedeutung bei der Bestimmung einer Tonart zu. Immer kompliziertere Akkordbildungen und immer stärker von funktionellen Zusammenhängen sich befreiende Klangfolgen lösten im späten 19. Jh. die F. allmählich auf. Die ↗Atonalität, die von der Gleichrangigkeit von Tönen und Klängen ausgeht, kennt kein übergeordnetes harmonisches Zentrum. – ↗Funktionsbezeichnung.

FUNNY GIRL, amerik. Musical in 2 Akten von Jule Styne (* 1905), Buch von Isobel Lennart nach der Biographie des Broadway-Stars Fanny Brice (1891–1951), Song-Texte von Bob Merrill. Ort und Zeit der Handlung: New York in den zwanziger Jahren. UA: 26. 3. 1964 in New York (Winter Garden Theater) mit Barbra Streisand in der Titelrolle. Dt. Übersetzung von Liselotte Knob (Buch) und Werner Schneyder (Song-Texte), dt. EA: 31. 12. 1972 in Essen (Opernhaus). Verfilmt 1968 mit B. Streisand und Omar Sharif.
In *Funny Girl* werden Entdeckung und Aufstieg der Fanny Brice zum Star der „Ziegfeld Follies", ihre Heirat mit dem Spieler Nick Arnstein, die Scheidung und ihre Rückkehr zur Bühne dargestellt. Produzent des Musicals, das mit 1348 Vorstellungen en suite am Broadway außergewöhnlichen Erfolg hatte, war Ray Stark, der Schwiegersohn von Fanny Brice. Die Gestaltung der Titelrolle begründete Barbra Streisands Aufstieg zum Weltstar. Zu den bekanntesten Musiknummern gehören *People* und *Don't rain on my parade.*

R.-M. SIMON – S. SIMON

FUNNY THING HAPPENED ON THE WAY TO THE FORUM, A, amerik. Musical in 2 Akten von Stephen Sondheim (* 1930), der Musik und Song-Texte schrieb, Buch von Burt Shevelove und

Larry Gelbart nach Motiven des Titus Maccius Plautus (250–184 v. Chr.). Ort und Zeit der Handlung: Rom, in klassischer Zeit. UA: 8. 5. 1962 in New York (Alvin Theater) mit Zero Mostel als Pseudolus. Verfilmt 1966 mit Mostel und Buster Keaton, Regie Richard Lester (dt. Titel der Filmfassung: *Toll trieben es die alten Römer).*

Diese turbulente „musical-farce", die in eine furiose Verfolgungsjagd im Stil der Stummfilme von Mack Sennett mündet, bedeutet einen höchst unterhaltsamen Rückgriff auf die Zeiten von Burlesque und Vaudeville. Fast alle aus den Komödien des Plautus bekannten Typen treten auf: der senile Alte, der egozentrische Miles Gloriosus, der vertrottelte Held, hier Hero genannt, und der pfiffige Sklave. Zu den bekanntesten Nummern des Werkes, das am Broadway 964mal en suite lief und auch in England großen Erfolg hatte, gehören der Eröffnungs-Song *Comedy Tonight* und das Duett *Lovely.*

R.-M. SIMON – S. SIMON

FURIANT, schneller tschechischer Volkstanz mit charakteristischer Hemiolenbildung, die den Eindruck von Taktwechseln zwischen 2/4- und 3/4-Takt hervorruft:

In der Kunstmusik findet sich der F. u.a. bei A. Dvořák (Klavierwerke *Dumka und Furiant* op. 12 und *Zwei Furiante* op. 42) und bei B. Smetana (in der Oper *Die verkaufte Braut* und in den *Tschechischen Tänzen*). D. G. Türk brachte in seiner *Klavierschule* (1789) ein mit *Furie* bezeichnetes Beispiel; eine direkte Verbindung zum F. läßt sich hieraus jedoch nicht ableiten.

FÜRSTENAU, dt. Musikerfamilie. – **1) Kaspar,** * 26. 2. 1772 Münster (Westfalen), † 11. 5. 1819 Oldenburg; Flötist. Er lernte zunächst Oboe und Fagott, später Flöte, und wurde bereits 1788 Mitglied der Hofkapelle in Münster. Seit 1793 unternahm er zahlreiche Konzertreisen im In- und Ausland, auf denen ihn später sein Sohn begleitete, und war 1794–1811 auch Mitglied der Oldenburger Hofkapelle. F. schrieb zahlreiche Werke mit und ohne Instrumentalbegleitung für und mit Flöte, andere Instrumentalstücke und Lieder. – **2) Anton Bernhard,** Sohn von 1), * 20. 10. 1792 Münster, † 18. 11. 1852 Dresden; Flötist. Er war seit 1804 Mitglied der Oldenburger Hofkapelle. Mit Ausnahme eines längeren Aufenthaltes in Frankfurt war er, teilweise in Begleitung seines Vaters, ständig auf Konzertreisen. Seit 1820 lebte er in Dresden, wo er Mitglied der Hofkapelle war, und gehörte dort zu den engsten Freunden von C. M. von Weber. Er war einer der bedeutendsten Virtuosen seiner Zeit. Seine Werke, fast ausnahmslos für Flöte geschrieben, werden zum Teil noch heute gespielt. – **3) Moritz,** Sohn von 2), * 26. 7. 1824 Dresden, † 27. 3. 1889 ebd.; Flötist und Musikschriftsteller. Er trat 1842 in die Hofkapelle in Dresden ein, wurde nach dem Tod seines Vaters 1852 Soloflötist und Kustos der Königlichen Privatmusiksammlung und war seit 1856 Lehrer am neugegründeten Konservatorium.

WW: **Zu 3):** *Beiträge zur Gesch. der Königlich Sächsischen musikal. Kapelle* (Dresden 1849); *Zur Gesch. der Musik u. des Theaters am Hofe zu Dresden,* 2 Bde. (ebd. 1861–62); *Die Fabrikanten musikal. Instr. ... im königlich sächsischen Vogtlande* (L 1876) (zus. mit Th. Berthold).

Ausg.: **Zu 1):** 12 Stücke für Fl. u. Gitarre op. 38, hrsg. v. F. NAGEL (Mz 1969) (= Il flauto traverso o. Nr.); 6 Duette aus op. 37 für Querfl. u. Gitarre, hrsg. v. DEMS. (Wilhelmshaven 1970). – **Zu 2):** *Exercices* op. 15 u. *6 Grandes études,* in: Enseignement complet de la flûte, hrsg. v. M. MOYSE (P – Mn 1949); 24 Etüden für Fl., op. 125, hrsg. v. E. LIST (L 1960) (= Hofmeister Stud.-WW o. Nr.); 26 Studien für Fl. op. 107, hrsg. v. DEMS. (L 1961), dass., 2 Bde. (F 1963).

Lit.: M. FÜRSTENAU, K. F. u. A. B. F., in: Allgemeine Dt. Biogr. 8; L. DE LORENZO, My Complete Story of the Flute (NY 1951).

FÜRSTEN CHOWANSKI, DIE, Musikalisches Volksdrama von M. Mussorgski; dt. Titel: ↗Chowanschtschina.

FÜRST IGOR *(Knjas Igor),* Oper in einem Prolog und vier Akten von Alexander Borodin (1833 bis 1887), Text vom Komponisten. Ort und Zeit der Handlung: die Stadt Putiwl (Prolog, 1. u. 4. Akt) und das Lager der Polowezer (2. u. 3. Akt) im Jahre 1185. UA: 23. 10. (4. 11.) 1890 in St. Petersburg (Marientheater); dt. EA (in dt. Sprache): 15. 3. 1925 in Mannheim.

Der Opernstoff basiert auf einer historischen Ereignisfolge, die im *Lied von der Heerfahrt Igors* und in der Kiewer Chronikliteratur überliefert ist. Igor, Fürst von Sewersk, zieht wider die marodierenden heidnischen Polowezer zu Felde, unterliegt und gerät in Gefangenschaft. Trotz der besonderen Großmut, mit der ihm der Komanen-Khan Kontschak begegnet, entschließt er sich angesichts seiner geschundenen und verschleppten Landsleute zur Flucht. Während die Fürstin Jaroslawna noch um Igor klagt und beschwörend eine Wendung seines Schicksals erfleht, kehrt dieser heim und rüstet sich, vom Volk begeistert empfangen, erneut zum Kampf. Der Plan, dem Libretto einer vaterländisch-heroischen Oper jene altrussischen Texte zugrundezulegen, geht auf Wladimir Stassow zurück, der in einem dreiaktigen Szenarium die Hauptlinien der Sujetfügung entwarf. In der musikalischen Gestaltung folgt Borodin künstlerischen Prinzipien Michael Glinkas, die er namentlich in dessen Bühnenwerk *Ruslan und Ljudmila* verwirklicht sah. Russische und orientalische Volkslieder sind eine wesentliche Quelle seiner musikalischen Inspiration; er bevorzugt – im Gegensatz zu Dargomyschskis rezitativischem Stil – die Kantilene und konzipiert die 29 Nummern der Oper als großflächige, in sich geschlossene Formen (z. B. die *Polowezer Tänze*). – Unmittelbar nach Stassows Anregung begann Borodin 1869 an seiner Oper zu arbeiten, verwarf aber das Projekt einige Monate später, weil ihm das Sujet – den zeitgenössischen Normen gemäß – zunächst als „undramatisch" erschien. Seit 1874 bemühte er sich erneut darum und hinterließ bei seinem Tod eine nahezu vollständige Klavierfassung sowie wenige bereits instrumentierte Partien. Nikolai Rimski-Korsakow und Alexander Glasunow vollendeten die Komposition.

E. FISCHER

FÜRSTNER, dt. Musikverlag. Er wurde 1868 in Berlin von **Adolph F.,** * 3. 4. 1833 Berlin, † 6. 6. 1908 Bad Nauheim, gegründet, der zuvor Mitarbeiter bei Bote & Bock gewesen war. Der Verlag spezialisierte sich bald vorwiegend auf Bühnenwerke. Durch die Übernahme des Verlags C. F. Meser 1872 in Dresden erwarb er die Rechte an R. Wagners Opern *Rienzi, Der fliegende Holländer* und *Tannhäuser* sowie an Werken von Fr. Liszt, später arbeitete er vor allem mit R. Strauss zusammen und verlegte u. a. dessen Opern *Feuersnot, Salome, Elektra, Rosenkavalier* und *Frau ohne Schatten.* Von ausländischen Autoren erschienen bei F. Werke u. a. von J. Massenet *(Manon),* L. Delibes *(Coppélia)* und R. Leoncavallo *(Der Bajazzo).* Er übernahm auch die 1867 gegründete *Bibliothek älterer und neuerer Claviermusik,* ein bis zum 1. Weltkrieg an Musikschulen weitverbreitetes Unterrichtswerk. Nach Adolph F.s Tod wurde der Verlag von seiner Frau und seinem Sohn **Otto,** * 17. 10. 1886 Berlin, † 18. 6. 1958 London, seit 1922 von diesem allein fortgeführt. Er setzte die enge Zusammenarbeit mit R. Strauss fort und arbeitete auch mit H. Pfitzner zusammen. 1935 mußte er nach England emigrieren, wo er in London den Verlag als „Furstner Limited" neu gründete, 1970 ging dieser in den Besitz von Frau Ursula F. über und firmiert heute als „Furstner, London".

Lit.: U. FÜRSTNER, R. Strauss u. der F.-Verlag, in: Mitteilungen der Int. R. Strauss-Ges. (1966) Nr. 50; H.-M. PLESSKE, in: Beitr. zur Gesch. des Buchwesens 3, hrsg. v. K.-H. Kalhöfer – H. Rötzsch (L 1968).

FURTWÄNGLER, 1) Wilhelm, * 25. 1. 1886 Berlin, † 30. 11. 1954 Ebersteinburg bei Baden-Baden; dt. Dirigent und Komponist. F., Sohn des Archäologen Adolf F., erhielt den grundlegenden Klavierunterricht bei seiner Mutter und früh Privatunterricht in Theorie und Tonsatz bei A. Beer-Walbrunn, J. Rheinberger und M. von Schillings und in Klavier bei C. Ansorge. Von seinen Jugendkompositionen wurde 1904 eine Symphonie in Breslau uraufgeführt. Nach Tätigkeit als Korrepetitor und Hilfskapellmeister 1906–09 an den Opern in Breslau, Zürich, München (unter F. Mottl) und Straßburg (unter H. Pfitzner) führte ihn seine Dirigentenlaufbahn von Lübeck (1911–15) über Mannheim (1915–20) und Frankfurt am Main (1918–20) nach Berlin. Hier übernahm er zunächst die Symphoniekonzerte der Staatsopernkapelle und, nach A. Nikischs Tod, 1922 die Leitung der Berliner Philharmoniker, bis 1928 auch die des Leipziger Gewandhausorchesters. Daneben war er zugleich 1919–24 Dirigent des Tonkünstler-Orchesters und seit 1921 auch der Gesellschaft der Musikfreunde in Wien. 1928 wurde er GMD der Stadt Berlin und übernahm im gleichen Jahr als Nachfolger F. Weingartners die Leitung der Wiener Philharmoniker. 1931 wurde er auch musikalischer Leiter der Bayreuther Festspiele. 1933 wurde er Direktor der Staatsoper Berlin, Vizepräsident der Reichsmusikkammer und vom preußischen Ministerpräsidenten Hermann Göring zum Staatsrat ernannt, geriet aber zunehmend in Konflikt mit den Nationalsozialisten. Sein Eintreten für die Dirigenten B. Walter, O. Klemperer, H. Rother u. a. sowie für P. Hindemith führte Ende 1934 zu seinem Rücktritt von allen Ämtern. Nach einem mit Reichsminister Joseph Goebbels getroffenen Kompromiß übernahm er im April 1935 erneut die Leitung der Berliner, 1939 auch die der Wiener Philharmoniker. Nach der Zerstörung der Berliner Philharmonie im Januar 1944 kam er Anfang 1945 von Wien aus in die Schweiz, wo er sich in Clarens am Genfer See niederließ. Nach dem Freispruch in einem Entnazifizierungsverfahren leitete er seit Mai 1947 wiederum die Berliner Philharmoniker (seit 1952 als Dirigent auf Lebenszeit), seit Juli auch die Wiener Philharmoniker und dirigierte auch das London Philharmonic Orchestra. Zahlreiche Reisen führten ihn durch die Bundesrepublik, ins westliche Ausland (außer in die USA, wo er, trotz des Eintretens u. a. von Y. Menuhin für ihn, boykottiert wurde) und zu Festspielen u. a. nach Salzburg, Bayreuth, Edinburgh und Luzern. F. erhielt zahlreiche Auszeichnungen und Ehrungen. Er war u. a. Ehrendoktor der Universität Heidelberg (1927). F. war von romantisch-idealistischer Natur, seinem Wesen nach unpolitisch, aber auch unopportunistisch. Als Interpret der Symphonik von Beethoven bis Brahms und Bruckner und der Opern von Mozart bis Wagner nahm er unter den Dirigenten seiner

Zeit eine herausragende Stellung ein. Darbietung von Musik war für ihn eine „Liebeshandlung". Bei unkonventioneller Dirigiertechnik erreichte die Suggestivkraft seiner Ausdeutung höchste Verinnerlichung. Auch in seinem kompositorischen Schaffen blieb ihm die „Seelensprache" der klassisch-romantischen Musik Leitbild, obgleich er sich – als Dirigent – auch mit ausgewählten Werken der „klassischen Moderne" auseinandersetzte. Für die Ideale der deutschen Klassik und Romantik setzte er sich auch als Musikschriftsteller ein. Seinen kompositorischen Nachlaß verwaltet die Zentralbibliothek Zürich.

WW: **1) Kompositionen:** 2 Sonaten für V. u. Klv., d-moll (1937) u. e-moll (1940); 3 Sinfonien: h-moll (1940), e-moll (1947) u. cis-moll (1954); Symphonisches Konzert für Klv. u. Orch. (1937); Te Deum für Soli, Chor u. Orch. (1910). – **2) Schriften:** *Der Fall Hindemith,* in: Dt. Allgemeine Zeitung (1934) November-Ausg.; *Brahms* u. *Bruckner* (L 1941, ^{2}1952, Neuaufl. St 1963) (mit Nachwort v. W. Riezler); *Gespräche über Musik* (Z 1948, ^{2}1949, Fr ^{7}1958, ^{9}1978); *Ton u. Wort.* Aufsätze und Vorträge 1918–54 (Wie 1954, ^{9}1966); *Der Musiker u. sein Publikum,* hrsg. v. M. Hürlimann (Z 1955); *Vermächtnis,* Nachgelassene Schriften, hrsg. v. S. Brockhaus (Wie 1956, ^{5}1975). H. LINDLAR

2) Gise, Nichte von 1), * 25. 9. 1917 Berlin, † 1. 11. 1979 Hannover; dt. Tänzerin und Choreographin. Ihre Ausbildung als Tänzerin erhielt sie in Berlin bei Max Terpis und Tamara Rauser und debütierte dort am Kabarett der Komiker. Nach Engagements in Königsberg, Wuppertal und bei verschiedenen Tourneenensembles wurde sie 1944 Ballettmeisterin in Wuppertal, danach in Bonn und Heidelberg, tanzte dann an der Komischen Oper in Berlin, wo sie 1955 auch choreographierte, war seit 1961 Ballettmeisterin in Oberhausen, seit 1964 in Münster, 1966–69 Ballettdirektorin in Köln und zuletzt in Krefeld-Mönchengladbach. Sie machte sich vor allem einen Namen mit betont weiblichen, atmosphärisch dichten Kammerballetten.

WW: *Feengarten* (Musik: M. Ravel, *Ma Mère l'oye;* 1963); *Serenade op. 24* (Musik: A. Schönberg; 1964); *Madame miroir* (nach Genet, Musik: D. Milhaud; 1964); *... und andre Stätte hab ich keine als in dir* (Musik: M. Ravel, Klaviertrio; 1966); *Daphnis und Chloë* (Musik: M. Ravel; 1966); *Ballett für Bartóks Streicherdivertimento* (1967); *Intime Briefe* (Musik: L. Janáček, II. Streichquartett; 1968); *Ohne Titel* (Musik: B. A. Zimmermann und A. Schönberg; 1972).

Lit.: **Zu 1):** O. SCHRENK, W. F. (B 1940); F. HERZFELD, W. F., Weg u. Wesen (L 1941, ^{2}1950); C. RIESS, F., Musik u. Politik (B 1953); B. GAVOTY – R. HAUERT, W. F. (G 1955); W. F. im Urteil seiner Zeit, hrsg. v. M. HÜRLIMANN (Z 1955) (mit Beitr. v. A. Schweitzer, A. Ansermet, A. Honegger, P. Hindemith u. a.); F. WINCKEL, Die Dirigierbewegung W. F.s, in: Musica 9 (1955); A. EINSTEIN, W. F., in: Von Schütz bis Hindemith (Z 1957); P. GÜLKE, in: NZfM 125 (1964); Briefe, hrsg. v. F. THIESS (Wie ^{3}1965); F. Recalled, hrsg. v. D. GILLIS (Z–Tuckahoe/N.Y. 1965) (mit Diskographie); G. KAUFFMANN, W. F. als Interpret, in: Jb. für Ästhetik u. allgemeine Kunstwiss. 10 (1965); Dokumente – Berichte u. Bilder – Aufzeichnungen, hrsg. v. K. HÖCKER (B 1968); D. GILLIS, F. and America (NY 1970); S. OLSEN, W. F. (Kop 1970) (= National diskoteket. Discographie Nr. 211); DERS., W. F., Konzertprogramme, Opern u. Vorträge 1947–54 (Wie 1972); W. HENSELLER, W. F.-Phenomenon of a Crisis, in: MR 34 (1973); D. GILLIS, F.: Twenty Years Later, in: MR 37 (1976); E. FURTWÄNGLER, Über W. F. (Wie 1979); K. HÖCKER, Die nie vergessenen Klänge. Erinnerungen an W. F. (B 1979).

FURTWÄNGLER & HAMMER, dt. Orgelbauwerkstatt in Hannover, ↗Hammer.

FUSA (lat., wohl von fusus = ausgegossen), ein Notenwert in der Mensuralnotation des 16. bis 17. Jh., Zeichen: ♪ (seltener ♪), Zeichen für die F.-Pause: ⌶ . Die F. gilt die Hälfte einer ↗Semiminima und das Doppelte einer ↗Semifusa. Aus dem Noten- und dem Pausenzeichen haben sich im Laufe des 18. Jh. die modernen Zeichen für die ↗Achtelnote und die ↗Achtelpause entwickelt.

FUSS, Fußtonzahl, bei Orgel, Cembalo und Harmonium die Tonhöhenangabe eines Registers. Die Fußtonzahl basiert auf dem alten Längenmaß Fuß (Zeichen: '), das, je nach Landschaft und Zeit abweichend, etwa 30 cm entspricht. Sie bezieht sich auf eine bestimmte Länge einer Pfeife mit dem Ton C (die tiefste Taste der Orgelklaviatur), die z. B. als offene Labialpfeife 8' (etwa 2,40 m) mißt. Dementsprechend tragen alle Register, die auf der Taste C den Ton C bringen (und auf jeder anderen Taste den entsprechenden Ton) die Bezeichnung 8', und zwar unabhängig von der tatsächlichen Pfeifenlänge für den Ton C. Für Register, bei denen tiefere oder höhere Oktaven erklingen, werden folgende Fußtonzahlen verwendet: 1. Oberoktave: 4', 2. Oberoktave: 2', 3. Oberoktave: 1'; 1. Unteroktave: 16', 2. Unteroktave: 32'. Für Register, bei denen bestimmte ungeradzahlige Teiltöne erklingen (↗Aliquotstimmen) ist die Fußtonzahl der Quotient aus der Division von 8 durch die Zahl des betr. Teiltons, also für den 3. Teilton (Quinte über der 1. Oberoktave) $8:3 = 2\frac{2}{3}$, für den 5. Teilton (Terz über der 2. Oberoktave) $8:5 = 1\frac{3}{5}$.

FUSSAN, Werner, * 25. 12. 1912 Plauen (Vogtland), † 16. 8. 1986 Mainz; dt. Komponist. Er war Schüler von W. Gmeindl und P. Höffer an der Hochschule für Musik in Berlin, 1946–48 Dozent am Wiesbadener Konservatorium, anschließend Dozent (seit 1966 Professor) für Tonsatz am Staatlichen Hochschulinstitut für Musik in Mainz. Neben seiner Lehrtätigkeit pflegte F. seit den 50er Jahren vor allem den Kontakt zur Chor- und Spielmusik. F. entwickelte in den frühen Werken einen Stil, der Dodekaphonie als Konstruktionsmittel benutzt, in Melodik, Harmonik und Rhythmik aber stark von P. Hindemith geprägt ist. Später fand er in Spielmusiken und Liedkantaten zu einer einfacheren Sprache, ohne aber trivial zu wirken.

WW: **1) Instr.-WW:** Zweite Sonatine für Klv. (1946); Capriccio für Orch. (1948); Musik für V. u. Klv. (1949); Suite für Str. (1950); Streichtrio Nr. 1 (1953); Concertino für Fl. u. Streichorch. (1957); Zwei Choralvorspiele für Org. (1960); Concertino für Klar. u. Streichorch. (1966). – **2) Vokal-WW:** *Die chinesische Flöte* (1939) für Sopran, Fl. u. Streichquartett; Drei Lieder nach J. Weinheber für Bar. u. Klar. (1941): *Heiteres Aquarium* (1954), 3 Chansons für gem. Chor; *Vier kleine Motetten* (1956) für gem. Chor; *Die vier Verhältnisse* (1966) für Männerchor; *Lob der Schöpfung* (1976) für gem. Chor; ferner mehrere Kantaten u. Chorwerke.

K.-J. MÜLLER

FUTURISMUS, Bz. für eine „Bewegung" italienischer Künstler in den ersten drei Jahrzehnten des 20. Jh., die in allen Bereichen der Kunst gegen die tradierten ästhetischen Vorstellungen rebellierten; denn sie erkannten die Notwendigkeit, daß die Technisierung der Welt auch die Sprache und Funktion von Kunst tiefgreifend verändern müsse. Ihre Manifeste (als erstes: *Fondazione e Manifesto del Futurismo* von F. T. Marinetti im Pariser *Figaro* vom 20. 2. 1909), die weiteste Verbreitung fanden, beeinflußten in den meisten Ländern Europas das Entstehen neuer Kunstrichtungen. Nach Marinettis Worten erstrebten die Futuristen eine „vollständige Erneuerung der menschlichen Sensibilität", und zwar insbesondere für die neue technisierte Umwelt. Der aggressive Impetus gegen die Vergangenheit schlechthin, die Mythologisierung der Maschinenwelt und die Verherrlichung des Krieges bargen allerdings in sich den Keim falschen Bewußtseins, das sich nach dem Aufstieg Mussolinis mit dem Faschismus identifizierte (so z. B. Marinetti).

Der Komponist Fr. Balilla Pratella veröffentlichte am 23. 9. 1911 das *Manifesto della musica futuristica.* Als zentrale Gattung einer künftigen futuristischen Musik galt ihm die Symphonie, die sich von den Formen der Vergangenheit löst und der Welt der Geräusche öffnet. Auch die Überwindung des temperierten Tonsystems durch Einführung von Mikrointervallen propagierte Pratella. In seinen Kompositionen blieb er jedoch weit hinter seinem ästhetischen Programm zurück. Den theoretischen Anregungen Pratellas folgend, versuchte der Maler Luigi Russolo, Geräusche in die Musik zu integrieren; zu ihrer Erzeugung konstruierte er spezielle Instrumente (Intonarumori). Das nach ihm benannte Russolophon diente der Intonation von Mikrointervallen. E. Varèse, der ebenfalls die Klangwelt um Geräusche zu bereichern suchte, kritisierte die Äußerlichkeit, mit der die futuristischen Komponisten bei der Verwendung von Geräuschen vorgingen. Der Verzicht der futuristischen Komponisten auf Konstruktion, der einer unkritischen Identifikation von Kunst und Leben gleichkommt, hat dazu geführt, daß der F. keine Musik von Bedeutung hervorgebracht hat.

Lit.: I manifesti del F. (Fi 1924); L. RUSSOLO, L'art des bruits. Manifeste futuriste 1913 (P 1954); F. K. PRIEBERG, Musica ex machina (B 1960); CH. BAUMGARTH, Gesch. des F. (H 1966); R. HEINZ, F. Busonis musikal. F., in: Gesch. u. Zukunft. FS A. Hain (Meisenheim 1967); U. APOLLONIO, Der F. Manifeste u. Dokumente einer künstlerischen Revolution 1909–1918. Dt. Übers. v. Ch. Baumgarth u. H. Hohenemser (Kö 1972); Der musikal. F., hrsg. v. O. KOLLERITSCH (Gr 1976) (= Stud. zur Wertungsforsch. 8); R. J. PAYTON, The Music of Futurism. Concerts and Polemics, in: MQ 62 (1976); K. G. FELLERER, Der F. in der it. Musik (Bru 1977) (= Mededelingen van de Koninklijke Acad. voor Wetenschappen, Klasse der Schone Kunsten 39, Nr. 3).

H. WEBER

FUX, Johann Joseph, * 1660 Hirtenfeld bei St. Marein (Steiermark), † 13. 2. 1741 Wien; östr. Komponist und Musiktheoretiker. F. erhielt seine Ausbildung bei den Jesuiten. An deren Lehranstalten ist er seit 22. 5. 1680 in Graz, seit 28. 12. 1683 in Ingolstadt nachweisbar, wo er zugleich bis Ende 1688 als Organist an der St. Moritzkirche wirkte. Da er in seinem berühmten Lehrbuch des Kontrapunkts *Gradus ad Parnassum* G. P. Palestrina als sein leuchtendes Vorbild hinstellt, dürfte F. als Musiker weitgehend Autodidakt gewesen sein. Wann er nach Wien gelangte, ist unbekannt. Dort ist er 1696–1702 als Organist an der Schottenkirche und 1705–15 als Kapellmeister am Stephans-Dom nachzuweisen. Von Kaiser Leopold I. 1698 zum Hofkomponisten ernannt, wurde F. nach der Krönung Kaiser Karls VI. 1713 Vizehofkapellmeister und 1715 als Nachfolger von M. A. Ziani Hofkapellmeister. Hochangesehen bekleidete er dieses Amt bis an sein Lebensende.

WW: 500 Vokal- u. Instr.-Werke, darunter über 30 Oratorien u. Opern, ca. 100 Messen, ferner zahlr. Vespern, Litaneien, Te Deum, Gradualien, Motetten, Kirchensonaten, Ouvertüren, Triopartiten u. Cemb.-Suiten. – Gedruckt wurden: *Concentus musico-instrumentalis*... (Nü 1701); Oper *Elisa* (A 1719); theoretisches Werk *Gradus ad Parnassum*... (W 1725, dt. L 1742, it. Carpi 1761, engl. Lo ca. 1768, frz. P 1773–1775).

Im Werk von F. erreichte der österreichische Musikbarock seinen Höhepunkt. Verwurzelt im religiösen Bereich und geprägt von starkem Traditionsbewußtsein, spiegelt es die in Karl VI. letztmalig personifizierte mittelalterliche deutsche Kaiser- und Reichsidee wider. Offenbar trat F. erst verhältnismäßig spät als Komponist hervor. Er selbst bezeichnet sich in seiner wahrscheinlich 1693 oder 1695 entstandenen *Missa Sanctissimae Trinitatis* als „novellum authorem, sacrae musices Tyronem". Die frühesten datierbaren Quellen stammen aus dem letzten Jahrzehnt des 17. Jh.; sein *Concentus musico-instrumentalis,* in dem sich deutsche Suitenkunst, französische Ouvertüre und italienische Kantabilität auf der Grundlage solider Satztechnik zu einheitlichem Stil verbinden, erschien 1701 als op. 1. Unter seinen sonstigen Instrumentalwerken ragen vor allem die an A. Corelli anknüpfenden Triosonaten hervor. Ihren mustergültigen Satz lobte selbst sein Widersacher J. Mattheson, mit dem er sich 1717/18 in einen ungeschlichteten Solmisations- und Tonartenstreit verwickelte. Seine nur fragmentarisch überlieferten Suiten und Einzelstücke für Cembalo bilden ein Bindeglied in der Tradition der österreichischen Klaviermusik zwischen J. J. Froberger, F. T. Richter und seinen Schülern G. Muffat und G. Chr. Wagenseil. Die von 1700 bis 1731 nachweisbaren dramatischen Werke, unter denen die anläßlich des Geburtstages der Kaiserin Elisabeth Christine, Gemahlin Karls VI., 1723 in Prag aufgeführte Oper *Costanza e fortezza* hervorragt, stellen die endgültige Ausformung von Barockoper und Barockoratorium Wiener Prägung dar. Monumentalität und Pathos, Figuren- und Koloraturenreichtum in den Arien zeichnen sie als höfische Auftragswerke zu festlichen Anlässen im Herrscherhaus aus. Jedoch schrieb F. auch einfachere Arien im Tanzcharakter mit einer der bodenständigen Volksmusik nahestehenden Melodik. Vor allem aber war F. Kirchenkomponist. Entsprechend dem Stildualismus der Barockmusik folgen seine geistlichen Werke teils dem an Palestrina orientierten „stylus a cappella“, teils dem zu seiner Zeit zumeist gebräuchlichen „stylus mixtus“ mit Solo-Tutti-Kontrast und konzertierenden Instrumenten. Die Oratorien und Sepolcri bilden das geistliche Gegenstück zu seinen Opern. Unter der übrigen Kirchenmusik ragt die Karl VI. gewidmete kontrapunktisch gearbeitete *Missa canonica* hervor. Durch dieses Werk, hauptsächlich aber als Musiktheoretiker, nämlich als Verfasser des in mehrere Sprachen übersetzten *Gradus ad Parnassum*, mit dem er die Lehre des strengen Satzes kodifizierte, lebt F. im Gedächtnis der Nachwelt fort. Auf das letztgenannte Werk, das auch J. S. Bach besaß und nach dem W. A. Mozart unterrichtete, stützen sich die meisten Kontrapunktlehren bis zur Gegenwart.

Ausg.: GA (Kas – Gr 1959ff.), bisher sind erschienen: Serie I, Messen u. Requiem, Bd. 1: *Missa Corporis Christi*, hrsg. v. H. FEDERHOFER (1959), Bd. 2: *Missa Lachrymantis Virginis*, hrsg. v. DEMS. (1971), Bd. 3: *Missa brevis solemnitatis*, hrsg. v. J.-H. LEDERER (1974); Serie II, Litaneien, Vespern u. Kompletorien, Bd. 1: *Te Deum*, hrsg. v. I. KECSKEMÉTI (1963), Bd. 2: *Te Deum*, hrsg. v. I. SCHUBERT – G. NEUWIRTH (1980); Serie III, Kleinere Kirchenmusikwerke, Bd. 1: Motetten u. Antiphonen für Sopran u. Instrumentalbegleitung, hrsg. von H. FEDERHOFER – R. FEDERHOFER-KÖNIGS (1961); Serie IV, Oratorien, Bd. 1: *La fede sacrilega nella morte del Precursor S. Giovanni Battista*, hrsg. v. H. ZELZER (1959), Bd. 2: *La donna forte nella madre de'sette Maccabei*, hrsg. v. O. WESSELY (1976); Serie V, Opern, Bd. 1: *Julo Ascanio, re d'Alba*, hrsg. v. H. FEDERHOFER (1962), Bd. 2: *Pulcheria*, hrsg. v. DEMS. – W. SUPPAN (1967); Serie VI, Instrumentalmusik, Bd. 1: Werke für Tasteninstr., hrsg. v. F. W. RIEDEL (1964), Bd. 2: *Triopartiten*, hrsg. v. E. SCHENK – TH. ANTONICEK (1979); Serie VII, Theoretische u. pädagogische Werke, Bd. 1: *Gradus ad Parnassum*, Faks. der Ausg. Wien 1725, hrsg. v. A. MANN (1967). – Steps to Parnassus (1943), NA als: The Study of Counterpoint, übers. u. hrsg. v. A. MANN (NY – Lo 1965) (zus. mit J. Edmunds); *Gradus ad Parnassum*, Faks. der Ausg. Wien 1725 (1966) (= MMMLF II/24). – Missa C-Dur, hrsg. v. W. FÜRLINGER (Neuhausen 1977) (= Die Kantate 275); 4 Messen, davon 2 a cap. u. 2 mit Instr., hrsg. v. J. E. HABERT (W 1894) (= DTÖ 1); 27 Motetten für 4 oder 5 SingSt allein oder mit Org. u. Instrumentalbegleitung a cap., hrsg. v. DEMS. (W 1895) (= ebd. 3); mehrfach besetzte Instr.-Werke, 2 Kirchensonaten u. 2 Ouvertüren (Suiten), hrsg. v. G. ADLER (W 1903) (= ebd. 19); Oper *Costanza e fortezza*, hrsg. v. E. WELLESZ (W 1910) (= ebd. 34/35); *Concentus musico-instrumentalis*, hrsg. v. H. RIETSCH (W 1916) (= ebd. 34/35); Ausgew. Werke für Tasteninstr., hrsg. v. E. SCHENK (W 1947) (= ebd. 85).

Lit.: L. R. VON KOECHEL, J. J. F. (W 1872, Nachdr. Hil 1974) (mit Werk-Verz. u. thematischem Kat.); H. RIETSCH, Der „Concentus“ v. F., in: StMw 4 (1916); V. HALPERN, Die Suiten v. J. J. F. (Diss. W 1917); E. BRENN, Die Meßkomp. v. J. J. F. (Diss. W 1931); A. LIESS, Die Triosonaten v. J. J. F. (B 1940); DERS., J. J. F. (W 1948); E. SCHENK, Ein wichtiger Fund zur Biogr. v. J. J. F., in: Anzeiger der phil.-hist. Klasse der Östr. Akad. der Wiss. 86 (1949); F. POSCH, Heimat u. Herkunft des J. J. F., in: Mitt. des Inst. für östr. Gesch.-Forsch. 63 (1955); A. LIESS, Fuxiana (W 1958); H. FEDERHOFER, Unbekannte Kirchenmusik v. J. J. F., in: KmJb 43 (1959); DERS., J. J. F. u. J. Haydn, in: Musica 14 (1960); J. H. VAN DER MEER, J. J. F. als Opernkomp. (Bilthoven 1961); F. W. RIEDEL, J. J. F. u. die römische Palestrina-Tradition, in: Mf 14 (1961); H. FEDERHOFER, J. J. F. als Musiktheoretiker, in: H. Albrecht in memoriam (Kas 1962); F. W. RIEDEL, Musikgeschichtliche Beziehungen zw. J. J. F. u. J. S. Bach, in: FS F. Blume (Kas 1963); H. W. HAMANN, Neue Quellen zur J. J. F.-Forsch., in: Ber. über den Int. Musikwiss. Kgr. Kassel 1962 (Kas 1963); H. FEDERHOFER – F. W. RIEDEL, Quellenkundliche Beitr. zur J. J. F.-Forsch., in: AfMw 21 (1964); E. SCHENK, Kuhnau u. F., in: Anzeiger der phil.-hist. Klasse der Östr. Akad. der Wiss. 102 (1965); E. WELLESZ, F. (Lo 1965); O. WESSELY, J. J. F. u. J. Mattheson (Gr 1966); DERS., J. J. F. u. F. A. Vallotti (Gr 1967); S. WOLLENBERG, The Unknown „Gradus“, in: ML 51 (1970); O. WESSELY, J. J. F. im Urteil der Umwelt u. Nachwelt, in: ÖMZ 25 (1970); A. MANN, Haydn as Student and Critic of F., in: Studies in Eighteenth-Century Music. FS K. Geiringer (Lo 1970); H. FEDERHOFER, J. J. F. u. J. Mattheson im Urteil L. Ch. Mizlers, in: Speculum musicae artis. FS H. Husmann (Mn 1970); F. W. RIEDEL, Zur „Missa SSmae Trinitatis“ v. J. J. F., in: Symbolae historiae musicae. FS H. Federhofer (Mz 1971); G. GRUBER, Das Wiener Sepolcro u. J. J. F., Teil 1 (Gr 1972); J. P. LARSEN, Die Triosonate v. J. J. F. im Wiener Musikleben um 1740, in: Musicae scientiae collectanea. FS K. G. Fellerer (Kö 1973); F. W. RIEDEL, Kirchenmusik am Hofe Karls VI. 1711–1740 (Mn – Salzburg 1977) (= Stud. zur Landes- u. Sozialgesch. der Musik 1); H. SEIFERT, Die Aufführungen der Opern u. Serenate mit Musik v. J. J. F., in: StMw 29 (Tutzing 1978); E. MELKUS, Die Oper „Psiche“ v. J. J. F., in: ÖMZ 33 (1978); H. FEDERHOFER – R. FLOTZINGER, Musikgesch. Steiermarks im Überblick, in: Musik in der Steiermark. Landesausstellung 1980 (Gr 1980); W. GLEISSNER, Die Vespern v. J. J. F. (Diss. Mz 1980).

H. FEDERHOFER

fz, Vortragsbezeichnung, Abk. für forzato, ↗sforzato.

G

G, g. – 1) Im deutschen Sprachraum ↗Tonname für die 5. Stufe der C-Dur-Tonleiter; entspricht der heute noch in den romanischen Ländern üblichen ↗Solmisations-Silbe *sol.* Der einfach oder doppelt erniedrigte Ton G heißt Ges bzw. Geses, der entsprechend erhöhte Ton Gis bzw. Gisis. Diese ↗Alterationen werden in England, Frankreich und Italien wie folgt benannt:

dt.	engl.	frz.	it.
Ges	G flat	sol bémol	sol bemolle
Geses	G double flat	sol double bémol	sol doppio bemolle
Gis	G sharp	sol dièse	sol diesis
Gisis	G double sharp	sol double dièse	sol doppio diesis

2) Im System der ↗Kirchentöne ist G ↗Finalis des siebten und achten Tons (auch mixolydischer bzw. hypomixolydischer modus genannt). – **3)** Seit dem Anfang des 19. Jh. gebräuchliche Akkordbezeichnung: G bedeutet den G-Dur-Akkord oder die Tonart G-Dur, g den g-moll-Akkord oder die Tonart g-moll. – **4)** In der Notation des ↗Gregorianischen Gesangs und der frühen Mehrstimmigkeit (bis etwa zum 14. Jh.) weist der Buchstabe g – auch in stilisierter Form – am Beginn des Notensystems darauf hin, daß alle Töne auf der betreffenden Linie g^1 sind (jedoch nicht so häufig, wie das entsprechend für ↗C und ↗F gilt). So hat g in diesem Sinne die Funktion eines – erst später so genannten – ↗Notenschlüssels und stellt graphisch die früheste Form des G-Schlüssels dar.

GABELGRIFF (engl.: cross fingering; frz.: doigté fourchu), bei Holzblasinstrumenten mit diatonischer Grifflochanordnung Bz. für das Öffnen eines Loches zwischen zwei geschlossenen Löchern. Durch den G. wird die chromatische Erhöhung oder Erniedrigung eines Tones ermöglicht.

GABLER, Joseph, * 6. 7. 1700 Ochsenhausen, † 8. 11. 1771 Bregenz; dt. Orgelbauer. G. erlernte seit etwa 1720 in Mainz das Kunsttischler- und Orgelbauhandwerk und wurde dabei mit den bedeutenden Orgelbauwerkstätten Geissel, Will, Macrander und Dahm bekannt. Spätestens 1729 gründete er in Mainz eine eigene Werkstatt, verlegte aber seinen Wohnsitz meistens an den Ort seiner Orgelbautätigkeit. Erhalten sind – mehr oder weniger verändert – seine Orgeln in Ochsenhausen (1729–34, 4 Man., 49 Reg.) und Weingarten (1737–50, 4 Man., 64 Reg.). 1978 wurde im original erhaltenen Gehäuse die Orgel in Maria Steinbach bei Memmingen (1755–59, 2 Man., 24 Reg.) rekonstruiert. G.s Orgeln zeichnen sich vor allem durch die Kühnheit der architektonischen Anlage aus, deren Prinzip stets das Umspielen der Westfensteranlage des barocken Raums ist. Einen Höhepunkt des barocken Orgelbaus stellt in dieser Hinsicht die Weingartener Orgel dar, deren genialer Konzeption die spätbarocke Üppigkeit der klanglichen Möglichkeiten entspricht. Ein voluminös ausgebauter Prinzipalchor steht einer reichen Farbpalette von Streichern, Flöten und Solozungen gegenüber. Dabei bevorzugte G. besonders 2- bis 3chörige Farbregister in der 32′-, 16′-, 8′- und 4′-Lage.

Lit.: F. BÄRNWICK, Die große Orgel zu Weingarten (Weingarten 1922, Kas [4]1947); R. WEBER, Die Orgeln von J. G. und J. N. Holzhay (Tü 1932); P. SMETS, Die große G.-Orgel der Abtei Weingarten (Mz 1940); W. SUPPER – H. MEYER, Barockorgeln in Oberschwaben (Kas 1941); Der Barock, seine Orgeln und seine Musik in Oberschwaben, hrsg. v. W. SUPPER (B–Da 1952); U. SIEGELE, Die Disposition der G.-Orgel zu Ochsenhausen, in: MuK 26 (1956).

H. J. BUSCH

GABRIELI (Gabrielli), it. Musikerfamilie. – **1) Andrea,** * um 1510 oder 1515 Venedig, † 1586 ebd.; Komponist. Er war 1536 Sänger an S. Marco in Venedig und dort vielleicht Schüler von A. Willaert, ging dann nach Verona, wo er unter dem Kapellmeister V. Ruffo Organist am Dom wurde. 1557 ist er als Organist an S. Geremia wieder in Venedig nachweisbar. Um eine Organistenstelle an S. Marco bewarb er sich zunächst erfolglos; die Stelle erhielt Cl. Merulo. 1562 reiste G. mit O.

di Lasso im Gefolge Herzog Albrechts V. von Bayern nach Prag, Bamberg und Würzburg. 1564 wurde er Zweiter, 1585 Erster Organist an S. Marco. Für sein Ansehen als Komponist spricht, daß er mit offiziellen Festmusiken beauftragt wurde. So komponierte er die Musik zur Feier des Sieges von Lepanto 1571 und vertonte 1585 zur Eröffnung des Teatro Olimpico in Vicenza die Chöre von Sophokles' *Oedipus Tyrannus.*

WW (teilweise mit mehreren Aufl. u. Nachdr.): **1) Geistliche WW:** *Sacrae cantiones* für 5 St. (V 1565); Messen für 6 St. (V 1572); *Ecclesiasticae cantiones* für 4 St. (V 1576); *Psalmi Davidici* für 6 St. (V 1583); *Concerti di A., et di Giovanni G.* für 6–16 St. (V 1587) (mit 36 Stücken v. A. G.); Motetten auch in etwa 10 Sammeldrucken 1567–1618; *Chori in musica... sopra li chori della tragedia di Edippo Tiranno... con solennissimo apparato* (V 1588). – **2) Weltliche WW:** *Greghesche et Iustiniani* für 3 St. (V 1571); *Madrigali et ricercari* für 4 St. (V 1589); 3 Bücher Madrigale für 5 St. (V 1566, 1570, 1589); 2 Bücher Madrigale für 6 St. (V 1674, 1580); 20 Madrigale in den *Concerti* v. 1587 (s.o.); Madrigale, Villanellen u. a. weltliche Gesänge in mehr als 30 Sammeldrucken 1554–1624, auch in zahlr. Lautentabulaturen; zahlr. im Tabulaturbuch v. B. Schmid (= RISM 1607^{29}). – **3) Instr.-WW:** 6 Bücher mit Werken für Tasten-Instr., davon erhalten: 1: *Intonationi d'organo di A. G., et di Giovanni suo nepote* (V 1593) (mit 8 Intonationi u. 4 Tokkaten v. A. G.); 2: *Ricercari* (V 1595); 3: *Ricercari... insieme uno motetto, due madrigaletti, et uno capriccio* (V 1596); 5: *Canzoni alla francese et ricercari ariosi* (V 1605); *Canzoni alla francese... con uno madrigale... et uno capriccio* (V 1605); 1 Ricercare in den *Concerti* v. 1587, 7 in *Madrigali et ricercari* (s. o.); einige Instr.-WW auch in Sammeldrucken.

G. gehört zu den angesehensten Komponisten der 2. Hälfte des 16. Jahrhunderts. Das sich anbahnende neue Verständnis der Wort-Ton-Beziehung zugunsten klarer Textdeklamation und affekthaltiger Wortausdeutung führte ihn über die noch in seinen Frühwerken erscheinenden imitatorischen Techniken zu einer stärker harmonisch-klanglich orientierten Schreibweise. Er bereicherte in der geistlichen Musik die ältere ↗Coro spezzato-Technik durch neue, konstitutive Elemente und wurde dadurch zusammen mit seinem Neffen Giovanni G. (s. u.) zum Schöpfer des vielstimmigen ↗Concerto. Wichtig für die Entwicklung der Musik waren auch seine weltlichen Werke: die Madrigale halfen mit ihrer farbigen Harmonik und mit der Nähe zum Volkstümlichen die Kantate des 17. Jh. vorbereiten; in der Instrumentalmusik (erst postum veröffentlicht) sind die Ricercari und die Canzoni für die Entwicklung dieser Gattungen bedeutsam.

2) Giovanni, Neffe von 1), * 1557(?) Venedig, † 12.8.1612 (1613?) ebd.; It. Komponist. Er war ein Schüler seines Onkels. 1575 kam er nach München, wo er unter O. di Lasso bis 1579 der Hofkapelle angehörte. Anschließend kehrte er nach Venedig zurück und wurde dort 1585 Erster Organist an S. Marco, übte aber zu Lebzeiten seines Onkels das Amt des 2. Organisten aus. 1585–1606 war er auch Organist an der Schule S. Rocco.

WW: **1) Geistliche WW:** *Concerti di Andrea, et di Gio. Gabrieli* für 6–16 St. (V 1587) (mit 5 Motetten von G. G.); 2 Bücher *Sacrae symphoniae,* I: für 6–16 St. (V 1597), II: für 6–19 St. (V 1615), beide Slgen. mit geistlichen u. weltlichen, sowohl Vokal- als auch Instr.-Werken; geistliche Werke in Sammeldrucken zw. 1588–1621, auch in dt. Sammeldrucken von P. Kauffmann, Nürnberg (RISM 1598^2, 1600^2 u. 1615^2) u. J. Donfrid, Straßburg (RISM 1613^1 u. 1617^1). – **2) Weltliche WW:** 5 Madrigale in den *Concerti* von 1587 (s. o.); 6 Madrigale im 3. Buch der 6st. Madrigale v. Andrea G. (V 1589); Madrigale auch in mehr als 20 Sammeldrucken 1583–1624, auch in Lautentabulaturen. – **3) Instr.-WW:** *Intonationi d'organo di Andrea Gabrieli, et di Gio. suo nepote* (V 1593) (mit 22 Intonationi v. G. G.); 2 Ricercari in: Andrea G., *Ricercari* (V 1595); 14 Canzoni u. 2 Sonaten in: *Sacrae symphoniae* (s. o.); *Canzoni et sonate* für 3–22 St. (V 1615); Instr.-WW auch in Sammeldrucken.

In G.s Schaffen überwiegen zahlenmäßig die geistlichen Kompositionen, die denn auch seinen musikgeschichtlichen Rang und seine charakteristische Stellung in der ↗Venezianischen Schule des 16./17. Jh. in erster Linie ausmachen. Wegweisend in ihrer neuartigen satztechnischen Gestaltung waren die *Concerti* von 1587 und die *Sacrae symphoniae* von 1597. Sie sind – zusammen mit den *Concerti* des Andrea G. – die Schlüsselwerke für die Ausprägung des vielstimmigen konzertierenden Stils (↗Concerto). Der selbständige, den spieltechnischen Gegebenheiten entsprechende Einsatz von Instrumenten ist bezeichnend für die späteren *Symphoniae sacrae* von 1615. In dieser Sammlung ist auch eine *Sonata pian e forte* veröffentlicht, ein frühes Beispiel für die Exposition dynamischer Gegensätze (↗Dynamik) in der instrumentalen Ensemblemusik. G. hatte viele Schüler, die er mit seinen Werken und mit seiner Persönlichkeit beeindruckte, darunter auch H. Schütz. Dieser war es vor allem, der den konzertierenden Stil seines Lehrers in der Anpassung an den deutschen Sprachduktus zu einem wesentlichen Bestandteil seiner eigenen Kunst werden ließ und damit entscheidend zur Blüte der protestantischen Kirchenmusik im 17. Jh. beitrug.

Ausg.: **Zu 1): a) Geistliche WW:** Eine 5st. Motette u. ein 6st. Psalm, in: A. e G. G. e la musica instrumentale in S. Marco 1, hrsg. v. G. BENVENUTI (Mi 1932) (= Istituzioni e monumenti dell'arte musicale italiane 1) (darin auch Biogr. u. Werk-Verz.); *Psalmi Davidici* 1583, hrsg. v. B. GRUSNICK (Kas 1936, Nachdr. 1954); 5 geistliche Werke aus den *Concerti* 1587, in: Musiche di chiesa da 5 a 16 v., hrsg. v. G. D'ALESSI (Mi 1942) (= I classici mus. ital. 5); *Missa brevis,* hrsg. v. H. HÜBSCH (Rb 1950) (= Musica spiritualis I/1); 3 Motetten, hrsg. v. D. ARNOLD (Kas 1965) (= Chw 96); Motette *Jubilate Deo omnis terra* für 8 St., hrsg. v. DEMS. (Wb 1974) (= Möseler-Chorreihe 144); *Deus misereatur nostri* für 12 St., hrsg. v. B. GRUSNICK (Wb 1978). – **b) Weltliche WW:** Ein 6st. u. 7 4st. Ricercari, sowie 2 8st. Battaglie, in: A. e G. G. e la musica instrumentale in S. Marco 1, hrsg. v. G. BENVENUTI (Mi 1932) (= Istituzioni e monumenti dell'arte musicale italiane 1) (darin auch Biogr. u. Werk-Verz.); 3 Madrigale, in: It. Musiker u. das Kaiserhaus 1567–1625, hrsg. v. A. EINSTEIN (W 1934) (= DTÖ 77); 10 Madrigale für gem. St., hrsg. v. D. ARNOLD (O 1970). –

c) Instr.-WW: Orgelwerke, hrsg. v. P. PIDOUX, 5 Bde. (Kas 1942–53, Nachdr. 1952–59); *Canzoni alla francese... libro sesto et ultimo*, Faks. der Ausg. v. 1605 (Bol 1972) (= Bibl. musica Bononiensis IV/48); *Intonationi d'organo di A. G. et di G. G.... libro primo*, Faks. der Ausg. v. 1593 (Bol 1972) (= ebd. IV/46); *Ricercari... libro secondo*, Faks. der Ausg. v. 1595 (Bol 1972) (= ebd. IV/47); Canzonen à 4, hrsg. v. I. HECHLER (Celle 1975); *Ricercari* à 4, Nr. 2, 3 u. 4, hrsg. v. W. LEBERMANN (Mz 1977). – **Zu 2):** Opera omnia, hrsg. v. D. ARNOLD (1957ff.) (= CMM 12); Opera omnia, hrsg. v. der Fondazione Cini Venedig, bisher Bd. 1: *Sacrae symphoniae libro primo*, Teil 2, hrsg. v. V. FAGOTTO (W 1969). – **a) Geistliche WW:** 3 Motetten für 8st. Doppelchor, hrsg. v. H. BESSELER (Wb 1931) (= Chw 10); *Plaudite omnes terrae* für 12 St., hrsg. v. P. WINTER (F 1969); *Angelus ad pastores ait* für 12 St., hrsg. v. DEMS. (F 1970); *Jubilemus singuli* für 8 SingSt u. B.c., *Beata es virgo* für Chor u. B.c., *Hodie Christus natus est* für 8 St. u. B.c., hrsg. v. D. JERGENSON – D. WOLFE (NY – Lo 1970); *Audi Domine* (7st.), *Deus in nomine tuo* u. *Diligam te, Domine* (8st.), hrsg. v. CH. ENGELBRECHT (Wb 1974) (= Chw 67); *O Jesu mi dulcissime à 8*, hrsg. v. H. BESSELER (Wb 1974); *O Magnum mysterium à 8*, hrsg. v. G. WOLTERS (Wb 1978). – **b) Instr.-WW:** Orgelkompositionen, hrsg. v. S. DALLA LIBERA, 3 Bde. (Mi 1957–59); Werke für Tasteninstr., hrsg. v. G. S. BEDBROOK (Kas 1958); *4 Canzoni* für 4 Bläser, hrsg. v. A. LUMSDEN (Lo 1966); 7 Canzonen 1597 für 10 Instr., hrsg. v. P. WINTER (F 1967); *Canzoni e sonate per sonar con ogni sorte de instrumenti*, hrsg. v. M. SANVOISIN (P 1971) (= Le pupitre 27); *Canzone e sonate* 1615 für Blechbläser, hrsg. v. B. THOMAS (Lo 1972); *16 Canzoni* aus *Sacrae symphoniae* 1 für Bläser, hrsg. v. R. P. BLOCK (Lo 1972); *Intonationi d'organo di A. G. et di G. G.... libro primo*, Faks. der Ausg. v. 1593 (Bol 1972) (= Bibl. musica Bononiensis IV/46).

Lit.: **Zu 1):** H. SCHULTZ, Das Madrigal als Formideal (L 1939) (= PäM 10) (Nachdr. Hil – Wie 1968); A. EINSTEIN, The Italian Madrigal, 3 Bde. (Princeton/N.J. 1949, Nachdr. 1970, dt. Z 1952) (in Bd. 3 6 Stücke v. G.); D. ARNOLD, Ceremonial Music in Venice at the Time of the G.s, in: Proc. R. Mus. Assoc. 82 (1955/56); W. YEOMANN, A. G.'s Canzoni e ricercari (Libro quinto), in: MMR 88 (1958); L. SCHRADE, La représentation d'Edipo Tiranno au Teatro Olimpico Vicenza 1585 (P 1960) (= Le chœur des muses o. Nr.) (mit Ausg. der Chöre G.s); W. H. SIMSON, The Motets of A. G. „Catalogue raisonné" and Critical Edition, 2 Bde. (1962) (= Diss. Yale Univ./Conn.); W. MÜLLER-BLATTAU, Klangliche Strukturen im Satzbau des Psalmus primus aus den Sieben Bußpsalmen v. A. G., in: FS J. Müller-Blattau (Kas 1966) (= Saarbrücker Stud. zur Musikwiss. 1). – **Zu 2):** C. G. A. V. VON WINTERFELD, Johannes G. u. sein Zeitalter, 2 Bde. u. ein Bd. Musik-Bsp. (B 1834, Nachdr. Hil 1965); A. SCHLOSSBERG, Die it. Sonata für mehrere Instr. im 17. Jh. (Diss. Hei 1935); R. WIESENTHAL, G. G. (Diss. Jena 1954); J. A. FLOWER, G. G.'s „Sacrae Symphoniae", 2 Bde. (1956) (= Diss. Univ. of Michigan); D. ARNOLD, Towards a Biography of G. G., in: MD 15 (1961); K.-U. DÜWELL, Stud. zur Kompositionstechnik der Mehrchörigkeit im 16. Jh. (Diss. Kö 1963); F. HUDSON, G. G.'s Motet a 15 „In ecclesiis" from „Symphoniae sacrae Liber II" 1615, in: MR 24 (1963); S. KUNZE, Die Instr.-Musik G. G.s, 2 Bde. (Tutzing 1963) (= Münchner Veröff. zur Musikgesch. 8) (in Bd. 2 Anh. mit zum Teil unveröff. Komp.); DERS., Die Entstehung des Concertoprincips im Spätwerk G. G.s, in: AfMw 21 (1964); E. F. KENTON, Life and Works of G. G. (R 1966) (= MSD 16); W. MÜLLER-BLATTAU, Zur Dissonanzbehandlung bei G. G., in: Kgr.-Ber. Leipzig 1966 (L 1970); D. ARNOLD, Gli allievi di G. G., in: NRMI 5 (1971); S. SCHMALZRIEDT, H. Schütz u. a. zeitgen. Musiker in der Lehre G. G.s. Stud. zu ihren Madrigalen (St 1972) (= Tübinger Beitr. zur Musikwiss. 1); D. ARNOLD, G. G. (Lo 1974) (= Oxford Studies of Composers 12); W. MÜLLER-BLATTAU, Tonsatz u. Klanggestaltung bei G. G. (Kas 1975) (= Saarbrücker Stud. zur Musikwiss. 4); C. BARTLETT – P. HOLMAN, G. G.: A Guide to the Performance of His Instrumental Music, in: Early Music 3 (1975); E. SELFRIDGE-FIELD, G. and the Organ, in: OYb 8 (1977).

GABRIELLI (Gabrieli), **Caterina,** * 12. 11. 1730 Rom, † 16. 2. 1796 ebd.; it. Sängerin (Koloratursopran). Sie war Schülerin von Fr. J. García in Rom und von N. Porpora in Venedig, später von G. Guadagni und P. Metastasio. 1747 debütierte sie in B. Galuppis *Sofonisba* und wurde 1755 von Metastasio an die Wiener Oper geholt, wo sie, mit Unterbrechungen, bis 1761 blieb. Seit 1765 trat sie mit triumphalem Erfolg an italienischen Bühnen auf, 1772–75 in St. Petersburg und anschließend in London, danach wieder in Italien. 1782 zog sie sich von der Bühne zurück. G. gehörte zu den herausragenden Sängerinnen ihrer Zeit. Sie sang in den Uraufführungen zahlreicher Werke vor allem von Gluck und T. Traetta. Gerühmt wurde auch ihre Darstellungskunst. Sie erregte aber auch Aufsehen durch ihren kapriziösen Lebensstil.

Lit.: H. DE KOCH, La G. (P 1878); A. ADEMOLLO, La più famosa delle cantanti, C. G. (R 1890); F. CASAVOLA, La più grande interprete di Traetta, C. G., in: T. Traetta (Bari 1957).

GABRIELLI (Gabrieli), **Domenico,** genannt Minghino dal Violoncello, * um 1659 Bologna, † 10. 7. 1690 ebd.; it. Violoncellist und Komponist. Er studierte Komposition bei G. Legrenzi in Venedig und Violoncello in Bologna. Seit 1680 war er Cellist in der Kapelle von S. Petronio und Mitglied der Accademia dei Filarmonici in Bologna. 1687–88 wegen wiederholter längerer Abwesenheit aus der Kapelle ausgeschlossen, wirkte er in dieser Zeit am Hof in Modena. G.s Bedeutung liegt hauptsächlich in der erstmals solistischen Verwendung des Cellos in Arien und konzertanten Instrumentalwerken.

WW: *Balletti, gighe, correnti, alemande e sarabande a violino e violone* (Bol 1684); *Cantate a voce sola* (Bol 1691); hsl. sind erhalten: weitere Instr.-Werke, u. a. Ricercari für Vc.-solo, Sonaten für Vc. u. B.c.; etwa 10 Opern, 1 Oratorium, einige kirchenmusikal. Werke, darunter Messe, Psalmen u. a.

Ausg.: 2 Arien für Sopran, Vc. u. B.c., hrsg. v. L. LANDSHOFF, in: Alte Meister des Bel canto, 5 Bde. (L 1912–27); *Poiche ad Irene*, Kantate für Sopran u. B.c., in: A. EINSTEIN, Bsp.-Slg. zur Musikgesch. (L – B [4]1930); 2 Sonaten für Vc., hrsg. v. L. LANDSHOFF (Mz 1930); Ricercar d-moll für Solo-Vc., in: A. SCHERING, Gesch. der Musik in Beispielen (L 1931, Nachdr. 1953). Sonata Nr. 4 D-Dur für Trp., Str. u. B.c., hrsg. v. E. H. TARR (Lo 1972); 7 Ricercari 1689 für Vc.-solo, hrsg. v. D. STAEHELIN (Mz 1975); Balletto A-Dur op. 1, 9 für 2 V. u. B.c., hrsg. v. E. SCHENK (W 1975).

Lit.: W. J. VON WASIELEWSKI, Das Vc. u. seine Gesch. (L 1911, [3]1925, Nachdr. Wie 1968); F. VATIELLI, Arte e vita musicale a Bologna 1 (Bol 1927); E. ALBINI, D. G., il Corelli del violoncello, in: RMI 41 (1937); W. S. NEWMAN, The

Sonata in the Baroque Era (Chapel Hill/N.C. 1959, ²1966, NA Lo–NY 1972).

GABRILOWITSCH, Ossip Salomonowitsch, * 7.2.1878 St. Petersburg, † 14.9.1936 Detroit; amerik. Pianist und Dirigent russ. Herkunft. Er studierte Klavier bei Anton Rubinstein in St. Petersburg und – nach dem Gewinn des Rubinstein-Wettbewerbs 1894 – bei Th. Leschetitzky in Wien. 1896 debütierte er in Berlin und konzertierte dann mit großem Erfolg in Europa und seit 1900 auch in den USA. Seit 1910 lebte er in München, wo er auch das Orchester des Konzertvereins dirigierte, seit 1914 in den USA. 1918–35 war er Dirigent des Detroit Symphony Orchestra, das er auf einen hohen Stand führte, trat aber auch weiter als Pianist auf. Mehrfach stellte er in Konzertreihen die Geschichte der Klaviermusik dar. G. war verheiratet mit der Sängerin Clara Clemens, Tochter Mark Twains, mit der er auch gemeinsam konzertierte.

GABUSSI (Gabucci, Gabutius, Gabuzio, Gabuzzi), **Giulio Cesare,** * um 1555 Bologna, † 12.9. 1611 Mailand; it. Komponist. Er war Schüler C. Portas und wurde 1594 Kapellmeister am Mailänder Dom. Kurze Zeit hielt er sich als Sänger auch am Hofe König Sigismunds III. in Krakau auf. Als erster Komponist nach Fr. Gaffori veröffentlichte er Kompositionen des ambrosianischen Ritus gemäß den Bestimmungen des Konzils von Trient.

WW: 2 Bücher Madrigale für 5 St. (V 1580, 1598); 1 Buch Motetten für 5 u. 6 St.), 8 Motetten u. ein Te Deum für 4 St. (Mi 1589); ferner zahlr. Stücke in Sammeldrucken der Zeit.

Lit.: A. DE GANI, I maestri cantori e la capella musicale del duomo di Milano (Mi 1930); A. GARBELOTTO, Il padre C. Porta da Cremona ..., in: Miscellanea francescana 55 (1955); W. SANDELEWSKI, G. C. B. a kapela zygmunta III w latach 1596–1602, in: Muzyka 8 (1963).

GACE BRULÉ, * um 1159 wahrsch. Nanteuil-lès-Meaux (Seine-et-Marne), † nach 1212/13; frz. Trouvère. Er stammte aus dem niederen Adel der Champagne. Seine Gönner waren u. a. Graf Geoffroi de Bretagne, zu dessen Kreis auch die Troubadours Bertran de Born und Gaucelm Faidit sowie der Trouvère Guiot de Provins gehörten, nach dem Tod des Grafen (1186) wahrscheinlich dessen Halbschwester Marie de Champagne. G. B. war wohl mit Conon de Béthune befreundet. Er hat wahrscheinlich am 3. Kreuzzug teilgenommen, doch ist kein eigentliches Kreuzzugslied von ihm bekannt. Von G. B., dem bedeutendsten unter den älteren Trouvères, ist ein umfangreiches Werk in zahlreichen Fassungen und zum großen Teil mit allen Strophen überliefert. 69 Lieder sind ihm mit Sicherheit zuzuschreiben, bei 15 ist die Zuschreibung unsicher. 57 der authentischen Lieder sind mit Notation versehen. Die Mehrzahl der Lieder verwendet die Kanzonenform, nur 6 der authentischen Lieder sind Refrainlieder.

Ausg. u. Lit.: G. Raynauds Bibliographie des altfrz. Liedes, neu bearb. v. H. SPANKE (Leiden 1955) (= Musicologica 1), Beispiele daraus im folgenden zitiert als R. – F. GENNRICH, Sieben Melodien zu mhd. Minneliedern, in: ZfMw 7 (1924/25) (mit Melodie zu R 1102 „De bone amour et de loial amie"); R. FAWTIER, Thibaut de Champagne et G. B., in: Romania 59 (1933); H. PETERSEN DYGGVE, G. B., trouvère champenois. Éditions des chansons et étude critique, in: Mémoires de la Société Néophilologique de Helsinki 16 (He 1951); F. GENNRICH, Troubadours, Trouvères, Minne- u. Meistergesang (Kö 1951, ²1960) (= Das Musikwerk 1) (mit Melodie zu R 857 „En cel tens que voi frimer"); I. FRANK – W. MÜLLER-BLATTAU, Trouvères et (bzw.: u.) Minnesänger, 2 Bde. (Saarbrücken 1952–56) (= Schriften der Univ. des Saarlandes 1–2) (darin Melodien zu R 187, 522, 1102, 1232, 171 u. Kontrafaktur zu R 1724); J. A. WESTRUP, Medieval Song, in: Early Medieval Music up to 1300, hrsg. v. A. Hughes (Lo 1954) (= New Oxford History of Music 2) (mit Melodien zu R 565 „Cil qui d'amour me conseille" u. zu R 1414 „Je ne m'en puis si loing föir"); F. GENNRICH, G., in: MGG IV (mit Melodien zu: R 1579 „Les oiseillons de mon pais"; R 361 „De la joie que desir tant"; R 171 „Ire d'amours qui en mon cuer repaire"); A. VARVARO, A proposito della canzone cortese come lirica formale. G. B. stravagante, in: Romania. FS F. Piccolo (Neapel 1962); R. FALCK, Zwei Lieder Philipps des Kanzlers u. ihre Vorbilder, in: AfMw 24 (1967); J. MAILLARD, Anthologie de chants de trouvères (P 1967) (mit Melodie zu R 1579 „Les oiseillons de mon pais").

GADE, Niels Wilhelm, * 22.2.1817 Kopenhagen, † 21.12.1890 ebd.; dänischer Komponist. G., Sohn des Instrumentenbauers Søren Niels G., war zunächst Violinschüler von F. Th. Wexschall und seit 1834 in der der Kopenhagener Hofkapelle angeschlossenen Violinschule. Großen Einfluß übte in jener Zeit A. P. Berggreen auf ihn aus, der damals an der Vertonung einer großen Sammlung nationalhistorischer Dichtungen arbeitete und ihn mit der zeitgenössischen Dichtung, aber auch mit dem dänischen Volkslied bekannt machte. Seine ersten eigenen bemerkenswerten Kompositionen waren die Ouvertüre *Efterklang af Ossian* (Nachklänge aus Ossian, 1840), für die er den 1. Preis des Kopenhagener Musikvereins erhielt, und die Symphonie Nr. 1 c-moll, die er F. Mendelssohn Bartholdy 1841 nach Leipzig schickte, der sie 1843 im Gewandhaus aufführte. Dieser Erfolg verhalf ihm zu einem Stipendium des dänischen Königs. G. suchte Mendelssohn in Leipzig auf, den er als Dirigent vertrat und der ihm 1844 während seiner eigenen Abwesenheit die Gewandhauskonzerte übertrug, die er auch nach dessen Tod (4.11.1847) bis zum Frühjahr 1848 leitete. Clara und Robert Schumann sowie J. Joachim wurden in Leipzig seine Freunde. 1848, bei Ausbruch des Schleswig-Holsteinischen Krieges, kehrte er nach Kopenhagen zurück, wo er als

Organist wirkte und seit 1850 den Musikverein leitete. 1866 wurde er auch einer der Direktoren des Konservatoriums. Zunehmend unternahm er Konzertreisen in verschiedene Länder.

WW: **1) Instr.-WW:** Für Klv.: *Aquarellen,* op. 19 (1850) u. op. 57 (1881); *Volkstänze,* op. 31 (1855); *Idyllen,* op. 34 (1857); *4 Fantasiestücke,* op. 41 (1862); zahlr. Kammermusik, u. a. 3 V.-Sonaten (1842, 1849, 1885); je ein Streichquartett, -quintett, -sextett u. -oktett; Klv.-Trios u. Fantasiestücke für Klar. (oder V.) u. Klv. – Für Orch.: 7 Ouvertüren, u. a.: *Efterklang af Ossian,* op. 1 (1840); *Im Hochland,* op. 7 (1844); *Hamlet,* op. 37 (1861); *Michel Angelo,* op. 39 (1861); 8 Symphonien (1842, 1843, 1847, 1850, 1852, 1857, 1864, 1871); Suiten: *Ein Sommertag auf dem Lande,* op. 55 (1879) u. *Holbergiana,* op. 61 (1884); V.-Konzert, op. 56 (1880). – **2) Vokal-WW:** Zahlr. Lieder u. Gesänge sowie Chorwerke, u. a.: Kantate *Comala,* op. 12 (1846); *Frühlingsphantasie,* op. 23 (1852); *Erlkönigs Tochter,* op. 39 (1853); *Baldurs Drøm* (1857); *Die heilige Nacht,* op. 40 (1861); *Kalamus,* op. 48 (1869); *Zion,* op. 49 (1878) für Bar., Chor u. Orch.; *Psyché,* op. 60 (1882). – **3) Bühnen-WW:** 3 Ballette: *Faedrelandets muser* (zus. mit J. F. Fröhlich), UA: ebd. 1839; *Napoli* (zus. mit S. Paulli u. H. C. Lumbye), UA: ebd. 1842; *Et folkesagn* (1854) (zus. mit J. P. E. Hartmann); Bühnenmusik zu A. Oehlenschläger *Aladdin* (1843).

G., der zu den ersten nordischen Komponisten gehört, deren Schaffen durch die nationale Folklore inspiriert ist, wurde der Begründer einer bodenständigen dänischen Musik. Seine Orchesterwerke, vor allem die Symphonien, und die großen Chorwerke wurden auch in Deutschland und in England begeistert aufgenommen. Nur wenige seiner Werke haben sich aber auf Dauer behaupten können. Von großer Wirkung war seine Tätigkeit im Kopenhagener Musikleben. In den Konzerten des Musikvereins, die durch ihn hohes Ansehen in Europa erhielten, förderte er nachhaltig auch das Verständnis für Werke Mendelssohn Bartholdys und Schumanns, aber auch von Haydn, Mozart und Beethoven beim dänischen Musikpublikum. G., die unumstrittene Autorität im zeitgenössischen Musikleben Dänemarks, übte auch als Lehrer und Leiter des Konservatoriums großen Einfluß aus.

Ausg.: Orgelkompositioner, hrsg. v. S. LINDHOLM (Kop 1969).

Lit.: D. GADE, N. W. G., Optegnelser og Breve (Kop 1892), dt. Übers.: Aufzeichnungen u. Briefe (Bas 1894, ²1912) (mit Werk-Verz.); W. BEHREND, N. W. G. (L 1917) (dänisch); Werk-Verz. v. A. NIELSEN, in: Aarbog for Musik (1924, 1926), vervollständigt v. K. ATLUNG, in: Dansk Musiktidsskrift 11 (1937); N. SCHIØRRING, N. W. G., in MGG IV; S. LUNN, N. W. G. 150 ar, in: ebd. 42 (1967); N. M. JENSEN, Berwald og G. som status-symboler, in: ebd. 43 (1968); DERS., Omkring G.s tredje symfoni, in: Dansk Aarbog for musikforskning 6 (1968–72); F. MATHIASSEN, „Unsre Kunst heißt Poesie". Om N. W. G.s Ossian-ouverture, in: STMf 53 (1971); B. JOHNSSON, N. W. G.s Klaviermusik, in: Norsk Musiktidsskrift 9 (1972); L. BRIX, N. W. G. als Klv.-Komp., in: Mf 26 (1973).

GADSCHIBEKOW, russ. Schreibweise von ↗Hadschibekow.

GADSKI, Johanna, * 15.6.1872 Anklam, † 22.2.1932 Berlin; dt. Sängerin (Sopran). Nach ihrem Gesangsstudium in Stettin debütierte sie 1889 an der Berliner Kroll-Oper als Agathe in C.M. von Webers *Der Freischütz,* sang dann in Stettin, 1890/91 in Mainz, erneut in Stettin sowie an der Kroll-Oper und 1893–95 in Bremen. 1895–97 gastierte sie mit der Damrosch Opera Company in den USA. 1899 sang sie erstmals bei den Bayreuther Festspielen und an der Covent Garden Opera in London und war 1900–17 gefeierte Primadonna, vor allem als Wagner-Interpretin, an der Metropolitan Opera in New York. Anschließend lebte sie in Berlin, unternahm von dort Gastspiel- und Konzertreisen und gründete 1928 die German Opera Company, mit der sie 1929–31 noch einmal in den USA auftrat.

GĂDULKA (bulgarisch), bulgarisches Streichinstrument mit birnenförmigem Korpus und kurzem, breitem, nicht abgesetztem Hals. Resonanzkörper und Hals sind aus einem Stück Holz gefertigt. Die aufgeleimte Decke hat meistens zwei halbkreisförmige Schallöcher. Der flache Steg dient gleichzeitig als Stimmstock und ist durch eines der Schalllöcher bis zum Boden geführt. Die G. hat 2–5, meistens aber 3 Saiten, die von einem Saitenhalter aus über den Steg zu einer Wirbelplatte mit hinterständigen Wirbeln geführt sind. Die Stimmung der Saiten variiert zwischen $a^1 a e^1$ (a = Bordunsaite), $a^1 e^1 d^1$ (d^1 = Bordunsaite) oder $a^1 e^1 a^1$ (alle drei Melodiesaiten). Unter den Melodiesaiten sind oft noch 7 bis 10 Aliquotsaiten angebracht, die auf die zu spielenden Melodietöne gestimmt werden. Die G. wird vornehmlich als Solo- und als Begleitinstrument zum Gesang benutzt. Die G. ist eng verwandt mit einer großen Anzahl von Streichinstrumenten der Balkanländer und des Vorderen Orients (u.a. mit ↗Lyra, ↗Gusla, ↗Kamanğē).

Lit.: M. TODOROV, Bălgarski narodni muzikalni instrumenti (Sofia 1973); V. ATANASSOV, Sistematika na bălgarskite narodni muzikalni instrumenti (ebd. 1977).

M. BRÖCKER

GAFFI (Caffi), **Tommaso Bernardo,** * um 1670 Rom, † 11.2.1744 ebd.; it. Organist und Komponist. Er war Schüler bei B. Pasquini und seit 1710 dessen Nachfolger als Organist an S. Maria in Aracoeli in Rom. G. schrieb Oratorien und weltliche Kantaten. Im Druck erschienen von ihm *Cantate da cammera a voce sola* (R 1700).

Ausg.: *Minuetto allegro „Luci vezzose"* (aus der 9. Kantate von 1700), hrsg. v. L. TORCHI, in: Elegante canzoni ed arie italiane del secolo XVII (Mi 1894); *Già vincitor del verno* (10. Kantate), hrsg. v. H. RIEMANN, in: Ausgew. Kammerkantaten 2 (L o. J.).

Lit.: A. CAMETTI, Organi, organisti ed organari ... in S. Maria in Aracoeli 1583–1848, in: RMI 26 (1919).

GAFFORI (Gafori, Gaffurius, Gafurius), **Franchino,** * 14. 1. 1451 Lodi, † 24. 6. 1522 Mailand; it. Musiktheoretiker und Komponist. Nach seiner Priesterweihe 1473 war er Musiklehrer an den Höfen von Mantua und Genua. 1478 kam er an den Hof König Fernandos I. von Aragón in Neapel, wo er sich mit J. Tinctoris befreundete und 1480 sein *Theoricum opus musicae disciplinae* veröffentlichte. Vermutlich vor der Pest zog er sich 1480 nach Lodi zurück und wurde dort mit der Ausbildung der jungen Sänger auf Schloß Monticelli d'Ongina beauftragt. 1483 war er Kapellmeister an S. Maria Maggiore, seit 1484 Domkapellmeister in Mailand, wo er später unter französischer Herrschaft auch „regius musicus" wurde. G. betrieb vor allem die Reorganisation der Domkapelle und genoß in dieser Funktion wie auch als Komponist und Musiktheoretiker große Autorität. Seine geistlichen Werke werden hsl. im Archiv des Mailänder Doms aufbewahrt. G. gehörte zu den führenden Theoretikern seiner Zeit. Die 3 Teile seiner Musiklehre *(Theorica, Practica* und *Harmonia musicorum instrumentorum)* gründen auf dem antiken Musikbegriff und seiner Vermittlung durch Boëthius gleichermaßen wie auf dem Studium der musikalischen Erscheinungen seiner eigenen Zeit. In G.s Kompositionen verbinden sich Satztechniken der frankoflämischen Schule mit Elementen der italienischen Musiktradition. – Ein Porträt G.s von dem mit ihm befreundeten Leonardo da Vinci befindet sich in der Ambrosiana in Mailand.

WW: **1) Kompositionen** (hsl., meist in Mailand, Fabbrica del Duomo): 14 Messen für 4 St. (teilweise unvollständig); 11 Magnificatkompositionen; etwa 40 Motetten u. a. liturg. Werke für 3–4 St.; 5 weltliche Werke. Gedruckt wurde eine Komposition v. G. in: H. Glarean, Dodekachordon (Bas 1547). – **2) Schriften:** *Theoricum opus musice discipline* (Neapel 1480), 2. Aufl. als: *Theorica musice* (Mi 1492); *Practica musicae* (Mi 1496); *Angelicum ac divinum opus musice* (Mi 1508); *De harmonia musicorum instrumentorum opus* (Mi 1518); *Apologia ... adversus Joannem Spatarium et complices musicos bononiensis* (Tn 1520); weitere Schriften sind hsl. erhalten.

Ausg.: Collected Works, hrsg. v. L. FINSCHER, bisher 2 Bde. (mit 9 Messen) (1955 u. 1960) (= CMM 10); Geistliche Komp., 5 Bde. (1958–60) (= Arch. musices metropolitanum Mediolanense I–V). – *Practica musicae,* Faks.-Ausg. (Farnborough 1967); dass., engl. hrsg. v. C. A. MILLER (1968) (= MSD 20); dass., engl. hrsg. v. J. YOUNG (Madison/Wisc. 1969); *Theorica musice 1492,* Faks.-Ausg. (NY 1967) (= MMMLF II/21); *Extractus parvus musice,* hrsg. v. F. A. GALLO (Bol 1969) (= Antiquae musicae Ital. scriptores 4); *De harmonia musicorum opus,* Faks.-Ausg. (Bol 1972) (= Bibl. musica Bononiensis II/7).

Lit.: P. HIRSCH, Bibliogr. der musiktheoretischen Drucke des F. G., in: FS J. Wolf (B 1929); K. JEPPESEN, Die 3 G.-Kod. der Fabbrica del Duomo, Mailand, in: AMl 3 (1931) (mit Inhalts-Verz.); C. SARTORI, Il quarto cod. di G., in: Collectanea historiae musicae 1 (1953) (mit thematischem Verz.). – E. PRAETORIUS, Die Mensuraltheorie des F. G., in: BIMG 2/2 (L 1905, Nachdr. Wie 1970); A. CARETTA – L. CREMASCOLI – L. SALAMINA, F. G. (Lodi 1951) (mit Lit.-Verz.); C. SARTORI, F. G. a Milano, in: Universitas Europae 1 (1952/53); P. BONDIOLI, Per la biogr. di F. G., in: Collectanea historiae musicae 1 (1953); I. YOUNG, F. G. (Diss. Los Angeles 1954); R. ZANABONI, F. G. (Bergamo 1958) (= Collana di monografie stor., I lodigiani illustri 4); C. SARTORI, F. G., in: Storia di Milano 9 (Mi 1961); A. GALLO, Le traduzioni dal greco per F. G., in: AMl 35 (1963); TH. L. NOBLITT, The „Motetti Missales" of the Late 15th Century (1963) (= Diss. Univ. of Texas); C. A. MILLER, G.'s „Practica musicae", in: MD 22 (1968); DERS., Early Gaffuriana, in: MQ 56 (1970).

GAGAKU (japanisch, = elegante, vornehme Musik), Bz. für die höfische Musik der Heian-Zeit (9.–12. Jh.), die heute noch nahezu unverändert am japanischen Kaiserhof und an einigen schintoistischen Kultstätten gepflegt wird. Dabei sind vier Gruppen zu unterscheiden: 1. Instrumentalmusik *(Kangen),* 2. Tanzmusik *(Bugaku),* 3. Liedkunst und 4. zeremonielle Musik des Schinto *(Kagura).*

1. Mit *Kangen* (= Saiten- und Blasinstrumente) wird ein Ensemble bezeichnet, das aus folgenden Instrumenten besteht: Ryûteki (Querflöte), Hichiriki (Doppelrohrblatt-Oboe), ↗Shô (Mundorgel), ↗Biwa (4saitige Laute), Sô-no-koto (13saitige Wölbbrettzither, ↗Koto), Kakko (zylindrische Trommel), Taiko (große, im Rahmen aufgehängte Trommel) und Shôko (Gong). Charakteristisch ist vor allem der Einsatz der Instrumente: die Hichiriki ist melodietragendes Instrument und wird durch die Ryûteki – in umspielenden Variationen – verstärkt. Das Shô begleitet in 5–6tönigen Akkorden, wobei die tiefsten Töne als Verdoppelungen bestimmter Melodietöne zu verstehen sind. Biwa und Sô arpeggieren Akkorde, die ebenfalls Melodietöne enthalten. Diese Aufführungsart bietet ein bezeichnendes Beispiel für die Heterophonie außereuropäischer Musik, d. h. für die Ausrichtung mehrerer Stimmen nach der Struktur einer einzigen. Die Instrumente Shôko und Taiko markieren die einzelnen Taktgruppen, die von der Kakko differenzierter ausgefüllt werden.

2. Die Begleitmusik zu Tänzen wird *Bugaku* genannt. Der Aufteilung in „Alte Musik" (chinesische Musik der T'ang-Dynastie) und „Neue Musik" (aus Koma, Korea, eingeführte Musik) entsprechend, wurde eine Einteilung in Links- und Rechtsmusik getroffen. Diese Aufteilung bezog sich auf die Aufstellung der Musikzelte neben der Tanzbühne. Die Tôgaku-Gruppe (Linksmusik), bei der die Saiteninstrumente entfallen, besteht aus: Ryûteki, Hichiriki, Shô, Kakko, Shôko und Da-daiko (Riesentrommel). Die Komagaku-Gruppe (Rechtsmusik) setzt sich zusammen aus: Komabue (koreanische Querflöte), Hichiriki, San-no-tsuzumi (koreanische Trommel, ↗Tsuzumi; statt Kakko), Shôko und Dadaiko. – Das Repertoire umfaßt Links- und Rechtstänze, die bis zu dreisätzigen Stücken gestal-

tet sein können: *Jo* fungiert als Einleitung, *Ha* als entwickelnder Mittelteil und *Kyû* als schneller Schluß. Kürzere Arrangements sind *Chôshi* und *Ranjô*, die Auftritt und Abgang der Tänzer begleiten.

3. Die Vokalmusik umfaßt Gesänge, die *Saibara* und *Rôei*. Die *Saibara* sind instrumentalbegleitete Volkslieder der Heian-Epoche. Obwohl sie sich intensiver höfischer Pflege erfreuten, sind nur 6 Gesänge aus der Meiji-Epoche erhalten. Begleitet werden sie von Ryûteki, Hichiriki, Shô, Biwa, Koto und Shakubyôshi (Holzklappern). – Die *Rôei* sind lyrische Gedichte japanischen und chinesischen Ursprungs, die aus 2 Sammlungen stammen: *Wakan Rôei Shû* und *Shinsen Rôei Shû;* zu 14 davon ist die Musik in der Besetzung Ryûteki, Hichiriki und Shô aus der Meiji-Epoche erhalten.

4. Zur traditionellen und ursprünglichen japanischen Lied- und Tanzkunst zählen die *Kagura* (= Musik der Götter, die musikalisch-tänzerischen Zeremonien an schintoistischen Heiligtümern). Sie umfassen Gesänge und Tänze wie z. B. die *Sato-Kagura* (volkstümliche *Kagura*) oder *O-Kagura* und die *Mi-Kagura* (höfische *Kagura* in Anwesenheit des Kaisers), unterschieden sich aber wesentlich von *Kangen, Bugaku* und *Saibara*. Lediglich aus der Verwendung der Hichiriki innerhalb der aus Kagura-bue (Bambusflöte), Wagon (6saitige Zither) und 2 Shakubyôshi bestehenden Instrumentalensembles kann auf gewisse Einflüsse geschlossen werden. Daneben sind auch die *Azuma-asobi* (Lieder und Tänze der Ostprovinzen) und die instrumentalbegleiteten Tänze *Yamato-uta* und *Kume-uta* in dieser Gruppe des G. einzuordnen. – ↗Japan.

Lit.: E. HARICH-SCHNEIDER, The Rhythmical Patterns of G. and Bugaku (Lei 1954) (= Ethno-Musicologica 3); H. ECKARDT, Das Kokonchomonshu des Tachibana Narisue als musikal. Quelle (Wie 1956); R. GARFIAS, G. (NY 1959); K. MASUMOTO, G. (Tokio 1968); M. TOGI, G. (ebd. 1971); W. P. MALM, The Special Characteristics of G. (ebd. 1971).

S. KISHIBE

GAGLIANO, it. Geigenbauerfamilie in Neapel. – **Alessandro** (* um 1660 Neapel, † um 1728 Cremona). Er war vielleicht Schüler A. Stradivaris, obwohl seine zwischen 1695 und 1728 gebauten Instrumente keine wesentlichen Übereinstimmungen mit dessen Instrumenten aufweisen. **Nicola I** (* um 1695 Neapel, † 1758) und **Gennaro** (* um 1700 Neapel, † um 1788 ebd.) bauten Geigen nach dem Vorbild des frühen Stradivari, die hoch geschätzt waren. Die Werkstatt wurde in der folgenden Generation durch die vier Söhne von Nicola I fortgeführt: **Ferdinando** (* um 1724 Neapel, † um 1781 ebd.), **Giuseppe** (1725–93), **Antonio I** (um 1728–95) und **Giovanni I** (um 1740–1806), schließlich durch Giovannis Söhne **Nicola II, Antonio II** und **Raphaele** (1790–1857), der die Werkstatt an seinen Sohn **Vincenzo** übergab.

Lit.: W. L. VON LÜTGENDORFF, Die Geigen- u. Lautenmacher v. MA bis zur Gegenwart, 2 Bde. (F 1904, 5-61922); R. VANNES, Essai d'un dictionnaire universel des luthiers (P 1932), revidiert als: Dictionnaire universel des luthiers (Bru 1951, Suppl. 1959); K. JALOVEC, It. Geigenbauer (Pr 1957), revidiert dt. u. engl. (Pr – Lo 1964).

GAGLIANO, Marco da, * 1. 5. 1582 Florenz, † 25. 2. 1643 ebd.; it. Komponist. G. war in Florenz Schüler von L. Bati und 1608 dessen Nachfolger als Kapellmeister an San Lorenzo. 1609 wurde er Kanonikus, 1611 Hofkapellmeister und 1614 Apostolischer Protonotar. 1607 gründete er, in der Nachfolge der ↗Camerata Fiorentina, die Accademia degli Elevati, in der er, unter dem Beinamen „l'Affannato", eine führende Rolle spielte. G. komponierte für die prunkvollen Festlichkeiten der Medici und Gonzaga. 1608 wurde in Mantua anläßlich der Hochzeit Francesco Gonzagas mit Margherita von Savoyen seine 1607 für den Hof der Gonzaga komponierte Oper *Dafne* aufgeführt, der er den leicht veränderten Text O. Rinuccinis für das gleichnamige Werk von J. Peri zugrunde legte. Bis 1628 arbeitete er mit Peri zusammen.

WW: **1) Geistliche WW:** *Officium defunctorum* für 4 St. (V 1607) (unvollständig erhalten); *Missa et sacrae cantiones* für 6 St. u. B.c. (Fi 1614); ein 2. Buch *Sacrae cantiones* für 6 St. u. B.c. (V 1622) (unvollständig erhalten); *Responsoria* für die Karwoche für 4 St. a cap. (V 1630); Musik zu geistlichen Schauspielen (Rappresentazioni sacre) ist verschollen. – **2) Weltliche WW:** 6 Bücher Madrigale für 5 St. (V 1602, 1604, 1605, 1606, 1608, 1617); *La Dafne* (Fi 1608); *Musiche a una, due et tre v.* (V 1615); *La Flora* (Fi 1628); weitere Werke sind in Sammeldrucken (1604–29) u. hsl. erhalten.

G. gehört zur zweiten Generation der Camerata Fiorentina. Sein Hauptwerk, die *Dafne*, steht denn auch in der Gestaltung der monodischen Partien den Opern Peris und Caccinis nahe. Die Vorrede zur gedruckten Partitur der *Dafne* ist besonders aufschlußreich für die Kenntnis der vokalen Aufführungspraxis der frühen Oper. Sie enthält Aussagen u. a. über das Verzierungswesen, über das Verhältnis von Singstimmen und Instrumenten sowie über die Inszenierung.

Ausg.: *La Dafne* u. *La Flora*, Faks. der Ausg. Florenz 1608 (Bol 1969–70) (= Bibl. musica Bononiensis IV/4 u. 7); Music for one, two and three Voices 1615 part 2, hrsg. v. P. ALDRICH (Bryn Mawr/Penn. 1972).

Lit.: E. VOGEL, M. da G., in: VfMw 5 (1889); A. SOLERTI, Le origini del melodramma (Tn 1903); DERS., Musica, ballo e drammatica alla corte Medicea (Fi 1905); F. GHISI, Alle fonti della monodia (Mi 1940); DERS., La musique religieuse de M. da G., in: Kgr.-Ber. Basel 1949 (Kas 1951); A. EINSTEIN, The Italian Madrigal 3 (Princeton/N.J. 1949, Nachdr. 1970, dt. Z 1952) (darin ein Madrigal u. ein Sonett); A. A. ABERT, Monteverdi

u. das musikal. Drama (Lippstadt 1954); M. FABBRI – E. SETTESOLDI, Aggiunte e rettifiche alle biogr. di M. e G. B. da G., in: Chigiana 21, N. S. 1 (1964); A. T. CORTELLAZZO, Il melodramma di M. da G., in: C. Monteverdi e il suo tempo. Kgr.-Ber. Venedig 1968.

GAGLIARDA (it.), ↗Galliarde.

GAGNEBIN, Henri, * 13.3.1886 Lüttich, † 2.6. 1977 Genf; Schweizer Organist und Komponist. G. studierte in Lausanne, Berlin, Genf und an der Pariser Schola Cantorum Orgel und Komposition (u. a. bei V. d'Indy und L. Vierne). 1910-16 war er Organist der lutherischen Kirche in La Rédemption in Paris, 1916–25 an St-Jean in Lausanne und lehrte 1923–25 auch am Konservatorium in Neuchâtel. 1925–57 war er Direktor des Genfer Konservatoriums, an dem er 1927–61 Formenlehre unterrichtete und 1957–61 auch eine Klavierklasse leitete. 1938 gründete er den Concours International d'Exécution Musicale de Genève, dessen Präsident er bis 1959 war. G. wurde besonders durch C. Franck, V. d'Indy und I. Strawinsky beeinflußt. Seine Kompositionen sind durch eine dissonanzenreiche, aber tonal gebundene Harmonik, klare formale Anlage und Spontaneität der Erfindung gekennzeichnet. Er war Ehrenmitglied der Royal Academy of Music in London und Ehrendoktor der Universität Genf.

WW: **1) Instr.-WW:** Rhapsodie *Cla, cla, cla de la clarinette* (1963) für 4 Klar.; Quartett (1961) für Fl., V., Vc. u. Klv.; Streichtrio (1968); Oktett (1970); Sextett (1971) für 2 Ob., 2 Klar. u. 2 Fag.; für Klv.: 4 Toccaten (1944, 1946, 1958, 1958); *Les deux bavardes* (1968); Fantasie *Le servant* (1963) für 2 Klv.; *Aubade* (1960) für Horn u. Klv.; Fantasie (1963) für Klar. u. Klv.; für Org.: *Monologue et fugue* (1959); Pastorale (1961); 6 Stücke über Hugenottenpsalmen (1965); Partita *Une vaine crainte* (1965); Fantasie (1968); für Orch.: Vc.-Konzert (1937); Klv.-Konzert (1952); Fantasie (1960) für Klv. u. Orch.; 4 Symphonien (1911, 1921, 1955, 1970); 2. Suite nach Hugenottenpsalmen (1966); *Sans blâââgue* (1967). – **2) Vokal-WW:** Oratorium *St-François d'Assise* (1933); *Requiem des vanités du monde* (1939); *Les mystères de la foie* (1958) (nach F. Jammes) für Soli, Chor u. Klv.; Psalm 104 (1962) für Soli, gem. Chor u. Orch. – **3) Bühnen-WW:** Bühnenmusik zu: Th. de Bèze *Abraham sacrifiant* (1939); H. von Hofmannsthal *Jedermann* (1942); Symphonie choréographique *Printemps ou le Jeune homme admiré par les femmes* (1948), UA: Genf 1950. – **4) Schriften:** *Musique mon beau soucis* (Neuchâtel 1968).

Lit.: Catalogue des œuvres de H. G. établi en 1950 à l'occasion de ses 25 ans de Direction du Conservatoire de musique de Genève (G 1950); F. WALTER, H. G., in: Feuilles musicales 8 (1955), u. in: SMZ 96 (1956); A. VAN AMERONGEN, Twee oratoria v. H. G., in: Mens en melodie 16 (1961).

ĠAIBÎ AL-HÂFIZ AL MARÂĠÎ ↗Abd al-Qâdir.

GAIL, Edmée Sophie, * 28.8.1775 Paris, † 24.7.1819 ebd.; frz. Komponistin und Sängerin. Sie war Schülerin von Fr.-J. Fétis, später von Fr. L. Perne und S. Neukomm. Seit 1818 unternahm sie Konzertreisen durch Europa. In Paris kamen mit großem, allerdings nicht anhaltendem Erfolg mehrere Opéras-comiques von ihr zur Aufführung, darunter die gemeinsam mit Fr. A. Boieldieu komponierte Oper *Angéla*. Ihre Lieder und Romanzen wurden häufig als Vorlagen für Instrumental-Variationen verwendet.

WW: Lieder u. Romanzen; Opéras-comiques: *Les deux jaloux*, UA: Paris 1813; *Mademoiselle de Launay à la Bastille*, UA: ebd. 1813; *Angéla* (zus. mit Boieldieu), UA: ebd. 1814; *La Méprise*, UA: ebd. 1814; *La Sérénade*, UA: ebd. 1818.

Lit.: F. J. FÉTIS, Biographie universelle des musiciens 3 (P ²1880), Nachdr. der 2. Ausg. in 10 Bden. (Bru 1963); H. GOUGELOT, La romance française sous la Révolution et l'Empire, 2 Bde. (Melun 1938, 1943).

GAILLARDE (frz.), ↗Galliarde.

GAISSER, Hugo Athanasius (eig. Josef Anton), OSB, * 1.12.1853 Aitrach bei Leutkirch (Württemberg), † 26.3.1919 Kloster Ettal (Oberbayern); dt. Musikforscher. Er trat 1872 in Beuron in den Benediktinerorden ein. 1878 im Kloster Maredsous (Namur) zum Priester geweiht, wurde er 1898 Lehrer am Collegio greco Sant'Atanasio in Rom, das er 1906–12 auch leitete. Anschließend war er Abt von Saint-André bei Brügge. 1914 kehrte er nach Deutschland zurück. G., der 1905 zu Studienzwecken die Athosklöster besucht hatte, trug wesentlich zur Erforschung der byzantinischen Musik bei. Etwas später als O. Fleischer, aber vermutlich unabhängig von diesem, gelang ihm die Entzifferung der mittelbyzantinischen runden Notation. Als erster erforschte er die Liturgie und die Gesänge der griechisch-albanesischen Kolonien in Kalabrien und auf Sizilien.

Schriften: *Les altérations chromatiques dans le plain-chant*, in: Revue bénédictine 14–15 (1897–98); *Le Système musical de l'église grecque*, in: ebd. 16–18 (1899–1901); *I canti ecclesiastici italo-greci*, in: Rassegna Gregoriana 4 (1905); *Les „hermoi" de Pâques dans l'office grec* (R 1905); *Die acht Kirchen-Töne in der griechisch-albanesischen Überlieferung*, in: Kgr.-Ber. Wien 1909 (W 1909); *Die Antiphon Nativitas tua u. ihr griechisches Vorbild*, in: FS H. Riemann (L 1909).

Lit.: DOM P. DEMEESTER, Voyage de deux bénédictins aux monastères du Mont Athos (P – Tou 1908).

GAITA (span.-port.), Bz. für eine in Galicien, Asturien und Portugal gebräuchliche, mundgeblasene Sackpfeife. Sie besteht aus einer konisch gebohrten Melodiepfeife mit Doppelrohrblatt (Punteiro) und aus ein bis zwei zylindrischen Bordunpfeifen (Ronco, Ronquillo) mit einfachen Rohrblättern. Häufig wird die G. durch einen zusätzlichen Namen näher bestimmt, z. B. *G. gallega* (G. aus Galicien) und *G. zamorana* (G. aus Zamora), mit der auch eine Drehleier bezeichnet wird.

GAJANEH, Ballett in 6 Bildern von Aram Iljitsch Chatschaturjan (1903–78). Libretto: Konstantin Derschawin. UA: 9.12.1942 in Molotow (heute: Perm) mit dem Kirow-Ballett, Choreographie: Nina Anissimowa (*1909); dt. EA: 21.10.1955 in Berlin (Deutsche Staatsoper).

„In diesem Stück wollte ich von der Landschaft Armeniens, von den einfachen Menschen meiner Heimat erzählen, ihre Aufbauarbeit und ihren Kampf um das Glück schildern. Böse Kräfte störten diese Menschen beim Aufbau und suchten ihre friedliche Arbeit zu vernichten. Gajaneh ist eine einfache junge Frau, bei der das Persönliche mit der Gemeinschaft eng verbunden ist. Im Kampf um die Wahrheit und das Wohlergehen ihres Dorfes kämpft Gajaneh gleichzeitig auch um ihr eigenes Glück." So skizziert Chatschaturjan selbst die Handlung des Balletts, dem eine revidierte, bereits 1939 entstandene Fassung mit dem Titel *Das Glück* zugrunde liegt. 1945–58 entstanden noch fünf weitere Fassungen; die letzte wurde als Inszenierung des Moskauer Bolschoi-Balletts sehr erfolgreich. Mit dem Librettisten B. Pletnjow und dem Choreographen Wassili Wainonen änderte der Komponist die Dramaturgie und die Choreographie und erweiterte die Partitur um ein Drittel. Armenische Folklore-Musik inspirierte ihn zur melodisch-rhythmischen Gestaltung. Einzelne Nummern, z.B. der *Säbeltanz,* wurden auch losgelöst von der vollständigen Ballettmusik bekannt. G. LUDIN

GAJARD, Dom **Joseph-Georges-Marie,** OSB, * 25.6.1885 Sonzay (Indre-et-Loire), † 25.4.1972 Abtei Solesmes; frz. Choralforscher. Er wurde 1909 zum Priester geweiht und trat in Solesmes in den Benediktiner-Orden ein, wo er 1914 als Nachfolger A. Mocquereaus Maître de chœur wurde. Seit 1913 wirkte er an der Herausgabe des 2. Bandes des *Nombre musical grégorien* und seit 1916 an der *Editio Vaticana* mit. Nach dem Tod Mocquereaus (1930) wurde er Leiter der Edition *Paléographie musicale,* deren Bände 14–18 er selbst betreute. Seine Ausgaben für den Benediktinerorden *(Antiphonale monasticum, Antiphonale Solesmense, Officium de nocte Nativitatis, Officium in agendis mortuorum, Rituale vestitionum et professionum)* enthalten Revisionen der liturgischen Gesänge unter melodischem, modalem und rhythmischem Aspekt. 1946 wurde G. Herausgeber der *Revue grégorienne* und 1954 der neugegründeten *Études grégoriennes.* Er betreute auch Schallplattenaufnahmen mit Gregorianischen Gesängen.

WW: *Antiphonaire Monastique* (1934); *Notions sur la rythmique grégorienne* (Solesmes 1935, Tou [2]1944), dt. Übers.: Der Rhythmus im gregor. Gesang (ebd. 1953); *Officium de nocte Nativitatis Domini* (ebd. 1936); *Officium in agendis mortuorum* (ebd. 1941); *La méthode de Solesmes...* (ebd. 1951), dt. Übers.: Die Methode v. Solesmes (1954, engl. Collegeville/Minn. 1960); *Rituale vestitionum et professionum* (ebd. 1952); *„Vieux romain" et „Grégorien"*, in: Études grégoriennes 3 (1959); *Le Codex 123 de la Bibliothèque Angelica de Rome* (Be 1969) (= Paléographie musicale 18).

Lit.: M. BLANC, L'enseignement musical de Solesmes et la prière chrétienne (P 1953).

GAJDA (bulgarisch; von arabisch: Ghaidâ, Gaidâ), Bz. für die ↗Sackpfeife Bulgariens und Mazedoniens mit einer Melodie- und meist einer Bordunpfeife.

Lit.: V. ATANASSOV, G., in: The Brussels Museum of Musical Instruments Bulletin, 6: The Bagpipes in Europe, Teil 1, hrsg. v. R. de Maeyer (Gent 1976); DERS., Die technischen Möglichkeiten der Sackpfeife in Bulgarien, in: Studia instrumentorum musicae popularis 6, hrsg. v. E. Stockmann (Sto 1979) (= Musikhistoriska museets skrifter 8).

GAL, Hans, * 5.8.1890 Brunn am Gebirge (Niederösterreich); östr. Komponist und Musikschriftsteller. Nach musiktheoretischen Studien bei E. Mandyczewski in Wien und der Promotion mit der Dissertation *Die Stil-Eigentümlichkeiten des jungen Beethoven* als Schüler von G. Adler an der Universität Wien (1913) war er dort 1918–23 Lektor für Musiktheorie. Anschließend folgte er H. Rosbaud als Direktor der städtischen Musikschule in Mainz, kehrte 1933 jedoch wieder nach Wien zurück. Dort wirkte er bis 1938 als Dirigent der Wiener Madrigalvereinigung und des Wiener Konzertorchesters. Seit 1938 lebt G. in England, wo er 1945 Dozent für Kontrapunkt und Komposition an der Universität Edinburgh wurde, die ihn 1948 mit dem Titel eines Mus.D. auszeichnete. 1977 wurde er Dr. h. c. der Universität Mainz.

WW: **1) Instr.-WW:** 46 Kammermusikwerke, darunter: 4 Streichquartette; 3 Quintette; Trios u. Duos für Str. u. Bläser mit u. ohne Klv.; Gebrauchsmusik für Zupfinstr. u. Blockfl.; Sonate; Suite; 24 Praeludien für Klv.; 4 Symphonien; 3 Konzerte; Ouvertüren; Suiten; Variationen (*„Lilliburlero"*, op. 48). – **2) Vokal-WW:** *Requiem für Mignon,* op. 26, UA: 1923; *De profundis,* op. 50, UA: 1948; *Lebenskreise,* op. 70, UA: 1956; Chorkompositionen für gem. St. mit u. ohne Klv., Frauen- u. Männer-St. – **3) Bühnen-WW:** 4 Opern, darunter: *Die heilige Ente,* op. 15, UA: Düsseldorf 1923; *Das Lied der Nacht,* op. 23, UA: Breslau 1926; Weihnachtsmärchen *Der Zauberspiegel,* op. 38, UA: ebd. 1930. – Alle Werke mit Op.-Zahl 1–107 (1979) erschienen im Druck. – **4) Schriften:** *Die Stil-Eigentümlichkeiten des jungen Beethoven,* in: StMw 4 (1916); *J. Brahms* (F 1961, engl. NY–Lo 1963); *R. Wagner* (F 1963); *F. Schubert oder die Melodie* (F 1970); *Brahms, Wagner, Verdi. 3 Meister, 3 Welten* (F 1975). – **5) Editionen:** GA der Werke v. J. Brahms (zus. mit E. Mandyczewski), 26 Bde. (L 1926–28, Nachdr. Ann Arbor/Mich. 1949, Wie 1964); *The Musician's World. Letters of Great Composers* (Lo–NY 1965), dt. Übers.: *In Dur u. Moll* (F 1966, St 1969).

Aufgewachsen im Umkreis der Wiener Brahms-Tradition, setzte G. diese vor allem in Liedern,

Chor- und Kammermusikwerken mit Vorliebe für intime Klangwirkungen fort. In seinen u.a. in Düsseldorf, Wien, Berlin, Prag und Breslau aufgeführten Bühnenwerken erreichte die Spieloper einen neuen Höhepunkt. Seine Veröffentlichungen über Fr. Schubert, J. Brahms, R. Wagner und G. Verdi bieten eine Werk- und Wesensdeutung aus universeller, künstlerischer Sicht.

Lit.: W. WALDSTEIN, H.G. (W 1965) (= Östr. Komp. des 20. Jh. 5); R. OLIVER, in: Composer (1970/71) Nr. 38.

H. FEDERHOFER

GALANTE EUROPA, DAS, Opéra-ballet von A. Campra; üblicher Titel: L'↗Europe galante.

GALANTER STIL. Das frz. Adjektiv „galant" (von span. gala = Hoftracht) bezeichnet Sprache und stilisierte Umgangsformen des Hofes sowie die darauf gerichtete Bildungskonzeption. In dieser Bedeutung verbreitete es sich in Nachahmung des französischen Hoflebens des 17. Jh. rasch als Modewort in ganz Europa zur Charakterisierung von Kleidung, Speisen, Gebrauchsgegenständen von hohem Geltungswert, zierlichen Umgangsformen, insbesondere gegenüber Frauen; in diesem Umfeld wurde „galant" auch auf andere Bereiche übertragen, so auch auf die Kunst. In der Tonkunst bezeichnete galant dann sowohl Musik, die tatsächlich für das Unterhaltungsbedürfnis absolutistischer Höfe konzipiert war, als auch solche städtische Musik, die unter der Prätention des Stilisiert-Höfischen stand. Diese doppelte Begriffsbestimmung brachte es mit sich, daß unter galanter Musik sowohl das Raffinement und die hochstilisierte Kunst der französischen Clavecinisten (J. H. d'Anglebert, Fr. Couperin, J.-Ph. Rameau) verstanden wurden, als auch die auf das Unterhaltungsbedürfnis der städtischen, z.T. schon bürgerlichen Gesellschaft zielende, auf die Fähigkeiten von Liebhabern – insbesondere dilettierender Damen der Gesellschaft – abgestellte, leicht spielbare, aber elegante Musik um die Mitte des 18. Jahrhunderts. *Concert à l'usage du beau sexe* (J. Fr. Reichardt, op. 1) wurde zum stehenden Begriff.

C. Ph. E. Bach (*Versuch über die wahre Art*, 1753) charakterisierte galant als Gegensatz zu „gearbeitet" und „nach der Strenge der Harmonie" (ebd., Vorrede), ähnlich J. J. Quantz (*Versuch einer Anweisung*, 1752). Das Fehlen einer klaren zeitgenössischen Definition oder auch nur ausreichenden Beschreibung der Eigenschaften des g. S. hat in der Musikwissenschaft dazu geführt, die aus den philanthropischen und pädagogischen Bestrebungen der Aufklärung herrührende Bemühung um Sanglichkeit der melodischen Erfindung (J. Mattheson, *Der Vollkommene Capellmeister*, 1739; G. Ph. Telemann, *Autobiographie*, 1718) in den Begriff g.S. einzubeziehen. Andererseits liegt der Schwerpunkt der Komposition von eleganter, leicht spielbarer, melodiöser, harmonisch einfacher Musik für bürgerliche Dilettanten deutlich im 2. Drittel des 18. Jahrhunderts. H. Engel (s. u. Lit.) versucht, sie als „spätgalant" von den meist noch ganz dem 17. Jh. angehörenden Komponisten des französischen Hofstils abzugrenzen. Die Versuche, g.S. als Epochenbezeichnung einzuführen oder die Antithese „galanter Stil–Empfindsamkeit" als Charakteristikum des Rokoko darzustellen (E. Bücken, s.u. Lit.), haben nicht überzeugt. G. S. als Modeerscheinung war offenbar im späteren 18. Jh. nur *eine* Stilmöglichkeit neben anderen, auch für denselben Komponisten. Wie stark oder andauernd er sich ihrer bediente, war keine Frage seiner historischen Stellung, sondern seiner eigenen Ausdrucksmöglichkeiten. Als Prototyp des Weltmännisch-Eleganten galt in der Zeit vor allem J. Chr. Bach. In seiner Musik die prägnanztypisch reine Ausprägung des g.S. zu sehen, schließt aber eigentlich aus, die Erscheinung der Opera buffa mit g.S. in Verbindung zu bringen, denn sie galt gerade als Persiflage des Weltmännischen und Höfisch-Stilisierten. Der Begriff g.S. scheint denn auch in der italienischen Musikliteratur nicht nachgewiesen zu sein.

Lit.: E. BÜCKEN, Die Musik des Rokokos u. der Klassik (Pd 1927, Laaber [2]1979) (= Hdb. der Musikwiss. o. Nr.); H. ENGEL, Das Instrumentalkonzert (L 1932); L. HOFFMANN-ERBRECHT, Der „Galante Stil" in der Musik des 18. Jh. Zur Problematik des Begriffs, in: StMw 25 (1962).

S. KROSS

GALENO (Galleno), **Giovanni Battista,** * zw. 1550 u. 1555 (?) Udine, † nach 1626; it. Komponist und Sänger. Er war Singknabe und Altist der Grazer Hofkapelle Karls II. und war 1573–83 Mitglied der Domkapelle in Aquileja, wo er 1575 zum Priester geweiht wurde. 1584–90 gehörte er wieder der Grazer Hofkapelle an, 1591–94 der bayerischen Hofkapelle in München, dann der Hofkapelle Erzherzog Ernsts, des Statthalters der Niederlande, 1595–1612 der Hofkapelle Kaiser Rudolfs II. in Prag. Dazwischen war er 1597–98 Domkapellmeister in Udine. G. veröffentlichte je ein Buch 5st. und 7st. Madrigale (An 1594 u. V 1598).

Ausg.: 2 Madrigale, in: Niederländische u. it. Musiker der Grazer Hofkapelle Karls II. 1564–1590, hrsg. v. H. FEDERHOFER (W 1955) (= DTÖ 90).

Lit.: G. VALE, La cappella musicale del Duomo di Udine, in: Note d'archivio 6 (1930); G. PIETZSCH, Zur Musikkapelle Kaiser Rudolfs II., in: ZfMw 16 (1934); A. EINSTEIN, It. Musik u. it. Musiker am Kaiserhof u. an den erzherzöglichen Höfen in Innsbruck u. Graz, in: StMw 21 (1934); H. FEDERHOFER, M. Ferrabosco, in: MD 7 (1953).

GALILEI, Vincenzo, * um 1520 S. Maria a Monte

bei Florenz, beerdigt 2. 7. 1591 Florenz; it. Musiktheoretiker und Komponist. Um 1540 kam er nach Florenz, wo er durch sein Lautenspiel auffiel. Auf Anraten von G. Bardi wurde er um 1560 Schüler G. Zarlinos in Venedig und vervollständigte seine Ausbildung bei G. Mei in Rom. 1564–68 lebte er als Lautenlehrer in Pisa, verbrachte dann wegen der Drucklegung seiner Schrift *Fronimo* einige Jahre in Venedig und ließ sich 1582 in Florenz nieder. Sein ältester Sohn war der Physiker Galileo G. (1564–1642).

WW: **1) Kompositionen:** *Intavolature de lauto, madrigali e ricercate libro 1°* (R 1563); *Contrappunti* für 2 St. (Fi 1584); 2 Bücher Madrigale für 4–5 St. (V 1574, 1587); *Libro d'Intavolatura di liuto ... da V. Galilei scritto l'anno 1584* (hsl. Florenz, Bibl. Nazionale); Madrigale für SingSt u. Laute in einer Abschrift aus *Fronimo* (ebd.). – **2) Schriften:** *Fronimo. Dialogo nel quale si contengono le vere, et necessarie regole del intavolare la musica nel liuto* (V 1568, erweitert 1584); *Dialogo della musica antica et della moderna* (Fi 1581); *Discorso intorno all'opere di messer Gioseffo Zarlino* (Fi 1589); weitere Schriften sind hsl. erhalten (Florenz, Bibl. Nazionale).

Das kompositorische Schaffen G.s ist eng mit der Geschichte der ↗Camerata Fiorentina und den Anfängen des ↗Stile recitativo verbunden. Zu Recht wurde sein *Dialogo della musica antica et della moderna* als Manifest der Monodie bezeichnet. In Form von Dialogen zwischen Bardi, P. Strozzi und dem Autor unterzieht dieser darin die musikalischen Ansichten seiner Zeit der Kritik, besonders das System der Temperatur, die Theorie der Modi von Glareanus und Zarlino, die Regeln des Kontrapunkts, die Geschichte der Musik und die Verwendung der Instrumente. Mit Berufung auf die griechische Überlieferung und in Übereinstimmung mit seinem Lehrer Mei ist G. der Meinung, daß nur der einstimmige Gesang die verschiedenen Affekte des Textes auszudrücken vermag, und verspottete die naiven Imitationen der Madrigalisten. Eine im Anhang abgedruckte Veröffentlichung von 3 Hymnen des Mesomedes bildet die erste neuzeitliche Publikation antiker Noten (die allerdings erst im 19. Jh. von Fr. Bellermann und K. Fortlage entziffert wurden). Der *Discorso intorno all'opere di messer G. Zarlino* widerspricht Zarlinos Auffassung von den „natürlichen" mathematischen Prinzipien als Grundlage musikalischer Gesetze.

Ausg.: **1) Kompositionen:** 9 Sätze aus *Fronimo*, hrsg. v. O. CHILESOTTI, in: Lautenspieler des 16. Jh. (L 1891); 4 Gesänge aus dem 2. Madrigalbuch, hrsg. v. F. BOGHEN (Fi 1930); Das 2. Madrigalbuch, 18 Sätze aus *Fronimo*, 17 Sätze aus *Libro d'intavolatura* 1584 u. eine Cantilena, hrsg. v. F. FANO, in: La Camerata Fiorentina (Mi 1934) (= Istituzioni e monumenti dell'arte musicale italiana 4); *Contrapunti a 2 v.*, hrsg. v. L. ROOD, in: Smith College Music Archives 8 (Northampton/Mass. 1945); ein Madrigal, in: A. EINSTEIN, The Italian Madrigal 3 (Princeton/N.J. 1949, Nachdr. 1970, dt. Z 1952); 12 Ricercari aus *Fronimo*, hrsg. v. F. J. GIESBERT (Mz 1959) (= Antiqua o. Nr.); *Il primo libro di Intavolatura di liuto*, hrsg. v. R. CHIESA (Mi 1977). – **2) Schriften:** *Dialogo della musica antica et della moderna*, Faks.-Ausg. (NY 1968) (= MMMLF 2); gekürzte engl. Ausg. v. O. STRUNK, in: Source Readings in Music History (NY 1950); *Il Fronimo*, Faks. der Ausg. Venedig 1584 (Bol 1969) (= Bibl. musica Bononiensis II/22).

Lit.: O. CHILESOTTI, Il primo libro di liuto di V. G., in: RMI 15 (1908); DERS., Di N. Vicentino e dei generi greci secondo V. G., in: RMI 19 (1912); A. EINSTEIN, V. G. and the Instructive Duo, in: ML 18 (1937); F. FANO, Alcuni chiarimenti su V. G., in: Rass. Mus. 10 (1937); D. P. WALKER, Der musikal. Humanismus (dt. Kas 1949); J. M. BARBOUR, Tuning and Temperament (East Lansing/Mich. 1951); N. PIRROTTA, Temperaments and Tendencies in the Florentine Camerata, in: MQ 40 (1954); C. V. PALISCA, V. G.s Counterpoint Treatise, in: JAMS 9 (1956); DERS., V. G. and Some Links Between „Pseudo-Monody" and Monody, in: MQ 46 (1960); G. MEI, Letters on Ancient and Modern Music to V. G. and G. Bardi, hrsg. v. C. V. Palisca (1960) (= MSD 3); D. KÄMPER, Das Lehr- u. Instrumentalduo um 1500 in Italien, in: Mf 18 (1965); C. V. PALISCA, V. G.'s Arrangements for Voice and Lute, in: Essays in Musicology. FS D. Plamenac (Pittsburgh/Pa. 1969); D. P. WALKER, Some Aspects of the Musical Theory of V. G. and G. Galilei in: Proc. R. Mus. Assoc. 100 (1973/74).

GALLENBERG, Wenzel Robert Graf von, * 28. 12. 1783 Wien, † 13. 3. 1839 Rom; östr. Komponist. Er studierte Komposition bei J. G. Albrechtsberger in Wien. 1803 heiratete er die Gräfin Giulietta Guicciardi, eine Schülerin Beethovens, mit der er bald darauf nach Italien ging. 1806 wurde er „Directeur des ballets" Joseph Bonapartes in Neapel. 1822–23 war er an der Direktion der Hofoper in Wien beteiligt und wurde 1829 Pächter des Kärntnerthor-Theaters, mußte sein Engagement aber schon 1830 wegen finanzieller Schwierigkeiten wieder aufgeben. Danach lebte er wieder in Neapel und zuletzt in Rom. G. war vor allem mit zahlreichen Balletten erfolgreich.

WW: 50 Ballette, die in Wien, Mailand, Neapel, Padua, Venedig u. Paris aufgeführt wurden; 3 Orch.-Ouvertüren (hsl. erhalten); Stücke für Klv. u. für Harfe; *12 deutsche Gesänge*, op. 36 (W o. J.).

GALLENO, Giovanni Battista, ↗Galeno.

GALLI, Amintore, * 12. 10. 1845 Talamello bei Rimini, † 8. 12. 1919 Rimini; it. Musikschriftsteller und Komponist. Er studierte 1862–67 am Mailänder Konservatorium und erhielt 1867 den großen Kompositionspreis für sein weltliches Oratorium *Espiazione*. Zunächst als Leiter der Musikschule in Finale (Emilia) tätig, war er 1872 Begründer und (bis 1904) künstlerischer Leiter des Musikverlags Sonzogno sowie Musikkritiker des *Secolo* in Mailand, 1878–1903 Lehrer für Kontrapunkt und Musikästhetik am Conservatorio Verdi.

WW: **1) Kompositionen:** Klv.-Stücke; Kammermusik; Vokalmusik; die Oratorien *Espiazione*, UA: 1867, u. *Cristo al Golgata*, UA: 1871; Opern: *Il corno d'oro*, UA: Turin 1876, u. *David*,

UA: Mailand 1904. – **2) Schriften:** *Etnografia musicale* (Mi 1898); *Estetica della musica* (Tn 1900) u. *Piccolo lessico del musicista* (Mi 1891).

Lit.: G. ZANGHERI, Carteggio G.-Giordano, in: L'opera 3 (Mi 1967).

GALLIARD, Johann Ernst (John Ernest), * um 1680 Celle, † 1749 London; engl. Oboist und Komponist dt.-frz. Herkunft. Er war in Hannover Kompositionsschüler von J.-B. Farinel und A. Steffani und Mitglied der Hofkapelle. Um 1706 ging er nach London und wurde Kammermusiker im Dienst des Prinzen Georg von Dänemark, des Gatten der Königin Anna. 1710 gehörte er zu den Gründern der Academy of Ancient Music. 1712–36 wirkte er als Komponist für Londoner Theater.

WW: Sonaten für Fag. oder Vc. u. B.c. (Lo o.J.) u. für Fl. u. B.c. (Lo o.J.); *Solos* für Vc. (Lo 1746); Opern (teilweise hsl. erhalten), u.a.: *Apollo & Daphne, Calypso & Telemachus, Pan and Syrinx, Julius Caesar, Dr. Faustus,* daraus u. aus anderen Bühnenwerken wurden zahlr. Songs auch gedruckt. Im Druck erschienen ferner: *Cantatas after the Italian manner* (Lo o.J.); *The hymn of Adam and Eve* (nach J. Milton) u. einzelne Songs. G. übers. auch F. Tosis *Opinioni*… u. F. Raguenets *Parallèle*… ins Englische (Lo 1742); nach J. Hawkins ist er der Autor des anon. Traktats *A Critical Descourse upon Operas in England* (Lo 1709).

Lit.: J. M. KNAPP, A Forgotten Chapter in England 18th Century Opera, in: ML 42 (1961); S. LINCOLN, J. E. G. and „A Criticall Discourse", in: MQ 53 (1967).

GALLIARDE (it.: gagliarda; frz.: gaillarde, engl.: gaillard, span.: gallarda), ein fröhlicher Tanz, der sich seit dem 16. Jh. als Werbepaartanz von Frankreich und Italien her über ganz Europa verbreitete. Bereits in P. Attaingnants Sammlungen (P 1529 ff.) tritt die G. als Springtanzvariante zu der als Schreittanz voraufgehenden langsameren ↗Pavane auf. In Th. Arbeaus *Orchésographie* (1589) sind die Sprungschritte und Volten der zunehmend ausgelassener werdenden G.n als Partnertauschtanz dreier Paare choreographisch-pantomimisch exakt beschrieben. Die G. wird tripeltaktig (6/8 oder 3/4) notiert und in geradzahligen Taktgruppen dreiteilig

J. Bull, *Pavana* aus *Fitzwilliam Virginal Book* (Nr. 34)

J. Bull, *Galiarda* zur *Pavana* Nr. 34 (ebd. Nr. 48)

formiert. Melodisch-harmonisch folgt sie der voraufgehenden ↗Pavane. Im Laufe des 16. Jh. wurde dem Kontrastpaar Pavane–G. ein noch rascherer dritter Tanz als ↗Ripresa oder Recoupe hinzugefügt. Dies führte im 17. Jh. zu weiteren Aufreihungen und damit zur vielsätzigen Tanzsuite. Pavane und G. blieben (seit dem späteren 17. Jh. auch als Allemande und Courante) das die ↗Suiten eröffnende Tanzdoppel, gefolgt von dem ebenfalls schnell-langsamen Doppel Sarabande–Gigue. Im England der tanzkundigen Königin Elisabeth I. wurde die als Tanzlied hoffähig gewordene G. auch als „sink-a-pace" bezeichnet. Die Schrittfolge auf die 6 Schläge des Grundtaktes verlief mit einem an die Stelle des vorletzten, fünften Schrittes gesetzten kecken Drehsprung (Volta). Damit näherte sich die vom Saltarello herkommende G. dem Tanztyp des ↗Tourdion. Im deutschen 17. Jh. ist die G. in den bisweilen polyphonen und textierten Suiten von J. H. Schein, M. Franck u.a. bedeutsam vertreten. Nach 1650 begegnet sie auch als selbständiges Instrumentalstück. So bei dem von den spanischen Lautenisten (A. de Cabezón) und englischen Virginalisten (W. Byrd, O. Gibbons) beeinflußten Franzosen J. Champion de Chambonnières. Hier ist sie entgegen ihrem ursprünglich heiteren Charakter zu einem geradtaktigen feierlichen Charakterstück umgewandelt (galiarda dolorosa). Noch vor der Wende zum 18. Jh. verliert sich die G. sowohl in der angewandten Form als Hof- und Ballettanz (J.-B. Lully) wie auch in der stilisierten Form als Vortragsstück.

Lit.: TH. ARBEAU, Orchésographie (Langres 1589, NA P 1888, engl. NY 1948, Nachdr. Lo – NY 1967); K. NEF, Gesch. der Sinfonie u. Suite (L 1921, Nachdr. Wie 1970); C. SACHS, Eine Weltgesch. des Tanzes (B 1933, Nachdr. Hil 1976); P. NETTL, The Story of Dance Music (NY 1947, Nachdr. 1969); B. DELLI, Pavane u. G. (1957) (= Diss. Freie Univ. Berlin); H. BECK, Die Suite (Kö 1964); G. REICHERT, Der Tanz (Kö 1965); R. FLOTZINGER, Die Gagliarda Italjana, in: AMl 39 (1967); K.H. TAUBERT, Höfische Tänze, Gesch. u. Choreographie (Mz 1968); B. SZABOLCSI, Mozart's „Gagliarda", in: Studies in Eighteenth-Century Music. FS K. Geiringer (Lo 1970).

H. LINDLAR

GALLICO, Claudio, * 4. 12. 1929 Mantua; it. Musikforscher. Er studierte Klavier und Komposition an den Konservatorien in Parma und Mailand, danach Literatur an der Universität Bologna und musikalische Paläographie an der Universität Parma. 1957–62 war G. Dozent für Musikgeschichte am Konservatorium in Padua, bis 1968 in Bozen. Seither lehrt er am Konservatorium Arrigo Boito in Parma, dort seit 1967 als Privatdozent, seit 1970 als Leiter des Musikwissenschaftlichen Instituts auch an der Universität. G. ist seit 1968 Präsident der Società italiana di musicologia, ferner Editionsleiter der neuen Monteverdi-GA und Herausgeber der *Monumenti musicali mantovani.*

WW: **1) Schriften:** *La musica a Mantova all'epoca di Isabella d'Este e la tradizione musicale italiana,* in: Bollettino storico mantovano 10 (1958); *Un canzoniere musicale italiano del Cinquecento* (Fi 1961) (= Historiae musicae cultores Bibl. 13); *Un libro di poesie per musica dell'epoca di Isabella d'Este,* in: Quaderni del bollettino storico mantovano 4 (1961); *Newly Discovered Documents Concerning Monteverdi,* in: MQ 48 (1962); *Un „Dialogo d'amore" di N. da Correggio musicato da B. Tromboncino,* in: StMw 25 (1962); *L'arte dei cento concerti ecclesiastici di L. Viadana* (Tn 1964); *Esperimenti e realizzazioni della più recente avanguardia musicale,* in: Atti del IV convegno internazionale di studi italo-tedeschi (Meran 1967); *La lettera amorosa di Monteverdi e lo stile rappresentativo,* in: NRMI 2 (1967); *C. Monteverdi. Il teatro,* in: C. Monteverdi, hrsg. v. G. Barblan – C. G. – G. Pannain (Tn 1967); *Emblemi strumentali negli Scherzi di Monteverdi,* in: RIMus 2 (1967); *Strutture strumentali nella musica da camera di Monteverdi,* in: ebd.; *Discorso di G. B. Doni sul recitare in scena,* in: ebd. 3 (1968); *La critica stilistica dell'opera di Verdi,* in: Atti del I congresso internazionale di studi verdiani (Parma 1969). – **2) Edition:** *L. Viadana, Cento concerti ecclesiastici (1602)* (Mantua – Kas 1964) (= Monumenti musicali mantovani I 1).

GALLICULUS (eig. Hennel oder Hähnel, auch gräzisiert Alectorius), **Johannes,** * um 1490 Dresden, † um 1550 Leipzig (?); dt. Komponist und Musiktheoretiker. 1505 immatrikulierte er sich an der Universität Leipzig. Seit 1520 lebte er erneut in Leipzig, wahrscheinlich als Schulmeister oder Kantor. Er gehörte dort zu einem Kreis von humanistisch gebildeten Musikern, die sich als frühe Anhänger Luthers um G. Rhau scharten. Die meisten Kompositionen G.' – ausschließlich mit lateinischem geistlichem Text – wurden auch in den Sammeldrucken Rhaus veröffentlicht. Von besonderer Bedeutung sind davon zwei Ostermessen, die auch Teile des Propriums enthalten, und eine Passion. Diese ist nach dem Vorbild der sog. Obrecht-Longaval-Passion komponiert und verwendet (trotz der Bezeichnung als *Passio secundum Marcum*) den gleichen Text wie diese, eine *Summa passionis* nach den 4 Evangelisten (↗Passion). Das motettische Element in ihr ist noch stärker wirksam als in ihrem Vorbild. G.' Musiktraktat (1520, G. Rhau gewidmet) beeinflußte die Kompositionslehren deutscher Kantoren des 16./17. Jh., besonders hinsichtlich der Lehre von den musikalischen Kadenzen (Klauseln).

WW: **1) Kompositionen** (alle 4st.): Gedruckt wurden bei Rhau (in RISM 1538[1], 1539[14], 1540[5], 1544[4] u. 1545[5]) sowie bei Ott (1537[1]), Petrejus (1538[6]) u. Figulus (1575[2]): 2 Ostermessen; *Kyrie summum; Passio secundum Marcum;* 1 Psalm; mehrere Motetten; lat. weltliche Gesänge; weitere Motetten hsl. – **2) Schriften:** *Isagoge de composicione cantus* (L 1520), 2. Aufl. als: *Libellus de compositione cantus* (Wittenberg 1538), mit mehreren Nachdrucken unter beiden Titeln.

Ausg.: GA, hrsg. v. A. A. MOOREFIELD (Brooklyn/N.Y. 1975 ff.). – Ostermesse über das Lied *Christ ist erstanden,* hrsg. v. F. BLUME – W. SCHULZE (Wb 1937) (= Chw 44); *Resurrexit 4v.,* in: Laudate Dominum 5, hrsg. v. H. HÜBSCH (Hei 1949); *Magnificat (quarti toni)* aus RISM 1540[5], in: Vesperarum precum officia, hrsg. v. H. J. MOSER (Kas 1960) (= G. Rhau, Musikdrucke 4); *Magnificat quinti toni* aus RISM 1545[5], in: J. Hähnel u. anon. Meister, 3 Weihnachtsmagnificat zu 4 St., hrsg. v. W. KIRSCH (Wb 1961) (= Chw 85).

Lit.: W. SCHULZE, Die mehrst. Messe im frühprot. Gottesdienst (Wb – B 1940); A. SCHMITZ, Zur motettischen Passion des 16. Jh., in: AfMw 16 (1959); A. A. MOOREFIELD, The Music of J. G. and Its Function in the Early Lutheran Liturgy, 2 Bde., I: Text, II: Übertragung (Los Angeles 1965) (= Diss. Univ. of Calif.); DERS., An Introduction to J. G. (Brooklyn/N.Y. 1969) (= Musicological Studies 18).

G. MASSENKEIL

GALLI-CURCI, Amelita, * 18. 11. 1882 Mailand, † 26. 11. 1963 La Jolla (California); it. Sängerin (Sopran). Am Konservatorium in Mailand zunächst als Klavierlehrerin ausgebildet, debütierte sie 1909 nach autodidaktischem Gesangsstudium am Teatro Constanzi in Rom als Gilda in G. Verdis *Rigoletto* und sang 1910 bereits an der Mailänder Scala. 1916 wurde sie nach einem sensationellen Auftritt als Gilda an der Oper von Chicago international berühmt. Bis 1918 blieb sie in Chicago, war 1921–31 Mitglied der Metropolitan Opera in New York und gastierte an allen großen Opernhäusern Europas und Amerikas, gefeiert als die technisch und stilistisch beste Koloratursopranistin jener Zeit. Bedingt durch eine Kehlkopferkrankung beendete sie 1936 ihre Laufbahn und lebte seit 1940 in Beverly Hills (Calif.).

Lit.: C. E. LE MASSENA, G.-C.'s Life of Song (NY 1945).

GALLIKANISCHER GESANG. Mit gallikanisch bezeichnet man im weitesten Sinne die christlichen Riten außerhalb der italienischen Halbinsel, im engeren Sinne das Gesamt der Liturgien, Leseordnungen und Gesänge, die vor der liturgischen Reform im Frankenreich durch Pippin den Kurzen und Karl den Großen (Ende 8. Jh.) eigentümlich waren für die großen Metropolitankirchen in Gallia Cisalpina und Germania (Toulouse, Lyon, Autun, Tours, Sens, Rouen, Cambrai, Trier, Mainz, Köln usw.). Die wichtigste Quelle für unsere Kenntnis der Funktion der Gesänge in den gallikanischen Liturgien sind zwei Briefe, die in einer Hs. in Autun dem hl. Germanus, Bischof von Paris, zugeschrieben werden, die aber wohl erst aus der Zeit um 700 stammen. Sie sind heute unter dem Titel *Expositio brevis antiquae liturgiae Gallicanae* (veröff. u. a. in: Migne PL 72) bekannt und enthalten Angaben über die Ordnung der gallikanischen Messe einschließlich der Gesangsteile. Einige Informationen über einzelne Gesänge finden sich bereits in den Schriften von Gregor v. Tours († 594).

Die Überlieferung der gallikanischen Gesänge ist dadurch gekennzeichnet, daß sich keine einzige

Handschrift mit notierten Gesängen aus der Zeit vor Einführung der römischen Liturgie und der „Romana cantilena" am Ende des 8. Jh. erhalten hat. Nur einige Melodien überlebten, indem sie in gregorianische Handschriften Eingang fanden. Die Erforschung des gallikanischen Gesangs sieht sich also vor die Aufgabe gestellt, aus dem gesamten Bestand der mit Melodien überlieferten Gesänge die Stücke des alten gregorianischen Repertoires von denen abzusondern, die nach der offiziellen Einführung des römischen Gesangs Ende des 8. Jh. entstanden sind. Eine weitere Selektion ist dann für die im Laufe des 9./10. Jh. hinzugekommenen Gesänge notwendig, um die römisch-fränkischen Stücke von den alten gallikanischen zu unterscheiden. Eine solche Analyse ist freilich in der konkreten Durchführung außerordentlich schwierig und heikel.

Das erste Auswahlkriterium ist paläographischer Art: der Vergleich der Gradualien untereinander (außerdem auch der Antiphonarien). Die Stücke, die alle in Quellen verschiedenster Herkunft bezeugt sind, bilden den ursprünglichen gregorianischen Bestand. Der Rest, d. h. die Stücke, die vereinzelt in Quellen aus der einen oder anderen Region vorkommen, müssen dann einer genaueren Prüfung ihrer „inneren" Qualitäten unterzogen werden. Nach Walafrid Strabo (um 830) sind es die Worte und der Ton („Verba et sonus"), an denen man die alten gallikanischen Gesänge erkennen kann. So etwa bietet das Offertorium vom Fest des hl. Stephan *Elegerunt*, das nicht zum ursprünglichen gregorianischen Bestand gehört (für den 26. Dezember verzeichnen die ältesten gregorianischen Handschriften das Offertorium *In virtute*), in seinem Text und in seiner Melodie mehrere Indizien für gallikanischen Ursprung: Wortschatz und sprachlicher Ausdruck stimmen mit der gallikanischen Euchologie überein (G. Manz, s. u. Lit.), und die Fassung des biblischen Textes ist die der lateinischen Übersetzungen vor der Vulgata. Ein weiteres Indiz für den gallikanischen Ursprung von *Elegerunt* ist das Vorhandensein von Parallelen zu seinem Text in spanischen und Mailänder Antiphonarien. Leider läßt sich die liturgische Bestimmung von solchermaßen identifizierten Stücken nicht immer feststellen. Dieser Umstand verhindert eine genaue Kenntnis der verschiedenen liturgisch-musikalischen Gattungen des gallikanischen Ritus. Gleichwohl ist es nicht völlig unmöglich, einige für einzelne Gattungen charakteristische Züge zu entdecken.

Die gallikanische Psalmodie enthielt keine ↗Mediatio in der Mitte des Verses, sondern – wie auch in Mailand und Spanien – eine einfache Pause. Außerdem kannte man Psalmmelodien mit zwei Tenores wie den ↗Tonus peregrinus. Im Unterschied zum römischen Offizium enthielt das gallikanische Offizium metrische Hymnen, z. B. den Hymnus *Inventor rutili* (zur Feuerweihe am Karsamstag):

Andere gallikanische Hymnen sind *Christe qui lux es et dies* (Komplet), *Mediae noctis tempus* (Nokturn), *Veni Redemptor gentium* (Weihnachten). Zu erwähnen ist hier auch das Gloria der Missa XV der Editio Vaticana; es gehörte ursprünglich zur Laudes des gallikanischen Ritus. Das gallikanische Offizium enthielt auch melodisch reich geschmückte Antiphonen, die oft mit einem *Alleluia* enden, dessen „Neuma" sich, wie auch im ↗mozarabischen Gesang, nicht über der Schlußsilbe, sondern über der zweiten Silbe entfaltet. Dies ist der Fall in der Antiphon *O crux benedicta* (mit etwa 50 Noten auf der Silbe *le* von *Alleluia*). Wie in Mailand gab es im gallikanischen Gesang auch Antiphonen mit Versen. Einige Beispiele dafür haben sich in den Antiphonen des *Mandatum* (der Fußwaschung) in der Messe des Gründonnerstags erhalten. Schließlich ist hinzuweisen auf die zahlreich überlieferten litaneiähnlichen *Preces*, einer für die gallikanische Liturgie in Gallien, Spanien und Germanien eigentümliche Art von Fürbitten. Sie bestehen aus einem Wechselgesang zwischen dem Diakon, der die Intention der Bitten formuliert, und dem Volk, das mit einem Ruf antwortet, z. B. mit *Rogamus te, Rex saeculorum*. Solche *Preces*, von denen einige aus Spanien stammen, finden sich über einen langen Zeitraum hinweg in den Handschriften mit aquitanischer Notation.

Lit.: H. LECLERCQ, Gallicane (Liturgie), in: Dictionnaire d'archéologie chrétienne et de liturgie VI/1 (1924); A. WILMART, Germain de Paris (Briefe), in: ebd.; F. CABROL, Les origines de la liturgie gallicane, in: Revue d'Histoire ecclésiastique 30 (1930); J. QUASTEN, Expositio antiquae liturgiae Gallicanae (Mr 1934); A. GASTOUÉ, Le chant gallican, in: ebd. 41 (1937)–43 (1939), Teilausg. (Grenoble 1939); G. MANZ, Ausdrucksformen der lat. Liturgiesprache, in: Texte u. Arbeiten 1 (Beuron 1941) Beiheft; J. QUASTEN, Oriental Influence in the Gallican Liturgy, in: Traditio 1 (1943); E. GRIFFE, Aux origines de la liturgie gallicane, in: Bull. de littérature ecclésiastique 52 (1951); M. HUGLO, L'auteur de l'Exultet pascal, in: Vigiliae christianae 7 (1953); DERS., Les preces des graduels aquitains empruntés à la liturgie hispanique, in: Hispania sacra 8 (1955); C. GINDELE, Die Gallikanischen „Laus perennis"-Klöster u. ihr Ordo officii, in: Revue Bénédictine 69 (1959); M. HUGLO, Altgallikanische Liturgie, in: Gesch. der kath. Kirchenmusik, hrsg. v. K. G. Fellerer, I (Kas 1972).

M. HUGLO

GALLMEYER, Josephine, * 27.2.1838 Leipzig, † 3.2.1884 Wien; östr. Sängerin (Sopran) und Schauspielerin. Nach ihrem Debüt als Sängerin 1853 in Brünn und Gastspielen u.a. in Wien und Dresden wurde sie 1862 nach Auftritten als Soubrette am Theater an der Wien in Wien allgemein bekannt. Es folgten Engagements am Wiener Carl-Theater, wo sie 1865 maßgeblich zum Erfolg von J. Offenbachs *Pariser Leben* beitrug, in Budapest und erneut am Theater an der Wien, wo sie in Volksstücken, Lustspielen und Operetten erfolgreich war. Gastspiele führten sie auch in die USA. Sie zählte zu den beliebtesten Soubretten und Volksschauspielerinnen ihrer Zeit.

Lit.: E. DÖBLER, J. G. (W 1935); B. GLOSSY – G. BERGER, J. G. (W 1954).

GALLO, F. Alberto, * 17.10.1932 Verona; it. Musikforscher. Er promovierte an der Universität Padua 1955 in Rechtswissenschaften und 1960 in Philosophie, habilitierte sich 1969 an der Universität Bologna mit einer Arbeit über *Geschichte der Musiktheorie* und lehrt dort seitdem Musikgeschichte. Seit 1979 ist er Vorsitzender der Società italiana di musicologia.

WW: **1) Schriften:** *Ricerche sulle origini della cappella musicale del Duomo di Vicenza* (V – R 1964); *La tradizione dei trattati musicali di Prosdocimo de Beldemandis,* in: Quadrivium 6 (1964); *Alcune fonti poco note di musica teorica e pratica,* in: L'Ars nova italiana del Trecento 2 (1968); *Tra G. di Garlandia e F. da Vitry. Note sulla tradizione di alcuni testi teorici,* in: MD 23 (1969); *Lo studio della Musica speculativa di J. de Muris in Polonia e in Italia ...,* in: ebd.; *Philological Works on Musical Treatises of the Middle Ages. A Bibliographical Report,* in: AMl 44 (1972); *Astronomy and Music in the Middle Ages. The Liber introductorius by Michael Scot,* in: MD 27 (1973); *Figura and Regula. Notation and Theory in the Tradition of Musica mensurabilis,* in: Stud. zum Begriff der Tradition in der Musik. FS K. von Fischer (Mn 1973); *Caccia,* in: HMT (1974); *Marchetus in Padua und die „franco-venetische" Musik des frühen Trecento,* in: AfMw 31 (1974); *Musica, poetica e retorica nel Quattrocento: l'Illuminator di Giacomo Borbo,* in: RIMus 10 (1975); *Madrigal (Trecento),* in: HMT (1976); *Il Medioevo* 2 (Tn 1977) (= Storia della musica a cura della Società italiana di musicologia 2); *Relationships Between Grammatical, Rhetorical and Musical Terminology in the Middle Ages,* in: Kgr.-Ber. Berkeley 1977 (Druck in Vorb.); *Il „ballare lombardo" ca. 1435–1475. I balli e le basse danze di Domenico da Piacenza e di Guglielmo Ebreo,* in: Studi musicali 8 (1979). – **2) Editionen: a)** Traktate: *Guidonis fratris Ars musice mensurate,* in: Mensurabilis musicae tractatuli (Bol 1966); *Prosdocimi de Beldemandis Expositiones tractatus practice cantus mensurabilis magistri Johannis de Muris* (Bol 1966); *Franchini Gafurii Extractus parvus musice* (Bol 1969); *Petrus Picardus, Ars motettorum compilata breviter* (R 1971) (= CSM 15); *Johannes Boën, Ars musicae* (R 1972) (= CSM 19). – **b)** Kompositionen: *Antonii Romani Opera* (Bol 1965); *I più antichi monumenti sacri italiani* (Bol 1968) (zus. mit G. Vecchi); *Italian Sacred Music,* in: Polyphonic Music of the 14th Century 12 (Monaco 1976) (zus. mit K. von Fischer).

GALLON, frz. Musikpädagogen und Komponisten. – **1) Jean,** * 25. 6. 1878 Paris, † 23. 6. 1959 ebd. Er studierte am Pariser Conservatoire u.a. Harmonielehre, Klavier und Komposition. 1906 bis 1914 leitete er den Chor der Société des Concerts du Conservatoire, 1909–14 den der Opéra; lehrte 1919–49 Harmonielehre am Conservatoire.

WW: Kompositionen: Lieder, u.a.: *Nuits de juin* (Text: V. Hugo) (P 1899); *Sur le silence, Réponse, Les musiciens* (Text: F. Toussaint) (P 1939); eine Messe für 4 St., Orch. u. Org. (P 1898); *Six antiennes* (1899) für Streichorch. u. Org. (hsl.); Ballett *Hansli le Bossu* (zus. mit N. G.), UA: Paris 1914. – Unterrichtswerke (zus. mit N. G.): *60 Exercises et thèmes d'harmonie,* 1. Reihe; *60 Exercices...,* 2. Reihe; *80 Exercices...,* 3. Reihe.

2) Noël, Bruder von 1), * 11. 9. 1891 Paris, † 26.12.1966 ebd. Er studierte am Pariser Conservatoire Klavier, Harmonielehre, Kontrapunkt und Komposition. 1910 erhielt er den 1. Prix de Rome für *Acys et Galathée.* 1926–61 lehrte er am Conservatoire zunächst Allgemeine Musiklehre, danach Kontrapunkt und Fuge. – Zu den Schülern der G.s zählen u. a. R. Casadesus, J. Demessieux, M. Duruflé, H. Dutilleux und O. Messiaen.

WW: Für Klv.: *Toccata, Intermezzo et Capriccio* (P 1951); 2 Bücher *Études progressives* u. *Dix préludes* (P 1953); *Dolor* für Vc. u. Klv. (P 1953); Suite für Fl. u. Klv. (P 1921); *Récit et Allegro* für Fag. u. Klv. (P 1938); Sonate für Fl. u. Fag. (P 1952); Quintett für Harfe u. Str. (P 1953); versch. Orch.-Werke (unveröff.) u. Lieder (P o.J.); Ballett *Hansli le Bossu* (s.o. zu 1) u. versch. Unterrichtswerke (s.o. zu 1) u. *Traité de contrepoint* (P 1964) (zus. mit M. Bitsch).

GALLOT, frz. Lautenisten, Schüler der Gaultiers; sie gehörten zu den besten Lautenisten ihrer Zeit. – **1) Antoine,** genannt „le Vieux Gallot d'Angers", * Ende 16.Jh., † 1647 Wilna. Er war Lautenist am Hof Sigismunds III. und König Władisławs IV. von Polen. Das hsl. *Livre de luth* des Lautenisten R. Milleran (um 1690) enthält 4 seiner Stücke, darunter einen Kanon, der auch von M. Scacchi in seinem *Cribrum musicum* (V 1643) veröffentlicht wurde. – **2) Jacques** (I), genannt „le Vieux Gallot de Paris", Bruder von 1), * nach 1600 (?), † nach 1686 Paris. Er schrieb *Pièces de luth ... sur différents Modes* (P um 1673/75). Diese Ausgabe, die mit einer kurzen Anleitung zum Lautenspiel beginnt, enthält Tänze, die häufig durch Untertitel charakterisiert werden, sowie 10 *Tombeaux,* in denen sich erstmalig ein Menuett findet. Die meisten der mit „Vieux Gallot" oder „Gallot" bezeichneten Stücke in frz. und ausländischen Hss. können ihm zugeschrieben werden.

Lit.: H. RADKE, Bemerkungen zur Lautenistenfamilie G., in: Mf 13 (1960). – **Zu 2):** M. ROLLIN, Le „tombeau" chez les luthistes, in: Bull. de la Société d'études du XVIIe siècle 6 (1954).

GALLUS (Handl, Händl, Hähnel, Carniolus; eig. Petelin, slowenisch = Hahn), **Jacobus,** * 15. 4. / 31. 7. 1550 Reifniz (Unterkrain), † 18. 7. 1591 Prag; östr. Komponist slowenischer Herkunft. Um 1570 war er Kapellsänger im Kloster Melk (Österreich), 1574 Mitglied der Wiener Hofkapelle. In den folgenden Jahren hielt er sich u. a. in Melk, Zwettl, Brünn, Olmütz, Prag, Breslau und Görlitz auf. 1579–85 war er bischöflicher Kapellmeister in Olmütz (Mähren). Nach einem kurzen Aufenthalt in Breslau lebte er bis zu seinem Tod in Prag und war dort eine Zeitlang Regens chori der Kirche St. Johann.

WW: *Selectiores quaedam missae,* 16 Messen in 4 Büchern für 7–8, 6, 5 u. 4 St. (Pr 1580); *Opus musicum* für 4–6, 8 u. mehr St., Motetten zum Offizium des ganzen Kirchenjahres, Bde. I–III: *Proprium de tempore* (Pr 1586–87), Bd. IV: *Proprium sanctorum* (Pr 1590), in: Bd. II: 2 Johannes-Passionen für 4–5 u. für 8 St. u. eine 6st. Matthaeus-Passion; *Epicedion harmonicum…, C. Abb. Zabrdovicensis* (Pr 1589); 3 Bücher *Harmoniae morales* für 4 St. (Pr 1589–90); *Moralia* für 5, 6 u. 8 St. (Nü 1596) (postum). Einzelne Gesänge auch in Sammeldrucken der Zeit und auch in Lautentabulaturen (S. Kargel 1586 u. J. Woltz 1617).

G. schuf in nur wenigen Jahren ein umfangreiches Œuvre von liturgisch gebundener und weltlicher Vokalmusik. In den geistlichen Werken – mit den Motetten des *Opus musicum* als Kern – verbindet er die niederländische motettische Satzweise mit der venezianischen Mehrchörigkeit (↗Coro spezzato) zu einer weithin originellen Tonsprache. Ihr Kennzeichen sind vor allem eine oft kühne Harmonik, die im Dienst des Affektausdrucks verwendet wird, und der stark bildhafte Einsatz bestimmter musikalischer Mittel. Die *Moralia* des G., eine Sammlung motettenartiger Vertonungen weltlicher lateinischer Sprüche, sind ein in ihrer Art einzig dastehender Beitrag zur Humanistenmusik des 16. Jahrhunderts.

Ausg.: *Opus musicum,* hrsg. v. E. BEZECZNY – J. MANTUANI, 6 Bde. (1899–1919) (= DTÖ 12, 24, 30, 40, 48, 51/52); 6 Messen, hrsg. v. P. A. PISK (1935) (= DTÖ 78); Messen, hrsg. v. DEMS., 3 Bde. (1959–70) (= DTÖ 94/95, 117, 119); *Harmoniae morales,* hrsg. v. D. CVETKO (Ljubljana 1966); *Moralia,* hrsg. v. A. B. SKEI, 2 Bde. (Madison/Wis. 1970) (= RRMRen 7–8).

Lit.: E. W. NAYLOR, J. H. (Gallus), in: Proc. Mus. Assoc. 25 (1908); DERS., J. H. (Gallus) as Romanticist, in: SIMG 11 (1909/10); P. A. PISK, Das Parodieverfahren in den Messen des J. G., in: StMw 5 (1918); H. OSTHOFF, Einwirkungen der Gegenreformation auf die Musik des 16. Jh., in: Jb. Peters 41 (1935); H. LANZKE, Die weltl. Chorgesänge („Moralia") von J. G. (Diss. Mz 1964); D. CVETKO, Le problème du rythme dans les œuvres de J. G., in: FS B. Stäblein (Kas 1967); A. B. SKEI, J. H.'s Polychoral Music, in: MR 29 (1968); H. J. BUSCH, Moteti J. Gallusa in nauk of figurali v prvi polovici 17. stoletja, in: Muzikološki zbornik 5 (1969); D. CVETKO, La question de la mélodique chez J. G., in: Renaissance-muziek 1400–1600. FS R. B. Lenaerts (Leuven 1969); DERS., J. G. Sein Leben u. Werk (Mn 1972); H. HÜSCHEN, Bemerkungen zur Satzstruktur der Missa canonica zu 4 (8) St. v. J. G. 1550–1591, in: Convivium musicorum. FS W. Boetticher (B 1974); K. SCHNÜRL, Musikal. Figuren in den vierst. „Harmoniae morales" des J. G., in: De ratione in musica. FS E. Schenk (Kas 1975).

GALLUS, Johannes, ↗Lecocq, Jean.

GALOPP (von mhd. walap = Pferdesprungritt; frz.: galop; engl.: gallop; it.: galoppo; tschechisch: kalup), ein um 1820 in Wien aufkommender Gesellschaftstanz in schneller springender Bewegung. Er läuft nach Art einer Prestopolka im 2/4-Takt ab (♪♬ ♪♬) und ist dreiteilig (je 64 Takte). Seit Fr. Schuberts Klv.-Galopp (1822) steht der Mittelteil (Trio) auf der Subdominante; seit J. Strauß Vater (seit 1837 über 30 G.s) wird dem G. eine 4taktige Einleitung und eine 8–16taktige Coda hinzugefügt. Von Wien breitete sich der G. rasch über ganz Europa aus und erreichte um 1870 seinen Höhepunkt. In den slawischen Ländern wurde der G. in Moll bevorzugt, in den romanischen Ländern der G. in Potpourriform. Peitschengeknall und Pistolenschüsse feuerten den Tanzwirbel zusätzlich an. Auch pantomimische Begleitbewegungen und Gekreisch stimulierten die in Deutschland auch *Rutscher* und *Rausschmeißer* genannten Galoppaden. Neben Salon-, Militär- und Operettenkomponisten von J. Strauß Sohn bis zu P. Lincke lieferten auch Konzertkomponisten von C. Czerny bis Fr. Liszt *(Grand galop chromatique,* 1838) und Opernkomponisten von H. Marschner bis G. Bizet zahlreiche Galopps. Als besonders bezeichnend für die französische Operette gilt J. Offenbachs berühmter *Galop infernal* aus *Orphée aux enfers* (Paris 1858); dabei handelt es sich allerdings um einen ↗Cancan, der sich als eine Abart des G.s um 1830 in Frankreich zunächst als Gesellschaftstanz eingebürgert hatte, später als Schautanz eine Hauptattraktion der Variétés und Revuen geworden war und bis in das Broadway-Musical des 20. Jh. fortbestand. – Programmusikalisch läßt sich der Pferdegalopp seit Cl. Monteverdis *Il combattimento di Tancredi e Clorinda* (1624, gedruckt im 8. Madrigalbuch, 1638) belegen, in der romantisch-realistischen Orchestermusik von H. Berlioz' *La damnation de Faust* (Paris 1846) bis zu R. Wagners *Die Walküre* (München 1870). I. Strawinsky parodierte einen *Galop à la Offenbach* in seinen *Cinq pièces faciles* für Klv. zu 4 Händen (1917; Orchesterfassung 1921).

Lit.: O. BIE, Der Tanz (B 1906, [3]1925) (= Die Kultur 11); V. JUNK, Hdb. des Tanzes (St 1930); C. SACHS, Eine Weltgesch. des Tanzes (B 1933, Nachdr. Hil 1976); S. CRACAUER, J. Offenbach (A 1937); M. SCHÖNHERR – K. REINÖHL, J. Strauß Vater (W 1954); E. NICK, G., in: MGG IV. H. LINDLAR

GALOUBET (provenzal.; altfrz.: flaihutel, flageol; neufrz.: flûtet), eine Schnabelflöte mit enger zylindrischer Bohrung und zwei vorder- und einem hinterständigen Griffloch. Das G. gehört zu den früher weit verbreiteten Einhandflöten (baskisch: chirula, txistu; mhd.: holre, holler, ↗Schwegel), die zusammen mit einer Trommel oder einem anderen Schlaginstrument (Tambourin du Béarn, Triangel) von einem Musiker allein gespielt wurden (frz.: galoubet et tambourin; engl.: pipe and tabor; span.: fluviol oder flabiol y tamboril). Der Spieler hält das Instrument zwischen Ringfinger und kleinem Finger der linken Hand und deckt mit Zeige- und Mittelfinger die beiden vorderen, mit dem Daumen das hintere Griffloch. Die Trommel ist mit einer Schlaufe versehen, die in die Beuge des linken Armes gelegt wird, so daß der Spieler mit dem Schlegel in der rechten freien Hand das Instrument spielen kann.

Wegen der engen zylindrischen Bohrung erklingt beim Anblasen nicht der (schwer ansprechbare) Grundton, sondern der 1. oder 2. Oberton. Durch stärkeren Anblasdruck erreicht der Spieler die nachfolgenden Obertöne (bis zum 6.), so daß mit der Deckung bzw. Öffnung der Grifflöcher nur die Abstände zwischen den Obertönen auszufüllen sind. Daher hat das G. auch trotz der geringen Anzahl von Grifflöchern einen diatonischen Tonumfang von 2 Oktaven mit einem chromatischen Zwischenton (insgesamt 14 Töne). Zusätzliche Töne lassen sich durch Halbdeckung der Grifflöcher oder auch des Mündungsloches erzielen. Der Klang des Instruments ist schrill und scharf.

Einhandflöten sind von Darstellungen her seit dem Mittelalter bekannt. Bereits im 15. und 16. Jh. wurden sie in verschiedenen Größen gebaut, zunächst in Diskant- und Tenor-, dann auch in Baßlage (Ambraser Inventar, 1596) mit S-förmigem Anblasrohr. Diese 3 Größen kannte auch Praetorius (*Syntagma musicum* II, 1618, [2]1619); erst später gab es auch kleinere, über dem Diskant liegende Instrumente. Einhandflöten werden noch in der Provence (↗Fluviol), in den baskischen Provinzen und in Katalonien (↗Cobla) gespielt. Das provenzalische G. wird heute in 4 verschiedenen Stimmungen, in As, B, C und D gebaut. Sein Repertoire umfaßt wie bei den anderen Einhandflöten vorwiegend Tänze, die im Freien getanzt werden (↗Farandole, ↗Sardana). Neben dem einzelnen G.-Spieler gibt es Ensembles von mehreren G.-Spielern, ebenso das Zusammenspiel mit anderen Instrumenten wie im Cobla-Ensemble.

Lit.: F. VIDAL, Lou tambourin. Istori de l'estrumen provencau (Aix- Avignon 1864); J. ANTONIO DE DONOSTIA, Notas breves acerca del txistu y de las danzas vascas (Bilbao 1933); D. FRYKLUND, Studier över galoubetn (Hälsingborg 1939); P. H. OLAZARAN DE ESTELLA, Txistu. Tratado de flauta vasca (Bilbao [2]1951); W. SALMEN, Zur Verbreitung v. Einhandfl. u. Trommel im europäischen MA, in: Jb. des Östr. Volksliedwerkes 6 (1957); C. NENGO, Le g. et le tambourin de Provence, in: Bull. du Groupe d'Acoustique Musicale (P 1966) Nr. 23.

M. BRÖCKER

GALPIN, Francis William, * 25. 12. 1858 Dorchester, † 30. 12. 1945 Richmond (Surrey); engl. Musikforscher. G., der anglikanischer Geistlicher war, wirkte nach seinem Studium 1891–1915 als Vikar in Hatfield Regis (Essex), 1915–21 in Witham und anschließend als Rektor in Faulkbourne. 1917 wurde er Kanonikus der Kathedrale in Chelmsford. G. war Spezialist für Instrumentenkunde und begründete eine bedeutende Sammlung historischer Musikinstrumente, die 1917 in den Besitz des Museum of Fine Arts in Boston (USA) überging. Sein *Textbook of European Musical Instruments* gehört zu den Standardwerken der Instrumentenkunde. – Die 1947 gegründete Galpin Society zur Förderung der Instrumentenkunde wurde nach ihm benannt. Sie gibt seit 1948 die Zeitschrift *The Galpin Society Journal* (GalpinJ) heraus.

WW: *The Whistles and Reed Instruments of the American Indians of the North West Coast,* in: Proc. Mus. Assoc. 29 (1902/03); *Notes on a Roman Hydraulus,* in: Reliquary (1904); *The Sackbut. Its Evolution and History,* in: Proc. Mus. Assoc. 33 (1906/07); *Old English Instr. of Music* (Lo 1910, [3]1932), revidiert v. Th. Dart (Lo – NY [4]1965); *The Viola Pomposa,* in: ML 13 (1931); *A Textbook of European Musical Instruments* (Lo 1937, Nachdr. NY 1956); *The Music of the Sumerians... the Babylonians and Assyrians* (Lo 1937, NA Str 1955, Nachdr. NY 1970) (NA = Slg. musikwiss. Abh. 33).

Lit.: F. G. RENDAL, F. W. G. 1858–1945, in: GalpinJ 1 (1948); S. GODMAN, F. W. G. Music Maker, in: MMR 84 (1954); DERS., F. W. G., in: GalpinJ 12 (1959); The Galpin Society. 21 Anniversary Exhibition of European Musical Instruments. Ausstellungskat., hrsg. v. G. MELVILLE-MASON (Edinburgh – Lo 1968); DERS., in: MT 109 (1968).

GALUPPI, Baldassare, genannt „il Buranello", * 18. 10. 1706 auf der Insel Burano bei Venedig, † 3. 1. 1785 Venedig; it. Komponist. Er war Sohn eines Violine spielenden Barbiers, der ihm die musikalischen Grundlagen beibrachte. Mit 16 Jahren versuchte er sich an einer ersten Oper, *La fede nell'inconstanza;* das in Chioggia und Vicenza aufgeführte Werk wurde ein derartiger Mißerfolg, daß es die Aufmerksamkeit B. Marcellos auf sich zog, der G. eine gründliche Ausbildung bei A. Lotti vermittelte. Seit 1726 wirkte G. am Teatro della Pergola in Florenz als Cembalist. Seit 1728 lebte er fast ständig in Venedig, nur unterbrochen von Aufenthalten in London (1741–43), wo er für das Haymarket (bzw. King's) Theatre komponierte, St. Petersburg (1765–68), wo er Hofkomponist und

Hofkapellmeister sowie Lehrer von Dm. Bortnjanski war, und von Reisen in Italien und nach Wien. 1740 wurde er Maestro di coro am Ospedale dei Mendicanti, 1748 Vizekapellmeister, 1762 1. Kapellmeister an S. Marco und Musikdirektor des Ospedale degl'Incurabili. Lange Zeit arbeitete er mit C. Goldoni zusammen, der für ihn Texte schrieb, vor allem für seine Buffoopern (z. B.: *Il mondo della luna,* 1750; *Il filosofo di campagna,* 1754; *La cameriera spiritosa,* 1766). In London komponierte G. die Opere serie *Penelope* (1741), *Scipione in Cartagine* (1742), *Enrico* (1743) und *Sirbace* (1743), in St. Petersburg *Ifigenia in Tauride* (1768). Nach Venedig zurückgekehrt, wo ihm seine Stelle an S. Marco freigehalten worden war, schrieb er 1773 sein letztes Werk, die Opera giocosa *La serva per amore.*

WW: **1) Instr.-WW:** Für Cemb.: Sonaten, op. 1 u. 2 (Lo o.J.), einzelne Lessons u. Ouverturen (Lo o.J.), zahlr. weitere Sonaten hsl.; ein Trio für Fl., Ob. u. Baß; 7 *Concerti a quattro* für Str. (sämtlich hsl.); 2 Symphonien (Nr. 3 u. 4) für Orch. (L 1758), 2 weitere *Symphonies périodiques* Nr. 47 u. 51) (P o.J.). – **2) Vokal-WW** (nur hsl. erhalten): Messen, Motetten, Te Deum u. a. liturgische Werke; einzelne Kantaten. – **3) Bühnen-WW:** Über 100 Opern, u. a. (hsl. bzw. im Druck): *Ergilda,* UA: Venedig 1736; *Ciro riconosciuto* (Libr.: P. Metastasio), UA: ebd. 1737; *Issipile* (Libr.: ders.), UA: Turin 1738; *Alessandro nell'Indie* (Libr.: ders.), UA: Mantua 1738; *Adriano in Siria* (Libr.: ders.), UA: Turin 1740; *Gustavo Primo Re di Svezia* (Libr.: C. Goldoni), UA: Venedig 1740; *Berenice,* UA: ebd. 1741; *Didone abbandonata,* (Libr.: Metastasio), UA: Modena 1741; *Penelope* (Libr.: P. A. Rolli), UA: London 1741; *Scipione in Cartagine,* UA: ebd. 1742; *Enrico* u. *Sirbace,* UA: London 1743; *Ricimero* (Libr.: Fr. Silvani), UA: Mailand 1744; *Antigono* (Libr.: Metastasio), UA: London 1746; *L'Olimpiade* (Libr.: ders.), UA: Mailand 1747; *Demetrio* (Libr.: ders.), UA: Wien 1748; *Artaserse* (Libr.: ders.), UA: ebd. 1749; *Semiramide riconosciuta* (Libr.: ders.), UA: Mailand 1749; *Il conte Caramella* (Libr.: Goldoni), UA: Verona 1749; *Demofoonte* (Libr.: Metastasio), UA: Madrid 1749; *Il mondo della luna* (Libr.: Goldoni), UA: Venedig 1750; *Il mondo alla rovesca* (Libr.: ders.), UA: ebd. 1750; *Antigona,* UA: Rom 1751; *La calamità dei cuori* (Libr.: Goldoni), UA: Venedig 1752; *L'eroe cinese* (Libr.: Metastasio), UA: Neapel 1753; *Siroe* (Libr.: ders.), UA: Rom 1754; *Il filosofo di campagna* (Libr.: Goldoni), UA: Venedig 1754; *Attalo,* UA: Padua 1755; *Le nozze* (Libr.: Goldoni), UA: Bologna 1755; *La diavolessa* (Libr.: ders.), UA: Venedig 1755; *Ezio* (Libr.: Metastasio), UA: Mailand 1757; *Sesostri* (Libr.: A. Zeno – P. Pariati), UA: Venedig 1757; *Melite riconosciuta,* UA: Rom 1759; *La clemenza di Tito* (Libr.: Metastasio), UA: Turin 1760; *L'amante di tutte,* UA: Venedig 1760; *Li tre amanti ridicoli,* UA: ebd. 1761; *Il marchese villano* und *Il puntiglio amoroso* (Libr.: Carlo Gozzi), UA: ebd. 1762; *Arianna e Teseo* (Libr.: P. Pariati), UA: Padua 1763; *Il re alla caccia* (Libr.: Goldoni), UA: Venedig 1763; *La partenza e il ritorno dei marinari,* UA: ebd. 1764; *Ifigenia in Tauride,* UA: St. Petersburg 1768; *Il villano geloso* (Libr.: G. Bertati), UA: Venedig 1769; *L'inimico delle donne* (Libr.: ders.), UA: ebd. 1771; *Montezuma,* UA: ebd. 1772; *La serva per amore,* UA: ebd. 1773; ferner Stücke für Pasticci.

G. hat einen bedeutenden Anteil an der Entwicklung der Opera buffa im 18. Jh., besonders seit seiner Zusammenarbeit mit Goldoni. Dessen Dramma giocoso in musica, in dem neben den Parti buffe auch Parti serie am Fortgang der Handlung beteiligt sind, regte G. zu einem scharf profilierten und psychologisch nuancierten Vokalstil an, der ihn von der weitgeschwungenen Gesangslinie seines Lehrers Lotti und der Neapolitanischen Schule unterschied; die Da capo-Arie tritt gegenüber zweiteiligen, kleineren Formen zurück. G. gab den „Concertati“ größeres Gewicht; sie werden bei ihm nicht mehr auf das Finale – in der Regel ein Kettenfinale, das aus teils offenen, teils geschlossenen Abschnitten besteht – beschränkt, sondern in die Handlung eingebaut. Von seinen Opere serie waren nur *Alessandro nell' Indie* (1738) und *L'Olimpiade* (1747), beide auf Metastasio-Texte, erfolgreich. Aus G.s Instrumentalschaffen ragen besonders die Klaviersonaten heraus. Sie sind ein Beitrag zur Entwicklung des vorklassischen Instrumentalstils.

Ausg.: **1) Instr.-WW:** 12 Sonaten, hrsg. v. G. BENVENUTI (Bol 1920); 4 Sonaten, hrsg. v. G. PICCIOLI (Mi 1951); 6 Sonaten *Passatempo al cembalo* 1781, hrsg. v. F. PIVA (V 1964) (= Collana di musiche veneziane inedite o rare 6); *Sonate per cembalo,* hrsg. v. H. ILLY (R 1969) (= Musiche vocali e strumentali sacre e profane dei secoli XVII–XIX Nr. 42); Symphonien Nr. 1–3 D-Dur, hrsg. v. G. PICCIOLI (Mi 1961) (= Collezione di musiche sinfoniche italiane dei secoli XVIII e XIX o. Nr.); Concerto a 4 Nr. 1 g-moll u. Nr. 2 G-Dur, hrsg. v. H. HEUSSNER (W 1962) (= Diletto musicale Nr. 94–95); Konzert für 2 Fl. u. Streichorch. d-moll, hrsg. v. N. JENKINS (NY 1970); Konzert für Cemb. u. Str. Nr. 3, hrsg. v. H. ILLY (R 1972) (= Musiche vocali e strumentali sacre e profane dei secoli XVII–XIX o.Nr.). – **2) Vokal-WW:** 4st. Messe, hrsg. v. H. BÄUERLE (L 1927) (= Altklass. Messen 7); Missa C-Dur, hrsg. v. DEMS. (L 1957). – **3) Bühnen-WW:** Arien, in: Les gloires de l'Italie, hrsg. v. F. A. GEVAERT, 2 Bde. (P 1868); *Il filosofo di campagna,* hrsg. v. V. MORTARI (Mi 1933); dass., hrsg. v. E. WOLF-FERRARI (Mi o.J.); Ouvertüre zu *L'eroe cinese,* Partitur hrsg. v. H. ANNOVAZZI (Mi 1964) (= Collezione musicale italiana. Antica musica strumentale italiana o. Nr.).

Lit.: A. WOTQUENNE, B. G., étude bibliographique sur ses œuvres dramatiques, in: RMI 6 (1899, Teilausg. Bru 1902); L. TORCHI, La musica istrumentale in Italia nei secoli XVI, XVII e XVIII, in: RMI 8 (1901), separat (Tn 1901, Nachdr. Bol 1969) (= Bibl. Musica Bononiensis III, 18); F. PIOVANO, B. G., Note bio-bibliografiche, in: RMI 13 (1906) - 15 (1908); F. TORREFRANCA, Per un catalogo tematico delle Sonate per cembalo di B.G., in: RMI 16 (1909); CH. VAN DEN BORREN, Contribution au catalogue thématique des sonates de G., in: RMI 30 (1923); F. RAABE, G. als Instrumentalkomp. (Diss. Mn 1926); W. BOLLERT, Die Buffo Opern B.G.s (Diss. B 1935); A. DELLA CORTE, Profilo critico di B. G. (Siena 1948) (= Quaderni dell'Accad. Chigiana 18); B. G. detto il Buranello, note e documenti raccolti (ebd. 1948); R. A. MOOSER, Annales de la musique et des musiciens en Russie au XVIIIe siècle 2 (G 1951); A. L. CHIUMINATTO, Liturgical Works of B.G. 3 Bde. (1959) (= Diss. Northwestern Univ./Ill.); D. E. PULLMAN, A Catalogue of the Keyboard Sonatas of B. G. 1706–1785 (1972) (= Diss. American Univ.); F. PIVA, Contributi alla conoscenza della figura e dell'opera di B.G. detto „Il Buranello“, in: Rassegna di studi musicali 1 (1974).

GAMBE ↗Viola da gamba.

GAMBLE, John, * um 1615, † 1687; engl. Violinist, Kornettist und Komponist. Er war Musiker an einem Londoner Theater und dann Kornettist der Königlichen Kapelle. G. veröffentlichte 2 Bücher 1–3st. *Ayres and Dialogues* mit Theorbe oder Baßviole (Lo 1656, 1659); ein 3. Buch ist hsl. (London, Brit. Mus., Add. 32339) erhalten. G. besaß eine bedeutende Sammlung englischer Airs aus dem 17. Jh., die er größtenteils selbst kopiert hatte, und die in der 1659 datierten Hs. *Commonplace Book* (New York, Public Library, Ms. Drexel 4257) enthalten sind. Insgesamt handelt es sich um 325 Lieder, davon 240 vollständig mit Text und Musik; 19 stammen von G. selbst.

Ausg.: Ein Lied in: English Songs 1625–60, hrsg. v. I. SPINK (Lo 1971) (= Mus. Brit. 33).

Lit.: CH. W. HUGHES, J. G.'s Commonplace Book, in: ML 26 (1945); V. H. DUCKLES, The G. Manuscript, in: JAMS 1 (1948); DERS., J. G.'s Commonplace Book. A Critical Edition (1953) (= Diss. Univ. of California, Berkeley).

GAMELAN (javanisch, von gamel = hantieren), Bz. für ein überwiegend aus Idiophonen (meist aus Bronze, Holz oder Bambus) zusammengesetztes Instrumentalensemble aus ↗Indonesien, ursprünglich in Java und Bali beheimatet. Es besteht aus 3 Typen, die je nach ihrer Funktion eingesetzt werden: Instrumente für die unverzierten Grundformeln (Balungan-Instrumente; ↗Patet, ↗Sléndro, ↗Pélog) wie das einreihige Gongspiel Bonang und die Metallophonfamilie Saron; Instrumente zum Verzieren und Umspielen der melodischen Grundformeln (Panerusan-Instrumente) wie die Metallophonfamilie Gendèr, die zweireihigen Gongspiele Bonang, die Stab- und Plattenspiele aus Holz oder Metall Gambang, die Streichlaute Rabāb, die Zither Chelempung und die Längsflöte Suling, gelegentlich unter Einbeziehung der Singstimme; Gonginstrumente, deren Schläge das Musikstück gliedern, der größte, der Gong ageng, in Großeinheiten, die kleineren Gongs in Unterteilungen. Geleitet wird das G. von der Trommel Kendang aus, deren Spieler Tempowechsel anzeigt, indem er seine Schlagabfolge modifiziert. Das G.-Spiel beruht meist auf Improvisation, gelegentlich auf Aufzeichnungen von Stücken (gending).

Auf Java und Sunda gelten bestimmte G. (besonders die Pusaka genannten, höfischen G. der Kraton) als heilig, sie haben eine ruhmreiche Vergangenheit. Entsprechend sollten die Sekati im 15. Jh. die Hindus zum Islam bekehren, indem man sie an heiligen Tagen auf den Vorhöfen der Moscheen spielen ließ. Die ältesten javanischen G. sind, neben den Sekati, die Munggang und Tjarabalen. Auf Bali wird der G. Gong genannt (Gong gede, Gong angklung, Gong semar pegulingan u.a.). Das einzige G.-Orchester in Malaysia beim Sultan von Trengganu ist insofern eine Besonderheit, als es aus javanischen Instrumenten besteht, die aber auf das Tonsystem der Siam-Khmer gestimmt sind. Obgleich die Bezeichnung G. in Kambodscha, Laos und Thailand unbekannt ist, lassen sich die dortigen kleineren Instrumentalensembles (↗Pinpeat, Pinphat, Piphat) ebenfalls zur G.-Musik rechnen. In Europa wurde G.-Musik erstmals bei der Pariser Weltausstellung 1889 vorgestellt, wo sie auch Cl. Debussy kennenlernte, der sehr beeindruckt wurde. Ihr Einfluß, vor allem im Klavierwerk spürbar, war ein wesentlicher Faktor für die Ausbildung von Debussys Personalstil. Auch die Erfindung des ↗prepared piano durch J. Cage (*Bacchanale,* 1938) ist durch das G. mit beeinflußt.

Lit.: J. KUNST, Music in Java 1 (Den Haag 1949); DERS., G. Music, in: Kgr.-Ber. Utrecht 1952; M. HOOD, The Nuclear Theme as a Determinant of Patet in Javanese Music (Groningen – Djakarta 1954); J. BARBER MURRAY, Mißverständnisse über die Stimmung der javanischen G., in: Mf 16 (1963); D. A. LENTZ, The G. Music of Java and Bali (Lincoln/Nebr. 1965); E. HEINS, Tempo (irama) in de Midden-Javanese gamelanmuziek, in: Bull. Ethnografisch Museum Delft 10/11 (1968/69); W. FAGG, The Raffles „g.“. A Historical Note (Lo 1970); E. HEINS, Cueing the G. in Javanese Wayang Performance, in: Indonesia 9 (1971); M. HOOD, Aspects of Group Improvisation in the Javanese G., in: The Musics of Asia (Manila 1971); R. S. ORNSTEIN, The Fire-Tone G. Angklung of North Bali, in: Ethnomusicology 15 (1971); J. P. REICHE, Die theoretischen Grundlagen javanischer G.-Musik u. ihre Bedeutung für C. Debussy, in: ZfMth 3 (1972); R. S. ORNSTEIN, „G. Gong Kebjar“. The Development of a Balinese Musical Tradition (Los Angeles 1972) (= Diss. Univ. of California).

GAMMA (dritter Buchstabe des griechischen Alphabets), als Großbuchstabe Γ im Mittelalter und bis zum 16. Jh. Bz. für den dem G_1 entsprechenden Ton, den tiefsten Ton im System der ↗Kirchentöne. Als Ausgangspunkt der ↗Guidonischen Hand und des ersten Hexachordum durum (Γ *ut,* gamma *ut*) ging die Bezeichnung auf die Gesamtskala (↗Tonleiter) über. Der Buchstabe Γ wurde auch als Notenschlüssel verwendet.

GANASSI, Silvestro (dal Fontego), * 1492 Fontigo bei Venedig; it. Instrumentalist, Komponist und Musiktheoretiker. Er war vor allem als Flötist und Gambist bekannt und wirkte mindestens bis 1535 als Musiker der Signorie und an S. Marco in Venedig. Seine Schriften sind wichtig für die Kenntnis des Instrumentenspiels seiner Zeit. Sie geben auch genaue Auskunft über den Gebrauch von crescendo und decrescendo nach dem Vorbild der menschlichen Singstimme. Die *Fontegara* ist der ausführlichste Traktat über Blockflötenspiel und Diminutions- bzw. Improvisationskunst im

16. Jh., die *Regola rubertina* das ausführlichste Lehrbuch des Gambenspiels.

WW: Traktate *Opera intitulata Fontegara la quale insegna a sonare di flauto*… (V 1535); *Regola rubertina… che insegna sonar de viola d'archo tastada* (V 1542), 2. Teil als: *Lettione seconda pur della prattica di sonare il violone d'arco da tasti* (V 1543).

Ausg.: *Regola rubertina*, 2 Teile, Faks., hrsg. v. M. SCHNEIDER (L 1924); DASS. u. *Lettione seconda*, Faks.-Ausg. (Bol 1970) (= Bibl. musica Bononiensis II/18a-b); *Opera intitulata Fontegara*, Faks.-Ausg. (Mi 1934), dt. u. engl. Übers., hrsg. v. E. DAHNK-BAROFFIO – H. PETER (B 1956); DASS., Faks. der Ausg. 1535 (Bol 1969) (= Bibl. musica Bononiensis II/18).

Lit.: A. DOLMETSCH, The Interpretation of the Music of the 17th and 18th Century (Lo 1915, [2]1944, 1946); E. ALBINI, La viola da gamba in Italia, in: RMI 8 (1921); I. HORSLEY, Improvised Embellishment in the Performance of Renaissance Polyphonic Music, in: JAMS 4 (1951); G. REESE, Music in the Renaissance (NY 1954, revidiert NY 1959); DERS., Fourscore Classics of Music Literature (NY 1957, Nachdr. NY 1970); Die Regola Rubertina des S. G. Venedig 1542/43. Eine Gambenschule des 16. Jh., 2 Bde., hrsg. v. W. EGGERS (Kas 1974).

GAND, frz. Geigenbauerfamilie. – **1) Charles Michel,** * um 1748 Mirecourt (Vosges), † 1820 Versailles. Er ließ sich um 1780 in Versailles nieder. – **2) Charles François,** genannt Grand Père, Sohn von 1), * 5. 8. 1787 Versailles, † 10. 5. 1845 Paris. Er lernte bei seinem Vater, arbeitete 1802–10 bei N. Lupot, dessen Adoptivtochter er heiratete, und wurde 1824 Nachfolger seines Schwiegervaters. G. nannte sich „luthier de la Musique du Roi" und „luthier de l'École Royale de Musique". Er gilt als einer der bedeutenden französischen Geigenbauer. – **3) Guillaume Charles Louis,** Sohn von 1), * 22. 7. 1792 Paris, † 31. 5. 1858 Versailles. Er war gleichfalls Schüler von Lupot und wurde Nachfolger seines Vaters. – **4) Charles Adolphe,** Sohn von 2), * 11. 12. 1812 Paris, † 24. 1. 1866 ebd. Er wurde 1845 Nachfolger seines Vaters und assoziierte sich 1855 mit seinem Bruder **Charles Nicolas Eugène,** * 5. 6. 1825 Paris, † 5. 2. 1892 Boulogne-sur-Seine. Er gründete 1866 mit G. A. Bernardel die Firma Gand et Bernardel.

Lit.: R. VANNES, Dictionnaire universel des luthiers, I (Bru [2]1951), II (1959).

GÄNSBACHER. – 1) Johann Baptist Peter Josef, * 8. 5. 1778 Sterzing (Tirol), † 13. 7. 1844 Wien; östr. Komponist. G. sang bereits als Sechsjähriger im Kirchenchor in Sterzing. Seine weitere musikalische Ausbildung erhielt er als Singknabe in Innsbruck, Hall und Bozen. 1795–1801 studierte er in Innsbruck Philosophie und Jura. Danach lebte er in Wien und war dort, zusammen mit C. M. von Weber, Kompositionsschüler von G. J. Vogler und 1806 von J. G. Albrechtsberger. 1806–13 lebte G. meist in Böhmen. 1810 nahm er nochmals Unterricht bei Abbé Vogler in Darmstadt, wo er wieder Weber und auch G. Meyerbeer begegnete. 1814 trat er in den aktiven Militärdienst ein. 1815 arbeitete er in Prag gemeinsam mit Weber an der Kantate *Kampf und Sieg*. Im selben Jahr begann er seinen Dienst im Kaiserjäger-Regiment in Innsbruck, organisierte dessen Musikkapelle und erwarb sich darüber hinaus große Verdienste um das Musikleben der Stadt. 1824 wurde G. Kapellmeister am Wiener Stephansdom, nachdem er die durch Vermittlung Webers angebotene Stelle des Musikdirektors in Dresden ausgeschlagen hatte. Nach 1824 komponierte G. überwiegend nur noch kirchliche Werke, von denen einige auch heute noch aufgeführt werden. Seine Kompositionen fanden zu seiner Zeit großen Anklang.

WW: Klv.-Stücke; Kammermusik; Serenaden; Märsche; eine Symphonie; Lieder, Chöre u. Kantaten; zahlr. kirchliche Werke, darunter über 30 Messen, 7 Requiem, etwa 120 Offertorien, Vespern u. Hymnen. – Autobiogr. *Denkwürdigkeiten aus meinem Leben* (hsl. Innsbruck, Museum Ferdinandeum).

2) Josef, Sohn von 1), * 6. 10. 1829 Wien, † 5. 6. 1911 ebd.; Komponist und Musikpädagoge. Er widmete sich nach dem Jurastudium, das er 1855 mit der Promotion abschloß, seit 1868 hauptsächlich dem Gesangunterricht und lehrte 1875–1904 als Professor am Konservatorium der Gesellschaft der Musikfreunde in Wien. Dort hatte er sich 1863 für die Berufung von J. Brahms zum Dirigenten der Singakademie eingesetzt.

Lit.: **Zu 1):** C. FISCHNALER, J. G. (I 1878); J. G. WOERZ, Zur Säcularfeier J. G.s (W 1878); DERS., J. G. (I 1894); H. H. HAUSNER – H. ÖTTL, J. G., in: Mitt. der Int. Stiftung Mozarteum 21 (1973).

GANTEZ, Annibal, * um 1600 Marseille, † nach 1668 Auxerre; frz. Komponist. Er war Priester und zunächst Prior an Ste-Madeleine in Paris, 1628–29 Kapellmeister an der Kathedrale in Grenoble, anschließend in Rouen, 1636–38 in Aix-en-Provence und 1638–40 in Arles, dann seit 1643 Maître des enfants und Kanonikus an der Kathedrale von Auxerre, bevor er 1656 wieder nach Grenoble, 1657 nach Nevers und 1661 erneut nach Auxerre ging. 1663 wurde er Kapellmeister Herzog Karls IV. von Lothringen in Nancy. G. war auch Maître des enfants in Paris und in mehreren anderen Städten Frankreichs. Im Druck erschienen von ihm 2 Messen im a cappella-Stil ohne B.c. (P 1641); handschriftlich sind ein 4st. *Laetamini* (1641) und ein 6st. *Vigilate* (1641?) erhalten. Seine in Briefform verfaßten Memoiren, *L'entretien des musiciens* (Auxerre 1641, NA hrsg. v. E. Thoinan, P 1878), enthalten zahlreiche Angaben über das Leben von Komponisten und Kirchenmusikern seiner Zeit.

GANZE NOTE (amerik.: whole note; engl. u. it.:

semibreve; frz.: ronde; span.: redonda), Bz. für eine Note (o), die aus der ↗Semibrevis (◇) hervorgegangen ist. Die ihr entsprechende Pause ist die ↗ganze Pause.

GANZE PAUSE (engl.: semibreve rest; frz.: pause; it.: pausa di semibreve; span.: silencio de redonda), Bz. für eine Pause (▬), die der Dauer einer ↗ganzen Note entspricht. Das Zeichen für die g. P. wird auch im 3/4-Takt gesetzt, wo es statt der Dauer einer ganzen Note die einer 3/4-Note repräsentiert.

GANZSCHLUSS ↗Kadenz.

GANZTON (engl.: tone; frz.: ton), die große ↗Sekunde. Im System der ↗temperierten Stimmung ist der G. ein Sechstel der Oktave. G. Zarlino unterscheidet zwischen einem großen G. (Verhältnis 9:8, z. B. in C-Dur c–d) und kleinen G. (Verhältnis 10:9, z. B. in C-Dur d–e). Der G. besteht aus zwei ↗Halbtönen, einem diatonischen und einem chromatischen. – ↗Intervall; ↗Ganztonleiter.

GANZTONLEITER (engl.: whole-tone scale; frz.: gamme par tons). Die G. resultiert aus der Teilung der Oktave in 6 gleiche Teile, so daß eine Folge temperierter Ganztöne entsteht. Dadurch ist sie vergleichbar mit der chromatischen Skala (↗Chromatik), der die Teilung der Oktave in 12 temperierte Halbtöne zugrunde liegt. Beide sind charakterisiert durch eine Folge gleich großer (äquidistanter) Intervalle. Bei der Notierung der G. muß allerdings an irgendeiner Stelle eine verminderte Terz eingeführt werden (c–d–e–*fis*–*as*–b; cis–*es*–*f*–g–a–h). Die G. kann nur einmal, nämlich um einen Halbton transponiert werden; Transpositionen um andere Intervalle sind mit einer der beiden angeführten Transpositionsformen identisch. Die G. ist anhemitonisch, d. h., sie besitzt keinen Halbton. Ihr charakteristisches Intervall ist der temperierte Tritonus, der leitereigen auf jeder Stufe gebildet werden kann.

In der Musikgeschichte erscheint die G. zum ersten Mal in dem Sextett *Ein musikalischer Spaß* KV 522 (1787) von W. A. Mozart, wo sie einen falsch spielenden Violinisten charakterisieren soll. Ohne parodistische Funktion findet sie sich zuerst als 5töniger Skalenausschnitt in der Ballade *Edward* (1818) von C. Loewe (g–f–es–des–ces) und öfter vollständig bei Fr. Schubert, besonders im Oktett op. 166 (1824). Fr. Liszt (seit 1835) und M. Glinka (1842) bedienten sich ihrer ebenfalls, dabei harmonisierte sie Liszt als erster mit den skaleneigenen Tönen (*Todesgedanken,* vor 1852). Dieses Prinzip wurde um 1870 von russischen Komponisten aufgenommen (A. Borodin, 1867; A. Dargomyschski, 1869; Wl. Rebikow), dann von französischen Komponisten (Ernest Fanelli, 1883; A. Bruneau, 1891; Cl. Debussy; P. Dukas) und schließlich von deutschen und italienischen Komponisten (A. Schönberg, 1903; R. Strauss, 1905; A. Webern und A. Berg, 1907; G. Puccini, F. Busoni u. a.).

S. GUT

Wenn Debussy auch durch die ↗Sléndro-Tonleiter des javanischen Gamelanorchesters auf der Pariser Weltausstellung von 1889 zur Verwendung der temperierten G. angeregt wurde, so resultierte deren Aktualität gegen Ende des 19. Jh. doch weniger aus folkloristischem Interesse als aus Tendenzen der „spätromantischen Harmonik". Unter Wagners Einfluß verband Debussy bereits vor 1889 entfernte Harmonien auf engstem Raum, z. B. Septakkorde im Tritonusabstand (Beispiel 1 a). Es war nur noch ein Schritt, derart entfernte Akkorde durch Alteration oder Auslassung der Quinte so einander anzugleichen, daß sie als Ausschnitte einer gemein-

Beispiel 1a:

Cl. Debussy, *Ariettes oubliées* (1888): *Green,* Takt 13f.

Beispiel 1b:

samen Transpositionsform der G. enharmonisch identisch sind (Beispiel 1b). Übermäßige Dreiklänge, Sept- und Nonenakkorde mit hoch- oder tiefalterierter Quinte bildeten die Vorstufe zur Verwendung der G., deren Tonvorrat gleichzeitig in harmonischer und melodischer Dimension entfaltet werden kann:

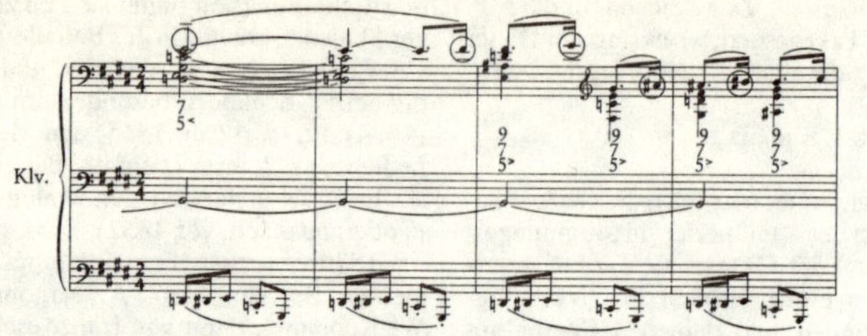

Cl. Debussy, *Préludes II* (1913): 2 *(... Feuilles mortes)*, Takt 21ff.

Der Gebrauch von Akkorden mit alterierter Quinte führte auch Schönberg – unabhängig von Debussy, jedoch später als dieser – zu harmonischen Komplexen, denen der Tonvorrat einer Ganztonleiter zugrunde liegt. Da reine Quinten und Quarten als stabilisierendes Element ebenso fehlen wie kleine Sekunden und große Septimen als klangschärfende Intervalle, halten Akkordfolgen, die sich innerhalb einer G. bewegen, ein labiles Gleichgewicht. Auflösungen tendieren zu Tönen der jeweils anderen Transpositionsform der G.:

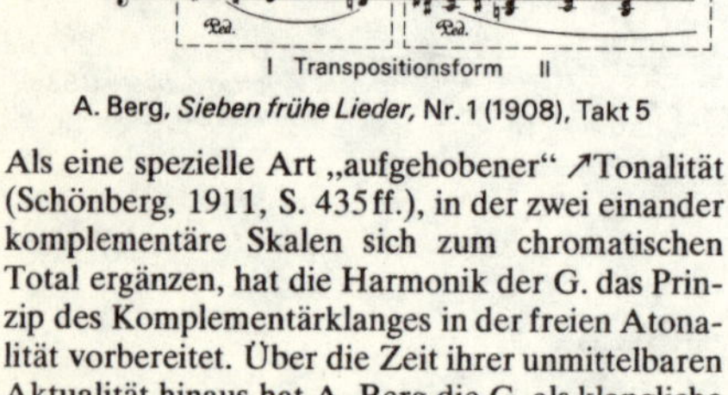

A. Berg, *Sieben frühe Lieder*, Nr. 1 (1908), Takt 5

Als eine spezielle Art „aufgehobener" ↗Tonalität (Schönberg, 1911, S. 435ff.), in der zwei einander komplementäre Skalen sich zum chromatischen Total ergänzen, hat die Harmonik der G. das Prinzip des Komplementärklanges in der freien Atonalität vorbereitet. Über die Zeit ihrer unmittelbaren Aktualität hinaus hat A. Berg die G. als klangliche Chiffre in seiner Musiksprache bewahrt (*Wozzeck*, 4. Szene des 3. Aktes; Geschwitz-Reihe in *Lulu*).

H. WEBER

Lit.: A. SCHÖNBERG, Harmonielehre (L–W 1911, [7]1966); H. ERPF, Stud. zur Harmonie- u. Klangtechnik der neueren Musik (L 1927); O. MESSIAEN, Technique de mon langage musical 1 (P 1944, dt. P 1966); K. PH. BERNET-KEMPERS, Ganztonreihen bei Schubert, in: Organicae voces. FS J. Smits van Waesberghe (A 1963); R. GERLACH, Die Dehmel-Lieder v. A. Webern, in: Jb. des Staatlichen Inst. für Musikforsch. Preußischer Kulturbesitz 1970 (B 1971); S. GUT, F. Liszt, Les éléments du langage musical (P 1974).

GARAT, Pierre-Jean, * 25. 4. 1762 Ustaritz (Bas-Pyrénées), † 1. 3. 1823 Paris; frz. Sänger (Tenorbariton). Er studierte Jura in Bordeaux und nahm nebenbei Gesangs- und Kompositionsunterricht bei Fr. Beck. 1782 ging er nach Paris, gab das Studium der Rechte auf, machte bald als Sänger auf sich aufmerksam und trat in den Dienst des Grafen von Artois, wurde nach kurzer Zeit ein Lieblingssänger der Königin Marie Antoinette und das Idol der aristokratischen Salons, für die er auch charmante Romanzen komponierte. Während der Französischen Revolution verhaftet, aber bald wieder freigelassen, hielt er sich eine Zeitlang in Hamburg und London auf und war nach seiner Rückkehr bis zur Zeit der Restauration der beliebteste und berühmteste Sänger in Frankreich. Seit 1796 lehrte er Gesang am Pariser Conservatoire.

Lit.: P. LAFOND, G. (P 1899); I. FAGOAGA, P. G. (Bayonne 1944); J. GHEUSI, P. J. G., l'Orphée de France, in: Musica (Disques) (1962) Nr. 100; P. SICARD, P.-J. G. enfant d'Ustaritz, musicien de Marie Antoinette, de la Révolution et de l'Empire, in: Société des Sciences, Lettres et Arts de Bayonne, N.S. 107 (1965).

GARBAREK, Jan, * 4. 3. 1947 Mysen; norwegischer Jazzmusiker (Tenor- und Sopransaxophon). Er trat zunächst u. a. als Begleiter der Sängerin Karin Krog und 1967–68 als Mitglied der Big Band und des Sextetts von George Russell auf. 1969 gründete er ein eigenes Quartett (u. a. mit dem Gitarristen Terje Rypdal) und machte sich bald als entschiedener Vertreter des Free Jazz einen Namen. In den 70er Jahren wandte er sich einem stärker melodisch geprägten Spiel zu, bei dem auch der große Einfluß von John Coltrane spürbar ist. Sein

Hang zu einer romantisch bestimmten Melodik wird im Zusammenspiel mit dem Pianisten Keith Jarrett (Einspielung *Belonging,* 1974) besonders deutlich.

GARCÍA, span.-frz. Familie von Sängern und Musikern. – **1) Manuel del Popolo Vicente,** * 22. 1. 1775 Sevilla, † 9. 6. 1832 Paris; Sänger (Tenor) und Gesangspädagoge. Er begann mit Aufführungen von Tonadillas in Cádiz und Madrid und hatte seinen ersten großen Erfolg in G. Paisiellos *Nina* (1799). Mit seinem Debüt am Théâtre-Italien in Paris in der Oper *Griselda* von F. Paer (1808) begann seine internationale Karriere. 1812 wurde er neben der Sängerin Isabella Colbran ständiges Mitglied des Teatro S. Carlo in Neapel. Mit ihr sang er dort in der Uraufführung der *Medea* von S. Mayr und der *Elisabetta* von G. Rossini (1815). 1816 war er in Rom der erste Interpret des Almaviva in G. Rossinis *Il barbiere di Siviglia.* Im selben Jahr kehrte er nach Paris zurück, wurde 1817 an das King's Theatre in London engagiert, sang 1819–24 am Théâtre-Italien in Paris und dann wieder in London. 1825 reiste er mit einer Operntruppe, zu der auch seine Familienangehörigen gehörten, in die USA und nach Mexiko. 1829 trat er noch mit seiner Tochter Maria Malibran beim Théâtre-Italien auf, bevor er sich von der Bühne zurückzog und ausschließlich als Pädagoge wirkte. G. war einer der berühmtesten Tenöre seiner Zeit. Sein größter Erfolg war der *Otello* von Rossini, mit Giuditta Pasta als Desdemona. Er ist auch als Komponist von Tonadillas hervorgetreten. – **2) Manuel Patricio Rodríguez,** Sohn von 1), * 17. 3. 1805 Madrid, † 1. 7. 1906 London; Sänger (Baß) und Gesangspädagoge. Er studierte bei seinem Vater, neben dem er in New York in Rossinis *Il barbiere di Siviglia* debütierte. 1829 zog er sich von der Bühne zurück und wirkte fortan ausschließlich als Gesanglehrer. 1840 legte er in der Académie des Sciences in Paris eine wissenschaftliche Abhandlung über die menschliche Stimme vor und wurde 1842 Gesanglehrer am Conservatoire. 1848–95 lehrte er an der Royal Academy of Music in London. Er veröffentlichte einen *Traité complet de l'art du chant* (2 Teile, P 1840–47, dt. Mz 1858 u.ö., engl. Lo 1895, Nachdr. Canoga Park/Calif. 1970) und erfand 1855 auch den Kehlkopfspiegel (Laryngoskop). Zu seinen Schülern gehörte Jenny Lind. Seine Frau Eugenia, geborene Mayer (1818–80), war als Sängerin (lyrischer Sopran) 1835–47 in Italien und an der Opéra-Comique in Paris sehr erfolgreich, bevor sie sich ebenfalls dem Unterricht widmete. – **3) Maria Felicitá** (Felicia), verheiratete **Malibran,** Schwester von 2), * 24. 3. 1808 Paris, † 23. 9. 1836 Manchester; Sängerin (Mezzosopran). Sie war Schülerin ihres Vaters und debütierte 1825 am King's Theatre in London als Rosina in Rossinis *Il barbiere di Siviglia.* 1826 gastierte sie mit ihrem Vater in New York, heiratete dort den Kaufmann François Malibran und kehrte 1827 nach dessen Bankrott allein nach Frankreich zurück. Bei einem Galakonzert vor dem Pariser Publikum in der Opéra (1828), wo sie die Titelpartie in Rossinis *Semiramide* sang, stand sie auf der Höhe ihres Ruhms. Seit 1828 am Théâtre-Italien engagiert, blieb sie, trotz der Rivalität von Henriette Sontag, bis 1832 die größte Rossini-Interpretin. 1832 reiste sie nach Italien, wo sie in Rom, Bologna, am Teatro S. Carlo in Neapel, an der Mailänder Scala und am Teatro La Fenice in Venedig gefeiert wurde. Nach der Scheidung von ihrem Mann (1835) heiratete sie kurz vor ihrem frühen Tod den belgischen Komponisten und Violinisten Ch. de Bériot. – **4) Pauline Michelle-Ferdinande,** verheiratete **Viardot-G.,** Schwester von 3), * 18. 7. 1821 Paris, † 18. 5. 1910 ebd.; Sängerin (Mezzosopran) und Gesangspädagogin. Sie war Schülerin ihrer Eltern, debütierte 1839 in London als Desdemona im *Otello* von Rossini und wurde im selben Jahr an das Théâtre-Italien in Paris engagiert. Eine internationale Karriere führte sie nach London, Rußland und Deutschland. Sie verließ die Bühne 1864 und trat bis 1870 nur noch in Konzerten auf. 1863–71 lebte sie in Baden-Baden, dann bis 1875 in London, zuletzt in Paris, wo sie auch am Conservatoire lehrte. Sie war verheiratet mit dem Direktor des Théâtre-Italien Louis Viardot (1801–83) und in enger Freundschaft mit Iwan Turgenjew verbunden.

Lit.: **Zu 1):** A. SOUBIS, Le Théâtre Italien (P 1913); A. WEISSMANN, Die G. u. die Musik der Sinne (B – L 1925); J. SUBIRÁ, La tonadilla escenica 2 (Ma 1930); G. NEWBURN, The G. Family (Lo 1932). – **Zu 2):** M. S. MACKINLAY, G. the Centenarian and His Times (1908, Nachdr. NY 1976); H. KLEIN, M. G. and the „Coup de la glotte", in: ZIMG 13 (1911/12) Nr. 4; Homenaje del ayuntamiento de Madrid a Don M. G. (Ma 1924). – **Zu 3):** CASTIL-BLAZE, L'opéra italien (P 1865); A. DE MUSSET, Mélanges de littérature et de critique (P 1876); A. POUGIN, M. M. (P 1911); L. HERITTE VIARDOT, Une famille de grands musiciens (P 1922); F. VATIELLI, La M. in Italia (R 1931); A. FLAMENT, L'enchanteresse errante. La M. (P 1937); H. MALHERBE, La passion de la M. (P 1937); P. LARIONOV – F. PESTELLINI, Maria M. e i suo tempi (Fi 1949). – **Zu 4):** L. H. TORRIGI HEIROTTS, P. V. G. (G 1911); TH. MARIX-SPIRE, Gounod and His First Interpreter, P. V., in: MQ 31 (1945); A. FITZLYON, The Price of Genius. A Life of P. V. (Lo 1964).

J. GHEUSI

GARCÍA CATURLA, Alejandro, * 7. 3. 1906 Remedios (Kuba), † 12. 11. 1940 ebd.; kubanischer Komponist und Dirigent. Nach dem 1927 mit der Promotion abgeschlossenen Jurastudium studierte er Komposition bei P. San Juan in Havanna und bei N. Boulanger in Paris. In seinen Werken mit Themen und Rhythmen afrikanischen Ursprungs vertritt er, wie sein Altersgenosse A. Roldán, eine extreme nationalistische Richtung innerhalb der kubanischen Musik.

WW: Für Klv.: *Son* (1930); *Berceuse campesina* (1941); *Comparsa* (1936); *Sonata corta* (1934). – Für Orch.: *Tres danzas cubanas* (1937); Suite *Bembe* (1939) für 14 Bläser, Klv. u. Schlagzeug; *Primera suite cubana* (1931); *Yamba-O* (1931); *La rumba* (1933); *Obertura cubana* (1938) für großes Orch. – Ferner Lieder nach Texten v. A. Carpentier u. N. Guillén.

Lit.: M. MUÑOZ DE QUEVEDO, A. G. C., in: Bolletino Latino-Americano de Música 5 (Montevideo 1941); Werk-Verz. in: Compositores de América 3 (Washington/D.C. 1957, Nachdr. 1960), dabei Wiederabdruck des Kap. G. C. aus: A. CARPENTIER, La música en Cuba (Mexico City 1946, Havanna [2]1961); A. SALAZAR, La obra musical de A. G. C., in: Rev. de música 2 (1961); P. PITSCHUGIN, A. G. C., in: Sowjetskaja musyka 29 (1965).

GARCÍA LORCA, Federico, *5.6.1898 Fuentevaqueros (Granada), † 19.8.1936 bei Viznar (Granada); span. Dichter, Maler, Folklorist und Musiker. In seinem Elternhaus wurde er im Volksliedsingen und Gitarrespiel unterwiesen. Bei dem Verdi-Schüler Antonio Segura erhielt er Klavier- und Harmonielehreunterricht, bei M. de Falla (der ihm seine *Piezas españolas* widmete) seit 1920 Kompositionsunterricht. Seit 1915 studierte er Literatur und Jura an der Universität Granada, wo er 1917 eine Musikgesellschaft mitbegründete. Neben de Falla u.a. organisierte er 1922 in Granada ein Musikfest mit einem Wettbewerb für den Cante jondo (↗Flamenco) zur Belebung der altandalusischen Lieddichtung. Bei einer Vortragsreise in die USA und nach Kuba (1929/30) studierte er den aus den Südstaaten herrührenden Jazz und die spanisch-portugiesische musikalische Subkultur. 1932 übernahm er mit Edoardo Ugarte die Leitung der studentischen Wanderbühne La Barraca, für die er auch eigene Stücke mit selbstvertonten Liedeinlagen schrieb. 1933–34 unternahm er eine Forschungs- und Vortragsfahrt nach Südamerika (Buenos Aires; Montevideo). Fälschlich denunziert, wurde er 1936 von Falangisten erschossen. Unter dem Druck seiner Künstlerfreunde E. Halffter, A. Salazar und A. Segovia sowie einer weiteren Öffentlichkeit erfuhr er eine „Rehabilitierung" noch während des Franco-Regimes.

Die lyrischen wie dramatischen Dichtungen G. L.s lehnen sich nach Geist und Form an die südspanische Volksdichtung an (Ballade, Romanze, Miniaturszene; Sequenzbildungen, Leitmotivik). Musiktragödien nach seinem Drama *Bodas de sangre* schrieben u.a. J. J. Castro (UA Buenos Aires 1956) und W. Fortner (*Bluthochzeit;* UA Köln 1957, umgearbeitet 1963), dieser auch nach *Amor de Don Perlimplín con Belisa en su jardín* eine Kammeroper (*In seinem Garten liebt Don Perlimplín Belisa;* UA Schwetzingen 1962). Lyrische Dichtungen G. L.s vertonten von deutschen Komponisten u.a. G. Bialas, W. Killmayer und H. Reutter.

Ausg.: Obras completas, hrsg. v. A. DEL HOYO (Ma 1954, [4]1960) (mit Kompositionen); Die dram. Dichtungen, übers. u. hrsg. v. E. BECK (Wie 1954, F [3]1958, auch F 1963) (= Bücher der Neunzehn 106); Dichtung v. tiefinnern Gesang, übers. v. DEMS. (Wie 1956, [2]1957), NA als: Dichtung v. Cante Jondo (F 1967) (mit *Der Cante Jondo. Andalusischer Urgesang*).

Lit.: F. K. PRIEBERG, G. L. in der Neuen Musik, in: Melos 27 (1960); G. W. LORENZ, F. G. L. (Karlsruhe 1961), gekürzt als: F. G. L. in Selbstzeugnissen u. Bilddokumenten (Reinbeck 1963) (= rowohlts monographien 82); A. BELAMICH, L. (P 1962) (mit Verz. der Schriften, Bilder u. Musikwerke); E. THOMAS, Musik für Don Perlimplín, in: Das Orchester 10 (1962); M. LAFFRANQUE, Les idées esthétique de F. G. L. (P 1967); D. BUCIU, Opera „Marianna Pineda" de D. Popovici, in: Muzyka 17 (1967); J. AUBÉ – G. BOURLIGUEUX, F. G. L., in: MGG XVI; J. LAURENTI – J. SIRACUSA, F. G. L. y su mondo (Metuchen/N.Y. 1974) (= The Scarecrow Author Bibliography 15).

H. LINDLAR

GARCÍA ROBLES, José, * 28. 7. 1835 Olot (Provinz Gerona), † 28. 1. 1910 Barcelona; katalanischer Komponist. Er studierte Zeichenkunst und Klavier und war zunächst Zeichenlehrer am Colegio Valdemia in Mataró, für das er schon damals mehrere Werke komponierte, und widmete sich dann in Barcelona ausschließlich der Musik. Er war Mitgründer des Orfeó Català und spielte gegen Ende des 19. Jh. eine wichtige Rolle im Musikleben Barcelonas. Als einer der ersten spanischen Komponisten bezog er das Volkslied wieder in die zeitgenössische Musik ein.

WW: Kammermusik; Chorwerke, darunter die Trilogie *Catalonia; Ronda de pastors* für Männerchor; *La boda dels ocells, La bandera catalana, Himno a la Primavera* für Chor und Orch.; Oratorium *Santa Isabel de Hungría* für 4 Chöre, Orch. u. Org.; ein *Requiem* und 4 Schulopern.

Lit.: L. MILLET, J. G. R., in: Rev. Musical Catalana 7 (1910).

GARDANO (urspr. [bis 1555] Gardane), it. Druckerfamilie frz. Herkunft. Ihr Zeichen zeigte einen Löwen und einen Bären mit dem Wahlspruch „Concordes virtute et naturae miraculis". – **1) Antonio** (Antoine), *1509 in Frankreich, † 28.10. 1569 Venedig; Gründer der Druckerei und Komponist. Um 1537 ließ er sich in Venedig nieder, wo er das neue Druckverfahren von P. Attaingnant benutzte, das den gleichzeitigen Druck von Noten und Notenlinien erlaubte. Als erster von ihm veröffentlichter Druck ist ein Sammelband *Motetti del frutto* für 5 St. von 1538 bekannt, der auch eine eigene Komposition enthält. G.s Produktion ist typisch für die Übergangsperiode von einer eleganten und kostspieligen Edition zu einer kommerziellen. Von seinen Kompositionen sind Madrigale, Chansons, 2 Messen und zahlreiche Motetten erhalten. Seine Werke wurden nicht nur bei ihm gedruckt, sondern auch in Frankreich und Deutschland, in Italien selbst bei seinem Rivalen G. Scotto (*Motetti del frutto,* 1562) neuaufgelegt. – **2) Alessandro,** Sohn von 1), † nach 1623. Er arbeitete zunächst in Venedig, 1583–91 in Rom, wo er vor allem geistliche Musik druckte. – **3) Angelo,** Bruder von 2), * 1540 Venedig, † 7. 8. 1611 ebd. Er übernahm von seinem Vater die Leitung des venezianischen Hauses und baute seine in ganz Europa beherrschende Stellung weiter aus. Nach seinem Tod übernahmen die Druckerei seine Tochter Diamante und sein Schwiegersohn Bartolomeo Magni, der bis 1685 weiter druckte. Kataloge des Hauses wurden 1591, 1619 und 1649 veröffentlicht. Zu den Autoren gehörten J. Arcadelt, C. Festa, Cl. Janequin, O. di Lasso, L. Marenzio, Cl. Merulo, C. de Rore und A. Willaert.

Ausg.: **Zu 1):** 2 Chansons, hrsg. v. H. EXPERT (P o. J.); 2 Chansons, hrsg. v. M. HONEGGER (P 1962 u. 1967).

Lit.: C. SARTORI, Dizionario degli editori musicali italiani (Fi 1958).

GARDEL, frz. Tänzer und Choreographen. – **1) Claude,** † 1774 Paris. Er war Ballettmeister in Mannheim, Stuttgart und Metz, seit 1755 am Hofe König Stanislaus Leszczińskis in Nancy. 1760 ging er als Maître des ballets de la Cour nach Paris. – **2) Maximilien Léopold Philippe Joseph,** genannt l'Aîné (der Ältere), Sohn von 1), * 18. 12. 1741 Mannheim, † 11. 3. 1787 Paris. Er debütierte 14jährig an der Pariser Opéra und wurde 1775 1. Tänzer. In dieser Funktion führte er zahlreiche Ballette von J.-B. Lully und J.-Ph. Rameau auf. 1774 wurde er Nachfolger seines Vaters als Maître des ballets de la Cour, 1781 Nachfolger von J. G. Noverre als Maître des ballets de l'Académie Royale. G. vereinte Tanz und Pantomime und suchte in seinen Choreographien vor allem nach Wahrheit des Ausdrucks. Er gilt als einer der größten Tänzer seiner Zeit. – **3) Pierre Gabriel,** genannt le Jeune oder le Cadet (der Jüngere), Bruder von 2), * 4. 2. 1758 Nancy, † 18. 10. 1840 Paris. Er studierte Violine bei J. J. Imbault und wurde 1780 Solist an der Pariser Opéra. Als Tanzschüler seines Bruders hatte er seit seinem 13. Lebensjahr große Erfolge. Seit 1782 leitete er die École de Danse und wurde Ballettmeister an der Opéra, 1787 dort „Grand danseur". Nach einem Unfall widmete er sich seit 1795 der Choreographie. G. war eine der bedeutendsten Persönlichkeiten des Tanzes und des Theaters seiner Zeit und hinterließ zahlreiche wichtige Choreographien. Mit seinem Bruder trug er dazu bei, die klassische Konzeption des Tanzintermezzos enger mit der Handlung zu verbinden.

GARDEN, Mary, *20. 2. 1874 Aberdeen, † 3. 1. 1967 ebd.; schottische Sängerin (Sopran). Sie verbrachte ihre Kindheit in den USA, studierte in Paris bei L. Fugère und Mathilde Marchesi und debütierte 1900 mit großem Erfolg an der Opéra-Comique, als sie im 3. Akt der *Louise* von G. Charpentier für die erkrankte Darstellerin der Titelpartie einsprang. Cl. Debussy wählte sie an der Opéra-Comique für die Mélisande in der Uraufführung von *Pelléas et Mélisande* (1902). Sie sang in einer Reihe weiterer Uraufführungen, u. a. in Monte Carlo in *Hélène* von C. Saint-Saëns (1904) und *Chérubin* von J. Massenet (1905). 1907 trat sie zum ersten Mal in den USA auf, wo sie sich vor allem dem französischen Repertoire (*Carmen, Manon* u. a.) widmete; 1910–31 gehörte sie der Chicago Opera Company an, die sie 1922/23 auch selbst leitete. Sie verfaßte eine Autobiographie, *M. G.'s Story* (zus. mit L. Biancolli, Lo 1951).

GARLANDIA, Johannes de, ↗Johannes de Garlandia.

GARNER, Erroll Louis, * 15. 6. 1921 Pittsburgh (Pennsylvania), † 3. 1. 1977 Los Angeles, amerik. Jazzpianist. Er konnte bereits als 7jähriger improvisieren, spielte seit 1937 in verschiedenen Swingbands und ging 1944 nach New York. Dort trat er seit 1945 in verschiedenen Triobesetzungen und als Solist auf, gründete ein eigenes Trio, geriet unter den Einfluß des Bebop und machte 1947 mit Charlie Parker Schallplattenaufnahmen. 1953 gab er sein aufsehenerregendes „Concert by the sea". Seit 1957 unternahm er auch immer wieder Europatourneen. – G. bevorzugte das Solo- und Triospiel, in den 70er Jahren machte er aber zahlreiche Einspielungen mit erweiterten Besetzungen. Er interpretierte mit Vorliebe klassische Jazzstandards und Evergreens der populären Musik. Seine berühmteste Komposition ist *Misty.* G. gilt als pianistische Ausnahmeerscheinung des Jazz. Sein besonderes Stilmerkmal ist der verschleppte Anschlag in der rechten Hand, so daß dieser um eine Nuance hinter dem Grundbeat der linken Hand zurückbleibt.

Lit.: J. E. BERENDT, Das Jazzbuch. Von Rag bis Rock (F 1973 u. ö.); E. G., in: Jazz Podium 26 (1977).

GAROVI, Josef, * 7. 3. 1908 Sachseln (Obwalden), † 17. 10. 1985 Orselina; Schweizer Komponist. Er studierte in Luzern, Neuchâtel, München (bei J. Haas) und Paris (bei M. Dupré und Vlado Perlemuter) sowie bei A. Honegger. 1934–56 war er Musiklehrer am Kollegium in Sarnen und Lehrer für Orgelspiel und Theorie an der Organistenschule in Luzern, 1948–56 deren Leiter, wirkte 1956–72 als Musiklehrer, Chordirektor und Organist im Wallis, in Luzern und Zürich. Seit 1973 lebte er in Orselina (Tessin). Sein Schaffen, das von der Münchner Schule und dem französischen Impressionismus ausgeht, bezieht Reihentechnik in die Komposition mit ein. Zum 70. Geburtstag wurde ihm eine Festschrift gewidmet (hrsg. v. der Heinrich-Federer-Stiftung, Sarnen 1978; mit vollständigem Werkverz.).

WW: Kammermusik u. Org.-Werke; für Orch.: *Pièce héroique* (1938); *Inventiones* (1969); *Capriccio* für Klar. u. Kammerorch. (1977); *Concerto* für Org. u. Orch. (1979). – Vokal-WW, darunter 3 Messen für gem. Chor u. Org. (1936, 1944, 1947).

Lit.: J. A. SALADIN, Laudatio zur Verleihung der Lasso-Medaille, in: Kath. Kirchenmusik 102/4 (1977); L. DAVID, Laudatio zur Verleihung des Innerschweizer Kulturpreises 1978 (Sarnen 1978).

GARRETA, Julio, * 12.3.1875 San Feliu de Guíxols (Gerona), † 2.12.1925 ebd.; span. Komponist. G. war Uhrmacher. In der Musik autodidaktisch gebildet, war er besonders von R. Strauss beeinflußt. Er schrieb u. a. seit 1897 über 80 Sardanas, mit denen er auch im Ausland großen Erfolg hatte, sowie zahlreiche katalanische Lieder.

WW: Sonate in F für Vc. u. Klv.; Klv.-Quartett; Sardanas für Cobla u. Orch., u. a.: *La pubilla, La rondalla, Griselda, La filla del marxant, Dalt de les Gabarres, Juny; Impressions simfóniques* (1901); Suite *Empordanesa* (1920); *Preludi Mediterrani* (1918); symphonische Dichtungen: *Pastoral* (1922) u. *Les illes Medes* (1923); ein V.-Konzert (1925).

Lit.: L. MILLET, J. G. i la nostra música, in: Rev. Musical Catalana 11–12 (1925); M. VINYAS, J. G., L'home y artista, in: ebd.; M. VALLS, La música catalana contemporánia (Ba 1960).

GARTH, John, * um 1722 Durham, † 1810 London (?); engl. Komponist. Von ihm wurden gedruckt 6 Violoncellokonzerte (Lo 1760), 5 Bücher Triosonaten (Lo 1768 ff.), *Voluntaries* für Org. od. Klv. (Lo o. J.) und Vokalmusik (*Thirty Collects,* Lo 1794). Er wurde bekannt auch als Mitherausgeber einer englischen Ausgabe des *Estro poetico-armonico* von B. Marcello (Lo 1757).

Ausg.: Konzert für Vc. u. Streichorch. op. 1/2, hrsg. v. G. FINZI (Lo 1954).

GÄRTNER (Gartner), **Josef** (der Jüngere), * 30.8.1796 Tachau (Böhmen), † 30.5.1863 Prag; böhmischer Orgelbauer. Er entstammte einer Familie, die in Prag eine Reihe von Orgeln errichtet hatte. Sein Großonkel **Anton** (* 28.1.1721 Tachau, † 1771[?]) baute die großen Orgeln im St.-Veits-Dom. 1820 übernahm G. die Werkstatt von Caspar Schmidt und wurde 1825 k. k. Hoforgel- und Pianomacher. Seit 1830 lehrte er Orgelbau an der Orgelschule in Prag. G. ist ein Vertreter des spätbarocken Orgelbaus. Sein Vorbild war J. A. Silbermann, dessen Methoden er in der Schrift *Kurze Belehrung über die innere Einrichtung der Orgeln* (Pr 1832, [3]1855) darlegte. Er schuf u. a. die Orgeln von Hl. Kreuz (1 Manual, 10 Register) und St. Laurentius (2 Manuale, 18 Register) in Prag und restaurierte mehrere Orgeln, so das Werk von Fr. Thomas Schwarz in St. Niklas (Prag-Kleinseite). Nach seinem Tode ging die Werkstatt auf Karl Schiffner (1836–94) über.

Lit.: V. NĚMEC, Pražké varhany (Pr 1944); R. QUOIKA, Die altöstr. Org. der späten Gotik, der Renaissance u. des Barock (Kas 1953); DERS., in: MGG IV; DERS., Der Orgelbau in den Sudetenländern (Gr – Kö 1963).

GÄRTNERIN AUS LIEBE, DIE *(La finta giardiniera),* Dramma giocoso in 3 Akten von Wolfgang Amadeus Mozart (1756–91), KV 196. Text nach dem Libretto zu Pasquale Anfossis gleichnamiger Oper (UA: Karneval 1774 in Rom). Ort u. Zeit der Handlung: Auf dem Landgut des Podestà in Langonegro, um 1750. UA: 13.1.1775 in München (als Auftragsarbeit für Kurfürst Maximilian III. von Bayern); EA in dt. Sprache: wahrscheinlich 1.5.1780 in Augsburg als *Die verstellte Gärtnerin* (Übers. von Johann Franz Joseph Stierle).

Das Libretto, lange Zeit fälschlich Ranieri d' Calzabigi, neuerdings von R. Angermüller dem römischen Librettisten Giuseppe Petrosellini zugeschrieben, bietet eine höchst verwickelte Liebesintrige um drei Paare und den Podestà, in deren Verlauf die beiden Hauptfiguren Sandrina und Belfiore in geistige Verwirrung fallen. Dieser Text bildet die Grundlage zu einem stilistisch unorganischen Zwischenwerk, denn die Oper enthält auf der musikalischen Ebene überwiegend Stilelemente der Opera seria und nicht der Opera buffa: Die ausschließlich musikalisch begründete dreiteilige Formanlage der Arien führt oftmals zu Überlängen, ohne daß die Soli andere als lyrisch-reflektierende Funktion hätten; die zahlreichen Koloraturen weisen höchste Schwierigkeiten auf; die Rolle des Ramiro ist für einen Sopran-Kastraten geschrieben. In den Sologesängen gelingt Mozart weniger eine musikalische Charakterisierung der Bühnenfiguren als vielmehr eine mustergültige Abbildung des jeweiligen Textinhalts. Bis auf die beiden Erkennungsduette zwischen Sandrina und Belfiore im 3. Akt fehlen die für eine Opera buffa typischen Ensembles. Demgegenüber weist die Gestaltung der Finali im 1. und 2. Akt, an denen alle sieben

Protagonisten beteiligt sind, in ihrer musikdramatischen Konzeption und der musikalisch nachgezeichneten Konfiguration auf die großen Buffa-Finali der späten Mozart-Opern voraus. Das Finale II zählt (zusammen mit den drei voraufgehenden, durch Rezitative zur musikalischen Szene geweiteten Arien und einer Bühnenverwandlung) mit mehr als einer halben Stunde Dauer zu Mozarts längsten geschlossenen Kompositionen. – In der von dem Schauspieler Stierle für die Wandertruppe des Johann Böhm übersetzten und von Mozart autorisierten deutschen Fassung werden die ursprünglich italienischen Secco-Rezitative als Dialoge gesprochen. Mit dieser Anlehnung an den Typus des deutschen Singspiels ist die gattungstypologische Verwirrung um das Dramma giocoso *Die Gärtnerin aus Liebe* komplett. J. SCHLÄDER

GASCONGNE (Gascogne, Guascogne, Guascogna), **Mathieu;** frz. Komponist. Er war Priester der Diözese Cambrai. 1518 wird er anläßlich eines Besuches von Antoine de Longheval im Haus der Chorknaben der Ste-Chapelle in Paris genannt. Aus dem Text mehrerer Motetten ist zu schließen, daß er einige Zeit im Dienste König Franz' I. stand. G. Zarlino zählt ihn neben Josquin des Prés und J. Mouton zu den „buoni antichi".

WW: 7 Messen hsl. u. in zeitgen. Sammeldrucken; 20 Motetten für 2–4 St.; 13 Chansons für 3–4 St.

Ausg.: 1 Chanson, hrsg. v. CH. BORDES, in: Chansonnier du XVIe siècle (P o.J.); 2 Chansons, in: EXPERT Maîtres 5 (1897, NA NY o.J.); eine Motette (als Orgelbearbeitung), hrsg. v. Y. ROKSETH, in: Treize motets et un prélude pour orgue parus chez P. Attaingnant en 1531 (P 1930) (= Soc. Fr. de Mie I, 5); 5 Motetten, hrsg. v. A. SMIJERS, in: Treize livres de motets parus chez P. Attaingnant 1 u. 2 (P 1934–36); 8 weitere Stücke in: ebd. 6, hrsg. v. DEMS., u. in: ebd. 9 u. 11, hrsg. v. A. T. MERRIT (P 1960–62); 3 Chansons, in: Theatrical Chansons of the 15th and Early 16th Century, hrsg. v. H. M. BROWN (C/M 1963); Missa *Es hat ein sin*, in: Ndl. polyphonie uit spaanse bronnen, hrsg. v. R. B. LENAERTS (An 1963) (= MMBelg 9).

Lit.: M. BRENET, Les musiciens de la Ste-Chapelle du Palais (P 1910); P. G. SWING, Parody and Form in Five Polyphonic Masses by M. G., 3 Bde. (1969) (= Diss. Univ. of Chicago) (mit vollständiger Übertragung der 5 Messen).

GASPARI, Gaetano, * 15.3.1807 Bologna, † 31.3.1881 ebd.; it. Musikforscher und Komponist. Nach dem Studium 1820–28 am Liceo musicale in Bologna bei B. Donelli wurde er 1839 dort Nachfolger seines Lehrers und Professor für Solfeggio, 1856 Bibliothekar sowie Professor für Musikgeschichte und Analyse, 1857 Kapellmeister an San Petronio. G. schrieb zahlreiche Artikel über Bologneser Komponisten des 16.–17. Jh. und über die Kirchenmusik an San Petronio. Dokumente über die Schule von Bologna in seinem *Zibaldone musicale* blieben unveröffentlicht. Sein größtes Verdienst bleibt die Ordnung und Katalogisierung der Sammlungen der Bibliothek des Liceo musicale (die u.a. die Bibliothek Padre Martinis verwahrt), die er auch durch systematische Ankäufe erweiterte. Sein Katalog, der nach seinem Tod im Druck erschien, bildet einen wichtigen Beitrag zur italienischen Musikgeschichte. G. komponierte geistliche Musik, Lieder und Solfeggien.

WW: *Catalogo della biblioteca del Liceo musicale di Bologna*, vervollständigt u. hrsg. v. F. Parisini, 5 Bde. (Bol 1890–1943), Nachdr. der Bde. 1–4, hrsg. v. A. Forni (ebd. 1961); ferner Nachdr. v. 12 seiner Schriften, in: *Musica e musicisti a Bologna* (Bol 1969) (= Bibl. musica Bononiensis III/1).

Lit.: F. PARISINI, Elogio funebre del prof. G. G. (Bol 1882); CL. SARTORI, Il R. Conservatorio di Musica „G. B. Martini" di Bologna (Fi 1942).

GASPARINI (Guasparini), **1) Francesco,** * 5. 3. 1668 Camaiore bei Lucca, † 22. 3. 1727 Rom; it. Komponist. Er war in Rom Schüler von A. Corelli und B. Pasquini, 1700–13 Maestro del coro am Ospedale della Pietà in Venedig, wo seit 1703 auch A. Vivaldi wirkte, seit 1717 Kapellmeister an S. Lorenzo in Lucina in Rom und seit 1725 am Lateran. G., einer der angesehensten Komponisten seiner Zeit, schrieb, vor allem für Rom und Venedig, etwa 60 Opern und Intermezzi. Seine Opern gehörten auch zu den ersten italienischen Werken, die in London aufgeführt wurden. Einiges daraus erschien auch dort im Druck. Er schrieb ferner zahlreiche Motetten, Psalmen, Oratorien, Kantaten (ein Band gedruckt R 1695) und Messen sowie eine Generalbaßschule, *L'armonico pratico al cimbalo* (V 1708, ⁶1802), die bis in die Mitte des 19. Jh. in Italien in Gebrauch war. B. Marcello und J. J. Quantz gehörten zu seinen Schülern. – **2) Michelangelo,** Bruder von 1), * um 1670 Lucca, † um 1732 Venedig; it. Komponist und Sänger. Er war Schüler von A. Lotti. Als bekannter Sänger gründete er in Venedig eine Gesangschule, an der er u.a. die berühmte Faustina Bordoni unterrichtete. Für Venedig schrieb er mehrere Opern, ferner Arien, Duette, eine Kantate und ein Oratorium.

Ausg.: **Zu 1):** *L'armonico pratico al cimbalo*, Faks. der Ausg. Venedig 1708 (NY 1967) (= MMMLF II/14).

Lit.: R. L. POGEMILLER, Selected Works of F. G. „Missa a quatro v. a cap." and „Messa concertata a più v. con istrumenti", 2 Bde., I: Text, II: Ausg. (1966) (= Diss. Univ. of Missouri); G. ROSE, A Fresh Clue From G. on Embellished Figured Bass Accompaniment, in: MT 107 (1966); A. BONACCORSI, Maestri di Lucca (Fi 1967) (= „Hist. musicae cultores" Bibl. 21); A. CAVALLI, Le cantate opera prima di F. G., in: Chigiana 25, NS 5 (1968).

GASPARINI, Quirino, * 1721 Gandino bei Bergamo, † 23. 9. 1778 Turin; it. Violoncellist und

Komponist. Er war Schüler von Padre Martini in Bologna, wurde 1749 Hof- und 1776 Domkapellmeister in Turin. G. schrieb einige Vokal- und Instrumentalwerke, Kirchenmusik (u.a. ein Stabat mater, 1758, und ein *Adoramus te,* das in einer Abschrift W. A. Mozarts vorliegt, und das lange Zeit als dessen Werk galt, KV 327 = Anh. A 10) sowie Opern, u. a. *Mitridate re di Ponto* (UA Turin 1767) nach einem Libretto von Amadeo Cigna-Santi, das auch Mozart vertonte (UA Mailand 1770).

Ausg.: *Adoramus te* für 4 St., Baß u. Org., als Werk Mozarts in der alten GA, Serie 30, Nr. 30.

Lit.: F. RAUGEL, Qu. G., in: RMie 13 (1931); M. T. BOUQUET, De quelques relations musicales franco-piémontaises (P 1967); L. F. TAGLIAVINI, Qu. G. and Mozart, in: New Looks at Italian Opera. FS D. J. Grout (Ithaca/N.Y. 1968).

GASPARO DA SALÒ ↗Bertolotti.

GASPARONE, Operette in 3 Akten (6 Bildern) von Karl Millöcker (1842–99), Text von F. Zell (Pseudonym für Camillo Walzel, 1829–95) und Richard Genée (1823–95). Ort und Zeit der Handlung: bei Syrakus in der 2. Hälfte des 19. Jh. UA: 26. 1. 1884 in Wien (Theater an der Wien). Verfilmt 1937 und 1955.

Gasparone spielt in zeitgenössischen sizilianischen Banditenkreisen. Der schlaue Schenkwirt Benozzo erfindet die Gestalt des Räuberhauptmanns Gasparone, um den Podestà von Syrakus und dessen Polizei von seinem eigenen Treiben als Schmuggler abzulenken. Sein Freund Conte Erminio macht sich diese fiktive Gestalt zunutze, um die Hand der Gräfin von Santa Croce zu erringen. Die Ähnlichkeit der Thematik mit der Operette *Die Banditen* von Jacques Offenbach (1819–80) ist unverkennbar. *Gasparone* stellt eine Anspielung auf zeitgenössische Zustände in Wien dar. Millöcker brachte die im Libretto konzipierte Volkstümlichkeit in seiner Musik zum Ausdruck, so in dem Walzer *Er soll dein Herr sein,* in dem Lied *Dunkelrote Rosen* oder in der Romanze *O daß ich doch ein Räuber wäre!* Mit *Gasparone* errang er einen seiner größten Erfolge.

R.-M. SIMON – S. SIMON

GASPAR VAN WEERBEKE (Werbeke, Werbeck u. ä.; in den musikalischen Quellen meist nur „Gaspar" genannt), * um 1445 Oudenaarde (Flandern), † nach 1517 vermutlich in Italien; frankoflämischer Komponist. In Guillaume Crétins *Déploration* auf den Tod J. Ockeghems wird G. genannt, er stand aber G. Dufay und seinem Kreis (in Cambrai; auch J. Regis) näher als Ockeghem. Mit dem 1469 als „custode dell'orologio" in Mailand nachgewiesenen „Gasparo" († 1470!) ist G. nicht identisch. 1470/71–1480/81 wirkte er in der Hofkapelle der Sforza in Mailand, an deren Ausbau er maßgeblich beteiligt war und der gleichzeitig Josquin des Prés, L. Compère und J. Martini angehörten. 1481–89 war G. päpstlicher Kapellsänger in Rom, hielt sich 1489 in seiner Vaterstadt auf und stand anschließend zeitweise in Diensten König Philipps des Schönen von Kastilien. 1498 nach Italien (zunächst nach Mailand) zurückgekehrt, ist er 1500–09 wieder als päpstlicher Kapellsänger verzeichnet und auch weiterhin in Rom verblieben, wo er 1514 in die Bruderschaft des Campo Santo dei Teutonici e Fiamminghi eintrat und noch 1517 erwähnt wird. Mit dem unter den „cantores secreti" Papst Leos X. 1520/21 genannten „Gasparo fiamengo" ist G. wohl nicht identisch.

WW: 8 Messen u. 2 Credo für 4 St.; 27 Motetten für 4 St.; 2 Motettenzyklen zu je 8 Gesängen für 4 St., die als Meßgesänge verwendet wurden (sog. Motetti missales); *Lamentationes Jeremiae* für 4 St. Von den 5 G. zugeschriebenen Chansons ist wahrscheinlich nur das 3st. *La stanghetta* (in RISM 1501) ein Werk G.s.

In seinem auf das Ordinarium missae und die Motette konzentrierten Schaffen wurde G. entscheidend durch seine Wahlheimat Italien geprägt. Rund zwei Drittel der überlieferten Werke sind im ersten Jahrzehnt des 16. Jh. bei O. Petrucci in Venedig im Druck erschienen, ein Zeichen der hohen Wertschätzung, die er in Italien genoß. Seine 4st. Motetten kennzeichnet häufiger syllabischer Textvortrag, oft in Verbindung mit Homophonie, sowie deutlich begrenzter Wechsel der Stimmgruppen. Die „Künste der Niederländer" treten demgegenüber auch in den Messen, die zumeist auf Chansons gegründet sind, in den Hintergrund.

Ausg.: Einzelne Motetten u. Messenteile, in: A. W. AMBROS, Gesch. der Musik 5, hrsg. v. O. Kade (L 1882, [2]1889, [3]1911, Nachdr. Hil 1968), in: A. SCHERING, Gesch. der Musik in Beispielen (L 1931, Neudr. 1954), in: Die mehrst. it. Laude, hrsg. v. K. JEPPESEN (L – Kop 1935) (zus. mit V. Brøndal), in: A. SMIJERS, Van Ockeghem tot Sweelinck 6 (1938, [4]1947) u. in: Archivium musices metropolitanum Mediolanense 11, hrsg. v. G. TINTORI (Mi 1963). Eine GA für CMM ist in Vorbereitung.

Lit.: A. W. AMBROS, Gesch. der Musik 3 (Breslau 1868); K. JEPPESEN, s. o. Ausg.; CH. VAN DEN BORREN, G. von W., in: Biographie nationale de Belgique 27 (Bru 1938); W. WEGNER, Analyse der Messe „O venus banth" (Diss. Marburg 1940); G. CROLL, G. v. W. An Outline of His Life and Works, in: MD 6 (1952); DERS., Das Motettenwerk G.s van W. (Diss. masch. Gö 1954); TH. L. NOBLITT, The „Motetti missales" of the Late 15th Century (1963) (= Diss. Univ. of Texas).

G. CROLL

GASSENHAUER, seit dem 16. Jh. nachgewiesene Bz. für besonders populäre Lieder bzw. Melodien vorwiegend städtischer Herkunft. G. bedeutete im 16. Jh. „Gassenläufer" (houwen = schlagen und – umgangssprachlich – treten, laufen) bzw. „Nachtschwärmer" oder bezeichnete Tänze und

Lieder nächtlicher „Ständchenmusik" (H. J. Moser). Zunächst wertneutral verwendet (wie von Chr. Egenolff für seine Veröffentlichung von *Gassenhawerlin und Reutterliedlin,* 1535, mit Stücken von H. Isaac, P. Hofhaimer, L. Senfl u. a.), erhielt der Begriff G. zunehmend abwertende Bedeutung und bezeichnete schließlich im 19. Jh. das als minderwertig, trivial, schlecht, gemein und traditionslos verurteilte städtische Popularlied, das vom „Pöbel", vom „gemeinen Volk", von der „Masse" gesungen und vielfach kommerziell verbreitet wurde (u. a. durch Liedflugblatt, Liedpostkarte, Liederheft; auch durch Drehorgel oder in der Unterhaltungsmusik). Weitgehend synonym mit „Gassenlied", stellt der G. damit den polaren Gegensatz zum idealisierten „Volkslied"-Begriff J. G. Herders dar. In wertneutraler Sicht ist der (neuere) G. jedoch ein schlagkräftig-einprägsamer Lied- bzw. Melodietypus der „Alltagsmusik" der (Groß-)Städte, „Lebensausdruck breiter Schichten in den Zentren der aufkommenden Industriegesellschaft" (L. Richter). Die Texte – oft dialektgefärbt – sind witzige bis satirische, auch respektlose oder derbe Reaktionen auf aktuelle lokale Begebenheiten und Zustände (z. B. *Im Grunewald ist Holzauktion*) oder spottreiche bzw. humorvoll überzeichnende Personen-, Standes- oder Berufsporträts *(Do steht ene Schutzmann);* auch Nonsenslieder sind beliebt *(Ist denn kein Stuhl da für meine Hulda?).*

Beim G. handelt es sich teils um spontane Eigenschöpfungen im Volk, teils um (semi-)professionell verfaßtes Singgut. Häufig sind G. in einem „Folklorisierungsprozeß" (L. Richter) adaptierte und parodierte Partien aus Oper(ette), Singspiel, Posse, Tanz, Marsch, Bänkelsang, Filmmusik und Schlager. Der Vorwurf der Trivialität und Banalität, des Ordinären und der Sentimentalität verkennt meist, daß solche Wesenszüge bewußte parodistische und ironische Gestaltungsmittel sind. Vermittlungs- und Singgelegenheiten waren: Platzkonzerte; Tanzlokal, Kaffeehaus und Kneipe; Massenausflug, Volksfest; Varieté, Operette, Volksbühne. Dominierende Vermittler stellten Straßenmusikanten, Bühnenakteure, Dienstboten, Handwerker, Arbeiter und die Großstadtjugend dar. Lokale Zentren waren Berlin, Wien und Hamburg. Charakteristisch sind für den G. fließende Grenzen zum „Volkslied", mit dem ihn besonders die aus der „mitschöpferischen Aktivität der Stadtbevölkerung" erwachsene intensive Umsingepraxis verbindet, aber auch zum Schlager, der den G. weitgehend abgelöst hat, sich aber durch weit stärkere Kommerzialisierung, mediale Reproduktion, passivere Rezeption, Wegfall der typischen Milieu- bzw. Zeitgebundenheit und des selbstironischen Elements sowie durch andersartige musikalische Faktur vom G. deutlich unterscheidet. – Im 20. Jh. erfolgte eine stärkere Rückwirkung des G.s auf das Musiktheater, u. a. bei B. Brecht, K. Weill, P. Hindemith und E. Krenek. - Der neuere Sprachgebrauch verwendet den Begriff G. z. T. auch in positiv-anerkennendem Sinn, z. B. bei Popularmelodien, die von der Kunstmusik aufgenommen worden sind.

Lit.: CH. EGENOLFF, Gassenhawerlin und Reutterliedlin zu Franckenfurt am Meyn (1535), Faks.-Ausg., hrsg. v. H. J. Moser (Au – Kö 1927, Hil – NY ^{2}1970); D. KALISCH, Berliner Leierkasten, 6 H. (B 1858); F. M. BÖHME, Der G. seit 100 Jahren, in: Centralblatt für Instr.-Musik, Solo- u. Chorgesang 11 (1896); H. OSTWALD, Lieder aus dem Rinnstein, 3 H. (L – B 1903–06, ^{2}1920); W. TAPPERT, G., in: Bühne u. Welt 6 (1904); DERS., Komm, Karline, komm! Ein int. G., in: Rheinische Musik- u. Theaterzeitung 6 (1905); L. RIEMANN, Der G., in: NMZ 29 (1908); A. PENCKERT, Kampf gegen musikal. Schundliteratur, I: Das Gassenlied (L 1911); H. NAUMANN, G., in: Reallexikon der dt. Lit.-Gesch. (1925/26, ^{2}1958); L. BAND, Der Kampf gegen den G., in: NMZ 47 (1926); R. SENGER, Ursache u. Wirkung des G., in: Musik im Leben 4 (1928); J. VON PULIKOWSKI, Gesch. des Begriffes Volkslied im musikal. Schrifttum (Hei 1933); W. WIORA, Das echte Volkslied (Hei 1950); „Ach Ernst, was du mir alles lernst." Berliner Lieder durch ein Jh., hrsg. v. E. GOERTZ (Mn 1954); K. GUDEWILL, G., in: MGG IV; H. CH. WOLFF, Die Barockoper in Hamburg 1678–1738, 2 Bde. (Wb 1957); Lieber Leierkastenmann. Berliner Lieder, hrsg. v. J. KOEPP – W. CLEFF (Bad Godesberg 1959); L. RICHTER, Zwischen Volkslied u. Schlager. Notizen zur Gesch. des Berliner G., in: BzMw 8 (1966); DERS., Der Berliner G. (L 1969); Mutter, der Mann mit dem Koks ist da. Berliner G., hrsg. v. DEMS. (L 1977).

W. SCHEPPING

GASSMANN (eig. Gaßmann; Gaasmann, Gaismann, Gazmann), **Florian Leopold,** * 3. 5. 1729 Brüx (Böhmen), † 20. 1. 1774 Wien; böhmischer Komponist. Etwa 1742/45–63 lebte er in Italien, wo er zwischen 1757 und 1762 jedes Jahr eine Oper für die Karnevalssaison in Venedig schrieb. Um 1763 wurde er in Wien Ballettkomponist, wirkte als Theaterkapellmeister und wurde von Kaiser Joseph II. zum Kammerkomponisten sowie 1772 als Nachfolger von G. Reutter dem Jüngeren zum Hofkapellmeister ernannt. Er war der Lehrer von A. Salieri. Auf G.s Empfehlung hin wurde die Musikalische Sozietät der freyen Tonkunst der Witwen und Waisen gegründet, deren erste Akademie (1772) die erste öffentliche Konzertveranstaltung in Wien bedeutet.

WW: **1) Instr.-WW:** 3 Slgen. Streichquartette (A – P – W o. J.); Quartette für Ob. u. Str. (P o. J.); Streichquintette (Serenaden) (P o. J.); weitere Werke hsl. erhalten (Triosonaten, Symphonien, Divertimenti u. a.). – **2) Geistliche WW** (hsl. erhalten): Zahlr. Messen; ein Requiem; Stabat mater; Motetten; Psalmen u. a. liturg. Werke; Oratorium *La Betulia liberata* (1771). – **3) Bühnen-WW:** Opern: *Merope* (Libr.: A. Zeno), UA: Venedig 1757; *Issipile* (Libr.: P. Metastasio), UA: ebd. 1758; *Gli uccellatori* (Libr.: C. Goldoni), UA: ebd. 1759; *Filosofia ed amore* (Libr.: ders.), UA: ebd. 1760; *Catone in Utica* (Lib.: ders.), UA: ebd.

ebd. 1761; *Un pazzo ne fà cento*, UA: ebd. 1762; *L'Olimpiade* (Libr.: Metastasio), UA: Wien 1764; *Achille in Ciro* (Libr.: ders.), UA: Venedig 1766; *I viaggiatori ridicoli* (Libr.: Goldoni), UA: Wien 1766; *L'amore artigiano* (Libr.: ders.), UA: ebd. 1768, dt. als: *Die Liebe unter den Handwerksleuten; Amore e Psiche*, UA: ebd. 1767; *La notte critica* (Libr.: Goldoni), UA: ebd. 1768; *L'opera seria* (Libr.: R. de'Calzabigi), UA: ebd. 1769; *Ezio* (Libr.: Metastasio), UA: Rom 1770; *La contessina* (Libr.: Metastasio), UA: Mährisch-Neustadt 1770, dt. als: *Die junge Gräfin; Il filosofo innamorato* (Libr.: M. Coltellini, nach *Filosofia ed amore*, s.o.), UA: Wien 1771; *Le pescatrici* (Libr.: Goldoni), UA: ebd. 1771; *I rovinati*, UA: ebd. 1772; *La buona figliola* (Libr.: Goldoni), UA: Palermo 1773; *La casa di campagna*, UA: Wien 1773; *Arcifanfano, rè dei matti* (Libr.: Goldoni), UA: Esterház 1778; ferner einzelne Arien u. Kantaten.

G.s Instrumental- und Kirchenmusik gerieten wegen ihres konservativen Stils, der sich in einer stark kontrapunktischen Satzweise äußert, schnell in Vergessenheit. Dagegen behaupteten sich seine dramatischen Werke, insbesondere *La contessina*, länger auf der Bühne. Dort gelang G. eine Synthese der Venezianischen Oper in der Tradition B. Galuppis mit der Wiener Liedmelodik, was nicht ohne Einfluß besonders auf Mozarts frühe Opern blieb.

Ausg.: Trio D-Dur (L 1937); Divertimento à tre, hrsg. v. E. SCHENK (W 1953); Symphonie h-moll, hrsg. v. K. GEIRINGER (W 1934); *La contessina*, hrsg. v. R. HAAS (W 1914) (= DTÖ 42–44); Kirchenwerke, hrsg. v. F. KOSCH (1938) (= ebd. 83); 6 Triosonaten, hrsg. v. H. ALBRECHT (Lippstadt 1950–57) (= Organum III/45, 48, 51, 53 u. 55); Symphonie in As, hrsg. v. L. SOMFAI (Budapest 1970) (= Musica rinata o.Nr.); Divertimento G-Dur für Fl., V. u. Vc., hrsg. v. F. NAGEL (Wb 1977).

Lit.: G. DONATH – R. HAAS, F. G. als Opernkomp., in: StMw 2 (1914); E. LEUCHTER, Die Kammermusikwerke F. L. G.s (Diss. W 1926); F. KOSCH, F. L. G. als Kirchenkomp., in: StMw 14 (1927); E. R. MEYER, F. G. and the Viennese Divertimento, 2 Bde. (1963) (= Diss. Univ. of Pennsylvania); W. VETTER, Italiens Musik im Lichte v. Dichtung u. bildender Kunst, in: DJbMw 8 (1963); F. VAN ROSSUM, „La contessina", in: Mens en melodie 26 (1971); E. R. MEYER, The Oboe Quartets of F. L. G., in: MR 34 (1973); S. V. SANDERS, The „Vesperae a due chori" of F. L. G. A Study and Critical Edition, 2 Bde. (1974) (= Diss. Stanford Univ.); G. R. HILL, The Concert Symphonies of F. L. G. (1975) (= Diss. New York Univ.); DERS., A Thematic Catalogue of the Instrumental Music of F. L. G. (Hackensack/N.J. 1976) (= Music Indexes and Bibliographies 12).

GAST, Peter (eig. Johann Heinrich Köselitz), * 10. 1. 1854 Annaberg (Erzgebirge), † 15. 8. 1918 ebd.; dt. Komponist. Er studierte seit 1872 in Leipzig am Konservatorium und bei E. Fr. Richter. 1875–78 besuchte er an der Universität Basel Vorlesungen vor allem von Fr. Nietzsche. 1878–88 lebte er in Venedig, wo er den größten Teil seiner Werke schrieb. G. erlangte hauptsächlich aufgrund seiner Beziehung zu Nietzsche Bedeutung. Er war dessen Freund und musikalischer Berater und leitete 1900–08 das von ihm in Weimar gegründete Nietzsche-Archiv. Als Komponist suchte sich G. dem Einfluß Wagners zu entziehen und insbesondere das Genre der heiteren Oper nach dem Vorbild der Opera buffa wiederzubeleben. In seiner Oper *Der Löwe von Venedig* (nach D. Cimarosas *Il matrimonio segreto*, UA unter dem Titel *Die heimliche Ehe*, Danzig 1891) fand denn auch Nietzsche seine eigenen opernästhetischen Auffassungen realisiert. Das Werk konnte sich jedoch nicht durchsetzen. G. schrieb ferner zahlreiche Klavierlieder, einige Kantaten, Kammermusik- u. Orchesterwerke.

Lit.: Die Briefe Nietzsches an P. G., in: Teil IV der Gesammelten Briefe, hrsg. v. P. G. (B ²1908); Briefe G.s an Nietzsche, 2 Bde., hrsg. v. A. MENDT (Mn 1923–24); F. NIETZSCHE, Lettres à P. G., 2 Bde. (Monaco 1957) (= Domaine musicale o. Nr.), Einführung u. Anm. v. A. Schaeffner. – C. FUCHS, Thematikon zur „Heimlichen Ehe" (L 1890); P. W. JACOB, Nietzsches musikal. Amanuensis, in: Musica 7 (1953); A. EINSTEIN, Der „Antipode" Wagners, in: Von Schütz bis Hindemith (Z 1957); F. R. LOVE, F. Nietzsche and P. G. A Study in Musical Taste (1958) (= Diss. Yale Univ./Conn.).

GASTOLDI, Giovanni Giacomo, * um 1550 Caravaggio, † 1622; it. Komponist. Er war 1581 Kapellsänger am Hofe der Gonzaga in Mantua und 1582 bis etwa 1608 als Nachfolger von G. de Wert Kapellmeister an der Hofkirche S. Barbara. 1609 ist er als Kapellmeister am Mailänder Dom nachweisbar. Neben Cl. und G. Monteverdi, M. da Gagliano, S. Rossi, Monco und Paolo Biat beteiligte er sich auch an der Komposition der Intermedien für die Commedia *Idropica* von G. B. Guarini (Mantua 1609).

WW (alle in Venedig erschienen): **1) Weltliche WW:** *Canzoni a 5 v.* (1581); *Sacrae lodi* für 5 St. (1587); 4 Bücher Madrigale für 5 St., 1 (1588), 2 (1589), 3 (1598), 4 (1602); *Madrigali a 6 v.* (1592); *Balletti a 5 v.* (1591); *Balletti a 3 v.* (1594); 2 Bücher *Canzonette a 3 v.* (1592, 1595). – **2) Geistliche WW:** 7 Slgen. Psalmen, 1: *ad vesperas* für 4 St. (1588), 2: für 6 St. (1593), 3 u. 4: *Vespertina Psalmodia* (1600, 1602), 5: für 8 St. (1601), 6: für 6 St. u. B.c. (1607), 7: *per tutti li vespri a 2 v.* (NA 1609); 2 Bücher *Completorium* für 4 St. (1589, 1597); 2 Bücher Magnificat, 1: für 8 St. (1592), 2: für 4 St. (1597); 3 Bücher Messen, 1: für 5 St. (1592), 2: für 5 u. für 8 St. (1600), 3: für 4 St. (1602); *Messe et Motetti a 8 v.* (1607); *Concerti musicali con le sue sinfonie a 8 v.* (1604); *Officium defunctorum* für 4 St. (1607); andere Werke in Sammeldrucken der Zeit. – **3) Instr.-WW:** *Il 1° libro della musica a 2 v.* (Mi 1598); eine *Sinfonia*, in: V. Bona, *Otto ordine di letanie* (1619); weitere Kompositionen in Sammeldrucken der Zeit.

In seinen geistlichen und weltlichen Werken erweist sich G. als typischer Vertreter der Übergangszeit vom polyphonen zum homophonen Satz. Von den Madrigalkomponisten des ausgehenden 16. Jh. war er besonders wegen seiner 5- und 3st. Balletti (↗Balletto) bekannt, einer Gattung von Tanzliedern, die im wesentlichen auf ihn zurückzuführen ist. Mit ihrer farbigen Harmonik und der straffen, gleichmäßig betonten rhythmisch-metrischen Ausprägung bereiteten sie die Monodie vor. Sie waren von Bedeutung besonders für die italienische Madrigalkomödie von A. Banchieri und O. Vecchi wie für Cl. Monteverdis *Scherzi musicali* und erlangten auch in Deutschland und England große Beliebtheit. Ihr Einfluß ist in H. L. Haßlers *Lustgarten,* bei D. Friderici und J. H. Schein sowie bei Th. Morley deutlich erkennbar.

Ausg.: *Viver lieto voglio* für 5 St. u. Magnificat für 8 St. sowie *Al mormorar de' liquidi cristalli* für 6 St., in: Composizioni sacre e profane a più v. (Mi 1900) (= TORCHI Arte mus. 2); *Viva sempre e scolpita* für 6 St. u. *Se ben vedi* für 5 St. in: A. EINSTEIN, The Italian Madrigal 3 (Princeton/N.J. 1949, Nachdr. 1970, dt. Z 1952); *Balletti a 3 v.* 1594, hrsg. v. G. VECCHI (Bol 1965); 6 Balletti für 5 St., hrsg. v. H. C. SCHMIDT (NY 1966); *Balletti a 5 v.* 1591, hrsg. v. M. SANVOISIN (P 1968) (= Le pupitre 10); 8 Duette aus *Il 1° libro della musica a 2 v.* für Gitarre, hrsg. v. A. ZSCHIESCHE (Mz 1971) (= Gitarrenarch. 417).
Lit.: R. SCHWARTZ, H. L. Haßler unter dem Einfluß der it. Madrigalisten, in: VfMw 9 (1893); E. KIWI, Stud. zur Gesch. des it. Liedmadrigals im 16. Jh. (Wü 1937); D. ARNOLD, G. and the English Ballet, in: MMR 86 (1956); R. RASCH, The „Balletti" of G. G. G. and the Musical History of the Netherlands, in: TVer 24 (1974).

GASTOUÉ, Amédée Henri Gustave Noël, * 19. 3. 1873 Paris, † 1. 6. 1943 Clamart (Hauts-de-Seine); frz. Musikforscher und Komponist. Er studierte bei Adolphe Deslandes (Klavier), A. Lavignac (Harmonielehre) und A. Guilmant (Orgel), erhielt dann einen Lehrauftrag für mittelalterliche Musikgeschichte an der Schola Cantorum in Paris, war dort Kapellmeister an St-Jean-de-Belleville und arbeitete an der Bibliothèque Nationale, den Bibliotheken des Conservatoire und der Opéra sowie der Bibliothèque de l'Arsenal. G. widmete sich vor allem der Erforschung des Gregorianischen und des Byzantinischen Gesanges. Er gab das von M. Brenet unvollendet hinterlassene *Dictionnaire pratique et historique de la musique* vervollständigt (P 1926, span. 1946, Ba ²1962) heraus. Als Komponist schrieb er Messen, Motetten, Oratorien, u. a. *Les mystères du Rosaire* (1943), und die Oper *Jeanne d'Arc.*

WW: **1) Schriften:** *Histoire du chant liturgique à Paris* (P 1904); *Le drame liturgique. Le mystère des Vierges sages et des Vierges folles* (P 1906); *Les origines du chant romain. L'Antiphonaire grégorien* (P 1907); *Catalogue des manuscrits de musique byzantine de la Bibl. Nat.* (P 1907); *L'art grégorien* (P 1911, ³1920); *Variations sur la musique d'église* (P 1912); *Le Graduel et l'Antiphonaire romains* (P 1913); *L'orgue en France de l'antiquité au début de la période classique* (P 1921); *Les primitifs de la musique française* (P 1921); *Le cantique populaire en France* (Ly 1924); *L'église et la musique* (P 1936); *Catalogue des livres de musique manuscrits et imprimés de la Bibliothèque de l'Arsenal* (P 1936) (zus. mit L. de la Laurencie) – **2) Edition:** *Le manuscrit de musique polyphonique du trésor d'Apt (XIVᵉ–XVᵉ siècle)* (P 1936) (= Publ. de la Soc. Fr. de Mie I, 10).

GATTI, Guido Maggiorino, * 30. 5. 1892 Chieti (Abruzzen), † 10. 5. 1973 Grottaferrata bei Rom; it. Musikschriftsteller. Er war 1913–15 Chefredakteur der Turiner Zeitschrift *La riforma musicale* und seit 1920 Herausgeber der von ihm gegründeten Monatszeitschrift *Il pianoforte* (1928–62 als: *La rassegna musicale,* fortgeführt als: *Quaderni della rassegna musicale,* 1964–72). 1925–31 war er Direktor des Teatro di Torino; in Turin veranstaltete er auch Konzerte mit Neuer Musik. 1953 wurde G. Präsident der Accademia Filarmonica Romana und Mitglied der Accademia Nazionale di S. Cecilia in Rom. Unter seiner Leitung erschien die Musikenzyklopädie *La musica* (*Enciclopedia storica,* 4 Bde., Tn 1966, u. *Dizionario,* 2 Bde., 1968–71).

WW: **1) Schriften:** *Lieder di Schumann* (Tn 1914); *G. Bizet* (Tn 1915); *Figure di musicisti francesi* (Tn 1915); *Musicisti moderni d'Italia e di fuori* (Bol 1920, ²1925); *„Débora e Iaèle" di I. Pizzetti* (Mi 1922); *Le barbier de Séville de Rossini* (P 1925); *Dizionario di musica* (Tn ⁶1959); *I. Pizzetti* (Tn 1924, Mi ²1955); *Cinquanta anni di opera e balletto in Italia* (R 1954); *A. Casella* (Mi 1958) (zus. mit F. d'Amico); *V. de Sabata* (Mi 1958); *Italian Opera in the 20th Century,* in: Opera Annual 3 (1956/57); *The Music Drama of I. Pizzetti,* in: ebd. 7 (1960/61); *Torino musicale del passato,* in: NRMI 1 (1967). – **2) Editionen:** Auszüge aus den *Scritti e pensieri sulla musica di F. Busoni* (Fi 1941, Mi ²1954) (zus. mit L. Dallapiccola).

GATTO, Simon, * um 1540/50 Venedig, † 1594/95 Graz (?); it. Instrumentalist und Komponist. 1565–66 war er Posaunist am Dom in Padua, 1568–71 auch Komödiendichter am Hof in München. 1572 ging er als Trompeter und Posaunist an den Hof Erzherzog Karls II. nach Graz, wo er seit 1577 Leiter der Instrumentalmusik und seit 1581 Hofkapellmeister war. Er engagierte zahlreiche italienische Sänger an den Hof. Im Druck erschienen von ihm ein Buch Messen (V 1579) und postum eine Motettensammlung (V 1604); weitere Werke befinden sich hsl. in Wien, Ljubljana und Graz. Einige seiner Kompositionen stehen in der Tradition der niederländischen Polyphonie; die späten Werke (Messe *Andra la nave mia*) sind der venezianischen Mehrchörigkeit verpflichtet.

Ausg.: Messe *Scarco di doglia* für 5 St., hrsg. v. H. FEDERHOFER, in: Ndl. u. it. Musiker der Grazer Hofkapelle Karls II. (W 1954) (= DTÖ 90).

Lit.: H. FEDERHOFER, Musiker u. Musikpflege am Grazer Habsburgerhof der Erzherzöge Karl u. Ferdinand v. Inneröstr. 1364–1619 (Mz 1967).

GATTUNG, Bz. für einen Kompositionstypus. Musik erklingt aus vielerlei Anlässen, an verschiedenen Orten, zu verschiedenen Zwecken, in verschiedenen Formen und Besetzungen. Wo man versucht, diese ihre mannigfaltigen Erscheinungsweisen zu klassifizieren, unterscheidet man verschiedene „Musiken", Stile, G.en, Werkgruppen und einzelne Werke sui generis. Als Klassifikationskategorie steht die G. ungefähr in der Mitte zwischen dem Gesamtbegriff der Musik und dem einzelnen Werk. Vielfach, aber nicht immer setzt die Gattungs- eine Stiltheorie voraus. Ein allgemein anerkanntes Kriterium, nach dem die Musik in G.en eingeteilt oder einzelne Werke dazu zusammengefaßt werden, gibt es nicht. Neuere Gattungstheorien orientieren sich meist an der Besetzung oder an der Form, ältere am Text oder an der Funktion. Viele verschränken mehrere Kriterien. Infolgedessen gibt es viele Systeme der musikalischen G.en, und manche davon erscheinen in sich widersprüchlich. Die musikalischen G.en sind historische Phänomene. Viele davon, vor allem die älteren, wurden durch außermusikalische Umstände, durch die Liturgie, durch weltliche Zeremonien oder Usancen der Geselligkeit, geprägt. Ihre Geschichte ist deshalb oft eng mit der kirchlichen, staatlichen oder gesellschaftlichen Institution verbunden.

Die Aufgabe, musikalische G.en zu bilden, ist unterschiedlich gelöst worden. Die ältere Theorie, die noch im 18. Jh. herrschte, geht von einem allumfassenden Begriff der Musik aus und versteht die Stile und G.en als ihre Teile. Die einzelnen Werke erscheinen als Fälle ihrer G.en und werden kaum um ihrer selbst willen beachtet. Ihre Güte hängt mit von der Reinheit ab, in der sie die Spielregeln ihrer G. durchführen. Die jüngere Theorie geht dagegen vom Einzelwerk aus und begreift die G. als die Summe der traditionellen Momente, die eine Werkgruppe kennzeichnen. Der Komponist begegnet ihnen frei und selbstbewußt. Die Bedeutung eines neuen Werkes hängt mit von der Distanz ab, die es von seiner G. gewinnt.

Die Gattungstheorie trifft nicht in allen Epochen auf Zentrales und ist nicht zu allen Zeiten mit gleicher Aufmerksamkeit betrieben worden. Die Klassifikation der mittelalterlichen Kompositionstypen orientiert sich an den Gesangsarten und -formen der Einstimmigkeit. Sie unterscheidet geistliche und weltliche Gesänge und stellt ihre Unterteilungen fest. Die mehrstimmige Musik wird davon abgesetzt, aber ihre Produkte werden nicht anders geordnet und benannt als die der einstimmigen. Ein mehrstimmiges Responsorium bleibt ein Responsorium, eine polyphone Ballade eine Ballade. Die erste eigentümliche G. der Mehrstimmigkeit ist die Motette, die sich vom Organum absetzt. Eine weitverzweigte Gattungstheorie bietet um 1300 Johannes de Grocheo.

Im 15. und 16. Jh. orientierte sich die Gattungstheorie hauptsächlich am Format der Kompositionen. J. Tinctoris unterscheidet um 1470 Messen, Motetten und Lieder. Darin sind vermutlich weitere Kriterien eingeschlossen: der Text, die Funktion, die Stilhöhe und der Bewegungsduktus. Die Forschung untergliedert, darin der Theorie und Praxis der Epoche folgend, die Hauptgattungen. So unterscheidet man z. B. im Rahmen der G. Lied nationale Varianten, die französische Chanson, das italienische Madrigal und das deutsche Lied, und überall Typen hohen und niederen Stils.

Die G.en des 15. und 16. Jh. sind in einen einheitlichen Epochenstil eingebunden, auch dort, wo sie ihn in spezifischer Weise formen. Diese Stileinheit wird um 1600 aufgebrochen. An ihre Stelle tritt eine Vielzahl einander durchkreuzender Stile. Im 17. und 18. Jh. werden Raumstile (Kirchen-, Theater- und Kammerstil), Stilebenen (hoher, mittlerer und niederer Stil), Kompositions- und Satzstile (der alte kontrapunktische von den neuen Stilen, dem monodischen, dem konzertierenden, dem Tanzstil usw.) sowie nationale Stile unterschieden. Im verwirrenden Gefüge dieser Stile richtete sich ein höchst differenziertes, kaum systematisierbares Gattungswesen ein. Das 17. und 18. Jh. ist die große Zeit der musikalischen Gattungen. J. Mattheson unterscheidet 1739 nicht weniger als 16 vokale und 21 instrumentale Gattungen. Dabei stehen große Zyklen neben kleinen Gebilden, die Oper z. B. neben der Arie. Die G. erscheint hier als ein charakteristischer Melodietypus, bestimmt je nachdem durch seine Herkunft, sein Alter, seinen Ausdruckscharakter, seine Wirkung, seinen Rhythmus, seine Form, sein Format, seine Besetzung, seinen Text und – darin manifestiert sich seine Geschichtlichkeit – durch seine klassischen Formulierungen. In der G. begegnet der Komponist der musikalischen Tradition. Viele der ursprünglich barocken G.en überleben die Epoche ihrer Konsolidierung. Wo sie danach noch oder wieder realisiert werden, wird ihr Gattungscharakter meist bewußt, in historisierender Manier erneuert.

Der moderne Begriff der G. setzt den Aufstieg der Instrumentalmusik voraus. Ein wichtiges Kriterium der Gattungsbildung wird nun die Besetzung, in der die dominierende zyklische Form des 18. und 19. Jh., die Sonate, erscheint. Man unterscheidet die Symphonie, das Konzert, das Streichquartett, die Klaviersonate, die Serenade usw. H. Chr. Koch leitet 1793 das innere Wesen dieser G.en von den spezifischen Ausdrucks- und Satzcharakteren ab, die aus der Anwendung des allgemeinen Formprinzips unter den Bedingungen einer bestimmten Besetzung hervorgehen. Nur nebenbei wird damit auch der Ort angedeutet, an dem die Musik erklingt, der Konzertsaal oder die häusliche „Kammer“.

Schon im 18. Jh. begegnen einzelne Komponisten den Spielregeln der G.en souverän. W. A. Mozart verfügt frei über die charakteristischen Elemente der herkömmlichen Operngattungen; er verwendet im Singspiel auch die Seria-Arie und das Buffo-Finale. Tiefer noch greifen die Komponisten des 19. Jh. in die Substanz der G.en ein. Vielen wird sie zum Gegenstand der Auseinandersetzung. Das einzelne Werk wird so zu einem Unikum, das der G. im Akt der Komposition abgerungen worden ist. In der Distanz von G. und Einzelwerk manifestiert sich die Spannung von Konvention und Originalität. Die höhere Einheit, auf die nunmehr das einzelne Werk bezogen wird, ist weniger die G. als das Œuvre seines Komponisten. Daß andererseits im 19. Jh. neue G.en aufsteigen, zeigt die Liedgeschichte. Fr. Schubert erst sichert dem Kunstlied das Ansehen einer bedeutenden Gattung.

Die herkömmlichen G.en erfassen noch einen großen Teil der Neuen Musik, z.B. A. Weberns Symphonie, A. Schönbergs Suite und Streichquartette. Die Gruppierung der Kompositionen nach G.en tritt allerdings zurück hinter diejenige nach Techniken und Strukturen.

Lit.: G. ADLER, Der Stil in der Musik (L 1911, Nachdr. 1973); H. ENGEL – W. WIORA, Die musikal. G.en u. ihr sozialer Hintergrund, in: Kgr.-Ber. Kassel 1962 (Kas 1963); G. VON DADELSEN, Die Vermischung musikal. G.en als soziologisches Problem, in: ebd.; F. BLUME, Die musikal. Form u. die musikal. G.en, in: Syntagma musicologicum (Kas 1963); W. WIORA, Die hist. u. systematische Betrachtung der musikal. G.en, in: DJbMw (1965); W. ARLT, Aspekte des Gattungsbegriffs in der Musikgeschichtsschreibung, in: G.en der Musik in Einzeldarstellungen. Gedenkschrift L. Schrade 1 (Be 1973); M. SCHNEIDER, Die G. in der Musik der Naturvölker, in: ebd.; C. DAHLHAUS, Zur Problematik der musikal. G.en im 19. Jh., in: ebd.; DERS., Was ist eine musikal. G.?, in: NZfM 135 (1974); H. OESCH, Musikal. G.en bei den Naturvölkern, in: FS A. Volk (Kö 1974).

W. SEIDEL

GATTY, Nicholas Comyn, * 13. 9. 1874 Bradfield bei Sheffield, † 10. 11. 1946 London; engl. Musikkritiker und Komponist. Er studierte in Cambridge und 1898–1901 am Royal College of Music in London, u.a. Komposition bei Ch. Stanford. Danach war er einige Jahre Organist an der Duke of York's Royal Military School und 2. Dirigent am Opernhaus Covent Garden. 1907–14 war er Musikkritiker der *Pall Mall Gazette,* dann über 20 Jahre der *Times.* Seine wichtigsten Kompositionen schrieb er für das Theater.

WW: Kammermusik; Orch.-Variationen über *Old King Cole;* Suite für Streichorch.; Lieder; für Chor u. Orch.: Milton's *Ode on Time* (1905); *3 Short Odes* (1915); *Anthem of the Sister Nations* (1920). – Opern: *Greysteel,* UA: Sheffield 1906; *Duke or Devil,* UA: Manchester 1909; *Prince Ferelon,* UA: London 1919; *The Tempest,* UA: ebd. 1920; *King Alfred and the Cakes* (1928).

GAUCELM FAIDIT, * um 1170 vermutlich Uzerches (Corrèze), † 1230; provenzalischer Troubadour. Über seine Lebensumstände berichtet eine „Vida" von Uc de Sant Circ. Danach stammte er aus bürgerlicher Familie, verlor sein ganzes Vermögen im Spiel, wurde Jongleur und führte in Begleitung seiner schönen und gebildeten Freundin Guillelma Monja, die er später heiratete, ein Wanderleben; später wurde er von Marie de Ventadour, König Richard I. Löwenherz und zahlreichen Herren, darunter Boniface de Montferrat, dem er beim 4. Kreuzzug ins Heilige Land folgte, gefördert und reiste mit Guillelma Monja nach Nordfrankreich, England (?), Italien, Spanien und Ungarn. 1199 komponierte G. den berühmten Planctus *Fortz chausa es* auf den Tod von Richard Löwenherz. G. werden 77 Lieder, davon 65 mit Sicherheit, zugeschrieben; von 14 sind die Melodien, meist in mehreren Lesarten, überliefert.

Ausg. u. Lit.: J. BOUTIÈRE – A.-H. SCHUTZ, Biogr. des troubadours (P 1950, revidiert 1964) (= Les classiques d'oc 1); I. FRANK - W. MÜLLER-BLATTAU, Trouvères u. Minnesänger, 2 Bde. (Saarbrücken 1952–56) (= Schriften der Univ. des Saarlandes 1–2), darin die Kontrafaktur 167/47, aus: A. PILLET – H. CARSTENS, Bibliogr. der Troubadours (Hl 1933) (= Schriften der Königsberger Gelehrten Ges., Sonderreihe III); F. GENNRICH, Troubadours, Trouvères, Minne- u. Meistersang (Kö 1951, ²1960, auch engl.) (= Das Musikwerk 2); R. T. HILL – T. G. BARGIN, G. F. „A semblan del rei ties", in: Romanic Revue 44 (1953); E. HOEPPFNER, Les troubadours (P 1955); Der musikal. Nachlaß der Troubadours, 3 Bde., hrsg. v. F. GENNRICH (Da 1958–65); DERS., Lo gai saber (Da 1959) (= Musikwiss. Studienbibl. 18/19) (darin 4 Lieder); P. BEC, Petite anthologie de la lyrique occitane au moyen-âge (Avignon 1961, ⁴1966); J. MOUZAT, Les poésies de G. F. (P 1966); J. MAILLARD, Anthologie de chants de troubadours (Nizza 1967) (darin der Planh „Fortz chausa es").

GAUCQUIER (Dunoyer, genannt Insulanus, latinisiert Nuceus), **Alard de** oder **du,** * um 1534 Lille, † Ende 1582 oder Anfang 1583; franko-flämischer Komponist. Er trat um 1558 als Tenorist in die Hofkapelle des späteren Kaisers Maximilian II. ein, verwaltete nach dem Tod J. Vaets 1567–68 die Kapellmeisterstelle und war dann unter Ph. de Monte Vizekapellmeister. 1568 erhielt er ein Adelspatent und nannte sich seitdem du Gaucquier. 1578 wurde er von Kaiser Rudolf II., der ihm eine jährliche Rente aussetzte, auf eigenen Wunsch von seinen Ämtern entbunden, trat aber noch im selben Jahr in den Dienst seines Schülers, des Erzherzogs und nachmaligen Kaisers Matthias, dessen Kapellmeister er bis 1582 war. Im Druck erschienen von ihm 4–6st. *Magnificat octo tonorum* (V 1574) und 5–8st. Messen (An 1581).

Ausg.: GA, hrsg. v. M. STEINHARDT (Gr – W 1971) (= DTÖ 123).

GAUDEAMUS, Stichting Gaudeamus, internationales Zentrum für zeitgenössische Musik in Bilthoven (Niederlande), das 1945 von W. A. F. Maas gegründet und 1951 in eine Stiftung umgewandelt wurde. Seitdem findet jährlich ein internationaler Komponistenwettbewerb statt, der Komponisten, deren Werke von einer Jury ausgewählt werden, die Möglichkeit bietet, dort ihre Werke uraufzuführen. Seit 1963 wird auch ein Interpretenwettbewerb für Interpreten zeitgenössischer Musik durchgeführt, seit 1965 auf internationaler Ebene, der Künstlern bis zu 35 Jahren und Ensembles bis zu 9 Personen offensteht. Darüber hinaus wird das Schaffen der G.-Teilnehmer in Konzerten im In- und Ausland vorgestellt. 1967/68 wurden eine Bibliothek, Diskothek und ein Biographienarchiv zur Information über zeitgenössische Musik eingerichtet.

GAUDENTIOS (Gaudentios philosophos), griech. Musiktheoretiker. G. verfaßte den unvollständig überlieferten griechischen Musiktraktat *Einführung in die Harmonik (harmonike eisagoge)* aus der Zeit zwischen Klaudios Ptolemaios und Cassiodor. G. Reaney (s. u. Lit.) datiert seine Lebenszeit „nicht früher als zu Beginn des 4. Jh.". Sein Traktat steht inhaltlich den Schriften von Aristoxenos, Pythagoras, einigen Kommentatoren von Platons *Timaios*, Aristides Quintilianus, Nikomachos und Alypios nahe. Er gibt darin eine zusammenhängende Darstellung des Tonsystems der Griechen, vom Ton ausgehend über Intervall, System, Tongeschlecht, Mutation, Melopoiia, Genos, Konsonanz, Notensystem bis zur Aufzeichnung einiger Skalen. Dabei behandelt er sowohl die pythagoreische Theorie des Ganztones als harmonisches Längenverhältnis der schwingenden Saiten als auch die aristoxenische Theorie des Ganztones als Oktavsechstel und beschreibt ausführlich die Oktavgattungen und ihren Zusammenhang mit den Quint- und Quartgattungen.

Ausg.: der Traktat in: Musici scriptores Graeci, hrsg. v. K. VON JAN (L 1895, Nachdr. Hil 1962), mit lat. Übers. in: Antiquae musicae auctores septem, hrsg. v. M. MEIBOM (A 1652), frz. Übers. in: Collection des auteurs grecs relatifs à la musique, hrsg. v. CH. E. RUELLE (P 1895).

Lit.: A. AUDA, Les modes et les tons de la musique (Bru 1930); O. GOMBOSI, Stud. zur Tonartenlehre des frühen MA, in: AMl 10 (1938); DERS., Tonarten u. Stimmungen der antiken Musik (Kop 1939, Nachdr. 1950); DERS., Key, Mode, Species, in: JAMS 4 (1951); G. REANEY, G., in: MGG IV; H. HUSMANN, Grundlagen der antiken u. orientalischen Musikkultur (B 1961); A. DOUCAKIS, L'introduction à l'Harmonie de Gaudence le philosophe. Notice, traduction et commentaire, in: Annuaire de l'École pratique des Hautes Études, 4e section, Société historique et philologique (P 1975–76); A. J. NEUBECKER, Altgriechische Musik. Eine Einführung (Da 1977).

B. R. SUCHLA

GAULTIER (Gautier), frz. Lautenisten und Komponisten. – **1) Ennemond,** genannt „G. le Vieux" oder „G. de Lyon", * um 1575 Villette (Dauphiné), † 11. 12. 1651 Nèves bei Villette. Er war Page der Herzogin von Montmorency in der Languedoc und seit 1620 Kammerdiener der Königin Maria von Medici bis zu deren Exil 1631. Am Hofe wirkte er auch als Lautenlehrer. Um 1630 spielte er in England vor König Karl I., Königin Henriette und dem Herzog von Buckingham. Seine Werke wurden erst nach seinem Tod veröffentlicht. Mit seinem Vetter Denis (s. u.) gehörte er zu den bedeutendsten französischen Lautenisten seiner Zeit. – **2) Denis,** genannt „G. de Jeune" oder „G. de Paris", * um 1603 oder 1597 (?), † 1672 Paris; Vetter von 1). Er war in Paris Schüler von Ch. Racquet, dem Organisten an Notre-Dame, auf dessen Tod er ein Tombeau schrieb. Er stand nicht wie sein Vetter im Dienst des Hofes, sondern übte seine Kunst in den Pariser Salons aus. Bis 1631 ist seine künstlerische Tätigkeit so eng mit der seines Vetters verbunden, daß die Zeitgenossen beide nicht auseinanderhalten konnten. Sie hatten dieselben Freunde (u. a. wahrscheinlich auch die Cembalisten Chambonnières und L. Couperin sowie J. J. Froberger) und dieselben Schüler (u. a. die Gallots). Beide wurden auch in zahlreichen gedruckten und hsl. Sammlungen für Laute miteinander verwechselt. In Denis' Sammlungen *La rhétorique des dieux* und *Pièces de luth* sind einige Stücke mit „Vieux G." signiert. Der *Livre de tablature,* von Denis begonnen, enthält Werke, die vom Herausgeber, seinem Schüler Montarcis, beiden zugeschrieben wurden. In *La rhétorique des dieux,* Denis' wichtigster Veröffentlichung, sind die 62 Stücke in 12 Kapiteln entsprechend den 12 griechischen Modi geordnet. Um 1680 dienten P. Perrine die Werke der beiden G. als Beispielsammlungen für die ersten Lautenbücher in moderner Notation. Das Œuvre der G. enthält vor allem Tänze, die Denis teilweise mit Untertiteln, die er aus der Mythologie entlehnte, charakterisiert hat. Beide haben sowohl das damals aufkommende musikalische Porträt gepflegt als auch das Tombeau in die Lautenmusik eingeführt. Sie benutzten Tonarten, die ihre Vorgänger noch nicht kannten. Cembalisten wie Froberger wurden durch ihren Satz und Stil (style brisé) nachhaltig beeinflußt. – **3) Jacques,** genannt „G. d'Angleterre". Er ging um 1617 nach England. Gefördert durch den Herzog von Buckingham, war er 1619–48 Lautenist der Könige Jakob I. und Karl I. Um 1622 trat er mit dem Dichter C. Huygens in Verbindung. 1630 reiste er nach Holland und spielte später auch am Hof in Madrid. Aus der Zeit nach 1660 liegen über sein Leben keine weiteren Nachrichten vor. Einige seiner Stücke sind in englischen Handschriften erhalten. Zeitgenossen lobten die Virtuosität, Genauigkeit und Eleganz seines Spiels. – Sein von

A. van Dyck gemaltes Bildnis befindet sich im Prado in Madrid. – **4) Pierre,** genannt „G. d'Orléans" oder „de Rome". Er stammte aus Orléans. 1638 erschienen von ihm in Rom *Les Œuvres de P. G. Orléanais,* die seinem Dienstherrn, dem kaiserlichen Botschafter bei Papst Urban VIII., dem Herzog von Crumeau, gewidmet sind. 3) und 4) sind wahrscheinlich ebenfalls mit 1) und 2) verwandt.

WW: **Zu 2):** *La rhétorique des dieux* (P um 1652); *Pièces de luth de Denis G.* (P um 1670); *Livres de tablature... De Mr Gaultier Sr de Nève et de Mr G. son cousin* (P um 1672); einige Stücke in: Perrine, Pièces de lut (P um 1680).

Ausg.: *La rhétorique des dieux,* hrsg. v. O. FLEISCHER, in: VfMw 2 (1886); *La rhétorique des dieux et autres pièces de luth de Denis G.*, hrsg. v. A. TESSIER, 2 Bde. (P 1932) (Faks. u. Übertr.); 3 Stücke aus *La rhétorique...*, in: W. KAHL, Das Charakterstück (Kö 1955) (= Das Musikwerk 8); *Œuvres du Vieux G.,* hrsg. v. A. SOURIS – M. ROLLIN (P 1966).

Lit.: O. FLEISCHER, D. G., in: VfMw 2 (1886); M. BRENET, Notes sur l'histoire du luth en France, in: RMI 5–6 (1898–99); J. ÉCORCHEVILLE, Le luth et sa musique, in: SIM (1908); L. DE LA LAURENCIE, Le luthiste J. G., in: RM 5 (1924); DERS., Les luthistes (P 1928); E. W. HÄFNER, Die Lautenstücke des D. G. (Endingen 1939) (= Diss. Freiburg 1939); W. BOETTICHER, Stud. zur solistischen Lautenpraxis (B 1943); H. RADKE, Bemerkungen zu den Lautenisten E., J. u. P. G., in: ÖMZ 17 (1962); J. SPINK, Another G. Affair, in: ML 45 (1964); G. B. SHARP, G. and Chambonnières. Two French Tercentenaries, in: MT 113 (1972).

M. ROLLIN

GAUNTLETT, Henry John, * 9. 7. 1805 Wellington (Salop), † 21. 2. 1876 London; engl. Organist. G. war zunächst Advokat, widmete sich jedoch seit etwa 1842 ganz der Musik. Bereits seit 1826 war er Organist an St. Olave's in Southwark, seit 1836 Organist für die Abendgottesdienste an der Christ Church in London. Nach 1846 wirkte er an verschiedenen anderen Kirchen als Organist. Sein besonderes Interesse galt dem Orgelbau. G. setzte sich nach dem Vorbild der kontinentalen Orgeln für das freie 16'-Pedal ab C ein und richtete in Zusammenarbeit mit dem berühmten Orgelbauer William Hill an der Orgel der Christ Church ein von C bis g' reichendes Pedal mit 32 Tasten ein, bei dem aber nur die 12 tiefsten Töne eigene Pfeifen besaßen. Durch diese Neuerung konnten auch die Werke J. S. Bachs in England aufgeführt werden. G. komponierte einige Hymnen und Psalmen, die sich bis heute im anglikanischen Gemeindegesang erhalten haben.

GAUTHIER-VILLARS, Henry, * 10. 8. 1859 Villier-sur-Orge (Essone), † 12. 1. 1931 Paris; frz. Schriftsteller und Musikkritiker. G. war 1893–1907 mit der Schriftstellerin Colette verheiratet, mit der zusammen er mehrere Romane schrieb. Seine eigene Berühmtheit verdankt er den Musik-Feuilletons für mehrere Pariser Tageszeitungen, besonders für das *Écho de Paris,* mit denen er eine neue geistreiche, witzig-satirische, reportagenhafte Form der Musikkritik schuf. G. schrieb seine auch mit Klatsch vermischten Kritiken unter verschiedenen Pseudonymen, darunter „l'ouvreuse du Cirque d'été" und vor allem „Willy". Ohne ausgesprochene musikalische Vorbildung besaß er doch ein sicheres Urteil. Die Bedeutung von Cl. Debussys *Prélude à l'après-midi d'un faune* erkannte er schon bei der Uraufführung. Debussy selbst führte seinen Ruhm größtenteils auf G.' Einfluß zurück. G. setzte sich auch für die Musik R. Wagners in Frankreich ein. Seine in 11 Bänden gesammelten Musikkritiken vermitteln ein eindrucksvolles und lebendiges Bild des Pariser Musiklebens um 1900.

Schriften (gesammelte Schriften in 11 Bde.n, alle in Paris erschienen): *Lettres de l'ouvreuse* (1890); *Bains de sons* (1893); *La mouche des croches* (1894); *Rythmes et rires* (1894); *Entre deux airs* (1895); *Notes sans portées* (1896); *Accords perdus* (1898); *La colle aux quintes* (1899); *Garçon, l'audition!* (1801); *La ronde des blanches* (1901); *Anches et embouchures* (1905); ferner *Fervaal* (1897, ²1909) (zus. mit P. de Bréville); *Bizet* (1912); *Souvenirs* (1925).

GAUTIER ↗Gaultier.

GAUTIER. – 1) Théophile, * 30. 8. 1811 Tarbes, † 23. 12. 1872 Paris; Schriftsteller und Kritiker. Er war 1836–55 Kunstkritiker, danach auch Theaterkritiker der Zeitschriften *La Presse, Moniteur Universel* und *Journal Officiel,* für die er auch Musikkritiken schrieb. Er besaß keinerlei musikalische Ausbildung, hatte aber ein sicheres Gespür für den poetischen Gehalt der Musik. Mit H. Berlioz befreundet, setzte er sich u. a. für G. Rossini und C. M. von Weber ein und gehörte zu den ersten französischen Wagnerianern. Seine Gedichte wurden u. a. von H. Berlioz, G. Bizet, H. Duparc, G. Fauré, Ch. Gounod und É. Lalo vertont. Mit Jules-Henri Vernoy de Saint-Georges schrieb er das von A. Adam komponierte Ballett *Giselle.* Auch 5 weitere seiner Ballette wurden vertont und in Paris aufgeführt.

Schriften: *Les beautés de l'opéra* (P 1845) (zus. mit J. Janin); *Histoire de l'art dramatique en France depuis 25 ans* (P 1858); *Histoire du romantisme* (P 1872) (postum); *Portraits contemporains* (P 1875) (postum); *Souvenirs de théâtre* (P 1883) (postum).

2) Judith Louise Charlotte Ernestine, Tochter von 1) und der Opernsängerin Ernesta Grisi, * 25. 8. 1845 Paris, † 26. 12. 1917 St-Énogat (Bretagne); Schriftstellerin. Sie war 1866–74 mit dem Schriftsteller Catulle Mendès, einem der führenden Wagnerianer in Frankreich, verheiratet. 1876 war sie zum ersten Mal in Bayreuth, wo sie sich mit R. Wagner befreundete, mit dem sie anschließend 2 Jahre im Briefwechsel stand. Durch ihre Schriften trug sie wesentlich zum Verständnis Wagners in Frankreich bei.

Schriften: *R. Wagner et son œuvre poétique depuis Rienzi jusqu'à Parsifal* (P 1882); *Le collier des jours,* 3 Bde. (P 1902–09).

Lit.: H. DE CURZON, Th. G. et la musique, in: Le Ménestrel 84 (1922) Oktober-H.; Die Briefe R. Wagners an J. G., hrsg. v. W. SCHUH (Z – L 1936); D. CAMACHO, J. G. (P 1939); W. SCHUH, R. Wagner und J. G., neue Dokumente, in: SMZ 103 (1963); R. Wagner et Cosima Wagner. Lettres à J. G., hrsg. v. L. GUICHARD (P 1964) (= Connaissance de soi o. Nr.); E. BINNEY, Les ballets de Th. G. (P 1965); TH. HIRSBRUNNER, Ein Albumblatt R. Wagners für J. G.?, in: Melos/NZ 3 (1977).

GAUTIER DE COINCI, OSB, * um 1177 Coinci (Aisne), † 25. 9. 1236 Soissons; frz. Trouvère. G. trat 1193 in das Benediktinerkloster St-Médard in Soissons ein und wurde, möglicherweise nach Studien an der Sorbonne in Paris, 1214 Prior des Klosters Vic-sur-Aisne bei Soissons. 1233 kehrte er als Großprior nach St-Médard zurück. G. gehört der Trouvère-Generation von Conon de Béthune und Colin Muset an. Berühmt wurde er durch die nach lateinischen Marienlegenden in 30 000 volkssprachlichen Versen abgefaßten *Miracles de la Notre-Dame,* mit denen er u. a. die Cantigas des Alfonso el Sabio von Kastilien beeinflußte. Die in den Text eingestreuten Lieder sind Kontrafakturen auf meist weltliche Melodien.

Ausg. u. Lit.: A. LÅNGFORS, Miracles de G. de C. Extraits du manuscrit de l'Ermitage (He 1927) (= Annales Academicae scientiarum Fennicae 34) (mit diplomatischem Abdruck der Lieder); *Chansons à la Vierge,* hrsg. v. J. CHAILLEY (P 1959) (= Publications de la Soc. Fr. de Mie 1/15); vgl. dazu: F. GENNRICH, Zur Ausg. der Lieder des G. de C., in: Romanische Forsch. 37 (1961); J. MAILLARD, Anthologie de chants de trouvères (P 1967) (darin „Quant ces flouretes florir voi").

GAUTIER DE DARGIES, * um 1165, † nach 1236; Trouvère adliger Abstammung aus der Picardie. G. nahm im Gefolge König Philipp Augusts am 3. Kreuzzug teil. Von seinen 20 erhaltenen, teilweise in mehreren Fassungen überlieferten Chansons sind 19 mit Melodien versehen.

Lit.: G. HUET, Chansons et descorts de G. de D. (P 1912); E. LANGLOIS, A propos de G. de D., in: Romania 45 (1918–19); E. VAILLANT, Les origines de la chanson française... Chansons inédites de G. d'Argies... (P 1922); H. PETERSEN DYGGVE, Personnages historiques figurant dans la poésie française des XIIe et XIIIe siècles, G. de D., in: Neuphilologische Mitteilungen 46 (1945); W. BITTINGER, Stud. zur musikal. Textkritik des ma. Liedes (Wü 1953) (= Literarhist.-musikwiss. Abh.en 11); DERS., 50 Jahre Musikwiss. als Hilfswiss. der romanischen Philologie, in: Zschr. für romanische Philologie 69 (1953) (darin 2 Chansons).

GAVAZZENI, Gianandrea, * 27. 7. 1909 Bergamo; it. Dirigent, Komponist und Musikschriftsteller. G. studierte in Rom und (u. a. bei I. Pizzetti) in Mailand, war zunächst als Musikkritiker und Komponist tätig, machte sich aber bald einen Namen als Konzert- und vor allem als Operndirigent. Er setzte sich besonders für die lyrischen italienischen Opern des 19. Jh. und für das zeitgenössische Opernschaffen ein. Er dirigierte ständig an der Mailänder Scala, deren künstlerischer Leiter er 1966–68 war, daneben an allen bedeutenden Opernhäusern der Welt. G. komponierte unter dem Einfluß von Pizzetti u. a. Opern und Ballette, Orchesterwerke und Lieder. Seine Autobiographie erschien unter dem Titel: *La casa di Arlecchino* (Mi 1957).

Schriften: *Donizetti* (Mi 1937); *Tre studi su Pizzetti* (Como 1937); *Mussorgski e la musica russa dell'Ottocento* (Fi 1943); *Le feste musicali* (Mi 1944); *Musicisti d'Europa* (Mi 1954); *La musica e il teatro* (Pisa 1954); *La morte dell'Opera* (Mi 1954); *Altri studi pizzettiani* (Bergamo 1956); *Trent'anni di musica* (Mi 1958); *Diario di Edinburgo e d'America* (Mi 1960); *Carta da musica* (Mi 1968).

Lit.: M. MILA, G. G. Critico e scrittore, in: Rass. Mus. 24 (1954); A. GEDDO, Bergamo e la musica (Bergamo 1958).

GAVEAU, frz. Klavierbauerfamilie. – **1) Joseph Emmanuel,** * 29. 11. 1824 Romorantin (Loir-et-Cher), † 1893 Paris. Er gründete 1847 in Paris eine kleine Werkstatt, die einen raschen Aufschwung nahm. 1848 führte er bei Pianinos anstelle der alten „mécanique à baïonnette" (Oberdämpfung) die auch als „mécanique Gaveau" bekanntgewordene und in der Folgezeit allgemein in den Pianinobau übernommene „mécanique à lames" (Unterdämpfung) ein. Er verbesserte auch die Anschlagmechanik der Érard-Flügel und erhöhte die Klangfülle der Klaviere durch einen unmittelbar am Resonanzboden angebrachten Spiegel. Von den 6 Söhnen, die bei J. E. G. arbeiteten, waren 2 selbst namhafte Klavierbauer. – **2) Gabriel Joseph Emmanuel,** Sohn von 1), * 1866 Paris, † 1935. Er arbeitete zunächst in der Werkstatt seines Vaters und gründete 1911 eine eigene Firma, die bei Ausbruch des 2. Weltkriegs 1939 erlosch. – **3) Etienne,** Sohn von 1), * 7. 10. 1872 Paris, † 26. 5. 1943 ebd. Er übernahm 1893 die Firma seines Vaters, die er bis zu seinem Tode leitete. 1896 verlegte er die Produktion nach Fonteney-sous-Bois und erbaute 1908 in der Rue La Boétie ein neues Verwaltungsgebäude mit der Salle Gaveau, einem der bedeutendsten Pariser Konzertsäle. Nachfolger wurden seine Söhne **Marcel,** * 23. 1. 1898, und **André,** * 13. 6. 1901, die 1964 bzw. 1963 aus der Geschäftsleitung ausschieden. 1959 fusionierte das Unternehmen mit ↗Érard und firmiert seitdem als Gaveau-Érard S. A. Heute werden auch Cembali, Clavichorde, Spinette und Virginale hergestellt.

GAVEAUX, Pierre, * 9. 10. 1760 Béziers, † 5. 2. 1825 Charenton-le-Pont bei Paris; frz. Sänger (Tenor) und Komponist. G. wurde 1781 Erster Tenor am Grand Théâtre in Bordeaux, wo er auch Orgel- und Kompositionsschüler von Fr. Beck war.

1789 ging er an das Théâtre de Monsieur in Paris. 1793 gründete er dort mit seinem Bruder Simon den Musikverlag Gaveaux Frères, in dem er einen großen Teil seiner Werke veröffentlichte. 1801–12 war er Sänger und Komponist am Théâtre Feydeau. Dann mußte er sich wegen einer Geisteskrankheit von der Bühne zurückziehen.

WW: **1) Opern,** soweit im Druck erschienen (nur Haupttitel, UA stets in Paris): *Les deux Suisses* später *L'amour filiale* (1792); *La famille indigente* (1793); *Le petit matelot* u. *Lise et Colin* (1796); *Le traité nul* u. *Sophie et Moncars* (1797); *Léonore* u. *Le diable couleur de rose* (1798); *Le locataire* u. *Le trompeur trompé* (1800); *Un quart d'heure de silence, Le bouffe et le tailleur* u. *Avis aux femmes* (1804); *Le diable en vacances* (1805); *Monsieur des Chalumeaux* (1806); *L'échelle de soie* (1808); *L'enfant prodigue* (1811); aus diesen u.a. Opern erschienen Stücke auch separat. – **2) Vokal-WW:** Eine Slg. Romanzen für SingSt u. Instr. (P o.J.), weitere Romanzen separat u. in Sammeldrucken; einzelne Airs; Freimaurergesänge; Revolutionsgesänge, darunter *Le réveil du peuple contre les terroristes* (P 1794). – **3) Instr.-WW:** Ouvertüren für Orch. (P o.J.).

G. gehört zu den Hauptvertretern der ↗Opéra-comique zur Zeit der Französischen Revolution und zur Zeit Napoleons. Von seinen etwa 40 Opern, die mit großem Erfolg aufgeführt wurden, aber später schnell in Vergessenheit gerieten, verdient *Léonore ou l'amour conjugal* (UA: Paris 1798) besondere Beachtung: Beethoven hat für seinen *Fidelio* den gleichen Text verwendet (von J. N. Bouilly in der deutschen Übersetzung von J. Sonnleitner), er hat aber auch für die musikalische Gestaltung der Partien des Rocco und des Paares Jaquino–Marzelline unverkennbar Anregungen aus der Oper G.s empfangen.

Ausg.: *Le réveil du peuple,* in: C. PIERRE, Musique des fêtes et cérémonies de la Révolution française (P 1899).

Lit.: J.-N. BOUILLY, Récapitulations (P 1836); A. POUGIN, L'Opéra-Comique pendant la Révolution (P 1891); C. PIERRE, Les hymnes et chansons de la Révolution française (P 1904); J.-G. PROD'HOMME, Léonore ou l'Amour conjugal de Bouilly et G., in: SIMG 7 (1905–06); L. SCHIEDERMAIR, Über Beethovens „Leonore", in: ZIMG 8 (1906/07); G. SERVIÈRES, Épisodes d'histoire musicale (P 1914); W. HESS, Beethovens Oper Fidelio und ihre drei Fassungen (Z 1953); C. HOPKINSON, A Dictionary of Parisian Music Publishers 1700–1950 (Lo 1954); B. S. CARROW, The Relationship Between the Mannheim-School and the Music of F. Beck, H. Blanchard and P. G., 2 Bde. (1956) (= Diss. New York Univ.).

GAVINIÈS (Gavinié, Gaviniez), **Pierre,** * 11.5. 1728 Bordeaux, † 8.9.1800 Paris; frz. Violinist und Komponist. Sein Vater war seit 1734 Geigenbauer in Paris. Mit 13 Jahren trat G. erstmals im Concert spirituel auf. 1742–48 stand er im Dienst des Herzogs von Orléans, lehnte es jedoch ab, Mitglied der Königlichen Kapelle zu werden. Er wurde einer der ständigen Solisten im Concert spirituel, das er 1773–77 zusammen mit S. Leduc und Fr.-J. Gossec leitete. Seit 1795 lehrte er Violinspiel am neugegründeten Conservatoire. In dieser Zeit komponierte er die *Matinées* für Violine, die im 19. und 20. Jh. zahlreiche Neuauflagen erlebten. G. war als Lehrer wie als Instrumentalist hoch geschätzt und formte eine ganze Generation hervorragender französischer Geiger. G. B. Viotti soll ihn den „französischen Tartini" genannt haben.

WW (alle in Paris erschienen): **1) Instr.-WW:** *Les 24 matinées,* Exercises für V. (P 1794 oder 1800); Sonaten für V. u. Vc. ad lib., darunter eine als *Tombeau* G.s bezeichnet (postum B o.J.); Sonaten für 2 V., op. 5 (o.J.), für V. u. B.c., op 1 (1760) u. op. 3 (1764); *Recueil d'airs* für 3 Instr. (um 1763); V.-Konz. (1764) u. 2 V.-Konz. (hsl. Paris, Bibl. Nat.). – **2) Vokal- u. Bühnen-WW:** Intermède *Le prétendu,* UA: Paris 1760 (als Part. im gleichen Jahr gedruckt); einzelne Romanzen.

Ausg.: Konzert E-Dur, hrsg. v. M. REUCHSEL (P o.J.); 6 Sonaten op. 1, hrsg. v. ENGLEBERT u. 6 Sonaten op. 3, hrsg. v. GALLON (P o.J.); ferner zahlr. NA der *Matinées.*

Lit.: L. DE LA LAURENCIE, G. et son temps, in: RM 3 (1922); DERS., L'école française de violon 2 (P 1923, Nachdr. G. 1971); G. BACHMANN, Die frz. Violinsonate mit B.c. von J.-M. Leclair bis P. G. (H 1975) (= Hamburger Beiträge zur Musikwiss. 15).

GAVOTTE (frz.; engl.: gavot; it.: gavotta; span.: gavota), ein wohl ursprünglich ländlicher, nach den Bewohnern von Gap (= Gavots) benannter Tanz, dessen Nachfolgeformen als Paar- oder Reihentanz mit Zwischenfiguren bis heute im Baskischen und in der Bretagne verbreitet sind. Seit dem 17. Jh. ist die G. als Hoftanz belegt. Sie ist geradtaktig (2/2 oder 4/4), auftaktig (2 Viertel) und besteht meist aus 2 jeweils zu wiederholenden Teilen von je 4, 8 oder 16 Takten.

Fr. Couperin, *Pièces de clavecin,* 26. Ordre

Zwei aneinandergereihte G.n erscheinen häufig auch als alternierende Sätze: auf die erste G. folgt eine kontrastierende zweite G. oder eine Musette. Diese zyklische Bindung weist tanzgeschichtlich auf das spätere, dreiteilige Menuett mit Triozwischenteil hin. Formausweitungen zur „G. en Rondeau" oder zur „G. variée" sind u.a. bei J. S. Bach bzw. bei J.-Ph. Rameau nachweisbar. Seit dem 17. Jh. wurde die G. oft als Zwischentanz auch in die Reihe der vier Standardtänze der Instrumental- und Ballett-↗Suite zwischen Sarabande und Gigue eingeschoben (z.B. bei J. B. Lully und J.-Ph. Rameau in den Opéra-ballets). Bei G. Fr. Händel, Chr. W. Gluck, W. A. Mozart und A. M. Grétry fand sie als Charaktertanz Eingang in die Oper. Ein besonderes Gewicht erhielt sie auch innerhalb Fr. Couperins *Pièces de clavecin* und in J. S. Bachs Köthener

Solo-Suiten und Partiten für Cembalo, Violine und Violoncello. In der Konzertmusik der Wiener Klassik und der Romantik als antiquiert empfunden und im Bühnenballett retrospektiv eingesetzt (P. Tschaikowsky), war die G. in der Salonmusik der Gründerzeit und bei den Hofbällen der letzten Kaiserzeit (St. Petersburg, Wien, Berlin) außerordentlich beliebt. Ein charakteristisches Stück aus diesem Bereich ist die populär gewordene *Stephanie-Gavotte* von A. Czibulka. Seit dem Jugendstil um 1900 (Cl. Debussy, R. Strauss, M. Reger) und in der Neoklassik der 20er/30er Jahre des 20. Jh. gelangte die G. in der Kunstmusik zu einer programmatischen Nachblüte (S. Prokofjew, *Symphonie classique,* 1917; I. Strawinsky, *Pulcinella,* 1920; A. Casella, *Serenata,* 1927).

Lit.: C. SACHS, Eine Weltgesch. des Tanzes (B 1933, Nachdr. Hil 1976); M. REIMANN, Unters. zur Formgesch. der frz. Klaviersuite (Rb 1940, Nachdr. 1968); H. KELLER, Die Klavierwerke Bachs (L 1950); K. H. TAUBERT, Höfische Tänze, Gesch. u. Choreographie (Mz 1962).

H. LINDLAR

GAVOTY, Bernard Georges Marie, * 2.4.1908 Paris, † 24. 10. 1981; frz. Organist und Musikschriftsteller. Nach dem Abschluß des Studiums an der Sorbonne und am Conservatoire wurde er Organist an St-Louis-des-Invalides in Paris. Er war Mitglied des Institut de France. G.s Schriften sind in Frankreich überaus populär. Er schrieb auch (unter dem Pseudonym Clarendon) Musikkritiken im *Figaro.*

Schriften: *L. Vierne, le musicien de Notre-Dame* (P 1943); *J. Alain, musicien français* (P 1945, [2]1950); *Les Français, sont-ils musiciens?* (P 1948); *Les grands interprètes* (Monaco 1954ff., auch dt.; *Souvenirs de G. Enesco* (P 1955); *Pour ou contre la musique moderne* (P 1957) (zus. mit Daniel-Lesur); *La musique adoucit les mœurs* (P 1959); *Chopin amoureux* (P – G 1960) (zus. mit É. Vuillermoz); *Dix grands musiciens* (P 1963); *Vingt grands interprètes* (Lau 1967); *F. Chopin* (P 1974, dt. Tü 1977); *R. Hahn* (P 1976); *Liszt le virtuose* (P 1980).

GAWRILOW, Andrei, * 1955 Moskau; sowjetrussischer Pianist. Nach seiner Ausbildung u. a. am Moskauer Konservatorium bei Lew Naumow gewann er 1974 den Tschaikowsky-Wettbewerb in Moskau. Im gleichen Jahr errang er einen sensationellen Erfolg, als er bei den Salzburger Festspielen anstelle des erkrankten S. Richter konzertierte. 1975 debütierte er mit R. Schumanns Klavierkonzert in der Bundesrepublik Deutschland. G. spielt oft im Duo mit dem Violinisten G. Kremer.

GAY, John, * 30. 6. 1685 Barnstable (Devonshire), † 4.12.1732 London; engl. Dichter. Er schrieb Gedichte, Schauspiele und, in Anlehnung an das Théâtre de la Foire in Paris, ↗Ballad Operas, satirische Komödien mit populären Liedern und Melodien verschiedener Autoren. Am berühmtesten wurde *The Beggar's Opera,* erstmals 1728 in London aufgeführt, zu der J. Pepusch die Musik schrieb. Nach dem großen Erfolg von *The Beggar's Opera* schuf G. gleich eine neue Ballad Opera, *Polly,* die aber verboten wurde. Sie erschien 1729 mit Melodien im Druck, wurde aber erst 1777 mit der Musik von S. Arnold uraufgeführt. Auch G.s dritte Ballad Opera, *Achilles in petticoats,* 1733 aus dem Nachlaß herausgegeben, wurde erst postum uraufgeführt (1773, Musik von Th. Arne).

Ausg.: *The Beggar's Opera,* hrsg. v. F. AUSTIN (Lo 1920–22); dass. hrsg. v. E. J. DENT (Lo 1954); dass., Faks. der Ausg. 1729, hrsg. v. L. KRONENBERGER – M. GOBERMANN (Larchmont/N.Y. 1961); Die Bettleroper, übers. v. H. M. ENZENSBERGER (F 1966) (= Slg. Insel 14); Ein unbekanntes Theaterdokument, in: Jb. der Komischen Oper Berlin 4 (B 1963/64) (Slg. v. 52 Spielkarten aus dem Jahre 1730 mit den Melodien u. Gesangstexten der „Bettleroper"); Oper *„The What D'ye Call It",* hrsg. v. V. C. CLINTON-BADDELEY (Lo 1966).

Lit.: F. KIDSON, The „Beggar's Opera". Its Predecessors and Successors (1922, Nachdr. NY 1969); W. E. SCHULTZ, G.'s „Beggar's Opera" (New Haven/Conn. 1923, Nachdr. NY 1967); G. HANDLEY-TAYLOR – F. GRANVILLE-BARKER, J. G. and the Ballad Opera, in: Hinrichsen's 9th Music Book (1957) (mit Bibliogr.); H. F. REDLICH, Die Oper der armen Leute v. London, in: Musica 12 (1958); H. HÖHNER, J. G.s Bühnenwerke in ihrem Verhältnis zum zeitgen. Dramenschaffen, 2 Bde. (1960) (= Diss. Humboldt-Univ. Berlin); M. GOBERMANN, Mister J. G.'s „The Beggar's Opera", in: MR 24 (1963); D. SIEGMUND-SCHULTZE, Betrachtungen zur satirisch polemischen Tendenz in J. G.s „Beggar's Opera", in: Wiss. Zschr. der M.-Luther-Univ. Halle-Wittenberg (1963) (= Ges.- u. sprachwiss. Reihe 12); K. SCHLEGEL, Die „Bettleroper" auf dem Musiktheater, in: Jb. der Komischen Oper Berlin 5 (1964/65); E. GAGEY, Ballad Opera (Bronx/N. Y. 1965) (= Columbia Univ. Studies in English and Comparative Literature 130); P. E. LEWIS, G.'s Burlesque Method in „The What D'ye Call It", in: Durham Univ. Journal 60 (1967/68).

GAYER, Catherine, * 11. 2. 1939 Los Angeles; amerik. Sängerin (Sopran). Nach dem Gesangsstudium in Los Angeles und an der Hochschule für Musik in Berlin debütierte sie 1961 in Venedig in der Rolle der Gefährtin bei der Uraufführung von L. Nonos *Intolleranza* und wurde im gleichen Jahr Mitglied der Deutschen Oper in Berlin. Gastspiele führten sie u. a. nach Mailand, London, Wien sowie zu den Salzburger und Edinburgher Festspielen. Ihr Repertoire umfaßt die Sopranpartien in modernen Opern, z. B. in A. Bergs *Lulu,* B. Martinůs *Julietta,* B.-A. Zimmermann *Die Soldaten,* aber auch in „klassischen" Werken, u. a. die Königin der Nacht in W. A. Mozarts *Zauberflöte* oder die Rosina in G. Rossinis *Il barbiere di Siviglia.*

GAZTAMBIDE Y GARBAYO, Joaquín Romualdo, * 7. 2. 1822 Tudela (Navarra), † 18. 3. 1870 Madrid; span. Komponist. Er war 1842–45 Schüler von P. Albéniz und R. Carnicer am Konservatorium in Madrid, 1846 dort Chorleiter am Teatro de Santa Cruz und hielt sich anschließend in Paris auf. Nach Madrid zurückgekehrt, begann er mit der Komposition von Zarzuelas und gründete 1851 eine Zarzuela-Truppe. Seit 1862 dirigierte er die Konzerte des Konservatoriums. 1868–70 bereiste er mit einer Zarzuela-Truppe Kuba und Mexiko. G. gehört mit A. Barbieri und E. Arrieta y Corera zu den wichtigsten Zarzuela-Komponisten.

WW: eine Symphonie (1843); 44 Zarzuelas, darunter: *La mensajera* (1849); *Tribulaciones* (1851); *El estreno de un artista* (1852); *Catalina* (1854); *Los Magyares* (1857); *El juramento* (1858); *La hijas de Eva* (1862); *La conquista de Madrid* (1863).

Lit.: A. PENA Y GONI, La ópera española (Ma 1881); E. COTARELO Y MORI, Hist. de la zarzuela (Ma 1934).

GAZZANIGA, Giuseppe, * 5.10.1743 Verona, † 1.2.1818 Crema; it. Komponist. G. war 1761–70 Schüler von N. Porpora und N. Piccinni in Neapel, wo er 1768 seine erste Oper, *Il Barone de Trocchia,* herausbrachte. Bald war er ein in ganz Europa geschätzter Opernkomponist. 1791 wurde G. Domkapellmeister in Crema und schrieb nun vorwiegend geistliche Musik. Seine Oper *Don Giovanni Tenorio o sia Il convitato di pietra* hat vermutlich Mozarts *Don Giovanni* beeinflußt.

WW: **1) Instr.-WW** (hsl. erhalten): *Sinfonia* für 2 Hörner, 2 Ob., 2 V., Va. u. Baß; Ouvertüren; 2 Klv.-Konzerte. – **2) Vokal-WW:** hsl. erhalten: 3 Oratorien; *Missa pro defunctis* für 4 St. u. Orch.; einzelne Messensätze u.a. kirchenmusikal. WW; einzelne Kantaten u. Arien; gedruckt: *Salmi, Cantici ed inni ad 1–3 v.* (Mi 1817) (zus. mit S. Pavesi). – **3) Bühnen-WW:** hsl. erhalten (von mehr als 60 Opern): *Il Calandrano,* UA: Venedig 1771; *La Locanda,* UA: ebd. 1771; *L'isola d'Alcina,* UA: ebd. 1772; *Zon-Zon, principe di Kibin-Kin-Ka,* UA: Mailand 1773; *La bizzaria degli umori,* UA: Bologna 1777; *La Vendemmia,* UA: Florenz 1778; *L'Antigono,* UA: Neapel 1781; *Il seraglio d'Osmano,* UA: Venedig 1784; *La moglie capricciosa,* UA: ebd. 1785; *La Circe,* UA: ebd. 1786; *Il finto cieco,* UA: Wien 1786; *Don Giovanni Tenorio o sia Il convitato di pietra,* UA: ebd. 1787; *Il disertor francese,* UA: Bologna 1789; *Gli Argonauti in Colco,* UA: Venedig 1789; *La dama soldato,* UA: ebd. 1792.

Ausg.: *Don Giovanni* 1787, dramma giocoso, hrsg. v. S. KUNZE (Kas 1974).

Lit.: L. DA PONTE, Memorie, 4 Bde. (NY 1823–27, ²1829–30), NA v. G. BAMBARIN – F. NICOLINI, 2 Bde. (Bari 1918), dt. übers. u. hrsg. v. G. GUGITZ, 3 Bde. (Dresden 1924–25); dass. als: Gesch. meines Lebens, übers. u. hrsg. v. CH. BIRNBAUM (Tü 1969); F. CHRYSANDER, Die Oper Don Giovanni, in: VfMw 4 (1881) (darin Libretto der Oper G.s); A. LOEWENBERG, Annals of Opera (C 1943), 2 Bde. (G ²1955); G. G. e G. S. Mayr, in: Immagini esotiche nella musica italiana, hrsg. v. A. DAMERINI – G. RONCAGLIA (Siena 1957) (= Accademia musicale Chigiana 14); G. MACCHIA, Di alcuni precedenti del „Don Giovanni" di Mozart e Da Ponte, in: Studi ... FS P. Silva (Fi 1957); DERS., Vita, avventure e morte di Don Giovanni (Bari 1966) (= Universale Laterza 48); S. KUNZE, Don Giovanni vor Mozart. Die Tradition der Don-Giovanni-Opern im it. Buffa-Theater des 18. Jh. (Mn 1972) (= Münchener Univ.-Schriften. Reihe der Philos. Fakultät 10).

GAZZELLONI, Severino, * 5.1.1919 Rossasecca (Frosinone); it. Flötist. G. studierte am Conservatorio di Santa Cecilia in Rom und konzertierte schon früh mit bedeutendem Erfolg. Er wurde Soloflötist des Symphonieorchesters der RAI in Rom und lehrte Flöte u.a. am Conservatorio di Musica G. Rossini in Pesaro, am Conservatorio di Santa Cecilia in Rom und an der Accademia Musicale Chigiana in Siena, in Meisterkursen u.a. bei den Darmstädter Ferienkursen. G., der zu den bedeutendsten Flötisten der Gegenwart zählt, hat sich große Verdienste um die Wiederentdeckung der Flöte für die Neue Musik erworben. Mehrere zeitgenössische Komponisten (u.a. L. Berio) schrieben Kompositionen für ihn.

GEBÄUDE ↗Bar.

GEBAUER, frz. Musikerfamilie dt. Abstammung. – **1) Michel Joseph,** * 1763 La Fère (Aisne), † Dezember 1812; Oboist und Komponist. Er war seit 1777 Oboist der Schweizer Garde in Versailles und seit 1791 der Garde Nationale. 1795–1802 lehrte er am Pariser Conservatoire und war anschließend Maître de Musique der Garde Impériale Von ihm erschienen im Druck u.a. Duos für 2 Flöten, für 2 Violinen (*Duos très faciles,* mit vielen Nachdrucken), *Quatuors concertants,* Potpourris und Variationen. – **2) François René,** Bruder von 1), * 15.3.1773 Versailles, † 28.7.1845 Paris; Fagottist und Komponist. Er war Schüler seines Bruders und von Fr. Devienne und seit 1790 Fagottist der Garde Nationale. 1795–1802 und 1824–38 lehrte er am Pariser Conservatoire und war 1801–26 Fagottist an der Opéra. Er schrieb Symphonien, Konzerte für Fagott, konzertante Symphonien für Flöte, Fagott und Orchester, Kammermusik und Märsche, ferner Etüden für Fagott und eine *Fagottschule.* – **3) Pierre Paul,** Bruder von 2), * 1775 Versailles, † Paris; Hornist und Komponist. Er war Hornist am Théâtre du Vaudeville in Paris und starb dort früh. G. schrieb 20 Duos für Horn (P o.J.). – **4) Etienne François,** Bruder von 3), * 1777 Versailles, † 1823 Paris; Flötist und Komponist. Er war 1801–22 Flötist an der Opéra-Comique in Paris und schrieb Bläser- und Violinduos, Airs für Klarinette sowie Sonaten und Etüden für Flöte.

Ausg.: **Zu 1):** *Marche militaire* (1794) u. *Pas de manœuvre,* in: C. PIERRE, Musique des Fêtes et Cérémonies de la Révolution française (P 1899); *12 Duos pour 2 violons* (P o.J.). – **Zu 2):** *2 Pas de manœuvre,* in: C. PIERRE, s.o.; 6 konzertante Duos, op. 2 für 2 C-Klar., hrsg. v. J. WOJCIECHOWSKI (H 1954); Trio für Fag., V. u. Vc., op. 3 Nr. 3, hrsg. v. W. WATERHOUSE (Lo 1969).

Lit.: U. SIRKER, Die Entwicklung des Bläserquintetts in der ersten Hälfte des 19. Jh. (Rb 1968) (= Kölner Beitr. zur Musikforsch. 50).

GEBEL, dt. Musikerfamilie. – **1) Georg** der Ältere, * 1685 Breslau, † um 1750 ebd.; Organist. Er wurde 1709 Organist in Brieg, 1713 Organist und 1714 Musikdirektor an St. Christophorus in Breslau. Seine Kompositionen, einige Triosonaten, geistliche Chorsätze und Arien sowie das Passionsoratorium *Komm mit Jesu, Seel und Sinn* (Berlin, Staatsbibl.) sind größtenteils hsl. erhalten. – **2) Georg** der Jüngere, Sohn von 1), * 25.10.1709 Brieg (Breslau?), † 24.9.1753 Rudolstadt; Organist, Violinist und Komponist. Er war Schüler seines Vaters, wurde 1729 2. Organist an St. Maria Magdalena in Breslau und 1733 zugleich Kapellmeister des Herzogs von Oels. 1735 trat er als Violinist in die Kapelle des Grafen Brühl in Warschau ein und ging später an dessen Hof in Dresden. 1747 wurde er Konzertmeister und 1750 Hofkapellmeister in Rudolstadt. Der größte Teil seines umfangreichen Œuvres ist verloren. Im Druck erschien eine Partita für Cembalo (Rudolstadt o.J.). – **3) Georg Sigmund,** Bruder von 2), * um 1715 Breslau, † 1775 ebd. Er war Organist an mehreren Breslauer Kirchen. Außer Orgelwerken schrieb er einen Jahrgang Kirchenkantaten.

Ausg.: **Zu 1):** 2 Triosonaten, hrsg. v. M. SEIFFERT, in: Organum 3/12–13 (L 1926).

Lit.: **Zu 1):** Autobiogr., in: J. MATTHESON, Grundlage einer Ehren-Pforte (H 1740, Nachdr. B 1910, Faks. Kas 1969). – **Zu 2):** Anonyme Biogr. in: F. W. MARPURG, Historisch-kritische Beytraege ... 1 (B 1754, Nachdr. Hil 1971).

GEBHARD, Hans, * 26.9.1882 Mühlhausen (Elsaß), † 4.10.1947 Marburg an der Lahn; dt. Komponist und Musikpädagoge. Er studierte Violoncello an den Konservatorien von Straßburg und Frankfurt am Main und 1904–07 Komposition an der Musikhochschule in Berlin. Seiner musikpädagogischen Tätigkeit in Hellerau, München und Marburg liegt die von ihm begründete „Einheitliche Musiklehre" zugrunde, die auf Gehörbildung, Musiktheorie und Improvisation beruht. In der Musiktheorie führte er die sog. „Klangsilben" ein, eine Funktionsschrift, die er in dem Aufsatz *Die Gebhardsche Klangsilbe* (in: *Die Musikerziehung,* 1926) näher erläuterte. G. schrieb polyphon verdichtete Kammermusik, Chorwerke und Klavierlieder. Von seinen Klavierstücken ist das *Buch der Tonarten* (1907–12) zu nennen.

GEBRAUCHSMUSIK, in den 20er Jahren des 20 Jh. aufgekommene Bz. für eine Musik, deren wesentliches Merkmal es ist, einen praktischen Zweck zu erfüllen und damit auf eine bestimmte Funktion bezogen zu sein. Die Diskussion um die G. hatte u.a. H. Mersmann angestoßen, als er der „extrem subjektiven Musik Schönbergs" eine „objektiv gesicherte Basis Hindemiths" als stilistischen Gegensatz mit soziologischen Auswirkungen entgegenstellte. Ausgangspunkt eines Neuverständnisses von Musik war für Mersmann die Musik des Barock und ihre „gemeinschaftsbildende Kraft". Darunter ist vor allem die auf die vielfältigsten Anlässe des höfischen und geselligen Lebens ausgerichtete Musikproduktion des 16.–18. Jh. zu verstehen, die insbesondere Festmusik – auch liturgische Musik – unterschiedlichster Art einschließt. Hierzu zählen u.a. Motetten, Kantaten, Messen, Ballette und Tanzmusik, Opern, Hochzeits-, Geburtstags-, aber auch Begräbnismusiken.

Die neue Einstellung richtete sich vor allem gegen die Maxime „L'art pour l'art", die den publikumsfernen ↗Expressionismus – insbesondere den der 2. Wiener Schule – bestimmte. Sie ist im Zusammenhang mit einer allgemeinen Krise der Kunst zu verstehen, die nahezu das gesamte Kunstschaffen nach 1918 erfaßte: Die Relevanz dieser Maxime wurde bezweifelt, dem isolierten Kunstwerk jegliche Existenzberechtigung abgesprochen, es sei denn, es äußerte sich z. B. als Gebrauchsmusik. Der Hörer sollte wiedergewonnen, nicht überheblich abgestoßen werden. Die Komponisten sollten nicht als Tondichter, sondern als musikalische Handwerker arbeiten, und zwar nicht für die Ewigkeit, sondern für den Anlaß, nicht für eine ungewisse Aufführung, sondern für den unmittelbaren Gebrauch. Die Suche nach dem Brauchbaren ist vor allem in der ökonomisch-kulturellen Entwicklung Deutschlands nach dem 1. Weltkrieg begründet und von einer „Flucht in die Sachwerte" bestimmt.

Das Verlangen der ↗Jugendbewegung nach verwendbarer Musik – die in dem funktional ausgerichteten Musikschaffen der Männerchor- und Gesangsbewegung des 19. Jh. bereits ein Vorbild hatte – kam dem Wunsch der Komponisten entgegen, Musik zu schreiben, die tatsächlich gebraucht wurde. Dadurch erhöhte sich auch die Wahrscheinlichkeit einer Wiederaufführung, die mit einem finanziellen Nutzen für den Komponisten verbunden war. Die Sicherung einer festen Abnehmergruppe durch für diese bestimmte spielbare G., schien in Jahren höchster wirtschaftlicher Unsicherheit einen Ausweg aus dem harten Konkurrenzkampf zu bieten. Die Gebrauchsfähigkeit der Musik war bald ihr allein gültiges Wertkriterium – ohne Rücksicht auf den ästhetischen Wert. Viele der um G. bemühten Komponisten meinten, Brauchbarkeit durch Senkung des Niveaus erreichen zu können, was zur negativen Wertung des Begriffes G. beitrug.

Zur G. gehört u.a. die Hausmusik, die Spielmusik und die Musik für Liebhaber. Diese Musik sollte

technisch auf mehr oder minder geschulte Laien und – entsprechend stilistisch – auf ihre Hörgewohnheiten und Auffassungsmöglichkeiten ausgerichtet sein. Inhaltlich war vieles politisch gemeint, hatte sozialkritischen Charakter, war antibürgerlich, antifaschistisch, antikommunistisch. Es sollte Musik sein, die man ohne Erklärung verstehen konnte. Man suchte nicht nur neue Wege für eine publikumsgemäße Musik, sondern ein neues Publikum selbst. Diesen Forderungen entsprach insbesondere die Musik von K. Weill und H. Eisler zu den Opern und Lehrstücken Bert Brechts.
Das zunächst von einem verstärkten Interesse an älterer Musik ausgehende Musikschaffen vieler Komponisten – u.a. galten J. S. Bachs Kantaten als früheste Beispiele für G. im Sinne einer „für den unmittelbaren Gebrauch oder auf Bestellung" geschriebenen Musik – brachte nicht nur Spiel- und Gemeinschaftsmusik oder Lehrstücke mit pädagogischem Einschlag hervor. Dem allgemeinen Zug der Zeit folgend wurde auch die Operetten-, Revue- und Unterhaltungsmusik (darüber hinaus auch der Jazz) als G. entsprechend berücksichtigt. Neue, durch die fortschreitende Technisierung erschlossene Gebrauchsmöglichkeiten wurden aktuell, und Versuche mit mechanisch aufgezeichneter Musik für Film, Funk und Schallplatte unternommen. Hier vor allem sind die Anfänge der als G. zweckbestimmten Medienmusik der Gegenwart zu suchen.

Lit.: H. KRETZSCHMAR, Musikal. Zeitfragen. Zehn Vorträge (L 1903); G. SCHÜNEMANN, G. u. Erziehung, in: Die Musik 21 (1929); H. GUTMAN, G., in: Melos 8 (1929); H. MERSMANN, Musik für Liebhaber, in: Melos 8 (1929); H. H. STUCKENSCHMIDT, Neue Musik (B 1951); H. BENNWITZ, Donaueschingen u. die Neue Musik (Donaueschingen 1956); H. MERSMANN, Dt. Musik des 20. Jh. im Spiegel des Weltgeschehens (Rodenkirchen 1958); J. KINDERMANN, Unterhaltungs- u. G. im 19. Jh., in: Mf 19 (1966); R. STEPHAN, Zur Musik der Zwanzigerjahre (1978) (= Frankfurter Stud. 2); W. MOLKOW, P. Hindemith, H. Eisler (1978) (= ebd.); D. KOLLAND, Die Jugendmusikbewegung. „Gemeinschaftsmusik", Theorie u. Praxis (St 1979).

K. SPITTLER

GEBROCHENE AKKORDE, Bz. für die sukzessive Aufeinanderfolge von Akkordtönen. Sie gehören seit dem 17. Jh. zu den Elementen der musikalischen Stimmführung. Dabei kann es sich um langsame oder schnelle „Brechung", um einmalige Brechung oder längere Passagen, in auf- oder absteigender Richtung u.a.m. handeln. Akkordbrechung macht auch das Wesen des ↗Arpeggio aus. In der Musik des 18. und 19. Jh. sind gleichförmig rhythmisierte g. A. in vielfältiger Erscheinungsform eine häufige und geradezu zeittypische Art der musikalischen ↗Begleitung. Beispiele für ihre höchst kunstvolle Verwendung bieten insbesondere die Werke für und mit Klavier der Wiener Klassiker, aber auch der Klavierpart in vielen Liedern Fr. Schuberts. Dort wird eine solche Begleitung oft auch in tonmalerisch-poetischer Absicht eingesetzt (so etwa in *Wohin?* aus *Die schöne Müllerin* oder in *Liebesbotschaft* aus *Schwanengesang*). Ein im 18. Jh. häufig benutztes Modell der Begleitfiguration mit Hilfe von g. A.n sind die ↗Albertischen Bässe.

GEBROCHENE OKTAVE ↗kurze Oktave.

GECK, Martin, * 19. 3. 1936 Witten; dt. Musikforscher. Er studierte Musikwissenschaft in Münster i. W., Berlin und Kiel (bei H. Albrecht, Fr. Blume, W. Fr. Korte und W. Wiora) und promovierte 1962 mit der Dissertation *Die Vokalmusik D. Buxtehudes und der frühe Pietismus* (Kas 1965) (= Kieler Schriften zur Musikwiss. 15). 1961–62 war er Mitarbeiter am Landesinstitut für Musikforschung in Kiel, 1966–70 Redakteur der R.-Wagner-GA in München, 1970–74 Lektor für Musikpädagogik im Klett-Verlag in Stuttgart und 1975 Privatdozent für Musikwissenschaft an der Pädagogischen Hochschule Ruhr. Seit 1976 lehrt er als Professor für Musik und ihre Didaktik an der Universität Dortmund, wo er seither auch die Arbeitsstelle für Volksmusik im Ruhrgebiet leitet.

Schriften: *E. Th. A. Hoffmanns Anschauungen über Kirchenmusik,* in: Beitr. zur Musikanschauung des 19. Jh. (Rb 1965); *Die Wiederentdeckung der Matthäuspassion im 19. Jh....* (Rb 1967) (= Stud. zur Musikgesch. des 19. Jh. 9); *F. Schneiders „Weltgericht". Zum Verständnis des Trivialen,* in: Stud. zur Trivialmusik des 19. Jh. (Rb 1967); *Zur Echtheit der Bachmotette „Lobet den Herren alle Heiden",* in: Bach-Jb. 53 (1967); *N. Bruhns, Leben und Werk* (Kö 1968); *Bach und Tristan, Musik aus dem Geist der Utopie,* in: Bach-Interpretationen (Gö 1969); *Die Bildnisse R. Wagners* (Mn 1970) (= Stud. zur Kunst des 19. Jh. 9); *Dt. Oratorien 1800–1840: Verz. der Quellen und Aufführungen* (Wilhelmshaven 1971) (= Quellenkat. zur Musikgesch. 4); *Musiktherapie als Problem der Ges.* (St 1973); *Zur Datierung, Verwendung und Aufführungspraxis von Bachs Motetten,* in: Bach-Stud. 5 (L 1975); *Sequenzen 2. Folge. Unterrichtswerk für die Sekundarstufe 1* (St 1976) (Schüler- u. Lehrerbd.; zus. mit G. Küntzel u. R. Frisius); *Banjo. Unterrichtswerk für die Sekundarstufe 1* (St 1978–79) (2 Schüler- u. 2 Lehrerbde.; zus. mit D. Clauß, H. J. Kemen u. G. Küntzel); *Musik in der Kollegschule. Eine curriculare Grundskizze,* in: A. Bojanowski – U. Günther, Musikunterricht in der Sekundarstufe 2 (Königstein 1979); *Musikal. Virtuosentum im 19. u. 20. Jh.,* in: ebd. – G. gab heraus: N. Bruhns, *Orgelwerke* (F 1968) (zus. mit F. Stein); *Bach-Interpretationen* (Gö 1969); R. Wagner, *Dokumente zur Entstehung u. ersten Aufführung des Bühnenweihspiels Parsifal* (Mz 1970) (= R.-Wagner-GA 30) (zus. mit E. Voss); R. Wagner, *Parsifal* (ebd. 1972) (= ebd. 14/1).

GÉCZY, Barnabás von, * 4. 3. 1897 Budapest, † 2. 7. 1971 München; dt. Violinist und Kapellmeister. Er studierte an der Musikakademie in Budapest u.a. Violine bei J. Hubay und wurde 1919 Konzertmeister an der Budapester Oper. 1924 übernahm er ein Engagement als Stehgeiger in Norwegen, gründete dort seine erste Kapelle und kam noch im gleichen Jahr nach Berlin, wo er im Hotel Esplanade mit einem solistisch besetzten Ensemble aus 11 Musikern bald großen Erfolg hatte. Tourneen machten ihn auch über Berlin und über Deutschland hinaus bekannt. Nach dem 2. Weltkrieg konnte er nicht wieder an die früheren Erfolge anknüpfen. B. von G. bot gepflegte Unterhaltungsmusik, bei der er Streichinstrumente bevorzugte, und wurde sowohl als virtuoser Geiger („Paganini des 5-Uhr-Tees") als auch wegen seines einschmeichelnden Spiels bewundert.

Lit.: H. SCHNOOR, B. v. G. (Dresden 1937).

GEDACKT, gedeckt (engl.: stopped; frz.: bouché; it.: tappata; span.: tapado), werden Registerpfeifen einer Orgel genannt, die durch einen Deckel, Hut (bei Metallpfeifen) oder Spund (bei Holzpfeifen) verschlossen sind. G.e Pfeifen klingen eine Oktave tiefer als offene Pfeifen gleicher Länge, d. h., sie sind halb so lang wie offene Pfeifen. Die Fußtonzahl entspricht jedoch der der offenen Pfeifen bei gleicher Tonhöhe. Der charakteristische hohle Klang der g.en Pfeifen ist bedingt durch das Fehlen der geraden Teiltöne. Der Bauart und Mensur entsprechend führen sie Namen wie Groß- und Kleingedackt, Bordun, Bourdon, Flötgedackt, Lieblichgedackt, Spitzgedackt, Pommer, Quintaden (Quintatön) in den Lagen 16′ bis 4′. Im Pedal heißen die 32′-Register Subbaß, Untersatz oder Großsubbaß. Um Platz zu sparen, werden manchmal offene Pfeifen in der untersten Oktave von g.en vertreten.

GEDDA (eig. Ustinow), **Nicolai,** * 11. 7. 1925 Stockholm; schwedischer Sänger (Tenor). G. ist der Sohn einer Schwedin (nach der er sich als Künstler nannte) und eines russischen Bassisten. Er wuchs einige Jahre in Leipzig auf, wo der Vater Kantor der russisch-orthodoxen Gemeinde war. Er studierte in Stockholm bei Carl Martin Oehmann und am Konservatorium und debütierte 1952 an der Königlichen Oper als Chapelou in A. Adams *Le Postillon de Lonjumeau.* Bereits 1953 sang er an der Mailänder Scala, 1954 an der Londoner Covent Garden Opera und in Paris an der Grand Opéra, 1957 erstmals auch an der Metropolitan Opera in New York und bei den Salzburger Festspielen. Seither zählt er zu den bedeutendsten und vielseitigsten Tenören des 20. Jahrhunderts. Zu seinen herausragenden Leistungen gehören vor allem seine Mozart-Interpretationen, sein Einsatz für z. T. weniger bekannte französische (J. Massenet, H. Berlioz, Ch. Gounod, G. Bizet) wie auch für die russisch-slawischen Opern des 19. Jahrhunderts. G. ist ebenso bedeutend als Lieder- und Konzertsänger.

GEDULDIGE SOKRATES, DER, musikalisches Lustspiel in 3 Akten von Georg Philipp Telemann (1681–1767). Text von Johann Ulrich von König (1688–1744) nach Christian Flemmers Lustspiel-Bearbeitung von Niccolò Minatos mehrfach vertontem Operntext *La pazienza di Socrate con due Moglie* (1680). Ort und Zeit der Handlung: Athen, im Hause des Sokrates um 430 v. Chr. UA: 28. 1. 1721 in Hamburg (Oper am Gänsemarkt). In Telemanns erster von mehr als zwanzig für Hamburg komponierten Opern muß sich Sokrates, der aufgrund eines strengen Ehegesetzes mit zwei Frauen verheiratet ist, in turbulenten Szenen bewähren. Das Libretto ist in der für König typischen realistischen und volkstümlichen Sprache abgefaßt, die nur in einigen Szenen von italienischen Arientexten Minatos abgelöst wird. Daß selbst ernste Arien mit persiflierenden Textwiederholungen und Koloraturen satirisch verfremdet werden, verdeutlicht den komödienhaften Charakter der Oper. Die auf das deutsche Singspiel vorausdeutende Verwendung liedhafter Formen (z. B. Cavatine) anstelle der Da capo-Arie, die gegenseitige Abhängigkeit von szenischer Disposition und musikalischer Form (z. B. Streit-Duette im Kanon) und die Charakterisierung der Figuren durch Instrumentation und Intervallstruktur sind die hervorstechenden Merkmale dieses Werkes, das zu den besten deutschen Lustspiel-Opern der Barockzeit zu zählen ist. Der Erfolg (allein 7 Aufführungen im Februar 1721) war jedoch nur von kurzer Dauer, was auch für die Wiederaufführungen im 20. Jh. gilt: 1934 in Krefeld durch Josef Baum und 1967 in Luzern durch Bernd Baselt. TH. MENGER

GEERING, Arnold, * 14. 5. 1902 Basel, † 16. 12. 1982 Vevey; Schweizer Musikforscher. Er studierte in Basel bei K. Nef u. J. Handschin u. promovierte 1931 mit der Arbeit *Die Vokalmusik in der Schweiz z. Z. der Reformation* (in SJbMw 6, 1933); danach unterrichtete er bis 1950 in Basel an der Schola Cantorum sowie an Oberschulen und war nach seiner Habilitation 1947–50 auch Privatdozent an der dortigen Universität. 1950–72 lehrte er als Professor für Musikwissenschaft an der Universität Bern, 1957/58 als Gastprofessor an der University of California in Los Angeles. 1950–63 leitete G. auch das Schweizerische Volksliedarchiv in Basel und war 1961–69 Präsident der Forschungskommission der Schweizerischen geisteswissenschaftlichen Gesellschaft in Bern. Zum 70. Geburtstag wurde er mit der Festschrift *Bei-*

träge zur Zeit und zum Begriff des Humanismus (Be 1972; mit Bibliogr.) geehrt.

WW: 1) Schriften: *Von der Reformation bis zur Romantik,* in: Schweizer Musikbuch 1 (Z 1939); *Textierung und Besetzung in L. Senfls Liedern,* in: AfMf 4 (1939); *Von der Tessiner Volksmesse,* in: Heimat und Humanität. FS K. Meuli (Bas 1951); *Retrospektive Mehrstimmigkeit in den ma. Hss. des dt. Sprachgebiets* (= Habil.-Schrift Basel 1947), gekürzt gedruckt als: *Die Organa u. mehrstimmigen Conductus in den Hss. des dt. Sprachgebietes vom 13. bis 16. Jh.* (Be 1952) (= Publikationen der Schweizerischen Musikforschenden Ges., 2/1); *Retrospektive mehrstimmige Musik in frz. Hss. des MA,* in: FS H. Anglès I (Ba 1958); *Calvin u. die Musik,* in: Calvin-Stud., hrsg. v. J. Moltmann (Neukirchen 1959); *Die frühe kirchliche Mehrstimmigkeit,* in: Gesch. der kath. Kirchenmusik 1, hrsg. v. K. G. Fellerer (Kas 1972). – **2) Editionen:** *Psalmen u. geistliche Gesänge von J. Wannenmacher u. C. Alder* (G 1934); L. Senfl-GA, Bde. 2, 3–7 (L 1939, 1940, 1960, 1961) (zus. mit W. Altwegg); *Ein tütsche Musica 1491,* 2 Bde., (Be 1964) (= Schriften der literarischen Ges. Bern 9); H. G. Nägeli, *Die Individualbildung* (Z 1978) (7 Aufsätze über Sologesangbildung).

GEFANGENE, DER *(Il Prigionero),* Oper in Prolog und einem Akt von Luigi Dallapiccola (1904–75), Text vom Komponisten nach *La Légende d'Ulenspiegel et de Lamme Goedzak* (1867) von Charles de Coster und nach *La Torture de l'Espérance* (1888) von Graf Villiers de l'Isle Adam. Ort und Zeit der Handlung: Saragossa, 2. Hälfte des 16. Jahrhunderts. Erstsendung der Funkfassung: 1. 12. 1949, RAI Turin; szenische UA: 20. 5. 1950 in Florenz unter Hermann Scherchen; dt. EA (in dt. Sprache): 1954 in Essen.

Die Erzählung von dem Gefangenen der Inquisition, dessen Resignation von seinem Kerkermeister zunächst in Hoffnung auf Freiheit verkehrt wird und schließlich als Resultat unmenschlicher psychischer Folter in ausweglose Verzweiflung mündet, wurde von Dallapiccola in strenger Zwölftontechnik vertont. Der musikalische Spannungsbogen erstreckt sich von der Freiheitsarie des Gefangenen *Sull'Oceano, sulla Schelda* über drei Ricercari, in denen musikdramatisch konstitutive Motive dieser Oper verarbeitet sind, bis zum dramatischen Höhepunkt: der in größtmöglicher Lautstärke vorgetragene Lobgesang des Chores mit dem Alleluja-Hymnus des sich der Freiheit nahe wähnenden Gefangenen bricht beim überlegen-ruhigen Dazwischentreten des Großinquisitors jäh ab. Die Oper schließt mit der hilf- und verständnislos gesprochenen Frage des Gefangenen *La Libertà?*

K. LANGROCK

GEFÄSSFLÖTE (engl.: globular flute; frz.: flûte globulaire; it.: flauto globulare; span.: flauta globular), Bz. für eine Schnabelflöte, deren gefäßartiger Korpus aus Kürbis, Kokosnuß, Ton oder Porzellan gefertigt sein kann. G.n waren bereits in prähistorischer Zeit in China, Ägypten, Amerika sowie in der Bronzezeit in Europa bekannt. Heute sind G.n in Europa, Westafrika, Südamerika und den Südseestaaten verbreitet. Neben ovalen finden sich verschiedene menschen- und vor allem tierähnliche Formen (z. B. Hahn, Pferd, Vögel). Viele G.n sind heute nur noch als Kinder- und Jahrmarktsinstrumente im Gebrauch. Dazu zählen die Instrumente, die nur einen Ton (ohne Griffloch) oder nur zwei Töne (1 Griffloch) hervorbringen können (Kukkucksruf), aber auch solche, die mit Wasser gefüllt werden (ohne Griffloch). Durch Anblasen dieser G. wird das Wasser bewegt und eine Art von Vogelgezwitscher imitiert. Daneben gibt es zahlreiche G.n, die mehrere Grifflöcher haben und als Melodieinstrumente verwendet werden. – ↗Okarina.

Lit.: H. NIXDORF, Tönender Ton. Tongefäßflöten u. Tonpfeifen aus Europa (B 1974) (= Bilderheft der Staatl. Museen Preußischer Kulturbesitz, Berlin, 22/23).

M. BRÖCKER

GEGENBEWEGUNG, Bz. für das Fortschreiten zweier Stimmen in entgegengesetzter Richtung (↗Stimmführung): z. B. werden aufsteigende Intervalle der einen Stimme zu fallenden der anderen und umgekehrt. Die G. eines Motivs oder Themas, z. B. in Fuge oder Sonatensatz, wird ↗Umkehrung genannt.

GEGENFUGE ↗Fuge.

GEGENSATZ, im weitesten Sinne ein grundlegendes musikalisches Gestaltungsprinzip, fachsprachlich meist als ↗Kontrast bezeichnet; im engeren Sinne in der Lehre von der ↗Fuge gelegentlich Bz. für das ↗Kontrasubjekt.

GEGENSTOLLEN ↗Bar.

GEHLHAAR, Rolf, * 30. 12. 1943 Breslau; amerik. Komponist dt. Herkunft. G. studierte Musik an der Yale University in New Haven und an der University of California. In Köln arbeitete er 1967–70 als Assistent von K. Stockhausen und anschließend am Feedback Studio bei J. Fritsch. In seinen Kompositionen überwiegen Elemente der postseriellen experimentellen Musik.

WW: *der, die oder das Klavier* (1968); *probe nicht* (1969); *helix* (1969); *beckenstück* (1970); *zwei/zwei* (1970); *Resonanzen* (1976) für Orch. – Schriften: *Zur Komposition Ensemble* (Mz 1968) (= Darmstädter Beitr. zur Neuen Musik 11); *Fünf deutsche Tänze,* in: Ferienkurse '76, hrsg. v. E. Thomas (Mz 1976) (= Darmstädter Beitr. zur Neuen Musik 16).

GEHÖR. Luftdruckschwankungen, die durch schwingende Körper ausgelöst werden, interpretiert der menschliche Gehörsinn als Schall, wenn

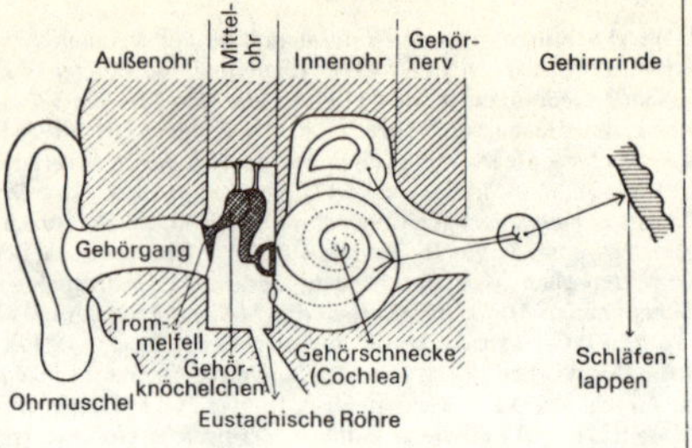

MENSCHLICHES GEHÖRORGAN

ihre Anzahl zwischen 16 und 20 000 pro Sekunde (Schwingungen pro Sek. = Hz) und die Stärke der Schallwelle über der sog. Hör- oder Reizschwelle liegt. Treffen die Schallwellen nicht direkt von vorne, oben oder von hinten auf beide Ohren, so kann aus der dabei entstehenden zeitlichen Differenz der Erregung und auch aus der Intensitätsdifferenz die Richtung ihrer Herkunft festgestellt werden.

Aufbau und Mechanik des Ohres. Die Schwingungen werden von der Ohrmuschel aufgefangen und gelangen über den Gehörgang zum Trommelfell, einer Membran, die die Schwingungen vom äußeren Ohr auf die im luftgefüllten Mittelohr aufgehängten, miteinander verwachsenen Gehörknöchelchen überträgt, die nach ihrer Form als Hammer, Amboß und Steigbügel bezeichnet werden. Die Gehörknöchelchen verstärken die Intensität der Schwingungen auf das 20–30fache; für den Druckausgleich sorgt die Eustachische Röhre, die vom Mittelohr zum Rachen führt. Ebenfalls Schutzfunktionen erfüllen zwei Muskeln, die Hammer und Amboß so bewegen können, daß bei zu großer Schallintensität das Trommelfell nach innen gezogen und vor dem Platzen bewahrt wird. Der Steigbügel gibt die Schwingungen über das „ovale Fenster" an das Innenohr weiter, das mit Flüssigkeit gefüllt ist. Eine weitere Membran zwischen Mittel- und Innenohr, das runde Fenster, hat ebenfalls für Druckausgleich zu sorgen.

Das Innenohr (Cochlea), wegen seiner spiralförmigen Windung auch Schnecke genannt, wird durch die Reißnersche und die Basilarmembran in drei Kanäle unterteilt (scala tympani, scala vestibuli, scala cochlearis). Auf der Basilarmembran befinden sich faserförmige, von einer Deckmembran überwölbte Haarzellen (Cortisches Organ), die Endigungen des 8. Gehirnnerven (nervus acusticus), die die Sinnesrezeptoren im engeren Sinne darstellen. Werden Schwingungen auf die Cochlea übertragen, so werden diese Haarzellen gereizt; dies bedeutet eine neurale Erregung, die sich zum Gehörzentrum (Hechelsche Querwindung) in den Schläfenlappen des Gehirns fortpflanzt.

Hörtheorien. Die Physiologie des Hörvorgangs ist weit weniger gut geklärt als die mechanische Übertragung der Schwingungen. Daher gibt es keine zureichende Theorie, die erklären würde, wie aus der Reizung der Basilarmembran ein Tonhöheneindruck entsteht. Während die Wahrnehmung der Lautstärke von der Zahl der gereizten Nervenfasern abhängt, lassen sich bezüglich der Tonhöhenempfindung nur konkurrierende Theorien anführen. Hermann von Helmholtz (1863) hatte geglaubt, die auf der Basilarmembran befindlichen Hörhaare würden ähnlich wie die Saiten eines Klaviers oder einer Harfe in Resonanz zu den auftreffenden Schwingungen erregt. Diese sog. „Resonanztheorie" hat sich als falsch erwiesen. Aber ein Gedanke, den sie impliziert, nämlich daß der Ort der Reizung maßgeblich für den Eindruck der Tonhöhe sei, hat bis heute Geltung behalten. Obwohl die Basilarmembran immer als Ganzes schwingt, lassen sich örtlich unterschiedliche Maxima ihrer Abweichung aus der Ruhelage beobachten. Die Basilarmembran wird an der Schneckenspitze, wo sie am breitesten ist, durch langsamere Frequenzen am meisten ausgebaucht, durch schnellere an der Basis der Schnecke, wo sie am schmalsten ist. Vor allem G. von Békésy nahm an, daß bei maximaler Erregung der Schneckenspitze der Eindruck „tief", bei Erregung an der Basis der Eindruck „hoch" entsteht (Ortstheorie). Fraglich wurde diese Interpretation, als E. G. Wever und Ch. W. Bray aus dem Hörnerv einer anästhetisierten Katze mit Hilfe von Mikroelektroden direkt die auf das Ohr auftreffenden Frequenzen ableiteten. Denn dies bedeutete, daß die im Hörnerv weitergeleiteten Frequenzen unmittelbar den Schwingungen in der Luft entsprechen. Mit einer solchen „Frequenztheorie" des Hörens läßt sich jedoch schwer erklären, warum oberhalb von 1000 Hz noch ein Tonhöheneindruck entstehen kann, da die einer Erholungspause (Refraktärzeit) bedürftige Nervenfaser nicht mehr als 800–1000 Impulse/sec. senden kann. Die direkte Abbildung der Schwingungszahl ist jedoch durch ein arbeitsteiliges Verhalten der Nervenfasern erklärbar; das Modell liefert der militärische Brauch des Salvenschießens, aus dem die Annahme abgeleitet wurde, daß während der Erholungsphase einer Nervenfaser eine andere „feuert" (Volley-Prinzip). Oberhalb von 4000 Hz ließ sich allerdings keine der Frequenz analoge Abbildung im Hörnerv nachweisen. Weder eine Orts- noch eine Frequenztheorie des Hörens kann heute alleinige Gültigkeit für die Interpretation der Tonhöhenwahrnehmung beanspruchen. Noch komplizierter wird die Sachlage bei der mehrdimensional beschreibbaren Klangfarbe, weil hierbei sogar der physikalische Rückbezug problematisch ist, der für die Helligkeit („Tonhöhe") eines Tones gut beschrieben werden kann. Dichte und Volumen eines Tones sind sowohl von der Frequenz als auch von der Intensität abhängig, die Farbe im engeren Sinne von der Art des Einschwingvorgangs und der Form der Schallwelle. Quantifizierende Schallanalysen, wie die ↗Fourieranalyse, stellen die Schallwelle als Addition von Grundschwingung und darüber aufbauenden Teilfrequenzen dar. Die durch Helmholtz vorgeschlagene Charakterisierung eines Spektrums durch seine stärkste Teiltongruppe wurde durch den Vorschlag E. Schumanns weiterentwickelt, die Veränderungen der ↗Formanten in Abhängigkeit von der Frequenz und Intensität zu betrachten. Neuere Ansätze zielen auf eine globalere mathematische Kurvenanalyse, um Größen zu gewinnen, die mit dem Klangfarbeneindruck korreliert sind.

Das Ohr als Informationsempfänger (Psychophysik). Die menschlichen Sinnesorgane – insbesondere das menschliche Ohr – erfassen nur einen Ausschnitt der physikalischen Ereignisse und registrieren nicht alle Unterschiede gleichermaßen. So hängt die Hörschwelle von der Frequenz ab. Seine größte Empfindlichkeit weist das Ohr im Bereich um 1000 Hz auf; der dazu nötige Schalldruck beträgt nur 20 Mikropascal (= 0,0002 dyn/cm^2). Bei noch größerer Empfindlichkeit wäre die thermische Bewegung der Luftmoleküle hörbar. Zu höheren und tieferen Frequenzen hin nimmt die Schallempfindlichkeit ab. Bei Steigerung des Schalldrucks – und damit der Lautstärke – über ein bestimmtes Maß (Schmerzschwelle, ebenfalls frequenzabhängig und subjektiv unterschiedlich), kann das Ohr auf Dauer geschädigt werden. Die Schmerzschwelle liegt etwa zwischen 100 und 200 Pascal. Zwischen der Hör- und Schmerzschwelle liegt die sog. ↗Hörfläche. Intensitätsabstufungen werden auf die absolute Schwelle von 1000 Hz bezogen und mit Hilfe eines logarithmischen Vergleichs als ↗Dezibel (dB) angegeben: 0 dB entsprechen der kleinsten eben noch hörbaren Lautstärke, geflüstert und leise gesprochen wird mit 25–35 dB, laut gesprochen mit 70 dB; eine Untergrundbahn fährt mit 80 dB; bei 120–130 dB, dem Geräusch eines Flugzeugs, setzen Schmerzempfindungen ein. Die Zeit zur richtigen Einschätzung einer Lautstärke ist relativ lang: etwa 1/10 Sekunde (für die Identifikation der Tonhöhe genügt etwa 1/100 Sekunde). Das Ohr ist im Unterschied zum Auge ein Analysator. Dennoch können laute Töne höhere verdecken (Maskierung). Ihre absolute Schwelle wird damit erhöht; es bedarf einer größeren Intensität, um sie hörbar zu machen. Dieser Maskierungseffekt tritt nicht auf, wenn es sich bei dem höheren Ton um eine Teilfrequenz des tieferen handelt. Wenn ein unterbrochener Ton 7mal pro Sekunde ertönt, so entsteht der Eindruck eines einzigen kontinuierlichen Tones, der tiefe Vibrationen enthält. Das Vibrato beim Gesang entspricht der Wahrnehmung solcher tief erscheinenden Frequenzen. Bei 16 Hz, der absoluten unteren Schwelle der Tonhöhenempfindung, verschmelzen periodische Schwingungen zum Eindruck eines Tones. Kompliziertere Vorgänge mit einer Ereignisdichte, die größer als 16 Hz ist, werden je nach ihrer Struktur als Geräusch bzw. als Klangfarbe wahrgenommen. Solche Effekte werden als künstlerische Mittel genutzt: beispielhaft zu nennen wäre die durch schnelle rhythmische Konfigurationen erzeugten Geräuscheffekte im 4. Satz von Beethovens 6. Symphonie oder Farbwirkungen in *La Mer* von Cl. Debussy und *Atmosphères* von G. Ligeti. Die obere, mit steigendem Alter sinkende Grenze der Tonhöhenwahrnehmung liegt bei etwa 20 000 Hz. Die Möglichkeit, Gesprochenes zu verstehen, erfordert außer der Grundfrequenz weitere Teilfrequenzen zwischen 250 Hz und 2000 Hz. Der Bereich der gesungenen Stimmen reicht etwas über 4 Oktaven (etwa 70–1400 Hz). Die Instrumente liegen im Frequenzbereich zwischen 16 und 4700 Hz. Das Ohr vermag 850 verschiedene Tonhöhen zu unterscheiden. Die Fähigkeit, zwei benachbarte Tonhöhen zu erkennen, ändert sich nicht linear mit der Änderung der Lautstärke. Die kleinste Tonhöhenänderung (Frequenzänderung Δf), die bei einer bestimmten Tonhöhe (Frequenz f) gerade noch gehört wird, ist gegeben durch die Beziehung: $\Delta f/f \approx 0{,}003$. Im Bereich von 1000 bis 2000 Hz ist das Gehör am empfindlichsten. Hier genügt bereits ein Frequenzunterschied von 3 Hz, um eine Tonhöhenänderung zu hören (d. h. ein Ton von 1000 Hz und ein solcher von 1003 Hz werden als verschieden empfunden). Dieser Unterschied, der sich mit der Frequenz und der Intensität ändert, liegt erheblich unter einem Halbton. Einen isolierten Ton ohne Hilfe von Vergleichstönen identifizieren zu können, bezeichnet man als die Fähigkeit, „absolute Tonhöhen" zu erkennen oder auch als absolutes Gehör. Es handelt sich dabei um eine Gedächtnisleistung, die sich bei Musikern häufiger findet als bei Nichtmusikern; eine besonders ausgeprägte Musikalität muß damit jedoch nicht gekoppelt sein. Daraus, daß das absolute G. schon bei Kindern im 3. Lebensjahr nachweisbar ist, läßt sich nicht auf eine ererbte Fähigkeit schließen. Die Bindung des absoluten G.s an das erlernte Instrument spricht dafür, daß das absolute G. in mehr als 90% aller Fälle vor dem 4. Lebensjahr durch Lernen erworben wurde. Beherrscht ein Musiker verschiedene Instrumente oder wechselt er sie im Laufe seines Lebens, so bleibt sein absolutes G. an die Klangfarbe des zuerst erlernten Instruments gebunden. Absoluthörer können meist schlecht transponieren. Häufig vernachlässigen sie das sog. relative Gehör, d. h. die Fähigkeit zum Intervallhören. Auch die genaue Identifikation eines Akkords kann aus dem absoluten G. hervorgehen, das dann zum Tonartengehör wird.

Obwohl eine steigende Frequenzzahl mit der Wahrnehmung größerer Helligkeit einhergeht, stellt sich bei Tönen im Oktavabstand ein Ähnlichkeitserlebnis ein, das jedoch weniger ausgeprägt ist bei Tönen im Quintabstand. Für diese empfundene Ähnlichkeit, die als „Tonqualität" (Révész) oder „Tonigkeit" (Hornbostel) bezeichnet wird, fehlt eine hinreichende Erklärung. Mit der Annahme nämlich, daß sie durch das gemeinsame Teilfrequenzspektrum bewirkt werde, ist es schwer möglich, die auch durch Sinusfrequenzen hervorgerufene Tonigkeit zu interpretieren, es sei denn, man stellte eine Generalisierung von Tönen mit Teilfrequenzspektren auf einen Spezialfall in Rechnung. Da die menschliche Wahrnehmung selektiv funktioniert und in ihrer Differenzierungsfähigkeit begrenzt ist, ist keine Identität zwischen physikalischem Reiz und psychischer Reaktion gegeben. Die Suche nach Gesetzmäßigkeiten, die eine Voraussage von Reizen auf Reaktionen ermöglichen sollen, ist aus dem philosophischen Problem der Verbindung von Leib und Seele hervorgewachsen und zur Aufgabe eines Teilbereichs der Psychologie geworden: der sog. Psychophysik. Die hier erzielten Ergebnisse bestätigen für einen mittleren Hörbereich die im 19. Jh. von dem Philosophen Fechner aufgestellte Beziehung: Die empfundene Reizgröße (z. B. Stärke oder Höhe eines Tones) entspricht dem Logarithmus der physikalischen Messung. Auch die uns gewohnte Tonhöhenskala, für die z. B. die Klaviertastatur mit einem Umfang von 32 (C_1)–4186 Hz (c^5) einstehen kann, stellt eine Logarithmisierung der Frequenzskala dar. Für sehr hohe und sehr niedrige Frequenzen gilt diese Beziehung nicht.

Gegenüber der Beschäftigung mit den Toneigenschaften, der Helligkeit, Stärke, Farbe, der Dauer, dem Volumen und der Dichte ist die Untersuchung emotionaler Qualitäten in den Hintergrund getreten. Die immer als „bewegt" erlebte „Welt der Töne" ist jedoch fast immer auch mit einem Appell an das Gefühl verbunden.

Lit.: H. VON HELMHOLTZ, Die Lehre v. den Tonempfindungen als physiologische Grundlage der Musik (Brau 1863, erweitert [6]1913, Nachdr. Da 1968); E. M. VON HORNBOSTEL, Psychologie der Gehörserscheinungen, in: Hdb. der normalen u. pathologischen Physiologie 11 (B 1926); G. VON BÉKÉSY, Zur Theorie des Hörens, in: Physikalische Zschr. 29 (1928) u. 30 (1929); E. G. WEVER – CH. W. BRAY, Auditory Nerve Impulses, in: Science 71 (1930); H. FLETCHER – W. A. MUNSON, Loudness. Its Definition, Measurement and Calculation, in: Journal of the Acoustical Society of America 5 (1933); S. S. STEVENS, The Relation of Pitch to Intensity, in: ebd. 8 (1937); DERS. – H. DAVIS, Hearing. Its Psychology and Physiology (NY 1938, [5]1960); A. WELLEK, Das absolute G. u. seine Typen (L 1938, Be [2]1970) (= Zschr. für angewandte Psychologie u. Charakterkunde, Beiheft 88); G. RÉVÉSZ, Einführung in die Musikpsychologie (Be 1946); H. HUSMANN, Der Aufbau der Gehörswahrnehmungen, in: AfMw 10 (1953); O. F. RANKE – H. LULLIES, G., Stimme, Sprache, in: Lehrbuch der Physiologie, hrsg. v. W. Trendelenburg – E. Schütz (B 1953); E. G. WEVER – M. LAWRENCE, Physiological Acoustics (Princeton/N.J. 1954); S. S. STEVENS, Schall u. G. (Reinbek 1979); Frequency Analysis and Periodicity Detection in Hearing, hrsg. v. R. PLOMP – G. F. SMOORENBURG (Leiden 1970); P. NITSCHE, Klangfarbe u. Schwingungsform (Mn – Salzburg 1978).

H. DE LA MOTTE-HABER

GEHÖRBILDUNG. Im deutschprachigen Raum ist die G. ein Unterrichtsfach innerhalb der musikalischen Ausbildung, insbesondere der fachspezifischen an Musikhochschulen. Die G. zielt auf die Entwicklung und Schulung einer bewußten Klangvorstellung hin. Durch die G. sollen einerseits auditiv aufgenommene Klänge und Klangfolgen benannt und auf einem Instrument reproduziert bzw. in Notenschrift übertragen werden. Aber auch umgekehrt die Fähigkeit, notenschriftlich fixierte Klang- und Tonfolgen innerlich zu hören bzw. vokal oder instrumental wiederzugeben soll durch die G. erreicht werden. Die wichtigsten Übungsmethoden der G. sind folglich Diktat, Nachspielen, Vom-Blatt-Singen und Höranalyse.

In der Musikpädagogik hat es seit jeher Bemühungen um die Vermittlung der inneren Tonvorstellung gegeben. Seit dem Mittelalter (Guido von Arezzo) bis zum 20. Jh. wurden Silben- oder Ziffernsysteme erdacht und angewandt, mit deren Hilfe die einzelnen Intervallbeziehungen und die Phänomene der Tonalität erklärt und erlernt werden sollten. Zwei an die mittelalterliche ↗Solmisation anknüpfende, in der Anwendung sich jedoch unterscheidende Methoden sind auch für die Gegenwart noch von Bedeutung: In der ↗Tonika-Do-Methode von Agnes Hundoegger (1816–80), die aus der ↗Tonic Sol-fa-Methode von Sarah Ann Glover (1785 bis 1867) und J. Curwen entwickelt wurde, sind die (teilweise modifizierten) Solmisations-Silben Symbole für die Stufen der Tonleiter. Bei einer bestimmten Vertrautheit im Umgang damit überträgt der Schüler sie in die verschiedenen Tonarten und bestimmt mit ihrer Hilfe die absolute Tonhöhe. Ganz andere Bedeutung haben die Silben hingegen in den romanischen Ländern und in Südosteuropa: Hier gelten sie als absolute Tonhöhenbezeichnungen und werden in dieser Weise im italienischen Solfeggio- und französischen ↗Solfège-System verwendet, das dort als eine Methode der G. im Zusammenhang mit der Gesangs- und Stimmbildung gelehrt wird. In Deutschland sieht man neben der Aneignung der Elementartheorie vor allem das Erfassen funktionaler, tonaler Beziehungen als wesentliches Anliegen der G. an. Für das Erfassen der nicht-tonalen Musik wird das sichere Erkennen der absolut gegebenen, sukzessiven wie simultanen Intervall- und Klangfolgen geschult.

Lit.: J. JERSILD, Lehrbuch der G., I: Melodik (Kop 1960, engl. NY 1966), II: Rhythmus (Kop 1957, engl. NY 1966); L. O. EDLUND, Modus novus u. Modus vetus (Sto 1963, 1966); Singen, Hören, Schreiben, hrsg. v. W. KOLNEDER (Mz 1963–67) (= Bausteine 150–157 u. 164–165); D. STOVEROCK, G. (Hei 1964) (= Musikpädagogische Bibl. 8); P. HINDEMITH, Elementary Training for Musicians (Lo 1969); R. MACKAMUL, Lehrbuch der G., 2 Bde. (Kas 1969–70); M. QUISTORP, Die G. (Wie 1970); L. HORACEK – G. LEFKOFF, Programmed Ear Training (NY 1970); G. GÜLDENSTEIN, G. für Musiker. Ein Lehrbuch (Bas 1971); P. WETTSTEIN, Die G., Kernstück der musikal. Erziehung, in: SMZ 111 (1971); A. WINOLD – J. REHM, Introduction to Music Theory. An Integrated Approach to Notation, Music Reading, and Ear Training (Eaglewood Cliffs/N.J. 1971).

R. MACKAMUL

GEIGE (ahd.: giga, von germanisch geigan = hin- und herbewegen), seit dem 18. Jh. im dt. Sprachraum übliche Bz. für ↗Violine. Im Mittelalter Bz. für ein im Arm gehaltenes, nicht auf einen bestimmten Typ festgelegtes Streichinstrument mit seiten- oder hinterständigen Wirbeln und gewöhnlich bauchigem oder birnenförmigem Schallkörper. Zunächst wurde die ↗Fiedel G. genannt, später das ↗Rebec und schließlich die ↗Pochette.

GEIGENBAU ↗Geigenbauer, ↗Violine.

GEIGENBAUER (engl.: violin maker; frz. luthier; it.: liutaio; span.: violero), im deutschsprachigen Raum Bz. für Instrumentenbauer, die Streich- und andere Saiteninstrumente verfertigen, also nicht nur Geigen. Bis zum 17. Jh. hießen sie Lautenmacher und werden in Frankreich und Italien heute noch „luthier" bzw. „liutaio" genannt. Mit dem Wandel des Instrumentenbaus im 16./17. Jh. und der damit verbundenen Entwicklung der Violine als Hauptinstrument taucht im deutschen Sprachraum auch die Bezeichnung „Geigenmacher" auf. Am Beginn dieser Entwicklung steht die Füssener Familie Tieffenbrucker, deren Mitglieder aber in den Quellen noch Lautenmacher genannt werden. Etwa gleichzeitig wurden vor allem die italienischen G. G. ↗Bertolotti in Brescia und G. P. ↗Maggini in Brescia richtungweisend. Cremona entwickelte sich dann mit den G.-Familien ↗Amati, ↗Guarneri, ↗Ruggieri und ↗Stradivari zum führenden Mittelpunkt des Geigenbaus bis in das 18. Jh. hinein. Aber auch in Mailand (↗Grancino und ↗Testore), Neapel (↗Gagliano), Venedig (↗Montagnana), Florenz, Bologna, Treviso, Mantua, Parma, Verona, Padua und Rom begründeten G.-Familien eine Tradition, die z. T. bis heute nachwirkt. Die beiden Zentren des Geigenbaus im deutschen Sprachraum – Mittenwald und Absam (Tirol) – mit den Familien ↗Klotz und ↗Stainer sind unmittelbar von der Cremoneser Schule beeinflußt worden. Eine nicht unbedeutende Rolle nahm im 18. und 19. Jh. der böhmische Geigenbau ein, der insbesondere auf G. im sächsischen Erzgebirge einwirkte. Die in Mirecourt und Paris wirkenden G. J.-B. ↗Vuillaume und N. ↗Lupot standen ganz in der Stradivaritradition Cremonas. Mit anderen G.n wie ↗Bernardel, ↗Chanot, ↗Gand und Guersan gehören sie zu den Exponenten des französischen Geigenbaus. Zentren des deutschen Geigenbaus sind heute Mittenwald in Bayern, Klingenthal und Markneukirchen in Sachsen. Ein weiterer bedeutender G.-Ort ist Bubenreuth (Franken), wo sich nach 1945 viele G. aus Nordböhmen bzw. aus dem sächsischen Erzgebirge niederließen.

Lit.: P. DE WIT, Geigenzettel alter Meister, 2 Bde. (L 1902–10, Nachdr. F 1976); W. L. VON LÜTGENDORFF, Die Geigen- u. Lautenmacher v. MA bis zur Gegenwart (F 1904, 5-61922), Nachdr., 2 Bde. (Tutzing 1968); W. M. MORRIS, British Violin Makers (Lo 1904, 21920); F. NIEDERHEITMANN, Cremona, Charakteristik der it. G. u. ihrer Instr. (L 1928, F 81956); F. HAMMA, Meisterwerke it. Geigenbaukunst (St 1931), NA v. W. HAMMA als: Meister it. Geigenbaukunst (St 1964, Mn 31971); R. VANNES, Dictionnaire universel des luthiers, 2 Bde. (P 1932, Bru 21951); F. HAMMA, Meisterwerke dt. Geigenbaukunst (St 1948, 21961); K. JALOVEC, Houslaři 1 (Pr 1948, 21952) (tschech. u. engl.), dt. Übers.: It. G. (Pr 1957); H. FEDERHOFER, Grazer Geigen- u. Lautenmacher des 17. u. 18. Jh., in: Blätter für Heimatkunde 25 (1951); M. MÖLLER, The Violin Makers of the Low Countries (Belgium and Holland) (A 1955); W. HENLEY, Universal Dictionary of Violin and Bow Makers, 5 Bde. (Brighton 1959–60); K. JALOVEC, Čeští houslaři (Pr 1959); DERS., Enzyklopädie des Geigenbaus (Pr 1965); DERS., Dt. u. östr. G. (Pr 1967).

GEIGENDPRINZIPAL, Geigenprinzipal, engmensurierte Orgelstimme des ↗Prinzipalchors mit niedrigem Aufschnitt zu 8′ und 4′. Der obertonreiche Klang entspricht dem eines Streichinstruments.

GEIGENDREGAL, Geigenregal, Orgelregister

des ↗Zungenchors mit kurzen, konischen Bechern zu 8′ und 4′; teilweise auch ↗gedackt. Der Klang ist obertonreich und dem eines Streichinstruments vergleichbar.

GEIGENWERK ↗Streichklavier.

GEIJER, Erik Gustaf, * 12.1.1783 Ransäter (Wermland), † 23.4.1847 Stockholm; schwedischer Historiker, Dichter und Komponist. Er war 1817–47 Professor für Geschichte an der Universität Uppsala. Mit A. A. Afzelius gab er eine wichtige Sammlung altschwedischer Volkslieder, *Svenska folk-visor från forntiden* (3 Bde., 1814–16, 4. revidierte Auflage Uppsala 1957–60), heraus und mit A. F. Lindblad unter dem Titel *Musik för sång och fortepiano* (1824) eine Sammlung neuerer schwedischer Lieder. Sein Haus, in dem sich auch bedeutende Musiker Schwedens trafen, war Mittelpunkt der sogenannten Uppsala-Romantik. Seine Chorwerke sind noch heute in Schweden beliebt. Er schrieb ferner Kammermusik und etwa 60 Lieder.

Lit.: T. NORLIND, E. G. G. som musiker (Sto 1919); E. NORBERG, G.s väg från romantik till realism (Diss. Upsalla 1944); J. LANDQUIST, G. En Levnadsteckning (Sto 1954); I. BENGTSSON, Tonsättaren G., in: Geijerstudier 3 (Uppsala 1958); S. WALIN, G. och musiken, in: ebd.

GEIRINGER, Karl, * 26.4.1899 Wien; amerik. Musikforscher östr. Herkunft. G. war Schüler von G. Adler in Wien und C. Sachs in Berlin und promovierte 1923 in Wien mit der Dissertation *Die Flankenwirbelinstrumente in der bildenden Kunst des XIV., XV. und der ersten Hälfte des XVI. Jahrhunderts.* Seit 1930 war er Kustos des Archivs, der Bibliothek und des Museums der Gesellschaft der Musikfreunde in Wien, emigrierte 1938 nach England, wo er bis 1940 Gastprofessor am Royal College of Music in London war, und später in die Vereinigten Staaten. Seit 1941 war er dort Ordinarius für Musikwissenschaft an der Boston University, seit 1962 Professor an der University of California in Santa Barbara. 1955 wurde er Präsident der American Musicological Society. Zu seinem 70. Geburtstag wurde ihm eine Festschrift gewidmet *(Studies in 18th Century Music,* hrsg. v. H. C. R. Landon – R. E. Chapman, Lo 1970).

WW: **1) Schriften:** *Tanzbrevier, Weise und Meinung aus 3 Jh.* (W 1926) (zus. mit W. Fischer); *J. Haydn* (Pd 1932); *J. Brahms,* (W 1935, ²1955, Kas 1958, engl. NY 1947, ²1961); *Musical Instruments. Their History from the Stone Age to Our Present Days* (Lo–NY 1943); *Haydn, a Creative Life in Music* (Lo–NY 1946, NY ²1963 u. Lo ²1964, Berkeley/Calif. ³1968), dt. Übers.: *J. Haydn. Der schöpferische Werdegang eines Meisters der Klassik* (Mz 1959); *The Lost Portrait of J. S. Bach* (NY 1950); *The Bach Family* (Lo– NY 1954) (zus. mit J. Geiringer), dt. Übers.: *Die Musikerfamilie Bach. Leben u. Wirken in drei Jh.* (Mn 1958); *J. S. Bach, the Culmination of an Era* (NY 1966, Lo 1967, dt. Mn 1971); *Der Einfluß der Aufklärung auf J. S. Bachs künstlerisches Denken,* in: Studia musicologica 11 (1969). – **2) Editionen:** Instr.- u. Vokal-WW v. P. Peuerl u. I. Posch (W 1929) (= DTÖ 70); Kantaten, Madrigale u. Kanons v. A. Caldara (zus. mit E. Mandyczewski) (W 1932) (= DTÖ 75); *Volksliedbearbeitungen Nr. 1–100. Schottische Lieder,* in: Haydn-GA XXXII/1.

GEISER, Walther, * 16.5.1897 Zofingen (Schweiz); Schweizer Komponist. Er studierte am Konservatorium in Basel Violine (bei Fr. Hirt) und Komposition (bei H. Suter), später Violine bei Br. Eldering in Köln und Komposition bei Fr. Busoni in Berlin. 1924–63 lehrte er Violine und Ensemblespiel, später Komposition und Dirigieren am Basler Konservatorium (seit 1954 Musikakademie der Stadt Basel), war außerdem lange Zeit Solobratschist des Basler Orchesters, dirigierte die Konservatoriumskonzerte und leitete seit 1955 den Basler Bach-Chor. Unter dem Einfluß Busonis entwikkelte G. eine gemäßigt moderne, klassizistische Schreibweise.

WW: **1) Instr.-WW:** Klv.- u. Org.-Stücke; Kammermusik; für Orch.: *Ouvertüre zu einem Lustspiel,* op. 5 (Z 1922); *Nocturne,* op. 12 (Bas 1927); Divertimento für kleines Orch., op. 20 (Bas 1933); *Praeambulum,* op. 25 (Bas 1938); *Fantasie* für Streichorch., Pauken u. Klv., op. 31 (Kas 1942); *Fantasie II* für großes Orch., op. 34 (Kas 1945); *Fantasie III* für Streichorch., op. 39 (Kas 1949); *Fantasie IV,* op. 57 (1963) für Fl. u. Str.; *Vorspiel zu einer antiken Tragödie,* op. 35 (Kas 1947); 2 Symphonien, op. 44 u. 60 (Kas 1953, 1967); Konzertstück für Org. u. Kammerorch., op. 30 (Kas 1941); V.-Konzert, op. 16 (Bas 1930); Concertino für Horn u. kleines Orch., op. 22 (Bas 1934); Klv.-Konzert, op. 53 (1969). – **2) Vokal-WW:** Lieder; *Symbolum* (Text: Goethe) für gem. Chor, 3 Pos., Pauken, Va., Vc. u. Kb., op. 14 (Kas 1929); *Adventslied* (Text: Tauler), für gem. Chor, Str. u. Harfe, op. 18 (Kas 1931); *Stabat Mater* für Bar., gem. Chor, großes Orch. u. Org., op. 23 (Kas 1935); *Chorphantasie* (Text: Gryphius), für gem. Chor, Orch. u. Org., op. 24 (Bas 1938); *Siehe, es kommt die Zeit,* Kantate für Bar., gem. Chor u. Org., op. 32 (Kas 1943); *Hymnus* für gem. Chor, Orch. u. Org. ad. lib., op. 43 (Kas 1953); *Te Deum* (1960) für 4 Soli, Chor, Org. u. Orch. – **3) Bühnen-WW:** Festspiel *Inclyta Basilea,* op. 40 (1951).

Lit.: Werk-Verz. W. G. (Z 1967) (= Schweizerisches Musikarchiv. o. Nr.). – E. MOHR, in: SMZ 97 (1957); R. SUTTER, in: ebd. 107 (1967).

GEISHA, DIE *(The Geisha),* eine japanische Teehausgeschichte in 2 Akten von Sidney Jones (1861–1946), Text von Owen Hall und Harry Greenbank. Ort und Zeit der Handlung: Japan um 1900. UA: 25.4.1896 in London (Daly's Theatre); EA in dt. Sprache: 16.10.1897 in Wien (Carl-Theater).

Molly Seamore, eine junge Engländerin, die als Geisha verkleidet das Leben in einem japanischen Teehaus kennenlernen will, wird irrtümlich bei einer Versteigerung von einem reichen Japaner erworben, der eigentlich die echte Geisha *O Mimosa San* ersteigern wollte. Diese befreit schließlich Molly zusammen mit deren Verlobten, Lieutenant Reginald Fairfax. Die außerordentlich erfolgreiche

Operette enthält fast 30 Musiknummern, die nicht alle von Jones komponiert wurden, was aber die stilistische Einheitlichkeit des Werkes nicht beeinträchtigt. Stofflich beeinflußt wurde *Die Geisha* von William Schwenck Gilbert und Arthur Sullivans *Der Mikado* (1885). Andererseits beeinflußte die Operette die Oper *Madame Butterfly* (1904) von Giacomo Puccini. R.-M. SIMON – S. SIMON

GEISSLERLIEDER, die volkssprachigen Gesänge der Geißler oder Flagellanten (flagellarii, disciplinati), einer zuerst um 1260 in Umbrien (Perugia) aufgekommenen religiösen Laienbewegung von Büßergemeinschaften. Ihre Gesänge standen im Zusammenhang mit den Bruderschaften der Laudesi als Nachfolgern des hl. Franz von Assisi. Aus einer zweiten, durch das Pestjahr 1349 verursachten Phase der von Österreich ausgehenden und sich weit ausdehnenden Bewegung ging ein wichtiger Zweig vor allem deutscher geistlicher Volksgesänge des Mittelalters hervor. Einzige Quelle ist die Chronik des Hugo von Reutlingen mit einer exakten Aufzeichnung von 6 G.n in gotischen Neumen, die jedoch mit Ausnahme der Leise *Nu tret herzuo* wohl ausnahmslos auf älteren Volksgesängen beruhen. Charakteristisch ist auch für die G. die weithin den mittelalterlichen geistlichen Volksgesang kennzeichnende Rufzeile.

Lit.: Lieder u. Melodien der Geißler des Jahres 1349 nach der Aufzeichnung Hugos von Reutlingen, hrsg. v. P. RUNGE (L 1900); J. MÜLLER-BLATTAU, Die dt. G., in: ZfMw 17 (1935); DERS., G., in: MGG IV. W. BLANKENBURG

GEIST, Christian, * um 1640 Güstrow (Mecklenburg), † 1711 Kopenhagen; dt. Komponist. G. war Sohn des Domkantors Joachim G. in Güstrow. Er trat in die Hofkapelle Herzog Gustav Adolfs von Mecklenburg ein und war auf dessen Empfehlung hin 1670 mehrere Monate Bassist der dänischen Hofkapelle. 1670–79 war er Hofmusiker des schwedischen Königs. Seit 1686 ist er als Organist der Dreifaltigkeits- und an der Heiliggeistkirche in Kopenhagen nachweisbar, außerdem seit 1689 als Nachfolger des berühmten Organisten J. Lorentz auch an der Holmens-Kirche. G. hat sich fast ausschließlich der Komposition geistlicher Werke gewidmet. Diese stehen stilistisch in unmittelbarer Nähe zu den Kantaten von D. Buxtehude.

WW (hsl. in Uppsala, Univ.-Bibl.): 58 Motetten (geistliche Konzerte) 1–5 St., Instr. u. B.c. (mit dt., lat. u. schwed. Text); 2 weltl. Kantaten; 3 Orgelchoräle.

Ausg.: 3 Org.-Choräle, hrsg. v. B. LUNDGREN (Sto 1943); Motette *Verbum caro factum est*, hrsg. v. J. FOSS (Kop 1948); Motette *Laudet Deum mea gloria*, hrsg. v. B. LUNDGREN (Sto 1953); Kirchenkonzerte, hrsg. v. DEMS. (F 1960) (= EDM 48).

GEISTINGER, Marie, * 26.7.1836 Graz, † 29.9.1903 Klagenfurt; östr. Sängerin (Sopran) und Schauspielerin. Nach ihrer Ausbildung in Graz und Wien debütierte sie 1850 in München und hatte nach Engagements in Wien, Berlin, Hamburg, Riga und erneut in Berlin 1865 in Wien am Theater an der Wien in der Titelpartie von J. Offenbachs Operette *Die schöne Helena* einen durchschlagenden Erfolg. Seitdem galt sie als die führende Soubrette jener Zeit, vor allem auch gefeiert in Operetten von J. Strauß (sie war u. a. dessen erste Rosalinde in *Die Fledermaus*). 1869–74 war sie Mitdirektorin des Theaters an der Wien. Danach trat sie, ohne die Operette aufzugeben, immer mehr als Schauspielerin auf, auch in den USA, und wandelte sich von der Volksschauspielerin zur bedeutenden Tragödin.

Lit.: E. PIRCHAN, M. G. Die Königin der Wiener Operette (W 1947).

GEISTLICHE MUSIK. Das Wort „geistlich“ ist seit M. Luthers Bibelübersetzung (vgl. „geistliche Lieder“ für griech. ōdai pneumatikai, Eph. 5,10) auch im Zusammenhang mit Musik üblich und erscheint im späten 16. und vor allem im 17. Jh. häufig in Titeln von musikalischen Sammlungen (z. B. bei H. Schütz, *Geistliche Chormusik*) und – in Analogie zu Concerto ecclesiastico – in der Gattungsbezeichnung ↗geistliches Konzert. G. M. ist dann bis heute gängige Sammelbezeichnung für Vokalmusik mit (christlich-) religiösem Text (biblisch, liturgisch, „geistliche“ Dichtung) in Unterscheidung zur „weltlichen“ Musik, aber ohne klare terminologische Abgrenzung gegenüber Begriffen wie ↗religiöse Musik, liturgische Musik oder ↗Kirchenmusik.

GEISTLICHES KONZERT, im 17. Jh. deutsche Bz. für das ↗Concerto (ecclesiastico), daher meist auch in der Schreibweise *Concert*. Bei der Übernahme der beiden Concerto-Arten – der vielstimmigen in der Tradition G. Gabrielis und der geringstimmigen in der Tradition L. Viadanas – in die protestantische deutsche Kirchenmusik wurde auch die deutsche Gattungsbezeichnung verwendet, ohne daß die lateinischen Bezeichnungen Concerto ecclesiastico, auch Cantio sacra, Symphonia sacra u. ä., außer Gebrauch kamen. In der musikalisch-satztechnischen Gestaltung unterscheidet sich das g. K. nicht wesentlich vom italienischen Concerto des 17. Jh. mit lateinischem Text. Charakteristisch ist aber die häufige Verwendung protestantischer Choralmelodien sowohl im vielstimmigen g. K. (bereits bei M. Praetorius, *Musae Sioniae oder geistliche Concert Gesänge*, 1605 bis 1610), als auch im geringstimmigen (z. B. früh bei

J. H. Schein, *Opella nova,* 1618–26). Man spricht hier vom Typus des Choralkonzerts als einer spezifischen Form der ↗Choralbearbeitung. Ein anderer, ebenfalls weitverbreiteter Typus des g. K. ist das Dialogkonzert des 17. und frühen 18. Jh. (↗Dialog 3). Insgesamt scheint es, daß in dieser Zeit die Bezeichnung g. K. mehr und mehr den geringstimmigen deutschen Concerti zugeordnet wurde, so etwa bei H. Schütz, dessen *Kleine geistliche Concerte* (1636–39) und andere *Concerte* zum Inbegriff der Gattung geworden sind. Neben Schütz schrieben fast alle deutschen protestantischen Kirchenkomponisten des 17. Jh. g.e K.e verschiedener Art. Zu nennen sind hier u. a.: für den norddeutschen Raum Th. Selle, J. Schop, J. Vierdanck, M. Weckmann, Chr. Bernhard, Fr. Tunder und D. Buxtehude; für Mitteldeutschland M. Praetorius, J. H. Schein, S. Scheidt, T. Michael, A. Hammerschmidt, J. R. Ahle, S. Knüpfer und J. Schelle; für Süddeutschland J. Staden, M. Franck, J. E. Kindermann und W. C. Briegel. Verstärkt wurden im Laufe des 17. Jh. auch neugedichtete betrachtende und erbauliche Texte und mit ihnen Lied- und Arienformen in das g. K. einbezogen. Schließlich ging die Gattung in die der protestantischen Kirchenkantate (↗Kantate) über.

Lit.: F. BLUME, Das monodische Prinzip in der prot. Kirchenmusik (B 1925); DERS., Die ev. Kirchenmusik (Pd 1931, Kas [2]1965); A. ADRIO, Die Anfänge des g. K. (B 1935). – ↗Concerto, ↗Dialog, ↗Konzert; spezielle Lit. bei den genannten Komponisten.

GELBER, Bruno Leonardo, * 19.3.1941 Buenos Aires; argentinischer Pianist. Seine erste Ausbildung erhielt er bei seiner Mutter und dann bei V. Scaramuzza in Buenos Aires. An sein erstes öffentliches Auftreten als 5jähriger schloß sich bereits eine umfangreiche Konzerttätigkeit in Südamerika an. Seit 1959 studierte er bei Marguerite Long in Paris. 1960 gab er mit J. Brahms' Klavierkonzert in d-moll sein europäisches Debüt und machte sich bald weltweit einen Namen.

Lit.: J. KAISER, Große Pianisten in unserer Zeit (Mn [4]1978).

GELINEK (Jelínek), böhmische Musikerfamilie. – **1) Hermann Anton,** * 8. 8. 1709 Hořiněves bei Königgrätz (Böhmen), † 5. 12. 1779 Mailand; Violinist, Organist und Komponist. Er trat 1728 in den Prämonstratenserorden ein, studierte in Wien und war Regens chori in der Abtei Seelau in Böhmen. Nach 1760 trat er als Violin- und Orgelvirtuose in Frankreich und Italien auf, wo er den Namen Cervetti annahm. G. kehrte danach in die Abtei Seelau zurück, unternahm aber 1779 noch eine zweite Konzertreise nach Italien, auf der er starb. Seine im Inventar in Seelau verzeichneten Violinkonzerte, Sonaten und Orgelstücke sind vermutlich nicht erhalten. – **2) Ivan** (Jan, Johann), Bruder von 1), † um 1780 Prag; Lautenist und Organist. Er ist um 1754 als Organist an St. Wenzeslaus in Prag, später dort an der Benediktkirche nachweisbar. Eine Slg. von Lautenkompositionen, *Musica sopra il liuto,* ist hsl. erhalten (Prag, Nationalmuseum).

Lit.: E. TROLDA, in: Hudebni Revue 10 (1916/17); J. RACEK, Česká hudba (Pr 1958).

GELINEK (Jelínek), Abbé **Joseph,** * 3. 12. 1758 Seltsch (Selč; Böhmen), † 13. 4. 1825 Wien; böhmischer Pianist und Komponist. 1786 wurde er in Prag zum Priester geweiht (hieß daher zu seiner Zeit immer Abbé G.) und erhielt bei J. N. Seeger Orgel- und Kompositionsunterricht. Durch Vermittlung Mozarts wurde er 1789 Klavierlehrer und Hauskaplan in der Familie des Grafen Kinsky, der er später nach Wien folgte, wo er noch Unterricht in Kontrapunkt bei G. Albrechtsberger nahm. Seit 1817/18 war er Hauskaplan und Klavierlehrer im Palais der Esterházy unter Fürst Nikolaus II. G., einer der hervorragendsten Pianisten seiner Zeit, stand in engeren Beziehungen zu Haydn, Beethoven und Mozart, der seine Improvisationskunst bewunderte. Beim Adel und Bürgertum war er als Klavierlehrer geschätzt. Von seinen zahlreichen Kompositionen waren vor allem seine über 100 Variationsreihen für Klavier beliebt. Die ersten sind über Themen von Mozart geschrieben, die letzten über Themen von Beethoven (Andante der 7. Symphonie) und von C. von Weber. Diese teils didaktischen, teils rein virtuosen Variationen trugen zur Verbreitung der berühmtesten Melodien jener Zeit (Potpourris aus Balletten, Singspielen und Opern) sowie deutscher, tschechischer und russischer Volkslieder bei.

Lit.: TH. FRIMMEL, Beethoven-Hdb. 1 (L 1926, Nachdr. Hil – Wie 1968); G. PROIER, Abbé J. G. als Variationenkomponist, 3 Bde. (Diss. W 1962).

GELLERT, Christian Fürchtegott, * 4. 7. 1715 Hainichen (Erzgebirge), † 13. 11. 1769 Leipzig; dt. Dichter. Er studierte Theologie, Philosophie und Literatur an der Universität Leipzig, wo er seit 1744 Philosophie, Rhetorik und Moral lehrte. F. war einer der populärsten Dichter der deutschen Aufklärung. Seine Dichtungen, Schriften und Vorlesungen, in denen sich religiöse Orthodoxie mit rationalistischen Zügen und pietistischer Empfindsamkeit verbinden, galten zu ihrer Zeit – nach dem Zeugnis J. W. Goethes – als das Fundament der deutschen Kultur. G.s *Geistliche Oden und Lieder* (1757) leiteten eine neue Epoche in der protestantischen Choraldichtung ein; viele von ihnen wurden in zahlreiche (auch katholische) Gesangbücher übernommen. Noch heute enthält das *Evangelische Kirchengesangbuch* 12 Liedtexte von G. Die *Geistlichen Oden und Lieder* nehmen zudem in der Geschichte des deutschen Sololieds eine bedeutsame Stellung ein: sie waren die am meisten vertonte Liedersammlung des 18. Jahrhunderts. Als Komponisten sind zu nennen vor allem C. Ph. E. Bach, dessen Vertonung sämtlicher *Oden und Lieder* (1758 u.ö.) im Bewußtsein der Zeit den Dichtungen G.s musikalisch am nächsten kamen, ferner u.a. J.F. Doles, J.J. Quantz, J.A. Hiller, später J. Haydn, C. Loewe und P. Tschaikowsky. Musikgeschichtlichen Nachruhm erlangte G. jedoch erst durch L. v. Beethoven und seine 6 *Gellert-Lieder,* op. 48. Sie entstanden 1812, in enger zeitlicher Nachbarschaft des *Heiligenstädter Testaments,* das seinerseits ebenfalls die intensive Beschäftigung mit Gellerts Liedern und den in ihnen ausgesprochenen Gedanken vom Tode widerspiegelt. Von Beethovens Liedern nach G. ist *Die Ehre Gottes aus der Natur (Die Himmel rühmen des Ewigen Ehre)* am bekanntesten geworden, auch durch die vielen, teilweise ans Triviale grenzenden Bearbeitungen.

WW (nur die Lieder; sämtlich in Leipzig erschienen): *Lieder* (1743); *Fabeln,* 2 Bde. (1746 u. 1748); *Geistliche Oden und Lieder* (1757). – Verzeichnis der Vertonungen des 18. Jh. bei Friedländer (s. u. Lit.).

Ausg.: Sämtliche Schriften, hrsg. v. J. A. SCHLEGEL – G. L. HEYER, 10 Bde. (L 1769–74, Nachdr. Be 1967); Sämtliche Fabeln u. Erzählungen. Geistliche Oden u. Lieder, hrsg. v. J. KLINKHARDT (Mn 1965) (= Die Fundgrube 13).

Lit.: J. COYM, G.s Lustspiele (B 1899); M. FRIEDLAENDER, Das dt. Lied im 18. Jh., 3 Bde. (St – B 1902), Nachdr. in 2 Bden (Hil 1962); M. SCHNEIDERWIRTH, Das kath. dt. Kirchenlied unter dem Einfluß G.s u. Klopstocks (Mr 1908); G. MÜLLER, Gesch. des dt. Liedes 2 (Mn 1925, Nachdr. Da 1969) (= Gesch. der dt. Lit. nach Gattungen III); E. WERTH, Unters. zu G.s Geistlichen Oden u. Liedern (Diss. Breslau 1936); F. W. WODTKE, Chr. F. G., in MGG IV; H. URNER, in: Wort u. Gemeinde. FS E. Schott (B 1967); G. MASSENKEIL, Religiöse Aspekte der Gellert-Lieder Beethovens, in: Religiöse Musik in nicht-liturg. Werken von Beethoven bis Reger (Rb 1978) (= Stud. zur Musikgesch. des 19. Jh. 51).

GEMA, Abk. von *Gesellschaft für musikalische Aufführungs- und mechanische Vervielfältigungsrechte,* Verwertungsgesellschaft zur Verwaltung von Wiedergabe-, Sende-, Vervielfältigungs- und Nutzungsrechten (aber nicht von Großen Aufführungsrechten) ihrer Mitglieder, zu denen Komponisten, Textautoren und Verleger gehören. In ihrem Auftrag kann das Recht zur öffentlichen Aufführung urheberrechtlich geschützter Musik und zur sog. mechanischen Vervielfältigung durch Tonträger erteilt werden. Als Gegenleistung werden Tantiemen erhoben, die nach Tarifpauschalen gestaffelt sind und u.a. von der Besucherzahl, den Eintrittspreisen und der Anzahl der Musiker abhängen. Die Sendegebühren unterliegen einem eigenen Verteilungsplan nach „Ernster" und „Unterhaltungs"-Musik. Die Tantiemen werden an die Bezugsberechtigten verteilt. – Die GEMA ist seit 1945 die Nachfolgeorganisation der STAGMA (Staatlich genehmigte Gesellschaft zur Verwertung musikalischer Aufführungsrechte), die wiederum 1933 an die Stelle verschiedener Gesellschaften getreten war. Hierzu gehörten vor allem die von R. Strauss initiierte und 1903 gegründete GDT (Genossenschaft Deutscher Tonsetzer) und die gleichfalls 1903 ins Leben gerufene AFMA (Anstalt für musikalische Aufführungsrechte). 1938 wurde ihr auch die seit 1909 bestehende AMMRE (Anstalt für mechanisch-musikalische Rechte) angegliedert. Über ausländische, in der ↗CISAC und im BIEM (Bureau International des Sociétés gérant les Droits d'Enregistrement et de Reproduction Mécanique, Paris) zusammengeschlossene Schwestergesellschaften ist die GEMA weltweit organisiert und rechtsverbindlich. Die DDR besitzt in der AWA (Anstalt zur Wahrung der Aufführungsrechte auf dem Gebiet der Musik) seit 1951 eine eigene Verwertungsgesellschaft. – Sitz der GEMA ist Berlin (West), Generaldirektionen befinden sich in München und Berlin; daneben gibt es 12 Bezirksdirektionen. Organe: ein aus 15 Personen bestehender und von der Mitgliederversammlung gewählter Aufsichtsrat (6 Komponisten, 5 Verleger, 4 Textdichter), der den Vorstand benennt.

Lit.: E. SCHULZE, Urheberrecht in der Musik u. die dt. Urheberrechtsges. (B 1951, [2]1956, [4]1972); Musik u. Dichtung, in: FS der G. (Mn 1953); E. ULMER – K. BUSSMANN – S. WEBER, Das Recht der Verwertungsges. (Weinheim 1955); E. ULMER, Urheber- und Verlagsrecht (B – Gö – Hei [2]1960); E. SCHULZE, Rechtsbeziehungen des Musikverlegers zum Urheber u. zur Verwertungsges. in: FS L. Strecker (Mz 1973); H. VOSS, Leistungsschutz in der Musik (Mz 1973); E. SCHULZE, Urhebervertragsrecht (B [2]1974).

GEMBLACO, Johannes Franchois, * wahrscheinlich Gembloux bei Namur; franko-flämischer Komponist. Von G. sind 2 Gloria und 2 Credo zu 3 Stimmen, eine 5st. Motette, *Ave virgo lux Maria,* und 3 3st. Rondeaus erhalten. Möglicherweise ist er mit dem 1404 als Kaplan Herzog Philipps des Kühnen von Burgund nachweisbaren Musiker Jean François identisch.

Ausg.: *Gloria* u. *Credo,* hrsg. v. CH. VAN DEN BORREN, in: Polyphonia Sacra (Burnham – Lo 1932); dass., hrsg. v. L. FEININGER, in: Documenta polyphoniae liturgicae Sanctae Ecclesiae Romanae I/11 (R 1952); *Ave virgo lux Maria,* hrsg. v. R. VON FICKER, in: Trienter Codices, 5. Teil (W 1933) (= DTÖ 76); 3 Chansons, hrsg. v. CH. VAN DEN BORREN, in: Pièces polyphoniques de provenance liégeoise (Bru 1950).

Lit.: H. BESSELER, Bourdon u. Fauxbourdon (L 1950, ²1974); J. IGOE, J. F. de G., in: NRMI 4 (1970) (darin 4 Sätze).

GEMINIANI, Francesco Saverio, * um 1680, getauft 5.12.1687 Lucca, † 17.9.1762 Dublin; it. Violinist, Komponist und Musikpädagoge. Seine Ausbildung erhielt G. zunächst von seinem Vater, Giuliano G., der Mitglied der Cappella Palatina in Lucca war. Später setzte er seine Studien bei Carlo Ambrogio Lonati in Mailand, bei A. Corelli in Rom und bei A. Scarlatti in Neapel fort. 1707–10 war er Violinist der Cappella Palatina in Lucca; 1711 ist er als Konzertmeister am Teatro Reale in Neapel nachweisbar. 1714 ging er nach London, wo er bis 1731 als Violinist und Lehrer tätig war. Nachdem G. bereits 1715 in einem Konzert vor König Georg I. Bewunderung erregt hatte, avancierte er in den folgenden Jahren zum Repräsentanten der italienischen Instrumentalmusik in England. 1724 wurde er Erster musikalischer Direktor der unter dem Patronat des Königs stehenden Akademie Philo-Musicae et Architecturae Societas, in deren Auftrag er die Solosonaten op. 5 von Corelli zu Concerti grossi umarbeitete. 1731 hatte er mit einer Reihe von Subskriptionskonzerten großen Erfolg. Ende 1733/Anfang 1734 gab er einige Konzerte in Dublin, wo er sich auch im November 1737 wiederholt aufhielt. 1749–1755 lebte er in Paris, um dort die Drucklegung seiner Werke, besonders der französischen Übersetzung seiner Violinschule, vorzubereiten. Nach vierjährigem Aufenthalt in London übersiedelte er 1759 nach Irland, wo er die Konzertmeisterstelle bei Charles Coote, dem späteren Grafen von Bellemont, übernahm. In seinen letzten Lebensjahren, in denen er bei seinem Schüler Mathew Dobourg lebte, widmete er sich verstärkt musikpädagogischen Arbeiten.

WW (teilweise mit zahlr. Aufl. u. Nachdr.): *12 Sonate a violino solo* (ohne Baß), op. 1 (1705), bearb. als zweimal *6 Sonatas for two violins and a violoncello or harpsichord with a ripieno bass* (ca. 1750); *12 Sonate a Violino, Violon e cemb.*, op. 1 (Lo 1716), NA als: *Le prime sonate a violino e basso* (1739); 6 Concerti grossi, op. 2 (Lo 1732); 6 Concerti grossi, op. 3 (Lo 1733), beide Werke stark verändert in Partiturdruck (Lo 1757); *12 Sonate a violino e basso*, op. 4 (Lo um 1735), Nrn. 1, 2, 5, 7, 9 u. 11 bearb. als: *Concerti grossi* (Lo 1743); *6 Sonate di violoncello e basso continuo*, op. 5 (P 1746), v. G. bearb. als: Violinsonaten (P 1746); 6 Concerti grossi, op. 6 (Lo 1741); *6 Concerti grossi compositi a 3, 4, 5, 6, 7, 8 Parti Reali...*, op. 7 (Lo 1746); *The Inchanted Forrest*, Instr.-Werk nach dem gleichnamigen Gedicht v. Tasso (Lo 1761); ferner Bearb. v. Corellis Violinsonaten op. 3 u. 5 als *Concerti grossi* (Lo 1735). – **2) Schulwerke u. Schriften:** *Rules for playing in a true taste on the violin, german flute, violoncello and harpsichord*, op. 8 (Lo 1739); *A treatise of good taste in the art of musick* (Lo 1741); *The art of playing on the violin*, op. 9 (Lo 1751, frz. P 1752, dt. W zw. 1785 u. 1805), revidiert u. erweitert als: *L'art du violon* (P 1803); *Guida armonica*, op. 10 (Lo 1742); *The art of accompaniement*, op. 11, 2 Bde. (Lo 1756–57); *The art of playing the guitar* (Edinburgh 1760).

G. hat die italienische Instrumentalmusik, wie sie vor allem von Corelli zu klassischer Vollendung geführt wurde, als Virtuose wie als Komponist und Lehrer in England zu hoher Blüte gebracht. Sein Violinspiel muß sich – in der Nachfolge Corellis – durch technische Brillanz und leidenschaftlichen Vortrag ausgezeichnet haben. Tartini nannte ihn „Il furibondo", den „Rasenden". Auch sein kompositorisches Œuvre lehnt sich eng an die von Corelli entwickelten Prinzipien an. Sein ausschließlich der Instrumentalmusik gewidmetes Werk enthält Sonaten und Concerti grossi, die fast ausnahmslos der Sonata da chiesa-Form entsprechen. Die einzelnen Sätze sind im Anschluß an die Römische Schule imitativ gearbeitet, die Oberstimmen (im Gegensatz zu der fast simplen Baßführung) dem Geschmack der Zeit folgend reich verziert. In seinen Concerti grossi folgt er dem vor 1700 entwickelten Prinzip des raschen Wechsels von Soli und Tutti, das als eine Art „Klangregie" bezeichnet werden kann. – Am bedeutendsten scheint seine 1731 zunächst anonym erschienene Violinschule *The art of playing on the violin* zu sein, in der er über die spieltechnischen Anweisungen für das Instrument hinaus ausführlich auf die Spiel- und Verzierungspraxis der Zeit eingeht. Mehr noch als sein kompositorisches Werk ist sein pädagogisches Œuvre Zeugnis einer Musikkultur, die schon Jahrzehnte zuvor in Italien ihren Höhepunkt erreicht hatte.

Ausg.: Sonate für V.-Solo B-Dur, hrsg. v. B. STUDENY (Mn 1911); Sonate op. 1/12 d-moll, hrsg. v. E. PENTE (Mz 1924); dass., hrsg. v. A. MOFFAT (L 1929); Concerti grossi, op. 2/1–6, hrsg. v. H. J. MOSER, in: Musik-Kränzlein (L o.J.); op. 2/2, hrsg. v. P. MIES (Mn o.J.); op. 2/3, hrsg. v. W. UPMEYER (B o.J.); op. 2/1–6, hrsg. v. R. HERNRIED (L o.J.); op. 6/1, hrsg. v. EGIDI (B o.J.); *The Art of playing on the Violin*, hrsg. v. D. D. BOYDEN (Lo – NY – Toronto 1952); Concerto grosso D-Dur, op. 7 Nr. 1, hrsg. v. E. PLATEN (Kas 1959) (= Nagels MA 202); Concerto grosso *La follia* nach Corellis Sonate op. 5 Nr. 12, hrsg. v. W. KOLNEDER (Mz 1961) (= Antiqua o.Nr.); 12 Sonaten für V. u. B.c., op. 1, hrsg. v. DEMS. (Mz 1961) (= ebd.); 6 Sonaten für Vc. u. B.c., op. 5 nach dem Erstdruck v. 1747 u. in G.s Bearb. für V. u. B.c., hrsg. v. DEMS., 2 H. (L 1964–65); Sonaten A-Dur u. D-Dur für V. u. B.c., op. 1 Nr. 1 u. 4, hrsg. v. H. RUF (Kas 1961–62) (= Hortus mus. 173–174); Concerto grosso nach Corellis V.-Sonate, op. 5 Nr. 3, hrsg. v. DEMS. (Kas 1963) (= Nagels MA 211); Concerto grosso Nr. 5 g-moll, hrsg. v. M. ABBADO (Mi 1968) (= Antica musica strumentale italiano o. Nr.); *Treatise of good taste in the art of Musick*, Faks. Aus. v. R. DONINGTON (NY 1969); Adagio e fuga Es-Dur für Va., hrsg. v. W. LEBERMANN (F 1974); 12 compositioni für V. u. Klv., hrsg. v. F. BRODSZKY (Budapest ²1974).

Lit.: F. T. ARNOLD, The Art of Accompaniment from a Thorough-Bass (Lo 1931, Nachdr. 1961, NY 1965) (= American Musicological Society, Reprint Series o. Nr.); A. BETTI, La vita e l'arte di F. G. (Lucca 1933); M. E. MCARTOR, F. G. Composer and Theorist (1951) (Diss. Univ. of Michigan); G. BARBLAN, Un concerto in „tre stili" di F. G., in: Immagini esotiche della musica italiano (Siena 1957); F. GIEGLING, G.'s Harpsichord

Transcriptions, in: ML 40 (1959) u. 41 (1960); G. BARBLAN, Un ignoto omaggio di F. G. ad A. Corelli; in: Musiche italiane rare e vive..., hrsg. v. A. Damerini – F. Schlitzer (Siena 1962); TH. DART, F. G. and the Rule of Taste, in: The Consort 19 (1962); D. D. BOYDEN, The History of Violin Playing From Its Origins to 1761 (Lo 1965, dt. Mz 1971); N. JENKINS, G.'s „The Enchanted Forrest." A Conspectus, in: Chigiana 4 (1967); R. DONINGTON, G. and the Gremlins, in: ML 51 (1970); M. A. FRIEDMANN, G. G.'s „The Art of Playing the Violin" in Perspective (1971) (= Diss. Univ. of Washington/D. C.); B. TONAZZI, „L'arte di suonare la chitarra o cetra" di F. G., in: Fronimo 1 (1972).

H. J. MARX

GEMISCHTER CHOR (engl.: mixed chorus, mixed choir; frz.: chœur mixte; it.: coro misto), im Chorgesang eine aus mehreren Frauen- (Knaben-) und Männerstimmen bestehende Besetzung mit den Stimmlagen Sopran, Alt, Tenor und Baß, im Unterschied zur Besetzung mit ↗gleichen Stimmen.

GEMISCHTE STIMMEN. – **1)** (engl.: mixed voices; frz.: voix mixtes; it.: voci miste; span.: voces mixtas), im solistischen und chorischen Gesang anders als bei ↗gleichen Stimmen eine aus Frauen- (Knaben-) und Männerstimmen bestehende Besetzung. – **2)** (engl.: mixtures; frz.: mixtures oder pleins-jeux; it.: ripieni; span.: llenos), Sammelbezeichnung für Orgelregister, die aus zwei oder mehr Pfeifen bestehen und die – im Gegensatz zu ↗Schwebungen – gleichzeitig als mehr oder weniger großer Ausschnitt der Obertonreihe der jeweiligen, durch die betreffende Taste repräsentierten Grundtöne erklingen (↗Aliquotstimmen). Dabei werden Oktaven, Quinten, Terzen, gelegentlich auch Septimen, Nonen und höher liegende Obertöne zusammengefaßt. Man unterscheidet zwischen ↗Mixturen im engeren Sinne – das sind zu den ↗Prinzipalen gehörende g. S., die repetieren und dem Orgelklang im Plenum Glanz verleihen – und solchen g. S., die zumeist dem Weitchor angehören, in der Regel nicht repetieren und auch als Instrumentalimitatoren bezeichnet werden. Sie eignen sich vor allem zur charakteristischen Färbung von Soloregistrierungen (z. B. ↗Kornett, ↗Sesquialtera, ↗Tertian). Die Zahl der Aliquotstimmen oder Chöre und meist auch die Lage des tiefsten Chores wird mit dem Registernamen angegeben, z. B. Mixtur 4fach $1^1/_3{}'$, Kornett 5fach 8′.

GEMMA DI VERGY, Oper in 2 Akten von Gaetano Donizetti (1797–1848), Text von Emanuele Bidera nach dem historischen Drama *Charles VII chez ses grands vassaux* (1831) von Alexandre Dumas père. Ort u. Zeit der Handlung: Schloß Vergy in der frz. Provinz Berry, 1428. UA: 26. 12. 1834 in Mailand (Teatro alla Scala), dt. EA: 6. 5. 1841 in Berlin (Königstädtisches Theater); EA in dt. Sprache: 17. 6. 1840 in Graz.

Die Eifersuchtstragödie um Gemma, die von ihrem Gatten wegen Kinderlosigkeit verstoßen und von ihrem sie liebenden Sklaven Tamas durch Mord gerächt wird, war einer der größten zeitgenössischen Erfolge Donizettis und in Italien lange Jahre dessen populärstes Werk. Zwischen 1839 und 1843 wurde *Gemma di Vergy* öfter gespielt als jede andere Donizetti-Oper. – Der Erfolg dieser traditionellen italienischen Nummernoper gründet vornehmlich in dem schier unerschöpflichen Melodienreichtum der gesamten Partitur und der Gestaltung der Titelrolle, der eine Überfülle an musikalischer Affektschilderung und stimmlichen Ausdrucksvarianten zugeordnet ist. Aber auch in den Partien der anderen Figuren finden sich brillante Arien. Musikdramatisch bedeutsam ist das Duett Gemma/Tamas vor dem Finale des 2. Aktes, das zur weitgespannten Scena à due ausgebaut ist und für den Bereich der italienischen Oper bis dahin nicht gehörte musikdramatische Ausdrucksqualitäten aufweist. – Im Dezember 1975 wurde das Werk in Neapel (Teatro San Carlo) mit Monserrat Caballé in der Titelrolle neu aufgeführt. Einer Sensation gleich kam die konzertante Wiedergabe am 14. 3. 1976 in der New Yorker Carnegie-Hall unter der Leitung von Eve Queler, die auch auf Schallplatte eingespielt wurde.

J. SCHLÄDER

GEMSHORN. – **1)** Im 16. Jh. verwendete ↗Blockflöte mit 4 Grifflöchern in Form eines Tierhorns. – **2)** Orgelregister mit konischen, offenen Labialpfeifen zu 16′, 8′, 4′ und 2′, gelegentlich auch zu $2^2/_3{}'$, oder $1^3/_5{}'$. Es wird heute wieder weit mensuriert gebaut und hat einen weichen Klang.

GENDRON, Maurice, * 26. 12. 1920 Nizza; frz. Violoncellist. Er studierte am Konservatorium in Nizza, dann am Pariser Conservatoire. Seine Konzertlaufbahn wurde zunächst durch den 2. Weltkrieg unterbrochen. 1945 spielte er in London die europäische Erstaufführung des Cellokonzerts von S. Prokofjew. Seitdem konzertierte er mit großem Erfolg in Europa, in Nord- und Südamerika, Afrika und Japan. 1954–70 leitete er eine Meisterklasse für Violoncello in Saarbrücken, lehrt seitdem am Conservatoire in Paris und unterrichtet auch an der Menuhin School in London. G., der zu den führenden Cellisten der Gegenwart zählt, interpretiert ein weitgespanntes Repertoire von Bach bis zur Moderne. Er tritt auch als Dirigent hervor.

GENÉE, Friedrich Franz Richard, * 7. 2. 1823 Danzig, † 15. 6. 1895 Baden bei Wien; dt. Komponist und Librettist. Nach kurzem Medizinstudium wandte er sich ganz der Musik zu. 1846 erhielt er seine erste Anstellung am Danziger Theater, an dem sein Vater Musikdirektor war. 1848–52 war er nacheinander Musikdirektor in Reval, Riga und Köln, seit 1853 1. Kapellmeister in Düsseldorf, kehrte 1855 nach Danzig zurück und wurde 1857 Musikdirektor in Mainz. 1861 wirkte er durch Vermittlung seines Freundes F. von Flotow kurze Zeit am Hoftheater in Schwerin. 1864 wurde er 1. Kapellmeister in Prag, wo er sich als Opern- und Konzertdirigent einen Namen machte und wo 1868 seine gemeinsam mit Flotow komponierte Oper *Am Runenstein* uraufgeführt wurde. Im gleichen Jahr ging er nach Wien und gehörte bis 1878 dem Theater an der Wien an. Danach lebte er als freier Komponist und Librettist. G. schrieb komische Opern, Singspiele und Operetten, zumeist auf eigene Texte, ferner u.a. Männerchöre bzw. -quartette, Lieder, einige Orchester- und Klavierstücke. Bedeutung gewann er aber vor allem als Librettist für die Wiener Operette, in langjähriger Zusammenarbeit mit dem Librettisten F. Zell, u.a. für Fr. von Suppé, C. Millöcker, J. Strauß. Daneben verhalf er auch anderen Operettenkomponisten mit seinen Libretti (gelegentlich in Zusammenarbeit mit anderen Librettisten) zum Erfolg, u.a. A. Czibulka, C. M. Ziehrer, A. S. Sullivan und Hervé.

GENERALAUFTAKT, Bz. für eine musikalische Floskel, die zwischen zwei Ereigniseinheiten, in der Regel zwischen zwei Perioden, vermittelt, ohne einer von diesen anzugehören. Der Terminus stammt von H. Riemann. J. J. de Momigny nannte 1806 das Gebilde „lien" (= Verbindung), M. Lussy 1873 die Töne, aus denen es besteht, „notes de soudure" (= Naht-Töne).

GENERALBASS (engl.: thorough-bass; frz.: basse continue; it.: basso continuo; span.: bajo continuo), Bz. für die instrumentale Baßstimme, die seit dem ausgehenden 16. Jh. Spielern sog. ↗Fundamentinstrumente (Orgel, Regal, Cembalo, Laute, Chitarrone u.ä.) für eine extemporierte Ausführung des vom Komponisten intendierten Satzes Anhalt bot. Die einzelnen Töne der G.-Stimme werden mehr oder weniger vollständig mit Ziffern versehen, „die einen vollstimmigen Zusammenklang andeuten / nach deren Vorschrifft volle Griffe auf dem Clavier (oder einem andern Instrument) gemacht werden / damit dieselbe dem übrigen Concert / in genauer Einigkeit / zur Unterstützung und Begleitung dienen". Diese allgemein akzeptierte Definition J. Matthesons aus seiner *Kleinen General-Baß-Schule* (1735) nennt die theoretischen und aufführungspraktischen Voraussetzungen der Musik des „G.-Zeitalters" (H. Riemann).
Nachdem bereits Zarlino die Intervallstruktur der Klänge von ihrem Baßton aus berechnet hatte, konnte der Verlauf der jeweils tiefsten Stimme einer Komposition als Fundamentstimme verstanden werden und über die klangliche Beschaffenheit des ganzen Satzes Auskunft geben. Die Organisten verzichteten daher zum Mitspielen besonders einer vielstimmigen Komposition auf das mühevolle ↗Intavolieren sämtlicher Stimmen und beschränkten sich auf den Auszug eines ↗Basso seguente (oder Bassus ad organum). Der älteste bekannte Beleg für diese Praxis ist der 1587 datierte Orgelbaß zu einer 40st. Motette von A. Striggio. Die 1602 veröffentlichten (aber einige Jahre älteren) *Cento concerti ecclesiastici* L. Viadanas bezogen erstmalig einen solchen Orgelbaß in den Kompositionsprozeß ein. Die mehrfachen Nachdrucke dieses Werks durch N. Stein in Frankfurt am Main (seit 1609) förderten mit der Verbreitung der neuen Gattung des solistisch besetzten ↗Geistlichen Konzerts (1–4 Stimmen in wechselnden Kombinationen) die rasche Rezeption des G.-Spiels in Deutschland, nachdem sich G. Aichinger bereits 1607 in seinen *Cantiones ecclesiasticae* ausdrücklich auf dieses Vorbild berufen hatte. Viadana, der in deutschen Traktaten noch im 18. Jh. „Erfinder des G." genannt wird, bekannte sich allerdings zur älteren Intavolierungspraxis der Motettenliteratur, der seine Konzerte auch stilistisch verpflichtet blieben (↗Motette). Widerwillig nur scheint er darauf verzichtet zu haben, die Orgelstimme schriftlich zu fixieren. Willkommene Orientierung zur Einrichtung einer solchen Stimme bietet die „Partitura pro organo", die M. Zieleński seinen 1611 in Venedig erschienenen *Offertoria*... beigab.
Als weitaus wichtiger für die Entwicklung des G.-Spiels erweisen sich die fast gleichzeitigen Drucke von E. de' Cavalieri (*Rappresentatione di Anima et di Corpo*, 1600), J. Peri (*Euridice*, 1600) und G. Caccini (*Le nuove Musiche*, 1601). Ihre Partituranordnung erlaubte es dem G.-Spieler, die Solostimme mitzulesen; eine weitere Hilfe zur korrekten Begleitung bot die bereits ganz selbstverständlich gebrauchte Bezifferung der Baßstimme. Dabei konnten perfekte Dreiklänge als vorausgesetzte Norm unbezeichnet bleiben, doch wurde die Qualität der Terz, soweit nicht leitereigen, mit dem entsprechenden Versetzungszeichen dargestellt. Ausnahmen, die beziffert werden müssen, ergeben sich bei Klängen, deren Eintritt von der Baßfolge nicht unmittelbar abgelesen werden kann:

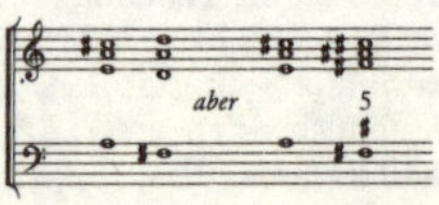

Beziffert werden ferner Dissonanzen und ihre Auflösungen, die zum festen Bestand der Kadenzbildungen gehören. Die „hohe" Bezifferung über die None hinaus legt dabei die Lage der Einzelstimmen im Satz verbindlich fest, eine Eigenart, die als überflüssiges Detail auf die rasche Entwicklung des G.-Spiels keinen Einfluß gewann. Beibehalten wurde der Grundsatz, die Intervalle der Zusammenklänge vom Baßton an aufwärts zu zählen und mit einfachen oder auch zusammengesetzten Ziffern zu bezeichnen. Persönliche und regionale Notationsgewohnheiten verhinderten allerdings die Entstehung eines normierten Signaturenkatalogs. Das folgende Beispiel illustriert mit einer rudimentären und einer vollständigen Bezifferung der Baßstimme die verschiedenartige Aufzeichnung des gleichen Sachverhalts:

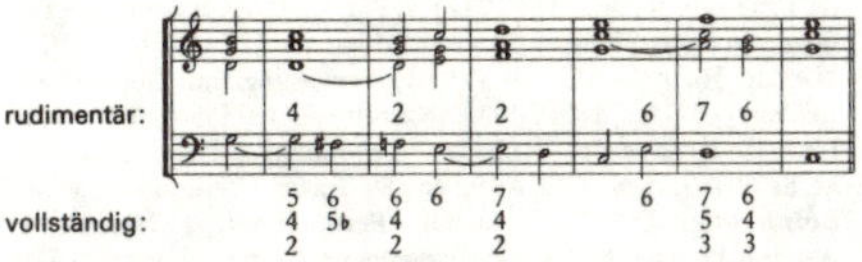

M. Praetorius, der im 3. Teil seines *Syntagma musicum* (1619) den G. behandelt und sich dabei auf Viadana und A. Agazzari (*Del sonare sopra'l basso,* 1607) beruft, machte das Problem der Notendrukker, nicht mehr als zwei Zeichen wiedergeben zu können, für die Unzuverlässigkeit und Mehrdeutigkeit der Bezifferung verantwortlich. Er blieb mit seiner Klage nicht allein. Der Ausbau des Akkordvorrats um 1700 hatte eine eher verwirrende als klärende Vielfalt der benutzten Signaturen zur Folge. J. Ph. Rameau (*Dissertation sur les différentes méthodes d'accompagnement,* 1732) gibt für 30 Akkorde mehr als doppelt so viele mögliche und gebräuchliche Bezeichnungen an. Die immer umfangreicheren Bezifferungstabellen der späteren G.-Traktate beweisen mit ihrer unsystematischen Berücksichtigung aller zufälligen harmonischen Bildungen noch im 18. Jh. den pragmatischen Charakter der G.-Schrift. Die ebenfalls praktisch orientierte Oktavenregel (↗Regola dell'ottava), ein seit etwa 1700 verbreitetes Modell zur Harmonisierung der auf- und absteigenden Tonleiter, vermittelt eine Anleitung für das Spiel nach unbezifferten Bässen. Wo die Bezifferung dagegen den Verlauf der ausgeführten Stimmen vollständig andeutet, erscheint die Baßstimme wie in der Frühzeit des G. als Kurzschrift der Partitur:

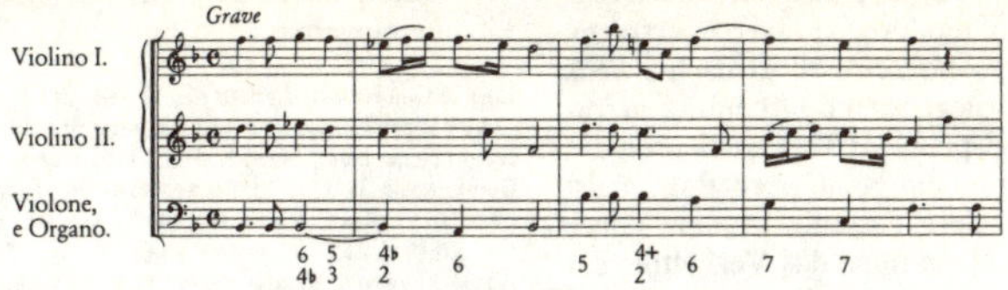

A. Corelli, *Sonata a tre,* op. 3/3

Während Cl. Monteverdi bereits 1605 in seinem 5. Madrigalbuch den G. einführte, stand die Eigentradition älterer Gattungen der allgemeinen Rezeption des G.es für Jahrzehnte im Wege. Die Motetten seiner *Geistlichen Chormusik 1648* verstand H. Schütz als Kompositionsmuster für den „Stylo ohne den Bassum Continuum", und folgerichtig verlangte er von den Organisten, die Stücke nicht nach dem Baß mitzuspielen, sondern in „Partitur abzusetzen". Daß der G. in Frankreich erst 1652 in einem Druck nachweisbar ist (*Cantica sacra* von H. Du Mont) – obwohl er dort seit dem Aufenthalt G. Caccinis am französischen Hof bekannt gewesen sein muß –, findet durch das späte Auftreten der geringstimmig besetzten konzertierenden Motette eine einfache Erklärung. Umgekehrt erschienen Werke von O. di Lasso und G. Palestrina und ihrer Zeitgenossen nach 1600 mit einer G.-Stimme, die ihnen in einer stilistisch veränderten Umwelt wenigstens ein begrenztes Überleben sicherte. Den aufführungspraktischen Aspekt vertrat noch Mattheson, während die Traktate von F. E. Niedt (*Musicalische Handleitung,* 3 Teile, 1700–17) und J. D. Heinichen (*Der G. in der Composition,* 1728) eine methodisch am G. orientierte Kompositionslehre entfalten. Die jüngeren Lehrbücher vernachlässigten zunehmend den eigentlichen G. und befaßten sich unter dem Einfluß Rameaus, aber auch unabhängig von seiner Theorie (etwa J. F. Daube, *General-Bass in drey Accorden,* 1756), mit der allgemeinen Musiklehre. G.-Elemente der modernen Harmonielehre (Stufen- und Funktionstheorie) stammen aus dieser Tradition. In der kirchenmusikalischen Praxis hielt sich der G. bis ins 19. Jh., und in musikalischen „Rückzugsgebieten" wurde seine tatsächliche Entbehrlichkeit auch im Hinblick auf andere Gattungen erst spät anerkannt. Die groß besetzten Symphonien J. Haydns wurden von J. J. Hummel in Berlin noch zwischen 1779 und 1786 mit einem bezifferten Baß gedruckt. L. Spohr

schildert in seiner Selbstbiographie den „sehr schlechten Effekt“, den 1820 die gelegentliche Mitwirkung eines Klavierspielers im Londoner Orchester hervorrief.
Schriftliche Zeugnisse ausgesetzter G.-Stimmen im 17. und 18. Jh. sind selten und können keineswegs unbefangen auf die moderne Praxis übertragen werden. In jedem besonderen Fall ist nach Zweck und Absicht einer vorliegenden Bearbeitung zu fragen. Ausgeführte Beispiele der Traktate lehren das korrekte Spiel nach einem bezifferten Baß, meist ohne auf das verwendete Tasteninstrument näher einzugehen und vor allem ohne das Verhältnis der G.-Begleitung zum begleiteten Ensemble zu bestimmen. Doch ist das vollgriffige, bis zu 10st. Spiel vom Charakter des Instruments her nur auf dem Cembalo möglich und bei G. Muffat (*Regulae Concentuum Partiturae*, 1699) auch ausdrücklich dafür berechnet. Grundsätzlich zu unterscheiden ist zwischen der untergeordneten Funktion des G.es („simples Accompagnement“) und einem obligaten („manierlichen“) G.-Spiel, das dort angemessen erscheint, wo dem Continuo solistische Aufgaben zufallen. Einige von J. S. Bach eilig skizzierte und rein akkordisch ausgesetzte Takte aus der Kantate *Ach Gott, wie manches Herzeleid*, BWV 3, ein gern zitiertes Beispiel gegen den „manierlichen“ G., waren offenbar für einen wenig fähigen Organisten bestimmt. Die von Bach eigenhändig korrigierte Aussetzung einer Violinsonate T. Albinonis gehört nicht zur G.-Praxis. Der Bachschüler H. N. Gerber fertigte sie im Rahmen seines Kompositionsunterrichts an, wo „mit der Erlernung des reinen vierstimmigen Generalbasses“ (C. Ph. E. Bach) die entsprechenden Grundlagen geschaffen wurden. G. Ph. Telemanns einzigartiger G.-Lehrgang (*Singe-, Spiel- u. G.-Übungen*, 1733/34) hat den Vorzug, in eigens für diesen Zweck komponierten Liedern das Verhältnis der Begleitung zur Singstimme darzustellen. Allgemeinen Regeln und Verboten, ob die Solostimme von der Begleitung mitzuspielen sei oder nicht, ob der Ambitus der Begleitung von der Solostimme nach oben begrenzt wird oder über sie hinausgehen darf, ob parallele Quinten zwischen der Oberstimme des Continuo und dem Solisten toleriert werden können, begegnete Telemann durchaus flexibel. Sein im übrigen „simples Accompagnement“ wurde, neuerdings auch kodifiziert von den „Editionsrichtlinien musikalischer Denkmäler und Gesamtausgaben“, in ahistorischer Weise zur verbindlichen Grundlage moderner G.-Aussetzungen gemacht. Immerhin begünstigt diese Praxis die bequeme Zugänglichkeit der G.-Musik, und eine Continuostimme, die lediglich die Bezifferung der Baßstimme in Noten ausdrückt, schließt individuelle Modifikationen der Bearbeitung keineswegs aus. Wie früher hat das extemporierte G.-Spiel gegenüber einer noch so geschickten Fixierung den Vorzug, in lebendiger Weise auf den Stil der begleiteten Musik, auf das verwendete Instrumentarium und die jeweilige Besetzung eingehen zu können.

Lit.: **1) Generalbaß-Lehren des 17./18. Jh.:** A. AGAZZARI, Del sonare sopra'l basso con tutti li stromenti e dell'uso loro nel concerto (Siena 1607, Nachdr. Bol 1969) (Nachdr. = Bibl. musica Bononiensis II/37); M. PRAETORIUS, Syntagma musicum 3 (Wb 1619), Faks.-Ausg., hrsg. v. W. GURLITT (Kas 1958–59) (= DMI I/21); A. WERCKMEISTER, Die notwendigsten Anmerkungen u. Regeln wie der G. wohl könne tractieret werden (Aschersleben 1698); G. MUFFAT, Regulae Concentuum Partiturae (1699), hrsg. v. H. Federhofer (1961) (= MSD 4); F. E. NIEDT, Musicalische Handleitung..., 1. Teil (H 1700, ²1710), Handleitung zur Variation, wie man den G. u. darüber gesetzte Zahlen variieren, artige Inventiones machen... könne (H 1706, ²1721) u. Musicalische Handleitung dritter u. letzter Theil (H 1717); F. GASPARINI, L'armonico pratico al cimbalo (V 1708, Nachdr. NY 1967) (Nachdr. = MMMLF II/14); J. D. HEINICHEN, Der G. in der Composition (Dresden 1728, Nachdr. Hil 1969); J. MATTHESON, Große G.-Schule (²1731, Nachdr. Hil 1968); J.-PH. RAMEAU, Dissertation sur les différentes méthodes d'accompagnement pour le clavecin ou pour l'orgue (P 1732); L. CH. MIZLER, Anfangsgründe des G.es (L 1739, Nachdr. Hil 1972); F. J. DAUBE, General-Bass in drey Accorden (L 1756); C. PH. E. BACH, Versuch über die wahre Art das Clavier zu spielen (B 1762, Nachdr. L 1957); F. W. MARPURG, Hdb. bey dem Generalbasse u. der Composition, 3 Bde. (B 1755–60, Nachdr. Hil 1974); J. PH. KIRNBERGER, Grundsätze des Generalbasses als erste Linien zur Composition (1781, Nachdr. Hil 1974); D. G. TÜRK, Anweisung zum Generalbaßspielen (Hl – L ²1800, Faks.-Nachdr. A 1971). – **2) Neuere Lit.:** H. RIEMANN, Hdb. des Generalbaßspielens (B 1889); M SCHNEIDER, Die Anfänge des Basso Continuo u. seiner Bezifferung (L 1918, Nachdr. Farnborough 1971); F. T. ARNOLD, The Art of Accompaniment from a Thorough-Bass as Practised in the 17th and 18th Century (Lo 1931, Nachdr. 1961, NY 1965) (= American Musicological Society, Music Library Associated Press, Reprint Series o. Nr.); H. KELLER, Schule des Generalbaßspiels (Kas 1931); H. H. EGGEBRECHT, Arten des G. im frühen u. mittleren 17. Jh., in: AfMw 14 (1957); L. U. ABRAHAM, Der G. im Schaffen des M. Praetorius u. seine harmonischen Voraussetzungen (B 1961) (= Berliner Stud. zur Musikwiss. 3); G. J. BUELOW, Thorough-Bass Accompaniment According to J. D. Heinichen (Berkeley 1966); Editionsrichtlinien musikal. Denkmäler u. Gesamtausgaben, hrsg. v. G. VON DADELSEN (1967); F. OBERDOERFFER, Neuere Generalbaßstudien, in: AMl 39 (1967); W. E. HETTRICK, The Thorough-Bass in the Works of G. Aichinger 1564–1628 (1968) (= Diss. Univ. of Michigan); U. ZINGLER, Über die Rolle zusätzlicher Noten im B. c. bei Vc.-Sonaten, in: Frankfurter musikhist. Stud. FS H. Osthoff (Tutzing 1969); M. KARBAUM, Das theoretische Werk J. F. Daubes. Der Theoretiker J. F. Daube. Ein Beitr. zur Kompositionslehre des 18. Jh. (Diss. W 1969); P. WILLIAMS, Figured Bass Accompaniment, 2 Bde. (Edinburgh 1970); H. BURNETT, The Bowed String Instruments of the Baroque B. c. ca. 1680–1752, in Italy and France, in: Journal of the Viola da Gamba Society of America 7–8 (1970–71); C. E. HATTING, Obligater Satz versus G.-Satz, in: FS J. P. Larsen (Kop 1972); G. MORCHE, Règle de l'octave u. Basse fondamentale, in: Kgr.-Ber. Kopenhagen 1972 (Kop 1974); W. HEIMANN, Der Generalbaßsatz u. seine Rolle in Bachs Choral-Satz (Mn 1973) (= Freiburger Schriften zur Musikwiss. 5); L. PIKE, The First English

„Basso Continuo" Publication, in: ML 54 (1973); G. HAUSSWALD, Die Musik des G.-Zeitalters (Kö 1973) (= Das Musikwerk 45); H. HAACK, Anfänge des G.-Satzes (Tutzing 1974) (= Münchner Veröff. zur Musikgesch. 22); D. HAYES, Rameau's „nouvelle méthode", in: JAMS 27 (1974); D. FULLER, Accompanied Keyboard Music, in: MQ 60 (1974); C. P. GRANT. The Real Relationship Between Kirnberger's and Rameau's Concept of the Fundamental Bass, in: JMTh 21 (1977).

G. MORCHE

GENERALBASSZEITALTER, von H. Riemann (*Handbuch der Musikgeschichte* II/2, 1911) erstmals gebrauchte Bz. für die musikgeschichtliche Epoche zwischen etwa 1600 und 1750, deren satztechnisches Denken im ↗Generalbaß die entsprechende Ausprägung fand. Die Bz. ↗Barock für den gleichen Zeitraum wurde durch C. Sachs eingeführt.

GENERALI (eigentlich Mercandetti), **Pietro,** * 4.10.1783 Masserano (Piemont), † 3.11.1832 Novara; it. Komponist. G. trat in die Dienste eines römischen Prälaten, um sich eine gute musikalische Ausbildung zu verschaffen, die er am Konservatorium S. Pietro a Majella in Neapel vervollständigte. 1802 debütierte er in Rom als Opernkomponist mit *Gli amanti ridicoli.* In den folgenden Jahren lebte G. von Opernaufträgen aus ganz Europa. 1817–21 war er Kapellmeister und Theaterleiter in Barcelona. Nach seiner Rückkehr nach Italien widmete er sich wieder mehr der Kirchenmusik. 1827 wurde G. Kapellmeister am Dom von Novara. Daneben hatte er zahlreiche Schüler. Er fand als Komponist zu Lebzeiten gleichermaßen Anerkennung und Kritik. Seine Werke erinnern vor allem in den brillanten Partien an Rossini.

WW: Opern: *Gli amanti ridicoli,* UA: Rom 1800; *La Calzolaia,* UA: Venedig 1804; *Don Chischiotte,* UA: Mailand 1805; *Adelina,* UA: Venedig 1810; *Elene ed Olfredo,* UA: Neapel 1821; *Argene ed Arsindo, La Sposa indiana,* UA: ebd. 1822.

Lit.: L. SCHIEDERMAIR, Eine Autobiographie P. G.s, in: FS Liliencron (L 1910); G. BUSTICO, Mercadante a Novara, in: RMI 28 (1921); V. FEDELI, La cappella musicale di Novara, in: Istituzioni e monumenti dell'arte musicale italiana 3 (1933).

GENERALMUSIKDIREKTOR, Abk. GMD, heute von städtischen und staatlichen Behörden verliehener Titel an die ständigen musikalischen Leiter (Chefdirigenten) größerer Orchester (Symphonieorchester) oder Opernensembles. Der Titel G. wurde erstmals 1819 in Berlin an G. Spontini vergeben. – ↗Musikdirektor.

GENERALPAUSE (engl.: general rest; frz.: silence général; it.: vuoto), seit dem 18. Jh. Bz. für das gleichzeitige Pausieren aller Stimmen, das den musikalischen Ablauf merklich unterbricht. Gelegentlich wird in neuerer Zeit zusätzlich zu den Pausen die Abkürzung G.P. verwendet. In der Vokalmusik des 17.–18. Jh. konnte die G. auch als Pausen-Figur (↗Figuren), meist unter der Bz. Aposiopesis, im Dienst des Wort- oder Affektausdrucks stehen, oft bei Worten wie „Tod", „Sterben" o. ä. (so etwa in den *Sieben Worten Jesu Christi am Kreuz* von H. Schütz nach den Worten „und gab seinen Geist auf", aber auch noch im Credo der *Missa solemnis* von L. van Beethoven zwischen den Worten „et exspecto resurrectionem" und „mortuorum"). – ↗Pause.

GENERATOR. In der Technik Bz. für ein Gerät, das eine Energieform (z. B. mechanische) in eine andere (z. B. elektrische) umwandelt (z. B. Dynamo). In der Musikinstrumententechnik auch Bz. im weitesten Sinn für die Elemente zur Erzeugung von elektrischen bzw. mechanischen Schwingungen. Bei einer Geige z. B. wird die Saite durch das mechanische Anstreichen mit dem Bogen zu akustischen, mißklingenden Kippschwingungen angeregt, aus denen der Korpus der Geige durch Resonanz harmonische Oberschwingungen in ansprechender Mischung auswählt. Bei vielen Musikinstrumenten übernimmt der Resonanzkörper darüber hinaus auch die tonhöhenbestimmende Funktion (Labialpfeife, Stabspiele). Hierbei wird der Resonanzkörper entweder durch ein meist breitbandiges Rauschen (Anblasen) oder durch einen Impuls zum Mitschwingen angeregt. Die Art der Erregung bestimmt weitgehend den einem jeden Instrument eigenen ↗Einschwingvorgang. Bei der elektronischen Klangerzeugung sind der G. und die dem Resonanzkörper entsprechenden ↗Filter dimensionierbar und während des Spiels veränderbar. – ↗Tongenerator, ↗Synthesizer.

GÉNERO CHICO (span., = kleine Gattung), Bz. für in der 2. Hälfte des 19. Jh. in Spanien populäre, einaktige Bühnenstücke mit Musik. Die teils rührselig-empfindsamen, teils sarkastisch-geistreichen Stücke gehen auf die ältere volkstümliche Gattung der ↗Sainete zurück und sind der neueren ↗Zarzuela verwandt. Insbesondere mit *La Canción de la Lola* (1880) und *La gran via* (1886) von F. Chueca setzte sich das G. ch. durch. Als bedeutendstes Werk gilt *La verbena de la Paloma* (1897) von T. Bretón. Zu den wichtigen Komponisten dieser Gattung zählen ferner u. a. R. Chapí y Lorente, J. Valverde, A. Vives und E. Serrano.

Lit.: M. ZURITA, Hist. del g. ch. (Ma 1920); M. MUÑOZ, Hist. de la zarzuela española y del g. ch. (Ma 1946); J. DELEITO Y PIÑUELA, Origen y apogeo del g. ch. (Ma 1949); V. RUIZ ALBÉNIZ, Teatro Apolo. Historial, anecdotario, y estampas madrilenas de su tiempo 1873–1929 (Ma o. J.).

GENET, Elzéar, ↗Carpentras.

GENFER PSALTER ↗Hugenottenpsalter.

GENNRICH, Friedrich, * 27.3.1883 Colmar,

† 22. 9. 1967 Langen (Hessen); dt. Musikforscher. G. studierte seit 1903 Philologie in Straßburg, seit 1905 in Paris an der Sorbonne und am Collège de France und seit 1907 wieder in Straßburg, promovierte dort 1908 und legte 1910 das Staatsexamen ab. Anschließend war er bis 1919 Studienrat in Straßburg und seit 1921 in Frankfurt am Main, habilitierte sich dort 1927 im Fach Musikwissenschaft und erhielt 1929 auch die Venia legendi für spanische Philologie. 1934 wurde er außerplanmäßiger Professor. G. widmete sich besonders dem einstimmigen Gesang des Mittelalters, vor allem der Liedkunst der Troubadours, Trouvères und Minnesänger; viele seiner Schriften über diese Gebiete sind grundlegend. Seit 1938 gab er die *Literarhistorisch-musikwiss. Abhandlungen* heraus.

WW: **1) Schriften:** *Musikwiss. u. romanische Philologie* (Hl 1918); *Rondeaux, Virelais u. Balladen*, 2 Bde. (Dresden 1921, Gö 1927) (= Ges. für romanische Lit. 43 u. 47) (dazu Bd. 3 = Summa musicae medii aevi, s. u. Editionen); *Sieben Melodien zu mittelhochdeutschen Minneliedern*, in: ZfMw 7 (1924/25); *Trouvère-Lieder u. Motettenrepertoire*, in: ebd. 9 (1926/27); *Internationale ma. Melodien*, in: ebd. 11 (1928/29); *Grundriß einer Formenlehre des ma. Liedes* (Hl 1932, Nachdr. Tü 1970); *Troubadours, Trouvères, Minne- u. Meistersang* (Kö 1951, [2]1960) (= Das Musikwerk 2); *Streifzüge durch die erweiterte Modaltheorie*, in: AfMw 18 (1961); *Zur Ausg. der Lieder des Gautier de Coinci v. J. Chailley*, in: Romanische Forsch. 73 (1961). – **2) Editionen:** *Musikwiss. Studienbibl.*, 24 Hefte zur Musik des MA, 1–4 (Nieder-Modau 1946–48), 5–19 (Da 1953–59), 20–24 (Langen 1962–66); in der Reihe *Summa musicae medii aevi* (Da – Langen 1961 ff.) 3–4, 15: *Der musikal. Nachlaß der Troubadours*, 3 Bde. (1958–60, 1965); 5: *Die Wimpfener Fragmente der Hessischen Landesbibl. Darmstadt*, Faks.-Ausg. (1958); 7–8: F. Ludwig, *Repertorium organorum recentionis et motetorum vetustissimi stili*, 2 Bde. (1961); 9: *Neidhardt-Lieder* (1962); 10: *Das altfrz. Rondeau im 12. bis 13. Jh.* (1963) (= 3. Bd. zu: Rondeaux, Virelais u. Balladen 1921 bis 27); 11: *Die Jenaer Liederhs.*, Faks.-Ausg. (1965); 12: *Die Kontrafaktur im Liedschaffen des MA* (1965); 13: J. de L'Escurel, *Balades, Rondeaux et Diz Entez sus Refroiz de Rondeaux* (1964); 14: *Bibliogr. Verz. der frz. Refrains des 12. u. 13. Jh.* (1969); 16: F. Ludwig, *Stud. über die Gesch. der mehrstimmigen Musik im MA* (1966); 17: *Florilegium motetorum* (1966); 18: *Die Colmarer Liederhs.*, Faks.-Ausg. (1967).

Lit.: B. KIPPENBUSCH, Der Rhythmus im Minnesang. Eine Kritik der literarischen u. musikhist. Forsch. (Mn 1962) (= Münchener Texte u. Unters. zur dt. Lit. des MA 3); W. BITTINGER, in: Mf 21 (1968); J. G. SCHUBERT, in: AMl 40 (1968).

GENOS (griech., = Gattung, Geschlecht; lat.: genus), Bz. für das Tongeschlecht in der griechischen Musik und Oberbegriff der drei charakteristischen Intervallordnungen ↗Diatonik, ↗Chromatik und ↗Enharmonik. In der Musik der klassischen Zeit (5./4. Jh. v. Chr.) fanden die Genera ihre gültige Ausprägung: nuanciert, ausdrucksvoll und im Sinne des ↗Ethos wirksam. Aus der Praxis scheint die heute seltsam fremd anmutende Enharmonik bereits in nachklassischer Zeit verschwunden zu sein. – Deutlicher als in der Literatur spiegelt sich das G. in der antiken Musiktheorie. Hier werden die Tongeschlechter exemplarisch anhand des für den Aufbau des Tonsystems (↗Systema teleion) grundlegenden ↗Tetrachords erklärt. Im Gegensatz zu den im Quartabstand feststehenden Rahmentönen (menontes = bleibende; hestōtes = feststehende) gelten die beiden mittleren Tonstufen als beweglich (kinumenoi, pheromenoi), weil sie in jedem G. andere Positionen einnehmen. Typisch sind die folgenden Intervallverhältnisse (1 = Ganzton; Reihenfolge von oben nach unten):

diatonisch	**1**	**1**	½	(z. B. a g f e)
chromatisch	**1½**	½	½	(a ges f e)
enharmonisch	**2**	¼	¼	(a f Viertelton e).

Allerdings konnte nach Aristoxenos *(Elemente der Harmonik)* die obere „bewegliche" Tonstufe ihre Position innerhalb eines Ganztons kontinuierlich verlagern, die untere innerhalb eines Vierteltons:

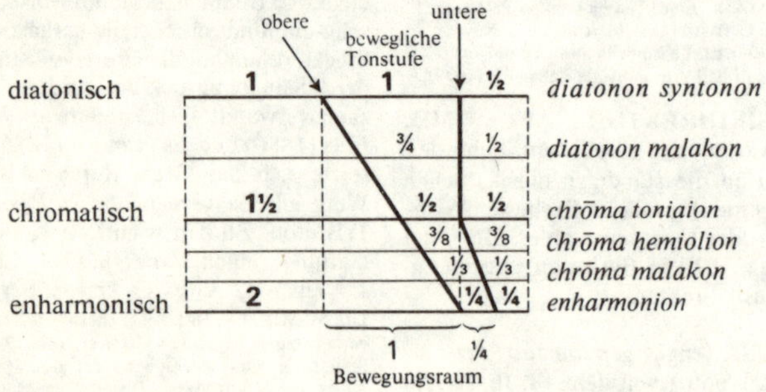

Durch einfache Teilungen faßbar gemachte Nuancen (chroai = Färbungen) innerhalb der Genera heißen bei Aristoxenos „diatonon syntonon", „diatonon malakon" usw. (syntonon und malakon übersetzt Boëthius [*Inst. harm.* I, 21] mit durus und mollis; ↗Dur, ↗Moll). Die im chromatischen und enharmonischen G. auftretende „Verdichtung" der beiden unteren Intervalle nennt er ↗Pyknon. Musikalisch bestimmend scheint hingegen eher das oberste Intervall des Tetrachords gewesen zu sein. Wenn Aristoxenos recht hat, können die Deutungen der nach überteiligen Zahlenverhältnisse, d. h. (n + 1) : n, in festen Intervallen suchenden Pythagoreer schwerlich stimmen. Tatsächlich geht es den Pythagoreern mehr um die zahlentheoretische als um die musikalische Seite der Sache, wie die überlieferten Berechnungen etwa des chromatischen G. zeigen (vgl. Ptolemaios, *Harm.* II, 14):

Archytas (um 400 v. Chr.)	(32:27) × (243:224) × (28:27) = 4:3
Eratosthenes (3. Jh. v. Chr.)	(6:5) × (19:18) × (20:19) = 4:3
Didymos (1. Jh. v. Chr.)	(6:5) × (25:24) × (16:15) = 4:3
Ptolemaios (2. Jh. v. Chr.)	
chrōma malakon	(6:5) × (15:14) × (28:27) = 4:3
chrōma syntonon	(7:6) × (12:11) × (22:21) = 4:3

Die antike Lehre von den Tongeschlechtern, die im Mittelalter nicht unbekannt war (z. B. in Byzanz Bryennios, *Harm.* I, 7; im lateinischen Westen die breite Boëthius-Überlieferung), wurde in der Renaissance, zumal in Kreisen des italienischen Humanismus, viel diskutiert und – mit Umdeutungen verbunden – gelegentlich musikalisch wiederzubeleben versucht (F. Gaffori, N. Vicentino).

F. ZAMINER

GENOVEVA, Oper in 4 Akten von Robert Schumann (1810–56), op. 81, Text vom Komponisten unter Mitwirkung von Robert Reinick nach den Trauerspielen *Leben und Tod der heiligen Genoveva* (1799) von Ludwig Tieck und *Genoveva* (1843) von Friedrich Hebbel. Ort u. Zeit der Handlung: westliches Deutschland u. Straßburg, im frühen Mittelalter. UA: 25. 6. 1850 in Leipzig.

Schumanns einziger Oper mangelt es an einem dramatisch ausgewogenen Libretto, denn weder Tiecks Heiligenlegende noch Hebbels psychologisches Drama, das um Genovevas Gegenspieler Golo kreist, sind für die Opernbühne adäquat umgesetzt: Man vermißt differenzierende Personencharakterisierung ebenso wie organisch aufgebaute dramatische Spannung. Schumann erfand zwar einfallsreiche Gesangsthemen, doch bleibt die Musik insgesamt zu kontrastarm, als daß sie musikdramatisch tragfähig oder gar theatralisch effektvoll wäre. Die leitmotivische Konzeption ist nicht konsequent verwirklicht, so daß Schumann auch hier im Ansatz zu musikdramatischer Komposition steckenbleibt. Von Bedeutung für die Entwicklung der deutschen Oper des späten 19. Jh. ist der großformale Aufbau des Werkes, in dem die Nummern ohne Schlußkadenz in eine vom Orchester getragene rezitativische Deklamation eingebettet sind; trotz des Nummernplanes ist aber die Tendenz zur Durchkomposition unverkennbar. – Bei der UA wurde das Werk mit spontaner, aber nicht uneingeschränkter Zustimmung aufgenommen.

J. SCHLÄDER

GENZMER, Harald, *9. 2. 1909 Bremen; dt. Komponist. Er war in Berlin Kompositionsschüler von P. Hindemith an der Musikhochschule und studierte an der Universität Musikwissenschaft bei C. Sachs und G. Schünemann. 1934–37 war er Studienleiter an der Breslauer Oper, 1938–45 Theorielehrer an der Jugend- und Volksmusikschule Berlin-Neukölln und folgte 1946 als Professor für Komposition einem Ruf an die neugegründete Musikhochschule in Freiburg im Breisgau. 1957–74 unterrichtete er in gleicher Funktion an der Münchner Musikhochschule. G. schrieb vornehmlich konzertante Orchester- und Kammermusik sowie zahlreiche geistliche und weltliche Vokalwerke, während szenische Werke mit 2 Tanzspielen *Kokua* (UA Freiburg 1952) und *Der Zauberspiegel* (UA München 1965) zahlenmäßig nur gering vertreten sind. G. gilt als der namhafteste deutsche Vertreter der Hindemith-Schule, bezieht in seinen Satztechniken jedoch auch neuere Entwicklungen mit ein. Ohne je modischen Richtungen gefolgt zu sein, kann gewissermaßen als Devise für sein eigenes Werk seine Aussage gelten: „Musik soll vital, kunstvoll und verständlich sein. Als praktikabel möge sie den Interpreten für sich gewinnen, als erfaßbar sodann den Hörer."

WW: **1) Instr.-WW:** 2 Streichquartette (1949, 1954); Kammermusik (1964) für Klar., V., Vc. u. Klv.; 2 Klv.-Trios (1943, 1964); für V. u. Klv.: 3 Sonaten (1943, 1949, 1954); Sonatine (1953); für Vc. u. Klv.: Sonate (1953); Sonatine (1967); Divertissement für Fl. u. V.; *Introduktion, aria e finale* (1968) für V. u. Org.; *10 Préludes* (1963) für Klv.; 21 *Studien* (1965) für Klv.; für Org.; 3 Sonaten (1953, 1956, 1963); *Tripartita* (1945); *Adventskonzert* (1966); *Die Tageszeiten* (1968); Notturno für Salterio u. Harfe (1977); Sechs leichte Stücke für Klar., Vc. u. Schlaginstrumente (1977); Sonate für Kb. u. Klv. (1980). – Für Orch.: *Festliches Vorspiel* (1945); *Pachelbel Suite* (1946); *Prolog für Orchester* (1959); 2 Symphonien (1957, 1958); Divertimento für symphonisches Blasorchester (1968); Introduktion u. Adagio (1965); Sonatina (1968) u. *Miniaturen* (1977) für Streichorch.; Konzerte mit Orch. für: Trautonium (1939, 1952); Klv. (1948, 1977); Vc. (1950, 1969); Fl. (1954); V., *Concerto da camera* (1959); Va. (1967); Org. (1971); Org. u. Schlagzeug (1974); Schlagzeug (1978); Konzerte mit Streichorch.: *2 Concertini* für Klv. (1946) mit Fl. oder V., u. Nr. 2 (1963); *Kammerkonzert* für Ob. (1957); *Divertimento giocoso* für 2 Holzbläser (1960); für Harfe (1965) u. „in memoriam der Brüder Kennedy" für Trp. (1968). – **2) Vokal-WW:** *Racine-Kantate* (1949) für Bar., Chor u. Orch.; Messe in E (1953) für Sopran, Alt, Bar., Chor u. Orch.;

Ostermesse (1961) für Bar., Chor u. Orch.; *Schiller-Kantate* (1968) für hohe St., Männerchor u. Orch.; *Moosburger Graduale* (1971) für Soli, Chor u. Instr.; Kantate *Oswald von Wolkenstein* (1977) für Sopran, Bar., Chor u. Orch.; *Biblische Kantate* (1980) für Männerchor, Sopran, Orgel u. Schlagzeug; Chöre a cap.: *Gesang Weylas* (1958) (nach Mörike); *Meeresstille u. Glückliche Fahrt* (1960) (nach Goethe); Zyklen: *Irische Harfe* (1965); *English Horn* (1968); ferner Klv.-Lieder.

Lit.: Interpreten über H. G. (F 1969) (mit Werk-Verz.); E. VALENTIN, Das Chorschaffen H. G.s, in: Lied u. Chor 61 (1969); K. SCHUMANN, Zu G.s Orgelwerken (Mz 1979).

GEORGE, Fatty (eig. Franz Preßler), * 24. 4. 1927 Wien; östr. Jazzmusiker (Klarinette, Altsaxophon). Er studierte am Konservatorium und an der Musikakademie in Wien. Seit 1945 spielte er im besetzten Österreich zuerst in russischen, dann in amerikanischen Soldatenklubs. 1947 ging er nach Deutschland. Nach Österreich zurückgekehrt, gründete er 1952 Fatty's Jazz Casino in Innsbruck, lebte seit 1955 wieder in Wien und unternahm von dort Tourneen durch Mitteleuropa. 1958 eröffnete er in Wien Fatty's Saloon, damals Europas größtes Jazzlokal, wo er mit seiner Band auftrat. 1964 gründete er ein neues Ensemble. In den 70er Jahren trat er in seinem neuen Wiener Lokal Jazzland auf. G. spielte auch modernen Jazz, u.a. mit H. Koller und Fr. Gulda. Seinen Ruf, zu den besten Jazzklarinettisten Europas zu gehören, verdankt er aber hauptsächlich seinem Spiel im traditionellen Swingstil.

GEORGE, Stefan, * 12.7.1868 Büdesheim bei Bingen, † 14.12.1933 Minusio bei Locarno; dt. Dichter. G. entstammte einer rheinhessischen Familie lothringischer Herkunft. Seit 1888 bereiste er Westeuropa, mit längeren Aufenthalten in Paris, London, München, Wien, Basel und Berlin. Von 1892 an sammelte er eine Gefolgschaft gleichgesinnter Dichter, Literaturwissenschaftler und Kulturkritiker um sich, als deren geistiger Führer er auf das Geistesleben in Deutschland beträchtlichen Einfluß gewann, u.a. durch die von ihm begründeten *Blätter für die Kunst* (1892–1919). Zum inneren G.-Kreis zählten u.a. Karl Wolfskehl, Ludwig Klages, Friedrich Gundolf, Henry von Heiseler, Hugo von Hofmannsthal (bis zum Bruch von 1906), Norbert von Hellingrath, Ernst Bertram, Max Kommerell und noch Claus von Stauffenberg, zu den mit ihm befreundeten Musikern C. Scott, Clemens Freiherr von und zu Franckenstein, C. Ansorge und G. Frommel. Obwohl G. das Konzept des Wagnerschen „Gesamtkunstwerkes" ablehnte und daher auch Vertonungen seiner eigenen Gedichte zurückhaltend gegenüberstand, übten die geistige Esoterik wie der melodisch-rhythmisch hoch stilisierte Duktus seiner romanisch formstrengen Dichtung einen großen (auch dialektisch zu erklärenden) Anreiz auf die im Übergang von Impressionismus und Expressionismus zur Neuen Wiener Schule stehenden Komponisten aus. Hervorzuheben sind A. Schönbergs Vertonungen von 15 Gedichten aus dem *Buch der hängenden Gärten* op. 15 für Singstimme und Klavier (1908/09), 5 Lieder aus *Der siebente Ring* für hohe Stimme und Klavier von A. Webern und die Konzertarie *Der Wein* nach G. und Ch. Baudelaire von A. Berg.

Ausg.: GA, 18 Bde. (B 1927–34, Nachdr. Düsseldorf 1964–66); GA in 2 Bde.n, hrsg. v. R. BOEHRINGER (Mn 1958, ²1968); Blätter für die Kunst. Begründet v. S. G., hrsg. v. E. A. KLEIN (B 1892–1919, Nachdr. Düsseldorf 1968); Briefwechsel G. – Hofmannsthal (B 1938, ergänzt Mn ²1953).

Lit.: G. BONDI, Erinnerungen an S. G. (B 1934, Nachdr. Düsseldorf 1965); R. BOEHRINGER, Mein Bild v. S. G., 2 Bde. (Mn 1951, Düsseldorf ²1967); G. R. URBAN, S. G.'s Attitude to Music Considered in Relation to the Aesthetic Views of Himself and His Circle (Diss. Lo 1955/56); C. SCOTT, Reminiscences of S. G., in: German Life and Letters 12 (1959); M. LANDMANN, Zwischen Wiss. u. Musik, in: Castrum Peregrini (1959); G. P. LANDMANN, S. G. u. sein Kreis, eine Bibliogr. (H 1960, ²1976) (mit Verz. der Vertonungen); G. R. URBAN, Kinesis and Stasis. A Study in the Attitude of S. G. and His Circle to the Musical Arts ('s-Gravenhage 1962) (= Anglica Germanica, British Studies in Germanic Languages and Literature 2); TH. W. ADORNO, Der getreue Korrepetitor (F 1963) (zu Schönberg, Berg, Webern); K. H. EHRENFORTH, Ausdruck u. Form (Bonn 1963) (zu Schönbergs op. 15); R. BRINKMANN, Schönberg u. G., Interpretationen eines Liedes, in: AfMw 26 (1969); W. OSTHOFF, „Haus in Bonn". G. u. Beethoven, in: Castrum Peregrini 95 (1970).

H. LINDLAR

GEORGESCU, Georges, * 12.9.1887 Sulina, † 1.9.1964 Bukarest; rumänischer Dirigent. Er studierte am Konservatorium in Bukarest Violoncello, dann an der Musikhochschule in Berlin (u.a. bei A. Nikisch und R. Strauss), war Mitglied des Marteau-Quartetts und debütierte nach weiterer Ausbildung bei A. Kleffel in Berlin als Dirigent mit dem Philharmonischen Orchester, das er, wie auch das Blüthner-Orchester, in der Folgezeit öfter dirigierte. 1920 wurde er Dirigent des Philharmonischen Orchesters in Bukarest, das er fast 40 Jahre leitete. 1922–26 und 1932–34 war er auch Direktor der Oper in Bukarest.

Lit.: G. G. 50 de ani de activitate (Bukarest 1957); T. G. GEORGESCU, G. G. (ebd. 1971).

GEORGE WHITE'S SCANDALS, amerik. Revuen, benannt nach dem Tänzer und Schauspieler George White (1890–1968), der ihr Produzent, Choreograph und Regisseur war. Für die verschiedenen Produktionen, die 1919–31, ausgenommen 1927 und 1931, jährlich neu am New Yorker Broadway erschienen, komponierten und schrieben einige der besten Komponisten und Autoren der damaligen Zeit.

Die Produktionen der *Scandals* zeichneten sich durch verschwenderische Ausstattung, musikalisch wie textlich aktuelle Songs sowie Betonung des tänzerischen Moments aus. Der bedeutendste Komponist, der für White arbeitete, war George Gershwin. Er schrieb für fünf Revuen 1920–24 erfolgreiche Songs, mit denen er seinen Namen als Broadway-Komponist begründete. Neben dem Evergreen *I'll build a Stairway to Paradise* enthielten die *Scandals* des Jahres 1922 (UA: 28.8.1922, Globe Theater) Gershwins einaktige Neger-Oper *Blue Monday Blues* (Text von Buddy de Silva), die als Vorgriff auf *Porgy and Bess* gedeutet werden kann; zum Schlager wurde auch *Somebody loves me* aus den *Scandals* von 1924 (UA: 30.6.1924, Apollo Theater). Gershwin wurde abgelöst von dem Autorenteam Buddy de Silva (1895–1950), Lew Brown (1893 bis 1958) und Ray Henderson (1896–1970), das u. a. die nach allgemeiner Ansicht beste und mit 424 Aufführungen en suite erfolgreichste Ausgabe der *Scandals* (1926, UA: 14.6., Apollo-Theater) musikalisch und textlich betreute. Zu den bekanntesten Nummern dieser Produktion gehören *Black Bottom* und *The Birth of the Blues.* 1935 und 1939 versuchte White vergeblich, an die früheren Erfolge anzuknüpfen. Unter dem Titel *George White's Scandals* entstanden auch drei Filme: 1934 mit Alice Faye, 1935 mit Eleanor Powell und 1945 mit Jack Haley. R.-M. SIMON – S. SIMON

GEORGI, Yvonne, * 29.10.1903 Leipzig, † 25.1. 1975 Hannover; ndl. Tänzerin, Choreographin und Tanzpädagogin dt. Herkunft. Sie lernte u. a. an der Dalcroze-Schule in Hellerau und am Mary Wigman-Studio in Dresden. 1924 wurde sie Solotänzerin bei K. Jooss in Münster, 1925 Ballettmeister in Gera, wo ihre ersten Choreographien entstanden. Seit 1926 wirkte sie an der Oper in Hannover – wo H. Kreutzberg ihr Partner wurde, mit dem sie auch ausgedehnte Tourneen unternahm – und gründete eine eigene Tanzschule. 1931 ging sie nach Amsterdam, wirkte 1932–36 erneut in Hannover, danach wieder in Amsterdam, wo aus dem vorher von ihr aufgebauten Ballett der Wagnervereinigung ihr eigenes Ballett entstand, mit dem sie auch auf Tournee ging, u. a. 1939 in die USA. 1951–54 war sie Ballettchefin der Düsseldorfer Oper, danach bis 1970 in Hannover, wo sie bis 1973, seit 1959 als Professor, auch die Tanzabteilung an der Hochschule für Musik und Theater leitete. Daneben choreographierte sie im In- und Ausland. Y. G., die zu den bedeutenden Choreographen der Gegenwart zählte, erstrebte eine Synthese zwischen dem klassischen Ballett und dem modernen Ausdruckstanz.

WW: Choreographien (wenn nichts anderes angegeben, in Hannover aufgeführt): F. Poulenc, *Les animaux modèles,* UA: Düsseldorf 1951; J. Andriessen, *Das Goldfischglas,* UA: ebd. 1952; I. Strawinsky, *Sacre du printemps,* UA: ebd. 1953; G. von Einem, *Glück, Tod u. Traum,* UA: Alpach 1953; M. Gould, *Human Variations,* UA: 1955; B. Blacher, *Der Mohr von Venedig,* dt. EA: 1956; H. Badings, *Elektronisches Ballett,* dt. EA: 1957; H. Dutilleux, *Le loup,* dt. EA: 1957; I. Strawinsky, *Agon* UA: 1958; H. Badings, *Evolutionen,* UA: Wien 1958; H. Erbse, *Ruth,* UA. ebd. 1959; G. C. Menotti, *Das Einhorn, der Drache u. der Tigermann,* dt. EA: 1959; H. Badings, *Die Frau aus Andros,* UA: 1960; M. Constant, *Angst,* dt. EA: 1961; R. Strauss, *Metamorphosen,* UA: 1962; B. Blacher, *Demeter,* UA: Schwetzingen 1964; F. Burt, *Der Golem,* UA: 1965; M. Constant, *Paradis perdu,* dt. EA: 1968; N. Karetnikow, *Klein Zack, genannt Zinnober,* UA: 1970; W. Lutosławski, *Deux vénitiens,* UA: 1975.

Lit.: H. KOEGLER, Y. G. (Velber 1963).

GEORGIADES, Thrasybulos Georgios, * 4.1. 1907 Athen, † 15.3.1977 München; dt. Musikforscher griech. Herkunft. Er studierte 1921–26 Klavier am Odeon in Athen und 1923–28 auch Brückenbau. 1931–35 wurde er Schüler von C. Orff, studierte 1930–35 Musikwissenschaft und promovierte 1935 mit der Dissertation *Englische Diskanttraktate aus der ersten Hälfte des 15. Jh.* G. wurde 1936 Professor für Formenlehre am Odeon in Athen, das er von 1939–41 auch leitete. 1947 habilitierte er sich in München mit der Schrift *Bemerkungen zur antiken Quantitätsmetrik,* lehrte 1948–56 an der Heidelberger Universität (seit 1949 als Professor) und war 1956–72 Ordinarius für Musikwissenschaft an der Münchner Universität. 1974 wurde er als erster Vertreter der Musikwissenschaft zum Mitglied des Ordens Pour le mérite für Wissenschaft und Künste ernannt.
G. gehört zu den führenden Musikhistorikern der Nachkriegszeit. Seine Forschungen, die das Ganze der europäischen Musikgeschichte seit der Antike ins Auge faßten, galten vor allem der Wechselbeziehung von Sprache und Musik und der Analyse von Notenschrift im Hinblick auf Satztechnik und klangliche Realisierung. Schwerpunkte waren sowohl die altgriechische Musikē und die Musik des frühen Mittelalters als auch die deutsche Musik von H. Schütz bis zur Wiener Klassik und Fr. Schubert.

WW: **1) Schriften:** *Engl. Diskanttraktate aus der ersten Hälfte des 15. Jh.* (Mn 1937) (= Schriftenreihe des Musikwiss. Seminars der Univ. München 3); *Bemerkungen zur antiken Quantitätsmetrik,* gedruckt als: *Der griech. Rhythmus. Musik, Reigen, Vers u. Sprache* (H 1949, Tutzing ²1977, engl. NY 1956) (engl. = Merlin Music Books 5); *Musik u. Sprache* (B 1954, Tutzing ²1974) (= Verständliche Wiss. 50); *Musik u. Rhythmus bei den Griechen* (H 1958) (= rowohlts dt. enz. 61); *Schubert, Musik u. Lyrik* (Gö 1967); Sammelband *Kleine Schriften* (Tutzing 1977) (= Münchner Veröff. zur Musikgesch. 26), darin u.a.: *Aus der Musiksprache des Mozarttheaters,* in: Mozart-Jb. 1950; *Zur Musiksprache der Wiener Klassiker,* in: ebd. 1951; *Sprache, Musik, schriftliche Musikdarstellung,* in: AfMw 14 (1957); *Sakral u. Profan in der Musik* (Mn 1960) (= Münchner Univ.-Reden, N.F. 28); *Musik u.*

Schrift (Mn 1962, ²1964); *Das musikal. Theater* (Mn 1965); *H. Schütz,* in: Sagittarius 4 (1973). – **2) Editionen:** *Münchner Veröff. zur Musikgesch.* 1–25 (Tutzing 1959–76); *Musikal. Edition im Wandel des hist. Bewußtseins* (Kas 1971) (= Musikwiss. Arbeiten 23).

Lit.: T. VOLEK, Inspirujici Th. G., in: Hudebni věda 4 (1967); TH. GÖLLNER, in: Mf 30 (1977); W. OSTHOFF, in: Musik in Bayern (1977) H. 14.

GEORGII, Walter, * 23. 11. 1887 Stuttgart, † 23. 2. 1967 Tübingen; dt. Pianist und Klavierpädagoge. G. war Klavierschüler von Max Pauer am Stuttgarter Konservatorium. 1914 promovierte er in Halle (Saale) mit der Dissertation *C. M. von Weber als Klavierkomponist* (L 1914). Anschließend lehrte er Klavier in Köln, bis 1925 am Konservatorium, 1925–30 an der Rheinischen Musikschule und 1930–38 an der Hochschule für Musik und 1946–55 als Professor an der Münchener Musikhochschule.

WW: **1) Schriften:** *Klaviermusik, Gesch. der Musik für Klv. zu zwei und vier Händen von den Anfängen bis zur Gegenwart* (B – Z 1941, ⁵1976); *Klavierspielerbüchlein* (Z – Fr 1953, ⁴1978) (= Atlantis Musikbücherei o. Nr.); *Die Verzierungen in der Musik* (Z – Fr 1957); *Winke für den Klavierspieler. Das „Klavierspielerbüchlein" zweiter Teil* (Z 1961) (= Atlantis Musikbücherei o. Nr.). – **2) Editionen:** *400 Jahre europäischer Klaviermusik* (Kö 1950) (= Das Musikwerk 1); *Musik aus alter Zeit,* 3 Bde. (Kö 1954–56), seit 1960 als *Klaviermusik des Barock u. Rokoko* (engl. Lo 1960); *Frz. Klaviermusik des 18. Jh.* (Kö 1956); *Leichte Klavierstücke des klass. u. romantischen Zeitalters,* 2 Bde. (Mn 1961); *Leichte Klaviermusik aus 2 Jahrhunderten,* 2 Bde. (Mn 1970); ferner Einzelausgaben von Klavierwerken G. Fr. Händels, W. A. Mozarts, Fr. Schuberts, C. M. von Webers und G. Muffats.

Lit.: H. KELLER, in: Musik im Unterricht (allgemeine Ausg.) 48 (1957).

GERADER TAKT ↗Takt.

GERÄUSCH, ein komplexer, durch unregelmäßige, aperiodische Schwingungen erzeugter Schall, der sich aus der Überlagerung verschiedener, oft stark gedämpfter und unharmonischer Schwingungen ergibt. Während der Klang bzw. der Ton in der Musik eine durch die Grundschwingung und ihre Oberschwingungen bestimmte Höhe aufweist, die seine Einordnung im Tonsystem und seine genaue Notation ermöglichen, ist das G. bezüglich der Tonhöhe unbestimmbar und somit kaum notierbar. Bis gegen Ende des 19. Jh. sollten in der Musik nur „einfache und reine" Klänge verwendet werden. Klang und G. unterscheiden sich indes nur nach dem Grad ihrer Komplexität. Der musikalische Ton enthält nämlich immer einen gewissen G.-Anteil, und zwar beim ↗Einschwingvorgang, der dem Ton vorausgeht. Ebenso wird die ↗Klangfarbe nicht nur durch das Spektrum der Teiltöne, sondern auch durch den Einschwingvorgang bestimmt. Damit besitzt jedes Instrument einen typischen G.-Anteil, der sich nicht von ihm trennen läßt (↗Ausgleichsvorgänge). Obwohl der heutige Instrumentenbau eine bestimmte Perfektion erreicht hat, sind auf Instrumenten gewisse G.e unvermeidlich: das Anblasen bei Flöten etwa, der Anschlag bei Klavieren und das Anstreichen des Bogens auf Saiteninstrumenten. Ebenso gehört die Tonerzeugung auf Schlaginstrumenten dazu. Darüber hinaus wird das G. in der Musik sogar gefordert: so weist z. B. die Musik der Neger eine Vorliebe für rauhe Klänge, für Nebenschwingungen und für belegte, gutturale oder nasale Stimmen auf; innerhalb der modernen Musik ist das G. oft integraler Bestandteil der Komposition. Auf die Tatsache, daß zwischen G. und Klang kein absoluter Gegensatz besteht, stützte sich Luigi Russolo, der als erster die Idee einer „G.-Kunst" zur Erneuerung der herkömmlichen Musik vertrat. Im Rahmen der futuristischen Bewegung (↗Futurismus) bildete sich eine Gruppe, deren Haupt Russolo war. Sein Werk *L'Arte dei rumori* (Mi 1913) bildete die Grundlage der neuen Kunstrichtung. Die zahllosen G.e, die sich aus der Mechanisierung ergeben, lassen sich seiner Meinung nach musikalisch verwerten: das Orchester sollte mit Instrumenten bereichert werden, die G.e erzeugen konnten. Als Begründung wurde auch die Entwicklung der Musik mit ihren immer komplexeren Dissonanzen angeführt, die sich dem G. näherten. Die Folge war die musikalische Verwendung der G.e und deren völlige Integration. 1921 gab Russolo in Paris mehrere G.-Konzerte, auf denen er zahlreiche natürliche oder auf Schallplatte aufgenommene Schallquellen verwendete, die nach einem für eine optimale Verwendung aufgestellten Schema kombiniert wurden. Bei einem der Konzerte umfaßte das Orchester der „G.-Macher" 29 Instrumente: 3 Kreischer, 3 Brummer, 3 Raßler, 3 Quieker, 3 Summer, 3 Gluckerer, 2 Knaller, 1 Pfeifer, 4 Krächzer und 4 Rauscher. Man versuchte sogar, ein einziges Instrument zu bauen, eine Art G.-Orgel, die „Rumorharmonium" heißen sollte. Diese Versuche scheiterten vor allem an den Mängeln der damaligen Aufnahmetechnik. Immerhin hatten die „G.-Macher" zahlreiche Nachfolger, zu denen die Komponisten G. Antheil, E. Varèse und besonders die Anhänger der ↗Musique concrète und der ↗elektronischen Musik zählen. In dem *Ballet mécanique* (1925) verwendete Antheil u. a. Ball- und Autohupen, Ambosse, Kreissägen und Flugzeugpropeller. Varèses Bedeutung liegt darin, daß er nicht willkürlich-empirisch vorging, sondern die Verwendung des G.s in der Musik wissenschaftlich begründete – wozu ihm freilich erst die Elektroakustik die Hilfsmittel bereitstellte. In der ↗experimentellen Musik, deren Strukturen auf der Morphologie des Schallmaterials basieren, konnte sich die musikalische Verwendung des G.s den Intentionen der „G.-Macher“ gemäß vollends entwickeln.

Lit.: C. STUMPF, Tonpsychologie 2 (L 1890, Nachdr. Hilversum 1965); DERS., Die Sprachlaute (B 1926); F. TRENDELENBURG, Klänge u. Geräusche (B 1935); R. FELDTKELLER – E. ZWICKER, Das Ohr als Nachrichtenempfänger (St 1956, [2]1967).

G. BRELET

GERÄUSCHSPANNUNG, Bz. für den von der ↗Fremdspannung abgeleiteten Wert für die in einem elektroakustischen Übertragungsweg hinzukommenden Störsignale, wie z. B. Rauschen oder Brummen. Dabei wird die von der ↗Frequenz und dem ↗Schalldruck abhängige Empfindlichkeit des Ohres berücksichtigt. Ebenso wie der Fremdspannungsabstand wird auch der *G.-Abstand* als Verhältnis zur maximalen Signalspannung, die ein Gerät ohne Verzerrungen abgeben kann, bestimmt und in dB (↗Dezibel) angegeben. Er sagt damit etwas aus über die subjektiv vom Ohr empfundene „Lästigkeit“ von Störgeräuschen. – Vgl. Unterschied zwischen ↗Schalldruck und ↗Phon.

GERBER, Ernst Ludwig, * 29. 9. 1746 Sondershausen, † 30. 6. 1819 ebd.; dt. Musiklexikograph. Seine musikalische Ausbildung erhielt er durch seinen Vater, den Hofsekretär, Organisten und Bachschüler Nicolaus G. (1702–1775). Nach Abschluß des Jurastudiums in Leipzig kehrte er um 1768 nach Sondershausen zurück, wurde Musiklehrer im Hause des Fürsten, 1773 Organist der Hofkirche und übernahm nach dem Tod seines Vaters dessen Hofamt. Bedeutung erlangte G. durch sein als Ergänzung zu J. G. Walthers *Musicalischem Lexicon* (L 1732) konzipiertes *Historisch-Biographisches Lexicon der Tonkünstler* (2 Bde., L 1790–92). Es enthält neben wichtigem biographischem Material über deutsche, italienische, englische, französische und niederländische Musiker auch ein wertvolles Verzeichnis von Musikerbildnissen, Berichte über berühmte Orgelwerke und Hinweise auf Neuerungen im zeitgenössischen Instrumentenbau. In Ergänzung dazu veröffentlichte er das *Neue historisch-biographische Lexikon der Tonkünstler* (4 Bde., L 1812–14). O. Wessely gab diese beiden Werke mit *Ergänzungen – Berichtigungen – Nachträgen* heraus (4 Bde., Gr 1946–69). Von G.s weiteren Schriften ist der für die Haydn-Forschung wichtige *Versuch eines vollständigen Verzeichnisses von Haydns gedruckten Werken* (Speyer 1792) zu nennen. Seine umfangreiche Bibliothek, von der er selbst ein *Wissenschaftlich geordnetes Verzeichnis einer Sammlung von musikalischen Schriften* (Sondershausen 1804) erstellte, ging noch zu seinen Lebzeiten in den Besitz der Gesellschaft der Musikfreunde in Wien über.

Lit.: F. ROCHLITZ, Für Freunde der Tonkunst 2 (L 1825); M. SCHNEIDER, E. L. G. u. die Musikwiss., in: FS der Hochschule für Musik Sondershausen (Sondershausen 1933).

GERBER, Rudolf, * 15. 4. 1899 Flehingen (Baden), † 6. 5. 1957 Göttingen; dt. Musikforscher. G. studierte 1912–17 Violine am Konservatorium in Karlsruhe. 1918 kam er durch H. Abert zur Musikwissenschaft, blieb aber der musikalischen Praxis zeitlebens eng verbunden. Nach seiner Promotion 1922 bei Abert in Leipzig mit der Dissertation *Die Arie in den Opern J. A. Hasses* war G. seit 1923 Assistent am Musikhistorischen Seminar der Universität Berlin. 1928 habilitierte er sich an der Universität Gießen mit dem Thema *Das Passionsrezitativ bei Heinrich Schütz und seine stilgeschichtlichen Grundlagen,* übernahm dort 1929 die Leitung des Musikwissenschaftlichen Seminars, wurde 1932 außerordentlicher, 1937 ordentlicher Professor und war außerdem 1933–35 Lehrbeauftragter an der Universität und seit 1938 an der Hochschule für Musik in Frankfurt. Seit 1943 lehrte er an der Universität Göttingen. G. war Mitglied der Akademien der Wissenschaften in Erfurt (seit 1938) und in Göttingen (seit 1952). – Immer mehr ins Zentrum seiner musikwissenschaftlichen Arbeiten rückte Chr. W. Gluck. Nach dem Erscheinen der erweiterten 2. Auflage seines Buches über Gluck, mit der ein neues Gluck-Bild feste Konturen erhielt, widmete er sich besonders der von ihm begründeten und geleiteten Gluck-Gesamtausgabe. Außerdem trat G. mit zahlreichen Veröffentlichungen zur Geschichte des mehrstimmigen Hymnus und mit Studien über Leben und Werk von J. Brahms, über J. S. Bach, G. Fr. Händel und über den Mensuralkodex des Nikolaus Apel hervor.

WW: **1) Schriften:** *Der Operntypus J. A. Hasses u. seine textlichen Grundlagen* (L 1925) (= Berliner Beitr. zur Musikwiss. 2); *Wort u. Ton in den „Cantiones sacrae“ v. H. Schütz,* in: Gedenkschrift H. Abert (Hl 1928); *Das Passionsrezitativ bei H. Schütz u. seine stilgesch. Grundlagen* (Gütersloh 1929); *Die „Musikalischen Exequien“ v. H. Schütz,* in: MuK 6 (1934); *Zu Luthers Liedweisen,* in: FS M. Schneider (Hl 1935); *J. Brahms* (Pd 1938); *Ch. W. Gluck* (Pd 1941, [2]1950); *Klassischer Stil in der Musik,* in: Die Sammlung 4 (1949); *Unbekannte Instr.-Werke von Ch. W. Gluck,* in: Mf 4 (1951); *Bachs Brandenburgische Konzerte* (Kas 1951, [2]1965); eine postume Aufsatz-Sammlung *Zur Geschichte des mehrstimmigen Hymnus,* hrsg. v. G. Croll (Kas 1965) (= Musikwiss. Arbeiten 21; mit vollständigem Werk-Verz.). – **2) Editionen:** zahlreiche Ausgaben älterer Musik, z. B. in der Praetorius-GA, in EDM u. Chw.; 6 Sonaten für V. u. Cemb., in: Neue Bach-Ausg. Serie VI/1; *Paride ed Elena,* in: Gluck-GA, Abt. I/4 (Kas 1954); *Alceste,* in: ebd. I/7 (Kas 1957); *Echo et Narcisse,* in: ebd. I/10 (Kas 1953); J. A. Hasse, *Arminio* (Mz 1957–66) (= EDM 27–28, Abt. Oper u. Sologesang 3–4); ferner zahlr. Werke Mozarts, u. a. sämtliche V.-Konzerte, Die

Haydn- u. Preußischen Quartette u. der kritische Ber. zu „Figaros Hochzeit".

Lit.: A. A. ABERT, in: AMl 29 (1957); W. BOETTICHER, in: Mf 10 (1957).

G. CROLL

GERBERT, Martin (Franz Dominik Bernhard), OSB, * 11. 8. 1720 Horb am Neckar, † 13. 5. 1793 St. Blasien (Schwarzwald); dt. Theologe, Historiker und Musikforscher, Fürstabt von St. Blasien. Er trat 1736 in St. Blasien in den Benediktinerorden ein, wurde 1744 zum Priester geweiht und verwaltete seit 1755 die Klosterbibliothek. 1764 wurde er Fürstabt. G. machte das Kloster zum Mittelpunkt der kirchengeschichtlichen Forschung in Deutschland, vor allem durch das groß angelegte Unternehmen der *Germania Sacra,* einer nach Diözesen geordneten historisch-statistischen Bestandsaufnahme der mittelalterlichen deutschen Kirche. Auf Reisen 1759–63 in Deutschland, Frankreich, Italien, Österreich und in der Schweiz sammelte er in Bibliotheken systematisch Material zur Musik- und Literaturgeschichte. In einschlägigen Werken legte er umfangreiches, für die Erforschung der mittelalterlichen Musiktheorie z. T. bis heute unentbehrliches Quellenmaterial vor. G. stand als Gelehrter und Diplomat in Verbindung mit bedeutenden Persönlichkeiten seiner Zeit, u. a. auch mit Padre Martini.

Schriften (nur die zur Musik und Liturgie): *De cantu et musica sacra a prima ecclesiae aetate usque ad praesens tempus,* 2 Bde. (St. Blasien 1774); *Vetus Liturgia alemannica,* 2 Bde. (ebd. 1776); *Monumenta Veteris Liturgiae Alemannicae,* 2 Bde. (ebd. 1777 bis 1779); *Scriptores ecclesiastici de musica sacra potissimum,* 3 Bde. (ebd. 1784).

Ausg.: *De cantu et musica sacra* ..., Faks.-Ausg., hrsg. v. O. WESSELY (Gr 1968) (= Die großen Darstellungen der Musikgesch. in Barock u. Aufklärung 4); *Monumenta Veteris Liturgiae alemannicae* (Nachdr. St. Blasien 1967); *Scriptores ecclesiastici de musica sacra potissimum* (Nachdr. Gr-Mi 1931, Hil 1963); Die Korrespondenz des Fürstabtes M. II. G. v. St. Blasien, bearb. v. G. PFEILSCHIFTER, 2 Bde. (Karlsruhe 1931–34), fortgesetzt v. W. Müller als: Briefe u. Akten des Fürstabtes ..., 2 Bde. (1957–62).

Lit.: CH. GROSSMANN, M. G. als Musikhistoriker, in: KmJb 27 (1932); E. HEGAR, Die Anfänge der neueren Musikgeschichtsschreibung (L 1932, Nachdr. Baden-Baden 1974) (= Slg. musikwiss. Abh. 7); H. HÜSCHEN, in: MGG IV; M. PFAFF, Fürstabt M. G. u. die Musikhistoriographie im 18. Jh., in: Erbe u. Auftrag 47 (1971); M. HUGLO, La musicologie au XVIIIe siècle. G. B. Martini et M. G., in: RMie 59 (1973).

GERHARD, Roberto, * 25.9.1896 Valls (Tarragona), † 5. 1. 1970 Cambridge; span. Komponist Schweizer Herkunft. G. studierte 1914–15 Komposition bei L. Thuille in München, anschließend bis 1921 bei F. Pedrell und E. Granados in Barcelona und 1923–25 bei A. Schönberg in Wien, als dessen Assistent er 1925–28 in Berlin tätig war. Seit 1929 lebte er als Musiklehrer und Bibliothekar in Barcelona. 1939 übersiedelte er nach England, wo er Research Fellow am King's College von Cambridge wurde. Die BBC beauftragte ihn zunächst mit Arrangements leichter spanischer Musik, später auch mit eigenen Kompositionen. Kompositionsaufträge erhielt er u. a. auch von der Kussewitzky-Foundation und vom New York Philharmonic Orchestra. 1960 hielt er Gastvorlesungen an der Universität von Michigan, 1961 am Berkshire Music Center in Tanglewood. 1968 wurde er Ehrendoktor der Universität Cambridge.

WW: **1) Instr.-WW:** Bläserquintett (1928); 2 Streichquartette (1955, 1962); Fantasia für Gitarre (1957); Chaconne für V. (1959); *Hymnodie* (1963) für Holz- u. Blechbläser, Schlagzeug u. 2 Klv.; Duo concertant *Gemini* (1966) für V. u. Klv.; *Libra* (1968) für Fl., Klar., V., Gitarre, Schlagzeug u. Klv.; *Leo* (1969) für 10 Instr. – Für Orch.: 5 Symphonien (1941–1969) (die 5. unvollendet); Konzerte: für V. (1944), für Klv. (1952), für Cemb. (1956), für Orch. (1966); *Epithalamion* (1966, revidiert 1969). – **2) Vokal-WW:** *Six Cançons Populars Catalanes* (1931) u. *Cancionero de Pedrell* (1941) für SingSt u. kleines Orch.; *The Plague* (1964) (nach A. Camus) für Sprecher, Chor u. Orch. – **3) Bühnen-WW:** Oper *The Duenna* (1947); Zarzuela *Il Barberillo de Lavapiès* (1954). – Ballette: *Ariel* (1934); *Soirées de Barcelona* (1938); *Alegrías* (1942) für 2 Klv., UA: Birmingham 1943; *Pandora* für 2 Klv. u. Schlagzeug, UA: Cambridge 1944; *Don Quixote,* UA: London 1950. – **4) Schriften:** *Twelve-Note Technique in Strawinsky,* in: The Score (1957) Nr. 20, dt. Übers.: *Die Reihentechnik des Diatonikers,* in: Strawinsky, Wirklichkeit u. Wirkung (Bonn 1958) (= Musik der Zeit N. F. 1); *The Composer and His Audience,* in: Twentieth-Century Music, hrsg. v. R. H. Myers (Lo 1960, ²1968); *Concrete and Electronic Sound Compositions,* in: Music, Libraries and Instruments (1961) (= Hinrichen's 11th Music Book).

Lit.: R. G., in: The Score, Sonderh. (1956) Nr. 17. – A. PAYNE, R. G., in: Tempo (1964) Nr. 69 (zu „The Plague"); DERS., R. G., in: ebd. (1968) Nr. 86 (zu „Epithalamion"); S. WALSH, R. G., in: ebd. (1968/69) Nr. 87 (zu „Libra" u. der 4. Symphonie); D. DREW, R. G., in: MT 111 (1970); CH. BALLANTINE, R. G., in: MR 32 (1971) (zur 2. Symphonie).

H. LINDLAR

GERHARDT, Elena, * 11.11.1883 Leipzig, † 11.1.1961 London; dt. Sängerin (Mezzosopran). Ihre Gesangausbildung erhielt sie am Konservatorium in Leipzig und debütierte dort 1903 als Konzertsängerin, von A. Nikisch am Klavier begleitet. In der Spielzeit 1903/04 sang sie am Opernhaus in Leipzig, widmete sich danach aber ausschließlich dem Liedgesang. Gastspiele führten sie in alle Musikzentren Europas und der USA. 1933 emigrierte sie nach England. In London wirkte sie auch als Gesanglehrerin. E. G. zählt zu den großen Liedinterpretinnen des 20. Jahrhunderts. Ihre Autobiographie erschien unter dem Titel *Recital* (Lo 1953).

GERHARDT, Paul, * 12. 3. 1607 Gräfenhainichen bei Wittenberg, † 27. 5. 1676 Lübben (Spreewald); dt. Dichter. G. studierte 1628–34 Theologie in Wittenberg und war dort bis 1642 und 1643–51 in Berlin Hauslehrer. Nach der Ordination wurde er 1651 Propst in Mittenwalde (Mark Brandenburg) und 1657 Pfarrer an St. Nikolai in Berlin. Er stand in enger Beziehung zu den Kantoren von St. Nikolai, J. Crüger und J. G. Ebeling. 1665 wurde G. seines Amtes enthoben, da er sich als strenger Lutheraner einem Verbot konfessioneller Polemik des calvinistischen Kurfürsten von Brandenburg nicht fügte. 1668 folgte er einer Berufung als Archidiakonus nach Lübben (Kursachsen). Sein Testament ist ein wichtiges zeitgeschichtliches Dokument. G. ist der bedeutendste protestantische Liederdichter nach M. Luther. Seine Lieder erschienen in Crügers *Praxis pietatis melica* (B 1647, mehr als 40 Aufl.) mit dessen Melodien und im Runge'schen Gesangbuch (B 1653). 1666/67 veröffentlichte J. G. Ebeling in Berlin eine erste Gesamtausgabe mit 120 zumeist von ihm selbst vertonten Liedern im vierstimmigen Vokalsatz mit 2 Instrumentalstimmen und Generalbaß. G.s Dichtungen sind durch souveräne Beherrschung der Poetik im Sinne der Opitzschen Reform (1624) gekennzeichnet, womit er seiner durch schwerste Zeitumstände geprüften, tiefen Frömmigkeit vollendeten Ausdruck verlieh. Insgesamt verwendete er 52 verschiedene Strophenformen, darunter 10 vorher nicht vorkommende und wohl auf ihn zurückgehende, u. a. bei *Die güldne Sonne* und *Gib dich zufrieden*. Den Grundton seiner Lieder charakterisieren Worte wie „Trost", „Freude" und „Treue Gottes". Primär für die persönliche Andacht geschaffen, wurden diese Dichtungen zunächst vor allem als „Aria" vertont und fanden erst im 18. Jh. durch den Pietismus mehr und mehr Eingang in den Gemeindegesang und dadurch auch in die großen kirchenmusikalischen Werke, besonders J. S. Bach.

Ausg.: P. G.s geistliche Lieder, hrsg. v. P. WACKERNAGEL (St 1843); dass., hrsg. v. W. TÜMPEL (⁹1907); A. FISCHER – W. TÜMPEL, Das dt. Kirchenlied des 17. Jh. 3 (Gütersloh 1906, Nachdr. Hil 1964); P. G., Dichtungen u. Schriften, hrsg. v. E. VON CRANACH-SICHART (Mn 1957); P. G., Geistliche Andachten 1667..., Faks.-Ausg. hrsg. v. F. KREMP (Be – Mn 1975) (darin ein Beitr. v. W. Blankenburg über J. G. Ebeling).

Lit.: H. PETRICH, P. G. (Gütersloh ³1914); W. NELLE, Gesch. des dt. ev. Kirchenliedes (L ³1928); F. BLUME, Die ev. Kirchenmusik (Pd 1931, Kas ²1965); F. SEEBASS, P. G. (Gießen 1951); P. GABRIEL, Das dt. ev. Kirchenlied v. M. Luther bis zur Gegenwart (B ²1951); K. IHLENFELD, Huldigung für P. G. (B 1957); O. BRODDE, Zur Typologie der P. G.-Lieder, in: Kerygma u. Melos. FS Ch. Mahrenholz (Kas 1970); W. ZELLER, Zur Textüberlieferung der Lieder P. G.s, in: JbLH 19 (1975); P. G., Wege u. Wirkung, Aufsätze versch. Autoren, hrsg. v. M. JENNY – E. NIEVERGELT (Z 1976); W.-I. SAUER-GEPPERT, „Trost" bei P. G., in: MuK 46 (1976); E. NIEVERGELT – M. JENNY, Anregungen für G.-Feiern, in: MuG 30 (1976); H.-B. SCHÖNBORN, P. G. u. seine Lieder in der Tradition des „locus amoenus", in: JbLH 21 (1977); P. G., Dichter – Theologe – Seelsorger 1607–1676. Beitr. der Wittenberger P.-G.-Tage 1976, hrsg. v. H. HOFFMANN (B 1979) (darin Bibliogr. u. Bildteil); W. BLANKENBURG, P. G.-Forschungen, in: Die Entwicklung der Hymnologie seit etwa 1950 (1979) (= Theologische Rundschau 44/4).

W. BLANKENBURG

GERIG, Hans G., dt. Bühnen- und Musikverlag. Der Gründer des Unternehmens, Hans G. Gerig (* 1910 Freiburg, † 1978 Bühlerhöhe bei Baden-Baden), promovierte 1935 an der Universität Freiburg im Fach Wirtschaftsgeschichte. Seit 1935 vertrat er die Deutsche Urheberrechtsgesellschaft in Paris, wo er 1940 die Leitung der Editions Continental, eine Gründung der Filmgesellschaften Ufa und Tobis, übernahm. Aus seinem 1946 in Köln gegründeten Bühnen- und Musikverlag mit dem Schwerpunkt Unterhaltungs-Musik entstand bis 1978 eine auf über 30 Einzelverlage ausgeweitete, international verzweigte Verlagsgruppe. Mitte 1950 baute er eine Abteilung für Jugend- und Schulmusik auf, Mitte 1960 eine Abteilung für zeitgenössische ost- und westeuropäische Musik, während der 1957 angeschlossene Arno Volk Verlag musikwissenschaftliche Publikationen veröffentlichte. Seit 1965 war G. auch Stellvertretender Vorsitzender des Aufsichtsrats der GEMA.

GERLACH (Gerlatz), **Dietrich**, * Erding bei München, † 17. 8. 1575 Nürnberg; dt. Drucker. G. heiratete 1565 die Witwe des Nürnberger Druckers Johannes vom Berg (↗Montanus), der sich 1550 mit dem Drucker Ulrich Neuber assoziiert hatte. 1567 zog sich Neuber als Teilhaber zurück, und G. führte die Druckerei allein weiter, zugleich aber im Namen der Erben Bergs, so daß die Werke teils unter dem Namen G., teils unter dem Namen G. und Berg erschienen. Nach seinem Tod leitete seine Frau die Druckerei; nach deren Tod wurde sie von den Familien Dietrich und Kauffmann erworben. Die G.sche Druckerei widmete sich nicht nur, aber zunehmend dem Notendruck und gewann darin große Bedeutung. Sie veröffentlichte Werke u. a. von E. N. Ammerbach, J. Knöfel, G. Dreßler, von Niederländern, z. B. J. Regnart, J. de Kerle, vor allem zahlreiche Werke O. di Lassos und seines Schülers L. Lechner und 9 von Fr. Lindner herausgegebene Sammeldrucke.

Lit.: P. COHEN, Die Nürnberger Musikdrucker im 16. Jh. (Diss. Erl 1927); R. WAGNER, Ergänzungen zur Gesch. der Nürnberger Musikdrucker des 16. Jh., in: ZfMw 12 (1929); DERS., Nachträge zur Gesch. der Nürnberger Musikdrucker, in: Mitteilungen des Vereins für Gesch. der Stadt Nürnberg 30 (1931); H. POHLMANN, Die Frühgesch. des musikal. Urheberrechts ca. 1400–1800 (Kas 1962) (= Musikwiss. Arbeiten 20).

GERLE, Hans, * um 1500 Nürnberg, † 1570 ebd.; dt. Lautenmacher und Lautenist. G. war vermutlich Sohn und Schüler des Lautenmachers **Conrad G.** († 4. 12. 1521). Er veröffentlichte in Nürnberg mehrere Sammlungen von Lauten-(bzw. Geigen-) stücken und Intavolierungen von Vokalwerken in deutscher Lautentabulatur, die zu den frühesten ihrer Art gehören. Sie geben wichtige Hinweise auf Spieltechnik und Stimmungen der Instrumente.

WW: *Musica Teusch auf die Instrument der grossen u. kleinen Geygen, auch Lautten* (Nü 1532, ²1537), 3., vermehrte Aufl. als: *Musica u. Tabulatur auff die Instrument...* (1546); *Tabulatur auff die Laudten etlicher Preambel, Teutscher, Welscher und Francösischer stück, von Liedlein, Muteten, und schönen Psalmen* (Nü 1533); *Ein Neues sehr künstlichs Lautenbuch, darinnen etliche Preambel, und Welsche Tentz* (Nü 1552).

Ausg.: *Musica und Tabulatur auff die Instrument...* (1546, Nachdr. G 1971); *Tabulatur auff die Laudten* 1533, hrsg. v. H. CHARNASSÉ – R. MEYLAN – H. DUCASSE (P 1975/76) (= Publications de la Soc. Fr. de Mie V/1); 4 Stücke aus dem Lautenbuch 1552, in: R. EITNER, Tänze des 16. bis 17. Jh., in: MfM 7 (1875) (Beilage); 5 Stücke aus dem Buch 1552, in: W. J. VON WASIELEWSKI, Gesch. der Instr.-Musik im 16. Jh. (B 1878, Nachdr. Walluf bei Wie 1972); 2 Stücke, hrsg. v. W. TAPPERT, in: Sang u. Klang aus alter Zeit (B 1906) Nr. 10 u. 17; 2 Stücke aus *Musica Teusch*, hrsg. v. J. WOLF, in: Hdb. der Notationskunde (L 1913–19, Nachdr. 1963) (= Kleines Hdb. der Musikgesch. nach Gattungen VIII/2); 7 Stücke aus *Musica Teusch* 1532, hrsg. v. H. MÖNKEMEYER, in: Die Tabulatur 2 (Hofheim im Taunus 1965); ein Saltarello für Laute, in: G. REICHERT, Der Tanz (Kö 1965) (= Das Musikwerk 27).

Lit.: R. EITNER, Lautenbücher des 16. Jh., in: MfM 4 (1872); W. TAPPERT, Die Lautenbücher des H. G., in: ebd. 8 (1876); H. SOMMER, Die Lautentraktate des 16. u. 17. Jh. (Diss. B 1922); R. VANNES, Dictionnaire universel des luthiers I: (Bru ²1951), II: (1959); H. RADKE, Beitr. zur Erforschung der Lautentabulaturen des 16.–18. Jh., in: Mf 16 (1963); H. M. BROWN, Instrumental Music Printed Before 1600. A Bibliography (C/M 1965) (mit Verz. weiterer NA); K. DORFMÜLLER, Stud. zur Lautenmusik in der 1. Hälfte des 16. Jh. (Tutzing 1967) (= Münchner Veröff. zur Musikgesch. 11); J. G. J. PIERCE, H. G. Sixteenth-Century Lutenist and Pedagogue (Chapel Hill 1973) (= Diss. Univ of North Carolina).

GERMAN, Sir **Edward** (eig. Edward German Jones), * 17.2.1862 Whitchurch (Shropshire), † 11.11.1936 London; engl. Violinist, Dirigent und Komponist. G. war 1880–87 zunächst Orgel-, später Violinschüler der Royal Academy of Music in London und wurde 1888 Dirigent am Globe Theatre. Er schrieb mehrere Bühnenmusiken, u.a. zu *Henry VIII.* mit dem populär gewordenen *Shepherds Dance,* sowie mehrere Operetten im Stil A. Sullivans.

WW: Kammermusik; 2 Symphonien (1890, 1893); Suiten u. symphonische Dichtungen; Lieder; zahlr. Bühnenmusiken, u.a. zu W. Shakespeare: *Richard III.* (1889), *Henry VIII.* (1892), *Romeo and Juliet* (1895), *As You Like It* (1896) u. *Much Ado about Nothing* (1898); Operetten: *Merry England* (1902); *A Princess of Kensington* (1903); *Tom Jones* (1907); *Fallen Fairies* (1909); ferner vollendete er G. Sullivans Oper *The Emerald Isle* (1901).

Lit.: W. H. SCOTT, E. G. (Lo 1932); R. ELKIN, in: The Music Masters 3, hrsg. v. A. L. Bacharach (Lo 1952).

GERMANI, Fernando, * 5.4.1906 Rom; it. Organist. G. studierte an der Accademia di S. Caecilia und am Päpstlichen Kirchenmusikinstitut in Rom. Seit 1927 konzertierte er mehrere Jahre erfolgreich in den USA und lehrte dort auch am Curtis Institute of Music in Philadelphia. 1932 wurde er Dozent an der Accademia Chigiana in Siena, wo er in Sommerkursen zahlreiche europäische und amerikanische Organisten ausbildete. 1935 wurde G. auch Professor am Konservatorium in Rom, 1948 Erster Organist an der Peterskirche. In Rom spielte er als erster das gesamte Orgelwerk J. S. Bachs. G. verfaßte eine Orgelschule, *Metodo per organo* (4 Bde., R 1942–52), und gab die Orgel- und Cembalowerke Frescobaldis heraus: *Opere per organo e cembalo* (3 Bde., R 1964).

Lit.: G. D. WAGNER, Anleitung zum Orgelspiel nach der Germani-Technik (Hei 1975).

GERMANISCHER CHORALDIALEKT. Mitteleuropäische Handschriften des ↗Gregorianischen Gesangs weisen gegenüber den italienischen, französischen und englischen durchgehend bestimmte Varianten auf. Ihr Charakteristikum ist die Erweiterung des Halbton- und des Ganztonschritts unter dem Halbton der diatonischen Leiter zur kleinen Terz (also z. B. a–c statt a–b oder a–h, d–f statt d–e). Dieses Phänomen scheint mit der Ausprägung eines anderen Tonalitätsgefühls zusammenzuhängen und tritt im 12. Jh. mit dem Übergang von den linienlosen Neumen zur Intervallnotation auf Linien in Erscheinung. Es ist an die deutsche Choralnotenschrift gebunden (fehlt aber in einigen Hss.). Ob es sich dabei um Varianten der überlieferten Melodien bzw. um eine Besonderheit älterer Notierungsweisen handelt oder ob alle Handschriften im G. C. auf eine einzige Quelle zurückgehen, ist ungeklärt. Peter Wagner, der sich als erster mit diesem Phänomen beschäftigt hatte, deutete es als „germanisierte Fassung des römischen Chorals" und stellte dem „romanischen Choraldialekt" einen „germanischen" gegenüber. Diese Bezeichnung ist jedoch irreführend: England gehört zum Verbreitungsgebiet des „romanischen Choraldialekts". Das Verbreitungsgebiet des G. C. umfaßte den deutschsprachigen und lothringischen Raum, die an den deutschen Sprachraum anschließenden slawischen Länder und Ungarn; in Skandinavien finden sich Zeugnisse beider Dialekte. In den Kirchen der Orden mit eigener Choraltradition (z. B. Dominikaner, Zisterzienser, Kartäuser) wurde der „romanische Choraldialekt" gesungen. Die deutsche Choraltradition konnte sich über die liturgische Uniformierung nach dem Konzil von Trient hinaus erhalten. Ein Beispiel dafür sind die Choralausgaben für die Diözese Mainz, die auf Veranlassung des Kurfürsten Johann Philipp von Schönborn 1665–73 gedruckt wurden (mit Neuausgaben noch 1870). Erst die Regensburger Ausgabe und die *Editio Vaticana* des Gregorianischen Gesangs (↗Choralausgaben) führten zum Ende der deutschen Choralüberlieferung. Der Plan einer offiziellen Ausgabe der deutschen Überlieferung im Zusammenhang mit der *Editio Vaticana* kam nicht zur Ausführung. 1943 ließ die Abtei Einsiedeln für die Schweizer Ordensprovinz des Benediktinerordens ein Antiphonale im „deutschen" Choraldialekt drucken, das nicht in den Buchhandel kam. In der Pfarrkirche in Kiedrich wird dieser Choraldialekt als Sondertradition gepflegt.

Lit.: Das Graduale der St. Thomaskirche zu Leipzig (14. Jh.) als Zeuge dt. Choralüberlieferung, hrsg. v. P. WAGNER, 2 Teile (L 1930–32, Nachdr. Hil–Wie 1967) (= PäM 5 u. 7); W. LIPPHARDT, Über Alter u. Ursprung des Dt. Choraldialekts, in: JbLH 2 (1956); G. TOUSSAINT, Neue Quellen zur Gesch. des Chorstifts Kiedrich, in: AfMw 19/20 (1962/63).

H. HUCKE

GERNSHEIM, Friedrich, * 17.7.1839 Worms, † 10. (oder 11.) 9.1916 Berlin; dt. Komponist. G. war seit 1852 am Leipziger Konservatorium Schüler u.a. von I. Moscheles (Klavier), M. Hauptmann (Theorie) und David (Violine), 1855–60 in Paris Klavierschüler von A. Fr. Marmontel. Wieder in Deutschland, berief ihn J. A. Hiller 1865 als Klavier- und Kompositionslehrer an das Konservatorium in Köln. Später wurde er dort auch Kapellmeister am neueröffneten Stadttheater. 1874 ging er nach Rotterdam, wo er die „Maatschappij"-Konzerte dirigierte. 1890 wurde er in Berlin Lehrer am Sternschen Konservatorium und Chordirigent des Sternschen Gesangvereins, 1897 Senatsmitglied der Königlichen Akademie der Künste. Insbesondere G.s Klavierlieder erinnern an die frühen Werke von R. Strauss und spiegeln in ihrer Expressivität die Empfindungswelt des Fin de Siècle.

WW: 4 V.-Sonaten; 2 Vc.-Sonaten; 2 Klv.- u. Streichquintette; 3 Klv.- u. 5 Streichquartette; 2 Klv.-Trios; 4 Symphonien: op. 32 (1875), op. 46 (1882), op. 54 *Mirjam* (1888), op. 62 (1896); Tondichtung *Zu einem Drama* (1910); Klv.-Konzert (B 1869); 2 V.-Konzerte (B 1880, L 1914); Vc.-Konzert (L 1907); ferner Lieder u. zahlr. Chorwerke.

Lit.: K. HOLL, F. G., Leben, Erscheinung u. Werk (L 1928); F. HILLER, Briefwechsel mit F. G. u. mit den Verlegern, hrsg. v. R. SIETZ (Kö 1970) (= Beitr. zur rheinischen Musikgesch. 92); A. MEIER, Die Kammermusik F. G.s, in: Symbolae historiae musicae. FS H. Federhofer (Mz 1971); A. L. RINGER, „Die Parthei des vernünftigen Fortschritts". Bruch u. G., in: Mf 25 (1972).

GERO (Ghero), **Ihan** (Jehan, Jan), franko-flämischer Komponist des 16. Jahrhunderts. G., über dessen Leben nichts Näheres bekannt ist, wirkte längere Zeit in Italien, wo (in Venedig) auch alle veröffentlichten Werke im Druck erschienen. Neben Ph. Verdelot, C. Festa und J. Arcadelt gehört er zu den frühen Vertretern des Madrigals, wobei er nach dem Vorbild der französischen Chanson den Frottolenstil durch eine kontrapunktisch-imitatorische Schreibweise ersetzte. Vor allem seine zweistimmigen Madrigale wurden sehr geschätzt.

WW: *Madrigali italiani et canzon francese* für 2 St. (V 1541, ^{3}1545, ^{7}1581, zahlr. NA bis 1687); Madrigale für 3 St., I (V 1553, ^{3}1570), II (V 1556); 2 Bücher Madrigale für 4 St. (V 1549); viele Madrigale u. einige frz. Chansons auch in Sammeldrucken 1540–1609, besonders zahlr. jeweils in RISM 1541^{2}, 1542^{13}, 1543^{18}, 1543^{23} u. 1560^{1}. – Motetten für 5 St. (V 1555) (unvollständig erhalten); Motetten auch in RISM 1543^{5}.

Ausg.: 3 Madrigale für 4 St., in: P. WAGNER, s. u. Lit.; 3 Madrigale für 4 St. u. eine Motette für 4 St., in: TORCHI Arte mus. 1 (1897); 4 Madrigale für 3 St., hrsg. als Werke v. C. Festa v. P. G. PISTONE, in: Madrigali scelti di C. Festa (Tn 1935).

Lit.: P. WAGNER, Das Madrigal u. Palestrina, in: VfMw 8 (1892); A. EINSTEIN, The Italian Madrigal 1 (Princeton/N.J. 1949, Nachdr. 1970, dt. Z 1952); J. HAAR, A Gift of Madrigals to Cosimo I, in: RIMus 1 (1966); DERS., „Pace non trovo". A Study in Literature and Musical Parody, in: MD 20 (1966).

GERSHWIN, George (eig. Jacob Gershwine), * 26.9.1898 Brooklyn (New York), † 11.7.1937 Beverly Hills (Kalifornien); amerik. Komponist, Pianist und Dirigent. G. erwarb seine musikalischen Kenntnisse ausschließlich durch Privatunterricht. 1914 begann er als „Song plugger" im Musikverlag Jerome H. Remick in New York seine Laufbahn als Berufsmusiker. Mit dem Song *Swanee*, den Al Johnson 1919 in seine Revue *Sinbad* aufnahm, erzielte er seinen ersten großen Erfolg. Im selben Jahr entstand mit *La La Lucille* sein erstes vollständiges Bühnenwerk. 1922 komponierte er für die ↗George White's Scandals die einaktige Neger-Oper *Blue Monday*. Der entscheidende Durchbruch gelang ihm 1924 im Konzertsaal mit der von Ferde Grofé instrumentierten *Rhapsody in Blue*, bei deren Erstaufführung er selbst den Klavierpart spielte, u. am Broadway mit dem Musical *Lady be Good*, dessen Libretto sein Bruder **Ira G.** (eig. Israel, * 6. 12. 1896 New York, † 17. 8. 1983 Beverly Hills) verfaßt hatte. Ira schrieb auch die Texte für die weiteren Bühnenwerke seines Bruders und arbeitete später u.a. mit K. Weill zusammen. 1928 entstand unter dem Eindruck einer Europareise *An American in Paris (Ein Amerikaner in Paris)*. 1935 wurde sein für die amerikanische Oper bedeutendes Werk, die Folk-opera *Porgy and Bess*, uraufgeführt, die sich aber erst nach seinem Tod durchsetzen konnte. Seit 1931 arbeitete er mit seinem Bruder häufiger an Musikfilmen in Hollywood, wo er A. Schönberg kennenlernte, der sich mit ihm befreundete und ihn als „großen Erneuerer" bezeichnete. Pläne für einen Ballettfilm von G. Balanchine und für eine Symphonie konnte er nicht mehr verwirklichen.

WW: **1) Instr.-WW:** *Rialto Rag* (1917) für Klv.; *Rhapsody in Blue* (1924) für Jazzband u. Klv.; Concerto in F (1925) für Klv. u. Orch.; *Preludes for Piano* (1926); *An American in Paris* (1928); *Second Rhapsody* (1932); *Cuban Overture* (1932); *George Gershwin's Song-Book* (1932), Klv.-Transkriptionen v. 18 Songs; *„I got Rhythm" Variations* (1934) für Klv. u. Orch.; *Catfish Row* (1936), fünfsätzige Suite für Orchester nach *Porgy and Bess.* – **2) Bühnen-WW:** *La La Lucille* (1919) (zus. mit F. Jackson, A. J. Jackson, B. G. de Sylva); *George White's Scandals* (1920–24); *The French Doll* (1922) (zus. mit A. E. Thomas); *Sweet little Devil* (1924) (zus. mit F. Mandel, L. Schwab, B. G. de Sylva); *Lady be Good* (1924); *Tip-Toes* (1925); *Oh, Kay* (1926); *Strike up the Band* (1927, revidiert 1930); *Funny Face* (1927); *Rosalie* (1928); *Treasure Girl* (1928); *Show Girl* (1929); *Girl Crazy* (1930); *Of Thee I Sing* (1931); *Pardon my English* (1933); *Let 'em Eat Cake* (1933); *Porgy and Bess* (1935). – Filmmusik: *Delicious* (1931); *Shall we Dance* (1937; *A Damsel in Distress* (1937); *The Goldwyn Follies* (1938); *The Shocking Miss Pilgrim* (1946).

G., der neben L. Bernstein zu den wichtigsten und vielseitigsten Musikerpersönlichkeiten der USA im 20. Jh. gehört, schrieb Musik für den Konzertsaal ebenso selbstverständlich wie Tagesschlager, die sich durch rhythmisches und harmonisches Raffinement auszeichnen. G. setzte sich, besonders mit der *Rhapsody in Blue,* auch intensiv mit dem Jazz auseinander und gehört mit seinen Orchesterwerken zu den Begründern des „symphonic jazz". Als Bühnenkomponist kam er von der Revue *(George White's Scandals)* zum tänzerisch betonten Musical (*Lady be Good,* 1924), zur musikalisch-politischen Satire (*Of Thee I Sing,* 1931) und zuletzt zur Oper *(Porgy and Bess). Of Thee I Sing* erhielt als erstes Musical den Pulitzer-Preis für Drama. Weltbekannt wurden u. a. die Filmschlager: *They can't take that away from me* und *Love walked in,* die Musical-Songs *Fascinating Rhythm, The Man I love, Someone to watch over me, S'wonderful, I got Rhythm* sowie aus *Porgy and Bess: Summertime, I got plenty o' nuttin', Bess, you is my Woman now, It ain't necessarily so* und *I'm on my Way.*

Lit.: D. EWEN, The Story of G. G. (NY 1950, dt. Z 1954) (= Meister der leichten Musik 2), NA als: A Journey to Greatness. The Life and Music of G. G. (NY 1956, ²1961, revidiert Eaglewood Hills/N.J. 1971); I. GOLDBERG, G. G. A Study in American Music (NY 1958); A. MINGOTTI, G. Eine Bildbiogr. (Mn 1958); G. G., hrsg. v. M. ARMITAGE (NY 1958, Freeport/N.Y. 1971), dt. Übers.: G. G. Wort u. Erinnerung (Z 1959); W. SCHWINGER, Er komponierte Amerika. G. G. (B 1960, ²1963) (mit Werk-Verz.); R. PAYNE, G. (NY 1960); I. GOLDBERG, Tin Pan Alley. A Chronicle of American Popular Music (NY 1961); J. GLEMON, Making Friends With 100 Composers (Adelaide 1968); Museum of the City of New York, G.: George the Music, Ira the Words. A Catalogue of the Exhibition (NY 1968); J. A. FAST, Perspectives on Operatic Texts. Dramatic Action in G.'s Porgy and Bess, Verdi's Otello and Falstaff (York 1970); R. CRAWFORD, It Ain't Necessarily Soul. G.'s „Porgy and Bess" as a Symbol, in: Yearbook for Inter-American Musical Research 8 (1972); A. GAUTHIER, G. G. (P 1973); CH. SCHWARTZ, G. His Life and Music (NY 1973); E. JABLONSKI–L. D. STEWART, The G.-Years (NY–Lo 1974); R. KIMBALL–A. SIMON, The Gershwins (Lo 1974); CH. SCHWARTZ, G. G. A Selective Bibliography and Discography (Detroit 1974); S. GREEN, The World of Musical Comedy (1974).

R.-M. SIMON – S. SIMON

GERSON-KIWI, Ester Edith, * 13. 5. 1908 Berlin; israelische Musikforscherin. Sie studierte Klavier und Komposition am Sternschen Konservatorium in Berlin, Klavier am Konservatorium in Leipzig und Cembalo dort bei G. Ramin und bei W. Landowska in Paris, anschließend Musikwissenschaft an den Universitäten in Freiburg i. Br. (bei W. Gurlitt), Leipzig (bei Th. Kroyer) und Heidelberg (bei H. Besseler) und promovierte 1933 mit der Dissertation *Studien zur Geschichte des italienischen Liedmadrigals im 16. Jh.* (Wü 1937). 1933–35 studierte sie Bibliothekswissenschaft und Paläographie in Bologna. 1935 wanderte sie nach Palästina (Israel) aus. Seit 1950 leitete sie am israelischen Kultusministerium und seit 1953 an der Hebräischen Universität in Jerusalem das neugegründete Phonogramm-Archiv für Orientalische und Jüdische Musik. 1966 wurde sie Dozentin, 1968 Professorin an der Universität in Tel-Aviv. G. erforschte besonders die Musik des westlichen Orients und deren jüdische Sondertraditionen.

Schriften: *Migrations and Mutations of Oriental Folk Instruments,* in: Journal of the International Folk Music Council (1952); *Towards an Exact Transcription of Tone Relations,* in: AMl 25 (1953); *Musicology in Israel,* in: ebd. 30 (1958); *Halleluia and Jubilus in Hebrew-Oriental Chant,* in: FS H. Besseler (L 1961); *Musiker des Orients, ihr Wesen und Werdegang,* in: FS Z. Kodály (Budapest 1962); *The Persian Doctrine of Dastgah-Composition* (Tel Aviv 1963); *The Legacy of Jewish Music Through the Ages* (ebd. 1963); *On the Musical Sources of the Judaeo-Hispanic „Romance",* in: MQ 50 (1964); *Vocal Folk-Polyphonies of the Western Orient in Jewish Tradition,* in: Yuval 1 (1968); *On the Technique of Arab Taqsim Composition,* in: FS W. Graf (W 1970); *The Music of Kurdistani Jews. A Synopsis of Their Musical Styles,* in: Yuval 2 (1971); *R. Lachmann,* in: ebd. 3 (1974); *Horn u. Trompete im AT,* in: FS E. Emsheimer (Sto 1974); *Common Structures of Liturgical Chant in Hebrew, Armenian and Roman Psalmody,* in: Kgr.-Ber. London 1978; *Melodic Patterns in Ancient Asiatic Rituals,* in: Israel Studies in Musicology 2 (Jerusalem 1980).

GERSTENBERG, Walter, * 26. 12. 1904 Hildesheim; dt. Musikforscher. G. studierte Musikwissenschaft bei H. Abert in Berlin und bei Th. Kroyer und H. Zenck in Leipzig, promovierte dort 1929 und war bis 1932 Assistent am Musikwissenschaftlichen Institut. 1935 habilitierte er sich in Köln mit der Schrift *Beiträge zur Problemgeschichte der evangelischen Kirchenmusik.* 1940–48 lehrte er Musikgeschichte an der Universität Rostock, wo er gleichzeitig Direktor der Musikhochschule war. Anschließend lehrte er als Ordinarius bis 1952 an der Freien Universität Berlin, 1952–58 an der Universität Tübingen, dann an der Universität Heidelberg und seit 1959 in Tübingen; 1974 Honorar-

E. Meyer

Christoph Willibald Ritter von GLUCK: Gemälde von J. S. Duplessis aus dem Kunsthistorischen Museum, Wien.

Bordas-J. B.

Gabriel FAURÉ: Gemälde von J. S. Sargent aus der Collection Fauré-Frémiet, Paris.

Bordas-J. B.

Charles GOUNOD: Gemälde von Ary Scheffer aus dem Musée National, Versailles.

Giraudon

Manuel de FALLA: Gemälde von I. Zuloaga aus der Bibliothèque espagnole, Paris.

professor an der Universität Salzburg und 1975 Vizepräsident der Internationalen Stiftung Mozarteum Salzburg. Zu seinem 60. Geburtstag wurde ihm eine Festschrift gewidmet (hrsg. v. G. v. Dadelsen – A. Holschneider, Wb – Z 1964).

WW: **1) Schriften:** *Die Klavierkompositionen Scarlattis* (Rb 1933); *Eine Neumenhandschrift in der Dombibl. zu Köln* (Codex 215), in: FS Th. Kroyer (Rb 1933); *Zur Erkenntnis der Bachschen Musik* (B 1951); *Die Zeitmaße u. ihre Ordnungen in Bachs Musik* (1951); *Zur Verbindung Präludium u. Fuge bei J. S. Bach*, in: Kgr.-Ber. Lüneburg 1950 (Kas 1952); *Die Krise der Barockmusik*, in: AfMw 10 (1953); *Über den langsamen Einleitungssatz in Mozarts Instrumentalmusik*, in: FS W. Fischer (I 1956); *Musikerhss. v. Palestrina bis Beethoven* (1960); *Grundfragen der Rhythmusforsch.*, in: Kgr.-Ber. Köln 1958 (Kas 1963); *Schubertiade*, in: FS O. E. Deutsch (1963); *P. Hindemith*, in: Universitas 19 (1964); *Über Mozarts Klangwelt* (1966); *Tonart u. Zyklus in Bachs Musik*, in: Bach-Interpretationen, hrsg. v. M. Geck (Gö 1969); *Um den Begriff einer Venezianischen Schule*, in: FS R. B. Lenaerts (Löwen 1969); *H. Schütz im Konzert der europäischen Nationen*, in: Sagittarius 3 (1970); *Goethes Dichtung u. die Musik*, in: Kgr.-Ber. Leipzig 1966 (Kas 1970); *Der Rahmen der Tonalität im Liede Schuberts*, in: FS K. G. Fellerer (Kö 1973). – **2) Editionen:** *D. Scarlatti, Cemb.-Sonaten* (Rb 1933); *L. Senfl, Motetten*, bisher 5 Bde. (L 1939ff.); *A. Willaert, Opera omnia* (1950) (= CMM 3) (begonnen v. H. Zenck).

GERSTER, Ottmar, * 29. 6. 1897 Braunfels an der Lahn, † 31. 8. 1969 Leipzig; dt. Komponist. G. studierte am Hochschen Konservatorium in Frankfurt am Main Violine (bei A. Rebner) und Komposition (bei B. Sekles). 1920 trat er als Solobratschist in das Symphonieorchester der Stadt Frankfurt ein, war 1924–26 Mitglied im Lenzewski-Quartett, dann im Witek-Quartett. In dieser Zeit errang er erste Erfolge als Komponist. 1927–47 lehrte er an der Folkwangschule Essen zunächst Violine und Bratsche, später auch Musiktheorie. 1947 übernahm er den Lehrauftrag für Komposition an der Musikhochschule Weimar, deren Direktor er 1948–51 war. 1952–62 leitete er eine Kompositionsklasse an der Musikhochschule Leipzig. G.s Kompositionen, die nie den Boden der Tonalität verlassen, verbinden liedhafte Melodik mit klarer formaler Gestaltung. Dieser publikumswirksame Stil sicherte besonders seinen Bühnenwerken, in denen er zur Schilderung von Stimmungen die Technik der Leitmotive bevorzugte, große Volkstümlichkeit. Sein erfolgreichstes Werk ist die Oper *Enoch Arden*. G. starb während der Arbeit an der Oper *Madame Legros* nach dem gleichnamigen Drama von H. Mann (1913).

WW: **1) Instr.-WW: a)** Kammermusik: 2 Streichquartette; Sonate für V. u. Klv. (1951); Divertimento für Klv. (1933); *Heitere Musik* (1936) für Fl., Ob., Klar., Fag. u. Horn; Sonatine (1954) für Va. u. Klv.; Streichtrio (1957). – **b)** Für Orch.: Concertino für Va. u. Kammerorch. (1930); Capriccietto für 4 Pk.n u. Streichorch. (1932); *Tanzsuite im alten Stil* (1934); *Kleine Sinfonie* (1934); *Festliche Musik* (1935); *Oberhessische Bauerntänze* (1938) auch als Ballett *Hessisches Hochzeitstanzspiel; Ernste Musik* (1938) (auf den Tod eines Fliegers); *Festliche Toccata* (1942); *Festouvertüre* (1948); Konzert für Vc. (1951); *Thüringer Sinfonie* (1953); Klv.-Konzert (1955); Hornkonzert (1962); *Leipziger Sinfonie* (1963). – **2) Vokal-WW:** *4 Lieder* für Alt u. Va. (1940); *5 Löns-Lieder* (1941); *5 Lieder* (1942) (Text: O. J. Bierbaum) für Bar. u. Klv.; Kantaten: *Lied vom Arbeitsmann* (1929); *Rote Revue* (1930); *An die Sonne* (1937) (Text: L. Andersen); *Eisenhüttenkombinat Ost* (1952) (Text: H. Marchwitza) für Soli, Chor u. Orch.; *Ballade vom Manne Karl Marx* (1961) für Bar., Chor u. Orch. – **3) Bühnen-WW:** Ballett *Der ewige Kreis*, UA: Duisburg 1939; Opern: *Madame Liselotte* (Libr.: F. Clemens u. P. Ginthum), UA: Essen 1933; *Enoch Arden* (Libr.: K. M. v. Levetzow), UA: Düsseldorf 1936; *Die Hexe von Passau* (nach R. Billinger), UA: Düsseldorf 1941; *Das verzauberte Ich* (Libr.: P. Koch nach *Alpenkönig u. Menschenfeind* von F. Raimund), UA: Wuppertal 1949; *Der fröhliche Sünder* (nach *Nasreddin in Buchara* v. L. Solowjew u. W. Witkowitsch), UA: Weimar 1963; *Madame Legros* (nach H. Mann) unvollendet, UA: (als Fragment in einem Akt) Leipzig 1970.

Lit.: F. LORENZ, in: Musik in der Schule 5 (1954) (zum „Eisenhüttenkombinat Ost"); K. ROSENSCHILD, in: MuGes 6 (1956) (zur „Thüringer Symphonie"); W. FELIX, in: Musik in der Schule 8 (1957); S. KÖHLER, in: MuGes 7 (1957) (zum Klv.-Konzert); E. KRAUSE, in: Musica 11 (1957); E. REBLING – P. CZERNY, Musik für die dt. Arbeiterbewegung. Werke v. H. Eisler u. O. G., in: MuGes 7 (1957); K. LAUX, O. G. (L 1961) (= Reclams Universal Bibl. 8928/29); E. KRAUSE, in: MuGes 12 (1962); W. WOLF, O. G.s „Enoch Arden" (B 1967); L. MARKOWSKI, in: MuGes 19 (1969).

K. LANGROCK

GERVAISE, Claude, frz. Musiker und Komponist des 16. Jahrhunderts. G. lebte in Paris. Fétis bezeichnete ihn fälschlicherweise als Violinist der Kapelle König Franz' I. Seine *Livres de danceries* enthalten vor allem Tänze für Instrumentalensemble (Pavanen, Galliarden, Allemanden, Branles u. a.) und einige Bearbeitungen von Chansons von P. Certon, E. Du Tertre, Cl. Janequin und Gentian.

WW (alle in Paris erschienen): *Livres de danceries*, III: (1557 [darin 42 Tänze]), IV: (1550) (darin 19 Pavanen u. 23 Gaillarden), V: (1550) (darin 53 Branles), VI: (1555) (darin 41 Branles u. 12 andere Tänze); vokale Chansons in Sammeldrucken 1541–54.

Ausg.: 65 Tänze, in: EXPERT Maîtres 23 (1908); 3 Chansons, hrsg. v. M. GRACE (Colorado Springs 1962); 3. u. 6. *Livre de danceries*, hrsg. v. B. THOMAS (Lo 1972).

Lit.: L. F. BERNSTEIN, C. G. as Chanson Composer, in: JAMS 18 (1965); DERS., The Cantus-firmus Chansons of T. Susato, in: ebd. 22 (1969).

GERWIG, Walter, * 26. 11. 1899 Frankfurt/Oder, † 9. 7. 1966 Bonn; dt. Lautenist. Er lernte zunächst das Geigenbauerhandwerk, studierte dann in Hamburg Musik und bildete sich zugleich autodidaktisch im Lautenspiel. Seit 1925 lehrte er in Berlin, seit 1952 an der Kölner Musikhochschule. Auf zahlreichen Konzertreisen spielte er alte, z. T. nur handschriftlich überlieferte Lautenmusik. Er schrieb: *Das Spiel der Lauteninstrumente*, 3 H.e (B 1940 bis 1954).

GESAMTAUSGABEN, Bz. für wissenschaftlich-kritische ↗Editionen des gesamten Schaffens eines Komponisten, im Unterschied zu den ↗Denkmälern, in denen die Auswahl der zu edierenden Werke nach Epochen, Regionen, Gattungen oder Quellen erfolgt. Ein kompositorisches Gesamtwerk geringeren Ausmaßes kann aber auch im größeren Zusammenhang einer Denkmälerausgabe veröffentlicht werden (so etwa J. Vaet in DTÖ, G. de Machaut in PäM). Einen Sonderfall stellt die umfassend angelegte Denkmälerreihe *Corpus Mensurabilis Musicae* (CMM) dar, deren Editionsprogramm neben Repertoiresammlungen auch die „Opera omnia" einer größeren Zahl von Komponisten des 14.–16. Jh. enthält. Ist das Schaffen eines Komponisten zu umfangreich, ungleichwertig oder nicht ausreichend erforscht, so ist es sinnvoll, anstelle einer G. lediglich „Ausgewählte Werke" herauszugeben (so bei G. Ph. Telemann, L. Spohr, Th. Stoltzer).

Das Bemühen um Vollständigkeit einer G. erstreckt sich – wenigstens bei bedeutenderen Komponisten – nicht nur auf die von diesen ausdrücklich zur Veröffentlichung bestimmten Werke, sondern kann die gesamte musikalische Produktion umfassen, also auch vom Autor verworfene Kompositionen, abweichende Fassungen, Fragmente, Entwürfe und Studien, vereinzelt sogar Stammbucheintragungen (J. S. Bach), Notenscherze (Beethoven) u. ä. Die umfassende Zielsetzung erfordert ausgiebige Vor- und Begleitstudien zur Aufnahme des Werkbestandes sowie zur Entstehungs- und Überlieferungsgeschichte, so daß G. im allgemeinen von eigens dafür eingerichteten Forschungszentren (Instituten, Gesellschaften) mit staatlicher oder privatmäzenatischer Unterstützung herausgegeben werden. Die Herausgabe erfolgt meist nach Gattungen geordnet. Der Notentext wird ergänzt durch einen „Kritischen Bericht", der über die Quellen und die wissenswerten Lesartvarianten eines jeden Werkes unterrichtet.

Die erste wissenschaftliche G. war die seit 1851 erscheinende Ausgabe sämtlicher Werke J. S. Bachs durch die Bachgesellschaft. Ihr folgten in kurzem Abstand G. anderer „Meister der Tonkunst" der Vergangenheit (G. Fr. Händel 1858ff., G. P. da Palestrina und L. van Beethoven 1862ff., W. A. Mozart 1876ff., H. Purcell 1878ff., H. Schütz 1885ff. u. a.). Die sich in diesen Jahrzehnten ungestüm entwickelnde historische Musikforschung fand in der Editionsarbeit ein ergiebiges Betätigungsfeld und erhielt durch das hierdurch zutage geförderte Material wichtige Anregungen. In G. wurde nun auch das Schaffen vieler großer Komponisten des 19. Jh. publiziert, allerdings weniger unter dem Aspekt wissenschaftlicher Sichtung als vielmehr in der Absicht ehrender Auszeichnung und rascher Verbreitung der Werke. Dieser Typus von G. wurde eröffnet durch Editionen von F. Mendelssohn Bartholdy 1874ff., Fr. Chopin 1878ff., R. Schumann 1879ff. und Fr. Schubert 1883ff., denen zahlreiche andere folgten.

Neue Forschungsergebnisse und ein auch die Editionstechnik beeinflussender „Wandel des historischen Bewußtseins" (Thr. Georgiades) waren nach dem 2. Weltkrieg der Anlaß für eine Sichtung des musikalischen Erbes, die sich in zahlreichen „Neuen Ausgaben" niederschlug (Chopin 1949ff., Bruckner 1951ff., Bach 1954ff., Händel und Mozart 1955ff., Beethoven und Schubert 1964ff., Liszt und Wagner 1970ff.). Aus dem gleichen Impuls heraus wurden bislang nicht begonnene oder nicht zum Abschluß gelangte G. in Angriff genommen (P. I. Tschaikowsky 1948ff., J. Haydn und Chr. W. Gluck 1951ff., A. Dvořák 1955ff. u. a.); eine weitere Gruppe von G.-Projekten ist Komponisten des 20. Jh. gewidmet (M. Reger 1954ff., S. Prokofjew 1955ff., G. Mahler 1960ff., A. Schönberg 1966ff., H. Eisler 1969ff., P. Hindemith 1975ff., L. Janáček 1978ff.).

Der Grundgedanke aller G., das Werk eines Komponisten zusammengefaßt der Nachwelt zu überliefern, reicht zurück bis in die Zeit, in der die Namen einzelner schöpferischer Persönlichkeiten allmählich aus der Anonymität herauszutreten begannen. So ist z. B. das musikalische Werk von Adam de la Halle (13. Jh.) Teil einer größeren Sammlung, die auch seine Dichtungen enthält. Aus späterer Zeit ist hier zu nennen die zusammenfassende Sammlung der Motetten von O. di Lasso (*Magnum opus musicum*, hrsg. 1604 von den Söhnen des Komponisten). Ein unmittelbarer Vorläufer der modernen G., wenigstens der Absicht nach, war S. Arnolds Versuch einer vollständigen Ausgabe der Werke G. F. Händels, die jedoch nach dem Erscheinen von 36 Bänden (1787–97) eingestellt werden mußte. Nur dem Namen nach gehören in die Vorgeschichte der G. dagegen die zahlreichen als *Oeuvres complètes* bezeichneten Publikationen im frühen 19. Jh. mit Werken (meist Kammermusik oder Klavierwerke) berühmter Komponisten. Eine solche Edition veranstalteten z. B. Breitkopf & Härtel (nach 1800) von den Klavierkompositionen J. Haydns, der selbst die aufzunehmenden Stücke einer „Durchsicht" im Sinne einer Echtheitsbestätigung unterzog. Vereinzelt für seine Zeit blieb das Bemühen L. v. Beethovens um eine „Ausgabe seiner sämtlichen Werke", die aber nicht zustande kam. Ein Einzelfall unter den Komponisten war auch R. Wagner; er selbst besorgte zu seinen Lebzeiten (1871–73) eine „Gesamtherausgabe" seiner *Schriften und Dichtungen* (d. h. der Kunstschriften und der Texte zu seinen Opern) in chronologischer

Reihenfolge, damit nicht zuletzt seinen Platz auch in der Literaturgeschichte dokumentierend, in der die vom Autor überwachten Ausgaben „Gesammelter Werke" schon lange gang und gäbe waren.

Lit.: M. UNGER, Beethoven über eine Gesamtausgabe seiner Werke (Bonn 1920) (= Veröff. des Beethovenhauses 1); H. J. MOSER, Das musikal. Denkmälerwesen in Deutschland (Kas 1952) (= Musikwiss. Arbeiten 7); K. VÖTTERLE, Die Stunde der G., in: Musica 10 (1956); Editionsrichtlinien musikal. Denkmäler u. G., hrsg. v. G. VON DADELSEN (Kas 1967) (= Musikwiss. Arbeiten 22); Musikal. Edition im Wandel des hist. Bewußtseins, hrsg. v. TH. G. GEORGIADES (Kas 1971) (= Musikwiss. Arbeiten 23); Musikal. Erbe u. Gegenwart. Musiker-G. in der Bundesrepublik Deutschland, hrsg. v. H. BENNWITZ – G. FEDER – L. FINSCHER – W. REHM (Kas 1975).

E. PLATEN

GESANG, im eigentlichen Wortsinn das Singen, die bewußt gestaltete stimmliche Äußerung des Menschen.

Entstehung und Anfänge des Gesanges. Das Singen ist die wohl früheste und ursprünglichste Art musikalischer Betätigung. Aus der Ethnologie sind zwar Völker ohne Musikinstrumente, nicht aber ohne Gesang bekannt. In manchen Kulturen gilt der G. sogar als vornehmste und im religiös-kultischen Bereich bisweilen auch als einzig legitime Form musikalischen Ausdrucks. Auch die Festlegung bestimmter, in vielen Kulturen bekannter Intervalle wie Ganzton, Quarte, Quinte und Oktave und vielleicht die Bildung von Tonleitern gehen möglicherweise auf den G. und nicht auf Instrumentalmusik oder theoretische Erwägungen zurück.

Es ist naheliegend, G. und Sprache bzw. Sprechen miteinander in Beziehung zu setzen. Dabei ist G. primär durch Melodik und einen besonderen Reichtum an Ausdrucksmöglichkeiten, das Sprechen primär durch den (natürlichen Sprach-)Rhythmus gekennzeichnet. Die Grenzen zwischen G. und Sprechen sind allerdings fließend, und es kann im Einzelfall schwierig sein, gesungenes und gesprochenes Wort zu unterscheiden. Die Entstehung des G.s. ist möglicherweise so zu denken, daß man beim Aussprechen von Worten bewußt bestimmte Tonhöhen wählte. Dennoch ist G. nicht als melodisch kunstvollere Form des Sprechens anzusehen, da bei der einfachsten Form von G. Worte auf einer einzigen, unveränderlichen Tonhöhe vorgetragen werden (Sprechgesang), oder zumindest auf nur wenigen, d. h. zwei oder drei Tonstufen (vedische und buddhistische Hymnen; accentische Formen der christlichen Liturgien, ↗Accentus 1). In diesen Fällen ist die bewußte, vom natürlichen Sprachrhythmus abweichende rhythmische Gestalt das konstitutive Element des Gesanges. Möglicherweise hat der G. seinen Ursprung aber auch im wortlosen, doch bewußt geformten Schreien, vielleicht in der Nachahmung von Tierlauten. Wichtiger als solche Überlegungen zur Entstehung des G.s ist eine Betrachtungsweise, die den G. in seiner Verbindung oder in seinem Antagonismus zum Wort erfaßt, denn dies bestimmt wesentlich seine Entwicklung innerhalb der abendländischen Kultur. J. DURING

Zur Geschichte des Gesanges. Da bis zur Zeit der Erfindung von Schallplatte und Tonband der G. nicht durch Tondokumente greifbar ist, läßt sich seine Entwicklung nicht unmittelbar verfolgen, sondern nur an Hand der überlieferten musikalischen Quellen und an Hand sonstiger Äußerungen über G. erschließen. Als Grundphänomen gilt in der abendländischen Kultur die Differenzierung von chorischem und solistischem G., die bereits für den ↗Gregorianischen Gesang und seine Gattungen konstituierend war. Der Gregorianische G. war auch normgebend für den in der Frühzeit der abendländischen Musik praktisch genutzten Stimmumfang. Wie die choralen Notenschlüssel erkennen lassen, handelt es sich im Gregorianischen G. um den Bereich der mittleren bis hohen Männerstimme, etwa G–a^1. Mit dem Beginn der Mehrstimmigkeit kam es dann zur Differenzierung einzelner Stimmbereiche und zu einer Ausweitung des kompositorisch verwendbaren Stimmumfangs nach oben. Besonders ausgezeichnet war die männliche Stimme in der Mittellage, die als ↗Tenor Träger der aus dem Choral entnommenen Grundstimme des musikalischen Satzes war. Im 15. Jh. entstand dann das für die Folgezeit allgemein verbindliche Gefüge der verschiedenen Stimmenbezeichnungen – Bassus (↗Baß) – Tenor – Altus (↗Alt) – ↗Cantus (später Sopran genannt) – und damit auch die terminologische Festlegung der entsprechenden ↗Stimmlagen.

Insgesamt läßt sich die Bedeutung des G.s in der älteren Musikgeschichte, vom Gregorianischen G. bis etwa 1600, daran erkennen, daß die verschiedenen musikalischen Gattungen primär für G. bestimmt waren. Dies entsprach auch der kirchlichen Auffassung vom Primat der menschlichen Stimme, die allein zum Vortrag liturgischer Musik legitimiert war und die bis heute die Entwicklung der Kirchenmusik wesentlich getragen hat. Die Kirche sorgte dann auch für die Ausbildung der Kleriker im Gesang, nicht zuletzt durch die Einrichtung von Sängerschulen. Wahrscheinlich hat Papst Gregor I. der Große durch die Gründung und Reorganisation der römischen (später so genannten) ↗Schola cantorum den entscheidenden Anstoß in dieser Richtung gegeben, der dann in den folgenden Jahrhunderten zu einer großen Zahl hervorragender Sängerschulen, u. a. in St. Gallen, Metz, Paris und Cambrai, führte.

Durch G. wurde aber nicht nur das Wort in der Liturgie wesentlich akzentuiert und vermittelt, sondern das dichterische Wort mit geistlichem wie weltlichem Inhalt und Charakter erhielt sozusagen eine neue Dimension. Hierbei zeigen bereits die Gattungen der frühen Mehrstimmigkeit – Organum, Motette, Discantus, Conductus –, daß der G. stets in vielfältigen Beziehungen zum Instrumentenspiel steht. Musik nur für G. hat es bis zum 16. Jh. nur selten gegeben; das Ideal einer „reinen" Vokalmusik, das sich an der (für ihre Zeit durchaus irregulären) römischen Aufführungspraxis der Polyphonie Palestrinas und seiner Zeitgenossen orientierte, ist eine historistische Vorstellung des 19. Jahrhunderts. In der Tat weist ja schon der Terminus ↗Organum für die frühen mehrstimmigen Gesänge auf die Beteiligung von Instrumenten hin. Erst recht ist dies abzulesen an der Struktur von musikalischen Satzweisen wie dem ↗Kantilenensatz (vgl. auch ↗Cantilena) oder dem Tenorlied, wie auch an den ikonographischen Zeugnissen für die ↗Aufführungspraxis der geistlichen und weltlichen Musik des 13.–16. Jahrhunderts. Gleichwohl ist der Primat des G.s in dieser ganzen Zeit unbestritten, was sich nicht zuletzt in der Tatsache zeigt, daß nahezu sämtliche Instrumentalmusik auf das Vorbild vokaler Gattungen verweist (vgl. für die spätere Zeit etwa die ↗Kanzone, die von der gesungenen ↗Chanson abstammt).
In der Geschichte des G.s bedeutet die Wende des 16. zum 17. Jh. ein entscheidendes Stadium. Im Umkreis der Camerata Fiorentina kommt es zu einer grundsätzlichen Neubewertung des G.s als eines affektäußernden Sologesangs mit akkordischer Begleitung (↗Monodie, ↗Begleitung). Das hatte nicht nur die Entstehung neuer musikalischer Gattungen (↗Oper, ↗Oratorium, ↗Kantate) und neuer satztechnischer und aufführungspraktischer Phänomene wie ↗Generalbaß und ↗Concerto-Prinzip zur Folge, sondern auch die Entstehung eines neuen Musikertyps und -berufs, nämlich des Sängers im modernen Sinne, der mit dem mittelalterlichen Cantor (↗Kantor) nur noch den Namen gemeinsam hat (in den romanischen Sprachen nicht einmal mehr das, da man z. B. im Französischen seit dem 17. Jh., zwischen dem *chantre* als dem liturgischen Sänger und dem *chanteur* als dem neuartigen Sänger unterscheidet). Dieser Sänger bedarf der Bühne und der Selbstdarstellung. In dieser Zeit des musikalischen Umbruchs und in diesem Bereich des G.s kam auch erstmals in der Musikgeschichte die Frau als eigenständige und gleichberechtigte Musikerpersönlichkeit voll und definitiv zur Geltung.
Seitdem ist die Geschichte des G.s eine Geschichte des Sologesangs, und sie ist bis zur Gegenwart weithin an die Entwicklung der Oper und der sie prägenden Sologesangsformen (↗Arie, ↗Rezitativ) gebunden. Umgekehrt spiegelt deren Geschichte – allenfalls noch in ihrem Gefolge die des Oratoriums oder der Kantate – die Entwicklung der Gesangskunst: mit dem ↗Belcanto, dem Virtuosentum der Primadonnen und Primuomini des 17.–19. Jh., mit dem Ruhm und der Tragik der ↗Kastraten, mit dem Wesen und Unwesen des Koloraturgesangs, mit der Ausweitung des Stimmumfangs und mit der Ausprägung der verschiedenen ↗Stimmfächer und Stimmtypen. Erst im 19. Jh. fand der G. auch außerhalb der Oper und der von ihr abhängigen Gattungen ein bedeutendes neuartiges Wirkungsfeld im klavierbegleiteten Sololied, das gesangsgeschichtlich sozusagen eine Wiedergeburt der Monodie aus dem Geiste der romantischen Poesie darstellt.
Die tiefgreifenden Wandlungen der Musik seit R. Wagner betreffen auch den Gesang. Nicht zufällig war Wagners „Reform" der Oper begründet in einem Unbehagen an der italienischen Opernmusik der ihm unmittelbar vorhergehenden Zeit in gleichem Maße wie an der vermeintlichen Fehlentwicklung des Opern-G.s, der immerhin zur selben Zeit in den Opern G. Verdis neue Triumphe feierte. Es waren aber dann erst die Komponisten der Neuen Musik des 20. Jh., die den G. teilweise auf ganz neue Wege führten. Einerseits setzten sich Atonalität, Zwölftonmusik, Serielle Musik u. a. der sängerischen Tradition entgegen, zumindest stärker als der instrumentalen Tradition, andererseits erschlossen und erschließen immer wieder die avantgardistischen Komponisten neue Möglichkeiten stimmlicher Gestaltung, wie etwa den Sprechgesang auf nicht eindeutig fixierten Tonhöhen (so bereits bei A. Schönberg mit eigener Notierung) und eine Vielzahl von Lautgebungsarten, die die Grenzen zwischen Singen, Sprechen und Schreien bzw. gelegentlich auch zwischen G. und Geräusch aufzuheben scheinen. Doch ist auch heute noch bei vielen zeitgenössischen Komponisten von Rang in aller Welt das Bewußtsein einer ungebrochenen Gesangstradition in Oper, Lied und Orchestergesang lebendig.
Gesanglehre. Mit der Neubewertung des G.s um 1600 entstand auch eine neuartige Lehre vom G., die sich dann auch vorab am Opern-G. orientierte. Bezeichnenderweise war einer der für die Monodie und die Oper bahnbrechenden Komponisten, G. Caccini, auch einer der ersten Gesanglehrer im modernen Sinn. Und es ist auch nicht erstaunlich, daß Italien das Hauptland dieser Lehre war. Gegenstand der gedruckten Werke war im 17./18. Jh. in

erster Linie das umfangreiche Gebiet der musikalischen ↗Verzierungen, die freilich schon im 16. Jh. und früher in der Instrumental- und Vokalmusik verwendet wurden. Die Erziehung zum beruflich ausgeübten G., d. h. die Stimmbildung, lag hauptsächlich in den Händen von Sängern und Komponisten, die zum Teil regelrechte Gesangschulen gründeten. Zu nennen sind hier namentlich Fr. A. Pistocchi und der seinerzeit berühmte A. Bernacchi (Bologna), N. Porpora, L. Leo, Fr. Feo (Neapel), P. Fr. Tosi (London) und Fr. Mancini (Wien). In den anderen europäischen Ländern orientierte man sich in der Gesanglehre weitgehend an den italienischen Vorbildern. In Deutschland stammen die wichtigsten Traktate des 17. Jh. von J. A. Herbst, J. Crüger (gedruckt) und Chr. Bernhard (hsl.), aus dem 18. Jh. von J. A. Hiller. Für Frankreich gilt M. Mersenne als der erste Theoretiker des G.s, M. Lambert als der erste und bedeutendste Gesanglehrer des 17. Jh.; sein Unterricht wurde von B. de Bacilly weiten Kreisen im Druck vermittelt.

In der Gesanglehre des 19. Jh. traten als Pädagogen von europäischem Rang und Verfasser von Gesangschulen besonders hervor: H. Fr. Mannstein, Fr. Schmitt, G. Duprez, M. García, J. Hey und J. Stockhausen. Weite Verbreitung im Gesangunterricht fanden in dieser Zeit und teilweise bis hin zur Gegenwart auch die Studienwerke mit ↗Solfeggien und ↗Vokalisen u. a. von N. Vaccai, P. Concone, G. A. Bordogni und P. Viardot-García. Nachdem bereits im 19. Jh. an vielen europäischen und amerikanischen öffentlichen Ausbildungsstätten Gesangsklassen eingerichtet worden waren, ist im 20. Jh. die berufliche Gesangausbildung in allen Ländern an Musikhochschulen bzw. in den musikalischen Abteilungen von Universitäten institutionalisiert. Das bedeutet freilich nicht, daß nicht auch heute noch die private Gesangausbildung eine wichtige Rolle spielt.

Lit.: L. ZACCONI, Prattica di musica, 2 Teile (V 1592, 1622), Faks. der Ausg. 1592, 2 Bde. (Bol 1967) (= Bibl. musica Bononiensis 2/1-2); G. B. BOVICELLI, Regole, passagi di musica (V 1594), Faks.-Ausg. hrsg. v. N. Bridgman (Kas 1957) (= DMl 1/12); G. CACCINI, Le nuove musiche (Fi 1601), Faks.-Ausg. hrsg. v. H. W. Hitchcock (Madison/Wis. 1970); O. DURANTE, Arie devote (R 1608); M. MERSENNE, Quaestiones celeberrimae in Genesim (P 1622); DERS., L'harmonie universelle (P 1636–37), Faks.-Ausg. hrsg. v. F. Lesure, 3 Bde. (P 1963); J. A. HERBST, Musica moderna prattica, overo maniera del buon canto. Das ist, Eine kurtze Anleitung... zum Singen auff jetzige italienische Manier (F 1653, ²1658); J. CRÜGER, Musicae practicae praecepta brevia... Der rechte Weg zur Singkunst (B 1660); CH. BERNHARD, Von der Singe-Kunst oder Manier (hsl. vor 1664), NA, in: Die Kompositionslehre H. Schützens..., hrsg. v. J. M. Müller-Blattau (L 1926, Kas ²1963); B. DE BACILLY, Remarques curieuses sur l'art de bien chanter (P 1668 u. ö.); P. F. TOSI, Opinioni de' cantori antichi e moderni (Bol 1723, Faks. NY 1968) (Faks. = MMMLF 2/133), dt. v. J. F. Agricola (B 1757), Faks.-Ausg. mit it. Original, hrsg. v. E. R. Jacobi (Celle 1966), Faks.-Ausg. ohne it. Original, hrsg. v. K. Wichmann (L 1966); G. B. MANCINI, Pensieri e riflessioni pratiche sopra il canto figurato (W 1774, ²1777), Faks. der 2. Aufl. (Bol 1970) (= Bibl. musica Bononiensis 2/41); J. A. HILLER, Anweisung zum musikalisch-richtigen G. (L 1774, ²1798); J. A. BÉRARD, L'art du chant (P 1775, Faks. Ge 1972); J. A. HILLER, Anweisung zum musikalisch-zierlichen G. (L 1780); A. GARAUDÉ, Nouvelle méthode de chant (P 1810); DERS., Méthode complète du chant (P 1825); H. F. MANNSTEIN, Das System der großen Gesangschule des Bernacchi von Bologna (L 1835, ²1848); DERS., Gesch., Geist u. Ausübung des G.s v. Gregor dem Großen bis auf unsere Zeit (L 1845, Faks. L 1972); G. DUPREZ, L'art du chant (P 1845, dt. 1846); M. GARCÍA, Traité complet de l'art du chant, 2 Teile (P 1840–47, dt. Mz 1858); F. SCHMITT, Große Gesangschule für Deutschland (Mn 1854, ²1864); R. WAGNER, Ber. ... über eine in München zu errichtende dt. Musikschule, in: Gesammelte Schriften u. Dichtungen 8 (1865); LEMAIRE-LAVOIX, Le chant, ses principes et son histoire (P 1881); J. STOCKHAUSEN, Gesangsunterrichtsmethode, 2 Bde. (L 1886–87); J. HEY, Dt. Gesangunterricht, 4 Bde. (Mz 1885); H. GOLDSCHMIDT, Die it. Gesangsmethode des 17. Jh. (Breslau 1890, ²1892); DERS., Hdb. der dt. Gesangspädagogik I (L 1896); TH. GÉROLD, L'art du chant en France au XVIIe siècle (Str 1921); L. FRATI, A. Bernacchi e la sua schola di canto, in: RMI 29 (1922); E. ROSS, Dt. u. it. Gesangsmethode, erläutert auf Grund ihrer geschichtlichen Gegensätzlichkeit im 18. Jh. (Kas 1928); F. HABÖCK, Die Kastraten u. ihre Gesangskunst (B–L 1927); H. BIEHLE, Die ästhetischen Grundlagen der frz. Gesangskunst im 17. u. 18. Jh., in: ZfMw 12 (1929/30); DERS., Die Stimmkunst, 2 Bde. (L 1931–32); A. DELLA CORTE, Canto e bel canto (Tn 1933); A. MACHABEY, Le bel canto (P 1948); H. HICKMANN, La musique polyphonique dans l'Égypte ancienne (Kairo 1952); M. BEAUFILS, Musique du son, musique du verbe (P 1954); H. J. MOSER, Gesangskunst, in: MGG V; A. GEERING, Gesangspädagogik, in: ebd.; J. GOURRET – G. MARCHAL, La technique du chant en France depuis le XVIIIe siècle (Sens 1973).

G. MASSENKEIL

GESANGBUCH, eine Sammlung volkssprachiger gottesdienstlicher Gemeindelieder (↗Kirchenlied), die seit der Reformation fester liturgischer Bestandteil wurden. Der Name G. bürgerte sich jedoch erst allmählich ein; anfangs war vor allem die Bezeichnung „Enchiridion" gebräuchlich (z. B. bei den Erfurter Enchiridien von 1524) oder einfach „Geistliche Lieder", so bei dem von M. Luther autorisierten sog. Klug'schen G. (Wittenberg 1529 u. ö.). Das Wort G. erscheint zuerst bei J. Walters 3–5st. *Geistliche gesangk Buchleyn* (Wittenberg 1524), danach bei Breslauer und Zwickauer Drukken, beim ersten deutschsprachigen G. der Böhmischen Brüder *Ein New Gesengbuchlen* (Jungbunzlau 1531, Vorrede v. M. Weisse) und bei dem für Konstanz bestimmten *Nüw gsangbüchle von vil schönen Psalmen und geistlichen liedern* (zuerst um 1533/34, Z ³1540, Vorrede v. J. Zwick). Fast gleichlautend ist der Titel des ersten katholischen G. *Ein New Gesangbüchlin Geistlicher Lieder* (L 1537, Vorrede v. M. Vehe). Die Gesangbücher waren zunächst private Unternehmungen von

Druckern, nach denen sie heute zumeist genannt werden; ihre Bedeutung ergab sich im Einzelfall durch die dahinter stehende Persönlichkeit. Wichtige Gesangbücher der Frühzeit sind ferner die Straßburger (seit 1524), darunter besonders das *Gesangbuch* in Folio von 1541 mit Vorrede von M. Bucer. In Westdeutschland fand das *Bönnische* (Bonner) *Gesangbuch* seit 1544 bis in das 17. Jh. große Verbreitung. Die letzte mit einer neuen Vorrede Luthers versehene Liedsammlung ist das sog. Babst'sche G. (L 1545). In der inhaltlichen Anordnung der lutherischen Gesangbücher stehen die Lieder für das Kirchenjahr an erster Stelle, denen die Katechismus- und die Psalmlieder folgen. In Ober- und auch Westdeutschland bildeten bald schon die Psalmlieder den ersten Teil. Die Gesangbücher kamen zunächst nur in die Hand von Pfarrer und Kantor und erschienen daher zumeist mit Noten. Seit 1586 gab es auch im lutherischen Bereich Gesangbücher mit vierstimmig-homophonen Sätzen, nachdem seit 1573 der sog. Lobwasserpsalter, die deutsche Übertragung des Genfer Psalters, mit gleichzeitiger Übernahme der vierstimmig-homophonen Bearbeitung Cl. Goudimels, vorangegangen war. Der Lobwasserpsalter blieb in unzähligen Drucken etwa 200 Jahre in den reformierten Gebieten in Gebrauch, stets jedoch in Verbindung mit einem zweiten Teil sonstiger Lieder. Die 4st. lutherischen ↗Cantionale (das bekannteste ist das *Cantional oder G.* von J. H. Schein, L 1627), die für den gemeinsamen Gesang von Gemeinde und Kantorei bestimmt waren, blieben nur kürzere Zeit in Gebrauch; denn bereits seit 1640 wurden sie allmählich durch Gesangbücher mit Melodie- und Generalbaßnotierung abgelöst (zuerst in J. Crügers *Newes vollkömliches Gesangbuch,* B 1640, dem Vorläufer von Crügers *Praxis pietatis melica,* mit ihren zahlr. Aufl. bis 1736).

Stand die katholische Gesangbuchsentwicklung zunächst in Abwehr gegen das evangelische Kirchenlied (das gilt nicht nur für Vehe, sondern auch für die *Geistlichen Lieder und Psalmen* von J. Leisentritt, Bautzen 1567, - das dennoch auch solche Lieder enthält - und für den gegen die reformierten Psalmen gerichteten Reimpsalter K. Ulenbergs, Kö 1582 u. ö.), so gewann sie vor allem durch Initiative der Jesuiten in der Gegenreformation zunehmend Eigenständigkeit. Wichtig für diese Phase sind die Gesangbücher von N. Beuttner (Gr 1602) und D. Gr. Corner (Nü 1625, 1631) sowie mancherlei Drucke der Kölner Offizin der Druckerfamilie Quentel. In den *Auserlesenen Kirchengesäng* (Kö 1623) tritt mit Fr. v. Spee zum ersten Male ein bedeutender Liederdichter in Erscheinung. Unter den zahlreichen weiteren katholischen Drucken des 17. Jh. erlangte das *Geistliche Psälterlein* (Kö 1637) die größte Verbreitung (über 35 Aufl. bis 1813). In der *Heiligen Seelenlust* des J. Angelus Silesius (Breslau 1657, 1668) mit Melodien und Generalbaß von G. Joseph erschien eine katholische Liedersammlung, die mit ihrer mystischen Frömmigkeit nun umgekehrt auf die evangelische Gesangbuchentwicklung, vor allem des Pietismus, einwirkte.

Die Notierung von Melodie und bezifferter Baßstimme in den Gesangbüchern seit 1640 war weniger eine Folge der allmählich aufkommenden Gemeindegesangbegleitung als vielmehr von deren Bestimmung „zu Beforderung des so wol Kirchen- als Privat-Gottesdienstes" (J. Crüger, 1653). Allgemein kam das G. als Andachtsbuch nun mehr und mehr in die Hand der Gemeinde, wozu der neue Typus des Trost- und Vertrauensliedes im Zeitalter P. Gerhardts wesentlich beitrug. Ein starkes Anwachsen der Zahl der Lieder in den Gesangbüchern, die in der Epoche des Absolutismus landeskirchlichen Charakter erhielten, war die Folge. Unter dem Einfluß des Pietismus wurde das G. vollends ein Hausbuch, wie es vor allem J. A. Freylinghausens *Geistreichem Gesangbuch* (2 Teile mit Melodie u. bezifferter Baßstimme, Hl 1704, 1714, beide in zahlr. Aufl.) zu verdanken ist. An dieses knüpften u. a. die frühesten Gesangbücher der Zinzendorfer Brüdergemeine an, bevor diese seit 1735 eine völlig eigenständige Tradition begann. Von den Liedschöpfungen der reformierten Pietisten wurden die ursprünglich nicht für den Gottesdienst bestimmten „Bundeslieder" von J. Neander mit vielen eigenen Weisen und Generalbaß (Bremen 1680 u. ö.) geschlossen in zahlreiche Gesangbücher aufgenommen, u. a. in den *Großen Neander* (Elberfeld 1721 u. ö.), dessen 2.–5. Auflage G. Tersteegen besorgte. – Nach Erscheinen der ersten Choralbücher (↗Choralbuch) seit 1692 verschwanden bald die Noten aus den meisten Gesangbüchern. Von etwa 1760 an bemächtigte sich der aufklärerische Rationalismus der Gesangbücher, der durch Anpassung an das zeitgemäße Sprachgefühl das überkommene Liedgut bis zur Unkenntlichkeit entstellte. Zugleich wurden neue Dichtungen für alle nur erdenklichen Lebenslagen geschaffen. Mit Ausnahme von einigen Liedern Chr. F. Gellerts haben sie ihre Zeit nicht überdauert; denn bald nach 1800 erwachte im Geiste der romantischen Restauration ein neues Verständnis für geschichtliche Überlieferung und damit auch für die ursprüngliche Gestalt des Kirchenliedes. In E. M. Arndts programmatischer Schrift *Von dem Wort und dem Kirchenliede* (Bonn 1819) wurde jetzt auch zum ersten Mal ein ökumenisches G. befürwortet. Vorerst galten die weiteren Bestrebungen jedoch nur der Vereinheitlichung der Gesangbücher in der eigenen Konfession. 1853 gab die Deutsch-Evangelische Kirchenkonferenz das *Deutsche Evangelische Kirchengesangbuch in 150 Kernliedern* als Richtschnur heraus, das jedoch nur von einem Teil der Landeskirchen berücksichtigt wurde. Nach 1925 übernahm eine Reihe von Landeskirchen das 1915 gedruckte *Auslandsgesangbuch* (für auslandsdeutsche Gemeinden) als ersten Teil ihres neuen Gesangbuchs mit der Bezeichnung *Deutsch Evangelisches Gesangbuch*. Jedoch erst 1949 wurde mit der Fertigstellung des *Evangelischen Kirchengesangbuchs* das Ziel eines Einheitsgesangbuchs für sämtliche evangelischen Landeskirchen Deutschlands und auch Österreichs erreicht. Eigene deutschsprachige Gesangbücher brachten nur noch die Evangelisch-Reformierten Kirchen der Schweiz, die Kirche Augsburgischer Konfession in Elsaß-Lothringen (beide 1952), die Zinzendorfer Brüdergemeine (1967) und die Evangelischen Freikirchen (1978) heraus.

Das katholische G. hat eine entsprechende Entwicklung seit dem 18. Jh. durchlaufen; jedoch sind bei ihm Einheitsbestrebungen wesentlich später zum Ziel gekommen. 1947 erfolgte durch die Fuldaer Bischofskonferenz die Herausgabe von 74 Einheitsliedern, die zusammen mit 60 weiteren der norddeutschen Diözesen in die Diözesangesangbücher eingingen. 1975 erschien dann mit dem *Gotteslob* das von den Bischöfen Deutschlands und Österreichs und der Bistümer Bozen-Brixen und Lüttich herausgegebene erste Einheitsgesangbuch der katholischen Kirche. Selbständig blieb die Christkatholische Kirche mit ihrem neuen G. von 1978. Auch die ökumenischen Bestrebungen haben neuerdings mit dem vom Arbeitskreis für ökumenisches Liedgut erstellten Heft *Gemeinsame Kirchenlieder* mit allseitiger offizieller Anerkennung ein wesentliches Ziel erreicht.

Lit.: W. BÄUMKER, Das kath. dt. Kirchenlied in seinen Singweisen (Fr 1883-1911, Nachdr. Hil 1962); J. ZAHN, Die Melodien der dt. ev. Kirchenlieder 6 (Gütersloh 1893, Nachdr. Hil 1963) (chronologisches Verz. der benutzten Gesang-, Melodien- u. Choralbücher); CH. MAHRENHOLZ, Das ev. Kirchengesangbuch (Kas 1950); DERS., G., in: MGG IV; K. AMELN, Über die Gestalt u. den Gebrauch eines lutherischen G.s zu Beginn des 18. Jh., in: Kerygma u. Melos. FS Ch. Mahrenholz (Kas 1970); DERS., Neue Faks.-Ausg. kath. Gesangbücher. Ein Lit.-Ber., in: JbLH 16 (1971); PH. HARNONCOURT, Gesamtkirchliche u. teilkirchliche Liturgie (Fr 1974); W. LIPPHARDT, G.-Drucke in Frankfurt/Main vor 1569 (F 1974) (= Stud. zur Frankfurter Gesch. 7); W. ZELLER, „Daß Christus unser Lob und Gesang sei". 450 Jahre ev. G., in: MuK 44 (1974); Das dt. Kirchenlied, hrsg. v. K. AMELN – M. JENNY – W. LIPPHARDT, I/1: Verz. der Drucke (Kas 1975) (überkonfessionell angelegt); R. GRANZ. Beachtlich u. bedenklich. Zum kath. Einheitsgesangbuch Gotteslob, in: JbLH 20 (1976); W. BLANKENBURG, Die Entwicklung der Hymnologie seit etwa 1950, in: Theologische Rundschau 42 (1977) H. 1 u. 4, u. 44 (1979) H. 1, 3 u. 4; R. GRANZ, Über die Schwierigkeiten der musikal. Gestaltung eines G.s, in: JbLH 22 (1978).

W. BLANKENBURG

GESANGVEREIN, ein Verein (meist als Männergesang-Verein) mit der Zielsetzung, im Rahmen seiner Satzung und Organisation den Chorgesang (↗Chor, ↗Männerchor) zu pflegen. Im Gefolge des zunehmenden Anspruchs des Bürgertums auf öffentliche Mitverantwortung geben sich seit dem 18. und besonders im 19. Jh. Singgesellschaften, Singakademien, Singvereine, Sängervereine, Liedertafeln und Liederkränze sowie die englischen ↗Glee-Clubs durch Fixierung der Ziele und Wahl einer „Vorsteherschaft" eine demokratische Struktur. Die auf geselliger Ebene zustande gekommenen Gemeinschaften waren freier als ihre Vorläufer (wie die ↗Puys und die Schulen des ↗Meistersanges). Unter Hinweis auf ihre bürgerlichen Rechte und Pflichten forderten sie eine schriftliche Abmachung statt mündlicher Absprache. Beispielhaft wurde die 1791 gegründete Berliner ↗Singakademie, aus deren Reihen 1809 die exklusive Form der ↗Liedertafel entstand. Die Idee der Artus-Runde in der Liedertafel und des historischen Musikkränzleins im Liederkranz standen zunächst in Widerspruch, ehe sich die Liedertafelbewegung auch der Allgemeinheit erschloß. In den 1820er Jahren setzte sich die Bezeichnung „Verein" durch („Cäcilienverein" Frankfurt am Main, Sängerverein Zürich).

Angesichts der anwachsenden Chorbewegung erwies sich eine regulierte Organisation als erforderlich. Neben den lokalen und regionalen Institutionen entstanden überregionale Zusammenschlüsse, als erster 1830 die Provinzialliedertafel in Bernburg (gegr. von Sängern der Liedertafeln in Dessau, Magdeburg und Zerbst). Aus diesen Bestrebungen, die in Zusammenhang mit der Musikfest- und Chorfestidee zu bringen sind, entstanden die nationalen Zusammenschlüsse in den sog. „Bünden", aus denen 1862 der Deutsche Sängerbund (DSB) erwuchs, dem 1892 der Deutsche Arbeiter-Sängerbund (DAS) folgte (↗Sängerbünde). Die konfessionellen Verbände behielten den Namen „Verein" bei. Gegenüber der politisch motivierten Gründung der deutschen Chorverbände war bei den französischen Sociétés chorales der ↗Orphéon-Bewegung das soziale Moment ausschlaggebend.

Die Abneigung der ↗Jugendbewegung gegen den Vereinsmodus führte zur Entstehung freier Gemeinschaften in Form der Singkreise, Chorkreise usw. Gegenüber dieser Initiative schlossen sich 1927 die traditionellen Chorverbände zu einer Interessengemeinschaft zusammen, die 1951 als

Arbeitsgemeinschaft Deutscher Chorverbände erneuert wurde. Der Status des Vereins als juristische Person soll den öffentlich-rechtlichen Charakter der Chöre im Hinblick auf ihre über das Chorische hinausgehende Zielsetzung gewährleisten.

Lit.: Organisationsfragen des Chorgesangwesens (L 1929) (Vorträge des 1. Kongresses für Chorgesangwesen in Essen); H. KLEIN, Die Wurzeln der Finkensteiner Bewegung (Kas 1933); E. VALENTIN, Hdb. der Chormusik I (Rb 1953, [3]1956); F. JÖDE, Vom Wesen u. Werden der Jugendmusik (Mz 1954); A. ECKHARDT, Männerchor. Organisation u. Chorliteratur seit 1945 (Mz 1977).

E. VALENTIN

GESÄTZ ↗Bar.

GESCHICHTE DER MUSIK ↗Musikgeschichte.

GESCHICHTE VOM SOLDATEN, DIE *(L'Histoire du soldat).* Gelesen, gespielt und getanzt; in zwei Teilen. Musik von Igor Strawinsky (1882–1971), Text von Charles Ferdinand Ramuz (1878–1947) nach Motiven aus der russ. Volksdichtung. UA: 28. 9. 1918 in Lausanne; dt. EA (in dt. Sprache): 20. 6. 1923 in Frankfurt am Main (konzertant); szenische EA am 13. 1. 1924 in Berlin (Volksbühne).

Dieses Werk nimmt gleichermaßen in der Geschichte des modernen musikalischen Theaters wie in der Typologie seiner Erscheinungsformen eine Schlüsselposition ein: Die beiden Autoren gelangen hier zu einer konsequenten Analyse jener Grundstruktur, die der tradierten, durch die wechselseitige Integration aller Kunstmittel bestimmten Gattung „Oper" zugehört. – Der Textdichter beabsichtigt, dem Theater einen epischen Stil aufzuprägen, und durchbricht deshalb die Bauprinzipien einer in sich geschlossenen dramatischen Fiktion. Die Bühne dient nun als Darstellungsraum für eine dominierende Erzählsituation, denn die Auftritte der Rollenträger (Soldat, Teufel, Prinzessin) werden derart in seinen Vortrag eingeblendet, daß der „Lecteur" stets gegenwärtig bleibt; er vor allem vermittelt die sechs Handlungsabschnitte dieser parabolischen Geschichte, die im Kampf eines Menschen mit dem letztlich triumphierenden Versucher die Gefährdung und Zerstörbarkeit des Humanen versinnbildlichen soll. Ebensowenig wie Ramuz ein „Libretto" verfaßt, folgt Strawinsky in seiner musikalischen Komposition den konventionellen Modellen einer „Opernpartitur". Von wenigen parakatalogischen, teils rhythmisierten Redepartien abgesehen, verzichtet er gänzlich darauf, sein künstlerisches Medium mit dem sprachlichen Text zu verbinden: Kleine, an höchst unterschiedliche Stilmuster anknüpfende Instrumentalformen – sie werden von einem auf der Szene sichtbaren Solisten-Ensemble dargeboten – unterbrechen vielmehr gliedernd den locker gefügten Geschehnisablauf, begleiten das mimisch-gestische Spiel oder fundieren die Choreographie der Tanzeinlagen. Auf diese Weise berücksichtigte Strawinsky bereits bei der Konzeption der eigenständigen Musiknummern, daß sie auch unabhängig von einer Bühnenrealisation des Werkes als Suite aufgeführt werden können.

E. FISCHER

GESCHÖPFE DES PROMETHEUS, DIE *(Gli uomini di Prometeo),* heroisch-allegorisches Ballett in 2 Akten von Ludwig van Beethoven (1770 bis 1827). Libretto und Choreographie von Salvatore Viganò (1769–1821). UA: 28.3.1801 in Wien (Kaiserl.-Königl. Hoftheater nächst der Burg); dt. EA: 1927 in Dessau.

Die Handlung des Balletts folgt im wesentlichen dem mythischen Sujet von der Erschaffung der ersten beiden Menschen durch den Titanen Prometheus. Beethovens einziges Ballett, dessen Libretto als verschollen gilt, wurde nur mit mäßigem Erfolg uraufgeführt. Für eine Benefizvorstellung an der Mailänder Scala schuf S. Viganò 1813 eine neue choreographische und musikalische Fassung: Er übernahm lediglich vier Nummern aus Beethovens Original-Partitur und ergänzte das Werk durch eigene musikalische Ideen und Auszüge aus Werken zeitgenössischer Komponisten (Beethoven, J. Haydn, J. Weigl). Beethovens vollständige Komposition hingegen umfaßt Ouvertüre, Introduktion und 16 Nummern; das Hauptthema des Ballett-Finales (Nr. 16) wurde vom Komponisten 1800–1804 wiederholt verwendet: in Nr. 7 und Nr. 11 der *12 Contretänze* für Orchester, in den Klavier-Variationen Es-Dur op. 35, und im Finale der 3. Symphonie „Eroica", op. 55. – Seit der Mitte des 20 Jh. wurden zahlreiche choreographische Rekonstruktionsversuche unternommen. Besondere Aufmerksamkeit erregte F. Ashtons originelle und humoristische Inszenierung (Bonn 1970) in klassizistischen Kostümen und stilisierter Dekoration: Prometheus glich dem jungen Werther, Mars einem napoleonischen Marschall und Terpsichore der Fürstin Borghese.

G. LUDIN

GESELLSCHAFT DER MUSIKFREUNDE IN WIEN (GdM), gegr. 1812 mit den selbstgestellten Aufgaben, Konzerte zu veranstalten, eine umfassende Sammlung von Musikalien anzulegen und ein Konservatorium zu führen. Während dieses 1909 in staatliche Leitung übergeben wurde (Akademie bzw. seit 1970 Hochschule für Musik und darstellende Kunst in Wien), verfolgt die immer noch unabhängige und private GdM als wichtigster Konzertveranstalter Wiens mit internationalem Renommee und mit Betreuung und Ausbau ihrer Sammlungen (Bücher, gedruckte und handschriftliche Noten, Musik- und Briefautographe, Porträts, Musikinstrumente u. dgl.) in dem 1870 eröffneten Musikvereinsgebäude auf dem Karlsplatz (mit zwei Konzertsälen, Büro- und Probenräumen, Archiv, Bibliothek und Sammlungen; Entwurf: Theophil Hansen) weiterhin die Ziele ihrer Gründung. L. van Beethoven und Fr. Schubert standen zu ihr in engem Kontakt. In den Reihen ihrer Konzertdirektoren finden sich u. a. die Namen J. Brahms, Fr. Schalk, W. Furtwängler und H. v. Karajan. Die Wiener Philharmoniker, die im Gebäude der GdM ihren Sitz haben, veranstalten auch ihre eigenen Konzerte im Großen Musikvereinssaal. Das Archiv der GdM enthält zahlreiche wertvolle Nachlässe (u. a. von Erzherzog Rudolph, C. Czerny, L. Ritter v. Köchel und J. Brahms). Die Sammlungen der GdM gelten als die größte private Musiksammlung überhaupt. Ein Zweigverein der GdM ist der 1858 gegründete Singverein, ein Chor mit internationalem Ruf.

Lit.: C. F. POHL, Die G. d. M.... u. ihr Conservatorium (W 1871); R. VON PERGER – R. HIRSCHFELD, Gesch. der k. k. G. d. M. in Wien (W 1912), Zusatz-Bd.: Die Sammlungen u. Statuten, zusammengestellt v. E. MANDYCZEWSKI (W 1912); C. LAFITE, Gesch. der G. d. M. in Wien 1912–1937 (W 1937); H. KRALIK, Das Buch der Musikfreunde (Z–L–W 1951); Publikationen der Slgen. der G. d. M. in Wien, hrsg. v. O. BIBA (1976ff.).

O. BIBA

GESELLSCHAFTSLIED, Bz. für einen Liedtypus, der seine Entstehung und seine Form ganz oder hauptsächlich gesellschaftlichen Institutionen verdankt. Das G. ist Mittel und Ausdruck der Geselligkeit. Es unterscheidet sich darin vom modernen Kunstlied, das dem Ausdruck individueller Empfindungen dient. Als Inbegriff des G.s gilt das deutsche Lied des 15. und 16. Jahrhunderts.

Lit.: L. NOWAK, Das dt. G. in Östr. v. 1480 bis 1550, in: StMw 17 (1930); W. SEIDEL, Die Lieder L. Senfls (Be – Mn 1969).

GESELLSCHAFTSTANZ (engl.: ballroom dance; frz.: danse de société bzw. salon; it.: danza da sala da ballo; span.: baile de salón bzw. sociedad), Bz. für ursprünglich nur in Europa bekannte Tänze vor allem der höfisch-aristokratischen und (später) der bürgerlichen Gesellschaft, meist von Amateuren oder Dilettanten getanzt und dem geselligen Vergnügen der Tänzer dienend. Die Schritte und Bewegungen sind normiert und stilisiert; häufig werden sie durch Unterricht (am Hof beim Tanzmeister, in Tanzschulen) erlernt. Im Unterschied zum Sakraltanz (kultischer Tanz) gehört der G. zur weltlichen Festkultur (Hofball, Hausball, öffentliche Tanzveranstaltungen wie Sommer- und Faschingsbälle). Er steht zwischen Volkstanz und Ballett: Seine Wurzeln liegen im ↗Volkstanz, dem Stilisierung und theoretische Durchdringung weitgehend fehlen; bei dem meist von Berufstänzern vor einem Publikum ausgeführten ↗Ballett (theatralischer Tanz, Schautanz) ist die Stilisierung der Tanzbewegungen weiter fortentwickelt als beim Gesellschaftstanz. Doch sind die Grenzen fließend: Volkstänze können zu Gesellschaftstänzen werden (z. B. Sarabande), mittelalterliche Gesellschaftstänze haben auf die Frühgeschichte des Balletts Einfluß gehabt.

Die Musik des G. steht zwischen derjenigen der Volks- und Kunstmusik. Die Musik eines Volkstanzes kann zu der eines G. werden und kann weiter zur Kunstmusik „aufsteigen“ (z. B. die Sarabande in den Suiten J. S. Bachs). Dies geschieht aufgrund zunehmender Stilisierung der musikalischen Mittel. Da die normierte Schrittfolge der Tänzer nur wenig Spielraum für eine individuelle musikalische Gestaltung der Tanzsätze läßt, haben sich deutlich umrissene Gattungen herausgebildet (wie Allemande, Menuett, Polka oder Walzer). Ihnen gemeinsam ist eine ausgeprägte Betonung der Taktschwerpunkte, häufig rhythmisch hervorgehoben durch längere Tondauern auf betonten Taktzeiten (z. B. 3/4 𝅗𝅥|𝅗𝅥), melodisch durch Hochtöne auf den Taktschwerpunkten, harmonisch durch Harmoniewechsel zwischen unbetonten und betonten Taktzeiten. Darüber hinaus kennzeichnet die Musik eine im Prinzip einfache Faktur (mit verursacht durch den funktionalen Charakter der Tanzsätze): nicht zu lange Dauer der Stücke; „symmetrisch“ gestaltete Perioden, die in sich geschlossene Einheiten bilden (Taktgruppen); häufigere Wiederholung der Perioden; nicht zu komplizierte Intervallfolgen; geringer Ambitus der Melodien; (in der neueren Zeit) einfache Akkorde und Akkordfolgen, die das normative Gerüst der Kadenz nicht zu sehr strapazieren. Diese Merkmale sind in der Geschichte des G. durchgängig zu beobachten. Dem durch die Funktion bedingten einfachen Charakter der Musik entspricht es auch, daß sie im 20. Jh. den Übergang von der Tonalität zur Atonalität nicht mitgemacht hat; vereinfacht gesagt: trotz der Gattungsunterschiede ist heute z. B. ein English Waltz prinzipiell so komponiert wie 250 Jahre zuvor ein Menuett.

Die Geschichte des G. beginnt mit der Errichtung einer eigenständigen, vom Religiösen mehr oder weniger getrennten Kultur durch die Aristokratie in Europa, der Kultur der Troubadours, Trouvères und Minnesänger. Ein Unterschied zwischen Volkstanz und G. klingt bei Neidhardt von Reuenthal an: „Sie sollten hoppeldei pflegen. Wer gab ihnen die

Würdigkeit, daß sie Hoftänze könnten?“ (nach H. Günther – H. Schäfer, 1959; vgl. Lit.). Doch ist eine Polarisierung zwischen Volkstanz und G. erst im 15. Jh. klar erkennbar. Italienische Fürsten der Renaissance hielten sich eigene Tanzlehrer (professori di ballare). Als frühester gilt Domenico da Piacenza (auch Domenico da Ferrara), der das erste europäische Lehrbuch des Tanzes *(De la arte di ballare e danzare*, 1416) schrieb. Es folgten Tanzbücher von Antonio Cornazano (1455), Guglielmo Ebreo (1463), F. Caroso (1581) und C. Negri (1604). Nach und nach wurden die Tänze auch choreographisch aufgezeichnet. Man tanzte in dieser Zeit vor allem in Gruppen, beliebt war der Reigen. Häufig war ein ruhiger, im geraden Takt stehender Schreittanz (Vortanz) mit einem raschen, ungeradtaktigen Springtanz (Nachtanz) verbunden: Estampie bzw. Basse danse mit Saltarello; Pavane mit Galliarde; Passamezzo mit Galliarde, Courante oder Canarie; beliebt war der Branle. Generell gilt jedoch, daß im Gegensatz zu den Tänzen der niederen Bevölkerungsschichten die Tänze der Aristokraten ruhig geschritten, nicht gesprungen wurden. Im 16. und 17. Jh. verlagerte sich das Zentrum des G. von Italien nach Frankreich. 1536 schrieb der provenzalische Dichter Antonius de Arena ein Tanzbuch, 1588 folgte Th. Arbeau. 1662 wurde in Paris eine Académie de Danse gegründet, die es sich zur Aufgabe machte, die Tanzkunst zu überwachen und rein zu erhalten. Getanzt wurden Branle, Bourrée, Gavotte, Allemande, Chaconne, Gigue, Sarabande, Courante und Menuett. Die Bewegungen waren graziös, eng, ohne Sprünge. Die 5 Grundpositionen waren:

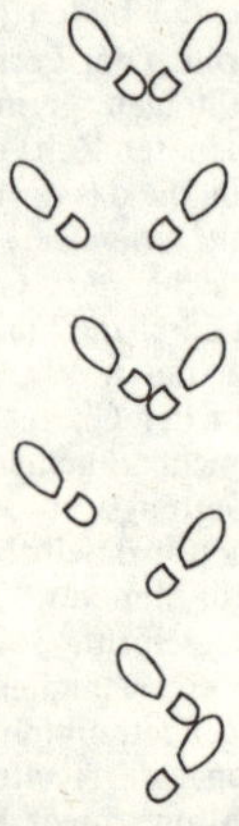

1. Fersen zusammen
2. Spreize
3. Die linke Ferse berührt den Knöchel des rechten Fußes
4. Die linke Ferse steht fußweit vor dem rechten Fuß
5. Die Ferse steht rechtwinklig an der Spitze des anderen Fußes

Die französische Tanzweise breitete sich über ganz Europa aus. Seit 1700 begann auch in Deutschland eine theoretische Auseinandersetzung mit dem Tanz. Es erschienen Tanzbücher von Samuel Rudolph Behr (1703 und 1709), Johann Pasch (1707), Louis Bonin (1712), Johann Leonhard Rost (1713), Gottfried Taubert (1717), Valentin Trichter (1742), Carl Christoph Lange (1751, [2]1765) und Christoph Gottlieb Hänsel (1755). Als selbständiger Satz der Sonate und Symphonie erlangte das Menuett eine zentrale Bedeutung für die Musik der Wiener Klassik. Seit dem 18. Jh. unterrichteten die Tanzlehrer auch Bürger; mehr und mehr gewann der Tanz Bedeutung für die nicht-höfische, bürgerliche Gesellschaft. Man tanzte Kontratänze, den Deutschen Tanz, Ländler u. a. Seit der Französischen Revolution (1789) begannen die Standesschranken beim Tanzen allmählich zu fallen. Ein typischer Tanz des Bürgertums wurde der in schleifenden Drehbewegungen getanzte Wiener Walzer, der um die Mitte des 19. Jh. große Beliebtheit errang. Die Polka und der Galopp wurden hauptsächlich in Hüpfern und Seitwärtsschritten getanzt; andere Tänze waren Rheinländer, Mazurka und Cancan. Die graziösen Schreittänze der Aristokratie waren nun teilweise einem wilden Bewegungsrausch gewichen.

Mit der Ausbreitung des G. im Bürgertum spezialisierten sich die Tanzmusiker in der 2. Hälfte des 19. Jahrhunderts. Hatten sie zuvor neben anderen Diensten auch zum Tanz aufgespielt, spielten sie jetzt oft nur noch Tanzmusik. 1909 fand in Paris die 1. Tanzweltmeisterschaft statt. Seit dem frühen 20. Jh. sprang, hüpfte und drehte man weniger, sondern „ging“ wieder mehr. In den 20er Jahren setzte sich der englische Stil durch, der auch für Tanzturniere normgebend war. 1929 verabschiedete in Großbritannien eine Great Conference, auf der Lehrer aus Großbritannien und Vertreter aller Tanzlehrerverbände zugegen waren, eine Resolution, die Foxtrott, Quickstep, Waltz, Tango und Blues zu „Standardtänzen“ erhob. Die Füße wurden parallel gehalten, empfohlen wurden große, raumgreifende Schritte. In einer revidierten Technik (1948) wurde die gespreizte Fußstellung zugelassen. War der Tanz bisher ein Berührungs- und Raumtanz gewesen, so sind die lateinamerikanischen Tänze, die sich seit den 30er Jahren auch in Europa durchsetzten, eher Platztänze, bei denen sich die Paare oft nur lose berühren und weniger im Raum fortbewegen, mit charakteristischen Hüft- und Beckenbewegungen (Rumba, Samba, Meringue, Baião, Calypso). Die Tendenz zu dem auf der Stelle getanzten Platztanz setzte sich in amerikanischen Tänzen wie dem Boogie-Woogie und Rock 'n' Roll sowie im Twist u. a. fort. 1963 legte ein „Internationaler Rat für G.“ ein „Welttanzprogramm" vor mit den Tänzen langsamer und Wiener Walzer, schneller Foxtrott (Quickstep), Tango, Blues (langsamer Foxtrott), Rumba, Cha-Cha-Cha, Samba, Paso doble und Jive (Boogie-Woogie, Rock 'n' Roll, Jitterbug). Heute tanzen die Paare relativ isoliert. Weniger sind die Beine das Zentrum der Bewegung, verschiedene Körperteile (Becken, Arme usw.) werden weitgehend isoliert voneinander bewegt (Isolationstechnik). Obwohl kaum vorgeschrieben, sind die Motionen in hohen Graden normiert. Infolge gesellschaftlicher Veränderungen ist die Entgegensetzung von G. und Volkstanz heute nivelliert.

Lit.: S. R. BEHR, L'art de bien danser oder: Die Kunst wohl zu tantzen (1713, Nachdr. L 1977) (Nachdr. = Documenta choreologica II); G. TAUBERT, Rechtschaffener Tantzmeister, oder gründliche Erklärung der Frantzösischen Tantz-Kunst (L 1717, Nachdr. L–Mn 1976) (Nachdr. = ebd. XXII / 1 u. 2), E. C. MÄDEL, Die Tanzkunst für die elegante Welt (Erfurt 1805); A. CZERWINSKI, Gesch. der Tanzkunst bei den cultivierten Völkern v. den ersten Anfängen bis auf die gegenwärtige Zeit (L 1862, Nachdr. 1975) (Nachdr. = Documenta choreologica VII); R. VOSS, Der Tanz u. seine Geschichte. Eine kulturhist.-choreographische Studie. Mit einem Lexikon der Tänze (B 1868); A. CZERWINSKI, Die Tänze des XVI. Jh.s u. die alte französ. Tanzschule vor Einführung der Menuett. Nach J. Tabourot's (= Arbeaus) Orchésographie (Danzig 1878); DERS., Brevier der Tanzkunst (L 1879); F. M. BÖHME, Gesch. des Tanzes in Deutschland. Beitr. zur dt. Sitten-, Literatur- u. Musikgesch. I: Darstellender Teil (1886, Nachdr. Hil–Wie 1967); O. BIE, Tanzmusik (B o. J.); C. WALKER, The Modern Dances How to Dance Them (Ch 1915); R. LACH, Zur Gesch. des G.es im 18. Jh. (W 1920) (= Musicon, Mitt. I); H. POLLACK, Die Revolution des G.es (Dresden 1922); J. SCHIKOWSKI, Der neue Tanz (B 1924) (= Kunst u. Volk, o. Nr.); M. VON BOEHN, Der Tanz (B 1925); V. SILVESTER, Modern Ballroom Dancing (Lo 1927, erweitert ²1935), dt. Übers.: G. (L 1930); W. SCHUFTAN, Hdb. des Tanzes (Mannheim 1928); O. W. BEAUMONT, A Bibliography of Dancing (Lo 1929); I. A. LEVINSON, La danse d'aujourd'hui (P 1929); E. L. BAUM, Dictionary of Dance Terms (Ch 1932); F. FOSCA, Histoire des cafés de Paris (P 1934); O. GOMBOSI, Der Hoftanz, in: AMl 7 (1935); W. BAHR, Zur Entwicklungsgesch. des höfischen G.es (Diss. Breslau 1941); PH. J. S. RICHARDSON, A History of English Ballroom Dancing 1910–45 (Lo 1946); P. NETTL, The Story of Dance Music (NY 1947, Nachdr. 1970); A. MOORE, G. (St 1954, ⁹1975); A. BARESEL, Der Rhythmus in der Jazz- u. Tanzmusik (Trossingen 1955); Der Tanz in der modernen Ges., hrsg. v. F. HEYER (H 1958) (= Soziale Wirklichkeit 4); H. GÜNTHER–H. SCHÄFER, Vom Schamanentanz zur Rumba (St 1959', ²1975); P. NETTL, Mozart und der Tanz. Zur Gesch. des Balletts u. G. (Z–St 1960); DERS., Tanz u. Tanzmusik. Tausend Jahre beschwingter Kunst (Fr 1962); D. HEARTZ, Hoftanz and Basse Dance, in: JAMS 19 (1966); Tanzbibliogr., hrsg. v. K. PETERMANN (L 1966ff.); P. CZERNY–H. P. HOFMANN, Der Schlager. Ein Panorama der Leichten Musik I (B 1968); K. H. TAUBERT, Höfische Tänze. Ihre Gesch. u. Choreographie (Mz 1968); D. FINKE-HECKLINGER, Tanzcharaktere in J. S. Bachs Vokalmusik (Trossingen 1970) (= Tübinger Bach-Stud. 6); H. P. HOFMANN, ABC der Tanzmusik (B 1971); F. F. VON GARNIER, Bernhold, Beat u. Bossanova (Mn 1972); F. BACHMANN, Rezeptionskundliche Unters. zur Tanzmusik in der DDR (L 1973) (= Beitr. z. musikwiss. Forsch. in der DDR 4); E. JAMMERS, Stud. zur Tanzmusik des MA, in: AfMw 30 (1973); G. HÄDRICH, Tanzstunde (Wie 1975); F. OTTERBACH, Die Gesch. der europäischen Tanzmusik. Einführung (Wilhelmshaven 1980) (= Taschenbücher zur Musikwiss. 52).

F. OTTERBACH

GESIUS (Gese, Göß), **Bartholomäus** (Barthel), * 1562 Müncheberg (Mark Brandenburg), † August 1613 Frankfurt an der Oder; dt. Komponist. Er war 1578–85 an der Theologischen Fakultät der Universität in Frankfurt an der Oder immatrikuliert, ist 1582 auch als Kantor in Müncheberg nachweisbar, stand dann im Dienst des Freiherrn von Schoenaich zu Muskau und hielt sich 1588 in Wittenberg auf. Seit 1593 war er Kantor der Marienkirche in Frankfurt an der Oder.

WW (wenn nichts anderes angegeben, in Frankfurt/Oder erschienen): **1) Kompositionen:** *Historia vom Leiden u. Sterben ... Jesu Christi, wie sie uns der Evangelista Johannes ... beschrieben,* für 2–5 St. (Wittenberg 1588); lat. Hymnen für 5 St. (1595); *Novae melodiae* für 5 St. (1596); *Hymni scholastici* für 4 St. (1597); *Precationes* für 3 St. (1597), nur erhalten in 2. Aufl. als: *Melodiae scholasticae ... cum cantionibus Gregorianis* (1609, ⁴1621); *Der Lobgesang Mariae* u. a. Gesänge für 5 u. 8 St. (1598); *Psalmodia choralis* (1st. lat. u. dt. Gesänge) (1600); *Geistliche deutsche Lieder D. M. Lutheri* für 4–5 St. (1601 u. ö.); *Enchiridium etlicher deutschen und lateinischen Gesengen* für 4 St. (1603); *Christliche Hauß- u. Tisch-Musica* für 4 St. (Wittenberg 1605); Magnificat für 6 St. mit hinzugefügten Weihnachtsliedsätzen (1607); *Concentus ecclesiasticus* für 4 St. (1607) (darin auch die 4st. motettische Passion); *Hymni patrum cum canticis sacris, Latinis et Germanicis* für 4 St. (1609); *Cantiones sacrae chorales* für 4–6 St. (1610); *Missae ad imitationem cantionum Orlandi, et aliorum* für 5 St. (1611); NA der beiden zuletzt genannten Drucke als: *Opus plane novum cantionum ecclesiasticarum* (1613, ³1621) (darin auch die 6st. motettische Passion); *Vierstimmiges Handbüchlein,* enthaltend *Ambrosii, Augustini ... Lobgesenge nebenst den deutschen Kirchenliedern* (³1621). Im Druck erschienen auch zahlr. Gelegenheitswerke (Hochzeitsgesänge u. a.). Einige WW auch in Sammeldrucken 1596–1646 u. hsl. – **2) Schriften:** *Synopsis doctrinae musicae* (1606); *Synopsis musicae practicae* (1609, ²1615, ³1618 u. 1622) (darin zahlr. musikal. Beispiele nach den 12 Kirchentönen v. H. Glareanus).

G. stellte sein Schaffen ausschließlich in den Dienst des protestantischen Kirchen- und Schulgesangs. An größeren liturgischen Werken, die in der kontrapunktischen Satzweise vor allem an die Werke von O. di Lasso anknüpfen, schrieb er u. a. etwa 20 Parodie-Messen (meist nach Kompositionen von O. di Lasso) und drei Passionen (eine responsoriale deutsche Passion und zwei motettische Passionen mit dem Text der *Summa passionis* nach Obrecht-Longaval, ↗Passion). Der umfangreichere Teil seiner Werke besteht jedoch aus mehrstimmigen Bearbeitungen lateinischer Gesänge und deutscher Choralmelodien, mit denen G. zu einem der Hauptvertreter des ↗Kantionalsatzes im frühen 17. Jh. wurde. Von den neuen Stilmitteln dieser Zeit, von Monodie, Generalbaß und Concerto-Prinzip machte G. keinen Gebrauch.

Ausg.: Johannespassion 1588, in: Hdb. der dt. ev. Kirchenmusik I/3–4, hrsg. v. K. AMELN–CH. MAHRENHOLZ–W.

THOMAS (Gö 1974); 2 Sätze, in: Das Chorbuch 1 u. 5, hrsg. v. F. JÖDE (1930); Geistliche Abendlieder, hrsg. v. R. HEYDEN (= Nagels MA 45).

Lit.: O. KADE, Die ältere Passionskomposition bis zum Jahre 1631 (Gütersloh 1893); F. W. SCHÖNHERR, B. G. Munchbergensis (Diss. L 1920); P. BLUMENTHAL, Der Kantor B. G. zu Frankfurt/Oder (Frankfurt/Oder 1926) (mit Werkverz. v. F. Schilling); H. BORLISCH, B. G., in: MuK 22 (1952); O. BRODDE, in: Der Kirchenchor 23 (1963); K. W. NIEMÖLLER, Unters. zu Musikpflege u. Musikunterricht an den dt. Lateinschulen v. ausgehenden MA bis um 1600 (Rb 1969) (= Kölner Beitr. zur Musikforsch. 54).

GESTALT, zentraler Begriff der Musikpsychologie, der (musikalischen) Formenlehre und der Musikästhetik. Nach Vorarbeiten der Psychologen Franz Brentano (1874) und Ernst Mach (1886) entwickelte Christian von Ehrenfels 1890 zwei fundamentale Charakteristika solcher Gegenstände, die sinnvoll nur ganzheitlich erlebt werden können; er nannte sie „Gestaltqualitäten" (später wurden sie als „Ehrenfelsqualitäten" bezeichnet): Übersummenhaftigkeit (das Ganze ist mehr als seine Teile) und Transponierbarkeit (Akkorde oder Melodien bleiben auch in unterschiedlicher Instrumentation dieselben). Bald wurde dieser Ansatz als Gegenposition zur „atomistischen" Assoziationspsychologie aufgegriffen und besonders hinsichtlich des Ganzheitsproblems kontrovers diskutiert. So setzte schon 1903 Felix Krueger den Gestaltqualitäten ungegliederte „Komplex-" bzw. „Ganzqualitäten" vom Typ der Gefühlserlebnisse entgegen. An ihn knüpfte eine Tradition an (Leipziger Schule), die den Gestaltbegriff auf folgende 4 Grundbestimmtheiten erweiterte (letzte Fassung von A. Wellek, 1963): Abgesetztheit (bzw. Einbettung) bezüglich des Kontextes oder Hintergrundes – Geschlossenheit (Einheitlichkeit) – Gegliedertheit – (zeitliche) Gerichtetheit.
Eine zweite wichtige Weiterentwicklung des Ehrenfelsschen Gestaltbegriffs bieten die Arbeiten Richard Hönigswalds (besonders die Rhythmusschrift von 1926), auf deren Ergebnisse sich in erster Linie die philosophische Ästhetik als Gestalttheorie bezog (E. Doflein 1925, Gerd Wolandt 1964, Hariolf Oberer 1965). Hönigswalds Definition „G.en sind extensive, produzierte, fundierte Ganzheiten" legt R. Cadenbach seiner Explikation des Werkbegriffs in der Musik zugrunde (1978): Die im Musikwerk geforderte musikalische G. hat zeitlich extensive Dauer, ist erlebnismäßig („intentional") produziert, materiell (akustisch) fundiert und – als ästhetisches Objekt – ganzheitlich geschlossen.

Lit.: F. BRENTANO, Psychologie v. empirischen Standpunkte aus (L 1874); E. MACH, Beitr. zur Analyse der Empfindungen (Jena 1886); CH. V. EHRENFELS, Über Gestaltqualitäten, in: Vierteljahresschrift für wiss. Philos. 19 (1890); F. KRUEGER, Theorie der Konsonanz, in: ebd. 28 (1899); K. BÜHLER, Die Gestaltwahrnehmungen (St 1913); E. DOFLEIN, Über G. u. Stil in der Musik (Diss. Breslau 1924); E. KURTH, Musikpsychologie (B 1925, Nachdr. Hil 1969); R. HÖNIGSWALD, Vom Problem des Rhythmus (L 1926); DERS., Wiss. u. Kunst (1947, Nachdr. St 1961); A. WELLEK, Musikpsychologie u. Musikästhetik (F 1963); G. WOLANDT, Gegenständlichkeit u. Gliederung... (Kö 1964); H. OBERER, Vom Problem des objektivierten Geistes (Kö 1965); L. CRICKMORE, The Musical G., in: MR 33 (1972); Gestalthaftes Sehen, hrsg. v. F. WEINHANDL, in: FS Ch. von Ehrenfels (Da 1974); R. CADENBACH, Das musikal. Kunstwerk. Grundbegriffe einer undogmatischen Musiktheorie (Rb 1978). R. CADENBACH

GESUALDO, Don **Carlo,** Fürst von Venosa, * um 1560 Neapel, † 8. 9. 1613 ebd.; it. Komponist. G. entstammte einer der ältesten und vornehmsten Familien Neapels. Er war der 2. Sohn von Don Fabrizio G. und Neffe des Erzbischofs von Neapel, Alfonso Gesualdo. Beim Tod seines älteren Bruders Luigi (1585) erbte er Titel und dynastische Rechte und wurde regierender Fürst. Er erhielt seine musikalische Ausbildung auf einer von seinem Vater gegründeten Akademie, der u. a. die Komponisten G. de Macque und P. Nenna (angeblich sein Lehrer) angehörten. 1586 heiratete er seine Cousine Donna Maria d'Avalos, die er jedoch beim Ehebruch ertappte und 1590 mit ihrem Liebhaber tötete oder töten ließ. Mit Hilfe seines erzbischöflichen Onkels konnte er 1594 mit Eleonora d'Este, der Tochter des Herzogs von Ferrara, eine 2. Ehe eingehen. Wahrscheinlich wurde G. auf einer Reise nach Ferrara einige Zeit in Florenz gefangengehalten, wo er vielleicht Beziehungen zur Camerata Fiorentina hatte. Er war als Spieler der Erzlaute ebenso berühmt wie als Komponist. G. vertonte zahlreiche Texte seines Freundes T. Tasso.

WW: 6 Bücher Madrigale für 5 St. (Ferrara 1594, 1594, 1595, 1596, 1611, 1611, mit zahlreichen Nachdr.), GA als Partitur-Druck, hrsg. v. S. Molinaro (Genua 1613); *Sacrae cantiones,* für 5 St. (Neapel 1603), für 6–7 St. (ebd. 1603); ein Buch Responsorien für die Karwoche für 6 St. (ebd. 1611); einige Kompositionen auch in Sammeldrucken (1585–1618).

G. ist der konsequenteste Vertreter des späten Madrigals, wie es von N. Vicentino propagiert worden war in der Absicht, das griechische, eine Diatonik, Chromatik und Enharmonik umfassende Tonsystem wieder zu beleben und dadurch – allerdings den eigentlichen Sachverhalt mißverstehend – eine Reform des strengen Kontrapunkts mit seiner stereotypen Klauselbildung zu bewirken. Der Textgestalt und einer äußersten Textausdeutung sollte der Vorrang gegenüber den überkommenen Regeln des mehrstimmigen Satzes eingeräumt werden. Das Madrigal bot sich dabei als Versuchsfeld für das Neue an, der musikalische Satz ist mit tonmalerischen Passagen durchsetzt und mit Stellen starken

Affektausdrucks, der auf kühnen harmonischen Wendungen beruht. Da jedoch G. in seinem Schaffen ausschließlich die a cappella-Satzweise verwendete und er der Monodie und dem aufkommenden Generalbaß reserviert gegenüberstand, blieb er ohne direkten Einfluß auf die Nachwelt.

Ausg.: GA, hrsg. v. W. WEISMANN – G. E. WATKINS, 10 Bde. (H 1957–67), I–VI, Sämtliche Madrigale, hrsg. v. W. WEISMANN, I u. II (1963), III (1960), IV u. V (1958), VI (1957); VII: *Responsoria* 1611, hrsg. v. G. E. WATKINS (1959), VIII u. IX: *Sacrae cantiones* 1603, hrsg. v. DEMS. (1963 u. 1961), X: Instr.-Werke, Psalmen u. Canzonetten, hrsg. v. DEMS. (1967).

Lit.: F. KEINER, Die Madrigale des G. da Venosa (Diss. L 1914); C. GRAY – PH. HESELTINE, C. G., Prince of Venosa, Musician and Murderer (Lo 1926, Nachdr. Westport/Conn. 1971), Bibliogr. neu bearb., in: C. GRAY, Contingencies (Lo 1947); L'Oratorio dei Filippini e la Scuola musicale di Napoli, hrsg. v. G. PANNAIN (Mi 1934) (= Istituzioni e monumenti dell'arte musicale italiana 5) (darin 14 Sacrae cantiones); A. EINSTEIN, The Italian Madrigal 2 (Princeton/Mass. 1949, Nachdr. ebd. 1970, dt. Z 1952); G. R. MARSHALL, The Harmonic Laws in the Madrigals of C. G. (Ann Arbor/Mich. 1956); G. WEISMANN, Die Madrigale des C. G., Principe di Venosa, in: DJbMw 5 (1960); C. DAHLHAUS, Zur chromatischen Technik C. G.s, in: Anal. Mus. 4 (1967); G. PANNAIN, Note sui „responsori" di C. G. da Venosa, in: Chigiana 5 (1968); L. FINSCHER, G.s „Atonalität" u. das Problem des musikal. Manierismus, in: AfMw 29 (1972); G. WATKINS, G. The Man and His Music (Lo 1973); C. DAHLHAUS, G.s manieristische Dissonanztechnik, in: Convivium musicorum. FS W. Boetticher (B 1974); H. MEISTER, Unters. zum Verhältnis v. Text u. Vertonung in den Madrigalen C. G.s (Rb 1974) (= Kölner Beitr. zur Musikforsch. 74); C. PICCARDI, C. G., l'aristocrazia come elezione, in: RIMus 9 (1974); G. WATKINS, C. G. and the Delimitations of Late Mannerist Style, in: Studi musicali 3 (1974); H. MEISTER, Neuer Geist in überkommener Form. G.s geistliche Werke, in: Sacerdos et cantus Gregoriani magister. FS F. Haberl (Rb 1977).

GESZTY, Sylvia, * 28. 2. 1934 Budapest; dt. Sängerin (Sopran) ungarischer Herkunft. Sie wurde 1952–59 am Konservatorium und an der Musikhochschule in Budapest ausgebildet und debütierte dort 1959 am Opernhaus. 1961–70 gehörte sie der Berliner Staatsoper an und gastierte u. a. an der Komischen Oper in Berlin, in London, Hamburg, Moskau, Wien und in Rom sowie bei den Edinburgher (seit 1966) und den Salzburger (seit 1967) Festspielen. Seit 1972 ist sie Mitglied der Staatsoper in Stuttgart und singt daneben als Gast an allen bedeutenden Bühnen Europas. S. G., die sich u. a. als brillante Mozartsängerin profilierte, zählt zu den bedeutendsten Koloratursopranistinnen der Gegenwart. Sie tritt oft auch in klassischen Operetten auf. Bedeutende Erfolge hat sie ebenso als Oratorien- und Liedsängerin. Sie lehrt seit 1975 als Professor Gesang an der Musikhochschule in Stuttgart.

GETZ, Stan (Stanley), * 2. 2. 1927 Philadelphia; amerik. Jazzmusiker (Tenorsaxophon). Er wurde mit 15 Jahren Berufsmusiker und spielte 16jährig bei Jack Teagarden, der sein Vormund wurde. Nach Engagements in verschiedenen Bands, u. a. 1944–45 bei Stan Kenton, danach u. a. bei Jimmy Dorsey und Benny Goodman, leitete er 1947 ein eigenes Trio, bildete im selben Jahr mit den Saxophonisten Herbie Stewart, Jimmy Giuffre und Zoot Sims die jazzgeschichtlich bedeutsame Gruppe Four Brothers im Orchester Woody Herman, mit dem er *Early Autumn* einspielte. Seither gilt er als überragender, am ↗Cool Jazz orientierter Balladeninterpret. 1949 hatte er ein eigenes Quartett, unternahm 1951 eine Skandinavientournee, hatte danach verschiedene Gruppen, war 1955 wieder in Skandinavien, reiste danach durch die USA, ging 1957/58 erneut nach Europa und blieb anschließend 3 Jahre in Kopenhagen. In die USA zurückgekehrt, leitete er dort 1961 ein eigenes Quartett und machte 1962 mit dem Gitarristen Charlie Byrd den Bossa Nova populär (LP *Jazz Samba*). In den 60er Jahren wandte er sich wieder mehr dem Bebop und dem Cool Jazz zu und nahm den Vibraphonisten Gary Burton in seine Gruppe. In den 70er Jahren präsentierte er die Pianistin Joanne Brackeen.

Lit.: J. TYNAN, Meet Dr. G., in: Downbeat 74 (1957); M. JAMES, Ten Modern Jazzmen (Lo 1960); N. SHAPIRO – N. HENTOFF, Jazz erzählt (Mn 1962); J. E. BERENDT, Das Jazzbuch. Von Rag bis Rock (F 1973 u. ö.).

GETZMANN (Gatzmann, Gel[t]zmann), **Wolfgang,** dt. Organist des 17. Jahrhunderts. Er wirkte spätestens um 1610 in Frankfurt am Main am Dom St. Bartholomäus, der damaligen Krönungskirche der deutschen Kaiser. Von ihm ist eine Sammlung instrumentaler Fantasien für 4 St. ohne B. c. überliefert: *Phantasiae sive cantiones mutae, ad duodecim modos figurales, tam autenticos quam plagales, naturales non transpositos et transpositos, variis instrumentis musicis accomodatae* ... (F 1613; sicher keine Erstauflage). In ihnen ist noch der Einfluß der englischen Vokalpolyphonie spürbar, aber auch schon ein neuer deutscher Instrumentalstil.

Lit.: C. VALENTIN, Gesch. der Musik in Frankfurt/Main v. Anfang des 14. bis zum Anfang des 18. Jh. (F 1906); E. H. MEYER, Die mehrstimmige Spielmusik des 17. Jh. (B 1935).

GEVAERT, François Auguste, Baron, * 31. 7. 1828 Huysse, † 28. 12. 1908 Brüssel; belgischer Komponist und Musikforscher. Er wurde mit 13 Jahren am Konservatorium in Gent angenommen, mit 15 Jahren Organist an der dortigen Jesuitenkirche und erhielt 1847 den Prix de Rome, der ihm Reisen nach Paris, Spanien, Italien und Deutschland ermöglichte. 1852 kehrte er nach Gent zurück, ließ sich aber bald darauf in Paris nieder, wo einige seiner Opern am Théâtre-Lyrique und an der Opéra-Comique aufgeführt wurden;

1867 wurde er Musikdirektor der Opéra. 1870 ging er nach Brüssel, wo er 1871 als Nachfolger von Fr.-J. Fétis Direktor des Konservatoriums wurde.

WW: **1) Kompositionen:** Bläserquartett; Motetten; Lieder u. Chöre; Te Deum; *Missa pro defunctis* u. *Super flumina Babylonis* für Männerchor u. Orch.; Ballade *Philipp van Artevelde;* Kantaten, u.a.: *België* u. *Le Roi Lear* (hsl. Brüssel, Bibliothèque du Conservatoire); *De nationale verjaerdag* (1857); *Le retour de l'armée* (1859); *Jacob van Artevelde* (1864). – Opern: *Hugues de Zomerghem* (1849); *La comédie à la ville* (1848); *Georgette ou le moulin de Fontenoy,* UA: Paris 1853; *Le billet de Marguerite,* UA: ebd. 1854; *Les lavandières de Santarem,* UA: ebd. 1855; *Quentin Durward,* UA: ebd. 1858; *Les deux amours,* UA: Baden-Baden 1861. – **2) Schriften:** *Méthode pour l'enseignement du plain-chant et de la manière de l'accompagner* (Gent 1856); *Traité général d'instrumentation* (ebd. 1863), erweitert als: *Nouveau traité d'instrumentation* (P-Bru 1885, engl. Lo 1906), dt. v. H. Riemann (L 1887), 2. Teil als: *Cours méthodique d'orchestration* (P – Bru 1890); *Histoire et théorie de la musique de l'antiquité,* 2 Bde. (Gent 1875–81, Nachdr. Hil 1965); *Les origines du chant liturgique de l'église latine* (ebd. 1890), dt. v. H. Riemann (L 1891); *La mélopée antique dans le chant de l'église latine* (Gent 1895, Nachdr. Hil 1965); *Les problèmes musicaux d'Aristote,* 3 Teile (ebd. 1899–1903) (zus. mit J. Ch. Vollgraff); *Traité d'harmonie théorique et pratique,* 2 Bde. (P – Bru 1905–07). – **3) Editionen:** *Les gloires de l'Italie* (P 1868) (darin Ausw. v. Gesangsstücken aus Opern, Kantaten v. Komponisten aus dem 17. u. 18. Jh. mit Klv.-Begleitung); *Chansons du XVe siècle* (P 1875, Nachdr. Da 1967) (zus. mit G. Paris); *Répertoire classique du chant français* (P o. J.); *Répertoire des concerts du Conservatoire de Bruxelles* (Bru o. J.).

G.s Kompositionen – heute weitgehend vergessen – hatten zu seiner Zeit in Paris und auch in Belgien einigen Erfolg. G. schrieb auch die Musik zur kongolesischen Nationalhymne, die bis zur Unabhängigkeit des Kongo in Geltung blieb. Seine eigentliche Bedeutung liegt aber in seinen musiktheoretischen und -geschichtlichen Forschungen. G. beschäftigte sich vornehmlich mit den Problemen der Instrumentation, der antiken Musik und dem Gregorianischen Gesang. Verdienste erwarb er sich daneben durch die Veranstaltung von Konzerten mit älterer Musik in Belgien, in denen er sich besonders für das Werk J. S. Bachs einsetzte.

Lit.: F. DUFOUR, Le baron F. A. G. (Bru 1909); E. CLOSSON, G. (Bru 1929); J. SUBIRÁ, Epistolario de F. A. G. y J. de Monasterio, in: Anuario Mus. 16 (1961); H. POTIRON, Les modes liturgiques d'après G. La mélopée antique dans le chant de l'Église latine, in: Études grégoriennes 11 (1970).

GEWANDHAUSORCHESTER LEIPZIG. Vorläufer war das 1743 von einer privaten Konzertgesellschaft gegründete *Große Concert,* dessen Musiker sich aus den Stadtpfeifern und Studenten des Collegium musicum rekrutierten. Musikdirektor war J. Fr. Doles, nach Unterbrechung im 7jährigen Krieg (1756–63) J. A. Hiller (bis 1771). 1778 fand das Große Concert erneut ein Ende. Als „geistige Erbin" übernahm die 1775 von Hiller gegründete *Musikübende Gesellschaft* auch die Musiker. 1781 erhielt das Orchester einen geeigneten Konzertsaal im Gewandhaus, dem ehemaligen Lager- und Messehaus der Tuchmacherzunft. Musikdirektor der ersten eigentlichen Gewandhauskonzerte war erneut Hiller (bis 1785). Die Aktivitäten des G.s erstreckten sich auch auf das Theater (der offizielle Zusammenschluß als Theater- und Konzertorchester erfolgte 1789) und auf die Kirchenmusik. Diese dreifache Aufgabe behielt es bis heute. Gewandhauskapellmeister hieß aber stets nur der Leiter der Gewandhauskonzerte. Im Theater und innerhalb der Kirchenmusik spielte das Orchester unter dem jeweiligen Theaterkapellmeister bzw. Thomaskantor. Hillers Nachfolger waren J. G. Schicht (1785–1810), Johann Philipp Christian Schulz (1810–1827) und Christian August Pohlenz (1827–35). Die erste Blütezeit erlebte das G. unter F. Mendelssohn Bartholdy (1835–47), der als der erste „moderne" Dirigent in das Gewandhaus einzog und dem G. europäisches Ansehen verschaffte. Er war auch Mitbegründer (1843) und erster Direktor des Konservatoriums. Zwischen diesem bzw. seinen Nachfolgeinstituten und dem G. besteht seitdem eine enge Wechselbeziehung: das G. stellt die Instrumentallehrer, bezieht andererseits seinen Musikernachwuchs zum großen Teil dort. 1840 wurde das Theaterorchester als Kern des G.s zum Stadtorchester erklärt, was für die soziale Absicherung der Musiker von großer Bedeutung war. Als Mendelssohn nach Berlin berufen wurde, wirkte er daneben auch noch in Leipzig. Vakanzen füllten N. Gade, F. Hiller und der Konzertmeister F. David aus. Mendelssohns Nachfolger waren J. Rietz (1848 bis 1860), in Personalunion bis 1854 auch Theaterkapellmeister, und C. Reinecke (1860–95). 1884 siedelte das G. in das neue Gewandhaus über (im 2. Weltkrieg zerstört). 1895 übernahm A. Nikisch die Leitung des G.s und führte es auf einen neuen Höhepunkt. Er leitete 1878–89 auch das Opernorchester. Unter ihm wurde das G. 1920 ganz von der Stadt übernommen. Auf Nikisch folgten 1922 bis 1928 W. Furtwängler, seit 1929 Br. Walter, der 1933 von den Nationalsozialisten vertrieben wurde, 1934–45 H. Abendroth. 1946 wurde die Konzerttätigkeit wiederaufgenommen, zeitweise unter dem Dirigenten Herbert Albert. 1949–62 war Fr. Konwitschny Gewandhauskapellmeister, unter dem das G. an seine große Tradition anknüpfte, jetzt auch erstmals auf ausgedehnten Konzertreisen. Er dirigierte oft auch die Opern. 1964–68 war nach einer Interimszeit V. Neumann Dirigent des G.s, zugleich auch GMD der Oper. Gewandhauskapellmeister ist seit 1970 K. Masur. 1977 wurde der Grundstein zu einem neuen Gewandhaus gelegt, das 1981 zum 200. Geburtstag des G.s eröffnet werden soll.

Lit.: A. DÖRFFEL, Gesch. der Gewandhauskonzerte zu Leipzig (L 1884); E. CREUZBERG, Die Gewandhauskonzerte in Leipzig 1781–1931 (L 1931); H.-J. NÖSSELT, Das G. (L 1943); FS zum 175jährigen Bestehen der Gewandhauskonzerte 1781 bis 1956, hrsg. v. H. HEYER (L 1956); F. HENNENBERG, Das Leipziger G. (L 1962, engl. L 1962).

GEYER, Stefi, * 23.6.1888 Budapest, † 11.12. 1956 Zürich; Schweizer Violinistin ungarischer Herkunft. Ihre Ausbildung erhielt sie bei J. Hubay in Budapest. Seit dem 14. Lebensjahr konzertierte sie mit großem Erfolg in Europa und in den USA. 1919 ließ sie sich in Zürich nieder, wo sie seit 1934 als Professor am Konservatorium lehrte und seit 1953 Konzertmeister des von P. Sacher geleiteten Collegium Musicum war. Ihr Repertoire umfaßte Werke von der Vorklassik bis zur Moderne. B. Bartók widmete ihr sein 1. Violinkonzert (1907/08; auf ihren Wunsch erfolgte die Uraufführung erst nach ihrem Tod, 1958), O. Schoeck sein *Concerto quasi una fantasia* für Violine und Orchester.

GEZEICHNETEN, DIE, Oper in 3 Akten von Franz Schreker (1878–1934), Text vom Komponisten. Ort u. Zeit der Handlung: Genua im 16. Jh.; UA: 25.4.1918 in Frankfurt am Main.
Für Alexander Zemlinsky, der sich eine dramatische Gestaltung der „Tragödie des häßlichen Mannes" wünschte, verfaßte Schreker das Libretto schon 1911 nach Motiven aus Oscar Wildes Märchen *Der Geburtstag der Infantin* (1891): Der verkrüppelte genuesische Adelige Alviano, der seinen Freunden ein Paradies für ihre Orgien schafft, kann selber wegen seiner Häßlichkeit Liebe nur käuflich erwerben, verfällt der nymphomanisch veranlagten Malerin Carlotta und ersticht seinen Gegenspieler, den Frauenhelden Tamare, als Carlotta ihn mit diesem betrügt. Alviano, der nach dem Mord den Verstand verliert, und Carlotta sind in ihrer physischen und psychischen Disposition „Gezeichnete", zusammen mit Tamare, aber auch „Gezeichnete" als Angehörige einer zum Untergang verurteilten Klasse. – Zemlinsky überließ Schreker selbst die Komposition der Oper, die 1913–15 entstand. Das Vorspiel (von dem eine erweiterte Konzertfassung noch vor der UA der Oper aufgeführt wurde) ist repräsentativ für die von Schreker bevorzugten musikalischen Mittel: Bi- und Polytonalität, den Aufbau vielschichtiger Klangfelder, bei denen der Klang musikalischen Eigenwert gewinnt, und eine komplizierte Harmonik als Ergebnis sich verflechtender, freiströmender Melodien. Gipfelpunkt von Schrekers theatralischer Gestaltungskunst ist der 3. Akt, das *Elysium,* dessen „dionysischer Taumel" ein perfekt konstruiertes, primär synästhetisches Zusammenwirken aller dramatischen Gestaltungselemente vom szenischen Spiel über einen hochexpressiven Text bis zum Klangrausch und den im Überschwang sinnlicher Ekstase an die Grenzen des Möglichen geführten Gesangspartien bietet. Man hat diesen Akt als die Neuformulierung des ästhetischen Grundbegriffs der Oper und die aus dem Geist der Musik (und nicht, wie bei Wagner, der Literatur) geborene Konzeption des musikalischen Dramas bezeichnet. Der überwältigende Erfolg der UA festigte Schrekers Ruf als bester deutscher Opernkomponist seiner Zeit. *Die Gezeichneten* wurden am 20.1.1979 in einer Neuinszenierung in Frankfurt am Main wieder aufgeführt.

J. SCHLÄDER

GHEDINI, Giorgio Federico, * 11.7.1892 Cuneo (Piemont), † 25.3.1965 Nervi (Genova); it. Komponist. G. studierte Klavier, Orgel, Violoncello und Harmonielehre in Turin sowie Komposition bei M. E. Bossi in Bologna. Er wurde Opern- und Chordirigent in Turin und widmete sich dort seit 1918 auch der Lehrtätigkeit. 1938 wurde er als Lehrer für Theorie und Tonsatz an das Liceo Musicale nach Parma, 1941 als Professor für Komposition an das Konservatorium nach Mailand berufen, dessen Direktor er 1951–62 war. Als Komponist suchte er nachromantische mit altklassischen Stilelementen und Formen zu verbinden. Auf die Erneuerung der Musik in Italien zwischen Verismo und Dodekaphonie gewann er langsam, aber nachhaltig Einfluß. Er trat auch als Herausgeber von Vivaldi-Konzerten hervor und hinterließ *Appunti par una autobiografia* (in: Musicalia 1, 1970).

WW: **1) Instr.-WW:** Kammermusik, darunter *Sette ricercari* für V., Vc. u. Klv. (1943); 2. Streichquartett (1959); *Divertimento* für V. (1960); *Contrappunti* für 3 Str. (1962); *Musica concertante* für Vc. (1962); für Orch.: Partita (1926); *Concerto grosso* für 5 Blasinstr. u. Str. (1929); *Architetture* (1940); *Musica notturna* (1947); *Composizione* (1958); *Studi per un affresco di battaglia* (1962); *Ouverture pour un concert* (1963); *Symphonia* (postum vervollständigt v. G. Salvetti); *Concerto dell'albatro* (nach H. Melvilles *Moby Dick*) für Sprecher, Klv., V., Vc. u. Orch. (1945); *Sonata da concerto* für Fl. u. Streichorch. (1958). – **2) Vokal-WW:** Oratorium *La messa del Venerdì santo* für Soli, Chor u. Orch. (1929); Kantate *Lectio libri sapientiae* für SingSt, Trp., Klv. u. Str. (1938); *Concerto spirituale „De l'Incarnazione del Verbo Divino"* (Text: Jacopone da Todi) für 2 Soprane, Chor u. Orch. (1943); *Antifona per Luisa* für Sopranchor, Knaben-St. u. Str. (1944); *Concerto funebre per Duccio Galimberti* für Soli, Trp., Str. u. Pauken (1948); *Lectio Jeremiae prophetae* für Sopran, Chor u. Orch. (1960); *Credo di Perugia* für Chor u. Orch. (1962). – **3) Bühnen-WW:** Opern: *Maria d'Alessandro* (Libr.: C. Meano), UA: Bergamo 1937; *Re Hassan* (Libr.: T. Pinelli), UA: Venedig 1939, UA der Neufassung: Neapel 1961; *La pulce d'oro* (Libr.: ders.), UA: Genua 1940; *Le Baccanti* (Libr.: ders. nach Euripides), UA: Mailand 1948; *Billy Budd* (Libr.: S. Quasimodo nach H. Melville), UA: Venedig 1949; Funkoper *Lord Inferno*, UA: 1952, Bühnenfassung als: *L'ipocrita felice*, UA: Mailand 1956. – Bühnenmusik zu: N. Lisi, *La via della Croce*, UA: Venedig 1961; Euripides, *Ifigenia* *in Tauride*, UA: Tripolis 1938, u. ders., *Medea*, UA: Ostia 1949. – **4) Bearbeitungen:** Werke v. C. Monteverdi, darunter: *Il combattimento di Tancredi e Clorinda* (1950); *L'incoronazione di Poppea*, UA: Mailand 1953; ferner: J. S. Bach, *Musikalisches Opfer* für Orch. (1934); G. Gabrieli, *Sacrae symphoniae* u. *Canzoni* (1947–48); A. Gabrieli, *Battaglia* (1948); H. Schütz, *Die sieben Worte am Kreuze* (1948).

Lit.: A. M. BONISCONTI, G. F. G. e le sue ultime opere, in: Rass. Mus. 29 (1949); DERS., Il teatro musicale di G. F. G., in: Musica d'oggi (1961); J. S. WEISSMANN, La musica di G. e il suo significato europeo, in: ebd.; P. SANTI, G., in: L'approdo musicale (R 1966); G. SALVETTI, La lirica da camera di G. F. G., in: Collectanea historiae musicae 4 (Fi 1966); DERS., I „Responsori" di G. F. G., in: Chigiana 23, N. S. 3 (1966); DERS., „Symphonia", opera postuma di G. F. G., in: Musicalia 1 (1970); DERS., Un diario inedito del 1926 e l'opera postuma „Symphonia", in: Chigiana 28, N. S. 8 (1971); DERS., L'„antipoetica" di G. F. G. nella musica italiana tra le due guerre, in: Studi musicali 1 (1972).

H. LINDLAR

GHERARDELLO DE FLORENTIA (Ser G., Magister Ser G.), † zw. 1362 und 1367; it. Komponist. Über sein Leben ist nichts Näheres bekannt. G. verwendete Texte von Franco Sacchetti und Niccolò Soldanieri. Sein Bruder Jacobus und sein Sohn Giovannes komponierten ebenfalls Ballate und Madrigale auf Texte von Sacchetti. Er selbst schrieb ein 2st. Gloria, ein 2st. Agnus Dei, 10 2st. Madrigale, eine 3st. Caccia und 5 1st. Ballate, die hauptsächlich im Squarcialupi-Cod. (Florenz, Bibl. Mediceo-Laurenziana) überliefert sind. 2 Ballate und 2 Madrigale über Texte von Sacchetti sind verloren. – G.s Stil ist durch einen melismenreichen, harmonisch reizvollen Satz gekennzeichnet, der gelegentlich chromatische Alterationen, Unisoni, Quint-, Sext- und Oktavparallelen aufweist und der besonders repräsentativ für die florentinische Musik der Ars nova ist. Wie in den Madrigalen von Giovanni da Cascia wechseln auch in seinen Werken rasch deklamierende Partien mit ausgedehnten Melismen, die meist am Beginn und Ende jedes Verses stehen. Auch Imitationen und Hoquetus-Technik finden sich bei G., und zwar nicht nur in der Caccia, sondern auch in einigen seiner Madrigale.

Ausg.: GA, hrsg. v. N. PIRROTTA, in: The Music of 14th Century Italy (1954) (= CMM 8/1); 16 weltliche Stücke, hrsg. v. J. WOLF, in: Der Squarcialupi-Codex Pal. 87... (Lippstadt 1955), vgl. dazu Rezension v. K. von Fischer, in: Mf 9 (1956).

Lit.: J. WOLF, Gesch. der Mensural-Notation, 3 Bde. (L 1904, Nachdr. Hil - Wie 1965); N. PIRROTTA, Lirica monodica trecentesca, in: Rass. Mus. 9 (1936); F. SACCHETTI, Il libro delle Rime, hrsg. v. A. Chiari (Bari 1936); A. VON KÖNIGSLÖW, Die it. Madrigalisten des Trecento (Wü 1940); E. LI GOTTI, La poesia musicale ital. del secolo XIV (Palermo 1944); DERS., L'Ars nova e il madrigale, in: Atti della Reale Accademia di Scienze, Lettere e Arti di Palermo, Reihe 4, IV/2 (1944); DERS., Poesie musicali italiani del secolo XIV, in: ebd.; K. VON FISCHER, Stud. zur it. Musik des Trecento u. frühen Quattrocento (Be 1956).

GHERARDESCHI. – 1) Filippo Maria, * 1738 Pistoia, † 1808 Pisa; it. Komponist. Er war 1756–61 Schüler Padre Martinis in Bologna und wurde dort Mitglied der Accademia dei Filarmonici. 1763 wurde er zum Kapellmeister in Volterra ernannt, war dann bis 1766 Organist am Dom und anschließend an der Chiesa Conventuale dei Cavalieri di S. Stefano in Pisa, zuletzt Hofmusikdirektor Erzherzog Leopolds von Toskana.

WW: *Tre sonate per cembalo o fortepiano* (Fi o. J.); zahlr. Messen; Requiem; Psalmen; Hymnen; Te Deum (hsl. in Florenz, Bologna, Pistoia, Pisa u. Wien); Opern, darunter: *L'amore artigiano*, UA: Lucca 1763; *La contessina*, UA: Pisa 1766; *La notte critica*, UA: ebd. 1769.

2) Giuseppe, Sohn von 1), * 1759 Pistoia, † 1824 ebd.; it. Komponist. Er war Kapellmeister am Dom von Pistoia. G. veröffentlichte 6 *Sonate per cembalo o pianoforte con violino obbligato* (Fi o. J.).

GHERSEM, Géry de, * um 1574/75 Tournai, † 25. 5. 1630 ebd.; flämischer Komponist. 1586 war er Chorknabe der Königlichen Kapelle in Madrid und Schüler von Ph. Rogier, von dem er 5 Messen herausgab (Ma 1598). 1593 wurde G. Kantor, 1598 Vizekapellmeister der Königlichen Kapelle. 1604 kehrte er nach Flandern zurück und wurde 1605 Kapellmeister am Hof Erzherzog Albrechts in Brüssel, 1607 dort Maître de l'oratoire und 1614 Kanonikus der Kathedrale von Tournai. Seine zahlreichen Werke (u. a. Messen, Motetten, Passionen, Villancicos), die im 17. Jh. hohes Ansehen genossen und die sich in der Bibliothek König Johannes' IV. von Portugal befanden, wurden 1755 bei einem Brand vernichtet. Erhalten sind lediglich eine 7st. Messe *Ave Virgo Sanctissima* (über eine Motette von Fr. Guerrero), gedruckt in den *Missae sex* von Ph. Rogier (A 1598), und ein Teil einer 8st. Motette (hsl. in Valencia).

Ausg.: Messe *Ave Virgo Sanctissima*, hrsg. v. L. J. WAGNER (R 1974) (= CMM 69) (enthält auch die Motette von Fr. Guerrero).

Lit.: G. BOURLIGUEUX, G. de G., sous-maître de la chapelle royale d'Espagne (documents inédits), in: Mélanges de la Casa de Velázquez 2 (1966).

GHEZZI, Ippolito, * 1650 (?) Siena oder Sinalunga; it. Komponist und Musiktheoretiker. 1679–1700 war er Kapellmeister am Dom in Montepulciano, wo auch D. Cavalcanti sein Schüler war. Danach lebte er als Augustinermönch in Siena. In seinem Traktat *Il setticlave canoro*... beschreibt er den Gebrauch von sieben Silben für die Solmisation. Seine Kompositionen sind späte Beispiele für den geringstimmigen konzertierenden Stil.

WW: **1) Kompositionen:** *Sacri dialoghi o vero motetti* für 2 St., op. 1 (Fi 1699); *Salmi a 2 v., basso e soprano*..., op. 2 (Bol 1699); *Oratorii sacri a 3 v.*, op. 3 (Bol 1700); *Lamentationi per* *la settimana santa a v. sola,* op. 4 (Bol 1707); *Dialogi sagri... a 2 v. con violini,* op. 5 (Bol 1708). – **2) Schriften:** *Il setticlave canoro dove s'insegano gli elementi musicali, et il modo di dare il solfeggio à tutte le sette chiavi* (Bol 1709).

Lit.: S. L. ASTENGO, Monaci agostiniani (Fi 1929).

GHIAUROFF (Ghiaurov), **Nicolai,** * 13. 9. 1929 Velingrad; bulgarischer Sänger (Baß). Seine Ausbildung erhielt er in Sofia und 1950–55 am Tschaikowsky-Konservatorium in Moskau, debütierte 1956 in Sofia als Don Basilio in G. Rossinis *Il barbiere di Siviglia* und sang in den folgenden Jahren vor allem Partien aus russischen Opern an den bedeutenden Bühnen Europas. 1959 trat er erstmals an der Mailänder Scala, 1965 an der Metropolitan Opera in New York und 1966 bei den Salzburger Festspielen auf. G. zählt zu den herausragenden Bassisten der Gegenwart. Sein Repertoire umfaßt neben Partien der slawischen Oper auch die großen Baßpartien der italienischen und französischen Oper des 19. Jahrhunderts. Zu seinen Glanzrollen zählt auch die Titelpartie in Mozarts *Don Giovanni.*

GHISELIN (Ghiseling, Ghiselinus; eig. Verbonnet), **Jean** (Janne, Johannes), * um 1455, † um 1511 vielleicht Bergen op Zoom (Niederlande); frankoflämischer Komponist. Er ist 1491 und 1503 im Dienst von Ercole I. d'Este, Herzog von Ferrara, sowie 1492–93 als Sänger an S. Giovanni in Florenz und 1507–08 in Bergen op Zoom nachweisbar. G. ist identisch mit dem in Guillaume Crétins *Déploration* auf den Tod von J. Ockeghem genannten Jean Verbonnet, der dort zusammen mit A. Agricola, J. Prioris, Josquin des Prés, Gaspar van Weerbeke, A. Brumel und L. Compère genannt ist. G.s zeitgenössischer Ruhm läßt sich nicht zuletzt daraus ermessen, daß O. Petrucci Messen von ihm in einem seiner frühen Individualdrucke veröffentlichte.

WW: *Misse Ioannis Ghiselin* (V 1503) (darin 5 Messen für 4 St.); in Sammeldrucken 1501–51 u. hsl. weitere Messen bzw. Messensätze, etwa 15 Motetten, 13 frz. Chansons, 5 flämische Chansons (z. T. untextiert), ein it. Lied sowie 2 Instr.-Stücke *La Alfonsina* u. *La Spagna.*

Ausg.: GA, hrsg. v. C. GOTTWALD, 4 Bde. (R 1961–69) (= CMM 23), I: Motetten (1961), II–III: Messen (1964–68), IV: Chansons (1969); 3 flämische Chansons, in: R. B. LENAERTS, Het nederlands polifonies lied (Mecheln – A 1933); eine Messe, in: Der Mensuralkodex des N. Apel 1, hrsg. v. R. GERBER (Kas 1956) (= EDM 32, Abt. MA IV).

Lit.: A. W. AMBROS, Gesch. der Musik II–III (Breslau 1864 u. L 1868, ³1911, Faks.-Nachdr. Hil 1968); A. PIRRO, Histoire de la musique de la fin du XIVᵉ siècle à la fin du XVIᵉ (P 1940); C. GOTTWALD, J. G. – J. Verbonnet. Some Traces of His Life, in: MD 15 (1961); DERS., J. G., J. Verbonnet. Stilkritische Unters. zum Problem ihrer Identität (Wie 1962); F. A. D'ACCONE, The Singers of S. Giovanni in Florenz During the 15th Century, in: JAMS 14 (1961); M. STAEHELIN, Quellenkundliche Beitr. zum Werk v. J. G.-Verbonnet, in: AfMw 24 (1967); E. APFEL, Wandlungen des Gerüstsatzes v. 16. zum 17. Jh. II, in: ebd. 26 (1969).

GHISELIN DANCKERS ↗Danckers, Ghiselin.

GHISI, Federico, * 25.2.1901 Schanghai, † 19.7. 1975 Luserna S. Giovanni; it. Musikforscher und Komponist. Er promovierte an der Universität Pavia in Musikwissenschaft und studierte in Mailand Musik bei Carlo Gatti und G. F. Ghedini, dann am Konservatorium in Turin. Seit 1937 lehrte er Musikgeschichte an der Universität Florenz, seit 1964 als Professor an der Universität Pisa. G. widmete sich als Musikforscher besonders der Musik des Trecento und den Anfängen der Monodie. Als Komponist verstand er sich im Sinne eines erneuerten nationalen Humanismus. Zu seinem 70. Geburtstag erschien eine Festschrift (*Memorie e contributi alla musica,* 2 Bde., Fi 1971).

WW: **1) Instr.-WW:** *Divertimento danzato* (1965) für Klv.; *Consonanze* (1963) für Fl. u. Klv.; *Quartetto breve* (1933) für Str.; *Musiche concertante* (1964) für Ob., Kb., 2 V., Va. u. Fag.; für Orch.: *Sinfonia italiana* (Mi 1939); *Fantasia allegra* (Mi 1951); *Sinfonie per due orchestre da camera* (1957). – **2) Vokal-WW:** *Cantata da camera* (1938) für SingSt, Fl., Va. u. Harfe; *Sequenza e Giubilo* (1945) für Chor, Klv., Bläser u. Schlaginstr.; *Vita, morte e miracoli di Sant'Alessio* (1957) für Chor u. Orch.; *La noble leiçon* (1966) für Männerchor; *L'ultima visione* (1968) (nach Platons Staat) für Soli, Chor u. Orch. – **3) Bühnen-WW:** Ballettoper *Piramo e Tisbe* (1943) (nach Shakespeare); Divertimento coreografico *Il passatempo* (1952); Radiogramma *I racconti cinesi di Messer Marco Polo* (1954); 2 Fernsehopern: *Il dono dei Re Magi* (1959); *Il vagabondo e la guardia* (1960), UA: RAI 1965. – **4) Schriften:** *I canti carnascialeschi nelle fonti musicali del XV e XVI secolo* (Fi 1937); *Poesie musicali italiani,* in: Note d'archivio 15 (1938); *Le feste musicali della Firenze medicea* (Fi 1939, Nachdr. Bol 1969); *Alle fonti della monodia* (Mi 1940); *Bruchstücke einer neuen Musikhs. der it. Ars nova u. 2 unveröff. Caccie der 2. Hälfte des 15. Jh.,* in: AfMw 7 (1942); dass. (Fi 1942); *L'orchestra in Monteverdi,* in: FS K. G. Fellerer (Rb 1962); *An Angel Concert in a Trecento Sienese Fresco,* in: Aspects of Medieval and Renaissance Music. FS G. Reese (NY 1966); *Danza e strumenti nella pittura senese del Trecento,* in: L'Ars nova italiana del Trecento. Kgr.-Ber. Certaldo 1969; *Studi e testi di musica italiana dell'Ars nova a Carissimi* (Bol 1971) (Sammelband mit eigenen Schriften). – **5) Editionen:** Werke v. G. Carissimi, u. a.: *Cantate del Giudizio universale* (R 1948); *Lucifer, Martyres* (Lo 1954); *Vieilles chansons des vallées vaudoises du Piémont* (Fi 1963) (= Publications de l'Institut français de Florence III).

Lit.: C. TERNI, F. G. Il compositore, in: Quadrivium 12 (1971); G. VECCHI, F. G. Notizie biografiche e bibliografiche, in: ebd.; A. BASSO, In memoria di F. G., in: RIMus 11 (1976).

GHIZEGHEM ↗Hayne van Ghizeghem.

GHIZZOLO, Giovanni, OFM, * 2. Hälfte 16. Jh. Brescia, † 1625 Novara; it. Komponist. Er war vielleicht 1613–15 Schüler von C. Porta, seit 1613 Kapellmeister des Fürsten Siro von Correggio, seit 1618 am Dom zu Ravenna, 1622–23 an S. Antonio in Padua. Danach lebte er in Novara. Die Neigung zu kühnen harmonischen Wendungen ist bezeichnend für seine Werke, die größtenteils im konzertierenden Stil (geringstimmig und mehrchörig) geschrieben sind.

WW: **1) Weltliche WW:** *Canzonette et arie* für 3 St. (V 1609); 2 Bücher Madrigale, I: für 5 St. (V 1608), II: für 5–6 St. u. B.c. (V 1614); 3 Bücher *Madrigali et arie* (u.a. WW) für 1–2 St. u. B.c. (V 1609, Mi 1610 u. 1613); *Frutti d'amore* für 1 St. u. B.c. (V 1623). – **2) Geistliche WW** (z.T. mit mehreren Aufl. u. Nachdr.): Messen, *parte per cappella et parte per concerto,* für 4–5 St. u. B.c. (V 1625); *Messe, concerti, Magnificat...* für 4 St. u. B.c. (Mi 1612); *Messe, motetti, Magnificat, canzoni francese...* für 8 St. u. B.c. (Mi 1613); *Messa, salmi, lettanie B. V.... concertati* für 5 St. u. 4st. Chor ad lib. mit B.c. (V 1619); *Salmi, messa, et falsi bordoni concertati* für 4 St. u. B.c. (1620); 4 Bücher *Concerti* für 2–4 St. u. B.c. (davon nur II–IV erhalten) (Mi 1611, 1615, V 1622); *Psalmodia vespertina* für 8 St. u. B.c. (Mi 1609); *Salmi intieri* für 5 St. u. B.c. (V 1618); *Compieta, antifone et litanie della Madonna* für 5 St. u. B.c. (V 1623). – Einzelne Gesänge in Sammeldrucken 1612–26.

GHRO (Groh), **Johann,** * um 1575 Dresden, † 1627 (?) Wesenstein (?); dt. Organist und Komponist. 1604 wurde er Organist der kurfürstlichen Schule St. Afra in Meißen und blieb dort wahrscheinlich bis 1621. 1622 übernahm er das Organistenamt beim Grafen von Bühnau in Wesenstein. Seine Werke, vor allem die *Intraden,* zeigen ihn als Schüler H. L. Haßlers.

WW: *Neue liebliche und zierliche Intraden* für 5 Instr. (Nü 1603, ²1611); *Neue außerlesene Padouane und Galliard* für 5 St. (Nü 1604, ²1612); Quodlibet *Bettler Mantel...* für 4 St. (Nü 1606, 1612 als Anhang zur 2. Aufl. der *Neuen außerlesenen Padouane* erschienen); *Trifolium sacrum musicale* für 3 St. (Nü 1625); ferner Pavanen u. Motetten in Sammeldrucken der Zeit.

Ausg.: Eine Intrade, hrsg. v. R. EITNER, in: MfM 7 (1875); Quodlibet *Bettler Mantel,* hrsg. v. E. BOHN, in: ebd. 12 (1880); 30 Paduanen u. Galliarden 1604, hrsg. v. H. KÜMMERLING (Hl 1951).

Lit.: R. EITNER, J. G., in: MfM 18 (1886); H. RIEMANN, Hdb. der Musikgesch. II/2 (L 1912) (mit Neudr. einer Galliarde); K. NEF, Gesch. der Sinfonie u. Suite (L 1921, Nachdr. Wie 1970) (mit Neudr. einer Pavane); H. KÜMMERLING, J. G., in: FS M. Schneider (1950).

GIACOBBI (Giacobi), **Girolamo,** getauft 10. 8. 1567 Bologna, † Februar 1629 ebd.; it. Komponist. Er wurde 1581 Chorknabe an S. Petronio in Bologna, dort 1584 Kantor, 1594 Vizekapellmeister und war 1604–28 Kapellmeister. 1622 gründete er die Accademia dei Filomusi. G.s *L'aurora ingannata* (1608) war die erste Oper, die in Bologna aufgeführt wurde, und unter seinen kirchenmusikalischen Werken finden sich frühe Beispiele für den Stile concertato.

WW: Von drei Opern G.s, deren Aufführungen bezeugt sind, sind nur erhalten 4 Gesänge aus *L'Aurora ingannata* als: *Dramatodia overo canti rappresentati ... sopra L'Aurora ingannata* (V 1608). – Geistliche Werke: Motetten für 6 St. (V 1601); *Salmi concertati* für 2 u. mehr Chöre (V 1609); Vespergesänge für 4 St. u. B.c. (V 1615); *Litanie e motetti* für 2 Chöre (V 1618); Magnificats und 2 Bücher Hymnen (hsl. in Bologna); einige Motetten auch in Sammeldrucken 1611–26 und hsl.

Ausg.: *L'Aurora ingannata,* hrsg. v. G. VECCHI (Bol 1954).

Lit.: L. FRATI, Per la storia della musica in Bologna nel secolo XVII, in: RMI 32 (1925); F. VATIELLI, Il primo melodramma a Bologna, in: Strenna musicale bolognese (1930).

GIACOSA, Giuseppe, * 21. 10. 1847 Collereto Parella bei Ivrea (Torino), † 2. 9. 1906 ebd.; it. Librettist. Nach Jurastudium an der Turiner Universität wandte er sich bald schriftstellerischer Tätigkeit zu. Er war Mitarbeiter verschiedener Zeitschriften, leitete 1888–89 die Accademia dei Filodrammatici in Mailand und lehrte 1888–92 am Mailänder Konservatorium. G. trat mit naturalistischen Dramen und bürgerlichen Komödien im Geschmack der Zeit hervor. Mit L. Illica schrieb er die Libretti zu den für den Verismo bedeutsamen Opern *La Bohème, Tosca* und *Madame Butterfly* von G. Puccini.

Lit.: M. RUMOR, G. G. Saggio (Padua 1940) (= Pubblicazione della facoltà di lettere e filosofia 17); P. NARDI, Vita e tempo di G. G. (Mi 1949); Carteggi pucciniani, hrsg. v. E. GARA (Mi 1958); B. L. SERAFINI, G. librettista pucciniano (Diss. Pisa 1969).

GIANETTINI (Giannettini, Zanettini), **Giovanni Antonio,** * 1648 Fano (?), † 12. oder 13. 7. 1721 München; it. Komponist. Er studierte bei G. Legrenzi in Venedig und wurde 1674 Mitglied der Kapelle von S. Marco, wo er 1676–86 als 2. Organist wirkte. Seit 1686 war er Kapellmeister am Hof in Modena, unterbrochen durch einen Aufenthalt in Venedig (1702–07), wo er das Teatro Rangoni leitete. G. erkrankte und starb, als er seine Tochter, die Sängerin Maria Caterina G., anläßlich ihrer Berufung an den kurfürstlich-bayerischen Hof nach München begleitete.

WW: **1) Geistliche WW:** Psalmen für 4 St. a cap. mit einem *Coro separato* v. 5 Instr. (V 1717); Motetten u. Magnificats (hsl.); Oratorien (hsl.): *L'uomo al bivio* (1687); *La creazione de'Magistrati* (1688); *Amore alle catene* (1687). – **2) Weltliche WW:** Zahlr. Solokantaten u. einige Kantaten für mehrere St. mit B.c., teilweise mit Instr. (hsl.). – **3) Bühnen-WW:** Festa teatrale *L'eco ravvivata,* UA: Wien 1681; Serenata *La fedeltà consolata dalla speranza,* UA: ebd. 1685; Oper *L'ingresso alla gioventù di Claudio Nerone,* UA: Modena 1692; Trattenimento *Il giuditio di Paride,* UA: Wien 1710 (alle hsl. erhalten); v. anderen Opern sind nur Libretti überliefert.

Lit.: L. F. TAGLIAVINI, G., in: MGG V; G. MANTESI, Storia musicale vicentina (Vicenza 1956).

GIANNINI, Dusolina, * 19. 12. 1902 Philadelphia, † 26. 6. 1986 Florenz; amerik. Sängerin (Sopr.) it. Abstammung. Nach Ausbildung durch die Mutter, die Pianistin Antonietta Briglia-G., und den Vater, den Tenor Ferruccio G., sowie bei Marcella Sembrich debütierte sie 1923 als Konzertsängerin in der Carnegie Hall in New York und 1925 als Opernsängerin in Hamburg in der Titelpartie von G. Verdis *Aida.* Bis Mitte der 30er Jahre sang sie an allen bedeutenden Bühnen Europas, 1934 und 1936 unter A. Toscanini auch bei den Salzburger Festspielen.

1936–41 gehörte sie der Metropolitan Opera in New York an. Nach dem 2. Weltkrieg gab sie noch einige Jahre lang Konzerte in Europa und Nordamerika und wirkte seit 1962 u. a. in Zürich als Gesangspädagogin. Ihr Repertoire umfaßte die lyrischen und lyrisch-dramatischen Partien der italienischen und französischen Oper des 19. Jh. einschließlich des Verismo. Weltruf erlangte sie vor allem als Aida und Carmen.

GIANNI SCHICCHI, Komische Oper in einem Akt von Giacomo Puccini (1858–1924), Text von Giovacchino Forzano. Ort und Zeit der Handlung: Florenz 1299. UA: 14. 12. 1918 in New York (Metropolitan Opera); EA in dt. Sprache: 30. 10. 1920 in Wien (Staatsoper); dt. EA: 2. 2. 1921 in Hamburg.

Die heitere Oper um den sympathisch-listigen Gianni Schicchi gilt als eines der Meisterwerke Puccinis und konnte sich als einziges Stück des Einakter-Zyklus *Triptychon (Il Trittico)* – neben *Gianni Schicchi* bestehend aus *Der Mantel (Il Tabarro)* und *Schwester Angelica (Suor Angelica)* – dauerhafte Popularität bewahren. Schon die kurzweilige, durch einige Verse aus dem 30. Gesang aus Dantes *Divina Commedia* angeregte Handlung trägt wesentlich zur Attraktivität der musikalischen Komödie bei: Schicchi läßt sich von den geizigen und habgierigen Angehörigen des verstorbenen reichen Buoso Donati zu einer Testamentsfälschung anstiften, vermacht jedoch zum Entsetzen der Hinterbliebenen den größten Teil des Vermögens sich selber und ermöglicht dadurch seiner Tochter Lauretta die Ehe mit Rinuccino, einem jungen Verwandten des Verstorbenen. So wie gleichsam peripher eine Liebesgeschichte in die sonst recht prosaische Betrugsaffäre eingeflochten ist, enthält auch Puccinis Musik – zumeist ein dem Gang der Handlung und dem Verlauf der Dialoge minutiös angepaßtes Geflecht von Parlandi und rezitativischen Partien – einzelne lyrische Passagen von mitreißender Kantabilität, z. B. die Arie der Lauretta *Väterchen, teures, höre (Oh! mio babbino caro)*. Eindrucksvollste Leistung Puccinis ist jedoch, in dieser Oper gerade die ausführlichen, handlungstragenden Dialogpartien, die in vergleichbaren Werken mancher Komponisten oft mißlingen und langweilig-trocken wirken, zu spannungsgeladener, agogisch abwechslungsreicher und gestisch vitaler Musik gestaltet zu haben.

W. A. MAKUS

GIARDINI (de Giardini, Degiardino), **Felice de,** * 12. 4. 1716 Turin, † 28. 5. (8. 6.) 1796 Moskau; it. Violinist und Komponist. Er war Schüler von Giuseppe Palladino in Mailand und von G. B. Somis in Turin. 1748 besuchte er als Violinvirtuose Deutschland, 1748/49 Paris, 1750 London, wo er 1751 mit dem Oboisten Thomas Vincent 20 Subskriptionskonzerte einrichtete, 1752 Leiter des Opernorchesters wurde und 1756–59 sowie 1763–64 mit Regina Mingotti die Direktion innehatte. Als er dabei offenbar sein ganzes Vermögen verlor, wirkte er auch als Musikpädagoge und schrieb zu diesem Zweck einige Lehrwerke. 1770–76 war er Leiter der Musikfeste in Worcester, Gloucester und Hereford, 1774 auch in Leicester, 1774–80 Konzertmeister der Pantheonkonzerte, vermutlich auch 1776/77 und 1782/83 wieder Leiter des Londoner Opernorchesters sowie nach einer Italienreise (1786–90) Operndirektor im Little Theatre am Haymarket. Als er zum 2. Mal gescheitert war, ging er 1796 mit seiner Operntruppe nach St. Petersburg, danach nach Moskau.

WW: **1) Instr.-WW** (gedruckt meist in London oder Paris, teilweise mit zahlr. Nachdrucken): Sonaten bzw. Duetti für 2 V., op. 2 u. 13; für V. u. Vc., op. 14; Sonaten bzw. *Sonate da camera* für V. u. B., op. 1, 4–9, 11, 16 u. 19; Sonaten für Cemb. oder Klv. u. V. oder Fl., op. 3 u. 31; Streichtrios, op. 17, 20, 26 u. 28; Trios für Gitarre, V. u. Klv. (oder Harfe, V. u. Vc.), op. 18; Streichquartette, op. 22, 23, 25 u. 29; Quartette für Cemb. u. Str., op. 21; Quintette für Cemb. u. Str., op. 11; 6 V.-Konz., op. 15; einige weitere Trios u.a. Kammermusikwerke gedruckt, ohne Op.-Zahl u. hsl. – **2) Bühnen-WW:** Erhalten sind Auswahldrucke u. gedruckte Einzelstücke aus den Opern u. Pasticci *Astarto, Cleonice, Enea e Lavinio, Il geloso in cimento, Ninetta* u. *Siroe*. – **3) Vokal-WW:** Im Druck erschienen einzelne Songs, Arietten u.a. für SingSt u. Klv. oder andere Instr., Duette, Terzette, Catches, Glees sowie ein Psalm. – **4) Schriften bzw. Unterrichts-WW:** *Metodo di canto (School of Singing)* (Lo 1858); *Istruzioni ed esercizii per il violino* (hsl. Mailand, Kons.); *Esercizii per il cembalo e per il violoncello* (hsl. Entwurf, ebd.).

G. war ein Vertreter des galanten Stils und stand unter dem Einfluß der Mannheimer Schule und J. Chr. Bachs. Neben einigen Opern, die wenig Erfolg hatten, Duetten, Chansons und einem Oratorium *Ruth,* das in London zweimal aufgeführt wurde, komponierte er vorwiegend instrumentale Kammermusik. Durch sein virtuoses Violinspiel – er soll auch ein vorzüglicher Cembalist gewesen sein –, als Komponist zahlreicher Kammermusikwerke, in denen er u. a. auch Cembalo und Gitarre als konzertierende Instrumente verwendete, sowie als bedeutender Pädagoge für Gesang, Violine, Cembalo und Violoncello hat er den musikalischen Zeitgeschmack Englands nachhaltig beeinflußt.

Ausg.: 6 Sonaten für V. oder Fl. u. Klv., op. 3, hrsg. v. E. POLO (Mi 1941) (= I classici musicali italiani 3); Quartette, op. 23 Nr. 2 u. 3, hrsg. v. A. POLTRONIERI (Mi 1943) (= ebd. 6); V.-Konzert A-Dur u. ein Rondo für Str., hrsg. v. E. BONELLI (Padua 1944); Quartett D-Dur, op. 25 Nr. 3 für Ob., V., Va. u. Vc., hrsg. v. H. STEINBECK (Wie 1961); V.-Duett D-Dur, hrsg. v. K. SCHULTZ-HAUSER (Mz 1965).

Lit.: A. MOSER, Gesch. des V.-Spiels (B 1923), 2. Aufl. in 2 Bden. (Tutzing 1966–67); A. DAMERINI, I quartetti di F. G.

in: Musicisti piemontesi e liguri, hrsg. v. DEMS. – G. RONCAGLIA (Siena 1959) (= Accad. mus. Chigiana 16); G. SALVETTI, Un maestro italiano del „quartetto“, F. G., in: Chigiana 23, N.S. 3 (1966); DERS., L. Boccherini nell'ambito del quartetto italiano del secondo settecento, in: Anal. Mus. 12 (1973). B. R. SUCHLA

GIASONE, IL, Dramma musicale von Fr. Cavalli; dt. Titel: ↗Jason.

GIBBONS, Richard; engl. Komponist. Von ihm sind 2 Streicherfantasien bekannt, die hsl. in Dublin (Marsh's Library) und Oxford (Bodleian Library) erhalten sind. Eine verwandtschaftliche Beziehung zu der untenstehenden Familie Gibbons konnte bisher nicht nachgewiesen werden. Möglicherweise handelt es sich auch um jenen Richard Gibbs, der 1622–30 als Organist an der Kathedrale in Norwich feststellbar ist.

GIBBONS, engl. Musikerfamilie. – **1) William,** * um 1540 Oxford, † Oktober 1595 Cambridge. Als Mitglied des Rates der Stadt Oxford war er 1567–79 Stadtpfeifer (wait) in Cambridge; kehrte um 1580 nach Oxford zurück, lebte aber gegen Ende seines Lebens wieder in Cambridge. – **2) Edward,** Sohn von 1), getauft 21.3.1568 Cambridge, † um 1650 Exeter (?); Komponist. Er war Bachelor of Music der Universitäten in Cambridge und (1592) in Oxford, 1593–98 Master of the Choristers am King's College in Cambridge. 1607–45 wirkte er in gleicher Stellung an der Kathedrale von Exeter, seit 1609 auch als „Priest-vicar“, seit 1615 als „Succentor“.

WW: *In nomine* für 5 St.; *Kyrie* u. *Creed* zu W. Mundys *Short Service;* 3st. Anthem *Awake and arise* u. ein „Verse Anthem“ *How hath the City safe solitary* für 2 Männerst., 4 Va. u. 4st. Chor, dazu ein Orgelpräludium.

3) Orlando, Bruder von 2), getauft 25.12.1583 Oxford, † 5.6.1625 Canterbury; Komponist. Er war 1596–99 Sänger am King's College in Cambridge. 1604 wurde er Organist in der Kapelle des neuen Königs Jakob I. sowie Hofvirginalist und blieb dort bis zu seinem Tod. 1606 wurde er Bachelor of Music in Cambridge, 1622 zum Doctor of Music in Oxford ernannt und 1623 Nachfolger J. Parsons als Organist an der Westminster Abbey in London. Er wurde in der Kathedrale von Canterbury beigesetzt.

WW (vollständiges Verz. bei E. H. Fellowes, s. u. Lit.): **1) Vokal-WW:** Insgesamt über 40 Anthems, darunter: *This is the Record of John; See, see the word is incarnate; Hosanna to the Son of David; O clap your hands; O Lord increase my faith; Almighty and everlasting God;* 2 Anthems in: W. Leighton, *The Tears or Lamentations* (Lo 1614); *2 Services, Preces and Psalms* u. 5 Anthems in: J. Barnard, *The Book of Selected Church Music* (Lo 1641); 20 Madrigale, in: *The First Set of Madrigals and Motetts of 5 Parts, Apt for Viols and Voyces* (Lo 1612) (alles weltliche Werke); hsl. erhalten: *The Cries of London.* – **2) Instr.-WW:** Zahlr. Fantasien u. Tänze für Instr.-ensemble, hauptsächlich hsl. erhalten (Dublin, Marsh Library Manuscript Z. 2.1.13; Oxford, Christ Church Manuscript 21); *Nine Fantasies of Three Parts* (Lo um 1605); weiterhin zahlr. Werke für Tasteninstr.; 6 Virginalstücke in: *Parthenia* (Lo 1611?).

G. gehört zu den bedeutendsten englischen Komponisten des frühen 17. Jahrhunderts. Zu seiner Zeit vor allem als ausübender Musiker gefeiert, verdankt er seinen Nachruhm hauptsächlich seinen Anthems, von denen 15 Full Anthems, die übrigen Verse Anthems sind. Diese zeigen im Vergleich zu denjenigen von W. Byrd eine differenziertere Deklamation des Textes und weisen damit auf J. Blow und H. Purcell voraus. Von G.s weltlichen Werken verdienen besondere Erwähnung das Madrigal *The Silver Swan,* das in der Nachfolge von J. Arcadelts berühmten *Il bianco e dolce cigno* steht, und die *Cries of London.* Hier werden nicht nur – wie in Cl. Janequins Programmchanson *Les cris de Paris* – die Straßenrufe kunstvoll verarbeitet, sondern auch noch mit der gregorianischen *In nomine-Melodie* kontrapunktiert.

4) Christopher, Sohn von 3), getauft 22.8.1615 London, † 20.10.1676 ebd.; Komponist. Seine musikalische Ausbildung erhielt er in der Königlichen Kapelle. Seit 1638 war er Organist an der Kathedrale von Winchester, seit 1660 in der Königlichen Kapelle und an der Westminster Abbey unter König Karl II. 1663 erhielt er den Doctor of Music der Universität Oxford. Er schrieb Anthems und 2–3st. Streicherfantasien. Mit seinem Schüler M. Locke widmete er sich auch der Komposition von Masques. Beide schrieben die Musik zu *Cupid and Death* (1659). Wahrscheinlich ist G. identisch mit einem Gibbons, der einer Arie von N. Lanière Verzierungen hinzufügte (London, Brit. Mus., Ms. Add. 11608, f° 196).

Ausg.: **Zu 2):** *Awake and arise,* hrsg. v. C. F. SIMKINS (Lo 1959); Orgelpräludium, hrsg. v. J. E. WEST (Lo 1906) (= Old English Church Music 20). – **Zu 3): a) Vokal-WW:** GA der geistlichen Komp., hrsg. v. E. H. FELLOWES (Lo 1925) (= Tudor Church Music 4); Verse Anthems, hrsg. v. D. WULSTAN (Lo 1964) (= Early English Church Music 3); *The First Set of Madrigals and Motets,* hrsg. v. E. H. FELLOWES (Lo 1914, ²1921, Nachdr. 1956) (= The English Madrigal School 5), revidiert v. Th. Dart (Lo 1963) (= The English Madrigalists 5); *The Cries of London,* hrsg. v. P. BRETT (1967) (= Mus. Brit. 22). – **b) Instr.-WW:** GA für Tasteninstr., hrsg. v. M. H. GLYN, 5 Bde. (1924–25); Keyboard Music, hrsg. v. G. HENDRIE (1962) (= Mus. Brit. 20); 9 Orgelstücke, hrsg. v. DEMS. (Lo 1967); *Parthenia,* hrsg. v. TH. DART (1960) (= Early Keyboard Music 19); dass., Faks. der Ausg. v. 1612/13 (NY 1965) (= MMMLF I/11); *Fantasies in Three Parts,* hrsg. v. E. H. FELLOWES (1924); Fantasie für Streichquartett, Pavane u. Gaillarde für Streichsextett, hrsg. v. dems. (1925); 4 Fantasien, eine Gaillarde, u. 2 *In nomine,* hrsg. v. TH. DART – W. COATES (1955, ²1962) (= Mus. Brit. 9). – **Zu 4):** *Voluntary for ye Duble Organ,* hrsg. v. J. E. WEST (Lo 1907) (= Old English Organ Music 28); Musik zu Shirleys *Cupid and*

Death, hrsg. v. E. J. DENT (1951, ²1956) (= Mus. Brit. 2); Keyboard Compositions, hrsg. v. C. G. RAYNER (Dallas/Tex. 1967) (= Corpus of Early Keyboard Music 18).

Lit.: **Zu 3):** M. H. GLYN, About Elizabethan Virginal Music (Lo 1924, ²1934); E. H. FELLOWES, O. G. and His Family (Lo 1925, ²1951, Nachdr. Hamden/Conn. 1970) (mit Werk-Verz.); E. H. MEYER Die mehrst. Spielmusik (Kas 1934) (= Heidelberger Stud. zur Musikwiss. 2); DERS., English Chamber Music (Lo 1946, ²1951, Nachdr. NY 1971), dt. Übers.: Kammermusik Alt-Englands (L 1958); W. PALMER, G.'s Verse Anthems, in: ML 35 (1954); J. JACQUOT, Lyrisme et sentiment tragique dans les madrigaux d'O. G., in: Musique et Poésie au XVIe siècle (P 1954); TH. DART, The Printed Fantasieas of O. G., in: Ml 37 (1956); J. KERMAN, The Elisabethan Madrigal (NY 1962) (= MSD 4); G. M. HENDRIE, The Keyboard Music of O. G., in: Proc. R. Mus. Assoc. 89 (1962/63); A. G. FIELD, The Keyboard Works of O. G. (1973) (= Diss. Indiana Univ.); F. ROUTH, Early English Organ Music from the Middle Ages to 1837 (Lo 1973); P. VINING, O. G. The Incomplete Verse Anthems, in: ML 55 (1974); DERS., O. G. The Portraits, in: ML 58 (1977). – **Zu 4):** C. G. RAYNER, A Little-Known 17th Century Composer, Ch. G., 2 Bde. (1962) (= Diss. Indiana Univ.); DERS. – S. FINCH, Ch. G. „That famous musician", in: MD 24 (1970).

GIBBS, Cecil Armstrong, * 10. 8. 1889 Great Baddow bei Chelmsford (Essex), † 12. 5. 1960 Chelmsford; engl. Komponist. Er studierte am Trinity College in Cambridge (bei E. J. Dent), dann am Royal College of Music in London (bei Charles Wood und R. Vaughan Williams), an dem er selbst 1921–39 lehrte. 1937–52 war er Vizepräsident der British Federation of Music Festivals. G. ist vor allem durch seine Klavierlieder, Chöre und durch seine Klaviermusik bekannt geworden.

WW: Kammermusik, u. a. 3 Streichquartette u. ein Klv.-Trio; über 100 Klv.-Lieder, besonders auf Texte v. W. de la Mare; etwa 130 Chöre; Kantaten: *La Belle Dame sans Merci* (1931) (nach B. Sh. Keats); *Odysseus* (1938); *The High Adventure* (1955); Oratorien: *The Birth of Christ* (1930); *Behold the Man* (1955); Comic Opera *The Blue Peter* (1923); Komödie *Midsummer Madness* (1924); Oper *Twelfth Night* (1947); Kinderoper *The Great Bell of Burley* (1949); Ballett *Enchanted Word* (1922); Bühnenmusik.

GIEBEL, Agnes, * 10. 8. 1921 Heerlen (Niederlande); dt. Sängerin (Sopran). Nach dem Studium an der Folkwangschule in Essen bei Hilde Wesselmann debütierte sie 1947 als Konzertsängerin und wurde 1950 durch ihre Mitwirkung bei den wöchentlich vom RIAS Berlin gesendeten Bach-Kantaten in Deutschland bekannt. Seit den 50er Jahren konzertierte sie mit großem Erfolg in Europa, Nordamerika und auch in Japan. Sie hat nie auf der Bühne gestanden. Als Oratoriensängerin, vor allem als Bach-Interpretin, und als Liedersängerin zählt sie zu den bedeutendsten Sopranistinnen der Gegenwart.

GIELEN, 1) Josef, * 20. 12. 1890, † 19. 10. 1968 Wien; dt. Regisseur. Er begann als Schauspieler und kam über Königsberg und Darmstadt 1923 als Oberregisseur des Staatlichen Schauspielhauses nach Dresden, wo er 1934 zur Staatsoper überwechselte. 1936–37 arbeitete er an der Berliner Staatsoper, 1937–39 am Wiener Burgtheater und 1939–48 als Chefregisseur am Teatro Colón in Buenos Aires, wo er die erste deutsche Aufführung von W. A. Mozarts *Die Zauberflöte* in Südamerika inszenierte. 1948–54 war er Direktor des Wiener Burgtheaters, dem er anschließend als Oberspielleiter verbunden blieb; 1957–60 Oberspielleiter der Wiener Staatsoper. G. trat auch mit Inszenierungen bei den Salzburger Festspielen (*Der Raub der Lukrezia* von B. Britten, 1950; *Idomeneo* von W. A. Mozart, 1951; *Der Rosenkavalier,* 1953, und *Ariadne auf Naxos,* 1954 und 1959) sowie in Amsterdam, London, Paris, Mailand und Florenz hervor. – **2) Michael Andreas,** Sohn von 1), * 20. 7. 1927 Dresden; östr. Dirigent und Komponist. Er studierte 1940–46 in Buenos Aires Musik und war bis 1950 Korrepetitor am Teatro Colón. 1950 kam er als Kapellmeister an die Staatsoper nach Wien, wo er bei dem Schönberg-Schüler Josef Polnauer Werkanalyse studierte. Zwölftontechnik und Aleatorik gehören seither auch zu G.s Kompositionsprinzipien. Seine Karriere als Opern- und Konzertdirigent führte ihn von Wien 1960 als Chefdirigent an die Königliche Oper in Stockholm, 1965 nach Köln (freischaffend), 1969 als Chefdirigent an das Orchestre National de Belgique in Brüssel, 1971 an das Südfunk-Sinfonieorchester in Stuttgart, 1973 an die Niederländische Oper in Amsterdam und 1977 als GMD und Direktor an die Oper in Frankfurt am Main. G.s analytisches Erfassen auch der kompliziertesten Partituren prädestiniert ihn zum Interpreten zeitgenössischer Musik. Zahlreiche Ur- und Erstaufführungen hat er geleitet, z. B. B. A. Zimmermanns *Die Soldaten* (Köln 1965) oder A. Bergs *Lulu* mit der von Fr. Cerha fertiggestellten Fassung des 3. Aktes (Frankfurt am Main 1979). In den letzten Jahren ist er auch mit zyklischen Aufführungen von Bühnen- und Konzertwerken der europäischen Spätromantik (G. Mahler, Fr. Schreker u. a.) hervorgetreten; er ist aber auch als Mozart-Dirigent von Bedeutung (*Don Giovanni,* Frankfurt am Main 1977).

WW: **1) Instr.-WW:** Var. für Streichquartett (1949); Choralvar. über *Christus, der uns selig macht* (1950) (nach J. S. Bach) für Klar., Baßklar., V., Va. u. Vc.; Var. für 40 Instr. (1959); *Ein Tag tritt hervor* (1963–65), Pentaphonie für obligates Klv., 5 Soloinstr. u. 5 Gruppen v. je 5 Musikern; *Mitbestimmungsmodell* für Orch.-Musiker u. 3 Dirigenten (1971–75); *Einige Schwierigkeiten bei der Überwindung der Angst* (1976) für Orch. – **2) Vokal-WW:** 2 Lieder *Der Einsame* (1948) (nach Nietzsche) für Baß u. Klv.; *Vier Gedichte von St. George* (1955–58) für gem. Chor u. 19 Instr.; *Die Glocken sind auf falscher Spur* (1967–69), Melodramen u. Zwischenspiele für 1 Violoncellisten, 1 Sängerin, 1 Gitarristen, 1 Pianisten, 1 Schlagzeuger u. 1 Sprecher, deren St., Metallophone u. Harmonium.

Lit.: **Zu 1):** M. KLUTH, Der Regisseur J. G., eine theatralische Doppelbegabung (Diss. W 1966). – **Zu 2):** R. LÜCK, Dirigenten als Spezialisten?, in: NZM 131 (1970), auch als: Werkstattgespräche mit Interpreten Neuer Musik (Kö 1971).

GIESEKING, Walter, *5.11.1895 Lyon, †26.2.1956 London; dt. Pianist und Klavierpädagoge. G., der nie eine Elementarschule oder weiterführende Schule besuchte, erhielt eine systematische pianistische Ausbildung 1912–17 bei K. Leimer in Hannover. 1916–18 war er Regimentsmusiker (Pauker) beim Militär. Seit 1920 konzertierte er zunächst in Deutschland, seit 1921 in Europa und seit 1926 auch in den USA. Im 2. Weltkrieg trat er auch in den von Deutschland besetzten Gebieten auf und erhielt deswegen nach dem Krieg von der amerikanischen Militärregierung bis 1947 ein Auftrittsverbot. 1947 trat er erstmals wieder in Paris auf, während seine 1949 in den USA geplanten Konzerte boykottiert wurden. Hier konnte er erstmals wieder 1953 konzertieren. Seitdem feierte er wieder Triumphe in der ganzen Welt. Seit 1947 leitete er eine Meisterklasse für Klavier am Konservatorium in Saarbrücken. G. zählt zu den herausragenden Pianisten seiner Zeit. Mit einem phänomenalen Gedächtnis begabt, beherrschte er ein umfassendes und vielseitiges Repertoire, wurde aber vor allem als Interpret der Klavierwerke der Wiener Klassiker, besonders Mozarts, und der modernen französischen Musik (Cl. Debussy, M. Ravel) gefeiert. Er hat sich nachhaltig auch für die zeitgenössische Musik (u.a. für I. Strawinsky, B. Bartók und P. Hindemith) eingesetzt. Auch als Klavierpädagoge machte er sich einen Namen, vor allem in der Vermittlung und Weiterführung der von K. Leimer begründeten Methode des Klavierspiels, der er nach eigener Aussage seine „gesamte Ausbildung als Pianist verdanke". Seine Autobiographie erschien postum unter dem Titel *So wurde ich Pianist* (Wie 1963, [4]1975) (mit 10 Aufsätzen).

WW: **1) Schriften:** *Moderne Anschlagsprobleme,* in: FS der Dt. Akad. für Musik u. Darstellende Kunst in Prag 1920–30 (Prag 1931), auch in: Musik im Unterricht 54 (1963) u. in der Autobiographie; *Modernes Klavier-Spiel* (Mz 1931 u.ö., NA 1972, engl. NY 1972) (zus. mit K. Leimer); *Rhythmik, Dynamik, Pedal* (Mz 1938, NA 1972) (zus. mit K. Leimer); *Wie spielt man Ravels Klaviermusik?,* in: Melos 14 (1947). – **2) Edition:** *F. Schubert, Impromptus u. Moments musicaux.* Urtext-Ausg. (o.J.).

Lit.: B. GAVOTY – R. HAUERT, W. G. (G 1954, dt. F 1954); P. AUCLERT, G., interprète de Mozart, in: RM (1956) Nr. 231; E. LAAFF, in: Musik im Unterricht 47 (1956); DERS., W. G. zum Gedächtnis (Wie 1956); K. H. RUPPEL – C. ROSTAND, in: Melos 23 (1956); P. RATTALINO, W. G. a dieci anni dalla morte, in: Musico università (1967).

GIESELER, Walter, * 3.10.1919 Hannover; dt. Komponist und Musikpädagoge. Er studierte Schulmusik, Komposition und Dirigieren an der Musikhochschule Köln und promovierte 1949 an der Universität Göttingen mit einer Dissertation über *Die Harmonik bei J. Brahms.* Seit 1963 wirkt er als Dozent (1970 Professor) an der Pädagogischen Hochschule Köln. Seine kompositorische Position 1980 umschreibt G. als „die einer Balance von Kalkül und emotionalem Ausdruck, die in Überwindung seriellen Denkens Rücksicht nimmt auf die Möglichkeit angemessener Formauffassung durch den informierten Hörer".

WW: **1) Kompositionen:** Für Orch.: Konzert für Streichorch. (1956); V.-Konzert (1961); Cemb.-Konzert (1964); *Sinfonischer Essay* (1967); *Emphase* (1969); *Plain-Song* (1975); *Discorsi per Archi* (1976); *Rituali concertanti* für Vc. u. Orch. (1977). – Vokal-WW: *Tragos* für Sopran u. Orch. (1960); *Song* für 8 Solo-St. u. Orch. (1971); *Threnodie für Kapsa* für Sopran, Fl. u. Gitarre (1975). – **2) Schriften:** *Studien zur klass. Musik- u. Liturgiegesch.* (Kö 1968); *Komposition im 20 Jh.* (Celle 1975) (Werkanalysen); *Ars Musica – Scientia Musica,* in FS H. Hüschen (Kö 1980). – *Jazz in der Schule* (Wb 1961) (zus. mit D. Schulz-Koehn); *Forsch. in der Musikerziehung* (Mz 1978, 1980) (zus. mit R. Klinkhammer).

H. LINDLAR

GIESEN, Hubert, * 13.1.1898 Cornelimünster bei Aachen, † 11.2.1980 Leonberg; dt. Pianist. Er studierte an den Konservatorien in Köln (bei Fr. Busch und L. Uzielli) und Stuttgart (bei M. von Pauer und J. Haas) und trat seit 1915 als Konzertpianist auf. 1920–21 war er Kapellmeister in Stuttgart. Seine solistische Tätigkeit gab er bald auf, um ausschließlich als Kammermusiker und Klavierbegleiter zu wirken. In der Folge konzertierte er mit bedeutenden Interpreten, als Kammermusiker u.a. mit A. Busch, Fr. Kreisler, G. Enescu, J. Heifetz und Y. Menuhin, als Klavierbegleiter u.a. der Sänger W. Domgraf-Faßbaender, J. Patzak, Anneliese Rothenberger und Fr. Wunderlich. Bis 1969 lehrte er als Professor an der Stuttgarter Musikhochschule Klavier, Liedgestalten, Begleiten und Kammermusik. G., der zu den herausragenden Klavierbegleitern seiner Zeit zählt, machte sich als Pädagoge besonders im Bereich der Liedgestaltung einen Namen. Er schrieb: *Am Flügel: H. Giesen. Meine Lebenserinnerungen* (F 1972).

GIETZ, Heinz, *31.3.1924 Frankfurt am Main; dt. Komponist, Arrangeur und Produzent. Nach seinem Studium am Hochschen Konservatorium in Frankfurt am Main war er zunächst Pianist in Jazzensembles, dann Arrangeur und Komponist für Tanz- und Unterhaltungsorchester, seit 1952 in gleicher Funktion für Schallplattenfirmen. 1966 gründete er die Schallplattenfirma Cornet. G. komponierte zahlreiche Filmmusiken, Tanzmusik und

Schlager, darunter *Bonjour Cathrin* und *Ich wär so gern bei dir* (beide für Caterina Valente), *Blumen für die Dame, Zuckerpuppe.*

GIGAULT, Nicolas, * Ende 1626 Paris, † 20.8.1707 ebd.; frz. Organist und Komponist. Er wurde 1646 Organist an St-Honoré als Nachfolger von R. Cambert, 1652 an St-Nicolas-des-Champs, 1673 an St-Martin-des-Champs und 1685 am Hôpital du St-Esprit. Als Experte für Orgelbau war er Mitglied der Jury, die 1706 J.-Ph. Rameau zum Organisten an Madeleine-en-la-Cité ernannte. G. war vermutlich auch Cembalolehrer von J.-B. Lully.

WW: *Livre de musique contenant les cantiques sacrez diversifiez de plusieurs manières à II., III. et IV. parties, qui peuvent estre touchez sur l'orgue et sur le clavessin, comme aussi sur le luth, les violles, violons, flûtes et autres instruments...*, 2 Teile (P 1682); *Livre de musique pour l'orgue* (P 1685).

G. verwendete alle damals gebräuchlichen Formen der Orgelmusik: Plein jeu-Stücke, Dialoge, Versetten, Fugen, Récits, Duos, Airs. Der häufige Gebrauch des punktierten Rhythmus in seinen Werken verleiht seiner Musik eine gewisse Einförmigkeit, die er durch weite Oktavlagen abwechslungsreicher zu gestalten versuchte und sich dabei auf J. Titelouze berief.

Ausg.: *Livre de musique pour l'orgue,* in: GUILMANT-PIRRO IV (1902, Nachdr. NY 1972); Ausgew. Stücke für Org. (aus dem *Livre de musique* von 1682), hrsg. v. G. LAMBERT, H. 1 (1968).

Lit.: A. PIRRO, Un organiste au XVIIe siècle, N. G., in: RM 3 (1903); G. SERVIÈRES, Documents inédits sur les organistes ([2]1949); P. HARDOUIN, Quatre parisiens d'origine, in: RMie 39/40 (1957); A. C. HOWELL, French Baroque Organ Music and the Eight Church Tones, in: JAMS 11 (1958).

GIGLI, Beniamino, * 20.3.1890 Recanati bei Ancona, † 30.11.1957 Rom; it. Sänger (Tenor). G., dessen Stimme schon in seiner Jugend durch seine Mitwirkung im Kirchenchor seiner Heimatstadt bewundert wurde, studierte Gesang bei Antonio Cotogni und Enrico Rosati am Liceo Musicale di S. Cecilia in Rom und debütierte 1914 als Enzo in A. Ponchiellis *La Gioconda* in Rovigo. 1918 holte ihn A. Toscanini an die Mailänder Scala. Nach einer triumphalen Tournee 1919 durch Südamerika wurde er 1920 an die Metropolitan Opera in New York verpflichtet, deren Mitglied damals auch noch E. Caruso war und der er bis 1932 angehörte. Daneben sang er an allen bedeutenden Opernhäusern der Welt. Nach Italien zurückgekehrt, nahm er keine festen Opernverpflichtungen mehr an. 1944–46 belegte ihn die amerikanische Besatzungsmacht mit einem Auftrittsverbot, weil er mit den Faschisten zusammengearbeitet habe. Danach setzte er seine triumphale Karriere fort, bis er sich 1955 ins Privatleben zurückzog. G., der „ein Sänger des Volkes" sein wollte, mischte in seinen Konzerten Opernpartien, Volkslieder und Schlager. Er wirkte auch in zahlreichen Filmen mit (u.a. in *Vergiß mein nicht,* 1934; *Ave Maria,* 1937; *Ritorno,* 1940; *Mamma,* 1940/41; *Lache Bajazzo,* 1942). Er gilt neben Caruso als der bedeutendste Tenor des 20. Jahrhunderts. Als Opernsänger beherrschte er ein ungewöhnlich großes Repertoire, in dessen Mittelpunkt die großen lyrischen Partien der italienischen Oper standen. Er schrieb die Autobiographie *Confidenze* (R [3]1943, NA als: *Memorie,* Mi 1957, dt. Übers.: *Und es blitzten die Sterne,* H 1954).

Lit.: R. ROSNER, B. G. (W 1929, [3]1933); R. DE RENSIS, Il cantore del popolo (R 1934), dt. Übers.: B. G. (Mn 1936); E. HERBERT CAESARI, Tradition and G. (Lo 1958); F. D'AMICO, Il grande tenore, in: I casi della musica (Mi 1962; H. HAHN, Un'annima cantava. Eine Seele sang. Begegnungen mit B. G. (St 1966).

GIGOUT, Eugène, * 23.3.1844 Nancy, † 9.12. 1925 Paris; frz. Organist und Komponist. Er erhielt seine erste musikalische Ausbildung an der Chorschule der Kathedrale in Nancy und studierte seit 1857 bei G. Lefèvre und C. Saint-Saëns an der École Niedermeyer in Paris, an der er anschließend selbst Gregorianik, Kontrapunkt, Fugenkomposition, Klavier und Orgel unterrichtete. Zu seinen Schülern gehörten G. Fauré, L. Boëllmann und A. Roussel. 1885–1911 leitete er die von ihm gegründete École d'orgue et d'improviation und war seit 1863 auch Organist an St-Augustin. Seit 1911 lehrte er als Nachfolger A. Guilmants Orgel am Pariser Conservatoire. G. konzertierte mit großem Erfolg als Orgelvirtuose im In- und Ausland und war besonders als Improvisator geschätzt. Durch die Wiederverwendung der alten Kirchentonarten und die Verwendung einer daraus entwikkelten Harmonik sowie durch den Typus der symphonisch-malerischen Tondichtung gab er der Orgelkomposition in Frankreich neue Anregungen.

WW: Org.-Kompositionen, darunter: *6 Pièces* (P 1881); *Rhapsodies, Poèmes mystique* (P 1883); *3 Pièces* (P 1896); *Collection de pièces pour orgue;* 2 Suiten (P o.J.); *Cent Pièces brèves dans la tonalité du plaint-chant* (P 1889); *Album grégorien* (P 1895) (darin 200 Stücke); *Cent Pièces nouvelles* (Lo 1922); ferner Klv.-Stücke, Lieder u. einige Org.-Motetten.

Lit.: G. FAURÉ, Hommage à E. G. (P 1923); P. LOCARD, Souvenirs sur G. et Boëllmann, in: Bull. des Amis de l'Orgue 30–31 (1937); N. DUFOURCQ, La musique d'orgue française (P 1941, [2]1949).

GIGUE (frz., von engl. jig; mhd.: gige, von it.-span. giga), seit dem späten Mittelalter in ganz England nachweisbarer lebhafter Tanzliedtyp keltischen Ursprungs. Die G. wird – in Schottland heute noch – einzeln oder gruppenweise in schnellen Schritten getanzt, unter behendem Beineschlenkern, Hackenstampfen und Händeklatschen, bei ruhig gehaltenem Oberkörper. Kettenformartig ablaufend, ist die G. im Zweiertakt (alla breve) wie im Dreiertakt ($^3/_4$, $^6/_4$; $^3/_8$, $^6/_8$) überliefert.

G. Farnaby, *A Gigge* aus *Fitzwilliam Virginal Book* (Nr. 267)

W. Byrd, *A Gigg* aus *Fitzwilliam Virginal Book* (Nr. 181)

J. S. Bach, Gigue aus der Französischen Suite Nr. 1, BWV 812

Unter Königin Elisabeth I. von England entwikkelte sich die G., die als „Queen's jig" weiterhin beim Volk beliebt blieb, zu einem der 4 Kerntänze der Instrumentalsuite, deren beschwingten Ausklang sie seit J. J. Froberger bildete. Im weiteren 16. Jh. ging die G. als Zweiertakttanz und meist homophon gesetzt seit D. Gaultier in die französische Lautensuite ein, als Dreiertakttanz und rhythmisch vertrackter sowie stärker figurativ seit J. Champion de Chambonières in die Cembalomusik. Im Formablauf schließt sich auch die G. an die Zweiteiligkeit (je mit Wiederholung) der 3 anderen Standardsätze der Tanzsuite an. Der erste Formteil steigt zur Dominante, der zweite endet in der Tonika. Die Ballettgigue bevorzugt seit J.-B. Lully die Auftaktigkeit der Ballett-Canarie. Bis 1700 hat sich ein italienischer und ein französischer Typ der Gigue gebildet. Der französische Typ ist durch mäßig schnelles Tempo, Fugatosatz und Umkehrung des Kopfthemas zu Beginn des 2. Teils charakterisiert. Kontrapunktisch verdichtet ist er bis in die Fugengigue J. S. Bachs zu verfolgen (BWV 812), in dessen Solosuiten für V., Vc. und Klv. sich G.n aller Art seiner Zeit stilisiert finden, während G. Fr. Händel seit seinen italienischen Wanderjahren den Typ der italienischen Violingigue fortführte. Dieser italienische Typ (G. B. Vitali, A. Corelli, Fr. Couperin, Händel) verläuft in sehr schnellem Tempo, bei glatt sequenzierender Rhythmik und leicht imitatorischem Satzbild. Die Fortspinnungstechnik der italienischen G. gelangte über die Neapolitanische Schule (G. B. Pergolesi, G. B. Sammartini) in die Rondofinales der Wiener Frühklassik (J. Haydn u. a.). Ein gemischter Typ mit einem fugierten Anfang von 2 Stimmen in sehr raschem Tempo findet sich zuweilen bei J. S. Bach:

J. S. Bach, Gigue aus der Französischen Suite Nr. 6, BWV 817

Mit der Hinwendung zu einer „Jungen Klassizität" (F. Busoni) fand die G. in den ersten Jahrzehnten des 20. Jh. eine Neubelebung, so bei Cl. Debussy in den G.n der *Images pour orchestre* (1912), bei M. Reger in der Suite Nr. 2 d-moll für Vc. (1915), bei A. Schönberg in der Suite für Klv., op. 25 (1921) oder bei I. Strawinsky in der G. des *Duo concertant* (1932) und des *Septet* (1953).

Lit.: T. NORLIND, Zur Gesch. der Suite, in: SIMG 8 (1905/06); D. FRYKLUND, Etymologische Stud. über Geige, G., Jig (Uppsala 1917) (= Studier i modern sprakvetenskap 6); K. NEF, Gesch. der Sinfonie u. Suite (L 1921, Nachdr. Wie 1970); J. MÜLLER-BLATTAU, Grundzüge einer Gesch. der Fuge (Königsberg 1923, Kas ³1963) (= Königsberger Stud. zur Musikwiss. 1); W. DANCKERT, Gesch. der G. (L 1924) (= Veröff. des Musikwiss. Seminars der Univ. Erlangen 1); C. SACHS, Eine Weltgesch. des Tanzes (B 1933, Nachdr. Hil 1976); M. REIMANN, Unters. zur Formgesch. der frz. Klaviersuite (Rb 1940); P. NETTL, The Story of Dance Music (NY 1947, Nachdr. NY 1969); H. KELLER, Die Klavierwerke Bachs (L 1950); E. E. BAUER, Die Klaviersuite J. J. Frobergers (Diss. Saarbrücken 1962); G. REICHERT, Der Tanz (Kö 1965) (= Das Musikwerk 27); R. MCINTYRE, On the Interpretation of Bach's G.s, in: MQ 51 (1965); K. H. TAUBERT, Höfische Tänze. Ihre Gesch. u. Choreographie (Mz 1968).

H. LINDLAR

GILBERT, Henry Franklin Belknap (Pseud.: Frank Belknap), * 26. 9. 1868 Sommerville (Mass.), † 19. 5. 1928 Cambridge (Mass.); amerik. Komponist. Er studierte Musik am New England Conservatory in Boston und 1889–92 Komposition bei E. MacDowell. G., ein Förderer der nationalen Musikbewegung in den USA, bemühte sich auch in seinen eigenen Werken um eine nichteuropäische, von amerikanischem Geist getragene Musik.

WW: Für Klv.: *Negro Episode; Indian Scenes; A Rag Bag; Negro Dances;* für Orch.: *Humoresque on Negro-Minstrel Tunes; Comedy Overture on Negro Tunes; The Dance in the Place Congo; Negro Rhapsody; American Dances; Indian Sketches;* für Chor u. Orch.: *To Thee America;* Lieder: *Pirate Song; Celtic Studies; 2 South American Gypsy Songs;* eine Oper *The Fantasy in Delft.* – Schriften: *The American Composer,* in: MQ 1 (1915); *The Survival of Music,* in: MQ 2 (1916); *Originality,* in: MQ 5 (1919).

Lit.: E. C. RANCK, The Mark Twain of American Music, in: Theatre Magazine (1917) September-H; O. DOWNES, An American Composer, in: MQ 4 (1918); J. T. HOWARD, Our American Music (NY 1939); E. C. CARTER, American Figure, in: Modern Music 20 (1943); H. G. SEAR, H. F. B. G., in: MR 5 (1944); G. CHASE, America's Music (NY 1955); R. M. E. LONGYEAR, H. F. G. His Life and Works (1968) (= Diss. Univ. of Rochester/N. Y.); DERS., H. F. G.'s Unfinished „Uncle Remus" Opera, in: Yearbook for Inter-American Musical Research 10 (1974).

GILBERT. – 1) Jean (eig. Max Winterfeld), * 11.2.1879 Hamburg, † 20.12.1942 Buenos Aires; dt. Operettenkomponist. Nach dem Musikstudium, u. a. in Weimar und Berlin, war er 1897–1910 Kapellmeister u. a. in Bremerhaven, Hamburg und in Berlin, zeitweise auch beim Zirkus Hagenbeck. 1903 debütierte er mit der Operette *Der Prinzregent* in Hamburg. Den ersten großen Erfolg erzielte G. 1910 mit der Operette *Die keusche Susanne.* Bis 1926 schrieb er 57 Bühnenwerke. 1927 gründete er einen Konzern von Operettenbühnen, der aber bereits nach einem halben Jahr in Konkurs ging. 1927/28 wirkte G. am Broadway, allerdings ohne großen Erfolg. 1933 emigrierte er über Österreich, Frankreich, England und Spanien nach Buenos Aires; dort leitete er seit 1939 das Orchester einer Rundfunkanstalt. G. komponierte nach 1930 auch erfolgreich für den Tonfilm. Als typischer Vertreter der Berliner Operette hat er mit seinen Werken breite Popularität gewonnen, aus denen manche bis heute lebendige Schlager hervorgingen, u. a. *Puppchen, du bist mein Augenstern* und *Ja, das haben die Mädchen so gerne.*

WW (Operetten): *Die keusche Susanne* (1910); *Polnische Wirtschaft* (1910); *Die moderne Eva* (1911); *Puppchen* (1912); *Autoliebchen* (1912); *Die Kinokönigin* (1913); *Die Frau im Hermelin* (1912); *Katja, die Tänzerin* (1923); *Dorine und der Zufall* (1923); *Die kleine Sünderin* (1923); *In der Johannisnacht* (1926).

2) Robert, Sohn v. 1), * 29. 9. 1899 Berlin, † 20. 3. 1978 Muralto; dt. Librettist. Er schrieb Gesangstexte zu vielen Operetten, u. a. für *Im weißen Rößl* von R. Benatzky und *Feuerwerk* von P. Burkhard, und zu Filmen, u. a. für *Die drei von der Tankstelle, Bomben auf Monte Carlo, Der Kongreß tanzt,* und verfaßte auch Filmdrehbücher. G. lebte zeitweise in den USA im Exil. Später übersetzte er die Texte von Musicals für die deutsche Bühnenfassung, darunter *Annie Get Your Gun, My Fair Lady* und *Hello Dolly,* ferner *Illya Darling (Ein Mädchen aus Paris)* von M. Hadjidakis. 1972 wurde ihm mit Roger Planchon und Patrice Chéreau die Leitung des Théâtre National Populaire (TNP) in Villeurbanne bei Lyon übertragen.

Lit.: S. CZECH, Das Operettenbuch (St 1960); B. GRUHN, Kulturgesch. der Operette (Mn 1961).

R. M. SIMON – S. SIMON

GILBERT, William Schwenck, ↗Sullivan, Arthur.

GILELS, Emil Grigorjewitsch, * 6. (19.) 10. 1916 Odessa, † 14. 10. 1985 Moskau; sowjetruss. Pianist. Er besuchte die Musikschule in Odessa und gab bereits 1929 sein erstes öffentliches Konzert, studierte anschließend am dortigen Konservatorium und 1935–38 bei H. Neuhaus in Moskau. 1933 gewann er den 1. Preis beim Allunionswettbewerb der Interpreten in Moskau, 1938 beim Internationalen Klavierwettbewerb E. Ysaye in Brüssel. Er lehrte seit 1936 (seit 1952 als Professor) am Moskauer Konservatorium. G., der zu den herausragenden Pianisten der Gegenwart zählt, konzertierte seit 1945 auch im Ausland.

Lit.: S. M. CHENTOWA, E. G. (Moskau 1959, ²1967); J. KAISER, Große Pianisten unserer Zeit (Mn ⁴1978).

GILES (Gyles), **Nathaniel,** * um 1558 Worcester (?), † 24. 1. 1633 Windsor; engl. Organist und Komponist. Er war 1581–85 Organist an der Kathedrale von Worcester, dann an der St. George's Chapel in Windsor. Seit 1596 war er auch Mitglied der Chapel Royal in London, seit 1597 dort Leiter der Chorsänger. 1622 wurde er Doktor der Musik der Universität Oxford. Von G. erschienen im Druck 2 Anthems (in: *The Teares and Lamentacions* von W. Leighton, Lo 1614) und 2 andere Stücke in *The First Book of Selected Church Musick* von J. Barnard (Lo 1641); weitere Werke sind hsl. überliefert, einige unvollständig: 3 Motetten, 3 Services, 2 Madrigale und *A Lesson of Descant.*

Ausg.: *Miserere*, in: J. HAWKINS, A General History of the Science and Practice of Music (Lo 1776, [3]1875), Faks. der Ausg. v. 1875, hrsg. v. O. WESSELY (Gr 1969) (= Die großen Darstellungen der Musikgesch. in Barock u. Aufklärung 5); Anthem *Almighty Lord and God of Love*, hrsg. v. M. BEVAN (Lo um 1962); ein Lied, hrsg. v. P. BRETT, in: Consort Songs (Lo 1967) (= Mus. Brit. 22); Lieder, hrsg. v. D. GREER, in: Twenty Songs from Printed Sources (Lo 1968) (= Engl. Lute Songs II/11).

Lit.: J. PULVER, N. G., in: MMR 63 (1933); E. H. FELLOWES, Organists... of St. George's Chapel in Windsor Castle (Lo 1939).

GILLEBERT DE BERNEVILLE (Guillebert de Berneville), frz. Trouvère des 13. Jahrhunderts. Aus Berneville bei Arras (Pas-de-Calais) stammend, unterhielt er enge Beziehungen zu den Trouvères des Puy d'Arras. Von ihm sind 4 Jeux-partis, 2 Pastourellen und etwa 22 Chansons, alle mit Melodien, überliefert.

Ausg. u. Lit.: H. WAITZ, Der kritische Text der Gedichte v. G. de B., in: Beitr. zur romanischen Philologie. FS G. Gröber (Hl 1899), vgl. Zschr. für romanische Philologie 24 (1900); P. AUBRY, Le Chansonnier de l'Arsenal, 2 Bde. (P 1910) (mit Faks. u. Bearb. v. 13 Chansons); F. GENNRICH, G. de B. in: MGG V.

GILLES, Jean, genannt de Tarascon, * 8. 1. 1668 Tarascon, † 5. 2. 1705 Avignon; frz. Komponist. Er wurde 1678 Chorknabe an St-Sauveur in Aix-en-Provence, wo ihn G. Poitevin unterrichtete, dem er 1693 als Leiter der Maîtrise folgte. Seit 1695 wirkte er am Dom zu Agde und kam 1697 nach Montpellier. Im selben Jahr wurde er Leiter der Maîtrise an St-Étienne in Toulouse. Hier schrieb er auch sein bekanntestes Werk, die *Messe des morts*. G.' Schaffen steht vor allem hinsichtlich der Melodik unter italienischem Einfluß. Der ausdrucksvolle Stil beeindruckte seine Zeitgenossen und viele französische Komponisten, darunter A. Campra und M. R. Delalande.

WW: *Messe des morts ou Requiem* (um 1697, hsl. Paris, Bibl. Nat.), postum gedruckt (P–Ly–Rouen 1764); 5 *Grands Motets* für Chor u. Instr.; 10 Motetten für 1–2 St. u. B.c.; 3 Psalmen (sämtlich hsl. in Paris u. Aix-en-Provence).

Ausg.: *Messe des morts*, hrsg. v. L. BOULY (P 1956).

Lit.: A. GASTOUÉ, La musique à Avignon et dans le Comtat venaissin, in: RMI 11 (1905); F. RAUGEL, La maîtrise de la cathédrale d'Aix-en-Provence au XVIIe siècle, in: Bull. de la Société d'étude du XVIIe siècle (1954). H.-A. DURAND, Sur une prétendue messe des morts de G. et Campra, in: RMie 45/46 (1960); P. VERWIJMEREN, in: Mens en melodie 19 (1964).

GILLESBERGER, Hans, * 29. 11. 1909 Ebensee (Oberösterreich), † 5. 3. 1986 Wien; östr. Dirigent. Er war 1918–25 Sängerknabe am Salzburger Dom, studierte Jura in Innsbruck und Wien (promovierte hier zum Dr. jur.) und 1931–35 Kirchenmusik und Musikerziehung an der Musikakademie in Wien. Dort war G. bis 1939 Chorleiter an der Piaristenkirche, anschließend des Madrigalchors der Bachgemeinde, seit 1942 Kapellmeister der Wiener Sängerknaben und 1945–53 2. Chordirektor der Staatsoper. Seit 1946 lehrte er als Professor Chorleitung und Stimmbildung an der Musikakademie. 1953–68 leitete er als Chordirektor der Konzerthausgesellschaft die Wiener Singakademie und den Wiener Kammerchor. Seit 1964 war G. ständiger Dirigent der Hofmusikkapelle, seit 1968 deren künstlerischer Leiter, seit 1966 auch der Wiener Sängerknaben. G. gastierte mit seinen Chören häufig im Ausland. J. N. David, P. Hindemith, A. Heiller u. a. widmeten ihm mehrere Chorwerke.

Lit.: E. TITTEL, H. G. Mittler u. Mensch, in: Singende Kirche 2 (1954); A. ANGLBERGER, H. G. zum 70. Geburtstag, in: ebd. 27 (1979/80).

GILLESPIE, Dizzy (John Burks), * 21. 10. 1917 Cheraw (South Carolina), amerik. Jazzmusiker (Trompeter, Orchesterleiter, Sänger und Komponist). 1935 begann seine Laufbahn als Berufsmusiker, die ihn bald in renommierte Swingorchester und -bands führte. Sein stilistisches Vorbild dieser Zeit war Roy Eldridge. 1939 ging er nach New York und entwickelte sich zu einem der bedeutendsten Vertreter der Jazzavantgarde. Sein Trompetenspiel zeichnet sich durch äußerste Virtuosität, vor allem in der Höhe, bei einem klaren Ton aus. G.s Melodielinien sind rhythmisch-metrisch kompliziert gebaut und setzen sich häufig über die formalen Schranken der Periodik der Jazzstücke hinweg. Nach Charlie Parker gilt er als wichtigster Vertreter des ↗Bebop, dessen Errungenschaften er als erster auf die Big Band übertrug. Eigene Big Bands, in denen er auch als Scat-Sänger hervortrat und den Bebop durch seine musikalischen Scherze popularisieren half, leitete er 1945–50 und 1956–58 (berühmte Einspielung: *Things to come*, 1945). Weil er hier auch südamerikanische Rhythmen und Instrumente benutzte, gilt G. auch als Vertreter des ↗Afro-Cuban Jazz. Viele der von ihm komponierten Themen gehören zum Standardrepertoire des modernen Jazz, u. a. *Groovin' High* und *A Night in Tunisia*. Seit den 60er Jahren tritt er fast nur noch mit Combos auf, wobei er in neuerer Zeit auch mit Rockrhythmen experimentierte.

Lit.: M. JAMES, D. G. (Lo 1959) (= Kings of Jazz 2); D. G. Big Bands, hrsg. v. E. EDWARDS – G. HALL – B. KORST (Whittier/Calif. 1966); J. G. JEPSEN, Discography of D. G., 2 Bde. (Brande 1969); J. BURNS, D. G. The Early 1950s, in: Jazz Journal (1969) Nr. 1–2; DERS., Early Burks, in: ebd. (1971) Nr. 3; DERS., D. G., in: ebd. (1972) Nr. 1; R. RUSSELL, Bird Lives! The High Life and Hard Times of Ch. Parker (NY 1973); H. NOLAN, Dizzy. A Primary Force, in: Downbeat (1976).

GILSON, Paul, * 15. 6. 1865 Brüssel, † 3. 4. 1942 ebd.; belg. Komponist. Er studierte 1886–89 bei Fr. Gevaert am Brüsseler Konservatorium und erhielt 1889 den belgischen Prix de Rome für seine Kantate *Sinai*. Im selben Jahre wurde er Lehrer für Harmonie am Brüsseler, 1904 am Antwerpener Konservatorium. 1909–30 war er Inspecteur für den Musikunterricht an den Schulen Belgiens, ferner 1906–14 Musikreferent bei *Soir* und 1910–14 bei *Diapason*, später Musikkritiker bei *Midi*. 1924 gründete er die *Revue musicale belge*.

WW: **1) Instr.-WW:** Für Klv.: Suite Nr. 5 *Par les routes* (Bru o.J.); *Suite nocturne* (nach A. Bertrand) (Lo o.J.); Stücke für V., Vc., Harfe, Harmonium; Trio für Ob., Klar. u. Klv.; 2 Quartette; für Orch.: *La mer* (1890) (L o.J.); *Fanfare inaugurale* (Bru o.J.). – **2) Vokal-WW:** *Mélodies écossaises* für SingSt u. Orch.; *Cantate inaugurale* (1897); Oratorium *Francesca da Rimini* (1892). – **3) Bühnen-WW:** Oper *Prinses Zonneschijn*, UA: Antwerpen 1903 (Mn o. J.); *Zeevolk*, UA: ebd. 1905; Ballett *La captive*, UA: Brüssel 1902. – **4) Schriften:** *Traité d'harmonie*, 3 Bde. (Bru 1922–23); *Cours d'harmonie pratique* (Bru o. J.).

Wagners *Ring des Nibelungen* und das Schaffen N. Rimski-Korsakows hatten auf ihn nachhaltigen Einfluß, der sich zuerst in dem Orchesterwerk *La mer* findet, das in Brüssel (1892), London, St. Petersburg, Warschau, Berlin (wo es R. Strauss dirigierte) und in Paris aufgeführt wurde. In Antwerpen und Brüssel hatte er vergleichbaren Erfolg mit der Oper *Prinses Zonneschijn* (1903). G.s Werk, das etwa 500 Opuszahlen umfaßt, darunter viele Gelegenheitskompositionen, volkstümliche Chöre, Fanfaren sowie Transkriptionen und Bearbeitungen verschiedener Art, zeigt eine erstaunliche Instrumentierungskunst. G. war auch als Lehrer einflußreich. J. Absil und die Mitglieder der von ihm geleiteten Gruppe „Les Synthétistes“, M. Poot, R. Bernier und G. Brenta waren seine Schüler.

Lit.: P. G., in: Revue mus. belge (1935) Sonder-Nr.; A. CORBET, P. G., in: ML 27 (1946); A. VANDER LINDEN, C. Debussy, O. Maus et P. G., in: RBMie 16 (1962); F. VAN DER MUEREN, De zee, simfonisch gedicht, muziek van P. G. (An 1962).

GIMENEZ, Jerónimo, * 10. 10. 1854 Sevilla, † 19. 2. 1923 Madrid; span. Komponist. Er wurde mit 17 Jahren Dirigent des Teatro Principal in Sevilla und studierte später am Pariser Conservatoire u. a. bei A. Savard und A. Thomas. Nach dem Studium und einer Italienreise ließ er sich in Madrid nieder. Von R. Chapí gefördert, wurde er dort Dirigent des Teatro de la Zarzuela und kurz darauf der Konzertgesellschaft Madrid. G. schrieb zahlreiche, durch die spanische Folklore inspirierte volkstümliche Zarzuelas und pflegte besonders die Gattung des Género chico, zu dessen bedeutendsten Vertretern er gehört.

WW: Zahlr. Zarzuelas (alle in Madrid aufgeführt), u. a.: *El baile de Luis Alonso* (1896); *La boda de Luis Alonso* (1897); *La tempranica* (1900); *Enseñanza libre* (1901); *El barbero de Sevilla* (1901); *La gatila blanca* (1906); (zus. mit A. Vives).

Lit.: J. DELEITO Y PIÑUELA, Origen y apogeo del „Género chico“ (Ma 1949).

GIMPEL, Bronislaw, * 29. 1. 1911 Lemberg, † 1. 5. 1979 Los Angeles; amerik. Violinist poln. Herkunft. Er studierte u. a. bei C. Flesch in Berlin und debütierte 1925. Seit 1929 war er Konzertmeister des Rundfunkorchesters in Königsberg unter H. Scherchen, 1931–36 in Göteborg. 1937 wanderte er in die USA aus, wurde Konzertmeister beim Los Angeles Philharmonic Orchestra, leitete mehrere Kammermusikvereinigungen, konzertierte als Solist und wirkte auch als Gastdirigent. 1962–67 leitete er das Warschauer Quintett, wurde 1968 Primarius des New England String Quartet und trat auch weiter als Solist auf. 1959–60 lehrte er an der Musikhochschule in Karlsruhe, seit 1967 als Professor an der School of Fine Arts der University of Connecticut.

GINASTERA, Alberto Evaristo, * 11. 4. 1916 Buenos Aires, † 25. 6. 1983 Genf; argentin. Komponist. Er studierte bis 1938 Komposition am Konservatorium von Buenos Aires, dessen damaliger Leiter A. Williams als einer der Wegbereiter eigenständiger argentin. Musik gilt, u. lehrte dort 1941–45. Nach Kriegsende studierte er mit einem Guggenheim-Stipendium in den USA. 1948 gründete er die Liga de Compositores Argentinos und war 1948–58 Direktor des von ihm gegründeten Conservatorio de Música y Arte Escénica in La Plata (mit einer politisch bedingten Unterbrechung unter Perón 1952–55, während der er wieder in Buenos Aires lehrte). 1958 übernahm er die Leitung der Facultad de Artes y Ciencias Musicales an der Pontificia Universidad Católica Argentina in Buenos Aires und gründete 1962 am Inst. Torcuato di Tella das Centro Latinoamericano de Altos Estudios Musicales, an dem begabte junge Musiker 2 Jahre lang in modernen Kompositionstechniken unterwiesen werden. In seinen letzten Jahren lebte er freischaffend in der Schweiz. G. war mit der Cellistin Aurora Natola-G. verheiratet.

WW: **1) Instr.-WW:** *Danzas argentinas,* op. 2 (1937) für Klv.; *Malambo,* op. 7 (1940) für Klv.; Duo, op. 13 (1945) für Fl. u. Ob.; *Suite südamerikanischer Tänze,* op. 15 (1946); *Pampeana* Nr. 1, op. 16 (1947) für V. u. Klv.; Nr. 2, op. 21 (1950) für Vc. u. Klv.; Nr. 3, op. 24 (1954), symphonische Pastorale für Orch.; 3 Streichquartette op. 20 (1948), op. 26 (1956), op. 40 (1973) mit Sopran; *Variaciones concertantes,* op. 23 (1953) für Kammerorch.; Harfenkonzert, op. 25 (1956); 2 Klv.-Konzerte, op. 28 (1961) u. op. 39 (1972); Klv.-Quintett, op. 29 (1963); V.-Konzert, op. 30 (1963); *Estudios Sinfónicos,* op. 35 (1967) für Orch.; Vc.-Konzert, op. 36 (1968); *Puneña* Nr. 1, op. 41 (1973) für Fl., Nr. 2, op. 45 (1976) für Vc.; *Popol Vuh,* op. 44 (1975) für Orch.; *Glosses sobre temes de P. Casals,* op. 46 (1976) für Streichorch. u. Streichquartett. – **2) Vokal-WW:** *Cantos del Tucumán,* op. 4 (1938) für SingSt, Fl., V., Harfe u. 2 indianische Trommeln; *Psalm 150,* op. 5 (1938) für gem. Chor, Knabenchor u. Orch.; Klavierlieder, op. 10, 11 (1943); 3 Motetten *Hieremiae Prophetae Lamentationes,* op. 14 (1946) für gem. Chor a cap.; *Cantata para América Mágica,* op. 27 (1960) für Sopran u. Schlagzeug; *Cantata Bomarzo,* op. 32 (1964) für Sprecher, hohe Männerstimme u. Kammerorch.; Kantate *Milena,* op. 37 (1971) (nach Kafka) für Sopran u. Orch.; *Turbae,* op. 43 (1975) für Soli, Chor u. Orch.; *Serenata* (1975) für Bar., Vc. u. Kammerensemble. – **3) Bühnen-WW:** Opern: *Aeroporto,* UA: Bergamo 1961; *Don Rodrigo,* op. 31 (Libr.: A. Casona), UA: Buenos Aires 1964; *Bomarzo,* op. 34 (Libr.: M. Mujica Laínez), UA: Washington/D.C. 1967; *Beatrix Cenci,* op. 38 (Libr.: W. Shand, A. Girri), UA: ebd. 1971; *Barabbas* (nach einem Drama von Ghelderode), UA: New York 1977; Ballette: *Panambí,* op. 1 (1936); UA: Buenos Aires 1940; *Estancia,* op. 8 (1941), UA der 2. Fassung: ebd. 1952; ferner Musik zu zahlreichen Filmen.

Es ist nahezu unmöglich, G.s Werke einer bestimmten Stilrichtung zuzuordnen, da er alle musikalischen Ausdrucksmittel einsetzte, die ihm zum Erzielen einer gewünschten Wirkung geeignet schienen. Er lehnte für sein Schaffen die elektronische Musik ab u. bemühte sich, die Ausdrucksvielfalt traditioneller Instrumente zu erweitern (z.B. in den *Estudios Sinfónicos*). Die frühen Werke *(Danzas argentinas* für Klv., Ballett *Panambí)* zeigen starke Anklänge an die südamerikanische Folklore. In den neueren Kompositionen dominieren expressionistische Züge, die als neuromantisch empfunden werden. Über alle Experimente mit kompositorischen Techniken wie Dodekaphonie und Aleatorik stellte G. die Verstehbarkeit für den Hörer, was wohl seinen Erfolg erklären kann.

Ausg.: Konzert für Str. (Lo 1974); *Puneña No. 2.* Hommage à P. Sacher für Vc., hrsg. v. M. ROSTROPOVITCH (NY 1977).

Lit.: Werk-Verz. in: Compositores de América 1 (Washington/D.C. 1955, Nachdr. 1960). – V. MARIZ, A. G. (Rosario 1954); G. CHASE, A. G., Argentine Composer, in: MQ 43 (1957); D. E. WALLACE, A. G. An Analysis of His Style and Techniques of Composition (1964) (= Diss. Northwestern Univ./Ill.); J. E. MILTENBERGER, The Piano Music of A. G. (1965) (= Diss. Univ. of Rochester/N.Y.); P. HUME, A. G., in: Inter-American Music Bulletin (1965) Nr. 48; J. ORREGO SALAS, „Don Rodrigo" de G. Análisis y crítica, in: Hispanic Arts 1 (1967) (span. u. engl.); P. SUÁREZ ARTABEY, A. G. (Buenos Aires 1967). M. A. HANLEY, The Solo Piano Compositions of A. G. (1969) (= Diss. Univ. of Cincinnati); S. POPE, A. G. Werk-Verz. (Lo 1976).

K. LANGROCK

GINDRON, François, * Ende 15. Jh., † Anfang 1564 Lausanne; Schweizer Komponist. Zunächst Priester an der Kathedrale von Lausanne, übte er nach dem Übertritt des Waadtlandes zur Reformation (1537) verschiedene administrative Funktionen aus. Seine Melodien für die von Cl. Marot und Théodore de Bèze übersetzten Psalmen (↗Hugenottenpsalter) wurden in der Kirche von Lausanne gesungen. Er schrieb auch Melodien zu *Les proverbes de Salomon* (in der Übersetzung von Accace d'Albiac du Plessis), die Cl. Janequin in 4st. Harmonisierung veröffentlichte (G 1558).

WW: 4–5st. Sätze zu einer Bibelübers. v. Accace d'Albiac du Plessis *Les proverbes de Salomon ensemble l'Ecclésiaste, mis en cantiques et rime françoise* (Lau 1556); Motette *Audite vocem meam,* in: Quartus liber modulorum 4, 5 et 6 v. (G 1555); 6 Chansons, u. a.: *Convertissez vous à moy, Jusques à quand sera tu dissolue, O Seigneur corrige moy* u. *Que mes yeux soient jettant larmes,* in: Second livre de Pseaumes et sentences (G 1555).

Ausg.: 6 Chansons und die Motette, hrsg. v. J. BURDET (Lau 1958); Melodien von *Les proverbes de Salomon* u. *L'Ecclésiaste,* hrsg. v. P. PIDOUX, in: Le Psautier huguenot du XVIe siècle I (Bas 1962).

Lit.: L. MONASTIER-SCHROEDER, Le chant de l'église de Lausanne en 1556, 1557 et 1565. Réimpression d'après les recueils de M. Cordier, F. G. et G. Franc (Lau 1935); J. BURDET, La musique dans le Pays de Vaud... 1536–1798 (Lau 1963).

GINER, Salvador, * 19.1.1832 Valencia, † 3.11. 1911 ebd.; span. Violinist und Komponist. Sein Vater, Manuel G., war ein bekannter Violinist, seine Mutter Pianistin, die ihm auch den ersten Unterricht erteilte; später war er Schüler des Organisten P. Pérez Gascón an der Kathedrale von Valencia, wo von dem 18jährigen eine 4st. Messe mit großem Orchester aufgeführt wurde. Mit einem von ihm gegründeten Streichquartett gab er zahlreiche Konzerte. Eine Zeitlang lebte er in Madrid und erhielt dort den Auftrag zu einem Requiem für das Begräbnis der Königin Mercedes (1878). 1880 wurde er Kompositionslehrer am Konservatorium in Valencia, das er seit 1894 leitete. Ein großer Teil seines Schaffens ist der Kirchenmusik gewidmet. In den Opern und symphonischen Dichtungen verwendete er folkloristische Themen seiner Heimat.

WW: **1) Geistliche WW:** Über 15 *Misas de Gloria* für Soli, Org. u. Orch. oder für Solost.; *8 Misas de Requiem,* einige für Solost., andere für SingSt u. Instr.; *Responsorios de difunto; Gozos* (Marienlieder) u. *Letrillas;* ferner zahlr. Motetten, Hymnen, Pss., Miserere, Lamentationen u. a. geistliche Kompositionen. – **2) Weltliche WW:** Symphonien, darunter *Las cuatro estaciones;* symphonische Dichtungen *Una nit de Albaes* u. *Es chopa ... hasta la Moma;* Oratorium *Judith;* Kantate *La feria de Valencia* (1870); Opern, u. a.: *Sagunto,* UA: Valenzia 1891; *El soñador,* UA: ebd. 1901.

Lit.: J. RUIZ DE LIHORY, La música en Valencia (Valencia 1903); Rev. Mus. Catalana 8 (1911); L. VILLALBA, Ultimos músicos españoles del siglo XIX (Ma 1914).

GINSBURG, Lew Solomonwitsch, * 15. (28.) 1.

1907 Mogiljow; sowjetruss. Musikforscher und Violoncellist. Er studierte 1928–31 Violoncello, Kammermusik und Musikgeschichte am Moskauer Konservatorium, wo er 1934–37 auch Aspirant war. 1937 wurde er Kandidat der Kunstwissenschaft mit der Schrift *L. Bokkerini i rol jewo w razwitii wiolontschelnowo iskusstva* (L. Boccherini und seine Rolle in der Entwicklung der Violoncellokunst) (Mos–Leningrad 1938), 1946 Doktor der Kunstwissenschaft. G. war bis 1944 auch als Violoncellist tätig und lehrte 1936–69 Violoncello, seit 1939 auch Geschichte und Theorie der musikalischen Interpretation am Moskauer Konservatorium (seit 1950 als Professor).

WW (wenn nichts anderes angegeben, in Moskau erschienen): **1) Schriften:** *K. Ju. Dawydow* (Mos–Leningrad 1950); *Istorija wiolontschelnowa iskusstwa*, 3 Bde. (Mos–Leningrad 1950, 1957, 1965); *O rabote nad musykalnym proiswedenijem* (1953, ³1968); *M. Rostropowitsch* (1957, ²1962); *P. Kasals* (1958, ²1966); *E. Isai* (1959); *L. van Beethoven und N. Galitzin*, in: Beethoven-Jb. 4 (1959/60); dass., in: ÖMZ 19 (1964); *Některé problémy estetiky hudební interpretace*, in: Sborník Janáčkovy Akademie Músických Umění 4 (1963); *O nekotorych estetitscheskich problemach musykalnowo ispolnitelstwa*, in: Estetitscheskije otscherki 2 (1967); *Szutka wykonawcza muzyków radzieckiech*, hrsg. v. S. Ch. Rappoport, in: Muzyka 12 (1967); *Zur Interpretation der Musik des 18. Jh. für Streichinstr.*, hrsg. v. R. Pečman, in: Musica antiqua ... (Brünn 1968); *Zur Gesch. der Aufführung der Streichquartette Beethovens in Rußland*, in: Musa – Mens – Musici. Gedenkschrift W. Vetter (L 1969); dass., in: Kgr.-Ber. Bonn (Kas 1973); *Istorija i teorija smytschkowowo iskusstwa* (1969); *Dsch. Tartini* (1969); *O Musykalnom ispolnitelstwo* (1972); Aufsatz-Slg. *Issledowanija, statji, otscherki* (1971) (mit Schriften-Verz.); *M. Maréchal* (1972); *Zd. Nejedly o musykalnom ispolnitelstwe*, in: Sowjetskaja musyka (1974). – **2) Editionen:** *Z. Kodály, Sonatine für Vc. u. Klv.* (Lo 1966); *A Dvořák*, Zusammenstellung u. Redaktion v. L. G. (1967); *H. Becker – D. Rynar, Mechanik und Ästhetik des Violoncellospiels* (W ²1971).

GINSTER, Ria, * 15.4.1898 Frankfurt am Main; Schweizer Sängerin (Sopran) dt. Herkunft. Sie studierte Gesang am Hochschen Konservatorium in Frankfurt am Main und an der Musikhochschule in Berlin, nachdem sie bereits 13jährig als Violinistin öffentlich aufgetreten war. 1923 debütierte sie als Konzertsängerin und gewann rasch internationales Ansehen, auch auf Tourneen in Nordamerika, besonders als Interpretin von Werken Bachs und Mozarts und des deutschen Liedes. 1938 wurde sie als Professor für Gesang an das Konservatorium in Zürich berufen, lehrte nach dem 2. Weltkrieg auch in den USA und leitete zeitweise eine Meisterklasse am Mozarteum Salzburg.

GINTZLER, Simon, * um 1490 vermutlich in Südtirol, † nach 1550; Lautenist in Oberitalien. G. veröffentlichte eine *Intabolatura de lauto* (V 1547), die er seinem Dienstherrn C. Madruzzo, Kardinal-Fürstbischof von Trient, gewidmet hat. Diese für die Lautenpraxis des 16. Jh. bedeutsame Sammlung enthält in italienischer Tabulatur Bearbeitungen von Vokalwerken (u. a. von Josquin des Prés, J. Arcadelt, Jachet von Mantua, Ph. Verdelot, A. Willaert) sowie 6 Ricercari von ihm selbst, die auch in späteren deutschen und französischen Tabulaturen aufgenommen wurden (z. B. von H. Gerle).

Ausg.: 6 Ricercari u. Intavolierungen v. L. Senfls *Vita in ligno moritur*, hrsg. v. A. KOCZIRZ, in: Östr. Lautenmusik im 16. Jh. (1911) (= DTÖ 37).

GIOCONDA, LA, Oper in 4 Akten von Amilcare Ponchielli (1834–86), Text von Tobia Gorrio (Anagramm von Arrigo Boito) nach Victor Hugos Drama *Angelo, Tyran de Padoue* (1835). Ort u. Zeit der Handlung: Venedig im 17. Jahrhundert. UA: 8.4.1876 in Mailand (Teatro alla Scala); dt. EA (in dt. Sprache): 5.5.1884 in Wiesbaden.

Die auf den Zeitgeschmack zugeschnittene, mit Effekten des Schauerromans durchsetzte Inquisitionsgeschichte bildet die Grundlage zu einer Oper, die als Vorläufer zu den veristischen Werken von Ponchiellis Kompositionsschülern Puccini, Mascagni und Leoncavallo gelten darf. Der häufige Wechsel von Stimmungsbildern und szenischen Gegensätzen wird von der leitmotivisch strukturierten und auf musikalische Kontraste aufgebauten Partitur unterstützt. Die Affekte der Personen werden in einer leidenschaftlichen und dramatisch wirksamen Musiksprache gespiegelt. Die Sänger haben in den Soli und Ensembles (beide als geschlossene musikalische Nummern gestaltet) auf musikalischen Effekt hin gestaltete Partien zu bewältigen. Die Romanze des Enzo *Cielo e mar* (Himmel und Meer) zählt zu den Standardarien jedes Tenors. *Der Tanz der Stunden*, das große Ballett im 3. Akt, hat sich auch im Konzertrepertoire gehalten. – 1879 legte Ponchielli in Genua eine überarbeitete Fassung mit erweitertem dritten Finale vor. Diese Oper ist das einzige von 11 Bühnenwerken des Komponisten, das überdauerte und auch heute noch in Italien sehr erfolgreich ist. Triumphal gefeiert wurde die Berliner Wiederaufführung am 1.3.1974 in den historischen Kostümen der Mailänder UA und Dekorationen aus dem späten 19. Jahrhundert. J. SCHLÄDER

GIORDANI, Tommaso, * um 1730 Neapel, † 23./24.(?) 2.1806 Dublin; it. Komponist. Sein Vater Giuseppe G. stellte aus Familienmitgliedern eine wandernde Operntruppe zusammen, die 1753 nach London kam. 1756 wurde dort an der Covent Garden Opera Tommasos erste Oper, *La commediante fatta cantatrice*, aufgeführt. Er trat 1762 auch als Buffosänger am Haymarket Theatre auf und war dann Musiklehrer. 1738 eröffnete er mit dem Sänger Leoni ein eigenes Theater in Dublin, wo er nach dem Bankrott des Unternehmens blieb, Opern u.a. Werke komponierte und Musikunterricht gab. Seine Kompositionen, die stellenweise den Einfluß J. Chr. Bachs erkennen lassen, waren zu ihrer Zeit sehr beliebt. Wahrscheinlich ist G. auch der Komponist des berühmten, vielfach seinem Vater zugeschriebenen *Caro mio ben*.

WW (gedruckt hauptsächlich in London, Berlin, Paris, Amsterdam): **1) Instr.-WW:** Sonaten für Klv. oder Cemb. zu 2 u. 4 Händen, für 2 V., für 2 Fl. bzw. für Fl. u. V., für V. u. Vc., für 2 Vc., für Cemb. u. V. oder Fl.; Trios für versch. Besetzungen mit u. ohne Klv.; Streichquartette u. Klv.-Quartett; Klv.-Quintette; Ouvertüren für Orch.; Konzerte für Fl. u. für Klv. u. Orch. – **2) Vokal-WW:** Zahlr. Songs, Canzonets, Balladen, Kantaten u.a. für 1 oder mehrere St. mit Cemb. bzw. Klv. oder Harfe. – **3) Bühnen-WW** Opern: Erhalten sind nur (als Auswahldrucke der Favourite songs) *Antigono* u. *Artaserse;* von weiteren Opern wurden einzelne Arien gedruckt, desgleichen Arien, die G. für Opern anderer Komponisten (u.a. P. Anfossi, N. Piccinni, G. Paisiello) komponierte.

Ausg.: Konzert für Klv. u. Streichorch., op. 23/2, hrsg. v. C. BITTNER (= Nagels MA 157); Trio C-Dur für Fl., Va. u. Vc., hrsg. v. K. JANETZKY (L 1956); Sonate B-Dur für Va. u. B.c., hrsg. v. H. RUF (Mz 1968).

GIORDANO, Umberto Menotti Maria, *28.8.1867 Foggia, † 12.11.1948 Mailand; it. Komponist. Er studierte 1882–90 am Konservatorium in Neapel Klavier, Tonsatz, Instrumentation und Dirigieren. Von Paolo Serrao in szenischer Komposition unterwiesen, bewarb er sich 1888 beim Sonzogno-Wettbewerb mit seiner Erstlingsoper *Marina,* ohne Auszeichnung, jedoch mit der Ermutigung E. Sonzognos zu weiterem Opernschaffen. Der Durchbruch gelang ihm erst 1896 mit *Andrea Chénier* auf ein Textbuch von Luigi Illica, dem musikalisch und dramatisch stärksten seither im internationalen Repertoire erhalten gebliebenen Opernwerk G.s, auch wenn die Oper *Siberia* (1903), ebenfalls auf ein Libretto von Illica, von einigen Kritikern als nicht weniger bedeutsam eingeschätzt wird.

WW: Klv.-Stücke; symphonisches Werk *Piedigrotta;* Lieder. – Opern: *Mala vita,* UA: Rom 1892, neue Fassung als: *Il voto,* UA: Mailand 1897; *Regina Diaz,* UA: Neapel 1894; *Andrea Chénier,* UA: Mailand 1896; *Fedora,* UA: ebd. 1898; *Siberia,* UA: ebd. 1903; *Marcella,* UA: ebd. 1907; *Mese Mariano,* UA: Palermo 1910; *Giove a Pompei* (zus. mit A. Franchetti), UA: Rom 1921; *Madame Sans-Gêne,* UA: New York 1915; *La cena delle beffe,* UA: Mailand 1924; *Il re,* UA: ebd. 1929; Ballett *L'astro magico* (1928).

Neben P. Mascagni und R. Leoncavallo gilt G. mit seinen effektvollen Opern als der bedeutendste Vertreter des Verismo. Von seinem übrigen kompositorischen Schaffen stellt *Piedigrotta* eine Orchesterdichtung voller kühner naturalistischer Klangkombinationen dar. G. schrieb in Einheitspartitur, d.h. alle Instrumente in der realen (nicht in transponierender) Notierung.

Lit.: D. CELLAMARE, U.G. La vita e le opere (Mi 1949); R. GIAZOTTO, U.G. (Mi 1949); M. MORINI, Come nacque „Chénier“, in: La Scala (1958) Februar-H.; G.M. CONFALONIERI, U. G. (Mi 1958); Quaderni musicali 3 (1959) Sonder-H. U. G.; M. RINALDI, La melodia nelle opere di U. G., in: La Scala (1961) Januar-H.; P.D. WRIGHT, The Musico-Dramatic Techniques of the Italian Verists (1965) (= Diss. Univ. of Rochester/N. Y.); D. CELLAMARE, U. G. (R 1967); V. TERENZIO, Ricordando U. G., in: Chigiana 24, N. S. 4 (1967); U.G., hrsg. v. M. MORINI (Mi 1968).

H. LINDLAR

GIORNOVICHI, Giovanni Mane, ↗Jarnowick.

GIOVANNELLI (Giovanelli), **Ruggiero,** * um 1560 Velletri bei Rom, † 7.1.1625 Rom; it. Komponist. G., angeblich Schüler Palestrinas, war 1583–91 Kapellmeister an S. Luigi dei Francesi in Rom als Nachfolger von B. Nanino, 1588–89 am Collegium Angelicum und 1590–94 am Collegium Germanicum. In diesen Jahren war er auch Mitglied der Virtuosa Compagnia dei Musici di Roma (gegr. 1584). 1594 wurde er Nachfolger Palestrinas als Kapellmeister an St. Peter. 1595 zum Priester geweiht, war er seit 1599 Chorsänger und Geistlicher der Sixtinischen Kapelle, 1607 auch Puntatore, 1610–13 Camerlengo sowie 1612 und 1614 Kapellmeister „pro tempore“. Er war auch an der Choralreform beteiligt und gab im Rahmen der *Editio Medicaea* (↗Choralausgaben) den 2. Band des Graduale heraus.

WW: **1) Weltliche WW** (teilweise mit zahlr. Nachdrucken u. Aufl.): Madrigale für 3 St. (V 1605); *Villanelle et arie alla napolitana* für 3 St. (R 1588); 2 Bücher *Gli sdruccioli* (Madrigale) für 4 St. (R 1585 u. V 1589); 3 Bücher Madrigale für 5 St. (V 1586, 1593 u. 1599), in einem Bd. (A 1606); Madrigale u. Canzonetten (davon einige mit dt. Text) auch in etwa 50 Sammeldrucken 1582–1616 u. hsl.; einzelne Gesänge auch in it. Lautentabulaturen. – **2) Geistliche WW:** *Sacrae modulationes (Motecta)* für 5 u. 8 St. (R 1593 mit mehreren Nachdr., auch in Deutschland: F 1608); Motetten für 5 St. (V 1604); 3 Messen für 4, 8 *(Vestiva i colli* über ein Madrigal Palestrinas) u. 12 St. (hsl.). Motetten u. Psalmen auch in it., dt. u. ndl. Sammeldrucken 1599–1639 u. hsl.; in Sammeldrucken auch geistl. Canzonetten.

Der Amtsnachfolger Palestrinas bleibt im wesentlichen auch dessen kontrapunktischer Satzweise verpflichtet und verzichtet durchweg auf die neuen Mittel des Generalbasses und der Monodie. Gleichwohl sind in seinen geistlichen Werken die barocke Tendenz der vielstimmigen und mehrchörigen Klangentfaltung wie auch die Nähe zur Dur-Moll-Tonalität deutlich spürbar, und in seinen weltlichen Werken weist die Melodik der einzelnen Stimmen in ihrem ornamentalen Duktus auf die spätere Kantate (Carissimis u.a.) voraus.

Ausg.: Motetten *Puer qui natus est, Gaudeamus omnes, Crux fidelis, Salve Regina* u. *Dixit Dominus,* hrsg. v. F. COMMER, in: MS 25 u. 26 (Rb 1885); 2 Motetten u. ein Madrigal in: TORCHI Arte Mus. 2 (Mi 1897); Motetten *Pange lingua, Hodie Christus natus est* u. die Messe *Vestiva i colli,* hrsg. v. H.-W. FREY (B 1909).

Lit.: H. W. FREY, R. G., eine biogr. Stud., in: KmJb 22 (1909); A. GABRIELLI, R. G., nella vita e nelle opere (Velletri 1926); K. WINTER, R. G. (Mn 1935) (= Schriftenreihe des Musikwiss. Seminars der Univ. München 1); H.-W. FREY, Die Kapellmeister an der frz. Nationalkirche S. Luigi dei Francesi in Rom im 16. Jh. II, in: AfMw 23 (1966); R. I. DEFORD, R. G. and the Madrigal in Rome 1572–1599, 3 Bde. (C/M 1975) (= Diss. Harvard Univ.)

GIOVANNI DA CASCIA (Johannes de Florentia, Magister Jovannes de Cascia), * Cascia bei Florenz (?); it. Komponist des 14. Jahrhunderts. Er hielt sich in Verona am Hofe von Mastino della Scala († 1351) auf, wo er sich mit Jacopo da Bologna und Piero da Firenze an einem musikalischen Wettstreit beteiligte. Einige von ihm vertonte Texte deuten auch auf einen Aufenthalt in Mailand am Hofe der Visconti hin. Von G. sind 16 2st. Madrigale und 3 3st. Caccien erhalten. Mit diesen Werken gehört er zu den frühesten und wichtigsten Komponisten des Trecento. Seine Madrigale zeigen in der Verwendung von Unisoni und von Quint- und Oktavparallelen, in der gleichzeitigen Textdeklamation in den beiden Stimmen sowie mit den ausgedehnten Melismen am Anfang und Ende jedes Verses eine ähnliche Satzweise wie die Madrigale der Zeitgenossen. Von den Caccien weist *Nel bosco senza foglie* als Besonderheit im Ritornello die Beteiligung auch des Tenors an der kanonischen Stimmführung auf, während sonst der Tenor als (wohl instrumental auszuführende) ruhigere Stützstimme den rhythmisch bewegteren, imitatorisch geführten Oberstimmen gegenübersteht.

Ausg.: GA, hrsg. v. N. PIRROTTA, in: The Music of 14th Century Italy (1954) (= CMM 8/1), u. in: Italian Secular Music by Magister Piero..., hrsg. v. W. TH. MAROCCO (Monaco 1967) (= Polyphonic Music of the 14th Century 6); die 16 Madrigale, hrsg. v. J. WOLF, auch in: Der Squarcialupi-Codex Pal. 87... (Lippstadt 1955), vgl. dazu die Rezension v. K. VON FISCHER, in: Mf 9 (1956); 3 Cacce, hrsg. v. W. TH. MAROCCO, in: 14th Century Italian Cacce (C/M ²1961); 2 Madrigale u. Caccia *Con brachi assai* (als Werk von Maestro Piero) in Originalnotation u. Übertragung in: J. WOLF, Gesch. der Mensural-Notation, II u. III (1904, Nachdr. Hil – Wie 1965).

Lit.: R. CASIMIRI, G. da C. e Donato da Cascia musicisti umbri?, in: Note d'archivio 11 (1934); N. PIRROTTA – E. LI GOTTI, Il Sacchetti e la tecnica musicale del Trecento italiano (Fi 1935); N. PIRROTTA, Per l'origine e la storia della „Caccia" e del „Madrigale" trecentesco, in: RMI 48 (1946) – 49 (1947); E. LI GOTTI, Il più antico polifonista del secolo XIV, G. da C., in: Italica 24 (1947); N. PIRROTTA, Marchettus da Padua and the Italian Ars Nova, in: MD 9 (1955); K. VON FISCHER, Stud. zur it. Musik des Trecento u. frühen Quattrocento (Be 1956) (= Publikationen der Schweizerischen Musikforschenden Ges. II/5); DERS., On the Technique, Origin and Evolution of Italian Trecento Music, in: MQ 47 (1961); M. L. MARTINEZ, Die Musik des frühen Trecento (Tutzing 1963) (= Münchner Veröff. zur Musikgesch. 9); F. A. GALLO, Caccia, in: HMT (1973); DERS., Madrigal (Trecento), in: ebd. (1976).

GIOVANNI DAL VIOLINO ↗Fontana, Giovanni Battista.

GIOVANNI MARIA DA CREMA (Joan Maria, Gianmaria Giudeo, Johannes Maria de' Medicis), * um 1470, † um 1546; it. Lautenist, vielleicht dt. Herkunft. Nach seinem Übertritt vom jüdischen zum katholischen Glauben stand er in Rom im Dienst des Kardinals Giovanni de' Medici, des späteren Papstes Leo X. 1492 war er in Florenz wegen Mordes in Abwesenheit zum Tode verurteilt worden. 1510 lebte G. in Urbino, 1513–15 in Mantua als Sänger der herzoglichen Kapelle und seit 1520 in Venedig als „pifaro del Doxe", blieb aber in Kontakt zum Päpstlichen Hof. G. wurde in seiner Bedeutung als Lautenist von den Zeitgenossen neben Francesco da Milano gestellt. Seine *Intabolatura de lauto* (2. Ausg. V 1546) enthält Bearbeitungen französischer Chansons, italienischer Madrigale und lateinischer Motetten (u. a. von Josquin des Prés, N. Gombert und J. Arcadelt) sowie 15 Ricercari, 7 Saltarelli und 3 Passamezzi von G. selbst. Es finden sich dort auch Beispiele für ungewöhnliche Lautenstimmungen.

Ausg.: *Intabolatura*..., vollst. Übertragung, hrsg. v. G. GULLINO (Fi 1955); Übertragung einzelner Stücke: 3 Ricercari, 1 Passamezzo u. 1 Madrigal, in: O. CHILESOTTI, Nota circa alcuni liutisti italiani della prima metà del Cinquecento, in: RMI 9 (1902); 4 Chansons bei: DERS., Chansons français du XVIe siècle en Italie, in: Revue d'histoire et de critique musicales 2 (1902).

Lit.: L. DE LA LAURENCIE, Les luthistes (P 1928); J. WARD, The Vihuela da Mano (1953) (= Diss. Univ. New York); G. L. DARDO, G. M. da C., in: Enciclopedia della Musica (Mi 1964).

GIPPENBUSCH, Jacob, SJ, * 1612 Speyer, † 3. 7. 1664 Xanten; dt. Komponist. Er trat 1629 in den Jesuitenorden ein und war 1632–50 Lehrer für alte Sprachen sowie Chorpräfekt am Gymnasium Tricoronatum in Köln. G. ist der Verfasser eines *Psalteriolum harmonicum* (Kö 1642). Es gehört – ähnlich wie die *Trutznachtigall* von Fr. von Spee – in die Reihe jener katholischen Gesangbücher, mit denen die Jesuiten im 17. Jh. in Deutschland, zumal von Köln aus, dem geistlichen Volksgesang gegenüber dem protestantischen Choral verstärkte Geltung zu verschaffen suchten. Das *Psalteriolum* enthält deutsche und lateinische Kirchenlieder im 4st. Kantionalsatz und 4st. Falsibordoni, beides mit beziffertem B.c. und in Partituranordnung, die in dieser Zeit in solchen Sammlungen sonst nicht üblich ist.

Ausg.: *Psalteriolum*, hrsg. v. W. LIPPHARDT (Fr 1954 ff.).

Lit.: A. SCHMITZ, Psalteriolum harmonicum 1642. Ein Kölner Jesuiten-Gesangbuch, in: ZfMw 4 (1921/22) (darin 4 Stücke); DERS., Monodien der Kölner Jesuiten aus der ersten Hälfte des 17. Jh., in: ebd. (darin ein Ursula-Lied mit B.c.).

GIPPS, Ruth, * 20. 2. 1921 Bexhill-on-Sea (Sussex): engl. Komponistin und Dirigentin. Sie studierte 1937–42 Komposition bei R. O. Morris,

G. Jacob und R. Vaughan Williams am Royal College of Music in London, anschließend Klavier bei T. Matthay und erhielt für das Oratorium *The Cat* 1941 den Grad eines Mus. D. an der Universität Durham. Bis 1952 wirkte sie als Konzertpianistin und Solooboistin, war 1948–50 Chorleiterin des City of Birmingham Choir, wurde 1955 Dirigentin des London Repertoire Orchestra und 1961 des London Chanticleer Orchestra. Seit 1967 lehrt sie als Professor am Royal College of Music in London. Ihr breit gefächertes Schaffen, anfangs beeinflußt von Vaughan Williams, zeigte in den früheren Werken volkstümliche Züge, von denen sich R. G. später löste. Gelegentlich neigt ihre Musik, z. B. bei *Leviathan,* dem Bizarren zu.

WW: **1) Instr.-WW:** Kammermusik: Trio für Ob., Klar. u. Klv., op. 10 (1940); Streichquartett *Sabina,* op. 13 (1940); Klv.-Quartett *Brocade,* op. 17 (1941); *Conversations* für 2 Klv., op. 36 (1950); *Lyric Fantasy,* op. 46 (1955) für Va. u. Klv.; *Evocation,* op. 48 (1957) für V. u. Klv.; *Seascape,* op. 53 (1958) für 10 Bläser; Sonatine für Horn u. Klv., op. 56 (1960); *Leviathan,* op. 59 (1969) für Kontrafag. u. Kammerorch. – Für Orch.: Fantasie *Jane Grey,* op. 15 (1941); 4 Symphonien, op. 22 (1942), op. 30 (1945), op. 57 (1965), ohne op.-Zahl (1972); *Song,* op. 33 (1948); Klv.-Konzert, op. 34 (1948); Hornkonzert, op. 58 (1968). – **2) Vokal-WW:** *Rhapsody Without Words,* op. 18 (1941) für Sopran u. kleines Orch.; Oratorium *The Cat* (o. J.) für Alt u. Bariton, Doppelchor u. Orch.; *The Prophet,* op. 35 (1950) für Sprecher, Sopran, Bar., Chor, kleinen Kinderchor u. Orch.; *Goblin Market,* op. 46 (1955) (nach Ch. Rossetti) für 2 Soprane, Frauenchor u. Streichorch.; Magnificat u. *Nunc dimittis,* op. 55 (1959) für 5st. Chor u. Org.

GIRAFFENKLAVIER (engl.: giraffe piano; frz. u. it.: piano-giraffe), ein aus dem ↗Claviziterium hervorgegangener, zwischen der Mitte des 18. bis zur Mitte des 19. Jh. gebauter ↗Flügel mit vertikalem Saitenbezug und Resonanzkasten in Form einer Harfe, d. h. im Gegensatz zum Lyraflügel (mit lyraförmigem Resonanzkasten, gebaut von Johann Christian Schleip, 1824) und zum Pyramidenflügel (mit gleichschenklig-rechteckigem Resonanzkasten, gebaut von Domenico Del Mela, 1709, und von Christian Ernst Friedrici, 1745) mit asymmetrischer Form. Seine Erfindung soll auf die Klavierbauer Wachtl und Bleyer (Wien) zurückgehen. Das G. bildet eine Vorform des ↗Pianinos.

GIRARDI, Alexander, * 5. 12. 1850 Graz, † 20. 4. 1918 Wien; östr. Komiker und Sänger (Tenor). Er erlernte zunächst das Schlosserhandwerk, entschied sich jedoch 1868 für die Sänger- und Bühnenlaufbahn, bildete sich autodidaktisch und trat erstmals 1869 in Graz in Nestroys *Tritsch-Tratsch* öffentlich auf. 1871 kam er nach Wanderjahren nach Wien und wurde dort 1874 Mitglied des Theaters an der Wien, dem er bis 1896 angehörte. Daneben hatte er Engagements auch an anderen Wiener Theatern. In Wien, wo er als Charakterkomiker und als Couplet- und Operettensänger gefeiert wurde, entstand ein Girardi-Kult. 1905–09 und in den letzten Lebensjahren unternahm er mehrere Gastspielreisen. Kurz vor seinem Tod 1918 wurde er Mitglied des Wiener Burgtheaters.

Lit.: K. F. NOWAK, A. G. (1908); H. KLANG, A. G.s Leben u. Bühnentätigkeit (Diss. W 1937); R. HOLZER, A. G. Die Wiener Vorstadtbühnen (1951); W. FRITZ, A. G. u. der Film (W 1968).

GIRAUT DE BORNELH (Guiraut de Borneil), * um 1138 vermutlich Boureix (Dordogne), † um 1215; provenzalischer Troubadour. Sein Leben teilte er zwischen der Wanderschaft an den Höfen seiner Gönner in der südlichen Provence und in Nordspanien, u. a. bei König Alfons II. von Aragonien, und, während des Winters, dem Studium. An der Seite von König Richard Löwenherz nahm er am 3. Kreuzzug teil. G. pflegte sowohl den „trobar clus", den „dunklen Stil", der nur einem kleinen Kreis von Eingeweihten zugänglich war, als auch den „trobar plan", den „leichten Stil". Er genoß unter seinen Zeitgenossen hohes Ansehen und wurde „maestre dels trobadors" genannt. Von 125 Stücken werden G. 81 mit Sicherheit zugeschrieben, aber nur 4 sind mit Melodien überliefert, u. a. die weit verbreitete und noch ein Jh. später bekannte Alba *Reis glorios.*

Ausg. u. Lit.: A. PILLET – H. CARSTENS, Bibliogr. der Troubadours (Hl 1933) (= Schriften der Königsberger Gelehrten Ges., Sonderreihe 3), Beispiele daraus im Folgenden zitiert als: P-C. – Sämtliche Lieder des Trobadors G. de B., hrsg. v. A. KOLSEN, 2 Bde. (Hl 1910 und 1935); J. J. SAVERDA DE GRAVE, G. de B. et la poésie obscure, in: FS J. v. Ginnecken (P 1937); DERS., Observations sur la lyrique de G. de B. (A 1938); J. BOUTIÈRE – A.-H. SCHUTZ, Biographies des troubadours (P 1950, revidiert 1964) (revidiert = Les classiques d'oc 1); F. GENNRICH, Der musikal. Nachlaß der Troubadours, 3 Bde. (Da 1958–65) (= Summa musicae medii aevi 3–4 u. 15); DERS., Lo gai saber (Da 1959) (= Musikwiss. Studienbibl. 18/19) (darin Melodien zu P-C 242,51 u. P-C 242,69); B. STÄBLEIN, Zur Stilistik der Troubadour-Melodien, in: AMl 38 (1966); J. MAILLARD, Anthologie de chants de troubadours (Nizza 1967) (darin Melodie zu P-C 242,64); U. MÖLK, Trobar clus, trobar leu. Stud. zur Dichtungstheorie der Troubadours (Mn 1968).

GIRL CRAZY, amerik. Musical in 2 Akten von George Gershwin (1898–1937), Buch von Guy Bolton und John McGowan, Song-Texte von Ira Gershwin. Ort und Zeit der Handlung: Custerville (Arizona, USA), zur Zeit der UA oder in beliebiger Gegenwart. UA: 14. 10. 1930 in New York (Alvin Theater). Filmfassungen: 1932, 1943 mit Judy Garland und Mickey Rooney sowie 1965 unter dem Titel *When the Boys meet the Girls.*
Im Mittelpunkt der Handlung steht Danny Churchill, ein junger Playboy aus New York, dessen Vater ihn nach Custerville schickt, um ihn vor den

Verführungen der Großstadt zu bewahren. Dort eröffnet Danny eine Touristen-Ranch mit einer Spielhölle; schließlich findet er in der Posthalterin Molly Gray die Frau fürs Leben. *Girl Crazy* markiert den Beginn der Karriere zweier Stars, Ginger Rogers (* 1911) und Ethel Merman (* 1909), die in diesem Musical die Rolle der Kate Fothergill, die Frau eines Spielers, verkörperte. Gershwin schrieb für *Girl Crazy* einige seiner besten Schlager: *Sam and Delilah* – eine Parodie auf den Folksong *Frankie and Johnny* –, die Songs *But nor for me* und *Embraceable You, Bidin' my Time* im Stil eines Hillbilly und *I got Rhythm*. Bei der Erstproduktion spielte das Red Nichols-Orchester u. a. mit Jimmy Dorsey, Benny Goodman, Gene Krupa, Glenn Miller und Jack Teagarden. Das Musical lief am Broadway 272mal en suite. R.-M. SIMON – S. SIMON

GIROUST, François, * 10. 4. 1738 Paris, † 28. 8. 1799 Versailles; frz. Komponist. Er erhielt seine musikalische Ausbildung an der Maîtrise von Notre-Dame in Paris und wurde 1756 Kapellmeister an der Kathedrale St-Croix in Orléans. 1769 wurde er Kapellmeister an der Kirche Sts-Innocents in Paris, 1775 der Chapelle Royale Ludwigs XVI., zu dessen Krönung er die Messe *Gaudete in Domino semper* geschrieben hatte, und war 1780–92 Surintendant de la Musique du Roi. Den Hauptanteil der erhaltenen Werke G.s bilden die etwa 100 Motetten (Grands Motets in der Tradition M. R. Delalandes), die ein letztes monumentales Zeugnis für die glanzvolle Kirchenmusik am Versailler Hof vor der Französischen Revolution darstellen.

WW (mit Ausnahme der Revolutionsgesänge, die im Druck erschienen, hsl. erhalten): 7 Messen, meist für Chor u. Orch.; ein Requiem; 11 Magnificat; ca. 100 Motetten; 4 Oratorien, u. a.: *Le passage de la Mer Rouge* (1779) u. *Le Mont-Sinaï ou le décalogue* (1785); Revolutionsgesänge u. a.: *Hymne des Versaillais;* ferner mehrere Freimaurergesänge.

Ausg.: *Hymne des Versaillais,* in: C. PIERRE, Musique des fêtes et cérémonies de la Révolution française (P 1899); Messe brève *Gaudete in Domino semper,* hrsg. v. J. PRIM (P 1954); Messe *O salutaris hostia,* hrsg. v. DEMS. (P 1954); Motette *Super flumina Babylonis,* hrsg. v. DEMS. (P 1955).

Lit.: C. PIERRE, s.o. Ausg.: DERS., Les hymnes et chansons de la Révolution française (P 1904); J. BROSSET, F. G., maître de musique de la cathédrale d'Orleans (Blois 1911); J. PRIM, F. G., in: MGG V.

GISELLE ou Les Wilis, Phantastisches Ballett in 2 Akten von Adolphe Adam (1803–56). Libretto von Vernoy de Saint-Georges (1801–75), Théophile Gautier (1811–72) und Jean Coralli (1779–1854). UA: 28. 6. 1841 in Paris (Théâtre de l'Académie Royale de Musique), Choreographie: J. Coralli und Jules J. Perrot (1810–1892). Dt. EA: 1843 in Berlin.

Durch Heinrich Heines (1797–1856) literaturphilosophische Abhandlung *Zur Geschichte der neuen schönen Literatur in Deutschland* (1833) angeregt, schufen Saint-Georges und Gautier mit den Choreographen Coralli und Perrot das Libretto. In Heines Abhandlung heißt es in einem Kapitel über Erdgeister: „In einem mitternächtlichen Tanz vereinigen sich jene Bräute, die sterben mußten, ehe sie zur Hochzeit gingen, und die nun im Tode keine Ruhe finden können, weil sich ihr Leben nicht erfüllt hat. Man nennt sie Wilis. Ihr mitternächtlicher Spuk zielt darauf ab, junge Männer, die in den Bannkreis der Wilis geraten, tanzend in den Tod zu treiben." Auf dieser Erzählung basiert die Handlung des Balletts. Giselle, ein junges Bauernmädchen, wird nach ihrem Tode in die Gemeinschaft der Sylphiden aufgenommen. Albrecht, ihr Verlobter, fällt den Wilis als Opfer anheim und muß bis zur völligen Erschöpfung tanzen. Erst bei Tagesanbruch wird er erlöst. – In der Nachfolge von F. Taglionis *La Sylphide* entstanden, gilt das Werk als Inbegriff des romantisch-phantastischen Balletts. Charakteristische Solotanznummern werden von Soloinstrumenten (Violine, Harfe, Englisch Horn, Fagott und Oboe) begleitet; leitmotivische Verknüpfung kennzeichnet die Komposition. In nur drei Wochen komponierte A. Adam zu der bereits vorhandenen Choreographie die Musik, die nachträglich noch um den von F. Burgmüller (1804–74) gestalteten *Bauern-Pas-de-deux* erweitert wurde. – Die UA – von Kritikern als „grand affaire" und „plus grand succès de ballet de notre temps" bezeichnet – erlangte durch die Gestaltung von Carlotta Grisi (Giselle) und Lucien Petipa (Albrecht) triumphalen Erfolg. 89 weitere Aufführungen in ununterbrochener Folge dokumentieren die zeitgenössische Beliebtheit des Balletts, dessen heutige Popularität durch zahlreiche Neuinszenierungen bestätigt wird. Das Werk ist auch wiederholt verfilmt worden; außergewöhnliche Beachtung fand u. a. die Version von Hugo Niebeling. G. LUDIN

GITARRE (von griech. kithara, doch nicht mit dem altgriech. Instrument verwandt; engl.: gittern, guitar; frz.: guitare; it.: chitarra; span.: guitarra, auch vihuela), ein Zupfinstrument mit ovalem, gegenüber der ↗Laute in der Mitte eingebuchtetem Korpus mit flacher Decke und Boden und einem Schallloch in der Mitte (im 15.–18. Jh. als Rosette verziert). Die Vorgeschichte der G. ist noch nicht näher bekannt; gegenwärtige Nebenformen bei Völkern Nordafrikas dürften von der neueren europäischen Laute angeregt und nicht autochthon sein. Antike Instrumente zeigen nur teilweise die Merkmale der G. gegenüber der Laute, so z. B. die

G. des pharaonischen Ägypten mit beginnender Einschnürung der Korpusflanken, die keineswegs nur auf ein Streichinstrument schließen läßt. Im frühen Mittelalter ist an persisch-arabischen Einfluß zu denken, der die G. im 8. Jh. in Spanien heimisch machte. Im Abendland trat die G. sicher erst im 13. Jh. auf, vermittelt durch den oval-bauchigen vorderasiatischen ↗Ṭanbūr. Ikonographisch erscheint eine „Guitarra morisca" in den Miniaturen zu Alfonso el Sabios *Cantigas de Santa Maria* (2. Hälfte 13. Jh.), mit langem Hals, vorderständigen Wirbeln und kreisförmiger Wirbelplatte. Hier ist auch eine Guitarra latina (ladina) abgebildet, die als „einheimisches" Instrument der neuzeitlichen G. schon näher steht, wobei der Querriegel zur Saitenbefestigung, die stärkere Einbuchtung und der Fortfall von 2 Außenlöchern im Korpus bezeichnend sind. „Hispanorum invento" heißt diese G. bei J. Tinctoris (1484). Seit etwa 1530 rivalisierten neben Spanien Frankreich und Italien. Bevorzugt waren Metallsaiten, die ohne Plektron gezupft wurden. Die Zahl der Namen ist nunmehr groß, u. a.: qîtara, guitarra morisca, morache, enmorache und saracenica, vihuela de penola, quintara, quitariá, quinterne, ghiterna, lutina, chitarra spagnuola. Das Renaissanceinstrument hatte etwas zurückgebogene Wirbelhalter und hinterständige Wirbel. Bis zur Mitte des 15. Jh. waren es 4 Saiten und 4 Bünde, dann 4 doppelgespannte (chörige) Saiten der Stimmung $c + c^1$, $f + f$, $a + a$, $d^1 + d^1$ bzw. gegenüber dieser Stimmung einen Ganzton höher; auch war als höhere Stimmung gebräuchlich $f + f^1$, $b + b$, $d^1 + d^1$, $g^1 + g$. Um 1550 trat ein 5. Chor (gegenüber der bereits 5–7saitigen Vihuela) hinzu, im 18. Jh., als der einfache Bezug in Gebrauch kam, eine 6. Saite (gegenüber der Laute, die nach 1600 die Saitenzahl erheblich gesteigert hat). L. Ruiz de Ribayaz setzte sich für die Stimmung $A–d–g–h–e^1$ (teils im Einklang, Oktave chörig) ein, die Nachbarschaft zur Laute verrät (1672), heute ist $E–A–d–g–h–e^1$ üblich. Im 16.–18. Jh., in der Zeit der Ausbildung eines klassischen Repertoires, unterschied man 2 Spielarten: punteado (überwiegend einstimmig) und rasgueado (akkordisch, dabei nicht langsam arpeggiert). Dementsprechend ist die ↗Tabulatur eine Superposition von Lautentabulatur und spezifisch gitarristischen Sigeln.

Musik für Gitarre. 16.–19. Jahrhundert. J. Bermudo klassifizierte in der *Declaración de instrumentos musicales* (1555) die spanische Gitarre gegenüber der ↗Vihuela als kleineren Typus, doch ist das Repertoire beider Instrumente eng benachbart, wenn nicht identisch. Ältester Zeuge der Drucke ist L. Milan (1535), dessen Stücke bereits einen hohen Stand freier figurativer Zwischenspiele und Endungen gegenüber dem tanzmäßigen Akkordspiel verraten. Es folgen L. de Narvaez (1538), A. de Mudarra (1546), J. Bermudo mit dem Kapitel *De las guitarras* (in der *Declaración…*, 1555), wobei das Spiel schon bis zum 10. Bundort fortgeschritten ist, ferner A. de Valderrábano (1547), D. Pisador (1552), M. de Fuenllana (1554), F. T. de Sancta Maria (1565), Esteban Daça (1576) und F. L. de San Martino (verschollene 1. Aufl., nach dem Widmungsbrief 1586). Diese auf das 16. Jh. beschränkte spanische Blüte der Gitarrenmusik zeigt als Repertoire Segedillas (Seguidillas), Romances, Fantasías, Villancicos, Sonetos und Tänze. Früh wurde ein didaktischer Standort dieser Stücke vertreten (daher oft Beischriften wie „difícil", „fácil"), auch wurde angegeben, ob ein Vokalmodell bearbeitet ist („música compiesta", „composturas" usw.). Für die Grifftechnik gibt der Traktat in der Tabulatur des L. Venegas de Henestrosa (1557) einige Aufschlüsse. Der ↗Nachtanz im Dreiertakt und die Doubletechnik *(Fantasía de redobles)* waren früh ausgebildet. Spätere spanische G.-Tabulaturen (G. Sanz 1674, 1697; F. Guereau 1694) übernahmen bereits die gitarristische Technik Frankreichs; mit Luis de Briceño (1627) wurde die obere zeitliche Grenze für die rein spanische und portugiesische Produktion erreicht. Von italienischen Drucken für Laute widmete sich M. de Barberiis in einem Anhang der *Intabolatura di Lauto* bereits der Gitarre (1549), dem kurz aufeinander französische und italienische Drucke folgten (A. le Roy 1551, 1555 u. ä.; G. Brayssing 1553; P. Phalèse 1570; G. Montesardo 1606, 1612; J. H. Kapsberger 1619 u. ö.; G. Stefani 1618 u. ö.; G. Marinoni 1614; P. d'Aragona 1619; O. Giaccio 1618 u. ö.; St. Landi 1620; G. A. Colonna 1620 u. ö.). Bis zu den spätesten Drucken (u. a. Fr. Campion 1705 u. ö., F. Santiago de Murcia um 1714, J. F. B. C. Majer, 1732 und P. Minguet um 1752) folgte nun eine große Zahl von Publikationen (vgl. W. Boetticher in: MGG V, Spalte 195–197 [s. u. Lit.], Ergänzung in: RISM B VII, 1972). Im Mittelpunkt stehen G. Montesardo, G. A. Colonna, B. Sanseverino, P. Millioni, A. Trombetti, A. M. Bartolotti und A. Carbonchi. Fr. Corbetta (1639 u. ö.) war zugleich der bedeutendste internationale Virtuose. Die englische Praxis des G.-Spiels war um 1590–1630 bedeutend. In Deutschland blieb die G. nach Angabe von M. Praetorius (1619) als Quinterna nicht besonders angesehen, erst Ende des 18. Jh. wurde sie am Hofe (durch italienische Virtuosen) berühmt (was aus den Handschriften hervorgeht). Nach 1800 wurde nicht mehr aus Tabulaturen gespielt. Berühmte Komponisten und Virtuosen waren die Franzosen R. de Visée und

Fr. Campion. Die Zahl der für G. intavolierten Handschriften ist weit geringer als diejenige für Laute, für die ältere Praxis fehlen sie fast gänzlich; die wichtigsten Quellen (vollständiger Katalog bei W. Boetticher in: RISM B VII, 1972) befinden sich in Amsterdam (Univ.-Bibl., Kurzschrift der Isabel de Langenhove, 1635), Berlin (Staatsbibl., mus.ms. 40085, um 1640, und 40142, 1652), Florenz (Bibl. Riccardiana), München (Bayerische Staatsbibl.), Perugia (Bibl. Comunale), Regensburg (Bibl. Proske), Brüssel (Bibl. Royale), Metten (Stiftsbibl.) und Madrid (Bibl. Nacional).

Zur Zeit der Wiener Klassik nahm das G.-Spiel gegenüber dem Lautenspiel einen erneuten Aufschwung, was auch die große Zahl von G.-Schulen beweist (J. T. Lehmann 1806, H. C. Bergmann 1802, M. v. Schack 1805 usw.). Wichtige Virtuosen waren F. Carulli, der von Neapel nach Paris ging, M. Giuliani, der lange in Wien lebte, Luigi Legnani, der mit N. Paganini musizierte, sowie F. Sor, der seine Konzertreisen bis nach Rußland ausdehnte, und Fr. Tárrega. Paganini war auch ein trefflicher G.-Spieler und übertrug – wie nachmals R. Schumann in der Violinsonate – gitarristische Effekte auf das Streichinstrument. Polnische Virtuosen (Jan Nepomucen Bobrowicz, Feliks Horecki) und russische (Andrei Sichra, Michail Wyssozki) wurden bewundert. Von den Beethoven und Schubert zugeschriebenen G.-Bearbeitungen der Begleitung von Klavierliedern haben sich aber manche als unecht erwiesen. Die romantische Oper (C. M. v. Weber, L. Spohr, ferner A.-E.-M. Grétry, D. Fr. E. Auber) bediente sich gelegentlich des Sondereffekts beim Lied, H. Berlioz (*Grand traité d'instrumentation,* 1843) rühmte die stechende Klangform. Im Verismo vertritt die G. ebenso eine Sonderexistenz des Klanges, ähnlich u. a. bei G. Verdi *(Falstaff)* und bei G. Mahler (7. Symphonie). Der französische Impressionismus ist vor allem auf spanische Anregungen wieder der G. gefolgt: Nicht zufällig gab M. de Fallas *L'hommage à Debussy* (P 1922) neue Impulse. Für G. komponierten u. a. J. Turina, E. López Chavarri, M. Ponce, A. Tansman, M. Castelnuovo-Tedesco, J. Rodrigo und Carlos Pedrell. W. BOETTICHER

20. Jahrhundert. Ausgehend von der Tárrega-Schule, waren es die drei großen spanischen Gitarrevirtuosen M. Llobet, E. Pujol und A. Segovia, die eine Renaissance der G. einleiteten. Spanische und südamerikanische Komponisten dedizierten ihnen neue Werke, die teilweise im folkloristischen Stil – in der spanischen und südamerikanischen Volksmusik hat die G. immer eine große Rolle gespielt, z. B. beim Flamenco –, teilweise neoklassizistisch konzipiert waren. Die Komponisten der Wiener Schule, A. Webern und A. Schönberg, besannen sich auf das traditionsreiche Instrument und setzten es in ihren Werken ein (Schönberg, Serenade, op. 24, 1920/23, und *Moses und Aron,* 1930/32; Webern, 5 Orchesterstücke, op. 10, 1913). Daß die G. im 20. Jh. schnell ihre alte Bedeutung zurückerobern konnte, verdankt sie nicht zuletzt der ↗Jugendbewegung (einfache Liedbegleitung), zeitgenössischen Komponisten, die leicht spielbare Musik komponierten, der Jazzmusik, insbesondere dem französischen Zigeuner Dj. Reinhard, den Liedermachern und den Beatles. P. Hindemith war einer der ersten, den die neuartige Verwendung der G. in der Gebrauchsmusik faszinierte. 1925 schrieb er ein Rondo für 3 Gitarren (UA 1930 anläßlich des Musikfestes „Neue Musik Berlin"). 1954 wurden gleichermaßen zwei Akzente gesetzt, die wesentlichen Einfluß auf die Gitarrenmusikentwicklung haben sollten. P. Boulez schrieb *Le marteau sans maître* und integrierte damit die G. in die Kammermusik. Heinz Friedrich Hartig (1907–69) komponierte eine *Concertante Suite* für G. und Orch. und setzte damit Zeichen für eine neue Entwicklung. Auf Anregung von S. Behrend komponierte Hartig 1959 sein Lamento *Perché,* op. 28 für G. und Chor. Hier wurden bereits neue Spieltechniken eingesetzt.

Die Weiterentwicklung der neuen Musik für G. ging im wesentlichen von Anregungen der Interpreten S. Behrend und J. Bream aus. Bream interessierte daran die englischen Komponisten B. Britten, W. Walton, M. Arnold u. a.; Behrend inspirierte Komponisten weltweit, neue Musik für die G. zu schreiben. Die Japaner Maki Ishi und Takemitsu Toru, der Engländer John McCabe, die Spanier Tomas Marco, Xavier Benguerel, die Deutschen Klaus

Hashagen, G. Becker, Klaus Stahmer, Klaus Wüsthoff und Fried Walter u. a. schrieben neue Werke für sie. Behrend selbst komponierte moderne Musik für die G. und entwickelte neue Spieltechniken. Hier sei das „Behrendglissando" besonders erwähnt (Abtasten der Saiten mit einem Glas; Bezeichnung: m. G., Aufhebung: o. G.). Auf Behrends Anregung wurde auch musikalisches Material für angewandte Stimme und G. komponiert. S. Bussotti schrieb das bedeutende Werk *Ultima rara?* für St. und G. (1970). Horst Hornung, R. Haubenstock-Ramati folgten, und der in Wien lebende griechische Komponist Anestis Logothetis steuerte eine Reihe graphisch notierter Werke bei, z. B. *Anastasis, Mantratellurium* und *Kybernetikon.*
In Verbindung mit den verschiedenen neuen Notationen mußten auch entsprechend neue Spieltechniken entwickelt werden (vgl. S. Behrend, *Gitarretabulatur für die Musik des 20. Jh.,* in: Zimmermann Griff Tabelle, Nr. 105, F o. J.).
In der Jazz- und Popmusik des 20. Jh. wird meistens mit Akkordbezifferung gearbeitet. Diese geben mit dem Buchstaben den Grundton an, z. B. C = C-Dur, E♭ = Es-Dur, f♯ = Fis-Dur. Der Durdreiklang ist automatisch mitzuspielen. Steht ein kleines m neben dem Buchstaben, so ist ein Molldreiklang zu spielen, z. B. Cm = c-moll, E♭m = es-moll, F♯m = fis-moll.
Jeweils zusätzliche Töne werden angegeben, z. B. C^6 = C-Dur plus Sexte  oder $E♭^7$:  usw. Die Lage des Akkordes ist beliebig, jede Umkehrung ist erlaubt.
maj^7 oder j^7 heißt: große Septime hinzufügen, z. B. $F♯j^7$ ($F♯maj^7$):  .
Das Symbol $Cj^7/_9$ bedeutet: 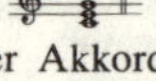 die None ist erniedrigt (kleine None). Der Akkord kann aber auch wie folgt liegen:  usw.
sus 4 bedeutet Terzvorhalt, z. B. $Csus^4$ oder einfach C^4: 

Einige Beispiele:

$G^6/_{9♯}$: 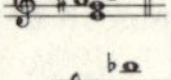 oder: 

$Am^7/_9-$:  $Csus^{4/}{}^7/_9+$: 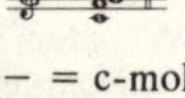

Ein Strich kann moll bedeuten z. B. C – = c-moll oder nach einer Zahl C^9 – die Erniedrigung $C^{9♭}$ =,  , wobei automatisch die kleine Sept enthalten ist, es sei denn, es ist extra j^7 oder maj^7 anzugeben. S. BEHREND

Die Gitarre in der Volksmusik des deutschsprachigen Raumes. Die G. als Volksmusikinstrument hat in der bayrisch-österreichischen Volksmusik verschiedene Verwendungsmöglichkeiten. Am verbreitetsten wird die G., auch Klampfe, Zupfgeige oder Greigadern benannt, zur Begleitung von Gesang und zu anderen Musikinstrumenten wie Zither, Harmonika, Flöten u. a. benützt. Als Melodieinstrument ist sie in der alpenländischen Volksmusik besonders in Tirol und Oberbayern verbreitet. Meist erlernen die Spieler das Instrument ohne Notenkenntnis und ohne Lehrer, erarbeiten sich jedoch eine eigenartige Fertigkeit in der Anwendung von Doppelgriffen und Läufen. Auffällig ist das Abstoppen oder Abdämpfen der Baßtöne beim Begleiten. Durch schnelles Anlegen des Handballens der rechten Hand auf die Besaitung erzielt der Spieler nach dem Anschlag ein Pizzicato, das den Baßton der Begleitung akzentuiert abhebt, wodurch ein ganz scharf betonter Rhythmus möglich wird. Besonders bei schnellen Spielweisen wie Schottisch, Bayrische Polka und Ländler bestimmt diese prägnante Anschlagsart den unverwechselbaren Klangcharakter alpenländischer Gitarrespieler.

S. EIBL

Ausg.: L. DE NARVAÉZ, Los seys libros…, 1538 (Ba 1945) (= MMEsp 3); A. MUDARRA, Tres libros…, hrsg. v. E. Pujol (Ba 1949) (= ebd. 7); J. F. B. C. MAJER, Museum Musicum, 1732, hrsg. v. H. Becker (1954) (= DMI I/8); E. PUJOL, Hispaniae Chitharae ars viva (Mz 1955) (= G.-Arch. o. Nr.); J. BERMUDO, Declaración…, 1555, Faks.-Ausgabe v. M. S. Kastner (1957) (= DMI I/11); M. MERSENNE, Harmonie Universelle, 1636, Faks.-Ausg. v. F. Lesure (P 1963).

Lit.: O. CHILESOTTI, Capricci armonici sopra la chitarra… (R 1881); DERS., Fr. Corbetta, guitarista, in: Gazetta musicale di Milano 44 (1888); G. MORPHY, Les luthistes espagnols, 2 Bde. (L 1902); O. CHILESOTTI, La chitarra francese…, in: RMI 14 (1907); DERS., Canzonette del Seicento con la chitarra, in: RMI 16 (1909); J. WOLF, Über G.-Tabulaturen, in: Kgr.-Ber. London 1911 (L 1912); J. ZUTH, S. Molitor u. die Wiener Gitarristik (Diss. W 1920); A. KOCZIRZ, Zur Gesch. der G. in Frankreich von 1500 bis 1750, in: Zschr. der Arbeitsgemeinschaft zur Pflege des Gitarrespiels 1 (1921–22); DERS., Die Fantasien des M. de Barberiis für die 7saitige G. 1549, in: ZfMw 4 (1921/22); H. SOMMER, Laute u. G. (B 1922); A. KOCZIRZ, Gitarrekomp. in M. de Fuenllanas „Orphenica Lyra", in: AfMw 4 (1922); K. GEIRINGER, Der Instrumentenname Guiterne u. die ma. Bez. der G…., in: ebd. 6 (1924); M. R. BRONDI, Il liuto e la chitarra, in: RMI 32 (1925), Teilausg. (Tn 1926); E. PUJOL, La guitare, in: LAVIGNAC Hist. III (1925); J. B. TREND, L. Milan and the Vihuelistas (O 1925); J. ZUTH, Hdb. der Laute u. G. (W 1926–28, Nachdr. Hil 1972); A. KOCZIRZ, Eine Gitarre- u. Lautenhs…., in: AfMw 8 (1926); R. HAAS, Die Tabulaturbücher für Laute u. G. in der Musikabt. an der Nationalbibliothek in Wien, in: Zschr. für die G. 5 (1926); D. FRYKLUND, Studier över lyragitarren, in: STMf 9 (1927); S. N. CONTRERAS, La guitare sus antecedentes… (Buenos Aires 1927); A. RISCHEL, Zur Gesch. der G. in Dänemark, in: Die G. 12 (1930); D. FRYKLUND, Bidrag till gitarristiken, in:

STMf 13 (1913); J. ZUTH, Die Mandolin-Hss. in der Bibl. der Ges. der Musikfreunde Wien, in: ZfMw 14 (1931/32); H. NEEMANN, Laute- u. Gitarren-Hss. in Kopenhagen, in: AMl 4 (1932); R. MUÑOZ, Historia de la guitarra, 2 Bde. (Buenos Aires 1933); A. KOCZIRZ, Eine G.-Tabulatur des ... O. Clementi, in: Mélanges... L. de la Laurencie (P 1933); DERS., Die G. im dt. Musikleben um 1700, in: Muse des Saitenspiels 16 (Bad Honnef 1934); D. PRAT, Diccionario biogr. ... de guitarras, guitarristas... (Buenos Aires 1934); W. APEL, Early Spanish Music for Lute and Keyboard Instruments, in: MQ 20 (1934); F. ANDORRA, La chitarra (Mi 1936); M. GIORDANO, Contributo allo studio della chitarra (Mi 1936); O. GOMBOSI, Ad vocem cithara, citharista, in: AMl 9 (1937); J. BAL Y GAY, M. de Fuenllana and the Transcriptions of Spanish Lute Music, in: AMl 11 (1939); S. BLOCH, Lute Music. Its Notation Technical Problems in Relation to the Guitar, in: The Guitar Review 9 (NY 1949); E. WINTERNITZ, Notes on Archlutes, in: ebd.; F. LESURE, La guitare en France, in: MD 4 (1950); E. PUJOL, Significación de J. C. Amat, in: Anuario Mus. 5 (1950); F. BUEK, Die G. u. ihre Meister (B ³1952); J. WARD, The Vihuela da mano and its Music 1536–76 (1953) (= Diss. Univ. of New York); PH. J. BONE, The Guitar and Mandolin (Lo ²1954); A. P. SHARPE, The Story of the Spanish Guitar (Lo 1954); E. PUJOL, Les ressources instrumentales et leur rôle dans la musique pour vihuela et pour guitare au XVIᵉ et au XVIIᵉ siècle, in: La musique instrumentale de la Renaissance (P 1955); T. USHER, The Spanish G. in the 19th and 20th Century, in: GalpinJ 9 (1956); D. DEVOTO, Poésie et musique dans l'œuvre des vihuelistes, in: Ann. Mus. 4 (P 1956); J. KLIMA, Ausgew. Werke aus einer Ausseer Gitarrentabulatur, hrsg. v. H. Federhofer (Gr 1958) (= Musik alter Meister 10; Einleitung); R. SAINZ DE LA MAZA, Música de laúd, vihuela y guitarra del Renacimiento al Barroco (Ma 1958); R. KEITH, The Guitar Cult in the Courts of Louis XI and Charles II, in: JAMS 12 (1959); D. HEARTZ, Parisian Music Publishing under Henry II: à propos of four recently discovered G.-books, in: MQ 46 (1960); J. DE AZPIAZU, The Guitars and Guitarists from the Beginning to the Present Day (Lo 1960); K. RASMUSSEN, N. Diesels guitarkompositioner, in: Dansk aarbog for musikforskning (Kop 1963); D. HEARTZ, An Elizabethan Tutor for the Guitar, in: GalpinJ 16 (1963); D. DEVOTO, De la zarabanda à la sarabande, in: Rech. Mus. 6 (P 1966); I. SLOANE, Classic Guitar Construction. Diagrams, Photographs and Step-by-Step Instructions (NY 1966, Lo 1976); S. MURPHY, 17th Century Guitar Music, in: GalpinJ 21 (1968); J. HUBER, Origines et technique de la guitare (Lau 1968); TH. F. HECK, The Birth of Classic Guitar and Its Cultivation in Vienna, Reflected in the Carreer and Compositions of M. G., 2 Bde. (1968) (= Diss. Yale Univ./Conn.); F. V. GRUNFELD, The Art and Times of the Guitar. An Illustrated History of Guitars and Guitarists (NY – Lo 1969, Lo 1972, NY 1974); S. MURPHY, The Tuning of the Five-Course Guitar, in: GalpinJ 23 (1970); R. HUDSON, The Concept of Mode in Italian Guitar Music During the First Half of the 17th Century, in: AMl 42 (1970); H. CHARNASSÉ – F. VERNILLAT, Les instruments à cordes pincées, harpe, luth et guitare (P 1970); A. BELLOW, The Illustrated History of the Guitar (NY 1970); G. WILLNITZER, Die G. in der Singbewegung, in: MuGes 21 (1971); D. MCLEOD, The Classical Guitar, Design and Construction (Leicester 1971); H. NICKEL, Beitr. zur Entwicklung der G. in Europa (Bad Schussenried 1972); A. E. OVERHOLTZER, Classic Guitar Making. Including 264 Photographs and 108 Detailed Drawings by the Author (Chico/Calif. 1974); J. GODWIN, Eccentric Forms of the Guitar, 1770–1850, in: Journal of the Lute Society of America 7 (1974); R. CHIESA, Storia della letteratura del liuto e della chitarra, Il Cinquecento, in: Il Fronimo 2 (1974) – 4 (1976); J. TYLER, The Renaissance Guitar 1500–1650, in: Early Music 3 (1975); R. C. PURCELL, Classic Guitar, Lute, and Vihuela Discography (Melville/N.Y. 1976); L. WRIGHT, The Medieval Gittern and Citole. A Case of Mistaken Identity, in: GalpinJ 30 (1977); R. VAN HOORICKX, Schubert's Guitar Quartet, in: RBMie 31 (1977); TH. EVANS – M. A. EVANS, Guitars. Music, History, Construction and Players from the Renaissance to Rock (NY 1977); K. RAGOSSNIG, Hdb. der G. u. Laute (Kas 1978); W. MOSER, F. Sor u. seine „Méthode pour la guitare", in: G+L 1 (1979); J. LIBBERT, 400 Jahre G. u. Gitarristen. Versuch eines hist. Überblicks, in: Musica 33 (1979); J. POWROŹNIAK, Gitarren-Lexikon (dt. B 1979).

W. BOETTICHER

GITARRENTABULATUR ↗Tabulatur.

GITARREN-VIOLONCELLO ↗Arpeggione.

GIUFFRE, Jimmy (James Peter), * 26.4.1921 Dallas (Texas); amerik. Jazzmusiker (Klarinette, Tenor- und Baritonsaxophon), Arrangeur und Komponist. Er gehörte als Tenorsaxophonist der 1947 gebildeten Saxophongruppe „Four Brothers" an und ging mit dieser Gruppe auch zu Woody Herman, der ihn jedoch durch den Baritonsaxophonisten Serge Chalott ersetzte, blieb aber als Arrangeur. 1953–55 spielte er bei Shorty Rogers und gründete 1956 sein für Cool und West Coast Jazz bedeutsames Trio Jimmy Giuffre Three. 1957 wurde er Dozent an der School of Jazz in Lenox. In den 60er Jahren gab er zeitweilig das Saxophon zugunsten der Klarinette auf, Anfang der 60er Jahre bildete er mit Paul Bley und Steve Swallow ein neues Trio, das sich um den Free Jazz bemühte. Mit Richard Davis und Joe Chambers griff G. seit der Mitte der 60er Jahre wieder mehr auf einen vom Blues beeinflußten kammermusikalischen Jazz zurück. Seiner melodischen Grundlinie blieb er auch in den 70er Jahren im erneuten Zusammenspiel mit Paul Bley treu. Kompositionen u.a.: *Four Brothers; Piece for Clarinet and String Orchestra.*

Lit.: D. NELSON, J. G. (NY 1961); S. SCHMIDT-JOOS, Versuch über J. G., in: fono-forum 7 (1962); J. E. BERENDT, Das Jazzbuch. Von Rag bis Rock (F 1973 u. ö.).

GIULIANI, Mauro, * 1781 Barletta (Bari), † 8.5.1829 Neapel; it. Sänger, Gitarrist und Komponist. Er lebte 1807–19 als Virtuose und Musiklehrer in Wien, unternahm danach Reisen nach England, Rußland und Italien. G. erfand die „chitarra di terza", deren Saiten um eine Terz höher gestimmt sind als die bei der normalen Gitarre. Er schrieb fast nur Werke für und mit Gitarre.

Ausg.: Studienkonzert A-Dur für Gitarre u. Streichinstr., hrsg. v. B. HENZE (L 1965) (= Stud.- u. Spielmusik für Gitarre o. Nr.); Rondo G-Dur, op. 8 Nr. 2, hrsg. v. B. TONAZZI (Mz 1968) (= Gitarre-Arch. 410); *Grande Ouverture,* op. 61, hrsg. v. A. STINGL (Mz 1973) (= ebd. 432); *Sonate brillante* für Gitarre, op. 15, hrsg. v. F. NAGEL (Wie 1973); Œuvres choisies pour guitare, hrsg. v. TH. F. HECK (P 1973); Serenata, op. 19 für Gitarre, V. u. Vc., hrsg. v. R. CHIESA (Mi 1974); *Variazioni su un tema di Händel,* op. 107, hrsg. v. DEMS (ebd.); *Variazioni,* op. 112 u. *Gran Sonata Eroica,* op. 150, hrsg. v. DEMS. (ebd.).

Lit.: R. FENARI, M. G. (Bol 1934); PH. J. BONE, M. G., in: The Guitar Rev. 10 (1955); C. CARTAGNA – A. CARPANI, Profilo storico della chitarra (Ancona 1966); TH. F. HECK, The Birth of the Classic Guitar and Its Cultivation in Vienna, Reflected in the Career and Compositions of M. G., 2 Bde. (1965) (= Diss. Graduate School of Yale Univ./Conn.); DERS., Ricordi Plate Numbers in the Earlier 19th Century, a Chronological Survey, in: Current Musicology 10 (1970); DERS., M. G., Birth and Death Dates Established, in: Guitar News 114 (Cheltenham 1971); DERS., G. in Italia, in: Il Fronimo 2 (1974/75).

GIULINI, Carlo Maria, * 9. 5. 1914 Barletta (Prov. Bari); it. Dirigent. Er studierte 1930–32 in Rom Bratsche, Komposition und Dirigieren und wurde 1934 Bratschist im Orchester des Teatro Augusteo. 1945–50 war er ständiger Dirigent bei der RAI, zunächst in Rom, dann in Mailand. 1951 debütierte G. als Operndirigent mit G. Verdis *La Traviata* beim Festival in Bergamo. 1953–56 war er Nachfolger V. de Sabatas als 1. Dirigent an der Mailänder Scala. Danach wirkte er als Gastdirigent bedeutender europäischer Orchester, vor allem des London Philharmonic Orchestra. Seit 1955 war er zeitweilig 1. Dirigent an der Oper in Rom. Obwohl er als Operndirigent große Erfolge hatte, wandte er sich immer mehr vom Musiktheater ab und konzentrierte sich auf die Konzerttätigkeit. Seit 1969 war er Principal Guest Conductor des Chicago Symphony Orchestra unter G. Solti und leitete 1973–76 auch die Wiener Symphoniker. Seit 1978 leitet er das Los Angeles Philharmonic Orchestra als Nachfolger Z. Mehtas. G. gilt als einer der feinsinnigsten und kultiviertesten Dirigenten der Gegenwart. Im Mittelpunkt seines Repertoires stehen die großen Sakralwerke wie L. van Beethovens *Missa solemnis* oder G. Verdis *Requiem.*

Lit.: M. HAREWOOD, C. M. G., in: Opera 15 (1964).

GIULIO CESARE, Oper von R. Malipiero, und **Giulio Cesare in Egitto,** Oper von G. Fr. Händel; dt. Titel: ↗Julius Cäsar.

GIUNTA (Junta), **Luca Antonio,** * 1457 Florenz, † 1538; it. Musikverleger. Er ließ sich 1480 in Venedig nieder, wo er eine Reihe von liturgischen Büchern und einige Ausgaben mit mehrstimmiger Musik druckte. Alle diese Drucke zeichnen sich durch ein elegantes und klares Schriftbild aus.

Lit.: C. SARTORI, Dizionario degli editori musicali italiani (Fi 1958); G. MASSERA, La „mano musicale perfetta" di F. de Brugis. Dalle prefazioni di corali di L. A. G. 1499–1504 (Fi 1963).

GIUSTINIANA (it.), **Justiniana, Veneziana,** Bz. für ein achtzeiliges, in venezianischem Dialekt geschriebenes scherzhaftes Liebeslied des 15.–16. Jh. Sein Name geht auf L. Giustiniani zurück, dem 27 Lieder dieser Art zugeschrieben werden. Der musikalische Satz ist meist 3st. und wird von der Melodik der Oberstimme bestimmt, die gelegentlich melismatisch verziert ist. Im 16. Jh. hat sich die G. (besonders die dreistimmige) fast vollständig der ↗Villanella angeglichen, die aber im Gegensatz zur G. im neapolitanischen Dialekt verfaßt ist. Werke dieser Art (u. a. von V. Bell'haver, A. Gabrieli und B. Policretto) sind vor allem in den beiden Büchern *Justiniane a tre voci* (V 1570 und 1575, mit mehreren Auflagen) enthalten.

Lit.: A. EINSTEIN, The Greghesca and the Justiniana of the 16th Century, in: Journal of Renaissance and Baroque Music 1 (1946–47); F. GHISI, Strambotti e Laude nel travestimento spirituale della poesia musicale del Quattrocento, in: Collectanea Historiae Musicae (Fi 1953); W. H. RUBSAMEN, The Justiniane or Viniziane of the 15th Century, in: AMl 29 (1957).

GIUSTINIANI, Leonardo, * wahrscheinlich 1388 Venedig, † 10. (?) 11. 1446 ebd.; it. Staatsmann und Dichter. Er hatte in Venedig mehrere Ämter inne, widmete sich daneben der Literatur und Dichtung und schrieb *Canzoni e strambotti* (postum V 1482), die als Gattung nach ihm Giustiniane (↗Giustiniana) benannt wurden. Zu seinen Gedichten komponierte G. selbst die Musik oder wählte für sie bereits bekannte Melodien aus.

Lit.: A. D'ANCONA, Appunti sulla poesia popolare (Livorno ²1906) (mit Ausg. der Strambotti); O. BARONCELLI, Le canzonette de L. Giustiniani (Forlì 1907); B. FENIGSTEIN, L. G. (Hl 1909); M. DAZZI, L. G. (Bari 1936) (mit einer Ausg. der Strambotti u. einer Ausw. der Gedichte).

GIUSTO (it., = richtig), Abk. für *Tempo giusto*, Vortrags-Bz., die ein gemäßigtes oder normales Zeitmaß vorschreibt; auch im Sinne von ↗a tempo verwendet.

GLAHÉ, Will, * 12. 2. 1902 Elberfeld; dt. Pianist, Komponist und Orchesterleiter. Er studierte 1918–24 an der Musikhochschule in Köln, wurde 1929 Pianist im Unterhaltungsorchester Dajos Béla und war auch als Klavierbegleiter für Schallplattenfirmen tätig (begleitete u. a. Gitta Alpar, R. Tauber u. J. Schmidt). Er gründete dann ein eigenes Orchester. Großen Erfolg hatte er mit Akkordeonkompositionen. In den USA wurde er als „Polka-King" gefeiert. G. schrieb auch Filmmusiken. Auch nach dem 2. Weltkrieg war er als Komponist und Interpret von Unterhaltungsmusik weiter erfolgreich. Welterfolge waren u. a. die *Beer-Band-Polka* („Böhmische Polka", auch als *Rosamunde* bekannt, 1946) und die *Liechtensteinerpolka* (1960).

GLAREANUS (eig. Heinrich Loris), * Juni 1488 Mollis (Glarus), † 27. 3. 1563 Freiburg im Breisgau; Schweizer Humanist und Musiktheoretiker. Nach ersten literarischen und musikalischen Studien in

Bern und Rottweil studierte er seit 1506 Philosophie, Theologie, Mathematik und Musik, u.a. bei J. Cochlaeus, an der Kölner Universität (magister artium 1510) und wurde 1512 von Kaiser Maximilian I. zum Poeta laureatus gekrönt. 1514–17 unterrichtete er Latein und Griechisch in Basel, hielt sich auf Empfehlung von Erasmus von Rotterdam 1517–22 am Hofe König Franz' I. von Frankreich auf, kehrte 1522 nach Basel zurück, mußte aber wegen des Vordringens der Reformation die Stadt verlassen und ließ sich 1527 in Freiburg im Breisgau nieder, wo er an der Universität Poetik und Theologie lehrte. Seine (der Universität Ingolstadt vermachte) Bibliothek befindet sich heute im Besitz der Bayerischen Staatsbibliothek in München.

G. verfaßte Abhandlungen über Mathematik, Poesie und Geographie und gab Werke von Tacitus, Horaz und Boëthius heraus. Seine musikalischen Schriften umfassen zwei Traktate, *Isagoge in musicen* (Bas 1516) über Intervalle, Hexachorde und Modi sowie vor allem das zwischen 1519 und 1539 geschriebene *Dodecachordon* (Bas 1547), eine Summa der musikalischen Kenntnisse dieser Zeit. Einerseits steht G. mit seinen Darlegungen zur Musiktheorie ganz in der Tradition von Boëthius und Fr. Gaffori, verfolgte andererseits aber aufmerksam die Entwicklung der zeitgenössischen mehrstimmigen Musik. Neben den 8 traditionellen Modi führte er 4 neue Modi ein, 2 mit dem Grundton a (äolisch und hypoäolisch) und 2 mit dem Grundton c (ionisch und hypoionisch), Vorfahren des modernen Dur und Moll. Das *Docecachordon* bietet daneben wertvolle Auskünfte über die ersten Versuche einer ↗Musique mesurée à l'antique (über Texte von Horaz, Ovid, Prudentius und Boëthius). Die Urteile von G. über seine Vorgänger und Zeitgenossen (J. Ockeghem, Josquin des Prés, J. Obrecht, A. Brumel, H. Isaac, J. Mouton) sowie Analysen zahlreicher mehrstimmiger Beispiele, die er den Werken von mehr als 30 Komponisten (u.a. Josquin des Prés, Adam von Fulda, Isaac, L. Senfl) entnommen hat, machen sein Werk zu einer Quelle von größter Bedeutung für die Musik des beginnenden 16. Jahrhunderts.

Ausg.: *Dodecachordon*, dt. übers. u. hrsg. v. P. BOHN (L 1888) (= PGfM 16), engl. Übers. v. C. A. MILLER (Dallas 1965) (= MSD 6); dass., Faks. der Ausg. Basel 1547 (NY 1967) (= MMMLF II/65); dass. (Hil 1969); *Uss Glareani Musick ein Usszug* v. 1557 (fotomechanischer Nachdr. L 1975).

Lit.: H. SCHREIBER, H. L. G. (Fr 1837); O. F. FRITZSCHE, Glarean (Frauenfeld 1890); A. SCHERING, Die Notenbeispiele in Glarean's Dodecachordon, in: SIMG 13 (1911/12); H. RIEMANN, Gesch. der Musiktheorie (B ²1921), Nachdr. der 2. Aufl. (Hil 1961); B. MEIER, H. Loriti G. als Musiktheoretiker, in: Aufsätze zur Freiburger Wiss.- u. Universitätsgesch. F. Schaub in memoriam (F 1960) (= Beitr. zur Freiburger Wiss.- u. Universitätsgesch. 22); F. B. TURRELL, The „Isagoge in musicen" of H. Glarean, in: JMTh 3 (1959); C. A. MILLER, The „Dodecachordon", Its Origins and Influence on Renaissance Musical Thought, in: MD 15 (1961); F. MOMPELLIER, Il G. e il suo „Dodecachordon", in: Le celebrazioni del 1963 ..., hrsg. v. M. FABBRI (Siena 1963) (= Accademia musicale Chigiana 20); E. LICHTENHAHN, „Ars perfecta". Zu Glareans Auffassung der Musikgesch., in: FS A. Geering (Be 1972).

GLASENAPP, Carl Friedrich, * 3.10.1847 Riga, † 14.4.1915 ebd.; dt. Musikforscher. Er studierte bis 1872 klassische Philologie, Kunstgeschichte und vergleichende Sprachwissenschaft in Dorpat. 1898–1912 unterrichtete er deutsche Sprache und Literatur am Polytechnikum in Riga. Sein musikwissenschaftliches Interesse galt gänzlich R. Wagner, den er häufig in Bayreuth aufsuchte. Noch als Student begann er mit der Abfassung seines Hauptwerkes *R. Wagners Leben und Wirken,* das als Quelle bis heute wichtig ist.

WW: **1) Schriften:** *R. Wagners Leben u. Wirken,* 2 Bde. (Kas – L 1876–77), 3. Aufl. als: *Das Leben R. Wagners,* 6 Bde. (L 1894–1911, ⁵1923, engl. Lo 1900); *Wagner-Lexikon, Hauptbegriffe der Kunst- u. Weltanschauung R. Wagners* (St 1883) (zus. mit H. von Stein); *Wagner-Encyklopädie. Haupterscheinungen der Kunst- u. Kulturgesch. im Lichte der Anschauung R. Wagners,* 2 Bde. (L 1891); *Siegfried Wagner* (B 1906); *Siegfried Wagner u. seine Kunst* (L 1911). – **2) Editionen:** *Bayreuther Briefe R. Wagners 1831–74* (B 1907); *Familienbriefe von R. Wagner* (B 1907); *Gedichte von R. Wagner* (B 1905).

GLASHARFE (engl.: glass harp; frz.: harpe de verre, it.: arpa di vetro; span.: arpa de cristal), Bz. für die von Br. Hoffmann seit 1929 vervollkommnete Form des ↗Glasspiels mit aufrecht feststehenden Glasglocken. Der Name deutet auf den mit der Äolsharfe verwandten Klangcharakter. 50 Glasglocken sind in einen doppelten hölzernen Resonanzboden gefügt und so angeordnet, daß Dreiklänge mit einer Hand greifbar sind. Größe und Wandstärke der Glasglocke bestimmen ihre Tonhöhe. Die Abstimmung erfolgt nicht mittels Wasser, sondern durch Veränderung der Glasmasse. Einmal abgestimmt, verstimmt sich die G. nicht mehr. Das Medium zwischen Hand und Glas ist nach wie vor Wasser, das mittlerer Härte sein soll. Auf der G. ist die Wiedergabe der Originalwerke für ↗Glasharmonika möglich. Tonansprache und dynamische Beherrschung sind auf der G. präziser als auf der Glasharmonika. Zeitgenössische Komponisten (u.a. S. Barchet, J. N. David, H. Genzmer, Otto-Erich Schilling, Fred Schnaubelt, H. Schroeder, Rolf Unkel, B. A. Zimmermann, auch Hoffmann selbst) schrieben Werke für G. solo, mit anderen Instrumenten oder mit Orchester. In Rundfunkhörspielen, Fernsehspielen, Filmmusik wird die G. oft eingesetzt. Auf der G. spielte Hoffmann die Originalparte für Glasharmonika in G.

Donizettis *Lucia di Lammermoor* und R. Strauss' *Die Frau ohne Schatten.*

Lit.: ↗Glasharmonika. B. HOFFMANN

GLASHARMONIKA (engl.: glass harmonica; frz.: harmonica de verre; it.: armonica; span.: copologo; russ.: stekljannaja garmonika), ein idiophones Instrument aus Glasschalen, die durch Reiben mit angefeuchteten Fingern am Rand in Schwingung gebracht werden. Benjamin Franklin begegnete um 1757 in London den musical glasses (↗Glasspiel), die auf der „angelick organ" des Iren Richard Pockrich (Puckeridge) fußten. Um das Instrument leichter spielbar zu machen, mechanisierte er es. Bei der von ihm „armonica" genannten Form nehmen die kalottenförmigen Glasglocken im Durchmesser von Halbton zu Halbton ab und besitzen an der Basis einen offenen Glashals. So lassen sie sich auf einer eisernen Welle ineinandergeschoben aufziehen und mit Kork so befestigen, daß sie sich nicht berühren. Die nächstkleinere ragt aus der nächstgrößeren nur um Tastenbreite hervor. Spektralfarben dienten zur Unterscheidung der diatonischen Glocken; später beließ man die „weißen Tasten" im Naturton des Glases und kennzeichnete die „schwarzen Tasten" durch Goldränder. Der Tonumfang war zuerst $2^1/_2$ Oktaven chromatisch (g–c^3), später wurde er bis auf 4 Oktaven (c–c^4) erweitert. Der Spieler setzte die horizontal gelagerte Welle mittels Pedal, Treibriemen und Schwungrad in ständige Umdrehung und brachte die Glasglocken zum Schwingen und Klingen, indem er ihre äußeren Ränder mit wasserbenetzten Fingerspitzen berührte.

Marianne Davies aus London machte die G. seit 1765 in Europa bekannt. Die Heimat der G. wurde Deutschland, wo u.a. J. A. Hasse, J. G. Naumann, J. A. P. Schulz, J. Fr. Reichardt, W. A. Mozart, C. L. Röllig, J. Schlett und L. van Beethoven Werke für sie schrieben, wo sie in der Literatur (Goethe, Schiller, Jean Paul u.a.) Niederschlag fand und wo sie von Instrumentenbauern hergestellt und weiterentwickelt wurde. Die berühmteste Virtuosin (neben Spielern wie G. Frick, J. A. Schmittbauer, K. L. Röllig, J. G. Naumann, Vincenc Mašek, F. Pohl und X. Schnyder von Wartensee) war die früh erblindete Mariane Kirchgeßner, die Mozart 1791 in Wien zu seinem Glasharmonikaquintett (KV 617) und zu seinem Adagio für G. solo (KV 617a) anregte. Die G. wurde ein Lieblingsinstrument des Rokokos, der Empfindsamkeit und der Werther-Zeit, ging aber im Sturm der Anfechtungen und im Streit für und wider den Magnetiseur Franz Anton Mesmer, der sie während seiner Heilkuren spielte, um 1830 unter. Eine Tastatur sollte den angeblich nervenschädigenden Einfluß ausschalten; doch gingen bei der Tasten- oder Clavierharmonika die feinen Nuancen der manuellen Berührung verloren. Eine späte Verwendung der G. findet sich in G. Donizettis *Lucia di Lammermoor* (1835).

In Instrumentensammlungen und im Privatbesitz sind G.s aufbewahrt, doch sind diese Instrumente meist nicht mehr spielbar. B. Hoffmann restaurierte solche in Sammlungen von Berlin, Frankfurt am Main, München und Den Haag. Im 20. Jh. erinnerte sich R. Strauss der G. und verlangte sie in *Die Frau ohne Schatten;* des schwierigen Parts wegen wurde sie jedoch schon bei der Uraufführung (1919) durch eine Celesta ersetzt. Erst Hoffmann spielte auf seiner ↗Glasharfe den Originalpart seit 1972 in München und Genf.

Lit.: C. F. POHL, Zur Gesch. der G. (Wie 1862); W. LÜTHGE, Die G., das Instr. der Wertherzeit, in: Der Bär (1925); A. H. KING, The Musical Glasses and the Glass Harmonica, in: Proc. R. Mus. Assoc. 72 (1946); B. HOFFMANN, G. u. Glasharfe, in: Musica 4 (1950); dass., in: SMZ 91 (1951); DERS., G., in: MGG V; O. E. DEUTSCH, Neues v. der G., in: ÖMZ 9 (1954); K. W. NIEMÖLLER, J. A. Schmittbauers Werke u. ihre Würdigung im 18. Jh., in: FS K. G. Fellerer (Rb 1962); A. BUCHNER, Die G., in: Das Musikinstrument 19 (1970) bis 20 (1971); H. ULLRICH, Die blinde G.-Virtuosin M. Kirchgeßner u. Wien (Tutzing 1971). B. HOFFMANN

GLASS, Louis Christian August, * 24. 3. 1864 Kopenhagen, † 22. 1. 1936 ebd.; dänischer Komponist und Pianist. Er war zunächst Schüler seines Vaters, dann u.a. von N. W. Gade und in Brüssel von J. Wieniawski (Klavier). 1898 gründete er in Kopenhagen die Dansk Musikpaedagogik Forening, dirigierte 1915–18 die Konzerte des Dänischen Konzertvereins und leitete 1893–1932 das von seinem Vater gegründete Konservatorium. G. hat die dänische Musik mit seinen spätromantisch-programmatischen Werken nachhaltig beeinflußt.

WW: Klv.-Stücke (Kop o. J.); 2 Sonaten für V. u. Klv.; 4 Streichquartette; Sextett für Str. (Kop o. J.); für Orch.: Suite *Sommerliv;* 6 Symphonien (1893, 1899, 1901, 1910/11, 1919, o. J.); Ouvertüren *En Folkefjende* (1903) u. *Danmark* (1916); Ob.-Konzert; Fantasie für Klv. u. Orch. (Kop o. J.); Ballett *Artemis* (1912), UA: Kopenhagen 1917.

GLASSPIEL (engl.: musical glasses; frz.: verrillon), urspr. ein Instrument, bei dem mit Wasser abgestimmte Glasglocken durch Stäbchen am Rande angeschlagen wurden. Älteste Belege sind in China und Persien im 14. Jh. festzustellen. Die früheste europäische Darstellung ist „ain Instrument aus Glaswerch" (Schloß Ambras in Tirol, 1492). Im 18. Jh. war das Verrillon in Schlesien und Böhmen verbreitet. Doch das erste ernstzunehmende Glasinstrument war die „angelick organ" des Iren Richard Pockrich (Puckeridge) 1741 in Dublin. Er strich Gläser an ihrem Rande mit wasserbenetzten Fingerspitzen an, was ihm erlaubte, die Töne beliebig auszuhalten sowie an- und abschwellen zu lassen. Gluck konzertierte 1746 in London auf den musical glasses. Diese blieben auch nach Benjamin Franklins Erfindung der Glasharmonika auf den Britischen Inseln ein beliebtes Volksinstrument. Sie wurden teils diatonisch, teils chromatisch disponiert. In Reichenberg (Böhmen) baute A. Klinger durch Jahrzehnte Glasspiele. – ↗Glasharmonika.

Lit.: A. FORD, Instructions for Playing of the Musical Glasses (Lo 1761); C. F. POHL, Zur Gesch. der Glasharmonika (W 1862); A. H. KING, The Musical Glasses and the Glass Harmonica, in: Proc. R. Mus. Assoc. 72 (1946); B. HOFFMANN, Glasharmonika u. Glasharfe, in: Musica 4 (1950) u. in: SMZ 91 (1951).

B. HOFFMANN

GLASUNOW, Alexander Konstantinowitsch, * 10. (22.) 8. 1865 St. Petersburg, † 21. 3. 1936 Neuilly-sur-Seine; russ. Komponist, Dirigent und Pädagoge. Aus einer reichen und alten Verleger- und Buchhändlerfamilie stammend, zeigte G. schon früh musikalische Neigung und Begabung. Er besuchte kein Konservatorium, sondern eignete sich unter der Anleitung von N. Rimski-Korsakow in wenigen Monaten das Rüstzeug zum Komponieren an. Er war erst 17 Jahre alt, als seine 1. Symphonie durch M. Balakirew und sein erstes Streichquartett vor A. Rubinstein aufgeführt wurden. Bei dieser Gelegenheit lernte er M. Beljajew kennen, der sein Verleger und Mentor wurde und 1884 ein erstes Konzert mit seinen Werken organisierte. Bald dirigierte G. selbst seine Werke in Rußland und im Ausland. Als Freund von Balakirew, Rimski-Korsakow, C. Cui, Wl. Stassow, P. Tschaikowsky und S. Tanejew wurde er eine bedeutende Persönlichkeit im russischen Musikleben. Seit 1899 lehrte er Komposition am Konservatorium in St. Petersburg, dessen Direktor er seit 1905 war. Von einer Konzerttournee ins Ausland (1928) kehrte er nicht in die UdSSR zurück und ließ sich in Paris nieder.

WW: **1) Instr.-WW:** 2 Klv.-Sonaten, op. 74 (1901) u. op. 75 (1901); 3 Praeludien u. Fugen für Org., op. 93 (1906); op. 98 (1914); Nr. 3 (1926, revidiert 1929); Orgelfantasie (1935); 7 Streichquartette: op. 1 (1882); op. 10 (1884); op. 26, „Slawisches Streichquartett“ (1888); op. 64 (1894); op. 70 (1898); op. 106 (1921); op. 107 (1930); Finale des B-la-f (Beljajew) Streichquartetts (1886); Quartett für 4 Blechbläser, op. 38 (1892); Streichquartett op. 39 (1892); Quartett für 4 Saxophone (1932). – Für Orch.: V.-Konzert, op. 82 (1904); 2 Klv.-Konzerte, op. 92 (1911) u. op. 100 (1917); Konzertballade C-Dur (1931) für Vc. u. Orch.; Saxophonkonzert (1934); 9 Symphonien: „Slawische Symphonie“, op. 5 (1881); *Zum Gedächtnis Liszts,* op. 16 (1886); op. 33 (1890); op. 48 (1893); op. 55 (1895); op. 58 (1896); *Pastorale,* op. 77 (1903); op. 83 (1906); d-moll (1909) (unvollendet, ergänzt v. G. Judin), UA. 1948; 2 Serenaden op. 7 (1883) u. op. 11 (1884); Fantasien: *Les* (Der Wald), op. 19 (1887); *More* (Das Meer), op. 28 (1889); *Kreml,* op. 30 (1891); *Wesna* (Der Frühling), op. 34 (1891); 2 Suiten: *Schopeniana* (Chopiniana), op. 46 (1892) u. *Is srednich wekow* (Aus dem Mittelalter), op. 79 (1902); dramatische Ouvertüre *Pesn sudby* (Lied des Schicksals), op. 84 (1908); *Finska fantasia,* op. 88 (1909); *Kareliska legenda* (1918). – **2) Vokal-WW:** Lieder mit Orch. oder Klv.; Chöre a cap. oder mit Orch. – **3) Bühnen-WW:** 3 Ballette, darunter: *Raimonda,* op. 57 (1897); ferner Bühnenmusik, u. a. zu O. Wildes *Salomé,* op. 90 (1909).

G. kann als der Typ des Musikers betrachtet werden, der ausschließlich in Musik denkt, durch die Musik „fühlt“ und keinerlei andere Interessen kennt als eben diese Musik. Daher erklärt sich wohl seine ungewöhnliche Meisterschaft, aber auch die Enge seiner Inspiration und eine gewisse Gleichförmigkeit. Er ist so etwas wie ein akademischer Musiker (im Sinne des sog. ↗Akademismus); für ihn gibt es in der Musik nichts anderes als Themen, Rhythmen, Entwicklungen, Form, Plastizität des musikalischen Materials, orchestrales Kolorit. So konzentriert er sich denn auch fast ausschließlich auf die Instrumentalmusik, die ihm in ihrer Brillanz einen Sonderplatz unter den russischen Komponisten seiner Zeit sichert. Historisch gesehen vereinigen sich in G. die Traditionen der Schule von St. Petersburg (Rimski-Korsakow, Borodin) und der Schule von Moskau (Tschaikowsky, Tanejew). Sein Schaffen repräsentiert in der Entwicklung der russischen Musik einen entscheidenden Punkt; nach ihm kommen sozusagen andere Glasunows (D. Schostakowitsch, N. Mjaskowski, A. Tscherepnin), aber auch ausgeprägte Anti-Glasunows (der junge Prokofjew, I. Strawinsky). Für sie alle bot G.s Schaffen vielfältige Anregung.

Ausg.: Œuvres d'orgue, hrsg. v. M. DUPRÉ (Bonn 1960).

Lit.: A. K. G., Pisma, statji, wospominanija, hrsg. v. M. A. GANINA (Mos 1958); M. M. IPPOLITOW-IWANOW, O redakzii „Borissa Godunowa“, in: Sowetskaja musyka 23 (1959) (Briefe); A. K. G., Musykalnoje nasledije. Issledowanija, materialy, publikazii, pisma, hrsg. v. M. O. JANKOWSKI, 2 Bde. (Mos 1959–60) (mit Werk-Verz.); Briefwechsel mit N. A. Rimski-Korsakow, in: N. A. Rimski-Korsakow, Polnoje sobranije sotschineni. Literaturnyje proiswedenija i perepiska 6, hrsg. v. E. E. JASOWIZKA (Mos 1965). – G. FEDOROWA, A. K. G. (Mos 1947) (russ.); V. FÉDOROV, Musicien russe ou compositeur européen?, in: RMie 41/42 (1958); M. A. GANINA, N. A. Rimski-Korsakow i A. K. G., in: N. A. Rimski-Korsakow i musykalnoje obrasowanije, hrsg. v. S. L. Ginsburg (Leningrad 1959); DIES., A. K. G. (ebd. 1961) (russ.); S. L. GINSBURG, Pesni i pliaski krymskich tatar w obrabotke A. G.a, in: Russkaja musyka na rubesche XX weka, hrsg. v. M. K. MICHAILOW – JE. M. ORLOWA (Mos 1966) (mit Ausg.); H. GÜNTHER, A. G. zum 100. Geburtstag (Bonn 1965) (mit Werk-Verz.); A. E. CHERBULIEZ, A. G.s Kammermusik, in: Musik des Ostens 4 (Kas 1967); G. ABRAHAM, G. and the String Quartet, in: Slavonic and Romantic Music (Lo 1968); G. E. H. ABRAHAM, On Russian Music. Critical and Historical Studies… (Freeport – NY 1970).

V. FÉDOROV

GLEBOW, Igor, Pseudonym von ↗Assafjew, Boris Wladimirowitsch.

GLEE (engl., von angelsächsisch glíw oder gléo = Unterhaltung), im 18. und 19. Jh. in England beliebtes, in der Regel 3st. Stück für Solostimmen oder Chor a cappella. Obwohl der Begriff Freude, Lachen oder Munterkeit bezeichnet, kann ein G. in seinem Charakter auch ernst sein. In der musikalischen Satzweise meist homorhythmisch mit einfacher Melodik, war das G. eine Art Nachfolger des englischen Madrigals des 16. Jahrhunderts. Seit der Mitte des 18. Jh. wurden G.s vor allem in Männerclubs gesungen und übertrafen dort bald die ↗Catches an Beliebtheit. Diese Musik mit wesentlicher sozialer Funktion wandte sich vor allem an gewandte Amateure. Sie hielt eine englische Tradition aufrecht zu einer Zeit, in der viele Komponisten den Stil eines G. Fr. Händel, J. Haydn oder anderer Komponisten des Kontinents aufnahmen. Unter den zahlreichen G.s, die zwischen 1750 und 1825 geschrieben wurden, sind vor allem jene von Th. Attwood, Jonathan Battishill, J. W. Callcott, W. Horsley, Richard Stevens, Reginald Spofforth und von S. Webbe senior und junior zu nennen.

Ausg.: H. R. BISHOP, A Complete Collection of the G., Trios … and Chorusses, 10 Bde. (Lo 1839).

Lit.: W. GARDINER, Music and Friends (Lo 1853); W. A. BARNETT, English G. and Part-Songs (Lo 1886); D. BAPTIE, Sketches of the English G. Composers (Lo 1896); R. NETTEL, The Englishman makes Music (Lo 1953).

GLEICHE STIMMEN (engl.: equal voices; frz.: voix égales; it.: voci pari; span.: voces iguales), im solistischen und chorischen Gesang anders als bei ↗gemischten Stimmen eine Besetzung entweder für Frauen-(Knaben-) oder Männerstimmen, im engeren Sinne die Verwendung nur einer Stimmgattung, z. B. Sopran, für die verschiedenen Stimmen.

GLETLE, Johann Melchior, * Anfang Juli 1626 Bremgarten (Aargau), † 2. oder 6. 9. 1683 Augsburg; Schweizer Komponist. Er war seit 1651 Domorganist, seit 1654 auch Domkapellmeister in Augsburg, wo er vermutlich auch in näherer Beziehung zu den Fuggern stand. G. schrieb Messen sowie lateinische und deutsche geistliche Werke im konzertierenden Stil mit Instrumenten. Mit seiner *Musica genialis* ist er auch einer der deutschen Hauptmeister des Quodlibets im 17. Jahrhundert.

WW: 5 Bücher *Expeditio musica* für 1–8 St. u. B. c., teilweise mit Instr. u. Ripienochor, I: *Motettae … concertatae* (Au 1667), II: *Psalmi breves* (Au 1668), III: *Missae concertatae* (Au 1670), IV: *Motettae a voce sola* (Au 1677), V: *Litaniae* (Au 1681); 2 Bücher *Musica genialis latino-germanica … oder: Lateinisch- u. Teutsche Weltliche Musicalische Concerten*, I: für 1–5 St., Instr. u. B. c. (Au 1670) (enthält auch Stücke für Trumscheit), II: für 2–3 St. u. B. c. (Au 1684).

Ausg.: Stücke aus *Musica genialis*, hrsg. v. W. SCHUH, in: Schweizer Sing- u. Spielmusik IV/ 10 (Z 1932–33); 2 Stücke aus *Musica genialis*, in: H. J. MOSER, Corydon II (Brau 1933); Ausgew. Kirchenmusik, hrsg. v. H. P. SCHANZLIN (Bas 1959) (= Schweizerische Musikdenkmäler 2).

Lit.: H. J. MOSER, Corydon I (Brau 1933); W. VOGT, Die Messe in der Schweiz im 17. Jh. (Diss. Basel 1940); H. P. SCHANZLIN, J. M. G.s Motetten (Be 1954).

GLIÈRE, Reinhold Morizewitsch, * 30. 12. 1874 (11. 1. 1875) Kiew, † 23. 6. 1956 Moskau; russ.-sowjetischer Komponist, Dirigent und Musikpädagoge. Als Sohn eines Instrumentenbauers erlernte er frühzeitig das Violinspiel, besuchte seit 1891 die Musikschule in Kiew und studierte 1894–1900 am Moskauer Konservatorium u. a. bei M. Ippolitow-Iwanow (Instrumentation), A. Arenski (Komposition) und S. Tanejew (Kontrapunkt). Zwischen 1905 und 1907 ließ er sich in Berlin bei O. Fried zum Dirigenten ausbilden und wirkte seit 1908 als Orchesterleiter in Rußland. G. lehrte seit 1913 am Kiewer, 1920–41 am Moskauer Konservatorium. Zu seinen bekanntesten Schülern zählen S. Prokofjew, N. Mjaskowski und Nikolaj Rakow. In Moskau gelangte er aufgrund seines künstlerischen, pädagogischen und politischen Engagements zu öffentlichem Ruhm. Er empfing zahlreiche staatliche Auszeichnungen für seine Verdienste um die nationale Musikkultur, für die nachdrückliche Förderung des Chorwesens sowie für seine Untersuchungen und Sammlungen der Volksmusik, insbesondere derjenigen transkaukasischer und mittelasiatischer Völker. G.s Kompositionen knüpften zunächst an die nationalrussische Schule an, nahmen dann aber auch impressionistische Stileinflüsse auf. Später wurde sein umfangreiches Œuvre wesentlich von der produktiven Auseinandersetzung mit der Volksmusik der außereuropäischen Sowjetrepubliken geprägt. Dem sowjetischen Tanztheater erschloß G. mit seinem populären Ballett *Krasny mak* (Roter Mohn) eine aktuelle „revolutionäre“ Thematik.

WW: **1) Instr.-WW:** Stücke für V., Vc. usw.; über 170 Klv.-Kompositionen; 4 **Streichquartette**; 3 Sextette; 1 Oktett; 3 Symphonien: Es-Dur (1899–1900); c-moll (1907); b-moll *Ilja Muromez* (1911); symphonische Dichtungen: *Sireny* (Die Sirenen) (1908); *Trisna* (1915); *Saporoschzy* (Die Saporoger Kosaken) (1921) (auch als Ballett); *Sapowit* (1938) (nach Schewtschenko); 7 Ouvertüren; Konzerte für: Harfe (1938), Vc. (1946) u. Horn (1950); Kompositionen für Militärkapellen. – **2) Vokal-WW:** Etwa 130 Lieder; Chorwerke; Konzert für Sopran u. Orch. (1942). – **3) Bühnen-WW:** Ballette: *Chrisis* (1912) (nach Puschkin); *Komedianty* (Die Komödianten) (1922), 2. Fassung als: *Dotsch maroda* (1931), 3. Fassung als: *Dotsch Kastilii* (Die Tochter Kastiliens) (1955) (nach L. de Vega); *Kleopatra* (1925) (nach Puschkin); *Krasny mak* (Roter Mohn) (1926/27), 2. Fassung (1949), 3. Fassung als: *Krasny zwetok* (Rote Blume) (1955); *Medny wsadnik* (Der eherne Reiter) (1949) (nach Puschkin); *Taras Bulba* (1952). – Bühnenmusik zu: Sophokles' *Oedipus Rex* (1921), Beaumarchais' *Le mariage de Figaro* (1927) u. a. – Opern: *Schachsenem* (1923–25), 2. Fassung (1930–34); *Raschel* (1942) (nach Maupassants *Made-*

moiselle Fifi); *Leili und Medschnun* (1940) (zus. mit T. Sadykow); *Gjulsara* (1949).

Lit.: I. BELSA, R. M. Gliera (Mos 1962); B. S. JAGOLIM, R. M. Glier. Notografitscheski sprawotschnik (Mos 1964) (Werkverz.); R. M. G., Statji, wospominanija, materialy, hrsg. v. W. M. BOGDANOW-BERESOWSKI, 2 Bde. (Leningrad 1965–67).

E. FISCHER

GLINKA, Michail Iwanowitsch, * 20. 5. (1. 6.) 1804 Nowo-Spaskoje (Gouvernement Smolensk), † 15. 2. 1857 Berlin; russ. Komponist. G., Sohn eines wohlhabenden Gutsbesitzers, lebte bis zum Eintritt in ein St. Petersburger Adelsinstitut auf dem Lande. Hier erwachte frühzeitig sein Interesse für die Volksmusik; er erlernte das Flöten- und Violinspiel und erhielt dann Klavierunterricht, den später in St. Petersburg vor allem J. Fields Schüler Charles Mayer erteilte. Nach einer Beamtentätigkeit im Verkehrsministerium (1824–28) verließ G. aus Gesundheitsgründen 1830 seine Heimat und reiste nach Mailand, Rom und Neapel. Dort begegnete er G. Donizetti, G. Bellini, F. Mendelssohn Bartholdy sowie H. Berlioz und machte sich mit der italienischen Opernkunst näher vertraut. 1833–34 studierte er in Berlin bei S. Dehn Kirchenmusik und Harmonielehre und kehrte dann nach St. Petersburg zurück. Zwei Jahre später fand die außerordentliche erfolgreiche Uraufführung seiner ersten Oper, *Schisn sa zarja* (Ein Leben für den Zaren), in Gegenwart des Hofes statt; daraufhin wurde G. zum Direktor der Hofsängerkapelle ernannt, gab diese Stelle Ende des Jahres 1839 jedoch wieder auf. Bereits während dieser Zeit konzipierte er seine zweite Oper, *Ruslan i Ljudmila,* die 1842 uraufgeführt wurde. Über den Mißerfolg dieses Werks enttäuscht, verließ G. 1844 Rußland; in Paris vertiefte er die Freundschaft und Zusammenarbeit mit Berlioz. 1845 ging er nach Spanien, wo er sich während der folgenden 2 Jahre eingehend mit der spanischen Volksmusik beschäftigte. Weitere Auslandsreisen führten ihn nach Warschau, abermals nach Paris und 1852–53 nach Berlin; hier lernte er G. Meyerbeer kennen. Für 2 Jahre kehrte er nach Rußland zurück und schrieb an seiner Autobiographie. Seit Mai 1856 setzte er seine Studien bei Dehn in Berlin fort, wo er dann wenige Monate später starb.

WW: **1) Instr.-WW:** Für Klv.: versch. Variationszyklen, u. a. über Themen aus Opern v. W. A. Mozart, J. Weigl, G. Bellini u. G. Donizetti; Tänze (Mazurkas, Walzer, Bolero, Tarantella usw.); Capriccio über russ. Themen (1834) für Klv. zu 4 Händen; Nocturnes, Fugen u. a. – Kammermusik: Sonate für Va. u. Klv. d-moll (1825–28); *Trio pathétique* d-moll (1826–27); 2 Streichquartette, C-Dur (1824) (spätere Fassungen in D- u. G-Dur) u. F-Dur (1830) (Bearb. auch für 2 Klv.); 2 Serenaden über Themen aus Bellinis *Somnambula* bzw. Donizettis *Anna Bolena* (1832); *Sestetto originale* Es-Dur (1832); Septett Es-Dur für Ob., Fag., Horn u. Str. (1824). – Für Orch.: Symphonie über russ. Themen d-moll (1834), vollendet v. W. I. Schebalin (1938); *Valse-Fantaisie* h-moll (1839), urspr. für Klv., bearb. v. Hermann für Orch. (1845), endgültige Fassung v. Komp. (1856); Span. Ouvertüren Nr. 1 u. 2: *Capriccio brillante* über die *Jota aragonesa* (1845), *Recuerdos de Castilla* (später umbenannt in: *Sommernacht in Madrid*); *Hochzeitslied und Tanzlied* (1848) (später als: *Kamarinskaja*); *Festliche Polonaise* F-Dur (1855) (über die Melodie eines span. Bolero). – **2) Vokal-WW:** Ensemblesätze; etwa 80 Lieder, darunter der Liederzyklus *Abschied von Petersburg* (1840); 3 geistliche u. 10 weltliche Chorwerke. – **3) Bühnen-WW:** Opern: *Schisn sa zarja* (Ein Leben für den Zaren), urspr. als: *Iwan Sussanin,* UA: St. Petersburg 1836; *Ruslan i Ljudmila* (nach Puschkin), UA: ebd. 1842; Bühnenmusik zu Nestor Kukolniks Tragödie *Knjas Cholmskij* (Fürst Cholmsky) (1840).

In der russischen Musikgeschichte des 19. Jh. kommt G. zentrale Bedeutung zu. Er löste sich entschieden von den Imitationen italienischer oder deutscher Stilmuster und erhob die Charakteristika der russischen Volksmusik zur tragenden Komponente seiner Tonsprache. Dabei korrespondiert die Originalität der melodischen Erfindung mit einer fortschrittlichen, bisweilen kühnen Harmonik; Spezifika des kontrapunktischen Satzes kennzeichnen die Kompositionen ebenso wie die sehr bewußte Verwendung instrumentaler Klangfarben. Allen Vorläufern somit in hohem Maße überlegen, schuf G. richtungweisende Werke: Seine musikdramatische Präsentation eines genuin „nationalen" Sujets markiert den Beginn der eigentlich russischen Oper; die Märchenwelt des *Ruslan* und seine Orientalismen gaben der weiteren Gattungsentwicklung neue wesentliche Impulse. Zudem wurde die russische Orchestermusik der folgenden Jahrzehnte durch jenen symphonischen Stil beeinflußt, den G. – namentlich in *Kamarinskaja* – entworfen hatte.

Lit.: W. W. STASSOW, M. I. G., in: Russki westnik (1857, NA Mos 1953); M. I. G., Sapiski, hrsg. v. DEMS. (St. Petersburg 1887), dt. Übers.: Aufzeichnungen aus meinem Leben, hrsg. v. H.A. BROCKHAUS (B 1961, Wilhelmshaven 1969); A. ALTAJEW, M. I. G. (Mos 1947), dt. Übers.: Ein Leben für die Musik (B 1949); M. I. G., Literaturnoje nasledije, 2 Bde., hrsg. v. W. BOGDANOW-BERESOWSKI (Mos 1952–53); M. I. REMESOW. M. I. G. (dt. L 1953); W. VETTER, Beethoven u. G., in: Mythos–Melos–Musica 2 (L 1961); A. VAN DER LINDEN, En feuilletant les mémoires de M. I. G., in: Académie Royale de Belgique. Bull. de la classe des beaux-arts 54 (1972); D. BROWN, M. G., A Biographical and Critical Study (Lo 1973); R. FRID, M. I. G. (Leningrad 1973) (russ.); W. A. WASSINA-GROOSMAN, M. I. G. (Mos 1974) (russ.).

E. FISCHER

GLISSANDO (it., = gleitend), auf Streichinstrumenten das schnelle Gleiten eines Fingers auf der angestrichenen Saite zwischen zwei Tönen. Die Ausführung eines vorgeschriebenen G. („echtes G.") wird im Notentext durch eine geschlängelte oder gerade Linie zwischen den betreffenden Noten und durch die Angabe gliss. bzw. glissando kenntlich gemacht:

Ein G. kann vom Spieler auch als besonderer Effekt der Phrasierung und Artikulation verwendet werden; in diesem Falle spricht man besser von ↗Portamento. Beide Arten des G. sind seit dem 18. Jh. bezeugt.
Auf dem Klavier ist G. das schnelle Gleiten der Finger (Daumen, Zeige- bzw. Mittelfinger, meist mit der Nagelseite) über die weißen oder schwarzen Tasten, auch in Sexten, Oktaven oder in anderen Intervallen. Ein Sexten-G. – Note für Note ausgeschrieben – findet sich bereits bei W. A. Mozart (Variationen über *Lison dormait,* KV 315d), ein Oktaven-G. – ebenfalls ausgeschrieben – bei L. van Beethoven (1. Satz des Klavierkonzerts C-Dur), das heute jedoch in der Regel „ausgespielt" wird. In der virtuosen Klaviermusik seit dem 19. Jh. gehört das G. (Notierung meist abgekürzt wie oben) dann zu den häufigen pianistischen Effekten (z. B. bei Fr. Liszt). Es verleiht später insbesondere dem Klavierstil von Cl. Debussy und M. Ravel, die es oft im Dienste poetischer Vorstellungen verwenden, ein charakteristisches Kolorit. Ein Beispiel dafür ist in Debussys *Feux d'artifice* (*Préludes* II) das Doppel-G. gleichzeitig auf den schwarzen (rechte Hand) und auf den weißen Tasten (linke Hand):

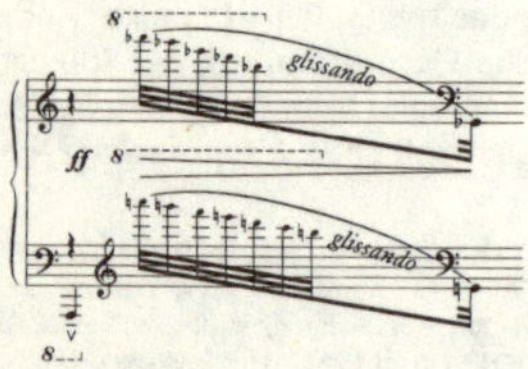

Beliebt ist seit der Mitte des 19. Jh. das G. auf der Harfe, zumal in der Orchestermusik. Es ist in allen einstellbaren Tonfolgen möglich, auch als Doppel- und Akkord-Glissando.
Auch auf anderen Instrumenten sind Glissandi möglich, wovon in der modernen Musik (auch im Jazz) häufig Gebrauch gemacht wird, u. a. auf Pedalpauken, auf der Posaune oder auf der Klarinette (so bereits bei G. Gershwin, *Rhapsody in Blue*).

GLOBOKAR, Vinko, *7.7.1934 Anderny (Meurthe-et-Moselle); jugoslawischer Komponist und Posaunist. Er studierte 1949–55 am Konservatorium in Laibach und 1955–59 am Pariser Conservatoire Posaune, 1959–63 Komposition bei R. Leibowitz in Paris, 1964–65 bei L. Berio in Berlin. 1965–66 war er Lehrer für Posaune in Buffalo (N. Y.), 1968–75 an der Musikhochschule in Köln (seit 1974 als Professor) und wirkte bis 1979 am Inst. de Recherche et Coordination Acoustique / Musique (IRCAM) in Paris. Als Posaunist wie als Komponist tritt G. für die Erweiterung der traditionellen Spiel- und Satztechniken ein. Die Aleatorik reicherte er um individual- und gruppenimprovisatorische Elemente an.

WW: **1) Instr.-WW:** *Discours II* (1968) für 5 Pos., ... *III* (1969) für 5 Ob., ... *IV* (1974) für 3 Klar.; *La ronde* (1970) für Instr. ad lib.; *Ausstrahlungen* (1971) für 1 Solisten u. 20 Musiker; Drama für Klv. u. Schlagzeug (1971); *Atemstudie* für Ob. (1971); *Vendre le vent* (1972) für Klv., Schlagzeug, 5 Holz- u. 4 Blechbläser; *Experimentelles* für Einzelinstr. (1971–80). – **2) Vokal-WW:** *Voie* (1966) für 3 Chöre u. Orch.; *Accord* (1966) für Sopran, Pos., Vc., Fl., Org. u. Schlagzeug; *Traumdeutung* (1967) für 4 Chöre, Vc., Harfe, Vibraphon u. Gitarre; *Airs* für 8 SingSt, Pos., Klar. u. 2 Assistenten (1972); *Standpunkte* (1976) für Sopran, Chor, Orch. mit multimedialer Präsentation; *Caroussel* (1977) für 4 Sänger u. 16 Instr. – **3) Schriften:** *Vom Standpunkt eines Interpreten,* in: Melos 34 (1969); *Man improvisiert...* in: ebd. 37 (1972); *Der kreative Interpret,* in: Melos/NZ 2 (1976).

Lit.: W. KÖNIG, V. G. (Wie 1977); C.-H. BACHMANN, Die gespielte Mitbestimmung. Komponierte „Orch.-Werkstätten", in: SMZ 118 (1978); W. KÖNIG, Das Instr. als Sprechwerkzeug bei V. G., in: Das Orchester 26 (1978).

GLÖCKCHEN DES EREMITEN, DAS *(Les dragons de Villars),* Opéra-comique in 3 Akten von Louis (genannt Aimé) Maillart (1817–71). Text von Joseph Philippe Lockroy und Eugène Cormon. Ort der Handlung: ein frz. Dorf im Esterel-Massiv, nahe der Grenze zu Savoyen; Zeit: 1704, gegen Ende des Cevennen-Krieges. UA: 19. 9. 1856 in Paris (Théatre-Lyrique); dt. EA (in dt. Sprache): 29. 11. 1860 in Berlin (Friedrich-Wilhelmstädtisches Theater).
Die Handlung der Oper beruht auf historischen Tatsachen: Die Dragoner des Marschalls Villars werden zur Unterdrückung eines Aufstandes in die Cevennen geschickt. Maillart gestaltet das Sujet operettenhaft. Die Dragoner stellen den Frauen des Dorfes nach und verschulden dadurch die Flucht von Aufständischen über die Grenze. Das (im deutschen Titel genannte) Glöckchen läutet, eine alte Legende bewahrheitend, bei jedem Versuch einer der Dorfbewohnerinnen, dem Charme eines Dragoners zu erliegen; Soldaten und Ehefrauen werden so an ihre Pflichten gemahnt. Die Musik zu dieser populärsten Oper Maillarts weist auf die großen Operetten Jacques Offenbachs voraus. Besonders beliebt sind die Arie der Rose *Il m'aime (Er liebt mich)* und die Romanze des Sylvain *Ne parle pas, Rose (O schweige still),* während Bélamys Trinklied *Le sage qui s'éveille (Der Weise, der erwachet)* bei deutschen Aufführungen in der Vergangenheit häufig durch Franz Abts (1819–85) Lied *Wenn man beim Weine sitzt* ersetzt wurde. R. QUANDT

GLOCKE (von vulgärlat. clocca, aus dem keltischen clocc; engl.: bell; frz.: cloche; it. und span.: campana), ein Aufschlaggefäß in der Regel aus Metall in Form eines stumpfen, am Ende nach außen gebogenen Kegels, an dessen Innenwand ein Klöppel oder an dessen Außenwand ein Hammer oder Metallstab anschlägt und einen aus Grundton, hervortretendem Schlagton und Teilschwingungen (optimal die Unteroktave, die Prim und die Obertöne Oberoktave, Quinte und kleine Terz) bestehenden Klang erzeugt. Ihre Verwendung ist bis in vorgeschichtliche Zeit und weltweit zu verfolgen. Außer Natur-G.n aus Holz oder Muschel-, Schnekken- oder Fruchtschalen und einem Klöppel aus Zahn gab es seit der Steinzeit G.n aus Stein und Ton, im alten Ägypten aus Gold und Silber, im Vorderen Orient und in Asien seit dem 9. Jh. v. Chr. aus Bronze, während in Afrika G.n aus Eisen gebräuchlich sind. Die G. diente kultischen Handlungen, ferner als Zeit-, Wetter-, Sturm- oder Feuer-G., häufig auch als Schmuckstück. Erst im späteren Mittelalter wurde ihre Funktion, neben ihrer Aufgabe als Kirchen-G. (häufig als Geläute, d.h. Disposition mehrerer G.n mit sukzessiv oder simultan erklingenden Schlagtönen), auf die als Signalinstrument (z.B. als Unwetter- oder Brand-G., auch als Bann-G.) beschränkt. Bis in neuere Zeit ist der weltliche Gebrauch der G., etwa als Rats- oder Gerichts-G., später auch als Fabrik-G., beibehalten worden, wurde meist aber durch andere Signale ersetzt. Allgemein verbreitet ist dagegen die G. noch als Uhr-G., die die Stunde schlägt.

Innerhalb der christlichen Kirche wurde die G. zunächst in den Klöstern – wie bei den nichtchristlichen orientalischen Klöstern – als Signal verwendet, um die Mönche zum gemeinsamen Gebet zu rufen; während in den orientalischen Klöstern in dieser Funktion neben G.n Gong und Klappern erscheinen, hat sich im Abendland die G. als „signum" durchgesetzt. Dieser Terminus erscheint in der *Regula monasteriorum*, die dem hl. Benedikt (6. Jh.) zugeschrieben wird. Es handelt sich dabei um kleine G.n, hergestellt aus getriebenen Kupferblättern (ähnlich den in den Alpenländern gebräuchlichen Kuh-G.n) oder – wie während des Mittelalters – aus Zinn. Die Benennung „tintinabulum" (Glöckchen), die sich im *Ordo X* findet (vgl. M. Andrieu, Les ordines Romani..., 5 Bde., Löwen 1931, Gembloux ²1948–61, Bd. 2, S. 351), bezeichnet eher G.n aus Leichtmetall. Man benutzte im Mittelalter zur Benennung leichter G.n auch den Ausdruck „cymbala", der eigentlich den grellen Ton kleiner G.n meint (Alain de Lille). Für große G.n wurde das Wort „campana" in Italien, Nordafrika und England, „nola" (nach der Stadt Nola) in Kampanien, bes. in der Provinz Neapel, „caccabulum" in Tarragona und ganz Spanien verwendet. Die G.n wurden geweiht, indem man ein Gebet über sie sprach, wie z.B. ein in Cambrai überliefertes Gebet aus dem 8. Jh. zeigt („Oratio ad signum ecclesiae benedicendum"). In Spanien sind im sog. *Liber ordinum* Gebete für die G.-Weihe bekannt, die mit Weihwasser und heiligem Öl vollzogen wurde. Bei dieser Gelegenheit erhielten die G.n Namen, die sich häufig auf ihre Funktion bezogen: „Apostolica" für eine G., die für die Apostelfeste vorbehalten war; „Dominica" – eine gewöhnliche Sonntags-G.; „Sanctus" für eine G., die vom Sanctus bis zum Schluß des Meßkanons erklang usw. Ein Kapitular von 789, das diese Tradition der G.-Weihe außer Kraft setzte, blieb unwirksam, da das *Pontificale Romanum* (Buch 2) die G.-Weihe ausdrücklich vorsah.

Der G.-Guß war seit dem Mittelalter ein blühendes Handwerk, seine Verfahren sind von den Verfassern der Traktate (vgl. J. Smits van Waesberghe; s. u. Lit.) kurz dargelegt. G.-Gießer saßen im Maastal, in St. Gallen und im Kloster Reichenau, in Fulda und Erfurt, in Salzburg und in Süditalien. Der früheste Traktat, der sich mit G.n beschäftigt, ist die aus dem 10. Jh. stammende *Schedula diversarum artium* des Benediktiners Theophilus, die sehr alte Verfahren beschreibt. Noch erhaltene Beispiele solcher Gußtechniken sind die G. von Canino (8./9. Jh.), die jetzt im Lateranmuseum in Rom aufbewahrt wird, oder diejenige aus Hersfeld, die einen Durchmesser von 102 cm hat. Die anderen erhaltenen Exemplare sind kleiner (∅40–65 cm). Bis zum 12. Jh. war die G. in Form eines Bienenkorbs gegossen. Im 13. Jh. weitete man sie nach unten, woraus eine Steigerung der Größe und des Gewichtes resultierte: So wiegt die „Osanna" in Freiburg im Breisgau von 1258 2500 kg und hat einen Durchmesser von 1,60 m. Im 15. Jh. wurden in denselben Werkstätten G.n wie auch Kanonen gegossen. Es kam häufig vor – z.B. im Dreißigjährigen Krieg oder in der Französischen Revolution –, daß G.n eingeschmolzen wurden, um Metall für Kanonen zu gewinnen. Während der beiden Weltkriege im 20. Jh. wurden in Deutschland 42583 G.n, das sind 77% des gesamten Bestandes, eingeschmolzen (ein Verzeichnis aller noch vorhandenen G.n und derjenigen, deren Größe und Klangcharakter erhalten werden konnte, ist angelegt im Deutschen Glockenatlas; s. u. Lit.).

Als Stoff (G.-Speise) wird bevorzugt Bronze verwendet. Je nach Art der Legierung (20–22% Zinn, 78–80% Kupfer) hat die G. einen mehr oder minder hellen Klang. Die Herstellungsweise wurde zwischen dem 10. und 12. Jh. verbessert, hat sich aber seit dieser Zeit kaum weiterentwickelt, außer in der Lösung technischer Probleme, die Steigerung von Größe und Gewicht betreffend. Das Verhältnis von Größe und Gewicht ist für die Bronze-G.n bekannt, wurde aber noch genauer errechnet (vgl. die Tafel in MGG V, Art. Glocken, Spalte 282). Im Prinzip stehen die Gewichte zweier G.n, die im Abstand einer großen Terz erklingen, im Verhältnis 1 : 2, für die Oktave gilt das Gewichtsverhältnis 1 : 8. Gußeiserne G.n wurden seit dem 17 Jh. aus Grauguß und werden seit 1852 in Bochum aus Stahlguß hergestellt.

Glocken als Orchesterinstrumente werden von vielen Komponisten vorgeschrieben, zuerst von N. d'Alayrac in *Camille* (1791) und von L. Cherubini in *Elisa* (1794; ↗Glockenspiel). Es gibt in der Musikgeschichte auch Instrumentalstücke, in denen Glockenklang lediglich nachgeahmt wird, und zwar sowohl das Läuten einzelner Glocken als auch bestimmte Geläute. Beispiele finden sich besonders in der Klaviermusik (u. a.: Fr. Couperin, *Le carillon de Cythère;* Fr. Liszt, *La campanella,* nach der Caprice op. 1,24 von N. Paganini; M. Mussorgski, *Das große Tor von Kiew* aus *Bilder einer Ausstellung;* M. Ravel, *La vallée des cloches,* aus *Miroirs;* Cl. Debussy, *Cloches à travers les feuilles,* aus *Images* II; *La cathédrale engloutie,* aus *Préludes* I), seltener in der Orgelmusik (u. a. L. Vierne, *Le carillon de Westminster*), vereinzelt auch in der Vokalmusik (L. Senfl, *Das Geläut von Speyer*).

Lit.: R. DUCKWORTH, Tintinnalogia, or the Art of Ringing (Lo 1668, Nachdr. Bath 1970); K. WALTER, Glockenkunde (Rb – R 1913) (mit umfangreichem Lit.-Verz.); J. BIEHLE, Die Analyse des Glockenklanges, in: AfMw 1 (1918/19); S. N. COLLMAN, The Book of Bells (Lo 1938) (mit Lit.-Verz.); CH. MAHRENHOLZ, Glockenkunde (Kas 1948); H. HICKMANN, Zur Gesch. der altägyptischen G.n, in: MuK 21 (1951); J. SMITS VAN WAESBERGHE, Cymbala. Bells in the Middle Ages (1951) (= MSD 1); A. PALUEL-MARMONT, Cloches et carillons ... (P 1953); J. SCHAEBEN, Die Bedeutung des Materials für die Klangcharakteristik der G.n, in: Zschr. für Kirchenmusik 73 (1953); M. GRÜTZMACHER, Über die Klänge v. G.n u. Org., in: Acustica 4 (1954); T. INGRAM, Bells in England (Lo 1954); H.-P. REINECKE, Unters. über die Klangabläufe angeschlagener G.n: in: AfMw 12 (1955); W. ELLERHORST, Hdb. der Glockenkunde, bearb. u. hrsg. v. G. Klaus (Weingarten 1957); S. B. PARRY, The Story of Handbells (Boston/Mass. 1957); J. GARDNER, G. als liturg. musikal. Instr. in der russ. Kirche, in: Ostkirchliche Stud. 8 (1958); Dt. Glockenatlas, hrsg. v. F. DAMBECK – G. GRUNDMANN, bearb. v. S. Thurn, 1: Württemberg u. Hohenzollern (Mn – B 1959), 2: Bayerisch-Schwaben (ebd. 1967), 3: Mittelfranken (ebd. 1973); A. LEHR, De klokkengieters F. en P. Hemony (Asten 1959) (mit umfangreichem Lit.-Verz.); A. WEISSENBÄCK – J. PFUNDNER, Tönendes Erz (Gr – Kö 1961); J. PFUNDNER, Über den Schlagton der G.n, in: Acustica 12 (1962); J. CAMP, Discovering Bells and Bellringing (Tring 1968, Aylesbury [2]1975); M. C. PATIER, Des cymbala aux carillons (Diss. P 1969); K. HONEMEYER, Probleme der Lautstärkemessung bei G.n: in: MuK 42 (1972); D. STOCKMANN, Die G.n im Profangebrauch des Spätmittelalters, in: Studia instrumentorum musicae popularis 3 (Sto 1974) (= Musikhist. museetsskrifter 5); J. CAMP, Bell Ringing. Chimes, Charillons, Handbells. The World of the Bell and the Ringer (Newton Abbot – NY 1974); E. ARRO, Die altruss. Glockenmusik, in: Musica Slavica (Wie 1977).

H. HUGLO

GLOCKENSPIEL. – 1) (lat.: cymbala; engl.: bell chime; frz.: carillon; it.: cariglione; ndl.: beiaard, klokkenspel; span.: carillón), Bz. für eine Gruppe von Schlaginstrumenten verschiedener Herkunft und Bauart, deren gemeinsames Merkmal das Anschlagen von verschieden geformtem Metall mit Hämmern oder Klöppeln ist. Im Mittelalter hieß G. ein weit verbreitetes Instrument mit abgestimmten kleinen Glocken, die in einem Rahmen aufgehängt wurden (↗Cymbala).

Ein großes, bis in die Gegenwart gebautes G. ist das Turmglockenspiel, das, zunächst nur aus wenigen Glocken bestehend, seit dem Spätmittelalter vor allem in den großen Uhren an Rathaus- und Kirchentürmen eingebaut wurde, um mit bestimmten Tonfolgen bzw. Melodien die vollen Stunden (oder kleinere Zeitintervalle) anzugeben. Zum Klingen gebracht wurden die Glocken durch Hämmer oder andere Vorrichtungen, die durch Zahnräder mit dem Uhrwerk verbunden waren. Mehr melodische Möglichkeiten bot das Spiel mit Hilfe von Zugseilen, die vom Spieler getreten oder mit den Händen gezogen wurden. Später wurde das Turm-G. mit einer durch das Uhrwerk angetriebenen Stiftwalze ausgestattet, deren Stifte Hämmer anhoben, die von außen gegen die Glocke schlugen. Die ersten großen astronomischen Uhren mit G.en dieser Art gab es in Straßburg (1352 die erste Münsteruhr), Lübeck (Marienkirche, 1405), Olmütz (1419) und Lund (1441). Daneben entwickelte sich ein Turm-G. mit Klaviatur und mechanischer Traktur, wobei die Tasten über Drahtzüge mit der jeweiligen Glocke verbunden sind, die mit einem Klöppel von innen angeschlagen wird (erstmals belegt 1510 in Audenaarde). Für die tiefen Glocken, deren schwere Hämmer nicht mehr mit der Hand gespielt werden konnten, wurden Pedale angebracht (erstmals wahrscheinlich 1583 in Mecheln), auch ein zweites Manual wurde oft eingebaut. Die früher mechanische Traktur ist in neueren Turm-G.en durch eine elektrische oder pneumatische Traktur ersetzt. Hauptverbreitungsgebiet der großen Turm-G.e waren seit dem 15. Jh. die Städte Belgiens, der Niederlande und Nordfrankreichs, deren Reichtum die immer größeren und besseren Turm-G. zeigen sollten. Von dort kam das Turm-G. auch nach England und in die USA. Zu den größten Turm-G.en des 17. und 18. Jh. gehörten die G.e im Turm des Königlichen Palastes in Amsterdam (37 Glocken) sowie die in Breda, Delft und Goes (je 40 Glocken),

Middelburg (43 Glocken), Antwerpen (46 Glokken), Brügge (47 Glocken), Mecheln (49 Glocken) und Gent (52 Glocken). Ein sehr berühmtes Turm-G. besitzt auch Salzburg (35 Glocken, 1717). In Meißen und in Lüneburg gibt es neuere Instrumente mit Glocken aus Meißner Porzellan (in Lüneburg mit 41 Glocken). Die Anzahl der Glokken und somit der Tonumfang des Turm-G.s ist sehr unterschiedlich, beträgt aber wenigstens 2 Oktaven (mit 25 Glocken). In Europa sind am gebräuchlichsten Turm-G.e mit 2–4 Oktaven (C–c^3), in den USA bis zu 6 Oktaven. Seit Beginn des 20. Jh. ist das Interesse an Turm-G.en wieder gestiegen, vor allem durch Josef Denijn, der 1887 in Mecheln (Belgien) zum städtischen Glockenspieler ernannt wurde, seit 1892 regelmäßige G.-Konzerte veranstaltete und 1922 eine G.-Schule gründete. Seit 1972 besteht auch eine Klasse für Turm-G. am Konservatorium in Tourcoing (Nordfrankreich).

Während des 17. Jh. wurden G.e (engl.: orchestra bells; frz.: jeu de timbres, carillon; it.: campanelli, carillon; span.: carillón, juego de timbres) entwikkelt, die für ein Spiel in Innenräumen gedacht waren und seit Ende des 17. Jh. auch Eingang in das Orchester fanden (z.B. G. Fr. Händel, *Saul,* oder W. A. Mozart, *Die Zauberflöte*). Später wurden verschiedene Arten von *Orchesterglockenspielen* entwickelt, z.T. solche, die den Klang realer Kirchenglocken nachahmen sollten, z.T. auch solche mit eigenem Klangcharakter. Zu den letzteren gehört das zeitlich am frühesten entstandene Stab-G. mit einzelnen, chromatisch angeordneten rechtekkigen Stahlplatten, die waagerecht über einem flachen viereckigen Resonanzkasten ruhen. In seiner modernen Form liegt dieses G. auf einem fahrbaren Gestell und ist mit einer regulierbaren Dämpfungsvorrichtung (Pedal) ausgestattet. Die chromatisch angeordneten Platten des G. haben einen Tonumfang von g^2–e^5 und werden mit Hämmerchen angeschlagen. In der Musik des 20. Jh. findet dieses G. häufiger Verwendung, u.a. bei P. Dukas *(L'apprenti sorcier),* R. Strauss *(Don Juan, Also sprach Zarathustra),* Cl. Debussy *(La mer)* und C. Orff *(Trionfi),* der es (ohne Dämpfungsvorrichtung) auch mit pädagogischer Absicht in sein *Orff-Schulwerk* übernahm. Zu den Stab-G.en gehört auch die tragbare Lyra der Militärkapellen. Stab-G.e wurden um 1700 auch schon mit einer Klaviatur versehen. Dazu haben sie heute sowohl Dämpfer als auch ein Pedal zur Aufhebung der Dämpfung (↗Celesta). Außerdem gibt es noch Stab-G.e ohne Klaviatur, aber mit Resonatoren (↗Vibraphon).

Zur Nachahmung des Glockenklangs in Orchesterwerken gibt es zwei weitere G.e. Das *Plattenglokkenspiel* (engl.: plate bells; frz.: doches en lame de métal; it.: campane in lastra di metallo) besteht aus rechteckigen, senkrecht in einen Rahmen gehängten Stahlblechplatten, deren Klang dem der Glokken am nächsten kommt. Sie werden vom Spieler nach dem Anschlagen mit dem Hammer hin- und herbewegt, um den Ton wie einen Glockenton hallen zu lassen. Das Platten-G. hat meist nur einen geringen Tonumfang (im allgemeinen C–e); es wird – wegen der langen Nachklingzeit – meist dann benutzt, wenn nur jeweils wenige Töne gespielt werden sollen, z.B. in R. Wagner, *Parsifal,* in H. Berlioz, *Symphonie fantastique* oder in M. Mussorgski, *Notsch na Lysoj gore* (Eine Nacht auf dem Kahlen Berge). Ein Nachteil dieser Platten-G.e ist der Raum, den sie durch ihre Aufhängung nebeneinander in Anspruch nehmen (z.B. Maße für die C-Platte 73 × 48 cm), weshalb sie oft ersetzt werden durch *Röhrenglockenspiele* (engl.: tubular chimes; frz.: cloches tubulaires, cloches à tube, jeu de tubes; it.: campane tubolari; span.: camponólogo), die aus Messing- oder Bronzeröhren, in einem fahrbaren Gestell senkrecht aufgehängt, bestehen. Diese Röhren-G.e haben einen chromatischen Tonumfang von $1-1^1/_2$ Oktaven (13 bis 17 Röhren), neuerdings auch 2 Oktaven. Moderne Instrumente haben eine Fußdämpfungsvorrichtung, die jede dynamische Abstufung erlaubt. G.e dieser Art sind für viele Werke des 20 Jh. erforderlich, z. B.: G. Mahler, 2. Symphonie; O. Respighi, *Fontane di Roma;* Mussorgski-Ravel, *Tableaux d'une exposition;* G. Puccini, *Turandot;* E. Varèse, *Ionisation;* P. Hindemith, *Symphonische Metamorphosen über ein Thema von C. M. v. Weber;* O. Messiaen, *Oiseaux exotiques;* L. Foss, *Time Cycle.*

M. BRÖCKER

2) (engl.: carillon, chimes; frz.: carillon; it.: campnella; span.: carillón), Bz. für ein im 17.–18. Jh. vor allem in Deutschland und Italien beliebtes Orgelregister, bei dem über eine Prellmechanik Schalenglocken angeschlagen werden. Es findet sich im Manual in 2′-Lage im Diskant (ab g oder c^1), im Pedal als 4′ (z.B. in der Gabler-Orgel in Weingarten). Im heutigen Orgelbau ist es bei größeren Orgeln wieder beliebt (Lübeck, Marienkirche; Limburg, Dom).

H. J. BUSCH

Lit.: **Zu 1):** C. DASYPODIUS, Wahrhafftige Außlegung des astronomischen Uhrwerks zu Straßburg (Str 1578); A. ROCCA, De campanis commentarius (R 1612); E. VAN DER STRAETEN, Notice sur les carillons d'Audenarde (An 1855); E. BUHLE, Das G. in den Miniaturen des frühen MA, in: FS Liliencron (L 1910); W. G. RICE, Carillon-Music... of the Old World and the New (NY 1924); P. GRIESBACHER, Glockenmusik (Rb 1927, ^{2}1929); A. u. TH. UNGERER, Cloches et carillons des origines à nos jours, in: La France horlogère (1932) November-H.; F. P. PRICE, The Carillon (Lo 1933); J. S. ARCHER, On Carillon-Music, in: ML 18 (1937); F. P. PRICE, Campanology Europe 1945–47 (Ann Arbor/Mich. 1948); P. D.

PEERY, Chimes and Electronic Carillons (NY 1948); A. L. BIGELLOW, English Type Carillonic Bells (Sellersville 1949); A. PALUEL-MARMONT, Cloches et carillons, leur histoire, leur fabrication, leurs légendes (P 1953); F. M. FELDHAUS, Dt. G.e, in: AfMw 10 (1953); J. GOGUET, Le carillon des origines à nos jours (P 1958); A. LEHR, De klokkengieters F. en P. Hemony (Asten 1959); J. CAMP, Discovering Bells and Bellringing (Tring 1968); M. C. PATIER, Des cymbala aux carillons (Diss. P 1969); K. F. WAACK, Neue Informationen v. G., in: Der Kirchenmusiker 25 (1974); J. CAMP, Bell Ringing. Chimes, Carillons, Handbells. The World of the Bell and the Ringer (Newton Abbot-NY 1974); J. S. DUNDORE, The Carillon, in: Journal of Church Music 17 (1975). – **Zu 2):** R. MENGER, Cymbelstern u. G., in: FS O. Heuss 1953–1978 (Lich 1978).

GLOGAUER LIEDERBUCH, eine der umfangreichsten spätmittelalterlichen Sammelhandschriften deutscher Herkunft nach dem Lochamer und dem Schedelschen Liederbuch, geschrieben von einem Kenner der Musik, der offenkundig dem Domkapitel in Glogau (Schlesien) angehörte, und die erste deutsche Musikhandschrift in Stimmbuchaufzeichnung (bis 1945 im Besitz der Deutschen Staatsbibliothek Berlin, neue Signatur Mus. Ms. 40098). Sie enthält 294 dreistimmige Kompositionen überwiegend aus der Zeit zwischen 1470 und 1480: 158 lateinisch textierte geistliche Sätze, 75 deutsche mehrstimmige Lieder, darunter auch drei Quodlibets, und 61 instrumentale Spielstücke. Fast alle Sätze sind anonym überliefert, doch lassen sich durch Konkordanzen im Schedelschen Liederbuch und in italienischen, französischen und niederländischen Quellen bedeutende Namen wie G. Dufay, Hayne van Ghizeghem, J. Martini, J. Ockeghem und J. Tinctoris ermitteln. Viele Stücke stammen von deutschen Musikern (Paulus de Broda, H. Finck, Rubinus [?] u. a.), einige wenige sind nachweisbar in Glogau selbst entstanden. Das bunt gemischte, wahrhaft europäische Repertoire der Handschrift war sowohl für geistliche Andachten wie für das gesellige häusliche Musizieren des Bürgertums und der Berufsmusiker bestimmt. Auffallend ist die große Zahl von oft mit charakterisierenden Titeln versehenen Spielstücken *(Der natter schwanz, Die katzenpfote)* für instrumentale ad libitum-Besetzung. Kompositorisch überwiegt der dreistimmige Satz mit Cantus firmus im Tenor oder Diskant nach dem Vorbild der niederländischen Chanson oder der frühen geistlichen Motette. In den deutschen Liedsätzen stehen altertümelnde Dupeltaktlieder neben den metrisch stärker integrierten, nach dem additiven Strukturprinzip gebauten Tripeltaktliedern. In den stark homophonen Liedern im Gleitrhythmus ist diese Integration am weitesten fortgeschritten.

Ausg.: Ausgew. Sätze aus dem G. L. (um 1480), hrsg. v. H. RINGMANN (Kas 1927), Teilausg. als: Das G. L., hrsg. v. DEMS. – J. KLAPPER (Kas 1936–37) (= EDM, RD 4 u. 8); Sing- u. Spielstücke aus der Glogauer Hs. (ca. 1480), hrsg. v. H.-J. FEURICH, in: Silesia cantat 8 (Dülmen 1973).

Lit.: R. EITNER, Ein Liederbuch des XV. Jh. Königliche Bibl. in Berlin, musikal. Abt. Ms. Z. 8037, quer 4°, in: MfM 6 (1874); A. FREITAG, Die Herkunft des „Berliner Liederbuches“, in: AfMw 2 (1919); H. RINGMANN, Das G. L. um 1480, in: ZfMw 15 (1932); W. STEPHAN, Die burgundisch-niederländische Motette zur Zeit Ockeghems (Kas 1937); F. FELDMANN, Musik u. Musikpflege im ma. Schlesien (Breslau 1938, Hil ²1973); K. GUDEWILL, Vokale u. instr. Stilmomente in textlosen Kompositionen des G. L.s, in: Kgr.-Ber. Bamberg 1953 (Kas 1954); W. SALMEN, Die Schichtung der ma. Musikkultur in der ostdt. Grenzlage (Kas 1954); H. ZENCK, Numerus u. Affectus (Kas 1959); L. HOFFMANN-ERBRECHT, Die Bedeutung Th. Stoltzers für die dt. u. europäische Musikkultur, in: Musik in Schlesien (Dülmen 1970); H. J. FEURICH, Die dt. weltlichen Lieder der Glogauer Hs. (ca. 1470) (Wie 1970) (= Neue musikgesch. Forsch. 4); CH. VÄTERLIN, Das G. L. Kritische Ed. sämtlicher lat. textierter Sätze, nebst Stud. zu ihrer Herkunft (Diss. Tü 1974).

L. HOFFMANN-ERBRECHT

GLORIA, in der römisch-katholischen Liturgie der 2. Teil des Ordinarium missae. Das G., auch Hymnus angelicus (Engelshymnus) oder „große“ ↗Doxologie genannt, gehört mit den biblischen Cantica (↗Canticum) zu den wenigen heute noch gebräuchlichen frühchristlichen Hymnen. Der G.-Text des *Missale Romanum* findet sich am frühesten im 9. Jh. (Psalterium des Abtes Wolfcoz von St. Gallen) und unterscheidet sich nur unwesentlich von der ältesten bekannten lateinischen Fassung (Antiphonar von Bangor, Irland, 7. Jh.), die ihrerseits genau der griechischen Fassung der byzantinischen Liturgie entspricht (die wohl authentische Fassung im *Codex Alexandrinus;* vgl. die beiden zuletzt genannten Texte in J. A. Jungmann, s. u. Lit.). Der textliche Aufbau des G. läßt drei ihrem Inhalt nach unterschiedliche Abschnitte erkennen: den Gesang der Engel nach Luk. 2, 14, die Lobpreisung Gottes *(Laudamus te* bis *Deus Pater omnipotens)* und das Rufen zu Christus; dieser Abschnitt gliedert sich in die preisende Anrede *(Domine Deus* bis *Filius Patris),* die litaneiartigen Anrufungen *(Qui tollis peccata mundi* bis *ad dexteram Patris, miserere nobis),* die dreifache Prädikation *(Quoniam tu solus sanctus...)* und den trinitarischen Abschluß *(Cum Sancto Spiritu, in gloria Dei Patris. Amen).* Charakteristisch ist somit insgesamt der akklamatorische Charakter (↗Akklamation) des G., der auch in der sprachlichen Formung mit ihrer Kleingliedrigkeit und mit ihren Parallelismen und Textwiederholungen zum Ausdruck kommt.

Ursprünglich war das G. ein Gesang des Offiziums. Im *Codex Alexandrinus* ist es wie die biblischen Cantica als Morgenlied ausgewiesen; in den Klöstern der Provence unter dem hl. Caesarius beschloß es die Laudes, ähnliches gilt für die Mailändische Liturgie. Bezeugt ist (durch Gregor von Tours) aber auch der Gesang des G. aus Anlaß außerliturgischer Feiern im öffentlichen Leben. In die römische Messe, und zwar zunächst nur in die Weihnachtsmesse, scheint es spätestens im Laufe des 5. Jh. eingefügt worden zu sein (durch Papst Leo den Großen); jedenfalls war es in der 1. Hälfte des 6. Jh., zur Zeit der Abfassung des *Liber pontificalis*, an den Sonntagen und an den Martyrerfesten in Papst- und Bischofsmessen üblich. Fester Bestandteil des Ordinarium missae, außer in der Advents- und Fastenzeit, wurde das G. seit dem 11. Jh.; und nach der Reform des *Missale Romanum* im Anschluß an das 2. Vatikanische Konzil ist es heute für „Hochfeste, Feste und besondere Feiern vorgesehen sowie für alle Sonntage mit Ausnahme der Advents- und Fastenzeit" (*Meßbuch*, authentische Ausg., Allgemeine Einführung). Von Anfang an war das G. ein Gesang der Gemeinde (bzw. des sie repräsentierenden Kleriker-Chores); es war dadurch besonders ausgezeichnet, daß es vom Papst oder Bischof, später allgemein vom Priester, angestimmt wurde (mit den Worten *Gloria in excelsis Deo*, die man daher als Intonation bezeichnet). Für die Ausführung gilt heute der Gesang „von allen gemeinsam oder im Wechsel von Gemeinde und Sängerchor oder vom Sängerchor allein" (*Meßbuch* ebd.). Aus mittelalterlichen und späteren Quellen (10.–16. Jh.) sind nicht weniger als 50 chorale G.-Melodien bekannt. Sie zeigen in ihrer musikalischen Gestalt eine große Vielfalt: es gibt einfachste, streng syllabische Gebilde mit einer einzigen lektionsähnlichen Rezitationsformel für alle Verse, melodisch reichere Weisen mit bestimmten häufig wiederholten „Motiven" (Br. Stäblein), ja sogar „durchkomponierte" Melodien. Groß ist auch die Zahl der mittelalterlichen G.-Tropen (↗Tropus) (vgl. die Texte in Anal. Hymn. 47). Die in die *Editio Vaticana* aufgenommenen G.-Melodien (in den Messen 1–18 sowie 4 Melodien ad libitum, davon eine „more Ambrosiano") vermitteln nur noch einen unvollkommenen Eindruck von der alten Vielfalt der G.-Gesänge. Immerhin finden sich dort sowohl einfache, formelhafte nahezu syllabische Melodien wie etwa das G. der 15. Messe, das als das älteste G. überhaupt gilt, als auch stärker melismatische und weniger formelhafte Weisen (insbesondere G. der 2. Messe, G. III ad lib.) Das G. der 14. Messe ist die vereinfachte Adaption eines byzantinischen Gloria.

In der mehrstimmigen Musik waren G. und Kyrie die ersten Teile des Ordinarium missae, die vertont wurden, und zwar zunächst als Einzelsätze oder als Satzpaar und meist als Tropus. Die frühesten G.-Sätze finden sich im Winchester-Tropar (11. Jh.). In der *Messe de Nostre Dame* (2. Hälfte 15. Jh.) von G. de Machaut ist dann das G. zum ersten Mal in eine musikalisch-gesamthafte Gestaltung aller Ordinariumsteile einbezogen, wie sie dann seit G. Dufay das Wesen der Messe als einer musikalischen Gattung ausmacht. Das G. nimmt seitdem an der reichen Entwicklung der Messe teil, auch an der Entwicklung von besonderen Messetypen, wie der italienischen Kurzmesse des 17.–19. Jh. (Missa alla veneziana) oder der protestantischen Missa des 16.–18. Jh., die beide nur aus Kyrie und G. bestehen. Für den letztgenannten Typus bietet noch das Schaffen J. S. Bachs bekannte Belege (BWV 233–236). Das G. seiner *h-moll-Messe*, das ebenfalls ursprünglich Teil einer solchen Missa war, ist formgeschichtlich charakteristisch für die Gliederung eines Messesatzes im Rahmen der sog. Kantatenmesse; es enthält gleichzeitig charakteristische Beispiele für Bachs Kunst des musikalischen Wortausdrucks, der häufig auch den theologischen Sinn einzelner Textstellen erschließt. Demgegenüber gelingt es Beethoven in seiner *Missa solemnis*, insgesamt dem akklamatorischen Charakter des G. mit musikalischen Mitteln in einer Weise gerecht zu werden, wie sie in der Geschichte der gesamten Messenvertonung einmalig ist.

Der Text des G. wurde im Umkreis der Reformation auch zu Gemeindeliedern umgeformt. Als bekanntestes solcher G.-Lieder gehört *Allein Gott in der Höh sei Ehr* (Text von N. Decius, 1522/23) von Anfang an zum Kernbestand des evangelischen, seit langem auch des katholischen Gemeindegesangs.

Lit.: C. BLUME, Der Engelhymnus „G. in excelsis", in: Stimmen aus Maria Laach 73 (1907); P. WAGNER, Einführung in die Gregor. Melodien I u. III (L ³1911, 1921, Nachdr. Hil 1962); W. STAPELMANN, Der Hymnus Angelicus. Gesch. u. Erklärung des G. (Hei 1948); J. A. JUNGMANN, Missarum sollemnia, 2 Bde. (1948, W – Fr – Bas ⁵1962); M. HUGLO, La mélodie grecque du G. in excelsis, in: Revue grégorienne 29 (1950); D. BOSSE, Unters. einstimmiger ma. Melodien zum „G. in excelsis Deo" (Diss. Erl 1954); B. STÄBLEIN, G. in excelsis Deo, in: MGG V; A. SCHMITZ, Zum Verständnis des G. in Beethovens „Missa solemnis", in: FS F. Blume (Kas 1963); K. RÖNNAU, Die Tropen zum G. in excelsis Deo. Unter besonderer Berücksichtigung der St. Martial-Hss. (Wie 1967).
G. MASSENKEIL

GLOSA (span., = Glosse, Erläuterung), span. Bz. für eine Art Vokalise, eine frei verzierte Oberstimme in kurzen Praeludien oder liturgischen Zwischenspielen, auch eine reich verzierte, frei variierende Improvisation über ein Thema. In Sammlungen spanischer Musik für Orgel oder Vihuela des 16./17. Jh. ist G. ein Synonym für ↗Diferencia, ↗Tiento, ↗Ricercar oder freie Bearbeitung eines anderen Werkes. G.s schrieben A. de Cabezón, Francisco Fernández Palero, M. de Fuenllana, A. de Mudarra, L. de Narvaez, D. Ortiz, D. Pisador und E. de Valderrábano. Wichtig für die Praxis und Theorie der G. ist der *Tratado de glosas* von

D. Ortiz (R 1553, Faks. mit dt. Übers. v. M. Schneider, B 1913, Kas [3]1967).

GLOSSOP, Peter, * 6. 7. 1928 Sheffield; engl. Sänger (Bariton). Er war Bankangestellter, studierte daneben Gesang, wurde 1952 Chorist am Sadler's Wells Theatre in London, später dort 1. Bariton und debütierte 1962 an Covent Garden als Demetrius in *A Midsummer Night's Dream* von B. Britten. Danach sang er u. a. auch an der Mailänder Scala, an der Metropolitan Opera in New York und an der Hamburgischen Staatsoper. G. singt hauptsächlich die Baritonpartien der Opern G. Verdis, hatte große Erfolge aber auch als Figaro in Mozarts Oper *Die Hochzeit des Figaro* und als Escamillo in G. Bizets *Carmen*.

GLOTTIS (von griech. glotta, = Zunge, Sprache; frz.: glotte), **Stimmritze,** der Zwischenraum zwischen den Rändern der beiden Stimmlippen. Die G. hat im Ruhestand der Stimmbänder etwa die Form eines spitzwinkligen gleichschenkligen Dreiecks. Bei der Stimmgebung (Phonation) wird sie zu einem engen Spalt. Völlig geschlossen ist sie beim Schluckakt und beim Luftanhalten. Das plötzliche Aufsprengen des G.-Schlusses beim Singen nennt man G.-Schlag (frz. coup de glotte). Er bewirkt bei anlautenden Vokalen einen „harten" Stimmeinsatz, der ein Mittel der sängerischen Artikulation sein kann.

GLUCK, Christoph Willibald, Ritter von, *2. 7. 1714 Erasbach bei Neumarkt (Oberpfalz), †15. 11. 1787 Wien; dt. Komponist. Er war der vermutlich älteste Sohn des Forstmeisters Alexander G. (1683–1743). Wohl um 1730 verließ er heimlich das Elternhaus in Eisenberg bei Komotau und wandte sich nach Prag, wo er seinen Lebensunterhalt als freier Musiker verdiente und möglicherweise an der Universität studierte. Art und Dauer seines Schulbesuchs in Komotau, seiner musikalischen Ausbildung sowie seines Studiums in Prag sind unbekannt. Gegen Ende 1735 ging er nach Wien, wo er gelegentlich in der Kapelle des Fürsten Lobkowitz mitwirkte. 1736 folgte er dem Patrizier A. M. Melzi nach Mailand und wurde dort Schüler G. B. Sammartinis. Fünf Jahre später führte er in Mailand im Teatro Regio Ducal seine erste Oper, *Artaserse,* auf. Zwischen 1742 und 1745 schrieb er 7 weitere Opere serie für Mailand, Venedig, Crema und Turin. Vermutlich im Herbst 1745 folgte er einer Einladung nach London, wo er während der ersten Monate des Jahres 1746 mit zwei Gelegenheitsopern hervortrat, gemeinsam mit G. Fr. Händel ein Konzert veranstaltete und sich zweimal als Glasharmonika-Virtuose öffentlich hören ließ. Später wandte er sich nach Deutschland und schloß sich der Operntruppe Mingotti an, die Ende Juni 1747 auf Schloß Pillnitz bei Dresden Vorstellungen gab. Am 14. Mai 1748 wurde das umgebaute Wiener Burgtheater mit G.s Opera seria *Semiramide* wiedereröffnet. Vom Herbst 1748 bis zum Frühjahr 1749 war er in Hamburg und anschließend in Kopenhagen Kapellmeister der Gesellschaft Mingotti. Wohl im Herbst 1749 nahm er Beziehungen auf mit der Operntruppe G. B. Locatelli in Prag, die dort Anfang 1750 seine Opera seria *Ezio* spielte. Nach seiner Heirat mit Marianne Pergin (1732–1800) in Wien 1750 war G. um die Jahreswende 1751/52 vermutlich Kapellmeister der Gesellschaft Locatelli. Im August 1752 reiste er nach Neapel, wo Anfang November die Uraufführung seiner Oper *La Clemenza di Tito* stattfand. Im Dezember 1752 ließ er sich endgültig in Wien nieder und wurde bald musikalischer Berater des Prinzen Joseph-Friedrich von Sachsen-Hildburghausen und Konzertmeister in dessen Kapelle. Nach der Ernennung des Grafen Giacomo Durazzo zum Intendanten der Wiener Hoftheater im Juni 1754 und nach der Aufführung seines Einakters *Le Cinesi* (am 24. 9. 1754) in Schloßhof in Anwesenheit der kaiserlichen Familie wurde G. zur Komposition der „Theatral- und Akademiemusik" an das Burgtheater verpflichtet. Zwischen 1755 und 1765 komponierte er für höfische Anlässe mehrere kleinere italienische Opern sowie die Vollopern *Il Re pastore* (1756) und *Telemaco* (1765), für auswärtige Bühnen die Opern *Antigono* (UA Rom 1756), die ihm die Ernennung zum „Kreuzherren vom Goldenen Sporn" eintrug, und *Il Trionfo di Clelia* (UA Bologna 1763). Im Zuge der Bemühungen Durazzos, die Pariser Vaudeville-Komödie nach Wien zu verpflanzen, trat G. zwischen 1758 und 1761 mit mehreren um „nouveaux airs" bereicherte Bearbeitungen solcher Werke und drei Jahre später mit der eigenen Opéra-comique *La Rencontre imprévue* (7. 1. 1764) hervor. In der Zwischenzeit hatte er durch Vermittlung Durazzos R. de Calzabigi kennengelernt, der ebenfalls eine Erneuerung der Opera seria wie auch des Bühnentanzes anstrebte. Auf dessen Anregung schuf er in Zusammenarbeit mit dem Choreographen G. Angiolini 3 für Wien neuartige Tanzdramen: *Le Festin de Pierre* (*Don Juan,* 17. 1. 1761), *Semiramis* und *Iphigenie* (beide 1765). Den künstlerischen Höhepunkt seines Wirkens in Wien bilden 3 nicht mehr im Auftrag des Hofes, sondern ohne erkennbaren Anlaß in freier Zusammenarbeit mit Calzabigi entstandene italienische „Reform"-Opern: *Orfeo ed Euridice* (1762), *Alceste* (1767) und *Paride ed Elena* (1770).

In der Zwischenzeit war nach einer gemeinsam mit Durazzo unternommenen Reise nach Paris (Februar 1764) und Frankfurt am Main dieser von der Wiener Hoftheaterintendanz zurückgetreten (April 1764) und G. aus dem Burgtheater ausgeschieden. 1768 bezog der inzwischen wohlhabend gewordene G. ein eigenes Haus. Einen Teil seines Vermögens verlor er jedoch 1769, als er den Theaterunternehmer G. d'Affligio finanziell zu stützen versuchte. Nach 1770 in Wien künstlerisch weitgehend vereinsamt, suchte er nach neuen Wirkungsmöglichkeiten. Seine leitende Idee war eine „musique propre à toutes les nations", in deren Geist er gemeinsam mit G. Leblanc du Roullet seine erste französische „Reform"-Oper *Iphigénie en Aulide* schuf. Sie wurde bei ihrer Pariser Premiere am 19. 4. 1774 enthusiastisch aufgenommen. Anfangs von seiner einstigen Schülerin Königin Marie Antoinette gefördert, unternahm er, seit dem 18. 10. 1774 hochdotierter „kaiserlich-königlicher Hofcompositeur" in Wien, fünf längere und jeweils mit der Entstehung bzw. Umarbeitung einzelner Opern verknüpfte Reisen nach Paris: Herbst 1773 – Herbst 1774 *(Iphigénie en Aulide, Orphée),* November 1774–März 1775 *(L'Arbre enchantée, La Cythère assiégée),* März–Juni 1776 *(Alceste),* Mai 1777–Februar 1778 *(Armide)* und November 1778–Oktober 1779 *(Iphigénie en Tauride,* G.s größter Pariser Erfolg; *Écho et Narcisse,* sein größter Mißerfolg dort). Während der Jahre 1776/77 erreichte der berühmte Streit zwischen den Pariser Anhängern G.s (den sogenannten Gluckisten) und denen N. Piccinnis (Piccinnisten) seinen Höhepunkt: Verärgert darüber, daß auch Piccinni eine Oper zu komponieren begonnen hatte, an der er selbst arbeitete, brach G. die Komposition von Ph. Quinaults *Roland* ab. Gegen Ende seines letzten Pariser Aufenthalts erlitt er einen ersten (Sommer 1779), nach Wien zurückgekehrt einen zweiten Schlaganfall (Sommer 1781). Nach dem Mißerfolg auch der Umarbeitung von *Écho et Narcisse* (1780 Paris) zog er sich von der Bühne endgültig zurück. Er starb an den Folgen eines dritten Schlaganfalls und wurde am 17.11.1787 in Wien begraben.

WW: **1) Instr.-WW:** *Six Sonatas for two Violins & a Thorough Bass* (L 1746); 2 Triosonaten (hsl.); 21 Sinfonien bzw. Ouvertüren (mehrere zweifelhaft; hsl.); 1 Fl.-Konzert (zweifelhaft, hsl.). – **2) Vokal-WW:** *Klopstocks Oden u. Lieder beym Clavier zu Singen* (nach 1769) (W 1785/66); *An den Tod* (Text: Klopstock) für SingSt u. Klv. (vor 1783), in: Musikal. Blumenstrauß (B 1792); *De profundis* für Chor u. Orch. (bei G.s Beisetzung aufgeführt) (P um 1804); Solokantate *I Lamenti d'amore* (v. G. aus dem 3. Akt der it. *Alceste* zusammengestellt, hsl.). – **3) Bühnen-WW: a)** It. Opern (falls nicht anders angegeben, handelt es sich um Opere serie; von den WW der Jahre 1741–46 ist nur *Ipermestra* vollständig erhalten): *Artaserse* (Libr.: P. Metastasio), UA: Mailand 1741; *Demetrio* (Libr.: ders.), UA: Venedig 1742; *Demofoonte* (Libr.: ders.), UA: Mailand 1743; *Il Tigrane* (Libr.: C. Goldoni nach F. Silvani), UA: Crema 1743; *La Sofonisba* (Rezitative v. F. Silvani, Arientexte v. P. Metastasio), UA: Mailand 1744; *Ipermestra* (Libr.: P. Metastasio), UA: ebd. 1744; *Poro* (Libr.: ders.), UA: als *Alessandro nell'Indie:* Turin 1744; *Ippolito* (Libr.: G. G. Corio), UA: Mailand 1745; *La Caduta dei Giganti* (Libr.: F. Vanneschi), UA: London 1746, 6 Arien daraus (L 1746); *Artamene* (Libr.: ders. nach B. Vitturi), UA: ebd. 1746, 6 Arien (L 1746); *Le Nozze d'Ercole e d'Ebe,* Serenata teatrale, UA: Pillnitz bei Dresden 1747; *La Semiramide riconosciuta* (Libr.: P. Metastasio), UA: Wien 1748; *La Contesa de'Numi* (Libr.: ders.), Festa teatrale, UA: Charlottenburg bei Kopenhagen 1749; *Ezio* (Libr.: ders.), UA: Prag 1750; *Issipile* (Libr.: ders.), UA: ebd. 1751/52 (nur 4 Arien erhalten); *La Clemenza di Tito* (Libr.: ders.), UA: Neapel 1752; *Le Cinesi* (Libr.: ders.), Azione teatrale, UA: Schloßhof bei Hainburg 1754; *La Danza* (Libr.: ders.), Componimento drammatico, UA: Laxenburg bei Wien 1755; *L'Innocenza giustificata* (Rezitative v. G. Durazzo?, Arientexte v. P. Metastasio), Festa teatrale, UA: Wien 1755, Umarbeitung als: *La Vestale,* UA: ebd. 1768; *Antigono* (Libr.: P. Metastasio), UA: Rom 1756; *Il Re pastore* (Libr.: ders.), UA: Wien 1756; *La Tetide* (Libr.: G. A. Migliavacca), Serenata, UA: ebd. 1760; Teile zum Pasticcio *Arianna* (Libr.: ders.), Festa teatrale, UA: Laxenburg 1762 (verschollen); *Orfeo ed Euridice* (Libr.: R. Calzabigi), Azione teatrale, UA: Wien 1762 (P 1764); *Il Trionfo di Clelia* (Libr.: P. Metastasio), UA: Bologna 1763; *Il Parnaso confuso* (Libr.: ders.), Azione teatrale, UA: Schönbrunn 1765; *Telemaco* (Libr.: M. Coltellini), UA: Wien 1765; *La Corona* (1765) (Libr.: P. Metastasio), Azione teatrale (nicht aufgeführt); *Il Prologo* (Libr.: L. O. del Rosso) zu T. Traettas *Ifigenia in Aulide,* UA: Florenz 1767; *Alceste* (Libr.: R. Calzabigi), Tragedia, UA: Wien 1767 (W 1769) (mit Vorwort v. G.); *Le Feste d'Apollo* (*Prologo* v. G. Rezzonico, *Atto di Bauci e Filemone* v. G. M. Pagnini, *Atto d'Aristeo* v. G. Pezzana, *Atto d'Orfeo = Orfeo ed Euridice*), UA: Parma 1769; *Paride ed Elena* (Libr.: R. Calzabigi), UA: Wien 1770 (W 1770) (mit Vorwort v. G.). – **b)** Frz. Opern (falls nicht anders angegeben, handelt es sich um Opéras-comiques): *La fausse esclave* (Libr.: L. Anseaume, Marcouville), UA: Wien 1758; *L'Isle de Merlin* (Libr.: A. R. Lesage, d'Orneval), UA: Schönbrunn 1758; *La Cythère assiégée* (Libr.: Ch. S. Favart), UA: Wien 1759, Umarbeitung als dreiaktige Opéra-ballet, UA: Paris 1775 (P 1775); *Le Diable à quattre* (Libr.: F. M. Sedaine), UA: Laxenburg 1759; *L'Arbre enchanté* (Libr.: P. L. Moline), UA: Schönbrunn 1759, Umarbeitung, UA: Versailles 1775 (P 1775); *L'Ivrogne corrigé* (Libr.: L. Anseaume), UA: Wien 1760; *Le Cadi dupé* (Libr.: P. R. Lemonnier), UA: ebd. 1761; *La Rencontre imprévue* (Libr.: A. R. Lesage, d'Orneval, bearb. v. L. H. Dancourt), UA: ebd. 1764; *Iphigénie en Aulide* (Libr.: F. L. G. Leblanc du Roullet), Tragédie opéra, UA: Paris 1774 (P 1774); *Orphée et Eurydice* (Libr.: R. Calzabigi, übers. v. P. L. Moline), UA: ebd. 1774 (P 1774); *Alceste* (Libr.: ders., übers. v. F. L. G. Leblanc du Roullet), UA: ebd. 1776 (P 1776); *Armide* (Libr.: Ph. Quinault), Drame héroique, UA: ebd. 1777 (P 1777); *Iphigénie en Tauride* (Libr.: N. F. Guillard, F. L. G. Leblanc du Roullet), Tragédie, UA: ebd. 1779 (P 1779), in dt. Übers. v. G. u. J. B. von Alxinger, UA: Wien 1783; *Écho et Narcisse* (Libr.: L. Th. von Tschudi), Drame lyrique, UA: Paris 1779, Umarbeitung, UA: ebd. 1780 (P 1780). – **c)** Tanzdramen (Choreographie der UA: G. Angiolini): *Le Festin de Pierre (= Don Juan),* UA: Wien 1761 (Szenar W 1761); *Alessandro (= Les Amours d'Alexandre et de Roxane),* UA: ebd. 1764; *Semiramis,* UA: ebd. 1765 (Szenar W 1765); *Iphigenie,* UA: 1765 (Musik u. Szenar verschollen); *Ballo Achille* (um 1770?, zweifelhaft).

Mit dem größeren Teil seines Opernschaffens (22 italienische Vollopern, 9 kleinere italienische Bühnenwerke, 8 heitere und 4 bzw. 6 ernste französische Opern) steht G. auf dem Boden der konventionellen, höfisch-aristokratischen italienischen Gesangs- und Intrigenoper im Sinne J. A. Hasses und P. Metastasios: Von den vor 1762 entstandenen italienischen Opern weisen nur *La Tetide* (1760) und teilweise auch *L'Innocenza giustificata* (1755) andeutungsweise auf die späteren „Reformopern" voraus. G.s opernhistorische Bedeutung beruht indes auf jenen Werken, in denen er sich von der Konvention löste. Durch seine 8 realistisch-heiteren französischen Werke, die er zwischen 1758 und 1764 schrieb, gehört er zu den Mitschöpfern der noch jungen Opéra-comique. Im Gegensatz zu den ersten Bearbeitungen dieser Werkreihe treten in *L'Ivrogne corrigé* (1760) und in *Le Cadi dupé* (1761) die originalen Vaudevilles gegenüber den „nouveaux airs" an Zahl zurück. *La Rencontre imprévue* (1764), das letzte Werk der Reihe, ist eine Originalkomposition von Gluck. – Das erste Ergebnis seiner Zusammenarbeit mit Calzabigi und Angiolini war ein auf dem Boden der zeitgenössischen französischen Ästhetik gewachsenes neuartiges Tanzdrama anstelle des gewohnten Schauballetts. Künstlerischer Kulminationspunkt dieser Werkgruppe ist *Semiramis* (1765).

G.s gemeinsam mit Calzabigi während der Jahre 1762–1770 unternommene Reform der ernsten italienischen Oper hatte zum Ziel, die Musik wieder ausschließlich in den Dienst des Dramas und damit wieder unmittelbarer in den Dienst der Handlung zu stellen und gleichzeitig alles im Sinne des eigentlichen Dramas Überflüssige auszuscheiden. Die Ouvertüre wurde zu einem dem Drama ideell wie musikalisch-thematisch verbundenen Handlungsprolog. Eine neue Art der Rezitativbehandlung durch weitgehenden Ausschluß des „Secco" zugunsten des „Accompagnato" ermöglichte eine psychologisch wahrheitsgetreuere Darstellung der handelnden Personen. Der Chor wurde im Sinne des antiken Dramas eingesetzt und der Tanz als „ballet d'action" in das Drama integriert. Den Höhepunkt solcher an musikalischer Charakterisierung (statt Typisierung) und Realistik reichen „Französierung" der italienischen Oper bildet G.s *Alceste:* Im Vorwort der Partitur nennt G. „la semplicità, la verità e la naturalezza" als Grundprinzipien alles künstlerisch Schönen. Diesem Postulat folgen auch die nach 1770 im Zeichen zunehmender Anpassung an spezifisch französische Opernverhältnisse sowie zunehmender „Musikalisierung" entstandenen französischen Opern. *Alceste* ist eine Neuschöpfung des italienischen Reformwerkes aus dem Geiste der französischen Oper; in *Armide* sind höchste Fortschrittlichkeit (im Sinne der Reform) und Traditionsgebundenheit eng miteinander verschmolzen; *Iphigénie en Tauride* schließlich stellt eine meisterhafte Zusammenfassung aller Erneuerungsbestrebungen G.s dar.

Ausg.: GA (Kas 1951 ff.), bisher sind erschienen: I/1: *Orfeo et Euridice*, 2: *Telemaco*, 4: *Paride ed Elena*, 6: *Orphée et Eurydice*, 7: *Alceste*, 9: *Iphigénie en Tauride*, 10: *Écho et Narcisse*, 11: *Iphigenie auf Tauris;* II/1: *Don Juan, Semiramis;* III/8: *Il Re pastore*, 17: *Le Cinesi*, 18: *La Danza*, 22: *La Tetide*, 25: *Il Parnaso confuso*, 26: *La Corona;* IV/1: *L'Isle de Merlin*, 5: *L'Ivrogne corrigé*, 7: *La Rencontre imprévue;* V/1: Triosonaten Nrn. 1–8. – **1) Instr.-WW:** Triosonaten Nrn. 1–7, hrsg. v. H. RIEMANN, in: Coll. Mus. 33–38 (L o.J.); dass., Nrn. 1–8, hrsg. v. F. H. NEUMANN, in: Nagels MA 205–208 (Kas 1964); Sinfonie G, hrsg. v. G. HOFFMANN, in: Corona 6 (Wb 1937); Sinfonie F u. Ouverture D, hrsg. v. R. GERBER (Kas 1953); Sinfonie F, hrsg. v. H. SCHERCHEN (Mz o.J.); Sinfonie G, hrsg. v. H. GAL (W o.J.); Fl.-Konzert G, hrsg. v. H. SCHERCHEN (Z o.J.). – **2) Vokal-WW:** Lieder, Oden u. Arien, hrsg. v. M. FRIEDLAENDER (L o.J.); *Klopstocks Oden*, hrsg. v. G. BECKMANN (L 1917); *Ode an den Tod*, hrsg. v. J. LIEBESKIND (L 1911); *I Lamenti d'amore*, hrsg. v. DEMS. (L 1908); *De profundis*, Klv.-A., hrsg. v. M. AREND (Hameln o.J.). – **3) Bühnen-WW:** *Orphée, Iphigénie en Aulide, Alceste* [frz.] *Armide, Iphigénie en Tauride* u. *Écho et Narcisse*, hrsg. v. F. PELLETAN U. A. (P–L 1873–96); *Il Prologo*, hrsg. v. P. GRAF WALDERSEE (L 1891); *Le Nozze d'Ercole e d'Ebe*, hrsg. v. H. ABERT (L 1914) (= DTB 14/2); *Orfeo ed Euridice*, hrsg. v. DEMS. (L 1914) (= DTÖ 45); *Iphigénie en Tauride*, hrsg. v. DEMS. (L o.J.); *Don Juan* (= *Le Festin de Pierre*), hrsg. v. R. HAAS (W – L 1923) (= DTÖ 60); *L'Innocenza giustificata*, hrsg. v. A. EINSTEIN (W – L 1937) (= ebd. 82); Bearb. v. Iphigenie auf Tauris v. R. Wagner (L 1847) u. R. Strauss (B 1889).

Lit.: Mémoires pour servir à l'histoire de la révolution opérée dans la musique par M. le Chevalier G., hrsg. v. G. M. LEBLOND (Neapel 1781, Nachdr. A 1967), dt. Übers. v. J. G. Siegmeyer (B 1823, ²1837); A. SCHMID, G. (L 1854); A. B. MARX, G. u. die Oper, 2 Bde. (B 1863, Nachdr. Hil 1970); G. DESNOIRESTERRES, G. et Piccinni (P 1872, ²1875, Nachdr. G 1971); C. H. BITTER, Die Reform der Oper durch G. u. Wagner (Brau 1884); E. NEWMAN, G. and the Opera (Lo 1895, Nachdr. Lo 1964); H. KRETZSCHMAR, Zum Verständnis G.s, in: Jb. Peters 10 (1903); A. WOTQUENNE, Thematisches Verz. der Werke von ... G., dt. Übers. v. J. Liebeskind (L 1904), Ergänzungen u. Nachträge ..., hrsg. v. dems. (L 1911, Nachdr. Hil – Wie 1968); J. C. von Mannlich ... Lebenserinnerungen, hrsg. v. E. STOLLREUTHER (B 1910, ²1923); J. TIERSOT, G. (P 1910, ⁴1919); E. KURTH, Die Jugendopern G.s, in: StMw 1 (1913); G.-Jb. 1–4, hrsg. v. H. ABERT (L 1913–1918) (mit zahlr. Spezialstud.); A. HEUSS, G. als Musikdramatiker, in: ZIMG 15 (1913/14); M. AREND, Zur Kunst G.s (Rb 1914); W. BARCLAY SQUIRE, G.s London Operas, in: MQ 1 (1915); M. AREND, G. (B – L 1921); R. HAAS, Die Wiener Ballettpantomime ..., in: StMw 10 (1923); W. VETTER, G.s Entwicklung zum Opernreformator, in: AfMw 4 (1924); DERS., G.s Stellung zur Tragédie lyrique u. opéra comique, in: ZfMw 7 (1924/25); DERS., G. u. seine it. Zeitgenossen, in: ebd.; R. HAAS, G. u. Durazzo (Z – L – W 1925); L. HOLZER, Die komischen Opern G.s, in: StMw 13 (1926); G.s Briefe an F. Kruthoffer, hrsg. v. G. KINSKY (W – L 1927); H. ABERT, G., Mozart u. der Rationalismus, in: Gesammelte Schriften, hrsg. v. F. Blume (Hl 1929); DERS., G.s it. Opern bis zum Orfeo, in: ebd.; M. COOPER, G. (Lo 1935); A. EINSTEIN, G. (Lo 1936, dt. Z – St 1954); W. VETTER, G.s Klassizismus, in: Dt. Musikkultur 1 (1936/37); J. MÜLLER-BLATTAU, G. u. die dt. Dichtung, In: Jb. Peters 45 (1938); H. J. MOSER, G. (St 1940); R. GERBER, G. (Pd 1941, ²1950); A. DELLA CORTE, G. e i suoi tempi (Fi 1948); J.-G. PROD'HOMME, G. (P 1948); R. GERBER, Unbekannte Instr.-WW v. C. W. G., in: Mf 4

(1951); A. A. ABERT, G. (Mn 1959, auch Z 1960); C. HOPKINSON, A Bibliogr. of the Printed Works of... G. (Lo 1959, NY [2]1967); G. The Collected Correspondence and Papers, hrsg. v. H. u. E. MÜLLER VON ASOW (Lo 1962); K. GEIRINGER, G. u. Haydn, in: FS O. E. Deutsch (Kas 1963); A. OREL, Einige Bemerkungen zu Tanzdramen G.s, in: ebd.; L. FINSCHER, Che farò senza Euridice? Ein Beitr. zur G.-Interpretation, in: FS H. Engel (Kas 1964); W. VETTER, G. (L 1964); W. FELIX, G. (1965); K. HORTSCHANSKY, Parodie u. Entlehnung im Schaffen C. W. G.s (Diss. Kiel 1966, erw. Kö 1973) (= Anal. Mus. 13); DERS., G. u. Lampugnani in Italien, in: Anal. Mus. 3 (1966); DERS., Doppelvertonungen in den it. Opern G.s, in: AfMw 14 (1967); DERS., G.s Sendungsbewußtsein, in: Mf 21 (1968); G. CROLL, G.-Forsch. u. G.-GA, in: Musik u. Verlag. FS K. Vötterle (Kas 1968); DERS., Ein unbekanntes tragisches Ballett v. G., in: Mitteilungen der Ges. für Salzburger Landeskunde 109 (1969); K. HORTSCHANSKY, Unbekannte Aufführungsberichte zu G.s Opern der Jahre 1748–1765, in: Jb. des Staatl. Inst. für Musikforsch. 2 (1969); R. ENGLÄNDER, G. Pflege u. Nachfolger G.s im Schweden Gustavs III., in: Musa – Mens – Musici. Gedenkschrift W. Vetter (L 1969); T. ANTONICEK, Beethoven u. die G.-Tradition, in: Beethoven-Stud. (W 1970); A. A. ABERT, Die Bedeutung der opera seria für G. u. Mozart, in: Mozart-Jb. 1971/72; K. HORTSCHANSKY, Arianna. Ein Pasticcio v. G., in: Mf 24 (1971); DERS., G. nella „Gazetta di Milano", in: NRMI 6 (1972); W. BAETHGE, Philos.-Ästhetische Unters. zur Opernreform C. W. G.s (Diss. Hl 1972); K. GEIRINGER, Concepts of the Enlightenment in G.s Italian Reform Opera, in: Studies on Voltaire 88 (1972); J. RUSHTON, „Iphigénie en Tauride". The Operas of G. and Piccinni, in: ML 53 (1972); G. CROLL, G. u. Mozart, in: ÖMZ 28 (1973); R. MONELLE, G. and the „Festa teatrale", in: ML 53 (1973); K. HORTSCHANSKY, Unbekanntes aus G.s „Poro", in: Mf 27 (1974); C. DAHLHAUS, Ethos u. Pathos in G.s „Iphigenie auf Tauris", in: Mf 27 (1974), dazu A. u. K. STOLL, in: Mf 28 (1975); G. GRUBER, G.s Tanzdramen u. ihre musikal. Dramatik, in: ÖMZ 29 (1974); A. MAHLER, G.s Schulzeit, in: Mf 27 (1974); Convegno Internazionale di Studi Musicali „G. e la cultura italiana nella Vienna del suo tempo" Siena 1973, in: Chigiana 29/30, Nuova serie 9/10 (Fi 1975); P. GALLARATI, G. e Mozart (Tn 1975); R. ANGERMÜLLER, Reformideen v. Du Roullet u. Beaumarchais als Opernlibrettisten, in: AMl 48 (1976); G. CROLL, G.s Debut am Burgtheater, in: ÖMZ 31 (1976); A. A. ABERT, Die Oper zw. Barock u. Romantik, in: AMl 49 (1977); J. M. KAPLAN, Eine Ergänzung zu G.s Korrespondenz, in: Mf 31 (1978).

W. PFANNKUCH

GLÜCKLICHE REISE, Operette in 3 Akten (7 Bildern) von Eduard Künneke (1885–1953), Text von Max Bertuch und Kurt Schwabach. Ort und Zeit der Handlung: eine einsame Farm in Südamerika, Berlin, z. Z. der UA oder in beliebiger Gegenwart. UA: 23. 11. 1932 in Berlin (Theater am Schiffbauerdamm). Verfilmt 1933 und 1954.

Erzählt wird die heitere Geschichte von zwei deutschen Farmern in Südamerika, die mit zwei Mädchen aus Berlin korrespondieren. Schließlich suchen sie diese auf, und nach Überwindung der üblichen Mißverständnisse kommt es zum Happy-End. Künneke griff in dieser Operette fast alle damals aktuellen Tanzrhythmen auf, so in dem Foxtrott *Am Amazonas,* im Tango *Nacht muß es sein* und in dem Blues *Das Leben ist ein Karussell.* Heute noch sehr populär ist das Marschlied *Glückliche Reise.* Mit dieser Operette errang Künneke seinen zweiten internationalen Erfolg nach der Operette *Der Vetter aus Dingsda* (1921).

R.-M. SIMON – S. SIMON

GLYN, Margaret Henriette, * 28. 2. 1865 Ewell (Surrey), † 3. 6. 1946 ebd.; engl. Organistin, Komponistin und Musikforscherin. Sie widmete sich vornehmlich der Erforschung der englischen Virginalmusik der Elisabethanischen Zeit, für die sie als eine der ersten das Interesse neu weckte. M. G. komponierte u. a. Orgelwerke, Lieder, 6 Symphonien, 2 Ouvertüren und 6 Suiten für Orchester.

WW: **1) Editionen:** *Elizabethan Virginal Composers, 1. Gibbons, 2. Bull, 3. W. Byrd* (Lo – Boston 1922–23); *The Byrd Organ Book,* 2 Bde. (Lo 1923); *O. Gibbons, Complete Keyboard Works,* 5 Bde. (Lo 1924–25); *Parthenia* (Lo 1927); *30 Virginal Pieces* (Lo 1927); *Keyboard Music of J. Bull* (Lo 1930); *Early English Organ Music* 1 (Lo 1939); *Selection of Keyboard Pieces* (Fitzwilliam Virginalbook), 2 Bde. (Lo 1944). – **2) Schriften:** *About Elizabethan Virginal Music and Its Composers* (Lo 1924); *Theory of Musical Evolution* (1934).

GNECCHI, Vittorio, * 17. 7. 1876 Mailand, † 1. 2. 1954 ebd.; it. Komponist. G. war in Mailand Schüler von T. Serafin, M. Saladino und C. Gatti. Er widmete sich hauptsächlich der Komposition von Opern. Seine Oper *Cassandra* (1905) brachte, ähnlich der *Elektra* von R. Strauss, eine neuartige ernste Handlung in die italienischen Opern ein. Nach der Uraufführung der *Elektra* (1909) bezichtigte der Musikkritiker G. Tabaldini Strauss völlig unberechtigt des Plagiats und löste damit einen heftigen publizistischen Streit aus.

WW: *Notte nel campo di Holopherne* (1932) Poema eroico für Orch.; 2 Motetten (1932) für Sopran, Chor u. Orch. – Opern: *Virtù d'amore,* UA: Verderio/Como 1896; *Cassandra* (Libr.: L. Illica, V. G.), UA: Bologna 1905; *La rosiera* (nach A. de Musset), UA: Gera 1927; *Giuditta* (Libr.: L. Illica), UA (konzertant): Salzburg 1953.

Lit.: M. BARBIERI, Cassandra. Virtù d'amore, in: Curiosità musicale, in: RMI 39 (1932); F. B. PRATELLA, Luci ed ombre per un musicista italiano ignorato in Italia (R 1933); M. HORWARTH, Tebaldini, G. and Strauss, in: Current Musicology (1970) Nr. 10.

GNESSIN, Michail Fabianowitsch, * 21. 1. (2. 2.) 1883 Rostow, † 5. 5. 1957 Moskau; sowjetruss. Komponist und Musikforscher. 1901–09 studierte er am St. Petersburger Konservatorium Komposition bei N. Rimski-Korsakow, A. Ljadow und A. Glasunow. 1911 bereiste er Deutschland und Frankreich, arbeitete 1911–13 am Meyerholdschen Theaterstudio in St. Petersburg und studierte 1914 das Musikschulwesen in Palästina. Nach dem 1. Weltkrieg leitete er das Konservatorium und das Volksmusikwesen in Rostow. 1923–35 unterrichtete er an dem von seiner Schwester **Jelina** (18.[30.]5. 1874 – 4. 6. 1967) mit zwei weiteren

Schwestern 1895 gegründeten und von ihr zeitlebens geleiteten Gnessin-Institut in Moskau. 1935–44 war er Professor für Komposition am Leningrader Konservatorium und lehrte 1944–51 als Ordinarius Komposition erneut am Gnessin-Institut. 1943 wurde er Doktor der Kunstwissenschaften und 1948 Vorstandsmitglied des Sowjetischen Komponistenverbandes. Zu seinen Schülern gehörte A. Chatschaturjan.

WW: **1) Instr.-WW:** Für V. u. Klv.: Sonate (1928) (Mos 1929); Suite (1956) (Mos 1956); für Vc. u. Klv.: *Sonate-Ballade* (1909, 2. Fassung 1928); Thema u. Variation (1953) (Mos 1955); für V., Vc. u. Klv.: *Elegija-pastoral* (1940); *Pamjati naschich pogibschich detej* (1943); Variationen über ein jüdisches Thema (1917) für Streichquartett (B 1923, W 1925); für Streichquartett u. Klv.: Requiem (1912–14) (Mos 1916); *Sonate-Fantasie* (1945) (Mos 1947); *Pesnja stranstwujuschtsch ewo ryzarja* (1917) für Streichquartett u. Harfe (Mos 1929); *Adygeja* (1933) für V., Va., Vc., Horn, Klar. u. Klv. (Mos 1937); symphonisches Fragment *Is Shelley* aus *Prometheus anbound* (1906–08); *Traurnyje pljaski* (Trauertänze aus P. B. Shelley's *Adonais*) (1917) (Mos 1918); *Jewrejsch orkestr na balu gorodnitschewo* (1926), Suite aus der Musik zu N. Gogols *Revisor* (Mos 1929). – **2) Vokal-WW:** Über 50 Lieder; Chöre mit Klv.; für SingSt u. Orch.: *Balagan* (1909); *Wroubel* (1911); *Tscheruw-pobeditel* (1913) (Text: E. A. Poe); für Chor u. Orch.: symphonisches Monument *1905–1917* (1925–26); symphonisches Präludium *W. Germanii* (1937); *Krasnoj Armii* (1943). – **3) Schriften:** *Mysli i wospominanija o N. A. Rimskom-Korsakowe* (Mos 1956).

G. gilt als Begründer eines jüdischen Nationalstils in der russischen Musik. Aus Tonfall und Rhythmus der Sprache entwickelte er in Anlehnung an M. Mussorgski und L. Janáček einen auch von Rezitatoren auszuführenden melodischen Sprechgesang. Schwerpunkt seines kompositorischen Schaffens blieb die Vokalmusik, deren Einfluß auch in den Instrumentalwerken nachweisbar ist. Als Schriftsteller unterstützte er die musikfolkloristischen Bestrebungen in der UdSSR.

Lit.: M. F. G., Statje, wospominanija, materialy, hrsg. v. R. W. GLESER (Mos 1961); G. B. BERNANDT – I. M. JANYSOLSKI, Kto pisal o musyke 1 (1971); D. GOJOWY, Neue sowjetische Musik der 20er Jahre (Rb 1980).

H. LINDLAR

GOBBI, Tito, * 24. 10. 1913 Bassano del Grappa, † 5. 3. 1984 Rom; it Sänger (Bariton). Nach dem Jurastudium in Padua studierte er Gesang in Rom, wurde 1938 beim Wiener Gesangswettbewerb 1. Preisträger und debütierte 1939 am Teatro Adriano in Rom als Vater Germont in G. Verdis *La Traviata*. 1942 wurde er Mitglied der Mailänder Scala, nach 1945 gewann er rasch internationale Anerkennung an allen bedeutenden Opernhäusern der Welt. 1952 sang er bei den Salzburger Festspielen den Don Giovanni unter W. Furtwängler, 1956 erstmals an der Metropolitan Opera in New York. G. gilt als der bedeutendste italienische Bariton seiner Generation. Seit 1962 führt G. auch Opernregie und leitet regelmäßig Interpretationskurse.

GOEBELS, Franzpeter, * 5. 3. 1920 Mülheim an der Ruhr; dt. Pianist und Cembalist. Er studierte in Köln an der Musikhochschule bei K. H. Pillney und R. von Koczalski und Musikwissenschaft an der Universität. Seit 1940 war er Solopianist beim Deutschlandsender, lehrte seit 1947 am R. Schumann-Konservatorium in Düsseldorf, wo er auch das Studio für Neue Musik leitete, und ist seit 1958 Professor an der Nordwestdeutschen Musikakademie Detmold und dort ebenfalls Leiter des Studios für Neue Musik. G. konzertiert im In- und Ausland vor allem mit Werken der älteren und der zeitgenössischen Musik. Er schrieb u. a. *Handbuch der Klavierliteratur* I (Z 1967) (mit K. Wolters).

GOBERT, Thomas, * um 1600 in der Picardie (?), † 26. 9. 1672 Paris; frz. Komponist. Er war wahrscheinlich Chorknabe an der Ste-Chapelle in Paris, seit 1630 Kanonikus in Saint-Quentin, anschließend Maître de chapelle in Péronne und seit 1635 Kaplan Kardinal Richelieus. 1638 wurde er einer der beiden Kapellmeister am königlichen Hof und war seit 1663 einer der dann vier Kapellmeister. Seit 1646 war er auch ständiger Kaplan, seit 1651 Kanonikus an der Ste-Chapelle. G. vervollständigte die von A. Auxcousteaux vertonten *Paraphrases des pseaumes* von A. Godeau und versah die einstimmigen Airs mit einer Baßstimme „ad libitum".

WW: *Paraphrases des pseaumes de David, en vers françois* (P 1659 u. ö.); einige Arien, in: B. de Bacilly, *Recueil des plus beaux airs* (P 1661); *Paroles tirées de la Sainte Écriture et mises en motet* („Audite coeli" für Soli u. Chor) (P 1660), nur Text erhalten.

Ausg.: Die Psalmen 146, 41, 150, 135, 136, 33, 42, 149, hrsg. v. B. LOTH (P 1947–55) (= Collection d'œuvres françaises du temps de Richelieu 1, 11, 12, 19, 20, 56, 58).

Lit.: M. BRENET, Les concerts à Paris sous l'Ancien Régime (P 1900, Nachdr. NY 1970); DIES., Les musiciens de la Ste-Chapelle (P 1910); M. DELOCHE, La maison du cardinal de Richelieu (P 1912); D. LAUNAY, La „Paraphrase des Psaumes" de Godeau et ses musiciens, in: RMie 50 (1964).

GODARD, Benjamin Louis Paul, * 18. 8. 1849 Paris, † 10. 1. 1895 Cannes; frz. Violinist und Komponist. Er studierte bei H. Vieuxtemps (Violine) und N. H. Reber (Komposition) am Pariser Conservatoire, an dem er seit 1887 selbst als Professor lehrte. Seine Kompositionen waren zu seinen Lebzeiten außerordentlich beliebt und gelten heute als charakteristische Beispiele für die französische Salonmusik des Fin de Siècle. Berühmt blieb bis heute die *Berceuse* aus seiner Oper *Jocelyn*.

Lit.: M. CHERJOT, B. G. (P 1902); M. CLAVIE, B. G. (P 1906); J. TIERSOT, Un demi-siècle de la musique française (P 1918).

GODEAU, Antoine, * 24. 9. 1605 Dreux, † 21. 4. 1672 Vence; frz. Literat und Kirchenhistoriker.

G., Advokat des Pariser Parlaments, 1635 eines der ersten Mitglieder der Académie française, wurde 1636 zum Priester geweiht und im selben Jahr Bischof von Grasse, 1639 auch (seit 1653 nur noch) von Vence. Seine *Paraphrases des pseaumes de David* (begonnen 1633, abgeschlossen 1648), die in den Gemeinden die Texte Desportes verdrängten, wurden häufig vertont, u. a. von A. Auxcousteaux (nach dessen Tod von Th. Gobert vollendet), von A. Larenois (1655), J. de Gouy (1650), H. Du Mont (1663) und von É. Moulinié (1658).

Lit.: P. LEBLANC, Les paraphrases françaises des psaumes à la fin de la période baroque (P 1960); D. LAUNAY, La „Paraphrase des Psaumes" de G. et ses musiciens, in: RMie 50 (1964).

GODEBRIE, Jacob, ↗Jacotin.

GODECHARLES (Codecharle, Godischal), belgische Musikerfamilie. – **1) Jacques Antoine,** * 14. 10. 1713 Brüssel, † 11. 12. 1782 ebd. 1734–80 war er in Brüssel Bassist der Hofkapelle und seit 1749 auch Kapellmeister an St-Nicolas. – **2) Eugène Charles Jean,** Sohn von 1), * 15. 1. 1742 Brüssel, † 1814 ebd. Er war in Brüssel seit 1770 Violinist und Altist, seit 1794 Kapellmeister der Hofkapelle, außerdem Kapellmeister an St-Géry. Von ihm wurden gedruckt *6 Sinfonie a 4 o 8 partite*, 6 Quartette für Harfe od. Klavier und Streicher und 6 Streichquartette. – **3) Lambert François,** Sohn von 1), getauft 12.5.1753 Brüssel, † 20.12. 1819 ebd. 1778–94 war er in Brüssel Bassist der Hofkapelle und anschließend als Nachfolger seines Vaters Kapellmeister an St-Nicolas. Er schrieb vorwiegend geistliche Werke, von denen ein Teil hsl. in der Bibl. des Conservatoire Royal de Musique in Brüssel erhalten ist.

Lit.: S. CLERCX, Les G., in: Mélanges E. Closson (Bru 1948).

GOEDICKE (Gedike), **Alexander Fedorowitsch,** * 20. 2. (4. 3.) 1877 Moskau, † 9. 7. 1957 ebd.; russ. Pianist, Organist und Komponist. Er war am Moskauer Konservatorium Klavierschüler von W. I. Safonow und Kompositionsschüler von A. St. Arenski und G. Konjus. 1900 erhielt er den Wiener Rubinsteinpreis. Seit 1909 unterrichtete er Klavier, seit 1920 auch Orgel und Ensemblespiel am Moskauer Konservatorium. 1940 promovierte er zum Doktor der Kunstwissenschaft. Er gab eine *Große Bibliothek für Blasinstrumente* (21 H.e, 1930–35) heraus.

WW: **1) Instr.-WW:** Klv.-Stücke; Sonate für V. u. Klv., op. 10; 2 Klv.-Trios (1952, 1955); Streichquartett über russ. Themen (1943); Klv.-Quintett (1909); für Orch.: 3 Symphonien (1903, 1907, 1922); *Na woine* (1932), 8 Improvisationen; Ouvertüren *25 let Oktjabria* (1942), *1941 god* (1942) u. *30 let Oktjabria* (1947); Hornkonzert (1929) u. V.-Konzert (1951). – **2) Vokal- u. Bühnen-WW:** 6 Hefte mit russ. Volksliedern für SingSt u. Klv.-Trio (1920–24); Kantate *Slawa sowjetskim pilotam* (1933); 4 Opern (unveröff.).

Lit.: B. LEWIK, A. G. (Mos 1947); A. F. G., Sbornik statij i wospominanij, hrsg. v. A. ADSCHEMOW (Mos 1960); G. K. IWANOW, A. F. G. Notografitscheskij sprawotschnik (Mos 1970).

GODOWSKY, Leopold, * 13. 2. 1870 Žąsliai bei Wilna, † 21. 11. 1938 New York; amerik. Pianist und Komponist poln. Herkunft. Er studierte 1883–84 an der Berliner Musikhochschule, konzertierte anschließend bis 1886 in den USA und studierte dann noch bei C. Saint-Saëns in Paris. Nach Tourneen in Frankreich und England kehrte er 1890 in die USA zurück, konzertierte hier und in Kanada und lehrte auch am Konservatorium in Chicago. Seit 1900 lebte er in Berlin und leitete 1909–14 als Professor und Nachfolger F. Busonis die Meisterklasse für Klavier an der Akademie der Tonkunst in Wien. Danach wirkte er als Solist, Klavierpädagoge und Komponist ganz in den USA. G. verfaßte zahlreiche Unterrichtswerke, u. a. *The Progressive Series of Piano Lessons* (St. Louis 1912). Als Komponist schrieb er vor allem Klaviermusik. G. zählte zu den bedeutendsten Pianisten seiner Zeit. Sein Spiel beruhte auf einer brillanten Technik, neigte aber stark zum rein Virtuosen.

WW: *53 Studies on Chopin's Études* (1893–1914); *Symphonic Metamorphoses* (1912) über drei Walzer von J. Strauß (Künstlerleben, Fledermaus, Wein, Weib und Gesang); zu 4 Händen: *34 Miniatures* (1918); für die linke Hand allein: *6 Waltz Poems* (1929); für V. u. Klv.: *12 Impressions* (1916); ferner zahlreiche Transkriptionen für Klavier.

Lit.: M. ARONSON, Key to the Miniatures of L. G. (NY 1935); K. S. SORABJI, L. G. as Creative Composer, in: Mi contra Fa (Lo 1947).

GOEHR, engl. Musiker dt. Herkunft. – **1) Walter,** * 28. 5. 1903 Berlin, † 4. (5.?) 12. 1960 Sheffield; Dirigent und Komponist. Er studierte 1926–30 Komposition bei A. Schönberg an der Berliner Akademie der Künste. 1930 schrieb er für Radio Berlin die erste Funkoper, *Malpopita*. 1933 emigrierte er nach England und war dort bis 1939 Produktionsleiter der Schallplattenfirma Columbia in London. Nach dem Krieg arbeitete er seit 1945 als Programmdirektor und Kapellmeister der BBC in London, für die er 1947 erstmalig eine Opernsendung dirigierte (R. Strauss' *Salome*). – **2) Alexander,** Sohn von 1), * 10. 8. 1932 Berlin; Komponist. Er studierte 1950–56 Komposition, zunächst bei R. Hall am Royal Manchester College of Music, dann bei O. Messiaen am Pariser Conservatoire. 1956 nach England zurückgekehrt, war er als Übersetzer, Arrangeur und Lehrer am Murley College tätig. 1960 übernahm er nach dem Tod seines Vaters die Produktionsleitung der Orchesterkonzerte bei der BBC in London. Seit 1971 ist er Professor und Leiter der Musikabteilung an der University of Leeds. Wie P. Maxwell Davis und andere Komponisten seiner Generation in England sucht G. dodekaphonische und postserielle Satztechniken mit Strukturen und Formelementen altenglischer Musik zu verbinden.

WW: **1) Instr.-WW:** Für Klv.: Sonate (1952); *Capriccio* (1958); *4 Pièces* (1965); *Variations* (1959) für Fl. u. Klv.; *Fantasies* (1956) für Klar. u. Klv.; Klv.-Trio (1956); Suite (1961) für Fl., Klar., Horn, Harfe, V. u. Vc.; 2 Streichquartette (1957, 1967); für Orch.: *Fantasia* (1955, revidiert 1958); *Hecuba's Lament* (1961); *Little Symphony* (1963); *Little Music for Strings* (1963); *Pastorals* (1965); V.-Konzert (1962); *Symphony in One Movement* (1970); Konzert für 11 Instr. (1970); *Inferno* (1970); Klv.-Konzert (1971). – **2) Vokal-WW:** *5 Songs of Babel* (1951) (nach Byron) für SingSt u. Klv.; *Narration* (1957) (nach Blake) für Sopran u. Klv.; *5 Poems and an Epigram of W. Blake* (1964) für gem. Chor u. Trp.; 2 a cap.-Chöre (1961); Kantaten *The Deluge* (1959) (nach L. da Vinci) u. *Sutter's Gold* (1961); *Shadow-Play-2* (1970) (nach Platons *Politeia*) für Sprecher, Tenor, Altfl., Altsaxophon, Horn, Vc., u. Klv.; *Sonata about Jerusalem* (Szenen nach hebräischen Texten) für Sprecher, Frauenchor, Pantomimen, Schattenspieler u. Instr., UA: Tel Aviv 1971, dt. Karlsruhe 1976. – **3) Bühnen-WW:** Ballett *La belle dame sans merci* (nach C. Janequin u. C. le Jeune), UA: Edinburgh 1958; Oper *Arden muß sterben* (1967) (nach einem Miracle Play des 16. Jh.), UA: Hamburg 1967.

Lit.: H. WOOD, The Music of A. G., in: MT 103 (1962); S. SADIE, in: Tempo (1963) Nr. 65; M. SCHAFER, in: British Composers in Interview (Lo 1963), dt. Übers., in: Melos 32 (1965); E. FRIED, Mein Libretto für G., in: Melos 34 (1967) (zu „Arden muß sterben"); S. SADIE, in: MT 109 (1968); D. YOUNG, G.'s „Symphony in One Movement", in: Tempo (1970) Nr. 93; CH. BALLANTINE, in: MR 3 (1971); B. NORTHCOTT, A. G. The Recent Music, in: Tempo (1978).

H. LINDLAR

GOLDBERG, Johann Gottlieb (Theophilus), getauft 14.3.1727 Danzig, † 13.4.1756 Dresden; dt. Cembalist und Komponist. G. war durch Vermittlung seines Gönners, des Grafen Hermann Carl von Keyserlingk, in Dresden Schüler von Wilhelm Friedemann und in Leipzig von J. S. Bach, der ihn „seinen stärksten Schüler auf dem Klavier und der Orgel" nannte und für ihn im Auftrag Keyserlingks die als Goldberg-Variationen bekannte *Aria mit verschiedenen* (30) *Veränderungen* schrieb (gedruckt 1742 als 4. Teil der *Clavier Übung*). Seit 1751 gehörte er in Dresden der Kapelle des Grafen Heinrich von Brühl an. Er schrieb 24 Polonaisen, Präludien und Fugen für Klavier, eine Klaviersonate, 6 Triosonaten, 2 Cembalokonzerte, 2 Kantaten, eine Motette und Choralvorspiele (alle hsl.), war jedoch vor allem als Virtuose berühmt.

Ausg.: Präludium u. Fuge, hrsg. v. A. u. L. FARRENC, in: Le Trésor des Pianistes 11 (P 1868); Triosonate, als Werk J. S. Bachs hrsg. v. W. RUST, in: J. S. Bach GA 9 (L 1859); Triosonate, hrsg. v. W. LOTHAR (Wb – Kop 1932); 2 Polonaisen, hrsg. v. K. HERRMANN, in: Lehrmeister u. Schüler J. S. Bachs (Z 1935); 2 Cemb.-Konzerte, hrsg. v. E. DADDER (Celle 1945); eine Kantate u. Psalm 12, hrsg. v. A. DÜRR, in: Kirchenkantaten v. G. Kirchhoff u. J. G. G. (Kas 1957) (= EDM 35).

Lit.: E. DADDER, J. G. G. (Diss. Bonn 1923), Auszug in: Bach-Jb. 20 (1923); J. MÜLLER-BLATTAU, Gesch. der Musik in Ost- u. Westpreußen (Königsberg 1931, Wb [2]1968); A. DÜRR, J. G. G. u. die Triosonate BWV 1037, in: Bach-Jb. 40 (1953) (mit thematischem Werk-Verz.).

GOLDEN BOY, amerik. Musical in 2 Akten von Charles Strouse (* 1928), Buch von Clifford Odets und William Gibson nach Odets' gleichnamigem Schauspiel (1937), Song-Texte von Lee Adams. Ort und Zeit der Handlung: New York z. Z. der UA. UA: 20. 10. 1964 in New York (Majestic Theater). Joe Wellington, ein ehrgeiziger junger Farbiger, wird Berufsboxer; bei einem Meisterschaftskampf tötet er durch einen unglücklich geführten Schlag seinen Gegner, unternimmt in Verwirrung und Verzweiflung eine wilde Autofahrt und wird Opfer eines Verkehrsunfalls. Die Autoren machten im Gegensatz zur Vorlage, in der ein junger Italiener nur aus finanziellen Gründen Boxer wird, einen jungen Farbigen zum Titelhelden. Dies gab ihnen zusätzlich die Möglichkeit, Fragen der Rassendiskriminierung zu thematisieren, denn Joe strebt nach Einfluß und Macht in einer Welt der Weißen, von denen er vorher gedemütigt wurde. Höhepunkt des Musicals, das am Broadway 569mal en suite lief, ist die „production number" *Don't forget 127th Street,* in der Sammy Davis jr. seine Fähigkeiten als Schauspieler, Sänger und Tänzer unter Beweis stellen konnte. Dominierender Bestandteil des Werkes ist das Ballett in der Choreographie von Donald McKayle. R.-M. SIMON – S. SIMON

GOLDENE APFEL, DER *(Il Pomo d'Oro),* Festa teatrale in 1 Prolog und 5 Akten von Marc Antonio (Pietro) Cesti (1623–1669); Text von Francesco Sbarra. Ort und Zeit der Handlung: antikes Griechenland. UA: zwischen 12. 12. 1666 und 2. 2. 1667 in Wien.

Die UA dieser festlichen Prunkoper zur Feier der Hochzeit zwischen Leopold I. und der span. Infantin Margherita (12. 12. 1666) fand wahrscheinlich im Rahmen der mehrtägigen Festlichkeiten, mit Sicherheit aber in der Karnevalszeit statt, die am 2. 2. 1667 endete. Diese letzte der neun im Manuskript bekannten Opern Cestis steht dem Epos näher als dem Drama: Als Haupthandlung muß der von Paris zu schlichtende Götterstreit um den goldenen Apfel gelten, den Zeus schließlich selbst beendet, indem er der Kaiserin das Streitobjekt in der obligatorischen „licenza" überreicht. Zahlreiche Nebenhandlungen, in denen Paris in verschiedenen Situationen dargestellt wird, unterbrechen die dramatische Entwicklung. Es ist Cestis Verdienst, daß er der bunten Szenenvielfalt mit musikalischen Mitteln Geschlossenheit verliehen hat, wobei er auf musikalische Charakterisierung einzelner Figuren nicht verzichtete. Dem festlichen Anlaß angemessen erscheint die personelle und szenische Ausstattung: die 67 Szenen spielen in 24 verschiedenen Dekorationen (von L. Burnacini), in jeden Akt sind mehrere Ballette (Musik von J. H. Schmelzer) integriert. Der enorme Kostenaufwand (100 000 Reichstaler) und die Aufführungsdauer von acht bis zehn Stunden machen wahrscheinlich, daß außer den beiden gesicherten Aufführungen (die 2. zum Geburtstag der Kaiserin am 12. 7. 1668) keine weitere stattfand. Neben dem Libretto, das in zwei Ausgaben von 1667 und 1668 erhalten ist, liegt nur die Musik zum Prolog und den Akten 1, 2 und 4 in Partitur vor, die Musik zu Akt 3 und 5 ist verloren. TH. MENGER

GOLDENE BOCK, DER, Oper in 4 Akten von Ernst Krenek (* 1900), op. 186, Text vom Komponisten. Ort und Zeit der Handlung: Griechenland in mythischer Vergangenheit und die Neue Welt im 20. Jahrhundert. UA: 16. 6. 1964 als Auftragswerk für die Hamburgische Staatsoper.
Diese „völlig phantastische und eigentlich völlig surrealistische Gestaltung der Argonautensage" wird vom Komponisten in Zusammenhang gebracht mit einem Konzept der Relativierung von Raum und Zeit, welches sich nur vordergründig im Handlungsgerüst ausweist. Im Unterschied zur „pluralistischen Oper" *Die Soldaten* von Bernd Alois Zimmermann verläßt Krenek mit *Der goldene Bock* den Rahmen traditioneller Operngestaltung nicht. Nur in wenigen Passagen, wenn Zeit und Raum überbrückt werden, ist das Bestreben erkennbar, das von der Handlung hergeleitete Konzept auch musikalisch umzusetzen: durch streng serielle Determination soll der Eindruck erzielt werden, „als ob man durch die Zeit Diagonalen legen würde". In allen übrigen Szenen stützt das Orchester mit zwölftönig strukturierten Akkordfolgen die rezitativisch geführten Singstimmen. Die Partien sind zwar virtuos ausgestaltet, auf breitgesponnene Melodien wird jedoch verzichtet. Der Bruch in der dramatischen Konzeption, der sich nach dem Ende des 2. Aktes besonders deutlich abzeichnet, wenn der ursprünglich parodierende Grundcharakter verlorengeht, mag einer der Gründe dafür gewesen sein, daß die Oper bei der UA von der Pause an vom Skandal bedroht war und seither nur äußerst selten aufgeführt wurde. TH. MENGER

GOLDENE HAHN, DER (*Solotoi Petuschok*, wörtlich: Das goldene Hähnchen), Märchenoper in 3 Akten von Nikolai Rimski-Korsakow (1844 bis 1908), Text von Wladimir I. Belski nach dem gleichnamigen Märchen Alexander S. Puschkins. UA. 7. 10. (24. 9.) 1909 in Moskau (Privattheater); dt. EA (in dt. Sprache): 18. 6. 1923 in Berlin (Große Volksoper).
Ein greiser Astrologe bringt dem so dümmlichen wie herrischen Zaren Dodon einen goldenen Hahn dar, der den Gebieter vor jeglicher Bedrohung seines Landes warnt. Aus Dankbarkeit stellt der Zar seinem Nothelfer einen Wunsch frei; als der Magier aber die Königin von Schemachan, die Dodon inzwischen für sich gewonnen zu haben glaubt, zum Lohne fordert, bricht der Despot sein Versprechen, erschlägt den Alten und wird daraufhin selbst vom goldenen Hahn durch einen Schnabelhieb getötet. Bietet die Oper vordergründig eine sarkastisch-zeitkritische Darstellung der zaristischen Autokratie, so bleibt doch die Handlung, wie schon in Puschkins Versdichtung, mit Absicht einer schlüssigen Interpretation entzogen, weil hier Elemente der Realität und des Phantastisch-Märchenhaften unvermittelt aufeinandertreffen. Die derart konstituierte „Wirklichkeit" gestaltet Rimski-Korsakow musikalisch farbenreich aus. In scharfen Konturen schildert er das groteske Reich Dodons und erschließt die geheimnisvolle Welt der orientalischen Königin durch die variierende Entfaltung charakteristischer Themen. Häufig wiederkehrende prägnante Motive verdichten die musikalische Komposition dieses Spätwerks, dessen hoch chromatische Tonsprache von harmonischer Kühnheit ist.
E. FISCHER

GOLDMARK, Karl (Károly), * 18. 5. 1830 Keszthely (Ungarn), † 2. 1. 1915 Wien; östr. Komponist ung. Abstammung. G., Sohn eines jüdischen Gemeindekantors, mußte sein Violinstudium zweimal, zunächst wegen finanzieller Schwierigkeiten und dann anläßlich der Schließung des Wiener Konservatoriums bei Ausbruch der Revolution von 1848, unterbrechen und bildete sich auch auf dem Klavier und in der Komposition größtenteils autodidaktisch weiter. Er wirkte dann als Violinist in verschiedenen Theaterorchestern (u. a. in Ödenburg und seit 1851 in Wien am Josefsstädter-, später am Carls-Theater) und als Klavierlehrer. 1860 ließ er sich endgültig in Wien nieder, wo er – durch sein *Streichquartett* in D-Dur, op. 8 (1860) schlagartig bekannt geworden – allmählich eine geachtete lokale Autorität wurde.

WW: **1) Instr.-WW:** Klavierstücke op. 52 (1913); Sonate für V. u. Klv. D-Dur, op. 25 (1874); Sonate für V. u. Klv., F-Dur, op. 39 (1892); 2 Klv.-Trios; Streichquartett in D-Dur, op. 8 (1860); Streichquintette a-moll, op. 9 (1862) und B-Dur, op. 30 (1879); ein Klv.-Quintett, op. 54 (1915); für Orch.: Symphonie C-Dur (1858–60) u. Es-Dur, op. 35 (1887); Ouvertüren: *Sakuntala*, op. 13 (1865); *Penthesilea*, op. 31 (Mz 1879); *Im Frühling*, op. 36; *Der gefesselte Prometheus*, op. 38 (1889); *Sappho*, op. 44

(1893); *In Italien*, op. 49 (Mz 1904); *Aus Jugendtagen*, op. 53 (L 1913); symphonische Dichtungen: *Ländliche Hochzeit*, op. 26 (1876) u. *Zrinyi* (Budapest 1903); Scherzo e-moll, op. 19 (1863 oder 1865); V.-Konzert, op. 28 (Bremen 1877). – **2) Bühnen-WW:** Opern, u.a.: *Die Königin von Saba*, UA: Wien 1875; *Merlin*, UA: 1886; *Das Heimchen am Herd* (nach Ch. Dickens), UA: 1896; *Ein Wintermärchen*, UA: 1907. – **3) Schrift:** *Erinnerungen aus meinem Leben* (W 1922, ²1929).

Wegen seiner stilistischen Anlehnung an R. Wagners Musik war G. schon unter den zeitgenössischen Kritikern – allen voran E. Hanslick – umstritten, und auch aus heutiger Sicht kann ihm aufgrund deutlich eklektischer und epigonenhafter Züge kein eigentlicher Personalstil zugesprochen werden. Trotzdem ist sein Hauptwerk, die Oper *Die Königin von Saba*, die seinen internationalen Ruhm begründete, keine bloße Wagner-Kopie. Vielmehr kann man in ihr wegen der besonders in lyrischen Passagen bestechenden Verbindung von Ausdrucksstärke und Erfindungsreichtum eine höchst originelle Komposition mit „Mittlerstellung zwischen der großen Oper Meyerbeers und dem Musikdrama Wagners" (W. Pfannkuch) sehen. Von seinen anderen Bühnenwerken verdient besonders *Ein Wintermärchen* (1907, nach Shakespeare) als Versuch einer über Wagner hinausweisenden Märchenoper Erwähnung. Auch in den Instrumentalwerken assimilierte G. höchst heterogene Gestaltungsmittel: In den meisten Kammermusikwerken und in den Liedern lehnte er sich an R. Schumann und F. Mendelssohn Bartholdy an, in den Klavierstücken op. 52 (1913) und in dem Klavierquintett op. 54 (1915) verwendete er impressionistische Elemente. Stets aber zeichnet seine Werke die virtuose Anwendung dieser Stilmittel aus.

Lit.: O. KELLER, K. G. (L 1901); R. VON PERGER, K. G., in: Mk 7 (1907/08); W. ALTMANN, G.s Kammermusik, in: Mk 14 (1914/15); J. KORNGOLD, Dt. Opernschaffen der Gegenwart (L – W 1921); H. SCHWARZ, I. Brüll u. sein Freundeskreis (W 1922); J. KAPP, Die Oper der Gegenwart (B 1922); E. ISTEL, Die moderne Oper (L ²1923); J. KLEMPA, K. G. (Budapest 1930) (ung.); L. KOCH, K. G. Festgabe der Stadtbibl. Budapest (ebd. 1930) (mit Lit.-Verz.); E. KÁLMÁN, G. K. (ebd. 1930); M. KÁLDOR – P. VÁRNAI, G. K. (ebd. 1956); P. VÁRNAI, K. G. (ebd. 1957) (ung.); H. TRUSCOTT, Carl G., in: MMR 90 (1960); I. KECSKEMÉTI, G. Károly, in: Magyar Zene 5 (1964); P. VÁRNAI, G. K., in: Muzsika 8 (1965).

W. A. MAKUS

GOLDONI, Carlo, *25. 2. 1707 Venedig, † 6. 2. 1793 Paris; it. Dichter und Librettist. Nach dem Jura- und Philosophiestudium war G. Advokat u.a. 1745–48 in Pisa. Anschließend kehrte er nach Venedig zurück, wo bereits 1734 seine Tragödie *Belisario* erfolgreich aufgeführt worden war, und schrieb dort zunächst für das Theater Sant'Angelo und seit 1753 für das Theater San Luca. Von seinen literarischen Gegnern Pietro Chiari und Carlo Gozzi angefeindet, folgte G. trotz großer Erfolge einer Einladung nach Paris, wo er für die Comédie Italienne, zeitweise auch für die Comédie Française, arbeitete und neben italienischen auch zahlreiche französische Komödien schrieb. G.s Bühnenwerke überwanden die Typenhaftigkeit der Commedia dell'Arte und leiteten durch realistische, psychologisch begründete Charakterzeichnung, bühnenwirksame, dabei lebensnahe Handlung und lebendige Sprache den Anfang der italienischen Rokoko-Komödie ein.

WW: Libretti: 200 Stücke, darunter 69 Buffo-Libretti; 18 Stücke für B. Galuppi (1749–66); 5 für G. Scarlatti (1752–57); 6 für D. Fischietti (1755–63); 8 für F. L. Gaßmann (1759–78); 5 für N. Piccinni (1760–71); die bekanntesten seiner Opere buffe sind u.a.: *Bertoldi* (1748, V. L. Ciampi), diente als Vorlage für Ch. S. Favarts *Ninette à la cour*, UA: Paris 1755 u. für J. A. Hillers *Lottchen am Hofe*, UA: Berlin 1767; *Il mondo della luna* (1750, B. Galuppi, u. 1777, J. Haydn); *La cecchina ovvero La buona figliola* (1756, E. R. Duni, u. 1760, N. Piccinni); *I Quattro rusteghi* (1906, E. Wolf-Ferrari); *Tre commedie goldoniane* (1926, G. F. Malipiero); Ballett *Scuola di ballo* (1933, J. Françaix).

Ausg.: *Mémoires*, 3 Bde. (P 1787), dt. Übers.: *Gesch. meines Lebens u. meines Theaters* (Mn 1968) (= Die Fundgrube 35). – Opere complete ed. dal municipio di Venezia, bearb. v. G. ORTOLANI – E. MADDALENA – C. MUSATTI, 37 Bde. (V 1907–48) (Libretti in den Bde.n 26–32); Tutte le opere, hrsg. v. G. ORTOLANI, 5 Bde. (Mi 1935–41).

Lit.: E. MADDALENA, Libretti del G. e d'altri, in: RMI 7 (1900); W. C. HOLMES, „Pamela" Transformed, in: MQ 38 (1952); H. WIRTH, C. G. u. die dt. Oper, in: H. Albrecht in memoriam (Kas 1962); C. DES PRESLES, G. et l'opéra-comique, in: Revue d'histoire du théâtre 15 (1963); J. POKORNÝ, G. u. das venezianische Theater, bearb. v. H.-J. Irmer (B 1968); G. PUGLIESE, Appunti per uno studio su G. librettista, in: L'Opera 4 (1968); P. E. WEISS, C. G. Librettist. The Early Years (1970) (= Diss. Columbia Univ.); M. COSTA, O Teatro de G. em Portugal, in: Estudos it. em Portugal 4 (1974); B. CAGLI, „La buona figliola" e la nascita dell'opera semiseria, in: Chigiana 32 (1975).

GOLDSCHMIDT, Harry, * 17. 6. 1910 Basel, † 19. 11. 1986 Dresden; Schweizer Musikforscher. G. studierte Musik u. a. bei H. Scherchen in Königsberg sowie Musikwissenschaft bei J. Handschin in Basel. 1933–39 war er Musikkritiker der *Basler National-Zeitung*, seit 1948 Leiter der Musikabteilung des Senders Berlin und lehrte 1950–55 Musikgeschichte an der Musikhochschule in (Ost-)Berlin. 1955/56 hielt er in China Vorlesungen über europäische Musikgeschichte. 1956–65 war er Direktor des Zentralinstituts für Musikforschung beim Verband Deutscher Komponisten und Musikwissenschaftler der DDR in Berlin und hatte seit 1957 auch einen Lehrauftrag an der Humboldt-Universität. Seit 1965 war G. freier Mitarbeiter der Akademie der Wissenschaften in Berlin.

Schriften: *F. Schubert, ein Lebensbild* (B – L 1954, L ⁵1964); *Periodisierungsprobleme im Schaffen Schuberts*, in: BzMw 1 (1959); *Gedanken über H. Eisler* (L 1961); *Motivvariationen u. Gestaltmetamorphose*, in: FS H. Besseler (L 1961); *Zur Methodologie der musikal. Analyse*, in: BzMw 3 (1961); *Janácek u. Strawinsky*, in: Kgr.-Ber. Prag 1964; *Musikal. Gestalt u. Intonation*, in: BzMw 5 (1963); *Gedanken zu einer nicht-aristotelischen Musikästhetik*, in: BzMw 7 (1965); *Über die ästhetische Einheit der vokalen u. instrumentalen Sphäre in der klass. Musik* in: DJbMw 11 (1966); *H. Scherchen*, in: MuGes 16 (1966); *Zitat oder Parodie?* in: BzMw 12 (1970); *Der späte Beethoven*, in: MuGes 21 (1971); *Vers. u. Strophe in Beethovens Instrumentalmusik* (W 1971) (= Veröff. der Kommission für Musikforsch. 12); *Die Erscheinung Beethoven* (L 1974) (= Beethoven-Stud. 1); *Um die Sache der Musik. Reden u. Aufsätze* (L 1976) (= Reclams Universalbibl.); *Um die unsterbliche Geliebte. Eine Bestandsaufnahme* (L 1977) (= Beethoven-Stud. 2).

Lit.: H. SCHAEFER, in: MuGes 20 (1970).

GOLDSTEIN, Michael, * 8.11.1917 Odessa; israelischer Violinist und Komponist russ. Herkunft. Er erhielt den ersten Violinunterricht in Odessa bei P. Stoljarski und studierte 1930–35 am Moskauer Konservatorium. Seit 1948 lehrte er an verschiedenen staatlichen Musikschulen in Moskau, seit 1964 an der Hanns-Eisler-Musikhochschule in Ost-Berlin, danach an der Rubin Academy of Music in Jerusalem, zeitweise auch an der Menuhin-School in England und ist seit 1969 Professor an der Musikhochschule in Hamburg. Als Solist interpretiert G. bevorzugt die Werke J. S. Bachs, P. Tschaikowskys und auch der zeitgenössischen russischen Musik. Als Pädagoge widmet er sich besonders der musikalischen Früherziehung. Seine Kompositionen sind von der russischen und ukrainischen Volksmusik, aber auch von I. Strawinsky und S. Prokofjew beeinflußt.

GOLIARDEN ↗Vaganten.

GOLLER, Vincenz, * 9.3.1873 St. Andrä (Südtirol), † 11.9.1953 St. Michael im Lungau; östr. Kirchenmusiker. Er studierte 1888–92 am Lehrerseminar und an der Städtischen Musikschule (bei J. Pembaur) in Innsbruck, sowie 1898 an der Kirchenmusikschule in Regensburg (bei Fr. X. Haberl und M. Haller). Nach mehrjährigem Schuldienst wurde er 1903 Kirchenmusiker in Deggendorf (Bayern). Nach Abschluß seines Studiums an der Wiener Musikakademie wurde er 1910 mit der Einrichtung der Abteilung für Katholische Kirchenmusik in Wien-Klosterneuburg beauftragt, die er bis 1933 auch leitete und an der er noch bis 1937 Kontrapunkt und Kirchenkomposition lehrte. 1913 gründete er die Schola austriaca, eine Vereinigung österreichischer Kirchenmusiker, mit ihrem Publikationsorgan *Musica divina*.

WW: **1) Geistliche WW:** Offertorien für das ganze Kirchenjahr für 3–4 St. mit u. ohne Orgel, 5 Hefte; zahlr. Messen, u. a.: *Loretto-Messe* (1903) für 4st. gem. Chor und Org. (Blechbläser oder Orch. ad lib.); *Clemens-Hofbauer-Messe* (1911) für 4st. gem. Chor u. Org.; *Missa Orbis factor* (1952) für 6st. gem. Chor a cap.; Oster-Te Deum; Pfingstoratorium; Requiem; Karfreitagskantate; *Festpräludium in memoriam A. Bruckner* (1937) für Org. – **2) Weltliche WW:** Chorlieder; eine Slg. *Hausmusik* mit Harmonium. – **3) Schriften u. Editionen:** *Neue Wege u. Ziele der Kirchenmusik*, in: Musica divina 10 (1922) u. a. zahlr. Aufsätze. – *Singt's mit*, bayerisches Liederbuch; *Meisterwerke kirchlicher Tonkunst in Österreich* (W 1913ff.) (mit Werken v. J. J. Fux, J. Gallus, F. Schubert).

G.s Bedeutung liegt hauptsächlich in seinen zahlreichen liturgischen Kompositionen, die in erster Linie für einfachere Verhältnisse, z. B. für Landkirchenchöre, gedacht sind und weiteste Verbreitung fanden. Er löste sich vom strengen Cäcilianismus und fand zu einer freieren Harmonik und Modulation. Mit Kompositionen auf deutsche Texte unter aktiver Beteiligung der Gemeinde schuf er mit die Grundlagen für die Neuorientierung der katholischen Kirchenmusik des 20. Jh.

Lit.: P. GRIESBACHER, Kirchenmusikal. Stilistik u. Formenlehre IV (Rb 1916); A. WEISSENBÄCK, V. G., in: Singende Kirche 1 (1953); R. QUOIKA, Die Klosterneuburger Schule, in: MuA 6 (1954); S. SCHNABEL, V. G., in: Singende Kirche 7 (1959) (mit Werk-Verz.).

B. A. KOHL

GOLLMICK, dt. Musikerfamilie. – **1) Friedrich Karl,** * 27.9.1774 Berlin, † 2.7.1852 Frankfurt am Main; Sänger (Tenor). Er war Schüler von V. Righini. Nach ersten Engagements in Berlin und Dessau kam er 1797 nach Hamburg, trat später u. a. in Köln, Aachen, Frankfurt am Main, Würzburg, Kassel, Straßburg, Colmar und Wien auf und ließ sich zuletzt in Frankfurt am Main nieder. G. zählte zu den besten lyrischen Tenören seiner Zeit in Deutschland. – **2) Carl,** Sohn von 1), * 19.3.1796 Dessau, † 3.10.1866 Frankfurt am Main; Komponist und Musikschriftsteller. Er studierte in Straßburg Theologie, außerdem Komposition bei Fr. St. Spindler. 1817 ging er als Französischlehrer nach Frankfurt am Main, wo ihn 1818 L. Spohr als Paukist und später als Chorleiter am Stadttheater engagierte. G. war auch als Musikkritiker tätig, u. a. für R. Schumanns *Neue Zeitschrift für Musik*. Er übersetzte italienische und französische Opernlibretti und verfaßte selbst einige Libretti.

Schriften: *Kritische Terminologie für Musiker u. Musikfreunde* (F 1833); *Musikal. Novellen u. Silhouetten* (Zeitz 1838); *Feldzüge u. Streifereien im Gebiete der Tonkunst* (Da 1846); *Herr Fétis ... als Mensch, Kritiker, Theoretiker u. Komponist* (L 1852); *Handlexikon der Tonkunst* (Offenbach 1858); *Autobiogr.*, 3 Bde. (F 1866).

3) Adolf, Sohn von 2), * 5.2.1825 Frankfurt am Main, † 7.3.1883 London; Pianist, Violinist und Komponist. Er war Schüler seines Vaters. 1844 ließ er sich als Violinist und Pianist in London nieder. Er schrieb Opern, Orchester- und Kammermusik, Kantaten und Chöre.

GÖLLNER, Theodor, * 25.11.1929 Bielefeld; dt. Musikforscher. Er studierte 1949–54 an der Universität Heidelberg Musikwissenschaft (bei Thr.

Georgiades), Philosophie (bei H.-G. Gadamer) und lateinische Philologie des Mittelalters (bei W. Bulst), daneben auch am Kirchenmusikalischen Institut (bei W. Fortner u. H. M. Poppen), und promovierte dort nach Studien in den USA und in England 1957 mit der Dissertation *Formen früher Mehrstimmigkeit in deutschen Handschriften des späten Mittelalters* (Tutzing 1961) (= Münchner Veröff. zur Musikgesch. 6). 1967 habilitierte er sich in München, lehrte danach als Professor an der University of California in Santa Barbara und ist seit 1973 Ordinarius für Musikwissenschaft an der Universität München. G. ist Herausgeber der *Münchner Veröffentlichungen zur Musikgeschichte* (seit 1977) und der *Münchner Editionen zur Musikgeschichte* (seit 1979). Er ist verheiratet mit der amerikanischen Musikforscherin **Marie Louise Martinez-G.** (* 27.6.1932), die seit 1970 als Professor an der University of California in Los Angeles lehrt.

Schriften: *Landinis „Questa fanciulla" bei O. von Wolkenstein,* in: Mf 17 (1964), auch in: *O. von Wolkenstein* (Da 1979) (= Wege der Forsch. 526); *Eine mehrst. tropierte Weihnachtslektion in Polen* in: AMl 37 (1965); *Notationsfragmente aus einer Organistenwerkstatt des 15. Jh.,* in: AfMw 24 (1967); *Eine Spielanweisung für Tasteninstr. aus dem 15. Jh.,* in: Essays in Musicology. FS W. Apel (Bloomington/Ind. 1968); *Zur Sprachvertonung in Händels Chören,* in: DVfLG 42 (1968); *Die mehrst. liturg. Lesungen,* I: *Edition,* II: *Studie: Unters. zur Lektionsvertonung v. der frühen Mehrstimmigkeit bis zu H. Schütz* (Tutzing 1969) (= Münchner Veröff. zur Musikgesch. 15); *Die Trecento-Notation u. der Tactus in den ältesten dt. Orgelquellen,* in: L'ars nova italiana de Trecento III (Certaldo 1970); *Two Polyphonic Passions from California's Mission Period,* in: Inter-American Institute for Musical Research. Yearbook 6 (1970); *J. S. Bach and the Tradition of Keyboard Transcriptions,* in: Studies in 18th-Century Music. FS K. Geiringer (Lo 1970); *Frühe Mehrstimmigkeit in Choralnotation,* in: Musikal. Edition im Wandel des hist. Bewußtseins, hrsg. v. Th. G. Georgiades (1971) (= Musikwiss. Arbeiten 23); *The Three-Part Gospel Reading and the Medieval Magi Play,* in: JAMS 24 (1971); *Frühe Mehrstimmigkeit in liturg. Gesang u. Orgelspiel,* in: Musik in Bayern (Tutzing 1972); *Unknown Passion Tones in Sixteenth-Century Hispanic Sources,* in: JAMS 28 (1975); *Beethovens Ouvertüre „Die Weihe des Hauses" u. Händels Trauermarsch aus „Saul",* in: FS H. Hüschen (1980); *Mehrstimmige Musik im ma. Bayern,* in: Wittelsbach u. Bayern (Mn 1980). – G. ist Hrsg. von *Notenschrift u. Aufführung* (Tutzing 1980) (= Münchner Veröff. zur Musikgesch. 30).

GOLTZ, Christel, * 8.7.1912 Dortmund; dt. Sängerin (Sopran). Sie stammt aus einer Schauspieler-Familie, studierte in München Gesang und Ballett und kam nach Engagements als Chorsängerin und Tänzerin in Fürth und in Plauen 1936 an die Dresdner Staatsoper, wo sie 1941 als Rezia in C. M. von Webers *Oberon* debütierte. Nach 1947 war sie Mitglied der Berliner Staatsoper, dann der Städtischen Oper und 1951–70 der Wiener Staatsoper, deren Ehrenmitglied sie seit 1967 ist. Zahlreiche Gastspiele führten sie an die bedeutenden Opernhäuser der Welt. Als Salome in der gleichnamigen Oper von R. Strauss gastierte sie 1954 erstmals an der Metropolitan Opera in New York. 1949 sang sie bei den Salzburger Festspielen in der Uraufführung der *Antigonae* von C. Orff, 1954 der Uraufführung der *Penelope* von R. Liebermann. Sie zählte zu den bedeutendsten hochdramatischen Sopranistinnen ihrer Zeit im deutschen Sprachraum.

GOLYSCHEF, Jefim (Jef), * 8. (20.) 9. 1897 Cherson (Ukraine), † 25. 9. 1970 Paris; russ. Komponist und Maler. Er studierte und lebte bis 1933 in Berlin. 1938 kam er über Spanien nach Frankreich, 1956 nach São Paulo und übersiedelte 1966 nach Paris. G. gilt nach A. Skrjabin und neben J. Hauer als einer der Vorläufer und Väter der chromatisierten Zwölftönekomposition. 1914, und somit 9 Jahre vor Schönbergs Zwölftonmethode, wandte er in einem Streichquartett bereits eine dodekaphonale Satztechnik an. Ein Streichtrio von 1925 trägt den Untertitel *Zwölftondauer-Musik.* Als Maler vertrat er den mit Strahlen-Diagrammen arbeitenden „Rayonnismus" der neurussischen Schule (N. Gontscharowa, M. Larionow u. a.) in Paris.

Lit.: H. EIMERT, Lehrbuch der Zwölftontechnik (Wie 1950, [17]1973); W. ZANINI, J. G. (São Paulo 1965) (Ausstellungskat.); H. OESCH, Pioniere der Zwölftontechnik, in: Forum musicologicum 1 (Be 1975) (= Basler Beitr. zur Musikgesch. 1); D. GOJOWY, Neue sowjetische Musik der 20er Jahre (Rb 1980).

GOMBERT, Nicolas, * Ende 15. Jh. (Brügge?), † um 1556; franko-flämischer Komponist. G. ist 1526 als Sänger der Hofkapelle Karls V. nachweisbar, wo er bald zum Magister puerorum aufstieg. Im Gefolge des Hofes reiste er durch Spanien, Italien, Österreich und Deutschland. Er war Inhaber mehrerer Pfründen. 1534 erhielt er ein Kanonikat in Tournai, wo er möglicherweise die letzten Jahre seines Lebens verbrachte.

WW: 10 Messen für 4–6 St., hsl. u. in Sammeldrucken (zw. 1532 u. 1568); 8 Magnificat; 57 Motetten für 4 St., 76 für 5 St., 26 für 6 St., davon 23 Motetten in: *Musica quatuor vocum ... liber primus* (V 1539); 16 Motetten in: *Musica ... quinque vocum liber primus* (V 1539); 19 Motetten in: *Motectorum quatuor vocum liber secundus* (V 1541); 19 Motetten für 5 St. in: *Pentaphtongos harmonia* (V 1541); 21 Motetten in: *N. G., musici sollertissimi, Motectorum quinque vocum liber secundus* (V 1541, erweitert [2]1550); weitere Motetten in Sammeldrucken der Zeit; 41 Chansons und ein Madrigal ebenfalls in Sammeldrucken. Insgesamt erschienen WW von G., darunter auch zahlreiche Intavolierungen, in ca. 170 Sammeldrucken 1528–1600.

G. ist wohl der bedeutendste Kirchenkomponist zwischen Josquin des Prés und Orlando di Lasso. In seiner *Practica musica* (1556) bezeichnet ihn H. Finck als Schüler Josquins und hebt seine imitatorisch reiche, kaum durch Pausen und ausgeprägte Kadenzen unterbrochene Schreibweise hervor, die für viele seiner Zeitgenossen vorbildlich gewesen sei. Mit Ausnahme zweier Messen über liturgische Cantus firmi *(Tempore paschali* und *Da pacem)* verwendete G. in dieser Gattung durchgehend die Parodietechnik. Neben eigenen Motetten *(Media vita; Beati omnes)* griff er auch auf Motetten u.a. von Ph. Verdelot *(Sancta Maria),* N. Bauldeweyn *(Quam pulchra es),* sowie auf Chansons u.a. von P. Cadéac *(Je suis déshéritée)* und J. Richafort als Modelle zurück, dessen Chanson *Sur tous regrets* er in der Messe *A la incoronation* verwendete. Die vollstimmige, durchimitierende Schreibweise seiner Motetten zeigt sich besonders eindrucksvoll in *Salvator mundi* (5st.) und *Regina coeli laetare* (12st.). Daneben finden sich vereinzelt auch schlichte, syllabisch gehaltene Sätze wie die 4st. Motette *Virgo sancta Catherina.* Zum Tode Josquins schrieb er die 6st. Motette *Musae Jovis.* Der Ruhm des Motettenkomponisten G. reichte bis ins 17. Jh.: Cl. Monteverdi schrieb über seine Motette *In illo tempore* seine 6st. a cappella-Messe, die zusammen mit der Marienvesper 1610 gedruckt wurde. G.s Chansonschaffen zeigt kaum eine stilistische Verwandtschaft mit dem entsprechenden Schaffen der repräsentativen Pariser Komponisten der Zeit, obwohl seine Werke etwa gleichzeitig mit Chansonbüchern von Cl. de Sermisy und Cl. Janequin in Paris gedruckt wurden. Das erweist besonders die Verwendung der Kanontechnik in G.s Chansons *En l'ombre d'un buissonnet* und *Qui ne l'aimerait,* die als Tripel- bzw. Quadrupelkanon konzipiert sind. Nur zwei Chansons G.s (in RISM 1545[17]) tragen programmatische Titel: der 3st. *Chant des oiseaux* und die 4st. *Chasse au lièvre:* für beide sind die gleichnamigen Werke Janequins die Modelle, doch geschieht in ihnen, anders als in den Vorbildern, der Einsatz der Imitation oft auf Kosten der tonmalerischen Ausdeutung.

Ausg.: GA, hrsg. v. J. SCHMIDT-GÖRG (1951ff.), bisher erschienen die Bände 1–3: Messen, 4: Magnificats, 5 u. 6: 4st. Motetten aus den Drucken von 1539 u. 1541, 8: 5st. Motetten aus *Motectorum... liber secundus* von 1541, 9: 6st. Motetten, 10: Motetten für 4, 5 u. 12 St. ausschließlich aus Sammeldrucken, 11 (2 Teile): Chansons.

Lit.: D. BARTHA, Probleme der Chansongeschichte im 16. Jh., N. G. – B. Appenzeller, in: ZfMw 13 (1930/31); J. SCHMIDT-GÖRG, Die acht Magnificat des N. G., in: Span. Forsch. der Görres-Ges. 5 (Mr 1934); H. EPPSTEIN, N. G. als Motettenkomponist (Wü 1935); J. SCHMIDT-GÖRG, N. G. (Bonn 1938, Nachdr. Tutzing 1971); A. DUNNING, Die Staatsmotette 1480 bis 1555 (Utrecht 1970); C. A. MILLER, J. Cardan on G., Phinot, and Carpentras, in: MQ 58 (1972).

G. DOTTIN

GOMBOSI, Otto Johannes (Ottó János), * 23. 10. 1902 Budapest, † 17. 2. 1955 Natick (Massachusetts); ung. Musikforscher. Er studierte Klavier und Komposition (bei L. Weiner und A. Siklós) in Budapest und Musikwissenschaft (bei J. Wolf, C. Sachs, E. von Hornbostel) in Berlin, wo er 1925 mit einer Dissertation über J. Obrecht promovierte. Danach lebte er in Budapest, Berlin, Rom und Bern, seit 1939 in den USA. Dort lehrte er 1940–46 Musikwissenschaft an der Universität von Seattle, 1946–48 am Michigan State College, seit 1949 an der Universität Chicago und seit 1951 an der Harvard University in Cambridge (Mass.).

WW: **1) Schriften:** *J. Obrecht, eine stilkritische Studie* (L 1925, Nachdr. Wie 1972) (= Slg. musikwiss. Einzeldarstellungen 4); *Der Lautenist V. Bakfark. Leben u. Werke* (Budapest 1935) (ung. u. dt.), NA hrsg. v. Z. Falvy (Budapest – Kas 1967) (= Musicologia Hungarica N. F. 2); *Tonarten u. Stimmungen in der antiken Musik* (Kop 1939); *Stud. zur Tonartenlehre des frühen MA,* in: AMl 10 (1938) u. 11 (1939); *About Dance and Dance Music in the Late Middle Ages,* in: Papers of the American Musicological Society 27 (1941); *Machaut's Messe Notre Dame,* in: MQ 36 (1950); *Gothic Form,* in: MD 4 (1950); *About Organ in the Divine Service,* ca. 1500, in: Essays in Music. FS A. Th. Davison (C/M 1957). – **2) Editionen:** WW von Th. Stoltzer: *Der 37. Ps. Herr erzürne dich nicht* (1930) (= Chw 6); *Sämtliche lat. Hymnen u. Psalmen* (1931) (= DDT 65) (zus. mit H. Albrecht); *Octo tonorum melodiae* (Mz 1933); ferner *Compositione de Meser V. Capirola, Lute Book* (Neuilly-sur-Seine 1955) (= Publications de la Société de musique d'autre fois 1).

Lit.: C. SACHS, O. G., in: JAMS 8 (1955); J. WARD, in: AMl 28 (1956); H. ALBRECHT, O. G. zum Gedächtnis, in: Mf 9 (1956); J. LOHMANN, Der Ursprung der Musik, in: Musik u. Logos (St 1970) (über G.s *Tonarten u. Stimmungen...).*

GOMES, Antônio Carlos, * 11. 7. 1836 Campinas (Brasilien), † 16. 9. 1896 Belém; brasilianischer Komponist. G., Sohn eines Musikers, erhielt seine erste musikalische Ausbildung bei seinem Vater, studierte seit 1860 am Konservatorium in Rio de Janeiro und – nach dem Erfolg seiner Oper *Joana de Flandres* (1863) – mit einem Italien-Stipendium seit 1864 bei L. Rossi in Mailand. Mit zwei Neujahrsstücken in Mailänder Dialekt (*Se sa minga,* 1867; *Nella luna,* 1868), vor allem nach dem triumphalen Erfolg seiner Oper *Il Guarany* 1870 an der Mailänder Scala, wurde er rasch auch in Italien bekannt. G. lebte danach abwechselnd in Italien und in Brasilien. 1895 wurde er zum Direktor des Konservatoriums in Belém ernannt.

WW: eine Messe (1854); Oratorium *Colombo,* UA: Rio de Janeiro 1892. – Opern: *A noito do castelo,* UA: ebd. 1861; *Joana de Flandres,* UA: ebd. 1863; *Il Guarany,* UA: Mailand 1870; *Fosca,* UA: ebd. 1873; *Salvador Rosa,* UA: Genua 1874; *Maria Tudor,* UA: Mailand 1879; *Lo Schiavo,* UA: Rio de Janeiro 1889; *O Condor,* UA: Mailand 1891.

G.' Kompositionen, die sich u. a. durch gekonnte Instrumentierung auszeichnen, sind stark von der italienischen Musik beeinflußt. Er zählt zu den Hauptvertretern der brasilianischen Musik der 2. Hälfte des 19. Jh., ohne als Vertreter eines ausgesprochen nationalen Stils gelten zu können. Er war der erste lateinamerikanische Komponist, dessen Werke in Europa aufgeführt wurden.

Lit.: I. GOMES VAZ DE CARVALHO, A vida de C. G. (Rio de Janeiro 1935); Rev. Bras. de Música 3/2 (1936) Sonder-Nr.; M. DE ANDRADE, C. G. (Rio de Janeiro 1939); G. DA ROCHE RINALDI, C. G. (São Paulo 1955); J. BRITTO, C. G. (o. O. 1956); S. RUBERTI, O Guarani e Colombo de C. G. (Rio de Janeiro 1972).

GONG (malaiisch-engl.), klangnachahmende Bz. für Schlaginstrumente allgemein, im engeren Sinne Bz. für ein Schlaginstrument aus einer Metallscheibe mit nach innen gebogenem Rand und häufig buckelförmiger Wölbung in der Mitte, die mit einem Filzschlägel angeschlagen wird. Der G. wird in Indochina und Java vertikal aufgehängt *(G. ageng)*, auf Bali in der Hand gehalten *(Kempli)* oder horizontal gelegt (auf Java *Kenong*, auf Bali *Reong* genannt). Die unterschiedliche Tonhöhe wird durch Anfeilen des Schlagbuckels – wobei der Ton tiefer wird – oder der gesamten G.-Oberfläche (Tonerhöhung) bestimmt. Als Material dient Bronze oder eine Bronzelegierung, der zur Verschönerung des Klanges auf Bali und Java auch Gold hinzugefügt werden kann. Der G. stammt wahrscheinlich aus Südostasien oder Südchina und wird etwa seit dem 1. Jt. v. Chr., wie Darstellungen beweisen, als Kult- und Signalinstrument gebraucht.
G.-Ensembles in ↗Gamelan-Orchestern bestehen häufig aus bis zu 17 verschiedenen Instrumenten, die von je einem Spieler geschlagen werden. In den Hochkulturen Südostasiens werden die G.-Spiele in Kreis- oder Rechteckform auf horizontale Holzrahmen aufgebaut (in Kambodscha, Laos, Thailand, Birma heißen diese Formationen *Kong vong* und *Kong thom*), die javanischen Bonang auch auf einem gekrümmten Rahmen. Die Durchmesser der Instrumente reichen von etwa 20 cm (Kambodscha, Bali) bis zu 1 m. Die Herstellung beruht auf einer jahrhundertealten Familientradition, die über Herstellungsgeheimnisse und Zauberformeln wacht, die für den Klang von Bedeutung sein sollen. – Seit dem Ende des 18. Jh. findet der G. auch in europäischen Orchestern als ↗Tamtam Verwendung. Im Unterschied zu diesem G. von unbestimmter Tonhöhe sind der kleinere javanische G. und der chinesische Flach-G. abstimmbar.

Lit.: H. SIMBRIGER, G. u. G.-Spiele (Leiden 1939) (= Int. Arch. für Ethnographie 36); J. KUNST, A Hypothesis about the Origin of the G., in: Ethnos 12 (1947); DERS., Music in Java, 2 Bde. (Den Haag [2]1949); L. VANDERMEERSH, Bronze Kettledrums of Southeast Asia, in: Journal of Oriental Studies 3 (1956); K. PEINKOFER – F. TANNIGEL, Hdb. des Schlagzeugs (Mz 1969).

GOODMAN, Benny (Benjamin David), * 30. 5. 1909 Chicago, † 13. 6. 1986 New York; amerik. Jazzmusiker. Zunächst Klarinettist in der Band von Ben Pollack, machte er sich als Solist rasch einen Namen. Seit 1929 wirkte er in New York in Theaterkapellen und Jazzensembles. 1934 gründete er sein erstes, für den Big Band-Jazz wegweisendes Orchester, in das er – für damals eine Sensation – als erster weißer Bandleader auch farbige Musiker aufnahm, 1935 ein Trio (mit Teddy Wilson und Gene Krupa), das als die erste Combo des Jazz gilt. Er erweiterte es dann durch den Vibraphonisten Lionel Hampton zum Quartett, das zu den klassischen Quartetten des Jazz zählt. 1935 ging er erstmals mit seiner Big Band auf Tournee. G. wurde der herausragende Vertreter des Swing-Stils und erhielt den Beinamen „King of Swing". Höhepunkt war 1938 das berühmt gewordene Konzert in der Carnegie Hall in New York. 1939 gründete er ein Sextett. Später spielte er mit wechselnden Besetzungen. Anläßlich des Films *The Benny Goodman Story* (1955) stellte er eine neue Big Band zusammen. Er wirkte auch in mehreren anderen Spielfilmen mit. G., einer der bedeutendsten Klarinettisten des Jazz, war ein hervorragender Interpret auch „klassischer" Musik; u. a. der Klarinettenkonzerte von Mozart und C. M. von Weber. 1939 spielte er in der Carnegie Hall mit E. Petri und J. Szigeti die ihm und Szigeti gewidmeten *Contrastes* von B. Bartók, 1950 mit dem Philadelphia Orchestra unter E. Ormandy das für ihn geschriebene Klarinettenkonzert (1947) von P. Hindemith. Auch A. Copland widmete ihm ein Klarinettenkonzert (1948). Seine Autobiographie erschien unter dem Titel *The Kingdom of Swing* (zus. mit I. Kolodin, NY 1939, [2]1961; dt.: *Mein Weg zum Jazz*, Z 1961 und 1965). G. schrieb auch eine Klarinettenschule (NY 1941). Zeitweise lehrte er auch an der Juilliard School of Music in New York.

Lit.: The B. G. Story (Lo 1956); D. R. CONNOR, B. G.-Off the Record (Fairless Hills/Pa. 1958), erweitert als: B. G. on the Record (New Rochelle/N.Y. 1969) (zus. mit W. W. Hicks); P. MAFFEI, B. G. (Mi 1961) (= Kings of Jazz o. Nr.); I. WACHLER, B. G. (Wetzlar 1961) (= Jazz-Bücherei 10); G. T. SIMON, The Big Bands (NY [2]1976).

GOOSSENS, engl. Musikerfamilie. – **1) Eugène,** * 26. 5. 1893 London, † 13. 6. 1962 ebd.; Dirigent und Komponist. Er studierte seit 1902 am Konservatorium in Brügge, seit 1905 am Liverpool College of Music und seit 1907 Komposition bei Ch. Stanford am Londoner Royal College of Music. Anschließend leitete er mehrere Orchester, war 1916–20 Dirigent der Sir Thomas Beecham Opera Company und wurde 1922 Dirigent an der Covent Garden Opera in London. 1923 übernahm er in den USA das Philharmonic Orchestra in New York und 1931 das Cincinnati Symphony Orchestra. 1947 ging G. nach Australien, wo er bis 1956 das Sydney Symphony Orchestra leitete und gleichzeitig Direktor des New South Wales Conservatory von Sydney war. Seine vom französischen Impressionismus ausgehenden Kompositionen zeichnen sich durch technisches Raffinement, kühne Harmonik und einen Hang zum Exotischen aus.

WW: **1) Instr.-WW:** Für Klv.: *Concert Study,* op. 10; *Kaleidoscope,* op. 18 (1918); *Four Conceits,* op. 20 (1918); *Nature Poems,* op. 25 (1920); *Hommage à Debussy,* op. 28 (1920); 2 Etüden, op. 39 (1924); *Ships,* op. 42 (1924); *2 Pieces,* op. 56 (1936); 2 Balladen für Harfe, op. 38; 2 Sonaten für V. u. Klv., op. 21 u. 50 (1918, 1930); *Rhapsody,* op. 13 (1916) für Vc. u. Klv.; *Pastoral and Harlequinade* (1924) für Fl. u. Ob.; Suite, op. 6 (1914) für V., Fl. u. Harfe; *5 Impressions of a Holiday,* op. 7 (1914) für Klv., Fl., V. u. Vc.; Fantasie, op. 12 (1915) für Streichquartett; 2 Streichquartette, op. 14 u. 59 (1916, 1942); *Two Sketches,* op. 15 (1916) für Streichquartett; Streichsextett, op. 37 (1923); Fantasie, op. 36 (1924) für Fl., Ob., 2 Klar., 2 Fag., 2 Hörner u. Trp. – Für Orch.: *Tam o Shanter,* op. 17 (1916); Ouvertüre zu Verhaerens *Philippe II,* op. 22 (1918); *The Eternal Rhythm,* op. 27 (1923); Sinfonietta, op. 34 (1922). – **2) Vokal WW:** Oratorium *The Apocalypse* (1951); *Silence,* op. 31 (1922) für Chor u. Orch.; *The Appeal-Melancholy-Philomel,* op. 26 (1920), 3 Gesänge für mittlere St. u. Streichquartett. – **3) Bühnen-WW:** Opern: *Judith,* op. 46 UA: London 1929; *Don Juan de Mañara,* op. 54, UA: ebd. 1937; Ballett *L'École en crinoline,* op. 29 (1921). – **4) Schrift:** Autobiogr. *Overture and Beginners. A Musical Autobiography* (Lo 1951, Nachdr. Westport/Conn. 1972).

2) Léon Jean, Bruder von 1), * 12.6.1897 Liverpool; Oboist. Er war 1911–14 Schüler am Royal College of Music in London. Später lehrte er dort und an der Royal Academy of Music als Professor. Als Solist trat er in Europa und in Übersee auf.

Lit.: R. H. HULL, E. G., in: ML 12 (1931); B. WYNNE, Music in the Wind. The Story of L. G. and His Triumph Over a Shattering Accident (Lo 1967).

GOOVAERTS, Alphonse Jean Marie André, * 25.5.1847 Antwerpen, † 25.12.1922 Brüssel; belgischer Musikforscher und Komponist. 1866 wurde er in Antwerpen Bibliothekar, 1898 in Brüssel Generalarchivar des Königreichs. Seit 1874 bemühte er sich in Antwerpen um die Erneuerung der älteren Kirchenmusik. Seine musikbibliographischen Schriften sind grundlegend für die Kenntnis der Geschichte des Notendrucks in den Niederlanden.

Schriften: *Histoire et bibliographie de la typographie musicale dans les Pays-Bas,* in: Mémoires de l'Académie 29 (An 1880, Nachdr. Hilversum 1963); *Notice biographique et bibliographique sur P. Phalèse* (Bru 1869); *De muziekdrukkers Phalesius en Bellerus te Leuven en te Antwerpen 1546–1674* (Leiden 1882); *La musique d'église* (An 1876).

GOPAK (russ.), ↗Hopak.

GÓRECKI, Henryk Mikolaj, * 6.12. 1933 Czernica bei Rybnik; poln. Komponist. Er war 1951–55 Musiklehrer, studierte dann 1955–60 Komposition bei B. Szabelski an der Musikhochschule in Kattowitz, an der er seit 1968 Theorie und Tonsatz lehrt. Neben K. Penderecki gehört G. zu den führenden Repräsentanten der polnischen Avantgarde. Kennzeichen seiner Werke ist ein ausgewogenes Verhältnis von formbildenden, ausdrucksstarken Elementen und modernen (postseriellen) Techniken.

WW: **1) Instr.-WW:** Sonate für 2 V. (1957); 4 Praeludien, op. 1 (1955) für Klv.; Toccaten, op. 2 (1955) für 2 Klv.; Kantate, op. 26 (1968) für Org.; Zyklus *Genesis,* I: *Elementi per tre arche* u. II: *Canti strumentali per 15 essecutori,* op 19 (1962); *La Musiquette I,* op. 22 (1967) für 2 Trp. u. Gitarre; *La Musiquette III,* op. 25 (1967) für Violen; *La Musiquette IV,* op. 28 (1970) für Pos., Klar., Vc. u. Klv. – Für Orch.: Konzert für 5 Instr. u. Streichquartett, op. 11 (1957); 2 Symphonien: *1959,* op. 14 (1959) u. *Nicolao Copernico Dedicata,* op. 31 (1972); *Choros I,* op. 20 (1964); *Refren,* op. 21 (1965); *La Musiquette II,* op. 23 (1967); *Muzyka staropolska,* op. 24 (1964–69); *Canticum Graduum,* op. 27 (1969); *Orchesterwerk* (1976). – **2) Vokal-WW:** Nocturne, op. 8 (bis 1956) für SingSt u. Klv.; *Epitaphium,* op. 12 (1956) für gem. Chor u. Instr.-Ensemble; *Monodram per soprano, metalli di percussione e sei violbassi,* op. 19 (1963) (= Nr. 3 aus dem Zyklus *Genesis*); *Ad Matrem,* op. 29 (1971) für Sopran-solo, Chor u. Orch.; *Dwie piésni sakralne,* op. 30 (1971) für Bar.-solo u. Orch.; Klv.-Lieder nach García Lorca u. a. – Ferner zahlreiche Bühnenmusik.

Lit.: B. POCIEJ, „Epitaphium" H. Goréck, in: Ruch Muz. 1 (1957); A. MOOSER, Quatre compositeurs polonais, in: Jeune Suisse (1959) Oktober-H.; B. SCHÄFFER, Almanach zeitgen. poln. Komponisten (Krakau 1966); B. POCIEJ, Opis, analiza, interpretacja, in: Res facta 4 (1970). H. LINDLAR

GÖRNER, deutsche Musikerfamilie. – **1) Johann Gottlieb,** getauft 16.4.1697 Penig (Sachsen), † 15.2.1778 Leipzig; Organist. Er war Schüler der Leipziger Thomasschule und studierte seit 1713 an der Universität. 1716 wurde er Organist an der Pauliner- und 1721 an der Nikolaikirche. Nach dem Tod J. Kuhnaus wurde er 1723 Musikdirektor der Paulinerkirche und geriet dort in Kompetenzstreitigkeiten mit J. S. Bach, der als Thomaskantor traditionsgemäß diese Stellung beanspruchen konnte. Im selben Jahr gründete er, ebenfalls in Konkurrenz zu Bach, auch ein Collegium musicum. G. schrieb vorwiegend Messen und Kantaten. – **2) Johann Valentin,** Bruder von 1), * 27.2.1702 Penig, † Ende Juli 1762 Hamburg; Komponist. 1728 ging er nach Hamburg, wo er 1756 Musikdirektor am Dom wurde. Er war einer der bedeutendsten Odenkomponisten des 18. Jahrhunderts.

Ausg. **Zu 2):** *Sammlung Neuer Oden u. Lieder,* hrsg. v. W. KRABBE (1917) (= DDT 57); Ausw. v. Oden u. Lieder, hrsg. v. M. SEIFFERT (= Organum II/15); 7 Lieder in: M. FRIEDLÄNDER, Das dt. Lied im 18. Jh., II/2 (St – B 1902); Lied *Die Alster,* in H. J. MOSER, Das dt. Sololied u. die Ballade (Kö 1957) (= Das Musikwerk 14/15).

Lit.: H. KRETZSCHMAR, Gesch. des Neuen dt. Liedes I (L 1911) (= Kleine Hdb. der Musikgesch. nach Gattungen IV/1); E. BÜCKEN, Das dt. Lied (H 1939).

GORR, Rita (eig. Marguerite Geimaert), * 18.2. 1926 Gent; belg. Sängerin (Alt, Mezzosopran). Ausgebildet am Konservatorium in Brüssel, debütierte sie 1949 in Antwerpen, sang in den folgenden Jahren auch in Gent, Brüssel und Straßburg und wurde 1952 an die Grand Opéra in Paris engagiert, wo sie bedeutende Erfolge feierte. Seit 1958 wirkte sie regelmäßig bei den Bayreuther Festspielen mit. Sie gab an allen großen Opernhäusern Europas und Nordamerikas Gastspiele und machte sich bes. in Wagner-Partien einen Namen.

GORSKI, Alexander Alexejewitsch, * 6.(18.)8. 1871 St. Petersburg, † 20.10.1924 Moskau; russ. Tänzer, Choreograph und Tanzpädagoge. Er wurde an der Kaiserlichen Ballettschule in St. Petersburg ausgebildet, anschließend Mitglied des Balletts des dortigen Marien-Theaters und 1896 Assistent an der Ballettschule. Auf sein Betreiben wurde W. I. Stepanows System der Tanzschrift (↗Choreographie) in den Unterricht aufgenommen. Gestützt auf Stepanows Notation inszenierte G. in Moskau das Ballett *Dornröschen* in der St. Petersburger Choreographie M. Petipas. Seit 1900 wirkte er als Premier danseur und Choreograph beim Bolschoi-Ballett. Er reformierte das dramatische Ballett und schuf eine spezifisch russische Variante, die nach 1917 immer mehr in die Ästhetik des Realismus überging.

GORZANIS, Giacomo, * um 1525 in Apulien, † nach 1575 Triest; it. Lautenist. G., nach eigenem Zeugnis von Geburt an blind, stand im Dienst Moritz' von Metrichstain in Kärnten und lebte seit etwa 1560 in Triest. Er gehört neben Francesco da Milano zu den fruchtbarsten Lautenkomponisten seiner Zeit und war weit über Italien hinaus bekannt. Von seinen Lautenbüchern verdient der hsl. erhaltene *Libro de intabolatura* von 1567 deshalb Interesse, weil er – ein Einzelfall in der damaligen Zeit und vergleichbar mit J. S. Bachs *Wohltemperiertem Clavier* – 24 Satzpaare Passamezzo – Saltarello enthält, die nach Moll- und Durtonarten, von g halbtonweise aufsteigend, angeordnet sind.

WW: 4 Bücher *Intabolatura di liuto* (V 1561, 1563, 1564, o.J. [1567]); 2 Bücher *Napolitane* (V 1570, 1571); hsl. erhalten ein *Libro de intabolatura di liuto nelle qualle si contengono vinti quatro Passa mezi dodeci per be molle et dodeci per be quadro sopra dodeci chiave*... (1567) (München, Bayerische Staatsbibl.).

Ausg.: *Libro de intabolatura di liuto*... 1567, hrsg. v. B. TONAZZI (Mi 1975); 14 Stücke in: O. CHILESOTTI, Lautenspieler des 16. Jh. (L 1891); einzelne Stücke in: H. D. BRUGGER, Alte Lauten-Kunst aus 3 Jhh., 2 H.e (B 1923); ein Stück in: A. DELLA CORTE, Scelta di musiche per lo studio della storia (Mi [3]1949).

Lit.: O. CHILESOTTI, G. G. liutista del Cinquecento, in: RMI 9 (1914); H. HALBIG, Eine hsl. Lautentabulatur des G. G., in: FS Th. Kroyer (Rb 1934); W. BOETTICHER, Stud. zur solistischen Lautenpraxis des 16. u. 17. Jh. (Habil.-Schrift B 1943); G. RADOLE, G. G. leutonista et cittadino di Trieste, in: Kgr.-Ber. Wien 1958; DERS., Musicisti a Trieste, in: Archeografo triestino (1959); G. REICHERT, G. G.s „Intabolatura di Liuto" 1567 als Dur- u. Molltonartẹn-Zyklus, in: FS K. G. Fellerer (Rb 1962); A. ZECCA-LATERZA, G. G. liutista del Cinquecento (Diss. Cremona-Parma 1963); B. TONAZZI, Il cinquecentista G. G. liutista e cittadino di Trieste, in: Il Fronimo 1 (1973).

GOSPELSONG (engl., von gospel = Evangelium), Bz. für ein geistliches Lied der nordamerikanischen Neger, das sich in den 30er Jahren des 20. Jh. aus dem bereits standardisierten ↗Negro spiritual herausbildete und durch verschiedene Jazz-Techniken bereichert wurde. Die G.s wurden – wie die Spirituals – nach dem ↗Call-and-response-pattern zunächst improvisiert während des Gottesdienstes gesungen und durch Händeklatschen, Fußstampfen und Instrumente begleitet. Später wurden sie in zunehmendem Maße auskomponiert. Bedeutende Interpreten wie etwa Mahalia Jackson machten G.s weltweit bekannt.

GOSSEC (eig. Gossé), **François Joseph,** * 17.1.1734 Vergnies (Hennegau), † 16.2.1829 Passy bei Paris; frz. Komponist. G. erhielt seine musikalische Ausbildung zunächst als Chorknabe in Antwerpen, ging 1751 nach Paris und trat dort durch die Vermittlung J.-Ph. Rameaus 1754 in die Privatkapelle des Generalpächters La Pouplinière ein. Nach dessen Tod wurde er 1762 Musiker des Prinzen von Conti und 1766 Musikintendant des Prinzen von Condé in Chantilly. 1760 gründete er das Concert des amateurs, das im Gegensatz zum Concert spirituel die fortschrittlichen Strömungen der zeitgenössischen Musik repräsentieren sollte. 1773 übernahm er zusammen mit P. Gaviniès und S. Leduc die Leitung des Concert spirituel, wurde 1778 Chordirigent, 1780 2. Direktor an der Académie Royale de musique und 1784 Leiter der dort als Nebenabteilung gegründeten École de chant, aus der 1795 durch Verschmelzung mit dem Institut National de Musique das Conservatoire de musique hervorging. Neben A.-E.-M. Grétry, L. Cherubini, É. N. Méhul und Fr. Le Sueur wurde G. einer der 5 Inspektoren des Conservatoire und lehrte dort Komposition. 1799–1804 war er auch Vorsitzender des Comité de lecture an der Opéra und 1809–12 Mitglied des Prüfungsausschusses für die an der Opéra aufgeführten Werke.

WW: **1) Kompositionen:** Duos; Trios; Quartette; Sonaten; etwa 60 Symphonien u. Symphonies concertantes, darunter *Symphonie de chasse* (1776); Oratorium *La Nativité; Messe des morts* (1760). – Revolutionsmusik: Märsche; Chöre; Hymnen; *Te Deum; Chant du 14 juillet; Marche lugubre; Triomphe de la République.* – Opern (UA in Paris): *Le tonnelier,* UA: 1765; *Le faux lord,* UA: 1765, mit Ballett *La Chasse; Les Pêcheurs,* UA: 1766; *Toinon et Toinette,* UA: 1767; *Le double déguisement,* UA: 1767; *Alexis et Daphne,* UA: 1775; *Philémon et Baucis,* UA: 1775; *La Fête de village,* UA: 1778; *Thésée,* UA: 1782; *Rosine ou L'épouse abandonnée,* UA: 1786; *Offrande à la Liberté* (1792); Ballette: *Anette et Lubin,* UA: 1778; *Mirza,* UA:

1779; *Le pied de bœuf,* UA: 1787. – **2) Schriften:** *Principes élémentaires de musique,* 2 Bde. (P 1799–1802); *Méthode de chant du Conservatoire de musique* (P 1803).

G.s kompositorisches Œuvre, das innerhalb von etwa 60 Jahren entstand, umfaßt Werke fast aller Gattungen. Die wichtigsten sind die über 60 Symphonien, die Opern und die Revolutionsmusiken. In den Symphonien wurde er früh von der Mannheimer Schule beeinflußt. Neben der tragenden Streichergruppe ist vor allem der farbige Bläsersatz charakteristisch. Als einer der ersten nach Rameau und J. Stamitz setzte G. Klarinetten ein. Der Schlußsatz der Symphonien ist meist als Rondo, oder, seltener, als „chasse" gestaltet. Am populärsten wurde die *Symphonie de chasse* mit ihren charakteristischen Hornklängen. Als Opernkomponist war G. an der Opéra-Comique mit 2 Werken erfolgreich: mit *Les Pêcheurs* (1766) und *Toinon und Toinette* (1767); an der Opéra kamen u.a. *Sabinus,* der Versuch einer französischen Nationaloper (1774), *Philémon et Baucis* (1775) und *La Fête de village* (1778) zur Aufführung. Seine Revolutionsmusiken, mit denen er offiziell beauftragt wurde, zeichnen sich im allgemeinen durch schlichten Satz und große Besetzung, meist mit Blasinstrumenten und Trommeln, aus. Zu nennen sind der *Marche lugubre* zum Totengeleit von Mirabeau, die Revolutionsoper *Offrande à la Liberté* (1792) und der *Triomphe de la République* (1793). Den wohl größten Erfolg erzielte G. mit der von über 200 Musikern aufgeführten *Messe des morts* (1760), die harmonisch bes. ausdrucksvoll gestaltet ist.

Ausg.: 29 Revolutionsgesänge, Symphonien und Märsche (Klv.-A.), in: C. PIERRE, Musique des fêtes et cérémonies de la Révolution française (P 1899); Weihnachtssuite 1766 für Orch. u. 4st. gem. Chor, hrsg. v. K. SCHULTZ-HAUSER (B 1966) (= Musikschätze vergangener Zeiten o. Nr.); Oratorium *La Nativité,* Klv.-A., hrsg. v. D. TOWNSEND (NY 1966); *Symphonie en quatuor,* op. 6 Nr. 4, hrsg. v. F. ZOBELEY (Wie 1967) (= Veröff. aus der Musik-Slg. des Grafen von Schönborn-Wiesentheid o. Nr.); *La chasse de Chantilly,* hrsg. v. M. SANVOISIN (P 1970) (= Le concert instrumental o. Nr.); *Symphonie périodique,* hrsg. v. J. L. PETIT (P 1973).

Lit.: L. DUFRANE, G., sa vie et ses œuvres (P – Bru 1927); J.-G. PROD'HOMME, F. J. G., la vie, l'œuvre, l'homme et l'artiste (P 1947); B. S. BROOK, La symphonie française dans la 2e moitié du XVIIIe siècle, 3 Bde. (P 1962) (= Publications de l'institut de Musicologie de l'Université de Paris 3); CH. TH. CLAUSER, F.-J. G. An Edition and Stylistic Study of Three Orchestral Works and Three Quartets, 2 Bde. (1966) (= Diss. State Univ. of Iowa); R. J. MACDONALD, F.-J. G. and French Instrumental Music in the Second Half of the Eighteenth Century, 3 Bde. (1968) (= Diss. Univ. of Michigan); W. THIBAUT, F.-J. G., chantre de la Révolution française (Gilly 1970) (= Figures de Wallonie o. Nr.).

GOSSWIN (Goßwein, Goißwein, Cosuvino, Josquinus), **Antonius,** * zwischen 1535 und 1546 Lüttich (?), † zwischen Juni 1597 und Oktober 1598; ndl. Komponist. 1568 war er Altist der Münchner Hofkapelle, vielleicht dort auch schon als Chorknabe unter O. di Lasso. 1569 wurde er Kapellmeister des Erbprinzen Wilhelm in Landshut, war nach Auflösung der Kapelle 1570–79 wieder Sänger der Hofkapelle und wurde 1580 Kapellmeister des Fürstbischofs von Freising. 1574–94 unterhielt er auch Beziehungen zum kaiserlichen Hof in Wien. Im Druck erschienen von ihm *Newe Teutsche Lieder, mit dreyen Stimmen* (Nü 1581), ferner einige Madrigale und Motetten in zeitgenössischen Sammeldrucken. 6 Messen und weitere 3 Motetten sind hsl. erhalten.

Ausg.: 3 Lieder, hrsg. v. F. JÖDE (B – Wb 1930) (= Chorbuch 5); *Newe teutsche Lieder mit dreyen Stimmen,* hrsg. v. K. G. FELLERER (Wb 1959) (= Chw 75).

Lit.: B. HIRZEL, A. G. (Mn 1909); A. A. AUDA, La musique et les musiciens de l'Ancien Pays de Liège (Lüttich 1930); H. OSTHOFF, Die Niederländer u. das dt. Lied (B 1938); J. QUITIN, A propos de A. G., in: RBMie 6 (1952).

GOETHE, Johann Wolfgang von, * 28. 8. 1749 Frankfurt am Main, † 22. 3. 1832 Weimar; dt. Dichter. G. erhielt seit 1763 Klavierunterricht, musizierte während seiner Studienzeit als Flötist im Hause des Leipziger Verlegers B. Chr. Breitkopf (1765/68) und nahm in Straßburg seit 1771 auch Violoncellounterricht. 1774 lernte er in Frankfurt den Organistensohn und Musiker Ph. Chr. Kayser kennen, der ihn in musikalischen Fragen beriet. Ihn sah G. für die Vertonung seiner Singspiele *Claudine von Villa Bella* und *Jery und Bätely* vor und beauftragte ihn auch mit einer Bühnenmusik zu *Egmont.* Seit 1775 in Weimar, förderten dort der Kreis der musizierenden und komponierenden Herzogin Anna Amalia wie auch das Ende 1775 eingerichtete Liebhabertheater seine musikalischen Interessen weiter. 1789 lernte er J. Fr. Reichardt kennen, der bereits 1780 seine ersten G.-Vertonungen veröffentlicht hatte. Mit ihm begann G. die fragmentarisch gebliebene *Tonlehre.* Politische Differenzen über die Französische Revolution führten zum Bruch dieser Beziehung. Durch C. Fr. Zelter wurde er später zur Fortsetzung seiner musikalischen Studien angeregt. 1798 begann G., der als Schauspiel- und Operndirektor des Weimarer Liebhabertheaters 1791–1817 vor allem Mozart-Opern aufführen ließ, das unvollendet gebliebene Libretto *Der Zauberflöte zweiter Teil.* Kontakten mit L. van Beethoven (Treffen in Teplitz 1812 aufgrund der Übersendung der Musik zu *Egmont*), C. M. von Weber (1812) und Fr. Schubert, der ihm 1816 und 1825 Liedvertonungen zusandte, blieben oberflächlich-reserviert. Von großem Interesse und subjektiv bedeutsam war für ihn dagegen die seit 1821 durch Zelter vermittelte Bekanntschaft mit dem jungen F. Medelssohn Bartholdy.

G. befaßte sich zeit seines Lebens mit musikalischen Fragen. Die bedeutendsten Quellen für die Kenntnis seiner Musikanschauung sind *Die Wahlverwandtschaften*, die *Novelle* (veröff. 1828) sowie *Wilhelm Meisters Lehrjahre* und *Wilhelm Meisters Wanderjahre*. Wichtige Einzelaussagen finden sich im Briefwechsel mit Zelter (1799–1832; bes. zum Mollstreit und zu Fragen der Wortvertonung), in den *Gesprächen mit Eckermann* (u.a. zum Musiktheater), in den Tagebüchern vom Juni/August 1810 (Entwurf einer „Tonlehre"), in den Anmerkungen zur Übersetzung von Diderots *Rameaus Neffe* (1805; über die Aufgaben des Komponisten) und in *Maximen und Reflexionen* (Vermischtes aus der Sicht des überzeugten Dilettanten).

Das Wesen der Musikanschauung G.s in ihren vielfältigen Aspekten ist geprägt von den drei musikgeschichtlichen Epochen, die er durchlebte, und von seinem erklärten und von ihm selbst als positiv eingeschätzten Dilettantismus. Zwei Schwerpunkte seines musikalischen Interesses lassen sich klar unterscheiden: die Verbindung von Sprache und Musik und das Verhältnis zwischen den physikalischen Eigenschaften des musikalischen Materials und deren Wirkungen im physiologischen und psychologischen Bereich.

G.s eigentliche Bedeutung in der Musikgeschichte gründet aber in der Tatsache, daß viele seiner Werke, namentlich die Gedichte, von zahlreichen Komponisten vertont worden sind. Besonders im Schaffen von Fr. Schubert und von H. Wolf gehören G.-Lieder zu den Schlüsselwerken. Von frühen G.-Vertonungen wurde *Das Veilchen* von W. A. Mozart (1785) am bekanntesten. L. van Beethoven schrieb 1809–10 eine Musik zu G.s *Egmont*. Eine eigene Art musikalischer G.-Rezeption ist in Frankreich auf dem Gebiet der Oper gegeben durch Ch. Gounods *Faust*, A. Thomas' *Mignon* und J. Massenets *Werther*. Zu nennen sind auch oratorische Werke nach Texten von G.: H. Berlioz, *Huit scènes de Faust;* F. Mendelssohn Bartholdy, *Die erste Walpurgisnacht;* R. Schumann, *Szenen aus Goethes „Faust"* und *Requiem für Mignon;* J. Brahms, *Rinaldo* und *Alt-Rhapsodie* (nach G.s *Harzreise im Winter*). Mendelssohn schrieb nach zwei Gedichten G.s die Ouvertüre *Meeresstille und glückliche Fahrt*.

Lit.: W. BODE, Die Tonkunst in G.s Leben, 2 Bde. (B 1912); H. HOLLE, G.s Lyrik im Wesen deutscher Tonsetzer bis zur Gegenwart (Mn 1914); H. ABERT, G. u. die Musik (St 1922); H. J. MOSER, G.s Dichtung in der neueren Musik, Festvortrag, in: Jb. der G.-Ges. 18 (1931); F. BLUME, G. u. die Musik (Kas 1948), Wiederabdruck in: Syntagma musicologicum 1, hrsg. v. M. RUHNKE (Kas 1963); H. J. MOSER, G. u. die Musik (L 1949) (mit Verz. v. G.-Vertonungen u. 20 Liedern); A. GUTTMANN, Musik in G.s Wirken u. Werken (B 1949); W. SCHUH, G.-Vertonungen (Z 1952), erweitert, in: J. W. G. Gedenkausg. der Werke II, hrsg. v. E. BEUTTLER (Z 1953); F. W. STERNFELD, G. and Music (NY 1954); W. VICTOR, C. F. Zelter u. seine Freundschaft mit G. (1960, 1970); J. MITTENZWEI, Die rhythmisch-melodische Natur der Lyrik G.s u. die Einstellung des Dichters zur Musik, in: Das Musikalische in der Lit. (Hl 1962), dass. in: Hist. u. systematische Musikwiss., ausgewählte Aufsätze (Tutzing 1972); H. WIEGELMANN, G.s Aussagen über Musik (Diss. Mr 1964); W. GERSTENBERG, G.s Dichtung u. die Musik, in: Kgr.-Ber. Leipzig 1966 (Kas 1970); E. PREUSSNER, G.s Gedanken zur Musikerziehung, in: Musa-Mens-Musici. Gedenkschrift W. Vetter (L 1969); J. M. MÜLLER-BLATTAU, G. u. die Meister der Musik, Bach, Händel, Mozart, Beethoven, Schubert (St 1969); W. TAPPOLET, Begegnungen mit der Musik in G.s Leben u. Werk (Be 1975); P. H. NEUMANN, Zur musikgesch. Bedeutung G.scher Gedichte, in: Dichtung u. Musik. Kaleidoskop ihrer Beziehungen, hrsg. v. G. Schnitzler (St 1979).

R. CADENBACH

GOTOVAC, Jakov, * 11. 10. 1895 Split (Dalmatien), † 16. 10. 1982 Zagreb; jugoslawischer Komponist G. studierte Jura in Zagreb und Graz und bis 1923 Komposition bei J. Marx am Wiener Staatskonservatorium. Anschließend war er bis 1958 Dirigent am Nationaltheater in Zagreb. G. übernahm in Melodiebildung, Rhythmik und Instrumentalkolorit Elemente der kroatisch-dalmatinischen Musikfolklore und gilt als der Schöpfer eines nationalen kroatischen Musikstils. Er schrieb vorwiegend Bühnen-, Vokal- und Programmusik. Seine Volksoper *Ero der Schelm* war auch auf deutschsprachigen Bühnen sehr erfolgreich.

WW: Für Orch.: *Simfonijsko kolo* (1927) (auch als Ballettmusik); *Orači* (1940); *Guslar* (1940); *Dinarka* (1945); *Buryevačka igra* (1960); *Dalmatinsko pastirče* (1962) für Blockflötenorch.; Lieder u. Chöre, Kroatische Trinklieder für Männerchor (1930) u. *Rankas*, Lesebuch für Kinderchor (1942). – Opern: *Dubravka*, UA: Zagreb 1928; *Morana*, UA: Brünn 1930; *Ero s onoga svijeta* (Ero der Schelm), UA: Zagreb 1935; *Kamenik* (Der Steinbruch), UA: ebd. 1946; *Mila Gojsalića*, UA: ebd. 1952; Singspiel *Derdan* (Die Dukatenkette), UA: ebd. 1955; 3 Operneinakter *Stanac*, UA: ebd. 1959; tragische Opernlegende *Dalmaro*, UA: ebd. 1964; Opernoratorium *Petar Svačić* (1969).

Lit.: J. ANDREIS, J. G. (Split 1957); G. SCHWEIZER, in: NZfM 126 (1965); J. BOŠKOVIĆ, J. G. (Dubrovnik 1966) (mit dt. Zusammenfassung: Der Schöpfer der kroatischen Nationalmusik).

GÖTTERDÄMMERUNG, DIE, Musikdrama von R. Wagner; 3. Tag der Tetralogie Der ↗Ring des Nibelungen.

GOTTSCHALK, Louis Moreau, * 8.5.1829 New Orleans, † 18. 12. 1869 Tijuca (Brasilien); amerik. Pianist und Komponist frz. Herkunft. G. lebte 1842–52 in Frankreich und begründete dort seinen Ruhm als Virtuose. 1853 kehrte er in die USA zurück, seit 1865 lebte er in Südamerika. Viele Werke G.s sind in Melodik und Rhythmik von afroamerikanischer Musik inspiriert und haben als Vorläufer des musikalischen Exotismus zu gelten. Von ihm selbst gespielt, fanden sie in den Pariser Salons starkes Interesse und den Beifall u. a. von Fr. Chopin und H. Berlioz.

WW: Vor allem Klv.-Musik, u.a. *Bamboula,* Danse de nègres; *La Savane* u. *Le Mancenillier,* Ballades créoles. – Autobiographie *Notes of a Pianist,* hrsg. v. C. Gottschalk (Philadelphia 1881). Ausg.: Klv.-WW, hrsg. v. V. B. LAWRENCE, 5 Bde (NY 1969); Kreolische u. karibische Klv.-Stücke, hrsg. v. E. KLEMM (L 1974); *Notes of a Pianist,* hrsg. v. J. BEHREND (NY 1964, NA 1979).

Lit.: O. HENSEL, Life and Letters of L. M. G. (Boston 1870); J. T. HOWARD, L. M. G., in: MQ 18 (1932); J. G. DOYLE, The Piano Music of L. M. G. (1960) (= Diss. New York Univ.); R. OFFERGELD, The Centennial Catalogue of the Publicated and Unpublicated Compositions of L. M. G. (NY 1970); W. E. KORF, The Orchestral Music of L. M. G. (1974) (= Diss. Univ. of Iowa); L. A. RUBIN, G. in Cuba (1974) (= Diss. Columbia Univ., New York).

GOTTRON, Adam Bernhard, * 11. 10. 1889 Mainz, † 29. 10. 1971 ebd.; dt. Musikforscher. G. studierte Geschichte in Freiburg i. Br., wo er 1911 mit einer Arbeit über Raimundus Lullus promovierte. Nach Theologiestudium wurde er 1917 zum Priester geweiht. Später war er in Darmstadt und Mainz Studienrat und 1933–62 gleichzeitig Präses der Kirchenchöre der Diözese Mainz. 1947 gründete er die Zeitschrift *Musik und Altar,* deren Schriftleitung er bis 1952 innehatte, und 1961 die Arbeitsgemeinschaft für mittelrheinische Musikgeschichte. Seit 1960 lehrte G. als Professor an der Universität Mainz, deren Ehrendoktorwürde er 1969 erhielt. Zum 75. Geburtstag wurde er mit einer Festschrift geehrt (= Mainzer Zschr. 50/51, 1965/66). Durch seine zahlreichen praxisorientierten Schriften über das Verhältnis von Musik und Liturgie spielte G. in der liturgischen Bewegung der 20er und 30er Jahre eine maßgebliche Rolle und gehört damit zu den Wegbereitern der liturgischen Reform des II. Vatikanischen Konzils. Später widmete sich G. fast ausschließlich der Erforschung der Musik am Mittelrhein.

WW: **1) Schriften:** *Singende Gemeinde* (Mz 1935); *Liturgischer Kirchenchor* (Mz 1936); *Kirchenmusik u. Liturgie* (Rb 1937); *Tausend Jahre Musik in Mainz* (B 1941, Mz ²1964); *Geschichten um den Mainzer Dom* (Mz 1941, ²1953 [erweitert]); *Hdb. der Liturgik* (Paderborn 1950); *Mozart u. Mainz* (Mz 1952); *Mainzer Musikgesch. von 1500 bis 1800* (Mz 1959); zahlr. weitere Veröff. zur Mainzer Musikgesch. – **2) Editionen:** WW v. I. von Beecke, Ph. F. Buchner, G. Plautz, J. Schmitt, F. X. Sterkel, W. Stich, J. Zach u. a.

Lit.: R. GRETHER, Verz. des Schrifttums von A. G., in: Mainzer Zschr. 54 (1959); H. FEDERHOFER, in: Mitt. der Arbeitsgemeinschaft für mittelrheinische Musikgesch. (1969) Nr. 19, (1970) Nr. 20, (1971) Nr. 23; F. W. RIEDEL, A. G. zum Gedächtnis, in: ebd. (1971) Nr. 23; G. MASSENKEIL, A. G. als Musikforscher, in: Mainzer Zschr. 67/68 (1972/73); Ein Leben im Schatten des Doms, hrsg. v. W. HEIST (Mz 1973).

GOTTWALD, Clytus, * 20. 11. 1925 Bad Salzbrunn (Schlesien); dt. Musikforscher und Dirigent. Er studierte in Frankfurt am Main Gesang (bei G. Hüsch) und Chorleitung (bei K. Thomas) sowie Musikwissenschaft (bei H. Osthoff), Soziologie (bei Th. W. Adorno), Theologie und Volkskunde in Tübingen und Frankfurt am Main, wo er 1961 mit der Dissertation *J. Ghiselin – J. Verbonnet. Stilkritische Untersuchung zum Problem ihrer Identität* (Wie 1962) promovierte. 1960 gründete er die Stuttgarter Schola Cantorum, mit der er seither die Vokalpolyphonie des 15. und 16. Jh. sowie (teilweise für das Ensemble geschriebene) Werke der Avantgarde, auch experimentellen Charakters, zur Aufführung bringt. Seit 1967 ist G. auch Redakteur für Neue Musik beim SDR.

WW: **1) Kompositionen:** *Sieben Spruchmotetten* (1956) (nach A. Silesius); *Missa super Anastaseos hinnera* (1957) für Chor u. Org.; *Fragmente* (1958) (nach G. Benn) für Chor u. 2 Klv.; *De profundis* (1962) für Chor u. Tonband. – **2) Schriften:** *Das Konstanzer Fragment,* in: AMl 34 (1962); *Codices musici 1* (Wie 1964) (= Die Hss. der Württembergischen Landesbibl. Stuttgart I/1); *Die Hss. der ehemaligen Königlichen Hofbibl., Codices musici* 1 (Wie 1965) (= ebd. II/6) *Hindemiths Messe,* in: Melos 32 (1965); *Das Geistliche in der Neuen Musik,* in: Melos 33 (1966); *Neue Musik in der Kirche,* in: MuK 37 (1967); *Die Musikhss. der Universitätsbibl. München* (Wie 1968) (= Die Hss. der Universitätsbibl. München 2); *A. Brumels Messe „Et ecce terrae motus“,* in: AfMw 26 (1969); *Politische Tendenzen der geistlichen Musik,* in: Über Musik u. Politik, hrsg. v. R. STEPHAN (Mz 1971) (= Veröff. des Inst. für Neue Musik u. Musikerziehung Darmstadt 10); *Geistliche Chormusik. Politische Tendenzen der geistlichen Musik* 2, in: Musik zw. Engagement u. Kunst, hrsg. v. O. KOLLERITSCH (Gr 1972) (= Stud. zur Wertungsforsch. 3). – **3) Editionen:** GA der Werke v. J. Ghiselin, 4 Bde. (R 1961–69) (= CMM 23).

GOETZ, Hermann Gustav, * 7. 12. 1840 Königsberg, † 3. 12. 1876 Hottingen bei Zürich; dt. Komponist. Nach autodidaktischen Kompositionsversuchen und erstem Klavier- und Harmonielehreunterricht bei Louis Köhler in Königsberg studierte G. 1860–62 am Sternschen Konservatorium in Berlin Komposition, Dirigieren, Klavier und Orgel. 1863 übersiedelte er nach Winterthur und wurde dort Nachfolger Th. Kirchners als Organist der Stadtkirche. 1871–73 schrieb er, mittlerweile in Zürich ansässig, auch Kritiken für die *Neue Zürcher Zeitung.* G. war mit Brahms befreundet, der ihn auch als Musiker sehr schätzte. Die Wertschätzung beruhte vor allem auf der beiden Komponisten gemeinsamen ästhetischen Grundhaltung, die sich an klassischen Formprinzipien orientierte. Diese Haltung äußert sich schon in G.' Instrumentalwerken, deren bedeutendste die Sinfonie in f op. 9 (1873), die *Frühlingsouvertüre* für Orchester op. 15 (1875), das Klavierkonzert in B op. 18 (1876) und das Klavierquartett in E op. 6 (1867) sind, vor allem aber in der 1872 vollendeten Oper *Der Widerspenstigen Zähmung* (UA Mannheim 1874). Sie ist das Hauptwerk G.', das ihn international bekannt machte. Diese Oper ist sowohl wegen des weitgehenden Verzichts auf romantische Instrumentationseffekte als auch aufgrund bevorzugt verwendeter geschlossener Formen und bewußter Anlehnung an Mozarts szenisch-dramatische Gestaltungsmittel Ausdruck einer entschiedenen Gegenposition zu R. Wagners musikdramatischem Konzept. G.'s Chorwerke erinnern durch die Subtilität des musikalischen Satzes an entsprechende Werke von Brahms und weisen ihn – vor allem in *Nänie* für Chor und Orch. op. 10 (1874) – als feinfühligen Schöpfer wortgebundener Musik aus.

Lit.: E. ISTEL, H. G., in: NZM 53 (1913); H. MERSMANN, H. G., in: AMz 43 (1916); E. KREUZHAGE, H. G. Leben u. sein Schaffen auf dem Gebiet der Oper (Diss. Mn 1916), gedruckt als: H. G. Sein Leben u. seine Werke (L 1916); G. R. KRUSE, H. G. (L 1920); B. WEIGL, Der Widerspenstigen Zähmung. Briefwechsel zw. H. G. u. E. Frank, in: Mk 19 (1927); DERS., H. G. Biographisches u. Stilkritisches, in: NMZ 48 (1927); A. RONER, H. G. in Zürich, in: ebd.; O. NICOLAI – A. JENSEN, H. G., in: Ostpreußische Köpfe (Königsberg 1928); G. R. KRUSE, H. G. Auftakt u. Schlußakkord eines Künstlerlebens, in: ZfM 103 (1936); H. J. MOSER, Musikgesch. in 100 Lebensbildern (St 1952); R. MÜNSTER, Die erste Symphonie e-moll v. H. G., in: Mf 22 (1969); G. PUCHELT, H. G. in: SMZ 116 (1976).

GOUDIMEL, Claude, *um 1514 Besançon, †28. (?) 8. 1572 Lyon; frz. Komponist. Er studierte 1549 (?)–57 an der Universität Paris. Der Verleger N. Du Chemin veröffentlichte zwischen 1549 und 1554 seine ersten Chansons und beschäftigte ihn seit 1551 als Korrektor, seit 1553 als musikalischen Berater. Bei J. Brinon, dem er sein erstes Psalmenbuch widmete, lernte er P. de Ronsard kennen, für dessen Gedichtsammlung *Les Amours de P. de Ronsard* er vier 4st. Sätze komponierte. 1557–67 (?) lebte G. in Metz. Von dieser Zeit an zeigte er verstärktes Interesse am Hugenottenpsalter. Da er sich vor den 1569 ausgebrochenen Unruhen fürchtete, schloß er sich den Reformierten an, die die Stadt schließlich verließen, und ging nach Lyon. Er trat in briefliche Beziehungen zu dem deutschen Dichter und Humanisten Paulus Melissus (P. Schede), von dem er auch Texte vertonte. G. kam in der Bartholomäusnacht ums Leben.

WW: *Missa Il ne se trouve en amitié* für 4 St. (P 1552), 3 weitere 4st. Messen (P 1558); 8 Bücher *Pseaumes de David … mis en musique au long (en forme de motets)* für 3–6 St., in der Mehrzahl 4st., mit teilweise unterschiedlichen Titeln (P 1551–66) (5. Buch nicht erhalten); *83 Pseaumes de David … dont le sujet peu se chanter en taille ou au dessus* (P 1562) (im gleichen Jahr auch in Lautentabulatur gedruckt; beide Ausg. verschollen, 3. Aufl. s. u.); *Les CL pseaumes de David* (P 1564, ²1565, G ³1565) (3. Aufl. = revidierte u. erweiterte Fassung der *83 Pseaumes* v. 1562; darin wenigstens 4 Psalmen v. Th. Champion); *Les CL pseaumes de David* (P 1568, G ²1580); 6 Psalmen auch in RISM 1555¹⁶; mehr als 60 weltliche u. 6 geistliche Chansons, 10 Motetten u. 3 Magnificats in etwa 50 Sammeldrucken 1549–83; eine Slg. mit Vertonungen von Horaz-Oden u. a. weltlichen WW ist verschollen. – Von G. erschienen ferner geistliche Parodien v. Chansons v. J. Arcadelt: *L'excellence des chansons musicales … par J. A.* (Ly ²1586).

G., hochgebildet und frei von jeglichem offiziellem Amt, schrieb Vokalwerke aller in seiner Zeit in Frankreich gebräuchlichen Gattungen. Seine eigentliche Bedeutung beruht jedoch vor allem auf seinen Psalmkompositionen, denen er sich in den letzten zwei Jahrzehnten seines Lebens fast ausschließlich widmete. Sie zeigen eine unterschiedliche musikalische Gestaltung. Eine Gruppe umfaßt motettische (durchkomponierte) Vertonungen vollständiger Psalmen (namentlich die *Psaumes en forme de motets* von 1551–66). Zu einer zweiten Gruppe gehören die beiden Zyklen sämtlicher 150 Psalmen von 1564 und 1568, in denen jeweils lediglich der erste Vers vertont ist, und zwar im Zyklus von 1564 als schlichter Satz Note gegen Note mit der traditionellen Melodie des Genfer Psalters (↗Hugenottenpsalter) meist im Tenor, im Zyklus von 1568 als kontrapunktisch aufgelockerter Satz mit der Melodie fast immer im Cantus. Die Gesänge von 1564 wurden früh im reformierten Gottesdienst in Frankreich verwendet und auch in andere Sprachen übersetzt. Besonders auch in Deutschland erhielten sie – und mit ihnen die zugrundeliegenden Melodien – durch A. Lobwasser (*Der Psalter Davids,* 1573) eine weite und langjährige Verbreitung.

Ausg.: GA, hrsg. unter der Leitung von L. A. DITTMER – P. PIDOUX (NY – Bas 1967 ff.), bisher erschienen: I: *Premier livre de psaumes en forme de motets* 1557, hrsg. v. H. GAGNEBIN (1967); II: *Second livre …* 1559, hrsg. v. E. LAWRY (1967); III: *Troisième livre …* 1557 u. 1561, hrsg. v. H. GAGNEBIN – L. A. DITTMER (1969); IX: *Les 150 psaumes …* 1564 u. 1565, hrsg. v. P. PIDOUX (1967); X: *Les 150 psaumes …* 1568 u. 1580, hrsg. v. DEMS. (1969); XI: lat. Motetten u. Magnificats, hrsg. v. R. HÄUSLER (1969).

Lit.: F. LESURE, C. G., étudiant, correcteur et éditeur parisien, in: MD 2 (1948); DERS. – G. THIBAULT, Bibliographie des éditions musicales de N. du Chemin, in: Ann. Mus. 1 (1953); E. MCCHESNEY LAWRY, The Psalm Motets of C. G. (1954) (= Diss. Columbia Univ./N.Y.); P. PIDOUX, Notes sur quelques éditeurs des psaumes de C. G., in: RMie 42 (1958); J. BURDET, La musique dans le pays de Vaud sous le régime bernois 1536–1798 (Lau 1963); P. PIDOUX, Vierhundert Jahre G.-Psalmen, in: MuG 19 (1965); W. BLANKENBURG, Die Kirchenmusik in den reformierten Gebieten des europäischen Kontinents, in: F. BLUME, Gesch. der ev. Kirchenmusik (Kas ²1965); F. LESURE, Deux „nouveaux" recueils de psaumes en forme de motets de C. G., in: RMie 54 (1968); R. HÄUSLER, Satztechnik u. Form in C. G.s lat. Werken (Be 1968) (= Publikationen der Schweizerischen Musikforsch. Ges. II/16); D. GUTKNECHT, Vergleichende Betrachtung des G.-Psalters mit dem Lobwasser-Psalter, in: JbLH 15 (1970).

M. HONEGGER

GOULD, Glenn, * 25. 9. 1932 Toronto, † 4. 10. 1982 ebd.; kanadischer Pianist. Er studierte bei A. Guerrero am Konservatorium in Toronto und debütierte hier 1947. Seit 1955 konzertierte er in den USA, seit 1957 auch in Europa, wiederholt auch mit Jazzgruppen. G. zählt zu den profiliertesten Pianisten der Gegenwart; seine Interpretationen waren aber oft durch Eigenwilligkeit oder gar Exzentrizität bestimmt. Schwerpunkte seines Repertoires waren Werke von J. S. Bach, L. van Beethoven, J. Brahms und der Wiener Schule. In seinen letzten Lebensjahren trat G. nur noch selten öffentlich auf. Er schrieb: *A. Schoenberg, a Perspective* (Cincinnati/Ohio 1964).

Lit.: J. KAISER, Große Pianisten in unserer Zeit (Mn [4]1978).

GOULD, Morton, * 10. 12. 1913 Richmond Hill (New York); amerik. Komponist, Pianist und Dirigent. Er studierte in New York 1925–30 zunächst am Institute of Musical Art, dann bei Abby Whiteside (Klavier) und Vincent Jones (Komposition) an der New York University. Seitdem ist er als Pianist, Arrangeur und Dirigent tätig. Er ist Mitglied der Direktion der American Society of Composers, Authors and Publishers (ASCAP) und der American Symphony Orchester League. G. schrieb Instrumentalwerke, Ballette und Unterhaltungsmusik und suchte in seinem Schaffen Elemente der symphonischen Musik, des Jazz, der leichten Musik und der Folklore zu integrieren.

WW: **1) Instr.-WW:** Für Klv.: 3 Sonaten (1930, 1933, 1936); Sonatine (1938) u. *Dance Gallery* (1952); Suite für V. u. Klv. (1943) Duo für Fl. u. Klar. (1972). – Für Orch.: 4 Symphonien: 1 (1942), 2: *On Marching Tunes* (1944), 3 (1947, revidiert 1948), 4: *West-Point Symphony, Symphony for Band* (1952); *Lincoln Legend* (1942); *Jekyll and Hyde Variations* (1956); *Columbia: Broadsides for Orchestra* (1967); *Soundings* (1969); *Symphony of Spirituals* (1976); *American Concertette* (1943) für Klv. u. Orch.; *Chorale and Fugue in Jazz* (1934) u. *Dance Variations* (1953) für 2 Klv. u. Orch.; *Troubadour Music* (1969) für 4 Gitarren u. Orch. – **2) Vokal-WW:** Kammerkantate für Chor u. 24 Instr. (1931); symphonisches „Narrative" *Declaration* (1957) für 2 Sprecher, Männersprechchor u. Orch.; *American Ballads* (1976). – **3) Bühnen-WW:** Musicals: *Billion Dollar Baby,* UA: New York 1945; *Arms and the Girls,* UA: ebd. 1950; Ballette: *Interplay,* UA: ebd. 1945; *Fall River Legend,* UA: ebd. 1948; *Rib of Eve,* UA: ebd. 1956; *Fiesta,* UA: Cannes 1957.

Lit.: Werk-Verz., in: Compositores de América 6 (Washington/D.C. 1960).

GOUNOD, Charles François, * 17. 6. 1818 St-Cloud (Hauts-de-Seine), † 18. 10. 1893 ebd.; frz. Komponist. Seine erste musikalische Ausbildung erhielt G. von seiner Mutter, einer hervorragenden Pianistin. Später nahm er Privatunterricht bei A. Reicha und trat 1835 in das Pariser Conservatoire ein. Dort studierte er Kontrapunkt bei Fr. Halévy, Komposition bei J.-Fr. Le Sueur und, nach dessen Tod 1837, kurze Zeit auch bei F. Paër. 1839 erhielt er für die Kantate *Fernand* den Prix de Rome. In Rom besuchte er regelmäßig die Sixtinische Kapelle, wo er mit der Musik Palestrinas und Bachs vertraut wurde. Auf dem Gebiet der Oper wurden J.-B. Lully, Chr. W. Gluck, W. A. Mozart, G. Rossini und später L. van Beethoven seine Vorbilder. Nicht ohne prägenden Einfluß blieb auch seine Freundschaft mit F. Mendelssohn Bartholdy und dessen Schwester, der Pianistin Fanny Hensel. Von Oktober 1847 bis Februar 1848 lebte G. bei den Karmelitern in Paris und bereitete sich dort auf das Priesteramt vor. Er legte kein Gelübde ab, unterzeichnete aber seine Briefe gern mit „l'abbé Gounod". Seine tiefe Religiosität fand in vielen kirchenmusikalischen Werken Ausdruck, wenn auch deren Erfolg insgesamt hinter dem seiner Bühnenwerke zurücksteht. 1852 heiratete er Anne Zimmermann, die Tochter eines Klavierprofessors am Conservatoire. Im selben Jahr wurde er Leiter des Orphéon de la Ville de Paris, einer Art Liedertafel. Die *Messe solennelle de Sainte Cécile* brachte ihm 1855 endlich den Erfolg, der ihm mit den Opern *Sapho* (1851) und *Ulysse* (1852) noch versagt geblieben war. Weltruhm errang er schließlich 1859 mit der Oper *Faust,* die in Deutschland nach der eigentlichen Heldin des Stückes in *Margarethe* umbenannt wurde. Wegen des Krieges 1870/71 übersiedelte G. nach London. Dort lebte er längere Zeit bei der Sängerin Weldon, die 1871 im Tavistock House eine Gesangschule gründete. Später rief sie den Londoner Gounod's Choir ins Leben, der regelmäßig Konzerte veranstaltete. Das Angebot, Nachfolger D. Fr. E. Aubers am Pariser Conservatoire zu werden, lehnte G. ab und blieb bis 1874 in London. Nach seiner Heimkehr wandte er sich endgültig der Komposition geistlicher Musik zu, ohne an frühere große Erfolge anzuknüpfen.

WW: **1) Instr.-WW:** *Hymne à Ste Cécile,* Trio für V., Org. u. Klv. (P 1865), auch bearb. für V.-solo, Harfen, Pk. u. Blasinstr.; *Scherzo* für Orch. (P 1837); 1. Symphonie D-Dur (P 1855); 2. Symphonie Es-Dur (P 1855); *Marche romaine* (P 1872); *Marche funèbre d'une marionnette* (Lo 1873); *Marche religieuse* für großes Orch. mit Harfe (P 1878); *Petite symphonie* für Blasinstr. (P 1888); *Six pièces pour piano* (P 1907) (postum); ferner Stücke für Klv. u. Org. – **2) Vokal-WW:** 5 Lieder-Slgen. mit 20 Liedern mit Klv.-Begleitung (P 1867–80); *15 Mélodies enfantines* (P 1878); 3 Slgen. mit *60 Chants sacrés* (P 1878–79); *Méditation* (*1er Ave Maria* 1859), nach J. S. Bachs 1. Präludium aus *dem Wohltemperierten Clavier* für Sopran-solo, Org., Klv. u. Orch. (P o. J.); Chorstücke, darunter die bretonische Legende *Le Vin des Gaulois et la danse de l'épée* (P o. J.); Motetten, etwa 15 Messen u. Requiem, darunter: *Messe solennelle de Ste Cécile* (1855) für Soli u. 4st. Chor mit Org.- oder Klv.-Begleitung (P 1878); *Messe du Sacré-Cœur* (1876) für 4st. Chor u. Orch. (P o. J.); *Messe funèbre* (1883) für 4 St. mit Org. (P o. J.); *Messe de Saint Jean* (1890) für 4 St. mit Org. (P 1887); *Messe de Clovis* für 4 St. mit Org. (P 1895); Oratorien: *Tobie* (P 1866); *Gallia* (1871) (Lo o. J.); *Jésus sur le lac de Tibériade* (1878) (P o. J.); *La Rédemption,* Trilogie sacrée (1882) (Lo o. J.) u. *Mors et Vita,* Trilogie sacrée (1884) (Lo o. J.). – **3) Bühnen-WW** (wenn nichts anderes angegeben, in Paris uraufgeführt): Opern: *Sapho* (Libr.: E. Augier), UA: 1851; *La nonne sanglante* (Libr.: E. Scribe, G. Delavigne), UA: 1854; *Le médecin malgré lui* (nach Molière), UA: 1858; *Faust* (Libr.: Scribe, Delavigne), UA: 1859; *La Colombe* (Libr.: dies., nach La Fontaine), UA: Baden-Baden 1860; *Philémon et Baucis* (Libr.: dies.), UA: 1860; *La Reine de Saba* (Libr.: dies.), UA: 1862; *Mireille* (Libr.: dies., nach Mistral), UA: 1864; *Roméo et Juliette* (Libr.: dies.), UA: 1867; *Cinq-Mars* (Libr.: dies. nach

Corneille), UA: 1877; *Polyeucte* (Libr.: dies. nach Corneille), UA: 1878; *Le Tribut de Zamora* (Libr.: dies.), UA: 1881; *Maître Pierre* (Libr.: L. Gallet), vollendet v. M. d'Ollone; *Ivan le Terrible;* Bühnenmusik zu: F. Ponsard, *Ulysse,* UA: 1852; Molière, *Le Bourgeois gentilhomme,* UA: 1857; E. Legouvé, *Les deux Reines,* UA: 1872; J. Barbier, *Jeanne d'Arc,* UA: 1873; A. Silvestre – E. Morand, *Drames sacrés,* UA: 1893; Molière, *Georges Dandin,* unvollendet. – **4) Schriften:** Autobiographie, hrsg. v. G. Weldon (Lo 1875); Vorwort zu den *Lettres intimes de Berlioz,* in: Nouvelle Rev. (1880); Art. über *Henry VIII., Proserpine* u. *Ascanio* v. Saint-Saëns (P 1884, 1887, 1890); *Le Don Juan de Mozart* (P 1890, dt. 1895, Nachdr. NY 1970); *Mémoires d'un artiste,* in: La Revue de Paris (1895, 1896, [5]1900, dt. W 1896); *Lettres à G. Bizet,* in: ebd. (1899) Dezember-H.

Fremde Einflüsse in der französischen Musik zurückzudrängen und ein nationales Idiom des musikalischen Ausdrucks zu finden, war zeitlebens das Bestreben Gounods. Oft als Eklektiker kritisiert, verstand er es dennoch, über die Einflüsse seiner Vorbilder hinauszugehen und künstlerische Selbständigkeit zu erreichen. Obwohl in seinem Schaffen die geistliche Musik überwiegt, kennt man ihn heute vornehmlich als Opernkomponisten, der mit einem Werk wie *Roméo et Juliette* die Tradition der Opern Glucks und Mozarts fortsetzte, seine Meisterschaft auf dem Gebiete der Prosodie, im Umgang mit der französischen Sprache in all ihren Nuancen mit Bühnenwerken wie *Le Médecin malgré lui, Philémon et Baucis, Mireille* und *La Colombe* demonstrierte, und mit *Faust* einen Markstein für das französische Musikdrama im 19. Jh. setzte. G.s kirchenmusikalische Werke (Messen, Oratorien, Kantaten, Motetten, geistliche Lieder) zeugen vom Streben nach Schlichtheit, streifen aber gelegentlich den Rand des Trivialen. Die meistgespielte Komposition des oft als Nachahmer mißverstandenen G. ist freilich keine eigenständige Schöpfung, sondern eine Bearbeitung: die *Méditation (Ave Maria) sur un prélude de Bach.*

Lit.: G. WELDON, Mon orphelinat et G. en Angleterre (Lo 1875–82); L. PAGNERRE, Ch. G. (P 1899); M. A. DE BOVET, Ch. G. (P 1890, engl. Lo 1891); M. BRENET, G., musicien religieux, in: Le Correspondant (1893) Dezember-H.; H. DELABORDE, Notice sur la vie et les œuvres de Ch. G. (P 1894); C. SAINT-SAËNS, Ch. G. et le Don Juan de Mozart (P 1894); TH. DUBOIS, Notice sur Ch. G. (P 1895); P. VOSS, Ch. G. (L 1895); H. IMBERT, G., in: Profils des musiciens (P 1897); H. TOLHURST, G. (Lo 1904); P. L. HILLEMACHER, Ch. G. (P 1906, [2]1914); H. BERLIOZ, Les musiciens et la musique (P 1908); C. BELLAIGUE, G. (P 1910); A. POUGIN, G., in: RMI 18 (1911) u. ebd. 19 (1912); J.-G. PROD'HOMME – A. DENDELOT, G. (P 1911, NA G 1973); A. SOUBIS – H. DE CURZON, Documents inédits sur le Faust de G. (P 1912); C. SAINT-SAËNS, Le livret de Faust, in: Le Monde musical (1914–19); J.-G. PROD'HOMME, Miscellaneous Letters by Ch. G., in: MQ 4 (1918); J. TIERSOT, Ch. G. A Centennial Tribute, in: ebd.; DERS., G.'s Letters, in: MQ 5 (1919); C. BELLAIGUE, G. (P 1919); R. D'OLLONE, G. et l'opéra-comique, in: RM (1933); M. COOPER, Ch. G. and His Influence on French Music, in: ML 21 (1940); P. LANDORMY, G. (P 1942); DERS., „Faust" de G. Étude et analyse (P [2]1944); N. DEMUTH, Introduction to the Music of G. (Lo 1950); M. CURTISS, G. Before Faust, in: MQ 38 (1952); F. NOSKE, La mélodie française (P – A 1954), 2. Aufl. übers. u. hrsg. v. DEMS. – R. BENTON (NY 1970) (mit Verz. der „Mélodies"); H. BUSSER, Ch. G. (Ly 1961); C. HOPKINSON, Notes on the Earliest Edition of G.'s „Faust", in: FS O. E. Deutsch (Kas 1963); F. KAUFMANN, Gedanken zu G.s Cäcilienmesse, in: MS 83 (1963); A. LEBOIS, La reine de Saba ou Amour et franc-maçonnerie, in: Littératures 15 (1968); K. HONOLKA, Der fromme Meister des „Faust". Zum 150. Geburtstag v. Ch. G., in: Opernwelt 9 (1968); H. WAGENER, Ch. G. ... Ein Beitrag zur Kirchenmusik des 19. Jh., in: MS 88 (1968); C. MARINELLI, Ricordano Ch. G., in: Chigiana 25 (1968); G. FEDER, G.s „Méditation" u. ihre Folgen, in: Die Ausbreitung des Historismus über die Musik, hrsg. v. W. Wiora (Rb 1969) (= Stud. zur Musikgesch. des 19. Jh. 14); H. WAGENER, Die Messen Ch. G.s, in: MS 90 (1970); J. HARDING, G. (NY 1973); K. W. LANGEVIN, Au silence des Belles Nuits: The Earlier Songs of Ch. G. (1978) (= Diss. Cornell Univ., Ithaca/N. Y.).

R. QUANDT

GOEYVAERTS, Karel, * 8. 6. 1923 Antwerpen; belgischer Komponist. Er studierte am Konservatorium in Antwerpen und später Komposition bei D. Milhaud und O. Messiaen am Pariser Conservatoire. Seit 1970 ist er Producer beim Institut für Psychoakustik und Elektronische Musik in Gent. Ausgehend von I. Strawinsky, wandte er sich seit 1950 den seriellen Satztechniken O. Messiaens zu, die er auf die von ihm mitentwickelte ↗elektronische Musik und auf „mobile" Kompositionen übertrug.

WW: *Composition no 1* für 2 Klv. (1951); *Pièce pour trois* (1960) für Fl., V. u. Klv.; *Composition no* 2 für 13 Instr. (1951); ... *no 3* mit gestrichenen u. geschlagenen Tönen (1952); ... *no 5* Elektronische Musik (1953); ... *no 6* mit 180 Klangobjekten (1954); für Orch.: *Diaphonie* (1975); *La passion* (1962); *Jeu d'été* (1960) für 3 Orch.-Gruppen; *Catch a quatre* (1969); „Mobile Kompositionen" für umhergehende Instrumentalisten (u. Tonband), auch als audio-visuelle u. elektronische Kompositionen (seit 1970); *Messe Johannes XXIII.* (1968) für Chor u. 10 Bläser. – Ferner ein Aufsatz: *Das elektronische Klangmaterial,* in: Die Reihe (W 1955) H. 1.

H. LINDLAR

G.P., Abk. für ↗Generalpause.

GRABNER, Hermann, * 12. 5. 1886 Graz, † 3. 7. 1969 Bozen; dt. Musikpädagoge und Komponist östr. Herkunft. Nach musikalischer Ausbildung am Konservatorium in Graz studierte er zunächst Jura an der dortigen Universität und promovierte 1909 zum Dr. jur. 1910 wurde er Kompositionsschüler M. Regers am Leipziger Konservatorium, 1912 dessen Assistent in Meiningen. Zeitweilig wirkte er auch als Bratschist. Seit 1913 lehrte G. Theorie am Straßburger Konservatorium, 1919 bis 1924 Theorie und Komposition an der Hochschule für Musik und Theater in Mannheim und an der Musikakademie in Heidelberg, anschließend bis 1938 (seit 1932 als Professor) am Leipziger Konservatorium, wo er seit 1930 auch Universitätsmusikdirektor war. 1938–45 war er Professor für Komposition an der Musikhochschule, 1950–51 am Konservatorium in Berlin.

WW: **1) Instr.-WW:** Für Org.: Praeludium, Passacaglia u. Fuge *Media vita in morte sumus,* op. 24 (1925); *Fantasie über das liturg. Paternoster,* op. 27 (1926); Partita, op. 28 (1928); Zwei Sonaten (1936, 1962); *St. Michael-Hymnus* (1949); *Meditationen über ein geistliches Lied v. J. S. Bach* (1961); Toccaten, Choralfantasien u. -Bearb.; Trio. – Für versch. Instr.: *Konzert im alten Stil,* op. 1 (1915) für 3 V.; Trios; Streichquartette. – Für Orch.: *Variationen u. Fuge über ein Thema v. J. S. Bach,* op. 14 (1921); *Perkeo-Suite,* op. 15 (1923) für Bläserorch.; *Sinfonische Tänze* (1935); Konzert für Org. u. Str., op. 59 (1943); weitere Konzerte. – **2) Vokal-WW:** Lieder nach versch. Dichtern für SingSt u. Klv.; Lieder, Gesänge u. Motetten für gem. Chor a cap.; *Lichtwanderer,* op. 30 (1930) für Männerchor u. Orch.; für Soli, Chor u. Orch.: *Weihnachtsoratorium* (1922); *Die Heilandsklage* (1927); *Gesang zur Sonne,* op. 31 (1931); weitere Kantaten u. Oratorien; *Requiem* (1947). – **3) Bühnen-WW:** Oper *Die Richterin* (1928/29) (nach C. F. Meyer), UA: Barmen 1930. – **4) Schriften:** *Regers Harmonik* (Mn 1920, Wie ²1961); *Die Funktionstheorie H. Riemanns* (Mn 1923); *Allgemeine Musiklehre* (St 1924, ⁶1949, erweitert Kas ⁷1959, revidiert ⁸1963, ¹⁰1970) (mit einem Nachtrag v. D. de la Motte); *Der lineare Satz* (St 1925, ²1950); *Anleitung zur Fugenkomposition* (L 1934, ²1944, ⁶1959); *Die wichtigsten Regeln des funktionellen Tonsatzes* (L 1935, ³1952, Lippstadt 1961); *Kompositionsunterricht,* in: ZfM 102 (1935); *Generalbaßübungen* (L 1936, ³1951); *Handbuch der Harmonielehre* (B 1944, Kas ⁵1967, Rb ⁷1974); *Neue Gehörübung* (B 1950); *Musikal. Werkbetrachtung* (St 1950); *Die Kunst des Orgelbaus* (B – Wunsiedel 1958); *Die pädagogische Bedeutung der Werkanalyse,* in: FS der Akad. für Musik u. darstellende Kunst (Gr 1963); mehrere Aufsätze in den Mitt. des M.-Reger-Instituts Bonn. – **5) Editionen:** Max-Reger-GA, Bde. 24–27 u. 30 (Wie o. J.).

G. ist einer der eigenständigsten Komponisten aus der Schule Regers, wandte sich jedoch allmählich vom Stil seines Lehrers ab. Aus einer mystisch-hymnischen Grundhaltung heraus finden sich bei ihm homophone Akkordreihen, auch auf freitonaler Basis, ebenso wie melodisch-lineares Denken in großer satztechnischer Meisterschaft. Sein vielseitiges Schaffen bezieht auch Volksliedmelodik und humoristische Äußerungen mit ein. G. stand auch der „Orgelbewegung" nahe. Auf musiktheoretischem Gebiet vertrat er eine über H. Riemanns Funktionstheorie hinausgehende monistische Position, mit besonderem Blick auf pädagogische Verwertbarkeit.

Lit.: H. BÜTTNER, H. G., in: ZfM 102 (1935); E. OTTO, H. G., Werk u. Mensch, in: ZfM 112 (1951); S. BORRIS, H. G., in: Musica 10 (1956); O. SÖHNGEN, M. Reger u. H. G., in: Der Kirchenmusiker 7 (1956); E. OTTO, in: Mitt. des M.-Reger-Inst. (1966) H. 15; B. GRUSNICK, H. Distler u. H. G., in: Musica 18 (1964); G. HAUSSWALD, in: ebd. 23 (1969); E. OTTO, In memoriam H. G., in: Der Kirchenmusiker 21 (1970).

B. A. KOHL

GRADENWITZ, Peter Emanuel, * 24. 1. 1910 Berlin; israelischer Musikforscher und Musikkritiker. G. studierte an den Universitäten Freiburg im Breisgau, Berlin und an der Deutschen Universität in Prag, wo er 1936 mit der Dissertation *J. Stamitz. Das Leben* (Brünn – Pr – L – W 1936) promovierte. Anschließend ließ er sich in Tel Aviv nieder und leitet dort seither den von ihm gegründeten Musikverlag Israeli Music Publications. Seit 1948 lehrte er auch als Gastdozent an Universitäten und Hochschulen verschiedener europäischer Länder und in den USA und war 1968–77 Dozent am Musikwissenschaftlichen Institut der Universität in Tel Aviv. Er begründete die israelische Sektion der Internationalen Gesellschaft für Neue Musik (IGNM).

Schriften: *Toldot hamusika* (Jerusalem 1939, ⁵1969); *Olam hasimfonia* (Tel Aviv 1945, ⁹1970); *The Music of Israel* (NY 1949, 2. revidierte u. ergänzte Aufl. Lo 1980, dt. Kas 1961); *J. Stamitz als Kirchenkomponist,* in: Mf 11 (1958); *Music and Musicians in Israel* (Tel Aviv 1958, ³1978); *Schönbergs religiöse Werke,* in: Melos 26 (1959); *G. Mahler und A. Schönberg,* in: L.-Baeck-Institute of Jews from Germany Jb. 5 (Lo 1960); *Wege zur Musik der Gegenwart* (St 1963) (= Urban-Bücher 70), erweiterte NA als: *Wege zur Musik der Zeit* (Wilhelmshaven 1974) (= Taschenbücher zur Musikwiss. 26); *The Religious Works and Thoughts of A. Schoenberg,* in: 4th World Congress of Jewish Studies II (Jerusalem 1968); *Die Musik in Israel zw. Orient u. Okzident,* in: SMZ 111 (1971); *Musik zw. Orient u. Okzident. Eine Kulturgesch. der Wechselbeziehungen* (Wilhelmshaven 1977).

GRADUALE. 1) Gesang der ↗Messe. In den Schriften der Kirchenväter des 4. und 5. Jh. ist häufig davon die Rede, daß nach der Lesung vom Psalmisten, Kantor oder Lektor ein Psalm vorgetragen wurde und die Gemeinde mit einem Kehrvers (Responsorium) antwortete. Der Psalm wurde in Gallien als „Psalmus responsorius" bezeichnet. Augustinus nannte Epistel, Psalm und Evangelium als Elemente des Wortgottesdienstes der Meßfeier. Die Zeugnisse über den Psalm nach der Lesung stammen aus den verschiedensten Gegenden des Ostens und des Westens; es handelt sich offenbar um eine weit verbreitete und geläufige Tradition. Zwischen 467 und 480 berichtet Gennadius in seiner Schrift *De viris illustribus* von einem gelehrten Priester Musaeus aus Marseille, der im Auftrag seines Bischofs die Lesungen und die Responsorien der Psalmen passend zu den Lesungen und Festzeiten des Kirchenjahrs ausgewählt habe. Dies ist die älteste Nachricht über eine Redaktion liturgischer Gesangstexte.

Nach der 523/526 niedergeschriebenen Regel des hl. Benedikt sind im Anschluß an die Lesungen des Offiziums „Responsorien" zu singen. Es ergibt sich aus dem Zusammenhang, daß hier mit „responsorium" nicht mehr ein Kehrvers, sondern ein ganzer Gesang gemeint ist, offenbar in dem Sinne, wie ihn Isidor von Sevilla († 633) in seinen *Etymologiae* definiert: „Die Responsorien sind von den Italienern überliefert. Diese bezeichnen als Responsorien einen Gesang, in dem einer auf den anderen antwortet. Der Unterschied zwischen den Responsorien und den Antiphonen besteht darin, daß in

den Responsorien einer den Vers sagt, während in den Antiphonen die Verse im Wechselchor vorgetragen werden." Durch den *Ordo Romanus I*, der die Papstliturgie des 7. Jh. beschreibt, wird das Responsorium auch nach der Epistel der Messe bezeugt. Es wird als „Responsorium graduale", später kurz G. bezeichnet und von den Stufen (= gradus) des Ambo vorgetragen (daher wohl der Name).
Mit den fränkischen Handschriften des 9. Jh. beginnt die Überlieferung der Texte der Gradualien. Sie gliedern sich in Chorstück und Solovers. Der Text des G. *Priusquam te formarem* vom Fest Johannes des Täufers setzt voraus, daß nach dem Vers das Chorstück wiederholt wird. In einer ganzen Reihe von Gradualien mündet aber die Melodie des Verses in die des Chorstücks, so daß der Chor in das Ende des Verses einfallen kann. Es scheint also, daß die Gradualien schon frühzeitig unterschiedlich ausgeführt wurden. Die älteste Textüberlieferung umfaßt 118 Gradualien, von denen 107 den Psalmen entnommen sind. Die übrigen 11 Stücke, darunter *Omnes de Saba* (Epiphanie), *Christus factus est* (Gründonnerstag) und *Locus iste* (Kirchweih), sind offenbar später ins Repertoire gelangt. An den Tagen der Osterwoche wird das gleiche G. *Haec dies* mit verschiedenen Versen gesungen. Die Gradualientexte sind nicht nach einem einheitlichen Gesichtspunkt ausgewählt. Sie nehmen z. B. mehr oder weniger spezifischen Bezug auf die vorangehende Epistel oder auf den Introitus oder sind dem gleichen Psalm wie andere Gesänge des Tages entnommen. Für die Sonntage nach Pfingsten überliefern die ältesten Quellen zwei verschiedene Ordnungen von Gradualien. Die eine, außer Gebrauch gekommene, ordnete die Gradualien nach der Nummer der Psalmen, denen sie entnommen waren.
Die Melodieüberlieferung der Gradualien beginnt im 10. Jh., zunächst in linienlosen Neumen. Sie stellen eine Niederschrift von Vortragsweisen dar, deren sich der Kantor nach bestimmten Regeln, nach seinem Können und nach den jeweiligen Umständen bediente. Mit der Niederschrift wurden diese Vortragsweisen eingefroren; die Niederschrift stellt keine für eine wiederholte Ausführung gedachte Komposition dar, sondern ein Beispiel der Realisierung einer immer wieder auf neue Weise realisierbaren und realisierten Vortragsweise. Solovers und Chorteil sind nach den gleichen Prinzipien niedergeschrieben: auch der Chorteil ist eine Interpretation des Kantors. Die Vortragsweisen sind verschiedenen Kirchentonarten zugeordnet; die Tonartbezeichnungen im *Graduale Romanum* geben mit einigen Ausnahmen die verschiedenen Vortragsweisen an.
Fast ein Fünftel der Gradualien der ältesten Überlieferung benutzt eine Weise, die verschiedenen Texten nach Art eines Psalmtons angepaßt wurde, bei längeren Texten wird ein zusätzliches Melodieglied eingeschoben. Es handelt sich im wesentlichen um die Gradualien des 2. Tons. Rund zwei Fünftel der Gradualien sind dem 5. Ton zugeordnet. Für diese Vortragsweise benutzt der Kantor einen Grundvorrat von Melismen und formelhaften Melodiewendungen, die er austauschen und unterschiedlich miteinander kombinieren kann. Den Melodien liegt keine einheitliche Gestalt zugrunde, und sie verlaufen nicht nach einem gleichartigen Schema. Ihre Disposition ist je nach Gliederung des Texts, nach Umfang, Struktur und Gewichtigkeit der Textabschnitte verschieden. Besondere Worte können besonders ausgezeichnet werden, gleiche, ähnliche oder einander entsprechende Worte melodische Entsprechungen hervorrufen. Gegen Schluß werden die Melodien formelhaft. Andere Vortragsweisen prägen sich in Gradualien des 1., 3. und 7. Tons aus. Einige Melodien erscheinen als Einzelstücke, zuweilen taucht in ihnen ein Melisma oder ein Melodieabschnitt aus einer der typischen Vortragsweisen auf. Im G. *Deus exaudi* vom Montag nach dem 1. Passionssonntag, das dem 8. Ton zugeordnet ist, ist die Weise des 3. Tons mit Elementen aus denen des 2. und des 5. Tons verknüpft. Im Vers des G. *Tibi Domine* vom Samstag vor dem 1. Passionssonntag hat der Notator zu den Worten „in opportunitatibus, in tribulatione" tongetreu die Melodie kopiert, die er zu den gleichen Worten im G. *Adjutor in opportunitatibus* an Septuagesima niedergeschrieben hatte. Das G. *Benedictus Dominus* vom Sonntag nach Epiphanie beginnt mit dem typischen Anfang des Tractus des 8. Tons. Das G. *Venite filii* vom 7. Sonntag nach Pfingsten fällt gänzlich aus dem Stil der Gradualien heraus; in diesem Stück ist eine ganz andere Vortragsweise, vielleicht aus gallikanischer Tradition, aufgezeichnet worden. Bei der Einführung neuer Feste wurde das Repertoire der Gradualien durch neue Stücke ergänzt. Die Melodien dieser Stücke lehnen sich an die älteren an; nach der schriftlichen Niederlegung des ältesten Repertoires hat es weder neue Vortragsweisen noch eigentliche Neukompositionen gegeben.
Der Übergang vom Psalmus responsorius nach der Lesung zum Responsorium stellt eine Textkürzung zugunsten einer reicheren musikalischen Ausgestaltung dar, die wohl von kirchenmusikalischen Zentren ausging und nicht bei jedem Gottesdienst möglich war. Zur Norm wurde sie erst mit der schriftlichen Überlieferung und dem Wandel im Verständnis dieser Überlieferung (↗Gregorianischer Gesang). Das Responsorium des Offiziums

FALSTAFF in einer Inszenierung von Filippe Sanjust mit Giuseppe Taddei in der Titelrolle (Foto: Österreichischer Bundestheaterverband / Axel Zeininger).

EUGEN ONEGIN in einer Inszenierung von Jürgen Rose mit Nicolai Ghiaurov und Mirella Freni (Foto: Österreichischer Bundestheaterverband / Axel Zeininger).

FIDELIO mit Hildegard Behrens und René Kollo an der Wiener Staatsoper (Foto: Österreichischer Bundestheaterverband / Axel Zeininger).

und das Responsorium graduale der Messe präsentieren sich in der Überlieferung als zwei verschiedene Gattungen, zwischen denen es keine musikalischen Überschneidungen gibt und die nach unterschiedlichen Prinzipien niedergeschrieben wurden. Die Kunst der Kantoren konzentrierte sich auf die Messe und siedelte sich insbesondere zwischen den Lesungen an: auf das G. folgt sogleich das Alleluia oder der Tractus. Die Entwicklung eines musikalischen Schwerpunkts im Wortgottesdienst der Messe, die sich in diesen Gattungen ausdrückt und die die ganze Struktur der Messe veränderte, setzt sich über die Kodifizierung des Gregorianischen Gesangs hinaus in der Geschichte der Sequenz und der frühen Mehrstimmigkeit fort; der *Liber organi* Leoninus' und Perotinus' ist eine Sammlung von Gradualien-, Alleluia- und Responsorienvertonungen. Im 13. Jh. bricht die musikalische Entwicklung zwischen den Lesungen unvermittelt ab. Die Gesänge zwischen den Lesungen wurden zur liturgischen Vorschrift, der im allgemeinen dadurch Genüge getan wurde, daß der Priester die Gesangstexte leise absolvierte. In der Geschichte der Kirchenmusik haben sich seit dem 13. Jh. nur begrenzte Sondertraditionen der Vertonung von Zwischengesängen (z. B. im Requiem, für die Karwoche) und eine Reihe von Substitutionsgattungen (z. B. die Epistelsonate) entwickelt. Die Liturgiereform des 2. Vatikanischen Konzils hat die Gattung des vorgregorianischen Psalmus responsorius (Antwortpsalm) wieder aufgegriffen und eine liturgische Ordnung des Psalmus responsorius erstellt, die in das Lektionar aufgenommen wurde. – **2)** Bz. für das Buch, das die Gesänge des Proprium Missae des römischen Ritus enthält. Das Buch mit den Gesängen des (Tages-)Offiziums heißt Antiphonale oder ↗Antiphonar(ium). Diese Terminologie ist jedoch modern und nicht allgemein. Im Mittelalter war die Bezeichnung Antiphonar(ium Missae) für das Graduale geläufig, und bis heute heißt so das Meßgesangbuch des Ambrosianischen Ritus. Für das Buch mit den Sologesängen der Messe wird im Mittelalter auch die Bezeichnung Cantuale verwendet. – ↗Choralausgaben.

Lit.: P. WAGNER, Einführung in die gregor. Melodien, I: Ursprung u. Entwicklung der liturg. Gesangsformen bis zum Ausgange des MA (L ²1911), u. III: Gregor. Formenlehre (L 1921, Nachdr. Hil 1962); P. FERRETTI, Estetica gregoriana (R 1934); J. A. JUNGMANN, Missarum sollemnia I (W 1948); W. LIPPHARDT, Die Gesch. des mehrst. Proprium missae (Hei 1950); H. HUCKE, Die gregor. G.-weise des 2. Tons u. ihre ambrosianischen Parallelen, in: AfMw 13 (1956); H. HUSMANN, Justus ut palma, in: RBMie 10 (1956); W. APEL, Gregorian Chant (Bloomington/Ind. 1957); H. A. P. SCHMIDT, Introductio in Liturgiam Occidentalem (R 1960); R. LE ROUX, Les Graduels des dimanches après la Pentecôte, in: Études grégoriennes 5 (1962) SH. KOJIMA, Die Ostergradualien „Haec dies" u. ihr Verhältnis zu den Tractus des II. u. VIII. Tons., in: Colloquium Amicorum, FS J. Schmidt-Görg (Bonn 1967); H. LEEB, Die Psalmodie bei Ambrosius, in: Wiener Beitr. zur Theologie 17 (W 1967); F. HABERL, G. simplex, in: MS 88 (1968); Die Gesänge des altröm. G. Vat. lat. 5319, hrsg. v. B. STÄBLEIN (Kas 1970) (= Monumenta monodica medii aevi 2); H. VOGT, Die Sequenzen des G. Abdinghof aus Paderborn (Diss. Mr 1972); H. HUCKE, Das Responsorium, in: Gattungen der Musik in Einzeldarstellungen 1 (Be 1973); DERS., Die Gesänge zw. den Lesungen in der abendländischen Musikgesch., in: Kath. Kirchenmusik (1979); DERS., Der Übergang v. mündlicher zu schriftlicher Musiküberlieferung im MA, in: Kgr.-Ber. Berkeley 1977 (Kas 1980); DERS., Toward a New Historical View of Gregorian Chant, in: JAMS 33 (1980).

H. HUCKE

GRAF, Conrad, * 17. 11. 1782 Riedlingen/Donau (Württemberg), † 18. 3. 1851 Wien; östr. Klavierbauer. Er erlernte das Tischlerhandwerk, ging 1799 nach Wien und arbeitete bei dem Klavierbauer Jakob Schelkle. 1804 heiratete er dessen Witwe und übernahm die Werkstatt. Seine Instrumente waren in ganz Europa und darüber hinaus geschätzt. Beethoven, Cl. Wieck und R. Schumann u. a. besaßen einen Graf-Flügel. Zahlreiche Instrumente sind in Museen und Sammlungen erhalten, u. a. der Beethoven-Flügel im Beethovenhaus in Bonn, 2 Flügel in der Sammlung Neupert, Bamberg, 2 Flügel im Germanischen Nationalmuseum, Nürnberg, 6 Flügel im Kunsthistorischen Museum, Wien (darunter der Schumann-Flügel).

Lit.: V. LUITHLEN, Klaviere v. C. G. in der Slg. alter Musikinstrumente des Kunsthist. Museums in Wien, in: Belvedere 13 (1938/43); F. J. HIRT, Meisterwerke des Klavierbaus (Olten 1955); H. HAUPT, Wiener Instrumentenbauer 1791–1815, in: StMw 24 (1960); W. LIEVENSE, De Klavierbouwer C. G., in: Mens en melodie 24 (1969).

GRAF (Graaf, Graff), dt. Musikerfamilie. – **1) Johann,** getauft 26. 3. 1684 Nürnberg, † 2. 2. 1750 Rudolstadt; Violinist und Oboist. Nach seiner Ausbildung in Violine, Oboe und Komposition war er zuerst „Instrukteur und Hoboistenmeister" eines Regiments in Ungarn, setzte aber gleichzeitig in Wien seine Musikstudien fort. 1718 wurde er Hofmusiker in Mainz und Bamberg und war seit 1722 Konzertmeister und seit 1739 Hofkapellmeister in Rudolstadt.

WW: 3 Slgen. Sonaten bzw. Soli für V. u. B.c. (Bamberg 1718, Rudolstadt 1723, 1737); *Kleine Partien* für 2 V., Va. u. B. (Au 1739).

2) Christian Ernst, Sohn von 1), * 30. 6. 1723 Rudolstadt, † 17. 7. 1804 Den Haag. Er trat zunächst die Nachfolge seines Vaters an und wurde 1762 Hofkapellmeister in Den Haag. Er leitete dort 1765 das Konzert, in dem der neunjährige W. A. Mozart zusammen mit seiner Schwester musizierte. Etwas später komponierte Mozart Variationen über G.s Lied *Laat ons juichen* (KV 24).

WW: **1) Instr.-WW** (gedruckt): *Duo économique* für V. zu 2 Händen u. 2 Bögen; Sonaten u.a. für Klv. zu 4 Händen; Duos für V. u. Va.; Sonaten für Cemb. oder Klv. u. V.; Sonaten für 2 V. u. B.c. u. für Cemb., V. u. B.c.; Streichquartette u. Quartette für Fl. u. Str.; Quintette für Fl. u. Str.; zahlr. Symphonien; weitere Werke hsl. – **2) Vokal-WW:** Im Druck erschienen für SingSt u. Cemb.: Fabeln nach Lafontaine (Den Haag o.J.); *Kleine Gedigten voor Kinderen,* 3 Teile (A o..J.); *Laat ons juichen, Batavieren* (1766) (zur Installation Herzog Wilhelms V. v. Nassau-Oranien zum Statthalter der Niederlande); hsl. erhalten: Oratorium *De dood van Jezus;* ferner die Schrift *Proeve over de natuur der harmonie in de generaalbas* (Den Haag 1782).

3) Friedrich Hartmann, Sohn von 1), * 23. 8. 1727 Rudolstadt, † 19. 8. 1795 Augsburg. Er war Schüler seines Vaters in Flöte und Komposition und 1843–46 bei Käselmann (Pauke) in Rudolstadt und wurde zunächst Paukist in einem holländischen Regiment. 1759–64 lebte er als Flötist in Hamburg, von wo er in ganz Europa konzertierte, seit 1769 wieder in Den Haag. 1772 wurde er Musikdirektor der evangelischen Kirchen und Kantor an St. Anna in Augsburg und gründete 1779 dort auch eine Konzertgesellschaft. Nach einem Aufenthalt in Wien, wo er den Auftrag zu dem Oratorium *Die Zurückkunft des verlorenen Sohnes* (1780) erhielt, war er 1783 und 1784 als Nachfolger J. Chr. Bachs Dirigent der Professional Concerts in London. Trotz großer Erfolge ging er nach Augsburg zurück. 1789 verlieh ihm die Universität Oxford den Titel des Doctor of Music. – Die G.s gehörten zu denjenigen Musikerfamilien, auf deren Leistungen im 18. Jh. das reiche höfische und bürgerliche Musikleben beruhte, auch wenn die Werke der einzelnen Familienmitglieder ihre Zeit kaum überlebt haben.

WW: **1) Instr.-WW** (gedruckt); Trios für 2 Fl. (oder V.) u. Baß, für Cemb. oder Klv. mit Fl. (oder V.) u. Vc.; zahlr. Streichquartette u. Quartette für Fl. u. Str.; je ein Konzert für Fl. u. Vc.; weitere Werke hsl. – **2) Vokal-WW** (hsl.): Oratorium *Die Zurückkunft des verlorenen Sohnes,* UA: Wien 1780; einige Kantaten u. geistliche Werke (teilweise zus. mit Ph. Baumgarten).

Lit.: B. ENGELKE, Die Rudolstädter Hofkapelle, in: AfMw 1 (1918/19); E. F. SCHMID, Ein schwäbisches Mozart-Buch (Lorch – St 1948).

GRÄFE, Johann Friedrich, * 7. 5. 1711 Braunschweig, † 8. 2. 1787 ebd.; dt. Komponist. G. war Kammersekretär des Herzogs, Postrat und Post- und Kammersekretär in Braunschweig. Als Komponist war er Autodidakt. Seine Odensammlungen von 1737–43 sind mit den etwa gleichzeitig erschienenen Sammlungen von G. Ph. Telemann *(Singe-, Spiel- und Generalbaß-Übungen),* von J. S. Scholze (Sperontes) und mit dem *Augsburger Tafelkonfekt* die bedeutendsten Stationen in der Entwicklung des deutschen Liedes in der ersten Hälfte des 18. Jahrhunderts. Charakteristisch für die von G. veröffentlichten Gesänge ist, daß sie – etwa im Unterschied zu denen von Sperontes – ausdrücklich Originalkompositionen sind; sie stammen hauptsächlich von C. F. Hurlebusch, C. H. Graun und von G. selbst (55 Oden in den genannten Sammlungen) und sind überwiegend auf Texte von J. Chr. Gottsched und Marianne von Ziegler geschrieben. Lieder von G. (in L. Mozarts *Notenbuch* von 1762) gehörten auch zu den frühesten musikalischen Eindrücken W. A. Mozarts.

WW: *Sammlung verschiedener u. auserlesener Oden,* 4 Bde. (Hl 1737, 1739, 1741, 1743) (teilweise mit mehreren Aufl.); *Sonnet* auf das von der Kurprinzessin von Sachsen komponierte Pastorell *Il Trionfo della Fedeltà* (L 1755); *Funfzig Psalmen, geistliche Oden u. Lieder* (Brau 1760); *Sechs auserlesene geistliche Oden u. Lieder* (L 1762); *Sechs Oden u. Lieder des Herrn von Hagedorn,* 2 Teile (H 1767, 1768).

Ausg.: 3 Lieder aus der *Sammlung...,* in: M. FRIEDLÄNDER, Das dt. Lied im 18. Jh. III (s. u. Lit.); *Sonnet* (L 1755) (= I. Breitkopfs „Neue Art Noten zu Drucken"), Faks.-Ausg. (L 1919); 8 Lieder, in: L. Mozart, Notenbuch seinem Sohn W. A. zu dessen 7. Namenstag 1762..., hrsg. v. H. ABERT (L 1922).

Lit.: M. FRIEDLÄNDER, Das dt. Lied im 18. Jh., 3 Bde. (St – B 1902), Nachdr. mit Bibliogr., 2 Bde. (Hil 1962); H. KRETZSCHMAR, Gesch. des neuen dt. Liedes 1 (L 1911, Nachdr. Hil – Wie 1966).

GRÄFIN MARIZA, Operette in 3 Akten von Emmerich Kálmán (1882–1953), Text von Julius Brammer und Alfred Grünwald. Ort und Zeit der Handlung: das Schloß der Gräfin Mariza in Ungarn, um 1924. UA: 28. 2. 1924 in Wien (Theater an der Wien). Verfilmt 1932 und 1958.

Im Mittelpunkt der Handlung steht der verarmte Graf Tassilo, der, um seiner Schwester Lisa eine standesgemäße Ausbildung zu ermöglichen, inkognito als Verwalter auf dem Gut der Gräfin Mariza arbeitet. Nach Intrigen und Eifersüchteleien kommt es schließlich zum Happy-End, als Tassilo sein Vermögen zurückerhält. Der internationale Erfolg dieses Werkes ist vor allem der Musik Kálmáns zu verdanken. Durch den Einsatz einer Zigeunerkapelle schuf er ein außergewöhnliches Klangkolorit. Besonderen Reiz erhielt die Operette durch Elemente ungarischer Volksmusik und deren Verbindung mit Elementen des Jazz. Bekannt wurden die Duette *Ich möchte träumen von dir, mein Puzikam* und *Komm mit nach Varasdin* sowie vor allem Tassilos stimmungsvolle Lieder *Grüß mir mein Wien* und *Komm, Zigan.*

R.-M. SIMON – S. SIMON

GRAF ORY, DER *(Le Comte Ory),* Oper in 2 Akten von Gioacchino Rossini (1792–1868), Text von Eugène Scribe (1791–1861) und Charles Gaspard Delestre-Poirson. Ort und Zeit der Handlung: in und vor Schloß Formoutiers in der Touraine, um 1250. UA: 20. 8. 1828 (nach Malliot: 28. 4.) in Paris (Opéra), dt. EA (in dt. Sprache): 11. 2. 1829 in Berlin (Königstädtisches Theater) (Übers.: F. von Biedenfeld).

E. Scribe griff im Libretto auf eine mittelalterliche Legende aus der Picardie zurück, die 1775 in einer Fassung von Laplace gedruckt wurde. Bereits 1816 verfaßte er für das Théâtre du Vaudeville eine einaktige „Comédie mêlée de chansons" gleichen Titels. Für Rossinis letzte komische Oper (seine vorletzte Oper überhaupt) schrieb Scribe einen zusätzlichen Akt (den ersten) und arbeitete die Komödie zum Libretto um. Auch der Komponist brachte ein früheres Werk, die szenische Kantate *Viaggio a Reims* (1825), in die neue Oper ein. – Der Protagonist, ein Frauenheld des 13. Jh., bemüht sich in diesem Verkleidungs- und Verwechslungsspiel um einsame Ehefrauen, deren Gatten sich auf einem Kreuzzug befinden; sein besonderes Interesse gilt der Gräfin Marianne de Formoutiers, doch scheitern seine Pläne durch die plötzliche Heimkehr des Ehemannes. Rossini, der zur Entstehungszeit des Werkes u.a. Leiter des Théâtre Italien in Paris war, glich seine Musik dem französischen Zeitgeschmack an. Gegenüber seinen italienischen Buffo-Opern gestaltete er die Koloraturpartien weniger reich mit Fiorituren aus; gleichwohl finden sich neben einem a cappella-Septett im Finale des 1. Aktes dankbare Soloaufgaben, insbesondere für die beiden Hauptfiguren: die Arie der Gräfin *En proie à la tristesse,* die Cavatine des Grafen *Que les destins prospères* und das Duett *Ah quel respect, Madame.* Die Anforderungen an das stimmliche Vermögen der Sänger sowie die Schwierigkeiten eines präzisen Zusammenspiels von Orchester und Akteuren sind außerordentlich. Auf die Ausgestaltung der Singstimmen nahm der berühmte Tenor Adolphe Nourrit beratend Einfluß; er gestaltete auch die Titelrolle in der UA und trug entscheidend zu ihrem großen Erfolg bei.

R. QUANDT

GRAF VON LUXEMBURG, DER, Operette in 3 Akten von Franz Lehár (1870–1948), Text von Arthur Maria Willner und Robert Bodanzky. Ort und Zeit der Handlung: Paris, vor 1914. UA: 12.11.1909 in Wien (Theater an der Wien). Verfilmt 1910 (als ‚Tonfilm' mit Schallplattenbegleitung), 1911, 1926 (in den USA) und 1957.

Das Libretto ist eine Neubearbeitung des Textbuches von Johann Strauß' letzter Operette *Die Göttin der Vernunft* (1897). Im Mittelpunkt der Handlung stehen René, der Graf von Luxemburg, und die Sängerin Angèle Didier, die, ohne einander zu kennen, eine Scheinehe eingehen, René um des Geldes willen, das ihm dafür geboten wird, Angèle, um ihre gesellschaftliche Position mit einem Adelsprädikat zu heben. Die Scheinehe wird zu einer wirklichen Ehe, als sich die beiden kennenlernen und ineinander verlieben, ohne zu wissen, daß sie formal schon verheiratet sind. Nach der *Lustigen Witwe* (1905) wurde *Der Graf von Luxemburg* Lehárs zweiter Welterfolg, obwohl er gezwungen war, die Partitur innerhalb von nur drei Wochen fertigzustellen. Die musikalische Gestaltung der oft bescheidenen Textvorlage ist bemerkenswert. Zu den bekanntesten Nummern gehören der Walzer *Bist du's, lachendes Glück?* und das Lied *Lieber Freund, man greift nicht nach den Sternen.*

R.-M. SIMON – S. SIMON

GRAHAM, Martha, * 11.5.1893 Pittsburgh (Pennsylvania); amerik. Tänzerin, Choreographin und Tanzpädagogin. 1916–23 in Denishawn ausgebildet, ging sie 1923 als Lehrerin für Modern Dance an die Eastman School of Music nach Rochester (N.Y.). 1927 gründete sie in New York die Martha Graham School of Contemporary Dance, die sie, trotz starker Widerstände der akademischen Ballettschulen, zur zentralen Ausbildungsstätte für den Ausdruckstanz machte. Ihre Ausbildungs- und Reiseprogramme wurden, seit 1950 auch für Europa und Asien, von der Bethsabee de Rothschild-Stiftung gefördert. 1969 wurde in London ein offizielles europäisches Filialinstitut eingerichtet, in das auch die London School of Contemporary Dance aufgenommen wurde. Die tiefenpsychologisch und mythisch-kultisch orientierten Dance Plays von M. G. gaben dem modernen Tanztheater entscheidende Impulse. Über ihre Ästhetik und Methodik gibt der Werkstatt-Film *A Dancer's World* (1957) Aufschluß. Sie schuf weit über 100 Choreographien vorwiegend auf zeitgenössische Musik.

WW (Choreographien): H. Villa-Lobos, *Incantation* (1931); E. Varèse, *Intégrales* (1934); P. Hindemith, *Hérodiade* (1944); A. Copland, *Appalachian Spring* (1944); C. Chavev, *Dark Meadow* (1946); S. Barber, *Cave of the Heart* (1946); G. C. Menotti, *Errand into the Maze* (1947); W. Schumann, *Night Journey* (1947); N. Dello Joio, *Diversion of Angels* (1948); W. Schumann, *Judith* (1950); N. Dello Joio, *Seraphic Dialogue* (1955); A. Webern, *Episodes:* Part 1 (1959); M. Seter, *Legend of Judith* (1962); W. Schumann, *The Witch of Endor* (1965); N. Dello Joio, *A Time of Snow* (1968).

Lit.: M. G., hrsg. v. M. ARMITAGE (Los Angeles 1937, Nachdr. NY 1966); B. MORGAN, M. G. (NY 1941); L. LEATHERMAN, M. G. (Lo 1967); I. LIDOWA, M. G., in: Les Saisons de la danse (NY 1969) (mit vollständigem Werk-Verz.).

H. LINDLAR

GRAINGER, Percy Aldridge, * 8.7.1882 Brighton bei Melbourne (Australien), † 20.2.1961 White Plains (New York); amerik. Pianist und Komponist. G. studierte 1895–1901 am Hochschen Konservatorium in Frankfurt am Main und 1903 in Berlin bei F. Busoni. Seit 1900 konzertierte er als Pianist u. a. in Europa, Südafrika, Australien und in den USA, wo er seit dem 1. Weltkrieg lebte. E. Grieg, den er in London kennenlernte, schätzte ihn sehr. Seine Interpretation des Klavierkonzerts von Grieg war berühmt. G. gab vielbeachtete Sammlungen und Bearbeitungen englischer, irischer und isländischer Volkslieder heraus. Auch seine eigenen Kompositionen enthalten nationale, volksliedhafte Elemente. G. beschäftigte sich zuletzt mit dem Projekt eines elektronischen Instrumentes, das die völlige rhythmische Freiheit der einzelnen Stimmen gewährleisten und beliebige Intervalle oder Gleittöne zur Verfügung stellen sollte.

WW: **1) Instr.-WW:** *2 Hill-Songs* für 24 Instr., I: (1901–02), II: (1901–07); *Free Music* (1907), 2 Fassungen für Streichquartett (1935), spätere Fassung für SingSt, Ondes Martenot u. Str.; *Mock Morris* (1910) für Streichorch.; für Orch.: *Molly on the Shore* (1907); *Shepherd's Hey* (1909) u. *Colonial Song* (1911–12); *In a Nutshell* (1905–16); *Youthful Suite* (1899–1945); *Handel in the Strand* (1912) für Klv. u. Str.; *The Warriors* (1913–16) für 3 Klv. u. Orch.; *Random Round* („a join-in-when-you-like Round for a few voices and tone-tools, tone-backgrounded by a gutstrong guitar") (1912–14, revidiert 1943); *The Power of Rome and the Christian Heart* (1919) für Org. u. Orch., neue Fassung für Holz- u. Blechbläser (1937, revidiert 1948). – **2) Vokal-WW:** Chorzyklus nach R. Kiplings *Dschungelbuch: The Fall of the Stone; Night Song in the Jungle; Morning Song in the Jungle; The Hunting-Song of the Seeonee Pack; The Peora Hunt; The Inuit; Tiger! Tiger! Mowgli's Song against People; Red Dog; The Beaches of Lukannon; The Only Son* (1898–1947); Chöre mit Orch.: *The Bride's Tragedy* (1908–13) u. *Marching Song of Democracy* (1901–48).

Ausg.: 21 Lincolnshire Folksongs from the Manuscript Collection of P. G., hrsg. v. P. O.'SHAUGNESSY (Lo 1968).

Lit.: C. SCOTT, P. G., in: MQ 2 (1916); D. C. PARKER, P. A. G. (NY 1918); CH. W. HUGHES, P. G., in: MQ 23 (1937); R. C. TAYLOR, The running Pianist (NY 1950); C. SCOTT, P. G., in: MT 98 (1957); I. C. DORUM, G.'s „Free Music", in: Studies in music 2 (1968); P. PEARS, A Note on P. G., in: MT 111 (1970); CH. PALMER, Delius and P. G., in: ML 52 (1971); M. H. – L. TAN, The Free Music of P. G. (1971) (= Diss. Juilliard School); D. S. JOSEPHSON, P. G. Some Problems and Approaches, in: Current Musicology 18 (1974); TH. C. SLATTERY, P. G. The Inveterate Innovator (Evanston/Ill. 1974); T. BALOUGH, A Complete Catalogue of the Works of P. G. (Nedlands 1975); J. BIRD, P. G. (Lo 1976).

GRANADOS (Granados y Campina) **Enrique,** * 27. 7. 1867 Lérida (Katalonien), † 24. 3. 1916 vor Dieppe (beim Untergang der torpedierten „Sussex"); span. Pianist und Komponist. G. erhielt seit 1874 Klavierunterricht, seit 1883 bei F. Pedrell Kompositionsunterricht. Nach weiterem Klavierstudium bei Ch. de Bériot in Paris konzertierte er seit 1890 von Barcelona aus als Pianist und wurde in Spanien, Frankreich und in den USA als Interpret eigener wie auch der Klavierkompositionen Chopins gefeiert. Später konzertierte er u. a. auch mit J. Thibaud, P. Casals und C. Saint-Saëns. Von seinen Kompositionen erregten zuerst Aufsehen die *Danzas españolas* für Klavier (1892–1900), von denen Nr. 5, *Andaluza,* als Genrestück bis heute bekannt geblieben ist. Am 28. 1. 1916 fand an der Metropolitan Opera in New York die szenische Fassung des orchestrierten Klavierzyklus *Goyescas* begeisterte Aufnahme. Auf der Rückfahrt von New York kam er mit seiner Frau ums Leben. Außer seinen bedeutenden, meist lyrischen Klavierstükken schrieb G. Vokalwerke und Bühnenwerke, darunter auch Zarzuelas. Diese Gattung wurde besonders von seinem ältesten Sohn, **Eduardo,** * 28. 7. 1894 Barcelona, † 2. 10. 1928 Madrid, gepflegt, der 13 Zarzuelas schrieb.

WW: **1) Instr.-WW:** Klv.-Stücke, u. a.: *12 Danzas españolas* (1892–1900) für Klv. zu 4 Händen; Klv.-Zyklus *Goyescas* (1911); *6 Escenas romanticas; Cuentas para la juventud; Rapsodia aragonesa; 3 Escenas poéticas* (Nr. 2 *Eva y Walter* nach Wagners Meistersinger); *7 Valses poéticos* (1895); *Capricho español; Allegro de concierto;* 6 Stücke über span. Volksweisen; Madrigal für Vc. u. Klv.; Trio für V., Vc. u. Klv.; für Orch.: Symphonische Dichtungen *Divina Commedia* (1908) u. *La nit del mort; Suite arabe; Suite Navidad; Suite Elisenda; Suite sobre cantos gallegos.* – **2) Vokal-WW:** *Coleccion* de *Canciones amatorias* u. *Tonadillas en estilo antigueo* für SingSt u. Klv.; Liederzyklus *La maja dolorosa.* – **3) Bühnen-WW:** Oper *Maria del Carmen,* UA: Madrid 1898; auf Libretti v. A. Mestres: Lyrisches Drama *Petrarca,* UA: 1901; Zarzuelas *Picarol,* UA: 1901, u. *Follet,* UA: 1903; szenische Dichtungen *Gaziel,* UA: 1906, u. *Liliana,* UA: 1911; *Goyescas,* UA: New York 1916; ferner Bühnenmusik zu A. Mestres' *Miel de la Alcarria.*

Lit.: G. BOLADERES IBERN, E. G. (Ba 1921); H. COLLET, Albéniz et G. (P 1926); J. SUBIRÁ, E. G. (Ma 1926); A. FERNANDEZ CID, G. (Ma 1966); A. DEL CAMPO, G. (Ma 1966); P. VILLA SAN-JUAN, Papeles intimos de E. G. (Ba 1966); S. MARTINOTTI, Note critiche su G., in: Chigiana 24, N.S. 4 (1967).

H. LINDLAR

GRANCINO, it. Geigenbauerfamilie. – **1) Paolo.** Er arbeitete 1665–92 in Mailand und war vielleicht Schüler von N. Amati, dessen Modelle er für seine Instrumente beibehielt. – **2) Giovanni,** Sohn von 1), † um 1737. Das älteste bezeugte Instrument von ihm stammt von 1677. Er gehörte zu den besten Mailänder Geigenbauern. Besonders geschätzt waren seine Violoncelli. – **3) Giovanni Battista,** Sohn von 1). Er war vermutlich Schüler G. Guarneris, mit dessen Namen er mehrere Instrumente zeichnete. Er ist zwischen 1669 und 1710 in Ferrara und Mailand nachweisbar. – **4) Giovanni Battista (II)** und **5) Francesco,** * um 1670, † um 1746, Söhne von 2), arbeiteten wahrscheinlich gemeinsam in der väterlichen Werkstatt. Sie spezialisierten sich vor allem auf Violoncelli und Kontrabässe. – Die Familie G. begründete den Geigenbau in Mailand.

Lit.: L. A. VIDAL, Les instruments à archet, 3 Bde. (P 1876–78); L. GRILLET, Les ancêtres du violon, 2 Bde. (1901); W. L. VON LÜTGENDORFF, Die Geigen- u. Lautenmacher, 2 Bde. (F 1904, 5-61922, Nachdr. F 1968); R. VANNES, Dictionnaire universel des luthiers (Bru 21951); K. JALOVEC, It. Geigenbauer (Pr 1957, 31964).

GRANCINO (Grancini), **Michel'Angelo,** * um 1605 Mailand, † 17. 4. 1669 ebd.; it. Komponist. Er war Organist an mehreren Kirchen Mailands, seit 1630 am Dom und seit 1660 Domkapellmeister. Mit seinem umfangreichen Œuvre, fast ausschließlich Kirchenmusik, ist G. zu seiner Zeit der wichtigste Vertreter des konzertierenden Stils in Mailand.

WW: **1) Geistliche WW:** 8 Bücher *Concerti sacri* für 1–4 St. u. B.c., teils mit Instr. (mit unterschiedlichen Titeln u. teilweise auch Messen, Magnificats, Litaneien u.a. enthaltend): 1 (Mi 1622), 2 (Mi 1624), 3 (V 1628), 4: für 1–7 St. (Mi 1631), 5 (Mi 1636), 6 (Mi 1646), 7 (Mi 1650), 8 (Mi 1666); *Messa, e salmi ariosi... concertati* für 4 St. u. B.c. (Mi 1632); *Novelli fiori ecclesiastici* für 4 St. u. B.c. (Mi 1643); *Musica ecclesiastica da cappella* für 4 St. u. B.c. ad lib. (Mi 1645); *Corona ecclesiastica* für 2–5 St. u. B.c. (Mi 1646); *Varii concerti* für 8 St. u. B.c. (Mi 1652); *Giardino spirituale* für 4 St. u. B.c. (Mi 1655); 2 Bücher *Sacri concerti* (4–6st. Messen *secondo il rito ambrosiano*) (Mi 1664); *Sacri concerti* (4st. Magnificat- u. Pater noster-Komp. *secondo il rito ambrosiano*) (Mi 1669); zahlr. geistliche Werke hsl. in Mailand, Archivio del Duomo. – **2) Weltliche WW:** *Madrigali in concerto* für 2–4 St. u. B.c. (Mi 1646) (unvollständig erhalten).

Lit.: G. BIELLA, Un musicista milanese del Seicento, in: Collectanea Historiae Musicae 2 (Fi 1956), auch in: Musicisti lombardi ed emiliani, hrsg. v. A. DAMERINI – G. RONCAGLIA (Siena 1958) (= Accad. musicale Chigiana 15); C. SARTORI, La cappella musicale del duomo di Milano (Mi 1957); G. BARBLAN, M. G. a 300 anni dalla morte, in: Chigiana 26/27, N.S. 6/7 (1971).

GRAND CHŒUR (frz., = großer Chor). – **1)** In wörtlicher Bedeutung Besetzungsangabe in der französischen Musik (z.B. im 17. Jh. bei den *Motets à grand chœur* von H. Dumont u. a.). – **2)** Im französischen Orgelbau des 19. Jh. Bz. für ein stark mit Zungen und Mixturen besetztes Manual. Als Registrierung synonym mit ↗Tutti.

GRANDE DUCHESSE DE GÉROLSTEIN, LA, Opéra bouffe von J. Offenbach; dt. Titel: Die ↗Großherzogin von Gerolstein.

GRANDI, Alessandro, * 1577 (?) Sizilien, † 1630 Bergamo; it. Komponist. G. war vielleicht Schüler G. Gabrielis. In Ferrara wurde er 1597 Kapellmeister an der Accademia della Morte, 1610 an der Accademia di S. Spirito und 1616 Chorleiter am Dom. 1617 ist er als Sänger an S. Marco in Venedig nachweisbar, wo er 1620 unter Monteverdi Vizekapellmeister wurde. Seit 1627 war er Kapellmeister an S. Maria Maggiore in Bergamo.

WW: **1) Geistliche WW** (teilweise mit mehreren, auch veränderten Nachdr.): 6 Bücher Motetten bzw. Concerti für 2–8 St. u. B.c., 1 (V 1610) (darin auch eine 4st. Messe), 2 u. 3 (V 1613), 4 (Ferrara 1614), 5 (V 1619) u. 6 (V 1630); Motetten für 5 St. u. B.c. (Ferrara 1614); 3 Bücher Motetten *con Sinfonie d'Istromenti* für 1–4 St. mit Instr. u. B.c. (V 1621, 1625, 1629); *Motetti a voce sola* (V 1621); *Salmi... brevi* für 8 St. u. B.c. (V 1629); *Messa e salmi* für 2–4 St. u. B.c. mit 6st. Ripienochor (V 1630); *Messe concertate* für 8 St. u. B.c. (postum V 1637); zahlr. Werke hsl. u. in Sammeldrucken 1604–72. – **2) Weltliche WW:** 2 Bücher *Madrigali concertati* für 2–4 St. u. B.c. (V 1615, 1622); 4 Bücher *Cantade et arie a voce sola mit* B.c., davon erhalten: 1 (V 1620) u. 3 (V 1626).

G.s geistliche Werke sind frühe Beispiele für den geringstimmig konzertierenden Stil in der unmittelbaren Nachfolge und Weiterentwicklung der Concerti Viadanas. Weitergeführt hat G. insbesondere auch die Solomotette *(Motetto a voce sola)*, und er hat – was in dieser Zeit noch eine Seltenheit darstellt – dieser Gattung bereits eine separate Sammlung gewidmet. Diese Vorliebe für den monodischen Stil bekundet sich auch in dem weltlichen Schaffen G.s, namentlich in den *Cantade et Arie* a voce sola. Die *Cantade* dieser Sammlung, die auch den frühesten Beleg für diesen Terminus bietet (↗Kantate), zeigen das Prinzip der strophischen Variation der Singstimme über einen gleichbleibenden Baß, während die *Arie* einfache Strophenlieder sind.

Ausg.: eine Hoheliedmotette, hrsg. v. R. EWERHART (Kö 1960) (= Cantio sacra 23); 3 Motetten, hrsg. v. DEMS. (Kö 1969) (= ebd. 18); Motetten *Exaudi Deus* u. *Veniat dilectus meus*, hrsg. v. J. ROCHE (Lo 1968) (= Faber Baroque Choral Series o. Nr.).

Lit.: D. ARNOLD, A. G., in: MGG V; DERS., A. G., a Disciple of Monteverdi, in: MQ 43 (1957); R. GÜNTHER, Motette u. geistliches Konzert im Schaffen v. A. G. (1958) (= Diss. Freie Univ. Berlin); M. SEELKOPF, It. Elemente in den Kleinen geistlichen Konzerten v. H. Schütz, in: Mf 25 (1972); DERS., Das geistliche Schaffen v. A. G. (Diss. Wü 1973); J. A. MAGGS, The Secular Music of A. G. (1975) (= Diss. Univ. of Michigan).

GRANDIS, Renato de, * 24. 10. 1927 Venedig; it. Komponist. Er war Schüler u.a. von G. Fr. Malipiero und Br. Maderna. Seit dem Ende seines Studiums 1957 lebt er als freischaffender Komponist in Darmstadt und Venedig. In seinem mehrfach preisgekrönten Schaffen, das Techniken der Avantgarde mit einbezieht, sucht er ein breites Publikum anzusprechen. Ausdrucksvolle Melodieführung und farbige Instrumentation kennzeichnen seinen Personalstil.

WW: **1) Instr.-WW:** Für Klv.: *Toccata a doppio coro figurato* (1964) für 2 Klv.; *Due toccate con capriccio sopra la caccia* (1968); *Quinta sonata* u. *Settima sonata* (1975). – *Studi* (1960) für Fl. u. Klv.; *Canti sulle pause* (1961) für 7 Ausführende; *Virelai* (1962) für 8 Spieler; *Serenata seconda* (1970) für Vc. solo; *Solo No. 1 for Snare and Tenor Drums* (1973). – Für Orch.: Symphonischer Zyklus *Cadòre* (1964); *Tre canzoni da battello* (1967) für Kammerorch.; *Balli, canzoni e ritornelli* (1967), Divertimento auf venezianische Volksmusik v. 1400–1700; *La rossiniana,* Divertimento su musiche di Rossini (1969), auch als Ballett; *Arlecchiniana* (1970). – **2) Vokal-WW:** Komische Kantate *Storia marina* (1965) für Koloratursopran, Tenor, Baß, 8st. Chor u. großes Orch.; *Cantata ciozota* (1967) für Frauen-St., Fl., Mandoline u. Harfe; Zyklus *Salterio popolare* (1968) für Gesang u. Klv.; *Missa solemnis* (1969) für 36 St., mehrchörig a cap.; *Un veneto cantar* (1969) für 8–16 st. Doppelchor a cap.; *La comedia veneziana* (1970) für Soli, Chor u. Orch.; *Serenata prima* (1970) für Tenor u. Instr.; *Serenata terza „L'astrologo"* (1971) für Baß, Chor u. 3 Instr. – **3) Bühnen-WW:** Kammeroper *Il cieco di Hyuga* (1959), UA konzertant: WDR 1959, UA szenisch als: Der Blinde von Hyuga, Bonn 1969; Opernfarce *Gloria al re* (nach Cervantes u. H. Ch. Andersen), UA als: Es lebe der König, Kiel 1967; Oper

Bilòra (1968) (nach Ruzzante); szenische Moritat *Eduard und Kunegunde*, UA: Wiesbaden 1971; Comics-Oper *Die Schule der Kahlen* (1971), UA: Karlsruhe 1975; ferner das Ballett *La rossiniana*, UA: Stuttgart 1970.

Lit.: W. KONOLD, Der Weg des R. de G. zu einer neuen Kantabilität, in: Melos 38 (1971).

GRAND JEU (frz., = großes Spiel), in der französischen Orgelmusik des 17. und 18. Jh. Bz. für das Zungenplenum, das sich aus den Trompeten des Hauptwerkes zusammensetzt und durch ↗Aliquotstimmen und ↗Kornett verstärkt wird. Dazugekoppelt sind Krummhorn 8′, Gedackt 8′ und Prinzipal 4′ des Rückpositivs. Stücke in dieser Registrierung sind häufig als Dialoge zwischen Hauptwerk, Rückpositiv und Echokornett angelegt.

GRAND MACABRE, LE, Oper in 2 Akten (4 Bildern) von György Ligeti (* 1923), Text von Michael Meschke und György Ligeti frei nach Michel de Ghelderodes Theaterstück *La Ballade du Grand Macabre* (1953). Ort und Zeit der Handlung: im Fürstentum Breughelland, im soundsovielten Jahrhundert. UA: 12. 4. 1978 in Stockholm; dt. EA (in dt. Sprache): 15. 10. 1978 in Hamburg. Benutzte Ligeti in *Aventures & Nouvelles Aventures* (entstanden 1963–66) überwiegend einen rein phonetischen Text, der seine semantische Dimension erst durch die Verbindung sprachlich-lautlicher, musikalischer und szenisch-pantomimischer Affektdarstellung erhält, so liegt *Le Grand Macabre* ein aus sich selbst bereits verständliches Libretto mit zumeist vollständiger Syntax zugrunde; trotzdem sind dichterische und musikalische Gestaltung weit von traditionellen Operntypen entfernt. Gewollt drastisch und obszön wird das Leben in einem imaginären Breughelland geschildert, dessen Bewohner auf ständig gegenwärtige Todesangst mit spontaner und genüßlicher Hingabe an den Augenblick reagieren; Nekrotzar, die Hauptfigur, ist teils willkürlich grausam, teils komisch gestaltet; absichtlich läßt Ligeti den Zuschauer im unklaren, ob er Nekrotzar als Gaukler oder als Inkarnation des Todes verstehen soll. Die einzelnen Szenen sind in sich geschlossene Bilder, in denen groß angelegte dramatische Steigerung und handlungslogische Kontinuität ergänzt und oft bewußt verschleiert werden durch engräumig-mosaikhafte Kontrastierung kurzer Aktionen und Dialoge, deren Gegenstände in schneller und zwangloser Assoziation wechseln. Die traditionelle wie avantgardistische Kompositionstechniken umfassende Musiksprache, eine Mischung klangsinnlicher, absolutmusikalischer Konstruktion und inhaltsbezogener Anpassung an Wort und Aktion, wird nicht zum Mittel naiver, wortausdeutender Vertonung; vielmehr hat die Musik weniger unmittelbare, als distanzierende, gleichsam theatralische Expressivität; d.h. der Affekt ist nicht Einfühlungsstimulus, sondern Demonstrationsobjekt. Der ästhetischen Wirkung eines solchermaßen ironisierten Pathos angemessen erscheint das von Ligeti häufig und geschickt angewandte Mittel des, z.T. parodistischen, Zitats klassischer und romantischer Musik.

W. A. MAKUS

GRAND ORGUE (frz.; Abk.: G.O.), in der französischen Orgel Bz. für das ↗Hauptwerk.

GRAENER, Paul, * 11. 1. 1872 Berlin, † 13. 11. 1944 Salzburg; dt. Komponist. G. war Chorknabe am Berliner Dom und Kompositionsschüler von A. Becker, später Theaterkapellmeister in Bremerhaven, Königsberg und Berlin und seit 1896 am Haymarket Theatre London. Nach seiner Entlassung war er zunächst als Privatmusiklehrer tätig und lehrte dann an der Royal Academy of Music. 1908 wurde er Kompositionslehrer am Neuen Konservatorium in Wien und war 1910–13 Direktor des Mozarteums in Salzburg. Nach Zwischenstationen in Berlin, Dresden und Leipzig ließ G. sich in München nieder, wurde 1920 Professor, folgte aber im selben Jahr einem Ruf nach Leipzig, wo er bis 1924 am Konservatorium lehrte. 1925 erhielt er die Ehrendoktorwürde der Universität. 1927–30 lebte er wiederum in München. 1930 übernahm er die Leitung des Sternschen Konservatoriums in Berlin, 1933 auch eine Meisterklasse der Preußischen Akademie der Künste, zu deren Mitglied er 1922 ernannt worden war. Seit Anfang 1933 engagierte sich G. kulturpolitisch im Sinne des Nationalsozialismus. Bei einem internen Schülerabend der Klasse Walter Gmeindl an der Staatlichen Hochschule für Musik in Berlin wandte er sich nach dem ersten Werk als „Deutscher Künstler" gegen das „klägliche Gestammel", das als „deutsche Kunst" dem Publikum zugemutet werde. In dem Aufsatz *Aufklang* (in: *Musik*, Juni 1933) kritisierte er die „falschen Propheten des Fortschritts" und propagierte „eine Kunst, an der es [das Volk] wieder teilhaben kann,... Romantik". Im November 1933 übernahm er als einer der Vizepräsidenten der Reichsmusikkammer die Leitung der Reichsfachschaft Komponisten (seit 1935: Berufsstand Deutscher Komponisten), die er 1941 aus Altersgründen niederlegte.

WW: **1) Instr.-WW:** Sinfonietta, op. 27 für Str. u. Harfe; *Symphonie „Schmied Schmerz"*, op. 39; *Musik am Abend*, op. 44 für Orch.; *Variationen über ein russ. Volkslied*, op. 55 für Orch.; Klv.-Konzert, op. 72; *Gotische Suite*, op. 74; Vc.-Konzert, op. 78; V.-Konzert, op. 104; *Turmwächterlied*, op. 107 für Orch.; ferner Kammermusik für versch. Besetzungen, darunter 4 Streichquartette, op. 33, 54, 65, 80. – **2) Vokal-WW:** Etwa 130 Lieder unter 28 op.-Zahlen auf Texte v. Goethe, Eichendorff, Löns, Raabe, Bierbaum u. Morgenstern *(Galgenlieder* op. 43); *Dt. Kantate,* op. 87 für Männerchor a cap.; *Theodor Storm-Musik,* op. 93 für Männerst., Klv., V. u. Vc.; *Marienkantate,* op. 99 für Chor u. Orch. – **3) Bühnen-WW:** Opern: *Das Narrengericht,* op. 38 (Libr.: O. Anthes), UA: Wien 1913; *Don Juans letztes Abenteuer,* op. 42 (Libr.: ders.), UA: Leipzig 1914; *Byzanz,* op. 48 (Libr.: ders.), UA: München 1918, umgearbeitet als *Theophano,* UA: Leipzig 1922; *Schirin u. Gertraude,* op. 51 (Libr.: E. Hardt), UA: Dresden 1920; *Hanneles Himmelfahrt* (Libr.: G. Gräner nach G. Hauptmann), UA: Leipzig 1927; *Friedemann Bach,* op. 90 (Libr.: R. Lothar nach A. E. Brachvogel), UA: Schwerin 1931; *Der Prinz von Homburg,* op. 100 (Libr.: G. nach H. von Kleist), UA: Berlin 1935; *Schwanhild* (Libr.: G.), UA: Köln 1941.

Durch die in seinen formal klar gegliederten Werken bevorzugte spannungs- und farbenreiche Ausdrucksharmonik, in welcher Elemente des Impressionismus anklingen, ist G. den deutschen Spätromantikern zuzurechnen. Seine größten Erfolge errang er in den 20er Jahren als Opernkomponist; seine späteren Versuche, literarische Vorlagen wie *Hanneles Himmelfahrt* (G. Hauptmann) und *Der Prinz von Homburg* (H. von Kleist) in gekürzten Fassungen wörtlich zu vertonen, vermögen den heutigen Zuhörer nicht zu überzeugen. Daher – und nicht wegen ihrer Bevorzugung nach 1933 (Fr. Herzfeld) – blieben G.s Opern nach 1945 nahezu unaufgeführt. Auch sein Instrumentalwerk ist weitgehend in Vergessenheit geraten, jedoch erfreut sich sein umfangreiches Vokalschaffen, insbesondere die *Galgenlieder* op. 43 (nach Chr. Morgenstern), wachsender Beliebtheit.

Lit.: G. GRÄNER, P. G. (L 1922); P. GRÜMMER, P. G., Verz. seiner Werke (B 1937); J. WULF, Musik im Dritten Reich (Gütersloh 1963).

K. LANGROCK

GRANICHSTAEDTEN, Bruno, * 1.1.1879 Wien, † 20. 5. 1944 New York; östr. Komponist. Er studierte am Leipziger Konservatorium u. a. bei S. Jadassohn, war dann in Wien Korrepetitor an der Hofoper, Sänger und Pianist beim Kabarett. Er komponierte mehrere Operetten, für die er z. T. auch die Texte schrieb, u. a. *Bub oder Mädel, Auf Befehl der Kaiserin, Walzerliebe, Der Orlow* und *Evelyne,* für R. Benatzkys *Im Weißen Rößl* das Lied *Zuschaun'n kann i net,* ferner Musik zu Filmen. 1939 emigrierte er in die USA.

Lit.: F. HADAMOWSKY – H. OTTO, Die Wiener Operette (W 1947); B. GRUHN, Kulturgeschichte der Operette (Mn 1961).

GRAPHISCHE NOTATION ↗Notenschrift.

GRAPPELLY, Stéphane, * 26.1.1908 Paris; frz. Jazzmusiker (Violinist). Er wandte sich Ende der 20er Jahre dem Jazz zu. 1934 gründete er in Paris mit Django Reinhardt das Quintette du Hot Club de France, die einzige Combo des Jazz, die nur mit Saiteninstrumenten besetzt ist. G. gehörte dem Quartett bis 1939 und erneut seit 1947 an. Im 2. Weltkrieg lebte er in England. G. modernisierte seinen Swingstil bis in die 70er Jahre. Er spielte u. a. mit Duke Ellington, Oscar Peterson und mit dem von ihm besonders geschätzten Pianisten George Shearing zusammen und machte auch Schallplattenaufnahmen mit Yehudi Menuhin. G. trug wesentlich mit zur Anerkennung der Violine im Jazz bei.

Lit.: S. G., in: Jazz Podium 26 (1977).

GRASBERGER, Franz, * 2. 11. 1915 Gmunden (Oberösterreich), † 25. 10. 1981 Wien; östr. Musikforscher. Er studierte 1934–38 Musikwissenschaft (bei R. Lach, A. Orel und R. Haas) an der Universität und 1935–37 Kirchen- und Schulmusik an der Akademie für Musik und darstellende Kunst in Wien. 1938 promovierte er mit der (ungedruckten) Dissertation *J. Weigl (1766–1846). Leben und Werk mit besonderer Berücksichtigung der Kirchenmusik.* Danach wurde er Mitarbeiter der Musiksammlung der Österreichischen Nationalbibliothek in Wien, die er seit 1970 als Hofrat leitete. 1955–72 hatte er einen Lehrauftrag für Musikbibliographie an der dortigen Universität. 1970 wurde ihm die Landesleitung für Österreich des Répertoire International des Sources Musicales (RISM) übertragen, 1972 übernahm er die Leitung des von ihm mitbegründeten Instituts für österreichische Musikdokumentation in Wien und 1978 die des Anton Bruckner-Instituts in Linz. Seit 1974 war er korrespondierendes Mitglied sowie Obmann der Kommission für Musikforschung der Österreichischen Akademie der Wissenschaften. Zu seinem 60. Geburtstag wurde er mit der FS *Beiträge zur Musikdokumentation,* hrsg. v. G. Brosche (Tutzing 1975; mit Bibliogr.) geehrt.

WW: **1) Schriften:** *J. Brahms* (W 1952); *Der Autorenkat. der Musikdrucke. The Author Catalogue of Published Music* (F – Lo 1957/58) (= Code international de catalogage de la musique 1); *Form u. Ekstase. Über eine Beziehung Haydn–Schubert–Bruckner in der Symphonie,* in: FS A. van Hoboken (Mz 1962); *Die Wiener Philharmoniker bei J. Strauß* (W 1963); *R. Strauss* (W 1965); *Die Hymnen Österreichs* (Tutzing 1968); *R. Strauss u. die Wiener Oper* (W 1969); *A. Bruckners Auslandreisen,* in: ÖMZ 24 (1969); *Die Musikslg. der Östr. Nationalbibl.,* in: ebd. 25 (1970); *Beethoven-Hss. in Wien,* in: ÖMZ 26 (1971); *A. Bruckner* (W 1974); *A. Bruckners 2. Symphonie,* in: Bruckner-Stud. (W 1975) (= Veröff. der Kommission für Musikforsch. der Östr. Akad. der Wiss. 16); *Schubert u. Bruckner,* in: Schubert-Kgr.-Ber. Wien 1978 (W 1979); *A. Bruckner u. A. Stifter,* in: Stifter-Symposion 1978 (Linz 1979); *Zur Bruckner-Forsch.,* in: A. Bruckner u. seine Wiener Umwelt (W 1979). G. gab heraus: *Bruckner-Stud.* FS L. Nowak (W 1964); H. Wolf, *Briefe an M. Köchert* (Tutzing 1964); *Der Strom der Töne trug mich fort. Die Welt um R. Strauss in Briefen* (Tutzing 1967) (zus. mit A. u. F. Strauss); *Schubert-Stud.* (W 1978) (= Veröff. der Kommission für Musikforsch. der Östr. Akad. der Wiss. 19) (zus. mit O. Wessely). – **2) Editionen:** A. Bruckner, *Psalm 150* (1964) (= GA 20/6).

GRAUN, dt. Musikerfamilie. – **1) August Friedrich,** * zwischen 6. 5. 1698 und 5. 5. 1699, † 5. 5. 1765 Merseburg; Komponist. Er war Kantor an der Domschule zu Merseburg und trat kaum mit eigenen Kompositionen hervor. – **2) Johann Gottlieb,** Bruder von 1), * zwischen 28. 10. 1702 und 27. 10. 1703 Wahrenbrück, † 27. 10. 1771 Berlin; Komponist. Er besuchte 1713–21 die Dresdner Kreuzschule, wo ihn u. a. J. G. Pisendel im Violinspiel ausbildete. Später wurde er in Prag auch von G. Tartini unterrichtet. 1726 wurde er Konzertmeister in Merseburg, wo zeitweilig W. Fr. Bach sein Schüler war. Um 1728 trat er in die Kapelle des Fürsten von Waldeck in Arolsen ein. 1732 übernahm ihn Kronprinz Friedrich von Preußen in sein eigenes Orchester. Nach dessen Thronbesteigung wirkte G. bis zum Lebensende in der Königlichen Kapelle. Eine seiner Hauptaufgaben bestand darin, ständig für neue Kammermusik zu sorgen. Sein bedeutendster Violinschüler wurde Fr. Benda. – **3) Carl Heinrich,** Bruder von 1), * zw. 9. 8. 1703 und 8. 8. 1704, † 8. 8. 1759 Berlin; Komponist. Er trat 1714 in die Dresdner Kreuzschule ein. In Dresden wurde er nicht nur mit der deutschen Kirchenmusiktradition vertraut, sondern erhielt auch bleibende Eindrücke von der am Dresdner Hof gepflegten italienischen Oper. Seine schöne Stimme bildete zuerst der Kantor J. Z. Grundig aus. 1725 trat er als Opernsänger in die von G. C. Schürmann geleitete Kapelle des Herzogs von Braunschweig ein und avancierte bald zum Vizekapellmeister. Hier schrieb er neben Chorwerken für die Kirche eine Reihe deutscher Opern. 1735 kam er an den Hof des preußischen Kronprinzen und komponierte zunächst italienische Kammerkantaten. 1740 wurde ihm die Leitung der Königlichen Oper in Berlin übertragen. Nach der Anwerbung italienischer Sänger konnte er das von Knobelsdorff neuerbaute Opernhaus 1742 mit seiner Oper *Cesare e Cleopatra* eröffnen. Bis zu Beginn des Siebenjährigen Krieges schrieb er 17 italienische Opern, z. T. auf Libretti seines Königs. Zu seinem großen Schülerkreis gehörten u. a. Friedrich der Große, Fr. Benda und J. Ph. Kirnberger.

Die Brüder Gr. gelten als Hauptvertreter der sog. ↗Berliner Schule, die, noch stark in der Tradition des 17. Jh. stehend, einen Mittelweg zwischen den „modernen" italienischen Stilelementen und deutscher Kontrapunktik suchten. Die Bedeutung Johann Gottliebs liegt auf dem Gebiet der Instrumentalkomposition. Nach dem Dresdner Vorbild Pisendels führte er in Berlin eine strenge Orchesterdisziplin, besonders bei den Streichern, ein. Seine Kammermusik entstand für den unmittelbaren Bedarf des höfischen Musizierens, fand aber durch Abschriften in ganz Norddeutschland Verbreitung. Als Symphoniker der Vorklassik repräsentiert er vor allem in den Werken nach 1750 den typisch norddeutschen Stil, in dem der homophone italienische Satz mit Kanon und Fuge durchsetzt wird. Seine Instrumentation blieb konservativ; die Spielweise und der individuelle Klangcharakter der einzelnen Instrumente wurden von ihm kaum berücksichtigt. Zu seinen besten Werken gehören die Instrumentalkonzerte, vor allem für Violine, die durchweg virtuos, aber niemals oberflächlich komponiert sind. Oft steigert er den Ablauf des ersten Satzes dramatisch zu einem Höhepunkt. In den Violinkonzerten sind Einflüsse Pisendels und Tartinis erkennbar. Carl Heinrich hat zwar auch zahlreiche Instrumentalwerke geschaffen, doch liegt der Schwerpunkt seiner kompositorischen Arbeit auf dem Gebiet der Vokalmusik. Neben J. A. Hasse gilt er als der deutsche Repräsentant der italienischen Opera seria. In seiner Jugend am Braunschweiger Hof noch experimentierfreudig, wurde er in Berlin zunehmend konservativer in der Gestaltung. Er bevorzugte die reichverzierte Arie italienischer Provenienz, entwickelte sich aber im Accompagnato und im Arioso zu einem Meister des schlichten Ausdrucks. Seine Spätwerke, vor allem der *Montezuma* auf ein Libretto des Königs, zeichnen sich durch eine Lockerung der stereotypen Form und einen dramatischeren Ablauf der Handlung aus. Frühklassische Stilelemente beherrschen auch sein Hauptwerk, die Passionskantate *Der Tod Jesu* (1755, Text von K. W. Ramler). Diese Komposition erfreute sich im protestantischen Deutschland über 100 Jahre hindurch größter Beliebtheit und wurde noch in der zweiten Hälfte des 19. Jh. in Berlin zur Karwoche regelmäßig aufgeführt, bis sie dann endgültig von Bachs *Matthäuspassion* abgelöst wurde. Auch sein 4st. Chor *Auferstehn, ja auferstehn* (1758, Text von Klopstock) war weit verbreitet.

Ausg.: **Zu 2)** 3 Trios, hrsg. v. H. RIEMANN, in: Coll Mus. 24–26 (L – Wie 1906); 2 Sonaten für Va. u. Cemb., hrsg. v. H. CH. WOLFF, in: Kammersonaten 10/11 (L – Wie 1937); 2 Konzerte für Ob. bzw. Fag., hrsg. v. H. TÖTTCHER (H 1953, 1954); Sinfonie D-Dur 1768, hrsg. v. M. SCHNEIDER (L 1957) (= Mittel- u. Norddt. Kammersinfonien 9); Concerto grosso G-Dur. hrsg. v. K. FLATTSCHACHER (Hei 1974); Konzert Es-Dur für Va. u. Str., hrsg. v. W. LEBERMANN (H 1976). – **Zu 3)** Oper *Montezuma,* hrsg. v. A. MAYER-REINACH (L 1904) (= DDT 15); Kantate *Dein Geist mein Leib und Seel regier,* hrsg. v. L. HOFFMANN-ERBRECHT (Kö 1969) (= Organum I/34); Cemb.-Konzert *La Battaglia del Re di Prussia,* hrsg. v. H. FISCHER – F. OBERDÖRFFER, in: Dt. Klv.-Musik 9 (B 1936); Triosonate, hrsg. v. K. JANETZKY (L 1967); Triosonate F-Dur, hrsg. v. R. GERLACH (Celle 1968); Sonate Es-Dur für 2 Fl. u. B.c., hrsg. v. H. KÖBEL (Kas 1972); Triosonate D-Dur für 2 Fl. u. B.c., hrsg. v. L. STADELMANN (Mn 1973); *Der Tod Jesu* für Soli, Chor u. Orch., Klv.-A. v. U. HAVERKAMPF (Wie 1974).

Lit.: F. F. AGRICOLA, Lebenslauf des Herrn C. H. G., in: C. H. G., Duetti, Terzetti ... 2 (B – Königsberg 1773), erweitert bei J. A. HILLER, Lebensbeschreibungen (L 1784); A. MAYER-REINACH, C. H. G. als Opernkomponist, in: SIMG 1 (1899/1900); DERS., La battaglia del Re di Prussia, in: ebd. 4 (1902/03); M. FRIEDLAENDER, Das dt. Lied im 18. Jh. (St – B 1903); C. MENNICKE, Hasse u. die Brüder G. als Symphoniker (L 1906); B. ENGELKE, Neues zur Gesch. der Berliner Liederschule, in: FS H. Riemann (L 1909); B. KITZIG, Briefe C. H. G.s, in: ZfMw 9 (1926/27); H. LUNGERSHAUSEN, Probleme der Übergangszeit v. der altklassischen zur klassischen Epoche. Das Violinkonzert der norddt. Schule (Diss. B 1928); H. ULDALL, Das Klv.-Konzert der Berliner Schule (L 1928); E. SCHENK, Zur Bibliogr. der Triosonaten v. J. G. u. C. H. G., in: ZfMw 11 (1928/29); H. HOFFMANN, Die norddt. Triosonate des Kreises um J. G. G. u. C. Ph. E. Bach (Kiel 1927); E. A. WIENANDT, „Das Licht scheinet“ ... Two Settings by K. H. G., in: MR 21 (1960); J. W. GRUBBS, Ein Passions-Pasticcio des 18. Jh., in: Bach-Jb. 51 (1965); L. HOFFMANN-ERBRECHT, Die Sinfonie (Kö 1967, ²1969); R. CELLETTI, Il „Montezuma“ di K. H. G., in: Discoteca 9 (1968); D. A. SHELDON, The Transition From Trio to Cembalo-Obligato Sonata in the Works of J. G. and C. H. G., in: JAMS 24 (1971); I. KÖNIG, Stud. zum Libretto des „Tod Jesu“ v. K. W. Ramler u. K. H. G. (Mn 1972) (= Schriften zur Musik 21); J. W. GRUBBS, The Sacral Vocal Music of The G. Brothers. A Bio-Bibliographical Study, 2 Bde. (Los Angeles 1972) (= Diss. Univ. of Calif.).

L. HOFFMANN-ERBRECHT

GRAUPNER, Johann Christoph, * 13. 1. 1683 Kirchberg, † 10. 5. 1760 Darmstadt; dt. Komponist. Er erhielt seine erste musikalische Ausbildung durch M. Mylius und N. Küster und besuchte anschließend die Thomasschule in Leipzig, wo J. Kuhnau sein Lehrer war. Nach dreijähriger Tätigkeit als Akkompagnist an der Hamburger Oper unter R. Keiser berief ihn Landgraf Ernst Ludwig 1709 als Vizekapellmeister an den Darmstädter Hof. Dort wurde er 1712 Kapellmeister und komponierte bis 1719 hauptsächlich für die Oper, später dagegen ausschließlich Orchester-, Kirchen- und Kammermusik. 1722/23 bewarb er sich vor J. S. Bach erfolgreich um das Thomaskantorat in Leipzig, doch gelang es seinem Dienstherrn, ihn durch eine erhebliche Verbesserung der Bezüge in Darmstadt zu halten. Im Alter erblindete er.

WW: hsl. überliefert, jedoch 1944/45 in Darmstadt größtenteils verlorengegangen: 7 Opern; 1418 Kirchenkantaten (Themat. Verz. in: Beiheft 1 zu DDT 1926); 24 weltliche Kantaten; 113 Sinfonien; 87 Orch.-Suiten; 50 Konzerte; 36 Kammer- u. Solo-Kantaten; 57 Klv.-Suiten (46 davon erhalten). Im Druck sind erschienen: 8 *Partien auf das Clavier* (Da 1718); *Monatliche Clavier-Früchte* (Da 1722); *Vier Partien* (Da 1733); ferner 42 Einzelstücke für Klv.

G. gehört neben G. Ph. Telemann zu den produktivsten Komponisten seiner Zeit, doch überragen nur relativ wenige Werke qualitativ den Durchschnitt. Die Opern folgen dem Hamburger Stil R. Keisers – ohne jedoch dessen prägnante Melodiebildung zu erreichen –, während die Kantaten fast ausnahmslos dem Typ Neumeisters mit seinem allzu starren Schematismus verpflichtet sind. In der Instrumentalmusik dominieren allgemein französische Stilelemente. In den Konzerten herrscht der Typ des sog. Gruppenkonzerts mit oft sehr farbigen Concertino-Besetzungen, überwiegend Bläsern, vor. Die stärker von Italien beeinflußten Sinfonien sind meist dreisätzig angelegt. Die Klaviermusik, hauptsächlich für den musizierenden Liebhaber geschrieben, ist leicht spielbar, schlicht in der Melodiebildung, mitunter vordergründig effektvoll und modisch, doch nicht ohne reizvolle Eigenarten.

Ausg.: 17 Kirchenkantaten, hrsg. v. F. NOACK (1926) (= DDT 51/52); Ausgew. WW, hrsg. v. DEMS., 4 Bde., I: Sinfonia D-Dur, II: Ouvertüre E-Dur, III: Konzert c-moll für Fag. u. Str., IV: Konzert A-Dur für V. u. Str. – Konzerte: für 2 Fl., 2 Ob. u. Str. (1907) (= DDT 29/30); für Blockfl. (Mz 1939); für Fl. (Wb 1953); für Ob. (Kas 1952); für Fag. u. Str., C-Dur (Mn 1959); für Fag., 2 V., Va. u. Cemb. G-Dur (L 1962); für Trp. u. Str. D-Dur (H 1963); für Va. d'amore, Va., 2 Vc. u. Str. (NY 1966); Konzert e-moll für 2 Fl., Str. u. B.c., hrsg. v. W. ROTTLER (Mn 1974). – Ouvertüre F-Dur (Kas 1968); Sonaten für Str. (Kas 1954) (= Hortus mus. 120); Sonata à 3 (Canon F-Dur) (Wb 1969); Trio B-Dur (Mn 1966); 2 Sonaten für V. u. Cemb. (Kas 1955) (= Hortus mus. 129). – Klv.-Musik: 3 Partiten, hrsg. v. A. KÜSTER (Wb 1935); 8 Partiten, hrsg. v. L. HOFFMANN-ERBRECHT (L – Wie 1954) (= Mitteldt. Musikarchiv 2); *Monatliche Clavier-Früchte* 1722, hrsg. v. A. KÜSTER (Wb 1974).

Lit.: Autobiogr. in: J. MATTHESON, Grundlage einer Ehren-Pforte (H 1740, Nachdr. B 1910); W. NAGEL, Das Leben Ch. G.s, in: SIMG 10 (1908/09); DERS., G. als Sinfoniker (Langensalza 1912); F. NOACK, Ch. G. als Kirchenkomp. (L 1926); DERS., Die Opern v. Ch. G. in Darmstadt, in: Kgr.-Ber. Leipzig 1925 (L 1926); L. HOFFMANN-ERBRECHT, J. Ch. G. als Klv.-Komp., in: AfMw 10 (1953); DERS., Dt. u. it. Klv.-Musik zur Bachzeit (L – Wie 1954); M. WITTE, Die Instr.-Konzerte von J. Ch. G. (Diss. Gö 1963); A. D. MCCREDIE, Ch. G. as Opera Composer, in: MMASt 1 (1966); E. NOACK, Musikgesch. Darmstadts v. MA bis zur Goethezeit (Mz 1967); A. LINDNER, Ch. G.s Familie u. Vorfahren, in: Genealogie 17 (1968); H. C. FALL, The Passion-Tide Cantatas of C. G. (1971) (= Diss. Univ. of California).

L. HOFFMANN-ERBRECHT

GRAVE (it., = schwer, ernst), seit dem 17. Jh. Satz- bzw. Trempobezeichnung für Stücke ernsten oder feierlichen Charakters mit langsamem Zeitmaß. Die Bz. G. (oder ihre französische Entsprechung Gravement) findet sich vor allem in langsamen Einleitungssätzen vieler Orchester- und Kammermusikwerke des 17. und 18. Jahrhunderts. Sie wurde gelegentlich noch im 19. Jh. verwendet, z. B. im letzten Satz von L. van Beethovens Streichquartett op. 135.

Lit.: S. BROSSARD, Dicitionnaire de musique (P 1703); I. HERRMANN-BENGEN, Tempobezeichnungen (Tutzing 1959) (= Münchner Veröff. zur Musikgesch. 1).

GRAVICEMBALO, Gravecembalo (it.), im 17. und 18. Jh. in Italien Bz. für das ↗Cembalo.

GRAZIANI (Gratiani), **Bonifazio,** * 1604 oder 1605 Marino bei Rom, † 15. 6. 1664 ebd.; it. Geistlicher und Komponist. G. ist 1646 als Sekretär des

Abbate G. Capozuto der Gemeinde S. Barnaba in Marino nachweisbar, an deren Kirche S. Giovanni er die Messe las und vermutlich auch den musikalischen Dienst versah. Von 1646 bis zu seinem Tode bekleidete er das Amt des Kapellmeisters am Collegio Romano und der dazugehörenden Kirche Il Gesù in Rom. Seine Werke wurden zum größten Teil postum von seinem Bruder Graziano und seinem Neffen Domenico herausgegeben.

WW (alle in Rom erschienen, teilweise mit mehreren Aufl.): 2 Bücher Messen für 4–5 u. 8 St. u. B.c., I (1671), II (1674); 8 Bücher Motetten bzw. *Sacri concerti* für 2–6 St. u. B.c., I (1650), II (1652) (Ausw. aus beiden Büchern, 1667), III (1656), IV (NA 1673), V (1668), VI (1672), VII (1674), VIII (1676); 6 Bücher *Motetti a voce* sola mit B.c., I (1652), II (1655), III (1658), IV (1665), V (1669), VI (1672); *Psalmi vespertini*, 2 Bücher für 5 St. u. B.c. ad lib. (1652 u. 1653), 1 Buch für 2 Chöre u. B.c. ad lib. (1670); *Responsoria hebdomadae sanctae* für 4 St. u. B.c. ad lib. (1663); *Litanie della Madonna* für 4–8 St. u. B.c. (1665); *Antifone della Beatiss. V. Maria* für 4–6 St. u. B.c. (1665); *Antifone... di tutto l'anno* für 2–4 St. u. B.c. (1666); *Sacri Concerti* für 2–5 St. (1668); *Hinni vespertini* für 3–5 St. u. B.c. teilweise mit Ripienochor (1673); *Musiche sagre e morali* für 1–4 St. u. B.c. (1678); zahlreiche WW auch in Sammeldrucken 1648–93 u. hsl.; 2 Oratorien *Adam* u. *Filius prodigus* (hsl. in Bologna, Liceo mus.).

G. ist, wie G. Carissimi, L. Rossi, D. Mazzocchi und F. Foggia, der römischen Schule des 17. Jh. zuzurechnen. Er hat sein Schaffen fast ausschließlich der geistlichen Musik gewidmet mit dem Schwergewicht – zahlenmäßig wie dem künstlerischen Rang nach – in den geringstimmigen Motetten und in den Solomotetten. Die geringstimmigen Gesänge sind größtenteils für 2 Soprane oder für 2 Soprane und Tenor (mit B.c.) geschrieben, eine Analogie zur Besetzung der barocken Triosonate. Den Solomotetten, meist für Sopran bzw. Tenor komponiert, liegen in der Hauptsache geistliche nichtliturgische lateinische Texte zugrunde. Stilistisch zeigen sie viele Übereinstimmungen mit der weltlichen Solokantate G. Carissimis und L. Rossis.

Ausg.: Auszug aus *Adam*, in: G. MASSENKEIL, Das Oratorium (Kö 1970) (= Das Musikwerk 37); Solomotette *Venite, pastores*, hrsg. v. R. EWERHART (Kö 1977) (= Cantio sacra 61).

Lit.: G. O. PITONI, Notizie de' Contrapuntisti e de' Compositori di Musica (hsl. in Rom, Bibl. Vat., Capp. Giul. I, 2 [2]); P. A. CORSIGNIANO, De Viris Illustribus Marsorum (R 1712); V. BINDI, Artisti Abruzzesi (Na 1883); H. LEICHTENTRITT, Gesch. der Motette (L 1908); S. SHIGIHARA, B. G. ... Biographie, Werkverz. u. Unters. zu den Solomotetten (Diss. Bonn 1984).

S. SHIGIHARA

GRAZIOSO (it., = anmutig, lieblich), **con grazia** (= mit Anmut), meist in Verbindung mit einer Satz- oder Tempobezeichnung verwendet (z. B. als *Andante grazioso*, so etwa für das Variationenthema von W. A. Mozarts Sonate A-Dur KV 300i), gelegentlich auch als dem Wortsinn entsprechende Vortragsbezeichnung.

GRÉCO, Juliette, *7. 2. 1927 Montpellier; frz. Chansonsängerin und Schauspielerin. Nach Schauspielunterricht und einigen Bühnenrollen trat sie seit 1945 in Paris in den Existentialistenkellern von St-Germain-des-Prés auf und wurde in kurzer Zeit als „Königin der Existentialisten" und „Muse von St-Germain-des-Prés" berühmt. Mit dem Ende des „Keller-Existentialismus" trat sie zunächst in den Hintergrund. Seit 1957 gelang ihr ein glanzvolles Comeback. Themen ihrer im Grundton melancholischen und resignierenden Chansons sind seitdem vor allem die Liebe und Paris. G. zählt zu den bedeutendsten Vertreterinnen des literarischen Chansons der Gegenwart. Sie wirkte auch in zahlreichen Filmen mit, u. a. in *Orphée* (1949) von J. Cocteau und in *Bonjour tristesse* (1957), worin sie sich selbst verkörperte. Texte schrieben für sie u. a. J. P. Sartre, A. Camus, J. Prévert, Fr. Mauriac und R. Queneau. Die Musik zu mehreren Chansons komponierte J. Kosma. Bekannte Titel sind u. a.: *Sous le ciel de Paris; Je hais les dimanches; A la belle étoile; Si tu t'imagines; L'éternel féminin; Paris canaille; Je suis, comme je suis; La rue des blancs-manteaux; La dernière; Ça va le diable; Les croix.*

GREENE, Maurice, * 1695 London, † 1. 12. 1755 ebd.; engl. Organist und Komponist. G. war Chorknabe an der St. Paul's Cathedral in London, später Organist an Londoner Kirchen. 1727 wurde er als Nachfolger W. Crofts Organist und Komponist der Chapel Royal, 1730 Professor für Musik an der Universität Cambridge und 1735 Master of the King's Band. G. war eine Zeitlang mit Händel befreundet, der sich jedoch von ihm zurückzog, als G. auch die Freundschaft seines Gegenspielers G. B. Bononcini suchte. Mit W. Boyce und M. Chr. Festing gehörte er zu den Gründern der Royal Society of Musicians. Eine reiche Erbschaft im Jahr 1750 ermöglichte ihm die Anlage einer Sammlung älterer englischer Kirchenmusik, die später die Grundlage der von Boyce herausgegebenen *Cathedral Music* (Lo 1760 ff) bildete.

WW: **1) Geistliche WW:** *Forty select anthems* für 1–8 St., 2 Bde. (Lo 1743); *Six solo anthems* für SingSt u. B.c. (Lo 1747). Hsl. erhalten: eine Cäcilien- u. eine Neujahrsode; zahlr. Services (Te Deum, Cantica u. a.); Oratorium *The Song of Deborah and Barak* (1732). – **2) Weltliche WW:** *Catches and canons* für 3–4 St. u. B.c. (Lo o.J.); *Cantatas and songs* für SingSt, V. u. Cemb. (Lo o.J.); *Spenser's Amoretti* für SingSt u. B.c.; zahlr. einzelne Oden, Kantaten u. Songs sowie einige Pastoral-Dramas gedruckt u. hsl. – **3) Instr.-WW:** 1 Slg. Sonaten *(Lessons)*, 1 Slg. *Overtures* u. weitere einzelne Lessons für Cemb. (Lo o.J.); *Voluntaries* für Org. (Lo o.J.); *Overtures* für Orch. (Lo o.J.).

Ausg.: Ein Service u. 8 Anthems, hrsg. v. S. ARNOLD, in: Cathedral Music (Lo 1790, ²1847); 6 Anthems, hrsg. v. J. PAGE, in: Harmonia sacra (Lo 1800); 4 Anthems, hrsg. v. V. NOVELLO (1858); Oratorium *The Song of Deborah and Barak*, Klv.-A. hrsg. v. F. DAWES (Lo 1956); A Selection from the Harpsichord

Works of M. G., hrsg. v. P. WILLIAMS (Lo 1969); Overture Nr. 5 D-Dur, hrsg. v. R. PLATT (Lo 1973); Overture Nr. 6 Es-Dur, hrsg. v. DEMS. (Lo 1973); Voluntaries u. Suiten für Org. u. Cemb., hrsg. v. G. BEECHEY (Madison 1975) (= RRMBar 19).

Lit.: J. E. BUMPUS, A History of English Cathedral Music 1 (Lo 1908); E. WALKER, The Bodleian Manuscript of M. G., in: The Musical Antiquary 2 (1910); E. H. FELLOWES, English Cathedral Music (Lo 1941), revidiert hrsg. v. J. A. WESTRUP (Lo – NY 1969); R. GRAVES, The Forty Anthems of M. G., in: MT 91 (1950); H. W. SHAW, Eighteenth-Century Cathedral Music (Lo 1952); R. GRAVES, The Achievement of M. G., in: MT 96 (1955); TH. DART, M. G. and the National Anthem, in: ML 37 (1956); H. D. JOHNSTONE, The Life and Work of M. G. and a Descriptive Catalogue of the Works, 2 Bde. (1967) (= Diss. Univ. of Oxford); DERS., G. and „The Lady's Banquet", in: MT 108 (1967); F. ROUTH, Early English Organ Music from the Middle Ages to 1837 (Lo 1973); F. CH. JACOBS, English Festival Te Deums of the Late Seventeenth and Early Eighteenth Century (1974) (= Diss. Univ. of Illinois).

GREFF BAKFARK, Valentinus, ↗Bakfark.

GREFINGER (Graefinger, Gräfinger, Greffinger), **Wolfgang** (Wolf), * um 1480 Krems, † nach 1515; vermutlich östr. Organist und Komponist. Er war Schüler von P. Hofhaimer, seit 1505 Organist am Stephansdom in Wien und ist in diesem Amt noch 1515 nachweisbar. 1509 immatrikulierte er sich an der Wiener Universität. Zu seinen Schülern gehörte O. Luscinius. Hinsichtlich seiner Bedeutung in der Geschichte des deutschen Liedes ist G. neben H. Finck und Th. Stoltzer zu nennen.

WW: 4st. geistliche Oden *Aurelii Prudentii Cathemerinon* (W 1515); 5 Motetten in Sammeldrucken (RISM 1538^3, 1542^{12}) u. hsl.; 6 dt. Lieder in den Sammeldrucken v. A. von Aich (1510–39), P. Schöffer, G. Forster (RISM 1539^{27}) u. a. sowie hsl. (auch in Lautentabulaturen); 2 weitere Lieder werden gleichermaßen G. wie L. Senfl zugeschrieben, eines davon wurde in den Lautentabulaturen v. H. Judenkünig u. H. Newsidler gedruckt. – G. gab heraus: *Psalterium pataujense Antiphonis, Responsoriis, Hymnisque* (W 1512).

Ausg.: 8 Lieder u. 6 Intavolierungen, in: Das dt. Gesellschaftslied in Östr. v. 1480 bis 1550, hrsg. v. L. NOWAK (1930) (= DTÖ 72); 5 Lieder aus RISM 1539^{27}, in: G. FORSTER, Frische teutsche Liedlein, 1. Teil, hrsg. v. K. Gudewill (Wb 1942) (= EDM, RD 20); *Hostis Herodes impie*, hrsg. v. R. GERBER (L 1942) (= ebd. 21).

Lit.: G. FROTSCHER, Gesch. des Orgelspiels u. der Orgelkomposition 1 (B 1935, ^{2}1959, ^{3}1966); O. GOMBOSI, Zur Biogr. W. G.s, in: AMl 9 (1937); H. OSTHOFF, Die Niederländer u. das dt. Lied (B 1938), Nachdr. mit Ergänzungen u. Berichtigungen (Tutzing 1967).

GREGER, Max, * 2. 4. 1926 München; dt. Orchesterleiter und Tenorsaxophonist. Er studierte Klarinette am Münchner Konservatorium und spielte nach dem 2. Weltkrieg zunächst in verschiedenen kleinen Orchestern. Seinen ersten großen Erfolg hatte er mit einer eigenen Big Band in der Sendereihe „Mitternacht in München" bei Radio München (u. a. mit der Glanznummer *Night Train*), dem ersten Zentrum des Jazz in Deutschland. Aus der Band entstand 1955 das Orchester Max Greger, eines der erfolgreichsten deutschen Tanz- und Unterhaltungsorchester der Nachkriegszeit, für das er auch zahlreiche, z. T. sehr populär gewordene Tanz- und Schlagerkompositionen schrieb. 1963 bis 1977 war es auch Vertragsorchester des ZDF.

GREGHESCA (it.), Bz. für eine mehrstimmige Komposition auf komische und parodistische italienische Texte. Die G. wurde in Venedig in der 2. Hälfte des 16. Jh. gepflegt und ist musikalisch mit der ↗Villanella und der ↗Giustiniana verwandt. Die auf Antonio Molino zurückgehenden Textvorlagen stellen eine Mischung aus venezianischem, dalmatinischem, istrischem Dialekt und der neugriechischen Sprache dar. Die G. diente meist als Intermezzo in Komödien. Zwei Sammlungen sind erhalten: *Il primo libro delle Greghesche* (4–8st.; 1564) – mit Stücken von V. Bell'Haver, A. Gabrieli, G. Guami, Cl. Merulo, A. Padovano, C. Porta, C. de Rore, G. de Wert, A. Willaert – und die 3st. *Greghesche et Justiniane* von A. Gabrieli (V 1571).

Lit.: A. EINSTEIN, The G. and the Giustiniana of the 16th Century, in: Journal of Renaissance and Baroque Music 1 (1946).

GREGOR, Joseph, * 26. 10. 1888 Czernowitz, † 12. 10. 1960 Wien; östr. Theaterhistoriker. Er studierte seit 1907 Musikwissenschaft bei G. Adler in Wien und war dort seit 1908 auch Privatschüler von R. Fuchs. 1911 promovierte er mit der Dissertation *Über die musikgeschichtliche Entwicklung des Problems vom Ausdruck.* 1912–14 war er Lektor für Musik an der Universität Czernowitz und 1918–53 – zuletzt als Generalstaatsbibliothekar und Professor – Mitarbeiter der Österreichischen Nationalbibliothek Wien, wo er 1922 die Theatersammlung und 1929 das Archiv für Filmkunde gründete. Seit 1947 lehrte er außerdem an der Universität Wien Theaterwissenschaft. Für R. Strauss schrieb er die Libretti zu *Friedenstag, Daphne* und *Die Liebe der Danae.*

Schriften: *Die dt. Romantik aus den Beziehungen v. Musik u. Dichtung. W. H. Wackenroder,* in: SIMG 10 (1908/09); *Das Wiener Barocktheater,* 2 Bde. (W 1922); *Wiener szenische Kunst* 2 Bde. (W 1924–25); *Weltgesch. des Theaters* (Z 1933, ^{2}1944); *R. Strauss* (Mn 1939, ^{3}1952, frz. P 1942); *Kulturgesch. der Oper* (W 1941, Z ^{3}1953); *Kulturgesch. des Balletts* (W 1941, ^{2}1946); *Die Theaterregie in der Welt unseres Jh.* (W 1958).

Lit.: R. Strauss – J. G. Briefwechsel, hrsg. v. R. TENSCHERT (Salzburg 1955); K. W. BIRKIN, Strauss, Zweig and G. Unpublished Letters, in: ML 56 (1975). – FS J. Gregor, in: Das Antiquariat 5 (W 1948); DASS., in: ebd. 9 (1953); A. BLEIER BRODY, Versuch einer J. G. Bibliogr. (B 1958); W. PFANNKUCH, in: MGG V.

W. PFANNKUCH

GREGOR I., DER GROSSE, * um 540 Rom,

† 12. 3. 604 ebd.; Papst, Heiliger und Kirchenlehrer. G. stammte aus vornehmer Familie und war 572/73 Stadtpräfekt in Rom. Nach dem Tod seines Vaters verwandelte er sein Elternhaus in ein Kloster und zog sich 575 selbst dorthin zurück. 579–585/86 war er päpstlicher Gesandter in Byzanz. 590 wurde er zum Papst gewählt. Die kirchliche Vormachtstellung Roms festigte er durch die Wiedervereinigung der gespaltenen Kirche in Mailand, Bindung der vordem arianischen Kirche in Spanien an Rom und Missionierung der Angelsachsen. Aufgrund seiner theologischen Schriften gilt er als der letzte der großen Kirchenväter.

Über die liturgische und musikalische Tätigkeit G.s gibt es kaum direkte Zeugnisse. Wahrscheinlich geht auf ihn die Neuordnung des römischen Stationsgottesdienstes und die Gründung und Reorganisation der später ↗Schola cantorum genannten Institution zurück. In einem Dekret von 595 untersagte er den Diakonen den Vortrag der liturgischen Gesänge. Seine Benennung dieser Gesänge als „Psalmen und Lektionen" zeigt, daß er den liturgischen Gesang als Textvortrag verstand. In einem Brief an Bischof Johannes von Syrakus verteidigte er sich gegen den Vorwurf, eine neue Vortragsweise des Kyrie und den Gesang des Alleluia außerhalb der österlichen Zeit nach byzantinischem Vorbild in Rom eingeführt zu haben.

Im 8. Jh. wurde G. die Redaktion des Buches mit den Gebeten des Bischofs bzw. Priesters in der Messe (des sog. Sacramentariums) zugeschrieben. Bischof Egbert von York (732–766) bezeichnete ihn als Autor von Antiphonale und Missale. Das älteste erhaltene Meßgesangbuch, das sog. „Antiphonar von Blandinienberg" bei Brüssel (Mont-Blandin), das um 800 geschrieben wurde, beginnt mit den Worten „Incipit Antefonarius ordinatus a sancto Gregorio per circulum anni". Seit dem 9. Jh. ist liturgischen Gesangbüchern gelegentlich ein in verschiedenen Fassungen überlieferter Prolog vorangestellt:

„Gregorius praesul meritis et nomine dignus / Unde genus ducit summum conscendit honorem / Qui renovans monumenta patrumque priorum / Tum composuit hunc libellum musicae artis / Scolae cantorum. In nomine Dei summi."

Das Gesangbuch wurde also als ein Buch der musikalischen Kunst und sein Autor damit als Musiker betrachtet. Da der Prolog auch Offiziumsgesangbüchern vorangestellt wurde, nahm man für diese ebenfalls die Autorschaft G.s in Anspruch. In einer Hs. des 11. Jh. wird Papst Hadrian I. (772–795) als Urheber des Prologs bezeichnet. Das „Gregorius praesul" wurde zunächst auf Papst Gregor II. (715–731) und erst später allmählich auf G. bezogen. Es scheint, daß man sich der Autorität des letzten großen Kirchenvaters bewußt bediente, um eine einheitliche Rezension des Cantus Romanus im Frankenreich, z. B. auch in Lyon, durchzusetzen, wo man sich auf eine bereits von Rom übernommene Tradition berief. Durch Johannes Diaconus, der im Auftrag Papst Johannes' VIII. (872–882) eine Lebensbeschreibung G.s verfaßte, ist dann die Rückführung des ↗Gregorianischen Gesangs auf G. zur Legende stilisiert worden.

Lit.: PAULUS DIACONUS, Biographie G.s, hrsg. v. H. Grisar, in: Zschr. für kath. Theologie 11 (1887); A. GASTOUÉ, Les origines du chant romain (P 1907); C. VIVELL, Vom Musiktraktat G.s des Großen (L 1911); A. GASTOUÉ, Le graduel et l'antiphonaire romains (P 1913); H. LIETZMANN, Das Sacramentarium Gregorianum, in: Liturgiegesch. Quellen 3 (Mr 1921); DERS., Auf dem Wege zum Urgregorianum, in: Jb. für Liturgiewiss. 9 (1930); J. A. JUNGMANN, Missarum sollemnia, 2 Bde. (W – Fr 1948, W [5]1962); H. HUCKE, Die Entstehung der Überlieferung v. einer musikal. Tätigkeit G.s des Großen, in: Mf 8 (1955); H. ANGLÈS, Sakraler Gesang u. Musik in den Schriften G.s des Großen, in: Essays... FS E. Wellesz (O 1966); B. STÄBLEIN, „G. Praesul"..., in: Musik u. Verlag. FS K. Vötterle (Kas 1968).

H. HUCKE

GREGORI, Giovanni Lorenzo, * 1663 Lucca, † Januar 1745 ebd.; it. Violinist und Komponist. Er war 1688–1742 Violinist und Kapellmeister in der Cappella Palatina in Lucca. G. verwendete als erster Komponist die Bz. ↗Concerto grosso für eine Sammlung seiner Konzerte (Lucca 1698), ist aber nicht als Begründer dieser Gattung anzusprechen.

WW: *Concerti grossi a più stromenti*... (Lucca 1698); *Arie in stil francese* für 1–2 St. (ebd. 1698); *Cantate da camera a voce sola* (ebd. 1699); *Concerti sacri* für 1–2 St. und Instrumente (ebd. 1705); ferner Schriften: *Il principante di musica* (ebd. 1697) u. *Il canto fermo in pratica* (ebd. 1716).

Ausg.: Ein Concerto grosso, bearb. für Org., in: J. G. WALTHER, GA der Orgel-WW, hrsg. v. M. Seiffert (1906) (= DDT 26–27); 9 Arien u. ein Duo, in: 35 Arie di diversi Autori, hrsg. v. G. BENVENUTI (Mi o.J.).

GREGORIANISCHER GESANG, Gregorianischer Choral. Bz. für die mittelalterliche Gesangsüberlieferung des römischen Ritus sowie für das in den liturgischen Büchern zusammengestellte, auf diese Überlieferung zurückgreifende und durch Nach- und Neukompositionen ergänzte Gesangsrepertoire der römischen Liturgie.

Begriff und Neuausgaben. Seit der Mitte des 9. Jh. wird für die Cantica sacra oder Cantica ecclesiastica des Cantus Romanus gelegentlich die Bezeichnung „gregorianische Gesänge" gebraucht (↗Gregor I., der Große). Mit dem Singular Cantus dagegen wird die liturgische Ordnung bezeichnet; der Gesang spielt eine so große Rolle in der Liturgie, daß sie insgesamt „Gesang" genannt wird. Die „gregorianischen Gesänge" stellen kein geschlossenes Repertoire dar, sondern werden als Ausführungsweise des Gottesdienstes und als Tradition aufgefaßt, die die Nachkompositionen für neue und lokale Feste, neue Formen (Sequenzen, Tropen, Reimoffizien) und auch mehrstimmigen Vortrag (↗Organum) einschließt. Seit dem 10. Jh. geht der Begriff Cantus von der Liturgie allmählich auf den liturgischen Gesang über; der Gesang des Gottesdienstes wird als Cantus ecclesiasticus vergegenständlicht. Die Verfestigung seiner Überlieferung und die Entwicklung der Mehrstimmigkeit von einer Vortragsweise zur Kompositionstechnik führten seit dem 12. Jh. zur Abtrennung des ↗Cantus firmus oder ↗Cantus planus von der musikhistorischen Entwicklung. Aus der mehrstimmigen Vortragsweise der gregorianischen Melodien entwickelte sich, zunächst in der ↗Motette des 13. Jh., die Komposition über einen Cantus firmus als vorgegebene Stimme (↗Choralbearbeitung). Die Komposition neuer gregorianischer Melodien beschränkte sich auf die Vertonung von Gesangstexten für neu in die Liturgie aufgenommene Feste sowie auf die Vertonung des Ordinarium missae. In Frankreich knüpfte im 17. Jh. der ↗Plain chant an den G.G. an.

Die Fixierung des G.G. zum Repertoire ergab sich aus der Liturgiereform des Konzils von Trient, zugleich wurden die Tropen und die Sequenzen (bis auf 5) aus der Liturgie entfernt. Der Begriff G.G. wurde erst durch die – von der 1833 wiederbegründeten französischen Benediktinerabtei Solesmes ausgehende – Choralrestauration geläufig, die ihn gegenüber der kirchenmusikalischen Praxis als „den liturgischen Gesang des römischen Ritus" entdeckte. Aus dem Verständnis alter Musik als „Denkmal" entstand die Idee einer „offiziellen Ausgabe" der gregorianischen Melodien, die von den kirchlichen Zentralisierungsbestrebungen im Umkreis des 1. Vatikanischen Konzils aufgegriffen wurde. So kam es 1873 zur Privilegierung der „Regensburger Ausgabe" (↗Choralausgaben). Im Motu proprio Papst Pius' X. über die Kirchenmusik von 1903 wird der G.G. als der eigentliche Gesang der römischen Kirche und höchstes Vorbild aller Kirchenmusik bezeichnet. In letzter Zeit sei er durch die Forschung in seiner Integrität und Reinheit wiederhergestellt worden. Pius X. gab den Auftrag zur Schaffung der *Editio Vaticana* (1905–23), die im wesentlichen auf den Forschungen der Benediktiner von Solesmes beruht und auf die Überlieferung französischer Handschriften zurückgeht. Da die Abtei Solesmes ihre Vorstellungen über die historische Exaktheit der *Editio Vaticana* nicht durchsetzen konnte, zog sie sich bereits 1905 von der Mitarbeit zurück. Die Melodien für die neuen Feste wurden vornehmlich von französischen Benediktinern komponiert. Die Gesänge des Nachtoffiziums sind in der *Editio Vaticana* nicht mehr erschienen (z. T. zugänglich im *Liber Responsorialis,* Solesmes 1895, und im *Liber usualis,* Solesmes 1903, zuletzt Tournai 1956). Eine Ausgabe der (nicht in die *Editio Vaticana* aufgenommenen) Offertorienverse wurde von C. Ott vorgelegt (*Offertoriale,* Tournai 1935), jedoch sehr fehlerhaft. Der Plan einer Ausgabe der Gesänge in ↗Germanischem Choraldialekt kam nicht zur Ausführung. 1934 gab Solesmes ein eigenes *Antiphonale monasticum* heraus, in dem versucht wurde, bessere Fassungen der Gesänge des Tagesoffiziums zu erschließen. 1972 erschien in Solesmes ein *Graduel neumé* von E. Cardine, ein fotomechanischer Nachdruck der *Editio Vaticana,* in dem über die Quadratnotation die älteste Überlieferung der Melodien in Form der deutschen Neumenschrift nach Quellen des 10. Jh. eingezeichnet ist. Eine wissenschaftliche Ausgabe des G.G. gibt es nicht. Eine Reihe mittelalterlicher Handschriften ist in Faksimileausgaben zugänglich. Die von der Abtei Solesmes in Angriff genommene kritische Ausgabe zunächst der Meßgesänge (*Le Graduel romain. Édition critique,* 1957 ff.) ist ins Stocken geraten, weil die bei wissenschaftlich-kritischen Ausgaben sonst angewandten Methoden angesichts der Vielzahl der überlieferten Melodien (die Zahl der mittelalterlichen Choralhandschriften wird auf ca. 30000 geschätzt!) nicht mehr anwendbar sind.

Das 2. Vatikanische Konzil bezeichnet den G.G. nicht mehr als den eigentlichen Gesang der römischen Kirche, sondern – angesichts des ambrosianischen Ritus (↗Ambrosianischer Gesang) und der verschiedenen ostkirchlichen Riten zutreffender – der römischen Liturgie (Liturgiekonstitution Art. 116). Als Maßstab der Kirchenmusik wird anstelle des historischen Vorbilds des G.G. die Verbindung der Musik mit der liturgischen Handlung gesetzt (ebd. Art. 112).

Texte und Formen. Das Konzept eines Cantus Romanus entstand nicht in Rom, sondern im Frankenreich dadurch, daß Pipin der Jüngere und Karl der Große „wegen der Einheit des Reiches und der Einigkeit mit dem Apostolischen Stuhl" dort die römische Liturgie einzuführen beschlossen. Was sie von Rom erhielten, war die Liturgie des päpstlichen Hofes. Die älteste Überlieferung der Meßgesänge dieser Liturgie findet sich in fränkischen Handschriften des 9. Jh., die jedoch nur die Texte und keine musikalische Notation enthalten. Aus der 2. Hälfte des 9. Jh. stammt das älteste Offiziumsgesangbuch; das ↗Offizium ist in zwei Formen (*Cursus romanus* der Weltkirchen, *Cursus monasticus* der Klöster) überliefert, deren Gesangsreper-

toire sich weithin überschneidet, aber viel uneinheitlicher überliefert ist als das der Messe.
Von der großen Tradition der frühchristlichen Hymnodie (↗Hymnus) findet sich in den Gesangbüchern des Cantus Romanus kaum eine Spur; sie sind keine Liederbücher. Der Cantus Romanus beschränkt sich aber auch nicht auf den Psalmengesang; die eigentliche ↗Psalmodie nimmt einen relativ bescheidenen Platz ein. Den Hauptteil der Gesangstexte machen ausgewählte Textstellen aus der Bibel, vornehmlich im Offizium auch aus den Heiligenleben aus. Die Texte sind also nicht Poesie, sondern Prosa, und sie sind als Texte für bestimmte Gesangsformen ausgewählt worden, die sich hauptsächlich in zwei Gattungen präsentieren: im ↗Responsorium (Chorgesang mit Solovers) und in der ↗Antiphon (Chorstück bzw. Refrain mit Psalmodie). Zur Gattung Responsorium gehören die Meßgesänge ↗Graduale, ↗Alleluia mit Vers und ↗Offertorium sowie Responsorium (prolixum) und Responsorium breve des Offiziums; das letztere scheint nicht aus römischer, sondern gallikanischer Tradition zu stammen. In der Gattung Antiphon sind zwei verschiedene Typen zu unterscheiden: Die Meßantiphonen ↗Introitus und ↗Communio sind mit Psalmversen verknüpfte Begleitgesänge zu Prozessionen, die Antiphonen des Offiziums sind Leitverse zur Psalmenrezitation. Eine Sonderform stellt der ursprünglich solistisch vorgetragene ↗Tractus dar. Die einzige poetische Form ist der ↗Hymnus, der (wie schon in der Regel Benedikts) als eine liturgische Gattung im Offizium erscheint und auf die Autorität Ambrosius' von Mailand zurückgeführt wird.
Die Gesangstexte des Cantus Romanus sind meist nicht der Vulgata entnommen, sie scheinen mindestens zum Teil auf ältere lateinische Textversionen zurückzugehen. Häufig folgen sie nicht wörtlich dem Bibeltext, sondern sind durch Zusammenfassung, Umstellung, Kürzung usw. für den Gesang und seine Form redigiert. Die Texte sind nicht nach einem einheitlichen Plan für das Kirchenjahr und die Heiligenfeste ausgewählt. In verschiedenen Teilen des Repertoires sind verschiedene, zum Teil sich überlagernde Prinzipien der Textauswahl erkennbar, die offenbar verschiedene Redaktionsstufen repräsentieren. Darüber, wie weit die ältesten Redaktionsstufen zurückreichen, sind nur Vermutungen möglich. Für die unter Papst Gregor II. (715–731) geschaffenen liturgischen Formulare der Fastendonnerstage hat man die Gesänge von anderen Tagen entlehnt; demnach scheint die Ordnung der Meßgesänge mit Ausnahme der Alleluiaverse und der Tractus zu Beginn des 8. Jh. im wesentlichen abgeschlossen gewesen zu sein. Die Auswahl der Alleluiaverse ist in älteren Handschriften zuweilen dem Kantor überlassen, daneben bildeten sich verschiedene Ordnungen heraus, die durch das ganze Mittelalter in Gebrauch blieben. Der Tractus scheint erst spät in die römische Liturgie gelangt zu sein. Zu dem Kanon der von Rom überkommenen Gesangsformen traten im Frankenreich ↗Tropus und ↗Sequenz.

Die erste Phase der Ausbreitung des Gregorianischen Gesangs. Der G. G. ist bis in die jüngste Zeit betrachtet worden, als ob er von jeher schriftlich überliefert worden sei. Tatsächlich beginnt die schriftliche Überlieferung der Melodien erst zu Anfang des 10. Jahrhunderts. Die erhaltenen Gesangbücher des 9., 10. und noch des 11. Jh. ohne musikalische Notation bezeugen jedoch, daß auch die Ausbreitung des G. G. im Frankenreich noch durch mündliche Überlieferung begann; in Rom hat man die eigene Überlieferung erst im 11. Jh. in einer fremden Notenschrift aufgezeichnet.
Mündliche Überlieferung bedeutet nicht, daß die Sänger Tausende von Melodien zu behalten und tongetreu zu reproduzieren hatten. Was überliefert wurde, waren auch Melodien, aber vor allem Vortragsweisen. In den Psalmtönen, den Lektions- und Orationstönen sind Vortragsweisen fixiert und auf einen Kern zurückgeführt. Die Prinzipien dieser Vortragsweisen spielen – neben anderen – auch in der Überlieferung des G. G. eine Rolle.
Das erste Zeugnis der Bemühung, die Übertragung des Cantus Romanus ins Frankenreich musikalisch zu bewältigen, ist das System der ↗Kirchentöne und Psalmtöne, das um 800 erstmals bezeugt ist. Das System der 8 Kirchentonarten beruht auf der durch Boëthius und Cassiodorus vermittelten Musiktheorie der Spätantike sowie auf der byzantinischen Musiktheorie. Den Psalmtönen wurden die Antiphonen des Offiziums und der Messe zugeordnet. Die Melodieanfänge wurden typisiert und in ↗Tonaren für den Gebrauch des Kantors katalogartig zusammengestellt. Von der Musiktheorie der Spätantike lernte man im Frankenreich auch die Bezeichnung der Töne durch Buchstaben (a, b, c, d...). Aber die Buchstabennotation wurde lediglich in der Theorie und zu didaktischen Zwecken gebraucht. Eine weitere Notation entwickelte sich aus der Interpunktion des Texts: Den Interpunktionszeichen (Punkt, Komma, Semikolon, Frage- und Ausrufezeichen) wurden melodische Formeln zur Artikulation der Rezitation zugeordnet, und im Interesse einer besseren musikalischen Interpretation wurde die Interpunktion des Texts musikalisch revidiert, indem man anstelle der Interpunktionszeichen musikalisch gemeinte Zeichen setzte. Diese „ekphonetische Notation" wurde Notation der liturgischen

Lesungen und Orationen. Im 9. Jh. tauchen noch weitere Notationen auf, von denen eine weiterentwickelt und zur Grundlage der abendländischen Notenschrift wurde: die Neumenschrift (↗Neumen).

Mit Neumen sind zuerst im 9. Jh. nachträglich einzelne Lesungen und Gesangsstücke verschiedener Art in älteren Handschriften versehen worden. Die Neumenzeichen wurden ohne Liniensystem über die Textsilben geschrieben; sie bedeuten Einzeltöne oder Tongruppen und protokollieren nicht den Melodieverlauf, sondern scheinen eine Funktion im Zusammenhang mit der musikalischen Deklamation der Texte zu haben. Von den ältesten Belegen an sind unterschiedliche Typen von Neumen zu erkennen, die zu verschiedenen regionalen Neumenschriften entwickelt wurden. Diese Neumenschriften zeichnen zum Teil die Richtung der melodischen Bewegung (z. B. aufwärts–abwärts; zentralfranzösische, deutsche „Strichneumen"), zum Teil den höheren oder tieferen Ort eines Tons im Verhältnis zu seinem Nachbarton auf (bretonische, aquitanische „Punktneumen"). Die Uneinheitlichkeit schon der ältesten Belege kompliziert die Frage nach Ursprung und Zweck der Neumen. Da die älteren Neumenschriften keine bestimmten Intervalle angeben, können wir sie nur durch Vergleich mit späteren Aufzeichnungen der gleichen Melodien auf Linien so weit lesen, wie sie mit der späteren Melodiefassung übereinstimmen.

Die Aufzeichnung der Melodien. Aus der ersten Hälfte des 10. Jh. sind die ersten Meßgesangbücher und seit der Wende zum 11. Jh. auch Offiziumsgesangbücher überliefert, in denen die Gesangstexte mit Neumen versehen sind. Die ältesten Handschriften haben etwa Postkartenformat. Schrift und Neumen sind so klein, daß diese Bücher nicht Gesangsvorlage sein konnten; sie waren offenbar Handbuch für den Kantor, Richtschnur der Überlieferung, Hilfsmittel für den Unterricht. Die melodische Aufzeichnung der verschiedenen Gesangsgattungen ging von unterschiedlichen Voraussetzungen aus und steht in unterschiedlicher Beziehung zur musikalischen Realität:

1. In der Aufzeichnung der Kantorenstücke sind Vortragsweisen wiedergegeben. Zu deren Wesen gehört es, daß sie je nach den Umständen und je nach den Fähigkeiten des Kantors auf verschiedene Weise realisiert werden konnten. Der Sänger singt nicht eine auswendig gelernte Melodie, sondern trägt einen Text auf eine gewisse Weise nach bestimmten Regeln vor und zeigt seine Kunst im Umgang mit diesen Regeln. Die Aufzeichnung einer solchen Vortragsweise stellt eine von vielen möglichen Aufführungen durch den Notator oder seinen Gewährsmann dar, wobei allerdings der Notator das vorher Niedergeschriebene vor Augen hat; daraus ergibt sich eine fortschreitende Tendenz zur Regulierung. Zu den Kantorenstücken gehören Graduale, Tractus, Alleluiavers, Offertorium und auch deren Chorteile: diese Teile sind, obwohl von mehreren vorgetragen, in der Aufzeichnung Interpretation eines Kantors.

2. In den Gesängen der Schola haben die Notatoren die musikalische Überlieferung zu mehr oder weniger individuellen Stücken für einen kunstvollen Vortrag ausformuliert. Da die Notatoren bei der Aufzeichnung der Scholagesänge offenbar durch kein so enges Regelsystem wie bei den Kantorengesängen gebunden waren, präsentieren sich die Gesänge der Schola weit vielfältiger und weniger normiert als die der Kantoren; sie erscheinen zum Teil als ausgeprägte, originale Kompositionen. Zu den Gesängen der Schola gehören die Introitus- und Communio-Antiphonen der Messe. Die Responsoria prolixa des Offiziums sind nach den gleichen Prinzipien aufgezeichnet worden. Die eigentliche gregorianische Kantorenkunst konzentrierte sich also auf die Messe. Auch die Aufzeichnung der Scholagesänge war für den Kantor bestimmt; sie war nicht Gesangbuch, sondern Muster- und Lehrbuch.

3. Auch die Aufzeichnung der Gesänge für die Kommunität war Handbuch für den Gebrauch des Kantors. Der Grundbestand dieser Gesänge, die Offiziumspsalmodie und das Ordinarium missae, ist in den ältesten Gesangbüchern nicht notiert. Die Aufzeichnung der Gesänge des Ordinarium missae setzt im Laufe des 10. Jh. ein. Sie wird offenbar im Zusammenhang damit umfangreicher und häufiger, daß diese Gesänge auf die Schola übergingen und Gesänge des Proprium ersetzten, weil man deren Aufzeichnung allmählich als Melodienrepertoire verstand und dieses Repertoire nicht realisieren konnte. Die meisten Meßordinarien der *Editio Vaticana* sind Zeugnisse dieser Entwicklung, die im 13. Jh. gipfelt und in die Geschichte der mehrstimmigen Messe mündet.

Ein Sonderproblem stellt die Notierung der Offiziumsantiphonen dar, die eigentlich von der Kommunität zu singen, aber vom Kantor anzustimmen waren. Ihre Aufzeichnung war eine Ausarbeitung des Tonars – und zunächst ebenso wie dieses Hand- und Regelbuch – für den Kantor. Die Offiziumsantiphonen präsentieren sich in den Handschriften als eine ungemein vielfältige Gattung. Neben schlichten Rufformen und ausgeprägten Liedmelodien, die zum Teil sicherlich aus verschiedenen Schichten der außerkirchlichen Musikkultur stammen, finden sich nach Art der Gesänge für die Schola ausformulierte Stücke und Kompositionen. Zuweilen ist in den Handschriften die Intonationspartie des Kantors so weit ausgedehnt worden, daß die Kommunität nur noch in den formelhaften Schluß der Antiphon einzustimmen hatte. Größere und anspruchsvollere Antiphonen wurden wohl ohnehin von der Schola vorgetragen, der Kommunität blieb die Psalmodie, bzw. sie konnte gegebenenfalls in den Gesang einstimmen.

4. Über die Beteiligung des Volkes am Gesang in der Liturgie sagen die Choralhandschriften nichts aus. Noch viel weniger als der Kantor und die Schola sang das Volk „nach Noten“, und der Volksgesang war nicht Teil der ↗Ars musica, die in den Handschriften niedergelegt wurde.

Die Überlieferung der Meßgesänge durch Neumen geht auf eine einzige Redaktion zurück, die wohl im lothringischen oder nordfranzösischen Raum stattgefunden hat. Ob und auf welche Weise die Überlieferung der Gesänge des Offiziums mit der Redaktion der Meßgesänge in Zusammenhang steht, ist ungeklärt.

Die Ausbreitung der Überlieferung durch neumierte Handschriften und der Beginn der Notenschrift auf Linien. Die ältesten erhaltenen neumierten Handschriften sind in der 1. Hälfte des 10. Jh. in Laon, Angers, in einer bretonischen Schreibschule und in St. Gallen geschrieben worden. Aus dem ausgehenden 10. Jh. kennen wir Handschriften aus Zentralfrankreich, Südengland, Norditalien und Regensburg (St. Emmeram). In Südfrankreich taucht im Laufe des 10. Jh. eine aquitanische Sonderform der Neumenschrift zunächst als Notation von Tropen auf. In Spanien bilden sich gegenüber der von Norden eindringenden schriftlichen Überlieferung des Cantus Romanus eigene Neumenschriften aus zur Aufzeichnung der eigenen Überlieferung (↗Mozarabischer Gesang). Diese Überlieferung wurde aber in der Folge durch die römische Liturgie und den G. G. verdrängt. Die spanischen Neumenschriften haben sich nicht mehr zu für uns lesbaren Intervallschriften weiterentwickelt. Gleichfalls noch im 10. Jh. ist im Raum des alten Herzogtums Benevent zwischen Montecassino und Bari die fränkische Redaktion des G. G. importiert, kopiert und durch Stücke aus der eigenen Überlieferung ergänzt worden. Die Beneventanische Neumenschrift stammt von französischen Neumenschriften ab und bildet sie zur Intervallschrift um: die Einzelzeichen und ihre Position zueinander deuten die Größe der Intervallschritte an. Im Laufe des 11. Jh. dringt die Beneventanische Neumenschrift nach Norden vor. In Mittel- und Oberitalien trifft sie auf nach Süden vordringende Neumenschriften aus Frankreich und Deutschland, und es kommt da zur Ausbildung lokaler Sonderschriften. In Aquitanien und in Benevent funktionierte man die ins Pergament geritzten Hilfslinien, mit denen man dem Kopisten den Raum für die Neumenzeilen angab, zu Notenlinien um, die den Ton über dem Halbtonschritt in der diatonischen Leiter bezeichneten (F-Linie, C-Linie). Daran anknüpfend „erfand“ Guido von Arezzo die Notenlinien im Terzabstand. Die Form der Neumen wurde ihrer neuen Funktion im Liniensystem angepaßt. Guidos Erfindung hat sich schnell in Italien und in Frankreich verbreitet. Der Übergang zur Notation auf Linien stellt den entscheidenden Schritt in der Entwicklung des G. G. von einer auf verschiedene Weise realisierbaren Gesangstradition zu einer Überlieferung von Melodien und schließlich zum Melodienrepertoire dar, das tongetreu und nach dem liturgischen Kalender auszuführen ist. Die Gesangbücher werden von Kantorenhandbüchern zu Melodiesammlungen für das Chorpult.

Die altrömische Überlieferung und der Ambrosianische Gesang. Unter dem Druck der nunmehr melodisch fixierten fränkischen Überlieferung und nach deren Vorbild zeichnete man zur Behauptung der eigenen Tradition im 11. Jh. in Rom den ↗Altrömischen Gesang auf, richtiger die (alt)römische Überlieferung des G. G., die hinsichtlich der liturgischen Ordnung mit geringfügigen Abweichungen der fränkischen entspricht. Die römische Überlieferung wurde in einer der fränkischen Überlieferung entlehnten mittelitalienisch-beneventanischen Notenschrift auf Linien niedergeschrieben; man hat in Rom also keine eigene geeignete Notenschrift gekannt. Es sind nur 3 Meß- und 2 Offiziumsgesangbücher erhalten, das älteste ist 1071 geschrieben worden. Den Redaktoren haben Gesangbücher der fränkischen Überlieferung vorgelegen, und sie haben ihre eigene Überlieferung anhand der fränkischen Melodien verifiziert. Die römischen Melodien wirken weithin wie die Übersetzung der fränkischen in eine andere melodische Sprache, zum Teil sind aber andere Melodien und andere Vortragsweisen aufgezeichnet worden. Das System der 8 Kirchentonarten ist unsystematisch aufgegriffen und einem 3-Tonarten-System übergestülpt.

Im 12. Jh. fixierte die Kirche von Mailand ihre Überlieferung des ↗Ambrosianischen Gesangs. Zum Unterschied von Rom wurde in Mailand eine von der fränkisch-römischen abweichende liturgische Ordnung fixiert, und man entwickelte dafür eine eigene Variante der Neumenschrift auf Linien. Bei der Kodifizierung des Ambrosianischen Gesangs hat man in erheblichem Umfang gregorianische Gesänge aus oberitalienischer Überlieferung entlehnt und an unterschiedlicher Stelle in die eigene Liturgie eingeordnet. Es ist ungeklärt, inwieweit die Abweichungen der ambrosianischen von der gregorianischen Fassung der gleichen Melodien Besonderheiten des mailändischen Gesangs und Vortragsvarianten innerhalb der Überlieferung des G. G. darstellen.

zum Untergang der regionalen Neumenschriften und der mit ihnen verknüpften Überlieferungen. Die „Romanische“ Quadratschrift des G. G. entwickelte sich im Laufe des 12. Jh. aus der mittelitalienischen und zentralfranzösischen Neumenschrift

Beginn des Introitus *Rorate caeli*
F = fränkische Überlieferung des G. G. *(Graduale Romanum, Editio Vaticana)*;
D = germanischer bzw. deutscher Choraldialekt (Graduale der St. Thomaskirche zu Leipzig, 14. Jh.);
R = römische Überlieferung (altrömisches Graduale, Hs. Vat. lat. 5319, Bibl. Vaticana);
M = Ambrosianischer Gesang (*Antiphonale missarum juxta ritum Sanctae Ecclesiae Mediolanensis,* Rom 1935)

Die Aufzeichnung des Ambrosianischen Gesangs im 12. Jh. ist ein Zeichen kirchlichen und politischen Selbstbewußtseins. Sie zeigt aber auch, daß sich gegenüber der schriftlich bezeugten gregorianischen Tradition selbst an zentralen Orten lokale Sondertraditionen über Jahrhunderte in mündlicher Überlieferung behaupteten.

Die Entwicklung des Gregorianischen Gesangs zum Melodienrepertoire. Der G. G. wurde zuerst mündlich, dann durch Kantorenhandbücher mit Neumen ohne Linien und dann durch Notenschriften auf Linien überliefert und verbreitet. Der Übergang von einem Stadium zum nächsten stellte für die jeweilige Kirche und das jeweilige Kloster einen Bruch der Überlieferung dar, und erst im dritten Überlieferungsstadium entwickelte sich der G. G. zu dem heute darunter verstandenen Melodienrepertoire. Die Überlieferungsbrüche vollzogen sich nicht überall gleichzeitig: während man mancherorts längst zur Notenschrift auf Linien übergegangen war, legte man anderwärts noch neue Handschriften mit Neumen ohne Linien an. Es hat im Mittelalter keinen einheitlichen liturgischen Gesang gegeben.

Die verschiedenen Neumenschriften waren nicht alle in gleicher Weise für die Einzeichnung in ein Liniensystem geeignet. In manchen Notationsgebieten fühlte man offenbar gar nicht das Bedürfnis, das Liniensystem zu adaptieren, bis die eigene Neumenschrift schließlich zugunsten der inzwischen konsolidierten Notenschrift auf Linien aufgegeben wurde. Der Übergang zur Notation auf Linien wurde zum Vereinheitlichungsprozeß, er führte und deren schreibtechnischer Angleichung. Eine wichtige Rolle bei der Vereinheitlichung der Überlieferung spielten die Reformorden. 1134/37 schufen sich die Zisterzienser, die die Praxis des Cantus ecclesiasticus als verderbt ansahen, aus dem Bedürfnis nach einem reformierten und einheitlichen Gesang in allen ihren Klöstern eine eigene Redaktion des G. G. auf der Grundlage der Tradition von Metz. Es folgten die Kartäuser, die Prämonstratenser und 1253/56 die Dominikaner, deren Redaktion auf die Liturgie von Paris und auf die Melodiefassungen der Zisterzienser zurückzugehen scheint. Die im 13. Jh. in Italien auftauchende Redaktion der Gesangbücher „secundum consuetudinem Sanctae Ecclesiae Romanae“ geht auf die Franziskaner zurück. Diese Redaktion wurde durch Papst Nikolaus III. (1277–80) anstelle der altrömischen Überlieferung auch in Rom eingeführt.

In Lothringen und in Deutschland wurde die Quadratnotation nur in Niederlassungen der Orden übernommen, die sich eine eigene Redaktion des G. G. geschaffen hatten. Es ist ungeklärt, wieso das hier nicht zur allgemeinen Verbreitung der Quadratnotation führte und wieso man in Lothringen und in Deutschland den Übergang zur Notation auf Linien mit den eigenen Neumenschriften verspätet nachvollzog. Die beiden so entstandenen Spielarten der deutschen oder „gotischen“ Choralnotenschrift, nach ihrem graphischen Erscheinungsbild auch „Hufnagelschrift“ genannt, wurden allmählich einander angeglichen. Die abweichende Version der gregorianischen Melodien im germanischen (bzw. deutschen) Choraldialekt ist in

deutscher Choralnotenschrift überliefert (vgl. das Notenbeispiel).
Die ältesten Quellen sind um 1200 niedergeschrieben worden. Aber erst im Laufe des 14. Jh. setzte sich in Deutschland und in den östlichen Nachbarländern die Überlieferung in der Notenschrift auf Linien allmählich durch. In der Schweiz, in Österreich und im deutschen Voralpenraum hat man noch im 15. Jh. neue Handschriften mit linienlosen Neumen angefertigt.
Der Vortrag des Gregorianischen Gesangs. In den liturgischen Gesangbüchern der *Editio Vaticana* sind die gregorianischen Melodien aus den verschiedenen Quellen, denen sie entnommen sind, in eine von der Abtei Solesmes auf der Grundlage der mittelalterlichen Quadratnotation entwickelte normalisierende Notenschrift übertragen worden. Die Choralrestauration des 19. Jh. konnte an keine Vortragstradition anknüpfen; für sie verknüpfte sich der G. G. mit dem Ideal des feierlich-getragenen, arhythmischen, vokalen Kirchenstils. A. Mocquereau (Solesmes) entwickelte eine diffizile Choralvortragslehre, die den G.G. als „mélodie oratoire" begreift (*Le nombre musical grégorien,* I 1908, II 1927). Die Abtei Solesmes gab besondere Ausgaben der liturgischen Gesangbücher heraus, in denen der Notation „rhythmische Zeichen" als Hilfe für den Vortrag beigefügt sind. Die Vortragsweise von Solesmes wurde anderwärts als von französischem Sprachgefühl geprägt kritisiert und modifiziert. Der Theorie vom „äqualistischen", d. h. von der prinzipiell gleichen, nur in Nuancen unterschiedlichen Dauer aller Töne ausgehenden Choralrhythmus setzten einzelne Forscher „mensuralistische" Theorien gegenüber, nach denen im Choralrhythmus verschiedene Notenwerte zu unterscheiden wären. In der Tat finden sich bei mittelalterlichen Theoretikern gelegentlich Bemerkungen, die auf „mensuralistische" Elemente beim Vortrag gregorianischer Gesänge hindeuten, aber diese Bemerkungen sind mehrdeutig, widersprüchlich und nicht zu verallgemeinern. In jüngerer Zeit hat E. Cardine (Solesmes–Rom) eine „gregorianische Semiologie" begründet, die die sehr differenzierte Notationsweise insbesondere der St. Gallener Handschriften des 10. und 11. Jh. erforscht und die Quadratnotation dadurch zu interpretieren sucht. Vor allem durch L. Agustoni und Godehard Joppich (Münsterschwarzach) ist die gregorianische Semiologie in Deutschland bekannt gemacht und auf die Vortragsweise des G. G. angewandt worden.
Aufgrund des Umgangs mit unserer Notenschrift erwarten wir von einer Notation, daß sie Intervallschritte und Rhythmus eindeutig wiedergibt. Da man in der Choralnotenschrift rhythmische Informationen vermißt, liegt der Gedanke nahe, daß eben diese Informationen hinter der größeren Differenziertheit der Neumen ohne Linien versteckt seien. Mit dieser Differenzierung sind aber wohl auch ganz andere Kategorien wie Stimmgebung und Klangfarbe angedeutet worden. Darüber hinaus ist die Neumenschrift als eine von unserer Notenschrift prinzipiell verschiedene Notation mit ganz anderer Funktion zu betrachten: Sie war nicht Vorlage zum Absingen, sondern hat eine offenbar ungemein vielfältige Gesangstradition, die die unterschiedlichsten Formen und Stile vom Rezitativ über Rufe, Lieder, psalmodische Formen verschiedener Art bis zur Vokalise und zum Jubilus umfaßte. Nach unbekannten Gesichtspunkten wurden sie für den Kantor zum Nachschlagen und Lesen stilisiert. Die Suche nach der „Urfassung" des G. G. führt nicht auf ein musikalisches Opus zurück, dessen ursprüngliche Gestalt wieder freizulegen und zu restaurieren wäre, sondern erweist den G. G. als eine immer wieder anders verstandene Überlieferung, die um so vielfältiger und weniger faßbar wird, je weiter man sie zurückverfolgt. Eine historisch richtige Aufführungspraxis kann es dabei nicht geben.

1) Quellenverzeichnisse: Le Graduel romain. Édition critique par les Moines de Solesmes, bisher erschienen, 2: Les Sources (Solesmes 1957), 4/1: Le Groupement des Manuscrits (ebd. 1960), 4/2: Les relations généalogiques des Manuscrits (ebd. 1962), vgl. dazu, in: MuA 10 (1957/58), 14 (1961/62) u. 18 (1966); K. GAMBER, Codices liturgici latini antiquiores. Spicilegii Friburgensis Subsidia 1 (Fribourg 1963); H. HUSMANN, Tropen- und Sequenzenhandschriften (Mn–Duisburg 1964) (= RISM B IV/1).
2) Bibliographien: Umfassende Bibliogr. bis 1935, in: G. SUÑOL, Introduction à la Paléographie musicale grégorienne (P 1935); M. HUGLO, Bibliographie grégorienne 1937–57 (Solesmes 1958); Lit.-Berichte v. U. BOMM, in: Arch. für Liturgiewiss. 1 (1950), 4 (1955), 6 (1959), 7 (1962), 9 (1965); Literaturberichte v. J. SMITS VAN WAESBERGHE (Das gegenwärtige Geschichtsbild der ma. Musik I–XI), in: KmJb 46 (1962) bis 54 (1970), 56 (1972), 58/59 (1974/75).
3) Ausgaben: a) Faks.-Ausg. ma. Hss.: Paléographie musicale, 19 Bde. (Solesmes – Tou 1889–1958, Neudr. Be 1968); Graduale Sarisburiense, hrsg. v. W. H. FRERE (Lo 1894, Neudruck 1966); Antiphonale Sarisburiense, hrsg. v. DEMS. (Lo 1901); Das Graduale der St. Thomaskirche zu Leipzig, hrsg. v. P. WAGNER (L 1930–32, Nachdr. Hil 1967) (= PäM 5 u. 7); L'Antifonario Graduale della Basilica di S. Antonino in Piacenza, hrsg. v. F. BUSSI, in: Biblioteca Storica Piacentina (Piacenza 1956); Codex Albensis, hrsg. v. Z. FALVY – L. MEZEY (Gr 1963) (= Monumenta Hungariae Musicae 1). – **b)** Ausg. in Umschrift: Monumenta Monodica Medii Aevi I: Hymnen 1, hrsg. v. B. STÄBLEIN (Kas 1956); II: Die Gesänge des altrömischen Graduale Vat. lat. 5319. Einführung v. B. Stäblein, Notenteil, kritischer Ber. u. Verz. v. M. Landwehr-Melnicki (Kas 1970); III: Introitus-Tropen 1: Das Repertoire der südfrz. Tropare des 10. u. 11. Jh.s, hrsg. v. G. WEISS (Kas 1970); VII: Alleluja-Melodien 1 (bis 1100), hrsg. v. K. SCHLAGER (Kas 1968); H 159 Montpellier. Tonary of St. Bénigne of Dijon, transcribed and annotated by F. E. HANSEN (Kop 1974) (= Studier og publikationer fra Musikvidenskabeligt Institut Aarhus Universiteit 2). – **c)** Ausg. der Texte: C. MARBACH, Carmina Scrip-

turarum (Str 1907, Neudruck Hil 1963); R.-J. HESBERT, Antiphonale Missarum sextuplex (Bru 1935); R.-J. HESBERT, Corpus Antiphonalium Officii, 1: Manuscripti ‚Cursus Romanus' (R 1963), 2: Manuscripti ‚Cursus Monasticus' (R 1965), 3: Invitatoria et Antiphonae (R 1968), 4: Responsoria, Versus, Hymni et Varia (R 1970).

Lit.: N. A. JANSSEN, Wahre Grundregeln des gregor. oder Choralgesanges (1846, Nachdr. Walluf 1972); F.-A. GEVAERT, La mélopée antique dans le chant de l'église latine (Gent 1895 bis 1896, Nachdr. Osnabrück 1967); R. MOLITOR, Die Nach-Tridentinische Choral-Reform zu Rom, 2 Bde. (L 1901–02); P. WAGNER, Einführung in die gregor. Melodien, 1: Ursprung und Entwicklung der liturg. Gesangsformen (L [3]1911), 2: Neumenkunde (L [2]1912), 3: Gregor. Formenlehre (L 1921). Nachdruck der 3 Bde. (Hil 1970); P. FERRETTI, Estetica gregoriana 1 (R 1934) (mehr nicht erschienen); E. WELLESZ, Eastern Elements in Western Chant (O 1947); D. DELALANDE, Vers la version authentique du Graduel grégorien: Le Graduel des Prêcheurs (P 1949); S. MAROSSZÉKI, Les Origines du chant cistercien. Recherches sur les réformes du plainchant cistercien au XIIe siècle (Vatikanstadt 1952) (= Analecta Sacri Ordinis Cisterciensis 8); J. GAJARD, Les récitations modales des 3e et 4e modes et les manuscrits bénéventains et aquitains, in: Études grégoriennes 1 (1954); H. HUCKE, Die Einführung des G. G.s im Frankenreich, in: Römische Quartalschrift 49 (1954); M. HUGLO, Le chant „vieux-romain". Liste des manuscrits et témoins indirects, in: Sacris erudiri 6 (1954); E. JAMMERS, Der ma. Choral (Mz 1954) (= Neue Stud. zur Musikwiss. 2); H. HUCKE, G. G. in altrömischer und fränkischer Überlieferung, in: AfMw 12 (1955); M. HUGLO, Fonti e paleografia del canto Ambrosiano (Mi 1956) (zus. mit L. Agustoni, E. Cardine u. E. Moneta Caglio); W. APEL, Gregorian Chant (Bloomington/Ind. 1958); J. W. A. VOLLAERTS, Rhythmic Proportions in Early Medieval Ecclesiastical Chant (Leiden [2]1960); S. CORBIN, La cantillation des rituels chrétiens, in: RMie 47 (1961); E. JAMMERS, Musik in Byzanz, im päpstl. Rom und im Frankenreich. Der Choral als Textaussprache (Hei 1962); J. CLAIRE, L'évolution modale dans les répertoires liturgiques occidentaux, in: Revue grégorienne 40/41 (1962/63); H. HUSMANN, Das Oster- u. Pfingstalleluja der Kopenhagener Liturgie und ihre hist. Beziehungen, in: Dansk Aarbog for Musikforskning 1964/65; DERS., Zur Gesch. der Meßliturgie v. Sitten u. über ihren Zusammenhang mit den Liturgien von Einsiedeln, Lausanne u. Genf, in: AfMw 22 (1965); E. JAMMERS, Tafeln zur Neumenschrift (Tutzing 1965); W. LIPPHARDT, Der karolingische Tonar von Metz, in: Liturgiewiss. Quellen und Forsch. 43 (Mr 1965); P. COMBE, Histoire de la restauration du chant grégorien (Solesmes 1969); E. CARDINE, Sémiologie grégorienne, in: Études grégoriennes 11 (1970); C. FLOROS, Universale Neumenkunde, 3 Bde. (Kas 1970); M. HUGLO, Les listes alléluiatiques dans les témoins du Graduel grégorien, in: Speculum Musicae Artis. FS H. Husmann (Mn 1970); DERS., Les Tonaires (P 1971); Gesch. der kath. Kirchenmusik 1, hrsg. v. K. G. FELLERER, (Kas 1972), vgl. dazu H. HUCKE, in: Liturg. Jb. 27 (1977); H. HUSMANN, Das Brevier der hl. Klara und seine Bedeutung in der Gesch. des römischen Chorals, in: Studi musicali 2 (1973); L. TREITLER, Homer and Gregory. The Transmission of Epic Poetry and Plainchant, in: MQ 60 (1974); H. HUCKE, Karolingische Renaissance und G. G., in: Mf 28 (1975); L. TREITLER, ‚Centonate' Chant: Übles Flickwerk or E pluribus unus?, in: JAMS 28 (1975); B. STÄBLEIN, Schriftbild der einstimmigen Musik (L 1975) (= Musikgesch. in Bildern III/4); S. CORBIN, Die Neumen (Kö 1977) (= Paläographie der Musik Bd. I/3); H. HUCKE, Der Übergang von mündlicher zu schriftlicher Musiküberlieferung im MA, in: Kgr.-Ber. Berkeley 1977 (Kas 1980); DERS., Die Cheironomie und die Entstehung der Neumenschrift, in: Mf 32 (1979); DERS., Toward a New Historical View of Gregorian Chant, in: JAMS 33 (1980).

H. HUCKE

GREINDL, Josef, *23. 12. 1912 München; dt. Sänger (Baß). Er studierte an der Musikhochschule in München, erhielt 1932–36 seine Gesangsausbildung bei Paul Bender und A. Bahr-Mildenburg und debütierte am Gärtnerplatztheater. Anschließend war er in Krefeld, Düsseldorf, seit 1942 an der Berliner Staatsoper und 1948–56 an der Städt. Oper in Berlin engagiert. Seit 1956 gehörte er der Wiener Staatsoper, seit 1961 der Deutschen Oper Berlin an. Bereits 1943 sang er erstmals auch bei den Bayreuther, 1949 bei den Salzburger Festspielen. Gastspiele führten ihn nach dem 2. Weltkrieg an alle bedeutenden Opernhäuser der Welt. Besonders in Wagner-Partien, aber auch im Buffo-Fach, zählt er zu den bedeutendsten Bassisten seiner Zeit, trat mit großem Erfolg aber auch als Oratorien- und Liedsänger auf. 1961 wurde er Professor für Gesang an der Musikhochschule in Saarbrücken, 1973 an der Musikhochschule in Wien. 1976 debütierte er als Regisseur in Bremerhaven mit Beethovens *Fidelio* und inszenierte 1978/79 Glucks *Orpheus und Euridike* in Detmold. G. ist seit 1973 Ehrenmitglied der Deutschen Oper Berlin.

GREITER (Greitter, Greuter, Gritter, Gryter), **Mathias,** *um 1495 Aichach (Oberbayern), †20. 12. 1550 Straßburg; dt. Komponist. G. war um 1520 Mönch (in welchem Orden, ist unbekannt) und Kantor am Straßburger Münster. 1524 trat er zum Protestantismus über und versah neben dem Dienst am Münster mehrere andere geistliche und pädagogische Ämter. 1549 kehrte er zur katholischen Kirche zurück. G. schrieb Texte und Melodien zu den 1524, 1525 und 1531 erschienenen protestantischen Straßburger Gesangbüchern. Insgesamt werden ihm etwa 16–20 Melodien zugeschrieben, die teilweise bis ins 19. Jh. weit verbreitet waren und auch in katholische Gesangbücher übernommen wurden. Die Melodie zu dem Psalmlied *Es sind doch selig alle* (Str 1525) hat sich mit dem Text von S. Heyden *O Mensch, bewein dein Sünde groß* bis heute im protestantischen Gemeindegesang gehalten (fand auch Aufnahme ins katholische *Gotteslob*) und wurde u. a. von J. S. Bach in Choralbearbeitungen verwendet (so etwa in der *Matthäuspassion,* Schlußchor 1. Teil). Die gleiche Melodie mit dem Text von Th. de Bèze *Que Dieu se montre seulement* (Ps. 68) wurde zum bekanntesten Kampflied der Hugenotten. Von G.s mehrstimmigen Kompositionen ist besonders erwähnenswert die 4st. Motette *Passibus ambiguis* wegen ihrer ungewöhnlichen Modulation von F-Dur nach Fes-Dur. Das Stück, das möglicherweise von A. Willaerts *Quid non ebrietas* oder Josquins *Fortuna*-Komposition beeinflußt ist, wurde als Beispiel für

↗Musica ficta in dem Traktat *Musicae practicae erotematum* von G. Faber (1553) abgedruckt.

WW: **Mehrst. Kompositionen:** 16 4–5st. dt. Lieder u. 1 lat. Bicinium in Sammeldrucken 1535–53, so u.a. bei Chr. Egenolff, P. Schöffer, G. Forster, u. hsl., auch in Org.-Tabulatur. – **Theoretisches Werk:** *Elementale musicum* (Str 1544, ²1556).

Ausg.: Die Choralmelodien in: J. ZAHN, Die Melodien der dt. ev. Kirchenlieder, 6 Bde. (Gütersloh 1888–93, Nachdr. Hil 1963). – Mehrst. Kompositionen: Sämtliche weltliche Lieder zu 4 u. 5 St., hrsg. v. H. CH. MÜLLER (Wb 1962) (= Chw 87); 5 Lieder, in: 65 dt. Lieder für 4–5st. gem. Chor nach dem Liederbuch v. P. Schöffer, hrsg. v. H. J. MOSER (Wie 1967); 3 Lieder, in: G. FORSTER, Frische teutsche Liedlein, 2. Teil, hrsg. v. K. Gudewill – H. Siuts (Wb 1969) (= EDM 60); 4 Stücke, in: Die Orgeltabulatur des C. Hör, hrsg. v. H. J. MARX (Bas 1970) (= Schweizerische Musikdenkmäler 7).

Lit.: M. VOGELEIS, Quellen u. Bausteine zur Gesch. der Musik u. des Theaters im Elsaß (Str 1911); TH. GÉROLD, Les plus anciennes mélodies de l'Église protestante de Strasbourg et leurs auteurs (P 1928); W. BRENNECKE, Die Hs. A.R. 940/41 der Proske-Bibl. in Regensburg (Kas 1953); S. FORNAÇON, M. G., in: Die Hugenottenkirche (B 1954) Juni-H.; F. MULLER, G., in: MGG V; E. E. LOWINSKY, M. G.s „Fortuna". An Experiment in Chromatism and in Musical Iconography, in: MQ 52 (1956) – 53 (1956) (darin „Passibus ambiguis"); K. W. NIEMÖLLER, Unters. zu Musikpflege u. Musikunterricht an den dt. Lateinschulen vom ausgehenden MA bis um 1600 (Rb 1969) (= Kölner Beitr. zur Musikforsch. 54); M. H. SCHMID, M. G. Das Schicksal eines dt. Musikers zur Reformationszeit, hrsg. v. T. Grad (Aichach 1976) (= Schriftenreihe des Heimatmuseums Aichach 2).

GRELL, August Eduard, * 6. 11. 1800 Berlin, † 10. 8. 1886 Steglitz bei Berlin; dt. Organist, Chordirigent und Komponist. G. erhielt früh Kompositionsunterricht bei C. Fr. Zelter und K. Fr. Rungenhagen in Berlin. 1817 wurde er Organist der Nikolai-Kirche und Mitglied der Singakademie. 1819–20 war er Orgel- und Kompositionsschüler bei M. G. Fischer, einem Enkelschüler J. S. Bachs, in Erfurt. Anschließend kehrte er nach Berlin zurück, wo er beim Universitäts-Chor eng mit Zelter zusammenarbeitete, außerdem als Lehrer und Leiter des Militär-Chors wirkte und seit 1829 an der späteren Kirchenmusikschule lehrte. 1832 wurde er Vizedirektor der Singakademie, 1839 Domorganist, 1852 Chorleiter der Berliner Liedertafel und 1853 Direktor der Singakademie. Seit 1841 war er Mitglied der Akademie der Schönen Künste; 1858 erhielt er den Professoren-Titel. In seiner praktischen Tätigkeit und als Komponist räumte er der a cappella-Musik als der einzigen „reinen Kunst" unbedingten Vorrang gegenüber der Instrumentalmusik ein, in der er eine Verfallserscheinung sah.

WW: Orgelstücke; 2 Symphonien (1828, 1848); eine Ouvertüre; eine 16st. Messe; Psalmen für 8 u. 11 St.; Ein Te Deum; zahlr. Motetten u. Kantaten; 4 Oratorien; zahlr. Hymnen; Kompositionen für Solostimme oder Duette.

Lit.: F. CHRYSANDER, E. G. als Gegner der Instrumentalmusik..., in: VfMw 4 (1888); H. BELLERMANN, A. E. G. (B 1899); W. VIRNEISEL, G., in: MGG V (mit Werk-Verz.); G. SCHÜNEMANN, Die Singakademie zu Berlin (Rb 1941); F. MILZ, A-Cappella-Theorie u. musikal. Humanismus bei A. E. G. (Rb 1976) (= Kölner Beitr. zur Musikforsch. 84).

GRENSER (Grentzer), **Karl Augustin,** * 11. 11. 1720 Wiehe (Thüringen), † 4. 5. 1807 Dresden; dt. Holzblasinstrumentenbauer. Er gründete in Dresden 1744 eine eigene Werkstatt. Selbst ein guter Bläser, legte er besonderen Wert auf Tonreinheit und Klangschönheit seiner Instrumente, die, vor allem seine Querflöten, bald in ganz Europa berühmt waren. 1796 übergab er die Werkstatt seinem Neffen und Schwiegersohn **Johann Heinrich Wilhelm,** * 5. 3. 1764 Lipprechtsrode (Thüringen), † 12. 12. 1813 Dresden, der später Hofinstrumentenmacher wurde, während sein Sohn **Karl Augustin,** * 2. 5. 1756 Dresden, † 8. 1. 1814 ebd., eine eigene Werkstatt besaß. Ein weiterer Sohn, **Johann Friedrich,** * 1758 Dresden, † 17. 3. 1794 Stockholm, war Oboist und Komponist und seit 1780 königlich-schwedischer Kammermusiker.

GRENZFREQUENZ, Bz. für eine ↗Frequenz, bei der das Übertragungsmaß eines Verstärkers (↗elektroakustische Übertragungskette), eines elektroakustischen Wandlers (↗Mikrophon, ↗Lautsprecher) oder z. B. auch des Ohres gegenüber dem eigentlichen Arbeitsbereich um 3 dB (↗Dezibel) abfällt. Der Übertragungsbereich wird frequenzmäßig durch eine obere und eine untere G. (auch Eckfrequenz genannt) beschrieben. – ↗Frequenzgang, ↗Frequenzbereich.

GRESNICH (Gresnick), **Antoine Frédéric,** getauft 2. 3. 1755 Lüttich, † 16. 10. 1799 Paris; belgischer Komponist. Er erhielt seine erste musikalische Ausbildung an der Kathedrale St. Lambert in Lüttich, ging an das Collège Liégeois in Rom und dann nach Neapel, wo er Schüler von N. Sala war. 1779 wurde in Turin seine erste Oper, *Il Francese bizzarro,* aufgeführt. Einige Zeit hielt er sich in England auf, kehrte nach Italien zurück und wurde 1785 in England Musikdirektor des Prinzen von Wales, des späteren Königs Georg IV. Später leitete er in Lyon das Orchester am Grand Théâtre. 1795 ließ er sich in Paris nieder und brachte hier mit Erfolg etwa 15 Opern zur Aufführung. G. ist neben Grétry der bedeutendste belgische Opernkomponist des 18. Jh.

WW: Opern (soweit vollständig erhalten; Ort der UA stets Paris): *Le savoir-faire,* UA: um 1795; *Le baiser donné et rendu,* UA: 1796; *Les faux mendiants,* UA: 1796; *L'heureux procès, ou Alphonse et Léonore,* UA: 1797; *La forêt de Sicile,* UA: 1798; *Leonidas* (zus. mit Persuis); *L'enfant prodigue;* aus diesen u. a. Opern wurden Arien u. a. auch separat gedruckt. Im Druck erschienen ferner einzelne Airs, Romanzen u. a. Gesänge.

Lit.: A. POUGIN, G. (P 1862); PH. MERCIER, in: FAM 14 (1967).

GRÉTRY, André-Ernest-Modeste, * 11.2.1741 Lüttich, † 24.9.1813 Ermitage von Montmorency bei Paris; frz. Komponist wallonischer Herkunft. G., Sohn eines einfachen Musikers, wurde mit 9 Jahren Chorknabe an St-Denis in Lüttich; nach dem Stimmbruch nahm er Unterricht in Violine, Cembalo und Komposition bei Nicolas Renekin und später bei Henri Moreau. Ein Stipendium der Stiftung Darchis ermöglichte ihm 1760–66 einen Studienaufenthalt am Collège Liégeois in Rom. Während dieser Zeit lernte er bedeutende Musiker wie N. Piccinni und Padre Martini kennen. G.s Lehrer in Rom, der Kapellmeister an S. Giovanni del Laterano, G. B. Casali, ließ ihn von Grund auf neu beginnen, war jedoch auch später nie ganz mit ihm zufrieden und stellte ihm 1766 das Zeugnis aus, ein „vero asino in musica che non sa niente" zu sein. So erfolglos, wie dieses Urteil es vermuten läßt, war G. hingegen nicht: 1765 schrieb er für den Karneval das Intermezzo *La vendemmiatrice,* das vom Publikum sehr freundlich aufgenommen wurde. Von Rom reiste G. nach Genf, wo er Gelegenheit fand, französisch gesungene Opéras-comiques zu hören; sein erstes Werk dieser Gattung, *Isabelle et Gertrude,* entstand wenig später. 1767 fand er in Paris Protektion durch den schwedischen Botschafter, Graf von Creutz. Mit der ersten in Paris geschriebenen Oper, *Les mariages samnites,* versuchte G. erstmalig seinen Vorsatz zu realisieren, italienischen Musikgeschmack und französische Prosodie zu verbinden. Das Werk fiel beim Publikum durch, und G. mußte bis zur Oper *Le Huron* (1768) auf einen größeren Erfolg warten. In der Folgezeit eroberten seine Werke eine führende Position auf den Spielplänen der Comédie-Italienne. Zu den zahlreichen Erfolgsopern gehören: *Lucile* (1769), ein Schäferstück, die Comédie-parade *Le tableau parlant* (1769), *Zémire et Azor* (1771), die erfolgreichste Comédie-ballet G.s, die ihm eine königliche Leibrente einbrachte, sowie *Le jugement de Midas* (1778) und *Richard Cœur de Lion* (1784), eine Meisterarbeit musikdramatischer Ausdruckskunst. Mißerfolge mußte G. dagegen immer dann hinnehmen, wenn er sich auf dem Gebiet der Tragédie en musique, in der Domäne des die Opéra beherrschenden Chr. W. Gluck versuchte. Nach der Französischen Revolution zog sich G. auf die Ermitage von Montmorency, die er nach dem Tode J.-J. Rousseaus erworben hatte, zurück. Er komponierte nur noch wenig, verfaßte seine umfangreichen *Mémoires* und überarbeitete seine (unvollendeten) *Réflexions d'un solitaire,* die den *Rêveries d'un solitaire* Rousseaus verpflichtet sind.

WW: **1) Instr.-WW:** *Sonates chantantes ou ariettes de différens opéras* für 2 V. (P o.J.); Sonaten für Cemb., Fl., V. u. B.c. (Offenbach o.J.); Streichquartette, op. 3a (P o.J.); Symphonie für Streichquartett u. 2 Hörner in D (hsl., Brüssel). – **2) Vokal-WW:** Im Druck erschienen einzelne Romanzen u. Airs. – **3) Bühnen-WW** (wenn nichts anderes angegeben, in Paris uraufgeführt; die meisten erschienen auch in Paris im Druck als Partitur, teilweise mit zahlr. Ausg. einzelner Stücke): *La vendemmiatrice,* UA: Rom 1765 (verschollen); *Isabelle et Gertrude ou les Sylphes supposés* (Libr.: Ch. S. Favart), UA: Genf 1767; *Le Huron* (Libr.: J. F. Marmontel), UA: 1768; *Lucile* (Libr.: ders.), UA: 1769; *Le tableau parlant,* UA: 1769; *Sylvain* (Libr.: Marmontel), UA: 1770; *Les deux avares,* UA: 1770; *L'amitié à l'épreuve* (Libr.: Favart), UA: 1771; *Zémire et Azor* (Libr.: Marmontel), UA: 1771; *L'ami de la maison* (Libr.: ders.), UA: 1772; *Le magnifique* (Libr.: M. J. Sedaine), UA: 1773; *La rosière de Salency,* UA: 1774; *La fausse magie* (Libr.: Marmontel), UA: 1775; *Céphale et Procris ou l'amour conjugal* (Libr.: ders.), UA: 1773, 2. Fassung 1775; *Les mariages samnites,* UA: 1769, 2. Fassung 1776; *Matroco,* UA: 1777; *Le jugement de Midas,* UA: 1778; *Les fausses apparences ou l'amant jaloux,* UA: 1778: *Les événements imprévus,* UA: 1779; *Aucassin et Nicolette ou Les mœurs du bon vieux temps* (Libr.: Sedaine), UA: 1779; *Andromaque,* UA: 1780: *La double épreuve ou Colinette à la cour,* UA: 1782; *L'embarras des richesses,* UA: 1782; *La caravane du Caire,* UA: 1783; *L'épreuve villageoise,* UA: 1784; *Richard Cœur de Lion* (Libr.: Sedaine), UA: 1784; *Panurge,* UA: 1785; *Amphitryon* (Libr.: Sedaine), UA: 1786; *Le comte d'Albert* (Libr.: ders.), UA: 1786; *Le prisonnier anglais ou Clarice et Belton,* UA: 1787; *Aspasie,* UA: 1787; *Le rival confident,* UA: 1788; *Les méprises par ressemblance,* UA: 1788; *Raoul Barbe-Bleue* (Libr.: Sedaine), UA: 1789; *Pierre le Grand* (Libr.: J. N. Bouilly), UA: 1790; *Guillaume Tell* (Libr.: Sedaine), UA: 1791; *Denis le tyran,* UA: 1794; *La rosière républicaine,* UA: 1794; *Barra,* UA: 1794; *Callias,* UA: 1794; *Diogène et Alexandre* (1794) (nicht aufgeführt); *Lisbeth,* UA: 1797; *Anacréon,* UA: 1797; *Elisca ou l'amour maternel,* UA: 1799; *Delphis et Mopsa,* UA: 1803. – **4) Schriften:** *Mémoires ou Essais sur la musique* 1 (P – Lüttich 1789, ^{2}1796–97), 2–3 (1796–97); *De la vérité ou ce que nous fûmes, ce que nous sommes, ce que nous devrions être,* 3 Bde. (P 1801); *Méthode simple pour apprendre à préluder en peu de temps* (P 1801/02); *Réflexions d'un solitaire* (hsl.).

G.s Musik zeugt von hoher melodischer Erfindungsgabe und von einem hochentwickelten Gespür für die Möglichkeiten, ein Gefühl mit einfachsten musikalischen Mitteln auszudrücken. Für sein kompositorisches Schaffen benötigte er meist eine außermusikalische Folie. Seine Fähigkeiten auf dem Gebiet der absoluten Musik waren begrenzt, was sich in Schwächen bei der Harmonisierung und Instrumentierung seiner Opern gelegentlich niedergeschlagen hat. In der Zeit vor der Französischen Revolution traf G. mit seinen Werken sehr präzise den Geschmack der Zeit; Fr. M. Grimm, D. Diderot, der Abt Arnaud und J.-J. Rousseau schätzten den Komponisten hoch, weil er ihrer Auffassung vom einfachen und natürlichen Künstler entsprach. G.s Opern sind Höhepunkte der französischen Opéra-comique.

Ausg.: Collection complète des œuvres de G., hrsg. v. F. A. GEVAERT – TH. RADOUX U. A., 49 Bde. (Bru – L 1883–1936) (nicht zu Ende geführt); *Réflexions d'un solitaire,* hrsg. v. L. SOLVAY – E. CLOSSON, 4 Bde. (Bru – P 1919–22); *Mémoires,* 3 Bde. (Bru 1929) (Nachdr. der Ausg. 1797), dt. hrsg. v. P. GÜLKE (L 1973) (= Reclams Universal-Bibl. 514); dass. (Wilhelmshaven 1978) (= Taschenbücher zur Musikwiss. 18);

Méthode simple pour apprendre..., Faks. der Ausg. 1801/02 (NY 1968) (= MMMLF II/102).

Lit.: H. DE CURZON, G. (P 1907); E. CLOSSON, A. M. G. (Turnhout – Brügge 1920); P. LONG DES CLAVIÈRES, La jeunesse de G. et ses études à Paris (Besançon 1921); H. WICHMANN, G. u. das musikal. Theater in Frankreich (Hl 1929); A. AUDA, La musique et les musiciens de l'ancien pays de Liège (Bru – P – Lüttich 1930); J. BRUYR, G. (P 1931); J. SAUVENIER, A. G. (Bru 1934); G. DE FROIDCOURT, 43 lettres inédites de G. (Lüttich 1937); M. DEGEY, Les échos imprévus de la mort de G. (ebd. 1938); DERS., A. M. G. (Bru 1939); S. CLERCX, G. (Bru 1944); E. CLOSSON, Les notes marginales de G. dans l',,Essai sur la musique" de Laborde, in: RBMie 2 (1948); A. VANDER LINDEN, La 1re version d'„Elisca", in: Bulletin de la Classe des Beaux-Arts, Acad. Royale de Belgique 35 (1953); G. DE FROIDCOURT, Correspondance générale de G. (Lüttich 1962); J. QUITIN, Les maîtres de chant et la maîtrise de la collégiale St-Denis à Liège au temps de G. (Bru 1964); C. E. KOCH JR., The Dramatic Ensemble Finale in the Opéra Comique of the Eighteenth Century, in: AMl 39 (1967); K. ZAUFT, Möglichkeiten zur Wiederbelebung der komischen Oper des 18. Jh. (Diss. Hl 1972); B. DEANE, The French Operatic Ouverture from G. to Berlioz, in: Proc. R. Mus. Assoc. 99 (1972/73); K. PENDLE, The Opéras Comiques of G. and Marmontel, in: MQ 57 (1976); DERS., „Les philosophes" and „Opéra Comique": The Case of G.'s „Lucile", in: MR 38 (1977).

R. QUANDT

GRETSCHANINOW (Gretchaninoff, Gretchaninov), **Alexander Tichonowitsch,** * 13. (25.) 10. 1864 Moskau, † 4. 1. 1956 New York; russ. Komponist. G. studierte 1881–90 am Moskauer Konservatorium Klavier bei W. Safonow und Theorie bei A. Arenski und S. Tanejew sowie 1890–93 am Petersburger Konservatorium Komposition und Instrumentation bei N. Rimski-Korsakow, der 1895 auch die Uraufführung seiner 1. Symphonie dirigierte. 1896 nach Moskau zurückgekehrt, lehrte er Klavier und Chorgesang an der Gnessin-Musikschule. K. Stanislawski beauftragte ihn mit der Komposition von Bühnenmusiken für das Moskauer Künstlertheater. 1903 wurde im Bolschoi-Theater G.s Oper *Dobrynja Nikititsch,* mit F. Schaljapin in der Titelpartie, aufgeführt. Als Kirchenchorkomponist sehr erfolgreich, erhielt er seit 1910 eine Jahrespension durch den Zaren (bis zur Februarrevolution 1917). 1922 ging er auf Einladung amerikanischer Gönner auf Auslandsreisen, ließ sich 1925 in Paris und 1940 in New York nieder und wurde 1946 amerikanischer Staatsbürger.

WW: Streichquartette; Sonaten für Klv. u. V., Vc., Klar. oder Va.; für Klv.: 2 Sonatinen, G-Dur u. F-Dur, op. 110 (1927); Sonate g-moll, op. 129 (1931) u. andere zahlr. Klv.-Stücke, auch zu 4 Händen; 3 Orgelmessen (1927, 1942, 1943); 5 Symphonien (1894, 1909, 1923, 1924, 1936); Konzerte für: Vc. (1897), V. (1932) u. Fl. (1938); zahlr. Chöre u. Lieder, u. a. 20 russ. Kinderlieder mit Klv. (1906); Liederzyklus *Fleurs du mal* (nach Ch. Baudelaire, 1909). – Opern: *Dobrynja Nikititsch,* UA: Moskau 1903; *Sestra Beatrisa* (nach M. Maeterlincks *Sœur Béatrice*), UA: ebd. 1912; *Schenitba* (nach Gogols *Die Heirat*), UA: Paris 1950; außerdem Kinderopern u. Schauspielmusik. – Ferner eine Autobiogr. *Moja musykalnaja schisn* (P 1935), erweitert als: *Moja schisn* (NY 1951), engl. Übers. v. N. Slominsky: *My Life* (NY 1952).

G., der fast alle musikalischen Gattungen pflegte, stand in der Nachfolge eines neuromantischen Lyrismus nationalrussischer Prägung. Besonders die allerdings erfolglos gebliebene Oper *Sestra Beatrisa* (1912), der Klavierliederzyklus *Fleurs du mal* (1909) und die Instrumentalpartien seiner geistlichen Kantaten, die damit für den russisch-orthodoxen Gottesdienst unbrauchbar waren, zeigen G.s Anteil an einer slawischen Variante des musikalischen Impressionismus. Im Auftrag der Ethnographischen Gesellschaft in Moskau gab er Volksliedersammlungen russischer Ostprovinzen heraus. Als Komponist einfühlsamer Kinderopern, Kinderchöre und Klaviermusik für Kinder erwarb G. einen besonderen Platz in der Jugendmusikerziehung auch außerhalb Rußlands.

Lit.: J. YASSER, G.s „Heterodox" Compositions, in: MQ 28 (1942); R. KARMANN, in: Musica 10 (1956); M. MONTAGU-NATHAN, in: Monthly Musical Record 86 (1956).

H. LINDLAR

GRIECHENLAND (griech.: Hellas). **Antike.** Im Altertum wurde bei den Griechen die Musikē als die Kunst definiert, in der die Musen den Vorsitz führten. Der Begriff Musikē könnte im weitesten Sinne des Wortes auf jede Form künstlerischer Betätigung bezogen werden. In seiner engsten Bedeutung umfaßte er nicht nur die vokale oder instrumentale Weise, sondern das Ganze, den Worttext, die Metrik (eine Quantitätsmetrik, die den Versrhythmus in Längen und Kürzen im Verhältnis 2:1 oder $1^1/_2$:1 gliedert; ↗Metrum), die Musik (im heutigen Sinne) und häufig auch Tanzschritte, die besonders in der Chormusik integrierender Bestandteil der Ausführung waren. Daher war der Dichter auch Musiker, und es kam vor, daß er auch die Choreographie festlegte.

Die frühesten Berichte über Musikdarbietungen finden sich bei Homer. Professionelle Epensänger wie die Barden Phemios und Demodokos in der *Odyssee,* die ihre Inspiration von den Musen erflehen und sich des gleichen sozialen Ansehens erfreuen wie der Seher, der Arzt und der Schiffsbauer, haben eine Leier von komplizierter Bauart (↗Phorminx). Sie werden geschildert, wie sie Begebenheiten aus dem Heldenleben vortragen oder auch gefälligere Stücke zur Belustigung singen, z. B. die Episode zwischen Ares und Aphrodite (*Odyssee* 8). Auch Schilderungen vokaler und instrumentaler Musikdarbietungen finden sich in der *Ilias* und in der *Odyssee.* Es erscheinen auch die ersten Beispiele der Dichtungsgattungen, die im Laufe der klassischen Zeit von allen großen Dichter-Musikern gepflegt wurden (↗Päan, ↗Hymnus, ↗Threnos, ↗Partheneion, Hyporchema). Außer der Musik des Kults und der zur Zerstreuung wird in der

Odyssee Musik aus dem Bereich der Magie und der Heilkunde erwähnt: Durch einen Gesang stillen die Söhne des Autolykos den aus der Wunde des Odysseus hervorquellenden Blutstrom (*Odyssee* 19). Die Sagen von Orpheus und von Amphion, der die Mauern von Theben errichtete, sind ein weiterer Beleg für die der Musik zugeschriebene Zauberkraft.

Von den Helden der *Ilias,* Achilles und Paris, wird berichtet, daß beide die ↗Kithara spielen, aber unter den Mauern von Troja vernehmen die Griechen den Klang des ↗Aulos und der ↗Syrinx. Zwei musikalische Sagen von großer Tragweite für die Zukunft verweisen auf eine erstaunliche Feindseligkeit zwischen den im europäischen Griechenland dem Kult des Apollon gewidmeten Saiteninstrumenten einerseits und den im asiatischen Griechenland in orgiastischen, volkstümlichen Kulten gebräuchlichen Blasinstrumenten andererseits. Apollon ist der Gott, der die ↗Lyra der Hellenen spielt, und er wird den Satyr, der den Aulos der Phrygier bläst, besiegen und töten. Tatsächlich könnten beide Instrumententypen, von Osten kommend, sich in G. verbreitet haben, obgleich die Sage versichert, daß die Lyra eine Erfindung des Hermes sei, der sie aus einem Schildkrötenpanzer fertigte und sie Apollon sandte. Außer diesen Hauptinstrumenten und ihren Varianten – ↗Barbitos, Pektis u. a. – kannten die Griechen die einfache Hirtenflöte (Syrinx), die Trompete (↗Salpinx), deren man sich nur im Krieg, bei sakralen Riten und bei Wettkämpfen bediente, und verschiedene Schlaginstrumente, die hauptsächlich in orgiastischen Riten verwendet wurden, wie die Hand- oder Schellentrommeln (Tympana, ↗Tympanum), ↗Kymbala und Kastagnetten (↗Krotala). Die Erfindung der Wasserorgel (↗Hydraulis) in hellenistischer Zeit wird einem Griechen aus Alexandrien, Ktesibios zugeschrieben.

Archaische Zeit (7. und 6. Jh. v. Chr.). Die Anfänge der Bläsermusik und des Saitenspiels markierten der Phrygier Olympos, dessen „heilige Weisen" von Aristoteles bei seiner Einführung des Terminus „Katharsis" mit Hochachtung erwähnt werden, und der Lesbier Terpandros, der aber, ein bedeutender Neuerer auf dem Gebiet des ↗Nomos, an griechischen Wettspielen, wie den „Karneen" von Sparta, teilnahm. Auch Alkman, einer der ersten Chorlyriker, schrieb für die Chöre von Sparta. Auf den Ägäischen Inseln und im kontinentalen Ionien entfalteten sich die lyrische und die elegische Dichtung (↗Elegie, ↗Melos), sei es durch die Spontaneität des sehr persönlichen Stils der Sappho und des Alkaios, sei es am Hofe der Tyrannen durch Ibykos und Anakreon. Stesichoros, aus Großgriechenland gebürtig, wird die in der späteren Chorlyrik verwendete triadische Struktur zugeschrieben (↗Strophe), während Archilochos von Paros (vgl. Plutarchos, *Peri musikēs,* Kap. 28) die poetischen, metrischen und musikalischen Formen erneuerte. Bei den griechischen nationalen Spielen fanden der vom Aulos und von der Kithara begleitete Gesang sowie auch solistischer Vortrag auf diesen Instrumenten gleichermaßen Platz. Für die Pythischen Spiele von 586 schrieb Sakadas von Argos, Schöpfer von Nomoi für den Aulos, ein berühmtes Stück „programmatischer Musik", das den Kampf zwischen Apollon und Python schildert. Pindaros und seine Zeitgenossen verfaßten lange und schöne Preislieder (Epinikien) für Sieger sportlicher und musikalischer Wettkämpfe. Der Dichter-Musiker fand dann in einer wachsenden Anzahl kontinentaler Städte einen Markt für seine Werke, und obgleich er weiterhin den Anspruch erhob, von Göttern inspiriert zu sein, wie es die Tradition verlangte, war er sich mehr und mehr bewußt, eine berufliche Tätigkeit auszuüben. Lasos aus Hermione, eine hervorragende Persönlichkeit des ausgehenden 6. Jh., interessierte sich für die Theorie ebenso wie für die Instrumententechnik. Er war, als er sich in Athen niedergelassen hatte, berühmt wegen der Organisation dithyrambischer Wettbewerbe. Simonides entfaltete dort zu jener Zeit ebenfalls sein Talent als Verfasser von Gedenkdichtungen.

Klassische Zeit (5. Jh.). In Athen wurde ein sehr komplexes Gewebe rhythmischer und musikalischer Schemata für die Chöre der Tragödie ausgearbeitet, und alle Dichter-Musiker nahmen, aus dem Repertoire der von den ersten Lyrikern geschaffenen Stile schöpfend, intensiv an der Entwicklung der Musikē teil. Die *Persai* von Aischylos enthalten eine Chorpartie, die die Musik des östlichen Totenkults beschworen haben dürfte, während die *Oresteia* lange Oden von komplexer Struktur enthält. Sophokles mag den Stil des ↗Dithyrambos und phrygische Melodien benutzt haben; Euripides und Agathon mögen von den Neuerungen (Erweiterungen des melodischen Umfangs, Modulationen, Verwendung der chromatischen Tonleiter, Überschreitung zu strenger Regeln, die die musikalische Begleitung nach dem syllabischen und metrischen Schema des Textes vorschrieben, usw.) einer jungen Schule von Musikern beeinflußt gewesen sein, die vor allem wegen ihrer Dithyramben und ihrer kitharodischen Nomoi bekannt sind. Die berühmtesten von ihnen waren Melanippides, Phrynis, Kinesias und Timotheos. Letzterer wird in einem bemerkenswerten Fragment (145) des Komödiendichters Pherekrates angegriffen, der die

Musikē als kranke und von den Musikern der Avantgarde herabgewürdigte Frau darstellt. Mit ebenso verächtlichen Ausdrücken verspottet Aristophanes in den *Thesmophoriazusai* (Die Frauen am Thesmophorienfest) den weibischen Agathon, der in der Sonne „seine Strophen biegt" (die „Kampai" oder Biegungen der zeitgenössischen Musik waren wohlbekannt) und „Ameisenpfade" komponiert (synästhetischer Ausdruck für die Windungen der modischen chromatischen Melodien). Als begabtester Parodist unter den Tragödiendichtern schildert Aristophanes in *Batrachoi* (Die Frösche) einen Dichterwettstreit zwischen dem aus der Mode gekommenen Aischylos, der dennoch siegt, und Euripides, dem Neuerer. Als brillanter Lyriker benutzt Aristoteles die Gelegenheit, den musikalischen Stil der beiden Dichter anzugreifen. Seine Komödien enthalten Passagen, die den Stil volkstümlicher Gesänge der Zeit bewahren, so die phallische Hymne aus *Acharnēs* (Die Acharner), den Liebesgesang aus *Ekklēsiazusai* (Die Weibervolksversammlung) und Verszitate von „Skolien", Trinkliedern, die bei „Symposien" in Athen gesungen wurden. Bei diesen Gastmählern mußte jeder Athener Bürger singen und, falls nötig, sich selbst auf der Lyra begleiten können; so verlangte es die Tradition, denn die Musikē wurde als ein wesentlicher Bestandteil der Erziehung des jungen Epheben angesehen. Ein guter Teil aller Bürger hatte übrigens eine Gesangserfahrung in den verschiedenen Chören der Dionysien und anderer lokaler Feste erworben. Falls sie selbst weder spielten noch sangen, so fehlte dennoch die Musik nicht; Berufsmusiker waren dann engagiert, um sie zu unterhalten. Davon legt die Aulosspielerin Zeugnis ab, die man überall findet: auf Darstellungen von Festessen auf attischen Vasen und in häufigen literarischen Anspielungen. In den Palästren wurden sportliche oder athletische Übungen sogar mit Musik verbunden.

Musiktheorie. Die musikalischen Neuerungen, die Berufsmusiker wie der aus Kleinasien stammende Timotheos gegen Ende des 5. Jh. einführten, beunruhigten zwangsläufig alle diejenigen, die der verheerende Peloponnesische Krieg jeder Illusion beraubt hatte und die sich nun mit Sehnsucht der klassischen Musikē von Simonides und Aischylos zuwandten. Der deutliche Widerhall einer Kontroverse ist in den Schriften der Philosophen des 4. Jh., insbesondere bei Platon und Aristoteles zu finden. In *Politeia* (Der Staat) fordert Platon ein strenges Reglement der Musik, gleichbedeutend mit einer Zensur, wegen des verderblichen Einflusses, den schlechte Musik auf die Sitten sowie auf das politische und soziale Leben haben könnte. Diese Sokrates in den Mund gelegten Äußerungen werden Damon dem Athener, einem Freund und Ratgeber von Perikles, zugeschrieben, der eine wichtige Rolle in den pädagogischen und politischen Kreisen der zweiten Hälfte des 5. Jh. spielte. Eine Generation zuvor hatte der Dichter Pratinas sich entschieden gegen den Aulos und seine Musik ausgesprochen und den Gegensatz zu seiner eigenen dorischen Musik aufgezeigt. Auch Platon verwarf dieses Instrument zugunsten der Lyra des Apollon, die er für seinen Idealstaat wählte. Indessen scheint der große Tonumfang des Aulos auf der Kithara durch Hinzufügen von Saiten und durch Neuerungen der Spielweise nachgeahmt worden zu sein. Platon bezeugt gleichermaßen seinen Widerwillen gegen vulgäre und gellende Musik (Nachahmung der Geräusche von Rädern und Achsen, Schafgeblöke und Vogelzwitschern), gespielt von Virtuosen, die sich einen Namen machen wollen. Das Entsetzen über den orientalischen Einfluß auf die griechische Musik entspringt einer alten Tradition strenger moralischer Interpretation des ↗Ethos der Musikē, d. h. ihres Charakterzuges und ihrer Wirkung auf die Seelenlage des Hörers oder des Ausübenden. Diese Tradition offenbart sich bei einer großen Anzahl von Schriftstellern, von Platon und Aristoteles bis Plutarchos und Aristides Quintilianus. Besonders bemerkenswert ist, daß den „Harmonien" der Musik spezifische moralische Qualitäten zugeteilt wurden (↗Systema teleion): Platon verwarf das Ionische und bestimmte Varianten des Lydischen wegen des klagenden, verweichlichten oder zu jovialen Charakters und ließ nur das Dorische, das die Tapferkeit, und das Phrygische, das die Besonnenheit repräsentiert, gelten. In seinem letzten Werk, *Nomoi* (Die Gesetze), in dem er auf die Frage der musikalischen Erziehung zurückkommt, drückt er stets eine Verachtung für die Musik aus, die den Massen schmeichelt, und äußert den Wunsch, jegliche Musikausübung unter die Kontrolle des Staates gestellt zu sehen.

Das Interesse der Philosophen für die Musik reicht über Platon zurück bis zu Pythagoras. Er soll als erster die mathematischen Grundlagen der musikalischen Intervalle und die Struktur der Tonleitern entdeckt haben. Das gilt gleichfalls für seine Auffassung von der menschlichen Seele als einer „Harmonie" und für den Glauben, daß das Universum selbst von den Zahlen gelenkt werde, die auch in der Musik den Zusammenklang stifteten. Die letztere Ansicht entstammt dem mystischen Glauben an die „Sphärenharmonie", die durch den Mythos am Schluß der *Politeia* unsterblich wurde. Die Idee, daß die körperliche und geistige Gesundheit vom rechten Einklang zwischen den einzelnen Teilen abhängig sei, beeinflußte eine große Anzahl von Autoren – Philosophen oder Mediziner –, und gewisse Schriftsteller bezeugten in der Folgezeit einen übertriebenen Glauben an die musikalische Therapeutik, deren Erfindung sie Pythagoras selbst zuschrieben. In der *Politeia* und im *Timaios* entwikkelte Platon die pythagoräischen mathematischen und kosmischen Theorien in bezug auf die Musik. Besonders der *Timaios* übte einen beträchtlichen Einfluß auf Schriftsteller wie Plutarchos (1. Jh. n. Chr.) und auf Mathematiker wie Theon von Smyrna (2. Jh. n. Chr.) aus. Ebenso wie die Platoniker schrieben Aristoteles und die Peripatetische Schule der Musik eine läuternde Kraft auf die Charaktere zu und glaubten an die ethische Wirkung der Melodien. Im Gegensatz zu Platon, der die klagende Musik der Tragödie vollends ablehnte, erkennt Aristoteles, der sich in *Peri poiētikēs* (Von der Dichtkunst) und im 8. Buch seiner *Politika* (Politik) u. a. über Musik äußert, die Notwendigkeit der Musik zur Muße und Entspannung an und geht soweit, bestimmter rührender religiöser Musik eine kathartische Wirkung zuzuschreiben. In seinen Äußerungen über die „Harmonien" gestattet er sich eine gewisse Kritik an den Ideen Platons. Mehrere Musikschriftsteller der Antike akzeptierten in der Folge seine Lehre des Ethos. Sie wurde jedoch von den Epikuräern und den Skeptikern ihrer Subjektivität und Irrationalität wegen angegriffen. Unter den Theoretikern, die sich mit technischen Fragen wie den Intervallen oder den Tonleitern beschäftigten, zeigte sich eine deutliche Trennung zwischen den strengen Vertretern der Pythagoräischen Schule, die sich besonders für die mathematischen Verhältnisse interessierten – da sie sich bei ihren akustischen Versuchen des „Kanon" oder des Monochords bedienten, sind sie auch unter dem Namen „Kanonikoi" bekannt –, und den „Harmonikoi", die bis zu einem gewissen Grad mathematischen Problemen keine Rechnung trugen (Unmöglichkeit, Halb- und Vierteltöne exakt zu bestimmen) und deshalb von ihren Antagonisten kritisiert wurden, bei der Beurteilung der Musik „das Ohr dem Verstand vorzuziehen". Von den Mathematikern der ersten Kategorie muß Archytas, ein Zeitgenosse Platons, genannt werden, der die 3 Tongeschlechter durch Zahlenverhältnisse bestimmte: ↗Diatonik, ↗Chromatik, ↗Enharmonik (↗Systema teleion).

Ein Schüler des Aristoteles, Aristoxenos von Tarent, von dem ein wichtiger Teil der *Harmonika stoicheia* (Elemente der Harmonik) erhalten ist, ist der erste große Autor, der eine systematische Musiktheorie bietet; er attackiert die Zusammenhanglosigkeit der Harmoniker, die ihm vorangingen. Fragmente seiner *Rhythmika stoicheia* (Elemente der Rhythmik) wurden wiederaufgefunden, und die Titel der meisten seiner anderen Werke, sowohl auf dem Gebiet der Theorie als auch auf dem der Organologie, sind bekannt. Überliefert sind ebenfalls: von Eukleides die *Katatomē kanonos* (Teilung des Monochords) über die musikalischen Intervalle; von Pseudo-Aristoteles die Bücher 11 bis 19 der *Problemata* über die Tonleitern, die Akustik und über verschiedene Aufführungsprobleme; die Plutarchos zugeschriebene Schrift *Peri musikēs*, eine Sammlung zahlreicher und wichtiger aristoxenischer Gedanken zu den Themen Theorie und Musikgeschichte. Zu nennen sind noch Handbücher von Nikomachos, Kleonides, Gaudentios und Theon von Smyrna (2. Jh. n. Chr.), in denen die Theorien von Pythagoras und Aristoxenos kommentiert werden; weiter die *Harmonika* des Klaudios Ptolemaios aus derselben Zeit und der Kommentar dazu von Porphyrios aus dem folgenden Jahrhundert; der Traktat *Peri musikēs* (3 Bücher) von Aristides Quintilianus (3. Jh. n. Chr.?), die einzige und ergiebigste Quelle für die Kenntnis bestimmter älterer Daten (z. B. über die Tonleitern, von denen in Platons *Politeia* die Rede ist und auf die sich zu beziehen er vorgibt, ferner Zitate von Damon und seinen Gefährten); sodann die *Eisagogē musikē* (Einführung in die Musik) von Alypios, dem wichtigsten Gewährsmann für Fragen der musikalischen Notation, und die Abhandlung über die Musik von Bakcheios dem Älteren (4. Jh. n. Chr.?); weiter ein anonymer Traktat über Musik (von Fr. Bellermann veröffentlicht), in dem sich eine interessante Terminologie bezüglich des Rhythmus und der Melodie findet. Die lateinischen Werke von Boëthius und Martianus Capella fußen durchweg auf der griechischen Musiktheorie. Von den nicht speziell technischen Werken sind bedeutend: die Fragmente zu *Peri musikēs* von Philodemos (1. Jh. v. Chr.), die Schrift *Pros musikus* (Gegen Musiker) von Sextus Empiricus (2. Jh. n. Chr.), die beide übrigens die Theorie des Ethos verleumden; schließlich die *Deipnosophistai* (Sophistenmahl) von Athenaios (besonders die Bücher 4 und 14), die viele historische Einzelheiten über Instrumente und über die Entwicklung musikalischer Formen wie auch zahlreiche Anekdoten über Musiker enthalten.

Nachklassische Zeit. Die fortschrittlichen Musiker, wie Timotheos, waren noch aus der Klassik hervorgegangen. Bei der Aufführung der Tragödien hatte die Bühnenmusik eine so große Bedeutung, daß in den Berichten darüber ebensoviel vom Aulosbegleiter gesprochen wurde wie vom Dichter-Musiker. Doch die alte Chorlyrik war am Aussterben, wie es das Fehlen jeder lyrischen Partie in der späten griechischen Komödie beweist. In den Texten findet sich jetzt einfach die Bezeichnung „choru“: an diese Stelle mußte eine Art Zwischenakt gesetzt werden (Gesang und Tanz oder gar ein Instrumentalsolo), ohne Bezug auf das Stück. Es bildeten sich Musikervereinigungen, die Dichter, Schauspieler, Sänger und Instrumentalisten einbezogen, sich selbst „technitai“ (Künstler) nannten und Vorläufer der musikalischen „Collegia“ von Rom waren. Später wurden die Pantomime, Ballettstücke oder Vorträge auf der Kithara oder auf anderen Instrumenten gepflegt, ausgeführt von Künstlern, die sich feiern ließen und ein beträchtliches Honorar forderten; die Sänger, nun häufig „tragōdoi“ genannt, konnten in ihr Konzertrepertoire Auszüge aus klassischen Werken, mit neuer Musik versehen, einbeziehen. Eben aus dieser nachklassischen Zeit stammen die überlieferten Beispiele griechischer Musik.

Die erhaltenen musikalischen Quellen. In seiner *Musurgia universalis* (1650) hat A. Kircher eine angeblich alte Melodie zu Pindaros' 1. pythischer Ode veröffentlicht. Bisweilen wurde sie als echt angesehen, heute gilt sie jedoch als Fälschung. Neben den kurzen Melodiebeispielen, die der von Fr. Bellermann herausgegebene Anonymus zitiert, sind seit langem 4 in griechischer Notenschrift aufgezeichnete Melodien bekannt, deren Echtheit gleichfalls, aber aus weniger triftigen Gründen, bestritten worden ist. Es handelt sich um 2 Hymnen an die Muse (möglicherweise aus 2 verschiedenen Stücken zusammengesetzt), eine Hymne an die Nemesis (Mesomedes, einem Hofmusiker zur Zeit Hadrians, zugeschrieben) und eine *Hymne an die Sonne* (stilistisch der vorhergehenden ähnlich).

Im Laufe der letzten 100 Jahre hat sich unsere Kenntnis der griechischen Musik durch Musikstücke erweitert, die auf Stein oder Papyrus in griechischer Notation aufgezeichnet sind. Die auf Papyri erhaltenen Stücke sind:

1) Bruchstück (Vers 338–344) aus einem Chor der *Oresteia* von Euripides auf einem Papyrus um 200 v. Chr. (ehemals datiert auf 100 v. Chr.; vgl. E. Turner, in: Journal of Hellenic Studies 76, 1956, S. 95–96); ob es sich um originale Musik aus der Tragödie handelt, ist Gegenstand einer Kontroverse und kann nicht bewiesen werden; Dionysios von Halikarnassos scheint Zugang dazu gehabt zu haben.

2) Kurzes Fragment auf einem Papyrus von Zenon um 250 v. Chr. (in: Journal of Hellenic Studies 51, 1931).

3) 6 Fragmente aus verschiedenen Zeiten innerhalb der ptolemaiischen Periode, im Besitz der Österreichischen Nationalbibliothek (in: Wiener Studien 75, 1962).

4) 5 kurze Stücke verschiedener Gattungen auf einem Papyrus in Berlin, um 150 n. Chr.; das längste umfaßt 12 Verse eines Päans.

5) 2 fragmentarische tragische Texte aus dem 2. Jh. n. Chr. (in: Symbolae Osloenses 31, 1955).

6) Papyrus aus Oxyrhynchos aus derselben Zeit mit monodischen Versen einer nicht präzisierten Gattung (veröff. in: Oxyrhynchus Papyri 25, 1959).

7) Fragment, offenbar aus einer Tragödie, auf einem Papyrus in Michigan aus fast der gleichen Zeit (in: Journal of Egyptian Archeology 51, 1965).

Die interessantesten Stücke sind Steininschriften:

1) 2 Delphische Hymnen aus dem 2. Jh. v. Chr.; die zweite – ein Päan –, und möglicherweise auch die erste, stammen von einem Athener namens Limenius.

2) Das Grablied des Seikilos, ein kurzer, aber vollständiger Gesang aus derselben Zeit, in einen Grabstein eingraviert in Aidin in der Türkei.

Schließlich muß ein christlicher Hymnus eines Papyrus aus Oxyrhynchos aus dem 3. Jh. n. Chr. erwähnt werden (in: Oxyrhynchus Papyri 15, 1922). – ↗Notenschrift. E. K. BORTHWICK

Byzantinische Musik. Darunter ist gemeinhin die Musik des byzantinischen Kaiserreiches (330 bis 1453) und darüber hinaus auch die nachbyzantinische und die neugriechische Kirchenmusik zu verstehen. Den Hauptkomplex byzantinischer Musik stellt die im Dienste der Kirche stehende, streng vokale Musik (↗Byzantinischer Gesang) dar. Sie ist in Hunderten von Handschriften überliefert (die ältesten aus dem 10. Jh.) und bildet den Hauptgegenstand der Forschung. Weltliche Musik hat sich dagegen so gut wie nicht erhalten. Das gilt selbst für den Bereich der „Staatsmusik“, d. h. der Musik, die dem Kaiser im Hippodrom, am Hofe und bei verschiedenen Zeremonien dargeboten wurde. So enthält das berühmte Zeremonienbuch des Kaisers Konstantin VII. Porphyrogennetos (913 bis 959) zwar zahlreiche Texte der „höfischen“ Gesänge neben Anweisungen zu deren Ausführung, aber nicht Aufzeichnungen der Melodien. Die ältesten überlieferten Melodien der Akklamationen *(Polychronia* und *Euphemeseis*) zu Ehren des Kaisers *(Basileus)*, seiner Familie und hoher Würdenträger der Kirche finden sich erst in Handschriften des 14. und 15. Jh. (Athen 2458, Athen 2061, Pantokratoros 214). An „Volksmusik“ haben sich aus nachbyzantinischer Zeit die Melodien von 13 Liedern erhalten (Cod. Iwiron 1203, 17. Jh.).

Die Bereiche der kirchlichen und der weltlichen Musik sind im Byzantinischen Reich insofern geschieden, als Instrumente in der Kirche – allem Anschein nach – verpönt waren. Das Instrumentalspiel bildete dagegen einen wesentlichen Bestandteil der Staatsmusik. Zumal die Orgel (organon), mehrfach als technisches Wunderwerk gepriesen, stand als Herrschaftszeichen im Dienste der kaiserlichen Repräsentation.

Die Musik der byzantinischen Kirche war in ihrem Grundzug einstimmig, d. h., im Gegensatz zur abendländischen Musik hat sie eine Entwicklung zur Mehrstimmigkeit hin nicht durchgemacht. Mehrere Anzeichen deuten aber darauf hin, daß eine primitive organale Technik, ähnlich der im neugriechischen Chorgesang gepflegten Ison-Praxis, bereits in Byzanz bekannt war. C. FLOROS

Das neue Griechenland. *Der Volksgesang.* Die ersten Bekundungen einer griechischen Volksmusik sind die „Akritika" genannten Gesänge. Sie waren vom 6. bis zum 10. Jh. in Kleinasien sehr verbreitet, und zwar in Kappadokien und im Pontos. Dort lebten die „Akriten", ein Volk von Kriegern, die die Grenzen des byzantinischen Reiches bewachten und deren Lebensweise die Entstehung von Heldensagen begünstigte. So entstanden zahlreiche epische Gesänge mit Digenis Akritas als Hauptperson. Diese dichterisch-musikalische Produktion verbreitete sich von den Küsten Kleinasiens nach Zypern, zur Insel Kreta und von dort über das übrige Großgriechenland und über andere Gebiete des Balkans. Nach dem Fall von Byzanz und der Eroberung Konstantinopels durch die Türken wurde infolge der 4 Jahrhunderte währenden Besetzung jede intellektuelle und künstlerische Entwicklung unmöglich gemacht. Nur die religiöse Tradition mit ihrer absoluten dogmatischen Strenge vermochte wenigstens die byzantinische Kirchenmusik zu erhalten (↗Byzantinischer Gesang). Die Entfaltung des Volksgesangs fiel mit dem Einsetzen der ersten Kämpfe gegen die Türken zusammen und erreichte ihren Höhepunkt in den Jahren vor der Revolution von 1821.

Die griechischen Volksgesänge bilden nach ihrer Struktur zwei Hauptgruppen: Die einen gehören einem metrisch freien oder psalmodischen Typ an (Tischgesänge, Kleftika, historische Lieder usw.), die anderen einem Typ mit festem Metrum. Für die Formen des freien Stils, die aus der Improvisation hervorgegangen sind, ist bezeichnend, daß ihr wichtigstes Element nicht zwangsläufig das Thema ist, sondern vielmehr das Verzierungswesen rund um einen melodischen Kern. Die Lieder und die Tänze des rhythmisch akzentuierten Typs oder diejenigen, die ein festes Metrum aufweisen, lassen eine starke rhythmische Differenzierung erkennen. Man findet die alten rhythmischen Formen, die auf der Gruppe von zwei Dauerwerten (Länge [–] und Kürze [∪]) basieren. Sie sind identisch mit dem Rhythmus der altgriechischen Prosodie und werden je einer Silbe des poetischen Textes zugeordnet. Obwohl das moderne Griechisch, wie die Mehrzahl der europäischen Sprachen, betonte und unbetonte Silben verwendet, hat die griechische Volksmusik, dank der mündlichen Überlieferung, den alten prosodischen Rhythmus bewahrt. Deshalb stellen die nicht taktgebundenen rhythmischen Formen, die heterogenen Formen usw., auch oft denen unlösbare Probleme, die den griechischen Volksgesang in das Schema der abendländischen Metrik zu pressen versuchen. Der „Kalamatianos", einer der am weitesten verbreiteten Reigentänze, basiert auf einer dieser „anormalen" rhythmischen Formen. Er folgt dem Schema – ∪ ∪ (Rhythmus mit 7 Zählzeiten) und kann annähernd folgendermaßen wiedergegeben werden: ♪. | ♪ ♪ $\left(\frac{3}{8}+\frac{1}{4}+\frac{1}{4}=\frac{7}{8}\right)$

Ein anderer Tanz, der „Tsakonikos" mit einem fünfzeitigen Rhythmus, beruht auf dem metrischen Schema ♪ ♪ ♪ | ♩, d. h. auf dem Wechsel $\frac{1}{4}+\frac{1}{4}+\frac{1}{4}+\frac{1}{2}=\frac{5}{4}$. Jede Zählzeit wird in allen metrischen Formen gleichermaßen betont.

Beispiel aus: D. Mazaraki, *La clarinette populaire en Grèce* (Athen 1959) S. 128

Beispiel aus: D. Mazaraki, *La clarinette populaire en Grèce* (Athen 1959) S. 101

Die Tradition griechischer Volksmusik läßt ähnliche Unterschiede hinsichtlich des verwendeten melodischen Materials erkennen. Das im Abendland gebräuchliche, auf temperierten Tonleitern basierende Tonsystem unterscheidet sich von dem griechischen System, das, je nach Geschlecht, diatonische, chromatische oder gemischte Tonleitern verwendet, die aus 8, aber auch aus 5 oder aus 4 Tönen bestehen (pentachordische und tetrachordische Systeme). Die chromatischen Tonleitern sind aus zwei chromatischen Tetrachorden gebildet, die gemischten Tonleitern aus einem chromatischen Tetrachord oder Pentachord und aus einem anderen des diatonischen Geschlechts.

Achtstufige diatonische Tonleiter:

d e f g | a h c d

Tetrachord der Basis | hohes Tetrachord

Diatonische Pentachorde:

g a b c d e f g a h c d e

tief fundamental hoch

Chromatische Pentachorde:

g as h c d es fis g a b cis d e

tief fundamental hoch

Wichtig ist dabei, daß im diatonischen wie im chromatischen Tongeschlecht die Intervalle zwischen den verbundenen Noten oft von denen verschieden sind, die die europäische Musik verwendet. Von den diatonischen Tonarten auf d, e, c und f, auf denen zahlreiche Volksgesänge basieren, entspricht allein die Tonart auf f der abendländischen Durtonleiter. Im diatonischen Tongeschlecht macht der Volksgesang von großen, kleinen und kleinsten „Tönen" (Intervallen) Gebrauch. Der große „Ton" ist dem Ton der abendländischen Musik annähernd gleich; der kleine „Ton" ist deutlich größer als unser Halbton, während der „kleinste Ton" sich nur wenig von diesem unterscheidet. Im chromatischen Geschlecht unterscheidet man außer der übermäßigen Sekunde über-übermäßige Sekunden, ferner übergroße „Töne" (die jedoch kleiner sind als die übermäßige Sekunde) und diminuierte Halbtöne. Ihre Transkription in das europäische Notationssystem kann daher nur eine approximative Übertragung sein. Außer den diatonischen und chromatischen Tonarten existieren ebenfalls Gesänge, die auf anhemitonischen pentatonischen Tonleitern basieren. Alle Volkslieder sind einstimmig. Nur die aus bestimmten Gegenden in Nordepiros weisen sonderbare vokale Zusammensetzungen auf. Auf anhemitonischen pentatonischen Tonleitern basierend, verbinden sie bestimmte Variationen von Rhythmen mit der Unabhängigkeit der Stimmen und verwenden oft die Borduntechnik.

Die Schule der Ionischen Inseln. Die sieben Inseln des Ionischen Archipels, die nie ein Teil des Osmanischen Reiches gewesen waren, sondern vom 16. bis Ende des 18. Jh. der Republik Venedig angehörten, standen unter starkem Einfluß italienischer Sprache und Kultur einschließlich der Musik. So wurde in Korfu Anfang des 18. Jh. mit dem dortigen Teatro S. Giacomo das älteste Theater des Ostmittelmeerraumes eröffnet, in dem seit 1773 von italienischen Theatertruppen auch Opern aufgeführt wurden. Nach der Kapitulation Venedigs vor den Franzosen verbreiteten sich die Ideen der Französischen Revolution und bewirkten eine intellektuelle Erneuerung auf allen Gebieten des Denkens, der Literatur und der Künste. So wurde das ionische Volk zum Pionier der griechischen Renaissance. Es wurden musikalische Ausbildungsstätten errichtet, als älteste die sog. „Alte philharmonische Gesellschaft von Korfu" (gegr. 1840 als privater Verein zur Förderung der musikalischen Bildung). Das Schaffen der Komponisten der Ionischen Schule stand noch weitgehend unter dem Einfluß der italienischen Musik. Als Vater der ionischen Musik gilt Nikolaos Mantzaros. Zu den Couplets der Freiheitshymne des Nationaldichters Dionysios Solomos schrieb er eine einfache, von volkstümlichen Motiven inspirierte Musik. Von seinen Zeitgenossen sind Pavlos Karrer und Spyridon Xyndas als Wegbereiter der neugriechischen Schule besonders auf dem Gebiet der Oper hervorgetreten; letzterer schrieb mit *O ipopsifios vufleftis* (Der parlamentarische Kandidat, Korfu 1867) die erste Oper auf ein griechisches Libretto. In der Volksmusik herrscht die Kantada vor, eine Art improvisierten Gesangs für 3 oder 4 Stimmen.

Die nationale Schule. Zu dem 1830 gegründeten neugriechischen Staat gehörte nur ein Teil des heutigen Griechenlands, da weitere, heute griechische Gebiete noch dem Osmanischen Reich angehörten und die Inseln des Ionischen Archipels noch bis 1864 ein autonomer Staat unter der Schutzherrschaft Großbritanniens waren, so daß die Mehrzahl der Griechen außerhalb des damaligen Staates G. lebte. In den letzten Jahren des 19. Jh. entstanden unter den Inlands- und Auslandsgriechen nationalistische Bewegungen, und es zeichnete sich die Tendenz ab, der Sprache des Volkes eine dominierende Rolle einzuräumen. Im Rahmen modernistischer Bestrebungen und im Zuge einer Erneuerung der Literatur und der Künste stand dieser Trend im Einklang mit der Vertiefung der intellektuellen Entwicklung des Landes. Die Anführer dieser Schule waren M. Kalomiris, M. Varvoglis, E. Riadis sowie die von den Ionischen Inseln stammenden D. Lavrangas und Georgios Lambelet. Diese erste Musikergeneration hat repräsentative Werke auf dem Gebiet der Vokalmusik hinterlassen, während Kalomiris mit seinem *Protomastoras* (Der Maurermeister) der Nationaloper den Weg geebnet hat. Seine *Neugriechische Suite* und seine *Simfonia tis Levendias* benutzen Reihentechniken, genau wie die *Ste-Barbara* und das *Festival* von Varvoglis, die *Griechische Suite* von Lavrangas und das *Festival* von Lambelet. Die Werke von D. Levidis, Georgios Sklavos, Alexandros Kontis, P. Petridis, G. Poniridis, Loris Margaritis und A. Nezeritis halten sich in den Grenzen der nationalen Schule, mit Ausnahme der Kompositionen von D. Mitropoulos. In der nachfolgenden Generation blieben einige Musiker mehr oder minder den Traditionen der griechischen Schule verbunden, so A. Evangelatos, Solon Michailidis, L. Zoras, Konstantin Kidoniatis, Georgios Kazassoglou, Georgios Platon, Georgios Georgiadis, Alexandros Xenos, Menelaos Pallantios, Aristoteles Koudourof und Jannis Konstantinides, während Theodor Kariotakis, N. Skalkottas, ein Schönberg-Schüler, Charilaos Perpessas, Basilios Papademetriou, Dimitrios Dragatakis, Jannis Papaioannou, Jannis Argyros und Alexis Lainas sich an fortgeschrittenen Techniken orientieren. Viele der jüngeren zeitgenössischen Komponisten folgen den fortgeschrittensten Tendenzen der Neuen Musik, unter ihnen I. Xenakis, Jakob Chaliassa, Georgios Sizilianos, Argyris Kounadis, J. Christou, Michael Adamis, Stephanos Gazouleas und Th. Antoniou. M. Theodorakis und Manos Hadjidakis sind bekannter durch ihre Beiträge zur populären Musik.

Institutionen. Die Gründung des Athener Konservatoriums (Odeion Athinon, 1871) markiert eine wichtige Etappe in der künstlerischen Entwicklung des Landes. Die meisten der bekannten griechischen Musiker haben dort unterrichtet. Eine ähnliche Rolle haben das Griechische Konservatorium, das Nationalkonservatorium und das Staatliche Konservatorium in Saloniki gespielt, die später gegründet wurden. Aus dem ehemaligen Symphonischen Orchester des Athener Konservatoriums, das bis 1940 bestanden hat, ist 1942 das gegenwärtige Nationalorchester (Kratiki Orchistra Athinon) von Athen hervorgegangen. Zur selben Zeit wurden das Orchester der Nationaloper, das Symphonieorchester des Nationalrundfunks sowie das Symphonieorchester Nordgriechenlands in Saloniki gegründet. Nach zahlreichen Anläufen wurde das griechische „Melodrama" als Staatsoper anerkannt (Sitz in Athen). Auf dem Gebiet der Volksmusik sind die Aktivitäten der Archive für Musikfolklore, der Gesellschaft für die Verbreitung der nationalen Musik und der Musikabteilung des Forschungsinstituts für griechische Folklore (bei der Athener Akademie) hervorzuheben.

Antike: 1) Ausg.: M. MEIBOM, Antiquae musicae auctores septem, Graece et Lat., 2 Bde. (A 1652) (darin Texte v. Aristoxenos, Eukleides, Nikomachos, Alypios, Gaudentios, Bakcheios, Aristides Quintilianus); Anonymus, De musica, hrsg. v. F. BELLERMANN (B 1841), NA, in: D. NAJOCK, Drei anon. griech. Traktate über die Musik (Kas 1972) (= Göttinger musikwiss. Arbeiten 2); Plutarch, Über die Musik, griech. u. dt., hrsg. v. R. WESTPHAL (Breslau 1865); Plutarch, De musica, hrsg. v. K. ZIEGLER, in: Plutarchi Moralia 6/3 (L 1953); Aristides Quintilianus, De musica libri 3, hrsg. v. A. JAHN (B 1882); dass., hrsg. v. R. SCHÄFKE (B 1937); dass., hrsg. v. R. P. WINNINGTON-INGRAM (L 1963); Aristoxenos von Tarent, Melik u. Rhythmik des classischen Helenenthums, I: Übers. u. Kommentar, hrsg. v. R. WESTPHAL (L 1883), II: Text, hrsg. v. F. SARAN (L 1893, Nachdr. Hil 1965); Philodemos, De musica, hrsg. v. J. KEMKE (L 1884); Musici scriptores Graeci, hrsg. v. C. VON JAN (L 1895), Suppl.: Melodiarum reliquiae (erweitert 1899, Nachdr. 1962); Euclidis opera omnia 8, hrsg. v. J. L. HEIBERG – H. MENGE (L 1916); Die Harmonielehre des

Klaudios Ptolemaios, hrsg. v. I. DÜRING (Göteborg 1930) (= Göteborgs högskolas årsskrift 36/1); Porphyrios' Kommentar..., hrsg. v. DEMS. (1932) (= ebd. 37/2); Ptolemaios u. Porphyrios über die Musik, dt. hrsg. v. DEMS. (1934) (= ebd. 40/1); Sextus Empiricus III, hrsg. v. J. MAU (L 1954). – TH. REINACH, La musique grecque (P 1926); E. MARTIN, Trois documents de musique grecque (P 1953); E. PÖHLMANN, Griech. Musikfragmente (Nü 1960); DERS., Denkmäler altgriech. Musik (Nü 1970) (= Erlanger Beitr. zur Sprach- u. Kunstwiss. 31) (mit speziellem Lit.-Verz.). – **2) Lit.:** F. A. GEVAERT, Histoire et théorie de la musique de l'Antiquité, 2 Bde. (Gent 1875–81, Nachdr. Hil 1965); A. ROSSBACH – R. WESTPHAL, Theorie der musischen Künste der Hellenen, 4 Bde. (L 1885–89, Nachdr. Hil 1966); H. ABERT, Die Lehre v. Ethos in der griech. Musik (L 1899, Nachdr. Tutzing 1968); C. SACHS, Die griech. Instrumentalnotenschrift, in: ZfMw 6 (1923/24); DERS., Die griech. Gesangsnotenschrift, in: ebd. 7 (1924/25); R. P. WINNINGTON-INGRAM, Mode in Ancient Greek Music (C 1936, Nachdr. A 1968) (= Cambridge Classical Studies 2); O. GOMBOSI, Tonarten u. Stimmungen der antiken Musik (Kop 1939); TH. G. GEORGIADES, Der griechische Rhythmus (H 1949, [2]1977); M. WEGNER, Das Musikleben der Griechen (B 1949); M. I. HENDERSON, Ancient Greek Music, in: Ancient and Oriental Music, hrsg. v. E. Wellesz (Lo 1957, [2]1966) (= New Oxford History of Music 1); TH. G. GEORGIADES, Musik u. Rhythmus bei den Griechen (H 1958) (= rowohlts dt. enz. 61); B. AIGN, Gesch. der Musikinstr. des ägäischen Raumes um 700 vor Christus (Diss. F 1963); M. WEGNER, G. (L 1963) (= Musikgesch. in Bildern II/4); W. D. ANDERSON, Ethos and Education in Greek Music (C/M 1966); L. RICHTER, Die Neue Musik der griech. Antike, in: AfMw 25 (1968); C. SACHS, Die Musik der alten Welt in Ost u. West, hrsg. v. J. Elsner (B 1968); L. RICHTER, Das Musikfragment aus dem Euripideischen Orestes, in: DJbMw 16 (1971); DERS., Musikal. Aspekte der attischen Tragödienchöre, in: BzMw 14 (1973); J. CHAILLEY, La notation archaïque grecque d'après Aristide Quintilien, in: Revue des études grecques 86 (1973); TH. J. MATHIESEN, A Bibliography of Sources for the Study of Ancient Greek Music (Hackensack/N.J. 1974); E. PÖHLMANN, Die Notenschrift u. die Überlieferung der griech. Bühnenmusik, in: Würzburger Jbb. für die Altertumswiss. N.F. 2 (1976); S. MICHAELIDES, The Music of Ancient Greece. An Encyclopaedia (Lo 1978).

Byzantinische Musik: J. HANDSCHIN, Das Zeremonienwerk Kaiser Konstantins u. die sangbare Dichtung, in: Rektoratsprogramm der Univ. Basel für 1940 u. 1941 (Bas 1942); B. BOUVIER, Volkslieder aus einer Hs. des Klosters Iwiron (Athen 1960) (griech.); D. MAZARAKE, Musikal. Interpretation der Volkslieder des Klosters Iwiron (ebd. 1967) (griech.), vgl. Rezension v. C. FLOROS, in: Mf 25 (1972); D. SCHUBERTH, Kaiserliche Liturgie (Gö 1968). – ↗Byzantinischer Gesang.

Das neue Griechenland: 1) Ausg. (wenn nichts anderes angegeben, in Athen erschienen): 30 mélodies populaires de Grèce..., hrsg. v. L. BOURGAULT-DUCOUDRAY (P 1876); Mélodies populaires grecques de l'île de Chio, hrsg. v. H. PERNOT (P 1903); (260) Dimodi ellinika asmata, hrsg. v. G. PACHTIKOS (1905); Dimodi asmata Skiru, hrsg. v. K. A. PSACHOS, 2 Bde. (1910–11); (66) Dimodi asmata Gortinias, hrsg. v. DEMS. (1923); (50) Dimodi asmata Peloponnisu kä Kritis, hrsg. v. DEMS. (1930); (66) Tragudia tis Rumelis, hrsg. v. M. MERLIER (1931); I Elliniki dimodis musiki, hrsg. v. G. LAMBELET (1933); Tragudia ton Dodekanison, hrsg. v. S. BAUD-BOVY, 2 Bde. (1935–38); 50 elliniki chori, hrsg. v. K. SAKELLARIOU (1940); Musika kimena dimotikon tragudion tis Thrakis, hrsg. v. P. KABAKOPOULOS u. a. (1956). – **2) Lit.:** T. SYNADINOS, Istoria tis neoellinikis musikis 1824–1919 (Athen 1919); S. MICHAELIDES, The Neohellenic Folk-Music (Limassol 1948); TH. G. GEORGIADES, Der griechische Rhythmus (H 1949, [2]1977); Kgr.-Ber. Musiche popolari mediterranee Palermo 1954 (Palermo 1959); S. BAUD-BOVY, Études sur la chanson eleftique (Athen 1958); TH. G. GEORGIADES, Musik u. Rhythmus bei den Griechen (H 1958) (= rowohlts dt. enz. 61); R. P. WINNINGTON-INGRAM, Ancient Greek Music 1932–57, in: Lustrum 3 (Gö 1958); D. MAZARAKI, To laiko klarino stin Ellada (Athen 1959); S. MOTZENIGOS, Neoelliniki musiki (Athen 1959); M. MERLIER, La chanson populaire grecque, in: AMl 32 (1960); P. TZERMIAS, Die volkstümliche Musik G.s (Z–St 1962); N. SLONIMSKY, New Music in Greece, in: MQ 51 (1965); S. BAUD-BOVY, La systématisation des chansons populaires, in: Studia musicologica 7 (1965); F. HOERBURGER, Beobachtungen zum Volkstanz in Nordgriechenland, in: Zschr. für Volkskunde 62 (1966); B. SCHIFFER, Neugriech. Musik, in: Orbis musicae 1 (1971/72); P. ZARMAS, Stud. zur Volksmusik Zyperns (Baden-Baden 1975) (= Slg. musikwiss. Abh. 60).

E. K. BORTHWICK – C. FLOROS – B. PAPADÉMÉTRIOU

GRIECHISCHE PASSION, Oper in 4 Akten von Bohuslav Martinů (1890–1959), Text vom Komponisten nach dem gleichnamigen Roman von Nikos Kazantzakis (dt. 1951). Ort und Zeit der Handlung: ein griechisches Dorf um 1920. UA (in dt. Sprache): 9. 6. 1961 in Zürich unter Paul Sacher.

Der Handlungsvielfalt dieser Erzählung – junge Dorfbewohner, die am Ostermorgen vom Priester zu Darstellern für das nächstjährige Passionsspiel bestimmt werden, identifizieren sich im Jahr der Vorbereitung zunehmend mit ihrer Rolle und stellen sich in praktizierter Nächstenliebe gegen die Dorfgemeinschaft auf die Seite hilfesuchender christlicher Flüchtlinge – suchte Martinů mit einer Vielfalt des musikalischen Materials zu entsprechen. Unter dem Primat der melodischen Linie verschmolz er traditionell wirkende Anklänge an altkirchliche Choräle (Osterjubel) und an Volksmusik (Hochzeitsfeier) mit expressiven bitonalen Partien (Auseinandersetzung zwischen Dorfbewohnern und Flüchtlingen) zu einer Einheit. Die ständige gegenseitige Durchdringung von Realität und Symbolik findet ihren stärksten Ausdruck in der Traumszene (3. Akt), in der sich der Hirt Manolios mit Christus identifiziert. K. LANGROCK

GRIEG, Edvard Hagerup, * 15.6.1843 Bergen, † 4.9.1907 ebd.; norwegischer Komponist. Er begann seine musikalische Ausbildung unter der Anleitung seiner Mutter, einer anerkannten Pianistin, die häufig öffentlich in Bergen auftrat. Durch die Vermittlung von O. Bull kam er 1858 an das Leipziger Konservatorium, an dem er Schüler von M. Hauptmann, I. Moscheles, E. Fr. Richter und C. Reinecke wurde. 1862 verließ er Leipzig und gab in Bergen ein Konzert. 1863 ging er nach Kopenhagen, um dort bei N. Gade seine Studien fortzusetzen. Starken Eindruck machte auf ihn der nur um ein Jahr ältere R. Nordraak, der ihm mit seiner Auffassung von einer nationalen norwegischen

Musik den Weg wies. Bei seinem ersten Rom-Aufenthalt (1865–66) schrieb er unter dem Eindruck des frühen Todes von Nordraak einen ergreifenden Trauermarsch. 1866–69 war er Lehrer in Oslo und Dirigent der Philharmonischen Gesellschaft. Mit O. Winter-Hjelm gründete er 1867 die Norsk Musik-Akademie, die allerdings nur kurze Zeit bestand, und, nach einem zweiten Rom-Aufenthalt (1869–70), mit J. Svendsen die Musikforeningen, deren Chor er bis 1874 leitete, während Svendsen Orchesterkonzerte dirigierte. Materiell durch eine jährliche Zuwendung vom Staat gesichert, konnte er sich seit 1874 ausschließlich seinem kompositorischen Schaffen widmen. Angeregt durch einen Aufenthalt in der Umgebung des Hardangerfjords schrieb er u.a. das Streichquartett g-moll, *Den bergtekne* für Bariton und Orch. sowie *Album* für Männerchor. 1880–82 dirigierte er das Bergener Orchester Harmonien. 1885 ließ er sich in Troldhaugen bei Bergen nieder. Gegen erhebliche Widerstände setzte er 1898 das erste Musikfestival in Norwegen durch. Seit 1876 unternahm G. fast jedes Jahr große Konzertreisen durch Europa, auf denen er seine eigenen Werke spielte oder dirigierte; 1888 gab er sein erstes Konzert in London. Er wurde einer der bevorzugtesten Künstler des internationalen Publikums, überall gefeiert als einer der großen Komponisten seiner Zeit. Seine Frau **Nina,** geborene **Hagerup** (* 24. 11. 1845 Bergen, † 9. 12. 1935 Kopenhagen), war als Sopranistin die ideale Interpretin seiner Lieder, von denen er eine Reihe auf ihre Anregung hin geschrieben hat.

WW: **1) Instr.-WW: a)** Für Klv.: 10 Hefte *Lyriske stykker,* op. 12 (1867), op. 38 (1883), op. 43 (1885) mit *Sommerfugl* u. *Til Vaaren,* op. 47 (1888), op. 54 (1891) mit *Trolldog* u. *Notturno,* op. 57 (1893), op. 62 (1895), op. 65 (1896) mit *Bryllupsdag på Troldhaugen* (Hochzeitszug auf Troldhaugen), op. 68 (1898), op. 71 (1901); Sonate e-moll, op. 7 (1865); 25 *Norske folkeviser og danse,* op. 17 (1870); *Folkevsbilleder, Humoresker,* op. 19 (1872); Ballade, op. 24 (1875); *Fra Holbergs Tid,* op. 40 (1884); 19 *Folkeviser,* op. 66 (1896); *Slåtter,* op. 72 (1902); *Firhaendige Danse,* op. 35 (1881) u. *Valses Caprices,* op. 37 (1883) für Klv. zu 4 Händen. – **b)** 3 Sonaten für V. u. Klv., op. 8 (1865), op. 13 (1867), op. 45 (1887); Streichquartett, op. 27 (1877–78). – **c)** Für Orch.: Symphonie (1864) (hsl.); Konzertouvertüre *I Host,* op. 11 (1866, revidiert 1887); 2 Suiten aus Ibsens Drama *Peer Gynt,* op. 46 u. 55 (1874–75, revidiert 1888 u. 1891); 4 *Symfoniske danse,* op. 64 (1898); Klv.-Konzert, op. 16 (1868); 2. Klv.-Konzert h-moll (1883) (unvollendet). – **2) Vokal-WW: a)** Für SingSt u. Klv.: 4 Lieder, op. 5 (1864) (Text: H. Ch. Andersen) mit *Jeg elsker dig;* 4 Lieder nach Bjørnsons *Fiskerjenten,* op. 21 (1870–72); 6 Lieder nach H. Ibsen, op. 24 (1876), 5 nach J. Paulsen, op. 26 (1876), 12 nach A. O. Vinje, op. 33 (1873–80); 5 Romanzen, op. 39 (1869–85); 5 Lieder nach V. Krag, op. 60 (1894); 7 Kinderlieder, op. 61 (1894–95); *Haugtussa,* op. 67 (1895); 2 Liederhefte (postum) (1908). – **b)** Für Chor: 4 Psalmen, op. 74 (1906) für gem. Chor a cap.; *Album,* op. 30 (1878) für Männerchor. – **c)** Für SingSt u. Orch.: *Bergliot,* op. 42 (1871, orchestriert 1885) für Vortrag u. Orch.; *Foran Sydens kloster,* op. 20 (1871) für Sopran, Alt, Frauenchor u. Orch.; *Landkjenning,* op. 31 (1872) für Bar., Männerchor u. Orch.; *Den bergtekne,* op. 32 (1878) für Bar., Streichorch. u. 2 Hörner. – **3) Bühnen-WW:** 3 Szenen aus der unvollendeten Oper *Olav Trygvason,* op. 50 (1873, instrumentiert 1889); Bühnenmusik zu: Bjørnsons *Sigurd Jorsalfar* (1872) u. Ibsens *Peer Gynt,* op. 23 (1874–75), insges. 23 Stücke.

G. ist die zentrale Persönlichkeit der norwegischen Musikgeschichte und konnte diesen Platz auch gegenüber antiromantischen Strömungen bis heute behaupten. Den Ideen von Bull und Nordraak folgend, setzte er die Richtung von H. Kjerulf fort, der den Boden für eine national-romantische norwegische Musik bereitet hatte. Diese Richtung diente auch seinen Zeitgenossen wie auch seinen unmittelbaren Nachfolgern als Vorbild. Bei G. steht die melodische und rhythmische Erfindung unter dem Einfluß der norwegischen Volksmusik; die Harmonik geht – zumindest in den letzten Werken – auf das eigentümliche mehrstimmige Spiel der Hardanger Fiedel zurück. Mit seiner von den Zeitgenossen als kühn empfundenen Harmonik hat er auch auf spätere Komponisten, u.a. Cl. Debussy, M. Ravel, E. MacDowell und Fr. Delius, gewirkt. Sein Schaffen umfaßt im wesentlichen Lieder und kürzere Klavierstücke. Er brachte seine außerordentliche musikalische Sensibilität aber auch in der Sonatenform und in großen Orchesterwerken zur Geltung.

Ausg.: GA, hrsg. v. F. BENESTAD, 20 Bde. (NY – Oslo 1977ff.); Artikler og taler, hrsg. v. Ø. GAUKSTAD (Oslo 1956).

Lit.: **1) Bibliographien:** Ø. GAUKSTAD, E. G. En bibliografi, in: Norsk Musikkgransking (1942); M. HINRICHSEN, A Concise G. Bibliography, in: Music Book 7 (1952). – **2) Briefwechsel:** Briefe an seine Leipziger Verleger, hrsg. v. E. ZSCHINSKY-TROXLER (L 1932); G. the Writer, 2: Letters of F. Beyer, hrsg. v. B. KORTSEN (Bergen 1972). – **3) Biographien, umfassende Darstellungen u. Studien zu einzelnen Werken:** E. CLOSSON, E. G. et la musique scandinave (P 1892); LA MARA, E. G. (L 1898, [11]1921); H. TH. FINK, E. G. (Lo – NY 1905), als: G. and His Music (ebd. 1909, [2]1929); E. M. LEE, G. (Lo 1908); R. STEIN, G. (B 1921, [2]1922); P. DE STOECKLIN, G. (P 1926); D. G. MASON, From G. to Brahms (NY 1927, Nachdr. NY 1971); Y. ROKSETH, G. (P 1933); D. MONRAD JOHANSEN, E. G. (Oslo 1934, [3]1956, engl. Princeton/N. J. 1938, NY [2]1945); K. VON FISCHER, G.s Harmonik u. die nordländische Folklore (Be 1938) (= Berner Veröff. zur Musikforsch. 12); K. G. FELLERER, E. G. (Pd 1942); F. H. TÖRNBLOM, G. (Sto 1943, [2]1962); A. E. CHERBULIEZ, E. G. (Z 1947); G. ABRAHAM, G. (Lo 1948); J. HORTON, G. (Lo 1950, NA 1974); K. G. FELLERER, H. Cleve u. E. G., in: FS F. Blume (Kas 1963); D. SCHJELEDERUP-EBBE, E. G. 1858–67. With Special Reference to the Evolution of His Harmonic Style (Oslo – Lo 1964) (= Inst. for musikkvitenskap, Univ. Oslo, Skrifter 5); E. H. HERMANSON, A Recital of Selected Songs by E. H. G. (1965) (= Diss. Columbia Univ./N. Y.); B. KORTSEN, Zur Genesis v. E. G.s g-moll Streichquartett op. 27 (Haugesund 1967); E. KYLE, Song of the Waterfall. The Story of E. and N. G. (Lo 1970); H. WIRTH, M. Reger u. E. G., in: Mitt. des M.-Reger-Inst. (1971); E. STEINSFJORD, E. G. „Lyriske stykker“, op. 71 (= Diss. Oslo 1972); T. TRAEDAL, Harmoniske saertrekki i G.s „Slåtter“, op. 72 (Diss. ebd. 1972); L. MOWINKEL, G. og Debussy, in: Norsk musikktidsskrift 10 (1972); B. KORTSEN, Four Unknown Cantatas by G. (Bergen 1972); R. W. OLSON, A Comparative Study of Selected Norwegian

Romances by H. Kjerulf, E. G. and E. Alnaes (1973) (= Diss. Univ. of Urbana/Ohio).

Ø. GAUKSTAD

GRIEPENKERL. – **1) Friedrich Conrad,** * 10.12. 1782 Peine (Niedersachsen), † 6.4.1849 Braunschweig; dt. Pädagoge und Musiker. Er studierte 1805–08 in Göttingen Theologie und Philosophie sowie bei J. N. Forkel Musiktheorie. Danach lehrte er am pädagogischen Institut in Hofwyl bei Bern, seit 1816 in Braunschweig, seit 1821 auch als Professor am Collegium Carolinum. Neben seinen pädagogischen und philosophischen Arbeiten widmete er sich dem Werk J. S. Bachs, zu dessen frühen Wiederentdeckern er gehört. Er gab von J. S. Bach Klavierwerke (zus. mit C. Czerny und Fr. A. Roitzsch, 22 Bde., L 1837ff.) und eine „kritisch-korrekte" Ausgabe der *Compositionen für Orgel* (zus. mit Fr. A. Roitzsch, 7 Bde., L 1844–47) heraus. – **2) Wolfgang Robert,** Sohn von 1), * 4.5. 1810 Hofwyl (Bern), † 16.10.1868 Braunschweig; deutscher Schriftsteller und Musikkritiker. Er war Professor für Kunstgeschichte und Literatur in Braunschweig, wo er seit 1847 als freier Schriftsteller und Dramatiker lebte. Als Freund von H. Berlioz trat er besonders für dessen Werk in Deutschland ein. G. schrieb neben Beiträgen für die *Neue Zeitschrift für Musik* die Novelle *Das Musikfest oder die Beethovener* (Brau 1838, ²1841), ferner *Ritter Berlioz in Braunschweig* (Brau 1843) und *Die Oper der Gegenwart* (L 1847).

Lit.: **Zu 1):** A. RIEMENSCHNEIDER, A Short History of the Basic G. Editions of Bach's Organ Works, in: Hinrichsen's 8th Music Book (1956); K. HELLER, F. K. G. Aus unveröff. Briefen des Bach-Sammlers u. -Editors, in: Bach-Jb. 69 (1978). – **Zu 2):** O. SIEVERS, R. G. (Wb 1879); TH. W. WERNER, W. R. G.s Schriften über Musik, in: ZfMw 2 (1919/20).

GRIESBACHER, Peter, * 25.3.1864 Egglham (Niederbayern), † 28.1.1933 Regensburg; dt. Kirchenmusiker und Komponist. Er studierte in Passau Theologie und wurde 1886 zum Priester geweiht, war 1894–95 Musikpräfekt am Studienseminar St. Emmeram in Regensburg und lehrte dort seit 1911 an der Kirchenmusikschule Kontrapunkt, Formenlehre und Stilistik. G. war außerdem staatlicher Glockensachverständiger. 1905–19 und 1925 redigierte er den *Literarischen Handweiser für Freunde der Katholischen Kirchenmusik* (Rb 1893ff.), seit 1926 die *Monatshefte für Katholische Kirchenmusik* (Bamberg). – Ausgehend vom a cappella-Ideal des ↗Cäcilianismus in der Nachfolge Fr. X. Witts kam er über orgelbegleitete Werke seit etwa 1921 zu einem „verinnerlichten Monumentalstil" (M. Tremmel) unter Einbeziehung des Orchesters, kehrte aber später zu einer einfacheren Sprache zurück. Mit G. fand die katholische Kirchenmusik um die Jahrhundertwende den Anschluß an zeitgenössische Entwicklungen. Seine Werke standen bis etwa 1920 im Zentrum des internationalen kirchenmusikalischen Interesses.

WW: **1) Geistliche WW:** 49 Messen u. zahlr. andere liturgische Kompositionen für versch. Besetzungen: Antiphonen; Gradualien; Litaneien; Magnificat; Motetten; Offertorien; Pange lingua; Responsorien; *Repertorium chorale* (Propriumsgesänge) für 1 St. u. Org. (oder Harmonium), 3 Bde. u. 2 Appendices (Rb 1910, 1913, 1914, 1929, 1932); 5 Te Deum, darunter op. 108 (1906) für 4 St. u. Org. (Oder Orch.); 3 Stabat mater; 8 Requiem bzw. *Missae pro defunctis*, darunter *Choralrequiem* op. 177 (1913) für Solo-St. u. Org. sowie op. 205 (1917) für Soli, Chor u. Orch. – **2) Weltliche WW:** Liederzyklen mit Klv. oder Harmonium (auch auf geistliche Texte); Chorlieder a cap.; Kantaten mit Klv. für (Frauen-)Chor; Hymnen für Chor a cap. u. mit Streichquartett; ferner Singspiele. – **3) Schriften:** *Kirchenmusikalische Stilistik und Formenlehre*, 4 Bde., op. 165–167 u. op. 192 (Rb 1912–16); *Bruckners Te Deum. Eine Studie* (Rb 1919) (mit Führer); *Glockenmusik* (Rb 1927), mit Nachtrag als: *Glockenstimmen u. Glockenfragen* (²1929); *Stilwandel u. der ruhende Pol in der Kirchenmusik*, in: Kath. Kirchenmusik-Jb. 1927, hrsg. v. H. Hoffmann (Kronach 1927). – **4) Editionen:** Messen u. Motetten v. G. Gabrieli, H. L. Haßler, O. di Lasso u. G. P. da Palestrina, u. a. *Missa Papae Marcelli* (1911).

Lit.: M. TREMMEL, P. G. (Passau 1935) (mit Werk-Verz.).

B. A. KOHL

GRIFFBRETT (engl.: fingerboard; frz.: touche; it.: tastiera; span.: teclado), ein längliches, auf der Oberseite leicht gewölbtes Brett aus Ebenholz oder aus anderem, schwarz gebeiztem Holz, das bei Saiteninstrumenten auf den Hals geleimt ist und auf das der Spieler mit den Fingern die Saiten drückt. Bei Zupfinstrumenten und Gamben ist das G. mit ↗Bünden ausgestattet.

GRIFFES, Charles Tomlinson, * 17.9.1884 Elmirs (New York), † 8.4.1920 New York; amerik. Komponist. Er studierte Klavier (bei Gottfried Galston) und Komposition (bei E. Humperdinck) in Berlin und war dann Musiklehrer an der Hackley School in Tarrytown (N.Y.). In seinem Schaffen ist er von der russischen Musik (M. Mussorgski, A. Skrjabin) und vom französischen Impressionismus stark beeinflußt, dessen Tradition er als einziger bekannter Vertreter in den USA fortführte.

WW: **1) Instr.-WW:** 2 Klv.-Sonaten (1904, 1918); *Fantasy Pieces*, op. 6 (1912–15), darin das Scherzo *Bacchanale* für Glockenspiel, Celesta u. Schlagzeug; *Four Roman Sketches*, op. 7 (1919), daraus *Clouds* u. *The White Peacock* (auch für Orch.); *Two Sketches* für Streichquartett (NY 1922); für Orch.: *The Pleasure-Dome of Kubla Khan* (1912–16) (urspr. für Klv.); *Three Tone Pictures* für Kammerorch.; Notturno H-Dur (1918); Nocturne (1919); *Poem for flute and orchestra* (1918). – **2) Vokal-WW:** Für SingSt u. Klv.: *2 Rondels*, op. 4; *5 German Poems* (1909–10); *3 Songs* (1916); *2 Poems of Masefield* (1920); für SingSt u. Orch.: *5 Poems of Ancient China and Japan* (1917); *3 Poems of F. MacLeod* (1918). – **3) Bühnen-WW:** Ballette *The Kairn of Koridwen* (1916) u. *Sho-jo* (1917).

Lit.: W. P. UPTON, The Songs of Ch. T. G., in: MQ 9 (1923); M. BAUER, Ch. T. G. as I Remember Him, in: MQ 29 (1943);

E. M. MAISEL, Ch. T. G. (NY 1943, Nachdr. NY 1972); D. BODA, The Music of Ch. T. G. (1962) (= Diss. Florida State Univ.); D. K. ANDERSON, The Works of Ch. T. G. A Descriptive Catalogue (1966) (= Diss. Indiana Univ.).

GRIGNY, Nicolas de, * 8. 9. 1672 St-Pierre-le-Vieil bei Reims, † 30. 11. 1703 ebd.; frz. Organist und Komponist. Er entstammte einer Musikerfamilie in Reims, wo sein Großvater Robert I (1584–1661), sein Onkel Robert II und sein Vater Louis (1644–1709) als Organisten verschiedener Kirchen nachweisbar sind. G. war Schüler von N. Lebègue, 1693–95 Organist an der Abtei St-Denis bei Paris und spätestens seit 1697 an der Kathedrale in Reims, wo ihm in diesem Amt nach seinem frühen Tod sein Vater folgte. Von G. ist nur ein *Premier livre d'orgue* (P – Reims 1699) überliefert; es enthält eine Orgelmesse und 5 Hymnen. G. verbindet eine hochentwickelte kontrapunktische Schreibweise mit Sinn für klangliche Differenzierungen, wie sie die klassische französische Orgelbaukunst ermöglichte. Sein Stil ist im Vergleich zu dem anderer französischer Orgelkomponisten seiner Zeit mehr durch eine reiche Harmonik und enge Bindung an den gregorianischen Cantus firmus bestimmt als durch rhythmische oder melodische Brillanz. Eine von ihm entwickelte Form ist die „Fugue à cinq“: 2 Oberstimmen werden mit Kornett, die Mittelstimmen mit Krummhorn auf dem Rückpositiv gespielt, der Baß mit 8′ im Pedal.

Ausg.: *Premier livre d'orgue,* in: GUILMANT-PIRRO V; dass., hrsg. v. N. DUFOURCQ – N. PIERRONT (P 1953); 4 Stücke, in: Les maîtres français de l'orgue, hrsg. v. F. RAUGEL, 2 Bde. (P 1933, Neudr. 1949).

Lit.: G. FROTSCHER, Gesch. des Orgelspiels ... (B 1936, ³1966); N. DUFOURCQ, La musique d'orgue française (P 1941, ²1949); DERS., Le livre d'orgue de N. de G., in: L'orgue (1961); W. J. MAUL, The Organ Works of N. de G. (1966) (= Diss. Washington Univ., St. Louis); W. APEL, Gesch. der Orgel- u. Klaviermusik bis 1700 (Kas 1967); G. B. SHARP, N. de G. 1672–1703, in: MT 113 (1972); G. BOVET, Corrections à apporter dans les éditions modernes des œuvres de N. de G., in: La tribune de l'orgue 27 (1975). H. J. BUSCH

GRILLPARZER, Franz, * 15. 1. 1791 Wien, † 21. 1. 1872 ebd.; östr. Dichter. G., der auch musikalisch begabt war, erhielt Klavierunterricht von seiner Mutter, dann von J. G. Mederitsch, während ihm S. Sechter musiktheoretische Grundbegriffe beibrachte. Die Musik nimmt in seinen Dichtungen einen wichtigen Platz ein; er bewunderte W. A. Mozart, G. Rossini, N. Paganini, Fr. Schubert und L. van Beethoven und lehnte H. Berlioz, C. M. von Weber und R. Wagner ab. Seine rege Anteilnahme am Musikleben seiner Zeit bezeugt u. a. auch die Schrift *Über das Wirken der Gesellschaft der Musikfreunde.* Mit Beethoven, über den er *Erinnerungen an Beethoven* schrieb (1841–45), trat G. wegen eines Opernlibrettos, *Melusine,* in Verbindung, das dann 1833 von C. Kreutzer vertont wurde. Nach Gedichten von G. komponierte Schubert *Berthas Lied in der Nacht* (1819) und *Mirjams Siegesgesang* für Sopran, Chor und Klavier (1828). An Beethovens Grab wurden am Jahrestag seiner Beerdigung (1828) auf ein Gedicht G.s *Trauerklänge* für Männerchor gesungen, denen Beethovens Posaunen-Equale, WoO 30, Nr. 2 zugrunde lag. Nach dem Drama *Des Meeres und der Liebe Wellen* entstanden die Opern *Hero und Leander* von H. Schroeder und G. Bialas, nach dem Drama *Der Traum, ein Leben* eine gleichnamige Oper von W. Braunfels. Es sind auch einige Klavierstücke von G. überliefert.

Ausg.: GA der Werke u. Schriften, hrsg. v. G. BAUMANN – S. GROSSE, 4 Bde. (St 1957–58); Grabrede für Beethoven 1827, in: A. KIPPENBERG – F. VON DER LEYEN, Das Buch deutscher Reden u. Rufe (Wie 1956); *Trauerklänge bei Beethovens Grabe* (am 29. 3. 1828), in: I. V. SEYFRIED, Beethovens Studien im Generalbaß ... (W 1826, Neudr. Hil 1967).

Lit.: Jb. der G.-Ges., 1. Folge (1890 ff.), 3. Folge (1953 ff.), bisher bis Bd. 8 (1970). – E. HANSLICK, G. u. die Musik, in: Musikal. Stationen 2 (B ⁴1880) (= Moderne Oper 2); DERS., G. als Musiker, in: Musikalisches u. Literarisches (B 1881) (= ebd. 5); A. OREL, G. u. Beethoven, in: Euphorion 28 (1927); DERS., G. u. Schubert, in: Jb. der G.-Ges. 29 (1930); A. CH. WUTZKY, G. u. die Musik (Rb 1940) (= Von dt. Musik 23); W. J. COOLEY JR., Music in the Life and Works of F. G. (Ann Arbor 1954) (= Diss. Univ. of Michigan); D. W. MACARDLE, Beethoven and G., in: ML 40 (1959); E. KOMORZYNSKI, G.s Klavierlehrer, J. Mederitsch, genannt Gallus, in: Jb. der G.-Ges. III/3 (1960); J. BUCHOWIECKI, Ein unveröff. Brief F. G.s an G. Meyerbeer, in: Euphorion 54 (1960); H. SEIDLER, F. G. Ein Forschungsber., in: Zschr. für dt. Philologie 83 (1964); H. POLITZER, F. G.s „Der arme Spielmann“ (St 1967) (= Dichtung u. Erkennen 2); K. SCHMIDT, F. G. u. die Musik, in: Musikerziehung 26 (1972); H. DANUSER, Musikalische Prosa (Rb 1975) (= Stud. zur Musikgesch. des 19. Jh. 46).

GRIMM, Friedrich Melchior Freiherr von, * 5. 9. 1723 Regensburg, † 19. 12. 1807 Gotha; dt. Literat und Diplomat. Er studierte in Leipzig bei Johann Christoph Gottsched. 1748 kam er nach Paris, wo er bald in Kontakt mit den führenden Vertretern der Aufklärung kam und sich an den literarischen und musikalischen Auseinandersetzungen der Zeit beteiligte. Mit J.-J. Rousseau befreundet, kannte er auch D. Diderot und J. le R. d'Alembert und schrieb für die *Encyclopédie* eine Reihe von Artikeln, u. a. *Poésie lyrique,* in dem er auch die französische Oper behandelte. Mit seiner *Lettre sur Omphale de Destouches* (im *Mercure de France,* 1752) griff er in den ↗Buffonistenstreit ein. Ursprünglich ein leidenschaftlicher Bewunderer Rameaus und der französischen Musik, wurde er später ein entschiedener Anhänger der italienischen Musik, wie seine Satire auf die französische Oper *Le petit prophète de Boemisch Broda* (o. O.

[Paris] 1753 u.ö.; mit der „kleine Prophet“ ist möglicherweise J. Stamitz gemeint) zeigt. 1753–90 entstand sein literarisches und publizistisches Lebenswerk, die *Correspondance littéraire, philosophique et critique*, an der u. a. auch Diderot mitarbeitete. G. vor allem verdankte W. A. Mozart die Einführung in die musikalischen Kreise in Paris. 1777 wurde G. von Kaiser Joseph II. geadelt. 1792 verließ er Paris und lebte danach in Gotha.

Ausg.: *Correspondance littéraire*, hrsg. v. M. TOURNEUX, 16 Bde. (P 1877–82); *Der kleine Prophet v. Böhmisch-Brod*, dt. v. P. NETTL (Esslingen 1953).

Lit.: H. KRETZSCHMAR, Die „Correspondance littéraire“ als musikgesch. Quelle, in: Jb. Peters 10 (1903); A. CAZES, G. et les Encyclopédistes (P 1933); P.-M. MASSON, La lettre sur Omphale, in: RMie 27 (1945); R. OLIVER, The Encyclopedists as Critics of Music (NY 1947); B. FITGER, F. M. E. u. seine „Correspondance littéraire“ (Kö 1973).

GRIMM, Heinrich, * 1593 Holzminden, † 10.7.1637 Braunschweig; dt. Komponist und Kantor. Er war Schüler von M. Praetorius, studierte seit 1607 Philosophie und Theologie in Helmstedt und wurde 1619 als Nachfolger von Fr. Weißensee Kantor in Magdeburg. Nach der Zerstörung der Stadt (1631) floh er nach Braunschweig, wo er Kantor an der St. Katharinenkirche und 1632–37 an der St. Andreaskirche war. G., der auch ein angesehener Lehrer war, schrieb ausschließlich Kirchenmusik, teils a cappella, teils im konzertierenden Stil in der Art J. H. Scheins.

WW: *Psalmorum melodiae* für 4 St. (Magdeburg 1624); *Missae aliquot* (u. dt. Psalmen) für 5–6 St. (ebd. 1628); *Tyrocinia ... concertationibus variis* für 3 St. (L 1632, unvollst. erhalten); *Prodromus musicae ecclesiasticae ... Concertirende Fest-Bicinia* für 2 St. u. B.c. (Brau 1636); *Vestibulum hortuli harmonici sacri* für 3 St. u. B. c. (ebd. 1643); gedruckt wurden auch einzelne Psalmen u. Gelegenheitsgesänge; weitere WW in Sammeldrucken 1626–72. Ausg.: Zwei kleine geistl. Konzerte auf Advent u. Weihnachten sowie Zwei kleine Osterkonzerte für 2 St. u. B.c., hrsg. v. H. LORENZEN (Kas 1954–56); Zwei kleine Weihnachtskonzerte für 2 St. u. B.c., hrsg. v. DEMS. (Kas 1974).

Lit.: O. RIEMER, H. G., in: FS Schering (B 1937); H. LORENZEN, Der Cantor H. G. (Diss. H 1940).

GRISCHKAT, Hans Adolf Karl Willy, * 28.8. 1903 Hamburg, † 10.1.1977 Stuttgart; dt. Chordirigent. Er studierte 1922–25 zunächst Zoologie, dann Musikwissenschaft an der Universität Tübingen und gleichzeitig Orgel und Klavier an der Musikhochschule Stuttgart. 1924 gründete er den Singkreis des Reutlinger Jugendrings (später Reutlinger Singkreis), 1931 den Schwäbischen Singkreis (einen Auswahlchor), 1936 den Grischkat-Singkreis in Stuttgart und leitete diese Laienchöre bis zu seinem Tode. 1938–42 und 1945–77 war er Werkmusikleiter der Robert Bosch GmbH in Stuttgart. 1942 wurde er Kirchenmusikdirektor. 1945 gründete er und leitete bis 1950 das Schwäbische Symphonieorchester Reutlingen und lehrte 1946–68 (seit 1950 als Professor) Chorerziehung und Chorleitung an der Musikhochschule in Stuttgart, leitete auch den Hochschulchor und hatte noch bis 1977 einen Lehrauftrag für Chor- und Orchesterleitung. Seit 1965 war er auch Präsidiumsmitglied der „Europäischen Föderation Junger Chöre“. Ausgang und beständige Orientierung für G.s Wirken war die Singbewegung der 20er Jahre (Fr. Jöde, W. Hensel). Im Mittelpunkt seines von Cl. Monteverdi und H. Schütz bis zur Gegenwart (C. Orff, J. N. David, K. Marx, H. Distler) reichenden Repertoires stand das Vokalwerk J. S. Bachs, dessen 192 Kirchenkantaten er 1958–70 in Stuttgart zyklisch aufgeführt hat. G. erwarb sich bedeutende Verdienste um die Laienmusikpflege. Er gab heraus: *Die Kantorei* (St 1956 ff.).

WW: **1) Schriften:** *Ex Deo nascimur. Erfahrungen mit Motetten von J. N. David*, in: Ex Deo nascimur. FS J. N. David (Wie 1970); *Wie studiere ich mit meinem Chor eine einfache Schütz-Motette ein?*, in: MS 92 (Kö 1972). – **2) Editionen:** *J. S. Bach* Kantaten BWV 17, 23, 27–29, 32, 37, 38, 40, 61, 62, 68, 93, 101, 112, 117, 127, 131, 158, 159 sowie *Matthäus-Passion* u. *Weihnachtsoratorium* (= Eulenburg-Taschenpartituren).

Lit.: E. HERRMANN, H. G., in: ZfM 111 (1950); K. AICHELE, H. G. zum 60. Geburtstag, in: Musica 17 (1963); Zum Gedenken an H. G., hrsg. v. E. G. BRAUN (St 1977).

B. A. KOHL

GRISI. – 1) Giuditta, Contessa Barni, * 28.7.1805 Mailand, † 1.5.1840 Robecco d'Oglio bei Cremona; it. Sängerin (Sopran). Sie wurde 1822–24 am Konservatorium in Mailand ausgebildet, debütierte in Wien in G. Rossinis Oper *Bianca e Faliero*, sang dann in Neapel, Florenz, Parma und in Venedig, wo sie 1830 am Teatro La Fenice in G. Bellinis Opern *Il pirata* und *I Capuleti e i Montecchi* (in der für sie geschriebenen Rolle des Romeo) Triumphe feierte. Danach trat sie u.a. an der Mailänder Scala, am Théâtre-Italien in Paris und in Madrid auf. – **2) Giulia,** Comtesse Melcy, Schwester von 1), * 28.7.1811 Mailand, † 25.11.1869 Berlin; it. Sängerin (Sopran). Sie wurde in Bologna und Mailand ausgebildet, debütierte in Bologna in Rossinis *Zelmira*, sang an der Mailänder Scala, seit 1832 am Théâtre-Italien in Paris und seit 1834 gleichzeitig in London, ferner u.a. in St. Petersburg und 1854 in den USA. Rollen schrieben für sie Bellini in *I Capuleti e i Montecchi* und in *I Puritani*, G. Donizetti in *Don Pasquale*. Zu ihren erfolgreichen Rollen gehörten auch die Donna Anna in Mozarts *Don Giovanni*, die Desdemona in Rossinis *Otello* und die Rosina in dessen *Il barbiere de Siviglia* sowie die Titelpartien in Donizettis *Lucrezia Borgia* und Bellinis *Norma*. Sie zählte zu den bedeutendsten Sängerinnen des Belcanto in ihrer Zeit und wurde auch wegen ihrer Schönheit gerühmt. Mit dem Tenor Giovanni Mario, mit dem sie in 2. Ehe verheiratet war, bildete sie ein ideales Gesangspaar. – **3) Carlotta,** Cousine von 1) und 2), * 28. 6. 1819 Visinada (Istrien), † 20. 5. 1899 Saint-Jean bei Genf; it. Tänzerin. 1832 debütierte sie in Mailand; entscheidend für ihre Karriere wurde ihre Begegnung mit dem französischen Tänzer und Choreographen J. Perrot 1834 in Neapel, dem sie ihre großen Erfolge verdankte. Der Durchbruch gelang ihr 1841 an der Pariser Opéra in Donizettis Oper *La Favorite.* Sie kreierte dort in den folgenden Jahren die Hauptrollen in den Balletten *Giselle, La jolie fille de Gand, Le diable à quatre, Grisélidis, La filleule des fées* von A. Adam und in *La Péri* von Friedrich Burgmüller. In London tanzte sie mit ebenso großem Erfolg u. a. in *La Esmeralda* und gemeinsam mit Maria Taglioni, Fanny Cerrito und Lucile Grahn in dem berühmten *Pas de quatre* von Cesare Pugni in der Choreographie von Perrot. 1849 gastierte sie auch in St. Petersburg. 1853 zog sie sich von der Bühne zurück.

Lit.: **Zu 2):** J. GHEUSI, Un grand couple lyrique. La G. et Mario, in: Musica (1961) Nr. 91; G. TINTORI, La G., Bellini e F. Romani, in: L'Opera 2 (1966). – **Zu 3):** K. V. PRINZ ZU WIED, Königinnen des Balletts (Mn 1961); I. GUEST, The Romantic Ballett in Paris (Lo 1966); P. MIGEL, The Ballerinas (NY 1972).

GRIST, Reri, * 1935 New York; amerik. Sängerin (Sopran). Schon als Kind trat sie am Broadway auf, studierte später Gesang in New York und sang seit 1957 in Broadway-Produktionen, u. a. in der *West Side Story* von L. Bernstein. 1960 ging sie nach Europa, wo sie in Köln als Königin der Nacht in Mozarts *Zauberflöte* großen Erfolg hatte, gehörte seit 1961 der Zürcher Oper, seit 1964 der Wiener Staatsoper an und ist seit 1970 Mitglied der Bayerischen Staatsoper in München. Gastspiele führten sie u. a. zu den Festspielen nach Salzburg und Glyndebourne, an die Hamburgische Staatsoper, an die Mailänder Scala und 1965 erstmals an die Metropolitan Opera in New York. R. G., die sich auch durch ihre Darstellungskunst auszeichnet, beherrscht ein vielseitiges Repertoire, das auch die Operette, im Lied- und Konzertgesang auch zeitgenössische Werke umfaßt.

GROBE, Donald, * 16. 12. 1929 Ottawa (Illinois), † 1. 4. 1986 Berlin; amerik. Sänger (Tenor). Nach dem Studium in New York debütierte er in Chicago, ging nach Deutschland, sang 1956 in Krefeld und Mönchengladbach und 1957–60 als 1. lyrischer Tenor am Opernhaus in Hannover. Seit 1960 ist er Mitglied der Städtischen bzw. Deutschen Oper Berlin. Als Gast sang er in den 60er und 70er Jahren u. a. an den Staatsopern München, Hamburg und Wien sowie bei den Salzburger Festspielen. 1968 debütierte er an der Metropolitan Opera in New York. G. machte sich auch als Lieder- und Oratoriensänger einen Namen.

GROBGEDACKT („grob", alte dt. Bz. für „groß"), Orgelstimme der ↗Gedackten aus Holz oder Metall in der 16′- und 8′-Lage, im Gegensatz zu höher liegenden Kleingedackten in der 8′-, 4′- und 2′-Lage.

GROCHEO, Johannes de, ↗Johannes de Grocheo.

GROH, Herbert Ernst, * 1906 Luzern, † 28. 7. 1982 Norderstedt; Schweizer Sänger (Tenor). Er studierte Gesang in Mailand und München und debütierte 1927 in Darmstadt als Opernsänger. Seit 1930 war er an vielen deutschen Rundfunksendern engagiert und widmete sich, auch in öffentlichen Konzerten, vor allem der Operette und der Unterhaltungsmusik. In den 40er und 50er Jahren zählte er zu den populärsten deutschsprachigen Tenören im Bereich der Unterhaltungsmusik.

GROH, Johann, ↗Ghro.

GROOT, Cor (Cornelis Wilhelmus) **de,** * 7. 7. 1914 Amsterdam; ndl. Pianist und Komponist. Er studierte Klavier und Komposition am Konservatorium in Amsterdam, konzertierte seit 1934 u. a. mit dem Concertgebouworkest und gewann 1936 den Internationalen Pianistenwettbewerb in Wien. Danach unternahm er mit großem Erfolg Konzertreisen in Europa. Seit 1938 lehrte er als Professor am Konservatorium in Den Haag. Nach dem 2. Weltkrieg konzertierte er auch in Übersee, mußte dann seine Konzerttätigkeit wegen einer Armerkrankung aufgeben, wirkte später aber wieder als Pianist für Rundfunk und Schallplatte. Als Komponist schrieb er vor allem Instrumentalmusik, darunter zahlreiche Klavierwerke.

Lit.: W. PAAP, in: Mens en melodie 15 (1960).

GROSSBASSGEIGE ↗Violine.

GROSSBRITANNIEN. Über Musikausübung in vornormannischer Zeit gibt es nur wenige Zeugnisse. Beda Venerabilis († 735) berichtet in seiner *Historia ecclesiastica gentis Anglorum* mehrmals von der Verbreitung des Gregorianischen Gesangs, der nach der Synode von Whitby (664) in England verbindlich wurde. Bedas Geschichte vom Dichter Caedmon († um 680) spiegelt auch lyrische Bardentraditionen (Historial IV 24). Der Sarum Use, der Ritus von Salisbury, eine den lokalen Bedürfnissen angepaßte Form des römischen Ritus, geht nach der Tradition auf den heiliggesprochenen normannischen Bischof Osmund († 1099) zurück, wurde jedoch erst im 13. Jh. definitiv kodifiziert. Die Bereitschaft, mit der der Sarum Use im späten Mittelalter in fast ganz England, Wales und Irland aufgenommen wurde, läßt auf eine beharrliche Pflege eigenständiger, als einheimisch empfundener Traditionen über Jahrhunderte hin schließen. Während des 10. Jh. entwickelte sich im Zuge der wachsenden politischen Bedeutung des Bistums von Winchester die Kathedralstadt zu einem wichtigen Zentrum der bildenden Kunst und der Musik. Die Anfertigung des umfangreichen Winchester Tropar, der die erste große Gebrauchssammlung neumierter 2st. Organa enthält, ist wohl den gesteigerten liturgischen Bedürfnissen der unter den Bischöfen Aethelwold und Alphege vergrößerten angelsächsischen Kathedrale entgegengekommen, in der sich auch eine berühmte große Orgel (nach einem Zeugen des späten 10. Jh. mit 400 Pfeifen) befand. Der Kirchenorgelbau in England wurde aktiv durch Dunstan, Erzbischof von Canterbury (960–988), gefördert. Ferner deuten die Berichte über Dunstans Kunstfertigkeit im Instrumentalvortrag auf eine lebhafte Pflege der Instrumentalmusik. Hier wird als bestimmendes Merkmal der englischen Musik ihre eigentümliche Klanglichkeit greifbar, die einer wesentlich instrumentalen Haltung verpflichtet ist. Diese offenbart sich einerseits in den frühen Zeugnissen eines instrumentalen Repertoires – man denke an die Tänze der Handschrift London Brit. Mus. Harley 978 mit ihrer Durmelodik, an die Stücke im Robertsbridge Codex (Brit. Mus. Add. 18550), der ersten Quelle der Musik für ein Tasteninstrument, ferner an die erstaunlich reife Instrumentalfaktur der späteren elisabethanischen Virginalmusik (↗Cembalomusik) – andererseits in der Durchsetzung vokaler Sätze mit klanglichen Konstruktionstechniken wie Ostinato und Wechselbordun, Rondellus und Stimmtausch, und in der Vorliebe für ein vollstimmiges, durch parallele Terzen und Sexten bereichertes Satzgewebe. Diese Eigenart spiegelt sich in Giraldus Cambrensis' (um 1147–1223) Beschreibungen der Praxis des Instrumentenspiels auf den britischen Inseln, wie auch in den Abhandlungen mittelalterlicher englischer Musiktheoretiker wie W. Odington und Johannes de Garlandia. Auf volkstümlicher Ebene wird das gleiche Phänomen unter den verschiedensten Aspekten immer wieder faßbar: in der Beschaffenheit vieler britischer Volkslieder, deren latente Wechselbordunstruktur (vgl. etwa *The Woods So Wild, Come O'er the Bourne, Bessy*) von E. W. Naylor (1905) in Zusammenhang mit der besonders in Nordengland, Schottland und Irland verbreiteten Sackpfeife gebracht worden ist; in den mehrstimmigen ↗Rounds des 16. und frühen 17. Jh., die oft auf einem sehr einfachen ↗Ground beruhen (so T. Ravenscrofts umfangreiche gedruckte Sammlungen *Pammelia* und *Deuteromelia* von 1609); ferner in den Besonderheiten des noch heute außerordentlich beliebten „change-ringing", einer rein englischen, aus dem 17. Jh. stammenden Praxis des Glockenläutens, deren Ausübung auf breiter Basis zu den interessantesten und lebendigsten Erscheinungen der englischen Liebhabermusikpflege gehört. G. NITZ

Mittelalter. Die Berührung mit der mehrstimmigen Musik des Kontinents dokumentiert die Sammlung der Notre-Dame-Organa in einer Handschrift aus dem schottischen Kloster St. Andrews (heute in Wolfenbüttel, Herzog-August-Bibl., sog. Codex W_1). Kontinentale und einheimische Satzarten (englischer Discantus) verbanden sich in dem teilweise erhaltenen Repertoire der Kathedrale von Worcester aus dem späten 13. und frühen 14. Jh. (↗Worcester Fragmente). Volkstümliche Durmelodik, Ostinatotechniken und eine durch Terzen und Sexten geprägte Konsonanz kennzeichnen sakrale Werke (z. B. die Motette *Campanis cum cymbalis / Onoremus dominam*) wie auch der weltlichen 6st. Rota *Sumer is icumen in*. Die bedeutendsten Träger der musikalischen Entwicklung des Mittelalters waren die englische Hofkapelle und die musikalischen Institutionen an den Kathedralen und Klöstern in England und Schottland.

Zu Beginn des 15. Jh. standen 27 Kapläne und Geistliche im Dienste König Heinrichs V., der junge Sänger schulen ließ, um die Kapellen, die er in England und in der Normandie unterhielt, mit Sängern versorgen zu können. Die Musiker, die ihn zur Unterzeichnung des Staatsvertrages von 1421 nach Troyes begleiteten, beeindruckten stark die Höfe Frankreichs und Burgunds. Der Old Hall-Codex, eine Messen- und Motettensammlung von Komponisten der königlichen Kapelle unter Heinrich V., enthält Werke von John Burrell, John Cooke, Thomas Damett, Nicholas Sturgeon, J. Benet, John Pyamour und L. Power. – Das Werk von J. Dunstable, das auch in norditalienischen Handschriften (den ↗Trienter Codices) erhalten ist, stellt einen Höhepunkt der englischen Musik dar. Dunstables Stil ist gekennzeichnet durch eine kantable Melodik, eine neue, sparsame Behandlung der Dissonanz und eine reiche Verwendung konsonanter Klänge. In *Le champion des dames* (1437) rühmt Martin le Franc die Kunstfertigkeit von G. Dufay und G. Binchois, die die Kompositionstechnik Dunstables in ihr Schaffen einbezogen.

Die Kirchenmusik in Schottland wird hauptsächlich durch die Antiphonare der Kathedrale von Dunkeld und der Abtei von Scone, beide aus dem 16. Jh., repräsentiert. Diese Werke enthalten den kleinen Teil schottischer Musik, der die Reformation überlebte.

Renaissance. Seit dem 15. Jh. erfuhr die Musik in England besondere Förderung durch den königlichen Hof. Die Könige Eduard IV. (1461–83) und Richard III. (1483–85) vergrößerten die Personenzahl der königlichen Kapelle sowie die Zahl ihrer persönlichen Ménestrels. König Heinrich VIII. (1509–47), Komponist, Dichter, Instrumentalist und Sänger, verringerte die Zahl der Hoftrompeter und -trommler, die eher Repräsentationsaufgaben versahen, und ersetzte sie durch Kammermusiker, die teilweise vom Kontinent kamen. Die weltliche Musik am Hofe bestand im wesentlichen aus homophonem (meist 3st.) Gesang und kurzen Instrumentalstücken ähnlicher Faktur. Das mehrstimmige ↗Carol, ein zeremonielles Refrainlied, das einen Höhepunkt im 15. Jh. erreicht hatte, wurde weiter gepflegt. Die Messen und Motetten dieser Zeit zeichnen sich durch große stilistische Vielfalt aus. J. Taverner und Chr. Tye, die Messen über den in England beliebten profanen Cantus firmus *Westron Wynde* (ein bemerkenswertes Volkslied) komponierten, konnten den Einfluß der ↗Franko-flämischen Schule mit einheimischen Satztechniken verbinden. Den extremen Gegensatz dazu bildete J. Merbeckes Versuch, durch eine einstimmige, mehr oder weniger syllabische Vertonung der neuen anglikanischen Liturgie des ersten *Book of Common Prayer* (1549) der vorherrschend protestantischen Gesinnung unter König Eduard VI. gerecht zu werden. Merbeckes schmucklose Vortragsart war nicht beliebt, da sie zu schroff mit den Gepflogenheiten der englischen Musik brach und sich außerhalb des Hauptstroms musikalischer – reformistischer wie katholischer – Aktivitäten in der königlichen Kapelle befand. Die Kontinuität der Musikpflege in einer Zeit, wo das religiöse, politische und gesellschaftliche Leben ins Wanken gekommen war, ist eine der bemerkenswertesten Zeugnisse für die Beharrlichkeit und gleichzeitig für die Lebendigkeit der Lokaltradition. Beispielsweise sollte die modifizierte Fassung des *Second Book of Common Prayer,* die Königin Elisabeth I. 1559 veranlaßte, einen Mittelweg zwischen den katholischen und extrem protestantischen Forderungen darstellen. Da die Königin die mit den Kathedralen verbundenen musikalischen Institutionen wie die ↗Cathedral music bestehen ließ, mußten sich die Komponisten keinem abrupten Stilwechsel unterordnen. So wurde eine Laufbahn wie die von Th. Tallis möglich, der unter 4 Tudor-Monarchen (Heinrich VIII., Eduard VI., Maria I. und Elisabeth I.) diente und seinen Posten in der Hofkapelle ohne Einbuße, trotz wechselnder, bisweilen radikaler religiöser Umschwünge behalten konnte. W. Byrd, der bedeutendste englische Komponist seiner Zeit, schrieb Musik für den anglikanischen Gottesdienst und lateinische liturgische Sätze für den Gebrauch der englischen Katholiken im Exil, darunter die *Gradualia.*

Das Elisabethanische Zeitalter. Eine bedeutende Entwicklung der Musik unter der Regierung Königin Elisabeths I. (1558–1603) begleitete die große Blüte der lyrischen und dramatischen Dichtung Englands. Während dieser Zeit stand die Musik in enger Beziehung zur Dichtung. Die Mehrstimmigkeit blieb auf der hohen Stufe der Musik der Renaissance, während sich auf dem Kontinent nach und nach der Generalbaßsatz der Barockzeit durchsetzte, und bewahrte englischen Charakter, indem sie auffallende harmonische Wendungen, darunter den Querstand, benutzte, die in gleicher Weise von den Komponisten der vorhergehenden Generation zur Darstellung expressiver Momente in der Musik verwendet worden waren. Die Art und Weise der Behandlung des literarischen Textes nimmt Rücksicht sowohl auf den rhythmischen wie auch auf den musikalischen Wert der Worte. Das englische ↗Madrigal und einfachere Gattungen wie das ↗Ballett und die ↗Kanzonette zeigen eine besonders gelungene Verschmelzung von italienischem Vokalstil und der neuen englischen lyrischen Dichtung. Der Ausspruch W. Byrds in der Beschreibung seiner Ayres als „gestaltet nach dem Leben der Worte" trifft für einen Großteil der Vokalkompositionen zu, die zwischen 1571 (Veröffentlichung der *Songs for 3, 4 and 5 Voices* von Th. Whythorne, der Auftakt zum Madrigal der Elisabethanischen Zeit) und 1656 (dem Todesjahr von Th. Tomkins, das das späte Ende dieser Richtung anzeigt) geschrieben wurden. In *The Triumphs of Oriana* (1603), einer Madrigalsammlung, zu Ehren der Königin geschrieben, findet sich ein Werk für 6 St. von Th. Weelkes, *As Vesta Was from Latmos Hill Descending:* Die musikalische Gestaltung illustriert Worte, die sich auf Abwärts- und Aufwärtsbewegungen beziehen oder Bilder wie z. B. den Auflauf einer Volksmenge, „zuerst paarweise, dann zu dritt" zum Ausdruck bringen.

Das ↗Ayre für Solostimme mit Lautenbegleitung, dessen Blütezeit mit dem *First Book of Songes or Ayres* von J. Dowland 1597 begann und 1622 endete, bedient sich ebenfalls des poetischen Sinngehalts als Ausdrucksträger. Byrds Lieder für Solostimme sind madrigalartig gehalten mit Begleitung eines ↗Consort von Streichinstrumenten, während das Lautenlied mit einer oft fast volksliedhaften Melodie stets auf die Textdeklamation bedacht bleibt. In den Ayres von J. Daniel und J. Dowland übernimmt die Stimme oft eine Melodie, die weder Wiederholungen noch Strophen kennt und von einer kontrapunktisch dichten Lautenbegleitung getragen wird.

Als Lautenvirtuose im Dienste König Christians IV. von Dänemark (1598–1606) komponierte Dowland Stücke für sein Instrument in der Form bekannter Tänze oder der ↗Fancy. J. Bull, in Europa gefeierter Cembalovirtuose, schrieb brillante Stücke für sein Instrument, in denen er – wie Byrd, G. Farnaby und O. Gibbons – oft eine einfache Variationsform zugrunde legt, die mit jeder Wiederholung reicher an Verzierungen wird. Die Fancy und das ↗In nomine eignen sich sowohl für Tasteninstrumente als auch für den Streicherconsort oder Streicher-Bläser-Consort. Während die Formen der Cembalomusik durch dieses Instrument selbst bestimmt wurden, mußte sich die Consortmusik erst vom Vokalstil lösen: Die ersten Komponisten betonten, daß ihre Werke „sowohl für Stimmen als auch für Streichinstrumente geeignet“ seien. Unter den Werksammlungen für Consort, die 1597 und 1599 von A. Holborne und seinem Bruder William veröffentlicht wurden, befinden sich einige Kompositionen (z.B. Werke von Th. Morley und Ph. Rosseter), die wohl für das Theater bestimmt gewesen sind.

Keines dieser Stücke wurde allerdings für bestimmte Anlässe oder bestimmte Ausführende geschrieben. Beinahe alle bedeutenden Komponisten waren Mitglieder der königlichen Kapelle, was ihnen Ansehen verlieh und sichere Einkünfte gewährte, ohne daß sie verpflichtet waren, neue Kompositionen zu schaffen. Die Musik richtete sich an ein breites Publikum, das die Komponisten durch Veröffentlichungen ihrer Werke erreichen konnten. Zweifellos ist dieses Zeitalter von einem bemerkenswert hohen Niveau des Musiklebens gekennzeichnet. Die anspruchsvollste theoretische Abhandlung der Epoche ist *A Plaine and Easie Introduction to Practicall Musick* von Th. Morley, verfaßt als Dialog zwischen einem Lehrer und einem erwachsenen Schüler, der sozial benachteiligt wurde, weil er eine Stimme eines nach dem Essen gesungenen Madrigals nicht halten konnte. Das Ayre für Laute blieb dank der gedruckten Ausgaben in großer Zahl erhalten; das *Third and Last Book of Ayres* (1603) von J. Dowland wurde in 1000 Exemplaren verkauft – trotz der technisch komplizierten Begleitung. Consortmusik wurde seit der Wende zum 17. Jh. gedruckt. 1612/13 erschien *Parthenia,* die „erste, gedruckte Musik für das Virginal“, eine Sammlung mit Werken von W. Byrd, J. Bull und O. Gibbons. In dieser Musik lassen sich kaum Hinweise auf den sich ankündigenden Niedergang der Polyphonie und das Heraufkommen des Generalbaßsatzes entdecken. Trotz der Entwicklung des Verse anthem (↗Anthem) zu einer Form mit Solostimmen und dialogisierender Streicherbegleitung einerseits und vollem Chor mit Orgelbegleitung andererseits finden sich keine Strukturkontraste (etwa Homophonie gegen Polyphonie), die an die kontinentale Musik des Barocks denken lassen. Die Melodie der Lieder Dowlands ähnelt überhaupt nicht dem Rezitativ. Die einzige Neuerung gegen Ende des Elisabethanischen Zeitalters ist die Entwicklung der ↗Masque, die gleich dem Ballett de cour Wort, Gesang, Tanz und szenisches Schauspiel wirkungsvoll miteinander vereint. Als beliebteste Form der Unterhaltung zur Zeit König Jakobs I. (1603–25) wurde diese Gattung durch Th. Campian, dessen Masques dem traditionellen Stil der Elisabethanischen Zeit folgen, und durch J. Coperario berühmt. Letzterer bezeugte bereits durch die Italianisierung seines Namens (Cooper) seinen Willen, dem neuen italienischen Stil zu folgen. Die Musik der Lieder und Masques von A. Ferrabosco dem Jüngeren, N. Lanier, der von einer in England niedergelassenen französischen Musikerfamilie abstammt, und H. Lawes steht unter dem Einfluß der italienischen Monodie.

Commonwealth und Restauration. Die Jahre der Commonwealth-Regierung (1649–60) und der zeitweisen Unterbrechung der Monarchie beseitigten die der Kirche angegliederten musikalischen Institutionen und machten das Theater rechtlos. Zahlreiche Orgeln wurden aus den Kirchen entfernt und wurden Eigentum von Schankwirten, die zur Unterhaltung ihrer Gäste Musikräume einrichteten. König Karl II. (1660–85), der den Thron nach seinem Exil in Frankreich bestieg, ermutigte seine Musiker, den französischen und italienischen Stil zu übernehmen. Im Zuge der Wiedereinrichtung der königlichen Kapelle und der Neugestaltung des Hofinstrumentalensembles als Nachahmung der 24 Violons du Roi am französischen Hof schickte der König einige Musiker zum Studium ins Ausland, darunter P. Humfrey und J. Banister, der ein Jahrzehnt später (1672) die ersten öffentlichen Konzerte in London einführte. – Die am weitesten gehende Neugestaltung innerhalb der Kirchenmusik betraf das Anthem, das zu einer kantatenähnlichen mehrsätzigen Gattung mit Orchesterbegleitung umgebildet wurde. Die Anthems von J. Blow und H. Purcell erreichen oft beträchtliche Länge: Großangelegte Chorpartien alternieren mit Arien, Duetten und Soloquartetten. – Die Masque bildete den Ausgangspunkt für neue Versuche im Theater, das nach seiner Wiederzulassung ein zwar wohlhabenderes, aber weniger anspruchsvolles Publikum fand. Aus den hybriden Formen dieser Zeit, die sowohl der Oper wie auch dem Theater verpflichtet waren, hätte ein spezifisch englischer Operntypus hervorgehen können. – Die Instrumentalkomponisten bemühten sich, die traditionelle Fantasie mit der neuen Triosonate zu verbinden. J. Jenkins' Sonaten für 2 V. und B.c. (1660) und seine 5st. Fancies unterscheiden sich kaum voneinander. Purcell komponierte hingegen sowohl traditionelle Fancies als auch echte Triosonaten. Das Madrigal und verwandte Gattungen wurden durch den ↗Catch verdrängt.

Die neue königliche Kapelle brachte zahlreiche bedeutende Musiker hervor, darunter Blow, J. Clarke und Purcell. Mit *Venus and Adonis* schuf Blow ein Werk, das als eines der ersten den Anfangsschritt zur englischen Oper bildet. Über alle anderen ragt Purcell als bedeutendste Figur seiner Zeit heraus. Seine bemerkenswert ausdrucksvolle Musik hat eine eigene Frische und erweist sich als technisch versiert und zugleich kühn. In seinen Oden, die für offizielle oder öffentliche Anlässe geschrieben wurden, entwickelte er einen dichten, gleichzeitig aber beweglichen Chorsatz. Bei Textvertonungen nimmt Purcell stets auf den Sprachrhythmus Rücksicht. Die Verwendung des Querstands und die harmonische Kühnheit des Satzes und scharfe Dissonanzen sind für seinen Stil charakteristisch. *Dido and Aeneas* (1690?) ist eine der bedeutendsten englischen Opern: Das von ihm gewählte Libretto erlaubt Purcell, das Rezitativ zugunsten einer im melodischen Ausdruck stets gleich intensiv bleibenden Musik zu umgehen. Seine Masques und seine ↗Semi-operas, die als musikalische Zwischenspiele für zeitgenössische Theaterstücke bestimmt waren, besitzen gleich hohen Wert. Der Ausdrucksbereich in seinen zahlreichen Liedern bewegt sich zwischen äußerster Empfindsamkeit und stärkster Emphase.

18. Jahrhundert. Nach dem Tode Purcells setzte sich die englische Tradition zunächst in anspruchslosen Opern fort. Diese waren entweder durchkomponiert oder enthielten gesprochenen Dialog und waren gelegentlich mit bekannten Songs durchsetzt, denen neue Texte unterlegt wurden (↗Ballad operas). Die Tradition der englischen Kirchenmusik wurde von M. Greene, W. Boyce und S. Wesley, dem Neffen des Kirchenreformators, und dessen Sohn Samuel Sebastian fortgesetzt. Der Catch wurde durch das ↗Glee ersetzt. Dieser reizvoll-geselligen Musik für Liebhaber widmeten sich Komponisten wie J. C. Callcott, W. Horsley und die beiden S. Webbes, Vater und Sohn.

Der Londoner Konzertbetrieb zu Beginn des 18. Jh. wurde durch ortsansässige Musiker organisiert, deren Repertoire aus Instrumentalkonzerten, insbesondere den Concerti grossi A. Corellis und G. Fr. Händels – um beim Publikum Gefallen zu finden, glich Händel seinen Stil dem Corellis an – sowie aus Opernouvertüren und Oratorien von Händel u. a., oft englischen Komponisten, bestand. Nach diesem Muster bestritten die Halbdilettanten der Music clubs in der Provinz das Musikleben während eines großen Teils des 18. Jahrhunderts. 1764 begannen J. Chr. Bach und C. Fr. Abel mit den „Bach-Abel-Concerts", neben dem Pariser Concert spirituel dem wichtigsten europäischen Konzertunternehmen zwischen 1764 und 1780. Der Erfolg J. Chr. Bachs erweckte im Publikum das Interesse für die neuen Gattungen der Symphonie und des Konzerts. Die Concerti grossi von Ch. Avison, J. Stanley und Richard (?) Mudge sind charakteristische Belege für den englischen Instrumentalstil ihrer Zeit.

Händel, dessen Einfluß auf die englische Musik weit über seinen Tod hinausreichte, kam 1712 nach England, um den Wunsch einiger Aristokraten nach italienischen Opern zu erfüllen. Einige Komponisten hatten bereits vor ihm versucht, diese Form auf den englischen Text und Stil zu übertragen, so Th. Clayton, dessen *Arsinoe, Queen of Cyprus* (die er als „eine vollständig gesungene Oper in italienischem Stil" beschreibt) trotz des unerbittlichen Widerstandes der Engländer gegen das italienische Rezitativ einen gewissen Erfolg erringen konnte, während seine *Rosamond* auf eine Textvorlage von Joseph Addison ein vollständiger Mißerfolg wurde. Händel, der im italienischen Stil italienische Libretti komponierte, wurde Leiter einer neugeschaffenen musikalischen Institution, der Royal Academy of Music, die 1720–28 bestand. Bis 1740 war Händel sein eigener Impresario, und er hatte sich gegen Rivalen zu behaupten, die oft beträchtlichen finanziellen Rückhalt besaßen und ihren Opern ein zwar kleines, aber um so illustreres Publikum zu erhalten bemüht waren. Nicht zuletzt weil er seiner Mißerfolge auf dem Gebiet der Oper müde war, schrieb er seit etwa 1730 englische Oratorien, in denen er zwar Elemente der Oper des 18. Jh. übernahm, aber auch – namentlich in den Chören – Kunstmittel der Masque und der anglikanischen Kirchenmusik einsetzte. Die Texte stammen, dichterisch zu einem Libretto umgeformt, aus den bekanntesten Erzählungen des Alten Testamentes (in diesem Sinne ist der *Messiah* das am wenigsten typische Oratorium, da es sich bei der Vorlage um wörtlichen Bibeltext handelt). Dies sicherte ihm ein großes Publikum, das aus einer mittleren sozialen

Schicht stammte und das die Oper nicht liebte. J. A. Hasse, J. Chr. Bach und Chr. W. Gluck wirkten neben anderen Komponisten gleichfalls in London – doch es war für sie schwierig, sich nur der Oper zu widmen. Nur einige Lieder sind von der englischen Theatermusik von Th. Arne, Ch. Dibdin und W. Shield erhalten. Arne war ambitioniert genug, mit seinem *Artaxerxes* den Versuch zu unternehmen, die italienische Oper mit englischem Text wiedereinzuführen. Jedoch die meisten seiner Werke, wie auch die weiterer Theaterkomponisten, bevorzugten den gesprochenen Dialog gegenüber dem Rezitativ.

Gegen Ende des 18. Jh. wurde die englische Musik ganz von den Formen und Gattungen des Kontinents bestimmt; die freie Übertragung der französischen oder italienischen Oper z.B. bei H. Bishop führte die Theaterkomponisten auf neue Wege. Händels Persönlichkeit überstrahlte die Komponisten von Chormusik, und der Erfolg der Konzerte J. Chr. Bachs wurde noch übertroffen von denen J. Haydns zwischen 1791 und 1795. Die 1813 gegründete Philharmonic Society (heute: Royal Philharmonic Society) widmete sich gleichzeitig englischen und kontinentalen Komponisten, die alle Bewunderer Beethovens waren. Viele englische Komponisten glaubten, ihr richtiger Weg sei der der Nachahmung der großen Meister des Kontinents. Einige Gelehrte, z.B. Ch. Burney (*A General History of Music,* 1776–89), neigten dazu, die Größe von Komponisten wie Byrd, Tallis und Purcell gegenüber ausländischen Meistern der zweiten Hälfte des 18. Jh. zu leugnen.

19. Jahrhundert. Wenn auch im 19. Jh. die Bedeutung Englands in der europäischen Musikgeschichte peripher ist, so wäre es doch ungerechtfertigt, von ihm, wie es gelegentlich geschieht, als von einem „Land ohne Musik“ zu sprechen. Es behauptete sich das Konzertleben, und neue musikalische Institutionen wurden gegründet: 1822 als erstes britisches Konservatorium die Royal Academy of Music und 1851 die New Philharmonic Society (als Reaktion auf den musikalischen Konservativismus der Londoner Philharmonic Society). In allen Industriegebieten entwickelten sich teils auf Betreiben der Arbeitgeber, teils auf Anordnung lokaler Behörden, die hierin die Möglichkeit erblickten, das kulturelle Niveau der Arbeiterklasse anzuheben, Chorvereinigungen. Diese Gruppen besaßen die gleiche Begeisterung für die Oratorien Händels, F. Mendelssohn Bartholdys, L. Spohrs oder Ch. Gounods wie die höheren Kreise. Beliebt waren auch Blechbläserensembles, die von den Arbeitgebern gefördert wurden. – In Liverpool wurde 1840 eine Philharmonic Society gegründet; in Manchester wählten 1849 die Gentlemen's Concerts, deren Anfänge sich über mehr als ein Jahrhundert zurückverfolgen lassen, den deutschen Pianisten Ch. Hallé, einen Freund von H. Berlioz und Fr. Liszt, zu ihrem Leiter. Dieser bildete 1858 ein Orchester aus Berufsmusikern, das als Hallé Orchestra regelmäßig Konzerte in Manchester sowie in Bradford und Sheffield und bis zum 2. Weltkrieg auch in Liverpool gab. – Die Gesangsbegabung der Waliser und der Reichtum ihrer Volksmusik förderte die Einrichtung von Chören unter der Bevölkerung der Industriegebiete im Süden von Wales. Das ↗Eisteddfod, traditioneller Musik- und Dichtwettbewerb, nahm nach und nach einen immer größeren Raum im Leben der Arbeiter ein. In Schottland gehörten seit dem 18. Jh. Konzerte in Edinburgh und Glasgow nahezu zum täglichen Leben. 1803 wurden hier die Reid Concerts ins Leben gerufen. Aus der 1780 gegründeten Gentlemen's Musical Society von Glasgow ging 1799 die Gesellschaft der Gentlemen's Subscription Concerts hervor; die Choral Union von Glasgow wurde 1843, deren Orchester 1884 gegründet. 1891 wurde das Scottish Orchestra (heute: Scottish National Orchestra) geschaffen. Die walisischen Komponisten waren bestrebt, für die Chöre ihres Landes zu schreiben, und hier konnte sich ihre Musik entfalten, während schottische Komponisten ihren Wirkungsbereich über ganz G. ausweiteten.

Das erste Auftreten Mendelssohn Bartholdys in London (1829) und die erste Aufführung seines Oratoriums *Paulus* (1836) setzten für die britische Musik einen neuen Orientierungspunkt, der sich im Einklang mit dem Geschmack der Viktorianischen Zeit befand. Die Komponisten, die dem Beispiel Mendelssohn Bartholdys nicht folgten – dieser galt für das englische Publikum vor allem als Komponist des *Paulus, Elias* und des *Lobgesangs* –, wirkten mehr auf dem Kontinent als in ihrer Heimat. M. Balfe wurde zuerst in Italien bekannt, bevor er die Aufmerksamkeit seiner Landsleute erregen konnte, sein Zeitgenosse Henry Hugh Pierson ließ sich endgültig in Deutschland nieder, wo er für das Theater komponierte. Der Wirkungskreis der Chorvereinigungen und die Überzeugung, daß der Komponist sich moralischen Werten verpflichtet fühlen sollte, schränkte Autoren in der Wahl der Vorlagen ein. Indem sie sich ganz der lyrischen Melodik und „akademischen“ Satzweisen widmeten, waren die Musiker doch selten geeignet, sich biblischen Epen oder religiöser Betrachtung zu nähern. W. St. Bennett war der bedeutendste Komponist zu Beginn der Viktorianischen Zeit. Er studierte in Leipzig unter Mendelssohn Bartholdy, und seine Musik rief die Begeisterung R. Schumanns hervor. Nach 1856 gewann der Komponist in ihm die Oberhand über den Pädagogen und den Dirigenten. Seine Werke blieben konservativ in ihrer Harmonik wie in ihrer Instrumentation. Spätere, ebenfalls konservative Komponisten wie G. A. Macfarren wurden vom breiten Erfolg Ch. Gounods in den Schatten gestellt, der 1871–75 in England lebte. Unter seinem Einfluß neigte die Musik am Ende der Viktorianischen Zeit immer stärker zur Sentimentalität. Die Operetten von A. Sullivan nach Libretti von W. S. Gilbert zeigten dagegen eine Echtheit der Empfindung, wie sie die meisten Werke der Zeit vermissen lassen. Sullivans melodische Erfindungsgabe, seine rhythmische Vitalität und subtile Instrumentation sowie sein Talent für Parodie verbanden sich mit einem ausgeprägten Sinn für Theatereffekte. Seine Oratorien hingegen, die er für die großen Chöre in London und in der Provinz schrieb, stehen hinter den Operetten zurück.

Die Erneuerung der englischen Musik. Gegen Ende des 19. Jh. wandte sich das Interesse des Publikums Richtungen zu, wie sie von deutschen Musikern wie H. Richter und G. Henschel nach England gebracht worden waren. Wachsendes Interesse an der Volksmusik veranlaßte C. Sharp, die erste wissenschaftliche Sammlung englischer Volkslieder in Angriff zu nehmen, die auch die Komponisten zu Beginn des 20. Jh. beeinflußte. Die Musik von H. Parry und Ch. V. Stanford eröffnete weitere Perspektiven als die ihrer Vorgänger. Beide übten durch ihren Unterricht am Royal College of Music (gegr. 1883 als Reaktion auf den Konservativismus der Royal Academy of Music) beträchtlichen Einfluß aus. 1893 gründete Ch. Hallé das Royal College of Music in Manchester.

Eine neue Generation jüngerer Komponisten, die auch außerhalb der Landesgrenzen Anerkennung fanden, stärkte das mangelnde Selbstbewußtsein in der englischen Musikpflege. E. Elgar komponierte kurzweilige Salonmusik und großangelegte Chorwerke für Provinzfestspiele, bis er mit *Enigma Variations* (1899) einen spontanen Erfolg erzielte und mit seinem *Dream of Gerontius* (1900) die Gattung des Oratoriums in England neu belebte. Von der deutschen Romantik und ihrer Tradition beeinflußt, eignete sich Elgar eine eigenständige Schreibweise an, wobei ihm eine virtuose Beherrschung der Instrumentation zugute kam. Die Stärke der Musik von Fr. Delius liegt in dem lyrischen Charakter ihrer Melodik und in einer chromatisch erweiterten Harmonik. Das Schaffen von R. Vaughan Williams ist vor allem vom Volkslied und von der Musik der Tudor-Zeit geprägt. G. Holst brach mit den konventionellen Stilen des Kontinents und entwickelte eine sehr persönliche Schreibweise. Ausgehend von der englischen Volksmusik und von einem ausgeprägten Sinn für den Wortrhythmus bestimmt, führte seine Satzart die Logik der Harmonielehre ad absurdum, indem er ihre Gesetze bis zur Auflösung in herben Dissonanzen befolgte. Eine ähnlich schöpferische Vielseitigkeit findet sich auch bei Fr. Bridge und J. Ireland. Bridge war in allen Gattungen – mit Ausnahme der Vokalmusik – beheimatet; die Lieder und Klavierwerke Irelands sind von außergewöhnlicher Originalität. A. Bliss war einer der ersten, der die Werke Strawinskys und dessen Zeitgenossen nach dem 1. Weltkrieg begeistert aufnahm, während er selbst allerdings in einen expressiven Romantizismus zurückverfiel.

W. Walton schrieb im Alter von 20 Jahren *Façade, an Entertainment,* ein Divertissement mit rhythmisch interpretierten Gedichten von Edith Sitwell, begleitet von einer kleinen Instrumentengruppe. Die geistreiche, fast nostalgische Musik ist eine Folge von sehr unterschiedlichen Tanzparodien (nationalen, traditionellen Tänzen oder eine Folge von Tänzen der 1920er Jahre) und wurde in Form eines Balletts für großes Orchester allgemein bekannt. Seine Instrumentalmusik, das Chorwerk *Belshazzar's Feast* sowie die Opern *Troilus and Cressida* und *The Bear* zeigen romantische Züge, ohne vor Kühnheiten zurückzuschrecken, und sind voller Witz. Die jüngeren Werke besitzen große rhythmische Intensität und zeigen das Bemühen um die Wiederbelebung traditioneller Formen. Das Schaffen von M. Tippett ist das Ergebnis eines langsamen Reifungsprozesses. 2 Streichquartette von ungewöhnlicher rhythmischer Komplexität gingen seinem *Concerto for Double String Orchestra* (1939) voraus, seinem ersten Hauptwerk. In dem Oratorium *A Child of Our Time* (1941) erzielte er große Effekte durch äußerst sparsame Mittel. Vertraut mit sehr originellen Ensembles in kleiner Besetzung, erreichte die Musik von B. Britten, die er vor seinem 20. Lebensjahr schrieb, bereits eine beachtliche technische Sicherheit. In den Liedzyklen der 1940er Jahre beherrscht er meisterhaft nicht nur die poetische Diktion englischer *(Our Hunting Fathers* und *On This Island),* sondern auch französischer (*Les illuminations* nach einem Gedicht Arthur Rimbauds) und italienischer *(Seven Sonnets of Michelangelo)* Texte. Die *Serenade* für Tenor, Horn und Str. zeigt eine kunstvolle Satzart, deren schöne Linearität der Vokalmusik besonders entgegenkommt, und ein harmonisches Vokabular, das bisweilen eine Synthese diatonischer und serieller Systeme bildet. Britten ist der Schöpfer der neueren englischen Oper (zuerst mit *Peter Grimes*, 1945). Sein Opernschaffen reicht von der Kammeroper bis zu Werken mit Chor und großem Orchester. Britten ist vielleicht am erfolgreichsten bei Textvertonungen: Seine *Spring Symphony* und sein *War Requiem* wirken am unmittelbarsten auf das Publikum. Außerhalb Englands sind besonders auch die Purcell-Variationen *(The Young Person's Guide to the Orchestra)* erfolgreich.

Die ersten Komponisten, die die Zwölftontechnik übernahmen, waren Elisabeth Lutyens und H. Searle. Die Musik von Elisabeth Lutyens zeigt Raffinement und spricht eher den Verstand an. Das Schaffen H. Searles, eines Liszt-Kenners, ist im Gegensatz dazu sehr empfindsam und romantisch orientiert. P. R. Fricker, Schüler von M. Seiber, übernahm in seinen von B. Bartók beeinflußten Symphonien, in den Klavierwerken und in der Kammermusik serielle Verfahren. Umfangreich ist das Schaffen von M. Arnold. Alle seine Werke sind durch großen rhythmischen Elan und feinen Sinn für wirkungsvolle Instrumentation geprägt. Seine Musik erreicht im ständigen Bemühen um direkte Verständlichkeit sehr volkstümliche Züge. Die gleichen Bemühungen finden sich bei M. Williamson, einem vielseitigen Komponisten australischer Herkunft. Nicholas Maw ist mehr der Tradition verhaftet. In seiner Oper *The Rising of the Moon* entfaltet er eine vielgestaltige Melodik, die auch sein Werk *Nocturne* für St. und Orch. auszeichnet. R. R. Bennett, Schüler von P. Boulez und hervorragender Jazzpianist, komponierte Klavierstücke und eine Oper *All the King's Men* für Kinder. Seine anderen Opern, *The Ledge* und *The Mines of Sulphur* sind herb, dicht, außerordentlich dissonant, aber stets recht theaterwirksam. In den späteren Werken wirkt sein Stil gelöster.

Einige andere Komponisten lassen sich nur schwer einordnen. Die Musik von A. Rawsthorne wahrt stets Klarheit, weist aber Begrenztheit des Empfindungsvermögens auf. Die Musik von Elizabeth Maconchy – insbesondere die Kammermusik – ist ebenso wie die Musik von Thea Musgrave ansprechend und leicht zugänglich. Letztere beherrscht den großen Orchesterapparat und bemüht sich um traditionelle Formen. E. Rubbra orientiert sich an stilistischen Methoden, die von aktuellen Richtungen weit abseits liegen. Seine Chor- und Orchesterwerke sprechen unmittelbar an. In den Symphonien erreicht er eine oft gelungene Verbindung zwischen symphonischen Formen und einer intuitiv polyphonen Ausdrucksweise. A. Bush fand beim englischen Publikum bisher wenig Anklang. Er war bereits ein einflußreicher Lehrer, als er in seinen ersten Werken einen ungekünstelten modernen Kompositionsstil gefunden hatte. Als Verfechter einiger Thesen des sozialistischen Realismus vereinfachte er seinen Stil nach dem 2. Weltkrieg, um seine ideologischen Ansichten zu realisieren. Seine Opern mit politischer Intention wurden in der DDR aufgeführt.

Die drei repräsentativsten Komponisten der Avantgarde, P. Maxwell Davies, A. Goehr und H. Birtwistle studierten gemeinsam am Royal College of Music in Manchester. Maxwell Davies schrieb während der Zeit seiner Lehrtätigkeit an der Cirencester Grammar School für seine Schüler eine frische und ausdrucksvolle Musik in einem vereinfachten Stil. Von der Musik des Mittelalters und der Renaissance beeinflußt, verwendete er stilistische Elemente dieser Musik, um Parodien zu komponieren, in denen er diese Elemente dem Foxtrott der 1920er Jahre gegenüberstellte. Seine Oper *Taverner* stellt eine Verbindung der expressionistischen Schreibweise und gekonnter Theatralik dar. Bei A. Goehr handelt es sich um einen weniger eigenwilligen Komponisten. Seine Werke sind konsequent der Zwölftontechnik verpflichtet. H. Birtwistle ist von den dreien der von aller Konvention am weitesten entfernte Komponist, obwohl bei ihm Züge der für O. Messiaen typischen Zeitlosigkeit festzustellen sind. Er scheint in seinen Werken oft eher originelle Effekte erzielen zu wollen als durch eine überlegte und zusammenhängende Satzart zu überzeugen.

Roger Smalley wurde in England der Hauptvertreter der Theorien von K. Stockhausen. John Taverner ist um unmittelbaren Ausdruck bemüht, den er in einem aus Avantgardeverfahren, viktorianischen Hymnen und Formeln der Popmusik sowie Elementen der Volksmusik (Abzählreime) zusammengesetzten Stil zu erreichen sucht. Tim Souster widmet sich fast ausschließlich der elektronischen Musik, während C. Cardew den Theorien von J. Cage verpflichtet ist. Neuer Techniken bedient sich auch Br. Ferneyhough, der in einer äußerst komplizierten Schreibweise unter Einbeziehung von Geräusch und Lautsprecherwiedergabe die Konstruktivität seiner Musik zu verschleiern sucht.

Seit dem 2. Weltkrieg entwickelte sich in Wales ein musikalisches Interesse, das den Rahmen der traditionellen Volksmusik sprengt. Grace Williams, Daniel Jones und A. Hoddinott schrieben eine Musik, die über das traditionelle walisische Idiom hinausgeht.

Institutionen. Opern werden in London durch die Royal Opera Company im Covent Garden Theatre aufgeführt, wo Repertoireopern in Aufführungen mit internationalen Solisten geboten werden. Die English National Opera Company spielt im Coliseum Theatre ebenfalls Repertoireopern, jedoch ausschließlich in englischer Sprache. In Glyndebourne (Sussex) werden in jedem Sommer Opernfestspiele mit internationalen Solisten veranstaltet. Die Scottish Opera veranstaltet Festspiele in Edinburgh, Glasgow und Aufführungen in anderen Städten Schottlands. Diesem Beispiel folgt die Welsh National Opera Company in Wales.

Unter den Kammermusikensembles sind das Melos Ensemble, das Vesuvius Ensemble und die Fires of London zu erwähnen. Letztere widmen sich speziell Werken der Avantgarde. Das Amadeus String Quartet und das Allegri String Quartet besitzen internationales Ansehen. Einzelne Ensembles haben sich auf ältere Musik spezialisiert, u.a. das Ensemble Monteverdi Choir and Orchestra, der H. Schütz Chorus of London und der Deller Consort. Die Academia Monteverdiana veranstaltet im Sommer Konzerte in London und im Winter musikwissenschaftliche Tagungen in New York.

Die BBC unterhält das BBC Symphony Orchestra in London und Orchester in einigen Zentren der Provinz (Manchester, Cardiff und Glasgow) sowie die Academy of the BBC, ein kleines Ensemble für junge Berufsmusiker, die Orchestererfahrung sammeln wollen. In London bestehen ferner das London Symphony Orchestra, das London Philharmonic Orchestra, das New Philharmonia Orchestra und das Royal Philharmonic Orchestra. Als Kammerorchester sind zu nennen das English Chamber Orchestra, die Philomusica of London, die London Mozart Players und die Academy of St. Martin in the Fields. Die London Sinfonietta ist auf neue Werke spezialisiert. – In der Provinz besitzen das Hallé Orchestra und das Royal Liverpool Philharmonic Orchestra einen weiten Wirkungskreis über ihre Heimatorte hinaus. Das gilt auch für das City of Birmingham Symphony Orchestra. Auch das Bournemouth Symphony Orchestra und die aus ihm hervorgegangene Bournemouth Sinfonietta spielt im ganzen Südwesten Englands. Die Northern Sinfonietta, ein Ensemble, das sich ganz der Aufführung der Symphonien Haydns und Mozarts widmet und in Newcastle beheimatet ist, konzertiert im ganzen Nordosten des Landes, das Scottish National Orchestra regelmäßig in Edinburgh, Glasgow und anderen größeren Städten Schottlands.

Konservatoriumsunterricht wird in der Royal Academy of Music, im Royal College of Music, in der Guildhall School of Music and Drama und im Trinity College of Music in London sowie im Royal Manchester College of Music und in der Royal Scottish Academy of Music in Glasgow erteilt. Speziell der musikalischen Früherziehung widmen sich die Yehudi Menuhin School in Stoke d'Abernon (Surrey), die Pianisten und Streichinstrumentalisten ausbildet, und die Chetham's School of Music in Manchester.

Die musikwissenschaftliche Forschung und Ausbildung erfolgt an den Universitäten von Oxford, Cambridge, London, Durham, Manchester, Sheffield, Southampton, Birmingham und York, am University College of Wales und an den Universitäten in Edinburgh und Glasgow. Das Studium wird mit einem Diplom abgeschlossen. An den meisten Universitäten kann der Doktorgrad in Musikwissenschaft erworben werden (Mus.D.). Die schottischen Universitäten verleihen auch Diplome für Instrumentenpraxis.

Von Musiksammlungen ist besonders der Music Room des British Museum, heute British Library, in London mit zahlreichen Musikdrucken und Handschriften hervorzuheben. Weitere für die Musikforschung bedeutsame Bibliotheken befinden sich in Cambridge, Edinburgh, Glasgow, Leeds, Oxford und Tenbury/Worcestershire.

Lit.: **1) Bibliographien:** D. BAPTIE, Musical Scotland ... A Dictionary of Scottish Musicians (Paisley 1894); A. DEAKIN, Outline of Musical Bibliographies. A Catalogue of Early Music Printed and ... Produced in the British Isles, 6 Bde. (Lo 1899); W. FRERE, Bibliotheca musico-liturgica, 2 Bde. (Lo 1894, 1932, Nachdr. Hil 1967); E. BLOM, A General Index to Modern Musical Literature in the English Language ... (Lo 1927, Nachdr. Lo – Philadelphia 1967, NY 1970); C. L. DAY – E. B. MORRIS, English Song Books 1651–1702. A Bibliography ... (Lo 1946); M. DEAN-SMITH, A Guide to English Folk-Song Collection 1822–1952, with an Index ... (Liverpool 1954); P. A. SCHOLES, A List of Books About Music in the English Language ... (Lo 1959). – **2) Denkmälerausg.** (nur Anthologien): W. CHAPPELL, Popular Music of the Olden Times (1855–59), NA, hrsg. v. H. E. WOOLDRIDGE, 2 Bde. (Lo 1893), Nachdr. in einem Bd. als: Old English Popular Music (NY 1961); dass., Nachdr. mit neuer Einleitung v. F. W. Sternfeld als: The Ballad Literature and Popular Music of the Olden Times, 2 Bde. (NY 1965, Lo 1966); Early English Harmony, hrsg. v. H. E. WOOLDRIDGE, 2 Bde. (Lo 1897–1913); English Madrigal School, hrsg. v. E. H. FELLOWES, 36 Bde. (Lo 1913–24), revidiert v. Th. Dart als: The Englisch Madrigalists (Lo 1956ff.); The English School of Lutenist Song Writers, hrsg. v. DEMS., 2 Reihen, 32 Bde. (Lo 1920–32), revidiert v. Th. Dart als: The English Lute-Songs (Lo 1956ff.); Tudor Church Music, hrsg. v. DEMS., 10 Bde. (O 1923–29), dazu: Appendix With Supplementary Notes, hrsg. v. DEMS. (NY 1963); Worcester Medieval Harmony of the 13th and 14th Century, hrsg. v. A. HUGHES (Nashdom Abbey 1928); An Old St. Andrews Music Book, hrsg. v. J. H. BAXTER (Lo 1931); The Old Hall Manuscript, hrsg. v. A. RAMSBOTHAM, 3 Bde. (Nashdom Abbey 1933–38); Graduale Sarisburiense, hrsg. v. W. H. FRERE (Lo 1894, Nachdr. Farnborough 1966); The Use of Sarum, hrsg. v. DEMS. (C 1898–1901); Antiphonale Sarisburiense, hrsg. v. DEMS. (Lo 1901–25, Nachdr. Farnborough 1966); Musica Britannica (Lo 1951ff.). – **3) Allgemeine Stud. u. umfassende Darstellungen: a)** Allgemeines: P. A. SCHOLES, An Introduction to British Music (Manchester 1918); H. DAVEY, A History of English Music (Lo 1924); E. H. MEYER, English Chamber Music (Lo 1946, [2]1951, Nachdr. NY 1971), dt. Übers.: Die Kammermusik Alt-Englands (L 1958); E. BLOM, Music in England (Harmondsworth 1947); E. WALKER, A History of Music in England, revidierte Ausg. v. J. A. WESTRUP (Lo 1952, [2]1966); E. MACHERNESS, A Social History of English Music (Lo 1964); F. M. COLLINSON, The Traditional and National Music of Scotland (Lo 1966); P. M. YOUNG, A History of British Music (Lo – NY 1967); G. S.

EMMERSON, Rantin' Pipe and Tremblin' String. A History of Scottish Dance Music (Lo 1971); CH. WELLEBY, Masters of English Music (Boston/Mass. 1972); K. ELLIOT – F. RIMMER, A History of Scottish Music (Lo 1973); E. BRODY – C. BROOK, The Music Guide to Great Britain (NY 1975). – **b)** Volksmusik: J. H. DIXON, Ancient Poems, Ballades, and Songs of the Peasantry of England (Lo 1846, Nachdr. Wakefield 1973); F. KIDSON – M. NEAL, English Folk Song and Dance (C 1915); A. WILLIAMS, Folk-Songs of the Upper Thames (Lo 1923, Nachdruck Wakefield 1971); C. SHARP, English Folk Song... (Lo 31954); A. L. LLOYD, English Folk Song (Lo 1967); E. LEE, Music on the People. A Study of Popular Music in Great Britain (Lo 1970). – **c)** Geistliche Musik: J. S. BUMPUS, A History of English Cathedral Music 1549–1889, 2 Bde. (Lo 1908); E. H. FELLOWES, Organists and Masters of the Choristers of St. George's Chapel in Windsor Castle (Lo 1939, Lo 21974); K. H. MACDERMOTT, The Old Church Gallery (Lo 1948); E. H. FELLOWES, English Cathedral Music (Lo 1969); E. A. WIENANDT – R. H. YOUNG, The Anthem in England and America (NY – Lo 1970); R. RASTALL, Minstrelsy, Church and Clergy in Medieval England, in: Proc. R. Mus. Assoc. 97 (1970/71); K. R. LONG, The Music of the English Church (Lo 1972). – **d)** Weltliche Musik: E. J. DENT, The Foundations of English Opera (Lo 1928, Nachdr. NY 1973); E. W. WHITE, The Rise of the English Opera (Lo 1951); H. ROSENTHAL, Opera at Covent Garden. A Short History (Lo 1967). – **4) Studien zur Musik in einzelnen Epochen: a)** MA u. Renaissance: H. G. FARMER, Music in Medieval Scotland (Lo 1931, Nachdr. NY 1970); THR. G. GEORGIADES, Englische Diskanttraktate aus der ersten Hälfte des 15. Jh. (Wü 1937); F. LL. HARRISON, Music in Medieval Britain (Lo 1958); E. APFEL, England u. der Kontinent in der Musik des späten MA, in: Mf 14 (1961); F. HOWES, The English Musical Renaissance (Lo 1966); J. H. LONG, Music in English Renaissance Drama (Lexington 1968); E. APFEL, Volkskunst u. Hochkunst in der Musik des MA, in: AfMw 25 (1968); CH. HAMM, A Catalogue of Anonymous English Music in Fifteenth Century Continental Manuscripts, in: MD 22 (1968); R. L. E. FOREMAN, The British Musical Renaissance. A Guide to Research, 3 Bde. (Diss. Lo 1972); M. BENT, The Transmission of English Music 1300–1500. Some Aspects of Repertory and Presentation, in: Stud. zur Tradition der Musik. FS K. von Fischer (Mn 1973). – **b)** Das Elisabethanische Zeitalter: F. J. CROWEST, The Story of British Music from the Earliest Times to the Tudor Period (Lo 1896); E. W. NAYLOR, An Elizabethan Virginal Book (Lo 1905); G. BONTOUX, La chanson en Angleterre au temps d'Elisabeth (C 1936); J. H. LONG, Shakespeare's Use of Music... (Gainesville 1955); J. E. STEVENS, Music and Poetry in the Early Tudor Court (Lo 1961); D. W. STEVENS, Tudor Church Music (Lo 1961, Nachdr. NY 1973); J. E. STEVENS, Shakespeare and the Music of the Elisabethan Stage, hrsg. v. Ph. Hartnoll (Lo 1964); P. LE HURAY, Music and the Reformation in England (Lo 1967); I. SPINK, English Song. Dowland to Purcell (Lo 1974). – **c)** Commonwealth und Restauration (16.–17. Jh.): E. R. JACOBI, Die Entwicklung der Musiktheorie in England nach der Zeit v. J.-Ph. Rameau (Str 1957–60, Neudr. Baden-Baden 1971) (= Slg. musikwiss. Abh.en 35 u. 39); W. H. MELLERS, Harmonious Meeting. A Study of the Relationship Between English Music, Poetry and Theatre, ca. 1600–1900 (Lo 1965); H. M. SHIRE, Song, Dance and Poetry of the Court of Scotland Under King James VI. (Lo 1969); CH. DEARNLEY, English Church Music 1650–1750 (Lo 1970); R. MACGUINNESS, English Court Odes 1660–1820 (O 1971); W. T. ATCHERSON, Symposium on Seventeenth-Century Music Theory. England, in: JMTh 16 (1972); B. A. R. COOPER, English Solo Keyboard Music of the Middle and Late Baroque (Diss. O 1974); C. A. MONSON, Voices and Viols in England 1600–1650. The Sources and the Music (Berkeley 1974) (= Diss. Univ. of California); J. A. BERNSTEIN, The Chanson in England 1530–1640. A Study of Sources and Styles (ebd. 1974) (= Diss. ebd.). – **d)** 18. Jh.: F. HUEFFER, Half a Century of Music in England 1837–87 (Lo 1889); S. SADIE, Concert Life in 18th Century. England, in: Proc. R. Mus. Assoc. 84 (1958–59); O. T. EDWARDS, The Concerto in England During the 18th Century (1967) (= Diss. Univ. of Wales); M. BOYD, English Secular Cantatas in the Eighteenth Century, in: MR 30 (1969); J. C. KASSLER, British Writings on Music 1760–1830. A Systematic Essay Toward a Philosophy of Selected Theoretical Writings, 2 Bde. (1971) (= Diss. Columbia Univ.); D. C. JOHNSON, Music and Society in Lowland Scotland in the Eighteenth Century (Diss. Nottingham 1971); R. FISKE, English Theatre Music in the Eighteenth Century (Lo 1973). – **e)** 19. u. 20. Jh.: J. A. FULLER-MAITLAND, English Music in the 19th Century (Lo 1902); A. L. BACHARACH, British Music of Our Time (Harmondsworth 1946); M. COOPER, Les musiciens anglais d'aujourd'hui (P 1952); A. FRANK, Modern British Composers (Lo 1953); A. HUTCHINGS, Church Music in the 19th Century (Lo 1967) (= Studies in Church Music o. Nr.); E. ROUTLEY, 20th Century Church Music (Lo 1967); P. A. SCHOLES, The Mirror of Music, 1844–1944. A Century of Musical Life in Britain as Reflected in the Pages of the Musical Times (Freeport/N. Y. 1970); F. ROUTH, Contemporary British Music. The Twenty-Five Years from 1945 to 1970 (Lo 1972).

G. NITZ – H. RAYNOR

GROSSE TROMMEL ↗Trommel.

GROSSHERZOGIN VON GEROLSTEIN, DIE *(La Grande-Duchesse de Gérolstein),* Opéra-bouffe in 3 Akten (4 Bildern) von Jacques Offenbach (1819–80), Text von Henri Meilhac (1831–97) und Ludovic Halévy (1834–1908). Ort und Zeit der Handlung: Gerolstein, im zweiten Drittel des 19. Jh. UA: 12. 4. 1867 in Paris (Théâtre des Variétés) mit Hortense Schneider in der Titelrolle. EA in dt. Sprache: 13. 5. 1867 in Wien (Theater an der Wien), übersetzt von Julius Hopp.

Offenbach komponierte das Werk für die Pariser Weltausstellung 1867, in deren Rahmen es zu einem bedeutenden musikalischen Ereignis wurde. Die Liebe der Großherzogin von Gerolstein zu dem Rekruten Fritz steht im Mittelpunkt des Geschehens. Obwohl sie ihn zum General befördert, läßt er sich mit dem Bauernmädchen Wanda trauen und wird wieder zum gemeinen Soldaten degradiert. Vordergründig schien die Handlung eine Satire auf die deutsche Kleinstaaterei zu sein, doch war sie in erster Linie als Anspielung auf bekannte Persönlichkeiten des zweiten Kaiserreiches und auf die Haltung der Generäle der französischen Armee zu verstehen. Wie auch andere Operetten Offenbachs geriet das Werk in Vergessenheit, die Thematik war nicht mehr aktuell, so daß tiefgreifende Neubearbeitungen des Librettos notwendig wurden, um das Stück in der Gegenwart aufführen zu können. Die wichtigsten Bearbeitungen in neuerer Zeit waren die von Ernst Poettgen und Friedel-Heinz Heddenhausen (EA: 5. 1. 1968 in Stuttgart, Württembergisches Staatstheater) sowie die von Otto Schneidereit und Herbert Kawan (EA: 21.2.1968 in Leipzig, Städtisches Theater, Kleines Haus). Die Nummern zeichnen sich durch betont unterhaltende Funktion aus, durch gefällige Melodik wie durch bilderreiche Sprache. Effektvolle Chöre sind strophenförmigen Couplets gegenübergestellt. Bemerkenswert ist der Einsatz kurzer, pathetischer Rezitative wie *Vous aimez le danger* der Großherzogin, in denen Offenbach die französische und italienische Oper des 19. Jh. parodiert.

R.-M. SIMON – S. SIMON

GROSSI DA VIADANA, Lodovico, ↗Viadana.

GROSSIN (Grosin, Grossim de Parisiis), **Estienne** (de Paris), * Ende des 14. Jh. (?); frz. Komponist aus der Diözese Sens. Er wurde 1418 Chapelain an St-Merry und 1421 Clerc des matines an Notre-Dame in Paris. Von ihm sind eine Messe (ohne Agnus), 7 einzelne Messesätze, eine Motette und 2 Chansons überliefert (sämtlich 3st.). Die Messe gilt als eine der frühesten Meßzyklen und ist auch musikalisch als eine Einheit konzipiert. Charakteristisch ist in allen Sätzen das Alternieren von Abschnitten im ↗Kantilenensatz und solchen, in denen einem vokalen Oberstimmenduett eine instrumentale Unterstimme zugeordnet ist, die als „Trompetta" bezeichnet ist. Damit hat G. (nach Besseler) Anteil an der Entwicklung einer „tonalen Harmonik" vor G. Dufay.

Ausg.: Sämtl. Gesänge (sowie das Triplum einer weiteren Motette), in: Early Fifteenth-Century Music 3, hrsg. v. G. REANEY (Dallas/Tex. 1966) (= CMM 11/3).

Lit.: K. DÈZES, Der Mensuralcodex des Benediktinerklosters Sancti Emmerami zu Regensburg, in: ZfMw 10 (1927/28); E. DANNEMANN, Die spätgotische Musiktradition in Frankreich u. Burgund (Str 1936); G. DE VAN, A Recently Discovered Source of Early XVth Century Polyphonic Music, in: MD 2 (1948); H. BESSELER, Die Entstehung der Posaune, in: AMl 22 (1950); DERS., Codex Bologna Bibl. Universitaria 2216, in: MD 6 (1952); W. REHM, G., in: MGG V.

GROSSMANN, Ferdinand Franz, * 4. 7. 1887 Tulln (Niederösterreich), † 5. 12. 1970 Wien; östr. Dirigent. Er studierte an der Lehrerbildungsanstalt und am Bruckner-Konservatorium in Linz, ferner Dirigieren bei F. von Weingartner in Wien, wo er anschließend Lehrer war. 1923 gründete er dort das Volkskonservatorium, das er bis 1938 auch leitete (seitdem Konservatorium der Stadt Wien). Er wurde u. a. Dirigent des Akademie-Orchesters, des Singvereins, des Wiener Männergesangvereins und des Chors der Staatsoper. 1933–57 lehrte er als Professor Gesang an der Musikakademie und war 1939–45 und 1956–66 künstlerischer Leiter der Wiener Sängerknaben. Mit dem 1946 von ihm gegründeten Akademiekammerchor unternahm er zahlreiche Konzertreisen bis nach Amerika. 1963 gründete er die den Wiener Sängerknaben angeschlossene Künstler-Volksschule zur musikalischen Früherziehung.

Lit.: H. GATTERMEYER, in: Musikerziehung 24 (1970/71); B. L. KULLBERG, in: NZfM 132 (1971).

GROSSMÜTIGE TOMYRIS, DIE, Oper in 3 Akten von Reinhard Keiser (1674–1739). Text von Johann Joachim Hoe. Ort und Zeit der Handlung: das Reich der Skythen im Altertum. UA: Ende Juli 1717 in Hamburg (Gänsemarkt-Oper).
Hoe übersetzte das italienische Libretto *L'amor di figlio non conosciuto* von Domenico Lalli (Venedig 1715 mit T. Albinonis Musik), wobei er 10 Arien des Originals in der Hamburger Fassung beibehielt. Im Textbuch finden sich formal und inhaltlich Spuren der venezianischen Librettoreform des beginnenden 18. Jahrhunderts. Die Personenzahl ist begrenzt, die Intrige überschaubar, Szenen- und Arienanzahl sind ausgewogen. Keiser befindet sich zu dieser Zeit auf dem Höhepunkt seiner künstlerischen Möglichkeiten. Besonders die Arien zeichnen sich durch extreme gesangstechnische Schwierigkeiten, lyrische Kantabilität und farbige Instrumentation aus. So ist das Werk stilistisch der Opera seria Händels und seiner italienischen Zeitgenossen an die Seite zu stellen. Nach der UA, in der die berühmte Sopranistin Margareta Susanna Kayser die Titelrolle sang, wurde das Werk in Hamburg noch 1721, 1723 und 1724 häufig gespielt. Daneben gelangte es bereits 1719, danach 1720 und 1724 auch auf die Braunschweiger Bühne. K. ZELM

GROTHE, Franz, * 17. 9. 1908 Berlin, † 12. 9. 1982 Köln; dt. Komponist und Dirigent. Er studierte an der Musikhochschule Berlin und arbeitete dann als Pianist und Arrangeur im Orchester Dajos Béla. In Hollywood war er einige Zeit als Korrepetitor tätig. Für Fr. Léhar, E. Kalmán, R. Stolz u. a. schrieb er Arrangements. 1940–45 leitete er das Deutsche Rundfunk-Tanz- und Unterhaltungsorchester in Berlin und noch bis in seine letzten Jahre war er als Dirigent im Fernsehen tätig. Vor allem seine Musik zu Filmen (seit 1931 mehr als 200), aus denen viele Melodien populär wurden, begründeten G.s Ruf als einer der bedeutendsten dt. Komponisten der Unterhaltungsmusik.

WW: Filmmusik: *Napoleon ist an allem schuld* (1938); *Rosen in Tirol* (1940); *Illusion* (1941); *Frauen sind doch bessere Diplomaten* (1941); *Die schwedische Nachtigall* (1942); *Ein Walzer mit Dir* (1943); *Frauenarzt Dr. med. Hiob Praetorius* (1949); *Das Haus in Montevideo* (1951); *Fanfaren der Liebe* (1952); *Hokuspokus* (1953); *Ich denke oft an Piroschka* (1955); *Wenn wir alle Engel wären* (1956); *Die Trapp-Familie* (1957); *Bühne frei für Marika* (1958); *Wir Wunderkinder* (1958); *Helden* (1958); *Das Wirtshaus im Spessart* (1959); das musikal. Lustspiel *Vier unterm*

Dach, UA: Berlin 1936; Operetten: *Die unsterbliche Sehnsucht,* UA: Breslau 1938; *Die Nacht mit Casanova,* UA: Stuttgart 1941; Komödie mit Musik *Der ideale Gatte,* UA: Hamburg 1964.

GROTRIAN-STEINWEG, dt. Klavierfabrik in Braunschweig. 1835 baute **Heinrich Engelhard Steinweg,** *22.2.1797 Wolfshagen (Harz), †7.2. 1871 New York, in Seesen sein erstes Tafelklavier. 1850 übergab er die Werkstatt seinem ältesten Sohn, **Carl Friedrich Theodor,** * 6.11.1825 Seesen, † 26.3.1889 Braunschweig, und wanderte selbst mit vier Söhnen in die USA aus, wo er in New York die Firma ↗Steinway & Sons gründete. C.Fr.Th. Steinweg verlegte 1855 seine Werkstatt von Seesen nach Wolfenbüttel und 1859 nach Braunschweig. 1858 trat **Friedrich Grotrian,** * 13.1.1803 Schöningen, † 14.12.1860 Braunschweig, als Teilhaber in die Firma ein. Er hatte bereits seit 1830 in Moskau eine Musikalienhandlung besessen und auch Klaviere hergestellt. 1865 übernahm C. Fr. Th. Steinweg die Leitung der New Yorker Firma und verkaufte seine Geschäftsanteile u.a. an **Wilhelm Grotrian** (1843–1917), den Sohn Fr. Grotrians. 1886 wurde die Familie Grotrian Alleininhaber der Firma, die in der folgenden Generation von Wilhelms Söhnen **Willi** (1868–1931) und **Kurt** (1870–1929) fortgeführt wurde. Unter ihnen wurden wichtige Neuerungen eingeführt, u.a. der „homogene Resonanzboden", der die Dichte und Homogenität des Resonanzholzes berücksichtigt. 1919 nahm die Familie Grotrian den Namen Grotrian Steinweg (seit 1926: Grotrian-Steinweg) an. 1928 traten Kurt Grotrian-Steinwegs Söhne **Erwin** (* 1899) und **Helmut** (1900–77) in die Firma ein, die seit 1974 von Helmuts Sohn **Knut Grotrian-Steinweg** (* 1935) geleitet wird.

GROUCHY, Jean de, ↗Johannes de Grocheo.

GROUND, Ground bass (engl. = Grund), im weiteren Sinne in England Bz. für den ↗Basso ostinato. Im engeren Sinn Bz. für eine besondere Baßformel und für die darauf aufgebaute Instrumentalkomposition (↗Division [upon a G.]). Ein spezielles G.-Modell wird mehrmals und ununterbrochen wiederholt und bildet damit ein ostinates Fundament für die freie Entfaltung der Oberstimme, z. B.:

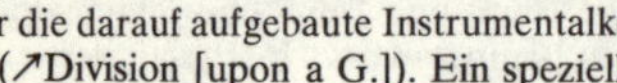

Kompositionen, in denen die Oberstimmen die Periodizität eines geschlossenen, d.h. mit der Tonika endenden G.-Schemas (↗Ostinato) beibehalten, kommen der geschlossenen ↗Variation nahe (J. Blow, *The Hay's a G.*). Der eigentliche Reiz der G.-Komposition liegt jedoch in den Möglichkeiten, die Einsätze des G. durch kunstvolle Überschneidungen und metrische Verschiebungen in den Oberstimmen zu verschleiern (u.a. bei W. Byrd und H. Purcell). Bemerkenswert ist die Verbindung von ↗Kanon und G. in der Rota *Sumer is icumen in* bereits im 14. Jh. und noch bei H. Purcell (Chaconne aus *Diocletian*). Charakteristisch und Ausdruck einer spezifisch englischen Klanglichkeit sind die früheren, aus wenigen Tönen bzw. harmonischen Stufen bestehenden Grounds. Hier pendeln zwei Töne in Sekundenabstand (W. Byrd, *The Bells*) oder in Quintabstand bzw. zwischen der 1. und 5. Stufe (H. Aston, *Hornpipe*). Bei Purcell dagegen hat der G. eher melodische Substanz. Auch neuere englische Komponisten, u.a. R. Vaughan Williams, B. Britten und W. Walton, griffen bisweilen auf G.-Techniken zurück.

Lit.: TH. MACE, Musick's Monument (Lo 1676), Faks v. J. Jacquot, 2 Bde. (P 1958, NY 1966) (= MMMLF 2/17); H. RIEMANN, Basso ostinato u. basso quasi ostinato, in: FS R. von Liliencron (L 1910); CH. VAN DEN BORREN, Les origines de la musique de clavier en Angleterre (Bru 1912, engl. Lo 1913); R. GRESS, Die Entwicklung der Klaviervariation v. A. Gabrieli bis zu J. S. Bach (Kas 1929); L. NOWAK, Grundzüge einer Gesch. des Basso ostinato (W 1932); H. W. SHAW, J. Blow's Use of the G., in: MQ 24 (1938); W. GREENHOUSE ALLT, The Treatment of G., in: Proc. R. Mus. Assoc. 72 (1945) – 73 (1946); E. H. MEYER, English Chamber Music (Lo 1946, ^{2}1951, Nachdr. NY 1971), dt. Übers.: Die Kammermusik Alt-Englands (L 1958); H. M. MILLER, H. Purcell and the G., in: ML 29 (1948); E. APFEL, Ostinato u. Kompositionstechnik bei den engl. Virginalisten, in: AfMw 19/20 (1962/63).

G. NITZ

GROUPE DES SIX (Les Six), Bz. für eine Künstlergruppe in Paris, in der sich zunächst die Komponisten A. Honegger, D. Milhaud und G. Auric, dann auch Germaine Tailleferre, L. Durey und Fr. Poulenc sowie der Dichter J. Cocteau zusammenfanden. Letzterer wurde ihr Wortführer und legte mit *Le coq et l'Arlequin* (P 1918) eine Art ästhetisches Manifest vor. Sie stellten sich dem Pariser Publikum in gemeinschaftlichen Konzerten vor, die 1917 im Atelier des Malers Lejeune und seit 1918 im Théâtre du Vieux-Colombier veranstaltet wurden. Zunächst von E. Satie „Les nouveaux jeunes" genannt, erhielt die Gruppe durch H. Collet, der über sie in zwei Artikeln der Zeitschrift *Comoedia* (16. und 23.1.1920) berichtete, den Namen „Groupe des Six", in Anlehnung an den der ↗Gruppe der Fünf. Bald zeigte sich, daß innerhalb der Gruppe – der vor allem die Ablehnung der Musik R. Wagners gemeinsam war – recht unterschiedliche ästhetische Vorstellungen herrschten, wie auch der kompositorische Rang der einzelnen Mitglieder unterschiedlich war. An gemeinsamen Kompositionen der G. entstand neben einem *Album des Six* das Ballett *Les mariés de la Tour Eiffel* mit einem Szenarium von J. Cocteau (Paris 1921).

Lit.: J. COCTEAU, in: Melos 21 (1954); S. M. FRICKEY, Les Six (1955) (= Diss. North Texas State Univ.); V. RAŠÍN, „Les Six" and J. Cocteau, in: ML 38 (1957); R. B. ROBITT, The Harmonic Idioms in the Work of Les Six, 2 Bde. (1963) (= Diss. Boston Univ.); Als die Six jung waren. Briefe von u. an F. Poulenc, in: Melos 36 (1969); C. W. F. HILLEN, in: Mens en melodie 25 (1970); P. COLLAER, „Cinquante ans après". Notes concernant Satie et le G. des „S." 1917–23, in: FS E. H. Meyer (L 1973).

GROUT, Donald Jay, * 28. 9. 1902 Rock Rapids (Iowa); amerik. Musikforscher. Er studierte Philosophie an der Syracuse University (Syracuse/N.Y.), 1925–32 in Boston Klavier, dann Musikwissenschaft an der Harvard University in Cambridge (Mass.), wo er 1939 promovierte. 1943–45 war er Associate Professor für Musik an der University of Texas in Austin, 1945–70 Professor für Musikwissenschaft an der Cornell University in Ithaca (N.Y.), 1947–51 und 1953–58 auch Leiter der Musikabteilung. 1948–51 war er Chefredakteur des *Journal of the American Musicological Society,* 1952–54 und 1960–62 Präsident der American Musicological Society, 1961–64 auch der Int. Musicological Society. Zum 65. Geburtstag wurde ihm eine FS gewidmet (*New Looks at Italian Opera,* hrsg. v. W. W. Austin, Ithaca 1968).

WW: **1) Schriften:** *The Origins of the „opéra comique",* 5 Bde. (1939) (= Diss. Harvard Univ.); *A Short History of Opera,* 2 Bde. (NY–O 1947, erweitert NY–Lo ²1965); *On Historical Authenticity in the Performance of Old Music,* in: Essays on Music. FS A. Th. Davison (C/M 1957); *The Opéra comique and the Théâtre italien from 1715 to 1762,* in: FS H. Anglés 1 (Ba 1958); *A History of Western Music* (NY 1960, Lo 1962, revidiert Lo 1973); *The Chorus in Early Opera,* in: FS F. Blume (Kas 1963); *The Music in Shakespeare's Plays,* in: The Cornell Music Review 10 (1964); *„Adaptation" as a Hypothesis in the History of Music,* in: FS W. Wiora (Kas 1967); *Current Historiography and Music History,* in: Studies in Music History. FS O. Strunk (Princeton/N.J. 1968); *La „Griselda" di Zeno e il libretto dell'opera di Scarlatti,* in: NRMI 2 (1968); *Mozart in the History of Opera* (Washington/D.C. 1972). – **2) Editionen:** *The Operas of A. Scarlatti* (C/M 1974 ff.).

GROVE, Sir **George,** * 13. 8. 1820 Clapham (London), † 28. 5. 1900 Sydenham (London); engl. Musikforscher. G. war zunächst Ingenieur, ehe er 1852 zum Sekretär der Cristal Palace Company in Sydenham ernannt wurde. Er nahm Einfluß auf die Programmgestaltung der Saturday Concerts im Cristal Palace (1881 Zyklus mit Fr. Schuberts Symphonien, UA der 3. Symphonie am 19. 2. 1881 unter A. Manns) und schrieb für die Programmhefte Einführungen, die seinen Ruf als Musikschriftsteller begründeten. 1873 trat er von diesem Posten zurück, um sich der Arbeit an seinem *Dictionary of Music and Musicians* (1879 ff.) zu widmen. 1883 wurde er zum Direktor des neugegründeten Royal College of Music in London ernannt und geadelt. G. ist vor allem durch sein Musiklexikon berühmt geworden, das für die angelsächsischen Länder ähnliche Bedeutung errang wie das H. Riemanns (1882) für den deutschen Sprachraum. Während Riemann in seinem Werk vor allem Gewicht auf Musiktheorie legte, setzte G. mit den biographischen Artikeln über bedeutende Komponisten Maßstäbe für die Lexikographie der Musik (z. B. mit seinen Artikeln über L. van Beethoven, F. Mendelssohn Bartholdy und Fr. Schubert). G.s besonderes Interesse galt dem Werk Schuberts. Auf seiner Wien-Reise in Begleitung des Komponisten A. Sullivan (1867) gelang ihm die Komplettierung der *Rosamunde*-Musik durch aufgefundene Orchesterstimmen; seine Hypothese, Schubert habe zwischen der h-moll- und der großen C-Dur-Symphonie 1825 eine „Gasteiner Symphonie" komponiert, ist zwar nicht endgültig widerlegt, wird heute jedoch allgemein angezweifelt (vgl. Brown, s. u. Lit., S. 346–353, und D² 849).

Schriften: Anhang zu: *Life of Schubert Translated from the German of Kreissle von Hellborn by A. Coleridge* (Lo 1869); *Beethoven and His Nine Symphonies* (Lo 1896, Nachdr. Lo – NY 1962); *A Dictionary of Music and Musicians,* 4 Bde. mit Appendix u. Index (Lo 1879–90); dass., hrsg. v. J. A. FULLER-MAITLAND, 5 Bde. (²1904–10); dass., hrsg. v. H. C. COLLES (³1927, ⁴1940); dass., hrsg. v. E. BLOM, 9 Bde. (⁵1954, Suppl. 1961); dass. als *The New Grove Dictionary of Music and Musicians,* hrsg. v. S. SADIE, 20 Bde. (⁶1980).

Lit.: CH. L. GRAVES, The Life and Letters of Sir G. G. (Lo 1904); DERS., G. G., in: ML 1 (1920); M. J. E. BROWN, Schubert. Eine kritische Biographie (Wie 1969).

H. WEBER

GROWL (engl., = Knurren), in der afroamerikanischen Musik gebräuchlicher Spieleffekt auf Blasinstrumenten. Vor allem auf der Trompete und Posaune werden mit Hilfe von Flatterzunge, vibrierenden Stimmbändern, halbgedrückten Ventilen und Dämpfern (Plunger) die für die ↗Hot-Intonation typischen ↗Dirty tones nachgeahmt. Besonders im Jungle style Duke Ellingtons wurde der G. häufig eingesetzt.

GRUBER, Franz Xaver, * 25. 11. 1787 Unterweizberg, † 7. 6. 1863 Hallein; östr. Kirchenmusiker. G. war Volksschullehrer, wirkte daneben als Organist, Chordirigent und als Komponist kirchlicher Gebrauchsmusik. 1818 komponierte er, damals Lehrer in Arnsdorf, auf den Text des Hilfspriesters Josef Mohr (1792–1848) für die Christmette der Kirche in Oberndorf/Salzach das Weihnachtslied *Stille Nacht, heilige Nacht* (in der autographen sog. Halleiner Fassung geschrieben für 2 Soprane, Chor, Streicher, Horn und Orgel), das zu einem in der ganzen Welt bekannten Weihnachtslied wurde.

Ausg.: *Stille Nacht, heilige Nacht,* Faks. u. Kommentar hrsg. v. O. E. DEUTSCH (W 1937), erweitert in: ÖMZ 23 (1968).

Lit.: J. GASSNER, F. X. G.s Autographen v. „Stille Nacht, heilige

Nacht" (Salzburg 1958, erweitert Oberndorf/Salzach 1968); F.-J. ZIMMERMANN, Stille Nacht, heilige Nacht, ein kitschiges Weihnachtslied?, in: MS 84 (1964); J. MÜHLMANN, F. X. G. (Salzburg 1966); A. SCHMAUSS – L. KRISS-RETTENBECK, Stille Nacht, heilige Nacht. Gesch. u. Ausbreitung eines Liedes (I 1967); A. LEEB, Bibliogr. des Weihnachtsliedes „Stille Nacht, heilige Nacht", in: Oberöstr. Heimatblätter 23 (1969).

GRUMIAUX, Arthur, * 21. 3. 1921 Villers-Perwin (Hennegau), † 16. 10. 1986 Brüssel; belg. Violinist. Er trat bereits als 5jähriger öffentlich auf, erhielt seine Ausbildung zunächst in Charleroi und studierte seit 1932 am Brüsseler Konservatorium u. a. Violine bei Alfred Dubois, ferner Komposition bei G. Enescu in Paris. Seine bedeutende internationale Karriere begann er nach dem 2. Weltkrieg von London aus. G. konzertierte oft im Duo mit der Pianistin Cl. Haskil. Seit 1949 lehrte er als Professor am Konservatorium in Brüssel.

GRÜMMER, Elisabeth, * 31. 3. 1911 Niederjeutz bei Diedenhofen (Lothringen), † 6. 11. 1986 Warendorf; dt. Sängerin (Sopran). Sie war zunächst Schauspielerin in Meiningen und Aachen und debütierte dort 1941 als Opernsängerin unter H. von Karajan. 1942 wurde sie in Duisburg engagiert, seit 1946 gehörte sie der Städtischen (Deutschen) Oper in Berlin an. Gastspiele führten sie in den 50er und 60er Jahren an alle großen Opernhäuser der Welt. Sie wirkte regelmäßig auch bei den Bayreuther (erstmals 1957) und Salzburger (erstmals 1953) Festspielen mit. 1959–76 lehrte sie als Professor für Gesang an der Musikhochschule in Berlin und gab seit 1970 auch Meisterkurse in Luzern. Sie galt als bedeutende Interpretin vor allem lyrischer Partien in Werken von Mozart, R. Wagner (u. a. der Eva in den *Meistersingern*) und R. Strauss wie auch als hervorragende Lieder- und Oratoriensängerin.

GRÜMMER, Paul, * 26. 2. 1879 Gera, † 30. 10. 1965 Zug; deutscher Violoncellist und Gambist. Er studierte in Leipzig bei J. Klengel und in Frankfurt am Main bei Hugo Becker, konzertierte anschließend als Solist und wurde dann Solocellist des Konzertvereins und der Oper in Wien. 1919–30 war er Mitglied des Busch-Quartetts und konzertierte auch mit einem eigenen Kammerorchester. G., einer der bedeutendsten Cellisten seiner Zeit, lehrte 1907–13 an der Wiener Musikakademie, seit 1926 am Konservatorium in Köln, seit 1933 an der Musikhochschule in Berlin, 1940–46 erneut in Wien und unterrichtete in Meisterkursen, u. a. in der Schweiz, wo er seit 1946 lebte. G. hat sich für die Wiedererweckung der Viola da Gamba im Konzert eingesetzt.

Schriften: *Viola da Gamba-Schule* (L 1928); *Grundlagen des Violoncellospiels* (B 1956); Autobiographie *Begegnungen aus dem Leben eines Violoncellisten* (Mn 1963).

Lit.: K. HÖCKER, Gespräche mit Berliner Künstlern (B 1964).

GRUND, Bert, * 24. 1. 1920 Dresden; dt. Komponist. Er war Schüler der Musikschule und des Konservatoriums in Dresden und 1946–53 Assistent von Th. Mackeben. 1956 wurde er Dozent am Deutschen Institut für Film und Fernsehen, 1964 musikalischer Berater am Literarischen Archiv der Deutschen Grammophon Gesellschaft. Seit 1959 war er als Komponist und Dirigent beim deutschen Fernsehen tätig. Heute lebt er als freischaffender Komponist, wirkt auch als Dirigent und lehrt an der Hochschule für Fernsehen und Film in München.

WW: Einakter *Die klassische Witwe* u. *Eine Frau von heute,* UA: Köln 1969. – Ballette: *Chassidische Legende,* UA: Paris 1962; *Les couleurs,* UA: Salzburg 1968; Pas de deux *Contacts* (Choreographie: J. Cranko), UA: München 1969. – Filmmusik, u. a. zu: *Gullivers Reisen* (1948); *Abenteuer im Roten Meer* (1953); *Der unsterbliche Lump* (1953); *Die Hexe* (1954); *Die Ehe des Dr. med. Dannwitz* (1956); ferner Musik zu zahlr. Fernsehinszenierungen, u. a. zu *Wallenstein I* und *II*; Lieder und Chansons.

GRUNDSTIMME. – **1)** Die tiefste Stimme im mehrstimmigen Satz. – **2)** In der Orgel sind G.n allgemein die labialen Register zu 32′, 16′, 8′, 4′ und 2′, im Unterschied zu den ↗Aliquotstimmen und den ↗gemischten Stimmen.

GRUNDTON. – **1)** Der tiefste Ton eines Dreiklangs oder anderen ↗Akkords in Grundstellung und Ausgangston für dessen Terzaufbau. In diesem Fall ist der G. identisch mit dem Baßton (z. B. im Dreiklang c-e-g: c). Bei der Umkehrung eines Akkords bleibt der jeweilige G.-Bezug erhalten, der Baßton hingegen ändert sich. Mit G. wird auch der Ausgangston einer Tonleiter bezeichnet und repräsentiert in harmonischem Sinne eine Tonart. – **2)** In der Akustik der tiefste, erste ↗Teilton eines Klanges oder Tones. Auf diesem G. baut die ↗Obertonreihe auf.

GRUNTZ, George, * 24. 6. 1932 Basel; Schweizer Jazzmusiker (Pianist, Arrangeur und Komponist). 1956 wurde er Pianist und Arrangeur bei Radio Basel. Er nahm jährlich am Jazzfestival San Remo und 1958 mit der International Youth Band am Jazzfestival Newport (USA) teil und begleitet seither bedeutende amerikanische und europäische Jazzmusiker. Seit 1965 arbeitet er eng mit dem Schweizer Altsaxophonisten Flavio Ambrosetti, dann auch mit dessen Sohn Franco (Trompete) zusammen, und gründete im selben Jahr einen Jazz-Workshop. G. tritt auch mit eigenen Veranstaltungsreihen hervor. 1970 wurde er musikalischer Direktor des Züricher Schauspielhauses, 1972 auch künstlerischer Leiter der Berliner Jazztage. Besondere Aufmerksamkeit erregte G. mit der Kombination aus Jazz- und Folkloremusikern (Basler Trommlern und Pfeifern, tunesischen Beduinen) und mit der sporadisch auftretenden Großformation The Band.

GRUPPE DER FÜNF, auch das „mächtige Häuflein" (russ.: mogutschaja kutschka) genannt, Bz. für einen seit 1857 unter der geistigen Führung M. Balakirews entstandenen Kreis junger russischer Komponisten, dem zunächst C. Cui und M. Mussorgski, dann auch N. Rimski-Korsakow (seit 1861) und A. Borodin (seit 1862) angehörten. Wichtigstes künstlerisches Ziel der Gruppe war es, – in Anlehnung an die Werke M. Glinkas und des dem Kreis nahestehenden A. Dargomyschski – eine von der Vorherrschaft westeuropäischen Einflusses befreite, national eigenständige russische Musik zu fördern und sie auf der Grundlage des slawischen Volksliedes und der Auseinandersetzung mit der russischen Geschichte zu erneuern. Publizistisch wurde die Gruppe vor allem von Cui und dem ihr freundschaftlich verbundenen W. Stassow vertreten. – Die aus dem Kompositionsunterricht der einzelnen Mitglieder bei Balakirew, dem zunächst einzigen Berufsmusiker innerhalb des Kreises, hervorgegangene Zusammenarbeit umfaßte nicht nur die Diskussion ästhetischer Probleme und die Besprechung der Kompositionen einzelner Teilnehmer, sondern auch gemeinsame kompositorische Projekte wie die Ballettoper *Mlada,* die jedoch als Gemeinschaftswerk unvollendet blieb. Symptomatisch für die trotz gleicher künstlerischer Zielsetzung starke Gegensätzlichkeit der Mitglieder war die wachsende Isolierung Mussorgskis und Rimski-Korsakows aufgrund deren zunehmend ausgeprägter kompositorischer Individualität. Als sich Balakirew dann in den 70er Jahren aus dem Musikleben zurückzog, löste sich die Gruppe auf.

Lit.; O. VON RIESEMANN, Monographien zur russ. Musik 2 (Mn 1926, Nachdr. Hil 1971); N. A. RIMSKI-KORSAKOW, Chronik meines musikal. Lebens (St – B – L 1928), NA hrsg. v. L. Fahlbusch (L 1968) (= Reclams Universal-Bibl. 428); G. ABRAHAM, Studies in Russian Music (Lo 1936, NA Freeport/N.J. 1968); DERS. – M. D. CALVOCORESSI, Masters of Russian Music (Lo 1936); G. ABRAHAM, On Russian Music (Lo 1939); DERS., Über russ. Musik (Bas 1947) (Aufsätze aus Studies in Russian Music u. On Russian Music); T. N. LIWANOWA, Otscherki po istori i teori musyki (Leningrad 1939); DIES., Krititscheskaja dejatelnost russkitsch kompositorow-klassikow (Mos – Leningrad 1950); B. V. ASSAFJEW, Kompository Mogutschoi kutschki, in: Isbrannyje trudy 3 (Mos 1954); I. GLEBOW, Russian Music from the Beginning of the 19th Century (Michigan 1958); V. SEROFF, Das mächtige Häuflein (dt. Z 1963, ³1967); A. ZORINA, Mogutschaja kutschka (Leningrad 1973).

B. SYDOW-SAAK

GRÜTZMACHER, deutsche Musikerfamilie. – **1) Friedrich Wilhelm Ludwig,** * 1.3.1832 Dessau, † 23.2.1903 Dresden; Violoncellist und Komponist. Er war in Dessau Schüler von K. Drechsler (Violoncello) und Fr. Schneider (Musiktheorie). 1849 trat er als 1. Cellist in das Leipziger Gewandhausorchester ein und wurde zugleich Lehrer am Konservatorium. 1860–1902 war er in Dresden als königlicher Kammervirtuose Mitglied des Hoforchesters und wurde zum Professor und Hofrat ernannt. G. konzertierte mit großem Erfolg in Europa und genoß großes Ansehen als Lehrer. Er hat die Technik des Cellospiels entscheidend verbessert. Seine Unterrichtswerke sind bis heute geschätzt.

WW: Kammermusik; Klv.-Stücke; Vortrags- u. Übungsstücke für Vc., u. a. 3 Cello-Romanzen mit Orch., op. 19; Vc.-Konzert e-moll, op. 46; Orchesterwerke, darunter Konzertouvertüre D-Dur, op. 54; ferner Lieder. – Unterrichtswerk *Hohe Schule des Violoncellospiels* (L 1891); *Tägliche Übungen,* op. 67.

2) Leopold, Bruder von 1), * 4.9.1835 Dessau, † 26.2.1900 Weimar; Violoncellist und Komponist. G. war Cellist des Theater- und des Gewandhausorchesters in Leipzig, später der Hofkapelle in Schwerin, am Prager Landestheater, am Hof in Meiningen und seit 1876 Kammervirtuose am Hof in Weimar. Er schrieb 2 Violincellokonzerte und kleinere Stücke für sein Instrument. – **3) Friedrich,** Sohn von 2), * 2.10.1866 Meiningen, † 25.7.1919 Köln; Violoncellist. Er wurde 1888 Solist des Budapester Theaterorchesters. Seit 1894 lehrte er als Professor am Konservatorium in Köln.

Ausg.: **Zu 1):** *Tägliche Übungen,* „nach dem Urtext" hrsg. v. W. SCHULZ (L 1970).

Lit.: **Zu 1):** L. LÜTZEN, Die Vc.-Transkriptionen F. G.s. Unters. zur Transkription in Sicht u. Handhabung in der 2. Hälfte des 19. Jh. (Rb 1974) (= Kölner Beitr. zur Musikforsch. 79). – **Zu 3):** E. SELLHEIM, F. G., in: Rheinische Musiker 4, hrsg. von K. G. Fellerer (1966).

GSOVSKY, Tatjana, * 5. (18.) 3. 1901 Moskau; dt. Choreographin, Tanzpädagogin und Ballettdirektorin russ. Herkunft. 1925 kam sie mit ihrem Mann, dem Tänzer, Choreographen, Ballettmeister und Tanzpädagogen Victor G., nach Berlin, konnte nach einem Unfall nicht mehr als Tänzerin auftreten und wurde Tanzpädagogin an den Deutschen Meisterstätten für Tanz. Nach Auflösung des Instituts gründete sie 1928 mit ihrem Mann eine Ballettschule und machte sich bald auch als Choreographin einen Namen. 1945–52 war sie Ballettmeisterin der Deutschen Staatsoper in Ost-Berlin, choreographierte dann am Teatro Colón in Buenos Aires, kehrte 1953 nach Berlin zurück und gründete 1955 das Tournee-Ensemble Berliner Ballett. 1958–66 war sie Chefchoreographin an der Städtischen bzw. Deutschen Oper in Berlin, seit 1959 auch der Oper in Frankfurt am Main. Danach leitete sie weiter ihre Ballettschule und war auch noch als Gastchoreographin tätig. T. G. zählt zu den bedeutenden Choreographen und Tanzpädagogen der Gegenwart.

WW (Choreographien; falls nichts anderes angegeben, in Berlin): *Catulli Carmina* (Musik: C. Orff), UA: Leipzig 1943; *Prinzessin Turandot* (Musik: G. v. Einem), UA: Dresden 1944; *Don Juan* (Musik: Ch. W. Gluck), UA: 1946; *Daphnis und Chloe* (Musik: M. Ravel), UA: 1946; *Bolero* (Musik: M. Ravel), UA: 1946; *Nobilissima Visione* (Musik: P. Hindemith), UA: 1946; *Petruschka* (Musik: I. Strawinsky), UA: 1948; *Romeo und Julia* (Musik: S. Prokofjew), UA: 1948; *Dornröschen* (Musik: P. Tschaikowsky), UA: 1949 und 1955; *Trionfo di Afrodite* (Musik: C. Orff), UA: Mailand 1953; *Die chinesische Nachtigall* (Musik: W. Egk), UA: München 1953; *Hamlet* (Musik: B. Blacher), UA: 1953; *Der Mohr von Venedig* (Musik: B. Blacher), UA: 1956; *Joan von Zarissa* (Musik: W. Egk), UA: 1958; *Menagerie* (Musik: G. Klebe), UA: 1958; *Undine* (Musik: H. W. Henze), UA: 1959; *Romeo und Julia* (Musik: S. Prokofjew), UA: 1960; *Die Sieben Todsünden* (nach B. Brecht – K. Weill), UA: Frankfurt a. M. 1960: *Labyrinth der Wahrheit* (Musik: E. Varèse), UA: 1964; *Tristan* (Musik: B. Blacher), UA: 1965; ferner Choreographien für das Berliner Ballett, u. a. *Die Kameliendame* (Musik: H. Sauguet), UA: 1957.

Lit.: K. GEITEL, Hommage à T. G., in: Ballett, hrsg. v. H. Koegler – C. Barnes (Velber 1966).

GUADAGNI, Gaetano, * um 1725 Lodi oder Vicenza, † November 1792 Padua; it. Sänger (Alt; Kastrat). Er sang 1747 in Parma und ging 1748 nach London, wo Händel ihm die Altpartien im *Messiah* sowie in *Samson* und *Theodora* übertrug. 1751–52 trat er in Dublin auf, 1754 im Concert spirituel in Paris. Anschließend vervollkommnete er seine Ausbildung in Lissabon bei dem berühmten Kastraten Gizziello (Gioacchino Conti). Nach Italien zurückgekehrt, feierte er dort große Erfolge an allen wichtigen Theatern. 1762 kreierte er in Wien die Partie des Orfeo in Glucks *Orfeo ed Euridice,* 1765 die Titelpartie in dessen *Il Telemaco.* Seit 1769 war er erneut in London, wo er 1770 auch unter J. Chr. Bach sang. Im selben Jahr kam er an den Münchener Hof, wo er bis zum Tod des Kurfürsten Maximilian III. Joseph (1777) blieb. 1776 sang er auch in Potsdam vor König Friedrich II. Nach Italien zurückgekehrt, lebte er vorwiegend in Padua. G., dessen Stimme sich zuletzt zum Sopran hin entwickelte, wurde auch als Darsteller gefeiert.

Lit.: F. HABÖCK, Die Kastraten u. ihre Gesangskunst I (St 1927); A. HERIOT, The Castrati in Opera (Lo 1956).

GUAJIRA (span.-kubanisch; von Guajiro = weiße Landbevölkerung), Bz. für ein volkstümliches kubanisches Tanzlied, dessen Herkunft ungeklärt ist (andalusisch, afrikanisch oder genuin kubanisch). Charakteristisch für die G. ist der unmittelbare Wechsel zwischen $^6/_8$- und $^3/_4$-Takt Die Form ist zweiteilig; der erste Teil steht in Moll, der zweite in Dur. Begleitinstrument ist die Gitarre.

GUAMI, it. Musikerfamilie. – **1) Gioseffo** (Giuseppe), * zwischen 1530 und 1540 Lucca, † 1612 ebd.; Organist und Komponist. Er war vermutlich Schüler A. Willaerts in Venedig. 1568–79 gehörte er der Münchner Hofkapelle an, war seit 1582 Organist am Dom von Lucca und seit 1585 Kapellmeister des Prinzen Gian Andrea Doria in Genua. 1588 wurde er 2. Organist an S. Marco in Venedig. 1591 kehrte er nach Lucca zurück, wo er erneut Organist am Dom war. G. war einer der berühmtesten Organisten seiner Zeit. Seine Kirchenkompositionen sind im dichten kontrapunktischen Satz und in der häufig verwendeten Polyrhythmik stark von O. di Lasso beeinflußt. Später pflegte er auch die konzertierende Motette.

WW: 4 Bücher *Madrigali* für 5 St., davon nur das 1. Buch vollständig erhalten (V 1565); 2 Bücher *Sacrae Cantiones,* I: für 5–10 St. (V 1585), II: mit B.c. (Mi 1608); *Lamentationes Hieremiae* für 6 St. (V 1588); *Canzonette alla francese* für 4, 5 u. 8 Instr. (V 1601); weitere geistliche u. weltliche Instrumentalwerke in zahlr. Sammeldrucken 1562–1617.

2) Francesco, Bruder von 1), * um 1544 Lucca, † 30.1.1602 ebd.; Komponist. Er war 1568–80 Mitglied der Münchner Hofkapelle und 1587–88 Kapellmeister des Markgrafen Philipp II. in Baden-Baden. Seit 1593 war er Chorleiter an S. Marciliano in Venedig und seit 1596 am Dom in Udine. Im Druck erschienen von ihm 2st. *Ricercari* (V 1588) und 3 Bücher 4–6st. *Madrigali* (V 1588, 1593, 1598).

Ausg.: **Zu 1):** 7 Motetten u. 1 Messe, hrsg. v. F. COMMER, in: MS 17 (1876), 18 (1877); Toccata für Org., in: TORCHI Arte Mus. III; Toccata u. Canzone *La Lucchesina,* in: I. FUSER, Classici ital. dell'organo (Padua 1955); *Canzoni da sonare a quattro, cinque et otto v. con b.c.,* hrsg. v. I. FUSER – O. MISCHIATI (Fi 1968) (= Accad. lucchese di scienze, lettere ed arti, Studi e testi 2); Canzon 6, hrsg. v. D. LUMSDEN (Lo 1969) (= Venetian Brass Music 5); Canzon 17, 19, 24 u. 25, hrsg. v. R. P. BLOCK (Lo 1969) (= ebd. 14, 17 u. 24); *Canzonette francese,* hrsg. v. PH. D. CRABTREE (NY – Lo 1974).

Lit.: A. BONACCORSI, I G. da Lucca, in: Note d'archivio 15 (1938); G. ARRIGHI, I G. organisti lucchesi, in: Rass. Mus. 30 (1960); S. KUNZE, Die Instrumentalmusik G. Gabrielis, 2 Bde. (Tutzing 1963) (= Münchner Veröff. zur Musikgesch. 8); A. BONACCORSI, Maestri di Lucca, I G. e altri musicisti (Fi 1967) (= „Historiae musicae cultores" Bibl. 21); PH. D. CRABTREE, The Vocal Works of G. and F. G., 2 Bde. (1971) (= Diss. Univ. of Cincinnati).

GUARACHA, kubanisches Tanzlied satirischen Inhalts. Die G. geht wahrscheinlich auf die ↗Tonadilla und den ↗Zapateado zurück und entwickelte sich aus dem Vortrag von Vierzeilern, die alternierend von einem Solisten und einem Chor gesungen wurden. Die moderne G. besteht aus einer Einleitung und einem schnellen Teil mit Chorrefrain. Wie bei vielen spanischen Volkstänzen ist auch die G. durch einen wechselnden $^6/_8$- und $^2/_4$-Takt (seltener $^3/_4$-Takt) charakterisiert.

GUARNERI (Guarnerius, Guarnieri), aus Cremona stammende it. Geigenbauerfamilie. – **1) Andrea,** * vor 1626 vermutlich Cremona, † 7. 12. 1698 ebd. Er war ein Schüler von N. Amati. Seine Instrumente wurden lange Zeit denen A. Stradivaris und Amatis gleichgestellt. – **2) Pietro Giovanni,** ältester Sohn von 1), * 18. 2. 1655 Cremona, † 26. 3. 1720 Mantua. Er lernte bei seinem Vater, arbeitete zunächst in Cremona und später in Mantua, wo er auch Violinist der Hofkapelle war. G. suchte den weichen Ton der Violinen J. Stainers mit der Klangfülle der Cremoneser Violinen zu verbinden. Von ihm sind noch etwa 50 Instrumente erhalten. – **3) Giuseppe Giovanni Battista,** jüngster Sohn von 1), * 25. 11. 1666 Cremona, † um 1739 ebd. Er führte die Werkstatt des Vaters fort. Seine Instrumente, die Einflüsse seines Bruders Pietro Giovanni und Stradivaris erkennen lassen, werden vor allem seit dem 19. Jh. sehr geschätzt. – **4) Pietro,** Sohn von 3), * 14. 4. 1695 Cremona, † 7. 4. 1762 Venedig. Er arbeitete seit 1725 in Venedig. Seine Instrumente folgten dem Vorbild seines Vaters und seines Onkels Pietro Giovanni. – **5) Giuseppe Antonio** (Taufname Bartolomeo Giuseppe), Sohn von 3), * 21. 8. 1698 Cremona, † 17. 10. 1744 ebd. Er wurde auch „G. del Gesù" genannt, weil er seine Instrumente, um sie von denen seines Vaters Giuseppe zu unterscheiden, später mit dem Christusmonogramm IHS versah. G. ist der bedeutendste Geigenbauer der Familie. Sein Ideal war ein voller, modulationsfähiger Ton. Die Instrumente seiner mittleren Schaffenszeit stehen neben denen Stradivaris. N. Paganinis Violine war eine „del Gesù".

Lit.: W. L. VON LÜTGENDORFF, Die Geigen- u. Lautenmacher vom MA bis zur Gegenwart (F 1904), 2 Bde. ([2]1922, Nachdr. F. 1968); H. PETHERICK, J. G. (Lo 1906); A. FUCHS, Taxe der Streichinstr. (L 1907, F [5]1955); A. POUGIN, Une famille de grands luthiers italiens, les G. (P 1909); H. WEUSTENBERG, J. G. del Gesù (B 1921); W. H., A. F. u. A. E. HILL, The Violin-Makers of the G. Family (Lo 1931, Nachdr. 1965); R. VANNES, Dictionnaire universel des luthiers (Bru 1951), II (1954); F. HAMMA, Die d'Egville-del Gesù (St 1961); W. LOTTERMOSER – J. MEYER, Die d'Egville-Geige v. G. del Gesù. Resonanzmessungen u. Jahresringanalyse, in: Instrumenten-Zschr. 17 (1962).

GUARNERI-QUARTETT, Guarneri String Quartet, 1964 gegründetes, nach der Geigenbauerfamilie Guarneri benanntes amerik. Streichquartett. Die Initiative dazu ging von R. Serkin aus. Das G. debütierte 1965 in New York und spielt seitdem in der Besetzung: *Arnold Steinhart* (* 1.4.1937 Los Angeles), 1. Violine, *John Dalley* (* 1.6.1936 Madison/Wis.), 2. Violine, *Michael Tree* (* 19.2. 1935 Newark/N.J.), Bratsche, und *David Soyer* (* 24.2.1925 Philadelphia/Pa.), Violoncello. Das Quartett, das zu den führenden Kammermusikensembles der Gegenwart gehört, hat sich vor allem mit der Interpretation von Werken der Wiener Klassik und der Romantik einen Namen gemacht.

GÜDEN, Hilde, * 15. 9. 1917 Wien; östr. Sängerin (Sopran). Sie studierte an der Akademie für Musik und darstellende Kunst in Wien Gesang, Klavier und Tanz und debütierte 1938 in Zürich als Cherubino in Mozarts *Die Hochzeit des Figaro,* sang die folgenden Jahre in Zürich, war seit 1942 Mitglied der Bayerischen Staatsoper München und seit 1947 der Wiener Staatsoper. Gastspiele führten sie in den 50er und 60er Jahren an die bedeutenden Opernhäuser in Europa und in Süd- und Nordamerika, auch zu den Festspielen in Salzburg, Edinburgh und Glyndebourne. Seit 1947–51 war sie Mitglied der Mailänder Scala, seit 1952 auch der Metropolitan Opera in New York, seit 1966 der Deutschen Oper in Berlin. In ihrem umfangreichen Repertoire, zu dem auch die klassische Operette gehörte, interpretierte sie bevorzugt Partien in Werken von Mozart und R. Strauss, aber auch in zeitgenössischen Werken.

GUDEWILL, Kurt, * 3. 2. 1911 Itzehoe (Holstein); dt. Musikforscher. Er studierte 1929–35 Musikwissenschaft (bei A. Schering, Fr. Blume und W. Vetter), Philosophie und Phonetik in Berlin und Hamburg, wo er 1935 mit der Dissertation *Das sprachliche Urbild bei H. Schütz* (Kas 1936) promovierte, ferner Musiktheorie und Komposition. 1944 habilitierte er sich an der Universität Kiel mit der Arbeit *Die Formstrukturen der deutschen Liedtenores des 15. und 16. Jh.* (teilweise gedruckt in: Mf 1, 1948) und lehrt dort seitdem Musikwissenschaft, seit 1952 als Professor. Seit 1955 ist G. Mitherausgeber, seit 1975 alleiniger Herausgeber der Editionsreihe *Das Chorwerk.*

WW: **1) Schriften:** *Vokale u. instr. Stilmomente in textlosen Komp. des Glogauer Liederbuchs,* in: Kgr.-Ber. Bamberg 1953 (Kas 1954); *H. Schütz u. die Gegenwart,* in: Bekenntnis zu H. Schütz (Kas – Bas 1954); *Identifizierung v. anon. u. mehrfach zugewiesenen Komp. in dt. Lieddrucken aus der 1. Hälfte des 16. Jh.,* in: FAM 4 (1957); *Beziehungen zw. Modus u. Melodiebildung in dt. Liedtenores,* in: AfMw 15 (1958); *Die Laudes Dei vespertinae v. M. Franck,* in: H. Albrecht in memoriam (Kas 1962); *Über Formen u. Texte der Kirchenkantaten J. S. Bachs,* in: FS F. Blume (Kas 1963); *Das Lebenswerk W. Burkhards,* in: Sagittarius 1 (1966); *Die textlichen Grundlagen der geistlichen Vokalmusik bei H. Schütz,* in: ebd.; *Dt. Liedtenores mit F-Dur-Melodik u. Oktavambitus,* in: FS W. Wiora (Kas 1967); *Bemerkungen zur Herausgebertätigkeit G. Forsters,* in: Musik u. Verlag. FS K. Vötterle (Kas 1968); *German Secular Song,* in: The Age of Humanism, hrsg. v. G. Abraham (Lo 1968) (= New Oxford History of Music 4); *M. Francks Newes Teutsches Musicalisches Fröliches Convivium 1621,* in: Musa-Mens-Musici, Gedenkschrift W. Vetter (L 1969). – **2) Editionen:** *G. Forster, Frische teutsche Liedlein,* 3 Tle., I (1942) (= RD 20), II (Wb 1969) (= EDM 60), III (ebd. 1976) (= EDM 61); *M. Franck, Drei Quodlibets* (1956) (= Chw 53); zehn weltliche Lieder aus G. Forster, Frische ... Liedlein, III–IV (1957) (= Chw 63).

GUÉDRON (Guesdron), **Pierre,** * um 1565 Châteaudun (Eure-et-Loire) (?), † um 1620 Paris (?); frz. Komponist. Er war Chorknabe des Kardinals von Guise, Ludwigs II. von Lothringen, und um 1590 Sänger der Chapelle Royale. 1601 wurde er als Nachfolger von Cl. Le Jeune Compositeur de la Chambre du roi, 1603 Maître des enfants de la Musique und 1613 Intendant des musiques de la chambre des Königs und der Königin-Mutter. Er galt als ausgezeichneter Gesanglehrer und war der bedeutendste französische Vokalkomponist in der Frühzeit der Monodie. Eine seiner wichtigsten Aufgaben bei Hofe war die Mitarbeit an den ↗Ballets de cour unter Heinrich IV. und Ludwig XII. Von starker Theaterbegabung, trug er entscheidend zur Entstehung des Ballet-mélodramatique bei. Seine Bedeutung liegt gleichermaßen auf dem Gebiet des ↗Air de cour, und seine Sammlungen von mehrstimmigen Airs markieren die erste Blüte dieser Gattung. G.s Airs wurden üblicherweise wenig später in der Übertragung für Singstimme und Laute veröffentlicht und fanden auch außerhalb von Frankreich viel Gefallen. Die bekanntesten von ihnen wurden auch zu geistlichen Liedern umgearbeitet, für Laute allein transkribiert und als Vorlagen für Variationen verwendet (so G.s Air *Est-ce Mars* von J. P. Sweelinck, Scheidt und G. Farnaby).

WW: 6 Bücher *Airs de cour à 4 et 5 parties* (P 1602, 1608, 1613, 1617, 1618, 1620): daraus zahlr. Airs in Bearb. für SingSt u. Laute in frz. Sammeldrucken 1608–29, vor allem in den *Airs de différents autheurs mis en tablature de luth par G. Bataille* (P 1608 bis 1620): auch in engl. Drucken, hrsg. v. R. Dowland (RISM 1610[22]) u. E. Filmer (1629[11]); geistl. Parodien in: *Amphion sacré* (Ly 1615), *La pieuse alouette* (Valenciennes 1621), *La philomèle séraphique* (Tou 1632); für Laute in N. Valet, *Secretum musarum* (A 1615). Mitarbeit an zahlr. Ballets de cour, u.a. an *Ballet de la Reyne* (1609); *Ballet de la délivrance de Renaud* (1617).

Ausg.: *Airs à quatre et cinq voix*, in: H. EXPERT, Chants de France et d'Italie (P o.J.); 6 Airs, in: A. VERCHALY, Chansons et airs de cour (P 1955); 17 airs, in: DERS., Airs de cour pour voix et luth (P 1961) (= Publications de la Soc. Fr. de Mie I/16).

Lit.: M. MCGOWAN, L'art du ballet de cour en France, 1581 bis 1643 (P 1963) (= Le choeur des muses o. Nr.); D. L. ROYSTER, P. G. and the „air de cour" 1600–1620 (1973) (= Diss. Yale Univ./Conn.). – ↗Ballet de cour, ↗Air de cour.

GUERRERO, Francisco, * vermutlich 4. 10. 1528 Sevilla, † 8. 11. 1599 ebd.; span. Komponist. G. war Schüler seines Bruders Pedro. 1545–46 hielt er sich in Toledo auf, wo er vermutlich auch den Unterricht des Kathedralkapellmeisters Cr. Morales erhielt, den er selbst als seinen Lehrer bezeichnete. 1546 bis 1548 war er Kapellmeister an der Kathedrale von Jaén und seit 1550 Sänger an der Kathedrale von Sevilla. 1554 wurde er als Nachfolger von Morales Kapellmeister an der Kathedrale von Málaga, doch schon 1555 in gleicher Funktion nach Sevilla zurückberufen. Nach seiner Pensionierung unternahm er 1588 eine Reise nach Jerusalem, über die er in der Schrift *El viage de Hierusalén que hizo Francisco Guerrero* (Valencia 1590, zahlr. NA) berichtete. G. war einer der bedeutendsten spanischen Komponisten des 16. Jh.

WW: 4 Slgen. Motetten (bzw. *Cantiones sacrae*) für 4–6, 8 u. 12 St. (V 1547, Sevilla 1555 [beide unvollständig erhalten], V 1570, 1589), NA, erweitert um 6 Motetten u. 1 Messe (V 1597); 2 Bücher Messen für 4–5 St. (P 1566, R 1582); Magnificatvertonungen für 4 St. (Löwen 1563); *Liber vesperarum* (R 1584); *Passio secundum Matthaeum et Joannem more hispano* (R 1585); *Canciones y villanescas espirituales* für 3–5 St. (V 1589); geistliche u. weltliche Werke auch hsl., Motetten u.a. auch in dt. Sammeldrucken (RISM 1600[2] u. 1613[1]); 9 Magnificatversetten u.a. Gesänge in Intavolierung für SingSt u. Laute, in: M. de Fuenllana, *Orphenica lyra* (Sevilla 1554), 3 weitere Gesänge in E. Daza, *Libro de música* (Valladolid 1567).

Ausg.: GA I: *Canciones y villanescas espirituales*, hrsg. v. V. GARCÍA (1955) (= MMEsp 16); dass. II, Teil 2, hrsg. v. DEMS. – M. QUEROL (1957) (= ebd. 19); 2 Passionen, *Officium defunctorum* u. versch. andere geistliche Werke, in: Hispaniae Schola Musica Sacra II, hrsg. v. F. PEDRELL (Ba 1849, L 1894–98, Nachdr. NY 1970); 3 Motetten, hrsg. v. J. B. ELUSTIZA-CASTRILLO, in: Antologia Musical (Ba 1933); 12 Canciones, in: Cancionero musical de la Casa de Medinaceli, hrsg. v. M. QUEROL, 2 Bde. (Ba 1949, 1950) (= MMEsp 8 u. 9); NA der Lautengesänge in: M. DE FUENLLANA, Orphenica lyra, hrsg. v. Ch. E. Jacobs (O 1978).

Lit.: R. MITJANA, F. G. Estudio critico-biografico (Ma 1922); C. H. ILLING, Zur Technik der Magnificat-Komp. des 16. Jh. (Wb–B 1936); H. ANGLÉS, C. de Morales y F. G., in: Anuario Mus. 9 (1954); R. STEVENSON, Spanish Cathedral Music in the Golden Age (Berkeley/Calif. 1961); L. F. MERINO, The Masses of F. G. (Los Angeles 1972) (= Diss. Univ. of California).

GUERRINI, Guido, * 12. 9. 1890 Faenza, † 13. 6. 1965 Rom; it. Komponist. Er war Kompositionsschüler von L. Torchi und F. Busoni am Liceo Musicale in Bologna und dort selbst seit 1921 Professor für Harmonielehre. 1924 wurde er Professor für Komposition am Conservatorio A. Boito in Parma, 1928 Direktor des Conservatorio L. Cherubini in Florenz, war 1948–50 Direktor des Conservatorio G. B. Martini in Bologna, 1950–60 des Conservatorio di musica S. Cecilia in Rom. Dort leitete er 1952–57 das Orchestra da camera di Roma.

WW: **1) Kompositionen:** Zahlr. Klv.- u. Orgelstücke; Kammermusik; symphonische Werke; V.-Konzert; *Due tempi di concerto* für Klv. u. Orch. (Mi 1936); Lieder u. Chorwerke; zahlr. geistliche Werke, u.a. 5 Messen. – Opern, darunter: *Nemici*, UA: Bologna 1919; *La Vigna*, UA: Rom 1935; *L'Arcangelo*, UA: Bologna 1949; *Enea* (nach Vergil), UA: Rom 1953; ferner Bühnen- u. Filmmusik. – **2) Schriften:** *Trattato di armonia complementare* (Bol 1922); *Prefazione all'Orfeo di Monteverdi* (Fi 1923); *Origine, evoluzione e caratteri degli strumenti musicali* (Mi 1926); *Prontuario dei tempi e colori musicali* (Fi 1939); *Verdi e le scuole di musica* (R 1940); *F. Busoni* (Fi 1941); *A. Vivaldi, La vita e l'opera* (Fi 1951).

Lit.: Catalogo delle opere di G. G. al suo settantesimo anno di età 1960 e Curriculum della sua vita (R 1961). – A. DAMERINI, Profilo critico di G. G. Biografia e bibliografia (Mi 1928); P. FRAGAPANE, G. G. e i suoi poemi sinfonici (Fi 1932); G. BONI, Un decennio di vita al conservatorio di S. Cecilia 1950–1960, in: Riv. dell'Accademia di S. Cecilia (R 1961).

GUGLIELMI, it. Musikerfamilie. – **1) Pietro Alessandro,** * 9. 12. 1728 Massa, † 19. 11. 1804 Rom; Komponist. Er war Schüler seines Vaters **Giacomo G.** († 1731), Kapellmeister des Herzogs Alderano Cybo von Masso, später von Fr. Durante am Conservatorio di Santa Maria di Loreto in Neapel. Seine Opern machten ihn rasch in ganz Italien bekannt. 1764 verließ er Neapel und lebte 1767–72 in London, konnte sich dort mit seinen Opern aber offenbar nicht gegen die Werke anderer italienischer Komponisten, u. a. N. Piccinnis, durchsetzen. 1776 ließ er sich erneut in Neapel nieder und wurde 1793 Kapellmeister an St. Peter in Rom. Als Opernkomponist, als den man ihn gelegentlich in seiner Bedeutung mit D. Cimarosa und G. Paisiello verglich, ist G. der Neapolitanischen Schule zuzurechnen. Seine kirchenmusikalischen Werke – eigentümlich ist darin eine Vorliebe für den punktierten Rhythmus – zeigen in der Melodik deutliche Berührungen mit dem Vokalstil W. A. Mozarts.

WW: Sonaten u. a. Stücke für Klv. bzw. Cemb.; Quartette; Divertimenti; Symphonien (einiges davon gedruckt). Bühnen-WW: hsl. oder in Auswahldrucken (hauptsächlich in London, Wien u. Paris erschienen) sind etwa 70 Buffa- u. Seria-Opern, Intermezzi, Serenaden u. a. erhalten; gedruckt wurden daraus auch zahlr. einzelne Stücke. – Geistliche WW: einige Messen u. Messesätze, zahlr. Hymnen, Gradualien, Offertorien, Antiphonen, meist für Soli, Chor u. Org., einiges auch mit Orch.

2) Pietro Carlo, auch Guglielmini genannt, Sohn von 1), * um 1765 Rom, † 28. 2. 1817 Neapel; Komponist. Er war Schüler am Conservatorio S. Maria di Loreto in Neapel. 1794–95 lebte er in Madrid, ließ sich dann in Neapel nieder und schrieb etwa 47 Opern für Rom, Neapel, Palermo, Florenz und Padua. 1807 reiste er nach Lissabon und Paris, war 1808–10 am King's Theatre in London und 1811 bis 1812 wieder in Neapel. 1814 wurde er Kapellmeister der Herzogin von Massa und Carrara. 1816 erneut nach Neapel zurückgekehrt, konnte er dort 1817 noch die Aufführung seiner letzten und zugleich erfolgreichsten Oper, *Paolo e Virginia,* erleben.

WW: Von den etwa 40 Opern, deren Aufführung bezeugt ist, sind 14 hsl. erhalten; daraus und aus anderen Opern erschienen einzelne Stücke auch im Druck.

Lit.: F. PIOVANO, Elenco chronologico delle opere di P. G. 1757–1802, in: RMI 12 (1905); DERS., Notizie storico-bibliografico sulle opere di P. C. G. con appendice su P. G., in: RMI 17 (1910); K. GEIRINGER, Die „Orlando"-Opern v. P. A. G., in: FS K. G. Fellerer (Kö 1973); L. M. KANTNER, Aurea luce. Musik an St. Peter in Rom 1790–1850 (W 1979).

GUGLIELMO EBREO DA PESARO, it. Tanzmeister des 15. Jahrhunderts. G. war Schüler von Domenichino da Piacenza, dem Verfasser des ersten italienischen Tanztraktates *(De arte saltandi et choreas discendi).* Er wirkte vor allem in Norditalien an zahlreichen höfischen Festlichkeiten mit, u. a. 1435 in Mailand anläßlich der Erhebung des Grafen Francesco Sforza zum Herzog, 1437 in Ferrara bei der Hochzeit des späteren Marchese Leonello. In seinem Traktat *De practica seu arte tripudii vulgare opusculum* von 1463 (hsl. in Paris, Bibl. Nat., Siena und Florenz) beschrieb er die von ihm choreographierten Tänze.

Ausg.: Trattato dell'arte del ballo, hrsg. v. F. ZAMBRINI, in: Scelta di curiosità letterarie (Bol 1873, Nachdr. 1968); Una sconosciuta compilazione ... (Trattato della danza v. G. E. u. Domenichino), hrsg. v. C. MAZZI, in: La Bibliofilia 16 (1915).

Lit.: E. HERTZMANN, Stud. zur Basse Danse, in: ZfMw 11 (1928/29); O. KINKELDEY, A Jewish Dancing Master of the Renaissance, G. E., in: Studies in Jewish Bibliographies. Gedenkschrift A. S. Freidus (NY 1929), separater Druck (Brooklyn/N. Y. 1966); B. BECHERINI, L'arte della danza di G. da P., in: La Scala 8 (1956); A. MELICA, G. E. da P. maestro di ballo del Quattrocento, in: Rass. Mus. 29 (1959); O. KINKELDEY, Dance Tunes of the 15th Century, in: International Music, hrsg. v. D. G. Hughes (C/M 1959) (= Isham Library Papers 1) (mit Noten-Bsp. im Anhang); B. PRESCERELLI, Una sconosciuta redazione del trattato di danza di G. E., in: RMI 9 (1974).

GUI, Vittorio, * 14.9.1885 Rom, † 17.10.1975 Florenz; it. Dirigent und Komponist. Nach seinem Debüt 1907 machte er sich rasch einen Namen als Opern- und Konzertdirigent. 1924 wurde er Dirigent der Società dei Concerti Sinfonici in Mailand, 1925 am Theater in Turin. Das 1928 von ihm mitbegründete Orchestra Stabile in Florenz, aus dem das Orchester des Teatro Comunale hervorging, das G. bis 1943 leitete, wurde zur Grundlage für das erstmals 1933 durchgeführte Maggio Musicale Fiorentino, dessen Direktor G. ebenfalls bis 1936 war. 1946–65 wirkte er leitend auch bei den Festspielen in Glyndebourne und Edinburgh mit und dirigierte in vielen anderen Musikzentren Europas, in der UdSSR und in Japan. Er setzte sich vor allem für die deutschen klassischen Opern ein, trug auch viel zur Wiederbelebung älterer Werke bei, ferner für die Opern G. Rossinis und seiner italienischen Zeitgenossen, förderte aber auch das Musikschaffen der Gegenwart. Verdienste erwarb er sich darüber hinaus um die Werke von J. Brahms, zumal in Italien.

GUIDETTI, Giovanni Domenico, getauft 1.1.1531 Bologna, † 30.11.1592 Rom; it. Kirchenmusiker. G. war Schüler und Freund Palestrinas in Rom. 1575 trat er als Sänger in die päpstliche Kapelle ein. Seit 1582 veröffentlichte er mehrere ↗Choralausgaben, nachdem die Reformpläne Papst Gregors XIII., mit deren Realisierung Palestrina und A. Zoilo beauftragt waren, unvollendet blieben. G.s Ausgaben, die eine weite Verbreitung fanden, zeigen im Notentext 4 Linien mit C- und F-Schlüssel und lediglich die Formen der Quadratnote (einzeln oder in Gruppen) mit und ohne Cauda nach unten und vereinzelt die rhombische Note, also keine Neumen. In typographischer Hinsicht waren diese Ausgaben das Vorbild für die spätere *Editio Medicaea.*

WW: *Directorium chori*... (R 1582 mit zahlr. Nachdrucken bis ins 19. Jh.) (enthält u.a. Intonationen, Lektions- u. Orationstöne); *Cantus ecclesiasticus Passionis D. N. I. C.* (R 1586); *Cantus ecclesiastici officii maioris hebdomadae* (R 1587 u. ö.); *Praefationes in cantu firmo* (R 1588).

Ausg.: 3 *Benedictus* für 4 St., hrsg. v. J. G. WESSELACH, in: Musica Divina 1/4 (1863).

Lit.: P. WAGNER, Einführung in die gregorianischen Melodien III (L 1921, Nachdr. Hil – Wie 1961).

GUIDONISCHE HAND, harmonische Hand (lat.: manus Guidonis; auch manus musicalis). Seit dem ausgehenden 11. Jh. gebräuchliches, nach Guido von Arezzo benanntes Hilfsmittel zur Veranschaulichung des mittelalterlichen Tonsystems. Überliefert sind verschiedene Darstellungsformen, die jedoch einem einheitlichen Prinzip folgen: alle Töne (Tonbuchstaben) des Tonsystems (z. B. im guidonischen oder oddonischen von Γ bis dd) werden in kontinuierlicher Reihenfolge den Fingerspitzen und -gelenken der 5 Finger zugeordnet; der höchste Ton des obersten ↗Hexachords (ee) wird auf einer Abbildung der Hand über den Mittelfinger geschrieben. Zuweilen werden den Tonbuchstaben auch ↗Solmisations-Silben des Hexachords hinzugefügt Γ ut, A re, B mi, C fa ut, D sol re usw.).

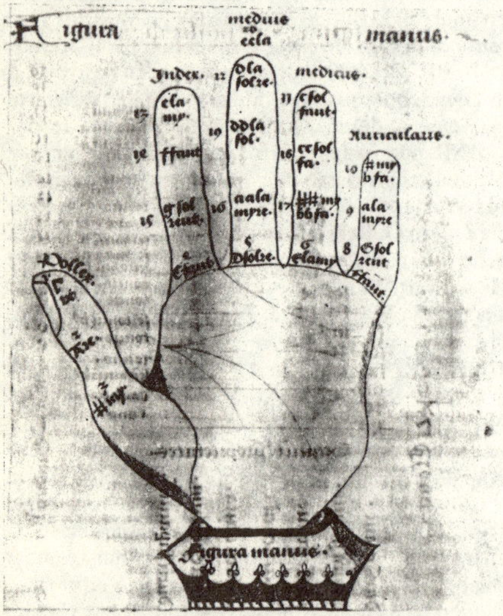

Die G. H. gibt nicht nur Auskunft über die Lage der Ganz- und Halbtöne, sondern auch über die Bildung der Hexachorde und ihre Transposition (↗Mutation). Die Abbildungen zeigen fast ausnahmslos die linke Hand, vom Handteller aus gesehen (die rechte diente wohl zur Demonstration der Töne), und finden sich – häufig im Zusammenhang mit Beschreibungen des Monochords – in zahlreichen mittelalterlichen Traktaten. Die Bedeutung der G. H. als Bestandteil der musiktheoretischen und -praktischen Unterweisung zeigen u. a. die Verse des Johannes Hollandrinus aus Löwen (14. Jh.): „Disce manum tantum bene qui vis discere cantum, Absque manu frustra disces per plurima lustra" (Studiere die Hand so gut wie möglich, wenn du den Gesang erlernen willst. Ohne die Hand wirst du dich lange vergeblich bemühen). Johannes Affligemensis brachte die Bezeichnung „manus musicalis" als erster in seinem Traktat *De musica* (um 1100) mit Guido von Arezzo in Zusammenhang und führte ihn als Autorität dafür an, mit Hilfe der „manus" die „musica disciplina" zu erlernen. In den Schriften Guidos findet sich die Bezeichnung nicht, und die Sache selbst scheint auch älter zu sein. Die G. H. blieb als Unterweisungsmittel bis ins 17. Jh. gebräuchlich.

Lit.: E. GOUGET, L'histoire de la main musicale (P 1898); J. SMITS VAN WAESBERGHE, School en muziek in de Middeleeuwen (A 1949); DERS., De Musico-paedagogico et theoretico Guidone Aretino (Fi 1953); H. OESCH, Guido von Arezzo (Be 1954) (= Publikationen der Schweizerischen Musikforsch. Ges. II/4); J. SMITS VAN WAESBERGHE, Musik-Erziehung. Lehre u. Theorie der Musik im MA (L 1969) (= Musikgesch. in Bildern III/3).

GUIDO VON AREZZO, *kurz vor 1000, †um 1050; it. Musiktheoretiker. G. erhielt seine Ausbildung in der Benediktinerabtei zu Pomposa. Dort erfand er eine neuartige Form der musikalischen Notation, die das Erlernen der gregorianischen Melodien – bislang nur „viva voce", d. h. durch bloßes Nachsingen einstudiert – erleichtern sollte. Im Zusammenhang damit entwickelte er auch eine Methode der Gehörbildung. Seine Mitbrüder widersetzten sich diesen Neuerungen, so daß er um 1025 das Kloster verließ. Kurz darauf fand er jedoch in Bischof Theobald von Arezzo (1023–26) einen „episcopus benevolus", der ihn an der Kathedralschule Gesang und Musiktheorie unterrichten ließ. Er regte ihn auch zur Abfassung einer Musiklehre an und sandte ihn nach Rom, wo er Papst Johannes XIX. (1024–33) ein in der neuen Notenschrift notiertes Antiphonar vorlegen konnte, um daran die Notwendigkeit seiner Verbesserungsvorschläge zu demonstrieren. G. starb vermutlich als Kamaldulensermönch. – G.s Ruf trug bald dazu bei, daß ihm verschiedene Lehrwerke zugeschrieben wurden, die vermutlich nicht von seiner Hand stammen. Mit Sicherheit ist er aber der Verfasser folgender Schriften: 1. *Prologus in Antiphonarium* (in Pomposa vorbereitet) mit dem in der neuen Notenschrift notierten Antiphonarium; 2. *Micrologus de Musica;* 3. *Regulae rhythmicae,* eine zu Lehrzwecken in Versen umgeschriebene Fassung des *Micrologus,* und 4. *Epistola ad Michaelem* mit den ausführlichsten biographischen Details.

G.s Neuerungen bezüglich der Notenschrift stellen einen entscheidenden Schritt in der Entwicklung des Musikunterrichts dar. Die Bedeutung seiner Gehörbildungsmethode ist allerdings oft verkannt worden, da man sie häufig als Solmisationsverfahren auffaßte, bei dem die Unterscheidung der Intervalle lediglich durch die Schulung des Gedächtnisses erzielt wurde. G.s Methode geht jedoch in Wirklichkeit einen entscheidenden Schritt weiter. Sie ermöglicht nicht nur das Erfassen der je verschiedenen Intervallqualitäten, sondern auch der gedachten Beziehung eines Tones zum Zentralton der ihm zugehörigen (diatonischen) Reihe. Zur Schulung dieser musikalischen Vorstellung benutzte G. nach eigenen Aussagen die Melodie *Ut queant laxis resonare fibris;* „in ihr hören die Schüler nacheinander *ut, re* usw. als zentrale Töne; wenn sie dann später in der Notenschrift *ut, re* usw. finden, erinnern sie sich sofort an die zu *ut* und *re* gehörenden oberen und unteren Töne und lernen von da aus die Musik lesen". G.s Notenschrift lagen Linien im Terzabstand zugrunde. Da er erkannte, daß anstelle der kleinen Sekunde häufig eine große gelesen und gesungen wurde, markierte er zwischen oder auf den Terzlinien eine gelbe *ut*-Linie und eine rote *fa*-Linie, um die Stellung der Halbtöne zu kennzeichnen. Alle anderen Linien wurden mit hellgrauer Farbe in das Pergament eingeritzt.

G. erfand auch eine besondere Improvisationsmethode. Sie ging davon aus, den mit den Buchstaben C-D-E-F-G-a bezeichneten Tönen die lateinischen Vokale a-e-i-o-u-a zuzuordnen. Der Schüler mußte aus einem lateinischen Text dessen Vokale den entsprechenden Tönen zuordnen und schließlich so gruppieren, daß eine musikalisch sinnvolle Melodie entstand. Der Wert dieser Methode wurde allerdings von G.s Zeitgenossen nicht erkannt und erst im 20. Jh. in seiner Bedeutung voll gewürdigt. Lange Zeit wichtig war die G. zugeschriebene Mutationslehre. In ihr wird die Tonreihe des Hexachordum naturale (= C-D-E-F-G-a) als sinnvoll aufeinander bezogene Tonreihe erfaßt und die Wiederkehr der ihr zugrunde liegenden Struktur bei der Transposition (Mutation) in die Oberquinte (Hexachordum durum, = G-a-h-c-d-e) und in die Oberquarte (Hexachordum molle, = F-G-a-b-c-d) erkannt. Diese Lehre ist im Kapitel VIII des *Micrologus* vorbereitet, aber nicht systematisch durchgeführt worden. Ebenso unklar ist G.s Anteil an der Einführung der ↗Guidonischen Hand in die Musiktheorie.

Wenn G. als Musiktheoretiker bis in die Zeit der Renaissance auch überschätzt wurde, so ist der *Micrologus* doch unter methodischem Gesichtspunkt eine der besten zwischen 950 und 1200 entstandenen musiktheoretischen Abhandlungen, die zu den meistkopierten Musikschriften (75 nachweisbare Kopien) des gesamten Mittelalters gehört.

Ausg.: *Aliae regulae* u. *Micrologus,* in: GERBERT Scr. 2; dass., hrsg. v. J. SMITS VAN WAESBERGHE (R 1955) (= CSM 4); dass., engl. Übers., hrsg. v. C. V. PALISCA, in: Hucbald, Guido, and John on music ... (New Haven/Conn. 1978); *Regulae rhythmicae,* in: GERBERT Scr. 2; dass., hrsg. v. J. SMITS VAN WAESBERGHE (Buren 1980); *Epistola de ignoto cantu,* in: GERBERT Scr. 2; dass., hrsg. v. J. SMITS VAN WAESBERGHE (Buren 1981); *Prologus,* in: GERBERT Scr. 1; dass., hrsg. v. J. SMITS VAN WAESBERGHE (Buren 1978); *Expositiones in micrologum Guidonis Aretini,* darin: *Liber argumentorum, Liber specierum, Metrologus, Commentarius in micrologum Guidonis Aretini,* hrsg. v. DEMS. (A 1957) (= Musicologica medii aevi 1).

Lit.: J. SMITS VAN WAESBERGHE, De musico-paedagogico et theoretico Guidone Aretino eiusque vita et moribus (Fi 1953); H. OESCH, G. von A. (Be 1954); R. L. CROCKER, „Musica rhythmica" and „Musica metrica" in Antique and Medieval Theory, in: JMTh 2 (1958) (darin Übers. v. Kap. 15 des *Micrologus*); C. A. MOBERG, Die Musik in G. von A.s Solmisationshymne, in: AfMw 16 (1959); J. SMITS VAN WAESBERGHE, Wie Wortwahl u. Terminologie bei G. von A. entstanden u. überliefert wurden, in: AfMw 31 (1974); E. L. WAELTNER – M. BERNHARD, Wortindex zu den echten Schriften G.s von A. (Mn 1976) (= Veröff. der Musikhist. Kommission der Bayerischen Akad. der Wiss. 2).

J. SMITS VAN WAESBERGHE

GUIGNON (Ghignone), **Jean-Pierre** (Giovanni Pietro), *10. 2. 1702 Turin, †30. 1. 1774 Versailles; frz. Komponist und Violinist it. Herkunft. G. war vermutlich Schüler von J. B. Somis. 1725 debütierte er erfolgreich im Concert spirituel in Paris. Wenig später trat er in den Dienst des Prinzen von Carignan. 1733–62 gehörte er der königlichen Hofkapelle an. 1741 erhielt er die französische Staatsangehörigkeit und noch im selben Jahr den Titel eines „Roy et maître des ménétriers et joueurs d'instruments". Das damit verbundene Amt, das seit 1695 unbesetzt und dessen letzter Inhaber er war, gab ihm die Oberaufsicht über alle Musik- und Tanzgilden Frankreichs. Die daraus entstehenden Streitigkeiten und Prozesse bewogen ihn jedoch bald zur Aufgabe des Amtes. G. gehörte neben J.-M. Leclair und J. J. Mondonville zu den führenden Violinisten seiner Zeit. Seine Kompositionen, vorwiegend für Violine, sind im it. Stil geschrieben.

WW: Im Druck erschienen (alle in Paris): Sonaten für V. u. B.c., op. 1 u. op. 6 (o. J.); Sonaten bzw. Duos u. Variationen für 2 V., op. 3, op. 7 u. op. 9 (o. J.); Sonaten für 2 Vc., op. 2 (1737); Triosonaten, op. 4 (1737) u. op. 5 (o. J.); Trios für 3 Fl. oder andere Instr., op. 10 (o.J.). – In Sammeldrucken der Zeit oder hsl. weitere Instr.-Werke u. eine *Messe en symphonie*.

Ausg.: Sonate A-Dur für Querfl. u. B.c., hrsg. v. H. RUF (Mz 1971) (= Il flauto traverso o. Nr.).

Lit.: L. DE LA LAURENCIE, Un musicien piémontais, in: RMI 18 (1911); DERS., L'école française de violon 2 (P 1923, Nachdr. Ge 1971); B. S. BROOK, La symphonie française dans la 2de moitié du XVIIIe siècle 2 (P 1962).

GUILAIN, Jean Adam (eig. wohl J. A. Guillaume Freinsberg); frz. Cembalist und Organist dt. Abstammung. G. ließ sich 1702 in Paris nieder, wo er sich mit L. Marchand befreundete. Ihm widmete er seine *Pièces d'orgue pour le Magnificat sur les huit tons différents de l'Église* (P 1706), von denen jedoch nur die Suiten des 1.–4. Tons überliefert sind. Im Druck erschien ferner ein Buch *Pièces de clavecin d'un goût nouveau* (P 1739).

Ausg.: Orgelstücke in: GUILMANT-PIRRO VII.

Lit.: M. BRENET, in: RMI 9 (1902).

GUILBERT, Yvette, * 20.1.1867 Paris, † 2.2. 1944 Aix-en-Provence; frz. Chansonsängerin. Sie begann als Schauspielerin an einem Boulevardtheater, debütierte als Chansonsängerin am Théâtre des Variétés in Paris und trat dann in den Cafés-concerts auf, deren Star sie bald mit lasziven, ordinären, sentimentalen und komischen Chansons wurde. Zahlreiche Tourneen führten sie auch ins Ausland, u.a. in die USA, 1898 nach Berlin (Wintergarten) und Hamburg (Hansa-Theater). Um die Jahrhundertwende wandte sie sich dann niveauvollen Programmen vor allem mit altfranzösischen Chansons zu. Nach dem Ende ihrer Karriere gründete sie Schauspielschulen in Frankreich, in der Schweiz und in den USA. Y. G. gilt bis heute als die bedeutendste Chansonnière und Diseuse. Sie gab ihrer Autobiographie den Titel *La Chanson de ma vie, mes mémoires* (P 1927, dt. Übers.: *Lied meines Lebens. Erinnerungen,* B 1928).

WW: Slgen.: *Chansons anciennes*, 6 Bde. (Mz 1911 ff.); *Légendes dorées* (Mz 1914); *Chanteries du Moyen Age*, 2 Bde. (P o.J.). – Schriften: *L'Art de chanter une chanson* (P 1927); *Autres temps, autres chants* (P 1946).

Lit.: B. L. KNAPP – M. CHIPMAN, That Was Yvette (NY 1964, Lo 1966); G. GEFFROY, Y. G. (NY 1968); H. HANKE, Y. G. Die Musik vom Montmartre (B 1974).

GUILHEM DE PEITIEUS ↗Guillaume d'Aquitaine.

GUILIELMUS MONACHUS, Musiktheoretiker des 15. Jahrhunderts. G., über dessen Leben nichts Näheres bekannt ist, verfaßte den Traktat *De praeceptis artis musicae*. Er behandelt darin Notation und Kompositionsweisen seiner Zeit, insbesondere ↗Fauxbourdon und ↗Gymel, von ihm als „primus" bzw. „secundus modus Anglicorum" bezeichnet.

Ausg.: *De preceptis artis musicae*, hrsg. v. A. SEAY (R 1965) (= CSM 11).

Lit.: G. ADLER, Stud. zur Gesch. der Harmonie, in: Sitzungsber. der Wiener Kaiserlichen Akad. der Wiss. Jg. 1881 (W 1882) (darin ein Teil des Traktates mit Übers.); B. TROWELL, Faburden u. Fauxbourdon, in: MD 13 (1959); E. TRUMBLE, Fauxbourdon (Brooklyn/N.Y. 1959) (= Musicological Studies 3); DERS., Authentic and Spurious Faburden, in: RBMie 14 (1960); E. APFEL, Nochmals zum Fauxbourdon (Faburden) bei G. M., in: Mf 19 (1966).

GUILLAUME D'AMIENS, * Amiens; frz. Trouvère der 2. Hälfte des 13. Jahrhunderts. G. war bürgerlicher Abstammung. Wie sein Zeitgenosse Adam de la Halle schrieb er *Vers d'Amour,* ein 14strophiges Gedicht, das die Liebe verwünscht. Von ihm sind außerdem 3 Chansons, davon 2 mit Melodien, sowie 10 Rondeaux, sämtlich mit Melodien, überliefert.

Lit.: P. HEYSE, Romanische Inedita auf it. Bibl. (B 1856) (mit Texten der Rondeaux); F. GENNRICH, Rondeaux, Virelais u. Balladen, 2 Bde. (Dresden 1921 u. Gö 1927) (= Ges. für romanische Lit. 43 u. 47) (mit Melodien der Rondeaux); DERS., G. d'A., in: MGG V.

GUILLAUME IX. D'AQUITAINE, auch Guilhem de Peitieus, * 1071, † 10.2.1127; provenzalischer Troubadour. Als Graf von Poitiers und Herzog von Aquitanien vereinigte G. in seiner Hand umfangreichen Besitz von der Loire bis zu den Pyrenäen und besaß große Machtfülle, die er aber durch riskante politische Unternehmungen mehrfach gefährdete. 1101 führte er einen erfolglosen Kreuzzug nach Kleinasien. G. gilt als der erste Troubadour überhaupt. Von ihm sind 11 Lieder (eines davon mit zweifelhafter Zuschreibung) bekannt. Für einige Texte wird als Autor auch der von seinen Zeitgenossen hochgeschätzte Eble de Ventadorn, ein Vasall G.s, angenommen, von dem sonst keine Lieder überliefert sind.

Ausg.: F. GENNRICH, Der musikal. Nachlaß der Troubadours 1: Kritische Ausg. der Melodien (Da 1958) (= Summa musicae medii aevi 3); Wilhelm von Aquitanien. Gesammelte Lieder, hrsg. u. übertragen v. W. DÜRRSON (Z 1969).

Lit.: A. JEANROY, Les chansons de G. IX, duc d'A., in: Classiques français du Moyen Age (P 1927) (mit Ausg. des Melodiefragments v. J. Beck); R. BEZZOLA, G. IX et les origines de l'amour courtois, in: Romania 66 (1940); P. DRONKE, Guillaume IX and Courtoisie, in: Romanische Forsch. 73 (1961); L. POLLMANN, „Companho, tant ai agutz d'avols conres", in: Neophilologus 67 (1963); M. DUMITRESCU, Les premiers troubadours connus et les origines de la poésie provençale (Poitiers 1966); U. MÖLK, Trobar clus, trobar leu. Stud. zur Dichtungstheorie der Troubadours (Mn 1968); L. T. TOPSFIELD, The Burlesque Poetry of G. IX d'Aquitaine, in: Neuphilologische Mitteilungen 69 (1968); C. CAMPROUX, Remarque sur la langue de G. de Peitus, in: FS R. Lejeune 1 (Gembloux 1969); DERS., „Faray un vers tot covinen", in: FS J. Frappier 1 (G 1970).

GUILLAUME LE VINIER, * um 1190, † 1235; frz. Trouvère. G. war ein Bruder von Gilles le Vinier. Er lebte als Geistlicher in Arras und gehörte dem Puy d'Arras an. Von G. sind 32 Chansons, meist Liebeslieder, überliefert (29 davon in Paris, Bibl. Nat.), der größte Teil davon mit Melodien.

Ausg. u. Lit.: Faks.-Ausg. der Hs. Paris, Bibl. Nat. fr. 844, hrsg. v. J. BECK (Lo–O–Philadelphia 1938) (= Corpus Cantilenarum Medii Aevi I/2); G. Raynauds Bibliogr. des altfrz. Liedes, neu bearb. v. H. SPANKE (Leiden 1955) (= Musicologica 1), Beispiele daraus im folgenden zitiert als R; F. GENNRICH, Die altfrz. Rotrouenge (Hl 1925) (= Literarhist.-musikwiss. Stud. 2) (mit Melodie zu R 1405); DERS., Rondeaux, Virelais u. Balladen 2 (Gö 1927) (= Ges. für romanische Lit. 47) (mit Melodie zu R 1405); TH. GÉROLD, Histoire de la musique des origines à la fin du XIVe siècle (P 1936) (mit Melodie zu R 1192); F. GENNRICH, Troubadours, Trouvères, Minne- u. Meistersang (Kö 1951, ^{2}1960) (= Das Musikwerk 2) (darin Melodie zu R 1405); DERS., G. le V., in: MGG V (mit Melodie zu R 1143 „Chançon envoisie"); DERS., Altfrz. Lieder 2 (Tü 1956) (mit Melodie zu R 1192); P. MÉNARD, Les Poésies de G. le V. (G 1970) (GA der Texte).

GUILLAUME TELL, Opern von A. M. Gretry und G. Rossini; dt. Titel: ↗Wilhelm Tell.

GUILLEBERT DE BERNEVILLE ↗Gillebert de Berneville.

GUILLEMAIN, Louis Gabriel, *15. 11. 1705 Paris, † 1. 10. 1771 ebd.; frz. Violinist und Komponist. G. war in Italien Violinschüler u. a. von G. B. Somis. Nach Frankreich zurückgekehrt, spielte er zunächst an der Oper in Lyon, seit 1729 als Erster Violinist an der Académie Royale in Dijon. 1737 wurde er Mitglied der Hofkapelle in Versailles und zählte bald zu den namhaftesten Solisten. Auch als Komponist war er im Concert spirituel mit Symphonien im italienischen Stil erfolgreich. 1749 wurde in Paris seine (nicht erhaltene) Comédie épisodique *La Cabale* aufgeführt. 1759 trat er in den Dienst der Königin. Trotz erheblicher Einkünfte hoch verschuldet, beging er schließlich Selbstmord. Neben J.-M. Leclair, J. J. Mondonville u. a. gehört G. zu den bedeutendsten Violinisten des 18. Jh., was auch seine virtuosen Violinkompositionen (Doppeltriller, Verwendung der 6. und 7. Lage) bezeugen.

WW (alle in Paris erschienen): *Amusement* für V., op. 18 (1762); *Caprices ou études* für V. (o.J.); Sonaten für 2 V., op. 4 u. op. 5 (1739); *Pièces pour 2 vielles, 2 musettes, flûtes ou violons,* op. 9 (um 1740); Sonaten für V. u. B. c., op. 1 (1734), op. 3 (1739) u. op. 11 (1742); *Pièces de clavecin en sonates* mit V.-Begleitung, op. 13 (1745); *Premier amusement à la mode* für 2 V. oder Fl. u. B. c., op. 8 (1740); Triosonaten für V., Fl. (bzw. 2 V. oder 2 Fl.) u. B. c., op. 2 (o. J.) u. op. 10 (1741); *Simphonies dans le goût italien en trio,* op. 6 (1740) u. op. 14 (1748); *Divertissements de simphonies en trio,* op. 15 (1751); *Sonates en quatuors* für Fl., V., Va. da gamba u. B. c., op. 12 (1743) u. op. 17 (1756); *Concertinos à quatre parties,* op. 7 (1740); *Symphonies d'un goût nouveau en forme de concerto pour les musettes, vielles...,* op. 16 (1752).

Ausg.: Sonate op. 13, Nr. 2, in: E. REESER, De klaviersonate met vioolbegeleiding (Rotterdam 1939); Sonate, op. 12, Nr. 3, hrsg. v. F. PETIT (P 1959); Sonate G-Dur für Querfl. u. B. c. (op. 1, Nr. 7), hrsg. v. H. RUF (Mz 1969) (= Il flauto traverso o. Nr.).

Lit.: L. DE LA LAURENCIE, L'école française de violon 2 (P 1923, Nachdr. G 1971); B. S. BROOK, La symphonie française dans la 2de moitié du XVIIIe siècle, 3 Bde. (P 1962).

GUILLET, Charles, * Ende des 16. Jh. Brügge, beerdigt 1. 5. 1654 ebd.; belgischer Organist. G. hatte in Brügge verschiedene öffentliche Ämter inne, war u. a. 1616 Ratsherr und 1620 und 1621 Schöffe. Im Druck erschienen von ihm *Vingt-quatre fantaisies à 4 parties disposées selon l'ordre des 12 modes* (P 1610), Stücke in Form von Ricercari über ein einziges Thema. Hsl. ist ein Buch *Institution harmonique* (1642) erhalten (Wien, Östr. National-Bibl.).

Ausg.: 12 Fantasien in: Werken voor org. of voor vier speeltuigen, hrsg. v. J. WATELET – A. PISCAER (An 1938) (= MMBelg 3); Fantasien, hrsg. v. J. BONFILS, 3 H.e (P 1961–65) (= L'organiste liturgique 33, 37 u. 49/50).

GUILMANT, Félix Alexandre, *12. 3. 1837 Boulogne-sur-Mer, † 29. 3. 1911 Meudon bei Paris; frz. Organist und Komponist. G. war zunächst Schüler seines Vaters, **Jean-Baptiste G.** (1794–1890), Organist an St-Nicolas in Boulogne-sur-Mer, und dort Harmonielehreschüler von G. Carulli. 1857 wurde er Kapellmeister an St-Nicolas. 1860 vervollkommnete er sich im Orgelspiel bei N. J. Lemmens in Brüssel. 1871 wurde er Organist an La Trinité in Paris. Konzertreisen führten ihn mit großem Erfolg durch Europa, in die USA, nach Kanada und Rußland. Auf ihnen spielte er auch eigene Kompositionen. Seine Konzerte auf der Cavaillé-Coll-Orgel im Palais du Trocadéro 1878–97 und 1901–06 machten dieses Instrument populär. 1884 gründete er mit Ch. Bordes und V. d'Indy die Schola cantorum in Paris und übernahm 1896 als Nachfolger von Ch.-M. Widor auch eine Orgelklasse am Conservatoire. G.s *Archives des maîtres de l'orgue* gehört bis heute zu den klassischen Ausgabenreihen der älteren französischen Orgelmusik.

WW: **1) Kompositionen:** 8 Orgelsonaten; *L'Organiste pratique,* 12 H.e (1870–81); *L'Organiste liturgique,* 10 H.e (1884ff.); *Noëls, offertoires,* 4 H.e (1886); *Méditation sur le Stabat;* Kammermusik u. geistliche Vokalwerke, u. a. 3 Messen u. zahlr. Motetten; Chöre a cap.; Scène lyrique *Balthazar* für Solo, Chor u. Orch.; Kantate *Ariane.* – **2) Editionen:** *Répertoire des concerts du Trocadéro,* 4 Bde. (P 1892–97); *École classique de l'orgue,* 25 H.e (P 1898–1903); *Archives des maîtres de l'orgue des XVIe, XVIIe et XVIIIe siècles,* 10 Bde. (P – Mz 1898–1914) (= GUILMANT-PIRRO).

Lit.: N. DUFOURCQ, La musique d'orgue française (P 1941, ^{2}1949); M. VANMACKELBERG, Les G. et la facture d'orgues, in: L'Orgue (1961) Nr. 100; J. PICCAND, in: SMZ 105 (1965).

GUIRAUD, Ernest, *23. 6. 1837 New Orleans, † 6. 5. 1892 Paris; frz. Komponist. Er erlebte bereits als 15jähriger die Aufführung seiner ersten Oper *Le Roi David.* Anschließend studierte er am Pariser Conservatoire u. a. bei A. Fr. Marmontel und J. Halévy. 1864 trat er mit der einaktigen Oper *Sylvie* an der Opéra-Comique hervor, der weitere erfolgreiche Opern, darunter die in ganz Europa aufgeführte Opéra-comique *Madame Turlupin,* folgten. Seit 1876 lehrte er Harmonielehre, seit 1880 Komposition am Pariser Conservatoire. 1891 wurde er Mitglied der Académie des Beaux-Arts. G. schrieb die Rezitative zu G. Bizets *Carmen* und instrumentierte J. Offenbachs *Les Contes d'Hoffmann.*

WW: 2 Orch.-Suiten (P 1871); Ouvertüre *Artevelde* (1875); *Allegro de concert pour piano* (P 1885); Kantate *Bajazet* (1859). – Bühnen-WW: Opern: *Sylvie,* UA: Paris 1864; *En Prison,* UA: ebd. 1869; *Le Kobold,* UA: ebd. 1870; *Madame Turlupin,* UA: ebd. 1872; *Piccolino,* UA: ebd. 1876; *La galante aventure,* UA: ebd. 1882; *Brunehilde,* vollendet v. C. Saint-Saëns als: *Frédégonde,* UA: ebd. 1895; Ballette: *Gretna Green* (P 1873); Ballet-Air *Danse persanne* (P 1880). – Schrift *Traité d'instrumentation* (P 1895, revidiert 1933).

Ausg.: G. Bizet, Carmen, Kritische NA nach den Quellen u. dt. Texteinrichtung der v. E. G. nachkomponierten Rezitative, hrsg. v. F. OESER, dt. Übertragung der Originalfassung v. W. FELSENSTEIN (Kas 1964).

GUIRAUT DE BORNEIL ↗Giraut de Bornelh.

GUIRAUT RIQUIER, * um 1230 Narbonne, † 1292; provenzalischer Troubadour. G., der von niedriger Herkunft war, hielt sich nach 1270 am Hof Alfonsos el Sabio von Kastilien auf. 1280 nach Frankreich zurückgekehrt, stand er im Dienst Heinrichs II. von Rodez, zuletzt im Dienst des Grafen von Comminges. G., der der letzten Troubadour-Generation angehört, bezeichnete sich selbst als „zu spät gekommen". Von den 89 überlieferten Stücken, unter denen fast alle damals gepflegten Gattungen vertreten sind (u.a. Cansos, Hochzeitslieder, Pastourellen, Sirventès, Rotrouenges, Tagelieder, Descorts und Episteln), sind 48 mit Melodien versehen. Die Epistel *Pos Deus m'a dat saber* an Alfonso el Sabio von 1274 enthält die bekannte Unterscheidung zwischen den bloß ausführenden Liedsängern und Spielleuten, den „jongleurs", und den Lieddichtern, den „troubadours".

Ausg. u. Lit.: R. MENENDEZ-PIDAL, Poesía juglaresca y orígines de las literaturas románicas (Ma 1957); F. GENNRICH, Der musikal. Nachlaß der Troubadours, 3 Bde. (Da 1958–65); U. MÖLK, G. R., Las cansos (Hei 1962) (mit Textausg. der 27 Kanzonen); J. SALVAT, G. R., in: Dictionnaire des lettres françaises. Le moyen âge, hrsg. v. G. Grente (P 1964); V. B. PIZZORUSSO, La suplica di G. R. e la riposta di Alfonso X. de Castiglia, in: Studi mediolatini e volgari 14 (1966); J. MAILLARD, Anthologie de chants de troubadours (Nizza 1967).

GUIRO, Guero (span., = Gurke), lateinamerikanisches Rhythmusinstrument aus einem hohlen Flaschenkürbis (güira) mit Querrillen auf der Oberseite, über die der Spieler mit einem Stäbchen reibt. Ähnliche Schrap-Idiophone werden auch aus Bambusröhren gefertigt. Der G. findet bevorzugt in der Unterhaltungs- und Tanzmusik (Samba, Tango) Verwendung, in neuerer Zeit zunehmend auch im modernen Symphonieorchester (Strawinsky, Varèse, Penderecki, Stockhausen).

GUITARE D'AMOUR ↗Arpeggione.

GULDA, Friedrich, * 16.5.1930 Wien; östr. Pianist und Komponist. G. studierte seit 1942 an der Wiener Musikakademie Klavier bei Br. Seidlhofer und Theorie und Komposition bei J. Marx. 1944 trat er erstmals öffentlich auf und wurde bald mit wichtigen Preisen ausgezeichnet, u.a. 1946 mit dem 1. Preis beim Internationalen Musikwettbewerb in Genf. Zahlreiche Konzerte machten ihn bereits mit 20 Jahren weltberühmt. Mitte der 50er Jahre wandte er sich verstärkt dem Jazz zu, gründete mehrere Jazzformationen (1955 ein Studio-Sextett beim ORF, Anfang der 60er Jahre das Eurojazz-Orchester, später ein Trio mit wechselnder Besetzung) und mischte seither in seinen Konzerten Jazz und „klassische" Musik. 1966 rief er den Internationalen Wettbewerb für modernen Jazz in Wien ins Leben. Abseits des üblichen Konzertbetriebs, aus dem er sich fast ganz zurückzog, organisierte er eigene Musikveranstaltungen (u.a. 1968 und 1969 das Internationale Musikforum in Ossiach, 1976 und 1977 die Tage freier Musik auf Schloß Moosham im salzburgischen Lungau). Aus G.s weitgespanntem Repertoire ragen die Interpretationen von Beethovens Konzerten und Sonaten und von J. S. Bachs *Wohltemperiertem Clavier* hervor. Über sein eigenes kompositorisches Schaffen gibt die Schallplattensammlung *Midlife Harvest* (1973), eine musikalische Autobiographie, einen repräsentativen Überblick, über den Interpreten und Komponisten die Schallplattensammlung *The Complete Musician* (1978). Er schrieb u. a. *Worte zur Musik* (Mn 1971, [2]1972).

Lit.: E. JANITSCH, Musiker, die der Welt gehören 1 (W 1953); J. KAISER, Große Pianisten in unserer Zeit (Mn 1965 [4]1978); G. R. KOCH, F. G. u. sein Jazztrio, in: NZfM 127 (1966); K. GEITEL, Fragen an F. G. Anmerkungen zur Musik u. Ges. (B 1973); P. COSSÉ, Zur Zeit der mittleren Ernte. Ein Gespräch mit F. G., in: Fonoforum 19 (1974); W. SZMOLYAN, F. G. u. die Improvisation, in: ÖMZ 30 (1975); P. FUHRMANN, G. Kein Pianist fürs Bürgerpublikum, in: Fonoforum 23 (1978).

R. CADENBACH

GÜLKE, Peter, * 29.4.1934 Weimar; dt. Musikforscher und Dirigent. Er studierte 1952–57 Violoncello an der Musikhochschule in Weimar, Musikwissenschaft (u.a. bei H. Besseler), Germanistik, Philosophie und Romanistik an den Universitäten Jena und Leipzig und promovierte hier 1958 mit der (ungedruckten) Dissertation *Liedprinzip und Polyphonie in der Chanson des 15. Jahrhunderts.* 1959–64 war G. Kapellmeister, Dramaturg und Repetitor am Theater in Rudolstadt, danach musikalischer Oberleiter am Theater in Stendal,

1966–69 in Potsdam. Nach Jahren freiberuflicher Tätigkeit, auch als Gastdirigent, war er 1972–76 musikalischer Oberleiter am Theater in Stralsund. 1976–81 Kapellmeister an der Dresdner Staatsoper, 1981–83 GMD in Weimar. Seitdem in der Bundesrepublik Deutschland lebend, wurde er 1985 GMD in Wuppertal. 1984 habilitierte sich G. an der Technischen Universität Berlin. Seine musikwiss. Arbeiten zeigen methodisch und thematisch ein außergewöhnlich breites Spektrum.

WW: **1) Schriften:** *Das Volkslied in der burgundischen Polyphonie des 15. Jh.*, in: FS H. Besseler (L 1961); *Interpretation u. die Wandlungen des musikal. Hörens*, in: Kgr.-Ber. Leipzig 1966 (Kas 1970); *Versuch zur Ästhetik der Musik L. Janáčeks*, in: DJbMw 12 (1968), dass., in: Musik-Konzepte 7 (1979); *Introduktion als Widerspruch im System. Zur Dialektik v. Thema u. Prozessualität bei Beethoven*, in: DJbMw 14 (1970); *Kantabilität u. thematische Abhandlung. Ein Beethovensches Problem ...*, in: BzMw 12 (1970); *Zur Bestimmung des Sinfonischen bei Beethoven*, in: DJbMw 15 (1971); *Wider die Übermacht des Thematischen, Zum Verständnis C. Francks anhand seiner d-moll Sinfonie*, in: BzMw 13 (1971); *Das Schriftbild der mehrstimmigen Musik* (L 1973) (= Musikgesch. in Bildern 5/3); *Zu R. Schumanns „Rheinischer Sinfonie"*, in: ebd.; *Ein konservatives Genie? Zum 450. Geburtstag Palestrinas*, in: MuGes 25 (1975); *Mönche, Bürger, Minnesänger. Musik in der Gesellschaft des europäischen Mittelalters* (L 1975); *Zum Bilde des späten Schubert. Vorwiegend analytische Betrachtungen zum Streichquartett op. 163*, in: DJbMw 18 (1978), dass. in: Musik-Konzepte, F. Schubert Sonder-Nr. (1979); *Überlegungen bei der Beschäftigung mit den Quellen zu einer Beethoven-Sinfonie*, in: Kgr.-Ber. Wien 1977 (Kas 1978) (= Beitr. 1976–78 der Östr. Ges. für Musik); *Musik aus dem Bannkreis einer literarischen Ästhetik. Debussys L'Après-midi d'un Faune*, in: DJbMw 19 (1979); *Neue Beitr. zur Kenntnis des Sinfonikers Schubert. Die Fragmente D 615, D 708 A u. D 936 A*, in: Musik-Konzepte, F. Schubert Sonder-Nr. (1979). – **2) Editionen:** *P. I. Tschaikowsky, Die Zauberin* (Mos 1963) (zus. mit D. Gülke); *A. E. M. Grétry, Memoiren oder Essays über die Musik* (L 1973) (zus. mit D. Gülke); *H. Besseler, Bourdon u. Fauxbourdon* (L [2]1974); *H. Besseler, Aufsätze zur Musikästhetik u. Musikgesch.* (L 1978); *L. van Beethoven, Sinfonie Nr. 5* (L 1979) (Ausg. nach den Quellen); *Das Liederbuch des Dr. Hartmann Schedel* (Kas 1980) (= EDM 73/74); *F. Schubert, Sinfonische Fragmente D 616, D 708 A u. D 936 A. Umschrift, Kommentar u. Einrichtung für Orch.* (L 1980); *J. J. Rousseau, Ausgew. Schriften zur Musik* (L 1981) (zus. mit D. Gülke).

Lit.: Sinfonische Fragmente Schuberts für die Praxis erschlossen. Gespräch mit P. G., in: MuGes 29 (1979).

GULLIN, Lars, *4. 5. 1928 Visby (Schweden), †17. 5. 1976; schwedischer Jazzmusiker (Baritonsaxophon, Klarinette). Er kam 1948 nach Stockholm, spielte dort zuerst Klarinette, seit 1949 Baritonsaxophon, hatte seit 1951 ein Engagement im Orchester Arne Domnerus und leitete seit 1953 eine eigene Band. 1958–59 hielt er sich in Italien auf und wirkte 1959 beim Jazzfestival in San Remo mit. 1968 erhielt er vom schwedischen Staat ein Künstlerstipendium auf Lebenszeit. G., der als der Repräsentant des schwedischen Cool Jazz gilt, spielte mit bedeutenden amerikanischen Jazzmusikern zusammen.

GUMPELZHAIMER (Gumpeltzhaimer), **Adam,** *Trostberg (Oberbayern), †3. 11. 1625 Augsburg; dt. Komponist. G., obwohl Protestant, besuchte die Schule des Benediktinerklosters St. Ulrich und Afra in Augsburg. 1581 wurde er dort Praeceptor und Kantor am Gymnasium St. Anna, behielt dieses Amt bis an sein Lebensende und prägte das Augsburger Musikleben seiner Zeit entscheidend mit. Dies bezeugt auch die von ihm angelegte hsl. Musikaliensammlung. 1582 wird G. in der Matrikel der Universität Ingolstadt genannt. Einen Ruf an die württembergische Hofkapelle 1606 lehnte er ab.

WW (alle in Augsburg gedruckt): *Neue Teutsche Geistliche Lieder* für 3 St., *nach art der Welschen Villanellen*, 2 Tle. (1591, 1611), mit mehreren Aufl., seit 1611 als: *Lustgärtlein Teutsch und Lateinischer Geistlicher Lieder; Neue Teutsche Geistliche Lieder nach art der Welschen Canzonen* für 4 St., 2 Tle. (1594, 1619), mit mehreren Aufl., seit 1619 als: *Wirtzgärtlin Teutsch und Lateinischer Geistlicher Lieder; Contrapunctus* für 4 u. 5 St. (1595) (unvollst. erhalten); 2 Bücher *Sacri concentus* für 8 St., I (1601), II mit B.c. (1614); *Geistliche Lieder* für 4 St. (1617) (unvollst. erhalten); einige Gelegenheitsgesänge; einzelne Kompositionen in Sammeldrucken der Zeit. – Schrift: *Compendium musicae* (1591, [13]1681) (enthält in verschiedenen Aufl. teilweise auch die *Neuen Teutschen Geistl. Lieder* bzw. *Neue... Exempel, auch etliche Fugen, Bicinien, Contrapuncte)*.

G.s Ruhm und Nachruhm gründet in erster Linie auf dem *Compendium musicae* (1591), das eine der erfolgreichsten musikalischen Elementarlehren des 17. Jh. war. Es beruht auf H. Fabers *Compendiolum musicae* (1548) und dessen deutscher Übersetzung durch Chr. Rid und wurde von G. vor allem durch einen umfangreichen Anhang mit Beispielen, vorwiegend eigene Kompositionen, ergänzt. G. schrieb ferner, ebenfalls vornehmlich Unterrichtszwecken dienende 3–5st. geistliche Gesänge in deutscher und lateinischer Sprache nach Art „welscher Villanellen" und „welscher Canzonen", meist ohne Cantus firmus. Wichtige Kompositionen G.s sind auch die 8st. *Sacri concentus*, ein bedeutendes Zeugnis für die unmittelbare Tradition der venezianischen Mehrchörigkeit in Süddeutschland im frühen 17. Jahrhundert.

Ausg.: Ausgew. Werke, hrsg. v. O. MAYR (L 1909) (= DTB 10/2); 34 Sätze, in: Der Kanon, hrsg. v. F. JÖDE U. A. (Wb – B 1926); 14 Sätze, in: Chorbuch 1, 5 u. 6, hrsg. v. DENS. (ebd. 1927–31); *Compendium musicae Lat.-Germanicum*, Faks.-Ausg. 1632 (Ann Arbor/Mich. 1965); Das Inventar der Kantorei St. Anna in Augsburg, hrsg. v. R. SCHAAL (Kas 1965) (= Catalogus musicus 3). *Neue dt. geistliche Lieder*, hrsg. v. M. RÖSSLER (Neuhausen – St 1973) (= Das Chorwerk alter Meister 19).

Lit.: O. MAYR, A. G. (Diss. Mn 1908); K. KÖBERLIN, Beitr. zur Gesch. der Kantorei bei St. Anna in Augsburg, in: Zschr. des hist. Vereins für Schwaben 39 (1913); O. WESSELY, J. Entzenmüller, in: Mf 7 (1954); A. LAYER, Augsburger Musikkultur der Renaissance, in: Musik in der Reichsstadt Augsburg, hrsg. v. L. Wegele (Au 1965); C. GOTTWALD, Humanisten-Stammbücher als musikal. Quellen, in: FS H. Osthoff (Tutzing 1969); W. DEKKER, Ein Karfreitagsrätselkanon aus A. G.s „Compendium musicae" (1632), in: Mf 27 (1974).

GÜNSTLING, DER, oder Die letzten Tage des großen Herrn Fabiano, Oper in 3 Akten von Rudolf Wagner-Régeny (1903–69), Text von Caspar Neher (1897–1962) nach Georg Büchners Übertragung des Dramas *Maria Tudor* (1833) von Victor Hugo. Ort und Zeit der Handlung: London, 1553. UA: 20. 2. 1935 in Dresden unter Karl Böhm.
Aus Wagner-Régenys Überlegungen, wie das Musiktheater „auf einen einfachen und eindeutigen Grund zu stellen" sei, resultiert seine Forderung: „Die Stimmgattung charakterisiere die Personen, statt rauschender Tonfluten spreche das entsinnlichte Orchester durch Linien und rhythmische Energien." Daher verzichtet der Komponist in *Der Günstling* auf eine Ouvertüre und vermittelt dem Zuhörer durch den Chor der Ältesten *Während die Königin lacht, weint bittere Tränen das Volk* Einblick in den Konflikt zwischen Bürgertum und der ihrem Günstling hörigen Königin. Das an dramatischer Spannung reiche Werk läßt durch das Aufgreifen archaisierender Stilmittel bei der Charakterisierung der bürgerlichen Hauptpersonen und durch die formale Gliederung in 31 Nummern einen Vergleich mit G. Fr. Händels Bühnenwerken zu. In einigen Fällen wirkt der Rückgriff auf bekannte musikalische Elemente allerdings übertrieben und wie ein Stilbruch, so die als Parodie auf die italienische Oper gedachte Charakterisierung des Fabiani (simple Melodik in der *Arie*, einfache Formen in der *Serenade*). Die hohen Erwartungen der Kritiker, die nach der UA einen „erfolgversprechenden Ansatz zur Neuen Oper" sahen, blieben, wohl wegen der mangelnden stilistischen Geschlossenheit des Werkes, weitgehend unerfüllt.

K. LANGROCK

GURA, Eugen, *8. 11. 1842 Pressern bei Saaz (Böhmen), †26. 8. 1906 Aufkirchen am Starnberger See; dt. Sänger (Bariton). Er studierte Gesang bei Fr. Hauser in München, debütierte hier am Hoftheater 1865, sang 1867–83 in Breslau, Leipzig und Hamburg und war 1884–96 Mitglied der Bayerischen Staatsoper in München. G. zählt zu den großen Wagner-Interpreten des 19. Jh. und wirkte auch regelmäßig bei den Bayreuther Festspielen mit (R. Wagner selbst übertrug ihm bei der ersten Aufführung des *Ring* 1876 die Partien des Donner und des Gunther), wurde aber auch in Rollen wie Rigoletto in G. Verdis gleichnamiger Oper, als Leporello und in der Titelrolle des *Don Giovanni* von Mozart und in der Titelpartie des *Hans Heiling* von H. Marschner bewundert. Als Liedersänger widmete er sich mit großem Erfolg besonders den Werken H. Wolfs und C. Loewes. Er schrieb die Autobiographie *Erinnerungen aus meinem Leben* (L 1905).

Lit.: R. QUOIKA, E. G., ein berühmter Wagner- u. Loewe-Sänger, in: Sudetenland 4 (1962).

GURLITT. – 1) Cornelius, *10. 2. 1820 Altona, † 17. 6. 1901 ebd.; dt. Komponist. Er war Schüler von J. P. R. Reinecke in Altona und studierte dann Orgel und Komposition bei J. P. E. Hartmann und C. E. F. Weyse in Kopenhagen. 1841–45 war er Musiklehrer in Hirschholm bei Kopenhagen. 1845 unternahm er eine Studienreise nach Rom, die er in Leipzig unterbrach, wo er Clara und Robert Schumann, A. Lortzing und R. Franz kennenlernte. 1864–98 war er Organist an der Hauptkirche in Altona, wurde 1873 Königlicher Musikdirektor, und lehrte 1879–1887 auch am Hamburger Konservatorium. G. wurde vor allem durch seine zahlreichen, an R. Schumann anknüpfenden Klavier-Miniaturen bekannt.

WW: Klv.-Stücke zu 2 u. 4 Händen, darunter: *Jugendalbum,* op. 62, 84, 101 u. 140, *Mimosen,* op. 113, *Albumblätter,* op. 147, *Novelletten,* op. 148; V.-Sonaten; Klv.-Trios; Streichquartett; Ouvertüre, op. 22; Sinfonietta, op. 25; Lieder; für Chor: *Die Jahreszeiten,* op. 26; *Der Jäger Heimkehr,* op. 49; Oratorium *Die Sündflut* (1888); 2 Operetten; Komische Oper *Scheik Hassan* (1863).

2) Wilibald, Großneffe von 1), * 1. 3. 1889 Dresden, † 15. 12. 1963 Freiburg im Breisgau; dt. Musikforscher. Er studierte Musikwissenschaft, Philosophie und Geschichte in Heidelberg und Leipzig, wo er Schüler von A. Schering und H. Riemann war und 1914 mit einer Dissertation über Michael Praetorius promovierte. Seit 1918 war er Musiklehrer in Leipzig. 1920 wurde er als außerordentlicher Professor auf den neugeschaffenen Lehrstuhl für Musikwissenschaft an der Universität Freiburg berufen (1929 ordentlicher Professor), 1937 aber von den Nationalsozialisten seines Amtes enthoben. 1945 kehrte er an die Universität zurück, war 1946–48 Gastprofessor an der Universität Bern und 1955/56 in Basel. 1948 wurde er Vorstandsmitglied der Internationalen Gesellschaft für Musikwissenschaft (IGMW) und 1950 ordentliches Mitglied der Mainzer Akademie der Wissenschaften und der Literatur. Seit 1952 war er Herausgeber des *Archivs für Musikwissenschaft* und 1959–61 des Personenteils der 12. Auflage des *Riemann Musiklexikons.* Durch die in Zusammenarbeit mit dem Orgelbauer O. Walcker 1921 rekonstruierte und – nach deren Zerstörung 1944 – 1954–55 neu erbaute „Praetorius-Orgeln" in Freiburg sowie durch seinen grundlegenden Vortrag *Die Wandlungen des Klangideals im Lichte der Musikgeschichte* (1926) gab G. der Orgelbewegung des 20. Jh. wichtige Anstöße.

WW: **1) Schriften:** *M. Praetorius (Creuzbergensis). Sein Leben u. seine Werke* (L 1915, Nachdr. Hil 1968); *J. S. Bach. Der Meister u. sein Werk* (B 1935, Kas [4]1959); *Burgundische Chanson- u. dt.*

Liedkunst des 15. Jh. in: Kgr.-Ber. Basel 1924 (L 1925); *Die Wandlungen des Klangideals der Orgel im Lichte der Musikgesch.*, in: Ber. über die Freiburger Tagung für dt. Orgelkunst (Au 1926, Nachdr. Kas 1971); *Über Prinzipien u. zur Gesch. der Registrierkunst in der alten Orgelmusik*, in: Kgr.-Ber. Leipzig 1926; *Die Orgel v. heute*, in: Musica Divina 16 (1928); *Zur gegenwärtigen Orgel-Erneuerungsbewegung*, in: MuK 1 (1929); *J. Walter u. die Musik der Reformationszeit*, in: Luther-Jb. 15 (1953); *Zur Bedeutungsgesch. v. „musicus" u. „cantor" bei Isidor v. Sevilla* (Mz 1950) (= Abh. der Geistes- u. Sozialwiss. Klasse der Ak. der Wiss. u. der Lit. Mainz Jg. 1950, Nr. 7); *J. S. Bach in seiner Zeit u. heute*, in: Ber. über die wiss. Bachtagung... (L 1951); *Das hist. Klangbild im Werk J. S. Bachs*, in: Bach-Jb. 1951–52; *Die Kompositionslehre des dt. 16. u. 17. Jh.* in: Kgr.-Ber. Bamberg 1953; *Form in der Musik als Zeitgestaltung* (Wie 1954) (= Abh. der... Akad. der Wiss. u. der Lit. Mainz, Nr. 13); *Ein Autorenprivileg für J. H. Schein v. 1628*, in: FS K. G. Fellerer (Rb 1962); *Musik als Weltanschauungsausdruck. Die Beethoven-Deutung Sprangers*, in: Universitas 17 (1962); Aufsatzslg. *Musikgesch. u. Gegenwart*, hrsg. v. H. H. Eggebrecht, 2 Bde. (Wie 1966–67) (= Beihefte zum AfMw 1–2). – **2) Editionen:** D. Buxtehude, GA 1 u. 2 (1925, 1926) u. *Missa brevis* (Kas 1929); *M. Praetorius, Polyhymnia caduceatrix 1619* (Wb – B 1930, 1933) (= GA 17/1–2); *G. Binchois, 16 weltliche Lieder* (Wb 1930) (= Chw 22); *J. Walter, Lob u. Preis der löblichen Kunst Musica 1538*, Faks.-Ausg. (Kas 1938); *M. Praetorius, Syntagma musicum*, 3 Bde. (Kas 1958–59) (= DMl I/21 u. 14–15).

3) Manfred, Neffe von 2), * 6.9.1890 Berlin, † 29.4.1972 Tokio; Dirigent und Komponist. G. war Kompositionsschüler von E. Humperdinck. 1908 wurde er Korrepetitor an der Berliner Hofoper, 1911 Assistent bei den Bayreuther Festspielen und 1914 1. Kapellmeister und Opernleiter am Stadttheater Bremen. Seit 1924 wirkte er als GMD in Berlin und lehrte dort auch an der Hochschule für Musik. Nach dem Arbeitsverbot 1933 durch die Nationalsozialisten dirigierte er bis 1937 in verschiedenen europäischen Ländern und ging 1939 nach Tokio, wo er an der kaiserlichen Musikakademie lehrte und ein eigenes Opernunternehmen aufbaute, das maßgeblich zur Einführung besonders der deutschen Oper in Japan beitrug.

WW: Kammermusik; Vc.-Konzert (1937); *Goya-Symphonie* (1938); Lieder; Opern: *Die Heilige* (1920) (nach G. Hauptmann); *Wozzeck* (1928) (nach G. Büchner); *Soldaten* (1930); *Nana* (1933) (nach E. Zola), UA: Dortmund 1958; *Nächtlicher Spuk* (1937); *Warum?* (1940); *Wir schreiten aus* (1958).

Ausg.: **Zu 1):** *Der neue Gurlitt* (64 kleine Klv.-Stücke), hrsg. v. W. REHBERG, 2 Bde. (Mz 1931); *Das kleine Konzert*, hrsg. v. H. SCHÜNGELER (Magdeburg 1940).

Lit.: **Zu 1):** H. FUNCK, Musikal. Biedermeier, in: DVflG 14 (1936). – **Zu 2):** 5 Briefe, in: Liber amicorum. FS Ch. van den Borren (An 1964). – H. H. EGGEBRECHT, in: AfMw 19/20 (1962/63); A. SCHMITZ, in: Jb. der Akad. der Wiss. u. Lit. (Mz 1964) (mit Schriftenverz.); H. BESSELER, in: AMl 36 (1964); R. HAMMERSTEIN, in: Mf 17 (1964); W. C. DE JONG, in: Mens en melodie 19 (1964). – **Zu 3):** H. HERRMANN, Die G.s, in: Neue Dt. Hefte 10 (1950) (= Große dt. Familien 7).

GURNEY, Ivor Bertie, * 28.8.1890 Gloucester, † 26.12.1937 Dartford (Kent); engl. Dichter und Komponist. G. war seit 1900 Sängerknabe an der Gloucester Cathedral, 1906–11 dort stellvertretender Organist und seit 1912 Stipendiat am Londoner Royal College of Music und Schüler u.a. von Ch. V. Stanford und R. Vaughan Williams. Zwischen 1917 und 1919 veröffentlichte er seine ersten beiden Gedichtbände und trat seit 1919 auch mit zahlreichen Kompositionen, vor allem mit Liedern hervor. Kriegsverletzung und geistiger Verfall schwächten seit 1922 seine Schaffenskraft zunehmend. Während seine Liederzyklen nach seinem Tode teilweise veröffentlicht wurden, blieben seine Instrumentalwerke größtenteils ungedruckt.

WW: 5 Praeludien für Klv. (Lo 1921); *Five Western Watercolours* für Klv.; 2 Stücke für V. u. Klv. (Lo 1940); andere Instr.-Werke u. Orchesterstücke hsl.; zahlr. Lieder u. Liederzyklen, darunter: *Ludlow and Teme* für Tenor, Streichquartett u. Klv. (Lo 1923); *The Western Playland* für Bar., Streichquartett u. Klv.

Ausg.: Poems, hrsg. v. E. BLUNDEN (Lo 1954).

Lit.: E. BLUNDEN – W. DE LA MARE – SIR J. SQUIRE, I. G., the Poet, in: ML 19 (1938); H. HOWELLS – R. VAUGHAN WILLIAMS, I. G., the Musician, in: ebd.; M. R. BURTCH, in: MT 96 (1954); CH. W. MOORE, The Solo Vocal Works of I. G. (1967) (= Diss. Indiana Univ.).

GUSLA (bulgarisch, serbokroatisch; kroatisch auch gusle), Streichinstrument der Balkanländer, heute vor allem in Jugoslawien als Volksinstrument weit verbreitet; im engeren Sinne Bz. für das einsaitige Instrument mit birnenförmigem bis ovalem, aus einem Holzstück ausgehöhlten Korpus. Über die Höhlung wird als Decke ein mit kleinen eingebrannten Löchern versehenes Schaf-, Hasen- oder Eselsfell gespannt, das an der Schale angenagelt ist. Die Saite aus Pferdehaar läuft von einem Vorsprung am unteren Rand des Korpus ohne Saitenhalter über einen breitbeinigen, verschiebbaren Steg zu einem langen, hinterständigen Wirbel, an dem sie hoch über dem Hals befestigt ist. Das Instrument ist oft reich mit Schnitzereien verziert. Der griffbrettlose Hals endet in einem Ziegen-, Schafs- oder Pferdekopf. Er dient nicht zum Abgreifen der Saite, die seitlich mit den Fingern verkürzt wird, so daß häufig Flageolettöne erklingen. Der Streichbogen ist kurz, gerundet und mit Pferdehaar bespannt. Die einsaitige G. dient, vor allem in Bosnien, der Herzegowina, Kroatien und Serbien ausschließlich zur Begleitung von Volksepen und -liedern, die der Sänger und Spieler (*Guslar* genannt) vorträgt. Die Stimmung der Saite läßt sich durch den verschiebbaren Steg und die Veränderung der Saitenspannung regulieren, entsprechend der Stimmlage des Sängers.

Lit. (wenn nichts anderes angegeben, serbokroatisch): F. KUHAČ, Beschreibung u. Gesch. der G., in: Rad (Zagreb 1877) Nr. 3; V. KARAKAŠEVIĆ, G. u. Guslaren, in: Annales v. Matica srbska (1899); K. MANOJLOVIĆ, G. u. Guslaren, in: Muzika (Belgrad 1928); M. MILOJEVIĆ, Die G.-Musik, in:

ebd. (1929); G. BECKING, Der musikal. Bau des Montenegrinischen Volksepos, in: Archives Néerlandaises de phonétique expérimentale 8–9 (A 1933) (dt.); W. WÜNSCH, Die Geigentechnik der südslawischen Guslaren (Brünn 1934) (dt.); B. RUSIĆ, Guslar Apostol de Prilep (Belgrad 1940); S. PAŠĆAN-KOJANOV, Die geschichtliche Entwicklung der Streichinstrumente (ebd. 1956); C. RIHTMAN, Die Gusle in Bosnien u. der Herzegowina, in: Studia instrumentorum musicae popularis 6 (Sto 1969) (= Musikhist. museets skrifter 8) (dt.).

GUSLI (russ., Plural), Bz. für die volkstümlichen russischen Brettzithern ohne Griffbrett und mit flachem Resonanzkasten unterschiedlicher Form. Heutige Instrumente haben meist einen Korpus in Form eines unregelmäßigen Vierecks. Über eine Decke aus Ahornholz ist eine verschieden große Anzahl von Messing- oder Darmsaiten gezogen, die mit den Fingern gezupft werden. Der Tonumfang des Instruments kann vier diatonische Oktaven umfassen. Beim Spielen liegen die G. entweder horizontal vor dem Spieler oder werden von diesem schräg vor den Oberkörper gehalten. In dieser Haltung, bisweilen an einem Riemen um den Hals gehängt, wurden die altrussischen G. gespielt. Diese sind seit dem 14. Jh. bekannt und vermutlich nicht verwandt mit der finnisch-baltischen ↗Kantele.

Lit.: A. O. VÄISÄNEN, Das Zupfinstr. G. bei den Wolgavölkern in: Suomalais Ugrilaisen Seuran Toimituksia 58 (1928); K. A. VERTKOF, Beitr. zur Gesch. der russ. G.-Typen, in: Studia instrumentorum musicae popularis 1 (Sto 1969) (= Musikhist. museets skrifter 3).

GUSTAV ODER DER MASKENBALL *(Gustave III ou le Bal Masqué)*, Opéra historique in 5 Akten von Daniel François Esprit Auber (1782 bis 1871), Text von Eugène Scribe (1791–1861). Ort und Zeit der Handlung: Stockholm, 15. u. 16. 3. 1792. UA: 27. 2. 1833 in Paris (Académie Royale de Musique), dt. EA (in dt. Sprache): 25. 6. 1834 in Leipzig.

In dieser großen historischen Oper versucht der Librettist, die Ereignisse um die Ermordung des schwedischen Königs Gustav III. so realistisch wie möglich musikdramatisch umzusetzen; Scribe holte während der Einstudierung der Mordszene sogar den Rat eines der Verschwörer (Graf Horn) ein. Eifersucht als Motiv für das Attentat widerspricht jedoch den geschichtlichen Fakten, weshalb die zum Zeitpunkt der UA noch lebende Witwe gerichtlich gegen Aufführungen der Oper vorzugehen versuchte. Ihre Klage blieb erfolglos und das Werk erreichte in den ersten zwei Jahren nach der UA allein in Paris mehr als 100 Aufführungen, bei denen es immer häufiger geschah, daß kostümierte Zuschauer, vornehmlich Damen, begeistert von der Tanzmusik im 5. Aufzug auf der Bühne mittanzten – besonders beliebt war der *Gustav-Galopp.* Aubers Musik widerstrebt der Tragik und neigt dem komischen Genre zu. Nicht zuletzt aus diesem Grunde wird heute Giuseppe Verdis Oper über denselben Stoff *(Ein Maskenball)*, vom musikdramatischen Standpunkt aus betrachtet, höher eingeschätzt. Der Schlußakt aus Aubers Oper wurde häufig separat aufgeführt und erhielt in der Weimarer Aufführung von 1836 ein neues Finale von Johann Nepomuk Hummel. R. QUANDT

GUTE TOCHTER, DIE *(La Cecchina ossia la buona figliola)*, Dramma giocoso in 3 Akten von Niccolò Piccinni (1728–1800); Text von Carlo Goldoni (1707–93) nach S. Richardsons Briefroman *Pamela: or Virtue Rewarded* (1740–41). Ort und Zeit der Handlung: Schloß des Marchese della Conchiglia im 18. Jahrhundert. UA: 6. 2. 1760 in Rom (Teatro delle Dame); dt. EA: 7. 6. 1762 in Nürnberg; EA in dt. Sprache: 8. 9. 1777 in Berlin.

Die Opera buffa um die tugendhafte Tochter eines österreichischen Offiziers, die in Diensten eines italienischen Herzogs steht, ohne von ihrer Herkunft zu wissen, und nach einigen Demütigungen schließlich verdientermaßen ihr Glück genießen darf, ist Piccinnis 18. Bühnenwerk und sein größter Erfolg überhaupt, was zahlreiche Aufführungen in vielen europäischen Städten beweisen. Der Komponist vertonte das Libretto, das vor ihm bereits von Egidio Romualdo Duni (1709–1775) komponiert worden war, in nur zehn Wochen. Entsprechend dem sentimentalen Grundcharakter von Goldonis Bearbeitung des damals sehr populären Pamela-Romans gelang Piccinni mit dem Werk eine Synthese aus neapolitanischer Opera buffa und Musikkomödie mit „empfindsamen" Stilelementen. Letztere werden in den Arien der Cecchina besonders deutlich; wie die meisten anderen Arien sind sie nach dem Prinzip der variierenden Wiederholung zweiteilig geformt. Als Bezeichnung für die charakteristische Gestaltung der Ensemble-Finali hat sich der Terminus „Rondo-Finale" durchgesetzt. Die Fortsetzungen der Oper, *La buona figliola maritata* und *La buona figliola zitella* waren nicht annähernd so erfolgreich wie *Die gute Tochter* und gerieten bald ebenso in Vergessenheit wie die meisten anderen der 127 Opern Piccinnis. TH. MENGER

GUTHEIL-SCHODER, Maria, * 10. 2. 1874 Weimar, † 4. 10. 1935 Ilmenau; dt. Sängerin (Mezzosopran). Sie erhielt ihre Ausbildung in Weimar und debütierte dort 1891 als 1. Dame in Mozarts *Zauberflöte.* Bis 1900 blieb sie in Weimar, trat als Gast aber auch in Berlin, Leipzig und Wien auf. 1900 wurde sie von G. Mahler an die Wiener Hofoper verpflichtet, deren Mitglied sie bis 1926 blieb. Ihre größten Erfolge feierte sie in Partien in Opern von Mozart und besonders von R. Strauss und galt auch als ausgezeichnete Konzertsängerin. Sie führte auch Opern-Regie. In erster Ehe war sie mit dem Dirigenten Gustav Gutheil (1868–1914) verheiratet.

GUYOT, Jean (Johannes Castileti), * 1512 Châtelet (Bistum Lüttich), † 11. 3. 1588 Lüttich; frankoflämischer Komponist. G. studierte an der Universität Löwen. 1545 wurde er Kaplan und Precentor an der Stiftskirche St-Paul in Lüttich, später an der Kathedrale St-Lambert. 1563–64 war er Kapellmeister Kaiser Ferdinands I. Anschließend übernahm er wieder seine Ämter in Lüttich. Seine Wertschätzung am Habsburger Hof geht daraus hervor, daß etwa die Hälfte seiner erhaltenen Motetten in dem kostbar ausgestatteten Sammeldruck von P. Joannelli, *Novus Thesaurus musicus* (5 Bücher, V 1568), erschien, der vornehmlich Werke von Mitgliedern der Kaiserlichen Kapelle enthält.

WW (alle hsl. oder in mehr als 30 Sammeldrucken 1535–89): Messe für 8 St.; Te Deum für 6 St.; 24 Motetten für 4–8 St.; 11 Chansons für 4–8 St.; eine Bearb. v. Josquin des Prés' *Benedicta es* für 12 St. – Theoret. Werk: *Minervalia* (Maastricht 1554).

Ausg.: Chanson *Joyeusement,* hrsg. v. E. COMMER, in: Coll. operum musicorum batavorum 12 (B – Mz 1858); Motette *Immolabit,* in: Tribune de St-Gervais 25 (1928); eine Motette in: Staatsmotetten für Erzherzog Karl II. v. Innerösterreich, hrsg. v. A. DUNNING (Gr 1971) (= Musik alter Meister 21/22).

Lit.: A. AUDA, La musique et les musiciens de l'ancien pays de Liège (Bru – P – Lüttich 1930); E. WAUTERS, J. G. de Châtelet (Bru 1944); A. VANDER LINDEN, Les Minervalia de J. G., in: RBMie 3 (1949); J. QUITIN, J. G. de Châtelet, succentor à la cathédrale St. Lambert à Liège, in: RBMie 8 (1954); B. EVEN, J. G. de Châtelet, musicien liégeois du XVIe siècle, in: ebd. 28 (1974) – 30 (1976).

GUYS AND DOLLS *(Schwere Jungen – leichte Mädchen),* amerik. Musical in 2 Akten von Frank Loesser (1910–69), der Musik und Song-Texte schrieb; Buch von Abe Burrows und Jo Swerling nach der Kurzgeschichte *The Idyll of Miss Sarah Brown* von Damon Runyan unter Verwendung von Personen aus weiteren Erzählungen desselben Autors. Ort und Zeit der Handlung: am Broadway in New York, in beliebiger Gegenwart. UA: 24. 11. 1950 in New York (46th Street Theater). Dt. EA (in dt. Sprache): 26. 5. 1969 in Bremen (Theater der Freien Hansestadt), Übersetzung von Janne Furch. Verfilmt 1955 mit Jean Simmons, Marlon Brando und Frank Sinatra.
In dieser „musical fable of Broadway", so der Untertitel im Original, schildern die Autoren Milieu und Leben am Broadway mit seinen typischen Glücksspielern, Nightclub-Entertainern und auch Angehörigen der Heilsarmee wie Miss Sarah Brown, deren Romanze mit dem leidenschaftlichen Spieler und Wetter „Sky" Masterson den Mittelpunkt der Handlung bildet. Zu den bekanntesten Nummern gehören *Luck be a Lady, A Bushel and a Peck* und *Sit down, you're rockin' the Boat. Guys and Dolls* wurde ein außergewöhnlicher Erfolg sowohl bei der Kritik, die insbesondere die Originalität und die Abkehr von üblichen Schemata hervorhob, als auch beim Publikum (1200 Aufführungen en suite am Broadway). Für die Filmversion schrieb Loesser zusätzliche Nummern, darunter einen seiner bekanntesten Schlager: *Your Eyes are the Eyes of a Woman in Love.* Das Musical wurde mehrfach ausgezeichnet. R.-M. SIMON – S. SIMON

GYMEL (engl., auch gimell, gemell; von lat. gemellus = Zwilling). Die Anweisung G. in mehrstimmigen Kompositionen des späten 15. und 16. Jh. ist dem Sinn des modernen ↗Divisi vergleichbar: zeitweilig, meistens in einem von Solisten ausgeführten Abschnitt, spaltet sich eine Einzelstimme in ein Duo (cantus gemellus = Zwillingsgesang) auf. In Meß- und Magnificatsätzen der früheren Tudorzeit – z. B. bei J. Taverner im Sanctus und Agnus der Messe *Corona spinea,* im Credo und Agnus der Messe *O Michael* und bei W. Cornysh in einem Magnificat – repräsentieren die G.-Partien als anspruchsvolle Kunstmusik höchst virtuosen Stils eine auf imperfekten Konsonanzen beruhende Satztechnik, die in einfacherer Form von Guilielmus Monachus (um 1475) beschrieben und als spezifisch englische Praxis bezeichnet wurde. So zählte er z. B. die zur Verfügung stehenden Konsonanzen einschließlich der Unterterz auf, schilderte Bewegungen in parallelen Terzen und Sexten und demonstrierte die Möglichkeiten bei Stegreifausführung. – Aufgrund der eigentümlichen Stimmbewegung und der auf dem imperfekten Terzintervall gegründeten Konsonanz bei gewissen Sätzen des 13. und 14. Jh. hat die moderne Forschung den Terminus G. als Stilbegriff auf die betreffenden zweistimmigen Sätze und Satzabschnitte des Mittelalters übertragen. In den Quellen ist der Terminus selbst allerdings erst seit dem 15. Jh. faßbar. Das Wesen des G.s veranschaulicht der Satz *Jesu Cristes milde moder* (13. Jh.): Zwei Stimmen in gleicher Lage (und gleicher Schlüsselung) werden so geführt, daß sich als Zusammenklang immer wieder eine Terz ergibt. Dabei treten nicht nur Parallelketten auf, sondern vor allem Gegenbewegungen, die auf häufigen Stimmkreuzungen beruhen und einen ständigen Wechsel von Terzen und Einklang ergeben. Die Annahme, daß die G.-Technik der populären Musikpraxis nahestand, wird beispielhaft gestützt durch den volkstümlich anmutenden, tanzähnlichen G. *Edi beo* (um 1260).

Ausg.: Guilelmus Monachus, *De preceptis artis musicae*, hrsg. v. A. SEAY (R 1965) (= CSM 11).

Lit.: M. F. BUKOFZER, The G., the Earliest Form of English Polyphony, in: ML (1935); DERS., Gesch. des engl. Diskants u. des Fauxbourdons nach den theoretischen Quellen (Str 1936) (= Slg. musikwiss. Abh. 21); TH. G. GEORGIADES, Engl. Diskanttraktate aus der 1. Hälfte des 15. Jh. (Mn 1937); G. REESE, Music in the Middle Ages (NY 1940, Lo 1941); F. LL. HARRISON, Music in Medieval Britain (Lo 1958, NY 1959).

G. NITZ

GYROWETZ, Adalbert Mathias, *19. 2. 1763 Budweis (Böhmen), †19. 3. 1850 Wien; böhmischer Komponist und Violinist. Nach einem aus Krankheitsgründen abgebrochenen Jura-Studium in Prag wurde G. 1786 Sekretär des Grafen Franz von Fünfkirchen in Wien. Dort schrieb er vor allem Kammermusik für Bläserensembles und hatte ersten größeren Erfolg mit einer Symphonie, die Mozart in eines seiner Abonnementkonzerte im Saal zur Mehlgrube übernahm. 1786–89 unternahm er als Sekretär und Violinist des Fürsten Ruspoli eine Reise nach Italien. In Rom komponierte er die 6 Streichquartette op. 1, die ohne sein Wissen in Paris bei Imbault gestochen wurden und mit 7 Auflagen großen Erfolg erzielten. Nach seiner Entlassung aus den Diensten des Grafen setzte G. seine musikalischen Studien in Neapel bei G. Paisiello (Komposition) und N. Sala (Kontrapunkt) fort. Bis 1793 hielt er sich dann in Paris, London (wo er häufig mit J. Haydn zusammentraf), Brüssel, Berlin, Dresden und Prag auf und wurde wegen seiner Symphonien und Quartette, aber auch als Konzertmeister und Violinist gefeiert. In Paris wurde eine seiner Symphonien „als eine Favorite-Pièce in allen Theatern und Konzerten gespielt", jedoch unter J. Haydns Namen gestochen, vermutlich bei Sieber als *Sinfonie Périodique* Nr. 20. 1793 ließ G. sich in Wien nieder, wurde zunächst Kanzleisekretär beim Grafen von Sikkingen und 1804 unter A. Salieri und J. Weigl Hofkapellmeister der königlichen Theater. 1826 bewarb er sich erfolglos um die Stelle des Vize-Kapellmeisters. Während seiner Dienstzeit an den Hoftheatern komponierte G. auftragsgemäß 26 Opern und 40 teils ganz neue, teils neu arrangierte Ballette. 1848 erschien in Wien seine Autobiographie.

WW: **1) Instr.-WW** (gedruckt hauptsächlich in Wien, Paris, Amsterdam, London, Offenbach, mit vielen Nachdrucken): Variationen für V.; Sonaten u. Tänze (Walzer, Menuette u. a.) für Klv., auch für 2 Klv.; Sonaten u. a. Stücke für 2 Fl. u. für 2 V.; Trios, Sonaten, Notturnos u. Divertissements für Fl., V. u. Vc., für Klv., V. (od. Fl.) u. Vc. (ca. 70 Slgen); ca 25 Slgen. Streichquartette bzw. *Quatuors concertants*, mehrere Slgen. Quartette für Fl. u. Str.; Streichquintette u. Quintette für Fl. u. Str.; für Orch.: mehrere Serenaden, zahlr. Symphonien, einige konzertante Symphonien für verschiedene Kombinationen von Soloinstr., 3 Klv.-Konzerte. – **2) Bühnen- u. weltliche Vokal-WW:** Opern (wenn nicht anders angegeben, UA in Wien u. hsl. erhalten): *Selico* (1804), Klv.-A. (W 1804); *Mirana* u. *Agnes Sorel* (1806), Klv.-A. (W 1806), aus *Agnes Sorel* erschienen auch zahlr. einzelne Stücke; *Die Junggesellen-Wirtschaft* u. *Emericke* (1807); *Der Samtrock* (1809); *Der betrogene Betrüger* u. *Das zugemauerte Fenster* (1810); *Der Augenarzt* (1811), Klv.-A. (W 1811), gedruckt wurden auch zahlr. einzelne Stücke; *Das Winterquartier in Amerika* (1812); *Federica ed Adolfo* (1812), Klv.-A. (W 1812); *Robert oder die Prüfung* (1813). Klv.-A. (W 1813); *Helene, Die beiden Eremiten* u. *Der Gemahl von ungefähr* (1816); *Die beiden Savoyarden* (ca. 1817); *Il finto Stanislao* (Mailand 1818); *Aladin* (1819); *Das Ständchen* (1823); *Des Kaisers Genesung* (1828); *Der dreizehnte Mantel* (1829); *Felix u. Adele* (1831); *Die Amerikanerin* (?). – Ballette (hsl. erhalten): *Deodata; Die stille Braut.* – Weltliche Vokal-WW (gedruckt): mehrere Slgen. *Deutsche Lieder* u. *Ariette italiane* sowie einzelne Lieder für SingSt u. Klv. – **3) Geistliche WW** (hsl. erhalten): 19 Messen für Soli, Chor u. Orch. u. weitere kirchenmusikal. WW; dt. Kirchenlieder, meist für Knabenchor.

G.' Kammermusik und Symphonien, bei denen er selbst J. Haydns Werke als Vorbilder nannte, erlauben einen umfassenden Einblick in den typischen Kompositionsstil der Zeit. Sie waren beim Publikum sehr geschätzt und verhalfen ihrem Verfasser zu größerer europäischer Berühmtheit als jedem anderen deutschsprachigen Komponisten dieser Zeit. G. komponierte auch die Melodie zu Gerhards berühmtem Lied *Die Preßfreiheit*, das am 17. 3. 1848 in Wien veröffentlicht wurde. Stilistische Neuerungen am Beginn der musikalischen Romantik vermochte G. allerdings nicht in seine Kompositionen zu integrieren. Daher gerieten seine Werke trotz vorhergehender triumphaler Erfolge zwischen 1790 und 1810 schnell in Vergessenheit.

Ausg.: Notturno Nr. 7 op. 50, hrsg. v. H. ALBRECHT (Lippstadt 1950) (= Organum 3/43); Notturno Nr. 3 op. 26, hrsg. v. W. ALTMANN (L. o. J.); 9 Stücke aus *Douze Allemandes pour deux Flûtes, Livre II–V*, hrsg. v. H. P. SCHMITZ, in: Flötenlehre 2 (Kas 1956); Quartett D-Dur für Fl., V., Va. u. Vc., hrsg. v. E. BOTSCH (Wilhelmshaven 1964).

Lit.: C. F. POHL, Haydn in London (W 1867); K. MEY, A. G. u. seine neu aufgefundene „Hans Sachs"-Oper, in: Mk 2 (1903); A. WEINMANN, Vollständiges Verlagsverz. Artaria & Co. (W 1952); H. C. ROBBINS LANDON, The Symphonies of J. Haydn (Lo 1955) (passim); E. DOERNBERGER, A. G., in: ML 44 (1963); P. MIES, Haydns „Abschiedslied" v. A. G., in: The Haydn Yearbook 2 (1963–64); R. SCHAAL, Unbekannte Briefe v. A. G. (Komponist u. Kapellmeister 1763–1850), in: DJbMw 11 (1966); G. WERKER, In de scheduw van J. Haydn en I. Pleyel, in: Mens en Melodie 21 (1966); W. SENN, Zu den Sinfonien KV Anhang C 11.10, 11.11. u. 11.12, in: Mozart-Jb. 1968–70; F. F. MUELLER, The Austrian Mass Between Schubert and Bruckner (1973) (= Diss. Univ. of Illinois).

J. SCHLÄDER

H

H, h. 1) Im deutschen Sprachraum Tonname für die 7. Stufe der C-Dur-Tonleiter; entspricht der heute noch in den romanischen Ländern üblichen ↗Solmisations-Silbe *si* (ursprünglich sy). Der einfach oder doppelt erniedrigte Ton H heißt B bzw. Heses oder gebräuchlicher Doppel-B, der entsprechend erhöhte Ton His bzw. Hisis. Diese ↗Alterationen werden in England, Frankreich und Italien wie folgt benannt:

dt.	engl.	frz.	it.
B	B flat	si bémol	si bemolle
Heses	B double flat	si double bémol	si doppio bemolle
His	B sharp	si dièse	si diesis
Hisis	B double sharp	si double dièse	si doppio diesis

2) In der lat. Buchstabentonschrift und im ↗Hexachord-System des 12. Jh. wurde der dem heutigen H entsprechende Ton „b quadratum" oder „b durum" (♮) bezeichnet, zum Unterschied von „b rotundum" oder „b molle" (♭) für die erniedrigte Stufe. Aus dem Zeichen ♮ sind das heute gebräuchliche Erhöhungszeichen (♯, ↗Akzidentien) und das ↗Auflösungszeichen (♮) hervorgegangen. Auf die deutsche Druckpraxis des 16. Jh. geht schließlich die Verwendung des H für ♮ zurück, das gleichzeitig mit der Einführung des modernen Oktavsystems (von C) anstelle der Hexachordeinteilung als Bz. für die 7. Stufe üblich wurde. – **3)** Seit dem Anfang des 19. Jh. gebräuchliche Akkordbezeichnung: H bedeutet den H-Dur-Akkord oder die Tonart H-Dur, h den h-moll-Akkord oder die Tonart h-moll.

HAARKLOU, norwegische Musikerfamilie. – **1) Johannes,** * 13.5.1847 Förde (Sunnfjord), † 26.11.1925 Grefsen bei Oslo; Organist und Komponist. Er studierte 1873–75 bei A. Richter, S. Jadassohn und H. Kretzschmar am Leipziger Konservatorium und 1877–78 bei Fr. Kiel, A. Bungert und C. A. Haupt in Berlin. In Oslo war er 1882–1920 Organist an der Gamle-Aker-Kirche, daneben Musikkritiker für die Zeitung *Morgenposten* und leitete 1883–88 auch die Symphoniekonzerte. In den folgenden Jahren unternahm er zahlreiche Konzertreisen durch Norwegen, auf denen er auch eigene Kompositionen dirigierte.

WW: Kammermusik; Klavierwerke; für Orch.: Symphonien B-Dur, d-moll, C-Dur, Es-Dur; symphonische Dichtung *Westminster Abbey,* op. 45; Klv.-Konzert; V.-Konzert; Lieder; Chorwerke, vor allem Männerchöre; Oratorium *Skabelsen og Mennesket,* op. 57 (1891). – Opern: *Fra gamle dage,* UA: Oslo 1894; *Vaeringerne i Miklagaard,* UA: Trondheim 1901; *Emigranten,* UA: Oslo 1903; *Mari-Sagnet,* UA: ebd. 1910; *Tyrfing* (1912).

2) Andreas Nikolai, Sohn von 1), * 11. 10. 1896 Oslo; Pianist, Organist und Komponist. Er studierte bei A. Schnabel in Berlin und bei Ch.-M. Widor in Paris. Seit 1917 konzertierte er als Pianist und war 1927–37 Organist in Oslo.

WW: Für V. u. Klv.: 4 Sonaten, die 4. (1964); Suite (1958); Romanze; Sonatine für Klv. (1962); Suite a-moll für Orch. (1946); Lieder u. Männerchöre.

Lit.: **Zu 1):** F. BENESTAD, J. H. (Oslo 1961).

HAAS, Joseph, * 19.3.1879 Maihingen bei Nördlingen, † 28.3.1960 München; dt. Komponist. Er war zunächst Volksschullehrer in Augsburg und in München. Dort wurde er 1904 Privatschüler M. Regers, dem er 1907 für ein Jahr nach Leipzig folgte. 1909 wurde er durch seine mit dem A. Nikisch-Stipendium ausgezeichnete und beim Tonkünstlerfest des Allgemeinen Deutschen Musikvereins aufgeführte Violinsonate op. 21 als Komponist weithin bekannt. Seit 1911 lehrte er Komposition am Stuttgarter Konservatorium. H., der in seinen eigenen Werken den Boden der Tonalität nie verließ, bekundete seine Aufgeschlossenheit gegenüber der Neuen Musik, als er 1921 die Donaueschinger Kammermusik-Aufführungen zur Förderung zeitgenössischer Tonkunst mitbegründete. Im selben Jahr wurde er an die Akademie der Tonkunst in München berufen, 1924 dort ordentlicher Professor und 1925 Leiter der Abteilung für Kirchenmusik. 1930 wurde er Mitglied der Preußischen Akademie der Künste in Berlin. 1945–50 war er Präsident der Musikhochschule München, deren Wiederaufbau er förderte. Anläßlich seines 70. Geburtstages 1949 wurde die J. H.-Gesellschaft gegründet, zu deren Aufgaben auch die Förderung junger Komponisten gehört, „deren Schöpfungen mit J. H. verbunden sind". H. wurde mit den Ehrendoktorwürden des Pontificium Institutum Musicae Sacrae in Rom und der Universität München (1954) ausgezeichnet.

WW (wenn nichts anderes angegeben, in Mainz erschienen): **1) Instr.-WW:** Für Klv.: *Eulenspiegeleien*, op. 39 (1912); Sonate op. 46 (L 1918); 2 Sonaten, op. 61 (1923); 4 Sonatinen, op. 94 (1943); *Klangspiele*, op. 99 (1945); für Org.: 10 Choralpraeludien, op. 3 (L 1905); Suite, op. 25 (L 1909); 2 Sonatinen für V. u. Klv., op. 4 (B 1905); Sonate für V. u. Klv., op. 21 (L 1908); Sonate für Horn u. Klv., op. 29 (1910); Streichquartett, op. 50 (1919); 2 geistliche Sonaten für V. u. Org., op. 62 (1926); für Orch.: *Heitere Serenade*, op. 41 (1914); *Tag u. Nacht*, op. 58 (1922). – **2) Vokal-WW:** 23 Slgen. Klv.-Lieder, darunter: *Lieder des Glücks*, op. 52 (1919); *Gesänge an Gott*, op. 68 (1926); *Schelmenlieder*, op. 71 (1929); *Lieder der Sehnsucht*, op. 77 (1929); Chorwerke, u. a.: *Deutsche Singmesse* (nach A. Silesius), op. 60 (1924); *Deutsche Vesper*, op. 72 (1929); *Kanonische Motetten*, op. 75 (1927); *Speyerer Domfestmesse*, op. 80 (1930); Weihnachtsliederspiel *Christnacht* für Soli, Sprecher, Chor u. Orch., op. 85 (1932); *Christ-König-Messe*, op. 88 (1935); *Totenmesse* (Text: E. Wiechert), op. 101 (hsl.); *Deutsche Kindermesse*, op. 108 (1958); Oratorien: *Die heilige Elisabeth*, op. 84 (1931); *Das Lebensbuch Gottes*, op. 87 (1934); *Lied von der Mutter*, op. 91 (1939); *Das Jahr im Lied*, op. 102 (1952). – **3) Bühnen-WW:** Opern: *Tobias Wunderlich*, op. 90, UA: Kassel 1937; *Die Hochzeit des Jobs*, op. 93, UA: Dresden 1944. – **4) Schriften:** Gesammelte Reden u. Aufsätze, hrsg. v. K. G. FELLERER (Mz 1964) (mit Werk-Verz.).

H.s frühe Kompositionen stehen deutlich unter dem Einfluß Regers, zu dessen bedeutendsten und erfolgreichsten Schülern er gehörte. Erst um 1910 löste er sich von dessen Vorbild und bemühte sich um eine durchsichtige Kontrapunktik auf streng tonaler Grundlage. Mit Werktiteln wie *Wichtelmännchen* (op. 27), *Gespenster* (op. 34) und *Eulenspiegeleien* (op. 39, alle für Klavier), begründete er seinen Ruf als „Spitzweg moderner Klaviermusik". In allen seinen Werken strebte H. nach Volkstümlichkeit gemäß seiner Maxime: „Derjenige, der Musik schreibt, die die Menschen nicht erfreut und der vor allem nicht an die Hörer denkt, ist kein Künstler." Als musikalische Themen seiner Oratorien und Variationen wählte er häufig Liedmelodien aus früheren Jahrhunderten, während er Melodien des 19. Jh. als blutleer und sentimental empfand. H., dessen Werk fast alle musikalischen Gattungen umfaßt, errang zeitweise große Publizität vor allem mit seinen volkstümlichen und auch dem Laienmusizieren zugänglichen Oratorien. Überaus beliebt waren mancherorts auch die Messen für 1st. Volksgesang und Orgel (oder Orchester), vor allem die *Speyerer Domfestmesse* (1930), die in 30 Sprachen übertragen worden ist. Sie werden heute jedoch nur noch gelegentlich gesungen. Wegen der Bedeutung, die seine geistlichen Werke in seinem Schaffen haben, erhielt H. auch den Ehrennamen „Heinrich Schütz unserer Zeit".

Lit.: J. H.-Ges., Mitteilungsblatt (Jachenau 1950ff.). – K. LAUX, J. H., Porträt eines Künstlers (Mz 1931, Düsseldorf [2]1954); DERS., J. H., Bildnis u. Bekenntnis (H 1940); DERS., Musik u. Musiker der Gegenwart (Essen 1949); K. H. WÖRNER, Musik der Gegenwart (Mz 1949); H. H. STUCKENSCHMIDT, Neue Musik (B 1952); K. H. WÖRNER, Neue Musik in der Entscheidung (Mz 1954); J. H. zur Vollendung seines 80. Lebensjahres, in: MS 74 (1959) (Sonder-H.); F. J. WEHINGER, Traurig sein hebt keine Not! J. H. Leben u. Werk (Karlsruhe 1959); K. LAUX, J. H., Schüler, Freund u. Sachwalter M. Regers, in: Mitt. des M. Reger-Inst. (1959) H. 9; DERS., In memoriam. R. Schumann u. J. H., „ein Bündnis verwandter Geister", in: Sammelbde. der R. Schumann-Ges. 1 (L 1961); H. COLLUM, Blüh auf, gefrorner Christ! J. H., in: Credo musicale. FS R. Mauersberger (Kas 1969); K. LAUX, Burkard – H. – Hindemith. Eine schöpferische Freundschaft, in: Musicae scientiae collectanea. FS K. G. Fellerer (Kö 1973); K. G. FELLERER, L. Strecker u. J. H. in der Arbeit an „Tobias Wunderlich", in: FS L. Strecker (Mz 1973); DERS., J. H. u. die Kirchenmusik, in: MS 97 (1977); DERS., Das Regerbild von J. H., in: Reger-Studien, 1: FS O. Schreiber (Wie 1978).

K. LANGROCK

HAAS, Monique, * 20. 10. 1909 Paris; frz. Pianistin. Sie studierte bei R. Casadesus und R. Serkin. Seit 1928 konzertierte sie mit großem Erfolg in Europa und in Übersee. Innerhalb ihres ungewöhnlich weit gespannten Repertoires, das die Klaviermusik von der Bach-Zeit bis zur Gegenwart umfaßt, sind Schwerpunkte die französischen Klassiker des 18. Jh. (J. Ph. Rameau, Fr. Couperin), vor allem W. A. Mozart, ferner R. Schumann, die französischen Impressionisten (Cl. Debussy, M. Ravel) und zeitgenössische Klavierwerke (B. Bartók, I. Strawinsky und O. Messiaen). Zahlreiche Werke der zeitgen. Musik hat sie ur- bzw. erstaufgeführt. Seit 1968 lehrt M. H. am Conservatoire in Paris.

HAAS, Robert Maria, * 15. 8. 1886 Prag, † 4. 10. 1960 Wien; östr. Musikforscher. H. studierte Musikwissenschaft in Prag, Berlin und Wien und promovierte 1908 in Prag und war 1908–09 Assistent G. Adlers in Wien. Nach Kapellmeistertätigkeit an den Theatern in Münster, Erfurt und Konstanz war er seit 1911 Korrepetitor an der Hofoper in Dresden. 1914 wurde er Sekretär des *Corpus scriptorum de musica medii aevi* und der *Denkmäler der Tonkunst in Österreich* und 1918 Mitarbeiter der Musiksammlung der Nationalbibliothek in Wien, die er 1920–45 leitete. 1923 habilitierte er sich an der Universität in Wien mit einer Arbeit über J. E. Eberlin und lehrte dort seither (seit 1929 als Professor) Musikgeschichte.

WW: **1) Schriften:** *Das Wiener Singspiel* (Diss. Pr 1908); *Eberlins Schuldramen u. Oratorien*, in: StMw 8 (1921); *Gluck u. Durazzo im Burgtheater* (W 1925); *Die Wiener Oper* (W 1926); *Die Estensischen Musikalien* (Rb 1927, Nachdr. 1957) (Kat.); *Aufführungspraxis der Musik* (Pd 1931); *W. A. Mozart* (Pd 1933); *A. Bruckner* (Pd 1934); *Bach u. Mozart in Wien* (W 1951);

A. Salieris vergessene Familie, in: FS M. Schneider (L 1955); *Ein unbekanntes Mozart-Bildnis*, in: FS W. Fischer (I 1956); *Über das Wiener Dilettanten-Konzert* 1782, in: FS A. Orel (W – Wie 1960). – **2) Editionen:** *A. Bruckner, Sämtliche Werke* (= ältere Reihe), 11 Bde. erschienen (W – L 1930–44) (zus. mit A. Orel); *H. Wolf, Nachgelassene Werke* (W – L 1936–40) (zus. mit H. Schultz).

Lit.: G. REICHERT, R. H., in: ÖMZ 13 (1958); H. FEDERHOFER, In memoriam R. H., in: AMl 32 (1960); L. NOWAK, R. H. zum Gedächtnis, in: Mf 14 (1961).

HÁBA, tschechoslowakische Musikerfamilie. – **1) Alois,** * 21. 6. 1893 Vizovice (Mähren), † 18. 11. 1973 Prag; Komponist. H. studierte 1914–15 bei A. Novák in Prag, 1918–20 und 1920–22 bei F. Schreker in Wien bzw. Berlin Komposition. 1923 bis 1951 lehrte er am Prager Nationalkonservatorium in einer eigens für ihn eingerichteten Abteilung das von ihm seit 1919 entwickelte Kompositionssystem mit Halb-, Viertel- und Sechsteltönen und leitete 1945–51 auch eine Experimentierbühne an der Oper in Prag. H. komponierte teilweise athematisch im Vierteltonsystem, verwendete aber in den meisten Werken das traditionelle temperierte Halbtonsystem. In allen Kompositionen sind Strukturelemente böhmisch-mährischer Volksmusik erkennbar. Die vokalen Spätwerke reflektieren seine anthroposophische Weltschau. Seine musiktheoretischen Untersuchungen legte er in zahlreichen Aufsätzen und Schriften nieder.

WW: **1) Kompositionen:** Zahlr. Klv.-Werke, u. a.: Sonate, op. 3 (1919); *Vier moderne Tänze*, op. 39 (1931); Suite, op. 88 (1957–59); Fantasie, op. 89 (1959); Suite für Baßklar. u. Klv., op. 100 (1969); Streichquartette: I, op. 4 (1920); II–IV, op. 7, 12 u. 14 (1921–22); V, op. 15 (1923); VI, op. 70 (1950); VII–IX, op. 73, 76, 79 (1951–53); X, op. 80 (1952); XI, op. 87 (1958); XII, op. 90 (1960); XIII, op. 92 (1961); XIV, op. 94 (1963); XV, op. 97 (1964); XVI, op. 98 (1967); Suiten: für Klar. solo, op. 55 (1943); für Klar. u. Klv. op. 24 (1925); für Trp. u. Pos., op. 56 (1943); für 4 Pos., op. 72 (1950); für Gitarre, op. 54 (1943) u. op. 63 (1946); für V. op. 81 (1953); für Vc., op. 81a (1953); für Cimbalom, op. 91 (1960); für V.-solo, op. 93 (1962); für Baßklar., op. 96 (1964); für Saxophon, op. 99 (1968); Te Deum, Fantasie u. Fuge über HABA für Org., op. 75a–b (1951); für Orch.: Fantasie *Der Weg des Lebens*, op. 46 (1934); Walachische Suite, op. 77 (1952); V.-Konzert, op. 83 (1954); Va.-Konzert, op. 86 (1956); Lieder; *Z mudroslovi*, op. 84 (1956) für Männerchor; *Poznamky z deniken*, op. 101 (1970) für Sprecher u. Streichquartett; Oper *Matka*, op. 35 (Die Mutter), UA: München 1931; *Die neue Erde*, op. 47 (1936). – **2) Schriften:** *Harmonische Grundlagen des Vierteltonsystems* (Pr 1922), Neudruck, in: Musik der Zeit 8, hrsg. v. H. Lindlar (Bonn 1954); *Mein Weg zur Viertel- u. Sechsteltonmusik* (Düsseldorf 1971).

2) Karel, Bruder von 1), * 21. 5. 1898 Vizovice (Mähren), † 21. 11. 1972 Prag; Komponist und Musikpädagoge. Er studierte am Prager Konservatorium Violine bei K. Hoffmann und Komposition bei A. Novák. Sein Bruder unterwies ihn im Vierteltonsatz. Seit 1917 war er in Prag als Musikerzieher, 1936–50 als Musikreferent beim Schulfunk, 1957–63 als Professor an der Pädagogischen Hochschule tätig. Für die Vierteltonmusik setzte sich H. vor allem in seinen Vokal- und Instrumentalmusikwerken für Kinder ein.

WW: 2 Klv.-Trios, op. 8 (1926), op. 24 (1940); *Zbojnická suita*, op. 39 (1952) für Klv.; 3 Streichquartette, op. 2, 5, 27 (1922, 1924, 1944); Bläserquintett, op. 28 (1945); 2 Symphonien, op. 30 u. 36 (1948, 1954); V.-Konzert, op. 6 (1932); Vc.-Konzert, op. 18 (1935); Kinderlieder, op. 10 (1927) u. Kinderchöre, op. 37 (1955); Kantate *Den Erbauern von Ostrau*, op. 34 (1951); Opern: *Jánosík*, op. 17 (1930); *Alte Historie*, op. 20 (1937); Kinderoper *Smolíček*, op. 33 (1949). – Ferner eine Schrift *Komponisten über sich*, in: Rhythmus 7 (Pr 1941/42).

Lit.: K. RISINGER, Vudči osobnosti české moderní hudebni teorie. O. Šin, A. H., K. Janaček (Pr 1963); G. WHITMAN, A. H., Seminal Works of Quartertone Music, in: Tempo (1967) Nr. 80; J. VYSLOUŽIL, A. H., A. Schönberg u. die tschechische Musik, in: Aspekte der Neuen Musik. FS H. H. Stuckenschmidt (Kas 1968); DERS., H.'s Idea of Quarter-Tone Music, in: Hudebni věda 5 (1968); R. STEPHAN, H. u. Schönberg. Zum Thema: Die Wiener Schule u. die tschechische Musik des 20. Jh., in: FS A. Volk (Kö 1974); S. SCHNEIDER, Mikrotöne in der Musik des 20. Jh. (Bonn 1975); J. VYSLOUŽIL, A. H. u. die Dodekaphonie, in: SMZ 118 (1978). – **Zu 2):** L. ZENKL, K. H. dětem. Dětská opera, písnové a sborové cykly, in: Hudební rozhledy 11 (1958).

H. LINDLAR

HABANERA (span., von Habana Aira), kubanisches, nach der Hauptstadt La Habana benanntes Tanzlied spanisch-englischen Ursprungs. Die H. stellt eine Umbildung des seit Mitte des 18. Jh. aus England nach Spanien und von hier um 1820 nach Kuba gekommenen ↗Country Dance dar. Gegen Ende des 19. Jh. kam sie in einer lateinamerikanischen Assimilationsform nach Spanien zurück und verbreitete sich seit 1910 als Modetanz durch den ↗Tango rasch über ganz Europa. Mit dem Tango ist die H. ihrem rhythmischen Grundmuster 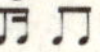 und dem mäßig-langsamen $^{2}/_{4}$-Takt nach eng verwandt. S. de Iradier schrieb um 1840 die populär gewordenen H.s *La palomita* und *El arreglito*. Letztere verarbeitete G. Bizet in der Arie *L'amour est un oiseau rebelle* aus dem 1. Akt seiner *Carmen* (1875). H.s eigener Prägung schufen in der Konzert- und Klaviermusik u. a. E. Chabrier (*Habanera*, 1885), Cl. Debussy (*Estampes*, 1903), M. Ravel (*Rapsodie espagnole*, 1907), P. Hindemith und E. Krenek.

Lit.: G. CHASE, Bibliography of Latin American Folk Music (Washington 1942).

H. LINDLAR

HABENECK, François Antoine, * 22. 1. 1781 Mézières (Ardennen), † 8. 2. 1849 Paris; frz. Violinist und Dirigent. Sein Vater, der aus Mannheim stammte, war Militärmusiker in französischen Diensten. H. studierte Violine bei Fr. Baillot am Pariser Conservatoire, war Violinist an der Opéra-Comique und dirigierte 1806–15 die Concerts français des Conservatoire. 1821–28 war er Direktor, anschließend bis 1846 Kapellmeister an der

Opéra, außerdem Inspecteur und Violinlehrer am Conservatoire und seit 1828 auch ständiger Dirigent der Konzerte der neugegründeten Société des Concerts du Conservatoire, deren Ruhm er begründete. H. erwarb sich große Verdienste besonders auch um die Wiedergabe von Beethovens Orchesterwerken in Paris. Als Dirigent beeindruckte er u.a. auch R. Wagner, der ihm in seiner Schrift *Über das Dirigieren* (L 1869) ein Denkmal setzte. H. schrieb mehrere Werke für Violine, darunter 2 Konzerte.

Lit.: A. ELWART, Histoire de la Société des Concerts (P 1864); A. VERNAELDE, La Société des Concerts, in: LAVIGNAC Techn. VI; N. DEMUTH, H. and La Société des Concerts, in: Music Survey 1 (1948); H. C. SCHONBERG, The Great Conductors (Lo 1968), dt. Übers.: Die großen Dirigenten (Be 1970).

HABERL, Ferdinand, * 15. 3. 1906 Lintach (Oberpfalz), † 3. 7. 1985 Regensburg; dt. Kirchenmusiker. Er studierte Theologie u. Musikwissenschaft in Regensburg u. München u. wurde 1931 zum Priester geweiht. 1934–38 setzte er sein Studium am Pontificio Istituto di Musica Sacra in Rom fort, wo er auch als Organist an der deutschen Nationalkirche S. Maria dell'Anima tätig war. 1938 promovierte er in Rom in Musikwissenschaft mit der Dissertation *Anerii 17 modulationes cantici Magnificat,* 1939 in München zum Dr. theol. 1939–70 war H. Direktor der Kirchenmusikschule in Regensburg und lehrte 1945–68 dort auch an der Philosophisch-Theologischen Hochschule Kirchenmusik (seit 1964 als Honorarprofessor). 1945–53 war er auch Landespräses des Allgemeinen Cäcilien-Verbandes für die Länder der deutschen Sprache. 1970–82 war H. Präsident des Pontificio Istituto di Musica Sacra in Rom. 1977 wurde er zum Accademico Filarmonico di Bologna ernannt, seit 1979 war er korrespondierendes Mitglied der Accademia dei Concordi di Rovigo. Zu seinem 70. Geburtstag wurde H. mit der FS *Sacerdos et cantus Gregoriani magister,* hrsg. v. Fr. A. Stein (Rb 1977; mit Bibliogr.), geehrt.

Schriften: *Der Kirchenchorleiter* (Tü 1949); *Das deutsche Amt u. die Enzyklika Musicae Sacrae disciplina* (Rb 1956); *Neukompositionen im Geiste des gregorianischen Chorals,* in: Kirchenmusik in der Gegenwart, hrsg. v. Th. Bogler (Maria Laach 1956) (= Liturgie u. Mönchtum 18); *Die Gradualien des III. Modus u. ihre musikal. Struktur,* in: Musicus-Magister. FS Th. Schrems (Rb 1963); *Zur Komposition deutscher Psalmen cum populo activo,* in: FS E. Desderi (Bol 1963); *J. de Kerle e le sue „Preci speciali" per il Concilio di Trento,* in: Quadrivium 7 (1966); *Il „Thesaurus musicae sacrae",* in: Presente e futura della musica sacra, hrsg. v. J. López-Calo (R 1967); *Das Kyriale Romanum* (Rb 1975); *Das Graduale Romanum* 1 (Rb 1976); *Il canto gregoriano antifonico dell'Introito e del Communio* (R 1978); *Der responsoriale Gesang des gregorianischen Graduale* (R 1979); *86 Tropi antiphonarum ad Introitum* (R 1980). – **2) Editionen:** G. de la Hêle, *Missa Gustate et videte* (Düsseldorf 1950); G. F. Anerio, *Missa Circuire possum* (Mr 1953); G. de la Hêle, *Missa In convertendo* (Mr 1956); G. Aichinger, *Missa de Beata Maria Virgine* (Rb 1956); G. P. da Palestrina, *Missa in Festis Apostolorum II* (Rb 1961); *Die Chorsammlung* (Rb 1952ff.) (zus. mit E. Quack).

Lit.: F. A. STEIN in: MS 86 (1966).

HABERL, Franz Xaver, * 12. 4. 1840 Oberellenbach (Niederbayern), † 5. 9. 1910 Regensburg; dt. Kirchenmusiker und Musikforscher. H. wurde 1862 zum Priester geweiht, war anschließend Musikpräfekt am bischöflichen Seminar in Passau und seit 1867 Organist an S. Maria dell'Anima in Rom. Gleichzeitig betrieb er musikwissenschaftliche Studien in römischen Bibliotheken und Archiven, wo er bis dahin unbekannte Werke Palestrinas entdeckte. 1871–82 war er Domkapellmeister in Regensburg und gründete 1873 dort die erste katholische Kirchenmusikschule, die er zu hohem Ansehen führte. Seit 1876 gab er den *Cäcilienkalender* heraus (seit 1886 als *Kirchenmusikalisches Jahrbuch*), war seit 1888 auch Herausgeber der Zeitschrift *Musica sacra* und seit 1899 der *Fliegenden Blätter für Katholische Kirchenmusik.* 1899 wurde er Präsident des Allgemeinen Deutschen Cäcilienvereins. Seine in Anlehnung an die *Editio Medicaea* von 1614 erstellte und 1873 von Papst Pius IX. als verbindlich empfohlene ↗Choralausgabe wurde später durch die an mittelalterlichen Quellen orientierte und seit 1905 erscheinende *Editio Vaticana* ersetzt. H. gehörte zu den wichtigsten Vertretern des ↗Cäcilianismus, zu den bedeutendsten Kennern der polyphonen Kirchenmusik des 15.–17. Jh. und prägte entscheidend die Palestrina-Rezeption des späten 19. Jahrhunderts. 1889 wurde er Ehrendoktor der Theologie der Universität Würzburg.

WW: **1) Schriften:** *W. du Fay,* in: VfMw 1 (1885); *Die römische schola cantorum u. die päpstlichen Kapellsänger bis zur Mitte des 16. Jh.,* in: ebd. 3 (1887); *Bibliogr. u. thematischer Musikkatalog des päpstlichen Kapellarchivs im Vatikan zu Rom,* in: MfM 20 (1885); Unterrichts- u. Lehrwerke: *Theoretisch-praktische Anweisung zum harmonischen Kirchengesang* (Passau 1864); *Magister choralis* (Rb 1864, [12]1900). – **2) Editionen:** *G. P. da Palestrinas Werke,* ab Bd. 10 (L 1863–94); *O. di Lasso, Sämtliche Werke,* 21 Bde. (L 1894–1927) (zus. mit A. Sandberger); *Repertorium Musicae Sacrae ex auctoribus saeculi XVI. et XVII.,* 22 Lieferungen (Rb 1880ff.); *Musica Divina, Annus secundus,* 4 Bde. (Rb 1886).

Lit.: K. WEINMANN, Dr. F. X. H., in: MS 43 (1910); C. BACHSTEFEL, Erinnerungen an Dr. F. X. H., in: ebd.; A. WEISSENBÄCK, Lexikon der kath. Kirchenmusik (Klosterneuburg 1937); A. SCHARNAGL, F. X. H. 1840–1910, in: Sacerdos et cantus Gregoriani magister. FS F. Haberl (Rb 1977).

HABERMANN, Franz Johann (Xaver) **Wenzel,** * 20. 9. 1706 Königswart bei Marienbad (Böhmen), † 7. 4. 1783 Eger; böhmischer Komponist. Er unternahm Studienreisen nach Italien, Frankreich und Spanien. 1731 wurde er Kapellmeister des Prinzen

Louis Henri de Condé, später vielleicht auch des Großherzogs von Toskana in Florenz und war seit 1740 Regens chori an verschiedenen Kirchen in Prag, in dessen Musikleben er eine wichtige Rolle spielte. Themen seiner Messensammlung *Philomela pia* verwendet G. Fr. Händel in *Jephta, Hercules, Agrippina* und in der 17. Klaviersuite.

WW: Von den gedruckten Werken ist nur die Messenslg. *Philomela pia* erhalten (Graslitz 1747); Oratorien *Conversio Peccatoris* (1749), *Deodatus à Gozzone* u. Festspiel *Artium Clementiarum solemnia* (1754) (Musik verschollen, nur Text erhalten); zahlr. Kirchenmusik, u. a. 4 Motetten, 2 *Regina coeli, Missa pastoralis* u. *Salmi della Compietà concertati* (hsl., Prag, Nationalmuseum).

Lit.: F. CHRYSANDER, G. F. Händel 1 (L 1858, Nachdr. Hil – Wie 1966); M. SEIFFERT, F. H., in: KmJb 18 (1903); S. TAYLOR, The Indebtedness of Handel to Works of other Composers (C 1906).

HABERT, Johann Evangelist, *18. 10. 1833 Oberplan (Südböhmen), † 1. 9. 1896 Gmunden am Traunsee (Oberösterreich); östr. Komponist. H. war zunächst Volksschullehrer an mehreren Orten in Österreich und seit 1860 Organist der Stadtkirche in Gmunden. Er gehört zu den wichtigen Musikern unter den kirchenmusikalischen Reformern des 19. Jahrhunderts, war aber ein entschiedener Gegner des Allgemeinen Deutschen Cäcilien-Vereins und seines Gründers Fr. X. Witt (↗Cäcilianismus) und strebte eine spezifisch österreichische Art der Reform an. Dabei orientierte er sich wie die deutschen Cäcilianer und ihre österreichischen Anhänger auch an der a cappella-Polyphonie des 16. Jh. und am Gregorianischen Gesang, gab aber im Gegensatz zu den deutschen Cäcilianern die Verbindung zur orchesterbegleiteten Kirchenmusik der Wiener Klassik und mancher ihrer österreichischen Nachfolger nicht auf.

WW: **1) Kompositonen:** Orgel-, Klv.- u. Kammermusik; zahlr. geistliche Kompositionen, darunter 30 Messen; 3 Requiem; Litaneien u. Motetten; Orch.-Werke; ferner zahlr. Lieder u. Chöre. – **2) Schriften u. Lehrwerke:** *Beiträge zur Lehre der musikal. Komposition,* 4 Bde. (L 1899); *Praktische Orgelschule,* op. 16, 2 Bde.; *Chorgesangschule* (1882); *Kleine praktische Orgelschule,* op. 101; *Orgelbuch für die östr. Kirchenprovinz,* op. 33; *Theoretisch-praktische Klavierschule,* op. 70. – Ferner gab er Messen u. Motetten v. J. J. Fux (= DTÖ 1 u. 3) u. Hymnen v. J. Stadlmayr (= DTÖ 5) heraus.

Ausg.: GA, hrsg. v. J. E. HABERT – A. HARTL (L 1894ff.) (8 Serien).

Lit.: A. HARTL, J. E. H. (W 1900); R. QUOIKA, H., in: MGG V.

E. SEIDEL

HAEBLER, Ingrid, * 20. 6. 1926 Wien; östr. Pianistin. Sie wuchs in Polen auf und erhielt den ersten Unterricht von ihrer Mutter, einer Pianistin, ihre weitere Ausbildung in Salzburg, an der Musikakademie in Wien bei P. Weingarten, nach dessen Tod am Mozarteum in Salzburg, seit 1950 am Konservatorium in Genf bei N. Magaloff und schließlich an der École Marguerite Long in Paris. Sie errang mehrere internationale Preise, u. a. 1954 den 1. Preis beim Wettbewerb der ARD in München. Seither konzertierte sie mit großem Erfolg in Europa und in Übersee. Im Mittelpunkt ihres Repertoires stehen die Klavierwerke von J. Haydn, W. A. Mozart, Fr. Schubert und R. Schumann. Seit 1964 lehrt I. H. als Professor am Mozarteum.

HACKBRETT (engl.: dulcimer; frz.: tympanon; it.: salterio tedesco; span.: tímpano; ung.: cimbalom), zu den Zithern zählendes Saiteninstrument mit trapezförmigem oder rechteckigem Resonanzkasten. Die Saiten werden mit zwei leicht gebogenen Holzklöppeln geschlagen, die oft nur auf einer Seite mit Filz überzogen sind, um ein in den Klangfarben differenziertes Spiel zu ermöglichen. Die Saiten bestehen aus Messing oder Stahl und werden heute zu Chören von 2–5 Saiten für einen Ton zusammengefaßt. Um den Tonumfang des verhältnismäßig kleinen Spielbereichs zu vergrößern, wurden die Saiten schon früh durch einen aufgeleimten Steg im Verhältnis 2:3 geteilt, wodurch auf einer Saite 2 Töne gespielt werden können. Häufig wird eine weitere Teilung durch zusätzliche, getrennte Stege bewirkt, die nicht aufgeleimt, sondern vom Druck der Saiten gehalten werden. – Aus der Frühgeschichte des H.s ist wenig bekannt. Vermutlich ging es aus dem vorderorientalischen ↗Santur hervor und wurde durch die Araber in Europa eingeführt (möglicherweise über Byzanz und die Balkanländer). Eine Unterscheidung von H. und ↗Psalterium ist oft nicht möglich, da beide Instrumente sich nur durch die Spieltechnik unterscheiden und diese aus frühen Darstellungen nicht genau nachvollziehbar ist (1. Darstellung am Portal der Kathedrale von Santiago de Compostela, 1184). Das gleiche gilt auch für literarische Quellen, in denen die verwendeten Termini nicht eindeutig geklärt sind. Noch im 17. Jh. bezeichnet M. Mersenne (*Harmonie Universelle,* III, 1636) mit Psalterium sowohl das gezupfte als auch das mit Klöppeln geschlagene Instrument. Auch M. Praetorius (*Syntagma II,* 1619, Tafel 18, 36) nennt das Psalterium erklärend eine Art H., woraus zu schließen ist, daß das H. offensichtlich in Deutschland bekannter war. Darauf deutet auch der italienische Name des Instruments (Salterio tedesco). Um 1700 erfuhr das H. eine kurze Blüte, als es durch den Virtuosen Pantaleon Hebenstreit verbessert wurde. Das nach ihm benannte *Pantaleon* (eine Vorform des Hammerklaviers) hatte vierfache Größe und war mit zwei Resonanzböden und gemischtem Darm- und Drahtsaitenbezug ausgestattet. Heute wird das H.

in Europa nur noch in Alpengebieten und in ungarischen (↗Cimbalom), rumänischen und jugoslawischen Zigeunerkapellen gespielt.

Lit.: K. M. KLIER, Volkstümliche Musikinstr. in den Alpen (Kas 1956); A. E. CHERBULIEZ, Quelques observations sur le „psaltérion" (tympanon) populaire suisse, in: Journal of the Int. Folk Music Council 12 (1960); J. LEACH, The Cimbalom, in: ML 53 (1972); J. H. VAN DER MEER – B. GEISER – K.-H. SCHICKHAUS, Das H., ein alpenländisches Musikinstrument (Herisau 1975); H. HEYDE, Frühgesch. des europäischen H., in: DJbMw 18 (1978).

M. BRÖCKER

HACKETT, Bobby (auch Robert Leo, eig. Pete Pesci), * 31. 1. 1915 Providence (Rhode Island), † 7.7.1976 Chatham (Massachusetts); amerik. Jazzmusiker (Kornett, Trompete). Er spielte zunächst in verschiedenen Bands, übernahm dann die Band von Herbie Marsh, ging 1937 zu Joe Marsala nach New York und leitete dort auch eine eigene Gruppe. 1941–42 war er Mitglied im Orchester Glenn Miller, hatte dann ein Engagement beim Rundfunk (NBC), 1946 im Orchester Glen Gray, danach erneut beim Rundfunk (ABC). 1953–55 gehörte er dem Orchester Jackie Gleason an, leitete 1957–60 eigene Formationen, u.a. mit Jack Teagarden, ging 1961 mit Benny Goodman nach Mexiko und trat 1968 mit seinen All Stars auf. Wegen seines ausgeprägt melodischen Spiels sowohl im Dixieland als auch im Swing gilt er in stilistischer Hinsicht vielfach als wichtigster Nachfolger „Bix" Beiderbeckes. H. griff auch als einer der ersten den Walzer im Jazz auf (*Jammin' the Waltz*, 1938, mit L. Feather).

HACQUART (Hakkart, Haccart, Ackart), **Carolus**, * um 1640, † wahrscheinlich 1701 Amsterdam; ndl. Gambist, Organist und Komponist. Er lebte zunächst in Amsterdam und seit 1679 als Gambist in Den Haag, wo er seit 1693 durch Vermittlung des mit ihm befreundeten Dichters und Musikfreundes C. Huygens im Palast des Prinzen Moritz von Oranien wöchentlich Konzerte mit eigenen Kompositionen aufführen konnte. Seine Werke lassen vor allem Einflüsse der italienischen Musik erkennen, so G. Carissimis in seinen *Cantiones sacrae* und M. Cazzatis in seinen Instrumentalkompositionen. Das anläßlich des Friedens von Nimwegen entstandene *De Triomfeerende Min* ist ein durch das französische Ballett geprägtes Singspiel.

WW: *Cantiones sacrae*, op. 1 für 2–7 St. u. Instr. (A 1674); *Harmonia parnassia*, op. 2 (Utrecht 1686); 12 Suiten *Chelys*, op. 3 für Gambe (Den Haag 1686); Singspiel *De Triomfeerende Min* (A 1680); *Pièces de basse de viole et basse continue* (A um 1706); weitere in Amsterdam gedruckte Werke sind verschollen.

Lit.: S. M. A. BOTTENHEIM, De Opera in Nederland (A 1946); P. ANDRIESSEN, C. H. (Löwen 1969); DERS., C. H., in: Vlaams muziektijdschrift 22 (1970); DERS., C. H. Een biografische bijdrage. Het werk (Bru 1974).

HADJIDAKIS, Manos, * 23. 10. 1925 Xanthi (Makedonien); griech. Komponist. H., in der Hauptsache Autodidakt, wurde vor allem als Komponist von Unterhaltungs- und Filmmusik allgemein bekannt (u.a. mit dem Film *Pote tin kiriaki*, 1960, dt. Titel: *Sonntags nie;* auch als Musical: *Illya Darling*, UA New York 1967, dt. Bearbeitung von R. Gilbert als *Ein Mädchen aus Piräus*, UA Bremen 1971). Mit seinem 1962 gegründeten Kleinen Athener Orchester und dem 1964 gegründeten Experimentellen Orchester setzte er sich besonders für die griechische avantgardistische Musik ein. 1966–72 lebte er in New York. Der Schwerpunkt seines Schaffens liegt auf dem Gebiet der Ballett- und Filmmusik. In dem Liederzyklus *Ta liturjika* (1971) schuf er mit der Verarbeitung alter Rembetika (städtische Volkslieder) eine Gattung, die sowohl an die Volks- und Unterhaltungsmusik wie auch an die Kunstmusik anknüpfte.

HADLEY, Henry Kimball, * 20. 12. 1871 Somerville (Massachusetts), † 6. 9. 1937 New York, amerik. Dirigent und Komponist. Er war in Boston u.a. Schüler von G. Chadwick und während eines Europa-Aufenthaltes 1894–95 von E. Mandyczewsky in Wien. Anschließend lebte er bis 1904 als Organist in Garden City (Long Island) und bis 1909 erneut in Europa, wo er eine Zeitlang bei L. Thuille studierte und 1908 Kapellmeister am Mainzer Stadttheater war. 1909–11 leitete er das Seattle Symphony Orchestra, 1911–15 das San Francisco Symphony Orchestra und 1929–32 in New York das Manhattan Symphony Orchestra. Mit seinen Kompositionen, die stark von R. Wagner beeinflußt sind, fand H. zu seinen Lebzeiten viel Beachtung.

WW: **1) Instr.-WW:** 2 Streichquartette, 2 (NY 1941); Klv.-Quintett (NY 1919); für Orch.: mehrere Ouvertüren, darunter: *Othello* (NY 1921); 5 Symphonien; *Symphonie Fantasia* (NY 1907); Rhapsodie *The Culprit Fay* (NY 1910); symphonische Dichtungen; *Salomé* (B 1906) u. *The Ocean* (Boston 1924); ferner ein Klv.-Konzert (Boston 1937). – **2) Bühnen-WW:** Opern: *Safié*, UA: Mainz 1909; *Azora, Daughter of Montezuma*, UA: Chicago 1917; *Bianca*, UA: New York 1918; *The Garden of Allah*, UA: ebd. 1918; *Cleopatra's Night* (NY 1920); *The Legend of Hani*, UA: San Francisco 1933; ferner 5 Operetten u. Bühnenmusik.

Lit.: P. BERTHOUD, The Musical Works of Dr. H. H. (NY 1942); J. C. CONFIELD JUNIOR, H. K. H. His Life and Works (1960) (= Diss. Florida State Univ.).

HADSCHIBEKOW, Useir Abdul Hussein Ogly, * 5. (17.) 9. 1885 Agdschabedy (Jelisawetpol), † 23.11.1948 Baku; sowjetisch-aserbaidschanischer Komponist und Musikforscher. G. war u.a. Schüler von W. Kalafati am St. Petersburger Konservatorium. 1926 gründete er in Baku den ersten mehrstimmigen Chor, 1931 das erste nach Noten spielende Volksinstrumenten-Orchester Aserbaidschans und 1926 das Konservatorium, das er auch leitete. 1945 war er auch Direktor des Instituts für Kunstgeschichte der Akademie der Wissenschaften der Aserbaidschanischen SSR. H. hat das Musikleben in Aserbaidschan maßgeblich beeinflußt. Mit *Leili we Medschnun* komponierte er die erste aserbaidschanische Oper. 1945 schuf er die Nationalhymne der Sowjetrepublik Aserbaidschan.

WW: **1) Kompositionen:** Klv.-Trio; Märsche u. Ouvertüren; Patriotische Lieder u. Chöre; Kantaten. – Opern (UA in Baku): *Leli we Medschnun*, UA: 1908; *Scheich Senan*, UA: 1909; *Rustam we Sochrab*, UA: 1910; *Schach Abbas we Churschid Banu*, UA: 1912, *Asli we Kerem*, UA: 1912; *Kjor-ogly*, UA: 1937. – Operetten (UA in Baku): *Er we arwad*, UA: 1909; *O olmasun bu olsun*, UA: 1910; *Arschin mal alan*, UA: 1913. – **2) Schriften:** *Osnowy aserbaidschanskoi narodnoi musyki* (Baku 1945, NA 1950, [2]1957); *O musykalnon iskusstwe Aserbaidschana* (Baku 1966).

Lit.: W. WINOGRADOW, M. G. i aserbaidschanskaja musyka (Mos 1938); K. KASSIMOW, U. G. (Mos 1945); S. KOREW, U. G. i ewo opery (Mos 1952); CH. AGAJEWA, U. G. (Baku 1955) (mit Werk-Verz.); E. ABASSOWA, Opery i musykalnyje komedii U. Gadschibekowa (ebd. 1961); DIES., U. G. i ewo opera Kjor-ogly (ebd. 1966).

HAFFNER, Johann Ulrich, * 1711, † 22. 10. 1767 Nürnberg; dt. Lautenist und Musikverleger. H. gründete spätestens 1742 in Nürnberg einen Musikverlag. Bis 1767 publizierte er im ausgezeichneten Kupferstich etwa 150 Werke, überwiegend Klavier- und Kammermusik mittel- und süddeutscher sowie italienischer Komponisten, darunter bedeutende Sammlungen wie C. Ph. E. Bachs op. 2, die sog. *Württembergischen Sonaten* für Klavier (1744), ferner als ersten deutschen Scarlatti-Druck D. Scarlattis *VI Sonate per il Cembalo solo* (1754) sowie J. G. Müthels *III Sonates et II Ariosi avec XII Variations pour le clavessin* (1756). Bekannt wurden ferner seine Klavier-Sammeldrucke, u. a. die *Œuvres mélées* (12 Teile, 1755–1765) und die *Raccolta musicale* (5 Teile, 1756–1765). Da er keine Raubdrucke, sondern nur Erstveröffentlichungen herausbrachte, genoß sein Unternehmen großes Ansehen. 1770 übernahm A. W. Winterschmidt in Nürnberg den Verlag, den seit 1786 dessen Sohn Johann Jacob weiterführte.

Lit.: L. HOFFMANN-ERBRECHT, Der Nürnberger Musikverleger J. U. H., in: AMl 26 (1954), Nachträge dazu, in: ebd. 27 (1955) u. ebd. 34 (1962); H. HEUSSNER, Nürnberger Musikverlag u. Musikalienhandel im 18. Jh., in: Musik u. Verlag. FS K. Vötterle (Kas 1968).

L. HOFFMANN-ERBRECHT

HAEFLIGER, Ernst, * 6. 7. 1919 Davos; Schweizer Sänger (Tenor). Er studierte in Zürich bei J. Patzak, in Wien und in Prag und debütierte 1942 als Konzertsänger in Zürich. In diesen Jahren machte er sich als Opernsänger, besonders in Partien in Werken von Mozart, aber auch als Oratorien- und Liedersänger international einen Namen. Seit 1952 war er als 1. lyrischer Tenor Mitglied der Städtischen Oper in Berlin und sang als Gast in allen bedeutenden Musikzentren Europas und Nordamerikas. Seit 1971 lehrt H. als Professor an der Musikhochschule in München.

HAGER, Leopold, * 6. 10. 1935 Salzburg; österr. Dirigent. Er studierte am Mozarteum in Salzburg Orgel, Klavier, Cembalo und Dirigieren, ferner Komposition dort bei C. Bresgen und bei J. N. David in Stuttgart. 1956 konzertierte er als Organist in den Niederlanden, Belgien, Dänemark und Schweden und wurde 1957 Solorepetitor, dann 1. Kapellmeister am Stadttheater Mainz. Bei den Salzburger Festspielen 1960–62 war er Assistent von L. von Matacic und D. Dixon, später Mitarbeiter H. Scherchens beim internationalen Dirigentenkurs und dirigierte selbst erstmals 1961 bei den Festspielen. 1962 wurde er stellvertretender Opernchef und 1. Kapellmeister in Linz, 1964 1. Kapellmeister der Bühnen der Stadt Köln, 1965 GMD in Freiburg i. Br. und ist seit 1969 Chefdirigent des Mozarteum-Orchesters in Salzburg. Seit 1967 dirigiert er regelmäßig auch an der Bayerischen Staatsoper München.

HAGIUS (von Hagen), **Konrad,** * 1550 Rinteln (Westfalen), † vor dem 23. 9. 1616 ebd.; dt. Komponist. G. ist erstmals 1581/82 als Bewerber um eine Stelle als Bassist an der Stuttgarter Hofkapelle nachweisbar. 1584 lebte er am Hof des Grafen Ezard II. von Ostfriesland, spätestens seit 1586 am Hof Herzog Johann Wilhelms des Reichen in Düsseldorf, wo er bis zum Beginn der 90er Jahre blieb. Weitere bekannte Stationen auf ausgedehnten Reisen waren danach Stuttgart, Danzig und Detmold. 1600–03 und 1607–09 war H. Bassist der Stuttgarter Hofkapelle, zeitweise auch am kurpfälzischen Hof in Heidelberg. 1609 wurde er Hofkapellmeister des Grafen Ernst von Holstein-Schauenburg und Steinberg in Bückeburg, 1611 dessen Hofkomponist in Rinteln. H. wurde hauptsächlich durch seine 4st. Sätze zu den Psalmliedern C. Ulenbergs bekannt, die das Vorbild Cl. Goudimels erkennen lassen. Es sind überwiegend Kantionalsätze mit dem cantus firmus im Diskant oder Tenor und nur wenige motettische Gesänge.

WW: *Die Psalmen Davids ... durch ... C. Ulenbergium ...* für 4 St. (Düsseldorf 1589, erweitert Oberursel 1606); *Newe Deutsche Tricinien*, 2 Bde. (F 1604, 1610); Magnificat für 4–6 St. (Dillingen 1606); *Teutsche geistliche Psalmen u. Gesänge* für 4–6 St. (F 1612); *Newe künstliche musicalische Intraden, Pavanen, Galliarden* u. a. Sätze mit u. ohne Text für 2–6 St. (Nü 1616, unvollständig erhalten) (= RISM 1616[24]); ein Stück in RISM 1613[15].

Ausg.: *Die Psalmen Davids*, hrsg. v. J. OVERATH (Düsseldorf 1955) (= Denkmäler rheinischer Musik 3); *Lobet den Herren alle Völker* (= Ps. 117) u. Magnificat für 5 St., hrsg. v. M. SEIFFERT, in: Veröff. des Fürstlichen Inst. für musikwiss. Forsch. 3 (Bückeburg – L 1922).

Lit.: R. EITNER – G. BECKER – W. BÄUMKER, C. H. von Hagen, in: MfM 13 (1881) – 14 (1882); S. FORNAÇON, Kaspar Ulenberg u. K. von H., in: Mf 9 (1956); W. BRENNECKE, K. H., in: Rheinische Musiker 6 (Kö 1969) (= Beitr. zur rheinischen Musikgesch. 83).

HAHN, Reynaldo, *9. 8. 1875 Caracas (Venezuela), †28. 1. 1947 Paris; frz. Komponist und Dirigent. Er studierte am Pariser Conservatoire u. a. bei Th. Dubois, A. Lavignac und J. Massenet. Seit 1890 schrieb er zahlreiche Bühnenmusiken. 1898 trat er an der Opéra-Comique mit seiner ersten Oper, *L'île du rêve,* hervor, war aber später vor allem mit mehreren Operetten erfolgreich. Als Dirigent widmete er sich besonders den Opern Mozarts und dirigierte u. a. den *Don Giovanni* bei den Salzburger Festspielen. Seit 1919 war er im Winter Dirigent des Kasinotheaters in Cannes. 1934 wurde er in Paris Musikkritiker des *Figaro* und 1945 Dirigent der Opéra. H. gehört zu den wichtigsten frz. Operettenkomponisten nach J. Offenbach.

WW: **1) Instr.-WW:** Klv.-Stücke u. Kammermusik; symphonische Dichtungen *Nuit d'amour bergamasque* (1897) u. *Concert provençal* (1930); je ein V.-, Vc.- u. Klv.-Konzert. – **2) Vokal-WW:** Oratorium *La pastorale de Noël* (1908); *Prométhée triomphant* (1908) für Soli, Chor u. Orch.; *La reine de Sheba* (1925) für Soli u. Orch.; ferner zahlr. Liederzyklen. – **3) Bühnen-WW** (alle in Paris uraufgeführt): Opern: *L'île du rêve,* UA: 1898; *La carmélite,* UA: 1902; zahlr. Operetten, u. a.: *Ciboulette,* UA: 1923; *Brummel,* UA: 1931; *Malvina,* UA: 1935; ferner Ballette u. 2 Ballettpantomimen. – **4) Schriften:** *Du chant* (P 1920, ^{2}1957); *La grande Sarah* (P 1930); *Notes. Journal d'un musicien* (P 1933); *L'oreille au guet* (P 1937); *Thèmes variés* (P ^{10}1946).

Lit.: B. GAVOTY, Dans le souvenir de R. H., in: Les annales 61 (1954) (= Neue Serie Nr. 40); M. PROUST, Lettres à R. H., hrsg. v. Ph. Kolb (P ^{10}1956); R. TATRY, R. H., compositeur de charme, in: Musica (Disques) (1962) H. 96; W. SCHUH, Zum Liedwerk R. H.s, in: Schweizer Beitr. zur Musikwiss. 2 (Be 1974); B. GAVOTY, Le musicien de la Belle-Époque (P 1976).

HÄHNEL, Johannes, ↗Galliculus.

HAIDEN, Nürnberger Musikerfamilie, ↗Heyden.

HAIR *(Haare),* amerik. Musical in 2 Akten von Galt MacDermot (* 1928), Buch und Song-Texte von Gerome Ragni und James Rado. Ort und Zeit der Handlung: New York, um 1967. UA: 29. 10. 1967 in New York (Public Theater). Dt. EA (in dt. Sprache): 24. 10. 1968 in München, Übersetzung: Ulf v. Mechow, Karl-Heinz Freynik und Walter Brandin (Song-Texte). 1978/79 verfilmt.

War *Bye-Bye-Birdie* eine Persiflage der Rock'n'Roll-Ära in den 50er Jahren, so war *Hair,* das „american tribal love rock musical" (Untertitel im Original), der Spiegel der ausgehenden 60er Jahre. Der Protest jugendlicher Hippies und Randgruppen des amerikanischen Bürgertums gegen bürgerliche Wertvorstellungen und Moral, gegen Vietnam-Krieg und Rassismus fand damit Ausdruck auf der Bühne, allerdings ohne jegliche satirische Distanz. Im Gegensatz zum herkömmlichen Broadway-Musical hat *Hair* keine stringente Ereignisfolge, sondern besteht aus einer Reihung von Einzelszenen. Nach Ansicht amerikanischer Musicalhistoriker, u. a. David Ewen, war dies kein bewußter Protest gegen tradierte Musical-Schemata, sondern zufällig. – Die Originalfassung des Werkes lief im Public Theater nur 94mal. Nach einer weiteren Aufführungsserie im Nachtklub Cheetah in New York überarbeiteten die Autoren das Musical gründlich und brachten es am 29. April 1968 im Biltmore Theater am Broadway neu heraus. Diese Fassung begründete den Welterfolg: 1742 Aufführungen en suite am Broadway, 1998 in London (EA: 27. 9. 1968, Shaftesbury Theatre). Zu den bekanntesten Musiknummern gehören der programmatische Song *Aquarius, Hare Krishna, Good morning Starshine* und das balladeske *Frank Mills,* beeinflußt von der Pop-Musik der späten sechziger Jahre. Die Wirkungsgeschichte von *Hair* ist trotz aller Popularität nicht so sehr von der eher durchschnittlichen musikalischen und dramatischen Qualität des Werkes als vielmehr durch seine Weltanschauung bestimmt. R.-M. SIMON – S. SIMON

HAITINK (Haïtink), **Bernard,** *4. 3. 1929 Amsterdam; ndl. Dirigent. Er studierte am Amsterdamer Konservatorium Violine und Dirigieren, ferner Dirigieren 1954 und 1955 auch bei F. Leitner im Rahmen der Kurse des niederländischen Rundfunks und wurde 1955 2. Dirigent bei der Niederländischen Radio-Union. Ersten Erfolg als Dirigent hatte er 1956 anläßlich einer Aufführung des *Requiems* von L. Cherubini mit dem Amsterdamer Concertgebouworkest. Er wurde dann Chefdirigent des Radio Filharmonisch Orkest, übernahm 1961 gemeinsam mit E. Jochum die Leitung des Concertgebouworkest, dessen alleiniger Chefdirigent und künstlerischer Direktor er seit 1964 ist. 1962–79 war er auch Chefdirigent des London Symphony Orchestra, seit 1970 zugleich dessen künstlerischer Direktor. Daneben dirigierte er als Gast andere bedeutende Orchester in Europa und in den USA. In den letzten Jahren trat H. auch als Operndirigent hervor, u. a. an Covent Garden in London, an der Mailänder Scala und bei den Festspielen in Glyndebourne, deren musikalischer Leiter er seit 1978 ist. H. hat sich insbesondere als Dirigent der Werke A. Bruckners und G. Mahlers einen Namen gemacht.

DAS GROSSE LEXIKON DER MUSIK

4

DAS GROSSE LEXIKON DER MUSIK

in acht Bänden

herausgegeben von
Marc Honegger und Günther Massenkeil

Vierter Band

Halbe Note – Kostelanetz

Herder
Freiburg · Basel · Wien

DAS GROSSE LEXIKON DER MUSIK
herausgegeben von Günther Massenkeil, Bonn

auf der Grundlage des
DICTIONNAIRE DE LA MUSIQUE
herausgegeben von Marc Honegger, Straßburg,
Verlag Bordas, Paris

Redaktionelle Bearbeitung der deutschen Ausgabe:
Karin Andrae, Hamburg; Christian Berger, Kiel; Charles Biegala, Baden-Baden; Marianne Bröcker, Bonn; Marie-Agnes Dittrich, Hamburg; Ursula Eckart-Bäcker, Aachen; Ingela Flotzinger, Graz; Maria Franke, Au bei Freiburg i. Br.; Maximilian Herbstmeier, München; Thomas B. H. Knospe, Kiel; Dieter Kroll, Oststeinbek bei Hamburg; Ulrich Kurth, Kiel; Dieter Möller, Hamburg; Ulrike Patow, Hamburg; Friedemann Pods, Kiel; Barbara Progscha-Weiner, Hamburg; Gertrud Rinderle, Kirchzarten; Peter Ruschenburg, Hamburg; Roswitha Schlager, Erlangen; Angelus Seipt, Köln; Jerg Trescher, Freiburg i. Br.; Petra Weber-Bockholdt, München; Elisabeth Winkler, Graz; Wolfgang Winkler, Graz

sowie die Lexikonredaktion des Verlages Herder

Sonderausgabe für den
Zweiburgen Verlag

Herstellung: Freiburger Graphische Betriebe 1992
ISBN 3-451-22921-8

Allgemeine Abkürzungen

Abb.	Abbildung
Abh.	Abhandlung
Abk.	Abkürzung
Abt.	Abteilung
Acad., Accad.	Academia, Académie, Accademia
a cap., a capp.	a cappella
ad lib.	ad libitum
AG.	Aktien-Gesellschaft
ahd.	althochdeutsch
Akad.	Akademie
amerik.	amerikanisch
anglik.	anglikanisch
Anh.	Anhang
Anm.	Anmerkung
Anon.	Anonymus
anon.	anonym
Ant., Anth.	Antologia, Anthologie
Arch.	Archiv
Art.	Artikel
Assoc., assoc.	Association, associé, associated
AT	Altes Testament
Auff.	Aufführung
Aufl.	Auflage
Ausg.	Ausgabe
ausgew.	ausgewählt
Ausw.	Auswahl
Bar.	Bariton
B.c.	Basso continuo
Bd., Bde.	Band, Bände
bearb., Bearb.	bearbeitet, Bearbeitung
Beitr.	Beitrag, Beiträge
Ber.	Bericht
bes.	besonders
Bibl.	Bibliothek
Bibliogr., bibliogr.	Bibliographie, bibliographisch
Bol., Boll.	Boletin, Bolletino
Br.	Bratsche
Bsp.	Beispiel
Bull.	Bulletin
Bz.	Bezeichnung
bzw.	beziehungsweise
C.	Cantus
ca.	circa
Cat.	Catalog
Cemb.	Cembalo
C.f.	Cantus firmus
Ch.	Chor
Cie.	Compagnie
Co.	Compagnie
Cod.	Codex
dB	Dezibel
ders., dies., dass.	derselbe, dieselbe, dasselbe
d.h.	das heißt
d.i.	das ist
Diss.	Dissertation
Diss. masch.	Dissertation maschinengeschrieben
Doz.	Dozent
dt.	deutsch
EA	Erstaufführung
ebd.	ebenda
ed., Ed.	edidit, Edition
eig.	eigentlich
engl.	englisch
Enz.	Enzyklopädie
etc.	et cetera (= und so weiter)
ev.	evangelisch
f.	für
f., ff.	folgend, folgende
f., fol.	Folio
Fag.	Fagott
Faks.	Faksimile
Fl.	Flöte
folkl.	folkloristisch
Forsch.	Forschungen
frz.	französisch
FS	Festschrift
GA	Gesamtausgabe
Gb.	Generalbaß
gegr.	gegründet
gem.	gemischt

Ges.	Gesellschaft
Gesch.	Geschichte
Ggs.	Gegensatz
GmbH.	Gesellschaft mit beschränkter Haftung
GMD	Generalmusikdirektor
gregor.	gregorianisch
griech.	griechisch
H.	Heft
Hdb.	Handbuch
Hist., hist.	Historia, historisch
hl.	heilig
Hrsg., hrsg.	Herausgeber, herausgegeben
Hs(s)., hsl.	Handschrift(en), handschriftlich
Hz	Hertz
Inc.	Incorporated
Inst.	Institut
Instr., instr.	Instrument, instrumental
int.	international, internazionale
it.	italienisch
Jb., Jbb.	Jahrbuch, Jahrbücher
Jg.	Jahrgang
Jh(h).	Jahrhundert(e)
Jt.	Jahrtausend
Kap.	Kapitel
Kat.	Katalog
kath.	katholisch
Kb.	Kontrabaß
KG.	Kommandit-Gesellschaft
Kgr.-Ber.	Kongreß-Bericht
Klar.	Klarinette
klass.	klassisch
Klv.	Klavier
Klv.-A.	Klavier-Auszug
KMD	Kirchenmusikdirektor
Kod.	Kodex
Komp.	Komponist, Komposition
Kons.	Konservatorium
Kpm.	Kapellmeister
lat.	lateinisch
Libr.	Libretto
Lit.	Literatur
liturg.	liturgisch
LP	Longplay, Long Player, Langspielplatte
Ltd.	Limited
lyr.	lyrisch
MA, ma.	Mittelalter, mittelalterlich
Man.	Manuale
MD	Musikdirektor
MH	Musikhochschule
mhd.	mittelhochdeutsch
Mitt.	Mitteilung(en)
Ms(s).	Manuskript(e)
musikal.	musikalisch
Musikwiss., musikwiss.	Musikwissenschaft, musikwissenschaftlich
NA	Neuausgabe
Nachdr.	Nachdruck
nat.	national

ndl.	niederländisch
N.F.	Neue Folge
nhd.	neuhochdeutsch
Nr(n).	Nummer(n)
N.S.	Neue Serie
NT	Neues Testament
Ob.	Oboe
OFM	Ordo Fratrum Minorum (Franziskaner)
OHG	Offene Handelsgesellschaft
o.J.	ohne Jahr
o.Nr.	ohne Nummer
o.O.	ohne Ort
op.	opus
Orch.	Orchester
Org.	Orgel
OSB	Ordo Sancti Benedicti (Benediktiner)
Östr., östr.	Österreich, österreichisch
Philos., philos.	Philosophie, philosophisch
Pk.	Pauke
Plur.	Plural
poln.	polnisch
port.	portugiesisch
Pos.	Posaune
Präs.	Präsident
Prof.	Professor
prot.	protestantisch
Prov.	Provinz
Ps(s).	Psalm(en)
pseud.	pseudonym
Reg.	Register
rel.	religiös
Rev.	Revue, Revista
Riv.	Rivista
russ.	russisch
S.	Seite(n)
SA	Société Anonyme
Sb.	Sitzungsbericht(e)
Sing.	Singular
SingSt	Singstimme
SJ	Societas Jesu (Jesuiten)
Slg(en).	Sammlung(en)
s.o.	siehe oben
Soc.	Societá, Société
SOCist	Sacer Ordo Cisterciensis (Zisterzienser)
sog.	sogenannt
span.	spanisch
St., st.	Stimme(en), stimmig
staatl.	staatlich
städt.	städtisch
Str.	Streicher
Stud.	Studien
s.u.	siehe unten
Suppl.	Supplement
Syn., syn.	Synonym, synonym
Trp.	Trompete
TU	Technische Universität
u.	und
UA	Uraufführung
u.a.	und andere, unter anderem

u.ä.	und ähnliches	veröff.	veröffentlicht
Übers.	Übersetzung	versch.	verschiedene
ung.	ungarisch	Verz.	Verzeichnis
Univ.	Universität	vgl.	vergleiche
Unters.	Untersuchung(en)	Vorb.	Vorbereitung
unveröff.	unveröffentlicht	Vorw.	Vorwort
u.ö.	und öfter		
urspr.	ursprünglich	wahrsch.	wahrscheinlich
usf., usw.	und so fort, und so weiter	Wiss., wiss.	Wissenschaft, wissenschaftlich
u.v.a.	und viele andere, unter vielen anderen	WW	Werke (meist Auswahl)
V.	Violine	z.	zu, zum, zur
v.	von	zahlr.	zahlreich(e)
v.	voce, voice, voix (Sing. u. Plur.)	z.B.	zum Beispiel
		zeitgen.	zeitgenössisch
Va.	Viola	Zschr.	Zeitschrift
Var.	Variation	z.T.	zum Teil
Vc.	Violoncello	zus.	zusammen
Ver.	Verein	zw.	zwischen
Veröff.	Veröffentlichung(en)	z.Z.	zur Zeit

Abkürzungen oft verwendeter Verlagsorte

A	Amsterdam	H	Hamburg	NY	New York
An	Anvers (Antwerpen)	He	Helsinki	O	Oxford
Au	Augsburg	Hei	Heidelberg	P	Paris
B	Berlin	Hil	Hildesheim	Pa	Palermo
Ba	Barcelona	Hl	Halle/Saale	Pd	Potsdam
Bas	Basel	I	Innsbruck	Pr	Prag
Be	Bern	Kas	Kassel	R	Roma (Rom)
Bol	Bologna	Kö	Köln	Rb	Regensburg
Brau	Braunschweig	Kop	Kopenhagen	St	Stuttgart
Bru	Bruxelles (Brüssel)	L	Leipzig	Sto	Stockholm
C	Cambridge	Lau	Lausanne	Str	Strasbourg (Straßburg)
C/M	Cambridge/Mass.	Lei	Leiden	Tn	Torino (Turin)
Ch	Chicago	Lis	Lisboa (Lissabon)	Tou	Tournai
Da	Darmstadt	Lo	London	Tü	Tübingen
E	Edinburgh	Ly	Lyon	V	Venezia (Venedig)
Erl	Erlangen	Ma	Madrid	W	Wien
F	Frankfurt am Main	Mi	Milano (Mailand)	War	Warschau
Fi	Firenze (Florenz)	Mn	München	Wb	Wolfenbüttel
Fr	Freiburg im Breisgau	Mos	Moskau	Wie	Wiesbaden
G	Genf	Mr	Münster	Wr	Weimar
Gö	Göttingen	Mz	Mainz	Wü	Würzburg
Gr	Graz	Nü	Nürnberg	Z	Zürich

H

HALBE NOTE (amerik.: half note; engl.: minim; frz.: blanche; it.: minima; span.: blanca), Bz. für eine aus der ↗Minima hervorgegangene Note. Zeichen: 𝅗𝅥. Die ihr entsprechende Pause ist die ↗halbe Pause.

HALBE PAUSE (engl.: minim rest; frz.: demi-pause; it.: pausa di bianca; span.: silencio de blanca), Bz. für eine Pause (𝄼), die der Dauer einer ↗halben Note entspricht.

HALBGEDACKT, halb gedeckt, werden Registerpfeifen einer Orgel genannt, die eine Zwischenstellung zu den offenen und ↗gedackten Pfeifen einnehmen. Ihr Hut hat eine Bohrung, in die ein Röhrchen eingelötet ist. Der Klang ist flötenartig und heller als bei gedackten Registern. Wichtigstes Register ist die Rohrflöte zu 8′ und 4′, seltener zu 2′. Auch Rohrgedackt zu 8′ und 4′ und die ↗Aliquotstimme Rohrquinte zu $5^{1}/_{3}'$ und $2^{2}/_{3}'$ gehören zu diesem Registertyp.

HALBMOND. – 1) ↗Schellenbaum. – **2)** Bz. für einen im 18. Jh. gebräuchlichen halbmondförmigen Trompetentypus, der das Spielen von Stopftönen ermöglichte. Der unbefriedigenden Tonqualität wegen kam der H. bereits Anfang des 19. Jh. wieder außer Gebrauch.

HALBSATZ ↗Periode.

HALBSCHLUSS ↗Kadenz.

HALBTON (engl.: half-tone, auch semitone; frz.: demi-ton; it. und span.: semitono). Im System der ↗temperierten Stimmung ist der H. ein Zwölftel der Oktave und damit das kleinste Intervall (= temperierter H.). Er entspricht der kleinen ↗Sekunde. Die musikalische Praxis unterscheidet zwischen diatonischem H. (= kleine Sekunde, z.B. g–as), chromatischem H. (= übermäßige Prim, z.B. g–gis) und enharmonischem H. (= doppelt verminderte Terz, z.B. fis–asas). Zwei dieser Halbtöne – ein chromatischer (g–gis) und ein diatonischer (gis –a) – ergeben einen ↗Ganzton. – Der pythagoreische H. (↗pythagoreische Stimmung) ist entweder als diatonischer H. aus der Differenz von 3 Oktaven und 5 Quinten (243 : 256 = Limma) oder als chromatischer H. aus der Differenz von 7 Quinten und 4 Oktaven (2048 : 2187 = Apotome) gebildet. Die harmonisch-reine Stimmung unterscheidet den natürlich-harmonischen H. (15:16), das große Chroma (128:135) und das kleine Chroma (24:25). – ↗Intervall.

HALÉVY. – 1) Jacques François Fromental (Fromentin) **Élie,** * 27.5.1799 Paris, † 17.3.1862 Nizza; frz. Komponist. Schon vor Vollendung des 10. Lebensjahres in das Pariser Conservatoire aufgenommen, studierte er Solfège bei F. Cazot, Klavier bei G. J. L. Lambert, Harmonielehre bei H. M. Berton und Komposition bei L. Cherubini. 1819 erhielt er für seine Kantate *Herminie* den Prix de Rome. Nach dreijährigem Aufenthalt in Italien, wo mutmaßlich wesentliche Teile seiner unaufgeführt gebliebenen ernsten Frühopern entstanden, kehrte er über Wien 1823 nach Paris zurück. Da es ihm nicht gelang, an der Opéra Fuß zu fassen, wandte er sich weitgehend der Komposition von Opéras-comiques zu. 1827 wurden im Théatre Feydeau sein Einakter *L'artisan* und das zum Geburtstag König Karls X. gemeinsam mit L. V. E. Rifaut komponierte Gelegenheitswerk *Le roi et le batelier* aufgeführt. Noch im selben Jahr wurde H. als Nachfolger von A. Daussoigne Professor für Harmonie und Accompagnement am Conservatoire. Gleichzeitig übernahm er am Théatre-Italien, das 1828 seine italienische Oper *Clari* und 1829 den Einakter *La dilettante d'Avignon* herausbrachte, die Stelle eines Maestro al cembalo, die er bis 1830 innehatte. Seit etwa 1833 bis 1845 war er an der Opéra Chef du chant, lehrte seit 1833 am Pariser Conservatoire Kontrapunkt als Nachfolger von F. J. Fétis und seit 1840 Komposition. 1835 machten ihn der ernste

Fünfakter *La juive* an der Opéra und der heitere Dreiakter *L'éclair* an der Opéra-Comique schlagartig berühmt. 1836 wurde er Nachfolger des verstorbenen A. Reicha in der Académie des Beaux-Arts, 1844 deren Vizepräsident und 1854 deren ständiger Sekretär. Zu seinen Schülern gehörten V. Massé, F.-E.-J. Bazin, Ch. Gounod, Ch. Lecocq und sein späterer Schwiegersohn G. Bizet.

WW: **1) Instr.-WW:** *Rondeau ou Caprice pour piano* (W o. J.); *Les cendres de Napoléon. Marche funèbre composée à l'occasion de la translation des cendres* für Orch. (Mz o. J.). – **2) Vokal-WW:** Kantaten: *Les derniers moments du Tasse* (1816); *La mort d' Adonis* (1817); *Herminie* (1819); *Les plages du Nil* (1846) für SingSt u. Klv. (P o. J.); *Italie* (1859); *Marche funèbre et De profundis en Hebreu* (1820) für 3 SingSt u. Orch. (P o. J.); *Messe de l'Orphéon* für 4 Männerst., Sopran u. Org. ad lib. (zus. mit A. Adam u. L. Clapisson, v. H.: *Sanctus* u. *Agnus Dei*) (P 1851); zahlr. geistliche Kompositionen, Männerchöre u. Gesänge (z. T. unveröff.). – **3) Bühnen-WW** (wenn nichts anderes angegeben, in Paris uraufgeführt): **a)** Opéras: *Les Bohémiennes* (1819–20), nicht aufgeführt; *Pygmalion* (1823–24), nicht aufgeführt; *Erostrate* (vor 1824), nicht aufgeführt; *Clari*, UA: 1828; *La juive* (Libr.: A. E. Scribe), UA: 1835 (P 1836 u. ö.); *Guido et Ginevra ou La peste de Florence* (Libr.: ders.), UA: 1838 (L o. J.); *Le drapier* (Libr.: ders.), UA: 1840; *La reine de Chypre* (Libr.: J. H. Vernoy de Saint-Georges), UA: 1841 (P 1841); *Charles VI* (Libr.: C. und G. Delavigne), UA: 1843 (P o. J.); *Le lazzarone ou Le bien vient en dormant* (Libr.: Saint-Georges), UA: 1844 (P o. J.); *Les premiers pas* (Libr.: G. Vaez, A. Reyer), Scène prologue (zusammen mit A. Adam, D. F. E. Auber und M. E. Carafa), UA: 1847; *La tempestà* (Libr.: Scribe nach Shakespeare), UA: London 1850, frz. EA: 1851; *Le juif errant* (Libr.: Scribe, Saint-Georges), UA: 1852; *Le Nabab* (Libr.: dies.), UA: 1853 (P o. J.); *La magicienne* (Libr.: Saint-Georges), UA: 1858 (P o. J.); *Noé ou Le déluge* (Libr.: ders.) vollendet von Bizet (1868–69), UA: Karlsruhe 1885 (P 1885). – **b)** Opéras-comiques: *Les deux pavillons ou Le jaloux et le méfiant* (1824) (Libr.: J. A. C. Vial), nicht aufgeführt; *L'artisan* (Libr.: G. de Pixérécourt), UA: 1827; *Le roi et le batelier* (zus. mit L. V. E. Rifaut), UA: 1827; *La dilettante d'Avignon* (Libr.: F. B. Hoffman, L. Halévy), UA: 1829 (P o. J.); *Attendre et courir* (Libr.: Fulgence, Henri) (zus. mit H. de Roulz), UA: 1830; *La langue musicale* (Libr.: Gabriel, Moreau), UA: 1831; *Yelva* (1832) (Libr.: Moreau, P. Duport), nicht aufgeführt; *Les souvenirs de Lafleur* (Libr.: Carmont, Courey), UA: 1833; *Ludovic* (Libr.: Saint-Georges), Komposition begonnen v. F. Hérold, UA: 1833; *L'éclair* (Libr.: ders., F. A. E. Planard), UA: 1835 (P 1836); *Les treize* (Libr.: Scribe, Duport), UA: 1839 (L o. J.); *Le shérif* (Libr.: Scribe), UA: 1839; *Le guitarrero* (Libr.: ders.), UA: 1841 (P – B 1841); *Les mousquetaires de la reine* (Libr.: Saint-Georges), UA: 1846 (P 1846); *Le val d'Andorre* (Libr.: ders.), UA: 1848 (P 1848); *La fée aux roses* (Libr.: Scribe, Saint-Georges), UA: 1849 (P 1849); *La dame de pique* (Libr.: Scribe), UA: 1850; *L'inconsolable* (unter Pseudonym Alberti), UA: 1855; *Jaguarita l'indienne* (Libr.: Saint-Georges. A. de Leuven), UA: 1855 (P o. J.); *Valentine d'Aubigni* (Libr.: J. Barbier, M. Carrée), UA: 1856. – **c)** Versch. Bühnen-WW: Ballett *Manon Lescaut* (Scribe), UA: 1830 (P o. J.); Ballettoper *La Tentation* (zus. mit C. Gide), UA: 1832; *Prométhée enchaîné* (1849) (Aeschylos), Bühnenmusik zu L. Halévys frz. Übers. (P o. J.). – **4) Schriften:** *Leçons de lecture musicale pour les écoles de la ville de Paris* (P 1857); *Souvenirs et portraits. Études sur les Beaux-Arts* (darin u. a. *Les origines de l'opéra en France..., G. Allegri, L'organiste Froberger, G. Onslow, A. Adam)* (P 1862); *Derniers souvenirs et portraits...* (darin u. a. *Mozart, Boucher-Desmoyers, Nourrit, Berton, ,Lettres sur la musique'*) (P 1863); *Souvenirs d'un ami pour joindre à ceux d'un frère* (P 1863); *Notice sur la vie et les ouvrages de Cherubini* (zus. mit Raoul-Rochette) (P 1843); *Notice sur la vie et les ouvrages d'Adolphe Adam* (P 1859).

Trotz des quantitativen wie qualitativen Übergewichtes seiner heiteren Opern beruht H.s Bedeutung für die Operngeschichte auf seinen ernsten Bühnenwerken. Zur Nachahmung fremder Muster hochbegabt, beeinflußte er nachhaltig die Entwicklung der um 1830 in Mode gekommenen Oper mit historischem Sujet, die dem visuellen, akustisch-musikalischen und sinnlichen Reiz- und Sensationsbedürfnis des wohlhabenden Bürgertums weitgehend Rechnung trug. Für die französische ernste Oper bedeuteten *La juive* (1835), *Guido et Ginevra* (1838), *Le drapier* (1840), *La reine de Chypre* (1841), *Charles VI* (1843) und *Le lazzarone* (1844) nach Jahren des Tiefstands einen ebenso raschen wie glänzenden Wiederaufstieg. Mit diesen Werken erweist sich H. neben G. Meyerbeer, dessen musikdramatische Technik und Stil er im Grunde nur getreu kopierte, als wichtigster Vertreter der „Grand opéra", dem musikalischen Pendant zum romantischen Drama V. Hugos. Ständig um größtmögliche Ausschöpfung aller szenischen, vokalen und instrumentalen Ausdrucksmittel bemüht, überschätzte er dabei letztlich seine Fähigkeiten als Musikdramatiker. H.s eigentliche Begabung zeigte sich in seinen heiteren Opern in der Nachfolge D. F. E. Aubers und Fr. A. Boieldieus, die in *L'éclair* (1835), *Les mousquetaires* (1846) und in *Le val d' Andorre* (1848) ihre künstlerischen Höhepunkte fanden.

2) Ludovic, Neffe von 1) und Sohn des Schriftstellers Léon H., * 1. 1. 1834 Paris, † 7. 5. 1908 ebd.; Schriftsteller und Librettist. Er schrieb zusammen mit H. Crémieux bzw. H. Meilhac etwa 20 Libretti für J. Offenbach, darunter für *La belle Hélène* und *La Vie parisienne*, ferner mit Meilhac das Libretto zu G. Bizets *Carmen* und das Vaudeville-Libretto *La réveillon*, das C. Haffner und R. Genée für ihr Libretto zu J. Strauß' *Fledermaus* verwendeten.

Lit.: **Zu 1):** CH. DE LORBAC, F. H. (P 1862); E. MONNAIS, F. H., in: Revue et Gazette musicale (P 1863); A. POUGIN, F. H., écrivain (P 1865); R. WAGNER, Bericht über eine neue Pariser Oper, in: Gesammelte Schriften und Dichtungen 1 (L ³1897); E. HANSLICK, J. F. H., in: Die moderne Oper IX (B 1900); M. CURTISS, F. H., in: MQ 39 (1953); W. PFANNKUCH, F. H., in: MGG V; J. W. KLEIN, in: MR 23 (1962); DERS., in: Opera Annual 8 (1962); DERS., H.'s „La juive", in: MT 114 (1973); H. CH. WOLFF, H. als Kunst- u. Musikschriftsteller, in: FS K. G. Fellerer (Kö 1973).

W. PFANNKUCH

HALEY, Bill, * 6. 7. 1927 Highland Park (Michigan), † 9. 2. 1981 Los Angeles; amerik. Rocksänger. H., der Begründer des ↗Rock and Roll, war zunächst Musik-Manager einer Radiostation, gehörte einige Zeit der Country-Band The Saddlemen an und gründete 1954 die Band The Comets, mit der er die meisten seiner späteren Hits aufnahm. Den sensationellsten Erfolg errang er mit *Rock Around The Clock* (Leitmotiv des Rockerfilms *Blackboard Jungle*, dt.: Die Saat der Gewalt), mit dem sich die Jugendlichen der 50er Jahre in Amerika wie in Europa identifizierten. H.s übersteigerter Rock-Stil wurde in der Folge von Interpreten wie Little Richard, Elvis Presley, Buddy Holly, Fats Domino und Chuck Berry modifiziert und verfeinert.

HALF A SIXPENCE, engl. Musical in 2 Akten von David Heneker (*1906), der die Musik und die Song-Texte schrieb, Buch von Beverley Cross nach dem Roman *Kipps* von H. G. Wells. Ort und Zeit der Handlung: Folkstone (England), um die Jahrhundertwende. UA: 21. 3. 1963 in London (Cambridge Theatre); dt. EA (in dt. Sprache): 21. 4. 1964 in Mannheim (Nationaltheater), Übersetzung von Peter Hirche. Verfilmt 1967 mit Tommy Steele unter der Regie von George Sidney.
Mit *Half a Sixpence* begründete der englische Rock'n'Roll-Star Tommy Steele seinen Ruf als Musical-Darsteller. Die Geschichte des Waisenjungen Arthur Kipps, der Karriere macht und schließlich seine Jugendliebe heiratet, wurde speziell für Steele zum Musical umgearbeitet und inszeniert. Zu den bekanntesten Nummern des Werkes gehören das Duett *Half a Sixpence* und der parodistische Song *Flash! Bang! Wallop!*. Das Musical lief in London 677mal en suite; Steele spielte auch die Hauptrolle am Broadway (EA: 25. 4. 1965, Broadhurst Theater). In der amerikanischen Version wurde das tänzerische Moment im Werk stärker betont. R.-M. SIMON – S. SIMON

HALFFTER JIMÉNEZ. – 1) Rodolfo, * 30. 10. 1900 Madrid; mexikanischer Komponist dt. Herkunft. Er studierte bei M. de Falla Komposition. Bis zum Ausbruch des Spanischen Bürgerkriegs (1936) schrieb er für die Madrider Tageszeitung *La voz*. 1939 emigrierte er über Paris nach Mexiko und übernahm am Nationalkonservatorium in Mexico City eine Dozentur für Theorie und Tonsatz. In seinen Kompositionen sucht er Elementarstrukturen der spanisch-mexikanischen Musikfolklore mit neuzeitlichen, zuletzt auch mit Satztechniken der Schönberg-Schule zu vereinen. 1946–58 gab er die Zeitschrift *Nuestra música* heraus. Er gehörte zur Herausgebergruppe des Verlags „Ediciones Mexicanas de Música".

WW: **1) Instr.-WW:** *Dos sonatas de El Escorial*, op. 2 (1928); Klv.-Sonaten, op. 16 (1947), op. 20 (1951) u. op. 30 (1967); Streichquartett, op. 24 (1958); Vc.-Sonate, op. 26 (1960); für Orch.: Vc.-Konzert, op. 11 (1940); *Tripartita*, op. 25 (1959); *Diferencias* (1970). – **2) Vokal-WW:** *Desterra*, op. 31 (1967) für SingSt u. Klv.; *Pregón para una pascua pobre*, op. 32 (1968) für gem. Chor, Trompeten, Posaunen u. Schlagzeug. – **3) Bühnen-WW:** Oper *Clavileño*, op. 8 (1936); Ballette: *Don Lindo de Almería*, op. 7 (1935), UA: Mexico City 1940; *La madrugada del panadero*, op. 12, UA: ebd. 1940; *Elena la traicionera*, op. 14, UA; ebd. 1945.

2) Ernesto Escriche, Bruder von 1), * 16. 1. 1905 Madrid; span. Komponist. Er studierte bei M. de Falla Komposition. 1934 wurde er zum Direktor des Konservatoriums von Sevilla berufen. 1936 verließ er Spanien zu Beginn des Bürgerkriegs. Nach Aufenthalten in New York und Lissabon kehrte er 1960 nach Madrid zurück. Aus dem Nachlaß de Fallas vollendete er dessen szenische Kantate *Atlántida*, die 1961 zur Konzertpremiere in Barcelona und 1962 zur Bühnenuraufführung an der Mailänder Scala gelangte. H.s Kompositionsstil verbindet Formen der Frühklassik mit melodisch-rhythmischen Elementen der iberischen Musikfolklore *(Rapsodia portuguesa)*.

WW: Kammermusik u. Klv.-Werke; für Orch.: Sinfonietta (1925); *Paysage mort; Rapsodia portuguesa* (1938) für Klv. u. Orch.; Gitarrenkonzert (1968); Lieder; *Canticum in P. P. Johannem XXIII* (1964) für Soli, Chor u. Orch.; ferner *Hymnus laudi* (1969) (zum Andenken an M. de Falla); Opern: *La muerte de Carmen; Entr'acte* (1964); Ballette: *Sonatina* (1928); *Fantasía galaica*, UA: Mailand 1967.

3) Cristóbal, Neffe von 1) und 2), *24. 3. 1930 Madrid; span. Komponist und Dirigent. Er studierte 1947–51 bei C. del Campo y Zabaleta am Nationalkonservatorium in Madrid, an dem er 1962 eine Professur für Komposition erhielt und dessen Direktor er 1964–66 war. Sein kompositorisches Schaffen greift die in Spanien durch M. de Falla, in Ungarn durch B. Bartók und in Rußland durch den frühen I. Strawinsky kultivierten folkloristischen Satztechniken auf und entwickelt sie, auch mit elektronischen Klängen gemischt, in multimediale Bereiche weiter. 1967 war er Stipendiat des Deutschen Akademischen Austauschdienstes in Berlin und fand von hier aus Zugang zu den Uraufführungsplätzen der westeuropäischen Avantgarde.

WW: **1) Instr.-WW:** Klv.-Sonate (1950); 2 Streichquartette (1955, 1970); Sonate für V. solo (1959); 3 Fl.-Stücke (1959); *Formantes* (1961) für 2 Klv.; *Espejos* (1963) für 4 Schlagzeuger u. Tonband; *Codex* (1963) für Gitarre; Concertino (1956) für Streichorch.; *Líneas y puntos* (1967) für elektronische Klänge u. 20 Bläser; *Llanto por las víctimas de la violencia* (1971) für Kammerensemble u. elektronische Klangumwandlung; *Tiempo para espacios* (1974) für Cemb. u. Str. – Für Orch.: Scherzo (1951); *Cinco microformas* (1960); *Rapsodia española de Albéniz* (1960) für Klv. u. Orch.; *Sinfonía para tres grupos instrumentales* (1963); *Secuencias* (1964); *Anillos* (1968), auch als Ballett; *Fibonaciana* (1970) für Fl. u. Orch.; *Requiem por la libertad imaginada* (1971); Klv.-Konzert (1953); *Pinturas negras* (1972) für Orgel u. Orch.; *Tiempo para espacios* (1974) für Cemb. u. Str.; *Processional* (1974) für 2 Klv. u. Orch.; Vc.-Konzert (1975). – **2) Vokal-WW:** Kantaten: *Antifona pascual a la virgen „Regina coeli"* (1952) für Solistenquartett, gem. Chor u. Orch.; *In expectatione resurrectionis Domini* (1962) für Bar., Männerchor u. Orch.; Lieder, u. a.

3 Lieder (1965) (Text: B. Brecht) für 2 St. u. 2 Klv., auch für Sopran u. Orch. (1967); *Misa para la juventud* (1965); *Symposion* (1966) für Bar., gem. Chor u. Orch.; *Yes speak out, yes* (UNO-Kantate) (1968) für Sopran, Bar., gem. Chöre u. Orch.; ferner *Misa ducal* (1956) für gem. Chor u. Orch.; *Noche pasiva del sentido* (1970) (Text: Johannes vom Kreuz) für Stimmen u. 2 Schlagzeuger; *In memoriam Anaïck* (1973) für Sprecher, Chor u. Instr. – **3) Bühnen-WW:** Oper *Don Quijote*, UA: Düsseldorf 1970; Ballette *Saëta*, UA: Madrid 1955, u. *Anillos*, UA: Lyon 1971.

Lit.: **Zu 1):** J. BAL Y GAY, R. H., in: Nuestra música (Mexico 1946) Nr. 3; Werk-Verz., in: Boletín de música y artes visuales (1954) Nr. 55/56, u. in: Compositores de América 2 (Washington/D.C. 1956, Nachdr. 1962). – **Zu 3):** M. VALLS, La música española después de M. de Falla (Ma 1962); A. CUSTER, Contemporary Music in Spain, in: MQ 51 (1965); T. MARCO, C. H. (Valencia 1972) (= Artistas españoles contemporáneos 34); K. H. RUPPEL, C. H.s Kantate „Yes speak out, yes", in: Musica 27 (1973).

H. LINDLAR

HALKA, Oper in vier Akten von Stanisław Moniuszko (1819–1872), Text von Włodzimierz Wolski nach K. W. Wójcickis Erzählung *Góralka*. Ort und Zeit der Handlung: polnische Karpaten, um 1840. UA: 1. 1. 1858 in Warschau; EA in dt. Sprache: 1888 in Riga; dt. EA: 14. 5. 1935 in Hamburg. Die Liebesbeziehung des Landedelmannes Janusz zum Bauernmädchen Halka, das ihm ein Kind geboren hat, bildet die Vorgeschichte der Oper. Die dramatische Handlung selbst gewinnt ihre Spannung aus dem unüberbrückbaren Gegensatz, der die beiden Personen nun voneinander trennt: Janusz folgt ohne sonderliche Skrupel den gesellschaftlichen Normen und heiratet standesgemäß; Halka beruft sich einzig auf die Rechte des reinen Gefühls, zerbricht unter dem Leid ihres Verlassenseins und geht in den Tod. Zwischen diesen Polen der Konstellation vermittelt die Figur des Jontek, der Halka bedingungslos liebt und zugleich die Kritik an der Moral der herrschenden Klasse zu artikulieren vermag. Einesteils war Moniuszko, dessen musikdramatisch differenzierte Gestaltung der psychischen Konflikte von hoher Intensität ist, bei der Komposition seines Hauptwerks offensichtlich mit der zeitgenössischen Musik Westeuropas vertraut; andernteils gab ihm das Sujet mannigfache Möglichkeiten, Stilelemente und Formprinzipien der polnischen Volksmusik integrierend aufzunehmen. „Nationale" Charakteristika prägen die Fülle der kantablen Melodien ebenso wie die breiten Chorpartien und Tanzszenen: Die emphatisch gefeierte UA der auf vier Akte erweiterten Komposition – eine frühere, zweiaktige Version gelangte nur in Wilna (konzertant am 1. 1. 1848, szenisch am 28. 2. 1854) zur Aufführung – markiert den Beginn einer eigenständig polnischen Operntradition.

E. FISCHER

HALL, Jim (James Stanley), *4. 12. 1930 Buffalo (New York), amerik. Jazzmusiker (Gitarre). Er spielte 1955–56 bei Chico Hamilton, wurde 1956 Mitglied des jazzgeschichtlich bedeutsamen Jimmy Giuffre-Trios, unterrichtete daneben 1957–59 an der School of Jazz in Lenox und ging dann mit Giuffre auf Europatournee. 1960 begleitete er Ella Fitzgerald in Südamerika, hatte von 1960–61 ein Duo mit Lee Konitz, spielte von 1961–62 bei Sonny Rollins, leitete von 1962–63 ein Trio und trat 1962–64 mit Art Farmer auf. 1965 bildete er ein neues Trio, nahm 1968 am Jazzfestival in New Port und 1969 an den Berliner Jazztagen teil. In den 70er Jahren spielte er u. a. auch wieder mit Art Farmer zusammen. H., der vom Cool Jazz, aber auch vom Blues geprägt ist, gehört zu den stilbildenden Gitarristen des modernen Jazz.

HALLÉ, Sir Charles (eig. Karl Halle), * 11. 4. 1819 Hagen (Westfalen), † 25. 10. 1895 Manchester; engl. Pianist und Dirigent dt. Herkunft. Er trat bereits 4jährig öffentlich auf. Nach kurzem Musikunterricht 1835 bei Chr. H. Rinck und G. Weber in Darmstadt kam er 1836 nach Paris, wo er die Bekanntschaft von Fr. Chopin, Fr. Liszt, H. Berlioz, L. Cherubini und R. Wagner machte. 1843 konzertierte er erstmals in England. Seit 1846 veranstaltete er in Paris Kammermusikkonzerte mit D. Alard und A. Franchomme. Die Februarrevolution 1848 zwang ihn zur Flucht nach London, wo er als Pianist geschätzt war. 1850 wurde er in Manchester Dirigent der Gentlemen's Concerts. In London begann er bald, zunächst in seinem Haus, Konzertreihen mit Klaviermusik. Sie gewannen seit 1861 als Hallé's Pianoforte Recitals große Popularität. Seit 1858 konzertierte er mit dem von ihm in Manchester gegründeten Orchester, das als Hallé Orchestra berühmt wurde. Er dirigierte u. a. auch das Orchester der Sacred Harmonic Society in London und der Liverpool Philharmonic Society, das er seit 1883 als Nachfolger von M. Bruch leitete. 1893 wurde er Direktor des neugegründeten Royal Manchester College of Music. H. übte durch seine vielfältigen Tätigkeiten einen nachhaltigen Einfluß auf das britische Musikleben aus. Das Hallé Orchestra zählt noch heute zu den führenden britischen Orchestern. H. schrieb auch einige Klavierstücke und gab musikpädagogische Werke heraus (*Practical Pianoforte School*, Lo 1873 ff.; *Musical Library*, Lo 1876 ff.).

Lit.: Life and Letters of Sir Ch. H. Being an Autobiography, hrsg. v. C. E. u. M. HALLÉ (Lo 1896); H. BIELENBERG, K. H. (Hagen 1949); G. RIGBY, Sir Ch. H. A Portrait for To Day (Manchester 1952); C. B. REES, One Hundred Years of the H. (Lo 1957); M. KENNEDY, The H. Tradition (Manchester 1960); The Autobiography of Ch. H., With Correspondence and Diaries, hrsg. v. DEMS. (NY 1973); J. BOULTON, Ch. H., in: MR 34 (1973).

HALLELUJA, Hallelujah (hebräisch, = bringt Jahwe Lobgesang dar), biblischer Gebetsruf. Seit der Vulgata und dem Gregorianischen Gesang wurde die Form ↗Alleluia üblich, während die mailändische Liturgie die Form H. beibehielt. Auch im protestantischen und anglikanischen Bereich wird die Form H. bevorzugt. Eine berühmte Vertonung ist das *Halleluja* aus dem *Messiah* von G. Fr. Händel. – ↗Akklamation.

HALLER, Hans-Peter, * 26. 10. 1929 Radolfzell; dt. Komponist. H. war bis 1950 Kompositionsschüler von W. Fortner am Kirchenmusikalischen Institut in Heidelberg und von R. Leibowitz in Paris. Anschließend wurde der Musikredakteur beim SWF. 1954–58 studierte er Musikwissenschaft bei W. Gurlitt an der Universität Freiburg, war seit 1959 erneut Redakteur beim SWF mit Sonderaufgabe elektronische Musik und seit 1972 Leiter des Experimentalstudios der Heinrich-Strobel-Stiftung des SWF in Freiburg im Breisgau. Seit 1977 lehrt er als Professor an der dortigen Musikhochschule und seit 1974 auch als Gastdozent an den Universitäten Freiburg und Basel sowie bei den Internationalen Ferienkursen für Neue Musik in Darmstadt. H. komponierte Chor-, Orgel- und Kammermusik und zahlreiche Fernsehfilm- und Hörspielmusiken.

WW: *Klanginformation* für Orgel, UA: Kassel 1967; Variationen für Orgel u. Live Elektronik, UA: ebd. 1973; *Spektral,* Variationen für Hängebecken, Bläserquintett u. Live Elektronik, UA: Genf 1977; *Workshop I* für Sopran u. elektronische Klangumformung, UA: Warschau 1979; *Workshop II* für 4 Fl. (1 Spieler) u. elektronische Klangumformung, UA: Bremen 1980.

HALLER, Michael Georg, * 13. 1. 1840 Neusaat (Oberpfalz), † 4. 1. 1915 Regensburg; dt. Komponist. Er studierte Theologie in Regensburg und nach seiner Priesterweihe (1864) Kirchenmusik bei Joseph Schrems. 1867 wurde er Kapellmeister der Alten Kapelle in Regensburg und war 1874–1910 Lehrer für Kontrapunkt und Komposition an der dortigen Kirchenmusikschule. Mit seinen kirchenmusikalischen Werken, darunter 4–8st. Messen und Motetten, gehört H. zu den Vertretern des ↗Cäcilianismus in seiner strengen Richtung. Er schrieb auch einige Oratorien und Kantaten, weltliche Chöre und Lieder sowie Singspiele. H. verfaßte ferner ein *Vademecum und Übungsbuch für den Gesang-Unterricht* (Rb 1875) sowie eine *Kompositionslehre für polyphonen Kirchengesang* (Rb 1891).

Lit.: H. KAMMERER, Leben u. Werk M. H.s (Diss. Mn 1956); DERS., in: KmJb 44 (1960) (mit Werk-Verz.). – ↗Cäcilianismus.

HALLETZ, Erwin (Pseudonym: René Roulette), * 12. 7. 1923 Wien; östr. Komponist. H. studierte 1937–42 an der Akademie für Musik und darstellende Kunst in Wien. Seit 1945 als Tanzmusiker tätig, leitete er bis 1953 ein eigenes Show-Orchester. Seither lebt er als freischaffender Komponist.

WW: Operette *Träume vom Glück,* UA: Wien 1959; *Teenager-Ballett,* UA: ebd. 1960; Musical *Die Gräfin vom Naschmarkt,* UA: ebd. 1978; Musik zu zahlr. Filmen, u. a. zu *Ein tolles Früchtchen* (1953); *Einmal eine große Dame sein* (1958); *Träume von der Südsee* (1957); *Der Stern von Santa Clara* (1958); *Der Arzt von St. Pauli;* ferner Musik zu zahlr. Fernsehspielen u. Shows.

HALLING, norwegischer Männertanz im $^2/_4$- oder – seltener – $^6/_8$-Takt bei lebhaftem bis schnellem Tempo. Mitten im Tanz hält ein Tänzer einen Hut auf einer langen Stange hoch, den die anderen herunterzuholen versuchen. Der H. wird von der ↗Hardanger Fiedel begleitet. In der Kunstmusik haben O. Bull und E. Grieg *(Lyriske stykker)* für Klavier H.s geschrieben.

HALLNÄS, Johan Hilding, * 24. 5. 1903 Halmstad (Halland); schwedischer Komponist. Er wurde am Musikonservatorium in Stockholm zum Organisten und Musiklehrer ausgebildet, studierte dann 1929 Orgel bei A. Cellier in Paris und 1930 Komposition bei H. Grabner in Leipzig. Danach war er Musiklehrer in Strömstad, Organist in Jönköping und seit 1933 Organist und Kantor in Göteborg. Seit 1954 bedient sich H. der Zwölftontechnik.

WW: **1) Instr.-WW:** Klv.-Stücke; 2 V.-Sonaten (1971, 1975); Triptychon für V., Klar. u. Klv. (1973); *A liberta* (1974) für Klv.-Trio; 2 Streichquartette (1949, 1967); Quartett für 3 Spieler *Canzone de sonar* (1971) für V., Klar., Klv., Glockenspiel u. kleines Schlagzeug; *Horisont och linjespelt* (1969) für 13 Str. – Für Orch.: *Concerto per archi, timpani e percussioni* (1959); *En grekisk saga* (1967); 7 Symphonien: 1 (1935), 2 (1942), 3: *Sinfonia notturna* (1948) für Str., 4: *Metamorfosi sinfoniche* (1954), 5: *Sinfonia aforistica* (1963), 6: *Intima* (1966) für Vibraphon, Celesta, Harfe, Schlagzeug u. Streichorch., 7: *A Quite Small Symphony* (1973); 2 V.-Konzerte (1945, 1965); Klv.-Konzert (1956); 2 Fl.-Konzerte (1958, 1962); Ob.-Konzert *Momenti bucolichi* (1969) mit Klv., Celesta, Schlagzeug u. Streichorch. – **2) Vokal-WW:** Messe für gem. Chor, Bläser u. Org. (1953); *Cantata* (1955) für Sopran, Fl., Klar., Vc. u. Klv.; ferner etwa 40 Chor- u. 100 Sololieder. – **3) Bühnen-WW:** Ballette: *Kärlekens ringdans* (Reigentanz der Liebe), UA: Göteborg 1956; *Ifigenia* (1962).

HALLSTEIN, Ingeborg, * 23. 5. 1937 München; dt. Sängerin (Sopran). Nach der Ausbildung u. a. bei ihrer Mutter Elisabeth H. debütierte sie 1957 in Passau als Musette in G. Puccinis Oper *La Bohème,* sang danach in Basel und am Theater am Gärtnerplatz in München und ist seit 1961 Mitglied der Bayerischen Staatsoper. Gastspiele führten sie auch an andere bedeutende Opernhäuser in Europa und Südamerika. Seit 1960 sang sie regelmäßig auch bei den Salzburger Festspielen, u. a. 1966 in der Uraufführung der *Bassariden* von H. W. Henze. I. H. feierte bedeutende Erfolge im Koloraturfach (auch in der Operette) und mehr und mehr auch als Oratorien- und Liedersängerin.

HALM, August Otto, *26. 10. 1869 Großaltdorf (Württemberg), †1. 2. 1929 Saalfeld (Thüringen); dt. Musikpädagoge, Komponist und Musikschriftsteller. Ersten Musikunterricht erhielt er von seinem Vater, einem Pastor. Er studierte in Tübingen Theologie an der Universität und Komposition bei dem akademischen Musikdirektor Emil Kauffmann, der ihn mit H. Wolf bekannt machte. 1892–94 setzte er sein Musikstudium an der Akademie der Tonkunst in München bei J. Rheinberger und F. von Weingartner fort. H. entfaltete eine rege Tätigkeit als Musiklehrer, Chorleiter, Komponist, Kritiker und Schriftsteller und wirkte zunächst in Heilbronn, 1903–06 als Musikerzieher am Landerziehungsheim in Haubinda (Thüringen), 1906–10 an der Freien Schulgemeinde in Wickersdorf bei Saalfeld, 1910–13 in Ulm, 1913–14 in Stuttgart, 1914–20 in Esslingen am Neckar und seit 1920 wieder in Wickersdorf. Als Komponist zunächst von H. Wolf ausgehend, widmete er sich bald fast ausschließlich der Instrumentalmusik, für die ihm J. S. Bach und A. Bruckner Vorbilder waren. Er übte maßgeblichen Einfluß auf die Initiatoren der Singbewegung (↗Jugendbewegung), vor allem auf Fr. Jöde und H. Mersmann, sowie auf den Musikforscher E. Kurth aus. Von seinen Schriften, in denen Begriff und Wesen der musikalischen Form im Mittelpunkt stehen, sind vor allem *Von zwei Kulturen der Musik* und *Beethoven* auch heute noch von Interesse. Seit 1929 gibt es eine A.-H.-Gesellschaft; ein A.-H.-Archiv befindet sich im Musikwissenschaftlichen Institut der Universität Tübingen.

WW: **1) Kompositionen:** Zahlr. Klv.-Werke; Suiten für Streichtrio u. Klv.-Trio; 8 Streichquartette; 2 Symphonien (1910, 1925); Chorwerke; Bühnenmusik zu zahlr. Shakespeare-Werken. – **2) Schriften:** *Harmonielehre* (B 1905, ²1917); *Von zwei Kulturen in der Musik* (Mn 1913, St ³1947); *Die Symphonie A. Bruckners* (Mn 1913, ²1923); *Von Grenzen u. Ländern der Musik* (Mn 1916) (gesammelte Aufsätze); *Über Bachs Konzertform,* in: Bach-Jb. 16 (1919); *Einführung in die Musik* (B 1926, Nachdr. Da 1966); *Beethoven* (B 1926, Nachdr. Da 1971); ferner zahlr. Art. in: Wickersdorfer Jb. 1–11 (Jena 1908–20).

Lit.: H. HÖCKNER, Die Musik in der dt. Jugendbewegung (Wb 1927); TH. K. SCHMID, Zum Tode A. H.s, in: Die Singgemeinde 5 (1928–29); R. SCHILLING, Die Musikanschauung A. H.s (Diss. masch. Str 1944). – ↗Jugendbewegung.

HALS (engl.: neck; frz.: manche; it.: manico; span.: cuello, mango, mástil), schmale, stielartige Verlängerung des Resonanzkörpers eines Saiteninstrumentes (Violine, Viola, Violoncello, Laute, Gitarre, Mandoline usw.), über die die Saiten zu den Wirbeln des Wirbelkastens, Wirbelbrettes oder einer entsprechenden Vorrichtung laufen. Der H. dient im allgemeinen zum Abgreifen der Saiten und ist dafür unter den Saiten abgeflacht und mit einem ↗Griffbrett mit oder ohne ↗Bünde ausgestattet. – H. heißt auch der geschwungene Teil der Harfe, an dem die Wirbel befestigt sind.

HALVORSEN, Johan August, * 15. 3. 1864 Drammen, †4. 12. 1935 Oslo; norwegischer Violinist, Dirigent und Komponist. Er studierte in Oslo, Stockholm und Leipzig sowie bei L. Auer in St. Petersburg, bei Albert Becker in Berlin und bei C. Thomson in Lüttich, debütierte 1882 als Violinist und war dann als Solist, Konzertmeister und Lehrer in Stockholm, Bergen, Leipzig, Aberdeen und Helsinki tätig. 1892–98 war er Dirigent des Theaters Den Nationale Scene und 1893–98 des Orchesters Harmonien in Bergen sowie 1899–1929 am Nationaltheater in Oslo, 1919/20 auch des Filharmonisk SelsKap Orkester. H. leitete auch Konzerte im Ausland, vor allem in den skandinavischen Ländern. In seinen Kompositionen verwendete er häufig volkstümliche Themen und Rhythmen.

WW (alle in Kopenhagen gedruckt): **1) Instr.-WW:** Kompositionen für V. u. Klv.; *Passacaglia* u. *Sarabande con variazioni* für V. u. Va.; *Bojarernes indtogsmarsch* (1895); *Suite ancienne* (1911); *2 Norske rapsodier* (1921); 3 Symphonien (1923, 1924, 1928); *Norske eventyrbilleder* (1925); *Bergensiana* (1930); Norwegische Tänze, (1915). – **2) Vokal- u. Bühnen-WW:** Lieder u. Chöre, etwa 40 Bühnenmusiken u. a. zu: J. B. Bull, *Tordenskjold,* UA: 1902; Bjørnson, *Kongen,* UA: 1905; Eldegard, *Fossegrimen,* UA: 1905; Holberg, *Mascarade,* UA: 1922; Brandt, *Reisen til julestjernen,* UA: 1924.

HAMAL, Jean-Noël, * 23. 12. 1709 Lüttich, †26. 11. 1778 ebd.; belgischer Komponist. Er war Schüler seines Vaters Henri-Guillaume H. (1685–1752) und von Denis Dupont in Lüttich sowie 1728–31 von Giuseppe Amadori in Rom und wurde 1738 Leiter der Maîtrise von St-Lambert in Lüttich. Bei einem weiteren Italienaufenthalt lernte er in Rom N. Jommelli, in Neapel Fr. Durante kennen, dessen Opere buffe in neapolitanischer Mundart ihn zur Komposition von Opéras-comiques in wallonischem Dialekt anregten. Einige seiner Werke werden auch seinem Vater zugeschrieben.

WW: *Ouvertures da camera a quattro* mit B.c. (P 1743); *Sei sinfonie da camera a quattro* mit B.c. (Lüttich o. J.). – Hsl. erhalten (meist in Lüttich, Conservatoire): weitere Instrumentalwerke; kirchenmusikal. Werke (u. a. über 50 Messen, etwa 200 Motetten, einige Lamentationen); Oratorien *Jonas; David u. Jonathan; Judith;* geistliche u. weltliche Kantaten. – Opéras-comiques: *Li voyèdge di Chaudfontainne,* UA: Lüttich 1757; *Li Ligeois ègagî* u. *Li fiesse di Houte si plou.*

Lit.: A. AUDA, La musique et les musiciens de l'ancien pays de Liège (Bru – P – Lüttich 1930); R. BRAGARD, „Li voyèdge di Tchaufontainne", in: FS E. Closson (Bru 1948); M. DE SMETS, J.-N. H. (Bru 1959); S. CLERX, H., in: MGG V.

HAMARI, Julia, *21. 11. 1942 Budapest; ung. Sängerin (Alt). Ihre Gesangsausbildung erhielt sie in Budapest bei Fatime Martin und an der Musikhochschule, 1966–67 an der Musikhochschule in Stuttgart und debütierte 1966 in Wien als Konzertsängerin in der Matthäuspassion von J. S. Bach. Sie gewann rasch internationalen Ruf als Lieder- und Oratoriensängerin, tritt mit großem Erfolg aber auch als Opernsängerin hervor.

HAMBRAEUS, Bengt, * 29. 1. 1928 Stockholm; schwedischer Organist und Komponist. H. war 1944–48 Orgelschüler von Alf Lindner, studierte seit 1947 an der Universität in Uppsala Musik-, Kunst- und Religionswissenschaften und promovierte 1956 mit einer Arbeit über den *Codex carminum gallicorum* (Sto 1961). 1957–72 war er, zuletzt als Produktionsleiter, in der Musikabteilung des Schwedischen Rundfunks tätig. 1972 wurde er Professor für Komposition an der McGill University in Montreal (Kanada). Als Komponist Autodidakt, stand H. zunächst unter dem Einfluß M. Regers und P. Hindemiths, seit seiner Teilnahme an den Internationalen Ferienkursen für Neue Musik in Darmstadt 1951–55 reflektiert sein Schaffen stärker die Musiksprache O. Messiaens und seiner Schüler P. Boulez und K. Stockhausen. Am Studio für elektronische Musik beim NWDR in Köln entstand 1955 seine erste elektronische Komposition *(Doppelrohr II)*. Klangfarbenphantasie, „Großrhythmen" und entrückte Klangstimmungen sind charakteristisch für seinen Stil. Vielfach werden auch Einzelwerke zu „Familien"-Kompositionen synchron übereinandergeschichtet. Als konzertierender Organist gab H. auch Impulse zu einer Erweiterung des Orgelstils.

WW: **1) Instr.-WW:** Für Orgel: *Konstellationer I* (1958); *Transit I* (1963); *Tre pezzi* (1967); *Toccata Monumentum per M. Reger* (1973); *Ricercare* (1974); *Cercöes* (1955) für Klv.; *Carillon* (1974) für 2 Klv.; *Segnali* (1956–60) für 7 Saiteninstr.; *Transit II* (1963) für Horn, Pos., elektrische Gitarre u. Klv., auch mit *Transit I* oder *Transfiguration* kombinierbar; *Invocation* (1971) für 2 Ob., Blechbläser u. Schlagzeug. – Für Orch.: *Rota I* (1956–62) für 3 Orch. u. Tonband; *Transfiguration* (1963); *Rencontres* (1971); *Pianissimo in due tempi* (1972) für 20 Str. – Elektronische Kompositionen: *Tetragon* (Homenaje a P. Picasso) (1965); *Klassikt spel* (1965); *Fresque sonore* 1965–67); *Tides* (1974) u. *Intrada (Calls)* (1975). – **2) Vokal-WW:** *Cantigas de Santa Maria* (1948), revidiert 1950) für SingSt u. Instr.; *Cantata pro defunctis* (1952) für Bar. u. Org.; *Spectrogram* (1953) für SingSt u. Instr.; *Gacelas y casidas de F. G. Lorca* (1953) für SingSt u. Instr.; *Psalmus CXXII* (1953) für SingSt u. Org., *Antiphonies en rondes* (1953) für Sopran u. Kammerorch.; *Crystal Sequence* (1954) für Sopranchor, 2 Trp., 12 V. u. Schlagzeug; *Responsorier* (1966) für Solost., Chor, 2 Org. u. Kirchenglocken; *Motetum Archangeli Michaelis* (1967) für Chor u. Org. – **3) Bühnen-WW:** Kammeroper *Experiment X* (1969), UA: Stockholm 1971; Kirchenoper *Se människan (Ecce homo)* (1970), UA: ebd. 1971. – **4) Schriften:** *Klangproblem i 1600–1700-talens orgelkonst. Om barockens registreringsprinciper med särskild hänsym Bachs sista orgelkompositioner*, in: STMf 32 (1950); *Preludium, Fuga, Toccata, Ciacona. En studie kring några formproblem i Buxtehudes orgelmusik*, in: ebd. 39 (1957); *Om notskrifter. Paleografi, tradition, förnyelse* (Sto 1970) (= Publikationer utgivna av Kunglika Musikaliska Akademien med Musikhögskolan 6) (dt. u. engl. Übers. in Vorbereitung); *Visioner, förvandlingar, återblickar. Reflexioner i fyra avsnitt över några egna verk*, in: STMf 52 (1970).

Lit.: L. HEDWALL, B. H., in: Musikrevy 12 (1957); B. WALLNER, Vår tids musik i Norden (Sto 1968); G. BERGENDAL, Den mångfacetterade H., in: Musikrevy 26 (1971); DERS., 33 svenska tonsättare (Sto 1972); A Conversation between B. H. and A. Stout, in: Church Music 2 (St. Louis/Miss. 1972).

H. LINDLAR

HAMBURGER PHILHARMONIE, Philharmonisches Staatsorchester Hamburg. Am 9. 11. 1828 wurde eine Philharmonische Gesellschaft gegründet, deren erster Musikdirektor und Dirigent bis 1863 Friedrich Wilhelm Grund war. Die Konzerte fanden im Apollo-Saal statt (das erste am 17. 1. 1829). Das Orchester wurde jeweils aus Musikern des Theaterorchesters und aus freien Berufsmusikern zusammengestellt. 1855 wurden die Konzerte in Wörmers Konzertsaal verlegt. Unter J. Stockhausen (seit 1863), zugleich Leiter der Singakademie, nahmen sie einen künstlerischen Aufschwung. Auf Stockhausen folgte 1867 Julius von Bernuth, der Gründer des Konservatoriums. Seit 1868 wurden die Konzerte im Coventgarten veranstaltet. 1894–1904 leitete sie Heinrich Barth. Die Gründung des staatlich unterstützten Vereins Hamburgischer Musikfreunde 1896 ermöglichte auch ein ständiges Orchester. Der Senat hatte seinen Zuschuß an die Bedingung geknüpft, zusätzliche Volkskonzerte durchzuführen. Weitere Förderung erhielt das Orchester durch die Gründung der E. C. Newman-Kratschmer-Stiftung 1904. Dirigent war seit diesem Jahr Max Fiedler. Seit 1908 wurden die Konzerte von namhaften Gastdirigenten geleitet (jetzt vor allem in der neu erbauten Musikhalle), 1910–20 von S. von Hausegger und Gerhard von Keußler. 1918 erfolgte die Verschmelzung der Philharmonischen Gesellschaft mit dem Verein der Musikfreunde. Die Konzerte 1921/22 wurden von Gastdirigenten „auf Probe" bestritten, danach K. Muck (für die Abonnementskonzerte) und E. Papst (für die sonstigen Konzerte) verpflichtet. Das folgende Jahrzehnt war die bislang erfolgreichste Zeit der Philharmonie (seit 1929 wieder unter dem Namen Philharmonische Gesellschaft). Muck und Papst blieben bis 1932 bzw. 1933. Zum 1. 1. 1934 erfolgte die Vereinigung des Orchesters mit dem des Stadttheaters als Philharmonisches Staatsorchester Hamburg. GMD wurde E. Jochum, der bis 1949 blieb. Danach wurden die Konzerte erneut von Gastdirigenten geleitet. Unter Wilhelm Brückner-Rüggeberg wurde die Tradition der Schülerkonzerte wieder aufgenommen. 1951 wurde J. Keilberth GMD (bis 1959); ständiger Gastdirigent war L. Ludwig, der Chef der Staatsoper. Auf Keilberth folgte – nach einem Interregnum ohne Chefdirigenten – 1961 W. Sawallisch. 1960 wurde eine weitere Reihe mit Universitätskonzerten eingeführt, 1968 wurden die Kammerkonzerte wiederbelebt. Seit 1973 war H. Stein vertretungsweise, seit 1975 ist Aldo Ceccato Chefdirigent. Seit dem Ende des 2. Weltkriegs hat sich das Philharmonische Staatsorchester als Konzert- wie als Opernorchester auch im Ausland einen ausgezeichneten Ruf erworben.

Lit.: K. STEPHENSON, Hundert Jahre Philharmonische Gesellschaft in Hamburg (H 1928); E. VERG, Hamburg philharmonisch. Eine Stadt und ihr Orchester (ebd. 1978); J. E. WENZEL, Geschichte der Hamburger Philharmonie. 1829–1979 (ebd. 1979).

HAMEL, Fred, * 19. 2. 1903 Paris, † 9. 12. 1957 Hamburg; dt. Musikforscher engl. Herkunft. Er studierte Naturwissenschaften in Bonn und Berlin, promovierte 1926 zum Dr. chem., begann in Berlin ein musikwissenschaftliches Studium und promovierte 1930 in Gießen bei R. Gerber. Seit 1927 war er Musikkritiker u. a. der *Deutschen Allgemeinen Zeitung* in Berlin, lehrte 1945–46 Musikgeschichte an der Landeskirchlichen Musikschule Hannover, wurde 1947 Leiter der Musikabteilung beim NWDR in Hamburg und 1948 bei der Deutschen Grammophon-Gesellschaft, wo er die Archiv-Produktion aufbaute. Er war Herausgeber der Musikzeitschrift *Musica* (1947 ff.) und von *Das Atlantisbuch der Musik* (B 1934, Z – Fr [9]1959) (zus. mit M. Hürlimann), für das er auch den Beitrag *Geschichte der Musik im europäischen Kulturkreis* verfaßte.

Schriften: *Unbekannte Musikalien im Braunschweiger Landestheater,* in: Gedenkschrift H. Abert (Hl 1928); *Die Komposition J. S. Bachs im Schemellischen Gesangbuch,* in: ZfMw 12 (1929/30); *Form- u. Stilprinzipien in der Vokalmusik J. Rosenmüllers* (Diss. Gießen 1930); *Die Psalmkompositionen J. Rosenmüllers* (Str 1933) (= Slg. musikwiss. Abh.en 10); *Gesch. der Musik im europäischen Kulturkreis,* in: Atlantisbuch der Musik, hrsg. v. F. H. u. M. Hürlimann (B 1934, Z [8]1953); *Die Schwankungen des Stimmtons,* in: Dt. Musikkultur 9 (1944); *J. S. Bach. Geistige Welt* (Gö 1951); *Une histoire de la musique enregistrée,* in: Kgr.-Ber. Brüssel 1953; *Die Industrieschallplatte als Mittlerin des musikgesch. Erbes,* in: Kgr.-Ber. Hamburg 1956 (Kas 1957).
Lit.: O. SÖHNGEN, In memoriam F. H., in: Musica 12 (1958).

HAMEL, Peter Michael, * 15. 7. 1947 München; dt. Komponist. H. war Schüler von Fr. Büchtger an der Jugendmusikschule in München und studierte dort Tonsatz und Komposition bei G. Bialas an der Musikhochschule. Er gründete die Improvisationsgruppe „Between", in der er als Pianist auftrat, und arbeitete mit J. A. Riedl an Projekten für Musikenvironments im Freien. Seine Kompositionen in „konzentrischer" Musikform suchen, angeregt durch fernöstliche Musik und Geisteshaltung, die H. auf Reisen kennenlernte, europäische und asiatische Klangelemente zu vereinen.

WW: Kantate *Das Danke an den lieben Gott* (1965); *Ananda* (1973) für Ob. u. Str.; *Dharana* (1973) für Orch. u. Gruppe; *Samma Samadhi* (1973) u. *Maitreya* (1974) für Orch.; *Klangspirale* (1976/77) für Kammerensemble; Klv.-Konzert *Transeo* (1976/77); *Klangfarben* (1977) für indische Saiteninstr.; Oper in 2 Teilen *Menschentraum* (1977/78); Musik zu dem russ. Spielfilm *Der Bund der großen Taten* v. 1927 (1979). – Ferner eine Schrift *Durch Musik zum Selbst* (Be 1976).

HAMERIK (Hammerich). – **1) Asger,** * 8. 4. 1843 Frederiksberg bei Kopenhagen, † 13. 7. 1923 ebd.; dänischer Komponist. Er studierte Komposition bei N. Gade und J. P. E. Hartmann in Kopenhagen, Klavier und Dirigieren bei H. von Bülow in Berlin und war 1864–69 in Paris Schüler von H. Berlioz, mit dem er auch befreundet war. Die Aufführung seiner *Fredshymne* bei der Pariser Weltausstellung (1867) machte ihn in weiten Kreisen bekannt. 1869 reiste er nach Italien. 1871–98 leitete er das Peabody Conservatory in Baltimore. Dann kehrte er nach Dänemark zurück.

WW: 6 Symphonien (1883–96); 5 Nordische Suiten (1871 ff.); Chorwerke *Fredshymne* für Chor, Orch., 2 Org., 14 Harfen u. 4 Glocken (1867), *Jødisk* Trilogie (L o. J.) u. *Christliche Trilogie* (L 1883); Requiem (1887); Opern: *Tovelille* (1863–65); *Hjalmar og Ingeborg* (1868); *La vendetta,* UA: Mailand 1870; *Den rejsende,* UA: Wien 1871.

2) Angul, Bruder von 1), * 25. 11. 1848 Kopenhagen, † 26. 4. 1931 Frederiksberg; dänischer Musikforscher. Er lernte Violoncello, arbeitete 1874–80 im Verwaltungsdienst und war gleichzeitig Musikkritiker mehrerer dänischer Zeitungen (seit 1880 bei *Nationaltidende*). 1892 promovierte er an der Universität Kopenhagen und war 1896–1922 Dozent für Musikgeschichte. 1897 veranlaßte er die Gründung des Musikhistorisk Museum in Kopenhagen, das er bis kurz vor seinem Tode auch selbst leitete.

Schriften: *Musiken ved Christian den Fjerdes hof* (Diss. Kop 1892); *Studier over bronzelurerne i Nationalmusæet i Kjøbenhavn,* in: *Aarbøger for nordisk oldkyndighed og historie* (1893), dt. Übers., in: VfMw 10 (1894); *Musikhistorisk Museum* (Kop 1909, dt. 1911) (Kat.); *J. P. E. Hartmann* (Kop 1916); *Dansk Musikhistorie indtil ca 1700* (Kop 1921).

3) Ebbe, Sohn von 1), * 5. 9. 1898 Kopenhagen, † 11. 8. 1951 (ertrunken) im Kattegat; dänischer Komponist. Nach Dirigierunterricht bei Franz von der Stucken (1916–19) war er 1919–22 Dirigent des Orchesters am Königlichen Theater in Kopenhagen. Später machte er sich auch im Ausland als Dirigent und Komponist einen Namen, leitete 1927–30 die Konzerte der Gesellschaft Musikforeningen in Kopenhagen und widmete sich zuletzt ganz seinem kompositorischen Schaffen.

WW: 5 Cantus-firmus-Symphonien (1936–49); Ob.-Konzert (1950); Opern: *Stepan,* UA: Mainz 1924; *Leonardo da Vinci,* UA: Antwerpen 1939; *Marie Grubbe,* UA: Kopenhagen 1940; *Rejsekammeraten,* UA: ebd. 1946; *Drømmerne* (1950); Ballett *Dionysia,* UA: Antwerpen 1927.

Lit.: **Zu 1):** R. HOVE, A. H., en dansk symphonier, in: Nordisk musikkultur 6 (1957).

HAMILTON, Chico (Foreststorn), *21.9.1921 Los Angeles; amerik. Jazzmusiker (Schlagzeug) und Bandleader. Er spielte zunächst als Swingklarinettist bei Lionel Hampton und Lester Young, lernte 1942–46 Schlagzeug bei Jo Jones, ging danach mit Jimmy Mundy und mit Count Basie auf Tournee und begleitete seit 1948 wiederholt die Sängerin Lena Horne. 1952 wurde er Mitglied des jazzgeschichtlich bedeutsamen ersten Quartetts von Gerry Mulligan. 1956 gründete er ein eigenes Quintett, das auch mit Flöte und Violoncello besetzt war und einen kammermusikalisch geprägten Jazz pflegte. 1958 trat die umbesetzte Gruppe, u. a. mit Eric Dolphy, beim Jazzfestival in New Port auf. 1960 stellte H. eine neue Formation zusammen, die u. a. mit Charles Lloyd (Tenorsaxophon und Flöte) sowie mit dem Gitarristen Gabor Szabo eine Mischung aus Avantgarde- und Pop-Jazz spielte. Kennzeichnend für den Stil H.s ist es, Avantgardistisches in gefälliger Form zu bieten. H. zählt zu den bedeutendsten Schlagzeugern des Jazz.

HAMILTON, Iain Ellis, *6.6.1922 Glasgow; schottischer Komponist. Er war zunächst Ingenieur, studierte 1947–51 an der Royal Academy of Music in London Klavier und Komposition und konzertierte dann mit dem Klarinettisten John Davies im In- und Ausland. 1952–59 lehrte er Instrumentation am Morley College, 1955–60 auch an der Universität in London. 1962 wurde er Professor für Musik an der Duke University in Durham (N.C.). H., zunächst beeinflußt von Hindemith, Bartók und Strawinsky, wandte sich in den ersten beiden Jahrzehnten seines Schaffens überwiegend der Instrumentalmusik, seit den 1960er Jahren der Oper zu, von der *The Catiline Conspiracy* als sein Hauptwerk anzusehen ist. Nur vorübergehend serielle Techniken einbeziehend (*Sinfonia* für 2 Orch., 1958), ist sein Werk durch eine gemäßigt moderne Schreibweise charakterisiert. In seinen Opern verwendet H. thematische Klänge zur Ausdeutung dramatischer Situationen.

WW: **1) Instr.-WW:** Für Klv.: Zahlr. Klv.-Werke, u. a.: 2 Sonaten (1957, 1970); *Palinodes* (1972); für Org.: *Fanfares and Variants* (1960); *Aubade* (1965); *Threnos, In Time of War* (1966); *Paraphrase* (1970); *A Vision of Canopus* (1975); *Five Scenes* (1966) für Trp. u. Klv.; V.-Sonate (1974); Vc.-Sonate Nr. 2 (1974); Streichquartette (1950, 1965, 1971); Quintett für Horn, 2 Trp., Pos. u. Tuba (1964); *Sonata for Five* (1968) für Bläserquintett; Sextett für Fl., 2 Klar., V., Vc. u. Klv. (1962); *Sonates and Variants* (1963) für 10 Bläser; *The Alexandrien Sequence* (1978) für 12 Instr. – Für Orch.: Symphonien (1949, 1950) u. *Sinfonia* (1958) für 2 Orch.; symphonische Variationen (1953); *Scottish Dances* (1956); *Cantos* (1964); *Alastor* (1970); Konzerte: 2 für Klv. (1949, 1960, revidiert 1967), V. (1952), Jazz-Trp. (1957), Klv. (1960), Org. u. Kammerorch. (1964); *Circus* (1969) für 2 Trp. u. Orch.; *Voyage* (1970) für Horn u. Orch.; *Amphion* (1971) für V. u. Orch.; *Aurora* (1972). – **2) Vokal-WW:** *Nocturnal* für 11 St. (1959); *Dialogues* (1965) für Sopran, 4 Instr. u. Schlagzeug; *5 Canzone d'Amore* (1957) für Tenor u. Orch.; *The Bermudas* (1956) für Bar., Chor u. Orch.; *A Testament of War* (1961) für Bar. u. kleines Ensemble; *Epitaph for This World and Time* (1970) für 3 Chöre u. 2 Orgeln; *Te Deum* (1972) für gem. Chor, Bläser u. Schlagzeug; *To Columbus* (1976) (Text: W. Whitman) für gem. Chor, 3 Trp., 3 Pos. u. Schlagzeug (zur 200 Jahrfeier der USA). – **3) Bühnen-WW:** Opern: *The Royal Hunt of the Sun* (Libr.: I. H. nach P. Shaffer) (1961–68, instrumentiert 1975), UA: London 1977; *Agamemnon* (nach Aischylos) (1967–69); Dramatic commentary *Pharsalia* (1968) für 6 Sänger, 11 Instr. sowie je einen Sprecher u. Tänzer, UA: Edinburgh 1969; *The Catiline Conspiracy* (nach B. Jonson), UA: Stirling 1979; Funkoper *Tamburlaine,* UA: BBC 1979; *Anna Karenina* (1977–78); Ballett *Clerk Saunders,* UA: London 1952. – **4) Schriften:** *Swiss Contemporary Music,* in: European Music in the 20th Century, hrsg. v. H. Hartog (Lo 1957); *Serial Composition Today,* in: Tempo (1960) Nr. 55/56; *Perspectives and Focus,* in: ebd. (1963) Nr. 64; *Reflections of a British Composers in America,* in: Perspectives of New Music 5 (1966/67).

Lit.: A. MILNER, Some Observations on the Music of I. H., in: MT 97 (1956); M. SCHAFER, in: British Composers in Interview (Lo 1963).

HAMLET, Ballett in einem Prolog und 3 Bildern nach der gleichnamigen Tragödie W. Shakespeares von Tatjana Gsovsky (*1902). Musik: Boris Blacher (1903–75). UA: 19.11.1950 in München (Bayerische Staatsoper). Choreographie: Victor Gsovsky (*1902). Dekoration: Helmut Jürgens. Neben der symphonischen Dichtung *Hamlet* op. 17 (1940) komponierte Blacher 1949 eine gleichnamige Ballettmusik (op. 35), die als seine erfolgreichste Komposition in dieser Gattung gilt. Anläßlich der UA schrieb er: „Das Werk ist nicht als einfache Transposition der Handlung vom Schauspiel ins Ballett gedacht, sondern soll die Grundidee, die natürlich auch andere Interpretationsmöglichkeiten offenläßt, ausdrücken. Die Formalkonzeption steht der Welt der Shakespeare-Bühne sehr nahe." (Brief an die Dramaturgie der Bayerischen Staatsoper). – Während musikalische Kunstmittel äußerst sparsam eingesetzt sind, erfordert die szenische Realisation ein beträchtliches Aufgebot an Darstellern. In der Choreographie V. Gsovskys und mit der Dekoration von H. Jürgens fand das Ballett außergewöhnliche Beachtung. Die nachfolgenden Interpretationen – u. a. von H. Swedlund (Hamburg 1952), T. Gsovsky (Berlin 1953 / Stuttgart 1954) und Y. Georgi (Hannover 1962) – waren weniger erfolgreich.

G. LUDIN

HAMMER (engl.: hammer; frz.: marteau; it.: martello, martelletto; span.: martillo, macillo). – **1)** Teil der Mechanik des ↗Pianofortes. – **2)** Ein Instrument aus Metall oder hartem Holz, das zum Schlagen eines ↗Ambosses oder Holzbretts (G. Mahler,

6. Symphonie; A. Schönberg, *Die glückliche Hand*) verwendet wird. – Der Legende nach soll Pythagoras aus dem Gewichtsunterschied der Hämmer, die beim Schlagen auf den Amboß unterschiedliche Klänge verursachten, erstmalig auf den zahlenmäßig erfaßbaren Unterschied der musikalischen Intervalle geschlossen haben. Diese Legende wird u.a. bei M. Praetorius überliefert (*Syntagma musicum* II, 1619, vgl. dort Tafel 23), sie schlägt sich in dieser Zeit aber auch im Titel von heiteren Gesellschaftsliedern nieder, wie z.B. in G. Carissimis *Cyclopischem Hammer-Tricinium („Drei Schmied bei einem Amboß stunden")* in RISM 1655[4], wo auch ein 3st. Kanon mit Hämmern als Notenzeichen notiert ist (Faks. u. NA in: H. J. Moser, Corydon II, Brau 1933).

Lit.: H. OPPERMANN, Eine Pythagoras-Legende, in: Bonner Jb. 130 (1925).

HAMMER, Emil Hammer-Orgelbau, dt. Orgelbauwerkstatt in Arnum bei Hannover, gegr. 1838 in Elze bei Hildesheim durch **Philipp Furtwängler,** * 6. 4. 1800 Gütenbach (Schwarzwald), † 5. 7. 1867 Elze. 1854 trat sein Sohn **Wilhelm Furtwängler,** * 5. 6. 1829 Elze, † 4. 9. 1883 ebd., 1862 sein anderer Sohn **Pius Friedrich Wilhelm Furtwängler,** * 17. 7. 1841 Elze, † 16. 1. 1901 Hannover, in das Unternehmen ein, das seitdem unter „Ph. Furtwängler & Söhne, Elze" firmierte. P. Furtwängler verlegte 1883 den Firmensitz nach Hannover und nahm den Herzberger Orgelbauer **Adolf Hammer,** * 6. 4. 1854 Herzberg am Harz, † 6. 3. 1921 Hannover, als Teilhaber auf. 1883–1937 firmierte der Betrieb als „Ph. Furtwängler & Hammer"; er wurde 1921–37 von den Erben A. Hammers geführt. 1937 übernahm **Emil Hammer,** * 22. 2. 1878 Wesermünde, † 3. 12. 1958 Hannover, die Leitung der seitdem „Emil Hammer-Orgelbau, Hannover" genannten Werkstätten, die seit 1958 von E. Hammers Enkel **Christian Eickhoff,** * 23. 12. 1935 Schanghai, geleitet werden.

Ph. Furtwängler baute auf der Grundlage von Traditionen des Barocks mit vorsichtiger Hinwendung zu romantischen Tendenzen zahlreiche Orgeln in Niedersachsen, von denen u.a. die größte in Gronau an der Leine (1859; 3 Man., 57 Reg.) erhalten ist. Adolf Hammer kultivierte den Typ der spätromantischen Orchesterorgel (Stadthalle Hannover, 1914; 4 Man., 124 Reg.; Dom Verden, 1916; 3 Man., 54 Reg.). Die Orgel der Marienkirche Göttingen wurde 1925 auf Anregung von Chr. Mahrenholz gebaut und gilt als die erste Orgel der ↗Orgelbewegung. Seit dem 2. Weltkrieg entstanden zahlreiche Instrumente, vor allem in Nord- und Westdeutschland (Universitätskirche Marburg, 1964; 3 Man., 47 Reg.; Stadtkirche Bückeburg, 1967; 3 Man., 51 Reg.; St. Martini Stadthagen, 1974; 3 Man., 54 Reg.), aber auch im europäischen Ausland (Dominikanerkirche Danzig, 1977; 2 Man., 35 Reg.) und in Übersee.

Lit.: U. PAPE, Ph. Furtwängler, in: ISO-Information 5 (1971); DERS., Dispositionsprinzipien des Orgelbauers Ph. Furtwängler, in: Acta organologica 8 (1974); Ber. über die Fachtagung Frühromantischer Orgelbau in Niedersachsen, hrsg. v. DEMS. (B 1977) (= Veröff. der Ges. der Orgelfreunde 60).

H. J. BUSCH

HAMMERFLÜGEL ↗Klavier.

HAMMERICH, dänische Musikerfamilie, ↗Hamerik.

HAMMERKLAVIER ↗Pianoforte, ↗Klavier.

HAMMERSCHMIDT, Andreas, * 1611 oder 1612 Brüx (Böhmen), † 8. 11. 1675 Zittau (Sachsen); dt. Komponist. Er war seit 1633 Organist der Gräflich Bünauschen Kapelle im Schloß Weesenstein, seit 1634 an St. Petri in Freiberg (Sachsen) und seit 1639 an St. Johannis in Zittau. H. verließ Zittau dann nur noch selten. Sein wohl jähzorniger Charakter gab Anlaß zu anekdotenhaften Berichten, u.a. über eine handgreifliche Auseinandersetzung im Leipziger Ratskeller mit J. Rosenmüller, der H. einen „Klauseldieb" genannt haben soll (nach J. Meyer, *Der anmaßliche Hamburgische Criticus sine crisi,* Lemgo 1728).

WW (wenn nichts anderes angegeben, in Freiberg erschienen): **1) Instr.-WW:** *Erster Fleiss allerhand neuer Paduanen, Galliarden, Balletten, Mascharaden, Françoischen Arien, Courentten u. Sarabanden* für Violen u. B. c., 2 Teile (1636, 1639). – **2) Vokal-WW:** *Musicalische Andachten,* 5 Teile, I: *Geistliche Konzerte* für 1–4 St. u. B.c. (1638), II: *Geistliche Madrigale* für 4–6 St. u. B.c. (1641), III: *Geistliche Symphonien* für 1–2 St. mit Instr. (1642), IV: *Geistliche Motetten u. Concert* für 5–12 u. mehr St. mit B.c. (1646), V: *Chor-Music* für 5–6 St. (1652–53); *Weltliche Oden oder Liebes-Gesänge* für 1–5 St. u. B.c., teilweise mit Instr., 3 Teile, I (1642), II (1643), III (L 1649); *Dialogi, oder Gespräch zwischen Gott, u. einer gläubigen Seelen,* 2 Teile (Dresden 1645); Motetten für 1–2 St. u. B.c. (1649); *Lob- u. Dank-Lieder* für SingSt u. B.c. (Lüneburg 1651); *Musicalische* bzw. *Geistliche Gespräche über die Evangelia* für 4–8 St. mit B.c., 2 Teile (L 1655, 1656); *Neue Musikalische Katechismus Andachten* für SingSt u. B.c. (Lüneburg 1656); *Fest-, Bus- und Dancklieder* für 5 St., 5 Instr. u. B.c. (L 1658–59); *Kirchen- u. Tafel Musik* für 1–3 St. u. Instr. (Zittau 1662); Messen (Kyrie, Gloria) für 5–12 St. (1663); *Fest- u. Zeit-Andachten* für 6 St. u. B.c. (Dresden 1671); gedruckt wurden auch einige Gelegenheitsgesänge; einzelne Werke in Sammeldrucken.

H. begann sein kompositorisches Schaffen mit Instrumentalmusik, wandte sich dann aber ausschließlich der – in der Hauptsache geistlichen – Vokalmusik zu. Unverkennbar dem Vorbild von H. Schütz verpflichtet, sind seine Werke bedeutende Belege für die Vielfalt des konzertierenden Stils mit und ohne (obligate und Ripieno-)Instrumente ebenso wie für die lebendige Tradition des a cappella-Stils. Textlich schöpft H. vor allem aus der Bibel und dem Kirchenlied; doch bezieht er gerade in seine Evangelienvertonungen (*Musicalische Gespräche* von 1655–56) auch neugedichtete erbauliche und betrachtende Texte ein. Deutlich ist allenthalben H.s Bemühen um Schlichtheit der musikalischen Satz- und Ausdruckskunst. Dies sicherte vielen seiner Werke eine überaus weite Verbreitung bis hin in kleinste Dorfkirchen (so nach dem Zeugnis von J. Beer, *Musicalische Discurse,* Nü 1719) und bis in die heutige kirchenmusikalische Praxis, brachte ihm andererseits aber bei manchen Zeitgenossen und in den unmittelbar folgenden Generationen gelegentlich auch den Vorwurf musikalischer Verflachung ein; verächtlich sprach man vom „Hammerschmiedischen Fuß".

Ausg.: *Dialogi,* 1. Teil, hrsg. v. A. W. SCHMIDT (1901) (= DTÖ 16); Ausgew. Werke, hrsg. v. H. LEICHTENTRITT (1910) (= DDT 40); *Erster Fleiss,* hrsg. v. H. MÖNKEMEYER (Kas 1957) (= EDM 49); *Weltliche Oden oder Liebesgesänge* 1642–49, hrsg. v. H. J. MOSER (Mz 1962) (= EDM 43); Ausgew. Kirchenmusik, hrsg. v. D. HELLMANN (St 1964) (= Das Chorwerk alter Meister 6); *Alleluia. Freuet euch ihr Christen alle* für 4 SingSt, Str. u. B.c. u. *Wer wälzet uns den Stein.* Osterdialog für Chor, 2 Trp., 4 Pos. u. B.c., hrsg. v. DEMS. (NY – Lo 1970); *Gelobet seist du, Jesu Christ* für Alt, Blechbläser u. B.c. u. *Nun lob mein Seel den Herren* für Sopran, Blechbläser u. B.c., hrsg. v. B. KÖHLER (Neuhausen 1975); dass., hrsg. v. W. EHMANN (Kas 1976).

Lit.: G. SCHÜNEMANN, Beitr. zur Biogr. H.s, in: SIMG 12 (1910/11); H. O. HUDEMANN, Die prot. Dialogkomposition im 17. Jh. (Diss. Kiel 1941); H. MUELLER, The „Musicalische Gespräche über die Evangelia" of A. H., 2 Bde. (1956) (= Diss. Univ. of Rochester / N.Y.); G. SCHUHMACHER, Kirchenmusik als Kunst des volkstümlichen Gotteslobs. Zum 300. Todestag von A. H., in: MuG 29 (1975).

HAMMERSTEIN. – 1) Oscar I, * 8. 5. 1847 Berlin, † 1. 8. 1919 New York; amerik. Produzent und Impresario. Unter seiner Leitung wurden u. a. das London Opera House, das Philadelphia Opera House und das Manhattan Opera House in New York gebaut, das er auch als Manager betreute. Daneben zeigte er Vaudeville-Shows im Victoria Theater. Seine bekannteste Produktion für den Broadway war V. Herberts Operette *Naughty Marietta* (1910). – **2) Arthur,** Sohn von 1), * 1876 New York, † 12. 10. 1955 Palm Beach (Florida); amerik. Produzent. Er wirkte am Broadway und brachte u. a. R. Frimls *The Firefly* (1912) und *Rose-Marie* (1924; Songtexte von Oscar H. II) heraus. – **3) Oscar II,** Enkel von 1) und Neffe von 2), * 12. 7. 1895 New York, † 23. 8. 1960 Doylestown (Pensylvania); amerik. Textdichter, Librettist, Regisseur und Produzent. Er war einer der einflußreichsten Textdichter, die für das amerikanische Musiktheater arbeiteten. Seine Karriere begann er als Mitarbeiter von R. Friml und S. Romberg in europäisch beeinflußten Operetten. Mit J. Kern schuf er *Show Boat* (UA Ziegfeld Theater 1927), das erste ↗Musical im heutigen Sinn. In Zusammenarbeit mit R. Rodgers trug er grundlegend zur Weiterentwicklung des Musicals mit Werken bei, die sich durch dramaturgisch gute Libretti, adäquate Texte und mehr und mehr durch die Integration von Wort, Musik und Tanz auszeichneten. Die Schaffensperiode des Autorenteams „Rodgers and Hammerstein", die eine ganze Broadway-Ära bezeichnet, begann mit *Oklahoma!* (UA St. James Theater 1943). Im selben Jahr fand H.s Adaption der Oper *Carmen* von G. Bizet, *Carmen Jones,* weithin Beachtung. I. Berlin nannte H. den Poeten unter den Songtextern.

WW: Libretti zu: V. Youman, *Wildflower* (1924); R. Friml, *Rose-Marie* (1924); J. Kern, *Sunny* (1925); R. Friml, *The Wild Rose* (1926); S. Romberg, *The Desert Song* (1926); Kern, *Show Boat* (1927); ders., *Sweet Adelins* (1929); ders., *Music in the Air* (1932); ders., *Very Warm for May* (1939); alle folgenden mit der Musik v. R. Rodgers: *Oklahoma!* (1943); *Carousel* (1945); *Allegro* (1947); *South Pacific* (1949) (erhielt den Pulitzer-Preis); *The King and I* (1951); *Me and Juliet* (1953); *Pipe Dream* (1955); *Flower Drum Song* (1958); *The Sound of Music* (1960). – Er schrieb *Lyrics* (NY 1949).

Ausg.: **Zu 3):** The Rodgers and H. Song Book, hrsg. v. H. SIMON (NY 1958).

Lit.: **Zu 1):** V. SHEEAN, The Amazing O. H. The Life and Exploits of an Impresario (Lo – NY 1956); J. F. CONE, O. H.'s Manhattan Opera House (Norman/Okla. 1966). – **Zu 3):** D. TAYLOR, Some Enchanted Evenings. The Story of Rodgers and H. (NY 1953, Lo 1955); D. EWEN, R. Rodgers (NY 1957), 2. Aufl. als: With a Song in His Heart. The Story of R. Rodgers (1963); S. GREEN, The World of Musical Comedy (NY 1960); DERS., The Rodgers and H. Story (Lo – NY 1963); S. SCHMIDT-JOOS, Das Musical (Mn 1965) (= Dt. Taschenbuchverlag 310); J. D. WELSH, From Play to Musical (1967) (= Diss. Tulane Univ./La.); R. Rodgers Fact Book (NY 1965, 1968).

R.-M. SIMON – S. SIMON

HAMMERSTEIN, Reinhold, * 9. 4. 1915 Lämmerspiel (Hessen); dt. Musikforscher. Er studierte seit 1934 Musikwissenschaft (bei O. Ursprung, W. Gurlitt und J. Müller-Blattau), Geschichte und Germanistik an den Universitäten in München und Freiburg im Breisgau, wo er 1940 mit einer Dissertation über Chr. Fr. D. Schubart promovierte. Daneben studierte er Klavier und Gesang. 1938–50 war er, mit Unterbrechung 1940–44 durch Kriegsdienst, Assistent am Musikwissenschaftlichen Seminar der Universität, 1946–58 Dozent für Musikgeschichte an der Musikhochschule in Freiburg. 1954 habilitierte er sich an der dortigen Universität mit der Schrift *Die Musik der Engel.* 1955/56 war H. Gastdozent an der Universität Basel, vertrat 1959–61 den Lehrstuhl für Musikwissenschaft an der Universität Freiburg im Breisgau und wurde dort 1962 außerplanmäßiger Professor. 1963–80 lehrte er als Ordinarius Musikwissenschaft an der Universität Heidelberg. H. ist Herausgeber der *Neuen Heidelberger Studien zur Musik-*

wissenschaft (Be – Mn 1969ff.) sowie der *Beiträge zur Musikforschung* (Mn–Salzburg 1976ff.) (zus. mit W. Seidel).

Schriften: *Die Musik am Freiburger Münster*, in: AfMw 9 (1952); *Der Gesang der geharnischten Männer. Eine Studie zu Mozarts Bachbild*, in: AfMw 13 (1956); *Tuba intonet salutaris. Die Musik auf den süditalienischen Exultetrollen*, in: AMl 31 (1959); *Die Musik der Engel. Stud. zu den musikal. Jenseitsvorstellungen des MA* (Be – Mn 1962); *Die Musik in Dantes Divina Commedia*, in: Dt. Dante-Jb. 41/2 (1964); *Musik als Komposition und Interpretation*, in: DVfLG 40 (1966); *Über das gleichzeitige Erklingen mehrerer Texte. Zur Gesch. mehrtextiger Komposition unter besonderer Berücksichtigung J. S. Bachs*, in: AfMw 27 (1970); *Bemerkungen zur niederländischen Bildmotette*, in: Kgr.-Ber. Kopenhagen 1972 (Kas 1974); *Diabolus in musica. Studien zur Ikonographie der Musik im MA* (Be – Mn 1974) (= Neue Heidelberger Stud. zur Musikwiss. 6); *Versuch über die Form im Madrigal Monteverdis*, in: Sprachen der Lyrik. FS H. Friedrich (F 1975); *Tanz und Musik des Todes. Stud. zum ma. Totentanz* (Be – Mn 1980).

HAMMONDORGEL, ein von dem Maschinenbauer Laurens Hammond (1895–1973) erfundenes und 1934 in Chicago erstmals vorgestelltes Tasteninstrument, dessen Töne elektro-magnetisch erzeugt werden. Die H. war lange Zeit führend unter den ↗elektronischen Orgeln (↗Elektrophone) und wurde fast ausschließlich im Bereich der Unterhaltungsmusik verwendet. Umgangssprachlich wurde sie im Hinblick auf ihre gelegentliche Verwendung in Filmtheatern auch zu den Kinoorgeln gezählt. Hammond umging den damals für rein elektronische Klangerzeugung noch relativ hohen Aufwand, indem er von einem Elektromotor angetriebene rotierende Scheiben mittels elektromagnetischer Abtastung zur Tonerzeugung verwendete. Die Stimmung ließ sich durch Einstellung der Motordrehzahl verändern. Heute werden auch bei der H. die Töne auf rein elektronischem Weg erzeugt. Bekannte dt. H.-Virtuosen sind Gerhard Gregor und Klaus Wunderlich.

Lit.: S. IRWIN, Dictionary of Hammond Organ Stops (NY 1952, ³1961).

HAMPEL, Gunter, *31. 8. 1937 Göttingen; dt. Jazzmusiker (Vibraphon, Flöte, Baßklarinette, Klavier). Er begann 1954 als Klarinettist in einer Dixieland-Gruppe, trat seit 1958 mit einer eigenen Gruppe auf und unternahm bald Tourneen durch Europa. 1964 gründete er mit Manfred Schoof, Alexander von Schlippenbach, Pierre Courbois und der Sängerin Jeanne Lee ein für den deutschen und europäischen Free und New Jazz wichtiges Quintett (Einspielung der ersten deutschen Free Jazz-Schallplatte *Heart Plants*). H., der ständig auch in New York auftrat, spielte u. a. mit Anthony Braxton und Marion Brown zusammen. In den 70er Jahren wurde er mit seiner Galaxie Dream Band, u. a. mit Jeanne Lee und Perry Robinson, bekannt.

Lit.: G. H., in: Jazz Podium 24 (1975); J. E. BERENDT, Der deutsche Jazz und die Emanzipation, in: Ein Fenster aus Jazz (F 1977).

HAMPTON, Lionel, *12. 4. 1913 (?) Louisville (Kentucky); amerik. Jazzmusiker (Vibraphon, Schlagzeug, Klavier). Er war ursprünglich Schlagzeuger, spielte in der 2. Hälfte der 20er Jahre in verschiedenen Bands, studierte seit 1928 Musiktheorie an der Universität in Los Angeles und kam dort, nach eigener Aussage, durch L. Armstrong zum Vibraphon, das sein Hauptinstrument wurde (Einspielung *Memories of You* mit L. Armstrong, 1931). 1932–36 leitete er eine eigene Band, war dann 1936–40 Vibraphonist im jazzgeschichtlich bedeutsamen Quartett von Benny Goodman und wirkte 1938 in Goodmans Carnegie Hall Concert in New York mit. Seit 1940 leitete er verschiedene Big Bands, spielte daneben regelmäßig auch in kleineren Besetzungen, u. a. mit Oscar Peterson. 1942 hatte er mit der Big Band-Aufnahme *Flying home* großen Erfolg. 1945 gab er mit dem Lionel Hampton Orchestra ein eigenes Konzert in der Carnegie Hall. Im Laufe der 40er Jahre nahm er Bebop-Elemente in sein Spiel auf, in den 50er Jahren solche des Rhythm and Blues. 1953 besuchte er zum erstenmal Deutschland und Europa. 1955 wirkte er in dem Film *The Benny Goodman Story* mit. 1965 gründete er das Sextett All Star Jazz Inner Circle. Bis in die 70er Jahre unternahm er weltweite Tourneen; 1979 nahm er auch an den Berliner Jazztagen teil. – H. zählt zu den bedeutenden Musikern des Jazz, u. a. durch seine Improvisationen (z. B. über Balladen wie *Stardust* und *The man I love*). Über den Jazz hinaus wurde er mit Titeln wie *Hey Ba-Ba Re Bop* populär. Als Komponist trat er u. a. mit der Jazz-Suite *King David* hervor, die 1957 in New York unter D. Mitropoulos uraufgeführt wurde. Er lehrte als Professor Musik an der Xavier University und an der Dillard University in New Orleans. H. ist Ehrendoktor der Allen University in Columbia (S. C.).

Lit.: J. G. JEPSEN, L. H. 1947–57 (Kop 1957) (Privatdruck); O. FLÜCKIGER, Discography of L. H. and His Orchestra 1951–53 (Reinach 1961); B. DEMEUSY – O. FLÜCKIGER, Discography of L. H. 1954–58 (Bas 1962); N. SHAPIRO – N. HENTOFF, Jazz erzählt (Mn 1962); J. E. BERENDT, Das Jazzbuch. Von Rag bis Rock (F 1973); D. MORGENSTERN, Swing, in: Die Story des Jazz, hrsg. v. J. E. Berendt (St 1975).

K. R. BACHMANN

HANCOCK, Herbie (Herbert Jeffrey), *12. 4. 1940 Chicago; amerik. Jazzmusiker (Tasteninstrumente). Er spielte zunächst in Chicago, ging 1960 mit dem Trompeter Donald Byrd nach New York und schloß sich dort Phil Woods, Oliver Nelson und Eric Dolphy an. 1963–68 gehörte er der jazzgeschichtlich bedeutenden Gruppe von Miles Davis an. Unter den Jazzpianisten der 60er Jahre nahm er bald eine Vorrangstellung ein, indem er den modalen Jazz von Davis weiterentwickelte. Seit 1968 hat H. eigene Gruppen und verwendet elektronische Tasteninstrumente. In den 70er Jahren hatte er große Erfolge mit Musik, die Rock-Rhythmen mit Jazzimprovisationen verbindet (Fusion Music). 1979 trat er als Pianist mit Chick Corea im Duo auf. Seine bekannteste Komposition ist *Watermelon Man.*

Lit.: H. H., in: Jazz Podium 25 (1976).

HÄNDEL, (Haendel, Hendel; in England Handel), **Georg Friedrich** (George Frideric), * 23. 2. 1685 Halle/Saale, † 14. 4. 1759 London; dt. Komponist (seit 1727 britischer Staatsbürger). Sein Vater Georg H. (1622–97) war Amtschirurg von Giebichenstein und fürstlich sächsischer und kurfürstlich brandenburgischer Leibchirurg; er dachte an eine juristische Laufbahn für den Sohn, erkannte aber dessen ungewöhnliche musikalische Begabung und ermöglichte ihm ein Musikstudium bei Fr. W. Zachow in Weißenfels. 1701 traf H. in Halle mit G. Ph. Telemann zusammen, mit dem ihn eine lebenslange Freundschaft verband. 1702 immatrikulierte er sich an der Universität Halle und wurde Organist am dortigen reformierten Dom, gab dieses Amt aber ein Jahr später auf und reiste nach Hamburg, wo er J. Mattheson kennenlernte. 1704 wurde dort eine unter H.s Namen überlieferte *Passion nach dem Evangelisten Johannes* aufgeführt (Zuschreibung fraglich). Unter R. Keiser war H. an der Oper Violinist und Cembalist. Seine erste Oper, *Almira,* wurde bei ihrer ersten Aufführung am 8. 1. 1705 mit Beifall aufgenommen (3 weitere Opern, ebenfalls in Hamburg entstanden, sind verloren). 1706–10 hielt sich H. in Italien auf, vor allem in Venedig, Rom, Florenz und Neapel, wo er u. a. A. Corelli, A. und D. Scarlatti und A. Steffani kennenlernte. In dieser Zeit komponierte er seine ersten italienischen Opern und Serenaden sowie das erste und einzige italienische Oratorium *(La resurrezione)*, ferner lateinische Opern, Kirchenmusik und mehr als 100 italienische Kantaten (die aber nur teilweise erhalten sind). 1710 verließ H. Italien und wurde im Juni dieses Jahres als Nachfolger Steffanis Kapellmeister des Kurfürsten von Hannover. Ende 1710 reiste er nach London. Er vollendete in zwei Wochen die Oper *Rinaldo,* die erste italienische Oper, die für eine Londoner Bühne geschrieben wurde. Die erste Aufführung im Queen's Theatre am Haymarket (24. 2. 1711) wurde für ihn zu einem Triumph. H. verbrachte dann wieder ein Jahr in Hannover und kehrte im Herbst 1712 nach London zurück. Abgesehen von einigen Aufenthalten auf dem Kontinent, blieb er seitdem bis zu seinem Lebensende in England. Einer seiner ersten Mäzene dort war Richard Boyle, 3. Earl of Burlington. H. wohnte mehrere Jahre in dessen Haus in Picadilly, wo er häufig mit den Schriftstellern A. Pope, J. Gay und J. Arbuthnot zusammentraf. 1712–17 arbeitete H. vor allem für das Opernhaus am Haymarket. Er komponierte ferner Chormusik mit englischen Texten, darunter das *Utrecht Te Deum* (1713) und ein *Jubilate* zur Feier des Vertrages von Utrecht (1713) sowie die *Ode for the Birthday of Queen Anne* (1714). Die Königin soll ihm daraufhin ein Jahresgehalt von 200 Pfund gewährt, König Georg I. dieses auf 600 Pfund erhöht haben; die Enkel des Königs, die Prinzessinnen Anne, Caroline und Amelia, waren H.s Schülerinnen.

1717 trat H. in den Dienst von James Brydges, Earl of Carnarvon, des späteren Duke of Chandos, für dessen Residenz in Cannons er 12 *Chandos Anthems,* die Masques *Acis and Galatea* (1718?) und *Haman and Mordecai* (1720), die 1. Fassung des Oratoriums *Esther,* komponierte. Nach Gründung der Royal Academy of Music (1719), die den Auftrag hatte, das King's Theatre mit italienischen Opern zu beliefern, war H. dort zusammen mit G. B. Bononcini und A. Ariosti der meistbeschäftigte Komponist. In den 9 Spielzeiten (1720–28) kamen 14 seiner Opern zur Aufführung. Die letzten Spielzeiten waren von politischen Intrigen und offenen Rivalitäten zwischen den Sängern gestört. Dies endete mit einem Skandal. Die Finanzmittel wurden gestrichen und die Royal Academy of Music verlor ihr Publikum, nicht zuletzt auch wegen des Erfolgs von J. Chr. Pepuschs und J. Gays *The Beggar's Opera* (1728). Zur Krönung von König Georg II. (1727) hatte H. 4 Anthems geschrieben. Dieses Ereignis, ebenso wie seine Einbürgerung in England, feierte er auch in der patriotischen Oper *Riccardo Primo,* die er dem König widmete. Auf Betreiben H.s und des Impresarios John Heidegger wurde bald eine zweite Royal Academy of Music (1729–33) geschaffen, für die H. 6 Opern komponierte. In der Zwischenzeit führte eine Privataufführung von *Esther* in der Crown and Anchor Tavern, der er am 23. 2. 1732 beiwohnte, zur Komposition seines ersten Oratoriums in englischer Sprache. Man hatte ohne H.s Wissen Wiederholungen von *Esther* und *Acis and Galatea* angekündigt. H. revanchierte sich, indem er im King's Theatre beide Werke in veränderter und erweiterter Fassung zur Aufführung brachte, die englische und italienische Sänger sowie einen großen Chor erforderten. *Esther* wurde daraufhin vom Bischof von London, der sich weigerte, die Knaben der königlichen Kapelle zur Verfügung zu stellen, für die Bühne verboten. Trotz dieses Zwischenfalls hatten weitere Aufführungen großen Erfolg, und mehrere Jahre lang stellte H. *Esther* dem Publikum abwechselnd als Oper und als Oratorium vor. 1733 verließen die meisten italienischen Sänger nach einem Streit die Royal Academy of Music und gingen zu einem Konkurrenzunternehmen, das als Opera of Nobility von Frederick, Prince of Wales, unterstützt wurde. Es zählte den Komponisten N. Porpora und den berühmten Kastraten Farinelli zu seinen Mitgliedern. Vier Jahre dauerte die Rivalität der beiden Truppen, bis beide schließlich ruiniert waren (H. selbst wurde jedoch nicht in den Ruin getrieben). Im Juli 1733 ging H. zu Aufführungen eigener Werke nach Oxford, wo im Cheldonian Theatre u. a. die erste Aufführung des Oratoriums *Athalia* stattfand. 1734 entschied er sich – nach Übereinkunft mit John Rich über Opernaufführungen im Wechsel mit dessen Schauspielaufführungen – für das Covent Garden Theatre. In dieser Zeit begann H. mit der Komposition seiner Orgelkonzerte; bei ihrer Aufführung (als Intermezzi zwischen Teilen seiner Oratorien) spielte er selbst den Solopart. Ein besonderes Ereignis während H.s Tätigkeit am Covent Garden war die Aufführung des *Alexander's Feast* (1736) mit dem englischen Tenor John Beard. Im April 1737 erlitt H. einen Schlaganfall, erholte sich jedoch schnell nach einem Kuraufenthalt in Aachen. 1738 führte er nach erneuter Einigung mit Heidegger im King's Theatre am Haymarket mehrere Opern auf. 1739–41 arbeitete er für das Lincoln's Inn Fields Theatre. Aus dieser Zeit stammen die 12 Concerti grossi op. 6 und die Opern *Imeneo* und *Deidamia;* beide waren Mißerfolge, und H. wandte sich ganz dem Oratorium zu.

1741 lud William Cavendish, Duke of Devonshire und Vizekönig von Irland, H. nach Dublin ein, wo er 9 Monate blieb. Es gab dort mehrere erfolgreiche Konzerte, darunter auch die erste Aufführung des *Messiah* (1742). In den folgenden Spielzeiten arbeitete H. erneut am Covent Garden Theatre (mit Ausnahme einer Saison, 1744/45, am King's Theatre). Aus dieser Zeit (bis 1749) stammt die Mehrzahl seiner Oratorien, von denen *Judas Maccabaeus* (1747) am erfolgreichsten war. Neben Oratorien komponierte H. auch weiterhin Instrumentalmusik, kirchenmusikalische Werke und Musik für den Hof, so u. a. *Dettingen Te Deum* auf den Sieg König Georgs II. bei Dettingen (1743), *Music for the Royal Fireworks,* zur Feier des Vertrages von Aachen (1749). Im gleichen Jahr komponierte H. ein Anthem zur Einweihung der neuen Kapelle des Foundling Hospital. Er war seit dessen Gründung (1739) einer der Wohltäter und wurde 1750 zu einem der Governors gewählt. Seitdem dirigierte er dort einbis zweimal jährlich den *Messiah* als Benefizaufführung für das Hospital. Die Popularität des *Messiah* in London begann mit diesen Aufführungen. 1751 begann H. zu erblinden. Trotzdem leitete er seine Oratorien bis zum Ende seines Lebens selbst vom Cembalo aus. Er wurde dabei von einem Schüler und Freund J. Chr. Smith dem Jüngeren unterstützt; ihm diktierte er auch seine weiteren Kompositionen bis zum Jahr 1758. Als sein letztes Werk gilt *The Triumph of Time and Truth* (1757). H. starb nach kurzer Krankheit am 14. 4. 1759 und wurde am 20. 4. 1759 auf seinen Wunsch in der Westminster Abbey begraben. Ein Denkmal von Louis François Roubillac, der bereits die Statue H.s in Vauxhall Gardens geschaffen hatte (1739), wurde zu seinem Gedächtnis aufgestellt.

WW: **1) Instr.-WW: a)** Für Tasteninstr.: Etwa 24 Suiten, darunter: *Suite de pièces (Lessons) pour le clavecin,* 3 Bde., 1: 8 Suiten (Lo 1720), 2: 9 Suiten (Lo 1733) u. 3: *A Third Set of Lessons,* 12 Suiten (Lo 1793); *6 Fugues or Voluntarys for the Organ or the Harpsichord* (Lo 1735); ferner Variationen, Chaconne mit Variationen, Einzelstücken. – **b)** Für 1 oder mehrere Instr. mit B.c.: Etwa 20 Sonaten für 1 Instr. (V., Ob., Blockfl., Querfl.), darunter: Sonaten für Querfl., V. oder Ob., op. 1 (A 1722); Sonate C-Dur für Viola da gamba u. Cemb. (um 1705); etwa 25 Triosonaten für 2 V., Fl. (oder Ob.) u. B.c., darunter 6 Sonaten für 2 V., op. 2 (Lo 1731); *Seven Sonatas or Trios,* op. 5 (Lo 1739); ferner Menuette, Märsche u. a. Stücke. – **c)** Für Orch.: *The Water Music (Wassermusik)* (urspr. 3 Suiten, D-Dur, a-moll u. G-Dur) (Lo 1733); *Music for the Royal Fireworks (Feuerwerksmusik)* (Lo 1749); etwa 28 Konzerte, u. a.: *6 Concerti grossi,* op. 3 (Lo 1734); *12 Grands Concertos in Seven Parts,* op. 6 (Lo 1740); 3 Konzerte für Doppelorch. (nach 1740); ca. 20 Konzerte für Org. u. Orch., darunter: 6 *Concertos for the Harpsichord or Organ,* op. 4 (Lo 1738) u. op. 7 (1740–51). – **2) Vokal-WW: a)** Weltliche: Etwa 21 it. Duette mit B.c. (zw. 1706–42) u. 2 it. Trios (um 1708); 72 it. Kantaten (zw. 1707–11); 3 dt. Arien (1696–98); 7 frz. Arien (1707–09); *A Collection of Choice English Songs* (24 Arien) (Lo um 1731). – Für Chor, Soli u. Orch.: *Ode for the Birthday of Queen Anne* (1713); *Ode Alexander's Feast* (Lo 1738); *Ode for St. Cecilia's Day* (Lo 1739); weltliche Oratorien: *L'allegro, il pensieroso ed il moderato* (Text: J. Milton, 3. Teil Ch. Jennens) (Lo 1740); *Semele* (Text: W. Congreve) (Lo 1744); *Hercules* (Lo 1745); Interludium *The Choice of Hercules* (Lo 1751). – Kantaten: Etwa 30 Kantaten, darunter *Aci, Galatea e Polifemo* (1708) (meist zw. 1706–10); *Look Down Harmonious Saint* (1734); weitere 75 it. Kantaten (zw. 1707–08). – **b)** Geistliche WW (für Chor mit u. ohne Soli u. Orch.): Lat. Psalmen: *Dixit Dominus, Laudate Pueri, Nisi Dominus* (1707). – Motetten für Sopran u. Orch.: *Salve Regina, Seviat tellus, Silete venti* (um 1707); *Utrecht Te Deum and Jubilate* (1713) (Lo 1731). – 12 *Chandos Anthems* (1717–19); 4 *Coronation Anthems* (1729) (Lo 1743); 2 *Wedding Anthems* (1734, 1736); *Funeral Anthem* für Königin Caroline (1737) (Lo um 1743); *Dettingen Anthem* (1743); *Dettingen Te Deum* (1743); *Foundling Hospital Anthem* (1749); 3 Hymnen (1749). – Oratorien: *Il trionfo del tempo e del disinganno* (1708), neue it. Fassung (1737), neue engl. Fassung als *The Triumph of Time and Truth* (1757); *La resurrezione* (1708); *Esther* (1720, Neufassung 1732) (Lo 1732); *Deborah* u. *Athalia* (1733) (Lo 1735); *Saul* (1739) (Lo 1739); *Israel in Egypt* (1739); *Messiah* (1742) (Lo 1749); *Samson* (1743) (Lo 1743); *Belshazzar* (1745) (Lo 1745); *Occasional Oratorio* (1746) (Lo 1749); *Judas Maccabaeus* (1747) (Lo 1747); *Joshua* (1748) u. *Alexander Balus* (Lo 1748); *Susanna* u. *Salomon*

(1749) (Lo 1749); *Theodora* (1750) (Lo 1751); *Jephtha* (1752) (Lo 1752). – Ferner *Passion nach dem Evangelisten Johannes (Das Leiden u. Sterben Jesu Christi in gebundener Rede als Oratorium)*, UA: Hamburg 1704; Passion. *Der für die Sünden der Welt gemarterte u. sterbende Jesus* (Text: B. H. Brockes), UA: ebd. 1716. – **3) Bühnen-WW: a)** Opern (wenn nichts anderes angegeben, in London uraufgeführt, meist auch dort gedruckt): *Almira*, UA: Hamburg 1705; *Nero* (Musik verschollen), UA: ebd. 1705; *Rodrigo*, UA: Florenz 1707; *Florindo* u. *Daphne* (Musik verschollen), UA: Hamburg 1708; *Agrippina*, UA: Venedig 1709; *Rinaldo*, UA: 1711, 2. Fassung, UA: 1731; *Il pastor fido*, 1712, UA: 1712, 2. u. 3. Fassung, UA: 1734; *Teseo* (Libr.: N. F. Haym), UA: 1713; *Silla*, UA: 1713; *Amadigi*, UA: 1715; *Radamisto* (Libr.: Haym), UA: 1720; *Muzio Scevola* (1. Akt v. F. Mattei, 2. Akt v. G. B. Bononcini, nur der 3. Akt v. H.), UA: 1721; *Floridante* (Libr.: P. A. Rolli), UA: 1721; *Ottone* (Libr.: Haym), UA: 1723; *Flavio* (Libr.: ders.), UA: 1723; *Giulio Cesare* (Libr.: ders.), UA: 1724; *Tamerlano*, UA: 1724; *Rodelinda*, UA: 1725; *Scipione* (Libr.: Rolli nach A. Zeno), UA: 1726; *Alessandro* (Libr.: Rolli nach O. Mauro), UA: 1726; *Admeto* (Libr.: Haym nach A. Aureli), UA: 1727; *Riccardo Primo* (Libr.: Rolli?), UA: 1727; *Siroe* (Libr.: P. Metastasio), UA: 1728; *Tolomeo* (Libr.: Haym), UA: 1728; *Lotario*, UA: 1729; *Partenope* (Libr.: S. Stampiglio), UA: 1730; *Poro* (Libr.: Metastasio), UA: 1731; *Ezio* (Libr.: ders.), UA: 1732; *Sosarme*, UA: 1732; *Orlando*, UA: 1733; *Arianna* (Libr.: P. Pariati), UA: 1734; *Ariodante*, (UA: 1735; *Alcina*, UA: 1735; *Atalanta*, UA: 1736; *Arminio*, UA: 1737; *Giustino*, UA: 1737; *Berenice*, UA: 1737; *Faramondo* (Libr.: A. Zeno), UA: 1738; Serse (Libr.: N. Minato), UA: 1738; *Imeneo*, UA: 1740; *Deidamia* (Libr.: Rolli), UA: 1741. – **b)** Serenate u. Masques: *Acis and Galatea* (1718?) (Libr.: J. Gay), UA: Cannons 1718?, 2. Fassung 1731; *Haman and Mordecai*, UA: Cannons 1720. – **c)** Bühnenmusik zu: B. Johnson, *The Alchemist*, UA: 1732; T. Smollet, *Alceste* (Lo 1790).

H. zählt zusammen mit J. S. Bach zu den bedeutendsten deutschen und europäischen Komponisten seiner Zeit, die man gelegentlich auch als die Epoche Bachs und Händels bezeichnet. Sein zeitgenössischer Ruhm war aber größer als der Bachs, und sein Lebenslauf erweist ihn als einen Kosmopoliten. Auf seinen Reisen lernte er entschiedener als andere in seiner Zeit unterschiedliche Kulturen kennen und eignete sie sich mit Leichtigkeit an. Noch in seiner deutschen Heimat wurde er mit den Grundzügen der italienischen und französischen Musik ebenso vertraut wie mit der deutschen, speziell der mitteldeutschen Vokal- und Klaviermusik. In Italien studierte er gründlich die Kantaten und Opern A. Scarlattis und seiner neapolitanischen Zeitgenossen und den Instrumentalstil A. Corellis. Nach 1710 kam hinzu der in der Folge ständig wachsende Einfluß der englischen Kirchen- und Theatermusik in der Tradition H. Purcells. Aus allen diesen Komponenten schuf sich H. einen Stil von einzigartiger Geschmeidigkeit, die bei aller Kunst der Assimilation nie seine Originalität verlor.

Zeit seines Lebens stand das Theater im Zentrum der H.schen Aktivitäten und bildete eine deutliche Konstante seiner schöpferischen Inspiration. Während mehr als 30 Jahren schrieb er Opern, und zwar vom damals üblichen und beliebtesten Typus der Opera seria (bereits seine Hamburger Oper Almira enthält 15 italienische Arien). Von H.s 39 überlieferten Opern sind 36 für London geschrieben. Sie waren für ein aristokratisches Publikum bestimmt und zeigen noch viele Charakteristika der höfischen Oper des Kontinents, insbesondere in der Besetzung der Rollen durch Sängervirtuosen. Die Hauptrollen sind in der Regel den hohen Stimmen vorbehalten und für Kastraten oder Frauen geschrieben. Der Ablauf jedes Werkes bietet sich wesentlich als eine Folge von Seccorezitativen und Arien (meist Da capo-Arien); nur selten finden sich Ensemblesätze oder Chöre. Innerhalb dieser für die Opera seria typischen Formgestaltung zeigen H.s Opern eine Fülle melodischer, harmonischer und instrumentatorischer Erfindung. Sie enthalten in begrenztem Maße auch dramatische Züge und bezeugen H.s tiefe Menschenkenntnis. Die Sujets sind in der Hauptsache heroisch, sie betreffen mythologische und historische Themen, ermöglichen aber auch den Ausdruck vielfältiger Nuancen von Ironie, von Witz, sogar von Komik *(Almira, Serse)*. Einige Opern weisen auch Züge des Wunderbaren auf. Insgesamt bilden H.s Opern ein Genre voller Subtilität und Raffinement, vorausweisend eher auf W. A. Mozart als auf Chr. W. Gluck. Eine eigene Bewandtnis hat es mit ihrer Präsenz auf der Bühne von heute. Nachdem sie nach dem Tode H.s in der musikalischen Praxis lange Zeit nahezu bedeutungslos waren, bemüht man sich seit etwa 1920 in Deutschland und England intensiv um ihre Wiederbelebung. Die Händel-Feste von Göttingen und Halle (Saale) wirkten hier besonders anregend, und bis in unsere unmittelbare Gegenwart bilden H.s Opern auch für die moderne Regiekunst eine Herausforderung. Ein Hauptproblem für die bühnenwirksame Gestaltung einer H.-Oper scheint zu sein, daß weder das Seccorezitativ als allein handlungstragendes Moment noch die Arie in ihrem gleichsam statischen Affektausdruck Elemente einer musikalischen Aktion enthalten. Dies liegt im Wesen der Opera seria insgesamt, und erst im Rahmen der Opera buffa wuchsen den Komponisten Mittel zu, die Opernszene auch musikalisch als Aktion zu gestalten. Seitdem gibt es die Diskrepanz zwischen der hohen gattungsgeschichtlichen Bedeutung der Opera seria im 18. Jh. und ihrer geringen Präsenz im Bühnenrepertoire des 19. und 20. Jahrhunderts. Das Opernschaffen H.s ist dafür das repräsentativste, aber nicht das einzige Beispiel.

Bis heute beruht H.s Nachruhm denn auch in erster Linie auf seinen Oratorien. Sie zeigen in mancher Hinsicht eine enge Berührung mit seinen Opern, an vielen Stellen spürt man, daß H. sie szenisch konzipierte und daß sie ursprünglich auch für das Theater geschrieben waren; ohne den Einspruch des Bischofs von London wären sie auch sämtlich auf der Bühne aufgeführt worden. Mindestens ebenso stark wie die Berührung mit der Oper ist indessen die Bindung der Oratorien H.s an die Tradition der englischen Musik, an die Gattung der ↗Masque, an die anglikanische Kirchenmusik (↗Anthem). Nachweisbar ist auch das Nachwirken von Ideen der griechischen Tragödie, wie sie Ende des 17. Jh. namentlich J. Racine auch in Verbindung mit biblischen Stoffen vermittelt hatte. So verweisen H.s erstes Oratorium *Esther* und die spätere *Athalia* auf Racines gleichnamige biblische Tragödien. Die Themen der Oratorien H.s sind stets die großen Probleme um Leben und Tod. Sie gelten u.a. dem Widerstand gegen die Tyrannei *(Athalia)*, dem Neid *(Saul)*, dem Ehrgeiz *(Semele)*, der Eifersucht *(Hercules)*, dem Zerfall der Reiche *(Belshazzar)*, dem Martyrium *(Theodora)* oder der Unterwerfung unter das Schicksal *(Jephtha)*. Stets stehen Menschen mit ihren Leidenschaften, in ihrer Individualität und in ihrem Gegenüber zum Volk im Mittelpunkt. Eine Ausnahme bildet der *Messiah*, ein auch in der Geschichte der gesamten Gattung einzigartiges Werk. Ihm liegt nicht wie den anderen Oratorien H.s ein dichterisch geformtes Libretto zugrunde, sondern ausschließlich der wörtliche Bibeltext. In der musikalischen Gestaltung stehen die Arien und Accompagnatorezitative in der neapolitanischen Tradition, wenngleich stark modifiziert. Dies hängt vor allem damit zusammen, daß H. für die Aufführung seiner Oratorien nicht wie für die Opern die italienischen Sängervirtuosen zur Verfügung hatte, sondern nur einheimische Sänger. In den Chorsätzen des *Messiah* erhalten besonders die textlichen ↗Akklamationen einen für H. eigentümlichen musikalischen Ausdruck, wie er am sinnfälligsten und geradezu mitreißend im *Halleluja* gegeben ist. Einzigartig ist der *Messiah* auch in seinem Nachruhm und in seinem Nachleben. Er hat nicht nur die weitere Entwicklung des Oratoriums in allen europäischen Ländern beeinflußt, sondern auch – besonders hinsichtlich des Chorstils – viele bedeutende kirchenmusikalische Werke, wie besonders W. A. Mozarts Requiem und c-moll-Messe und L. van Beethovens *Missa solemnis*.

H.s Kirchenmusik umfaßt Werke in lateinischer und englischer Sprache. Die lateinischen Psalmen aus H.s italienischer Zeit und die Anthems für die Privatkapelle des Herzogs von Chandos verbinden durchsichtige Kontrapunktik in den Chorsätzen mit ausdrucksvoller Kantabilität in den solistischen Partien. Die für die königliche Kapelle oder für offizielle Anlässe geschriebenen Kompositionen beeindrucken am meisten durch die Monumentalität des Chorstils, der auch H.s sicheren Sinn für die räumlichen und akustischen Gegebenheiten der jeweiligen Aufführungsorte bezeugt.

Etwas Ähnliches gilt für die Instrumentalwerke H.s, die Werke für Tasteninstrument allein, die Sonaten für mehrere Instrumente und Generalbaß, insbesondere für die *Wassermusik* und die *Feuerwerksmusik* (beide für die Aufführung im Freien geschrieben). Die Concerti grossi, namentlich die große Sammlung op. 6, sind ein letzter Höhepunkt der Gattung. Wie sie haben auch H.s Orgelkonzerte seit vielen Jahren ihren festen Platz im Musikleben unserer Zeit.

Das Nachleben Händels manifestiert sich nicht nur in der ununterbrochenen Pflege eines Teils seiner Werke, sondern auch in der Art und Weise, wie die Nachwelt das Schaffen und die Persönlichkeit des Komponisten beurteilte. Es ist weithin charakteristisch für die Einschätzung H.s, daß er häufig mit Bach verglichen wird. Dieser Vergleich hat seine eigene Geschichte, und er hat einige markante Stationen: einen Ausspruch Bachs, er möchte wohl H. heißen, wenn er nicht Bach wäre; Mozarts Gleichschätzung der Bachschen und H.schen Fugen (in einem Brief 1782); die patriotische Akzentuierung der Bedeutung Bachs durch J. N. Forkel (1802) als Reaktion auf das ebenso patriotische Händel-Bild von Ch. Burney (1785); schließlich die seit R. Wagner (er spricht von der „Halleluja-Perücke" H.s) im musikalischen Schrifttum weitverbreitete Überschätzung Bachs gegenüber H., die ihre Spuren noch bei A. Schönberg und Th. W. Adorno hat. Als symptomatisch dafür kann vielleicht auch die Tatsache gelten, daß um die Mitte des letzten Jahrhunderts sich eine große Zahl bedeutender Komponisten, Musiker und Musikhistoriker wohl um das Zustandekommen einer Bach-Gesamtausgabe kümmerte, während die entsprechende H.-Gesamtausgabe letztlich das Werk eines einzelnen – Fr. Chrysanders – war. Chrysanders H.-Biographie (1858ff.) blieb bis weit ins 20. Jh. hinein auch die einzige Würdigung H.s von wissenschaftlichem Rang, während mittlerweile die Bach-Literatur seit Ph. Spitta eine Reihe bedeutender Werke aufzuweisen hatte. Neue Impulse für die H.-Forschung gingen erst wieder nach dem 2. Weltkrieg vor allem durch die Arbeit an einer neuen Gesamtausgabe *(der Hallischen Händel-Ausgabe)* aus, die von der (1955 in Halle gegründeten) Georg-Friedrich-Händel-Gesellschaft getragen wird.

Ausg.: Eine erste unvollständige GA, hrsg. v. S. ARNOLD, 36 Bde. (Lo 1787–97); The Works of H., 14 Bde. (Lo 1843–58); GA, hrsg. v. F. CHRYSANDER, 93 Bde. u. 6 Suppl.-Bde. (L 1858–1902), Nachdr. 84 Bde. u. 6 Suppl.-Bde. (Lo 1965–68); Hallische H.-Ausg. (Kas – L 1955ff.), bisher sind erschienen:

Serie I (Oratorien u. große Kantaten): 1: *Das Alexanderfest oder Die Macht der Musik*, hrsg. v. K. AMELN (1957); 2: *Passion nach dem Evangelisten Johannes*, hrsg. v. K. G. FELLERER (1964); 6: *Ode for the Birthday of Queen Anne*, hrsg. v. W. SIEGMUND-SCHULTZE (1962); 7: *Passion nach B. H. Brockes*, hrsg. v. F. SCHROEDER (1965); 13: *Saul*, hrsg. v. P. M. YOUNG (1962); 16: *L'allegro, il pensieroso ed il moderato*, hrsg. v. J. S. u. M. V. HALL (1965); 17: *The Messiah*, hrsg. v. J. TOBIN (1965); 28: *Susanna*, hrsg. v. B. ROSE (1967); 31: *The Choice of Hercules*, hrsg. v. W. SIEGMUND-SCHULTZE (1963); **Serie II** (Opern): 28: *Orlando*, hrsg. v. S. FLESCH (1969); 39: *Serse*, hrsg. v. R. STEGLICH (1958); **Serie III** (Kirchenmusik): 1: *Dixit Dominus*, hrsg. v. E. WENZEL (1960); **Serie IV** (Instrumentalmusik): 1: Die acht großen Suiten, hrsg. v. R. STEGLICH (1955); 2: Orgelkonzerte op. 4 Nr. 1–6, hrsg. v. K, MATTHAEI (1956); 3: 11 Sonaten für Fl. u. bezifferten Baß, hrsg. v. H.-P. SCHMITZ (1955); 4: 6 Sonaten für V. u. bezifferten Baß, hrsg. v. J. PH. HINNENTHAL (1955); 5: Klv.-Werke 2 (2 Slg. v. 1733), hrsg. v. P. NORTHWAY (1970); 6: Klv.-Werke 3 (einzelne Suiten u. Stücke), hrsg. v. T. BEST (1970); 9: 6 Sonaten für 2 Ob. u. B.c., hrsg. v. S. FLESCH (1976); 10/1: 9 Sonaten für 2 V. u. B.c., hrsg. v. DEMS. (1970); 10/2: 7 Sonaten für 2 V. u. B.c., op. 5, hrsg. v. DEMS. (1967); 11: *6 Concerti grossi*, op. 3, hrsg. v. F. HUDSON (1959); 12: *8 Concerti*, hrsg. v. DEMS. (1971); *Water Music*, u. *Music for the Royal Fireworks*, hrsg. v. H. F. REDLICH (1962); 14: *12 Concerti grossi*, op. 6, hrsg. v. A. HOFFMANN – H. F. REDLICH (1961); 17: Klv.-Werke 4. Einzelne Suiten u. Stücke, 2. Folge, hrsg. v. T. BEST (1975). – Einzelausg.: *Coronation Anthems* Nr. 2 u. 3, hrsg. v. W. HERRMANN (NY – Lo 1971); Sonate e-moll für 2 Fl. u. B.c., hrsg. v. A. C. BELL (Lo 1972); *Laudate pueri Dominum* für Sopran, Chor, Orch. u. Org., hrsg. v. D. KRÜGER (Hilversum 1972); *Concerti grossi*, op. 6, hrsg. v. M. NYMAN, 12 H.é (Lo 1973); Konzert D-Dur für Fl., Str. u. B.c. hrsg. v. E. F. W. BODENSOHN (Baden-Baden 1974); Orgelkonzerte op. 7, 1–6, hrsg. v. P. WILLIAMS (Lo 1974); *Deutsche Arien* 1729, hrsg. v. M. SEIFFERT (Lippstadt 1975); Konzert für Orgel in *Judas Maccabäus*, hrsg. v. F. HUDSON (Kas 1976); Triosonaten op. 2, 1–3, hrsg. v. B. LAM (Lo 1978). 2 geistliche Arien, hrsg. v. A. MANN (NY 1979) (= Rutgers Univ. Documents of Music 10). – Außerdem zahlr. praktische Ausgaben.

Lit.: **1) Sammelpublikationen u. Periodica:** H.-Jb., hrsg. v. R. STEGLICH (L 1928–33, Nachdr. NY 1969); H.-Jb., hrsg. v. der G.-F.-H.-Ges. (Hl 1955ff.); H. A Symposium, hrsg. v. G. ABRAHAM (Lo 1954); Berichte über die wiss. Konferenzen zu den Händelfestspielen der DDR, hrsg. v. W. SIEGMUND-SCHULTZE (Hl 1976ff.); Göttinger H.-Beiträge, hrsg. v. H. J. MARX (Kas 1984ff.). – **2) Briefe und Dokumente:** H. MÜLLER VON ASOW, The Letters and Writings of G. F. H. (Lo 1935, Nachdr. Freeport/N.Y. 1970); J. KIRKENDALE, The Ruspoli Documents on H., in: JAMS 20 (1967). – **3) Bibliographien u. Lit. über Quellen u. Überlieferung:** K. TAUT, Verz. des Schrifttums über G. F. H., in: H.-Jb. 6 (1933); W. C. SMITH, Catalogue of Works, in: H., A Symposium, hrsg. v. G. Abraham (Lo 1954), dt. Übers., in: H.-Jb. N. F. 2 (1956); K. SASSE, Verz. der Schallplatten mit Werken v. G. F. H., in: H.-Jb. N. F. 1 (1955); K. SASSE, H.-Bibliogr. (L 1963), 2. verbesserte Aufl. (L 1967), 2. Nachtrag (1969); A. H. KING, H. and His Autographs (Lo 1967); J. TOBIN, H.'s Messiah. A Critical Account of the Manuscript Sources and Printed Editions (Lo – NY 1969); A. C. BELL, Chronological Catalogue of H.'s Works (Greenock 1969); W. C. SMITH, H. A Descriptive Catalogue of the Early Editions (NY – O 1970); H. D. CLAUSEN, H.s Direktionspartituren („Handexemplare") (H 1972) (= Hamburger Beitr. z. Musikwiss. 7); J. M. KNAPP, The Autograph Manuscripts of H.'s „Ottone", in: FS J. P. LARSEN (Kop 1972); A. D. WALKER, G. F. H. The Newman Flower Collection in the H. Watson Music Library (Manchester 1972); H.-Hdb. (grundlegend), 4 Bde., 1–3: Thematisch-systematisches Verz., hrsg. v. B. BASELT (Kas usw. 1978, 1984, 1986), 4: Dokumente zu Leben u. Schaffen. Auf der Grundlage v. O. E. Deutsch, H. (1955) (Kas 1985). – **4) Biographien und umfassende Darstellungen:** J. MAINWARING, Memoirs of the Life of the Late G. F. H. (Lo 1760, Nachdr. Hilversum 1964, Buren 1975), dt. Übers. v. J. MATTHESON als: G. F. H.s Lebensbeschreibung (H 1761), NA v. B. PAUMGARTNER (Z 1947), dass., hrsg. v. E. H. MÜLLER VON ASOW (Lindau 1949, W 1950): F. CHRYSANDER, G. F. H., 2 Bde., u. ein Halb-Bd. (L 1858–67, Neudr. ^{2}1919, Nachdr. Hil – Wie 1966), separates Register v. S. FLESCH (L – Hil 1967); J. MARSHALL, H. (Lo 1883, ^{2}1912); PH. SPITTA, G. F. H., in: Famous Composers 1. hrsg. v. J. K. Paine (Boston 1892, Lo 1895); F. VOLBACH, G. F. H. (B 1898, ^{3}1914) (= Berühmte Musiker 2); C. F. ABDY WILLIAMS, H. (Lo 1900, NA NY 1935, Lo 1944); J. C. HADDEN, Life of H. (Lo 1904, Nachdr. NY 1976); R. A. STREATFEILD, H. (Lo 1909, Nachdr. NY 1964); R. ROLLAND, H. (P 1910, ^{4}1953, dt. Z 1922, B ^{2}1954); N. FLOWER, G. F. H. (Lo 1923, Neudr. 1929, 1943), erweiterte NA (1947, revidiert 1959, 1964, dt. L 1925, ^{2}1934); H. LEICHTENTRITT, H. (St – B 1924); H. ABERT, G. F. H., in: Schriften u. Vorträge, hrsg. v. F. Blume (Hl 1929, Nachdr. Tutzing 1968); A. SCHERING, Die Welt H.s, in: H.-Jb. 5 (1932), auch in: Von großen Meistern der Musik (L 1940); J. M. MÜLLER – BLATTAU, G. F. H. (Pd 1933); E. J. DENT, H. (Lo 1934, Neudr. 1947, NY 1948); A. WESTRUP, H. (Lo 1938); W. SERAUKY, Musikgesch. der Stadt Halle 2/1 (Hl – B 1939, Nachdr. Hil 1971) (= Beitr. z. Musikforsch. 6); R. STEGLICH, G. F. H. (L 1939); H. J. MOSER, G. F. H. (Kas 1941, ^{2}1952); O. WHEELER, H. at the Court of Kings (NY 1943, Lo 1945); H. WEINSTOCK, H. (NY 1946, revidiert ^{2}1959), dt. v. G. Mabold – A. Ott (Mn 1950); P. M. YOUNG, H. (Lo 1946, NY 1947, revidiert NY 1963, Lo 1975); W. C. SMITH, Concerning H. (Lo 1949); DERS., Handeliana, in: ML 31 (1950); DERS., More Handeliana in: ML 34 (1953); W. SIEGMUND-SCHULTZE, G. F. H. (L 1954, erweitert ^{3}1962); O. E. DEUTSCH, H. A Documentary Biography (NY 1955, Nachdr. 1974); J. MÜLLER-BLATTAU, H., in: MGG V; W. SERAUKY, G. F. H., nur Bde. 3 u. 4 erschienen (Kas 1956–58); P. NETTL, G. F. H. (B 1958); R. FRIEDENTHAL, G. F. H. in Selbstzeugnissen u. Bilddokumenten (Reinbek 1959, ^{5}1970) (= rowohlts monographien 36); S. HALL, G. F. H. (Lo 1961, revidiert 1963); W. RACKWITZ – H. STEFFENS, G. F. H., Persönlichkeit, Umwelt u. Vermächtnis (L 1962); S. SADIE, H. (Lo – NY ^{3}1966); J. TOBIN, H. at Work (Lo 1964); P. H. LANG, G. F. H. (NY 1966, dt. Kas 1978); A. C. BELL, H. in Italy, in: MR 28 (1967); J. BARNA, G. F. H. (Budapest 1972); CH. CUDWORTH, H. A Biography With a Survey of Books, Editions, and Recordings (Lo 1972); C. TIMMIS, H. and Steffani. A New H. Signature, in: MT 114 (1973); A. C. BELL, H. Before England (Darley 1975); D. BURROWS, H. and the Foundling Hospital, in: ML 58 (1977); A. C. BELL, The Great Mister H., in: MR 39 (1978); G. F. H. Beitr. zu seiner Biogr. aus dem 18. Jh., hrsg. v. W. SIEGMUND-SCHULTZE (Wilhelmshaven 1979) (= Taschenbücher z. Musikwiss. 32). – **5) Zu den einzelnen Werken u. Werkgruppen:** M. SEIFFERT, Zu H.s Klavierwerken, in: SIMG 1 (1899/1900); S. TAYLOR, The Indebtedness of H. to Works by Other Composers (C 1906, Nachdr. NY 1971); O. HAGEN, H.s Musikdrama „Rodelinde" u. seine Bearb. (Gö 1920); W. MICHAEL, Die Entstehung der Wassermusik, in: ZfMw 4 (1921/22); F. KAHLE, G. F. H.s Cembalosuiten (Diss. B 1928); L. SCHRADE, Stud. zu H.s „Alexanderfest", in: H.-Jb. 5 (1932); E. BREDENFÖRDER, Die Texte der H.-Oratorien (L 1934), E. FÖLSING, G. F. H.s engl. Kirchenmusik (L 1940); J. EISENSCHMIDT, Die szenische Darstellung der Opern G. F. H.s auf der Londoner Bühne seiner Zeit, 2 Bde. (Wb – B 1940–41) (= Schriftenreihe des H.-Hauses 5–6); F. EHRLINGER, G. F. H.s Orgelkonzerte (Wü 1941) (= Literarhist.-musikwiss. Abh.en 8); P. M. YOUNG, The Oratorios of H. (Lo 1949, NY 1950); H. CH. WOLFF, Die H.-Oper auf der modernen

Bühne (L 1957); H. FERDINAND, Die musikal. Darstellung der Affekte in den Opernarien G. F. H.s (Diss. Bonn 1958); G.-F. WIEBER, Die Chorfuge in H.s Werken (Diss. F 1958); CH. L. CUDWORTH, H. and the French Style, in: ML 40 (1959); W. DEAN, H.'s Dramatic Oratorios and Masques (Lo 1959); S. POLADIAN, H. as an Opera Composer (1959) (= Diss. Cornell Univ./N.Y.); H.-B. DIETZ, Die Chorfuge bei G. F. H. (Tutzing 1961); A. O. GOULD, The Flute Sonatas of G. F. H. (1961) (= Diss. Univ. of Illinois); P. G. PAULY, G. F. H.s Klavierfugen (Diss. Saarbrücken 1961); CH. E. FARBY, The Organ Concertos of G. F. H. (1962) (= Diss. Florida State Univ.); A. MANN, H.s Fugenlehre, ein unveröff. Ms., in: Kgr.-Ber. Kassel 1962 (Kas 1963); H. W. SHAW, The Story of H.'s „Messiah" 1741–84 (Lo 1963); A. B. ROBERTSON, Contemporary Practices in the Performance of H.'s „Messiah", 2 Bde. (1963) (= Diss. Indiana Univ.); H. W. SHAW, A Textual and Historical Companion to H.'s „Messiah" (Lo 1965); TH. GÖLLNER, Zur Sprachvertonung in H.s Chören, in: DVflG 42 (1968); J. M. KNAPP, H.'s „Giulio Cesare in Egitto", in: Studies in Music History. FS O. Strunk (Princeton/N.J. 1968); W. SIEGMUND-SCHULTZE, H.s Operntyp u. seine Darbietungsprobleme, in: Wiss. Beitr. der Univ. Halle-Wittenberg 8 (1968); R. CELLETTI, Il virtuosismo vocale nel melodramma di H., in: RIMus 4 (1969); W. DEAN, Vocal Embellishment in a H. Aria, in: Studies in Eighteenth-Century Music. FS K. Geiringer (Lo 1970); J. M. KNAPP, H.'s „Tamerlano". The Creation of an Opera, in: MQ 56 (1970); H. MEIER, Typus u. Funktion der Chorsätze in G. F. H.s Oratorien (Wie 1971) (= Neue musikgesch. Forsch. 5); S. FLESCH, G. F. H.s Triosonaten, in: H.-Jb. 18/19 (1972/73); W. SIEGMUND-SCHULTZE, Die Arienwelt des „Messias", in: FS J. P. Larsen (Kop 1972); S. SADIE, H. Concertos (Lo 1972); A. GEERING, G. F. H.s frz. Kantate, in: Musicae scientiae collectanea. FS K. G. Fellerer (Kö 1973); W. D. GUDGER, The Organ Concertos of G. F. H. A Study Based on the Primary Sources, 2 Bde. (1973) (= Diss. Yale Univ.); H. J. MARX, Ein Beitr. H.s zur Accademia Ottoboniana in Rom, in: Hamburger Jb. für Musikwiss. 1 (1974); R. STROHM, H.s Pasticci, in: Stud. z. it.-dt. Musikgesch. 9 (1974) (= Anal. Mus. 14); J. J. FULD, The First Complete Printing of H.'s „Messiah", in: ML 55 (1974); J. STENZL, Über Großaufbau u. die Bedeutung v. H.s „Messiah", in: NZfM 135 (1974); H. FREDERICHS, Das Verhältnis v. Text u. Musik in den Brockespassionen Keisers, H.s, Telemanns u. Matthesons (1975) (= Musikwiss. Schriften 9); D. BURROWS, H.'s Performances of „Messiah". The Evidence of the Conducting Score, in: ML 56 (1975); T. BEST, H.'s Solo Sonatas, in: ML 58 (1977); K. TELLE, Tanzrhythmen in der Vokalmusik G. F. H.s (Mn 1977) (= Beitr. z. Musikforsch. 3); B. COOPER, The Organ Parts to H.'s „Alexander's Feast", in: Ml 59 (1978); E. T. HARRIS, Hendel and the Pastoral Tradition (Lo 1980); N. SEIFAS, Die Concerti grossi op. 6 u. ihre Stellung in H.s Gesamtwerk, in: H.-Jb. 26 (1980). – **6) Ikonographien:** J. M. COOPERSMITH, A List of Portraits, Sculptures etc. of G. F. H., in: ML 13 (1932); R. PETZOLD – E. CRASS, G. F. H. Sein Leben in Bildern (L 1955, [3]1965). – **7) Zur Rezeptionsgeschichte u. Aufführungspraxis:** F. VOLBACH, Die Praxis der H.-Aufführung (Diss. Bonn 1899); Die Göttinger H.-Festspiele (Gö 1953); H. CH. WOLFF, Die H.-Oper auf der modernen Bühne (L 1957); J. RUDOLPH, H.-Renaissance, 2 Bde. (B 1960–69); J. P. LARSEN, H. Traditions an H. Interpretations, in: Dansk aarbog for musikforsning 1 (Kop 1961); W. RACKWITZ, Die hallische H.-Renaissance 1859 bis 1962 (Diss. Hl 1963), gedruckt als: Gesch. u. Gegenwart der hallischen H.-Renaissance, 2 Bde. (Hl 1977–79); C. J. MARTIN, Performance Practices in H.'s „Messiah" (1968) (= Diss. Univ. of Cincinnati); P. GÜLKE, Zur Einrichtung Händelscher Opernpartituren, in: H.-Jb. 15/16 (1969/70); 50 Jahre Göttinger H.-Festspiele, hrsg. v. W. MEYERHOFF (Kas 1970).

W. DEAN – G. MASSENKEIL

HAENDEL, Ida, * 15. 12. 1924 Chełm; engl. Violinistin polnischer Herkunft. Sie studierte am Warschauer Konservatorium und bei C. Flesch und G. Enescu. Mit 13 Jahren debütierte sie unter H. Wood in der Queen's Hall in London. Als Solistin bereiste sie viele Länder der Erde. Bekannt wurde sie vor allem durch ihre Interpretation der Werke von J. Sibelius, B. Bartók und A. Chatschaturjan. Sie veröffentlichte eine Autobiographie unter dem Titel *Woman with Violin* (Lo 1970).

HANDHARMONIKA ↗Akkordeon.

HANDL (Händl), **Jacobus,** ↗Gallus.

HANDLEITER (engl.: cheiroplast, chiroplast; frz.: guide-mains, chiroplaste; it.: guidamani; span.: quiroplasto), eine Vorrichtung, bestehend aus einer vor der Klaviatur in passender Höhe angebrachten Leiste, die die Handgelenke des Klavierschülers kräftigen und die Handstellung verbessern, vor allem die Beteiligung der Ellenbogen am Spiel verhindern soll. Der H., ein vereinfachter ↗Chiroplast, wurde von P. Zimmermann allgemein bekannt gemacht und von Fr. Kalkbrenner vervollkommnet. Auch Fr. Liszt empfahl ihn seinen Schülern. Im 19. Jh. wurden noch andere Systeme zur Festigung der Handgelenke entwickelt, z. B. Fingerringe aus Blei von Henri Lemoine, das Dactylion von Henri Herz, der Chirogymnast von Casimir Martin oder das Clavier déliateur von Joseph Grégoir. Alle diese Geräte gelten seit langem als Kuriositäten einer vergangenen Zeit.

Lit.: ↗Chiroplast.

HANDLO, Robert de, engl. Musiktheoretiker des 14. Jahrhunderts. Sein Traktat *Regulae cum maximis Magistri Franconis cum additionibus aliorum musicorum* (1326), der noch von Th. Morley in seiner *Plaine and Easie Introduction* (1597) zitiert wird, ist in einer Kopie von J. Chr. Pepusch erhalten. Er handelt von der Form und dem Wert der Notenzeichen, von Ligaturen und Pausen wie auch von den rhythmischen Modi (im Anschluß an Franco von Köln) und gibt aufschlußreiche Hinweise auf die musikalische Praxis seiner Zeit.

Ausg.: *Regulae,* in: COUSSEMAKER Scr. 1 (P 1864, Nachdr. Gr 1908, Hil 1963); dass. engl., hrsg. v. L. A. DITTMER (Brooklyn/N.Y. 1959) (= Musical Theorists in Translation 2).

HANDSCHIN, Jacques Samuel, * 24. 3. (5. 4.) 1886 Moskau, † 25. 11. 1955 Basel; Schweizer Musikforscher. Er studierte an den Universitäten Basel, München und Leipzig Geschichte, Mathematik, Philologie und Nationalökonomie, war gleichzeitig Orgelschüler von M. Reger in München und Leipzig, von K. Straube in Leipzig und dann von Ch.-M. Widor in Paris. 1909–20 lehrte er Orgel (seit 1916 als Professor) am Konservatorium in St. Petersburg, war auch Organist an der dortigen St.-Petri-Kirche und blieb bis zu seinem Lebensende als Organist (auch konzertierend) tätig. Einige Komponisten (A. Glasunow, S. Ljapunow u. a.) regte er zu Orgelkompositionen an. H.s erste Veröffentlichungen waren der Orgel, der Akustik und der Musik des Mittelalters gewidmet. Nach seiner Rückkehr in die Schweiz (1920) promovierte er 1921 bei K. Nef in Basel mit einer Dissertation über *Choralbearbeitungen und Kompositionen mit rhythmischem Text in der mehrstimmigen Musik des 13. Jh.* und habilitierte sich 1924 dort mit der Schrift *Über die mehrstimmige Musik der St.-Martial-Epoche.* Seitdem lehrte er Musikwissenschaft an der Baseler Universität, seit 1930 als außerordentlicher, seit 1935 als ordentlicher Professor. H., einer der bedeutendsten und vielseitigsten Musikforscher des 20. Jh., widmete sich vor allem der mittelalterlichen Musik, veröffentlichte aber auch anregende Beiträge u. a. zur Musikpsychologie und zur musikalischen Völkerkunde. Ihm wurden zwei Gedenkschriften gewidmet: *Gedenkschrift J. H.,* hrsg. v. H. Oesch (Be 1957, mit verschiedenen Aufsätzen H.s. u. Schriftenverz.) sowie *In memoriam J. H.,* hrsg. v. H. Anglès u. a. (Str 1962, mit Schriftenverz.).

Schriften: *Was brachte die Notre Dame-Schule Neues,* in: ZfMw 6 (1923/24); *Über den Ursprung der Motette,* in: Kgr.-Ber. Basel 1924 (L 1925); *Mussorgsky* (Z 1924) (= 112. Neujahrsblatt der Allgemeinen Musikges. Zürich); *Zur Frage der melodischen Paraphrasierung im MA,* in: ZfMw 10 (1927/28); *Der Organum-Traktat v. Montpellier,* in: Stud. zur Musikgesch. FS G. Adler (W 1930); *C. Saint-Saëns* (Z 1930) (= 118. Neujahrsblatt der Allgemeinen Musikges. Zürich); *I. Strawinsky* (Z 1933) (= 121. Neujahrsblatt ...); *„Antiochien, jene herrliche Griechenstadt“,* in: AfMw 7 (1942); *Dvořák* (P 1946); *Der Toncharakter. Eine Einführung in die Tonpsychologie* (Z 1948); *Exotische Musik,* in: Musica aeterna (Z 1948); *Musikgesch. im Überblick* (Luzern 1948, [2]1964); *The Summer Canon and Its Background,* in: MD 3 (1949) u. 5 (1951); *Musicologie et musique,* in: Kgr.-Ber. Basel 1949 (Kas 1951); *Trope, Sequence and Conductus,* in: Early Medieval Music up to 1300, hrsg. v. A. Hughes (Lo 1954) (= New Oxford History of Music 2).

Lit.: W. WIORA, Der tonale Logos. Zu J. H.s Buch „Der Toncharakter“, in: Mf 4 (1951), wiederabgedruckt in: DERS., Hist. u. systematische Musikwiss. Ausgew. Aufsätze (Tutzing 1972); A. GEERING, in: AMl 28 (1956); H. HUSMANN, in: Mf 9 (1956); F. MULLER, The Central Ideas of J. H., in: JAMS 9 (1956).

HANDSTÜCK, Bz. für kleine, oft miniaturhaft kurze Klavierstücke mit geringen technischen Anforderungen für den Klavierunterricht für Anfänger. Diese aus pädagogischen Absichten geschaffene Sonderform des ↗Charakterstücks begegnet erstmals bei D. G. Türk in der *Clavierschule ... nebst 12 Handstücken* (1789) und in den *60 Handstücken für angehende Klavierspieler* (1792). Die Stücke tragen charakterisierende Überschriften, Gedichtzeilen, Sentenzen, Sprichwörter oder kurze Inhaltsangaben *(Hans ohne Sorgen, Abendlied eines Ritters im Walde),* die der Vorstellungswelt von Kindern entsprechen und zu einer affektgerechten Darstellung der Musik verhelfen sollen. Türks Stücke zeigen für ihre Zeit erstaunliche psychologische Einsichten, fanden Nachahmer und sind zu den unmittelbaren Vorläufern von R. Schumanns *Album für die Jugend,* op. 68 (1858) zu rechnen.

Ausg. u. Lit.: D. G. TÜRK, Klavierschule (L–Hl 1789), Faks. hrsg. v. E. R. Jacobi (1962, [2]1967) (= DMl 1/23); L. HESSE, From Pièces u. H. für Klv. (Diss. masch. Fr 1941); R. SOFFER, From Pièces de genre to H., in: Musicology 2 (1949).

HANDY, William Christopher, * 16. 11. 1873 Florence (Alabama), † 28. 3. 1958 New York; amerik. Jazzmusiker (Kornettist, Komponist), Musikschriftsteller und Verleger. Er studierte am Kentucky Musical College, zog mit Theatergruppen durch die Südstaaten der USA, spielte als Kornettist u. a. bei den Mahara's Minstrels und wurde 1896 deren Leiter. 1905 hatte er in Memphis, danach in Chicago, eine eigene Band. Später gründete er in New York einen Musikverlag und die Schallplattenfirma „Black Swan Records“. Mit eigenen Bands machte er 1919–39 Schallplattenaufnahmen. Auch nach seiner Erblindung in den 30er Jahren leitete er seine Unternehmen weiter. Bedeutung gewann er auch als Sammler, Herausgeber und Bearbeiter von Blues-Themen. Einige seiner berühmten Blues-„Kompositionen“, mit denen er zugleich zur Standardisierung des 12taktigen Schemas beitrug, basieren auf überlieferten Melodien, so *The Memphis Blues* auf der Melodie von *Mr. Crump.* Bekannte Standards von H. sind ferner: *Loveless Love, Beale Street Blues, Yellow Dog Blues* und vor allem der *St. Louis Blues,* der zu den meistgespielten Jazzstücken wurde. Seine Autobiographie erschien unter dem Titel *Father of the Blues,* hrsg. von A. Bontemps (NY 1941, Lo–NY 1961). Er veröffentlichte ferner: *Blues. An Anthology* (NY 1926, NA als: *A Treasury of the Blues,* NY 1949); *The Birth of the Blues* (NY 1941). Über sein Leben handelt der Film *St. Louis Blues* (1957) mit Nat King Cole in der Hauptrolle.

WW: **1) Kompositionen:** *Memphis Blues* (1912); *St. Louis Blues* (1914); *Yellow Dog Blues* (1914); *Beale Street Blues* (1916); *Loveless Love* (1921); *Aunt Hagar's Blues* (1922). – **2) Editionen:** *Blues. An Anthology* (NY 1926), NA als: *A Treasury of Blues* (1949); *The Birth of the Blues* (NY 1941). – Autobiographie *Father of the Blues,* hrsg. v. A. Bontemps (NY 1941, Lo–NY 1944, 1957, 1961).

Lit.: E. R. MONTGOMERY, W. Ch. H., Father of the Blues (Champaign/Ill. 1968) (= Americans All Series o. Nr.).

HANFF, Johann Nicolaus, * 1665 Wechmar (Thüringen), † Winter 1711/12 (vor dem 21. 1. 1712)

Schleswig; dt. Komponist. Er lebte um 1688 in Hamburg, wo er J. Mattheson im Cembalospiel und in Komposition unterrichtete, ist 1696 in Eutin als Hoforganist nachweisbar und wurde 1711 Organist am Schleswiger Dom. Von H. sind 6 Orgelchoräle, 2 kleine geistliche Konzerte und 2 Liedkantaten überliefert. Die im imitierenden Stil geschriebenen Orgelchoräle verwenden den C.f. als kolorierte Oberstimme (z. B. *Erbarm' dich mein*) und weisen auf ähnliche Stücke im *Orgelbüchlein* von J. S. Bach voraus.

Ausg.: 6 Org.-Choräle, in: K. STRAUBE, Choralvorspiele alter Meister (L 1907); Kantate *Ich will den Herrn loben* hrsg. v. B. GRUSNICK (Kas 1959); Kantaten *Gott sei uns gnädig* für 4st. Chor, 2 V., 2 Va. u. B.c., *Alleluja, der Tod ist verschlungen* für Sopran, Alt, 2 V., Fag. u. B.c. u. *Wohlauf mein Herz* für Alt, Tenor, 2 V., Fag. u. B.c., hrsg. v. G. GROTE (B 1962).

Lit.: H. SCHILLING, T. Eniccelius, F. Meister, N. H. Ein Beitr. zur Gesch. der ev. Frühkantate (Diss. Kiel 1934); G. FROTSCHER, Gesch. des Orgelspiels u. der Orgelkomposition 1 (B 1935, ²1959); T. HOLM, Neue Daten zur Lebensgesch. J. N. H.s, in: Mf 7 (1954).

HANKE (Hancke), **Carl,** * um 1750 Roßwalde (Schlesien), † 10.6.1803 Flensburg; dt. Komponist. Er war Schüler von Chr. W. Gluck in Wien, übernahm 1776 die Leitung der Kapelle Herzog Albrechts von Hadic-Roßwalde und war nach dessen Tod 1778–81 Theaterkapellmeister in Brünn, 1781–83 in Warschau. 1786 wurde er Stadtmusikus in Schleswig, 1791 in Flensburg. H. setzte sich gleichzeitig mit W. A. Mozart mit dem Figaro-Stoff auseinander (*Gesänge und Chöre zum lustigen Tag oder die Hochzeit des Figaro,* P. A. Beaumarchais gewidmet, H 1785).

WW: Kammermusik; Orchesterwerke; Lieder; geistliche u. weltliche Kompositionen; Singspiele; Schauspielmusik, u.a. eine *Hochzeit des Figaro* (1785); Ballette; ferner Opern, darunter *Der Wunsch mancher Mädchen,* UA: Warschau 1781; *Dr. Fausts Leibgürtel,* UA: Flensburg 1794; *Hüon u. Amande* (nach Chr. M. Wielands *Oberon*), UA: ebd. 1794.

Lit.: A. EINSTEIN, Ein Schüler Glucks, in: AMl 10 (1938); H. P. DETLEFSEN, Musikgesch. der Stadt Flensburg bis zum Jahre 1850 (Kas 1961) (= Schriften des Landesinst. für Musikforsch. Kiel 11); W. SALMEN – H. W. SCHWAB, Musik u. Musikforsch. in Schleswig-Holstein, in: Christiana Albertina (1967) H. 4 (mit Faks. eines Schifferliedes).

HANN, Georg, * 30.1.1897 Wien, † 9.12.1950 München; östr. Sänger (Baß). Nach dem Studium an der Wiener Musikakademie debütierte er 1927 an der Staatsoper in München, deren Mitglied er bis zu seinem Tode blieb. Gastspiele führten ihn auch an andere bedeutende europäische Opernhäuser und häufig zu den Salzburger Festspielen. Sowohl in seriösen Partien als auch in Buffopartien zählte er zu den bedeutendsten Bassisten seiner Generation.

HANNELES HIMMELFAHRT, Oper in 2 Akten von Paul Graener (1872–1944), Text von Georg Gräner nach der gleichnamigen Traumdichtung (1896) von Gerhart Hauptmann. Ort und Zeit der Handlung: Zimmer eines Armenhauses in einer Dezembernacht. UA: 17.2.1927 in Dresden unter Fritz Busch mit Erna Berger in der Titelrolle; gleichzeitig in Breslau unter F. Cortolezis.

Hanneles Himmelfahrt ist die erste Oper Graeners, die er – auf der Höhe seines Ruhmes – nach einer bereits erfolgreichen Dichtung komponierte. Die sozialkritischen Züge der literarischen Vorlage wurden von dem Librettisten, einem Vetter des Komponisten, weitgehend eliminiert, so daß in der Oper hauptsächlich die religiös-mystischen Fieberphantasien des sterbenden Mädchens dargestellt werden. Das Werk gab wegen des suggestiven Einsatzes der Klangfarbe Ausschlag für die Einschätzung Graeners als Impressionist. Das symphonische Zwischenspiel *Der Hüter der Schwelle* fand als programmatisches Stimmungsbild auch Eingang in den Konzertsaal.

K. LANGROCK

HÄNSEL UND GRETEL, Märchenspiel in 3 Bildern von Engelbert Humperdinck (1854–1921), Text von Adelheid Wette (der Schwester des Komponisten) nach dem gleichnamigen Märchen der Brüder Grimm. Orte der Handlung: Daheim, im Wald und am Knusperhaus. UA: 23.12. 1893 in Weimar (Hoftheater) unter Richard Strauss.

Der durchkomponierten Fassung gingen schon im Frühjahr 1890 die Vertonung einiger Kinderliedverse und anschließend der Plan zu einer Singspiel-Fassung für eine Aufführung im eigenen Haustheater voraus. Stofflich-motivisch vereinigt das Werk die Klischees deutscher Märchenseligkeit. Volkstümlichkeit strebte A. Wette durch die Übernahme von Volksliedtexten in das Libretto an, wie *Brüderchen, komm tanz mit mir,* dem *Abendsegen* (die bekannteste Nummer der Oper) aus einem Gebet aus dem Bergischen Land sowie den Kinderreimen *Knusper, Knusper, Knäuschen* und *Der Wind, der Wind, das himmlische Kind* aus der literarischen Vorlage. Zahlreiche Züge des Grimm-Märchens wurden vereinfacht und ins Bürgerlich-Sentimentale gekehrt, so daß die Librettistin Trivialitäten in der Ereignisfolge nicht immer vermeiden konnte. Die musikalische Erfindungsgabe Humperdincks und seine unverfälschte Originalität im Tonsatz verhalfen jedoch der Oper zu Welterfolg. In einem kompositorischen Konzept, in dem Humperdinck der liebevollen Ausschmückung einzelner Genrebilder den Vorzug vor stringenter Musikdramaturgie gab, bewährte sich der Rückgriff auf die Volksmelodien *Suse, liebe Suse, was raschelt im*

Stroh, Ein Männlein steht im Walde und *Schwesterlein, hüt' dich fein.* Ausgedehnte symphonische Abschnitte wie die Ouvertüre (mit dem Thema des Abendsegens), der Hexenritt (Vorspiel zum 2. Akt) und die Pantomime der 14 Englein sind von einer Tonsprache geprägt, die deutlich an Werken R. Wagners und Fr. Liszts geschult wurde *Hänsel und Gretel* galt am Ende des Jahrhunderts als Gipfelwerk der Wagner-Epigonen und als bedeutendes deutsches Gegengewicht zur italienischen veristischen Oper.

J. SCHLÄDER

HANSEN, Conrad, * 24. 11. 1906 Lippstadt (Westf.); dt. Pianist. Er war Meisterschüler von Edwin Fischer und wirkte als Solist in dessen Kammerkonzerten mit. 1930 begann seine internationale Konzertlaufbahn. H. lehrte 1938–44 am Sternschen Konservatorium in Berlin, 1946–60 an der von ihm mitbegründeten Musikakademie in Detmold. Seitdem ist er Professor an der Musikhochschule in Hamburg.

HANSEN, Wilhelm Hansen Musik-Forlag, dänischer Musikverlag, gegr. 1857 von Jens Wilhelm H. (1821–1904). Der Verlag entwickelte sich über Dänemark hinaus u.a. durch die Errichtung von Filialen in Leipzig (1887), Stockholm (AB Nordiska Musikförlaget), Oslo (Norsk Musikforlag A/S) und Frankfurt am Main (Edition Wilhelm H., 1951). Das Verlagsprogramm umfaßt zahlreiche Gebiete der Musik, ist aber spezialisiert auf Editionen nordischer Musik (u.a. von E. Grieg, Ch. Sinding, J. Svendsen, W. Stenhammar, C. Nielsen, J. Sibelius, Y. Kilpinen). Der Verlag hat auch die Entwicklung der Neuen Musik (A. Schönberg, I. Strawinsky, G. Auric, Fr. Poulenc, G. Fr. Malipiero) gefördert. Zum Verlagsprogramm gehören ferner pädagogische und didaktische Werke sowie die Zeitschrift *Pro musica* (1930 ff.).

HANS HEILING, Romantische Oper in 3 Akten und einem Vorspiel von Heinrich Marschner (1795–1861), Text von Eduard Devrient. Ort u. Zeit der Handlung: Böhmisches Erzgebirge, im Mittelalter. UA: 24. 5. 1833 in Berlin (Königliche Oper).

Die Geschichte vom Geisterfürsten Hans Heiling, der auf der Erde in der Liebe einer Frau Erfüllung sucht, abgewiesen wird und Rache schwörend in sein Zwergenreich zurückkehrt, hat mit Christian Heinrich Spieß' gleichnamigem Schauerroman (1800) nur den Titel gemeinsam; Devrient nutzte vielmehr eine alte böhmische Sage als attraktives Opernsujet. – Marschner hält am Singspiel-Typus mit abgeschlossenen Nummern und Sprechdialog fest, doch trägt das Werk im Detail die charakteristischen Merkmale der frühromantischen deutschen Oper: Weitung der Arien zu größeren Szenen (besonders prägnant in Heilings *An jenem Tag*), ausdrucksvolle Rezitativ-Komposition mit Steigerung zur ariosen Kantilene in emotional bedeutsamen Augenblicken (etwa im Vorspiel) und die situationsprägende Verwendung des Melodrams (etwa nach der Verwandlung im 2. Akt, wenn die Verbindung von melodramatischem Stil und balladeskem Gesang ein eindrucksvolles Stimmungsbild ergibt). Marschner vermochte die Komplikation des musikdramatischen Stils mit der Kopplung von vier „Sprechweisen" (gesprochener Dialog, Melodram, Rezitativ und Gesang) nicht schlüssig zu bewältigen, da er die Stilebenen nicht konsequent entsprechenden Ausdrucksbereichen zuordnete. Dennoch gilt diese bedeutendste Oper des Komponisten als eines der Hauptwerke der deutschen Romantik vor Wagner, in dem mit der Baßbariton-Partie des Titelhelden ein dämonischer Charakter im Zentrum einer Opernhandlung steht. – Für die Wiener EA (24. 1. 1846) änderte Marschner die Eingangsszene des 2. Aktes und das gesamte Finale. So konnte er auf die dramaturgische Besonderheit der Dea ex machina als Konfliktlösung verzichten und die Stringenz der Handlung steigern.

J. SCHLÄDER

HANSLICK, Eduard, * 11. 9. 1825 Prag, † 6. 8. 1904 Baden bei Wien; östr. Musikkritiker und -ästhetiker. Er studierte in Prag Jura und bei V. J. Tomášek Klavier, Harmonielehre und Kontrapunkt. Mit A. W. Ambros gehörte er zu den „Prager Davidsbündlern", einer Vereinigung, die begeistert für die Musik der deutschen Romantiker eintrat. 1849 promovierte er in Wien zum Dr. jur., war 1850–52 in Klagenfurt Finanzbeamter und kehrte dann nach Wien zurück, wo er neben seinem Verwaltungsberuf seit 1848 Musikkritiken für die *Wiener Zeitung* schrieb. Sein erstes Buch *Vom Musikalisch-Schönen* (1854) machte ihn schnell bekannt. 1855–64 war er Kritiker bei der Wiener *Presse,* dann bei der *Neuen Freien Presse.* 1856 habilitierte er sich für Musikgeschichte und -ästhetik und lehrte bis 1895 an der Wiener Universität, seit 1861 als außerordentlicher Professor, seit 1870 als Ordinarius. Außerdem war er in den verschiedensten Bereichen kulturpolitisch aktiv.

Schriften: *Vom Musikalisch-Schönen. Ein Beitr. zur Revision der Ästhethik der Tonkunst* (L 1854, Wie [17]1972), Nachdr. der 1. Aufl. (Da 1965) (= Libelli 81); *Gesch. des Concertwesens in Wien,* 2 Bde. (W 1869–70, Nachdr. Farnborough 1971); Sammel-Bde.: *Aus dem Concertsaal 1848–68* (F 1872, Mn – B [2]1886); *Galerie französischer u. italienischer Tondichter* (B 1874); *Die moderne Oper. Kritiken u. Studien,* 9 Bde.: I (ohne Einzeltitel)

(B 1875), II: *Musikal. Stationen* (B 1880), III: *Aus dem Opernleben der Gegenwart* (B 1884), IV: *Musikal. Skizzenbuch* (B 1888), V: *Musikalisches u. Literarisches* (B 1889), VI: *Aus dem Tagebuche eines Musikers* (B 1892), VII: *Fünf Jahre Musik* (B 1896), VIII: *Am Ende des Jahrhunderts* (B 1899), IX: *Aus neuer u. neuester Zeit* (B 1900), NA der 9 Bde. (B 1911), Nachdr. in engl. Übers. als: The Collected Mus. Criticism (Farnborough 1971); *Suite* (W 1884); *Concerte, Componisten u. Virtuosen der letzten 15 Jahre, 1870–1885* (B 1886, [4]1896, Nachdr. Farnborough 1971). – Autobiographie *Aus meinem Leben*, 2 Bde. (B 1894, [4]1911), Nachdr. in einem Bd. (Farnborough 1971). – Musikkritiken, hrsg. v. L. FAHLBUSCH (L 1972) (= Reclams Universalbibl. 465).

H.s Schrift *vom Musikalisch-Schönen* hat auf die europäische Musikanschauung und -ästhetik des 19. Jh. nachhaltigen Einfluß ausgeübt. Ihre beiden wichtigsten Definitionen, „Das Componiren ist ein Arbeiten des Geistes in geistfähigem Material" (Original-Ausg., S. 35) und „Tönend bewegte Formen sind einzig und allein Inhalt und Gegenstand der Musik" (S. 32), haben früh dazu geführt, in H. einen reaktionären Formalisten zu sehen, dem jegliche Inhaltsästhetik unhaltbar zu sein schien, wie sie etwa sein Jugendfreund Ambros in der Streitschrift *Die Grenzen der Musik und Poesie* (1856) vertrat. Begünstigt wurde diese etwas verengte Sicht durch das zwiespältige Verhältnis H.s zu A. Bruckner wie auch durch den erklärten Gegensatz von H. und dem als akademisch geltenden J. Brahms gegen die Programmusik und gegen die auf poetische Vorlagen gegründeten symphonischen Dichtungen der sog. Neudeutschen Schule von Fr. Liszt über R. Wagner (der H. in der ursprünglich Hans Lick genannten Figur des Stadtschreibers Beckmesser aus den *Meistersingern von Nürnberg* zu verspotten suchte) bis zu R. Strauss. Seit dem 20. Jh. wird H.s Ästhetik mehr im Sinne seines auf Kant und Hegel fußenden Vorbilds Friedrich Theodor Vischer *(Ästhetik oder die Wissenschaft des Schönen.* 1847 ff.*)* interpretiert: Unbeschadet der Möglichkeit von Ausdruck und Darstellung außermusikalischer Inhalte durch Musik seien es doch nicht diese selbst, die sie „schön" machten; musikalische Schönheit sei notwendig auf die Form bezogen. Also gehe es H. weniger um das Verhältnis zwischen Form und Inhalt als um die darauf beruhende Qualität von Schönheit in der Musik selbst.

Lit.: O. HOSTINSKÝ, Das Musikalisch-Schöne u. das Gesamtkunstwerk vom Standpunkte der formalen Ästhetik (L 1877); F. VON HAUSEGGER, Die Musik als Ausdruck (W 1885); R. SCHÄFKE, E. H. u. die Musikästhetik (L 1922); S. DEAS, In Defence of H. (Lo 1940, Farnborough [2]1972); E. STANGE, Die Musikanschauung E. H.s (Diss. Mr 1954); C. DAHLHAUS, E. H. u. der musikal. Formbegriff, in: Mf 20 (1967); D. BREITKREUTZ, Die musikästhetischen Anschauungen E. H.s u. ihre Gültigkeit in der Gegenwart (Diss. Hl 1970): S. GRUBER, Das Musikfeuilleton im 19. Jh. am Beispiel E. H.s (Diss. W 1972); D. GLATT, Zur geschichtlichen Bedeutung der Musikästhetik E. H.s (Mn 1972) (= Schriften zur Musik 15); W. ABEGG, Musikästhetik u. Musikkritik bei E. H. (Rb 1974) (= Stud. zur Musikgesch. des 19. Jh. 44).

R. CADENBACH

HANSON, Howard Harold, * 28. 10. 1896 Wahoo (Nebraska), † 26. 2. 1981 Rochester (N.Y.); amerik. Komponist. Er studierte am Institute of Musical Art in New York bei Percy Goetchius u. an der Northwestern University in Evanston (Ill.). 1921–64 war er Direktor der Eastman School of Music der University of Rochester (N.Y.), die er zu einem wichtigen Zentrum der amerikanischen Musik machte. H.s Schaffen steht in enger Verbindung zur europäischen Musik des 19. Jh. und läßt besonders den Einfluß von J. Brahms, C. Franck und vor allem von J. Sibelius und S. Rachmaninow erkennen.

WW: **1) Instr.-WW:** Zahlr. Klv.-Stücke u. Kammermusik. – Für Orch.: 6 Symphonien (1922, 1928–30, 1938, 1943, 1954, 1968); symphonische Dichtungen *Before the Dawn* (1920) u. *Lux aeterna* (1923); Orgelkonzert (1926) u. Klv.-Konzert (1948); ferner: *Elegy in Memory of S. Koussevitzky* (1956); *Mosaics* (1958); *Summer Seascape* (1959); Suite *Bold Island* (1961); *For the First Time* (1963); *Dies natalis* (1967). – **2) Vokal-WW:** Klv.-Lieder u. Gesänge. – Für Chor: *The Song of Democracy* (1957); *Song of Human Rights* (1963); 150. Psalm (1965); 121. Psalm (1968); *Streams in the Desert* (1969). – **3) Bühnen-WW:** *California Forest Play of 1920* (1919); *Merry Mount*, UA: New York 1934. – **4) Schriften:** *Music in Contemporary American Civilization* (Lincoln/Nebr. 1951); *Harmonic Materials of Modern Music. Resources of the Tempered Scale* (NY 1960).

Lit.: E. ROYCE, H. H., in: American Composers on American Music, hrsg. v. H. Cowell (1933); B.-C. TUTHILL, H. H., in: MQ 22 (1936); M. ALTER, H. H., in: Modern Music (1941) Januar-Februar-H.; Werkverz., in: Compositores de América 5 (Washington/D. C. 1959, Nachdr. 1964); DASS., in: Boletín interamericano de música (1960) Nr. 20.

HANS VON CONSTANTZ ↗Buchner, Hans.

HAENTZSCHEL, Georg, * 23. 12. 1907 Berlin; dt. Komponist, Dirigent und Pianist. Er erhielt seine musikalische Ausbildung am Sternschen Konservatorium in Berlin, lebt freischaffend und ist Mitarbeiter von in- und ausländischen Rundfunkanstalten. H. schrieb Orchesterwerke, Klavierstücke und Kammermusik und ist vor allem durch harmonisch aparte und effektvoll instrumentierte Unterhaltungs- und Filmmusik bekannt geworden.

WW: Streichquartett (1941); Divertimento 58 (1958). – Für Orch.: *Drei schwedische Skizzen* (1946); *Elegie appasionata* (1946); *Drei Skizzen* (1950); *Musicaleske* (1965); *Romantische Rhapsodie* (1951) für Klv. u. Orch.; *Mosaik* (1951) für Big Band; *Mixturaleske* (1967); für großes Orch. u. Big Band. – Filmmusik, u. a. zu: *Münchhausen* (1943); *Via mala* (1947); *Der Ruf* (1949); *Hotel Adlon* (1955); *Gestehen Sie, Dr. Corda* (1958); *Stefanie* (1958); *Der Mann, der sich verkaufte* (1959).

HAPPENING ↗Multimedia.

HARASIEWICZ, Adam, * 1. 7. 1932 Chodziez bei Posen; poln. Pianist. Seine Ausbildung erhielt er u.a. am Konservatorium in Krakau (seit 1950) und bei A. Benedetti Michelangeli. Er gewann u.a. 1955 den 1. Preis beim Chopin-Wettbewerb in Warschau. Seither konzertierte er mit großem Erfolg in und außerhalb Europas. H. interpretiert vor allem die Klaviermusik Fr. Chopins.

HARASZTI, Emil (Émile), * 1. 11. 1885 Nagy-Várad (Ungarn), † 27. 12. 1958 Paris; ung. Musikforscher. Er studierte Musikwissenschaft in Wien, München, Leipzig, Berlin und Paris sowie Komposition bei Edmund Farkas und lehrte seit 1917 an der Universität Budapest (seit 1940 als Professor). 1920–28 war er Direktor des Budapester Konservatoriums. 1927 wurde er Attaché an der ungarischen Botschaft in Paris, wo er sich 1944 endgültig niederließ. Seine Forschungen betreffen vor allem die ungarische Musik und Fr. Liszt.

Schriften: *Un grand luthiste du XVIe siècle, V. Bakfark*, in: RMie 13 (1929); *La question tzigano-hongroise dans l'histoire de la musique*, in: Kgr.-Ber. Lüttich 1930; *La musique hongroise* (P 1933); *F. Liszt à Paris*, in: RM 17 (1936); *Le problème Liszt*, in: AMl 9 (1937) u. 10 (1938); *B. Bartók. His Life and Works* (P 1938); *A tánc története* (Budapest 1938); *Berlioz, Liszt et la marche de Rákoczi*, in: MQ 26 (1940); *F. Liszt. Author Despite Himself*, in: MQ 35 (1949); *F. Liszt, écrivain et penseur*, in: RMie 26 (1952); *Berlioz et la Marche hongroise d'après des documents inédits* (P 1946); *Genèse des Préludes de Liszt*, in: RMie 35 (1953); *L'élément latin dans l'œuvre de Chopin*, in: Chopin-Jb. der Int. Chopin-Ges. (W 1956); *Trois faux documents sur Liszt*, in: RMie 42 (1958); *F. Liszt* (P 1967).

Lit.: F. LESURE, E. H., in: AMl 31 (1959).

HARDANGER FIEDEL (norwegisch: hardingfele, hardangerfele), volkstümliches Streichinstrument Norwegens. Sie hat eine der Violine verwandte Form, ist jedoch kleiner als diese und hat einen kürzeren Hals, der statt in einer Schnecke in einem geschnitzten Köpfchen endet. Außerdem hat sie ein niedrigeres Griffbrett und einen flacheren, nicht so stark gebogenen Steg, der dem akkordischen Spiel entgegenkommt, wie es für die H. F. üblich ist. Das Instrument ist reich mit Einlegearbeiten aus Perlmutt und mit Gold verziert. Es hat 4 Spielsaiten, unter denen früher eine unterschiedlich große Anzahl von ↗Aliquotsaiten, heute im allgemeinen 4, entlanggezogen waren. – Die älteste bekannte H. F. trägt den Namenszug „Ole Jonsen Jaastad 1651". In J. Matthesons *Etwas Neues unter der Sonnen! oder Unterirdisches Klippen-Concert in Norwegen* (H 1740) findet sich die erste gedruckte, für dieses Instrument bestimmte Musik. Die aus der Zeit vor 1850 erhaltenen Instrumente sind kleiner als die modernen und haben einen fast eckigen Umriß, während die neueren sich mehr an die Violine anlehnen. – Die H. F. hat dünnere Saiten als die Violine. Anders als bei dieser ist die Stimmung nicht generell festgelegt. Am gebräuchlichsten ist für die Spielsaiten a d^1 a^1 e^2 oder g c^1 a^1 e^2 und für die Aliquotsaiten d^1 e^1 fis^1 a^1 oder c^1 e^1 g^1 a^1. Charakteristisch ist jedoch die große Zahl (ungefähr 25) der möglichen anderen Stimmungen, von denen manche Spieler 10 bis 15 beherrschen. Das Instrument wird heute noch im Südosten und Westen Norwegens zur Begleitung typischer Tänze wie Gangar, Springar und Halling gespielt, und zahlreiche Wettbewerbe und Festivals erhalten die traditionelle Musik der H. F. lebendig.

Ausg.: Norsk folkemusikk, Serie 1, Hardingfelesslåtter, 4 Bde., hrsg. v. O. GURWIN – E. GROVEN (Oslo 1958–70).

Lit.: A. BJØRNDAL, Nasjonalsinstr. hardingfela (1950) (= Univ. i Bergen årbok, Hist.-antikvarisk rekke 3); DERS., The H. Fiddle, in: Journal of the International Folk Music Council 8 (1956); B. ANMARKRUD, De ulike felestille i hardingfele tradisjonene (1975) (= Diss. masch. Univ. Oslo); R. SEVÅG, Die Hardangerfele. Instrument – Spieltechnik – Musik, in: Studia instrumentorum musicae popularis 6 (Sto 1979) (= Musikhistoriska Skrifter 8).

M. BRÖCKER

HARDBOP, Neobop, fälschlich East Coast Jazz, Jazzstil der 50er Jahre, der dem Raffinement des ↗Cool Jazz ein äußerst vitales Spielideal entgegensetzt. An den ↗Bebop anknüpfend, steht er in Verbindung mit zwei anderen Gattungen der afroamerikanischen Musik, mit ↗Blues und Gospelsong (↗Negro spiritual). In diesem Rückgriff auf die sozusagen schwarzen Wurzeln des Jazz drückt sich eine wichtige Bewußtseinsänderung afroamerikanischer Musiker aus: Schwarz-Sein wird als positiver Wert empfunden und führt zu einem erstarkten Selbstbewußtsein der „black community"; das deuten auch die zum H. gehörigen Topoi „funky" und „soul" sowie die Titel vieler Stücke (z. B. *Dis Heah, Moanin', The Preacher*) an. – Die Bands des H. bestehen meist aus Rhythm section (Klv., Kb., Schlagzeug) und 1–3 Bläsern. Ihr Repertoire weist in Form und Ablauf fast durchweg Stücke mit traditioneller ↗Chorus-Struktur auf. Der Rhythmus ist gestrafft und tritt wieder deutlich in den Vordergrund, ist meist weniger komplex als im Bebop bei langsameren Tempi; beliebt sind Dreiermetren. Die Harmonik ist gegenüber dem Bebop vereinfacht. Bluestonalität und die Mittel der Hot-Intonation sind weitere wesentliche Gestaltungsmittel. Wichtige Musiker und Bands des H. waren Art Blakey, seine Combo The Jazz Messengers, das Max Roach-Clifford Brown Quintett, die Brüder Nat und Julian Adderly, Horace Silver, John Coltrane und Sonny Rollins.

HARD ROCK ↗Rock Music.

HARFE (engl.: harp; frz. harpe; it. und span.: arpa), Sammel-Bz. für alle zusammengesetzten

Chordophone, die gezupft werden und deren Saitenebene senkrecht zum Resonanzkörper steht. Die H.n lassen sich nach ihrer äußeren Form in verschiedene Typen unterteilen. *Bogen-H.n* bestehen aus einem meist länglichen, oft bootsförmigen Resonanzkörper, aus dem der Hals (der Saitenträger) gekrümmt nach oben herausragt (Flachbogen, Schaufelform). Von der Seite gesehen, haben Bogen-H.n die Form eines Kreissegments. Zu den Bogen-H.n ist auch die sog. *Knickbogen-H.* zu zählen, deren Resonanzkörper und Saitenträger leicht abgeknickt zueinander stehen (so die sumerischen, vertikal gehaltenen H.n). Bei *Winkel-H.n* sind die überwiegend geraden und langen Resonanzkörper mit dem Saitenträger so verbunden, daß sie zueinander in einem rechten oder spitzen Winkel stehen. Die Instrumente können einen horizontal oder vertikal gehaltenen Resonanzkörper haben. Bei den vertikal gehaltenen Winkel-H.n sind die Saitenträger entweder unten oder oben am Schallkörper befestigt. *Rahmen-H.n* zeigen von der Seite gesehen die Form eines Dreiecks. Sie verdanken ihre Bezeichnung einer zwischen Saitenträger und Resonanzkörper eingefügten Stützstange, die den starken Saitenzug auffängt. So entsteht ein geschlossener Rahmen aus Resonanzkörper, Saitenträger und Vorderstange, zwischen denen die Saiten aufgezogen sind.

Die H. gehört neben der ↗Leier zu den wichtigsten Saiteninstrumenten des Alten Orients. Ihre Entstehungs- und Entwicklungsgeschichte läßt sich anhand archäologischen Materials – vorwiegend an bildlichen Darstellungen – verfolgen, das jedoch zu lückenhaft ist, um entwicklungsgeschichtliche Folgerungen zu erlauben. Die Quellen lassen indes erkennen, daß H.n in allen früheren Hochkulturen weit verbreitet und bereits früh alle drei Grundtypen bekannt waren. Belegt sind Bogen-H.n in verschiedenen Formen und Größen (große Stand-H., mittelgroße und tragbare H.) für Ägypten (4. Dynastie, Mitte 3. Jt. v. Chr.). Im Mittleren Reich (1. Hälfte 2. Jt. v. Chr.) war auch die Winkel-H. gebräuchlich. Im Neuen Reich (2. Hälfte 2. Jt. v. Chr.) wurde die Bogen-H. als Stand- oder Schulter-H. gespielt. Winkel-H.n lassen sich gleichfalls in Babylonien nachweisen. Ebenso ist die Rahmen-H. schon im 3. Jt. v. Chr. belegt. In der griechischen Antike waren verschiedene H.n-Typen bekannt (↗Sambuca, Trigonon), die aber als fremde Instrumente angesehen wurden. In Asien, z. B. in Indien, kannte man schon im 2. Jh. v. Chr. Bogen- und später auch Winkelharfen. Beide Typen blieben jedoch nur in Burma erhalten, wo noch heute eine 13saitige Bogen-H. gespielt wird. Weite Verbreitung fanden bis heute verschiedene Formen

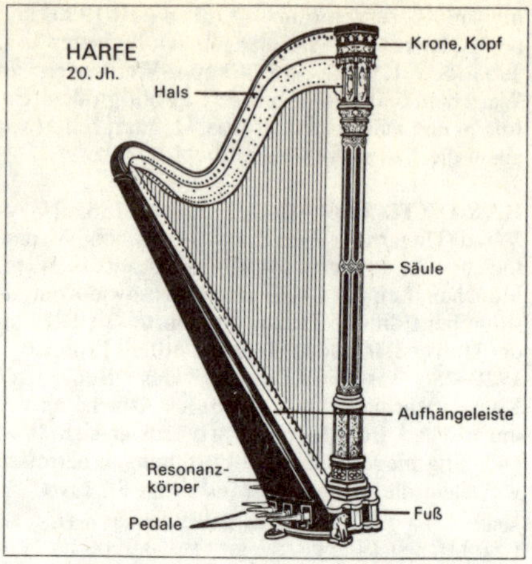

der Bogen- und Winkel-H.n vor allem in Afrika, wo sie oft mit menschen- oder tierähnlichen Schnitzereien und mit einem Bezug von meist nicht mehr als 10 Saiten zu finden sind. In einigen Gebieten Afrikas entwickelten sich auch Mischformen (↗Harfenlaute). In Lateinamerika wurden Rahmen-H.n von den spanischen Eroberern eingeführt; sie behielten dort bis heute ihren diatonischen Bezug und sind beliebte Volksmusikinstrumente.

Die H. hatte von jeher eine unterschiedliche Anzahl von Saiten, so zuerst 7, später 19 oder 20 bei der assyrischen Winkel-H., 16 bei der indischen, 34 oder 40 bei der persischen, 35 bei der griechischen (600 v. Chr.). Die Stimmung der Saiten läßt sich nicht mehr mit Sicherheit rekonstruieren, war aber nach Ansicht vieler Forscher pentatonisch. Den bildlichen Darstellungen zufolge ist die H. im Altertum weniger als Solo-, sondern mehr als Begleitinstrument gespielt worden. Auch ein Zusammenspiel mehrerer H.n oder mit anderen Instrumenten ist belegt. In Europa ist die H. nicht vor dem 8. Jh. nachzuweisen. Sie war als Rahmen-H. zuerst auf den Britischen Inseln und bei den Kelten Irlands verbreitet. Offenbar kam sie von dort, als „cithara anglica“ bezeichnet, auf den Kontinent, wo sie schon bald sehr beliebt war. Sie erscheint zuerst als sog. *romanische H.*, die um 1400 von der sog. *gotischen H.* abgelöst wurde. Die romanische H. hatte eine gedrungene Form mit geschweiftem Hals und zuerst sehr stark gebogener Vorderstange (↗Harfe, irische). Nach 1400 zeigen Darstellungen, die meist mit König David als H.-Spieler auch für die ↗Ikonographie von großer Bedeutung sind, gotische H.n mit geschweiftem Hals, aber schlankerem, schmalerem Bau und fast gerader Vorderstange. Typisch für diesen Typ sind die zwei Nasen am Saitenträger (nach oben spitz zulaufende Enden des Halses). Die europäische H. hatte zunächst 7–9 Saiten; im 14. Jh. aber bereits 25, wie G. de Machaut berichtet *(Dit de la Harpe),* blieb jedoch bis ins 17. Jh. bei durchschnittlich 24 (wie in den Schriften von S. Virdung, M. Agricola, M. Praetorius, M. Mersenne bezeugt). In Spanien gab es H.n mit bis zu 27, in Irland auch bis zu 30 Saiten. Die Saiten der kontinentalen H. waren meist aus Darm, die der irischen aus Metall. Bis ins 16. Jh. blieb die H. ein diatonisches Instrument mit allen Saiten in einer Saitenebene. Mitte des 16. Jh. setzten erste Versuche ein, aus dem diatonischen ein chromatisches Instrument zu machen. So wurden zunächst Saiten für häufig gebrauchte Halbtöne aufgezogen (J. Bermudo, 1555), später wurde durch 5 zusätzliche Saiten die vollständige chromatische Oktave erreicht, wobei nach wie vor alle Saiten in einer Ebene lagen. Die zweireihig-chromatische H., die für das 17. Jh. belegt ist, soll von einem irischen Mönch namens Nugent erfunden worden sein. Bei diesem H.n-Typ verteilten sich die Saiten auf zwei parallele Saitenebenen, wobei sich in einer Reihe die diatonischen, in der zweiten die chromatischen Töne befanden. Daneben waren im 17. Jh. auch schon H.n mit gekreuzten Saiten bekannt, ebenso wie komplizierte dreireihig-chromatische H.n, die bis zu 100 Saiten aufwiesen. Diese Instrumente hatten zwei äußere, unisono gestimmte Saitenreihen (für beide Hände erreichbar), die eine dritte innere, in den chromatischen Halbtönen gestimmte, einschlossen. Die größere Saitenzahl, d. h. für jeden Ton eine, hatte zur Folge, daß die chromatischen H.n sehr plump und unhandlich wurden. Ebenso ließ diese Konstruktion keine Weiterentwicklung zu. Die Entwicklung zu leichteren, handlichen Instrumenten setzte erst mit der Erfindung der *Haken-H.,* der sog. *Manual-H.* (ohne Pedale), durch Tiroler Volksmusiker (2. Hälfte 17. Jh.) ein, bei der die Chromatik nicht mehr durch zusätzliche Saiten, sondern durch Umstimmen einzelner Saiten erreicht wurde. Drehbare, am Hals befestigte Haken ermöglichten das Umstimmen einzelner Saiten um einen Halbton, so daß wieder 7 Saiten je Oktave ausreichten. Ungenügend war allerdings das eventuell nötige Umstimmen während des Spielens. Die Haken-H. setzte sich trotzdem gegen andere Modelle sehr schnell durch und war vor allem im deutschsprachigen Raum um 1800 sehr beliebt.

Die bis heute bedeutendste Entwicklung ging allerdings nicht von der Haken-H. aus, sondern von einem Instrumententyp mit einem anderen Konstruktionsprinzip. Um 1720 baute G. Hochbrucker (Donauwörth) eine „Tretharfe", eine *Pedal-H.,* bei der das Umstimmen der einzelnen Saiten nicht mit den Händen, sondern mit Hilfe der Fußpedale vorgenommen und somit auch während des Spiels problemlos wurde. Die Pedalzüge für die Fußpedale wurden innen durch die Vorderstange zu den Umstimmvorrichtungen im Hals der H. geführt. Hochbruckers H. hatte zuerst 5, später 7 Pedale, welche die Saiten allerdings nur jeweils um einen Halbton erhöhen konnten. Der Tonvorrat dieser H.n war daher noch immer begrenzt. Sie waren in Es-Dur gestimmt und konnten nur für B-Tonarten eingesetzt werden. Dennoch verbreitete sich diese Bauart rasch in Frankreich und wurde auch von französischen Instrumentenbauern zur heutigen Pedal-H. vervollkommnet.

Neben G. Cousineau und J. B. Krumpholtz (1782) ist vor allem S. Érard zu nennen, der die bis heute nahezu unveränderte Konstruktion schuf. Nach einigen Vorstufen baute er 1810 eine Doppelpedal-H. (harpe à double mouvement) mit 7 Pedalen, von denen jedes auf alle Oktavlagen eines Tones wirkt und zweimal verstellbar ist. Jede einzelne Saite kann dadurch um zwei Halbtöne erhöht werden, so daß alle Tonarten spielbar sind. Die am unteren Ende des Resonanzkörpers in einem Sockel angebrachten, stufenweise verstellbaren Pedale sind durch Pedalzüge (Hebelmechanismus) in der Vorderstange mit Drehscheiben im Hals verbunden, auf denen je zwei Stifte oder Gabeln zur Veränderung der Tonhöhe sitzen. Die moderne H. besteht aus einem Resonanzkörper (mit 5 Schallöchern auf der Unterseite), einem Fuß oder Sockel für die Pedale, der Säule oder Vorderstange, auch Baronstange genannt (von mhd. barre = Riegel), die in der Krone oder dem Kopf (meist verziert) endet, dem einwärts geschwungenen Hals oder Saitenträger (auch Mechanikbogen genannt) mit den Stimmwirbeln und der inneren Umstimmechanik. Die moderne H. hat 46–48 Saiten, bei 47 Saiten einen Tonumfang Ces_1–ges^4. Der Bezug besteht aus Darmsaiten, die unteren 11 Saiten sind metallumsponnen. Die H. ist temperiert diatonisch in Ces-Dur gestimmt. Zur besseren Unterscheidung beim Spiel sind die Ces-Saiten rot, die Fes-Saiten blau eingefärbt.

Die Spieltechnik der H. ist im wesentlichen immer gleich geblieben. Das Instrument wird überwiegend mit den Fingerkuppen (aber auch mit den Fingernägeln oder dem ↗Plektrum) gezupft. Bei der modernen beidhändigen Spieltechnik werden Daumen, Zeige-, Mittel- und Ringfinger benutzt, um Einzeltöne und Akkorde – insbesondere die für das H.-Spiel typischen ↗gebrochenen Akkorde und Arpeggien (↗Arpeggio) –, aber auch ↗Flageolett-

Töne und ↗Glissando zu erzeugen. Dem Spieler stehen darüber hinaus charakteristische Spielweisen zur Verfügung wie z.B. das ↗Bisbigliando, ↗Etouffé und die Ausführung der Töne mit und ohne Mediator (Plektrum). Gelegentlich werden auch besonders harte (frz.: sec; it.: secco) bzw. nahe am Resonanzkörper gezupfte Töne (frz.: près de la table; it.: presso la tavola) gefordert.Gitarrenähnliche Klangeffekte lassen sich durch Zupfen in Halsnähe erzeugen. Neben dem Anreißen der leeren Saiten waren jedoch schon früh auch andere Spieltechniken bekannt. So konnten einzelne Saiten durch den Druck der Finger in der Nähe der Decke oder auch durch richtiges Abdrücken mit den Spielfingern verkürzt und so bestimmte Intervalle ohne Umstimmen gespielt werden (nachgewiesen im Alten Reich Ägyptens, im heutigen Burma noch praktiziert). Üblich waren auch Flageolettspiel (Ägypten, Afrika) sowie das Abdämpfen der Saiten und mehrstimmiges Spiel (Ostjaken). M. BRÖCKER

Musik für Harfe. Die Verwendung der H. in Instrumentalkompositionen ist seit dem 16. Jh. u.a. bei J. Bermudo (*Declaración,* 1555) nachweisbar. Diese meist als ↗Tabulaturen überlieferten Kompositionen sind jedoch nicht von vorneherein für ein bestimmtes Tasten- oder Zupfinstrument geschrieben, sondern, wie etwa A. de Cabezóns *Obras de música para tecla, arpa y vihuela* (1578), für eine Alternativbesetzung. Seit dem beginnenden 17. Jh. wird die H. auch zu den ↗Fundamentinstrumenten gezählt und wird in diesem Sinne zur Ausführung des Generalbasses herangezogen. Innerhalb einer größeren Instrumentalgruppe wird sie erstmals in Cl. Monteverdis *Orfeo* (1607; dort als arpa doppia auch obligat) eingesetzt, später u. a. auch in Opern und Oratorien von G. Fr. Händel (*Giulio Cesare,* 1724; *Esther,* 1732).

Erst die Entwicklung der Pedal-H. durch G. Hochbrucker und die damit einhergehende Vergrößerung der spieltechnischen Möglichkeiten (so etwa auch die Einführung von Flageolett und Glissando) führte im 18. Jh. zu einer weiten Verbreitung des Instruments – insbesondere in Kreisen des Adels und des gehobenen Bürgertums – und bedingte gleichzeitig das Entstehen einer Vielzahl spezieller Kompositionen für Harfe. Daneben war es jedoch bis ins 19. Jh. üblich, auch Werke für Tasteninstrumente auf der H. auszuführen. Zu den ersten bedeutenden Kompositionen für H. allein zählt ein Werk C. Ph. E. Bachs, das wahrscheinlich um 1750 für den Harfenisten Petrini (Vater) entstand. In der Folge waren es vor allem Harfenisten wie Chr. Hochbrucker, J. K. G. Wernich, J. B. Krumpholtz und Fr. Petrini, die zahlreiche Kompositionen für H. schufen. Insbesondere Kammermusikwerke – Sonaten, Duos, Trios und Quartette – in den unterschiedlichsten Besetzungen mit H. zeugen von der Beliebtheit dieses Instruments. Zu den wichtigsten Komponisten zählen Fr. A. Rößler, Fr. A. Hoffmeister, Jean Baur, L. Boccherini, Fr. Benda, J. G. Naumann, J. Vanhal, G. Paisiello, J. W. Hertel, J. M. Molter, J. L. Dussek, J. L. Duport, E. T. A. Hoffmann, A. Boieldieu, L. Spohr und L. Cherubini. Eine bedeutende Rolle spielt die H. in der Kammermusik des 20. Jh., insbesondere französischer Komponisten: z.B. bei M. Ravel (*Introduction et allegro,* 1906), G. Fauré (*Impromptu* op. 86, 1913; *Une châtelaine en sa tour* op. 110, 1918), Cl. Debussy (*Sonate,* 1916), A. Roussel (*Impromptu* op. 21, 1919), V. d'Indy (*Suite,* 1927), J. Ibert (*6 Pièces,* 1932), J. Françaix (*Quintette,* 1934) und A. Jolivet (*Pastorales de Noël,* 1943; *Chant de Linos,* 1944). Aber auch Sonaten für H. von P. Hindemith, A. Casella und R. Malipiero haben inzwischen einen festen Platz im Konzertrepertoire. – Die Verbindung von Singstimme und H. findet sich – neben vielen Beispielen in der Opernliteratur – u. a. bei R. Schumann (*3 Gesänge* op. 95), J. Brahms (*4 Gesänge* op. 17 für Frauenchor, 2 Hörner und H.), A. Caplet (u. a. *Doux fût le trait,* 1924), M. de Falla *(Psyché),* P. Hindemith *(The Harp that one thro Tara's halls)* und B. Britten *(A Ceremony of Carols).* Asger Hamerik schrieb anläßlich der Pariser Weltausstellung 1867 eine aufsehenerregende Komposition, die *Fredshymne,* für Chor, Orch., 2 Org., 14 H.n und 4 Glocken.

Eine wichtige Funktion erhielt die H. seit dem 2. Drittel des 19. Jh., namentlich seit H. Berlioz und Fr. Liszt, als Instrument im Orchester. Der charakteristische Klang der H. mit den ihr eigenen Spielweisen (s. o.) gehört seitdem wesentlich sozusagen zur Farbenpalette des Orchesters in Konzert und Oper. Meist hat in Werken des 19. Jh. die H. die Funktion, das harmonische Geschehen im Orchestersatz durch Arpeggien zu umspielen und zu intensivieren. Aber auch das Glissando wird häufig eingesetzt, tonmalerisch z.B. in R. Wagners *Parsifal,* um Klingsors Speerwurf auszudrücken. Das H.n-Glissando ist überaus typisch vor allem auch für den impressionistischen Orchesterklang. Raffinierte instrumentatorische Effekte mit Hilfe der H. erzielten namentlich G. Mahler, R. Strauss, H. Pfitzner, Fr. Schreker, B. Bartók, I. Strawinsky, P. Hindemith.

Seit dem ausgehenden 18. Jh. wird die H. häufig konzertant bzw. solistisch eingesetzt: etwa bei J. B. Krumpholtz, W. A. Mozart (Konzert für Flöte und H., KV 299), A. Boieldieu (*Concerto,* 1803), L. Spohr (2 konzertante Symphonien für H. und Violine), N. Ch. Bochsa, F. Hummel, C. Saint-

Saëns, Cl. Debussy, M. Ravel, Ch.-M. Widor, H. Villa-Lobos, Fr. Martin, D. Milhaud, P. Hindemith, H. Genzmer, E. Krenek, F. Farkas, A. Jolivet, P. Boulez und H. W. Henze. Von den rein didaktischen Werken für H. sind vor allem diejenigen von M. P. Dalvimare, N. Ch. Bochsa, J. Dizi, Th. Labarre und E. Parish-Alvars zu nennen. Verwendung findet die H. auch in der Unterhaltungsmusik. F. VERNILLAT

Lit.: J. BERMUDO, Declaración de instrumentos musicales (Osuna 1555), Faks.-Ausg. v. S. Kastner (1957) (= DMl I/11); M. PRAETORIUS, Syntagma musicum, II: De Organographia (Wb 1618, ²1619), Faks.-Ausg. v. W. Gurlitt (Kas 1958–59) (= DMl I/15); M. MERSENNE, Harmonie universelle (P 1636), Faks.-Ausg. v. F. Lesure (P 1963); BARON DE PRONY, Rapport sur une nouvelle harpe de l'invention de S. Érard (P 1815); H. PANUM, H. u. Lyra im alten Nordeuropa, in: SIMG 7 (1905/06); F. JONSSON, Das H.-Spiel des Nordens in der alten Zeit, in: ebd. 9 (1907/08); F. W. GALPIN, Old English Instruments of Music (Lo 1910, letzte Ausg. Lo 1965); F. W. GALPIN, The Sumerian Harp of Ur, in: ML 10 (1929); R. HERBIG, Griech. H., in: Mitt. des dt. Archäologischen Inst., Athenische Abt. 54 (1929); H. J. ZINGEL, H. u. Harfenspiel v. Beginn des 16. bis ins 2. Drittel des 18. Jh. (Hl 1932); DERS., Zur Gesch. des Harfenkonzerts, in: ZfMw 17 (1935); M. DUCHESNE-GUILLEMIN, La harpe en Asie-occidentale ancienne, in: Revue d'Assyriologie 34 (1937); H. J. ZINGEL, Stud. zur Gesch. des Harfenspiels in klass. u. romantischer Zeit, in: AfMf 2 (1937); C. MARCEL-DUBOIS, Les Instruments de l'Inde ancienne (P 1941); H. J. ZINGEL, Die Einführung der H. in das romantische Orch., in: Mf 2 (1949); R. RENSCH, The Harp (NY 1950); H. HICKMANN, Les harpes de l'Égypte pharaonique. Essai d'une nouvelle classification, in: Bull. de l'Institut d'Égypte 35 (1954); H. J. ZINGEL, Die H. in der Musik unserer Zeit, in: FS M. Schneider (L 1955); DERS., H., in: MGG V; W. STAUDER, Die H.n u. Leiern der Sumerer (F 1957); E. A. BOWLES, La hiérarchie des instruments de musique dans l'Europe féodale, in: RMie 42 (1958); M. TOURNIER, La harpe (P 1959); A. N. SCHIRINZI, L'arpa, storia di un antico strumento (Mi 1961); H. STEGER, David rex et propheta (Nü 1961) (= Erlanger Beitr. zur Sprach- u. Kunstwiss. 6); E. HEINRICH, Die H. in der Kammermusik des 20. Jh., in: DJbMw 10 (1965); G. u. M. F. RACHET, Dictionnaire de la civilisation égyptienne (P 1968); H. J. ZINGEL, König Davids H. in der abendländischen Kunst (Kö 1968); H. J. ZINGEL, Die Entwicklung des Harfenspiels v. den Anfängen bis zur Gegenwart (L 1969) (= Neue Harfenlehre 4); R. RENSCH, The Harp. Its History, Technique and Repertoire (Lo–NY 1969); H. DE LA MOTTE-HABER, Eine Methode zur Klassifizierung ma. Harfendarstellungen?, in: Mf 22 (1969); H. CHARNASSÉE – F. VERNILLAT, Les instruments à cordes pincées (P 1970); A. EMMANUEL, La harpe, son évolution et ses facteurs (P 1971); H. STEGER, Philologia musica. Sprachzeichen, Bild u. Sache im literarisch-musikal. Leben des MA. Lire, H., Rotte u. Fidel (Mn 1971); E. GERSON-KIWI, H.n- u. Lautentypen aus Mittelasien u. ihre topographischen Abwandlungen in: Stud. zur Tradition in der Musik. FS K. von Fischer (Mn 1973); D. U. GROENEVELD, A Bibliography of the European Harp to 1600, in: Current Musicology 16 (1973); DERS., Zur Gesch. der H. im frühen MA, in: Mf 26 (1973); H. J. ZINGEL, Zur Gesch. der Volksharfe, in: Musicae scientiae collectanea. FS K. G. Fellerer (Kö 1973); DERS., Harfenspiel im Barockzeitalter (Rb 1974); DERS., H.nmusik im 19. Jh. (Wilhelmshaven 1976); DERS., Lexikon der H. (Mn 1977); E. HALFPENNY, The Mythology of the English Harp, in: GalpinJ 31 (1978); M. MORROW, The Renaissance Harp, in: Early Music 7 (1979); F. LIPPMANN, Volksharfen in Italien, in: StidMg 12 (1979) (= Anal. Mus. 19).

HARFE, IRISCHE, Keltische H. (irisch-gälisch: cláir-seach). Sie gehört zu den Rahmen-H.n (↗Harfe). Ihr Resonanzkörper ist aus einem Stück Weidenholz ausgehöhlt. Die bis zu 30 diatonisch gestimmten Saiten laufen vom Resonanzkörper, an dem sie von innen mit kleinen Holzpflöckchen gehalten werden, senkrecht zum stark geschwungenen Hals, wo sie auf Metallwirbel (Stimmnägel) aufgezogen sind. Auf eine spätere Entwicklung gehen die drehbaren Haken unter den Wirbeln zurück, mit denen der Spieler einzelne Saiten um einen Halbton erhöhen kann. Charakteristikum dieses H.-Typs ist die stark auswärts gebogene Vorderstange. Die Saiten, früher aus Metall (Messing und Stahl) gefertigt, bestehen heute zumeist aus Darm oder Nylon; die untersten 4–6 Saiten sind umsponnen. Der Tonumfang liegt meist zwischen g und a⁴. Die H. wurde ursprünglich in G gestimmt, aber auch Es oder C sind üblich. Das Instrument wird gegen die linke Schulter gelehnt. Man spielte es bis zum 18. Jh. mit sehr langen Fingernägeln: mit der linken Hand die hohen Töne, mit der rechten die tiefen.

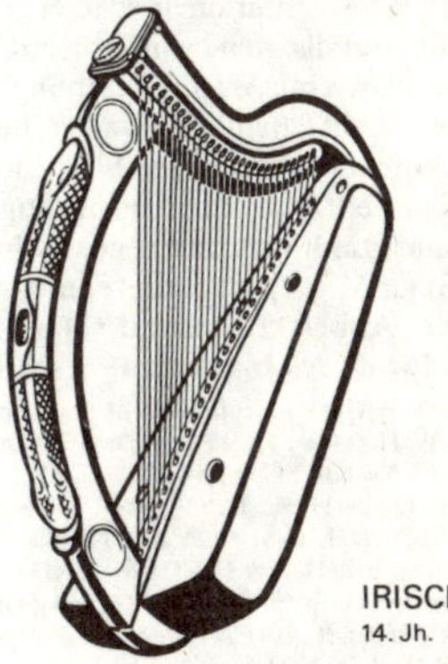

IRISCHE HARFE
14. Jh.

Die irische H. ist ein mittelalterliches Instrument, das bis zum Ende des 18. Jh. in ungebrochener Tradition überlebte. Sie ist in Irland, in dessen Wappen sie auch erscheint, durch ikonographische Quellen seit dem 9. Jh. nachzuweisen. Seit dem 12. Jh. wurden ihre Klangschönheit und die Geschicklichkeit der Spieler öfters erwähnt, so von Giraldus Cambrensis, später von V. Galilei (1581) und M. Praetorius (1619). Bis zum 16. Jh. genossen die irischen Harfenisten ein hohes Ansehen; mit dem Niedergang des irischen Adels wurden sie zu wandernden Spielleuten, deren Repertoire und Spieltechnik sich bald veränderten. Der blinde Harfenist Arthur O'Neill (1734–1816) war einer der letzten, der als Lehrer der Belfast Harp Society versuchte, die Tradition weiterzuführen. Ältere Musik für die irische H. ist unbekannt. Seit dem 17. Jh. bezeugen verschiedene Quellen den Gebrauch der irischen H. als Soloinstrument – auf dem das Repertoire der Laute gespielt wurde – und als ↗Fundamentinstrument. Von dem blinden Turlogh O'Carolan (1670–1738), der Dichter, Komponist und Harfenist zugleich war, sind über 200 Kompositionen für dieses Instrument erhalten. Sie gehören noch heute – neben der Volksmusik Irlands, Schottlands und Wales, die seit dem Ende des 18. Jh. von Sammlern aufgeschrieben wurde – zum Repertoire eines jeden irischen Volksmusikers. Der bedeutendste Sammler war der Ire Edward Bunting (1773–1843). Er notierte das Repertoire und veröffentlichte es in 3 Bänden mit umfangreichen Vorworten, die Berichte über die irische H., ihre Spielweise und Spieler enthalten. Eine vergleichbare Sammeltätigkeit setzte in den folgenden Jahren auch in Schottland und Wales ein. Bemühungen um die Tradierung des Repertoires und der Spieltechnik hatten jedoch nur vorübergehend Erfolg. Erst Ende des 19. Jh. erfuhr die irische H., die jetzt nicht mehr mit Metallsaiten, sondern mit Darmsaiten bezogen war, eine Wiederbelebung. Dieses Instrument ist wahrscheinlich walisischen Ursprungs und heute unter der Bezeichnung keltische H. bekannt. Sie dient u. a. der Aufführung älterer Musik. Aber auch zahlreiche zeitgenössische Komponisten (z. B. G. Migot, A. Tscherepnin, M. Kelkel, A. Weber, Aubert Lemeland, Marc Carles) haben Werke für dieses Instrument geschrieben.

Lit.: E. BUNTING, A General Collection of the Ancient Irish Music (Lo 1796); W. H. GRATTAN FLOOD, A History of Irish Music (Dublin 1913, Nachdr. Shannon 1970); G. BEAUMONT, La harpe irlandaise (P 1941); R. HAYWARD, The Story of the Irish Harp (Lo 1954); D. J. O'SULLIVAN, Carolan, The Life Times and Music of an Irish Harper (Lo 1958); J. RIMMER, The Morphology of the Irish Harp, in: GalpinJ 18 (1964); DIES., The Irish Harp (Cork 1969); B. BREATHNACH, Folkmusic and Dances of Ireland (Dublin 1971).

M. BRÖCKER

HARFENETT ↗Spitzharfe.

HARFENLAUTE (engl.: harp-lute; frz.: harpe-luth; it.: arpa liuto; span.: arpa-laúd), Saiteninstrument mit meist halbrundem oder lautenähnlichem Korpus (daher die Bz.). Die Saiten sind senkrecht zur Decke des Resonanzkörpers angebracht und werden wie bei der Harfe gezupft. Die H. gehört in Westafrika als *Kasso* oder *Kora* (vor allem in Mali) zu den altüberlieferten, heute noch gespielten Saiteninstrumenten. Dieses Instrument besteht aus einer halbierten, mit Fell bespannten Kalebasse. Auf der Felldecke steht senkrecht ein sehr hoher Steg mit Einkerbungen auf beiden Seiten. Durch diese sind die einzelnen Saiten vom Saitenhalter bis zum wirbellosen Hals gezogen. Der Spieler hält das Instrument so, daß er der Decke gegenübersitzt und mit den Händen die jeweils auf der entsprechenden Seite angebrachten Saiten zupfen kann.
In Europa war die H. ein Mischinstrument mit einem dem Lautenkorpus ähnlichen Resonanzkörper und parallel zur Decke von einem abgeknickten Hals aus aufgezogenen Saiten. Ein solches Instrument ist bei M. Praetorius (*Syntagma musicum* II, 1619, Tafel 36) abgebildet. Ähnliche Instrumente, die sich jedoch nicht durchsetzen konnten, bauten zu Beginn des 19. Jh. u. a. E. Light und Ch. Wheatstone in London.

M. BRÖCKER

HARICH-SCHNEIDER, Eta, * 16. 11. 1897 Oranienburg bei Berlin, † 10. 1. 1986 Garching; dt. Cembalistin und Musikforscherin. Nach der Klavierausbildung (u. a. bei R. Breithaupt und H. Tiessen) konzertierte sie seit 1924 zunächst als Pianistin. Daneben studierte sie 1928–35 Cembalo bei Wanda Landowska in Paris und leitete seit 1932 (seit 1935 als Professor) die Cembaloklasse an der Hochschule für Musik in Berlin. Politische Gründe führten 1939 zu ihrer Entlassung. Sie lebte 1941–49 in Japan, wo sie seit 1946 Musiker des kaiserlichen Hofes in westlicher Musik unterrichtete. E. H. hatte als erste europäische Musikforscherin die Möglichkeit, die klassische japanische Musik unmittelbar zu studieren. Sie legte ein umfangreiches Archiv mit Tonbandaufnahmen shintoistischer und buddhistischer Musik an, das weitgehend noch nicht ausgewertet ist. 1963/64, 1967 und 1968 hielt sie sich erneut zu Forschungen in Japan auf. 1951–55 leitete sie in den USA die Baroque Chamber Music Players und studierte daneben in New York Japanologie und Sinologie an der Columbia University, Soziologie an der New School for Social Research. Dort wurde sie 1954 Master of Arts. 1955–72 leitete sie (seit 1957 als Professor) eine Cembaloklasse an der Wiener Musikakademie. Ihre Autobiographie erschien unter dem Titel *Charaktere und Katastrophen* (B 1978).

Schriften: *Zärtliche Welt. François Couperin in seiner Zeit* (B 1939); *Die Kunst des Cembalospiels* (Kas 1939, 4 1979); *Paul Hindemith no shinsaku ni tsuite* (Über P. Hindemiths neuestes Werk). Analyse des „Ludus tonalis“, in: Ongaku Geijutsu (Tokio 1948) April-H.; *Gendai Ongaku to Nippon no Sakkyoku-ka* (Tokio 1951); *The Rhythmical Patterns in Gagaku and Bugaku* (Leiden 1954); *The Present Condition of Japanese Court Music*, in: MQ 39 (1953); *The Earliest Sources of Chinese Music, and Their Survival in Japan*, in: Monumenta Nipponica 11 (1955); *The Remoulding of Gagaku under the Meiji Restoration*, in: Transactions of the Asiatic Society of Japan 5 (Tokio 1957); *Die letzten Goze*, in: Sociologus 8 (1958); *Rōei, The Medieval Court Songs of Japan*, in: Monumenta Nipponica 13–15 (1958–1960), separat (Tokio 1965) (= Monumenta Nipponica Monographs 21); *Über die Angleichung nachschlagender Sechzehntel an Triolen*, in:

Mf 12 (1959); *Le Shōmō Bouddhique. Exercice de Méditation,* in: Oriens Extremus (Wie 1962); *Saibara,* in: DJbMw 7 (1962); *Die frühesten erhaltenen Quellen der Kagura-Lieder,* in: ebd. 10 (1965); *A History of Japanese Music* (Lo 1973).

HARMONIE (von griech. u. lat. harmonia), im allgemeinsten Sinne als Ordnungsprinzip verstanden, ist ein überaus vielschichtiger, häufigen Bedeutungswandlungen unterworfener Begriff. Seit der Antike spielt die H. (harmonia) im Zusammenhang mit dem ästhetischen Begriff des Schönen nicht nur in der Musik und in der bildenden Kunst, sondern auch in der Mathematik, Astronomie und Philosophie eine herausragende Rolle. Bestimmend ist dabei das Bestreben, Wesen und Stimmigkeit der Ordnungen als harmonische Proportion von Zahlen zu erkennen. So galt in der Antike und auch im Mittelalter die Korrelation von sinnlicher Verschmelzung zweier Töne und der zugrundeliegenden mathematisch einleuchtenden Proportion als Harmonie. Der Vorstellung von der H. des Weltalls und die entsprechende Einordnung der Musik als „musica mundana" (Boëthius), die das musikalische Denken der Antike und des Mittelalters prägte, stand die Idee der „musica humana" (Boëthius) als das harmonische Zusammenstimmen von Leib und Seele des Menschen gegenüber. Das Verständnis von H. in der erklingenden Musik (Boëthius: „musica instrumentalis") führte von deren Gleichsetzung (Antike) über die Anwendung auf Tonfolgen und Intervalle (Mittelalter) bis hin zur Bezeichnung des Zusammenklangs dreier Töne (Renaissance). Dabei meint der Begriff H. nicht nur den vertikalen Aspekt, sondern auch die Progression von Zusammenklang zu Zusammenklang; z.B. wurde im 15. Jh. das Fortschreiten von einer imperfekten zu einer perfekten Konsonanz als H. bezeichnet. Für J.-Ph. Rameau begründet das „centre harmonique" – der Grundton eines Dreiklangs, auf den sich die Töne des Akkords beziehen – das Prinzip der Harmonie. War der H.-Begriff im 16.–18. Jh. weit gefaßt – er schloß u. a. das Gefüge eines Satzes aus mehreren Stimmen ein –, so wurde er im 19. Jh. eingrenzend mit dem Begriff des ↗Akkordes gleichgesetzt.

HARMONIE DER WELT, DIE, Oper in 5 Aufzügen von Paul Hindemith (1895–1963), Text vom Komponisten. Ort und Zeit der Handlung: in Süddeutschland, Österreich und Schlesien, 1608–30. UA: 11. 8. 1957 in München (Prinzregententheater) unter Leitung des Komponisten.
Die Oper, in deren Verlauf einige Situationen im Leben des Astronomen Johannes Kepler geschildert werden, gilt als Höhepunkt der letzten Schaffensperiode Hindemiths. Das Werk ist künstlerisches Konzentrat aller musiktheoretischen wie ästhetisch-philosophischen Studien des Komponisten; so ist z. B. der harmonische Aufbau mit seiner Hierarchie von „Leittonalitäten" (A. Briner) um ein tonales Gesamtzentrum E sowohl konsequente Realisation von Hindemiths harmonischer Theorie als auch inhaltsbezogene symbolische Analogie zu Keplers astronomischem Konstrukt eines in sich geschlossenen, „harmonischen" Aufbaus der Welt. Trotz strenger symbolischer Einbindung auch anderer musikalischer Gestaltungselemente, z. B. Rhythmus, Melodie und Form, ist das Werk kein trockenes philosophisches Lehrstück: Die gedanklich-abstrakte Konstruktion dient wohl der Überhöhung und Vergeistigung des musikalischen Verlaufs, führt jedoch an keiner Stelle zum Verlust unmittelbar verständlicher, szenisch lebendiger Gestaltung; das Symbol bestimmt Gestalt und Charakter des kompositorischen Mittels, dessen Einbettung in die Satzstruktur jedoch teils affektmäßig-textbezogen, teils absolut-musikalisch bleibt. Die wesentlichen musikalischen Gedanken des Werkes hatte Hindemith bereits 1951 in seiner Symphonie *Die Harmonie der Welt* vorgestellt.

W. A. MAKUS

HARMONIEFREMDE TÖNE, in der ↗Harmonielehre Bz. für harmonisch einflußlose Dissonanzen, die wesentlich zur linearen Belebung und figurativen Auszierung eines Satzes beitragen. H. T., als akkordfremde Töne zu verstehen, sind ↗Durchgang, ↗Vorhalt, ↗Nebennote, ↗Wechselnote, ↗Antizipation.

HARMONIELEHRE. Sie zählt – wie Kontrapunkt, Formenlehre, Melodielehre, Rhythmik, Metrik, Instrumentation – zu den Bereichen der Musiktheorie. Wie der Kontrapunkt die linerare Führung der Stimmen und deren Zusammenklang lehrt – also horizontale wie vertikale Aspekte einschließt –, so orientiert sich auch die H. nicht allein am Vertikalen: Neben dem Aufbau und der Funktion von Akkorden in dur-moll-tonaler Musik lehrt die H. auch deren Fortschreitungen. Erst mit der historisch bedingten Entwicklung der H. zum eigenständigen Fach sank der Kontrapunkt – der bis ins 18. Jh. hinein als eigentliche Kompositionslehre galt – zu einer Teildisziplin ab. J.-Ph. Rameaus *Traité de l'harmonie* (1722) begründete die moderne H., die zweifach ausgerichtet ist: als von unterschiedlichen Systemen bestimmte Theorie von Akkorden und deren Verbindungen und – im 18.–20. Jh. rückte dies in den Mittelpunkt – als Satzlehre im Sinne einer praktischen Harmonielehre. Die Entstehung der modernen H. war an mehrere Voraussetzungen gebunden: Gegenüber den älteren ↗Kirchentönen hatten sich ↗Dur und ↗Moll durchgesetzt; Akkorde – seit dem 15. Jh. als sekundäres Ergebnis von Stimmfortschreitungen gewertet – werden nun als primär und unmittelbar gegebene Einheit begriffen, als Grundlage tonalen Zusammenhangs; Umkehrungen eines Akkordes wurden von Rameau als harmonisch und funktional identisch mit dessen Grundstellung erkannt.

Nach Rameau – auf den die Lehre vom Terzaufbau der Akkorde zurückgeht – sind die „tonique" (↗Tonika), „sousdominante" (↗Subdominante) und „dominante" (↗Dominante) die grundlegenden Akkorde einer Tonart: Die Abfolge der 1., 4. und 5. Stufe („sons fondamentaux") einer Tonleiter mit den auf ihnen errichteten Dreiklängen konstituiert einen musikalisch zwingenden Zusammenhang. Subdominantische Bedeutung erhält jeder Dreiklang durch die Hinzufügung der großen Sexte (sixte ajoutée), eine hinzugefügte kleine Septime macht jeden Dreiklang zum ↗Dominantseptakkord.

Nach H. Chr. Koch – der die Dreiklänge der 1., 4. und 5. Stufe als „wesentliche" Dreiklänge von den „zufälligen" der 2., 3. und 6. Stufe abhob – entwikkelte G. Weber (1779–1839) das Rameausche System weiter. Er führte zur Bezeichnung der Akkorde eine Buchstabenschrift ein, an welche die spätere ↗Funktionsbezeichnung H. Riemanns anknüpfte. Daneben verwandte Weber, seinerseits auf G. J. Vogler (1800) zurückgreifend, auch römische Ziffern, mit denen er die Stufen einer Tonleiter und deren Dreiklänge angab; die Stufenbezeichnung wurde später durch zusätzliche Ziffern aus der Generalbaßlehre erweitert. Diese unterschiedlichen Bezeichnungsweisen gewannen insbesondere in den im 19. Jh. sich ausbildenden Theorien von den Akkordverbindungen an Bedeutung. Will die Stufen- bzw. Fundamenttheorie S. Sechters zeigen, wie Akkorde in ihrer schrittweisen Progression zusammenhängen, so zielt die Funktionstheorie H. Riemanns in der Beschreibung von Akkordrelationen auf die Beziehung von Akkorden zum tonalen Zentrum der Tonika. Sechter griff zurück auf Rameaus Lehre von der ↗Basse fondamentale, mit der er das zusammenhangstiftende Moment von Akkordverbindungen darstellen wollte. Akkorde werden danach nicht durch die tatsächlich gegebene Folge von Baßtönen, sondern durch den Fundamentalbaß als – gedachte – Abfolge ihrer Grundtöne zusammengehalten; der Quintbeziehung zwischen den „sons fondamentaux" folgend, sind dabei Quintschritte primär, Terzschritte sekundär; Sekundschritte (in C-Dur etwa der Baßschritt f–g zwischen Subdominante und Dominante) führt Rameau auf Quint- bzw. Quartschritte (auf den eigentlich gemeinten Schritt d–g) zurück. (Gedanklich verwandt mit diesem Modell ist P. Hindemiths Begriff des ↗Stufenganges, der als Abfolge der Grundtöne „größerer harmonischer Zusammenhänge" harmonische Logik ermittelt.) Für Sechter ist daher das Intervall, nicht der Akkord das Naturgegebene; das Intervall der Terz wird für ihn, Rameau folgend, für den Aufbau der Akkorde entscheidend. Im Unterschied dazu ist für Riemann der Akkord – in der polaren Ausprägung als Dur- und Molldreiklang – das primär Gegebene: Der Durdreiklang ist in der Obertonreihe als 4., 5. und 6. Partialton gegeben, der Molldreiklang ist dessen spiegelbildliches Produkt einer von der Quinte fallenden Untertonreihe (↗Dualismus). Die Bedeutung eines Tones hängt danach von seiner Funktion ab: Als Vertreter eines Dur- bzw. Mollakkordes, also als deren Grundton, Terz oder Quint kann jeder Ton theoretisch sechs verschiedene Bedeutungen annehmen. Die für die dur-moll-tonale Musik des 17.–19. Jh. gültige Funktionsbezeichnung Riemanns chiffriert die Hauptfunktionen einer Tonart, denen die anderen Akkorde untergeordnet sind, als T (Tonika), S (Subdominante) und D (Dominante); die T bildet das übergeordnete tonale Zentrum, auf das alle harmonischen Vorgänge bezogen sind. Weiterentwickelt wurde Riemanns System durch H. Grabner und W. Maler. Mit dem Zerfall der tonalen Harmonik – die sich mit der „schwebenden", „aufgehobenen" (A. Schönberg) oder erweiterten ↗Tonalität ankündigte – stieß die H. im späten 19. Jh. an ihre Grenzen.

Daß Stufen- wie Funktionstheorie von verschiedenen Zeiten und verschiedenen Aspekten ausgehen, macht den Streit um angemessene Systeme gegenstandslos. In Konsequenz dieses Gedankens hat sich heute eine historisch orientierte H. durchgesetzt (D. de la Motte), die auf präzise musikgeschichtliche Situationen bezogen ist.

Lit.: J.-PH. RAMEAU, Traité de l'harmonie reduite à ses principes naturels (P 1722, Faks.-Ausg. NY 1965) (Faks. = MMMLF 2/3); DERS., Nouveau système de musique théorique (P 1726, Faks.-Ausg. NY 1965) (Faks. = ebd. 2/7); F. W. MARPURG, Hdb. bey dem Generalbaß u. der Composition, 3 Teile (B 1755–58, Anhang 1760, Nachdr. Hil 1971); J. PH. KIRNBERGER, Die Kunst des reinen Satzes in der Musik, 2 Bde. (B – Königsberg 1771–79), Nachdr. in einem Bd. (Hil 1968); G. VOGLER, Choral-System (Kop 1800); DERS., Hdb. der H. u. für den Generalbaß (Pr 1802); H. CH. KOCH, Hdb. bey dem Studium der Harmonie (L 1811); S. SECHTER, Die Grundsätze der musikal. Komposition, 3 Bde. (W 1853–54); H. RIEMANN, Musikal. Syntaxis. Grundriß einer harmonischen Satzbildungslehre (L 1877, Nachdr. Niederwalluf 1971); DERS., Hdb. der H. (^{2}1887 u. ö.); DERS., Vereinfachte H. oder die Lehre v. den tonalen Funktionen der Akkorde (L – NY 1893, ^{2}1903); DERS., Das Problem des harmonischen Dualismus, in: NZfM (L 1905); H. SCHENKER, Neue musikal. Theorien u. Phantasien 1 (St – B 1906, NA W 1979); R. LOUIS – L. THUILLE, H. (St 1907,

^{9}1929); A. SCHÖNBERG, H. (W 1911, ^{7}1966, engl. Lo 1978); E. KURTH, Die Voraussetzungen der theoretischen Harmonik u. der tonalen Darstellungssysteme (Be 1913, Nachdr. Mn 1973); DERS., Romantische Harmonik u. ihre Krise in Wagners Tristan (Be – L 1920, B ^{3}1923, Nachdr. Hil 1968); H. GRABNER, Die Funktionstheorie H. Riemanns u. ihre Bedeutung für die praktische Analyse (Mn 1923); S. KARG-ELERT, Polaristische Klang- u. Tonanalyse (Mn 1923); H. ERPF, Stud. zur Harmonie- u. Klangtechnik der neueren Musik (L 1927); S. KARG-ELERT, Polaristische Klang- u. Tonalitätslehre (L 1931); W. MALER, Beitr. zur H., 3 H. (L 1931), neu bearb. v. G. BIALAS – J. DRIESSLER, als: Beitr. zur durmolltonalen H. (Mn – L ^{6}1967, Bsp.-Bd. ^{2}1960); P. HINDEMITH, Unterweisung im Tonsatz, 3 Bde., 1 (Mz 1937, ^{2}1940), 2 (1939), 3 (1970); H. GRABNER, Hdb. der funktionellen H. (B 1944, Rb ^{8}1977); J. HANDSCHIN, Der Toncharakter (Z 1948); A. SCHÖNBERG, Die formbildenden Tendenzen der Harmonie (Mz 1957); W. KELLER, Hdb. der Tonsatzlehre, 2 Bde. (Rb 1957–59); L. U. ABRAHAM, H., 2 Bde. (Kö 1965–69); L. RICHTER, Schönbergs H. u. die „freie Atonalität", in: Colloquium L. Janáček et musica europea (Brünn 1970); P. ALDRICH, „Rhythmic Harmony" as Taught by J. Ph. Kirnberger, in: Studies in Eighteenth-Century Music. FS K. Geiringer (Lo 1970); E. SEIDEL, Eine Wiener Harmonie- u. Generalbaßlehre der Beethoven- u. Schubertzeit, in: Symbolae historiae musicae. FS H. Federhofer (Mz 1971); D. REXROTH, A. Schönberg als Theoretiker der tonalen Harmonik (Diss. Bonn 1971); E. WOLF, Die Musikausbildung 2: H. (Wie 1972); R. BIRNSTEIN – C. KÜHN – D. DE LA MOTTE, Plädoyer für eine Reform der H., in: Musica 26 (1972); M. WAGNER, Die H.n der ersten Hälfte des 19. Jh. (Rb 1974) (= Stud. zur Musikgesch. des 19. Jh. 38); S. BORRIS, Ein interdisziplinäres Konzept für Harmoniekurse, in: Musik u. Bildung 7 (1975); D. DE LA MOTTE, H. (Kas 1976, ^{2}1979).

C. KÜHN

HARMONIEMUSIK, Bz. für eine gemischte, aus Holz- und Blechbläsern bestehende Besetzung. Die H. entwickelte sich vornehmlich an kleineren Höfen im Zusammenhang mit musikalischen Darbietungen im Freien als Ersatz für zahlenmäßig größere Streicher- und Bläserensembles bzw. in Anlehnung an die im 17. und 18. Jh. übliche ↗Feldmusik. Bereits aus dem frühen 18. Jh. sind erste H.-Originalkompositionen in der Besetzung für 2 Oboen, 2 Hörner und 2 Fagotte überliefert. Seit der Mitte des 18. Jh. wurde diese Besetzung durch 2 Klarinetten, Kontrafagott, aber auch durch Querflöte, 1–2 Trompeten und Pauken, Posaune und Serpent bis zur vollen Blasorchesterbesetzung um 1850 erweitert, die sich gelegentlich auch als Liebhaberbesetzung aus einem bereits vorhandenen Symphonieorchester ergab. – H.-Kompositionen waren meist freie Zusammenstellungen homophoner Sätze mit den Bezeichnungen Partita, Serenade, Divertimento oder Harmonie bzw. Pièce d'Harmonie. Dazu zählen neben Originalkompositionen insbesondere auch Bearbeitungen aus Opern, Symphonien und anderen Werken. Namhafte Komponisten bzw. Bearbeiter für H. waren u. a. C. A. Goepfert, F. J. Gossec, J. Küffner, W. Legrand, W. A. Mozart, F. S. Rosetti, Fr. Starke.

Lit.: G. KASTNER, Manuel général de musique militaire (P 1848, Faks. G 1973); G. PARÈS, Traité d'instrumentation et d'orchestration à l'usage des musiques militaires d'harmonie et de fanfare (P 1898); H. G. FARMER, The Rise and Development of Military Music (Lo 1912); L. DEGELE, Die Militärmusik (Wb 1937); J. WAGNER, Band Scoring (NY 1960); R. F. GOLDMAN, The Wind Band (Boston 1961); B. HÖFELE, Materialien u. Stud. zur Gesch. der H. (Diss. Bonn 1982).

HARMONIK. Zusammenklänge und deren Verbindungen, für die der Begriff H. steht, sind – im Bereich der dur-moll-tonalen Musik des 17.–19. Jh. – Gegenstand der ↗Harmonielehre; im Gegensatz zur Melodik meint H. den vertikalen Aspekt simultan erklingender Töne, ohne die Horizontale – das Fortschreiten von Zusammenklängen – auszuschließen. Rang und Geltung der H. waren vom Mittelalter bis in die Neuzeit starken Wandlungen unterworfen.

So war die mehrstimmige Musik bis ins 14. Jh. primär rhythmisch orientiert (die Beteiligung mehrerer Stimmen erforderte zuallererst deren rhythmische Koordination). Dieses Fakturmerkmal blieb nicht ohne Auswirkungen auf die H.: an Schwerpunkten (sowie stets am Anfang und Ende) erscheinen vorzugsweise die als perfekt angesehenen Quint-Oktav-Klänge. Dem Mittelalter galten Einklang, Quinte und Oktave als perfekte, Terzen und Sexten dagegen als imperfekte Intervalle; entsprechend treten zum perfekten Quint-Oktav-Klang (z. B. f – c – f') der semiperfekte Terz-Quint-Klang (f – a – c') und der imperfekte Terz-Sext-Klang (f – a – d'). Besonders unter dem Einfluß der englischen Musik, die Terzen und Sexten bevorzugte (z. B. bei J. Dunstable), wurde im Übergang zum 15. Jh. das mittelalterliche Klangsystem, das auf Quinte und Oktave basierte, abgelöst.

Perotinus, Organum quadruplum *Viderunt*

Theoretiker rühmen daher den „hohen Wohlklang“, der die Musik ab etwa 1430 – die Musik von G. Dufay, G. Binchois, später von J. Ockeghem u. a. – auszeichne (J. Tinctoris, *Liber de arte contrapuncti*); neuartig sind die sangliche Melodik, der Konsonanzen bevorzugende Satz, das Streben nach akkordischer Fülle.

G. Dufay, Hymnus *Audi benigne conditor*

Für die aufblühende Vokalpolyphonie der Renaissance bis zu ihrer Vollendung bei Palestrina wurde das dem kontrapunktischen Denken verpflichtete linear-melodische Moment beherrschend. Kennzeichen sind imitatorische Arbeit, insbesondere Durchimitation (Josquin des Prés), kanonische und andere satztechnische Fertigkeiten („Künste der Niederländer“), der Ausbau des Satzes bis zur Norm der Vierstimmigkeit in der Hochrenaissance, der damit erreichte homogene Klang und die immer deutlicher werdende harmonische Bindung des Satzes. Klangkontraste durch die Gegenüberstellung hoher und tiefer Stimmen und durch wechselnde Stimmenzahl wurden ebenso genutzt wie der Wechsel von imitatorischer Polyphonie und deklamatorischer Homophonie.

Josquin des Prés, *Missa Pange lingua*

Mit der allmählichen Steigerung der Stimmenzahl im 16. Jh. und der Entwicklung der Mehrchörigkeit (↗Venezianische Schule) korrespondiert ein akkordisch-flächenhaftes Komponieren, das vom linearen Denken wegführte. Neben Messe und Motette als Hauptgattungen der Renaissance trat das ↗Madrigal, das sich von homophon-schlichten Anfängen zu einer dramatischen Ausdrucksform entwickelte: Kontrast polyphoner und homophoner Partien, betonte Textausdeutung („Madrigalismen“) und kühne Chromatik wurden zu seinen Kennzeichen (L. Marenzio, H. Schütz, Cl. Monteverdi); speziell C. Gesualdo nutzte den Wechsel diatonischer Imitation und exzessiver chromatischer Akkordik:

C. Gesualdo, Madrigal *Moro lasso*

In all diesen Erscheinungen kündigte sich jener Umbruch an, mit dem um 1600 die ↗Monodie den Weg zur harmonischen Tonalität ebnete: das Ideal der Linie wird durch das Erlebnis des Klanges abgelöst, harmonisch-akkordisches Denken wird für rund 300 Jahre bestimmend. Nicht mehr kontrapunktisch entworfen und noch nicht funktionellen Zusammenhängen verpflichtet, präsentiert die homophone Musik dieser Zeit eine H., die gleichermaßen aus linear kontrollierter Stimmführung und schweifenden Akkordfolgen erwächst.

G. Palestrina, *Stabat mater*

1722 entstanden J. S. Bachs *Wohltemperiertes Clavier* (1. Teil), das die für die H. wichtige Errungenschaft der ↗temperierten Stimmung ausnutzte, und J.-Ph. Rameaus *Traité de l'harmonie*, der die Entstehung der modernen Harmonielehre begründete: die tonale H. hat sich durchgesetzt. ↗Dur und ↗Moll haben endgültig die Kirchentonarten (↗Kirchentöne) verdrängt; ↗Akkorde werden nicht mehr aus Intervallen abgeleitet, sondern als unmittelbare Einheit begriffen; ↗Tonika, ↗Subdominante und ↗Dominante, schon früher in Schlußwendungen aufgetreten, erkannte Rameau als grundlegende Akkorde jeder Tonart. Seit H. Riemann werden sie als Hauptfunktionen bezeichnet (↗Funktionsharmonik), wobei die Tonika als übergeordnetes tonales Zentrum fungiert; die Quintverwandtschaft zwischen diesen drei ↗Funktionen, die nach Rameau den schrittweisen Zusammenhang zwischen Akkorden garantiert (↗Basse fondamentale), bestimmt das akkordliche Verhältnis; Kadenzen – Ausdruck der harmonischen Tonalität – erscheinen als Gliederungsmittel und als Bekräftigung des Schlusses. Daß Bachs Musik, eingebunden in diese tonale H., zuweilen von unerhört gewagter Linearität ist, begünstigte das Mißverständnis, seine Kontrapunktik sei von der H. unabhängig (E. Kurth). Es ist gerade umgekehrt:

Als syntaktische Grundformen gelten ↗Satz und ↗Periode. Modellhaft verstanden, ist die 8taktige Periode durch einen bestimmten Zusammenhang zwischen H. und Motivstruktur geprägt:

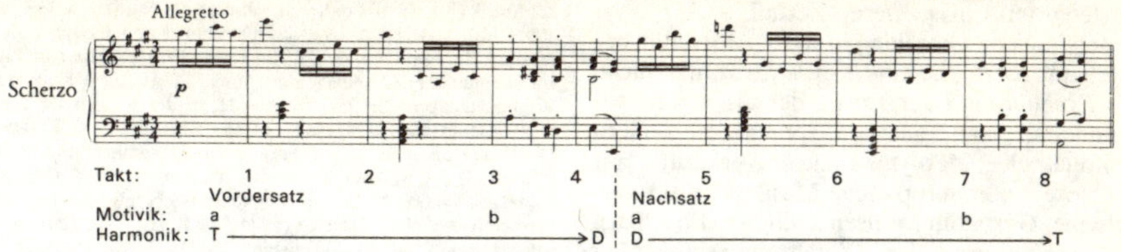

L. van Beethoven, Klaviersonate op. 2,2

weil der Bachsche Kontrapunkt harmonisch fundiert ist, kann er linear sein.
Gegenüber der harmonischen Aktivität Bachscher Sätze ist die Musik seit der Mitte des 18. Jh., im Stilumbruch zur Wiener Klassik, von auffallender harmonischer Simplizität: Der harmonische Rhythmus – der durchschnittliche Zeitabstand des Wechsels von Harmonien – ist erheblich langsamer als im Generalbaßzeitalter. Nicht mehr an den „Kenner", sondern an den „Liebhaber" – für den die harmonischen Vorgänge überschaubar bleiben müssen – wendet sich die Musik.

C. Stamitz, Quintett Es-Dur, 2. Satz

Vergleichbar der Abkehr vom Kontrapunkt um 1600 versteht sich dieser Stilumbruch als Reaktion gegen die vermeintliche Kompliziertheit des Barocks: das Galante verdrängt das Gelehrte. Das neue Ideal der Natürlichkeit und Einfachheit drückt sich aus in liedhaften Themen mit klarer Periodisierung; die Hauptfunktionen werden bevorzugt, Melodien sind unverkennbar harmonisch fundiert, der Vorgang der Kadenz wird zum Impuls thematischer Erfindung, zum Mittel der Gliederung und Schlußbildung.
Kadenzierende H. ist daher für Schlußpartien in Kompositionen der Wiener Klassik charakteristisch. Und außer durch die Form im Großen wird die H. dieser Musik durch metrische sowie syntaktische Momente bestimmt. Die ↗Metrik definiert, in Abhängigkeit von harmonischen Konstellationen das Verhältnis von Takten bzw. Taktgruppen zueinander als „schwer" und „leicht" (wobei der theoretische Streit unentschieden ist, ob die Folge „schwer"–„leicht" oder „leicht"–„schwer" als metrische Norm der Wiener Klassik zu gelten habe).

Die Motivfolge des Vordersatzes, als Kontrast angelegt, bleibt im Nachsatz erhalten; harmonisch aber – und dies bewirkt die komplementäre Ergänzung der Teile – führt der Nachsatz, häufig in Umkehrung (D–T) des „offenen" Vordersatzes (T–D), zur Tonika zurück.
Kann in der Wiener Klassik die harmonische Sprache als das Allgemeine, die Thematik und deren Verarbeitung als das Besondere gesehen werden, so rückte im 19. Jh. die H. immer stärker in den Rang individueller Erfindung. Neue, differenzierte Ausdrucksmittel machten sich geltend, mit denen sich die Auflösung tonaler H. anbahnte: gegenüber der Quintverwandtschaft in der Wiener Klassik werden terzverwandte Verbindungen bevorzugt; zunehmende ↗Alterationen, gleichermaßen als enger verknüpfendes wie als farbliches Moment verstanden, führten zu üppiger Chromatik; unaufgelöste ↗Vorhalte, durch Zusatztöne getrübte Akkorde, tonal mehrdeutige Klänge (A. Schönberg: „vagierende Akkorde"), wie z. B. der übermäßige Dreiklang, parallel geführte Akkorde (Mixturen), ganztönige Skalen und Klänge, trugschlüssige Bildungen, harmonisch kühne Verbindungen und Rükkungen verschleiern tonale Funktionen oder setzen sie außer Kraft; Spannungsklänge – wie der ↗Dominantseptakkord – erscheinen als Ausdrucksmittel: ohne mehr an reguläre Auflösung

R. Schumann, *Bittendes Kind*, aus: *Kinderszenen* op. 15

gebunden zu sein, wurden sie im Interesse einer koloristischen H. als Farbwert eingesetzt. R. Wagners *Tristan* signalisiert die „Krise der romantischen H." (E. Kurth): im Vorspiel klingt das tonale Zentrum

(a-moll) zwar durch, wird aber nicht ausgesprochen. Jene Leittönigkeit, die in Abkehr von den Kirchentonarten zur Etablierung der dur-moll-tonalen H. geführt hatte, begünstigte auch durch übersteigerten Einsatz deren Zerfall.
Der schließliche Umschlag in die ↗Atonalität bedeutete im 20. Jh. die eine Konsequenz, die Suche nach Erneuerung oder Ersatz der als verbraucht empfundenen musikalischen Sprache die andere (↗Bitonalität, ↗Polytonalität, Rückgriff auf ↗Folklore, außereuropäische Musik oder auf musikalische Gestaltungsweisen früherer Epochen). Die Klangbildungen der ↗Zwölftonmusik werden durch die zugrunde liegende Reihe geregelt, die Unterscheidung von ↗Konsonanz und Dissonanz ist mit Schönbergs Postulat der „Emanzipation der Dissonanz" gegenstandslos geworden.
In der Neuen Musik verstärken sich seit Mitte der 70er Jahre die Anzeichen für eine erneute Auseinandersetzung mit der tonalen Harmonik.

Lit.: G. ZARLINO, Istitutioni harmoniche (V 1558, Faks.-Ausg. NY 1965) (Faks. = MMMLF 2/1); M. MERSENNE, Questions harmoniques (P 1634, Nachdr. St 1972); J. PH. RAMEAU, Traité de l'harmonie réduite à ses principes naturels (P 1722, Faks.-Ausg. NY 1965) (Faks. = MMMLF 2/3); DERS., Génération harmonique (P 1737, Faks.-Ausg. NY 1966) (Faks. = ebd. 2/6); DERS., Démonstration du principe de l'harmonie (P 1750, Faks.-Ausg. NY 1965) (Faks. = ebd. 2/4), dt. v. E. Lesser (Wb 1930) (= Quellenschriften der Musiktheorie 1); G. TARTINI, Trattato di musica (Padua 1754, Faks.-Ausg. NY 1966) (Faks. = ebd. 2/8), dt. Übers.: Traktat über die Musik gemäß der wahren Wiss. v. der Harmonie, hrsg. v. A. Rubeli (Düsseldorf 1966) (= Orpheus Schriftenreihe zu Grundfragen der Musik 6); G. A. SORGE, Compendium harmonicum (Lobenstein 1760); G. TARTINI, De' principi dell'armonia musicale ... (Padua 1767, Nachdr. Hil 1970); J. PH. KIRNBERGER, Die Kunst des reinen Satzes in der Musik, 2 Bde. (B – Königsberg 1771–79, Nachdr. Hil 1968); F. J. FÉTIS, Traité complet de la théorie et de la pratique de l'harmonie (P 1844, [12]1879); S. SECHTER, Die Grundsätze der musikal. Komposition (W 1853–54); M. HAUPTMANN, Die Natur der H. u. der Metrik (L 1853, [2]1873); H. RIEMANN, Musikal. Syntaxis, Grundriß einer harmonischen Satzbildungslehre (L 1877, Nachdr. Niederwalluf 1971); DERS., Vereinfachte Harmonielehre oder die Lehre v. den tonalen Funktionen der Akkorde (Lo – NY 1903); F. A. GEVAERT, Traité d'harmonie théorique et pratique (P 1905); L. THUILLE, Harmonielehre (St [9]1929); A. SCHÖNBERG, Harmonielehre (W 1911, [7]1966, engl. 1978); E. KURTH, Die Voraussetzungen der theoretischen H. u. der tonalen Darstellungssysteme (Be 1913); A. VON OETTINGEN, Das duale Harmoniesystem (L [2]1913); E. KURTH, Romantische H. u. ihre Krise in Wagners „Tristan" (Be 1920, [2]1923, Nachdr. Hil 1968); CH. KOECHLIN, Traité de l'harmonie, 3 Bde. (P 1927–30); S. KARG-ELERT, Polaristische Klang- u. Tonalitätslehre (L 1931); A. SCHÖNBERG, Problems of Harmony, in: Modern Music 11 (1934), Nachdr. in: Perspectives of New Music 11 (1973); P. HINDEMITH, Unterweisung im Tonsatz, 3 Bde., 1 (Mz 1937, [2]1940), 2 (1939), 3 (1970); J. HANDSCHIN, Der Toncharakter (Z 1948); H. KAYSER, Lehrbuch der H. (Bas 1950); F. REUTER, Praktische H. des 20. Jh. (Hl 1952); A. SCHÖNBERG, Die formbildenden Tendenzen der H. (Mz 1957); M. BITSCH, Précis d'harmonie (P 1957); A. DOMMEL-DIÉNY, L'harmonie tonale (Neuchâtel [2]1963, [3]1973); H. PISCHNER, Die Harmonielehre J. Ph. Rameaus (L 1963); O. ALAIN, L'harmonie (P 1965); C. DALHAUS, Unters. über die Entstehung der harmonischen Tonalität (Kas 1967); R. E. MIDDLETON, Harmony in Modern Counterpoint (Boston 1967); S. GUT, La tierce harmonique dans la musique occidentale (P 1969); J. ROHWER, Die harmonischen Grundlagen der Musik (Kas 1970) (= Kieler Schriften zur Musikwiss. 19); H. VON HELMHOLTZ, Über die physiologischen Ursachen der musikal. Harmonien, hrsg. v. F. Krafft (Mn 1971); R. HAASE, Lit. zur harmonikalen Grundlagenforschung 2 (W 1972); E. KURTH, Voraussetzungen der theoretischen H. u. der tonalen Darstellungssysteme (Mn [2]1973) (= Schriften zur Musik 14); H. KÜHN, Die H. der ars nova. Zur Theorie der isorhythmischen Motette (Mn 1973) (= Berliner Musikwiss. Arbeiten 5); E. T. CONE, Sound and Syntax. An Introduction to Schoenberg's Harmony, in: Perspectives of New Music 13 (1974/75); R. HAASE, Harmonikale Methodik, in: Musikerziehung 29 (1975/76); D. DE LA MOTTE, Harmonielehre (Kas 1976, [2]1979); D. GÖSTONISKY, Tonalität, Atonalität. Zur H. v. Schönbergs Klv.-Stück op. 11 Nr. 1, in: ZfMth 7 (1976); P. RUMMENHÖLLER, Die verfremdete Kadenz. Zur H. F. Liszts, in: ebd. 9 (1978).

C. KÜHN

HARMONIKA-INSTRUMENTE, Sammelbezeichnung für Instrumente mit durchschlagenden (frei schwingenden) Zungen. Zu den europäischen H.-I.n zählen alle Formen der Handharmonika (↗Akkordeon, ↗Bandonion, ↗Concertina, ↗Konzertina), der ↗Mundharmonika (↗Chromonica, ↗Clarina, Harmonetta) sowie das ↗Harmonium. Instrumente mit frei schwingenden Zungen, z. B. die ↗Mundorgel, waren in China bereits seit dem 3. Jahrtausend v. Chr. bekannt. In Europa bildete erstmals M. Mersenne eine chinesische Mundorgel ab (*Harmonicarum libri XII*, 1635, und *Harmonie universelle*, III, 1636–37). Ob zu dieser Zeit Instrumente mit frei schwingenden Zungen in Europa gespielt wurden, ist ungewiß, ebenso ob es sich bei späteren Instrumenten um spezifisch europäische Neuerfindungen oder um Übernahmen des chinesischen Instruments handelt. Jedenfalls ist das Prinzip der durchschlagenden Zungen in Europa relativ spät genutzt worden: um 1750 scheint es jedoch allgemein bekannt gewesen zu sein und ist durch entsprechende Instrumente belegt. Besonders wichtig für die weitere Verbreitung war die „Sprechmaschine" mit frei schwingenden Zungen, die um 1780 von Chr. G. Kratzenstein (Kopenhagen) konstruiert und von dem böhmischen Orgelbauer Kirsnik (St. Petersburg) in die Orgel aufgenommen wurde. In der Folge ließ G. J. Vogler durchschlagende Zungen in sein Orchestrion (↗mechanische Musikwerke) einbauen (durch Racknitz in Warschau), mit dem er durch ganz Europa reiste. Zu Beginn des 19. Jh. setzte eine rege Neuentwicklung von Instrumenten mit durchschlagenden Zungen ein. Von diesen konnten sich bis heute nur die oben erwähnten H.-I. durchsetzen.

M. BRÖCKER

HARMONISCHE TEILUNG, Bz. für die Bildung eines Mittelwertes. Seit der Antike gibt es zwei De-

finitionen des Mittelwertes zweier Saitenlängen a und b: 1. den arithmetischen Mittelwert gemäß der Formel $x = \frac{1}{2}(a + b)$ und 2. den harmonischen Mittelwert: $\frac{1}{x'} = \frac{1}{2}(\frac{1}{a} + \frac{1}{b})$.
Diese beiden Formeln, auf das Intervall der Oktave angewandt ($a:b = 1:\frac{1}{2}$), ergeben eine arithmetische Teilung in Quarte ($x = \frac{3}{4}$) und verbleibende Quinte bzw. eine h. T. in Quinte ($x' = \frac{2}{3}$) und Quarte. Dem harmonischen Mittelwert von Saitenlängen entspricht der arithmetische Mittelwert der zugehörigen Frequenzen und umgekehrt. Die griechischen und mittelalterlichen Theoretiker sprachen beiden Teilungen gleiche Bedeutung zu und stellten so Quarte und Quinte gleich. – Durch fortgesetzte h. T. einer Saite – zunächst in zwei Oktaven, die Oktave in Quinte und Quarte (s.o.), die Quinte wiederum in große und kleine Terz (Dur-Akkord) usw. – erhält man eine Einteilung der Saite gemäß der harmonischen Folge, also $\frac{1}{2}, \frac{1}{3}, \frac{1}{4}$ usw. der ganzen Saitenlänge. Die entsprechenden Frequenzen bilden die harmonische ↗Obertonreihe.

HARMONIUM, ein Tasteninstrument mit frei schwingenden (durchschlagenden) Metallzungen zur Tonerzeugung, die durch Druck- oder Saugluft in Schwingung versetzt werden (↗Harmonika-Instrumente). Je nach System weist das moderne H. einen Tonumfang von $C – c^4$ bzw. $F – f^3$ auf. – Der französische Instrumentenbauer G. J. Grenié baute um 1810 das erste Tasteninstrument mit ausschließlich durchschlagenden Zungen, die Orgue expressif, der die um 1815 von B. Eschenbach erfundene ↗Äoline 1) entsprach. In den ersten Jahrzehnten des 19. Jh. folgten zahlreiche andere Konstruktionen, unter denen die 1818 gebaute Physharmonika des Wiener Instrumentenbauers Anton Häckl besondere Bedeutung erlangte. Häckls Instrumente wurden von Friedrich Wieck vertrieben, der Duos für Physharmonika und Klavier schrieb und zusammen mit seiner Tochter Clara (der späteren Gattin R. Schumanns) aufführte. Christian F. L. Buschmann in Hamburg verwandte erstmals in einer 1836 gebauten Physharmonika das Saugluftsystem, das von einem amerikanischen Typ des H.s, der Amerikanischen Orgel oder Cottage organ, übernommen wurde. Führend blieb jedoch in Europa zunächst das Druckluftsystem. A. F. Debain führte 1840 den Namen H. für sein Instrument ein, das erstmals die wesentlichen Charakteristika aller seither gebräuchlichen H.-Instrumente zeigt: Mehrere selbständig registrierbare Zungenreihen („Spiele" zu 16', 8', 4', mitunter 2' und 32') sind in Baß und Diskant geteilt, der Wind kann nach Belieben über einen Magazinbalg in gleichbleibender Stärke oder (nach Betätigung des Zuges „Expression") direkt aus den Schöpfbälgen in beliebiger Stärke den Zungen zugeführt werden.
Die Blütezeit des H.s ist zwischen 1880 und 1930 anzusetzen, als in Deutschland u.a. die Firmen Th. Mannborg (Leipzig), O. Lindholm (Borna), Schiedmayer (Stuttgart) die industrielle Produktion betrieben. In Frankreich sind die Werkstätten V. Mustel (1815–1890) und J. Alexandre (ab 1829) zu nennen. Das H. erlangte in Frankreich und in Deutschland als Orgelersatz weite Verbreitung in Kirchen, Kapellen, Schulen und vor allem in Privathäusern zur Begleitung häuslicher Andachten wie auch als Ersatz von Blasinstrumenten in der ↗Salonmusik. Die Größe der Instrumente reichte vom transportablen einregistrigen Kofferharmonium bis zum zwei- oder dreimanualigen Instrument mit Pedal und bis zu 30 Registern; auch Kombinationen zwischen H. und Klavier wurden gebaut. So besaß F. Liszt ein mit einem Flügel kombiniertes zweimanualiges Harmonium.
Aus der relativ seltenen originalen Literatur für H. sind u. a. Werke von A. Dvořák (*Bagatellen* op. 47, für 2 V., Vc. und H.) und C. Saint-Saëns (*Six Duos, Barcarolle*) zu nennen. Zahlreiche französische Organisten des 19. Jh. (darunter C. Franck und A. Guilmant) veröffentlichten Sammlungen liturgischer Orgelmusik für H. oder pedallose Orgel; den Vorrang hatten jedoch Arrangements von Klavier-, Kammer- und Orchestermusik. Im 20. Jh. schrieb u.a. S. Karg-Elert, der sich als Komponist, Lehrer und Spieler lebhaft für das „Kunstharmonium" einsetzte, H.-Kompositionen. Seit 1945 hat das H. durch das Vordringen der elektronischen Orgeln und der Orgelpositive seine Bedeutung verloren. Der genau fixierbaren Tonhöhe wegen wurde das H. vor Entwicklung der elektroakustischen Tonerzeugung häufig für akust. Forschungen verwendet (z.B. als Reinharmonium von C. A. ↗Eitz).

Lit.: W. LÜCKHOFF, Über die Entstehung der Instrumente mit durchschlagenden Zungen und die ersten Anfänge des H.-Baues, in: ZfIb 21/22 (1901–02); S. KARG-ELERT, Das moderne Kunstharmonium (B 1906); DERS., Das H. und die Hausmusik, in: Rheinische Musik- und Theaterzeitung 7 (1906); L. HARTMANN, Das H. (L 1913); O. BIE, Klavier, Orgel u. H. (L ²1921).
H. J. BUSCH

HARNISCH, Otto Siegfried, * zwischen 1568 und 1570 Reckershausen bei Göttingen; beerdigt 18. 8. 1623 Göttingen; dt. Komponist. H. studierte 1585–93 an der Universität Helmstedt, war

1586/88 Kantor am Domstift St. Blasius in Braunschweig, seit 1593 in Helmstedt und 1594–1600 in Wolfenbüttel, wo er vermutlich seit 1597 auch am Hof tätig war. Später trat er als Kapellmeister in den Dienst Herzog Philipp Sigismunds von Braunschweig und Lüneburg. 1603 wurde er Kantor am Pädagogium in Göttingen. H. gehört zu den ersten deutschen Komponisten, die sich in ihren deutschen Liedern den Stil der italienischen Kanzonetten und Balletti zu eigen machten.

WW: **1) Kompositionen:** 3 Bücher *Neue kurtzweilige Teutsche Liedlein* für 3 St. (Helmstedt 1587, 1588, 1591); *Neue Auserlesene Teutsche Lieder* für 5 u. 4 St. (ebd. 1588); *Fasciculus novus selectissimarum cantionum* für 5–6 u. mehr St. (ebd. 1592); *Hortulus Lieblicher lustiger und höflicher deutscher Lieder* für 4–8 St. (Nü 1604); *Rosetum Musicum etzlicher Teutscher u. Lateinischer lieblicher arth Balletten, Villanellen*... für 4–6 St. (H 1617); *Psalmodia Nova simplex et harmonica* für 4 St. (Goslar 1621); *Passio Dominica* nach Johannes u. *Resurrectio Dominica* für 5 St. (ebd. 1621). – **2) Schriften:** *Artis musicae delineatio* (F 1608); die anonyme *Idea musicae* (F 1601), die H. gelegentlich zugeschrieben wird, stammt nicht von ihm.

Ausg.: eine Motette in: Hdb. der dt. ev. Kirchenmusik II/1 (Gö 1935); die Rezitationsmodelle der Johannes-Passion in: ebd. III/1 (Gö 1937–38).

Lit.: W. VETTER, Das frühdeutsche Lied, 2 Bde. (Mr 1928) (darin NA v. 3 4st. Liedern); H. J. MOSER, Das dt. Chorlied zw. Senfl u. Hassler, in: Jb. Peters 1928 (L 1929); H. O. HIEKEL, O. S. H. Leben u. Werk (H 1959); K.-W. NIEMÖLLER, Unters. zu Musikpflege u. Musikunterricht in den dt. Lateinschulen v. ausgehenden MA bis um 1600 (Rb 1969) (= Kölner Beitr. zur Musikforsch. 54).

HARNONCOURT, Nikolaus, * 6. 12. 1929 Berlin; östr. Dirigent, Cellist und Musikforscher. H. studierte an der Wiener Musikakademie, war 1952–69 Cellist bei den Wiener Symphonikern und trat außerdem als Gambist in zahlreichen Konzerten hervor. 1953 gründete er den Concentus Musicus Wien, der Renaissance- und Barockmusik auf Originalinstrumenten spielt. 1971 trat er mit Monteverdis *Il Ritorno d'Ulisse* im Theater an der Wien in Wien erstmals als Dirigent eines Bühnenwerkes hervor. In der Folge dirigierte er u.a. am Zürcher Opernhaus einen von J.-P. Ponnelle inszenierten Monteverdi-Zyklus. 1980 begann er, ebenfalls in Zusammenarbeit mit Ponnelle, am Zürcher Opernhaus mit *Idomeneo* einen Mozart-Zyklus. Er lehrt Aufführungspraxis am Mozarteum und am Institut für Musikwissenschaft der Universität Salzburg. – H. tritt, zumal mit seinen zahlreichen Schallplattenaufnahmen und mit den sie begleitenden Schriften, für eine Darbietung älterer Musik (17.–18. Jh.) ein, die primär an den Aufführungsbedingungen der jeweiligen Entstehungszeit orientiert ist und den Aufführungstraditionen des 19. und 20. Jh. kritisch begegnet.

Schriften: *Zur Gesch. der Streichinstr. u. ihres Klanges,* in: ÖMZ 16 (1961); *Das Musizieren mit alten Instrumenten. Einflüsse der Spieltechnik auf die Interpretation,* in: Musica antiqua... 1967, hrsg. v. R. Pečman (Brünn 1968) (= Musikwiss. Kolloquien der Int. Musikfestivale in Brno 2); *Zu Problemen der Wiedergabe v. Bachs Chor-Orchester-Werken,* in: ÖMZ 24 (1969); *Notenschrift u. Werktreue,* in: Musica 25 (1971); *Die Tradition des Ungeschriebenen in Mozarts Musik,* in: ebd. 28 (1974); *Musik als Klangrede. Essays u. Vorträge* (Salzburg – W 1982).

Lit.: Schallplatte u. Kirche (1970) Nr. 2; K. ZEHELEIN – D. GREWE, „Ich bin kein Museumswärter". Gespräch mit N. H., in: Das Orchester 26 (1978).

HARPER, Heather, * 8. 5. 1930 Belfast; nordirische Sängerin (Sopran). Nach ihrer Ausbildung am Trinity-College in London debütierte sie 1954 in Oxford. Seit 1962 gehört sie der Covent Garden Opera in London an. Häufig wirkte sie bei den Festspielen in Edinburgh und Glyndebourne mit und sang 1967 und 1968 in Bayreuth die Elsa in R. Wagners *Lohengrin.* Gleich bedeutsam ist ihre Tätigkeit als Konzert-, vor allem als Oratoriensängerin. Ihre Tourneen führten sie auf den Kontinent und nach Übersee.

HAERPFER, frz. Orgelbauwerkstatt. Das Unternehmen wurde 1863 von **Charles H.** (1835–1919), einem Schüler von Steinmeyer und Haas, und **Nicolas Dalstein** († 1919), einem Schüler von Cavaillé-Coll, in Boulay (Département Moselle) gegründet und firmierte als „Dalstein & Haerpfer". **Frédéric H.** (1879–1956) führte die Firma weiter und arbeitete eng mit Albert Schweitzer zusammen. Die von Schweitzer und H. entworfene Orgel im Palais des Fêtes in Straßburg (1909; 3 Man., 56 Reg.) hatte maßgeblichen Einfluß auf die Neuorientierung des Orgelbaus im 20. Jahrhundert. 1946–75 wurde das Unternehmen von **Walter H.** (1909–75) und **Pierre Erman** (* 1913) als „Haerpfer & Erman" geleitet. Seit 1975 ist **Théo H.** (* 1946) Alleininhaber des jetzt als „Haerpfer Manufacture Lorraine des Grandes Orgues" firmierenden Unternehmens, das zu den führenden Werkstätten in Frankreich gehört. Wichtige neuere Instrumente sind u.a. die Orgeln in St-Quentin (1966; 4 Man., 75 Reg.) und Paris, St-Germain-des-Prés (1973; 4 Man., 56 Reg.).

Lit.: B. BILLETER, Albert Schweitzer und sein Orgelbauer, in: Acta Organologica 11 (1977); H. J. BUSCH, Orgeln in Paris (B ^{2}1979).

HARPSICHORD, engl. Bz. für ↗Cembalo.

HARRIS, Roy, * 12. 2. 1898 Lincoln County (Oklahoma), † 1. 10. 1979 Santa Monica (Calif.); amerik. Komponist. Seit 1919 studierte er an der University of California Orgel bei Ch. Demarest, Komposition bei A. Farwell sowie Instrumentation bei M. Altschuler und A. Bliss. 1926 von A. Copland an das Conservatoire Américain nach Paris-Fontainebleau empfohlen, beendete er dort 1928 seine Studien bei N. Boulanger. Anschließend war H. in den USA Kompositionslehrer an verschiedenen Universitäten und Lehranstalten, u.a. an der Westminster Choir School in Princeton (New Jersey). 1961 wurde er Composer-in-Residence an der University of California in Los Angeles. H. fügte der amerikanischen Symphonik neben S. Barber und W. Schuman maßgebende „Modelle" hinzu. Dies betrifft vor allem die Klarheit des Klangbildes trotz kontrapunktischer Strenge und die Spontaneität der Empfindung trotz Programmatik und Monumentalität.

WW: 1) **Instr.-WW:** Für Klv.: Sonate (1928/29); *Little Suite* (1938); Toccata (1949); *Impressions of a Rainy Day* (1925) für Streichquartett; 3 Streichquartette (1929, 1933, 1937–38); 2 Quintette, 1: (1936) für Klv. u. Str. u. 2: (1939) für 2 V., 2 Va. u. Vc.; V.-Sonate; *Memories of Ocean Moodes* (1966) für Streichquintett u. Klv.; für Orch.: Ouvertüre *When Johnny Comes Marching Home* (1934); *Ode to Truth* (1941); *March in Time of War* (1943); *Children at Play* (1946); *Kentucky Spring* (1949); 2 Klv.-Konzerte (1944, 1953); V.-Konzert (1948/49); Konzert für Klv., Blechbläser u. Schlagzeug (1969); ferner 12 Symphonien (1933, 1934, 1937, 1939, 1942, 1944, 1952, 1960, 1961, 1965, 1967, 1969); *Epilogue to Profiles in Courage: J. F. Kennedy* (1963); *Salute to Youth* (1964). – 2) **Vokal-WW:** Für Chor: 4. Symphonie *Folksong Symphony* (1939) für Chor u. Orch. u. 10. Symphony *The Abraham Lincoln Symphony* (1965) für Chor, Blechbläser u. 2 „amplified Pianos"; *Songs of Democracy* (1940) (Text: W. Whitman); *Walt Whitman Suite* (1944); Kantaten: *A. Lincoln Walks at Midnight* (1953) für Alt u. Klv.-Trio; *Give me the Splendid Silent Sun* (1959) (nach W. Whitman) für Bar. u. Orch.; *Canticle of the Sun* (1959) (nach dem Sonnengesang des heiligen Franziskus) für Koloratursopran u. Kammerorch.; *Peace and Thanksgiving* (1963) für Chor, Blechbläser u. Klv.; *Peace and Goodwill to All* (1970) für Chor, Blechbläser, Schlagzeug u. Org. – 3) **Bühnen-WW:** Ballette: *Western Landscape*, UA: Colorado Springs 1940; *From This Earth*, UA: ebd. 1940; *To Thee, Old Cause*, UA: ebd. 1944.

Lit.: H. COWELL, R. H., in: American Composers on American Music (Stanford 1933); W. PISTON, R. H., in: Modern Music (1934), Januar-Februar-H.; A. COPLAND, Our New Music (NY 1941); R. EVETT, The Harmonic Idiom of R. H., in: Modern Music (1946); N. SLONIMSKY, R. H., in: MQ 33 (1947). CH. E. BROOKHART, The Choral Music of A. Copland, R. H. and R. Thompson (Nashville/Tenn. 1960) (= Diss. G. Peabody College for Teachers); P. ASHLEY, in: Stereo Revue 21 (1968) (mit Diskographie); D. STEHMANN, The Symphonies of R. H. An Analytical Study of the Linear Materials and of Related Works, 3 Bde. (1973) (= Diss. Univ. of Southern California); R. STRASSBURG, R. H. A Catalogue of His Works (Los Angeles 1973).

H. LINDLAR

HARRISON, Frank Llewelyn, * 29. 9. 1905 Dublin; engl. Musikforscher. Er wurde 1929 Dr. of Music der Universität Dublin. 1930 ging er nach Kanada, wo er bis 1946 Musikdirektor und seit 1940 auch Assistant Professor der Queen's University in Kingston war. 1945–46 studierte er noch bei L. Schrade und P. Hindemith an der Yale University und lehrte 1946–47 an der Colgate University in Hamilton (N.Y.), 1947–52 an der Washington University in St. Louis und seit 1952 an der Oxford University. 1970 wurde er Professor für Musikethnologie an der Universität in Amsterdam.

WW: 1) **Schriften:** *Music in Medieval Britain* (Lo 1958, NY 1959); *Rota and Rondellus in English Medieval Music*, in: Proc. R. Mus. Assoc. 86 (1959/60); *English Church Music in the Fourteenth Century*, in: Ars Nova and the Renaissance 1300–1540, hrsg. v. A. Hughes – G. Abraham (Lo 1960) (= New Oxford History of Music 3); *English Polyphony (ca. 1470–1540)*, in: ebd.; *Musicology* (Eaglewood Cliffs/N.J. 1963) (zus. mit M. Hood u. C. V. Palisca); *European Musical Instruments* (Lo 1964) (zus. mit J. Rimmer); *Ars nova in England. A New Source*, in: MD 21 (1967); *Church Music in England*, in: The Age of Humanism 1540–1630, hrsg. v. G. Abraham (Lo 1968) (= New Oxford History of Music 4); *Spanish Elements in the Music of Two Maya Groups in Chiapas*, in: Selected Reports 1/2 (1968) (zus. mit J. Harrison); *Time, Place and Music. An Anthology of Ethnomusicological Observation ca. 1550 to ca. 1800* (A 1973) (= Source Materials and Studies in Ethnomusicology 1). – 2) **Editionen:** *The Eton Choirbook*, 3 Bde. (Lo 1956–61) (= Mus. Brit. 10–12); *Collins Music Encyclopedia* (Lo – Glasgow 1959) (zus. mit J. A. Westrup).

HARRISON, Julius Allan Greenway, * 26. 3. 1885 Stourport (Worcestershire), † 5. 4. 1963 Harpenden bei London; engl. Komponist. H. studierte am Birmingham and Midland Institute School of Music bei Gr. Bantock und an der Royal Academy of Music in London. Dort leitete er seit 1925 als Nachfolger von E. Goossens die Handel Society. 1930 wurde er Musikdirektor in Hastings, gab aber wegen zunehmender Taubheit dieses Amt 1940 wieder auf. In seinen polyphonen und kirchentonal gefärbten Kompositionen, in denen die Variationsformen dominieren, sind auch Einflüsse des englischen Volksliedes erkennbar.

WW: 1) **Instr.-WW:** *Widdicombe Fair* für Streichquartett; *Prelude Music* (1912) für Harfe u. Streichquartett; *Seven Country Sketches* (1919) für Klv.; Sonate für Va. u. Klv. (1944); *Troubadour Suite* (1945) für Str., Horn u. Harfe; für Streichorch.: *Worcestershire Suite* (1920); *Cornish Holiday Sketches* (1935); *Autumn Landscape* (1936); Rhapsodie *Bredon-Hill* (1941) für V. u. Orch. – 2) **Vokal-WW:** *Requiem of Archangels* for the World (1919) u. *The Blessed Damozel* (1929) für Frauenchor a cap.; Messe C-c (1948) für Soli, Chor u. Orch.; *Missa liturgica* (1950) für Chor a cap.; Orchestergesänge *Songs of Chivalry, Cavalier Tunes* u. *Rhapsody* (Text: W. Whitman). – 3) **Schriften:** *The Orchestra and Orchestral Music*, in: The Musical Companion (Lo 1934); *Brahms and His Four Symphonies* (Lo 1939); ferner Aufsätze über F. Mendelssohn, R. Schumann, J. Brahms u. A. Dvořák, in: The Symphony, hrsg. v. R. Simpson, 2 Bde. (Harmondsworth 1966).

Lit.: E. RUBBRA, J. H.'s Mass, in: ML 31 (1950).

HARRISON, Lou, * 14. 5. 1917 Portland (Oregon); amerik. Komponist. Er war Schüler von H. Cowell, H. Cooper und A. Schönberg. 1937–40 unterrichtete er am Mills College in Oakland (Calif.) und 1942 an der University of California in Los Angeles. Seit 1943 lebte er in New York und war u.a. 1945–48 Musikkritiker der *New York Herald Tribune*. 1951–52 lehrte er am Black Mountain College (Buncombe County/N.C.). H. verwendet in seinen Werken vielfältige, darunter auch atonale Kompositionstechniken.

WW: **1) Instr.-WW:** 6 Cemb.-Sonaten (1935–40) u. 3 Klv.-Sonaten (1941); Streichtrio (1948); Suite für Streichquartett (1949); *Double Music* (1941) (zus. mit J. Cage) für Schlagzeugquartett; *Scenes from William Morris* (1955) für Fl., V., Va., Vc., Harfe u. Klv.; *Concerto in slendro* (1962) für V. u. Schlagzeug; *7 Pastorali* (1947–53) für Kammerorch.; 2 Suiten (1948, 1949) für Str.; Motette (1950) für 7 Streichinstr.; Symphonie F-Dur (1953); *Simfony from Simfonies in Free Style* (1956); *Konzerto por la violono kun perkuta orkestro* (1959); Suite *Simfoniaj kordoi* (1960); Praeludium u. Sarabande (1937) für Orch., auch für Klv.; *Canticle I–III* (1939–41) für Schlagzeug-Orch.; *Alleluia* (1946) für Orch. – **2) Vokal-WW:** Messe für den heiligen Antonius (1949) für Chor, Trp., Harfe u. Str.; *Nova odo* (1963) für Solo, Chor, Sprechchor, Orch., Schlagzeug u. orientalische Instr. – **3) Bühnen-WW:** Opern, u. a. *Rapunzel*, UA: New York 1960; Ballette u. a. *Solstice* (1949); ferner zahlr. Bühnenmusiken.

HARSÁNYI, Tibor, * 27. 6. 1898 Magyarkanizsa (Ungarn), † 19. 9. 1954 Paris; frz. Pianist und Komponist ung. Herkunft. H. war an der Budapester Musikakademie Kompositionsschüler von Z. Kodály. 1924 ließ er sich in Paris nieder, von wo er Konzertreisen in die bedeutendsten Musikzentren Europas unternahm. Seine Kompositionen, die Einflüsse des Jazz und der magyarischen Folklore erkennen lassen, kennzeichnen brillante Instrumentation und metrisch-rhythmische Vielfalt.

WW: **1) Instr.-WW:** Klv.-Stücke; zahlr. Kammermusikwerke, u. a. Sonaten, V.-Duo u. V.-Trio, Streichtrio u. -quartett; Orchesterwerke, u. a.: *3 Morceaux* (1926); Suite (1927); *La joie de vivre* (1933); *Suite hongroise* (1935); *Danses variées* (1945); *Divertissement français* (1946); Symphonie in C (1951); V.-Konzert (1939–41); 2 Divertimenti (1941, 1943); *Figures et rythmes* (1947). – **2) Vokal-WW:** Zahlr. Lieder, u. a.: *Six mélodies* (1922/23) (Text: H. Heine); *Chanson* (1925) (Text: A. de Musset); Chöre: *L'Histoire du petit tailleur* (1939) für Sprecher, 7 Instr. u. Schlagzeug; *Cantate de Noël* (1939) für gem. Chor, Fl. u. Str.; *Deux fantaisies* (1943) für Chor a cap.; Kantate *Colère* (1952) für gem. Chor. – **3) Bühnen-WW:** Opern: *Les invités* (Libr.: J.-V. Pellerin), UA: Gera 1930; *Illusion ou L'Histoire d'un miracle* (Libr.: P. Brive nach E. T. A. Hoffmann), UA: Radiodiffusion Française 1949; Ballette: *Le dernier songe*, UA: Budapest 1920; *Chota Roustaveli* (zus. mit A. Honegger u. A. Tscherepnin), UA: Monte Carlo 1945; *La fleur verte* (1950) u. *L'amour et la vie* (1950) (beide hls.).

Lit.: R. KLEIN, in: ZfM 116 (1955); J. S. WEISSMANN, H., in: MGG V.

HARSDÖRFFER, Georg Philipp, * 1. 11. 1607 Nürnberg, † 17. 9. 1658 ebd.; dt. Dichter. H. studierte an den Universitäten Altenburg und Straßburg. 1627–32 bereiste er Westeuropa und Italien und ließ sich später in Nürnberg nieder, wo er zeitweise Ratsmitglied war und 1644 zusammen mit J. Klaj das Dichterkränzchen „Löblicher Hirten- und Blumenorden an der Pegnitz" gründete. H.s Hauptwerk sind die *Frauenzimmer-Gesprächsspiele* (8 Bde., Nü 1641–49), ein enzyklopädisches Kompendium der zeitgenössischen deutschen Gesellschaftskunst. Die darin enthaltenen Sing- und Ballettstücke wurden von S. Th. Staden vertont, so auch das allegorische Schäferspiel *Seelewig* (1644), das man, wohl zu Unrecht, gelegentlich als die erste deutsche Oper bezeichnet hat.

Lit.: R. HASSELBRINK, H., in: MGG V; P. KELLER, Die Oper Seelewig von S. Th. Staden und G. Ph. H. (Be 1977) (= Publ. der Schweizer. Musikforschenden Ges. II, 29).

HART, Fritz Bennicke, * 11. 2. 1874 London, † 9. 7. 1949 Honolulu; engl. Komponist. H. war 1893–96 Schüler am Royal College of Music in London und anschließend Theaterkapellmeister. 1908 ging er nach Australien, wo er 1915–35 das Konservatorium in Melbourne leitete und seit 1928 das Melbourne Symphony Orchestra dirigierte. 1932–49 leitete er als Gastdirigent das Honolulu Symphony Orchestra und war 1936–42 Professor für Musik an der Universität von Hawaii. Seine Kompositionen sind vor allem durch das englische Volkslied inspiriert.

WW: Klv.-Stücke; 3 V.-Sonaten (1911, 1920, 1941) u. 2 Streichquartette; für Orch.: Fantasie *From the West Country* (1907); 13 Szenen nach M. Maeterlincks *L'oiseau bleu* (1911); symphonische Suite *The Bush* (1923); Fantasie *Shanendoah* (1930); Symphonie (1934); *Symphonic Rhapsody* (1939) für V. u. Orch.; symphonischer Essay *A Dedication* (1949). – Über 500 Lieder; Volksliedbearbeitungen u. zahlr. Chorwerke. – Opern: *Pierrette* (1913); *Malvolivo* (1913); *The Land of Heart's Desire* (1914); *Riders to the Sea* (1915); biblische Oper *Ruth and Naomi* (1917); *The Fantastics* (1918); *The Travelling Man* (1920); Weihnachtsoper *Even Unto Bethlehem* (1943); *The Swineherd, the Toad and the Princess* (1944); *The Vengeance of Faery* (1947).

Lit.: W. A. ORCHARD, Music in Australia (Melbourne 1952); A. D. MCCREDIE, Musical Composition in Australia (Canberra 1969); DERS., Catalogue of Forty-Six Australian Composers and Selected Works (ebd. 1969).

HART, Lorenz (Milton), * 2. 5. 1895 New York, † 22. 11. 1943 ebd.; amerik. Textdichter und Librettist. H. war durch seinen Vater Max mit der Familie Heinrich Heines verwandt. 1919 schrieb er mit R. Rodgers, mit dem er weiterhin ausschließlich zusammenarbeitete, das erste gemeinsame Stück: *Poor little Ritz Girl.* Den ersten großen Erfolg errang das Autorenteam 1925 mit *Garrick Gaieties.* 1931–35 arbeiteten sie in Hollywood. Nach New York zurückgekehrt, schrieben sie für den Broadway die Musicals *On your Toes* (1936), *Babes in Arms* (1937), *I'd rather be right* (1937), *The Boys from Syracuse* (1938), *Pal Joey* (1940) und *By Jupiter* (1942), die als Meilensteine der Entwicklung des amerikanischen ↗Musicals gelten. Der Name des Autorenteams „Rodgers and Hart" steht für einen Abschnitt des amerikanischen Musicals, in dem der Song-Text gleichberechtigt neben die Musik trat. H.s Texte zeichnen sich durch Witz, Satire und Schärfe sowie geistreiche Charakterisierung von Situationen und Personen aus.

Lit.: The Rodgers and H. Song Book (NY 1951); R. RODGERS, Musical Stages (NY 1975).

HART, Philip, *um 1676, † 17. 7. 1749 London; engl. Organist und Komponist. H. war Organist an mehreren Londoner Kirchen. Er veröffentlichte neben zahlreichen Songs (u. a. *Morning hymn* aus J. Miltons *Paradise lost* für 2 St., Vc. u. Cemb., 1729) eine Sammlung *Fugues… with lessons* für Orgel oder Cembalo (Lo 1720).

Lit.: F. DAWES, Ph. H., in: MT 106 (1965); DERS., The Music of Ph. H., in: Proc. R. Mus. Assoc. 94 (1967/68); DERS., Ph. H. and W. Norris, in: MT 110 (1969).

HÄRTEL, dt. Musikverleger, ↗Breitkopf & Härtel.

HARTH, Sidney, * 5. 10. 1929 Cleveland (Ohio); amerik. Violinist. Er studierte bei A. Sack, J. Fuchs, L. Bazin und G. Enescu und konzertiert seit 1949 als Solist mit bedeutenden Orchestern und Kammermusikensembles in Europa und in den USA. H. ist Professor für Musik in Pittsburgh.

HARTMANN, Johan Peter Emilius (Emil), *14. 5. 1805 Kopenhagen, † 10. 3. 1900 ebd.; dänischer Komponist. Er entstammte einer dt. Musikerfamilie, die Mitte des 18. Jh. nach Dänemark kam. Musikunterricht erhielt er von seinem Vater August Wilhelm H. (1775–1850). Nach Abschluß eines Jurastudiums (1828) war er als Beamter tätig. Kurze Zeit war er Schüler von Chr. E. Fr. Weyse, dem er 1843 als Organist an der Vor Frue Kirk in Kopenhagen folgte. H. war Präsident der Musikforeningen und Studenter-Sangforeningen, seit 1867 Professor und einer der 3 Direktoren (u. a. mit seinem Schwiegersohn N. Gade) des Konservatoriums von Kopenhagen. Seine Musik ist vor allem vom dänischen Volkslied beeinflußt. Die späten Werke weisen auf den Stil von C. Nielsen voraus.

WW: 2 Klv.-Sonaten (1846, 1885); Org.-Stücke; Trauermarsch für Org. u. Blasinstr. (1848); V.-Sonate (1826); 2 Streichquartette (1848, 1855); für Orch.: Symphonien g-moll (1835) u. E-Dur (1848); 3 Konzertouvertüren (1825, 1852, 1863); Lieder u. Liederzyklen, u. a. *Sulamith og Salomon* (1847–1850); *Folmer Spillemands viser* (aus *Hjortens Flugt* v. Ch. Winter) (1856); Chöre, darunter die Kantaten *Dryadens bryllup* (1858) u. eine Universitätskantate (1879). – Opern: *Ravnen* (Der Rabe), UA: Kopenhagen 1832; *Korsarerne* (1835); *Liden Kirsten* (Die kleine Kirsten) (1846); Ballette: *Valkyrien* (1861); *Thrymskviden* (1868); *Arkona* (1875); Bühnenmusik u. a. zu A. Oehlenschlägers *Olaf den Hellige* (1838) u. *Yrsa* (1883).

Lit.: A. HAMMERICH, J. P. E. H. (Kop 1916); W. BEHREND, J. P. E. H. (Kop 1918); R. HOVE, J. P. E. H. (Kop 1934) (mit Werk-Verz.); V. BITSCH, J. P. E. H. (Hellrup 1955); L. BRIX, Die Klaviermusik v. J. P. E. H. (Diss. Gö 1971).

HARTMANN, Karl Amadeus, *2. 8. 1905 München, † 5. 12. 1963 ebd.; dt. Komponist. Er studierte 1924–29 bei J. Haas an der Akademie der Tonkunst (bzw. Musikhochschule) in München. Um 1931 wurde er Privatschüler von H. Scherchen, dessen Einfluß für seine künstlerische Entwicklung bestimmend wurde. Aus der Zusammenarbeit beider entstand das Buch zu H.s einziger Oper *Des Simplicius Simplicissimus Jugend* (1934), in deren Komposition Einflüsse des Expressionismus deutlich werden. Von seinen anderen Werken, die bis 1945 entstanden waren, ließ H. später nur noch wenige gelten: das 1. Streichquartett (1933), die 1. Symphonie (1937) und das *Concerto funebre* (1939). Alle Werke, die während dieser Zeit außerhalb Deutschlands uraufgeführt wurden, zog H. zurück (seine Verleger veröffentlichten sie nach seinem Tode z. T. jedoch neu). In den Kriegsjahren blieb H. in „innerer Emigration“ von der Umwelt wie abgeschlossen; 1942 war er Schüler A. Weberns in Maria-Enzersdorf bei Wien. 1945 wurde er Musikdramaturg der Bayerischen Staatsoper in München und rief dort im selben Jahre mit der Konzertreihe „Musica viva“ eine der bedeutendsten Pflegestätten zeitgenössischer Musik in Deutschland ins Leben. Seit dieser Zeit wurde er auch als Komponist bekannt. 1952 wurde er zum Mitglied der Bayerischen Akademie der Schönen Künste in München gewählt, 1953 zum Präsidenten der deutschen Sektion der IGNM und zum Mitglied der Akademie der Künste in Berlin (West). H. erhielt zahlreiche Ehrungen, u. a. 1962 die Ehrendoktorwürde der Spokane University (Wash.).

WW: Streichquartett *Carillon* (1933); 2. Streichquartett (1945–46); 8 Symphonien: 1: *Versuch eines Requiems* (1937) (Text: W. Whitman) für Alt u. Orch., 2: *Adagio* (1945, revidiert 1946), 3: (1948–49), 4: (1946–47) für Streichorch., 5: *Symphonie concertante* (1950), 6: (1951–53), 7: (1957–58), 8: (1962); V.-Konzert *Musik der Trauer* (1939), Neufassung als: *Concerto funebre* (1959); Konzert für Va. mit Klv., Bläser u. Schlagzeug (1955); Kantate *Lamento* (1937) für Sopran u. Klv.; *Gesangsszene* (1962–63) (nach J. Giraudoux) für Bar. u. Orch.; *Ghetto* (1960–61) für Alt, Bar., Kammerchor u. kleines Orch., aus *Jüdische Chronik* (zus. mit B. Blacher, P. Dessau, H. W. Henze, R. Wagner-Régeny); Kammeroper *Des Simplicius Simplicissimus Jugend* (1934–35), UA: Köln 1949, Neufassung (1955), UA: Mannheim 1957. – Postume Veröff. früherer Kompositionen: *Anno '48/Friede* (1936–37) (nach A. Gryphius) für Sopran, 4st. gem. Chor u. Klv. (Mz 1968), *Jazz-Toccata u. -Fuge* (1928) für Klv. (Mz 1970); Sonatine (1931) für Klv. (Mz 1970); *Tanzsuite* (1931) für Bläserquintett (Mz 1972); *Burleske Musik* (1931) für Bläser, Schlagzeug u. Klv. (Mz 1973); *Symphonische Hymnen* (1941–42) (Mz 1976); symphonische Dichtung *Miserae* (1933–34) (Mz 1977); Sonate 27. April (1945) für Klv. (Mz 1980). – Posthum erschienen: *Kleine Schriften* (Mz 1965).

H.s Meisterschaft als Komponist zeigt sich in der „Entsprechung des Ausdrucksbedürfnisses und seiner Dringlichkeit mit der Wahl der instrumentalen Mittel“ (H. W. Henze) wie auch in dem Aufbau weitgespannter Melodiebögen, insbesondere in den Adagiosätzen seiner Symphonien. Um einen Ausgleich zwischen Polyphonie und Ausdruck, die sich nach H.s Auffassung antithetisch verhalten, zu erzielen, bediente sich H. häufig kontrapunktischer Kunstmittel: Der 2. Satz *Toccata variata* seiner 6. Symphonie besteht aus 3 Fugen, wobei das Thema der ersten in den Themen der folgenden jeweils variiert wird; doch bleibt diese Konstruktion dem Hörer hinter der musikalischen Ausdruckskraft der Komposition verborgen. H.s Werke sind Bekenntnismusik; sein Anliegen als Musiker formulierte er selbst: „... meine auf Humanität hinzielende Lebensauffassung einem künstlerischen Organismus mitzuteilen".

Lit.: W. ZILLIG, H.s sinfonische Erkenntnisse, in: Melos 26 (1959); S. GÜNTHER, H.s achte Symphonie, in: ebd. 30 (1963), M. SEE, Erinnerungen an K. A. H., in: NZfM 125 (1964); L. DALLAPICCOLA, Meine Erinnerungen an K. A. H., in: Melos 37 (1970); R. LUKOWSKY, Bekenntnis zur Humanität. K. A. H., ein bedeutender bürgerlicher Musiker, in: MuG 20 (1970); J. P. DISTEFANO, The Symphonies of K. A. H. (1972) (= Diss. Florida State Univ.); W. FORTNER, K. A. H. Zur 70. Wiederkehr seines Geburtstages, in: Melos/NZ 1 (1975); K. H. RUPPEL, K. A. H. (Mz 1975) (Werk-Verz.); H.-W. HEISTER, Zur Semantik musikal. Strukturen. Der Schlußsatz aus K. A. H.s 1. Symphonie, in: BzMw 18 (1976); E. VOSS, Sinfonien als Bekenntnisse zur Humanität. Zur Sinfonik K. A. H.s, in: Melos/NZ 2 (1976); A. MCCREDIE, K. A. H. Sein Leben u. Werk (Wilhelmshaven 1980) (= Taschenbücher z. Musikwiss. 74), engl. Originalfassung mit thematischem Werk-Verz. vorgesehen als Bd. XIX der Quellenkataloge z. Musikgesch. (ebd. 1980–81); K. A. H. u. die Musica viva. Essays, bisher unveröff. Briefe an H. Ausstellungskat., hrsg. v. R. WAGNER (Mn 1980) (= Bayerische Staatsbibl., Ausstellungs-Kataloge 20).

K. LANGROCK

HARTMANN, Rudolf, * 11. 10. 1900 Ingolstadt; dt. Opernregisseur und Theaterleiter. Er studierte in München Musikwissenschaft, ließ sich als Opernregisseur ausbilden und wurde 1928 Oberspielleiter in Nürnberg, 1934 an der Staatsoper in Berlin; Cl. Krauss berief ihn 1944 als Oberregisseur an die Staatsoper in München, deren Leitung er als Staatsintendant 1952–67 innehatte. H. widmete sich, auch als Gastregisseur, insbesondere den Opern W. A. Mozarts, R. Wagners und R. Strauss', mit dem er befreundet war. Er inszenierte dessen Spätwerke bei ihrer Uraufführung (u. a. *Capriccio,* München 1938, und *Die Liebe der Danae,* Salzburg 1952) und führte die Regie bei der Uraufführung u. a. von C. Orffs *Der Mond* (München 1939) und P. Hindemiths *Die Harmonie der Welt* (ebd. 1957). H. veröffentlichte *Das geliebte Haus. Mein Leben mit der Oper* (Mn 1975) und *Oper, Regie und Bühnenbild heute* (Fribourg – St 1977).

Lit: W. PANOFSKY, Musiker, Mimen u. Merkwürdigkeiten im Hof- u. Nationaltheater (Mn 1963); M. SEE, Die künstlerischen Perspektiven im Neuen Hause. Die Bayerische Staatsoper unter R. H. im wiederhergestellten Münchner Nationaltheater, in: NZfM 124 (1963); H. FRIESS, R. H., in: Opera 16 (1965).

HARWOOD, Basil, * 11. 4. 1859 Olverton (Gloucestershire), † 3. 4. 1949 London; engl. Organist und Komponist. Er erhielt seine musikalische Ausbildung am Trinity College in Oxford und studierte Komposition bei S. Jadassohn und C. Reinecke am Leipziger Konservatorium. 1887–92 war er Organist an der Kathedrale von Ely und 1892–1909 an der Christ Church Cathedral in Oxford, daneben Precentor am Keble College (1892–1903), Dirigent des Bach Choir (1896–1908) und Choragus der Universität (1900–09). Neben H. Parry und Ch. V. Stanford war H. von entscheidendem Einfluß auf die Entstehung einer eigenständigen englischen Orgelkunst im frühen 20. Jahrhundert.

WW: Für Org.: 2 Sonaten (1888, 1912); *Dithyramb* (1892); *Paean* (1902); *Christmastide* (1920); *Rhapsody* (1922); *In Exitu Israel* (1928); *Lullaby* (1930); *2 Meditations* (1935); Org.-Konzert (1910); ferner zahlr. geistliche Vokalwerke.

Lit.: H. G. LEY – C. WILLIAMS, in: English Church Music 19 (1949).

HASELBÖCK, Hans, * 26. 7. 1928 Nesselstauden (Niederösterreich); östr. Organist und Komponist. Er studierte in Wien Kirchenmusik und Germanistik und promovierte 1952 mit der Dissertation *Die dichterische Entwicklung des jungen Wagner.* Seit 1949 ist er Organist an der Dominikanerkirche in Wien. 1958–60 war er dreimal Preisträger des Internationalen Orgelimprovisationswettbewerbs in Haarlem und gilt seitdem als einer der führenden Improvisatoren an der Orgel. 1960 wurde er Professor für Orgel und Improvisation an der Wiener Musikakademie (heute Musikhochschule), an der er seit 1965 die Abteilung für Kirchenmusik leitet.

WW: **1) Kompositionen:** Für Org.: Partiten; Choräle; *Toccata serena* (1979). – *Salzburger Messe* (1967) für Kantor, Chor, Org. u. Bläser; *Psalm 103* (1969) für gem. Chor u. Org.; *Psalmenproprium* (1969) für Chor u. Org.; Madrigalmesse, UA: Wien 1980; ferner A-cap.-Chöre. – **2) Schriften:** *Barocker Orgelschatz in Niederösterreich* (W 1972); *Mozarts Stücke für eine Orgelwalze,* in: FS W. Supper, hrsg. v. A. Reichling (B 1978). – Ferner edierte H. Werke v. A. Bruckner u. J. K. Kerll.

HASKIL, Clara, * 7. 1. 1895 Bukarest, † 7. 12. 1960 Brüssel; Schweizer Pianistin rumänischer Herkunft. Sie studierte in Wien bei Richard Robert, dann bei A. Cortot am Pariser Conservatoire. Seit 1910 konzertierte sie in Europa und den USA, u. a. auch als Partnerin von G. Enescu, E. Ysaye, P. Casals, A. Grumiaux und G. Anda. Sie zählt zu den herausragenden Mozart-Interpreten ihrer Zeit, war aber ebenso bedeutend als Interpretin von Werken Fr. Schuberts und R. Schumanns. Seit 1963 findet alle 3 Jahre ein Concours international de piano Cl. H. statt, der von der Association Cl. H. (gegr. 1962 in Vevey) veranstaltet wird.

Lit.: R. WOLFENSBERGER, C. H. (Be 1961); B. GAVOTY –

R. HAUERT, C. H. (G 1962), dt. Übers. (F 1962); J. RÖNTGEN, In memoriam C. H., in: NZfM 123 (1962) (mit Briefen C. H.s); J. SPYCKETT, C. H. (Lau 1976, dt. Be 1977).

HASLINGER, Tobias, * 1. 3. 1787 Zell (Oberösterreich), † 18. 6. 1842 Wien; östr. Musikverleger. Er war Schüler des Domkapellmeisters Franz Xaver Glöggl in Linz und kam 1810 nach Wien, wo er auch einige eigene Kompositionen veröffentlichte. 1814 trat er in die Musikalienhandlung von S. A. Steiner ein und baute sie binnen kurzem zu einem bedeutenden Verlag aus. Er wurde 1815 Teilhaber von Steiner, 1826 Alleininhaber der Firma, die nun seinen Namen trug. H. war einer der wichtigsten Verleger L. van Beethovens und mit diesem freundschaftlich verbunden, wie auch eine Reihe von scherzhaften Kanons bezeugt. Unter H.s Betreuung bzw. in seinem eigenen Verlag erschienen zahlreiche Originalausgaben von Werken Beethovens, darunter die der Symphonien Nr. 7 und 8 (1816–17) und frühe Nachdrucke. 1817–23 legte H. zur Vorbereitung einer Gesamtausgabe eine Sammlung von kalligraphisch prachtvoll gestalteten Abschriften der bis 1821 gedruckten Beethovenschen Werke an, die später von Erzherzog Rudolph angekauft wurde (sog. Haslinger-Rudolfinische Sammlung, heute in Wien, Bibl. der Gesellschaft der Musikfreunde). H. verlegte auch Werke von Fr. Schubert (u. a. *Winterreise* und *Schwanengesang*), von G. Albrechtsberger, G. F. Händel, C. M. v. Weber, L. Spohr, Fr. Liszt, Fr. Chopin u. a. Nach seinem Tod übernahm H.s Sohn **Carl H.,** * 11. 6. 1816 Wien, † 26. 12. 1868 ebd., Schüler von C. Czerny und I. von Seyfried, die Nachfolge, zuerst gemeinsam mit seiner Mutter Caroline, nach 1848 allein. 1875 ging die Firma an den Verlag Schlesinger (Lienau) in Berlin über. C. H. verlegte zahlreiche Werke von J. Strauß Vater und Sohn und von C. M. Ziehrer.

Lit.: M. UNGER, L. van Beethoven u. seine Verleger S. A. Steiner u. T. H. in Wien, A. M. Schlesinger in Berlin (B – W 1921); A. WEINMANN, Wiener Musikverleger u. Musikalienhändler v. Mozarts Zeit bis gegen 1860 (W 1956); F. ZAGIBA, Chopin u. T. H., in: Chopin-Jb. 1 (1956).

HASSE, Johann Adolf, getauft 25. 3. 1699 Bergedorf bei Hamburg, † 16. 12. 1783 Venedig; dt. Komponist. Er war der älteste Sohn des Bergedorfer Organisten Peter H. (um 1668–1737). 1718 ging er als Tenorist an die Hamburger und 1719 an die Braunschweiger Oper, wo er 1721 mit der Opera seria *Antioco* als Komponist debütierte. Zum Kapellmeister des Herzogs von Braunschweig ernannt, unterhielt er diese Verbindung bis 1728. 1722 wandte er sich nach Neapel, wurde dort Schüler von N. Porpora und A. Scarlatti und hatte auch zwischen 1726 und 1729 mit mehreren Opere serie Erfolg. 1727 wurde er Kapellmeister am Conservatorio degli Incurabili in Venedig, wo u. a. sein berühmtes *Miserere* entstand, blieb daneben aber noch bis 1730 auch „Maestro sopranumerario della Real Cappella di Napoli". 1730 heiratete er die Sängerin Faustina Bordoni. Nach Opernaufführungen in Venedig, Parma und Mailand gastierten beide 1731 in Dresden, wo H. mit *Cleofide* Triumphe feiern konnte und den Titel „Königlich Polnischer und Kurfürstlich Sächsischer Kapellmeister" erhielt. Nach weiteren Opernaufführungen in Turin, Venedig, Rom, Bologna und Wien traten sie im Dezember 1733 in sächsische Dienste. Das bedeutete den Beginn einer fast 30jährigen, ungemein fruchtbaren und glanzvollen Tätigkeit an der wiedereröffneten Dresdner Oper. Beide erhielten oft und großzügig Urlaub: Im November 1734 reisten sie nach London, anschließend nach Venedig und kehrten erst Anfang 1737 nach Dresden zurück. Während weiterer Reisen nach Italien (zumeist nach Venedig: September 1738 – Ende 1739, April 1744 – Sommer 1745, Juli 1746 – Anfang 1747 [über München], 1754) pflegte H. seine Verbindungen zu italienischen Bühnen. Im Mai 1750 war er Gast des französischen Hofes in Paris, im März 1753 folgte er einer Einladung König Friedrichs II. von Preußen nach Berlin. Für den Dresdner Hof schrieb er eine Reihe weltlicher Kantaten, für die Hofkirche mehrere weitgehend deren besonderen akustischen Gegebenheiten Rechnung tragende Oratorien und zahlreiche andere Kirchenmusikwerke. 1750 wurde H. zum Oberkapellmeister ernannt. Sein Wohnhaus wurde 1760 mit der zum Stich vorbereiteten Gesamtausgabe seiner Werke während der Beschießung Dresdens durch Feuer zerstört. Noch im selben Jahr knüpfte er Verbindungen zum Wiener Hof. Nach dem Tode des sächsischen Kurfürsten Friedrich August II. (5. 10. 1763) wurde H. ohne Pension entlassen; nach der Aufführung des Requiems (22. 11. 1763) übersiedelten er und seine Frau Anfang 1764 nach Wien, wo H. während der folgenden Jahre noch eine Reihe höfischer Auftragsopern schuf. 1773 ließen sie sich in Venedig nieder, wo H. bis zu seinem Tode ohne Amt und zurückgezogen lebte.

WW: **1) Instr.-WW:** Kammermusik, u. a. zahlr. Kompositionen für Cemb. u. Fl. mit u. ohne B.c. (Sonaten, Duos); ferner zahlr. Symphonien u. Konzerte für versch. Instr. mit Orch., sämtlich in London u. Amsterdam gedruckt. – **2) Vokal-WW** (in großer Zahl hsl. erhalten): Oratorien: *Serpentes ignei in deserto* u. *Sanctus Petrus et Sancta Maria Magdalena; Daniello* (Text: A. Zeno), UA: Wien 1731; *Il cantico de' tre fanciulli* (Text: S. B. Pallavicini), UA: Dresden 1734; *Le virtù appie della croce* (Text: ders.), UA: ebd. 1737; *Giuseppe riconosciuto* (Text: P. Metastasio), UA: ebd. 1741; *I pellegrini al sepolcro* (Text: Pallavicini), UA: ebd. 1742, dt., im Klv.-A. v. J. A. Hiller (L 1784); *La caduta di Gerico* (Text:

G. C. Pasquini), UA: ebd. 1743; *La deposizione della croce* (Text: UA: ebd. 1746, UA der Neufassung: Wien 1772; *La conversione di Sant'Agostino*, UA: Dresden 1750. – Geistliche Werke: Te Deum D-Dur, UA: Dresden 1751; Te Deum G-Dur (1776); 2 Te Deum D-Dur; Requiem C-Dur, UA: Dresden 1763; 2 Requiem Es-Dur; Magnificat F-Dur; Missa d-moll, UA: Dresden 1751; Missa Es-Dur (1779); 8 Messen; zahlr. Motetten, Kantaten, Antiphonen, Offertorien, Psalmen u.a. kirchenmusikal. Werke in versch. Besetzungen. – Ferner weltliche Kantaten, u. a. 13 Festkantaten (überwiegend für höfische Anlässe komponiert). – **3) Bühnen-WW: a)** Opere serie (nur die erhaltenen; wenn nicht anders angegeben, auf Libretti v. P. Metastasio u. in Dresden bzw. Hubertusburg uraufgeführt; zumeist hsl. erhalten, von einigen WW erschienen in London o. J. *Favourite Songs* im Druck): *Antioco* (Libr.: A. Zeno, P. Pariati), UA: Braunschweig 1721; *Il Sesostrate* (Libr.: A. Carasale), UA: Neapel 1726; *Gerone tirannico di Siracusa* (Libr.: A. Aureli), UA: ebd. 1727; *Attalo* (Libr.: F. Silvani), UA: ebd. 1728; *Tigrane* (Libr.: Silvani), UA: ebd. 1729; *Ezio*, UA: ebd. 1729/30 (verschollen), Umarbeitung oder Neufassung, UA: Dresden 1755; *Artaserse*, UA: Venedig 1730, Umarbeitung, UA: Dresden 1740, nochmalige Umarbeitung, UA: Neapel 1760; *Dalisa* (Libr.: N. Minato), UA: Parma 1730 (später als *La costanza vincitrice*, verschollen); *Arminio* (Libr.: A. Salvi), UA: Mailand 1730; *Cleofide* (= P. Metastasios *Alessandro nell'Indie*, bearb. v. M. A. Boccardi), UA: 1731; *Demetrio*, UA: Venedig 1732, Umarbeitung als *Cleonice*, UA: Wien 1734, dann Dresden 1740; *Cajo Fabrizio* (Libr.: Zeno), UA: Rom 1732; *Euristeo* (Libr.: ders. oder D. Lalli), UA: Venedig 1732; *Siroe*, UA: Bologna 1733, Umarbeitung, UA: Dresden 1763; *Tito Vespasiano* (*La clemenza di Tito*), UA: Pesaro 1735; *Senocrita* (Libr.: Pallavicini), UA: 1737; *Atalanta* (Libr.: ders.), UA: 1737; *Asteria* (Libr.: ders.), UA: 1737; *Irene* (Libr.: ders.), UA: 1738; *Alfonso* (Libr.: ders.), UA: 1738; *Viriate* (= P. Metastasios *Siface*, bearb. v. Lalli), UA: Venedig, Karneval 1739/40; *Numa* (Libr.: Pallavicini), UA: 1741; *Lucio Papirio* (Libr.: Zeno), UA: 1742; Festa teatrale *L'asilo d'amore*, UA: Neapel 1742; *Didone abbandonata*, UA: 1742; *Issipile* (zweifelhaft), UA: Neapel 1742; *Antigono*, UA: 1743; *Ipermestra*, UA: Wien 1744, Umarbeitung, UA: ebd. 1751; *Semiramide riconosciuta*, UA: Venedig 1744; *Arminio* (Libr.: Pasquini), UA: 1745; *La spartana generosa* (Libr.: ders.), UA: 1747; Favola pastorale *Leucippo* (Libr.: ders.), UA: 1747 (als *Leucippus* B 1765); *Demofoonte*, UA: 1748; Azione teatrale *Il natale di Giove*, UA: 1749; *Attilio Regolo*, UA: 1750; *Ciro riconosciuto*, UA: 1751; *Adriano in Siria*, UA: 1752; *Solimano* (Libr.: G. A. Migliavacca), UA: 1753; *L'eroe cinese*, UA: 1753; *Artemisia* (Libr.: Migliavacca), UA: 1754; *Il rè pastore*, UA: 1755; *L'Olimpiade*, UA: 1756; *Nitteti*, UA: Venedig 1758; Azione teatrale *Il sogno di Scipione* (zweifelhaft), UA: Warschau 1758; *Achille in Sciro*, UA: Neapel 1759; Festa teatrale *Alcide al bivio*, UA: Wien 1760 (Klv.-A. L 1763); *Zenobia*, UA: Warschau 1761; *Il trionfo di Clelia*, UA: Wien 1762; Festa teatrale *Egeria*, UA: ebd. 1764; *Romolo ed Ersilia*, UA: Innsbruck 1765; Festa teatrale *Partenope*, UA: Wien 1767; Intermezzo tragico *Piramo e Tisbe* (Libr.: M. Coltellini), UA: ebd. 1768; *Ruggiero*, UA: Mailand 1771. – Ferner zahlr. Intermezzi und Arien für 40 Pasticci.

Als einer der fruchtbarsten und am meisten geschätzten Komponisten seiner Zeit repräsentiert H. die Hochblüte spätneapolitanischer Opernkunst. Er vertonte fast das gesamte dramatische Werk seines Zeitgenossen P. Metastasio: Die Libretti von 32 seiner 56 Opere serie stammen aus dessen Feder, der wie H. selbst ganz dem Geiste der Aufklärung verbunden war. Auf dem Boden konventioneller musikalischer Formen (vor allem der Da capo-Arie) stehend, erreichte H. bei im einzelnen reicher und metrisch-vielfältiger Affektenmelodik eine ausgeglichene Verbindung von barock-pathetischen und empfindsamen Ausdrucksmomenten, wobei stets die Gesangsstimme bzw. in instrumentaler Musik die Oberstimme dominiert. Mit seinen Opere serie überragt er seine Zeitgenossen. Indem er seinen affektbezogener Typik verpflichteten Stil in Oper und Oratorium rund vier Jahrzehnte lang unverändert beibehielt, wurde er zum Idol seiner Zeit, „seiner" Epoche, mit deren Ende auch sein Ruhm erlosch, den er noch um Jahre überlebte. Im Gegensatz zu den Opere serie erweisen sich seine komischen Opernintermezzi als den Werken der Zeitgenossen nicht ebenbürtig, und seine an Chören auffallend reichen Oratorien erreichen den künstlerischen Rang seiner Opere serie nur teilweise. H.s späte Werke zeigen sein Bemühen um Erweiterung seines musikalischen Formenschatzes. Seine vorletzte Opera seria *Piramo e Tisbe* stellte einen Versuch dar, an die Wiener Opernreform des Kreises um Chr. W. Gluck Anschluß zu gewinnen.

Ausg.: **1) Instr.-WW: a)** Sonaten: Triosonaten: D-Dur, hrsg. v. G. FROTSCHER (Hannover 1942, Kas 1969) (= Nagels MA 159); D-Dur op. 3 Nr. 6, hrsg. v. E. SCHENK (W 1955) (= Hausmusik 168); dass. (W 1969) (= Diletto musicale 435); G-Dur, hrsg. v. H. RUF (Mz 1968) (= Il flauto traverso o. Nr.); dass., hrsg. v. K. WALTHER (F 1977); Fl.-Sonaten: D-Dur, hrsg. v. K. WALTHER (Hannover 1933) (= Nagels MA 99); G-Dur, hrsg. v. R. ENGLÄNDER (L 1934, NA 1953). – **b)** Konzerte: für Fl.: h-moll, in: Instrumentalkonzerte dt. Meister, hrsg. v. A. SCHERING (1906) (= DDT 29/30); dass., hrsg. v. K. WALTHER (L 1953, NA 1975); G-Dur, hrsg. v. R. ENGLÄNDER (Hannover 1934) (= Nagels MA 194); D-Dur, hrsg. v. DEMS (Lo 1953); A-Dur, hrsg. v. W. MOHR (Hei 1964); für Ob. F-Dur, hrsg. v. H. TÖTTCHER – K. SPANNAGEL (H 1966); für Fl., Str. u. B.c., hrsg. v. Z. JENEY – J. P. MÜLLER (Budapest [2]1976). – **2) Vokal-WW:** *Miserere* c-moll, hrsg. v. A. SCHERING (L 1922); Oratorium *La conversione di Sant'Agostino* 1750, hrsg. v. DEMS. (L 1905) (= DDT 20); Auszug aus *I pellegrini* (dt. Fassung v. 1784), in: G. MASSENKEIL, Das Oratorium (Kö 1970) (= Das Musikwerk 37); 4 Kantaten für Frauenchor u. Orch., hrsg. v. S. H. HANSELL (P 1968) (= Le pupitre 11). – **3) Bühnen-WW:** *Arminio*, hrsg. v. R. GERBER, 2 Bde. (Mz 1957 u. 1966) (= EDM 27 u. 28); *Ruggiero ovvero L'eroica gratitudine*, hrsg. v. K. HORTSCHANSKY (Kö 1973).

Lit.: C. MENNICKE, J. A. H., in: SIMG 5 (1903/04); DERS., H. u. die Brüder Graun als Symphoniker (L 1906) (mit Verz. der Drucke u. thematischem Verz. der Opern- u. Oratorienouvertüren) (Nachdr. Hil – Wie 1977); W. MÜLLER, J. A. H. als Kirchenkomp. (L 1911) (= BIMG 2/9) (mit Verz. der geistlichen Werke, ohne Oratorien); L. KAMIENSKI, Die Oratorien v. J. A. H. (L 1912); R. GERBER, Der Operntypus J. A. H.s u. seine textlichen Grundlagen (L 1925) (= Berliner Beitr. z. Musikwiss. 2); J. HENNINGS, Das Musikergeschlecht der H., in: Mf 2 (1949); L. HOFFMANN-ERBRECHT, Dt. u. it. Klv.-Musik zur Bach-Zeit (L 1954) (= Jenaer Beitr. z. Musikwiss. 1) (mit Verz. der Klv.-Werke); H. ENGEL, H.s Ruggiero u. Mozarts Festspiel Ascanio, in: Mozart-Jb. 11 (1961); S. H. HANSELL, Works for Solo Voice of J. A. H. (Detroit 1968); DERS., Sacred Music at the „Incurabili" in Venice at the Time of J. A. H., in: JAMS 23 (1970); P. DRUMMOND, The Concertos of J. A. H., in: Proc. R. Mus. Assoc. 99 (1972/73); F. DEGRADA, Aspetti gluckiani nell'ultimo H., in: Chigiana 29/30 (1972/73); K.-H. VIERTEL, Neue Dokumente zu Leben u. Werk J. A. H.s, in: Anal. Mus. 12 (Kö 1973); O. LANDMANN, Quellenstud. zum it. Intermezzo comico per musicam u. zu seiner Gesch. in Dresden, 3 Bde. (Diss. Rostock 1973); D. J. WILSON, The Masses of J. A. H. (1973) (= Diss. Univ. of Illinois); H. CHR. WOLFF, G. A. H. e l'opera veneziana (V 1973) (Beitr. zum Symposium „Venedig u. die Oper des 18. Jh."); H. LÜHNING, „Titus"-Vertonungen im 18. Jh. (Diss. Erl 1974); F. L. MILLNER, H. and London's Opera of the Nobility, in: MR 35 (1974); R. STROHM, H., Scarlatti, Rolli, in: Anal. Mus. 15 (1975).

W. PFANNKUCH

HASSE, Karl, *20. 3. 1883 Dohna bei Dresden, †31. 7. 1960 Köln; dt. Komponist. Er war u. a. Orgelschüler von K. Straube am Konservatorium in Leipzig, studierte bei H. Riemann Musikwissenschaft an der Universität, später Komposition bei M. Reger und Dirigieren bei F. Mottl an der Münchner Akademie der Tonkunst. Seit 1909 war er Kantor und Organist in Chemnitz, seit 1910 in Osnabrück, wo er 1918 das Konservatorium gründete. 1919 wurde er Universitäts-Musikdirektor und außerordentlicher Professor in Tübingen, promovierte dort zum Dr. phil. und gründete das Musikwissenschaftliche Institut. 1935–45 leitete er die Musikhochschule Köln. Neben J. Haas und H. Unger ist er ein bedeutender Vertreter der Reger-Schule.

WW: **1) Kompositionen:** Für Org.: Mehrere Hefte Choralvorspiele, Fantasien, Fugen u. Sonaten; für Klv.: Suiten, Sonaten u. 5 Zyklen Charakterstücke; ferner zahlr. Kammermusik; für Orch.: *Prinz-Eugen-Variationen* (Elberfeld 1915); V.-Konzert (Bonn 1924); Klv.-Konzert (Wr 1938); Toccata, Passacaglia u. Fuge für Klv. u. Orch. (Hei 1939); Vc.-Konzert; Symphonie g-moll. – Vokal-WW: Zahlr. Lieder mit Klv. u. (oder) Orgel; für Chor: *Missa brevis* (1912); Choral-Motetten; *Das deutsche Sanctus; Vater unser; Tübinger Jubiläumskantate* (1927); *Reformationskantate* (H 1929) für Sopran-, Tenor- u. Bar.-Soli; *Hymnus* (1937) (nach J. Kepler) für Bar.-Solo, Chor u. Orch. – **2) Schriften:** *M. Reger* (L 1921, [2]1930) (= Die Musik 42–44) (darin 4 Aufsätze Regers); *J. S. Bach, Leben u. Wirken* (Kö – Krefeld 1937, [2]1941); Aufsatz-Slgen.: *Musikstil u. Musikkultur* (Kas 1927); *Vom deutschen Musikleben* (Rb 1934); *Von deutscher Kirchenmusik* (Rb 1935); *K. Straube als Orgelkünstler,* in: FS K. Straube (L 1943); Autobiogr., in: Rheinische Musiker 3, hrsg. v. K. G. Fellerer (Kö 1964) (mit Werk-Verz.) (= Beitr. zur rheinischen Musikgesch. 58). – Ferner edierte H. u. a. die Bde. 2 u. 3 der J.-H.-Schein-GA u. gab 1932–41 die *Mitteilungen der M.-Reger-Ges.* heraus.

Lit.: Werk-Verz., in: Mitt. des M.-Reger-Inst. (1958) H. 7; F. STEIN, K. H.s Dienst an M. Reger, in: ebd.; E. OTTO, in: ebd, (1960) H. 11; O. SCHREIBER, in: Mf 14 (1961); J. WULF, Musik im Dritten Reich (Gütersloh 1963).

H. LINDLAR

HASSLER (eig. Haßler; Hasler, Haissler), **Hans Leo (von),** getauft 26. 10. 1564 Nürnberg, †8. 6. 1612 Frankfurt am Main; dt. Komponist. Er gehörte einer berühmten Musikerfamilie an. Sein Vater **Isaak H.,** *um 1530 (?) Joachimsthal, begraben 14. 7. 1591 Nürnberg, Edelsteinschneider, war seit 1558 Organist an der Spitalkirche in Nürnberg. Sein Bruder **Caspar (von) H.,** getauft 17. 8. 1562 Nürnberg, †19. 8. 1618 ebd., war seit 1586 Organist an St. Egidien, seit 1587 an St. Lorenz und seit 1616 an St. Sebald in Nürnberg. Er ist als Herausgeber mehrerer Sammlungen lateinischer Kirchenmusik bekannt. Der jüngste Bruder, **Jacob (von) H.,** getauft 18. 12. 1569 Nürnberg, †zw. 23. 4. 1621 u. 29. 9. 1622 Eger (?), wirkte als Organist an den Grafenhöfen in Augsburg und Hechingen sowie im kaiserlichen Prag. Er hinterließ Orgelkompositionen (hsl. erhalten), 6st. Madrigale (Nü 1600) und eine Sammlung mit Magnificat u. a. (Nü 1601). – In Nürnberg kam Hans Leo H. erstmals entscheidend mit der Musik in Berührung: Fr. Lindner war seit 1574 Kantor an St. Egidien, und L. Lechner übte dort 1575–87 das Amt eines „collaborator" und „archimusicus" aus. 1584 reiste H. nach Venedig, um seine Kenntnisse bei A. Gabrieli zu vervollständigen. Anfang 1586 ging er nach Augsburg als Kammerorganist von Octavianus Fugger II. und wurde 1600 städtischer Musikdirektor. 1601 kehrte er in der gleichen Eigenschaft nach Nürnberg zurück. Seit 1602 unterhielt er Beziehungen zu Kaiser Rudolf II., an den er sich mehrmals wegen des Schutzes einer von ihm erfundenen bzw. verbesserten automatischen Orgel wandte. 1604–08 hielt sich H. in Ulm auf; er beschäftigte sich mit der Verwaltung von Bergwerken und mit Geldgeschäften. Wahrscheinlich hatte aber schon die Erhebung der Brüder H. in den Adelsstand (1595) im Zusammenhang mit dieser außermusikalischen Tätigkeit gestanden. Seit 1608 diente H. in Dresden als Kammerorganist des Kurfürsten Christian II. von Sachsen.

WW: **1) Weltliche- u. Instr.-WW:** *Canzonette* für 4 St. (Nü 1590); *Neue teutsche Gesang nach Art der welschen Madrigalien u. Canzonetten* für 4–8 St. (Au 1596); *Madrigali* für 5–8 St. (Au 1596); *Lustgarten neuer teutscher Gesäng, Balletti, Galliarden u. Intraden* für 4–8 St. (Nü 1601, [2]1605, [3]1610). – **2) Geistliche WW:** *Cantiones sacrae* für 4–12 St. (Au 1591, erweitert Nü [2]1597, [3]1607); *Missae* für 4–8 St. (Nü 1599); *Sacri concentus* für 4–12 St. (Au 1601, erweitert Nü [2]1612); *Psalmen u. Christliche Gesäng mit 4 Stimmen auff die Melodeyen fugweis komponiert* (Nü 1607); *Kirchengesänge: Psalmen u. geistliche Lieder auff die gemeinen Melodeyen mit 4 Stimmen simpliciter gesetzet* (Nü 1608), dass., hrsg. v. S. Th. Staden ([2]1637) (mit 2 8st. Sätzen); *Litaney teutsch* für 7 St. (Nü 1619); ferner zahlr. Kompositionen (auch Instr.-Werke) hsl. u. in Sammeldrucken 1588–1633.

Mit ähnlichem Nachdruck wie später J. H. Schein war H. um Aneignung der damals in Mode stehenden musikalischen Gesellschaftskunst Italiens bemüht, an die er sich mehr durch die Anmut der Kanzonette und den Schwung des Singballetts als durch die Expressivität des Madrigals gebunden fühlte. Der Lyrismus seines Liedstils, der auch in den geistlichen Gesang überging (Umtextierung von *Mein Gmüt ist mir verwirret*), hat die Musik Nürnbergs bis ans Ende des 17. Jh. geprägt. Als

Komponist von Kirchenmusik begann H. im Stil von O. di Lasso. Aber schon sein populärstes geistliches Stück, das 6st. Weihnachtsresponsorium *Verbum caro factum est,* 1591 gedruckt und 1601 von Jacob H. in einer berühmten Messe verwendet, bezeugt mit einprägsamen Motiven, Chorteilungen und Wiederholungen die Einbeziehung „weltlicher" Gestaltungsmittel in die Motette. H.s Sinn für Klangschönheit bewährte sich auch in seinen mehr als 110 handschriftlich überlieferten Orgelkompositionen.

Ausg.: **1) Weltliche- u. Instr.-WW:** *Lustgarten* 1601, hrsg. v. F. ZELLE (1887) (= PGfM 15); 16 Orgelstücke, in: Ausgew. Werke v. Ch. Erbach..., hrsg. v. E. VON WERRA (L 1903) (= DTB 4/2); *Canzonette* 1590 u. *Neue teutsche Gesang* 1596, in: Werke H. L. H.s II/2, hrsg. v. R. SCHWARTZ (L 1905) (= DTB 5/2); *Canzonette,* revidiert u. hrsg. v. C. R. CROSBY (Wie 1962); *Madrigali* 1596, hrsg. v. R. SCHWARTZ (L 1910) (= DTB 11/1), dass., revidiert u. hrsg. v. C. R. CROSBY (Wie 1962); eine Ausw. aus *Lustgarten,* hrsg. v. D. KNOTHE (L 1963). – **2) Geistliche WW:** *Cantiones sacrae* 1597, hrsg. v. H. GEHRMANN (L 1894) (= DDT 2); *Missae* 1599, hrsg. v. J. AUER (L 1901) (= DDT 7); *Sacri concentus* 1601, hrsg. v. DEMS. (L 1908) (= DDT 24/25); *Kirchengesänge* 1608, hrsg. v. R. VON SAALFELD (Au 1925, Kas [6]1961) (ohne die Stücke zu 8 St.); *Missa octo vocum,* hrsg. v. B. GRUSNICK (Kas 1960) (= Chor-Arch. o. Nr.); Messe *Dixit Maria,* hrsg. v. P. GANO (1966) (= Penn. State Music Series 11); Ausw. aus *Kirchengesänge,* hrsg. v. U. W. ZIMMER (Kas 1972). – Vokalwerke aus zeitgen. Drucken, hrsg. v. C. R. CROSBY, 2 Bde. (Wie 1976).

Lit.: R. SCHWARTZ, H. L. H. unter dem Einfluß der it. Madrigalisten, in: VfMw 9 (1893); A. SANDBERGER, Bemerkungen zur Biogr. H. L. H.s u. seiner Brüder (L 1904) (= DTB 5/1); R. SCHWARTZ, Zur Hasslerforschung, in: Jb. Peters 13 (1906); F. ROTH, Der große Augsburger Spieluhrprozeß, in: SIMG 14 (1912/13); L. HÜBSCH-PFLEGER, Das Nürnberger Lied im Stilwandel um 1600 (Diss. Hei 1942); R. SEILER, H. L. H. 1564–1612 (Nü 1950); A. LAYER, Die ersten Augsburger Jahre H. L. H.s, in: Mf 8 (1955); M. E. JARVIS, The Latin Motets of H. L. H., 3 Bde. (1959) (= Diss. Univ. of Rochester); B. TERSCHLUSE, Das Verhältnis der Musik zum Text... mit besonderer Berücksichtigung der „Cantiones sacrae" v. H. L. H. (Diss. H 1964); H. L. H. Zum Gedenken seines 400. Geburtstages, hrsg. v. H. MÜLLER – H. ZIRNBAUER (Au–Nü 1964) (= Ausstellungskat. der Stadtbibl. Nürnberg 41); C. L. BARLOW, The Four-Part Through Seven-Part „Sacrae symphoniae" Collected and Published in 1600 by L. H. (Los Angeles 1966) (= Diss. Univ. of Southern California); R. CASPARI, Liedtradition im Stilwandel um 1600 (Mn 1971); H. HUCKE, H. L. H.s „Neue Teutsche Gesang" 1596 und das Problem des Manierismus in der Musik, in: Studi musicali 3 (1974).

W. BRAUN

HÄSSLER (eig. Häßler; Häsler), **Johann Wilhelm,** *29. 3. 1747 Erfurt, †(17.)29. 3. 1822 Moskau; dt. Komponist und Pianist. Von seinem Onkel, dem Bach-Schüler J. Chr. Kittel, musikalisch ausgebildet und von C. Ph. E. Bach und J. A. Hiller weitergeschult, wirkte H. als Organist, Klavierpädagoge und Dirigent lange Jahre in Erfurt, wo er 1780 ein ständiges Konzertunternehmen nach dem Vorbild Hillers und 1784 eine Musikalienhandlung eröffnete. Auf seinen Konzertreisen besuchte er zahlreiche europäische Städte und spielte 1790–92 auch unter J. Haydn in London. 1792 wurde er in St. Petersburg Hofkapellmeister und lebte seit 1794 als Pianist und geschätzter Klavierlehrer in Moskau. Zwischen 1776 und 1790 veröffentlichte H. zahlreiche Sonaten für Klavier mit und ohne Begleitung einzelner Instrumente sowie für Orgel. In Rußland publizierte er seit 1794 die Werke op. 1–50 und griff dabei häufig auf ältere Kompositionen zurück. Neben Sonaten erschienen Fantasien, Präludien und Charakterstücke, überwiegend für Klavier. Eine Autobiographie (bis 1786) ist in *Sechs leichte Sonaten für Klavier* II (Erfurt 1787) enthalten.

H.s Klaviermusik ist formal mitunter stark von C. Ph. E. Bach, später in der ornamentalen Ausschmückung der Melodie auch von W. A. Mozart beeinflußt. Wenn er auch häufig dem Publikumsgeschmack starke Konzessionen machte, gehörte er doch zu jenen Komponisten, die in ihrer gelegentlich individuellen Gestaltung und pädagogischen Zielsetzung die musikalische Entwicklung der Zeit nicht unwesentlich beeinflußten. In vielen Sätzen sind Züge des frühromantischen Charakterstücks ausgeprägt. Die als Fantasie, Capriccio oder Präludium bezeichneten und um 1800 erschienenen Kompositionen zeigen in ihrer improvisatorischen Grundhaltung am besten H.s Intentionen.

Ausg.: 6 leichte Klv.-Sonaten, hrsg. v. L. HOFFMANN-ERBRECHT, 3 H.e (Lippstadt 1960–61) (= Organum 5/26, 28 und 30).

Lit.: H. STROBEL, J. W. H.s Leben u. Werke (Diss. Mn 1922); Autobiogr. aus dem 2. Teil der „Leichten Sonaten" 1787, in: Selbstbiogr. dt. Musiker des XVIII. Jh., hrsg. v. W. KAHL (Kö 1948, Nachdr. A 1970); H. W. HAMANN, W. A. Mozart, J. W. H. Der Dresdener Orgelwettstreit im Jahre 1789, in: MuK 33 (1963).

L. HOFFMANN-ERBRECHT

HATZFELD, Johannes, *14. 4. 1882 Benolpe (Sauerland), †5. 7. 1953 Paderborn; dt. Kirchenmusiker. Er studierte in München Theologie und Musikwissenschaft, wurde 1906 zum Priester geweiht, war bis 1914 in der Seelsorge und 1914–24 als Religionslehrer in Paderborn tätig. H. war Mitbegründer einer Internationalen Gesellschaft für Neue Katholische Kirchenmusik (1930) und der Zeitschrift *Musik im Leben* (1925) und trat auch als Komponist von kirchenmusikalischen Werken hervor. Bedeutung erlangte er aber vor allem mit seinen weitverbreiteten Liederbüchern (*Tandaradei,* 1917; *Susani,* 1925) für das gemeinschaftliche Singen innerhalb der katholischen Jugendbewegung in Deutschland.

Lit.: Priester u. Musiker. Gedanken aus Vorträgen u. Aufsätzen v. J. H., hrsg. v. J. OVERATH (Düsseldorf 1954); W. M. BERTEN, Musik im Leben, in: Musikal. Brauchtum. FS H. Lemacher (1956) (= Schriftenreihe des Allgem. Cäcilien-Verbandes... 1).

HAUBENSTOCK-RAMATI, Roman, * 27. 2.

1919 Krakau; israelisch-östr. Komponist. Er erhielt seine musikalische Ausbildung 1934–38 in Krakau bei A. Malawski, der dem Klassizismus anhing, und 1938–41 in Lemberg bei dem Schönberg-Schüler J. Koffler. 1947–50 leitete er die Musikabteilung von Radio Krakau und war Redakteur der Zeitschrift *Ruch muzyczny*, emigrierte dann nach Tel Aviv, wo er die Zentralmusikbibliothek gründete und leitete und seit 1954 als Professor an der Musikakademie unterrichtete. 1957 arbeitete er in Paris im Studio des Recherches de Musique Concrète und ließ sich dann in Wien nieder, wo er im Herbst 1957 das Lektorat für Neue Musik bei der Universal Edition übernahm. 1960 erhielt er die österreichische Staatsbürgerschaft. H. leitete in Darmstadt Kurse für Notation (1965) und Komposition (1966) und war als Gastdozent u. a. in Buenos Aires (1968), Stockholm (1968), Tel Aviv (1969–72) und San Francisco (1972) tätig. 1973 wurde er Professor für Komposition an der Wiener Musikhochschule.

WW: **1) Instr.-WW:** *Ricercari* (1948) für Streichtrio; Mobiles: *Interpolation* (1958) für Fl. u. Tonband u. *Liaisons* (1958) für Vibraphon, Marimbaphon u. Tonband; 10 musikal. Graphiken *Decisions* (1960) für versch. Instr.; Mobile *Jeux 6* (1960) für 6 Schlagzeuger; *Klavierstücke I* (1963–65); Mobile *Jeux 2* (1969) für 2 Schlagzeuger, auch Bühnenfassung; *Catch I* (1969) für Cemb., *dass. II* (1969) für 1–2 Klv., *Catch III* (1969) für Org.; *Multiple I–VI*, 10 Versionen für 2 Str.; dass., 36 Versionen für 7 Spieler; dass., 27 Versionen für 6 Spieler; dass., 9 Versionen für 1 Holzbläser u. 1 Str.; dass., für 1 Holz- u. Blechbläser; dass., für 6 Spieler (alle 1969); *Alone* (1969) für Pos. u. einen Mimen; *Ludus musicalis* (1970), 12 Modelle für Spielmusikgruppen; *Multiple VII* (1971) für Trp. u. Vc.; *Concerto a tre* (1973) für Klv., Pos. u. Schlagzeug; Streichquartett (1973); *Shapes* (1974) für Tasteninstr.; Sonate für Vc. solo (1975); *Endless* (1975) für Fl., Klv., Kb., Harfe, Celesta, Vc., Vibraphon u. Schlagzeug; *Musik für 12 Instr.* (1976); *Song* (1978) für Schlagzeug; *Self* (1978) für Baßklar. – Für Orch.: *Recitativo e aria* (1955) für Cemb. u. Orch.; *Ricercari* (1956) für Streichorch.; *Papagenos Pocket Size Concerto* (1956) für Glockenspiel u. Orch.; *Les symphonies de timbres* (1957); *Chants et prismes* (1958); *„Ständchen" sur le nom de Heinrich Strobel* (1958) für Kammerorch.; *Séquences* (1958) für V. u. Orch.; Mobile *Petite musique de nuit* (1960); 3 Stücke aus der Oper *Amerika* als: *Vermutungen über ein dunkles Haus* (1963) für 3 Orch. (davon 2 auf Tonband); *Tableau I* (1967); *Symphonie „K"* (1967); *Psalm* (1968); *Tableau II* (1970) und *III* (1971); *Concerto per archi* (1975); *Symphonien* (1977). – Elektronische Musik: *Exergue pour une symphonie, L'amen de verres, Chanson populaire* u. *Passacaille* (alle 1957). – **2) Vokal-WW:** *Blessings* (1954) für Sopran u. 9 Instr.; *Mobile for Shakespeare* (nach den Sonetten Nrn. 53 u. 54) (1969) für St. u. 6 Spieler; *„Credentials" or „Think, Think Lucky"* (1961) (nach S. Beckett) für Sprechgesang u. 8 Spieler; *Hotel Occidental* (1967) (nach F. Kafka) für Sprechchor (3 Fassungen); *Madrigal* für 16st. gem. Chor a cap. (1970); *Chorographie* (1971) für 16st. gem. Chor a cappella u. Tonbänder; *Sonans* (1974) für 6 Vokalisten. – **3) Bühnen-WW:** Oper *Amerika* (nach Kafka), UA: Berlin 1966; Bühnenfassung des Mobile *Jeux 2* als: *Divertimento* (nach Plato) für 2 Schauspieler, einen Tänzer und (oder) einen Mimen sowie 2 Schlagzeuger, UA: Köflach bei Graz 1971; „Anti-Oper" *La comédie* (S. Beckett) für 3 Sprech-St. u. 3 Schlagzeuger, UA: St-Paul-de-Vence 1969, dt. Fassung als: *Spiel*, UA: München 1970. Ballett *Ulysses* für Tonband mit instr., vokaler u. elektronischer Musik. – **4) Schriften:** *Notation. Material u. Form*, in: Notation Neuer Musik, hrsg. v. E. Thomas (Mz 1965) (= Darmstädter Beitr. zur Neuen Musik 9); ferner einen Aufsatz in: Form in der Neuen Musik, hrsg. v. dems. (Mz 1966) (= ebd. 10); *Zwischen Trauer u. Computer*, in: Wort u. Wahrheit 26 (1971).

Nach den A. Webern verpflichteten *Ricercari* unternahm H. in *Blessings* den Versuch, konstruktive Mittel der modernen Musik mit den ästhetischen Prinzipien der orientalischen Musik zu verbinden (1951). In *Les symphonies des timbres* (1956) experimentierte er mit Klangfarben, in *Séquences* (1958) löste er das Problem der Verteilung von 4 Orchestergruppen gegenüber dem Solisten. 1958 schuf H. das erste Mobile mit „dynamisch-geschlossener" Form. Die Weiterentwicklung des Prinzips „Ständige Wiederholung bringt ständige Variation", bei dessen Befolgung die Interpreten den musikalischen Ablauf und damit den Inhalt weitgehend selbst bestimmen können, verlangte nach einer neuartigen erweiterten Notation. H. entwickelte daher ein die traditionelle Notenschrift ergänzendes Zeichensystem, das er erstmals 1959 konsequent in *Mobile for Shakespeare* einsetzte. In diesem Jahr veranstaltete er auch in Donaueschingen die 1. Ausstellung „Musikalische Graphik". Eine weitere „Erfindung" von H. sind die *Multiples*, bei denen die Besetzung insofern variabel bleibt, als nur die Klangfarbe der ausführenden Instrumente angegeben wird, z. B. *Multiple II* (1969) für 2 Blechbläser, 2 Holzbläser und 3 Streicher. Als Zusammenfassung aller bis dahin von ihm entwikkelten Kompositionstechniken läßt sich H.s Oper *Amerika* (1961/63) ansehen. In den letzten Jahren wandte er sich in stärkerem Maße wieder der Kammermusik zu, stets auf der Suche nach unverbrauchten Aussageformen.

Lit.: H. SCHATZ, in: Melos 27 (1960); E. KARKOSCHKA, R. H. und der 27. Februar 1969, in: ebd. 36 (1969); K. ROSCHITZ, Anti-Oper als Illusionstheater. Zu R. H.s „La comédie" u. „Divertimento", in: Protokolle '70 (W 1970); U. STÜRZBECHER, Werkstattgespräche mit Komponisten (Kö 1971).

K. LANGROCK

HAUER, Josef Matthias, *19. 3. 1883 Wiener Neustadt, †22. 9. 1959 Wien; östr. Komponist und Musiktheoretiker. Er studierte an der Lehrerbildungsanstalt seiner Heimatstadt, erhielt dort auch eine gründliche Ausbildung in Klavier, Orgel, Violoncello und Gesang und erwarb als Autodidakt Kenntnisse im Violinspiel und in Musiktheorie. Neben Schultätigkeit in Wiener Neustadt wirkte er auch als Chorleiter und Organist; einem Kammermusikkreis, dem er als Violoncellist angehörte, legte er 1912 eine 1. Symphonie vor, die 1913 als *Nomos op. 1* öffentlich aufgeführt wurde. 1914 übersiedelte er nach Wien. Während des Kriegsdienstes im 1. Weltkrieg entwickelte er eine Theorie seines musikalischen Schaffens, die er 1918 als *Über die Klangfarbe,* op. 13 veröffentlichte. Kurz nach Wiederaufnahme seiner Lehrtätigkeit wurde H. krankheitshalber 1919 in den Ruhestand versetzt. Am Studium eigener Kompositionen entdeckte er in diesem Jahr die „Zwölftonregel bezüglich der atonalen Melodie", 1921 die von ihm als Tropen bezeichneten 44 möglichen Konstellationen der in je zwei Sechstongruppen angeordneten Zwölftonreihen. Gleichzeitig fand er auch den „melischen Entwurf", nach dem der gesamte Satz einer Komposition im Material der zugrunde gelegten Trope vorgeprägt sei. Mit seinen Schülern H. Heiß (seit 1925), Othmar Steinbauer (seit 1930) und Victor Sokolowski (seit 1946) baute H. die Theorie bis zur Technik des Zwölftonspiels („die Herz und Verstand befriedigende Offenbarung der Weltordnung als Religion", 1947) aus. Seit 1976 werden von Sokolowski Lehrgänge für das Zwölftonspiel und die Tropen H.s an der Wiener Musikhochschule durchgeführt. H. wurde 1954 der Professorentitel verliehen. 1960 errichtete Sokolowski in Wien ein J. M. H.-Studio, dem Gründungen in Toronto (1975) und London folgten; als erste Gesellschaft zur Pflege des Zwölftonspiels wurde 1963 ein J. M. H.-Kreis gegründet.

WW: **1) Instr.-WW:** *Labyrinthischer Tanz,* op. 3 (1952) u. *Hausmusik* (1958) für Klv. zu 4 Händen; Streichquartette, op. 30, 34, 38, 42 u. 47 (1926); *Chinesisches Streichquartett,* op. 4 (1953); 2 Tänze (1958) (in langsamem $^{3}/_{4}$- bzw. $^{4}/_{4}$-Takt) für 2 V., 2 Va. u. Klv.; für Orch.: *Romantische Phantasie,* op. 37 (1925); Orch.-Suiten, op. 31, 33, 36 (mit Bariton), 43, 45, 47 (1926) (auch als Streichquartett), 48 u. 52; V.-Konzert (1928). – Ferner nahezu 1000 *Zwölftonspiele,* u. a. im Druck: für Cemb. oder Klv. (1955); Klv. zu 4 Händen (1955, 1955, 1956, 1956 u. 1957); Klv. zu 2 Händen (1956); Streichquartett u. Klv. zu 4 Händen (1957); V., Vc., Akkordeon u. Klv. zu 4 Händen (1957); Streichquartett (1957); Streichsextett (1958); Kammerorch. (1958). – **2) Vokal-WW:** Messe, op. 44 für Chor, Org. u. Kammerorch.; ferner zahlr. Hölderlin-Lieder, op. 6, 12, 21, 23, 32, 40; die Kammeroratorien *Wandlungen,* op. I (1952) (= op. 53, 1927) für 6 Soli, gem. Chor u. Orch. u. *Der Menschen Weg,* op. II (1952) (= op. 67, 1934), in 5 Teilen für 4 Soli, gem. Chor u. Orch. – **3) Bühnen-WW:** Oper *Salambô,* op. 60 (1930) (nach G. Flaubert); Singspiel *Die Schwarze Spinne,* op. 6 (1932) (nach J. Gotthelf), UA: Wien 1966. – **4) Schriften:** *Über die Klangfarbe* (W 1918); *Vom Wesen des Musikalischen* (W 1920, B 1921, ²1923), erweitert u. hrsg. v. V. Sokolowski (B 1966); *Deutung des Melos* (L–W–Z 1923) (= Neue Musikbücher 7); *Vom Melos zur Pauke* (W 1925, Nachdr. W 1967) (= Theoretische Schriften 1); *Zwölftontechnik. Die Lehre von den Tropen* (W 1926, Neudruck W 1953) (= ebd. 2); ferner zahlreiche Aufsätze in verschiedenen Zeitschriften.

H.s Tropenlehre stellt den einzigen Versuch dar, die Zwölftontechnik zur Theorie auszubauen. Über der spekulativen Grundlage seiner Theorie vernachlässigte er aber deren musikalische Entfaltung und fand daher weit weniger Beachtung als A. Schönberg. Als frühe Ergebnisse von H.s Theorie sind der Verzicht auf Dynamik und Agogik anzusehen, wodurch seine Kompositionen statisch, spannungslos wirken. Bis op. 25 (1924) schrieb er ausschließlich Werke für Tasteninstrumente, gelegentlich auch mit Gesang, weil ihm nur dabei die exakte Realisierung des temperierten 12stufigen Tonsystems möglich schien (als ideales Kammerorchester bezeichnete H. zu dieser Zeit die Kombination von einem Klavier und 3 Harmoniums). Die Gleichberechtigung aller Halbtöne suchte H. durch die Weiterentwicklung einer an der Tastatur orientierten und auf Vorzeichen verzichtenden Zwölftonschrift zu verdeutlichen. Seit 1939 finden sich in den Zwölftonspielen mit totaler Organisation und Determinierung aller Komponenten der Musik auch Parallelen zur seriellen Musik. Wegen der als gegeben betrachteten Präformierung des musikalischen Satzes durch das Material lehnte H. es ab, als Komponist bezeichnet zu werden; er beanspruchte, der einzige Deuter des Melos zu sein.

Lit.: TH. W. ADORNO, J. M. H., Die Hölderlinlieder, op. 23, in: Mk 21 (1929); H. A. FIECHTNER, J. M. H., Der Meister der Tropen, in: Die Furche 14 (1958); H. HEISS, Der musikal. Kosmos J. M. H.s, in: NZfM 121 (1960); R. STEPHAN, Über J. M. H., in: AfMw 18 (1961); M. LICHTENFELD, Unters. zur Theorie der Zwölftontechnik bei J. M. H. (Rb 1964) (= Kölner Beitr. zur Musikforsch. 29); DIES., Schönberg u. H., in: Melos 32 (1965); W. SZMOLYAN, J. M. H. (W 1965); H. KIRCHMEYER, Schönberg u. H., Eine Stud. über den sogenannten Prioritätsstreit, in: NZfM 127 (1966); A. KEYSERLING, Das Zwölftonspiel von J. M. H., in: Musikerziehung 20 (1966/67); K. J. KREJCI, Vollkommene Einheit v. Wort u. Musik. J. M. H.s Hölderlinlieder, in: ebd. 131 (1970); G. SCHUHMACHER, J. M. H.s Kantate „Der Menschen Weg", op. 67, in: Kgr.-Ber. Bonn 1970 (Kas 1973); J. SENGSTSCHMID, Anatomie eines Zwölftonspiels. Ein Blick in die Werkstatt J. M. H.s, in: ZfMth 2 (1971); H. SCHÖNY, Die Vorfahren des Komponisten J. M. H., in: Genealogie 10 (1971); W. ZOBL, J. M. H. Materialien zur Theorie und Praxis der Zwölftontechnik, in: E. Jelinek u. a., Materialien zur Musiksoziologie (W–Mn 1972); W. SZMOLYAN, Neue Lit. über J. M. H., in: ÖMZ 28 (1973); R. STEPHAN, Zur Entstehung der Zwölftontechnik, in: Musik u. Zahl ... (Bonn-Bad Godesberg 1976); R. FLOTZINGER, J. M. H. in Stoessls „Sonnenmelodie", in: ÖMZ 33 (1978).

K. LANGROCK

HAUG, Hans, *27. 7. 1900 Basel, †15. 9. 1967 Lausanne; Schweizer Komponist. Er studierte am Konservatorium in Basel und bei F. Busoni, W. Courvoisier und J. Pembaur an der Akademie der Tonkunst in München. 1924–27 war er Musikdirektor in Grenchen (Solothurn), 1926–28 Dirigent des Männerchors Solothurn und 1928–34 Chordirigent und 2. Kapellmeister am Stadttheater Basel. 1935 wurde er Dirigent des Orchestre Radio Suisse Romande und leitete 1938–43 das Orchester des Landessenders Beromünster. Seit 1947 war er Theorielehrer am Konservatorium in Lausanne. H.s Schaffen umfaßt besonders Vokalmusik und Bühnenwerke. Seine stets tonale Musik kennzeichnen ein sicheres Gefühl für die kompositorische Behandlung der Singstimme und ein Humor, der durch die Instrumentation geschickt hervorgehoben wird.

WW: **1) Instr.-WW:** Kammermusik, u.a. Sonaten, Streichtrio, Streichquartett u. ein Divertimento für Bläser; für Orch.: Ouvertüre zu *Don Juan*… u. eine Suite; symphonische Dichtung *Ch. Chaplin* (1930); Symphonie (1948); *Danses suisses* (1952); Variationen über ein Thema v. Offenbach (1961); zahlr. konzertante Werke; Konzerte für: V. (1926); 2 für Klv. (1938, 1962); Fl. (1943); Gitarre (1952); Trp. (1967). – **2) Vokal-WW:** Oratorium *Michelangelo* (Soletta 1943); *Ring des Jahres* (1962) für Bar. u. Orch.; *Gastronomische Kantate* (1962) für Soli, Chor u. Orch. – **3) Bühnen-WW:** Opern: *Don Juan in der Fremde*, UA: Basel 1930; *Madrisa*, UA: ebd. 1934; *Ariadne*, UA: ebd. 1943; *Der unsterbliche Kranke*, UA: Zürich 1946; *Der Spiegel der Agrippina* (1954); *Justice du roi*, UA: Mézières 1963; Funkopern: *Orphée*, UA: Rundfunk Paris 1954, szenisch Lausanne 1955; *Gardien vigilant* (1967) (nach Cervantes) u. *Le souper de Venise* (1967); Ballette, u.a. *L'indifférent*, UA: Basel 1947; ferner Bühnenmusik.

Lit.: J.-L. MATTHEY – L.-D. PERRET, Catalogue de l'œuvre de H. H. (Lausanne 1971).

HAULTIN, Pierre, * Villaine-sous-Flèche (Sarthe), † 1587 La Rochelle; frz. Notendrucker. Er ist spätestens 1547 als Schriftgießer in Paris nachweisbar, als Drucker 1550–65 in Lyon, seit 1570 in La Rochelle, wo er u. a. Werke von O. di Lasso druckte. H. gilt als Erfinder neuartiger Notendruckstempel (sog. Haultinsche Typen), die, aus einer Kombination von Liniensystem und Einzelnote bestehend, erstmals einen „einfachen“ Notendruck ermöglichten (anstelle des älteren Verfahrens, in dem Linien und Noten in verschiedenen Arbeitsgängen gedruckt wurden). Die Haultinschen Typen wurden u. a. von P. Attaingnant und T. Susato verwendet.

Lit.: F. LESURE, H., in: MGG V; L. DESGRAVES, Les H., in: L'Imprimerie à La Rochelle (G 1960); R. SCHAAL, Notendruck B, in: MGG IX.

HAUPTMANN, Moritz, * 13. 10. 1792 Dresden, † 3. 1. 1868 Leipzig; dt. Komponist und Musiktheoretiker. Er erhielt früh Musikunterricht (u. a. in Komposition bei Fr. Morlacchi) und studierte seit 1811 Violine und Komposition bei L. Spohr in Gotha. 1812–15 war er Violinist in der Dresdner Hofkapelle, dann bis 1820 Privatmusiklehrer des Fürsten Repnin. 1820–22 lebte er wieder in Dresden, gehörte 1822–42 der Kasseler Hofkapelle unter L. Spohr an und wurde 1842 auf dessen und F. Mendelssohn Bartholdys Empfehlung Thomaskantor in Leipzig, wo er auch Musikdirektor der beiden Hauptkirchen war und seit 1843 am neugegründeten Konservatorium Musiktheorie und Komposition lehrte. Er war 1850 Mitgründer (zusammen mit O. Jahn u. R. Schumann) und seitdem Vorsitzender der Bach-Gesellschaft. Zu seinen Schülern gehören H. von Bülow, N. Burgmüller, Ferdinand David, F. Draeseke, S. Jadassohn, J. Joachim und J. W. von Wasielewski.

WW: **1) Kompositionen:** Klv.-Stücke; V.-Duos; V.-Sonaten u. -Sonatinen; Streichquartette; Klv.-Konzert mit Streichquartett; zahlr. weltliche u. geistliche Vokalwerke, u.a. 3st. Kanons für Sopran, Sologesänge, Duette, Terzette u. Lieder mit V. u. Klv.; Psalmen; Lieder; zahlr. weltliche u. geistliche Chorwerke, u.a. Lieder für gem. Chor u. für Männerchor; Messe für Soli, Chor u. Orch.; 3 Kirchenstücke; ferner eine Oper *Mathilde*, UA: Kassel 1826. – **2) Schriften:** *Erläuterungen zu J. S. Bachs Kunst der Fuge* (L 1841, ²1861); *Die Natur der Harmonik u. der Metrik* (L 1853, ²1873); *Die Lehre v. der Harmonik*, hrsg. v. O. Paul (L 1868, ²1873); Aufsatz-Slg. *Opuscula*, hrsg. v. E. Hauptmann (L 1874) (postum). – H. edierte die Bde 1, 2 u. 8 der Bach-GA.

Von den Werken H.s, der als Komponist in Mendelssohn Bartholdy sein Vorbild sah, fanden die Lieder und Motetten, auch die Messen und Instrumentalkompositionen im 19. Jh. weite Verbreitung. Bedeutender ist H. jedoch auf dem Gebiet der Musiktheorie. Er befaßte sich, anknüpfend an die Hegelsche Philosophie, aber auch an J. W. von Goethes naturwissenschaftliche Studien, vor allem mit den natürlichen Gesetzmäßigkeiten der Tonalität und mit dem polaren Gegensatz von Dur und Moll (↗Dualismus) sowie mit der musikalischen Zeitordnung (Metrik und Rhythmik). Seine Theorie der musikalischen Metrik wurde von H. Riemann scharf angegriffen. H. setzte sich tatkräftig auch für die Wiederbelebung älterer Musik, insbesondere der Werke J. S. Bachs, ein. An der Entstehung der Bach-Gesamtausgabe war er entscheidend beteiligt.

Ausg.: GA der Chorwerke, 8 Bde (L 1898). – Briefe v. M. H. an F. Hauser, hrsg. v. A. SCHÖNE, 2 Bde. (L 1871); Briefe v. M. H. an L. Spohr u. a., hrsg. v. F. HILLER (L 1876); The Letters of a Leipzig Cantor, hrsg. v. A. D. COLERIDGE (Lo – NY 1892).

Lit.: M. ROTHÄRMEL, Der musikal. Zeitbegriff seit M. H. (Rb 1963) (= Kölner Beitr. zur Musikforsch. 25); M. RUHNKE, M. H. u. die Wiederbelebung der Musik J. S. Bachs, in: FS F. Blume (Kas 1963); P. RUMMENHÖLLER, M. H. als Theoretiker (Wie 1963); DERS., M. H., Der Begründer einer transzendentalen dialektischen Musiktheorie, in: Beitr. z. Musiktheorie des 19. Jh., hrsg. v. M. Vogel (Rb 1966) (= Stud. z. Musikgesch. des 19. Jh. 4); DERS., Musiktheoretisches Denken im 19. Jh. (Rb 1967) (= ebd. 12); E. R. JACOBI, Vortrag u. Besetzung Bach'scher Cantaten- u. Oratorienmusik. Ein unbekannter Brief v. M. H. an J. Brahms, in: Bach-Jb. 55 (1969) u. 57 (1971); W. SEIDEL, M. H.s organische Lehre. Tradition, Inhalt u. Geltung ihrer Prämisse, in: IRASM 2 (1971); J. FORNER, Mendelssohns Mitstreiter am Leipziger Konservatorium, in: BzMw 14 (1972); W. SEIDEL, Über Rhythmustheorien der Neuzeit (Be 1975) (= Neue Heidelberger Stud. z. Musikwiss. 7).

HAUPTSATZ, seit dem 18. Jh. Bz. für die erste, dominierende Einheit einer Komposition, im besonderen für den Beginn der ↗Sonatensatzform. Er steht in der Grundtonart und stellt den Hauptgedanken und mit ihm den Grundcharakter der Komposition vor. Im H. der Sonatensatzform und des Rondos ereignet sich die Exposition oder Evolution des ersten Themas. In der Regel erklingt es zweimal; oft ist die zweite Darstellung länger und ausdrucksvoller als die erste. Bisweilen werden in locker gefügten Sonatensätzen mehrere verschiedene Gedanken zum H. verbunden. Der H. wird grundsätzlich nicht durch eine Kadenz abgeschlossen, sondern geht unmittelbar, bisweilen auch nach einer Pause, in die Überleitung zum Seitensatz über.

Lit.: ↗Sonatensatzform.

HAUPTWERK (engl.: full oder great organ; frz.: grand orgue; it.: grand'organo; span.: gran organo, primer manual), unter den Manualwerken einer Orgel dasjenige mit dem vollständigsten ↗Prinzipalchor. Seine Basis liegt in der Regel tiefer als in den Nebenwerken (16′, 8′ oder 4′). Gespielt wird es vom Hauptmanual aus, auf das die Nebenmanuale gekoppelt werden können. Häufig ist das H. vom untersten (I.) Manual anzuspielen; vom zweituntersten (II.) fast immer dann, wenn ein ↗Rückpositiv vorhanden ist, ebensooft bei drei- und mehrmanualigen Orgeln, wenn ein Rückpositiv fehlt.

HAUSEGGER. – 1) Friedrich von, * 26.4.1837 St. Andrä (Kärnten), † 23.2.1899 Graz; östr. Musikschriftsteller. Er studierte Jura und war anschließend Hof- und Gerichtsadvokat in Graz. 1872 habilitierte er sich für Geschichte und Theorie der Musik an der Grazer Universität. Er war ein ausgezeichneter Kritiker, Verfechter der Musik R. Wagners und ein entschiedener Gegner E. Hanslicks und der Formalästhetik, der er eine genetisch-biologische Betrachtungsweise der Musik und die Theorie des Tones als Zusammenhang von Laut- und Körpergebärde und als Ausdrucksträger entgegenzustellen suchte.

WW: Schriften: *Über die neue Entwicklungsphase der Musik* (Diss. Gr 1872); *Die Musik als Ausdruck* (W 1885, [2]1887); *R. Wagner u. Schopenhauer* (L 1878, [2]1892); *Die Anfänge der Harmonie* (Charlottenburg 1895); Aufsatz-Slg. *Gedanken eines Schauenden*, hrsg. v. S. von H. (Mn 1903).

2) Siegmund von, Sohn von 1), * 16.8.1872 Graz, † 10.10.1948 München; östr. Komponist und Dirigent. Er war Schüler u.a. seines Vaters, Erich Wolf Degners und Martin Plüddemanns. Nach dem Studium an der Grazer Universität war er Dirigent in Graz, München sowie in Frankfurt am Main und leitete seit 1910 gleichzeitig die Philharmonischen Konzerte in Hamburg und das Blüthner-Orchester in Berlin. 1920 wurde er in München Dirigent des Konzertvereinsorchesters (Münchner Philharmoniker) und war 1920–34 Direktor (bzw. Präsident) der Akademie der Tonkunst (bzw. Musikhochschule). H. war lange Zeit Vorsitzender des Allgemeinen deutschen Musikvereins. 1934 gab er seine Lehrtätigkeit auf und beendete 1938 seine Dirigentenlaufbahn. Als Komponist ist er der Neudeutschen Schule verpflichtet.

Lit.: Zahlr. Orch.-Werke, u.a. symphonische Dichtungen: *Barbarossa* (1900) u. *Wieland der Schmied* (1904); *Natursymphonie* (1911) (mit Schlußchor); ferner zahlr. Lieder, Orch.-Gesänge u. Chorwerke, darunter *Schmied Schmerz* u. *Totenmarsch;* Opern: *Helfrid,* UA: Graz 1890; *Zinnober* (Libr. v. Komp. nach E.T.A. Hoffmanns *Klein Zaches*), UA: München 1898. – Schriften: *A. Ritter* (B 1907); Aufsatz-Slg.: *Betrachtungen zur Kunst* (L 1921) (= Die Musik 39/41).

Lit.: **Zu 1):** Briefwechsel mit P. Rosegger, hrsg. v. S. VON HAUSEGGER (L 1924); Gesammelte Schriften, hrsg. v. DEMS. (Rb 1939) (= Dt. Musikbücherei 26). – **Zu 2):** W. ZENTNER, S. von H., in: Jb. der dt. Musik (L – B 1943).

HAUSMUSIK, seit Beginn des 17. Jh. Bz. für ein musikalisches Repertoire, das seiner meist kleinen Besetzung und seiner relativ leichten Ausführbarkeit wegen für häuslich-geistliches Musizieren und private Andachtsübung gedacht war (bes. für die lutherisch-protestantische Familie). In diesem Sinn steht H. im Gegensatz zur Musik für Schule und Kirche, vergleichbar dem Unterschied, wie er zwischen „musica da chiesa" und „musica da camera" bereits bestand (↗Kammermusik). Seit dem 19. Jh. ist H. vor allem ein programmatisch-ideologisierter Begriff für einen großen Bereich nationaler Musikkultur bürgerlicher Prägung auf breitester Ebene. H. in diesem Sinn betrifft ein technisch und musikalisch ebenfalls nicht virtuoses Repertoire und bildet einen Gegensatz zur (internationalen) ↗Salonmusik, die als oberflächlich empfunden wird. Im Zentrum solcher für „Bildung des Gemüts und Geschmacks" komponierter H. steht die Gattung des einfachen, dem Volkston angenäherten Liedes (z.B. W. H. Riehls Liedersammlung *H.,* St 1855). Während noch die 7. Auflage von H. Riemanns *Musik-Lexikon* (1909) einen deutlichen Gegensatz zwischen Salonmusik und – als rein und wertvoll eingeschätzter – H. verzeichnet, setzt sich schon um diese Zeit eine H. durch, die weniger der charakterlichen Bildung und Gemütsvertiefung dienen soll als der Veranschaulichung und dem aktiven Nachvollzug stilistisch-handwerklicher Aspekte (z.B. mit Werken von M. Reger, P. Hindemith oder H. Genzmer). – In der Zeit des Nationalsozialismus wurde der Komposition von H. als einer spezifisch für die deutsche Familie geschaffenen künstlerischen Gemeinschaftsübung äußerste Aufmerksamkeit gewidmet. Es entstanden Fachverbände und -zeitschriften für H. – Neben der Pflege von Volksmusik (besonders in Süddeutschland, z.B. in Bayern die „Stub'nmusi") steht der Anteil der Musik aus der Barockzeit – wohl primär seiner technischen Darstellbarkeit wegen – traditionell sehr hoch in der Hausmusik. Allgemein ist es jedoch heute der relativ hohe Standard des Laienmusizierens, der es eigentlich mehr und mehr verbietet, von einem zeitgenössischen typischen H.-Repertoire neben der Kammermusik als eigenem Gebiet zu sprechen. – Bedeutende H.-Reihen und -Editionen sind *Nagels Musik-Archiv, Hortus musicus, Diletto musicale, Concertino* u.a.

Lit.: Zschr. für H., hrsg. v. W. BLANKENBURG (Kas 1933–43), hrsg. v. R. BAUM (1948ff.). – A. REISSMANN, Die H. (B 1884); E. HEIMERAN – B. AULICH, Das stillvergnügte Streichquartett (Mn 1936, [18]1978); H. LEMACHER, Hdb. der H. (Gr 1948); E. SPRANGER, Rede über die H. (Kas 1955); E. VALENTIN, Musica domestica (Trossingen 1958); L. FINSCHER, H. u. Kammermusik, in: Musik u. Verlag. FS K. Vötterle (Kas 1968); R. STEPHAN, Überlegungen zur Funktion der H. heute, in: Über das Musikleben der Gegenwart (B 1968) (= Veröff. des Inst. für Neue Musik u. Musikerziehung Darmstadt 9); W. SALMEN, Haus- u. Kammermusik (L 1969) (= Musikgesch. in Bildern 4/3); E. REIMER, H., in: HMT (1976).

R. CADENBACH

HAUSPARTY *(Les biches)*, Ballett ohne Handlung in einem Akt. Musik: Francis Poulenc (1899 bis 1963). UA: 6.1.1924 in Monte Carlo. Choreographie: Bronislawa Nischinska (1890–1972). Dt. EA: 31.1.1969 in Bonn (frei choreographiert), 4.6.1972 in Düsseldorf (Originalchoreographie).

Als Auftragswerk für die Ballets Russes kreiert, wurde das als „Ballet d'atmosphère" bezeichnete Werk von S. Diaghilews Compagnie erfolgreich uraufgeführt. Es besteht aus 8 Tanzszenen (Rondeau, Chanson dansée, Adagietto, Jeux, Rag Mazurka, Andantino, Chanson dansée, Finale): In einem Salon der 20er Jahre arrangiert die Dame des Hauses für ihre Gäste eine „fête galante"; zwölf junge Mädchen, drei Athleten und eine Dame im Matrosenanzug vermitteln das grotesk anmutende, von parodistischen und persiflierenden Intentionen geprägte Tanzgeschehen. Eingängige Melodien sowie Elemente des Jazz in Rhythmik, Harmonik und Instrumentation lassen den Unterhaltungscharakter der Musik deutlich hervortreten. – Br. Nischinska konzipierte die Choreographie in Anlehnung an den klassisch-akademischen Kodex. In einer neuen choreographischen Fassung bot das Royal Ballett in London am 2.12.1964 die bislang bedeutendste szenische Realisation.

G. LUDIN

HAUSSMANN (eig. Haußmann; Hausmann, Husmann), **Valentin,** *Anfang des 16. Jh. Gerbstädt bei Eisleben, † zw. 1611 und 1614; dt. Komponist. Zahlreiche Reisen führten ihn durch Deutschland und Polen, aber die Stellungen, die er innehatte, sind nicht bekannt. Nach J. Mattheson (*Grundlage einer Ehrenpforte*, 1740) soll er Organist und Ratsherr in Gerbstädt gewesen sein. H. war maßgebend beteiligt an der Verbreitung der italienischen Musik in Deutschland, z.T. durch die Veröffentlichung italienischer Vokalwerke, besonders Kanzonetten und Villanellen (von L. Marenzio, O. Vecchi, G. G. Gastoldi, Th. Morley u.a.), die er selbst mit deutschen Texten versah. Seine eigenen Kompositionen, hauptsächlich weltliche Vokalmusik und Instrumentalmusik, waren denn auch ganz an italienischen Vorbildern geschult. Manche seiner Intraden, Pavanen, Gaillarden und Fugen zählen zu den frühesten Beispielen selbständiger Instrumentalmusik und wurden auch für die Entwicklung der Suite von Bedeutung.

WW (wenn nichts anderes angegeben, in Nürnberg gedruckt, z.T. mit mehreren Aufl.): **1) Weltliche Vokal- u. Instr.-WW:** *Teutsche weltliche Lieder* für 5 St. mit differenzierten Titeln (1592, 1594, 1597); *Neue teutsche weltliche Canzonette* für 4 St. (1596); *Andere ... Lieder nach art der Canzonetten* für 4 St. (1597); *Neue artige u. liebliche Täntze, zum theil mit Texten* für 4 St. ([2]1599); *Neue liebliche Melodien* für 4 St. ([2]1600, erweitert 1608); *Fragment, oder 35 neue weltliche teutsche Lieder* für 4–5 St. (1602); 2 Bücher *Venusgarten ... 100 außerlesene ... mehrentheils Polnische Täntze* (1602, 1603); *Fasciculus neuer Hochzeit und Braut Lieder* für 4–6 St. (1602); *Neue Intrade* für 5–6 Instr. (1604); *Neue ... Paduane und Galliarde* für 5 Instr. (1604); *Musicalische teutsche weltliche Gesänge ... nach Art der Italianischen Canzonen und Madrigalien* für 4–8 St. (1608); ferner einige gedruckte Gelegenheitswerke. – **2) Geistliche WW:** *Manipulus sacrarum cantionum* für 5–6 St. (1602); 1 Messe u. Motetten hsl. u. in Sammeldrucken der Zeit.

Ausg.: Instrumentalwerke, hrsg. v. F. BÖLSCHE (L 1904) (= DDT 16); Ausw. aus *Neue artige u. liebliche Täntze* 1599, hrsg. v. J. STAVE (Celle 1937); 6 Tanzsätze für 4 St. aus ebd., hrsg. v. R. STEGLICH, in: 22 Altdeutsche Tänze (Hannover 1935) (= Nagels MA 80).

Lit.: J. MATTHESON, Grundlage einer Ehrenpforte (H 1740), Nachdr., hrsg. v. M. Schneider (B 1910), Faks. Kas 1969); T. W. WERNER, Ein Brief W. H.s, in: ZfMw 15 (1932/33); C. MORRICONE – A. SALOTTOLO, V. H. trascrittore e le canzonette italiane in Germania, in: RIMus 5 (1970).

HAUT (frz. = hoch, laut, stark), frz. Bz. für den höheren Teil des Tonbereichs oder des Tonumfangs eines Instruments oder der menschlichen Stimme. Im späten Mittelalter verstand man in Frankreich unter *Instruments hauts* die lauten Instrumente (Schalmeien, Sackpfeifen, Blechblas- und Schlaginstrumente), die zum Spiel im Freien Verwendung fanden, im Unterschied zu den *Instruments bas* (Flöten, Krummhörner, Saiteninstrumente, Portativ). Am burgundischen Hof standen die Spieler der *Instruments h.s* im Rang unmittelbar hinter den Hoftrompetern und vor den Spielern der *Instruments bas.*

HAUTBOIS (frz., von haut und bois, = Holzblasinstrument), frz. Bz. für ↗Oboe.

HAUTBOISTEN, Hoboisten hießen im 17. Jh. in Deutschland diejenigen Musiker der Regimentskapellen, die die ↗Schalmei bzw. die ↗Oboe spielten. Für beide Instrumente war die französische Bezeichnung, die generell auch in Deutschland wörtlich oder in der Schreibweise Hoboe verwendet wurde, Hautbois. In späterer Zeit, teilweise bis 1918, wurden allgemein die Militärmusiker der Infanterie als H. bezeichnet, die Militärkapellen selbst als Hoboistenkorps, auch wenn die Kapellen dann in der Regel nur 2 Oboisten umfaßten. ↗Militärmusik.

HAUTE-CONTRE (frz., von lat. Contratenor altus), im 16.–18. Jh. frz. Bz. für die höchste Männerstimme. Sie entspricht nach Tonumfang, satztechnischer Behandlung und Schlüsselung (meist C-Schlüssel auf der 3. oder 2. Linie) dem Altus (↗Alt) in der Musik der anderen Länder. – ↗Contratenor.

HAVINGHA, Gerhardus, *15.11.1696 Groningen, †6.3.1753 Alkmaar; ndl. Organist und Komponist. Er war Schüler seines Vaters und wurde 1722 Organist an der Laurenskerk in Alkmaar, deren Orgel auf seinen Vorschlag hin durch A. Schnitger 1725 restauriert wurde. Seiner Initiative verdanken die Niederlande wertvolle Orgeln, u.a. in Amsterdam, Gouda und Haarlem. H.s *Oorspronk en voortgang der orgelen* (Alkmaar 1727) ist eine wichtige Quelle für die Geschichte des altniederländischen Orgelbaus. Von seinen Kompositionen hat sich nur ein Buch Suiten für Cembalo erhalten (A 1725).

Ausg.: *Suites*, hrsg. v. J. WATELET (An 1951) (= MMBelg 7).

HAWAII-GITARRE, ursprünglich eine herkömmliche Gitarre, deren (Stahl-)Saiten durch Unterlegen eines höheren Sattels weiter vom Griffbrett entfernt werden. Stimmung: E A e a cis[1] e[1], d.h. reines A-Dur. Die H. liegt flach auf den Oberschenkeln des Spielers, der die Saiten nicht durch Abdrücken mit den Fingern, sondern durch Auflegen eines Metallstabes oder -rohres (Slide) verkürzt. Das stufenlose Verschieben ermöglicht das typische Vibrato und Glissando von Einzeltönen und Durakkorden. Neuerdings ist die H. mit elektrischem Tonabnehmer versehen und hat keinen eigentlichen Korpus mehr. Die H. wird seit etwa 1930 in Tanz- und Unterhaltungsorchestern verwendet, vor allem bei Stücken mit hawaiischer Thematik, denen sie das spezifische instrumentale Kolorit verleiht.

HAWKINS, Coleman (genannt „Bean"), *21.11.1904 St. Joseph (Missouri), †19.5.1969 New York; amerik. Jazzmusiker (Tenorsaxophon). Er kam 1923 nach New York, wurde Mitglied des Orchesters Fletcher Hendersons und setzte als Solist das Tenorsaxophon im Jazz durch. 1934 ging er nach England zu Jack Hylton, trat in mehreren westeuropäischen Ländern auf und spielte in Frankreich u.a. mit Django Reinhardt zusammen. 1939 in die USA zurückgekehrt, gründete er ein eigenes Orchester, mit dem seine Schallplatteneinspielung *Body and Soul* entstand, die ein Welterfolg wurde. Einige Jahre später war H. der erste bedeutende Swing-Musiker, der sich den jungen Bebop-Musikern zuwandte (1944 organisierte er die erste Schallplatteneinspielung des Bebop). Seit 1945 ging er mit der Veranstaltungsreihe „Jazz at the Philharmonic" auf Tournee, trat seit 1950 wieder ständig in Europa auf, spielte 1955–60 meist in New York und wirkte 1958–59 bei der Konzertreihe „Seven ages of Jazz" mit. In den 60er Jahren spielte H. meist mit Combos in New York.

H., dessen extrovertiertes Spiel sich durch einen abgedunkelten, voluminösen und ausladenden Ton auszeichnete, gilt als der erste bedeutende Tenorsaxophonist des Jazz. Weitere berühmte Einspielungen: *If I Could Be With You* (1929); *It's the Talk of the Town* (1932); *The Man I Love* (1943); *Picasso* (1947), wahrscheinlich das erste unbegleitete Solo der Jazzgeschichte (über Harmonien von *Body and Soul).*

Lit.: D. STEWART-BAXTER, C. H., in: Jazz Journal 9 (1956); Jazz erzählt, hrsg. v. N. SHAPIRO – N. HENTOFF (Mn 1962); A. J. MCCARTHY, C. H. (Lo 1963) (= Kings of Jazz 12); C. H., in: A. POLILLO, Jazz. Gesch. u. Persönlichkeiten der afro-amerikanischen Musik (Mn 1978); C. H., in: J. E. BERENDT, Das Jazzbuch. Von Rag bis Rock (F 1978).

K. R. BACHMANN

HAWKINS, Sir John, *30.3.1719 London, †21.5.1789 London; engl. Musikforscher. Er war von Beruf Anwalt und widmete sich in seiner Freizeit musikgeschichtlichen Studien. Nach 16jähriger Arbeit veröffentlichte er 1776 *A General History of the Science and Practice of Music* kurz nach dem Erscheinen des 1. Bandes der *General History of Music* von Ch. ↗Burney, der Angaben aus H.' Werk in die folgenden Bände seiner Musikgeschichte übernahm. H. nimmt als Historiograph insofern eine Gegenposition zu Burney ein, als er ein ausgeprägtes Interesse für Musik und Musiker längst vergangener Jahrhunderte zeigte, von seiner unmittelbaren Gegenwart aber kaum Notiz nahm. Burney bezeichnete ihn deshalb als „an Antiquarian more than ... a Musician". Wertvoll ist H.' *General History* bis heute als Quelle anderweitig nicht nachzuweisender älterer Musikstücke.

Schriften: *Memoirs of the Late Signore A. Steffani* (Lo 1740); *A General History of the Science and Practice of Music*, 5 Bde. (Lo 1776), 3 Bde. (Lo [2]1853, [3]1875); *The General History of A. Corelli*, in: Universal Magazine of Knowledge and Pleasure (Lo 1777).

Ausg.: *A General History*, Nachdr. der 2. Aufl., 2 Bde. (1963),

Faks. der Ausg. 1875, hrsg. v. O. WESSELY, 2 Bde. (Gr 1969) (= Die großen Darstellungen der Musikgesch. in Barock u. Aufklärung 5).

Lit.: E. HEGAR, Die Anfänge der neueren Musikgeschichtsschreibung (Str 1932, Nachdr. Baden-Baden 1974); R. STEVENSON, The Rivals H., Burney and Boswell, in: MQ 36 (1950); P. A. SCHOLES, The Life and Activities of Sir J. H. (Lo 1953).

HAYDÉE, Marcia (eig. Marcia Haydée Salaverry Pereira da Silva), *18. 4. 1939 Niterói bei Rio de Janeiro; brasilianische Balletttänzerin. Sie erhielt bereits sechsjährig Tanzunterricht bei Vaclav Veltchek, später bei Tatjana Leskova und debütierte 1954 am Teatro Municipal. Anschließend besuchte sie zwei Jahre die Sadler's Wells School (später Royal Ballet School) in London und trat 1958 in das Grand Ballet du Marquis de Cuevas ein, ein Reiseensemble, mit dem sie zuletzt auch als Solistin hervortrat. 1961 wurde sie von J. Cranko an die Württembergischen Staatstheater Stuttgart engagiert und avancierte bereits 1962 in dessen erstem großem Stuttgarter Ballett, *Romeo und Julia*, zur Primaballerina. Sie entwickelte sich bald in gemeinsamer schöpferischer Arbeit mit ihm zur Primaballerina assoluta der deutschen Ballettszene. Nach Crankos Tod (1973) wurde sie 1976 sein Nachfolger als Ballettdirektor der Württembergischen Staatstheater. In ihrem Tanzstil vereinigt M. H. hohes technisches Können mit natürlichem Spiel und strebt gleichsam eine Vergeistigung der Körperbewegungen an. Dadurch wurde sie für die namhaftesten zeitgenössischen Choreographen eine begehrte Interpretin für differenzierte psychische Vorgänge, aber auch komödiantische Partien. Ihr Weltruhm, den sie auch auf vielen Auslandstourneen begründete, ist nur dem Margot Fonteyns zu vergleichen.

Lit.: K. GEITEL, Portrait einer Primaballerina, in: Ballett 1965 (Velber 1965); H. KILIAN, M. H. Portrait einer großen Tänzerin (Sigmaringen 1975); Stuttgarter Ballettannual (1978 ff.).

B. A. KOHL

HAYDN, Franz Joseph, *31. 3. 1732 Rohrau an der Leitha (Niederösterreich), †31. 5. 1809 Wien; östr. Komponist. H. hat fast nie von seinem ersten Vornamen Franz Gebrauch gemacht und hatte die Gewohnheit, seine Manuskripte mit „Giuseppe H." zu zeichnen. Joseph H. war das zweite Kind und der älteste Sohn von Mathias H., der aus Hainburg in Niederösterreich stammte, und seiner Frau Anna Maria, geborene Koller. Der Vater war Wagnermeister und Marktrichter in Rohrau. Von seinem volkstümlichen Harfenspiel empfing H. die ersten musikalischen Eindrücke. 1738 wurde er nach Hainburg geschickt, wo ein entfernter Verwandter, Johann Mathias Frankh, Schulleiter war. Dieser vermittelte ihm die musikalischen Anfangsgründe. Zwei Jahre später holte ihn der Kapellmeister des Stephansdoms von Wien, G. Reutter d. J., und nahm ihn als Sängerknaben in die Kapelle auf. H. erhielt hier eine sehr gute musikalische Erziehung, vor allem auf dem Gebiet des Gesanges. Er erarbeitete sich selbständig auch die Grundlagen der Musiktheorie an Hand des *Gradus ad Parnassum* von J. J. Fux und des *Vollkommenen Capellmeisters* von J. Mattheson. Einen eigentlichen Kompositionsunterricht hat H. bei Reutter jedoch kaum genossen. „Mein Anfang war immer gleich mit dem Praktischen", sagte er später. Nach seiner Kapellhauszeit hatte H. als Kirchenmusiker, Serenadengeiger und Klavierlehrer schwer um seine Existenz zu ringen, vervollkommnete sich aber in der Komposition. Dem damals in Wien weilenden Komponisten N. Porpora verdankte er „die echten Fundamente der Setzkunst". Graf Morzin gab ihm die erste Anstellung als Musikdirektor (damals, 1759, schrieb er seine erste Symphonie D-Dur).

Wie bei J. S. Bach ist es auch bei H. sehr schwierig, die ersten Kompositionen genau zu datieren. Mit ungefähr 18 Jahren komponierte er seine erste Messe F-Dur, die er noch in hohem Alter umarbeitete, mit 19 Jahren sein erstes Singspiel, die verschollene Musik zu einer Farce *Der krumme Teufel*. Mit 24 Jahren schrieb H. ein Salve Regina E-Dur und ein Orgelkonzert C-Dur. Um diese Zeit entstanden wahrscheinlich auch einige Serenaden und Kassationen, daneben Streichtrios und bald auch, angeregt durch den Musikliebhaber K. J. v. Fürnberg, die ersten Streichquartette, bekannt unter den Opuszahlen 1 und 2. 1760 heiratete H. Maria Anna Keller, die Tochter eines Perückenmachers, die ältere Schwester von Therese Keller, die er liebte und die 1755 unerwartet ins Kloster gegangen war. Die Ehe mit der um 3 Jahre älteren Frau war nicht glücklich und blieb kinderlos.

Die entscheidende Wende im Leben des jungen Musikers brachte das Jahr 1761, als er in den Dienst des Fürsten Esterházy in Eisenstadt im Burgenland trat. Er wurde zunächst unter dem schon kränkelnden Kapellmeister Gr. J. Werner als Vizekapellmeister angestellt, beschäftigte sich aber bald mit dem gesamten vielfältigen musikalischen Leben am Hof des Fürsten. Seit März 1762, unmittelbar nach dem Tod des Fürsten Paul Anton, nahmen unter dessen Bruder Nikolaus „dem Prachtliebenden" seine Aktivitäten als Komponist und Kapellmeister einen größeren Umfang an. Das kleine Orchester entwickelte sich unter H.s Leitung zu einem bemerkenswerten Musikensemble. Mit Verstärkungen, die z. B. von der Militärmusik, der „Feldharmonie" des Fürsten, kamen, erreichte es gelegentlich die Zahl von 20 bis 25 Musikern. Der Fürst selbst spielte sehr gerne das ↗Baryton, ein der Viola da gamba ähnliches Streichinstrument, für das H. zahlreiche Werke komponierte. Von Zeit zu Zeit beklagte sich der Komponist zwar über die isolierte Lage des Schlosses Esterháza, das seit 1766 die liebste Residenz des Fürsten war, an der Südspitze des Neusiedler Sees gelegen, aber er sagte auch: „Niemand ... konnte mich an mir selbst irre machen und quälen, und so mußte ich original werden." Zwischen 1759 und 1789, vor seiner ersten Reise nach England, hat H. 94 Symphonien geschrieben. Besonders zu erwähnen sind hiervon die „Abschiedssymphonie" Nr. 45 fis-moll, die „Pariser" Symphonien Nr. 82–87, die H. für die Pariser Gesellschaft „Le Concert de la Loge Olympique" schrieb, wie auch die Symphonien Nr. 88–92, deren letzte, G-Dur, der Komponist anläßlich seiner Promotion zum Ehrendoktor der Universität Oxford 1791 spielen ließ. In Eisenstadt oder Esterháza entstanden auch Konzerte für verschiedene Soloinstrumente, die meisten der etwa 60 Klaviersonaten und 43 der insgesamt 68 Streichquartette: die letzten Streichquartette entstanden in Wien. Unter seinen religiösen Werken dieser Zeit ist die umfangreiche „Cäcilien"-Messe zu nennen. Mit *Il ritorno di Tobia* hat H. zwischen 1774 und 1775 für Wien sein erstes großes Oratorium geschaffen, sich dabei aber noch ganz an den traditionellen italienischen Stil gehalten.

Auch als Opernkomponist war H. am Esterházyschen Hof tätig. Die drei Opern nach Libretti von C. Goldoni, *Lo speziale* (1768), *Le pescatrici* (1769) und *Il mondo della luna* (1777), die Türkenoper *L'incontro improvviso* (1775), eine italienische Übersetzung nach dem von Gluck verwendeten französischen Libretto *La rencontre imprévue*, *La vera costanza* (1779 in Esterháza aufgeführt; Intrigen verhinderten die Aufführung in Wien) und schließlich das heroisch-komische Drama *Orlando Paladino* (1782), das sind die wichtigen Etappen, die zu einer eigenständigen Opera buffa führten, noch vor den großen Opern W. A. Mozarts, die H. neidlos bewunderte. In der Opera seria gelang es H. ebenfalls, bemerkenswerte Werke zu schaffen, nach *L'isola disabitata* (1779) z.B. *Armida* (1783), die jedoch dem traditionellen Operntyp sehr verbunden blieben. Als Theaterkapellmeister mußte H. oft mehr als 100 Aufführungen im Jahr dirigieren und viele angekaufte Opern für seine Bühne arrangieren. Bei dieser Gelegenheit schrieb er für Werke anderer Komponisten zahlreiche Einlagearien.

Als H. in Europa weit bekannt war, erhielt er vom Domkapitel in Cádiz (1785) den Auftrag, ein Orchesterwerk *Die sieben Worte Jesu am Kreuz* zu komponieren, das er später auch als Streichquartett bearbeitete und sogar noch zu einem Passions-Oratorium ausgestaltete. Nach dem Tod des Fürsten Nikolaus (1790) gelang es Joseph Peter Salomon, der in England als Violinist und Konzertagent tätig war, den Komponisten nach London zu holen. H.s 1791 dort komponierte Oper, *L'anima del filosofo (Orfeo ed Euridice)* kam wegen eines Theaterstreits nicht zur Aufführung. Die 12 „Londoner" Symphonien fanden dafür ein um so größeres Echo. Bei seinen zwei Aufenthalten in England (1791–92 und 1794–95) entstanden auch die letzten Klaviersonaten und viele Klaviertrios, sodann die Lieder nach englischen Gedichten und die ersten 150 Bearbeitungen schottischer Volkslieder für Gesang mit Klaviertrio.

Aus London, wo er einige der berühmtesten Werke G. Fr. Händels gehört hatte, brachte H. die Idee zu seinem Oratorium *Die Schöpfung* mit. G. van Swieten richtete ihm dafür den Text ein, ebenso für sein zweites Hauptwerk, das Oratorium *Die Jahreszeiten*. Die ersten Aufführungen fanden 1798 und 1801 statt. 1797 schrieb H. das Lied *Gott erhalte Franz den Kaiser*, das er als Variationsthema im langsamen Satz seines Streichquartetts C-Dur, op. 76,3 verwendete. Sein letztes größeres Werk war die „Harmonie"-Messe (1802). Das Streichquartett op. 103 (1803) blieb unvollendet. H. starb 1809 in seinem Haus. Einige Tage vorher hatte ihm ein französischer Offizier die Arie *Mit Würd' und Hoheit angetan* aus der *Schöpfung* vorgesungen. Der Leichnam H.s wurde später nach Eisenstadt übergeführt und in der Bergkirche beigesetzt.

H. hatte einige hervorragende Schüler, unter ihnen I. Pleyel und Sigismund Ritter von Neukomm. Auch L. van Beethoven war eine Zeitlang, nachdem er 1792 nach Wien übergesiedelt war, H.s Schüler mit dem Wunsch, den ihm Graf Waldstein beim Abschied von Bonn ins Stammbuch geschrieben hatte, „Mozarts Geist aus Haydens Händen" zu erhalten. Freilich kam es zwischen beiden doch nicht zu einem engeren Lehrer-Schüler-Verhältnis. Ausdrücklich zu H. bekannten sich später vor allem L. Cherubini und A. Reicha.

WW: (Hob. = A. VAN HOBOKEN, J. H., Thematisch-bibliogr. Werkverz. 1–3 [Mz 1957–78]). – **1) Instr.-WW: a)** Für Klv.: 28 Sonaten (Divertimenti) (vor 1766), darunter 7 verschollene u. einige zweifelhafte; 35 Sonaten (nach 1766), darunter 6 „Esterházy"-Sonaten (1773, Hob. XVI:21–26); 6 „Auenbrugger" Sonaten (Hob. XVI:20 c-moll v. 1771 u. XVI:35–39, 1780 erschienen); 3 Sonaten (Hob. XVI:40–42, 1784 erschienen) (Prinzessin Marie Esterházy gewidmet); Sonate C-Dur (Hob. XVI:48, 1789 erschienen); Sonate Es-Dur (1789–90, Hob. XVI:49) (für Marianne von Genzinger komponiert); 3 „Jansen(-Bartolozzi)"-Sonaten (1794–95, Hob. XVI:50–52); weitere Klv.-Werke: „Sauschneider"-Capriccio G-Dur (1765); *Arietta con variazioni* A-Dur (vor 1771); *Arietta con variazioni* Es-Dur (vor 1774); *Fantasia* C-Dur (1789); *6 Variations faciles et agréables* C-Dur (1790); Variationen f-moll (1793); *Il maestro e lo scolare* (vor 1778) für Klv. zu 4 Händen; 32 Stücke für Spieluhr (um 1789–93), darunter mehrere zweifelhafte. – **b)** Duos u. Trios: 6 Duos für V. u. Va. (vor 1777); 21 Trios (davon 3 verschollen) für 2 V. (eines für V. u. Va.) u. Vc. (um 1750–65), dazu einige nicht bestätigte; Trio für Horn, V. u. Vc. (1767); 6 Trios für 2 V. (oder V. u. Fl.) u. Vc. (1784), einige nach Melodien aus *Il mondo della luna;* 4 Trios für 2 Fl. u. Vc. (1794/95); etwa 10 frühe Trios für Klv., V. u. Vc. (um 1760); 29 Trios für Klv., V. u. Vc. (1784–97), darunter das Trio G-Dur mit dem Rondo *all'ongarese* (1795 erschienen). – **c)** WW für oder mit Baryton: 4 Duos für 2 Barytone (um 1764–69); 12 Cassationsstücke für 2 Barytone u. Vc. (um 1765–66); 126 Divertimenti für Baryton, Va. (Nr. 89–91: V.) u. Vc. (um 1765–75); Quintett für Baryton, Va., Vc. u. 2 Hörner (um 1767–68); 7 Oktette für 2 V., Baryton, Va., Vc., Kb. u. 2 Hörner (1775); mehrere verschollene Stücke. – **d)** 68 Streichquartette: 10 frühe Quartette (um 1757–62), op. 1 u. 2; je 6 Quartette, op. 9 (um 1769/70), op. 17 (1771), op. 20 („Sonnen"-Quartette oder „Fugen"-Quartette) (1772) u. op. 33 („Gli scherzi" oder „Russische" Quartette) (1781); Quartett d-moll, op. 42 (1785); 6 Quartette, op. 50 („Preußische" Quartette) (1787); 12 „Tost"-Quartette: 3 Quartette, op. 54 (1788), 3 Quartette, op. 55 (1788), 6 Quartette, op. 64 (1790), darunter Quartett D-Dur, „Lerchen"-Quartett; 6 „Apponyi"-Quartette (1793): 3 Quartette, op. 71, 3 Quartette, op. 74, darunter das „Reiter"-Quartett; 6 „Erdödy"-Quartette, op. 76 (1797), darunter das „Quinten"-Quartett d-moll, das „Kaiser"-Quartett C-Dur, „Sonnenaufgang" B-Dur; 2 „Lobkowitz"-Quartette, op. 77 (1799); Quartett, op. 103 (1803) (unvollendet); *Die 7 Worte des Erlösers am Kreuz,* op. 51 (1787), Bearb. der Orch.-Fassung. – **e)** 108 Symphonien, u.a.: Nr. 1 D-Dur (vor 1759); Nr. 6 D-Dur *Le matin,* Nr. 7 C-Dur *Le midi* u. Nr. 8 G-Dur *Le soir* mit dem Finale *La tempesta* (alle drei 1761); Nr. 22 Es-Dur „Der Philosoph" (1764); Nr. 26 d-moll *Lamentatione* (um 1767–68); Nr. 30 C-Dur „Alleluja" (1765); Nr. 31 D-Dur „mit dem Hornsignal" (1765); Nr. 43 Es-Dur „Merkur" (vor 1772); Nr. 44 e-moll „Trauer"-Symphonie (vor 1772); Nr. 45 fis-moll „Abschieds"-Symphonie (1772); Nr. 48 C-Dur „Maria Theresia" (vor 1769); Nr. 49 f-moll „La passione" (1768); Nr. 52 c-moll (vor 1774); Nr. 53 D-Dur „L'impériale" (um 1778/79); Nr. 59 A-Dur „Feuer"-Symphonie (um 1767–68); Nr. 60 C-Dur *Sinfonia per la commedia intitolata Il distratto* (1774) (= Bühnenmusik zu J.-F. Regnards *Der Zerstreute*); Nr. 63 C-Dur „La Roxelane" (um 1779); Nr. 69 C-Dur „Laudon" (um 1775/76); Nr. 73 D-Dur „La chasse" (1781); 6 „Pariser" Symphonien (1785–86): Nr. 82 C-Dur „L'ours", Nr. 83 g-moll „La poule", Nr. 84 Es-Dur, Nr. 85 B-Dur „La reine", Nr. 86 D-Dur u. Nr. 87 A-Dur; Nr. 92 G-Dur „Oxford" (1789); 12 „Londoner" Symphonien: Nr. 93 D-Dur (1791), Nr. 94 G-Dur „mit dem Paukenschlag" (1791), Nr. 95 c-moll (1791), Nr. 96 D-Dur „The Miracle" (1791), Nr. 97 C-Dur (1792), Nr. 98 B-Dur (1792), Nr. 99 Es-Dur (1793), Nr. 100 G-Dur „Militär"-Symphonie (1793/94); Nr. 101 D-Dur „Die Uhr" (1793/94), Nr. 102 B-Dur (1794), Nr. 103 Es-Dur „mit dem Paukenwirbel" (1795), Nr. 104 D-Dur *London* (1795). – **f)** Konzerte für: Klv. F-Dur (vor 1771), G-Dur (vor 1781), D-Dur (vor 1784); etwa 5 für Org. oder Cemb.; V. u. Cemb. (oder Org.) F-Dur; V. C-Dur (zw. 1761 u. 1769), A-Dur (vor 1771), G-Dur (vor 1769); Vc. C-Dur (um 1761–65), D-Dur (1783, Hob. VIIb:2); Horn D-Dur I (1762, Hob. VIId:3) u. II (vor 1781, Hob. VIId:4) (zweifelhaft); Trp. Es-Dur (1796); konzertante Symphonie (Symphonie Nr. 105) B-Dur (1792) für Ob., Fag., V. u. Vc.; ferner versch. Concerti u. Divertimenti für Cemb., 2 V. u. Baß. – **g)** Andere Instr.-WW: *Die 7 Worte des Erlösers am Kreuz* (1786); versch. Märsche; zahlr. Menuette u. Deutsche Tänze; 5 Concerti (um 1786) für 2 Orgelleiern, 2 Hörner, 2 V., 2 Va. u. Vc.; 8 Notturni (1790) für 2 Orgelleiern, 2 Klar. (oder 2 V.), 2 Hörner, 2 Va. u. Vc. (u. Baß); Divertimenti für versch. Besetzungen, darunter: C-Dur „Der Geburtstag" (vor 1765, Hob. II:11); 6 Scherzandi (vor 1765) für Fl., 2 Ob., 2 Hörner, 2 V. u. Baß. – **2) Vokal-WW: a)** Für eine oder mehrere SingSt mit u. ohne Klv.: 24 dt. Lieder (1781–84); Kantate *Arianna a Naxos* (vor 1790); 57 Kanons, darunter *Die 10 Gebote* (um 1791–99); *VI Original Canzonettas* (1794) (Text: A. Hunter); *VI Original Canzonettas,* 2. Folge (1795); 12 *Sentimental Catches and Glees* (1795), bearb. für 3 St.; 2 engl. Lieder (um 1795); 9 dt. Lieder, darunter *Gott erhalte Franz den Kaiser* (1796/97); 2 Duette *Nisa e Tirsi* (1796); 4 Vokaltrios u. 9 Vokalquartette (1796); Kantate *The Battle of the Nile* (1800); *Dr. Harington's Compliment* für SingSt u. Chor (1794); fast 400 schottische u. walisische Volkslieder, bearb. für SingSt, V., Vc. u. Klv. – **b)** Chorwerke u. Kantaten: *Destatevi o miei fidi* (1763); *Qual dubbio ormai* (1764); *Al tuo arrivo felice* (1764 oder 1767); *Applausus* (1768); engl. Madrigal *Hark* (1792); Arie u. Chor *Nor Can I Think – Thy Great Endeavours* (1794). – **c)** 12 Messen u. versch. andere geistliche Werke: *Missa brevis* F-Dur (um 1749); „Cäcilien"-Messe C-Dur (1766); „Große Orgelmesse" Es-Dur (um 1768/69); „Nicolai"-Messe G-Dur (1772); *Missa brevis Sancti Joannis de Deo* („Kleine Orgelmesse") B-Dur (um 1775); „Mariazeller" Messe C-Dur (1782); *Missa in tempore belli* („Pauken"-Messe) C-Dur (1796); *Missa Sancti Bernardi von Offida* („Heilig"-Messe) B-Dur (1796); „Nelson"-Messe d-moll (1798); „Theresien"-Messe B-Dur (1799); „Schöpfungs"-Messe B-Dur (1801); „Harmonie"-Messe B-Dur (1802). – 2 Te Deum C-Dur (um 1762/63, um 1800); 3 Salve Regina: E-Dur (1756), g-moll (1771), Es-Dur (vor 1773); Stabat Mater g-moll (1767); Ave Regina A-Dur (um 1750–59?); 2 *Lauda Sion salvatorem,* C-Dur (um 1750), B-d-A-Es (um 1765–69); Alleluja G-Dur (um 1768/69); *Libera me, Domine* d-moll; *Non nobis, Domine* d-moll; Offertorium *Animae Deo gratae* (um 1761–69); Hymnus *Ens aeternum* (um 1761–69); 2 *Cantilenae pro adventu: Ein' Magd, ein' Dienerin* (um 1770/75), *Mutter Gottes, mir erlaube* (um 1775); Pastorella *Herst Nachbä* (um 1768–70); Motette *Quis stellae radius* (um 1762); *6 English Psalms* (1794/95). – **d)** 4 Oratorien: *Il ritorno di Tobia* (1774–75), 2. Fassung (1784) (Text: G. G. Boccherini); *Die 7 Worte des Erlösers am Kreuz* (1795/96) (Text: J. Friebert?, G. van Swieten); *Die Schöpfung* (1796–98) (Text: Lidley?; G. van Swieten), UA: Wien 1798; *Die Jahreszeiten* (1799–1801) (Text: G. van Swieten), UA: ebd. 1801. – **3) Bühnen-WW: a)** Opern (UA: meist in Esterháza): *Der krumme Teufel* (Libr.: Kurz-Bernardon), UA: Wien 1751 oder 1753 (verschollen); *Der neue krumme Teufel* (Libr.: ders.), UA: ebd. um 1758 (nur Text erhalten); Festa teatrale *Acide* (1762) (Libr.: G. A. Migliavacca), UA: Eisenstadt 1763, 2. Fassung 1773 (nur Fragmente erhalten); Commedia *Marchese* oder *La marchesa nespola* (1763) (unvollständig); Intermezzo *La canterina* (1766), UA: 1766; Drammi giocosi: *Lo speziale* u. *Le pescatrici* (1769) (Libr.: C. Goldoni), UA: 1768 u. 1770; Burletta *L'infedeltà delusa* (Libr.: M. Coltellini), UA: 1773; Marionettensingspiel *Philemon und Baucis* (Pfeffel) (Musik zum Prolog *Der Götterrat* [P. G. Bader?] verschollen), UA: 1773; Dramma giocoso *L'incontro improvviso* (Libr.: K. Friebert nach F. Dancourt), UA: 1775; Marionettensingspiel *Dido* (um 1776) (Libr.: Bader) (Musik verschollen); Singspiel *Die Feuersbrunst* (um 1775–78) (Echtheit nicht sicher) Dramma giocoso *Il mondo della luna* (Libr.: Goldoni), UA: 1777; Marionettensingspiel *Die bestrafte Rachbegierde* (Libr.: Bader), UA: 1779 (Musik verschollen); Dramma giocoso *La vera costanza* (Libr.: F. Puttini), UA: 1779; Azione teatrale *L'isola disabitata* (1779) (Libr.: P. Metastasio), UA: 1779; Dramma pastorale giocoso *La fedeltà premiata* (1780) (Libr.: G. B. Lorenzi), UA: 1781; Dramma eroicomico *Orlando Paladino* (1782) (Libr.: C. Badini u. N. Porta), UA: 1782; Dramma eroico *Armida* (1783), UA: 1784; *L'anima del filosofo* oder *Orfeo ed Euridice* (1791) (Libr.: Badini), UA: Florenz 1951. – Ganz verschollen sind die Opern *La vedova, Il dottore, Il scanarello,* (alle um 1761–65) u. *Hexenschabbas* (1773). – **b)** Verschiedenes: *Alfred oder Der patriotische König* (1796) (Text: J. W. Cowmeadow); ca. 20 Arien für Aufführungen in Esterháza von Opern v. G. Paisiello, P. Anfossi, A. Salieri, G. Gazzaniga, T. Traetta, F. Bianchi, P. A. Guglielmi, G. Sarti, D. Cimarosa, F. L. Gassmann u. für unbekannte Werke, ferner 2

Konzertarien für Sopran: *Berenice, che fai* (1795) (Text: Metastasio) u. *Solo e pensoso* (1798) (Text: F. Petrarca). – **4) Zweifelhafte u. unechte Werke (in Ausw.):** „Ochsenmenuett" für Klv.; Klv.-Trio C-Dur (Hob. XV:3), v. J. Pleyel; 6 Streichquartette, op. 3, darunter das Quartett F-Dur mit der „Serenade", v. R. Hoffstätter?; *Feldpartie* B-Dur, mit dem „St.-Antonius-Choral", dem Thema der „Haydn-Variationen" v. J. Brahms; „Kinder"-Symphonie, v. L. Mozart?; Konzert C-Dur für Ob.; Konzert D-Dur für Fl. (Hob. VIIf:D1), v. L. Hofmann.

Wenn man manchmal versucht ist, H.s Instrumentalkompositionen seinen Gesangswerken vorzuziehen, darf man nicht vergessen, daß er, da er in Wien als Sängerknabe begann, sich ganz natürlich zum Gesang hingezogen fühlte. Die Oratorien *Die Schöpfung* und *Die Jahreszeiten* sind nicht nur würdige Zeugen Händelschen Erbes, sondern haben selber Epoche gemacht. Neben ihnen stehen die oft als „lustig" mißverstandenen Messen, in denen sich liturgischer Ernst mit musikalischem Reichtum verbindet. Auch zur Entwicklung des Liedes hat H. beigetragen, aber nur die in England komponierten Lieder zeigen eine manchmal auf Fr. Schubert hinzielende Entfaltung. H.s Opern waren vor allem für die beschränkten Möglichkeiten des fürstlichen Theaters in Esterháza gedacht. Zwischen Chr. W. Gluck und Mozart sind sie gleichwohl beachtliche Schöpfungen.

Einen kaum zu überschätzenden Einfluß hat H. auf instrumentalem Gebiet ausgeübt. Daß er die Sonatenform immer mehr in einer monothematischen Schreibweise und trotzdem abwechslungsreich durchzuarbeiten verstand, stellt ein charakteristisches Merkmal seiner musikalischen Entwicklung dar. Die erste Symphonie D-Dur (1759) zeigt schon eine echte symphonische Konzeption. In den „Programm"-Symphonien Nr. 6–8 – *Le matin, Le midi* und *Le soir* – verschmelzen Elemente des Concerto grosso und der Symphonie zu einem eigenwüchsigen, der konzertanten Symphonie nahestehenden Stil. In den folgenden Werken entfaltete H. seine thematische Arbeit in größerer Weise. Nachdem er in seinen Anfängen zwischen einer drei- oder viersätzigen Form geschwankt hatte, entschied er sich für letztere, und seit der Symphonie Nr. 53 in D-Dur *(L'impériale)* entschloß er sich, die meisten seiner Symphonien mit einer langsamen Einleitung zu versehen, vielleicht nach dem Vorbild der französischen Ouvertüre. Ebenso können die Einführung von Variationen in den langsamen Satz, die Entwicklung des symphonischen Menuetts und eine sehr individuelle Instrumentierung als ganz persönliche Neuerungen angesehen werden. Insofern war H. der eigentliche Schöpfer der später „klassisch" genannten Symphonie.

Den zweiten Eckpfeiler des H.schen Instrumentalschaffens stellt das Streichquartett dar. Mit der Serie des op. 9 wandte er sich von der unterhaltenden Seite der Gattung ab. In seinem op. 20, den „Sonnen"-Quartetten, hat H. der Fuge einen ähnlichen Rang eingeräumt wie dem Sonatensatz, aber erst mit seinem op. 33 erreichte er einen voll entwickelten Stil, der auf Mozart großen Einfluß haben sollte. Die letzten Quartette bringen neue und teilweise unerwartete Lösungen; noch das op. 103, das unvollendet blieb, bezeugt den Beginn eines bis dahin kaum begangenen Weges. Die große Spannung, von der einige frühere Werke, wie die Quartette D-Dur, op. 20,4 und f-moll, op. 20,5, getragen werden, findet sich auch in vielen seiner letzten Werke wieder, z. B. in dem berühmten „Quinten"-Quartett, das wohl als eines der genialsten Zeugnisse für H.s Behandlung des thematischen Materials im Sonatensatz anzusehen ist.

H.s Sonatenschaffen ist ähnlich reich wie sein Symphonie- und Quartettschaffen. Es erstreckt sich auch über einen ähnlich langen Zeitraum. Nach kleinen, in pädagogischer Absicht geschriebenen Werken fand H., geschult an C. Ph. E. Bach, zu einem eigenen, wandlungsfähigen Klavierstil, der auch die Eindrücke ungarischer Volksmusik aufnahm. H.s Klaviermusik bewahrt bis in seine letzten Lebensjahre eine improvisatorisch wirkende Frische und Lebhaftigkeit. Kompositionen wie die Sonate c-moll (1771), die Sonate h-moll (um 1776), die doppelthematischen Variationen f-moll (1793), auch die beiden Sonaten Es-Dur Nr. 49 (1790) und Nr. 52 (1794), um nur wenige zu nennen, führen direkt zu Beethoven hin. In den Klaviertrios, deren Klavierpartie in H.s Werk eine ähnliche Rolle spielt wie etwa bei Mozart die Solostimme in den Klavierkonzerten, zeigt sich auch dieser freie und phantasievolle Charakter, der für jedes Werk eine neue Form schafft.

Verglichen mit der Symphonie, dem Quartett und der Sonate sind die anderen Instrumentalformen H.s oft als zweite Wahl betrachtet worden. Das gilt nicht nur für die frühen Divertimenti verschiedener Besetzung und die zahlreichen Kompositionen für das Baryton, sondern auch für die Streichtrios, die aus der späteren Zeit stammenden Kompositionen für Orgelleier und die Konzerte für verschiedene Instrumente. H., der auf Grund seiner Funktion als Kapellmeister alle Instrumente kannte, war ein sehr guter Violinist und ein geschickter Pianist, wenn er sich auch nicht mit den Klaviervirtuosen Mozart, M. Clementi oder J. B. Cramer messen konnte und wollte. Die Konzerte, die er in Eisenstadt und Esterháza schrieb – darunter die Konzerte für Violoncello C-Dur und D-Dur und das Klavierkonzert D-Dur –, zeigen in ihrer Verschmelzung von Virtuosität und eigentlicher musikalischer Substanz eine charakteristische Seite seiner Persönlichkeit auf. Das gilt auch für die konzertante Symphonie B-Dur für Ob., V., Fag. und Vc. aus der Londoner Zeit und für das Trompetenkonzert Es-Dur aus der späten Wiener Zeit. Die zu Lebzeiten H.s so sehr bewunderten Werke des Komponisten wurden im 19. Jh. oft unterbewertet gegenüber der Musik Mozarts, Beethovens und der großen Meister des 19. Jh. Aber schon vor dem 1. Weltkrieg erwachte ein größeres Interesse für H. Insbesondere auch die musikwissenschaftliche Erforschung von H.s Leben und Werk nahm einen großen Aufschwung. Eine wichtige Station bedeutete die Gründung des J.-H.-Instituts in Köln 1955, dem u.a. die Betreuung der H.-Gesamtausgabe obliegt.

Ausg.: **A) Gesamtausgaben:** GA I, hrsg. v. E. MANDYCZEWSKI u.a., 11 Bde. (L 1908–33) (unvollendet), darin u.a.: *Die Schöpfung* u. *Die Jahreszeiten;* GA II, hrsg. v. J. P. LARSEN, 4 Bde. (Boston – L – Wie 1950–51) (unvollendet), darin u.a.: Symphonien Nrn. 50–57, Messen Nrn. 1–4; GA III, hrsg. v. J.-Haydn-Inst. Köln unter Leitung v. G. FEDER (seit 1962) u. J. P. LARSEN (1958–61) (Mn 1958ff.), bis 1986 63 Bde., darin: Symphonien Nrn. 21–24, 28–31, 35, 42, 45–47, 49, 50, 54–57, 61, 66–69, 83, 85, 87, 99–104; 3 V.-Konzerte; *Die 7 Worte des Erlösers am Kreuz* (Orch.-Fassung); 5 Konzerte u. 8 Notturni mit Orgelleiern; Streichquartette, op. 1, 2, 9, 17, 20, 33, 64, 71/74; 4 Duette, 12 Kassationsstücke, 1 Quintett u. 7 Oktette mit Baryton; Barytontrios Nrn. 1–126; 2 Bde. Klv.-Trios; 3 Bde. Klv-Sonaten; Messen Nrn. 5–12; Opern: *Philemon und Baucis, La canterina, Lo speziale, Le pescatrici, L'infedeltà delusa, L'incontro improvviso, Il mondo della luna, La vera costanza, La fedeltà premiata, Orlando paladino, Armida, Orfeo;* Kantate *Applausus;* Oratorien: *Il ritorno di Tobia, Die 7 Worte des Erlösers am Kreuz;* Lieder; Mehrst. Gesänge; Kanons; Schottische Volkslieder Nr. 1–100. –

B) Faksimile-Ausg.: *Schöpfungsmesse* (Mn 1957); Klv.-Sonate A-Dur (Hob. XVI:26) (Mn 1958); „Abschieds"-Symphonie (Budapest 1959); Symphonie *Le midi* (Budapest 1972); Streichquartett in G u. F (Hob. III:81 u. 82), 2 Bde. (Budapest 1972). –

C) Praktische Ausg.: 1) Instr.-WW: a) Sämtliche Klv.-Sonaten, hrsg. v. CH. LANDON, 3 Bde. (W 1964–66) bzw. 4 Bde. (W 1975–77); dass., hrsg. v. G. FEDER, 2 Bde. (Ausw.) (Mn 1963–65), 3 Bde. (komplett) (Mn 1972); Klv.-Stücke, hrsg. v. S. GERLACH (Mn 1969); dass., hrsg. v. F. EIBNER – G. JARECKI (W 1975); 12 Menuette (Hob. IX:11), hrsg. v. K. HERRMANN (Z 1941); 12 Menuette (Hob. IX:8), hrsg. v. L. J. BEER (Wilhelmshaven o. J.); Leichte Tänze (Hob. IX:12 u. die zweifelhaften IX:10), hrsg. v. F. J. GIESBERT (Mz o. J.); Werke für das Laufwerk (Flötenuhr), bearb. für Klv. v. E. F. SCHMID (Kas 1954). – **b)** 6 Sonaten für V. u. Va., 2 H.e, hrsg. v. W. LEBERMANN (Mz 1970). – **c)** Trios: Streichtrios (Sonaten) op. 8, 2 H.e (Hob. V:4, 20, 3, 17, G2 [v. M. HAYDN], A1 [v. M. HAYDN]) für 2 V., Klv. u. Vc. ad lib., hrsg. v. A. GÜLZOW – W. WEISMANN (F o. J.); Trio Nr. 1 u. 2 für V., Va. u. Vc. (Hob. V:Es1 [v. M. HAYDN] u. 8) (Mn-Gräfelfing 1969–71); 6 Trios für 2 V. u. Vc. (Hob. V:G1, D1, 7, G3, B1, 11), hrsg. v. K. MARGUERRE (Mz 1955); Londoner Trios für 2 Fl. u. Vc., hrsg. v. K.-H. KÖHLER (L 1959); dass., hrsg. v. L. BALET (Kas 1954); Divertimento Es-Dur für Horn, V. u. Vc., hrsg. v. H. CH. R. LANDON (W 1957); 6 Trios, op. 100 für Fl., V. u. Vc., 2 H.e, hrsg. v. R. DITTRICH (F o. J.); Klv.-Trios, 3 Bde., hrsg. v. F. HERMANN (F o. J.); dass., 45 H.e, hrsg. v. H. CH. R. LANDON (W 1970–77); dass., bisher 5 Bde. (Bd. III für Fl. oder V.), hrsg. v. W. STOCKMEIER (Mn 1972–87). – **d)** Quartette: Streichquartette in Stimmen: Sämtliche 83 Quartette, 4 Bde. (F o. J.); dass., bisher op. 1, 2, 9, 17, 20, 33, 64, 71, 74, H.e 1–4 u. 8–9, hrsg. v. G. FEDER u. a. (Mn 1969–80); dass., hrsg. v. R. BARRETT-AYRES – H. CH. R. LANDON (in Einzelheften), bisher op. 2, 9, 71, 74 (W 1977–79). – Taschenpartituren: op. 1, 2, 3 (unecht), 9, 17, 20, 33, 42, 50, 51 *(Die 7 Worte des Erlösers am Kreuz),* 54, 55, 64, 71, 74, 76, 77, 103, hrsg. v. W. ALTMANN (Lo o. J.); op. 9 u. 17, hrsg. v. G. FEDER (Kas 1965–67); op. 1, 2, 9, 71, 74, hrsg. v. R. BARRETT-AYRES – H. CH. R. LANDON (W 1977–80). – **e)** Concertini oder Divertimenti für Klv. (Cemb.), 2 V. u. Vc., Hob. XIV: Nr. 3, hrsg. v. W. WEISMANN (F 1953); Nr. 4, 7 u. 9. (3 H.e), hrsg. v. L. KALMÁR (F 1972); Nr. 8, hrsg. v. G. BALLA (F 1973); Nr. 11, 12, 13 u. XVIII: F2, hrsg. v. H. WALTER (Mn 1969); Nr. 11, hrsg. v. H. CH. R. LANDON (W 1959); Nr. 12 *(Concerto),* hrsg. v. DEMS. (W 1969); Nr. 13 *(Concerto),* hrsg. v. E. LASSEN (Mz 1956). – **f)** Sonate Es-Dur für Cemb., 2 Hörner, V. u. Vc., hrsg. v. K. JANETZKY (Hl 1953). – **g)** 4–9st. Divertimenti: Cassation G-Dur (Hob. II:2), hrsg. v. A. HOFFMANN (Wb 1958); Cassatio F-Dur, D-Dur, G-Dur (Hob. II:20, D22, G1), 3 H.e, hrsg. v. H. CH. R. LANDON (W 1959–62); Divertimento „Der Geburtstag" (Hob. II:11), hrsg. v. DEMS. (W 1961); F-Dur (Hob. II:16), hrsg. v. K. JANETZKY (L 1954); C-Dur (Hob. II:17), hrsg. v. H. STEPPAN (W 1960); D-Dur (Hob. II:22), hrsg. v. E. LASSEN (F 1962); Notturno C-Dur (Hob. II:25), hrsg. v. H. CH. R. LANDON (W 1961); G-Dur (Hob. II:30), hrsg. v. E. FENDLER (NY 1946); 2 in C-Dur (Hob. II:31 u. 32), 2 H.e, hrsg. v. E. F. SCHMID (Kas 1935–36); *Eine Abendmusik* Es-Dur (Hob. II:21), hrsg. v. A. EGIDI (B 1936); Quartett G-Dur (Hob. II:1), hrsg. v. W. UPMEYER (Kas 1937); Scherzando No. 1–6, 6 H.e, hrsg. v. H. CH. R. LANDON (W 1961); Sämtliche Werke für Blasinstr., H.e 1–8 (Hob. II:15, 23, 7, 14, D18, 3, G9, D23), u. Märsche, hrsg. v. DEMS. (W 1959–60). – **h)** Symphonien u. Orch.-WW: Sämtliche Symphonien u. konzertante Symphonie, 107 H.e, hrsg. v. H. CH. R. LANDON u.a. (Salzburg – W 1951–67); Ouvertüren D-Dur (Hob. Ia:4), D-Dur (Hob. Ia:7), zu *Acide e Galatea, L'incontro improvviso, Lo speziale, Orlando paladino,* 6 H.e, hrsg. v. DEMS. (W 1959–64); *Overture for an English Opera,* hrsg. v. DEMS. (Salzburg 1953); Opernsymphonie *Die wahre Beständigkeit,* hrsg. v. A. HOFFMANN (Wb 1958); 12 Deutsche Tänze (Hob. IX:12), hrsg. v. O. E. DEUTSCH (Lippstadt o. J.); *Katharinentänze* (Hob. IX:11), hrsg. v. E. F. SCHMID (ebd. 1959); *Menuetti ballabili* (Hob. IX:7), hrsg. v. H. CH. R. LANDON (W 1970); 6 *Allemandes* (Hob. IX:9), hrsg. v. DEMS. (W 1960); 24 Menuetti (Hob. IX:16), hrsg. v. DEMS. (W 1974). – Taschenpartituren: *Kritische Ausg. sämtlicher Symphonien,* 12 Bde., hrsg. v. H. CH. R. LANDON u. a. (W 1965–68); Nr. 7 C-Dur *(Le midi),* hrsg. v. E. PRAETORIUS (Lo 1936); Nr. 21 A-Dur, Nr. 22 Es-Dur („Der Philosoph"), Nr. 23 G-Dur, Nr. 24 D-Dur, Nr. 28 A-Dur, Nr. 29 E-Dur, Nr. 30 C-Dur („Alleluja"), Nr. 31 D-Dur („mit dem Hornsignal"), hrsg. v. H. WALTER (Kas 1967); Nr. 73 D-Dur („La chasse"), Nr. 93 D-Dur, Nr. 94 G-Dur („mit dem Paukenschlag"), Nr. 95 c-moll, Nr. 96 D-Dur, Nr. 97 C-Dur, Nr. 99 Es-Dur, Nr. 100 G-Dur („Militär"-Symphonie), Nr. 101 D-Dur („Die Uhr"), Nr. 102 B-Dur, Nr. 103 Es-Dur („mit dem Paukenwirbel"), Nr. 104 D-Dur, hrsg. v. E. PRAETORIUS (Lo 1934–38); Nr. 99, 100, 101, hrsg. v. H. WALTER (Kas 1973); Nr. 102, 103, 104, hrsg. v. H. UNVERRICHT (Kas 1965); *Konzertante Symphonie,* hrsg. v. CH. LANDON (Lo 1968); Ouvertüre zu *L'isola disabitata,* hrsg. v. H. CH. R. LANDON (Lo 1958); *Die sieben Worte des Erlösers am Kreuz* (Orch.-Fassung), hrsg. v. H. UNVERRICHT (Kas 1961). – **i)** Konzerte für: V. A-Dur, hrsg. v. A. HEILLER – H. CH. R. LANDON (Salzburg 1952); Vc. C-Dur, hrsg. v. O. PULKERT (Pr 1962); D-Dur (Hob. VIIb:2), hrsg. v. L. NOWAK (W 1962); Horn D-Dur, Nr. 1 (Lo 1954), Nr. 2 (zweifelhaft), hrsg. v. H. H. STEVES (Lo 1954); Trp. Es-Dur (Lo

1949); Orgelleiern, Nr. 1–5, hrsg. v. H. CH. R. LANDON (W 1959–60); Klv. (Cemb.) oder Org.: Hob. XVIII: Nr. 1, hrsg. v. M. SCHNEIDER (Wie 1953); Nr. 3, hrsg. v. E. LASSEN (Mz 1958); Nr. 4, hrsg. v. B. HINZE-REINHOLD (F 1958); Nr. 5, hrsg. v. H. HEUSSNER (Kas 1959); Nr. 8, hrsg. v. H. CH. R. LANDON (W 1962); Nr. 10, hrsg. v. H. WALTER (Mn 1969); Nr. 11, hrsg. v. K. SOLDAN (F 1959); V. u. Cemb. F-Dur, hrsg. v. H. SCHULTZ (Kas 1959). – Taschenpartituren: Konzert für: V. C-Dur, hrsg. v. H. CH. R. LANDON (Lo 1952); A-Dur, hrsg. v. CH. LANDON (Lo 1959); Vc. D-Dur op. 101, hrsg. v. H.-H. SCHÖNZELER (Lo 1962); Horn D-Dur (Hob. VIId: 3), hrsg. v. CH. LANDON (Lo 1959); Trp. Es-Dur, hrsg. v. H. F. REDLICH (Lo 1951); Klv.-Ausz.: Konzert für V. C-Dur (Berg a. I. 1975); dass. (Wie 1943); G-Dur (F o. J.); dass. (Wie 1943); für Vc. C-Dur (Pr 1963); D-Dur (F o. J.); für Trp. Es-Dur (F 1978); für Klv. D-Dur (F 1931). – **2) Vokal-WW: a)** Kantaten und Duette mit Klv.-Begleitung: *Arianna a Naxos*, hrsg. v. M. FLOTHUIS (Salzburg 1965); 2 it. Duette, hrsg. v. H. CH. R. LANDON (W 1960). – **b)** Arien, Kantaten u. Chöre mit Orch.: *Miseri noi*, hrsg. v. H. CH. R. LANDON (W 1960); *Son pietosa* u. *Scena di Berenice*, hrsg. v. DEMS. (W 1959, 1965); Arien, 20 H.e, hrsg. v. DEMS., dazu Klv.-A., 4 H.e (Salzburg 1961–64); *Applausus*, hrsg. v. DEMS. (W 1969); *Der Sturm*, hrsg. v. F. SZEKERES (Budapest 1969), Klv.-A. (W 1958). – **c)** Messen (Partitur oder Taschenpartitur, Klv.-A. u. St., diese manchmal als Leihmaterial): *Missa brevis* F-Dur, „Große Orgelmesse" (ohne Partitur) (W o. J.); *Missa S. Caecilia* (ohne Partitur) (Salzburg 1954); „Rorate"-Messe (zweifelhaft), hrsg. v. H. CH. R. LANDON (ebd. 1957); „Kleine Orgelmesse", „Mariazeller" Messe, „Pauken"-Messe, „Heilig"-Messe, hrsg. v. DEMS. (Kas 1962–64); „Nelson"-Messe, hrsg. v. DEMS. (Lo 1962–63); „Harmonie"-Messe, hrsg. v. F. LIPPMANN (Kas 1965–66); „Nelson"-Messe, „Theresien"-Messe, hrsg. v. G. THOMAS (Kas 1966–69); *Missa S. Nicolai* (nur Taschenpartitur), hrsg. v. H. CH. R. LANDON (Lo 1969); „Schöpfungs"-Messe, hrsg. v. I. BECKER-GLAUCH (Kas 1980). – **d)** Sonstige Kirchenmusikwerke (Partitur u. St.): *Ens aeternum* (L o. J.); Stabat Mater (auch Klv.-A.) (A o. J.); *Ein' Magd, ein' Dienerin*, hrsg. v. H. CH. R. LANDON (Salzburg 1957); Salve Regina Es-Dur, hrsg. v. A. M. MÜLLER (Au 1959); 2 Te Deum, hrsg. v. H. CH. R. LANDON (W 1959, 1966); *Non nobis, Domine*, hrsg. v. K. GEIRINGER (St. Louis 1960); *Salve Regina* g-moll, hrsg. v. H. CH. R. LANDON (W 1964); *Lauda Sion*, hrsg. v. I. BECKER-GLAUCH (Mn 1965); *Libera me*, hrsg. v. H. CH. R. LANDON (Salzburg 1969); *Hör Nachbar* u. *Ei wer hätt*, hrsg. v. O. BIBA (Altötting 1975); 6 Psalmen, hrsg. v. U. W. ZIMMER (Kas 1978). – **e)** Oratorien (Klv.-A. u. St.): *Die Schöpfung, Die Jahreszeiten* (F 1932, 1922); *Die 7 Worte des Erlösers am Kreuz* (Vokalfassung) (Kas 1964). – **3) Opern** (Klv.-A.): *List und Liebe (La vera costanza)* (F o. J.); *Die Welt auf dem Monde (Il mondo della luna)* (Kas 1958); *Die Feuersbrunst* (zweifelhaft) (Mz 1963); *Lo speziale, Le pescatrici, L'infedeltà delusa* (Salzburg 1970, 1965, 1961). – Leihmateriale: Meist bei Universal-Edition und bei Bärenreiter.

Lit.: **1) Bibliographien u. Periodika:** J. P. LARSEN, Die H.-Überlieferung (Kop 1939); DERS., Drei H.-Kat.e in Faks. (Kop 1941, NA NY 1979); A. VAN HOBOKEN, J. H., Thematisch-bibliogr. Werkverz., 3 Bde. (Mz 1955, 1971, 1978); D. BARTHA – L. SOMFAI, H. als Opernkapellmeister (Mz 1960); A. FUCHS, Thematisches Verzeichnis der sämtlichen Kompositionen v. J. H. (Wilhelmshaven 1968) (= Quellenkatalog zur Musikgesch. 2); I. BECKER-GLAUCH, H., in: RISM A/I/4 (Kas 1974); A. P. BROWN – J. T. BERKENSTOCK, J. H. in Literature. A Bibliogr. (Mn 1974) (= H.-Stud. III/3–4); M. HÖRWARTHNER, J. H.s Bibl., in: Jb. für östr. Kulturgesch. 6 (1976); G. FEDER, J. H.s Skizzen u. Entwürfe. Übersicht der Mss., Werkregister, Lit.- u. Ausg.-Verz., in: FAM 26 (1979); H. WALTER, H.-Bibliogr. 1973–1983 (Mn 1985) (= H.-Stud. V/4). – The H. Yearbook, hrsg. v. H. CH. R. LANDON, 16 Bde. (W 1962–86); H.-Stud., Veröff. des J.-H.-Inst. Köln, hrsg. v. G. FEDER, 5 Bde. (Mn 1965–85). – **2) Briefwechsel, Dokumente, Biographien u. umfassende Darstellungen:** H. CH. R. LANDON, Chronicle and Works, 5 Bde. (Lo 1976–80); J. H., Gesammelte Briefe u. Aufzeichnungen, hrsg. v. D. BARTHA (Kas 1965). – A. CH. DIES, Biographische Nachrichten von J. H. (W 1810), NA, hrsg. v. H. Seeger (B 1959, Kas 1964); G. A. GRIESINGER, Biographische Notizen über J. H. (L 1810, Nachdr. Hil 1980); G. CARPANI, Le Haydine, ovvero lettere sulla vita e le opere del celebre maestro G. H., (Padua [2]1823, NA Bologna 1969); TH. G. VON KARAJAN, J. H. in London 1791 u. 1792 (W 1861); C. F. POHL, Mozart u. H. in London (W 1867, Nachdr. NY 1971); DERS., J. H., 3 Bde. (L 1878, 1882, 1927, Nachdr. Wie 1970–71); J. SCHNERICH, J. H. u. seine Sendung (Z – L – W 1922, [2]1926); K. GEIRINGER, J. H. (Pd 1932); E. F. SCHMID, J. H. Ein Buch v. Vorfahren u. Heimat des Meisters (Kas 1934); P. BARBAUD, J. H. in Selbstzeugnissen u. Bilddokumenten (Reinbek 1960); J. P. LARSEN – G. FEDER, The New Grove H. (Lo 1982); J. H. in seiner Zeit. Ausstellung (Eisenstadt 1982); L. NOWAK, J. H. Leben, Bedeutung u. musikalische Schöpferkraft (Mn 1984); K. GEIRINGER, J. H. Der schöpferische Werdegang eines Meisters... (Mn – Mz 1986). – **3) Zu Einzelheiten der Biographie u. Werküberlieferung:** H. VON HASE, J. H. u. Breitkopf & Härtel (L 1909); A. VAN HOBOKEN, Discrepancies in H. Biographies (Washington/D.C. 1962); J. HARICH, H. Documenta, in: The H.-Yearbook 2 1963/64 (1964), 3 1965 (1966), 4 (1968), 7 (1970), 8 (1971); G. FEDER, Die Überlieferung u. Verbreitung der hsl. Quellen zu H.s Werken, 1. Folge, in: H.-Stud. I/1 (1965); G. THOMAS, Griesingers Briefe über H. Aus seiner Korrespondenz mit Breitkopf & Härtel, in: ebd. I/2 (1966); C. G. S. MÖRNER, Haydniana aus Schweden um 1800, in: ebd. II/1 (1969); G. FEDER, H. u. Eisenstadt, in: ÖMZ 25 (1970); A. MANN, Beethoven's Contrapuntal Studies with H., in: MQ 56 (1970); H. WALTER, H.s Klaviere, in: H.-Stud. II/4 (1970); DERS., Die biographischen Beziehungen zw. H. u. Beethoven, in: Kgr.-Ber. Bonn 1970 (Kas 1973); J. HARICH, Das H.-Orch. im Jahr 1870, in: The H.-Yearbook 8 (1971); G. FEDER, J. H. als Mensch u. Musiker, in: ÖMZ 27 (1972); F. BLUME, Gibt es ein neues H.-Bild?, in: Syntagma musicologicum II (Kas 1973); F. H. FRANKEN, J. H.s Leben aus medizinischer Sicht, in: Wiener klinische Wochenschrift 88/13 (1976); S. GERLACH, H.s Orchestermusiker v. 1761 bis 1774, in: H.-Stud. IV/1 (1976); J. H. u. die Lit. seiner Zeit, hrsg. v. H. ZEMAN (Eisenstadt 1976) (= Jb. für östr. Kulturgesch. 6); H. R. HOLLIS, The Musical Instruments of J. H. An Introduction (Washington/D.C. 1977); U. TANK, Die Dokumente der Esterházy-Archive z. fürstlichen Hofkapelle in der Zeit v. 1761 bis 1770, in: H.-Stud. IV/3–4 (1980); DERS., Stud. zur Esterházyschen Hofmusik von etwa 1620 bis 1790 (Rb 1981); J. H. Tradition u. Rezeption, hrsg. v. G. FEDER U. A. (Rb 1985); Int. J. H. Kongreß Wien 1982, hrsg. v. E. BADURA-SKODA (Mn 1986). – **4) Zu den Werken u. einzelnen Werkgruppen:** F. BLUME, J. H.s künstlerische Persönlichkeit in seinen Streichquartetten, in: Jb. Peters 38 (1931); H. WIRTH, J. H. als Dramatiker (Wb – B 1940); C. M. BRAND, Die Messen v. J. H. (Wü 1941, Nachdr. Walluf 1973); H. J. THERSTAPPEN, J. H.s sinfonisches Vermächtnis (Wb – B 1941); R. SONDHEIMER, H. A Historical and Psychological Study Based on His Quartets (Lo 1951); H. WIRTH, J. H., Orfeo ed Euridice, Analytical Notes (Boston 1951); H. CH. R. LANDON, The Symphonies of J. H. (Lo – W 1955, Suppl. 1961); DERS., H.s Marionette Operas and the Repertoire of the Marionette Theatre at Esterház Castle, in: The H.-Yearbook 1 (1962); H. WALTER, G. van Swietens hsl. Textbücher zu „Schöpfung" u. „Jahreszeiten", in: H.-Stud. I/4 (1967); S. GERLACH, Die chronologische Ordnung v. H.s Sinfonien zw. 1774 u. 1782, in: ebd. II/1 (1969); I. BECKER-GLAUCH, Neue Forsch. zu H.s Kirchenmusik, in: ebd. II/3 (1970); Studies in Eighteenth-Century Music. FS K. Geiringer NY 1970); A. P. BROWN, J. H.'s Keyboard Music. Sources and Style

Northwestern Univ./Ill.); G. FEDER, H.s frühe Klaviertrios. Eine Unters. z. Echtheit u. Chronologie, in: H.-Stud. II/4 (1970); L. NOWAK, Die Skizzen zum Finale der Es-Dur-Sinfonie GA 99 v. J. H., in: ebd. II/3 (1970); H. UNVERRICHT, Zur Chronologie der Barytontrios v. J. H., in: Symbolae historiae musicae. FS H. Federhofer (Mz 1971); L. HAILPARN, H. The Seven Last Words. A New Look at an Old Masterpiece, in: MR 34 (1973); W. STEINBECK, Das Menuett in der Instrumentalmusik J. H.s (Mn 1973) (= Freiburger Schriften z. Musikwiss. 4); G. THOMAS, Stud. zu H.s Tanzmusik, in: H.-Stud. III/1 (1973); DERS., „Gioco Filarmonico": Würfelmusik u. J. H., in: Musicae scientiae collectanea. FS K. G. Fellerer (Kö 1973); S. WOLLENBERG, H.s Baryton Trios and the „Gradus", in: ML 54 (1973); R. BARRETT-AYRES, J. H. and the String Quartet (Lo 1974); L. FINSCHER, Stud. z. Gesch. des Streichquartetts I: Die Entstehung des klassischen Streichquartetts. Von den Vorformen z. Grundlegung durch J. H. (Kas 1974) (= Saarbrücker Stud. z. Musikwiss. 3); H.-J. HORN, FIAT LVX. Zum kunsttheoretischen Hintergrund der „Erschaffung" des Lichtes in H.s Schöpfung, in: H.-Stud. III/2 (1974); O. MOE, Texture in H.'s Early Quartets, in: MR 35 (1974); G. FEDER, Opera seria, Opera buffa u. Opera semiseria bei H., in: Opernstud. FS A. A. ABERT (Tutzing 1975); B. WACKERNAGEL, J. H.s frühe Klv.-Sonaten. Ihre Beziehungen z. Klv.-Musik um die Mitte des 18. Jh. (ebd. 1975) (= Würzburger Musikhist. Beitr. 2); H. WIRTH, Gluck, H. u. Mozart. Drei Entführungs-Opern, in: Opernstud. FS A. A. Abert (ebd. 1975); DERS., J. H.s Symphonie mit dem Paukenwirbel. Eine Betrachtung, in: Hamburger Jb. für Musikwiss. 1 (1974); J. WEBSTER, The Bass Part in H.s Early String Quartets, in: MQ 63 (1977); G. FEDER, H.s Opern und ihre Ausg., in: Gedenkschrift G. Henle (Mü 1980). – **5) Ausdruck u. Stil:** TH. G. GEORGIADES, Zur Musiksprache der Wiener Klassiker, in: Mozart-Jb. 1951, Wiederabdruck, in: Kleine Schriften (Tutzing 1977) (= Münchner Veröff. z. Musikgesch. 26); H. WIRTH, Mozart et H., in: Les influences étrangères dans l'œuvre de W. A. Mozart (P 1958); D. BARTHA, Volkstanz-Stilisierung in J. H.s Finale-Themen, in: FS W. Wiora (Kas 1967); CH. ROSEN, The Classical Style: H., Mozart, Beethoven (NY 1971); Der junge H., Wandel v. Musikauffassung u. Musikaufführung in der östr. Musik zw. Barock u. Klassik, hrsg. v. V. SCHWARZ (Gr 1972); G. FEDER, Die Eingriffe des Musikverlegers Hummel in H.s Werken, in: Musicae scientiae collectanea. FS K. G. Fellerer (Kö 1973); H. SCHENKER, H. Die Schöpfung. Die Vorstellung des Chaos, in: Zur musikal. Analyse, hrsg. v. G. Schuhmacher (Da 1974); L. SOMFAI, The London Revision of H.s Instrumental Style, in: Proc. R. Mus. Assoc. 100 (1974). – **6) Ikonographien:** L. SOMFAI, J. H. Sein Leben in zeitgen. Bildern (Kas 1966); H. CHR. R. LANDON, J. H. Sein Leben in Bildern u. Dokumenten (Wn 1981); M. HUSS, J. H. Klassiker zwischen Barock u. Biedermeier (Eisenstadt 1984).

HAYDN, Johann Michael, Bruder von Joseph H., *13. (?), getauft 14. 9. 1737 Rohrau (Niederösterreich), † 10. 8. 1806 Salzburg; östr. Komponist. Er studierte bei G. Reutter d. J. am Kapellhaus von St. Stephan in Wien und wurde mit 20 Jahren Kapellmeister des Bischofs von Großwardein. Im Herbst 1762 war er (zusammen mit seinem Bruder Joseph) wegen Erbschaftsangelegenheiten in Rohrau, im Winter danach in Preßburg, anschließend in Wien. Am 24. 7. 1763 findet sich H.s Name erstmals in Salzburg, wo er am 14. 8. 1763 von Erzbischof Sigismund von Schrattenbach als „Hofmusicus und (2.) Concertmeister" mit jährlich 300 Gulden und Gewährung der Offizierstafel (die L. und W. A. Mozart versperrt blieb) angestellt wurde. H. wurde 1773 1. Konzertmeister, 1777 Organist an der Dreifaltigkeitskirche, 1782 als Nachfolger von W. A. Mozart 1. Hof- und Domorganist und erhielt zugleich die Klavierinstruktion am Kapellhaus, während er als Konzertmeister entlastet wurde. Zwischen 1763–82 entstanden viele kirchenmusikalische Werke, Instrumentalmusik für die fürsterzbischöfliche Kammer und Tafel sowie zahlreiche dramatische Kompositionen (vor allem für die Bühne der Salzburger Benediktineruniversität). Aufgrund des Hirtenbriefs von Fürsterzbischof Hieronymus Colloredo (1782) stellte sich H. in den Dienst von dessen kirchenmusikalischen Reformen; 1790 erschien der 1. Teil des von diesem eingeführten deutschen Gesangbuches (Landshut 1777), von H. „vermehrt und verbessert". Für die ihm anvertrauten Kapellknaben schrieb er verschiedene liturgische Werke mit kleiner vokaler und instrumentaler Besetzung. H. starb nach 44 Dienstjahren in Salzburg, von dem er sich trotz eines vom Bruder vermittelten ehrenvollen und lukrativen Angebotes des Fürsten Esterházy nicht lösen wollte. Schon zwei Jahre nach seinem Tode wurde H. der „vielleicht größte Tonsetzer" auf dem Gebiete der (katholischen) Kirchenmusik genannt, und auch Fr. Schuberts Worte über den „ruhigen, klaren Geist" des „guten Haydn" spiegeln diese Verehrung, die das 19. Jh. bewahrte.

WW: **1) Instr.-WW** (meist hsl. erhalten): Einige Klv.-Stücke; *50 kleine Orgelstücke* (W o. J.); Duos für V. u. Va.; Streichquartette u. Quartette für Streicher u. Bläser; Streichquintette; 3 Serenaden u. 2 Cassationen, überwiegend für Orch.; 2 Notturni für Str. u. 2 Hörner; 26 Divertimenti für Str. mit und ohne Bläser u. für Bläser allein; für Orch.: 46 Sinfonien; 5 Konzerte für verschiedene Instr.: Märsche u. Menuette. – **2) Vokal-WW:** Zahlr. kirchenmusikal. WW, meist für 4 St., Instr. u. Org., darunter: 32 lat. Messen; *8 Deutsche Messen (Deutsche Hochämter);* 2 Requiem, 6 Te Deum; 117 Gradualien; 45 Offertorien; 27 Responsorien für die Karwoche; 11 Salve Regina; 3 *Tenebrae*. – Zahlr. Gesänge u. Lieder für 3–4 Männerstimmen a capp. mit dt. u. it. Text. – Kantaten u. Oratorien u.a. weltliche Vokalwerke. – **3) Bühnen-WW:** Opern, u.a. *Andromeda e Perseo* (1787); Singspiele, u.a. *Die Hochzeit auf der Alm* (1768); Azioni sacre *Rebekka als Braut* (1766), *Abels Tod* (1778) u.a.

Im Schatten seines Bruders Joseph stehend, ist H. gleichwohl ein beachtenswerter Komponist von eigenem künstlerischem Profil und eigener Wirkungskraft. Seine Symphonien sowie die Serenaden, Divertimenti und Notturni haben in vielen Einzelzügen (u. a. in der volkstümlichen Melodik und in der Bläserbehandlung) das Instrumentalschaffen W. A. Mozarts, der H. auch persönlich freundschaftlich verbunden war, stark beeinflußt. Wegbereiter war H. auch für Mozarts Kirchenmusik bis hin zum Requiem, hier vor allem im kontrapunktischen, „gebundenen" Stil. H.s originellste Leistung bilden die Gesänge für Männerchor, die lange vor der eigentlichen Blüte dieser Gattung entstanden, und die deutschsprachige Kirchenmusik. Sie versteht sich als Gegenpol einer opernhaften Kirchenmusik im neapolitanischen Stil und kam so den Bestrebungen der katholischen Aufklärung um eine Intensivierung der Volksfrömmigkeit entgegen: dies sowohl in den deutschen Meßgesängen und Choralvespern für Soli, Chor und Orchester als auch besonders in den deutschen Singmessen und Kirchenliedern für 4st. Volksgesang mit Orgelbegleitung. Von ihnen hat H.s *Deutsches Hochamt „Hier liegt vor deiner Majestät“* bis in unsere Gegenwart eine weite Verbreitung gefunden.

Ausg.: Instr.-Werke I, hrsg. v. L. PERGER (W 1907) (= DTÖ 29) (mit thematischem Verz. der Instr.-Werke); 3 Messen, hrsg. v. A. M. KLAFSKY (W 1915) (= DTÖ 45); Kirchenwerke, hrsg. v. DEMS. (W 1925) (= ebd. 62) (mit Kat. der Kirchenmusikwerke). Einzelausgaben: **1) Instr.-WW: a)** Kammermusik: 3 Streichquartette, hrsg. v. H. ALBRECHT (Lippstadt 1950) (= Organum III/38, 40 u. 42); Divertimento à 5 G-Dur, hrsg. v. W. HÖCKNER – H. MLYNARCZYK (H 1960); Divertimento D-Dur 1774, hrsg. v. L. KALMÁR (Budapest 1965) (= Musica rinata 7); 5 Divertimenti sowie Quartett C-Dur für Englisch Horn, Va. u. V., hrsg. v. W. RAINER (W 1969, 1970) (= Diletto musicale 39, 273–275, 312 u. 371); Streichquartett A-Dur, hrsg. v. F. BEYER (Z 1971); 6 Streichquartette, hrsg. v. H. ZEHETMAIR (W 1974) (= Diletto musicale 331–333, 335 u. 336); Quartett F-Dur, hrsg. v. W. RAINER (W 1974); 2 V.-Duos, hrsg. v. G. SZEREDI-SAUPE (F 1976); Notturno F-Dur für 2 Hörner, 2 V., Va. u. Vc., hrsg. v. A. STRASSL (W 1977). – **b)** Für Orch.: Symphonien: D-Dur, hrsg. v. H. CH. R. LANDON (W 1962) (= Diletto musicale 20); C-Dur, hrsg. v. DEMS. (W 1968) (= ebd. 143); G-Dur, hrsg. v. CH. H. SHERMAN (W 1968) (= ebd. 183); A-Dur, hrsg. v. DEMS. (W 1968) (= ebd. 184); D-Dur 1774, hrsg. v. P. GOMBÁS (W 1969) (= ebd. 317); C-Dur 1773 u. D-Dur 1788, hrsg. v. L. KALMÁR (= ebd. 314 bzw. 322); C-Dur u. Es-Dur, hrsg. v. CH. H. SHERMAN (W 1977). – Konzerte: Fl.-Konzert 1766, hrsg. v. J. VÉCSEY (Budapest 1957, [3]1976); Fl.-Konzert D-Dur, hrsg. v. H. C. R. LANDON (Salzburg 1959); V.-Konzert B-Dur, hrsg. v. P. ANGERER (W 1960) (= Diletto musicale 3); Trp.-Konzert D-Dur, Klv.-A. hrsg. v. W. HASEKE (H 1965); Trp.-Konzert C-Dur Nr. 1, hrsg. v. E. H. TARR (Lo 1971); Concertino C-Dur für Clarino u. Orch., hrsg. v. CH. H. SHERMAN (W 1974); Larghetto F-Dur für Pos. u. Orch., hrsg. v. DEMS. (W 1974). – **c)** Für Tasteninstr.: Spielstücke für Klv., hrsg. v. P. HEILBUT (Z 1973); 50 kleine Orgelstücke, hrsg. v. J. BONFILS (P o. J.) (= L'organiste liturgique 23/24). – **2) Vokal-WW:** *Missa S. Crucis*, hrsg. v. E. TITTEL (W 1949); *Missa dolorum beatae Mariae virginis* für Chor u. Org., hrsg. v. DEMS. (Düsseldorf 1962); 6 Graduale, hrsg. v. H. GRAF (Z 1964–68); *Missa S. Hieronymi* für Soli, gem. Chor u. Bläser mit Org., hrsg. v. CH. H. SHERMAN – M. FLOTHUIS, 2 Bde. (Columbia/Mo. 1969) (= Accademia musicale 7), dass. (W 1969); *Missa pro defunctis* für Soli, gem. Chor u. Orch. mit Org., hrsg. v. CH. H. SHERMAN (Columbia/Mo. 1969) (= ebd. 8); *Viderunt omnes* für Chor u. Orch., hrsg. v. O. BIBA (Hilversum 1971); *Ave regina* für Baß, Va. solo u. Str., hrsg. v. R. MÜNSTER (Z 1972); Duetto pastorum *Sei fröhlich, mein Isaak* für Tenor, Baß, Chor, Str., 2 Hörner u. B.c., hrsg. v. O. BIBA (Altötting 1974); Deutsches Hochamt *Hier liegt vor deiner Majestät*, hrsg. v. R. SCHOLZ (W 1974); *Wir beten Dich unendlich Wesen*, hrsg. v. R. MÜNSTER (Z 1975); *Te Deum* 1760, hrsg. v. L. KÜMMERLING (Hei 1976); *Nunc dimittis* 1784, hrsg. v. M. P. ECKHARDT (Kas 1976); *Benedicite Dominum* 1784, hrsg. v. L. KÜMMERLING (Hei 1977); Missa Sti. Leopoldi, Missa Sti. Aloysii, Vesper in F, Deutsches Miserere für Chor bzw. Frauenchor mit u. ohne Soli, Orch. u. Org., hrsg. jeweils v. W. REINHART, H. GRAF u. P. HÄGLER (Z o. J.).

Lit.: A. M. KLAFSKY, M. H. als Kirchenkomponist, in: StMw 3 (1915); H. JANCIK, M. H. (Z 1952); R. G. PAULY, M. H.'s Latin Proprium Missae Compositions (1956) (= Diss. Yale Univ.); R. HESS, Serenade, Cassation, Notturno u. Divertimento bei M. H. (Diss. Mz 1963); H. ZEHETMAIR, J. M. H.s Kammermusikwerke à quattro u. à cinque (Diss. I 1965); K. PFANNHAUSER, J. M. H. u. seine „Missa Sanctae Crucis“, in: Chigiana 24, N. S. 4 (1967); CH. H. SHERMAN, The Masses of J. M. H. A Critical Survey of Sources (1967) (= Diss. Univ. of Michigan); M. H. SCHMID, Die Musiksammlung der Erzabtei St. Peter in Salzburg (Salzburg 1970); R. MÜNSTER, Ein eigenhändiges Gradualienverz. v. J. M. H., in: ÖMZ 26 (1971); M. H. SCHMID, M. H. als Autor zweier apokrypher Mozart-Lieder, in: ebd.; D. R. PETERSEN, The Te Deums of M. H., 2 Bde. (1972) (= Diss. Univ. of Iowa); G. SCHOLZ, M. H.s Deutsches Hochamt „Hier liegt vor Deiner Majestät“, in: ÖMZ 27 (1972); E. HINTERMAIER, M. H.s Salzburger Schülerkreis, in: ebd.; G. CROLL, Miszellen zu M. H., in: ebd.; DERS., Neue Beitr. zur M. H.-Ikonographie nebst Bemerkungen zu KV 6, in: ebd.; R. SCHWALB, Die Männerquartette J. M. H.s. Nebst einem thematischen Kat. (Diss. W 1973); M. H. SCHMID, Mozart u. die Salzburger Tradition, 2 Bde. (Mn 1976); D. D. DONALDSON, The Messa della Benedicenza. A Mass by M. H. 1737–1806 (1976) (= Diss. Univ. of Missouri).

G. CROLL

HAYES, Roland, * 3. 6. 1887 Curryville (Georgia), † 31. 1. 1977 Boston; amerik. Sänger (Tenor). H. studierte seit 1911 bei Arthur Hubbard in Boston, wo er erstmals 1915 öffentlich auftrat. 1920 ging er nach England, studierte bei George Henschel in London Liedgesang und konzertierte in den Folgejahren besonders in Europa, in den USA (1924) und in Rußland (1928). H., der zu den bedeutendsten Liedinterpreten seiner Zeit gehört, trat auch als Sänger von Negro Spirituals hervor. Eine Sammlung von Negro Spirituals veröffentlichte er unter dem Titel *My Songs* (Boston 1948). H. war Ehrendoktor mehrerer amerik. Universitäten.

Lit.: M. HEHN, Angel Mo' and Her Son, R. H. (Boston 1942, NY 1969).

HAYES, engl. Musikerfamilie. – **1) William,** * Dezember 1707 Gloucester, † 27. 7. 1777 Oxford; Komponist. Er war Chorknabe an der Kathedrale von Gloucester, seit 1729 Organist in Shrewsbury, 1731 an der Kathedrale in Worcester und 1734 am Magdalen College in Oxford. 1741 wurde er Professor of Music und 1749 Doctor of Music der Universität Oxford.

WW: **1) Kompositionen:** *Cathedral music* (O o. J.); *Vocal and instrumental music*, 3 Teile (O 1747); *Harmonia Wiccamica* (Lo 1780); 4 Bücher *Catches, glees, and canons* für 3–5 St. (O 1757, 1765, 1773, Suppl. 1756); im Druck erschienen ferner Slgen. v. Arietten u. Kantaten. – **2) Schriften:** *The art of composing by a method entirely new* (Lo 1751); *Remarks on Mr. Avison's essay on musical expression* (Lo 1753); *Anecdotes of the five music meetings, on account of the charitable foundations at church Langton* (Lo 1768).

2) Philip, Sohn von 1), getauft 17. 4. 1738 Oxford,

†19.3.1797 London; Komponist. Er wurde 1763 Bachelor of Music an der Universität Oxford und 1767 Mitglied der Chapel Royal. Seit 1776 war er Organist am New College, seit 1777 am Magdalen College und seit 1790 am St. John's College in Oxford. 1777 wurde er als Nachfolger seines Vaters Professor of Music.

WW: **1) Vokal-WW:** Psalmen sowie Anthems (O o.J.); mehrere Bücher *Catches, glees, and canons für* 3–6 St. (Lo o.J.); *Favourite Scots* melodies (Lo o.J.); gedruckt wurden ferner zahlr. einzelne Songs. – **2) Instr.-WW:** 6 Konzerte für Org., Cemb. oder Klv. (Lo 1769); 6 Sonaten für Klv. u. V. (Lo 1774). – Ph.H. gab auch Werke v. W.Boyce u. einige der oben genannten Drucke seines Vaters heraus.

Ausg.: **Zu 1):** Orgelsonate D-Dur, hrsg. v. F.H.HOPPER (St. Louis/Mo. 1968).

Lit.: **Zu 1):** W.BENNETT, Two Pamphlets of Dr. W.H., in: Monthly Musical Record 64 (1934); E.L.RUBIN, The English Glee from W.H. to W.Horsley, 2Bde. (1968) (= Diss. Univ. of Pittsburgh/Pa.). – **Zu 2):** E.H.FELLOWES, English Cathedral Music From Edward VI to Edward VII (Lo 1941, revidiert 1969); W.SHAW, Eighteenth Century Cathedral Music (Lo 1953).

HAYM, Gilles, ↗Hayne.

HAYM (Haim, Aimo), **Nicolo Francesco,** *um 1675 Rom; †11.8.1729 London; it. Komponist und Librettist. H. war deutscher Abstammung und erhielt in Italien eine umfassende Ausbildung. 1694–1700 war er in Rom Violonespieler im Orchester des Kardinals Pietro Ottoboni. Kurz nach 1700 ging er nach England, wo er wenig später als Komponist und Cellist im Dienste des Herzogs von Bedford nachweisbar ist. Zusammen mit Ch. Dieupart und Th. Clayton bemühte er sich in London vor allem um die Einführung der italienischen Oper. Wichtig war in dieser Beziehung die Aufführung von A. Scarlattis *Pirro e Demetrio* 1708 am Drury Lane Theatre mit z.T. englischem Text, wozu H. die Ouvertüre und zahlreiche Arien hinzukomponierte. Die Ankunft Händels in London 1710 ließ die weiteren Bemühungen H.s scheitern. Nach einem kurzen Aufenthalt in Holland begann dann 1713 seine Tätigkeit als Librettist für Händel, die zu einer künstlerisch überaus glücklichen Zusammenarbeit bis 1728 führte, wie sie sich u.a. in dessen *Teseo, Radamisto* und *Giulio Cesare* auswirkte. H.s eigene Kompositionen hatten keinen anhaltenden Erfolg.

WW (nur die Kompositionen): Gedruckt erschienen: die Ouvertüre und die Einlagearien für *Pirro e Demetrio;* Triosonaten u. Kammersonaten (Lo – A o.J.); hsl. erhalten sind eine Kantate, ein Anthem und ein Psalm.

Lit.: E.DAHNK-BAROFFIO, N.H.s Anteil an Händels Rodelinde-Libretto, in: Mf 7 (1954); H.J.MARX, H., in: MGG XVI.

HAYNE (Haym, Heyne, Hennius), **Gilles,** getauft 29.7.1590 Lüttich, †28.5.1650 ebd.; ndl. Komponist. Seine erste musikalische Ausbildung erhielt er an der Kathedrale St-Lambert in Lüttich. 1613 hielt er sich vermutlich zu weiteren Studien in Italien auf. Zwischen 1628 und 1635 ist er als Kapellmeister des Kurfürsten von Köln, Ferdinand von Bayern, nachweisbar, der auch Fürstbischof von Lüttich war und vermutlich H.s Ernennung als Kanonikus an St-Jean-l'Évangéliste in Lüttich 1631 unterstützte. 1637 erhielt er außerdem den Titel eines Superintendanten der Hofmusik des Pfalzgrafen Wolfgang Wilhelm und Herzogs von Neuburg. H.s Werke sind frühe Zeugnisse für die behutsame Verwendung des konzertierenden Stils in der Lütticher Kirchenmusik.

WW: Motetten für 2–4 St. u.B.c. (A 1640) (unvollständig erhalten), für 5 St. u.B.c. (An o.J.), für 3–5 St. (An 1646) (unvollständig); eine *Missa pro defunctis* für 6 St. u.B.c. sowie 7 Motetten u. 1 Ave Maria für 5–7 St. u.B.c. sind hsl. erhalten.

Lit.: J.QUITIN, Sept Motets inédits de G.H., in: RBMie 4 (1950); DERS., G.H., in: MGG V; DERS., in: Beitr. z. Musik im Rhein-Maas-Raum (Kö 1957) (= Beitr. z. rheinischen Musikgesch. 19); DERS., in: Rheinische Musiker 2 (Kö 1962) (= ebd. 53).

HAYNE (Heyne, Haine, Ayne) **VAN GHIZEGHEM,** franko-flämischer Komponist der 2. Hälfte des 15.Jahrhunderts. H. wurde auf Weisung des Herzogs von Burgund 1457 Schüler des Hofsängers Constans d'Utrecht und wurde seit etwa 1467 in den Rechnungen des Hofes als Sänger und Valet de chambre, doch nie ausdrücklich als Mitglied erwähnt. 1472 nahm er im Gefolge Karls des Kühnen an der Belagerung von Beauvais teil; weitere Nachrichten fehlen. Nach zeitgenössischem Urteil zählte H. zusammen mit G. Dufay, G. Binchois, J. Ockeghem und A. Busnois zu den bedeutendsten Komponisten des 15.Jahrhunderts. Sein Name erscheint auch in der berühmten *Déploration* auf den Tod Ockeghems von G. Crétin (vertont von Josquin des Prés). H.s Chansons sind in ihrem Stil typisch für die ↗Burgundische Schule. Zwei davon, *Alez regretz* und *De tous biens playne* waren bis ins 16.Jh. hinein außerordentlich weit verbreitet und fanden mit anderen Chansons H.s auch Aufnahme in die frühesten Sammeldrucke Petruccis.

WW: Frz. Chansons für 4 St. sind hsl. erhalten, davon wurden 7 gedruckt (in RISM 1501, 1502^1 u. 1538^9); *Alez regretz* ist auch überliefert in der hsl. Orgeltabulatur von L. Kleber (1524).

Ausg.: Opera omnia, hrsg. v. B.HUDSON (1977) (= CMM 74); die Gesänge aus RISM 1501 auch in: O.PETRUCCI, *Harmonice musices odhecaton*, Faks.-Ausg. (NY 1966) (= MMMLF 1/10).

Lit.: O.GOMBOSI, Obrecht (L 1925) (darin 5 Stücke); K.JEPPESEN, Der Kopenhagener Chansonnier (Kop – L 1927) (darin „De tous biens playne"); J.MARIX, Les musiciens à la cour de Bourgogne (P 1939) (darin 16 Chansons); DIES., Histoire de la musique et des musiciens de la cour de Bourgogne sous le règne de Philippe le Bon (Str 1939, Nachdr. G 1972); DIES., H. van G., in: MQ 28 (1942).

HEATH, Percy *30.4.1923 Wilmington (North

Carolina); amerik. Jazzmusiker (Kontrabaß). H. kam 1947 mit dem Bebop-Trompeter Howard McGhee nach New York, spielte seit 1948 bei Miles Davis, Fats Navarro und Jay Jay Johnson und seit 1950 bei Dizzy Gillespie. Seit 1954 bis zu dessen Auflösung 1974 war er Mitglied des Modern Jazz Quartet. H. gehörte zu den bedeutendsten Kontrabassisten des Jazz. In seinem Spiel hat sein Instrument auch eine melodische Funktion.

Lit.: Good bye. Modern Jazz Quartet, in: J. E. BERENDT, Ein Fenster aus Jazz (F 1977).

HEBENSTREIT, Pantaleon, *1667 Eisleben, †15. 11. 1750 Dresden; dt. Violinist, Komponist und Tanzlehrer. Er wirkte an den Höfen in Eisenach und Dresden (seit 1714), zuletzt als Hofkapelldirektor der protestantischen Kirchenmusik und erlangte Bedeutung als Erfinder des Pantaleon, das er als Kunstinstrument aus dem volkstümlichen ↗Hackbrett entwickelte. Seine Kompositionen (Orchestersuiten) wurden 1945 vernichtet.

Lit.: CH. G. SCHRÖTER, Umständliche Beschreibung eines neuerfundenen Klv.-Instr., in: F. W. Marpurg, Kritische Briefe über die Tonkunst II (B 1763, Nachdr. Hil 1971); S. E. HANKS, Pantaleon's Pantaleon. An 18th Century Mus. Fashion, in: MQ 55 (1969); A. EGERLAND, Das Pantaleon, in: Mf 23 (1970); A. BERNER, H., in: MGG VI.

HEBENSTREITH, Michael, *um 1812, †nach 1850; östr. Komponist und Kapellmeister. Er schrieb die Musik zu vielen Wiener Lokalstücken, so z. B. für C. Haffner *(Die Wiener Stubenmädchen),* Fr. Kaiser *(Dienstbotenwirtschaft; Die reiche Bäckerfamilie; Das Armband)* und J. N. Nestroy *(Liebesgeschichten und Heiratssachen; Die schlimmen Buben; Freiheit in Krähwinkel; Judith und Holofernes).* Außerdem komponierte H. Märsche und Tänze.

HECKEL, dt. Instrumentenbauer. – **1) Johann Adam,** *14. 7. 1812 Adorf (Vogtland), †13. 4. 1877 Biebrich bei Wiesbaden. Nach Ausbildung als Instrumentenbauer in Adorf und kurzer Tätigkeit seit 1829 in der Instrumentenbau-Abteilung des Verlages B. Schott's Söhne in Mainz gründete er 1831 zusammen mit dem Fagottisten Karl Almenräder in Biebrich eine Blasinstrumenten-Fabrik, die sich auf die Herstellung von Klarinetten und Fagotten spezialisierte. Das von ihnen konstruierte sogenannte Almenräder-Fagott wurde der Prototyp des modernen Fagotts. Seit 1845 führte H. das Unternehmen allein fort. – **2) Ludwig Georg Otto Wilhelm,** Sohn von 1), * 25. 1. 1856 Biebrich, †14. 1. 1909 ebd. Er übernahm nach dem Tod seines Vaters die Firma und trug zu weiteren Verbesserungen des Fagotts bei. Er erweiterte u. a. den Umfang des Kontrafagotts und konstruierte 1904 auf Anregung von R. Strauss nach einer Idee von R. Wagner das ↗Heckelphon, an dessen Entwicklung auch seine Söhne **Wilhelm Hermann** (1879–1952) und **August** (1880–1914) beteiligt waren. 1924 übernahm Franz Groffy (*3. 3. 1896 Boppard am Rhein), der Schwiegersohn von Wilhelm Hermann H., die Leitung der Firma, die 1948 in eine Kommanditgesellschaft umgewandelt wurde. Sie baut heute alle Arten von Holzblasinstrumenten.

WW: **Zu 2):** *„Der Fagott". Kurzgefaßte Abhandlung über seine historische Entwicklung, seinen Bau u. seine Spielweise* (Biebrich 1899, [2]1931).

Lit.: L. G. LANGWILL, The Bassoon and the Double Bassoon (Lo 1947); H. BECKER, H., in: MGG VI; F. GROFFY, Kat. der Fagottslg. des Musikhist. Museums H. in Biebrich/Rhein (Wie 1969); H. HEYDE, Die Blasinstrumentenbauer Jehring (Adorf) u. Heckel (Adorf, Dresden, Biebrich), in: BzMw 19 (1977).

HECKEL, dt. Musiker- und Musikverlegerfamilie. – **1) Johann Jacob,** *um 1763 Mannheim, †16. 12. 1811 Gumpoldskirchen. Er lebte zunächst als Musikmeister in Mannheim und ließ sich später in Gumpoldskirchen nieder. Er wurde bekannt durch eine Parodie *In questa tomba oscura,* die den Unwillen L. van Beethovens erregte. – Von seinem Bruder **Christoph** stammen zahlreiche Musikerporträts, darunter auch eines von Beethoven. – **2) Karl Ferdinand,** Sohn von 1), *12. 1. 1800 Wien, †9. 4. 1870 Mannheim; als Komponist ein Schüler von J. N. Hummel, eröffnete er 1821 in Mannheim eine Musikalienhandlung, die er bald um einen Kunst- und Musikalienverlag und eine Klavierfabrik erweiterte. Als besondere verlegerische Leistung sind die *Wohlfeile Ausgabe* von Mozarts Opern im Klavierauszug und die Edition der ersten Taschenpartituren von Werken der Wiener Klassiker hervorzuheben. Er gab auch die Musikerporträts seines Onkels Christoph als Lithographien heraus. – **3) Emil** (der Ältere), Sohn von 2), *22. 5. 1831 Mannheim, †28. 3. 1908 ebd. Er war mit seinem Bruder Karl (d. Ä.) in der väterlichen Firma tätig. Er gehörte seit 1868 zu den treuesten Gefolgsleuten R. Wagners und initiierte 1871 die Bewegung der R. Wagner-Vereine, die sich in den folgenden Jahren um die ideelle und materielle Vorbereitung der ↗Bayreuther Festspiele verdient machten. H. war auch ein tatkräftiger Förderer H. Wolfs, dessen Werke er 1895–1903 verlegte; besonders setzte er sich für die Uraufführung von Wolfs *Corregidor* (Mannheim 1896) ein. – **4) Karl** (der Jüngere), Sohn von 3), *23. 6. 1858 Mannheim, †17. 10. 1923 Fürstenfeldbruck. H. führte zunächst mit seinem Bruder Emil (dem Jüngeren) die Firma seines Vaters weiter, widmete sich aber dann ganz seiner schriftstellerischen Tätigkeit.

WW: **Zu 1):** Romanzen; Kantaten; Klavierstücke. Das Lied *In questa tomba oscura* (Text: G. Carpani) erschien mit dem Titel *Parodia* als Beitrag zu einer Sammelpublikation von T. Mollo (W 1808) mit über 60 Vertonungen des gleichen Textes von 46 Komponisten, darunter auch Beethoven (WoO 133). – **Zu 2):** Stücke für Klv. u. für Gitarre; Lieder. – **Zu 4):** Schriften: *Die Bühnenfestspiele zu Bayreuth* (L 1891); *Erläuterungen zu Wagners Tristan* (Mannheim 1893); *H. Wolf in seinem Verhältnis zu R. Wagner* (Mn 1905); er gab heraus: *Briefe R. Wagners an E. Heckel* (B 1899). Er schrieb auch einige Dramen u. a. Dichtungen sowie Abhandlungen über F. Nietzsche u. über philosophische Fragen.

Lit.: **Zu 4):** J.-A. BIERINGER, E. H., in: R. Wagner-Jb. 3 (1908); G. JACOB, R. Wagner, E. H. u. die Bayreuther Festspiele, in: Mannheimer Hefte (1965); R. WÜRTZ, 150 Jahre Kunst u. Musik, in: FS des Hauses K. F. H. (Mannheim 1971) (mit Bibliogr.).

R. WÜRTZ

HECKEL, Wolf (Wolff), * um 1515 München; dt. Lautenist. Er lebte in Straßburg, wo er 1556 ein *Lautten Buch von mancherley schönen und lieblichen stucken* veröffentlichte (2 Tle.: Discantus und Tenor, Nachdr. 1562). Es enthält im Discantus-Teil Intavolierungen (für 2 Lauten und für 1 Laute) deutscher geistlicher und weltlicher Lieder (u. a. von L. Senfl), französischer Chansons und lateinischer Gesänge sowie Tanzsätze (Saltarelli, Pavanen, Passamezzi) und Gassenhauer. Der Tenor-Teil ist die wichtigste Quelle für den deutschen Hoftanz des 16. Jh. Werke H.s finden sich auch in mehreren hsl. Lautentabulaturen des 16. Jh.

Lit.: W. BOETTICHER, H., in: MGG VI; H. M. BROWN, Instrumental Music Printed Before 1600 (C/M 1965) (mit Angabe der Neudrucke einzelner Stücke).

HECKELPHON, eine von W. Heckel 1904 auf Anregung von R. Strauss nach einer Idee von R. Wagner entwickelte Baritonoboe aus Ahorn mit kugelförmigem Schallstück (↗Liebesfuß) und starker konischer Bohrung. Der Tonumfang des Instruments reicht von H – f^2 (in der Notierung eine Oktave höher) und liegt somit eine Oktave tiefer als bei der Oboe. Das H., das dank seines vollen Klanges die Gruppe der Holzblasinstrumente nach der Tiefe besser vervollständigt als das traditionell besetzte Fagott, hat sich im Orchester dennoch nicht allgemein durchsetzen können. Zu besonderen Effekten wurde es verwandt u. a. von R. Strauss (*Salome* und *Elektra*) und M. von Schillings (*Moloch* und *Mona Lisa*).

HEESTERS, Johannes Marius Nicolaas, * 5. 12. 1903 Amersfoort; ndl. Sänger (Tenor) und Schauspieler. Nach einer Gesangs- und Schauspielausbildung in Amsterdam hatte er zunächst Engagements an mehreren holländischen Sprechbühnen, wechselte aber bald ins Operettenfach. 1934 sang er erstmals an der Volksoper Wien, 1936 in Berlin, wo er an der Komischen Oper, am Metropoltheater und am Admiralspalast ebenso großen Erfolg hatte wie als Filmschauspieler (u. a. in *Der Bettelstudent,* 1936; insgesamt in mehr als 50 Filmen). Seitdem gehört H. zu den beliebtesten Künstlern seiner Generation. Eine seiner Glanzrollen war der Danilo in F. Lehárs *Die lustige Witwe.* Viele Operettenmelodien wurden vor allem durch H.s Interpretation populär, so etwa *Ein Glück, daß man sich so verlieben kann* und *Es kommt auf die Sekunde an* (aus F. Schröder, *Hochzeitsnacht im Paradies*).

Lit.: Johannes Heesters. Es kommt auf die Sekunde an. Erinnerungen an ein Leben im Frack, nach Gesprächen aufgezeichnet v. W. ESER (Mn 1978).

HEGAR, Friedrich, * 11. 10. 1841 Basel, † 2. 6. 1927 Zürich; Schweizer Komponist und Dirigent. H. studierte seit 1857 am Leipziger Konservatorium, spielte gleichzeitig als Violinist im Gewandhausorchester und wurde 1860 Konzertmeister der Bilseschen Kapelle in Warschau. 1862 ließ er sich in Zürich nieder, wo er 1865–1906 die Abonnementskonzerte und 1868–1906 das Tonhalleorchester dirigierte. 1876 gründete er die Zürcher Musikschule (seit 1907 Konservatorium), deren Direktor er bis 1914 war. Durch seine vielseitigen Aktivitäten war H. eine maßgebliche Persönlichkeit des Zürcher wie insgesamt des Schweizer Musiklebens. Als Dirigent machte er vor allem die Werke J. Brahms', mit dem er befreundet war, in der Schweiz bekannt und setzte sich entschieden auch für R. Strauss ein. Von seinen zahlreichen Kompositionen wurden das Oratorium *Manasse* und seine Werke für Männerchor, darunter besonders die Balladen, zu Beginn unseres Jahrhunderts überaus bekannt und beliebt. H.s Brüder **Emil** (1843–1921) und **Julius** (1847–1917) waren zu ihrer Zeit ebenfalls namhafte Musiker.

WW: Kammermusik, u. a. ein Streichquartett; *Festival Ouverture* (1895) für Orch.; Vc.-Konzert (1919); Oratorium *Manasse* (1885); *Ahasvers Erwachen* (1904) für Soli, Chor u. Orch.; *Hymne an die Musik* (1905) für Männerchor u. Orch.; zahlr. WW für Männerchor, darunter *Totenvolk; Schlafwandel; R. von Werdenberg; 1813.*

Lit.: E. ISLER, F. H., in: SMZ 46 (1906); W. JERG, H., ein Meister des Männerchorliedes (Lachen 1946); E. REFARDT, Musik in der Schweiz (Be 1952); DERS., H., in: MGG VI.

HEGEL, Georg Wilhelm Friedrich, * 27. 8. 1770 Stuttgart, † 14. 11. 1831 Berlin; dt. Philosoph. H. studierte 1788–93 Philosophie und Theologie am Tübinger Stift. 1793–96 war er Hauslehrer in Bern und 1797–1800 in Frankfurt am Main, seit 1801 Privatdozent in Jena und 1808–16 Rektor des Nürnberger Gymnasiums. 1816 wurde er Professor in Heidelberg und 1818 in Berlin. Seine erstmals 1816/17 in Heidelberg, dann in Berlin mehrmals vorgetragenen *Vorlesungen über Ästhetik,* die

1835 von H. G. Hotho aus Kollegheften und H.s eigenen Aufzeichnungen veröffentlicht wurden, gelten als „Vollendung der klassischen deutschen Ästhetik" (H. Kuhn). Die musikalische Hörerfahrung H.s reichte von der (bei A. Fr. J. Thibaut gepflegten) Vokalpolyphonie des 16. Jh. über Werke Bachs und Händels bis zur Oper zwischen Gluck und Weber und zur Symphonie der Wiener Klassik.

H.s Bedeutung für die Musikästhetik gründet in seiner Theorie der schönen Künste als einer Theorie von deren Geschichtlichkeit. Der rote Faden seiner Ästhetik ist die Deutung der Kunstgattungen als geschichtliche Gestalten religiösen Bewußtseins. Die Architektur wird primär der „symbolischen Kunstform" zugeordnet, die im Morgenland der bildlosen Gotteserfahrung entsprach. Die Skulptur gehört primär der „klassischen Kunstform" der griechischen Antike an, als man sich die Götter in idealer Leiblichkeit vorstellte. Dem auf Grund heilsgeschichtlicher Erfahrung eröffneten Weg in das Innere des Menschen entspricht die seit dem christlichen Mittelalter sich ausbildende „romantische Kunstform", in der Malerei, Musik und Poesie vorherrschen. – Die Darlegung der einzelnen Künste setzt bei H. durchaus beim Material und seiner sinnlichen Gestaltung an. Im Klang teilt sich dem Bewußtsein das „Erzittern" des materiellen Körpers mit, wie auch das Bewußtsein selbst zur Lautäußerung gedrängt wird, wenn es unter der Macht einer Empfindung in sich „erzittert". Die innere Bewegtheit, die in Klang und Stimme sich nur ankündigt, kann durch deren sinnliche Gestaltung (rhythmisch und diastematisch) zu einer „Innerlichkeit" entfaltet werden, die ohne jegliches äußeres Vorbild ist: „abstrakte Subjektivität" bzw. „das Selbst ohne weiteren Inhalt" als dem der Grundakte des Strebens, Fühlens und Denkens, die im Klanggeschehen als Qualitäten der Bewegung, der Gefühlsfarbe und der rationalen Formung erfahrbar werden. Voraussetzung dafür ist, daß der Dimension der Tondauern und der der Tonhöhen die Struktur der Subjektivität eingeprägt ist: die Momente der Identität, des Unterschieds und der Einheit von Identität und Unterschied prägen sowohl die Taktordnung, die in den Unterschieden von Dauer und Bewegung Einheit herstellt, wie auch das Verhältnis der Töne und Akkorde „in ihrem Zusammenstimmen, ihrer Entgegensetzung und Vermittlung". (Aus diesen Momenten entfaltete M. Hauptmann 1853 seine Theorie der Harmonik und Metrik.) Das Verhältnis der Melodik zu harmonischen und metrischen Normen beschreibt H. als Dialektik von Freiheit und Notwendigkeit.

Wenn in „abstrakter Subjektivität" das Reale, von dem sie sich löst, noch nachklingt, so müssen auch in absoluter Musik Inhalte des geschichtlich „objektiven Geistes" einen Reflex finden. H. sieht diesen Reflex in seelischen Gehalten, die in musikalischer Formung erfahrbar werden, in Bewegungs- und Gefühlsqualitäten, im Ausdruck von Stimmungen und Haltungen, in symbolischer Anspielung. Steht von dem religionsgeschichtlichen Modell her die religiöse Vokalmusik im Zentrum der romantischen Kunstform, so weist H.s Beschreibung der reinen Instrumentalmusik als Loslösung von substantiellem Gehalt und „allgemeinmenschlichem Kunstinteresse" auf seinen berühmten Satz vom Ende der Kunst. – Sieht man von der H.-Nachfolge etwa F. Th. Vischers ab, so ist nach der Mitte des 19. Jh. die H.sche Ästhetik kaum mehr diskutiert worden. Eine Auseinandersetzung fand erst wieder in der neueren phänomenologischen, hermeneutischen und marxistischen Ästhetik statt.

Ausg.: G. W. F. H., Vorlesungen über Ästhetik, mit Einleitung hrsg. v. R. BUBNER (St 1971) (= Reclam Universal-Bibl. 7976 bis 7985).

Lit.: A. STEINKRÜGER, Die Ästhetik der Musik bei Schelling u. H., Ein Beitr. zur Musikästhetik der Romantik (Diss. Bonn 1927); H. KUHN, Die Vollendung der klass. dt. Ästhetik durch H. (B 1931), auch in: DERS., Schriften zur Ästhetik (Mn 1966); W. WIORA, Einsichten H.s in das Wesen der Musik, in: FS H. Besseler (L 1961); H. HEIMSOETH, H.s Philosophie der Musik (Bonn 1964); M. LICHTENFELD, Gesamtkunstwerk u. allgemeine Kunst. Das System der Künste bei Wagner u. H., in: Beitr. z. Gesch. der Musikanschauung im 19. Jh., hrsg. v. W. Salmen (Rb 1965) (= Stud. z. Musikgesch. des 19. Jh. 1); H.-Jb., hrsg. v. W. R. BEYER (Meisenheim 1965) (mit Beitr. v. G. Brelet, Z. Lissa, F. Neumann, J. Ujfalussy u. a.); C. DAHLHAUS, Musikästhetik (Kö 1967); W. HENCKMANN, Bibliogr. zur Ästhetik H.s, in: H.-Stud. 5 (Bonn 1969); D. ZOLTAI, Ethos u. Affekt. Geschichte der philosophischen Musikästhetik v. den Anfängen bis zu Hegel (B 1970); TH. W. ADORNO, Ästhetische Theorie (= Gesammelte Schriften VII) (F 1971); G. MAYER, H. u. die Musik, in: BzMw 13 (1971); A. NOWAK, H.s Musikästhetik (Rb 1971) (= Stud. z. Musikgesch. des 19. Jh. 25); W. WANSLOW, Die Ästhetik H.s u. seine Lehre v. der Musik, in: Kunst u. Lit. 21 (1973).

A. NOWAK

HEGER, Robert, * 19. 8. 1886 Straßburg, † 15. 1. 1978 München; dt. Dirigent und Komponist. Er studierte Komposition und Dirigieren in Straßburg, Zürich und in München (bei M. von Schillings). Seit 1907 wirkte er als Theaterkapellmeister in Straßburg, Ulm, Wien (Volksoper), Nürnberg und München (Staatsoper) und 1925–33 an der Staatsoper in Wien, wo er gleichzeitig Konzertdirigent der Gesellschaft der Musikfreunde war. 1933 wurde er in Berlin Preußischer Staatskapellmeister an der Staatsoper und leitete seit 1935 eine Meisterklasse für Operndirigieren an der Staatlichen Hochschule für Musik. 1945–50 war er 1. Kapellmeister an der

Städtischen Oper in Berlin, seit 1950 an der Staatsoper in München (bis 1956) und Präsident der Staatlichen Hochschule für Musik (bis 1954). H. galt als bedeutender Wagner-Interpret. Zu den Höhepunkten seiner Dirigentenlaufbahn gehörten die *Meistersinger*-Aufführungen bei den Bayreuther Festspielen 1964.

WW: **1) Instr.-WW:** Kammermusik, u.a. Trio für V., Vc. u. Klv. (1908); Streichquartett *De profundis* (1949). – Für Orch.: 3 Symphonien (1921/22, 1928, 1942/43); *Variationen über ein Thema aus Verdis Maskenball* (1933); Vc.-Konzert (1964); *Don Carlos Variationen* (1964). – **2) Vokal-WW:** *Ein Friedenslied* (nach Bibeltext) für 4 Soli, Chor, Orch. u. Org., UA: München 1924; *Te Deum* für 2 Soli, Chor u. Orch., UA: ebd. 1971. – **3) Bühnen-WW:** Opern (auf eigene Libretti): *Ein Fest auf Haderslev*, UA: Nürnberg 1919; *Der Bettler Namenlos*, UA: München 1932; *Der verlorene Sohn*, UA: Dresden 1936; *Lady Hamilton*, UA: Nürnberg 1951; *Tragödie der Zwietracht* (1972), hsl., nicht aufgeführt. – **4) Schriften:** *H. Pfitzners Stellung in der Musikgesch.*, in: Mitt. der H. Pfitzner-Ges. (1961) Nr. 8; *H. Pfitzner u. unsere heutige Zeit*, in: ebd. (1964) Nr. 12.

Lit.: J. HERRMANN, R.H. 70 Jahre, in: Musica 10 (1956); L. SCHROTT, Ein Meister als Paladin H. Pfitzners, in: Mitt. der H. Pfitzner-Ges. (1966) Nr. 17; W. ZENTNER, Dirigent u. Komponist R.H. fünfundachtzig Jahre, in: Musica 25 (1971).

HEGNER, Anna, *1.3.1881 Basel, †3.2. 1963 ebd.; Schweizer Violinistin. A.H. studierte bei H. Heermann in Frankfurt a.M., wo sie 1904–08 Violinlehrerin am Hoch'schen Konservatorium war. 1911–12 leitete sie in Freiburg i.Br. ein Streichquartett und konzertierte außerdem in europäischen Ländern, u.a. in England, wo sie ihren ersten öffentlichen Erfolg hatte und u.a. 1923 an der Queen's Hall in London in einem Zyklus von 5 Konzerten auftrat. Zu ihren Schülern gehörte P. Hindemith.

HEIDELBERGER LIEDERHANDSCHRIFT, Manessische Handschrift (Heidelberg, Univ.-Bibl., Cod. pal. germ. 848), die wohl umfangreichste und prächtigste Sammelhandschrift mittelhochdeutscher Lyrik, die nach ihrem heutigen Aufbewahrungsort bzw. nach dem Züricher Ratsherrn Rüdiger Manesse (†1304) – einem Sammler alter Liederbücher – benannt ist. Auch als Große H.L. bezeichnet, wird sie von der Kleinen H.L. (Heidelberg, Univ.-Bibl., Cod. pal. germ. 357), einer aus dem Elsaß stammenden Handschrift des 13. Jh., unterschieden. Sie entstand wahrscheinlich Anfang des 14. Jh. in Zürich und enthält auf 426 Pergamentblättern – neben 138 ganzseitigen Miniaturen – Lieder, Leiche und Sprüche von 140 namentlich genannten Autoren (u.a. Reinmar der Alte, Heinrich von Morungen, Walther von der Vogelweide, Neidhardt von Reuenthal, Heinrich von Meißen). Die Ordnung des Inhalts wird bestimmt durch ein mittelalterlichen Ordo-Vorstellungen entsprechendes ständisch-hierarchisches Prinzip.

Die Handschrift überliefert keine Melodien; einige lassen sich jedoch mit Hilfe anderer Quellen bzw. aus Kontrafakturen erschließen. Wertvolle Hinweise zur musikalischen Aufführungspraxis des Mittelalters geben dagegen einige Miniaturen: z.B. zeigt die Miniatur zu Heinrich von Meißen (fol. 399r) ein Instrumentalensemble aus Fiedel, Schwegel, Schalmei, Sackpfeife und Päuklein.

Ausg: Die Manessische Lieder-Hs., Faks.-Ausg. hrsg. v. R. SILLIP – F. PANZER – A. HASELOFF (L 1929).

Lit.: Des Minnesangs Frühling II, hrsg. v. H. MOSER – H. TERVOOREN II (St 36 1977); E. JAMMERS, Die sangbaren Melodien zu Dichtungen der Manessischen Lieder-Hs. (Wie 1979).

H. TERVOOREN

HEIDER, Werner, *1.1.1930 Fürth (Bayern); dt. Komponist. H. studierte an der Musikhochschule München Klavier, Dirigieren und Komposition (K. Höller) und ist seit 1949 als freischaffender Musiker tätig. 1963 gründete er in Erlangen das Ensemble „Kammermusik + Jazz" und 1968 beim Studio Nürnberg des Bayerischen Rundfunks ein Jazz-Collegium. 1956–67 war er als Stipendiat in Rom. H., der Einflüsse von Strawinsky bis Stockhausen aufnahm, fand für seine Werke stilistische Eigenlösungen, die stets auch den Aufführungspraktiker verraten und teilweise auch von pädagogischen Aspekten bestimmt sind.

WW: **1) Instr.-WW:** Für kleine Besetzung: *Inventio I* (1962) für V. solo; *Inventio II* (1962) für Klar. solo; *Inventio III* (1966) für Cemb.; *Katalog* (1966) für Blockflötenspieler; *Katalog* (1966) für einen Vibraphonspieler; *Landschaftspartitur* (1969) für Klv. – *Passatempo per 7 solisti* (1967); *Musik im Diskant* (1970) für Sopranino-Blockfl., Cemb. u. Schlagzeug; *Kunst-Stoff* (1971) für Elektroklar., Prepared Piano u. Tonband. – Für größere Besetzung: *Konflikt* (1963) für Schlagzeugensemble u. Orch.; *Konturen* (1962) für V. u. Orch.; *Strophen* (1965) für Klar. u. Kammerorch.; *– da sein –* Musik für 20 Bläser (1966); *Edition* (1969) für Kammerorch.; *Bezirk* (1969) für Klv. u. kleines Orch.; *Pyramide* (1971) für Kammerorch.; *Plakat* (1974) für Orch. – **2) Vokal-WW:** *Glimpses* (1958) für Sopran, Klv. u. Orch.; *Picasso-Musik* (1966) (Text: P. Picasso) für SingSt u. 3 Instr.; *Stundenbuch* (1972) für 12 St. u. 12 Bläser; *Der Läufer* für Chor a cap., UA: Kirchheim 1980. – **3) Bühnen-WW:** Ballett *Modelle* (1964) für Tänzer, Instr., Texte u. Bilder, UA: Kiel 1965.

Lit.: E. LIMMERT, Vielseitig zwischen Jazz u. Aleatorik. Ein Porträt des Komponisten W.H., in: Musica 24 (1970).

HEIFETZ, Jascha, *2.2.1901 Wilna; amerik. Violinist russ. Herkunft. Er war Schüler seines Vaters Ravin H., dann von E. Malkin und in St. Petersburg von L. Auer und unternahm seit 1912 Konzertreisen nach Deutschland, Österreich und Skandinavien. 1917 übersiedelte er in die USA, wo er noch im selben Jahr in der Carnegie Hall auftrat. Seither konzertierte er in der ganzen Welt, und zeitweilig auch im Klaviertrio mit A. Rubinstein und G. Piatigorsky. 1925 erhielt er die amerikanische Staatsangehörigkeit. 1959 wurde er Professor für Violine an der University of California. H. gilt als einer der bedeutendsten Violinisten des 20. Jahrhunderts. Mehrere Komponisten, darunter W. Walton und L. Gruenberg, widmeten ihm Violinkonzerte. H. schrieb Violin-Bearbeitungen, von denen die *Hora staccato* von G. Dinicu sehr bekannt wurde.

Lit.: N. HIRSCH, J. H., l'empereur du violon, in: Musica (Disques) (1962) Nr. 102; J. W. HARTNACK, Große Geiger unserer Zeit (Gütersloh 1968); H., hrsg. v. H. R. AXELROD (Neptune/N.J. 1976).

HEILLER, Anton, *15.9. 1923 Wien, †25.3. 1979 ebd.; östr. Organist und Komponist. H. studierte Klavier, Orgel und Komposition an der Musikakademie Wien, wo er seit 1945 eine Orgelklasse leitete (1971 Professor). Seit 1939 machte er sich als Orgelvirtuose, insbesondere als Bach-Interpret, einen Namen und trat auch als Cembalist und Dirigent hervor. Seine Kompositionen weisen Einflüsse der Gregorianik und der alten Niederländer, ebenso auch zeitgenössischer Komponisten, u.a. von J. Lechthaler und Fr. Martin, auf, die er in einen persönlich geprägten polyphonen Stil umgesetzt hat. Seine auf tonaler Harmonik beruhende Vokalmusik ist durch eine enge rhythmisch-metrische Verbindung von Wort und Ton gekennzeichnet.

WW: **1) Instr.-WW:** Für Org.: Sonaten u. Partiten; *In festo corporis Christi* (1957); Konzert für Org. u. Orch. (1963); *Fantasia super „Salve regina"* (1966); Meditation *Ecce lignum crucis* (1967). – **2) Vokal-WW:** Choralmotette *Ach, wie nichtig, ach, wie flüchtig* (1946); Kammeroratorium *Tentatio Jesu* (1952) für Tenor, Baß, Chor u. 2 Klv.; Te Deum (1953) für gem. Chor u. Org. (auch mit Bläsern u. Pauken); *Psalmenkantate* (1955) für Soli, Chor u. Orch.; 4 geistliche Motetten a cap. (1960); 10 Messen, u.a. *Missa super modos duodecimales* (1960) für gem. Chor u. 7 Instr.; *Deutsches Ordinarium* (1965) für gem. Chor u. Orch.; 37. Psalm für Chor u. Orch. (1963); Kantate *In principio erat verbum* (1965) für Tenor, gem. Chor, Orch. u. Org.; *Stabat mater* für gem. Chor u. Orch. (1968); *Adventsmusik* (1971) für Chor u. Org.; *Passionsmusik* (1975) für Kinderchor u. Org.

Lit.: R. KLEIN, A. H. auf dem Wege zur Psalmen-Kantate, in: ÖMZ 10 (1955); H.-E. BACH, Zur „Missa super modos duodecimales" v. A. H., in: MS 84 (1964); H. WIENINGER, A. H., Choralmotette „Ach, wie nichtig, ach, wie flüchtig", in: Musikerziehung 21 (W 1967/68); F. KAUFMANN, Wie studiere ich mit meinem Chor das deutsche Ordinarium v. A. H., in: MS 91 (1971).

H. LINDLAR

HEIMKEHR DES ODYSSEUS, DIE *(Il ritorno d'Ulisse in patria),* Dramma in musica in einem Prolog und 5 Akten von Claudio Monteverdi (1567–1643), Text von Giacomo Badoaro nach Homers *Odyssee.* Ort der Handlung: Ithaka, die Heimat des Odysseus. UA: Februar 1641 in Venedig (Teatro di San Cassiano), dt. EA (in dt. Sprache): 1965 in Hamburg.

Der neue musikdramatische Stil, der die Operngestaltung der folgenden 100 Jahre prägte und den Monteverdi in der *Krönung der Poppaea* (1642) resümierend vorführte, ist in dieser Oper bereits angelegt. Die musikalischen Ausdrucksmittel sind so verfeinert, daß die Personencharaktere und Affekte differenziert herausgearbeitet werden können. Das Libretto ist in der Ereignisfolge um die Heimkehr des Odysseus streng an Homers Epos orientiert, doch entwarf Badoaro eine Handlung auf drei Ebenen: Disput der Schicksalsmächte; Götterhandel, der über das Geschick der Menschen entscheidet; szenische Entwicklung auf der Ebene der Menschen. In diesem Handlungsrahmen schrieb Monteverdi eine facettenreiche musikalische Personencharakteristik, bei der der Rolle des Odysseus die vielseitigste Partie zugewiesen ist, während Penelope auch musikalisch als die standhafte und treue Gemahlin charakterisiert wird. Zu diesen beiden Hauptfiguren tritt nahezu gleichberechtigt der Schweinehirt Eumet, dessen Ariosi durch volkstümliche Liedelemente die folkloristische Komponente des Werkes repräsentieren. Intermezzoartig eingeschobene komische Dienerszenen kennzeichnen die Struktur dieses für seine Zeit hochmodernen Musikdramas. Bereits in diesem Werk entschied sich Monteverdi für ein Finalduett (wie später in der *Krönung der Poppaea*), doch ist es hier zweiteilig mit eng verzahnten Dialogpartien und einem nachfolgenden Simultanteil als jubelnder Höhepunkt und Abschluß der Wiedererkennens-Szene zwischen Odysseus und Penelope und der ganzen Oper angelegt. – Die musikalischen Quellen weisen die Oper als fünfaktig aus; dennoch wird heute allgemein eine dreiaktige Version nach einer im 20. Jahrhundert gefundenen revidierten Wiener Fassung gespielt, für die jedoch eine zeitgenössische Aufführung nicht belegt ist. Für die Rezeptionsgeschichte des Werkes wurden die konzertante Wiederaufführung am 9.1. 1925 in Brüssel und die szenischen Bearbeitungen von Erich Kraack, Peter Hall (in Glyndebourne 1973) und Nikolaus Harnoncourt (Wiener Festwochen 1971 und zusammen mit Jean-Pierre Ponelle in Zürich 1977) bedeutsam.

J. SCHLÄDER

HEIMLICHE EHE, DIE *(Il matrimonio segreto),* Opera buffa in 2 Akten von Domenico Cimarosa (1749–1801), Text von Giovanni Bertati nach G. Colmans und D. Garricks Lustspiel *The Clandestine Marriage* (1766). Ort u. Zeit der Handlung: Bologna im 18. Jh.; UA: 7.2. 1792 in Wien (Burgtheater); dt. EA: 20.6. 1792 in Leipzig; EA in dt. Sprache: 5.11. 1792 in Berlin.

Der Erfolg dieser berühmtesten Oper Cimarosas (er schrieb über 70 Bühnenwerke) gründet zum einen in der Schlüssigkeit des Librettos, denn Bertati kommt trotz deutlicher Anlehnung an die tradierte italienische Intrigenkomödie ohne Verkleidungs-

ITALIEN, 15. Jahrhundert: Musiker spielen Zugtrompete und Schalmeien auf der Hochzeit Adeliger; florentinische Malerei auf der Adimari-Truhe der Galleria dell'Accademia, Florenz.

Ph. Hubert Josse © Photeb

ITALIEN, 16. Jahrhundert: Auf dem Gemälde „Die Hochzeit zu Kana“ von Veronese spielt der Maler selbst Viola; Louvre, Paris.

ITALIEN, 18. Jahrhundert: Festaufführung anläßlich der Geburt des Sohnes Ludwigs XV. 1729 in Rom; Gemälde von G. P. Pannini aus dem Louvre, Paris.

Nikolaus HARNONCOURT wurde berühmt durch seine möglichst authentische Sicht Alter Musik, vor allem auch der frühen italienischen Opern von Claudio Monteverdi (Foto: Teldec).

und Verwechslungsszenen aus, zum andern in der überzeugenden musikdramatischen Gestaltung, die offensichtlich an Mozarts *Hochzeit des Figaro* orientiert ist. Die Bühnenhandlung ist weitgehend in die Duette und größeren Ensembles verlegt, die im Nummernplan des Werkes gegenüber den Arien überwiegen. Träger des musik-dramatischen Ausdrucks sind die Sänger: die Singstimmen dominieren, während der Orchesterklang als dezente Begleitung zurückgenommen wird. Sanglichkeit und einprägsame Melodik sind ebenso kennzeichnend für den Stil des Werkes wie zahlreiche Parlando-Partien in den Dialogen, die auf Werke von Rossini und Donizetti vorausweisen. – Die Oper entstand als Auftragskomposition für Kaiser Leopold II. Sie war und ist in ganz Europa ungewöhnlich erfolgreich. Schon am Abend des UA-Tages mußte sie auf Befehl des Kaisers komplett wiederholt werden. Berühmtheit erlangte in unserer Zeit die Inszenierung von Giorgio Strehler zur Eröffnung der Piccola Scala in Mailand am 26. 12. 1955. J. SCHLÄDER

HEINE, Heinrich, *13. 12. 1797 Düsseldorf, † 17. 2. 1856 Paris; dt. Dichter. H. studierte Jura in Bonn, Göttingen und Berlin, ohne aber sein Studium abzuschließen. 1831 ging er als Korrespondent der *Augsburger Allgemeinen Zeitung* nach Paris, wo er bis zu seinem Tod blieb. H.s Musikkritiken und -feuilletons, die, wenn auch nicht von der gleichen musikalischen Kennerschaft geprägt, in ihrer literarischen Wirkung auf den Musikjournalismus denen E. Th. A. Hoffmanns vergleichbar sind, lebten von der persönlichen Begegnung mit den Größen des Berliner und Pariser Musiklebens, darunter G. Meyerbeer, F. Mendelssohn Bartholdy, V. Bellini, H. Berlioz, G. Rossini, G. Donizetti, R. Wagner, F. Hiller, Fr. Chopin und Fr. Liszt. Musikgeschichtlich bedeutsam wurden die überaus zahlreichen Vertonungen seiner Gedichte, besonders aus dem *Buch der Lieder*, das außerordentlich rasch internationale Verbreitung fand. Zu den Komponisten von H.-Gedichten gehören u. a. Fr. Schubert, R. Schumann, R. Franz, F. Mendelssohn Bartholdy, G. Meyerbeer, J. Brahms, F. Hiller, E. Grieg, Fr. Liszt, R. Wagner, M. Moussorgski, P. Tschaikowsky und A. Rubinstein, in neuerer Zeit O. Schoeck, M. Castelnuovo-Tedesco und H. Eisler. Volkstümlich wurde Fr. Silchers Vertonung von *Ich weiß nicht, was soll es bedeuten.*

Schriften (Musikkritiken): *Boucher, der Sokrates der Violonisten* (1821); *Briefe aus Berlin* (1822); *A. Methfessel* (1823); *F. Hillers Konzert* (1831); *Meyerbeers Hugenotten* (1836); *Über die frz. Bühne* (1837); *Lutetia* (Nrn. 12, 33, 43, 55, 56) und einiges aus dem *Anhang* (1840–44); *Pariser Musikbrief* (1847).

Ausg.: Zeitungsberichte über Musik und Malerei, hrsg. v. M. MANN (F 1964).

Lit.: F. HILLER, Aus dem Tonleben unserer Zeit (L 1868), 2 Bde., N.F. (1871); F. HIRTH, Wagner, Meyerbeer u. H., in: Das goldene Tor 5 (1950); H. BECKER, Der Fall H.–Meyerbeer (B 1958); J. MITTENZWEI, Musikal. Inspiration in H.s Erzählung „Florentinische Nächte" u. die Auffassung des Dichters über das „Zeitalter der Musik", in: Das Musikalische in der Lit. (Hl 1962); F. D. STOVALL, Schubert's H. Songs. (Austin 1967) (= Diss. Univ. of Texas); A. SCHNEIDER, R. Schumann u. H. H. Eine hist.-ästhetische Unters. anhand der Vertonungen mit Berücksichtigung einiger Probleme der Liedanalyse (1970) (= Diss. Berlin); M. MANN, H. H.s Musikkritiken (H 1971) (= H.-Stud. 1); A. ECKHOFF, „Dichterliebe". H. H. im Lied. Ein Verz. der Vertonungen ... (H 1972); L. PROX, Wagner u. H., in: DVfLG 46 (1972); E. KLUSEN, H. H. u. der Volkston, in: Zschr. für Volkskunde 69 (1973); J. RUDOLPH, Bemerkungen zum Thema H. H. u. die Musik, in: FS E. H. Meyer (L 1973). R. CADENBACH

HEINICHEN, Johann David, * 17. 4. 1863 Krössuln bei Weißenfels, † 16. 7. 1729 Dresden; dt. Komponist und Musiktheoretiker. Nach dem Besuch der Thomasschule in Leipzig studierte er seit 1702 Jura an der dortigen Universität. 1705 wurde er Advokat in Weißenfels, widmete sich dann aber, 1709 nach Leipzig zurückgekehrt, nur noch der Musik. Vorübergehend in Leipzig, Naumburg und Zeitz tätig, reiste er 1710 nach Italien, wo er besonders von A. Vivaldi Anregungen empfing. Mehrere seiner Opern wurden erfolgreich in Venedig aufgeführt. 1716 wurde er Kapellmeister für die Kirchen- und Kammermusik am Hof in Dresden.

WW (ausschließlich hsl. erhalten, meist in Dresden, einzelne Stücke auch als Bsp. in den theoretischen Werken): **1) Instr.-WW:** Einige Sinfonien u. Suiten; zahlr. Solokonzerte u. Concerti grossi; Solo- u. Triosonaten u. a. kammermusikal. Werke; einzelne Klv.- u. Orgelwerke. – **2) Vokal-WW:** Zahlr. Messen u. Messensätze, 2 Requiems, Te Deum, Lamentationen, Litaneien, Hymnen, Pss., dt. u. lat. Motetten u. Kantaten; Serenaden u. Festmusiken; zahlr. it. Solokantaten, meist mit Instr. – **3) Bühnen-WW:** Opern: *Paris und Helena,* UA: Naumburg 1710; *Le passioni per troppo amore u. Calfurnia,* UA: Venedig 1713. – **4) Theoretische WW:** *Neu erfundene u. gründliche Anweisung ... zu vollkommener Erlernung des General-Basses* (H 1711); *Der General-Baß in der Composition* (Dresden 1728).

Von den mehreren hundert, überwiegend hsl. überlieferten Kompositionen ist der umfangreiche Komplex der Kirchenmusik (Messen, Motetten, Oratorien, Hymnen u. a.) wissenschaftlich noch nicht ausgewertet. H.s Opern sind stark dem Zeitgeschmack unterworfen. Bedeutsamer sind seine italienischen Kantaten mit ihrer kantablen Führung der Solostimme und den sorgfältig dem Sprachduktus folgenden Rezitativen. In der Orchester- und Kammermusik fand er ein dankbares Experimentierfeld für formale und instrumentatorische Versuche, die ihn als frühen Wegbereiter der Instrumentalmusik zur Zeit der Wiener Klassik kennzeichnen. Von seinen theoretischen Schriften gehört *Der General-Baß in der Composition* (Dresden 1728) zu den bedeutendsten deutschen Kompositionslehren seiner Zeit. Sie ist zugleich eine der letzten zusammenfassenden Darstellungen der Figurenlehre (↗Figuren), stellt aber auch Elemente des ↗galanten Stils als neues Kompositionsideal heraus.

Ausg.: Konzert C-Dur für 4 Fl., in: Gruppen-Konzerte der Bachzeit, hrsg. v. K. M. KOMMA (1938) (= EDM 11) (Nachdr. Wie 1962); Konzert G-Dur, hrsg. v. H. FISCHER (B 1938); Concerto grosso, hrsg. v. R. ENGLÄNDER (Lo 1955); Concerto à 8 C-Dur, hrsg. v. I. HECHLER (Celle 1960); Konzert D-Dur für V. u. Str., hrsg. v. A. HOFFMANN Wb 1961) (= Corona 58); Konzert für Fl., V., Theorbe u. Str., hrsg. v. G. HAUSSWALD (Z 1967); Sonate D-Dur, hrsg. v. DEMS. (Dresden 1949); Sonate c-moll für Ob. u. Fag., hrsg. v. H. STEINBECK (Wie 1961); Sonate D-Dur für Fag. u. Gb., hrsg. v. G. ANGERHÖFER (L 1967); Triosonate, hrsg. v. G. HAUSSWALD (L 1951); Triosonate c-moll, hrsg. v. H. WINSCHERMANN (H 1963); Triosonaten c- u. e-moll, hrsg. v. K. JANETZKY (Hei 1968, 1970); *Sanctus* für Chor u. Orch., hrsg. v. H. O. KOCH (Hilversum 1969); *Nisi Dominus aedificaverit domum* für Sopran, Ob. u. B.c., hrsg. v. K. JANETZKY (L 1978); *Der General-Baß in der Composition*, Faks.-Nachdr. (Hil 1969).

Lit.: G. A. SEIBEL, Das Leben des Hofkapellmeisters J. D. H. (L 1913, Farnborough ²1969); R. TANNER, J. D. H. als dramat. Komponist (L 1916); G. HAUSSWALD, J. D. H.s Instrumentalwerke (Wb 1937) (mit thematischem Werk-Verz.); I. BECKER-GLAUCH, Die Bedeutung der Musik für die Dresdner Hoffeste (Kas 1950); P. BENARY, Die Kompositionslehre des 18. Jh. (L – Wie 1961); G. J. BUELOW JUNIOR, H.'s Treatment of the Dissonance, in: JMTh 6 (1962); DERS., The Full Voices Style of Thorough-Bass Realization, in: AMl 35 (1963); DERS., Thorough-Bass Accompaniment According to J. D. H. (Berkeley/Calif. 1966) (mit engl. Teilübers. v. „Der General-Baß in der Composition"); DERS., The „Loci topici" and Affect in Late Baroque Music, in: MR 27 (1966); R. DAMMANN, Der Musikbegriff im dt. Barock (Kö 1967); E. SCHMITZ, Die Messen J. D. H.s (Diss. H 1967).

L. HOFFMANN-ERBRECHT

HEINITZ, Wilhelm, *9. 12. 1883 Altona, † 31. 3. 1963 Hamburg; dt. Musikforscher. Er war zunächst Fagottist in in- und ausländischen Orchestern, seit 1915 Musikberater am Phonetischen Laboratorium des Instituts für afrikanische und Südseesprachen an der Hamburger Universität. 1920 promovierte er an der Universität Kiel, habilitierte sich 1931 an der Universität Hamburg, wurde 1935 Professor und gründete dort die Forschungsabteilung für Vergleichende Musikwissenschaft, die er bis 1949 leitete.

Schriften: *Instrumentenkunde* (Pd 1929); *Strukturprobleme in primitiver Musik* (L 1931); *Neue Wege zur Volksmusikforsch.* (H 1937); *Taktprobleme in J. S. Bachs „Wohltemperiertem Klavier"*, in: FS M. Schneider (L 1955); *Physiologische Beobachtungen zur Werk-Ästhetik F. Chopins*, in: Kgr.-Ber. Warschau 1960 (War 1963); *Zeitgemäße Aufführungsprobleme*, in: Kgr.-Ber. Kassel 1962 (Kas 1963).

Lit.: W. VETTER, Dem Gedenken an W. H., in: Mf 16 (1963).

HEINRICH, Anton Philipp, *11. 3. 1781 Schönbüchl bei Rumburg (Böhmen), † 3. 5. 1861 New York; amerik. Komponist. Er wanderte 1810 in die USA aus, wo er zunächst in Kentucky, später u. a. in Philadelphia, Boston und zuletzt in New York seinen Lebensunterhalt als Violinist und Violinlehrer verdiente. 1820 veröffentlichte er mit dem Sammelband *The Dawning of Music in Kentucky* seine ersten Vokal- und Instrumentalstücke. Mehrere Reisen führten ihn später wieder nach Europa. In London spielte er als Violinist u. a. im Orchester des Drury Lane Theatre. 1842 war er einer der Gründer der New York Philharmonic Society. H., der keinerlei musikalische Ausbildung erhalten hatte, wurde von zeitgenössischen amerikanischen Kritikern als „Beethoven of America" bezeichnet. Er gehört zu den ersten amerikanischen Komponisten, die in symphonischen Werken Themen indianischer Musik verwendeten, so u. a. in der Fantasie *Pushmataha* (1831).

WW: Klv.-Stücke u. Kammermusik; Slg. mit Vokal- u. Instr.-Werken *The Dawning of Music in Kentucky* (Bardstown/Ky. 1820); zahlr. Orch.-Werke, u. a.: *Pushmataha, a Venerable Chief of a Western Tribe of Indians* (1831); *Grand American Chivalrous Symphony* (1835); *Pocahontas, the Royal Indian Maid* ... (1837); ferner Lieder u. Oratorien.

Lit.: W. T. UPTON, A. Ph H. (NY 1939, Nachdr. 1967); I. LOWENS, The Triumph of A. Ph. H., in: Musicology 2 (1948), erweiterter Abdruck, in: Music and Musicians in Early America (NY 1964).

HEINRICH V., König von England, *9. 8. 1387 Monmouth, † 31. 8. 1422 Bois de Vincennes bei Paris. H., der selbst mehrere Musikinstrumente spielte, vergrößerte die Zahl der Musiker der Chapel Royal in beträchtlichem Maße. Sie erlangte in seiner Regierungszeit durch seine unmittelbare tatkräftige Förderung europäischen Ruhm. Bei vielen Ereignissen in H.s Leben spielte Musik eine herausragende Rolle (↗Großbritannien). Das wichtigste Zeugnis dafür und zugleich die früheste umfassende Quelle für die englische Mehrstimmigkeit ist das ↗Old Hall Manuscript. Es enthält auch 2 3st. Messesätze von H.; erhalten ist ferner der Tenor eines Kyrie.

Ausg.: *Gloria* u. *Sanctus* für 3 St., in: The Old Hall Manuscript, hrsg. v. A. RAMSBOTHAM – H. B. COLLINS – A. HUGHES, 3 Bde. (Lo 1933–38).

Lit.: J. MARIX, Histoire de la musique et des musiciens de la Cour de Bourgogne sous le règne de Philipp le Bon (Str 1939); M. BUKOFZER, Studies in Medieval and Renaissance Music (Lo 1951); B. L. Trowell, H. V., in: MGG VI.

HEINRICH VIII., König von England, *28. 6. 1491 Greenwich bei London, † 28. 1. 1547 London. H. erhielt eine umfassende musikalische Ausbildung und spielte u. a. Virginal, Orgel und Flöte. Nach seiner Thronbesteigung 1509 wurde die Chapel Royal die bedeutendste musikalische Institution Englands und sein Hof eines der wichtigsten musikalischen Zentren Europas. Hier wirkten zahlreiche englische und ausländische Sänger, Instrumentalisten und Komponisten, darunter R. Fairfax und W. Cornyshe, sowie auch Orgel- und Instrumentenbauer. H. hinterließ eine bedeutende Musikinstrumentensammlung und einen umfangreichen Notenbestand. Von seinen eigenen Kompositionen sind 17 mehrstimmige Lieder, eine Motette und 14 Instrumentalstücke erhalten. – H. vollzog 1531 die Trennung der englischen Kirche von Rom und gründete 1534 unter der Oberhoheit der englischen Krone die Anglikanische Kirche. Dies hatte auch auf die zukünftige Entwicklung der Kirchenmusik in England entscheidenden Einfluß (↗Großbritannien).

Ausg.: Music at the Court of Henry VIII, hrsg. v. J. STEVENS (Lo 1962) (= Mus. Brit. 18).

Lit.: J. STEVENS, Music and Poetry in the Early Tudor Court (Lo 1961); P. DOE, Latin Polyphony Under Henry VIII, in: Proc. R. Mus Assoc. 95 (1968/69).

HEINRICHSHOFEN'S VERLAG, seit 1948 in Wilhelmshaven ansässiger dt. Musikverlag. Der von W. H. Heinrichshofen (1779–1881) in Magdeburg gegründete Verlag widmete sich zunächst vor allem Klavierausgaben (Fr. Liszt) und gehobener Unterhaltungsmusik (J. Raff). Schwerpunkte der heutigen Verlagsproduktion sind Unterrichtswerke, Kammermusik und Schrifttum zur Musik, darunter die *Taschenbücher zur Musikwissenschaft.* 1954 wurde eine Zweigniederlassung in Amsterdam, 1961 eine in Locarno eröffnet.

Lit.: M. PLESSKE, in: Beitr. z. Gesch. des Buchwesens III, hrsg. v. K.-H. Kalhöfer – H. Rötzsch (L 1968).

HEINRICH VON MEISSEN, genannt Frauenlob, * 1250 Meißen, † 29. 11. 1318 Mainz; dt. Minnesänger. Er stand in Beziehung zu norddeutschen Fürsten (u. a. Wizlaw v. Rügen) und hielt sich in seinen letzten Lebensjahren in Mainz auf. Sein Grab befindet sich dort im Dom. H.s Lieder umfassen Leiche (z. B. *Marienleich, Minneleich*) und Spruchtöne (z. B. *Langer Ton, Goldener Ton, Würgendrosselton*) und weisen ihn als einen der letzten Vertreter des ↗Minnesangs aus. Überliefert sind sie in einigen der wichtigsten deutschen Hss. des 14.–15. Jh. (Jenaer Lieder-Hs., Wien, Östr. Nat.-Bibl. Ms. 2071, Colmarer Lieder-Hs., Donaueschinger Lieder-Hs.), finden sich aber auch noch – in z. T. stark abweichenden Fassungen – in Hss. des Meistersangs.

Ausg.: H. von M., des Frauenlobes Leiche, Sprüche, Streitgedichte u. Lieder, hrsg. v. L. ETTMÜLLER (L 1843, Nachdr. A 1966); Die Sangesweisen der Colmarer Hs. ..., hrsg. v. P. RUNGE (L 1896, Nachdr. Hil 1965); G. MÜNZER, Das Singebuch des A. Puschmann (L 1906, Nachdr. Hil 1970); H. RIETSCH, Gesänge v. Frauenlob, Reinmar von Zweter u. Alexander (1913) (= DTÖ 41); Die Colmarer Lieder-Hs., Faks. der Melodien, hrsg. v. F. GENNRICH (Langen 1967) (= Summa musicae medii aevi 18); 3 Lieder, in: H. MOSER – J. MÜLLER-BLATTAU, Dt. Lieder des MA (St 1968). – ↗Jenaer Liederhandschrift.

Lit.: H. KRETSCHMANN, Der Stil Frauenlobs, in: Jenaer germanistische Forsch. 23 (1933); A. REICH, Der Vergessene Ton Frauenlobs, in: Mf 3 (1950); H. ENKE, Der Vergessene Ton Frauenlobs, in: Mf 4 (1951); K. H. BERTAU – R. STEPHAN, Wenig beachtete Frauenlobfragmente, in: Zschr. für dt. Altertum u. dt. Lit. 86 (1955/56); K. H. BERTAU, dass., Teil 2, in: ebd. 93 (1964); DERS., Sangverslyrik (Gö 1964); DERS., Genialität u. Resignation im Werk H. Frauenlobs, in: DVfLG 40 (1966); J. SCHAEFER, Walther von der Vogelweide u. Frauenlob. Bsp.e klass. u. manieristischer Lyrik im MA (Tü 1966); R. J. TAYLOR, The Art of the Minnesinger, 2 Bde. (Cardiff 1968) (mit Ausg. v. 16 Liedern u. einem Lied mit zweifelhafter Zuschreibung sowie einem Kommentar).

HEISE, Peter Arnold, * 11. 2. 1830 Kopenhagen, † 12. 9. 1879 Tårbaek bei Kopenhagen; dänischer Komponist. Er war 1852–53 Schüler von M. Hauptmann am Leipziger Konservatorium und seit 1858 Musiklehrer und Organist an der Akademie in Sorø. Anschließend lebte er in Kopenhagen. H. gilt als der bedeutendste Liederkomponist Dänemarks im 19. Jahrhundert. Seine Oper *Drot og Marsk* wird heute noch aufgeführt.

WW: Kammermusik u. Orch.-Werke; zahlr. Lieder; Opern: *Paschaens Datter,* UA: Kopenhagen 1869; *Drot og Marsk,* UA: ebd. 1878; Ballett *Cort Adeler i Venedig,* UA: ebd. 1870; ferner Bühnenmusik.

Lit.: W. BEHREND, P. H., ein dänischer Liederkomponist, in: FS H. Riemann (L 1909); G. HETSCH, P. H. (Kop 1926); R. HOVE, H.s Kammermusik, in: Dansk Musiktidsskrift 16 (1941); B. JOHNSSON, Klaveret i H.s Sange, in: ebd. 19 (1944).

HEISS, Hermann (eig. Heiß; Pseud. Georg Frauenfelder), * 29. 12. 1897 Darmstadt, † 6. 12. 1966 ebd.; dt. Komponist. H. studierte zunächst Musiktheorie bei B. Sekles in Frankfurt am Main und ging 1923 zu J. M. Hauer nach Wien, der ihm 1925 die Schrift *Zwölftontechnik: Die Lehre von den Tropen* widmete. Seit 1946 war er Dozent bei den Internationalen Ferienkursen für Neue Musik in Kranichstein, 1953 auch an der Darmstädter Akademie der Tonkunst, seit 1955 als Leiter eines Studios für elektron. Komposition. (H. schuf für den Hessischen Rundfunk ein Pausenzeichen aus elektronischen Klängen.) In seiner Schrift *Elemente der musikalischen Komposition* entwickelte er in Weiterführung des Zwölftonsystems eine „Tonbewegungslehre". Seit 1961 trat er für eine „Integrierung aller Zeit-Künste" ein, für die er eine Kompositionstechnik der „zentripetalen Zeitgestaltung" entwarf. Dieses Konzept eines „Gesamtkunstwerks" als Synthese von elektronischer Musik, filmischer Lichtfarbbewegung, tänzerischer Aktion und gesprochenem Wort gelangte über ein experimentelles Stadium nicht hinaus.

WW (die meisten früheren Werke wurden 1944 in Darmstadt vernichtet): **1) Instr.-WW:** Klv.- u. Orgelstücke; für Orch.: *Sinfonia atematica* (1950); *Sinfonia giocosa* (1954); *Zehn Konfigurationen zu Bildtiteln v. P. Klee* (1957); *Polychromatica* (1959); *Bewegungsspiele* (1959); *Kompositionen* (1931) für V. u. Streichorch.;

Duokonzert (1948) für V., Klv. u. Orch.; Klv.-Konzert (1954); Elektronische Musik: *Elektronische Kompositionen I* (1956), *II Laut u. leise* (1957), *III As 60* (1960) u. *IV* (1961); 2 *Essays* (1957, 1958); *Zuordnung Vier* (1962); *Variable Musik* (1966) für 4 Tonbänder. – **2) Vokal-WW:** *Expression K.* (nach F. Kafka) (Wie 1953) u. *Zum neuen Jahr* (1954) für SingSt u. Klv.; Zyklus *Interieur* (1957) (nach G. Benn); *Logatome* (1963) für Sprecher, Instr. u. elektronische Klänge; *Missa* für Alt, Tenor, Chor u. Tonband (1964); *Salutatio* (1966) (nach Hölderlins *Hyperion*) für SingSt, Sprecher u. Tonband. – **3) Bühnen-WW:** Spiel *Der Manager* (1951) für Tänzer, Sänger, Sprecher u. Orch., UA: Darmstadt 1958; Ballette: *Herz auf bürgerliche Art* (1952); *Schwarzer Dionysos* (1955) für Tänzer, Sänger, Sprecher u. Orch.; elektronisches Ballett *Die Tat* (T. Gsovsky nach Dostojewskijs *Schuld u. Sühne*), UA: Berlin 1961. – **4) Schriften:** *Elemente der musikal. Komposition* (Hei 1949); *Zufall u. Gestaltung, Material u. Qualität,* in: Melos 26 (1959); *Die elektronische Musik u. der Hörer,* in: Wandel des musikal. Hörens (B 1962) (= Veröff. des Inst. für Neue Musik u. Musikerziehung Darmstadt 3).

Lit.: H. LINDLAR, H. H. 60 Jahre, in: Musica 11 (1957); H. U. ENGELMANN, H. H., in: Melos 39 (1972); C. HENIUS, H. H., „homo ludens" der Kranichsteiner Jahre, in: Das undankbare Geschäft mit neuer Musik (Mn 1974); B. REICHENBACH, H. H. Eine Dokumentation, hrsg. v. E. Thomas (Mz 1975) (= Darmstädter Beitr. zur Neuen Musik 15).

HEITMANN, Fritz, * 9. 5. 1891 Ochsenwerder bei Hamburg, † 7. 9. 1953 Berlin; dt. Organist. H. studierte 1909–11 in Leipzig bei K. Straube und M. Reger. 1912–14 war er Organist am Dom in Schleswig, 1918–32 Organist an der Kaiser-Wilhelm-Gedächtniskirche in Berlin und seit 1932 Organist am Evangelischen Dom. 1925 wurde er Professor für Orgel an der Staatlichen Akademie für Kirchen- und Schulmusik Berlin (später Musikhochschule). H. zählte zu den führenden deutschen Organisten und trat in den 1930er Jahren durch zahlreiche Konzertreisen ins Ausland hervor. In den 20er Jahren spielte er die ersten deutschen Schallplattenaufnahmen mit Orgelmusik ein.

Lit.: R. VOGE, F. H. Das Leben eines dt. Organisten (B 1963).

HELFERT, Vladimír, * 24. 3. 1886 Plánice bei Klattau (Böhmen), † 18. 5. 1945 Prag; tschechischer Musikforscher. H. studierte 1904–08 Musikwissenschaft bei O. Hostinský in Prag und bei J. Wolf, K. Stumpf und H. Kretzschmar in Berlin. 1908 promovierte er in Prag mit einer Dissertation über G. Benda. 1910–19 war er Professor an einer Handelsschule in Prag, 1919–26 Lehrer an einer Mittelschule in Brünn, wo er sich 1921 an der Masaryk-Universität habilitierte. 1926 wurde er dort Professor. 1919 gründete er das Musikarchiv des mährischen Museums in Brünn und redigierte seit 1924 die Zeitschrift *Hudební Rozhledy* (Musikalische Rundschau).

Schriften: *J. Benda a J. J. Rousseau* (Diss. Pr 1908); *Hudební barok na Českých zámcích* (Pr 1916); *Zur Gesch. des Wiener Singspiels,* in: ZfMw 5 (1922/23); *Zur Entwicklungsgesch. der Sonatenform,* in: AfMw 7 (1925); *Hudba na jaroměřickém zámku* (Pr 1925); *Tvůrčí rozvoj B. Smetany* (Pr 1925), 2. Aufl. hrsg. v. B. Štědroň (1940, [4]1956, dt. L 1956); *J. Benda,* 2 Bde. (Brünn 1929, 1934); *Česká moderní hudba* (Olmütz 1936); *La musique dans la république tchécoslovaque* (Pr 1936) (mit E. Steinhard); *J. Janáček* (Pr 1949). – H. war Hrsg. der *Musica Antiqua Bohemica* (MAB) (Pr 1934ff.) u. der Sammelschrift *Musikologie* I (Pr 1938), fortgesetzt v. J. Racek, II–V (1949–58) (V: In memoriam V. H., mit Schriften-Verz.).

Lit.: F. HRABAL, Pohled na V. H., in: Hudební Rozhledy 23 (1970); Sonderheft „V. H. pokrokový vědec a člověk", in: Sborník prací filosofické fakulty Brněnské university 24 (1975); O. SETTARI, V. H.s Hymnologie im Lichte seines wissenschaftlichen Nachlasses, in: ebd.; J. VYSLOUŽIL, Der tschechische Musikwissenschaftler V. H., in: ebd. 25/26 (1976/77); J. POLEDŇÁK, Methodologische Fragen in V. H.s Werk, in: ebd.

HELIKON (griech.). – **1)** Gebirge in Böotien, das in der Antike als Sitz der Musen galt. – **2)** Altgriechisches Instrument mit 4 gleichgestimmten Saiten zur Intervallbestimmung. – **3)** Eine hauptsächlich in der Militärmusik verwendete, kreisrund gebaute ↗Tuba mit nach vorne gerichteter Stürze (als Baßtuba in F und Es, als Kontrabaßtuba in B), die über der Schulter getragen wird. Eine Sonderform des H. ist das Sousaphon. Tonumfang des H. in B: A_2 – b.

HELLENDAAL (Helendaal, Helendale, Holandael, Hollandall, Hollendale), **Pieter** (Peter), getauft 1. 4. 1721 Rotterdam, † 19. 4. 1799 Cambridge; holländischer Violinist, Organist und Komponist. H. wurde 1735 Organist an St. Nicolas in Utrecht. Um 1738 ging er nach Italien und war dort bis 1740 Violinschüler von G. Tartini in Padua. 1749–51 war er an der Universität Leyden immatrikuliert. 1752 übersiedelte er nach England, lebte zunächst in London, später in King's Lynn, wo er 1760 an St. Margaret's Church ein Jahr Nachfolger Ch. Burneys als Organist war, und zuletzt in Cambridge. Dort war er bis zu seinem Tode Organist an mehreren Kirchen. Er konzertierte auch als Violinist in England. H., der vorwiegend Instrumentalwerke schrieb, ist der einzige holländische Komponist des 18. Jh., der außerhalb seines Landes Anerkennung fand.

WW: **1) Instr.-WW:** Sonaten u. Solos für V. u. Baß bzw. B.c., op. 1 (A 1744), op. 2 (A 1750) u. op. 4 (Lo 1760); *Grand concerto's for Violins … in eight parts,* op. 3 (Lo 1758); Solos für Vc. u. B.c., op. 5 (C 1780); *Grand lessons* für Cemb. oder Klv. mit V. u. Vc., op. 6 (Lo 1790). – **2) Vokal-WW:** *A collection of Psalms* (C 1794); Kantate *Strephon and Myrtilla* (C um 1785); ferner Glees, Catches u.a. (auch hsl. erhalten).

Ausg.: Vier Sonates voor violoncel en becyferde Bas … (A 1926); Sonate op. 5 Nr. 3, hrsg. v. W. PIJPER (Lo 1928); *Seven Psalms,* hrsg. v. H. BRANDTS-BUYS (Hilversum 1947).

Lit.: CH. VAN DEN BORREN, P. H., in: TVer 13 (1932); H. BRANDTS-BUYS, P. H., in: Mens en Melodie 11 (1947); J. A. PARKINSON, P. H., in: Monthly Musical Report 82 (1952).

HELLER, Stephen, * 15. 5. 1813 Budapest, † 14. 1. 1888 Paris; ung. Pianist und Komponist. H. erhielt frühzeitigen Musikunterricht bei Anton Halm in

Wien, wo er 1826 erstmals öffentlich auftrat. 1828 unternahm er eine zweijährige Konzertreise, erkrankte aber auf der Rückkehr 1830 in Augsburg. Von Freunden finanziell unterstützt, lebte er dort bis 1838 und bildete sich noch bei H. Chelard weiter. 1838 ging er auf Anraten Fr. Kalkbrenners nach Paris. Dort traf er u.a. mit Fr. Chopin und Liszt zusammen und befreundete sich mit H. Berlioz. Als Pianist und Lehrer genoß er bald großes Ansehen, während sich seine Kompositionen, obgleich schon früh von Schumann gelobt, nur langsam durchsetzen konnten. Sie gehören meist zur Gattung des ↗Charakterstücks, zeigen in simplifizierter Weise den Einfluß Chopins und Schumanns und gelten heute in ihrer Gesamtheit und in ihrem Stil als typische Zeugnisse für die Salonmusik des 19. Jahrhunderts. H.s Etüden wurden bis weit ins 20. Jh. hinein häufig im Klavierunterricht benutzt.

WW: Zahlr. Klv.-Stücke, u.a.: *Promenades d'un solitaire,* op. 78 u. 89; *Nuits blanches,* op. 82; *Feuilles volantes,* op. 123; *Im Walde,* op. 86, 128 u. 136; *Reise um mein Zimmer,* op. 140; *Aufzeichnungen eines Einsamen,* op. 153. – Études, darunter *25 Études pour former le sentiment du rythme et de l'expression,* op. 47; *Technische Studien als Vorbereitung zu den Werken Chopins,* op. 154; ferner Impromptus, Préludes, 4 Sonaten, 3 Sonatinen, Scherzo, Variationen, Walzer u. Capricen sowie Phantasien u.ä. über bekannte Opernmelodien der Zeit.

Lit.: H. BARBEDETTE, S.H. (P 1876, engl. Detroit 1974); R. SCHÜTZ, Ein Künstlerleben (L 1911); R. SIETZ, S.H., in: MGG VI; R.E. BOOTH JUNIOR, The Life and Music of S.H. (1969) (= Diss. Univ. of Iowa); G. PUCHELT, Verlorene Klänge. Stud. zur dt. Klaviermusik 1830–80 (B-Lichterfelde 1969); L. BRONARSKI, Chopin et S.H., in: SMZ 113 (1973).

HELLINCK, Lupus (latinisierte Form von Wolfhard oder Wolfram), * um 1495, † 14. (?) 1. 1541; vermutlich aus der Diözese Utrecht stammender franko-flämischer Komponist. H. war 1506–11 Chorknabe an St. Donatian in Brügge, studierte Theologie und wurde spätestens 1519 zum Priester geweiht. Seit 1521 war er Phonascus an Notre-Dame in Brügge und seit 1523 bis zu seinem Tode Succentor an St. Donatian. Ein sicheres Urteil über Umfang und Art des Gesamtschaffens von H. ist wegen der eigentümlichen Quellenlage seiner Werke nicht möglich, doch weisen die einwandfrei ihm zuzuschreibenden Werke durchaus ein eigenes stilistisches Profil auf. So etwa ist in den Messen eine übereinstimmende formale Anlage und Gliederung charakteristisch.

WW (hsl. u. in zahlr. Sammeldrucken des 16. Jh.). Wegen der Gleichheit von H.s latinisiertem Vornamen Lupus mit dem Namen des etwa gleichaltrigen Landsmanns, dem Cambraier Kapellmeister J. ↗Lupi, ist die exakte Zuschreibung von Werken zu einem der beiden nur in wenigen Fällen möglich. Für H. sind dies (nach H. Albrecht, in: MGG VI): 7 (vielleicht auch 14) Messen für 4 St.; 7 Motetten für 4–5 St.; 3 ndl. Lieder für 4 St.; 11 dt. Choralbearbeitungen für 4–5 St. in: G. Rhau, *Neue deudsche geistliche Gesenge* (Wittenberg 1544) (= RISM 1544[21]).

Ausg.: 11 Gesänge, in: G. Rhau, Newe deudsche geistliche Gesenge, hrsg. v. J. WOLF (1908) (= DDT 34); 2 ndl. Lieder, in: T. Susato, Het ierste Musyck boexken 1551, hrsg. v. F. VAN DUYSE (Utrecht – A 1908), u. in: P. Phalesius, Een Duytsch Musyck Boeck 1572, hrsg. v. DEMS. (L 1903); 5 Motetten, in: P. Attaignant, Treize livres de motets I, hrsg. v. A. SMIJERS (P 1934), VIII–IX, hrsg. v. A. T. MERRIT (1962); Kyrie der Messe *Christus resurgens,* in: A. SMIJERS, Van Ockeghem to Sweelinck (A 1956); Credo aus der Messe *Ego sum qui sum,* in: R.B. LENAERTS, Die Kunst der Niederländer (Kö 1962) (= Das Musikwerk 22).

Lit.: H. ALBRECHT, L.H. u. Johannes Lupi, in: AMl 6 (1934); H. OSTHOFF, Die Niederländer u. das dt. Lied 1400–1640 (B 1938, Nachdr. Tutzing 1967); H. ALBRECHT, H., in: MGG VI; R. B. LENAERTS, Les messes de L. H. du Manuscrit 766 de Montserrat, in: FS H. Anglés I (Ba 1958); M. ANTONOWYCZ, Das Parodieverfahren in der Missa Mater Patris v. L. H., in: FS R.B. Lenaerts (Löwen 1969); J. GRAZIANO, L.H. A Survey of 14 Masses, in: MQ 56 (1970); B.J. BLACKBURN, J. Lupi and L. H. A Double Portrait, in: MQ 59 (1973).

HELLMANN, Diethard, * 28. 12. 1928 Grimma (Sachsen); dt. Organist und Dirigent. Er studierte seit 1944 Kirchenmusik an der Musikhochschule in Leipzig und war gleichzeitig bis 1949 Organist bei den Aufführungen des Thomanerchors. Seit 1948 war er Kantor und Organist an der Friedenskirche in Leipzig, Dozent für Orgelspiel und Leiter des Chors der Musikhochschule. 1955 ging er als Kantor und Organist an die Christuskirche nach Mainz. Seit 1959 war er Lehrbeauftragter für evangelische Kirchenmusik an der Universität Mainz (1963 Honorarprofessor) und leitet seit 1974 die Abteilung für evangelische Kirchenmusik an der Hochschule für Musik München, deren Präsident er seit 1981 ist. H. war Gründer und bis 1985 Leiter des Mainzer Bach-Chores, der im In- und Ausland einen hervorragenden Namen hatte. Auch als Herausgeber älterer Musik ist H. tätig.

HELLMESBERGER, östr. Musikerfamilie. – **1) Georg,** * 24. 4. 1800 Wien, † 16. 8. 1873 Neuwaldegg bei Wien; Violinist. H. war Sängerknabe am kaiserlichen Konvikt in Wien und Mitschüler von Fr. Schubert, später Kompositionsschüler von E. A. Förster und am Konservatorium Violinschüler von J. Böhm. 1821 wurde er Böhms Assistent und 1826 Professor am Konservatorium, 1830 Konzertmeister der Hofoper (seit 1842 Philharmonisches Orchester) und wenig später Mitglied der Hofkapelle. – **2) Joseph** (der Ältere), Sohn von 1), * 3. 11. 1828 Wien, † 24. 10. 1893 ebd.; Violinist. Er war am Wiener Konservatorium Schüler seines Vaters und wurde 1845 Solist des Opernorchesters. 1848–59 war er „artistischer" Direktor der Gesellschaft der Musikfreunde in Wien, damit gleichzeitig Dirigent der Konzerte der Gesellschaft und seit 1851 Dirigent des Konservatoriums. 1860 wurde er Konzertmeister des Hofopernorchesters, 1863 Soloviolinist der Hofkapelle und 1877 Hofkapellmeister. Das 1849 von ihm gegründete Streichquartett (H.-Quartett), das sich vor allem für die späten Streichquartette Beethovens und die Werke Schuberts einsetzte, erlangte bedeutenden Ruf. – **3) Georg,** Sohn von 1), * 27.1.1830 Wien, † 12.11. 1852 Hannover; Komponist. Er war Schüler seines Vaters. 1850 wurde er Konzertmeister und 1851 Hofkapellmeister in Hannover, wo im gleichen Jahr seine Oper *Die beiden Königinnen* uraufgeführt wurde. Neben weiteren Opern schrieb er Kammermusik und Lieder.

WW: Hsl. erhalten sind Solostücke für V., Kammermusik u. Symphonien sowie die Oper *Palma;* im Druck erschien u.a. die Oper *Die beiden Königinnen,* UA: Hannover 1851.

4) Joseph (der Jüngere, genannt Pepi), Sohn von 2), * 9.4.1855 Wien, † 26.4.1907 ebd.; Violinist und Komponist. Er wurde 1878 Soloviolinist der Hofkapelle am Stuttgarter Hoftheater. Er schrieb Operetten, Ballette, Bühnenmusiken, Tanzmusik und Lieder. H.s *Ballszenen* und der *Teufelstanz* sind noch heute beliebte Glanzstücke virtuoser Orchestermusik.

WW: 22 Operetten, darunter: *Der Graf von Gleichen u. seine Frauen,* UA: Wien 1880; *Das Veilchenmädel,* UA: ebd. 1904; *Wien bei Nacht,* UA: London 1906; *Der Triumph des Weibes,* UA: ebd. 1906; *Der Veilchenkavalier,* UA: ebd. 1911; ferner 6 Ballette, u.a. *Die verwandelte Katze* (1888) u. *Meißner Porzellan* (1890).

5) Ferdinand, Bruder von 4), * 24.1.1863 Wien, † 15.3.1940 ebd.; Cellist. Er war das letzte bedeutende Mitglied der Familie H., die ein Jahrhundert lang im Mittelpunkt des Wiener Musiklebens stand.

Lit.: R.M. PROSL, Die H. (W 1947); A. OREL, H., in: MGG VI; P. LORENZ, Vor 75 Jahren starb „Vater H.“, in: ÖMZ 23 (1968); J. FREYENFELS, Mahler und der „fesche Pepi“. Eine Konfrontation und ihre Elemente, in: NZfM 132 (1971).

HELLO, DOLLY!, amerik. Musical in 2 Akten von Jerry Herman (* 1932), der die Musik und die Song-Texte schrieb, Buch von Michael Stewart nach dem Bühnenstück *The Matchmaker* (Die Heiratsvermittlerin) von Thornton Wilder, einer Adaptation seines Stückes *The Merchant of Yonkers.* Dieses geht auf Johann Nestroys Posse mit Gesang *Einen Jux will er sich machen* zurück, die ihrerseits in dem englischen Bühnenstück *A Day well spent* von John Oxenford wurzelt. Ort und Zeit der Handlung: New York, 1898. UA: 16.1.1964 in New York (St. James Theater). Dt. EA (in dt. Sprache): 26.11.1966 in Düsseldorf (Schauspielhaus). Verfilmt 1969.
Im Mittelpunkt der Handlung steht die Heiratsvermittlerin Dolly Levi, die drei jungen Paaren zum Glück und sich selbst zu einer guten Partie verhilft. Zum außergewöhnlichen Erfolg des Werkes (2344 Vorstellungen en suite am Broadway) trugen Choreographie und Regie von Gower Champion wesentlich bei. Der Titelsong der Dolly *Hello, Dolly!,* mit dem Dolly ihren großen Auftritt im Harmonia Gardens Restaurant hat (Szene II, 2), wurde zum Weltschlager. Am 11. Oktober 1967 brachte Produzent David H. Merrick – noch während die Original-Produktion lief – das Musical in einer ebenfalls außerordentlich erfolgreichen Besetzung, ausschließlich mit farbigen Sängern und Schauspielern, mit Pearl Bailey und Cab Calloway in den Hauptrollen heraus. R.-M. SIMON – S. SIMON

HELM, Everett, * 17.7.1913 Minneapolis (Minnesota); amerik. Komponist und Musikforscher. H. studierte bis 1935 an der Harvard University in Cambridge (Mass.), 1936–38 in Europa bei G. Fr. Malipiero, R. Vaughan Williams (Komposition) und A. Einstein (Musikwissenschaft) und promovierte 1939 an der Harvard University mit einer Arbeit über die Anfänge des italienischen Madrigals. 1942–44 leitete er die Musikabteilung des Western College in Oxford (Ohio), bereiste 1944–46 Südamerika und leitete 1948–49 in Deutschland die Musik- und Theaterabteilung der Militärregierung für Hessen. 1960–62 war er Chefredakteur der Zeitschrift *Musical America.* Seit 1963 lebt H. in Asolo (Venezien).

WW: **1) Kompositionen:** Zahlr. Kammermusik, darunter Quartette u. Quintette; Symphonie für Str. (1955); 2 Klv.-Konzerte (1951, 1956); Konzert für 5 Instr., Schlagzeug u. Str., UA: Donaueschingen 1953; *Sinfonia da camera* (1961) Konzert für Kb. u. Streichorch. (1968); Mysterium *Adam u. Eva,* UA: Wiesbaden 1952; Singspiel *500 Drachentaler;* Funkoper *Die Belagerung von Tottenburg,* UA: SDR 1956; Ballett *Le Roy fait battre tambour,* UA: Frankfurt 1957. – **2) Schriften:** *The Beginnings of the Italian Madrigal* (Diss. C/M 1939); *Ch. Ives, Pionier der modernen Musik,* in: Melos 25 (1958); *Secular Vocal Music in Italy,* in: Ars nova and the Renaissance, hrsg. v. A. Hughes – G. Abraham (Lo 1960); *B. Bartók in Selbstzeugnissen u. Bilddokumenten* (Reinbek bei H 1965) (= rowohlts monographien 107); *F. Liszt in Selbstzeugnissen u. Bilddokumenten* (ebd. 1972) (= ebd. 185). – H. edierte *The Chansons of J. Arcadelt* (1942).

HELMHOLTZ, Hermann Ludwig Ferdinand von, * 31.8.1821 Potsdam, † 8.9.1894 Berlin; dt. Physiker und Physiologe. H. studierte Medizin an der Berliner Universität. 1849 wurde er Professor für Physiologie in Königsberg, 1855 für Physiologie und Anatomie in Bonn, 1858 für Physiologie in Heidelberg und 1871 Professor für Physik in Berlin und 1888 Präsident der neugegründeten Physikalisch-Technischen Reichsanstalt in Charlottenburg. H.' wissenschaftliche Arbeiten umfaßten weite Gebiete der Physiologie und Physik, mit denen er durch die Verbindung von Experiment und theoretischer Auswertung Richtung und Art der Naturwissenschaft seiner Zeit wesentlich bestimmte. Er gilt auch als Begründer der musikalischen Akustik durch sein Werk *Die Lehre von den Tonempfindungen als physiologische Grundlage für die Theorie der Musik* (Brau 1863, [6]1913). Das Werk enthält eine Theorie der Tonhöhenempfindung (die sog. Resonanztheorie), die sich allerdings als falsch erwiesen hat. Grundlegend blieben auch H.' Arbeiten über die Kombinations- und Summationstöne sowie seine Erklärung der Konsonanz- und Dissonanzempfindungen als auf kontinuierlichen bzw. diskontinuierlichen Schwingungen beruhend (↗Konsonanz und Dissonanz).

Lit.: S. TAYLOR, Sound and Music. A Non-Mathematical Treatise on the Physical Constitution of Musical Sounds and Harmony, Including the Chief Acoustical Discoveries of Professor H. (Lo 1873, Nachdr. NY 1967); C. STUMPF, Tonpsychologie, 2 Bde. (L 1887–90, Nachdr. Hilversum 1965); Beitr. z. Akustik u. Musikwiss., hrsg. v. DEMS., 9 H.e (L 1898–1924); C. DAHLHAUS, H. von H. u. der Wissenschaftscharakter der Musiktheorie, in: Über Musiktheorie, hrsg. v. F. Zaminer (Kö 1970); Über die physiologischen Ursachen der Harmonien, hrsg. v. F. KRAFFT (Mn 1971).

HELMONT, Charles Joseph van, * 19. 3. 1715 Brüssel, † 8. 6. 1790 ebd.; belgischer Organist und Komponist. Er wurde 1733 Organist an der Stiftskirche Ste-Gudule in Brüssel, 1737 Maître de chant an Notre-Dame du Sablon und an der Chapelle royale espagnole und 1741–77 wieder an Ste-Gudule. H. schrieb vor allem Kirchenmusik. Seine *Pièces de clavecin* sind von Rameau beeinflußt.

WW: Zahlr. kirchenmusikal. Werke, meist für Chor u. Orch. mit u. ohne Soli (sämtlich hsl. in Brüssel, Bibl. du Conservatoire, erhalten), darunter: Messen, Motetten, Litaneien, Magnificats, Pss; Lamentationen für Sopran u. B.c.; Oratorium *Judith* (1756); Divertissement *Le retour désiré,* Klv.-A. (Bru 1749); *Pièces de clavecin* (Bru 1737); Fugen für Klv.; *Ouvertura* für Orch. (hsl.).

Ausg.: Werke für Org. u. Cemb., hrsg. v. J. WATELET (1948) (= MMBelg 6) (mit Biogr. v. S. Clercx).

Lit.: S. CLERCX, Les clavecinistes belges et leurs emprunts à l'art de F. Couperin et de J. Ph. Rameau, in: RM 20 (1939); R. WANGERMÉE, Les maîtres de chant des XVIIe et XVIIIe siècles à la collégiale des SS. Michel et Gudule à Bruxelles, in: Mémoires de L'acad. royale de Belgique (Bru 1950).

HEMEL, Oscar van, * 3. 8. 1892 Antwerpen; ndl. Komponist belg. Herkunft. H. studierte am Konservatorium von Antwerpen Violine. Während des 1. Weltkrieges ließ er sich in den Niederlanden nieder. 1918 wurde er Lehrer für Violine und Musiktheorie an der Musikschule Bergen op Zoom. Seit 1948 lebt er als freischaffender Komponist in Hilversum. H. schuf sich seit den 30er Jahren unter dem Einfluß seines Lehrers W. Pijper einen Stil von ausgeprägter linearer Kontrapunktik.

WW: 2 V.-Sonaten; Klv.-Trio (1937); 6 Streichquartette; ein Klv.-Quartett (1938); 4 Bläserquartette (1955); Klar.-Quintett (1958). – Für Orch.: 4 Symphonien; Symphonietta; Ballade; *Tema con variazioni;* Konzerte für: V. (1944); Klv.; Va.; Ob. – Kantaten: *Maria Magdalena; Le Tombeau de Kathleen Ferrier* u. *Hart van Holland.* – Ferner eine Oper *Viviane.*

Lit.: J. WOUTERS, O. van H., in: Sonorum Speculum 13 (1962).

HEMIOLE (von griech. hemiolios = eineinhalb = $^3/_2$; für ursprünglich lat. proportio hemiola = das Verhältnis 3 : 2), in der Mensuralnotation des 15.–17. Jh. Bz. für eine Gruppe von 3 Brevisnoten im dreizeitigen Tempus (Tempus perfectum), die durch Schwärzung (↗Color) imperfiziert werden (d. h. je 2 Semibreves gelten) und damit denselben Wert haben wie 2 weiße, perfekte Breves (zu je 3 Semibreves): 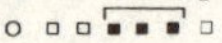

In moderner Übertragung (□ = ♩.) bedeutet das:

Solche H.-Bildungen, die eine deutliche Akzentverschiebung im musikalischen Ablauf bewirken, finden sich häufig in den Werken der Niederländer seit G. Dufay, aber auch noch in der Musik des Barock, namentlich vor Kadenzen und auch unter Aufspaltung der H. in kleinere Notenwerte. Diese tritt dann oft auch durch eine entsprechende Textdeklamation in Erscheinung:

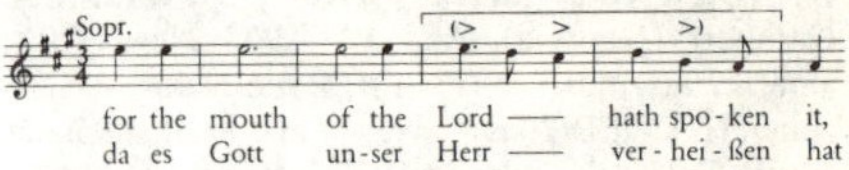

G. F. Händel, *Messiah,* Chor Nr. 3

In späterer Zeit zeigen besonders R. Schumann und J. Brahms eine Vorliebe für H.n; besonders prägnant ist der Anfang des 1. Satzes der 3. Symphonie (der „Rheinischen“) von Schumann mit drei sukzessiven H.n:

HEMMEL (Hemel), **Sigmund,** * vermutlich vor 1520, † 1564 Tübingen; dt. Komponist. Er war seit etwa 1544 Tenorist der Hofkapelle Herzog Ulrichs von Württemberg in Stuttgart, später zeitweilig auch deren Kapellmeister. Sein auch in katholischen Gebieten weitverbreitetes Hauptwerk, *Der gantz Psalter Davids, wie derselbig in Teutsche Gesang verfasset* (4st., postum Tü 1569), ist die erste vollständige Vertonung der Psalmen Davids in deutscher Sprache. Den Gesängen dieser Sammlung liegen vorhandene Psalm- u. a. Liedweisen (meist im Tenor) zugrunde. Die Satzweise (motettisch in akkordischer Stimmführung) deutet auf das Vorbild der Choralbearbeitungen J. Walters hin.

Lit.: O. ZUR NEDDEN, Zur Frühgesch. der prot. Kirchenmusik in Württemberg, in: ZfMw 13 (1930/31) (darin die Psalmen 90 u. 107); G. UEBLER, Anfänge der prot. Kirchenmusik in Württemberg u. S. H.s Psalter, in: Württembergische Blätter für Kirchenmusik (1934); H. MARQUARDT, Die Stuttgarter Chorbücher unter besonderer Behandlung der Messen (Tü 1936); W. BRENNECKE, H., in: MGG VI.

HEMPEL, Frieda, * 26. 6. 1885 Leipzig, † 7. 10. 1955 Berlin; dt. Sängerin (Sopran). Sie erhielt ihre Gesangsausbildung am Konservatorium in Leipzig und 1903–05 am Sternschen Konservatorium in Berlin, debütierte 1905 in Breslau, sang im gleichen Jahr bereits in Bayreuth, 1905–07 in Schwerin und danach an der Königlichen Oper in Berlin. 1912–20 gehörte sie der Metropolitan Opera in New York, anschließend bis 1921 der Chicago Opera an. Besonders im Koloraturfach zählte Fr. H. zu den bedeutendsten Sängerinnen ihrer Zeit. In den letzten Jahren ihrer Laufbahn trat F. H. in Amerika und in Europa ausschließlich als Konzertsängerin auf. Populär waren in dieser Zeit ihre Jenny-Lind-Konzerte, in denen sie in der Kostümierung der Lind sang. Unter dem Titel *Mein Leben dem Gesang* veröffentlichte sie 1955 in Berlin ihre Memoiren.

HENDERSON, James Fletcher, * 18. 12. 1898 Cuthbert (Georgia), † 29. 12. 1952 New York; amerik. Jazzmusiker (Pianist, Bandleader, Arrangeur). H. kam 1920 nach New York. Dort spielte er bei W. C. Handy, war seit 1922 Hauspianist in dessen Plattenfirma „Black Swan Records", begleitete die Bluessängerin Ethel Waters und nach ihr viele andere Stars des Vaudeville-Blues, u. a. 1923–27 Bessie Smith, mit der er auch Schallplattenaufnahmen machte. 1923–34 leitete er in New York ein Orchester, das sich, nicht zuletzt wegen der Arrangements von Don Redman und Benny Carter, zur ersten Big Band der Jazzgeschichte entwickelte. 1935–39 hatte er auch mit einer zweiten Band Erfolg, ging dann aber als Pianist zu Benny Goodman, bevor er 1942–47 wieder mehrere eigene Bands leitete. 1942–47 war er erneut Begleitpianist von Ethel Waters. 1950 beendete ein Schlaganfall seine Karriere. H. gehörte zu den großen Bandleadern und Arrangeuren der 1920er und 1930er Jahre. Seine Arrangements für Benny Goodman mit ihren deutlich voneinander abgehobenen Bläsersätzen prägten ganz wesentlich den charakteristischen Sound des Goodman-Orchesters.

Lit.: N. SHAPIRO-HENTOFF, Jazz erzählt (Mn 1962); D. MORGENSTERN, Swing, in: Die Story des Jazz, hrsg. v. J. E. Berendt (St 1975); A. POLILLO, Jazz, Gesch. u. Persönlichkeiten der afro-amerikanischen Musik (Mn 1978).

K. R. BACHMANN

HENDRIX, Jimi (eig. James Marshall), * 27. 11. 1942 Seattle (Washington), † 18. 9. 1970 London; amerik. Rockgitarrist. H. spielte in verschiedenen amerikanischen Rhythm-and-Blues Bands. 1966 ging er nach England und gründete dort mit David Noel Redding (Baßgitarre) und Joe Mitch Mitchell (Schlagzeug) die Jimi Hendrix Experience. Ende 1969 löste er diese Band auf und formierte die Band of Gipsys, in der er mit wechselnden Partnern, u. a. mit Buddy Miles, spielte. H. galt als der führende Gitarrist der späten 60er Jahre, der die Rockmusik bis weit in die 70er Jahre beeinflußte. In seiner Musik verband er spieltechnische Elemente des Blues, Rock und Jazz. Sein differenziertes Gitarrenspiel überdeckte er häufig mit elektronischen Rückkoppelungs-, Verzerrer- und Überlagerungseffekten und fand in dieser Synthese von Musik und Technik seine individuelle Ausdrucksform.

Lit.: A. DISTER, J. H. (P 1972).

HENEKER, David, * 31. 3. 1906 Southsea (England); engl. Komponist und Textdichter. Er war 1925–48 Offizier in der britischen Armee und wandte sich dann erst dem Musiktheater zu. In London erzielte er die größten Erfolge mit der englischsprachigen Fassung von Marguerite Monnots *Irma la Douce* (1958) und mit *Half a Sixpence* (1963), zu dem er selbst Musik und Song-Texte schrieb.

WW: *Expresso Bongo* (1958); *Irma la Douce* (1958); *Make me an Offer* (1959); *The Art of Living* (1960); *Half a Sixpence* (1963); *Charlie Girl* (1965); *Jorrocks* (1966); *Popkiss* (1972).

HENIUS, Carla, * 7. 12. 1919 Mannheim; dt. Sängerin (Mezzosopran). H. studierte bei Lula Mysz-Gmeiner und Maria Ivogün an der Berliner Hochschule für Musik und debütierte 1943 in Kassel. 1946–48 sang sie am Landestheater in Darmstadt, 1949–51 in Kaiserslautern und 1951–56 am Mannheimer Nationaltheater, dem sie durch Gastverträge auch weiterhin verbunden blieb. Sie trat seither jedoch vorwiegend als Konzertsängerin besonders mit zeitgenössischer Musik im In- und Ausland auf und sang u. a. in Uraufführungen von Werken P. Hindemiths, B. Blachers, L. Nonos und G. Manzonis. 1957 übernahm sie eine Professur an der Hochschule für Musik und Theater Mannheim und lehrte 1962–66 an der Musikhochschule in Hannover. 1966 gründete sie das Colloquium musicale zur Aufführung zeitgenössischer Kompositionen. Von C. H. erschienen gesammelte Essays *Das undankbare Geschäft mit neuer Musik* (Mn 1974).

HENKEMANS, Hans, * 23. 12. 1913 Den Haag; niederländischer Komponist und Pianist. H. studierte Medizin an der Universität Utrecht und war gleichzeitig Kompositionsschüler von W. Pijper. Nach Abschluß seines Studiums, während dem er bereits als Komponist und Pianist hervorgetreten war, wandte er sich ganz der Musik zu. Auf seinen

Konzertreisen in Europa und Südafrika machte er sich vor allem als Mozart- und Debussy-Interpret bekannt. Die lyrische Tonsprache seiner oft polymetrisch und polytonal strukturierten Kompositionen bleibt meist an ein Klangzentrum gebunden.

WW: Sonate für Klv. (1958) u. für 2 Klv. (1944); zahlr. kammermusikal. WW., u.a.: Sonaten für Vc. u. Klv. (1936) u. für V. u. Klv. (1944); 2 Streichquartette (1933) u. 2 Bläserquintette (1934, 1962); *Aere festivo* (1965) für 3 Trp. u. 2 Pos.; *Quattro pezzi* (1963) für Fl. u. Harfe. – Für Orch.: Symphonie (1934); *Voorspel* (1935–36); Partita (1960); *Barcarola fantastica* (1960); *Dona montana* (1964); *Élégies* (1967) für 4 Fl. u. Orch.; Konzerte: für Klv. (1932); für Fl. (1945–46); für V. (1948–50); für Va. (1954); für Harfe (1955). – Vokal-WW: 3 Lieder (1964); *Bericht an de levenden* (1965) für Chor. Sprecher u. Orch.; *Villonnerie* (1965) (nach F. Villon) für Bar. u. Orch.; *Tre aspetti d'amore* (1968) für gem. Chor u. Orch.

Lit.: M. FLOTHUIS, H. H., in: Sonorum speculum (1963) Nr. 14; DERS., in: ebd. (1965) Nr. 22; W. PAAP, H. H. verlaat het podium, in: Mens en melodie 24 (1969).

HENLE, G. Henle Verlag, dt. Musikverlag. Er wurde 1948 von Günter H. (1899–1979) mit Sitz in München und Duisburg gegründet (seit 1970 Alleinsitz München). Der Verlag propagierte die „Urtext-Ausgabe" und widmete sich besonders klassischer und romantischer Klavier- und Kammermusik. Er betreut die Kritischen Gesamtausgaben der Werke Haydns und Beethovens, die Reihe „Frühromantik" des *Erbes Deutscher Musik,* die Reihe II des *Répertoire International des Sources Musicales,* ferner die Denkmälerreihe *Die Oper* und die Serie *Kataloge bayerischer Musiksammlungen.* Außerdem veröffentlicht er wissenschaftliche Werkverzeichnisse und thematische Kataloge, insbesondere das thematisch-bibliographische Verzeichnis der Werke Beethovens von Kinsky-Halm und ein Verzeichnis der Werke Chopins. Neben weiteren textkritischen Schriften gibt der Verlag vor allem monographische Haydn- und Beethoven-Studien heraus. Günter H. unterstützte viele musikologisch wichtige Institutionen. U.a. gehörte er zu den Mitbegründern des Joseph-Haydn-Instituts. 1964 erhielt er für seine musikeditorischen und musikwissenschaftlichen Leistungen die Ehrendoktorwürde der Universität Köln.

Lit.: G. HENLE, Weggenosse des Jh.s (St 1968); 25 Jahre G. H. Musikverlag 1948–1973 (Mn 1973); K. G. FELLERER, G. H. 75 Jahre, in: Mf 27 (1974); M. STAEHELIN, G. H. 1899–1979, in: Mf 32 (1979); DERS., Gedenken an G. H., in: Jahresring 79–80 (St 1979), auch in: In memoriam ... G. H. (Duisburg 1979).

HENNESSY, Swan, * 24. 11. 1866 Rockford (Illinois), † 26. 10. 1929 Paris; amerik. Komponist irischer Abstammung. H. studierte am Stuttgarter Konservatorium, ließ sich später in Paris nieder und unternahm von dort ausgedehnte Reisen durch Europa. Seine Kompositionen enthalten Elemente der irischen und keltischen Folklore.

WW: Zahlr. Klv.-Stücke; *Sonate celtique* für Va. u. Klv. (P 1924); *Rapsodie gaëlique* für Vc. u. Klv. (P 1925); je eine Sonatine für V. u. Klv. u. für Vc. u. Klv. (P 1929); Saxophonstücke; Trios für Str. u. für 2 Klar. u. Fag.; 4 Streichquartette (P 1913, o. J., 1925, 1929); *4 Pièces celtiques* für Engl. Horn, V., Va. u. Vc. (P 1925); ferner Lieder nach Gedichten v. Leconte de Lisle, Verlaine u. Baudelaire.

HENNIUS ↗Hayne, Gilles.

HENRICI, Christian Friedrich (Pseudonym: Picander), * 14. 1. 1700 Stolpen (Sachsen), † 10. 5. 1764 Leipzig; dt. Dichter. H. studierte Jura in Wittenberg. Seit 1720 lebte er, zunächst als Privatlehrer, dann als Postbediensteter und zuletzt als Steuereinnehmer in Leipzig. H. schrieb zunächst meist satirische Gelegenheitsgedichte, bevor er mit der *Sammlung Erbaulicher Gedancken* 1725 seine ersten Kantatendichtungen veröffentlichte. Im gleichen Jahr begann auch seine Zusammenarbeit mit J. S. Bach, für den er zahlreiche weltliche und geistliche Kantatentexte verfaßte. Durch seine Gewandtheit im Umgang mit poetischen Formen und durch seine profunden musikalischen Kenntnisse erwies er sich als ein Librettist, der den Anforderungen Bachs in glücklicher Weise entsprach, besonders auch im Hinblick auf die Anpassung eines neuen Textes an eine vorgegebene Komposition (Parodieverfahren). Von H. stammen u. a. die poetischen Texte der Matthäus-Passion und die Texte der Bauern- und der Kaffeekantate (BWV 211 u. 212).

WW: *Sammlung Erbaulicher Gedancken bey und über die gewöhnlichen Sonn- und Festtags-Evangelien* (L 1725); *Cantaten auf die Sonn- und Fest-Tage durch das ganze Jahr* (L 1728); *Ernst-Scherzhaffte und Satyrische Gedichte,* 5 Teile (L 1727–51); darin Texte der Bach-Kantaten Nr. 19, 84, 145, 148, 149, 156, 157, 159, 171, 174, 188, 197a, 205, 211–213, 216.

Ausg.: R. WUSTMANN, J. S. Bachs Kantaten-Texte (L 1913); Schäferkantate *Entfliehet, verschwindet,* hrsg. v. F. SMEND (Kas 1943); W. NEUMANN, J. S. Bachs sämtliche Kantaten-Texte (L 1956, Nachdr. 1967).

Lit.: L. F. TAGLIAVINI, Studi sui testi delle cantate sacre di J. S. Bach (Padua – Kas 1956); F. ZANDER, Die Dichter der Kantatentexte J. S. Bachs, in: Bach-Jb. 54 (1968); H. STRECK, Die Verskunst in den poetischen Texten zu den Kantaten J. S. Bachs (H 1971) (= Hamburger Beitr. z. Musikwiss. 5).

HENSEL, Walther (eig. Julius Janiczek), * 8. 9. 1887 Mährisch-Trübau, † 5. 9. 1956 München; dt. Musikpädagoge und Volksliedforscher. H. studierte Alt- und Neuphilologie, Gesang und Tonsatz in Wien, Freiburg i. Ü. und in Prag. 1911 promovierte er in Freiburg mit der Dissertation *Der Vokalismus der Mundarten in der Schönhengster Sprachinsel.* 1912–18 war er in Prag Gesanglehrer, Französisch- und Deutschlehrer an der Handelsakademie, zeitweilig auch Assistent am germanistischen Seminar der Universität. Seit 1925 wirkte er in Dortmund als Jugendmusikpfleger, Gründer und

Leiter der Jugendmusikschule am städtischen Konservatorium. Seit 1930 lehrte er an der Stuttgarter Volkshochschule. 1938 kehrte er in seine Heimat zurück und widmete sich besonders der Erforschung des sudetendeutschen Volksliedes. Nach 1945 war er in München am Volkslied-Archiv der städtischen Musikbücherei tätig. Zusammen mit seiner Frau, der Sängerin Olga Pokorny, hatte H. bereits 1923 zur Volkslied- und Chorgesangpflege als Basis einer geistigen und nationalen Erneuerung in Finkenstein die erste Singwoche und den „Finkensteiner Bund" begründet und seither zahlreiche Singwochen in Deutschland und in den Nachbarländern veranstaltet, deren große Breitenwirkung in Jugend, Schule, Kirche und Volk ihn zum „Singmeister des deutschen Volkes" und führenden Vertreter der Chor- und Jugendmusikbewegung werden ließen. 1923–34 gab er die *Finkensteiner Blätter* heraus, mit denen K. Vötterle in Augsburg den Bärenreiter-Verlag eröffnete und zum Verleger H.s wurde.

WW: **1) Lieder- u. Tanzslgen.:** *Dt. Liedlein aus Östr.*, 2 H.e (L 1913, 1917); *Der Prager Spielmann* (Eger 1919); *Das Aufrecht Fähnlein* (1923); *Der singende Quell*, H. 1 (Au 1925), H. 2 u. 3 (Kas 1936); *Volkstänze aus dt. Gauen* (Kas 1925); *Strampedemi* (Kas 1931); *Spinnerin Lobunddank* (Kas 1932, ²1957); *Sonnengesang des hl. Franziskus* (Kas 1935); *Unser Land im Lied* (Mn 1951). – **2) Schriften:** *Lied und Volk. Eine Streitschrift wider das falsche dt. Lied* (Au 1923); *Im Zeichen des Volksliedes* (Reichenberg 1922, Kas ²1936); *Über die gesamte Musikpflege in Schule u. Volk* (Rudolstadt 1924); *Auf den Spuren des Volksliedes* (Kas 1944, ²1964); weitere Beitr., in: Die Singgemeinde (1924ff.) (mit wichtigen Notenbeigaben).

Lit.: Die Finkensteiner Singwoche, hrsg. v. H. KLEIN (Au 1924); H. POLZER, W. H., in: Bärenreiter-Jb. 2 (1926); H. HÖCKNER, Die Musik in der dt. Jugendbewegung (Wb 1927); K. VÖTTERLE, W. H. u. die ev. Kirchenmusik, in: MuK 27 (1957); DERS., Haus unterm Stern (Kas 1969); R. BAUM, Musikal. Aktivität ohne Auftrag, in: Musica 23 (1969); H. J. BUSCH, H., in: Lexikon der Musikpädagogik (1972); H. JANTZEN, H., in: Namen u. Werke II (F 1974).

HENSELT, Georg Martin Adolf von, * 9. 5. 1814 Schwabach (Bayern), † 10. 10. 1889 Warmbrunn (Schlesien); dt. Pianist und Komponist. H. studierte als königlicher Stipendiat seit 1832 Klavier bei J. N. Hummel in Weimar und später Musiktheorie bei S. Sechter in Wien. Seine Konzerttätigkeit machte ihn seit 1836 als Pianist rasch international bekannt. 1838 ließ er sich in St. Petersburg nieder, wo er Hofpianist der Kaiserin, Musiklehrer der Prinzen und Generalmusikinspektor der kaiserlichen Töchtererziehungsheime wurde. Als Pianist hatte H. eine individuelle, besonders auf Legato-Spiel basierende Klaviertechnik entwickelt, die technische Brillanz mit ausdrucksvoller Tongebung verband. Seine Kompositionen, überwiegend Klavierwerke, wurden von Schumann und Liszt geschätzt.

WW: Zahlr. Klv.-Stücke, u. a.: *Poème d'amour*, op. 3; 4 Impromptus, op. 7, 17, 34, 37; *Frühlingslied*, op. 15; *Ballade*, op. 31; weitere Klv.-Werke ohne Opuszahl meist in Hamburg u. Berlin gedruckt; Duo für Klv. u. Horn, op. 14; Klv.-Konzert f-moll, op. 16; Konzertetüden, op. 2 (Nr. 6 *Vöglein Etüde)*, 5 u. 13 (Nr. 2 *La gondola*); ferner zahlr. Klv.-Bearbeitungen.

Lit.: O. STOLLBERG, Schwabacher Charakterköpfe in der Musikgesch. des 20. Jh.s, in: Schwabach, Geschichts- und Kulturbilder (Schwabach 1951); R. DAVIS, H., Balakirev and the Piano, in: MR 28 (1967); R. PUCHELT, Verlorene Klänge. Stud. z. dt. Klv.-Musik 1830–80 (B 1969).

HENZE, Hans Werner, * 1. 7. 1926 Gütersloh; dt. Komponist. H. studierte 1943–44 Klavier und Schlagzeug an der Staatsmusikschule Braunschweig, 1946–48 Komposition bei W. Fortner in Heidelberg und Zwölftonsatz bei R. Leibowitz in Paris. 1948–49 war er musikalischer Leiter und Bühnenkomponist am Deutschen Theater in Konstanz, unter dem Direktor H. Hilpert, arbeitete bis 1952 zusammen mit Fortner bei den Kranichsteiner Ferienkursen für Neue Musik und 1950–53 als Ballettkapellmeister am Hessischen Staatstheater in Wiesbaden. Seither lebt H. in Italien (1953 Ischia, 1957 Neapel, 1961 Rom). Reisen führten ihn zu Einstudierungen seiner Werke als Dirigent und Regisseur vornehmlich in die Bundesrepublik Deutschland und nach England. Seit Mitte der 70er Jahre veranstaltete H. in Montepulciano sommerlich das Cantiere Internazionale d'Arte zur Erprobung neuer szenisch-musikalischer Formen und Inhalte in Zusammenarbeit mit jungen Künstlern aus aller Welt. 1961–67 betreute er eine Kompositionsklasse am Mozarteum in Salzburg. 1980 übernahm er einen Lehrstuhl für Komposition und Ästhetik an der Musikhochschule Rheinland in Köln.

WW: **1) Instr.-WW:** Variationen, op. 13 (1949) u. Sonata (1959) für Klv.; Divertimenti (1964) für 2 Klv.; *6 Absences* (1961) u. *Lucy Escott Variations* (1963) für Cemb. – V.-Sonate (1946); Kammerkonzert für Klv., Fl. u. Str. (1946); Concertino für Klv., Bläser u. Schlagzeug (1947); 5 Streichquartette (1947, 1952, 1976, 1976, 1977); Kammersonate für Klv., V. u. Vc. (1948, revidiert 1963); Serenade für Vc. (1949); Bläserquintett (1952); *Concerto per il Marigny* (1956) für Klv. u. 7 Instr.; *Sonata per archi* (1958); *Drei Dithyramben* (1958) für Kammerorch.; *Sonata per pianoforte* (1959); Adagio für 8 Instr. (1963); *Aria de la folia espagnola* (1977) für Kammerorch. – Für Orch.: *Ode an den Westwind* (1953) für Vc. u. Orch.; *Quattro poemi* (1955); *3 sinfonische Etüden* (1955, neu bearb. 1964); *Antifone* (1960); Fantasie *Los caprichos* (1963); *Telemanniana* (1967); *Freiheitshymne* (1967) für Str.; *Compases*... (1970) für Va. u. 22 Spieler; Allegoria per musica *Heliogabalus Imperator* (1972); *Barcarola* (1980). – 6 Symphonien, 1: (1947, Neufassung 1963), 2: (1949), 3: (1950), 4: 1 Satz (1955), 5: (1962), 6: (1969) für 2 Kammerorch. – 2 V.-Konzerte (1947, 1971), das 2. für St., 33 Instr. u. Tonband; 2 Klv.-Konzerte (1950, 1967); *Doppio concerto* (1966) für Ob., Harfe u. Str.; *Concerto per Contrabasso* (1966); Suite *Apollo trionfante*, UA: Gelsenkirchen 1980. – **2) Vokal-WW:** 5 Madrigale (1947) (nach F. Villon) für gem. Chor u. 11 Instr.; *Chor gefangener Trojer* (1948, revidiert 1964) (nach Goethes Faust II) für Chor u. Orch.; Konzertarie *Der Vorwurf* (1948) (Text: F. Werfel) für Bar., Trp., Pos. u. Streichorch.; Kantate *Whispers from Heavenly Death* (1948) (Text: W. Whitman) für hohe SingSt u. 8 Instr.; *Wiegenlied* *der Mutter Gottes* (1948) (Text: Lope de Vega) für 1st. Knabenchor u. 9 Instr.; *Improvisationen Apollo et Hyazinthus* (1949) (auf Texte v. G. Trakl), für Cemb., Alt-St. u. 8 Instr.; 5 Neapolitanische Lieder für mittlere St. u. Kammerorch. (1956); *Nachtstücke u. Arien nach Gedichten v. I. Bachmann* (1957) für Sopran u. Orch.; Kammerkantate *In lieblicher Bläue* (1958) (nach Hölderlins Hymne) für Tenor, Gitarre u. 8 Instr.; *Aufstand* (1960) (für die Gemeinschaftskomp. *Jüdische Chronik,* zus. mit B. Blacher, P. Dessau, K. A. Hartmann u. R. Wagner-Régeny) für Alt, Bar., Sprecher, Chor u. Kammerorch.; Kantate *Novae de infinito laudes* (1962) (nach G. Bruno) für 4 Soli, Chor u. Instr.; Kantate *Being Beauteous* (1963) (nach A. Rimbaud) für Koloratursopran, Harfe u. 4 Vc.; *Ariosi* (1963) (nach Gedichten v. T. Tasso) für Sopran, V. u. Orch. oder für Sopran, V. u. Klv. zu 4 Händen; *Chorfantasie* auf die *Lieder v. einer Insel* v. I. Bachmann (1964) für Kammerchor, Pos., 2 Vc., Kb., Portativ, Schlagzeug u. Pk.n; *Cantata della fiaba estrema* (1963) für Sopran, Kammerchor u. 13 Instr.; Konzert *Musen Siziliens* (1966) (nach Vergil) für Chor, 2 Klv., Bläser u. Pk.n; „Oratorio volgar et militare in due parti – per Che Guevara" *Das Floß der Medusa* (1968) für Sopran, Bar., Sprechst., Chor, Knabenchor u. Orch.; Rezital *El Cimarrón. Autobiografia de Esteban Montejo* (1969) für Bar., Fl., Gitarre u. Schlagzeug; „Show mit 17" *Il difficile percorso verso la casa di Natascha Ungeheuer* (1969) (nach G. Salvatore), dt. Fassung v. H. M. Enzensberger als: *Der langwierige Weg in die Wohnung der Natascha Ungeheuer;* Imaginäres Theater *El Rey de Harlem* (Text: F. García Lorca) für mittlere St. u. 8 Instr. UA: Witten 1980. – **3) Bühnen-WW:** Opern: *Das Wundertheater* (nach Cervantes), für Schauspieler, UA: Heidelberg 1949, Neufassung für Sänger, UA: Frankfurt 1965; lyrisches Drama *Boulevard Solitude* (nach Prévosts *Manon Lescaut*), UA: Hannover 1952, daraus symphonische Zwischenspiele (1953); *König Hirsch* (Libr.: H. von Cramer), UA: Berlin 1956, revidierte Fassung, UA: Kassel 1963; *Der Prinz von Homburg* (Libr.: I. Bachmann), UA: Hamburg 1960; *Elegy for Young Lovers* (Libr.: W. H. Auden, Ch. Kallman) dt. als: *Elegie für junge Liebende,* UA: Schwetzingen 1961; komische Oper *Der junge Lord* (Libr.: I. Bachmann), UA: Berlin 1965, daraus Zwischenspiele für Orch. (1964); Opera seria *Die Bassariden* (Libr.: H. W. Auden, Ch. Kallman), UA: Salzburg 1966, daraus *Mänadenjagd* für Orch.; Vaudeville *La Cubana oder Ein Leben für die Kunst* (Libr.: H. M. Enzensberger), UA: München 1975; „Actions für Musik" *We Come to the River* (Libr.: E. Bond), UA: London 1976, dt. als: *Wir erreichen den Fluß,* UA: Stuttgart 1977; komische Oper *Don Chisciotte della Mancia* (nach L. u. G. Paisiello), UA: Gelsenkirchen 1979; *Oper für Kinder* (Libr.: G. di Leva), UA: Montepulciano 1980; komische Oper *Die englische Katze* (Libr.: E. Bond), UA: Schwetzingen 1981. – Funkopern: *Ein Landarzt* (nach Kafka), UA: NWDR 1951, Bühnenfassung, UA: Frankfurt 1965, als Monodram für Bar. u. Orch. (1964); *Das Ende einer Welt* (Libr.: W. Hildesheimer), UA: ebd. 1953, Bühnenfassung, UA: Frankfurt 1965. – Ballette: *Ballett-Variationen,* UA: Wuppertal 1958; Ballettpantomime *Der Idiot* (Libr.: T. Gsovsky, I. Bachmann), UA: Berlin 1952; *Labyrinth* (1951); *Jack Pudding,* UA: Wiesbaden 1951, daraus Orch.-Suite (1949); *Maratona di danza,* UA: Berlin 1957, daraus eine Suite für 2 Jazzbands u. Orch. UA: Köln 1956; *Ondine* (Libr.: F. Ashton), UA: London 1958, daraus *Jeux des tritons* für Klv. u. Orch. u. *Hochzeitsmusik* für Blasorch. (1957) sowie *Trois pas des tritons* u. 2 Suiten für Orch. (1958); Pantomime *Des Kaisers Nachtigall,* UA: Venedig 1959; *Tristan,* UA: Stuttgart 1979. – Ferner Bühnen- u. Filmmusik. – **4) Schriften:** *Undine, Tagebuch eines Ballettes* (Mz 1959); *Essays* (Mz 1964); *Musik u. Politik* (Mz 1976); ferner war H. Hrsg. v.: *Zwischen den Kulturen. Neue Aspekte der musikal. Ästhetik* (F 1979).

Unter den deutschen Komponisten seiner Generation erwies sich H. frühzeitig als die vielseitigste, jedenfalls aber fruchtbarste und erfolgreichste kompositorische Begabung. Er verfügt in gleich sicherer Weise über spätromantisch-impressionistische wie über freitonal-serialistische und weitere moderne Stilmittel und Satztechniken. Überwiegend programm-musikalisch inspiriert und wort- oder bewegungsbezogenen Stoffen zugewandt, weisen auch die seit den späten 60er Jahren vermehrt sozialkritisch und politisch engagierten Bühnen- und Vokalwerke seinen charakteristischen Personalstil auf: oszillierende Klangfarbigkeit und Expressivität, unter virtuoser Einbeziehung (neo-)folkloristischer Stilmittel sowie auch Klang- und Rhythmus-Elemente des Jazz bei zunehmender Vereinfachung der Schreibweise, dabei nicht ohne ironische Distanz, aber auch nicht immer frei von Zwängen der Routine.

Lit.: H.-Sonder-H.e: Melos 27 (1960) u. 32 (1965); Musik u. Bildung 10 (1978). – R. STEPHAN, H. W. H., in: die reihe (1958) H. 4; J. HÄUSLER, H. W. H. Versuch eines Portraits, in: NZfM 122 (1961); W. SCHWINGER, Auf der Suche nach neuer Schönheit, in: Musica 20 (Kas 1966); U. DIBELIUS, H. W. H., in: Moderne Musik 1945–65 (Mn 1966, St 1968); K. GEITEL, H. W. H. (B 1968); J. HÄUSLER, Musik im 20. Jh. (Bremen 1969); U. STÜRZBECHER, H. W. H., in: Werkstattgespräche mit Komponisten (Kö 1971); H. PAULI, „Für wen komponieren Sie eigentlich?" (F 1971) (= Reihe Fischer 16); H. H. STUCKENSCHMIDT, H. W. H. u. die Musik unserer Zeit, in: Universitas 27 (1972); H.-K. JUNGHEINRICH, Vier Stunden auf H.s neuem Weg. Ein Interview, in: Melos 39 (1972); W. BURDE, Volkstümlichkeit u. Avantgarde. Überlegungen zum neueren Schaffen v. H. W. H., in: Avantgarde u. Volkstümlichkeit. Fünf Versuche, hrsg. v. R. Stephan (Mz 1975) (= Veröff. des Inst. für Neue Musik u. Musikerziehung Darmstadt 15); DERS., Tradition u. Revolution in H.s musikal. Theater, in: Melos/NZ 2 (1976); CH. M. SCHMIDT, Über die Unwichtigkeit der Konstruktion. Anmerkungen zu H. W. H.s 6. Symphonie, in: ebd.; R. FROESE, H. W. H.s Tentos aus Kammermusik, in: G + L 1 (1979).

H. LINDLAR

HEPTATONIK (von griech. hepta = sieben), in Analogie zu ↗Pentatonik gebildete Bz. für ein 7töniges System. J. Handschin leitete u. a. die H. aus der Quintschichtung f c g d a e h innerhalb des Quintenzirkels ab. Durch das Versetzen dieser Töne in den Rahmen einer Oktave ergibt sich die diatonische Tonleiter c d e f g a h.

Lit.: J. HANDSCHIN, Musikgeschichte im Überblick (Luzern 1948, St [2]1964).

HERBECK, Johann Franz Ritter **von,** * 25.12. 1831 Wien, † 28.10.1877 ebd.; östr. Komponist und Dirigent. H. studierte Komposition bei L. Rotter in Wien. 1856–66 war er Chormeister des Wiener Männergesangvereins, seit 1858 Professor am Konservatorium der Gesellschaft für Musikfreunde und 1859–69 deren Dirigent. 1866 wurde er außerdem 1. Hofkapellmeister, leitete 1870 bis 1875 die Hofoper und anschließend wieder die Konzerte der Gesellschaft der Musikfreunde. H. setzte sich tatkräftig u. a. für die Aufführung der

Werke Fr. Schuberts ein, dessen h-moll-Symphonie er wiederentdeckte. Auch war er einer der ersten, die in seiner Zeit die Bedeutung A. Bruckners erkannten. Von H.s eigenen Vokalkompositionen erfreuten sich vor allem die Männerquartette großer Beliebtheit.

WW: 2 Streichquartette; 4 Symphonien (1853, 1857, 1861, 1877), nur die 4. Symphonie erschien im Druck; zahlr. geistliche Vokalwerke; Lieder; Männerchöre u. gem. Chöre a cap. u. mit Begleitung; Männerquartette, darunter: *Volkslieder aus Kärnten; Im Wald* mit Hornquartett; *Wanderlust; Maienzeit; Landsknecht* u. *Waldszene* mit Orch.; ferner Bühnenmusik; außerdem Bearbeitungen v. Werken Schuberts, Mozarts, Bellinis u. a.

Lit.: L. HERBECK, J. H., ein Lebensbild (W 1885); K. PFANNHAUSER, Aus H.s Leben, Wirken, Umwelt u. Schriftmappe, in: 125 Jahre Wiener Männergesangsverein (W 1968); J. BRAUN, Ritter v. H. u. das Wiener Hofoperntheater (Tutzing 1976) (= Wiener Veröff. z. Musikwiss. 2/2).

HERBERT, Victor, *1.2.1859 Dublin, † 24.5.1924 New York; amerik. Komponist, Dirigent und Cellist irischer Herkunft. H. erhielt seine musikalische Ausbildung in Europa, spielte u.a. 1882 ein Jahr im Orchester von Eduard Strauß (1835–1916) und später als 1. Violoncellist im Stuttgarter Hoforchester. 1886 nach New York ausgewandert, dirigierte er 1901–03 das Pittsburgh Symphony Orchestra und leitete seit 1904 ein nach ihm benanntes Orchester in New York. 1914 gehörte er zu den Gründungsmitgliedern der American Society of Composers, Authors and Publishers (ASCAP). In seinen Operetten, von denen *Naughty Marietta* am erfolgreichsten war, knüpfte H. an die traditionelle Form der europäischen Operette an und verschmolz sie geschickt mit Elementen des amerikanischen Musiktheaters. Charakteristisch für seine Werke, die eine enorme Popularität errungen haben, ist auch die effektvolle Instrumentation. H. gilt als der dominierende Broadway-Komponist zu Beginn des 20. Jahrhunderts.

WW: Zahlr. Instr.- u. Orch.-Kompositionen; Vokalwerke, u.a. Kantate *The Captive* für Soli, Chor u. Orch., UA: New York 1915; Opern *Natoma*, UA: ebd. 1911 u. *Madeleine*, UA: ebd. 1914; zahlr. Operetten, u.a.: *Prince Ananias*, UA: New York 1894; *The Wizard of the Nile*, UA: ebd. 1895; *The Serenade*, UA: Cleveland 1897; *The Fortune Teller*, UA: Toronto 1898; *Cyrano de Bergerac*, UA: Montreal 1899; *Babes in Toyland*, UA: Chicago 1903; *Mademoiselle Modiste*, UA: Trenton 1905; *The Red Mill*, UA: Buffalo 1906; *Little Nemo*, UA: Philadelphia 1908; *Naughty Marietta*, UA: Syracuse 1910; *Sweethearts*, UA: Baltimore 1913; *The Only Girl*, UA: Atlantic City 1914; *Eileen*, UA: Cleveland 1917; *The Velvet Lady*, UA: Philadelphia 1918; *Angel Face*, UA: Chicago 1919; *Orange Blossoms*, UA: Philadelphia 1922; *The Dream Girl*, UA: New Haven 1924.

Lit.: J. KAYE, V. H. America's Greatest Romantic Composer (NY 1931, Nachdr. Freeport/N.Y. 1970); C. L. PURDY, V. H. American Music-Master (NY 1944); E. WATERS, V. H. A Life in Music (NY 1955); S. GREEN, The World of Musical Comedy (NY 1960, [3]1974).

R.-M. SIMON – S. SIMON

HERBST (Autumnus), **Johann Andreas,** * 9. 6. 1588 Nürnberg, † 24. 1. 1666 Frankfurt a. M.; dt. Komponist und Musiktheoretiker. Über H.s Herkunft und musikalische Ausbildung ist nichts bekannt. Seit 1614 als Hofkapellmeister beim Landgrafen Philipp von Butzbach und 1619 beim Landgrafen Ludwig V. in Darmstadt tätig, übernahm er 1623 den Posten eines Director musices und Leiters der Kirchenmusik an der Barfüßerkirche in Frankfurt a. M., wo er bald einen beherrschenden Einfluß auf das Musikleben der Stadt ausübte. Mit dem vergrößerten Orchester und einem neugegründeten, italienisch geschulten Kapellchor brachte er vornehmlich mehrchörige Werke zur Aufführung. 1636 folgte er einem Ruf als Kapellmeister an die Nürnberger Frauenkirche, kehrte aber 1644 wieder in seine Frankfurter Stellung zurück.

WW: Im Druck erschienen: *Theatrum Amoris... nach art der Welschen Madrigalien* für 5–6 St. (Nü 1613); *Meletemata sacra Davidis* für 3 u. 6 St. (Nü 1619, [2]1652); *Suspiria cordis* für 4 St. u. B.c. (F 1646); 29 Choräle, in: L. Erhardt, *Harmonisches Choral- und Figuralgesang-Buch* (F 1659); zahlr. weitere Vokal-WW hsl. erhalten. – Schriften: *Musica practica* (Nü 1642, [3]1658); *Musica poetica* (Nü 1643); *Compendium musices* (F 1652).

Als Komponist anfangs noch stark der Tradition des späten 16. Jh. verpflichtet, zeigt H. in den späteren Werken mit Generalbaß die Rezeption und Verarbeitung moderner Stilmittel, besonders die der italienischen Mehrchörigkeit. Seine knapp formulierten, pädagogisch geschickt konzipierten und in deutscher Sprache geschriebenen musiktheoretischen Schriften fußen im wesentlichen auf italienischen Vorbildern und auf dem *Syntagma musicum* von Michael Praetorius. Diese Elementar- und Kompositionslehren, von denen einige auch die italienische Gesangskunst behandeln, waren im 17. Jh. weit verbreitet.

Ausg.: Einige Choräle, in: C. VON WINTERFELD, Der ev. Kirchengesang II (L 1843–47, Nachdr. Hil 1966); Drei mehrchörige Festkonzerte, hrsg. v. R. GERBER (Kas 1937) (= EDM, LD Rhein-Main 1).

Lit.: H. GOLDSCHMIDT, Die it. Gesangsmethode des 17. Jh.s (Breslau 1890, [2]1892); W. NAGEL, Zur Biogr. des J. A. H., in: SIMG 11 (1909/10); P. EPSTEIN, Das Musikwesen der Stadt Frankfurt am Main zur Zeit J. A. H.s, in: AfMw 6 (1924); A. ALLERUP, Die „Musica practica" des J. A. H. (Kas 1931); H. H. EGGEBRECHT, Zum Wort-Ton-Verhältnis in der „Musica poetica" v. J. A. H., in: Kgr.-Ber. Hamburg 1956 (Kas 1957).

L. HOFFMANN-ERBRECHT

HERDER, Johann Gottfried (von), * 25. 8. 1744 Mohrungen (Ostpreußen), † 18. 12. 1803 Weimar; dt. Dichter und Kulturphilosoph. H. studierte 1762–64 Theologie in Königsberg, wo er die Vorlesungen I. Kants hörte und besonders durch J. G. Hamann beeinflußt wurde. 1764 wurde er durch Hamanns Vermittlung Prediger und Lehrer an der Domschule in Riga, wo er mit dem Kantor und Bachschüler J. G. Müthel zusammenarbeitete.

1769 reiste er nach Paris und Nantes und traf mit Diderot und d'Alembert zusammen. Auf einer Deutschlandreise im folgenden Jahr besuchte er Lessing und Claudius und in Straßburg den jungen Goethe, den er nachhaltig beeinflußte. 1771–76 war er Schaumburg-Lippescher Hofprediger und Hofpoet in Bückeburg, wo ihn eine rege Zusammenarbeit mit dem Bachsohn J. Chr. Fr. Bach verband, der Kantaten-, Oratorien- und Operntexte H.s vertonte. Seit 1776 war er Generalsuperintendent von Weimar. 1780 führte dort der Hofkomponist E. W. Wolf Händels *Messiah* in H.s Textübertragung erstmals wieder auf. 1788–89 unternahm er eine Italienreise. H. war als der führende Kopf des mit seinem *Fragment über die neuere Literatur* (1767) beginnenden „Sturm und Drang" ein weit über seine Zeit hinauswirkender Anreger, der Dichtung, Literatur- und Geschichtswissenschaft wie Musikschaffen und -forschung maßgeblich prägte. Sein bedeutendster Beitrag zur Musik war die Wiederentdeckung des als „lebendige Stimme der Völker, ja der Menschheit" und als unmittelbarer Ausdruck der „Seele des Volks" gewerteten „Volkslieds" (um 1773 von Herder eingeführter Terminus). Seine in der H.-Nachfolge noch stärker idealisierte und ideologisierte, heute umstrittene Volksliedidee löste als eine „wahrhaft fruchtbare Fiktion" (Klusen) nicht allein die von H. geforderte und durch seine Editionen eröffnete umfassende Sammlung und Erforschung der Volkskultur aus, sondern förderte auch maßgeblich die Etablierung der „Folkloristik" – der späteren Musikethnologie –, die auf der Basis von H.s Grunderkenntnis der Geschichtlichkeit und damit des Eigenwerts und der Eigengesetzlichkeit von Kulturerzeugnissen der verschiedenen Epochen und Regionen den Helleno- und Eurozentrismus überwand. Eine Konsequenz der ganz Europa erfassenden „Volksliedbewegung" war u.a. das Aufblühen zahlreicher nationaler Musikkulturen auf der Basis der einheimischen Volksmusik und der starke Einschlag des „Volkstons" in Kompositionen des 19. Jahrhunderts. Ferner begründete H. eine auf Einfühlung und „unmittelbare Empfindung" fundierte Ausdrucksästhetik, die u.a. zur Umwertung verachteter früher Kulturerzeugnisse zu künstlerischen Vorbildern der Zeit und damit zu kulturkritischer Relativierung geltender ästhetischer Normen führte. Bedeutsam waren auch H.s Ideen zur Restauration der Kirchenmusik. Seinem Aufsatz *Cäcilia* (1803) kommt hier eine besondere Bedeutung zu.

Ausg.: GA, hrsg. v. B. SUPHAN, 33 Bde. (B 1877–1913, Nachdr. Hil 1967/68); Auswahl, hrsg. v. W. DOBBEK, 5 Bde. (Wr 1957); Briefe (Auswahl), hrsg. v. DEMS. (Wr 1959); *Stimmen der Völker in Liedern*, hrsg. v. J. VON MÜLLER (Tü 1807 u.ö.); dass., hrsg. v. H. MEYER (St 1893) (Dt. National-Litteratur 74); dass., hrsg. v. H. RÖLLEKE (St 1975).

Lit.: R. HAYM, H. nach seinem Leben u. seinen Werken dargestellt, 2 Bde. (B 1877–1885, Nachdr. 1978); W. NUFER, H.s Ideen zur Verbindung v. Poesie, Musik u. Tanz (B 1929, Nachdr. Nendeln 1967); J. MÜLLER-BLATTAU, Hamann u. H. in ihren Beziehungen zur Musik (Königsberg 1931); K. SCHÜNEMANN, Reichardts Briefwechsel mit H., in: FS M. Schneider (Hl 1935); K. HUBER, J. G. von H.s Begründung der Musikästhetik, I: Die philos. Grundlagen v. H.s Musikästhetik, in: AfMf 1 (1936); F. NOÇON, H.s Entwurf einer Ästhetik (Diss. Bonn 1941); A. KLEINAU, H.s Volkslied-Begriff (Diss. Marburg 1947); J. MÜLLER-BLATTAU, Musikal. Stud. zu H.s Volkslied, in: Niederdt. Jb. für Volkskunde 22 (1947); W. WIORA, H.s Ideen zur Gesch. der Musik, in: Im Geiste H.s..., hrsg. v. E. Keyser (Kitzingen 1953), u. in: Hist. u. systematische Musikwiss. Ausgew. Aufsätze (Tutzing 1972); U. SCHMITZ, Dichtung u. Musik in H.s theoretischen Schriften (Diss. Kö 1960); W. WIORA, H.s u. Heinses Beitr. zum Thema „Was ist Musik", in: Mf 13 (1960); F. VON INGEN, J. G. H.s kirchenmusikal. Anschauungen, in: MuK 33 (1963); A. JOHANSONS, H., Harder u. ein lettisches Bauernmädchen, in: Zschr. für Volkskunde 61 (1965); L. SCHRADE, H.'s Conception of Church Music, in: De scientia musicae studia atque orationes, hrsg. v. E. Lichtenhahn (Be 1967); E. KLUSEN, Volkslied. Fund u. Erfindung (Kö 1969); J. MÜLLER-BLATTAU, Goethe, H. u. das elsässische Volkslied, in: Goethe-Jb. 89 (1972); P. F. MARKS, The Application of the Aesthetics of Music in the Philosophy of the Sturm u. Drang. Gerstenberg, Hamann and H., in: MR 35 (1974); K. AMELN, J. G. H. als Gesangbuch-Herausgeber, in: JbLH 23 (1979).

W. SCHEPPING

HEREDIA (Eredia), **Pietro,** * Vercelli, † 1648 Rom: it. Komponist span. Herkunft. Er war 1595–96 Hofmusiker in Turin, später Kapellmeister an der Kathedrale von Vercelli, 1623–29 Organist an der Peterskirche in Rom und seit 1639 Kapellmeister am Pontificio Seminario Romano (Römischen Priesterseminar) und an der Kirche Il Gesù.

WW: Messe *Super cantu romano* für 4 St. u. B.c. (hsl. 1635), eine weitere Messe in RISM 1646[1] (zus. mit 3 Messen Palestrinas in der Bearb. v. G. F. Anerio u. einer Messe Anerios), ein 5st. Requiem mit B.c. in der erweiterten Neuauflage dieses Druckes (RISM 1662[1]); eine Motette in RISM 1616[1]; ein Madrigal in: G. B. Doni, *Compendium* (1635).

Ausg.: *Missa super cantu romano*, hrsg. v. M. HERMESDORFF (Treviso 1873); Madrigal *Passa la vita*, in: TORCHI Arte Mus. IV; dass., hrsg. v. R. MITJANA, in LAVIGNAC Hist. IV (1920).

Lit.: W. KURTHEN, Die Missa Super cantu romano v. P. E., in: KmJb 31–33 (1936–38).

HERMAN, Jerry (Gerald), * 10. 7. 1932 New York; amerik. Komponist und Textdichter. In der Musik Autodidakt, war H. zunächst für Shows an Universitäten und Nightclubs tätig. 1961 brachte ihm *Milk and Honey* mit eigenen Texten und Songs seinen ersten Broadway-Erfolg. Mit den Musicals *Hello, Dolly!* (UA 1964) und *Mame* (UA 1966), deren Titel-Songs weltberühmt wurden, gelang ein Durchbruch; die weiteren Werke *Dear World* (UA

1969) und *Mack & Mabel* (1974) konnten aber an diese Erfolge nicht anknüpfen.

Lit.: S. GREEN, The World of Musical Comedy (NY 1960, [3]1974).

HERMAN, Woody (Woodrow Charles), * 16. 5. 1913 Milwaukee (Wisconsin); amerik. Jazzmusiker (Klarinette, Altsaxophon) und Bandleader. H. formierte Ende der 30er Jahre ein als „The Band that plays the Blues" bekannt gewordenes Ensemble, das er 1943/44 unter der Bezeichnung „First herd" zur Big Band erweiterte. Erfolgshit dieser Band, deren Swingstil jetzt eine deutliche Tendenz zum Bebop hatte, war *Caledonia*, ein Stück, das I. Strawinsky zu seinem von H. 1946 uraufgeführten *Ebony Concerto* inspirierte. 1947 stellte H. die „Second herd" zusammen, die bis 1949 bestand. Sie zeichnete sich besonders durch den Saxophonsound der sogenannten „Four Brothers" Stan Getz, Zoot Sims, Herb Stewart (später Al Cohn) und Serge Chaloff aus und übernahm stilistisch Elemente des Cool-Jazz. Nach der Ende 1949 gegründeten und 1955 wieder aufgelösten „Third herd" stellte er 1956 erneut eine Band zusammen, die sich aber erst 1963 zur „Fourth herd" formierte. Diese vor allem durch die Arrangements von Nat Pierce geprägte Band verarbeitete Elemente des Hard Bop. Auch die von H. in den 70er Jahren geleiteten Big Bands gehörten zu den führenden Gruppierungen des konventionellen modernen Jazz.

Lit.: W. H., 2 Bde., hrsg. v. E. EDWARDS (Brande 1959–61); W. H., 2 Bde., hrsg. v. E. EDWARDS – G. HALL – B. KARST (Whittier/Calif. 1965); W. H., hrsg. v. E. EDWARDS, I: 1932–42 (ebd. 1969); J. E. BERENDT, Das Jazzbuch. Von Rag bis Rock (F 1973).

HERMANN (Herman, Heriman) **DER LAHME,** auch Hermannus Contractus oder Hermann von Reichenau genannt, OSB, * 18. 7. 1013 vielleicht Saulgau (Schwaben), † 24. 9. 1054 Kloster Reichenau; dt. Musiktheoretiker. H., Graf von Vehringen und Sohn des Grafen Wolferadus II. von Altshausen, seit der Kindheit gelähmt, kam 1020 als Klosterschüler nach Reichenau und trat 1043 in den Benediktinerorden ein. Unter Leitung des Abtes Berno erhielt er eine umfassende wissenschaftliche und musikalische Ausbildung und entwickelte sich zu einem der bedeutendsten Gelehrten seiner Zeit. Neben dem *Chronicon* und Schriften über Mathematik und Astronomie verfaßte H. auch einen Musiktraktat *Opuscula musica.* Er enthält die Lehre von den Intervallen, Tetrachorden, Tonbuchstaben und Kirchentonarten sowie eine unter der Bezeichnung „hermannische Buchstabennotation" bekannt gewordene Notationsweise, die zusätzlich zu den adiastematischen Neumen relative Tonhöhen anzeigende Intervallbuchstaben benutzt. Steigende oder fallende Intervalle werden durch einen hinzugesetzten Punkt bzw. durch das Fehlen desselben angezeigt. Diese Notationsweise, eine direkte Vorstufe der Liniennotation Guido von Arezzos, wird u. a. auch von Johannes Affligemensis *(Musica)*, Frutolfus von Michelsberg *(Breviarium)* und Jacobus Leodiensis *(Speculum musicae)* beschrieben. Am Schluß von H.s Traktat finden sich einige Gedichte als Merkverse zum Erlernen der musikalischen Intervalle, wie sie im ganzen Mittelalter verbreitet waren. Von H. stammen vermutlich auch Text und Melodie mehrerer Sequenzen, Hymnen sowie der ↗Marianischen Antiphonen *Alma redemptoris* und *Salve regina,* die Höhepunkte der mittelalterlichen Einstimmigkeit darstellen.

Ausg.: *Opuscula musica,* in: GERBERT Scr. II; dass., in: L. ELLINWOOD, Musica Hermanni contracti (Rochester 1936) (mit engl. Übers.).

Lit.: J. HANDSCHIN, H. C. Legenden, nur Legenden?, in: Zschr. für dt. Altertum u. dt. Lit. 72 (1935); H. OESCH, Berno u. H. von Reichenau als Musiktheoretiker (Be 1961); R. L. CROCKER, H.'s Major Sixth, in: JAMS 25 (1972).

HERMELINK, Siegfried, * 10. 5. 1914 Gniebel bei Tübingen, † 9. 8. 1975 Fréconrupt (Elsaß); dt. Musikforscher. H. studierte an der Musikhochschule in Stuttgart, seit 1938 Musikwissenschaft in Tübingen und seit 1940 bei H. Besseler in Heidelberg, wo er 1945 promovierte. 1946–51 war er Lehrer für Orgelspiel und Musikgeschichte am Kirchenmusikalischen Institut und seit 1952 Universitätsmusikdirektor in Heidelberg. 1959 habilitierte er sich für Musikwissenschaft und wurde 1965 Professor.

Schriften: *Zur Gesch. der Kadenz im 16. Jh.,* in: Kgr.-Ber. Köln 1958 (Kas 1963); *Rhythmische Struktur in der Musik v. H. Schütz* in: AfMw 16 (1959); *Dispositiones modorum. Die Tonarten in der Musik Palestrinas u. seiner Zeitgenossen* (Tutzing 1960) (= Münchner Veröff. z. Musikgesch. 4); *Die Tabula compositoria,* in: FS H. Besseler (L 1961); *Bemerkungen zum ersten Praeludium aus Bachs Wohltemperiertem Klavier,* in: FS J. Müller-Blattau (Kas 1966) (= Saarbrücker Stud. z. Musikwiss. 1); *Bemerkungen zu Bachs Rezitativ,* in: MuK 39 (1969); *Eine Kirchenliedweise als Credomelodie,* in: Mf 23 (1970); *ein Heidelberger Choralbuch vom Jahre 1766,* in: JbLH 15 (1970); *Bemerkungen zur Schütz-Edition,* in: Musikal. Edition im Wandel des hist. Bewußtseins, hrsg. v. Th. G. Georgiades (Kas 1971) (= Musikwiss. Arbeiten 23). – H. edierte ferner für die Lasso-GA (neue Reihe) die Messen 1–55 (Kas 1962–70) (= GA 3–10).

HERMENEUTIK (von griech. hermēneuein = deuten), die Kunst des Auslegens von Texten, also auch von Kunstwerken. Die Tradition der H. geht bis auf die Homerinterpretation der Antike zurück, blieb jedoch bis ins 18. Jh. eine Lehre von den „dunklen Stellen". Erst Fr. Schleiermacher erhob die H. von einer Methode kasuistischen Deutens zu einer universalen Lehre von den Bedingungen und Möglichkeiten des Verstehens. Im Anschluß an Schleiermachers H. versuchte W. Dilthey eine methodische Grundlegung der Geisteswissenschaften. Der „erklärenden“ Psychologie von naturwissenschaftlicher methodischer Ausrichtung stellte er eine „beschreibende und verstehende“ Psychologie gegenüber, die allein die jeweilige historische Situation durch Nacherleben einholen könne. Diltheys H. war für die Geisteswissenschaften folgenreich. In der Musikwissenschaft unternahm H. Kretzschmar mit seiner *musikalischen H.* den Versuch, den „geistigen Inhalt“ von Instrumentalmusik – dem die Form nur als Hülle beigegeben sei – durch Erläuterung des Affektgehalts von Intervallen, Motiven und Themen zu umschreiben. Die eingeschränkte historische Gültigkeit der Affektenlehre des 17. und 18. Jh., auf die er sich berief, blieb ebenso unreflektiert wie die eigene ästhetische Position, die der Inhaltsästhetik des 19. Jh. verpflichtet war. Das Auseinanderdriften von philologisch-historischer Methode und H. nach Dilthey dokumentiert sich in der Musikwissenschaft am eindrücklichsten in den Arbeiten des Kretzschmar-Schülers A. Schering: seine hermeneutischen Studien zur Musik Bachs und Beethovens stehen unverbunden neben seinen Beiträgen zur Gattungsgeschichte. Während Schering die Untersuchungen zum Symbolgehalt der Bachschen Musik durch die Lehre von den musikalisch-rhetorischen ↗Figuren historisch fundieren konnte, berief er sich bei seinen Interpretationen Beethovenscher Instrumentalmusik auf die Einfühlung – eine Einengung von Schleiermachers Kongenialitätsbegriff – als Instanz. Kraft dieser Einfühlung, die allerdings im Unterschied zu Kretzschmar eine formale Analyse der Komposition einschließt, vermag der Hermeneut den geistigen Inhalt des musikalischen Kunstwerkes nicht nur zu umschreiben, sondern in einem „esoterischen Programm“ – einer vom Komponisten verschwiegenen literarischen Vorlage – zu objektivieren. Scherings Versuch der Objektivierung seiner Interpretationen scheiterte letztlich – trotz seines vertieften methodischen Bewußtseins – daran, eine Methode anzugeben, wie jene literarische Vorlage zu finden sei. Heidegger hat zur Sprache gebracht, daß Verstehen letztlich durch keinerlei Methode zu begründen („unvorgreiflich“) sei. Die Uneinholbarkeit des Vorverständnisses haben die Literatur- und in ihrem Gefolge die Musikwissenschaft in der „werkimmanenten Interpretation“ kultiviert, in der auf eine Stützung der Begegnung zwischen interpretierendem Subjekt und Werk durch Theorie weitgehend verzichtet wird, aber auch die Zirkelstruktur des Verstehens auf sich beruhen bleibt. Erst die Rückbesinnung auf die Traditionsgebundenheit des Verstehens (Gadamer) hat dessen Geschichtlichkeit methodisch fruchtbar gemacht. Das Verständnis eines Werkes ist nicht mehr auf den vom Autor „gemeinten“ Sinn eingeschränkt. Erst die Wirkungsgeschichte eines Werkes eröffnet Einsichten in die Verstehensmöglichkeiten, die es bietet. Da die Wirkungsgeschichte – auch musikalischer Werke – hauptsächlich durch Sprache tradiert ist, gewinnt das Sprechen über Musik zunehmend Gewicht. Jegliche Interpretation und Analyse, auch die scheinbar unverfängliche Beschreibung musikalischer Sachverhalte, hat sich der hermeneutischen Frage nach dem Vorverständnis, von dem sie getragen werden, zu stellen.

Lit.: H. KRETZSCHMAR, Anregungen zur Förderung musikal. H., in: Jb. Peters 9 (1902); DERS., Neue Anregungen zur Förderung musikal. H., in: ebd. 12 (1905); A. SCHERING, Zur Grundlegung der musikal. H., in: Zschr. für Ästhetik u. allgemeinen Kunstwiss. 9 (1914); DERS., Das Symbol in der Musik, hrsg. v. W. GURLITT (L 1941); H. ZENCK, Numerus u. Affectus, hrsg. v. W. Gerstenberg (Kas 1959) (= Musikwiss. Arbeiten 16); H.-G. GADAMER, Wahrheit und Methode (Tü 1960, ³1972); C. DAHLHAUS, Analyse und Werturteil (Mz 1970); K. H. EHRENFORTH, Verstehen und Auslegen. Die hermeneutischen Grundlagen einer Lehre von der didaktischen Interpretation (F 1971); Musik und Verstehen, hrsg. v. P. FALTIN – H.-P. REINECKE (Kö 1973); A. SCHERING, Vom Wesen der Musik, hrsg. v. K. M. Komma (St 1974); P. SZONDI, Einführung in die literarische H. (F 1975); Beitr. zur musikal. H., hrsg. v. C. DAHLHAUS (Rb 1975) (= Stud. z. Musikgesch. des 19. Jh. 43); H. H. EGGEBRECHT, Musikal. Denken (Wilhelmshaven 1977) (= Taschenbücher z. Musikwiss. 46); R. STEIGER, Methode u. Ziel einer musikal. H. im Werke Bachs, in: MuK 47 (1977).

H. WEBER

HEROLD, Johannes, * um 1550 Jena, † Weimar, beerdigt 8. 9. 1603; dt. Komponist. H. war seit etwa 1593 Kantor in Klagenfurt. Wegen der Gegenreformation ging er 1607 nach Altenburg, wo er noch im selben Jahr Hofkapellmeister wurde. 1602 siedelte er mit der Kapelle nach Weimar über. Von seinen Werken ist lediglich eine motettische Passion erhalten (Gr 1594, ohne Discantus-Stimme), die Einflüsse der venezianischen Schule erkennen läßt.

Ausg.: *Historia des Leidens u. Sterbens unsers Herrn u. Heilands* (Matthäuspassion), hrsg. u. ergänzt v. H. J. MOSER (Gr 1955) (= Musik alter Meister 4).

Lit.: H. J. MOSER, Die Klagenfurter dt. Passion des J. H., in: MuK 11 (1939); DERS., Die Musik im frühevangelischen Östr. (Kas 1954); H. FEDERHOFER, H., in: MGG VI.

HÉROLD, Louis Joseph Ferdinand, * 28. 1. 1791 Paris, † 19. 1. 1833 ebd.; frz. Komponist. H. wurde zuerst von seinem Vater, **Franz Joseph H.** (1755–1802), unterrichtet, einem Schüler Ph. E. Bachs. Später war er Schüler von Fr. J. Fétis und am Pariser Conservatoire, u. a. bei L. Adam, Ch. S. Catel, R. Kreutzer und seit 1811 bei É. N. Méhul. 1812 erhielt er den Prix de Rome. 1813 ging er nach Neapel, wo er mit G. Paisiello, S. Mayr und N. Zingarelli bekannt wurde und die Töchter König

Murats unterrichtete. 1815 führte er vor dem königlichen Hof mit großem Erfolg die Oper *La gioventù di Enrico Quinto* auf, mußte aber aus politischen Gründen Italien noch im selben Jahr verlassen, hielt sich zunächst 3 Monate in Wien auf und wandte sich wieder nach Paris. Dort wurde er noch im selben Jahr Akkompagnist am Théâtre-Italien, 1824 Chordirektor und 1826 Gesangmeister an der Opéra. Von seinen an G. Rossini und Boieldieu anknüpfenden Bühnenwerken konnten sich in Frankreich nur *Marie* und besonders sein letztes Werk, *Le Pré-aux-Clercs,* durchsetzen. In Deutschland wurde sein Name vor allem durch die Oper *Zampa* sowie durch das Ballett *Lydie, la fille mal gardée* bekannt. Die Ouvertüre zu *Zampa* war bis weit ins 20. Jh. hinein ein beliebtes Werk der bürgerlichen Hausmusik für Klavier zu 4 Händen.

WW: Kammermusik; Orch.- u. Vokalwerke; zahlr. Opéras-comiques, u. a. (UA in Paris): *Charles de France ou Amour et gloire* (zus. mit F. A. Boieldieu), UA: 1816; *Les Rosières,* UA: 1817; *La clochette ou Le diable page,* UA: 1817; *Les troqueurs,* UA: 1819, dt. als: *Der Tausch,* UA: Wien 1820; *Le muletier* (nach La Fontaine), UA: 1823; *Almédon ou Le monde renversé,* später als: *Marie,* UA: 1826; *Zampa ou La fiancée de marbre,* UA: 1831; *Le Pré-aux-Clercs* (nach Mérimée), UA: 1832; *Ludovic,* vollendet v. F. Halévy, UA: 1833; Ballette: *Astolphe et Joconde ou Les coureurs d'aventures,* UA: 1827; *La somnambule ou L'arrivée d'un nouveau seigneur,* UA: 1827; *Lydie, la fille mal gardée,* UA: 1828; *La belle au bois dormant,* UA: 1828.

Lit.: A. POUGIN, H. (1906); M. BRIQUET, H., in: MGG VI.

HERPOL (Herbipolis, Herbol, Herpolitanus, Herpoll), **Homer,** * um 1520 Saint-Omer (Pas-de-Calais), † 1573 oder 1574 Konstanz; franko-flämischer Komponist. H. war 1554–55 Kantor an der St.-Nikolaus-Kirche in Freiburg i. Ü. 1555 wurde er Schüler Glareans in Freiburg i. Br., nahm aber 1557 seine frühere Kantorenstelle wieder auf. 1567 wurde er wegen seines schlechten Lebenswandels entlassen. Zuletzt erscheint sein Name 1575 in einem Chorbuch des Klosters Reichenau. H.s *Novum et insigne opus musicum* ist der erste bekannte vollständige Jahrgang lateinischer Evangelien-Motetten. Die 54 Gesänge, die planmäßig die 12 Modi Glareans verwenden, sind charakteristisch für den imitatorischen Stil der Niederländer in der Art A. Willaerts und Clemens' non Papa.

WW: *Novum et insigne opus musicum* für 5 St. (Nü 1565), die Nrn. 11, 23 u. 52 auch in: J. Rühling, *Tabulaturbuch auff Orgeln u. Instrument* (L 1583); *Officium in die Sancto Penthecostes* (1575) (hsl. in Augsburg, Stadtbibl.); 7 Magnificat, je ein *Salve regina* u. *Regina coeli* sowie 6 Responsorien (Karlsruhe, Landesbibl.).

Lit.: A. GEERING, H. H. u. M. Barberini Lupus, in: FS K. Nef (Z – L 1933); W. BRENNECKE, H. H., in: MGG VI; M. SCHULER, Zur Biogr. v. H. H., in: Mf 18 (1965).

HERRMANN, Bernard, * 29. 6. 1911 New York, † 24. 12. 1975 Los Angeles; amerik. Komponist. H. studierte u. a. bei A. Stoessel an der Juilliard Graduate School of Music in New York, wo er das New Chamber Orchestra gründete. 1933 wurde er beim Columbia Broadcasting System (CBS) Komponist und Arrangeur, 1934 Dirigent der American School of the Air und leitete 1940–55 das CBS Symphony Orchestra.

WW: Streichquartett (1966); für Orch.: Symphonie (1940); 2 Suiten *Currier and Ives* (1935) u. *For the Fallen* (1943); V.-Konzert (1937). – Oper *Wuthering Heights,* UA: London 1965. – Zahlr. Filmmusiken, u. a. zu: *Citizen Kane* (1940); *Vertigo* (1958); *North by Northwest* (1959); *Psycho* (1960); *Marnie* (1964) und *Fahrenheit 451* (1966).

HERRMANN, Hugo, * 19. 4. 1896 Ravensburg (Württemberg), † 7. 9. 1967 Stuttgart; dt. Komponist und Musikpädagoge. H. war zunächst Volksschullehrer, studierte dann am Stuttgarter Konservatorium und an der Berliner Musikhochschule bei W. Gmeindl und Fr. Schreker. 1919–23 war er Musiklehrer, Organist und Chorleiter in Balingen und Ludwigsburg, ging anschließend als Organist nach Detroit (Michigan), war 1925–29 Chorleiter in Reutlingen und bis 1932 Volontär am Staatstheater Wiesbaden, für das er auch Auftragswerke schrieb. 1935–62 leitete er, seit 1949 als Professor, die Städtische Musikschule Trossingen. H. wirkte maßgeblich u. a. an den Donaueschinger Musiktagen 1934–37 und nach dem 2. Weltkrieg sowie an den 1945 begründeten Trossinger Musiktagen mit. 1953 gehörte er zu den Gründern des Deutschen Akkordeonlehrer-Verbandes. H. schrieb vor allem Chorwerke und instrumentale Volksmusik, deren Pflege für das Laienmusizieren er förderte, ferner auch eine größere Anzahl Akkordeonkompositionen sowie Schulwerke für Laienchor und Akkordeon.

WW: **1) Instr.-WW:** Klv.- u. Akkordeonstücke; 5 Streichquartette. – Für Orch.: 5 Symphonien (1928, 1929, 1950, 1951, 1955); *Symphonische Metamorphosen* (1953); 2 Orgelkonzerte (1928); V.-Konzert (1930); Cemb.-Konzert (1931); Gambenkonzert (1931); 2 Akkordeonkonzerte (1941, 1949); Doppelkonzert für Harfe u. Akkordeon (1951); *Sinfonia alla comedietta* (1958) für Akkordeonorch. u. Schlagzeug; *Feierlicher Prolog* (1960); *Seraphische Musik* (1961); *Laudes* (1965), symphonische Varianten über ein gregor. Benedictus. – **2) Vokal-WW:** Lieder; *Apokalypse 1945* für 2 Solost. u. Str.; Oratorium *Jesus u. seine Jünger* (1931) sowie mehrere Messen; zahlr. Chorwerke, u. a.: *Minnespiel* (1922); *Chorpastorale* (1928); Chorfestspiel *Des Friedens Geburt* (1947); *Grußworte* (1954); *Cantata primavera* (1956). – **3) Bühnen-WW:** Kammeroper *Gazellenhorn,* UA: Stuttgart 1929; Opern: *Vasantasena,* UA: Wiesbaden 1930; *Das Wunder,* UA: Stuttgart 1937; *Paracelsus,* UA: Bremen 1943.

Lit.: A. BERCHTOLD: H. H., in: MS 87 (1967).

HERR PUNTILA UND SEIN KNECHT MATTI, Oper von P. Dessau; ↗Puntila.

HERSCHEL, Friedrich Wilhelm (Sir William), * 15. 11. 1738 Hannover, † 25. 8. 1822 Slough bei Windsor; dt. Astronom und Komponist. H. trat

1753 als Oboist und Violinist in die Regimentskapelle in Hannover ein, mit der er bei Ausbruch des Siebenjährigen Krieges nach England ging. Um 1757 schied er aus der Armee aus und ließ sich 1760 in England nieder. Dort verdiente er seinen Lebensunterhalt vorwiegend als Musiklehrer, schrieb zahlreiche Kompositionen und widmete sich mathematisch-naturwissenschaftlichen Studien. 1766 wurde er Organist an der Octagon Chapel in Bath, wandte sich aber zunehmend der Astronomie zu. Zu seinen bedeutenden Leistungen auf diesem Gebiet gehören u.a. die Entdeckung des Planeten Uranus (1781) sowie die Konstruktion eines nach ihm benannten Teleskopes (1789).

WW: Im Druck erschienen: 6 Cemb.-Sonaten mit obligater V. u. Vc. (Bath 1765); hsl. erhalten sind Org.-, V.- u. Harfensonaten; 24 Symphonien u. Konzerte für versch. Instrumente.

Lit.: C. A. LUBBOCK, The H. Chronicle (C 1933); The Musician Astronomer, in: ZIMG 9 (1907/08); G. BUTTMANN, W. H. Leben u. Werk (St 1961); V. DUCKLES, W. F. H.'s Concertos for Oboe, Viola and Violon, in: FS O. E. Deutsch (Kas 1963).

HERTEL. – 1) Johann Christian, * 25. 6. 1697 Öttingen, † Oktober 1754 Strelitz; dt. Komponist und Violinist. Er trat 1718 in die Hofkapelle in Eisenach ein und war seit 1733 deren Konzertmeister. Nach Auflösung der Kapelle 1741 war er 1742–53 Konzertmeister am Hof von Strelitz.

WW: 6 V.-Sonaten (A 1727); hsl. sind erhalten: 3 Trios; 5 Symphonien; 5 Ouvertüren; 9 V.-Konzerte.

2) Johann Wilhelm, Sohn von 1), * 9. 10. 1727 Eisenach, † 14. 6. 1789 Schwerin; Violinist, Cembalist und Komponist. H. war seit 1744 Violinist und Cembalist am Hof von Strelitz, der nach dem Tod des Herzogs nach Schwerin übersiedelte. Dort wurde H. 1754 Hofkomponist. Seine Kompositionen stehen stilistisch in der Nähe der Berliner Schule. 1757–58 gab er in Leipzig eine *Sammlung musikalischer Schriften*, vor allem italienischer und französischer Autoren, in 2 Teilen heraus. 2 weitere Teile sowie Autographe eigener Schriften befinden sich hsl. in der Bibliothek des Brüsseler Conservatoire.

WW: **1) Instr.-WW:** 6 Cemb.-Sonaten, op. 1 (Nü 1756); Symphonien für Orch. (H o. J.); weitere WW hsl., darunter Konzerte für versch. Instr. – **2) Vokal-WW:** Psalmen; Choräle; Kantaten; Oratorien, u.a. *Die Geburt Christi* (1774); *Jesus in Banden* (1782); *Jesus vor Gericht* (1782) (vorwiegend hsl. in Schwerin u. Brüssel); ferner *J. F. Löwens Oden u. Lieder*, 2 Teile (L 1757, 1760).

Ausg.: **Zu 2):** Cemb.-Sonate d-moll, hrsg. v. H. ERDMANN (Kas 1950); Symphonie G-Dur um 1765, hrsg. v. M. SCHNEIDER (L 1956); Konzert a-moll für Fag., Str. u. B.c., hrsg. v. W. H. SALLAGAR (Wilhelmshaven 1965); Partita III für Ob. (oder Fl.) u. Org. (oder Cemb.), hrsg. v. H. M. KNEIHS (Z 1970).

Lit.: **Zu 1):** Biogr. v. J. W. H., in: F. W. MARPURG, Historisch kritische Beyträge zur Aufnahme der Musik III (B 1757, Nachdr. Hil 1971); J. A. HILLER, Lebensbeschreibung berühmter Musikgelehrten u. Tonkünstler (L 1784). – **Zu 2):** Autobiogr., hrsg. v. E. SCHENK (Gr – Kö 1957) (= Wiener musikwiss. Beitr. 3); M. R. HERTEL, The Keyboard Concertos of J. W. H. (Washington/D.C. 1964) (= Diss. Catholic Univ. of America); E. SCHENK, J. W. H. und das Haus Breitkopf, in: FS H. Engel (Kas 1964).

HERTZ (Abk. Hz), nach dem deutschen Physiker Heinrich Hertz (1857–94) benannte Maßeinheit für die ↗Frequenz: 1 Hertz = 1 Schwingung pro Sekunde. Bei dem auf 440 Hz festgelegten Kammerton a^1 z. B. schwingt eine Saite 440mal pro Sekunde hin und her. Im angloamerikanischen Sprachraum ist anstelle von Hz die Frequenzeinheit ↗cps gebräuchlich.

HERVÉ (eig. Florimond Ronger), * 30. 6. 1825 Houdain bei Arras, † 3. 11. 1892 Paris; frz. Komponist. Nach dem Tod seines Vaters (1835) kam H. nach Paris, wo er bei A. Elwart und D. Fr. E. Auber studierte und Organist wurde, zunächst an der Heilanstalt von Bicêtre, 1845–53 an St-Eustache. 1848 hatte er an dem von A. Adam gegründeten Théâtre National seinen ersten großen Erfolg mit *Don Quichotte et Sancho Pança,* die als die erste französische Operette gilt. H. sang darin selbst die Partie des Don Quichotte. 1849 wurde er Kapellmeister am Théâtre de l'Odéon, 1851 am Théâtre-du-Palais-Royal in Paris. 1854 eröffnete er ein eigenes Theater, die Folies-Concertantes (die späteren Folies-Nouvelles), und wurde damit J. Offenbachs Rivale. Seit 1886 lebte er in London als musikalischer Leiter der Empire Music Hall.

WW: Etwa 80 Operetten, u.a. (UA in Paris): *Don Quichotte et Sancho Pança,* UA: 1848; *La perle d'Alsace,* UA: 1854; *L'oeil crevé,* UA: 1867; *Chilpéric,* UA: 1868; *Le petit Faust,* UA: 1869; *Mam'zell Nitouche,* UA: 1883; *La cosaque,* UA: 1884; *Les bagatelles,* UA: 1890; ferner Ballette, darunter: *La rose d'amour,* UA: 1888; *Diana,* UA: 1888 u. *Cléopatra,* UA: 1889.

Mit seinen komisch-parodistischen Stücken wurde H. neben Offenbach der Schöpfer der französischen Operette. Er komponierte mehr als 120 Operetten, Pantomimen, Ballette usw., für die er oft auch das Libretto verfaßte und in denen er häufig selbst die Hauptrolle sang oder das Orchester dirigierte. Diese Stücke enthalten eingängige Melodien und mitreißende Walzer. In *La perle d'Alsace* (1854) erscheint erstmals ein Cancan in der Kunstmusik.

Lit.: L. H. LECOMTE, Histoire des théâtres de Paris, les Folies-Nouvelles (P 1909); L. SCHNEIDER, Les maîtres de l'opérette française, H., Ch. Lecocq (P 1924).

HERZ, Henri (Heinrich), * 6. 1. 1806 (1803?) Wien, † 5. 1. 1888 Paris; dt. Pianist und Komponist. Er studierte seit 1816 am Pariser Conservatoire Klavier (bei L. B. Pradher) und Komposition (bei A. Reicha) und erwarb sich rasch den Ruf eines der hervorragendsten französischen Pianisten vor Fr. Liszt. Zahlreiche Konzertreisen führten ihn in die meisten europäischen Länder und nach Nord- und Südamerika (1845–51). 1842–74 lehrte er am Pariser Conservatoire und bildete eine große Zahl seinerzeit berühmter Pianisten aus (u.a. Marie Jaell). Zeitweise betrieb er in Paris auch eine Klavierfabrik. Als Komponist schrieb H. ausschließlich Werke für und mit Klavier. Sie hatten dank ihrer pianistisch brillanten, modischen Schreibweise in ihrer Zeit einen enormen Erfolg, wurden aber wegen ihrer mangelnden Originalität und ihrer unechten Sentimentalität von bedeutenden Komponisten wie F. Mendelssohn Bartholdy, R. Schumann und F. Liszt scharf kritisiert. – H.' Bruder **Jacques Simon** (1794–1880), der ihm seit 1857 in Paris assistierte, machte sich ebenfalls als Pianist und Komponist von Salonmusik einen Namen.

WW: Für Klv.: Variationen u. Phantasien, auch über bekannte Opern, teilweise mit Orch. (über 110 Opuszahlen); Divertissements u. Caprices; Rondos; Tänze; Märsche; Nocturnes; weitere Salonmusik; ein Klv.-Trio; 8 Klv.-Konzerte. – Studienwerke: u.a. mehrere Slgen. Etüden u. Préludes; 2 Klv.-Schulen.

Ausg.: Klv.-Variationen op. 60 über *Non più mesta* aus Rossinis *La cenerentola*, hrsg. v. D. GARVELMANN (NY 1970).

HERZ, Joachim, * 15. 6. 1924 Dresden; dt. Opernregisseur. Er studierte an der Musikhochschule und der Opernschule in Dresden sowie an der Humboldt-Universität in Berlin und wurde 1951 Spielleiter an der Landesoper Dresden-Radebeul, 1953 an der Komischen Oper Berlin (als Assistent von W. Felsenstein). Über Köln kam er 1957 als Oberspielleiter nach Leipzig, wo er 1955–76 Operndirektor war. 1976–80 war er als Nachfolger von W. Felsenstein Intendant der Komischen Oper Berlin. Neben seiner Bühnentätigkeit, die weite Beachtung fand, beschäftigte sich H. auch publizistisch intensiv mit opernästhetischen Problemen.

WW: **1) Inszenierungen:** B. Britten, *Albert Herring*, Berlin 1959; S. Prokofieff, *Krieg und Frieden*, Leipzig 1961; R. Wagner, *Der fliegende Holländer*, Berlin 1962; D. Schostakowitsch, *Katerina Ismailowa*, Leipzig 1965; H. W. Henze, *Der junge Lord*, Berlin 1968; R. Strauss, *Salome*, London 1976; K. Weill – B. Brecht, *Aufstieg und Fall der Stadt Mahagonny*, Berlin 1977; G. Puccini, *Madame Butterfly*, ebd. 1978; A. Berg, *Lulu*, ebd. 1980.– **2) Schriften:** *Sinn und Unsinn in Operntexten*, in: Theater der Zeit 6 (1959); *Zeitgenössische Operninterpretation*, in: Jb. der Komischen Oper Berlin 6 (1965/66); *Die neue Dimension der musizierenden Bühne. Zur Opernästhetik*, in: Das Orchester 16 (1968); *Musiktheater. Beiträge zur Methodik und zu Inszenierungskonzeptionen*, hrsg. v. S. Stompor (L 1970, ²1976) (= Reclams Universal-Bibl. 458) (zus. mit W. Felsenstein u. G. Friedrich, mit Statistik v. H. Inszenierungen u. Bibliogr.).

Lit.: W. RÖSLER, Werkstattgespräche mit J. H.; in: Theater der Zeit 25 (1970); H.-J. IRMER, Gespräch mit J. H., in: Sinn u. Form 26 (1974).

HERZFELD, Friedrich, * 17. 6. 1897 Dresden, † 19. 9. 1967 Garmisch-Partenkirchen; dt. Musikschriftsteller. Nach Studien an der Akademie der Tonkunst und der Universität in München war er Korrepetitor und Opernkapellmeister in Dresden, Altenburg, Aachen und Freiburg im Breisgau. 1931 übersiedelte er nach Berlin, wo er während des 2. Weltkrieges Chefredakteur der *Allgemeinen Musikzeitung* und Pressechef des Berliner Philharmonischen Orchesters war. Am erfolgreichsten blieb er mit seinen populären Büchern über Dirigenten, Sänger und über die Oper sowie als Herausgeber eines Musiklexikons.

Schriften: *W. Furtwängler* (L 1941, ²1950); *Magie des Taktstocks* (B 1953, neu bearb. 1959, Da – Z 1964); *Musica nova* (B 1954); *H. von Karajan* (B 1959) (= Rembrandt-Reihe 17); *Das neue Bayreuth* (B 1960) (= ebd. 23); *I. Strawinsky* (B 1961) (= ebd. 35); *Schallplattenführer für Opernfreunde* (B 1962); aus seinem Nachlaß erschien *Magie der Oper* (F 1970). – H. war Hrsg. von *Lexikon der Musik* (B 1957), 3. Aufl. als: *Ullstein Musiklexikon* (B 1965, ⁸1976).

HERZOG BLAUBARTS BURG *(A kékszakállú herceg vara)*, Oper in 1 Akt von Béla Bartók (1881–1945), op. 11, Text von B. Balász in Anlehnung an das Bühnenmärchen *Ariane et Barbe-Bleue* von M. Maeterlinck nach der stofflichen Vorlage in *Les Contes de ma Mère l'Oye* von Charles Perrault (1697). Ort der Handlung: die Halle von Blaubarts Burg. UA: 24. 5. 1918 Budapest; dt. EA (in dt. Sprache): 13. 5. 1922 Frankfurt am Main.

Im Entstehungsjahr 1911 wurde Bartóks einzige Oper von einer Jury als unaufführbar zurückgewiesen. Diese Ablehnung galt dem Libretto mit stark verdichteten symbolistischen Zügen und dem daraus resultierenden Mangel an äußerer Handlung wie auch der in ihrer Vermischung eines expressiven Stils mit Techniken des musikalischen Impressionismus unkonventionellen Tonsprache. Bartók zeigte für den ersten Punkt der Kritik Verständnis, als er die Aufführung seiner Oper, deren Grundstimmung er mit „trostloses Adagio" angab, in einem Programm mit dem Ballett *Der holzgeschnitzte Prinz* „mit seiner bunten, reichhaltigen, abwechslungsreichen Handlung" propagierte. Nach der UA, die in eine Zeit des erwachenden Nationalismus fiel, wurde Bartók der die ungarische Sprache exakt nachzeichnenden Prosodie wegen als „Pfleger des wahren neuen ungarischen Singspiels" gefeiert; die weite Verbreitung dieser Oper mit ihren suggestiven Klangbildern begann jedoch erst nach 1945. K. LANGROCK

HERZOGENBERG, Leopold Heinrich Picot de Peccaduc, Freiherr **von,** * 10.6.1843 Graz, † 9.10. 1900 Wiesbaden; östr. Komponist. Er studierte Jura und Philosophie an der Wiener Universität und war 1862–64 Schüler von Otto Dessoff am Wiener Konservatorium. 1868 heiratete er Elisabeth von Stockhausen, ließ sich in Graz, 1872 in Leipzig nieder, wo er 1874 Mitgründer und 1875 Direktor des Bachvereins wurde. 1885–1900 war er Professor für Komposition an der Königlichen Hochschule für Musik in Berlin. H. gehörte zu den engen Freunden von J. Brahms, dessen Ausstrahlung in seinen Werken neben der von R. Schumann und R. Wagner deutlich spürbar ist. Sein reiches und vielseitiges Schaffen erhielt durch den Tod seiner Frau (1892) eine entscheidende Wende zur protestantischen Kirchenmusik hin, der er sich nun, wiewohl Katholik, mit großer Energie widmete. Die Werke aus diesem Bereich verwenden in vielfältiger Weise Choralmelodien und beziehen auch den Gemeindegesang in die Komposition ein.

WW: Zahlr. Klv.-Stücke; Kammermusik, u.a. 5 Streichquartette (1876–90) u. 3 V.-Sonaten (1882–92); 2 Symphonien c-moll (1885) u. B-Dur (1890): zahlr. Vokalwerke, darunter: Lieder u. Duette; Kantate *Columbus*, op. 11 (1870) für Soli, Männerchor u. Orch.; *Königspsalm*, op. 71 (1891) für Chor u. Orch.; Requiem für Chor u. Orch., op. 72 (1891); *Totenfeier*, op. 80 (1894) u. Messe, op. 87 (1895) für Soli, Chor u. Orch.; 2 Kirchenoratorien *Die Geburt Christi*, op. 90 (1895) u. *Die Passion*, op. 93 (1896) für Soli, Gemeindegesang u. Orch.

Lit.: W. ALTMANN, H. von H. Sein Leben u. Schaffen, in: Mk 2 (1903); J. Brahms im Briefwechsel mit H. u. E. von H., hrsg. v. M. KALBECK, 2 Bde. (B 1907, 41921, Nachdr. Tutzing 1974) (= J. Brahms, Briefwechsel 1–2); F. SPITTA, H. von H.s Bedeutung für die ev. Kirchenmusik, in: Jb. Peters 26 (1920); H. KÜHN, Brahms u. sein Epigone H. von H. Zur Musik in der Gründerzeit u. im Fin de siècle, in: Musica 28 (1974); CH. BRUSATTI, Das Liedschaffen H. von H.s (Diss. W 1976).

HESDIN, Nicolle des Celliers d', † 21.8.1538 Beauvais; frz. Komponist. Er war Leiter der Chorknaben an der Kathedrale von Beauvais. Sein kirchenmusikalisches Schaffen ist in der Dichte des kontrapunktischen Satzes der Kunst der Niederländer verpflichtet, und auch die Chansons weisen eine stärker kontrapunktisch gearbeitete Schreibweise auf als die charakteristischen Pariser Chansons seiner Zeit.

WW (in ca. 40 Sammeldrucken 1529–78 u. hsl.): 2 Messen für 4 bzw. 5 St., eine 3. Messe *(Benedicta es)* wird auch A. Willaert zugeschrieben; zahlr. Motetten für 4–5 St.; zahlr. Chansons für 4–5 St.

Ausg.: 9 Motetten, in: P. Attaingnant, Treize livres de motets, III, IV, V u. VII, hrsg. v. A. SMIJERS, VIII, hrsg. v. A. T. MERRITT (P 1960–63); je eine Chanson, in: Expert Maîtres V u. in: PGfM 23 (1899).

Lit.: A. SMIJERS, H. of Willaert, in: TVer 10 (1915); M. ANTONOWYTSCH, Die Motette Benedicta es v. Josquin des Prés u. die Messen super Benedicta es v. Willaert, Palestrina, de la Hêle u. de Monte (Utrecht 1951).

HESELTINE, Philip Arnold (Pseud.: Peter Warlock), * 30.10.1894 London, † 17.12.1930 ebd.; engl. Komponist und Musikforscher. Er studierte Komposition bei Fr. Delius und B. van Dieren und lebte lange in London, 1925–28 in Eynsford (Kent). In seinem Schaffen nimmt die Liedkomposition einen breiten Raum ein. H.s musikwissenschaftliches Interesse galt vor allem dem Werk von Fr. Delius und der Musik des 16. und 17. Jh.

WW (alle in London erschienen): **1) Kompositionen:** Serenade für Str. (1923); *An Old Song* für kleines Orch. (1923); *Capriol Suite* für Streichorch. (1927); zahlr. Lieder, u.a. der Liederzyklus *The Curlew* für Tenor, Fl., Engl. Horn u. Streichquartett (1924) u. *12 Nursery Rhymes* (1924); *Corpus Christi* für Sopran, Tenor u. Chor a cap. (1921). – **2) Schriften:** *F. Delius* (1923); *The English Ayre* (1926); *C. Gesualdo* (1926); *Th. Whythorne* (1928); *Giles Earle. His Booke* (1932). – Ferner Editionen älterer Musik, u.a. *English Ayres* 1598–1612, 6 Bde. (1922) (zus. mit Ph. Wilson) (Nachdr. Lo 1964).

Lit.: C. GRAY, A Memoir of Ph. H. (Lo 1934); I. A. COPLEY, A Critical Survey of the Music of P. Warlock (Diss. Lo 1967); DERS., Warlock and Delius. A Catalogue, in: ML 49 (1968); DERS., The Writings of P. Warlock 1894–1930. A Catalogue, in: MR 29 (1968); F. TOMLINSON, A. P. Warlock Handbook (Lo 1974); J. A. COPLEY, The Music of P. Warlock (Lo 1979).

HESPOS, Hans-Joachim, * 13.3.1938 Emden; dt. Komponist. Er studierte 1959–62 an der Pädagogischen Hochschule in Oldenburg. Als Musiker Autodidakt, ist er seit 1962 als Volksschullehrer, heute als Hauptschullehrer in Delmenhorst bei Bremen tätig. Er ist Preisträger u.a. der Stichting Gaudeamus Bilthoven (1967) und der Fondation Royaumont in Paris (1968). Mit seinen Kompositionen fordert H. „Fühl/Denk-Ereignisse in voller Erfahrung für diese unsere Welt", d.h. die gesamte Skala musikalischer Erscheinungen vom kaum Wahrnehmbaren bis zum übermäßig Lauten müsse als musikalisches Material herangezogen werden, um unerhörte Ausdrucksmöglichkeiten deutlich werden zu lassen.

WW: *Sich Formendes* (1962); *Für Fl. solo* (1963); *Für Cello solo* (1964); *Einander-Bedingendes* (1967) für 5 Instrumentalsolisten; *Dschen* (1968) für Saxophon u. Streichorch.; *Break* (1968) für einen Pianisten u. eine Orch.-Gruppe; *Endogen* (1968) für Streichtrio; *Keime u. Male* (1969) für Kammerorch.; *Mouvements* (1969) für großes Orch.; *Passagen* (1969) für Kammerensemble; *Splash* (1969) für Kb. u. Schlagzeug; *Anregung für einen Pianisten* (1969); *Sound* (1970) für Kammerensemble; *Druckspuren ... geschattet* (1970) für 7 Instrumentalisten; *Palimpsest* (1970) für St. u. Schlagzeug; *Interactions* (1971) für sehr großes Orch.; *Traces de ...* (1972) für Org.; *Blackout* (1972) für Orch.; *Monod für Radio* (1974); Musik zum *Triadischen Ballett* v. O. Schlemmer (1977); *conga* für 2 Trommeln, Saxophon u. Str. (1980).

Lit.: H. KRELLMANN, Stolperdrähte zum Neu-Anderen. Gespräch mit dem Komponisten H.-J. H., in: Musica 30 (1976).

HESS, Willy, * 12.10.1906 Winterthur; Schweizer Musikforscher. Er studierte in Zürich an der Universität und am Konservatorium (Komposition bei V. Andreae, Klavier bei Reinhold Laquai; Nebenfächer Orgel und Fagott) sowie 1929–30 an der Berliner Universität. Seit 1931 lebt er in Winterthur freischaffend als Musiklehrer, Musikschriftsteller und Komponist; 1942–71 spielte er auch als Fagottist im dortigen Stadtorchester. Im Mittelpunkt seiner musikologischen Forschungen steht das Leben und Schaffen L. van Beethovens.

WW: **1) Kompositionen:** Klv.-Stücke zu 2 u. 4 Händen; zahlr. Kammermusikwerke; Orch.-Werke u. Solokonzerte; Lieder u. Gesänge mit Klv.- u. Orch.-Begleitung; 2 Märchenspiele u. zahlr. Bearbeitungen fremder Werke, u.a. v. L. van Beethoven, W. A. Mozart u. G. Ph. Telemann. – **2) Schriften:** *Beethovens Oper Fidelio u. ihre drei Fassungen* (Z 1953); *Beethoven* (Z 1956, Wie 1957, NA Winterthur 1976); *Verz. der nicht in der GA veröff. Werke L. van Beethovens* (Wie 1957); *Die Dynamik der musikal. Formbildung,* 2 Bde. (W 1960–64): *Beethovens Bühnenwerke* (Gö 1962) (= Kleine Vandenhoeck-Reihe 132); *Die GA der Werke A. Bruckners,* in: Bruckner-Stud. FS L. Nowak (W 1964); *Beethoven-Stud.* (Mn – Duisburg 1972) (mit Verz. des gesamten Beethoven-Schrifttums von W. H.), 2. Bd. angekündigt (Winterthur 1980); Autobiogr. *Aus meinem Leben. Erlebnisse, Bekenntnisse, Betrachtungen* (Z 1976). – H. gab heraus: Suppl. zur [alten] Beethoven-GA, 14 Bde. (Wie 1959–71).

HESSE, Adolf Friedrich, * 30. 8. 1809 Breslau, † 5. 8. 1863 ebd.; dt. Organist und Komponist. Er war in Breslau Schüler der Organisten Friedrich Wilhelm Berner und Ernst Köhler und wurde 1831 1. Organist an der dortigen Bernhardinkirche. H. galt in Deutschland als bedeutender Organist und erregte in Paris und in London Aufsehen durch sein virtuoses Pedalspiel. In Breslau dirigierte er auch die Symphoniekonzerte des Opernorchesters. Zu seinen Schülern zählt N. J. Lemmens, der Lehrer von A. Guilmant, und Ch.-M. Widor.

WW: Klv.-Stücke; Klv.-Sonate zu 4 Händen, op. 42; 40 Orgelkompositionen, u.a. Praeludien, Fugen, Fantasien u. Etüden; 2 Streichquartette u. ein Streichquintett; 6 Symphonien; Ouvertüren; Klv.-Konzert; ferner Kantaten u. Motetten sowie das Oratorium *Tobias.*

Lit.: L. Spohr u. A. F. H., Briefwechsel aus den Jahren 1829–59, hrsg. v. J. KAHN (Rb 1928) (= Dt. Musikbücherei 66); L. SPOHR, Selbstbiographie II (Kas – Gö 1861), NA, hrsg. v. E. SCHMITZ (Kas – Bas 1955); W. KWASNIK, M. Brosig und A. H. als Orgelmusiker, in: Instrumentenbau-Zschr. 15 (1961); H. J. SEYFRIED, A. F. H. als Orgelvirtuose u. Orgelkomponist (Rb 1965) (= Forschungsbeitr. z. Musikwiss. 17).

HESSE, Hermann, * 2.7.1877 Calw, † 9.8.1962 Montagnola (Tessin); dt. Dichter. Aus einer Missionarsfamilie stammend, war H. zunächst Buchhändler und lebte seit seinem Durchbruch mit *Peter Camenzind* (1904) freischaffend in der Schweiz. Sein Verhältnis zur Musik blieb in seinen Dichtungen allgegenwärtig, ursprünglich romantisch-subjektivistisch (*Klingsors letzter Sommer,* 1920), später reflektiv-symbolisch (*Das Glasperlenspiel,* 1943). Eine Sammlung *Musikalische Notizen* (1948), ein *Vierter Lebenslauf* (postum 1965) und die Briefe spiegeln seine Musikanschauung in aphoristischer Form. H. zählt zu den öfter vertonten Lyrikern seiner Zeit (O. Schoeck; R. Strauss, 3 der *Vier letzten Lieder*).

Lit.: Gesammelte Briefe, hrsg. v. U. u. V. MICHELS (F 1973ff.). – K. MATTHIAS, Die Musik bei Th. Mann u. H. H. Eine Stud. über die Auffassung der Musik in der modernen Lit. (Diss. Kiel 1956); W. DÜRR, H. H. Vom Wesen der Musik in der Dichtung (St 1957); E. VALENTIN, Die goldene Spur. Mozart in der Dichtung H. H.s (Au 1966); A. HSIA, H.s esoterisches Glasperlenspiel, in: DVfLG 64 (1970); H. J. LÜTHI, Humanismus u. Humanität in H. H.s „Glasperlenspiel“, in: FS A. Geering (Be 1972); H. H. Musik. Betrachtungen, Gedichte, Rezensionen u. Briefe, Dokumentation, hrsg. v. V. MICHELS (F 1976).

HESSENBERG, Kurt, * 17. 8. 1908 Frankfurt am Main; dt. Komponist. Er studierte 1927–31 am Leipziger Konservatorium Klavier bei R. Teichmüller und Komposition bei G. Raphael. 1933 wurde er am Hochschen Konservatorium (seit 1938 Musikhochschule) in Frankfurt am Main Lehrer für Theorie und Tonsatz, 1953 Professor für Komposition. 1951 wurde er mit dem R. Schumann-Preis der Stadt Düsseldorf ausgezeichnet. Kontrapunktik, rhythmische Prägnanz und Formdisziplin prägten H.s Persönlichkeitsstil von Anfang an. Schwerpunkte seines von „Trends“ unbeeinflußten reichen Schaffens sind neben Konzert- und Kammermusik, Liederkreisen und Kantaten vor allem geistliche Chorwerke, Oratorien und Orgelkompositionen.

WW: **1) Instr.-WW:** Klv.-Werke, u.a. *Invention* u. Variationen (1930) sowie 2 Sonaten (1964); für Org.: 3 Choralpartiten (1933, 1947, 1948); Fantasia (1956) u. Choralvorspiele; für Orch.: *Struwwelpeter-Suite,* op. 7 (1933); 3 Symphonien (1936, 1943, 1954); *Concerto grosso* (1939); *Konzertante Musik* (1947) für 2 Streichorch.; *Spielmusik* für Str. (1954); *Intrada u. Variationen über ein Thema v. J. Regnart* (1955); Sinfonietta für Streichorch. (1959); Konzerte für: Cemb. (1931), Klv. (1940), 2 Klv. (1950), Orch. (1958). – **2) Vokal-WW:** Choralkantate *Gelobet seist du, Jesu Christ* (1935) für gem. Chor, 2 Solo-St. Org. u. Orch.; *Fiedellieder* (1940) (Text: Th. Storm) für Tenor, gem. Chor u. Orch.; *Weihnachtskantate* (1943) (Text: M. Claudius) für gem. Chor, Sopran, Alt, kleines Orch. u. Org.; 5 heitere Chöre (1943); 4 Lieder für gem. Chor (1944); *Psalmentriptychon* für 8st. gem. Chor, Sopran, Bar., Orch. u. Org. (1946); Kantate *Der cherubinische Wandersmann* (1946) (Text: A. Silesius) für gem. Chor, Sopran, Bar., kleines Orch. u. Org.; Kantate *Struwwelpeter* (1949) für Kinderchor u. kleines Orch.; Passions- u. Weihnachtslieder für Chor a cap.; ferner Männerchorlieder auf Texte v. Goethe, Eichendorff u. Keller.

Lit.: O. RIEMER, Unausgeschöpfte Tonalität. Gedanken zum Schaffen v. K. H., in: Musica 7 (1953); H. WALCHA, K. H., in: MuK 28 (1958); CH. ALBRECHT, in: Credo musicale, FS R. Mauersberger (Kas 1969).

HESTERBERG, Trude, * 2. 5. 1892 Berlin, † 31. 8. 1967 München; dt. Schauspielerin, Sängerin und Kabarettistin. Sie erhielt eine musikalische Ausbildung am Sternschen Konservatorium in Berlin und debütierte 1912 als Climène in *George Dandin* von Molière am Deutschen Theater in Berlin. 1921 gründete sie das Kabarett „Die wilde Bühne“, in dem sie Chansons von B. Brecht, Walter Mehring, Marcellus Schiffer, W. G. Heymann und Kurt Tucholsky vortrug. Sie sang in Operetten und Revuen. Nach dem 2. Weltkrieg trat sie in München auf; sie wirkte auch in vielen Filmen und Fernsehsendungen mit.

Lit.: K. BUDZINSKI, Die Muse mit der scharfen Zunge (Mn 1961); H. GREUL, Bretter, die die Zeit bedeuten (Kö 1967).

HETEROPHONIE (von griech. heteros = anderes, verschieden, und phōnē = Stimme). Der von Platon (*Nomoi* VII, 812 d-e) mit nicht klar feststellbarer Bedeutung verwendete Begriff wurde von C. Stumpf 1901 als Terminus in die Vergleichende Musikwissenschaft eingeführt, um zufallsbedingte Zusammenklänge von einer geregelten Polyphonie abzugrenzen. H. entsteht z. B., wenn mehrere Personen eine Melodie gemeinsam ausführen, diese aber im Detail individuell modifizieren, so daß gewissermaßen verschiedene Varianten simultan erklingen (nach M. Schneider: „Variantenheterophonie"). Ob Interpreten tatsächlich ein Unisono anstreben, Mehrklangsbildungen also unbeabsichtigt sind und lediglich toleriert werden, läßt sich im Einzelfall kaum zweifelsfrei klären; der Übergang zu einer nach festen Regeln organisierten Polyphonie ist prinzipiell fließend. In außereuropäischen Kulturen wird der Qualität einzelner Intervalle meist weniger Bedeutung beigemessen als bestimmten horizontalen Bewegungsabläufen sowie klanglichen und rhythmischen Differenzierungen, aus denen z. T. sehr komplexe polyphone Strukturen erwachsen, z. B. in der ↗Gamelan-Musik (↗Indonesien) oder der ↗Gagaku-Musik (↗Japan).

Lit.: C. STUMPF, Tonsystem u. Musik der Siamesen, in: Beitr. z. Akustik u. Musikwiss. 3 (L 1901), Wiederabdruck, in: Sammelbde. für Vergleichende Musikwiss. 1, hrsg. v. dems. – E. M. von Hornbostel (Mn 1922); G. ADLER, Über H., in: Jb.-Peters 15 (1908); H. GÖRGEMANN – A. J. NEUBECKER, „H." bei Platon, in: AfMw 23 (1966); A. SCHAEFFNER, Variations sur deux mots. Polyphonie, hétérophonie, in: RBMie 20 (1966).

HEUBERGER, Richard Franz Josef, * 18. 6. 1850 Graz, † 28. 10. 1914 Hinterbrühl bei Mödling (Wien); östr. Komponist, Dirigent und Musikkritiker. Er legte 1875 als Ingenieur seine Staatsprüfung ab, wandte sich im Jahr darauf ganz der Musik zu und wurde Chormeister des Akademischen Gesangvereins in Wien sowie 1878 Dirigent der Wiener Singakademie. Als Musikkritiker arbeitete er für das *Wiener Tagblatt,* für die *Münchener Allgemeine Zeitung* und seit 1896 als Nachfolger von E. Hanslick für die *Neue Freie Presse.* 1902 wurde er als Dozent an das Wiener Konservatorium berufen. Als Komponist debütierte er 1886 mit einer Oper *Die Abenteuer einer Neujahrsnacht,* die im Leipziger Stadttheater uraufgeführt wurde. Einen internationalen Erfolg errang er jedoch erst 1898 mit seiner ersten Operette *Der Opernball,* die bis heute einen festen Platz im Operettenrepertoire einnehmen konnte.

WW: **1) Kompositionen:** Orch.-Werke, u. a. Symphonien, Suiten, Schubert-Variationen u. eine Ouvertüre zu G. G. Byrons *Kain;* ferner Lieder, Chöre u. Kantaten. – Operetten (UA in Wien): *Der Opernball,* UA: 1898, revidierte Fassung, UA: 1931 u. 1952; *Ihro Excellenz,* UA: 1899, revidierte Fassung als: *Eine entzückende Frau,* UA: Berlin 1940; *Der Sechsuhrzug,* UA: 1900; *Das Baby,* UA: 1902; *Der Fürst von Düsterstein,* UA: 1909; *Don Quixote,* UA: 1910. – Opern: *Die Abenteuer einer Neujahrsnacht,* UA: Leipzig 1886; *Manuel Venegas,* UA: ebd. 1889; *Mirjam* oder *Das Maifest,* UA: Wien 1894; *Barfüßele,* UA: Dresden 1904. – Ballette: *Die Lautenschlägerin,* UA: Prag 1896, u. *Struwwelpeter,* UA: Dresden 1897. – **2) Schriften:** *Musikal. Schriften* (L 1901); *Im Foyer. Gesammelte Essays über das Opernrepertoire der Gegenwart* (L 1901); *F. Schubert* (B 1902, [3]1920); *Erinnerungen an J. Brahms. Tagebuchnotizen aus den Jahren 1875–97,* hrsg. v. K. Hofmann (Tutzing 1970, [2]1976).

Lit.: S. CZECH, Das Operettenbuch (St 1960).

HEUCHLERIN AUS LIEBE, DIE *(La finta semplice),* Opera buffa in 3 Akten von Wolfgang Amadeus Mozart (1756–91), KV 51 (46a), Text von Carlo Goldoni, bearbeitet von Marco Coltellini. Ort der Handlung: in der Umgebung von Cremona. UA: 1. 5. 1769 in Salzburg (Erzbischöfliches Palais); dt. EA (in dt. Sprache): 2. 10. 1921 in Karlsruhe als *Die verstellte Einfalt.*
Mozart komponierte seine erste komische Oper 1768 auf Anraten Kaiser Josephs II. für die Wiener Hofoper mit der Aussicht auf ein Honorar von 100 Dukaten. Doch die Aufführung wurde von der intriganten italienischen Clique am Wiener Hof hintertrieben; erst auf Wunsch des Mozart-Gönners Erzbischof Sigismund von Schrattenbach ging das Werk in Salzburg in Szene. In der Eile, in der Mozart die Komposition zugleich mit dem Singspiel *Bastien und Bastienne* abschloß, mag die Übernahme der Sinfonie D-Dur KV 45 als Ouvertüre und der Arie Nr. 7 aus dem Oratorium *Die Schuldigkeit des ersten Gebots* begründet sein. – Die merklich von der Commedia dell'arte beeinflußte Intrigenkomödie setzte der zwölfjährige Mozart ganz im Stil der Zeit in Musik. Die Gesangsnummern sind teils durch Secco-, teils durch Accompagnato-Rezitative miteinander verbunden. Auch die Finali sind stilistisch an Vorbildern in komischen Opern der Zeitgenossen orientiert. Heute wird das Werk zumeist in einer Neufassung von Bernhard Paumgartner (zuerst 1956 in Salzburg und London und im selben Jahr in Schwetzingen als *Das schlaue Mädchen*) aufgeführt. J. SCHLÄDER

HEUGEL, Johannes (Hans), * um 1497 Deggendorf (Niederbayern), † Januar 1585 Kassel; dt. Komponist. Er immatrikulierte sich 1515 an der Leipziger Universität und wurde wahrscheinlich in Südwestdeutschland musikalisch ausgebildet. Um 1535 wurde er als Komponist an den Hof in Kassel verpflichtet, wo er spätestens 1547 zum Kapellmeister avancierte. Den Schwerpunkt in H.s Schaffen bilden Motetten über Psalmtexte in lateinischer und deutscher Sprache. Sein Stil war anfangs gekünstelt; später schloß er sich der Nachfolge von Josquin des

Prés an und komponierte im Alter in einer homorhythmischen, akkordischen Satzweise, die der frühen venezianischen Doppelchörigkeit nahesteht.

WW: In 12 umfangreichen (z.T. unvollständig erhaltenen) Individual- u. Sammelhss. in Kassel, Landesbibl. mit insgesamt etwa 730 Stücken sind etwa 500 Werke von H. überliefert, meist Motetten u. Gelegenheitsgesänge. Weitere Hss. u. zahlr. Sammeldrucke 1535–61 enthalten Motetten sowie weltliche dt. Lieder.

Ausg.: 2 Psalmen für 4 bzw. 6 St., in: J. Kugelmann, Concentus novi 1540, hrsg. v. H. ENGEL (Kas 1955) (= EDM, Sonderreihe 2); 2 Gesänge, in: 18 weltliche Lieder aus den Drucken Ch. Egenolffs, hrsg. v. H.-CH. MÜLLER (Wb 1970) (= Chw 111).

Lit.: W. NAGEL, J. H., in: SIMG 7 (1905/06); J. KNIERIM, Die H.-Hss. der Kasseler Landesbibl. (Diss. B 1943).

HEUGEL & CIE., frz. Musikverlag, ist hervorgegangen aus einem von Jean-Antoine Meissonnier 1812 in Paris gegründeten Verlag. 1839 assoziierte sich dieser mit **Jacques Léopold H.**, * 1.3.1815 La Rochelle, † 12.11.1883 Paris, 1842 wurde H. nach dem Ausscheiden Meissonniers Alleininhaber des Unternehmens, das er in kurzer Zeit zu einem der führenden französischen Musikverlage ausbaute. Er trat auch als Musikschriftsteller hervor, vor allem in dem von ihm seit 1839 redigierten *Le ménestrel*, der zu den bedeutendsten Musikzeitschriften Frankreichs gehörte (er erschien 1833–1940). Nach dem Tode H.s blieb der Verlag weiterhin in den Händen der Familie und wurde 1944 in eine Aktiengesellschaft umgewandelt. – Der Verlag veröffentlichte außer Musikzeitschriften (neben *Le ménestrel* auch *La maîtrise*, die der Kirchenmusik gewidmet war, 1857ff.) und musikalisch-pädagogischen Werken (u.a. von L. Cherubini, Fr. de S. Baillot, Ch.-S. Catel, L. Niedermeyer, A. Fr. Marmontel, Th. Dubois) alle Arten von Musik: Chansons, Mélodies, Volksmusik, Symphonien, hauptsächlich aber Opern. Im 19. Jh. erschienen bei H. u.a. *Manon, Thais* und *Werther* von J. Massenet, *Mignon* von A. Thomas, *Louise* von G. Charpentier, *Le roi d'Ys* von É. Lalo und *Lakmé* von L. Delibes. Im 20. Jh. verlegte H. Werke u.a. von G. Fauré, Fr. Poulenc, D. Milhaud, J. Ibert, A. Jolivet, P. Boulez. Seit 1951 erscheint eine umfangreiche Sammlung von Taschenpartituren älterer und neuerer Musik und seit 1967 die Ausgabenreihe *Le pupitre*.

HEURE ESPAGNOLE, L', Oper von M. Ravel; dt. Titel: Die ↗spanische Stunde.

HEUSS, Alfred Valentin, * 27.1.1877 Chur, † 8.7.1934 Gaschwitz bei Leipzig; dt. Musikschriftsteller. Er studierte 1896–98 am Stuttgarter Konservatorium, dann an der Akademie der Tonkunst und der Universität in München sowie 1899–1902 bei H. Kretzschmar an der Universität Leipzig, an der er 1903 mit der Dissertation *Die Instrumentalstücke des „Orfeo"* (gedruckt in: SIMG 4, 1902/03) promovierte. 1904–18 war er Redakteur der *Zeitschrift der Internationalen Musikwissenschaft* (ZIMG) und Musikkritiker bei der *Leipziger Volkszeitung* und der *Leipziger Zeitung*, 1921–29 Hauptschriftleiter der *Zeitschrift für Musik* (ZfM). H., dessen Arbeiten über die ältere Musik, namentlich über J.S. Bach, von Bedeutung sind, war ein entschiedener Gegner der Neuen Musik und der Atonalität.

Schriften (in Leipzig erschienen): *G. F. Händel, „Saul" in der Einrichtung v. F. Chrysander* (1906); *A. Bruckner, Te Deum* (1908); *J. S. Bachs Matthäuspassion* (1909, Nachdr. Walluf 1972); *Über die Dynamik der Mannheimer Schule*, in: FS H. Riemann (1909); *Beethoven, „Die Geschöpfe des Prometheus", Ballett* (um 1910); *F. Liszt. Missa Solemnis* (1910); *Erläuterungen zu F. Liszts Sinfonien u. sinfonischen Dichtungen* (1912); *Kammermusikabende* (1919); *Beethoven. Eine Charakteristik* (1921, [2]1933).

Lit.: A. SCHERING, Nachruf auf A. H., in: ZfMw 16 (1934); J. SACHS, Some Aspects of Musical Politics in Pre-Nazi Germany, in: Perspectives of New Music 9 (1970/71).

HEUTLING-QUARTETT, 1958 gegründetes dt. Streichquartett. Es debütierte 1959 in Hannover in der Besetzung *Werner Heutling* (* 6.12.1921), 1. Violine, *Oswald Gattermann* (* 13.5.1922 Hamburg-Altona), 2. Violine, *Erich Bohlscheid* (* 15.7.1929 Köln), Bratsche, und *Bernhard Braunholz* (* 16.1.1931 Braunschweig), Violoncello; 1962 übernahm *Konrad Haesler* (* 25.3.1937 Weimar) das Violoncello. Das Quartett widmet sich den Werken von den Wiener Klassikern bis zur Neuen Musik; es hat Gesamtaufnahmen der Streichquartette und -quintette von W. A. Mozart (mit *Heinz-Otto Graf*, 2. Bratsche) und der Streichquartette von Fr. Schubert auf Schallplatte eingespielt.

HEWITT. – **1) James**, * 4.6.1770 Dartmoor (England), † 1.8. 1827 Boston; amerik. Violinist und Komponist engl. Herkunft. Er gehörte dem Londoner Hoforchester an und emigrierte 1792 in die USA, wo er bald im New Yorker Musikleben eine führende Rolle als Violinist, Dirigent, Komponist, Konzertunternehmer und Musikverleger spielte. 1794 wurde seine Oper *Tammany or the Indian Chief* aufgeführt, eine der ersten in Amerika geschriebenen Ballad operas (Musik verloren). 1812–18 lebte er als Organist und Musikdirektor des Federal Street Theater in Boston und kehrte dann wieder nach New York zurück. Neben weiteren Ballad operas schrieb er Klaviermusik, Violinduos und Konzertouvertüren. – **2) John Hill**, Sohn von 1), * 11.7.1801 New York, † 7.10.1890 Baltimore; amerik. Komponist und Schriftsteller. Er verfaßte Gedichte und Theaterstücke und erhielt wegen seiner etwa 300 Lieder den Beinamen „Father of the American ballad“. Er schrieb auch Kantaten, Ballad operas und eine Autobiographie *Shadows on the Wall* (Baltimore 1977).

Ausg.: **Zu 1):** *The Battle of Trenton* und *Military Sonata* für Klv., in: C. ENGEL – O. STRUNK, Music from the Days of G. Washington (Washington 1931).

Lit.: J. T. HOWARD, The H. Family in American Music, in: MQ 17 (1931); C. E. HUGGINS, J. H. H. Bard of the Confederacy (Tallahassee 1964) (= Diss. Florida State Univ.); J. W. WAGNER, J. H. His Life and Works (1969) (= Diss. Indiana Univ.); DERS., J. H. 1770–1827, in: MQ 58 (1972); DERS., The Music of J. H. A Supplement to the Sonneck-Upton and Wolfe Bibliographies, in: Notes 29 (1972/73).

HEXACHORD (von griech. hex = sechs, und chordē = Saite; lat. hexachordum), aufeinanderfolgende Reihe von 6 diatonischen Tonstufen mit dem Halbton in der Mitte, d. h. mit den Intervallen 2 große Sekunden – 1 kleine Sekunde – 2 große Sekunden (bzw. Ganzton – Ganzton – Halbton – Ganzton – Ganzton). Zum ersten Mal wurde es im 11. Jh. von Guido von Arezzo beschrieben *(Micrologus de musica)* und unter pädagogischer Zielsetzung verwendet: Es sollte zeigen, daß jeder Ton der Tonleiter im Zusammenhang einer jeweils für ihn kennzeichnenden Folge von höheren und tieferen Tönen steht, und dem Schüler erlauben, genau den Platz der kleinen Sekunde ausfindig zu machen.

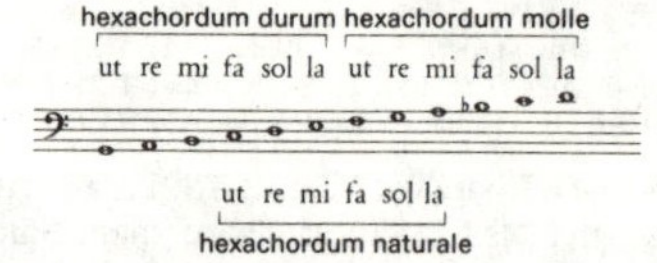

Auf dem H. bauen sich im 15.–17. Jh. manche Vokalwerke auf, z. B. die Messen *La sol fa re mi* und *L'homme armé super voces musicales* von Josquin des Prés und *Ut re mi fa sol la* von G. P. da Palestrina sowie zahlreiche Instrumentalwerke – Fantasien oder Ricercari – des 16. und 17. Jahrhunderts. – ↗Solmisation.

Lit.: G. G. ALLAIRE, The Theory of H.s, Solmization and the Modal System. A Practical Application (R 1972) (= MSD 24): D. LEWIN, On the Interval Content of Invertible H.s, in: JMTh 20 (1976).

HEY, Julius, * 29. 4. 1832 Irmelshausen (Unterfranken), † 22. 4. 1909 München; dt. Gesangspädagoge. Er studierte bei Fr. Lachner Musiktheorie und bei dem als Lehrer für Stimmbildung seinerzeit angesehenen Friedrich Schmitt Gesang. Durch Vermittlung König Ludwigs II. von Bayern und mit Unterstützung R. Wagners wurde er 1867 unter H. von Bülows Direktion Gesanglehrer an der Königlichen Musikschule in München. 1875 berief ihn Wagner als gesanglichen Beirat nach Bayreuth. 1883 gab H. seine Stellung in München auf und lehrte dann vor allem in Berlin; 1906 kehrte er nach München zurück. Sein Hauptwerk *Deutscher Gesangunterricht* enthält eine auf den Besonderheiten der deutschen Sprache aufbauende Gesanglehre. Ihr Ziel ist es, ausgehend von einer auf den Sprachlauten und einer naturgemäßen Tonbildung beruhenden Stimmerziehung, eine „flüssige Sprechcantilene“ zu erzielen. H. komponierte auch Lieder, Duette und eine für den ersten Gesangunterricht gedachte Sammlung von 16 Kinderliedern.

WW: Lieder; Duos; eine Slg. mit 16 Kinderliedern; *Deutscher Gesangunterricht,* 4 Teile, I: Sprachlicher Teil; II: Ton- und Stimmbildung der Frauenstimmen; III: Ton- u. Stimmbildung der Männerstimmen; IV: Textliche Erläuterungen (Mz 1885); *R. Wagner als Vortragsmeister,* hrsg. v. H. Hey (L 1911).

Ausg.: *Der Kleine Hey. Die Kunst des Sprechens,* nach dem Urtext revidiert, ergänzt u. hrsg. v. F. REUSCH (Mz 1956).

Lit.: A. GÖTTMANN, J. H., in: Mk 3 (1902); H. KRECH, J. H. u. sein Sängerbildungsideal (Diss. Hl 1941).

HEYDEN (Haiden, Hayden, Heiden). – **1) Sebald,** * wahrscheinlich 8. 12. 1499 Bruck bei Erlangen, † 9. 7. 1561 Nürnberg; dt. Musiktheoretiker. Er besuchte die Schulen von St. Lorenz (1505–10) und St. Sebald (1510–13) in Nürnberg und studierte 1513–19 an der Universität Ingolstadt. 1519 wurde er Kantor in Leoben (Steiermark) und im selben Jahre an der Spitalschule zum Hl. Geist in Nürnberg. Von 1525 bis zu seinem Tode war er Rektor der Schule von St. Sebald. H. setzte sich in Nürnberg tatkräftig für die Reformation ein. Seine musiktheoretischen Schriften wurden im 16. Jh. viel benutzt. Von seinen Liederdichtungen gehört *O Mensch, bewein dein Sünde groß* mit der Melodie von M. Greiter bis heute zum Kernbestand des evangelischen Gemeindegesangs.

WW: *Musicae Stoicheiosis* (Nü 1532), jeweils erweitert als: *Musicae id est, Artis canendi libri duo* (Nü 1937) u.: *De arte canendi, ac vero signorum in cantibus usu, libri duo* (Nü 1540); ferner theologische und pädagogische Schriften. Im Druck erschienen einzeln und in Sammeldrucken acht Kirchenlieddichtungen.

2) Hans, Sohn von 1), getauft 19. 1. 1536 Nürnberg, † 22. 10. 1630 ebd.; dt. Organist und Instrumentenbauer. Er lebte als Kaufmann in Nürnberg und widmete sich in seiner Freizeit dem Studium der Mechanik, Optik und Musik. 1567–71 wirkte er ehrenamtlich als Organist an St. Sebald und 1574–85 an St. Egidien. Um 1575 wurde er durch die Erfindung des Nürnbergischen Geigenwerks oder Geigen-Clavicymbels (↗Streichklavier) bekannt, das er um 1600 verbesserte.

WW: *Musicale instrumentum reformatum* (Nü o. J., erweitert 1610), lat. v. C. Rittershausen als: *Commentatio de musicali instrumento reformato* (Nü 1605).

3) Hans Christoph, Sohn von 2), getauft 14. 2. 1572 Nürnberg, begraben 9. 2. 1617 ebd.; Komponist und Organist. Er wurde 1591 Organist an der Spitalkirche in Nürnberg und war in gleicher Stellung 1596–1616 an St. Sebald tätig.

WW: 2 Bücher 4st. *Gantz neue lustige Täntz* (Nü 1601); *Postiglion der Lieb* (Nü 1614).

Ausg.: **Zu 3):** 9 Lieder, hrsg. v. W. VETTER, in: Das frühdeutsche Lied 2 (Mr 1928); ein Lied in: Antiqua-Chorbuch 2/4, hrsg. v. H. MÖNKEMEYER (Mz 1951).

Lit.: **Zu 1):** A. KOSEL, S. H. (Nü 1940) (= Literarhist.-musikwiss. Abh.en 7), vgl. dazu R. WAGNER, in: Mitt. des Vereins für Gesch. der Stadt Nürnberg 36 (1941); C. A. MILLER, S. H.'s „De arte canendi". Background and Contents, in: MD 24 (1970). – **Zu 2):** G. KINSKY, H. Haiden, der Erfinder des Nürnbergischen Geigenwerks, in ZfMW 6 (1923/24). – **Zu 3):** L. HÜBSCH-PFLEGER, Das Nürnberger Lied (Diss. Hei 1942) (mit Verz. der Lieder).

HEYER, Wilhelm Ferdinand, * 30. 3. 1849 Köln, † 20. 3. 1913 Köln. Von Beruf Papiergroßhändler, war er Sammler von Musikinstrumenten und gründete 1906 in Köln das Musikhistorische Museum. Er vereinigte dort einen großen Teil der Sammlung von Paul de Wit, die Sammlung des Barons Alessandro Kraus aus Florenz sowie die Klaviersammlung der Pianofortefabrik und Orgelbauanstalt Ibach in Barmen. Außer 2600 Instrumenten umfaßt das Museum auch Musikerautographen, -briefe, -porträts und seltene Drucke. Der Katalog der Sammlung (von G. Kinsky) gilt noch heute als bibliographisches und instrumentenkundliches Standardwerk. Als H.s Museum 1926 aufgelöst wurde, erwarb die Universität Leipzig den größten Teil der Instrumentensammlung; die übrigen Bestände wurden einzeln verkauft.

Lit.: G. KINSKY, Kat. des Musikhist. Museums v. W. H. I, II, IV (Kö 1910, 1912, 1916); P. RUBARDT, Führer durch das Instrumentenmuseum der Karl-Marx-Univ. Leipzig (L 1955).

HEYMANN, Werner Richard, * 14. 2. 1896 Königsberg, † 30. 5. 1961 München; dt. Komponist. Nach einer ersten Tätigkeit als Orchestergeiger erhielt er Kompositionsunterricht bei P. Juon und Paul Scheinpflug. Ab 1919 arbeitete er in Berlin u. a. mit Max Reinhardt und Trude Hesterberg zusammen. 1933 emigrierte er in die USA und wurde amerikanischer Staatsbürger. Seit 1950 lebte er in München. Nach einigen ernsteren Werken komponierte H. Schlager und vor allem Filmmusik. Bekannt wurden Melodien wie *Liebling, mein Herz läßt dich grüßen, Das ist die Liebe der Matrosen* oder *Das gibt's nur einmal.* Zur Bühnenfassung von Heinrich Manns *Professor Unrat* schrieb er Chansons.

WW: *Rhapsodische Sinfonie* für Bar. u. Orch. (1918); *Frühlings-Notturno* für Orch.; Streichquartett; Orchestergesänge; Lieder; 2 Operetten; Musikal. Lustspiel *Kiki vom Montmartre* (1954); Chansons; Musik zu über 50 Filmen, u. a. *Liebeswalzer* (1930); *Die drei von der Tankstelle* (beide mit L. Harvey u. W. Fritsch); *Bomben auf Monte Carlo* (1931) (mit H. Albers u. H. Rühmann); *Der Kongreß tanzt* (1931) und *Ninotschka* (1939) (mit G. Garbo); Bühnenmusik, u. a. für M. Reinhardt.

HEYNE, Gilles, ↗Hayne.

HICKMANN, Hans Robert Hermann, * 19. 5. 1908 Roßlau (Anhalt), † 4. 9. 1968 Blandford Forum (Dorset, England); dt. Musikforscher. Er studierte in Berlin bei A. Schering, C. Sachs und E. M. von Hornbostel und promovierte 1934 mit einer Dissertation über *Das Portativ.* 1932–57 war er in Ägypten tätig. Er wurde zum Mitglied des Institut d'Égypte und (1954) zum korrespondierenden Mitglied des Deutschen Archäologischen Instituts Kairo ernannt. 1957 an der Universität Hamburg habilitiert, lehrte er dort Allgemeine und Vergleichende Musikwissenschaft. 1958 übernahm er die künstlerische Leitung der Archiv-Produktion bei der Deutschen Grammophon Gesellschaft.

Schriften: *Das Portativ* (Kas 1936, Nachdr. 1972); *Musicologie pharaonique* (Kehl 1956) (= Slg. musikwiss. Abh.en 34); *La chironomie dans l'Égypte pharaonique,* in: Zschr. für aegyptische Sprache u. Altertumskunde 83 (B 1958); *Musik im Austausch der Völker,* in: Musica 13 (1959); *Rythme, mètre, et mesure de la musique instrumentale et vocale des anciens Égyptiens,* in: AMl 32 (1960); *Ein neuentdecktes Dokument zum Problem der altägyptischen Notation,* in: ebd. 33 (1961); *Pharaonic Jingles,* in: The Commonwealth of Music. Gedenkschrift C. Sachs (NY 1965); *Der Skindapsos. Ein Nachtrag zur Terminologie antiker Saiteninstr.,* in: Speculum musicae artis. FS H. Husmann (Mn 1970); *Orientalische Musik* (Leiden 1970) (= Hdb. der Orientalistik. Abt. 1, Ergänzungs-Bd. IV).

Lit.: K. L. NEUMANN, Special Bibliogr., H. H. 1934–64, in: Ethnomusicology 9 (1965); F. BOSE, in: Mf 21 (1968); R. GÜNTHER, H. H. zum Gedächtnis, in: AMl 41 (1969).

HIDALGO, Elvira de, * 27. 12. 1892 Valderrobres (Aragón), † 21. 1. 1980 Mailand; span. Sängerin (Sopran). H. studierte Gesang in Barcelona und Mailand und debütierte 1908 als Rosina in G. Rossinis *Il barbiere di Siviglia* am Teatro San Carlo in Neapel. In den folgenden Jahren gastierte sie an allen bedeutenden Opernbühnen Europas und Nordamerikas und war 1924–26 an der Metropolitan Opera in New York verpflichtet. Als Interpretin der klassischen Belcanto-Partien wurde sie in Opern G. Donizettis und V. Bellinis, aber auch als Traviata (Verdi) und Manon (Massenet) gefeiert. Nach Beendigung ihrer Bühnenlaufbahn 1932 lehrte sie Gesang am Konservatorium von Athen, wo in den 40er Jahren Maria Callas ihre Schülerin war. Seit 1949 lehrte sie am Konservatorium in Ankara. 1959 ließ sie sich in Mailand nieder.

HIDALGO, Juan, * um 1612 La Moralejas (?), begraben 31. 5. 1685 Madrid; span. Komponist. 1631 wurde er als Harfenist Mitglied der Madrider Hofkapelle. Mit seiner Oper *Celos aun del aire matan* auf einen Text von P. Calderón de la Barca (UA: Madrid 1660; hsl. erhalten) gehört er zu den ersten spanischen Komponisten, die Musik für die Bühne schrieben. Er komponierte außerdem einzelne Villancicos u. a. Gesänge.

Ausg.: 1. Akt v. *Celos aun del aire matan,* hrsg. v. J. SUBIRÁ (Ba 1933).

Lit.: J. MOLL, Nuevos datos para la biografía de J. H., arpista y compositor, in: Miscelánea ... FS H. Anglés II (Ba 1961); R. L. PITTS, Don J. H. 17th Century Spanish Composer (Nashville/Tenn. 1968) (= Diss. Peabody College for Teachers).

HIERONYMUS DE MORAVIA, OP, Musiktheoretiker des 13. Jahrhunderts. Er stammte aus Mähren und lebte in der 2. Häfte des 13. Jh. in einem Kloster in der Rue St-Jacques in Paris. Von ihm stammt ein *Tractatus de musica* (zw. 1272 u. 1304), eine der umfangreichsten Musikabhandlungen des Mittelalters, der die Summe der theoretischen Kenntnisse der Epoche darstellt. Er kompiliert die Theorien von Boethius, Isidor von Sevilla, Guido von Arezzo, Johannes Affligemensis, Johannes de Garlandia, al-Fārābī, Hugo von St-Victor und Thomas von Aquin. H. bringt auch lange Zitate aus den Schriften zur frühen Mehrstimmigkeit von Johannes de Garlandia, Franco von Köln, Petrus Picardus und einem Anonymus. Die einzigen eigenständigen Beiträge des H. sind Kap. 24, das aufschlußreiche Aussagen u. a. über die zeitgenössische Gesangspraxis enthält, und Kap. 28, in dem H. zwei Streichinstrumente beschreibt, die zweisaitige *Rubeba* (↗Rebec) und die fünfsaitige *Viella* (↗Fiedel).

Ausg.: *Tractatus de musica,* in: COUSSEMAKER Scr. I; dass., hrsg. v. S. M. CSERBA (Rb 1935) (= Freiburger Stud. z. Musikwiss. 2).

Lit.: G. PIETZSCH, Die Klassifikation der Musik ... (Hl 1929, Nachdr. Da 1968); A. PUCCIANTI, La descrizione della „Viella" e della „Rubeba" in Girolamo di M., in: Collectanea historiae musicae 4 (1966).

HIFTHORN (von hief, hift = Ruf, Jagdsignal; später umgedeutet zu „Hüfthorn"), seit dem Mittelalter (bis ins 19. Jh.) verwendetes kurzes, weitmensuriertes Jagdhorn, das an einem über die Schulter zu hängenden Riemen oder am Gürtel getragen wurde. Die als Signalinstrumente dienenden Hifthörner wurden aus Tierhörnern oder Metall in unterschiedlicher Größe hergestellt. Im 18. Jh. wurden 4 Arten unterschieden, „Zinken von klarem Laut" (kleinste Bauform), „Mittel-Hörner, die einen mittelmäßigen Ton haben", „Halb-Rüden-Hörner" und „Rüden-Hörner" („die einen groben und tiefen Laut haben").

Lit.: G. KARSTÄDT, Die Verwendung der Hörner in der Jagdmusik, in: Alta musica I, hrsg. v. W. Suppan – E. Brixel (Tutzing 1976).

HIGH FIDELITY (engl., = hohe Klangtreue; Abk.: HiFi) bezeichnet die möglichst originalgetreue Übertragung und Speicherung von akustischen Ereignissen. Qualitätsparameter hierfür sind insbesondere Frequenzgang, Klirrfaktor, Fremdspannung und Impulstreue sowie die erreichbare Lautstärke. Mit Einführung der Transistoren und Halbleiter wurde die HiFi-Technik weiten Kreisen finanziell erschwinglich und entscheidend vorangetrieben. In der Speicherung ist die Digitaltechnik, mit der die Übertragungsfehler auf ein kaum noch meßbares Minimum reduziert werden, auf dem Vormarsch. Das schwächste Glied in der ↗elektroakustischen Übertragungskette ist noch der Lautsprecher.

Lit.: O. STÜRZINGER, Hi-Fi-Technik (St 1963); HiFi und Stereophonie – ihr Platz und Rang im Musikleben, hrsg. v. K. BLAUKOPF (Karlsruhe 1971) (= Schriftenreihe Musik u. Ges. 10/11). W. KNOBLOCH, Schlüssel zur HiFi (Mn 1978).

HI-HAT (engl.), in der Jazz-, Rock- und Unterhaltungsmusik allgemein gebräuchliches Pedalbecken, welches aus der Charleston-Maschine der 20er Jahre hervorgegangen ist. Es hat zwei Becken auf einem Ständer mit Doppelrohrstange und Pedal; das obere Becken ist an der inneren beweglichen Stange befestigt und wird durch Niedertreten des Pedals gegen das untere festliegende Becken geschlagen, was einen kurzen, hellen Klang ergibt.

HILDEBRANDT, Zacharias, * 1688 Münsterberg (Schlesien), † 11.10.1757 Dresden; dt. Orgelbauer. Nach einer Ausbildung als Kunsttischler erlernte er 1713–16 das Orgelbauerhandwerk bei G. Silbermann in Freiberg und machte sich 1722 selbständig. Bei der Einweihung seiner Orgel in Störmthal bei Leipzig (1723) begegnete er J. S. Bach, der zu dieser Gelegenheit die Kantate *Höchst erwünschtes Freudenfest* (BWV 194) komponierte und das Instrument sehr positiv begutachtete. 1730 wurde H. zum Sachsen-Weißenfelsischen Hoforgelbaumeister ernannt. Von seinen Orgeln ist im Originalzustand die in Störmthal (1723; 1 Man., 14 Reg.) erhalten, ferner umgebaut oder verändert die Orgeln in Langhennersdorf (1718–22; 2 Man., 21 Reg.), Sotterhausen bei Sangerhausen (1727; 1 Man., 9 Reg.) und an St. Wenzel in Naumburg (1743–46; 3 Man., 53 Reg.). G. Silbermann verpflichtete 1750 für den Bau der Orgel in der Dresdner Hofkirche H. als Mitarbeiter, der nach Silbermanns Tod (1753) das Werk (3 Man., 47 Reg.) 1754 fertigstellte. H. entwickelte den Stil seines Lehrers, wohl auch unter dem Einfluß J. S. Bachs, in Richtung auf größere Farbigkeit weiter. Sein Sohn **Johann Gottfried,** * 1724 Störmthal oder Liebertwolkwitz, † 7. 11. 1775 Dresden, übernahm die Werkstatt des Vaters und baute u. a. die von J. Mattheson gestiftete Orgel der St. Michaeliskirche in Hamburg (1762–67; 3 Man., 60 Reg.); von seinen Instrumenten ist keines erhalten.

Lit.: CH. MAHRENHOLZ, Die H.-Orgel in der St. Wenzelskirche zu Naumburg, in: MuK 5 (1933); W. NICHTERLEIN, Die Naumburger H.-Orgel u. ihr Erbauer (Ludwigsburg 1933); U. DÄHNERT, Der Orgel- u. Instrumentenbauer Z. H. (L 1962); DERS., Ist das Hilbersdorfer Brüstungspositiv ... ein Werk G. Silbermanns?, in: Instrumentenbau-Zschr. 18 (1964); H. J. BUSCH, Orgeln um J. S. Bach, in: Ars organi 25 (1977).

HILDEGARD VON BINGEN, OSB, Heilige, * 1098 Bermersheim (Rheinhessen), † 17. 9. 1179 Kloster Rupertsberg bei Bingen (Rhein). Seit 1136 Äbtissin der Frauenklause Disibodenberg (Nahe), gründete sie 1150 das Kloster Rupertsberg, von wo aus 1165 die Besiedelung des Klosters Eibingen bei Rüdesheim (Rhein) erfolgte. H., als Prophetin, Theologin und Ärztin eine der bedeutendsten Frauengestalten Deutschlands, hinterließ auch ein umfangreiches Œuvre von 1st. Vertonungen eigener lateinischer geistlicher Dichtungen, darunter ein geistliches Spiel *Ordo virtutum (Reigen der Tugenden).* Diese Gesänge, in germanischer Choralnotation überliefert, sind chorale Neuschöpfungen von individuellem Gepräge, die gegenüber dem gregorianischen Repertoire in mannigfacher Hinsicht eigenständig sind: Sie lassen sich nicht in das System der gregorianischen Modi einordnen; beherrschend im melodischen Duktus sind Grundton und Oberquinte, was geradezu den Eindruck eines Tonika-Dominante-Gefüges hervorruft; häufig lassen sich ein ungewöhnlicher Ambitus und große Intervalle beobachten, besonders am Beginn der Gesänge; reiche Melismatik herrscht vor, besonders in den Responsorien. Die Antiphonen haben meist responsorialen Stil. In den Sequenzen fehlen die symmetrische Anlage und sonstige Übereinstimmungen mit den zeitgenössischen Sequenzen; nur die typische Folge von Versikelpaaren ist beibehalten, und auch musikalische Parallelismen sind trotz der Ungebundenheit der Texte zu finden. In den Hymnen H.s wechselt, anders als in den gregorianischen Hymnen, die Melodie vielfach von Strophe zu Strophe. In der Gesamtanlage der einzelnen Gesänge verfährt H. überaus frei, sie benutzt keine gattungstypischen Grundrisse und Gliederungen. Kennzeichnend ist vielmehr das Spiel mit bestimmten melodischen Formeln und deren Varianten, nicht ohne gelegentlichen bildhaften Ausdruck. H.s *Ordo virtutum,* die Darstellung der menschlichen Seele im Entscheidungskampf zwischen dem Guten und dem Bösen, ist ein Werk sui generis in der Geschichte des ma. Mysterienspiels, wie denn das ganze dichterisch-musikalische Schaffen H.s in seiner Geschlossenheit und Geistigkeit unvergleichlich ist. M. I. RITSCHER

WW: Kompositionen (überliefert in Dendermonde, Abteibibl., Cod. 9 u. in Wiesbaden, Hessische Landesbibl., Hs. 2, beide spätes 12. Jh.): 43 Antiphonen, 18 Responsorien, 8 Sequenzen, 3 Hymnen, 1 Kyrie, 1 Alleluia, 3 weitere strophische Gesänge; geistliches Spiel *Ordo virtutum* (85 lat. Gesänge sowie gesprochene Dialogpartien des „Diabolus"). – H. schrieb ferner theologische, medizinische u. naturwiss. Werke u. hinterließ zahlr. Briefe.

Ausg. (nur der Kompositionen): Der hl. H. Kompositionen. Nach dem großen H.-Kodex in Wiesbaden phototypisch veröff. v. J. GMELCH (Düsseldorf 1913); *Reigen der Tugenden. Ordo virtutum.* Ein Singspiel, hrsg. u. übers. v. M. BÖCKELER – P. BARTH (B 1927); Lieder. Nach den Hss. hrsg. v. P. BARTH – M. I. RITSCHER – J. SCHMIDT-GÖRG (Salzburg 1969) (mit einem kritischen Ber. v. M. I. Ritscher).

Lit.: W. LAUTER, H.-Bibliogr. Wegweiser zur H.-Lit. (Alzey 1970). – H. BÖCKELER, Die Lieder der hl. H., in: Gregorius-Blatt 5 (1880); J. POTHIER, Kyrie de Sainte Hildegarde, in: Revue du chant grégorien 7 (1898/99); DERS., Séquence „O virga ac diadema". Composée en l'honneur de la Sainte Vierge par Ste Hildegarde, in: ebd. 8 (1899/1900); L. BRONARSKI, Die Lieder der Hl. H. Ein Beitr. zur Gesch. der geistlichen Musik des MA (L 1922, Nachdr. Walluf 1973) (= Veröff. der Gregorianischen Akad. zu Freiburg [Schweiz] 9); J. SCHMIDT-GÖRG, Die Sequenzen der Hl. H., in: Studien z. Musikgesch. des Rheinlandes. FS L. Schiedermair (Kö 1956) (= Beitr. z. rheinischen Musikgesch. 20); M. SCHRADER – A. FÜHRKÖTTER, Die Echtheit des Schrifttums der hl. H. von B. Quellenkritische Unters. (Kö 1956) (= Beih. z. Arch. für Kulturgesch. 6); J. SCHMIDT-GÖRG, H. von B., in: MGG VI; DERS., Zur Musikanschauung in den Schriften der hl. H., in: Der Mensch u. die Künste. FS H. Lützeler (Düsseldorf 1962); M. I. RITSCHER, Die Musik der hl. H., in: Colloquium amicorum. FS J. Schmidt-Görg (Bonn 1967); DIES., Zur Musik der hl. H. von B., in: FS H. von B. 1179–1979, hrsg. v. A. Ph. Brück (Mz 1979).

A. FÜHRKÖTTER

HILFE, HILFE, DIE GLOBOLINKS! *(Help, Help, the Globolinks!),* Oper in einem Akt für Kinder und solche, die Kinder lieben, von Gian Carlo Menotti (* 1911), Text vom Komponisten. Ort und Zeit der Handlung: eine Kleinstadt im 20. Jh. UA: 21. 12. 1968 in Hamburg (Staatsoper).

Mit diesem Auftragswerk für die Hamburger Staatsoper schuf Menotti nach *Amahl and the Night Visitors* seine zweite Oper für Kinder. Die Komposition für das „schwierige Publikum" zwang Menotti bereits bei der Konzeption des Einakters zu bedeutenden Einschränkungen. Das „Spiel für die Kinder der neuen Generation" ist kurz, auf Arien und „weitschweifige, psychologische Erklärungen" wurde verzichtet. Darüber hinaus bemüht sich der Komponist, leicht nachsingbare Melodien zu schreiben, und er fordert nachdrücklich eine bedingungslos realistische Darstellung. Das Science-Fiction-Märchen von der Invasion außerirdischer Wesen, die nur durch die Macht der Musik besiegt werden können, soll musikalisch nicht in die Zukunft weisen; das Werk ist harmonisch konventionell, die Melodien sind eingängig. Lediglich für die unverständliche Sprache der Außerirdischen schreibt Menotti elektronisch erzeugte Klänge vor.

R. QUANDT

HILL, Alfred Francis, *16. 12. 1870 Richmond (Victoria), † 30. 10. 1960 Darlinghurst (New South Wales); australischer Violinist, Dirigent und Komponist. Er studierte Violine am Leipziger Konservatorium und spielte 2 Jahre im Gewandhausorchester. Dann lebte er in Neuseeland, wo er sich mit Maori-Musik befaßte, die er auch in einigen seiner Kompositionen verarbeitete. 1910 ließ sich H. in Sydney nieder; er war dort Mitgründer des New South Wales Conservatory, an dem er bis 1934 Harmonie und Komposition lehrte.

WW: Zahlr. Streichquartette, u. a. *Maori String Quartet n° 1* u. *n° 2* (L o. J.); 13 Symphonien, darunter *A Maori Symphony; Maori Rhapsody;* Kantaten *Hinemoa* (NY o. J.) u. *Tawhaki;* Opern: *Tapu: The Weird Flute; A Moorish Maid; Giovanni, the Sculptor;* ferner die Schrift *Harmony and Melody* (Lo 1927).

Lit.: A. D. McCREDIE, A. H. 1870–1960. Some Backgrounds and Perspectives for an Historical Edition, in: MMASt 3 (Adelaide 1968); J. M. THOMSON, The Role of the Pioneer Composer. Some Reflections on A. H., in: Studies in Music 4 (1970).

HILL, Edward Burlingame, *9. 9. 1872 Cambridge (Massachusetts), † 9. 7. 1960 Francestown (New Hampshire); amerik. Komponist. Er studierte an der Harvard University in Cambridge (Mass.), bei G. Chadwick in Boston und bei Ch.-M. Widor in Paris. Er lehrte 1908–40 an der Harvard University, wurde 1928 zum Professor ernannt und leitete bis 1938 die Musikabteilung.

WW: Klv.-Stücke, u. a. *Jazz Studies* für 2 Klv. (1922–38); Sonate (1925) für Klar. u. Klv. (NY 1927); Sonatine (1954) für Klar. u. Klv.; Sonate für Fl. u. Klv. (1925); Streichquartett (1935); Klv.-Quartett (1937); Klar.-Quintett (1945); Sextett für Klv. u. Blasinstr. (1934) (NY 1939); für Orch.: 4 Symphonien; symphonische Dichtungen: *The Parting of Lancelot and Guinevere* (1915); *The Fall of the House of Usher* (1920); *Lilacs* (1927) (NY 1931); *The Flute* (1938); *Stevenson Suite* Nr. 1 (1917) u. Nr. 2 (1922) (NY 1925); *Sinfonietta in one movement* (1932); Prelude (1953); 2 Klv.-Konzerte (1931, 1938); V.-Konzert (1933, revidiert 1937); *Music* (1943) für Engl. Horn u. Orch.; Kantate *Nuns of the Perpetual Adoration* (1907); *Ode* (1930) für Chor u. Orch.; ferner die Schrift *Modern French Music* (Boston 1924, Nachdr. Westport/Conn. 1970).

HILL, William E. Hill & Sons, engl. Geigenbaufirma, gegr. 1760 in London von *Joseph H.* (1715–84) und bis heute im Besitz der Familie H. Ein Urenkel des Gründers, *William E. H.* (1817–95), veröffentlichte mehrere Schriften über die Violine: *The Tuscan* (Lo 1889); *The Salabue Stradivarius* (Lo 1893) und *Violin and Their Makers* (Lo 1893). Seine Söhne *Arthur F. H.* (1860–1930) und *Alfred E. H.* (1862–1940) vermachten dem Staat eine Sammlung von Streichinstrumenten, die im Ashmolean Museum in Oxford aufbewahrt wird, darunter auch die Stradivari-Geige „Messiah". Sie schrieben zusammen mit ihrem Bruder *William H. H.* 1857–1927): *A. Stradivari. His Life and Work* (Lo 1902, ²1909, Nachdr. NY 1963) und *The Violin-Makers of the Guarneri Family* (Lo 1931, Nachdr. 1965).

Lit.: D. D. BOYDEN, Catalogue of the H. Collection of Musical Instruments in the Ashmolean Museum Oxford (Lo 1969).

HILLBILLY MUSIC (engl., = Hinterwäldler-Musik), meist abwertend gebrauchte Bz. für die Volksmusik der Weißen im Mittelwesten und in den Südstaaten der USA, für die einfache Strophenlieder mit Refrain erzählenden Inhalts, Dreiklangsmelodik, aber auch afroamerikanische Elemente kennzeichnend sind. Wie bei dem verwandten Bluegrass werden bei der H. M. Instrumente wie Banjo, Mandoline, Gitarre und Geige verwendet. Durch die ökonomisch-sozialen Veränderungen des beginnenden 20. Jh. war auch die H. M. wesentlichen Wandlungen unterworfen und galt zunächst als entfremdete und abgewertete Musik, bevor sie in den 40er Jahren in der von der Schallplattenindustrie getragenen Country & Western Music (↗Western Music) aufging.

HILLEBRECHT, Hildegard, *26. 11. 1927 Hannover; dt. Sängerin (Dramatischer Sopran). H. studierte zunächst Medizin und nahm dann Gesangunterricht bei Margarete von Winterfeld an der Staatlichen Hochschule für Musik in Freiburg und bei Franziska Martienssen-Lohmann in Düsseldorf. 1951 debütierte sie an den Städtischen Bühnen Freiburg als Leonore in Verdis *Il trovatore.* Nach Engagements in Zürich und an der Deutschen Oper am Rhein wurde sie 1961 Mitglied der Bayerischen Staatsoper in München. H. gastierte regelmäßig bei den Salzburger, Bayreuther und Edinburgher Festspielen und sang auch in New York (Metropolitan Opera), Paris, Rom und in Rio de Janeiro.

HILLER, Ferdinand (von), *24. 10. 1811 Frankfurt am Main, † 10. oder 11. 5. 1885 Köln; dt. Pianist, Dirigent und Komponist. H. trat bereits 9jährig als Solist des c-moll-Klavierkonzertes von Mozart auf. 1825 setzte er seine pianistische Ausbildung bei J. N. Hummel in Weimar fort, den er 1827 nach Wien begleitete. Dort lernte er noch Beethoven und Schubert kennen. 1828–35 lebte er in Paris, wo er – insbesondere in der dortigen Erstaufführung von Beethovens Es-Dur-Klavierkonzert – als Solist bekannt wurde. Zu seinem Freundeskreis gehörten u. a. Fr. Chopin und Fr. Liszt (mit denen er Bachs Konzert für 3 Klaviere aufführte), G. Meyerbeer, H. Berlioz, L. Cherubini und V. Bellini. 1836–37 leitete er in Frankfurt den Cäcilienverein. 1839 brachte er, allerdings ohne Erfolg, an der Mailänder Scala seine auf Anregung G. Rossinis geschriebene Oper *Romilda* zur Aufführung. Ende 1839 folgte er einer Einladung

Mendelssohns nach Leipzig, wo er 1840 das dort vollendete Oratorium *Die Zerstörung Jerusalems* aufführte. 1841 studierte er in Rom die ältere italienische Kirchenmusik. Nach Deutschland zurückgekehrt, dirigierte er 1843/44 die Gewandhauskonzerte in Vertretung des abwesenden Mendelssohn. 1844 ging er nach Dresden. Dort rief er die Abonnementskonzerte ins Leben, leitete die Liedertafel und brachte 2 neue Opern heraus. Die Bekanntschaft mit Robert und Clara Schumann führte zu einer engen freundschaftlichen Beziehung. 1847 wurde er Städtischer Kapellmeister in Düsseldorf und 1850 in Köln und leitete dort bis 1884 auch das von ihm neu aufgebaute Konservatorium. Das künstlerische Engagement H.s blieb nicht ohne Einfluß auf das Musikleben Kölns, das sich während seiner mehr als 30jährigen Wirksamkeit zum bedeutendsten Konzert- und Ausbildungszentrum Westdeutschlands entwickelte. So leitete er dort häufig die Niederrheinischen Musikfeste und unternahm außerdem zahlreiche Konzertreisen u.a. nach London, Paris und Rußland. Jahrelang war er auch Feuilletonist der *Kölner Zeitung*. Obwohl H. zu den einflußreichsten Anhängern Brahms' gehörte, gelang es ihm nicht, Brahms als Nachfolger nach Köln zu gewinnen. Zu seinen Schülern gehörten M. Bruch und E. Humperdinck. Seine Kompositionen mit vorwiegend klassizistisch-romantischen Zügen bezeugen seine konservative Musikauffassung. In seinen ästhetischen Anschauungen war er besonders E. Hanslick verpflichtet.

WW: **1) Instr.-WW:** Für Klv.: 24 Etüden; 24 rhythmische Etüden; Capricen; Fantasien; Duette. – 4 Symphonien; 2 Klv.-Konzerte As-Dur u. fis-moll; V.-Konzert. – **2) Vokal-WW:** Zahlr. Klv.-Lieder u. Chorwerke; Oratorien: *Die Zerstörung Jerusalems*, UA: Leipzig 1840; *Saul*, UA: Düsseldorf 1858. – **3) Bühnen-WW:** Opern: *Der Traum in der Christnacht*, UA: Dresden 1840; *Konradin*, UA: ebd. 1847; *Der Advokat*, UA: Köln 1854; *Die Katakomben*, UA: Wiesbaden 1862; *Der Deserteur*, UA: Köln 1865. – **4) Schriften:** *Übungen zum Studium der Harmonie u. des Kontrapunktes* (Kö 1860, [16]1897); *Die Musik u. das Publicum* (Kö 1864); *Aus dem Tonleben unserer Zeit* (L 1868, 1871); *Beethoven* (L 1871); *Mendelssohn* (Kö 1874); *Briefe an eine Ungenannte* (Kö 1877); *Goethes musikal. Leben* (Kö 1883); *Erinnerungsblätter* (Kö 1884).

Lit.: H. HERING, Die Klv.-Werke F. von H.s (Diss. Kö 1927); F. H.s Briefwechsel, 7 Bde., hrsg. v. R. SIETZ (Kö 1958–70); R. SIETZ, H., in: Rheinische Musiker 1 (Kö 1960); G. PUCHELT, Verlorene Klänge. Stud. zur dt. Klv.-Musik 1830–80 (B 1969); R. SIETZ, Die musikal. Gestaltung der Loreleysage bei M. Bruch, F. Mendelssohn u. F. H., in: M. Bruch-Studien (Kö 1970) (= Beitr. zur rheinischen Musikgesch. 87); P. MIES, F. H. „Ghaselen" für Klv., in: Stud. z. Musikgesch. des Rheinlandes 4 (Kö 1975) (= ebd. 112).

HILLER (Hüller), **Johann Adam,** *25.12.1728 Wendisch-Ossig bei Görlitz, †16.6.1804 Leipzig; dt. Komponist. Nach dem Besuch der Dresdner Kreuzschule, wo er von G. A. Homilius Musikunterricht erhielt, studierte H. seit 1751 in Leipzig Jura und Geschichte, erlernte nebenbei das Spiel fast sämtlicher Instrumente, vervollkommnete sich im Gesang und komponierte eifrig. 1754 wurde er Hauslehrer beim Grafen Brühl in Dresden, ging vier Jahre später nach Leipzig, wo er Liebhaberkonzerte und Concerts spirituels nach Pariser Vorbild veranstaltete. Später rief er die sogenannten „Gewandhauskonzerte" ins Leben. 1771 gründete er eine Gesangschule, in der er einige namhafte Schülerinnen heranbildete. 1784 folgte er für kurze Zeit einem Ruf als Kapellmeister an den Hof des Herzogs von Kurland nach Mitau und war anschließend in Berlin und Breslau tätig, wo er Händels *Messias* in einer eigenen Bearbeitung aufführte. 1789 übernahm er als Nachfolger von J. F. Doles das Thomaskantorat in Leipzig; er wandte sich nun ausschließlich der Komposition geistlicher Werke zu und setzte sich tatkräftig für eine Reform der Kirchenmusik ein. 1801 trat er in den Ruhestand.

WW: **1) Kompositionen: a) Vokal-WW:** Mehrere Slgen. mit weltlichen Liedern u. einzelne weltliche Kantaten für SingSt u. Klv.; weltliche Chor-Werke. – Geistliche Klv.-Lieder, darunter *Choral-Melodien* nach C. F. Gellerts *Geistlichen Oden u. Liedern* (L 1761), bearb. für 4 St. u. B.c. (L 1792); *50 geistliche Lieder für Kinder*, mit V. (L 1774/75); *Religiöse Oden u. Lieder* (L 1790); *Allgemeines Choral-Melodienbuch* für 4 St. (L 1793 mit mehreren Nachträgen); weitere ähnliche Slgen. für Chor u. Instr., u.a. Ps. 100; Messen (hsl. erhalten). – **b) Singspiele** (UA in Leipzig, von den meisten wurden, ebenfalls in Leipzig, Klv.-Auszüge gedruckt): *Der Teufel ist los*, 1. Teil: *Die verwandelten Weiber*, 2. Teil: *Der lustige Schuster*, UA: 1766; *Lisuart u. Dariolette*, UA: 1766, erweitert auf 3 Akte, UA: 1767; *Lottchen am Hofe*, UA: 1767; *Die Muse*, UA: 1767; *Die Liebe auf dem Lande*, UA: 1768; *Die Jagd*, UA: 1770, überarbeitet v. Lortzing, UA: 1830; *Der Dorfbalbier*, UA: 1771; *Der Aerndtekranz*, UA: 1771; *Der Krieg*, UA: 1772; *Die kleine Aehrenleserin*, UA: vor 1773; *Die Jubelhochzeit*, UA: 1773; *Das Grab des Mufti oder Die beiden Geitzigen*, UA: 1779; *Poltis oder Das gerettete Troja*, UA: 1782. – **c) Instr.-WW:** gedruckt wurden: *Loisir musical* ((Sonaten u. *Pièces de galanterie*) für Cemb. (L 1762); Fugetten für Orgel (L 1791). – H. gab zahlr. Slgen. von Arien u. Duetten u. einzelne Opern u. Oratorien anderer Komponisten heraus. U.a. bearbeitete er auch G. F. Händels *Messias*. – **2) Schriften:** *Lebensbeschreibungen berühmter Musikgelehrter u. Tonkünstler neuerer Zeit* (L 1784); *Über Metastasio u. seine Werke* (L 1786); *Anweisung zum musikalisch-richtigen Gesange* (L 1774, [2]1798); *Anweisung zum musikalisch-zierlichen Gesange* (L 1780); *Ueber die Musik u. deren Wirkungen* (= Übers. v. Chabanons *Observations sur la musique* v. 1779) (L 1781, Nachdr. L 1974); *Anweisung zum Violinspiel* (L um 1792); *Kurze u. erleichterte Anweisung zum Singen* (L 1792); versch. kleinere Schriften. – Ferner die Zschr. *Wöchentliche Nachrichten u. Anmerkungen die Musik betreffend* (L 1766–70, Nachdr. Hil – NY 1970).

H., typischer Vertreter einer philanthropischen Epoche, gehörte zu den vielseitig interessierten und fortschrittsgläubigen Bildungsmusikern. Unermüdlich in seiner Aktivität, tat er sich in gleicher Weise als Dirigent, Komponist, Organisator, Pädagoge und Musikschriftsteller hervor. Als Singspielkomponist erstrebte er als Anhänger J.-

J. Rousseaus Einfachheit und Natürlichkeit und versuchte, Formen der italienischen Oper im Stile J. A. Hasses und C. H. Grauns mit kurzen Liedern nach dem Vorbild der französischen Opéra-comique organisch zu einer Einheit zu verbinden und beide Elemente gleichzeitig zur Personen- und Standescharakterisierung zu verwenden. H. hat damit der späteren „deutschen Operette" wesentlich den Weg geebnet. Von seinen geistlichen Kompositionen gehören die Messe in D-Dur und der 100. Psalm zu den gehaltvollsten, an besten Mustern geschulten Werken. Mit der Herausgabe von Kompositionen fremder Meister hat H. den Klavierauszug populär gemacht. Als Musikschriftsteller schuf er mit den *Wöchentlichen Nachrichten* die erste vorbildlich gewordene Musikzeitschrift, die sich an einen breiten Leserkreis des aufgeschlossenen Bürgertums wandte. In seinen Gesangsschulen hat H. den Lehrstoff zum erstenmal nach modernen methodischen Gesichtspunkten geordnet, wobei er aber die italienische Bravourarie noch immer als höchsten Gipfel der Gesangskunst betrachtet.

Ausg.: 10 Lieder in: M. FRIEDLAENDER, Das dt. Lied im 18. Jh. 1/2 (St – B 1902, Nachdr. Hil 1962); Minuetto u. Musette, in: Kleine leichte Klv.-Stücke, hrsg. v. A. KREUTZ (Mz 1935); *Gehe, guter Peter, gehe,* aus dem *Aerndtekranz* v. 1772, in: A. SCHERING, Gesch. der Musik in Bsp. (L ^{2}1953); eine Arie aus *Anweisung zum musikalisch-zierlichen Gesange* 1780, in: E. T. FERAND, Die Improvisation (Kö 1956) (= Das Musikwerk 12); Allg. Choral-Melodienbuch 1793, Nachdr. (Hil 1978).

Lit.: K. PEISER, J. A. H. (L 1894); G. CALMUS, Die ersten dt. Singspiele v. Standfuß u. H. (L 1908, Nachdr. Walluf 1973); H.s Autobiographie, in: Lebensläufe dt. Musiker v. ihnen selbst erzählt, hrsg. v. A. EINSTEIN (L 1915); A. SCHERING, Musikgesch. Leipzigs III (L 1941, Nachdr. L 1974) (darin: Das Zeitalter J. A. H.s 1750–1800); E. SCHENK, Breitkopfs Musik zum Leipziger Liederbuch u. ihre Beziehungen zu H. u. Goethe, in: Chronik des Wiener Goethe-Vereins 52/53 (1949), Wiederabdruck, in: Ausgew. Aufsätze, Reden u. Vorträge (Gr 1967) (= Wiener Musikwiss. Beitr. 7); W. SERAUKY, J. A. H. als Erwecker der Händel-Tradition im 18. Jh., in: FS zum 175jährigen Bestehen der Gewandhauskonzerte (L 1956); V. DUCKLES, J. A. H.s „Critical Prospectus for a Music Library", in: Studies in 18th Century Music. FS K. Geiringer (Lo 1970); K. KAWADA, Stud. zu den Singspielen v. J. A. H. (Kas 1973).

L. HOFFMANN-ERBRECHT

HILLER, Lejaren A. * 23. 2. 1924 New York; amerik. Komponist. H. studierte an der Princeton University und an der University of Illinois, wo er seit 1958 Assistant Professor, 1961–66 Associate Professor und 1966–68 Professor of Music war. Seitdem unterrichtet er an der State University of New York in Buffalo. H. befaßte sich als Theoretiker wie Komponist vor allem mit der Computermusik, zu deren wichtigsten Vertretern er gehört.

WW: **1) Kompositionen:** 5 Klv.-Sonaten (1946–60); 6 Streichquartette (1949–72); *Illiac Suite* (1957) (zus. mit M. Isaacson) für Streichquartett; 2 Symphonien (1953, 1960). – Elektronische Kompositionen: *Computer Cantata* (1963) für Sopran, Tonband u. Kammerensemble; *Algorithms I* (1968) für 9 Instr. u. Tonband; *HPSCHD* (1967–69) (zus. mit J. Cage) für 1–7 Cemb. u. 51 Tonbänder. – **2) Schriften:** *Experimental Music* (NY 1959) (zus. mit M. Isaacson); *Electronic Music at the University of Illinois,* in: JMTh 7 (1963); *Informationstheorie u. Computermusik* (Mz 1964) (= Darmstädter Beitr. z. Neuen Musik 8).

HILLER, Wilfried, * 15. 3. 1941 Weißenhorn (Schwaben); dt. Komponist. H. studierte von 1963–70 an der Münchner Musikhochschule (Komposition bei G. Bialas, Schlagzeug bei L. Porth und H. Hölzl) und arbeitet seit 1968 eng mit C. Orff zusammen. Er ist Gründer der Münchner Konzertreihe „musik unserer zeit", in der neue Präsentationsformen zeitgenössischer Musik erprobt werden. 1968 erhielt er den Richard-Strauss-Preis und 1971 den Förderpreis für Musik der Stadt München sowie 1977 den Anerkennungspreis der Stadt Salzburg für das Ritual *Niobe.* 1978 und 1981 arbeitete er als Stipendiat der Villa Massimo in Rom.

WW: **1) Instr.-WW:** *Rhythmizomenon* (1966) für Klv.; *Movements* (1967) für Org.; *Solo für ein Löwengebrüll* (1968); *Fanfare* (2. Platz im Wettbewerb um die Olympiafanfare 1972); *Katalog für Schlagzeug* (1966–75); *Nachtgesang* (1974) für Orch.; *Pas de deux* (1978) für 2 Klv. – **2) Vokal-WW:** *Der Leuchtturm* (1962–65) Liederzyklus nach Gedichten von W. Borchert. – **3) Bühnen-WW:** *An diesem heutigen Tage* (Libr.: E. Woska) (1971/73); *Liebestreu und Grausamkeit* (1972/80) (nach W. Busch); *Muspilli* (1974–78) für Bar. u. Kammerensemble; *Niobe* (1974–77) (Libr.: E. Woska); *Der Gesang der Gesänge* (1977–80) (nach M. Buber) für Sopran, Sprecherin, Tänzerin, Bar., Chor und Orch.; *Ein Frosch sah einstmals einen Stier* (1978/79) Szenen nach Fabeln von Jean de la Fontaine; *Ijob* (1979) (nach M. Buber) für Tenor (60–80 Jahre), 1 Schauspielerin, Tasten- und Schlaginstrumente; *Der Lindwurm und der Schmetterling* (1979/80) (Text: M. Ende) Szene für Marionetten; *Tranquilla Trampeltreu* (1980) (Text: M. Ende) Musik. Fabel in Rondoform.

HILTON, engl. Musikerfamilie. – **1) John I,** † März 1608 Cambridge; engl. Organist und Komponist. H. war seit 1584 Countertenor an der Kathedrale von Lincoln und seit 1594 Organist am Trinity College in Cambridge. Sein 5st. Madrigal, *Fair Oriana, Beauty's Queen,* fand Aufnahme in *The Triumphes of Oriana* (Lo 1601). Hsl. sind Anthems und Orgelkompositionen erhalten. – **2) John II,** möglicherweise Sohn von John I, * 1599 Oxford, † London, beerdigt 21. 3. 1657. H. wurde 1626 Bachelor of Music des Trinity College in Cambridge und 1628 Laienpriester und Organist der Kirche an St. Margaret's in Westminster. Er veröffentlichte in London *Ayres, or Fa La's* für 3 St. (1627) und den Sammeldruck *Catch that Catch can* (1652, ^{5}1673 als *The Musical Companion*), der bis zur Mitte des 18. Jh. oft nachgedruckt wurde. Handschriftlich sind von ihm weitere Vokalwerke, geistliche Dialoge und Werke für Violenensemble erhalten.

Ausg.: **Zu 2):** 3 Ayres, hrsg. v. A. GOODCHILD (Lo 1960); ein Ayre, hrsg. v. W. S. GWYNN WILLIAMS (Lo 1963); Preludio u.

5 Fantasien für 3 Streich- oder Blasinstr., hrsg. v. H. MÖNKEMEYER (Wilhelmshaven 1963); *Catch that Catch can* 1652, Faks.-Ausg. (NY 1970); 7 Lieder, in: English Songs 1625–60, hrsg. v. I. SPINK (Lo 1971) (= Mus. Brit. 33).

Lit.: W. H. GRATTAN FLOOD, New Light on Late Tudor Composers. J. H., in: MT 68 (1927); B. SMALLMAN, Endor Revisted. English Biblical Dialogues of the 17th Century, in: ML 45 (1965).

HILVERDING (Helwerding, Hilferding) **van Wewen, Franz Anton Christoph,** * 17. 11. 1710 Wien, † 30. (29.?) 5. 1768 ebd.; östr. Tänzer und Choreograph. Seit 1737 als Hoftänzer in Wien tätig, trat H. hier um 1740 als erster mit tragischen Ballettpantomimen (*Britannicus* nach Racine, *Idomenée* nach Crébillon, *Alzire* nach Voltaire) hervor, einer Gattung, die später von seinem Schüler G. Angiolini, der ihn ausdrücklich als seinen Lehrer bezeichnete, und von dem ebenfalls in Wien wirkenden J. G. Noverre vollendet wurde. 1742–52 war er Ballettmeister am Kärntnerthor-Theater, 1748–52 auch Ballettmeister am Burgtheater. 1752 wurde er Hofballettmeister. 1759–64 reorganisierte er das Petersburger Ballettwesen. 1765 trat er wieder in Wien als Tänzer auf. 1766/67 leitete er als Pächter das Kärntnerthor-Theater. H. verfaßte zahlreiche Balletteinlagen (u. a. zu Opern von J. A. Hasse, Chr. W. Gluck, A. Adolfati, H. F. Raupach, G. Chr. Wagenseil und V. Manfredini) und eine Reihe selbständiger Ballette (für das Kärntnerthor-Theater volkstümliche und Charakterballette, für das Burgtheater mythologische, allegorische und Groteskballette sowie Divertissements), zu denen neben I. Holzbauer und F. L. Gaßmann vor allem J. Starzer die Musik schrieb.

Lit.: G. GUGITZ, Die Familie H. u. ihre theatralische Sendung, in: Jb. des Vereins für Gesch. der Stadt Wien 11 (1954); W. PFANNKUCH, F. H., in: MGG VI; G. WINKLER, Das Wiener Ballett v. Noverre bis F. Elßler (Diss. W 1967); F. DERRA DE MORODA, F. A. Ch. H., in: Ballett 1967 (Velber 1967); DIES., F. A. Ch. H. u. das ballet d'action. Zum 200. Todestag des großen östr. Ballettmeisters, in: ÖMZ 23 (1968). W. PFANNKUCH

HIMMEL, Friedrich Heinrich, * 20. 11. 1765 Treuenbrietzen (Brandenburg), † 8. 6. 1814 Berlin; dt. Pianist und Komponist. Als Stipendiat König Friedrich Wilhelms II. von Preußen war er 1787–92 Schüler von J. G. Naumann in Dresden. Nach weiteren zweijährigen Studien in Italien wurde er 1795 als Nachfolger J. Fr. Reichardts Hofkapellmeister in Berlin, von wo aus er zahlreiche Reisen unternahm. 1798/99 führte ihn eine Konzertreise nach Petersburg, Moskau, Riga, Stockholm und Kopenhagen. 1802 reiste er nach Paris, London und Wien, 1811 nach Wien und Prag. 1806/07 unternahm er eine Reise quer durch Deutschland. 1808–10 lebte er in Königsberg, wohin der Hof übergesiedelt war. Seine italienischen Opere serie, vor allem aber seine deutschen Bühnenwerke sowie viele seiner teils galant-empfindsamen, teils volkstümlichen Lieder waren bei seinen Zeitgenossen sehr beliebt. Unter seinen insgesamt über 300 vorwiegend klavierbegleiteten Liedern finden sich vereinzelt auch durchkomponierte Lieder (*Wunderhorn*-Lieder) und Liederzyklen (z. B. *Alexis und Ida*), die der deutschen Romantik nahestehen.

WW: Zahlr. Klv.-Stücke u. -Variationen, Klv.-Trios, 2 Klv.-Quartette u. ein Klv.-Sextett; *Grande Sonate* für Klv. u. Fl., op. 14 (Hannover o. J.); *Air des matelots varié* für Klv. u. Vc., op. 15 (L o. J.); eine Symphonie u. 3 Klv.-Konzerte, u. a. op. 25 (L o. J.); etwa 300 Lieder, meist mit Klv.-Begleitung, u. a. *Wunderhorn-Lieder*, op. 27 (1808); Liederzyklus *Alexis u. Ida*, op. 43 (1814); geistliche u. weltliche Chorwerke (u. a. ein *Vater unser*); 2 Messen; Kantaten; Oratorium *Isacco* (Libr.: P. Metastasio), UA: Berlin 1792. – Opere serie: *Il primo navigatore*, UA: Venedig 1794; *La morte di Semiramide*, UA: Neapel 1795; *Alessandro*, UA: St. Petersburg 1799; *Vasco di Gama*, UA: Berlin 1801; Singspiele (Klv.-Auszüge erschienen im Druck): Liederspiel *Frohsinn und Schwärmerey*, UA: ebd. 1801; *Fanchon das Leyermädchen* (Libr.: A. von Kotzebue nach N. Bouilly), UA: ebd. 1804 (gedruckt wurden daraus auch zahlreiche Einzelstücke); Zauberoper *Die Sylphen*, UA: ebd. 1806 (B o. J.); eine komische Oper *Der Kobold*, UA: Wien 1813 (W o. J.).

Ausg.: eine Kantate in: R. JAKOBY, Die Kantate (Kö 1968) (= Das Musikwerk 32).

Lit.: L. ODENDAHL, F. H. Bemerkungen zur Gesch. der Berliner Oper um die Wende des 18. u. 19. Jh. (Bonn 1917); L. GELBER, Die Liederkomponisten A. Harder, F. H. H., F. Hurka, C. G. Hering (B 1936); W. PFANNKUCH, H., in: MGG VI.
W. PFANNKUCH

HINDEMITH. – 1) Paul, * 16. 11. 1895 Hanau, † 28. 12. 1963 Frankfurt am Main; dt. Komponist. H. war seit 1909 Violinschüler von A. Rebner, seit 1912 Kompositionsschüler von A. Mendelssohn und B. Sekles am Hochschen Konservatorium in Frankfurt am Main. 1915 wurde er dort Konzertmeister am Opernhaus. Seit 1917 entstanden seine ersten wichtigen Kompositionen: 3 Gesänge für Sopran und Orchester op. 9 (1917), 1. Streichquartett op. 10 (1918) und Sonaten für Streichinstrumente und Klavier op. 11 (1918/19). Bekannt wurde H. durch die 1921 in Stuttgart uraufgeführten Einakter *Mörder, Hoffnung der Frauen* und *Das Nusch-Nuschi* sowie durch sein 2. Streichquartett bei den Donaueschinger Musiktagen. 1921 gründete er das Amar-Quartett, dem er bis 1929 als Bratschist angehörte, konzertierte aber auch als Solist. Ab 1933 wurde seine Position immer schwieriger, da seine Musik als „entartete Kunst" galt. Furtwänglers Eintreten für H. und die Aufführung der Symphonie *Mathis der Maler* 1934 führten zu einem Skandal. 1935–37 reiste er mehrmals in die Türkei mit dem Auftrag, das dortige Musikleben aufzubauen. 1937 emigrierte er in die Schweiz, von wo aus er bis 1939 3 Reisen in die USA unternahm. 1940 übersiedelte er schließlich dorthin und erhielt einen Lehrstuhl an der Yale University in New Haven. 1947 reiste er nach Europa. Nach seiner Berufung als Professor für Musikwissenschaft an die Universität Zürich 1951 gab er 1953 seine Lehrtätigkeit in New Haven auf. 1956 reduzierte er auch seine Zürcher Aufgaben und trat in den letzten Jahren vor allem als Dirigent und mit zahlreichen Vorträgen hervor. H. erhielt zahlreiche Auszeichnungen, darunter den Orden Pour le mérite. – Nach dem Tod von H.s Frau (1967) wurde nach deren Testament der gesamte Nachlaß in eine H.-Stiftung eingebracht, die 1968 mit Sitz in Blonay gegründet wurde. Die Stiftung ist gleichzeitig Trägerin des Paul-Hindemith-Instituts in Frankfurt am Main. Das Institut besitzt ein Archiv und ist als Schwerpunktstätte der H.-Forschung auch Redaktionsort der H.-Gesamtausgabe und der beiden Publikationsreihen der Stiftung: *H.-Jahrbuch* und *Frankfurter Studien.* Außerdem bemüht sich die Stiftung um die Nachwuchsförderung. Für diesen Zweck wurde in Blonay ein „Kulturzentrum" eingerichtet.

WW: **1) Instr.-WW:** Für Klv.: *In einer Nacht,* op. 15 (1919); *Suite „1922";* 3 Klv.-Sonaten (1936) u. *Ludus tonalis* (1942); die sogenannten Kammermusiken (sieben), op. 24,1 u. op. 36 sowie op. 46; 7 Streichquartette; Septett (1948); Oktett (1957–58); Klar.-Quintett, op. 30; zahlr. Duo- u. Solo-Sonaten. – Für Orch.: *Lustige Sinfonietta,* op. 4 (1916), UA: Berlin 1980; Konzert für Orch., op. 38 (1925); Konzertmusik, op. 41 (1926); *Philharmonisches Konzert* (1932); Symphonie *Mathis der Maler* (1934) u. Symphonie Es-Dur (1940); *Symphonische Metamorphosen über Themen v. C. M. von Weber* (1943); Symphonie *Die Harmonie der Welt* (1951); Symphonie B-Dur (1951) u. *Pittsburgh Symphony* (1958). – Solokonzerte für Vc., op. 3 (1915); Va. u. kleines Orch. *Der Schwanendreher* (1935); V. (1939); Vc. (1940); Klv. (1945); Klar. (1947); Horn (1949); Holzbläser u. Orch. (1949); Trp., Fag. u. Streichorch. (1949); ferner *Konzertmusik* für Klv., Blechbläser u. Harfe, op. 49 (1930) u. *Konzertmusik* für Va. u. Orch., op. 48 (1930). – **2) Vokal-WW:** Zahlr. Lieder, u. a. der Zyklus *Das Marienleben* nach R. M. Rilke, sowie Lieder nach Texten v. M. Claudius, F. Rückert, F. Novalis, W. Busch, F. Hölderlin, A. Silesius, C. Brentano, F. Nietzsche u. a.; Sologesänge mit Orch.: 3 Gesänge für Sopran u. Orch., op. 9 (1917); 6 Lieder aus *Das Marienleben* (1938–59); Sologesänge mit Instr.: *Melancholie,* op. 13 (1919) (Text: Ch. Morgenstern); *Des Todes Tod,* op. 23,1 (1922) (Text: E. Reinacher); *Die junge Magd,* op. 23,2 (1922) (Text: G. Trakl); *Die Serenaden,* op. 35 (1925); für Chor: *Lieder nach alten Texten,* op. 33 (1923); Oratorium *Das Unaufhörliche* (1931); *Six chansons* (1939) (nach R. M. Rilke); Requiem *Als Flieder jüngst…* (1946); 12 Madrigale nach J. Weinheber (1958); Messe (1963); Sing- u. Spielmusik: *Tuttifäntchen* (1922); *Sing- und Spielmusiken für Liebhaber und Musikfreunde,* op. 45 (1928–29); *Wir bauen eine Stadt* (1930); *Plöner Musiktag* (1932). – **3) Bühnen-WW:** Sketch *Hin und zurück,* UA: Baden-Baden 1927; *Lehrstück* (Libr.: B. Brecht) für 2 Männer-St., Sprecher(in), gem. Chor, Orch., Blasorch., Tänzer(in), 3 Clowns u. Menge, UA: ebd. 1929. – Opern: *Mörder, Hoffnung der Frauen* (Libr.: O. Kokoschka), UA: Stuttgart 1921; *Das Nusch-Nuschi,* UA: ebd. 1921; *Sancta Susanna,* UA: Frankfurt 1922; *Cardillac* (Libr.: F. Lion nach E. T. A. Hoffmann), UA: Dresden 1926, neue Fassung, UA: Zürich 1953; lustige Oper *Neues vom Tage,* UA: Berlin 1929; *Mathis der Maler,* UA: Zürich 1938; *Die Harmonie der Welt,* UA: München 1957; *The Long Christmas Dinner* (Libr.: Th. Wilder), dt. als: *Das lange Weihnachtsmahl,* UA: Mannheim 1961. – Ballette: *Der Dämon,* UA: Darmstadt 1923; *Nobilissima visione,* UA: London 1938; *The Four Temperaments,* UA: New York 1946; *Hérodiade,* UA: Washington 1944. – **4) Schriften:** Lehrwerke: *Unterweisung im Tonsatz,* I: *Theoretischer Teil* (Mz 1937, [2]1940), II: *Übungsbuch für den zweistimmigen Satz* (Mz 1939), III: *Übungsbuch für den dreistimmigen Satz* (Mz 1970); *A Concentrated Course in Traditional Harmony,* 2 Bde. (NY 1943, [2]1944, 1948), dt. Übers., 2 Bde.: 1: *Aufgaben für Harmonie-Schüler* u. 2: *Harmonieübungen für Fortgeschrittene* (Mz 1949); *Elementary Training for Musicians* (NY 1946, [2]1949); *A Composer's World. Horizons and Limitations* (C/M 1952, Paperbackausg. Garden City/N.Y. 1962, Gloucester 1969), dt. Übers. v. H.: *Komponist in seiner Welt. Weiten u. Grenzen* (Z 1959); *Übungsbuch für elementare Musiktheorie* (Mz 1975).

Trotz vieler Einflüsse vor allem Cl. Debussys und M. Regers weisen H.s vor 1920 entstandene Kompositionen bereits eine individuelle Handschrift auf. Mit dem 2. Streichquartett, der 1. Kammermusik, der *Suite „1922"* für Klavier und dann mit dem Liederzyklus *Das Marienleben* (1922/23) gewann H. in Deutschland unter der jungen Komponistengeneration die führende Position. Charakteristisch in seiner Musik ist die harte Gegenüberstellung von aggressiver Heftigkeit und herber Melancholie. Der Satzduktus ist geprägt von primär melodisch-rhythmischen Bewegungsimpulsen. Mit dem *Marienleben* und dem Streichquartett op. 22 vollzieht sich ein Wandel: Die melodische Energie wird in eine polyphone Ordnung eingebunden, der Satz tendiert zur konstruktiven Durchformung. Alte Satz- und Formmodelle (Fuge, Passacaglia usw.) unterstreichen die Ausbildung des neuen Stilideals, das H. als verbindlich ansah und 1936/37 in seiner *Unterweisung im Tonsatz* theoretisch zu fundieren suchte. Kernpunkt des H.schen Satzideals ist die „melodische Tonalität", die Vorstellung von einer linear geprägten Satzgestaltung, wobei die melodischen Linien so angelegt sind, daß daraus Zusammenklangsordnungen resultieren, die im Sinne einer „erweiterten Tonalität" aufzufassen sind. Vor allem aber ist H.s Stilideal, das freilich in der kompositorischen Wirklichkeit Wandlungen unterliegt, auch Konsequenz eines kunstethischen Anspruchs, der unter Bezugnahme auf die zeitgeschichtliche Problematik nachdrücklich in den Opern *Mathis der Maler* 1934/35 und die *Harmonie der Welt* (1956/57) formuliert ist. H.s Schaffen ist außerordentlich vielseitig, umfaßt von der Oper und dem Oratorium über sinfonische Werke, Konzertmusiken, Kammermusikwerke und Lieder bis zu Sonaten-Kompositionen für Duo und Solo fast alle Gattungen. Hierin wie in der Neigung, ganze Werkserien zu komponieren (Sonaten op. 11, op. 25, Sonaten für fast alle traditionellen Instrumente in den 30er und 40er Jahren, Kammermusiken op. 24, op. 36 und op. 46), wird das Bemühen erkennbar, den „alten", alle musikalischen Erscheinungsformen umfassenden Musikbegriff wieder verbindlich zu machen. Auf dieser Linie liegt auch H.s vorbildhaftes Engagement auf dem Gebiet der Musik für Kinder und Laien *(Wir bauen eine Stadt, Plöner Musiktag, Sing- und Spielmusiken für Liebhaber und Musikfreunde).* Für H. bedeutete Musiker-Sein die Aufhebung der Grenzen von Kunst- und Laien-Musik, von schöpferischer und nachschöpferischer Tätigkeit. Sein Wirkungsfeld umfaßte Praxis und Theorie, organisatorische Funktionen und experimentelle Versuche (Film- und Radiomusik, Kompositionen für Trautonium, Zusammenarbeit mit O. Schlemmer: *Triadisches Ballett,* und B. Brecht: *Lehrstück, Lindberghflug* u.a.).

2) Rudolf, Bruder von 1), *9. 1. 1900 Hanau; dt. Cellist. H. studierte bis 1918 am Hochschen Konservatorium in Frankfurt a.M. und danach kurze Zeit bei A. Földesy in Berlin. 1919–21 war er 1. Solocellist des Münchner Konzertvereins, 1921–24 an der Wiener Staatsoper. Er spielte außerdem im Münchener Trio und im Amar-Quartett und lehrte zeitweilig an der Musikhochschule in Karlsruhe.

Ausg.: **Zu 1):** GA, hrsg. v. L. FINSCHER – K. VON FISCHER (Mz 1975 ff.).

Lit.: Die Werke v. P. H. im Verlag B. Schott's Söhne (Mz 1954); E. WESTPHAL, P. H., eine Bibliogr. des In- u. Auslandes seit 1922 über ihn u. sein Werk (Kö 1957) (= Bibliogr. H. 2); P. H. Kat. seiner Werke, Diskographie, Bibliogr., Einführung in das Schaffen (F 1970); H.-Jb. (F 1971 ff.). – F. WILLMS, Führer zur Oper Cardillac v. P. H. (Mz 1926); K. HASSLWANTER, P. H.s Cellowerke u. ihre Stellung im Rahmen seines Gesamtschaffens u. seiner „Unterweisung im Tonsatz" (Diss. I 1958); W. THOMSON, H.'s Contribution to Music Theory, in: JMTh 9 (1965); W. PÜTZ, Stud. zum Streichquartettschaffen bei H., Bartók, Schönberg u. Webern (Rb 1968) (= Kölner Beitr. z. Musikforsch. 36); J. KEMP, H. (Lo 1970); A. BRINER, P. H. (Z – Mz 1971); F. GOEBELS, Interpretationsaspekte zum „Ludus tonalis", in: H.-Jb. 2 (1972); C. GOTTWALD, H.s Messe, in: Musik u. Bildung 6 (1974); J. P. THILMANN, Zu H.s Motetten, in: Musica 28 (1974); E. ZWINK, P. H.s „Unterweisung im Tonsatz" als Konsequenz der Entwicklung seiner Kompositionstechnik, graphische u. statistische Musikanalyse (Gö 1974) (= Göppinger akad. Beitr. 81); A. RUBELI, P. H.s a-cap.-Werke (Mz 1975) (= Frankfurter Stud., Veröff. des P.-H.-Inst. 1); E. ZWINK, Zur Ableitung der Reihe 1 in H.s „Unterweisung im Tonsatz", in: Mf 29 (1976); D. P. NEUMEYER, Counterpoint and Pitch Structure in the Early Music of H. (1976) (= Diss. Yale Univ.); J. H. LEDERER, Zu H.s Idee einer Rhythmen- u. Formenlehre, in: Mf 29 (1976); G. METZ, Melodische Polyphonie in der Zwölftonordnung. Stud. zum Kontrapunkt P. H.s (Baden-Baden 1976) (= Slg. musikwiss. Abh. 57); J. C. KIDD, Aspects of Mensuration in H.'s Clarinet Sonata, in: MR 38 (1977); G. SCHUBERT, Über die GA der musikal. Werke P.H.s, in: Mf 30 (1977).

D. REXROTH

HINES, Earl Fatha (Earl Kenneth), *28. 12. 1905 Duquesne (Pennsylvania), † 22. 4. 1983 Oakland; amerik. Jazzpianist und Bandleader. H. spielte 1926–28 u. a. bei Louis Armstrongs „Hot Five" und leitete 1928–48 eigene Big Bands. Seine beste Band war die der Jahre 1939–41, seine einflußreichste (in ihr spielten nachmalige Größen des Bebop wie Charlie Parker und Dizzy Gillespie) hatte er 1943. 1948 kehrte H. wieder zu Louis Armstrong zurück, leitete seit 1951 aber wieder eigene Bands. Unter dem Eindruck der Trompetentechnik Armstrongs entwickelte H. einen speziellen Klavierstil, den „Trumpet Piano Style".

Lit.: E. H., in: Jazz erzählt, hrsg. v. N. SHAPIRO – N. HENTOFF (Mn 1962); A. POLILLO, Jazz, Gesch. u. Persönlichkeiten der afro-amerik. Musik (Mn 1978).

HINES, Jerome, *8. 11. 1921 Los Angeles; amerik. Sänger (Baß). H. studierte in Los Angeles und debütierte 1941 in San Francisco als Biterolf in Wagners *Tannhäuser.* Seit 1946 gehörte er der Metropolitan Opera in New York an und sang als Gast an den größten Opernhäusern Amerikas und Europas, insbesondere seit 1958 regelmäßig bei den Bayreuther Festspielen. H. hat auch einen bedeutenden Ruf als Konzertsänger.

HINTERSATZ, ursprünglich Bz. für Orgelpfeifen (↗Mixturen, ↗gemischte Stimmen), die seit Ende des 15. Jh. in dem ursprünglich ohne Registerteilung funktionierenden ↗Blockwerk vom ↗Prinzipal und seinem Plenum getrennt und – daher der Name – dahintergesetzt wurden. Heute Bz. für eine Mixtur im Hauptwerk oder Pedal.

HIPPOLYTE UND ARICIE, Tragédie in einem Prolog und 5 Akten von Jean-Philippe Rameau (1683–1764). Text von Abbé Simon Joseph de Pellegrin. Ort und Zeit der Handlung: Griechenland in mythischer Vergangenheit. UA: 1. 10. 1733 in Paris; EA in dt. Sprache: 20. 5. 1931 in Basel.

Rameaus erste aufgeführte Oper, die er erst im Alter von fünfzig Jahren komponierte, zählt zu den bedeutendsten französischen Bühnenwerken des 18. Jahrhunderts. Noch Claude Debussy sah in Rameau den Vollender der französischen Oper und bezeichnete Gluck als naturalistischen Barbaren. Durch Reduktion der Handlung auf die Liebesgeschichte von Aricie und Theseus' Sohn Hippolyte, die nach tragischen Verwicklungen durch das Eingreifen Dianas zum glücklichen Ende geführt wird, wird der dramatische Ablauf gegenüber den früheren Bearbeitungen des gleichen Stoffes durch Euripides oder Racine erheblich gestrafft. Rameau folgt bei der musikalischen Ausgestaltung scheinbar der französischen Operntradition seit Lully: die Handlung wird getragen vom continuo-begleiteten Rezitativ, das gelegentlich von Arien als Ausdruck seelischer Bewegung unterbrochen wird, wobei die Prosodie der Sprache die Gestaltung wesentlich beeinflußt. Doch gerade hier äußert sich auch Rameaus Eigenständigkeit, die Übergänge von rezitativischen zu ariosen Partien, gelegentlich zu kleinen ‚Airs' ausgebaut, sind fließend und immer vom Text bestimmt. Wie später Gluck zieht Rameau dramatische Stringenz der reinen Prachtentfaltung vor, was sich sowohl an dem Bemühen um psychologische und dramatische Rechtfertigung der Divertissements als auch in der Ausgestaltung der Chorszenen ablesen läßt. Die rhythmisch und harmonisch sehr differenzierte Klangsprache und eine die Klangfarben der Einzelinstrumente charakteristisch ausnutzende Orchestertechnik bewirkten zunächst Unverständnis beim Publikum, trugen dann aber wesentlich zum Erfolg des Werkes bei.

TH. MENGER

HIRMOS (von griech. heirmos = Verbindung, Reihe), in der byzantinischen Kirchendichtung und Musik Bz. für eine Modellstrophe, die jeder der neun Oden des ↗Kanons zugrunde liegt; d. h., die einzelnen Strophen (↗Troparien) jeder Ode sind metrisch und musikalisch gleich strukturiert. Überlieferungen, seit dem 10. Jh. größtenteils auch neumiert, finden sich in Handschriften, den sog. Heirmologien. Der heirmologische Stil (↗Byzantinischer Gesang) ist primär durch Syllabik gekennzeichnet. Die Überlieferung der H.-Melodien ist bis zum 13. Jh. weitgehend einheitlich gewesen. Danach vollzog sich eine durchgreifende musikalische Wandlung, die zur Ausbildung eines „rezitativischen" heirmologischen Stils führte.

HIRSBRUNNER, Theo, * 2. 4. 1931 Thun; Schweizer Musikforscher. H. studierte 1951–53 am Konservatorium in Bern und 1953–55 am Pariser Conservatoire Violine, 1956–59 Theorie und Komposition bei S. Véress in Bern, 1959 bei W. Vogel in Ascona und 1961–62 bei P. Boulez in Basel. Seit 1966 lehrt H. Musikgeschichte und Musiktheorie am Konservatorium in Bern. 1978 wurde er von der ČSSR mit der Leoš Janáček-Medaille ausgezeichnet. Neben vielen Aufsätzen veröffentlichte er eine Arbeit über Debussy (Kö 1980).

HIRSCH, Paul Adolf, * 24. 2. 1881 Frankfurt a. M., † 25. 11. 1951 Cambridge; dt. Musiksammler und -bibliograph. H. begann 1896 mit dem Sammeln von Musikdrucken und Musikhandschriften und baute zu seiner Zeit die bedeutendste Privatbibliothek Europas auf, die 1929 15 000 Bände umfaßte, darunter zahlreiche Werke über Mozart, Originalausgaben älterer musiktheoretischer Schriften und Gesamtausgaben von Werken einzelner Komponisten. 1946 wurde die Sammlung vom British Museum London erworben. Durch seine Sammeltätigkeit und eigene wie auch von ihm inspirierte Arbeiten wurde H. einer der Pioniere der modernen Musikbibliographie.

WW: Schriften: *Kat. einer Mozart-Bibl.* (F 1906); *Musik-Bibliophilie. Aus den Erfahrungen eines Musiksammlers,* in: FS Zobeltitz (Wr 1927); *Bibliogr. der musiktheoretischen Drucke des F. Gafori,* in: FS J. Wolf (B 1929); *Some Early Mozart Editions,* in: MR 1 (1940); *Dr. Arnolds Handel Edition,* in: MR 8 (1947); *Contemporary Editions of Beethoven,* in: MR 14 (1953) (zus. mit B. Oldman). – *Katalog der Musikbibl. P. H.* (zus. mit K. Mayer), 4 Bde., I: *Theoretische Drucke bis 1800* (B 1928), II: *Opern-Partituren* (B 1930), III: *Instr.- u. Vokalmusik bis etwa 1830* (F 1936), IV: *Erstausg., Chorwerke in Partitur, Gesamtausgaben, Nachschlagewerke etc. Ergänzung zu Bd. I–III* (C 1947). Zus. mit J. Wolf gab H. ferner heraus: *Veröffentl. der Musikbibl. P. H.* (B 1922–30, Kas 1934, Lo 1945) mit Faks.- u. Neu-Ausg. theor. u. prakt. WW des 16.–19. Jh.

Lit.: O. HIRSCH, Some Articles and Catalogues Written or Published by P. H., in: MR 12 (1951); A. H. KING, P. H. 1881–1951. Some Personal Recollections, in: Monthly Musical Record 82 (1952); DERS., Ein guter Europäer. Zum Gedenken an P. H. 1881–1951, in: Musica 6 (1952); O. E. DEUTSCH, Nachruf für P. H., in: Mf 5 (1952); Catalogue of Printed Books in the British Museum, Accessions, Serie III, Part 291 b: Books in the H. Library, with Supplementary List of Music (Lo 1959).

HISTOIRE DU SOLDAT, L', Handlung von I. Strawinsky; dt. Titel: Die ↗Geschichte vom Soldaten.

HISTORIA (lat., = Geschichte). – **1)** Im Mittelalter gelegentlich Bz. für die Antiphonen und Responsorien eines Tages, die sich ursprünglich auf das Leben des an diesem Tage gefeierten Heiligen bezogen und aus der hl. Schrift oder aus den Märtyrerakten entnommen waren. – **2)** Im Sprachgebrauch der lutherischen Reformation ist H. (auch verdeutscht **Historie**) synonym mit Evangelium im heilsgeschichtlichen und im liturgischen Sinn (als einer gottesdienstlichen Lesung). Dementsprechend findet sich der Terminus im Titel zahlreicher gottesdienstlicher Kompositionen deutscher Provenienz des 16./17. Jh., denen die biblischen Berichte der zentralen Ereignisse im Leben Jesu zugrunde liegen: der Geburt, des Leidens und der Auferstehung. Da die Vertonung der Leidensgeschichte als ↗Passion musikgeschichtlich eine Sonderstellung einnimmt, versteht man unter H. im musikologischen Schrifttum meist nur die Vertonung der anderen „Geschichten".

Zahlenmäßig am umfangreichsten sind die Oster-Historien. Textliche Grundlage für ihre Entstehung und Entwicklung ist eine der *Summa passionis* entsprechende Evangelienharmonie von Johannes Bugenhagen (Wittenberg 1526). Ihre erste (anonyme) Vertonung folgt dem Vorbild der responsorialen Passion: einstimmiger choraler Vortrag des erzählenden Textes (↗Evangelist) und der Worte Christi mit Hilfe eines melodischen Modells (Rezitationston und bestimmte Formeln an den Interpunktionsstellen), 2–4st. homorhythmischer Satz für die Worte der anderen Personen, dazu Einleitungs- und Schlußchor. Das Rezitationsmodell dieses „Ostertons" erhält sein eigentümliches Profil durch die Terz c^1 über dem Rezitationston a, mithin durch eine melodische Wendung, wie sie für den ↗Germanischen Choraldialekt charakteristisch ist.

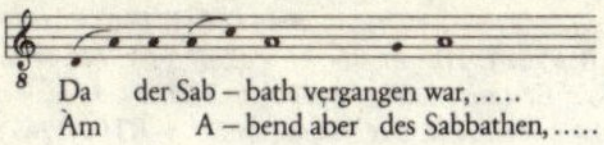

Wie bei der sog. Walter-Passion schließen sich auch an diese Oster-H. weitere Vertonungen an, wobei die Formeln des Ostertons jeweils modifiziert und die mehrstimmigen Sätze neugeschaffen werden. Es sind die Historien von N. Rosthius (hsl. 1598), A. Scandello (hsl., um 1568, hier nur die Evangelistenpartie einstimmig; gedruckt in der Bearbeitung von S. Besler 1612 u. von O. S. Harnisch 1621). In dieser Tradition steht auch die *Historia der fröhlichen und siegreichen Auferstehung* von H. Schütz (Dresden 1623). Sie hat durchgehend Generalbaß. In der Evangelistenpartie (die im ↗Falsobordone-Satz nach Art einer ↗Cappella Fidicinia von 4 Gamben begleitet wird) benutzt auch Schütz auf weite Strecken den alten Osterton *senza misura*, weicht aber von ihm oft ab zugunsten eines bildhaften oder affektbetonten musikalischen Wortausdrucks, der auch die anderen im Stile concertato gehaltenen Partien des Werkes stark beherrscht.
Die Auferstehungs-H. von Scandello war das unmittelbare Vorbild auch für die beiden frühesten Weihnachts-Historien (R. Michael, *Die Empfängnis unseres Herrn Jesu Christi* und *Die Geburt* ..., beide hsl., 1602). Sie lehnen sich in der melodischen Gestaltung der Evangelistenpartie jeweils an die chorale Singweise der Cantica Magnificat und Nunc dimittis an, die in den beiden H.n im Falsobordone-Satz erklingen. Auch die Geschichte der Weihnachts-H. hat Schütz durch ein bedeutsames Werk geprägt (*Historia der freuden- und gnadenreichen Geburt,* Dresden 1664). Der Evangelistenbericht zeigt in seiner generalbaßbegleiteten Melodik kaum noch Spuren einer choralen Lectio, sondern verweist auf den Stile recitativo und – wiederum in vielen affekthaltigen und bildhaften Stellen – auf den Stile rappresentativo der neuitalienischen Monodie. Damit steht dieses Werk in der Nähe der oratorischen deutschen Passion.
Mit ihm geht zugleich die Entwicklung der H.-Komposition im eigentlichen Sinne zu Ende. Die Vertonung biblischer Berichte aus dem Leben Jesu geschieht nun bei deutschen Komponisten nicht mehr unter der Bz. H., sondern ist Teil der Evangelienkomposition insgesamt, namentlich im Rahmen des deutschen Oratoriums des 18. Jh. Erst im 20. Jh. erfolgte im Zuge der Erneuerung der evangelischen Kirchenmusik eine Rückbesinnung auch auf die alte H., teilweise unter Übernahme der responsorialen Gestaltung. Im Titel erscheint dabei durchweg die deutsche Bz. Geschichte, z.B. in Werken von H. Distler, K. Hessenberg, H. Wunderlich, K. Fiebig, S. Reda. – **3)** Die Bz. H. erscheint in französischen Quellen des 17. und 18. Jh. im Titel einiger lateinischer Oratorien von G. Carissimi und wurde so vereinzelt auch von M. A. Charpentier verwendet. H. ist hier aber nicht, wie oft angenommen wird (und wie etwa auch aus der gelegentlich gebrauchten Bezeichnung „Histoire sacrée" hervorgeht), ein mit Oratorium synonymer Gattungsbegriff, sondern bezieht sich aller Wahrscheinlichkeit nach nur auf den Text der betreffenden Werke (z.B. Carissimis *Historia di Ezechia*).

Ausg.: **Zu 2):** Neudruck der genannten anonymen WW sowie der WW von Rosthius, Scandello u. Michael in: Hdb. der dt. ev. Kirchenmusik, I/3 (Gö 1973) u. I/4 (ebd.); die H. von Scandello in der Fassung v. S. Besler (Breslau 1612), hrsg. v. U. HERRMANN (St 1960) (= Die junge Kantorei 8); die beiden Historien von Michael auch hrsg. v. H. OSTHOFF (Kas 1937, Gö o. J.).

Lit.: W. MATTHÄUS, Die Evangelienhistorie v. J. Walter bis H. Schütz (Diss. masch. F 1942); W. BLANKENBURG, H., in: MGG VI; H. E. SMITHER, Carissimi's Latin Oratorios. Their Terminology ..., in: Anal. Mus. 17 (1976).
G. MASSENKEIL

HISTORICUS (lat., = Geschichtsschreiber, Evangelist), im lat. ↗Oratorium des 17./18. Jh. (namentlich bei G. Carissimi und M. A. Charpentier) Bz. für den Sänger, der nur den erzählenden Text vorträgt, bzw. für die ein- oder mehrstimmigen Teile, denen dieser Text zugrunde liegt. Der H. entspricht dem ↗Evangelisten in der deutschen protestantischen ↗Passion und ↗Historia (2) und dem ↗Testo im italienischen Oratorium dieser Zeit.

HISTORISMUS. Der Begriff H. wird in den Geisteswissenschaften in unterschiedlichem Sinn verwendet und erfordert deshalb eine sorgfältige terminologische Abgrenzung. Die Geschichtswissenschaft verstand seit der 1. Hälfte des 19. Jh. – unmittelbar beeinflußt durch die Wertung der Individualität und das daraus entstandene neue Geschichtsverständnis (Herder, Goethe) – unter H. das Bestreben, jede Epoche in der Gesamtheit ihrer geistig-kulturellen Erscheinung vorurteilsfrei, d.h. allein aus ihren Bedingungen und Gegebenheiten heraus, zu begreifen. Die Bz. H. wurde auch in kritischem Sinne, z. T. sogar polemisch abwertend, überall dort angewandt, wo historische Aspekte im Vordergrund der Betrachtung standen und im Extremfall eine konsequente und ausschließliche Historisierung des Denkens und alles Gewordenen bedingten (relativistischer H.). Diese Auffassung, in der natürliche Normen und ästhetische Werte grundsätzlich als fragwürdig erscheinen, läßt jedoch die Annahme überzeitlicher Konstanten in der Geschichte und damit auch in der Kunst und Musik nicht zu. – Der H. in der Musik des 19. und 20. Jh. stellt den Versuch dar, im Sinne eines bewußten Zurückgreifens auf ältere Vorbilder Überlieferungen zu restaurieren, die abgebrochen, vergessen oder auch abgewertet waren, und unterscheidet sich durch diese reflexive Haltung von der bloßen Traditionspflege früherer Epochen. Historisierende Bestrebungen um 1600 (↗Camerata fiorentina), das Nebeneinander verschiedener Kompositionsstile (↗Prima pratica, ↗Seconda pratica) und das bewußte Anknüpfen an ältere Musik im 17. und 18. Jh. (↗Stile antico, ↗a cappella) sind in einem erweiterten Verständnis als H. anzusehen. Die Rückbesinnung auf G. P. da Palestrina (in Deutschland durch J. G. Herder und J. Fr. Reichardt vorbereitet), ferner das von J. Thibaut proklamierte a cappella-Ideal (*Über Reinheit der Tonkunst*, 1824), das – verbunden mit der Forderung nach einer bleibenden Wiederbelebung (↗Restauration) der alten Vokalpolyphonie als den „wahren Kirchenstil" – die kirchenmusikalische Bewegung des ↗Cäcilianismus zur Folge hatte, und außerdem die zunehmende Beschäftigung mit Werken von J. S. Bach und G. Fr. Händel machen es deutlich, welche Bedeutung der H. in der Musik seit dem 18. Jh. hatte und in welchem Maße er die Kompositionsweise und die musikalische Praxis im 19. Jh. bestimmte. Die Sehnsucht nach einer „Repoetisierung des Lebens" (A. W. Schlegel) führte in der Romantik und in den ihr folgenden Strömungen durch Kritik am Zeitgeschehen zu der Forderung, vergessene „Grundwerte" wieder aufzudecken und einer schöpferischen Neugestaltung zugänglich zu machen (R. Schumann: „Rückschritt als Vorschritt"). Als Folge des H. und der damit verbundenen musikgeschichtlichen Forschung nahm die Zahl der Gesamtausgaben und Biographien seit der Mitte des 19. Jh. rapide zu. Seitdem sind historische Aspekte auch in der Ästhetik und Pädagogik bestimmende Faktoren. Die Wiederbelebung älterer Musik, die sich in der Praxis zuerst im „historischen Konzert" (Fr.-J. Fétis, F. Mendelssohn Bartholdy) abzeichnete, die Hinwendung zu mehreren Stilen nebeneinander (z. B. L. Spohr, *Historische Symphonie* g-moll, op. 116) und deren Eingliederung in ein sich festigendes Konzert- und Opernrepertoire in stil- und werkgetreuer Wiedergabe durch den Interpreten bzw. unter Verwendung historischer Instrumente sind wesentliche Phänomene jenes Prozesses, der im 18. Jh. einsetzte und dessen volle Expansion auch gegenwärtig noch nicht abzusehen ist (↗Aufführungspraxis).

Lit.: F. MEINECKE, Die Entstehung des H., 2 Bde. (Mn – B 1936); C. DAHLHAUS, H. u. Tradition, in: FS J. Müller-Blattau (Kas 1966); E. DOFLEIN, H. u. Historisierung in der Musik des 19. Jh., in: FS W. Wiora (Kas 1967); H. KIER, R. G. Kiesewetter 1773–1850. Wegbereiter des musikal. H. (Rb 1968) (= Stud. z. Musikgesch. des 19. Jh. 13); Alte Musik in unserer Zeit. Referate u. Diskussionen der Kasseler Tagung 1967 (Kas 1968) (= Musikal. Zeitfragen 13); Die Ausbreitung des H. über die Musik, hrsg. v. W. WIORA (Rb 1969) (= Stud. z. Musikgesch. des 19. Jh. 14); G. KNEPLER, Gesch. als Weg zum Musikverständnis. Zur Theorie, Methode u. Gesch. der Musikgeschichtsschreibung (L 1977).

N. DRECHSLER

HIT (engl., = Stoß, Treffer), Bz. für einen in den Ranglisten der Unterhaltungsbranche an der Spitze stehenden Musiktitel. – ↗Schlager.

HLOBIL, Emil, * 11. 10. 1901 Mezimostí Veselí (Böhmen); tschechischer Komponist. H. studierte 1924–30 in der Musikklasse für Komposition bei J. Suk am Prager Konservatorium, wo er 1941–58 Komposition und Musiktheorie lehrte. Anschließend wurde er Dozent an der Akademie musických amění in Prag. Nach seinen unter dem Einfluß Suks und V. Nováks geschriebenen Frühwerken wandte sich H. dem Neoklassizismus zu. Seine nach 1945 entstandenen Werke sind von der tschechischen und slowakischen Volksmusik geprägt.

WW: Zahlr. Klv.-Stücke; Orgelmusik; Kammermusik, u. a.: 4 Streichquartette; Bläserquintett, op. 64 (1964); Trio für Klar., Horn u. Kb. (1967); Trp.-Sonate, op. 71 (1967); *Contemplazione*, op. 75 (1968) für Va. u. Streichorch. – Für Orch.: 5 Symphonien (1949, 1951, 1957, 1959, 1969); V.-Konzert, op. 47 (1953); symphonische Dichtung *Svátek prace* (1960); *Concerto filarmonico*, op. 66 (1964); *Invocazioni*, op. 69 (1967); Konzert für Kb. u. Orch., op. 70 (1967). – Chöre; 3 Lieder (1953); *Evocazioni*, op. 75 (1968) für Sopran, Fl. u. Kontraalt-Fl. – Opern: *Anna Karenina* (1962) (nach Tolstoi); *Měšťák šlechticem* (Der Bürger als Edelmann) (1965).

Lit.: J. MATEJCEK, Tschech. Komponisten v. heute (Pr 1957).

H. M. S. PINAFORE or The Lass that loved a Sailor, Operette (Comic Opera) in 2 Akten von Sir Arthur Seymour Sullivan (1842–1900), Text von Sir William Schwenck Gilbert (1836–1911). Ort und Zeit der Handlung: an Bord der H. M. S. Pinafore um 1880. UA: 25. 5. 1878 in London (Opéra Comique).

Der Handlungsrahmen einer traditionellen Liebes- und Verwechslungskomödie gab den Autoren vielfach Gelegenheit, die Politik der Zeit, den britischen Patriotismus und Chauvinismus satirisch-ironisch aufs Korn zu nehmen. Eines der glänzendsten Beispiele dafür ist Sir Joseph Potters Couplet *When I was a Lad*, in dem er seine Karriere vom Laufburschen zum Ersten Lord der Britischen Admiralität schildert. Textlich ist dieses Couplet eine deutliche Anspielung auf den damaligen First Lord, William H. Smith, musikalisch ein prägnantes Beispiel für Sullivans Technik der Verknüpfung von Solo und

Chor. Die Ouvertüre ist ein effektvolles Repertoirestück für Promenadenkonzerte geworden. *H.M.S. Pinafore* markierte bereits im Jahr der UA den Durchbruch der englischen komischen Oper in den USA (EA: 25. 11. 1878 in Boston, Boston Museum). R.-M. SIMON – S. SIMON

HOBOKEN, Anthony van, *23.3.1887 Rotterdam, † 1. 11. 1983 Zürich; holländischer Musiksammler u. -bibliograph. Er studierte 1906–09 an der Technischen Hochschule in Delft, besuchte seit 1910 das Hochsche Konservatorium in Frankfurt a. M. u. war seit 1925 Schüler von H. Schenker in Wien. Mit ihm zusammen gründete er 1927 das „Archiv für Photogramme musikalischer Meisterhandschriften" in der Österreichischen Nationalbibliothek Wien, das erste musikalische Dokumentationszentrum überhaupt. 1936 begann er mit der Erstellung eines Kataloges seiner 1919 begonnenen Slg. musikal. Erstdrucke unter besonderer Berücksichtigung der Kompositionen J. Haydns. Als wichtigstes Ergebnis dieser Tätigkeit erschien seit 1957 das Haydn-Werkverzeichnis (abgekürzt: Hob.), nach dessen systematischer Einteilung heute die Werke Haydns gezählt werden (z.B. das Kaiserquartett als Hob. III: 77). H. war Dr. h.c. der Universitäten Mainz, Köln und Utrecht; zu seinem 75. Geburtstag wurde er mit einer Festschrift geehrt (hrsg. v. J. Schmidt-Görg, Mz 1962).

Schriften: *J. Haydn. Thematisch-bibliographisches Werk-Verz.*, I: *Instrumentalwerke* (Mz 1957), II: *Vokalwerke* (Mz 1971), III: *Register, Addenda u. Corrigenda* (Mz 1978); *Probleme der musikbibliographischen Terminologie*, in: FAM 5 (1958); *A Rare Contemporary Edition of Haydn's „Hymn for the Emperor"*, in: Studies in 18th Century Music. FS K. Geiringer (Lo 1970); *N. Porta u. der Text v. J. Haydns Oper „Orlando Paladino"*, in: Symbolae historiae musicae. FS H. Federhofer (Mz 1971).

Lit.: Kat. des Arch. für Photogramme musikal. Meisterhss. I, bearb. v. A. ZIFFER (W 1967) (= Museion, N.F. 3/3); Das H.-Arch. der Musikslg. der Östr. Nationalbibl., Ausstellungskat. (W 1977).

HOCHBRUCKER (Hochbrugger). – **1) Georg,** *um 1670 Augsburg, † 1763 Donauwörth; dt. Instrumentenbauer. H. erfand das Pedalsystem für die Harfe, das das Transponieren in die gebräuchlichen Tonarten ermöglichte. Das von ihm entwickelte 5pedalige Instrument, dessen System, von Érard 1811 verbessert, noch heute gebräuchlich ist, wurde von seinem Sohn und Schüler **Simon H.,** *1699 Donauwörth, † nach 1750, auf zahlreichen Reisen durch Europa vorgeführt und bekannt gemacht. – **2) Coelestin,** Neffe von 1), OSB, *1727 Tagmersheim, † 1809 Freising; dt. Organist und Komponist. Er trat 1747 in das Kloster Weihenstephan bei Freising ein, wo er 1752 zum Priester geweiht wurde. Von seinen Kompositionen hat sich nichts erhalten. – **3) Christian,** Bruder von 2), *17.5. 1733 Tagmersheim, † Anfang 19. Jh. Paris; dt. Harfenist und Komponist. Er galt seit seinem ersten Auftreten im Concert spirituel in Paris als einer der bedeutendsten Harfenisten Europas und stand in den Diensten des Kardinals Jean de Rohan und (seit 1781) der Königin Marie-Antoinette. Er floh vor der Französischen Revolution nach England, kehrte aber um 1800 nach Paris zurück. Seine Werke – ausschließlich für und mit Harfe – sind musikalisch und spieltechnisch typisch für die endgültige Ausprägung einer eigenständigen Harfenmusik, die sich vorher nicht grundsätzlich von der Musik für Cembalo unterschied.

WW: **Zu 3):** Sonaten für Harfe (P um 1762); Divertissement für Harfe oder Klv. (P o.J.); 2 Bücher Sonaten für Harfe mit V. ad lib. (P o.J.); 3 Slgen. *Ariettes choisies* für SingSt u. Harfe (P o.J.); *Divertimentos* für Harfe oder Klv. (Lo 1797) (gezeichnet mit J. B. H.).

Ausg.: **Zu 3):** Sonate No. 6 en sol majeur, hrsg. v. F. VERNILLAT (P 1969).

Lit.: H. J. ZINGEL, H., in: MGG VI; R. RENSCH, The Harp (NY 1950).

HOCHDRUCKREGISTER, Bz. für Register in Orgeln (vor allem des 19. und frühen 20. Jh.), die mit einem besonders hohen Winddruck (bis 300 mm Wassersäule, anstatt normal 50–120 mm) angeblasen werden und dementsprechend kräftig klingen.

HOCHMÜTIGE, GESTÜRZTE UND WIEDER ERHABENE CROESUS, DER Oper in 3 Akten von Reinhard Keiser (1674–1739). Text von Lucas von Bostel. Ort und Zeit der Handlung: das Königreich Lydien im Altertum. UA: 1711 in Hamburg (Oper am Gänsemarkt).

Das Schicksal des Lydierkönigs Croesus, der, vom Feind besiegt, auf dem Scheiterhaufen die Vergänglichkeit von Macht und Besitz erkennen muß, ehe er großmütig begnadigt wird, war einer der beliebtesten Opernstoffe des 17. und 18. Jahrhunderts. Das Libretto von Bostel, eine Bearbeitung des *Creso* von Nicolò Minato, wurde bereits 1684 von J. Ph. Förtsch für Hamburg vertont. 1711 erschien die Oper dann in Keisers Vertonung auf dem Spielplan. Das Werk kann als typisches Beispiel für die Hamburger Barockoper gelten. Nach italienischem Vorbild wechseln in der Handlung Staatsaktion und Liebesintrige miteinander ab. Daneben nimmt in der Bearbeitung Bostels die Figur der lustigen Person, gemäß Hamburger Tradition, breiten Raum ein. Keisers Musik besticht durch eingängige Melodik, knappe, überschaubare Arienformen und variable Instrumentation unter starker Bläserbeteiligung. Die Oper erlebte 1730 eine Wiederaufnahme, für die Keiser eine Reihe von Arien neu komponierte. Beide Fassungen sind rein deutschsprachig, enthalten also, entgegen der herrschenden Hamburger Praxis des 18. Jahrhunderts, keine italienischen Arien. K. ZELM

HOCHZEIT DES FIGARO, DIE *(La nozze di Figaro),* Opera buffa in 4 Akten von Wolfgang Amadeus Mozart (1756–91), KV 492, Text von Lorenzo da Ponte (1749–1838) nach Beaumarchais' Komödie *Le mariage de Figaro ou la folle journée* (Gennevilliers 1783, Paris 1784). Ort u. Zeit der Handlung: Schloß des Grafen Almaviva bei Sevilla, 18. Jh.; UA: 1. 5. 1786 in Wien (Burgtheater), EA in dt. Sprache: vermutlich im Juni 1787 in Prag (Rosenthal-Theater); dt. EA (ebenfalls in dt. Sprache): 23. 9. 1787 in Donaueschingen (Privattheater des Prinzen Fürstenberg).

Beaumarchais' sozialkritische Satire wird dank da Pontes librettistischer Meisterleistung zur Charakterkomödie schlechthin, in deren Figurenkonstellation Figaro/Susanne, Graf/Gräfin und Cherubin in einem vorbildlich gewichteten Spiel gleichberechtigt nebeneinander stehen. Mozart schuf mit der Vertonung dieses Librettos die vollendetste Komödie des Musiktheaters, die den Gattungstypus der Opera buffa sprengt, weil die enge Verknüpfung von Rezitativ und Arie bzw. Ensemble und die musikalische Erfindung Personen und Handlung, scheinbar auf der Grundlage der traditionellen Intrigenkomödie entworfen, vom Typischen ins unverwechselbar Charakteristische überhöht. Neuartig für die Ensemble-Technik dieser Zeit wirkte Mozarts Kunst, die oftmals verwirrende Ereignisfolge in großen Ensembles zu konzentrieren und zu lösen. Unbezweifelbarer Höhepunkt der Oper ist das Finale des 2. Aktes, in dem die musikalische Konfiguration bis in feinste Regungen die sich ständig ändernden, überraschenden dramatischen Konstellationen nachvollzieht. In der Behandlung der Vokalpartien bietet diese Oper alle Varianten vom Secco- und Accompagnato-Rezitativ über die Parlando-Arie und die geschlossene Soloform bis zum vielstimmigen Ensemble. Nahezu alle Arien und die Ouvertüre gehören seit langem zu den bekanntesten Stücken Mozarts. Besonders populär sind Figaros Cavatine *Will der Herr Graf ein Tänzchen nur wagen* und seine Arie *Nun vergiß leises Flehn, süßes Kosen*.

Nachdem Kaiser Joseph II. 1785 die Aufführung von Beaumarchais' Komödie durch die Schikaneder-Truppe in Wien verboten hatte, gewann die UA der Oper an Sensationswert. Mozart stellte die Komposition innerhalb von sechs Wochen Ende 1785 (nach L. Finscher) fertig. Die UA dauerte sechs Stunden, weil viele Nummern wiederholt werden mußten. Nach der 3. Aufführung erließ Joseph II. ein Gebot, nur noch Solonummern zu wiederholen. Die EA in Prag im Dezember 1786 brachte Mozart einen noch größeren Erfolg. In der Wiener Neueinstudierung 1789 erklangen zwei neue Arien (KV 577 und 579) für Adrianna Ferrarese (Susanna). Heute nimmt der *Figaro* nach der *Zauberflöte* die zweite Stelle in der Beliebtheit der Repertoirewerke auf dt. Bühnen ein. J. SCHLÄDER

HOCHZEITSNACHT IM PARADIES, Operette in 8 Bildern von Friedrich Schröder (1910–1972), Buch von Heinz Hentschke, Liedertexte von Günther Schwenn. Ort und Zeit der Handlung: eine dt. Stadt und Venedig, Gegenwart. UA: 24. 9. 1942 in Berlin (Metropol-Theater). 1950 verfilmt.

Schröders erste Operette wurde einer der größten Erfolge in dieser Gattung. Trotz der vordergründigen Handlungsklischees in diesem turbulenten Verwechslungsspiel um Eifersucht und Liebe setzte sich das von modernen Tanzrhythmen geprägte revueähnliche Werk noch während des zweiten Weltkrieges durch. Allein am Metropol-Theater erzielte es mehr als 500 Aufführungen nicht zuletzt dank der dominierenden Leistung von J. Heesters. Die Gesangsnummern wurden fast ausschließlich zu Evergreens, so das Duett *Ich spiel mit dir*, der langsame Walzer *Alle Wege führen mich zu dir*, der Foxtrott *Was ich dir noch sagen wollte* und vor allem *Ein Glück, daß man sich so verlieben kann.*

R.-M. SIMON – S. SIMON

HOECKH, Karl, * 22. 1. 1707 Wien, † 25. 11. 1773 Zerbst; östr. Komponist. H. war zunächst Hoboist einer Regimentskapelle. Nach Beendigung seines Militärdienstes ging er um 1730 mit Fr. Benda nach Warschau, wo er als 2. Violinist einer Privatkapelle engagiert wurde. Ende 1730 trat er als Konzertmeister in die von J. Fr. Fasch geleitete Zerbster Hofkapelle ein. H. schrieb vor allem Kompositionen für sein Instrument.

WW: Gedruckt wurden: *Sieben Parthien* für 2 V. u. Baß (B 1761); 2 Sonaten für V. u. Baß, in: C. Ph. E. Bach, *Musikalisches Vielerley* (H 1770).

Ausg.: Partita II für 2 V. u. B.c., hrsg. v. E. SCHENK, in: Hausmusik 170 (W 1954).

HODDINOTT, Alun, * 11. 8. 1929 Bargoed (Glamorgan); engl. Komponist. Er studierte an der Universität Cardiff, wo er 1951–59 Lecturer am Cardiff College of Music und 1959–65 am University College war. Anschließend war er bis 1967 Reader of Music an der University of Wales und ist seither Professor of Music am University College of Music in Cardiff. H., der Kompositionsaufträge u.a. von der BBC erhielt, gehört zu den wichtigsten walisischen Komponisten seiner Generation. Er gründete das Cardiff Festival of Twentieth Century Music.

WW: Orgelstücke; Klv.-Werke, u.a. 5 Sonaten, op. 17 (1959), op. 27 (1962), op. 40 (1965), op. 49 (1966), op. 57 (1968); Sonate für Klar. u. Klv. (1967); Streichquartett Nr. 1 (1966). – Für Orch.: 3 Symphonien, op. 7 (1955), op. 29 (1962), op. 61 (1968); *Variants*, op. 47 (1966); *Fioriture*, op. 60 (1968); Konzerte: für Klar., op. 3 (1951), für Harfe, op. 11 (1958), 3 für Klv., op. 19 (1960), op. 21 (1960), op. 44 (1966) u. für V., op. 22 (1961); 2 *Concerti grossi*, op. 41 (1965) u. op. 46 (1966). – Ferner Lieder u. Chöre, u.a. die Kantate *Dives and Lazarus* (1965) für Sopran, Bar., Chor u. Orch.

Lit.: A. F. LEIGHTON THOMAS, A. H., in: MT 96 (1956).

HODEIR, André, * 22. 1. 1921 Paris; frz. Jazzmusiker und -kritiker. H. war Schüler von O. Messiaen. Seit 1942 spielte er unter dem Pseudonym Claude Laurence als Violinist im Sextett von André Ekyan. 1947–50 gab er die Zeitschrift *Jazz Hot* heraus. 1954 wurde er Präsident der Académie du Jazz in Paris und gründete im selben Jahr die Jazzgroupe de Paris, die modernen Jazz mit zeitgenössischer Konzertmusik verband. H. gilt als der führende Jazzkritiker Frankreichs.

Schriften: *Le jazz, cet inconnu* (P 1945); *Introduction à la musique de jazz* (P 1948); *Les formes de la musique* (P 1951, [5]1969, engl. NY 1966); *Hommes et problèmes du jazz* (P 1954), engl. Übers.: *Jazz, Its Evolution and Essence* (NY 1956); *La musique depuis Debussy* (P 1961), engl. Übers.: *Since Debussy* (NY – Lo 1961); *Towards Jazz* (NY 1962); *Les mondes du jazz* (P 1970).

HODEMONT (Hoedemont, Hodimontio), **Léonard Collet de,** * um 1575, † August 1636; wallonischer Komponist. H. erhielt seine musikalische Ausbildung an der Kathedrale St-Lambert in Lüttich. Seit 1595 war er Stipendiat an der Universität Löwen. Nach Lüttich zurückgekehrt, wurde er 1612 Kanonikus an St-Gilles und 1616 an St-Materne, 1619–23 war er Maître de chant an der Kathedrale. H.s Werke und sein Wirken waren maßgeblich an der Verbreitung des neuitalienischen Stils in seinem Lande beteiligt. Zu seinen Schülern gehörten H. Du Mont und L. Pietkin.

WW: *Armonica recreatione*. Villanellen für 3 St. u. B.c. (An 1625); *Sacri concentus* für 1–5 St. u. B.c. (Lüttich 1630).

Lit.: J. QUITIN, Un musicien liégeois, L. de H., in: La Vie wallonne 25 (Lüttich 1951); DERS., H., in: MGG VI.

HODGES, Johnny (John Cornelius), * 25. 7. 1906 Cambridge (Massachusetts), † 12. 5. 1970 New York; amerik. Jazzmusiker (Alt- und Sopransaxophon). H. spielte zunächst u.a. bei Chick Webb und kam 1928 zu Duke Ellington, in dessen Orchester er der herausragende Solist wurde. Seit 1951 leitete er eigene Bands, kehrte aber 1955 in die Ellington-Band zurück, der er bis zu seinem Tod angehörte. H., dessen Spielweise eine Ausdrucksskala von vehement-abrupter bis lyrisch-zarter Tongebung umfaßte, gehörte mit Benny Carter zu den führenden Altsaxophonisten der 30er Jahre.

Lit.: J. H., in: Jazz erzählt, hrsg. v. N. SHAPIRO – N. HENTOFF (Mn 1962).

HOÉRÉE, Arthur Charles Ernest, * 16. 4. 1897 Saint-Gilles bei Brüssel; belgischer Komponist und Musikschriftsteller. H. studierte 1908–12 am Conservatoire und seit 1916 an der École polytechnique in Brüssel. 1919 setzte er seine musikalische Ausbildung am Pariser Conservatoire u.a. als Schüler von P. Vidal (Fuge und Komposition) und V. d'Indy (Dirigieren) fort. Anschließend war H. als Musikkritiker tätig und unternahm Konzertreisen als Dirigent und Liedbegleiter seiner Frau, der Sängerin Régine de Lormoy. 1950 wurde er Kompositionslehrer an der École Supérieure de Musique von Paris und 1958 am Centre de formation professionnelle der ORTF.

WW: **1) Kompositionen:** Klv.-Stücke; Kammermusik, u.a. Streichquartett *Pastorale et danse* (1923); Orch.-Suiten u. *La famille de Charles IV* (1961) für Orch.; Lieder, Chöre u. Gesangszyklen, darunter *Crêve-cœur le magicien* (1961) für 2 Soli, Chor u. Orch.; Ballette: *La souris blanche et la Dame de Paris; Quatre choréographies* (1948, Neufassung 1970); *L'aventure du Chevalier Bertrand; Symphonie choréographique*; ferner Bühnen- u. Filmmusik. – **2) Schriften:** *A. Roussel* (P 1969); zahlr. weitere Art. in versch. Zschr.

Lit.: J. BRUYR, L'écran des musiciens I (P 1930); P. LEPROHON, Les mille et un métiers du cinéma (P 1947).

HØFFDING, Niels Finn, * 10.3.1899 Kopenhagen; dänischer Komponist und Musikpädagoge. H. studierte Komposition bei K. Jeppesen und Th. Laub in Kopenhagen und bei J. Marx in Wien. 1931–1969 lehrte er am Konservatorium in Kopenhagen (seit 1949 als Professor), das er 1954 auch leitete. 1929–39 war er Vorsitzender der Musikpädagogischen Vereinigung. Seit 1956 gehörte er der Leitung der Opernakademie an. H., der wesentliche Anregungen aus der deutschen Jugendbewegung und dem Kreis um Fr. Jöde empfing, setzte sich für eine Erneuerung der Musikerziehung und eine Intensivierung des Laienmusizierens in Dänemark ein.

WW: Klv.-Stücke; 2 Streichquartette (1920, 1925): 2 Bläserquintette (1940, 1953); 4 Symphonien (1923, 1924, 1928, 1934); symphonische Fantasien (1939, 1943, 1944, 1953): Lieder; Chöre, u.a.: *Das Eisenbahngleichnis* (1934) (Text: E. Kästner) für Chor, Klv. u. 3 Saxophone; *Pans fløjter* (1938) für Chor, Klv. u. Fl.; *Vintersolhverv* (1964); *Giordano Bruno* (1968) für Bar., Männerchor, Blechbläser und Schlagzeug; Opern: *Kejserens ny Kloeder* (1926) (nach H. Ch. Andersen); *Kilderejsen* (1930–31) (nach L. Holberg); Choroper *Pasteur* (1938).

Lit.: G. CARRITT, F. H., in: Monthly Musical Record 83 (1953); Werk-Verz., hrsg. v. S. BRUHNS – D. FOG (Kop 1969).

HÖFFER, Paul, * 21.12.1895 Barmen, † 31. 8. 1949 Berlin; dt. Komponist. H. studierte zunächst an der Kölner und, nach Kriegsunterbrechung, seit 1920 bei F. Schrecker an der Berliner Musikhochschule. Dort wurde er 1923 Lehrer für Klavier und Musikerziehung, 1930 für Komposition und Theorie, 1933 Professor und 1948 Direktor.

H.s Kompositionen sind von P. Hindemith beeinflußt; sie umfassen Opern, Oratorien, Orchester- und Kammermusik, Chöre und Lieder. Für sein Chorwerk *Olympischer Schwur* erhielt er 1936 die Goldmedaille der Olympiade.

WW: **1) Instr.-WW:** Zahlr. Kammermusik; Symphonie (1926/27); *Sinfonie der großen Stadt* (1937); Konzerte für Klv., V., Vc. u. für Ob. u. Streichorch. – **2) Vokal-WW:** Lieder u. Chöre; Oratorien: *Der reiche Tag* (1938); *Vom edlen Leben* (1942); *Mysterium Liebe* (1943); *Die letzte Stunde* (1947). – **3) Bühnen-WW:** Opern *Borgia* u. *Der falsche Waldemar,* UA: Stuttgart 1934; Ballett *Tanz um Liebe u. Tod,* UA: Hamburg 1939.

Lit.: H. TIESSEN, Erinnerungen an P. H., in: Musica 10 (1956).

HÖFFGEN, Marga, *26.4.1921 Mülheim an der Ruhr; dt. Sängerin (Alt). H. studierte bei Anna Erler-Schnaudt in Essen und bei G. Weißenborn in Berlin und debütierte 1952 als Konzertsängerin in Berlin. Seit ihrer Mitwirkung in der Bachschen *Matthäus-Passion* 1954 in Berlin unter Wilhelm Furtwängler sowie 1955 in Wien unter Herbert von Karajan wurde sie auch außerhalb Deutschlands bekannt. Ihre einzige Opernpartie war die Rolle der Erda in Wagners *Ring des Nibelungen,* in der sie außer in Bayreuth auch am Covent Garden in London, an der Wiener Staatsoper und in Buenos Aires mit Erfolg auftrat. M. H. ist mit dem Dirigenten Theodor Egel verheiratet.

HÖFFLER, Konrad, getauft 30.1.1647 Nürnberg, † spätestens 1705; dt. Gambist und Komponist. H. war Mitglied der Hofkapellen in Bayreuth und Ansbach und seit 1676 der Kapelle des Herzogs von Weißenfels, die J. A. Krieger leitete. 1695 veröffentlichte er in Nürnberg: *Primitiae Chelicae oder Musicalische Erstlinge* mit virtuosen Suiten für Viola da gamba.

Ausg.: Suite Nr. 1 F-Dur u. 2 Stücke aus der Suite A-Dur, hrsg. v. R. EITNER, in: MfM 27 (1895).

HOFFMAN, Grace, *14. 1. 1925 Cleveland (Ohio); amerik. Sängerin (Alt). Sie studierte bei Friedrich Schorr und Giuseppe Gentile in New York sowie bei Mario Basiola in Mailand und debütierte 1952 in Zürich als Azucena in Verdis *Il trovatore.* 1955 wurde sie nach Stuttgart engagiert. Durch Gastspiele an allen Musikmetropolen Europas und Amerikas, besonders in London, Mailand, Wien, München, San Francisco, New York und in Buenos Aires wurde sie besonders in den großen Alt-Partien in Verdi- und Wagner-Opern bekannt. Seit 1957 sang sie fast jährlich auch bei den Bayreuther Festspielen.

HOFFMANN, Bruno, *15.9.1913 Stuttgart; dt. Glasharfenvirtuose. H. wurde in Klavier, Orgel und Musiktheorie ausgebildet. Nach dem Abitur begann er ein Architekturstudium, das er 1937 in Stuttgart abschloß. Bereits als 16jähriger begann er mit dem Bau von Glasspielen und entwickelte zur Verbesserung der spieltechnischen Möglichkeiten die sogenannte ↗Glasharfe. Damit gelang ihm eine entschiedene Wiederbelebung älterer Musik für Glasspiel und Glasharmonika; und auch zeitgenössische Komponisten interessierten sich für diese Instrumente. H. wird auch von Museen als Restaurator herangezogen.

WW: **1) Kompositionen:** Zahlr. Stücke für Glasharfe solo u. mit Klv.-Begleitung, auch mit Orch., u. a.: *Glück am Wege* u. Fantasie *In einer großen Stadt.* – **2) Schriften:** Zahlr. Artikel u. Aufsätze über die Glasharmonika u. Glasharfe in versch. Lexika u. Zschr.; *Ein Leben für die Glasharfe* (B 1980).

HOFFMANN, Ernst Theodor Amadeus (eig. Ernst Theodor Wilhelm; aus Verehrung Mozarts nahm H. später „Amadeus" als 3. Vornamen an), *24.1. 1776 Königsberg, † 25.6.1822 Berlin; dt. Dichter und Komponist. H. studierte mit 16 Jahren Jura an der Universität Königsberg und trat mit 19 Jahren in den Staatsdienst. Gleichzeitig nahm er Musikunterricht bei C. W. Podbielski und vervollkommnete sich später noch bei J. Fr. Reichardt in Berlin, wo er 1798 als Referendar an das dortige Kammergericht berufen worden war. 1799 vollendete er in Berlin *Die Maske,* ein Singspiel in 3 Akten auf einen eigenen Text. 1800–1806 war er nacheinander Richter in Posen, Plock und Warschau, wo er vor allem Kirchenmusik schrieb und sich in Kontrapunktstudien versenkte. Für die von der deutschen Bevölkerung Warschaus gegründete *Musikalische Ressource* entstand das 2aktige Singspiel *Die lustigen Musikanten,* ferner die *Es-Dur-Symphonie* sowie ein Harfenquintett, Werke, die vornehmlich der Wiener Klassik (Mozart), der 2. Generation der Berliner Schule und dem deutschen Singspiel verpflichtet waren. Nach Berlin zurückgekehrt und mittellos, wandte er sich dem Studium älterer Musik, insbesondere von Chr. W. Gluck zu und suchte kompositorisch einen Neuansatz zu finden. Bald erkannte er jedoch auch seine schriftstellerische Begabung und seine Eignung zur Musikrezension. 1808 ging er an das Nationaltheater in Bamberg, wo er sich zwar als Dirigent nicht durchsetzen konnte, aber als Komponist, Theatermaler und Maschinist Erfolg hatte. Neben zahlreichen Bühnen- und Gelegenheitsmusiken entstand dort die häufig als erste romantische Oper bezeichnete *Aurora,* ein Schlüsselwerk seiner stilistischen Entwicklung, ferner 3 Melodramen, ein Klaviertrio sowie zahlreiche kleinbesetzte Vokalwerke für die ihm nahestehende Schülerin Julia Marc. In Bamberg setzte auch seine Rezensententätigkeit ein. Seine Besprechung der 5. Symphonie von L. van Beethoven wurde vorbildlich für die Musikkritik des 19. Jahrhunderts. 1813 ging H. als Theaterkapellmeister nach Dresden und Leipzig. Dort entstand mit der Zauberoper *Undine* sein musikalisches Hauptwerk, das 2 Jahre später in Berlin, wo H. wieder als Richter am Kammergericht tätig war, 1816 einen weithin beachteten Erfolg erzielen konnte. Danach widmete er sich vorwiegend seinem literarischen Schaffen. Als Komponist gehört H. zu den ersten Vertretern der deutschen Romantik, was von seinen Zeitgenossen, u.a. von C.M. von Weber, voll gewürdigt wurde. Als Rezensent schuf er eine Musikkritik von literarisch-ästhetischem Anspruch und erhob – lange vor R. Wagner – die Forderung nach dem „Gesamtkunstwerk" Oper. Seine Schriften, vor allem die Erzählungen, in denen im Gegensatz zu den rationalistischen Tendenzen seiner Zeit das Unwägbare und Transzendente der Musik eine dichterisch meisterhafte Gestaltung fand, beeinflußte die gesamte deutsche und französische Romantik weit mehr als sein kompositorisches Schaffen.

WW: **1) Instr.-WW:** 5 Klv.-Sonaten (1805–08) u. Klv.-Trio E-Dur (1809); Kammermusik, u.a. Harfenquintett mit Streichquartett (1805–07); Orch.-Ouvertüre (1801) u. Symphonie Es-Dur (1805–06). – **2) Vokal-WW:** Geistliche Werke, darunter Messe d-moll für Chor u. Orch. (1805) u. *Canzoni per 4 v. a cap.* (1808) sowie Miserere für Soli, Chor u. Orch. (1808). – Weltliche Werke, u.a. 3 Kanzonetten mit Klv. (1812); 6 it. Duette (1812); ferner Lieder u. Chöre. – **3) Bühnen-WW:** Melodramen: *Dirna* (1809) (Libr.: J. von Soden); *Julius Sabinus* (1810?) (Libr.: ders.); *Saul, König in Israel* (1811). – Opern: *Die Maske* (1799); *Die lustigen Musikanten* (1804) (Libr.: C. von Brentano), UA: Warschau 1805; *Liebe und Eifersucht,* UA: ebd. 1807; *Der Trank der Unsterblichkeit* (1808) (Libr.: J. von Soden); *Aurora* (1812) (Libr.: F. von Holbein); *Undine* (1814) (Libr.: F. de la Motte-Fouqué), UA: Berlin 1816; ferner Ballett *Arlequin* (1808) u. zahlr. Bühnenmusik, u.a. zu Z. Werner, *Kreuz an der Ostsee* (1804–05). – **4) Schriften:** *Ritter Gluck* (1809); *L. van Beethoven, 5. Symphonie* (1810); *Ch. W. Gluck, Iphigénie en Aulide* (1810); *Der Dichter u. der Komponist* (1813); *Don Juan* (1814); *Kreisleriana I* (1814); *Der Openalmanach des Herrn von Kotzebue* (1814); *Alte u. Neue Kirchenmusik* (1814); *Kreisleriana II* (1815); *Die Fermate* (1816); ferner zahlr. Rezensionen u. Aufsätze über Beethoven, Gluck, M. Haydn u.a.

Ausg.: **1) Kompositionen:** *Undine,* Klv.-A., hrsg. v. H. PFITZNER (L 1906); E. T. A. H.s musikalische Werke, hrsg. v. G. BECKING, erschienen sind: I: 4 Klv.-Sonaten, II: Harfenquintett u. IV: 6 geistliche Chöre für gem. Chor (L 1922–27); Klv.-Sonate A-Dur, hrsg. v. F. SCHNAPP (Kas 1968); Ausgew. musikal. Werke, bisher 5 Bde. erschienen (Mz 1971–76); *Aurora,* hrsg. v. H. DECHANT (Wie 1981). – **2) Schriften:** GA der literarischen Werke, hrsg. v. W. MÜLLER-SEIDEL – F. SCHNAPP, 5 Bde. (Mn 1950–65) (Bd. V: Schriften zur Musik).

Lit.: P. SCHAEFFER, Die Bedeutung des Musikalischen u. Akustischen in E.T.A. H.s literarischem Schaffen (Marburg 1909); H. PFITZNER, E.T.A. H.s „Undine", in: Gesammelte Schriften I (Au 1926); R. KÖPPLER, E.T.A. H. am Bamberger Theater, in: Bericht des hist. Ver.s zu Bamberg ... 81 (Bamberg 1929); W. BERGENGRUEN, Die Dichter der Deutschen (St 1940); H. EHINGER, E.T.A. H. als Musiker u. Musikschriftsteller (Olten – Kö 1954); G. ALLROGGEN, E.T.A. H.s Kompositionen (Rb 1970) (= Stud. z. Musikgesch. des 19. Jh.s 16); H. DECHANT, E.T.A. H.s Oper „Aurora" (Rb 1975) (= Regensburger Beitr. z. Musikwiss. 2); G. ALLROGGEN, E.T.A.H. in Warschau, in: Deutsche Musik im Osten (Kö – W 1976); N. E. HAIMBERGER, Vom Musiker zum Dichter. E. T. A. H.s Akkordvorstellungen (Bonn 1976); P. SCHNAUS, E. T. A. H. als Beethoven-Rezensent der AmZ (Mn 1977); M. SCHNEIDER, E.-Th.-A. H. biographie (P 1979); Der Musiker E. T. A. Hoffmann. Selbstzeugnisse, Dokumente u. zeitgen. Urteile, hrsg. v. F. SCHNAPP (Hil 1980). H. DECHANT

HOFFMANN (Hofmann), **Eucharius,** * Heldburg (Franken), † 10.5.1588 Stralsund; dt. Musiktheoretiker und Komponist. Er war bis 1580 Kantor in Stralsund, seit 1582 Konrektor in Stralsund. Kurz vor seinem Tode wurde er dort Diakon an St. Marien. Seine *Doctrina de tonis seu modis musicis* gehört zu den wenigen zeitgenössischen Quellen, die den Begriff ↗Musica reservata zitieren. Diese ist für H. durch die Verwendung von Chromatik in der Vokalmusik gekennzeichnet.

WW: **1) Kompositionen:** *Cantiones* für 4–6 St. in den 12 Tonarten (Wittenberg 1577); *Vyff geistlicke olde Ostergesenge* für 4 St. (ebd. 1579); *Geistliche Lieder ... auff Villanellen art* für 4 St. (ebd. 1580); *Cantica sacra* (Weihnachtsgesänge) für 3–4 St. (Greifswald 1582); *Missa sine nomine* für 8 St. (hsl.). – **2) Schriften:** *Musicae practicae praecepta* (Wittenberg 1572, Rostock ²1578, Hamburg ³1588); *Doctrina de tonis seu modis musicis* (Greifswald 1582); *Brevis synopsis de modis seu tonis* (Rostock 1605).

Ausg.: *Vyff geistlike olde Ostergesenge,* eine Motette aus den *Geistlichen Liedern* u. 2 Kanons aus den *Cantica sacra,* hrsg. v. H. ENGEL, in: Musik in Pommern 4 (1935).

Lit.: W. MÜLLER, Musikgesch. Stralsunds bis 1650 (Diss. Fr 1932); H. ENGEL, Die Stralsunder Komponisten aus dem Ende des 16. Jh., in: Musik in Pommern 4 (1935); M. RUHNKE, H., in: MGG VI; K. W. NIEMÖLLER, Unters. z. Musikpflege u. Musikunterricht an den dt. Lateinschulen v. ausgehenden MA bis um 1600 (Rb 1969) (= Kölner Beitr. z. Musikforsch. 54).

HOFFMANN, Ludwig, * 11.6.1925 Berlin; dt. Pianist. H. studierte 1946–48 Klavier bei Paul Weingarten an der Wiener Musikakademie und anschließend bei Richard Rössler an der Berliner Musikhochschule. Außerdem besuchte er Kurse bei Marguerite Long und Arturo Benedetti Michelangeli. 1953 debütierte er in Köln und konzertierte seitdem, auch im Duo mit der Pianistin Ingrid Haebler, in Europa und Amerika. H. erhielt 1969 einen Lehrauftrag und 1972 eine Professur für Klavier an der Hochschule für Musik in München.

HOFFMANN-ERBRECHT, Lothar, * 2.3.1925 Strehlen (Niederschlesien); dt. Musikforscher. Er studierte 1946–49 an der Musikhochschule Weimar und 1949–51 an der Universität Jena, an der er 1951 mit der Dissertation *Deutsche und italienische Klaviermusik zur Bachzeit* promovierte. 1952 wurde er dort wissenschaftlicher Assistent und ging 1956 an die Universität Frankfurt a.M., wo er sich 1961 mit einer Arbeit über Th. Stoltzer habilitierte und seitdem lehrt (seit 1968 als Professor). Daneben hat er Lehraufträge 1961 an der Technischen

Hochschule Darmstadt und seit 1969 an der Frankfurter Musikhochschule. Schwerpunkte seiner Forschungen sind Editionspraxis, deutsche Musik um 1500, Instrumentalmusik des 18. Jh. und russische Musik des ausgehenden 19. Jahrhunderts.

WW: **1) Schriften:** *Dt. u. it. Klaviermusik zur Bachzeit* (L – Wie 1954) (= Jenaer Beitr. z. Musikforsch. 1); *Sturm u. Drang in der dt. Klaviermusik v. 1753–1763,* in: Mf 10 (1957); *Der „Galante Stil" in der Musik des 18. Jh.,* in: StMw 25 (1962); *Th. Stoltzer. Leben u. Schaffen* (Kas 1964); *Die Sinfonie* (Kö 1967, ²1971) (= Das Musikwerk 29); *J. S. Bach als Schöpfer des Klavierkonzerts,* in: Quellenstud. z. Musik. FS W. Schmieder (F 1972); *Das Klavierkonzert,* in: Gattungen der Musik in Einzeldarstellungen. Gedenkschrift L. Schrade (Be 1973); *Stoltzeriana,* in: Mf 27 (1974); *H. Fincks fünfstimmige Missa super Ave praeclara, eine wichtige Neuentdeckung,* in: Renaissance-Stud. FS H. Osthoff (Tutzing 1979); *Der Romantiker Skrjabin. Bemerkungen zu seiner Musikanschauung,* in: A. Skrjabin (Gr 1980); *Der Lautenist S. L. Weiß u. J. S. Bach,* in: FS H. Hüschen (Kö 1980). – **2) Editionen:** *C. Ph. E. Bach, Vers. über die wahre Art das Clavier zu spielen,* Faks.-Ausg. (L 1957, ⁴1979); *H. Finck, Ausgew. Werke* (1962, 1980) (= EDM 57 u. 70); *Th. Stoltzer, Ausgew. Werke* III (1969) (= ebd. 99); *L. van Beethoven, Klaviersonaten,* 2 Bde. (F 1973, 1979) (zus. mit C. Arrau).

HOFFMANNS ERZÄHLUNGEN *(Les Contes d'Hoffmann),* Opéra fantastique in einem Prolog, 3 Akten und einem Epilog von Jacques Offenbach (1819–80), Text von Jules Barbier nach dem gleichnamigen Theaterstück (1851) von Barbier und Michel Carré. Orte der Handlung: Luthers Weinkeller in Nürnberg, Spalanzanis physikalisches Kabinett, Giuliettas Palast in Venedig und Crespels Haus in Deutschland. UA: 10. 2. 1881 in Paris (Opéra-Comique) ohne den Giulietta-Akt; EA in dt. Sprache: 7. 12. 1881 in Wien (Ringtheater); dt. EA: 20. 9. 1882 in Hamburg.

Das Libretto bietet ein effektvolles Arrangement von Erzählungen E. Th. A. Hoffmanns, dramatisch zugeschnitten auf drei Liebeserlebnisse, die der Dichter als Titelheld der Oper erzählt und in denen die Ereignisse einer Rahmenhandlung gespiegelt werden. Strukturbestimmend für Offenbachs Oper ist die Verzahnung von Traum und Wirklichkeit, von Rahmen- und Binnenerzählung und die Gestaltung skurriler Phantastik, die auch Hoffmanns Erzähltechnik prägt. Die Einheit der stofflich stark kontrastierenden Handlungen und der kaleidoskopartigen Szenenfolge wird gewährleistet durch die symmetrische Anlage des Werkes, die tendenzielle Parallelität der Handlungsstränge und die funktionale Gleichartigkeit handlungstragender Figuren in den Akten. Offenbach disponierte deshalb jeweils mehrere Figuren in gleicher Stimmlage bzw. gleichem Rollenfach, zu verkörpern durch einen Sänger: die mephistophelischen Gestalten Lindorf, Coppelius, Dapertutto und Mirakel (Charakterbariton), die Dienerrollen Andreas, Cochenille, Pitichinaccio und Franz (Spieltenor) und die Frauenrollen Olympia, Giulietta und Antonia. Diese stellen die drei Frauentypen der Seelenlos-Kalten (Puppe), der Verführerisch-Berechnenden (Kurtisane) und der Sensibel-Empfindsamen (Künstlerin) dar, die alle in der Rahmenfigur Stella (stumme Rolle) zusammenfließen. Die Sopranrollen entstammen jedoch jeweils anderen Fächern (Koloratursopran, dramatischer Mezzosopran und lyrisch-dramatischer Sopran) und werden deshalb meist getrennt besetzt. – Musikalisch repräsentiert jeder Akt eine andere musikdramatische Ausdruckswelt; der 1. Akt die französische Opéra-comique, der 2. Akt die italienische romantische Oper, der 3. Akt die deutsche romantische Oper.

Offenbachs Freund Ernest Guiraud führte nach dem Tod des Komponisten die Instrumentation des fertigen Klavierauszugs aus und komponierte die Rezitative nach. Noch im Jahr der UA folgte in Paris die 100. Aufführung. Im deutschsprachigen Raum wird die Oper seit der Wiener Aufführung in mehreren (vor allem hinsichtlich des Schlusses) unterschiedlichen Fassungen gespielt, u. a. in der Fassung von W. Felsenstein (1958) und in einer Rekonstruktion (unter Benutzung unveröffentlichter Materialien) von F. Oeser und G. Schwalbe (1976, Volksoper Wien). J. SCHLÄDER

HOFFMANN VON FALLERSLEBEN, August Heinrich, *2. 4. 1798 Fallersleben (Niedersachsen), †29. 4. 1874 auf Schloß Corvey bei Höxter; dt. Dichter und Linguist. Nach seinem Theologie- und Philologiestudium an den Universitäten in Göttingen, Bonn und Leyden (Promotion) wurde er 1823 Bibliothekar, 1830 Professor für deutsche Sprache und Literatur an der Universität in Breslau, wurde aber wegen seiner zu liberalen Ideen, die er in den *Unpolitischen Liedern* zum Ausdruck gebracht hatte, 1842 ausgewiesen. Nach Aufenthalten in Neuwied und Weimar kam er 1860 als Bibliothekar des Herzogs von Ratibor nach Corvey. – Für die Musikgeschichte bedeutsam sind seine Forschungs- und Sammeltätigkeit auf dem Sektor des Volkslieds (besonders des Mittelrheingebiets und Schlesiens) sowie des Gesellschaftslieds, des deutschen Kirchenlieds und des Kinderlieds. H. sorgte, z. T. in Zusammenarbeit mit E. Richter und L. Erk, für die Veröffentlichung der von ihm gesammelten Lieder, die in zahlreichen Anthologien enthalten sind. Als Verfasser des *Deutschlandlieds* und verschiedener populär gewordener Lieder ist H. weithin als Dichter bekannt geworden.

Schriften (Autor u. Hrsg.): *Gesch. des dt. Kirchenliedes bis auf Luthers Zeit* (Breslau 1832, Hannover ³1861, Nachdr. Hil 1965); *Dt. Lieder aus der Schweiz* (Z – Winterthur 1842, Nachdr. Hil 1975); *Dt. Gassenlieder* (L 1843, Nachdr. Hil 1975); *Schlesische Volkslieder mit Melodien* (L 1842) (zus. mit E. Richter u. L. Erk)

(Nachdr. Hil 1973); *50 Kinderlieder* (L 1843); *Die dt. Gesellschaftslieder des 16. u. 17. Jh.*, 2 Bde. (L 1844, ²1860), Nachdr. 1 Bd. (Hil 1966); *Dt. Volksgesangbuch* (L 1848, Nachdr. Hil 1975); *Vehe's Gesangbüchlein v. Jahre 1537* (L 1853); *Ruda. Polnische Volkslieder der Oberschlesier* (Kas 1865); *Vaterlandslieder* (H 1871). – Ferner die Autobiogr. *Mein Leben. Aufzeichnungen und Erinnerungen*, 3 Bde. (Hannover 1868).

Ausg.: Gesammelte Werke, hrsg. v. H. GERSTENBERG, 8 Bde. (B 1890–93).

Lit.: F. LÖFFLER, Der Einfluß des Volksliedes auf H. von F. (Diss. Hei 1919); W. HEIDRICH, Die Kinderlieder H.s von F. (Diss. Kö 1925); W. SCHOOF, H. von F. und die holländische Volksliedforschung, in: Zschr. für Volkskunde 52 (1955); W. SALMEN, Das Erbe des ostdt. Volksgesanges (Wü 1956); E. SCHADE, Auf den Spuren L. Erks, in: Mitteilungsblätter der H. von F.-Gesellschaft 10 (1962); P. H. NELDE, Flandern in der Sicht H. von F.s. Eine Untersuchung im Rahmen dt.-flämischer Beziehungen im 19. Jh. (Wierijk 1967).

HOFFMEISTER, Franz Anton, * 12. 5. 1754 Rottenburg am Neckar, † 9. 2. 1812 Wien; dt. Komponist und Musikverleger. Nach einem Jurastudium in Wien wandte er sich der Musik zu. Er erwies sich als überaus fruchtbarer Komponist von Instrumentalwerken. Große Bedeutung hatte aber vor allem der von ihm 1784 gegründete Musikverlag. Hier erschienen die Originalausgaben zahlreicher Werke von W. A. Mozart, mit dem H. auch freundschaftlich verbunden war, sowie Werke von J. Haydn, L. van Beethoven, I. Pleyel, C. Ditters v. Dittersdorf u. a. 1800 gründete er in Leipzig zusammen mit dem Organisten A. Kühnel einen weiteren Verlag, das „Bureau de musique Hoffmeister et Kühnel", von dem u. a. ganze Serien von Werken bekannter Komponisten veröffentlicht wurden, u. a. sämtliche Streichquartette und -quintette von Mozart, die Klavier- und Orgelwerke von J. S. Bach und die Streichquartette von Haydn. 1805 verließ H. die Leipziger Firma (1813 von C. F. Peters übernommen); später gab er auch den Wiener Verlag auf.

WW: Gedruckt wurden zahlr. kammermusikal. Werke: Sonaten für Cemb. oder Klv., auch mit 1 u. mehr Instr.; Solos für Fl. bzw. V. u. B.; Duos, Terzette bzw. Trios, Quartette u. Quintette für versch. Kombinationen von Streich- u. Holzblasinstr.; für Orch.: Symphonien u. Ouvertüren; zahlr. Konzerte für Klv. u. für Fl., 1 V.-Konz. – Opern bzw. Singspiele: im Druck erschienen *Der Königssohn aus Ithaka (Telemach); Rosalinde*. – Vokal-WW: mehrere Slgen. von Klv.-Liedern u. mehrst. Gesänge.

Ausg.: 5 dt. Lieder, in: Das Wiener Lied v. 1778 bis Mozarts Tod, hrsg. v. M. ANSION – I. SCHLAFFENBERG (1920) (= DTÖ 54); Serenade Es-Dur für 2 Ob. (oder Fl.), 2 Klar., 2 Hörner, 2 Fag. u. Kontrafag., hrsg. v. E. HESS (Bas 1962) (= Für Kenner u. Liebhaber 24); Quintett Es-Dur für Horn u. Streichquartett, hrsg. v. H. STEINBECK (1963) (= Diletto mus. 109); Quartett e-moll, op. 16 Nr. 2, hrsg. v. R. ERMELER (Wilhelmshaven 1964); Fl.-Konzert D-Dur, hrsg. v. J. SZEBENYI (Mz – Budapest 1966); Quartett D-Dur für Va. d'amore, 2 V. u. Vc., hrsg. v. K. STUMPF (1967) (= Diletto mus. 195).

Lit.: E. F. SCHMID, F. A. H. u. die „Göttweiger Sonaten", in: ZfM 104 (1937); A. TYSON, Beethoven's „Pathétique" Sonata and Its Publisher, in: MT 104 (1963); A. WEINMANN, Die Wiener Verlagswerke v. F. A. H. (W 1964).

HOFHAYMER (Hofhaimer, Hofheymer, Hoffheimer), **Paulus** (Paul) Ritter von, * 25. 1. 1459 Radstadt (Tauern), † 1537 Salzburg; östr. Organist und Komponist. Er stammte aus einer Organistenfamilie und war wahrscheinlich Schüler seines Vaters sowie des Salzburger Organisten Jacob von Graz. 1480 wurde er Kammerorganist des Erzherzogs Siegmund in Innsbruck und behielt diese Stellung unter seinem Nachfolger Maximilian I. bei, den er auf Reisen häufig begleitete. Im Dienste der Tiroler Hofkapelle lernte H. 1484 H. Isaac, 1486 in Frankfurt am Main A. Schlick kennen und traf 1494 in Mecheln Kurfürst Friedrich den Weisen von Sachsen, an dessen Hof er sich 1498 und 1516 einige Zeit aufhielt; ein Angebot als Hoforganist des ungarischen Königs Matthias Corvinus (1489) lehnte er ab. 1502–06 lebte er in Passau, 1508 vielleicht in München und 1508–18 in Augsburg, nach dem Tode Kaiser Maximilians I. 1519–21 wieder in Passau und ließ sich 1522 in Salzburg nieder, wo er als Organist am Salzburger Dom tätig war. H. war Lehrer einer ganzen Generation von Organisten (von O. Luscinius „Paulomimen" genannt), u. a. von H. Buchner, H. Kotter, W. Grefinger, L. Paminger und U. Brätel. 1515 wurde H. anläßlich der Hochzeit von Kaiser Maximilians Tochter Maria mit dem ungarischen König Ladislaus in Wien – H. spielte dabei die Orgel von St. Stephan – zum Ritter (eques auratus) geschlagen.

WW: **1) Weltliche WW:** *Harmoniae poeticae* für 4 St. (Nü 1539) (35 Oden von H. u. 9 von L. Senfl); 20 dt. Lieder für 3–4 St. in Sammeldrucken 1510–52 v. A. v. Aich, E. Oeglin, P. Schöffer, G. Forster, G. Rhau, P. Kugelmann u. hsl., einige davon u. einzelne untextierte Lieder *(Carmina)* auch in gedruckten u. hsl. Orgeltabulaturen der 1. Hälfte des 16. Jh. (u. a. von A. Schlick, F. Sicher, H. Kotter, L. Kleber). – **2) Geistliche WW:** 1 Motette in: G. Rhau, *Tricinia* (Wittenberg 1542); 1 Motette hsl.; 2 weitere Motetten in Orgeltabulatur bei Sicher u. Kleber.

H.s Bedeutung als Komponist liegt in erster Linie im Bereich des mehrstimmigen deutschen Liedes, jener vom Bürgertum getragenen Gattung, die zwischen 1480 und 1550 ihre Blütezeit und bei H. einen ihrer Höhepunkte hatte. Die Lieder H.s sind Tenorlieder, in denen als Vorlagen fast ausschließlich „gelehrte" Melodien (Hofweisen) verwendet werden; nur vereinzelt erscheint eine Volksliedmelodie *(Greyner, Zanner)*. Die Satzweise ist teils homorhythmisch, teils sind die Stimmen kontrapunktisch selbständiger geführt. H.s Orgelkompositionen sind Intavolierungen meist von eigenen weltlichen Gesängen. In ihrer reichen Ornamentik scheint sich die Improvisationskunst des Organisten H. widerzuspiegeln.

Ausg.: 4 Orgelstücke u. je ein Satz aus den Tabulaturen v. Kotter u. Kleber, in: Frühmeister dt. Orgelkunst, hrsg. v. H. J. MOSER – F. HEITMANN (L 1930, Neudr. Wie 1954); 10 Lieder, in: G. Forster, *Frische teutsche Liedlein I*, hrsg. v. K. GUDEWILL –

W. HEISKE (Wb 1942) (= EDM, RD 20); 16 Lieder u. 5 Carmina, in: Das dt. Gesellschaftslied in Östr. v. 1480–1550, hrsg. v. L. NOWAK – A. KOCZIRZ – A. PFALZ (1930) (= DTÖ 72); Carmina für 4 St., hrsg. v. H. MÖNKEMEYER(Celle 1968) (= Der Bläserchor 9); Motette *Recordare* u. Carmen *Tandernaken* für Org., hrsg. v. M. RADULESCU, 2 H.e (W 1975).

Lit.: R. VON LILIENCRON, Die Horazischen Metren..., in: VfMw 3 (1887) (darin 19 Oden H.s); W. MERIAN, Der Tanz in den dt. Tabulaturbüchern (L 1927, Nachdr. Hil – Wie 1968) (darin 2 Lieder H.s mit je zwei Intavolierungen); H. J. MOSER, P. H. (St 1929) (mit Anhang, darin sämtliche gesicherten Werke, aber auch jene mit zweifelhafter Zuschreibung), Ergänzungen dazu in: ZfMw 15 (1932/33), 2. Aufl. mit Abdruck einzelner Beitr. v. R. Federhofer-Königs, H. Klein, H. J. Moser u. O. Wessely (Hil 1966); W. SENN, Musik u. Theater am Hof zu Innsbruck (I 1954); O. WESSELY, Neue Hofhaimeriana, in: Anzeiger der Östr. Akad. der Wiss., Philos.-hist. Klasse 92 (1955); L. HOFFMANN-ERBRECHT, P. H. in Salzburg, in: FS H. Besseler (L 1961); W. APEL, Gesch. der Orgel- u. Klaviermusik bis 1700 (Kas 1967); K. WAGNER, H. u. Salzburg, in: ÖMZ 25 (1970); M. KUGLER, Die Musik für Tasteninstr. im 15. u. 16. Jh. (Wilhelmshaven 1975) (= Taschenbücher z. Musikwiss. 41).

O. WESSELY

HOFMANN (Hoffmann), **Leopold,** * 14. 8. 1738 Wien, † 17. 3. 1793 ebd.; östr. Komponist. Er war Chorknabe an der Hofkapelle in Wien und Schüler von G. Chr. Wagenseil und wurde 1758 Violinist an der Kirche St. Michael, 1766 Kapellmeister an St. Peter, 1769 Nachfolger Wagenseils als Hofklaviermeister sowie 1772 2. Hoforganist und Kapellmeister am Stephansdom. Er war ein sehr fruchtbarer und zu seiner Zeit angesehener Komponist von Kirchenmusik. Seine Instrumentalkompositionen erfreuten sich wegen ihrer eingängigen Melodik großer Beliebtheit.

WW (meist hsl.): Klv.-Stücke; Kammermusik, darunter Duos, Quartette, Divertimenti u. Menuette; Konzerte für Cemb., V. oder Vc.; Symphonien; 33 Messen; Gradualien; Offertorien; ein Requiem; ferner zahlr. Lieder in Slgen. gedruckt (W 1780–1808).

Ausg.: Ein Lied, in: M. FRIEDLAENDER, Das dt. Lied im 18. Jh. I (St 1902, Nachdr. Hil 1962); 2 Lieder, in: Das Wiener Lied v. 1778 bis Mozarts Tod, hrsg. v. M. ANSION – I. SCHLAFFENBERG (W 1920) (= DTÖ 54); Divertimento a tre C-Dur, hrsg. v. E. SCHENK (W 1953) (= Hausmusik 156).

Lit.: H. PROHÁSZKA, L. H. als Messenkomponist, 2 Bde. (Diss. W 1956); V. KREINER, L. H. als Sinfoniker (Diss. W 1958); H. PROHÁSZKA, L. H. u. seine Messen, in: StMw 26 (1964).

HOFMANNSTHAL, Hugo von Hofmann, Edler von, * 1. 2. 1874 Wien, † 15. 7. 1929 Rodaun bei Wien; östr. Dichter und Librettist. Er promovierte 1899 in Wien in Romanistik und lebte seit 1901 als freier Schriftsteller in Rodaun. 1920 wurde er mit M. Reinhardt, R. Strauss, Fr. Schalk und Alfred Roller zu einem der Initiatoren der Salzburger Festspiele. Eine bedeutende Rolle spielte er in der Geschichte der neueren Oper durch seine Zusammenarbeit mit R. Strauss, die – mit Unterbrechungen – von 1906 bis fast zu seinem Tode dauerte.

WW: **1) Libretti für R. Strauss:** Kantate *Tüchtigen stellt das schnelle Glück* für 4st. Männerchor, UA: 1914. – *Josephslegende* (Handlung v. H. von H. u. H. Graf Kessler), UA: Paris 1914; *Elektra*, UA: Dresden 1909; *Der Rosenkavalier*, UA: ebd. 1911; *Ariadne auf Naxos*, UA: Stuttgart 1912, neue Fassung: Wien 1916; *Der Bürger als Edelmann* (nach Molière), UA: Berlin 1918; *Die Frau ohne Schatten*, UA: Wien 1919; *Die Ruinen von Athen*, UA: ebd. 1924; *Die ägyptische Helena*, UA: Dresden 1928; *Arabella*, UA: ebd. 1933; *Die Liebe der Danae* (Libr.: J. Gregor nach H. von H.), UA: Salzburg 1952. – **2) Schriften** (zu musikal. Themen): *Ariadne auf Naxos* (1912); *Zur Entstehungsgeschichte der Frau ohne Schatten* (1919); *Beethoven* (1920); *Der Rosenkavalier* (1927); *Die ägyptische Helena* (1928).

H. war nicht ausgesprochen musikalisch, empfand aber große Verehrung für W. A. Mozart. Sein Vorbild war die Nummernoper des 18. Jh., die er, als Gegengewicht zum Musikdrama R. Wagners, für seine Zeit wiedererwecken wollte. Die Musik war für ihn in der Oper „das herrschende unter den verbundenen Elementen". Das Libretto sollte das szenische Gerüst liefern, seine Sprache aber auf die Dimension des Klanglichen, auf das suggestive Wort, das dem Dichter verdächtig geworden war, verzichten. Der Komponist sollte angeregt werden, mit der Musik das Unsagbare zu sagen. Diese Möglichkeit der Musik, über die Sprache hinauszugehen, war es wohl, die Hofmannsthal an der mühevollen Arbeit des Librettisten faszinierte. Seine Operntexte sah er darum als wesentlichen Teil seines Lebenswerkes an. Der sensible H. hatte Mühe, seine Auffassungen gegen den robusteren R. Strauss durchzusetzen, akzeptierte aber dessen sicheres Urteil in Fragen der Bühnenwirksamkeit. Der Briefwechsel zwischen Strauss und Hofmannsthal ist ein einzigartiges Dokument des unermüdlichen Ringens zweier Künstler um die gemeinsamen Werke. – Von anderen Komponisten wurden durch H.s Dichtungen u.a. E. Wellesz (*Achill auf Skyros,* 1925), H. Gagnebin (*Jedermann,* 1942), Fr. Martin (*6 Monologe aus Jedermann,* 1943), R. Wagner-Régeny (*Das Bergwerk von Falun,* 1960) und W. Fortner (*Terzinen,* 1966) angeregt.

Ausg.: Gesammelte Werke in Einzelausg., hrsg. v. H. STEINER, (Sto 1945ff., F 1950ff.); R. Strauß – H. von H. Briefwechsel, GA, hrsg. v. F. u. A. Strauss, bearb. v. W. SCHUH (Z 1952, [5]1978); H. von H. u. R. Strauss, *Der Rosenkavalier.* Fassungen, Filmszenarium, Briefe, hrsg. v. W. SCHUH (F 1971).

Lit.: M. KOMMERELL, H. von H. (F 1930); R. ALEWYN, Über H. von H. (Gö 1952, erweitert [4]1967); W. VOLKE, H. von H. in Selbstzeugnissen u. Bilddokumenten (Reinbeck 1967) (= rowohlts monographien 127); M. E. SCHMID, Symbol u. Funktion der Musik im Werk H. von H.s (Hei 1968); A. WANDRUSZKA, Das „Rosenkavalier-Libretto", in: ÖMZ 24 (1969); H. SWAROWSKY, Noch einmal zum „Rosenkavalier-Libretto", in: ebd.; J. KNAUS, H.s Weg zur Oper „Die Frau ohne Schatten". Rücksichten u. Einflüsse auf die Musik (B – NY 1971); H.-A. KOCH, „Fast Kontrapunktlich Streng". Beobachtungen zur Form v. H. von H.s Operndichtung „Die Frau ohne Schatten", in: Jb. des Freien Dt. Hochstifts (1971); E.-M. LENZ, H. von H.s mythologische Oper „Die ägyptische Helena" (Tü 1972); W. SCHUH, Umgang mit Musik. Über Kompositionen, Libretti u. Bilder (Z –

Fr [2]1972); H. von H. Bibliogr., Werke, Briefe, Gespräche, Vertonungen, hrsg. v. H. WEBER (B–NY 1972); A. A. ABERT, R. Strauss' Anteil an seinen Operntexten, in: FS K. G. Fellerer (Kö 1973); M. MARX-WEBER, H. v. H.s Beethovenbild, in: Literaturwiss. Jb. NF 15 (1974); D. G. DAVIAU – G. J. BUELOW, The „Ariadne auf Naxos" of H. von H. and R. Strauss (Chapel Hill/N.J. 1975).

M. MARX-WEBER

HOFMEISTER, Friedrich, * 24. 1. 1782 Strehla an der Elbe, † 30. 9. 1864 Reudnitz bei Leipzig; dt. Musikverleger. Er gründete 1807 in Leipzig einen Verlag und wurde vor allem bekannt durch die Veröffentlichung eines Katalogs aller in Deutschland erschienenen Partituren und Musikbücher *(Handbuch der musikalischen Literatur),* mit dem er das gleichnamige Werk von C. F. Whistling fortsetzte und ergänzte. H.s *Handbuch* erschien von 1816 bis 1943. – Während der Verlag H. heute in Leipzig als VEB weitergeführt wird, besitzt das Haus seit 1950 eine Niederlassung in der Bundesrepublik Deutschland, heute in Frankfurt am Main (vormals in Hofheim am Taunus), die musikbibliographische Publikationen herausgibt.

Lit.: Tradition u. Gegenwart. FS z. 150jährigen Bestehen des Musikverlages F. H. (L 1957); H.-M. PLESSKE, Zur Gesch. der dt. Musikbibliogr., in: BzMw 5 (1963).

HÖGNER, Friedrich Johannes Paul, * 11. 7. 1897 Oberwaldbehrungen (Unterfranken); dt. Kirchenmusiker. Er studierte am Landeskonservatorium Leipzig (Orgel bei K. Straube) und war 1922–25 Kantor in Leipzig-Gohlis, 1925–29 in Regensburg, 1929–37 Orgellehrer am Leipziger Konservatorium, 1937–65 Landeskirchenmusikdirektor der Bayerischen Evangelischen Landeskirche, Kantor und Organist an der Matthäuskirche und Professor für Orgelspiel an der Musikhochschule in München. Als Spieler und Publizist setzte er sich vor allem für das Orgelwerk M. Regers und die deutsche und skandinavische Orgelmusik der Zeit zwischen 1920 und 1950 ein. H. komponierte gottesdienstliche Vokal- und Orgelmusik sowie Lieder.

Lit.: W. KUNZE, F. H., in: MuK 27 (1957).

HOHLFLÖTE (vielleicht von Holderflöte = Holunderflöte), weit mensuriertes, offenes, zylindrisches Orgelregister des ↗Flötenchors im Manual oder Pedal in der 16′-, 8′-, 4′- und 2′-Lage.

HOEHN, Alfred, * 20. 10. 1887 Oberellen bei Eisenach, † 2. 8. 1945 Königstein im Taunus; dt. Pianist und Komponist. Er studierte Klavier bei Lazzaro Uzielli am Hochschen Konservatorium in Frankfurt am Main, 1907–08 Dirigieren bei Fr. Steinbach in Köln, wurde 1910 Hofpianist beim Herzog von Meiningen und unternahm zahlreiche Konzertreisen durch Europa. Seit 1929 lehrte er Klavier am Hochschen Konservatorium in Frankfurt am Main, 1934–40 leitete er dort eine Meisterklasse für Klavier. Er verfaßte eine *Methode des virtuosen Klavierspiels* (postum L 1949). H., der als einer der namhaftesten deutschen Pianisten seiner Zeit gilt, komponierte Klaviermusik, ein Streichquartett und Orchesterlieder und gab mehrere Klavierwerke Beethovens, vor allem Sonaten, in Urtextausgaben heraus.

HOHNER, Matth. Hohner AG, Fabrik von Harmonika-Instrumenten in Trossingen (Württemberg), gegr. 1857 von **Matthias H.** (* 12. 12. 1833 Trossingen, † 11. 12. 1902 ebd.), der durch moderne Produktionsmethoden dem Akkordeon und der Mundharmonika zu einer schnellen Verbreitung in Europa und Übersee verhalf, und 1909 in eine Aktiengesellschaft umgewandelt. Dem Unternehmen angeschlossen sind die 1931 errichtete Harmonika-Fachschule (seit 1951 Hochschule für Musikerziehung) und die im selben Jahr gegründete Edition Hohner. Kompositionsaufträge der Firma konnten sich zunächst nur zögernd durchsetzen; als einer der ersten schrieb H. Herrmann Stücke für Harmonika-Instrumente. Seit 1945 stellt die Firma, die z. T. heute noch in Familienbesitz in dritter Generation steht, auch Saxophone und elektronische Musikinstrumente her.

Lit.: A. FETT, Im Dienste der Neuen Musik für Akkordeon. 25 Jahre Musikverlag M. H. AG (Trossingen 1956); A. LÄMMLE, M. H. Leben u. Werk (St 1957); Dr. Karl H. zum Gedenken, in: Das Musikinstr. 20 (1971).

HOKANSON, Leonard Ray, * 13. 8. 1931 Vinalhaven (Maine); amerik. Pianist schwedischer Herkunft. Er studierte in den USA u. a. bei Hedwig Rosenthal und A. Schnabel und debütierte im Alter von 18 Jahren mit dem Philadelphia Orchestra. Als Preisträger beim Busoni-Wettbewerb 1959 startete er eine internationale Karriere, die ihn durch Europa und nach Übersee führte. H. bildet mit der Violinistin Jenny Abel ein Duo (seit 1964) sowie mit Kurt Guntner (Violine) und Angelica May (Violoncello) das Odeon-Trio und tritt häufig als Liedbegleiter (u. a. von Grace Bumbry und H. Prey) auf. 1977 wurde er Professor an der Musikhochschule in Frankfurt am Main.

HOLBORNE, Anthony, † 1602 London (?); engl. Lautenist und Komponist. Er stand vielleicht einige Zeit im Dienst von Sir Richard Champernownc in Modbury (Devon). Dann lebte er am Hof Königin Elisabeths I. H.s Werke bilden einen der bedeutendsten Beiträge zur englischen Tanzmusik des 16. Jahrhunderts.

WW: *The Cittharn Schoole* (Lo 1597), enthält Praeludien, Pavanen, Galliarden u. a. Stücke für Cister (teilweise mit zusätzlichem Baß-Instr.) sowie 6 Canzonetten für 3 St. v. A.s Bruder William († 1602); *Pavans, galliards, almains and other short aeirs* für 5 Instr. (Lo 1599); 48 Stücke für Laute, 18 für Pandora, einzelne Gesänge für SingSt. u. Laute hsl. u. in Sammeldrucken 1607–12.

Ausg.: Complete Works, I: Music for Lute and Bandora, hrsg. v. M. KANAZAWA (C/M 1967); Complete Music for Brass, hrsg. v. P. BLOCK, 2 Bde. (Lo 1971).

Lit.: B. JEFFERY, Instrumentation in the Music of A. H., in: Galpin J 19 (1966); DERS., The Lute Music of A. H., in: Proc. R. Mus. Assoc. 93 (1966/67); DERS., A. H., in: MD 22 (1968).

HOLBROOKE, Joseph (Josef), * 5. 7. 1878 Croydon (Surrey), † 5. 8. 1958 London; engl. Komponist. Er war Schüler der Royal Academy of Music in London und trat seit 1890 als Pianist und Dirigent vorwiegend eigener Kompositionen und von Werken anderer englischer Komponisten hervor. Sein Schaffen zeigt den Einfluß der Neudeutschen Schule sowie C. Francks und P. Tschaikowskys.

WW: **1) Instr.-WW:** Klv.-Stücke; Kammermusik, u. a. 2 Klv.-Quartette, Klv.-Quintette, 5 Streichquartette, 2 Klar.-Quintette u. -Sextette. – Für Orch.: Symphonische Dichtungen: *The Raven*, UA: London 1900; *Queen Mab*, UA: Leeds 1904; *Ulalume* (1904); *The Masque of the Red Death* (1905); *The Viking;* ferner 5 Symphonien, ein Klv.- u. ein V.-Konzert. – **2) Vokal- u. Bühnen-WW:** Symphonische Dichtungen mit Chor: *The Bells* (nach E. A. Poe), UA: Birmingham 1906; *Ode to Victory* (1906) (nach Byron); *Homage to E. A. Poe* (1908); *Apollo and the Seaman*, UA: London 1908. – Opern: *Pierrot and Pierrette*, UA: London 1909; *The Enchanter*, UA: Chicago 1915; *The Wizard*, UA: ebd. 1915; keltische Trilogie *The Cauldron of Anwyn* (Libr.: E. T. Ellis), I: *The Children of Don*, UA: London 1912, II: *Dylan, Son of the Wave*, UA: ebd. 1914, III: *Bronwen, Daughter of Llyr*, UA: Huddersfield 1929; ferner die Ballette *The Red Mask, The Moth and the Flame* u. *Coromanthe*. – **3) Schriften:** *Contemporary British Composers* (Lo 1925).

Lit.: K. L. THOMSON, H. Some Catalogue Data, in: ML 46 (1965).

HÖLDERLIN, Johann Christian Friedrich, * 20. 3. 1770 Lauffen am Neckar, † 7. 6. 1843 Tübingen; dt. Dichter. Für H., der in seiner Jugend selbst Klavier- und Flötenunterricht erhalten hatte, spielte die Musik eine bedeutsame Rolle. In seinen Dichtungen werden häufig Ausdrücke aus dem Bereich der Musik (wie „Gesang", „Lied", „Melodie") wie auch Musikinstrumente genannt. In einer während seiner Studienzeit (1788–93) am Tübinger Stift, wo er sich der evangelischen Theologie widmete, entstandenen *Parallele zwischen den Sprichwörtern Salomos und den Werken und Tagen Hesiods* untersucht er Metrum und Rhythmus; im Vorwort seiner Antigone-Übersetzung stellt er eine Theorie vom „Wechsel der Töne" auf. H.s Dichtung zeigt in Satz- und Versbau eine im Vergleich zu seinen Zeitgenossen völlig andersartige Faktur, die sich wegen der harten Fügung der Worte, d.h. einer strikten Gruppierung nach Akzentfolgen, im Grunde einer Vertonung widersetzt. Daher interessierten sich zeitgenössische Musiker kaum für H.s Werk. Einer der wenigen war Theodor Fröhlich mit *Hyperions Schicksalslied* (1830). Erst seit J. Brahms' *Schicksalslied,* op. 54 (1871) finden H.s Dichtungen bei Komponisten Interesse. Zu den zahlreichen Musikern, die H.-Texte vertonten, gehören H. E. Apostel, B. Britten, W. Braunfels, P. Cornelius, H. Eisler, J. B. Foerster, W. Fortner, H. Genzmer, J. Haas, J. M. Hauer, H. W. Henze, P. Hindemith, H. Holliger, Ph. Jarnach, A. Knab, E. Kornauth, E. Krenek, K. Marx, E. Pepping, H. Pfitzner, M. Reger, A. Reimann, H. Reutter, A. Schönberg, R. Strauss, Wl. Vogel, H. Zilcher und W. Zillig; Bühnenwerke nach H. wurden von Br. Maderna, C. Orff und H. Reutter komponiert.

Lit.: A. KELLETAT – M. KOHLER, Bibliogr. der Vertonungen v. Dichtungen H.s, in: H.-Jb. 7 (1953); K. M. KOMMA, H. u. die Musik, in: ebd.; TH. G. GEORGIADES, Musik u. Sprache (B 1954, [2]1974) (= Verständliche Wiss. 50) Kap. 8: Die dt. Sprache u. die Musik; K. M. KOMMA, Probleme der H.-Vertonungen, in: H.-Jb. 9 (1955/56); F. DÖHL, H. u. die Musik, in: NZfM 123 (1962); Lieder u. Gesänge nach Dichtungen v. F. H., hrsg. v. K. M. KOMMA (Tübingen 1967) (= Schriften der H.-Ges. 5); G. SCHUHMACHER, Geschichte u. Möglichkeiten der Vertonung von Dichtungen F. H.s (Rb 1967) (= Forschungsbeitr. z. Musikwiss. 18).

HOLE, William, † 15. 9. 1624; engl. Musikdrucker. Er war als Notenstecher zu Beginn des 17. Jh. tätig. Seine *Parthenia,* die erste Sammlung von Virginalmusik, und *Prime musiche nuove* gehören zu den frühesten Musikdrucken, die von gestochenen Platten hergestellt wurden. Sein Sohn **Robert** war ebenfalls Notenstecher.

WW. *Parthenia or the Maydenhead of the first musicke that was printed for the Virginalls. Composed by three famous Masters: W. Byrd, Dr. J. Bull & O. Gibbons*... (Lo um 1612); *Prime musiche nuove di A. Notari a una, due e tre voci, per Cantare con la Tiorba et altri strumenti* (Lo um 1613); *Parthenia in violata* (Lo um 1613) (gestochen von Robert H.).

Lit.: C. HUMPHRIES – W. C. SMITH, Music Publishing in the British Isles (Lo 1954); A. M. HIND, Engraving in England in the 16th and 17th Centuries (C 1955).

HOLIDAY, Billie (eig. Eleonora Fagan Gough McKay), * 7. 4. 1915 Baltimore, † 17. 7. 1959 New York; amerik. Jazzsängerin. Sie kam 1929 nach New York, wo sie 1933 von John Hammond entdeckt wurde und im selben Jahr ihre erste Schallplatte mit Benny Goodman aufnahm. Über 350 Schallplatteneinspielungen, u. a. mit dem Orchester von Teddy Wilson und mit eigenen Bands, verhalfen ihr zu einer weltweiten Popularität. Neben zahlreichen Gastspielen in den USA mit bekannten Orchestern, wie den von Count Basie und Artie Shaw, unternahm sie 1954 ihre erste und 1958 ihre zweite Europatournee. Obwohl B. H. durch die sich immer stärker entwickelnde Musikindustrie dazu angehalten war, schlagerähnliche Songs mit deutlichen

Swingelementen zu interpretieren, konnte sie durch ihre oft tragischen und erschütternden Lebenserfahrungen in ihren Songs nie die Bluesatmosphäre und ihre Herkunft vom traditionellen Blues verleugnen. Ihre Autobiographie erschien als *Lady Sings the Blues* (Garden City/N.Y. 1956, Lo 1958, 1960 [zus. mit W. F. Dufty], dt. Übers.: *Schwarze Lady ... Sings the Blues,* H 1957, Reinbek 1965).

Lit.: J. G. JEPSEN, Discography of B. H. (Brande 1960); Jazz erzählt, hrsg. v. N. SHAPIRO – N. HENTOFF (Mn 1962); J. E. BERENDT, Das Jazzbuch. Von Rag bis Rock (F 1973); J. CHILTON, Billie's Blues. A Survey of B. H.'s Career 1933–55 (Lo 1975) (mit Bibliogr.).

HOLLANDE, Jean de, ↗Hollander, Christian Janszone.

HOLLANDER (Hollande), **Christian Janszone** (Christiaan Janszoon, Jean de), *um 1510/15 Dordrecht (?), † zw. Juli 1568 und Juli 1569 Innsbruck; franko-flämischer Komponist. Er war 1549–57 Kapellmeister an St. Walburga in Oudenaarde und dann Mitglied der Tiroler Hofkapelle Kaiser Ferdinands I. und nach dessen Tode (1564) Erzherzog Ferdinands. Wahrscheinlich ist H. identisch mit Jean de Hollande, der 1538–41 Succentor an St-Sauveur und 1541–44 als Nachfolger von L. Hellinck an St-Donatian in Brügge war. Seine Werke, u. a. Huldigungsmotetten für den kaiserlichen Hof, waren im 16. Jh. weit verbreitet.

WW: *Newe teutsche geistliche und weltliche Liedlein* für 4–8 St. (Mn 1570, ^{2}1574, ^{3}1575); *Triciniorum ... fasciculus* (Nü 1573); weitere Lieder sowie Motetten, Lamentationen, einzelne Messen sind hsl. u. in vielen Sammeldrucken 1546–89 erhalten, besonders zahlreich in dem Prachtdruck P. Giovannellis mit Werken von Mitgliedern der kaiserlichen Kapelle (RISM 1568$^{2-6}$).

Ausg.: 8 Gesänge für 5–8 St., in: H. OSTHOFF, Die Niederländer u. das dt. Lied (B 1938, Nachdr. Tutzing 1967); eine dt. Motette für 5 St., in: J. Desprez u. a., Acht Lied- u. Choralmotetten..., hrsg. v. DEMS. (Wb 1934) (= Chw. 30).

Lit.: F. NOSKE, Ch. J. H. en zijn „Tricinia", in: TVer 18 (1959); H. ALBRECHT, H., in: MGG VI.

HOLLAENDER. – 1) Gustav, *15. 2. 1855 Leobschütz (Oberschlesien), † 4. 12. 1915 Berlin; dt. Violinist und Komponist. Er studierte 1867–69 Violine bei Ferdinand David am Leipziger Konservatorium, danach bei J. Joachim sowie Komposition bei Fr. Kiel an der Königlichen Hochschule in Berlin, wurde dort 1874 Kammermusiker im Hofopernorchester und 1885 Violinlehrer an Kullaks Neuer Akademie der Tonkunst. 1881 wurde H. in Köln Konzertmeister des Gürzenich-Orchesters und Lehrer an der Rheinischen Musikschule, 1884 auch Konzertmeister am Stadttheater. Seit 1895 war er Direktor des Sternschen Konservatoriums in Berlin. Er komponierte Werke für Kammermusik und (Streich-)Orchester, darunter 3 Violinkonzerte, die vor allem von pädagogischem Interesse sind. – **2) Victor,** Bruder von 1), *20. 4. 1866 Leobschütz, † 24. 10. 1940 Hollywood; Komponist. Er studierte an Th. Kullaks Neuer Akademie der Tonkunst in Berlin, war dann Kapellmeister an verschiedenen in- und ausländischen Bühnen und wurde 1901 Kapellmeister und Hauskomponist am Metropoltheater, 1908 auch am Neuen Operettentheater in Berlin. 1934 wanderte er in die USA aus. H. ist besonders als Komponist von Operetten, Singspielen und Revuen bekanntgeworden.

WW: **1) Instr.-WW:** Eine Reihe kleinerer Klv.-Stücke; für Orch.: Märsche, Walzer u. a. – **2) Vokal-WW:** Zahlr. Lieder, u. a. *Die Kirschen in Nachbars Garten* u. *Unterm Machandelbaum* (1889); Oratorium *Die Jugend Samuels.* – **3) Bühnen-WW:** Opern *San Lin* und *Trilby* (hsl.). – Tanzpantomime *Sumuran,* UA: Berlin 1914. – Operetten, Singspiele u. Possen, u. a.: *Die Gesangsvereinsprobe oder Der Jubiläumstag,* UA: Köln 1882; *Carmosinella,* UA: Frankfurt 1888; *Der Bey von Marokko,* UA: London 1894; *Der rote Kosak,* UA: Berlin 1903; *Der Sonnenvogel,* UA: St. Petersburg 1907; *Hupf, mein Mäderl,* UA: Wien 1910; *Der Regimentspapa,* UA: Dresden 1914; *Die Prinzessin vom Nil,* UA: Berlin 1915; *Die Schöne vom Strande,* UA: ebd. 1915. – Revuen, u. a. *Auf ins Metropol,* UA: Berlin 1904 (mit dem *Schaukellied* u. *Der Vorschuß auf die Seligkeit); An der grünen Isar,* UA: München 1905; *Der Teufel lacht dazu,* UA: Berlin 1907 (mit dem *Kasino-Lied* u. *Willst du mein Cousinchen sein?*); *Hurra, wir leben noch,* UA: ebd. 1910.

3) Friedrich (in den USA: Frederick Hollander), Sohn von 2), *18. 10. 1896 London, † 18. 1. 1976 München; Komponist. Nach einem Studium an der Berliner Musikhochschule bei E. Humperdinck schrieb er seit 1919 Chansons für das Kabarett „Schall und Rauch" im Großen Schauspielhaus in Berlin und Bühnenmusik für M. Reinhardt. Neben Chansons auch für andere Kabaretts (z. B. „Tingel-Tangel") komponierte H. Musik für Revuen und seit 1929 für Filme, von denen *Der blaue Engel* (1930; darin der von Marlene Dietrich gesungene English Waltz *Ich bin von Kopf bis Fuß auf Liebe eingestellt*) ein Welterfolg wurde. 1933–55 lebte er in den USA. H. schrieb auch Musicals und Lieder und verfaßte die Texte zum großen Teil selbst. Eine Autobiographie H.s erschien als *Von Kopf bis Fuß. Mein Leben mit Text und Musik* (Mn 1965).

WW: Revuen: *Höchste Eisenbahn,* UA: Berlin 1926; *Hetärengespräche,* UA: ebd. 1926. – Musicals: *Ich tanze um die Welt; Majestät macht Revolution; Scherzo,* UA: Hamburg 1956. – Zahlr. Filmmusiken, u. a.: *Der blaue Engel* (1930); *Die große Sehnsucht* (1930) (zus. mit R. Eisner, K. Brüll u. P. Dessau); *One Hundred Men and a Girl* (1937); *Bluebeard's Eighth Wife* (1938) (zus. mit W. R. Heymann); *Hotel Imperial* (1939); *Berlin Express* (1948); *Androcles and the Lion* (1953); *We're No Angels* (1953); *Das Spukschloß im Spessart* (1960) (zus. mit O. Bienert u. A. Strasser).

Ausg.: **Zu 3):** Fr. H., Lieder u. Chansons für B. Ebinger (Fr 1957); F.-H.-Album für Gesang u. Klv. (B 1971).

Lit.: **Zu 3):** W. V. RUTTKOWSKI, Das literarische Chanson in Deutschland (Be 1966) (= Slg. Dalp 99); H. GREUL, Bretter, die die Zeit bedeuten (Kö 1967); D. SCHULZ-KOEHN, Vive la chanson (Gütersloh 1969).

HÖLLER, Karl, * 25.7.1907 Bamberg, † 14.4.1987 Hausham (Obb.); dt. Komponist. Er studierte 1926 bei H. Zilcher in Würzburg und 1927–33 in München bei J. Haas (Komposition), S. von Hausegger (Dirigieren), Emanuel Gatscher (Orgel) und H. von Waltershausen (dramat. Komposition) an der Musikhochschule, an der er 1933–37 Lehrer für Orgel, Harmonielehre und Komposition war. 1937 wurde er Lehrer für Komposition, Dirigieren und Orgel sowie Leiter der Abteilung für Katholische Kirchenmusik an der Frankfurter Musikhochschule und übernahm 1949 als Nachfolger von J. Haas die Leitung einer Meisterklasse für Komposition an der Münchner Musikhochschule, deren Direktor er 1953–54 und deren Präsident er 1954–77 war.

WW: **1) Instr.-WW:** Für Klv.: *2 kleine Sonaten,* op. 32 (1943) für Klv. zu 4 Händen, umgearbeitet als: *Petite symphonie I* u. *II;* op. 32a (1965, 1969) für Orch.; *3 kleine Sonaten,* op. 41 (1946), danach 2 Sonaten für 2 Klv., op. 41a (1967); Sonatinen I u. II, op. 58 (1962); *Tessiner Klavierbuch,* op. 57 (1961). – Für Org.: Partita, op. 1 (1929); 2 Choralvariationen, op. 22 (1936); *Ciacona,* op. 54 (1950); Choralpassacaglia, op. 61 (1962); Orgelkonzert, op. 15 (1932, Neufassung 1962). – Kammermusik: 8 V.-Sonaten, op. 4 (1929, revidiert 1968), op. 30 (1942), op. 33 (1943), op. 35 (1944), op. 37 (1945), op. 39 (1946), op. 44 (1947), umgearbeitet als Sonate für Orch., op. 44a (1966) u. op. 52 (1949); Vc.-Sonate, op. 31 (1943), Fassung für Va. u. Klv. (1967); 2 Fl.-Sonaten, op. 45 (1947) u. op. 53 (1948); Bratschensonate, op. 62, „in memoriam P. Hindemith" (1967); Triosonate, op. 38 (1946), umgearbeitet als *Concerto grosso* für 2 V. u. Klv., op. 38 (1965); Klv.-Trio, op. 34 (1944), neue Fassung für Harfe, V. u. Vc. (1966); 6 Streichquartette: op. 24 (1938, revidiert 1966), op. 36 (1945), op. 42 (1947), op. 43 (1947), op. 48 (1948) u. op. 51 (1959); Klv.-Quartett, op. 7 (1930, revidiert 1955); Klar.-Quintett, op. 46 (1947), umgearbeitet als Serenade für Kammerorch., op. 46a (1957). – Für Orch.: *Hymnen* (1933), 4 symphonische Sätze über gregor. Choralmelodien; *Symphonische Fantasie* über ein Thema v. Frescobaldi, op. 20 (1935, neue Fassung 1965); *Passacaglia u. Fuge* nach Frescobaldi (1939); *Heroische Musik* (1940); 1. Symphonie cis-moll (1945); Fuge für Streichorch. (1949); *Sweelinck-Variationen, „Mein junges Leben hat ein End",* op. 56 (1950); Sonate für Orch. (1966); *Permutation* (1970). – Konzerte für: Cemb. (1934); je zwei für V. (1938, neue Fassung 1964, 1948), Vc. (1940, 1948), Klv. (1950, 1973); ferner je ein Concertino für Klv. (1956) u. Fl. (1958). – **2) Vokal-WW:** *Missa brevis,* op. 3 (1929) für Soli u. Chor; Motette *Media vita,* op. 8 (1930) für 4–8st. Männerchor; *Eine kleine Weihnachtsmusik,* op. 12a (1930) für Frauenchor, V. u. Org.; *Passionsmusik,* op. 12b (1930) für Sopran, Frauenchor, V. u. Org.; 6 geistliche Gesänge, op. 17 (1932) für Sopran u. Org., ferner *3 altdt. Minnelieder,* op. 5 (1929) für mittlere SingSt u. Klv.; *Hymnischer Gesang,* op. 13 (1933) für Männerst. oder gem. Chor u. Orch. – Ferner Hörspiel u. Filmmusik.

In seinem überwiegend instrumentalen Schaffen, das sowohl Einflüsse von A. Bruckner über M. Reger bis P. Hindemith wie auch solche von Cl. Debussy und M. Ravel bis I. Strawinsky aufweist, entwickelte H. eine eigen-persönliche Musiksprache, in der sich kontrapunktische Satzstrenge und eine gelegentlich impressionistische Klangsinnlichkeit durchdringen.

Lit.: U. STÜRZBECHER, K. H., in: Werkstattgespräche mit Komponisten (Kö 1971).
H. LINDLAR

HÖLLER, York (Georg), * 11.1.1944 Leverkusen; dt. Komponist. Er studierte 1963–70 an der Kölner Musikhochschule bei B. A. Zimmermann (Komposition), H. Eimert (elektronische Musik) und Alfons Kontarsky (Klavier) und legte 1967 das Staatsexamen in Schulmusik ab. H., Stipendiat u. a. der Internationalen Ferienkurse für Neue Musik in Darmstadt und der Villa Massimo in Rom, lebt als freischaffender Komponist in Köln, wo er live-elektronische Musik beim WDR und an der Musikhochschule realisiert, an der er seit 1976 auch einen Lehrauftrag für Theorie und Analyse innehat. Seit 1977 zunehmend am Pariser Institut für Medienmusik (IRCAM) und an den Informationszentren der westeuropäischen Avantgarde aufgeführt, zählt H. zu den in der Integration instrumentaler und elektronischer Musik begabten Tonsetzern.

WW: *Diaphonie* (1965) für 2 Klv.; Sonate (1968) für Klv.; Sonate (1969) für Vc. solo; *Epitaph* (1969) für V. u. Klv.; 4-Kanal-Komposition *Horizont* (1972); *Tangens* (1974) für Vc., elektrische Gitarre u. Org., Klv. u. 2 Synthesizer; *Klanggitter* (1977) für Vc., Klv., Synthesizer u. Tonband; *Antiphon* (1977) für Streichquartett; *Mythos* (1979/80) für 15 Instr. u. Tonband. – *Topic* (1967) für Orch.; *Chroma* (1978) für großes Orch. u. elektronisch transformierte Org.; *Arcus* (1978) für Kammerorch. u. Tonband; *Umbra* (1980) für Orch. u. 4-Kanal-Tonband; *Surreal* (1980) für Orch. u. Elektronik.
H. LINDLAR

HOLLIGER, Heinz, * 21.5.1939 Langenthal (Kanton Bern); Schweizer Oboist und Komponist. Er studierte in Bern, Paris und Basel (Oboe bei Pierre Pierlot, Komposition bei S. Veress und P. Boulez), war 1959–63 Solooboist im Orchester der Basler Orchester-Gesellschaft, errang bei internationalen Wettbewerben 1. Preise (Genf 1959, München 1961) und begann damit seine Konzertkarriere. 1966 übernahm er eine Oboenklasse an der Freiburger Musikhochschule. Sein Repertoire umfaßt Werke aller Stilepochen seit dem 17. Jh. bis heute. Zahlreiche namhafte Komponisten schrieben für ihn Werke, die seine blastechnisch-klanglichen Neuerungen berücksichtigen.

WW: **1) Instr.-WW:** Sonatine für Klv. (1958); *Elis* (1961, revidiert 1966) (nach G. Trakl), 3 Nachtstücke für Klv., Fassung für Orch. (1963–73); *Sequenzen über Johannes I, 23* (1962) für Harfe; Improvisationen für Ob., Harfe u. 12 Instr. (1963); *Mobile* (1964) für Ob. u. Harfe; Trio für Ob. (Engl. Horn), Va. u. Harfe (1966); *„h"* für Bläserquintett (1968); *Pneuma* (1970) für Bläser, Schlagzeug, Orgel u. Radios, Fassung für kleines Bläserensemble (1971); *Cardiophonie* (1971) für einen Bläser u. Magnetophone, Fassung für Fl., Klar., Trp. oder Pos. (1971); *Kreis* (1972) für 4–7 Spieler; Streichquartett (1973); *Atembogen* (1975) für Orch. – **2) Vokal-WW:** Kantate *Erde u. Himmel* (1961) für Tenor, Fl., Streichtrio u. Harfe; *Glühende Rätsel* (1964) (Text: N. Sachs) für Alt u. 10 Instr.; *Siebengesang* (1967) für Ob., 4 Soprane, 3 Alt, großes Orch. u. Lautsprecher; *Dona nobis pacem* (1969) für 12 SingSt; *Psalm* (1971) (Text: P. Celan) für gem. Chor; *Die Jahreszeiten* (1975) (Text: Fr. Hölderlin), 4 Gedichte nach Scaranelli für gem. Chor. – **3) Bühnen-WW:** *Der magische Tänzer* (Text: N. Sachs), 2 Szenen für 2 Sänger, 2 Tänzer, 2 Schauspieler, Chor, Orch. u. Tonband, UA: Basel 1970; Kurzoper *Come and Go* (Libr.: S. Beckett), UA: Hamburg 1978; Monodram *Not I* für Frauenst. u. Live-Elektronik, UA: Avignon 1980.

H.s eigene Kompositionen zeichnen sich durch subtile Klanglichkeit vorwiegend kammermusikalischer, z. T. experimenteller Besetzung aus; unter ihnen befinden sich auch Werke für seine Frau, die Basler Harfenistin Ursula Holliger-Hänggi. Mit seinen instrumental-vokal gemischten Kompositionen seit 1971 näherte er sich (nach eigenen Worten) „dem Fühlbar-, ja Sichtbarmachen der extremen physischen und psychischen Bedingungen, unter denen diese Klänge entstehen".

Lit.: J. HÄUSLER, H. H., in: SMZ 107 (1967); R. LÜCK, War die Ob. 100 Jahre tot?, in: Werkstattgespräche mit Interpreten Neuer Musik (Kö 1971); C. GOTTWALD, Bausteine zu einer Theorie der Neuen Vokalmusik, in: FS L. Strecker (Mz 1973) (zu H.s „Psalm"). H. LINDLAR

HOLLINGUE, Jean de, ↗Mouton, Jean.

HOLLREISER, Heinrich, * 24. 6. 1913 München; dt. Dirigent. Nach seiner Ausbildung an der Akademie der Tonkunst sowie bei K. Elmendorff in München wurde H. 1932 Opernkapellmeister in Wiesbaden, 1935 in Darmstadt, 1938 1. Kapellmeister in Mannheim und kam nach einem Engagement in Duisburg 1942 an die Bayerische Staatsoper in München. 1945–52 war er GMD (für Oper und Konzert) in Düsseldorf, dann bis 1961 1. Kapellmeister an der Wiener Staatsoper sowie bis 1964 Chefdirigent und musikalischer Oberleiter an der Deutschen Oper in Berlin. Seither ist er dort wie auch in München und Wien als ständiger Gastdirigent tätig. 1956 wurde ihm von der Republik Österreich der Titel Professor verliehen.

HOLLWEG, Ilse, * 23. 2. 1922 Solingen; dt. Sängerin (Sopran). Sie studierte bei Gertrude Förstel an der Kölner Musikhochschule und debütierte 1943 in Saarbrücken. 1946 wurde sie als 1. Koloratursopran an die Oper in Düsseldorf verpflichtet. 1950 wirkte sie erstmals bei den Festspielen in Glyndebourne und Edinburgh mit und sang 1951/52 auch in Hamburg und Berlin. 1952 wurde sie Mitglied der Wiener Staatsoper und ging 1955 wieder nach Düsseldorf, wo sie bis 1970 blieb. Während dieser Zeit wurde sie durch Konzerttourneen und Operngastspiele in allen Musikzentren Europas und auch in Nordamerika besonders als Mozart- und Strauss-Interpretin bekannt. Außerdem sang sie häufig in Uraufführungen von Werken zeitgenössischer Komponisten (A. Schönberg, L. Nono, P. Boulez).

Lit.: K. RUHRBERG, I. H. (Duisburg 1971).

HOLM, Renate, * 10. 8. 1931 Berlin; dt. Sängerin (lyrischer u. Koloratursopran). Sie war Schülerin von Maria Ivogün, Waltraut Waldeck und Maria Hittorf. Seit 1953 wurde sie durch Operettenfilme und als Schlagersängerin bekannt. 1957 debütierte sie als Opernsängerin an der Wiener Volksoper und 1961 an der Wiener Staatsoper (Ensemblemitglied seit 1964). R. H. sang 1961–64 bei den Salzburger Festspielen und 1975 bei den Osterfestspielen. Sie gastierte u. a. in Buenos Aires, Moskau und London. Ihr Repertoire reicht von der klassischen Operette und dem Wienerlied über W. A. Mozart, G. Rossini, G. Verdi und G. Puccini bis zu R. Strauss. Produktionen für Funk, Fernsehen und Schallplatte ergänzen ihre Tätigkeit.

HOLMBOE, Vagn, * 20. 12. 1909 Horsens (Jütland); dänischer Komponist. Er studierte 1927–30 bei Kn. Jeppesen und F. Høffding am Konservatorium in Kopenhagen, anschließend bei E. Toch in Berlin. 1933–34 hielt er sich zum Studium der Volksmusik in Rumänien auf. 1940–47 war er Professor für Chordirigieren und Gehörbildung am königlichen Blindeninstitut, 1947–55 Musikkritiker bei der Zeitung *Politiken* und 1950–65 Professor für Theorie und Komposition am Konservatorium in Kopenhagen. H. gehört zu den führenden dänischen Komponisten. In seinen Werken, bes. in den Streichquartetten, ist eine Verschmelzung Bartókscher Einflüsse mit nordischen Elementen spürbar.

WW: **1) Instr.-WW:** *Fanden løs i Voldmosen* (1971) für Klar., 2 V. u. Kb.; *Musik for fugle og frøer* (1971) für 2 Fl. u. 16 Fag.; *Ondata* (1972) für Schlagzeug; *Triade* für Trp. u. Org. (1975); *Firefir* (1977) für 4 Fl.; 14 Streichquartette (1941–75); Quintett für 2 Trp., Horn, Pos. u. Tuba (1961); Sextett für Fl., Klar., Fag., V., Va. u. Vc. (1973). – Für Orch.: symphonische Metamorphosen *Epitaph* (1956) u. *Monolith* (1960) sowie *Epilog* (1961); *Tempo variabile* (1972); 10 Symphonien: 1 (1935), 2 (1939), 3 (1941), 4 (1941, revidiert 1945), 5 (1944), 6 (1947), 7 (1950), 8 (1952), 9 (1968, revidiert 1969), 10 (1971, revidiert 1972); *Sinfonia in memoriam* (1955); Konzerte für: Vc. (1974), Fl. (1976) und Tuba (1976). – **2) Vokal-WW:** *Solhymne*, op. 77 (1960) u. *Beatus vir*, op. 96a (1967) für gem. Chor a cap.; *Requiem for Nietzsche*, op. 84 (1964) für Soli, Chor u. Orch.; *Edward* (1971) für Bar. u. Orch.; *The Wee-Wee Man* (1971) für Tenor u. Orch.; *Beatus parvo* (1973) für Chor u. Kammerorch. – **3) Schriften:** *Tre symfonier*, in: Modern nordisk musik, hrsg. v. I. Bengtsson (Sto 1957) (mit Werk-Verz.); *Mellemspil* (Kop 1966, ²1968).

Lit.: A. D. MCCREDIE, in: The Chesterian 36 (1961) Nr. 208; R. LAYTON, V. H. and the Quartet, in: MT 110 (1969); B. WALLNER, in: Dansk musiktidsskrift 45 (1969) (zur 5. Symphonie); Werk-Verz. v. S. Berg, in: ebd.; V. H. A Catalogue of His Music. Discography, Bibliography, Essays, hrsg. v. P. RAPOPORT (Lo 1974).

HOLMÈS, Augusta Mary Anne (Pseud.: Hermann Zenta), * 16. 12. 1847 Paris, † 28. 1. 1903 ebd.; frz. Komponistin irischer Herkunft. Sie war eine aufsehenerregend schöne Frau von vielseitiger künstlerischer Begabung. Auf musikalischem Gebiet bildete sie sich zunächst autodidaktisch, studierte später noch bei C. Franck und war auch mit C. Saint-Saëns befreundet. Die größte Bewunderung hegte sie jedoch für R. Wagner. Wie er wollte sie ihr eigener Textdichter sein, und ihn suchte sie in manchen ihrer Werke geradezu sklavisch nachzuahmen. Populär in Frankreich blieb einzig ihr volksliedartiges *Noël*. A. H. lebte mit dem Dichter Catull Mendès zusammen, der auch ihr literarischer Mentor war.

WW: Zahlr. Klv.-Lieder; viele Orch.-Werke, symphonische Dichtungen, teilweise mit Vokal-Teilen, u.a.: *Lutèce* (P zw. 1879 u. 1880); *Les Argonautes* (P 1881); *Irlande* (P 1883); *Ludus pro patria* (P 1888); *Ode triomphale* (P 1889); ferner die Oper *La montagne noire*, UA: Paris 1895.

Lit.: P. BARILLON-BAUCHÉ, A. H. et la femme compositeur (P 1912); R. PICHARD DU PAGE, Une musicienne versaillaise, A. H. (P 1921); R. MYERS, A. H. A Meteoric Career, in: MQ 53 (1967).

HOLOUBEK, Ladislav, * 13. 8. 1913 Prag; slowakischer Komponist und Dirigent. Er studierte 1926–33 bei A. Moyzes an der Preßburger Musikakademie und 1934–36 bei V. Novák an der Meisterschule in Prag. 1933–53 war er Dirigent am Slowakischen Nationaltheater in Preßburg, leitete 1952–55 das dortige Künstlerische Militärensemble und war 1955–58 Opernchef in Košice. 1958 wurde er Chefdirigent des Slowakischen Nationaltheaters in Preßburg.

WW: Kammermusik, u.a. 3 Streichquartette (1935, 1946, 1964); zahlr. Orch.-Werke, darunter eine Symphonie (1947); Liederzyklen u. Chorwerke. – Opern: *Stella*, UA: Bratislava 1939, revidierte Fassung: Košice 1957; *Svitanie* (Morgendämmerung), UA: Bratislava 1941; *Tužba* (Sehnsucht), UA: ebd. 1944; *Rodina* (Die Familie), UA: ebd. 1960; *Professor Mamlock*, UA: ebd. 1965.

Lit.: Contemporary Czechoslovak Composers, hrsg. v. Č. GARDAVSKY (Pr 1965).

HOELSCHER, Ludwig, * 23. 8. 1907 Solingen; dt. Violoncellist. Er studierte in Köln, München (Wilhelm Lamping), Leipzig (J. Klengel) und Berlin (Hugo Becker). Seine internationale Karriere begann er als Kammermusikspieler. 1931–40 bildete er mit W. Stross (bzw. seit 1934 mit M. Strub) und Elly Ney ein Klaviertrio, trat dann aber auch ebenso erfolgreich als Solist unter den bedeutendsten Dirigenten in aller Welt hervor. Später spielte er auch im Trio mit G. Taschner und W. Gieseking. 1937 wurde H. Professor an der Berliner Musikhochschule, 1938 am Mozarteum in Salzburg und leitete 1954–72 eine Meisterklasse an der Musikhochschule Stuttgart. H. widmet sich bes. den Werken von J. S. Bach und M. Reger sowie Werken zeitgenössischer Autoren. H. Pfitzner, J. N. David, P. Hindemith, E. Krenek, W. Fortner, K. Höller, H. W. Henze u.a. widmeten ihm Kompositionen. Er schrieb: *H. Pfitzner und seine Werke für Violoncello* (in: Mitt. der H.-Pfitzner-Ges. 20, 1967).

Lit.: E. VALENTIN, Cello, das Instr. u. sein Meister L. H. (Pfullingen 1955); G. STRUTH, L. H., in: NZfM 117 (1956); M. KAINDL-HÖNIG, L. H. (Genf 1962) (= Die großen Interpreten o. Nr.); W.-E. VON LEWINSKI, L. H. (Tutzing 1967).

HOELSCHER, Ulf, * 17. 1. 1942 Kitzingen; dt. Violinist. Er studierte an den Musikhochschulen in Heidelberg und Köln sowie in den USA an der Indiana University in Bloomington und am Curtis Institute of Music in Philadelphia. Als Preisträger mehrerer Wettbewerbe führten ihn Konzertreisen mit großem Erfolg durch Europa, in die UdSSR sowie nach Übersee. H., der zu den führenden deutschen Violinisten der Gegenwart zählt, setzt sich neben dem klassischen Repertoire stark für zeitgenössische Werke ein; u.a. spielte er die Uraufführung von H. W. Henzes 2. Violinkonzert (1971).

HOLSCHNEIDER, Andreas, * 6. 4. 1931 Freiburg im Breisgau; dt. Musikforscher. Er studierte 1950–55 Klavier bei Edith Picht-Axenfeld an der Freiburger Musikhochschule und 1956–60 Musikwissenschaft an den Universitäten in Heidelberg, Wien und Tübingen, wo er 1960 bei W. Gerstenberg mit einer Dissertation über *Händels „Messias" in Mozarts Bearbeitung* promovierte. Nach einem Studienaufenthalt 1960–61 in Italien war er 1961–67 wissenschaftlicher Assistent an der Universität Hamburg, an der er sich 1967 mit einer Arbeit über *Die Organa von Winchester* habilitierte und 1972 zum Professor ernannt wurde. Seit 1970 ist H. Leiter der Archiv Produktion der Deutschen Grammophon Ges. (Polydor International).

Schriften: *Neue Mozartiana in Italien*, in: Mf 15 (1962); *Zu Schuberts „Frühlingsglaube"*, in: FS O. E. Deutsch (Kas 1963); *Die Organa v. Winchester. Stud. zum ältesten Repertoire polyphoner Musik* (Hil 1968); *C. Ph. E. Bachs Kantate „Auferstehung und Himmelfahrt Jesu" u. Mozarts Aufführung des Jahres 1788*, in: Mozart-Jb. 1968/70; *Unbekannte Beethoven-Skizzen in Bergamo*, in: Anal.Mus. 9 (1970); *Zur Aufführungspraxis der Marien-Vesper v. Monteverdi*, in: Hamburger Jb. für Musikwiss. 1 (1974); *Bach-Rezeption und Bach-Interpretation im 20. Jh.*, in: Musica 30 (1976); *Die instr. Tonbuchstaben im Winchester Tropar*, in: FS G. von Dadelsen (St 1978). – H. edierte u. a.: W. A. Mozart, *Der Messias* (Kas 1961) (= Neue Mozart-Ausg. X/28, 1, Bd. 2); ders., *Das Alexanderfest* (Kas 1962) (= ebd. X/28, 1, Bd. 3).

HOLST, Gustav Theodore, * 21. 9. 1874 Cheltenham, † 25. 5. 1934 London; engl. Komponist schwedischer Herkunft. Er studierte bei Ch. Stanford am Royal College of Music in London, wo er 1919–23 selbst Lehrer für Komposition war. Aus gesundheitlichen Gründen widmete er sich danach ausschließlich der Komposition.

WW (alle in London erschienen): **1) Instr.-WW:** Für Orch.: *Somerset Rhapsody* (1907); *St. Paul's Suite* (1913); *Japanese Suite* (1915); *The Planets* (1916); *Fugal Ouverture* (1922); *Hammersmith* (1930) (hsl.); *Brook Green Suite* (1933); *Fugal Concerto* (1923) für Fl., Ob. u. Str.; Konzert für 2 V. u. Orch. (1929); *Lyric Movement* (1933) für Va. u. kleines Orch. – **2) Vokal-WW:**

Etwa 40 Lieder; zahlr. Chorwerke, u. a.: *King Estmere* (1903); *Choral Hymns from the Rig Veda* (1908–12); *The Cloud Messenger* (1910); *Hymn to Dionysus* (1911); *A Dirge for two Veterans* (1914); *Three Festival Choruses* (1916); *The Hymn of Jesus* (1917); *6 Choruses* (1932). – **3) Bühnen-WW:** Opern: *Savitri* (1908), UA: London 1916; *The Perfect Fool* (1921), UA: ebd. 1923; *At the Boar's Head* (1924), UA: Manchester 1925; *The Tale of the Wandering Scholar* (1929), UA: Liverpool 1934; ferner die Chorballette *The Golden Goose* (1926) u. *The Morning of the Year* (1927). – Collected Facs. Edition, hrsg. v. I. HOLST – C. MATTHEWS (Lo 1974ff.).

H. beruft sich für sein Schaffen auf ältere englische Komponisten wie Th. Weelkes und H. Purcell, ließ sich aber gleichermaßen vom englischen Volksgesang wie von der orientalischen Philosophie inspirieren, um auf diese Weise dem Einfluß von J. Brahms und R. Wagner zu entgehen. Sein bedeutendstes oratorisches Werk, *The Hymn of Jesus* (auf einen griechischen Text), enthält Elemente des Gregorianischen Gesangs und verwendet in Rhythmik und Tonalität neuartige Gestaltungsmittel. H.s auch über England hinaus bekanntestes Werk ist die symphonische Suite *The Planets*.

Lit.: R. Vaughan Williams – G. H. Heirs and Rebels. Letters Written to Each Other and Occasional Writings on Music, hrsg. v. U. VAUGHAN WILLIAMS – I. HOLST (Lo 1959, Nachdr. NY 1974); I. PARROTT, H.'s „Savitri" and Bitonality, in: MR 28 (1967); I. HOLST, H.'s Music. Some Questions of Style and Performance at the Centenary of His Birth, in: Proc. R. Mus. Assoc. 100 (1973/74); M. SHORT, G. H. 1874–1934. A Centenary Documentation (Lo 1974); J. WARRACK, H. and the Linear Principle, in: MT 115 (1974); I. HOLST, A Thematic Catalogue of G. H.'s Music (Lo 1974); DIES., H. (Lo 1974); G. H. Collected Essays, hrsg. v. S. LLOYD – E. RUBBRA (Lo 1974).

HOLZBAUER, Ignaz Jakob, *17. 9. 1711 Wien, †7. 4. 1783 Mannheim; östr. Komponist. Er begann in Wien ein Studium der Rechte und der Theologie, widmete sich bald aber ausschließlich der Musik, ermutigt durch J. J. Fux, dessen *Gradus ad Parnassum* er als Autodidakt studiert hatte. Er erweiterte seine Kenntnisse durch eine Reise nach Venedig, wo er vermutlich B. Galuppi begegnete. Nach seiner Rückkehr wurde er um 1736 Kapellmeister des Grafen Rottal zu Holleschau in Mähren, dann, um 1742, am Burgtheater in Wien, wohin er nach einem erneuten Aufenthalt in Italien (um 1744–1747) zurückkehrte. 1751 wurde er Oberkapellmeister am Württembergischen Hofe in Stuttgart, 1753 am Kurpfälzischen Hofe in Mannheim. Er unternahm noch drei weitere Reisen nach Italien (1757, 1758, 1759) und war wahrscheinlich mehrfach in Paris. Als der Hof 1778 nach München übersiedelte, blieb H. in Mannheim. H. wird meist zur ersten Generation der ↗Mannheimer Schule gerechnet. Von Fux' Theorien ausgehend, hat er sich immer wieder aktuelle musikalische Strömungen assimiliert. Diese wurden von ihm am selbständigsten in seinen zahlreichen, zu ihrer Zeit weitverbreiteten Messen verarbeitet, die auch W. A. Mozart bei seinem Mannheimer Aufenthalt stark beeindruckten. Das gilt ähnlich auch für H.s Oper *Günther von Schwarzburg,* die ungeachtet ihres deutschen Textes und ihres Sujets aus der deutschen Geschichte eine echte Opera seria ist. Sie war denn auch nicht unmittelbar maßgebend für die Entwicklung einer eigenständigen deutschen Oper, sondern wirkte eher indirekt, auf dem Wege über Mozart, in dessen *Zauberflöte* sich deutliche Spuren dieses Werkes zeigen.

WW: **1) Instr.-WW** (meist hsl. erhalten): 5 Werke für Streichtrio; 24 Werke für Streichquartett; 3 Divertimenti für 5 Streichinstr.; 5 Quintette für Fl., V., Va., Vc. u. Cemb.; *3 Sextuors* für Fl., Ob., V., Va., Vc. u. B. (P o. J.); für Orch.: zahlr. Symphonien, davon 29 gedruckt; 4 Sinfonie concertanti für versch. Instr.; Konzert für Fl.; Konzert für Va. u. Vc. – **2) Vokal-WW:** Über 40 Messen, davon 39 hsl. erhalten (München, Bayerische Staatsbibl.; Brünn, Moravske Museum); Motetten u. a. kirchenmusikal. Werke; Oratorium *La Betulia liberata,* UA: Mannheim 1760 (hsl.). – **3) Bühnen-WW:** Opern: erhalten sind *Nitetti,* UA: Turin 1758; *Alessandro nell'Indie,* UA: Mailand 1759; *Günther von Schwarzburg,* UA: Mannheim 1777.

Ausg.: *Günther von Schwarzburg,* hrsg. v. H. KRETSCHMAR (1902) (= DDT 8/9); Symphonie *La tempestà del mare,* in: Sinfonien der pfalzbayerischen Schule II/1, hrsg. v. H. RIEMANN (1906) (= DTB 7/2); Divertimento Es-Dur, in: Mannheimer Kammermusik des 18. Jh., hrsg. v. DEMS. (1914) (= DTB 15); Sinfonia a tre B-Dur, hrsg. v. H. ZIRNBAUER (Mz 1940); Instr. Kammermusik, hrsg. v. U. LEHMANN (1953) (= EDM 24); Fl.-Konzert D-Dur, hrsg. v. I. GRONEFELD (Mn 1958) (= Leuckartiana 19); Sinfonia E-Dur, hrsg. v. E. RABSCH (H 1960); Quintett G-Dur für Fl., V., Va., Vc. u. Cemb., hrsg. v. F. SCHROEDER (Wie 1963) (= Coll. Mus. 111); Sinfonia D-Dur, hrsg. v. DEMS. (W 1968) (= Diletto mus. 166); Divertimento für 2 Fag. u. 2 Hörner, hrsg. v. K. JANETZKY (L 1969); Sinfonia à 10, op. 4, Nr. 3, hrsg. v. G. KEHR (Mz 1970); Concerto für Va. u. Vc., hrsg. v. U. DRÜNER (Z 1976).

Lit.: CH. F. D. SCHUBART, Ideen zu einer Ästhetik der Tonkunst, in: Gesammelte Schriften V (St 1839); F. WALTER, Gesch. des Theaters u. der Musik am kurpfälzischen Hofe (L 1898, Nachdr. Hil 1968) (darin Nachdr. v. H.s Autobiogr.); W. KURTHEN, Zur Gesch. der dt. Singmesse, in: KmJb 26 (1931); F. WALDKIRCH, Die konzertanten Sinfonien der Mannheimer im 18. Jh. (Ludwigshafen 1931); G. REICHERT, Zur Gesch. der Wiener Messenkomposition in der ersten Hälfte des 18. Jh. (Diss. W 1935); H. WERNER, Die Sinfonien v. I. H. (Diss. Mn 1942); U. LEHMANN, H., in: MGG VI; E. SCHMITT, Die kurpfälzische Kirchenmusik im 18. Jh. (Diss. Hei 1958); R. MÜNSTER, Mozart u. H., in: Mozart-Jb. 1959; E. K. u. J. K. WOLF, Manuscripts from Mannheim, in: JAMS 27 (1974); K. ALTMANN, Die Messen v. I. H. (Diss. Bonn 1983). K. ALTMANN

HOLZBLASINSTRUMENTE (abgekürzt auch: Holz; engl.: woodwind instruments oder wood; frz.: bois; it.: legni; span.: instrumentos de madera), Sammel-Bz. für die im modernen Orchester benutzten Blasinstrumente, die entweder ein Mundloch (Piccoloflöte, Querflöte), ein einfaches Rohrblatt (Klarinette, Saxophon) oder ein doppeltes Rohrblatt (Oboe, Englisch Horn, Fagott, Kontrafagott) haben. Die meisten, aber nicht alle Instrumente dieser Gruppe bestehen tatsächlich aus Holz (Ebenholz, Palisander). Trotzdem zählen auch Flöten aus Silber oder Saxophone aus Metall wegen der gleichen Spieltechnik zu den Holzblasinstrumenten.

Lit.: A. BAINES, Woodwind Instruments and Their History (Lo 1957 [3]1967, Nachdr. 1977); J. MEYER, Akustik der H. in Einzeldarstellungen (F 1966) (= Fachbuchreihe Das Musikinstr. 17); C. J. NEDERVEEN, Acoustical Aspects of Woodwind Instrument (A 1969); E. NICKEL, Der Holzblasinstrumentenbau in der Freien Reichsstadt Nürnberg (Mn 1971); B. BARTOLOZZI, Neue Klänge für H. (Mz [2]1971).

HOLZBLOCK (engl.: wood block; frz.: bloc de bois; it.: cassettina; span.: caja china), Aufschlagidiophon asiatischen Ursprungs, bestehend aus einem rechteckigen Stück Hartholz (Nußbaum, Jacaranda oder Palisander) mit oberseitiger Wölbung, schlitzförmigen Aushöhlungen an den Längsseiten und Aussparungen für einen Gabelhalter oder Ständer. Angeschlagen wird das Instrument mit Schlägeln verschiedener Art oder Trommelstöcken. Den H. gibt es in verschiedenen Größen (mittlere Größe ca. 18 × 7,5 × 4 cm) und Tonhöhen, wobei im Orchester meist 3 (hoch, mittel und tief) vorgeschrieben sind. – Auf dem Umweg über die Jazzband, wo er heute die Röhrenholztrommel ersetzt, fand der H. in den 20er Jahren in vielen Werken der Neuen Musik Verwendung, u. a. bei P. Hindemith *(Kammermusik No. 1)*, E. Varèse *(Intégrales)* und S. Prokofjew *(5. Symphonie)*. Er gehört auch zu den Schlaginstrumenten im Orff-Schulwerk.

HOLZGESCHNITZTE PRINZ, DER *(A fából faragott királyfi)*, Tanzspiel in einem Akt von Béla Bartók (1881–1945), op. 13; Libretto: Béla Balász (1884–1949). UA: 12. 5. 1917 in Budapest (Königl. Oper), Choreographie: Otto Zöbisch; dt. EA: 1922 in Frankfurt am Main, Choreographie: Ilse Petersen.

In Anlehnung an I. Strawinskys Ballett *Petruschka* (1911) komponierte Bartók in den Jahren 1914–16 die Musik zu dem Tanzspiel *Der holzgeschnitzte Prinz;* das Libretto verfaßte B. Balász nach einem magyarischen Märchen: Prinz, Prinzessin, Holzpuppe, Fee und verzauberte Natur sind die Handlungsträger. Bevor Prinz und Prinzessin als Liebende zueinanderfinden, erkennt die Prinzessin, daß sie sich von einer leblosen Holzpuppe hat blenden lassen. – Der Wechsel von situationsverändernden Abschnitten und den sieben Tänzen des Balletts spiegelt sich in der Disposition der Komposition wider. Deren kammermusikalische Intensität bleibt stets gewahrt, weil die aufwendige Orchesterbegleitung vor allem dazu dient, eigenwillig differenzierte Klangkombinationen zu erzielen. Bei der musikalischen Ausgestaltung orientierte sich Bartók an rhythmischen und melodischen Modellen ungarischer Volksmusik. – Nicht zuletzt wegen seiner choreographischen Konzeption wurde das Werk, das Graf Bánffy, der Intendant der Königlichen Oper, in Auftrag gegeben hatte, bei der UA mit geringer positiver Kritik aufgenommen. Neuinszenierungen schufen u. a. V. Kratina (Hellerau 1923), H. Kröller (München 1924), G. Harangozó (Budapest 1939), A. von Milloss (Venedig 1950), D. Hoyer (Hamburg 1951), H. Freund (Frankfurt am Main 1956), E. Walter (Wuppertal 1962) und L. Seregi (Budapest 1970). G. LUDIN

HOLZHAY, Johann Nepomuk, * 26. 2. 1741 Rappen bei Mindelheim, † 17. 9. 1809 Ottobeuren; dt. Orgelbauer. Er lernte bei seinem Onkel Alexander H. sowie bei K. J. Riepp und ließ sich in Ottobeuren nieder. Mit ihm vollzog sich im süddeutschen Orgelbau der Übergang vom spätbarocken zu einem klassizistischen Stil. Instrumente H.s sind (z. T. verändert) erhalten in Ursberg/Schwaben (um 1775; 2 Man., 26 Reg.), Obermarchtal/Württemberg (1784; 3 Man., 41 Reg.), Weißenau bei Ravensburg (um 1780; 3 Man., 40 Reg.), Rot an der Rot (1785–93; 3 Man., 36 Reg.) und Neresheim (1797; 3 Man., 48 Reg., 1929 völlig verändert, 1975–79 nicht ganz original restauriert).

Lit.: R. WEBER, Die Orgeln v. J. Gabler u. J. N. H. (Kö 1933); W. SUPPER – K. MEYER, Barockorgeln in Oberschwaben (Kö 1941); Der Barock, seine Orgeln u. seine Musik in Oberschwaben, hrsg. v. W. SUPPER (B 1952).

HOLZSCHLÄGEL, Schlagstock für Trommeln, Gongs und Metallophone, dessen Kopfteil mit Filz oder Leder bezogen ist oder aus elastischem Material besteht.

HOMILIUS, Gottfried August, * 2. 2. 1714 Rosenthal bei Königstein (Sachsen), † 5. 6. 1785 Dresden; dt. Komponist. Er immatrikulierte sich 1735 an der Universität Leipzig und war wahrscheinlich gleichzeitig Schüler von J. S. Bach. 1742 wurde er Organist der Frauenkirche in Dresden und 1755 Kantor an der Kreuzschule und Musikdirektor der drei Hauptkirchen. Zu seinen Schülern zählen J. A. Hiller, J. Fr. Reichardt und D. G. Türk. H., der zu seiner Zeit gelegentlich als der bedeutendste Kirchenkomponist bezeichnet wurde, ist der letzte nennenswerte Vertreter der protestantischen Kantatenkomposition des 18. Jh. Aus seinem reichen Schaffen sind auch die Motetten und die (meist choralgebundenen) Orgelwerke zu erwähnen.

WW: Im Druck erschienen: *Sechs Arien* (Dresden 1786); *Passions-Kantate* (L 1775); Weihnachtsoratorium *Die Freude der Hirten über die Geburt Jesu* (Frankfurt/Oder 1777); 5 Motetten u. eine Arie für Chor, in: J. A. Hiller, Vierst. Motetten u. Arien, 6 H.e (L 1776–81); 7 Lieder, in: Gesänge für Maurer... (1782)

sowie in: Sechs Arien für Freunde ernsthafter Gesänge (Dresden 1786); hsl erhalten sind Praeludien u. Choralvorspiele für Org.; eine Markus-Passion u. Passionskantaten; Singgedicht *Der Messias;* ca. 140 Kantaten; über 50 Motetten, 2 davon mit griech. Text; 3 Choral-Slgen. mit B.c.; hsl. erhalten ist auch eine Abh. über den Generalbaß.

Ausg.: 5 Choralbearb. u. 6 Choralvorspiele, hrsg. v. G. FEDER (Lippstadt 1957) (= Die Orgel I–II); 2 Motetten, in: 4 Motetten der Bachschule, hrsg. v. DEMS. (Wb 1963) (= Chw 89).

Lit.: K. HELD, Das Kreuzkantorat zu Dresden, in: VfMw 10 (1894); R. STEGLICH, K. Ph. E. Bach u. der Dresdner Kreuzkantor G. A. H. im Musikleben ihrer Zeit, in: Bach-Jb. 12 (1915); R. SIETZ, Die Orgelkompositionen des Schülerkreises um J. S. Bach, in: ebd. 32 (1935); G. FEDER, H., in: MGG VI; R. E. SNYDER, The Choral Music of G. A. H. 1714–1785, 2 Bde. (1970) (= Diss. Univ. of Iowa); H. JOHN, G. A. H. und die ev. Kirchenmusik Dresdens im 18. Jh. (Diss. Hl 1973); DERS., Zum kompositorischen Werk G. A. H.', in: BzMw 19 (1977).

HOMOPHONIE (von griech. homos = gleich und phōnē = Klang), Bz. für eine vertikal orientierte Satztechnik, bei der alle Stimmen im gleichen oder fast gleichen Rhythmus gesetzt sind, d. h. bei der eine Stimme Note gegen Note durch Klänge harmonisiert wird (Contrapunctus simplex; ↗Kontrapunkt) bzw. begleitende Stimmen einer melodieführenden Stimme völlig untergeordnet werden, im Gegensatz zur horizontal orientierten Satztechnik von rhythmisch-melodisch selbständigen Stimmen in der ↗Polyphonie. Das Begriffspaar Homophonie–Polyphonie bietet allerdings nur eine unscharfe Abgrenzung, die die vielfältigen satztechnischen Möglichkeiten nicht differenziert erfassen kann. H. begegnet in der älteren Musik u. a. als ↗Discantus, mehrstimmiger ↗Conductus und ↗Hymnus, ↗Faburdon, ↗Fauxbourdon, ↗Noëma, ↗Frottola, ↗Villanella, ↗Musique mesurée à l'antique, ↗Kantionalsatz oder ↗Oden-Komposition. – In der Antike bezeichnete homophonos phthongos die Oktave oder Oberoktave zur Melodie bzw. ein Unisono mit der Melodie. Der Gregorianische Gesang, die Kunst der Minnesänger oder das Volkslied, überhaupt jede Art von Musik, die von mehreren Personen vorgetragen wird, kommen von dieser Art H. her. Die so verstandene Bedeutung hat sich bis ins 18. Jh. gehalten (J. G. Walther, *Musicalisches Lexicon,* 1732), bevor sich die heutige Bedeutung in Verbindung mit dem funktional-harmonischen Satz durchsetzte.

HONEGGER, Arthur, *10. 3. 1892 Le Havre, † 27. 11. 1955 Paris; Schweizer Komponist. H. war Sohn deutsch-schweizerischer Eltern und wuchs in Le Havre auf. Durch seine Mutter wurde er früh in Gesang und Klavierspiel ausgebildet. 1909–10 besuchte er das Zürcher Konservatorium, von dessen Leiter F. Hegar er zum weiteren Musikstudium nach Paris empfohlen wurde. Hier war er am Conservatoire Schüler von L. Capet (Violine), A. Gédalge (Kontrapunkt und Fuge), Ch.-M. Widor (Komposition) und V. d'Indy (Orchester-Leitung). 1913 ließ er sich als freischaffender Musiker (Komponist, Quartettspieler, Korrepetitor und Kapellmeister) endgültig in Paris nieder. Viele in Paris wirkende Komponisten seiner Vorgänger-Generation, darunter E. Satie, Cl. Debussy, M. Ravel und I. Strawinsky, wurden ihm zu wegweisenden Freunden. P. Claudel und J. Cocteau gewann er als Librettisten seiner Bühnenwerke. 1920 schloß er sich mit D. Milhaud, Fr. Poulenc, G. Auric, L. Durey und Germaine Tailleferre zur „Groupe des Six" zusammen. Zwischen den beiden Weltkriegen war H. als gesuchter Komponist von Oratorien, Opern, Balletten, Filmen, Hörspielen und Konzerten tätig. Im 2. Weltkrieg übernahm er eine Kompositions-Klasse an der Pariser École Normale Supérieure de Musique und arbeitete als Musikkritiker für mehrere Zeitungen. 1947 unternahm er mit seiner Frau, der Pianistin und Komponistin Andrée Vaurabourg (1893–1980), eine Vortrags- und Konzertreise nach Nord- und Südamerika, zu deren Beginn er in New York an einer Angina pectoris erkrankte. Er erholte sich nicht mehr von dieser Krankheit und erlag schließlich einem Herzinfarkt. H. war Stellvertretender Präsident der Musiksektion der UNESCO, Präsident des Internationalen Komponistenverbandes (CISAC), Mitglied der Académie Française seit 1946 und Träger des Groß-Kreuzes der Ehrenlegion. Von der Universität Zürich wurde er mit dem Ehrendoktor-Titel geehrt. Seine Witwe stiftete 1971 einen A.-H.-Preis für Komposition.

WW: **1) Instr.-WW:** Für Klv.: *Cahier Romand* (1924); Suite (1928); Partita für 2 Klv. (1940); *Souvenirs de Chopin* (1947); *Fugue et Chorale* (1917) für Org.; 3 Streichquartette (1917, 1935, 1937); Rhapsodie für 2 Fl., Klar. u. Klv. (1917); 2 V.-Sonaten (1918, 1919); *Danse de la chèvre* (1919) für Fl.; *Hymne* (1920) für 10 Str.; ferner Solosonaten für V., Va. u. Vc. – Für Orch.: *Pastorale d'été* (1920); Symphonie mimée *Horace victorieux* (1921); 3 symphonische Sätze: 1: *Pacific 231* (1923), 2: *Rugby* (1928), 3: (1932); *Prélude, arioso et fughette sur le nom de Bach* (1932); für Streichorch.: Nocturne (1936); Suite in 7 Sätzen *Jour de fêtes Suisse* (1943); *Suite archaïque* (1951); *Monopartita* (1951); 5 Symphonien, 1 u. 2 (1931, 1942), 3: *Liturgique* (1946), 4: *Deliciae Basilienses* (1947), 5: *Di tre re* (1951); Concertino für Klv. u. Orch. (1924); Vc.-Konzert (1929); Kammerkonzert für Fl., Engl. Horn u. Str. (1948). – **2) Vokal-WW:** Zahlr. Klv.-Liederzyklen nach G. Apollinaire, P. Claudel, J. Cocteau, P. Valérie u. a.; Kantaten: *Cantique de Pâques* (1918); *Cantique des Cantiques* (1926); *Les mille et une nuit* (1937) für Sopran, Tenor, Chor u. Orch.; *Cantate de Noël* (1953). – **3) Bühnen-WW:** szenische Oratorien: *Le Roi David,* UA: Mézières 1921; *Cris du monde,* UA: Solothurn 1931; *Nicolas de Flue,* UA: ebd. 1940; *Jeanne d'Arc au bûcher,* UA konzertant: Basel 1938, UA szenisch: Paris 1950; *La danse des morts (Der Totentanz),* UA: Basel 1940; biblisches Drama *Judith,* UA: Mézières 1925; Oper *Antigone* (Libr.: J. Cocteau nach Sophokles), UA: Brüssel 1927; Operette *Les aventures du Roi Pausole,* UA: Paris 1930. – Ballette: *Vérité-Mensonge,* UA: Paris 1920; *Skating Rink,* UA: ebd. 1932;

Chota Rostaveli, UA: Monte-Carlo 1945; *L'homme à la peau de léopard,* UA: Paris 1946; Tanzmelodramen *Amphion* u. *Sémiramis* (nach P. Valéry), UA: ebd. 1931 u. ebd. 1934. – Ferner zahlr. Bühnenmusik, u.a. zu: J. Cocteau, *Antigone* (nach Sophokles) (1922); Shakespeare, *La tempête* (1923); P. Claudel, *Le soulier de satin* (1943); A. Gide, *Hamlet* (nach Shakespeare) (1946) u. Th. Maulnier, *Roi Oedipe* (nach Sophokles) (1952). – **4) Schriften:** *Incantations aux fossiles* (Lau 1948), dt. Übers.: *Beschwörungen* (Be 1955); *Je suis compositeur* (P 1951), dt. Übers.: *Ich bin Komponist* (Z 1952); *Nachklang,* Autobiogr. mit kleinen Schriften, übers. u. hrsg. v. W. Reich (Z 1957).

H. gehörte neben D. Milhaud und P. Hindemith zu den fruchtbarsten Komponisten seiner Generation. Sein Schaffen umfaßt neben den herkömmlichen Gattungen, die er z. T. entscheidend weiterentwickelte, auch modernere, u. a. Film- und Rundfunkmusik. In kunstvoller Weise bedient sich H. der unterschiedlichsten Stilmittel aus älterer und neuerer Zeit, von mittelalterlicher Polyphonie bis zu Polyrhythmik und Jazz. *Le Roi David* (1921), *Jeanne d'Arc* (1938) und *La danse des morts* (1940) zeigen dies besonders deutlich. In ihrer Gesamtkonzeption sind diese Werke zugleich herausragende Stationen in der Geschichte des modernen europäischen Musiktheaters. Formenstrenge („Musik ist Geometrie in der Zeit") und Innerlichkeit („Musik ist Gottesdienst") sind für viele seiner Werke charakteristisch, durchdringen sich aber am reinsten in der Vielschichtigkeit seiner Symphonik als seinem „letzten Wort".

Lit.: ROLAND-MANUEL, A. H. (P 1925); M. DELANNOY, A. H. (P 1953); W. TAPPOLET, A. H. (Z 1954) (mit Werk-Verz.); J. FESCHOTTE, A. H. (P 1966, Lau 1970) (mit Werk-Verz. u. Diskographie); P. MEYLAN, A. H. Humanitäre Botschaft der Musik (St 1970) (mit Werk-Verz.); J. MAILLARD–J. NAHOUM, Les symphonies d'A. H. (P 1974); E. LICHTENHAHN, Aus P. Sachers Briefwechsel mit A. H., in: ÖMZ 31 (1976); G. K. SPRATT, H.'s „Le Roi David". A Reassessment, in: MR 39 (1978); Beruf u. Handwerk des Komponisten. Illusionslose Gespräche ..., hrsg. v. E. KLEMM (L 1980). H. LINDLAR

HONEGGER, Marc, *17.6.1926 Paris; frz. Musikforscher. H. studierte Musikwissenschaft bei P.-M. Masson und J. Chailley an der Sorbonne in Paris. Seit 1958 ist er Professor und Direktor des Institut de Musicologie an der Universität Straßburg. 1970 wurde er Docteur ès lettres mit den beiden Thèses *Les chansons spirituelles de D. Lupi et les débuts de la musique protestante en France au XVIe siècle* und *Les messes de Josquin des Prés dans la tabulature de D. Pisador.* H.s wissenschaftliche Arbeiten gelten vor allem der Musik des 16. Jahrhunderts. Darüber hinaus förderte er die Wiederbelebung älterer Musik als Leiter der Chanteurs traditionnels de Paris sowie durch die Gründung der Journées de Chant Choral 1961 in Straßburg. H. ist ferner Herausgeber eines *Dictionnaire de la musique* (4 Bde., P 1970–76), das dem vorliegenden Werk zugrunde liegt.

Schriften: *La réforme et l'essor de la musique en Allemagne,* in: Histoire de la musique, hrsg. von Roland-Manuel, Bd. 1 (P 1960) (= Encyclopédie de la Pléiade 9); *La musique française de 1830 à 1914,* in: Kgr.-Ber. Kassel 1962; *La chanson spirituelle populaire huguenotte,* in: JbLH 8 (1964).

HÖNGEN, Elisabeth, *7.12.1906 Gevelsberg (Sauerland); dt. Sängerin (Alt). H. studierte Germanistik und Musikwissenschaft und anschließend Gesang bei G. Weißenborn an der Hochschule für Musik in Berlin. 1933 debütierte sie an der Oper in Wuppertal und war 1935–40 in Düsseldorf unter Vertrag. 1940 wurde sie an die Dresdener und 1943 an die Wiener Staatsoper verpflichtet, wo sie bis 1963 blieb. Als Sängerin vor allem dramatischer Partien trat sie u.a. in Mailand, London, Buenos Aires, Paris, Amsterdam, Zürich, München sowie bei den Festspielen in Salzburg, Bayreuth und Edinburgh auf. In der Spielzeit 1951/52 war sie Gast an der Metropolitan Opera in New York. 1957–60 leitete sie eine Opernklasse an der Wiener Musikakademie. 1964 wurde E. H. zum Professor, 1970 zum Ehrenmitglied der Wiener Staatsoper ernannt.

Lit.: E. WURM, E. H. (W 1966).

HONOLKA, Kurt, *27.9.1913 Leitmeritz (Böhmen); dt. Musikschriftsteller und -kritiker. H. studierte an der Deutschen Universität in Prag und wurde dann Journalist. 1949–63 war er Feuilletonleiter der *Stuttgarter Nachrichten* und arbeitete anschließend als Musik- und Theaterkritiker für in- und ausländische Zeitschriften und Rundfunkanstalten. H. setzte sich vor allem auch für die zeitgenössische slawische Musik ein und widmete sich als Übersetzer und Bearbeiter besonders Opern, Liedern und Chorwerken Fr. Smetanas, A. Dvořáks und L. Janáčeks. Die meisten tschechischen und slowakischen Opern, darunter *Die verkaufte Braut* von Fr. Smetana, werden in Deutschland heute in seinen Übersetzungen gespielt.

Schriften: *Die großen Primadonnen* (St 1960); *Das vielstimmige Jahrhundert* (St 1960); *Der Musik gehorsame Tochter* (St 1962); *Gesch. der russ. Musik* (St 1963) (= Die Großen der Kunst, Lit. u. Musik II/3); *Der große Reader's Digest Opernführer* (St 1966); *A. Dvořák in Selbstzeugnissen u. Bilddokumenten* (Reinbek 1974) (= rowohlts monographien 220); *F. Smetana* (ebd. 1978) (= ebd. 265); *Opernübersetzungen* (Wilhelmshaven 1978). – Ferner gab H. heraus *Knaurs Weltgesch. der Musik* (Mn 1968).

HOOGSTRATEN, Willem van, *18.3.1884 Utrecht, †11.9.1965 Tutzing; ndl. Dirigent. H. studierte Violine am Kölner Konservatorium bei B. Eldering und in Prag. 1914–18 war er städtischer Kapellmeister in Krefeld und konzertierte außerdem mit der Pianistin Elly Ney, mit der er bis 1927 verheiratet war. 1920–37 dirigierte er die Sommerkonzerte und 1921–23 auch die Winterkonzerte des

Philharmonic Symphony Orchestra in New York und 1924–37 die Winterkonzerte des Portland Symphony Orchestra in Oregon, wo er 1928 den Ehrendoktorgrad der Universität erhielt. 1938 bis 1945 leitete er das Mozarteum-Orchester in Salzburg und 1948–55 die Stuttgarter Philharmoniker. 1953 wurde er mit dem Professorentitel ausgezeichnet.

HOOK, James, * 3. 6. 1746 Norwich, † 1827 Boulogne, engl. Organist und Komponist. H. trat schon mit 6 Jahren öffentlich auf und komponierte mit 8 Jahren eine Ballad opera. 1769–72 war er Organist und Komponist an Marylebone Gardens in London, 1774–1820 an dem berühmten Londoner Vergnügungspark Vauxhall Gardens, außerdem viele Jahre lang auch Organist an der Johanniskirche in Horseleydown. H.s Schaffen umfaßt vor allem Werke der Unterhaltungsmusik, die zu seiner Zeit sehr beliebt waren. Einige seiner Lieder wurden in England geradezu zu Volksliedern.

WW: Sonaten; Trios, Quartette; Ouvertüren; Konzerte; Kantaten; Serenaden, Catches u. über 2000 Lieder, zahlr. in Liedslgen. erschienen; ferner etwa 30 Singspiele u. Opern, u. a.: *The Lady of the Manor* (1778); *The Country Wake* (1785) u. *Wilmore Castle* (1800); Klv.-Schule *Guida di musica* I, op. 37 (um 1785), u. II, op. 75 (um 1794).

Ausg.: Trios, op. 83 Nrn. 3–5 für 3 Blockfl., hrsg. v. R. COLWELL – R. SALKELD – F. SPIEGEL (Lo 1961–63); 3 Lieder für Sopran, Baßklar. u. Klv., hrsg. v. P. WESTON – W. BERGMANN (Lo 1962); Sonatinen, op. 12, hrsg. v. C. CURWIN (Lo 1964); Sonate E-Dur, op. 54 Nr. 6 für Sopranblockfl., hrsg. v. S. F. GOODYEAR (Lo 1968).

Lit.: H. J. HEDLUND, J. H. and the Patent Voice Flute, in: Music, Libraries and Instruments (1961) (= Hinrichsen's 11th Music Book).

HOPAK (ukrainisch), **Gopak** (russ.), Bz. für einen ursprünglich nur von Männern ausgeführten ukrainischen Volkstanz, der neben Kasatschok, Trepak und Meteliza weite Verbreitung gefunden hat und – auch in stilisierter Form – heute noch bei unterschiedlichsten Anlässen getanzt wird. Charakteristisch für den schnellen Tanz im $^2/_4$-Takt sind vor allem die von einzelnen Tänzern nacheinander dargebotenen akrobatischen Einlagen.

Der H. fand auch Eingang in die Kunstmusik, u. a. bei M. Mussorgski im Finale der komischen Oper *Der Jahrmarkt von Sorotschinzy*.

HOPF, Hans, * 2. 8. 1916 Nürnberg; dt. Sänger (Tenor). H. war Schüler von Paul Bender in München. Nach seinem Debüt am Bayerischen Landestheater war er 1939–42 als lyrischer Tenor in Augsburg und danach als Heldentenor an der Dresdner Staatsoper engagiert. 1946–49 war er Mitglied der Berliner Staatsoper, anschließend der Bayerischen Staatsoper München, und seit 1951 sang er auch bei den Bayreuther Festspielen. Gastspiele führten ihn an viele bedeutende Bühnen in Europa und in den USA. Besonderen Erfolg hatte H. als Wagnersänger sowie in den Rollen des Florestan, Othello und Bajazzo.

HOPKINS, Antony, * 21. 3. 1921 London; engl. Komponist, Pianist und Organist. H. war Schüler am Royal College of Music und von H. Tippett am Morley College of Music, wo er später auch selbst unterrichtete. 1952–64 leitete er die Intimate Opera Company, für die er die Opern *Three's Company* und *Ten o'clock Call* komponierte. Außerdem lehrte er am Royal College und als Gresham-Professor an der City University. Besonders bekannt wurde H. durch seine BBC-Sendereihe *Talking about music,* die teilweise auch in Buchform veröffentlicht wurde.

WW: **1) Kompositionen:** Klv.-Stücke u. Kammermusik; *A Festival Ouverture* (1950) für 2 Trp. u. Streichorch.; Lieder u. Chöre; Kantate *Scena* für Sopran u. Streichorch. – Opern: *Lady Rhodesia,* UA: London 1948; *The Man from Tuscany* (1951); *Ten o'clock Call* (1956); *A Time for Growing,* UA: Norwich Festival 1967; 2 Kammeropern *Three's Company* (1953) u. *Christmas Story* (1954); Jugendoper *Rich Man, Poor Man, Beggar Man* (1969); Kinderoper *Dr. Musicus* (1969). – Ballette: *Étude (= Mirages)* (1947) u. *Café des Sports* (1954). Ferner viele Bühnen-, Hörspiel- u. Filmmusiken. – **2) Schriften:** *Talking About Symphonies* (Lo 1961, 1971, Belmont/Calif. 1964); *Music All Around Me. A Personal Choice from the Literature of Music* (Lo 1967).

HOPKINS, Edward John, * 30. 6. 1818 Westminster, † 4. 2. 1901 London; engl. Organist und Komponist. H. war seit 1826 Chorknabe der Chapel Royal und nahm seit 1833 Privatunterricht bei T. F. Walmisley. Seit 1834 war er Organist an mehreren Londoner Kirchen, zuletzt 1843–98 an der Temple Church. Er erlangte hohes Ansehen durch sein virtuoses Orgelspiel wie auch durch seine kirchenmusikalischen Aufführungen. Als Komponist trat er mit zahlreichen Services, Anthems und Psalmen hervor. Grundlegende Bedeutung auch für die Entwicklung des modernen englischen Orgelbaus hat H.s Schrift *The Organ, Its History and Construction* (Lo 1855, ³1877, Nachdr. der 3. Aufl. Hil 1965). Sein Bruder **John** H., * 30. 4. 1822 London, † 27. 8. 1900 Rochester, und sein Neffe **John Larkin** H., * 25. 11. 1820 Westminster, † 25. 4. 1873 Ventner auf Wight, waren ebenfalls angesehene Organisten und schrieben Kirchenmusik.

HOPKINSON, Francis, * 21. 9. 1737 Philadelphia, † 9. 5. 1791 ebd.; amerik. Politiker, Jurist, Dichter, Erfinder und Komponist. H., der auch zu den Unterzeichnern der amerikanischen Unabhängigkeitserklärung gehört, gilt als der erste Komponist seines Landes. Er schrieb Lieder und Chorwerke. Außerdem entwickelte er ein als *Bellarmonica* bezeichnetes Glockenspiel, versah Franklins Glasharmonika mit einer Tastatur und trug zu Verbesserungen im Bau des Cembalos bei.

Ausg.: Six Songs, hrsg. v. H. V. MILLIGAN (Boston 1918); *Seven Songs for the Harpsichord or Forte Piano,* Faks. der Ausg. 1788 (Philadelphia 1954).

Lit.: O. G. SONNECK, F. H. 1717–1791. The First American Composer, in: SIMG 5 (1903/04); DERS., F. H. ... and J. Lyon (Washington/D.C. 1905, Nachdr. NY 1967); G. E. HASTINGS, The Life and Works of F. H. (Ch 1926).

HOQUETUS (lat., auch (h)oketus, (h)ochetus; aus altfrz.: hoquet, von hoqueter = zerschneiden; nach Husmann von arab.: al-qat'), zeitgenössische Bezeichnung für eine zunächst in 2st. Klauseln und 3st. Organa der ↗Ars antiqua verwendete Satzweise, bei der Töne oder Tongruppen abwechselnd auf 2 Stimmen verteilt und mit Pausen durchsetzt werden, so daß stets eine der beiden pausiert:

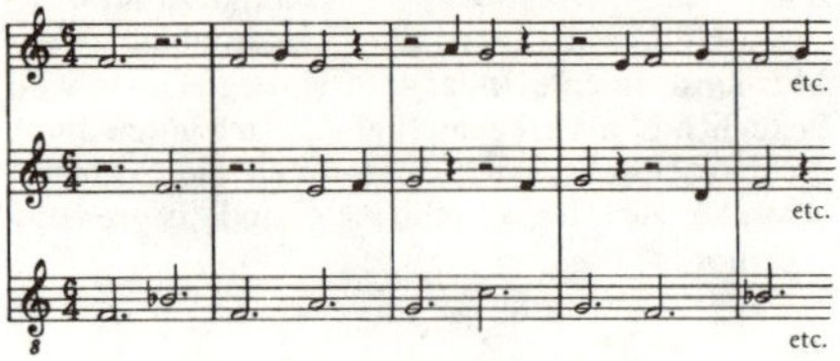

Hoquetusabschnitt aus einer Motette des 13. Jh. (nach AMl 42, 1970)

W. E. Dalglish unterscheidet 3 Typen: 1. *Gelegentlicher H.,* der inmitten oder (in der ↗Ars nova häufig) am Ende, selten am Anfang, von Kompositionsabschnitten erscheint. Einen bedeutenden Platz nehmen solche H.-Teile in der ↗Caccia und ↗Chasse des 14. Jh. ein. – 2. *Unabhängiger H.,* der eine ganze Komposition durchgehend durch die H.-Satzweise bestimmt; die Werke sind textlos und über einen (präexistenten, liturgischen) Tenor gebaut. Aus der Ars antiqua sind 8 Kompositionen überliefert; im 14. Jh. stellt der 3st. H. über den Tenor *David* von G. de Machaut den Höhepunkt dieses Typus dar. – 3. *Variationen-H.,* bei dem die H.-Teile einer Komposition – im Unterschied zum 1. Typus – Varianten anderer, nichthoquetierter Teile derselben Komposition sind. Nachgewiesen ist dieser Typus in Motetten des 14. Jh. und in einem Messesatz des Old-Hall-Manuscripts (Credo von Pennard). Theoretisch behandelt wird der H. von Franco von Köln (Coussemaker Scr. I, 134), Lambertus (ebd. I, 281), W. Odington (ebd. I, 248ff.), Johannes de Grocheo (hrsg. v. E. Rohloff, 57f.,

Beginn (oben) des Hoquetus *A l'entrade* und hoquetierte Variante im gleichen Stück (unten) aus dem *Speculum musicae* des Jacobus Leodiensis (nach AfMw 11, 1954 und MQ 55, 1969)

87f.), Jacobus Leodiensis (Coussemaker Scr. II, 394, 401, 429) und Pseudo-Tunstede (ebd. IV, 296).

Lit.: M. SCHNEIDER, Der H., in: ZfMw 11 (1928/29); H. HUSMANN, Der Hoketus „A l'entrade d'avril", in: AfMw 11 (1954); DERS., Die Etymologie v. „Hoquet" u. der arabische Einfluß in der gotischen Musik, in: Romanisches Jb. 7 (1955/56); W. E. DALGLISH, The Hocket in Medieval Polyphony, in: MQ 55 (1969); D. HARBINSON, The Hocket Motets in the Old Corpus of the Montpellier Motet Manuscript, in: MD 25 (1971); O. WESSELY, Über den H. in der Musik zu Madrigalen des Trecento, in: De ratione in musica. FS E. Schenk (Kas 1975); W. DALGLISH, The Origin of the H., in: JAMS 31 (1978).

HÖRBEREICH ↗Hörfläche.

HOREN (von lat. horae = Stunden), Bz. für die 8 Tagzeiten des Stundengebetes der kath. Kirche: ↗Matutin, ↗Laudes, ↗Prim, ↗Terz, ↗Sext, ↗Non, ↗Vesper und ↗Komplet. Die Stundengebete (auch kanonische oder liturgische Stundengebete), in die das kanonische ↗Offizium unterteilt ist, sind seit dem 11. Jh. im ↗Brevier zusammengestellt. Die in den jeweiligen H. gebeteten bzw. gesungenen Psalmen, Antiphonen, Responsorien, Hymnen und Lesungen richten sich nach der Ordnung der entsprechenden liturgischen Tage. – Die H. sind aus den 2 Gebetszeiten – der morgendlichen (*matutinum* = Mette) und der abendlichen (*lucernarium,* der späteren Vesper) – des frühen Christentums hervorgegangen. Bereits im 6. Jh. wurden in Syrien die schon im NT genannten Tagesgebetsstunden Terz, Sext und Non aufgenommen. In der weiteren Entwicklung wurde der Morgengottesdienst in Matutin und Laudes aufgeteilt, denen seit den Ordensregeln des Benedikt von Nursia die Prim (zum Arbeitsbeginn) folgte. Außerdem wurde der Vesper (am Ende des Tages) die Komplet (vor der Nachtruhe) hinzugefügt. Die Ordensregel der Benediktiner gilt als erste systematische Ordnung der H., bei der es sich jedoch lediglich um die Kodifizierung der bis dahin bereits bestehenden Übung handelt. Das 2. Vatikanische Konzil nahm einige Änderungen vor: Die Prim entfiel, die sog. kleinen H. (Terz, Sext, Non) wurden zusammengefaßt und die anderen vereinfacht. Die Laudes und die Vesper sind heute als kirchliches Morgen- bzw. Abendgebet die wichtigsten H. des Tages, die – im Unterschied zu den kleinen H. und der Komplet – auch feierlich begangen werden können. In der Musikgeschichte kommt allein der Vesper und der Komplet Bedeutung zu.

HÖREN ↗Gehör.

HORENSTEIN, Jascha, * 24.4. (6.5.) 1898 Kiew, † 2.4. 1973 London; amerik. Dirigent russ. Herkunft. H. studierte 1907–11 in Königsberg Violine bei M. Borde und 1911–19 an der Wiener Musikakademie Violine u.a. bei A. Busch und Kontrapunkt und Komposition bei J. Marx und F. Schreker. 1920 folgte er Schreker an die Berliner Musikhochschule und übernahm dort von H. Scherchen den Schubert-Chor und den Gemischten Chor. 1923 gab er bei den Wiener Symphonikern sein Debüt als Dirigent. 1925–28 leitete er das Berliner Symphonie-Orchester, war seit 1928 1. Kapellmeister und 1929–33 GMD an der Düsseldorfer Oper. Anschließend unternahm er Konzertreisen nach Palästina, in die UdSSR, nach Polen, Australien und nach Frankreich. 1939–45 lehrte er Dirigieren an der New School for Social Research in New York und konzertierte in den USA, in Südamerika und in Mexiko. 1946 kehrte er nach Europa zurück und ließ sich später in Lausanne nieder. 1950 dirigierte er die Pariser Erstaufführung von A. Bergs *Wozzek.* H. wurde vor allem auch als Interpret der Werke G. Mahlers und A. Bruckners bekannt.

Lit.: D. EWEN, The Man with the Baton (NY 1936); G. SALESKI, Famous Musicians of Jewish Origin (NY 1949); J. H., in: London Musical Events 12 (1957); J. H. Awarded Kilenyi Mahler Medal, in: Chord and Dischord 2 (1963).

HÖRFLÄCHE, Hörfeld, Bz. für den Bereich, in dem – abhängig von ↗Frequenz und ↗Schalldruck – ein Schallereignis hörbar ist. Vom menschlichen Ohr werden Luftdruckschwankungen mit Frequenzen zwischen 16 und 20000 Hz als Schall wahrgenommen. Frequenzen unter 16 Hz bezeichnen wir als *Infraschall,* Frequenzen über 20000 Hz als *Ultraschall.* Bei einigen Tieren (z. B. Hunden, Katzen, Fledermäusen) liegt die obere Hörgrenze bei 30000 Hz und darüber. Beim Menschen verschiebt sich die obere Hörgrenze mit zunehmendem Alter nach unten: bei 60jährigen liegt sie häufig nur noch bei 5000 Hz. Die allgemeine Hörfähigkeit, und damit auch die Fähigkeit zu musizieren, wird dadurch relativ geringfügig beeinträchtigt, da der wichtigste Hörbereich (auch der Grundtonbereich der Musikinstrumente) unter 4000 Hz liegt. Die H. wird bezüglich Lautstärkeempfindung nach unten durch die Hörschwelle, nach oben durch die Schmerzschwelle, die frequenzabhängig sind, begrenzt. – ↗Gehör.

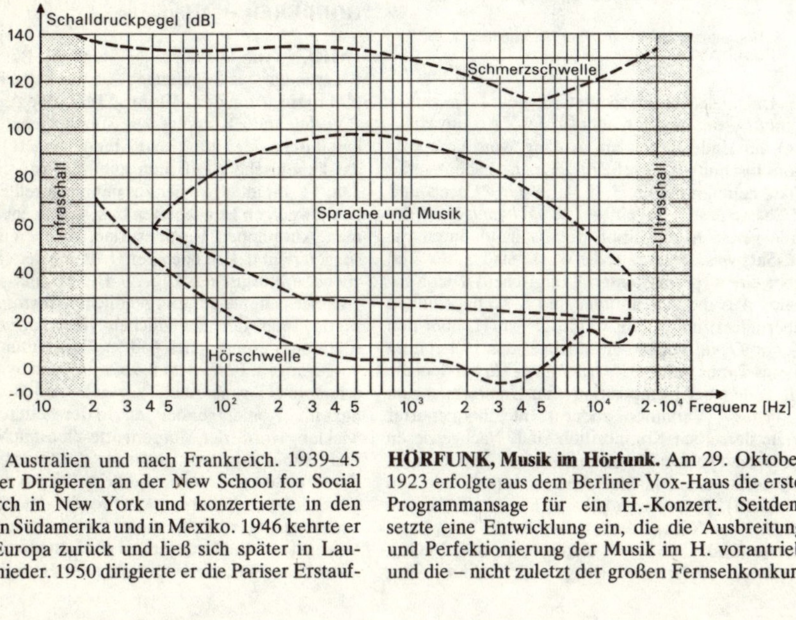

HÖRFUNK, Musik im Hörfunk. Am 29. Oktober 1923 erfolgte aus dem Berliner Vox-Haus die erste Programmansage für ein H.-Konzert. Seitdem setzte eine Entwicklung ein, die die Ausbreitung und Perfektionierung der Musik im H. vorantrieb und die – nicht zuletzt der großen Fernsehkonkurrenz wegen – inzwischen zu einem technischen Höchststand führte. Markante Daten dieser Entwicklung waren 1930 die Einführung des Magnetbandes, 1950 die erste UKW-Sendung, seit 1963 Stereosendungen und 1973 die Einführung des Kunstkopfverfahrens. Die stetig voranschreitende Perfektionierung der Musikaufzeichnung und Ausstrahlung hatte jedoch auch tiefgreifende ästhetische, produktive wie auch rezeptive Veränderungen zur Folge, die sich auf musikalische Gattungen, Stile und Programme auswirkte: der H. stiftete eine unwiderrufliche Pluralität musikalischer Erscheinungen; der technische Standard von Werkaufzeichnungen schwang sich zum Maßstab für das öffentliche Musikleben auf; ein sozial wie bildungsgemäß genau definierbares Publikum als ein „Gegenüber" der Musizierenden mußte einem sog. „dispersen" Publikum Platz machen. Um dennoch bestimmte Zielgruppen zu erreichen, haben sich die meisten Rundfunkanstalten der Bundesrepublik Deutschland – die seit 1950 eine Arbeitsgemeinschaft (ARD) bilden – auf eine Programm-Struktur geeinigt, die z. B. in einem Programm volkstümliche Musik (Operette), in einem anderen progressive Pop-Musik und in einem weiteren Konzert- und Kammermusik, Neue Musik u. a. anbietet. Damit wächst dem H., gerade unter dem Druck des Fernsehens, eine ausgleichende Funktion zu.

Musik im H. ist stets, von wenigen Live-Mitschnitten abgesehen, manipulierte, technisch verfremdete Musik, die, aus vielen Einzelaufnahmen zusammengesetzt, in künstlicher „Klangsezierung" und stereophoner Schlackenlosigkeit dargeboten wird. Diese technischen Eingriffe sind medienbedingt; mehr noch, sie sind mediennotwendig. Der Verlust des unmittelbaren Dabeiseins im Live-Konzert, der Verlust einer Hörorientierung durch die Augen muß im nur auditiv erfahrbaren musikalischen Werk kompensiert werden: der reale Aufführungsraum wird durch einen virtuellen ersetzt (Hall, Stereophonie, Kunstkopf); wo das Ohr als Hilfe zum Ordnen eines diffusen Klangeindrucks fehlt, muß die Tonregie wie mit einer Kamera akustisch-strukturelle „Großaufnahmen" herstellen. Das Ergebnis ist ein sozusagen besonders lupenreines Klangbild. Dort, wo bei einer Live-Aufführung spieltechnische Fehler, das Risiko des Spielens und die Risikobereitschaft des Spielers positiv vermerkt werden, muß die „Konserve" jeden auch nur geringfügigen Fehler eliminieren. Die im Live-Konzert mitunter auftretenden Ungenauigkeiten dürfen in der H.-Übertragung nicht zu hören sein; metrische Strenge und klangliche Transparenz sind medienspezifische Notwendigkeiten.

Hinsichtlich der Programmgestaltung stehen dem H. nahezu alle Möglichkeiten offen: So fungiert der H. häufig als Auftraggeber für Neue Musik oder für bestimmte Gattungen, insbesondere für die sog. Funkoper (↗Oper), als Dokumentationsinstrument z. B. für Festspiele, als experimentelles Medium, z. B. mit Collagen, Montagen, didaktischen Features und ↗Hörspielmusik. Im Verhältnis zum Gesamtprogramm selten – von Schulfunksendungen abgesehen – sind allerdings immer noch Kombinationen von Musik und Informationen, gleichgültig ob ästhetischer oder historischer Art. Eine besondere Bedeutung kommt schließlich auch den Schallplattensendungen und -besprechungen zu, in denen der H. gewissermaßen eine Vermittlerrolle für die Schallplattenindustrie und die betreffenden Interpreten einnimmt.

Lit.: W. BENJAMIN, Das Kunstwerk im Zeitalter seiner technischen Reproduzierbarkeit (F 1963); H. BAUSCH, „29. Oktober, 8 Uhr abends". Bemerkungen anläßlich eines Jubiläums, in: ARD-Jb. 5 (H 1973); K. KÜHN, Die Musik in dt. Rundfunkprogrammen, in: Musik in den Massenmedien Rundfunk u. Fernsehen, hrsg. v. H.-Ch. Schmidt (Mz 1976); L. K. GERHARTZ, Rundfunk, Musik u. musikal. Produktion. Überlegungen eines Rundfunkredakteurs, in: ebd.; P. ROCHOLL, Fragen der unterschiedlichen Vermittlung v. Musikwerken in den Medien. Gründe, Tendenzen, Auswirkungen, in: ebd.; H. RÖSING, Zur Rezeption v. technisch vermittelter Musik. Psychologische, ästhetische u. musikal.-funktionsbezogene Aspekte, in: ebd.; H.-CH. SCHMIDT, Vermittelte Musik, in: Audiovisuelle Medien im Musikunterricht, hrsg. v. J. Schwenk – H. Meese (St 1978); DERS., Massenmedien u. Musik, in: Kritische Stichwörter zum Musikunterricht, hrsg. v. W. Gieseler (Mn 1978); F. KNILLI, H., in: Kritische Stichwörter z. Medienwiss., hrsg. v. W. Faulstich (Mn 1979).

H.-CH. SCHMIDT

HORN (engl.: horn; frz.: cor; it.: corno; span.: cuerno, trompa). – **1)** Im weiteren Sinne Oberbegriff für Blasinstrumente, bei denen der Ton durch die elastisch gespannten Lippen (Polsterzungen) des Bläsers, die den Luftstrom periodisch unterbrechen, erzeugt wird. In den technologisch einfachsten Formen sind diese Instrumente – die zunächst aus dem Tier-H. (↗Schofar), aus dem Haus der Meeresschnecke (Schnecken-H., Muschel-H.), aus Elfenbein, Ton, Alabaster oder Pflanzenmaterial hergestellt wurden – seit vorgeschichtlicher Zeit über die ganze Erde verbreitet. Äußerlich entsprechen die später aus Metall gefertigten Hörner mehr oder weniger der Urform des Tier-H.s: sie bilden einen Kreis, einen Halbkreis oder ein Kreissegment, oder sie werden in abgewinkelter Form (↗russische Hörner) gebaut. Hörner dienten im europäischen Kulturraum (und dienen in außereuropäischen Ländern z. T. noch heute) als Kult-, Signal- (Jagd, Heerwesen, Post) oder Repräsentationsinstrumente (↗Olifant) und galten nicht selten als Symbol für Fruchtbarkeit, Kraft oder Würde. Die spieltechnischen Möglichkeiten beschränkten sich auf einen Ton oder einen kleinen Ausschnitt aus der Reihe der ↗Naturtöne. Die Erzeugung weiterer Töne erreichte man durch Anbringen von Grifflöchern und Klappen (Prinzip: Verkürzung des Rohres bzw. der Luftsäule), in hochentwickelter Form mit ↗Ventilen. – In der Instrumentenkunde wird gewöhnlich unterschieden zwischen Hörnern mit vorwiegend kürzeren konischen Röhren weiter Mensur (↗Bügelhorn, ↗Tuba) und Hörnern mit vorwiegend langen konischen Röhren enger Mensur (↗Horn 2).

2) Im engeren Sinne Bz. für das *Ventil-Waldhorn,* das durch eine enge, überwiegend konisch (konisch–zylindrisch–konisch) verlaufende, rund gewundene Röhre, eine ausladende Stürze, ein Trichtermundstück und Ventile gekennzeichnete Blechblasinstrument des modernen Symphonieorchesters. Obwohl das römische ↗Cornu in der Form eines G als erste Vorstufe des Wald-H.s angesehen werden könnte, gilt als gesichert, daß kein unmittelbarer Zusammenhang zwischen beiden besteht, da die im Altertum entwickelten Blasinstrumente aus Metall wahrscheinlich nach der Völkerwanderung nicht mehr hergestellt wurden. Im Mittelalter fanden einfache, leicht gekrümmte H.-Typen (↗Hifthorn), die auf das Tier-H. zurückgehen, Verwendung, sowie der oft mit kunstvollen Schnitzereien verzierte Olifant.

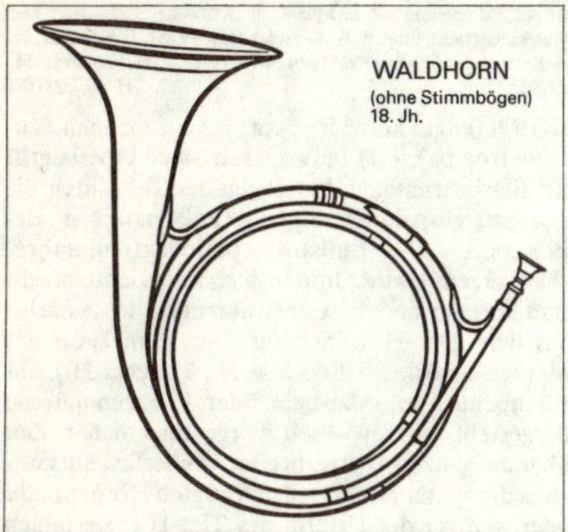

Kreisrund gewundene Hörner lassen sich, abgesehen von einem vereinzelten Beleg aus dem 14. Jh. (Chorgestühl der Kathedrale von Worcester), seit Mitte des 15. Jh. nachweisen. Zwei verschiedene Typen sind zu unterscheiden: das *Jeger horn* (S. Virdung) bzw. *Cor à plusieurs tours* (M. Mersenne) mit mehreren Windungen, engem konischem Rohr und leicht ausladendem Schallstück und das kurze, aus nur einer Windung bestehende *cornet de chasse* bzw. die *trompe* (J. du Fouilloux). Wahrscheinlich aus der Verbindung dieser beiden H.-Typen entstand im 17. Jh. das neue große *Cor de chasse* (in Deutschland später *Parforce-H.* genannt). Auf seiner Europareise 1680/81 lernte Graf Sporck das neue einwindige engmensurierte Parforce-H. (die Weite der Windung war bedingt durch die Größe des Dreispitzes dieser Epoche) in Frankreich kennen und nahm mehrere Exemplare mit nach Böhmen. Dort wurde das H. gegen Ende des 17. Jh. ins Orchester aufgenommen. Durch die Gebrüder J. und M. Leichamschneider in Wien erfuhr das Instrument eine wesentliche Umgestaltung: Sie erweiterten die Rohrmaße, gaben der Stürze einen Durchmesser von etwa 23 cm, erhöhten die Zahl der Windungen auf 2–4, verringerten den Kreisdurchmesser und fügten in Analogie zur Trompete Stimmbögen (Krummbögen) hinzu, die gestatteten, in verschiedenen Tonarten zu spielen. Das neu entstandene Wald-H. (*corno da caccia,* heute auch als *Naturwaldhorn* bezeichnet) erfreute sich wegen seines „lieblich-pompeusen“ Klanges großer Beliebtheit und entwickelte sich zu einem Modeinstrument. Zu seiner raschen Verbreitung trugen insbesondere böhmische Musiker bei. Um 1753 versetzte der aus Böhmen stammende Hornist A. J. Hampel, zusammen mit dem Dresdner Instrumentenbauer J. Werner, die bisher zwischen Mundstück und Mundrohr eingesetzten Stimm- oder Inventionsbögen in die Mitte der Rohrwindung. Das sog. *Inventions-H.* konnte genauer und rascher gestimmt werden, da der U-förmige Stimmbogen sich zugleich als Stimmzug verwenden ließ. Wahrscheinlich verdankt es seine Entwicklung der um die gleiche Zeit aufgekommenen Praxis des ↗Stopfens (die verringerte Entfernung zwischen Mundstück und Stürze erleichterte es, die rechte Hand in die Stürze einzuführen). Durch verschiedene Arten des Stopfens wurde die Naturtonreihe um zahlreiche chromatische und diatonische Zwischentöne ergänzt.

1781 führte der deutsche Virtuose C. Thürrschmidt zusammen mit dem Pariser Instrumentenbauer L. J. Raoux an dem Inventions-H., das als Prototyp des modernen H.s angesehen werden kann, einige kleinere Umgestaltungen aus. Das neue, als *Cor solo* bekannt gewordene Instrument unterschied sich von dem älteren Inventions-H. durch das feste Mundrohr und die Anzahl der in die Rohrwindungen einzusetzenden Stimmbögen, die auf die bei den Solisten der Zeit gebräuchlichsten Tonarten (G, F, E, Es, D) beschränkt waren. – Eine Verbindung zwischen dem alten Wiener H. mit den auf das Mundrohr aufzusetzenden Stimmbögen und dem Modell von Hampel/Werner stellt das sog. *Orchester-H.*

dar, das in Frankreich bis ins 19. Jh. hinein im Orchester verwendet wurde. In England erfreute es sich großer Beliebtheit und hielt sich hier in Militärkapellen bis zum Ersten Weltkrieg.
1814 versah H. Stoelzel das Orchester-H. mit den von ihm erfundenen Stopfer- bzw. Schubventilen (zunächst 2), für die ihm 1818 zusammen mit Fr. Blühmel ein gemeinschaftliches Patent erteilt wurde. Aus diesem H. ging nach Verbesserungen durch Stoelzel (1827 Pumpenventil), durch J. Meifred und durch E. F. Périnet in Paris (1839 Périnetventil) jener Typ des Orchester-H.s hervor, der in England und Frankreich bis vor kurzem vorherrschte.
Um 1821 erfand Chr. Fr. Sattler das Doppelrohrventil, das 1830 von L. Uhlmann in Wien weiterentwickelt wurde und als *Wiener Ventil* bekannt geworden ist.
Zwar experimentierte bereits Blühmel um 1814 mit Drehventilen, doch erst 1832 gelang J. Riedl in Wien die eigentliche Entwicklung des heute beim Wald-H. in den meisten Ländern bevorzugten Dreh- bzw. Zylinderventils. Etwa gleichzeitig bemühten sich auch Instrumentenbauer in Frankreich und Belgien um die Konstruktion eines H.s, das möglichst alle gebräuchlichen Stimmungen in sich vereinigte. So entwickelte z. B. J. B. Dupont in Paris ein *Cor omnitonique.* Bei dem ersten Modell handelte es sich im Prinzip um 8 verschiedene Hörner unterschiedlicher Rohrlänge, die ein gemeinsames Schallstück hatten. Durch Betätigen einer zentralen Umschaltvorrichtung und Umstecken des Mundstückes auf eines der acht Mundrohre ließ sich das Instrument in 8 verschiedenen Tonarten spielen. Im Laufe des 19. Jh. folgten diesem Konstruktionsprinzip neue Varianten, die jedoch für die Praxis keine Bedeutung gewannen.
Bereits in der 2. Hälfte des 19. Jh. setzte sich unter den Ventilhörnern das *F-H.* durch (ohne Betätigung der Ventile erklingt eine Naturtonreihe auf F_1 mit Ausnahme des bei Waldhörnern nicht bzw. schwer ansprechenden 1. Naturtons F_1). 1898 erfand E. Kruspe in Erfurt das *Doppel-H.,* das eine Verbindung des F-H.s mit dem um eine Quarte höher stehenden *B-H.* darstellt. Durch ein 4. Ventil (Umschaltventil) kann die Grundlänge der Röhre (F-H. etwa 370 cm; B-H. etwa 274 cm) so verkürzt werden, daß das Instrument in B erklingt. Das Doppel-H. in F/B ist heute der in allen Ländern, mit Ausnahme von Frankreich, am weitesten verbreitete Typ des Ventilhorns. Das in Frankreich im Orchester verwendete H. ist im Gegensatz zu allen anderen Hörnern mit einem Verkürzungsventil (3. Ventil) ausgestattet. Während normalerweise durch die Verwendung von Ventilen die Tonhöhe erniedrigt wird, wird durch das Verkürzungsventil die Grundstimmung erhöht. Nach dem Krieg wurde das französische Orchester-H. um ein 4. Ventil ergänzt und in Analogie zu dem Doppel-H. zum *Cor double ascendant* umgestaltet. Das französische Instrument mit seiner engeren Mensur und weniger ausladenden Stürze zeichnet sich durch seinen glänzenden Klang aus.

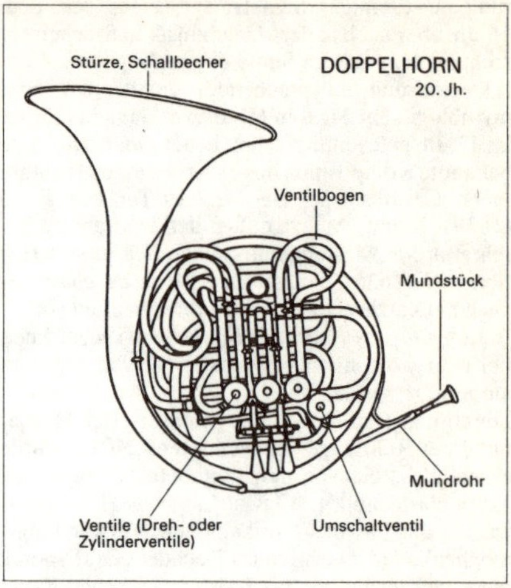

1888 konstruierte Červený in Königgrätz ein *H. in hoch F,* das die Ausführung hoher Partien erleichtern sollte, im Gebrauch jedoch zunächst eingeschränkt blieb. Erst nach 1945, mit der steigenden Schwierigkeit der Hornpartien in modernen Kompositionen und mit dem Interesse an der Musik des Barock, wandten die Hornisten sich diesem Instrument zu.
Um die bei allen Ventilhörnern vorhandenen Intonationsprobleme zu beseitigen, wurden im Laufe des 20. Jh. zahlreiche Konstruktionsversuche unternommen, darunter Instrumente mit 7 Ventilen oder Kombinationen von 3 Hörnern in einem *(Tripel-H.).* Eine neuere Entwicklung zur Verbesserung der Intonation stellt das *enharmonische H.* von M. Vogel (Bonn) dar. Wenngleich einige der neu

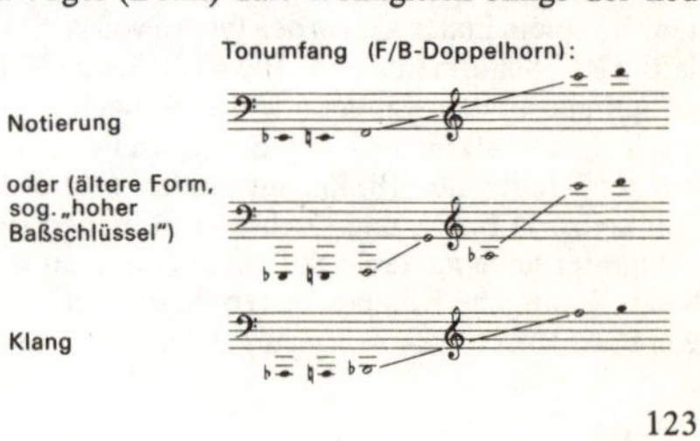

konstruierten H.-Typen das Experimentierstadium überschritten haben und serienmäßig hergestellt werden, ist bis heute das Doppel-H. in F/B in den meisten Ländern das gebräuchlichste Orchesterinstrument geblieben.

Musik für Horn. Das H. wurde im europäischen Kulturraum bis zum Ende des 17. Jh. vor allem als Signalinstrument verwendet, zunächst zur Ausführung einstimmiger Signale, spätestens seit dem 16. Jh. aber auch in der ↗Jagdmusik in Stücken für mehrere Hörner. Im Sinne einer klanglichen Charakterisierung entsprechender Jagdszenen oder mythologischer Figuren (Diana) erklangen Hörner im 17. Jh. gelegentlich schon in der Oper. Die erste bekannte Komposition dieser Art ist eine ↗Fanfare in Fr. Cavallis Oper *Le nozze di Teti e di Peleo* (1639). Einen ähnlichen Typ der Jagdfanfare beschreibt M. Mersenne in seinen *Harmonicorum libri XII* (1635/36). Mit *Le(s) cors de chasse* ist auch ein kurzer Satz im ersten Intermedium von J.-B. Lullys Oper *Princesse d'Élide* (1664) bezeichnet, bei dem wohl nur die Oberstimme von Hörnern ausgeführt wurde.

Durch den Bau längerer engmensurierter Hörner mit einer Rohrlänge von wenigstens 240 cm wurde es möglich, die von der Trompete her bekannte Clarinblastechnik (↗Clarino) auf das H. zu übertragen und so die musikalischen Verwendungsmöglichkeiten zu erweitern. Nachdem Graf Sporck diese Hörner im böhmisch-österreichischen Raum bekannt gemacht hatte (nach 1681), fanden sie Aufnahme in Opernaufführungen am Wiener Hof (C. A. Badia, *Diana rappacificata*, 1700, und J. J. Fux, Ouvertüre zu *Meleagro* von M. A. Ziani, 1706). Von Anfang des 18. Jh. an zogen böhmische Virtuosen die Aufmerksamkeit der Komponisten in vielen Teilen Europas auf die neuen Instrumente (z. B. R. Keiser, *Octavia*, 1705, und D. Buxtehude, *Templum honoris*). Die Konzerte von G. Ph. Telemann (um 1712 und 1733) und Chr. Förster, das *1. Brandenburgische Konzert*, BWV 1046, von J. S. Bach (um 1718) und die 1751 in die Motette *In convertendo* von J.-Ph. Rameau eingefügten obligaten Horn-Partien sowie jene in G. Fr. Händels *Julius Caesar* (1754) zeugen von den gesteigerten spieltechnischen Möglichkeiten. Weitere Beispiele finden sich in den Opern von A. Scarlatti, G. C. Schürmann, J. A. Hasse, J. G. und K. H. Graun und in den Kantaten von J. S. Bach.

Nach dem Aufkommen der Stopftechnik in der zweiten Hälfte des 18. Jh. entstanden zahlreiche Solokonzerte für H. und Orchester, in denen sich häufig der neue kantable Stil mit dem älteren verband. Zahlreiche Kompositionen dieser Zeit, u.a. von F. A. Rosetti (26 Konzerte), J. Haydn (2 Konzerte) und W. A. Mozart (4 Konzerte) spiegeln die Vorliebe für dieses Instrument wider. Im 19. Jh. nahm die Zahl der Solokonzerte für H. ab. Kompositionen wie das *Konzertstück* op. 86 (1849) für 4 Hörner und Orchester von R. Schumann, das Konzert für Wald-H. und Orchester op. 8 (1865) von Fr. Strauss und das Konzert für H. und Orchester op. 11 (1883) von R. Strauss stellen Ausnahmen dar. Eine bedeutendere Rolle gewann das H. im 19. Jh. dagegen in der symphonischen Musik. Wurde es zunächst noch meist paarweise eingesetzt, so erhöhte sich die Zahl der Hörner bald häufig auf 4, später auch auf 6 oder 8, bisweilen auf 12. In der Romantik wurde das H. zum Instrument des poetischen Ausdrucks schlechthin. Der H.-Klang steht nicht mehr nur als traditionelles Symbol für die Jagd (z. B. Jägerchor in C. M. v. Webers *Freischütz*) und im übertragenen Sinne für den Wald, sondern gleichermaßen für romantisches Fernweh und Weltschmerz, für das Gefühl des Erhabenen wie auch des Unwirklichen und Phantastischen (H. Berlioz, *Roméo et Juliette*). Charakteristische Hornpartien finden sich in den Werken für und mit Orchester u.a. von H. Berlioz, F. Mendelssohn Bartholdy, R. Wagner, J. Brahms, P. I. Tschaikowsky, V. d'Indy, G. Mahler, Cl. Debussy, R. Strauss, P. Dukas, R. Vaughan Williams, M. Ravel, A. Webern, G. Migot, A. Honegger, M. Tippett und B. Britten. Im Verlauf des 20. Jh. erlangte das H. als Soloinstrument wieder eine gewisse Popularität, und es entstanden zahlreiche kammermusikalische Werke und Konzerte, so u. a. von P. Dukas, *Villanelle* für H. und Klavier (1906), Ch. Koechlin, Sonate op. 70 für H. und Klavier (1918–25), *Poème* op. 70b für H. und Orchester (1927), *15 Stücke* für H. und Klavier (1942), D. E. M. Smyth, Trio für H., Viola und Klavier (1927), P. Hindemith, 2 Sonaten für H. und Klavier (1939, 1943), Konzert (1949), Sonate für 4 Hörner (1952), R. Strauss, Konzert op. 86 (1942), B. Britten, *Serenade* für Tenor, H. und Streichorchester (1943), M. Seiber, *Notturno* für H. und Streichorchester (1944), *Fantasie* für Flöte, H. und Streichquintett (1945), G. Jacob, Konzert für H. und Streichorchester (1951), Doppelkonzert für Violoncello, H. und Streichorchester (1951) und M. Tippett, Sonate für 4 Hörner (1955).

Lit.: S. VIRDUNG, Musica getutscht (Bas 1511, Faks.-Ausg. Kas 1970) (Faks. = DMI I/31); M. MERSENNE, Harmonicorum libri XII, 2 Bde. (P 1635–36, Nachdr. G 1973); DERS., Harmonie universelle (P 1636, Faks.-Ausg. P 1963); J. MATTHESON, Das Neu-Eröffnete Orchestre (H 1713); V. ROESER, Essai d'instruction à l'usage de ceux qui composent pour la clarinette et le cor (P 1764, Faks.-Ausg. G 1972); A. J. HAMPEL – J. V. PUNTO, Seule et vraie méthode pour apprendre facilement les éléments des 1er et 2d cors aux jeunes élèves (P 1798); F. DUVERNOY, Méthode pour le cor (P o. J.); V.-CH. MAHILLON, Les instruments à vent, II: Le cor, son histoire, sa théorie, sa construction (Bru

1907); F. PIERSIG, Die Einführung des H.s in die Kunstmusik u. seine Verwendung bis zum Tode J. S. Bachs (Hl 1927); E. PAUL, Das H. in seiner Entwicklung vom Natur- zum Ventilinstr. (Diss. W 1932); R. MORLEY-PEGGE, The French Horn (Lo 1960); J. EPPELSHEIM, Das Orch. in den Werken J.-B. Lullys (Tutzing 1961) (= Münchner Veröff. z. Musikgesch. 7); R. GREGORY, The H. (Lo ²1969); H. FITZPATRICK, The H. and H.-Playing and the Austro-Bohemian Tradition from 1680 to 1830 (Lo 1970); B. BRÜCHLE, H.-Bibliogr., 2 Bde. (Wilhelmshaven 1970–75); A. BAINES, Brass Instruments. Their History and Development (Lo 1976); B. BRÜCHLE – K. JANETZKY, Kulturgesch. des H.s (Tutzing 1976); DIES., Das H. (Be – St 1977); H. HEYDE, Zur Frühgesch. der Ventile u. Ventilinstr. in Deutschland 1814–1833, in: Brass Bulletin 24 (1978) – 27 (1979). D. ALTENBURG

HORN, Johann Caspar, *17.8.1636 Chemnitz, † 18.9.1722 Dresden; dt. Komponist. H. studierte seit spätestens 1663 Jura in Leipzig und promovierte dort 1668. Für die studentische Pindus-Gesellschaft komponierte er Unterhaltungs-, Tanz- und Ballettmusiken, darunter das *Ballett d'Orphée* für fast 100 Akteure. Seit 1678 war H. in Dresden Rechtskonsulent, außerdem Musikdirektor an der (alten) Frauen- und an der Sophienkirche, für die er bis 1699 regelmäßig neue Kompositionen lieferte. 1680/81 veröffentlichte er die teils noch in Leipzig entstandenen Evangelienvertonungen als *Geistliche Harmonien.* Ostern 1683 wurde seine Auferstehungshistorie von „fast 2000 Tacten" aufgeführt.

WW: *Parergon musicum* für 5 Instr. u. B.c., 6 Teile, I (L 1664), II: *nach der lustigen französischen Manier zu spielen* (L 1664), III u. IV (L 1672), V u. VI (L 1676); *Schertzende Musenlust* für 5 St., 5 Instr. u. B.c. (L 1673); *Allerhand anmutige Sonatinen, Allemanden, Couranten, Balletten u. Giguen* für 5 St. (L 1677); *Musikal. Tugend- u. Jugend-Gedichte* für 6 St., 5 Instr. u. B.c. (F 1678); *Geistliche Harmonien über die gewöhnlichen Evangelia* für 4 St., 4 Instr. u. B.c., 2 Teile, I: Winterteil (Dresden 1680) u. II: Sommerteil (ebd. 1681).

H.s Bedeutung beruht auf seinen Orchestersuiten nach der neuesten französischen und auf seinen Evangelienvertonungen nach der italienischen Manier. Die beiden ersten Teilsammlungen seiner Orchestermusik gab er 1663 selbst heraus, weitere 4 Bücher veröffentlichte der Leipziger Verleger G. H. Fromman 1672–78 nach in Leipzig vorhandenem Aufführungsmaterial. Für die anhaltende Beliebtheit dieser Stücke spricht, daß sie noch 1727 im Leipziger Buchhandel erhältlich waren.

Lit.: A. SCHERING, Musikgesch. Leipzigs II (L 1926); E. MÜLLER, Musikgesch. v. Freiberg (L 1939). H. KÜMMERLING

HORN. – 1) Karl Friedrich, * 13. 4. 1762 Nordhausen (Thüringen), † 5. 8. 1830 Windsor; dt. Organist und Komponist. Er ließ sich 1782 in London nieder und war dort 1789–93 Musiklehrer der Königin Charlotte und bis 1811 der Prinzessin Auguste Sophia. 1823 wurde er Organist an St. George's Chapel in Windsor. H. besorgte zusammen mit S. Wesley die 1. kritische Ausgabe von Bachs *Wohltemperiertem Clavier* in England (Lo 1810–13).

WW (gedruckt in London): Sonaten u. a. Stücke für Klv. mit Fl. od. V. u. mit V. u. Vc.; eine Abh. *A Treatise on Harmony* (1821); ferner einzelne Songs.

2) Charles Edward, Sohn von 1), * 21. 6. 1786 London, † 21. 10. 1849 Boston (Massachusetts); engl. Sänger und Komponist. Er war Schüler seines Vaters und 1808–10 von V. Rauzzini in London, wo er 1809 erfolgreich als Sänger am English Opera House debütierte. Außerdem arbeitete er als Opernkomponist und Bearbeiter älterer Opern, u. a. von Rossini, Mozart und D. Fr. E. Auber, mit mehreren Londoner Bühnen zusammen. 1832 ging er nach New York, wo er eine Musikalienhandlung betrieb und Musikunterricht erteilte. 1843–47 lebte er wieder in England. In die Vereinigten Staaten zurückgekehrt, war er dort bis zu seinem Tod Dirigent der Handel and Haydn Society in Boston.

WW: Lieder, Kanzonetten u. Glees; Kantate *Christmas Bells;* etwa 30 Singspiele; Oratorien: *The Remission of Sin,* UA: New York 1832; *Satan,* UA: London 1845; *Daniel's Prediction,* UA: ebd. 1847.

Lit.: **Zu 1):** H. F. REDLICH, Anfänge der Bachpflege in England, in: Bach-Probleme, hrsg. v. H.-H. Dräger – K. Laux (L 1950), u. in: Kgr.-Ber. Lüneburg 1950 (Kas 1952); DERS., The Bach Revival in England 1750–1850 (1952) (= Hinrichsens 7th Music Book). – **Zu 2):** R. A. MONTAGUE, Ch. E. H. His Life and Works (Tallahassee 1959) (= Diss. Florida State Univ.).

HORNBOSTEL, Erich Moritz von, * 25. 2. 1877 Wien, † 28. 11. 1935 Cambridge; östr. Musikforscher. H. studierte Chemie, Physik u. Philosophie an den Universitäten Wien u. Heidelberg u. promovierte 1900 mit einer musikwissenschaftlichen Dissertation in Wien. 1901 ging er nach Berlin und widmete sich dort psychologischen, musikwissenschaftlichen und (1905–06 als Assistent C. Stumpfs) besonders tonpsychologischen Forschungen. 1906 unternahm er eine Studienreise nach Nordamerika, wo er die Musik einiger Indianerstämme erforschte. 1906–33 leitete er das Phonogramm-Archiv in Berlin und war seit 1923 Professor an der Universität. 1933 emigrierte er in die USA und lehrte dort an der New School of Social Research in New York. – H. begründete zusammen mit C. Stumpf die moderne Musikethnologie, die er mit den Fächern Tonpsychologie, Akustik und Instrumentenkunde zur „Systematischen Musikwissenschaft" verband. Zu seinen Schülern gehören C. Sachs, M. Schneider, W. Wiora und H. Husmann.

Schriften: *Stud. über das Tonsystem u. die Musik der Japaner,* in: SIMG 4 (1902/03) (zus. mit O. Abraham); *Die Probleme der vergleichenden Musikwiss.,* in: ZIMG 7 (1905/06); *Über die Mehrstimmigkeit in der außereuropäischen Musik,* in: Kgr.-Ber. Wien 1909 (W 1909); *Vorschläge für die Transkription exotischer Melodien,* in: SIMG 11 (1909/10) (zus. mit O. Abraham); *Syste-*

matik der Musikinstrumente, in: Zschr. für Ethnologie 46 (1914) (zus. mit C. Sachs); *Vorbericht zur Blasquintentheorie,* in: Anthropos 16 (1919/20); *Psychologie der Gehörserscheinungen,* in: Hdb. der Physiologie 11 (1926); *Musikal. Tonsysteme,* in: Hdb. der Physik 8, hrsg. v. H. Geiger – K. Scheel (B 1927); *Gestaltspsychologisches zur Stilkritik,* in: Stud. z. Musikgesch. FS G. Adler (W – L 1930); *Das Berliner Phonogrammarchiv* u. *C. Stumpf u. die vergleichende Musikwiss.,* in: Zschr. für vergleichende Musikwiss. 1 (1933). – Ferner war H. Hrsg. der *Sammelbde. für vergleichende Musikwiss.,* 3 Bde. (Mn 1922–23) (zus. mit C. Stumpf). – Eine GA seiner Schriften, hrsg. v. K. P. WACHSMANN – D. CHRISTENSEN – H.-P. REINECKE (Den Haag 1975 ff.).

Lit.: C. SACHS, E. M. von H. 1785–1935, in: Mf 1 (1948); A. LIEBE – E. H. MEYER, Prof. Dr. E. M. von H., in: MuGes 2 (1952) (mit Schriften-Verz.); F. BOSE, E. von H., in: Musica 5 (1952); V. ERNST, Die wissenschaftsgeschichtliche u. philosophische Position v. E. M. von H. (B 1970).

HORNE, Marilyn, * 16.1.1929 Bradford (Pennsylvania); amerik. Sängerin (Mezzosopran). H. war Schülerin von William Vennard an der South California University und debütierte in Los Angeles. Nach kurzem Engagement in San Francisco kam sie nach Deutschland, wo sie von 1956–59 in Gelsenkirchen verpflichtet war. Anfang der 60er Jahre begann sie mit Gastspielen in den USA, in London, Edinburgh und anderen europäischen Opernmetropolen ihre internationale Karriere und gehört seither zu den prominentesten Vertreterinnen des italienischen Koloraturfaches.

Lit.: M. R. SCOTT, M. H., in: Opera 18 (Lo 1967); R. CELETTI, M. H. Una voce rossiniana, in: Discoteca 9 (1968).

HORNPIPE (engl.). – **1)** Bz. für ein Blasinstrument mit einfachem Rohrblatt und Grifflöchern, an dessen unterem Ende ein Schallstück aus Tierhorn, aus Huf oder auch aus Holz befestigt ist. Häufiger sind H.s mit zwei parallelen Pfeifen, die in einem oder auch zwei Tierhörnern enden. Eine verwandte Form der H. ist das walisische ↗Pibcorn. Die H. kann mit dem Mund direkt angeblasen oder auch als Spielpfeife in einer ↗Sackpfeife verwendet werden. – **2)** Bz. für einen englischen, ursprünglich wohl schottischen Volkstanz, der seinen Namen offenbar von dem begleitenden Instrument erhielt und bis in das 18. Jh. als bäuerlicher Tanz im 3/2-Takt getanzt wurde. Als höfischer bzw. stilisierter Tanz im 3/2-, später aber auch im 4/4- oder 2/4-Takt fand er Eingang in die Kunstmusik, u. a. bei H. Purcell, G. Fr. Händel und J. H. Ravenscroft.

Lit.: **Zu 1):** H. BALFOUR, The Old British Pibcorn or H. and Its Affinities, in: Journal of the Royal Anthropological Institute of Great Britain and Ireland 20 (1891); A. BAINES, Bagpipes (O 1960).

HORNQUINTEN, Bz. für eine besondere Art der Stimmführung in sog. verdeckten Quinten (↗Parallelen), wie sie sich bei paarig verwendeten Hörnern auf Grund des ursprünglich aus Naturtönen bestehenden Tonvorrats als Fortschreitungsmöglichkeit ergab und im 18./19. Jh. beliebt war:

H. wurden in dieser Zeit gelegentlich auch zum Ausdruck bestimmter Vorstellungen verwendet, die an die parallele Stimmführung bzw. an den Hörnerklang gebunden sind, z. B. in der *Schöpfung* von J. Haydn (Rezitativ Nr. 29) vor den Worten „Seht, das beglückte Paar"; klangnachahmend erscheinen H. auch in Werken für andere Instrumente (vgl. das *Lebewohl*-Motiv in L. van Beethovens Klaviersonate op. 81a).

HOROWITZ, Vladimir Samojlowitsch, * 18.9. (1. 10.) 1904 Berditschew (Ukraine); amerik. Pianist russ. Herkunft. H. studierte Klavier und Komposition am Konservatorium in Kiew. Nach seinem Debüt 1917 unternahm er mehrere Konzertreisen durch Rußland. 1925 ging er zu einem Studienaufenthalt nach Europa und ließ sich in Berlin nieder, von wo aus er in den meisten europäischen Ländern konzertierte. 1928 trat er erstmals in den New Yorker Carnegie Hall auf und lebt seitdem in den USA. 1936–39 und 1953–65 mußte er seine Konzerttätigkeit wegen einer Krankheit unterbrechen. 1965 spielte er erneut mit sensationellem Erfolg in der Carnegie Hall und gehört seitdem zu den bedeutendsten Pianisten unserer Zeit. H. widmet sich vor allem den Werken von Fr. Chopin, J. Brahms, Fr. Liszt, P. Tschaikowsky, S. Rachmaninow und A. Skrjabin. H. heiratete 1933 eine Tochter von A. Toscanini.

Lit.: J. KAISER, Große Pianisten in unserer Zeit (Mn 1965); M. GRÄTER, Toscanini u. H., in: NZfM 128 (1967); C. ADLER, V. H., in: High Fidelity 23 (1973) (mit Diskographie); W. MOHR, V. H., in: Fonoforum (1974) H. 10; C. ADLER, The Unknown Recordings of V. H., in: High Fidelity 28 (1978).

HORRES, Kurt, * 29. 11. 1932 Düsseldorf; dt. Opernregisseur. H. war Schüler am R.-Schumann-Konservatorium in Düsseldorf und studierte an der Universität Köln Germanistik, Theaterwissenschaft und Kunstgeschichte. 1955 ging er als Regieassistent von W. Felsenstein an die Komische Oper Berlin, kam dann über Bonn und Wuppertal 1960 als Oberspielleiter nach Lübeck und 1964 als Operndirektor wieder nach Wuppertal. 1969–76 leitete er außerdem eine Opernklasse an der Musikhochschule Köln (1972 Professor). Seit 1976 ist er Intendant des Staatstheaters Darmstadt. Als Gastregisseur der bedeutendsten bundesdeutschen Opernbühnen sowie an in- und ausländischen Festspielplätzen setzte sich H. besonders für das Opernschaffen osteuropäischer Komponisten ein und inszenierte zahlreiche Ur- bzw. deutschsprachige Erstaufführungen.

HÖRSCHÄRFE, die Fähigkeit des menschlichen ↗Gehörs, verschiedene Tonhöhen, Klangfarben und Lautstärken – je nach Anlage, Übung und Schulung – unterschiedlich wahrzunehmen. Oberhalb 500 Hz können Frequenzverhältnisse, die etwa $^{1}/_{10}$ Halbton entsprechen, unterhalb 500 Hz Frequenzdifferenzen von etwa 3,5 Hz unterschieden werden; die H. nimmt also hinsichtlich der Tonhöhe zu tieferen Frequenzen hin ab. Hinsichtlich Lautstärkenunterschieden vermag das Ohr Veränderungen von 1 ↗Phon wahrzunehmen. Die Tonhöhenempfindung ist auch lautstärkeabhängig: bei größerer Lautstärke steigt die Tonhöhe (in einem individuell allerdings verschiedenen Ausmaß, bei manchen Menschen um fast einen Halbton). Auch das Oktav-Empfinden entspricht bei nacheinander gespielten Tönen nicht immer den tatsächlichen Frequenzverhältnissen, so daß z.B. beim Klavier die tiefen und hohen Oktaven meist vergrößert werden (Oktav-Spreizung). Daraus ergibt sich, daß eine physikalisch „einwandfreie" Intonation für das musikalische Empfinden nicht immer „richtig" klingt.

HÖRSCHWELLE ↗Hörfläche.

HORSLEY, engl. Musikerfamilie. – **1) William,** *15. 11. 1774 London, † 12. 6. 1858 ebd.; Organist und Komponist. Er war Organist an mehreren Londoner Kirchen. 1798 gründete er den Club Concentores sodales zur Förderung der Glee- und Kanonkomposition. 1813 gehörte er auch zu den Gründern der Philharmonic Society. H. stand mit F. Mendelssohn Bartholdy in freundschaftlicher Verbindung. Er gehört zu den führenden ↗Glee-Komponisten seiner Zeit.

WW: Klv.-Stücke; Lieder u. Balladen für 1 u. mehr St.; zahlreiche Glees; Anthems. – Schriften: *An Explanation of the Musical Intervals* (o. O. 1825?); *An Introduction to the Study of Practical Harmony and Modulation* (Lo 1847). – H. gab auch die *Cantiones Sacrae* von W. Byrd heraus (Lo 1842).

2) Charles Edward, Sohn von 1), *16. 12. 1822 London, † 28. 2. 1876 New York; Organist und Komponist. Er war Schüler seines Vaters und von I. Moscheles in London, von M. Hauptmann in Kassel und von F. Mendelssohn in Leipzig, wo er auch L. Spohr kennenlernte. Später war er Organist an St. John's in London, ging 1862 nach Australien und lebte zuletzt in den Vereinigten Staaten. Seine Kompositionen sind von Mendelssohn beeinflußt.

WW: Klv.-Stücke; Kammermusik; geistliche Werke; Ode *Euterpe* für Soli, Chor u. Orch.; Musik zu Miltons *Comus;* Oratorien *David* (1850), *Joseph* (1853) u. *Gideon* (1859); ferner die Schrift *A Text Book of Harmony* (Lo 1876).

Lit.: E. L. RUBIN, The English Glee from W. Hayes to W. H., 2 Bde. (1968) (= Diss. Univ. of Pittsburgh).

HÖRSPIELMUSIK. Seit dem ersten Original-Hörspiel *Zauberei auf dem Sender* (24. 10. 1924) erfüllt die Musik im Hörspiel des ↗Hörfunks in aphoristischer Prägnanz Funktionen wie im Spielfilm: paraphrasierend, kontrapunktierend, milieuzeichnend, leitmotivisch, szenentrennend bzw. -verbindend, als „Abspann" formal schließend. Dem gesprochenen Wort ähnlich, artikuliert sie sich in den Dimensionen Zeit und Raum, aktiviert sie das Vorstellungsvermögen des Hörers. Mit der Wende zum „Neuen Hörspiel" in den 60er Jahren tritt die H. aus ihrer Rolle als musikalischer „Background" heraus und wird zum gestalteten Sujet, etwa in D. Schnebels *Hörfunk I,* in Dieter Kühns *Goldberg-Variationen* oder in M. Kagels *Soundtrack,* wo die Musik soziale Ebenen repräsentiert und die musikalischen Ebenen zu einer „Karambolage klanglicher und semantischer Art" (W. Klüppelholz) montiert werden. Damit sind die Grenzen zur Dokumentation fließend geworden: Musik, Musikleben, Rezeptionssituationen und gesellschaftliche Funktionen rücken zu Themen des Hörspiels auf, z. B. in der Dokumentation *Wie eine Staubwolke von Noten* von Ekkehard Sass (1978), wo sich die 300 Stunden lang aufgenommenen gesamten Abläufe innerhalb eines Orchesterbetriebes zu 70 Hörspielminuten verdichten.

Lit.: H. SCHWITZKE, Das Hörspiel. Dramaturgie und Geschichte (Kö – B 1963); K. BLAUKOPF – S. GOSLICH – W. SCHEIB, 50 Jahre Musik im Hörfunk (Mn 1973); W. KLÜPPELHOLZ, Musik als Hörspiel, in: Musik u. Bildung 9 (1977).

H.-CH. SCHMIDT

HORST, Anthony van der *29. 6. 1899 Amsterdam, † 7. 3. 1965 Hilversum; ndl. Komponist, Organist und Chorleiter. H. war Orgelschüler von J. B. de Pauw und Kompositionsschüler von B. Zweers am Amsterdamer Konservatorium, wo er selbst seit 1936 Orgel und Dirigieren lehrte. Außerdem war er Organist an der Grote Kerk in Naarden, dort seit 1931 auch Dirigent der Nederlandse Bachvereniging. Außerdem dirigierte er die Koninklijke Oratoriumsvereniging in 's-Gravenhage. H. schrieb vor allem Orchesterwerke, Chor- und Orgelkompositionen. Er beschäftigte sich besonders mit dem Problem der Tonalität und verwendete in seinen Werken häufig eine von ihm selbst erfundene achtstufige Tonleiter mit zwei tonalen Zentren, der er den Namen „Modus conjunctus" gab.

WW: *Suite in modo conjuncto* (1943) für Org.; für Orch.: 3 Symphonien (1939, 1954, 1959); *3 Orkest-etudes* (1954) u. *Réflexions sonores,* op. 99 (1963); Psalm 90 (1933) für Sopran u. Org.; Te Deum für Soli, Doppelchor, Orch. u. Org. (1946); *Rembrandtkantate* (1956); ferner *Chorus I–VII* (1931–58) für versch. Besetzungen, darunter Nr. II *La Nuit* für 8st. Chor a cap.

Lit.: W. PAAP, in: Mens en melodie 14 (1959) u. 19 (1964); J. GERAERDS, A. van der H., in: Sonorum Speculum 21 (1964); J. WOUTERS, in: ebd. 23 (1965).

HORSZOWSKY, Mieczyslaw, * 23. 6. 1892 Lemberg; amerik. Pianist poln. Herkunft. H. studierte zunächst in Lemberg und 1899–1904 bei Th. Leschetizky in Wien. 1902 debütierte er in Warschau und konzertierte seit 1905, u.a. auch mit P. Casals und A. Rubinstein, in Europa und Amerika. 1942 wurde er Professor für Klavierspiel am Curtis Institute of Music in Philadelphia, wo er 1969 den Ehrendoktortitel für Musik erhielt. H. trat mehrmals mit zyklischen Aufführungen hervor, so 1942–43 in Rio de Janeiro mit sämtlichen Partiten und beiden Teilen des *Wohltemperierten Claviers* von J. S. Bach und 1954 in New York mit sämtlichen Beethoven-Sonaten.

HORVAT, Milan, * 28. 7. 1919 Pakrac (Kroatien); jugoslawischer Dirigent. H. studierte Klavier und Dirigieren an der Musik-Akademie in Zagreb und promovierte an der Universität zum Dr. jur. Seit 1945 leitete er in Zagreb den Rundfunkchor, seit 1946 auch das Philharmonische Orchester und übernahm 1948 eine Professur für Dirigieren an der Akademie. Seit 1953 war er Chefdirigent des Rundfunk-Symphonieorchesters in Dublin und leitete 1958–69 die Oper und Philharmonie in Zagreb. Seitdem dirigiert H., der außerdem in Westeuropa, in den USA und in Japan konzertierte, das Symphonieorchester des ORF in Wien.

HOSTINSKÝ, Otakar, * 2. 1. 1847 Martiněves (Böhmen), † 19. 1. 1910 Prag; tschechischer Musikforscher und Philosoph. H. studierte zunächst Jura, später Philosophie (bei R. Volkmann) in Prag und München. 1869 promovierte er in Prag, wo er 1871 Musikunterricht bei Fr. Smetana nahm und Kunst- und Musikkritiken für mehrere Zeitungen schrieb. 1873–77 war er als Erzieher des Grafen Siegmund Thun in München, Salzburg und Italien. 1877 habilitierte er sich in Prag für Ästhetik, wurde 1883 Professor und lehrte 1882–86 auch Musikgeschichte am Konservatorium. Seit 1880 war er Mitvorsitzender der Musiksektion der Umělecká Beseda. H. gehörte zu den Begründern der tschechischen Musikwissenschaft. Bedeutung erlangten seine musiktheoretischen Schriften sowie seine Monographie über Fr. Smetana. In seinen ästhetischen Anschauungen von Volkmann ausgehend und an E. Hanslick anknüpfend, entwickelte er die formalästhetische Theorie J. Fr. Herbarts weiter, wobei er Hanslicks Kritik an der Musik der Neudeutschen-Schule zu überwinden suchte. Er setzte sich besonders für die Pflege des Volksliedes ein und beeinflußte die nationale Richtung innerhalb der tschechischen Musik.

Schriften: *Das Musikalisch-Schöne u. das Gesamtkunstwerk vom Standpuncte der formalen Ästhetik* (L 1877); *Die Lehre v. den musikal. Klängen* (Pr 1879); *Herbarts Ästhetik in ihren grundlegenden Teilen* (H 1891); *J. Blahoslav a J. Josquin* (Pr 1896); *B. Smetana a jého boj o moderní českou hudbu* (Pr 1901, NA 1941); *Fibich u. das Melodram* (Pr 1901); zahlr. weitere Art. u. Aufsätze in tschechischer Sprache; eine Ausw. seiner Schriften in: *H. o umění*, hrsg. v. J. Čisařovský (Brünn 1956) u. *H. o hudbě*, hrsg. v. M. Nedbal (Pr 1961).

Lit.: Z. NEJEDLÝ, O. H. (Pr 1955); Z. SÁDECKÝ, O některých otázkách estetiky O. Hostinského (Pr 1956).

HOT (engl., = heiß), im ↗Jazz übliche zusammenfassende Bz. für spezifisch afroamerikanische Ausdrucksmittel (↗Hot-Intonation, Blue notes [↗Blues], ↗Growl, ↗Dirty tones). *Hot music* wurde in den 20er und 30er Jahren synonym für Jazz als Abgrenzung gegen die Schlagermusik *(Sweet music)* gebraucht.

HOTHBY (Ottobi, Hothius, Octobo, Ottobius), **John** (Johannes), † 1487 vermutlich in England; Musiktheoretiker und Komponist engl. Herkunft. Mehreren Quellen zufolge soll H. an der Universität Oxford promoviert worden sein und 1435 dort auch gelehrt haben. Eine Quelle berichtet von Studien in Paris, ein Schreiben von H. selbst von Reisen nach Frankreich, England, Spanien, Deutschland und Italien. Als gesichert gilt ein Aufenthalt in Florenz vor 1467. 1467–86 lebte er in Lucca, wo er Kapellmeister an der Kathedrale S. Martino und Musiklehrer an der Kathedralschule war. 1486 folgte er einem Ruf Heinrichs VII. nach England. H. verfaßte mehrere Traktate, in denen er an Pythagoras, Boëthius und Guido von Arezzo anknüpft. Seine konservative Haltung wird besonders in einigen gegen Ramos de Pareja gerichteten Schriften deutlich. H. werden auch einige in Venedig und Florenz erhaltene anonyme Traktate zugeschrieben. Er gehört zu den bedeutendsten Lehrern und Musiktheoretikern seiner Zeit.

WW: 9 geistliche u. weltliche Kompositionen, 8 für 3 St. u. eine für 4 St. (hsl. Faenza). – Schriften: *La Calliope legale; Tractatus quarundam regularum artis musicae; Dialogus in arte musica.*

Ausg.: The Musical Works of J. H., hrsg. v. A. SEAY (Dallas/Tex. 1964) (= CMM 33); J. Octobi tres tractatuli contra B. Ramun, hrsg. v. DEMS. (R 1964) (= CSM 10).

Lit.: U. KORNMÜLLER, J. H., in: KmJb 8 (1893); A. SEAY, The Dialogus J. Ottobi Anglici in arte musica, in: JAMS 8 (1955); DERS., Florence. The City of H. and Ramos, in: ebd. 9 (1956).

HOT-INTONATION (engl.), eine für alle Gattungen der afroamerikanischen Musik typische vokale und instrumentale Tonbildung, bei der die einzelnen Töne hart angestoßen (↗Attacke) und abgerissen werden. Die H.-I. stellt – insbesondere im instrumentalen Bereich – eine Nachahmung vokaler, ursprünglich afrikanischer Ausdrucksmittel dar. Sie wird oft verbunden mit anderen speziellen Möglichkeiten der Tongestaltung wie z.B. ↗Vibrato, ↗Glissando, ↗Growl-Effekte, Blue notes (↗Blues) und ↗Dirty tones.

HOTTER, Hans, * 19. 1. 1909 Offenbach am Main; dt. Sänger (Bariton). H. studierte an der Musikakademie und bei M. Roemer in München und debütierte in der Spielzeit 1929/30 am Stadttheater in Troppau. Nach Engagements in Breslau, Prag (1932–34) und Hamburg (1934–37) kam er 1937 an die Bayerische Staatsoper in München, wo er während seiner gesamten Sängerlaufbahn blieb. Er gastierte weltweit und sang seit 1951 mit triumphalem Erfolg auch bei den Bayreuther Festspielen. Es macht das besondere künstlerische Profil H.s aus, daß er nicht nur das Helden- und Charakterfach beherrschte, sondern als großartiger Darsteller auch Spielrollen (wie den Basilio in G. Rossinis *Barbier*) gleichermaßen eindrucksvoll gestaltete, und daß er zudem als Liedersänger (u. a. in Fr. Schuberts *Winterreise*) beispielhaft wirkte. Seit 1958 betätigte sich H. auch als Regisseur und wurde 1967 Spielleiter der Bayerischen Staatsoper. Er veröffentlichte (zus. mit J. Fuchs) *Vox humana. Eine Studie über das Singen* (Hannover 1952).

Lit.: B. W. WESSLING, H. H. (Bremen 1966).

HOTTETERRE, Jacques Martin, * um 1684 Paris, † 16. 7. 1762 ebd.; Flötenvirtuose und Komponist. H. entstammte einer weitverzweigten Musikerfamilie. Wegen seines Beinamens „le Romain" gilt es als wahrscheinlich, daß er längere Zeit in Rom verbracht hat. 1705 trat er als Baßviolist und Fagottist der Musique de la Grande Écurie in den Dienst des königlichen Hofes. Aufsehen erregte er vor allem durch sein brillantes Spiel der Querflöte, mit dem er dieses Instrument populär machte und die Blockflöte aus ihrer bisherigen Vormachtsstellung verdrängte. Auch seine Kompositionen für Querflöte bezeugen H.s große Virtuosität. H.s Lehrwerke für die Querflöte wurden grundlegend für die von ihm ausgehende Entwicklung der Flötenmusik und des Flötenspiels des 18. Jh. in Frankreich.

WW (alle in Paris erschienen): 2 Bücher *Pièces* für Fl. u. a. Instr. mit B.c., op. 2 (1708) u. op. 5 (1715); *Sonates en trio* für 2 Fl. oder andere Instr. u. B.c., op. 3 (1712); 3 Bücher *Suites de pièces* für 2 Fl. oder andere Instr., teilw. mit B.c., op. 4 (1712), op. 6 (1717) u. op. 8 (1722); *L'art de préluder sur la flûte traversière ... avec des préludes ...*, op. 7 (1719). – Lehrwerke: *Principes de la flute traversière ..., de la flute à bec ..., et du haut-bois* (1707 mit mehreren Aufl., auch ndl. A 1728 u. engl. Lo 1729), NA, hrsg. u. erweitert v. A. Bailleux (um 1765); *Méthode pour la musette*, op. 10 (1737, ²1738).

Ausg.: Kompositionen: Suite für Fl. u. B.c. aus op. 2, hrsg. v. L. SCHÄFFLER (1929) (= Nagels MA 48); Sonate D-Dur für Ob., Fl. oder V. u. B.c., hrsg. v. R. VIOLLIER (G 1949) (= Musique Française 6); Suite e-moll op. 2 Nr. 4 für Fl. (Ob., V.) u. B.c., hrsg. v. H. RUF (Kas 1956) (= Flötenmusik o. Nr.); Suite des pièces pour la Maréchalle de Villars, hrsg. v. F. KOSCHINSKY (ebd. 1962); Suite (Première suite de pièces) h-moll, hrsg. v. K. ZÖLLER (H 1962) (= Fl.-Duette alter Meister 1); Préludes, hrsg. v. B. BANG–D. LASOCKI (Lo 1968); 227 Selections from Preludes and Sketches [für Block-Fl.], 2 Bde., hrsg. v. G. VELLEKOOP (A 1968); Triosonaten D-Dur op. 3 Nr. 2 für Altblockflöte, Querflöte (2 Querflöten bzw. Ob., V.) u. B.c. hrsg. v. DEMS. (Mz 1968) (= Antiqua o. Nr.) u. (Mz 1969) (= Il fl. Traverso o. Nr.); Suite e-moll op. 5 Nr. 2 für Altblockflöte (Querflöte, Ob., V.) u. B.c., hrsg. v. DEMS. (Kas 1969) (= Hortus Musicus 198). Lehrwerke: *Principes de la flûte traversière*, Faks. u. dt. Übers., hrsg. v. H. J. HELLWIG (Kas 1942, ²1958), NA der Aufl. v. 1720 (G 1973), engl. Übers.: *Rudiments of the Flute*, hrsg. v. P. M. DOUGLAS (NY 1968) sowie als: *Principles of the Flute*, hrsg. v. D. LASOCKI (Lo–NY 1968); *L'art de préluder sur la flûte traversière*, hrsg. v. M. SANVOISIN – A. GEOFFROY-DECHAUME (P 1966).

Lit.: R. COTTE, H., in: MGG VI, J. M. HUSKINSON, Les „Ordinaires de la Musique du Roi", M. de la Barre, M. Marais et les H., d'après un tableau du début du XVIIIe siècle, in: Rech. Mus. 17 (1977).

HOUDAR DE LA MOTTE, Antoine, * 15. 1. 1672 Paris, † 26. 12. 1731 ebd.; frz. Librettist. H. studierte zunächst Jura, schlug dann aber eine schriftstellerische Laufbahn ein. Er schrieb das in seiner Konzeption neuartige Libretto für die von A. Campra vertonte Ballettoper *L'Europe galante*, die 1697 mit ungewöhnlichem Erfolg an der Académie Royale de Musique herausgebracht wurde und die Gattung der ↗Opéra-ballet begründete. Danach verfaßte er bis 1709 zahlreiche Libretti und einige Kantatentexte u. a. für A. C. Destouches, M. de La Barre, M. Marais und L.-N. Clérambault. 1710 wurde er Mitglied der Académie Française.

HOVHANESS CHAKMAKJIAN, Alan Scott, * 8. 3. 1911 Somerville (Massachusetts), † 20. 11. 1964 West Orange (N. J.); amerik. Komponist armenischer Abstammung. H. studierte in Boston u. a. Komposition bei Fr. Converse und 1942 als Stipendiat bei B. Martinů in Tanglewood. Später lehrte er selbst am Bostoner Konservatorium und erteilte in den Sommermonaten 1956 und 1957 Kompositionsunterricht an der Eastman School of Music in Rochester (N.Y.). 1959–60 unternahm er Studienreisen nach Indien, 1962–63 nach Japan und Korea. Auf Konzertreisen in Frankreich, Deutschland und der UdSSR führte er eigene Werke auf. Seine Kompositionen wurden größtenteils im Verlag C. F. Peters Corporation in New York veröffentlicht. H. befaßte sich seit etwa 1940 mit orientalischer Musik, blieb aber modal und rhythmisch grundlegend durch die armenische Musik beeinflußt. Nach zunächst streng kontrapunktisch gearbeiteten Werken entwickelte er eine Schreibweise, in der eine Melodiefloskel in mehreren Stimmlagen variiert wird. Einige seiner Kompositionen sind polytonal.

WW: **1) Instr.-WW:** Sonaten u. Suiten für Klv. sowie 2 Klv.-Quintette, op. 9 u. 109; Streichtrio, op. 201; 3 Streichquartette, op. 8, 147 u. 208; Bläserquintett, op. 159. – Für Orch.: 19 Symphonien: *Exile*, op. 17; *Mysterious Mountain*, op. 132; op. 148; für Bläser u. Schlagzeug, op. 165; op. 170; *Celestial Gate* für kleines Orch., op. 173; *Nanga Parvat* für Bläser u. Schlagzeug, op. 178; *Arjuna*, op. 179; *Saint Vartan*, op. 180; op. 184; *All Men are Brothers*, op. 186; für Chor, Orch. u. Wasserfallrauschen auf Tonband ad lib., op. 188; op. 190; *Ararat* für Bläser u. Schlagzeug, op. 194; *Silver Pilgrimage*, op. 199; für Str. u. koreanische Instr., op. 202; *Symphony for Metal Orchestra*, op. 203; *Circe*, op. 204a; *Vishun*, op. 217; ferner Konzerte für Soloinstr. u. Orch.; *Fantasy on Japanese Wood Prints* für Xylophon u. Orch., op. 211. – **2) Vokal-WW:** Magnificat für Soli, Chor u. Orch., op. 157; Kantate *Fuji* für Frauenchor, Fl., Harfe u. Str., op. 182; *In the Beginning was the Word* für Alt, Baß, Chor u. Orch., op. 206; *Lady of Light* für Sopran, Bar., gem. Chor u. Orch., op. 227. – **3) Bühnen-WW:** Musikal. Märchen *The Blue Flame*, op. 172, UA: San Antonio/Tex. 1959; Kammeroper *Pilate*, op. 196, UA: Los Angeles 1966; *Spirit of the Avalanche*, op. 197, UA: Tokio 1963; musikal. Drama *The Leper King*, op. 219; Opera Ballett *The Burning House*, op. 185, UA: Gatlinburg/Tenn. 1964; Tanzdrama *Wind Drum*, UA: Honululu 1962; Ballett *Circe*, op. 204, UA: Martha Graham School, New York, 1963.

Lit.: W. A. DAILEY, Techniques of Composition Used in Contemporary Works for Chorus and Orchestra on Religious Texts ... from 1952 Through 1962 (Washington/D.C. 1965).

HOWELLS, Herbert Norman, *17. 10. 1892 Lydney (Gloucestershire), † 24. 2. 1983 Oxford; engl. Komponist. H. war 1912–17 Schüler u. a. von Ch. Stanford u. Ch. H. Parry am Royal College of Music in London, wo er seit 1920 Kompositionslehrer war. 1925–37 unterrichtete er Harmonielehre und Kontrapunkt am Morley College of Music in London, wurde 1935 Musikdirektor der St. Paul's Girls' School und 1952 Professor of Music an der Londoner Universität, außerdem 1960 Präsident des Royal College of Organists und 1965 Präsident der Plainsong and Mediaeval Society.

WW: **1) Instr.-WW:** Org.-, Klv.- u. Clavichordstücke; Kammermusik, u. a. 2 Streichquartette, 3 V.-Sonaten; je eine Ob.- u. Klar.-Sonate. – Für Orch.: Suiten: *The B.'s Pastoral Rhapsody; Music for a Prince* (1943); Krönungsmusik *King's Herald* (1937); 2 Klv.-Konzerte u. ein Cellokonzert; *Elegy* für Va., Streichquartett u. Streichorch. – **2) Vokal-WW:** Lieder; geistliche Vokalwerke, darunter: *Missa sine nomine* (1912), *Missa sabrinensis* (1954) u. eine engl. Messe (1960); Requiem *Hymnus Paradisi* (1960); *Stabat Mater* (1964); ferner Anthems, Magnificat u. Motetten.

Lit.: H. OTTAWAY, H. H. and the English Revival, in: MT 108 (1967); W. SUTTON, The Organ music of H. H., in: ebd. 112 (1971); R. SPEARING, H. H. A Tribute to H. H. on His Eightieth Birthday (Lo 1972); P. SPICER, H. H.'s Partita, in: MT 115 (1974); C. PALMER, H. H. (Borough Green 1978).

HOW TO SUCCEED IN BUSINESS WITHOUT REALLY TRYING, amerik. Musical in 2 Akten von Frank Loesser (1910–69), der Musik und Song-Texte schrieb, Buch von Abe Burrows, Jack Weinstock und Willie Gilbert nach dem gleichnamigen Buch von Shepherd Mead. Ort und Zeit der Handlung: eine amerikanische Großstadt zur Zeit der UA. UA: 14. 10. 1961 in New York (46th Street Theater). 1967 verfilmt.

Hauptfigur dieser musikalischen Satire um Karrieren und big business ist J. Pierpont Finch, ein Fensterputzer, der zum Präsidenten der „World Wide Wickets Company" aufsteigt, aber nicht aufgrund besonderer Leistung, sondern allein dadurch, daß er seine Vorgesetzten jederzeit richtig zu behandeln weiß. Die Autoren nehmen in dieser Komödie typische, alltägliche Verhaltensweisen der Mitarbeiter einer großen Firma aufs Korn. Den außerordentlichen Erfolg spiegeln die 1417 Aufführungen en suite am Broadway sowie die Auszeichnungen der Kritik: Pulitzer-Preis für Drama, Antoinette Perry Award und New York Drama Critics Circle Award für das beste Musical (alle 1962). Zu den bekanntesten Songs dieses Musicals, des letzten von Frank Loesser, gehören *Grand Old Ivy*, ein Loblied auf die Universität, *I believe in You* und *Brotherhood of Men.*

R.-M. SIMON – S. SIMON

HOYOUL (Hoyol, Hoyu, Hoyou, Hoyeux, Huiol), **Balduin,** *1547 (1548?) Lüttich, † 26. 11. 1594 Stuttgart; franko-flämischer Komponist. H. war Sängerknabe der württembergischen Hofkapelle in Stuttgart und seit 1563 Altist. 1564–65 nahm er bei O. di Lasso in München Kompositionsunterricht, kehrte dann an die Hofkapelle zurück, wo er 1589 als Nachfolger seines Schwiegervaters L. Daser Kapellmeister wurde.

WW: Im Druck erschienen *Sacrae cantiones* für 5–10 St. (Nü 1587); Motetten, eine Messe, lat. Gesänge für 3–10 St. u. 8 Magnificats sowie 19 dt. geistliche Lieder sind hsl. erhalten.

Ausg.: 2 Sätze für 3 St., in: Hdb. der ev. Kirchenmusik III/2, hrsg. v. CH. MAHRENHOLZ.

Lit.: J. SITTARD, Zur Gesch. der Musik u. des Theaters am Württembergischen Hofe 1 (St 1890, Nachdr. Hil 1970); H. MARQUARDT, Die Stuttgarter Chorbücher (Diss. Tü 1934, Teildruck 1936); D. T. POLITOSKE, B. H. A Netherlander at a German Court Chapel, 2 Bde. (1967) (= Diss. Univ. of Michigan).

HRISANIDE, Alexandru, *15. 4. 1936 Petrila; rumänischer Pianist und Komponist. H. war Schüler am Konservatorium in Bukarest und später von N. Boulanger am Conservatoire Américain in Fontainebleau. Vom Neoklassizismus der französischen Schule ausgehend, sind seine Kompositionen später zunehmend durch strukturelle Elemente gekennzeichnet. H. schrieb Orchester- und Vokalwerke, Kammer- und Klaviermusik.

WW: 3 Klv.-Sonaten (1956, 1959, 1964); *Unda* (1969) für Org.; *A la recherche de la verticale* (1969) für Ob. solo; Sonate *Hommage à Bartók, Enesco, Schoenberg* (1957) für V. u. Klv.; Sonate für Klar. u. Klv. (1964); Musik für Va. u. Klv. (1965); *Volumina-Inventionen* (1967) für Vc. u. Klv.; Trio für V., Va. u. Fag. (1958); Streichquartett (1958); *Directions* (1969) für Bläserquintett. – Für Orch.: *Poem* (1959); *VERS-Antique (Hommage à Euripide)* (1969); Konzert für Orch. (1964); *Ad perpetuam rei memoriam*

(1968). – Lieder u. die Kantate *C'ÉTAIT issu stellaire* (1965) (nach S. Mallarmé) für Männerchor, Org. u. Orch.

HRISTIĆ, Stevan, * 19.6.1885 Belgrad, † 21.8. 1958 ebd.; jugoslawischer Komponist und Dirigent. H. studierte Komposition bei St. Krehl und R. Hofmann und Dirigieren bei A. Nikisch am Leipziger Konservatorium, später Kirchenmusik in Moskau, Rom und Paris. Nach Belgrad zurückgekehrt, gehörte er 1923 zu den Gründern der Philharmonie, die er bis 1934 leitete. 1924–35 war er Direktor und Dirigent des Nationaltheaters, 1937–50 Professor für Komposition an der Staatlichen Musikakademie. 1950 wurde er Mitglied der serbischen Akademie der Wissenschaften und Kunst. Außerdem war er 1951–53 Präsident der jugoslawischen und 1952–54 des serbischen Komponistenverbandes. Von H.s Kompositionen wurde am bekanntesten das Ballett *Ohridska legenda (Die Ohrider Legende),* eine Folge von brillant instrumentierten Balkan-Volkstänzen, der als Libretto ein Volksmärchen zugrunde liegt.

WW: **1) Instr.-WW:** Klv.-Stücke; *Vranje Suite* (1948) für Orch.; *Symphonie Phantasie* (1908) für V. u. Orch.; *Rhapsodie* (1944) für Klv. u. Orch. – **2) Vokal-WW:** Lieder u. Chöre; Oratorium *Vaskrsenje* (1912) u. ein Requiem (1918). – **3) Bühnen-WW:** Oper *Suton,* UA: Belgrad 1925, 2. Fassung: ebd. 1954; Ballett *Ohridska legenda,* UA: ebd. 1947, Neufassung: ebd. 1958.

HUBAY, Jenö, *15.9.1858 Pest, †12.3.1937 Budapest.; ung. Violinist und Komponist. Er erhielt ersten Musikunterricht bei seinem Vater, dem Violinisten und Komponisten **Karl H.** (1828–85), und studierte 1873–76 bei J. Joachim in Berlin. Nach Konzertreisen in Ungarn 1876–77 trat er 1878 erfolgreich in einem Konzert von J. E. Pasdeloup in Paris auf, wo er noch Schüler von H. Vieuxtemps wurde. 1882 wurde er Professor für Violine am Brüsseler Conservatoire, 1886 an der Musikakademie in Budapest, die er 1919–34 auch leitete. Sein von ihm zusammen mit D. Popper gegründetes Streichquartett gehörte zu den besten Kammermusikvereinigungen seiner Zeit. H. schrieb u.a. 6 Opern, von denen *A Cremonai Hegedüs (Der Geigenmacher von Cremona)* einen nachhaltigeren Erfolg erzielte. Sein *Hejre Kati* für Violine und Orchester wurde ein beliebtes Unterhaltungsstück.

WW: Zahlr. V.-Stücke mit Klv. oder Orch., u.a.: *Csárda-jelenet; Sonate romantique; Concertstück* (Lo 1891); 4 V.-Konzerte; 4 Symphonien (1885, 1915, 1921, 1925); *Biedermeier Suite* (1913); Lieder u. Chöre; 6 Opern, darunter: *A Cremonai Hegedüs* (Der Geigenmacher v. Cremona), UA: Budapest 1894; *Anna Karenina,* UA: ebd. 1915; *Az Álarc* (Die Maske), UA: ebd. 1931; ferner 2 Ballette.

Lit.: B. POLLI, J. H. e la sua scuola, in: RMI 47 (1943).

HUBBARD, Freddi (Frederick Dewayne), * 7.4. 1938 Indianapolis (Indiana); amerik. Jazzmusiker (Trompete, Flügelhorn). H. spielte 1959–60 bei Sonny Rollins und entwickelte sich rasch zum herausragenden Trompeter der 60er Jahre, besonders des Hard Bop. Danach spielte er mit verschiedenen anderen namhaften Musikern, u.a. mit Ornette Coleman, John Coltrane und Max Roach und trat 1965 in einer Studio Big-Band von Friedrich Gulda auf. In den 70er Jahren ließ sich H., der die Stilmittel vom konventionellen Modern Jazz bis zum atonalen Free-Jazz beherrschte, auch mit Jazzrock und Discomusik hören.

HUBER, Hans, * 28.6.1852 Eppenberg (Kanton Solothurn), †25.12.1921 Locarno; Schweizer Komponist und Musikpädagoge. H. studierte 1870–74 am Leipziger Konservatorium bei C. Reinecke Klavier und bei E. Fr. Richter Musiktheorie und Komposition. 1877 ließ er sich in Basel nieder. Dort wurde er 1889 Lehrer an der seit 1905 mit dem Konservatorium verbundenen Allgemeinen Musikschule, die er 1896–1918 auch leitete. H. gehörte zu den bedeutendsten Persönlichkeiten des Schweizer Musiklebens seiner Zeit. Stilistisch von R. Schumann, Fr. Liszt, J. Brahms und R. Strauss ausgehend, weisen seine teilweise populär gewordenen Kompositionen vor allem Einflüsse der Schweizer Folklore auf.

WW: **1) Instr.-WW:** Für Klv.: 4 Trios; 2 Quartette (1891, 1902) u. 2 Quintette (1891, 1907): 8 Triofantasien (1880–85); Quintett (1914) u. Sextett (1900) für Klv. u. Bläser; 9 V.- u. 4 Vc.-Sonaten. – Für Orch.: 8 Symphonien: I: d-moll, *Tell* (1881), II: e-moll, *Böcklin* (1900), III: C-Dur, *heroische* (1902) (mit Sopransolo *Sanctus*), IV: A-Dur, *akademische* (1909, revidiert 1918), V: F-Dur, *romantische* (1906), VI: A-Dur (1911), VII: d-moll, *schweizerische* (1917) u. VIII: F-Dur (1920); 4 Klv.-Konzerte: I: c-moll (1878), II: G-Dur (1891), III: D-Dur (1899) u. IV: B-Dur (1911); ferner ein V.-Konzert g-moll (1878). – **2) Vokal-WW:** Oratorien: *Der Heilige Hain* (1910) u. *Weissagung u. Erfüllung* (1913); 4 Messen (1919–20). – **3) Bühnen-WW:** Opern: *Weltfrühling,* UA: Basel 1894; *Kudrun,* UA: ebd. 1896; *Der Simplicius,* UA: ebd. 1912; *Die schöne Belinda,* UA: Bern 1916; *Frutta di mare,* UA: Basel 1918).

Lit.: E. REFARDT, H. H. (L 1922); G. BUNDI, H. H. (Bas 1925); E. REFARDT, H. H. (Z 1944) (darin Aufsätze, Werk-Verz. u. Bibliogr.).

HUBER, Klaus, *30.11.1924 Bern; Schweizer Komponist. H. studierte 1947–49 am Konservatorium in Zürich Violine bei St. Geyer sowie Musiktheorie und (1955) Komposition bei W. Burkhard. 1955–56 war er Kompositionsschüler von B. Blacher in Berlin. Seit 1950 lehrte er Violine am Konservatorium in Zürich, war 1960–63 Dozent für Musikgeschichte am Konservatorium in Luzern und 1961–64 Dozent für Musiktheorie an der Musikakademie in Basel, wo er 1964–75 eine Kompositions- und eine Instrumentationsklasse leitete. Seit 1976 ist er Professor für Komposition und Leiter des Instituts für Neue Musik an der Musikhochschule in Freiburg im Breisgau. H. knüpft in seiner punktuellen Schreibweise an Webern an.

WW: 1) **Instr.-WW:** *In te Domine speravi* (1966) u. *Cantus cancricans* (1968) für Org.; zahlr. Kammermusik, u.a.: *Moteti-Cantiones* (1964) für Streichquartett; *Alveare vernat* (1967) für Fl. u. 12 Str.; *James Joyce Chamber Music* (1969) für Harfe, Horn u. Kammerorch. – Für Orch.: Inventionen u. Choral (1956); *Litania instrumentalis* (1957); *Tenebrae* (1968); Konzert *Tempora* (1970) für V. u. Orch.; Kb.-Konzert (1977). – 2) **Vokal-WW:** *Antiphonische Kantate* nach Ps. 136 (1956) für gem. Chor, Unisonochor u. Orch.; *Des Engels Anrede an die Seele* (1957) für Tenor, Fl., Klar., Horn u. Harfe; *Auf die ruhige Nachtzeit* (1958) für Sopran u. 3 Instr. (Fl., Va. u. Vc.); Oratorium *Soliloquia* (1964) für 2 Chöre, 5 Solisten u. großes Orch.; *Das Te Deum Laudamus deutsch* nach Th. Müntzer u. M. Weisse (1964) für Chor a cap. u. 3 Einzel-St.; *Askese* (1966) (Text: G. Grass) für Fl., Sprecher u. Tonband; *Psalm of Christ* (1967) für Bar. u. 8 Instr.; *Kleine deutsche Messe* (1969) für gem. Chor, Orch., 3 Streichinstr., Harfe, Schlagzeug u. Gemeindegesang. – 3) **Bühnen-WW:** Oper *Jot oder Wann kommt der Herr zurück?*, UA: Berlin 1973.

Lit.: F. MUGGLER – M. KNAUER, in: ÖMZ 24 (1969); K. KELLER, „Tempora", Konzert für V. u. Orch. v. K. H., in: Melos 40 (1973); R. OEHLSCHLÄGER, Auf Gegenwart reagierend. Eine kritische Würdigung K. H.s, in: Musica 28 (1974); U. GASSER, K. H.s „Senfkorn", in: SMZ 119 (1979).

HUBER, Kurt, *24.10.1893 Chur, †13.7.1943 Berlin; dt. Musikforscher, Philosoph und Psychologe. H. studierte Psychologie, Philosophie sowie Musikwissenschaft bei A. Sandberger und Th. Kroyer an der Universität München. Dort promovierte er 1917 mit einer Monographie über Ivo de Vento und habilitierte sich 1919 im Fach Psychologie. 1920 wurde er Privatdozent, 1926 Professor für Psychologie und erhielt später auch einen Lehrauftrag für Ton- und Musikpsychologie sowie psychologische Volksliedkunde. Im Auftrag der Deutschen Akademie legte er eine phonographische Sammlung altbayerischer Volkslieder an und war 1937/38 kommissarischer Leiter der Volksmusikabteilung im Staatlichen Institut für Musikforschung in Berlin. Seit 1938 lehrte er wieder in München. Als Widerstandskämpfer gegen den Nationalsozialismus und führendes Mitglied der „Weißen Rose" wurde er zusammen mit den Geschwistern Scholl hingerichtet.

Schriften: *Der Ausdruck musikal. Elementarmotive. Eine experimentalpsychologische Unters.* (L 1923); *Herders Begründung der Musikästhetik*, in: AfMf 1 (1936); *Die volkskundliche Methode in der Volksliedforsch.*, in: ebd. 3 (1938); *Ästhetik*, hrsg. v. O. Ursprung (Ettal 1954); *Musikästhetik*, hrsg. v. dems. (ebd. 1954); *Volkslied u. Volkstanz. Aufsätze zur Volksliedkunde des bajuwarischen Raumes*, hrsg. v. C. Huber – O. A. von Müller (ebd. 1960).

Lit.: K. H. zum Gedächtnis, hrsg. v. C. HUBER (Rb 1947); O. URSPRUNG, K. H., in: Mf 1 (1948); E. GRAVE, Die ästhetischen Kategorien in K. H.s Ästhetik (Diss. Mn 1957).

HUBER, Nicolaus A., *15.3.1939 Passau; dt. Komponist. H. studierte 1958–62 Schulmusik, dann unter Fr. X. Lehner und G. Bialas Komposition an der Musikhochschule in München. 1965/66 arbeitete er mit J. A. Riedl im Münchener Elektronischen Studio und studierte 1967/68 bei L. Nono in Venedig. 1969 wurde er Dozent, 1974 Professor für Komposition an der Folkwang-Musikhochschule in Essen. Als engagierter Sozialist sucht H. mit seinen Kompositionen politisches Bewußtsein zu erwecken und zu verändern.

WW: *Traummechanik* (1968) für einen Schlagzeuger u. Klv.; *Darabukka* (1976) für Klv.; *Dasselbe ist nicht dasselbe* (1977/78) für kleine Trommel; *presente* (1979/80) für Pos.; Streichquartett *Informationen über e-f* (1965/66); *Parusie. Annäherung u. Entfernung* (1967) für Orch. u. Tonband; *Epigenesis I* (1967/68), *II* (1967/68) u. *III* (1968); *Aion* (1969) für 4-kanaliges Tonband u. Gerüche; *von ... bis ...* (1968) für Va., Harmonium, Klv. u. Schlagzeug; *Versuch über Sprache* (1969); *Versuch zu „Versuch über Sprache"* (1970); *Harakiri* (1971) für kleines Orch. u. Tonband; *„Banlieue", 1. Sprechchor, 2. Augenmusik, 3. Schauplätze der Revolution* (1973/74); *Gespenster* (1976) für großes Orch., Sprecher/Sänger u. Tonband; *3 Politrevuen* (1976, 1977, 1978/79); *„Lernen von ..."* (1977) für großes Orch. – Von seinen Schriften sei genannt: *Die Kompositionstechnik Bachs in seinen Sonaten und Partiten für V. solo und ihre Anwendung in Weberns* op. 27/2, in: ZfMTh 1 (1970).

Lit.: U. DIBELIUS, Zum Komponieren v. N. A. H., in: Musica 26 (1972); F. DUDDA, N. A. H.s Darabucca, in: Feedback Papers 15 (1978).

HUBERMAN (Hubermann), **Bronislaw,** *19.12. 1882 Tschenstochau, †16.6.1947 Corsier sur Vevey (Wallis); poln. Violinist. H. war Schüler von Ö. Mihálovich in Tschenstochau und seit 1892 bei J. Joachim in Berlin. Seit 1893 unternahm er zahlreiche Konzertreisen u.a. nach Wien – wo er durch seine Mitwirkung bei dem Wiener Abschiedskonzert der Sängerin Adelina Patti 1895 schlagartig bekannt wurde –, Paris, Brüssel, Amsterdam, Palästina und in die USA. 1936 gründete er in Tel Aviv das Palestine Orchestra (seit 1948 Israel Philharmonic Orchestra), dessen erstes Konzert A. Toscanini dirigierte. 1938 ließ er sich in der Schweiz nieder, wo er mit Ausnahme der Jahre 1941–45, die er in den USA verbrachte, bis zu seinem Tod blieb.

Lit.: H. GOETZ, B. H. and the Unity of Europe (R 1967); An Orchestra is Born. The Founding of the Palestine Orchestra as Reflected in B. H.'s Letters, Speeches and Articles (Tel Aviv 1969).

HUCBALD (Hucbaldus, Hubaldus, Uchubaldus), OSB, *840(?), †20.6.930 St-Amand-Les-Eaux; flandrischer Musiktheoretiker. H. erhielt seine Ausbildung im Kloster St-Amand, wo sein Onkel Milo Abt und Leiter der Sängerschule war. 860 setzte er seine Studien in Nevers und später als Schüler von Heiric und Mitschüler von Remigius von Auxerre in St-Germain in Auxerre fort. Nach dem Einfall der Normannen 886 lebte er in den Klöstern St-Omer, St-Sifhin und St-Bertin, wo er die Schule leitete. Um 893 wurde er von Bischof Fulco zusammen mit Remigius mit der Neuorganisation der beiden Kathedralschulen in Reims beauftragt. Um 900 kehrte er nach St-Amand zurück und wurde dort als Abt Nachfolger seines verstorbenen Onkels Milo. – H. wurden früher mehrere Musiktraktate, darunter besonders die *Musica Enchiriadis*, zugeschrieben. Heute gilt lediglich seine Verfasserschaft für *De harmonica institutione* als gesichert. Dieser von Heiric von Auxerre beeinflußte und nach der *Musica Enchiriadis* wichtigste Musiktraktat zwischen 800 und 950 kritisiert vor allem Mängel der Neumenschrift und empfiehlt die Verwendung von Linien, Centonen und Buchstaben zur genaueren Fixierung der Tonhöhen. H. schrieb auch Hymnen und Tropen und verfaßte mehrere Hagiographien.

Ausg.: Sämtliche Schriften, in: MIGNE PL 132 (P 1853); *De harmonica institutione* u. die unechten musikal. Schriften (außer *De organo*), in: GERBERT Scr. I; *De organo*, in: COUSSEMAKER Scr. I; H. SOWA, Textvariationen zur Musica enchiriadis, in: ZfMw 17 (1935). – Hymne *O quam glorifica luce coruscas*, in: Hymnen, I: Die ma. Hymnenmelodien des Abendlandes, hrsg. v. B. STÄBLEIN (Kas 1956) (= Monumenta monodica medii aevi 1).

Lit.: J. HANDSCHIN, Etwas Greifbares über H., in: AMl 7 (1935); R. WEARLAND, H. as Musician and Theorist, in: MQ 42 (1956); H. POTIRON, La notation grecque dans l'institution harmonique d'H., in: Études grégoriennes 2 (1957); R. WEARLAND, The Compositions of H., in: ebd. 3 (1959); J. SMITS VAN WAESBERGHE, Neue Kompositionen des J. von Metz, H.s v. St-Amand u. S.s von Gembloux?, in: FS H. Husmann (Mn 1970); Y. CHARTIER, La „Musica" d'H. de Saint-Amand. Introduction, établissement du texte, traduction et commentaire (Diss. P 1973).

HUCKE, Helmut, * 12. 3. 1927 Kassel; dt. Musikforscher. H. studierte 1947/48 an der Hochschule für Musik und 1948–52 an der Universität Freiburg i. Br., wo er 1952 promovierte. 1953–56 war er Stipendiat der Görres-Gesellschaft in Italien, 1957–62 Schriftleiter und danach Mitherausgeber der Zeitschrift *Musik und Altar*, außerdem 1964 Konsultor des Consilium ad Exsequendam Constitutionem de Sacra Liturgia. 1967 habilitierte er sich an der Universität Frankfurt am Main und wurde dort 1971 Professor. Seit 1984 lehrt er hauptamtlich an der Musikhochschule Frankfurt und als Honorarprof. an der Universität. 1969/70 und 1977/78 war er Gastprof. in USA (Brandeis University Waltham und University Stony Brook).

Schriften: *Unters. zum Begriff „Antiphon" u. zur Melodik der Offiziumsantiphonen* (Fr 1952); *Gregor. Gesang in altrömischer u. fränkischer Überlieferung*, in: AfMw 12 (1955); *Das Problem des Manierismus in der Musik* u. *Die Cheironomie u. die Entstehung der Neumenschrift*, in: Mf 32 (1979); *Über Herkunft u. Abgrenzung des Begriffs „Kirchenmusik"*, in: Renaissance Stud. FS H. Osthoff (Tutzing 1979) (= Frankfurter Beitr. z. Musikwiss. 11); *A. Scarlatti u. die Musikkomödie*, in: Colloquium A. Scarlatti Würzburg 1975 (Tutzing 1979) (= Würzburger Musikhist. Beitr. 7); *Das kirchenmusikal. Erbe in der liturg. Erneuerung*, in: MS 100 (1980); *Toward a New Historical View of Gregorian Chant*, in: JAMS 33 (1980).

HUDEČEK, Václav, * 7. 6. 1952 Rožmitál pod Třemšínem; tschech. Violinist. Er studierte seit 1968 an der Musikakademie in Prag bei Václav Snítíl und debütierte 1967 in London mit dem Royal Philharmonic Orchestra in Paganinis D-dur-Konzert. 1972–74 war er Schüler von David Oistrach in Moskau. H. ist häufig mit selten gespielten Werken des 19. und 20. Jh. zu hören und konzertiert neben seiner Hochschultätigkeit im In- und Ausland.

HUE, Georges Adolphe, * 6. 5. 1858 Versailles, † 7. 6. 1948 Paris; frz. Komponist. H. war Schüler von É. Paladilhe und am Pariser Conservatoire u. a. von N. H. Reber. 1879 erhielt er für seine Kantate *Medée* den Prix de Rome. Nach zweijährigem Romaufenthalt unternahm er zahlreiche Reisen in die ganze Welt, deren Eindrücke sich in vielen Kompositionen niederschlugen. H., der ein begeisterter Anhänger R. Wagners war, schrieb vor allem Lieder und Bühnenwerke, die mit großem Erfolg in Paris aufgeführt wurden.

WW: **1) Instr.- u. Vokal-WW:** Symphonische Werke u. Stücke für V., Fl. u. Orch.; ferner Lieder u. Chöre; Kantate *Médée* (1879) u. die symphonische Legende *Rübezahl* (1886) für Soli, Chor u. Orch. sowie eine Episode sacré *Résurrection* (1892) für Sopran solo u. Chor. – **2) Bühnen-WW** (in Paris uraufgeführt u. gedruckt): Opern: *Le Roi de Paris*, UA: 1903; *Titania*, UA: 1903; *Le Miracle*, UA: 1910; *Dans l'ombre de la cathédrale*, UA 1921. – Opéras-comiques: *Les Pantins*, UA: 1881; *Riquet à la houppe*, UA: 1928. – Ballette und Pantomimen: *Cœur brisé*, UA: 1890; *Siang-Sin*, UA: 1924; *Nimba* (um 1920) (hsl. erhalten); ferner Bühnenmusik.

Lit.: G. SAMAZEUILH, Musiciens de mon temps (P 1947).

HUFNAGELSCHRIFT ↗Notenschrift.

HUFSCHMIDT, Wolfgang, * 15. 3. 1934 Mülheim, dt. Komponist. H. studierte 1953–58 Kirchenmusik an der Folkwangschule in Essen, wo er seit 1960 neben seiner Tätigkeit als Kirchenmusiker auch Theorielehrer war. 1969 wurde er Professor für Komposition.

WW: Verwandlungen für Streichquartett (1966–69); Ricercar für Altfl. (1966); *Kontrafaktur I* (1972) für Orch.; *Sonate über Musik* (1975) (Lehr- u. Lernstück für Kinder). – *Gebete für den toten Bräutigam* (1962) (Text: N. Sachs), für Alt u. Instr.; *Texte über Frieden* (1969) für Männerchor, 2 Klv. u. Schlagzeug; *Stephanus*. Eine Dokumentation in Bildern, Musik u. Sprache (1971/72); *Kontrafaktur II* (1973/74) für 5 Chorgruppen; *Agende* (1973) für 2 Diaprojektoren, Tonband, Radioempfänger, 4 Chorgruppen, Org. u. 3 Liturgen; *Exercitien III – Das Prinzip Hoffnung* (1974) (nach E. Bloch) für 6 Ausführende; *Trio 3* (1975) für Sprecherinnen u. Instr.; *Musik zu Heines „Deutschland, ein Wintermärchen"* (1977) für Sprecher/Sänger u. Gitarre; *Weihnachtstriptychon* (1977/80) (zus. mit W. Pilz) für 3 Filme, Sprecher, Tonband, SingSt u. Instr.; *Und mein Gesang wird singen ein anderer Mund* (1978/80) für 48 St. a cap.; 3 jiddische Lieder (1978) für Sänger, Fl. u. Schlagzeug; *Die Städte sind für dich gebaut* (1980) (nach B. Brecht) für eine Schauspielerin mit optischen u. akustischen Requisiten.

HUG & CO., Schweizer Musikverlag, Musikalien-

und Instrumentenhandlung. Die Firma wurde 1791 von **H. G. Nägeli** in Zürich gegründet und 1807 von Jakob **Christoph H.** und **Caspar H.** übernommen, die seit 1817 mit „Gebrüder Hug" firmierten und neben dem Verlag auch eine Instrumentenhandlung betrieben. Seit Mitte des 19. Jh. wurde das Unternehmen durch in- und ausländische Niederlassungen, u.a. in Basel, St. Gallen, Luzern, Leipzig, Winterthur, Neuchâtel und Solothurn, erweitert. Schwerpunkte des Verlags bilden Werke Schweizer Komponisten, Schul- und Unterrichtswerke und besonders Chorwerke. Bei H. erscheinen auch mehrere Musikzeitschriften, darunter (seit 1876) die *Schweizerische Musikzeitung.* 1923 schenkte die Firma ihre Sammlung von 220 alten Musikinstrumenten dem Zürcher Kunstgewerbemuseum. Sie wird heute von **Erika H.** geleitet und firmiert mit „Musikverlag Hug & Co.". Niederlassungen befinden sich in Basel und Zürich.

Lit.: S. F. MÜLLER, Ein Haus der Musik. Aus 150 Jahren H. & Co. (Z 1957); DERS., J. Ch. H., in: RMS 97 (1957); H.-M. PLESSKE, Bibliogr. des Schrifttums zur Gesch. dt. u. östr. Musikverlage, in: Beitr. z. Gesch. des Buchwesens 3, hrsg. v. K.-H. Kalhöfer – H. Rötzsch (L 1968).

HUGENOTTEN, DIE *(Les Huguenots),* Oper in 5 Akten von Giacomo Meyerbeer (1791–1864), Text von Eugène Scribe (1791–1861) und Émile Deschamps (1791–1871), mit Abänderungen von Gaetano Rossi (1780–1855). Ort und Zeit der Handlung: Paris und Umgebung, 23./24. 8. 1572 (Bartholomäusnacht). UA: 29. 2. 1836 in Paris (Académie royale de Musique).

Der namentlich in katholischen Ländern als bedenklich empfundene politisch-religiöse Stoff führte zu mehreren Umtextierungen und Umbenennungen: *Die Schweden vor Prag* (Prag Juni 1836); *Die Anglikaner und die Puritaner* (München 22. 5. 1838); *Die Ghibellinen vor Pisa* (Kassel 20. 8. 1839); *Die Welfen und Ghibellinen* (Wien 19. 12. 1839); *Die Dekabristen* (Moskau 1925). In Berlin war die Oper wegen Einspruchs der Zensurbehörde bis 1842 verboten.

Der Massenmord an den Hugenotten in der Bartholomäusnacht ist historischer Hintergrund und zugleich Movens für eine Liebeshandlung zwischen Valentine, Tochter des Anführers der Katholiken, und Raoul, einem der Führer der Hugenotten. Dieser wird, unbeobachtet, Zeuge der fanatischen Mordverschwörung (Schwerterweihe) – nur einen Moment vermag ihn Valentine durch das Geständnis ihrer Liebe davor zurückzuhalten, seine Freunde zu warnen.

Meyerbeer hat mit den *Hugenotten* den Prototyp der Grand Opéra und eines der erfolgreichsten Werke der Operngeschichte geschaffen. Von 1836 bis 1900 erreichte die Oper allein in Paris über 1000 Aufführungen. Thematisch charakteristische, aber zugleich auch hochvirtuose Arien, die oft zu dramatischen Szenen geweitet werden, rhythmisch prägnante Chöre, frei entwickelte Accompagnati und wirkungsvolle, gut disponierte Balletteinlagen beweisen die Modernität damaligen Opernschaffens. Alle Elemente können zum Tableau, der Großszene, zusammengebunden werden. Die Rolle des Marcel hob Meyerbeer durch eine Art Leitmelodie, die Verwendung des Kirchenliedes *Ein feste Burg,* heraus; Marcels Rezitative werden konsequent durch die Leitfarbe von Kontrabaß und arpeggiertem Violoncello koloriert. Anstelle von Arienreihung kultiviert Meyerbeer die frei konstruierte Dialogszene, z. B. im Final-Duett zwischen Valentine und Raoul im 4. Akt, in dem der Simultangesang zugunsten freier deklamatorischer Abschnitte zurücktritt. Die Instrumentation der Partitur, in der zum ersten Male die Baß-Klarinette vorgeschrieben ist (5. Akt), erregte Bewunderung.

Die *Hugenotten* lösten eine breite ästhetische Diskussion aus (Berlioz, Wagner, Heine, Schumann, George Sand, Liszt, Hanslick u. a.); die Melodien wurden als Grundlage zahlreicher Klavier-Bearbeitungen verwendet.

H. BECKER

HUGENOTTENPSALTER (frz.: psautier Huguenot), Bz. für eine Sammlung von Psalmen in französischer Sprache, die, mit Melodien versehen und durch die 10 Gebote sowie das Canticum Simeonis ergänzt, das offizielle Gesangbuch der reformierten Kirchen wurden. Die Versifizierung der Psalmen erfolgte von 1539–62 vornehmlich in Genf, der Hauptwirkungsstätte Calvins (daher heute auch vielfach die Bz. *Genfer Psalter*).

Calvin hatte sich spätestens seit 1536 mit dem Gemeindegesang beschäftigt und 1539 als Pfarrer der französischen Flüchtlingsgemeinde in Straßburg als erstes französisches Gemeindegesangbuch die *Aulcuns pseaumes et cantiques mys en chant* herausgegeben. Es enthält 22 Lieder, darunter 13 Psalmbereimungen von Cl. Marot und 6 von Calvin selbst; ebenso sind die 10 Gebote, das Canticum Simeonis und ein versifiziertes Credo seine Schöpfungen. Die Melodien stammen z. T. aus dem Straßburger, seit 1524/25 eingeführten evangelischen Gemeindegesang, z. T. wurden sie der ungewöhnlichen Strophenformen in Marots Texten wegen neu geschaffen. Dies geschah höchstwahrscheinlich durch die Straßburger W. Dachstein und M. Greiter. Das Gesangbuch von 1539 bildete den Ausgangspunkt für die Genfer Ausgaben, deren Geschichte mit *La Forme des Prières et Chantz Ecclésiastiques* (1542) beginnt. Ihr Schöpfer ist Calvin (grundlegend für sein Musikverständnis ist darin die *Epistre au lecteur*), der 1541 nach Genf zurückgekehrt war. Der Druck enthält 36 Psalmlieder, darunter 30 von Marot, während Calvin seine Lieder nach und nach zurückzog, ferner 4 weitere Gesänge. Bereits 1543 erschien eine weitere Ausgabe mit nunmehr 49 Psalmen von Marot und der erweiterten *Epistre au lecteur.* Nachdem Marot 1544 gestorben war, stagnierte zunächst die Weiterführung des H., bis von 1550 an Th. de Bèze auf Drängen Calvins die Versifizierung der übrigen Psalmen in Angriff nahm. 1551 erschienen in Genf die *Pseaumes octantetrois* mit den bisherigen 49 von Marot und 34 neuen von de Bèze sowie dem 10-Gebote-Lied, dem Canticum Simeonis und dem Glaubenslied (alle drei von Marot) und 2 Tischliedern. De Bèze fügte 1554 6 und 1556 7 neue Bereimungen hinzu und vollendete von 1559 (nach seiner Berufung zum Rektor der Genfer Akademie) bis 1562 den vollständigen Liedpsalter. Nicht so deutlich wie die Herkunft der Texte ist die der Melodien. Von den zunächst aus Straßburg übernommenen wurde allein die zu Psalm 36 (die heute in Verbindung mit S. Heydens *O Mensch, bewein dein Sünde groß* allgemein bekannte) beibehalten; die 1542/43 hinzugekommenen stammen wahrscheinlich von G. Franc, dem damaligen Kantor an der Genfer Peterskirche. Greifbar ist der Anteil von L. Bourgeois (Genfer Kantor von 1545–1552) an der weiteren Melodiebeschaffung. Er hat nicht nur die Weisen zu den 34 neuen Psalmen der Ausgabe von 1551 beigesteuert, sondern zugleich den gesamten, damals vorliegenden Psalter einheitlich musikalisch redigiert (wichtig darin sein *Advertissement touchant les Chants des Pseaumes*). Melodiebeschaffung heißt nicht zwangsläufig die Bereitstellung originaler Neuschöpfungen, obwohl diese wahrscheinlich die Mehrzahl im H. ausmachen; es schloß auch die Möglichkeit der Umbildung vorhandenen Melodiengutes ein. Das hat Bourgeois in einigen Fällen ähnlich wie die lutherische Reformation mit mittelalterlichen liturgischen Weisen getan; dadurch ist es freilich zu vorübergehenden Spannungen mit dem Genfer Rat gekommen. Die Anknüpfung an weltliche Weisen ist offenbar nur ganz vereinzelt erfolgt. Von besonderer Eigentümlichkeit ist die völlig einheitliche rhythmische Redaktion der Genfer Weisen, die – mit nur zwei Ausnahmen aus den Jahren 1542–43 – durchweg streng syllabisch in der Notierung von ausschließlich Semibreven und Minimen und unter Verzicht auf punktierte Noten und Ligaturen abgefaßt sind; jede Melodiezeile beginnt und endet mit einer Semibrevis, nach jeder Zeile folgt eine entsprechende Pause. Nur am Abschluß der Melodie steht eine Longa. Nicht zuletzt dieser höchst einprägsamen rhythmischen Einheitlichkeit verdankt der H., vor allem auch außerhalb des französischen Sprachgebiets, seine große und schnelle Verbreitung. Zu den nach 1551 hinzugekommenen Psalmliedern wurde nicht mehr die gleiche Anzahl von Weisen beschafft; verschiedentlich wurden bereits vorhandene wiederverwendet. Die Herkunft der Melodien aus der Zeit nach 1551 ist nicht mit Sicherheit ermittelt. Es gilt als unwahrscheinlich, daß deren Schöpfer der damalige Genfer Kantor P. Dagues gewesen ist, da er nirgends sonst als Komponist ausgewiesen ist. Insgesamt enthält der abgeschlossene H. 125 Melodien zu den 152 Texten. Mit der offiziellen Geltung des Psalters war zugleich eine in den Ausgaben stets mitgedruckte *Table pour trouver les Pseaumes selon l'ordre, qu'on les chante en l'Église à Genève* verbunden, die eine strenge Ordnung der gottesdienstlichen Verwendung sämtlicher Psalmen vorsah. – Ein weiterer Liedpsalter entstand um die gleiche Zeit in Lausanne. Dort erschienen 1552 ([2]1557) 34 Psalmen von de Bèze mit Melodien von Fr. Gindele, und 1565 vollendete Franc in Lausanne den mit zahlreichen eigenen Weisen vervollständigten Psalter, der sich jedoch gegenüber dem H. auf die Dauer nicht durchsetzen konnte. Der H. erfuhr seit 1562 eine in der Gesangbuchgeschichte einmalige Verbreitung. Allein in Genf wurden über 30000 Exemplare hergestellt, und die Zahl der an 18 verschiedenen Orten erschienenen Drucke belief sich bis um 1600 auf über 60. Gleichzeitig wurde der H. unter Beibehaltung der originalen Strophenformen in zahlreiche andere Sprachen übersetzt (1872 bereits 19), u.a. ins Holländische durch P. Dathenus, ferner ins Englische und Italienische sowie ins Deutsche durch den lutherischen Königsberger Rechtsgelehrten A. Lobwasser (1565, frühester nachgewiesener Druck 1573), wobei die Melodien das Bindeglied zu dem Original darstellen. Der Lobwasser-Psalter wurde in sämtlichen reformierten Kirchen des deutschen Sprachgebietes einschließlich der Nordschweiz offizielles Gesangbuch und diente obendrein als Grundlage für eine Übersetzung ins Ungarische. Allerdings bildete er stets nur den ersten Teil, dem jeweils ein zweiter mit sonstigen, auch lutherischen Liedern folgte. Der H. blieb überall rund 200 Jahre uneingeschränkt in Gebrauch. Erst im Zeitalter der Aufklärung setzten, bei oft gleichzeitigem Verzicht auf seine Vollständigkeit, Textrevisionen ein; auch neue Übersetzungen wurden eingeführt. Hingegen blieben die Melodien nach vorübergehender Isometrierung bis zur Gegenwart im Gebrauch. Der vollständige H. mit den Genfer Weisen ist heute noch im holländischen *Liedboek voor de Kerken* (1973) enthalten.

Trotz des Verbotes von Figuralmusik im reformierten Gottesdienst entstanden von Anbeginn an zahlreiche mehrstimmige Bearbeitungen des H. für die häusliche Erbauung. Die wichtigsten sind die von L. Bourgeois (die früheste Sammlung im Kantionalsatz-Stil: 50 Psalmen, 4st.-homophon mit Tenor-Cantus firmus, 1547), Cl. Goudimel (3–6st. Liedmotetten, 1551–66; 4st.-homophon, 1564/65; figurierte Sätze, 1568), Ph. Jambe de Fer (4–5st., meist homophon, 1564), P. de l'Estocart (4- bis 5st.-polyphon, 1583), Cl. le Jeune (4st.-homophon, 1601) und J. P. Sweelinck (4–8st. Liedmotetten, 1604–21). Auch Bearbeitungen für Laute und für Orgel, insbesondere die von H. Speuy (1610), S. Mareschall (1640), A. van Noordt (1649) und Fr. Hurlebusch (1740) sind überliefert. Von allen Ausgaben erlangten die homophonen von Cl. Goudimel und Cl. le Jeune mit Abstand die weiteste Verbreitung. Ihr intensiver Gebrauch führte seit dem späten 17. Jh. vor allem in der Schweiz zum mehrstimmigen Gemeindegesang. In Deutschland erschien bereits der Erstdruck des Lobwasser-Psalters mit den Goudimel-Sätzen von 1564/65, dem zahlreiche weitere Ausgaben folgten. M. Praetorius bearbeitete in verschiedenen Teilen der *Musae Sioniae* (1605–10) 21 Genfer Weisen mit dem Lobwasser-Text (zumeist mehrchörig). Landgraf Moritz von Hessen ergänzte in der Kasseler Ausgabe des Lobwasser-Psalters von 1607 bei den Psalmen ohne eigene Weisen den Melodienbestand durch Neuschöpfungen, die sich jedoch nicht durchsetzten. 1657/58 gab J. Crüger in der *Psalmodia sacra* für den reformierten kurfürstlichen Hof in Berlin den Lobwasser-Psalter mit eigenen 4st. Sätzen (mit 2 Instrumentalstimmen und B.c.) zu den Genfer Weisen heraus. Eine Anzahl von Melodien des H. fand sogar Eingang in den lutherischen Kirchengesang und beeinflußte dessen Melodiengut.

Ausg.: Aulcuns pseaulmes ... 1539, hrsg. v. M. D. DELÉTRA (G 1919); Les Psaumes ... mis en musique ... par C. Goudimel 1565, hrsg. v. K. AMELN – P. PIDOUX (Kas 1935); Das Psalmenbuch, hrsg. v. H. HOLLIGER (Kas 1953); 150 Pseaumes ... par P. de L'Estocart 1583, hrsg. v. P. PIDOUX – H. HOLLIGER (Kas 1954); La forme des prières ... 1542, hrsg. v. P. PIDOUX (Kas und Bas 1959); L. Bourgeois, 24 Psaumes 1547, hrsg. v. P. A. GAILLARD (Bas 1960); Chorals de la réforme, hrsg. v. M. HONEGGER (P 1965); G. MIGOT, 53 Psaumes huguenots (P 1966); G. GOUDIMEL, Œuvres complètes (NY 1967ff.); Pseaumes octantetrois ... 1551 (New Brunswick 1973).

Lit.: W. S. PRATT, The Music of the French Psalter of 1562 (NY 1939, Nachdr. 1966); P. A. GAILLARD, L. Bourgeoys ... (Lau 1948); U. TEUBER, Notes sur la rédaction musicale du psautier genevois 1542–1562, in: Ann. Mus. 4 (1956); P. PIDOUX, Le Psautier Huguenot, 2 Bde. (Bas 1962); W. BLANKENBURG, Zur Verbreitung des Genfer Liedpsalters in Mitteleuropa in den ersten Jahrzehnten nach seiner Fertigstellung, in: JbLH 9 (1964); DERS., Die Kirchenmusik in den reformierten Gebieten des europäischen Kontinents, in: F. Blume, Gesch. der ev. Kirchenmusik (Kas ²1965); S. J. LENSELINK, Les Psaumes de C. Marot ... (Kas – Bas 1969); P. PIDOUX, L. Bourgeois' Anteil am H., in: JbLH 15 (1970); D. GUTKNECHT, Unters. zur Melodik des H.s (Rb 1972) (= Kölner Beitr. z. Musikforsch. 67); G. ÄSCHBACHER, Bemerkungen zur rhythmischen Gestalt des H.s, in: FS A. Geering (Be 1972). W. BLANKENBURG

HUGHES, Anselm, OSB, * 15.4.1889 London, † 8. 10. 1974 Burnham (Buckinghamshire); engl. Musikforscher. H. studierte 1908–11 am Keble College in Oxford, wo er 1911 Bachelor of Arts und 1915 Master of Arts wurde, und 1911–12 am Theological College in Ely. Anschließend war er bis 1922 Chordirigent an mehreren Londoner Kirchen, seit 1922 Musikdirektor an der Abtei von Pershore (Worcester) und seit 1926 an der Abtei von Nashdom (Buckinghamshire), deren Prior er 1936–45 war. 1926–35 war er Sekretär, seit 1949 Vizepräsident der Plainsong & Mediaeval Music Society und seit 1947 Vorstandsmitglied der Gregorian Association, außerdem Präsident der Faith Press Ltd. in London. H. setzte sich bes. für die Erforschung und Wiederbelebung älterer englischer Musik ein.

WW: **1) Schriften:** *Early English Harmony II* (Lo 1913); *Latin Hymnody* (Lo 1922); *Worcester Mediaeval Harmony of the 13th and 14th Century* (Burnham 1928, Nachdr. Hil – NY 1971); *Anglo-French Sequelae* (Burnham 1934, Nachdr. Lo 1966); *Mediaeval Polyphony in the Bodleian Library* (O 1951); *Septuagesima. Reminiscences of the Plainsong & Mediaeval Music Society...* (Lo 1959); *The Topography of English Mediaeval Polyphony*, in: Gedenkschrift J. Handschin (Str 1962); *Ninety Years of English Musicology*, in: FS Ch. van den Borren (An 1964); *Continuity, Tradition and Change in English Music up to 1600*, in: ML 46 (1965); *New Italian and English Sources of the 14th to 16th Century*, in: AML 39 (1967). – Ferner war H. Hrsg. v. The New Oxford History of Music II: *Early Mediaeval Music up to 1300* (Lo 1954, revidiert 1955) u. III: *Ars nova and the Renaissance* (Lo 1960) (zus. mit G. Abraham). – **2) Editionen:** *English Gothic Music* (Lo 1941 ff.) (zus. mit P. Grainger); *The Fayrfax Series* (Lo 1949 ff.); *Plainsong for English Choirs* (Lo 1967).

HUGHES, irische Musikerfamilie. – **1) Herbert,** * 16.3.1882 Belfast, † 1.5.1937 Brighton; Musikforscher, Musikkritiker und Komponist. Er war seit 1901 Schüler am Royal College of Music in London. 1904 gehörte er zu den Gründern der Irish Folk Song Society, von deren *Journal* er zusammen mit Charlotte M. Fox die ersten beiden Bände herausgab. 1911–32 war er Musikkritiker beim *Daily Telegraph*. H. gab außerdem 4 Bde. *Irish Country Songs* (1909–36) und *Historical Songs and Ballads of Ireland* (1923) heraus. Seine Kompositionen umfassen hauptsächlich Lieder. – **2) Spike** (eig. Patrick Cairns), Sohn von 1), * 19. 10. 1908 London; Komponist und Musikschriftsteller. Er war 1923–25 Schüler von E. Wellesz in Wien. 1930–33 leitete er ein eigenes Tanzorchester, wurde 1933 Musikkritiker beim *Daily Herald* und arbeitete seit

Miniatur aus der HEIDELBERGER LIEDERHANDSCHRIFT: Der Minnesänger Heinrich von Meißen, gen. Frauenlob, und Spielleute mit ihren Instrumenten.

Lilly Stunzi

Lilly Stunzi

HARFE von J. H. Nadermann aus dem 18. Jahrhundert; Musée Instrumental du Conservatoire National de Musique, Paris (links).
HAMMERFLÜGEL von Erard & Co. aus London, um 1840; Metropolitan Museum of Art, New York (oben).

Museumsfoto

Joseph HAYDN: Gemälde von Seehas aus dem Staatlichen Museum Schwerin.

1937 vorwiegend für die BBC. Seine *Cinderella* gilt als die erste Fernsehoper.

WW: **1) Kompositionen:** Kammermusik; Ballett *High „Yellow"*, UA: London 1932; Fernsehoper *Cinderella*, UA: BBC 1938, UA der Funkfassung: BBC 1942; Operette *Bianca* (1937); Oper *St. Patrick's Day* (1947); ferner Film- u. Bühnenmusik. – **2) Schriften:** Autobiographische Schriften *Opening Bars* (Lo 1946) u. *Second Movement* (Lo 1951); ferner *Nights at the Opera* (Lo 1948) (zus. mit B. MacFadyean); *Famous Mozart Operas* (1956); *Glyndebourne. A History of the Festival Opera* (1965); *Famous Verdi Operas* (Lo – Philadelphia 1968).

HUGLO, Michel, * 14.12.1921 Lille; frz. Musikforscher. H. trat in die Benediktiner-Abtei St-Pierre in Solesmes ein, studierte 1943–48 Philosophie und Theologie und empfing 1947 die Priesterweihe. Von 1948 bis zu seinem Austritt aus dem Kloster 1960 war er Mitarbeiter der *Paléographie musicale*. Nach dem Studium bei J. Chailley an der Sorbonne in Paris promovierte er dort 1969. Seit 1962 gehört H. dem CNRS an. 1976 wurde er Vizepräsident der Société française de musicologie.

Schriften: *Notice descriptive sur le manuscrit VI. 34 de Bénévent*, in: Paléographie musicale 15 (1953); *Les noms des neumes et leur origine*, in: Études grégoriennes 1 (1954); *La chironomie médiévale*, in: RMie 49 (1963); *Les tonaires. Inventaire, analyse, comparaison* (P 1971); *Tradition orale et tradition écrite dans la transmission des mélodies grégoriennes*, in: Stud. z. Tradition in der Musik. FS K. von Fischer (Mn 1973); *La musicologie au XVIIIe siècle. G. Martini et M. Gerbert*, in: RMie 69 (1973); *Introduction en Occident des formules byzantines d'intonation*, in: Studies in Eastern Chant 3 (1973); *L'auteur du traité de musique dédié à Fulgence d'Affligem*, in: RBMie 31 (1977); *Aux origines du trope d'interpolation. Le trope méloforme d'introït*, in: RMie 84 (1978); *Les débuts de la polyphonie à Paris. Les premiers „organa" parisiens*, in: Forum musicologicum 2 (Kö 1980).

HUGO, Victor Marie, * 26.2.1802 Besançon, † 22.5.1885 Paris; frz. Dichter. H. war Sohn eines napoleonischen Generals, wuchs in Neapel und Madrid auf und kam dann nach Paris. 1822 veröffentlichte er seine erste Gedichtsammlung. 1841 wurde er Mitglied der Académie Française und 1845 Pair de France. Nach Ausbruch der Revolution 1848 wurde er Deputierter der Pariser Kammer und Führer der demokratischen Linken. Während der Herrschaft Louis Napoléon Bonapartes lebte er in Brüssel und später auf den Inseln Jersey und Guernsey im Exil. 1870 kehrte er nach Frankreich zurück. H. gehörte zu den führenden Vertretern einer französischen Romantik, wie sie H. selbst als eine Art von Liberalismus auffaßte. Zur Musik hatte er allerdings keine engere Beziehung und soll sich sogar ausdrücklich gegen eine Vertonung seiner Gedichte gewandt haben, die jedoch wegen ihrer eigenen rhythmischen und klanglichen Musikalität eine große Faszination auf die bedeutendsten französischen Komponisten seiner Zeit ausübten. Lieder und Chorwerke auf Texte von H. schrieben u. a. H. Berlioz, G. Fauré, C. Franck, V. d'Indy, É. Lalo, Ch. Gounod, C. Saint-Saëns und R. Wagner. Darüber hinaus wurden mehrere seiner Theaterstücke als Opernvorlagen verwendet, so *Le roi s'amuse* und *Hernani* für G. Verdis *Rigoletto* und *Hernani, Lucrèce Borgia* für G. Donizettis gleichnamige Oper und *Angelo tyran de Padoue* für S. Mercadantes *Il giuramento* und A. Ponchiellis *La Gioconda*.

Ausg.: Œuvres complètes de V. H., 48 Bde. (P 1880–89); Œuvres inédites, 9 Bde. (P 1886–93) u. Œuvres posthumes, 12 Bde. (P 1897–1903).

Lit.: R. BRANCOUR, Le sentiment de la musique chez V. H., in: RMI 22 (1915); TH. MARIX-SPIRE, Les Romantiques et la musique. Le cas G. Sand (P 1954); L. GSCHÖPF, Die Dramen V. H.s in der Operndichtung (Diss. W 1952); H. PULS, Die Musikauffassung der französischen Romantik, dargestellt an Lamartine und V. H. (Diss. Saarbrücken 1955); L. K. GERHARTZ, Die Auseinandersetzung des jungen Verdi mit dem literarischen Drama (B 1968) (= Berliner Stud. z. Musikwiss. 15); L. GUICHARD, V. H. et „Le roi s'amuse", in: Verdi. Bolletino dell'Istituto di Studi Verdiani 3/7 (Parma 1969).

HUGO VON REUTLINGEN (Hugo Spechtshart), * 1285 Reutlingen, † 1359 oder 1360; dt. Musiktheoretiker. Er war Leutpriester an der Marienkirche zu Reutlingen. Von seinen Schriften sind für die Musikgeschichte wichtig der Musiktraktat *Flores musicae omnis cantus Gregoriani* (1332, erweiterte Fassung 1342, gedruckt Str 1488) und eine Vers-Chronik (*Chronikon*, 1349), die auch die einzige Quelle für die erhaltenen Melodien der ↗Geißlerlieder ist. Der Straßburger Druck der *Flores* enthält frühe Beispiele des Notendrucks.

Ausg.: Die Lieder u. Melodien der Geißler ..., hrsg. v. P. RUNGE (L 1900, Nachdr. Hil 1969); *Flores musicae*, hrsg. v. K.-W. GÜMPEL (1958) (= Akad. der Wiss. u. Lit. Mainz, Abh. der geistes- u. sozialwiss. Klasse 3).

Lit.: A. HÜBNER, Die Geißlerlieder (B–L 1931).

HUÍZAR GARCÍA DE LA CADENA, Candelario, * 2.2.1883 Jerez (Mexiko), † 3.5.1970 Mexico City; mexikanischer Komponist. H. war zunächst Militärmusiker. 1918 studierte er Komposition bei G. Campa am Konservatorium in Mexico City, wo er später Komposition und musikalische Analyse lehrte. Nach einem Schlaganfall 1944 zog er sich von seinen Ämtern zurück. H. schrieb hauptsächlich Orchesterwerke. Charakteristisch ist die Verwendung von Instrumenten, Themen und Rhythmen der indianischen Musik. Am bekanntesten wurde H.s *Pueblerinas*.

WW: Kammermusik, u. a. ein Streichquartett (1938); *Preludio e Fuga* (1943) für Orch.; 4 Symphonien (1930, 1936, 1938, 1942); symphonische Dichtungen: *Imágenes* (1929), *Pueblerinas* (1931) u. *Surco* (1935); ferner *Prière pour ma mère* für SingSt u. Orch.

HÜLLMANDEL, Nicolas Joseph, * 23.5.1756 Straßburg, † 19.12.1823 London; elsässischer Pianist und Komponist. H. war ein Neffe des berühmten Hornisten und Komponisten J. J. Rodolphe. Seine erste Ausbildung erhielt er als Chorknabe am Straßburger Münster. Später war er Schüler C. Ph. E. Bachs in Hamburg. 1776 ließ er sich in Paris nieder, wo er als Klavierspieler und Klavierlehrer und auch als Glasharmonika-Spieler bald großes Ansehen erlangte. Bei Ausbruch der Französischen Revolution ging er nach London. H. schrieb vorwiegend Werke für Klavier, für dessen Bevorzugung gegenüber dem Cembalo er auch in einem Artikel über das Clavecin in Diderots und d'Alemberts *Encyclopédie méthodique* (P 1797) eintrat.

WW (alle in Paris gedruckt z.T. mit mehreren Nachdrucken): Sonaten für Klv. mit V. (meist ad lib.), op. 1 (um 1774), 3 (1777), 6 (1782), 8/3 (1783), 9 (1787), 10 (1788), 11 (1788); Klv.-Sonaten, op. 4 (1778) u. 8 (1778); *Petits airs* für Klv., op. 2 (1776), 5 (1780) u. 7 *(Divertissements)* (um 1778); ferner ein Lehrwerk *Principles of music, chiefly calculated for the piano forte or harpsichord...*, op. 12 (um 1795).

Ausg.: Sonate op. 6/3, in: E. REESER, De klaviersonate met vioolbegeleiding (Rotterdam 1939); Sonate, op. 4/3, *Airs*, op. 5, *Divertissement*, op. 7/6 u. Sonate op. 8/3, in: R. BENTON, N. J. H. and French Instrumental Music in the Second Half of the 18th Century (Diss. Ann Arbor 1961); eine Sonate, in: Six Keyboard Sonates from the Classic Era, hrsg. v. W. S. NEWMAN (Evanston/Ill. 1965).

Lit.: D. E. PIKE, H., in: ML 21 (1940); R. BENTON, N. J. H. Quelques aspects de sa vie et de son œuvre, in: RMie 47 (1961); DIES., H.'s Article on the Clavecin in the Encyclopédie Méthodique, in: GalpinJ 15 (1962).

HUMAIR, Daniel, *23.5.1938 Genf; Schweizer Jazzmusiker (Schlagzeug). H. begleitete in den 60er Jahren die französischen Swingle Singers auf zahlreichen Tourneen durch Europa und durch die USA. Bekannt wurde er als Mitglied von Phil Woods European Rhythm Machine, die 1969–72 zu den bestem Jazz Combos Europas gehörte. Er spielte außerdem bei namhaften Jazzmusikern wie Chet Baker, Jean-Luc Ponty und Lucky Thompson.

HUMANISMUS, seit dem 19. Jh. Bz. für die Kultur des Denkens und Forschens, die, von Italien ausgehend, neben und nach der Scholastik die Renaissance prägte. Die „studia humanitatis", wie die Zeitgenossen ihre Bemühungen nannten, galten zunächst und vor allem der Grammatik, Rhetorik, Poetik und Philologie: Die Humanisten knüpfen an die Schriften der heidnischen und der christlichen Antike an. Sie lesen sie um der darin enthaltenen Weisheiten und Wahrheiten willen. Sie schulen daran ihre Sprache und ihre Philosophie. Und sie kultivieren in ihrem Sinne die politische Bildung.

Die Musiker befanden sich in der Renaissance in einer außergewöhnlichen Lage: sie konnten im Gegensatz zu den übrigen Künstlern – den Architekten, Bildhauern, Malern, Poeten und Literaten – die Antike nicht wiederbeleben, weil die antike Musik restlos untergegangen war (nicht einmal die wenigen Reste davon, die inzwischen entdeckt worden sind, waren damals bekannt). Um so dringlicher und wichtiger waren humanistische Forschungen auf dem Gebiet der Musikästhetik und -theorie. Sie wurden vor allem im 16. und 17. Jh. vielerorts betrieben. Im Zusammenhang damit entstand ein neuer Typus des Musiktheoretikers: der literarisch gebildete, mit den antiken Autoren vertraute Gelehrte, der Theoretiker im emphatischen Sinne, der sich von dem nur am zeitgenössischen Usus interessierten Praktiker absetzt. Theoretiker dieses neuen Typus sind u. a. Fr. Gaffori, Glareanus, Fr. Salinas, Pontus de Tyard, G. Mei, V. Galilei, G. B. Doni, M. Mersenne und Isaac Vossius.

Wieder ins Bewußtsein gehoben wurde durch den musikalischen H. der pythagoreisch-platonische Gedanke, die Musik – ihre harmonische Verfassung – sei die Analogie des Kosmos und des Menschen, seiner körperlichen, seelischen und sozialen Ordnung. Erinnert wurde an die Zwecke, die Platon der Musik in der Erziehung und im Staat vorgeschrieben hatte. Man entdeckte den antiken Begriff der Musikē, die ursprüngliche Einheit von Poesie, Musik und Tanz wieder und forderte – so etwa P. de Ronsard – dementsprechend die musikalische Fassung der zeitgenössischen Poesie. Man dachte über die antiken Berichte von den wunderbaren Wirkungen der Musik auf die Menschen nach und forschte nach den Mitteln, mit denen sie hervorgerufen worden seien. Man ließ sich tief auf die antike Musiktheorie ein: man edierte, referierte, kommentierte sie, und man setzte sie ins Verhältnis zur zeitgenössischen Praxis. Dabei wurden das antike Tonsystem und die damit verbundenen mathematischen Probleme vorgeführt. Es wurden die antiken Tongeschlechter, das diatonische, chromatische und enharmonische, sowie die antiken Tonarten (oder was man dafür hielt) beschrieben und charakterisiert. Und es wurden endlich die Formationen der antiken Rhythmik, die Pedes, Metren und Verse wieder ins Bewußtsein gebracht. Dazu kommt der Beitrag der Nachbardisziplinen: der Poetik und der Rhetorik entnahm man u. a. die Kategorien der Form-, Stil- und Figurenlehre.

Im allgemeinen dachten die Humanisten unter den Musiktheoretikern nicht gering über die musikalische Praxis ihrer Zeit. Isaac Vossius, der die Abschaffung aller „modernen" Errungenschaften forderte, ist eine Ausnahme. Man pries zwar die Einstimmigkeit und stellte sie aus systematischen Gründen und mit Rücksicht auf die antike Musik vor und über die Mehrstimmigkeit (Glareanus und Salinas), aber man verlangte nicht ernsthaft die Abschaffung der Polyphonie. Denn auf sie gründete sich das Selbstbewußtsein, das viele Musiker und mancher Musiktheoretiker, besonders auffällig etwa Mersenne, gegenüber der Antike bekundet haben. Die humanistisch orientierte Musiktheorie forderte grundsätzlich nur, daß sich der zeitgenössische Usus nach der wahren Theorie, für die man die antike hielt, richte. So gab es zwar keine Renaissance der antiken Musik, aber doch vielerlei Versuche, die zeitgenössische Praxis dem Bild anzunähern, das die humanistische Theorie von ihr gezeichnet hat.

Die Frage, ob die Abkehr von den niederländischen Kunsthaftigkeiten und die damit verbundene Zuwendung zu einem einfacheren, klangschönen und ausdrucksvollen Stil – ein Prozeß, der die Musikgeschichte des 16. Jh. kennzeichnet – sich dem humanistischen Postulat einer antikisierenden, sprachnahen und wirkungsvollen Musik verdankt, läßt sich bündig nicht beantworten. Jedenfalls aber kommt der Gang der Geschichte diesem Postulat entgegen. Desgleichen mag man bezweifeln, ob die Achtung, die die Musik des 16. Jh. dem Wort entgegenbringt, allein auf den Einfluß des H. zurückgeht; aber auch sie entspricht einer seiner topischen Forderungen, dem Postulat einer wort-, satz- und sinngemäßen Deklamation. Gewiß reflektieren Kompositionen klassischer Poesie auf humanistisch gebildete Hörer. Schon Josquin des Prés vertonte Verse von Vergil. Humanistischen Bedürfnissen entsprechen die homorhythmischen, ganz dem antiken Versmaß angemessenen 4st. Horaz-Oden, die L. Senfl und andere für den Schulunterricht komponiert haben. Humanistische Gesinnung spricht aus der ↗Musique mesurée à l'antique, die man in einer eigens dafür gegründeten Akademie in Paris nach 1570 kultivierte. Gewiß nicht ohne Rücksicht auf antike Verhältnisse hat man die Chromatik in zeitgenössische Kompositionen eingeführt; vermutlich wollte man den „weichen" Charakter, den die Alten dem Tongeschlecht zugeschrieben haben, erneuern. A. de Bertrand hat in einigen Ronsard-Vertonungen sogar versucht, das enharmonische Geschlecht wiederzubeleben; diese Kompositionen rechnen mit Intervallen, die kleiner sind als Halbtöne. Eine wichtige Rolle spielt die Idee der antiken Musik endlich bei der Entstehung der Oper. Die antiken theatralischen Gattungen und die Beschreibung der Rolle, die die Musik darin gespielt hat, begründen ihre Vorformen und ihre ersten Belege. Die antike Einheit der Künste, der Poesie, der Musik und des Tanzes, schien damit wiedergewonnen. Zudem entsprach der neue, freie monodische Stil der humanistischen Vorstellung des Gesangs mehr als die gebundene Polyphonie.

Lit.: P. WAGNER, Aus der Musikgesch. des dt. H., in: ZfMw 3 (1920/21); H. ZENCK, N. Vicentinos „L'antica musica" 1555, in: FS Th. Kroyer (Rb 1933); D. P. WALKER, Der musikal. H. im 16. u. frühen 17. Jh. (Kas 1949) (= Musikwiss. Arbeiten 5); W. GURLITT, Die Kompositionslehre des dt. 16. u. 17. Jh.s, in: Kgr.-Ber. Bamberg 1953 (Kas 1954), Neudruck in: DERS., Musikgesch. u. Gegenwart 1, hrsg. v. H.-H. Eggebrecht (Wie 1966) (= Beih.e zum AfMw 1); A. BUCK – H. ALBRECHT, H., in: MGG VI; K. W. NIEMÖLLER, Die Musik im Bildungsideal der allgemeinen Pädagogik des 16. Jh.s, in: AfMw 17 (1960); W. KAHL, Das Geschichtsbewußtsein in der Musikanschauung der it. Renaissance u. des dt. H., in: H. Albrecht in memoriam (Kas 1962); W. MÜLLER-BLATTAU, Der H. in der Musikgesch. Frankreichs u. Deutschlands, in: FS W. Wiora (Kas 1967); The Age of Humanism 1540–1630, hrsg. v. G. ABRAHAM (Lo 1968) (= New Oxford History of Music 4); Beitr. zur Zeit u. zum Begriff des H. vorwiegend aus dem Bereich der Musik, hrsg. v. V. RAVIZZA (Be 1972); E. WEBER, La musique mesurée à l'antique en Allemagne, 2 Bde. (P 1974); K.-G. HARTMANN, Die humanistische Odenkomposition in Deutschland, Vorgesch. u. Voraussetzungen (Erl 1976).

W. SEIDEL

HUME, Tobias, * um 1580, † 16. 4. 1645 London; engl. Violenspieler und Komponist. H. war zunächst Berufssoldat und verließ die Armee mit dem Rang eines Hauptmanns. Anschließend trat er als Violenspieler und Komponist hervor, lebte aber seit 1829 im Charterhouse in London, einer wohltätigen Einrichtung. Captain H., wie er genannt wurde, schrieb hauptsächlich Kompositionen für Violen. Diese Werke spiegeln gelegentlich das exzentrische Naturell H.s wider. Das Stück ***Hark, hark*** aus der Sammlung von 1605 ist der erste Beleg für die Spielanweisung „col legno".

WW: *The first part of ayres… Captain Humes Musicall Humors* (5 Gesänge mit Violen u. 116 Stücke für 1 u. mehrere Violen) (Lo 1605); *Captaine Humes Poeticall Musicke principally made for two basse-viols* (Lo 1607).

Ausg.: *Fain would I change that Note,* hrsg. v. P. WILSON – P. WARLOCK, in: Oxford Choral Songs from the Old Masters, nº 304b (Lo 1923); *Tobacco,* hrsg. v. DENS., in: English Ayres Elizabethan and Jacobean 3 (O 1933); 12 Instr.-Stücke, hrsg. v. TH. DART – W. COATES (Lo 1955, ²1962) (= Mus. Brit 9).

Lit.: B. PATTISON, Music and Poetry of the English Renaissance (Lo 1948); K. NEUMANN, Captain H.'s „Invention for two to play upon one viole", in: JAMS 22 (1969).

HUMFREY (Humphrey, Humfreyes), **Pelham,** * 1647, † 14. 7. 1674 Windsor; engl. Komponist. H. wurde 1660 als Chorknabe der Chapel Royal Schüler von H. Cooke und setzte 1664 seine Ausbildung als königlicher Stipendiat in Frankreich und Italien fort. Während seiner Abwesenheit 1660 bereits zum Lautenisten des Königs und 1667 zum Gentleman der Chapel Royal ernannt, wurde er nach seiner Rückkehr 1672 als Nachfolger von Cooke Master of the children und noch im selben Jahr zusammen mit H. Purcells Vater Composer in Ordinary for the Violine to His Majesty. H. gehörte mit seinen kirchenmusikalischen Werken zu denjenigen Komponisten, die den konzertierenden Stil nach italienischem und französischem Vorbild in

England einführten. Er erweist sich damit als unmittelbarer Vorläufer seines Schülers H. Purcell.

WW: Zahlr. Songs u. Ayres für SingSt u. Laute in Sammeldrucken der Zeit, besonders in RISM 1673³ u. 1675⁷; 4 geistliche Gesänge in RISM 1688¹; Anthems u. Oden in engl. Hss. des 17./18. Jh., 6 Anthems auch gedruckt, in: W. Boyce, *Cathedral Music,* 3 Bde. (Lo 1760–73); Bühnenmusik zu W. Shakespeare, *The Tempest* (hsl. Paris, Bibl. Nat.); einzelne Stücke für Flageolett in RISM 1673⁵ u. 1682⁷.

Ausg.: 3 Lieder, hrsg. v. I. HOLST (P 1938); *A Hymn in God the Father,* hrsg. v. M. TIPPETT – W. BERGMAN (Lo 1947).

Lit.: B. JORDAN, The Songs of P. H. An Introductory Survey, in: FS P. A. Pisk (Austin/Tex. 1966); P. DENNISON, The Will of P. H., in: R.M.A. Research Chronicle 7 (1969); DERS., The Church Music of P. H., in: Proc. R. Mus. Assoc. 98 (1971/72).

HUMMEL (schwedisch; dänisch: Humle; frz.: Bûche de Flandre [Flandrische Zither]; isländisch: langspil; ndl.: Noordsche Balk; norwegisch: langleik), Bz. für eine Griffbrettzither Nordeuropas (verwandt mit ↗Épinette des Vosges, ↗Scheitholz und ↗Dulcimer) mit zumeist kastenförmigem Resonanzkörper, der auch aus einem ausgehöhlten Stück Holz (oft ohne Boden) gefertigt sein kann. Über die Decke sind 3–20 Saiten aufgezogen, von denen einige als Melodie-, die restlichen als Bordunsaiten dienen. Die Melodietöne werden durch Niederdrücken eines Holzstabes oder der Finger auf ein längs über die Decke gezogenes, mit Bünden ausgestattetes Griffbrett oder direkt auf in die Decke eingelassene Bünde erzeugt. Die Saiten werden meist mit einem Plektrum gezupft.

HUMMEL, Bertold, * 27. 11. 1925 Hüfingen (Baden); dt. Komponist. H. studierte Komposition bei H. Genzmer und Violoncello bei Atis Teichmanis an der Musikhochschule Freiburg i. Br. 1954–56 konzertierte er im In- und Ausland. Anschließend war er bis 1963 Kantor an St. Konrad in Freiburg und Mitarbeiter beim Südwestfunk Baden-Baden. 1963 wurde er als Kompositionslehrer (1974 Professor) an die Hochschule für Musik nach Würzburg berufen, deren Präsident er gegenwärtig (1980) ist. Seine vorwiegend freitonalen Kompositionen sind bei großer Formenvielfalt von klangsinnlicher Ausdruckskraft.

WW: **1) Instr.-WW:** Für Org.: *Introduktion* (1952); *Tripartita* (1955); *Adagio* (1962); *Fantasie* (1963); *3 Marianische Fresken* (1971); *Alleluja* (1972); *Metamorphosen über B-A-C-H* (1971) für Org. u. 11 Bläser; *Invocationes* (1978) für Trp. u. Org.; ferner zahlr. Kammermusik. – Für Orch.: 2 Symphonien (1959, 1966); symphonische Dichtung *Stille vor dem Sturm, nach einem Gemälde v. H. Thoma* (1973); Sinfonietta (1970) für Blasorch.; *Oregonsinfonie* (1977) für Blasorch.; *Fantasie Gregoriana* (1977); *Sinfonia piccola* (1978) für 8 Kontrabässe; *Faustszenen* (1979) für Bläser u. Schlagzeugensemble; *Visionen, nach der Apokalypse des Heiligen Johannes,* UA: Berlin 1980. – Konzerte für: Fl. *Pan 56* (1956); Fag. (1956); Va. (1956); Klv. (1956); Cemb. (1958) (nach Pergolesi); Bassetthorn (1965); Schlagzeug u. Streichorch. *Pentafonia* (1974); Schlagzeug u. großes Orch. (1978). – **2) Vokal-WW:** 4 Messen (1952, 1957, 1958, 1967); 3 Motetten (1958, 1972, 1975); Proprien, Psalmen, Kantaten; Lieder nach H. Hesse u. Th. Storm. – **3) Bühnen-WW:** Oper *Des Kaisers neue Kleider* (nach Ch. Andersen), UA: Freiburg 1957; Ballett *Die letzte Blume,* UA: Würzburg 1975.

HUMMEL, dt. Musikverlegerfamilie. – **1) Johann Julius,** * 17. 12. 1728 Waltershausen (Unterfranken), † 27.2.1798 Berlin. Er gründete 1756 in Amsterdam und 1770 in Berlin einen Musikverlag mit Musikalienhandlung. Schwerpunkte der Verlagsproduktion waren Original- und Nachdrucke frühklassischer Musik, besonders von Werken J. Haydns, C. Ph. E. Bachs und W. A. Mozarts. 1798 übernahm Johann Julius' Sohn **Johann Bernhard** (1760–um 1805) das Unternehmen, das er als reisender Klaviervirtuose jedoch kaum noch betreute, so daß der Verlag, der in den Niederlanden, England und in Übersee eine wichtige Mittlerrolle für die Verbreitung der Wiener Klassik gespielt hatte, 1821 erlosch. – **2) Burchard,** Bruder von 1), * 16.4.1731 Waltershausen, † 27.9.1797 Den Haag. Er war Militärmusiker (Hornist und Oboist) und gründete um 1759 in Den Haag eine Buch- und Musikalienhandlung nebst Verlagsdruckerei. 1782 trat sein Sohn **Leonardus** (* 1757) in den Verlag ein, der nun mit „Burchard H. & Fils" firmierte. Nach dem Tod Burchards wurde das Unternehmen unter dem Namen „Veuve Burchard H." von der Witwe zusammen mit Leonardus weitergeführt.

Lit.: A. GOOVAERTS, Histoire et bibliogr. de la typographie musicale dans les Pays-Bas (An 1880); R. SCHAAL, J. J. u. B. H., in: MGG VI; C. JOHANSSON, J. J. & B. H. Music-Publishing and Thematic Catalogue, 3 Bde. (Sto 1972).

HUMMEL, Johann Nepomuk, * 14. 11. 1778 Preßburg, † 17. 10. 1837 Weimar; östr. Pianist und Komponist. H. erhielt frühzeitig Unterricht durch seinen Vater, der Musikdirektor am Militärstift von Warberg bei Preßburg war. 1786 wurde er in Wien Schüler W. A. Mozarts, in dessen Haus er auch zwei Jahre lebte. Unter Mozarts Leitung konzertierte H. 1787 erstmals in Dresden. Zusammen mit dem Vater unternahm er zwischen 1788 und 1793 erfolgreiche Konzertreisen, u. a. nach Prag, durch Deutschland, Dänemark, Großbritannien und durch die Niederlande. Nach Wien zurückgekehrt, setzte er seine Studien bei J. G. Albrechtsberger, A. Salieri und J. Haydn fort, auf dessen Empfehlung er 1804–11 in Eisenstadt Kapellmeister des Fürsten Esterházy war. Anschließend lebte er als Musiklehrer in Wien und seit 1816 als Hofkapellmeister zu Stuttgart. In gleicher Eigenschaft wirkte er von Februar 1819 an in Weimar. Mit der dortigen Großherzoglichen Kapelle unternahm er Konzertreisen durch ganz Europa. Zu seinen Schülern gehörten A. J. Benedict, F. Hiller und A. Henselt.

WW: Alle Werke mit op.-Zahl 1–127 u. op. postum 1–9 erschienen in Leipzig. Von den zahlr. Werken ohne op.-Zahl wurden 10 gedruckt, während etwa 30, u.a. geistliche- u. Orch.-Werke, Kantaten, Opern, Ballette u. Bühnenmusik, ungedruckt blieben. – Lehrwerk *Ausführlich theoretisch-practische Anweisung zum Piano-Forte-Spiel* (W 1828).

Der Schwerpunkt von H.s umfangreichem Schaffen liegt auf der Klaviermusik. Die frühen Kompositionen lassen als Ausläufer der von Mozart begründeten Wiener Pianistenschule dessen Einfluß erkennen. Jedoch neigt H. in der späteren Schaffensphase stärker zu Virtuosem und Salonhaftem, z. B. in der *Grande Sonate* fis-moll op. 81. Von der Ensemblemusik, die etwa ein Viertel des Gesamtœuvres einnimmt, haben sich bis zur Gegenwart das Klaviertrio Es-Dur op. 12, das Septett d-moll op. 74 sowie das Klavierquintett es-moll op. 87 behauptet. Von den 7 Klavierkonzerten zählt das in a-moll op. 85 zu den bekanntesten. Noch häufig aufgeführt werden auch das virtuose, durch elegante Spielmanieren gekennzeichnete Trompetenkonzert E-Dur (Werk o. O.) sowie die Messe Es-Dur op. 80. Seine mit über 2200 Notenbeispielen ausgestattete Klavierschule dokumentiert pädagogisches Geschick und steht ebenbürtig neben entsprechenden Unterrichtswerken von C. Czerny und F. Kalkbrenner. H.s Bedeutung beruht auf der Mittlerstellung zwischen der Klaviermusik der Wiener Klassik und dem virtuosen Klavierstil des 19. Jahrhunderts.

Ausg.: 10 Variationen für Klv. über ein Thema aus Glucks *Armida*, hrsg. v. H. ALBRECHT (Lippstadt 1951) (= Organum 5/8); Streich-Trios Es-Dur u. G-Dur hrsg. v. F. STEIN, 2 H.e (F 1958); Klar.-Quartett (Lo 1958, Nachdr. NY 1960); Orch.-Variationen über *O du lieber Augustin*, hrsg. v. F. STEIN (Kas 1959); Klv.-Konzert a-moll, op. 85, hrsg. v. A. RUTHARDT (L 1960); Sonate G-Dur für Fl. u. Klv., op. 2 Nr. 2, hrsg. v. H. RIESSBERGER (W 1967) (= Diletto mus. 181); Variationen für Ob. u. Orch., op. 102, hrsg. v. H. STEINBECK (Z 1970); Trp.-Konzert Es-Dur, hrsg. v. F. STEIN (L 1957); dass. in E-Dur, hrsg. v. E. H. TARR (Mz 1972).

Lit.: D. ZIMMERSCHIED, Thematisches Verz. der Werke v. J. N. H. (Hofheim 1971); W. MEYER, J. N. H. als Klavierkomponist (Diss. Kiel (1922); K. BENYOVSZKY, J. N. H. (Preßburg 1934); R. DAVIS, The Music of J. N. H., in: MR 26 (1965); D. ZIMMERSCHIED, Die Kammermusik J. N. H.s (Mz 1966); D. G. BROCK, The Church Music of H., in: MR 31 (1970); J. SACHS, Authentic English and French Editions of J. N. H., in: JAMS 25 (1972); J. O. WESTLUND, The Mass Settings of J. N. H. (1977) (= Diss. Univ. of Iowa); H. R. JUNG, J. N. H. Zum 200. Geburtstag, in: MuGes 28 (1978).

R. FEDERHOFER-KÖNIGS

HUMORESKE, Bz. für ein instrumentales, heiter-scherzhaftes ↗Charakterstück mit einfachem und knappem Formaufbau, meist in zwei- oder dreiteiliger Liedform. Die Bz. H. erscheint erstmals in R. Schumanns op. 20 für Klavier. Die Wahl des Titels geht offenbar auf den Einfluß Jean Pauls zurück, der die poetische Auffassung vom Humor als „Verschmelzung von Schwärmerei und Witz" vertrat. In der Literatur bzw. Dichtung ist die Bz. H. jedoch wesentlich später belegt. Neben anderen Charakterstücken – etwa der ↗Burleske oder dem ↗Scherzo –, die für die genrehafte Darstellung von Humor und Witz in der Instrumentalmusik stehen, finden sich H.n seit Schumann im Schaffen vieler Komponisten: Bei Th. Kirchner (op. 48) und Fr. Kiel (op. 42 und 59) erhalten sie einen spielerischen, tänzerischen Charakter. Die H.n von E. Grieg (op. 6 und 19) und A. Dvořák (op. 101) tragen folkloristische Züge. Zyklisch eingebunden erscheint die H. bei S. Heller (Klv.-Sonate op. 88) und bei E. von Dohnányi (op. 17). H.n schrieben u. a. auch E. Humperdinck und H. Huber. Vokale H.n (für 4 Männerstimmen a cap.) schrieben C. Loewe (op. 84) und Fr. Liszt *(Gaudeamus igitur).*

HUMPERDINCK, Engelbert, * 1. 9. 1854 Siegburg, † 27. 9. 1921 Neustrelitz (Mecklenburg); dt. Komponist. Er studierte 1872–76 am Konservatorium in Köln Komposition bei F. Hiller, Fr. Gernsheim und G. Jensen und als Stipendiat 1876–79 an der Königlichen Musikschule München Kontrapunkt bei J. Rheinberger und privat Komposition bei Fr. Lachner. Ende 1879 reiste er für ein halbes Jahr nach Italien. 1881–82 war er Assistent R. Wagners in Bayreuth. Anschließend unternahm er eine Reise nach Italien, Frankreich, Spanien und Marokko. Ende 1885 ging er für ein halbes Jahr als Lehrer an das Konservatorium Barcelona, war seit 1887 Lehrer am Konservatorium in Köln und seit 1888 Verlagslektor bei B. Schott's Söhne in Mainz. 1890–97 lehrte er am Hochschen Konservatorium in Frankfurt und arbeitete als Opernreferent für die *Frankfurter Zeitung*. 1893 wurde er durch sein Märchenspiel *Hänsel und Gretel* schlagartig berühmt und wirtschaftlich unabhängig. 1900–20 war er Professor und Mitvorsteher der Meisterschule für Komposition an der Akademie der Künste in Berlin, wo er 1905–12 auch mit Max Reinhardt zusammenarbeitete. 1910 erhielt er die Ehrendoktorwürde der Universität Berlin. 1911 wurde er als Nachfolger M. Bruchs Direktor der Theorie- und Kompositionsklassen der Musikhochschule Berlin sowie Vizepräsident der Akademie der Künste.

WW: **1) Instr.-WW:** Klv.-Stücke; Kammermusik, u. a. ein Streichquartett (1920) (Mz o. J.). Für Orch.: *Humoreske* (1879) (Bonn 1887); Ouvertüre *Der Zug des Dionysos* (1880); *Maurische Rhapsodie* (1898) (L 1899). – **2) Vokal-WW:** Zahlr. Klv.-Lieder und Chorwerke; Chorballaden *Die Wallfahrt nach Kevelaer* (1878–87) (Text: H. Heine) (Mz o. J.); *Das Glück von Edenhall* (1879–83) (Text: L. Uhland) (B 1883). – **3) Bühnen-WW:** Märchenspiel *Hänsel und Gretel* (Libr.: A. Wette); UA: Weimar 1893 (Mz 1894); *Die sieben Geislein* (Libr.: dies.), UA: Berlin 1895 (Magdeburg 1895); Melodram *Königskinder* (Libr.: E. Bernstein-Porges), UA: München 1897 (L 1897),

Neufassung als Märchenoper, UA: New York 1910 (L 1910); Märchenoper *Dornröschen* (Libr.: E. Ebeling, B. Filhes), UA: Frankfurt 1902 (F 1902); komische Oper *Die Heirat wider Willen* (Libr.: H. Humperdinck), UA: Berlin 1905 (B 1905); Spieloper *Die Marketenderin* (Libr.: R. Misch), UA: Köln 1914 (B 1914); Spieloper *Gaudeamus* (Libr.: ders.), UA: Darmstadt 1919 (B 1919). – Ferner zahlreiche Bühnenmusiken zu Werken von Shakespeare, M. Maeterlinck u. K. F. Vollmoeller.

Mit *Hänsel und Gretel* führte H. die deutsche Oper durch stofflichen Rückgriff auf das deutsche Volksmärchen und musikalisch weitgehend volksliedhafte Tönung aus der Stagnation des Wagner-Epigonentums heraus und stellte dem aufkommenden italienischen Verismo eine spezifisch deutsche Operngattung entgegen. Das Märchenspiel wurde ein Welterfolg. In der Bühnenerstfassung der *Königskinder* (1897), die um 1900 im Mittelpunkt heftig geführter kunsttheoretischer Auseinandersetzungen stand, verwendete er das stets zur höchsten Ausdruckssteigerung eingesetzte Melodram als stilbildendes Prinzip und betrat insoweit in der jüngeren Operngeschichte Neuland. Erfolgreich wurde das Werk indes erst nach der Umarbeitung zur Vollooper (1910). Hinter *Hänsel und Gretel* und *Königskinder* treten H.s übrige Bühnenwerke weit zurück. Seine Shakespeare-Bühnenmusiken wurden aber bis in die 30er Jahre viel gespielt.

Lit.: O. BESCH, E. H. (L 1914); H. KUHLMANN, Stil u. Form in der Musik v. E. H.s „Hänsel u. Gretel" (Diss. Marburg 1930); L. KIRSTEN, Motivik u. Form in der Musik zu E. H.s „Königskinder" (Diss. Jena 1942); K. W. PÜLLEN, Die Schauspielmusiken E. H.s (Diss. Kö 1951); E. THAMM, Der Bestand der lyrischen Werke E. H.s (Diss. Mz 1951); W. PFANNKUCH, E. H., in: MGG VI; W. HUMPERDINCK, E. H. Das Leben meines Vaters (F 1965); E. H. Briefe u. Tagebücher I, 1863–1880, u. II, 1881–1883, hrsg. v. H.-J. IRMEN (Kö 1975, 1976); E. H. als Kompositionsschüler J. Rheinbergers, hrsg. v. DEMS. (Kö 1974); DERS., Die Odyssee des E. H. Eine biographische Dokumentation (Steinfeld 1975).

W. PFANNKUCH

HUMPERT, Hans Ulrich, * 9. 10. 1940 Paderborn; dt. Komponist. H. studierte 1961–67 Komposition bei R. Petzold und Elektronische Komposition bei H. Eimert an der Musikhochschule in Köln. 1967–72 war er Lehrbeauftragter und Assistent Eimerts. 1972 wurde er dessen Nachfolger als Leiter des Studios für elektronische Musik und gleichzeitig Professor für Elektronische Komposition an der Musikhochschule Köln. H. gehörte 1969 zu den Gründern der „Gruppe 8 Köln", die Gemeinschaftskompositionen entwickeln wollte.

WW: **1) Kompositionen:** *Erscheinungen eines Bachchorals* für 2 Pianisten, einen Vibraphonisten u. Cellisten, UA: Köln 1969; *Quattro Notturni*, 4 elektronische Stücke, 2 Versionen, UA: Hilversum u. Graz 1969; Konzert für Klarinette u. elektronische Klänge, UA: Köln 1969; *Der Frieden* (Text: F. Hölderlin) für Sopran u. elektronische Klänge, UA: Hilversum 1969; *Synesis* für Synthesizer u. elektronische Orgel, UA: Frankfurt 1971; *Electronic Maniac* für elektrisches Cello, elektronische Org., Synthesizer u. elektronische Klänge, UA: Köln 1973; *Assonanzen* für elektronische Klänge, elektrisches Cello, Synthesizer u. elektronische Org., UA: Witten 1977; *Klavierstück IV* mit Obligati (Tonband) (1977). – **2) Schriften:** *Elektronische Musik als Hochschulfach*, in: Melos 37 (1970), dass., in: Musik u. Bildung 11 (1970); *Was ist u. wie funktioniert ein Synthesizer?*, in: Melos 4 (1973); *Das Lexikon der elektronischen Musik* (Rb 1973, ²1977) (zus. mit H. Eimert); *Elektronische Musik* (Wie 1980).

HUNGARIAN STRING QUARTET. Das Ensemble wurde 1935 gegründet (Debüt im gleichen Jahr in Budapest) und bestand bis 1970. Die Mitglieder waren zunächst *S. Vegh* (der später ein eigenes Quartett hatte), 1. Violine, *Péter Szervánsky*, 2. Violine, *Dénes Koromzay* (* 18. 5. 1913 Budapest), Viola, und *Vilmos Palotai*, Violoncello. 1937 wurde *Zoltán Székely* (* 8. 12. 1913 Kocs) Primarius des Ensembles, das seit 1950 in den USA ansässig war. 2. Violine spielte zuletzt *Michael Kuttner* (9. 2. 1918 – 10. 10. 1975), Violoncello *Gabriel Magyar* (* 5. 12. 1914 Budapest). Der Primarius spielte auf einer Geige A. Stradivaris (*Michelangelo* genannt, 1718), der 2. Violinist auf einem Instrument P. Guarneris (1704) und der Cellist auf einem Instrument A. Gaglianos (1703). Das H. pflegte bes. das Schaffen B. Bartóks und zeitgenössischer, vor allem ungarischer Komponisten.

HÜNI-MIHACSEK, Felicie, * 3.4.1896 Fünfkirchen, † 26. 3. 1976 München; östr. Sängerin (Sopran). Sie erhielt ihre Gesangsausbildung bei R. Papier-Paumgartner in Wien und debütierte dort 1919 an der Staatsoper, wo sie bis 1925 verpflichtet war. Anschließend war sie bis 1953 Mitglied des Münchner Nationaltheaters und arbeitete dann vornehmlich als Gesangspädagogin. H. begann ihre Laufbahn als Koloratursopran, sang später aber auch zunehmend Partien des lyrischen und gelegentlich des dramatischen Fachs. Gerühmt wurde ihr silbriges Timbre. Ihre Glanzrolle war die Feldmarschallin im *Rosenkavalier* von R. Strauss.

HUNOLD, Christian Friedrich. ↗Menantes.

HUPFAUF, Bz. für einen Springtanz. – ↗Nachtanz.

HURDY-GURDY (engl.), ↗Drehleier.

HURÉ, Jean, * 17. 9. 1877 Gien (Loiret), † 27. 1. 1930 Paris; frz. Organist, Pianist und Komponist. H. kam 1895 nach Paris, war Organist an verschiedenen Kirchen, u. a. an Notre-Dame-des-Champs und konzertierte als Organist und Pianist mit großer improvisatorischer Begabung in vielen europäischen Ländern. 1926 wurde er als Nachfolger von E. Gigout Organist an St-Augustin. H. war auch ein angesehener Lehrer. 1910 gründete er eine École

Normale zur Ausbildung von Organisten, Pianisten und Komponisten und 1924 die Zeitschrift *L'Orgue et les organistes.*

WW: **1) Kompositionen:** Orgelmusik; Kammermusik, u.a. 2 Streichquartette (P 1921); 3 Symphonien (1896, 1897, 1903), 1 V.-Konzert u. Konzertstück für Saxophon u. Orch.; *7 Chansons de Bretagne* für SingSt u. Klv. (P 1910); *Te Deum* für Sopran und Orch. (P 1921); ferner einige Bühnenwerke u. ein Ballett *Au Bois sacré,* UA: Paris 1921. – **2) Schriften:** *Chansons et danses bretonnes précédées d'une étude sur la monodie populaire* (Angers 1902); *Défense et illustration de la musique française* (Angers 1915); *La technique de l'orgue* (P 1918); *L'esthétique de l'orgue* (P 1923); *Saint Augustin musicien* (P 1924).

Lit.: G. MIGOT, J. H. (P 1926); G. SAMAZEUILH, Musiciens de mon temps (P 1947).

HURLEBUSCH, Conrad Friedrich, * 1695 oder 1696 Braunschweig, † 17. 12. 1765 Amsterdam; dt. Organist und Komponist. Nach der Ausbildung bei seinem Vater, dem Organisten und Komponisten **Heinrich Lorentz H.** (* 1666), unternahm er 1715 bis 1721 eine mehrjährige Studien- und Konzertreise nach Hamburg, Wien, Italien und München. In dieser Zeit entstanden ein Teil seiner Kammerkantaten, die Mattheson in der *Critica Musica* (1722) lobend erwähnt, und nach der Reise 1722 seine erste italienische Oper, *L'innocenza difesa.* 1723–25 war er Hofkapellmeister in Stockholm, lebte 1727–36 in Hamburg und 1737–43 vermutlich wieder in Braunschweig. 1743 wurde er Organist an der Oude Kerk in Amsterdam.

WW: *Compositioni musicali per il cembalo,* 2 Teile (H 1735); 2 Bücher *Sonate di cembalo,* op. 5 u. 6 (A 1746); *Opera scelta* für Cemb. (A o.J.); *De 150 Psalmen Davids* für SingSt u. B.c. (A 1746, ³1766); 72 Oden, in: Slg. versch. u. auserlesener Oden, hrsg. v. J. F. Gräfe, 4 Bde. (Hl 1737–43); v. den Opern *Flavio Cuniberto* u. *L'innocenza difesa* erschienen jeweils 6 Arien mit Orch. im Druck, op. 3 u. 4 (A 1746).

Die Urteile zeitgenössischer Kritiker wie Mattheson, Forkel, Scheibe und Gottsched vermitteln von H., der auf seinen Reisen fast alle musikalischen Strömungen seiner Zeit kennenlernte, ein stark divergierendes und widersprüchliches Bild. Die wenigen erhaltenen Werke lassen ihn als einen dem empfindsamen Stil zugeneigten Komponisten erkennen. Seine *150 Psalmen Davids,* die innerhalb von 20 Jahren 3 Auflagen erlebten, waren in der reformierten Kirche sehr beliebt.

Ausg.: *Concerto grosso* a-moll, in: Instrumentalkonzerte dt. Meister, hrsg. v. A. SCHERING (L 1907) (= DDT 29/30); *Compositioni musicali per il cembalo,* hrsg. v. M. SEIFFERT (Utrecht 1912); 1 Lied, in: H. J. MOSER, Das dt. Sololied u. die Ballade (Kö 1957) (= Das Musikwerk 14); Keyboard Sonatas, hrsg. v. A. JAMBOR, 2 Bde. (Philadelphia 1966–67).

Lit.: J. MATTHESON, Grundlage einer Ehrenpforte (H 1740), NA hrsg. v. M. Schneider (B 1910, Faks.-Ausg. Kas 1969); M. FRIEDLAENDER, Das dt. Lied im 18. Jh. (St–B 1902, Nachdr. Hil 1962); M. SEIFERT, K. F. H., in: TVer 7 (1904); H. KRETZSCHMAR, Gesch. des neuen dt. Liedes I (L 1911, Nachdr. Wie 1966); H. J. MOSER, Alte Meister des dt. Liedes (L ²1931); DERS., Das dt. Sololied u. die Ballade (Kö 1957) (= Das Musikwerk 14); L. BENSE, H., in: MGG VI.

F. BRUSNIAK

HURNÍK, Ilja, * 25.11.1922 Poruba bei Mährisch-Ostrau; tschechoslowakischer Pianist und Komponist. H. veröffentlichte bereits 1932 erste Kompositionen, studierte später Klavier bei V. Kurz und Komposition bei V. Novák bis zu dessen Tod 1949. 1946–50 setzte er seine Klavierstudien bei I. Štěpánová an der Prager Musikakademie fort. H.s Kompositionen enthalten in Melodiebildung und formaler Anlage volksliedhafte Elemente. Als Pianist setzte er sich vor allem für Werke französischer Impressionisten ein.

WW: **1) Instr.-WW:** Klv.-Stücke; Kammermusik, darunter: Sonaten u. Sonatinen für versch. Instr.; *Sonata da camera* (1953) für Fl., Ob., Vc. u. Cemb.; 2 Bläserquintette (1944, 1949); Klv.-Quintett u. Klv.-Trio (1953); 2 Streichquartette (1949, 1961); *Moments musicaux* (1962) für Bläser; *Kyklopes* (1963) für Orch.; Konzert für Ob., Cemb. u. Str. (1953) u. für Ob. u. Orch. (1958). – **2) Vokal-WW:** Kantate *Maryka* (1948, Neufassung 1955); Oratorium *Noe* (1958) für Soli, Chor u. Orch.; *Sulamit-Lieder* (1963) für Mezzo-Sopran; Zyklus *Příběhy jedné kapely* (1968) für Sprecher u. Kammerensemble; *Pastorela* (1968) für Soli, Kinderchor u. Orff-Instr. – **3) Bühnen-WW:** Opern *Dáma a lupiči* (Die Lady u. die Gangster) (nach *Ladykillers* v. W. Rose), UA: Pilsen 1966; *Mudrci a bloudi* (Die Weisen u. die Törichten) (1968); ferner das Ballett *Ondrás* (1950).

Lit.: J. KLUSÁK, H. aneb O pokorné hře, in: Hudební rozhledy 17 (1964); Contemporary Czechoslovak Composers, hrsg. v. Č. GARDAVSKÝ (Pr 1965).

HUSA, Karel, * 7. 8. 1921 Prag; amerik. Komponist tschechischer Herkunft. H. studierte am Prager Konservatorium und seit 1946 am Pariser Conservatoire u.a. bei N. Boulanger, A. Honegger und A. Cluytens. Später ließ er sich in den USA nieder, wo er seit 1954 als Professor für Musiktheorie und Dirigent des Symphonieorchesters an der Cornell University tätig ist.

WW: Klv.-Stücke zu 2 u. 4 Händen; 3 Streichquartette (1948, 1954, 1968); Trio *Evocations de Slovaquie* (1952) für Klar., Va. u. Vc.; *2 Préludes* (1966) für Fl., Klar. u. Fag.; Sonate für V. u. Klv. (1973); Divertimento für 5 Blechbläser (1974); *Apotheosis of This Earth* (1971) für Blasorch.; für Orch.: *Fresque* (1948); 1. Symphonie (1955); *Fantasies* (1956); *Mosaiques* (1961); *Music for Prague* (1968); *Two Sonnets by Michelangelo* (1975); *Elegie et rondeau* (1960) für Altsaxophon und Orch.; Konzerte: für Blechbläserquintett und Streichorch. (1965); für Saxophon und Bläserensemble (1967); für Trp. u. Orch. (1973). – *12 Moravian Songs* (1956) für SingSt u. Klv.; *Festive Ode* (1965) für Chor u. Orch.

HÜSCH, Gerhard, * 2. 2. 1901 Hannover, † 21. 12. 1984 Viehausen; dt. Sänger (Bariton). H. studierte bei H. Emge in Hannover und debütierte 1923 in Osnabrück. Nach Engagements in Bremen und Köln war er 1933–44 Mitglied der Berliner Staatsoper. Außerdem gastierte er in Wien, Mailand, Hamburg, Dresden und München. Seit 1932 widmete er sich zunehmend dem Oratorien- und Liedgesang und unternahm Konzerttourneen in die großen Musikzentren Europas, Nordamerikas und Japans. 1938–68 war er Professor an der Hochschule für Musik in München und unterrichtete später an mehreren japanischen Musikschulen. H. galt als einer der bedeutendsten Liedersänger seiner Zeit.

HÜSCH, Hanns Dieter, * 6. 5. 1925 Moers; dt. Kabarettist und Chansonsänger. Nachdem er bereits seit 1946 während eines Germanistikstudiums an der Universität Mainz bei vielen studentischen Kabarett-Veranstaltungen mitgewirkt hatte, trat er 1949 erstmals mit einem Solo-Programm, *Das literarische Klavier,* hervor. 1956 gründete er in einem Mainzer Keller das Kabarett „arche nova", dessen Leiter er bis 1961 war. Seitdem gehört er mit seinen Fernseh- und Bühnen-Auftritten zu den bekanntesten deutschen Unterhaltungskünstlern. Er besitzt ein eigenes intellektuelles Profil und ist keiner bestimmten Richtung zuzuordnen. Er veröffentlichte u. a. *Carmina Urana* (1964), *Archeblues und andere Sprechgesänge* (Z 1968), *Den möcht' ich seh'n* (Kö 1978) und brachte auch mehrere Schallplatten heraus.

HÜSCHEN, Heinrich, * 2. 3. 1915 Moers (Niederrhein); dt. Musikforscher. H. studierte in Köln und Berlin Kirchenmusik, Schulmusik und Musikwissenschaft. Nach der Organisten- und Chorleiterprüfung 1940 und dem Staatsexamen 1941 promovierte er 1943 in Köln. Seit 1948 war er Assistent am Musikwissenschaftlichen Institut der Universität Köln und Leiter des Collegium musicum. 1955 habilitierte er sich an der Universität Köln, wurde dort 1961 außerplanmäßiger Professor und 1964 Ordinarius an der Universität Marburg a.d. Lahn. 1970–83 war er Ordinarius an der Universität Köln und versah seit 1971 einen Lehrauftrag an der Kölner Musikhochschule. Zum 50. und zum 65. Geburtstag wurden ihm Festschriften gewidmet. 1968 wurde er als erster Deutscher von der Royal Society of Music in London mit der Dent-Medaille geehrt. H. veröffentlichte zahlreiche grundlegende Studien zur Musiktheorie des Mittelalters und der Renaissance.

Schriften: *Die Musik im Kreise der artes liberales,* in: Kgr.-Ber. Hamburg 1956 (Kas 1957); *Der Harmoniebegriff im Musikschrifttum des Altertums u. des MA,* in: Kgr.-Ber. Köln 1958 (Kas 1959); *Der Einfluß Isidors von Sevilla auf die Musikanschauung des MA,* in: Miscelánea ... FS H. Anglés I (Ba 1958); *Frühere u. heutige Begriffe v. Wesen u. Grenzen der Musik,* in: Kgr.-Ber. New York 1961 (Kas 1961); *Der Harmoniebegriff im MA,* in: Studium Generale 19 (B 1966); *Musik der „Anbetung im Geiste",* in: Gesch. der kath. Kirchenmusik I, hrsg. v. K. G. Fellerer (Kas – Bas 1972); *Frühchristliche Hausmusik,* in: ebd.; *Lob- u. Preismotetten auf die Musik aus früheren Jahrhunderten,* in: Musicae scientiae collectanea. FS K. G. Fellerer (Kö 1973); *Die Motette* (Kö 1974) (= Das Musikwerk 47); für MGG verfaßte er über 100, für Grove[6] mehr als 20 umfangreiche Artikel.

HUSMANN, Heinrich, * 16. 12. 1908 Köln, † 8. 11. 1983 Brüssel; dt. Musikforscher. H. studierte bei Fr. Ludwig in Göttingen, bei A. Schering, J. Wolf, Fr. Blume und E. von Hornbostel in Berlin und promovierte dort 1932. 1933 wurde er Assistent am Musikwissenschaftlichen Institut der Universität Leipzig, habilitierte sich dort 1941 und wurde 1944 stellvertretender Institutsleiter. Seit 1949 lehrte er an der Universität Hamburg (1956 als Ordinarius) und 1960–77 an der Universität Göttingen. Zu seinem 60. Geburtstag wurde ihm eine Festschrift gewidmet. H.s Forschungen umfassen ein breites Spektrum der Musikwissenschaft.

Schriften: *Die dreistimmige Organa der Notre-Dame-Schule* (B 1932); *Die „Kunst der Fuge" als Klavierwerk,* in: Bach-Jb. 35 (1938); *Zur Grundlegung der musikal. Rhythmik des mittellateinischen Liedes,* in: AfMw 9 (1952); *Vom Wesen der Konsonanz* (Hei 1953); *Antike u. Orient in ihrer Bedeutung für die europäische Musik,* in: Kgr.-Ber. Hamburg 1956 (Kas 1957); *Einführung in die Musikwiss.* (Hei 1958, Nachdr. Wilhelmshaven 1975) (= Taschenbücher z. Musikwiss. 40); *Grundlagen der antiken u. orientalischen Musikkultur* (B 1961); *Zur Frage der Herkunft der Notre-Dame-Handschrift W_1,* in: Musa, Mens, Musici. Gedenkschrift W. Vetter (L 1969); *Echos u. Makam nach der Hs. Leningrad ...,* in AfMw (1979). – H. gab heraus: *Die drei- u. vierstimmigen Notre-Dame-Organa. Kritische Gesamtausgabe* (1940, Nachdr. Hil – Wie 1967) (= PäM 11); *Fünf- u. siebenstellige Centstafeln* (Leiden 1951, Nachdr. Hil 1967); *Die ma. Mehrstimmigkeit* (Kö 1955) (= Das Musikwerk 9); *Tropen- u. Sequenzhandschriften* (Mn 1964) (= RISM B V/1); *Die Melodien des chaldäischen Breviers Commune nach den Traditionen Vorderasiens und der Malabarküste* (R 1967); *Die Melodien der Jakobitischen Kirche* (W 1969).

HUSSITENLIEDER. Die Bewegung der Hussiten, der Anhänger des tschechischen Theologen und Reformators *Jan Hus* (* 1370/71 Husinec), der am 6.7.1415 auf dem Konstanzer Konzil als Ketzer verbrannt wurde, hatte u.a. die Einführung des volkssprachigen Kirchengesangs zum Ziel. Seit jener Zeit entstanden in Böhmen zahlreiche geistliche Lieder, die handschriftlich verbreitet wurden. Der erste bekannte Herausgeber eines böhmischen Gesangbuches war V. Miřinsky († um 1492), das nur aus den Drucken von 1522 und 1531 bekannt ist. Der früheste erhaltene, wahrscheinlich im Umkreis der Utraquisten entstandene Druck mit geistlichen Liedern in tschechischer Sprache stammt von 1501. Zahlreiche weitere Drucke mit wachsender Liederzahl folgten in kurzen Abständen. Für die H. wurde seit dem 16. Jh. die 1467 gegründete Brüder-Unität mit Abstand am wichtigsten. Aus ihrem Kreis ging 1531 das von M. Weisse redigierte erste deutschsprachige böhmische Gesangbuch hervor. Man spricht daher in der Folgezeit nur noch vom Liedgut der Böhmischen Brüder. – Eines der ältesten H.,

Kdož ste Boží bojovnicí (Ihr Streiter Gottes), galt im nationalen tschechischen Aufbruch des 19. Jh. als ein besonderes Zeichen und wurde verwendet von Fr. Smetana (in *Tabor* und *Blaník* aus dem Zyklus *Mein Vaterland*) und von A. Dvořák (in der Ouvertüre *Husitská*).

Ausg.: M. Weisse, Gesangbuch der Böhmischen Brüder 1531, Faks.-Nachdr., hrsg. v. K. AMELN (Kas 1957).

Lit.: J. TH. MÜLLER, Hymnologisches Hdb. zum Gesangbuch der Brüdergemeine (Herrnhut 1916); W. BLANKENBURG, Die Musik der Böhmischen Brüder und der Brüdergemeine, in: F. Blume, Gesch. der ev. Kirchenmusik (Kas 1965); J. KOUBA, Der älteste Gesangbuchdruck v. 1501 aus Böhmen, in: JbLH 13 (1968); W. BLANKENBURG, Die Musik der Brüdergemeine in Europa, in: Unitas Fratrum, Herrnhuter Stud. (Utrecht 1977).

W. BLANKENBURG

HÜTTENBRENNER, Anselm, * 13. 10. 1794 Graz, † 5. 6. 1868 Ober-Andritz bei Graz; östr. Komponist. Als Mitschüler Franz Schuberts, zu dessen engstem Freundeskreis er zählte, erhielt H. bei A. Salieri Unterricht in Gesang und Komposition. 1824–29 und 1831–39 leitete er den Steiermärkischen Musikverein.

WW (meist hsl. erhalten): Zahlr. Klv.-Stücke zu 2 u. 4 Händen; Orgelmusik; 2 Symphonien; 10 Ouvertüren; 6 Märsche; etwa 250 Lieder; Duette, Terzette u. 300 Männerquartette; Chöre; ferner 4 Opern.

In seinem Schaffen, das H. als namhaftesten Komponisten der Steiermark in der 1. Hälfte des 19. Jh. ausweist, überwiegen Kleinformen, wie Lied, Männerquartett und Klavierstücke, die die Geisteshaltung und Gefühlswelt des Biedermeiers widerspiegeln. Von seinen zwei erhalten gebliebenen Opern reiht sich *Lenore* den Bemühungen um eine deutsche romantische Oper an, während der *Oedip auf Colonos* stilistisch an G. Spontini anknüpft. Unter seinen geistlichen Werken ragt die Messe f-moll (1855) durch spannungsreiche Harmonik, an A. Bruckner gemahnende Unisoni, großangelegte Steigerungen und prägnante Rhythmen hervor. Sein doppelchöriges Requiem c-moll (1825) erklang zur Totenfeier Salieris, L. van Beethovens, Schuberts und Kaiser Franz' I. H. bearbeitete die Symphonie h-moll von F. Schubert, deren Autograph sich in seinem Besitz befand, für Klavier zu 4 Händen. Auch als Kritiker trat er hervor.

Ausg.: *Nachruf an Schubert in Trauertönen am Pianoforte*, in: W. KAHL, Das Charakterstück (Kö 1955) (= Das Musikwerk 8); Sonate F-Dur, op. 10 1823, in: Musik aus der Steiermark 53 (Gr 1969).

Lit.: O. E. DEUTSCH, A. H.s Erinnerungen an Schubert, in: Jb. der Grillparzer-Ges. 16 (W 1906) (darin: „Bruchstücke aus dem Leben des Liederkomponisten" F. Schubert v. H.); DERS., Schubert. Die Erinnerungen seiner Freunde (L 1957); F. HÜTTENBRENNER, A. H. u. Schuberts h-moll Symphonie, in: Zschr. des hist. Vereins für Steiermark 52 (1961); D. GLAWISCHNIG, A. H. 1794–1868. Sein musikal. Schaffen (Gr 1969) (= Musik aus der Steiermark IV/5) (mit vollständigem Werk-Verz.).

H. FEDERHOFER

HUYGENS, Constantin, Herr von Zuyligem, * 4. 9. 1596 Den Haag, † 28. 3. 1687 ebd.; ndl. Dichter. H. gehörte zu den bedeutendsten und vielseitigsten Persönlichkeiten des kulturellen Lebens seiner Zeit. Er war ein begeisterter Musikliebhaber, spielte mehrere Instrumente, besaß eine große Instrumentensammlung und schrieb zahlreiche, doch größtenteils verlorene Vokal- und Instrumentalkompositionen. Erhalten ist eine *Pathodia sacra et profana* mit 20 lateinischen Psalmen, 12 italienischen Arien und 7 französischen Airs, die erste französische Sammlung im monodischen Stil mit Generalbaß. H. befaßte sich außerdem mit Fragen der musikalischen Temperatur und Instrumentenkunde und stand hierüber u. a. mit R. Descartes und M. Mersenne in regem Briefwechsel. Sein Orgeltraktat *Gebruyck of ongebruyck van't orgel*... kritisiert die mißbräuchliche Verwendung des weltlichen konzertierenden Orgelstils in der calvinistischen Kirche und fordert eine Rückkehr zum strengen liturgischen Stil. H. war der Vater des bedeutenden Mathematikers und Physikers **Christian H.,** * 14. 4. 1629 Den Haag, † 8. 7. 1695 ebd., der sich ebenfalls mit musikalischen Fragen befaßte. In seinem *Novus cyclus harmonicus* stellt er ein 31töniges temperiertes System vor.

WW: 20 Psalmen, 12 it. Arien u. 7 frz. Airs, in: *Pathodia sacra et profana* (P 1647); ferner die Schrift *Gebruyck of ongebruyck van't orgel in de Kercken der Vereenighde Nederlanden* (Leiden 1641).

Ausg.: *Gebruyck of ongebruyck van 't orgel*, hrsg. v. B. N. VAN DER PAAUW (Rotterdam 1937), in engl. Übers. hrsg. v. E. E. SMIT VANCROTTE (Brooklyn/N.Y. 1964); *Pathodia sacra et profana*, hrsg. v. F. NOSKE (A 1957).

Lit.: F. NOSKE, Rondom het orgeltractaat van C. H., in: TMw 17 (1955); W. PAAP, De Pathodia van C. H., in: Mens en Melodie 13 (1958); L. P. FARRAR, Ch. H. His Musical Contributions to 17th Century Science (1962) (= Diss. Univ. of Texas).

HYDRAULIS (griech., = Wasserorgel; von hydōr = Wasser, und aulos = Schalmei, Pfeife), antikes Blasinstrument, bei dem durch Wasserdruck regulierte Luft in die Pfeifen geleitet wurde. Seine Erfindung wird dem Techniker Ktesibios von Alexandria (3. Jh. v. Chr.) zugeschrieben. Heron von Alexandria (*Pneumatica*, 1,42; 1. Jh. n. Chr.) beschreibt eine H. mit nur einer Kolbenpumpe, während vor ihm bereits Vitruvius (*De architectura* X, 8; um 14 v. Chr.) ein technisch entwickelteres Instrument mit bronzenen, aus Hohlzylindern bestehenden, in einem sockelartigen Behälter aus Kupfer untergebrachten Pumpen mit Kolben und Ventilen kannte. In diesem Behälter, der teilweise mit Wasser gefüllt war und einen zweiten, kleineren, halb mit Wasser gefüllten Behälter in Form eines umgestülpten Trichters mit hohlem, nach oben in die Windlade führendem Stiel enthielt, staute sich die durch die Pumpen eingefüllte Luft, bis der Druck gleichmäßig stark war und sie durch den „Stiel" nach oben in die ↗Windlade gepreßt werden konnte. Die Gleichmäßigkeit der Windzufuhr für die Pfeifen wurde durch das eingefüllte Wasser erreicht, das die durch ungleichmäßige Bedienung der Pumpen entstandenen Druckschwankungen ausglich. Während des Spielens blieb der Druck durch einen ständigen Luftstrom aus den Pumpen, reguliert durch das Wasser, stets gleich. Bei hohem Druck, erforderlich für eine größere Lautstärke, war die Dauer des Spiels eingeschränkt (was vermutlich auch die Verwendung der H. als Signalinstrument begünstigte). In der Windlade befand sich eine mit Löchern für die einzelnen Töne versehene Gleitschiene, die von einem Schieber bewegt und von einer Feder wieder in die Ausgangsposition zurückgebracht wurde. Das bei Heron beschriebene Pfeifenwerk bestand nur aus Auloi (Zungenpfeifen mit zylindrischem Resonanzkörper), während Vitruvius bereits von mehreren, bis zu 8 Pfeifenreihen (Registern) berichtet, die einzeln oder wahlweise auch zusammen gespielt werden konnten. In Griechenland war das Instrument im 1. Jh. v. Chr. so beliebt, daß sogar Orgelwettspiele stattfanden; in Rom wurde es vor allem bei Zirkusaufführungen gespielt. Anhand der erhaltenen Bildzeugnisse läßt sich erkennen, daß die Zahl der Pfeifen im Laufe der Zeit ständig zunahm, schließlich bis zu 3 oder 4 Reihen von Pfeifen (mit jeweils 13 bis 18 Tönen). Diese Reihen konnten mit Hilfe von Registerschiebern an der Windlade getrennt gespielt werden. Im Oströmischen Reich wurde die H. weiterhin im Zirkus gespielt und gehörte vor allem zum Instrumentarium des Hofes als Symbol der kaiserlichen Macht. Als solches, und erst in zweiter Linie als Musikinstrument, ist auch die erste Orgel des fränkischen Reiches zu sehen, die König Pippin der Jüngere 757 von Kaiser Konstantin V. geschenkt bekam. Neben dem Hofinstrument muß es eine größere H. als Signalinstrument gegeben haben, deren Klang angeblich über 60 Meilen weit hörbar war – so jedenfalls behauptet der Grieche Muristos (erstmals erwähnt um 850) in einem arabisch geschriebenen Text. Auch von dem byzantinischen Feldherrn Belisar wird berichtet, daß er ein Instrument mit hohem Druck und wenigen Pfeifen für militärische Signale benutzte.

Bei Instrumenten aus der Zeit seit der Spätantike ist es häufig schwer feststellbar, ob es sich um eine H. oder um eine Balgorgel handelt, da der Name H. bis ins Mittelalter sehr oft für beide Typen benutzt wurde. Bereits im römischen Kaiserreich wurden die Pumpen des Wassergebläses zuweilen durch Blasebälge ersetzt. Bei den kleinen, im ganzen Kaiserreich verbreiteten Balginstrumenten mit Labialpfeifen, die wenig Druck benötigten, wurde die Luft direkt in die Windlade geleitet. Die Überreste eines dieser Instrumente aus dem Jahr 228 n. Chr. (mit der Bezeichnung *hydra)* wurden verkohlt in den Ruinen von Aquincum bei Budapest gefunden; es handelt sich um eine Orgel mit 4 Registern zu je 13 Tönen. Bei diesem wichtigen Dokument für die Kenntnis der frühen Balgorgel gehen die Ansichten über die Art des Gebläses auseinander und die Rekonstruktions- bzw. Ausbesserungsversuche sind unzuverlässig.

Lit.: CH. MAC LEAN, The Principle of the Hydraulic Organ, in: SIMG 6 (1904/05); H. G. FARMER, The Organ of the Ancients from Eastern Sources (Lo 1931); TH. SCHNEIDER, Organum Hydraulicum, in: Mf 7 (1954); J. PERROT, L'orgue de ses origines héllenistiques à la fin du XIIIe siècle (P 1965, engl. NY 1971); D. SCHUBERTH, Kaiserliche Liturgie (Gö 1968); M. WALCKER-MAYER, Die römische Orgel v. Aquincum (St 1970); K. SZIGETI, Die ungelösten Probleme der römischen Orgel v. Aquincum, in: Studia musicologica Academiae Scientiarum Hungaricae 13 (Budapest 1971); L. ELVIN, Organ Blowing. Its History and Development (Swanpool/Lincoln 1971).

M. BRÖCKER

HYMENAIOS (griech., = Hochzeitsgesang), in der griech. Antike Bez. für das Lied beim Hochzeitszug, mit dem die Braut vom väterlichen Haus in die Wohnung des Bräutigams geführt wurde. Als Begleitinstrumentarium für den singenden und tanzenden Chor dienten Kithara und Flöten. – ↗Epithalamion.

HYMNAR, Hymnarium, Bz. für eine handschriftlich oder gedruckt überlieferte Sammlung von Hymnen der lateinischen Liturgien. H.e sind z. T. als Sonderbücher erhalten, meist aber mit einem Offizienbuch, z. B. dem Psalter oder Antiphonale officii, als Teil verbunden; doch wurde bereits im Mittelalter statt einer geschlossenen Sammlung die Einfügung der Hymnen in die Tages- und Festoffizien zur Regel. Für den liturgischen Gebrauch einer Einzelkirche bestimmt, geben die H.e aus der unübersehbaren Anzahl von Texten und Melodien jeweils eine örtliche oder regionale Auswahl. Die seltenen ältesten Handschriften des 7.–9. Jh. weisen nur Texte ohne Melodien auf; lesbare Melodien bieten erst das H. von Moissac mit diastematischen Neumen (Rom, Bibl. Vat. Ross. 205; 10.–11. Jh.) und das H. von Kempten mit Tonbuchstaben (Zürich, Zentralbibl. Rh. 83; vor 1026). Vollständig neumiert ist das H. von Verona (Bibl. Cap. CIX; 11. Jh.), das für 207 Texte die Melodien angibt. – Unter den nichtlateinischen Liturgien besitzen vor allem der griechische und der armenische Ritus

Hymnenbücher, die als Gegenstücke der lateinischen H.e gelten können (troparion, triōdion, mēnaion, mit jeweils verschiedener Auswahl).

Ausg. u. Lit.: Die Hymnen des Thesaurus Hymnologicus H. A. Daniels u. anderer Hymnen-Ausg., 2 Bde., hrsg. v. C. BLUME (L 1908–09) (= Anal. Hymn. 51–52), dazu 2 Register-Bde., hrsg. v. M. LÜTOLF (Be 1978); Hymnar von Pairis, hrsg. v. K. WEINMANN (Rb 1905); Hymnar von Einsiedeln, hrsg. v. B. EBEL (Einsiedeln 1930); 10 vollständige Hymnare u. Einzelstücke aus 148 Hss., hrsg. v. B. STÄBLEIN (Kas 1956) (= Monumenta monodica medii aevi 1); Melodiarium Hungariae medii aevi, I: Hymni et sequentiae, hrsg. v. B. RAJECZKY (Budapest 1956); B. STÄBLEIN, H., in: MGG VI; DERS., Hymnus. Der lat. Hymnus, in: ebd.; U. BOMM, Gregor. Gesang, in: Arch. für Liturgiewissenschaft 20 (1978) – 21 (1979).

U. BOMM

HYMNODIE (griech.), in engerem Sinne Bz. für das Hymnensingen, den Hymnengesang (↗Hymnus). Die ursprünglich verbale Form des Wortes (hymnodein) benannte bei den Griechen eine feierliche Art des Singens überhaupt (vgl. Aischylos, *Agamemnon* 990). In der Spätantike bedeutet die substantivische Form H. allgemein das Lobsingen, sowohl in heidnischem wie in altchristlichem Sinne (Psalm, Benedicite, Trishagion). H. galt nicht als eigener musikalischer Gattungsbegriff.

HYMNOGRAPHIE, byzantinische H., ↗Byzantinischer Gesang.

HYMNOLOGIE, eine theologische Wissenschaft im Bereich der praktischen Theologie, speziell der Liturgik, die das – in der Regel einstimmige – gottesdienstliche Gemeindelied untersucht und von anderen gottesdienstlichen Gesangsformen, insbesondere vom Gregorianischen Gesang und dem liturgischen Altargesang, abzugrenzen sucht. Sie ist sowohl eine historische wie eine systematische Wissenschaft. Ihr Gebiet greift zudem in das der Philologie und das der Musikwissenschaft über, da ihr Forschungsbereich auch die Metrik und vor allem Melodik des Kirchenlieds in ihre Arbeit mit einzubeziehen hat. – Der Begriff H. erscheint bei M. Praetorius als „Hymnologia" *(Syntagma musicum* I, Wittenberg 1614/15, S. 11) im Sinne von Lobsagung, in der Bezeichnung einer wissenschaftlichen Disziplin zuerst bei B. F. Schmieder (*Hymnologie,* 1789). Als das früheste wissenschaftliche hymnologische Werk hat Johann Caspar Wetztels *Hymnopoeographia* (1719–28) zu gelten. Das 19. Jh. war im Sinne der gottesdienstlichen Restauration vorwiegend eine Zeit der Quellensammlungen sowohl von Kirchenliedtexten wie von Melodien. Eine historische Gesamtdarstellung bot Eduard Emil Koch in der *Geschichte des Kirchenlieds und Kirchengesangs der christlichen, insbesondere der deutschen evangelischen Kirche*(1866–77). Ein erstes ökumenisches hymnologisches Werk bildet das *Dictionary of Hymnology* (1892–97). Das grundlegende Periodicum im deutschsprachigen Raum ist heute das *Jahrbuch für Liturgik und Hymnologie* (Kas 1955ff.).

Lit.: **1) Hymnolog. Quellen- u. Nachschlagwerke:** J. C. WETZEL, Hymnopoeographia oder Historische Lebensbeschreibung der berühmtesten Liederdichter, 4 Bde. (Herrenstadt 1719–28); B. F. SCHMIEDER, H. oder über die Tugenden u. Fehler der verschiedenen Arten geistlicher Lieder (Hl 1789); J. P. LANGE, Die kirchliche H. oder die Lehre vom Kirchengesang, 2 Bde. (Z 1843); CH. PALMER, Ev. H. (St 1865); E. E. KOCH, Gesch. des Kirchenlieds u. Kirchengesangs der christlichen, insbesondere der dt. ev. Kirche, 8 Bde. (St 1866–77, Nachdr. Hil 1972); C. G. A. VON WINTERFELD, Das dt. Kirchenlied v. der ältesten Zeit bis zu Anfang des 17. Jh., 5 Bde. (L 1864–77, Nachdr. Hil 1967); Das kath. dt. Kirchenlied in seinen Singweisen, hrsg. v. W. BÄUMKER, 4 Bde. (Fr 1883–1911, Nachdr. Hil 1962); Blätter für H., hrsg. v. A. FISCHER – J. LINKE (Gotha 1883–94, Nachdr. Hil 1971); Encyklopädie der ev. Kirchenmusik, hrsg. v. S. KÜMMERLE, 4 Bde. (Gütersloh 1888–95, Nachdr. Hil 1972); Die Melodien des dt. ev. Kirchenliedes aus den Quellen geschöpft..., hrsg. v. J. ZAHN, 6 Bde. (ebd. 1889–93, Nachdr. Hil 1963); Dictionary of H. Forth the Origin and History of Christian Hymns of all Ages and Nations, hrsg. v. J. JULIAN, 2 Bde. (Lo 1892–97, Nachdr. Hil 1957); A. FISCHER – W. TÜMPEL, Das dt. ev. Kirchenlied des 17. Jh., 6 Bde. (ebd. 1904–16, Nachdr. Hil 1964); K. AMELN – M. JENNY – W. LIPPHARDT, Das dt. Kirchenlied (Kas 1975ff.) (= RISM B 8/1); **– 2) Literatur zur H.:** W. BLANKENBURG, Der gottesdienstliche Liedgesang der Gemeinde, in: Liturgia 4 (Kas 1961); M. JENNY, H. als theologische Disziplin, in: Reformation (1966) Nr. 9; O. BRODDE, H., in: Die ev. Kirchenmusik (Rb 1967); H.-J. LAUBACH, Das dt. prot. Tauflied von der Reformation bis zur Gegenwart (H 1969); CH. ALBRECHT, Einführung in die H. (B 1973); W. ZELLER, „Daß Christus unser Lob u. Gesang sei". 450 Jahre ev. Gesangbuch, in: MuK 44 (1974); W. LIPPHARDT, Aufgaben u. Wege der H. als theologische Wiss. (Gr 1974); M. RÖSSLER, Die Frühzeit hymnologischer Forsch., in: JbLH 19 (1975); M. JENNY, Die gedruckten musikal. Quellen des dt. Kirchenliedes, in: ebd. 20 (1976); W. BLANKENBURG, Die Entwicklung der H. seit etwa 1950, in: Theologische Rundschau 42 (1977) und 44 (1979).

HYMNUS (lat., von griech. hymnos; engl.: hymn; frz.: hymne; it.: inno; span.: himno), lyrischer Gesang in Versen, gelegentlich auch in Prosa, zum Lob einer Gottheit, eines Heroen oder eines Heiligen.

1) Einstimmiger Hymnus. *Antike.* Das Wort, dessen Herkunft ungewiß ist, bezeichnete in der griechischen Dichtung einen Chorgesang zum Preis und zu Ehren eines Gottes. Alle großen Lyriker haben diese Gattung gepflegt, für die sich zahlreiche Beispiele in den Chören der attischen Tragödie finden. Aus der späteren Antike sind große Teile von zwei Hymnen an Apollon (einer ein ↗Päan) erhalten, die bei Ausgrabungen in Delphi gefunden wurden. Die *Hymnoi Homērikoi* (Homerische H.n) in Hexametern aus hellenistischer Zeit besingen die Heldentaten eines Gottes, den man mit den in seinem Kult üblichen Titeln in großer Zahl anspricht; dies ist als rein literarische Tradition in der hellenistischen Dichtung nachgeahmt worden. Normalerweise war der H. in lyrischen Versmaßen verfaßt; weite Verbreitung hat der Zeus-H. des Kleanthes gefunden. In ihm wird Zeus gebeten, seinen Wohnsitz im Olymp oder in einem seiner Kultstätten zu verlassen und bei seinen Anbetern einzukehren. Im kaiserlichen Rom häufen sich die Beispiele für Hymnen an Orpheus, und spätgriechisch-ägyptische Papyri überliefern Beschwörungshymnen, die der Sphäre der Magie und des Aberglaubens angehören.

Byzantinischer Hymnos. Der Terminus „Hymnos" dient in der byzantinischen Kirchendichtung und Musik als allgemeine Bezeichnung für den Lobgesang. Dabei können 2 Kategorien von Hymnoi unterschieden werden: 1. Religiöse Dichtungen, die in die Liturgie nicht aufgenommen wurden, d.h. gelehrte Dichtungen, die vielfach antike Metren verwenden. Die prominentesten Vertreter dieser Hymnendichtung in frühchristlicher Zeit sind Klemens von Alexandria († vor 215), Gregorios von Nazianz (329/30–390/91) und Synesios von Kyrene (370–413). 2. Hymnen, die in die Liturgie aufgenommen wurden, die meisten von ihnen Kontakia (↗Kontakion). Das angesehenste Kontakion der griechischen Kirche ist der *Akathistos hymnos.* (Der Name besagt, daß der Hymnos „nicht sitzend" vorgetragen wird.) Dieser Hymnos besteht aus einem Prooimion und 24 Oikoi, die mit 2 Kehrversen und mit alphabetischer Akrostichis miteinander verbunden sind. Die Oikoi behandeln das Thema der Verkündigung Mariä; das Prooimion ist ein Siegeslied; als Autoren wurden die Patriarchen von Konstantinopel Sergios (610–638), Germanos († 733), Photios (ca. 820 bis nach 886) und – neuerdings – der Melode Romanos († nach 555) angenommen. Es existiert von ihm eine lateinische Übersetzung aus dem 9. Jh.; die ältesten Aufzeichnungen von Melodien finden sich in Handschriften des 13. Jahrhunderts.

Lateinischer Hymnus. Der Begriff „Hymnus" ist in der abendländischen Kirche seit etwa 500 bekannt und umfaßt im weitesten Sinne alle lateinischen geistlichen und kirchlichen Gesänge in gehobener (poetischer) „Sprache", einschließlich der rhythmisch freien (psalmodischen) Gesänge der Kirche, von denen vor allem der H. angelicus ↗Gloria in excelsis Deo, der H. seraphicus ↗Sanctus und der H. Ambrosianus ↗Te Deum hervorzuheben sind. Im engeren Sinn bezeichnet H. einen metrisch festgelegten strophischen Gesang, wie er von Ambrosius in die Liturgie eingeführt wurde. Entscheidende Kennzeichen für die Form des liturgischen H. sind der gleiche Bau aller Strophen (Isostrophismus), wodurch stets die Wiederholung der Melodie bedingt ist (Abgrenzung gegen die Sequenzen), oder die starre Beibehaltung der stets gleichbleibenden Anzahl von Silben innerhalb der einzelnen Strophen (Isosyllabismus). Von diesen beiden Prinzipien weicht nur das Distichon ab, das besonders den Prozessions-H. bestimmt, wobei für diesen Gesang „ad procedendum" das Kennzeichen des Kehrverses (Refrain) eine Scheidung gegenüber der großen Gruppe der Hymnen erlaubt. Für den H. vollzieht sich die Ordnung des Verses durch den stetigen Wechsel von Längen und Kürzen nach einem metrischen Prinzip. Seit dem 6. Jh. behauptet sich der Isosyllabismus. Dadurch siegte das rhythmische Prinzip und prägte den H. in seiner mittelalterlichen Form.

Die wichtigsten Versmaße der lateinischen Hymnen sind der jambische Dimeter (Ambrosianus) mit 8 Silben (⏓–⏑–⏓–⏑–, z. B. *Veni redemptor gentium*), der trochäische Vers mit 6 Silben (–⏑–⏑–⏑: *Ave maris stella*), die sapphische Strophe mit 11 Silben (–⏑–––⏑⏑–⏑–⏑: *Ut queant laxis resonare fibris*) und der Asclepiadeus mit 12, z. T. auch 11 Silben (–––⏑⏑––⏑⏑–⏑⏓: *Sanctorum meritis inclyta gaudia*). Zwischen diesen 4 Versmaßen, die den Anfang der lateinischen Hymnodie markieren, sind die verschiedensten Kombinationen (besonders zu 7, 10 und 15 Silben) möglich. Die erwähnte Ausnahme und zugleich den Sonderfall bildet das Distichon, das sich aus einem Hexameter und einem Pentameter zusammensetzt.

Von ihren stilistischen Merkmalen her, besonders von ihren Ursprüngen, sind dem H. verwandt, doch nicht gleichzusetzen: der Versus, auch in seiner ma. Erscheinungsweise als ↗Tropus, die beide einen vorgegebenen liturgischen Text kommentieren und somit Einschiebsel bzw. Einfügungen darstellen; die Rhythmi des ↗Reimoffiziums des 11.–13. Jh., von denen z. B. das ↗Stabat mater dolorosa und das ↗Dies irae der Gattung der ↗Sequenz zugehören, während die weiteren Unterabteilungen (Glossen- und Stundenlieder, Psalterien, Rosarien) sich vollständig dem Urbild entfremden; der ↗Conductus, der, aus dem Tropus seit etwa 1100 erwachsen, die rhythmisch gegliederte Prosa verläßt; die ↗Cantio als das einstimmige lateinische Lied des Mittelalters, die mit dem H. zwar die Form eines Strophenlieds gemeinsam hat, aber in anderen entscheidenden Merkmalen (größerer Umfang, strafferer Rhythmus, Fehlen der Doxologie) von ihm abweicht; das lateinische, deutsche und lateinisch-deutsche (Misch-)Lied des Spätmittelalters in Dreiermensur, das durch keine nähere Bezeichnung in einer Gruppe oder Gattung zusammenzufassen ist.

In ihrer Gesamterscheinung sind die Hymnen trotz ihrer Verschiedenheit die lyrischen Stimmen der

Kirche, besonders im Hinblick auf die geplante Verbindung und Verschmelzung eines Großteils von ihnen mit dem Gesang. Die Volksnähe des H. blieb durch das ganze Mittelalter erhalten, namentlich seitdem die Sequenz seit etwa 900 sich als die anspruchsvollere, nur einen kleineren Kreis ansprechende poetische Form zu erkennen gab. Der liturgische Ort der lateinischen Hymnen ist das Stundengebet. Die Hymnen sind z. T. älter als das ↗Brevier; wohl schon von Hilarius von Poitiers und besonders von Ambrosius waren sie bestimmt für das Stundengebet der christlichen Gemeinde, und zwar als Volksgesang. Entscheidend wurde die Verfügung von Benedikt von Nursia, die allen ↗Horen je einen H. zusprach. Erhalten haben sich bis heute mit einigen Änderungen im 17. Jh. die Hymni diurni für die 7 Wochentage, die zum ältesten Teil des Breviers gehören. Einige Hymnen, wie z. B. das *Pange lingua* und das *Veni Creator Spiritus,* werden auch außerhalb des Stundengebetes in der Liturgie verwendet.

Die ältesten ↗Hymnare enthalten nur selten eine musikalische Notierung, da Hymnen die am leichtesten im Gedächtnis zu behaltenden Melodien des gesamten liturgischen Repertoires waren. Erst im 13. Jh. wurden die mit Noten versehenen Handschriften häufiger (Hss. von Cambrai, Évreux, Klosterneuburg, Paris, Saint-Omer, Troyes, Worcester u.a.). Im 14. und 15. Jh. finden sich handschriftlich, im 16. Jh. auch in Drucken mensural notierte Hymnen, für die eine dreizeitige Mensur anzunehmen ist.

Die Übersetzung lateinischer Hymnen in die Volkssprache bildete eine wichtige Quelle des reformatorischen ↗Kirchenliedes. Von Luther selbst stammen die Texte u. a. zu *Nun komm, der Heiden Heiland (= Veni redemptor gentium), Komm, Gott Schöpfer, Heiliger Geist (= Veni Creator Spiritus).* Auch im katholischen Kirchengesang besonders des 17.–19. Jh. waren Lieder gebräuchlich, denen eine versifizierte Nachdichtung lateinischer Hymnen zugrunde liegt (bekannt davon noch heute: *Komm Schöpfer Geist, kehr bei uns ein*).

W. IRTENKAUF

2) Mehrstimmiger Hymnus. Versuche, eine gregorianische Hymnenmelodie zweistimmig auszuführen, sind bereits in der *Musica Enchiriadis* des 9. Jh. belegt. Sie setzten sich später, besonders im 13. und 14. Jh., oft in dreistimmiger Form fort. Für all diese Hymnen gilt der Grundsatz der Alternatim-Aufführung, d. h. die abwechselnde Wiedergabe der Melodie strophenweise choraliter und figuraliter. Die Geschichte der mehrstimmigen Hymnenbearbeitung beginnt mit den 10 fast Note gegen Note komponierten Hymnen der Hs. Apt (vor 1400), vermutlich entstanden für die päpstliche Kapelle in Avignon. Sie begründen die Tradition der zyklischen Vertonung „per totum annum", der sich fast alle namhaften Komponisten von G. Dufay bis G. P. da Palestrina verpflichtet fühlten. Das künstlerische Niveau von Dufays 21 3-4st. Fauxbourdonhymnen mit chansonhaft koloriertem Choral, erfüllter Klanglichkeit und schönheitlicher Geformtheit wirkte beispielgebend auf die in Italien tätigen franko-flämischen Komponisten, vor allem in der 2. Hälfte des 15. Jh., wie die 140 Sätze der Trienter Codices beweisen. In England trat J. Dunstable mit mehrstimmigen Hymnenbearbeitungen, die als isorhythmische Motetten gestaltet waren, hervor. – Um 1500 erlebte die Hymnenkomposition quantitativ und qualitativ in Deutschland eine große Blüte. Enthält das Glogauer Liederbuch noch 20 stark italienisch beeinflußte Hymnensätze, so zeigen die späteren Hauptquellen im 3-5st. Satz eine Vielfalt der Techniken, die von der Vollstimmigkeit mit Cantus planus im Tenor bis zur imitatorisch durchwirkten, spannungsreichen motettischen Gestaltung reichen, besonders bei H. Finck, Th. Stoltzer und L. Senfl. Diese Vertonungen waren auch im protestantischen Mitteldeutschland außerordentlich beliebt, wurden durch Drucke verbreitet und von jüngeren Musikern bis um 1600 weiter gepflegt. – Während der mehrstimmige H. in Frankreich kaum gepflegt wurde, erlebte er in Italien im 16. Jh. durch niederländische und italienische Komponisten einen weiteren Höhepunkt. Beispielgebend für den tridentinischen Reformkatholizismus wurde Palestrinas Hymnenzyklus (43 Hymnen in 133 Sätzen) von 1589.

L. HOFFMANN-ERBRECHT

Vom 17. Jh. bis zur Gegenwart blieb die Vertonung lateinischer Hymnen über alle Stilverschiedenheiten hinweg fester Bestandteil der Kirchenmusik, meist im Rahmen der Motette. Gleichwohl sind aus dieser Zeit nur ganz wenige Werke von Rang zu nennen, wie etwa A. Bruckners *Vexilla regis*. Aus der Zahl der nicht streng liturgischen lateinischen Hymnenvertonungen ragen im 20. Jh. die *Quattro inni sacri* (für Bar. u. Org.) von G. Petrassi heraus.

Eine bemerkenswerte Verwendung der Bz. H. im kirchenmusikalischen Bereich findet sich in der Originalausgabe der C-Dur-Messe von L. van Beethoven. Hier werden Kyrie / Gloria als 1. H., Credo als 2. H. und Sanctus / Benedictus / Agnus als 3. H. bezeichnet, wohl im Hinblick auf den hier hinzugefügten deutschen Text, der nicht eine Übersetzung des lateinischen Messetextes, sondern eine vollständig neue religiöse Dichtung ist.

Außer vokalen Bearbeitungen gregorianischer Hymnen entstanden im 15.–17. Jh. auch zahlreiche

Bearbeitungen für Orgel. Die frühesten Beispiele stammen von deutschen Autoren (K. Paumann, P. Hofhaymer, A. Schlick, H. Buchner, Fr. Sicher). Später schrieben Orgelhymnen: im 16. Jh. G. Cavazzoni, G. M. Asola; im 17. Jh. u. a. G. C. Arresti, A. Banchieri, B. Botazzi, J. Bull, A. de Cabezón, G. B. Fasola, G. Frescobaldi, M. Praetorius, G. Scipione, S. Scheidt, J. P. Sweelinck.

G. MASSENKEIL

Ausg.: **Zu 1):** Analecta hymnica medii aevi, hrsg. v. G. M. DREVES – C. BLUME, 55 Bde. (L 1886–1922, Nachdr. F-NY 1961 bis 69); Monumenta monodica medii aevi, I: Hymnen, 1: Die ma. Hymnenmelodien des Abendlandes, hrsg. v. B. STÄBLEIN (Kas 1956). – **Zu 2):** Le manuscrit ... d'Apt, hrsg. v. A. GASTOUÉ (1936) (= Publ. Soc. Fr. de Mie I/10); H. Finck, Acht Hymnen, hrsg. v. R. GERBER (Wb 1931) (= Chw 9); Dt. Meister des 15. Jh., Zwölf Hymnen, hrsg. v. DEMS. (Wb 1935) (ebd. 32); G. Dufay, Sämtl. Hymnen, hrsg. v. DEMS. (Wb 1937) (= Chw 49); G. Rhau, Sacrorum hymnorum liber primus, hrsg. v. DEMS. (L 1942, 1943) (= EDM 21, 25); S. Dietrich, Ausgew. Werke, I: Hymnen 1545, 1. Teil, hrsg. v. H. ZENCK (L 1942) (= ebd. 23).

Lit.: **Zu 1):** U. CHEVALIER, Repertorium hymnologicum, 6 Bde. (Löwen – Bru 1892–1921); C. BLUME, Der Cursus S. Benedicti Nursini u. die liturg. Hymnen des 6.–9. Jh. (L 1908); B. EBEL, Das älteste alemannische Hymnar mit Noten, Kod. 366 (472) Einsiedeln, 12. Jh. (Einsiedeln 1931); PH. A. BECKER, Vom christlichen H. zum Minnesang, in: Hist. Jb. der Görres-Ges. 52 (1932); C. BLUME, Unsere liturg. Lieder, Das Hymnar der altchristlichen Kirche (Rb 1932); R. E. MESSENGER, Christian Hymns of the First Three Centuries (NY 1942); B. STÄBLEIN, Die ma. Hymnenmelodien (Erl 1946) (= Habil.-Schrift); DERS., Zur Gesch. der choralen Pange-lingua-Melodie, in: Der kultische Gesang der abendländischen Kirche. FS D. Johner (Kö 1950); R. E. MESSENGER, The Medieval Latin Hymn (Washington/D.C. 1953); C. E. POCKNEE, The French Diocesan Hymns and Their Melodies (Lo 1954); Melodiarium Hungariae medii aevi, I: Hymni et sequentiae, hrsg. v. B. RAJECZKY (Budapest 1956); B. STÄBLEIN, Parerga zu Monumenta monodica Medii Aevi 1, in: Mf 10 (1957); J. SZÖVÉRFFY, Die Annalen der lateinischen Hymnendichtung, 2 Bde. (B 1964–65); P. MITTLER, Melodieuntersuchungen zu den dorischen Hymnen der lateinischen Liturgie im MA (Diss. Bonn 1965); W. LIPPHARDT, Das Hymnar der Metzer Kathedrale um 1200, in: FS B. Stäblein (Kas 1967); H. GNEUSS, Hymnar u. Hymnen im engl. MA (Tü 1968); H. LAUSBERG, Zum H. „Jesu dulcis memoria", in: Martyra, Leiturgia, Diakonia. FS H. Volk (Mz 1968); H. GOLTZEN, Die Stellung des H. im Tagzeitengebet, in: FS Ch. Mahrenholz (Kas 1970); J. SZÖVÉRFFY, Ein Schmuckmittel der ma. Strophen. „Regelmäßige Zeilenentlehnung" in der Hymnendichtung in: Mittellat. Jb. 7 (1972); H. LAUSBERG, Der H. „Ave maris stella" (Opladen 1976) (= Abh. der Rheinisch-Westfälischen Akad. der Wiss. 61). – **Zu 2):** A. ELLING, Die Messen u. Hymnen der Hs. v. Apt, (Diss. Gö 1924); G. HAYDON, The Hymns of C. Festa, in: JAMS 12 (1959); R. GERBER, Zur Gesch. des mehrst. H., hrsg. v. G. Croll (Kas 1965) (= Musikwiss. Arbeiten 21); G. HAYDON, The Hymnus of J. de Kerle, in: Aspects of Medieval and Renaissance Music. FS G. Reese (NY 1966); M. BERNSTEIN, The Hymns of G. de Wert, in: Gedenkschrift G. Haydon (Chapel Hill/N.C. 1969); T. R. WARD, The Polyphonic Office Hymn from 1400 to 1520. A Descriptive Inventory (Lo, in Vorb.).

HYPATĒ ↗Systema teleion.

HYPOTYPOSIS, von J. Burmeister 1599 geprägte Bz. für eine musikalisch-rhetorische Figur, durch die ein Textwort oder ein Textinhalt musikalisch ausgedeutet wird. Die klassische Rhetorik bezeichnet als H. den fingierten Augenzeugenbericht (Cicero) bzw. eine so anschauliche Beschreibung eines Gegenstandes, daß der Hörer den Eindruck habe, ihn vor Augen zu sehen (Quintilian). Burmeister definiert seine musikalisch-rhetorische H. als „jene Art der Textausdeutung, durch die etwas an sich Unbeseeltes lebendig vor Augen geführt oder entschleiert zu sein scheint". Unter den von ihm gegebenen Beispielen finden sich Koloraturen, Wechsel der Satztechnik, der Stimmlagen oder der Notenwerte, textbezogene Wiederholungen und Abweichungen von der Taktordnung durch Häufung von Synkopen (Abweichungen von den Gesetzen der Tonart, Überschreitungen des normalen Tonumfangs einer Stimme und auffallende Dissonanzen hatten eigene Bezeichnungen erhalten). Diese Besonderheiten konnten nur dann als musikalisch-rhetorische ↗Figuren aufgefaßt werden, wenn sie von der Normalsprache auffallend abwichen und wenn der Komponist sich darauf beschränkte, sie dort anzubringen, wo der Text ihn dazu legitimierte. Was Burmeister als H. bezeichnet hatte, wurde von späteren Musiktheoretikern differenziert und auf verschiedene Figuren verteilt. Man spricht daher von einer H.-Klasse und versteht darunter alle wortausdeutenden Figuren in Abgrenzung von den Wiederholungsfiguren der Emphasisklasse und den satztechnischen Ornamenten.

Hz, Abk. für ↗Hertz.

I

I, i, von J. Ph. Kirnberger 1771 vorgeschlagene Bz. in der Notenschrift für die Naturseptime, das Intervall zwischen dem 4. und 7. Oberton (↗Septime), das er versuchsweise in die Komposition einführte.

IAMBUS ↗Metrum.

IBACH, Rud. Ibach Sohn, dt. Klavierfabrik mit Sitz seit 1945 in Schwelm (Westfalen), gegr. 1794 in Barmen von *Johannes Adolf Ibach* (1766–1848) als Klavier- und Orgelbauwerkstatt. Sein Sohn *Carl Rudolf* (1804–63) übernahm 1825 die Leitung, wurde 1833 Mitinhaber, 1839 zusammen mit seinem Bruder *Richard* (1812–89), der sich auf den Orgelbau spezialisierte. 1844 trat der dritte Sohn von Adolf, *Gustav Adolf* (1823–83), in das Geschäft ein und machte sich 1862 in Bonn als Orgel- und Klavierbauer selbständig. 1869 wurde das Barmer Unternehmen in die „Orgelbauwerkstatt Richard I." und die „Klavierfabrik Rudolf I. Sohn" geteilt, deren Leitung *P. A. Rudolf* (1843–92) übernahm. 1904 verkaufte die Witwe von Richard dessen Betrieb an das Stammhaus, das nacheinander von *Walter* (1856–1923), *Rudolf* (1873–1940), *Johann Adolf,* (* 1911) und *Rolf* (* 1940) geleitet wurde. Das Haus Rud. I. Sohn gehört seit Mitte des 19. Jh. zu den führenden deutschen Klavierbauwerkstätten; nach 1870 hatte auch die Orgelbaufirma Richard I., vor allem durch ihre Exporte, eine hervorragende Stellung inne.

Lit.: Das Haus R. I. Sohn Barmen – Köln 1794–1894 (Barmen 1894); Dokumente. 175 Jahre I. (Schwelm 1970); G. BEER, Orgelbau I. Barmen 1794–1904 (Kö 1975) (= Beitr. z. rheinischen Musikgesch. 107).

IBERT, Jacques François Antoine, * 15.8.1890 Paris, † 5.2.1962 ebd.; frz. Komponist. Nach Studien am Pariser Conservatoire bei A. Gédalge und P. Vidal (1910-14) errang er 1919 den 1. Grand Prix de Rome mit der Kantate *Le poète et la fée.* 1937 wurde er Direktor der Académie de France in Rom in der Villa Medici, unterbrach diese Tätigkeit und kehrte dann bis 1960 auf diesen Posten zurück. 1955 wurde er Direktor der Union des Théâtres Lyriques de Paris, gab aber diesen Posten aus zeitlichen Gründen bald wieder ab.

WW: **1) Instr.-WW:** Für Klv.: *Le vent dans les ruines* (1915); *Histoires,* 10 Stücke (P 1922), auch für Orch. bearb.; *Les rencontres* (1921–24); *Française* (P 1928); *Toccata sur le nom de Roussel* (1937); *Petite suite,* 15 Stücke (Lau 1944); *3 Pièces* für Org. (P 1920); *6 Pièces* für Harfe (P 1932); *Caprilena* (1951) für V.; *Étude-Caprice pour un Tombeau de Chopin* u. *Ghirlarzana* (1952) für Vc.; *Pièce pour flûte seule* (1935); *Sonatine Jeux* für V. u. Klv. (1924–27); *Impromptu* für Trp. u. Klv. (1951); *Entracte* (1937) für Fl. u. Gitarre; *5 Pièces en trio* (1953) für Ob., Klar. u. Fag.; Trio (1944) für V., Vc. u. Harfe; Streichquartett (1937–42); *2 Mouvements* für 2 Fl., Klar. u. Fag. (1923); *3 Pièces brèves* für Bläserquintett (1930); *Capriccio* (1936) für 10 Instr. – Für Orch.: *Ballade de la geôle de Reading* (nach O. Wilde) u. *Escales* (1924); *Suite symphonique,* aus der Bühnenmusik zu *Donogoo* v. J. Romains (1929–32); *Ouverture de fête* (1940–41); *Suite élisabéthaine* (1941) mit Sopran u. Chor, aus der Bühnenmusik zu *Le songe d'une nuit d'été* v. W. Shakespeare; *Louisville-Concert* (1953); *Concerto* (1925) für Vc. u. Orch.; *Concerto* (1932–34) für Fl. u. Orch.; *Concerto da camera* (1933) für Saxophon u. 11 Instr.; *Symphonie concertante* (1948–49) für Ob. u. Orch.; *Hommage à Mozart* (1955); *Bacchanale* (1956). – **2) Vokal-WW:** Zahlreiche Lieder u. Chansons, u. a.: *5 chansons de Don Quichotte* (1931) u. *Complainte de Florinde* (Text: A. Arnoux) (P 1957); ferner *Chant de folie* (1923–24) für Soli, 8st. Chor u. Orch. – **3) Bühnen-WW:** Opéra-bouffe *Angélique* (1928); *Persée et Andromède* (P 1929); Opéra-comique *Le roi d'Yvetot* (1927–28); Farce *Gonzague* (1930); *L'Aiglon* (1936–37) (Libr.: E. Rostand) (zus. mit A. Honegger), UA: Monte-Carlo 1937; Operette *Les petites cardinales* (1937–38) (Libr.: A. Willemetz u. P. Brach nach L. Halévy) (zus. mit A. Honegger), UA: Paris 1939. – Ballette: *Les rencontres* (P 1924); *Diane de Poitiers,* UA: Paris 1934; *Le chevalier errant* (1935), mit Rezitation u. Chor; *Les amours de Jupiter* (1945), UA: Paris 1946; *Le triomphe de la pureté* (1951); *Impromptu au bois de Boulogne* (1956); *Tropismes pour des amours imaginaires* (1957), UA: Paris 1974 (Schallplatteneinspielung).

I. gehört zu den „Unabhängigen" der Generation vor 1900, obwohl Anregungen und Einflüsse u. a. besonders von M. Ravel nachweisbar sind, der auch in den 20er Jahren Musik von I. aufführen ließ, weil sie ihm bedeutend erschien und er eine Entwicklung der Musik in dieser Richtung voraussah. Stellvertretend für Ravel übernahm I. 1932 auch die musikalische Gestaltung eines Don Quixote-Films, in dem 5 Lieder für F. Schaljapin geschrieben sind. Das Ansehen von I. in den 20er Jahren wird auch deutlich durch seine Beteiligung an Gemeinschaftskompositionen, z. B. mit Ravel, D. Milhaud, A. Honegger, G. Auric, Ch. Koechlin und A. Roussel. Obwohl sich I. keiner Kompositionsschule verpflichtet fühlte und heute als Eklektiker gilt, wurde sein Name in den 20er Jahren häufig in Verbindung mit der Groupe des Six und in den 30er Jahren zusammen mit Honegger und Roussel genannt. I. ließ sich auch von der Emanzipation des Rhythmus und des Schlagzeugs um 1920 beeindrucken und verwendete in *Angélique* Jazzelemente. Mehrfach wurde ihm „Wissen" und Sorgfalt im technischen Bereich bescheinigt, so von R. A. Mooser, der I.s Streichquartett hochschätzte. B. de Schloezer bezeichnete ihn 1926 als typischen Vertreter eines „musikalischen Hedonismus", dem es um eine leichte, einfache, angenehm klingende und ansprechende Musik gehe. Die Mannigfaltigkeit von I.s Werken und die folgende Äußerung bezeugen, wie er verstanden sein möchte: „Le terme académisme m'a toujours fait frémir."

Lit.: A. HOÉRÉE, J. I., in: RM 10 (1929); P. LANDORMY, La musique française après Debussy (P 1943, ²1948); J. FESCHOTTE, J. I. (P 1958); U. BÄCKER, Frankreichs Moderne v. C. Debussy bis P. Boulez (Rb 1962); G. MICHEL, J. I., l'homme et son œuvre (1968); A. ORENSTEIN, M. Ravel, Leben und Werk (St 1978).

U. ECKART-BÄCKER

IDÉE FIXE (frz., = fixe, unveränderliche Idee) nannte H. Berlioz in seinen Programmtexten zur *Symphonie fantastique* (1830) das Hauptthema des 1. Satzes, das, mehr oder weniger stark abgewandelt, in den anderen 4 Sätzen wieder auftritt. Berlioz hat hiermit die in der Oper seiner Zeit gebräuchliche Verwendung von Erinnerungsmotiven in die Instrumentalmusik übertragen. (Später, im Zusammenhang mit R. Wagner, entstand der Terminus ↗Leitmotiv, der im Schrifttum gelegentlich mit I. f. gleichgesetzt wird, obwohl Berlioz selbst die Bezeichnung I. f. in keinem anderen Zusammenhang wieder benutzt hat.) Die Wahl des aus der Medizin stammenden Begriffs „idée fixe" (der etwa gleichbedeutend mit „Wahnvorstellung" ist) war für Berlioz durch den psychologischen Kontext des Programms der *Symphonie fantastique* motiviert: „Infolge einer eigentümlichen Bizarrerie erscheint dem Künstler" (der die Symphonie quasi durchleidet bzw. träumt) „das Bild der Geliebten stets nur in Begleitung eines musikalischen Gedankens."

Lit.: R. BOCKHOLDT, Die idée fixe der Phantastischen Symphonie, in: AfMw 30 (1973).

IDELSOHN, Abraham Zebi, *1. (13.) 7. 1882 Filzburg bei Libau (Lettland), † 14. 8. 1938 Johannesburg (Südafrika); jüdischer Musikforscher und Kantor. Nach Musikstudien in Königsberg, London, Berlin und Leipzig wurde er 1903 Kantor (ḥazzan) in Regensburg, 1905 in Johannesburg und übersiedelte 1906 nach Jerusalem, wo er sich dem Sammeln und Studium jüdischer und orientalischer Musik widmete und 1910 ein Institut für jüdische Musik sowie 1919 eine jüdische Musikschule gründete. Seit 1922 lebte er in den USA; 1924–34 lehrte er jüdische Musik am Hebrew Union College in Cincinnati/Conn.

Schriften: *Hebräisch-Orientalischer Melodienschatz,* 10 Bde. (L 1914–32); *Jewish Music, Historical Development* (NY 1929, Nachdr. NY 1967); *Jewish Liturgy and Its Historical Development* (NY 1929, NA 1965, 1967); *Musical Characteristics of East European Folk Song,* in: MQ 18 (1932).

Lit.: A. SENDREY, Bibliogr. of Jewish Music (NY 1951) (mit Werk-Verz.); E. WERNER, From Generation to Generation. Studies on Jewish Musical Tradition (NY 1968).

IDIOMELOS, Automelos (griech.-byzantinisch, = mit eigener Melodie), Hinweis, häufig am Beginn eines ↗Sticheron oder anderen byzantinischen Gesanges, daß die Melodie für den betreffenden Text geschaffen wurde. Der Begriff wird zur Unterscheidung von Prosomoios verwendet, der besagt, daß einem Gesang eine schon vorhandene Melodie eines anderen Stückes unterlegt ist.

IDIOPHONE, nach der Klassifikation von E. M. von Hornbostel und C. Sachs diejenigen Instrumente, deren Material (z. B. Holz, Metall, Glas oder Stein) elastisch genug ist, um selbst durch Anschlagen (Xylophon), Anzupfen (Maultrommel), Reiben (Glasharmonika) oder Blasen in Schwingung versetzt zu werden, im Unterschied zu den Instrumenten, deren primär schwingende Substanz erst künstlich hinzugefügt werden muß (z. B. Saite bei den Chordophonen oder Fell bei den Membranophonen). Hornbostel und Sachs ersetzten die anfangs von V.-Ch. Mahillon vorgeschlagene Bezeichnung „Autophone" durch den Begriff I., der heute allgemein in Gebrauch ist.

IDIOT, DER, Ballett in 6 Bildern mit Prolog und Epilog von Hans Werner Henze (* 1926), Libretto: Tatjana Gsovsky (* 1901), Texte: Ingeborg Bachmann (1926–76). UA: 1. 9. 1952 in Berlin (Hebbel-Theater). Choreographie: T. Gsovsky.

Fjodor M. Dostojewskijs (1821–81) Roman *Der Idiot* (1868) inspirierte T. Gsovsky und H. W. Henze, diese Ballettpantomime zu schaffen. Die Sprechrolle des Sonderlings Myschkin, der Hauptfigur des Werks, ist gegenüber dem szenisch vermittelten Geschehen abgesetzt, dem Henze in der Partitur scharf akzentuierte Rhythmen und stark chromatisch gefärbte Klangfolgen zuordnet. – Trotz der künstlerisch überzeugenden Darbietungen von Klaus Kinski (Fürst Myschkin), Wiet Palar (Nastassia), Natascha Trofimova (Aglaja), Harald Horn (Rogoschin) und Wolfgang Leistner (Ganja) blieb das Werk ohne weitere Resonanz. In der 1959 entstandenen, ebenfalls kaum beachteten Neufassung, zu der wiederum I. Bachmann die Texte schrieb, wird die Partie des Myschkin auf die Rollen eines Tänzers und eines Sprechers aufgeteilt.

G. LUDIN

I DO! I DO!, Musical von Harvey Schmidt; dt. Titel: Das ↗Musikalische Himmelbett.

IDOMENEO, RÈ DI CRETA, ossia: Ilia ed Idamante, Dramma per musica in 3 Akten von Wolfgang Amadeus Mozart (1756–91), KV 366, Text von Giambattista Varesco nach der Tragédie lyrique *Idoménée* von Antoine Danchet mit Musik von A. Campra (UA: Paris 1712). Ort u. Zeit der Handlung: Kreta, nach dem Trojanischen Krieg. UA: 29.1.1781 in München; EA in dt. Sprache: 1.1.1802 in Kassel.

Dieses Werk (als Auftragsarbeit für den Mannheimer Kurfürsten Karl Theodor entstanden; der mythologische Stoff mit dem Menschenopfer im Zentrum der Handlung war vorgeschrieben) bewahrt einerseits die traditionellen Aufbauschemata der Opera seria mit dem Wechsel von Rezitativ und Arie (diese häufig noch in der Da capo-Form). Andererseits fand Mozart, offenbar unter dem Einfluß von Glucks Pariser Reformopern, zu einem neuen musikdramatischen Stil, bei dem die bruchlose musikalische Verknüpfung von Accompagnato, Secco und Arie zur großformalen Szenenbildung führt. Vor allem der 1. Akt ist nahezu ausschließlich von diesem Kompositionsstil geprägt. Auffällig sind auch die ungewöhnlichen formalen Dimensionen des Werkes, die Massenszenen und Chöre. Dem Ballett (im Januar 1781 komponiert und als KV 367 eigens geführt) kommt besondere Bedeutung zu, vor allem in der großen Orchestersuite, die den Abschluß des Werkes bildet. – Als Lohn für die Komposition erhoffte sich Mozart vergeblich eine Anstellung am Münchner Hof. Zu seinen Lebzeiten wurde die Oper nur noch einmal (im März 1786 als Privataufführung im Wiener Palais des Prinzen Auersperg) gegeben. Die Kastratenrolle des Idamante arbeitete Mozart für Tenor um und nahm weitere tiefgreifende Änderungen vor. Zusammen mit zahlreichen Passagen, die schon für die Münchner UA gestrichen werden mußten, existiert ein umfangreiches Werkmaterial, das in der Folgezeit vielfach, jedoch nicht immer zum Besten des Werkes bearbeitet wurde.

J. SCHLÄDER

IDYLLE, Idyll (von griech. eidyllion = Bildchen), als literarische Gattung eine bestimmte Art von Schäfer- bzw. Hirtendichtung, die in der Antike bei Theokrit und Vergil ihre klassische Ausprägung erfahren hat. Sie erlebte dann in der 2. Hälfte des 18. Jh. eine neue Blüte (Salomon Geßner, Johann Heinrich Voß u. a.). In vielfältiger Weise fand die I. auch Eingang in die Musik, wohl zuerst in Huldigungswerken kantatenähnlicher Art von G.-B. Lully (*Idylle sur la paix,* P 1685) und M.-A. Charpentier (*Idylle sur le retour de la santé du roi,* 1694). In Anlehnung an eine literarische I. schrieb später M. Ravel das Orchesterstück *Daphnis et Chloë* (nach Longus). Seit dem 19. Jh. erscheint die Bezeichnung I., losgelöst von der literarischen Gattung und von der Vorstellung des Hirtenmilieus, als Titel von Stücken, die allgemein den Eindruck von Ruhe, Zurückgezogenheit, Beschaulichkeit u. ä. vermitteln sollen, so etwa im Bereich des ↗Charakterstücks für Klavier (z. B. bei N. W. Gade, Fr. Smetana, A. Jensen, E. Chabrier), häufig auch auf niedrigerem künstlerischem Niveau in der französischen Salonmusik des Fin de siècle. Eine eigentümliche Bedeutung erhielt die I. – ebenfalls in jenem allgemeinen Sinn – bei R. Wagner (*Siegfried-Idyll* für Orch., entstanden als musikalischer Reflex des Aufenthalts in Tribschen/ Schweiz, des „Tribschener Idylls"). Aus späterer Zeit sind noch zu nennen: L. Janáček, *Idylla* für Streichorch. (1878); Fr. Delius, *Idyll* für Sopr., Bar. u. Orch. nach W. Whitman (1900); A. v. Webern, *Im Sommerwind,* I. für Orch. (1904); E. Wolf-Ferrari, *Idillio-concertino* für Ob. u. Orch. (1932).

Ohne eigens als I. bezeichnet zu sein, gibt es im 18./19. Jh. Werke, die in jeweils charakteristischer Weise den Sinn und die Idee der I. musikalisch ausdrücken. Die bekanntesten Beispiele sind die Szene des Orpheus im Gefilde der Seligen aus Chr. W. Glucks *Orfeo,* das Duett *Holde Gattin* aus J. Haydns *Schöpfung* und die *Szene am Bach* in der *Sinfonia pastorale* von L. van Beethoven.

Lit.: R. BÖSCHENSTEIN-SCHÄFER, I. (St 1967, [2]1977); G. MASSENKEIL, Die I. in der Musik, in: Jahres- u. Tagungsbericht der Görres-Gesellschaft 1979 (Kö 1980).

IGELHOFF, Peter, * 22. 7. 1904 Wien, * 8. 4. 1978 Bad Reichenhall; dt.-östr. Komponist. I. war zuerst Ministerialbeamter, studierte dann Musik in Wien und London und kam 1936 nach Berlin, wo er bald als Chansonsänger bekannt wurde. Er trat zunehmend auch als Komponist hervor und gehörte seit 1937 zu den erfolgreichsten Filmkomponisten. Nach dem Krieg wurde er Vorstandsmitglied des Deutschen Komponistenrates. 1969 erhielt er den Professorentitel. I. wurde auch durch zahlreiche

Auftritte in Funk und Fernsehen als Interpret eigener Lieder bekannt, u. a. mit *Der Onkel Doktor hat gesagt* und *Mein Herz hat heut Premiere.*

WW: Musikal. Lustspiele und Musicals: *Liebe auf den ersten Blick,* UA: Bremen 1937; *Ein Mann mit Herz,* UA: Dresden 1938; *Ein toller Fall,* UA: Frankfurt 1940; *Mademoiselle Mama,* UA: Wien 1946; *Eine Nacht mit Rosita,* UA: München 1949; *Moral um Mitternacht,* UA: Basel 1969; *Geld regiert die Welt,* UA: Koblenz 1978; Musik zu etwa 50 Filmen, u. a. zu: *Wir machen Musik* (1942); *Hurra, ein Junge* (1953); *Eine Frau genügt nicht* (1955); *Majestät auf Abwegen* (1958); Musik zu über 100 Fernsehshows und Fernsehserien, u. a.: *Vati macht alles* (1960); *Alle Hunde lieben Theobald* (1969); *Mein Bruder, der Herr Berger* (1971); ferner über 1000 Chansons, Lieder und Schlager.

IGNÁTIEFF, Michail, * 23.1. (5.2.) 1910 St. Petersburg; dt. Balalaikavirtuose russ. Herkunft. Er lebt seit 1918 in Deutschland, ist Autodidakt, studierte Musiktheorie bei Richard Kursch am Klindworth-Scharwenka-Konservatorium in Berlin und war 1924–30 Konzertmeister in einem Balalaikaorchester. Seitdem ist er freischaffend als Solist tätig. Er komponierte Kammermusik für Balalaika und Klavier, Variationen über russische und slawische Volkslieder und Tänze und verfaßte eine *Schule des künstlerischen Balalaika-Spiels* (F 1951).

Lit.: M. GOLDSTEIN, M. I. u. die Balalaika (H 1971).

IKONOGRAPHIE (von griech. eikōn = Bild und graphein = schreiben), die Erforschung und Deutung von Bildinhalten. Gegenstand der **musikalischen I.** sind bildliche Quellen, auf denen Musikdarstellungen zu sehen sind: singende oder spielende Personen, Instrumente, Noten. Sie erscheinen in der bildenden Kunst als primärer Bildinhalt (z. B. Orpheus, König David, Personifizierungen der Musica, die heilige Caecilia, Musikerporträts, musizierende Gruppen), als attributive Ergänzung (Marien- und Heiligenbilder, liturgische Handlungen, weltliche Feste, Krönungen usw.), als akzidentielle (erzählende oder schmückende) Beigabe zu einer Szene und als Dekoration. (Ein besonderer Bereich sind die illuminierten Musikhandschriften und illustrierten Drucke.) Diese Darstellungen können unsere Kenntnis von der Musikgeschichte anschaulich bereichern, indem sie Aufschluß über die Biographie einzelner Musiker, Belege zur Sozialgeschichte der Musik, zur Instrumentenkunde und Aufführungspraxis sowie Hinweise auf die Musikanschauung früherer Epochen liefern.

Grundsätzlich ist zu trennen zwischen illustrierenden Dokumenten, die für sich selbst sprechen (z. B. Komponistenporträts, Abbildungen von Instrumenten), und Bildwerken, die erst durch ikonologische Interpretation, d. h. erst nach der Analyse der jeweiligen Bildtradition, dem Vergleich mit analogen Darstellungen und dem Heranziehen literarischer Quellen, ihren Sinn erschließen. Die ikonologische Methode der Kunstwissenschaft (Hauptvertreter: Erwin Panofsky) behandelt ein Bildwerk als vielgliedriges Gefüge, in dem verschiedene geistesgeschichtliche Entwicklungen und Bedingungen – unabhängig von der persönlichen Art des Künstlers – Gestalt angenommen haben, und bemüht sich, die einzelnen Stränge freizulegen, ihre Wurzeln zu erkennen sowie Querverbindungen und Verästelungen zu verfolgen. Dabei erweist sich auch in den individuellsten Schöpfungen großer Künstler vieles als rückführbar auf Traditionen, vorgegebene Schemata und Topoi. Umgekehrt erlaubt die Analyse der Einzelelemente erst die angemessene Würdigung des Ganzen.

Nachdem die ältere Forschung sich meist mit den illustrierenden Dokumenten beschäftigt hatte (z. B. G. Kinsky, *Geschichte der Musik in Bildern;* Quellensammlungen zu Leben, Werk und Umwelt einzelner Meister), wurde die musikalische I. durch W. Gurlitt, H. Besseler, E. Winternitz, R. Hammerstein u. a. um allgemein kulturgeschichtliche Fragestellungen erweitert. Seit den 60er Jahren hat sie – angeregt bes. durch bedeutende kunsthistorische Arbeiten (Panofsky, G. Bandmann, H. Steger, E. Schröter u. a.) – einen ungeahnten Aufschwung genommen. Die von Besseler und M. Schneider begründete *Musikgeschichte in Bildern* sammelt und erläutert wesentliche Bildzeugnisse zu bestimmten musikhistorischen Themen. Das 1971 gegründete *Répertoire international d'iconographie musicale* (RIdIM) widmet sich der Katalogisierung sämtlicher erreichbarer Quellen und ihrer Auswertung. Eine Fülle monographischer Abhandlungen mit teils musikwissenschaftlichem (vielfach organologischem), teils kunsthistorischem Hauptakzent entstand in Nachfolge dieser Unternehmungen. Bleibt das Materialsammeln auch weiterhin eine wesentliche Aufgabe der musikalischen I., so liegt ihre besondere Chance im wachsenden Interesse für interdisziplinäre Fragen. Bildliche Musikdarstellungen – seien es nun eine oder mehrere Personen, die singend oder spielend erscheinen, religiöse Szenen oder auch nur abgebildete Musikinstrumente – sind ja in den wenigsten Fällen lediglich getreue Wiedergaben der Realität; sie haben meist auch einen Sinn, der über sie selbst hinausweist. Zu seiner Entschlüsselung müssen die symbolische und allegorische Bedeutung der Instrumente, die vielfältigen Relationen zwischen Musik auf der einen, Philosophie und Theologie, Mythologie, Literatur und Emblematik auf der anderen Seite herangezogen werden. Beispielsweise können Bilder mit einer musizierenden Gruppe durchaus Kenntnisse über die musikalische Aufführungspraxis vermitteln; oft dienten sie aber weniger der exakten Alltagsschilderung als einer allegorischen Aussage (häufig Harmonie, Liebe, politische Eintracht; aber auch Laster, Vergänglichkeit usw.). Der Realitätsgrad ist in jedem Fall neu zu prüfen. Ähnliches gilt auch für die Musikinstrumente, die seit der Antike vielfach Außermusikalisches symbolisieren. Als unerläßliche Hilfen bei der Interpretation erweisen sich die ikonologischen, emblematischen und symbolkundlichen Handbücher des 16. und 17. Jh., die den Wissensstoff aus Antike, Mittelalter und Renaissance enzyklopädisch zusammenfassen (vgl. Henkel–Schöne, s. u. Lit.). War die musikalische I. ursprünglich nur auf die Bebilderung der Musikgeschichte beschränkt, so hat sie sich daneben immer stärker zu einem Spezialfach zwischen Musik-, Kunst-, Literatur- und allgemeiner Kulturgeschichte entwickelt. Wie sie von den Anregungen der großen Fächer profitiert, kann sie ihrerseits als Hilfswissenschaft auf diese zurückwirken.

1) Nachschlagewerke, Methodisches, allgemeine Darstellungen: G. KINSKY, Gesch. der Musik in Bildern (L 1929); Artikel zu einzelnen Bildthemen in: Reallexikon zur deutschen Kunstgeschichte (St 1937ff.); K. M. KOMMA, Musikgesch. in Bildern (St 1961); Musikgesch. in Bildern, hrsg. v. H. BESSELER–M. SCHNEIDER, fortgesetzt von W. BACHMANN (L 1961ff.); E. PANOFSKY, Studies in Iconology (NY 1962); A. HENKEL–A. SCHÖNE, Emblemata (St 1967) (Zusammenstellung nach den Schriften des 16. u. 17. Jh.); V. RAVIZZA, Zu einem int. Repertorium der Musikikonographie, in: AMl 44 (1972); E. WINTERNITZ, The Iconology of Music. Potentials and Pitfalls, in: Perspectives in Musicology, hrsg. v. B. S. Brook u. a. (NY 1972); E. LOCKSPEISER, Music and Painting. A Study in Comparative Ideas from Turner to Schoenberg (Lo 1973); E. PANOFSKY, Sinn und Deutung in der bildenden Kunst (Kö 1975); RIdIM Newsletters (NY 1975ff.) (mit Bibliogr.); H. GIESEL, Stud. zur Symbolik der Musikinstr. im Schrifttum der alten u. ma. Kirche (Rb 1978) (= Kölner Beitr. zur Musikwiss. 94); I. u. Ikonologie. Theorien, Entwicklung, Probleme, hrsg. v. E. KAEMMERLING (Kö 1979). – **2) Studien:** H. LEICHTENTRITT, Was lehren uns die Bildwerke des 14.–17. Jh. über die Instrumentalmusik ihrer Zeit?, in: SIMG 7 (1905/06); B. A. WALLNER, Musikal. Denkmäler der Steinätzkunst des 16. u. 17. Jh. (Mn 1912); M. SEIFFERT, Bildzeugnisse des 16. Jh. für die instr. Begleitung des Gesanges u. den Ursprung des Musikkupferstiches, in: AfMw 1 (1918/19); L. SCHRADE, Die Darstellungen der Töne an den Kapitellen der Abteikirche zu Cluny, in: DVfLG 7 (1929); Musik u. Bild. FS M. Seiffert, hrsg. v. H. BESSELER (Kas 1938); W. GURLITT, Die Musik in Raffaels Heiliger Cäcilia, in: Jb. Peters (1938), Neudr. in: Musikgesch. und Gegenwart 1 (1966) (= Beihefte zum AfMw 1); W. BACHMANN, Bilddarstellungen der Musik im Rahmen der artes liberales, in: Kgr.-Ber. Hamburg 1956 (Kas 1957); G. BANDMANN, Melancholie u. Musik. Ikonographische Stud. (Kö – Opladen 1960); P. EGAN, „Concert" Scenes in Musical Paintings of the Italian Renaissance, in: JAMS 14 (1961); H. STEGER, David Rex et Propheta (Nü 1961); R. HAMMERSTEIN, Die Musik der Engel (Be – Mn 1962); A. P. DE MIRIMONDE, Remarques sur l'Iconographie musicale, in: RMie 51 (1965); F. LESURE, Musik u. Ges. im Bild (Kas 1966); E. WINTERNITZ, Musical Instruments and Their Symbolism in Western Art (Lo 1967); H. J. ZINGEL, König Davids Harfe (Kö 1968); S. FRAENKEL, Decorative Music Title Pages (NY 1968); V. RAVIZZA, Das instr. Ensemble von 1400–1550 in Italien. Wandel eines Klangbildes (Be – St 1970) (= Publ. der Schweizer Musikforsch. Ges. II/21); K. MEYER-BAER, Music of the Spheres and the Dance of Death. Studies in Musical Iconology (Princeton / N. J. 1970); H. M. BROWN – J. LASCELLE, Musical Iconography. A Manual for Cataloguing Musical Subjects in Western Art Before 1800 (C/M 1972); V. SCHERLIESS, Musikal. Noten auf Kunstwerken der it. Renaissance bis zum Anfang des 17. Jh. (H 1972) (= Hamburger Beitr. zur Musikwissenschaft 8); T. SEEBASS, Musikdarstellung und Psalterillustration im frühen MA, 2 Bde. (Be 1973); V. SCHERLIESS, Notizen zur musikal. I. 1: Gestimmte Instr. als Harmonie-Allegorie, in: Anal. Mus. 14 (1974); R. HAMMERSTEIN, Diabolus in musica. Stud. zur I. der Musik des MA (Be – Mn 1974); A. P. DE MIRIMONDE, Sainte-Cécile, Métamorphoses d'un thème musical (G 1974) (= Iconographie musicale 3); P. FISCHER, Music in Paintings of the Low Countries in the 16th and 17th Centuries (A 1975); E. SCHRÖTER, Die I. des Thomas Parnass vor Raffael (Hil – NY 1977) (= Stud. z. Kunstgesch. 6); R. D. LEPPERT, The Theme of Music in Flemish Paintings of the Seventeenth Century 2 Bde. (Mn – Salzburg 1977) (= Musik u. Musiker im Bild. Ikonographische Stud. 1); V. SCHERLIESS, Musica politica, in: FS G. von Dadelsen (Neuhausen – St 1978).

V. SCHERLIESS

IKTUS (lat., = Hieb, Schlag). – **1)** Bz. für den Schlag, durch den in der Antike das Grundmaß der rhythmischen Bewegung (genus rhythmicum) markiert worden ist. Im allgemeinen dürfte er wie der neuzeitliche Tactus im Auf und Ab der Füße oder der Finger (so Fabius Quintilianus) ausgeführt worden sein. Die Frage, ob sich dieser „Taktschlag" in einer Betonungsordnung versinnlicht hat und somit Indiz einer quantitierenden Rhythmik ist, läßt sich nicht schlüssig beantworten, auch weil sich die antike Theorie darin nicht einig ist. Jedenfalls war der antike I. im Gegensatz zum modernen Akzent keine zentrale Kategorie der Rhythmik. – In einigen modernen Rhythmustheorien wird das Wort wieder verwendet. M. Lussy bezeichnet damit die Brennpunkte der Motive und Sätze, ihre logischen Akzente.

W. SEIDEL

2) In der von Solesmes entwickelten Vortragslehre des Gregorianischen Gesangs ist I. Bz. der rhythmischen Senkung (Thesis). Ein I. fällt auf alle Noten mit Verlängerungszeichen (Episem, Punkt), auf den bestimmten Neumenformen (Quilisma, Pressus) vorhergehenden Ton und auf die erste Note einer Zweier- oder Dreiergruppe von Neumen. In den Choralausgaben mit rhythmischen Zeichen wird der I., falls er sich nicht aus den Regeln ergibt, durch einen kleinen vertikalen Strich unter der Note angedeutet.

H. HUCKE

Lit.: **Zu 1):** M. LUSSY, Le rythme musical (P 1883); B. SNELL, Griech. Metrik (Gö 1962); F. CRUSIUS, Römische Metrik (Mn [7]1963); G. WILLE, Musica Romana (A 1967). – **Zu 2):** A. MOCQUEREAU, Le nombre musical grégorien, 2 Bde. (Tou 1908–25).

ILEBORGH, Adam, lebte um die Mitte des 15. Jh. in Stendal (Altmark). Er bezeichnete sich selbst als Frater und „Rectoriatus“ und gehörte wahrscheinlich dem Franziskanerorden an. Von ihm stammt eine der ältesten deutschen Orgeltabulaturen (datiert 1448), ohne daß es sich feststellen läßt, ob er ihr Sammler, Kopist oder Autor ist. Die Handschrift, die sich heute im Curtis Institute of Musical Art in Philadelphia befindet, enthält 5 kurze Praeludien ohne Taktordnung, die den Gebrauch des Pedals voraussetzen, und 3 *Mensurae* über einen weltlichen C.f. *(Frowe al myn hoffen an dir leyed).*

Ausg.: Die Tabulatur, in: Keyboard Music of the 14th and 15th Century, hrsg. v. W. APEL (Dallas/Tex. 1963) (= Corpus of Early Keyboard Music 1).

Lit.: J. WOLF, Hdb. der Notationskunde 2 (L 1919, Nachdr. 1963); W. APEL, Die Tabulatur des A. I., in: ZfMw 16 (1934) (mit den 5 Praeludien); DERS., Early German Keyboard Music, in: MQ 23 (1937); G. KNOCHE, A. von I., in: Franziskanische Stud. 28 (1941) (mit Faks. der gesamten Hs.); G. MOST, Die Orgeltabulatur v. 1448 des A. I., in: Altmärkisches Museum Stendal, Jahresgabe 8 (1954) (mit Faks. der gesamten Hs.), vgl. dazu: M. REIMANN, in: Mf 9 (1956).

ILLICA, Luigi, * 9. 5. 1857 Castell'Arquato (Piacenza), † 16. 12. 1919 Colombarone (Piacenza); it. Librettist. Er war zunächst Journalist, wurde 1879 Mitarbeiter des *Corriere della Sera* in Mailand und gründete 1881 in Bologna die Tageszeitung *Don Chisciotte.* 1882 kehrte er nach Mailand zurück, wo er mit dem Gedichtband *Farfalle* seine literarische Laufbahn begann. 1889 erschien mit *Il vassallo di Szigeth* (Zus. mit F. Pozza) für A. Smareglia sein erstes Operntextbuch. Seit 1892 widmete sich I. ausschließlich der Dichtung von Libretti; er wurde vor allem durch seine Textbücher zu Opern G. Puccinis und U. Giordanos bekannt.

WW: Zahlr. Libretti, u. a. für: Alfredo Catalani, *La Wally* (nach L. Ganghofer), UA: Mailand 1892; A. Franchetti, *Christoforo Colombo,* UA: Genua 1892; *Germania,* UA: Mailand 1902; G. Puccini, *Manon Lescaut* (zus. mit M. Praga u. D. Oliva), UA: Turin 1893; *La Bohème* (zus. mit G. Giacosa), UA: ebd. 1896; *Tosca* (zus. mit dems.), UA: Rom 1900; *Madama Butterfly* (zus. mit dems.), UA: Mailand 1904; U. Giordano, *Andrea Chenier,* UA: ebd. 1896; *Siberia,* UA: ebd. 1902; P. Mascagni, *Iris,* UA: Rom 1898; *Le maschere,* UA: ebd. 1901 (u. 6 andere Städte am selben Abend); *Isabeau,* UA: Buenos Aires 1911.

Lit.: I. MORINI, L. I. (Piacenza 1961); DERS., I. e Mascagni nell'esperienze dell' „Iris“, in: Musica d'oggi 6 (1963); G. RONCAGLIA, Un capolavoro, „Iris“, in: ebd.

ILOSVAY, Maria von, * 8. 5. 1913 Budapest; ung. Sängerin (Alt). Sie studierte am Budapester Konservatorium und bei Laura Hilgermann in Wien, errang 1937 den 1. Preis beim internationalen Gesangswettbewerb in Wien und wurde von A. Erede für eine Europa- und Nordamerikatournee verpflichtet; 1940 wurde sie Mitglied der Hamburgischen Staatsoper. Seit den 50er Jahren trat sie regelmäßig bei den Bayreuther Festspielen auf sowie 1954–59 an der Covent Garden Opera in London und 1956/57 an der Metropolitan Opera in New York, häufig auch in Wien und München und bei den Festspielen in Salzburg und Edinburgh. M. von I., die als Wagner-Sängerin große Erfolge hatte, fand ebenso als Interpretin Neuer Musik Anerkennung.

IMBAULT, Jean Jérôme, * 9. 3. 1753 Paris, † 15. 4. 1832 ebd.; frz. Violinist und Musikverleger. Er studierte Violine bei P. Gaviniès, mit dem er 1770 sein erstes Konzert gab. Danach spielte er beim Concert spirituel und wurde 1810 Mitglied der Chapelle Impériale. Um 1783 gründete er einen Verlag, in dem er zahlreiche Instrumentalwerke von J. Haydn, M. Clementi, W. A. Mozart, L. Duport, G. B. Viotti, L. Boccherini u. a. sowie Revolutionshymnen von Cl.-J. Rouget de Lisle herausgab. 1814 übernahm Janet & Cotelle den Verlag.

Lit.: M. BRENET, Les concerts en France sous l'Ancien Régime (P 1900, Nachdr. NY 1970); L. DE LA LAURENCIE, L'école française de violon 2 (P 1923 Nachdr. G 1971); C. HOPKINSON, A Dictionary of Parisian Music Publishers 1700–50 (Lo 1954); P. GUIOMAR, in: FAM 13 (1966); R. BENTON, J.-J. I., violiniste et éditeur de musique à Paris, in: RMie 62 (1976).

IMITATION (von lat. imitatio = Nachahmung; it.: imitazione; span.: imitación), ein kompositionstechnisches Prinzip im mehrstimmigen Satz, bei dem eine melodische Gestalt unterschiedlicher Ausdehnung (Motiv, Thema, Phrase oder freier melodischer Ablauf) in verhältnismäßig kurzem Abstand von einer oder mehreren anderen Stimmen wiederholt wird. Dabei ist strenge und freie Imitationstechnik zu unterscheiden. Die Musiktheorie bezeichnet mit strenger I. (imitatio ligata) die durchgängige, nach einer genau umschriebenen Vorschrift durchgeführte Nachahmung, die auch als ↗Kanon bezeichnet wird. (Dabei ist zu beachten, daß jede strenge I. kanonisch ist, aber nicht jeder Kanon auf I. beruht, so z. B. der Reservat- und der Linearkanon.) Freie I. (imitatio libera oder simplex) liegt dementsprechend dann vor, wenn nur der (charakteristische) Beginn einer vorausgehenden Stimme von einer nachfolgenden aufgenommen, der weitere Verlauf aber auf abweichende Weise fortgeführt wird (Anfangsimitation).

Im allgemeinen Sprachgebrauch versteht man unter freier I. aber auch eine Nachahmung, die sich (wie im Notenbeispiel 1) bei Wahrung der Kontur gewisse melodische (*) oder rhythmische (+) Abweichungen erlaubt, während die strenge I. die Gestalt der führenden Stimme in bezug auf Intervalle und Tondauern beibehält.

Bestimmte tonartbedingte Modifikationen, die sich

Freie Imitation (H. Purcell, aus: *Fantasia a 4* in d)

aus der Versetzung einer Folgestimme auf eine andere Tonstufe (unter Beibehaltung des leitereigenen Tonvorrats) ergeben, werden jedoch zur strengen I. im erwähnten Sinne gerechnet. Die Musiktheorie des 16. Jh. bezeichnete ausschließlich diese Art der Nachahmung (bei der es gelegentlich – wie im Notenbeispiel 2 – zum Austausch von großen und kleinen Intervallen [*] kommt) als I. und verwandte für das intervallidentische Wiederaufgreifen der Führungsstimme den Begriff ↗Fuga.

Strenge Imitation in der Untersekunde (Josquin des Prés)

Besondere Arten der I. sind die Umkehrung der Bewegungsrichtung (per motum contrarium) und die Verkürzung oder Vergrößerung der Notenwerte (per diminutionem oder per augmentationem). In Notenbeispiel 3 sind alle drei Formen (über einem „Fundament" in doppelter Vergrößerung) miteinander kombiniert:

systematische Weise sämtliche Stimmen eines Satzes einbeziehen. In diesem Falle spricht man von Durchimitation.

Die I. hat im Verlaufe der historischen Entwicklung die Bedeutung eines Grundprinzips der polyphonen Setzweise gewonnen. Dadurch, daß bei der Durchimitation sämtliche Stimmen wechselweise an einem bestimmten melodischen Material teilhaben, wird die Gleichberechtigung aller Teile des Satzgefüges besonders sinnfällig. Die Differenzierung der melodischen Linien in Abschnitte, die durch Wiederkehr hervorgehoben werden, und andere, die nur einmal erklingen, führt zur Gegenüberstellung von Haupt- und Nebenstimmen, von Thema und Kontrapunkt und wird damit zu einem Grundprinzip thematischen Komponierens. Das Verfahren des sukzessiven Durchimitierens lockert die Satzstruktur auf, da die Stimmen vor ihren imitierenden Einsätzen häufig pausieren, und gibt andererseits dem formalen Ablauf den Charakter einer Entfaltung oder Steigerung. Nicht jedes Aufgreifen einer melodischen Gestalt durch eine Folgestimme ist I. in des Wortes eigentlicher Bedeutung. Die Aufteilung von paarigen Abläufen oder von

J. S. Bach, aus: *Verschiedene Canones*, BWV 1087, Nr. 14

Das Zitieren einer vorausgehenden Stimme in rückläufiger (krebsgängiger) Form wird zwar formal auch dem Bereich der I. zugeordnet (imitatio cancricans), doch ist hier der Vorgang des Nachahmens nicht unmittelbar wahrzunehmen. Innerhalb eines Satzgefüges kann das Verfahren der I. vereinzelt angewandt werden (episodisch oder zwischen nur zwei von mehreren Stimmen) oder auf Sequenzen auf verschiedene Stimmen wie auch die Stimmtauschtechnik bei aneinandergereihten Satzblöcken können nicht als echte Nachahmung gelten.

In der abendländischen Musikgeschichte hat die I. im Sinne eines natürlichen nachahmenden Musizierens ihren Ursprung im kanonischen Prinzip (Sommerkanon *Sumer is icumen in,* England 13. Jh.), wogegen der Ausgangspunkt für die intellektuell-konstruktive Komponente der Imitationstechnik wohl eher in den Conductus- und Organumformen des 12. und 13. Jh. zu sehen ist. Seit dem 15. Jh. gewann die imitierende Stimmführung zunehmend an Bedeutung, besonders seit Josquin des Prés wurde die in den motettischen Formen (↗Motette) angewandte Durchimitation zum dominierenden Kompositionsprinzip. Die hier entwickelte Satzkunst wurde seit Ende des 16. Jh. auch auf die imitierenden Formen der Instrumentalmusik (↗Ricercar, ↗Fuge) übertragen. Im 18. und 19. Jh. wurden in den homophonen und periodisierten Formtypen eigene Arten der Nachahmung entwickelt oder an bestimmten Stellen der Form (Durchführung, Finalebeginn, Scherzo) Episoden im imitierenden Kontrapunkt (↗Fugato, ↗Kanon) eingefügt. Die Musik des beginnenden 20. Jh. räumte der polyphonen Satztechnik und damit der I. noch einmal große Bedeutung ein. In den auf Wiederholung grundsätzlich verzichtenden athematischen Kompositionen der jüngsten Musik ist dagegen I. im Sinne der Gestaltnachahmung nicht mehr möglich.

Lit.: G. ADLER, Die Wiederholung u. Nachahmung in der Mehrstimmigkeit, in: VfMw 2 (1886); H. RIEMANN, Lehrbuch des einfachen, doppelten u. imitierenden Kontrapunkts (L 1888, $^{4-6}$1921); W. APEL, I. in the 13th and 14th Centuries, in: Essays on Music. FS A. Th. Davison (C/M 1957); C. DAHLHAUS, Ch. Bernhard u. die Theorie der modalen I., in: AfMw 21 (1964); D. HARBINSON, I. in the Early Motet, in: ML 45 (1964); J. KERMAN, Byrd, Tallis, and the Art of I., in: Aspects of Medieval and Renaissance Music. FS G. Reese (NY 1966); A. C. HOWELL, Paired I. in the 16th Century Spanish Keyboard Music, in: MQ 53 (1967); C. DAHLHAUS, Unters. über die Entstehung der harmonischen Tonalität (Kas 1968) (= Saarbrücker Stud. z. Musikwiss. 2); B. MEIER, Die Tonarten der klass. Vokalpolyphonie (Utrecht 1974); G. MORCHE, Muster u. Nachahmung. Eine Unters. der klass. frz. Orgelmusik (Diss. Hei 1975); V. E. NEWES, I. in the Ars nova and Ars subtilior, in: RBMie 31 (1977).

E. PLATEN

IMPERFEKTION, Imperfectio (von lat. imperfectus, = unvollendet), in der Mensuralnotation (↗Notenschrift) die Verkürzung einer 3zeitigen (perfekten) Longa um $^1/_3$ ihres Wertes. Sie erfolgt dann, wenn auf eine Longa entweder eine einzelne Brevis (oder Brevis-Pause) oder mehr als drei Breves folgen. Entsprechendes gilt für die I. der Brevis durch die Semibrevis. Im folgenden Beispiel (in schwarzer Notation des 13. Jh. gemäß der Lehre Francos von Köln) sind die erste und die letzte Longa perfekt, die zweite und die dritte Longa werden durch die jeweils folgende Brevis „imperfiziert“:

Es gibt außer dieser I. „a parte post“ auch eine I. „a parte ante“, wenn eine Longa durch eine vorangehende Brevis imperfiziert wird. I. findet nicht statt, wenn zwischen Longa und Brevis ein Punkt steht (punctus divisionis). Beispiel dafür und für eine I. a parte ante:

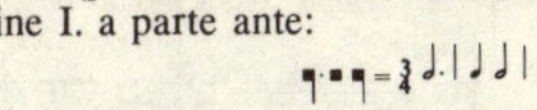

I. findet in entsprechender Weise auch in der späteren weißen Mensuralnotation statt, natürlich nur im Tempus perfectum. Äußeres Zeichen einer irregulären I. (d.h. nicht „a parte post“ oder „a parte ante“) ist hier die Kolorierung (↗Color). – ↗Hemiole.

IMPRESSIONISMUS, Bz. für einen Malstil, der in den 60er Jahren des 19. Jh. in Frankreich von Malern wie Édouard Manet, Claude Monet und Auguste Renoir entwickelt wurde. Die neue Malweise distanzierte sich von der akademischen Ateliermalerei und erstrebte eine Freiluftkunst (Pleinair), die die Brechungen des Lichts, die Schattierung der Farben und die Auflösung der Konturen atmosphärisch einfängt. Die Technik, die Farben nicht auf der Palette zu mischen, sondern auf der Leinwand rein so eng nebeneinanderzusetzen, daß sie sich erst dem distanzierten Blick des Betrachters mischen, wurde durch die Farbtheorie Michel-Eugène Chevreuls und die elementaristische Wahrnehmungspsychologie theoretisch gestützt. – Die Bezeichnung I. ist erstmals in einem Artikel von Louis Leroy in *Le Charivari* vom 23. 4. 1874 belegt; sie wurde in Anlehnung an Monets Gemälde *Impression – soleil levant* ursprünglich mit abschätziger Bedeutung geprägt. In diesem negativen Sinne erscheint das Wort zunächst auch in musikalischem Zusammenhang, und zwar in einer Kritik der Académie des Beaux-Arts von 1887 an Cl. Debussys Jugendwerk *Salut printemps* für Frauenchor und Orch. (1882), in dem der Komponist zu Lasten deutlicher Zeichnung und Formgebung sich einem verschwommenen I. hingegeben habe. Der ursprünglich pejorative Sinn des Wortes I. hat Debussy wahrscheinlich bewogen, sich gegen die Klassifizierung als Impressionist zu verwahren, obwohl er in seinen Schriften „impressions“ häufig als auslösendes Moment seines Komponierens nennt. Seit der Jahrhundertwende wurde die Bezeichnung musikalischer I. für die Musik Debussys sowie mancher Werke M. Ravels, O. Respighis, M. de Fallas u. a. gebräuchlich, zunächst in Frankreich, dann auch in Deutschland (z.B. bezeichnet A. Schönberg in seiner Harmonielehre von 1911 Debussys Verwendung der Ganztonakkorde als impressionistisch). Der Bedeutungshorizont von I. in der Musik festigt sich jedoch erst in der Gegenüberstellung zum ↗Expressionismus. Als Stilmerkmale des musikalischen I. gelten statische, afunktionale Harmonik, in ornamentalen Motiven kreisende Thematik und eine in raffinierten Klangfarbenmischungen schwelgende Instrumentation, an die sich vor allem die Analogiebildung zur Malerei heftet. In älterer Literatur diente die Gegenüberstellung von Expressionismus als „deutscher" Stilhaltung, in der sich die Ungebrochenheit der Ausdruckskraft manifestiere, und I., dessen passive Hingabe an bloße Sinnenreize Ausdruck „französischen Wesens" sei, nicht selten chauvinistischer Polemik. Nach dem 2. Weltkrieg haben Komponisten wie P. Boulez und K. Stockhausen an Debussys Musik neue Formprinzipien entdeckt, die ihre Unterordnung unter den Begriff eines musikalischen I. vollends problematisch erscheinen läßt.

Lit.: Lexikon des I., hrsg. v. M. SERULLAZ (Kö 1975); J. REWALD, Die Gesch. des I. (Kö 1975, [2]1979). – W. DANCKERT, Das Wesen des musikal. I., in: DVfLG 7 (1929); J. F. KÖLSCH, Der I. bei Debussy (Diss. Kö 1937); H.-G. SCHULZ, Musikal. I. u. impressionistischer Klv.-Stil. Ein Beitr. zur musikal. Stilforsch. (Duisburg 1940); B. A. ZIMMERMANN, Jenseits des I., in: Musica 3 (1949); W. DANCKERT, C. Debussy (B 1950) (mit Verz. der älteren Lit.); H. ALBRECHT, I., in: MGG VI; W. DÖMLING, Debussy u. der I. Zu einem abgestandenen Thema, in: NZfM 132 (1971); W.-A. SCHULTZ, Die freien Formen in der Musik des Expressionismus u. I. (H 1974) (= Hamburger Beitr. z. Musikwiss. 14); J. P. FAYE, Musique de l'openair zw. drei Sprachen, in: Musik-Konzepte 1/2 (Mn 1977).

H. WEBER

IMPROMPTU (frz., von lat. in promptu = in Bereitschaft), in der frz. Literatur des 17. Jh. ein Stegreifgedicht, auch Titel von kleineren Theaterstücken, erscheint im 18. Jh. vereinzelt in musikalischem Zusammenhang (bei J. Mattheson, 1739, zur Bezeichnung eines improvisierten Kanons). Im 19. Jh. ist I. der Titel von Charakterstücken verschiedenster musikalischer Gestaltung, meist für Klavier. Er begegnet zuerst bei J. V. Voříšek (I.s op. 7, 1822) und H. Marschner (op. 22 u. 23). Am bekanntesten wurden Fr. Schuberts I.s op. 90 und op. 142, die seither den Inbegriff des I. darstellen. Sie enthalten in ihrer Anlage Elemente u. a. der Sonatensatzform, der Variation oder des Lieds ohne Worte. Das I. op. 5 von R. Schumann stellt eine Folge freier, fantasierter bzw. fugierter Sätze über einen Passacagliabaß dar, der L. van Beethovens Eroica-Variationen nachgestaltet ist. Die mit den Etüden und Nocturnes verwandten, dreiteiligen, mehr spielerisch betonten 4 I.s von Fr. Chopin haben u. a. bei M. Reger (op. 32) und G. Fauré (6 I.s, op. 34) eine Nachfolge gefunden. I.s schrieben auch A. Jensen (4 I.s, op. 20), F. Hiller (*50 kurze I.s, zum Präludieren,* op. 123) und Fr. Liszt (*I.s sur des thèmes de Rossini et Spontini, Valse-I.).*

Lit.: J. MATTHESON, Der vollkommene Capellmeister (H 1739, Faks. Kas 1954, [2]1969) (= DMl 1/5); W. KAHL, Das lyrische Klavierstück Schuberts u. seiner Vorgänger seit 1810, in: AfMw 3 (1921); DERS., Aus der Frühzeit des lyrischen Klavierstücks, in: ZfM 89 (1922); H. H. EGGEBRECHT, Stud. zur musikal. Terminologie (1955, [2]1968) (= Akad. der Wiss. u. der Lit. Mainz, Abh. der geistes- u. sozialwiss. Klasse, Nr. 10); L. MISCH, Ein unbekanntes „I." v. Beethoven, in: NZfM 117 (1956).

IMPROPERIEN (lat., = Vorwürfe), die Klagen des Heilands über sein treuloses Volk, ein Gesang der römisch-katholischen Liturgie während der Kreuzverehrung am Karfreitag. Die I. sind aus 3 verschiedenen Teilen unterschiedlicher Herkunft zusammengestellt: 1. die sogenannten „großen" Improperien (*Popule meus, quid feci tibi,* 3 Strophen und ein Refrain), die offenbar auf gallikanische Tradition zurückgehen und zuerst in einer fränkischen Handschrift des 9. Jh. überliefert sind; 2. das griechisch-lateinische Trishagion *(Hagios ho Theos, Sanctus Deus),* eine feierliche Anrufung des Namens Gottes, das mit den großen I. verknüpft ist, zuerst im Zusammenhang mit dem Konzil von Chalcedon (451) überliefert wurde und Bestandteil aller ostkirchlichen Liturgien sowie des mozarabischen und gallikanischen Ritus ist, wo es an der Stelle des Gloria der Messe stand; 3. die „kleinen" Improperien *(Ego propter te flagellavi...),* die auf eine psalmodieartige Weise gesungen werden, zuerst im 11. Jh. in Italien überliefert. Die Zusammenstellung der 3 Teile findet sich zuerst im Missale Romanum von 1474. Seit dem 16. Jh. sind die I. auch mehrstimmig vertont worden, u. a. von G. P. da Palestrina und T. L. da Victoria.

Lit.: A. BAUMSTARK, Der Orient u. die Gesänge der Adoratio crucis, in: Jb. für Liturgiewiss. 2 (1922); H. SCHMIDT, Hebdomada Sancta II (R 1957).

H. HUCKE

IMPROVISATION (von it. improvvisare = aus dem Stegreif spielen, reden usw.) bedeutet Gleichzeitigkeit von musikalischer Erfindung und klanglicher Realisierung. In der außereuropäischen, vornehmlich in der vorderasiatischen Musizierpraxis ist derlei Gleichzeitigkeit stets erhalten geblieben, während sie in der abendländischen Musik spätestens seit dem 17. Jh., auch infolge zunehmender schriftlicher bzw. drucktechnischer Fixierung der Musik, an Verbreitung und Bedeutung verlor. Die Kunst der I. umfaßt sowohl spontan erfundene und unmittelbar realisierte Musik wie spontane Umspielung, Auszierung oder Variierung vorgegebener melodischer oder rhythmischer Grundmuster. Beide Arten sind auch als autonome und unwiederholbare Interpretation und Rezeption in einem zu verstehen. Die indische Rāga, javanische Patet, persische Dastgah, arabische und türkische Maqām geben als schriftlich nicht fixierte Modelle oder Modi I.s-Rahmen ab. Strukturdetails in Melos und Rhythmus verleihen diesen überlieferten Gestalttypen bestimmte Ausdruckscharaktere, deren „inneres Bild" vom Spieler oder Sänger entwickelt werden muß, um sich auf die Hörer zu übertragen. – In der Frühgeschichte des ↗Gregorianischen Gesangs spielte die I. bei der Vokalisierung des ↗Jubilus und der Auszierung des Sprechgesangs eine Rolle. Der Traktat *Musica Enchiriadis* (9. Jh.), die früheste Quelle der abendländischen Mehrstimmigkeit, beschreibt die I. schon nicht mehr als Neuerung, da ↗Organum und ↗Diaphonia in der Gesangspraxis bereits bekannt waren (Organa aus dem Winchester-Tropar, dem Calixtinus-Codex von Santiago de Compostela und den Handschriften von St-Martial, Limoges). Die Quellen weisen das damalige Entwicklungsstadium improvisierter Mehrstimmigkeit (Polyphonie) melodisch als ↗Discantus, rhythmisch als Organum auf. Der lineare Kontrapunkt des Mittelalters ist als improvisierter Kontrapunkt zu verstehen (super librum cantare, Contrappunto alla mente) und noch im Barock als improvisierter Contrapunctus ex mente, wogegen schriftlich fixierte Kompositionen als Res facta gelten. Die Praxis des improvisierten Kontrapunkts ist von den Theoretikern seit dem 13. Jh., von J. Tinctoris noch im späten 15. Jh. beschrieben worden (*De inventione et usu musicae,* um 1487). Im 15.–17. Jh. entwickelten sich verschiedene Techniken improvisierter Ausführung mehrstimmiger Musik, so in England Sight, Gymel und Faburden, auf deutschem Boden die Sortisatio. – Einige der ältesten überlieferten Dokumente schriftlich notierter Orgelmusik (Cod. Faenza, um 1400) weisen verschiedene aus der I. gewonnene Satztechniken auf. Sie ähneln den Techniken, die in den *Fundamenta* von K. Paumann (1552, 1470) und H. Buchner (1520) aufgeführt stehen (↗Fundamentum). Im 16.–17. Jh. berichten H. Finck, A. P. Coclico, G. Zarlino, G. M. Artusi, S. Calvisius, L. Zacconi und A. Kircher von improvisierten mehrstimmigen Fantasien über liturgische Themen. M. Mersenne rühmt die Fähigkeit der Organisten, „alle Arten von Kanons und Fugen improvisierend ausführen" zu können (*Harmonie universelle,* 1636–37). Auch den Berufssängern der damaligen Zeit waren die I.s-Techniken vertraut. Das Reglement der päpstlichen Kapelle fordert 1545 unter Paul III. von Choristen die Fähigkeit zur I. über Cantus planus-Melodien. G. Baini (1828) bezeugt diese Tradition für Italien noch im frühen 19. Jahrhundert. – Entscheidend mitbeteiligt war die I. auch an der Verselbständigung der Instrumentalmusik seit dem 16. Jahrhundert. Zunächst in der vokal-instrumental praktizierten ↗Kontrafaktur sowie in der Diminuierungs- und Kolorierungspraxis der Tanzliedmusik, schließlich in der Entwicklung eigenständiger Instrumentalformen wie ↗Tiento, ↗Ricercar, ↗Toccata, ↗Fantasie u. a. In der Tanzmusik (↗Suite) bildete der ↗Basso ostinato häufig ein Ausgangsmodell für Variationsfolgen, das rhythmisch-melodisch improvisiert wurde (↗Passacaglia, ↗Folia, ↗Romanesca, ↗Passamezzo). Diese Basso ostinato-Variationen wie auch die ↗Doubles weiterer Tanzsätze (↗Gavotte, ↗Menuett) entwickelten sich unmittelbar aus der I.s-Praxis. Im frühen 17. Jh. brachten die oft improvisatorisch ausgezierte ↗Monodie und der ↗Generalbaß, der wesenhaft auf I. beruht, neue Aspekte mit sich. Für den Wiederholungsteil der späteren italienischen ↗Da capo-Arie und die Doubles der französischen Ariette blieben die improvisierten Koloraturen als Ziergesang technischem Vermögen und der musikalischen Phantasie der Primadonnen und Kastraten überlassen. Kadenzen bildeten in Italien bei den Gesangssolisten seit langem das Hauptgebiet improvisierter Ausschmückungen (G. Bassani, *Ricercare, passaggi e cadentie,* 1585). Kontrapunktisch improvisierte Kadenzbildungen waren jedoch seit dem 17. Jh. kaum mehr kultiviert worden, außer von den an liturgische Themen und Anlässe gebundenen Organisten (eine Tradition, die sich bis ins 20. Jh. erhalten hat). Zu Beginn des 18. Jh. führten süditalienische Cembalisten das ↗Partimento-Spiel ein, eine Förderung der Improvisations- und Generalbaßpraxis anhand von Kompositionsskizzen (Fr. Durante, *Partimenti,* 1732). Bei den Gesangsstars war es inzwischen zur Gewohnheit geworden, vor Eintritt in das Da capo ihrer Soloarien auf dem Orgelpunkt der Dominante kunstvoll improvisierte Figurationen (Passaggi, Gruppo, Trillo) einzulegen. Die Instrumentalsolisten übernahmen in Solokonzerten diese Gelegenheit zur Selbstdarstellung mit Kadenz-I.en auf dem Quartsextakkord vor Eintritt in die Reprise („aufgehaltene" Kadenz). C. Ph. E. Bach begann damit, Kadenzen auch schriftlich festzulegen, um den überhandnehmenden Auswüchsen improvisierter Kadenzen zu begegnen. L. van Beethoven, in jüngeren Jahren selber als Pianist ein überragender Improvisator, wollte die 1809 zu seinen sämtlichen Konzerten schriftlich nachgelieferten, z. T. mehrfachen, also wahlweisen Kadenzen als für die Solisteninterpreten verbindlich angesehen wissen. C. Czerny hat den Improvisationsstil Beethovens beschrieben (*Vollständige theoretisch-praktische Pianoforteschule,* 1836). Beethovens Kunst der I. (bzw. des freien Phantasierens, wie es damals hieß) schlägt sich vielfach auch in seinen Werken für und mit Klavier nieder (z. B. in der *Chorphantasie* op. 80).

Die Klavier-I. blieb in der Konzertpraxis des frühen

19. Jh. vereinzelt weiterbestehen, doch kam sie im Laufe des 19. Jh. zum Erliegen. Die Musik dieser Zeit tendierte in der wachsenden Werkfixierung zu einer Überladung mit Aufführungsdetails (Agogik, Dynamik), eine zu der früheren, nichtfixierten improvisierten Praxis gleichsam komplementären Zeiterscheinung. Kompositorisch hinterließ die historisch gewordene I.s-Praxis noch vereinzelte Spuren in Fr. Chopins Impromptus und Fr. Liszts Paraphrasen. Bei Organistenkomponisten blieb die I. allerdings bis ins späte 19. Jh. und darüber hinaus bis in die Gegenwart erhalten (A. Bruckner, C. Franck, M. Dupré, O. Messiaen).
I. im ursprünglichen Sinne trat bereits vor der Jahrhundertwende im ↗Jazz wieder auf, als solistisch freie I. wie als I. im Rahmen des (Head- und Skeleton-)Arrangements; die traditionelle Basso ostinato-Variation fand ihre Fortsetzung als Chorusvariation über einem melodisch-harmonischen Grundschema, die traditionelle Kadenz als solistischer Einwurf (↗Break). Gefördert wurde die I. fernerhin durch Impulse der neueren Musikerziehung, insbesondere der Rhythmischen Erziehung (É. Jaques-Dalcroze) wie neuerlich auch der Musiktherapie. Sie erkennen in der I. Möglichkeiten, die sensoriellen, emotionellen und intellektuellen Elementarbereiche der Musik auf kreative Weise in Verbindung zu bringen. Als Gruppen-I. fand die I. seit den 50er Jahren dieses Jh. Eingang in die Kompositions- und Aufführungspraxis der musikalischen Avantgarde (↗Aleatorik). Als unabdingbar hatte sich die I. für die Aufführungspraxis älterer Musik seit den neobarocken Tendenzen der 20er Jahre erwiesen. Insgesamt tragen Bedeutung und Verbreitung der I. in den letztgenannten Bereichen (Alte Musik und Orgelspiel wie Neue Musik, Jazz und Musikerziehung) womöglich zu einer Erneuerung der (west-)europäischen Musik und Musizierpraxis im ausgehenden 20. Jh. bei.

Lit.: M. FISCHER, Die organistische I. im 17. Jh. (Kas 1929) (= Königsberger Stud. z. Musikwiss. 5); É. JAQUES-DALCROZE, L'i. au piano, in: Le rythme 34 (G 1932); DERS., L'i. musicale, in: RM 14 (1933); A. EPPING, ABC der I. (B 1954); H. HUCKE, I. im gregor. Choral, in: KmJb 38 (1954); E. T. FERAND, Die I. in Beispielen aus 9 Jh. abendländischer Musik (Kö 1956, 21961) (= Das Musikwerk 12); H. A. LÖW, Die I. im Klavierwerk Beethovens (Diss. Saarbrücken 1962); L. FRIEDEMANN, Gemeinsame I. auf Instr. (Kas 1964); G. KNEPLER, I., Komposition. Überlegungen zu einem ungeklärten Problem der Musikgesch., in: FS B. Szabolcsi (Budapest–Kas 1969); C. BRESGEN, Die I. (Hei 1969, Wie 21974); H. SCHRAMOWSKI, Der Einfluß der instr. I. auf den künstlerischen Entwicklungsgang u. das Schaffen des Komp., in: BzMw 13 (1971); E. KARKOSCHKA, Aspekte der Gruppen-I., in: Melos 38 (1971); J. VIERA, Arrangement u. I. (W 1971); O. KOLLERITSCH, Neue Musik u. I., in: Jazzforsch. 3/4 (1971/72); C. DAHLHAUS, Komposition u. I., in: NZfM 133 (1972), dass. in: Musik u. Bildung 5 (1973); H. CH. WOLFF, Originale Gesangs-I.en des 16.–18. Jh. (Kö 1972) (= Das Musikwerk 42); H. OESCH, Zw. Komposition u. I. Die Musik der 60er Jahre (Mz 1972) (= Schriften des Inst. für Neue Musik u. Musikerziehung Darmstadt 12); H. SCHRAMOWSKI, Schaffenspsychologische Unters. zur instr. I., in: BzMw 15 (1973); W. HEINISCH, Instrumentalunterricht u. I., in: Musik u. Bildung 7 (1975); I. u. neue Musik. 8 Kongreßreferate, hrsg. v. R. BRINKMANN (Mz 1979) (= Veröff. des Inst. für Neue Musik u. Musikerziehung Darmstadt 30).

H. LINDLAR

IMPULS, in der Akustik ein kurzzeitiger, stoßartiger Schallwechseldruck, wie er insbesondere von Schlaginstrumenten, aber auch im Einschwingvorgang bei anderen Instrumenten und bei der Sprache hervorgerufen wird. Er ist gekennzeichnet durch eine hohe Geschwindigkeit der Änderung des ↗Schalldrucks; nach der ↗Fourieranalyse sind darin auch Ultraschallanteile enthalten: Nach neueren Erkenntnissen kann das Ohr Anstiegsgeschwindigkeiten bis mindestens 10 Mikrosekunden (entsprechend einer ↗Grenzfrequenz von 50 kHz) wahrnehmen, weshalb in der Schallübertragung dem Ultraschallbereich zunehmend Bedeutung beigemessen wird.

IM WEISSEN RÖSSL, Singspiel in 3 Akten von Ralph Benatzky (1884–1957), Buch von Hans Müller und Eric Charell nach dem gleichnamigen Lustspiel von Oskar Blumenthal und Gustav Kadelburg. Gesangstexte von Robert Gilbert, musikalische Einlagen von Bruno Granichstaedten, Robert Gilbert, Robert Stolz und Hans Frankowski. Ort und Zeit der Handlung: St. Wolfgang am Wolfgangsee vor dem ersten Weltkrieg. UA: 8. 11. 1930 in Berlin (Großes Schauspielhaus). Verfilmt 1935 und 1953.
Aus Zeitgründen war die Kompositionsarbeit für *Im Weißen Rößl* aufgeteilt worden: *Die ganze Welt ist himmelblau* und *Mein Liebeslied muß ein Walzer sein* stammen von Stolz, *Zuschau'n kann i net* von Granichstaedten, *Erst wann's aus wird sein* von Frankowski und *Was kann der Sigismund dafür?* von Gilbert. Benatzky schrieb die restlichen Gesangsnummern, darunter auch die Titelmelodie *„Im Weißen Rößl" am Wolfgangsee.* Das heitere Spiel um Urlaub, Liebe und Geschäft ist von typisch österreichischer Atmosphäre geprägt, selbst Kaiser Franz Joseph tritt im Verlauf des Stückes auf. *Im Weißen Rößl* wurde nach über 400 Aufführungen in Berlin zum Welterfolg, in London (EA: 8. 4. 1931 Coliseum) wurden 651 Vorstellungen en suite gezeigt. Innerhalb eines Jahres übernahmen zahlreiche Theater in aller Welt die Erstinszenierung von Eric Charell, der selbst die mit 223 Aufführungen für damalige Verhältnisse sehr erfolgreiche Broadway-Fassung (EA: 1. 10. 1936, Center Theater) unter dem Titel *White Horse Inn* herausbrachte.

R.-M. SIMON – S. SIMON

INBAL, Eliahu, * 16. 2. 1936 Jerusalem; israelischer Dirigent. I. studierte 1948–56 Violine und Dirigieren am Konservatorium und an der Musikakademie in Jerusalem und 1957–60 Komponieren bei P. Ben-Haïm. 1960–63 studierte er am Conservatoire in Paris und besuchte 1961–62 in Siena an der Accademia Musicale Chigiana Dirigentenkurse bei S. Celibidache. I., der 1952–60 als Konzertmeister und Konzertdirigent in Israel tätig gewesen war, tritt seit 1963 als Gastdirigent in bedeutenden Musikzentren Europas, Amerikas und Israels auf. 1974 wurde er Chefdirigent des Symphonieorchesters des Hessischen Rundfunks in Frankfurt.

INCANTATION (frz.), im Französischen Bz. für die heute noch bei den Naturvölkern üblichen magischen Beschwörungsformeln. Die Bz. erscheint im 20. Jh. auch als Werktitel, u. a. bei A. Jolivet (*5 Incantations* für Flöte solo) und P. Capdevielle *(Incantation pour la mort d'un jeune Spartiate).*

INCIPIT (lat., wörtlich = es beginnt), fachsprachliche Bz. für den Anfang eines Textes oder Musikstückes. Musikalische Incipits, die je nach Zweckmäßigkeit eine oder mehrere Notenzeilen bzw. Stimmen enthalten, sind in der Regel wesentlicher Bestandteil thematischer Verzeichnisse von Werken einzelner Komponisten. Sie dienen auch der Katalogisierung bestimmter musikalischer Bestände (anonyme Melodien u. dergleichen). Für die Ordnung und Erschließung solcher Kataloge gibt es unterschiedliche Systeme, die meist auf einer numerischen Codierung der Intervallfolge beruhen.

Lit.: O. KOLLER, Die beste Methode, Volks- u. volksmäßige Lieder nach ihrer melodischen Beschaffenheit lexikalisch zu ordnen, in: SIMG 4 (1902/03); J. LARUE–M. RASMUSSEN, Numerical I. for Thematic Catalogue, in: FAM 9 (1962); J. LANSKY–W. SUPPAN, Der neue Melodien-Kat. des Dt. Volksliedarchivs, in: ebd. 10 (1963); G. BIRKNER, Eine musikal. Katalogisierung des neueren dt. Volkslieds, in: Zschr. für Volkskunde 60 (1964); I. BENGTSSON, Numericode. A Code System for Thematic I.s, in: STMf 2 (1967).

INCORONAZIONE DI POPPEA, L', Dramma in musica von Cl. Monteverdi; dt. Titel: Die ↗Krönung der Poppaea.

INDIA, Sigismondo d', * um 1580 Palermo, † 1629 Modena (?); it. Komponist. I. hielt sich zwischen 1600 und 1611 u. a. in Florenz, Parma und Piacenza auf. 1611–23 war er Kammermusikdirektor des Herzogs Karl Emmanuel I. von Savoyen in Turin, lebte 1623–24 am Hof der Este in Modena und 1624–26 in Rom in der Residenz des Kardinals Moritz von Savoyen. D'I. ist in seiner Zeit einer der wichtigsten Vertreter des monodischen Stils in der weltlichen italienischen Musik außerhalb der Oper. Zahlreiche Werke der *Musiche* (1609 ff.) bezeugen ein Streben nach starkem musikalischem Ausdruck mit Hilfe ungewöhnlicher melodischer und harmonischer Mittel. Auch die 2st. Werke dieser Sammlung sind erwähnenswert, da sie zu den frühesten Kammerduetten gehören (↗Duett).

WW: **1) Geistliche WW:** 2 Bücher *Sacri concentus ecclesiastici* für 3–6 St. u. B.c. (V 1610); *Motetten* für 4 St. u. B.c. (V 1627). – **2) Weltliche WW:** 8 Bücher Madrigale für 5 St. mit u. ohne B.c., I (Mi 1606); II (V 1611), III (V 1615), IV u. V (V 1616), VII u. VIII (R 1624); 2 Bücher *Villanelle alla napolitana* für 3–5 St. (Neapel 1608, V 1612); 5 Bücher *Le musiche* für 1–2 St. u. B.c. (V bzw. Mi 1609, 1615, 1618, 1621 u. 1623); *Le musiche e balli* für 4 St. u. B.c. (V 1621) (die Stücke dieser Slg. u. hsl. erhaltene weitere Stücke wurden bei Festlichkeiten in Turin aufgeführt).

Ausg.: *Il 1° libro de madrigali a 5 v.*, hrsg. v. F. MOMPELLIO (Mi 1942) (= I Classici Musicali Italiani 10); ein Madrigal in stile recitativo, in: F. NOSKE, Das außerdt. Sololied (Kö 1958) (= Das Musikwerk 16); *Il primo libro di Musiche da cantar solo*, hrsg. v. F. MOMPELLIO (Cremona 1970).

Lit.: N. FORTUNE, S. d'I. An Introduction to His Life and Works, in: Proc. R. Mus. Assoc. 8 (Lo 1954–55); F. MOMPELLIO, S. d'I. Musicista palermitano (Mi 1956); DERS., „Opere recitative, balletti et inventioni" di S. d'I., in: Collectanea historiae musicae 2 (Fi 1957).

INDIANER, Musik der Indianer. Nordamerika. Zur Zeit der Entdeckung Amerikas gab es etwa 1000 I.-Stämme, die sich kulturell stark voneinander unterschieden. Seit dem 19. Jh. reduzierte sich die Zahl der Stämme erheblich. Infolge der Umsiedlung in Reservate und durch den verstärkten Kontakt der einzelnen Stämme untereinander und zu den Weißen begann ein Prozeß weitgehender Akkulturation, der die Musik nicht im gleichen Maße erfaßte wie andere Bereiche der Kultur. Bei fast allen Stämmen ist die Musik eingebunden in kultische Handlungen: von Krankenheilungen bis zu kollektiven Wettspielen. Zwar gibt es musikalische Spezialisten, doch nehmen diese in der Regel zugleich die Funktion des Medizinmannes oder Schamanen wahr; vielfach ist das musikalische Repertoire geistiges Eigentum der gesamten Gemeinschaft.

Die nordamerikanischen I. kennen nur wenige Instrumente. Es dominiert der unbegleitete bzw. von einer Trommel unterstützte Gesang. Abgesehen von grifflochlosen Pfeifen, die nur einen Ton hervorbringen, sind Blockflöten aus Holz oder Knochen die einzigen Melodieinstrumente. Die I. im Süden der USA kennen einfache, 1- bis 2saitige Streichinstrumente mit schmalem Korpus und benutzen gelegentlich auch den Jagdbogen als Musikinstrument. Schlaginstrumente bilden die Hauptgruppe des Instrumentariums. Besondere Bedeutung kommt der einfelligen Rahmentrommel zu, da sie der Sänger während des Gesanges und des Tan-

zes bequem in der Hand halten und schlagen kann. Für ein gemeinschaftliches Musizieren bedient man sich größerer einfelliger Trommeln, die von mehreren Männern mit Schlegeln geschlagen werden. Unter den Idiophonen finden neben Rasseln und Klappern auch Schrapstöcke Verwendung sowie die sog. Wassertrommel, ein ausgehöhlter, mit Wasser gefüllter Holzstamm.
Trotz vieler Unterschiede gibt es stilistische Gemeinsamkeiten in der Musik der Indianer. Melodisch herrschen absteigende Bewegungen in teilweise großen Stufen (Fanfarenmelos) vor, die Ambitus liegen nur selten über einer Oktave. Bei der von Trommeln oder Idiophonen ausgeführten Liedbegleitung entsteht eine wohl nur selten beabsichtigte polyrhythmische Struktur. Die Gesänge werden überwiegend mit gepreßter Stimme und stark emphatisch, bei langen Werten auch pulsierend vorgetragen.

Lateinamerika. Die Mehrzahl der I. Lateinamerikas pflegt heute eine stark europäisierte Musik, wenngleich in einigen Gebieten offenbar Überreste der vorkolumbischen Musikkultur zu überdauern vermochten. Das Instrumentarium der mittel- und südamerikanischen Hochkulturen war – soweit Instrumentenfunde, Darstellungen musikalischer Szenen (vor allem in Bonampak) oder frühe Berichte von Reisenden und Missionaren dies erkennen lassen – außerordentlich vielgestaltig, wobei Blasinstrumente überwogen. Die ungewöhnlich große Zahl erhaltener gedoppelter und dreifacher Aerophone sowie Abbildungen umfangreicher Musikergruppen lassen auf eine zumindest rudimentäre Mehrstimmigkeit schließen. – Infolge der rassischen Vielfalt und starker Vermischung der I. bietet die lateinamerikanische Kultur ein sehr heterogenes Bild, vieles – gerade im Bereich der Musik – ist bisher noch unerforscht. Bei I.-Stämmen, die bis in die jüngste Zeit ohne Kontakte zu Weißen oder anderen ethnischen Gruppen blieben, sind die Melodien oft litaneiartig strukturiert; ein kleiner, engstufig ausgefüllter Ambitus überwiegt. Die Musik jener Stämme, die im Gebiet der ehemaligen Hochkulturen leben (Andenstaaten, Mittelamerika, Mexiko), ist gekennzeichnet durch pentatonische Skalen sowie durch verschiedene Formen der ↗Heterophonie. Instrumentales Musizieren wird angesichts des vielfältigen Instrumentariums jedenfalls in stärkerem Maße gepflegt als in Nordamerika. Unter den Aerophonen überwiegen, neben einfachen Holztrompeten und Rohrblattinstrumenten, Flöten verschiedenster Bauart, darunter auch Panflöten. Dies läßt auf ein entwickeltes Tonbewußtsein und akustische Grundkenntnisse schließen, die für das Stimmen jener Flöten erforderlich sind. An Chordophonen kannten die I. vor der Kolonisierung offenbar lediglich den Musikbogen sowie einfachste Zupfinstrumente. Die Gruppe der Membranophone umfaßt auch zweifellige Trommeln, die der Idiophone – neben reinen Rhythmusinstrumenten – vor allem Schlitztrommeln und Xylophone.

Lit.: **Zu Nordamerika:** G. HERZOG, Special Song Types in North American Indian Music, in: Zschr. für vergleichende Musikwiss. 3 (1935); H. H. ROBERTS, Musical Aeras in Aboriginal North American Indian Music (New Haven/Conn. – Lo 1936); W. N. FENTON, Songs from the Iroquois Longhouse (Washington 1942); D. P. MCALLISTER, Peyote Music (NY 1949); B. NETTL, Stylistic Variety in North American Indian Music, in: JAMS 6 (1953); DERS., Musikal. Völkerkunde in Amerika, in: Mf 9 (1956); D. P. MCALLISTER, The Role of Music in Western Apache Culture, in: Men and Cultures. Fifth Congress of Anthropological and Ethnological Sciences (Philadelphia 1960); B. NETTL, Polyphony in North American Indian Music, in: MQ 47 (1961); W. RHODES, North American Indian Music in Transition, in: Journal of the International Folk Music Council 15 (1963). – **Zu Lateinamerika:** O. ABRAHAM–E. M. VON HORNBOSTEL, Phonographierte Indianermelodien aus Britisch-Columbia, in: Sammelbde. für vergleichende Musikwiss. 1 (1922); CH. W. MEAD, The Musical Instruments of the Incas, in: Anthropological Papers of the American Museum of Natural History 15 (1924); R. u. M. D'HARCOURT, La musique des Incas et ses survivances (P 1925); F. DENMORE, Music of the Tule Indians of Panama (Washington 1926); F. BOSE, Die Musik der Uitoto, in: Zschr. für vergleichende Musikwiss. 2 (1934); K. G. IZIKOWITZ, Music and Other Sound Instruments of the South American Indians (Göteborg 1935); R. GALLOP, The Music of Indian Mexico, in: MQ 25 (1939); C. W. GOULD, An Analysis of the Folk Music in the Oaxaca and Chiapas Areas of Mexico (1954) (= Diss. Northwestern Univ.); F. BOSE, Die Musik der Chibeha u. ihrer heutigen Nachkommen, in: Int. Arch. für Ethnographie 48 (1958); R. u. M. D'HARCOURT, La musique des Aymara, in: Journal de la Société des Américanistes, N. F. 48 (1959); S. MARTI, Canto, danza y música precortesiana (Mexico 1961); DERS., Instr. musicales precortesianos (ebd. 1965).

CH. AHRENS

INDIEN. Historische Entwicklung. Der indische Subkontinent ist ein Sammelbecken verschiedener, teilweise sehr unterschiedlicher Kulturen. Das hinduistische Gesellschaftssystem verhindert bis heute weitgehend eine kulturelle Angleichung eingedrungener oder bereits ansässiger Volksstämme untereinander. Infolgedessen konnten die meisten indischen Völker, selbst wenn sie in engem Kontakt miteinander lebten, ihre eigene Sprache, ihre Bräuche und ihre Musik bewahren.
Drei völlig unterschiedliche Kulturen prägten im wesentlichen die Frühgeschichte Indiens. Als älteste gilt die Kultur der Mundas; diese sind mit bestimmten Bevölkerungsgruppen in Kambodscha und Laos verwandt und konnten bis heute in den Wäldern Zentral- und Ost-I.s in einzelnen Stämmen überleben. Die Vertreter der zweiten Kultur, die sog. Draviden, sprechen agglutinierende Sprachen und leben im Süden des Subkontinents, doch finden sich in ganz I. bis hin nach Belutschistan kleine dra-

vidische Sprachinseln. Die Kultur dieser Gruppe ist vermutlich mit der alten sumerischen Kultur, mit der kretisch-minoischen und mit jener der ersten Dynastien Ägyptens verwandt. Abgesehen von den Peuhls in der Sahara, die derselben Sprachfamilie angehören, lassen sich Spuren der dravidischen Kultur außerhalb I.s nur schwer ausfindig machen. Für die dritte Gruppe, eine indoarische Kultur, ist eine Musik charakteristisch, die Übereinstimmungen mit jener des antiken Griechenlands und Persiens erkennen läßt. Ihr Ursprung geht auf den vedischen Kult der Arier zurück; sie wurde offenbar aber auch von skythischen und parthischen Einflüssen geprägt. Aus diesem Musiksystem entwickelte sich die klassische hindustanische Musik; die frühesten theoretischen Schriften stammen aus dem 3. Jh. v. Chr.: einige Kapitel im *Nātyashāstra,* dem Lehrbuch der Theaterkunst von Bharata, bilden die erste Hauptquelle der indischen Musiklehre.

Seit dem 10. Jh. n. Chr. unterlag insbesondere der Norden Indiens islamischem Einfluß, der sich auch in der Musik deutlich bemerkbar macht. Mit der Kolonisation und Industrialisierung drangen schließlich auch Elemente europäischer Kultur nach I., die im Bereich der Musik zunehmend an Bedeutung gewannen und traditionelle Formen und Praktiken verdrängten.

Allgemeiner Charakter und Tonsystem der indischen Musik. Die klassische hindustanische und dravidische Musik hat modalen Charakter. Nach der Lehre des Bharata beruht sie auf verschiedenen *Grāma,* meist 7stufigen Leitern, die über einem unveränderlichen Grundton errichtet werden. Dieser klingt während der Ausführung eines Stückes als Bordun mit. Die Musik entfaltet sich fast ausschließlich durch Improvisation im Rahmen einer Reihe festgelegter Stilarten, Modelle und Formen. Jeder Musiker ist sich ständig des jeweiligen Tones der gewählten Leiter mit ihren Charakteristika bewußt, er kennt den ihr zugeordneten Stimmungsgehalt und das genaue Intervall, das er in bezug auf den Grundton bildet. Durch die speziellen Tonfolgen der Modi versucht der Musiker, verschiedene Gemütsverfassungen und Stimmungen auszudrükken und so direkt auf den Zuhörer einzuwirken. Kompositionen und formale Strukturen im Sinne der abendländischen Musikkultur sind dieser Musik weitgehend fremd.

Das indische Tonsystem beruht auf einer Gliederung der Oktave in 22 nicht genau bestimmte Tonschritte, die *Śruti.* Die 7 Hauptstufen bestehen aus einer jeweils unterschiedlichen Śruti-Anzahl: so gibt es mehrere Arten von kleinen Sekunden, Terzen, Sexten und Septimen, zwei große Sekunden usw. Trotz meist nur geringer Größenunterschiede messen die Inder einzelnen Intervallen unterschiedliche, zuweilen sogar gegensätzliche Bedeutung zu. Die natürliche große Terz (4 : 5) z. B. wird als mild und ruhig gewertet, während die durch Quintfolgen gewonnene pythagoreische Terz (64 : 81) – die um den Wert des sog. syntonischen Kommas (81 : 80 oder 22 Cents) größer ist – einen forschen und strahlenden Charakter hat. Die kleinere Terz findet in Modi mit zärtlicher Stimmung Verwendung, die größere in solchen mit kühnem und kriegerischem Gefühlsgehalt. Unveränderlich sind lediglich Quarte und Quinte. Entscheidende Bedeutung kommt den Intervallverhältnissen zu, nicht der Stellung einzelner Töne zu einem absoluten Bezugston. Die Grundtöne können auf unterschiedliche Tonstufen transponiert werden. Die 7 Hauptnoten der Leitern tragen Bezeichnungen, die den jeweils ersten Silben ihrer vollständigen Namen entsprechen: *sa* (Ṣaḍja), *ri* (Ṛṣabha), *ga* (Gāndhāra), *ma* (Madhyama), *pa* (Pañcama), *dha* (Dhaivata) und *ni* (Niṣāda). Wie in unserem Tonsystem gelten erhöhte und erniedrigte Töne als Akzidentien ihrer Hauptnoten. Das indische Tonsystem ist sehr alt, erste Notationsquellen stammen aus dem 5. Jh. v. Christus. Da die Leitern im Laufe der Jahrhunderte einem ständigen Entwicklungsprozeß unterlagen, ist eine Auswertung der alten Notationen allerdings sehr schwierig. Dies gilt selbst für die zahlreichen notierten Melodien in der *Samgītaratnākara* des Śārṅgadeva aus dem 13. Jh., der zweiten wichtigen Quelle der indischen Musiklehre nach Bharata. Erst die Notationen seit dem 16. Jh. sind besser verständlich, indessen setzt die Interpretation eine genaue Kenntnis ihres kulturellen Ursprungs voraus.

Die Skalenmodelle. Das System des Bharata basiert auf zwei modalen Grundskalen: *Sa-grāma* (über dem Ton *sa,* mit einer kleinen Terz) und *Ma-grāma* (über dem Ton *ma,* mit einer großen Terz). Die 7 Tonstufen dieser beiden Leitern dienen als Ausgangspunkt für Nebenleitern, die *Mūrchanā* (insgesamt 14) oder die freier strukturierten *Jāti* (insgesamt 18). Durch zahlreiche Verfeinerungen entwickelten sich aus diesen Nebenleitern die einzelnen Modi, d.h. das System der *Rāga* (= Farbe, Leidenschaft) als eigentliche Grundlage des klassischen indischen Systems. Es handelt sich jedoch um einen Melodietypus mit ganz spezifischem Affektgehalt, der jeder Improvisation zugrunde liegt. Dem Rāga eignen neben dem jeweils typischen Tonmaterial weitere charakteristische Eigenschaften: Auf- und Abstieg einer Melodie können unterschiedlich verlaufen, gewisse Töne besondere Akzente, Ausführungsarten oder Verzierungen (Gamaka) aufweisen, einzelne Tonstufen immer oder bei bestimmten Melodiebewegungen ausgelassen werden. Von besonderer Bedeutung sind der als Bordun erklingende Grundton sowie zwei betonte, ebenfalls als Bordun gebrauchte Zentraltöne, die sich auf die beiden den Oktavraum gliedernden Tetrachorde verteilen; sie heißen *Vādin* (= klingend) und *Samvādin* (= anklingend, assonant). Um die Gesetzmäßigkeiten des vielschichtigen und differenzierten Rāga-Systems beherrschen und alle Feinheiten und Eigenheiten der Modi in einer Improvisation voll zum Ausdruck bringen zu können, bedarf es einer langen Ausbildung. Da sich mit jedem Rāga eine besondere, gefühlsinhaltliche Stimmung verbindet, die im Zuhörer entsprechende Emotionen erzeugen kann und soll, ist der Kontakt zwischen Musiker und Zuhörer in jedem Augenblick sehr eng. Man setzt die Rāga nicht nur zu menschlichen Gefühlen und seelischen Stimmungen in Beziehung, sondern auch z. B. zu Tages- und Jahreszeiten. Eigenschaften der Rāga waren häufig Gegenstand der indischen Dichtung und Malerei: Rāga-Miniaturen (Rāga-mālā) nehmen in der indischen Malerei eine bevorzugte Stellung ein. Wesentlich älter als die Miniaturmalerei sind Versdichtungen, die den Charakter der Rāga stark assoziativ beschreiben. Zwei Beispiele mögen dies verdeutlichen: *Vibhāsa* (Modus der Morgenröte): „Vibhāsa hat eine helle Haut und ein bezauberndes Antlitz. Stolz, wie der Hahnenschrei am Morgen, schüttelt sein Lachen die Locken auf seiner Stirn. Weißgekleidet ist er von einer Anmut, wie der Gott der Liebe selbst."

Yavanapuri Todi: „Todi, die Griechin, ist eine stattliche Fremde. Sie trägt kostbare Kleider, und ihr Haar liegt in breiten, glatten Streifen auf ihrer Stirn. Ihre Ohrgeschmeide aus Edelsteinen sind in Gold gefaßt und haben die Form von Blumen. Schmachtend spielt sie am Morgen kunstvoll die Laute, trinkt Wein und zeigt ihre reizenden Formen und die schneeweißen Glieder."

Theoretisch lassen sich mehrere tausend Melodiemodelle oder Rāga entwickeln; ein guter Musiker beherrscht etwa zwei- bis dreihundert. Grundlage der heutigen musikalischen Praxis bilden jedoch in Nordindien meist 10 *Thāṭ*, in Südindien 72 *Melakarta*. Die Thāṭ, bei deren Notation man auf die Angabe der Kleinsttonschritte verzichtet, entsprechen weitgehend dem persischen Dastgāh oder dem arabischen Māqām.

Bhairava:	*c des e f g as h* c^1
Bhairavī:	*c des es f g as b* c^1
Kāphī:	*c d es f g a b* c^1
Toḍī:	*c des es fis g as h* c^1
Māravā:	*c des e fis g a h* c^1
Khamāja:	*c d e f g a b* c^1
Āsāvarī:	*c d es f g a h* c^1
Bilāvala:	*c d e f g a h* c^1
Kalyāṇa:	*c d e fis g a h* c^1
Pūrvī:	*c des e fis g as h* c^1

Die gebräuchlichsten karnatischen Melakarta sind:

Hanumattoḍī:	*c des es f g as b* c^1
Māyāmālavagauḷa:	*c des e f g as h* c^1
Naṭhabhairavī:	*c d es f g as b* c^1
Kharaharapriya:	*c d es f g a b* c^1
Harikāmbhojī:	*c d e f g a b* c^1
Dhiraśaṅkarābharaṇa:	*c d e f g a h* c^1
Mecakalyānī:	*c d e fis g a h* c^1

Tāla. Das rhythmische System der indischen Musik ist bis ins feinste ausgearbeitet und durchstrukturiert; es basiert auf sich wiederholenden rhythmischen Perioden, den *Tāla*. Sie enthalten eine bestimmte Anzahl von Schlägen, die in charakteristischen Gruppierungen angeordnet sind. Akzente innerhalb der Perioden bestimmen das musikalische Zeitmaß, aber erst die komplizierten Variationen, Gegenrhythmen sowie unerwartete Akzente, Synkopen usw. beleben die rhythmischen Abläufe. Besondere Bedeutung kommt dem Sam (= zusammen), dem ersten Schlag einer Periode, zu, der stets betont ist und bei dem sich Solist (Sänger oder Instrumentalist) und der Spieler des Rhythmusinstrumentes nach individuellen Improvisationen jeweils wieder treffen. Lange Perioden bieten dem alternierenden und duettierenden Wechselspiel der Musiker naturgemäß größere Entfaltungsmöglichkeiten und erlauben es, den Ablauf eines Stückes interessanter zu gestalten. Die einzelnen Tāla-Schläge werden entweder laut angegeben, z. B. durch Händeklatschen, oder stumm an den Fingern abgezählt.

In der indischen Musik gibt es eine besondere Form der rhythmischen Notation: jede Art des Trommelanschlages (ob am Rand oder in der Mitte des Felles, ob mit den Fingerspitzen, mit der Handfläche, der linken oder der rechten Hand, leicht oder kräftig) wird durch eine eigene Silbe (z. B. *dha, dhin, da, tin*) gekennzeichnet. Der Musiker lernt die Silben der meist sehr komplizierten Schlagmuster zunächst auswendig, ehe er sie auf die Trommel überträgt. Es steht ihm jedoch frei, im Rahmen der feststehenden Modelle neue rhythmische Varianten zu erarbeiten.

Zu den am häufigsten verwendeten Tāla-Modellen gehören:

Dādra	6 Schläge	3+3
Jhampa	10 Schläge	2+3+2+3
Chautāl	12 Schläge	2+2+2+2+2+2
Dhamār	14 Schläge	5+5+2+2
Tintāl	16 Schläge	4+4+4+4

Instrumente. Bharata teilte die indischen Musikinstrumente in vier Klassen ein: Saiteninstrumente (Tata), Blasinstrumente (Sushira), Trommeln (Avanaddha) und Idiophone (Ghana). In der klassischen Musik wie in der Volksmusik finden verschiedene Instrumenten-Typen der einzelnen Klassen Verwendung, wobei sich die Instrumente des Südens nicht selten durch ihre kompliziertere technische Struktur und künstlerische Fertigung von jenen des Nordens unterscheiden.

1. *Saiteninstrumente:* Die nordindische *Vīṇā,* seit dem 15. Jh. zahlreich abgebildet, stellt besonders hohe Anforderungen an die Musikalität und die manuelle Geschicklichkeit des Musikers. Die Vīṇā besteht aus einem Bambusrohr mit 24 hohen, stegartigen Bünden, das durch kurze Metallröhrchen mit zwei kugelförmigen Resonanzkörpern aus getrockneten Kürbissen verbunden ist. Über die Bünde laufen 4 metallene Melodiesaiten in Quint- und Quartstimmung. Drei weitere Stahlsaiten sind an der Seite angebracht und lassen den Grundton und dessen obere und untere Oktave erklingen. Die Saiten werden mit kleinen Metallplektren (am Mittelfinger und am kleinen Finger der rechten Hand befestigt) gezupft. Die Vīṇā wird schräg vor den Körper gehalten, dabei ruht ein Kürbis auf der linken Schulter, der andere auf dem rechten Knie.

Die jüngere südindische Vīṇā hat die Form einer vergrößerten Mandoline. Ihr breiter Hals mit flachen, festen Bünden geht in ein halbkugelförmiges hölzernes Korpus über. Am oberen Ende des Halses ist ein zweiter Resonanzkörper angebracht, der aus einem kleinen Kürbis besteht. Beim Spiel liegt die Vīṇā, deren Saiten und Bünde ähnlich angeordnet sind wie beim nordindischen Instrument, waagerecht auf der Erde oder auf einem Knie des Musikers.

Die südindische *Gotuvādyam* ist eine Abart der Vīṇā ohne Bünde. Die Saiten der Gotuvādyam werden nicht gezupft, sondern vom Spieler mit einem Holzstöckchen gerieben. Das beliebteste Instrument I.s ist heute die *Sitār,* eine Langhalslaute persischen Ursprungs, die vermutlich im 15. Jh. entstand und im 17. Jh. ihre endgültige Form erhielt. Sie besteht aus einem halbkugelförmigen Korpus und einem langen, relativ breiten Hals mit 16–20 Metallbünden. 3–7 Melodiesaiten aus Stahl und Kupfer laufen über die Bünde und über einen elfenbeinernen Steg in der Mitte des Resonanzkörpers. Bisweilen hat das Instrument bis zu 20 zusätzliche Aliquotsaiten, die ihm einen spezifischen leicht näselnden Klang verleihen. Die Saiten werden mit einem zwischen Daumen und Zeigefinger gehaltenen Plektrum oder einem kleinen Metallkeil gezupft, den der Musiker an einem Finger trägt. – Der Sitār sehr ähnlich, doch größer in den Abmessungen und daher voller im Klang ist die *Surbahar,* die als besonders geeignet für die Gestaltung umfänglicher Ālāpa-Einleitungen gilt und daher von manchen Musikern bevorzugt wird. Das größte Tonvolumen aller indischen Saiteninstrumente besitzt die *Sarod.* Ihr längliches, sehr tiefes und an den Flanken stark eingekerbtes Korpus ist mit einer Membran überzogen, die den Steg trägt. Hals und Korpus gehen nahtlos ineinander über, der bundfreie Hals wird erst zum Wirbelkasten hin etwas schmaler. Die Sarod ist mit 4 Melodie- und zahlreichen Bordunsaiten bespannt, die der Spieler mit einem kleinen Plektrum zupft. Die musikalisch bedeutsamen Glissandi erzeugt er, indem er mit dem Finger auf der Saite hin- und hergleitet (dagegen wird die Saite beim Spiel der Vīṇā oder Sitār zur Seite gezogen und dadurch ihre Spannung verändert). Die *Tānpūrā* ist das charakteristische und unentbehrliche Begleitinstrument der indischen Vokal- und Instrumentalmusik. Sie ähnelt der Sitār, doch ist ihr Resonanzkörper ovaler gebaut und der lange, bundlose Hals schmaler. Der flache Steg aus Holz oder Elfenbein steht in der Mitte der gewölbten Decke und ist so gebogen, daß er die Entstehung eines obertonreichen Klanges fördert; die Obertöne sind zuweilen lauter als der Grundton der entsprechenden Saite. Ein Seidenfaden zwischen den 4 Saiten und dem Steg verstärkt dieses akustische Phänomen. Die Tānpūrā dient nicht als Melodieinstrument. Der Spieler hält vielmehr das tonale Zentrum des betreffenden Modus, in der Regel Grundton und Quarte bzw. Quinte, als Bordun fest und gibt dadurch eine Stütze für die melodische Entwicklung und die präzise Intonation der Sänger. Um den für Borduninstrumente charakteristischen Permanenzklang zu erreichen, bedienen sich die Tānpūrā-Spieler einer besonderen Technik: sie zupfen die Saiten in schneller Folge mit den Fingerkuppen, ohne daß sich die Lautstärke im Moment des Anreißens erhöht und eine Zäsur hörbar wird. Der Klang des Instrumentes ähnelt dem eines Streichinstrumentes. Wichtigstes indisches Streichinstrument ist die *Sarangi,* an deren Stelle allerdings zunehmend die Violine tritt. Die Sarangi besteht aus einem massiven, an der Seite stark eingezogenen Resonanzkörper, der mit Fell bespannt ist, und einem breiten Hals. Mit einem kurzen Bogen werden 3–4 Melodiesaiten aus Darm gespielt, 13 Bordunsaiten aus Metall liegen unter den Hauptsaiten. Die Sarangi hat einen vollen Klang und dient vor allem als Begleitinstrument in der Vokalmusik. Einen interessanten Mischtypus stellt die Esraj dar, die insbesondere in der vokalen Musizierpraxis Bengalens Verwendung findet: der breite Hals mit Bünden ähnelt jenem der Sitār, das sehr kleine, an den Flanken eingezogene und mit einer Membran überzogene Korpus dem der Sarangi. Während die 4 Melodiesaiten, von den Wirbeln am oberen Ende des Halses ausgehend, über seine gesamte Länge laufen, sind die zahlreichen Bordunsaiten übereinander auf einer schmalen separaten Leiste befestigt, die neben dem Hals liegt.

2. *Blasinstrumente:* Die *Murali* ist die klassische Querflöte Indiens. Sie besteht aus einem etwa 35–40 cm langen Bambusrohr mit 6 Grifflöchern. *Vamsha* heißt eine mundstücklose Längsflöte: ihr oft sehr langes Rohr aus knotenfreiem Bambus ist an beiden Seiten offen und hat 6–7 Grifflöcher. Durch direktes Anblasen der oberen Rohrkante entsteht ein weicher und modulationsfähiger Ton. Durch Halbdeckung der Grifflöcher bzw. durch Veränderungen des Anblasdruckes können Tonhöhe und Klang des Instrumentes in relativ großem Maße modifiziert werden. Die kegelförmige Schalmei *Śhanāī* (im Süden meist *Nāgasvara* genannt) besteht aus einem konischen Holzrohr mit 7–9 Grifflöchern und einem angesetzten Schalltrichter aus Metall. Im kupfernen Kopfende steckt ein dünnes Röhrchen, an dem mit einem Seidenfaden das aus Strohhalmen oder Schilf gefertigte Doppelrohrblatt befestigt ist. Die Śhanāī wird in der Regel nicht solistisch gespielt, sondern von einer zweiten Schalmei, deren Löcher bis auf eines mit Wachs verschlossen sind und die lediglich einen oder zwei Borduntöne aushält, begleitet. Der Klang der Śhanāī ist wie jener der ähnlich konstruierten vorderorientalischen Surna relativ stark und wenig modulationsfähig, denn das Rohr schwingt frei in seiner ganzen Länge in der Mundhöhle. Die Śhanāī wird daher meist im Freien gespielt, bei Festen und Zeremonien vor Palästen, Tempeln und Privathäusern. Großer Beliebtheit erfreut sich auch das Rohrblattinstrument *Bīn,* das oft fälschlich als Schlangenbeschwörer-Flöte bezeichnet wird. Es besteht aus zwei parallelen Bambusröhren; das Rohrblatt befindet sich im Innern eines am oberen Ende der Röhren befestigten Kürbisses, der als Windkapsel dient. Hornähnliche Instrumente und Trompeten finden ausschließlich bei kultischen Zeremonien Verwendung und dienen nur selten als Melodieinstrumente.

3. *Trommeln:* Wichtigstes Rhythmusinstrument Südindiens ist die zweifellige *Mṛdaṅga,* deren langes rundes Korpus leicht ausgebaucht ist. Der Name (von Mṛd = Ton) deutet darauf hin, daß diese Trommel ursprünglich aus Ton gefertigt wurde. Ihr Name findet erstmals im 2. Jt. v. Chr. Erwähnung. Der Mṛdaṅga ähnelt die größere *Pakhavaj,* die in Nordindien, insbesondere in Bengalen, Verwendung findet. Sie diente früher als Begleitinstrument der Vīṇā, wird aber heute zunehmend von der *Tablā* verdrängt. Diese ist wohl arabischen Ursprungs und heute der wichtigste Trommeltypus Indiens. Sie besteht aus zwei einzelnen Trommeln, die immer paarweise gespielt werden: einer kleinen zylinderförmigen *Dāyā* für die rechte Hand und einer paukenfömigen *Bāyā* für die linke Hand. Das Fell der heller klingenden, meist aus Holz gefertigten Zylindertrommel wird mit einer rund um das Korpus laufenden Schnur aus geflochtenem Leder und mit vertikal angebrachten Lederriemen befestigt. Kleine Holzrollen zwischen Lederriemen und Körper lassen sich hinauf- und herunterschieben und ermöglichen es, die Spannung des Felles zu regulieren und den Klang der Tablā den Erfordernissen des betreffenden Rāga anzupassen. In der Mitte des Felles ist die sog. Stimmpaste aus einem Gemisch von Mehl und Pech aufgetragen, die die Reinheit des Klanges beeinflußt. Die Dāyā steht auf der Erde und wird mit der rechten Hand an verschiedenen Punkten des Felles angeschlagen, und zwar entweder mit der Handfläche, dem Handgelenk, mit einem oder zwei ausgestreckten Fingern bzw. mit den Fingerspitzen. Gleichzeitig gibt der Trommler auf der tiefer klingenden Bāyā, die auf einem Stoffring aufliegt, mit dem Gelenk oder der Fläche der linken Hand das metrische Grundmaß an. Auch das Fell der Bāyā ist mit Stimmpaste, jedoch mehr zum Rand hin, bestrichen. Die Fellspannung erfolgt bei dieser Trommel mittels Schnürchen, von denen jeweils zwei durch einen verschiebbaren Metallring verbunden sind. Heute bedient man sich gelegentlich auch einer Spannvorrichtung aus Schraubbolzen wie bei der europäischen Pauke.

Außer den bereits genannten finden noch weitere Trommeltypen Verwendung, so z. B. die zweifelligen *Dhol, Dholak* und *Khol.* Zu den Membranophonen mit kesselförmigem Schallkörper, den Pauken, zählen die *Khurdak,* die immer paarweise gebraucht wird, sowie die einzeln gespielte *Nāgarā* (Felldurchmesser 80–100 cm). Die Nāgarā wird mit gebogenen Schlegeln geschlagen; ihr Klang ist kräftig und durchdringend.

4. *Idiophone:* Wichtigste Instrumente dieser Gattung sind verschiedene Zimbeln *(Jhālra, Jhāng, Tāli),* die meist im rhythmischen Zusammenwirken

mit einer Trommel gespielt werden. Daneben gibt es hölzerne Klangstäbe *(Karatāla* oder *Chittikā)*, die ähnlich den Kastagnetten gehandhabt werden, den Gong *Tāla* sowie unterschiedliche Glocken.

Die indische Musizierpraxis ist ihrem Wesen nach solistisch. In der Regel musiziert ein Sänger oder Instrumentalist gemeinsam mit einem Tānpūrā-Spieler. Vor dem Hintergrund des ausgehaltenen Borduns heben sich die Melodiebewegung sowie die oft feinen Tonhöhennuancen wirkungsvoll ab. Meist tritt auch ein Trommler hinzu, so daß sich in der Ausführung eine rhythmisch-melodische Vielschichtigkeit ergibt. Im Unterschied zum Tānpūrā-Spieler, der lediglich eine musikalische Begleitfunktion erfüllt, immer im Hintergrund steht und auch sozial einen niederen Rang einnimmt, ist der Trommler zumindest heute ebenbürtiger Partner des Solisten. Zwar dienen die Trommelschläge über weite Strecken als rhythmische Begleitmuster der Melodiebewegung, doch der Tablā-Spieler tritt häufig auch mit längeren Solopassagen hervor. Gelegentlich entwickelt sich ein spielerischer Wettstreit zwischen Solist und Trommler, in dem jeder versucht, den Partner an rhythmischer Präzision und Differenzierung sowie an technischer Brillanz zu übertreffen.

Gattungen und Stile. Wesentliches Element der indischen Musik war und ist der Gesang. Die wichtigsten Vokalstile sind im Norden der *Dhrupad*, eine mehrteilige Liedform mit rondoartigen Elementen, im Süden die *Kṛti*. Während im Dhrupad der Text eine tragende Funktion hat, verkümmert er in den Gattungen *Kheyal, Thumri* zu einzelnen bedeutungslosen Silben, die endlosen Koloraturen unterlegt werden. Ursprünglich dominierte die menschliche Stimme, und man versuchte, ihr den Instrumentalklang anzugleichen. In nachislamischer Zeit näherte sich der Vokalstil jedoch immer stärker instrumentalen Musizierpraktiken an.

Kompositionen im europäischen Sinne sind der indischen Musik fremd, jeder Ausführende ist immer zugleich auch selbst „Komponist", der im Rahmen bestimmter Regeln und Modelle die Musik frei gestalten kann. Seine Kunstfertigkeit beurteilt man danach, ob es ihm gelingt, das durch die Rāga und andere Normen vorgegebene Material so zu verarbeiten, daß es als neu empfunden wird, ohne die Grenzen des Gewohnten und Bekannten zu überschreiten.

Eine musikalische Darbietung beginnt zumeist mit einem *Ālāpa*, einer ausgedehnten, freien Introduktion ohne festes Metrum. Im Ālāpa entwickelt der Musiker das Tonmaterial des betreffenden Rāga, führt seine modalen Feinheiten vor und bringt den Zuhörern den Stimmungsgehalt nahe. Im Verlauf der Einleitung wird der Hörer so weit mit dem Rāga vertraut gemacht, daß er sich ganz auf die Musik konzentrieren und den Verlauf der Darbietung nachvollziehen kann. Aufgrund seiner Funktion als Einleitung ist die Dauer des Ālāpa eigentlich begrenzt, doch nicht selten so weit ausgedehnt, daß er länger als eine Stunde dauert und zum Kernstück der Interpretation wird. Auf den Ālāpa folgt der Hauptteil, in dem der Solist seine Musikalität und technische Geschicklichkeit unter Beweis stellen kann. Hier verarbeitet er das Tonmaterial, übernimmt die tradierten Modelle und entwickelt seine eigenen. Dieser Teil ist metrisch straff gegliedert und wird von einer Trommel begleitet. Die Ausführung schließt mit einem schnellen, virtuosen Teil, in dem es häufig zum Wettstreit zwischen Solist und Trommler kommt.

Neben der zuvor besprochenen Kunstmusik, die immer nur von Angehörigen gehobener Kasten ausgeführt wird und gebildeten Kennern verständlich ist, gibt es in I. eine weit verbreitete Musik des Volkes. Im Gegensatz zu der relativ einheitlichen Kunstmusik ist sie, entsprechend der ethnischen Vielfalt des Landes, außerordentlich artenreich und bisher nur wenig erforscht. Es fehlt ihr jedes entwickelte und schriftlich fixierte theoretische System, wenngleich gewisse Elemente der artifiziellen Musik Eingang in die insgesamt einfacher strukturierte Volksmusik fanden.

Lit.: W. KAUFMANN, The Rāgas of North India (Bloomington 1969, ²1974); J. KUCKERTZ, Form u. Melodiebildung der karnatischen Musik Südindiens, 2 Bde. (Wie 1970); P. SINHA, An Approach to the Study of Indian Music (Kalkutta 1970); E. ROSENTHAL, The Story of Indian Music and Its Instruments... (New Delhi 1971); J. KUCKERTZ, Die klass. Musik I.s und ihre Aufnahme in Europa im 20 Jh., in: AfMw 31 (1974); W. KAUFMANN, The Rāgas of South India (Bloomington 1976); R. S. GOTTLIEB, The Major Traditions of North Indian Tabla Drumming, 2 Bde. (Mn–Salzburg 1977).

CH. AHRENS

INDONESIEN. I. bildet heute eine politische Einheit, weist jedoch eine rassische und kulturelle Vielfalt auf, die in der unterschiedlichen geschichtlichen Entwicklung der etwa 3500 Inseln begründet ist. In der vorgeschichtlichen Zeit waren die Sunda-Inseln von austronesischen Volksstämmen bewohnt. Aus zahlreichen Funden (z.B. Bronzetrommeln) kann auf eine intensive Musikpflege geschlossen werden. Wahrscheinlich kannten diese Stämme bereits auch Gongs, Bambusflöten, Mundorgeln und vielleicht Saiteninstrumente. Jedenfalls beeinflußte diese frühe Kultur insbesondere die späteren Hochkulturen auf Bali und Java. So gehen sicherlich das Schattentheater Wayang kulit, bestimmte magische Handlungen, Ritualtänze und Musikpraktiken auf ältere Vorformen zurück, die sich – trotz kultureller und geschichtlich bedingter Unterschiede – auch in anderen, entfernter verwandten Kulturen Südost-Asiens nachweisen lassen. Die Sunda-Inseln waren bereits vor dem 1. Jh. n. Chr. starken Einflüssen aus Indien und China, später aus dem islamischen Arabien und – durch den Kolonialismus der Portugiesen und Holländer – auch aus Europa unterworfen. Die sich aus dieser Vielzahl von Impulsen ergebende Vielfalt ist – gerade in musikalischer Hinsicht – Charakteristikum der heutigen Musikkultur Indonesiens.

Die Sundainseln. Sumatra wurde vor allem durch den Islam beeinflußt: dies belegen bestimmte Instrumente, wie z. B. die Schalmei Serunai, die Doppelfelltrommel Rebana, sowie eine Schule für Korangesang. Daneben sind auch Gongs (verschiedener Größe) und andere Trommeln – die vor allem als Begleitinstrumente für das Gesang- und Sprechtheater dienen –, Bambusflöten und (meist 2saitige) Lauten gebräuchlich. Ein ähnliches Instrumentarium findet sich u. a. bei den Volksstämmen im Innern der Insel, den Batak und Menangkabau. Allerdings hat hier die Christianisierung inzwischen einen Traditionswandel bewirkt. – Neben den auf Borneo gebräuchlichen Flöten und Trommeln kennen die Dayaks eine Mundorgel mit 6 Pfeifen (5 Melodietöne und ein Bordun), die auf eine Kalebasse (kledi) montiert sind, und eine große zweisaitige Laute. Die Küstengebiete sind kulturell im Westen und Norden von Malaysia und China, im Süden von Java beeinflußt. So wird in den Sultanaten von Bandjarmasin und Martapura überwiegend Musik für ↗Gamelan gespielt, wie sie auf Java üblich ist. – Im Süden von Celebes sind die Bugi beheimatet, die für ihre gesungenen Gedichte bekannt sind. Die Sänger begleiten sich dabei auf einem doppelsaitigen Streichinstrument oder auf einer länglichen, zweisaitigen Zither. Die Toradja, im Inselinneren lebend, gebrauchen einsaitige Instrumente mit Resonanzkörpern aus Kokosnuß, verschiedene Flöten und eine Art Schalmei, deren Mundstück aus einem durchstochenen Reisstengel, der offene Schalltrichter aus einem gerollten Bananenblatt besteht. Charakteristisch für die Musik der Torodja sind vor allem bestimmte Begräbnisgesänge. Der christianisierte Norden der Insel hat seine Traditionen z. T. aufgegeben. – Die islamische Bevölkerung der Molukken verwendet Gongs und vereinfachte Instrumente des Gamelan (wie man sie auch im Süden der Philippinen, auf Celebes und Borneo findet), einsaitige Streichinstrumente und Bambuszithern. – Auf der Westseite der Insel Lombok blieben balinesische, im Innern islamische Traditionen erhalten. Bedeutend ist auch die Musiktradition der Bunak auf Timor, die u. a. den Chorgesang pflegen. Chorgesang – z. T. in großen Gruppen – ist auch auf Flores üblich. Dort findet man bei einzelnen Stämmen besonders schöne Instrumente wie Bambuszithern, Panflöten, einsaitige Streichinstrumente, Xylophone und Gongs.

Java. *Geschichte.* Die kulturelle Entwicklung Javas entfaltete sich insbesondere nach dem Eindringen indischer Einflüsse und des Buddhismus und Hinduismus zur vollen Blüte. Java wurde – ebenso wie Bali und Sumatra – Schauplatz großer, aufeinanderfolgender Reichsgründungen. Das mächtige Sriwidjaja-Reich unter der Dynastie der Śailendra (bis 927 n. Chr.) brachte u. a. eines der größten buddhistischen Denkmäler der Welt hervor, den Tempel von Borobudur. Aus dieser Epoche sind zahlreiche Gongs und Bronzeinstrumente überliefert; u. a. sind viele Instrumente (Trommeln, Gongs, Zithern, Flöten) auf den Reliefs von Borobudur dargestellt. Zahlreiche hindu-javanische Reiche folgten aufeinander: z. B. das von Padjadjaran (West-Java), das sein eigenes politisches System und seine Kultur bis ins 15. Jh. erhielt, und das kleine, jedoch kulturell wichtige Fürstentum Mataram. Inmitten dieser Reiche war der Kraton, Palast und Hof der hindu-javanischen Könige und Fürsten, ein reges und glänzendes Kulturzentrum. Auf die Epoche des letzten großen Hindureiches Madjapahit (Ost-Java), das über solche prunkvollen Höfe verfügte, gehen einige Gamelan zurück, die noch heute bei den Sultanen von Java eingesetzt oder als besondere Kostbarkeit in den Museen und in den Studios des indonesischen Rundfunks aufbewahrt werden. Der Untergang von Madjapahit um die Mitte des 15. Jh. hängt mit der Vormachtstellung islamischer Fürsten im Zentrum und Westen Javas zusammen, die den Osten eroberten und seit 1518 islamische Sultanate gründeten. – Die Einführung des Islam ließ die Musik- und Tanzpflege, vor allem im Volk, erlahmen; lediglich im Kraton blieben die Traditionen erhalten. Die islamischen Fürsten übernahmen sogar die Gamelan in die Moscheen. Um 1613 gingen die verschiedenen Staaten Javas in die Macht des Sultans Agung über, der sein Reich bis Borneo ausdehnte und Tanz, Theater und dekorative Bildhauerei förderte. Den Holländern gelang es schließlich, auf die Gründung weiterer Sultanate Einfluß zu nehmen, deren Fürsten wiederum ihren eigenen künstlerischen Stil schufen. Noch heute unterscheidet man in Mittel-Java zwei musikalische und choreographische Stilrichtungen: den Stil von Jogjakarta und den von Surakarta. Mit dem schwindenden Einfluß der Sultane ging auch eine kulturelle Veränderung einher. Das Volk kehrte wieder zu der traditionellen Kunst der Kraton zurück. Der Kraton von Jogjakarta verfügt noch über 15 Gamelan und fast 70 Musiker und Chorsänger, der von Surakarta noch über etwa 30 Gamelan. Zwei weitere Paläste haben ein bedeutendes Musikleben bewahrt; Pakualaman in Jogjakarta und Mangkunegaran in Surakarta. Auch die Gamelan des indonesischen Rundfunks pflegen die Musiktradition. Die Studios von Surabaja (Ost-Java) verwenden die Gamelan der Madjapahit-Epoche. Die Gamelan werden vor allem bei Privatfeiern (z.B. Geburt, Hochzeit), bei Dorffesten, Erntezeremonien und bei offiziellen Anlässen gespielt. Auf Java gibt es mehr als 5000 Ensembles, darunter auch solche für Tanz, Schattentheater und Tanztheater.

J. BRUNET

Instrumente. Kennzeichnend für die javanische Musik sind die Gamelan-Orchester, die gewöhnlich folgende Instrumente umfassen: Saron (Metallophone unterschiedlicher Größe mit 6–7 Lamellen auf einem hölzernen Resonanzkörper), Slenṭem und Gendèr (Metallophone mit mehr als 7 Tönen über unterschiedlichen Resonanzkörpern), Gambang (mehroktaviges Xylophon), Gong, Kempul (senkrecht aufgehängte Einzelgongs), Kenong, Keṭuk und Kempjang (waagrecht angeordnete Einzelgongs), Bonang (Gongspiel aus horizontal aufgehängten Gongs), Kenḍang, Ketipung und Tjiblon (zweifellige Trommeln), Rabāb (zweisaitige Spießlaute) und Suling (Bambusflöte). Hinzu treten mitunter ein oder mehrere Sänger. Die Gesamtzahl der Instrumentalisten beträgt 10–30. Die Funktion der Instrumente und die musikalische Struktur der Stücke lassen sich – z.B. in unser Notationssystem übertragen – folgendermaßen beschreiben: Die Hauptmelodie wird von den Metallophonen Saron und Slentem oktavierend in langen Notenwerten (Halbe) vorgetragen, wobei der Saron panerus die Werte rhythmisch unterteilt, ohne neue Töne hinzuzufügen. Die Metallophone Gendèr sowie die Gongspiele Bonang paraphrasieren das Thema, indem sie es in kleineren Notenwerten umspielen. Dabei bleibt die Bewegungsrichtung der Melodie im wesentlichen erhalten, die Spieler fügen jedoch Zwischentöne ein. Der Gambang unterteilt die Notenwerte noch einmal: aus den Halben der Kernmelodie bzw. Vierteln der Umspielung werden Achtel. Rabāb, Suling sowie die Singstimme führen eine Gegenmelodie zum Hauptthema aus, sind in ihrer Gestaltung jedoch weniger starr auf ein bestimmtes Schema festgelegt als die übrigen Instrumente. Schläge auf die Einzelgongs Gong, Kenong, Kempul, Keṭuk und Kempjang gliedern größere melodische und formale Abschnitte. Die Trommelspieler geben das Tempo an und markieren die Übergänge von einem Teil des Stückes zum nächsten.

CH. AHRENS

Tonsystem. Die javanische Musik kennt 2 Skalen: die heptatonische (↗Pélog) mit größeren und kleineren Intervallen und die pentatonische (↗Sléndro) mit fast gleichen Intervallen. In jedem der beiden Systeme gibt es 3 Modi, die ↗Paṭet, die einem der 3 Abschnitte der Nacht im Wayang kulit entsprechen. Die Paṭet unterscheiden sich hinsichtlich ihrer Lage und sind jeweils um eine Quinte versetzt. An der Lage der Paṭet können die Musiker den in der Melodie (genḍing) verwendeten Modus erkennen. Übergänge innerhalb der Paṭet, auch von Sléndro zu Pélong, sind möglich. Die Melodie wird durch Schläge auf die Gongs Kenong, Keṭuk und Kendang in Abschnitte gegliedert. Jeder Schlag entspricht einer bestimmten Anzahl von Keteg, der Takteinheit. Die Zahl der Kenong- und Keṭuk-Einheiten bildet die Form des Stücks. Im Rahmen des *Genḍing ageng,* einer großen Komposition mit Singstimme, hört man zunächst die Bebuka, eine vokale Einleitung, die dem Paṭet vorstellt, dann den Mérong, einen schnellen Satz, schließlich den Munggah, eine Art große, langsame Durchführung. In den kürzeren Genḍing sind der Ketawang und der Ladrang, die durch das Verhältnis der Kenong-, Kempul- u. Keṭuk-Einheiten zueinander bestimmt sind, die gebräuchlichsten Formbildungen. Die Vokalkompositionen enthalten Solopartien für Männer- oder Frauenstimme – die eine freie Melodielinie in einem bestimmten Paṭet singen – und eine Chorpartie Gerongan (Männer-) bzw. Pesinden (Frauenstimmen), die zur Hauptmelodie des Gamelan fast unisono verläuft. Die Genḍing mit Gesang dienen gewöhnlich als Begleitung bei Theater- und Tanzdarbietungen. Die javanische Musik ist nicht notiert. Im letzten Jahrhundert wurden jedoch verschiedene Notenschriften (z.B. die Kraton-Rautenschrift) entwickelt als Gedächtnisstützen für melodische und rhythmische Abläufe.

Das Padjajaran-Reich im Westen Javas blieb bis ins 15. Jh. politisch unabhängig. Daher konnte sich dort eine eigenständige Musikkultur entwickeln, die in den Zentren Bogor, Bandung und Sumedan bis heute erhalten blieb. Zwei Ensembles sind für diese Region typisch: Katjapisuling, eine Instrumentalgruppe aus einer Bambusflöte mit 6 Löchern, einer 18saitigen Zither Katjapi und einer etwas kleineren 15saitigen Zither Rintjik; die andere Gruppe heißt Gamelan degung und besteht aus 5–7 Instrumenten: darunter ein Kolenang degung (Bonang mit zwei rechtwinklig angeordneten Reihen zu je 7 kleinen Gongs), ein oder zwei Saron, eine Gruppe von 3 Kenḍang, 2 Gong (große hängende Gongs) sowie ein Jengglong degung (Einheit aus 6 hängenden Gongs). Der Gamelan degung enthält bisweilen auch eine Flöte mit 4 Löchern, Suling degung, und ein Keṭuk. Das Instrumentalensemble Katjapisuling dient der Begleitung des *Tembang sunda,* gesungenen Gedichten mit festgelegtem Metrum. Der Tembang sunda gliedert sich in 3 Teile: Papantunan, Djemplong und Rantjang. Die Gedichte werden nach den Systemen des Padalisan gebaut. Diese beruhen auf den traditionellen Sukukata (Vokale am Versende), die den Stil der Gesänge des Tembang, der *Lagu-lagu,* prägen. Der Gamelan sunda ist ein weiterer javanischer Gamelantyp, der jedoch nach den in West-Java üblichen Skalen und Paṭet gespielt wird. Typisch für West-Java sind auch die Angklung-Ensembles, die aus Bambusinstrumenten bestehen, die jeweils nur einen Ton erzeugen. Ein Angklung-Orchester kann aus bis zu 60 Instrumenten, die im Sléndro gestimmt sind, bestehen.

Bali. *Geschichte.* Bali befand sich im Lauf seiner Geschichte mehrfach in politischer und kultureller Abhängigkeit von Java. Bali und Java scheinen jedenfalls bis ins 15. Jh. eine im wesentlichen gleiche Kultur gehabt zu haben. Der Einfluß des Islam auf Java zwang im 15. Jh. die letzten Fürsten von Madjapahit zum Rückzug nach Bali. In ihrem Gefolge kamen auch Dichter und Musiker mit. Seit dieser Zeit entwickelte sich eine bis heute wirksame Musikkultur, die sich jedoch eine gewisse Eigenständigkeit Java gegenüber bewahrte, die sich in unterschiedlichen Formen und Klangfarben der Instrumente – z. B. der auf Bali Gong genannten Gamelan – und in der Musikpraxis äußert. Vor allem der Hinduismus fungierte als Traditionswahrer, denn balinesische Kunst ist religiöse Kunst. Die Musiker sind in den Bandjar, den Zentren der dörflichen Kulturarbeit, zusammengefaßt.

Instrumente. Die Instrumente des Gong bestehen größtenteils aus Metallophonen, deren Umfang 5 Oktaven umfassen kann. Dazu gehören Gendèr pemugal, Kantil, Djublag, Tjalung und Djegog sowie zwei Bonang, der Reong, der von 2–4 Musikern gespielt wird, und der Terompong, der in der Tempelmusik *Lebambatan* verwendet wird; ferner hängende Gongs: Gong kempul und Kemong für die melodische Untergliederung, die Melodieinstrumente Rabāb und verschiedene Suling, und schließlich mehrere Trommelarten, die Kenḍang. Zu unterscheiden sind ferner verschiedene Instrumentalensembles: die ältesten heißen Gambuh und bestehen aus Suling gambuh (4–6 großen Flöten), Rabāb und Schlaginstrumenten. Der Gendèr wayang, aus nur 4 Gendèr bestehend, dient als Begleitung für das Theater Wayang wong und für das Schattentheater Wayang kulit. Der Gong geḍé steht den alten javanischen Gamelan am nächsten. Zu diesen Ensembletypen zählen auch die Gong saron, Gambang (mit Xylophonen) und Gong selunding. Eine besondere Tradition hat der alte höfische Gong semar pegulingan. Die älteren Gong sind heptatonisch, der Gong anklung und der Gong kletengan sind tetratonisch abgestimmt, ähnlich auch der Genggong (Maultrommel-Ensemble). Im 20. Jh. entwickelte sich auf Bali ein neuer Stil, der Kebyar, eine Kombination aus Gong geḍé und Gong semar pegulingan, der heute überwiegt. Charakteristisch sind plötzliche Tempowechsel, Klanglichkeit und starke Differenzierung von Verzierungen und Dynamik. – Das von dem Maler Walter Spies 1928 (für Touristen) gegründete 7stimmige Vokalensemble (ketjak) wurde auch im Ausland berühmt, blieb für Bali aber ohne Einfluß.

Tonsystem. Die Musiktradition Balis wird von einer Generation zur anderen mündlich weitergegeben. Sie ist arm an technischen Begriffen und kennt keine theoretische Fixierung. Jedes Ensemble hat eine eigene Tonskala, eine allgemeinverbindliche gibt es nicht. Die Skalen enthalten 4, 5 oder 7 Intervalle; die improvisierte Musik beruht überwiegend auf der Pentatonik, die mitunter durch Zusatztöne erweitert sein kann. Trotz der unterschiedlichen Stimmungen basieren die Balinesischen Tonleitern – obwohl begrifflich den Balinesen fremd – auf dem Pélog und Sléndro. Aus diesen beiden Skalen ergeben sich die für Bali typischen pentatonischen Systeme Tembung, Selisir, Baro, Lebeng und Sunarèn, deren jeweiliger Grundton aus der heptatonischen Gambuh-Skala stammt. – Die Musik I.s – insbesondere die Javas und Balis – nimmt gerade im Zusammenhang mit der Rezeption außereuropäischer Musik seit dem Ende des 19. Jh. eine besondere Rolle ein. Der Einfluß reicht von der Übernahme isotonischer Skalen, u.a. bei Cl. Debussy, und Klangeffekten (etwa in J. Cages *First Construction in Metal*) bis zu Experimenten hinsichtlich einer Synthese abendländischer und fernöstlicher Musikpraxis (z.B. bei E. Schoener).

Lit.: J. KUNST, Ein musikologischer Beweis für Kulturzusammenhänge zw. I. ... u. Zentralafrika, in: Anthropos 31 (1936); A. STEINMANN, Über anthropomorphe Schlitztrommeln in I., in: ebd. 33 (1938); J. KUNST, Music in Java, 2 Bde. (Den Haag 1949, [2]1973); DERS., 2000jährige Gesch. Süd-Sumatras, gespiegelt in ihrer Musik, in: Kgr.-Ber. Lüneburg 1950 (Kas 1952); W. DANCKERT, Älteste Musikstile u. Kulturschichten in Ozeanien u. I., in: Zschr. für Ethnologie 77 (1952); H. HUSMANN, Grundlagen der antiken u. orientalischen Musikkultur (B 1961); C. MCPHEE, Music in Bali (Newhaven/Conn.–Leiden 1966, NY [2]1976); E. SCHLAGER, Rituelle Siebentonmusik auf Bali, hrsg. v. H. Oesch (Be 1976) (= Basler Stud. z. Ethnomusikologie); M. HOOD, The Evolution of Javanese Gamelan, I: Music of Roaring Sea (Wilhelmshaven 1980).

J. BRUNET

INDY, Vincent d', * 27. 3. 1851 Paris, † 2. 12. 1931 ebd.; frz. Komponist. Aus einer alten Aristokraten- und Offiziersfamilie stammend, wuchs d'I. bei seiner Großmutter, der Comtesse Rézia d'I., auf, die ihm auch die Anfangsgründe der Musiklehre und des Klavierspiels vermittelte, und in deren Haus viele Künstler verkehrten, u.a. G. Rossini. Später erhielt er dann Klavierunterricht bei A.F. Marmontel und L. Diémer, studierte bereits mit 13 Jahren Harmonielehre bei dem noch jungen A. Lavignac und eignete sich schnell eine umfassende Kenntnis der Werke von Chr. W. Gluck, L. van Beethoven, C. M. von Weber und F. Mendelssohn Bartholdy an; vor allem beeindruckten ihn die Opern G. Meyerbeers und R. Wagners. Nach dem Bakkalaureat begann er zunächst Rechtswissenschaft zu studieren, wandte sich dann aber bald definitiv der Musik zu. Seine ersten Kompositionen schrieb er mit 18 Jahren. 1871 wohnten J. Massenet und G. Bizet in Paris der Aufführung eines Scherzos von d'I. bei und fanden hohes Lob für ihn, der sich nun auch professionell als praktischer Musiker betätigte: als Cellist, als Trompeter, Pauker und Hornist und (seit 1873) als Klavierbegleiter bei der Société Nationale de Musique (1871 von C. Saint-Saëns gegründet). Zur gleichen Zeit studierte er Kontrapunkt und Orgel bei C. Franck und wurde Chorleiter und 2. Dirigent bei den Konzerten von J. É. Pasdeloup, kurz darauf Chorleiter bei den Concerts Colonne und Sekretär der Société Nationale, deren Leitung er 10 Jahre später übernahm. 1876 wohnte d'I. den Eröffnungsvorstellungen der Bayreuther Festspiele bei. Die wichtigsten Werke des folgenden Jahrzehnts, die symphonische Trilogie *Wallenstein* und *Le chant de la cloche* bezeugen denn auch deutlich den Wagnerschen Einfluß, sie begründeten aber zugleich den nationalen Ruhm d'I.s, der nun, mit 36 Jahren, als die führende Persönlichkeit einer neuen französischen Komponistengeneration unter dem Zeichen Wagners gilt. In dieser Schaffensperiode zeigt sich erstmals auch in charakteristischer Weise d'I.s Verbundenheit mit der Natur und mit dem Volksleben seines Landes, so vor allem in der *Symphonie cévenole;* sie beruht weitgehend auf einer volkstümlichen Melodie, die der Komponist selbst im Gebiet der Cevennen gefunden hat. Weiterhin unermüdlich in seinen vielfältigen Aktivitäten im Dienst der Société Nationale, u.a. weltweit als Dirigent eigener Werke und von Werken seiner französischen Zeitgenossen, schuf sich d'I. ein neues Wirkungsfeld in der 1896 (zusammen mit Ch. Bordes und A. Guilmant) gegründeten „Schola cantorum". Sie wurde unter seiner Leitung nicht nur eine renommierte Ausbildungsstätte für Kirchenmusiker und eine der bedeutendsten europäischen Pflegestätten älterer und neuerer Kirchenmusik – u.a. erfuhren hier die Oratorien von G. Carissimi und M. A. Charpentier und Kantaten und Passionen von J. S. Bach ihre französische Wiederbelebung –, sondern auch ein Unternehmen, das erstmals Opern von Cl. Monteverdi wiederaufführte und sich gleichermaßen dem Schaffen zeitgenössischer französischer Komponisten widmete (P. Dukas, A. Roussel, Cl. Debussy u.a.m.). Gleichwohl blieb der kompositorische Elan d'I.s bis an sein Lebensende ungebrochen, er galt in den letzten Jahrzehnten verstärkt auch der Oper, teilweise Wagnerschen Ideen verpflichtet und mit Sujets aus der nordischen Mythologie und Literatur. Zeit seines Lebens war d'I. auch als Mensch eine tief beeindruckende Persönlichkeit; A. Roussel und E. Satie waren seine Schüler.

WW: **1) Instr.-WW:** Für Klv.: Sonate (1908); *Thème varié, fugue et chanson* (1925); für Org.: *Prélude et petit canon* (1893); *Vêpres du Commun des Martyrs* (1899). – V.-Sonate (1909); Vc.-Sonate (1926); Trio für Klar., Vc. u. Klv. (1888); Klv.-Quartett a-moll (1878); 3 Streichquartette (1891, 1898, 1930); *Chansons et danses* (1899) für 7 Blasinstr. – Für Orch.: Trilogie *Wallenstein* (1885); Legende *Sauge fleurie* (1885); Variationen *Istar* (1897); Suite *Jour d'été à un montagne* (1906); *Diptyque méditerranéen* (1922); Suite D-Dur ... *dans le style ancien* (1887) für Trp., 2 Fl. u. Orch.; Choralvariationen für Saxophon mit Orch. (1903); Konzert für Fl., Vc., Klv. u. Str. (1927). – **2) Vokal-WW:** Zahlr. geistliche u. weltliche Werke, u.a. die Légende dramatique *Le chant de la cloche* (nach F. Schiller) für Soli, Doppelchor u. Orch., UA: Paris 1886; Chöre a cap. u. mit Klv.-Begleitung; ferner Volksliedbearbeitungen. – **3) Bühnen-WW:** Opéra-comique *Attendez-moi sous l'orme,* UA: Paris 1882; Actions dramatiques *Fervaal,* UA: Brüssel 1897 u. *L'étranger,* UA: ebd. 1903; Drame sacré *La légende de St-Christophe,* UA: Paris 1920; ferner Bühnenmusik zu A. Alexandre, *Karadec,* UA: ebd. 1898 u. zu C. Mendès, *Médée,* UA: ebd. 1898. – **4) Schriften:** *Cours de composition musicale,* 4 Teile (P 1903–50), I u. II/1 (1913, 1905, Nachdr. 1948) (zus. mit A. Sérieyx), II/2, hrsg. v. A. Sérieyx (1930, Nachdr. 1948), III, hrsg. v. G. de Lioncourt (1950); *C. Franck* (P 1906, [16]1930, engl. Lo 1910, Nachdr. NY – Gloucester/Mass. 1965); *Beethoven* (P 1911, engl. Lo 1913, Nachdr. Freeport/N.Y. 1970); *R. Wagner et son influence sur l'art musical français* (P 1930).

Durch sein kompositorisches Schaffen und durch seine gesamte Tätigkeit erweist sich d'I. als der bedeutendste französische Komponist des späten 19. Jh. vor Debussy und als der Initiator und Träger einer musikalischen Erneuerung, die man in Frankreich als die „nouvelle école française" bezeichnet. Seit seiner frühesten Jugend vielseitig gebildet und interessiert, war er mit vielen berühmten Musikern seiner Zeit bekannt, mit Fr. Liszt, J. Brahms, Wagner, R. Strauss. Er war ein enthusiastischer „Wagnériste", aber kein blinder Gefolgsmann des Bayreuther Meisters, dessen Schaffen und Ideen nicht ohne Einfluß auf d'I. blieben. Sie riefen indes auch starke Gegenkräfte hervor, was u.a. d'I.s mannigfaltige Verwendung der französischen Volksmusik *(Symphonie cévenole, Fervaal, Fantaisie sur un vieil air de ronde française)* und der Rückgriff auf gregorianische Melodik bezeugen. In seiner kompositorischen Technik finden sich harmonische Kühnheiten (z.B. in *Mort de Wallenstein*) ebenso wie dichte Kontrapunktik und eine differenzierte Rhythmik, die von choraler Geschmeidigkeit bis zur Kompliziertheit unregelmäßiger Rhythmen reicht (z.B. Verwendung von Taktarten wie $^8/_{16}$, $^{10}/_{16}$, $^{12}/_{16}$, $^{14}/_{16}$; $^8/_4 = {}^5/_4 + {}^3/_4$). Demgegenüber wirkt d'I.s Melodik oft trocken. In der Orchesterbehandlung, die stark von H. Berlioz geprägt ist, gibt es bei d'I. viele neue und aparte klangliche Wirkungen in einzelnen Instrumentenkombinationen wie im gesamten Orchester. So verwendet er im *Chant de la cloche* und in *Queste de Dieu* die Kombination Klavier + Hörner zur Charakterisierung des Glockenklangs, in *Fervaal* die ungewöhnliche Zusammenstellung Baßklarinette, Kontrabaßklarinette, 8 Saxhörner, 4 Saxophone. Anders als Wagner, der einen orchestralen „Mischklang" bevorzugt, benutzt d'I. häufig einzelne Timbres getrennt und weist damit voraus auf die Orchestration Debussys und vielleicht auch auf den „Spaltklang" in Werken des 20. Jahrhunderts. Im formalen Aufbau seiner Werke fällt die oft dichte motivische Arbeit auf, die in der symphonischen Tradition Beethovens, Wagners und Francks steht. Bei aller Bedeutung d'I.s für die neuere französische Musikgeschichte läßt es sich allerdings nicht übersehen, daß seinen Werken außerhalb Frankreichs, zumal in Deutschland, bis heute kein sonderlich starkes Echo vergönnt ist: möglicherweise eine Folge und ein Symptom der langen Entfremdung zwischen diesen beiden Ländern, die gerade einen so national gesinnten und französischem Volkstum verbundenen Künstler wie d'I. voll treffen mußte.

Lit.: R. ROLLAND, V. d'I., in: Musiciens d'aujourd'hui (P 1908); D. G. MASON, V. d'I., in: Contemporary Composers (NY 1918, Nachdr. 1973); C. SAINT-SAËNS, Les idées de V. d'I. (P 1918); P. LANDORMY, V. d'I., in: MQ 18 (1932); M.-M. DE FRAGUIER, V. d'I. Souvenirs d'un élève, accompagnés de lettres inédites du maître (P 1933); M. MONTGOMERY, A Comparative Analysis (and Translation) of V. d'I.'s „Cours de composition musicale", 7 Bde. (1946) (= Diss. Rochester Univ./N.Y.); L. VALLAS, V. d'I., 2 Bde. (P 1946–50); R. R. GUENTHER, V. d'I., 3 Bde. (1948) (= Diss. Rochester Univ./N.Y.); J. CANTELOUBE, V. d'I. (P 1951); N. DEMUTH, V. d'I. ... Champion of Classicism (Lo 1951, Nachdr. Westport/Conn. 1974); E. W. BLOM, V. d'I.'s „Enigma", in: Classics, Major and Minor (Lo 1958); H. A. UPPER junior, An Historical and Analytical Study of Selected Works for Piano Obbligato With Orchestra (1971) (= Diss. Indiana Univ.); CH. B. PAUL, Rameau, d'I., and French Nationalism, in: MQ 58 (1972).

A. HOÉRÉE – G. MASSENKEIL

INFEDELTÀ DELUSA, L', Burletta per musica von J. Haydn; dt. Titel: ↗Untreue lohnt nicht.

INFORMATIONSTHEORIE, Bz. für eine mathematische Theorie der Informationsverarbeitung. Sie hat im Bereich der Musik über die ↗Computermusik hinaus Bedeutung gewonnen. Im Rahmen der I. wird der umgangssprachliche Terminus Information zu einem formalen, quantitativen Begriff präzisiert, während inhaltliche Gesichtspunkte zunächst außer Betracht bleiben. Ermöglicht wird dies dadurch, daß man die Übertragung von Nachrichten auf die einfachste Form der Nachrichtenübertragung, nämlich Ja-Nein-Entscheidungen, reduzieren kann. Dieser Auswahlvorgang mit 2 Möglichkeiten definiert, wenn beide Möglichkeiten gleich wahrscheinlich auftreten, die Maßeinheit für Information: 1 bit. So gelingt es, unterschiedliche nachrichtenübertragende Systeme auf die gleiche formale Weise zu beschreiben. Bei einem Zeichenrepertoire von 12 Tönen und gleichwahrscheinlichem Auftreten aller Töne läßt sich die maximale Information ($\hat{H}$) durch den dyadischen Logarithmus der Anzahl der Möglichkeiten ausdrücken: $\hat{H} = \mathrm{ld}\,12 = 3{,}58$ bits.

Haben wir es mit nicht gleichwahrscheinlichen Zeichen zu tun, wie es in der Musik überlicherweise der Fall ist, so entsteht für jedes Zeichen ein gesonderter Informationswert, der sich zu einer Gesamtinformation (H) aufsummiert. Diese bleibt im allgemeinen unter dem Maximalwert ($\hat{H}$), der für Gleichwahrscheinlichkeit gilt. Eine daraus abgeleitete wichtige Größe ist die „relative Entropie" (R): $R = \frac{H}{\hat{H}}$ (ihr Komplement ist die „relative Informationsredundanz" $P = 1 - R$), während der meist benutzte Absolutwert der Redundanz (Ω) sich aus der Differenz der beiden Informationswerte ergibt: $\Omega = \hat{H} - H$ (bit/Symbol).

Die Methoden der I. haben die zeitgenössischen Komponisten und Musiktheoretiker auf der Suche nach allgemeinen ästhetischen Gesetzen angeregt. So beschäftigten sich Wilhelm Fucks, Joseph Lauter und Walter Reckziegel mit der Analyse von komponierter Musik anhand ihrer notierten Texte auf informationstheoretischer Grundlage. Hermann Rohrer entwarf 1970 ein mathematisches Konzept der musikalischen Stilanalyse.

An den materialzentrierten, objektivistischen Ansätzen wurde jedoch zunehmend Kritik geübt; u.a. formulierte Konrad J. Burdach Ansätze zu einer Theorie musikalischer Produktions- und Rezeptionsprozesse in Anlehnung an die Redundanztheorie der Ästhetik von Rul Gunzenhäuser. Diese betrachtet ästhetische Realisation und Konsumation als informationelle und kommunikative Zeichenprozesse und bildet die Grundlage für eine erweiterte Musikästhetik. – ↗Kybernetik.

Lit.: W. MEYER-EPPLER, Statistische u. psychologische Klangprobleme (W 1955) (= die reihe 1); R.C. PINKERTON, Information Theory and Melody, in: Scientific American 194 (1956);

Information über serielle Musik, hrsg. v. H. EIMERT – K.H. STOCKHAUSEN (W 1957) (= die reihe 3); W. FUCKS, Gibt es mathematische Gesetze in Sprache u. Musik?, In: Um-Schau 57 (1957); W. MEYER-EPPLER, Grundlagen u. Anwendungen der I. (B – Hei – NY 1959, ²1969); W. FUCKS, Mathematische Musikanalyse u. Randomfolgen, in: Gravesaner Blätter 6 (1962); W. MEYER-EPPLER, Informationstheoretische Probleme der musikal. Kommunikation (W 1962) (= die reihe 8); L. HILLER, I. u. Computermusik (Mz 1964) (= Darmstädter Beitr. z. Neuen Musik 8); M. BENSE, Einführung in die informationstheoretische Ästhetik (Reinbek 1969); R. GUNZENHÄUSER, I. u. Ästhetik, in: Kybernetik, Brücke zw. den Wissenschaften, hrsg. v. H. Frank (F ⁷1970); H.P. REINECKE, Zum Begriff der Tonalität, in: Kgr.-Ber. Leipzig 1966 (Bas – Tours – Lo – L 1970); A. A. MOLES, I. u. ästhetische Wahrnehmung (Kö 1971); G. PFEIFFER, Kunst u. Kommunikation. Grundlegung einer kybernetischen Ästhetik (Kö 1972); A. A. MOLES, Kunst u. Computer (Kö 1972); H.W. FRANKE, Phänomen Kunst. Die kybernetischen Grundlagen der Ästhetik (Kö 1974); K.J. BURDACH, Musikpsychologie u. Musiksimulation. Eine experimentalpsychologische Stud. über Forschungskonzepte u. Forschungsmethoden einer kommunikationsorientierten Musikästhetik (Diss. H 1975); A.A. MOLES, Superzeichenbildung u. Problemlösung in der künstlerischen Kommunikation, in: Zeichenprozesse. Semiotische Forsch. in den Einzelwiss., hrsg. v. R. Posner - H. P. Reinecke (Wie 1977).

H. P. REINECKE

INGEGNERI (Ingigneri), **Marc' Antonio,** * um 1547 Verona, † 1. 7. 1592 Cremona; it. Komponist. I. war wahrscheinlich ein Schüler von V. Ruffo in Verona und von Cipriano de Rore in Parma. Um 1568 kam er nach Cremona, wurde dort 1576 Praefectus und 1581 Domkapellmeister. I. wurde besonders von Bischof Nicolao Sfondrato, dem späteren Papst Gregor XIV. gefördert. Zu seinen Schülern gehörte Cl. Monteverdi. Seine Madrigale entsprechen im wesentlichen dem Stil der Zeit, zeichnen sich jedoch durch kühne und ausdrucksvolle Harmonik aus, für die auch die vielstimmigen *Sacrae cantiones* (1589) mit doppelt und dreifach besetzten Chören ein charakteristisches Beispiel sind. I.s Responsorien galten lange Zeit als Opus dubium von Palestrina; erst Fr. X. Haberl konnte 1877 I.s Verfasserschaft nachweisen.

WW: **1) Geistliche WW:** 4 Slgen. *Sacrae cantiones,* für 5 St. (V 1576), für 4 St. (V 1586) für 7–16 St. (V 1589) für 6 St. (V 1591); 2 Bücher Messen für 5 u. 8 St. (V ²1573, 1587); *Responsoria hebdomadae sanctae, Benedictus & Improperia* für 4 St. u. *Miserere* für 6 St. (V 1588); Hymnen für 4 St. (V 1606). – **2) Weltliche WW:** 2 Bücher Madrigale für 4 St. (V ²1578, 1579); 5 Bücher Madrigale für 5 St. (V vor 1572, 1572, 1580, 1584 u. 1587); Madrigale für 6 St. (V 1586); weitere WW in den Sammeldrucken der Zeit.

Ausg.: 44 Madrigale für 4–5 St. u. ein Kyrie u. Gloria für 5 St. 1573, in: La musica in Cremona nella seconda metà del secolo XVI..., hrsg. v. G. CESARI – G. PANNAIN (Mi 1939); *Responsoria,* als Opus dubium in der Palestrina-GA, Bd. 32, hrsg. v. F. X. HABERL (L 1892, Nachdruck Ridgewood/N.J. 1968); 7 Madrigale, hrsg. v. B. HUDSON (Wb 1975) (= Chw 115).

Lit.: E. DOHRN, M. A. I. als Madrigalkomponist (Diss. B 1936, Teildruck Hannover 1936); D. ARNOLD, Monteverdi and His Teachers in: The Monteverdi Companion, hrsg. v. dems. – N. Fortune (Lo 1968); M. L. DUGGAN, M. A. I., Motets for Four and Five Voices, 2 Bde. (1968) (= Diss. Univ. of Rochester/N.Y.); L. E. BARKER, The Eight Voice Polychoral Motets of M. A. I. (1974) (= Diss. Arizona State Univ.).

INGHELBRECHT, Désiré-Émile, * 17. 9. 1880 Paris, † 14. 2. 1965 ebd.; frz. Dirigent und Komponist. I. studierte am Pariser Conservatoire. Seit 1908 dirigierte er am Théâtre des Arts und 1913 am Théâtre des Champs-Élysées. 1920–23 war er musikalischer Leiter der Ballets Suédois, 1924–25 und 1932–33 Musikdirektor der Opéra-Comique und 1945–50 der Opéra. Außerdem dirigierte er 1928–32 die Concerts Pasdeloup und das 1934 von ihm gegründete Orchestre National des RTF seit dessen Bestehen. I. war ein Freund Debussys und wurde vor allem als Interpret von dessen Werken bekannt. Er wirkte an mehreren Uraufführungen mit und leitete die Erstaufführung von M. Mussorgskis *Boris Godunow* in frz. Sprache.

WW: **1) Instr.-WW:** Zahlr. Klv.-Werke zu 2 u. 4 Händen; Kammermusik, u. a. ein Streichquartett (1945). – Für Orch.: *Automne* (P 1905); *Rapsodie de printemps* (P 1910); *Sinfonia breve da camera* (P 1930); *Ibériana* für V. u. Orch. (P 1948); symphonische Suite *Ion* (1951). – **2) Vokal-WW:** Stücke für Chor a cap.; Lieder für SingSt u. Klv.; *Tant que Noël durera* (1943) für Rezitation, Soli, Chor u. Orch.; *Mowgli* (1946) (nach R. Kipling) für SingSt u. Orch. – **3) Bühnen-WW:** Musikal. Komödie *La nuit vénitienne* (1908) (nach A. de Musset); – Ballette: *El Greco* (1920), UA: Paris 1920; *Le diable dans le beffroi* (1921) (nach E. A. Poe), UA: ebd. 1929; *La métamorphose d'Ève* (1928); Opéra-ballet *Le chêne et le tilleul* (1960) (nach La Fontaine). – **4) Schriften:** *Comment on ne doit pas interpréter Carmen, Faust et Pelléas* (P 1933); *Mouvement contraire, souvenirs d'un musicien* (P 1947); *C. Debussy* (P 1953); *Le chef d'orchestre parle au public* (P 1957).

INITIUM (lat., = Eingang, Anfang). Im Gregorianischen Gesang typisierte Anfangsfloskel einer Melodie, eines zu wiederholenden Melodieabschnitts oder eines Psalmtons. Das I. findet sich insbesondere bei Wechselgesängen, wo es das Anknüpfen an den Schluß (Finalis) eines vorausgehenden Gesangteils erleichtert. Das I. legt zugleich die Tonart fest. In der Psalmodie – mit Ausnahme der Psalmodie der Cantica *Magnificat* und *Benedictus* (↗Canticum) – wird das I. nur zum ersten Vers gesungen, die folgenden Verse beginnen mit dem Tenor. Beispiel für den 5. Psalmton:

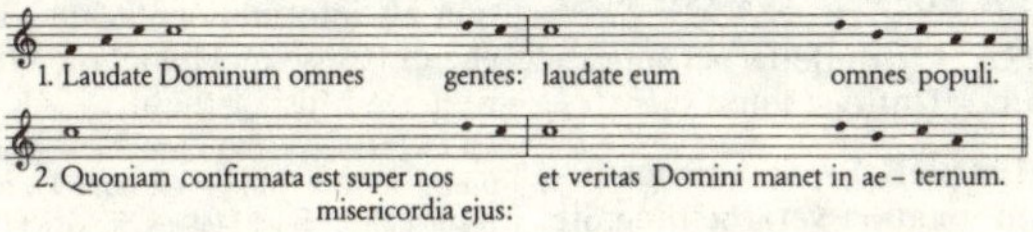

IN NOMINE. Titel zahlreicher Instrumentalstücke englischer Komponisten des 16.–17. Jh. für Violenensemble (↗Consort), auch für Tasteninstrumente oder Laute. Der Name verweist auf einen Abschnitt im Benedictus der Messe *Gloria tibi Trinitas* von J. Taverner, wo zu den Worten *„in nomine Domini“* die chorale Antiphon *Gloria tibi Trinitas* (Vesper vom Fest der Hl. Dreifaltigkeit) als C.f. in langen Notenwerten erklingt. Dieses Stück und seine instrumentalen Übertragungen wurde in der Folgezeit, losgelöst von der liturgischen Verwendung, zum Modell für die I.n.-Kompositionen, denen in der Regel die genannte Melodie ebenfalls als C.f. oder – seltener – als Sogetto für kontrapunktische Verarbeitung zugrunde liegt. Meist sind diese Kompositionen mehrteilig und enthalten kontrastierend imitatorische und homorhythmische Abschnitte. Nur wenige Werke mit dem Titel I.n. zeigen keinen Zusammenhang mit der I.n.-Melodie. I.n.-Kompositionen schrieben fast alle englischen Komponisten der 2. Hälfte des 16. und des 17. Jh., vor allem Chr. Tye, ferner J. Bull, R. Whyte, O. Gibbons und H. Purcell. Eine wichtige Quelle für die Gattung ist das *Mulliner Book* (um 1555). Auf ein I.n. von Bull greift R. Strauss in *Die schweigsame Frau* zurück, um das englische Kolorit dieser Oper auch musikalisch auszudrücken. Ein der älteren englischen Musik nachempfundenes I.n. findet sich in der *English Suite* von A. D. Bush (1945–46).

Lit.: E. H. MEYER, English Chamber Musik (Lo 1946, ²1951, Nachdr. NY 1971), dt. Übers.: Die Kammermusik Alt-Englands (L 1958); G. REESE, The Origin of the English „I. n.“, in: JAMS 2 (1949); R. DONINGTON – TH. DART, The Origin of the I. n., in: ML 30 (1949); D. STEVENS, The Mulliner Book. A. Commentary (Lo 1952); G. REESE, Music in the Renaissance (NY 1954, revidiert 1959).

IN SEINEM GARTEN LIEBT DON PERLIMPLÍN BELISA, Vier Bilder eines erotischen Bilderbogens in der Art eines Kammerspiels von Federico García Lorca (1898–1936) in der dt. Nachdichtung von Enrique Beck, Musik von Wolfgang Fortner (* 1907). UA: 10. 5. 1962 in Schwetzingen unter W. Sawallisch.

Der 50jährige, sehr kultivierte Don Perlimplín läßt sich in die Ehe mit der jungen, begehrenswerten Belisa (der Personifizierung des genuinen weiblichen Sexus) drängen. Deren Körper will er „auf dem Wege zum Sexus durch den Sexus“ (E. Beck) beseelen, indem er – unerkannt – als schöner, feuriger Jüngling erscheint und in dessen Gestalt bei einem Rendezvous in seinem Garten Belisa liebt. Die tragische Komödie erreicht ihren Höhepunkt, als der scheinbar gehörnte Gatte den von Belisa geliebten Unbekannten – sich selbst – ersticht und in ihren Armen sterbend erklärt: „Ich bin meine Seele, und du bist dein Leib.“ – In der Komposition folgte Fortner weitgehend den Bühnenanweisungen des Originaltextes. Das musikalische Material geht auf eine Zwölftonreihe zurück, die für jedes Bild eine spezifische Permutation erfährt. Das sparsam besetzte Orchester liefert mit Harfe, Celesta, Vibraphon, Gitarre und Cembalo (hinter der Bühne) häufig die der Situation angemessene „silbrige“ Klangfarbe. Das kurze Vorspiel zu diesem Werk, das dem wiederentdeckten Typus der Opera semiseria angehört, wird von dem im Villanellenstil für 5st. Kammerchor geschriebenen Titel der Oper umrahmt.

K. LANGROCK

INSTRUMENT. Ein Werkzeug, das die menschliche Stimme sowie die Laute der Natur nachahmt, ergänzt, verstärkt, verfremdet, um mit Hilfe von Tönen, Klängen und Geräuschen eine über die verbale und gesungene Kommunikation hinausreichende Verständigungs- und Signalfunktion zu erzielen. In den Kulturen der Frühzeit und der Naturvölker dienten bzw. dienen Schallgeräte und Klangwerkzeuge dazu, um als Verkörperung von Geisterstimmen die Gegenwärtigkeit übersinnlicher Wesen zu bezeugen, durch abschreckende oder anlockende Wirkungen des Schalls Geister abzuwehren oder anzuziehen, Anbetung und Lobpreis zu verstärken und – als religiöses Signal – kultische Abläufe zu regeln. Die Begründung und Verwendung der I.e liegt in religiös-magischen Vorstellungen: im Mythos, im zauberischen Ritual, in der Kulthandlung.

Ethnische Gruppen und Völker, die irrealen jenseitigen Mächten (Geistern, Dämonen, Göttern) eine schicksalhafte und diesseitige Wirkung beimessen, glauben und vertrauen auf die existenzsichernde Anwesenheit der mythischen und persönlichen Vorfahren, der in den Schöpfungsepen tradierten Urzeitgestalten und Kulturbringer. Zum kultischen Nachvollzug dieses Geschehens, das eine Verbindung und Identifikation mit den Gestalten und Mächten der Vergangenheit ermöglicht, gehört auch der Schall der Geisterstimmen-I.e zur realen und vernehmbaren Vergegenwärtigung dieser Wesen. Prototyp eines solchen Geisterstimmengerätes ist das Schwirrholz, ein flaches, längliches Holzbrettchen, das an einer Schnur um den Kopf gewirbelt wird, sich zusätzlich um die eigene Achse dreht und durch diese Doppelbewegung ein charakteristisches Summen hervorbringt. Dieses im europäischen Raum in jüngerer Zeit zum Kinderspielzeug denaturierte I. dient in außereuropäischen Kulturen als zentrales Objekt kultischer Handlungen und wird an geheimen, verborgenen Orten aufbewahrt;

Nicht-Eingeweihten ist oft unter Androhung der Todesstrafe verboten, solche heilige Klangwerkzeuge auch nur anzusehen. Neben dem Schwirrholz dienen häufig – in unterschiedlich gestimmten Paaren – Längs- und Querflöten, Schlag- und Stampfwerkzeuge, Reibtrommeln und Reibhölzer als Verkörperung urzeitlicher Wesen, mythischer Zwillinge, Geschwisterpaare oder Ehegatten.
Im Rahmen eines zauberischen Rituals bewußt erzeugte Klänge sollen in kritischen Phasen menschlichen Lebens oder der Gesellschaft übernatürliche Mächte ansprechen – gewissermaßen aus der Vorstellung, daß Musik die Sprache der Götter sei. Fest davon überzeugt, Geister beeinflussen zu können, vertraut der Mensch auf die lockenden, schreckenden und berauschenden Wirkungen des Schalles durch Lärminstrumente: Glocken, Gongs, Trommeln, schreckende Hörner und schrille Pfeifen erklingen bei Gewitter und Sturm, bei Erdbeben, Mond- und Sonnenfinsternis, zur Austreibung von Krankheits- und zur Abwehr von Totengeistern. Da nicht jeder Mensch die Gaben und Kräfte besitzt, um mit Geistern umgehen zu können, beauftragt die Gruppe Spezialisten (Schamanen, Medizinmänner, Zauberer, Priester) mit dem Vollzug der Unheil abwendenden Riten. Damit werden Schallgeräte und Musik-I.e zum individuellen Vorbehaltsgut jener Professionisten, die im Rahmen magisch-kultischer Handlungen den Kontakt des Menschen zu den unangreifbaren Mächten herstellen. Nur der Schamane ist bei den sibirischen Jakuten imstande, mit einer Rahmentrommel Geister zu rufen oder diese sogar im Inneren seiner Rassel gefangenzusetzen. Der Einfluß des Schalles veranlaßt die übersinnlichen Mächte, sich in einer für den Menschen bzw. die Gesellschaft günstigen Art und Weise zu verhalten.
Auch in den Universalreligionen ist Kult (Gottesdienst) nicht ohne Musik denkbar. Die erhobene (rezitierende, singende) menschliche Stimme wird dabei vielfach von Musik-I.en verstärkt (jedoch ist z. B. die christliche Kultmusik – zumindest seit ihrer Verschriftlichung – wesenhaft Vokalmusik). Auf Relikte magischen und zauberischen Denkens weist die Tatsache hin, daß Schall und Klang den Kultort von bösen Geistern zu reinigen vermögen; Glocken, Gongs, Schneckentrompeten, Trommeln, Flöten und Schalmeien rufen in Tempeln, Klöstern und Kirchen zum Gebet, sie erklingen zur Ehre oder im Namen der Gottheit und haben die Aufgabe, den Ablauf der kultischen Handlung zu gliedern.
Musik-I.e sind also primär nicht allein körperliche Dinge, wie Waffen oder Gefäße, sondern sie erzeugen durch den Klang, den der Mensch mit ihrer Hilfe hervorbringt, eine seelische Wirkung – und sie beeinflussen dadurch den Bewußtseinsinhalt des Menschen. Die Absicht ist daher anfänglich keine ästhetische: schrille, grelle oder dumpfe, brummende und heulende Töne werden bevorzugt.
Wie in der Geschichte der Kunst allgemein, so vollzog sich im Laufe der europäisch-abendländischen Kulturentwicklung auch die Lösung der Musik-I.e aus der kultischen, sozialanthropologischen Zweckbestimmung und Gebundenheit. Was an Saiten-, Blas- und Schlag-I.en in der europäischen Musik benutzt und ständig verfeinert wurde bzw. wird, ist in Naturvolk- und älteren Hochkulturen bereits vorgegeben (davon ausgenommen sind selbstverständlich elektronische Apparaturen). Aus magisch-religiösen Geräten wurden allmählich Vermittler sinnlich-künstlerischen Genusses. Im freien, absoluten musikalischen Kunstwerk ordnete sich der Musiker mit seinem Tonwerkzeug den Ideen eines (weltlichen) Schöpfer-Genies unter. Die Entwicklung vollzieht sich fortan innerhalb einer Dreiecksbeziehung: Komponist, Spieler, Instrumentenbauer, die einander wechselseitig befruchten und zu spezifischen Leistungen drängen. Andererseits wird das Musik-I. außerhalb des professionellen Musikbetriebes zum Spielzeug der „Hobby-Kultur".
Mit dem Bau, der Entwicklung und der Verwendung der einzelnen I.e beschäftigt sich die ↗Instrumentenkunde. Internationale Verbände von Forschern und Musikern widmen sich Fragen einzelner I.e bzw. I.en-Gruppen (auch Volksmusik-I.en). Dagegen ist ein sozialanthropologischer Ansatz, wie ihn Curt Sachs formulierte bzw. für die außereuropäischen Völker und bis in das europäische Mittelalter hinein ausarbeitete, seit den 30er Jahren kaum weitergeführt worden. Auf seiten der Medizin (A. Greither, E. Kern) und der Ethnologie (U. Ramseyer) erfolgten dazu in jüngster Zeit Anstöße, auch eine kulturethnologisch orientierte biologische Anthropologie ist am Mensch-Musik-Verhältnis interessiert (B. Hassenstein). Eine Musikanthropologie, wie sie A. Merriam in den USA und W. Suppan in Europa vorschlagen, ist als interdisziplinäre Gemeinschaftsarbeit der genannten und weiterer Fächer denkbar.

Lit.: O. ZERRIES, Das Schwirrholz (St 1942); F. BOSE, Musikal. Völkerkunde (Fr 1953); H. FISCHER, Schallgeräte in Ozeanien (Str – Baden-Baden 1958); R. HAMMERSTEIN, Die Musik der Engel. Unters. z. Musikanschauung des MA (Be – Mn 1962); S. MARCUSE, Musical Instruments. A Comprehensive Dictionary (NY 1964); A. P. MERRIAM, The Anthropology of Music (Ch 1964); U. RAMSEYER, Klangzauber. Funktionen außereuropäischer Musikinstr. (Bas 1969); D. EVANS, Afro-American One Stringed Instruments, in: Western Folklore 29 (1971); H. HIMMELHEBER, Masken, Tänzer u. Musiker der Elfenbeinkünste (Gö 1972); A. GREITHER, Anthropologie der Musikinstr., in: Kulturanthropologie. Neue Anthropologie 4, hrsg. v. H.-

G. GADAMER – P. VOGLER (St – Mn 1973); W. WIORA, Ergebnisse u. Aufgaben vergleichender Musikforsch. (Da 1975); CH. KADEN, Hirtensignale. Musikal. Syntax u. kommunikative Praxis (L 1977); W. SUPPAN, Werkzeug, Kunstwerk, Ware. Prolegomena zu einer anthropologisch fundierten Musikwiss., in: Musikethnologische Sammelbände 1 (1977); DERS., Anthropologie der Musik (Mz 1980). – ↗Instrumentenkunde.

W. SUPPAN

INSTRUMENTALES THEATER ↗Musiktheater.

INSTRUMENTATION (engl. u. frz.: orchestration; it.: orchestrazione). Seit Beginn des 19. Jh. (u. a. bereits von H. Chr. Koch im *Kurzgefaßten Handwörterbuch der Musik,* 1807, und von E. Th. A. Hoffmann 1810 in der Rezension der 5. Symphonie von L. van Beethoven gebrauchte) Bz. für die Verteilung der Stimmen eines musikalischen Satzes auf die Instrumente des Orchesters, bald auch für die handwerklich-technische wie die ästhetische Seite der Gestaltung des Orchesterklanges. Versuche, einen terminologischen Unterschied zwischen I. und ↗Orchestration oder gar zwischen I. und Instrumentierung zu definieren, müssen als mißlungen angesehen werden.

Der Begriff der I. setzt zu seiner sinnvollen Verwendung bestimmte Gegebenheiten des musikalischen Satzes voraus, sollte also nicht unreflektiert über die Musikgeschichte ausgedehnt werden; er ist nur anwendbar auf Musik, deren in der Instrumenten-Vorzeichnung fixierte Klanggestalt Strukturelement ist, ohne die Tonhöhen an struktureller Bedeutung zu übertreffen. Für die Musik der Generalbaßzeit und früherer Epochen sollte daher von Besetzung, allenfalls von Instrumentenverwendung gesprochen werden, für die Musik des 20. Jh. bietet sich der Begriff Klang(farben)komposition an. Seinem Ursprung in der Kompositionslehre des beginnenden 19. Jh. verdankt der Begriff I. eine normative Grundtendenz, die sich auch bei wertfreier Beschreibung historischer Typen von Orchestersatz nicht gänzlich eliminieren läßt. Während die Lehrbücher des 18. Jh. nur diejenigen Instrumente behandelten, die – wie Klarinetten und Hörner – durch ihre Spieltechnik den Komponisten Schwierigkeiten bereiten konnten, entwickelte sich zu Beginn des 19. Jh. die Gattung der I.s-Lehren, als deren Paradigma Hector Berlioz' *Grand Traité d'instrumentation et d'orchestration modernes* (P 1844) angesehen werden kann. Die Entwicklung der I.s-Lehren korrespondierte mit einem Wandel kompositorischer Praxis in diesem Jahrhundert: Während der Komponist des 18. Jh. normalerweise seine Erfahrungen innerhalb des Orchesterverbandes machte, begann im 19. Jh. die Tradition des Komponierens „am Klavier", die die Komponisten dem Orchesterapparat entfremdete, umfassende Lehrwerke also notwendig machte. Aufgrund der zunehmenden Funktionenteilung und der steigenden Komplexität des Orchestersatzes entwickelte sich die Notationsform des ↗Klavierauszuges als Medium der Konzeption und Einstudierung von Orchestermusik. Einzig von der Reduktion des Orchesterklanges auf die „neutrale" Gestalt des Klavierauszuges her ist die Funktion des Instrumentierens im musikalischen Schaffensprozeß verständlich; auch wenn die Interdependenz von Tonhöhenstruktur (= Klavierauszug) und Klangimagination immer wieder betont wurde, muß doch der Vorgang des Instrumentierens als „Einkleidung" einer gegebenen Tonhöhenstruktur in ein möglichst vorteilhaftes Klanggewand verstanden werden. Der in diesem Vorgang begründete Schematismus, der sich bereits in der Orchestermusik des frühen 19. Jh. vorbereitete, wurde nach Aufspaltung der Musik in werkhafte und Gebrauchsmusik von der Sphäre der Gebrauchsmusik begierig usurpiert; die Zusammenstellung der I.s-Lehren läßt erkennen, daß sich das Schwergewicht an Publikationen zunehmend zur Gebrauchsmusik hin verlagerte, da die Ansprüche an die Individualität der Werke in der Kunstmusik schon zu Beginn des 20. Jh. eine I., die als lehrbares Verfahren gehandhabt werden konnte, nicht mehr zuließen.

Eine Rekonstruktion der Geschichte des Komponierens mit Instrumenten, die die Rolle der Instrumente bei der Konstituierung des musikalischen Sinnes zu untersuchen wünscht, hat auszugehen von den strukturellen Bedingungen des musikalischen Satzes und von dem vormusikalischen Horizont instrumentaler Semantik, der sich – lange vor dem Gebrauch der Instrumente zu orchestralen Zwekken – in der Lebenswelt bildete. Einzelne Instrumente besaßen schon während des Mittelalters einen genau definierten Verwendungshorizont, der sich assoziativ mit dem Instrumentalklang verband. Die soziale Zuordnung dieser Instrumente (z. B. Trompete – König; Horn – Jäger; Schalmei – Hirte), die ihren deutlichsten Ausdruck in den zunftartigen Standesorganisationen der Musiker fand, lieferte bei szenischer Verwendung der Instrumente das Strukturschema für ihren Einsatz. Es kann daher nicht überraschen, daß bei der Ausbildung fixierter Besetzungen derjenigen Musik eine Pionierfunktion zufiel, in welcher die assoziativen Inhalte des Instrumentariums auch präsent waren; so erklärt sich die Vorrangstellung szenischer Musik bei der Erweiterung der Instrumentalbesetzungen, die bis zum Ende des 19. Jh. andauerte. Der Vorschlagscharakter der Besetzungsangaben in der Musik des 16. Jh. – der sich schon in der häufigen

Vorschrift „per cantare o sonare con ogni sorte di strumenti" spiegelt – wich in den überlieferten Besetzungsangaben der Florentiner Intermedien (am besten dokumentiert zu *La Pellegrina,* Fi 1589) einer protokollarischen Aufzählung der mitwirkenden Instrumente, häufig unter namentlicher Nennung der Spieler. Obwohl mit dieser Erwähnung keine direkte Vorschrift für zukünftige Aufführungen verbunden gewesen sein kann – da es sich um einmalige Festaufführungen handelte –, fixierten diese Listen mitwirkender Instrumente immerhin die Intentionen der Komponisten; schrittweise etablierten sich typisierte Zuordnungen von Instrumenten und Affekten oder szenischen Personen. Die Forderung, die begleitenden Instrumente gemäß dem Affekt des Sängers zu wechseln (A. Guidotti in der Vorrede zu E. de'Cavalieris *Rappresentazione di Anima e di Corpo,* 1600), kann geradezu als Motto der Instrumentenverwendung in der Oper des Generalbaßzeitalters angesehen werden. Durch das Anknüpfen der frühen Oper an die Kompositionstechnik der generalbaßbegleiteten Monodie in der ↗Camerata Fiorentina wurde die semantische Ordnung des Instrumentariums überformt durch die erste kompositionstechnische Ausdifferenzierung: die Einteilung der Instrumente in ↗Fundament- und Ornament-Instrumente (A. Agazzari, 1607; M. Praetorius, 1619). Während in den Intermedien vielstimmige Kompositionen instrumental und vokal zugleich erklangen, wobei die Notwendigkeit der Gegenwart aller Sänger und Instrumentalisten auf der Bühne die Möglichkeiten szenischer Illusion stark einschränkte, führten die räumliche Trennung von Handlungsraum und Instrumentarium sowie die funktionale Trennung von Gesang und Begleitung in der frühen Oper zu stärkerem Hervortreten des Instrumentalklanges. Die Ornamentinstrumente folgten etwa den Verwendungsregeln, die sich im Schauspiel (Bühnenmusik) und in den Intermedien etabliert hatten, die Akkordinstrumente der B.c.-Gruppe dagegen wurden häufig nach klanglichen Erwägungen gewählt; zwischen einer die Singstimme hinreichend stützenden Klangfülle und der Forderung nach Textverständlichkeit war ein Mittelweg zu finden. Es entwickelte sich die bis zum Ende der Generalbaßzeit relativ stabile Continuogruppe aus tiefen Streichinstrumenten, Fagotten, z.T. Posaunen u. Akkordinstrumenten in verschiedenen Lautstärkegraden; das leisere Register wurde im 17. Jh. von Zupfinstrumenten und Gamben repräsentiert, die nach der Entstehung des standardisierten Streicherkörpers aus Violininstrumenten allmählich aus dem inzwischen formierten Orchester verschwanden. Die folgende Liste der in Cl. Monteverdis *Orfeo* (1607) mitwirkenden Instrumente – repräsentativ für die Maximalbesetzung einer Festaufführung der frühen Oper – umfaßt kein standardisiertes Ensemble, so daß von „Orchester" noch nicht gesprochen werden kann: 2 Gravicembali, 2 Kontrabässe, 10 Violininstrumente, 1 Harfe, 2 Violini piccoli, 3 Chitarronen, 2 Orgeln, 3 Baßgamben, 5 Posaunen, 1 Regal, 2 Zinken, 1 Piccolo-Blockflöte, 4 Trompeten, Cistern. Vor allem in Venedig, wo seit 1637 regelmäßige Opernaufführungen stattfanden, entwickelte sich in der Folgezeit eine orchestrale Normbesetzung, die sich auf einen standardisierten Streicherkörper stützte; im Italien des 17. Jh. entstand der 4st. Normalsatz für Streicher, während sich in der französischen Oper des 17. Jh. Fünfstimmigkeit durchsetzte. Da die Satztechnik der Opern J.-B. Lullys aber auf einem Außenstimmensatz beruht, bedeuteten die Mittelstimmen wenig mehr als eine Ausarbeitung der im Generalbaß fixierten Harmoniefolge; zwischen 1700 und 1720 vollzog sich daher auch in Paris der Wandel zur Vierstimmigkeit – durch einfaches Weglassen einer Stimme. Durch die institutionelle Stabilität der königlichen Ensembles, die zudem nicht den wirtschaftlichen Beschränkungen der auf Gewinnbasis arbeitenden venezianischen Operntheater unterlagen, konnte J.-B. Lully in seinen Opern einen vollständig durchgebildeten Orchestersatz schaffen, der nur die Abfolge von Fünf- und Dreistimmigkeit (selten Vierstimmigkeit) kannte; mit der Stimmenzahl verband sich jeweils zwingend eine bestimmte Besetzung. Mitwirkung der in reichlicher Zahl vorhandenen Blasinstrumente (Oboen, Fagotte; Flöten, seltener Trompeten) war an die Außenstimmen gebunden, mit Ausnahme des Triosatzes, der dem Ensemble der Doppelrohrblattinstrumente vorbehalten war. Die für das Orchester der Wiener Klassik und Vorklassik konstitutive Gegenüberstellung von solistischen Bläserstimmen und chorisch besetzten Streichern kannte das Orchester Lullys noch nicht.

Der entscheidende Schritt zur Konstituierung des heute als Orchester bezeichneten Instrumentalensembles – der Name bezeichnete ursprünglich den Raum vor der Bühne im Operntheater, wurde aber zwischen 1680 und 1700 auf das dort spielende Ensemble übertragen – geschah nicht durch Vermehrung der Instrumente, sondern durch deren Reduktion, die eine satztechnische Differenzierung ihrer Funktionen ermöglichte. Im Orchester der italienischen Oper hatte sich um 1700 der Schrumpfungsprozeß vollzogen, der vom typenreichen „Zufallsorchester" der Intermedien zur stabilen Formation des Streicherensembles mit einzelnen hinzugefügten Bläsern führte; der in den Opern A. Scarlattis verbreitete Typus der „Trompetenarie", eine häufig mit Herrschern assoziierte Besetzung, verlangte neben der Singstimme eine Trompete, schwach besetztes Streichorchester und Basso continuo. Durch die verbreitete Colla parte-Führung der Mittelstimmen im Streichersatz – Violinen unisono, Viola in der Oberoktave mit dem Baß – konnte der Orchestersatz im Extremfall auf 2 reale Stimmen reduziert werden. Aus diesem Satzgerüst entstand im Laufe des 18. Jh. das Orchester durch Normierung einer chorischen Streicherbesetzung und durch satztechnische Funktionalisierung der paarweise angeordneten solistischen Bläser – im Normalensemble der Opernsinfonia traten um 1740 zwei Oboen und zwei Hörner (oder Trompeten mit Pauken) zum Streichersatz. Die satztechnische Differenzierung der Parte – d. h. die allmähliche Auseinanderentwicklung der Streicher- und Bläserstimmen – muß begriffen werden als Produkt zweier widerstrebender Tendenzen: Die allgemeine Steigerung der spieltechnischen Anforderungen verlieh einem Instrumentalpart einen genau auf die Möglichkeiten des jeweiligen Instruments zugeschnittenen Charakter; die Intention dagegen, möglichst viele und verschiedenartige Instrumente am Ganzen teilhaben zu lassen, zwang zur Anpassung an eine allgemeine Struktur der Instrumentalmusik. In dem Maße, in dem z.B. der Part der 1. Violinen spezifische Streicherfigurationen zu enthalten begann – etwa Arpeggien, die für Blasinstrumente außerordentliche Schwierigkeiten bergen –, mußten sich die Bläserstimmen von der Textur der Streicher lösen. Die dabei geübte Vereinfachungspraxis, ursprünglich – wie H. Berlioz es noch 1844 für die Kontrabässe beschreibt – im Belieben jedes einzelnen Spielers, schuf aus einer Orchesterstimme mehrere. Die entstehenden Stimmen waren ursprünglich naturgemäß nicht sehr verschieden; häufig etwa spiegeln Bläserakkorde die immanente Zweistimmigkeit von Violinfigurationen. Hörner und Trompeten dagegen, deren begrenzte Naturtonreihen ein diatonisches Musizieren nur in den höchsten Registern gestatteten, erforderten eine strukturell wesentlich stärkere Vereinfachungspraxis; diese wurde notwendig mit dem schrittweisen Verlust der Clarinotechnik, die den Bläsern in der höchsten Oktave des Gesamtumfangs eine diatonische Tonleiter zur Verfügung gestellt hatte. Daß die – in der Sakralmusik zwischen 1660 und 1760 häufig verwendeten – Posaunen kaum je innerhalb dieses Zeitraumes mit Aufgaben im Orchester betraut wurden, obwohl ihnen doch die chromatische Tonleiter zur Verfügung stand, zeigt deutlich, daß die Entwicklung des vorklassischen Orchesterapparates nicht auf eine Vermehrung des Instrumentariums abzielte, sondern nur auf die Neudefinition der satztechnischen Relationen zwischen einer begrenzten Anzahl von traditionsreichen Instrumenten. Das folgende Schema veranschaulicht die allmähliche Ausdifferenzierung dieses Klangkörpers im Laufe des 18. Jh.:

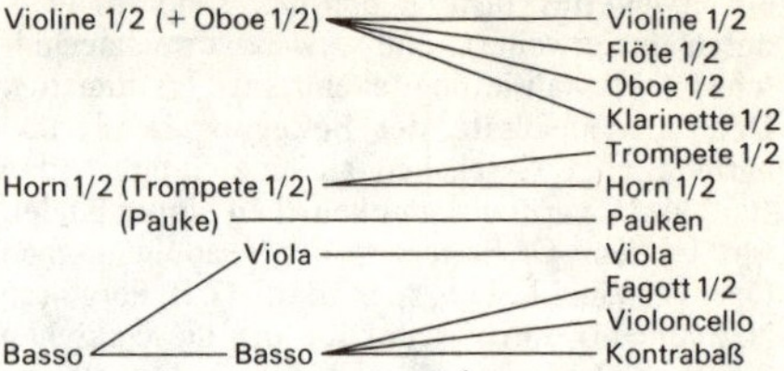

Die durch Oboen gelegentlich verdoppelte Diskantstimme der Violinen erfuhr eine Auffächerung in 4 Stimmenpaare, die im Orchester der Vorklassik als lagengleich gelten können; waren zu Beginn Alternativbesetzungen lagengleicher Instrumente die Norm – spielten also entweder Oboen oder Klarinetten bzw. Hörner oder Trompeten (bei denen die Identität der Obertonordnung Kriterium ihrer satztechnischen Verwandtschaft war) –, so wurden diese Instrumentenpaare in der zweiten Hälfte des 18. Jh. zunehmend nebeneinander eingesetzt. Zugleich wurden die Spieler, die anfangs durchgängig mehrere Instrumente beherrschten, durch die steigenden spieltechnischen Anforderungen gezwungen, sich auf ein Instrument zu konzentrieren; eine Ausnahme bilden Blasinstrumente, die als Derivate eines Hauptinstruments auffaßbar sind, wie z. B. Englisch Horn und Baßklarinette.

Mit der Vermehrung und Standardisierung des Bläserensembles verband sich eine drastische Erhöhung der Zahl der mitwirkenden Streichinstrumente. Die folgende Besetzungsliste (nach Fr. W. Marpurg) veranschaulicht die Stärke des Mannheimer Orchesters im Jahre 1756 – eines Orchesters, dessen technisches Niveau und Orchesterdisziplin in Europa berühmt waren: 20 Violinen, 4 Violen, 4 Violoncelli, 2 Kontrabässe, 4 Flöten, 2 Oboen, 4 Fagotte, 4 Hörner, 12 Trompeten, 2 Pauken. Die relativ zum Violinchor sehr schwache Besetzung der Violen erklärt sich aus der Unselbständigkeit ihrer Parte; hinter der erstaunlichen Zahl von 4 Flöten (gegen 2 Oboen!) dürften sich auch 2 Klarinettisten verbergen, die – da die Klarinetten als neukonstruiertes Instrument nur schrittweise in die Orchester Eingang fanden – in den Besoldungslisten noch mit ihrem Zweitinstrument geführt wurden. Die Zwölfzahl der Trompeter umgreift auch die Hoftrompeter, darf also nicht zu der Annahme verleiten, die Trompetenparte seien verdoppelt ausgeführt worden. Auf der Grundlage dieser Orchesterbesetzung, die bis zu Beethovens ersten beiden Symphonien Gültigkeit besaß, entwickelte sich der Orchestersatz der Wiener Klassik; das Orchester Haydns, Mozarts und Beethovens unterschied sich vom Klangkörper der Vorklassik nicht durch ein erweitertes Instrumentarium, sondern allein durch eine erweiterte und verwandelte satztechnische Funktionalisierung der einzelnen Instrumente. Der Generalbaßsatz, der Bewegungsimpuls und harmonisches Geschehen an eine Stimme (den Baß) als Inbegriff des musikalischen Sinnes bindet, war in dem Orchestersatz der neapolitanischen Oper (L. Vinci, L. Leo, A. Scarlatti, G. B. Pergolesi, N. Jommelli) durch Reduktion des musikalischen Sinnes der Baßstimme ausgehöhlt worden; als primär harmonisch konzipierte Stütze für kantable Melodik verlor der Baß an motivischer Substanz, während die Oberstimme zunehmend an motivisch-thematischer Substanz gewann. Eine variable Funktionalisierung aller Stimmen des musikalischen Satzes entwickelte sich; auch die zwischen Melodie und Baß vermittelnden Stimmen, die zur harmonischen Füllung beitrugen, gewannen an struktureller Relevanz. Das ständige Oszillieren der satztechnischen Funktionen des Gesamtensembles zwischen den verschiedenen Orchesterparten versuchte man durch die Begriffe „durchbrochene Arbeit“ und „obligates Accompagnement“ zu beschreiben; erst als die zusätzliche akkordische Füllung durch das Tasteninstrument der Generalbaßgruppe längst überflüssig geworden war, weil die Harmonie in den Parten des übrigen Ensembles vollständig repräsentiert war, ließ man – erst gegen 1800 – die Bezifferung der Baßstimme endgültig fort. Im Orchestersatz der Wiener klassischen Musik verschob sich das Medium des musikalischen Sinnes von der konkreten Ebene einer Stimme auf die abstraktere Ebene des harmonisch-metrischen Kadenzgerüstes; innerhalb dieses Kadenzgerüstes erwarben die Einzelstimmen eine bis dahin ungeahnte Freiheit. Da die Kadenzstruktur die Kontinuität des musikalischen Zusammenhanges garantierte, konnten die Instrumentalparte, für sich betrachtet, inkomplett sein; im Orchestersatz der Klassik und Romantik beruht die orchestrale Farbenvielfalt nicht zuletzt auf der Möglichkeit, Stimmen frei ein- und aussetzen zu lassen. Während sich der Kreis der verwendeten Tonarten erweiterte, stellten die Hörner, Trompeten und Pauken die ständige Rückbindung des Satzes an die Haupttonart sicher; entfernte sich der Modulationsplan von der Grundtonart – etwa in Durchführungen – mußten die Naturinstrumente schweigen. Es wäre jedoch falsch, die Funktion der Blechblasinstrumente im klassischen Orchestersatz nur unter dem Blickwinkel des Mangels zu sehen; der Modulationsplan der Sonatenhauptsatzform spielt nämlich jene Möglichkeiten des Ensembles wider, kann als Realisierung der Möglichkeiten und Grenzen des klassischen Orchesters in Gestalt einer Formidee begriffen werden. Während die klassische Orchesterbesetzung im Bereich autonomer Instrumentalmusik erst durch die Symphonien Beethovens Erweiterungen erfuhr (Einführung des 3. Hornes [3. Symphonie], des Kontrafagotts und der Posaunen [5. Symphonie], der Schlaginstrumente [9. Symphonie]), die die Satztechnik wesentlich tangierten und die Orchestertechnik des 19. Jh. vorbereiteten, begannen im Opernorchester diese Entwicklungen schon wesentlich früher. Die Posaunen in Chr. W. Glucks *Orfeo ed Euridice* (1762), Harfen und Schlaginstrumente in den französischen Revolutionsopern (L. Cherubini, E. N. Méhul, J.-Fr. Le Sueur, G. Spontini), die um 1800 entstehenden Blech-Bühnenmusiken in den Opere serie G. S. Mayrs (banda sul palcoscenico) – sie alle bestätigen die größere „Offenheit“ der szenischen Musik gegenüber Einflüssen eines Instrumentariums, das – obwohl existent – nicht nur Normalbesetzung des Orchesters zählte. Die bekannten Erweiterungen des Orchesterapparates im 19. Jh. (u. a. Piccoloflöte, Englisch Horn, Es-Klarinette, Baßklarinette, Kontrafagott, Posaunen, Baßtuba, Harfen und Schlagzeug) vollzogen sich gemäß einem konstanten Schema: Vorhandene Instrumente aus nichtwerkhafter Musik oder aus fremden Musikkulturen drangen – zuweilen nach Adaption von Details ihrer Konstruktion – auf dem Umweg über die Szene in das Opernorchester ein; später, wenn durch Gewöhnung die Symbolfunktion des Instrumentes geschwunden war, ging es ein in die Normalbesetzung des Konzertorchesters. Zu Beginn des 19. Jh. wurde die Existenz einer einheitlichen Orchesterformation freilich noch überlagert durch manchmal zählebige lokale Traditionen der Orchesterbesetzung. Z. B. waren Englisch Hörner in Wien um 1762 (Chr. W. Gluck, *Orfeo ed Euridice*) und in Venedig um 1794 (G. S. Mayr, *Saffo*) verbreitete Instrumente, während dieses Instrument 1808 bei seiner Einführung in das Orchester der Pariser Opéra Aufsehen erregte. Bei der Vereinheitlichung der europäischen Orchesterbesetzungen kam jenen Komponisten besondere Bedeutung zu, die im Laufe ihres Lebens in mehreren Ländern wirkten und daher Besonderheiten der Orchesterkultur ihrer Länder weitertragen konnten: Chr. W. Gluck (Deutschland – Italien – Frankreich), G. S. Mayr (Deutschland – Italien), G. Spontini (Italien – Frankreich – Deutschland) und G. Meyerbeer

(Deutschland – Italien – Frankreich). Die Entwicklung der Orchestertechnik und Orchesterkomposition durchlief zu Beginn des 19. Jh. eine zentrale Phase, nicht nur aufgrund der allgemeinen institutionellen Verfestigung der orchestralen Ensembles, die eine erhebliche Steigerung der spieltechnischen Anforderungen möglich machte, sondern vor allem wegen einer grundlegenden Wandlung im Verhältnis der Musik zu den ästhetischen und technischen Bedingungen der Klangproduktion. Drei Gründe waren vor allem maßgebend:
1. In der Musik der französischen Revolutionsoper hatte sich das Verhältnis von musikalischem Satzverfahren und klingendem Ergebnis wesentlich gewandelt; das Erklingende selbst in seiner Wirkung auf die Hörer errang die Stellung einer Kategorie des Komponierens, die Rolle des musikalischen Satzverfahrens als Struktur trat demgegenüber in den Hintergrund. 2. Die romantische Dichtung, vor allem die Lyrik der deutschen Frühromantik, hatte der Klangwahrnehmung (↗Klang) ein neues Gewicht verliehen; Musik wurde häufig nicht mehr unter dem Primat der Kompositionsstruktur gehört, sondern einzelne Klänge wurden als isolierte Erlebnisqualitäten rezipiert. Mit bestimmten Instrumenten (Horn) verband sich eine poetische Idee, die als musikalischer Bedeutungsträger assoziiert wurde. 3. Die erste Hälfte des 19. Jh. brachte eine Reihe wesentlicher Veränderungen, die größtenteils noch heute das Instrumentarium eines Symphonieorchesters entscheidend prägen: die Erfindung der Ventile für die Blechblasinstrumente, einschneidende bauliche Verbesserungen an Holzblasinstrumenten, die Entwicklung der Pedalharfe – sowie, allgemeiner, die Tendenz des 19. Jh., anstehende Probleme des Instrumentariums nicht durch Selbstbeschränkung beim Akt der Komposition, sondern durch Erfindergeist zu lösen.
Die im Orchestersatz der französischen Revolutionsoper beginnende Suche nach Klangeffekten unterwarf den Orchestersatz des 19. Jh. den Normen einer von Generation zu Generation anspruchsvoller werdenden kompositorischen Technologie und damit dem Zwang zu beständiger klanglicher Innovation. Die zahlreichen baulichen Veränderungen des Instrumentariums, die in erster Linie darauf abzielten, den Orchesterklang als ganzen und innerhalb der einzelnen Gruppen (Holzbläser/Blechbläser) homogener werden zu lassen, wurden unterstützt durch satztechnische Errungenschaften; die mangelnde Verschmelzungsfähigkeit des Oboenklanges im Holzbläserensemble etwa wurde durch zahlenmäßige Vermehrung der Holzbläser und durch eine konsequente Mischtechnik in solistischen Holzbläserpassagen getilgt. Bedeutete schon das Ideal eines homogenen Orchesterklanges gegenüber der orchestralen Satztechnik der Wiener Klassik eine einschneidende Wandlung, weil an die Stelle durchhörbarer diastematischer Strukturen ein eher diffuses Ideal von Verschmelzungsklang trat, so wurde die Orchesterbehandlung vollends durch die Tendenz revolutioniert, das Orchester als ein einziges Instrument aufzufassen, dessen Farbenreichtum dem Komponisten zu möglichst individueller Nutzung zur Verfügung stand. Ein Beleg für diese Konzeption von Orchesterklang, die die Gemeinschaftsidee des Musizierens im Orchesterverband der Wiener Klassik ablöste, ist die I.s-Lehre von H. Berlioz; sie entstand in dem historischen Moment, als das Denken in einzelnen Klangereignissen – Kennzeichen jeder I.s-Lehre – mit dem fortgeschrittenen Stand der Musiksprache korrespondierte. Das kompositorische Schaffen von Berlioz spiegelte in seiner wechselnden Popularität den Wandel in der allgemeinen Auffassung von Klangfarbenkomposition; die von Berlioz imaginierten Klangstrukturen konnten erst einem Publikum verständlich werden, das die ästhetische Brüchigkeit des regelrecht Instrumentierten erfahren hatte. Die Aufladung einzelner Klangfarben mit poetischen Bedeutungsgehalten begünstigte die Ausbildung von Klangfarbenstrukturen, die sich im Zeitalter der Forderung nach dramatischer Wahrheit auf der Opernbühne naturgemäß an die dramaturgischen Strukturen der Bühnenwerke anlehnten. Der reine Klang eines Instrumentes oder ein individualisierter Mischklang wurde daher mit einzelnen Personen, Orten oder Handlungsmomenten eindeutig verknüpft – es entstand der „Leitklang“, am besten repräsentiert vielleicht durch die Hörner der *Freischütz*-Ouvertüre (1821) oder durch die düstere Klangchiffre, die C. M. von Weber der Gestalt des Samiel in diesem Werk zuordnete. Unter allgemeiner Steigerung der spieltechnischen Anforderungen wurde die Orchesterbesetzung der Großen Oper und der deutschen romantischen Oper schrittweise bis zur Dreizahl aller Holzbläser vermehrt. Einer dreifachen Holzbläserbesetzung entsprachen normalerweise 4 Hörner, da die Hörner – der traditionellen Einteilung in hohe und tiefe Hornisten wegen – fast nur paarweise vorgeschrieben wurden. In der Partitur von R. Wagners *Lohengrin* wurden Englisch Horn und Baßklarinette erstmals vollständig in den Bläsersatz integriert; das „Lohengrin“-Vorspiel mit seinen hohen Violinakkorden (die bruchlos mit Holzbläserklängen verschmelzen) und mit der raffinierten Mischtechnik der allmählich hinzutretenden Holz- und Blechbläser gibt einen Eindruck von der fort-

geschrittensten I.s-Kunst um 1850. Die Weiterentwicklung der Wagnerschen Orchestertechnik in seinen späteren Werken, vor allem in *Tristan und Isolde* und im *Ring des Nibelungen,* gab den Zeitgenossen ein Modell des orchestral überhaupt Möglichen; erst gegen Ende des 19. Jh. wurde die I. durch die Werke von M. Mussorgski, N. Rimski-Korsakow, R. Strauss, Cl. Debussy und M. Ravel um neue Verfahrensweisen bereichert. Durch die Vorrangstellung der Wagnerschen Orchesterbehandlung in der 2. Hälfte des 19. Jh. ist I.s-Geschichte für diese Zeit nur möglich als Klassifikation der Einflüsse Wagners – oder der Resistenz gegenüber diesen Einflüssen und gegenüber orchestraler Brillanz überhaupt. Die Orchesterbesetzung des *Ring des Nibelungen* mag als Beispiel für ein großes Orchester um 1876 dienen – nicht zuletzt wegen ihrer Funktion als Vorbild für die Orchesterhypertrophie in der Musik des Fin de siècle:
4 Flöten (3. und 4. auch Piccolo), 4 Oboen (4. auch Englisch Horn), 4 Klarinetten (4. auch Baßklarinette), 3 Fagotte, 8 Hörner (4 davon alternierend mit 4 Wagnertuben), 1 Kontrabaßtuba, 3 Trompeten, Baßtrompete, 3 Tenorposaunen, Kontrabaßposaune, 4 Pauken, Schlagzeug, 6 Harfen, 16 1. Violinen, 16 2. Violinen, 12 Violen, 12 Violoncelli, 8 Kontrabässe. Durch die Erfindung des „verdeckten Orchesters" im Bayreuther Festspielhaus wird der Klang dieses Ensembles noch zusätzlich einer Korrektur unterzogen: Der Streicherklang steht im Vordergrund, während die Bläser – vor allem das schwere Blech – „ausgeblendet" werden. Zusammen mit der Neukonstruktion einzelner Instrumente (Wagnertuben, Baßtrompete, Kontrabaßposaune) diente die Tieferlegung des Bayreuther Orchesters dem Ziel des Komponisten, eine neue, vollständig autonome Klangwelt nur für dieses Werk synthetisch zu erschaffen. Die Sakralisierung der Kunst, die ihren deutlichsten Ausdruck in der „Kunstreligion" des Fin de siècle fand, stellte derartige Anforderungen an die Autonomie des Einzelwerkes, daß sich in der Orchesterkomposition nach dem Spätwerk Wagners keine Normbesetzungen mehr etablierten. Die Besetzungen des 20. Jh. spiegeln nicht mehr eine satztechnische Struktur, sie repräsentieren die Auswahl aus dem Vorrat existierender Instrumente, mit der der Komponist seine Klangimagination zu realisieren glaubte. Daraus resultierten „unsymmetrische" Orchesterbesetzungen, in denen einzelne Gruppen überwogen, oder Auswahlbesetzungen – bis zum reinen „Schlagzeug-Orchester". Während in Deutschland und Österreich zu Beginn des 20. Jh. das Riesenorchester (u.a. R. Strauss, *Elektra,* 1909; A. Schönberg, *Gurrelieder,* 1911) dominierte, bedienten sich die verschiedenen „nationalen Schulen" – vor allem die russische und französische Musik – einer anderen Form von I.s-Technik, die nicht in die Sackgasse wuchernder Füllstimmen führte. Die Kompaktheit des Wagnerschen Orchesterklanges rief vor allem in Frankreich eine Gegenbewegung hervor, die die Orchesterpalette des 20. Jh. um wesentliche Klangfarben bereicherte; die I.s-Lehre von N. Rimski-Korsakow formuliert die Maximen dieser I.s-Technik, die auf Klarheit, Durchsichtigkeit und Brillanz abzielte. Die Entscheidung des Autors, nur eigene Beispiele zu besprechen, beleuchtet das Dilemma der I.s-Lehre: Um 1900 entzog sich die Klanggestalt als individualisiertester Teil der Komposition fast gänzlich theoretischer Vermittlung. Das Raffinement der Orchestertechnik des Fin de siècle, die über die strukturellen Aspekte des musikalischen Satzes dominierte, schuf Klänge von erlesener Schönheit, deren Genese hinter dem Schleier einer ausgefeilten instrumentalen Mischtechnik verborgen blieb. R. Strauss' *Salome,* A. Schönbergs symphonische Dichtung *Pelléas et Mélisande* und die Opern F. Schrekers mögen für eine Orchestersprache stehen, die den bereits benutzten Klang zugunsten des noch ungehörten verschmähte; daraus resultierte eine Abwehrhaltung gegen die „arrangierten" Klänge der nicht-werkhaften Musik, deren I.s-Lehren immer mehr den Charakter von Rezeptbüchern annahmen. Die Komponisten der 2. Wiener Schule reicherten den schon im Laufe des 19. Jh. mit Geräuschhaftigkeit gesättigten Orchesterklang weiter mit Klängen an, deren Geräuschspektren die Hörempfindung eines distinkten Tones nicht mehr aufkommen ließen; das pure Geräusch als Ausdruckswert bildete einen wesentlichen Bestandteil ihres Komponierens (A. Schönberg, *Erwartung,* A. Berg, *Orchesterstücke* op. 6, A. von Webern, *Orchesterstücke* op. 6). Die kompositorische Emanzipation des Geräusches, an welcher theoretisch auch der italienische ↗Futurismus, praktisch auch I. Strawinsky und E. Varèse wichtigen Anteil hatten, führte die Orchestertechnik des 20. Jh. in eine Aporie, die weder in den zwölftönigen Werken der Wiener Schule noch in den Kompositionen des russischen und französischen Neoklassizismus' ausgetragen wurde: Das pure Geräusch ist der Grenzwert des Klanges, die Negation des Tones; eine Geräuschkomposition kann sich nicht mehr auf den Ordnungsfaktor der Tonrelationen stützen. Daher kehrten – nach der Erweiterung des Erfahrungsraumes durch richtungsweisende Einzelwerke – die meisten Kompositionen nach 1920 zu einer Tonhöhenordnung zurück, der sich die Klangstruktur vollständig unterwarf (strukturelle I.). In der Symphonie op. 21

von A. von Webern etwa ist die Verteilung der Töne auf die Instrumente des Kammerorchesters durch die Reihenstruktur total determiniert, die Klangerscheinung des Werkes wurde damit zur Funktion der Tonhöhenorganisation. Im Gegensatz zu den Werken der Komponisten der Wiener Schule hatte die schematisierte I.s-Technik der Trivialmusik in den Werken G. Mahlers, Ch. Ives', I. Strawinskys, E. Saties und der französischen Neoklassizisten als parodierte Aufnahme in die Kunstmusik gefunden; höchste Klangsensibilität schlug um in das Zitat des Banalen zum Zwecke seiner Entlarvung. Die in den Kompositionen um 1920 allgemein ablesbare Tendenz zum Kammerorchester – Ausdruck des Willens zu größerer Kontrolle über die Satzstruktur – wurde von den Werken des Neoklassizismus mitvollzogen; weniger wegen der größeren Strukturierbarkeit der Kammerbesetzung als wegen ihrer größeren Klangschärfe. Zusätzlich griffen viele Kompositionen zwischen den Weltkriegen Besetzungs- oder Satztypen der Jazz- und Salonmusik auf. Die entstehende Mehrdimensionalität der Instrumentenverwendung löschte die Relikte des einheitlichen Satzverfahrens früherer Jahrhunderte aus; I. degenerierte zur Parodie, wenn sie als Verfahren geübt wurde, und wandelte sich zum Klangdesign, wenn sie als werkhaftes Element der Satzstruktur auftrat. Eine Geschichte des Komponierens nach 1950 – die noch zu schreiben ist – müßte (neben einer Beschreibung zahlreicher spieltechnischer Errungenschaften) darzustellen versuchen, wie die Dichotomie von Geräuschkomposition und Konstruktion im Konzept der – physikalischen – Klangfarbe aufgelöst wurde. Während die instrumentalen Werke in der seriellen Kompositionstechnik auch bei strenger Durchkonstruktion allein durch ihre Besetzung immer noch Züge historischer Klangkomposition tragen – so verweist z. B. P. Boulez' *Le marteau sans maître* auf die Klangwelt des frz. Impressionismus –, konnte das Zentralproblem der seriellen Musik, die Nicht-Transformierbarkeit der instr. Klangfarben, die als Qualitäten nebeneinander existieren und keiner quantitativen Behandlung zugänglich sind, im Rahmen der elektronischen Musik gelöst werden. K. Stockhausens Komposition *Kontakte* für elektronische Klänge, Klavier und Schlagzeug unternahm den Versuch, elektronische Transformationen zwischen den verschiedenen Schlagzeugklängen als Struktur erfahrbar zu machen. Auch die extrem dichten Partiturgewebe der „kontinuierlichen" Klangfarbenkompositionen für Orchester (etwa *Atmosphères* von G. Ligeti) beruhen auf dem Vorbild elektronischer Klangfarbentransformation, wenden dieses aber wieder auf rein instrumentale Ensembles an. In der Klangkomposition von Clustern von nicht mehr durchhörbarer Dichte, wie sie die Musik der Gegenwart seit etwa 1965 beherrscht, wurden Orchesterklang und Werkidee identisch; die Kategorie der I., angesiedelt im Zwischenbereich von musikalischer Struktur und klanglicher Erscheinung, hebt sich darin selbst auf. – ↗Klang.

Lit.: **1) Instrumentationslehrbücher:** V. ROESER, Essai d'instruction. À l'usage de ceux qui composent pour la clarinette et le cor… (P 1764, Faks.-Ausg. G 1972); L. J. FRANCOEUR, Diapason général de tous les instruments à vent (P 1772); J. G. ALBRECHTSBERGER, Von der Beschaffenheit u. Anwendung üblicher musikal. Instrumente (o. O. 1790); O. VANDENBROEK, Traité général de tous les instruments à vent à l'usage des compositeurs (P 1794); A. F. CH. KOLLMANN, Essay on Practical Musical Composition (Lo 1799, ^{2}1812, Nachdr. NY 1973); A. SUNDELIN, Die Instrumentirung für das Orch., oder Nachweisungen über alle bei demselben gebräuchlichen Instr. (B 1828); J. FRÖHLICH, Systematischer Unterricht in den vorzüglichsten Orch.-Instr. (Wü 1829); F. J. FÉTIS, Manuel des compositeurs ou Traité méthodique de l'harmonie des instruments (P 1837); G. KASTNER, Traité général d'i. (P 1837); DERS., Cours d'i., considéré sous les rapports poétiques et philosophiques de l'art (P 1839); H. BERLIOZ, Grand traité d'i. et d'orchestration modernes (P 1843, erweitert 1853, dt. L 1843), bearb. v. R. Strauss (L 1905, NA 1955); F. GLEICH, Hdb. der modernen I. für Orch. u. Militairmusikcorps (L 1853, ^{4}1903); J. C. LOBE, Lehrbuch der musikal. Komp. II: Die Lehre von der I. (L 1855); F. A. GEVAERT, Traité général d'i. (Gent 1863), erweitert als: Nouveau traité d'i. (P–Bru 1855, dt. L 1887); E. PROUT, I. (Lo 1877), dt. Übers.: Elementarlehrbuch der I. (L ^{3}1905); F. A. GEVAERT, Cours méthodique d'orchestration (P–Bru 1890); R. HOFMANN, Praktische Instrumentationslehre (L 1893); F. L. SCHUBERT, Instrumentationslehre nach den Bedürfnissen der Gegenwart (L 1903); E. GUIRAUD, Traité pratique d'i. (P 1909); F. MAYERHOFF, Instrumentationslehre (B–L 1909); H. RIEMANN, Hdb. der Orchestrierung (B 1910); N. RIMSKI-KORSAKOW, Osnovy orkestrovki, 2 Bde., hrsg. v. M. O. Steinberg (B – St. Petersburg – Mos 1913, Mos – Leningrad ^{2}1946, dt. Mos – B 1922, engl. NY 1922, 1964); F. VOLBACH, Die Instr. des Orch. (L 1913); C. FORSYTH, Orchestration (Lo – NY 1918); A. CARSE, Practical Hints on Orchestration (L 1919); E. EVANS, Method of Orchestration (Lo 1926/27); E. WELLESZ, Die neue I. (B 1928/29); W. MERRILL, Practical Introduction to Orchestration and I. (Ann Arbor/Mich. 1937); A.-F. MARESCOTTI, Les instruments d'orchestre, leurs caractères, leurs possibilités et leur utilisation dans l'orchestre moderne (P 1950); B. ROGERS, The Art of Orchestration. Principles of Tone Colour in Modern Scores (NY 1951); CH. KOECHLIN, Traité de l'orchestration I–III (P 1954–1956); W. PISTON, Orchestration (NY 1955); H. KUNITZ, Die I., 13 Bde. (L 1956–61); H. ERPF, Lehrbuch der I. u. der Instrumentenkunde (Mz 1959); G. P. S. JACOB, The Elements of Orchestration (Lo 1962); J. BURGHAUSER – A. ŠPELDA, Akustische Grundlagen des Orchestrierens (Rb 1971); J. VIERA, Arrangement u. Improvisation (W 1971); D. SEBESKY, The Contemporary Arranger (Port Washington/N.Y. 1973). – **2) Studien:** F. J. FÉTIS, Des révolutions de l'orchestre, in: Curiosités historiques de la musiques (P 1830); H. LAVOIX, Histoire de l'i. depuis le seizième siècle jusqu'à nos jours (P 1878); E. THOMAS, Die I. der Meistersinger von Nürnberg (Mannheim 1899); H. GOLDSCHMIDT, Das Orch. der it. Oper im 17. Jh., in: SIMG 2 (1900/01); L. A. COERNE, The Evolution of Modern Orchestration (NY 1908); E. BERNOULLI, H. Berlioz als Aesthetiker der Klangfarben (Z 1909); A. SCHÖNBERG, Harmonielehre (L–W 1911, ^{7}1966); H. D. BRUGER, Glucks dramatische Instrumentationskunst und ihre geschichtlichen Grundlagen (Diss. Hei 1922); H. REICHENBACH, Wandlungen im Musikinstrumentarium v. Barock z. Klassik in Deutschland (Diss. Fr 1922); J. KOFFLER, Über orchestrale Koloristik in den symphonischen Werken v. F. Mendelssohn Bartholdy (Diss. W 1923); H. SCHMIDT, Die Einflüsse der Italiener auf die I. der Mozartschen Jugendopern (Diss. Mr 1923); W. WECZERZA, Das koloristisch-instr. Moment in den Symphonien v. J. Haydn (Diss. W 1923); A. CARSE, The History of Orchestration (Lo 1925); F. BAYER, Über den Gebrauch der Instr. in den Kirchen- u. Instrumentalwerken v. W. A. Mozart (Diss. W 1926); F. KÖNIGSHOFER, Die Orchestration bei L. van Beethoven (Diss. W 1927); V. ZUCKERKANDL, Prinzipien und Methoden der Instrumentierung in Mozarts dramatischen Werken (Diss. W 1927); K. NEF, Zur I. im 17. Jh., in: Jb. Peters 35 (1928); E. WELLESZ, Die neue I. (B 1928); P. BERL, Die Opern G. Verdis in ihrer I. (Diss W 1931); W. NEDWED, Die Entwicklung der I. v. der Wiener Klassik bis zu den Anfängen R. Wagners (Diss. W 1931); A. SANDT, C. M. von Webers Opern in ihrer I. (Diss. F 1931); H. W. VON WALTERSHAUSEN, R. Wagners I., in: Das Orchester 8 (1931); TH. W. ADORNO, Zur I. v. Bergs frühen Liedern, in: SMZ 72 (1932); A. SCHAEFERS, G. Mahlers I. (Düsseldorf 1935); H. FEIERTAG, Das orchestrale Klangbild in Brahms' Orchesterwerken (Diss. W 1938); G. SCHÜNEMANN, Beethovens Stud. z. I., in: Neues Beethoven-Jb. 8 (1938); H. BARTENSTEIN, H. Berlioz' Instrumentationskunst u. ihre geschichtlichen Grundlagen (Str 1939); F. OESER, Die Klangstruktur der Bruckner-Symphonie (L 1939); W. H. REESE, Grundsätze u. Entwicklung der I. in der vorklass. u. klass. Sinfonie (Gräfenhainichen 1939); J. A. WESTRUP, Monteverdi and the Orchestra, in: ML 21 (1940); A. CARSE, Text-Books on Orchestration Before Berlioz, in: ML 22 (1941); F. SCHROEDER, Die I. bei Mozart u. seine Bearb. eigener Werke (Diss. Kö 1949); H. CH. WOLFF, Von der spätromantischen z. modernen I., in: Das Musikleben 7 (1954); S. KÖHLER, Die I. als Mittel musikal. Ausdrucksgestaltung. Instrumentationsgeschichtliche u. ästhetische Unters. an Opernwerken dt. Komponisten zw. 1750 u. 1850 (Diss. L. 1955); F. BUSONI, Etwas über Instrumentationslehre, in: Wesen u. Einheit der Musik (B 1956); H. L. SCHILLING, Zur I. in I. Strawinskys Spätwerk, aufgezeigt an seinem „Septett 1953", in: AfMw 13 (1956); F. I. TRAVIS, Verdi's Orchestration (Z 1956); A. ROESELER, Stud. zum Instrumentarium in den Vokalwerken v. H. Schütz. Die obligaten Instr. in den Pss. Davids u. in den Symphoniae sacrae I (Diss. B 1957); M. RULFFS, Die moderne I. (Diss. H 1958); L. A. FREDERICKSON, Stravinsky's I. A Study of His Orchestral Techniques (1960) (= Diss. Univ. of Illinois); R. L. WEAVER, Sixteenth-Century I., in: MQ 37 (1961); TH. W. ADORNO, Zur Partitur des Parsifal, in: R. Wagner u. das neue Bayreuth, hrsg. v. W. Wagner (Mn 1962); H. BECKER, Gesch. der I. (Kö 1964) (= Das Musikwerk 26); A. MACCREDIE, Instrumentarium and I. in the North German Baroque Opera (Diss. H 1964); P. FUHRMANN, Unters. z. Klangdifferenzierung im Modernen Orch. (Rb 1966); H. RAMGE, M. Regers Orchesterbehandlung, insbesondere seine Retuschen an Meininger Repertoirewerken (Diss. Marburg 1966); J. CH. MARTIN, Die I. v. M. Ravel (Mz 1967); H. RÖSING, Zur Analyse v. Instr.- u. Orchesterklängen, in: ÖMZ 22 (1967); W. GRUHN, Die I. in den Orchesterwerken v. R. Strauss (Mz 1968); P. CAHN, Zur Funktion der Hörner u. Trp.n im klass. Orchestersatz, in: FS H. Osthoff (Tutzing 1969); C. DAHLHAUS, Analytische I. Bachs sechsst. Ricercar in der Orchestrierung A. von Weberns, in: Bach-Interpretationen, hrsg. v. M. Geck (Gö 1969); H. KAUFMANN, Orchesterfarben als Dimension des Komponierens. Zur „Walküre", in: Spurlinien (W 1969); C. DAHLHAUS, Schönbergs Orchesterstück op. 16/3 und der Begriff der „Klangfarbenmelodie", in: Kgr.-Ber. Bonn 1970 (Kas 1973); K. HALLER, Partituranordnung u. musikal. Satz (Tutzing 1970); W. E. VON LEWINSKY, Die Rolle der Klangfarbe bei Strauss u. Debussy, in: SMZ 110 (1970); E. VOSS, Stud. z. I. R. Wagners (Rb 1970); DERS., Über die Anwendung der I. auf das Drama bei R. Wagner, in: Das Drama R. Wagners als musikal. Kunstwerk, hrsg. v. C. Dahlhaus (Rb 1970); H. BARTENSTEIN, Die frühen Instrumentationslehren bis zu Berlioz, in: AfMw 28 (1971); H. RÖSING, Die Bedeutung der Klangfarbe in traditioneller u. elektronischer Musik. Eine sonagraphische Unters. (Mn 1972); W. WITZENMANN, I. bei Verdi u. Wagner, in: Anal. Mus. 11 (1972); A. G. ZLOTNIK, Orchestration Revisions in the Symphonies of R. Schumann (1972) (= Diss. Indiana Univ.); W. KOLLER, Aus der Werkstatt der Wiener Klassiker (Tutzing 1975); G. SCHUBERT, Schönbergs frühe I. (Baden-Baden 1975); „Die Couleur locale" in der Oper des 19. Jh., hrsg. v. H. BECKER (Rb 1976); C. MAURER ZENCK, Form- u. Farbenspiele. Debussys „Jeux", in: AfMw 33 (1976); K. VELTEN, Schönbergs I.en Bachscher und Brahmsscher Werke als Dokumente seines Traditionsverständnisses (Rb 1976); H. BÖGEL, Stud. z. I. in den Opern G. Puccinis (Diss. Tü 1977); J. MAEHDER, Klangfarbe als Bauelement des musikal. Satzes, I: Zur Kritik des Instrumentationsbegriffes (Diss. Be 1977); N. CHRISTEN, G. Puccini. Analytische Unters. der Melodik, Harmonik u. I. (H 1978); J. MAEHDER, Die Poetisierung der Klangfarbe in Dichtung u. Musik der dt. Romantik, in: Aurora. Eichendorff-Jb. 38 (1978); R. BOCKHOLDT, Musikal. Satz u. Orchesterklang im Werk v. H. Berlioz, in: Mf 32 (1979); M. SCHANDERT, Das Problem der originalen I. des B. Godunow v. M. P. Mussorgsky (Diss. H 1979); J. MAEHDER, Verfremdete I. Stud. über beschädigten Schönklang (Be 1980) (= Schweizer Beitr. z. Musikwiss. 4).

J. MAEHDER

INSTRUMENTENBAU, Bz. für die Verfertigung von Schallgeräten (↗Instrument). Er umfaßt alle zum Entwurf, zur Berechnung und zur Herstellung von Musikinstrumenten notwendigen Tätigkeiten, sowie die Prüfung des Werkstoffes (Technologie) und die Wartung von Instrumenten (Reparatur, Restauration, Pflege und Umbau). I. als eigenes Handwerk bildete sich im europäischen Spätmittelalter im Zusammenhang mit der zunehmenden Bedeutung der Instrumentalmusik heraus. Während bis dahin die Verfertigung von Instrumenten Nebenprodukt von in Zünften organisierten Handwerkern, u.a. Tischlern, Drechslern, Malern, Stechern, Gold- und Kesselschmieden war, wurde der I. nun von eigens dafür spezialisierten Berufsgruppen mit z.T. hohen künstlerischen und technischen Ansprüchen getragen. – Innerhalb der abendländischen Instrumentenentwicklung nahm bereits früh der Orgelbau eine besondere Stellung ein. Seit dem 16. Jh. gewann auch der Bau von anderen Tasten- (↗Cembalo) und vor allem Saiteninstrumenten (↗Geigenbauer) an Bedeutung.

In europäischen Ländern war der I. zunächst auf Familienbetriebe beschränkt, aus denen sich später Schwerpunkte des I.s (insbesondere im Geigenbau), in neuester Zeit gar Großbetriebe mit Massenproduktion entwickelten. Eine Spitzenstellung nimmt hier heute das von der abendländischen Musikkultur besonders beeinflußte Japan ein, das daneben seine eigenen Instrumente noch in der traditionellen und oft langwierigen Weise herstellt. – In den meisten europäischen Ländern sind die verschiedenen Instrumentenbauer heute in Fachverbänden, die nach Fachrichtungen aufgegliedert sind, organisiert, die auch den Vertrieb der Instrumente ihrer Mitglieder im Inland gewöhnlich über Musikalienhandlungen und den Export über ausländische Vertretungen abwickeln. Große Firmen verfügen z. T. über ein eigenes Verkaufsnetz. Für Werbung und Information werden Fachausstellungen, Messen und Kongresse abgehalten. Der Nachwuchs von Instrumentenbauern wird bei großen Firmen im eigenen Betrieb, sonst vom zuständigen Fachverband in speziellen, von ihm errichteten, betriebenen und finanzierten Schulen ausgebildet: u. a. Geigenbau in Markneukirchen und Mittenwald, in Mirecourt (Frankreich) und in Cremona (Italien); Orgel- und Klavierbau in Ludwigsburg; Holzblas-I. in Bubenreuth.

Das mit der ↗Jugendbewegung seit den 20er Jahren erwachte Interesse an älteren Instrumenten bedingte in der letzten Zeit auch den Aufschwung des Baus sog. historischer Instrumente (↗Cembalo, z. B. Neupert in Bamberg seit 1928; ↗Blockflöten u. a. Holzblasinstrumente, z. B. Moeck in Celle).

Lit.: Zeitschriften: Zschr. für I., hrsg. v. P. DE WIT (1880–1940): Dt. I.-Zeitung, hrsg. v. E. EUTING (1899–1943); I.-Zschr., hrsg. v. H. MATZKE (1946 ff.); Das Musikinstr., hrsg. v. E. BOCHINSKY (1952 ff.). – TH. BERTHOLD – M. FÜRSTENAU, Die Fabrikation musikal. Instr. ... im königlich sächsischen Vogtlande (L 1876); P. KÜPPERS, Ein Beitr. z. Gesch. des Musikinstrumentenmacher-Gewerbes mit besonderer Rücksicht auf Leipzig (Diss. L 1886); H. NIRRNHEIM – V. HECKSCHER – P. DE WIT, Zur Gesch. des I., in: Mitt. des Vereins für hamburgische Gesch. 19 (1898) u. 21 (1900); W. HAENGER, Die Musikinstr.-Industrie (Tü 1919); F. JAHN, Beitr. zur Gesch. des Nürnberger Musik-I.s, Trp.- u. Posaunenmacher im 16. Jh., in: AfMw 7 (1925) (Teildruck); E. JAHN, Die Lage der vogtländischen Musikindustrie ... (Diss. F 1927); R. BETHMANN, Die Versorgung der Welt mit Musikinstr. (Diss. B 1929); E. CLOSSON, La facture des instruments de musique en Belgique (Bru 1935); A. MALECEK, Beitr. z. Gesch. der Wiener Lautenmacher im MA, in: Jb. des Vereins für Gesch. der Stadt Wien 5/6 (1946/47); P. LOUBET DE SCEAURY, Musiciens et facteurs d'instruments sous l'Ancien Régime (P 1949); F. LESURE, La facture instrumentale à Paris au XVIe siècle, in: GalpinJ 7 (1954); W. WÖRTHMÜLLER, Die Instr. der Nürnberger Trp.- u. Posaunenmacher, in: Mitt. des Vereins für Gesch. der Stadt Nürnberg 41 (1955); H.-H. DRÄGER, Die hist. Entwicklung des I., in: Klangstruktur der Musik, hrsg. v. F. Winckel (B 1955); A. LAYER, Die Anfänge der Lautenbaukunst in Schwaben, in: Mf 9 (1956); U. LACHMANN, Die Struktur des dt. Musikmarkts ... (Diss. Tü 1960); L. G. LANGWILL, An Index of Musical Wind-Instr. Makers (Edinburgh 1960, erweitert ^{3}1972); E. NICKEL, Der Holzblas-I. in der Freien Reichsstadt Nürnberg (Mn 1971) (= Schriften z. Musik 8); F. G. BULLMANN, Berliner I. in der 2. Hälfte des 18. Jh., in: Kgr.-Ber. Berlin 1974 (Kas 1980).

INSTRUMENTENKUNDE (engl.: organology; frz.: organologie; it.: organologia; dementsprechend gelegentlich auch dt.: Organologie), Teildisziplin der Musikwissenschaft, die den Bau, die Spielweise, den Klang, die Entwicklung, die Geschichte der einzelnen Musikinstrumente sowie deren Stellung und Funktion innerhalb einer Gemeinschaft, eines Volkes oder einer Volksgruppe untersucht. Gegenstand der I. sind sowohl die gegenwärtig gespielten Instrumente der europäischen und außereuropäischen Kulturen als auch Instrumente, die nur, überwiegend oder in anderer Weise in der Vergangenheit gebraucht wurden. Sofern die I. außereuropäische Instrumente bzw. Volksmusikinstrumente untersucht, ist sie zugleich ein wesentlicher Bereich der ↗Musikethnologie. Die Erforschung der in der europäischen Mehrstimmigkeit vom Mittelalter bis etwa zum 18. Jh. gebrauchten Instrumente – summarisch oft als „historische Instrumente" bezeichnet – kann auch der ↗Interpretation und ↗Aufführungspraxis älterer Musik dienen. Die Verwendung der Instrumente im neueren Solo-, Gruppen- und Orchesterspiel ist nicht so sehr Gegenstand der I., sondern der Kunde von der ↗Instrumentation.

Die Quellen der I. sind: vollständig oder teilweise erhaltene Instrumente selbst, bildliche Darstellungen in Malerei und Skulptur, Äußerungen über Instrumente und ihre Spieler im musikalischen Schrifttum und in sonstigen Schriften und Dichtungen, in neuerer Zeit Schallaufzeichnungen. In Betracht kommen ferner die Instrumentennamen.

Je nach Gegenstand und Aufgabenstellung der Untersuchungen ist die I. auf Methoden verschiedener natur- und geisteswissenschaftlicher Disziplinen angewiesen, so der mathematisch-physikalisch-technischen Disziplinen, der Kunstwissenschaft (↗Ikonographie), der Archäologie, der Literatur- und Sprachwissenschaft (dabei auch der Etymologie), der Ethnologie, Anthropologie, Psychologie, Soziologie.

Die Begründung der I. hängt eng zusammen mit dem Vorhandensein von ↗Instrumentensammlungen. Obwohl diese meist unter wissenschaftlichem Aspekt angelegt sind, genügen sie nicht immer in ausreichendem Maß der Musikinstrumentenforschung. Häufig fehlen nicht nur Exemplare historischer Instrumente, sondern die vorhandenen sind lediglich museale Objekte ohne Beziehung zur lebendigen Praxis. Das Sammeln von Musikinstrumenten reicht in Europa bis in die Renaissance zurück. Leider gingen jedoch viele dieser Sammlungen verloren, so daß bis ins 17. Jh. meistens nur noch die Inventarlisten existieren. Bis in diese Zeit stützen sich Untersuchungen im wesentlichen auf schriftliche Quellen, in denen die zu ihrer Zeit verwendeten Instrumente behandelt werden. Für das Mittelalter sind von großer Bedeutung die ikonographischen Quellen sowie die verschiedenen *divisiones instrumentorum*, die im Rahmen der allgemeinen Musiklehre das Instrumentarium in Blas-, Saiten- und Schlaginstrumente unterteilten. Sie beschreiben oft nicht nur das Instrument, seine Spielweise und seinen Klang, sondern berücksichtigen auch die Stellung der einzelnen Instrumente im Gesamtinstrumentarium. Die Kenntnis der Instrumente des 16. und 17. Jh. verdanken wir vor allem den Schriften von S. Virdung, M. Agricola, M. Praetorius, M. Mersenne und P. Trichet, die größtenteils auch mit Abbildungen von Instrumenten ausgestattet sind (bei Praetorius z. B. mit genauen technischen Zeichnungen samt Maßstabangaben). – Die Bemühungen, Musikinstrumente nach bestimmten Gesichtspunkten zu ordnen, reichen bis in die griechische Antike und in den alten Orient zurück. Eine altchinesische Klassifikation ging vom verwendeten Material aus und teilte die Instrumente in 8 Gruppen ein: Metall, Stein, (Ton-)Erde, Fell oder Leder, Seide (Saiten), Kalebasse, Bambus und Holz. Ein anderes, aus Alt-↗Indien überliefertes Einteilungsprinzip sah bereits eine Klassifikation nach der physikalischen Beschaffenheit des primär schwingenden Stoffes vor: in Ghana (Becken, Gongs), Avanaddha (Trommeln), Tata (Saiteninstrumente) und Sushire (Blasinstrumente). Eine wissenschaftlich fundierte I. setzte jedoch erst gegen Ende des 19. Jh. ein, als V.-Ch. Mahillon mit der Katalogisierung der Instrumente begann, die im Musée Instrumental du Conservatoire Royal de Musique in Brüssel vorhanden waren. Er unterteilte die Instrumente in Autophone, ↗Membranophone, ↗Chordophone und ↗Aerophone. Diese Klassifikation wurde von E. M. von Hornbostel und C. Sachs übernommen, die, um Mißverständnisse zu vermeiden, lediglich den Terminus Autophone durch ↗Idiophone ersetzten. Damit wurde erstmals ein Ordnungssystem geschaffen, mit dem alle bekannten und noch nicht bekannten, aber denkbaren Instrumente erfaßt werden konnten. Es basiert auf der für die Einordnung entscheidenden physikalischen Beschaffenheit des in Schwingung zu versetzenden Materials und erfaßt auch weitere wichtige Merkmale wie Form, Konstruktion, Spielweise, Schwingungserzeugung usw. Obwohl als Ideal angestrebt, ist die Fragefolge nicht für jede Instrumentengruppe stets gleichbleibend; die Chordophone werden ihrer Form nach, die Aerophone nach ihrer Anblasvorrichtung und die Idiophone und Membranophone nach der Art, wie sie zum Klingen gebracht werden, unterteilt. Trotzdem blieb diese Klassifikation – in jüngerer Zeit um eine fünfte Gruppe, die ↗Elektrophone erweitert – bis heute Grundlage der systematischen Behandlung von Musikinstrumenten. Allerdings berücksichtigt dieses System – an Museumsinstrumenten entwickelt – nur die das Instrument betreffenden Fragen und nicht die Aspekte des praktischen Gebrauchs wie Haltung, Spieltechnik, Funktion usw. Man erkannte jedoch bald die Bedeutung auch dieser Gesichtspunkte für die I. und versuchte, die Klassifikation von Hornbostel/Sachs zu erweitern, teilweise auch neue Einteilungsprinzipien zu finden. Neben A. Schaeffner, der „Instruments à corps solide vibrant" („Selbstklinger") und „Instruments à air vibrant" („Luftklinger") unterschied, war es 1948 H.-H. Dräger, der in einer immer gleichbleibenden Fragefolge eine objektivere, möglichst umfassende Betrachtung eines Instruments, seines Spiels und seiner Funktion anstrebte. Vor allem die musikalischen Möglichkeiten versuchte K. Reinhard bei seiner Anordnung in Geräusch-, Rhythmus- und tonfähige Instrumente zu berücksichtigen. Zu den Versuchen, einzelne Instrumentengruppen systematisch zu erfassen, gehört die Systematik der Borduninstrumente von J. Matzner, die der Blasinstrumente von H. Seifers und der Vorschlag zur Systematik der Schlaginstrumente von E. Karkoschka. Die Typologie der Volksmusikinstrumente von O. Elschek und E. Stockmann versucht, Instrumente nach ihrem Gebrauch einzuordnen. Ein „natürliches System" der Musikinstrumente, das „die Entwicklungsgeschichte des Instrumentariums aus dem systematischen Befund" darstellbar machen soll, legte H. Heyde vor. 1960 wurde der *Conseil International des Musées et Collections d'Instruments de Musique* (CIMCIM) im *International Council of Museums* (ICOM) gebildet, der sich außer der Herausgabe von Empfehlungen zur Restaurierung von Instrumenten besonders der Erfassung aller in Sammlungen vorhandenen Musikinstrumente widmet und dazu einen umfassenden, für alle Instrumente gleichermaßen anwendbaren Fragebogen erarbeitet.

Lit.: S. VIRDUNG, Musica getutscht (Bas 1511), Faks.-Ausg. hrsg. v. R. EITNER (1882) (= PGfM 11); dass., Faks.-Ausg. hrsg. v. K. W. Niemöller (Kas 1970) (= DMl 1/31); M. AGRICOLA, Musica instrumentalis deutsch (Wittenberg 1529, ^{2}1545), Nachdr. v. R. Eitner (1896) (= PGfM 20); H. GERLE, Musica Teusch... (Nü 1532, ^{3}1546); M. PRAETORIUS, Syntagma musicum II: De organographia (Wb 1618, ^{2}1619), Nachdr. v. R. Eitner (1884) (= PGfM 12); dass., Faks.-Ausg. hsg. v. W. Gurlitt (Kas 1958–59) (= DMl 1/15); M. MERSENNE, L'harmonie universelle, 3 Bde. (P 1636–37), Faks.-Ausg. hrsg. v. F. Lesure (P 1963); P. TRICHET, Traité des instruments de musique, um 1640, hrsg. v. dems., in: Ann. Mus. 3–4 (1955–57), Ergänzungen dazu, in: GalpinJ 15–16 (1962–63); A. KIRCHER, Musurgia universalis, 2 Bde. (R 1650), Faks.-Ausg. in einem Bd. (Hil 1969); J. CH. WEIGEL, Musicalisches Theatrum... (um 1722), Faks.-Ausg. hrsg. v. A. Berner (Kas 1961) (= DMl 1/21); F. BONANNI, Gabinetto armonico (R 1723), Nachdr. v. F. Harrison – J. Rimmer, in: Antique Musical Instruments and Their Players (NY 1964); J. F. B. K.

MAJER, Museum musicum theoretico practicum (Schwäbisch Hall 1732), Faks.-Ausg. hrsg. v. H. Becker (Kas 1954); J. PH. EISEL, Musicus autodidactus... (Erfurt 1738, Faks.-Ausg. L 1974). – E. VON HORNBOSTEL – C. SACHS, Systematik der Musikinstr., in: Zschr. für Ethnologie 46 (1914); C. SACHS, Hdb. der Musikinstrumentenkunde (L 1920, ²1930 Nachdr. Wie 1971); DERS., Geist u. Werden der Musikinstr. (B 1929, Nachdr. Buren 1975); A. SCHAEFFNER, Origine des instruments de musique (P 1936, ²1968); H.-H. DRÄGER, Prinzip einer Systematik der Musikinstr. (Kas 1948); K. REINHARD, Beitr. zu einer neuen Systematik der Musikinstr., in: Mf 13 (1960); Musical Instruments, hrsg. v. A. BAINES (Harmondsworth 1961), dt. Übers.: Musikinstr. (Mn 1962); R. BRAGARD – F. J. DE HEN, Les instruments de musique dans l'art et l'histoire (P 1967), dt. Übers.: Musikinstr. aus zwei Jahrtausenden (St 1968); H. SEIFERS, Systematik der Blasinstrumente (F 1967) (= Das Musikinstrument 7); O. ELSCHEK – E. STOCKMANN, Zur Typologie der Volksmusikinstr., in: Studia instrumentorum musicae popularis 1 (Sto 1969) (= Musikhistoriska museets skrifter 3); J. MATZNER, Zur Systematik der Borduninstrumente (Str-Baden-Baden 1970) (= Slg. musikwiss. Abh.en 53); E. HICKMANN, Musica instrumentalis. Stud. zur Klassifikation des Musikinstrumentariums im MA (Baden-Baden 1971) (= ebd. 55); A. BUCHNER, Musikinstr. v. den Anfängen bis zur Gegenwart (Pr 1972); E. KARKOSCHKA, Zu einer Systematik der Schlaginstrumente, in: Mf 25 (1972); W. STAUDER, Einführung in die I. (Wilhelmshaven 1974) (= Taschenbücher z. Musikwiss. 21); H. HEYDE, Grundlagen des natürlichen Systems der Musikinstr., in Beitr. z. musikwiss. Forsch. in der DDR 7 (L 1975); S. MARCUSE, A Survey of Musical Instruments (NY 1975); H. HEYDE, Eine indische Klassifikation der Musikinstrumente, in: AfMw 34 (1977); J. H. VAN DER MEER, Ältere u. neuere Lit. z. Musikinstrumentenkunde, in: AMl 51 (1979).

M. BRÖCKER

INSTRUMENTENSAMMLUNGEN. Bereits im vergangenen Jahrhundert gab es eine beträchtliche Zahl von Museen und Sammlungen mit Musikinstrumenten. Es ging dabei jedoch vor allem darum, die Instrumente, ihre Formen und Familien vorzustellen, d.h. das Interesse der Besucher mehr auf seltene und kostbare Objekte zu richten als Studien- und Forschungsgegenstände vorzustellen. In den letzten Jahrzehnten haben sich die Zielvorstellungen der Museen und Sammlungen stark gewandelt. Die zunächst kaum realisierbar erscheinende Idee, für Aufführungszwecke Originalinstrumente aus der Entstehungszeit der jeweiligen Kompositionen zu verwenden, blieb anfangs nur einigen Pionieren wie A. Dolmetsch vorbehalten. Die meisten Musiker gaben für die Darbietung von Werken des 16.–18. Jh. einwandfreien, modernen Instrumenten den Vorzug vor älteren, sog. authentischen, die erst restauriert und in einen spielbaren Zustand gebracht werden mußten. Erst als Musikinstrumente vergangener Jahrhunderte für den ständigen Gebrauch als geeignet erschienen, als Rundfunk, Fernsehen und Schallplatte einer derartigen Aufführungspraxis älterer Musik weitere Verbreitung sicherten, nahm das praktische Interesse für die bisher nur als bewundernswerte Zeugen der Vergangenheit beachteten Instrumente stetig zu.

Die Sammlungen alter Instrumente haben eine lange Geschichte, die zu den Kaisern des Fernen Ostens – China oder Japan – oder, in Europa, zu Herrschern wie König Heinrich VIII. von England, italienischen Fürsten wie Isabella d'Este oder Federico de Montefeltre, zu Erzherzog Ferdinand von Tirol (in Schloß Ambras) oder zu reichen Bürgern wie der Familie Fugger in Augsburg führt. Neben den im 18. Jh. zunehmenden Privatsammlungen gab es im 19. Jh. eine immer größere Zahl von öffentlichen Museen, wie die umfangreichen Sammlungen in Basel, Berlin, Kopenhagen, Den Haag, London, Moskau, Paris, Stockholm und Wien. Zahlreich sind auch die Sammlungen in Konservatorien, die ursprünglich zur Förderung der musikalischen Allgemeinbildung der Studierenden angelegt wurden, u.a. die Sammlungen des Musée Instrumental am Conservatoire Royal in Brüssel, am Royal College of Music in London, an der Faculty of Music in Oxford (Bate Collection), am Pariser Conservatoire, an der Yale University in New Haven/Conn. sowie aus jüngster Zeit in Jos in Nigeria und an der Universität von Legon in Ghana. Privatsammlungen, wie sie in Deutschland, den USA, Frankreich, Großbritannien und der Schweiz zu finden sind, wurden oft von Musikliebhabern eingerichtet, die dem zunehmenden Verlust bestimmter Arten von Instrumenten entgegentreten wollten und noch rechtzeitig einige Exemplare zu bewahren suchten. Die meisten dieser Sammlungen sind nach dem Tod ihrer Eigentümer öffentlichen Museen übereignet worden. – Auch in Ländern wie Ghana, Marokko, Nigeria, Uganda und Zaire wurden in jüngster Zeit Museen gegründet.

Bestimmte Sammlungen sind ganz spezialisiert auf typische überkommene oder neu hergestellte Instrumente einer begrenzten Region (z.B. die mährische Sammlung in Brünn) oder auf eine bestimmte Instrumentengattung, wie z.B. auf die Northumbrian pipes (Society of Antiquaries of Newcastle-on-Tyne, Großbritannien) oder auf die Drehleier (Musée Municipal du Vieux-Château de Montluçon, Frankreich).

Alle diese Museen weisen technische und wissenschaftliche Einrichtungen auf, wie sie das 19. Jh. nicht kannte. Heute ist den meisten großen Museen eine Werkstatt angeschlossen, wo die Instrumente mit Hilfe von Röntgenstrahlen, infrarotem oder ultraviolettem Licht geprüft werden können. Mit der Restaurierung wird erst nach eingehenden Untersuchungen und einer genauen Feststellung der vorausgegangenen Reparaturen begonnen. Jedes Instrument wird auf diese Weise inventarisiert, mit Photographien und Unterlagen, aus denen alle Veränderungen, denen es unterworfen war, hervorgehen. Dem ursprünglichen Zustand der Instrumente mit Sorgfalt nachzugehen ist besonders wegen der unzähligen Restaurierungen des 19. Jh. erforderlich, bei denen eine Fülle von Fehlern unterlief. Neben den Restaurierungswerkstätten wurden auf Anregung von Georges-Henri Rivière in Frankreich auch Werkstattmuseen geschaffen (z.B. 1965 am Musée des Arts et Traditions Populaires in Paris). Ein Museum ist jedoch nicht ausschließlich ein Zentrum des Forschens, sondern auch ein Medium, gerade auch mit starker pädagogischer Funktion. Dessen ist man sich in den letzten Jahren besonders bewußt geworden.

Bis 1960 gab es keine offiziellen Kontakte zwischen den verschiedenen Instrumentensammlungen. Erst 1960 konstituierte sich eine spezielle Abteilung des International Council of Museums (ICOM) für Museen und Sammlungen mit Musikinstrumenten, das Conseil International des Musées et Collections d'Instruments de Musique (CIMCIM), durch dessen Gründung ein gemeinsamer Arbeitsplan aufgestellt werden konnte: auf Verwaltungsebene die Ausarbeitung eines internationalen Verzeichnisses der Museen und Sammlungen mit Musikinstrumenten (mehr als 800), das 1977 in den Niederlanden erschien; in technischer Hinsicht die Erstellung eines Handbuchs mit vorläufigen Empfehlungen für die Erhaltung und Restaurierung von Musikinstrumenten; für wissenschaftliche Aufgaben die Ausarbeitung von Richtlinien zur Katalogisierung, vervollständigt von einer kritischen Darlegung der wichtigsten Systeme zur Klassifizierung von Musikinstrumenten. In den Katalogisierungsrichtlinien des ICOM wird für alle Instrumente nur ein bestimmter Klassifizierungstitel verwendet. Der Gruppe von rund 30 Spezialisten, die dem CIMCIM angehören, hat sich 1971 eine weiter gestreute Vereinigung angeschlossen, die International Association of Musical Instrumental Collections (IAMIC) mit etwa 140 Mitgliedern, u.a. Konservatoren, Restauratoren u.a. Wissenschaftler aus etwa 40 Ländern, die seitdem an den Jahresversammlungen des CIMCIM wie an den laufenden Arbeiten teilnehmen.

Liste der wichtigsten europ. Museen (das Wort Museum u. dessen fremdsprachl. Formen werden im folgenden mit M. abgekürzt): **Belgien:** Antwerpen: Etnografisch M., M. Vleeshuis, Volkskunde M.; Brüssel: M. Instrumental. M.s Royaux d'Art et d'Histoire; Tervuren: M. Royal de l'Afrique Centrale. – **Dänemark:** Kopenhagen: Musikhistorisk M., C. Claudius, Musikhistorisk Samling. – **Deutschland: DDR:** Halle: Händel-Haus; Leipzig: Musikinstr.-M. der K.-Marx-Univ. – **Bundesrepublik Deutschland:** Berlin: M. für Völkerkunde, Musikinstr.-M. des Staatl. Inst. für Musikforsch.; Frankfurt: Hist. M., Städtisches M. für Völkerkunde; Hamburg: M. für Hamburgische Gesch.; München: Bayerisches National-M., Städtische Musikinstr.-Slg., Deutsches M.; Nürnberg: Germanisches National-M. – **Finnland:** Helsinki: National-M. – **Frankreich:** Paris: M. des Arts et Traditions Populaires (Abt. Ethnomusicologie), M. de Cluny, M. de l'Homme, M. Instrumental du Conservatoire National de Musique, M. National des Techniques; Straßburg: M. des Arts Décoratifs; Toulouse: M. Paul-Dupuy. – **Großbritannien:** Edinburgh: Royal Scottish M., Russel, Collection of Harpsichords and Clavichords; London: British M., Horniman M. and Library, Royal College of Music, Victoria and Albert M.; Oxford: Ashmolean M., The Bate Collection of Historical Wind Instruments, Pitt Rivers M. – **Irland:** Dublin: National M. of Ireland. – **Italien:** Bologna: M. Civico (Abt. MA); Cremona: M. d'Organologia A. Stradivari; Florenz: M. degli Strumenti Musicali del Conservatorio L. Cherubini; Mailand: M. degli Strumenti Musicali; Modena: M. Civico di Storia e di Arte Medievale e Moderna; Rom: M. Nazionale delle Arti e delle Tradizioni Popolari, M. Strumentale Antico e Moderno (Accad. Nazionale di S. Cecilia), Raccolta Statale di Strumenti Musicali; Verona: Bibl. della Accademia Filarmonica di Verona. – **Jugoslawien:** Belgrad: Etnografski M.; Zagreb: Etnografski M. – **Niederlande:** Amsterdam: Tropens M.; Den Haag: Haags Gemeente M.; Rotterdam: M. voor Land- en Volkenkunde; Utrecht: National M. van Spieldoos tot Pierement. – **Österreich:** Salzburg: Salzburger M. Carolino Augusteum, Mozart-M.; Wien: Kunsthist. M., M. für Völkerkunde, Östr. M. für Volkskunde. – **Polen:** Krakau: M. Etnograficzne; Posen: M. Narodovego u Poznaniu; Warschau: Państwowe M. Etnograficzne. – **Portugal:** Lissabon: M. Instrumental do Conservatorio Nacional. – **Rumänien:** Bukarest: M. de Artă Populară al R. S. România; Cluj: M. Etnografic al Transilvaniei. – **Schweden:** Stockholm: Etnografiska M., Musikhistoriska M. – **Schweiz:** Basel: Hist. M. (Slg. alter Musikinstr.), M. für Völkerkunde u. Schweizerisches M. für Volkskunde; Genf: M. et Inst. d'Ethnographie, M. des Instruments Anciens de Musique; Neuchâtel: M. Ethnographique; Zürich: Völkerkunde-M. der Univ. Zürich. – **Spanien:** Barcelona: M. Municipal de Música; Madrid: M. de Medallas y Música. – **Tschechoslowakei:** Bratislava: Slowakisches National-M.; Brünn: Ethnographisches Inst. des Mährischen M.s; Prag: Abt. Musik des National-M.s – **UdSSR:** Moskau: Glinka-M. – **Ungarn,** Budapest: Néprajzi M., Zenetörteneti M., Magyar Nemzeti M.

Lit.: F. DENSMORE, Handbook of the Collection of Musical Instruments in the United States National Museum (Washington 1927, Nachdr. NY 1973); C. SACHS, La signification, la tâche et la technique muséographique des collections d'instruments, in: Mouseion 27 (1934, Teildruck P 1935); A. BERNER, Die Berliner Musikinstr.-Slg. (B 1952); W. SERAUKY, Ausgew. instrumentenkundliche Probleme in einem Musikinstr.-M., in: Kgr.-Ber. Bamberg 1953 (Kas 1954); G. THIBAULT, Les collections privées de livres et d'instruments de musique..., in: Music Libraries and Instruments (Lo–NY 1961); K. SASSE, Kat. zu den Slgen. des Händel-Hauses in Halle, 6 Bde. (Hl 1961–72); A. BERNER – J. H. VAN DER MEER – G. THIBAULT, Preservation and Restauration of Musical Instruments (Lo 1967); Ethnic Musical Instruments, hrsg. v. J. JENKINS (Lo 1970); J. H. VAN DER MEER, Wegweiser durch die Slg. hist. Musikinstr. (Nürnberg, Germanisches National-M.) (Nü 1971); W. LICHTENWANGER u. a., A Survey of Musical Instrument Collections in the United States and Canada (Ann Arbor 1974); Intern. Directory of Musical Instrument Collections, hrsg. v. J. JENKINS (Buren 1977).

G. THIBAULT

INTAVOLIEREN (von it. intavolare = absetzen), vom 14. bis 17. Jh. Bz. für die Übertragung einer mensural notierten Vokalkomposition (Bsp. 1) in eine Griffschrift (↗Tabulatur) für Tasten- oder Zupfinstrumente (Bsp. 2). Dabei kann die vokale Vorlage oft derart verändert werden, daß der intavolierte Satz einer instrumentalen Bearbeitung gleicht. Im weiteren Sinne heißt auch die Zusammenziehung sämtlicher Stimmen einer Komposition auf 2 Liniensysteme, wie etwa bei G. Frescobaldi, „Intavolatura“.

Bsp. 1: Chorbuchnotation

Bsp. 2: Ältere deutsche Orgeltabulatur
S. Virdung, *Musica getutscht* (Bas 1511)
(O heylige, onbeflecte, zart iunckfrawschaft marie)

INTEGER VALOR NOTARUM (lat., = unveränderter Wert der Noten), in der Mensuralnotation des 15. und 16. Jh. Maßeinheit für die normale Dauer der Notenwerte, die durch Vorschrift einer ↗Diminution oder ↗Augmentation mittels eines Mensurzeichens oder Angabe einer ↗Proportion verändert werden kann. Im I. v. n. ist die Semibrevis die Bezugseinheit des Tactus, die in der Musiktheorie anderen Bewegungseinheiten gleichgesetzt wird, z.B. dem Pulsschlag (Fr. Gaffori, 1496), dem Gang einer Uhr (St. Vanneo, 1533) oder einem menschlichen Schritt (H. Buchner, vor 1538). Der proportionalen Starrheit steht das seit dem 16. Jh. vorbereitete Taktsystem gegenüber, dessen Temporelationen nicht mehr auf Zahlenverhältnissen beruhen müssen.

INTERFERENZ, die Überlagerung mehrerer Wellen in einem Raumpunkt. Besitzen diese die gleiche Wellenlänge, Amplitude und Phasenlage, so verstärken sie sich (Interferenzmaximum), sind sie um eine halbe Wellenlänge gegeneinander verschoben, so löschen sie sich aus. In der Akustik tritt I. häufig auf zwischen den von einer Schallquelle ausgehenden und auf direktem und indirektem Wege (über Reflexion) zum Ohr gelangenden Schallwellen. Deren unterschiedliche Laufzeit bewirkt frequenzabhängige Phasenunterschiede, wodurch das ↗Frequenzspektrum z.B. eines Instrumentenklanges verfärbt wird: einzelne ↗Teiltöne werden verstärkt, andere abgeschwächt oder ausgelöscht. (Reflektierende Flächen sollten sich daher nicht zu nahe an einer Schallquelle befinden.) Geringe Frequenzunterschiede (bis etwa 7 Hz) führen (bei annähernd gleicher Amplitude) durch I. zu ↗Schwebungen, wobei die Schwebungsfrequenz gleich der Frequenzdifferenz der Ursprungstöne ist. Bei größerer Frequenzdifferenz werden diese wieder als Einzeltöne hörbar; ihr Zusammenklang wird jedoch als rauh empfunden, solange sie nicht in einem ganzzahligen Frequenzverhältnis zueinander stehen – ein einfacheres Zahlenverhältnis entspricht einem höheren, ein komplizierteres einem niedrigeren Konsonanzgrad (↗Konsonanz und Dissonanz). Ist die Frequenzdifferenz größer als 16 Hz, so entsteht ein der Schwebungsfrequenz entsprechender Differenzton (↗Kombinationstöne), dessen Intervallverhältnis zu den Ausgangstönen aus deren Frequenzverhältnis und deren Position in der ↗Obertonreihe resultiert; z.B. ergibt das Frequenzverhältnis $f_1 : f_2 = 4 : 5$ (große Terz) einen 2 Oktaven unter f_1 liegenden Differenzton.

INTERLUDIUM (lat., = Zwischenspiel; engl. und frz.: interlude; it. und span.: interludio). – **1)** Bz. für ein in Oper, Ballett oder einem anderen Bühnenwerk zwischen zwei Akte, Szenen oder Bilder eingeschobenes Zwischenspiel, in der Regel instrumental (z. B. Cl. Debussy, *Pelléas et Mélisande*), gelegentlich auch chorisch (M. Ravel, *Daphnis et Chloé;* A. Schönberg, *Moses und Aron*). Eigene Gattungen bilden die szenischen Zwischenspiele ↗Intermedium und Intermezzo. Eine klare terminologische Abgrenzung gegenüber ↗Intermezzo 1) ist nicht möglich. – **2)** In mehrsätzigen Instrumentalwerken ein meist kurzer, zwischen einzelne Sätze eingeschobener Satz oder Abschnitt (z.B. Th. Mace, *Musick's Monument,* oder P. Hindemith, *Ludus tonalis*). – **3)** Ein Orgelzwischenspiel, das zwischen Strophen von Chorälen, Hymnen oder Sequenzen oder zwischen den Versen eines Psalms zu improvisieren ist. Seit dem 18. Jh. wurden Interludiensammlungen gedruckt, als eine der ersten 1718 von D. Purcell *The Psalms Set Full for the Organ or Harpsichord… as also with Their Interludes of Great Variety.*

INTERMEDIO ↗Intermezzo.

INTERMEDIUM, Einschub unterhaltender Art, ursprünglich mit trennender Funktion (als Instrumentalstück, als Solo- oder Chorgesang, als pantomimische, gesprochene oder gesungene Szene, als Ballett), zwischen den Akten eines Theaterstücks, meist einer Komödie. Die anfängliche Vielzahl von Begriffen (intromessa, introdutto, tramessa, tramezzo) wurde bald auf die Termini Intermedium und Intermezzo reduziert, letztere finden sich im 16. und 17. Jh. in synonymer Verwendung und erfuhren erst später eine begriffliche Trennung: Seit dem 18. Jh. werden mit ↗Intermezzo komische musikalische Auftritte zwischen den Akten einer Opera seria bezeichnet. – In Renaissance und Barock war das I. fester Bestandteil zeremonieller und theatralischer Veranstaltungen (Bankette, Fürsteneinzüge, Wettkämpfe, Turniere, Komödienaufführungen), oft überlagerten sie als Selbstzweck das eigentliche Theaterstück. Die ursprüngliche Bindung an Aufführungen klassischer Stücke – insbesondere an Komödien von Plautus und Terenz – wurde bald gelockert; schon 1487 ist bei der Aufführung der mythologischen Fabel *Cefalo* von Nicoló da Correggio in Ferrara die Einfügung von Intermedien belegt. In der 2. Hälfte des 16. Jh. hatten die Intermedien (trotz zahlreicher Einwände der Theoretiker) in nahezu allen Bühnengattungen, in Stücken mit Wundermaschinerien, Pastoralen, Tragödien und Rappresentazioni sacre einen Platz gefunden, wobei ihre Funktion vom bloßen Übertönen der Bühnenmaschinerie bis zum eigenen Bühnenspektakel zwischen zwei Akten reichte. In Italien wurden rein musikalische Intermedien (Intermedi non apparenti) und szenische Intermedien (Intermedi apparenti) unterschieden. Die ersteren waren im einfachsten Falle Madrigale, die zwischen den Akten gesungen wurden; mehrstimmige Lieder, solistisch oder mit wechselnder Begleitung, belegen, daß in den vokalen wie in den rein instrumentalen Intermedien auf größte Mannigfaltigkeit Wert gelegt wurde. Bekannte Beispiele sind die *Danae* von B. Taccone (1496), die Intermedien, die 1499 zu klassischen Komödien in Ferrara aufgeführt wurden, die *Suppositi* (1519) von L. Ariosto und *Il commodo,* ein Stück mit Intermedien von Giovanbattista Strozzi und Musik von Fr. Corteccia und C. Festa, das Antonio Landi 1539 für die Hochzeit von Cosimo I. dei Medici mit Eleonora von Toledo schrieb, sowie die Intermedien zu der Komödie *La pellegrina* von G. Bargagli mit der Musik von Cr. Malvezzi, L. Marenzio, E. de' Cavalieri, G. Bardi und J. Peri für die Hochzeit von Ferdinando I. dei Medici mit Christina von Lothringen (1589). Für den deutschen Bereich beschrieb M. Praetorius in *Syntagma musicum* diesen Intermedientypus als „liebliche Musica Instrumentalis", die gespielt wurde, um den Schauspielern Zeit zum Umkleiden und zur Vorbereitung auf den folgenden Akt zu geben.

Das szenische Geschehen in den Intermedi apparenti steht meist in losem Zusammenhang mit der Haupthandlung oder ist gänzlich davon gelöst. Vom Tanz (↗Moresca) mythologischer Figuren, der Gelegenheit gab, bizarre Verkleidungen (↗Mascherata) einzuführen, bis zur kurzen, selbständigen Posse wurde alles akzeptiert, was einen ungewöhnlichen Effekt versprach. Die überragende Bedeutung des tänzerischen Elementes als Hauptkennzeichen der Intermedien bleibt in der Geschichte der Gattung unangefochten. 1661 bezeichnete Molière, auf die nach Frankreich hereinwirkende italienische Mode eingehend, im Vorwort zu *Les fâcheux* seine Comédies-ballets (von J.-B. Lully vertont) ausdrücklich als „manières d'intermèdes".

Es war die Oper, in der die Intermedien zunächst einen bleibenden Platz fanden. 1600 regte E. de' Cavalieri an, seine *Rappresentazione di Anima e di Corpo* durch „intermedii" zu gliedern, und auch Cl. Monteverdi zollte mit einer Moresca im Schlußballett seines *Orfeo* der Intermedienpraxis seinen Tribut. Während die Opernreform von A. Zeno und P. Metastasio im deutschen Raum die Intermedien aus der Opera seria verdrängen konnte, wurde diese Praxis in England, Frankreich und Italien beibehalten; im 18. Jh. entwickelte sich daraus die ↗Opera buffa. Ihre Geschichte beginnt mit *La serva padrona* von G. B. Pergolesi, die ursprünglich zwischen den Akten seiner Opera seria *Il prigionier superbo* (1733) eingeschoben wurde. Pergolesis erste Buffa löste dann in Frankreich die Entstehung der ↗Opéra-comique aus. Das erste Werk der neuen Gattung, J.-J. Rousseaus *Le devin du village* (1752), trug ebenfalls noch den Titel *Intermède,* bedeutete aber gleichzeitig das Ende der Entwicklung des I.s im eigentlichen Sinne.

Vereinzelt findet sich die Bezeichnung I. auch ohne Bezug zu Bühnenwerken, so in der *Weihnachtshistorie* von H. Schütz (1664). Hier sind die *Intermedien* die im Unterschied zur Evangelistenpartie im konzertierenden Stil komponierten Sätze, denen die direkten Reden (Engel, Hirten usw.) der biblischen Weihnachtserzählung zugrunde liegen.

Lit.: A. INGEGNERI, Discorso della poesia rappresentativa (Ferrara 1598); M. PRAETORIUS, Syntagma musicum III (Wittenberg 1619, Faks. Kas 1959) (= DMI/21); N. SABBATINI, Pratica di fabricar scene e macchine ne'teatri, 2 Bde. (Ravenna 1638, NA R 1955); H. GOLDSCHMIDT, Stud. zur Gesch. der it. Oper im 17. Jh., 2 Bde. (L 1901, Nachdruck Hil 1967);

A. SOLERTI, Musica, ballo e drammatica alla corte medicea dal 1600 al 1637 (Fi 1905, Faks. Bol 1969) (= Bibl. musica Bononiensis III/4); R. ROLLAND, L'opéra avant l'opéra, in: Musiciens d'autrefois (P 1908, [18]1947, dt. Mn 1925); J. PULVER, The Intermezzi of the Opera, in: Proc. Mus. Assoc. 43 (1916/17); O. G. SONNECK, A Description of A. Striggio's and F. Corteccia's Intermedi „Psyche and Amor" 1565, in: Miscellaneous Studies in the History of Music (NY 1921, Nachdr. 1968); F. GHISI, Le feste musicali della Firenze Medicea 1480–1589 (Fi 1939, Nachdr. Bol 1969); L. SCHRADE, L'Edipo tiranno d'A. Gabrieli, in: Musique et poésie au XVIe siècle (P 1954); S. T. WORSTHORNE, Venetian Opera in the 17th Century (O 1954); H. ENGEL, Nochmals die Intermedien v. Florenz 1589, in: FS M. Schneider (L 1955); Les fêtes de la Renaissance 1, hrsg. v. J. JACQUOT (P 1956); D. P. WALKER, Les fêtes du mariage de Ferdinand de Medicis et de Christine de Lorraine, Florenz 1589, I: Musique des intermèdes de „La Pellegrina" (P 1963); W. OSTHOFF, Theatergesang u. darstellende Musik in der it. Renaissance, 2 Bde. (Tutzing 1969) (= Münchner Veröff. z. Musikgesch. 14); CH. E. TROY, The Comic Intermezzo in 18th Century Italian Opera Seria (1971) (= Diss. Harvard Univ./Mass.); G. LAZAREVICH, The Neapolitan Intermezzo and Its Influence on the Symphonic Idiom, in: MQ 57 (1971); I. MAMCZARZ, Les intermèdes comiques italiens au XVIIIe siècle en France et en Italie (P 1972); O. LANDMANN, Quellenstud. zum Intermezzo comico per musica u. seine Gesch. in Dresden (Diss. Rostock 1972).

INTERMEZZO. – 1) In einer Oper oder einem anderen Bühnenwerk Bz. für ein zwischen zwei Akten, Szenen oder Bildern eingeschobenes Zwischenspiel, entweder szenisch (↗Intermedium) oder instrumental (z. B. die Intermezzi in den Opern *Cavalleria rusticana* von P. Mascagni, *Notre Dame* von Fr. Schmidt oder *Lulu* von A. Berg). Eine klare terminologische Abgrenzung gegenüber ↗Interludium ist nicht möglich. – **2)** Bz. für einen Zwischensatz in einem längeren Instrumentalwerk (z. B. im *Faschingsschwank aus Wien,* op. 26 und im Klavierkonzert a-moll, op. 54 von R. Schumann, in der Sonate f-moll, op. 5 und in den Balladen op. 10 von J. Brahms oder der 4. Satz des Konzerts für Orchester, ein *I. interrotto,* von B. Bartók) bzw. für ein selbständiges ↗Charakterstück, im allgemeinen für Klavier (hierher gehören die 6 Intermezzi op. 4 von R. Schumann, die Intermezzi in den Klavierstücken op. 76 und 118 und den Fantasien op. 116 sowie die 3 Intermezzi op. 117 von J. Brahms, die umfangreichen Sammlungen op. 65 und 72 von Chr. Sinding oder die 6 Intermezzi op. 45 von M. Reger).

INTERMEZZO, bürgerliche Komödie mit sinfonischen Zwischenspielen in zwei Aufzügen von Richard Strauss (1864–1949), op. 72, Text vom Komponisten. Die Handlung spielt teils am Grundlsee, teils in Wien. Gegenwart. UA 4. 11. 1924 Dresden (Sächsisches Staatstheater). Dirigent: Fritz Busch. (Christine: Lotte Lehmann; Hofkapellmeister Robert Storch: Fritz Sonntag.)
Strauss wollte im *Intermezzo* einen musikalischen Dialog ohne Kantilene schaffen, eine Art musikalischen Konversationsstil. Die Sänger sollen überwiegend in der Mezza voce vortragen. Das symphonische Element ist bis zur bloßen Andeutung reduziert und entfaltet sich dafür bildhaft in den orchestralen Zwischenspielen. Mit der Hinwendung zur Sachlichkeit suchte Strauss „einen neuen Weg": eine Oper ohne Opernhelden; eine banale Alltagsgeschichte; keine Dichtung, sondern Umgangssprache. Der Mann ist außer Haus; die Frau lernt einen jungen Baron kennen, der sie anpumpt; der Briefträger bringt einen falsch adressierten Brief; die Frau glaubt an die Untreue ihres Mannes; als sich der Irrtum aufklärt, kommt alles wieder ins Lot. Der Alltag im Hause Strauss mit Rodelpartie, Skatrunde, Telephongespräch, Dienstbotengezeter und Ehedialogen zwischen Tür und Angel: die Geschichte ist wirklich passiert und rückte den Haussegen vorübergehend ein wenig schief. Strauss komponiert eine Selbstpersiflage: „Der berühmte Komponist", die „schwierige" Frau, die das häusliche Dasein beherrscht: unwidersprechlich. – Strauss hatte eine Art Reformoper im Sinn. In zwei Vorworten, auch das ist dafür kennzeichnend, formulierte er sein ästhetisches Prinzip. Der Versuch schlug fehl. I. zählt zu den wenig erfolgreichen Werken des Erfolgskomponisten Strauss. Die private Geschichte interessierte nicht. H. BECKER

INTERNATIONALE FERIENKURSE FÜR NEUE MUSIK, Darmstädter Ferienkurse, eine Einrichtung des Internationalen (früher Kranichsteiner) Musikinstituts Darmstadt, gegr. 1946 und bis zu seinem Tode geleitet von Wolfgang Steinecke (1910–61), dem damaligen Kulturreferenten der Stadt Darmstadt und Leiter des Darmstadt-Kranichsteiner Musikinstituts. Die allsommerlich stattfindenden 2–3 Arbeitswochen, ein Begegnungs- und Informationszentrum der deutschen und zunehmend auch einer internationalen Musikavantgarde, stehen seit 1962 unter der Direktion von Ernst Thomas, dem Leiter des Internationalen Musikinstituts und seiner weiteren Einrichtungen (*Darmstädter Beiträge zur Neuen Musik,* Dokumentationen der Ferienkurse, seit 1958, bis 1978 17 Hefte; Kranichsteiner Musikpreis, seit 1952 als Wettbewerbspreise, seit 1972 als Förderprämien für Komponisten und Interpreten Neuer Musik, seit 1976 zweijährig; Bibliothek mit internationaler Ausleihe von Noten und Büchern; *Darmstädter Enzyklopädie zur Neuen Musik seit 1945,* in Vorbereitung). Anfangs „Nachholkurse" der Auseinandersetzung mit dem 1933–45 verfemten Spätwerk A. Schönbergs, verlagerten sich die Schwerpunkte der Darmstädter Ferienkurse seit 1950 auf die nachschönbergsche Generation (A. Webern, O. Messiaen, E. Krenek u. a.), von der die serielle Musik ihren Ausgangspunkt nahm, gefolgt von elektronischer Musik und Aleatorik (K. Stockhausen, P. Boulez, L. Nono). In den 50er Jahren erfuhren in Klausur, Studio und Konzert weit über 100 junge Komponisten einer 3. Generation Neuer Musik Kritik und Zuspruch (unter den deutschen Teilnehmern u. a. H. W. Henze, G. Klebe und B. A. Zimmermann), wobei W. Fortner, R. Leibowitz, Th. W. Adorno, H. Heiß und H. Scherchen zu ihren engagiertesten Lehrern „vor Ort" zählten. Die 60er Jahre brachten Modifikationen insbesondere für die Interpretations- und Analysekurse (Chr. Caskel, S. Gawriloff, V. Globokar, H. Holliger, Aloys und Alfons Kontarsky, S. Palm u. a. als Interpreten; M. Kagel, G. Ligeti, K. Stockhausen u. a. als Komponisten), die 70er Jahre konsolidierten sich, nach anfänglichen Ideologisierungsversuchen von außen, auf Kurse nach dem Marlboro-Modell (Seniors mit mehreren Arbeitsgruppen). Postserielle Musik, Tendenzen einer Rückkehr zur Tonalität und Musikautonomie bestimmten seither die Thematik der Darmstädter Ferienkurse. Hans-Jürgen von Bose, T. Medek, W. Rihm, W. von Schweinitz u. a. signalisieren die jüngste kompositorische Entwicklung, C. Dahlhaus, R. Stephan u. a. neue ästhetisch-theoretische Standorte. Medienpublizität und Zuwendung der öffentlichen Hand blieben den Darmstädter Ferienkursen auch im 4. Jahrzehnt ihres Bestehens und ihrer internationalen Ausstrahlung erhalten.

Lit.: Zahlr. Art. u. Aufsätze in der Reihe: Darmstädter Beitr. z. Neuen Musik 1–3, hrsg. v. W. STEINECKE u. 4ff., hrsg. v. E. THOMAS (Mz 1958ff.).

H. LINDLAR

INTERPRETATION (von lat. interpretatio = Auslegung; it.: interpretazione; span. interpretación), im allgemeinen Sinne die klangliche Verwirklichung (Reproduktion) eines vorgedachten, meist in ↗Notenschrift aufgezeichneten musikalischen Ablaufs. In der Kommunikationskette Komposition – I. – Rezeption bildet die I. die Brücke von Autor zum Hörer. Die I. im Sinne von Reproduktion umfaßt sämtliche Aspekte der Verklanglichung von Musik: die exakte Befolgung der Anweisungen in der Niederschrift des Komponisten, die darüber hinausgehende Anwendung aller für das Werk relevanten Regeln der ↗Aufführungspraxis, die persönliche Auslegung dieser Gegebenheiten durch den Interpreten und schließlich auch die äußeren Bestimmungsmomente der Darstellung, etwa hinsichtlich der Raumakustik, der Plazierung des Aufführungsapparates, der Gestik der Interpreten oder des spezifischen Fluidums der Aufführung insgesamt.

In einem speziellen Sinn bedeutet I. den besonderen, individuellen Anteil des Ausführenden an der jeweiligen Klangwiedergabe von Musik, jenen Bereich, der dem Interpreten vom Komponisten als Freiraum zugestanden wird. Viele für die Ausführung wichtige Fakten entziehen sich einer exakten Fixierung, auch liegt eine allzu genaue Festlegung der Klangrealisation häufig gar nicht in der Intention des Autors. Die Entwicklung der musikalischen Notenschrift zeigt, daß sich das komplementäre Verhältnis von Komposition und I. im Verlauf der Geschichte mehrfach erheblich verschoben hat. Bis zum Ende des 16. Jh. verzichteten die Komponisten auf Angaben, die über die eigentliche Res facta, das Satzgefüge, hinausgingen. Es gilt für diese Zeit allgemein als Tatsache, daß die dem Ausführenden übertragene Gestaltung des realen Klangbildes in bezug auf Zeitmaße, Lautstärke und Klangfarbe durch Aufführungskonventionen geregelt worden sei, daß im übrigen aber keine nennenswerten Differenzierungsmöglichkeiten bekannt gewesen seien. Dies sind allerdings nicht dokumentarisch belegte, sondern lediglich aus dem Fehlen solcher Informationen erschlossene Annahmen. Es ist vorstellbar und sogar wahrscheinlich, daß es auch zu jener Zeit persönlichkeitsgeprägtes, ausdrucksvolles Musizieren gab, das sich auf den Sinngehalt dieser durchweg wortgebundenen Musik stützen konnte. Im Verlaufe des ab etwa 1600 sich vollziehenden Stilwandels entdeckten die Komponisten die strukturbildenden Möglichkeiten der „sekundären" Elemente der Musik: die gliedernde, aber auch die expressive Wirkung bei Kontrastierung oder Differenzierung von Lautstärke, Zeitmaß und Klangfarbe. Trotz der beständigen Zunahme von Vortragsbezeichnungen, die allmählich standardisiert wurden, nahm im 17. und frühen 18. Jh. die I. im Sinne selbständigen Gestaltens des Ausführenden einen breiten Raum ein, einerseits in der Wahrnehmung der diesem ausdrücklich übertragenen Praktiken (↗Generalbaß, ↗Verzierungen, ↗Improvisation), andererseits in der Verpflichtung, den Grundaffekt der darzustellenden Musik zu erspüren und deutlich zum Ausdruck zu bringen. Aber erst gegen Mitte des 18. Jh. trat die I. als Problem ins Bewußtsein und wurde Gegenstand der Reflexion. Aufführungspraktische Lehrschriften dieser Zeit (J. Mattheson, J. J. Quantz, C. Ph. E. Bach) sehen die Aufgabe des ausführenden Musikers – ähnlich wie in der Redekunst – im guten und richtigen „Vortrag" des Werkes. Die beiden Bereiche der Reproduktion, die genaue Wiedergabe der vom Komponisten geforderten Anweisungen und die individuelle, vom Werk ausgelöste Darstellungsweise werden nun als Ausführung (exécu-

tion) und Ausdruck (expression) bezeichnet. Ersteres heißt ein Musikstück so wiederzugeben, wie es in der Partitur notiert ist („telle qu'elle est notée dans la partition", J.-J. Rousseau, 1767), letzteres bezieht sich dagegen auf den nachschöpferischen Aspekt der Reproduktion und wird in J. G. Sulzers *Allgemeine Theorie der Schönen Künste* (1771 bis 1774) als „die vollkommene Darstellung des Charakters und Ausdrucks des Stückes" definiert.
Mit der vom Beginn des 19. Jh. an aufkommenden Auffassung vom autonomen musikalischen Kunstwerk erfährt auch dessen Wiedergabe eine neue Bestimmung. Das Musikwerk als einmaliger, bis ins Letzte von seinem Autor durchdachter und in der Partitur nach seinen Vorstellungen endgültig fixierter Zusammenhang bedarf zu seiner Realisierung eines ebenbürtigen Sachwalters. Damit erhält der Begriff der I. seine auch heute noch aktuelle besondere Bedeutung im Sinne eines Qualitätsprädikats: als gleichrangiges Mitgestalten, das die selbstverständliche Beherrschung aller musikalisch-technischen Anforderungen ebenso voraussetzt wie die enge Vertrautheit mit dem Notentext und die Einfühlung in den Geist des Werkes. (Äußeres, wenn auch nicht untrügliches Zeichen dafür ist das Auswendigspielen und -singen.) Die Höhe dieses Anspruchs erfordert den Idealtypus des Interpreten, der sowohl Virtuose als auch historisch-theoretisch gebildeter Musiker ist. Als Kriterium für die Beurteilung einer I. gilt das Maß an Übereinstimmung mit den Intentionen des Komponisten. Die Anweisungen, durch die dieser seinen Willen kundgibt, lassen aber auch bei weitgehender Festlegung aller musikalischen Parameter in der Partitur und bei aufrichtigster Bereitschaft des Interpreten zur „Werktreue" im einzelnen unterschiedliche Ausführungsmöglichkeiten zu. Eine allein gültige, „authentische" I. durch einen Nachschaffenden ist daher eine Fiktion, auch wenn der Komponist selbst ausübend oder beratend an der Aufführung beteiligt ist. Die Vielfalt der durch die subjektiven Voraussetzungen des Ausführenden geprägten Interpretationen ermöglicht es, den Werken – ohne ihren Wesenskern zu verändern – immer wieder neue Seiten abzugewinnen und ihre Erscheinungsform vor stereotyper Wiederholung zu bewahren. Demgemäß ist die I. ein entscheidender Faktor für die Wirkungsgeschichte der Musik.
Seit Ende des 19. Jh. verstärkte sich das Bestreben, immer mehr Einzelheiten eines Musikwerks immer genauer festzulegen (bis hin zu Temponuancierung, Klangbalance, Bogenstrich und Fingersatz). Einen weiteren Anstoß in dieser Richtung gab I. Strawinsky mit seiner Anregung, die vom Komponisten autorisierte Schallaufzeichnung als zusätzliche Ausführungsanweisung zu verwenden. Die Endstufe einer solchen fortschreitenden Determinierung des Musikwerks stellt die ↗elektronische Musik dar. Das musikalische Kunstwerk ist hier identisch mit dem vom Autor produzierten, in allen Details festgelegten Magnettonband. Seine Verklanglichung wird von einer Maschine ausgeführt, der Interpret ist aus der Kommunikationskette ausgeschaltet. Es scheint aber bezeichnend für die konstitutive Bedeutung der I. innerhalb der Musik, daß unmittelbar darauf, Mitte des 20. Jh., im kompositorischen Denken wieder ein Umschwung erfolgte. In der ↗Aleatorik erhält der Interpret wiederum ein so hohes Maß an Eigenständigkeit eingeräumt, daß er in den Rang eines mitschaffenden Partners des Komponisten rückt.
Die Vervollkommnung der elektroakustischen Schallaufzeichnungsverfahren hat entscheidenden Einfluß auf die I. ausgeübt. Die technischen Mittel erlauben durch Klangausgleich unterschiedlich lauter Schallquellen und durch Korrektur fehlerhafter oder unbefriedigender Einzelheiten eine vokal- und instrumentaltechnisch vollendete Wiedergabe eines Werkes. Zugleich ist damit auch eine neue Darbietungsform entstanden, die die Musikrezeption aus dem gesellschaftlichen in den privaten Bereich verlegt und dem Musikhörer einen großen Teil der Literatur in technisch perfekten und interpretatorisch bedeutsamen Wiedergaben verfügbar macht. Die unbestreitbaren Qualitäten einer technisch-manipulierten Studioreproduktion haben die anfälligere, aber lebendigere Darbietungsform einer Konzertaufführung jedoch nicht verdrängen können. Beide Bereiche bestehen im heutigen Musikleben nebeneinander und haben ihre eigene Bedeutung.
Schließlich heißt I. als Teilbereich der Musikästhetik auch Sinndeutung. Sie gründet sich auf die Tatsache, daß Musik über sich selbst hinaus Bedeutung hat, und sucht diese „zur Sprache zu bringen". Stellt die praktische I. den sinnlich wahrnehmbaren Vordergrund des Musikwerks her, so bemüht sich die gedankliche I. dessen geistigen Hintergrund zu erkennen und zu vermitteln. Ausgangspunkt solcher Überlegungen sind Analogien zwischen rein musikalischen und allgemeinen Sachverhalten. Eine I. kann durch triftige, vom Komponisten gegebene Anhaltspunkte (etwa ein Motto oder Programm) gut begründet sein. Die Mehrzahl der Deutungen ist jedoch durch die Denkweise der Interpreten stark subjektiv gefärbt, so daß es – vor allem bei bedeutenden Musikwerken – zu einer Vielzahl von I.en kommt. Im Verlauf der Geschichte der Deutung von Musik haben gewisse Perspektiven als Auswirkung bestimmter Zeit- oder Geistesströmungen die Bedeutung von Me-

thoden erlangt (etwa die ↗Affektenlehre, ↗Hermeneutik, Musikenergetik, ↗Musiksoziologie oder ↗Intonation) und als solche die I. von Musik wesentlich bestimmt.

Lit.: F. KULLAK, Der Vortrag in der Musik am Ende des 19. Jh. (L 1898); TH. G. GEORGIADES, Die musikal. I., in: Studium generale 7 (1954), Wiederabdruck, in: Kleine Schriften (Tutzing 1977) (= Münchner Veröff. z. Musikgesch. 26); TH. W. ADORNO, Der getreue Korrepetitor. Lehrschriften zur musikal. Praxis (F 1963, NA 1976); R. HAMMERSTEIN, Musik als Komposition u. I., in: DVfLG 40 (1966); J. DEMUS, Abenteuer der I. (Wie 1967); H. ENGEL, I. u. Aufführungspraxis, in: Mozart-Jb. 1968; E. RATZ, Analyse u. Hermeneutik in ihrer Bedeutung für die I. Beethovens, in: ÖMZ 25 (1970); R. LEIBOWITZ, Le compositeur et son double. Essais sur l'interprétation musicale (P 1971); J. A. WESTRUP, Musical I. (Lo 1971); A. BRENDEL, Musical Thoughts and Afterthoughts (Lo 1976), dt. Übers.: Nachdenken über Musik (Mn 1977); S. BIMBERG, Die Einheit von Produktion, I. u. Rezeption auf musikal. Gebiet, in: Hdb. der Musikästhetik (L 1979); K. WOLFF, I. auf dem Klv. Was wir v. A. Schnabel lernen (Mn – Z 1979). – ↗Aufführungspraxis.

E. PLATEN

INTERVALL (von lat. intervallum, = Zwischenraum), Höhenunterschied zwischen 2 Tönen, die entweder gleichzeitig (harmonisches I.) oder nacheinander (melodisches I.) erklingen. Die Benennung der I.e geschieht numerisch, bezogen auf die siebenstufige (heptatonische) diatonische Tonleiter. Dem Grundton mit der Zahl 1 und den folgenden, aufwärts gezählten einzelnen Stufen werden Namen zugeordnet, die den lateinischen Ordnungszahlen entlehnt sind. Man erhält: 1 ≙ Prime, 2 ≙ Sekunde, 3 ≙ Terz, 4 ≙ Quarte, 5 ≙ Quinte, 6 ≙ Sexte, 7 ≙ Septime, 8 ≙ Oktave. Die Namen stehen dabei, von einem Bezugston aus, sowohl für den einzelnen Ton (z.B. 3. Stufe = Terz) wie auch für das I.-Verhältnis (z.B. c–e = Terz). I.e, die über die Oktave hinausgehen, sind als zusammengesetzte I.e zu verstehen: None, Dezime, Undezime und Duodezime ergeben sich aus Oktave plus Sekunde bzw. plus Terz, plus Quarte oder plus Quinte. Die Verlagerung des tieferen I.-Tons in seine obere Oktave ergibt die Umkehrung oder das Komplement-I. dieses Intervalls. So ist z.B. c-e die Umkehrung von e-c; entsprechend: Prime–Oktave, Sekunde–Septime, Terz–Sexte, Quarte–Quinte. Die Summe der Komplementär-I.e ergibt stets die Zahl 9, z.B. Prime (1) + Oktave (8). Zur genaueren Kennzeichnung der I.-Größe dienen verschiedene Zusätze. Prime, Quarte, Quinte und Oktave gelten als reine Intervalle. Die anderen I.e haben zwei Grundformen: sie können groß oder klein sein. Das kleine I. (z.B. c–es = kleine Terz) ist um einen Halbton kleiner als das entsprechende große I. (c–e = große Terz). Die Erhöhung eines reinen oder eines großen I.s um einen Halbton führt zu übermäßigen I.en (z.B. c–gis = übermäßige Quinte, c–eis = übermäßige Terz). Die Erniedrigung eines reinen oder kleinen I. um einen Halbton führt zu verminderten I.en (z.B. c–ges = verminderte Quinte, c–eses = verminderte Terz).

Aus der ↗Obertonreihe, die zugleich die Naturtonreihe (↗Naturton) ergibt, resultieren im akustischen Sinne die natürlichen oder reinen Intervalle. Auf ihr beruhen die Versuche, I.e rein zu intonieren. Neben dieser ↗reinen Stimmung gab es seit der Antike zahlreiche unterschiedliche Stimmungen. Die bedeutendste, in der Musiktheorie bis in die Neuzeit vertretene war die auf reinen Quinten aufbauende sog. ↗pythagoreische Stimmung. Die heute für die abendländische Musik weitgehend gültige ist die gleichschwebend temperierte.

I.e lassen sich nach ihrer jeweiligen Distanz quantitativ messen oder je nach ihrem Grad an Konsonanz oder Dissonanz (↗Konsonanz und Dissonanz) beschreiben. Im antiken Griechenland und im Mittelalter benutzte man zur quantitativen Messung der I.e die Saitenteilung, vor allem am ↗Monochord. Seit dem 17. Jh. zog man die Erfassung durch die Schwingungsverhältnisse (Frequenzen) vor, die im umgekehrten Verhältnis zum Verhältnis der Saitenlängen stehen (Quinte ≙ 2/3 bzw. 3/2). Heute ist neben den Angaben der einfachen Schwingungsverhältnisse die ↗Cent-Rechnung allgemein gebräuchlich, bei der jeder temperierte Halbton 100 C (= Cent) zählt.

Die *Oktave* (griech. diapason) hat in allen Systemen den gleichen Wert. Sie gilt aufgrund ihres Zahlenverhältnisses 2/1 als das konsonanteste Intervall.

Die reine *Quinte* (griech. diapente), grundlegendes I. des pythagoreischen Systems, mit dem Verhältnis 3/2 (702 C) ist in der temperierten Stimmung um 2 C verkleinert (700 C).

Die große *Terz* (griech. ditonos) geht aus der ↗harmonischen Teilung der Quinte hervor. Sie ist im System von Pythagoras spürbar größer, da sie aus der Addition von 4 reinen Quinten und anschließender Subtraktion von 2 Oktaven hervorgeht oder auch aus der Addition zweier großer Ganztonschritte: 9/8 (204 C) × 9/8 = 81/64 (408 C). Daher kommt der Name Ditonus (= zwei ganze Töne), mit dem im Mittelalter üblicherweise die große pythagoreische Terz bezeichnet wurde.

Die Differenz zwischen der pythagoreischen Terz und der reinen, aus der Obertonreihe resultierenden Terz mit dem Verhältnis 5/4 (386,3 C) heißt syntonisches Komma; es mißt 81/64 (408 C): 5/4 (386 C) = 81/80 (22 C). Die Terz der temperierten Stimmung liegt mit 400 C zwischen den beiden.

Die *Naturseptime* ist deutlich kleiner als die kleine Septime (mit gleichem Wert) von Pythagoras. Dieser Unterschied wird gegenüber der kleinen Septime in temperierter Stimmung noch größer.

Die *übermäßige Quarte* – gewöhnlich Tritonus genannt (er besteht aus 3 Ganztönen) – hat ihre Sonderstellung daher, daß sie innerhalb der heptatonischen Tonleiter das einzige Intervall seiner Art ist. In temperierter Stimmung teilt der Tritonus die Oktave in zwei exakt gleiche Teilintervalle. Dieses Intervall besitzt als einziges der heptatonisch-diatonischen Tonleiter eine anziehende wie auch explosive Kraft; deswegen wird es das wesentliche Element der Erscheinungen der harmonischen Spannungen vom 17. bis zum Beginn des 20. Jahrhunderts. Im Mittelalter war der Tritonus verboten, und seine Vermeidung brachte schwierige Probleme mit sich; daher trug er die Bezeichnung „diabolus in musica".

Die *große Sekunde* oder großer Ganzton kommt wieder im pythagoreischen System vor. Aufgrund der Verhältnisse der Obertonreihe unterscheidet man in reiner Stimmung zwei Arten des Ganztons: den großen oder pythagoreischen (9/8 = 204 C) und den kleinen (10/9 = 182 C) Ganzton. Die Differenz zwischen beiden ergibt das syntonische Komma. Für die Theoretiker der griechischen Antike und des Mittelalters war der große Ganzton die Differenz zwischen der Quinte und der Quarte, also 3/2 × 3/4 = 9/8. Der diatonische Halbton *(kleine Sekunde)* ergibt sich als Unterschied zwischen reiner Quarte und reiner großer Terz. Der pythagoreische Halbton ist spürbar kleiner; er liegt zwischen reiner Quarte und Ditonus (großer pythagoreischer Terz) und heißt Limma (= Rest): 4/3 (498 C) × 64/81 (408 C) = 256/243 (90 C). Der temperierte Halbton liegt im Wert zwischen beiden. Der *chromatische Halbton* als Unterschied zwischen dem großen Ganzton (große Sekunde) und dem diatonischen Halbton (kleine Sekunde) erscheint in der Obertonreihe nicht. Im pythagoreischen System erhält man ihn, indem man das Limma (pythagoreischer Halbton) vom großen Ganzton abzieht: 9/8 (204 C) × 243/256 (90 C) = 2187/2048 (114 C). Er ist spürbar größer als das Limma und erhält den Namen Apotome (= Abschnitt). Der Unterschied zwischen Apotome und Limma heißt pythagoreisches Komma; er wird durch das Verhältnis 531 441 / 524 288 oder 23,5 C ausgedrückt, d. i. ungefähr ein Neuntel des großen Ganztones. Die pythagoreische Teilung des Ganztones, ausgedrückt in Cents (abgerundet), sieht so aus:

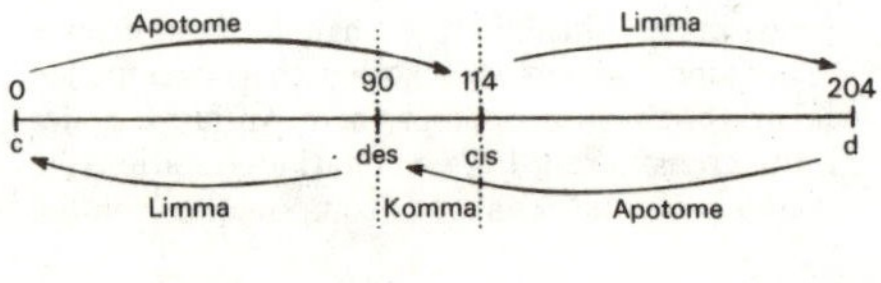

Infolge der Unterscheidung von großem und kleinem Ganzton treten in reiner Stimmung neben den natürlichen Halbton (15/16) zwei weitere Arten: 1. Ganzton (groß) – diatonischer Halbton bzw. 9/8 × 15/16 = 135/128; 2. Ganzton (klein) – diatonischer Halbton bzw. 10/9 × 15/16 = 150/144 = 25/24. Der letztere Wert ist der häufigste; er wird als normaler chromatischer Halbton dieses Systems angesehen, denn er ergibt sich ebenfalls aus dem Unterschied zwischen natürlicher großer und kleiner Terz: 5/4 × 5/6 = 25/24. Hier noch einmal die verschiedenen Werte, ausgedrückt in Cents (d_1 = kleiner Ganzton, d_2 = großer Ganzton):

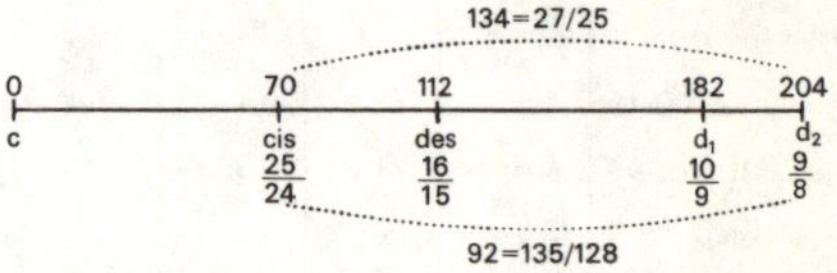

Das Differenzintervall cis–d_2 = 134 C (Verhältnis 27/25) ist größer als der natürliche diatonische Halbton. Es darf daher mit ihm nicht verwechselt werden. Man bemerkt in allen Fällen, daß der chromatische Halbton kleiner als der diatonische Halbton ist, genau die Umkehrung der Verhältnisse im System von Pythagoras.

Lit.: A. SCHEIBE, Abh. v. den musikal. I.en u. Geschlechtern (H 1739); G. A. SORGE, Genealogia allegorica intervallorum ... (Hof 1741); F. W. RIEDT, Versuch über die musikal. I.e (B 1753); C. L. RÖLLIG, Versuch einer musikal. Intervallenlehre (L 1789); F. VON DRIEBERG, Die mathematische Intervallenlehre der Griechen (B 1818); M. W. DROBISCH, Über die mathematische Bestimmung der musikalischen I.e (L 1846); M. HAUPTMANN, Die Natur der Harmonik und der Metrik (L 1853, [2]1873); M. W. DROBISCH, Nachträge zur Theorie der musikal. Tonverhältnisse (L 1855); H. VON HELMHOLTZ, Die Lehre von den Tonempfindungen ... (Brau 1863, [6]1913, Nachdr. Da 1968); J. G. BELLERMANN, Die Größe der musikal. I.e als Grundlage der Harmonie (B 1873); H. RIEMANN, Allgemeine Musiklehre (B [6]1918); W. FREUDENBERG, Die Lehre von den I.en (B 1902); G. CAPELLEN, Die Freiheit oder Unfreiheit der Töne und I.e (L 1904); R. P. WINNINGTON-INGRAM, Aristoxenos and the Intervals, in: Classics Quarterly 26 (1932) H. HUSMANN, Einführung in die Musikwissenschaft (Hei 1958, Nachdr. Wilhelmshaven 1975) (= Taschenbücher zur Musikwiss. 40); H.-G. LICHTHORN, Zur Psychologie des Intervallhörens (Diss. H 1962); L. S. LLOYD – H. BOYLE, Intervals, Scales and Temperaments (NY – Lo 1963); A. G. PICKLER, History of Experiments on the Musical Interval Sense, in: JMTh 10 (1966); W. DAENICKE, Bewertung v. Intervallbeobachtungen an Hand der Frequenzdistanz. Ein Versuch zur Rangordnung musikal. I.e (Diss. H 1967); J. P. FRICKE, Die Relativität optimaler Intervallgrößen, in: Kgr.-Ber. Bonn 1970 (Kas 1971); H. REICHARDT, I.-Maßsysteme u. deren Berechnung. Einführung in die Cent-Rechnung, in: Das Musikinstrument 20 (1971); R. FULLER, A Study of Interval and Trichord Progressions, in: JMTh 16 (1972); A. FORTE, The Basic Intervall Patterns, in: ebd. 17 (1973); R. HAASE, Musik mit neuen Pro-

Tafel der Intervalle der heptatonisch-diatonischen Tonleiter in den verschiedenen Stimmungen. (Die Werte sind jeweils als Schwingungsverhältnis und darunter in Cents angegeben. Die Werte in temperierter Stimmung sind irrational und hier auf 4 Dezimalstellen abgerundet.)

INTERVALL	Pythagoras	Zarlino	temperierte Stimmung	reine Stimmung
kleine Sekunde	256/243	16/15	1,0594	16/15
	90	112	100	112
große Sekunde: großer Ganzton	9/8	9/8		9/8
	204	204	1,1224	204
große Sekunde: kleiner Ganzton		10/9	200	10/9
		182		182
kleine Terz	32/27	6/5	1,1892	6/5
	294	316	300	316
große Terz	81/64	5/4	1,2599	5/4
	408	386	400	386
reine Quarte	4/3	4/3	1,3348	4/3
	498	498	500	498
übermäßige Quarte	729/512	45/32	1,4142	10/7
	612	590	600	617
verminderte Quinte	1024/729	64/45	1,4142	7/5
	588	610	600	583
reine Quinte	3/2	3/2	1,4983	3/2
	702	702	700	702
kleine Sexte	128/81	8/5	1,5874	8/5
	792	814	800	814
große Sexte	27/16	5/3	1,6818	5/3
	906	884	900	884
kleine Septime	16/9	16/9	1,7818	7/4
	996	996	1000	969
große Septime	243/128	15/8	1,8877	15/8
	1110	1088	1100	1088
Oktave	2/1	2	2	2
	1200	1200	1200	1200

portionen, in: ÖMZ 29 (1974); DERS., Die Herkunft musikal. Grundlagen aus dem Gehör. Eine Morphologie der I.e, in: Musik u. Zahl (Bonn 1976) (= Orpheus-Schriftenreihe zu Grundfragen der Musik 17).

S. GUT

INTONATION (engl.: intonation [im Sinne von 3): voicing]; frz.: intonation [im Sinne von 3): harmonisation]; it.: intonazione; span.: entonación). – **1)** Das richtige Treffen eines bestimmten Tones und Einhalten einer bestimmten Tonhöhe beim Gesang und beim Instrumentenspiel (Blas- und Streichinstrumente) mit vom Spieler zu fixierender Tonhöhe. – **2)** Beim Gregorianischen Gesang das vom Priester oder Kantor solistisch vorgetragene Anstimmen mancher Teile des Ordinarium (Gloria, Credo) oder Proprium missae sowie von Psalmen oder Cantica. – **3)** Teilvorgang der Herstellung von Musikinstrumenten, bei dem am fertig gebauten Instrument Veränderungen vorgenommen werden, durch die der Klangcharakter (Ansprache, Lautstärke, Obertonaufbau) beeinflußt wird. Von besonderer Bedeutung ist die I. beim Klavier (Behandlung wie Stechen oder Abfeilen des Hammerkopfes oder des Hammerstils) und bei der Orgel. Der hierauf spezialisierte Orgelbauer, der Intonateur, kennt verschiedene Behandlungsmöglichkeiten der Pfeifen: Bei Labialpfeifen sind Veränderungen am Fußloch, am Kern („Kernstiche"), am Labium und an den Bärten möglich, bei Zungenpfeifen werden die Zungenkrümmung oder die Becheröffnung verändert. Die I. der Pfeifen geschieht zunächst in der Werkstatt (Vorintonation), im wesentlichen aber im Aufstellungsraum unter Berücksichtigung der akustischen Verhältnisse. – **4)** In die marxistische Musikästhetik hat B. Assafjew den Begriff I. 1947 eingeführt, durch den in Anlehnung an die Sprach-„Intonation" musikalische Stilmerkmale bezeichnet werden, die in Verbindung mit musikalischen Traditionen, etwa der Volksmusik, zu bestimmten Inhalts- und Ausdrucksmustern geworden sind. – ↗Intonationstheorie. – **5)** Gelegentlich wird umgangssprachlich unter I. auch das den Gemeindegesang oder die I. von Priester bzw. Kantor (s. o. 2) vorbereitende Orgelspiel verstanden. – ↗Intonazione.

Lit.: **Zu 3):** F. R. DIETZ, Das Intonieren von Flügeln (F 1967); J. GOEBEL, Theorie und Praxis des Orgelpfeifenklanges. Intonieren und Stimmen (F 1967, [2]1975); O. FUNKE, Das Intonieren von Pianos und Flügeln (F 1977).

H. J. BUSCH

INTONATIONSTHEORIE, Bz. für die musiksemantische Lehre von B. Assafjew, die die Sprachmelodik A. Dargomyschkis und M. Mussorgskis sowie die sensualistische Musikauffassung von W. Stassow verwertet (was in der großen Bedeutung von Begriffen wie „Versinnlichung", „Gehör", „Atem" zum Ausdruck kommt). In Anknüpfung an Boleslaw Jaworski entwickelte Assafjew unter dem Einfluß Henri Bergsons einen intuitiven Sprachstil der Musikanalyse, die den Energetismus Wilhelm Ostwalds und seine tiefenpsychologische Ausdeutung bei E. Kurth appliziert. Seit 1922 benutzte Assafjew den Terminus „Intonation" in einem immer breiteren Spektrum von Kontexten: als Umsetzen in Musik" (omusykalenije) der Sprachintonation; als „Klangprozeß", in dem sich die „Lebensenergie" öffne; als „Atmen" der Musik, ihre „Lebensspannung"; als „liedhafte Energie" im Melos, das einem „intonierten Gedanken" gleiche; als „Kondensation von Emotionswellen", bedeutsam für psychologische Empirie; als Bewegung von „versinnlichten Tönen", die das Bezugsfeld der Musik bildeten usw. Bei Kurth, den Assafjew den „Hegel in der Musiktheorie" nannte, fand er eine Bestätigung seiner psychologisch-prozessuellen wie urtypisch-anthropologischen Auffassung des „Intonierens". Seit 1928 verstärkte Assafjew die soziologische und ikonische Komponente (Einfluß des „Abbildes“ in der Widerspiegelungslehre des sowjetischen Marxismus): Im Intonieren einer Epoche sammle sich ein Vorrat von Bedeutungseinheiten, in den Zeiten des sozialen Umbruchs komme es zu „Intonationskrisen“. Assafjew schuf kein System und gab somit keine verbindliche Definition; die I. muß selber prozessuell gesehen werden. Sie ist eine historisch offene Betrachtung der semantischen Potentialitäten der Musik, in der die ausdrucks- und bildhafte Komponente energetisch aufgefaßt werden; die Komponente des Symbols wurde bisher wenig herangezogen.

Lit.: R. KLUGE, Definition der Begriffe Gestalt u. Intonation als Beitr. z. Mathematisierung der Musikwiss., in: BzMw 6 (1964); Intonation u. Gestalt in der Musik, hrsg. v. B. M. JARUSTOWSKI (Mos 1965) (dt.); J. JIRÁNEK, Assafjews I., ihre Genesis und Bedeutung (Pr 1967) (tschechisch, mit dt. u. engl. Zusammenfassung); A. SYCHRA, A. Dvorák. Zur Ästhetik seines sinfonischen Schaffens (L 1972); V. KARBUSICKY, Ein Ende der System-Ästhetiken? Zum Widerspiegelungsmodell der Musik..., in: Kölner Zschr. für Soziologie u. Sozialpsychologie, Sonderheft 17 (1974); B. V. ASSAFJEW, Die musikal. Form als Prozeß, hrsg. v. D. Lehmann – E. Lippold (B 1976); A. RIETHMÜLLER, Die Musik als Abbild der Realität (Wie 1976).

V. KARBUSICKY

INTONAZIONE (it., = Intonation), in der italienischen Orgelmusik des 16. Jh. Bz. für ein kurzes, auf dem Prinzip des Variierens beruhendes Vorspiel, häufig mit Akkordzerlegungen oder figuralen Passagen (A. und G. Gabrieli, *Intonationi d'organo... composte sopra tutti li dodici toni,* 1593).

Lit.: W. APEL, Gesch. der Orgel- u. Klaviermusik bis 1700 (Kö 1967).

INTRADA (von it. entrata = Eintreten; engl.: entry; frz.: entrée; span.: entrada) ist im 17. Jh. ein in der Regel kurzes Instrumentalstück, das, ursprünglich zur Begleitung eines Ein- oder Aufzugs hochgestellter Persönlichkeiten bestimmt, vor allem in Deutschland verbreitet war. Den Prototyp dieser auch mit Titeln wie „Aufzug“ oder „Signal“ versehenen Gattung, die meist von Trompeten (z. B. als Tusch) gespielt wurde, charakterisieren sehr einfache Motive, geradtaktiger Rhythmus und häufige Tonwiederholungen. Diese Merkmale übernahmen die ersten mehrstimmigen (4–6st.) Intraden seit dem Ende des 16. Jh., die, vorwiegend homophon gehalten, für variable Instrumentalbesetzungen bestimmt und auch zum häuslichen Gebrauch geeignet waren. Es entstanden nunmehr auch andere Typen: neben dem einfachen, geradtaktigen Aufzugstypus im Marschrhythmus mit Signalmotivik und Tonwiederholung ein ebenfalls geradtaktiger Pavanentypus in langsamem Tempo mit mehr kontrapunktischer Satztechnik sowie ein ungeradtaktiger, belebterer Tanztypus und ein homophoner Liedtypus. Zu den wichtigsten I.-Komponisten gehören A. Orologio (*Intradae 5 et 6 v.,* 1597), H. L. Haßler (*Lustgarten neuer teutscher Gesäng,* 1601), M. Franck (4 Sammlungen zw. 1603 und 1627) und V. Haussmann (*Neue Intrade* für 5–6 St. und Violinen, 1604).

Intrada à 5

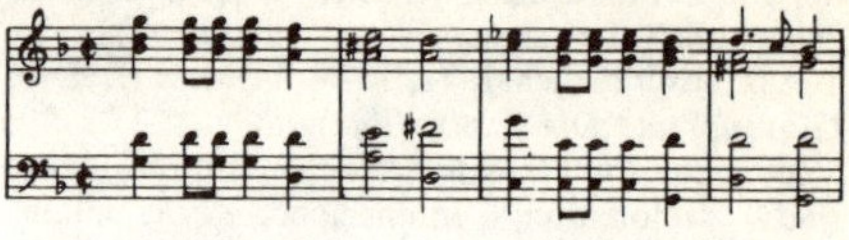

M. Franck, *Newe Pavanen, Galliarden und Intraden,* 1603.

Die I. erscheint auch in Tanzsammlungen und ersetzt gegebenenfalls die Pavane als Vortanz einer Galliarde oder Courante (P. Peuerl, *Neue Paduanen, Intrada, Täntz und Galliarda mit 4 Stimmen,* 1611), aber sie wurde offenbar nicht einem echten Tanz angeglichen. Die französische Entsprechung zur I., die Entrée, begleitet in einer Tanz- oder Theaterdarbietung, einem Ballett oder einer Oper den Auftritt der Personen auf der Bühne; sie übernimmt im allgemeinen den Rhythmus der Pavane, der Allemande oder des Marsches. Der englische Entry bringt oft punktierten Rhythmus, der ihn der ursprünglichen deutschen I. annähert.

Den Titel I. tragen auch Fanfaren als Einleitungsstücke für ein umfangreicheres Werk, eine Oper oder ein Oratorium; er wurde vor allem in Italien verwendet (Cl. Monteverdi, *Toccata* in *Orfeo,* 1607). Im 18. Jh. konnte die I. auch innerhalb einer Sinfonia oder einer französischen Ouvertüre vorkommen. Instrumentale Einleitungssätze wurden gelegentlich noch bei Chr. W. Gluck (*Alceste,* italienische Fassung, 1767), W. A. Mozart (*Apollon et Hyacinthe,* 1767; *Bastien und Bastienne,* 1768) und L. van Beethoven (Serenade D-Dur für Fl., V. und Va., op. 25, um 1796–97) I. genannt, ohne daß sie eine echte Beziehung zur ursprünglichen I. hatten. Im 20. Jh. knüpften einige deutsche Komponisten wieder an die Tradition der I. an, u. a. J. Ahrens, P. Hindemith (Anfangsfanfare der Kantate *Apparebit repentina dies*), C. Orff und E. Pepping.

Lit.: M. REIMANN, Materialien zu einer Definition der I., in: Mf 10 (1957).

INTRODUKTION (von lat. introductio, = Einleitung; engl. und frz.: introduction; it.: introduzione; span.: introducción), Bz. für einen Einleitungssatz, einen relativ kurzen musikalischen, oft mit Halbschluß endenden Abschnitt in freier Form, in der Regel in langsamem Tempo. Eine solche langsame Einleitung kann – meist ohne eigene Bezeichnung – sowohl am Anfang eines Vokalwerks zur

Vorbereitung des Gesangsteils (z.B. bei Lied, Arie, Kantate oder Opernszene bzw. -akt) als auch eines Instrumentalwerks vor dem Einsetzen des Hauptteils (in der Kammermusik, bei Sonate, Symphonie, Divertimento, Ouvertüre, Variationszyklus, Tanzsuiten u.a.) stehen, im Ballett auch zur Plazierung der Tänzer für die erste Nummer. In der Oper heißt gelegentlich die ganze erste Gesangsnummer im 1. Akt ausdrücklich I. (z.B. W.A. Mozart, *Don Giovanni* und *Die Zauberflöte*).

Verwandte Funktionen erfüllen ↗Entrée, ↗Intrada, ↗Intonation, ↗Intonazione, ↗Praeludium, ↗Praeambel, ↗Prolog und ↗Ouvertüre.

Lit.: W. GERSTENBERG, Über den langsamen Einleitungssatz in Mozarts Instrumentalmusik (I 1956); P. GÜLKE, I. als Widerspruch im System, in: DJbMw 14 (1969); R. KLINKHAMMER, Die langsame Einleitung in der Instrumentalmusik der Klassik u. Romantik (Rb 1971) (= Kölner Beitr. z. Musikforsch. 65).

INTROITUS (lat., = Eingang, Einzug), in der katholischen Liturgie des römischen Ritus der Einzugsgesang der Messe, der erste Teil des ↗Proprium missae. Er besteht aus I.-Antiphon als Kehrstrophe zu einem Psalmvers (ursprünglich einem Psalm) und Doxologie. Nach einer Nachricht aus dem 6. Jh. soll Papst Coelestin I. († 432) vor dem Opfer den antiphonischen Gesang der 150 Psalmen Davids eingeführt haben. Mit Sicherheit bezeugt ist der I. in der Papstmesse des 7. Jh.: Wenn der Papst zum Einzug bereit ist, wird der rechts und links an den Schranken des Chorraums aufgestellten Schola das Zeichen zum Beginn des Introitus gegeben. Ist der Papst am Altar angekommen, bricht die Schola den Psalmengesang ab, stimmt die Doxologie an und schließt mit der Wiederholung der Antiphon. Durch die Übernahme der Papstliturgie im Frankenreich im 8./9. Jh. wurde diese Form des Eingangsgesangs allgemeiner Bestandteil der römischen Meßliturgie, die Psalmodie wurde auf einen Psalmvers verkürzt. Andere Riten haben schlichtere Formen des Eingangsgesangs; die Ingressa des ↗Ambrosianischen Gesangs z.B. ist ein kurzes Chorstück ohne Psalmvers.

Die Texte der meisten I. sind den Psalmen entnommen, häufig sind sie aus verschiedenen Psalmen zusammengestellt; diejenigen des 1.–17. Sonntags nach Pfingsten stellen eine Reihe aus ausgewählten Psalmen in aufsteigender Numerierung dar (aus Pss. 12, 17, 24 ... 118). Einzelne I.-Texte stammen aus anderen Büchern des Alten Testaments, insbesondere aus Jesaja. Aus dem Neuen Testament, und zwar meist aus der Epistel des betreffenden Tages, sind die I. vom 3. Adventssonntag, vom Dienstag, Mittwoch und Donnerstag der Karwoche, vom Mittwoch und Sonntag nach Ostern, von Christi Himmelfahrt und vom Samstag der Pfingstwoche entnommen. Nichtbiblische I.-Texte finden sich an einigen Heiligenfesten sowie an Epiphanie, am darauffolgenden Sonntag und am Donnerstag nach dem 3. Fastensonntag.

Die I. sind Gesänge der Schola, d.h. die Aufzeichnung ist als ein Beispiel kunstgerechter Ausführung zu verstehen (↗Gregorianischer Gesang). Obwohl es viele melodische Anklänge gibt und wiederholt gleiche Initien und Klauseln verwendet werden, begegnet in den 147 Introitus des ältesten überlieferten Repertoires keine Melodie ein zweites Mal, jede einzelne ist auf ihren Text hin melodisch sorgfältig ausformuliert. Es finden sich liedhafte und rezitativische Stücke. Melodik und Disposition ähneln weithin den Antiphonen des Offiziums, z.T. entsteht der Eindruck einer melodisch reicher verzierten Offiziumsantiphon. Gegenüber der ↗Communio sind die I. stilistisch einheitlicher, es gibt ihr gegenüber keine Überschneidungen mit dem Repertoire der Offiziumsresponsorien, und es fehlen die ausgeprägten Originalkompositionen, die für das Repertoire der Communio charakteristisch sind. Bei aller melodischen Vielfalt erscheinen die I.-Melodien im Vergleich zu denen der Communio auffällig formelhaft, was wohl mit der formelhafteren Textauswahl zusammenhängt.

Seit der Übernahme des Gregorianischen Gesangs im Frankenreich im 8./9. Jh. wurde der I. statt mit einem Psalm mit ↗Tropen verknüpft. Gerade bei den I.-Tropen wird über der Beliebtheit der Gattung Tropus das Bestreben spürbar, die Gesangstexte der Tagesliturgie besser anzupassen und sie katechetisch zu erschließen. So wurde z.B. der Oster-I. *Resurrexi* zum Wort Christi im Dialog mit den Frauen am leeren Grab umfunktioniert, so daß sich aus diesem Dialog durch Anreihung weiterer Szenen das mittelalterliche Osterspiel entwickelte. Das Konzil von Trient beseitigte die Tropen, der I. wurde zum ersten Stück des Proprium missae, das am häufigsten mehrstimmig vertont wurde. In der Regel nahm jedoch das mehrstimmige Kyrie die Funktion des Eröffnungsgesangs der Messe an, mit Ausnahme des ↗Requiems, in dem die Gesänge des Proprium und Ordinarium missae, beginnend mit dem Introitus *Requiem aeternam* als geschlossener Zyklus vertont wurden. Die Liturgiereform des 2. Vatikanischen Konzils entwickelte aus der I.-Antiphon den „Eröffnungsvers“, dessen Text gesungen oder gesprochen oder durch einen anderen Gesang, z.B. ein Kirchenlied, ersetzt werden kann.

Im evangelischen Gottesdienst wurde der Introitus bereits im 16. Jh. durch das Eingangslied bzw. den Eingangsspruch verdrängt. Jedoch bilden in der evangelischen Ordnung des Kirchenjahres bis heute die textlichen Incipits der betreffenden römischen

I. die Namen der Sonntage vom 1. Advent bis zum letzten Sonntag nach Ostern. Auch J. S. Bach hat im Titel vieler Kantaten den liturgischen Ort auf diese Weise angegeben.

Ausg.: I.-Tropen 1, Das Repertoire der südfrz. Tropare des 10. u. 11. Jh., hrsg. v. G. WEISS (Kas 1970) (= Monumenta monodica medii aevi 3).

Lit.: P. WAGNER, Einführung in die gregor. Melodien I (L [3]1911) u. III (L 1921), Nachdr. der 3 Bde. (Hil – Wie 1962); J. A. JUNGMANN, Missarum sollemnia I (W 1948, [6]1962); W. LIPPHARDT, Gesch. des mehrst. Proprium missae (Hei 1950); W. APEL, Gregorian Chant (Bloomington/Ind. 1957); F. DANGEL-HOFMANN, Der mehrst. I. in Quellen des 15. Jh. (Tutzing 1975) (= Würzburger musikhist. Beitr. 3).

H. HUCKE

INVENTION (it.: invenzione; span.; invención; dt.: Erfindung) ist sowohl, dem Wortsinn entsprechend, ein Kompositionsprinzip, dessen Neuartigkeit hervorgehoben werden soll, als auch ein nicht an eine bestimmte Form oder Kompositionsweise gebundener Werktitel. Beide Bedeutungen können sich überschneiden. Zum ersten Mal erscheint der Terminus als Musiktitel bei Cl. Janequin im 1. und 2. *Livre des inventions musicales* (1555); diese Sammlung enthält ausschließlich sog. Programm-Chansons (*La guerre, La bataille de Metz, Le chant des oiseaux, La prise de Boulogne* u. a.), deren wichtigster Repräsentant Janequin ist. L. Viadana weist in seinen *Centi concerti ecclesiastici,* op. 12 (1602) mit dem Untertitel *Nova inventione* auf die Neuheit des konzertierenden Stils mit Generalbaß hin, C. Negri begründet den Titel *Nuove inventioni di balli* (1604, = Neuaufl. von *Le gratie d'amore* von 1602) durch die Einführung neuer Tanzschritte, B. Marini (*Sonate, symphonie, canzoni, pass'emezzi, balletti, corenti, gagliarde e ritornelle à 1–6 v. ... con altre curiose e moderne inventioni,* 1629) und G. B. Vitali (*Artifici musicali ne quali si contengono canoni in diverse maniere, contrapunti doppi, invenzioni curiosi, capritii, e sonate,* op. 13, 1689) gebrauchen den Ausdruck „curioso" in der älteren Bedeutung von seltsam = selten, ungewohnt. Marini deutet damit auf die moderne konzertierende Art seines Stils hin, Vitali bezeichnet 2 Balletti, deren Notation vom Üblichen abweicht, als „inventioni curiose". Unmittelbar vor J. S. Bach erschienen 2 Kompositionen, die im Titel den Terminus I. gebrauchen: Die *10 Inventioni a violino solo* (1712) von Fr. A. Bonporti galten lange als Werk Bachs, weil 4 der Suiten in seiner Abschrift vorlagen (Neudr. in der alten Bach-GA, Bd. 45); von einem Einfluß auf Bach kann jedoch nicht die Rede sein, da es sich um eine andere Kompositionsgattung (4sätzige Kammersonaten mit wechselnden Satztypen) handelt. A. Vivaldi gebraucht den Ausdruck I. im Titel seiner Konzertsammlung *Il cimento dell'armonia e dell' inventione* (1725) in der ursprünglichen Bedeutung von Erfindung, Einfall. Um dieselbe Zeit stellte Bach im *Clavierbüchlein für Friedemann* (1720) die 1. Fassung der 2st. I.en zusammen, die hier noch „Praeambula" genannt werden und nach ihrer technischen Schwierigkeit geordnet sind. In der Einleitung des Manuskripts von 1723 betont er ausdrücklich die Bestimmung der Stücke als Lehrwerk: „Auffrichtige Anleitung, wormit denen Liebhabern des Clavires, besonders aber denen Lehrbegierigen, eine deutliche Art gezeiget wird, nicht alleine mit 2 Stimmen reine spielen zu lernen, sondern auch bey weiteren progreßen, mit dreyen obligaten Partien richtig und wohl zu verfahren, anbey auch zugleich gute inventiones nicht alleine zu bekommen, sondern auch selbige wohl durchzuführen, am allermeisten aber eine cantable Art im Spielen zu erlangen, und darneben einen starcken Vorgeschmack von der Composition zu überkommen." Die Stücke sind jetzt wie im *Wohltemperierten Clavier* nach Tonarten geordnet, beschränken sich jedoch auf 15 (statt 24) der damals vornehmlich benutzten Tonarten. Kompositionstechnisch sind die I.en sehr vielgestaltig. Sie benutzen die Imitation in der strengen Form von Kanon (Nrn. 2, 8) und Fuge (15) oder in freierer Durchführung eines Hauptthemas (1, 3, 4, 7, 13, 14), außerdem die Durchführung zweier Themen im doppelten Kontrapunkt (5, 9, 11, 12), oder sie stellen die Spieltechnik in den Vordergrund (10) oder nähern sich bereits der Sonatensatzform mit Exposition, Durchführung und Reprise (6). Die Form ist meist dreiteilig. Der Typus der 2st. I. findet sich bei Bach auch in mehreren Praeludien des *Wohltemperierten Claviers* (I, 13; II, 2, 6, 8, 10, 20, 24), in den Duetti im 3. Teil der *Clavier-Übung* und in einigen Orgelchoralvorspielen. Die 3st. Stücke nennt er im *Clavierbüchlein für Friedemann* Fantasien, im Manuskript von 1723 Sinfonien. Die Bezeichnung 3st. I. stammt aus einer Kopie von J. N. Forkel, dem ersten Bach-Biographen, und wurde im 19. Jh. seit dem Erstdruck bei Peters (1840) häufig übernommen.

Der Terminus I. im Bachschen Sinn verschiedener aus einem Haupteinfall entwickelter Formtypen und Strukturen erscheint erst im 20. Jh. wieder in ähnlicher Bedeutung bei A. Berg (6 I.en im 3. Akt des *Wozzeck:* über ein Thema, einen Ton, einen Rhythmus, einen Akkord, eine Tonart und über gleichmäßige Achtelnoten) oder als rhythmische Variation bei B. Blacher (2 I.en für Orch., op. 46, 1954). Als Bezeichnung für kurze, meist polyphone Stücke ohne festgelegte Form verwenden den Begriff W. Fortner, W. Maler *(Kleine Inventionen über deutsche Volkslieder),* H. Reutter (*Die Pas-*

sion in 9 Inventionen für Klv., op. 25), G. Klebe (4 I.en, op. 26, 1956), E. Pepping (I. für kl. Orch., 1931), H. Jelinek (2 4st. I.en, in: *Zwölftonwerk,* H. 1, 1947) und A. Tscherepnin (9 I.en für Klv., op. 25; I. für Akkordeon, 1967). – ↗Erfindung.

Lit.: A. KIRCHER, Musurgia universalis (R 1650, Nachdr. Hil 1970); F. E. NIEDT, Handleitung zur Variation (H 1706, ²1721); J. G. WALTHER, Praecepta der musikal. Composition (Weimar 1708), NA hrsg. v. P. Benary (L 1955) (= Jenaer Beitr. z. Musikforsch. 2); J. D. HEINICHEN, Der Gb. in der Composition (Dresden 1728, Nachdr. Hil 1969); J. N. FORKEL, Über J. S. Bachs Leben, Kunst u. Kunstwerke (L 1802, ²1855), NA hrsg. v. J. Müller-Blattau (Au 1925, Kas ⁴1950); R. OPPEL, Die neuen dt. Ausg. der 2- u. 3st. I.en, in: Bach-Jb. 4 (1907); A. SCHERING, Geschichtliches zur „ars inveniendi" in der Musik, in: Jb.-Peters 32 (1925); F. JÖDE, Die Kunst Bachs, dargestellt an seinen I.en (Wb 1926); L. LANDSHOFF, Revisionsber. zur Urtextausg. v. J. S. Bachs I.en u. Sinfonien (L 1933); K. VON FISCHER, Zum Formproblem bei Bach. Stud. an den I.en, Sinfonien u. Duetten, in: Bach-Gedenkschrift (Z 1950); E. RATZ, Einführung in die musikal. Formenlehre. Über Formprinzipien in den I.en J. S. Bachs ... (W 1951, ³1973); H. H. EGGEBRECHT, Stud. zur musikal. Terminologie (1955, ²1968) (= Akad. der Wiss. u. der Lit. Mainz, Abh. der geistes- u. sozialwiss. Klasse Nr. 10); J. N. DAVID, Die 2st. I.en v. Bach (Gö 1957); DERS., Die 3st. I.en v. Bach (Gö 1959); H.-P. KOMOROWSKI, Die „I." in der Musik des 20. Jh. (Rb 1971) (= Kölner Beitr. zur Musikforsch. 62).

L. HÜBSCH

INVERSION ↗Umkehrung.

INVITATORIUM (lat., = Aufforderung), Gesang des Nachtoffiziums auf den Text von Psalm 94 *(Venite, exsultemus Domino)* mit der Aufforderung an die Gläubigen zum Lob Gottes. Die Regel des Benedikt von Nursia (Cap. IX) schreibt das I. mit Antiphon täglich vor der 1. Nokturn vor. Auch das alte römische Offizium enthielt das I., außer an Epiphanias (wo Psalm 94 Bestandteil der Psalmodie ist) und an den drei letzten Tagen der Karwoche. In den Antiphonaren ist die Melodie des I.s vollständig notiert (teilweise angeordnet nach der numerischen Ordnung der Kirchentöne). Der Wechsel zwischen den Versen des I.s und der Antiphon gilt als Überrest des responsorialen Gesangs.

Ausg.: Invitatoria cum psalmo Venite exsultemus per varios tonos (Tournai ²1948).

Lit.: B. STÄBLEIN, I., in: MGG VI; R. J. HESBERT, Corpus antiphonalium officii (R 1968); M. HUGLO, Les tonaires (P 1971).

IONISCH, in der antiken griechischen Musik Bz. für eine Tonart, die identisch mit Hypophrygisch ist und durch die Tonleiter gfedcHAG dargestellt werden kann. Als Glareanus (*Dodekachordon,* 1547) in seinem System der ↗Kirchentöne die herkömmlichen 8 Töne auf 12 erweiterte, nannte er den 11. Ton (c^1–c^2 mit c^1 als Finalis) ionisch. Der 12. Ton (g–g^1 mit c^1 als Finalis) hieß hypoionisch. Der ionischen Tonleiter entspricht somit im späteren Dur-Moll-System die C-Dur-Tonleiter. Bekannte Beispiele für eine ionische Melodie sind die Choräle *Vom Himmel hoch, da komm ich her* und *Ein feste Burg ist unser Gott;* hypoionisch ist die Melodie zu *Nun freut euch, lieben Christen gmein.*

IPHIGENIE AUF TAURIS *(Iphigénie en Tauride),* Tragédie in 4 Akten von Christoph Willibald Gluck (1714–87); Text von Nicolas François Guillard nach der Tragödie von Guymond de la Touche. Ort und Zeit der Handlung: Tauris, 5 Jahre nach Beendigung des Trojanischen Krieges. UA: 18. 5. 1779 in Paris; EA in dt. Sprache: 23.10.1781 in Wien (Übers. von J. B. Alxinger in Zusammenarbeit mit Gluck); dt. EA: 24.2.1795 in Berlin. Iphigenie, als Hohepriesterin verurteilt, auf Geheiß des durch einen Orakelspruch geängstigten Skythenkönigs Thoas alle ins Land gekommenen Fremdlinge zu töten, trifft dabei auf ihren Bruder Orest, ohne ihn zunächst zu erkennen. Dem Komponisten gelingt mit seiner vorletzten Oper die Synthese aller seiner ethischen, musikdramatischen und musikalischen Bestrebungen: Die seelischen Konflikte der Protagonisten stehen im Mittelpunkt der mit der Befreiung der Griechen endenden Handlung, deren Bühnenwirksamkeit durch die Kontrastierung von Griechen und Skythen noch erhöht wird. Gluck, der auf die Gestaltung des Textes großen Einfluß ausübte, war besonders an der musikalischen Zeichnung der handelnden Personen als wandelbare menschliche Charaktere gelegen. Dabei kommt dem Orchester eine herausragende Bedeutung zu: In der berühmten Arie des Orest *Le calme rentre dans mon cœur* wird es zum Träger einer dem Textgehalt entgegengesetzten Information, was häufig als Darstellung des Unterbewußtseins Orests apostrophiert wird. Glucks Meisterschaft äußert sich auch in der souveränen Gestaltung der Formen; auf die klar abgegrenzte Folge von Rezitativen und Arien wird zugunsten einer Einteilung in Szenen verzichtet, der Schluß des 4. Aktes ist so als zusammenhängender musikalisch-dramatischer Komplex anzusehen. Der Erfolg der *Iphigenie auf Tauris* übertraf den aller übrigen Bühnenwerke Glucks; als eine der wenigen französischen Opern wurde sie sogar ins Italienische übersetzt.

TH. MENGER

IPHIGENIE IN AULIS *(Iphigénie en Aulide),* Tragédie in 3 Akten von Christoph Willibald Gluck (1714–1787); Text von François Louis du Roullet nach der Tragödie von J. B. Racine. Ort und Zeit der Handlung: Aulis (Griechenland) kurz vor Ausbruch des Kriegs um Troja. UA: 19. 4. 1774 in Paris; dt. EA: 1790 in Magdeburg.

Du Roullet läßt in seinem Libretto die Haupthandlung von Racines Tragödie nahezu unverändert. Im Mittelpunkt steht der Führer des griechischen Heeres, Agamemnon, der sich im Konflikt zwischen Vaterliebe und königlichem Pflichtgefühl gegen seine Tochter Iphigenie entscheidet. Diese ist in heroischem Entschluß bereit, sich für ihr Volk opfern zu lassen, um die Gefangenschaft in Aulis zu beenden. Diana selbst verhindert den Vollzug des Opfers durch die Entführung Iphigenies in ein fernes Land. Die Disposition der Hauptfiguren gibt dem Komponisten Gelegenheit, gegensätzliche Seelenzustände in dramatischen Monologen pointiert musikalisch darzustellen. Der allgemein menschliche Gehalt bestimmt alle Bereiche der Komposition: die Ouvertüre stimmt programmatisch auf den Gefühlsgehalt ein; der formale Aufbau offenbart sich als Folge von dramatischen Szenen, in denen sich Arien unmittelbar aus den Rezitativen ergeben und ebenso in den Handlungsablauf einbezogen sind wie die Divertissements, denen als Ruhepunkten unmittelbare dramatische Funktion zukommt. Mit dieser ersten für Paris komponierten Oper erzielte Gluck trotz aller vorherigen Widerstände einen triumphalen Erfolg. In Deutschland bekannt war das Werk für lange Zeit durch die von R. Wagner vorgenommene Umarbeitung, die zum ersten Mal am 24. 2. 1847 in Dresden aufgeführt und sofort von zahlreichen deutschen Bühnen übernommen wurde. Erst in jüngster Zeit wird die Originalversion mit einem 1775 von Gluck geänderten Schluß wieder häufiger gegeben.

TH. MENGER

IPPOLITOW-IWANOW (eig. Iwanow), **Michail Michailowitsch,** * 7. (19.) 11. 1859 Gattschina bei St. Petersburg, † 28.1.1935 Moskau; sowjetrussischer Komponist. Er war zunächst Chorknabe an der Isaak-Kathedrale in St. Petersburg, 1875–82 Kompositionsschüler von N. Rimski-Korsakow am dortigen Konservatorium. Nach Beendigung seines Studiums wurde er 1883 zum Direktor der Musikschule und Dirigent der Symphoniekonzerte der Kaiserlich Russischen Musikgesellschaft, 1884 zum Dirigenten des Kaiserlichen Theaters in Tiflis, 1893 zum Professor am Moskauer Konservatorium ernannt, dessen Direktion er 1906–22 innehatte. Außerdem war er Dirigent 1895–1901 der Russischen Chorgesellschaft, 1899–1906 der Moskauer Privatoper und seit 1925 des Bolschoi-Theaters. Seine besonders an P. Tschaikowsky und Rimski-Korsakow orientierten Kompositionen verwenden häufig russische sowie auch georgische und armenische Volksliedmelodien und sind effektvoll in der Instrumentierung.

WW: Für Orch.: Ouvertüre *Jar-Chmel* (1883); Sinfonietta (1902); Symphonien e-moll (1907) u. *Karelia* (1935); symphonische Dichtungen *1917 god* (um 1919) u. *Mzyri* (1924). – Opern: *Ruf* (Ruth), UA: Tiflis 1887; *Asra,* UA: ebd. 1890; *Asja,* UA: Moskau 1900; *Ismena* (Der Verrat), UA: ebd. 1910; *Ole is Norlanda,* UA: ebd. 1916; *Poslednjaja barrikada* (Die letzte Barrikade), UA: ebd. 1933. – Ferner die Schrift *Utschenije ob akkordach* (Mos 1897).

Lit.: S. A. BUGOSLAWSKI, M. M. I.-I. (Mos 1936); L. P. PODSEMSKAJA, M. M. I.-I. i grusinskaja musykalnaja kultura (Tiflis 1963).

IRADIER (Yradier), **Sebastián de,** * 20.1.1809 Sauciego (Alava), † 6.12.1865 Vitoria; span. Komponist. Er wurde 1851 Gesangslehrer der Kaiserin Eugénie und war in dieser Funktion auch am Madrider Konservatorium tätig. I. schrieb zahlreiche Chansons und Tänze, die auch außerhalb Spaniens sehr populär wurden, besonders *La palomita (La paloma)* und *Ay Chiquita!* Bizet verwendete I.s Habanera *El arreglito* in *Carmen (L'amour est un oiseau rebelle).* Maria Malibran, Adelina Patti und Pauline Viardot-García waren die Interpretinnen seiner Chansons.

IRAN (Persien). **Geschichte.** Die Kenntnis der Geschichte der persischen Musik bereitet aus verschiedenen Gründen Schwierigkeiten, die u.a. aus dem Fehlen notierter Musik und der Zerstörung wichtiger Dokumente im Verlauf der griechischen (300 v. Chr.), arabischen (Mitte des 7. Jh. n. Chr.) und mongolischen (13.–15. Jh.) Invasionen resultieren. Zeugnisse, die die große Bedeutung der Instrumental- und Vokalmusik im gesellschaftlichen, kulturellen und religiösen Leben des alten Persien vermitteln, sind uns nur durch die Schriften von Herodot und Xenophon überliefert. Die Musik aus der Zeit der Sassaniden-Dynastie (3.–7. Jh. n. Chr.) gehört zu den frühesten bekannten Beispielen und bildet die Grundlage für die spätere Musik Persiens und für andere Stilrichtungen der ↗arabisch-islamischen Musik. Die Eroberung Persiens durch die Araber und andere Völkerschaften änderte nichts an der kulturellen Bedeutung und dem Einfluß Persiens, der sich u. a. in der Übernahme der persischen Musiktheorie und Praxis in anderen Ländern, aber auch zahlreicher Instrumente dokumentiert. Die Verbreitung persischer Musik wurde insofern gefördert, als Musiker und Sänger an den Höfen der neuen Herrscher großes Ansehen genossen: so verdankte Bagdad zur Zeit der Abbasiden seinen Ruhm als kulturelles Zentrum u.a. den persischen Künstlern Ibrahim emusseli, seinem Sohn Ishāgh und seinem Enkel Hāmid. Das Werk *Moroudj-ez-zahab* (Die goldenen Fluren) von Mas'oudi, das 21bändige Werk *Kitāb al aġhānī* (Das Buch der Lieder) von Abu'l-Farağ esfahāni († 967) und andere persische und arabische Prosa- bzw. Versdichtungen enthalten Namen und Biographien persischer Künstler, die zur Entwicklung der islamischen Musik und zur Schaffung der islamischen Kultur entscheidend beigetragen haben. – Die Künste, insbesondere die Musik, fanden im Islam nicht die Förderung wie vergleichsweise im Abendland die Malerei, Bildhauerei und Musik innerhalb der christlichen Kirche. Aufgrund der strengen Überwachung der Koranregeln durch die Mollah-s waren musikalische Darbietungen weitgehend auf bestimmte Gelegenheiten beschränkt: auf den Gebetsruf des Mūazzen (Azān) von der Spitze des Minaretts (5mal zwischen Sonnenauf- und Sonnenuntergang), auf die Rezitation des Koran, auf Zeremonien, Prozessionen und Hochzeitsfeste. Die eigentliche Pflege der Musik und Dichtung blieb auf den abgeschlossenen Bereich der fürstlichen Hofhaltungen bzw. der gebildeten Oberschicht beschränkt. Gerade an den weit vom politischen Zentrum entfernt liegenden und z.T. nach Unabhängigkeit strebenden Höfen fanden zahlreiche Dichter wohlwollende Aufnahme. Die meisten von ihnen waren zugleich Sänger und Instrumentalisten. Charakteristisch für die Musikpraxis war vor allem die Vorliebe für leise Instrumente, etwa die ↗Setār, und die immer stärkere Differenzierung und Verfeinerung der melodischen Formeln, die sich auch in der Musiktheorie entsprechend niederschlug. Die Gesangskunst bevorzugte Dichtungen von Hafiz, Mowlavi, Sa'adi; die in ihnen ausgedrückten philosophischen Ideen prägten den metaphysischen Charakter auch der persischen Musik. Philosophische Traktate enthielten wichtige Kapitel der Musiktheorie. Die Musik wurde mit den Wissenschaften in Verbindung gebracht. Seit dem 10. Jh. studierten Al-Fārābī und Avicenna akustische Erscheinungen und schufen damit die Grundlage für die islamische Musiktheorie. In der Folgezeit kodifizierten sie Gelehrte wie Safī-ad-Dīn († 1294) in arabischer, Qutb ad-Dīn aš-Sīrāzī († 1311) und 'Abd-al-Qādir († 1435) in persischer Sprache. Zu Beginn des 19. Jh. wurde die persische Musik, die während des 18. Jh. bereits an Bedeutung zu verlieren drohte, vollständig umgeformt. Von den alten Systemen, die in die arabisch-türkische Musik übergegangen waren, blieben nur die Namen übrig, die aber meist neue Tonarten bezeichneten. Damit erfuhr die persische Musik einen neuen Aufschwung und löste sich deutlich von der arabisch-türkischen Musik, besonders hinsichtlich der Intervalle, Tonarten, musikalischen Formen und Instrumente.

Tonsystem. Das persische Tonsystem beruht auf einer Teilung der Oktave in 17 Töne, aus denen jeweils 7 für eine Skala ausgewählt werden. Dabei wird der Ganzton (entspricht 200 bzw. 204 Cents) nicht in zwei, sondern in drei Stufen geteilt, über deren Größe unter den heutigen Theoretikern keine Einigkeit besteht: einige gehen von einer Teilung in gleichgroße Mikrointervalle von je 67 Cents aus, andere kommen zu unterschiedlich großen Stufen von 24,9 oder 114 Cents. In der musikalischen Praxis werden die exakten theoretischen Werte jedoch immer nur annäherungsweise erreicht.

Grundlage der Musiktheorie bildet ein System aus 7 Dastgah und 5 von diesen abgeleiteten Avaz oder Nagmeh:

Shur	*c d^- es f g as b c^1*
Abu-Ata	*c d^- es f g as b c^1*
Dashti	*c d e f g a h^- c^1*
Afshari	*c d e^- f g a b c^1*
Bayat-e Tork	*c d e f g a h^- c^1*
Mahur	*c d e f g a h c^1*
Homayun	*c d^- e f g as b c^1*
Esfahān	*c d es f g a^- h c^1*
Sehgah	*c d e^- f g a^- b c^1*
Chahargah	*c d^- e f g a^- h c^1*
Navā	*c d es f g a^- b c^1*
Rast Panjgah	*c d e f g a h c^1*

($^-$ = Erniedrigung des betreffenden Tones um ein Mikrointervall)

Nicht die abstrakte Skala verleiht dem Dastgah seinen spezifischen Charakter, sondern einzelne, musikalisch besonders herausgehobene Stufen: der Initialton Aqaz, die Finalis Ist, ein Hauptton Shahed sowie ein weiterer Ton Moteghayer, der im Unterschied zu den zuvor genannten in der Regel während einer Darbietung um ein Mikrointervall alteriert wird.

Jeder der 12 Dastgah-s bzw. Avaz-s bildet einen autonomen Modus, der zwischen 15 und 50 Tonfolgen umfaßt, die Gusheh-s genannt werden; einige von ihnen sind sehr kurz, andere sehr umfangreich, wieder andere bilden fast einen eigenen Modus. In den Einleitungs-Gusheh-s legt der Musiker die Art des Modus, seine Skala und seinen Aufbau fest; in den folgenden Gusheh-s entwickelt er gewisse Merkmale des Dastgah, indem er andere Stufen in meist aufsteigender Linie verwertet. Häufig werden Modulationen eingeführt, die die Ausgangstonleiter verändern. So geht man etwa im Mahur-Modus zur Shur- und dann zur Homayun-Skala über, bevor man wieder zur Ausgangstonleiter zurückkehrt. Die Gesamtheit der Dastgah-s und ihrer Gusheh-s ist nach alten, strengen Regeln geordnet; sie bilden das Radif-System, die Grundlage der Kunstmusik. Die Radif-s wurden im 19. Jh. aus dem tradierten

Vorrat entwickelt. Die geordneten Gusheh-s wurden häufig auf ein bestimmtes Instrument abgestimmt; der traditionsgebundenste Radif wurde der ↗Tär und der Se-tär zugeordnet. Jeder bedeutende Musiker hatte seine ganz persönliche Art, den Radif zu spielen; er gab ihn seinen Schülern mündlich weiter. Heute existieren noch drei oder vier ursprüngliche Radif-s und einige von zeitgenössischen Musikern vereinfachte Bearbeitungen.

Musikalische Gattungen. Im Zusammenhang mit dem Radif-System entstand ein umfangreiches Liedrepertoire. Einige Lieder waren ursprünglich Tanzlieder mit lebhaften Rhythmen im $^6/_8$- oder $^3/_4$-Takt *(reng, shahr-ashub),* andere waren langsame Vorspiele im $^4/_4$- oder $^2/_4$-Takt *(pish-daramad).* Es gibt auch gesungene Versdichtungen *(tasnif),* die von einem oder mehreren Instrumenten in meist langsamem Rhythmus im $^3/_2$- oder $^6/_4$-Takt begleitet werden. Die *Chahar-mezrab* in sehr schnellem $^6/_8$-Takt sind für ein Soloinstrument bestimmt. Die *Zarbi* im $^2/_4$-Takt werden solistisch oder auch im Ensemble zur rhythmischen Begleitung der ↗Zarb ausgeführt. Diese Stücke stehen meist vor oder nach frei rhythmisierten Passagen.

Aufführungspraxis. Die traditionelle persische Musik wird häufig in Form eines Zyklus von Pish-daramad (Ensemble), Radif (Solo, freier Gesang, der von einem Instrument begleitet wird), Tasnif (Gesang mit Ensemble) und Reng (Instrumentalensemble) dargeboten. Die einzelnen Teile stehen meist im selben Dastgah und weisen gewisse musikalische Ähnlichkeiten auf. Obgleich dieser Zyklus keinen besonderen Namen trägt, erfreute er sich zweifellos relativ früh allgemeiner Beliebtheit der besonderen Eignung für öffentliche Darbietungen wegen. Eine wichtige Rolle innerhalb der Aufführungspraxis nehmen das Instrumentalsolo und der Gesang ein. Die Ausführung eines Ensemblestückes dauert je nach Modus zwischen 15 und 40 Minuten, während das Instrumentalsolo, wegen der erforderlichen Konzentrationsfähigkeit, selten länger als eine halbe Stunde dauert. Die solistische Musik folgt den Regeln des Radif und läßt dem Musiker im Rahmen bestimmter Regeln und Modelle einen Spielraum für Improvisation. Auch die Auswahl der Gusheh-s liegt in seinem persönlichen Ermessen; die Gusheh-s können leicht verändert, verkürzt, verlängert, rhythmisiert und auf verschiedene Weise verziert werden; auch ihre Verschmelzung durch kurze Bindungen ist möglich. Der Interpret erfindet spontan eine Melodie zu einem genau festgelegten, schnellen Rhythmus (Chahar-mezrab oder Zarbi); schwieriger wird dies bei Tanzliedern wie Reng oder Pish-daramad. Auch die Erfindung von Gusheh-s in freiem Rhythmus setzt große Begabung und Erfahrung voraus. Eine weitere Besonderheit der Aufführungspraxis stellt die frei rhythmische Begleitung eines Gesangsstückes durch ein Soloinstrument dar. Dabei wiederholt der Sänger während der häufigen Pausen den vorangegangenen Melodieabschnitt mit äußerster Genauigkeit und leitet den darauf folgenden Instrumentalabschnitt ein. Dadurch entstehen kurze mehrstimmige Passagen, die jedoch mehr zufälliger Art sind. – Die Beherrschung des Radif setzt einen bestimmten Stil und eine Technik voraus, die durch eine komplizierte, schwer erlernbare und auszuführende Verzierungskunst gekennzeichnet sind. Die Verzierungen werden nicht der Melodie hinzugefügt, sondern gelten als integraler Bestandteil. Häufig entsteht die Melodie aus einem kunstvollen Anschlag, einem knappen rhythmischen Grundmuster oder einer Anspielung, die vom Interpreten beliebig wiederholt, entwickelt und verziert werden können. Die traditionelle persische Musik ist durch eine Vielzahl von Verzierungen in einer an sich einfachen Melodie charakterisiert; diese weist häufig nur einen kleinen Tonumfang auf, gewinnt jedoch dafür an Intensität und Spannung durch die Nutzung hoher Tonbereiche. Die zunächst im Vokalen verfeinerte Verzierungskunst war schließlich Vorbild für die instrumentale. Der Gesang gilt durch die enge Verbindung von Dichtung und Musik jedenfalls als die vollkommenste künstlerische Ausdrucksform.

Instrumente. Zu den wichtigsten Saiteninstrumenten der persischen Kunstmusik zählt die Langhalslaute ↗Tär, die ↗Se-tär („Dreisaiter"), ein heute meist 4saitiges Chordophon, und das dem balkanischen ↗Hackbrett ähnelnde ↗Santūr. Das einzige Streichinstrument der persischen Kunstmusik, die 4saitige Spießlaute ↗Kamānğē, gleicht den entsprechenden arabischen Instrumenten, wird aber heute zunehmend durch die Violine ersetzt. Eine besondere Rolle innerhalb der Kunstmusik kommt der Längsflöte ↗Nāy zu. An Membranophonen kennt die heutige Musizierpraxis die einfellige, becherförmige Trommel ↗Zarb oder Tombak.

Volksmusik. Kunst- und Volksmusik sind in der persischen Kultur stark miteinander verknüpft. Die Volksmusik entwickelte sich in den verschiedenen Landesteilen auf unterschiedliche Weise und wurde dabei von der persischen, der türkischen, afghanischen und kurdischen Kultur beeinflußt. Aus dem daraus resultierenden großen Formenreichtum ragen 4 Musikstile heraus: *Motrebi, Zurkhaneh, Tazieh* und die eigentliche Folklore. Die Motrebi-Musik entspricht der städtischen Unterhaltungsmusik. Sie unterscheidet sich in Rhythmus und Charakter von der Kunstmusik, mit der sie jedoch häufig verwechselt wird, da sie die in der Kunstmusik üblichen Instrumente (mit Ausnahme der Se-tār) verwendet und in vereinfachter Weise dem Radif-System folgt. Der Untermalung von gymnastischen Übungen dient die Zurkhaneh-Musik. Sie wird auf einer großen, vollklingenden Zarb aus Ton ausgeführt, zu der die Morshed-s epische oder religiöse Gesänge, meist im Dastgah Shur oder Chahargah, vortragen. Die Tazieh-Musik steht in der religiösen Tradition des 19. Jh. und entspricht den Mysterienspielen des abendländischen Mittelalters. Der Gesang spielt dabei eine bedeutende Rolle; er wird von Trommeln, Zimbeln, Klarinetten und Trompeten (Karna) begleitet. In der Folklore finden außer Setār und Santūr alle Instrumente der Kunstmusik Verwendung. Die vorherrschenden Modi sind Segah, Shur, Homayun und Dashti; einige Skalen, die in der Kunstmusik unbekannt sind, wurden allerdings der türkischen oder afghanischen Musik entliehen. Darüber hinaus besitzt jeder Landesteil seine eigenen, spezifischen Instrumente: der Norden die Querflöte, der Westen die ↗Tanbūr mit 3 dreifachen Saiten, die Balaban, eine Doppelschalmei mit großem Mundstück und tiefem Ton, sowie die 11saitige, kaukasische Tār. In Belutschistan spielt man die Qeitchak, ein einfaches Streichinstrument mit bizarr geformtem Korpus und die ↗Rabāb, eine Laute mit überlangem Resonanzkörper, kurzem Hals und einer Felldecke (wie bei der Qeitchak). In Khorassan ist die Dotar oder Tanbūr mit 2 oder 3 gezupften Saiten das verbreitetste Instrument. Im ganzen Land spielt man die Oboe Surnā, die immer von der Doppelfelltrommel Dohol begleitet wird, und die Rahmentrommel Daireh. Der Gesang nimmt in der Volksmusik einen wichtigen Platz ein, vor allem in Form von Liedern oder langen Balladen (zuweilen in freiem Rhythmus), begleitet von der Laute Chogur. Die Tänze haben häufig einen schnellen Rhythmus ($^3/_8$- oder $^6/_8$-Takt). Die Volksmusik nimmt im Alltagsleben, bei Familien- oder jahreszeitlich bedingten Festen eine bedeutende Rolle ein.

Lit.: H. G. FARMER, An Outline History of Persian Music and Musical Theory, in: A Survey of Persian Art 3, hrsg. v. A. U. POPE (Lo NY 1939); E. GERSON-KIWI, The Persian Doctrine of Dastgah-Composition (Tel-Aviv 1963); K. KHATSCHI, Der Dastgah (Rb 1965); B. NETTL, Attitudes Towards Persian Music in Teheran 1969, in: MQ 56 (1970); DERS. – B. FOLTIN, Darâmad of Chahargah. A Study in the Performance Practice of Persian Music (Detroit 1972); I. TSCHAKERT, Wandlungen persischer Tanzmusikgattungen unter westlichem Einfluß (H 1972) (= Beitr. z. Ethnomusikologie 2); E. ZONIS, Classical Persian Music. An Introduction (C/M 1973); A. A. KACHANI, Musik, Tanz u. Musikinstrumente im Alten I. (Diss. W 1973); M. T. MASSOUDIEH, Die Musikforschung in I., in: AMl 48 (1976).

CH. AHRENS – M. BARKECHLI

IRELAND, John Nicholson, * 13. 8. 1879 Bowdon (Cheshire), † 12. 6. 1962 Washington (Kent); engl. Komponist. I. studierte 1893–1901 u. a. als Schüler von Ch. Stanford (Komposition) am Royal College of Music in London. 1904–26 war er Organist der Lukaskirche in Chelsea, außerdem lange Zeit Kompositionslehrer am Royal College of Music. Zu seinen Schülern gehörten B. Britten, E. J. Moeran, A. Bush, H. Searle und R. Arnell. I. stand zunächst unter dem Einfluß von J. Brahms und A. Dvořák, später auch der französischen Impressionisten, übernahm aber vor allem Elemente der englischen Folklore und der Kirchenmusik der Tudorzeit.

WW (alle in London erschienen): **1) Instr.-WW:** Für Klv.: Suite *Decorations* (1915); 4 Praeludien (1918); Sonate (1920); Sonatine (1928); 2 Sonaten für V. u. Klv. (1917, 1917); Sonate für Vc. u. Klv. (1924); 3 Klv.-Trios, I (unveröff.), II u. III (1918, 1938). – Für Orch.: Praeludium *Forgotten Rite* (1918); Rhapsodie *Mai-Dun* (1923); *A London Overture* (1937); *Concertino pastorale* für Streichorch. (1938); *A Maritime Overture* für Blasorch. (1946); Ouvertüre *Satyricon* (nach Petronius 1946); Klv.-Konzert (1932); *Legend* für Klv. u. Orch. (1933). – **2) Vokal-WW:** Zahlr. Lieder u. Chöre, u. a. *Songs of the Wayfarer* (1905); *These Things Shall be* für Bar. (oder Tenor), Chor u. Orch. (1937).

Lit.: J. I. A Catalogue of Published Works ..., hrsg. von E. CHAPMAN (Lo 1968). – E. EVANS, J. I., in: MQ 5 (1919); A. E. F. DICKINSON, The Progress of J. I., in: MR 1 (1940); N. TOWNSEND, The Achievement of J. I., in: ML 24 (1943); C. SCOTT-SUTHERLAND, Nationalism and J. I., in: MR 22 (1961); H. RUTLAND, J. I. (Lo–NY 1965); J. LONGMIRE, J. I. (L 1969); W. D. RANKIN, The Solo Piano Music of J. I. (1970) (= Diss. Boston Univ.).

IRIARTE (Yriarte), **Tomás de,** * 18. 9. 1750 Puerto de la Cruz (Teneriffa), † 17. 9. 1791 Madrid; span. Dichter und Komponist. I. war ein Schüler von A. Rodríguez de Hita. 1779 veröffentlichte er in Madrid *La Música,* Lehrgedicht in 5 Gesängen, das auch in französischer, englischer, deutscher und italienischer Sprache erschien und I.s zeitgenössischen Ruhm begründete, 1791 wurde in Madrid sein Melodram *Guzmán el Bueno* aufgeführt, das neben einem 3st. Kanon sein einziges erhaltenes Werk ist.

Lit.: J. SUBIRÁ, El compositor I., 2 Bde. (Ba 1949–50).

IRISCHE HARFE ↗Harfe, irische.

IRLAND (Eire). Die Musiktradition I.s ist bis ins 19. Jh. vorwiegend als Pflege der Volksmusik zu verstehen. Seit dem Mittelalter erfuhr sie eine Blütezeit, die wesentlich von der Entwicklung der gleichsam nationalen Instrumente Dudelsack und irische ↗Harfe bestimmt wurde. Die Kenntnis dieser zunächst nicht in Notation überlieferten Musik verdanken wir einer reichen Sammlung von Melodien, die erst seit 1780 (vor allem von Edward Bunting und George Petrie) zusammengetragen wurden; die einzelnen Weisen stammen aus verschiedensten Epochen und sind zeitlich nur schwer

einzuordnen. Es handelt sich im wesentlichen um einstimmige Gesänge, denn von der Entwicklung der abendländischen Mehrstimmigkeit blieb I. vorerst unberührt. – Das gälische, mündlich tradierte Volksliedgut blieb trotz tiefgreifender Umformungen im wesentlichen bis heute erhalten. Die einstimmigen Lieder bzw. die solistisch vorgetragene Instrumentalmusik ist hinsichtlich der melodischen Gestaltung durch reiche Verzierungen charakterisiert und insbesondere in den Strophenliedern rhythmisch bzw. metrisch von der – typisch irischen – akzentuierenden Assonanzendichtung bestimmt. Der Liedvorrat umfaßt: Liebes-, Kriegs-, Klage-, Trink- und Hochzeitslieder. Die traditionelle Tanzmusik I.s, die z.T. auch englische und schottische Einflüsse aufnahm, ist durch klare und gleichmäßig wiederkehrende Taktschwerpunkte und einfache Harmonik gekennzeichnet. Typisch sind auch die irischen Tonleitersysteme, die vom Tonsystem oder -umfang der jeweiligen Instrumente (Harfe oder Dudelsack) abhängen und in denen bestimmte Intervalle wie Quarte und Septime entfallen können. Neben den vorherrschenden Instrumenten Harfe und Dudelsack (mit verschiedenen Varianten) wurden – zumindest aus Funden bekannt – verschiedene Streichinstrumente (Timpán und Fidil) und Trompeten bzw. Horninstrumente (Stoc, Sturgan bzw. Corn) verwendet.
Durch die Ausweitung des englischen Einflusses im politischen, aber auch im kulturellen Bereich gegen Ende des 17. Jh. konnte auch die englische bzw. kontinentale Musiktradition in I. Fuß fassen. Dublin wurde im 18. Jh. zu einem wichtigen Zentrum der Kunstmusikpflege, das berühmte ausländische Musiker wie etwa Fr. Geminiani anzog, aber auch einheimische Künstler hervorbrachte. Zur Aufführung kamen vor allem Opern, aber auch andere Werke des instrumentalen und vokalen Bereichs; u.a. fand hier 1742 die Uraufführung von G. Fr. Händels *Messiah* statt. Die Aufhebung des unabhängigen irischen Parlamentes um 1800 bewirkte jedoch einen gewissen Rückschritt des kulturellen Lebens in Dublin – und damit auch des musikalischen in Irland. Erst wieder Ende des 19. Jh. trat I. mit Komponisten wie Ch. V. Stanford und H. H. Harty hervor, die in ihren Werken irisches Lokalkolorit mit zeitgenössischen, an den Komponisten des Kontinents orientierten Stil- und Formelementen zu verbinden versuchten. Seit der Unabhängigkeit I.s 1922 erfuhr die Musikpflege weitere entscheidende Impulse durch Komponisten wie Sean O'Riada, Br. P. Boydell, Aloys Fleischmann, John Kinsella, James Wilson, Archibald Potter und Gerard Victory, die z. T. über die Grenzen I.s hinaus bekannt wurden.
Zu den bedeutendsten Musikinstitutionen I.s zählen heute das bereits 1926 gegründete Symphonieorchester und der Chor des Radio Eireann (RTE) sowie das New Irish Chamber Orchestra. Eine wichtige Rolle spielen auch die im Musikleben I.s inzwischen zur festen Einrichtung gewordenen Kunst- und Theaterfestspiele in Dublin, die Opernfestspiele in Wexford, bei denen auch spezifisch irische Opern aufgeführt werden, und das Internationale Chor- und Volkstanzfestival in Cork. Musikwissenschaftliche Seminare befinden sich an den großen Universitäten in Dublin (Trinity College und University College) und in Cork (University College). Instrumentalisten und Sänger werden in Dublin an der Royal Irish Academy of Music und am Dublin College of Music ausgebildet, in der Provinz an den Musikschulen in Cork und Limerick.

Lit.: W. H. GRATTAN FLOOD, A History of Irish Music (Dublin 1895, [3]1913, Nachdr. Shannon 1973); A. G. FLEISCHMANN, Music in Ireland (Cork 1952); S. O'BOYLE, Irische Musik, in: MGG VI; D. J. O'SULLIVAN, Songs of the Irish (Dublin 1960); DERS., Irish Folk Music and Song (ebd. 1961); H. CASTEIN, Die anglo-irische Straßenballade (Mn 1971); J. C. WALKER, Historical Memoirs of the Irish Bards (NY 1971); B. BREATHNACH, Folk Music and Dances of Ireland (Dublin 1971); E. M. DEALE, A Catalogue of Contemporary Irish Composers (ebd. [2]1973); B. MÜNXELHAUS, Der Beitrag I.s zur Musik des frühen MA, in: Kgr.-Ber. Tübingen „Die Iren im frühen MA" (Tü 1979).

G. VICTORY

IRMA LA DOUCE, frz. Musical in 22 Szenen von Marguérite Monnot (1903–1961), Buch und Liedertexte von Alexandre Breffort. Ort und Zeit der Handlung: Paris, Frz.-Guayana und Edinburgh, zu Beginn der 30er Jahre. UA: 12. 11. 1956 in Paris (Théâtre Gramont); dt. EA (in dt. Sprache): 24. 1. 1961 in Baden-Baden. Verfilmt 1963.
Im Mittelpunkt der Verwicklungen stehen das Pariser Freudenmädchen Irma und ihr Freund Nestor. Dieser gibt sich als reicher Freier aus, wird auf sich selbst eifersüchtig und bringt sein „zweites Ich" scheinbar um. Aus den daraus folgenden Schwierigkeiten rettet ihn letztlich Irma. Zu den bekanntesten Gesangsnummern gehört das freche Chanson *Ah, dis, donc. Irma la Douce* ist das einzige französische Musical, das international bekannt und erfolgreich wurde. In Paris lief es drei Jahre, in London wurden 1512 Aufführungen en suite gespielt, in New York 524.

R.-M. SIMON – S. SIMON

ISAAC (Isaak, Yzac, Ysac), **Heinrich** (Henricus, Arrigo), * um 1450 in Flandern, † 26. 3. 1517 Florenz; ndl. Komponist. Über I.s Jugend und Ausbildung ist nichts bekannt. 1484 folgte er einem Ruf Lorenzos de' Medici nach Florenz, wo er seit 1485 Sänger am Dom, am Baptisterium, sicher seit 1491 auch an S. Annunziata war. Vermutlich war I. auch

Musiklehrer der Kinder Lorenzos. Nach der Vertreibung der Medici aus Florenz fand I. 1496 eine neue Stellung als habsburgischer Hofkomponist, scheint aber nicht sehr eng an den Aufenthaltsort der habsburgischen Kapelle gebunden gewesen zu sein, da er 1497 und 1499 am kursächsischen Hof in Torgau und 1499 und 1502 in Florenz und kurz in Ferrara nachweisbar ist. 1500 und danach hielt er sich in Innsbruck, in Augsburg und Nürnberg auf, 1507–08 auch in Konstanz, wo er im April 1508 vom Domkapitel den Auftrag zur Komposition des 2. Bandes des *Choralis Constantinus* erhielt. 1512 ist er erneut in Florenz bezeugt, wo er sich, möglicherweise auch in diplomatischer Funktion für Kaiser Maximilian, von 1514 bis zum Ende seines Lebens aufhielt. Die Medici waren inzwischen wieder an die Macht gekommen; der Medici-Papst Leo X. setzte sich in Florenz erfolgreich für eine Pension an den nun alt gewordenen Musiker ein. 1516 erkrankte I., und 1517 starb der auch seiner Wesensart nach geschätzte Musiker.

WW: Nahezu 40 Messen für 4, 5 u. 6 St., davon 5 gedruckt als *Misse henrici Isac* (V 1506); *Choralis Constantinus*, 3 Teile: I (Nü 1550), II u. III (Nü 1555) (ca. 100 Zyklen von Propriumsvertonungen für 4 St.); weitere ca. 50 Motetten für 3–6 St. sowie zahlr. dt. Lieder, frz. Chancons u. it. Frottolen in Sammeldrucken 1501 bis 1589 u. hsl.; mehrere Gesänge sind auch in gedruckten u. hsl. Lauten- u. Org.-Tabulaturen überliefert. – Umfassende Verzeichnisse zu den einzelnen Gattungen bringen die Arbeiten von (s. u. Lit.): M. STAEHELIN (Messen), G. R. PÄTZIG (Propriumskomp.), M. JUST (freie Motetten) u. J. WOLF (weltliche Werke, in: DTÖ 28 u. 32).

I. war neben Josquin, J. Obrecht, P. de la Rue u.a. einer der bedeutendsten Komponisten seiner Zeit. Sein Werk ist ebenso vielfältig wie umfangreich. Seine Messen gehören, zu etwa gleichen Hälften, bis etwa 1505 zum Typus der Messe nach ein- und mehrstimmigen Fremdvorlagen choraler und weltlicher Herkunft und seit etwa 1496/97 zum Typus der alternierenden Messe nach Eigenvorlagen, also choralen Ordinariumsmelodien. Die Stücke der ersten Gruppe vertreten den von den Niederländern damals bevorzugten Typus, der sich die musikalische Zusammenfassung und Vereinheitlichung der fünf Messensätze in einem Zyklus zur künstlerischen Aufgabe macht, während die zweite Gruppe – nach Vorlagenwahl und der zwischen Mehrstimmigkeit und Orgel alternierenden Anlage an durchaus deutsche Musikübung anknüpfend – sich durch eine besondere Vielfalt der Cantus firmus-Behandlung auszeichnet. Kontrapunkttechnik von höchster Qualität gilt allerdings für beide Typen und ebenso für die zahlreichen Zyklen von liturgischen Propriumsstücken aus I.s deutscher Zeit, die im *Choralis Constantinus* und gesondert erhalten geblieben sind. Auch die freien Motetten zeigen diese satztechnische Qualität: im Gegensatz zu den Proprien verteilt sich ihre Entstehung über I.s ganze Lebenszeit, und neben mehr deutsch geprägten Stükken finden sich auch große repräsentative Werke oder isorhythmische Spätformen durchaus niederländischen Zuschnitts. Die Leichtigkeit I.s, sich an bestehende regional gebundene Musiktraditionen anzuschließen, wird schließlich an seinen weltlichen Werken besonders deutlich: hier sind insgesamt über 100 französische Chansons, z. T. noch burgundischen Typs, Instrumentalcarmina, italienische Frottola-Sätze und deutsche Lieder in reicher Vielfalt und durchweg glücklicher Gestaltung vertreten. – Die Einflüsse kompositorischer Vorbilder sind bei I. schwer greifbar; gelegentlich wird man an Josquin oder Obrecht denken wollen, aber über I.s grundsätzliche künstlerische Selbständigkeit nicht hinwegsehen können. Deutlich und für I. fundamental wichtig wird indessen seine Bereitschaft zur Anlehnung an regional bestimmte Gattungstraditionen, doch gilt hier, daß er, sosehr er sich auch immer von ihnen bestimmen läßt, alle diese vorgegebenen Formen in seinen Werken mit eigenem genialem niederländischem Geist erfüllt. Durch einige Schüler, von denen L. Senfl der mit Abstand bedeutendste gewesen ist, übte I. namentlich in deutschem Bereich und auch als Lehrer eine ansehnliche Wirkung aus; zugleich verhalf er den bis dahin eher abseits stehenden deutschen Landen zum Anschluß an die große Musikübung der Zeit. Seit I. nimmt auch Deutschland mit wesentlichen Komponisten und wesentlichen kompositorischen Beiträgen an der europäischen Musikgeschichte teil.

Ausg.: Opera omnia, hrsg. v. E. R. LERNER, bisher 7 Bde. (1974, St 1977ff.) (= CMM 65). – *Missa Carminum*, hrsg. v. R. HEYDEN (Wb 1930) (= Chw 7); 4 Messen u. ein Credo sowie 4 Messen, hrsg. v. M. STAEHELIN (Mz 1971, 1973) (= Musikal. Denkmäler 7 u. 8); Choralis Constantinus, Teil I, hrsg. v. E. BEZECNY – W. RABL (1898) (= DTÖ 10), Teil II, hrsg. v. A. v. WEBERN (1909) (= DTÖ 32), Teil III, hrsg. v. L. CUYLER (Ann Arbor 1950); 6 Introiten I, hrsg. v. M. JUST (Wb 1960) (= Chw 81), dass. II, hrsg. v. DEMS. (Wb 1976) (= Chw 119); Weltliche Werke, hrsg. v. J. WOLF (1909) (= DTÖ 28 u. 32).

Lit.: J. WOLF, Zur I.-Forschung, in: ZIMG 8 (1906/07); O. ZUR NEDDEN, Zur Musikgesch. v. Konstanz, in: ZfMw 12 (1929/30); F. GHISI, I canti carnascialeschi nelle fonti musicali del XV e XVI secolo (Fi 1937); H. OSTHOFF, Die Niederländer u. das dt. Lied (B 1938, Tutzing [2]1967); R. WAGNER, Die Choralverarbeitung in H. I.s Offizienwerk „Choralis Constantinus" (Diss. Mn 1950); R. MACHOLD, H. I. Darstellung seiner Kompositionstechnik an Hand der choral.-polyphon alternierenden Messen (Diss. Mn 1954); G. R. PÄTZIG, Liturg. Grundlagen u. hsl. Überlieferung von H. I.s „Choralis Constantinus", 2 Bde. (Diss. Tü 1956); F. FELDMANN, Divergierende Überlieferungen in I.s „Petrucci-Messen", in: Collectanea Historiae Musicae 2 (1957); M. JUST, Stud. zu H. I.s Motetten, 2 Bde. (Diss. Tü 1960); DERS., H. I.s Motetten in it. Quellen, in: Stud. zur it.-dt. Musikgesch. 1 (1963) (= Anal. Mus. 1); F. A. D'ACCONE, H. I. in Florence, in: MQ 49 (1963); H. OSTHOFF, Ein Josquin-Zitat bei H. I. in: Liber amicorum. FS Ch. v. d. Borren (An 1963); W. P. MAHRT, The „Missae ad organum" of H. I. (Diss. Stanford Univ. 1969);

M. STAEHELIN, Die Messen H. I.s, 3 Bde. (Be – St 1977); M. SCHULER, Zur Überlieferung des „Choralis Constantinus" v. H. I., in: AfMw 36 (1979).

M. STAEHELIN

ISIDOR VON SEVILLA (Isidorus Hispalensis), * um 560 Cartagena, † 636 Sevilla; span. Gelehrter und Theologe. I. gehörte einer Adelsfamilie an und wurde Anfang des 7. Jh. als Nachfolger seines Bruders, des heiligen Leander, Erzbischof von Sevilla. I. gehörte zu den großen Universalgelehrten seiner Zeit und war – auch auf dem Gebiet der Musiktheorie – während des ganzen Mittelalters eine der maßgeblichen Autoritäten. Von seinen Schriften widmet besonders das in zahlreichen Hs. überlieferte Hauptwerk, *Originum sive etymologiarum libri XX*, der Musik mehrere Kapitel, die deutlich Einflüsse von Cassiodorus und Augustinus erkennen lassen.

Ausg.: *Etymologiarum... libri XX*, hrsg. v. W. M. LINDSAY, 2 Bde. (O 1911, Nachdr. 1957); Auszüge aus Buch III, als: *Sententiae de musica*, in: GERBERT Scr. 1.

Lit.: G. PIETZSCH, Die Klassifikation der Musik v. Boetius bis Vgolino von Orvieto (Hl 1929, Nachdr. Da 1968); H. B. BROWN, The Printed Works of I. of S. (Lexington/KY. 1949); W. GURLITT, Zur Bedeutungsgesch. v. musicus u. cantor bei I. von S. (Mz 1950) (= Akad. der Wiss. u. der Lit., Abh. der geistes- u. sozialwiss. Klasse Nr. 7); H. HÜSCHEN, Der Einfluß I.s von S. auf die Musikanschauung des MAs, in: FS H. Anglés (Ba 1958); J. FONTAINE, I. de S. et la culture classique dans l'Espagne wisigothique, 2 Bde. (P 1959); H. AVENARY, Musica Analecta aus I.s „Etymologiae". Campana, Tubae ductiles, Puncti, in: Mf 21 (1968); B. MÜNXELHAUS, Pythagoras musicus (Bonn 1976) (= Orpheus Schriftenreihe zu Grundfragen der Musik 19).

ISNARDI, Paolo, * 1536 Ferrara, † 1596 ebd.; it. Komponist. I. war zwischen 1573 und 1590 Domkapellmeister in Ferrara und stand außerdem im Dienst des Herzogs Alphons II. in Este.

WW: 3 Bücher Madrigale für 5 St. (V 1568, 1577, 1581); Madrigale für 6 St. (1589); Messen für 4 St. (V 1573); 2 Bücher Messen für 5 St. (V 1568, 1581); Messen für 6 St. (V 1590); *Missa et motetae cum 8 v.* (V 1594); 2 Bücher Psalmen I: für 4 St. (V 1569), II: für 5 St. (V 1579); *Lamentationes cum psalmis, Benedictus et Miserere* für 5 St. (V 1572); *Magnificat omnitoni* für 4–6 St. (V 1582); weitere Werke in Sammeldrucken der Zeit.

Ausg.: *Missa Angelus Domini*, hrsg. v. C. MACCLINTOCK (Cincinnati/O. 1959).

ISOIR, André, * 20.7.1935 St-Dizier; frz. Organist. I. war Schüler der École C. Franck (Orgel bei E. Souberbielle) und des Conservatoire in Paris. 1966–68 gewann er dreimal hintereinander den Internationalen Orgelimprovisations-Wettbewerb in Haarlem. 1972–78 war er Professor für Orgel am Conservatoire in Angers und ist seit 1978 in gleicher Funktion in Orsay tätig. Seit 1972 ist er auch Organist von St-Germain-des-Prés in Paris. I. gehört in Frankreich zu den führenden Organisten der jüngeren Generation. Er hat das gesamte Orgelwerk Bachs sowie die Serie des *Livre d'or de l'orgue français* auf Platten eingespielt.

ISOMETRISCH (von griech. isos = gleich und griech.-lat. metrum = Maß), gelegentlich synonym verwendet mit isorhythmisch. – ↗Isorhythmie.

ISOPERIODIK ↗Isorhythmie.

ISORHYTHMIE (von griech. isos = gleich), von Fr. Ludwig eingeführte Bz. für ein Kompositionsverfahren, vor allem in der Motette des 14.–15. Jahrhunderts, das auf der melodischen (↗Color) und davon unabhängigen rhythmischen Wiederholung (↗Talea) eines Tenors bzw. von Tenorabschnitten beruht. Die Länge von Color und Talea braucht nicht übereinzustimmen. Die Taleae bestimmen maßgebend den Großaufbau der Motette und korrespondieren in den Werken G. de Machauts, aber auch Ph. de Vitrys mit der Strophenform des Textes in den Oberstimmen. Ist nur der Tenor (in 4st. Werken auch der Contratenor) mit Color/Talea durchstrukturiert, spricht man in relativer Abgrenzung zur integralen I. (W. Apel: panisorhythmic motet) von Isoperiodik (H. Besseler, J. Handschin). In isorhythmisch gebauten Kompositionen entsprechen sich rhythmisch auch die Oberstimmen der einzelnen Talea-Abschnitte. Die Talea-Ordnung und der Strophen-Großaufbau wird in den Werken G. de Machauts und seiner Nachfolger der ↗Ars subtilior, aber auch schon in den isoperiodischen Werken Ph. de Vitrys vor allem durch ↗Hoquetus-Technik, Tenordiminution und Periodengliederung, im frühen 15. Jh. (u. a. J. Dunstables *Veni sancte*) auch durch Mensurwechsel und Wechsel der Stimmenzahl hervorgehoben. Die I. ist als Entwicklungsprozeß zu verstehen, der mit den isoperiodisch angelegten Motetten der ausgehenden ↗Ars antiqua beginnt und über die eigentliche Ausbildung der I. bei G. de Machaut zu den Kompositionen der Ars subtilior bis zu G. Dufay, vereinzelt noch bis ins 16. Jh. (A. Willaert) führt. – Isorythmische Strukturen finden sich auch in Kompositionen des 20. Jh., so im Spätwerk A. Weberns und bei W. Lutosławski.

Lit.: F. LUDWIG, Besprechung v. J. Wolf, Gesch. der Mensuralnotation, in: SIMG 6 (1904/05); DERS., Die isorhythmische Motette, in: G. Adler, Hdb. der Musikgesch. (B 1924, ²1930, Nachdr. Mn 1975); H. BESSELER, Die Motette v. Franko von Köln bis Ph. de Vitry, in: AfMw 8 (1926); J. HANDSCHIN, Musikgesch. im Überblick (Luzern 1948, ²1964); R. DAMMANN, Spätformen der isorhythmischen Motette im 16. Jh., in: AfMw 10 (1953); W. APEL, Remarks About the Isorhythmic Motet, in: Les colloques de Wégimont 2 (P 1959); G. REICHERT, Das Verhältnis zw. musikal. u. textlicher Struktur der Motetten Machauts, in: AfMw 13 (1956); U. GÜNTHER, The 14th Century Motet and its Development, in: MD 12 (1958); E. APFEL, Stud. zur Satztechnik der ma. engl. Musik, 2 Bde. (Hei 1959); DERS., Zur Entstehung des realen 4st. Satzes in England, in: AfMw 19/20 (1962/63): H. H. EGGEBRECHT, Machauts Motette Nr. 9, in: ebd., u. in: ebd. 25 (1968); D. HARBINSON,

Isorhythmic Technique in the Early Motet, in: ML 47 (1966); K. E. MIXTER, Isorhythmic Design in the Motets of J. Brassart, in: Studies in Musicology (Chapel Hill 1969); W. DÖMLING, I. u. Variation. Über Kompositionstechniken in der Messe G. de Machauts, in: AfMw 28 (1971); H. OESCH, Isorhythmische Strukturen im Orient u. Abendland, in: Musik u. Bildung 5 (1973); S. THIELE, Zeitstrukturen in den Motetten des Ph. de Vitry u. ihre Bedeutung für zeitgen. Komponieren, in: NZfM 135 (1974); DERS., I. bei Philippe de Vitry und in der neuen Musik, in: AfMw 31 (1974).

ISOUARD, Nicolas (Nicolò Isoiar oder Niccolò de Malta), * 6. 12. 1775 Malta, † 23. 3. 1818 Paris; frz. Komponist. I. war Schüler von P. A. Guglielmi und N. Sala in Neapel. 1794 brachte er in Florenz seine erste Oper, *L'Avviso ai maritati*, zur Aufführung. 1795 wurde er Organist an St. Johannes von Jerusalem in La Valetta und später Kapellmeister des Malteserordens. Nach Auflösung des Ordens ging er 1799 nach Paris, wo er von R. Kreutzer gefördert wurde und sich nach seinem ersten durchgreifenden Erfolg, *Michel-Ange* (1802), rasch als Komponist von Opéras-comiques einen Namen machte. Er konnte sich auch mit weiteren Werken, darunter besonders *Cendrillon* (1810), eine Zeitlang gegenüber Fr. A. Boieldieu behaupten, der ihm allerdings 1817 bei einer Bewerbung um die Mitgliedschaft beim Institut de France vorgezogen wurde.

WW: Duos; 5 Messen, Motetten u. a. geistliche Werke; Romanzen u. Kantaten. – Über 40 Opern, darunter (UA in Paris): *Le tonnelier*, UA: 1801; *Michel-Ange*, UA: 1802; *Léonce ou Le fils adoptif*, UA: 1805; *Les rendez-vous* u. *Les créancies*, UA: 1807; *Cendrillon*, UA: 1810; *Le billet de loterie*, UA: 1811; *Lulli et Quinault*, UA: 1812; *Les Français à Venise*, UA: 1813; *Joconde*, UA: 1814; *Jeannot et Colin*, UA: 1814; *L'une pour l'autre*, UA: 1816; *Aladin*, UA: 1822.

Lit.: E. WAHL, N. I., sein Leben u. sein Schaffen auf dem Gebiet der Opéra-comique (Diss. Mn 1905); M. BRIQUET, I., in: MGG VI.

ISRAEL. Biblische Zeit. Anders als die chinesische, indische oder griechische Musik des Altertums ist israelische Musik weder in theoretischen Abhandlungen noch in Notation überliefert; auch bildliche Quellen fehlen. Einen wesentlichen Beitrag leistete indes die moderne Archäologie durch die Entdeckung einer Anzahl antiker Musikinstrumente wie etwa: die Lyren von Ur, die Trompeten aus dem Grab Tutanchamuns, die griechischen Auloi und einige wichtige, im alten Palästina verwendete Schallwerkzeuge (Schnarren, Glocken, Knochenflöten, ein Elfenbeinhorn und ein Muschelhorn). Auch die Musikethnologie konnte inzwischen bestimmte Beziehungen zwischen der Musiktradition und der antiken Musikpraxis aufdecken. Früheste schriftliche Zeugnisse über hebräische Musik finden sich im Alten Testament. Dort werden – allerdings ohne zeitlich und morphologisch genaue Anhaltspunkte zu bieten – eine größere Anzahl von (noch nicht endgültig definierten) Musikinstrumenten, einige Kultformen, liturgische Gesänge und rituelle Tänze erwähnt. Auch einige Liedtexte finden sich in den Büchern des Alten Testaments: der Lamech-Gesang (Gen 4, 23–24), das Brunnenlied (Num 21, 17–18), das Lied vom Roten Meer (Ex 15,2–18), das Lied der Debora (Richter 5) und das Klagelied des David (2 Sam 1,19–27). An Musikinstrumenten werden in der Genesis (4,21) bereits Saiten- und (Bambus-)Blasinstrumente unterschieden. Sie sind Jubal zugeordnet, der als Vater all jener genannt wird, die den Kinnor (Saiten- bzw. Zupfinstrument vom Lyratypus) und den ʿUgab (ein schalmeiartiges Rohrblasinstrument) spielen. Darüber hinaus scheint der Eigenname Jubal eine dritte Instrumentenkategorie symbolisch zu bezeichnen: Tier-, insbesondere Widderhörner (Yobel oder Jubal, ↗Schofar, Keren oder Sachar). In den Königsbüchern des Alten Testaments entsprechen die drei Gruppen drei Lebensbereichen: 1. Die Tempelpriester (Cohanim), die das Recht des Horn- oder Trompetenblasens hatten; 2. Die Tempelmusiker (Leviten), die die Lyra und Harfe spielten (Kinnor, ↗Nebel); 3. Das Volk Israel, das die Schalmeien und Flöten spielte (ʿUgab, Chalil). Diese drei ständisch gebundenen Instrumentengruppen wurden durch Gongs, Bronzezimbeln (Zilzal) und durch Glocken (Paʿamon) ergänzt – Instrumente, denen magische Kräfte zugeschrieben wurden und deren Gebrauch den höchsten Tempelwürdenträgern vorbehalten blieb (Ex 28,33–35; 1 Chr 16,5). Die biblische Rahmentrommel (Toph), die in der Genesis erwähnt ist, wird oft mit den Frauenbünden und ihren rituellen Tänzen (Ri 11,34) in Verbindung gebracht. Vermutlich wurden auch eigene Formen des antiphonalen Gesanges von Frauen ausgeführt (Ri 5,11; 11,40). Von allen Instrumenten der jüdischen Antike überdauerte bis in die heutige Zeit nur der kultische Schofar (Neujahr und Versöhnungsfest). Sein kultischer Ursprung hängt wahrscheinlich mit der Opferung Isaaks und dem Erscheinen eines Widders als Opfertier zusammen (Gen 22,13). Damit ist das Widdergehörn späterhin als Klangsymbol festgelegt: Die magische Kraft des Schofar ist der Hintergrund der Ereignisse am Berg Sinai (Ex 19,6–19), des Falles der Mauern von Jericho (Jos 6,4–20), der Schlacht des Gideon (Ri 7,16) und bei der Prozession der Bundeslade (2 Sam 6). Im Gegensatz zum Widderhorn erscheint in Num 10, 1–10 ein Paar Silbertrompeten (Chazozrah), die im festlichen Tempelkult der Königszeit Bedeutung gewinnen (2 Chr 5,12–13).

Saiteninstrumente. Der biblische Kinnor, das Instrument des jungen David, war weder eine Harfe noch eine Geige, sondern eine unregelmäßig trapezförmig gebaute Leier assyrischen Ursprungs. Zur Zeit der Könige wurde der Kinnor zum Hauptinstrument des Tempels in Jerusalem und fand in der Folge Verbreitung nach Norden in den syrischen Provinzen. Das ihm verwandte Instrument, die eigentliche orientalische Bogenharfe Nebel, erlangte nicht dieselbe Bedeutung wie die Leier. Sie findet sich vielmehr im Süden, in Ägypten, und im Osten, in Ostasien, insbesondere in Burma. Eine Assor (= Zehn) genannte Lyra, die in Pss 33,2; 92,4 und 144,9 erwähnt wird, ist wahrscheinlich das Psalterium decacordum.

Blasinstrumente. Die Flöten und Schalmeien aus Bambus oder Schilfrohr haben ihren Ursprung in den bäuerlichen und Nomadenzivilisationen Westasiens, wo sie auch heute noch ohne wesentliche Veränderungen der Form und des Materials verwendet werden. Genannt werden sie: 'Ugab in der frühen nomadischen Periode, Chalil in der Zeit der Könige und Propheten und Abuv in der nachbiblischen talmudischen Periode. Ihre genauere Klassifikation (etwa Flöte, Schalmei oder Dudelsack) ist nicht möglich, bezeugt sind indes der ununterbrochene Gebrauch und ihre Funktion.

Knochen- und Toninstrumente. Knochen oder Ton sind die Grundmaterialien einer großen Zahl von Pfeifen und Rasseln. Ausgegrabene Tonpfeifen, z.T. ↗Gefäßflöten, lassen erkennen, daß die ältesten Typen mit einem Anblasloch, spätere Pfeifen mit zwei oder mehreren Grifflöchern versehen sind. Einige Details wie die konische oder zylindrische Form des Pfeifenrohrs, die Kerben- oder Kugelform am Pfeifenende, die Verteilung der Grifflöcher und die daraus resultierende Anordnung der Intervalle und Tonreihen sind Gemeinsamkeiten, die ausgegrabene und spätere, sogar heutige Instrumente aufweisen. In der nachbiblischen Zeit hat sich häufig nur die Benennung geändert, wie z.B. die der Orgel: Magrepha oder Hydraulis nach dem Talmud-Traktat *'Arakhin* oder die Sumponjah (Dudelsack oder Panflöte?) des Buches Daniel.

Tempelmusik. Dem Zeugnis von 1 Sam 10,5f. zufolge waren während der vorköniglichen Zeit die Kultstätten mit zahlreichen Buß- und Opferaltären ausgestattet. Diese waren auf den Berggipfeln errichtet und wurden von volkstämmigen Propheten betreut. Der Gebrauch von Musikinstrumenten (Harfe, Trommel, Lyra und Flöte) galt nach jüdischer Auffassung als Mittel prophetischer Vision. Eine bedeutsame Umschichtung erfuhr die liturgische Musik I.s durch die Vereinheitlichung des Kultes im Salomontempel in Jerusalem (um 962–922 v. Chr.). Diese erforderte eine genaue Ordnung des von den Priestern geleiteten Gottesdienstes und auch des musikalischen Ablaufes durch die Tempelmusiker (Leviten). Ein neues und wichtiges Element ergab sich aus der berufsmäßigen Stellung der Musiker, die eine grundlegende musikalische Ausbildung in speziellen Ausbildungsstätten, die sich innerhalb des Tempels befanden, voraussetzte. Der biblischen Vorstellung vom Königtum Gottes entsprechend, war die hebräische Tempelmusik als Chor- und Instrumentalmusik auf Prachtentfaltung ausgerichtet und erreichte einen künstlerischen Hochstand, der in der Folge im Judentum und später im Christentum nachwirkte. Mit dem Niedergang des salomonischen Tempelgottesdienstes ging auch die Instrumentaltradition zurück und wurde schließlich durch die menschliche Stimme, das einzig wirkliche „Instrument" des Gebetes ersetzt. Eine Wendung bewirkten schließlich das Babylonische Exil (587 bis 538 v. Chr.) und die darauffolgende zweite Tempelperiode (Tempelzerstörung 70 n. Chr.). Durch Ezechiel, Nehemia und den Schriftgelehrten 'Ezra traten neue geistige Kräfte auf; die Bibel und das heilige Wort trat an die Stelle der älteren Tieropfer. Das Gebet, das Studium und die Meditation des geschriebenen und unwandelbaren Wortes zog Textkommentare und Textanalysen nach sich. Auf 'Ezra geht auch die Einführung öffentlicher Lesungen aus der Heiligen Schrift zurück. Die Lesung bzw. das Vorlesen vor zahlreichen Zuhörern führte zu einer melodischen Rezitation des Schriftsatzes in Form einer fortlaufenden Kantillation, die den Ursprung der mittelalterlichen masoretischen Akzentnotation darstellt und sich zwischen 500–900 n. Chr. in einigen rabbinischen Schulen in Palästina, vor allem in Bagdad und Tiberias entwickelte. Die biblische Kantillation mit ihrer Notation in ekphonetischen Zeichen und Neumen war sicherlich die wesentlichste musikalische Erbschaft, die das Judentum, sogar nach seiner Zerstreuung, dem Christentum vermachte. Der liturgische Gesang entwickelte sich jedoch nicht im Innern des Tempeldienstes, sondern fernab von ihm und gegen seinen theokratischen Geist in den kleinen Versammlungsstätten (hebräisch: Beit ha-knesseth; griech.: Synagoga), die die neuen Kultzentren der vergeistigten Form des Judentums werden sollten. In diesen Synagogen vollzog sich der endgültige Wandel des Opfers zum Gebet, das sich bald danach zum Offizium umgestaltete, d.h. zu den alle drei Stunden zelebrierten Gebetsstunden, mit ihren Psalmlesungen, Textkommentierungen, Gebeten und Dankeshymnen. Dieser Gebetsgrundriß blieb für lange Zeit die gemeinsame Basis sowohl des jüdischen als auch des christlichen Kultes (↗Horen). Im Mittelpunkt stand zweifellos das alle Anwesenden umfassende Psalmensingen im antiphonalen bzw. responsorialen Stil. Die litaneiartige Psalmodie ist als Angleichung an die poetische Form vieler Psalmverse zu verstehen, d. h. als zwei Halbverse (Hemistichera), die einen Gedanken als Variationen eines dichterischen Themas in Parallelismus ausdrücken. Die melodische Anlage folgte den Halbversen als Rezitationston-Linie (Tuba; Tonus currens), die jedoch an den wichtigsten Interpunktionsstellen (Anfang, Mitte und Ende der Zeile) kleine Verzierungen (Interpunktionsmelismatik) gestattete und durch drei ekphonetische Zeichen angezeigt wurde: an- und absteigende und vorwärts laufende Bewegung. Dieses psalmodische System setzte sich im ↗Byzantinischen und ↗Gregorianischen Gesang fort, ebenso auch in den meisten Kirchen und Sekten des Orients (Kopten, Armenier, Maroniten usw.). Das Lesen aus den Prosabüchern der Bibel mit ihrem unregelmäßigen freien Satzbau machte ein ausgearbeitetes System von melodischen Leseakzenten notwendig, das fähig war, die syntaktische Interpunktion mit einer bestimmten Melodieformel zu vereinigen. Die Leseakzente sind jedoch keine Notenschrift, eher eine mnemotechnische Hilfe für das Absingen der 24 Bücher der Bibel. Als Folge der Zerstreuung der Juden in Asien (Jemen, Irak, Iran, Syrien, Türkei), im Mittelmeerraum (sephardische Juden des Orients), in Ost- und Westeuropa (aschkenasische Juden) entwickelten sich auch entsprechende melodische Varianten. Eine Kanonisation der unzähligen Varianten der biblischen Kantillation sowie eine einheitliche Gebetsordnung waren damit ausgeschlossen. Die mündliche Überlieferung der regionalen Stile bedingte vielmehr eine eigene Art der Erziehung: das Erlernen der Neumenfolgen (ober- und unterhalb des Bibeltextes notiert) mit ihren Eigennamen. Sie wurden in einer geschlossenen Kette gesungen und erst später dem jeweiligen Bibeltext der Melodielinie angepaßt. Die Lesungen der Bibel und der Gebete waren gewöhnlich nicht einem berufsmäßigen Vorsänger vorbehalten, sondern allgemein gekoppelt an die Kenntnis des weiten Melodienrepertoires aus Bibel, Mischna, Talmud und aus dem gesamten Gebetskodex. Hier lag auch das Geheimnis der liturgischen Kontinuität begründet, trotz fremder Einflüsse, Verfolgungen und Abwanderungen über Länder und Kontinente. Allerdings trat mit dem wachsenden Streben nach einem Kunstgesang der Chasan (Vorsänger, Kantor) als Solist, der reich verzierte Melodien ausführte und sie mit Improvisationen ekstatischen Charakters als Erbe des Orients vermischte, stärker in den Vordergrund. E. GERSON-KIWI

Israel in der Diaspora. Die Musik I.s in der Diaspora unterscheidet sich in Form und Stil wesentlich von derjenigen im judäischen Staat und in seinem Zentralheiligtum. Die Umstellung vom Opferkult auf das Gebet hatte das Instrumentenspiel gänzlich aus der Liturgie verbannt. Der Gesang wurde zum alleinigen Ausdruck der religiösen Musik und gründet sich auf einfache, zur kollektiven Ausführung geeignete Formen. Die eigentliche künstlerische Entwicklung beschränkte sich auf den Sologesang auf der Grundlage orientalischer Melodiestrukturen und wurde, wie diese, nicht schriftlich fixiert. In einer späteren Phase traten Formen und Ausdrucksmittel der östlichen oder westlichen Kulturen hinzu und wurden hauptsächlich im Hymnengesang, aber auch in der volkstümlichen, außersynagogalen Musik, die sich auch der Instrumente bediente, übernommen.

Einige Urstile des religiösen Gesanges haben sich in rein mündlicher Überlieferung durch die Jahrtausende erhalten. Die erste dieser elementaren Gesangsformen ist die Psalmodie, die sich eng an die Struktur des Psalmverses anschließt: Initium 1, Leseton (Tenor 1), Mediatio, Initium 2, Leseton (Tenor 2) und Finalis (vgl. Bsp. 1). Dieses Gestaltungsprinzip ist, zusammen mit dem Buch der Psalmen selbst, von allen Kirchen übernommen worden.

Die Melodie des ersten Verses wiederholt sich während des ganzen Psalms. Im synagogalen Gebrauch wird die starre Struktur zumeist durch Variation, Wechsel des Lesetones und andere Mittel aufgelokkert. Der zweite Grundstil findet sich in den Lektionstönen der 21 Prosabücher des Alten Testaments. In ihren Anfängen war die Lesemelodie, mit Zufügung von 1–2 Kadenzen, der Psalmodie ähnlich. In der Zeit der Mischna (2. Jh. n. Chr.) war sie bereits Gegenstand des Schulunterrichts und wurde

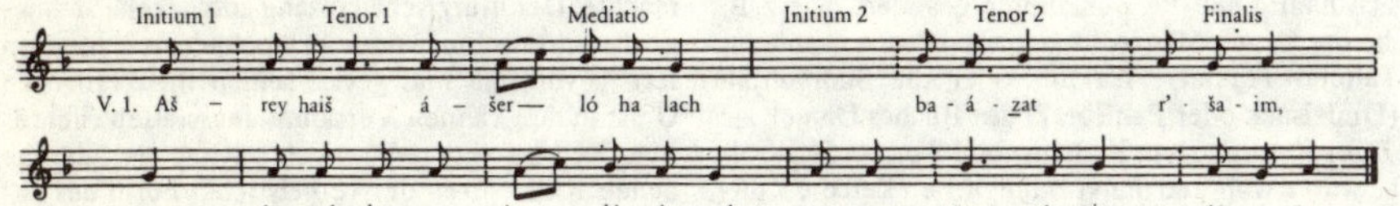

Bsp. 1: 1. Psalm, nach A. Z. Idelsohn, *Hebräisch-orientalischer Melodienschatz*, III (B 1922) Nr. 112

mit Hilfe von Handzeichen (↗Cheironomie) gelehrt; diese Methode und die psalmodieartige Lesung haben sich in den italienischen, jemenitischen und anderen Gemeinden erhalten. Der dritte Grundstil liegt in den charakteristischen Modi bestimmter Hauptgebete und ganzer Liturgieabschnitte vor. Der synagogale Modus (nusaḥ hat'fila; jiddisch: steiger) ist eine typische Tonskala, die einen Tetrachord, eine Kombination überlappender Tetrachorde oder eine Oktavskala oder mehr umfaßt; hinzu tritt ein Vorrat charakteristischer Motive (vgl. Bsp. 2).

Beide Elemente verbinden sich oft mit bestimmten Inhalten: insofern ähnelt der synagogale Modus bleiben, sind ihre Motive in der Pentateuch-, Propheten- und Hagiographen-Lesung verschieden; auch weichen die Melodien der Motive in den einzelnen Traditionskreisen stark voneinander ab (entsprechend der geographischen Streuung der Diaspora im 10. Jh.). In der Periode zwischen 500 und 1000 n. Chr. wurden auch umfangreiche Hymnenzyklen in die Gebetsordnung aufgenommen. Ihre offizielle Zulassung zur Liturgie wird mit der Einschränkung der religiösen Freiheit unter Kaiser Justinian I. (Erlaß von 553) in Verbindung gebracht. In den Hymnen dieser Periode wird der „freie Rhythmus" der biblischen Poesie fortgesetzt; dazu treten aber Assonanzreim, Akrostichon und

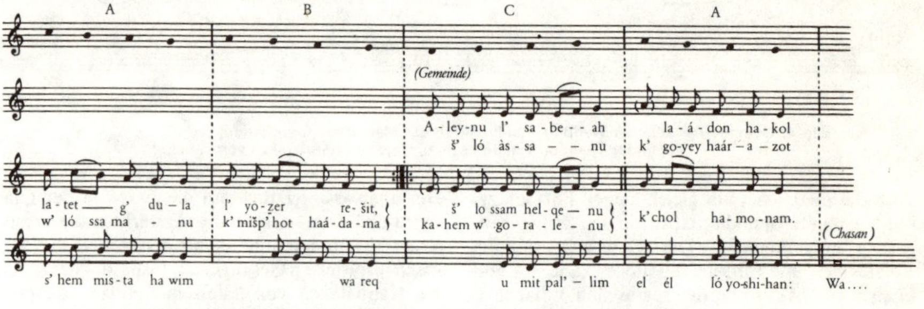

Bsp. 2: Nusaḥ (sephardisch) des Fastenmonats, nach S. Foy, *Chants hébraïques* (Bordeaux 1929)

dem Bau und Ethos von ↗Maqām und ↗Rāga. Die drei Grundstile sind in allen, auch den entferntesten jüdischen Gemeinden nachweisbar und gehen, ebenso wie die Parallelerscheinungen im Gesang aller Kirchen, auf die ersten Jahrhunderte n. Chr. zurück.

In der 2. Hälfte des 1. Jt. entwickelten sich Systeme schriftlicher Lektionszeichen (taàmey miqrá), die den Bibeltext in sinngemäße Wortgruppen aufteilen. Das allgemein übernommene „tiberianische" Akzentsystem (10. Jh.) wird musikalisch als eine Kette melodischer Motive wiedergegeben (vgl. Bsp. 3).

Obwohl die etwa 25 Akzentzeichen stets dieselben strophische Gliederung. Von der heutigen Melodietradition aus gesehen, läßt sich daraus kein nachhaltiger Einfluß auf die musikalische Form ableiten. Diese beruht weiter auf der psalmodischen, fortlaufenden Variation der ersten Melodiezeile. Jedoch führte das Verlangen der Gemeinden nach einem ständig erneuerten Hymnenrepertoire und einer gesanglich anspruchsvollen Ausführung zur Bestallung des berufsmäßigen Synagogensängers (Chasan). Diese entwickelten den reich variierten und melismatischen Solostil des Synagogengesanges. Schon im 11. Jh. traten Vorsängerfamilien und -schulen hervor, die zur Festigung lokaler musikalischer Traditionen beitrugen.

Bsp. 3: Bibellektion im „tiberianischen" Akzentsystem, nach S. Naumbourg, *Chants religieux* (P 1847-57)

In der jüdischen Musikgeschichte brach eine neue Epoche in der Zeit von 950–1000 an. Die freie Teilnahme an der islamischen Kultur öffnete den Juden neue Wege der musikalischen Praxis. Eine einschneidende Neuerung war die Übernahme des quantitierenden Metrums in die hebräische Dichtung. In der im 11./12. Jh. zu Bedeutung gelangten jüdisch-andalusischen Dichterschule wurde schließlich zusammen mit den metrischen Texten cher Bildung und Erziehung. 3. Die Bewertung des Singens als Auslöser mystischen Erlebens, als Ausdruck der Liebe zu Gott und Symbol verborgener Ideen. In diesem Zusammenhang wurden die langen Vokalisen in den synagogalen Sologesang eingeführt, die dazu dienten, mystische Ideenverbindungen mit bestimmten Worten (kawanot) auszudrücken und diese z. T. motivisch anzudeuten (vgl. Bsp. 4).

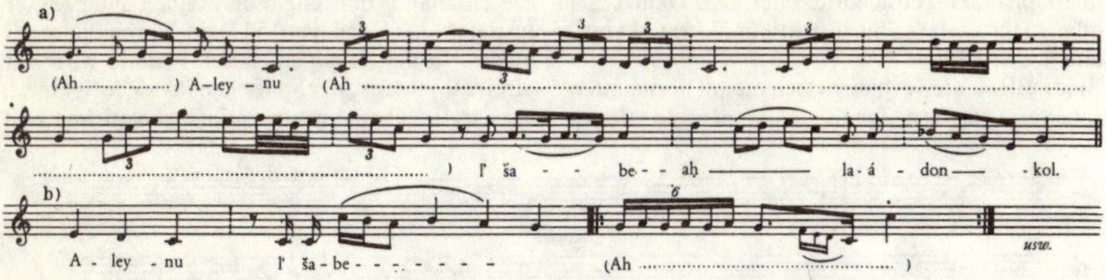

Bsp. 4: Sologesang: a) in der Tradition von Frankfurt am Main (Schofarimitation)
b) in der Tradition von Jerusalem (Gesang über den Fall von Jericho)

auch die metrische, aus gleich langen Phrasen zyklisch gebaute Melodie (laḥan) in den Synagogengesang aufgenommen. Der Gebrauch fremder Versformen und Strophenbildungen (wie des arabischen Muwašaḥ und des spanischen Villancico) brachte oft auch die Übernahme fremder Melodien mit sich. Damals begann der Dualismus von altüberlieferter und zeitgenössischer Musikform im Synagogengesang, der fortan zu seiner Bereicherung wie auch zu seinen Problemen beitragen sollte. Ein anderes Phänomen der Integration war das Studium der Musiktheorie (hochmat hamusiqa) durch jüdische Gelehrte, zuerst nach arabischen, später auch nach lateinischen und italienischen Quellen. Die fortgesetzten Krisen in der Diaspora verhinderten jedoch jede Kontinuität, und die Auseinandersetzung mit musiktheoretischen Fragen erfolgte daher in immer neuen Ansätzen.

Im 12.–13. Jh. konsolidierten sich die ideologischen Grundlagen der jüdischen Musikübung in 3 bedeutenden und bis heute fortwirkenden Strömungen: 1. Eine rein ethisch ausgerichtete Musik, die Verinnerlichung über ästhetische Vollkommenheit stellt und religionsgesetzlichen Beschränkungen unterworfen ist. 2. Musik als ein wesentlicher Teil weltli-

Der unablässige Druck auf die Juden in der Diaspora und ihre Vertreibung verstärkten die mystischen Strömungen und damit den Anteil der mystisch inspirierten Gesangsstile. Insbesondere übten die Kabbalisten von Safad in Galiläa seit dem 16.–17. Jh. einen starken Einfluß aus, der u. a. dazu führte, daß Instrumentalmusik zum Anbruch des Sabbat mancherorts üblich wurde. Sie verbreiteten auch zahlreiche volkstümliche Hymnen, die oft als Kontrafaktur altspanischer, türkischer, provenzalischer oder deutscher Lieder konzipiert sind.

Im Gefolge der italienischen Renaissance wurde auch eine Integration des synagogalen Gesanges in die europäische Kunstmusik versucht (u. a. durch S. Rossi). Entsprechende Bestrebungen treffen auch für den Orient zu, wo das der jüdischen Tradition wesensverwandte Maqāmāt-System und dessen Ethoslehre in den Synagogengesang einbezogen wurde.

Um 1700 wuchs die Tendenz zur Aufnahme europäischer Gesangsformen auf zunächst rein empirischer Grundlage. Die im Sologesang übliche Improvisation nahm bestimmte Ornamente und Wesenszüge der Musik des 18. Jh. auf und führte zu einer virtuos geprägten, stilistisch jedoch nicht ein-

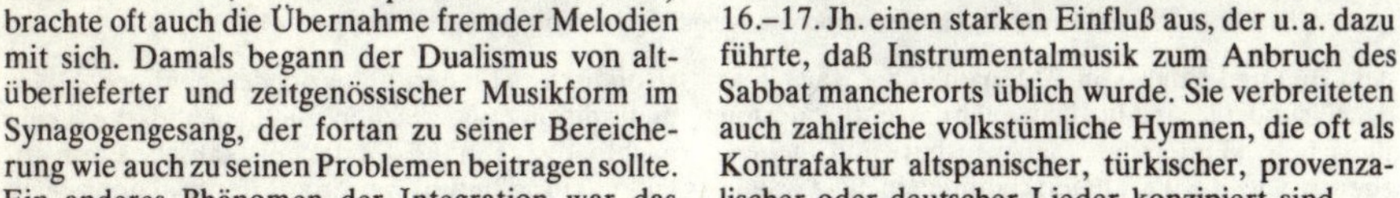

Bsp. 5: Sologesang im Stil des 18. Jahrhunderts von Aaron Dor Ber (1738-1821), nach A. Z. Idelsohn, VI (L 1932) Nr. 377

deutigen Formgebung. Ein gewisses Streben zur Dur-Moll-Melodik und zum gleichperiodischen Melodieaufbau drang allmählich durch und verband sich mit dem traditionellen Variationsprinzip. Die Vokalisen verloren dabei ihren mystischen Ideengrund und wurden zur Manier (vgl. Bsp. 5). Seit der Mitte des 18. Jh. empfing der jüdische Gesang neue Impulse aus zwei verschiedenen Richtungen, die auf eine Befreiung aus den unerträglich gewordenen Ghettobedingungen zielten. Weltabgewandt und ganz nach innen gerichtet war die neomystische Bewegung des Chassidismus in Osteuropa, die – wie die frühere Mystik – Gottesliebe, Freude und Begeisterung als Ausgang für Religiosität voraussetzte und musikalisch in einer textlosen – häufig tanzähnlichen – Gesangsmelodie ihren entsprechenden Ausdruck fand. Die Melodien sind als Symbol oder persönliche Aussprache zu verstehen, die nur das Erahnte, nicht in Worte Faßbare auszudrücken versuchen. Auf diesem Hintergrund und innerhalb eines gleichmäßigen periodischen Baues entwickelte sich eine überaus spannungsreiche Motivik und z. T. überschwengliche Melodik, deren Verlauf die psychische Bewegtheit spiegelt: die extreme Reform auf wenige Gemeinden beschränkt blieb (heute hauptsächlich in den USA), wurde ein Ausgleich zwischen musikalischer Tradition und europäischer Form unter der Devise eines „geordneten Gottesdienstes" geschaffen. Die Führung übernahm die Gemeinde von Wien unter dem Chasan und Komponisten Salomon Sulzer (1804–91), dessen Werk *Schir Zion* starken Einfluß ausübte. Im gleichen Sinne wirkte u.a. Samuel Naumbourg (1817–80) in Paris und Lazar-Louis Lewandowski (1823–94) in Berlin. Im Gegensatz zur Reform standen diese Kantoren-Komponisten positiv zu dem überlieferten Melodiengut und interpretierten es im Geist ihres Jahrhunderts: größtmögliche Annäherung an die Dur-Moll-Melodik, starke Reduktion der üppigen Melismatik und Einordnung in ein gleichmäßig fließendes Perioden- und Taktsystem. Die Gesänge der Gemeinde und des Chores wurden weitgehend neu komponiert, fast ausschließlich im romantischen Zeitgeschmack und häufig in einem frömmelnden Andachtsstil. Gelegentlich wurde der ehemalige, improvisierte Dreiergesang (Chasan mit den Hilfssängern Singer und Baß) versuchsweise wieder eingeführt.

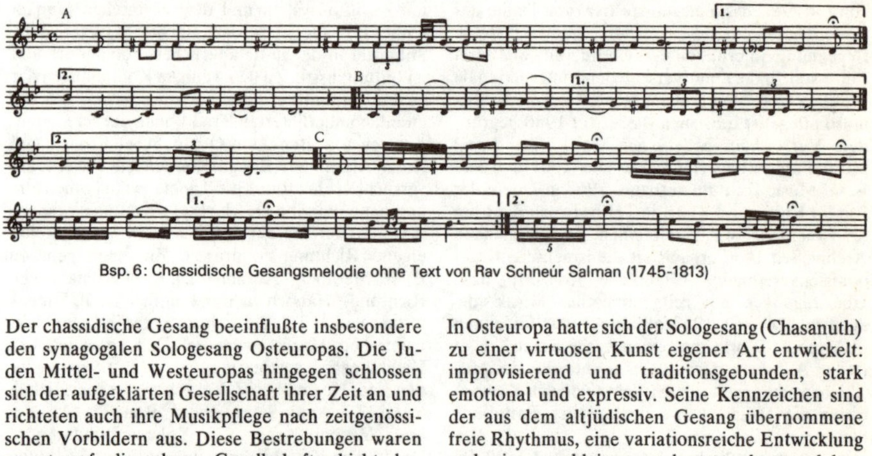

Bsp. 6: Chassidische Gesangsmelodie ohne Text von Rav Schneúr Salman (1745-1813)

Der chassidische Gesang beeinflußte insbesondere den synagogalen Sologesang Osteuropas. Die Juden Mittel- und Westeuropas hingegen schlossen sich der aufgeklärten Gesellschaft ihrer Zeit an und richteten auch ihre Musikpflege nach zeitgenössischen Vorbildern aus. Diese Bestrebungen waren zuerst auf die obere Gesellschaftsschicht beschränkt (u.a. die Familien Mendelssohn und Meyerbeer), wurden jedoch durch die „Konsistorial-Organisation" der jüdischen Gemeinden unter Napoleon in allen Kreisen üblich. Im Königreich Hannover begann eine „Reform" der Gottesdienstordnung und ihrer Musik mit Choralgesang in deutscher Sprache und Orgelbegleitung. In Paris wurde 1822 in der neuen (nicht reformierten) Synagoge der 4st. Chorgesang eingeführt. Während

In Osteuropa hatte sich der Sologesang (Chasanuth) zu einer virtuosen Kunst eigener Art entwickelt: improvisierend und traditionsgebunden, stark emotional und expressiv. Seine Kennzeichen sind der aus dem altjüdischen Gesang übernommene freie Rhythmus, eine variationsreiche Entwicklung und ein aus kleinen und stets abgewandelten Motivzellen zusammengesetzter Aufbau. Ein Knaben- und Männerchor führte dazu eine improvisierte Begleitung aus, übernahm z.T. Solopassagen und ahmte Instrumente nach. Gegen Ende des 19. Jh. traten auch westliche Einflüsse hinzu, wie z.B. S. Sulzers und des italienischen Belcanto. Die allgemeine Entwicklung zielte auf ein Virtuosentum ab, das in der Anwendung der Gesangsmittel nicht immer wählerisch war. Konzertreisen mach-

ten den Chasan Osteuropas bis nach England und den USA, wo dieser Stil weiterhin gepflegt wird, berühmt.
Während des 19. Jh. setzte das Sammeln des überlieferten Melodiengutes ein, das in der Folge im Druck veröffentlicht wurde. Gegen Ende des Jahrhunderts schließlich begann die wissenschaftliche Erforschung der hebräischen Musik, die in das weite Feld der Musikforschung des 20. Jh. einmündete. H. AVENARY

Das 20. Jahrhundert. Die Kunstmusik des heutigen I. entwickelte sich seit den 1930er Jahren im Zusammenhang mit der Neukultivierung und dem Wiederaufbau Israels. Mit dieser Entwicklung einher ging die Schaffung städtischer Kulturzentren, die Einrichtung von Musikschulen (1910–20), die Gründung der ersten Oper (1923), des Konservatoriums von Jerusalem (1933), einer Rundfunkanstalt mit einer Musikabteilung und eines Nationalorchesters (1936). Von zukunftsweisender Bedeutung war auch die Gründung des Palästina-Orchesters (heute Israel-Philharmonic-Orchestra) durch den Geiger Bronislav Huberman. Zum festen Bestandteil des Musiklebens I.s gehören das Festival von Ein-Gev, das Volkstanzfestival von Dalia, das israelische Sommer-Festival, die „Zimriya" (eine Begegnung internationaler Chöre, die alle drei Jahre stattfindet) und verschiedene internationale Wettbewerbe. Von großem Einfluß auf die Kunstmusikpflege ist u.a. auch das erste, 1950 gegründete Verlagshaus israelischer Musik, The Israel Music Publications (IMP), das sich 1961 mit dem Israel Music Institute verband. 1968 gründete der Rat für Kultur und Kunst in Tel Aviv das Zentrum für israelische Musik mit einem entsprechenden Archiv. Seit 1960 organisiert die israelische Komponistenvereinigung öffentliche Konzerte bzw. Übertragungen mit zeitgenössischer Musik, die auch in dem seit 1968 alljährlich stattfindenden „Composer-Workshop" einen wesentlichen Träger findet. Auf dieser Grundlage konnte sich das Musikleben stetig weiterentwickeln und auch Komponisten die Möglichkeit künstlerischer Entfaltung bieten.
Die ersten israelischen Komponisten des 20. Jh. waren Einwanderer, die aus Europa nach I. gekommen waren. Kennzeichnend für ihren Kompositionsstil ist die Gegenüberstellung von verschiedenen europäischen Kunstrichtungen und der Vielschichtigkeit volkstümlicher Traditionen. Die inzwischen international beachtete Musik durchlief die unterschiedlichsten Entwicklungsphasen, die von der Spätromantik bis zu musikalischen Happenings reichen. Parallel dazu wurden zahlreiche Versuche unternommen, eine typisch israelische Kunst durch die Rückkehr zur volkstümlichen Einstimmigkeit, zur erneuerten hebräischen Sprache und zu den biblischen Texten zu schaffen. In der ersten Phase versuchte eine Anzahl von Komponisten, die von der Begegnung mit der musikalischen Tradition des Orients beeindruckt waren, einen spezifischen Stil zu schaffen. Andere Komponisten blieben der jüdischen Kunstmusik Westeuropas verbunden und wurden von der Diaspora-Tradition beeinflußt (u. a. J. Stutschewsky, Joel Engel, J. Kaminsky). Komponisten wie P. Ben-Haïm, A. U. Boskovitch, M. Avidom, K. Salomon und M. Lavry assimilierten und verarbeiteten die Einflüsse der Jemeniten, der Sepharden und der Araber. Spätimpressionistische Züge und ein an Orientalismen reicher Stil kennzeichnen die Kompositionen dieser Schule zwischen 1940 und 1950. In der zweiten Phase steht die Musik I.s unter dem Einfluß des Expressionismus; sie schöpft folkloristische Quellen aus, drückt sich aber durch Einbeziehung technischer Neuerungen nuancenreicher aus. Eine der markantesten Erscheinungen dieser Entwicklung ist Ö. Partos, der, sich zunächst an Bartók und Kodály anlehnend, schließlich eine Synthese zwischen einem gemäßigten Zwölftonsystem und dem arabischen Maqām schuf. Im Gegensatz dazu suchte M. Seter seine Stilmittel in der mittelalterlichen Polyphonie und im Imitationsstil. Zu den wenigen Komponisten der neuen Generation, die auch weiterhin auf die mündlich überlieferten Traditionen zurückgreifen, gehören u.a. Ben-Zion Orgad, Abel Ehrlich und Haïm Alexander. Einige Komponisten wiederum versuchten eher durch die Themenwahl (Bibel, alte und neue jüdische Geschichte) als durch eine Synthese im Bereich der musikalischen Sprache eine eigene Richtung zu prägen. Zu ihnen gehören E. W. Sternberg, Abraham Daus (neoromantische Richtung), Hanoch Jacoby (ein Schüler P. Hindemiths) und J. Tal, der sich als erster in I. der elektronischen Musik zuwandte. Den verschiedenen Richtungen der experimentellen Musik zuzurechnen sind: Noam Sheriff, Yehoshuah Lakner, Jizhak Sadaï, Zvi Avni, Sergiu Natra, Ram Da-Oz, Yehuda Yannai, Asher Ben Yohanan und André Hajdu. Die Verschiedenheit der Stile und Schulen bleibt auch heute das charakteristische Merkmal israelischer Kunstmusik und spiegelt die ethnische Vielfalt der Nation wider. A. SHILOAH

Ausg.: S. ROSSI, Hashirim Asher Lish'lomo (V 1623), Faks.-Ausg. hrsg. v. F. Rikko (NY 1967); S. NAUMBOURG, Chants religieux des Israélites, 3 Bde. (P 1847–57); A. Z. IDELSOHN, Hebräisch-orientalischer Melodienschatz, 10 Bde. (L 1914–32); G. EPHROS, Cantorial Anthology, 5 Bde. (NY 1929–57); CH. VINAVER, Anthology of Jewish Music (NY 1955); E. GER-

SON-KIWI, The Legacy of Jewish Music Throught the Ages (Jerusalem 1963); E. WERNER, Hebräische Musik (Kö 1963) (= Das Musikwerk 24); Gesänge der Juden auf der Insel Djerba, hrsg. v. E. GERSON-KIWI (Jerusalem 1978).

Lit.: **1) Biblische Zeit:** C. SACHS, The Rise of Music in the Ancient World. East and West (NY 1943, dt. B 1968); H. AVENARY, Magic, Symbolism and Allegory in Old Hebrew Sound Instr., in: Collectanea Historiae Musicae 2 (Fi 1956); K. H. KRAELING – L. MOWRY, Music in the Bible, in: New Oxford History of Music 1 (Lo 1957); E. WERNER, The Sacred Bridge. The Interdependency of Liturgy and Music in Synagogue and Church During the First Millennium (NY 1959); H. AVENARY, Hieronymus' Epistel über die Musikinstr. u. ihre altöstlichen Quellen, in: Annuario Mus. 16 (1961); E. GERSON-KIWI, Halleluja and Jubilus in Hebrew Oriental Chant, in: FS H. Besseler (L 1961); G. BIRKNER, Psaume hébraïque et séquence latine, in: Journal of the International Folk Music Council 16 (Lo 1964); E. GERSON-KIWI, „Justus ut palma". Stufen hebräischer Psalmodien in mündlicher Überlieferung, in: FS B. Stäblein (Kas 1967); A. SENDREY, Music in Ancient I. (Lo 1969); E. GERSON-KIWI, Orient-Okzident-Beziehungen. Asiatische Tonsysteme in ihrer Formung: in: Dt. Volkslied-Hdb. (Mn 1971); I. ADLER, Hebrew Writings Concerning Music (1975) (= RISM B 9/2). – **2) I. in der Diaspora:** A. Z. IDELSOHN, Jewish Music in Its Historical Development (NY 1929, ²1944, Nachdr. NY 1967); S. FOY, Chants hébraïques ... dans Bordeaux ... (Bordeaux 1929); H. G. FARMER, Maimonides on Listening to Music, in: Journal of the Royal Asiatic Society (1933, Teildruck Bearsden 1941); DERS., Sa'adyah Gaon on the Influence of Music (Lo 1943); A. SENDREY, Bibliogr. of Jewish Music (NY 1951); H. SHMUELI, „Higgajon Bechinnor"... des J. Moscato (Tel-Aviv 1953); E. WERNER, The Music of Post-Biblical Judaism, in: New Oxford History of Music 1 (Lo 1957); H. AVENARY, Jüdische Musik, in: MGG VII; P. GRADENWITZ, Die Musikgesch. I.s (Kas 1961); E. GERSON-KIWI, On the Musical Sources of the Judaeo-Hispanic Romance, in: MQ 50 (1964); I. ADLER, La pratique musicale savante dans quelques communautés juives, 2 Bde. (P 1966); E. GERSON-KIWI, Vocal Folk Polyphonies ... in Jewish Tradition, in: Yuval 1 (1968); A. WEISSER, Bibliography of Publications and Other Sources on Jewish Music (NY 1969); A. SENDREY, Music of the Jews in the Diaspora (NY 1970); H. AVENARY, Hebrew Hymn Tunes. Rise and Development of a Musical Tradition (Tel Aviv 1971); E. GERSON-KIWI, Musical Settings of the Andalusian Muwaššah-Poetry in Oral Tradition, in: FS K. Blaukopf (W 1975); E. WERNER, Contributions to a Historical Study of Jewish Music (1976); A. SHILOAH, Music Subjects in the Zohar. Texts and Indices (1977); E. BIRNBAUM – J. COHEN, Jewish Musicians at the Court of the Mantuan Dukes (1978); H. AVENARY, The Ashkenazi Tradition of Biblical Chant Between 1500 and 1900 (1978); DERS., Encounters of East and West in Music (1979); E. GERSON-KIWI, Melodic Patterns in Ancient Asiatic Rituals, in: Israel Studies in Musicology 2 (Jerusalem 1980). – **3) Das 20. Jh.:** A. U. BOSKOVITCH, La musique israélienne contemporaine et les traditions ethniques, in: Journal of the International Folk Music Council 16 (1964); A. L. RINGER, Musical Composition in Modern I., in: MQ 51 (1965); A. SOLTES, Off the Willows. The Rebirth of Modern Jewish Music (NY 1970); S. HOFMAN, Trends in the Music of Emerging I., in: Kgr.-Ber. Bonn 1970 (Kas 1971); M. BROD – Y. W. COHEN, Die Musik I.s (Kas 1976); P. GRADENWITZ, Musik zwischen Orient und Okzident. Eine Kulturgeschichte der Wechselbeziehungen (W 1977); A. SHILOAH, The Theory of Music in Arabic Writings (Mn 1979).

E. GERSON-KIWI – H. AVENARY – A. SHILOAH

ISTESSO TEMPO, l'istesso tempo, lo stesso tempo (it., = das gleiche Zeitmaß), Tempovorschrift beim Taktwechsel zur Angabe der gleichbleibenden Zeitdauer der Notenwerte (z. B. bei einem Taktwechsel von $^2/_4$ zu $^6/_8$ ♪ = ♪ oder ♩ = ♩., von $^2/_4$ zu $^3/_4$ ♩ = ♩) oder des ganzen Taktes ($^4/_4$ 𝅝 = $^3/_4$ 𝅗𝅥.).

ISTOMIN, Eugene, * 26. 11. 1925 New York; amerik. Pianist. Er studierte am Curtis Institute of Music in Philadelphia und debütierte 1943 als Preisträger beim Philadelphia Orchestra Youth Contest unter Leitung E. Ormandys sowie als Preisträger des E. M. Leventritt Foundation Award mit dem New York Philharmonic Orchestra unter A. Rodzinski. Seit seinem Auftritt – seinem ersten europäischen – zusammen mit P. Casals bei den Festspielen in Prades (1950) konzertiert er in allen Erdteilen. 1961 gründete er mit I. Stern und L. Rose ein Klaviertrio.

ITALIEN. Antike. Von der antiken römischen Musik sind weder musikalische Primärquellen noch theoretische Schriften erhalten; zahlreiche literarische Zeugnisse und bildliche Darstellungen berichten jedoch von der Bedeutung der Musik im Alltagsleben. Sie war auch fester Bestandteil religiöser Feiern, etwa in Form des uralten *Carmen fratrum Arvalium* und des fast ebenso alten rituellen Tanzes, den die Salier (= Tanzpriester) zu Klängen der Tibia im März bei einer Prozession durch die Stadt aufführten. Diese Carmina sind Ausdruck einer eigenständigen römischen Musik; zu ihnen zählen auch die Grabgesänge der Klageweiber, die Volkslieder, von deren großer Zahl und Lebendigkeit noch an manchen Stellen der Dichtung die Rede ist (Vergil, *Georgica* I, 293; Horaz, *Satiren* I, 5,15), und die Tischlieder, die nach dem Zeugnis von Cato dem Älteren (Cicero, *Tusculanes* IV, 3) angestimmt wurden, um die Taten berühmter Männer zu feiern. Die römische Militärmusik wird besonders durch den Einsatz von Blechblasinstrumenten charakterisiert: ↗Cornu (später auch im Amphitheater verwendet), ↗Lituus, ↗Bucina, ↗Tuba.

Vermittelt durch die griechischen Kolonien in Süditalien, übte die griechische Musik wohl von Anfang an einen starken Einfluß auf die weitgehend hellenisierte Kultur der Etrusker aus. Nach der Eroberung des Mittelmeerraums durch die Römer verstärkte sich der Hellenisierungsprozeß besonders auf dem Gebiet der Theatermusik. Die Einführung des griechischen Dramas in Rom durch Livius Andronicus (240 v. Chr.) hatte die Verdrängung einheimischer dichterischer Ausdrucksformen zur Folge, so z. B. der Feszennischen und der Saturnischen Verse. Wie in der Tragödie wechselten auch in der Palliata-Gattung der römischen Komödie Dialogpartien (diverbia) mit dem Gesang lyrischer

Passagen (cantica) ab, die von der Tibia begleitet wurden. In der Kaiserzeit spielte die Musik in der Alltagsszenen imitierenden dialogischen Kunstgattung des Mimus und noch mehr in der Pantomime eine bedeutende Rolle; die musikalische Begleitung der getanzten Handlung bestand nicht mehr nur aus einem Sänger und einem Instrumentalisten, sondern aus einem großen Chor und einem vielfältig zusammengesetzten Instrumentalensemble von Tibiae, Cornua und Lyrae; das Scabillum gab den Rhythmus an. Mit der hellenistischen Kultur erschienen in Rom auch die aus dem Orient stammenden Mysterienreligionen. Bei ihren Zeremonien erklangen der phrygische Aulos und andere fremdländische Instrumente (ägyptische Sistren, Tympana, Klappern, Zimbeln).

Die römische Musiktheorie hat im Vergleich zur griechischen offensichtlich keine Eigenständigkeit erlangt. Obwohl die Musik Bestandteil des Unterrichts und der allgemeinen Bildung war, entstanden die ersten wichtigen Beiträge lateinischer Schriftsteller zur Musiktheorie erst im 4. Jh. n. Chr.: *De musica* des hl. Augustinus, *De nuptiis Mercuri et Philologiae* von Martianus Capella und vor allem die einzigartige Zusammenfassung der antiken Musiklehre durch Boëthius.

Mittelalter. Fast bis zum Ende des 13. Jh. fällt die Geschichte der italienischen Musik mit der des liturgischen Gesanges zusammen. Der *Liber pontificalis* und andere römische Quellen dokumentieren die Tätigkeit der Päpste, die von der 2. Hälfte des 4. Jh. bis zu Gregor I. dem Großen und dessen Nachfolgern an der Festlegung der römischen Liturgie arbeiteten (↗Altrömischer Gesang, ↗Gregorianischer Gesang). Auch der Ursprung des mailändischen Kirchengesangs reicht wahrscheinlich bis in die 2. Hälfte des 4. Jh. zurück und ist eng verknüpft mit dem Werk des hl. Ambrosius, dem auch die Dichtung lateinischer christlicher Hymnen zugeschrieben wird (↗Ambrosianischer Gesang). Eine dritte Ausformung des Kirchengesangs war der Beneventanische Gesang. Ausdruck jener Spiritualität, die sich im Kloster von Montecassino entwickelt hatte. Nach Br. Stäblein ist es wegen der Ähnlichkeiten des Altrömischen, Ambrosianischen und Beneventanischen Gesangs gerechtfertigt, von einer stilistischen Einheit zu sprechen, mit ihrem Hauptmerkmal der reich ausgeschmückten, in kleinen Intervallen kontinuierlich fortschreitenden Melodie. Im 7. Jh. führte das intensivere Bemühen der Päpste um die liturgisch-musikalische Einheit der westlichen Kirche zu einer Reform, die etwa seit dem 8. Jh. mit dem Namen des Papstes Gregor I. verbunden wurde; neueste Forschungen neigen jedoch immer mehr dazu, Gregor nicht als den alleinigen Urheber dieser Reform anzusehen. Der Gregorianische Gesang wurde in kurzer Zeit zur offiziellen Musiksprache der westlichen Kirche.

Im 9.–11. Jh. war der Anteil I.s an der Entwicklung der Musik im Vergleich zu Frankreich und den deutschsprachigen Ländern gering. Im Bereich der Einstimmigkeit leistete I. erst spät seinen eigenen Beitrag zur Geschichte des ↗Tropus, der ↗Sequenz und des liturgischen Dramas: Das Dies irae, das Stabat mater, die Dramen aus Cividale del Friuli sind dafür berühmte Zeugnisse. Dagegen ist es schwer, die Geschichte der weltlichen Musik vor dem 13. Jh. zu rekonstruieren. Ihre Lebendigkeit erhielt sie durch die reichen geistigen Strömungen dieser Zeit: die Scholastik, die Kunst der Spielleute und die Volksmusik. Die wenigen erhaltenen Dokumente stammen ausschließlich aus dem Bereich der scholastischen Kultur (der sog. *Canto delle scolte modenese,* der Prozessionsgesang *O Roma nobilis,* der *Planctus de obitu Karoli* u. a.). Vom Repertoire der Spielleute und von den Volksliedern sind nur die Texte erhalten.

Unter dem Einfluß der franziskanischen Frömmigkeitsbewegung, die Mittelitalien im Lauf der 2. Hälfte des 13. Jh. ergriff und zu einer geistigen Erneuerung führte, entstand die ↗Lauda, die als Endpunkt zahlreicher Entwicklungen in der geistlichen und weltlichen Musik angesehen werden kann. Mit dem Beginn der ↗Ars nova entwickelten sich nun auch übernommene oder eigenständige italienische Formen der Mehrstimmigkeit, die ↗Motette, die ↗Caccia, das ↗Madrigal. Zwar war die Praxis der Mehrstimmigkeit in I. bis dahin nicht unbekannt, wie dies einige wenige, meist indirekte Zeugnisse beweisen, doch beschränkte sie sich auf eine geringe Zahl von Zentren und kleinen Kreisen. Mehrstimmig gesungene lateinische Texte gab es auch im Bereich der Lauden, deren jüngste Teile eine deutliche Entwicklung vom ursprünglich syllabischen zum melismatischen Stil zeigen, der für die neue Mehrstimmigkeit charakteristisch ist. Die italienische Ars nova, die Musik des ↗Trecento, spiegelt den Geschmack und das Empfinden der Gesellschaftskreise wider, die eng mit der Kultur im Umkreis der Universitäten verbunden waren: In Padua wirkten die Theoretiker Marchettus de Padua und Antonio da Tempo; Bologna war die Heimat von Jacopo da Bologna, dem bekanntesten Komponisten der ersten Periode der italienischen Ars nova. Diese Stilepoche erreichte in der vielschichtigen Persönlichkeit Fr. Landinis, des blinden florentinischen Organisten und Meisters der mehrstimmigen ↗Ballata, ihren Höhepunkt, verlor dann aber bald ihre Bedeutung.

Renaissance. Es zeigte sich jetzt, daß die Ars nova,

getragen von einigen wenigen intellektuellen Zirkeln, in der Gesamtentwicklung der italienischen Musik eine Ausnahmeerscheinung war. Sie bedeutete (nach der Vorstellung N. Pirrottas) lediglich die Spitze eines Eisbergs, unter der sich gleichsam das Massiv der improvisierten und demnach nicht schriftlich tradierten Musik verbirgt. So gesehen ist es dann auch nicht erstaunlich, wenn nun, seit etwa 1430, während 50 Jahren die italienische Musik wieder im Dunkel liegt und kaum unmittelbar musikalische Quellen existieren. Es gibt aber viele Belege für ein blühendes Musikleben: Berichte über öffentliche Feste, über Feierlichkeiten in Städten und an den Höfen; groß ist die Zahl der improvisierenden Musiker, unter ihnen L. Giustiniani, der Schöpfer der nach ihm benannten poetisch-musikalischen Gattung der Giustiniana; unverkennbar schließlich ist der Einfluß des Italienaufenthaltes, den ausländische, vor allem franko-flämische Komponisten in ihren Werken spüren lassen. Zu nennen sind hier vor allem J. Ciconia, G. Dufay, Josquin des Prés, A. Willaert und H. Isaac. Wenn gegen Ende des 15. Jh. die italienische Musik in Handschriften und bald danach auch in Drucken wiederauftauchte, so geschah das nicht zuletzt deshalb, weil die Dichter nach der humanistischen Begeisterung zu Beginn des 15. Jh. zur Volkssprache und deren einfachen und prägnanten poetischen Formen zurückkehrten: Canti carnascialeschi, Barzelletta, Frottola, Ballata, Strambotto, Rispetto. Mit diesen Formen arbeiteten Musiker wie B. Tromboncino, M. Cara und Francesco d'Ana; sie gewannen Bedeutung für das gesellschaftliche Leben an Höfen, vor allem am Hof der Gonzaga in Mantua, der von der Persönlichkeit der Isabella d'Este geprägt wurde, und bei den Medici in Florenz, wo A. Poliziano und Lorenzo dei Medici selbst zu den Liebhabern dieser volkstümlichen Kunst zählten; auch andere Zentren (Venedig, Rom, Neapel, Mailand, Urbino u.a.) hatten an dieser Entwicklung großen Anteil. Aber an den Höfen verloren dann diese volkstümlichen Formen immer mehr ihren elementaren und unmittelbaren Ausdruck, der stets der freien Phantasie und der Improvisation offen war. Ihr fortschreitendes Raffinement in Musik und Text führte um 1530 zur Entstehung des ↗Madrigals, in dem sich zwei bis dahin getrennte, ja sogar gegensätzliche Welten begegnen: der strenge Kontrapunkt des Nordens einerseits, die Weichheit der melodischen Linie, das klare Formgefühl und die Klangsinnlichkeit des Südens andererseits. Parallel zum Madrigal entstanden auch weiterhin volkstümliche Gesangsformen: die aus dem Süden stammende und bald in ganz I. verbreitete ↗Villanella, die ↗Kanzonette, das ↗Balletto, die ↗Villota u.a. Auch diese Formen unterlagen einem raschen Prozeß der Umformung; sie wurden das karikaturistische, aber nicht minder affektbetonte Gegenstück zum intellektualistischen Madrigal. Den Höhepunkt dieser Entwicklung bilden die Madrigalkomödien von O. Vecchi und A. Banchieri. In der Krise der kontrapunktischen „Ars perfecta" und bei der Einführung einer neuen Klangsprache gegen Ende des 15. Jh., wie sie theoretisch untermauert wurde durch Fr. Gaffori und später durch G. Zarlino, spielten diese Formen eine bedeutende Rolle, denn sie hatten trotz zunehmender Stilisierung einige ihrer ursprünglichen Charakteristika bewahrt: Betonung der Klangvertikale (homophoner Satz), periodische Rhythmik, Symmetrie der melodischen Phrasen. Rom und Venedig waren im 16. Jh. die Hauptstädte des musikalischen Italiens. Die ↗Römische Schule besaß in C. Festa den ersten Komponisten, der sich mit den franko-flämischen Musikern messen konnte; aus ihr ging G. P. da Palestrina hervor, der größte italienische Komponist der Renaissance. Die Römische Schule war geprägt durch die Bindung an die Kirche und durch die Entscheidungen des Tridentiner Konzils. Dies führte dazu, daß die Entwicklung der Instrumentalmusik stark gehemmt, die der Vokalmusik dagegen begünstigt wurde. Diese war konzipiert nach dem Ideal einer würdigen Ausgeglichenheit der ruhig fortschreitenden Stimmen, der die tridentinischen Forderungen nach Textverständlichkeit in besonderer Weise entsprachen. Demgegenüber konnte die ↗Venezianische Schule ihren eigenen Stil in voller Freiheit ausformen. In den Werken ihrer größten Komponisten (A. Willaert, C. de Rore, A. und G. Gabrieli) markieren bestimmte Charakteristika – Chromatik, klangliche Farbigkeit, effektvolle vokal-instrumentale Stimmenkombination, Mehrchörigkeit, Kleingliedrigkeit des musikalischen Ablaufs – den Übergang von der klassischen Vokalpolyphonie zum konzertierenden Stil des Barockzeitalters.

Neben Venedig, dem Vorposten musikalischen Experimentierens, war auch der Hof der Este in Ferrara ein wichtiger Treffpunkt von bedeutenden Musikern (G. de Wert, L. Luzzaschi) und Dichtern (T. Tasso), deren künstlerisches Wesen in seiner Expressivität und in seinem Raffinement weit von der ruhigen Ausgeglichenheit der Renaissance entfernt war. Die Kultur Ferraras beeinflußte auch andere Kunststätten I.s, so namentlich Mantua, wo seit 1590 Cl. Monteverdi wirkte; enge Verbindung zu Ferrara hatte ferner der bedeutendste neapolitanische Musiker dieser Zeit, C. Gesualdo da Venosa und sein Kreis. Eine besondere Erwähnung verdient in diesem Zusammenhang Florenz, nicht allein wegen seines Beitrags zur Geschichte des Madrigals, sondern auch deswegen, weil der lange und über ganz I. verteilte Vorgang der Entstehung der Oper zunächst hier, in der Stadt der Medici, den fruchtbarsten Boden fand. Dies geschah dank fürstlichen Mäzenatentums (vgl. die Intermedien für die Hochzeit Ferdinands I.) wie auch durch das Interesse, mit dem die Gelehrten und Künstler gemeinsam an die Lösung der brennenden musikalischen Probleme der Zeit herangingen: die Befreiung der musikalischen Sprache von den Zwängen der Polyphonie und die Suche nach einem lebendigeren musikalischen Ausdruck der menschlichen Leidenschaften.

Es war nicht nur die ↗Camerata Fiorentina, die in dem Bemühen um eine Wiederbelebung der antiken griechischen Musik diese neue Sprache erfunden hat. Vielmehr lassen sich Vorformen der Monodie und der Oper während der gesamten Renaissance feststellen: die weitverbreitete Praxis der Bearbeitung mehrstimmiger Vokalsätze für eine Singstimme und Instrumente (↗Intavolieren); die Einführung von Vokalmusik in die Komödien; die ständig wachsende Vorherrschaft der Intermedien in den Schauspielen; vor allem die reich mit Musik versehene Gattung der „Favola pastorale", die als die direkte Vorläuferin der Oper zu gelten hat.

Die Entwicklung der Instrumentalmusik trug gleichermaßen zu der im 16. Jh. von Italien ausgehenden musikalischen Erneuerung bei. Nach und nach führte die Intavolierungspraxis für Laute und Tasteninstrumente zu einer eigenständigen Literatur. Ihre ersten großen Vertreter waren die Lautenisten Fr. Spinacino und Francesco da Milano sowie die Organisten M. A. und G. Cavazzoni, dann A. Padovano, Cl. Merulo und die beiden Gabrieli. Die instrumentalen Gattungen waren teilweise Tanzsätze (Pavane, Gagliarde, Saltarello, Passamezzo), teilweise waren sie entstanden in Anlehnung an vokale Formen (↗Kanzone) oder als schriftliche Fixierung instrumentaler Spieltechniken und Improvisationen (Fantasia, Toccata, Ricercar). Auch die instrumentale Ensemblemusik für Streicher und für Bläser erfuhr in der 2. Hälfte des 16. Jh. entscheidende Impulse, besonders in der Gegend von Venedig durch das Schaffen von A. Padovano, Fl. Maschera und vor allem von G. Gabrieli, der auch auf diesem Gebiet den Übergang von der Renaissance zum Barock repräsentiert. Der musikalischen Entwicklung entspricht die Entwicklung der Instrumente: Es entstanden die berühmten Dynastien von Orgelbauern (u. a. die Antegnati) und von Geigenbauern (Amati, Guarneri, Stradivari), die der Violine, dem führenden Instrument des musikalischen Barock, ihre endgültige und vollendete Gestalt gaben.

Barock. Die Oper, die Kantate, das Oratorium – das sind die Hauptgattungen, in denen nun die neue Sprache in Erscheinung tritt. Die Oper – ihren Beginn markiert die Aufführung der *Euridice* von O. Rinuccini und J. Corsi mit der Musik von J. Peri am 6. 10. 1600 im Palazzo Pitti in Florenz – fand jedoch in dieser Stadt keinen sonderlich günstigen Boden für weiteres Wachstum, sondern zunächst in Mantua. Hier steigerte Monteverdi in seinem *Orfeo* 1607 den Stile rappresentativo zu einer dramatischen Kraft, wie sie den Florentiner Musikern unbekannt war. Als Opernstädte kamen dann Rom und Venedig hinzu, die so auch im 17. Jh. ihre Bedeutung als Hauptzentren der Musik wahrten.

In Rom war es vor allem die Familie Barberini, die als Mäzen die Oper förderte; nicht zuletzt mit der Absicht, die anstößigen Aufführungen der Commedia dell'arte zu verdrängen. Im weiteren Verlauf des 17. Jh. entwickelte sich die Oper nach mehreren Richtungen hin: Sie erschloß sich neue Themenkreise, neben den traditionellen mythologischen und pastoralen Intrigen wurden auch Sujets aus Epos und Heldensage beliebt; die Zahl der Mitwirkenden wurde größer, die Handlung komplexer, und es entstand eine musikalische Komödie, in der sich moralisierende und komische, literarische und volkstümliche, dichterische und realistische Elemente vermischten: In Venedig nahm die Oper einen ganz anderen Weg als in Rom. Opernaufführungen fanden hier nicht in aristokratischen Sälen, sondern in öffentlichen Theatern statt, die Gattung tendierte zum Wunderbaren und Phantastischen und wurde zu einer Art Konzertoper ohne dramatische Schlüssigkeit.

Die Kantate, das Gegenstück der Oper im Bereich der Kammermusik, erfuhr eine entsprechende Entwicklung. Mit Wurzeln in der Florentiner Monodie (G. Caccini, *Le nuove Musiche*) und beeinflußt auch von Monteverdi, erhielt sie ihre gleichsam klassische Ausprägung in den Werken von L. Rossi, G. Carissimi, A. Cesti und A. Stradella. Das Oratorium kam erst später und in zweifacher Weise zur Entfaltung, als lateinisches Oratorium mit Carissimi als Hauptvertreter und als italienisches Oratorium, dessen Blüte bis weit ins 18. Jh. hinein reichte. Beide Typen standen in ihren Anfängen in enger Berührung mit den für die italienische Frömmigkeitsgeschichte bedeutsamen religiösen Erneuerungsbestrebungen der Bruderschaften in der Nachfolge F. Neris. Auf dem Gebiet der katholischen Kirchenmusik blieb I. auch im Barock führend und vorbildlich. Charakteristisch war seit Anfang des 17. Jh. das Nebeneinander und die mannigfachen Berührungen von a cappella- und konzertierendem Stil. Im späteren 17. und im 18. Jh. fanden vielerorts, namentlich bei den Meistern der ↗Neapolitanischen Schule, musikalische Satz- und Ausdruckselemente der Oper Eingang auch in die Kirchenmusik.

In der Musik für Tasteninstrumente faßte G. Frescobaldi in seinem Schaffen noch einmal die stilistischen Errungenschaften der Renaissance zusammen. Die Musik für Streicher blieb dagegen lange in einem Stadium des Experimentierens. Erst während der 2. Hälfte des 17. Jh. kristallisierten sich die Gattungen der Sonata da chiesa, der Sonata da camera (↗Sonate) und des instrumentalen ↗Concerto heraus. Zwei Städte spielten dabei eine entscheidende Rolle: Venedig mit B. Marini und G. Legrenzi und Bologna mit M. Cazzati, G. B. Vitali, G. Torelli und vor allem A. Corelli (↗Bologneser Schule), der die Sonata und das Concerto (↗Concerto grosso) zu ihrem Höhepunkt brachte.

Im Laufe des 17. Jh. machte sich bei den italienischen Musikern ein immer strengeres Formgefühl bemerkbar und, parallel dazu, ein stärkeres Tonalitätsbewußtsein. Beispielhaft für diese Entwicklung ist das Schaffen von A. Scarlatti. Bei diesem erhielt die Vokalmusik – Oper, Oratorium, Kantate – sozusagen feste Formgerüste, die im Prinzip noch während des ganzen 18. Jh. unverändert beibehalten wurden (↗Rezitativ, ↗Arie, ↗Da capo-Arie). Eine Tendenz zur Typisierung zeigt sich deutlich auch in der Librettistik, wo vor allem A. Zeno eine konsequente Trennung des ernsten und heiteren Stils anstrebte. Die Eliminierung der komischen Episoden aus den historisch-mythologischen Opernhandlungen führte schließlich zur Entstehung der Opera buffa. Diese neue Gattung fand schnell Anklang bei einem breiten Publikum und auch über die Grenzen I. hinaus (↗Opéra-comique, ↗Buffonistenstreit u. a.). Opera seria und Opera buffa wurden zudem Gegenstand philosophischer und ästhetischer Überlegungen, bei denen Begriffe wie Wahrheit, Natürlichkeit als Kriterien für die Beurteilung des Ausdrucks in der Oper bedeutsam wurden. Das Streben nach klarem und natürlichem Ausdruck verwirklichte sich vollendet im Schaffen der verschiedenen Generationen der ↗Neapolitanischen Schule (Fr. Provenzale, A. Scarlatti, L. Leo, L. Vinci, G. B. Pergolesi, J. A. Hasse, N. Jommelli, N. Porpora u. a.).

Auch im Bereich der Instrumentalmusik zeigt sich jenes starke Tonalitätsbewußtsein und strenge Formgefühl. Hier ist vor allem A. Vivaldi zu nennen mit seiner für die Zukunft vorbildlichen Ausprägung der dreiteiligen Konzertform mit der Satzfolge Allegro – Adagio – Allegro.

Die Zeit der Wiener Klassik. Die Wiener ↗Klassik hatte starke Wurzeln in Italien. Die künstlerische Entwicklung von J. Haydn und besonders von W. A. Mozart ist wie die aller ihrer deutschen Zeitgenossen ohne die enge Berührung mit der italienischen Musik nicht denkbar, zumal ja Wien bis ins frühe 19. Jh. hinein geradezu eine Hochburg des Italianismus war. Hier und anderswo erlebte auch weiterhin die Oper (und parallel dazu das Oratorium) im neapolitanischen Stil eine Hochblüte mit den Werken von N. Piccinni, G. Paisiello, A. Sacchini, D. Cimarosa u. a. Beträchtlich war nach wie vor der Anteil italienischer Komponisten an der Instrumentalmusik dieser Zeit. Namentlich sind hier zu nennen G. B. Sammartini mit seinem Beitrag zur Entwicklung der Symphonie und G. B. Platti, G. M. Rutini und P. D. Paradisi mit ihren dem galanten Stil verpflichteten Sonaten. Gleichwohl erschienen in dieser Epoche, in der die größten italienischen Komponisten außerhalb ihrer Heimat lebten und wirkten, die ersten Zeichen eines Niedergangs, von dem die italienische Instrumentalmusik des folgenden Jahrhunderts betroffen wurde, nachdem sie mit L. Boccherini noch einmal einen letzten Höhepunkt erreicht hatte.

19. Jahrhundert. Die Gründe für die geradezu erdrückende Hegemonie der Oper im italienischen Musikleben der 1. Hälfte des 19. Jh. liegen sicher in der Eigenart einer italienischen Romantik, die nicht wie anderswo mit dem Rationalismus des 18. Jh. brach, sondern aus ihm positive Konsequenzen zog durch eine lebendige Beziehung zur Realität und sich so als wesenhaft demokratisch erwies. Es war die Oper, in der diese Geisteshaltung ihren besonderen Ausdruck fand und damit einem fundamentalen Bedürfnis gerecht wurde: die gerade in I. krasse Trennung zwischen der Kultur des Volkes und der der Eliten zu überwinden dank einer Kunstform, die breiten Bevölkerungsschichten die Teilnahme an den neuen Ideen gestattete, die damals ganz Europa beherrschten. Daß diese Ideen in I. populär wurden, daran sind nicht zuletzt die italienischen Opernlibretti des 19. Jh. beteiligt, in denen die Dramen von Fr. von Schiller, Lord Byron und V. Hugo allgemeinverständlich verbreitet wurden. Und in der Oper fand dann auch die kraftvolle italienische Einigungsbestrebung des Risorgimento ihren wichtigsten künstlerischen Ausdruck. Der Charakter der Oper als einer Kunstform für die Massen läßt sich an der großen Zahl der italienischen Opernkomponisten dieser Zeit messen. Neben den „großen Vier" – G. Rossini, V. Bellini, G. Donizetti und G. Verdi – steht eine Menge anderer Autoren wie G. Mercadante, G. Pacini, N. Vaccai, L. und F. Ricci, Alfredo Catalani, die unermüdlich arbeiten mußten, um die ständige Nachfrage des Opernbetriebs zu befriedigen. Von hier aus gesehen ist es nicht weiter erstaunlich, wenn in den 70er Jahren des 19. Jh., nachdem der Elan des Risorgimento sich erschöpft hatte, die italienische Musik in eine Krise geriet und kaum neue Wege finden konnte. Auch die Bemühungen einiger Komponisten, die sich programmatisch „Giovane Scuola Italiana" nannten und sich dem Naturalismus des ausgehenden 19. Jh. verpflichtet fühlten (U. Giordano, P. Mascagni, R. Leoncavallo, G. Puccini), bedeuteten keine wirkliche Erneuerung. Mit Ausnahme Puccinis blieben sie im wesentlichen auf den engen Bereich einer veristischen Oper beschränkt (↗Verismo).

Erst in den letzten Jahrzehnten des 19. Jh. vermochte sich das italienische Musikleben aus seiner Enge zu befreien. Nach der nationalen Einigung (1870) förderten die neuen sozialen Bedingungen in starkem Maße wieder den Sinn für die Instrumentalmusik. In vielen Städten entstanden Konzertgesellschaften, bildeten sich Kammermusikvereinigungen und Orchester, und Virtuosen-Komponisten wie G. Sgambati und G. Martucci machten das italienische Publikum mit den Werken der europäischen Musik von Mozart bis R. Wagner vertraut, während sie in ihren eigenen Werken den Anschluß an diese Tradition suchten.

20. Jahrhundert. Wenn auch diese Aktivitäten insgesamt in ihren schöpferischen Resultaten nur bescheiden blieben, hatten sie doch das große Verdienst, die inzwischen entstandene Kluft zwischen der italienischen und der übrigen europäischen Musikkultur beträchtlich zu verringern. Von nun an hatte Italien teil an der allgemeinen Erneuerung der musikalischen Sprache und des musikalischen Ausdrucks. Zudem begann die musikgeschichtliche Forschung in I., vollständig vergessene Bereiche der Musik der Vergangenheit neu zu entdecken – die Vokalpolyphonie der Renaissance, die Instrumentalmusik des 17. und 18. Jh. –, und erschloß damit den Komponisten der Gegenwart eine neue Inspirationsquelle. Die volle Teilhabe an den aktuellen musikalischen Strömungen und die Entdeckung der eigenen nationalen musikalischen Vergangenheit, dies sind sozusagen die beiden Seelen der italienischen musikalischen Erneuerung (M. Mila). Die Synthese dieser gegensätzlichen Elemente ist besonders evident im Schaffen von A. Casella, das große Affinität zu den objektivistischen und neoklassizistischen Strömungen in der übrigen europäischen Musik in der Zeit 1920–40 aufweist. Der Sinn für die Musik der Vergangenheit inspirierte auch den Stil der anderen um 1880 geborenen italienischen Komponisten, I. Pizzetti und G. Fr. Malipiero. Bei Pizzetti prägt der Gregorianische Gesang die strenge Vokalität, bei Malipiero der venezianische Barock die Phantasmagorien einer sehr persönlichen Musiksprache. Eine Sonderstellung nimmt der gleichaltrige O. Respighi ein; mit seinen symphonischen Dichtungen, die starke Einflüsse Debussys zeigen, errang er als einziger italienischer Komponist seiner Generation Weltruhm. Die Musik der nächsten Generation blieb bis zum 2. Weltkrieg grundsätzlich diatonisch. Als erster öffnete sich L. Dallapiccola nach und nach der Zwölftontechnik, bis er sie schließlich mit einer gegenüber der Wiener Schule ganz unterschiedlichen Ausdruckshaltung verwendete.

In der Nachkriegszeit nach 1945 entstanden in I. intensive Bemühungen, die vom Faschismus verursachte künstlerische Stagnation zu überwinden. Dabei standen sich zwei Lager gegenüber: die Verfechter einer totalen Chromatik auf der einen Seite – diejenigen einer primär diatonischen Musik auf der anderen Seite. G. F. Ghedini und G. Petrassi sind deren bedeutendste Repräsentanten. Petrassi allerdings näherte sich in den 50er Jahren der Dodekaphonie: ein Zeichen für die Überwindung dieser Polarität zugunsten einer neuen Problematik, die viel tiefgreifender die musikalische Sprache verändern sollte. An dieser zweiten Phase des musikalischen Avantgardismus sind italienische Komponisten entscheidend beteiligt, u. a. R. Malipiero, Br. Maderna, L. Nono, L. Berio, Aldo Clementi, Fr. Evangelisti, Fr. Donatoni, Domenico Guaccero, S. Bussotti, Mario Bertoncini, Giovanni Carlo Ballola, N. Castiglioni, G. Manzoni und G. Sinopoli.

Volksmusik. Das Fehlen einer eigentlichen Massenkultur bis zum 19. Jh. und der hauptsächlich bäuerliche Charakter der italienischen Wirtschaft bis zum 2. Weltkrieg haben die Bewahrung eines alten, reichen und vielfältigen volksmusikalischen Erbes begünstigt, das jedoch in den letzten Dezennien durch die Einflüsse der industriellen Zivilisation ernstlich bedroht ist. Im italienischen Volksgesang lassen sich (nach einer älteren Theorie von Costantino Nigra) eine gallo-keltische Zone unterscheiden (die ehemalige „Gallia cisalpina"), für die das episch-lyrische Lied charakteristisch ist, und eine eigentliche mediterrane Zone, die Domäne des lyrisch-einstrophigen Gesangs (Strambotto, Rispetto, Stornello). Dieses keineswegs willkürliche, aber doch extrem simplifizierende Schema wurde nach und nach durch die Einbeziehung anderer poetisch-musikalischer Formen erweitert. Zu nennen sind hier vor allem die religiösen Gesänge der mittelitalienischen Regionen (Abruzzen und vor allem Umbrien), ferner die Refrainlieder, die Arbeitsgesänge, die Wiegenlieder, die Totenklagen, die Gesänge und Tänze zu Gebräuchen im Jahreslauf: Karneval, Frühling, Ernte usw. Unter diesen verdienen die mittelitalienischen „Maggi“ (aus den toskanisch-emilianischen Apenninen) – teils als lyrische Sühnegesänge, teils als dramatische Darbietungen gestaltet – besonderes Interesse. Was den rein musikalischen Aspekt der Volksmusik angeht, herrscht solistischer Gesang mit durchdringend scharfer Tonbildung in den norditalienischen Ebenen vor, während in den Bergregionen (Apenninen und Alpen) chorischer Gesang weit verbreitet ist. Darüber hinaus haben sich auch noch sehr komplexe Arten einer archaischen Mehrstimmigkeit erhalten: die Tasgia auf Sardinien (wo noch ein wahrscheinlich bereits im alten Ägypten verwendetes Doppelrohrblattinstrument als ↗Launéddas existiert) und der Trallalero in Ligurien; beide sind 5stimmig. In den Marken und in Umbrien pflegt man dagegen einen 2st. Gesang, der auf dissonierenden Intervallen basiert, den Canto a vatoccu.

Institutionen. Zu den wichtigsten Einrichtungen des italienischen Musiklebens zählen der Rundfunk (RAI) mit seinen Orchestern in Rom, Mailand, Turin und Neapel, die Opernhäuser der großen Städte (Teatro alla Scala in Mailand, Teatro San Carlo in Neapel, Teatro dell' Opera in Rom, Teatro La Fenice in Venedig, Teatro Massimo in Palermo, Teatro Comunale in Florenz, Teatro Comunale in Bologna) sowie die Accademia Nazionale in Rom. International bekannte Instrumentalensembles sind I Musici di Roma, I Virtuosi di Roma und das Quartetto Italiano.

Neben den regelmäßigen Theater- und Konzertveranstaltungen gibt es bedeutende Festspielveranstaltungen, u.a. den Maggio Musicale in Florenz, den Autunno Musicale in Neapel, das Festival Sagra Musicale Umbra in Perugia und in anderen Städten Umbriens, die Settimane Musicalī in Siena, das Festival dei Due Mondi in Spoleto, die Biennale in Venedig und das Festival dell'Opera Lirica in Verona. Mit Ausnahme der Veranstaltungen des Rundfunks werden diese Aktivitäten (auch diejenigen kleinerer Zentren) vom Staat subventioniert.

Bekannte Konservatorien, deren ältestes, das Ospedale della Pietà in Venedig, bereits im 14. Jh. gegründet wurde und die in der Regel nach berühmten italienischen Komponisten benannt sind, bestehen heute in Bari (N. Piccinni), Bologna (G. B. Martini), Bozen (Cl. Monteverdi), Cagliari (P. L. da Palestrina), Florenz (L. Cherubini), Mailand (G. Verdi), Neapel (San Pietro a Maiella), Palermo (V. Bellini), Parma (A. Boito), Pesaro (G. Rossini), Rom (S. Cecilia), Turin (G. Verdi), Triest (G. Tartini) und Venedig (B. Marcello). Die meisten dieser Institutionen sind außerdem für ihre teilweise auch an älteren musikalischen Quellen reichen Bibliotheken bekannt. Von Bedeutung sind als musikalische Ausbildungsstätten ferner das Pontificio Istituto di Musica Sacra in Rom und die private Accademia Musicale Chigiana in Siena. Die musikwissenschaftliche Forschung, die lange Zeit privater Initiative überlassen blieb, beginnt erst langsam an den Universitäten Fuß zu fassen. Der erste Lehrstuhl für Musikwissenschaft wurde 1957 an der Universität Rom eingerichtet; andere Lehrstühle für Musikwissenschaft bestehen an den Universitäten in Florenz, Palermo, Mailand und Turin. Für die Musikforschung hoch bedeutsame Bibliotheken befinden sich in Assisi, Bologna, Florenz, Genua, Mailand, Messina, Modena, Neapel, Padua, Rom, Turin und Venedig (↗Musikbibliotheken). Hervorzuheben ist schließlich noch in diesem Zusammenhang die Musikabteilung des Deutschen Historischen Instituts in Rom, deren Hauptaufgabe die Erforschung der Beziehungen zwischen der italienischen und deutschen Musik der Vergangenheit und Gegenwart ist.

Lit.: **1) Bibliographien:** P. LICHTENTHAL, Dizionario e bibliografia della musica, 4 Bde. (Mi 1826); E. VOGEL, Bibliogr. der gedruckten weltlichen Vocalmusik I.s aus den Jahren 1500–1700, 2 Bde. (B 1892), teilweise revidiert v. A. Einstein (1945–48) (Nachdr. Hil 1962, NA Pomecia 1977), weitere Ergänzungen v. E. Hilmar, L. Bianconi bzw. I. Fenlon, in: Anal. Mus. 4 (1967), 5 (1968), 9 (1970), 12 (1973), 15 (1975) u. 17 (1976); G. u. C. SALVIOLI, Bibliogr. universale del teatro drammatico italiano 1 (V 1903); G. BUSTICO, Bibliogr. delle storie e cronistorie dei teatri italiani (Domodossola 1913, Mi ²1929); C. SARTORI, Bibliogr. della musica strumentale italiana stampata in Italia fino al 1700, 2 Bde. (Fi 1952–68); D. CARPITELLA, Rassegna bibliogr. degli studi di etnomusicologia in Italia dal 1945 a oggi, in: AMl 32 (1960); A. CIONI, Bibliogr. delle sacre rappresentazioni (Fi 1961); Bibliotheca musicae, hrsg. v. C. SARTORI (Mi 1962 ff.); P. TOSCHI, Guida allo studio delle tradizioni popolari (Tn 1962); Bibliogr. der Aufsätze zur Musik in außermusikal. it. Zschr.en, in: Anal. Mus. 1 u. ö. (1963 ff.); V. L. HAGOPIAN, Italian Ars Nova Music. A Bibliographical Guide to Modern Editions and Related Literature (Berkeley/Calif. – Los Angeles 1964); F. DEGRADA, Indici della RMI 36–57 (1929–1955) (Fi 1966); K. JEPPESEN, La frottola. Bemerkungen zur Bibliogr. der ältesten weltlichen Notendrucke in I. (Kop 1968). – **2) Denkmälerausg.:** Raccolta di musica sacra, 7 Bde. (R 1841–46); Biblioteca di rarità musicali, hrsg. v. O. CHILESOTTI, 9 Bde. (Mi 1883–1915); L'arte musicale in Italia … dal secolo XIV al XVIII, hrsg. v. L. TORCHI, 7 Bde. (Mi 1897–1907, ²1968); I classici della musica italiana, hrsg. v. G. F. MALIPIERO – C. PERINELLO – I. PIZZETTI – F. B. PRATELLA, 36 Bde. (Mi 1919–21); Istituzioni et monumenti dell'arte musicale italiana, 1. Reihe, 6 Bde. (Mi 1931–39), 2. Reihe (1957 ff.); Capolavori polifonici del secolo XVI, hrsg. v. B. SOMMA (R 1939 ff.); Polifonia vocale sacra e profana del secolo XVII, hrsg. v. DEMS. – L. BIANCHI (R 1940 ff.); Musiche vocali e strumentali sacre e profane del secoli XVII–XIX, hrsg. v. DENS. (R 1941 ff.); I classici musicali italiani, hrsg. v. G. BENVENUTI, 15 Bde. (Mi 1941–43); Pubblicazioni dell'Istituto Italiano per la Storia della Musica (R 1941 ff.); Monumenta polyphoniae Sanctae Ecclesiae Romanae, hrsg. v. L. FEININGER (R 1947 ff.); Monumenta liturgicae polychoralis Sanctae Ecclesiae Romanae, hrsg. v. DEMS. (R 1950 ff.); Maestri bolognesi (Bol 1953 ff.) (= Publicazioni della Bibl. del Conservatorio G. B. Martini in Bologna); The Music of 14th Century Italy, hrsg. v. N. PIRROTTA, 5 Bde., (R 1954ff.); Classici italiani di musica, hrsg. v. A. BONACCORSI (R 1957ff.); Archivium musices metropolitanum Mediolanense, hrsg. v. L. MIGLIAVACCA (Mi 1958ff.) (zus. mit A. Ciceri u. E. Consonni); Monumenti di musica italiana, hrsg. v. O. MISCHIATI – G. SCARPAT – F. L. TAGLIAVINI (Brescia – Kas 1961ff.); Collana di musiche veneziane inedite o rare (Mi 1962ff.); Antiquae musicae Italicae bibliothecae: Monumenta (Bol 1962ff.); Monumenti musicali mantovani, hrsg. v. C. GALLICO (Mantua – Kas 1965); Musiche rinascimentali siciliane, hrsg. v. P.E. CARAPEZZA (R 1970ff.). – **3) Studien zur Musik: a)** Umfassende Werke, auch über einzelne Gattungen u. Bereiche: CH. BURNEY, The Present State of Music in France and Italy (Lo 1771, [2]1773, dt. H 1772, Faks.-Ausg. Kas 1959) (= DMl I/19); E. ARTEAGA, Le rivoluzioni del teatro musicale italiano, 3 Bde. (Bol 1783, [2]1785, dt. L 1789); A. GOUDAR, Le briganage de musique italienne (P 1777, Nachdr. G 1972); C. NIGRA, Canti popolari del Piemonte (Tn 1888, [2]1957); A. SOLERTI, Gli albori del melodramma (Palermo – Mi 1904–05); G. PANNAIN, Le origini della scuola napoletana (Neapel 1914); V. DE BARTHOLOMAEIS, Origini della poesia drammatica italiana (Bol 1924, Tn [2]1952); F. LIUZZI, La lauda e il primordi della melodia italiana, 2 Bde. (R 1935); A. DELLA CORTE – G. PANNAIN, Storia della musica, 2 Bde. (Tn 1936, [4]1964); M. BARBI, Poesia popolare italiana. Studi e proposte (Fi 1939); F. BALILLA PRATELLA, Primo documentario per la storia dell'etnofonia in Italia, 2 Bde. (Udine 1941); F. ABBIATI, Storia della musica, 5 Bde. (Mi 1941–46, [2]1967–68); D. ALALEONA, Storia dell'oratorio musicale in Italia (Mi (1945); A. EINSTEIN, The Italian Madrigal, 3 Bde. (Princeton/N.J. 1949, Nachdr. 1970, dt. Z 1952); R. LUNELLI, Der Orgelbau in I. ... (Mz 1956); A. FAVARA, Corpus di musica popolare siciliana, 2 Bde. (Palermo 1957); Analecta musicologica (= Veröff. der Musikabt. des Dt. Hist. Inst. in Rom) (Kö – Gr – W 1963ff.); G. COLARIZI, L'insegnamento della musica in Italia (R 1967); New Looks at Italian Opera. FS D.J. Grout (Ithaca/N.Y. 1968); A. CASELLI, Catalogo delle opere liriche pubblicate in Italia (Fi 1969); G. GUALERZI – C. MARINELLI ROSCIONI, Wagner in Italia, 1871–1971 (V 1971); C. SARTORI, Die it. Musikbibliotheken, in: FAM 18 (1971); S. GALATOPOULOS, Italian Opera (Lo 1971); P.E. CARAPEZZA, Scuola polifonica siciliana. Musiche strumentali didattiche (R 1971); M. ROBINSON, Naples and Neapolitan Opera (O 1972). – **b) MA u. Renaissance:** F. HABERL, Die römische Schola cantorum u. die päpstlichen Kapellsänger bis zur Mitte des 16. Jh., in: VfMw 3 (1887); K. JEPPESEN, Die mehrst. it. Lauda um 1500 (L – Kop 1935); DERS., Die it. Orgelmusik am Anfang des Cinquecento (Kop 1943, [2]1960); W. H. RUBSAMEN, Literary Sources of Secular Music in Italy (ca. 1500) (Berkeley/Calif. 1943, Nachdr. NY 1973); W. T. WORSTHORNE, Venetian Opera in the 17th Century (O 1954); K. VON FISCHER, Stud. z. Musik des it. Trecento u. frühen Quattrocento (Be 1956); DERS., On the Technique, Origine and Evolution of Italian Trecento Music, in: MQ 47 (1961); Ars nova italiana del Trecento 1–3, hrsg. v. F.A. GALLO (Certaldo 1962–70); N. BRIDGMAN, La vie musicale au Quattrocento et jusqu'à la naissance du madrigal (P 1964); Chanson and Madrigal 1480–1530, hrsg. v. J. HAAR (C/M 1964); R. STROHM, Neue Quellen zur liturg. Mehrstimmigkeit des MA in I., in: RIMus 1 (1966); N. PIRROTTA, Ars nova e stile nuovo, in: ebd.; R. FLOTZINGER, Die Gagliarda italiana, in: AMl 39 (1967); G. WEISS, Zur Rolle I.s im frühen Tropenschaffen, in: FS B. Stäblein (Kas 1967); N. PIRROTTA, Li due Orfei, da Poliziano a Monteverdi. Studi sul teatro et la musica del Rinascimento (Tn 1969); A. A. ABERT, Die Barockoper. Ein Ber. über die Forsch. seit 1945, in: AMl 41 (1969); W. OSTHOFF, Theatergesang u. darstellende Musik in der it. Renaissance, 2 Bde. (Tutzing 1969) (= Münchner Veröff. z. Musikgesch. 14); Congresso internazionale ... C. Monteverdi e il suo tempo, hrsg. v. R. MONTEROSSO (V – Mantua – Cremona 1969); B. R. HANNING, The Influence of Humanist Thought and Italian Renaissance Poetry on the Formation of Opera (1969) (= Diss. Yale Univ./Conn.); F. TESTI, La musica italiana nel Medioevo e nel Rinascimento, 2 Bde. (Mi 1969); D. KÄMPER, Stud. zur instr. Ensemblemusik des 16. Jh. in I. (Kö 1970) (= Anal. Mus. 10); V. RAVIZZA, Das Instrumentalensemble v. 1400–1550 in I. Wandel eines Klangbildes (Be – St 1970) (= Publikationen der Schweizerischen Musikforschenden Ges. 2/21); F. GHISI, Studi e testi di musica italiana dall'ars nova a Carissimi (Bol 1971); V. SCHERLIESS, Musikal. Noten auf Kunstwerken der it. Renaissance bis zum Anfang des 17. Jh. (H 1972) (= Hamburger Beitr. z. Musikwiss. 8); N. PIRROTTA, Novelty and Renewal in Italy, 1300–1600, in: Stud. z. Tradition in der Musik. FS K. von Fischer (Mn 1973); K. VON FISCHER, The Sacred Polyphony of the Italian Trecento, in: Proc. R. Mus. Assoc. 100 (1973/74); E. SELFRIDGE-FIELD, Venetian Instrumental Music from Gabrieli to Vivaldi (O 1975); K. BERGER, Theories of Chromatic and Enharmonic Music in Italy in the Second Half of the Sixteenth Century (1975) (= Diss. Yale Univ./Conn.); L. LOCKWOOD, J. Mouton and J. Michel. French Music and Musicians in Italy 1505–1520, in: JAMS 32 (1979). – **c) 17.–19. Jh.:** L. TORCHI, La musica strumentale italiana nei secoli XVI, XVII e XVIII, in: RMI 4–7 (1897–1900); H. GOLDSCHMIDT, Stud. zur Gesch. der it. Oper im 17. Jh. (L 1901, Nachdr. Hil 1967); K. G. FELLERER, Der Palestrinastil u. seine Bedeutung in der vokalen Kirchenmusik des 18. Jh. (Au 1929); F. TORREFRANCA, Le origini italiani del Romanticismo musicale (Tn 1930); H. CH. WOLFF, Die venezianische Oper in der 2. Hälfte des 17. Jh. (B 1937); J. RACEK, Stilprobleme der it. Monodie (Pr 1965); R. PAGANO, La vita musicale a Palermo e nella Sicilia del Seicento, in: NRMI 3 (1969); O. TIBY, I polifonisti siciliani del 16 e 17 secolo (Palermo 1969); E. SELFRIDGE, Venetian Instrumental Ensemble Music in the 17th Century (Diss. O 1969); B. FRIEDLAND, Italy's Ottocento. Notes from the Musical Underground, in: MQ 56 (1970); R. HUDSON, The Concept of Mode in Italian Guitar Music During the First Half of the 17th Century, in: AMl 42 (1970); P. SANTI, Passato prossimo e remoto nel rinnovamento musicale italiano del novecento, in: Studi musicali 1 (1972); I. MAMCZARZ, Les intermèdes comiques italiens au XVIIIe siècle en France et en Italie (P 1972); F. TESTI, La musica italiana nel Seicento (Mi 1972); I. HORSLEY, Symposium on Seventeenth-Century Music Theory. Italy, in: JMTh 16 (1972). – **d) 20. Jh.:** G. BASTIANELLI, La crisi musicale europea (Pistoia 1912); I. PIZZETTI, Musicisti contemporanei (Mi 1914); G. M. GAFFI, Musicisti moderni d'Italia e di fuori (Bol 1920); A. SCHERING, Gesch. des Instrumentalkonzerts bis auf die Gegenwart (L 1927, Nachdr. Hil 1965, 1972); H. MERSMANN, Die moderne Musik seit der Romantik (Pd 1927, Nachdr. Laab 1979) (= Hdb. der Musikwiss., hrsg. v. E. Bücken, I); D. DE PAOLI, La musica contemporanea (R 1952); M. BORTOLOTTO, The New Music in Italy, in: MQ 51 (1965); DERS., Fase seconda. Studi sulla nuova musiche (Tn 1969); F. GOLDBECK, Twentieth Century Composers 4: France, Italy and Spain (Lo 1974).

R. DI BENEDETTO

ITALIENERIN IN ALGIER, DIE *(L'Italiana in Algeri),* Opera comica in 2 Akten von Gioacchino Rossini (1792–1868), Text von Angelo Anelli (1761–1820). Anelli schrieb den Text ursprünglich für Luigi Mosca, dessen Oper am 16. 8. 1808 in Mailand (Scala) uraufgeführt wurde. Ort und Zeit der Handlung: Palast des Bey Mustapha von Algier und algerische Küste, im 17. Jahrhundert. UA: 22. 5. 1813 in Venedig (Teatro San Benedetto), dt.

EA (in ital. Sprache): 18. 6. 1816 in München (erste Rossini-Oper in Deutschland); EA in dt. Sprache: 6. 9. 1818 in Stuttgart, (Übers.: J. C. Grünbaum). Die Italienerin Isabella gerät bei dem Versuch, ihren Geliebten Lindoro aus der Hand des türkischen Bey Mustapha von Algerien zu befreien, selbst in dessen Gewalt. Durch eine List gelingt die Flucht der Gefangenen: Sie ernennen den Bey zum Mitglied des Ordens der „Pappataci" und verpflichten ihn zur Einhaltung der Ordensregeln (nichts zu sehen, nichts zu hören, sich fremden Glücks zu freuen). Es gelingt den Italienern, unbehelligt ein Schiff zu rüsten und zu fliehen. Die spritzige Buffo-Oper entstand, neben 3 weiteren Opern Rossinis, 1813. Als Konzertstück beliebt ist die Ouvertüre dieser nicht häufig gespielten, aber nie aus dem Repertoire ausgeschiedenen Oper. In neuerer Zeit waren ihre brillanten Koloraturarien Paradenummern der Mezzosopranistin Giulietta Simionato.

R. QUANDT

ITE MISSA EST (lat., = gehet, es ist die Entlassung), Entlassungsruf des Priesters am Ende der lateinischen ↗Messe, dem die Gemeinde mit *Deo gratias* antwortet. (In der österlichen Zeit mit *Alleluja* nach Ruf und Antwort). In der Messe in dt. Sprache heißt der Dialog seit dem 2. Vatikanischen Konzil *Gehet hin in Frieden – Dank sei Gott, dem Herrn.* Das I. ist seit dem 7.–8. Jh im römischen Ritus bezeugt; im ambrosianischen, mozarabischen und gallikanischen waren andere Entlassungsformeln üblich (z. B. *Missa acta est* im gallikanischen Ritus, wo „Missa" bereits als Bz. für die gesamte Meßfeier steht). Das I. wurde vor allem an Festtagen gebraucht, an denen das Gloria gesungen wurde (also nicht in der Fastenzeit); es entfiel jedoch in Messen, in denen ein Entlassungsruf überflüssig war, bzw. es wurde durch die Formel *Benedicamus Domino* an Tagen ohne Gloria, in der Totenmesse durch *Requiescant in pace – Amen* ersetzt.
In der Frühzeit der mehrstimmigen ↗Messe wird das I. oft mitvertont, z. B. in der Messe von Tournai als Motette mit der choralen I.-Melodie in Tenor und den Texten *Se grasse n'est a mon maintien contraire / Cum venerint miseri degentes* in den anderen Stimmen. Die *Messe de Nostre Dame* von G. de Machaut enthält ebenfalls ein (isorhythmisch gestaltetes) Ite missa est.

IVANOVS, Jānis Andrejewitsch, * 26. 9. (9. 10.) 1906 Preili (Lettgallen), † 1983 Riga; lettischer Komponist. I. studierte bis 1931 in Riga Komposition bei J. Withol, Klavier bei N. Dauge und Dirigieren bei G. L. Schnéevoigt. 1931–61 war er Mitarbeiter beim lettischen Rundfunk und war seit 1949 Kompositionslehrer am lettischen Staatskonservatorium. I. gehört zu den wichtigsten zeitgenössischen Komponisten in Lettland. Er verwendet u. a. Dodekaphonie und aleatorische Techniken.

WW: Klv.-Werke; 3 Streichquartette (1933–61); 16 Symphonien (1933–75); symphonische Dichtungen *Varavīksne* (1938) u. *Lāčplēsis* (1957); Vc.-Konzert (1938); V.-Konzert (1961) u. Klv.-Konzert (1959); ferner Chöre u. Lieder.

Lit.: N. GRÜNFELD, J. I. (Mos 1959).

IVES, Charles Edward, * 20. 10. 1874 Danbury (Connecticut), † 19. 5. 1954 New York; amerik. Komponist. Seine erste Ausbildung und seine Aufgeschlossenheit für musikalische Neuerungen verdankte I. seinem Vater George I., der in Danbury eine Militärkapelle leitete und als Allround-Musiker das Musikleben des Städtchens beherrschte. Diese Aufgeschlossenheit bewahrte sich I. auch während der akademischen Ausbildung 1894–98 an der Yale University durch den angesehenen Komponisten Horatio Parker. 1889–1902 hatte I. mehrere Organistenstellen in Neu-England inne, zog sich aber dann aus dem öffentlichen Musikleben zurück und leitete gemeinsam mit einem Freund das erfolgreiche Versicherungsunternehmen I. & Myrick in New York, aus dem er 1930 ausschied. In den 20er Jahren gab I. das Komponieren auf.

WW: **1) Instr.-WW: a)** für Klv.: *Three-Page Sonata* (1905); *Some Southpaw Pitching* (1908); *The Anti-Abolitionist Riots* (1908–09); 1. Sonate (1902–09); *Three Protests* (1914); 2. Sonate *Concord, Mass., 1840–1860* (1909–15); Largo und Allegro (1923–24), Vierteltonmusik für 2 Klv. – **b)** für Org.: *Variations on a National Hymn (America)* (1891). – **c)** Kammermusik (auch für „theatre orchestra"): Marsch *Intercollegiate* (1895); 1. Streichquartett *A Revival Service* (1896); *From the Steeples and the Mountains* (1901); *Allegro und Largo (Pre-First Violin Sonata)* (1901–02) für V. u. Klv.; Trio für Klar., V. u. Klv. (1902–03); *Autumn Landscape from Pine Mountain* (1904); *Over the Pavements* (1906); *Hallowe'en* (1906); 1. V.-Sonate (1903–08); *Set for String Quartet „Basso" and Piano* (1914), mit den Sätzen: Hymne (1904), Scherzo (1903) u. *The Innate* (1908); für Klv. Quintett: *In Re Con Moto* (1908), *Largo risoluto* Nr. 1 (*The Law of Diminishing Returns* 1908) u. Nr. 2 (*A Shadow Made, a Silhouette* 1908); *The Unanswered Question, A Cosmic Landscape* (1908); 2. V.-Sonate (1903–09); *The Gong on the Hook and Ladder, Firemen's Parade on Main Street* (um 1910); Klv.-Trio (1904–11); *Tone Roads Nr. 1* (1911); 3 Stücke für Kammerorch. (1906–13); *Ragtime dances* (1910–11); *The Last Reader* (1911); *The Indians* (1912); *Aeschylus and Socrates* (1922); *The See'r* (1913); 2. Streichquartett (1907–13); *Chorale* (1903–14), Vierteltonmusik für Str.; *The Rainbow* (1914); 4. V.-Sonate (1914–15); *Tone Roads Nr. 3* (1915); *At Sea* (1917–18); *On the Antipodes* (1915–23). – **d)** für Orch.: 1., 2. u. 3. Symphonie (1896–98, 1897–1901, 1904); *Central Park in the Dark Some 40 Years Ago* (1898–1907); *Cartoons or Take-offs* (1898–1907); Symphonie *Holidays* (1904–13); *First Orchestral Set: Three Places in New England* (1903–14); *Second Orchestral Set* (1912–15); 4. Symphonie (1910–16); *Third Orchestral Set* (1919–26); *Universe Symphony* (ab 1915) (unvollendet). – **2) Vokal-WW: a)** für SingSt u. Klv.: 114 Lieder (1888–1921). – **b)** für Chor: *The Circus Band* (1894) für gem. Chor u. Orch.; Psalm 14, 24, 25, 54, 67, 90,

100, 135 u. 150 (1894–1901); *Three Harvest Home Chorales* (1899–1912); Kantate *The Celestial Country* (1898–99) für Soli, gem. Chor u. Kammerorch.; *Processional: Let There Be Light* (1901) für Männerchor, Str. u. Org.; *The New River* (1911) für Chor u. Kammerorch.; *Lincoln the Great Commoner* (1912) für Chor unisono, Klv. u. Orch.; *Duty* (1914) für Männerchor u. Orch.; *General William Booth's Entrance into Heaven* (1914) für Chor u. Blaskapelle; *2. December* (1912–13) für Männerchor u. Blasorch.; „War Song March" *They Are There!* (1917) für Chor u. Orch.; *Premonitions* (1917) für Chor u. Kammerorch. – **3) Schriften:** *Essays Before a Sonata* (NY 1920), NA zus. mit *The Majority* u.a. hrsg. v. H. Boatwright (NY 1961, [2]1962, Paperback 1964, Lo 1969, NA 1970); *Memos*, hrsg. v. J. Kirkpatrick (NY 1972, Paperback Lo 1973) (mit Werkverz.).

I. hat in seinen Kompositionen die unterschiedlichsten Innovationen, die für die Musik der europäischen Moderne bestimmend wurden, vorweggenommen oder zur gleichen Zeit selbständig entwickelt. Eine besondere Art von Polytonalität findet sich bereits 1891 in den *Variations on a National Hymn (America)*, in denen I. – nach eigenen Angaben dem Vorbild des experimentierfreudigen Vaters folgend – die einzelnen Stimmen mit unterschiedlichen Vorzeichen versah. Bei I. sind harmonische Felder auf der Basis der ↗Ganztonleiter (Psalm 54, 1894) und Quartenakkorde (*Processional: Let There Be Light*, 1901) Vorstufen zur ↗Atonalität. In *Etudes* benannten Kompositionen erprobte er die serielles Denken vorwegnehmende systematische Organisation unterschiedlicher „Parameter", wie Rhythmus (*Harvest Home Chorales*, 1899–1912), Diastematik (*Soliloquy. A Study in 7ths and other things* für SingSt u. Klavier, 1907) und Dynamik (*Largo Risoluto*, 1908). Neue Klangbereiche hat er durch die Verwendung von ↗Clusters (*The Anti-Abolitionist Riots*, 1908–09) und Vierteltonstimmung erschlossen (*Chorale*, 1903–14). I.' „Atonalität", wie sie sich etwa in *The Unanswered Question* von 1908 zeigt, unterscheidet sich von der A. Schönbergs dadurch, daß sie nicht zum Stilprinzip erhoben wird, das Tonalität ausschließt: atonale Partien stehen neben tonalen und werden von diesen durchkreuzt. I. intendierte vielmehr einen stilistischen Pluralismus, der Stil als ästhetische Kategorie letztlich aufhebt. In diesem Sinne benutzte er auch Zitat und Collage. Manche Kompositionen nähern sich dabei der Satire (*Three-Page Sonata*, 1905), andere entfalten ein musikalisches Panorama, in dem die diskursive Logik thematischer Prozesse aufgegeben ist zugunsten einer Vereinigung von klanglichen Ereignissen, die zeitlich und räumlich von verschiedenem Ursprung scheinen. Der stilistische Pluralismus von I.' Musik, ihre Illusion von Zeitlosigkeit und Raumhaftigkeit haben J. Cage beeinflußt. Obwohl I. keinen unmittelbaren Einfluß auf die Entwicklung in Europa hatte, da er hier erst nach dem 2. Weltkrieg bekannt wurde, ist er nach der Auseinandersetzung zwischen Serialismus und Aleatorik in den späten 50er Jahren zu einer Integrationsfigur geworden.

Lit.: A Temporary Mimeographed Catalogue of the Music Manuscripts and Related Materials of Ch. E. I., hrsg. v. J. KIRKPATRICK (New Haven/Conn. 1960, Nachdr. 1973); R. WARREN, Ch. E. I., Discography (ebd. 1972). – H. u. S. COWELL, Ch. I. and His Music (NY 1955, Paperback Lo 1969) (mit ausführlicher Bibliogr. der älteren amerik. Lit.); H. G. HELMS, Der Komponist Ch. I., in: NZfM 125 (1964); H. BOATWRIGHT, I.' Quarter-Tone Impressions, in: Perspectives of New Music 3 (1965); K. STONE, I.' Forth Symphony, in: MQ 52 (1966); H. ENKE, Ch. I.' „The Unanswered Question", in: Versuche musikal. Analysen (B 1967) (= Veröff. des Inst. für Neue Musik u. Musikerziehung Darmstadt 8); D. MARSHALL, Ch. I.' Quotations. Manner or Substance, in: Perspectives of New Music 6 (1967/68); E. BUDDE, Anmerkungen zum Streichquartett Nr. 2 v. Ch. I., in: Kgr.-Ber. Bonn 1970 (Kas 1973); U. MASKE, Ch. I. in seiner Kammermusik für 3–6 Instr. (Rb 1971) (= Kölner Beitr. z. Musikwiss. 64); C. STERNE, The Quotations in Ch. I.' Second Symphony, in: ML 52 (1971); F. R. ROSSITER, Ch. I. and American Culture (1972) (= Diss. Princeton Univ./N.J.); H. KOLTER, Zur Kompositionstechnik von Ch. I., in: NZfM 133 (1972); TH. R. ALBERT, The Harmonic Language of Ch. I.' „Concord Sonata" (1974) (= Diss. Univ. of Illinois); S. R. CLARK, The Element of Choice in I.' Concord Sonata, in: MQ 60 (1974); N. S. JOSEPHSON, Zur formalen Struktur einiger später Orchesterwerke v. Ch. I., 1874–1954, in: Mf 27 (1974); V. PERLIS, Ch. I. Remembered (New Haven – Lo 1974); F. R. ROSSITER, Ch. I. and His America (NY 1975); C. KÜHN, Ch. I. Eine Bestandsaufnahme, in: Musik u. Bildung 8 (1976); H. WILEY HITCHCOCK, I. (Lo 1977); An I.-Celebration. Papers and Panels of the Ch. I. Centennial Festival Conference, hrsg. v. DEMS. – V. PERLIS (Urbana/Ill. 1977); E. KLEMM, Musikal. Neuerer u. Demokrat. Der Komponist Ch. I., in: MuGes 27 (1977); L. STARR, Style and Substance. „Ann Street" by Ch. I., in: Perspectives of New Music 15 (1977); CHR. BALLANTINE, Ch. I. and the Meaning of Quotation in Music, in: MQ 65 (1979).

H. WEBER

IVOGÜN, Maria (eig. Maria Kempner; sie bildete 1915 ihren Künstlernamen nach dem Mädchennamen ihrer Mutter Ida von Günther), * 18. 11. 1891 Budapest; ung. Sängerin (Sopran). Während ihrer Ausbildung bei I. Schlemmer-Ambros in Wien wurde sie von Bruno Walter entdeckt, der sie an die Münchner Hofoper verpflichtete. Dort debütierte sie 1913 als Mimi in G. Puccinis *La Bohème* und sang 1917 (u. a. mit Karl Erb) in der Uraufführung des *Palestrina* von H. Pfitzner. 1926–33 war sie Mitglied der Berliner Staatsoper. Sie gastierte an allen großen Opernbühnen Europas und galt als eine der bedeutendsten Sopranistinnen ihrer Zeit. Nach Beendigung ihrer Bühnenlaufbahn 1933 wurde sie Gesangspädagogin und lehrte 1948–50 an der Wiener Musikakademie und 1950–58 an der Musikhochschule in Berlin. M. I. war 1921–32 mit Karl Erb, danach mit dem Pianisten Michael Raucheisen verheiratet.

Lit.: W. BOLLERT, in: Musica 15 (1961).

IWAN SUSSANIN, Oper von M. I. Glinka; dt. Titel: Ein ↗Leben für den Zaren.

J

JACCHINI, Giuseppe Maria, * um 1670 Bologna, † nach dem 30.4. 1727 ebd.; it. Violoncellist und Komponist. I. wurde 1688 Mitglied der Accademia Filarmonica und 1689 Cellist an S. Petronio in Bologna. Er gehörte neben seinem Lehrer D. Gabrielli zu den ersten Komponisten, die Violoncello-Sonaten schrieben.

WW: Im Druck erschienen: *Sonate da camera* für 3–4 Instr. u. obligates Vc. (Bol 1695); *Concerti per camera* für V. u. Vc. u. B.c., teilweise nur für Vc. u. B.c. (Modena 1697); *Concerti per camera* für 3–4 Instr. u. obligates Vc. (Bol 1701); *Trattenimenti per camera* für 3–6 Instr. *con alcune a una, e due trombe* (Bol 1703).

Lit.: W. S. NEWMAN, The Sonata in the Baroque Era (Chapel Hill 1959, revidiert 1966).

JACHET ↗Berchem, Jachet de; ↗Buus, Jakob.

JACHET VON MANTUA (Jacobus Collebaudi), * 1495 Vitré (Bretagne), † um 1559 Mantua; frz. Komponist. J. ist seit 1527 in Mantua nachweisbar, wo er 1534 Magister puerorum des Kardinals Ercole Gonzaga und 1539 Kapellmeister an der Kathedrale wurde. Die meisten der in zeitgenössischen Drucken unter den Namen Jachet, Jachetus Gallicus und Jacquet veröffentlichten, fast ausschließlich geistlichen Kompositionen können J., der früher oft mit dem Madrigalisten Jachet de Berchem verwechselt wurde, zugeschrieben werden.

WW: Im Druck erschienen: *J. chori sancti Petri urbis Mantuae magistri motecta 4 v. ... liber 1.* u. *J. ... cardinalis Mantuae magistri motecta 5 v., liber 1.* (V 1539); *1. liber di J. a 5 v. con la giunta di più motetti...* (V 1540); *J. ... cardinalis Mantuae magistri motecta 5 v.* (V 1553); *Missa cum 4 v. paribus... „Quam pulchra es"* (P 1554); *Missa ... „Surge Petre"* für 6 St. (P 1557); 2 Bücher Messen für 5 St. (V 1554, 1555); 2 Bücher *Misse del Fiore* für 5 St. (V 1561); 2 Bücher *Motetti di J. da Mantua* für 5 St. (V 1565). – 12 Messen, 136 Motetten, 7 Magnificat u. zahlr. andere geistliche Werke in den Sammeldrucken der Zeit u. hsl.

Ausg.: Opera omnia, hrsg. v. PH. JACKSON – G. NUGENT (R 1971 ff.) (= CMM 54/1). – *Passio die veneris*, in: Oberit. Figuralpassionen des 16. Jh., hrsg. v. A. SCHMITZ (Mz 1955) (= Musikal. Denkmäler 1).

Lit.: K. HUBER, Die Doppelmeister des 16. Jh., in: FS A. Sandberger (Mn 1918); A.-M. BAUTIER-REGNIER, J. de M., in: RBMie 6 (1952); K. WIDMAIER, J. von M. u. sein Motettenschaffen (Diss. Fr 1953); PH. T. JACKSON, The Masses of J. of M., 2 Bde. (1968) (= Diss. Univ. of North Carolina); A. DUNNING, Die Staatsmotette 1480–1555 (Utrecht 1970); G. D. NUGENT, The Jacquet Motets and Their Authors (1973) (= Diss. Princeton Univ./Mass.).

JACHIMECKI, Zdzisław, * 7.7.1882 Lemberg, † 27.10.1953 Krakau; poln. Musikforscher. J. studierte am Konservatorium in Lemberg, dann seit 1902 Musikwissenschaft bei G. Adler und Komposition bei H. Graedener und A. Schönberg in Wien, wo er 1906 promovierte. 1911 habilitierte er sich an der Universität Krakau, wurde 1917 außerordentlicher, 1921 ordentlicher Professor und lehrte zeitweilig auch Harmonie am Konservatorium. Außerdem trat er als Musikkritiker, Dirigent und Komponist hervor. J. war Mitglied der polnischen Akademie der Wissenschaften und Vorsitzender von deren musikwissenschaftlicher Kommission. Er gehörte ferner der Kommission für die Herausgabe der Werke Palestrinas in Rom und der Chopin-Gesellschaft in Wien an.

Schriften: *W. Gomólka* (Diss. W 1906); *Wpływy włoskie w muzyce polskiej* (Krakau 1911); *R. Wagner* (Lemberg 1911, War ^{2}1922, NA Krakau 1958); *Historia muzyki polskiej w zarysie* (War 1920); *St. Moniuszko* (War 1921, NA Krakau 1962); *F. Chopin* (War 1927, ^{2}1949, NA Krakau 1957, frz. P 1930, 1966); *Muzyka polska w rozwoju historycznym* I (Krakau 1948–51); *Wagner*, hrsg. v. A. Orman (postum ebd. 1973).

Lit.: F. ZAGIBA, in: Chopin-Jb. 1 (W 1956).

JACK PUDDING, Ballett in 3 Teilen. Libretto und Musik: Hans Werner Henze (* 1926). UA: 30.12. 1950 in Wiesbaden. Choreographie: Edgar von Pelchrzim.

Henzes Werk ist von Jean-Baptiste Molières (1622–73) Tragikomödie *Georges Dandin* (1668) angeregt. Handlungsgefüge und Personenkonstellation bezeugen die Nähe zur Commedia dell'arte: Von seiner Ehefrau Angélique betrogen, von den Mitmenschen verachtet und verspottet, erhängt sich die tragikomische Titelfigur. Die junge Schäferin Phoebe entdeckt den Erhängten, erlöst ihn und erweckt ihn zu neuem Leben. – Der Szenenfolge des Balletts sind 17 musikalische Einzelnummern zugeordnet, in denen Chromatismen, prägnante Rhythmen und adaptierte Klangelemente des Jazz dominieren. Besondere Anerkennung fand vor allem die eigenwillige Neuinszenierung von Erich Walter (*Jacques Pudding*, Wuppertal 1954, Städt. Oper Berlin 1957). G. LUDIN

JACKSON, Mahalia, * 26. 10. 1911 New Orleans, † 27. 1. 1972 Chicago; amerik. Spiritual- und Gospelsängerin. 1937 nahm sie ihre erste Schallplatte auf, wurde aber erst 1945 mit *Move on up Little Higher* und 1950 mit *Silent Night* berühmt. In den 50er Jahren folgten zahlreiche weitere Plattenaufnahmen und Konzerte in den USA und in Europa. 1957 und 1958 nahm sie am New Port-Jazzfestival teil, wobei sie 1958 vom Duke Ellington-Orchester begleitet wurde. M. J., in Stimmgebung und Vortragsweise vom Blues beeinflußt, gilt als die bedeutendste Sängerin der Negro Spirituals und Gospelsongs. Ihre Autobiographie erschien unter dem Titel *Movin' on up* (NY 1966) (zusammen mit E. McLeod Wylie; dt. Übers.: *M. J. erzählt... die Geschichte ihres Lebens*, Z 1969).

Lit.: E. KAYSER, M. J. (Wetzlar 1962) (= Jazz Bücherei 11); TH. LEHMANN, M. J. Gospelmusik ist mein Leben (B 1974); L. GOSEAU, Just M., Baby (Waco/Tex. 1975).

JACKSON, Milt (Milton), genannt „Bags“, * 1. 1. 1923 Detroit; amerik. Jazzmusiker (Vibraphon). J. wurde 1945 von Dizzy Gillespie entdeckt. Er spielte außerdem noch bei Tadd Dameron, Howard McGhee und Woody Herman. Aus dem von ihm gegründeten Milt Jackson Quartet entwickelte sich unter dem Einfluß des Pianisten John Lewis 1953 das ↗Modern Jazz Quartet, das zum Inbegriff des Cool Jazz wurde und auch in Europa, u. a. 1957 bei den Donaueschinger Musiktagen, sehr erfolgreich war. J. interpretiert mit virtuoser Technik Balladen und Blues in besonders ausdrucksvoller Weise.

Lit. M. J., in: Jazz erzählt, hrsg. v. N. SHAPIRO – N. HENTOFF (Mn 1962); J. E. BERENDT, Das Jazzbuch. Von Rag bis Rock (F 1973); DERS., Good bye, Modern Jazz Quartet, in: Ein Fenster aus Jazz (F 1977).

JACKSON, William, * 29. 5. 1730 Exeter, † 5. 7. 1803 ebd.; engl. Komponist. J. ging 1748 nach London und war dort Schüler von J. Travers. Nach Exeter zurückgekehrt, verdiente er zunächst als Musiklehrer seinen Lebensunterhalt und wurde dann 1777 Organist und Chorleiter der Kathedrale. J.s Vokalwerke waren im 18. und 19. Jh. sehr beliebt. Seine Schriften enthalten wichtige Einzelheiten über das Musikleben Englands im 18. Jh.

WW: Klv.-Sonaten; Kirchenmusik; Madrigale; Lieder u. Kanzonetten. – Opern: *Lycidas*, UA: London 1767; *The Lord of the Manor*, UA: ebd. 1780; *The Metamorphosis*, UA: ebd. 1783. – Ferner die Schrift *Observations on the Present State of Music in London* (Lo 1791).

Lit.: E. D. MACKERNESS, Fovargue and J., in: ML 31 (1950).

JACOB, Gordon, * 5. 7. 1895 London, † 8. 6. 1984 Saffron Walden; engl. Komponist. J. studierte am Dulwich College u. bei Ch. Stanford, R. Vaughan Williams u. H. Howells am Royal College of Music in London, wo er selbst 1926–54 Komposition und Instrumentation lehrte. Später war er Dirigent der Royal Amateur Orchestral Society. 1947 wurde J. Ehrenmitglied der Royal Academy of Music, 1968 Comander of the British Empire. Er schrieb hauptsächlich Instrumentalmusik. Sein großes instrumentatorisches Können trug ihm auch zahlreiche Kompositionsaufträge von namhaften Solisten ein. Er orchestrierte auch Werke von W. Byrd, Fr. Couperin, F. Mendelssohn Bartholdy, Fr. Chopin, R. Schuman und Fr. Liszt.

WW: **1) Instr.-WW:** Zahlr. Kammermusik, darunter Vc.-Sonate (1957) u. Klv.-Sonate (1956); für Orch.: 2 Symphonien (1929, 1944); Symphonie für Str. (1943); *A York Symphony* (1971) für Blechbläser; 3 Orch.-Suiten (1941, 1949, 1949) Sinfonietta (1942); Konzerte für: Va. (1925), Klv. (1927, 1956), Ob. (1933, 1956), je 1 für Fag. (1942), Horn (1951), V. (1954), Vc. (1955) u. Pos. (1955) sowie Concertino für Klv. (1956). – **2) Vokal- u. Bühnen-WW:** *The Nun's Priest's Tale* (1954) u. *Laudate Dominum* (1954) für Chor u. Orch.; 2 Ballette *The Jew in the Bush* (1923); *Uncle Remus* (1930); ferner Bühnen- u. Filmmusik. – **3) Schriften:** *Orchestral Technique* (Lo 1931); *How to Read a Score* (Lo 1944); *The Composer and His Art* (Lo 1956); *The Elements of Orchestration* (Lo 1962, NY 1969).

Lit.: M. SCOTT, G. J., in: Monthly Musical Record 59 (1929).

JACOB, Maxime (Dom Clément Jacob), OSB, * 13. 1. 1906 Bordeaux, † 26. 2. 1977 Tarn; frz. Komponist. Er war am Pariser Conservatoire Schüler von Ch. Koechlin (Harmonielehre), A. Gédalge (Komposition) und Yves Nat (Klavier). 1919 bildete er zusammen mit D. Milhaud, H. Sauget, R. Désormière und H. Cliquet-Pleyel die École d'Arcueil. 1929 zum Katholizismus konvertiert, trat er in das Benediktinerkloster in En-Calcat (Tarn) ein, wo er nach Orgelunterricht bei H. Cabié und M. Duruflé Organist der Abtei wurde. Sein kompositorischer Stil ist im wesentlichen melodisch orientiert und bleibt im Rahmen tonaler bzw. modaler Harmonik.

WW: V.- u. Vc.-Sonaten; Klv.-Stücke, darunter Sonaten, 24 *Feuillets d'album* u. *Triptyche* (1965); 7 Streichquartette (1962–69); für Orch.: Ouverture (1923); Serenade (1928); *Sinfonietta funèbre* (1947); Klv.-Konzert (1961). – Zahlr. Lieder; *Hymnes en français* für 4 St. (1968); Chöre, u. a.: *Quatre chansons entre l'âme et l'époux;* Oratorium *Le vitrail de Ste-Thérèse* (1952); *Cantate à St-Michel* (1969). – Opéra-comique *Blaise le savetier* (1926); ferner Bühnenmusik.

Lit.: M.-R. CLOUZOT, Souvenirs à deux voix. De M. J. à Dom C. J. (Toulouse 1969); G. WERKER, in: Mens en melodie 26 (1971).

JACOB, Werner, * 4. 3. 1938 Mengersgereuth

(Thüringer Wald); dt. Organist und Komponist. J. studierte bis 1961 Orgel (W. Kraft), Cembalo, Komposition (W. Fortner) und Dirigieren an der Musikhochschule Freiburg i. Br. und privat Orgel bei A. Nowakowski. Er wirkt seit 1969 an der St.-Sebaldus-Kirche in Nürnberg und konzertiert in Europa, in den USA, in Kanada, Japan und in der UdSSR. 1971 wurde er Kirchenmusikdirektor, 1976 zugleich Professor für Orgel an der Musikhochschule in Stuttgart.

WW: Zahlr. Orgelstücke; *Quartett 1960* für Ob., Klar., Horn u. Fag.; Chorwerke, u.a.: *De visione resurrectionis* (1966) für gem. Chor, Bar. solo, 2 Schlagzeuggruppen u. Org.; *Telos nomou* für Sprecher u. Instr.; biblische Szene *Babel* für Sprecher, 5 Soliloquenten u. gem. Chor.

JACOB DE SENLECHES (Jacquemin de Senleches, Jacomi de Sentluch, Jacopinus Selesses). J. lebte zunächst in Aragón, wo er unter dem Beinamen „Lo Begue" bekannt war. 1378 reiste er als Musiker des Herzogs von Gerona nach Flandern, lebte 1379–82 am Hof von Kastilien und ging 1383 als Harfenist des Kardinals Pedro de Luna, des späteren Papstes Benedikt XIII., an den Hof von Navarra. 1391, 1392 und 1395 ist er wieder am Hof des Königs von Aragón nachweisbar. J., dessen Werke sich durch besonders komplizierte Rhythmik und Notationsweise auszeichnen, gehört zu den wichtigsten Vertretern der ↗Ars subtilior.

Ausg.: 1 Ballade in: Hist. Anthology of Music I, hrsg. v. A. TH. DAVISON – W. APEL (C/M ²1949); 5 Stücke in: W. APEL, French Secular Music of the Late 14th Century (C/M 1950).

Lit.: J. WOLF, Gesch. der Mensural-Notation (L 1904, Nachdr. Hil – Wie 1965); H. ANGLÉS, Cantors u. Ministrels in den Diensten der Könige Katalonien-Aragonien, in: Kgr.-Ber. Basel 1924 (L 1925); DERS., El músic Jacomí al servei de Joan I. i Marti I. durant els anys 1372–1404 (Ba 1936); N. PIRROTTA, Il codice Estense lat. 568 e la musica francese in Italia al principio del '400, in: Atti della Reale Accad. di Scienze, Lettere i Arti di Palermo 4, V/2 (1945); G. REANEY, The Manuscript Chantilly, Musée Condé 1047, in: MD 8 (1954); U. GÜNTHER, Datierbare Balladen des späten 14. Jh., in: MD 15 (1961); DIES., Zur Biogr. einiger Komponisten des Ars subtilior, in: AfMw 21 (1964); H. KÜHN, Das Problem der Harmonik in der Musik der Ars nova (Diss. Saarbrücken 1970).

JACOBI, Erwin Reuben, * 21. 9. 1909 Straßburg, † 27. 2. 1979 Zürich; Schweizer Musikforscher und Cembalist dt. Herkunft. J. studierte Wirtschaftswissenschaften und erhielt 1933 in Berlin das Ingenieursdiplom. 1934 ging er nach Israel. 1951–52 nahm er dort bei Frank Pelleg Unterricht im Cembalospiel und bei Paul Ben Haim in Musiktheorie. 1952–53 setzte er seine Studien in den USA bei W. Landowska, P. Hindemith und C. Sachs fort. 1953 folgte er Hindemith nach Zürich. Dort hörte er Vorlesungen auch bei A.-É. Cherbuliez, und in Basel studierte er Alte Musik an der Schola Cantorum. 1957 promovierte er und wurde 1961 Lehrbeauftragter für Musikwissenschaft an der Universität. Eine wichtige Leistung J.s ist die Gesamtausgabe der theoretischen Schriften Rameaus. Er gab auch den musikal. Nachlaß Albert Schweitzers heraus.

1) Schriften: *Die Entwicklung der Musiktheorie in England nach der Zeit v. J.-Ph. Rameau* (Str 1957–60, Nachdr. Baden-Baden 1971) (= Slg. musikwiss. Abh. 35 u. 39/39a); *A. Schweitzer, der Musiker*, in: Schweizer musikpädagogische Blätter 46 (1958); *Das Autograph v. C. Ph. E. Bachs Doppelkonzert in Es-Dur für Cemb., Fortepiano u. Och., Wq 47 Hamburg 1788*, in: Mf 12 (1959); *Zur Frage der Angleichung nachschlagender Sechzehntel an Triolen*, in: Mf 13 (1960); *Neues zur Frage „Punktierte Rhythmen gegen Triolen" u. zur Transkriptionstechnik bei J. S. Bach*, in: Bach-Jb 49 (1962); *Nouvelles lettres inédites de J.-Ph. Rameau*, in: Rech. Mus. 3 (1963); *Rameau and Padre Martini. New Letters and Documents*, in: Rech. Mus. 3 (1963); *Rameau and Padre Martini. New Letters and Documents*, in: MQ 50 (1964); *Vortrag u. Besetzung Bach'scher Cantaten- u. Oratorienmusik. Ein unbekannter Brief v. M. Hauptmann an J. Brahms*, in: Bach-Jb. 55 (1969) u. 57 (1971). – **2) Editionen:** *J.-Ph. Rameau. Pièces de clavecin* (Kas 1958, revidiert ⁴1972); *J.-Ph. Rameau. Pièces de clavecin en concerts avec un violon ou une flûte et une viole ou un deuxième violon* (Kas 1961, revidiert ²1970); *J. B. de Boismortier, Quatre suites de pièces de clavecin, op. 59* (Mn 1960, revidiert ³1971); *G. Tartini. Traité des agréments de la musique* (Celle 1961); *J. F. Agricola. Anleitung zur Singkunst 1757* u. *P. F. Tosi, Opinioni de' cantori antichi e moderni... 1723* (Celle 1966); *J.-Ph. Rameau, Complete Theoretical Writings*, 6 Bde. (1967–72) (= Miscellanea 3); *J. C. Ritter, Drei Sonaten für Cemb. 1751* (L 1968).

JACOBOWSKY UND DER OBERST, Oper in 4 Akten von Giselher Klebe (* 1925), op. 49. Text vom Komponisten nach Franz Werfels gleichnamiger Komödie einer Tragödie (1941/43). Ort und Zeit der Handlung: Frankreich, 1940. UA: 2. 11. 1965 in Hamburg unter Leopold Ludwig.

Zwei gegensätzliche Charaktere, ein besonnener jüdischer Kaufmann und ein prinzipienreitender Militarist, fliehen gemeinsam vor den Deutschen. Die Dramatik des Zeitgeschehens wird in der Textvorlage häufig durch Situationen voller Komik überdeckt; vordergründige Symbolik vermittelt das gemeinsame Auftreten des Ewigen Juden und des Hl. Franz von Assisi, die auf einem Motorrad vorfahren. In der im Auftrag der Hamburgischen Staatsoper entstandenen Komposition übersteigert Klebe die Situationskomik häufig zur Groteske, z. B. wenn bei der Erzählung des Jacobowsky, der nun schon zum fünften Male flieht, der Strauß-Walzer *Mein Lebens Lauf ist Lieb und Lust* erklingt. Durch das Verschmelzen der Zwölftontechnik mit tonalen Abschnitten zu einer neuen Harmonik werden satztechnisch die von Jacobowsky häufig angesprochenen „zwei Möglichkeiten" verdeutlicht; musikalischer Höhepunkt der in 31 Nummern gegliederten Oper ist das a cappella-Quartett, in welchem die von dem Juden erstmalig in Betracht gezogene dritte Möglichkeit – ohne alle Komplikationen weiterzuleben – aufgezeigt wird.

K. LANGROCK

JACOBSTHAL, Gustav, * 14. 3. 1845 Pyritz (Pommern), † 9. 11. 1912 Berlin; dt. Musikforscher. J. studierte seit 1863 in Berlin Geschichte, außerdem Musik bei E. Grell und H. Bellermann und promovierte 1870 mit einer musikwissenschaftlichen Arbeit. 1872 habilitierte er sich an der Universität Straßburg und lehrte dort 1875–1905 als Professor. J. verfaßte für die damalige Zeit grundlegende Schriften über den Gregorianischen Choral und die frühe Mehrstimmigkeit. Zu seinen Schülern gehörten P. Wagner und Fr. Ludwig.

Schriften: *Die Mensuralnotenschrift des 12. u. 13. Jh.* (Diss. B 1870); *Über die musikal. Bildung der Meistersinger,* in: Zschr. für dt. Altertum 20 (1876); *Die chromatische Alteration im liturg. Gesang der abendländischen Kirche* (B 1897, Nachdr. Hil 1970).

JACOBUS LEODIENSIS (Jacobus von Lüttich), * um 1260, † nach 1330; Musiktheoretiker. J. lebte in Lüttich, verbrachte aber mehrere Jahre auch in Paris, wo möglicherweise Petrus de Cruce sein Lehrer war. Sein teils in Paris (Buch I–V), teils in Lüttich (Buch VI–VII) entstandenes *Speculum Musicae,* das lange Zeit Johannes de Muris zugeschrieben wurde, ist der umfassendste Musiktraktat seiner Zeit. Er steht auf dem Boden der älteren spekulativen Musikauffassung und ist als Streitschrift gegen die ↗Ars nova zu verstehen.

Ausg.: J. L. Speculum musicae, 7 Bde., hrsg. v. R. BRAGARD (R 1955–73) (= CSM 3).

Lit.: W. GROSSMANN, Die einleitenden Kapitel des Speculum musicae v. J. de Muris (L 1924) (= Slg. musikwiss. Einzeldarstellungen 3) (Darin Ausg. v. Buch 1, Kap. 1–19 des Speculum); H. BESSELER, Stud. zur Musik des MA, in: AfMw 7 (1925) – 8 (1926); S. CLERCX, Jacques D'Audenaerde ou Jacques de Liège?, in: RBMie 7 (1953); R. BRAGARD, Le Speculum Musicae ..., in: MD 7 (1953) – 8 (1954); F.-J. SMITH, Concepts Basic to Consonance in the Speculum musicae, Liber 1 (Diss. Fr 1960); DERS., J. L. Speculum musicae, 2 Bde. (Brooklyn/N. Y. 1966 bis 1970) (= Musicological Studies 13 u. 22); U. MICHELS, Die Musiktraktate des J. de Muris (Wie 1970) (= Beitr. zum AfMw 8).

JACOPO DA BOLOGNA (Jacobus de Bononia); it. Komponist des 14. Jahrhunderts. Texte und Widmungen seiner Kompositionen deuten auf Beziehungen zu den Höfen von Verona (um 1340–45) und Mailand (um 1345–55) hin. Zwei seiner Madrigale enthalten Anspielungen auf einen von F. Villani bezeugten Kompositionswettbewerb zwischen J. und Johannes de Florentia sowie dem von Villani nicht genannten Komponisten Piero, welcher zwischen 1349 und 1351 am Veroneser Hof der Scalas stattgefunden hatte. Der Traktat *L'arte del biscanto misurato secondo el maestro Jacopo da Bologna* weist darauf hin, daß J. zeitweilig an einer Universität unterrichtete. J. gehört zu den bedeutendsten Komponisten des Trecento und ist als Madrigalkomponist einer der wichtigsten Vorgänger Landinis. Er schrieb als einer der ersten 3st. Madrigale, darunter eines mit 3 verschiedenen, gleichzeitig gesungenen Texten.

WW (hsl. erhalten): 25 Madrigale für 2 u. 3 St.; 3 Madrigale überliefert für 2 u. 3 St.; eine Caccia für 3 St.; eine Motette für 3 St. u. eine Lauda für 2 u. 3 St. überliefert.

Ausg.: GA, in: The Music of J. da B., hrsg. v. W. TH. MARROCCO (Berkeley–Los Angeles 1954); GA, in: The Music of 14th Century Italy IV, hrsg. v. N. PIRROTTA (R 1963) (= CMM 8/4). – *L'arte del biscanto,* hrsg. u. übers. v. J. WOLF, in: FS Th. Kroyer (Rb 1933); 14th Century Italian Cacce, hrsg. v. W. TH. MARROCCO (C/M 1942, ²1961); Italian Secular Music by Magister Piero, Giovanni da Firenze, J. da B., hrsg. v. DEMS. (Monaco 1967).

Lit.: D. PLAMENAC, Keyboard Music of the 14th Century, in: JAMS 4 (1951); K. VON FISCHER, Stud. zur it. Musik des Trecento (Be 1956) (= Publikationen der Schweizer musikforsch. Ges. 2/5); DERS., Drei unbekannte Werke v. J. da B. u. Bartolino da Padua, in: Miscellánea ... FS H. Anglès I (Ba 1958).

JACOPONE DA TODI (Jacobus de Tuderto, Jacobus de Benedictis), OFM, * um 1230 Todi, † 25. 12. 1306 Collazone; it. Dichter. Aus edlem Geschlecht der Benedetti stammend, soll er zunächst als Advokat tätig gewesen sein. Nach dem Tode seiner Frau Vanna dei Conti di Coldemezzo (1268) lebte er als Einsiedler, trat 1278 in den Franziskanerorden ein und wurde als Verfechter einer Kirchenreform 1298–1303 eingekerkert. Nach seiner Begnadigung (1303) lebte er im Franziskanerkloster in Collazone. J. gehört mit seinen geistlichen Dichtungen in der Volkssprache zu den wenigen dem Namen nach bekannten Laudendichtern (↗Lauda). Er galt lange Zeit als der Verfasser des ↗Stabat mater dolorosa.

Ausg.: Le laude, Nachdr. der Ausg. Florenz 1490, hrsg. v. G. PAPINI (Fi 1923); 6 Lauden mit Melodien, in: La lauda ..., hrsg. v. F. LIUZZI, 2 Bde. (R 1935).

Lit.: F. LIUZZI, Profilo musicale di J. da T. con melodie inedite (R 1931); J. e il suo tempo (Todi 1959) (= Convegni del Centro di Studi sulla Spiritualità Medievale 1).

JACOTIN, franko-flämischer Komponist der 1. Hälfte des 16. Jahrhunderts. Er ist möglicherweise identisch mit dem 1516–19 als Sänger an der päpstlichen Kapelle nachgewiesenen Jacottin Level, vielleicht auch mit Jacques Le Bel, der als Sänger und Kanonikus in der französischen Hofkapelle tätig war. J. könnte allerdings auch das Pseudonym eines Musikers Jacob Godebrie sein, der 1479 bis zu seinem Tode am 24. 3. 1529 Kapellsänger an der Kathedrale in Antwerpen war. Eine genaue Zuschreibung der etwa 50 unter dem Namen J. überlieferten Kompositionen ist daher kaum möglich. Es handelt sich bei ihnen um imitatorische 2–8st. Motetten und 4st. Magnificat im Stil von Josquin des Prés und um eine Reihe von 2–4st. Chansons, die z. T. in der Tradition von Cl. de Sermisy stehen.

Ausg. u. Lit.: 6 Motetten, in: P. ATTAINGNANT, Treize livres de motets, hrsg. v. A. Smijers – A. T. Merritt (Monaco 1934–63); ein Satz, in: P. ATTAINGNANT, Transcription of Chansons for Keyboard, hrsg. v. A. Seay (An 1961) (= CMM 20); H. M. BROWN, Theatrical Chansons of the 15th and Early 16th Century (C/M 1963) (darin eine Chanson).

JACQUE-DUPONT (eig. Jacques Dupont), * 7. 8. 1906 Paris; frz. Komponist und Pianist. Er studierte Klavier bei A. Cortot und L. Lévy sowie Komposition bei P. Vidal und H. Busser am Pariser Conservatoire und erhielt 1931 einen 1. Grand Prix de Rome. 1952 vernichtete er den größten Teil seiner bis dahin geschriebenen Kompositionen; während er neue musikalische Ausdrucksmöglichkeiten suchte, fand er in der Musik für die Bühne ein ihm Erfolg versprechendes Experimentierfeld.

WW: Zahlr. Klv.-Werke; *Aulos* (1953) für Fl. u. Klv.; *Navarrianas* (1943) für Vc. u. Orch. Concertino für Klv. u. Orch. (auch für 2 Klv.) (um 1961). – Oper *Le roy fol* (1959); Ballette, u. a.: *Le bal du Pont du Nord* (1951); *Fait divers* (1953) u. *Selection-Beach* (1953).

JACQUET DE LA GUERRE, Élisabeth-Claude, * um 1664 Paris, † 27.6.1729 ebd.; frz. Komponistin und Cembalistin. Sie lebte, engagiert durch Mme. de Montespan, 1682–84 am französischen Hof und wurde nach ihrer Heirat mit dem Organisten Marin de La Guerre eine angesehene Cembalistin und Cembalolehrerin in Paris. Nach dem Tode ihres Mannes (1704) gab sie regelmäßig Konzerte. Ihr Schaffen ist durch die italienische Musik beeinflußt, deren charakteristische Formen Sonate und Kantate sie besonders pflegte.

WW: Im Druck erschienen: *Les pièces de clavessin... premier livre* (P o. J.); *Sonates pour le violon et pour le clavecin* (P 1707); 2 Bücher geistlicher *Cantates françoises* (P 1708, 1711); ein Buch weltlicher *Cantates françoises* (P o. J.); ferner die Oper *Céphale et Procris* (P 1694). – 4 Triosonaten für 2 V. u. B.c. u. 2 V.-Sonaten sind hsl. erhalten (Paris, Bibl. Nat.).

Ausg.: *Pièces de clavecin...*, hrsg. v. P. BRUNOLD (P 1938), 2., revidierte Aufl., hrsg. v. TH. DART (Monaco 1965); V.-Sonate, hrsg. v. E. BORROFF (Pittsburgh/Pa. 1961).

Lit.: E. BORROFF, An Introduction to E.-C. J. de La Guerre (Brooklyn/N. Y. 1966); H. BOL, in: Mens en melodie 23 (1968).

JADASSOHN, Salomon, * 13.8.1831 Breslau, † 1.2.1902 Leipzig; dt. Musiktheoretiker und Komponist. Er studierte in Breslau und am Konservatorium in Leipzig und vervollständigte seine Studien 1849–51 in Weimar bei Fr. Liszt sowie seit 1853 in Leipzig bei M. Hauptmann. 1871 wurde er Lehrer für Harmonielehre, Komposition, Instrumentation und Klavier am Konservatorium in Leipzig. J. ist vor allem durch seine musiktheoretischen und pädagogischen Werke bekanntgeworden.

WW: **1) Kompositionen:** Klv.-Stücke; Kammermusik; 4 Symphonien; 2 Klv.-Konzerte; Konzertstück für Fl. u. Orch.; 2 Orch.-Serenaden (in Kanonform); ferner Gesangsduette u. Chorwerke. – **2) Schriften:** *Kompositionslehre,* I: *Die Lehre vom reinen Satz,* I/1: *Lehrbuch der Harmonie* (L 1883, ^{23}1923), I/2: *Lehrbuch des einfachen, doppelten, drei- u. vierfachen Kontrapunkts* (L 1884, ^{7}1926), I/3: *Die Lehre vom Kanon u. v. der Fuge* (L 1884, ^{4}1928); II: *Die Lehre von der freien Komposition,* II/4: *Die Formen in den Werken der Tonkunst* (L 1889, ^{6}1923), II/5: *Lehrbuch der Instrumentation* (L 1889, ^{3}1924); *Die Kunst zu modulieren und präludieren* (1890); *Elementar-Harmonielehre* (L 1895); *Methodik des musiktheoretischen Unterrichts* (L 1896); *Das Wesen der Melodie* (L 1899); *Das Tonbewusstsein. Die Lehre vom musikal. Hören* (L 1899); *Der Generalbass* (L 1901).

JAGDHORN ↗Hifthorn.

JAGDMUSIK. Bei der Jagd wurden seit jeher Rufe, Schreie und Signale, neben der menschlichen Stimme einfache Instrumente (Pfeifen, Knochenflöte, Tierhörner), als Verständigungsmittel verwendet. Auch bei Jagdfesten und -opfern, in der Antike z. B. beim Artemis- bzw. Diana-Kult, war die Musik von Bedeutung. Der älteste heute bekannte Bericht über Jagdrufe findet sich in Xenophons *Kynegētikos.* Im Mittelalter berichten über Jagdrufe und -signale Jagdlehrbücher aus Frankreich (*Le dit de la chace du cerf,* 13. Jh.; Gace de la Bigne, 1359; Roy Modus, 1379; Hardouin de Fontaine-Guérin, *Trésor de vénerie,* 1394) und England (Guillaume Twici, *Mayster of the Game*). Das wichtigste Lehrbuch, *La vénerie* (1561) von J. Du Fouilloux, notiert in der Pariser Ausgabe von 1573 bereits 14 Signale (dt. Übers. von Sigmund Feyerabend, in: *Neuw Jag unnd Weydwerck Buch,* 1582, mit Notenaufzeichnungen). Die damals benutzten Signalhörner (↗Horn) wurden im Laufe des 17. Jh. in Mensur und Form verbessert, so daß melodisch reichere, auch mehrstimmige Sätze möglich wurden. Auf die in den Jagdbüchern beschriebenen Rufe, Signale und Handlungen griffen die musikalischen Jagddarstellungen im 16. und 17. Jh. zurück. Die lautmalenden Silben und Wörter in der weltlichen Vokalmusik der Renaissance, in Chace, Caccia, Frottola, Villotta, Canti carnascialeschi, Madrigal, Lied, sind vielfach den Lehrbüchern entnommen oder wurden in regional bedingten Abwandlungen weiterentwickelt. Im 15. und 16. Jahrhundert erschienen Jägerlieder auch in deutschen Liederbüchern (*Glogauer Liederbuch,* um 1480; A. von Aich, um 1520; Chr. Egenolf, 1535; G. Forster, 1540; H. Ott, 1544; C. Othmayr, 1549), doch verschob sich hier der inhaltliche Schwerpunkt: Die Jagdszene wurde zur Liebesszene, das gejagte Wild symbolisiert die Geliebte. Gegen Ende des 16. Jh. wurde dann der Jäger selbst der Gejagte, der den Pfeilen Cupidos oder Amors ausgesetzt ist. Diese inhaltliche Wandlung des Jägerliedes setzte sich bis ins 19. Jh. fort (z. B. Fr. Schubert, *Die schöne Müllerin*). – Das Sammeln von Jägerliedern begann bereits Ende des 18. Jh. im

Zuge der mit J. G. Herder und J. W. von Goethe einsetzenden Rückbesinnung auf das Volksliedgut, die von den Romantikern fortgesetzt wurde (Karl Ludwig Eberhard von Wildungen, *Lieder für Forstmänner und Jäger*, 1788, vertont von J. Chr. Müller; Franz Graf Pocci und Franz Ritter von Kobell, *Alte und neue Jägerlieder*, 1843; H. Chr. Burckhardt, *Jagd- und Waldlieder*, 1866). Die Jägerlieder im Sololied des 19. Jh. (J. Fr. Reichardt, Fr. Schubert, J. Brahms, H. Wolf) sind Liebeslieder, für die Wald und Jagd nur den Hintergrund abgeben. Die Chorlieder dagegen bleiben stärker auf die Jagd fixiert (C. M. v. Weber, *Lützows wilde Jagd;* Schubert, op. 139, und R. Schumann, op. 137, beide für Männerchor und 4 Hörner).

Dem Vorbild der szenisch-dramatischen Jagdchöre der Spätrenaissance (Cl. Janequin, L. Marenzio, O. Vecchi) folgten in der 1. Hälfte des 17. Jh. Jagdszenen der italienischen Oper (M. A. Rossi, *Erminia sul Giordano*, 1637; Fr. Cavalli, *Le nozze di Teti e Peleo*, 1639). Französische Jagdhörner wirken in J.-B. Lullys Comédie-ballet *Plaisirs de l'île enchantée* (1664) mit. H. Purcell verwendet in *Dido und Aeneas* ein französisches Jagdsignal aus *La vénerie* von Du Fouilloux. Hörnersätze finden sich in Opern von R. Keiser (*Octavia*, 1705; *Diana*, 1712; *L'inganno fedele*, 1714) und A. Caldara (*Sirita*, 1719). Die Verbreitung der mehrstimmigen Jagdmusik nach französischem Vorbild wurde durch den böhmischen Grafen Fr. A. von Sporck (1662–1738, Gründer des Hubertusordens) wesentlich gefördert. Das Musizieren auf böhmischen Schlössern fand in den benachbarten Ländern, insbesondere in Deutschland bis in die Zeit der Wiener Klassik vielfach Nachahmung. Auf böhmische Anregungen gehen auch die russischen Hornkapellen zurück, die noch im 19. Jh. wegen ihres mächtigen, orgelähnlichen Klanges berühmt waren (Bericht von J. Chr. Hinrichs, *Entstehung, Fortgang und jetzige Beschaffenheit der russischen Jagdmusik*). – Charakteristisch für das Jagdidiom in der Kunstmusik sind rascher $^{6}/_{8}$-Takt, Dreiklangsthematik, scharf punktierte Rhythmen und spezifische Hörnertonarten (D-Dur, B-Dur, F-Dur, Es-Dur).

Dem Typ der weltlichen Huldigungskantate entsprechen das *Glückwünschende Jagd-Ballett* zum Geburtstag Johann Friedrichs von Brandenburg-Ansbach (1673, komponiert wahrscheinlich von J. W. Franck) und das Divertissement *Chasse du cerf* (1709) von J. B. Morin. Zur gleichen Gattung gehören J. S. Bachs Jagdkantate *Was mir behagt, ist nur die muntre Jagd*, BWV 208 (um 1713), J. D. Heinichens Kantate *Diana su'Elba* (1719) sowie als Nachfahren solcher Jagdkantaten J. N. Hummels *Diana ed Endimione* (1806) und J. Haydns Darstellung einer Rebhuhnjagd in dem Oratorium *Die Jahreszeiten* (1801). – Die Jagddarstellung in der Oper führte zu einem Höhepunkt in C. M. v. Webers *Der Freischütz* (1821). Jagdszenen enthalten auch J. A. Hillers Singspiel *Die Jagd* (1770) sowie die Opern von J.-Fr. Le Sueur (*Ossian ou Les bardes*, 1798), H. Marschner (*Hans Heiling*, 1833), A. Lortzing (*Der Wildschütz*, 1842 und *Undine*, 1845), G. Rossini (*Guillaume Tell*, 1829), H. Berlioz (*La damnation de Faust*, 1846; *Les Troyens à Carthage*, 1863) und N. Rimski-Korsakow (*Das Mädchen von Pskow*, 1873).

Im Laufe des 18. Jh. dokumentiert sich die Beliebtheit der Jagdthematik in zunehmendem Maße in der Instrumentalmusik, in Werken wie A. Vivaldis *Caccia* im *Autunno* (op. 8, Nr. 3, 1725), J.-M. Leclairs Violinsonate op. 5, Nr. 9 (Finale), J. Werners Oktober-*Caccia* im *Musicalischen Instrumental-Calender* (1748), L. Mozarts *Sinfonia da caccia* (1756), Beiträgen aus dem Umkreis der Wiener Klassik (C. Stamitz, I. v. Beecke, Fr. A. Roessler, Fr. A. Hoffmeister, P. Wranitzky), J. Haydns Symphonien Nr. 31, *Auf dem Anstand* [„Symphonie mit dem Hornsignal"], und Nr. 73, *La chasse*, sowie W. A. Mozarts Jagdquartett B-Dur, KV 458. Ein berühmtes Stück J. zur Zeit L. van Beethovens war É. N. Méhuls als *Chasse* betitelte Ouvertüre zu seiner Opéra-comique *Le jeune Henri* (1797). Nachklänge der Jagdleidenschaft begegnen im 19. Jh. in der symphonischen Dichtung (C. Franck, *Le chasseur maudit*, 1883; Fr. Smetana, *Waldjagd* in *Die Moldau*, 1874; A. Dvořák, *Das goldene Spinnrad*, 1896; J. Sibelius, *La chasse* in *Scènes historiques*, 1912), in der Symphonie (A. Bruckner, Scherzo der 4. Symphonie; G. Mahler, 1. Symphonie, 1. Satz, *Wie ein Naturlaut*), in Konzerten (P. de Sarasate) und in der Kammermusik (D. Milhaud). – Jagdstücke für Klavier finden sich bei den englischen Virginalisten (W. Byrd, *The Hunt's up;* J. Bull, *The King's Hunt*), den französischen Clavecinisten (J. Fr. d'Andrieu, *Livre de pièces de clavecin, contenant plusieurs divertissements ... ceux de la chasse*, 1724; L.-Cl. Daquin, *Les plaisirs de la chasse*, 1735), im Umkreis der Wiener Klassik (L. Mozart, J. E. Eberlin; W. A. Mozart, Jagdsonate KV 576) und in größerer Zahl bei den deutschen u. a. Klavierkomponisten des 18. Jh. (L. A. Koželuch, M. Clementi, J. L. Dussek, A. Gyrowetz). Bei R. Schumann (*Album für die Jugend*, op. 68, Nr. 7, *Waldszenen*, op. 82, Nr. 2 und 8) und F. Mendelssohn Bartholdy (*Lieder ohne Worte*, op. 19) werden die jagdbezogenen Stücke zu kleinen stilisierten Charakterstücken, bei Fr. Liszt (Konzertetüde *Wilde Jagd*) zum Virtuosenstück. – Auch in der Tanz- und Marschmusik hat die Liebe zur Jagd ihre Spuren hinterlassen (A. Wranitzky, Jägermärsche; Johann Strauß, Jägerpolka, Schnellpolka *Auf der Jagd,* Galopp *Unter Freikugeln,* Kaiser-Jäger-Marsch und Schützen-Quadrille). In den Bereich der J. gehören schließlich noch die verschiedenen Hubertus-Messen. Sie bestehen aus Signalen u. a. Stücken für Jagdhörner, die zu den einzelnen Ordinariumsteilen der katholischen Messe gespielt werden.

Ausg.: Xenophon, Kynegētikos, hrsg. v. CH H. DÖRNER (St 1875 u. ö.) (= Langenscheidt-Bibl. 34/35); J. DU FOUILLOUX, La vénerie (Poitiers 1561, P 1573, St 1590); G. Phoebus de Foix, Le livre de chasse 1387, hrsg. v. J. LAVALLÉE (P 1854); Hardouin de Fontaine-Guérin, Trésor de vénerie 1394, hrsg. v. M. H. MICHELANT (Metz 1856); G. Forster, Außzug guter alter und neuer teutscher Liedlein 1540, hrsg. v. R. EITNER (1905) (= PGfM 1–4); Ch. Egenolf, Gassenhauerlin und Reutterliedlin 1535, Faks. hrsg. v. H. J. MOSER (Au – Kö 1927); C. Othmayr, Reutterische u. Jegerische Liedlein 1549, hrsg. v. F. PIERSIG (Wb – B 1928); Le livre du Roy Modus 1379, hrsg. v. G. TILANDER, 2 Bde. (P 1932).

Lit.: S. FEYERABEND, Neuw Jag unnd Weydwerck Buch (F 1562); J. M. SAHLENDER, Der Jagdtraktat Twicis, des Hofjägers bei Edward II. von England (L 1894); U. WENDT, Kultur u. Jagd, 2 Bde. (B 1907–08); B. POMPECKI, Jagd- u. Waldhornschule nebst Jagdsignalbuch (Neudamm [2]1925); K. TAUT, Die Anfänge der J. (L 1927); C. CLEWING, Denkmäler dt. Jagdkultur, 3 Bde. (Neudamm – Kas 1937–38); W. FREVERT, Das jagdliche Brauchtum (H – B [6]1952, [9]1962); A. L. RINGER, The Chasse as a Musical Topic of the 18th Century, in: JAMS 6 (1953); DERS., The Chasse. Historical and Analytical Bibliogr. of a Musical Genre (1955) (= Diss. Columbia Univ.).

L. HÜBSCH

JAGDSIGNALE bilden ein Mittel der Verständigung über weite Entfernungen während des Ablaufs einer Jagd. Das dafür verwendete Instrument ist das ventillose Fürst-Pleß-Horn in B mit einem Tonumfang von 5 Naturtönen (Länge 1,30 m), das wie das früher verwendete ↗Hifthorn am Riemen getragen wird. Die Signale teilen sich in *Allgemeine Signale* (am bekanntesten *Die Begrüßung* und *Halali*), *Jagdleitsignale* für Treiber und Jäger und *Totsignale,* die das erlegte Wild anzeigen sollen und nach der Jagd von allen Jägern vor der ausgelegten Beute, der sog. Strecke, hintereinander geblasen werden. Eine besondere Form des Jagens zu Pferde bildet die Parforcejagd; sie ist heute ein gesellschaftlich-sportliches Ereignis, wobei die Meute mit den uniformierten Reitern einem Fuchsbalg nachjagt, der von einem voraufreitenden Reiter gezogen wird. Das bei dieser Gelegenheit benutzte Parforcehorn ist wegen seiner Länge von 2,40 m bis 4,30 m musikalisch leistungsfähiger. Gemischte Vereinigungen mit Fürst-Pleß-, Parforce- und Ventil-Hörnern werden vom Deutschen Jagdschutz-Verband in ganz Deutschland gefördert.

Lit.: B. POMPECKI, Jagd- und Waldhornschule … nebst Jagdsignalbuch (Neudamm [2]1926); W. FREVERT, Die J. (H 1971); Jagdlieder, Fanfaren u. Jägermärsche, hrsg. v. G. KARSTÄDT (H 1972); R. STIEF, Die dt. J., in: Hdb. der Jagdmusik 1 (Mn [3]1978).

G. KARSTÄDT

JAGDSTÜCK ↗Chasse 2), ↗Jagdmusik.

JAEGERMEIER, Otto, * 29. 10. 1870 München, † 22. 11. 1933 Zürich; dt. Komponist. Er studierte in München u. a. bei J. Rheinberger und L. Thuille und ließ sich nach längeren Reisen durch viele europäische Länder um 1900 als freischaffender Komponist in Madagaskar nieder. In seinen Werken – fast ausschließlich symphonische Dichtungen – verbinden sich Einflüsse von R. Strauss mit Gestaltungselementen der Eingeborenenmusik zu einer durchaus persönlich geprägten musikalischen Sprache, die zunehmend das Interesse der musikhistorischen und ethnologischen Forschung findet.

WW: Klv.-Lieder, darunter der Zyklus *Canavalia* (Text: E. F. Draecker); symphonische Dichtungen *Psychosen* (1900); *Titanenschlacht* (1901); *Meerestiefe* (1902); *Im Urwald* (1920); *Diego Suarez* (1926) mit Chor.

Lit.: M. STEINITZER, Jägermeieriana. O. J. und sein Verhältnis zu R. Strauss, in: Straussiana u. Andres (St 1910); T. SAKARAHNIVE, L'influence madécasse sur la musique européenne (Diss. Tananarive 1964); Gradus ad Parnassum. FS E. Voss (o. O. 1978), dazu R. BRINKMANN, in: Mf 32 (1979).

JAHN, Otto, * 16. 6. 1813 Kiel, † 9. 9. 1869 Göttingen; dt. Musikforscher und Archäologe. Er studierte 1831–32 in Kiel, 1832–33 in Leipzig und

Begrüßung

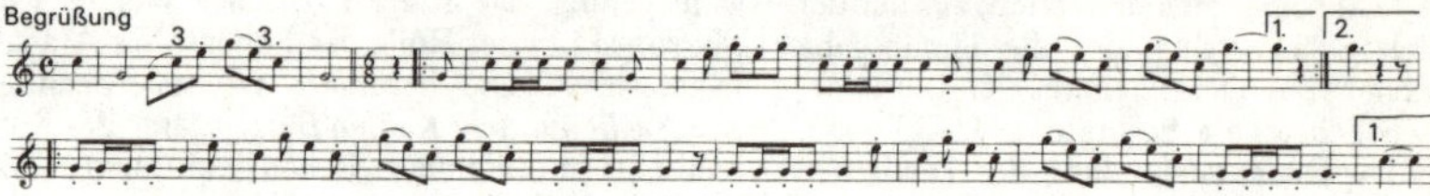

Aufbruch zur Jagd

Sammeln der Jäger

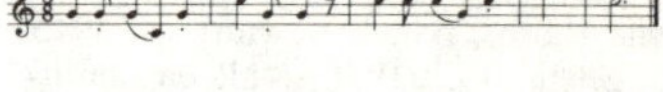

Hirsch tot

1833–35 in Berlin, promovierte 1836 in Kiel und wurde später, nach Reisen durch Frankreich und Italien, zum Professor für Altphilologie und Archäologie 1840 nach Greifswald, 1847 nach Leipzig berufen. Aufgrund seiner liberalen Anschauungen wurde er 1850 dort vom Dienst suspendiert und lehrte seit 1855 an der Bonner Universität. J. gehörte zu den ersten Gelehrten seiner Zeit, die quellenkritische Methoden, wie sie für die Altphilologie entwickelt worden waren, für die Musikwissenschaft nutzbar machten. Das wichtigste Zeugnis dafür ist seine Mozart-Biographie, die für die Mozart-Forschung grundlegend wurde. Die Biographien L. van Beethovens und J. Haydns konnte er nicht mehr vollenden; sie dienten aber anderen Forschern als Ausgangsbasis: A. W. Thayer und H. Deiters für Beethoven und C. F. Pohl für Haydn.

Schriften: *W. A. Mozart,* 4 Teile (L 1856–59, Nachdr. Hil – NY – Wie 1976), 2. Aufl. in 2 Teilen (1867), 3. u. 4. Aufl. bearb. v. H. Deiters (1889–91, 1905–07), gänzlich neu bearb. v. H. Abert ([5]1919–21,[6]1923–24), 7. Aufl. hrsg. u. erweitert v. A. A. Abert (1955–56), dazu ein Register-Bd., hrsg. v. E. Kapst (L 1966); *Gesammelte Aufsätze über Musik* (L 1866, [2]1867, Nachdr. Farnborough 1969), darin u. a.: *Mendelssohns Paulus u. Elias, Berlioz' Verdammnis des Faust* u. *Beethoven u. die Ausg. seiner Werke.*

Lit.: J. VAHLEN, O. J. (W 1870); O. J. in seinen Briefen, hrsg. v. A. MICHAELIS – E. PETERSEN (L 1913); A. H. KING, J. and the Future of Mozart Biogr., in: Mozart in Retrospect (Lo 1955, [3]1970); W. KAHL, O. J. u. das Rheinland, in: FS K. G. Fellerer (Rb 1962); K. STEPHENSON, O. J., in: Rheinische Musiker 4 (Kö 1966) (= Beitr. zur rheinischen Musikgeschichte 64).

JAHNN, Hans Henny, *17. 12. 1894 Stellingen (Hamburg), † 29. 11. 1959 Hamburg; dt. Schriftsteller und Orgelbausachverständiger. J., der zu dieser Zeit schon mit einigen dem Expressionismus nahestehenden literarischen Werken hervorgetreten war, wurde um 1920 mit Unterstützung von G. Ramin einer der wichtigen Initiatoren der Orgelbewegung. Er baute selbst die große Orgel des Deutschlandsenders in Berlin und restaurierte eine Reihe älterer Instrumente, u. a. die A. Schnitger-Orgel an St. Jacobi in Hamburg. 1921 gründete er zusammen mit dem Musikschriftsteller Gottlieb Harms die Glaubensgemeinde Ugrino, aus der der Ugrino Verlag hervorging, der die Herausgabe von Werken von D. Buxtehude, G. Gesualdo, V. Lübeck, S. Scheidt u. a. besorgte. 1931–33 war J. Leiter der Experimentalabteilung des Deutschen Orgelrats und lebte 1933–45 im Exil in Bornholm. Während die Glaubensgemeinde Ugrino 1933 aufgelöst wurde, blieb der Verlag als Firma, eingetragen auf Sibylle Harms, bestehen, wurde ab 1945 wieder von J. geleitet (seit 1956 als alleinigem Inhaber) und nach dessen Tod von J.s Tochter Signe Trede weitergeführt. 1972 ging er an den Deutschen Verlag für Musik in Leipzig über.

Schriften: *Das schriftliche Bild der Org.,* in: Abh. der Braunschweigischen Wiss. Ges. 7 (1955); *Frühe Begegnung mit G. Ramin,* in: Sinn u. Form 8 (1956); *„Die Gärtnerin aus Liebe". Mozarts 2. Fassung,* in: Jb. der Freien Akad. der Künste in Hamburg (1956); *Der Schädel J. S. Bachs u. sein Bild,* in: ebd. (1959).

Lit.: R. WAGNER, Der Orgelreformer H. H. J. (St 1970) (= Veröff. der Walcker-Stiftung für orgelwiss. Forsch. 4) (mit Schriftenverz.); DERS., Der geistesgeschichtliche Hintergrund der Orgelreform H. H. J.s, in: NZfM 131 (1970); H. H. J., Schriftsteller, Orgelbauer 1894–1959, Ausstellungskat. (Mz – St – H 1973).

JAHRMARKT VON SOROTSCHINZY, DER *(Sorotschinskaja jarmarka),* Oper in 3 Akten von Modest Petrowitsch Mussorgski (1839–81), Text vom Komponisten nach einer Episode aus Gogols *Abende auf dem Vorwerk bei Dikanka.* Ort und Zeit der Handlung: Sorotschinzy, ein Dorf in der Ukraine, Mitte des 19. Jahrhunderts. UA: 16. 3. 1911 (konzertant), UA als Bühnenwerk: 8. 10. 1913 in Moskau (Freies Theater).

Die Oper, die nach Mussorgskis eigener Bekundung einen schöpferischen Ausgleich zu den beiden „Riesengewichten" *Boris Godunow* und *Chowanschtschina* schaffen sollte, blieb unvollendet. Erhalten sind neben einem Entwurf des Szenariums die fast vollständige Musik zum 1. und 2. Akt sowie vom 3. Akt die *Dumka* der Parassja. Die konzertante UA dieser Fragmente erfolgte 1911 am 30. Todestag des Komponisten. Für die szenische UA 1913 ließ der Direktor des Moskauer Freien Theaters die Dialoge nach Gogols Text ergänzen. Die Oper wurde später von C. Cui musikalisch vervollständigt (UA: St. Petersburg 1917); eine weitere Bearbeitung von A. N. Tscherepnin ging 1923 in Monte Carlo in Szene.

Seiner Idee, eine „von der menschlichen Rede geschaffene Melodie" (Brief v. 25. 12. 1876), zu schaffen, das „Rezitativ in der Melodie zu verkörpern", kommt Mussorgski in dieser Oper einen bedeutenden Schritt näher. Leitmotivische Techniken finden in geringem Umfang Verwendung. Besonders in den großen Jahrmarktsszenen prägen zahlreiche ukrainische Volksliedmelodien und liedhaft gleichmäßiger Periodenbau das Bild der Oper. Die wohl gelungenste Buffo-Partie des Werkes schuf Mussorgski in der Rolle des Popensohns Afanassi Iwanowitsch. Die berühmte Orchesterphantasie *Die Nacht auf dem Kahlen Berge* plante der Komponist als Interludium zwischen dem 1. und 2. Akt; hier sollten die Hexen- und Geisterträume des betrunkenen Gryzko musikalisch zum Ausdruck kommen.

R. QUANDT

JAKOB LENZ, Kammeroper in 1 Akt von Wolfgang Rihm (* 1952), Text von Michael Fröhling frei nach der Erzählung *Lenz* (1839) von Georg Büchner. Ort und Zeit der Handlung: das Anwesen

Pfarrer Oberlins im Elsaß, 1778. UA: 8.3.1979 Hamburg (Opera stabile = Studio der Staatsoper) unter Klauspeter Seibel.
In Büchners einzigem Prosa-Werk wird der historische Jakob Lenz, Dichter der Sturm-und-Drang-Epoche, in seiner beginnenden Geisteskrankheit (Schizophrenie) gezeigt. Durch Hinzufügen von Material aus Briefen des Dichters stellen die Autoren der Oper diesen als Vertreter aller unangepaßten, von Realitätsverlust bedrohten Menschen der Gegenwart dar. Die Handlungsschichten im Bewußtsein des Kranken werden in der Vertonung dieses Psychogramms hörbar: Einfache Tanzrhythmen und Volksliedanklänge mit simpler Dur-Moll-Harmonik wechseln mit schrillen, expressiven Klangbildern höchster Intensität. Auch der ‚Leitklang' der Oper deutet in seiner Zusammensetzung aus reiner Quinte und dem Tritonus mit gemeinsamem Grundton die Ambivalenz der Handlungsebenen an. In dieser seiner zweiten Kammeroper verzichtet Rihm auf hohe Streichinstrumente; neben Bläsern, dem Cembalo und großem Schlagzeug sind drei Violoncelli beteiligt. K. LANGROCK

JAKOBY, Richard, *11.9.1929 Dreis (Kreis Wittlich); dt. Musikpädagoge. Er studierte 1949 bis 1954 Musikwissenschaft an der Universität Mainz sowie Schulmusik am dortigen Hochschulinstitut für Musik, promovierte 1955 und wurde 1962 Dozent am Mainzer Hochschulinstitut für Musik, 1964 Professor und Abteilungsleiter an der Musikhochschule in Hannover, deren Leitung er 1969 übernahm. 1973 wurde er Präsident des Deutschen Musikrats. J. ist auch als Autor musikpädagogischer und kulturpolitischer Beiträge hervorgetreten.

Schriften: *Unters. über die Klausellehre in dt. Musiktraktaten des 17. Jh.* (Diss. Mz 1955); *Zur Frage der Akzidentien in Chorsätzen des 16. u. 17. Jh.*, in: NZfM 123 (1962); *Zum heutigen Mendelssohn-Bild,* Teilabdruck, in: Jb. der Stiftung Preußischer Kulturbesitz 4 (1967); *Die Kantate* (Kö 1968) (= Das Musikwerk 32); *Musikal. Begabung u. ihre Meßbarkeit,* in: Musik im Unterricht 59, Ausg. B (1968); dass. in: Der Einfluß der technischen Mittler auf die Musikerziehung unserer Zeit, hrsg. v. E. Kraus (Mz 1968); *Musikal. Begabung bei Kindern u. ihre Meßbarkeit* (F 1968) (= Schriftenreihe z. Musikpädagogik 1); *Neue Formen der Breitenarbeit und Auslese,* in: Musik u. Bildung 2 (1979). – Ferner ist J. Hrsg. v. *Schriftenreihe zur Musikpädagogik* (F 1968ff.).

JALOUSIESCHWELLER ↗Schwellwerk.

JALOWETZ, Heinrich, * 3.12.1882 Brünn, † 2.2. 1946 Black Mountain (North Carolina); östr. Dirigent. Er war Schüler von A. Schönberg in Wien und promovierte dort 1911 bei G. Adler mit einer Dissertation *Über einige Besonderheiten der melodischen Technik Beethovens.* Über Danzig und Stettin kam er 1916 als Kapellmeister an das deutsche Landestheater in Prag (1921 Operndirektor), wechselte 1924 an die Volksoper Wien, 1925 an das Stadttheater Köln über und war 1933–36 in Reichenberg. 1936 emigrierte er in die USA, wo er u.a. am Black Mountain College tätig war. J. gehörte zum engen Schüler- und Freundeskreis von A. Schönberg, für den er 1924 auch einen 4händigen Klavierauszug von dessen *Pelleas und Melisande* herstellte.

Schriften: *Die Harmonielehre,* in: A. Schönberg (Mn 1912) (mit Beitr. v. A. Berg u.a.); *A. Zemlinsky, der Dirigent,* in: Musikblätter des Anbruch 4 (1922); *A. Schönbergs Gurrelieder,* in: ebd. 5 (1923), dass. in: Pult u. Taktstock 4 (1927); *Schönbergs Werk in der Zeit,* in: FS. A. Schönberg (W 1934); *On the Spontaneity of Schoenberg's Music,* in: MQ 30 (1944).

JAMBE DE FER, Philibert, * um 1520 Champlitte (Haute-Saône), † um 1566 Lyon; frz. Komponist. Er lebte lange Zeit in Lyon, wo 1547 bei J. Moderne sein erstes Werk, ein 4st. *Salve salutaris,* in dem Sammelwerk *Harmonidos Ariston* erschien. 1564 erhielt er den Auftrag zur Komposition der Musik für die Thronbesteigung Karls IX. Als Hugenotte schrieb und arrangierte er Melodien zu zeitgenössischen Psalmdichtungen. Sein Traktat *Épitome musical,* eine der ältesten Flöten- und Violenschulen, erhellt die Musizierpraxis seiner Zeit.

WW: Im Druck erschienen u.a.: *Psalmodie de quarante et un pseaumes royaux* (Ly 1559); *Les CL pseaumes de David, mis en rime françoise par C. Marot et Th. de Bèze* (Ly 1564, ²1564). – Lehrwerk *Épitome musical des tons, sons et accordz ès voix humaines, fleustes d'Alleman, fleustes à neuf trous, violes, et violons* (hsl. in Paris, Bibl. du Conservatoire).

Ausg.: 5 Psalmen, in: Das Psalmenbuch, hrsg. v. H. HOLLIGER (Kas 1953); F. LESURE, L'épitome musical ... de Ph. J. de F. 1556, in: Ann. Mus. 6 (1958–63) (mit Faks.-Ausg.).

Lit.: P.-A. GAILLARD, Die „Psalmodie de 41 pseaumes" v. Ph. J. de F., in: JbLH 2 (1956); P. PIDOUX, Le psautier huguenot du XVIᵉ siècle, 2 Bde. (Bas 1962).

JAMES, Harry (Haagh), * 15.3.1916 Albany (Georgia), † 3.7. 1983 Las Vegas; amerik. Jazztrompeter und Bandleader. Er spielte 1935–36 bei Ben Pollack und dann bei B. Goodman. 1939 gründete er seine eigene Big Band, die zunächst mit Tanzmusik erfolgreich war, dann aber in den 50er Jahren sich wieder dem Jazz zuwandte und später als eine der besten Jazz-Big Bands angesehen wurde. James' schwungvolles Spiel war durch sein kräftiges Vibrato charakterisiert.

Lit.: F. STACY, H. J.'s Pin-Up Life Story (NY 1944).

JAMMERS, Ewald, * 1.1. 1897 Köln-Lindenthal, † 26.6. 1981 Heidelberg; dt. Musikforscher. Er studierte an der Universität Bonn, wo er 1924 mit *Untersuchungen über die ... Melodien der Jenaer Liederhandschrift* (gedruckt in: ZfMw 7, 1925) promovierte. Dann war er bis 1945 Bibliothekar an der Sächsischen Landesbibliothek Dresden (seit 1931 Leiter der Musikabteilung), seit 1951 an der Landes- und Stadtbibliothek Düsseldorf und 1952–62 an der Universitätsbibliothek Heidelberg (seit 1953 als Leiter der Handschriftenabteilung). 1953 erhielt er einen Lehrauftrag für musikalische Paläographie an der Universität Heidelberg; 1956 wurde er dort zum Honorarprofessor für ältere Musikgeschichte ernannt.

Schriften: *Der gregor. Rhythmus* (Str 1937); *Rhythmische u. tonale Stud. z. Musik der Antike u. des MA*, in: AfMw 6 (1941) u. 8 (1943); *Der ma. Choral* (Mz 1954); *Anfänge der abendländischen Musik* (Str 1955); *Minnesang u. Choral*, in: FS H. Besseler (L 1961); *Einige Anmerkungen zur Tonalität des gregor. Gesangs*, in: FS K. G. Fellerer (Rb 1962); *Takt u. Motiv. Zur neuzeitlichen musikal. Rhythmik*, in: AfMw 19 (1962) u. 20 (1963); *Der Choral als Rezitativ*, in: ebd. 22 (1965); *Tafeln zur Neumenschrift* (Tutzing 1965); *Gedanken u. Beobachtungen z. Gesch. der Notenschriften*, in: FS W. Wiora (Kas 1967); gesammelte Aufsätze zur älteren Musikgesch. erschienen als: *Schrift, Ordnung, Gestalt*, hrsg. v. R. Hammerstein (Mn 1969) (= Neue Heidelberger Stud. z. Musikwiss. 1) (mit Schriften-Verz.); *Das Alleluia in der Gregor. Messe* (Mr 1973) (= Liturgiewiss. Quellen u. Forsch. 55); *Aufzeichnungsweisen der einst. außerliturg. Musik des MA* (Kö 1975) (= Paläographie der Musik I/4).

JAM SESSION (engl.), Bz. für das improvisierte Zusammenspiel von Jazzmusikern. Sie wurde besonders während der Swing-Ära als Freiraum der Improvisation, ohne Stilzwänge und vorgegebene Arrangements, angesehen. Aus dem freien, experimentellen Musizieren in den Jam sessions entwickelte sich in den 40er Jahren der Bebop. Bei heutigen, konzertmäßig organisierten Jam sessions ist die ursprünglich improvisatorische Spontaneität nicht immer gewährleistet.

Lit.: R. RUSSEL, Bird Lives. The High Life and Hard Times of Ch. Parker (NY 1973).

JAN, Karl von, *22.5.1836 Schweinfurt, †4.9. 1899 Adelboden (Schweiz); dt. Musikforscher und Philologe. Nach dem Studium der Altphilologie, Geschichte und Germanistik in Erlangen, Göttingen und Berlin promovierte er 1859 an der Berliner Universität mit der Dissertation *De fidibus Graecorum*. Er unterrichtete als Gymnasiallehrer zunächst am Grauen Kloster in Berlin, 1862–75 in Landsberg an der Warthe, 1875–82 in Saargemünd und seit 1883 in Straßburg. Seit 1896 widmete er sich ausschließlich der Erforschung der griechischen Musik. Grundlegend ist hier seine Edition *Musici scriptores Graeci*.

Schriften: *De fidibus Graecorum* (Diss. B 1859); *Die griech. Saiteninstr.*, in: Wiss. Beilage zum Jahres-Ber. des Gymnasiums zu Saargemünd (L 1882); zahlreiche Beiträge in *Philologus*, in *Jahrbuch für Altertumskunde* und in *Pauly's Realenzyclopädie der classischen Altertumswissenschaft*. – Er edierte *Musici scriptores Graeci* (L 1895), dazu Suppl.: *Melodiarum reliquiae* (1899), Nachdr. mit Suppl. (Hil 1962).

Lit.: H. J. MOSER, Vom Wesen der Kirchenmusik. Ein Streitgespräch zw. H. von Herzogenberg u. K. von J., in: Der Kirchenmusiker 16 (1965).

JANACCONI, Giuseppe, ↗Jannacconi.

JANÁČEK, Leoš, *3.7.1854 Hukvaldy (Mähren), †12.8. 1928 Mährisch-Ostrau; tschechischer Komponist. Er trat 1865 als Stipendiat in die alte Klosterschule in Brünn ein, wo er 1872 seine Studien als Volksschullehrer beendete und dann als Hilfs- und Musiklehrer arbeitete. Eine gründliche musikalische Ausbildung erhielt er bei František Blažek und František Zdeněk Skuherský an der Orgelschule in Prag (1874–75) sowie, nach mehrjähriger Berufstätigkeit als Musiklehrer und Chorleiter in Brünn, am Konservatorium in St. Petersburg (1878), ferner bei L. Grill und Oskar Paul am Leipziger und bei Franz Krenn am Wiener Konservatorium (1879–80). Nach seiner Rückkehr nach Brünn wurde J. Musiklehrer des Lehrerseminars und unterrichtete dort 1880–1904; gleichzeitig war er Gesanglehrer am dortigen Gymnasium (1886–1902). 1881–1919 leitete er die von ihm gegründete Orgelschule in Brünn, 1876–88 dirigierte er auch die dortige philharmonische Gesellschaft „Beseda brněnská“. Während dieser Jahre verfaßte er zahlreiche Kritiken und Berichte; 1884–88 war er Herausgeber der Zeitschrift *Hudební listy*. 1919 wurde er Kompositionslehrer an der Meisterschule des Prager Konservatoriums.

WW: **1) Instr.-WW:** 2 Konzertfantasien für Org. (1884); *Národní tance na Moravě* (1891) für Klv. zu 4 Händen; für Klv.: *Tema con variazioni* (1880); *Hudba ke krouženi kuželi* (1893); *Po zarostlém chodníčku*, 2 H.e (1901, 1908); Sonate *1. X. 1905*, auch *Z ulice* genannt (o. O. 1924); 4 Stücke *V mlhách* (1912); *Pohádka* (1910, 2. Fassung 1923) für Vc. u. Klv.; V.-Sonate (1913–21) (4 Fassungen); 2 V.-Stücke (1879–80); Streichquartett (1923); Streichquartett *Listy důvěrné* (1928); Bläsersextett *Mládi* (1924); Concertino für Klv. u. Kammerensemble (1925) u. Capriccio für Klv. (linkshändig) u. Kammerensemble (1926). – Für Orch.: *Lašské tance* (1890); Suite (auch Serenade genannt) (1891); Ballade *Sumařovo dítě* (1912) (nach einem Gedicht v. S. Čech); Rhapsodie *Taras Bulba* (1915–18) (nach N. Gogols Novelle); *Balada blanická* (1920); Sinfonietta (1926); Suite (1877) u. *Idyll* (1878) für Streichorch. – **2) Vokal-WW:** *Hospodinel* (1896) für Soli, Doppelchor, Orgel, Harfe u. Blechbläser; *Jarní píseň* (1897); Kantate *Amarus* (1897); *Otčenáš* (1901) für Tenor, Chor, Klv. oder Harmonium, umgearbeitet für Harfe u. Org. (1906); Kantate *Věčné evangelium* (1914); *Zápisník zmizelého* (1917–19) für Tenor, Alt, 3 Frauen-St. u. Klv.; *Říkadla* (1925–27) für Kammerchor u. Instr.; *Glagolská mše* (1926); ferner zahlr. Chöre u. Bearbeitungen mährischer u. schlesischer Volkslieder. – **3) Bühnen-WW:** Opern: *Šárka* (1887, revidiert 1888 u. 1918) (Libr.: J. Zeyer), UA: Brünn 1925 (orchestriert v. O. Chlubna); *Počátek románu* (Der Beginn eines Romans) (Libr.: J. Tichý), UA: ebd. 1894; *Její pastorkyňa* (Ihre Ziehtochter) (Libr.: J.), bekannt als *Jenufa*, UA: ebd. 1904; *Osud* (Schicksal) (1903–04) (Libr.: Fedora Barošová), UA: ebd. 1958; *Výlet pana Broučka* (Die Ausflüge des Herrn Broucek) (nach S. Čech), UA: Prag 1920; *Kát'a Kabanová* (Katja Kabanowa) (1919–21) (Libr.: J.), UA: Brünn 1921; *Příhody lišky bystroušky* (Das schlaue Füchslein) (1921–23), UA: ebd.

1924; *Věc Makropulos* (Die Sache Makropulos) (Libr.: J.), UA: ebd. 1926; *Z mrtvého domu* (Aus einem Totenhaus) (Libr.: J.), UA: ebd. 1930; Ballett *Rákos Rákoczy*, UA: Prag 1891. – **4) Schriften:** *O skladbě souzvukův o jejich spojův* (Pr 1897); *O hudební stránce národních písní moravských* (Pr 1901); *Nápěvky dětské mluvy*, in: Ceský lid 13 (1904) u. 15 (1906), NA hrsg. v. V. Stará (Ostrava 1959); *Úplá nauka o harmonii* (Brünn 1912, ²1920).

J.s Theorie der „Sprachmelodie", die die Entstehung von Melodie und Rhythmus aus der Umgangssprache entwickelte, bildet den Angelpunkt seines musikdramatischen Schaffens und manifestiert sich schon in seiner ersten Oper *Šárka*. Intensive Beschäftigung und eingehendes Studium der mährischen Volksmusik führten zur Aufzeichnung von Volksliedmelodien, von denen J. 1892 und 1900–01 Bearbeitungen veröffentlichte. Unter dem Einfluß der mährischen Volksmusik entstanden die *Lašské tance* (Lachische Tänze) und das Ballett *Rákos Rákoczy*, vor allem auch J.s dritte Oper *Její pastorkyňa (=Jenufa)*, sein wohl bekanntestes Werk. Um 1900 begeisterte sich J. für die russische und polnische Literatur und bereiste mehrmals Polen und Rußland. Sich deutlich der sozialen Probleme bewußt werdend, wurde er bald in das Lager der Gegner der Monarchie gezogen. So komponierte er eine Klaviersonate *1. X. 1905* (auch *Z ulice*, von der Straße, genannt) in Erinnerung an einen in Brünn getöteten Arbeiter und setzte einige sozialistische Gedichte von P. Bezruč in Musik. In der komischen Oper *Výlet pana Broučka* machte er das tschechische Spießbürgertum zur Zielscheibe seiner Ironie, in der Orchesterrhapsodie *Taras Bulba* besang er den Helden, der keine Angst kennt. Nach der Errichtung der tschechoslowakischen Republik (1918) entstand noch eine Reihe von Hauptwerken, u. a. die Opern *Kát'á Kabanová*, *Příhody lišky bystroušky*, *Věc Makropulos* und *Z mrtvého domu*, das Streichquartett *Listy důvěrné* (Intime Briefe), das Bläsersextett *Mládi* (Jugend), die häufig gespielte Sinfonietta und die *Glagolská mše* (Glagolitische Messe). Die Vitalität des Siebzigjährigen und die Neuartigkeit seiner Musik führten dazu, daß J. häufig als der Repräsentant der „jungen" tschechischen Musik angesehen wurde. Die Größe und Einzigartigkeit der Kunst J.s können in ihrer Ganzheit nur erfaßt werden, wenn die Kompositionen in der Originalsprache realisiert werden. Doch auch für denjenigen, der ihrer nicht mächtig ist, enthält J.s Musik eine Vielfalt an Neuem in bezug auf Melodiebildung, Harmonik, Rhythmik und Instrumentation, so daß dieser faszinierende Meister mit vollem Recht zu den hervorragenden Exponenten der Musik des 20. Jh. zu zählen ist, in seinem Rang und seiner nationalen Eigentümlichkeit vergleichbar mit Fr. Smetana.

Lit.: GA, hrsg. v. J. VYSLOUŽIL – C. KOHOUTEK – R. PEČMAN – TH. STRAKOVÁ – B. ŠTĚDROŇ, 43 Bde. vorgesehen (Kas – Pr 1979ff.); B. ŠTĚDROŇ, Dílo L. Janáčka. Abecední seznam Janáčkových skladeb a úprav. Bibliogr. a diskografie (Pr 1959), revidiert u. dt. Übers.: Verz. der musikal. Werke J.s, in: BzMw 2 (1960) u. 3 (1961). – M. BROD, L. J. Leben u. Werk (W 1925, revidiert u. erweitert 1956); H. H. STUCKENSCHMIDT – M. BROD, L. J., in: Tschechische Komponisten, hrsg. v. H. Lindlar (Bonn 1954) (= Musik der Zeit 8); J. RACEK, Der Dramatiker J., in: DJbMw 5 (1960); P. MIES, Die glagolitische Messe, in: MS 80 (1960); J. RACEK, L. J. (L 1962, ²1971) (= Reclams Universal-Bibl. 9043–45, 2. Aufl. Nr. 321); H. HOLLANDER, L. J. (Lo 1963, dt. Z 1964); J. VOGEL, L. J. (Lo 1963); H. H. STUCKENSCHMIDT, L. J.s Ästhetik u. seine Stellung in der Weltmusik, in: Sborník prací filosofické fakulty brněnské univ. 14 (1965); B. ŠTĚDROŇ, Zu J.s Sprachmelodien, in: Kgr.-Ber. Leipzig 1966 (Kas 1970); M. BROD, Erinnerungen an J., in: Beitr. 1967, hrsg. v. K. Roschitz (Kas 1967); P. GÜLKE, Versuch z. Ästhetik der Musik L. J.s, in: DJbMw 12 (1967); B. ŠTĚDROŇ, Zur Genesis v. L. J.s Oper Jenufa (Brünn 1968); M. R. KADERAVEK, Stylistic Aspects of the Late Chamber Music of L. J. (1970) (= Diss. Univ. of Illinois); J. TYRRELL, J. and the Speech Melody Myth, in: MT 111 (1970); K. H. WÖRNER, Natur, Liebe u. Tod bei J., in: Die Musik in der Geistesgesch. (Bonn 1970) (= Abh. z. Kunst-, Musik- u. Literaturgesch. 92); R. GERLACH, L. J. u. die Erste u. Zweite Wiener Schule, in: Mf 24 (1971); J. RACEK, L. J. u. die musikal. Avantgarde des 20. Jh., in: SMZ 111 (1971); E. CHISHOLM, The Operas of L. J. (O 1971); P. GÜLKE, Protokolle des schöpferischen Prozesses. Zur Musik v. L. J., in: NZfM 134 (1973); T. KNEIF, Die Bühnenwerke v. L. J. (W 1974); A. GECK, Das Volksliedmaterial L. J.s (Rb 1975) (= Forschungsbeitr. z. Musikwiss. 26); D. STRÖBEL, Motiv u. Figur in den Kompositionen der Jenufa-Werkgruppe L. J.s (M – Salzburg 1975) (= Freiburger Schriften z. Musikwiss. 6); D. MULLER, J. (P 1975); F. PULCINI, J. in Italia, in: NRMI 10 (1976); J. RACEK, L. J.s Kompositionsprinzip in seinen Spätwerken, in: Mf 29 (1976); B. ŠTĚDROŇ, Slavische Motive im Werk L. J.s, in: Musica Slavica. Beitr. z. Musikgesch. Osteuropas, hrsg. v. E. Arro (Wie 1977), dass., in: Kgr.-Ber. Berlin 1974 (Kas 1980).

C. SCHOENBAUM

JANÁČEK-QUARTETT (Janáčkovo kvarteto), tschech. Streichquartett, gegr. 1947. Es debütierte 1947 in Brünn und ist seit 1956 ständiges Kammermusikensemble der Staatlichen Philharmonie Brünn. Seine Mitglieder, die zugleich als Dozenten an der Janáček-Musikakademie in Brünn wirken, waren bzw. sind: *Jiří Trávnícek* (* 1.12.1925 Vlastovičky bei Opava, † 16.6.1973 Brünn), 1. Violine, jetzt *Bohumil Smejkal; Miroslav Matyáš* (* 7.7.1924 Brünn), 2. Violine, seit 1952 *Adolf Sýkora* (* 5.5.1931 Brünn); *Jiří Kratochvíl* (* 8.12. 1924 Ivančice), Viola; *Karel Krafka* (* 4.1.1921 Znojmo), Violoncello. Das Quartett widmet sich neben den Standardwerken der Klassik und Romantik besonders der tschechischen Musik des 19. und 20. Jahrhunderts. Konzertreisen und mehrfach mit Preisen bedachte Schallplatteneinspielungen machten das Quartett international bekannt. Die Musiker spielen auf Instrumenten von A. Stradivari (1695; 1. Violine), G.P. Maggini (1620; 2. Violine), Jakob Techler (1736; Viola) und Sanctus Seraphim (1707; Violoncello).

JANEQUIN (Jannequin), **Clément,** * um 1485 Châtellerault bei Poitiers, † vermutlich Ende Januar 1558 Paris; frz. Komponist. Er war vielleicht Schüler der Maîtrise Notre-Dame in Châtellerault. Ein Vierteljahrhundert lang hielt er sich in der Gegend von Bordeaux auf, zunächst 1506–23 in der Umgebung des Humanisten Lancelot DuFau († 1523), Generalvikar des Erzbistums, dann beim Erzbischof Jean de Foix, der ihm einige Pfründen zukommen ließ: J. wurde 1525 Domherr von St-Émilion, 1526 „Procureur des âmes", Geistlicher an St-Michel in Rieufret sowie 1530 Geistlicher an St-Jean-de-Mezos und Dekan von Garosse. Die Veröffentlichung seiner ersten Chansons machte ihn rasch berühmt; er gewann Anschluß an Musikliebhaber wie Eustorg de Beaulieu und den Kreis um den Advokaten Bernard de Lahet. Nach dem Tod seines Gönners (1530) wurden ihm die meisten Mittel seines Unterhaltes in dieser Gegend entzogen. Anläßlich der Durchreise König Franz I. durch Bordeaux (1530) nannte J. sich „chantre du roi", was aber eher als Ehrentitel anzusehen ist. Er ließ sich in Anjou nieder, wo sein Bruder wohnte und wo er seit 1526 Pfarrer von Brossay sowie seit 1527 Kaplan, seit 1534 Leiter der Maîtrise an der Kathedrale von Angers war. Es ist dies der fruchtbarste Abschnitt seines Lebens: Er veröffentlichte etwa 125 Chansons und dazu noch neue Fassungen seiner tonmalerischen Chansons von 1528. 1548 studierte er – mit über 60 Jahren – an der Universität Angers, wahrscheinlich in der Hoffnung, dadurch zu einträglicheren Pfründen zu kommen. Zwischen August und Oktober 1549 ging er endgültig nach Paris. Auch dort war er an der Universität eingeschrieben, wo er wohl den jungen Cl. Goudimel kennenlernte; er feierte in weiteren deskriptiven Chansons die militärischen Erfolge des Herzogs François de Guise bei Metz und Renty und durfte sich daraufhin sein „Chapelain" nennen. Zur selben Zeit, kurz vor 1555, gab er bei N. Du Chemin eine Anzahl seiner bedeutendsten Werke heraus, aufgrund deren er endlich in die Chapelle Royale als Chantre ordinaire aufgenommen wurde. Allerdings war er als nunmehr Siebzigjähriger den dort geforderten Leistungen kaum mehr gewachsen. In St-Germain-des-Prés, wo er wohnte, übersetzte er von nun an erbauliche Texte, Psalmen und geistliche Chansons (erschienen zw. 1555 und 1558). Zwar erhielt er bis zum Ende seines Lebens keine materielle Unterstützung, aber er hatte wenigstens kurz vor seinem Tode die Genugtuung, den Titel eines Compositeur ordinaire du roi führen zu dürfen, den vor ihm im französischen Königreich nur Pierre Sandrin erhalten hatte. J. komponierte nun sein musikalisches Testament, die *Octante deux pseaumes de David* „in ungewöhnlichen Klängen", mit einer Widmung in Versen an die Königin. Mit seiner Dienerin, die er nicht hatte entlohnen können, seit sie bei ihm in Dienst getreten war, zog er in die Rue de la Sorbonne, im Quartier Latin, um. Dort diktierte er im Winter 1558 einem Notar seinen letzten Willen und starb wenige Tage später.

WW: **1) Weltliche Werke:** *Chansons* für 4 St. (P um 1528); *Les chansons de La guerre, La chasse, Le chant des oyseaux, La louette, Le rossignol* für 4 St. (P 1537), weitere Ausg. dieser Chansons, z.T. erweitert (V 1545 u. 1550, P 1551); *8e livre contenant XIX chansons* für 4 St. (P 1546); *31e livre contenant XXX chansons* für 4 St. (P 1549); 2 Bücher *Inventions musicales* (Programm-Chansons) für 5 St. (P 1555) (unvollständig erhalten); *Le caquet des femmes* für 5 St. (P 1555); *Verger de musique* für 4–5 St. (P 1559); *Les difficiles des chansons* für 4 St. (Ly o. J.) (unvollständig erhalten); zahlr. Chansons auch in mehr als 120 Sammeldrucken 1528–1605, auch in Bearb. für Laute (u. a. in den Tabulaturdrucken von Francesco da Milano, V. Bakfark, G. Morlaye, A. de Rippe) u. Org. (RISM 1583[23], 1605[18 u. 19]). – **2) Geistliche Werke** (mit Ausnahme der Messe unvollständig erhalten): *Chansons et cantiques spirituelles* für 4 St. (P 1555); *Chansons spirituelles* (P 1556); *Proverbes de Salomon* für 4 St. (P 1558); *82 pseaumes de David* für 4 St. (P 1559); *Missa super La bataille* (o. O. 1560 sowie in RISM 1540[1]).

Die geistliche lateinischsprachige Musik J.s ist verloren (Motetten), oder seine Autorschaft ist umstritten (Messen); seine Psalmvertonungen und geistlichen Lieder sind nur unvollkommen erhalten (z. B. fehlen drei Teile der *Octante deux pseaumes de David*). Dennoch läßt sich feststellen, daß J. Melodien der calvinistischen Gemeinden in den Psalmen von 1549 und 1559 verwendet hat. Sein musikgeschichtlicher Rang beruht aber in erster Linie auf dem Gebiet der weltlichen Chanson: vor allem in den sog. deskriptiven oder Programm-Chansons (*La guerre, Le chant des oyseaux, La chasse, Le caquet des femmes* etc.), in der sich Quodlibetartiges mit Naturnachahmung und Szenisch-Bildhaftem verquickt, aber auch in allen anderen Arten der Chansons – der erzählenden, lyrischen, erotischen –, wobei er Texte von Cl. Marot, Mellin de Saint-Gelais, König Franz I., vielleicht auch eigene, und am Ende seines Lebens solche von P. de Ronsard verwendete. J. zeigt sich in ihnen unübertrefflich in Erfindungsreichtum, feinster rhythmischer und außerordentlich sensibler deklamatorischer Gestaltung. Einerseits entfaltet sich seine Virtuosität zu derben Späßen, andererseits bleibt er in persönlich gefärbten Stücken poetisch und zart. Im Hinblick auf diese so unterschiedliche Satz- und Ausdruckskunst repräsentiert J. wie kein anderer Zeitgenosse die eigentümliche Welt der Pariser Chanson des 16. Jahrhunderts.

Ausg.: GA der Chansons, hrsg. v. A. T. MERRITT – F. LESURE, 6 Bde. (Monaco 1965–69). – 10 Chansons für 4 St., hrsg. v. A. SEAY (Wb 1959) (= Chw 73); *La bataille* aus RISM 1545[17], in der Faks.-Ausg. dieses Sammeldrucks (Bru 1970) (= Corpus of Early Music in Facsimile I/11).

Lit.: J. LEVRON, C. J. (P 1948); F. LESURE, C. J., Recherches sur sa vie et son œuvre, in: MD 5 (1951); DERS. – P. ROUDIE, La jeunesse bordelaise de C. J. 1505–31, in: RMie 49 (1963); A. T. MERRITT, J., Reworkings of Some Early Chansons, in: Aspects of Medieval and Renaissance Music. FS G. Reese (NY 1966); Y. F.-A. GIRAUD, Zu C. J.s „Chant de l'alouette", in: Mf 22 (1969).

F. LESURE

JANET & COTELLE, frz. Musikverlag, gegr. 1810 in Paris durch **Pierre Honoré Janet** und **Alexandre Cotelle.** Die Übernahme verschiedener Verlage (Imbault, 1814; Decombe, 1822; Boieldieu le Jeune, 1824; Ozi & Co., 1825) machte aus dem Haus eine florierende Firma. Es spezialisierte sich auf die Edition modischer Romanzen, später auf Kammermusik (L. Boccherini, G. B. Viotti, J.-Fr. LeSueur, G. Rossini), Opéras-comiques (Fr.-J. Gossec, F. Hérold, F. Paer, É. Méhul) und pädagogische Werke. Nach Ausscheiden von Janet (1838) führte Cotelle den Verlag bis zu seinem Tode (1858) allein weiter. Unter seiner Geschäftsführung erschien eine Ausgabe der Werke von Fr.-A. Boieldieu. J. & C. wurde 1892 durch die Firma Enoch Frères et Costallat aufgekauft.

Lit.: C. HOPKINSON, A Dict. of Parisian Music Publishers 1700–1950 (Lo 1954).

JANIGRO, Antonio, *21. 1. 1918 Mailand; it. Violoncellist und Dirigent. Er studierte seit 1927 bei Gilberto Crepax am Mailänder Konservatorium und seit 1929 auf Empfehlung von P. Casals bei Diran Alexanian an der École Normale de Musique in Paris. Seit seinem Debüt 1934 machte er sich rasch als Violoncellovirtuose einen Namen und reiste, teilweise mit Pianisten wie C. Zecchi, P. Badura-Skoda und D. Lipatti durch Europa und nach Übersee. 1939 wurde er Professor für Violoncello und Kammermusik am Konservatorium in Zagreb. Seit 1947 tritt J. auch als Dirigent auf; er übernahm 1953 die Leitung des neu gegründeten Kammerorchesters von Radio Zagreb und des Kammerorchesters „Zagreber Solisten", leitete 1965–67 das Orchester des Angelicum Mailand und wurde 1968 Dirigent des Kammerorchesters des Saarländischen Rundfunks. 1965–74 leitete er eine Meisterklasse für Violoncello am Konservatorium in Düsseldorf.

Lit.: B. GAVOTY, A. J. (G–F 1962) (= Die großen Interpreten, o. Nr.).

JANITSCHARENMUSIK, Türkische Musik (engl.: janissary, janizary oder Turkish music; frz.: musique turque oder de janissaires; it.: banda oder musica turca; span.: música de jenizaros oder turca), Bz. für die in der Mitte des 18. Jh. in Europa aufkommenden Schlaginstrumente Triangel, Bekken und große Trommel (auch: türkische Trommel), die den Musikkapellen der Elitetruppen des türkischen Sultans – den sogenannten Janitscharen – eigen waren. Diese Instrumente wurden in Opern- und Symphonieorchestern zusammen oder auch einzeln verwendet (z. B.: Chr. W. Gluck, *La rencontre imprévue,* 1764; auch Chor der Taurier in *Iphigénie en Tauride,* 1779; W. A. Mozart, *Die Entführung aus dem Serail,* 1782; G. Spontini, *La Vestale,* 1807; J. Haydn, Symphonie Hob. I: 100, 1782; L. van Beethoven, Symphonie Nr. 9, 1824). Die Janitscharen hatten auf allen Gebieten die am besten ausgebildeten Soldaten der türkischen Truppen. Dazu wurden schon Kinder in besonderen Vorbereitungsanstalten durch drakonische Erziehung herangebildet. Die Musikkapellen der Janitscharen bestanden aus jeweils 9 Schalmeien, Naturtrompeten, großen Trommeln, Becken, kleinen Pauken und Schellenbäumen. Der erste Schalmeispieler fungierte gleichzeitig als Kapellenleiter.

In die preußische Militärmusik fand die J. nach 1806 Eingang mit den Instrumenten Triangel, Bekken, große Trommel und dem Schellenbaum, der schon bald nicht mehr nur als Instrument, sondern auch als Symbol und Wahrzeichen der preußischen Militärmusik benutzt wurde. König Friedrich Wilhelm III. verordnete durch Kabinettsordre vom 13. 3. 1816 den preußischen Musikkorps offiziell die Einführung der Janitschareninstrumente, die „ohne besondere Kosten" von 12 Soldaten aus den Kompanien als Hilfsmusikern gespielt werden sollten. Wilhelm Wieprecht verwendete in seinem „Normal-Instrumental-Tableau" den Begriff J. für die Infanteriemusikkorps, weil hier die Besetzung mit Holz- und Blechblasinstrumenten sowie kleiner Trommel und Pauken durch die Schlaginstrumente Becken, große Trommel und Schellenbaum („Halbmond") erweitert ist.

Die anfänglich bei den Klassikern nur sehr sensibel und zurückhaltend eingesetzten Instrumente der J. traten im 19. Jh. in den Orchestern wie auch in den Militärkapellen immer mehr in den Vordergrund, was die zeitgenössischen Musikkritiker zur Ablehnung der Janitschareninstrumente als „Lärminstrumente" führte. Ein Breslauer Musikkritiker urteilte im Jahre 1801: „Zur zweyten Klasse der hiesigen Musikliebhaber rechne ich diejenigen, die eben so wenig einen ganz schlechten als ganz geläuterten Geschmack besitzen. [...] Je bizarrer ein Tonstück ist, und besonders, je mehr Blasinstrumente und J. darin dominieren, desto reizender finden sie es."

Lit.: A. KALKBRENNER, W. Wieprecht (B 1882); H. G. FARMER, Turkish Instr. of Music in the 17th Century (Glasgow 1937); P. PANÓFF, Das musikal. Erbe der Janitscharen, in: Atlantis 20 (1938); C. M. ALTAR, W. A. Mozart im Lichte osmanisch-östr. Beziehungen, in: RBMie 10 (1956); G. ORANSAY, Von der Türken dölpischer Musik, in: Südosteuropa-Jb. 6 (1962).

B. HÖFELE

JANKOWSKI, Horst, * 30. 1. 1936 Berlin; dt. Jazz- und Unterhaltungsmusiker (Pianist, Komponist, Arrangeur, Dirigent); er begleitete 1954–55 Caterina Valente und kam 1955 als Pianist zum Südfunk-Tanzorchester von Erwin Lehn, wo er bald als herausragender Solist angesehen war. J. spielte mit eigenen Combos, trat aber auch mit bekannten Jazzmusikern auf, u.a. 1957 mit Tony Scott und 1958 auf der Brüsseler Weltausstellung mit Benny Goodman. In Europa und den USA wurde er mit dem Schlager *A Walk in the Black Forest (Schwarzwaldfahrt)* bekannt. Heute leitet J. das RIAS-Tanzorchester in Berlin.

JANNACCONI (Janaconi, Gianacconi), **Giuseppe,** * 1741 Rom, † 16. 3. 1816 ebd.; it. Komponist. Vom 9. bis zum 20. Lebensjahr besuchte er in Rom das Seminar der Kleriker an St. Peter und studierte anschließend (zusammen mit M. Clementi) Komposition bei G. Carpani und später bei P. Pisari. Gleichzeitig war er Sänger (Tenor) in der Cappella Giulia. Er blieb in dieser Stellung, bis er erst 1811 als Vertreter des von den Franzosen inhaftierten G. Zingarelli Maestro di Cappella an St. Peter wurde. In seinem – fast ausschließlich geistlichen – Schaffen zeigt er sich stärker als die anderen zeitgenössischen Kapellmeister von St. Peter an Palestrina orientiert.

WW: Zahlr. kirchenmusikal. Werke, u.a.: Messen, Motetten, Psalmen; *Dixit Dominus* u. *Tu es Petrus* für 16 St.; Offertorien. – 2 Streichquintette; Kanons; Oratorium *L'agonia di Gesù Cristo.*

Lit.: J. KILLING, Kirchenmusikal. Schätze der Bibl. des Abbate F. Santini (Düsseldorf 1910) (darin eine 5st. Motette); L. M. KANTNER, „Aurea luce". Musik an St. Peter in Rom 1790 bis 1850 (W 1979).

JANOWITZ, Gundula, * 2. 8. 1937 Berlin; dt. Sängerin (Sopran). Sie wuchs in Graz auf, studierte an der dortigen Musikakademie bei Hubert Thöny und kam 1959 als Elevin an die Wiener Staatsoper, wo sie 1962 fest unter Vertrag genommen wurde. 1960 trat sie erstmals bei den Bayreuther Festspielen auf; Gastverträge banden sie vorübergehend auch an das Frankfurter Opernhaus, die Deutsche Oper in Berlin und die Metropolitan Opera in New York. Gastspiele führten sie regelmäßig in die großen Musikzentren Westeuropas und zu den Festspielen in Glyndebourne und Salzburg. G. J. begann als jugendlich-dramatischer Sopran, wechselte im Verlauf ihrer Karriere mehr und mehr in das dramatische Fach und gilt heute als eine der führenden Vertreterinnen der entsprechenden Sopranpartien in den Opern W. A. Mozarts, R. Wagners und R. Strauss'. Sie wird auch als Lied- und Oratorien-Sängerin geschätzt. Anfang der 70er Jahre gründete sie in Graz einen Künstler-Förderungsfonds.

JAPAN. Geschichte. Die Musikgeschichte J.s läßt sich in 5 Epochen gliedern: 1. Aus der sog. Frühantike (bis zum 6. Jh. n. Chr.) sind nur wenige Zeugnisse überliefert. Abbildungen lassen den Schluß zu, daß neben der Wölbbrettzither ↗Koto und Flöten vor allem Trommeln und Idiophone in Gebrauch waren. 2. Die sog. Spätantike (7. bis 10. Jh.) kennzeichnet ein tiefgreifender kultureller Einfluß Chinas und Koreas. Um 700 wurde die chinesische Hofmusik in J. übernommen und mit der rituellen Musik des Schintoismus verschmolzen. Aus jener Zeit datieren erste zuverlässige Belege für die Existenz größerer Orchester: anläßlich der Einweihung einer riesigen bronzenen Buddha-Statue im Tempel Tōdaiji (725) spielte ein Orchester von 75 Musikern; unter den Instrumenten befanden sich 6 verschiedene Zither- und 2 Lauten-Typen, Harfen, Längs-, Quer- und Panflöten, 2 Typen von Mundorgeln sowie diverse Schlaginstrumente. 3. Im sog. Hochmittelalter (11. bis 16. Jh.) entwickelte sich eine von der Laute ↗Biwa begleitete Gesangsform (Heike-Biwa), die ursprünglich von fahrenden Sängern vorgetragen wurde, sowie das ↗Nō-Spiel. 4. Während des sog. Spätmittelalters (bis 1868) bildeten sich feste Musiziertraditionen für das Koto, die Flöte ↗Shakuhachi und die Spießlaute ↗Shamisen heraus. 5. Nach 1868 öffnete sich J. dem Westen, und die traditionelle Kultur wurde durch europäische Einflüsse weitgehend verdrängt. An den Schulen, Konservatorien und Universitäten lehrte man das Spiel auf europäischen Instrumenten und die abendländische Gesangskunst. Bis heute besteht nur an der Hochschule in Tokio eine Abteilung für traditionelle japanische Musikpraxis. In jüngster Zeit beginnt man jedoch, sich der eigenen Traditionen in stärkerem Maße zu besinnen und die alten Künste und Techniken wiederzubeleben. Mit Ausnahme der ↗Gagaku-Musik, die auch früher lediglich einigen Eingeweihten verständlich war und heute nur noch von wenigen ausgebildeten Musikern gepflegt wird, erfreuen sich die übrigen Gattungen und Formen der traditionellen Musik größter Beliebtheit und des Interesses der Öffentlichkeit. In den Städten indessen stehen weite Bevölkerungsteile der nationalen Musik ablehnend gegenüber.

Instrumente. Die Musikinstrumente J.s sind überwiegend aus Holz, bes. aus Bambus, gefertigt; Metall findet, außer bei Idiophonen, nur selten Verwendung. Die Saiten der Chordophone wurden früher ausnahmslos aus Seide hergestellt; der Klang der Instrumente war infolgedessen zart und wenig tragfähig, dafür aber in hohem Maße modulierbar. Feinste Nuancen im Bereich der Tonhöhe wie des Klanges kennzeichnen die Musizierpraxis.

Chordophone. In J. finden verschiedene Typen von Wölbbrettzithern Verwendung, die nach kontinental-asiatischen Vorbildern entstanden. Als Resonanzkörper dient ein flacher, oben gewölbter Kasten, die Saiten laufen über hohe bewegliche Stege. Während man die 6 Saiten der Wagon in Quarten und Quinten stimmt und kaum im eigentlichen Sinne melodisch nutzt, ergeben die 13 Saiten des fast 2 m langen Koto eine aufsteigende (pentatonische) Skala. Aus der chinesischen Laute P'i-p'a entwickelten sich die verschiedenen Abarten der Biwa. Weitere wichtige Saiteninstrumente sind das Shamisen mit rechteckigem Korpus und seine Sonderform, das 3–4saitige Kokyu, Japans einziges originäres Streichinstrument, das zunehmend von der Violine verdrängt wird.

Aerophone. Zu den wichtigsten Blasinstrumenten zählt die Shakuhachi, eine offene Längsflöte aus einem unten leicht aufwärts gebogenen Bambusrohr ohne eigentliches Mundstück. In den einzelnen musikalischen Gattungen finden jeweils spezielle Querflöten-Typen Verwendung (mit dem Suffix *-bue* bzw. *-fue* bezeichnet), die sich weniger hinsichtlich des Klanges als in ihrer äußeren Form und in der Tonhöhe unterscheiden. Schrill und durchdringend klingt die Hichiriki, die aus einem zylindrischen Bambusrohr mit 7 + 2 Grifflöchern besteht und mit einem übergroßen Doppelrohrblatt angeblasen wird. Wie die Hichiriki geht auch die aus 17 Bambuspfeifen bestehende Mundorgel ↗Shō auf chinesische Vorbilder zurück. Diese Instrumente gelten als indirekte Vorläufer der europäischen ↗Harmonika-Instrumente.

Membranophone. Vergleichsweise vielgestaltig nimmt sich die Gruppe der Schlaginstrumente aus. Unter den großen, hängend angeordneten zweifelligen Trommeln (Taiko) fällt wegen ihres Durchmessers von mehr als 1 m und ihres prunkvollen Äußeren besonders die Dadaiko auf. Die Felle dieser Trommeln tragen, ebenso wie die Vorderseite des Gongs Shōko, Ornamente in leuchtenden Farben. Weniger auffällig sind die verschiedenen zweifelligen sanduhrförmigen Trommeln Kakko und ↗Tsuzumi, deren Fellspannung sich mittels Schnüren verändern läßt.

Idiophone. In dieser Gruppe dominieren Gongs unterschiedlicher Größe und Formen sowie Glokken (darunter Typen ohne Klöppel, wie die Densho, die man mit einem Hammer anschlägt), Klappern und Schlagstöcke. Im ↗Kabuki-Theater findet gelegentlich das Xylophon Mokkin Verwendung und das aus kleinen, abgestimmten Glöckchen bestehende Orugoru.

Tonsystem. Das japanische Tonsystem basiert im Prinzip auf einer 12stufigen Oktavteilung, doch wählt man für den praktischen Gebrauch meist pentatonische Leitern aus, unter denen zwei als Grundskalen – und zugleich als Symbole des männlichen bzw. weiblichen Elementes – gelten:

Ryo c d e g a c^1
Ritsu c d f g a c^1

Dominiert in der Gagaku-Musik die Ritsu-Skala mit ihren 3 Modi, so verdrängten in der übrigen Musik halbtönig-pentatonische Leitern (z. B. c des f g as c^1) im Laufe der Edo-Zeit (1603–1868) weitgehend frühere halbtonlose Skalen. In der Gagaku-Musik wird das pentatonische System häufig durch zwei Zwischenstufen (Hennon) zur Heptatonik ergänzt, wobei die Hennon in ihrer Größe nicht eindeutig festliegen.

Für die Notierung bediente man sich früher verschiedener Tabulaturen bzw. neumenartiger Zeichen, die nur den ungefähren Verlauf der Melodiebewegung, nicht aber ihre absolute Tonhöhe festlegten; heute findet überwiegend das abendländische Notationssystem Verwendung.

Gattungen und Stile. Zu den bedeutendsten Musiziertraditionen zählt die heute noch gepflegte ↗Gagaku-Musik. Diese Musik unterliegt strengen Regeln, die u. a. ihre vertikale Struktur bestimmen. Zwar führen alle Instrumente dieselbe Melodie aus, dennoch entstehen teils beabsichtigte, teils ungewollte Mehrklänge, die Beziehungen der einzelnen Melodielinien zueinander sind häufig sehr komplex. Dabei fungiert die Hichiriki als Melodieträger, vermutlich ihres relativ durchdringenden Klanges und des begrenzten Ambitus wegen. Tonhöhe, Dynamik und Klang lassen sich durch Veränderungen des Atemdrucks sowie der Lippenspannung in relativ weitem Umfang modifizieren. In der Hichiriki-Melodie überwiegen oszillierende Mikrotonbewegungen und feinste Klangschattierungen. Hingegen zeichnet sich der Flötenpart durch häufige Registerwechsel und dadurch bedingte große Sprünge aus. Der Biwa-Spieler trägt die Haupttöne der Melodie (gewissermaßen die Kernmelodie) in langen Notenwerten vor und versieht sie mit Vorschlägen. Demgegenüber besteht die Koto-Stimme fast ausschließlich aus arpeggierten Akkorden, deren oberster Ton jenem der Kernmelodie entspricht. Das klangliche Fundament bilden langgehaltene, 5–6stimmige Akkorde des Shō, in denen der jeweilige Melodieton zuunterst liegt. Darüber bauen sich, teilweise in Quarten bzw. Quinten übereinandergeschichtet, Sekundklänge auf. Trommeln und Gongs markieren bestimmte formale Abschnitte und gliedern somit den Gesamtablauf der Stücke. Die heterophone Struktur dieser Musik weist prinzipielle Ähnlichkeiten mit jener des indonesischen ↗Gamelan auf. Die Zahl der

Gagaku-Musiker (Gakunin), die seit 1874 auch je ein europäisches Instrument erlernen, nahm im Laufe der Zeit kontinuierlich ab, was nicht ohne Auswirkungen auf die Breite des Repertoires und die Qualität der Darbietungen blieb.
Gegen Ende des 16. Jh. entstand das volkstümliche und besonders beliebte Kabuki-Theater, bei dem neben Schauspielern auch ein spezifisches Musikensemble mitwirkt. Vermutlich bereits im 14. Jh. entstand das Nō-Spiel, eine Synthese von Tanz, Musik, Theater und Literatur, das im Laufe der Zeit vielfach verändert und im ausgehenden 19. Jh. restauriert wurde. Ebenfalls bis ins 16. Jh. reicht die Tradition des Puppentheaters ↗Bunraku zurück.
Volksmusik. Neben der artifiziellen Musik gibt es in J. verschiedene Traditionen der Volksmusik, darunter auch Formen theatralischer Musik. Insbesondere schintoistische Feiertage bieten Anlässe für Umzüge sowie Maskentänze und Puppenspiele, die man, teilweise in prächtigen Kostümen, im Freien darbietet. Wichtigste Melodieinstrumente sind Flöten, darunter auch die Shakuhachi, und das Shamisen. Für die überwiegend symmetrisch gegliederte einfache rhythmische Begleitung stehen zahlreiche Schlaginstrumente zur Verfügung; überdies gibt es eine Reihe von teils solistisch vorgetragenen, teils von der Shakuhachi begleiteten rhythmisch-metrisch freien Gesängen. Die Melodiebildung vollzieht sich auf der Basis halbtöniger bzw. halbtonloser Pentatonik.
Musikleben. Das gegenwärtige Musikleben Japans kennzeichnet eine Vielfalt unterschiedlicher Stile, Formen und Gattungen; Elemente der asiatischen und der abendländischen Musik stehen teils unvermittelt nebeneinander, teils werden sie zu einer Synthese verschmolzen. Japanische Komponisten übernahmen bereitwillig Elemente der europäischen Moderne. Ichiyanagi Toshi, Hayashi Hikaru und andere zählen heute zur internationalen Avantgarde. Seit 1920 – und damit wesentlich länger als in anderen nichteuropäischen Ländern – bemühen sich namhafte Künstler (z.B. Miyagi Michio, Maki Ishii, Takemitsu Toru), Elemente ihrer traditionellen Musik mit jenen der europäischen zu verbinden. Dabei greifen sie nicht selten auf das überlieferte Instrumentarium zurück und stellen dieses dem Symphonieorchester gegenüber. In jüngster Zeit intensivieren japanische Musiker auch die Zusammenarbeit mit ihren Kollegen in China, Korea, Indochina und Indonesien.

Lit.: F. T. PIGGOTT, The Music and Musical Instr. of J. (Lo 1893, [3]1970); W. P. MALM, Japanese Music and Musical Instr. (Rutland/Vt. 1959, [5]1970); S. KOJIMA, Tonale Strukturen u. ihr tonsystematischer Zusammenhang im japanischen Volkslied, in: Kgr.-Ber. Leipzig 1966 (Kas 1970); Musikleben in Japan, hrsg. v. S, BORRIS (Kas 1967); S. KISHIBE, The Traditional Music of J. (Tokio 1969); E. HARICH-SCHNEIDER, A History of Japanese Music (Lo 1973); R. GARFIAS, Music of a Thousand Autumns (Berkeley – Los Angeles 1975); W. GIESEN, Zur Gesch. des buddhistischen Ritualgesangs in J. (Kas 1977); I. FRITSCH, Die Solo-Honkyoku der Tozan-Schule (Kas 1979).

CH. AHRENS

JAQUES-DALCROZE, Émile, * 6. 7. 1865 Wien, † 1. 7. 1950 Genf; Schweizer Musikpädagoge. J. studierte am Konservatorium in Genf, bei R. Fuchs und A. Bruckner am Konservatorium in Wien und bei L. Delibes und G. Fauré in Paris. Nach einer kurzen Kapellmeistertätigkeit in Algier kam er 1892 als Theorielehrer an das Genfer Konservatorium, wo er mit seinem Konzept für musikalische Früherziehung und rhythmische Gymnastik große Resonanz fand. 1911 wurde er an die Freie Schule nach Hellerau berufen und errichtete hier eine Bildungsanstalt für Musik und Rhythmus. Zu Beginn des 1. Weltkrieges kehrte er in die Schweiz zurück und leitete in Genf das 1915 eigens für ihn gegründete Institut Jaques-Dalcroze. Seine Methode, die besonders auch in Deutschland die Entwicklung der Bewegungspädagogik, der Pantomimik und des Ausdruckstanzes im 20. Jh. nachhaltig beeinflußte, ist zum Teil als späte Wiederaufnahme und Umwandlung pädagogischer Zielsetzungen J.-J. Rousseaus und J. H. Pestalozzis zu sehen.

Schriften: *La rythmique*, 2 Bde. (Lau 1907, auch dt.); *Le rythme, la musique et l'éducation* (Bas 1920, NA Lau 1965); *Souvenirs* (Neuchâtel 1942); *La musique et nous* (G 1945); grundlegende Schriften, in: Methode J.-D., hrsg. v. P. Boepple, 3 Bde. (P – L 1906–07).

Lit.: W. DOHRN, Die Bildungsanstalt J.-D. (Dresden 1912); A. SEIDL, Die Hellerauer Schulfeste (Rb o. J.) (= Dt. Musikbücherei 2); H. BEUNET-LECOMTE, J.-D. (G 1950); É. J.-D., l'homme, le compositeur, le créateur de la rythmie, hrsg. v. F. MARTIN (Neuchâtel 1965); C.-L. DUTOIT, J.-D. et la rythmique, in: SMZ 108 (1968).

H. LINDLAR

JARABE (span.), mexikanischer Nationaltanz im wechselnden $^6/_8$- und $^3/_4$-Takt, der auf eine Form der andalusischen ↗Zapateado zurückgeht. Ende des 18. Jh. als unmoralisch verboten, wurde der J. während der Befreiungskriege von den Patrioten übernommen und zu einem – gegen die Spanier gerichteten – Tanzlied satirisch-politischen Inhalts umgewandelt.

JARDÁNYI, Pál, * 30. 1. 1920 Budapest, † 27. 7. 1966 ebd.; ungarischer Komponist. J. studierte bis 1942 an der Musikhochschule in Budapest bei Z. Kodály Komposition und Violine und promovierte 1943 an der Universität im Fach Volkskunde. 1946–59 lehrte er Volkskunde, Pädagogik und Komposition an der Musikhochschule und leitete seit 1960 die Musikabteilung an der Ungarischen Akademie der Wissenschaften, deren Mitglied er 1948 geworden war. Er gehörte außerdem der

Kommission zur Herausgabe des *Corpus Musicae Popularis Hungaricae* an. J.s rhythmisch meist außerordentlich komplizierte Kompositionen weisen Einflüsse B. Bartóks und Z. Kodálys und vor allem Elemente der ungarischen Folklore auf.

WW: **1) Kompositionen:** Sonate für 2 Klv. (1942); Sonate für V. u. Klv. (1944); 2 Streichquartette (1947, 1954): Fantasie u. Variationen über ein ungarisches Volkslied (1955) für Bläserquintett; Symphonietta (1940) für Streichorch.; für Orch.: *Divertimento concertante* (1949); *Tisza mentén* (1951), symphonische Dichtung nach Petöfi; Symphonie *Vörösmarty* (1952); *Borsodi rapszódia* (1953); Concertino für V. u. Streichorch. (1964); *Vivente e moriente* (1963) und *Székely rapszódia* (1965). – **2) Schriften:** *The Determining of Scales and Solmization in Hungarian Musical Folklore,* in: Studia memoria B. Bartók sacra (Budapest 1956, ³1959); *Über Anordnung von Melodien und Formanalyse in der Gregorianik,* in: Acta ethnographica 8 (1958); *Die Volksmusik in Bartóks Kunst,* in: FS W. Wiora (Kas 1967).

Lit.: I. KECSKEMÉTI, J. P. (Budapest 1967); B. RAJECZKY, in: Dt. Jb. für Volksliedkunde 13 (1967).

JARECKI, poln. Musikerfamilie. – **1) Henryk,** * 6. 12. 1846 Warschau, † 18. 12. 1918 Lemberg; Komponist. Er war Schüler von St. Moniuszko. 1872 wurde er Kapellmeister am polnischen Theater in Posen und 1873 Dirigent an der Lemberger Oper, die er 27 Jahre lang leitete. J. schrieb mehrere Opern auf historische Stoffe, die deutlich Einflüsse Moniuszkos und (vor allem in *Mindowe*) Wagners zeigen. Am erfolgreichsten war er mit der dramatischen Ballade *Powrót taty* (*Papas Rückkehr,* Text von A. Mickiewicz).

WW: Kammermusik; Messen; Chöre mit u. ohne Orch.-Begleitung; Lieder; 7 Opern.

2) Tadeusz, Sohn von 1), * 31. 12. 1888 Lemberg, † 29. 4. 1955 New York; Dirigent und Komponist. Er studierte in Lemberg, später bei É. Jaques-Dalcroze in der Schweiz und zuletzt bei S. Tanejew in Moskau, wo er 1912–13 am Dalcroze-Institut lehrte. 1917–18 und seit 1920 lebte er in New York, wo er das New Yorker Kammermusikensemble und die Musikabteilung des NBC leitete. 1932–35 hielt er sich wieder in Polen auf und seit 1938 in Paris. 1946 kehrte er endgültig in die USA zurück. Von der deutschen Neoromantik ausgehend, verwendete J. später auch modernere Stilmittel, insbesondere Polyrhythmik und Polytonalität.

WW: Klv.-Sonate, op. 19; Kammermusik; Orch.-Werke; Lieder mit Klv.- u. Triobegleitung.

JARNACH, Philipp, * 26. 7. 1892 Noisy-le-Sec bei Paris, † 17. 12. 1982 Bornsen, Kreis Uelzen; dt. Komponist. J., ein Sohn des katalanischen Bildhauers Esteban J., studierte 1907–14 u. a. bei A. Lavignac (Theorie) in Paris und wurde auch von C. Debussy und M. Ravel gefördert. Anschließend lebte er als Pianist und Komponist in Zürich, wo er mit F. Busoni zusammenarbeitete und 1918–21 am Konservatorium lehrte. 1927–49 war er Professor für Komposition an der Musikhochschule Köln, 1949–59 Direktor der Musikhochschule Hamburg. Wie Busoni, dessen Oper *Doktor Faust* er 1925 vollendete, vertrat J. eine formbewußte „Junge Klassizität“ in der modernen Musik. Zu seinen Schülern gehörten K. Weill und W. Maler, der 1959 sein Nachfolger in Hamburg wurde.

WW: Für Klv.: 3 Stücke (1924); Sonatine (1925); *Das Amrumer Tagebuch* (1947); Sonate (1952); Konzertstück für Org. (1930); Streichquintett (1920); Streichquartett (1924); 2 Sonaten u. 3 Rhapsodien für V. u. Klv.; 2 Sonaten für V.-solo. – Für Orch.: *Sinfonia brevis* (1923); *Morgenklangspiel* (1925); *Vorspiel* (1930); symphonische Variationen: *Musik mit Mozart* (1935); Concertino für Str. (1948) (nach Themen v. G. Platti). – 6 Volkslieder für Sopran u. Streichquartett (1937); Klv.-Lieder nach Baudelaire, Heine, Leconte de Lisle, Materlinck, Rilke u. a.; *Ville morte* für SingSt u. Klv.; 2 Lieder des Narren aus Shakespeares *Was ihr wollt* für SingSt u. Orch.; *Prélude, Prière et Danse sacrée* für Frauenchor u. Orch. (zu Busonis *Das Wandbild*).

Lit.: H. MERSMANN, Ph. J., in: Die Musik seit der Romantik (Pd 1932); DERS. – E. G. KLUSSMANN, in: FS Ph. J. (H 1952); L. LÜTZEN, Ph. J., in: Rheinische Musiker 6 (Kö 1969) (= Beitr. z. rheinischen Musikgesch. 83).

JARNO, Georg (György), * 3. 6. 1868 Budapest, † 20. 5. 1920 Breslau; ung. Komponist. Nach dem Musikstudium in Budapest war er Theaterkapellmeister u. a. in Stuttgart, Berlin, Liegnitz, Breslau und in Bad Kissingen, wo er sich auch als Opernregisseur betätigte. Später lebte er als freischaffender Komponist in Wien. J. schrieb zunächst Opern, wandte sich aber bald ganz dem Gebiet der Operette zu, wo er mit seinem Erstlingswerk, *Die Försterchristl,* seinen größten Erfolg erzielte. In seinen Operetten stellte J. häufig bekannte historische Persönlichkeiten in den Mittelpunkt der Handlung, z. B. J. Haydn in *Das Musikantenmädel.* Das ungarische Kolorit vieler Melodien läßt J. als Vorläufer E. Kálmáns erscheinen.

WW: Operetten: *Die Försterchristl,* UA: Wien 1907; *Der Goldfisch,* UA: Breslau 1909; *Das Musikantenmädel,* UA: Wien 1910; *Die Marine-Gustl,* UA: ebd. 1912; *Das Farmermädchen,* UA: Berlin 1913; *Mein Annerl,* UA: Wien 1916; *Jungfer Sonnenschein,* UA: ebd. 1918; *Die Csikosbaroneß* (1919). – Opern: *Die schwarze Kaschka,* UA: Breslau 1895; *Der Richter von Zalamea* (Libretto nach Calderon), UA: ebd. 1899; *Der zerbrochene Krug* (nach H. v. Kleist), UA: Hamburg 1902, Neufassung als: *Johanniszauber* (1911).

JARNOWICK (Jarnović, Jarnovichi, Giornovichi), **Ivan** (Giovanni) **Mane,** * um 1740 oder 1745 Palermo oder Ragusa, † 11. oder 23. 11. 1804 St. Petersburg; Violinist und Komponist vermutlich kroatisch-dalmatinischer Herkunft. J. war ein Schüler von A. Lolli. Zwischen 1770 und 1779 lebte er in Paris, 1779 in Frankfurt a. M. und 1779–1782 in Berlin, das er gegen Ende 1782 verließ, um Konzertreisen durch Deutschland, Österreich, Polen,

Skandinavien und Rußland zu unternehmen. 1791–96 hielt er sich in England, vor allem in London auf. 1796–1802 in Hamburg, danach wieder in Berlin und zuletzt in St. Petersburg. J.s Violinkonzerte erregten in seiner Zeit viel Aufsehen. Sie sind dreisätzig und in Anlage, Stil, Harmonik und Melodik der Wiener Klassik verpflichtet.

WW: 16 V.-Konzerte (alle in Paris erschienen): 1 (1773), 2 (1775), 3 (1776), 4 (1777), 5 (1777), 6 (1779), 7 (1783), 8 (o.J.), 9 (1783), 10 (1784), 11 (um 1783), 12 (1791–92), 13 (o.J.), 14 (1789), 15 (um 1790) u. 16 (1795–96); ferner Symphonien; 6 Streichquartette; V.-Duos; Klv.-Stücke.

Ausg.: V.-Konzert Nr. 1 E-Dur, bearb. für Va., hrsg. v. F. HOFMEISTER (L 1955); dass., hrsg. v. W. LEBERMANN (Mz 1967); V.-Konzert Nr. 4 A-Dur, hrsg. v. DEMS. (F 1968).

Lit.: M. BRENET, Les concerts en France sous l'ancien régime (P 1900, Nachdr. NY 1970); R.-A. MOOSER, Violinistes-Compositeurs Italiens en Russie au XVIIIe siècle. Giovanni Mane Giornovicchi, dit J., in: RMI 52 (1950); DERS., Annales de la musique et des musiciens en Russie au XVIIIe siècle 2 (G 1951); A. WIRSTA – H. HAASE, G. J., in: MGG VI; M. GRAF, Der Geiger u. Komponist I. M. J., in: Das Orchester 15 (1967); N. K. NUNAMAKER, The Virtuoso Violin Concerto Before Paganini (1968) (= Diss. Indiana Univ.); CH. WHITE, The Violin Concertos of Giornovichi, in: MQ 58 (1972).

B. R. SUCHLA

JAROFF, Serge (Sergei Alexejewitsch), * 20. 3. (1. 4.) 1896 im Gouvernement Kostroma (Don-Tal), † 5. 10. 1985 Lakewood (N.J.); amerik. Chorleiter russ. Herkunft. J. studierte an der Synodal-Musikschule in Moskau und war danach Gesanglehrer an einem Gymnasium. Im Bürgerkrieg kämpfte er auf der Seite der Weißen und floh nach deren Niederlage in die Türkei. Im Internierungslager Tschilingir bei Konstantinopel gründete er 1921 aus 25 Don-Kosaken einen Chor, mit dem er von Lager zu Lager reiste. Nach dreijähriger Flucht über den Balkan nach Wien trat der Chor dort erfolgreich auf und unternahm seitdem ausgedehnte Konzertreisen. 1939 ging J. in die USA, kehrte aber nach 1945 wieder nach Europa zurück. Der Don Kosaken-Chor S. J., wie er sich nennt, setzt sich aus 22 Tänzern und 22 Sängern, größtenteils Exilrussen oder Söhnen russischer Emigranten, zusammen und pflegt vor allem alt-russische Kirchenmusik und russische Volksweisen.

Lit.: E. KLINSKY, Vierzig Donkosaken erobern die Welt (L 1933).

JARRE, Maurice, * 13. 9. 1924 Lyon; frz. Komponist. J. studierte seit 1943 Komposition u. a. bei L. Aubert am Pariser Conservatoire, daneben auch bei A. Honegger. Später war er musikalischer Leiter und Komponist für Bühnenmusik bei der Schauspieltruppe Jean Louis Barrault – Madeleine Renaud und seit 1951 beim Théâtre National Populaire. J. wurde vor allem als Filmkomponist bekannt.

WW: **1) Instr.-WW:** Für Orch.: *Mouvements en relief* (1953) *Passacaille à la mémoire d'A. Honegger* (1956); *Polyphonies concertantes* (1959) für Klv., Trp., Schlagzeug u. Orch.; *Mobiles* (1961) für V. u. Orch. – **2) Bühnen-WW:** Funkoper *Ruisselle* (1954); Opéra-ballet *Armida* (1954); Fernsehballett *Les filles du feu;* Ballette *Fâcheuse rencontre* (1958) u. *Notre Dame de Paris* (1966); Bühnenmusik; Filmmusik, u. a. zu: *Hôtel des Invalides* (1952); *The Longest Day* (1962); *Lawrence of Arabia* (1962); *The Collector* (1965) u. *Doctor Zhivago* (1966).

Lit.: C. SAMUEL, Panorama de l'art musical contemporain (P 1962).

JARRETT, Keith, * 8. 5. 1945 Allentown (Pennsylvania); amerik. Jazzmusiker (Piano, Orgel, Vibraphon und Sopransaxophon). Er spielte zunächst u. a. 1965 bei Art Blakey und wurde 1966 bei Charles Lloyd bekannt. 1968 gründete er zusammen mit Charlie Haden (Baß) und Paul Motian (Schlagzeug) ein eigenes Trio, das im Laufe der 70er Jahre zu einem Quintett erweitert wurde. 1970 trat er in die Miles Davis Group ein, verließ aber diese Jazzrock-Formation wieder, um sich seiner eigenen Gruppe und vor allem der akustischen Musik zu widmen. J. ist im Free-Jazz ein virtuoser Pianist und Meister in der Verarbeitung von Motiven. Berühmt sind sein „Köln Concert" und die „Solo Concerts Bremen Lausanne" von 1973.

Lit.: J. E. BERENDT, K. E. Die Welt im Flügel, in: Ein Fenster aus Jazz (F 1977).

JARUSTOWSKI, Boris Michajlowitsch, * 2. (15.) 5. 1911 Moskau, † 12. 7. 1978 Moskau; sowjetischer Musikforscher. Er studierte am Moskauer Konservatorium und promovierte dort 1952 zum Doktor der Kunstwissenschaft. Seit 1948 war er Lehrer und seit 1956 Professor für Musikgeschichte am Konservatorium in Moskau. 1946–58 leitete er die Kulturabteilung des Zentralkomitees der Kommunistischen Partei und war seit 1959 ständiger Mitarbeiter des Instituts für Kunstwissenschaft am Kultusministerium. Schwerpunkte seiner wissenschaftlichen Arbeit bilden Fragen des klassischen und modernen Musiktheaters.

Schriften: *P. I. Čajkovskij. Žizn' i tvorčestvo* (Mos 1940); *Dramaturgija russkoj opernoj klassiki* (Mos 1953, dt. B 1957); *Simfonii Čajkovskogo* (Mos ²1961); *I. Stravinskij. Kratkij očerk žizni i tvorčestva* (Mos 1963); *Očerki po dramaturgii operi XX veka* (Mos 1971). – Ferner ist J. Hrsg. des Sammelbandes *I. F. Stravinskij. Stat'i i materialy* (Mos 1973).

JARY, Michael (eig. Maximilian Michael Andreas Jarczyk), * 24. 9. 1906 Laurahütte (Oberschlesien); dt. Komponist. Er war 1928–29 Theaterkapellmeister in Neiße und Beuthen. 1930 begann er sein Musikstudium in Berlin, war danach als Kaffeehaus- und Kinopianist tätig und arbeitete seit 1935 als Komponist besonders für den Film. Außerdem war er Gründer und Leiter mehrerer deutscher

Tanzorchester und leitete in Hamburg nach dem Krieg einen eigenen Musikverlag und mehrere Filmproduktionen. Seit 1963 lebt er abwechselnd in Lugano und München. J. zählt zu den bedeutendsten Vertretern der deutschen Unterhaltungsmusik. Er schrieb zahlreiche Evergreens, darunter *Das kann doch einen Seemann nicht erschüttern; Sing, Nachtigall, sing; Ich weiß, es wird einmal ein Wunder geschehn; Wir wollen niemals auseinandergehn.*

WW: Operette *Die Tänzerin von Moulin Rouge* (1946); Musical *Nicole*, UA: Nürnberg 1963; Filmmusiken, u.a. zu: *Die große und die kleine Welt* (1936); *Lauter Lügen* (1938); *Zwei Welten* (1939); *Paradies der Junggesellen* (1939); *Die große Liebe* (1942); *Karneval der Liebe* (1943); *Die dritte von rechts* (1950); *Keine Angst vor großen Tieren* (1953); *Das Herz von St. Pauli* (1957); ferner zahlreiche Schlager.

JARZĘBSKI (Harzebsky, Zarzebski, Jarzemski u.ä.), **Adam,** * vor 1590 Warka, † 1648 Warschau (?); poln. Violinist, Komponist, Dichter und Architekt. Mit Ausnahme eines Italienaufenthalts 1615–16 war J. 1612–19 Violinist am Hof des Kurfürsten von Brandenburg in Berlin und spätestens seit 1621 Mitglied der königlichen Kapelle in Warschau. 1635 wurde er mit dem Bau des königlichen Schlosses von Ujazdów beauftragt. J.s hsl. erhaltene Sammlung *Canzoni e concerti* für 2–4 St. u. B.c. ist ein für Polen in seiner Zeit einzigartiges Zeugnis instrumentaler Ensemblemusik. Sie enthält freie Kompositionen und Übertragungen weltlicher und geistlicher Vokalwerke (u.a. von O. di Lasso, G. Gabrieli und Cl. Merulo). J. widmete sich auch dem Bau von Streichinstrumenten und veröffentlichte eine Beschreibung Warschaus in Versen (Warschau 1648).

Ausg.: Concerto für 3 St., hrsg. v. M. SZCZENPAŃSKA (Krakau 1955, ²1964); Canzoni für 4 St. mit B.c., hrsg. v. DERS. (ebd. 1958); *Nova case* für 3 St. mit B.c., hrsg. v. DERS. (ebd. 1962); Concerti für 2 St., hrsg. v. DERS. (ebd. 1964); *Concerto Chromatico* für 3 St., hrsg. v. DERS. – K. SIKORSKI (ebd. 1950, ²1964); Concerto *Sentinella* für 3 St., hrsg. v. DENS. (ebd. 1956); Concerti für 2 St., hrsg. v. Z. M. SZWEYKOWSKI (1965) (= WDMP 57).

Lit.: J. J. DUNICZ, A. J. i jego „Canzoni e concerti" (Lemberg 1938); Z. M. SZWEYKOWSKI, Missa sub concerto A. Jarzebskiego, in: Muzyka 13 (1968).

JASON *(Il Giasone),* Dramma musicale in einem Prolog und 3 Akten von Pier-Francesco Cavalli (1602–76); Text von Giacinto Andrea Cicognini. Ort und Zeit der Handlung: Iberia und die Insel Kolchis in mythischer Vergangenheit. UA: (5.1.) 1649 in Venedig (Teatro San Cassiano); dt. EA (in dt. Sprache unter dem Titel *Jason und Medea):* 5.6. 1974 in Karlsruhe.

Das Libretto geht zurück auf die Argonautensage, die zu den meistbearbeiteten Stoffen der Literaturgeschichte zählt. Im Vordergrund steht jedoch nicht die Erringung des goldenen Vlieses, sondern die bereits im Prolog angedeutete Beziehung Jasons zu seiner Gattin Isifile einerseits und seiner Geliebten Medea andererseits. Der Konflikt wird gelöst, indem Medea zu ihrem früheren Geliebten Egeo zurückfindet, nachdem dieser sie vor dem Ertrinken rettete. Die klare Trennung von ernsten und komischen Figuren hat der Komponist in den verschiedenen Gesangspartien differenziert nachvollzogen, wobei jedem Charakter möglichst eine eigene melodische Linie zugewiesen wird. Cavallis Vokalstil ist vom dramatisch belebten Rezitativ geprägt, in welches kurze ariose Abschnitte, die einer strengen Durchformung entbehren, eingewoben sind. Das Vorherrschen des Sologesangs unter weitgehendem Verzicht auf Chor- und Instrumentalsätze hat sicher den zeitgenössischen Erfolg des Werkes maßgeblich beeinflußt: noch im Jahr der UA erfolgte eine Aufführung in Paris, und bis 1654 wurde das Libretto fünfmal gedruckt.

TH. MENGER

JAUBERT, Maurice Jacques Joseph Eugène, * 3.1. 1900 Nizza, † 19.6. 1940 Azerailles-sur-Moselle (Meurthe-et-Moselle); frz. Komponist. J. wurde mit 19 Jahren der jüngste Anwalt Frankreichs. Neben seiner juristischen Ausbildung hatte er intensive Musikstudien betrieben und 1916 den 1. Preis für Klavierspiel am Konservatorium von Nizza erhalten. 1923 wurde er Kompositionsschüler von A. Groz in Paris, wo die Begegnung mit A. Honegger seinen Werdegang als Komponist maßgeblich beeinflußte. Als Komponist von Instrumentalmusik und Liedern bekanntgeworden, leitete er seit 1930 die Filmgesellschaft Pathé-Cinéma, für die er etwa 40 Filmmusiken schrieb. J.s Lieder und Chansons sind in Frankreich noch heute beliebt.

WW: Klv.-Stücke u. Kammermusik; Vokalwerke, u.a. Komp. für SingSt u. Klv. oder Orch., Chor a cap. u. Soli, Chor u. Orch. – Ferner 2 Opern; 3 Ballette, darunter *Le jour* (1931); Bühnenmusik und etwa 40 Filmmusiken.

Lit.: Hommage à M. J. (Montreal 1967); F. PORCILE, M. J., musicien populaire ou maudit (P 1971).

JAUFRÉ RUDEL, * um 1120, † um 1147. Abgesehen von den unzuverlässigen Daten seiner *Vida,* gibt es nur wenige Hinweise auf seinen Lebenslauf: eines seiner Lieder ist an den Grafen von Toulouse, Alphonse Jordan, ein anderes an Hugues Bruno de Lusignan gerichtet. Marcabru spricht ihn in einem seiner Texte an und belegt J.s Teilnahme am Kreuzzug Ludwigs VII. 1147, von dem er möglicherweise nicht zurückkehrte. Seine *Vida* berichtet, er habe sich nach Erzählungen von Pilgern, die aus Antiochien kamen, in die Gräfin von Tripolis verliebt, ohne sie jemals gesehen zu haben. Für sie schrieb er Texte und Melodien, die wegen des Motivs des *amor de lonh*, der „Fernliebe“, zu einer idealen, im Traum gesehenen Frau, von seinen Zeitgenossen geschätzt wurden. Durch die Jahrhunderte hindurch hat dieses Motiv die Dichter inspiriert, so Petrarca, Uhland, Heine, Carducci, Browning und Rostand. Unter den modernen Interpreten deutet zweifellos Leo Spitzer dieses Motiv am überzeugendsten, wenn er in ihm „den bewegendsten Ausdruck dessen sieht“, was er „das Paradox der Liebe“ nennt, „das die Grundlage der gesamten Troubadourdichtung darstellt: eine Liebe, die nicht besitzen will, aber diesen Zustand des Nicht-Besitzens genießen möchte, eine Liebe, die in dem Maß Minne ist, in dem sie in sinnlicher Sehnsucht die ideale Frau wirklich als Frau berühren, in dem Maß jedoch christliche Liebe, in dem sie – auf den weltlichen Bereich übertragen – die keusche Ferne enthält, die haben und nicht haben möchte.“ Die literarische und musikalische Hinterlassenschaft J.s ist nicht sehr umfangreich. 11 Stücke sind überliefert, davon 7 mit sicherer Zuschreibung. Die 4 überlieferten Melodien kennzeichnet eine im zeitgenössischen Kontext erstaunliche Weichheit und Sensitivität, die dem Inhalt – so etwa in der Canso *Lanquan li jorn son lonc en mai* – kongenial scheinen. Das gegen die Vertonung gerichtete Verdikt des „Romantizismus“ beruht dagegen eher auf modernen Vorurteilen als auf Sachkenntnis.

Lit.: G. CARDUCCI, J. R., poesia antica e moderna (Bol 1888); A. JEANROY, Les chansons de J. R., in: Classiques français du Moyen Age 15 (P 1915); L. ZADE, Der Troubadour J. R. u. das Motiv der Fernliebe in der Weltlit. (Greifswald 1920); L. SPITZER, L'amour lointain de J. R. et le sens de la poésie des troubadours in: Romanische Lit.-Stud. 1936–56 (Tü 1959); F. GENNRICH, Der musikal. Nachlaß der Troubadours (Da 1958) (mit den Melodien); P. BEC, Petite anthologie de la lyrique occitane au Moyen Age (Avignon 1966); J. MAILLARD, Anthologie de chants de troubadours (Nizza 1967) (darin *Lanquan li jorn*); E. FRENZEL, Art. Fernidol, in: Motive der Weltlit. (St 1976).

W.-D. LANGE

JAVA ↗Indonesien.

JAZZ (engl.-amerik.), Bz. für eine Musikart des 20. Jh., die dem afroamerikanischen Kulturkreis entstammt und globale Verbreitung gefunden hat. – J. war ursprünglich (und ist auch heute noch) ein musikalisch neutrales Wort der angloamerikanischen Umgangs- und Vulgärsprache (substantivisch: Koitus, zielgerichtete Kraft, Schnelligkeit, Begeisterung, Raserei), das um 1915 zum Etikett der seither so bezeichneten Musik wurde; seine Etymologie ist nicht voll aufgehellt.

Grundlagen. Die Entstehung des J. hat Akkulturationsvorgänge zur Voraussetzung, d. h. kulturelle Vermischungsprozesse, wie sie sich aus dem Aufeinandertreffen afrikanischer und europäischer Kulturen auf nordamerikanischem Boden ergeben haben. Sie waren aber nicht nur für die Entstehung des J. unabdingbar, sondern begleiteten und beeinflußten ihn während seiner Geschichte in ständig vergrößertem und verändertem Rahmen. Der Akkulturationsprozeß vollzieht sich aufgrund seines afrikanischen Anteils schrift- und theorielos. So erfüllen Notationshilfen beim Musizieren lediglich eine Stützfunktion, denn Komponieren und Interpretieren fallen im J. zusammen. Der afrikanische Anteil hat dem J. aber auch ein Maß an Emotionalität mitgegeben, das in der europäischen Musiktradition unbekannt ist. Das Ergebnis ist eine „magische Musik“, die körperhaft in ihren Bann zieht. Solange der Akkulturationscharakter – mit der im Traditionsstrom aufgehobenen Erinnerung an die afroamerikanischen Ursprünge (↗Afroamerikanische Musik) – sowie die Schriftlosigkeit und die Emotionalität erhalten bleiben, kann von J. gesprochen werden. Die sich aus diesen Phänomenen ergebenden musikalisch-strukturellen Eigentümlichkeiten des J. lassen sich nicht in starren Definitionsformeln, sondern – wie die Eigenarten eines jeden historischen Phänomens – nur fallweise fassen (und auch dies nur unter Berücksichtigung seiner Funktionen, wie sie sich im kulturellen Gesamtzusammenhang ergeben haben und immer neu ergeben).

Musikalische Merkmale des frühen Jazz. *1. Rhythmus:* Völlig regelmäßig wiederkehrende rhythmische Impulse (↗Beat) werden überlagert von kleinsten Akzentverschiebungen (↗Off-beat). So entsteht eine neue rhythmische Qualität (↗Swing), deren Anteile europäisch und afrikanisch sind. Das Ergebnis ist notationstechnisch nicht faßbar. *2. Tonalität:* Beim Aufeinandertreffen der europäischen, diatonischen und der afrikanischen, äquidistanten Achttonskala entsteht das Dilemma, daß diese Skalen sich auf der III. und VII. Stufe nicht zur Dekkung bringen lassen. Dadurch kommt es zu nichtnotierbaren „neutralen“ Intonationen dieser Stufen (Blue notes; ↗Blues) und – durch den Leittonausfall – zur Störung dominantischer Funktionen mit entsprechenden Kompensationen, insgesamt also zu einer Tonalität eigener Prägung (Blues-Tonalität). *3. Intonation:* Die Intonationseigenarten gehorchen dem Prinzip der notationstechnisch nicht faßbaren ↗Hot-Intonation, das im afrikanischen, perkussiven Intonationsideal wurzelt und zur Auswahl geeigneter europäischer Instrumente geführt hat. *4. Tektonik:* J. ist gemäß afrikanischen Traditionen von Dialogstrukturen geprägte Ensemblemusik (↗Call-and-Response-Pattern). Vollzieht sich das Musizieren aber schriftlos, dann werden Orientierungshilfen und Modelle benötigt, die den musikalischen Ablauf regeln (↗Chorus 3). Stücke entstehen dadurch, daß improvisatorische

Vergegenwärtigungen des Chorus-Modells gereiht werden, wobei Prinzipien afrikanischer Mehrstimmigkeit Symbiosen mit einem europäischen Harmoniegerüstsystem eingehen.

Geschichte. Die Geschichte des J., die im Zusammenhang mit seiner Ausbreitung gesehen werden muß, ist durch häufige und bisweilen tiefgreifende Änderungen des klanglichen Erscheinungsbildes, aber auch durch Renaissancen und historische Synthesen gekennzeichnet. Daher schwankt der „musikalische Sinn" so sehr, daß der J. unterschiedlichen Deutungen (und Mißdeutungen) ausgesetzt gewesen ist – Trivialmusik, Volksmusik, experimentelle Musik – und entsprechend unterschiedliche Funktionen erfüllen konnte und kann.

Seit den 80er Jahren flossen in mehreren Städten der USA – u. a. in Kansas City, St. Louis, Memphis und vor allem in New Orleans – verschiedene afroamerikanische Musizierpraktiken und euroamerikanische Gebrauchsmusik zu einer neuen Musik zusammen, die später J. heißt. Ihre Träger waren afroamerikanische Freizeitmusiker, deren Repertoire aus einem breiten musikalischen Fächer vom Marsch über den ↗Ragtime bis zum Blues bestand. Nach dem wichtigsten Zentrum hat sich für den J. dieser frühen Phase die Bezeichnung ↗New Orleans Jazz eingebürgert. – New Orleans wurde 1917 durch den Eintritt der USA in den 1. Weltkrieg Garnisonstadt. Das zog noch im gleichen Jahr die Schließung des Vergnügungsviertels Storyville – des Hauptschauplatzes afroamerikanischen Musizierens – nach sich. Durch diese Maßnahme, vor allem aber durch die anhaltende afroamerikanischen Binnenwanderung vom Süden in die Ballungszentren des industrialisierten Nordens verlagerte sich das weitere Geschehen, zunächst hauptsächlich nach Chicago. Hier erfuhr der New Orleans J. deutliche Veränderungen: Seine Repräsentanten wurden Berufsmusiker, die Musik erhielt solistisch-virtuose Züge, und zur Planung und sorgfältigen Strukturierung der Stücke wurden spezielle ↗Arrangements entwickelt.

Bereits in New Orleans konnte die euroamerikanische Bevölkerung Bekanntschaft mit dem J. machen. Das führte zu einer Reihe von Aneignungsversuchen, und zwar in zwei Phasen: in den ersten beiden Jahrzehnten nach 1900 in New Orleans als ↗Dixieland-Jazz und in den 20er Jahren in Chicago als ↗Chicago-Stil. Der Dixieland-Jazz brachte dem J. erstmals Schlagzeilen ein. So stammen auch die frühesten Schallplattenaufnahmen (Original Dixieland Jazz Band) aus dem Jahre 1917, während die afroamerikanischen Musiker erst in den 20er Jahren folgten (in größerem Umfang ab 1923). Diese euroamerikanische J.-Version interpretierte den Off-beat als Synkope und verlagerte den zweischlägigen Beat von den betonten auf die unbetonten Zählzeiten (bezogen auf den $^4/_4$-Takt). Das Call-and-Response-Pattern wurde auf einer harmonischen Grundlage polyphon umgesetzt. Eine Generation später versuchten junge Enthusiasten in Chicago – die Chicagoans –, sich den inzwischen „modernisierten" New Orleans J. anzueignen.

Die Binnenwanderung der afroamerikanischen Bevölkerung in den industrialisierten Norden der USA, die Ausbreitung des J., sein Eindringen in euroamerikanische Bevölkerungsschichten, die damit verbundene Dialektik von Wirkung und Rückwirkung – all dies sind Komplementärerscheinungen, die die Akkulturation rasch voranschreiten ließen. So entstand Mitte der 20er Jahre mit der Big Band-Musik eine orchestrale Version des J., die ihn in den 30er und frühen 40er Jahren nahezu ausschließlich repräsentierte. Ein solches Musizieren wäre ohne die Organisationspraktiken europäischer Ensemblemusik nicht denkbar (Arrangement); und sie wiederum verhalfen der ↗Funktionsharmonik zum Durchbruch. In rhythmischer Hinsicht führte die Entwicklung zu einem Ausgleich der Betonungsverhältnisse in einem gleichmäßig akzentuierten $^4/_4$-Takt und damit zu einem „Schwingen", das der Musik dieser Phase den gleichen Namen eingebracht hat wie der rhythmischen Besonderheit des J.: Swing. Unter dieser Bezeichnung erzielte der J. eine ungeheure Breitenwirkung, freilich mit der zunehmend einseitigen Akzentuierung als Gebrauchsmusik. Neben die bisherigen Zentren traten New York und Kansas City. Der ↗Kansas City Jazz verarbeitete insbesondere die Musiktraditionen des amerikanischen Südwestens (Blues, ↗Boogie-Woogie, ↗Riff). In dieser Zeit gewann die Jam session, die schon in New Orleans und Chicago als eine Möglichkeit besonders freizügigen Musizierens bekannt war, große Bedeutung – auch als Experimentierforum, weil sie jenseits beruflich-kommerzieller Rücksichtnahmen einen Freiraum schuf.

In den frühen 40er Jahren erschien eine Musik, die sich vehement gegen die alte stellte. Sie erhielt den dadaistischen Namen ↗Bebop. Der kollektive Perfektionismus der Big Band und wirtschaftliche Zwänge in der Folge des 2. Weltkriegs stellten den orchestralen J. in Frage. Diese Gründe sowie die Anfänge eines schwarzen Nationalismus in den USA machen plausibel, wie junge afroamerikanische Big Band-Musiker in New York (Harlem) buchstäblich über Nacht auf Jam sessions und in Kleingruppen eine Musik erspielten, die sich gegen Imitation und Vermarktung sperrt: die Musik des modernen, intellektuellen Großstadtnegers. – In den 50er Jahren, in denen Europa Anschluß an das J.-Geschehen gewann, fächerte sich die Szenerie auf. Der Bebop fand eine Fortsetzung mit härter akzentuierten Rhythmen und starken Blues-Einschlägen als ↗Hardbop. Seine Repräsentanten waren afroamerikanische Musiker, die aus den Industriezentren (Detroit, Philadelphia) nach New York abwanderten. Bereits Ende der 40er Jahre kam es aber auch zu einem entgegengesetzten Pendelschlag durch den Cool Jazz. Stark beeinflußt von der europäischen Musiktradition (etwa durch Kompositionspraktiken des Barock), orientierte sich ein Teil der Musiker an der europäischen, harmonischen Tonalität des 18./19. Jh., während ein anderer die Tonalitätserweiterungen des Bebop aufzunehmen und weiterzuentwickeln versuchte. Ein Zentrum bildete sich an der amerikanischen Ostküste, ein anderes, das nahezu ausschließlich euroamerikanische Musiker repräsentierten, an der amerikanischen Westküste (↗West Coast Jazz).

Um 1960 kam es zu den bislang größten Umwälzungen im Jazz. Ursprünglich stark von afroamerikanischen Musikern geprägt, wurde aus den Neuansätzen rasch ein globales Phänomen mit pluralistischen Zügen. So erscheint die Leerformel ↗Free Jazz (O. Coleman), die sich zur Kennzeichnung dieser Musik durchgesetzt hat, durchaus sinnvoll: durch bewußte Avantgarde-Absichten, die vielfach mit politischen und religiösen Motiven verflochten sind, und durch das Infragestellen zahlreicher traditioneller Prinzipien (Beat, Chorus, Blues-/harmonische Tonalität) zugunsten neuer musikalischer Organisations- und Kommunikationsformen bis hin zur Verarbeitung von Geräuschen und Multimedia-Elementen. Doch flachten diese Ansätze in den 70er Jahren merklich ab zu einer erfolgsorientierten, stark elektrifizierten „Fusion Music", die die Grenzen zu Rock- und Trivialmusik streift.

Der seit dem Bebop zunehmend hermetische Charakter des J. und die Erforschung seiner Grundlagen und seiner Geschichte, die in den 40er Jahren konzentriert einsetzt, führten um 1940 zu einer Renaissance früher Musizierpraktiken (Dixieland Revival). Mit der fortschreitenden Geschichte, die beim Bebop keineswegs haltmachte, und dem Nebeneinander mehrerer Musikergenerationen bildete sich aber auch ein Mainstream J. (St. Dance), in dem Unterschiedliches profillos seinen Platz hat. Aus der Rückschau kam es ferner zu generalisierenden Bezeichnungen für größere Abschnitte der J.-Geschichte, so – unter rhythmischen Aspekten – zu Two-beat J. für die Frühphase (bis gegen Ende der 20er Jahre), so zu Traditional J. für die gesamte Zeit vor dem Bebop, so zu ↗Modern Jazz für die Musik nach dieser Zäsur.

Rezeption. Der J. verfügt seit nahezu 3 Generationen über eine starke Ausstrahlungskraft, so daß er seinen ursprünglichen, d.h. ethnischen, schichtenspezifischen und funktionalen Geltungsrahmen weltweit überschreiten konnte und zu einem allgegenwärtigen Phänomen der Zeitgeschichte geworden ist. Der Rezeptionsvorgang macht sich in den unterschiedlichsten Bereichen bemerkbar. So war und ist der J. eine Anregung für Literatur (René Schickele) und Bildende Kunst (Henri Matisse); ein seelsorgerisches Mittel im Gottesdienst der christlichen Konfessionen (J.-Messen, jazz-beeinflußte religiöse Schlager); eine politische Größe (ideologische und administrative Auseinandersetzungen in der Sowjetunion); ein Marktprodukt mit industriellem Fertigungscharakter (Schallplattenkonzerne); eine geradezu unerschöpfliche Quelle, der Trivialmusik neue Impulse zu geben (Tanz- und Schlagermoden). – Zu denjenigen, die als erste auf den J. bzw. bereits auf seine Vorboten aufmerksam gemacht haben, zählen Komponisten der europäischen Musiktradition. Die Motive für eine Auseinandersetzung wechseln, ebenso der Grad der kompositorischen Einschmelzung, der bis zu Versuchen reicht, in einer genuinen Synthese zu einem Third Stream (G. Schuller) zu kommen. Die Unterschiedlichen Ergebnisse – von Cl. Debussy und M. Ravel über I. Strawinsky und G. Gershwin bis zu B. A. Zimmermann und K. Penderecki – hängen stark vom jeweiligen Musik- und Kompositionsverständnis ab.

Lit.: N. SHAPIRO – N. HENTOFF, Hear Me Talking to Ya. The Story of J. (NY 1955 u.ö.), dt. Übers.: J erzählt (Mn 1959, NA 1962); O. KEEPNEWS – B. GRAUER, A Pictorial History of J. People and Places from New Orleans to Modern J. (NY 1955, ²1966); L. FEATHER, The Encyclopedia of J. (Lo 1955, ³1978); A. HODEIR, J. Its Evolution and Essence (NY 1956); M. W. STEARNS, The Story of J. (NY 1956); A. M. DAUER, Der J. Seine Ursprünge und seine Entwicklung (Kas – Eisenach 1958); F. NEWTON, The J. Scene (Lo 1959); A. M. DAUER, J. – die magische Musik (Bremen 1961); L. FEATHER, The Encyclopedia of J. in the Sixties (NY 1966); A. ASRIEL, J. Analysen u. Aspekte (B 1966, ²1977); J. Aktuell, hrsg. v. C. SCHREINER (Mz 1968); G. SCHULLER, Early J. Its Roots and Musical Development (NY 1968); C. G. HERZOG ZU MECKLENBURG, International J. Bibliography. J. Books from 1919 to 1968 (Str – Baden-Baden 1969), Suppl., in: Beitr. z. Jazzforsch. (Gr 1971, 1975); A. M. DAUER, Improvisation. Zur Technik der spontanen Gestaltung im J., in: Jazzforsch. 1 (1970); H. RAUHE, Der J. als Objekt interdisziplinärer Forsch. Aufgaben u. Probleme einer systematischen Jazzwiss., in: ebd.; J. CHILTON, Who's Who of J. Storyville to Swing Street (Lo 1970); C. BOHLÄNDER – K. H. HOLLER, Reclams Jazzführer (St 1970, ²1977); B. RUST, J. Records 1897–1942, 2 Bde. (Lo 1970–72); E. SOUTHERN, The Music of Black Americans. A History (NY 1971); E. JOST, Zum Problem des politischen Engagements im J., in: Jazzforsch. 5 (1974); J. E. BERENDT, Das Jazzbuch (F 1953, ⁴1973, oft nachgedruckt); L. FEATHER, The Encyclopedia of J. in the Seventies (NY 1976); J. E. BERENDT, Photo-Story des J. (F 1978); J. L. COLLIER, The Making of J. A Comprehensive

History (Lo 1978); J. HUNKEMÖLLER, Zur Gattungsfrage im J., in: AfMw 36 (1979); DERS., Die Rolle der Schallplatte im J., in: Jazzforsch. 12 (1980). – Jazzforschung, hrsg. v. F. KÖRNER – D. GLAWISCHNIG (W 1970ff.) (bisher 7 Bde.).

J. HUNKEMÖLLER

JAZZROCK ↗Electric Jazz.

JEAN DE PARIS, Opéra-comique von Fr. A. Boieldieu; dt. Titel: ↗Johann von Paris.

JEANNE D'ARC AU BÛCHER, Szenisches Oratorium von A. Honegger; dt. Titel: ↗Johanna auf dem Scheiterhaufen.

JEAN PAUL (eig. Johann Paul Friedrich Richter), * 21. 3. 1763 Wunsiedel (Fichtelgebirge), † 14. 11. 1825 Bayreuth; dt. Dichter. J. P. studierte Philosophie und Theologie in Leipzig, war kurze Zeit Privatlehrer und lebte dann in Schwarzenbach, Hof, Weimar, Berlin, Meiningen, Coburg und seit 1804 in Bayreuth. 1796 lernte er J. Fr. Reichardt kennen, 1810 E. T. A. Hoffmann. Wichtige musikalische Eindrücke empfing er auch durch *Die Schöpfung* und mehrere Symphonien J. Haydns, ferner durch Werke von J. A. Hasse, C. H. Graun, G. Benda, C. Stamitz, Mozart, Gluck und E. N. Méhul. Ein Konzert von Stamitz im Jahr 1792 inspirierte ihn zu dem Roman *Hesperus*. J. P.s Anschauung von Musik, die er in einer idealen, transzendenten Sphäre angesiedelt sah, wie auch seine humoristisch-satirischen, oft das Groteske streifenden, bildhaft-eindringlichen Werke, die als bevorzugte Themen die kleinbürgerliche Wirklichkeit und den Gegensatz von Idealität und Realität behandelte, beeinflußte zahlreiche Komponisten, darunter besonders R. Schumann, dessen musikalische Charakterzeichnungen seinem Vorbild folgen. Aus späterer Zeit ist G. Mahler zu nennen, der seine 1. Symphonie nach J. P.s Roman den Beinamen *Titan* gab. Seit 1980 gibt es in Bayreuth ein J. P.-Museum.

Lit.: J.-P.-Bibliogr., hrsg. v. E. BEREND (B 1925), bearb. u. ergänzt v. J. KROGOLL (St 1963); W. SCHREIBER, J. P. u. die Musik (Diss. L 1929); J. KÖTZ, Der Einfluß J. P.s auf R. Schumann (Wr 1933); G. SCHÜNEMANN, J. P.s Gedanken zur Musik, in: ZfMw 16 (1934); G. JÄGER, J. P. u. die Musik (Diss. Tü 1952); E. RAPPL, Die Musik im Prisma J. P.scher Erkenntnis (Tü 1955); J. MITTENZWEI, Die Beziehungen zw. Musik u. Empfindsamkeit in den Romanen J. P.s, in: Das Musikalische in der Lit. (Hl 1962); J. HERMAND, Der vertonte „Titan", in: Hesperus (1965) Nr. 29; PH. HAUSSER, J. P. und Bayreuth (Bayreuth 1969).

JEEP, Johann, * 1582 (1581?) Dransfeld bei Göttingen, † 19.11.1644 Hanau; dt. Komponist. J. war Chorknabe an der Hofkapelle von Celle, ging später, vermutlich zur weiteren musikalischen Ausbildung, nach Nürnberg und Altdorf und unternahm Reisen nach Frankreich und Italien. 1613–35 war er Kapellmeister am Hof von Weikersheim, 1637–40 Domkapellmeister und Organist in Frankfurt am Main und seit 1642 Kapellmeister in Hanau. J.s großes Ansehen als Komponist beruht in erster Linie auf seinem *Studentengärtlein*. Diese Sammlung mehrstimmiger, meist homorhythmisch gesetzter Strophenlieder in der Tradition der Kanzonetten H. L. Haßlers wurde ihrerseits Vorbild für ähnliche Schöpfungen von J. H. Schein, J. Rosenmüller u. a. deutscher Komponisten des 17. Jh.

WW: *Geistliche Psalmen u. Kirchengesäng* für 4 St. (Nü ^{2}1609 u. ö.); *Schöne auserlesene, liebliche Tricinia* (Nü 1610); *Geistliche Psalmen u. Kirchengesänge* (Nü 1629 u. ö.) (= erw. Neuaufl. von E. Widmanns *Geistl. Psalmen und Lieder*, Nü 1604); *Studentengärtlein*, 2 Tle. (Nü 1614 u. ö.); *Hymnus hymenaeus* (Hanau 1640); ein 4st. Tanz, in: RISM 1611^{23}.

Ausg.: *Studentengärtlein*, hrsg. v. R. GERBER (1958) (= EDM 29).

Lit.: W. VETTER, Das frühdt. Lied, 2 Bde. (Mr 1928); G. GIESEKE, J. J. in: Zschr. der Ges. für niedersächsische Kirchengesch. 41 (1936); W. BRENNECKE, Die Leichenpredigt auf J. J., in: AfMw 15 (1958); DERS., Das Hohenlohesche Gesangbuch v. 1629 u. J. J., in: JbLH 4 (1959).

JEHAN BODEL (Jehans Bodeaus), * um 1165, † Februar oder März 1210 Beaurain; frz. Trouvère. J. lebte, zunächst als Jongleur, in Arras. 1194 wurde er dort Gerichtsdiener am Schöffenamt. Wegen einer Lepraerkrankung mußte er sich 1202 in die Aussätzigenanstalt von Beaurain zurückziehen. Zum Abschied schrieb er für seine Freunde berühmt gewordene *Congés*. Außerdem sind von ihm ein *Jeu de saint Nicolas*, die *Chanson des Saisnes*, 8 Fabliaux, *La Chanson des deux chevaux* und 5 Pastourellen (mit Musik) überliefert.

Ausg. u. Lit.: Texte der Pastourellen, in: C. BARTSCH, Altfrz. Romanzen u. Pastorelle (L 1870); H. PETERSEN-DYGGVE, Onomastique des trouvères (He 1937); CH. FOULON, L'œuvre de J. B. (P 1958); P. REULLE, Les Congés d'Arras (Bru – P 1965); J. MAILLARD, Anthologie de chants des trouvères (P 1967).

JEHMLICH, dt. Orgelbauerfamilie. Die Brüder Friedrich Gotthelf (1775–1827) und Johann Gotthold errichteten 1808 in Dresden eine Werkstatt. Ihr Bruder Karl Gottlieb (1786–1867) gründete 1839 in Zwickau eine eigene Firma. Beide Werkstätten wurden später von Karl Eduard (1824–1889) und Wilhelm Friedrich (1826–1874) übernommen. Die Söhne Karl Eduards, Emil (1854–1940) und Bruno (1857–1940), führten die Dresdener Werkstatt als „Gebrüder J." weiter. Ihre Nachfolger waren Emils Söhne Rudolf (1908 bis 1970) und Otto (* 1903). 1972 wurde die seit Mitte des 19. Jh. im sächsischen Raum führende Werkstatt in die „VEB Orgelbau Dresden" umgewandelt. Die Firma baute u. a. die Orgeln von

St. Johannis in Zittau (1839; 3 Man., 55 Reg.), St. Pauli in Chemnitz (1880; 3 Man., 46 Reg.), St. Marien in Zwickau (1891; 3 Man., 76 Reg.), der Kreuzkirche in Dresden (1900; 4 Man., 88 Reg.; Neubau 1962; 4 Man., 76 Reg.), der Stadthalle in Karl-Marx-Stadt (1976; 4 Man., 67 Reg.) und der Konzerthalle in Magdeburg (1979; 4 Man., 63 Reg.).

Lit.: F. OEHME, Hdb. über ältere, neuere u. neueste Orgelwerke im Königreiche Sachsen, hrsg. v. W. Hackel, 4 Bde. (L 1978).

H. J. BUSCH

JELICH (Jelicich), **Vincenz,** * 1595/96 Fiume, † 1636 oder später; kroatischer Komponist. J. wurde 1606–09 als Kapellknabe der Grazer Hofkapelle Erzherzog Ferdinands durch M. Ferrabosco ausgebildet. 1610–16 studierte er an der Jesuitenuniversität in Graz. 1615 wurde er Instrumentalist der Grazer Hofkapelle und 1617 Tenorist an der Hofkapelle Erzherzog Leopolds in Zabern (Elsaß). 1618 empfing er in Zabern die Priesterweihe und ist als Hofkaplan, Vikar und zuletzt als Kanonikus noch bis 1636 dort nachweisbar.

WW: *Parnassia militia*, op. 1 (Str 1622), darin 24 Concerti für 1–4 St. u. B.c. u. 4 Ricercari; *Arion primus*, op. 2 u. *Arion secundus*, op. 3 (Str 1628) (darin 34 Concerti für 1–4 St., Vesperpsalmen u.a.).

J.s geistliche Generalbaßkonzerte stehen in der Nachfolge der *Concerti ecclesiastici* von L. Viadana, nähern sich jedoch im op. 1, das – z. T. gattungsmäßig bedingt – modernere Züge als op. 2 und 3 aufweist, durch affektbestimmten Ausdruck, Tempokontraste und Chromatik den Gestaltungsprinzipien der Florentiner Camerata. Die 4 2st. Bläser-Ricercare setzen dagegen die niederländisch-deutsche Tradition der Motette fort und stehen den nahezu 100 Jahre älteren Bläser-Fugen J. Walters nahe.

Lit. u. Ausg.: H. FEDERHOFER, V. J., in: AfMw 12 (1955); A. VIDAKOVIĆ, V. J. i njegova zbirka duhovnih koncerata i ricercara *Parnassia militia* (Zagreb 1957) (= JAZU. Odjel za muzičku umjetnost II/1) (darin vollständige Ausg. der *Parnassia militia*); DERS., 6 Motetten aus Arion 1 (Gr 1957) (= Musik alter Meister 5); 4 Ricercare, hrsg. v. W. EHMANN (Kas 1966); H. FEDERHOFER, Musikpflege u. Musiker am Grazer Habsburgerhof der Erzherzöge Karl u. Ferdinand v. Inneröstr. 1564 bis 1619 (Mz 1967); L. ŽUPANOVIĆ, Osamnaest moteta iz zbirke „Arion primus 1628" (Zagreb 1974) (= Monuments de la musique Croate antique 5) (darin Ausg. v. Arion I); DERS., Arion secundus 1628 (ebd. 1977) (= ebd. Neue Reihe 8) (darin Ausg. v. Arion II).

H. FEDERHOFER

JELÍNEK ↗Gelinek.

JELINEK, Hanns, * 5. 12. 1901 Wien, † 27. 1. 1969 ebd.; östr. Komponist und Musikpädagoge. J. studierte 1918–19 einige Monate bei A. Schönberg in Wien (Harmonielehre, Kontrapunkt) und anschließend bei A. Berg sowie 1920–22 an der Wiener Musikakademie bei Fr. Schmidt Klavier, Harmonielehre und Kontrapunkt, war aber im wesentlichen Autodidakt. Seine profunden Kenntnisse der Zwölftontechnik eignete er sich Ende der 20er Jahre durch die Analyse der ersten dodekaphonischen Werke A. Schönbergs, A. von Weberns und A. Bergs an. Er erprobte das Verfahren später dann in eigenen Werken (erstmals in strenger Weise im 2. Streichquartett op. 13, 1934/35) und stellte es schließlich in dem Lehrbuch *Anleitung zur Zwölftonkomposition* (1952–58) systematisch dar. Um zu zeigen, wie man mit dieser Technik lebendige, gute Musik schreiben kann, aber auch um eine ideale Beispielsammlung für den Unterricht zur Hand zu haben, schuf er sein *Zwölftonwerk* op. 15 (1947–52), eine Gruppe von Klavier- und Kammermusikwerken, die sämtlich auf einer einzigen Zwölftonreihe basieren und typische Probleme des dodekaphonen Satzes exemplifizieren. Der Einführung von Klavierschülern in die Klangwelt der Dodekaphonie diente J. seine *Zwölftonfibel* op. 21 (1953–54). 1958 wurde er Kompositionslehrer an der Wiener Musikhochschule (1965 Professor). Sein umfangreiches kompositorisches Schaffen enthält neben dodekaphonischen Werken auch tonale Kompositionen, außerdem Schlager, Jazz, elektronische Musik und eine satirische Operette, *Bubi Caligula*.

WW: **1) Kompositionen:** *Praeludium, Passacaglia u. Fuge* (1922) für Nonett (oder Kammerorch.); 2 Streichquartette (1931, 1934/35); Suite für Streichernonett (oder Streichorch.) (1931); *Zwölftonwerk*, 9 Teile, 1–5: Klavierwerke (1947–49), 6: Vier Kanons für zwei Fl. (1950), 7: Sonatina a tre für Ob., Englischhorn u. Fag. (1951), 8: Divertimento für Es-Klar., B-Klar., Bassetthorn u. Baßklar. (1950–52), 9: Trio für V., Va. u. Vc. (1950); *Zwölftonfibel* für Klv., 6 Doppelh.e (1953/54); Sonate für V.solo (1957); 10 *Zahme Xenien* (1959) für V. u. Klv. – Für Orch.: 6 Symphonien, 1: D-Dur (1926–30, Neufassung 1945/46), 2: *Sinfonia ritmica* für Bigband u. großes Orch. (1929, Neufassung 1949), 3: *Heitere Symphonie* für Blechblasinstr. u. Schlagzeug (1930/31), 4: *Sinfonia concertante* für Streichquartett u. großes Orch. (1931, Neufassung 1953), 5: *Symphonia brevis* für großes Orch. (1948), 6: *Sinfonia concertante* (1953, Neufassung 1957); Vorspiel zu einer Komödie (1928/29); *Sonata ritmica* (1928, Neufassung 1960) u. Rondo *Rather Fast* (1929) für Jazzband u. Orch.; Concertino für Solostreichquartett u. Streichorch. (1950/51); Phantasie für Klar., Klv. u. Orch. (1951); *Preludio solenne* (1956); *Rai buba* (1956–61) für Klv. u. Orch.; *Parergon* (1957) (Instrumentation v. 5 Klv.-Stücken aus dem Zwölftonwerk). – Vokalwerke, u.a.: 8 Lieder für mittlere St. u. Kammerorch. (1919–23); *Ganymed* (1927–29) (nach J. W. v. Goethe) für hohe St. u. Orch.; *An Schwager Kronos* (1927) u. *Prometheus* (1936) (beide nach dems.) für Bar. u. Orct. – Ferner die Operette *Bubi Caligula* (1947–53) u. das Ballett *The Dances Around the Steel Blue Rose* (1956–59). – **2) Schriften:** *Anleitung zur Zwölftonkomposition*, 1: *Allgemeines u. Vertikale Dodekaphonie* (W 1952, ²1967); 2: *Horizontale Dodekaphonik, Kombinationen* u. *Ableitungen* (W 1958, ²1967); *Die krebsgleichen Allintervallreihen*, in: AfMw 18 (1962); *Studienmaterial für den Zugang zur Zwölftonkomposition*, in: ÖMZ 20 (1965).

Lit.: F. WILDGANS, H. J., in: MGG VI; H. F. REDLICH, H. J., in: MR 21 (1960); W. SZMOLYAN, Östr. Staatspreisträger 1966. H. J., in: ÖMZ 22 (1967).

W. SZMOLYAN

JEMNITZ, Sándor, * 9. 8. 1880 Budapest, † 8. 8. 1963 Balatonföldvár; ung. Komponist, Musikschriftsteller und Dirigent. J. studierte 1912–18 an der Landes-Musikakademie in Budapest, später in Leipzig bei M. Reger und K. Straube. 1917–21 war er als Kapellmeister in mehreren Städten tätig und ging 1921 nach Berlin, wo er noch eine Meisterklasse A. Schönbergs besuchte. 1924 ließ er sich wieder in Budapest nieder und arbeitete als Musikkritiker für die Zeitung *Népszava.* J. schrieb wie Reger einen dichten, kontrapunktischen Satz, dessen lineare Ornamentik bisweilen Einflüsse von Zigeunermusik oder orientalischer Musik aufweist. Seine Harmonik, die in mancher Hinsicht an Schönbergs „expressionistische" Phase erinnert, erreicht die Grenzen der Tonalität, ohne sie jedoch wirklich aufzugeben.

WW: **1) Kompositionen:** Zahlr. Klv.-Stücke; Trp.-Quartett, op. 7 (1925); 3 V.-Sonaten, op. 10 (1920), op. 14 (1920) u. op. 22 (1923); Konzert für Kammerorch., op. 12 (1931); Praeludium u. Fuge, op. 13 (1933) für Orch.; Streichquartett, op. 55 (1950); Konzert für Streichorch., op 61 (1954); 2 Org.-Sonaten, op. 68 (1955) u. op. 72 (1957); Trio für Fl., Ob. u. Klar., op. 70 (1956). – **2) Schriften:** *Schumann élete leveleiben* (Budapest 1957); *F. Mendelssohn Bartholdy* (ebd. 1958); *F. Chopin* (ebd. 1960); *W. A. Mozart* (ebd. 1961); *Persönliches über B. Bartók* (Gr 1963); ausgew. Musikkritiken erschienen als: *J. S. válogatott zenekritikái*, hrsg. v. V. Lampert (Budapest 1973).

JENAER LIEDERHANDSCHRIFT, ein in der Universitätsbibliothek Jena (Sigle J) aufbewahrter, heute 133 Blätter umfassender Pergamentkodex aus der Mitte des 14. Jahrhunderts. Als Auftraggeber kommen Rudolf I., Herzog von Sachsen-Wittenberg oder Landgraf Friedrich der Ernsthafte von Thüringen in Frage. Die J. L. enthält Lieder und Leiche von 28 namentlich genannten Autoren und den sog. „Wartburgkrieg".

Die J. L. umfaßt in 3 Lagen: 1. kleinere Dichter des nieder- und mitteldeutschen Raumes; 2. Wizlaw von Rügen und 3. berühmte zeitgenössische Sangspruchdichter, darunter auch Oberdeutsche (u. a. Heinrich von Meißen und Konrad von Würzburg). Die Anordnung erfolgt – wie bei allen großen mittelhochdeutschen Liederhandschriften – nach Tönen (insgesamt 102 Töne mit über 940 Strophen). Ein durchgehendes Ordnungsprinzip in der Tonfolge ist nicht auszumachen. Dafür liegt innerhalb der Töne eine Ordnung inhaltlicher Art vor: 1. religiöse Strophen, 2. allgemeine Themen der Spruchdichtung, 3. persönliche und politische Strophen. Die späthöfischen Sangsprüche, meist religiös-lehrhaften Inhalts, sind im späten 13. Jh., vereinzelt im frühen 14. Jh. entstanden. Ihre Sprachform ist Schriftmitteldeutsch, das aber deutlich den niederdeutschen Schreiber verrät.

Die musikhistorische Bedeutung der J. L. liegt in den 91 Melodien (davon 4 fragmentarische und 2 Leiche). Von einigen Fragmenten abgesehen, ist sie die früheste und bedeutendste deutschsprachige Quelle mittelalterlicher Liedkunst. Die Melodien sind in Quadratnoten (ohne Mensurbedeutung) von einem Notator aufgezeichnet, der auch korrigierend in die Texte eingegriffen hat. Die Töne weisen bis auf zwei Ausnahmen die Barform (↗Bar) auf, z. T. in verschiedenen Ausprägungen und mit mannigfachen Übergängen. Die einfache Kanzone und die Rundkanzone auf der einen Seite und die Repetitionsformen auf der anderen bilden die Pole, zwischen denen sich das musikalische und metrische Geschehen vollzieht. Die formengeschichtliche Stellung der J. L. liegt also zwischen Minnesang – dessen Strophenbildung durch freie, aber in sich gegliederte Gestaltung charakteristisch ist – und dem Meistersang, in dem die musikalisch-metrischen und reimtechnischen Variationsmöglichkeiten durch eine schematische Addition von Bauteilen abgelöst wird.

Ausg.: Die J. L. in Lichtdruck, Faks.-Ausg. hrsg. v. K. K. MÜLLER (Jena 1896); G. HOLZ – F. SARAN – E. BERNOULLI, Die J. L., I: Getreuer Abdruck des Textes, II: Übertragung, Rhythmik u. Melodik (L 1901, Nachdr. Hil 1968); Die J. L., Faks.-Ausg. hrsg. v. F. GENNRICH (Langen 1963) (= Summa musicae medii aevi 11); Die J. L., hrsg. v. H. TERVOOREN – U. MÜLLER (Gö 1972).

Lit.: Übersicht bei TERVOOREN – MÜLLER, s. o. Ausg.; E. PICKEROTH-UTHLEB, Die J. L. Metrische u. musikal. Unters. (Gö 1975); H. BRUNNER, Die alten Meister. Stud. zur Überlieferung u. Rezeption der mittelhochdt. Sangspruchdichter im Spätmittelalter u. in der frühen Neuzeit (Mn 1975).

H. TERVOOREN

JENKINS, John, * 1592 Maidstone, † 27. 10. 1678 Kimberley (Norfolk); engl. Lautenist, Violist und Komponist. J. wurde als Lauten- und Lyra-Viol-Virtuose in Adelskreisen bekannt und besonders durch die Familien Dering und L'Estrange gefördert. 1625–40 war er Kammermusiker König Karls I. und lebte dann im Haus von Lord North in Kirtling, dessen Söhne er 1660–67 unterrichtete. Nach der Restauration wurde er Theorbist der Private Musick Karls II. Zuletzt fand er Aufnahme im Schloß von Sir Philip Wodehouse in Kimberley.

WW: **1) Instr.-WW:** Hsl. erhalten: mehr als 100 Fancies für 2–6 Instr.; 2 *In nomine* für 6 Instr.; zahlr. Suiten und Consorts für 2–4 Instr.; in Sammeldrucken 1652–1682: zahlr. Lessons für Lyra-Viol, Tanzsätze für 1–2 Instr. u. Laute od. Virginal, 1 Satz für Cister. – **2) Vokal-WW:** in Sammeldrucken 1652–1678 erschienen einzelne Catches u. Rounds, Airs für 1–2 St. u. B.c. bzw. Violen, 1 Elegie auf den Tod von W. Lawes.

J. gehört zu den bedeutendsten Instrumentalkomponisten seiner Zeit in England. Am bekanntesten wurde er durch seine zahlreichen Fancies für Violenensemble, meist Jugendwerke, die zu ihrer Zeit zum festen Repertoire der englischen Hausmusik gehörten, trotz ihrer Beliebtheit aber nicht gedruckt wurden. Sie sind überwiegend im dichten polyphonen Satz gehalten, während spätere Kompositionen für 2 Instrumente und Baß deutlich das Vorbild der italienischen Triosonate mit Basso continuo erkennen lassen. Einige Stücke weisen auch auf die Sonaten H. Purcells hin.

Ausg.: Fantasy-Suiten Nr. 4 G-Dur u. Nr. 5 C-Dur, hrsg. v. C. ARNOLD (Lo 1957); 7 Fantasien für 3 St., hrsg. v. N. DOLMETSCH (Kas 1957) (= Hortus mus. 149); *Consort Music of Four Parts*, hrsg. v. A. ASHBEE (Lo 1969) (= Mus. Brit. 26); *Consort Music of Six Parts*, hrsg. v. D. DEART (Lo 1977) (= ebd. 39).

Lit.: P. J. WILLETTS, Sir N. Le Strange and J. J., in: ML 42 (1961); V. DUCKLES, J. J.'s Settings of Lyrics by G. Herberts, in: MQ 48 (1962); P. J. WILLETTS, Autograph Music by J. J., in: ML 48 (1967); J. T. JOHNSON, How to „Humour" J. J.' Three-Part Dances, in: JAMS 20 (1967); R. A. WARNER, J. J.' Four-Part Fancy in C minor, in: MR 28 (1967); A. ASHBEE, The Four-Part Consort Music of J. J., in: Proc. R. Mus. Assoc. 46 (1969); A. C. COXON, A Handlist of the Sources of J. J.'s Vocal and Instr. Music, in: Royal Music Assoc. Research Chronicle (1971); A. ASHBEE, Towards the Chronology and Grouping of Some Airs by J. J., in: ML 55 (1974).

JENKO, Davorin, * 9. 11. 1835 Dvorje bei Cerklje, † 25. 11. 1914 Laibach; slowenischer Komponist. J. studierte Jura und gleichzeitig Musik am Konservatorium in Wien. 1863–65 war er Chordirigent in Pančevo, leitete 1865–77 den Belgrader Gesangverein und wirkte 1871–1902 als Kapellmeister am Nationaltheater in Belgrad. J. gehört zu den Wegbereitern der slowenischen und besonders der serbischen Musik, deren erster Bühnenkomponist er war. Von seinen Opern erzielte *Vračara (Die Zauberin)* den größten Erfolg.

Lit.: D. CVETKO, D. J., Doba, življenje, delo (Ljubljana 1955) (mit frz. Zusammenfassung).

JENSEN, Adolf, * 12. 1. 1837 Königsberg, † 23. 1. 1879 Baden-Baden; dt. Komponist und Pianist. J. studierte bei Louis Ehlert, Fr. Marpurg und Fr. Liszt. Seit 1856 war er Musiklehrer in der russischen Stadt Grodno und 1857–58 Kapellmeister in Posen, Bromberg und Kopenhagen. Nach Konzertreisen durch Skandinavien kehrte er 1860 nach Königsberg zurück, wo er als Leiter der Musikalischen Akademie, Lehrer und Pianist das Musikleben der Stadt nachhaltig förderte. 1866–68 war er Klavierlehrer an C. Tausigs Berliner Akademie.

WW: Zahlr. Klv.-Stücke, u. a.: *Innere Stimmen*, op. 2; *Deutsche Suite*, op. 36; *Wanderbilder*, op. 17 (darin *Die Mühle*); *Hochzeitsmusik*, op. 45; *Der Gang der Jünger nach Emmaus*, op. 27 für Orch.; 2 Chöre mit Hörnern u. Harfen, op. 10 u. Chorlieder, op. 28 u. 29; Liederzyklen, u. a.; *Dolorosa* (nach A. v. Chamissos *Tränen*), op. 30; *Gaudeamus* (12 Lieder v. V. von Scheffel), op. 40; 2 Hefte aus E. Geibels u. P. Heyses *Spanisches Liederbuch*, op. 4 u. 21, ferner Romanzen u. Balladen, op. 41; eine Oper *Turandot*.

Als Liedkomponist steht J. in der unmittelbaren Tradition R. Schumanns. Seine späten, oft durch die nordische Musik inspirierten Liederzyklen zeigen in der selbständigen Behandlung des Klaviersatzes und in der Wahl durchkomponierter, teils rezitativisch gehaltener Formen dramatische Gestaltungskraft und innere Geschlossenheit. In seinen Klavierwerken, in denen er später auch Einflüsse Fr. Liszts und vor allem Fr. Chopins aufnahm, pflegte J. besonders die kleineren Gattungen. Einen besonderen Rang nehmen die *Idyllen* op. 43 ein.

Lit.: A. NIGGLI, A. J. (B 1900); G. SCHWEIZER, A. J. als Liederkomponist (Diss. Gießen 1932); F. BASER, Der Nachlaß des Liedmeisters A. J., in: Musica 7 (1953); G. PUCHELT, Verlorene Klänge. Stud. z. dt. Klaviermusik 1830–80 (B 1969).

JENSEN, Ludvig Paul Irgens, * 13. 4. 1894 Oslo, † 11. 4. 1969 Piazza Armerina (Sizilien); norwegischer Komponist. Er studierte zunächst Philologie und Philosophie und bildete sich dann durch Studienaufenthalte in Deutschland und Paris in Komposition und Musiktheorie aus. Aufgrund staatlicher Zuwendungen konnte er sich später ganz der Komposition widmen. Seine stark von der norwegischen Volksmusik beeinflußten Werke weisen bei subtiler Behandlung der Form und Verwendung polyphoner Satztechniken einen differenzierten Sinn für Klanglichkeit auf.

WW: Sonate für V. u. Klv. (1924); Quintett für Klv. u. Streichquartett (1931); für Orch.: Variationen u. Fuge (1925), umgearbeitet als: *Tema con variazioni* (Oslo 1949); Passacaglia (1926); *Canto d'omaggio* (1950). – *Japanischer Frühling*, op. 2 (1928), 9 Lieder für Sopran u. Orch., endgültige Fassung (1956); Oratorium *Heimferd* (1929) für Chor u. Orch., umgearbeitet als Oper (1947). – Bühnen-WW: Kinderstück *Kong Baldvines arming* (1937); Drama *Driftekaren* (1938) u. Schauspiel *Robin Hood* (1945).

Lit.: B. KORTSEN, Noen modale saertrekk i L. I. J.s musikk, in: Norsk musikktidsskrift 2 (1967); DERS., Contemporary Norwegian Orchestral Music (B 1969).

JENUFA (urspr.: *Její Pastorkyňa = Ihre Ziehtochter*), Oper aus dem mährischen Bauernleben in 3 Akten von Leoš Janáček (1854–1928), Text vom Komponisten nach dem im Nov. 1890 aufgeführten Drama *Ihre Ziehtochter* von Gabriela Preissová (1862–1946). Ort und Zeit der Handlung: Ein Dorf in Mähren, im 19. Jahrhundert. UA: 21. 1. 1904 in Brno (Brünn) unter der Leitung von C. M. Hrazdira; EA in dt. Sprache: 16. 2. 1918 in Wien; dt. EA: 16. 11. 1918 in Köln.

Im Zentrum der Oper steht nicht, wie der von Max Brod gewählte Titel vermuten läßt, das Bauernmädchen Jenufa, sondern die Küsterin Buryja, deren Ziehtochter Jenufa ist. Die Küsterin ertränkt, um Jenufa die ehrenhafte Heirat mit Laca Klemen zu ermöglichen, deren aus einer Liebesbeziehung mit Lacas Stiefbruder Stewa hervorgegangenen unehelichen Sohn. Sogar die ‚guten' Charaktere werden in diesem Drama schuldig; einen oberflächlichen Kontrast von Gut und Böse gibt es nicht. Jede der durch ihren unwandelbaren Charakter statischen Figuren handelt, wie es die gesellschaftlichen Normen und Vorurteile der Dorfgemeinschaft fordern. So kann Jenufa der Küsterin verzeihen, und es wird möglich, daß Jenufa und Laca, gereift durch eigene Schuld, vereint werden. Die eigentliche Dramatik spielt sich auf psychologischer Ebene, im Entscheidungsringen der Hauptpersonen ab. In den Monologszenen gelingt es Janáček, wie später z. B. Schönberg mit *Erwartung,* ein virtuoses musikalisches Psychogramm der mit Extremsituationen konfrontierten Individuen zu entwerfen – dies gilt insbesondere für die Monologe der Küsterin (II. Akt, 5. Szene) und Jenufas (II, 6), in denen das Ideal einer Melodie des gesprochenen Wortes musterhaft verwirklicht wurde. Der Komponist gestattete seinen Dirigenten zahlreiche Eingriffe in das Werk. Die meisten Korrekturen, die K. Kovařovic für die Prager EA vom 26. 5. 1916 vornahm, wurden bis heute beibehalten.

R. QUANDT

JEPPESEN, Knud Christian, * 15. 8. 1892 Kopenhagen, † 16. 4. 1974 Aarhus; dänischer Musikforscher. J. studierte Komposition bei C. Nielsen und Musikwissenschaft bei Th. Laub sowie an der Universität Kopenhagen bei A. Hammerich. 1922 promovierte er bei G. Adler in Wien mit einer Schrift über den Palestrinastil. Nach Kopenhagen zurückgekehrt, lehrte er dort 1920–47 Musiktheorie am Konservatorium und seit 1923 als Privatdozent Musikwissenschaft an der Universität. Außerdem war er 1917–23 Organist an Sankt Stefans und 1932–47 an der Holmens Kirke. 1947 wurde er Professor für Musikwissenschaft an der Universität Aarhus und leitete dort 1950–57 das von ihm gegründete Musikwissenschaftliche Institut. 1949–52 war er Präsident der Internationalen Gesellschaft für Musikwissenschaft, außerdem u. a. Mitglied der Königlich Dänischen Gesellschaft der Wissenschaften. Zum 70. Geburtstag wurde ihm eine Festschrift gewidmet. J. gab 1931–53 die *Acta musicologica* heraus. Er war einer der bedeutendsten Palestrinaforscher.

WW: **1) Schriften:** *Der Palestrinastil u. die Dissonanz* (L 1925, engl. Kop. – Lo 1927, ^{2}1946, Nachdr. NY – Lo 1971); *Kontrapunkt (Vokalpolyfoni)* (Kop – L 1930), dt. v. J. Schultz (L 1935, ^{3}1962, Wie ^{8}1978); *The Recently Discovered Mantova Masses of Palestrina,* in: AMl 22 (1950); *Ein altvenetianisches Tanzbuch,* in: FS K. G. Fellerer (Rb 1962); *La frottola,* 3 Bde. (Kop 1968–70). – **2) Editionen:** *Der Kopenhagener Chansonnier* (Kop – L 1927) (zus. mit V. Brøndal); *Die it. Orgelmusik am Anfang des Cinquecento* (Kop 1943, ^{2}1960); *La Flora,* 3 Bde. (Kop 1949) (darin it. Arien u. Duette); *Antichi balli veneziani per cembalo* (Kop 1962); *Italia sacra musica,* 3 Bde. (Kop 1962).

Lit.: S. SØRENSEN, K. J. zum 70. Geburtstag, in: AMl 34 (1962); H. GLAHN, K. J., in: AMl 47 (1975).

JEREMIÁŠ. – 1) Bohuslav, * 1. 5. 1859 Řestoky (Böhmen), † 18. 1. 1918 Budweis; tschechischer Komponist. Er studierte 1882–85 an der Prager Orgelschule und war später als Musikpädagoge und Chorleiter in Pisek und in Budweis tätig, wo er eine Musikschule gründete. – **2) Jaroslav,** Sohn von 1), * 14. 8. 1889 Písek, † 16. 1. 1919 Budweis; tschechischer Pianist, Dirigent und Komponist. Er studierte Komposition bei V. Novák und am Prager Konservatorium, war kurze Zeit Lehrer an der Musikschule in Budweis, dann Kapellmeister in Laibach und lebte zuletzt seit 1915 als Musiklehrer und Pianist in Prag.

WW: Klv.-Stücke; Va.- u. Vc.-Sonaten; Lieder u. Chöre; Oratorium *Mistr Jan Hus* (1915); Oper *Stáry Král* (1911–12) (nach R. de Gourmont), UA: Prag 1919.

3) Otakar, Bruder von 2); * 17. 10. 1892 Pisek, † 5. 3. 1962 Prag; tschechischer Cellist und Komponist. Er studierte bei V. Novák und am Konservatorium in Prag. 1911–13 war er Cellist der Tschechischen Philharmonie in Prag und anschließend Lehrer an der Musikschule in Budweis, die er 1918–28 leitete. 1929–45 dirigierte er das Orchester des Prager Rundfunks und war 1945–51 Direktor des Nationaltheaters in Prag.

WW: Klv.-Stücke; Klv.-Trio (1910); Klv.-Quartett (1911) Streichquartett (1911); Streichquintett (1911); für Orch.: 2 Symphonien (1911, 1915): *Jarní ouvertura* (1912); *Fantasie* (1915). – Opern: *Bratři Karamázovi* (1922–27), UA: Prag 1928; *Enšpigl* (1940–44) (nach de Coster), UA: ebd. 1949. – Ferner die Lehrwerke *Praktické pokyny k instrumentaci symfonického orchestru* (Pr 1942, ^{4}1959) u. *Praktické pokyny k dirigování* (Pr 1943, ^{4}1959).

Lit.: J. PLAVEC, O. J. (Pr 1934); H. HLAVSOVÁ, O. Jeremiáše „Bratři Karamázovi" (Pr 1958); J. PLAVEC, Národní umělec O. J. (Pr 1964).

JERGER, Wilhelm Franz, * 27. 9. 1902 Wien, † 24. 4. 1978 Linz; östr. Musikforscher. Er studierte 1916–22 an der Musikakademie sowie 1925–27 an der Universität in Wien und war seit 1922 Kontrabassist bei den Wiener Philharmonikern. 1948 nahm er an der Universität Freiburg in der Schweiz sein Studium wieder auf und promovierte dort 1954 mit einer Dissertation über *C. Reindl.* 1958–73 war J. Direktor des Bruckner-Konservatoriums in Linz. Zum 70. Geburtstag wurde er mit der Festschrift *Ein Leben für die Wissenschaft* (hrsg. v. E. Schenk, Linz 1972) geehrt. J. ist auch als Komponist hervorgetreten (u. a. mit einer aparten *Salzburger Hof- u. Barockmusik* für Orchester, 1940).

Schriften: *Die Wiener Philharmoniker* (W 1942, ^{2}1943); *C. Reindl*

1738–1798 (Fribourg 1955) (= Veröff. des Musikwiss. Inst. der Univ. Freiburg/Schweiz II/6); *Zur Musikgesch. der deutschsprachigen Schweiz im 18. Jh.*, in: Mf 14 (1961); *Von der Musikvereinsschule zum Bruckner-Konservatorium 1823–1963* (Linz 1965); *F. Liszts Klavierunterricht von 1884–1886 dargestellt an den Tagebuchaufzeichnungen v. A. Göllerich* (Rb 1975) (= Stud. z. Musikgesch. des 19. Jh. 39).

Lit.: E. POSCH, W. J., in: Jahresber. 1972/73 des Brucknerkonservatoriums (Linz 1974).

JERITZA, Maria (eig. Mimi Jedlitzka), *6. 10. 1887 Brünn, † 10. 7. 1982 Orange (N.J.), tschech. Sängerin (Sopran). Nach ihrer Gesangsausbildung debütierte sie 1910 am Stadttheater von Olmütz als Elsa in R. Wagners *Lohengrin*. 1911 kam sie an die Wiener Volksoper und war 1912–35 und 1949–52 gefeiertes Mitglied der Wiener Staatsoper. 1921 bis 1932 und 1951 sang sie mit großem Erfolg auch an der Metropolitan Opera in New York und gastierte an vielen bedeutenden Bühnen Europas. Sie sang bei der Uraufführung der Oper *Die Frau ohne Schatten* von R. Strauss sowie bei der Erstaufführung von dessen neu bearbeiteter Oper *Ariadne auf Naxos*. Unter dem Titel *Sunlight and Song* (1924) veröffentlichte sie ihre Autobiographie.

Lit.: W. WYMETAL, M. J. (W 1922); E. DECSEY, M. J. (W 1931).

JESSEL, Léon, *21. 1. 1871 Stettin, † 4. 1. 1942 Berlin; dt. Komponist. J. erhielt seine musikalische Ausbildung in Stettin und begann seine Kapellmeisterlaufbahn 1891 am Stadttheater in Gelsenkirchen. Weitere Stationen waren Bielefeld, Stettin, Freiberg, Chemnitz, Lübeck, Bremen und Kiel. Dann lebte er als Komponist in Lübeck und seit 1911 in Berlin. J., der bereits 1894 in Celle sein erstes Bühnenwerk, die Oper *Die Brautwerbung*, aufgeführt hatte, erzielte 1917 in Berlin mit der Operette *Schwarzwaldmädel* seinen größten Erfolg, der ihn in ganz Europa bekannt machte.

WW: Zahlr. Operetten, darunter: *Die beiden Husaren* (1913); *Wer zuletzt lacht* (1914); *Schwarzwaldmädel* (1917); *Ohne Mann kein Vergnügen* (1918); *Verliebte Frauen* (1920); *Die Postmeisterin* (1921); *Des Königs Nachbarin* (1923); *Prinzessin Husch* (1925); *Die kleine Studentin* (1926); *Die Luxuskabine* (1929); *Junger Wein* (1933); *Die goldene Mühle* (1936).

Lit.: B. GRUN, Kulturgesch. der Operette (Mn 1961); S. CZECH, Das Operettenbuch (St 1960).

R.-M. SIMON – S. SIMON

JESSONDA, Oper in 3 Akten von Louis Spohr (1784–1859), Text von Eduard Heinrich Gehe nach Lemierres Tragödie *La Veuve de Malabar*. Ort u. Zeit der Handlung: Goa/Indien, im 16. Jh.; UA: 28. 7. 1823 in Kassel.

Spohrs erfolgreichstes Bühnenwerk ist eine der ersten durchkomponierten romantischen Opern. Mit der Gestaltung langer Passagen im rezitativisch-ariosen Sprechgesang zeigen sich in diesem Werk die gleichen Elemente, auf denen später Wagners dramatisches Rezitativ fußt. Die kunstvolle Chromatik, mit der die frühromantische Melodik eingefärbt und bereichert wird, ist so dominant, daß dieser Oper bühnenwirksame musikalisch-dramatische Effekte fast völlig abgehen. Im Textbuch fand Spohr eine seltene Einheit des Affekts angelegt: Die Geschichte von der indischen Rajah-Witwe, die durch ihren früheren Geliebten vom Flammentod auf dem Scheiterhaufen errettet wird, vereint in einer glücklichen Mischung dramatische mit überwiegend zarten, lyrischen Zügen. Einheitliche musikalische Gestaltung und „moderne“ durchkomponierte Form weisen J. eine Sonderstellung unter den frühromantischen deutschen Opern zu, doch nährte gerade die feine Detailzeichnung der musikalischen Charaktere die heftige Kritik an der „lyrischen Erweichung“ der Melodielinie. – Enthusiastischen Beifall erzielte Spohr mit diesem Werk nach der UA (anläßlich des Geburtstages des hessischen Kurfürsten Wilhelm II.) auch in Leipzig (9. 2. 1824) und Frankfurt am Main (14. 6. 1824) sowie in anderen deutschen Städten. J. wurde zum Standardwerk des Opernrepertoires im 19. Jahrhundert, während es in neuerer Zeit nur noch im Spohr-Jubiläumsjahr 1959 in Braunschweig und Kassel gegeben wurde.

J. SCHLÄDER

JEU (frz.). – **1)** In der Bedeutung von Spiel frz. Bz. für das mittelalterliche liturgische Drama – z. B. *Jeu d'Adam et d'Ève* oder *Jeu de St.-Nicolas* –, aber auch für eine weltliche Gattung mit und ohne Musik wie etwa *Jeu de la Feuillée* und *Jeu de Robin et Marion* von Adam de la Halle. – **2)** frz. Bz. für (Orgel-)Register bzw. Stimme (z. B. J. d'orgue oder J. de flûte) oder für ein ganzes Stimmwerk (↗Grand Jeu).

JEU DE CARTES, Ballett von I. Strawinsky; dt. Titel: ↗Kartenspiel.

JEU-PARTI (altfrz.; provenzalisch: partimen oder joc-partit), Bz. für ein Streitlied der Trouvères im 12. und 13. Jh., eine Sonderform der ↗Tenso. Provenzalisch „partir un joc“ (= zur Wahl stellen) bedeutet konkret, daß die Beantwortung einer Streitfrage auf zwei Sänger verteilt wird; im Unterschied zur Tenso, bei der die Themen des Streitliedes aus verschiedenen Bereichen stammen, kreisen die Themen im J. fast ausschließlich um die höfische Liebe. In der Tenso entfaltet sich der Wettstreit frei; im J. dagegen stellt einer der Sänger eine zweideutige Frage, zu der sein Gegner mit der zur Auswahl verbleibenden Antwort Stellung nimmt; in der nächsten Strophe bringt der erste Sänger seine Gegenargumente vor.

In seiner ausgebildeten Form war der J.-p. ein Lied mit 6 Strophen, gefolgt von 2 Geleitstrophen; gesungen wurde er zu einer meist entliehenen Melodie; zahlreiche Jeux-partis wurden mit mehreren Melodien überliefert. Zwar wurde die These vertreten, daß der J. improvisiert wurde, wahrscheinlich ist jedoch, daß die Partner den Wettstreit als eine Art Disputatio vorbereiteten; dies bestätigt der komplizierte Aufbau einiger Jeux-partis. Nicht sicher ist auch, ob die in den Geleitstrophen genannten Schiedsrichter, darunter Könige und Herzöge, am Schluß wirklich ein Urteil gesprochen haben; es handelte sich dabei eher um eine Art Ehrerweisung gegenüber bedeutenden Persönlichkeiten.
Meister des provenzalischen joc-partit waren u.a. Guiraut Riquier, Simon Doria, Aimeric de Peguilhan, Guionet, Lanfranc Cigala und Raimbaut de Vaqueiras. Ein Großteil der Jeux-partis wurde im Einflußbereich des „Puy d'Arras" (↗Puy) geschaffen. Zu den bekanntesten nordfranzösischen Vertretern des J. zählten Thibaut de Champagne, Jehan Bretel, Jehan de Grivelier, Lambert Ferri, Adam de la Halle, Guillaume le Vinier und Gillebert de Berneville.

Ausg.: A. LÅNGFORS – A. JEANROY – L. BRANCHIN, Recueil général des jeux-partis (P 1926).

Lit.: F. FISET, Das altfrz. J.-p., in: Romanische Forsch. 19 (1905); H. SPANKE, Zur Gesch. des altfrz. J.-p., in: Zschr. für frz. Sprache u. Lit. 52 (1929); D.J. JONES, La tenson provençale (P 1934); S. NEUMEISTER, Das Spiel mit der höfischen Liebe (Mn 1969).

W.-D. LANGE

JEUX, Poème dansé in einem Akt. Musik: Claude Debussy (1862–1918). UA: 15. 5. 1913 in Paris (Théâtre des Champs-Élysées). Choreographie: Wazlaw Nischinski (1888–1950). Dekoration: Léon Bakst (1866–1924).
Als Mitglied von S. Diaghilews *Ballets Russes* entwarf Nischinski für dieses Ensemble die episodenhafte Geschehnisfolge der *Spiele:* Während einer Tennispartie im Park werden zwei junge Mädchen und ein junger Mann zu Koketterie und Flirt verleitet. Auf der Suche nach einem verlorengegangenen Tennisball inszenieren die drei ein amüsantes, von ihren Leidenschaften bestimmtes Versteckspiel. – Der tänzerischen Präsentation emotionaler Spannungen entspricht die Gestaltung der Komposition. Transparente Klangbilder, ihre dynamisch kontrastreiche Disposition und das instrumentatorische Raffinement intensivieren den impressionistisch-atmosphärischen Charakter des Balletts. Trotz der künstlerischen Einzelleistungen von V. Nischinski, Tamara Karsavina und Ludmilla Schollar vermochten weder das Werk noch S. Diaghilews Inszenierung bei der UA zu überzeugen.

G. LUDIN

JIG (engl.), lebhafter, in Irland, England und Schottland verbreiteter Tanzliedtyp, z.T. grotesken Charakters, aus dem sich im Laufe des 16. Jh. die ↗Gigue entwickelte. Daneben blieb die mitunter auch vulgäre J. in englischen Singspielen und in den ↗Ballad operas (z.B. *The Beggar's Opera* von J. Gay und J. Pepusch) bis ins 18. Jh. eine beliebte Tanzliedeinlage.

JIRÁK, Karel Boleslav, * 28. 1. 1891 Prag, † 30. 1. 1972 Chicago; tschechischer Pianist und Komponist. J. promovierte 1913 an der Universität Prag zum Dr. jur., studierte außerdem seit 1909 Komposition bei V. Novák und 1911–12 bei J. B. Foerster in Wien. 1915–18 war er Kapellmeister an der Oper in Hamburg, anschließend in Brünn und Mährisch-Ostrau und 1920–30 Lehrer für Komposition am Konservatorium in Prag (1922 Professor); 1923 Mitgründer der IGNM. 1930–45 war er musikalischer Direktor des Tschechischen Rundfunks. 1947 emigrierte er in die USA. Dort wurde er 1967 Kompositionslehrer am Chicago Conservatory College. Seine vorwiegend symphonischen und kammermusikalischen Kompositionen weisen teils neuromantische, teils neoklassizistische Züge auf.

WW: Klv.-Stücke; Passacaglia u. Fuge (1971) für Org.; zahlr. Sonaten; Sonatine für Baßklar. u. Klv. (1968); Bläsertrio (1967); 7 Streichquartette (1915, 1927, 1940, 1949, 1951, 1958, 1960); Klv.-Quintett (1945). – Für Orch.: 6 Symphonien (1916, 1924, 1929–38, 1945, 1949, 1970); symphonische Variationen (1940); symphonische Ouvertüre *Mládí* (1941); Klv.-Konzert (1946) u. Concertino für V. u. kleines Orch. (1957). – Zahlr. Liederzyklen, u.a.: 7 bzw. 9 tschechische Volkslieder (1957, 1959); *In Memoriam* (1971) für Chor a cap.; Requiem für Soli, Chor u. Orch. (1952). – Oper *Apollonius z Tyany* (Apollonius v. Thyane) (1912–13), UA als: *Žena a bůh,* Brünn 1928. – Ferner die Schriften *Naukao hudebníh formách* (Pr 1922–23); *A. Dvořák* (NY 1961).

Lit.: M. OČADLÍK, K.B. J. (Pr 1941); H. TISCHLER, J.'s Fourth Quartett, in: MQ 37 (1951); Contemporary Czechoslovak Composers, hrsg. v. Č. GARDAVSKY (Pr 1965); H. TISCHLER, K. B. J. A Catalogue of His Works (Detroit 1975) (= Detroit Studies in Music Bibliogr. 32).

JITTERBUG (engl., = Zitterwanze), Bz. für einen in den 30er Jahren entstandenen afroamerikanischen Tanz, der zu verschiedenen Varianten des Swing (↗Jump, ↗Kansas-City-Jazz) und zu instrumentierten Formen des ↗Boogie-Woogie getanzt wurde. Der J., der als Gesellschaftstanz sehr beliebt wurde, übernahm zwar als Grundschritt den Kreuzchassé des Swing, blieb jedoch in seiner z.T. akrobatischen Ausführung weitgehend den Tänzern überlassen. Nach 1945 verbreitete er sich unter verschiedenen Namen in Europa (Boogie, ↗Bebop, Jive) und gilt als Vorläufer des ↗Rock and Roll.

JIVE ↗Jitterbug.

JOACHIM, Joseph, * 28. 6. 1831 Kitsee bei Preßburg, † 15. 8. 1907 Berlin; dt. Violinist, Dirigent und Komponist. J. wurde in Wien 1839 Violinschüler von G. Hellmesberger d. Ä. und 1840 von J. Böhm und setzte 1843 seine Ausbildung bei F. David in Leipzig fort, wo er noch im selben Jahr erfolgreich am Gewandhaus debütierte. Außerdem studierte er Theorie bei M. Hauptmann. 1844 trat er in London und 1845 in Dresden auf und reiste 1846 nach Wien und Prag. 1847 unternahm er in Begleitung F. Mendelssohn Bartholdys eine längere Konzertreise nach England. Nach Leipzig zurückgekehrt, wurde er dort Vizekonzertmeister am Gewandhaus. 1850 ging er als Konzertmeister nach Weimar und 1853 in gleicher Funktion nach Hannover, wo er 1859 zum Konzertdirektor ernannt wurde. 1866 übersiedelte er nach Berlin und übernahm die Leitung der neugegründeten „Lehranstalt für ausübende Tonkunst". Aus ihr ging 1869 die der Akademie der Künste angegliederte Hochschule für Musik hervor, der J. als Direktor der Abteilung für Orchesterinstrumente und als Direktoriumsmitglied angehörte. 1869–1907 war er Primarius des berühmten J.-Quartetts und unternahm mit diesem Ensemble und auch als Solist jährlich zahlreiche Konzertreisen. Bis zu seinem Tode entfaltete J. eine fruchtbare Lehrtätigkeit. Aus seiner Schule gingen etwa 400 Violinisten hervor. R. Schumann, M. Bruch, J. Brahms und A. Dvořák widmeten ihm ihre Violinkonzerte.

WW: Kammermusik; zahlr. Orch.-Werke, u.a.: Ouvertüren u. Märsche; für V. u. Orch.: 3 V.-Konzerte, op. 3 (um 1853), op. 11 *In ung. Weise* (vor 1860) u. g-moll (vor 1865); Andantino u. Allegro, op. 1 (vor 1850) u. Variationen, op. 10 (um 1855). – Ferner eine *V.-Schule*, 3 Bde. (B 1902–05) (zus. mit A. Moser), NA hrsg. v. M. Jacobsen (H 1959).

Lit.: J. A. FULLER-MAITLAND, J. J. (Lo – NY 1905); A. MOSER, J. J. (B 1898, ³1904), erweitert, 2 Bde. (1908–10); J. Brahms im Briefwechsel mit J. J., 2 Bde., hrsg. v. DEMS., (B 1908, Nachdr. Tutzing 1974) (= Brahms-Briefwechsel 5–6); Briefe von u. an J. J., hrsg. v. J. JOACHIM – A. MOSER, 3 Bde. (B 1911–13); W. BOETTICHER, J., in: MGG VII; A. HOLDE, Suppressed Passages in the Brahms-J.-Correspondence, in: MQ 45 (1959); G. L. MAAS, The Instrumental Music of J. J. (1973) (= Diss. Univ. of North Carolina); G. WEISS-AIGNER, Komponist u. Geiger. J. J.s Mitarbeit am V.-Konzert v. J. Brahms, in: NZfM 135 (1974).

W. PFANNKUCH

JOACHIM A BURCK (Burgk; eig. Joachim Moller), *1546 Burg bei Magdeburg, † 24. 5. 1610 Mühlhausen (Thüringen); dt. Komponist. Seine musikalische Ausbildung erhielt er vermutlich in Magdeburg. 1563 wurde er Kantor an der Lateinschule in Mühlhausen und dort spätestens 1566 Organist. Daneben versah er mehrere städtische Ämter. 1583 wurde er zum Rat ernannt. J.s Schaffen war anfänglich dem niederländischen Motettenstil in der Art C. de Rores und O. di Lassos verpflichtet. Um 1575 wandte er sich – namentlich in den Oden- und Liedkompositionen – einer mehr homophonen Schreibweise zu und stellte sich damit betont in den Dienst der protestantischen Bemühungen um eine musikalisch schlichtere Wortverkündigung. Seine Johannes-Passion von 1568 ist das früheste Beispiel einer responsorialen Passion mit deutschem Text.

WW: *Harmoniae sacrae* (Motetten für 5 St.) (Nü 1566); *Die deutsche Passion... nach Johannes* für 4 St. (Wittenberg 1568, Mühlhausen 1578); *2 Bücher Odae sacrae L. Helmboldi* für 4 St. (Erfurt 1572); *Sacrae cantiones* für 4–6 St. (Nü 1573); *Passio Jesu Christi* (Erfurt 1574); *Zwantzig Deutsche Liedlein* für 4 St. (ebd. 1575); *Lyrici L. Helmboldi* für 4 St., 2 Bde. (Mühlhausen 1577); *Officium sacrosanctae coenae Dominicae* für 4 St. (Erfurt 1580); 2 Bücher *Vom heiligen Ehestande* (Lieder für 4 St.) (Mühlhausen 1583 u. 1596); *Dreyssig geistliche Lieder auff die Fest durchs Jahr* für 4 St. (ebd. 1594); *Psalmi graduum* für 4 St. (Erfurt 1595).

Ausg.: *Zwantzig Dt. Liedlein* 1575, *Die Dt. Passion* 1568 u. *Passio Jesu Christi* 1574, hrsg. v. A. HALM – R. EITNER (L 1898) (= PGfM 22); Motette *Ich will deinen Namen predigen*, hrsg. v. G. BREMSTELLER (Kas 1959); *Passio Jesu Christi* u. Psalm 22, hrsg. v. H. HILDEBRANDT (St 1963) (= Geistliche Chormusik II/17).

Lit.: PH. SPITTA, J. von B., in: MfM 2 (1870); H. BIRTNER, J. a B. als Motettenkomponist (Diss. L 1924); DERS., Ein Beitr. z. Gesch. der prot. Musik im 16. Jh., dargestellt an J. a B., in: ZfMw 10 (1927/28).

JOCHUM. – 1) Otto, *18. 3. 1898 Babenhausen (Bayern), † 24. 10. 1969 Bad Reichenhall; dt. Komponist. Nach der Lehrerausbildung studierte er 1922–28 am Augsburger Konservatorium und 1928–31 an der Akademie der Tonkunst in München Komposition (J. Haas), Dirigieren und Klavier. 1932 wurde er Leiter der Städtischen Singschule in Augsburg, an der er 1935 das erste deutsche Singschullehrerseminar gründete. Nach dem Krieg war er als Chorleiter und städtischer Musikdirektor in Augsburg tätig und lebte seit 1951 als freischaffender Komponist in Weißbach bei Bad Reichenhall. Er schrieb vor allem Chorwerke, darunter über 100 Motetten, 16 Messen, 4 Oratorien sowie Liederzyklen und Kantaten, außerdem Kammermusikwerke und Symphonien. Er gab auch Volksliedbearbeitungen heraus.

2) Eugen, Bruder von 1), *1. 11. 1902 Babenhausen, † 26. 3. 1987 München; dt. Dirigent. Er studierte Klavier und Orgel in Augsburg, dann 1922–25 Orgel und Dirigieren an der Akademie der Tonkunst in München. Anschließend wirkte er als Kapellmeister und Dirigent in Mönchengladbach, Kiel, Lübeck, Mannheim und Duisburg. 1932–34 war er Generalmusikdirektor an der Städtischen Oper und Dirigent der „Funkstunde" am Rundfunk in Berlin, 1933–49 Generalmusikdirektor an der Staatsoper und am Philharmonischen Staatsorchester in Hamburg und 1949–60 Chefdirigent des Symphonieorchesters des Bayerischen Rundfunks in München sowie Gastdirigent der Staatsopern in München und Wien und des Wiener Musikvereins. 1961–64 war er ständiger Dirigent des Concertgebouworkest in Amsterdam, 1969 auch der Bamberger Symphoniker, deren Chefdirigent er 1971–73 war. J., der 1953 erstmals bei den Bayreuther Festspielen und 1958 erstmals in den USA dirigiert, war ständiger Gast an der Deutschen Oper in Berlin sowie an den ersten Opernhäusern und Symphonieorchestern in den USA, in Japan und in Kanada. J. wurde 1950 Präsident der deutschen Sektion der Internationalen Bruckner-Gesellschaft und widmete sich auch als Dirigent besonders den Werken Bruckners, dessen Symphonien er erstmals vollständig auf Schallplatte einspielte.

Schriften: *Zur Interpretation des Finales der Vierten Symphonie von A. Bruckner,* in: FS R. Guardini (Mn 1935); *Die Originalfassungen der Brucknerschen Sinfonien,* in: Bruckner-Fest Hamburg 1938 (Programm-H.); *Zur Interpretation der Fünften Symphonie von A. Bruckner,* in: FS L. Nowak (W 1964); *An der Oper ist gerade das Improvisatorische reizvoll,* in: Warum der Applaus. Berühmte Interpreten über ihre Musik, hrsg. v. E. Schwaiger (Mn 1968).

3) Georg Ludwig, Bruder von 2), * 10. 12. 1909 Babenhausen (Bayern), † 1. 11. 1970 Mülheim a. d. Ruhr; dt. Dirigent. Er studierte 1920–28 am Augsburger Konservatorium und anschließend bis 1932 an der Münchner Akademie der Tonkunst Klavier, Komposition und Dirigieren. 1932–34 war er Städtischer Musikdirektor in Münster, dann bis 1937 in Frankfurt a. Main 1. Kapellmeister der Oper und Leiter der Museumskonzerte. Nach Engagements in Plauen (Vogtland) und Linz (Donau) war er 1946 bis zu seinem Tod GMD und bis 1958 auch Leiter des Konservatoriums in Duisburg, 1948–50 außerdem Chefdirigent der Bamberger Symphoniker. J. dirigierte regelmäßig auch in Japan, Südamerika sowie in europäischen Ländern.

Lit.: L. BAND, E. J., in: Der Funk (B 1932); M. Flothuis, B. Haitink and E. J., in: Sonorum Speculum (1960) H. 4.

JÖDE, Fritz, * 25. 8. 1887 Hamburg, † 19. 10. 1970 ebd.; dt. Musikpädagoge und Liededitor. J. studierte 1902–08 am Lehrerseminar in Hamburg und trat anschließend in den dortigen Schuldienst ein. 1920/21 wurde er zum musikwissenschaftlichen Studium an der Universität Leipzig bei H. Abert beurlaubt und 1923 zum Professor für Musikerziehung (Methodik) an der Staatlichen Akademie für Kirchen- und Schulmusik Berlin berufen. Als Gründer und Leiter der ihr angeschlossenen ersten deutschen Jugendmusikschule (1923) und der ersten Volksmusikschule (1925) wurde J., der sich bereits in Hamburg tatkräftig in der Jugend-, Volksheim- und pädagogischen Reformbewegung (Hamburger „Wendekreis") engagiert hatte, zum Initiator des deutschen Jugendmusikschulwesens. Aus politischen Gründen verlor er 1935 seine Professur, konnte aber u.a. 1940–43 am Salzburger Mozarteum und 1943/44 an der Staatsmusikschule Braunschweig tätig sein. Seit 1947 leitete er das Amt für Jugend- und Schulmusik in Hamburg, seit 1949 das Seminar für Privatmusiklehrer an der Musikschule und 1951–53 die musikpädagogische Abteilung der Musikhochschule. 1952–63 war er Leiter des Internationalen Instituts für Jugend- und Volksmusik in Trossingen, 1959–63 des Archivs der Jugendmusikbewegung Hamburg und schließlich des von ihm mitbegründeten internationalen Jugendmusikverbandes „Pro musica". J. widmete seine musikpädagogische und editorische Arbeit den Zielen der Jugendmusikbewegung, zu deren führenden Persönlichkeiten er gehörte. Er setzte sich insbesondere für eine durchgreifende Reform des schulischen Musikunterrichts sowie für eine fruchtbare Auseinandersetzung der Jugend mit dem Lied sowie mit Alter und Neuer Musik ein.

WW: **1) Schriften:** *Jugendbewegung oder Jugendpflege* (H 1917); *R. Kothe u. das dt. Volkslied* (Magdeburg 1917); *Musik u. Erziehung* (Wb 1919, ²1924); *Musikschulen für Jugend u. Volk* (Wb 1924, NA 1954); *Die Thematik der Klaviersonaten Mozarts,* in: Mozart-Jb. 2 (Mn 1924); *Unser Musikleben* (Wb 1924, ²1925); *Die Kunst Bachs, dargestellt an seinen Inventionen* (Wb 1926, ²1957); *Elementarlehre der Musik 1* (Wb 1927); *Das schaffende Kind in der Musik,* 2 Bde. (Wb 1928, NA 1962): *Musik in der Volksschule* (B 1928); *Kind und Musik* (B 1929), Neudruck in: Die Kunsterziehungsbewegung, hrsg. v. H. Lorenzen (Bad Heilbrunn 1966); *Die Melodica* (Trossingen 1965). – J. gab heraus: *Die Laute* (Wb 1918–22); *Pädagogik deines Wesens* (H 1919); *Die Musikantengilde* (Wb 1923–29); *Handbücher für Musikerziehung* (Wb 1926 ff.); *Musikdienst am Volk* (Wb 1927); *Der Kreis* (Wb 1932 ff.); *Musik u. Gesellschaft* 1 (Wb 1932) (zus. mit H. Boettcher); *Zschr. für Spielmusik* (Celle 1940–45); *Junge Musik* (Wb – Mz 1950–54); *Bausteine für Musikerziehung u. Musikpflege* (Mz 1951–57): *Pro Musica* (Trossingen – Wb 1953–66): *Die Volksmusikinstr. u. die Jugend* (Wb 1956). – **2) Sammlungen:** Etwa 60 Lied-, Chor- u. Instr.-Slgen, darunter: *Der Musikant,* 6 H.e (Wb 1923 ff.); *Musikantenlieder* (Wb 1925); *Der Kanon,* 3 Bde. (Wb 1925/26 ff.), in einem Bd. (Wb 1929); *Das Chorbuch,* 6 Bde. (Wb 1927–31); *Die Singstunde* (Wb 1928–38, NA Mz 1949–51, Wb 1959); *Die Musikantenfibel* (Mz 1952); *Lieder der Deutschen in aller Welt* (Wb 1954) (zus. m. E. Kraus); *Der Fünfton* (Mz 1955) (zus. mit dems.); *F. Silcher in seinen Liedern* (Wb 1960); *Uns plattdütsch Singbook* (H – Wb – Z 1970).

Lit.: H. HÖCKNER, Die Musik in der dt. Jugendbewegung (Wb 1927); E. KRAUS, F. J. zum 70. Geburtstag, in: Musik im Unterricht 48 (1957); F. J., Leben u. Werk, hrsg. v. R. STAPELBERG (Trossingen 1957) (Werk-Verz. relativ vollständig); G. TRAUTNER, Die Musikerziehung bei F. J. (Wb 1968); G. WALDMANN, F. J. 1887–1976, in: Musik u. Bildung 2 (1970); M. HÄRTING, F. J.s „Weg in die Musik", in: Über Musik u. Politik, hrsg. v. R. Stephan (Mz 1971); D. KOLLAND, Die Jugendmusikbewegung (St 1979).

W. SCHEPPING

JODELN, Bz. für das volkstümliche textlose Singen auf Lautsilben mit oftmaligem, meist bruchlos gleitendem Registerwechsel zwischen Brust- und

Kopfstimme (Fistel, ↗Falsett), vorwiegend auf (großen) Intervallen der Naturtonreihe oder auf Akkordzerlegungen basierend und wohl daher zu primitiver Mehrstimmigkeit tendierend. Die ebenfalls textlosen Juchzer und Juchschreie unterscheiden sich – neben der Kürze – durch das Fehlen des Registerwechsels und durch die Unbestimmtheit der Tonstufen. Besonders verbreitet ist das J. in den Alpenländern. Ähnliche Erscheinungen finden sich auch in weiten Teilen Europas, im Kaukasus, bei den Pygmäen und Buschmännern, in Melanesien-Polynesien, aber auch in China und Hinterindien. – Ursprung und Entwicklung des J.s sind noch nicht hinreichend geklärt. Fest steht jedoch, daß diese Praxis auf mutterrechtliche Pflanzerkulturen und mittelmeerische bzw. verwandte Rassen zurückgeht und daß bei der Ursprungsfrage die besondere Eignung der Jodelstimme als Verständigungsmittel über weite Entfernungen (günstiger Frequenzbereich, Teiltonspektrum) und die Jodelsilben als Intonationshilfe jeweils eine entscheidende Rolle spielen. Als gesichert gilt wohl auch, daß die Elemente durch Kulturwanderung, Übertragung, Struktur- und Funktionswandel nicht nur zu vielfachen Umbildungen und sogar scheinbaren Neubildungen geführt haben, sondern auch mannigfache (u.a. als Kehrreim) Verbindungen mit benachbarten Gattungen (wie ↗Volkslied, ↗Schnaderhüpfl, ↗Ländler, ↗Kuhreigen) eingegangen sind. Wieweit das bei den Kirchenvätern genannte „jubilare sine verbis“ mit dem Jodler in Zusammenhang gebracht werden kann, ist indes noch offen.

Ausg.: J. POMMER, Jodler u. Juchezer (W 1889, 1893, 1902, 1906); H. DERSCHMIDT, Unsere Jodler (Karlsbad 1934); M. HAAGER, Das Jodlerbuch (Gr 1936) (= Die dt. Bergbücherei 7); H. GILGE, Klingende Berge (W 1937).

Lit.: M. VON HORNBOSTEL, Die Entstehung des J.s, in: Kgr.-Ber. Basel 1924 (L 1925); W. SICHARDT, Der alpenländische Jodler und der Ursprung des J.s (B 1939); W. WIORA, Zur Frühgesch. der Musik in den Alpenländern (Bas 1949); W. GRAF, Zu den Jodlertheorien, in: Journal of the International Folk Music Council 13 (1961); W. SENN, J., ein Beitr. zur Entstehung u. Verbreitung des Wortes, mundartliche Bezeichnungen, in: Jb. des östr. Volksliedwerkes 11 (1962); M. P. BAUMANN, Musikfolklore u. Musikfolklorismus. Eine ethnomusikologische Unters. zum Funktionswandel des J.s (Winterthur 1976).

JOHANNA AUF DEM SCHEITERHAUFEN *(Jeanne d'Arc au bûcher),* Dichtung von Paul Claudel (1868–1955), Musik von Arthur Honegger (1892–1955); Gattungsbezeichnung: „Szenisches Oratorium“. Ort und Zeit der Handlung: Rouen (Frankreich), 30. 5. 1431. Konzertante UA (in frz. Sprache): 12. 5. 1938 in Basel; szenische UA (in dt. Sprache): 13. 6. 1942 in Zürich (Übertragung von Hans Reinhart); dt. EA (in dt. Sprache): 12. 12. 1947 in Berlin (Städtische Oper). Claudel gestaltet die Geschichte von Verurteilung und Hinrichtung der französischen Nationalheldin Jeanne d'Arc nicht zu einem historischen Drama mit in sich geschlossener Handlung, sondern zu einer Folge von 11 Szenen, in denen die bereits auf dem Scheiterhaufen festgekettete Jeanne kurz vor ihrem Tode noch einmal einzelne Stationen ihres Lebens – verwoben mit Ereignissen der französischen Geschichte – nacherlebt. Hauptanliegen des Dichters ist dabei nicht der reale Ablauf äußerer Geschehnisse, sondern vielmehr deren Repräsentativität für moralische Ideale und Schwächen des Menschen: So werden unter Rückgriff auf verschiedene literarische Formen und Darstellungstechniken – u.a. der Fabel und des Mysterienspiels – z.B. die Scheinheiligkeit von Kirchenfürsten angeprangert und die Idee des christlichen Opfertodes verherrlicht. Der Buntheit der Szenenfolge angepaßt sind Vielfalt und Kontrastreichtum von Honeggers Musik: Dem Charakter der Szenen entsprechend werden folkloristische und kirchenmusikalische Elemente sowie parodistische Anklänge an Jazz und Unterhaltungsmusik in die bei dramatischen wie lyrischen Abschnitten gleichermaßen meisterhafte musikalische Charakterisierung von Gefühlen, Stimmungen und Situationen einbezogen, wobei besonders Besetzung und Instrumentation – z.B. die Konzeption der beiden Hauptrollen der Jeanne und des Frère Dominique als reine Sprechrollen und der Einsatz der Ondes Martenot – wesentlich zum Farbenreichtum des Werkes beitragen. Den Prolog – eine patriotische Apotheose Frankreichs – setzten die Autoren den 11 Szenen erst für die Aufführung an der Pariser Oper am 18. 12. 1950 voran. Vereinigung von Originalität und Verständlichkeit sowie Kongenialität von Dichter und Musiker ließen die *Johanna* zu einem der bedeutendsten und populärsten musikalischen Bühnenwerke des 20. Jahrhunderts werden. W. A. MAKUS

JOHANNES AFFLIGEMENSIS (eig. John Cotton), * um 1065; engl. Musiktheoretiker. J. trat 1088/89 in das Kloster Canterbury-en-Bec (Normandie) ein und studierte bei Anselm von Canterbury, der 1078–93 dort Abt war. Er ist der Verfasser eines Traktates *De arte musica.* Die stark der Tradition verpflichtete Abhandlung enthält einen Prolog und 27 Kapitel. In den Kapiteln 1–23 werden Tonsilben, Tonbuchstaben, Tonabstände, Tonarten, Monochordteilung, das Tetrachordsystem, die Aufzeichnung der Melodien, organale Mehrstimmigkeit, der Ursprung und die Wirkung der Musik beschrieben. Die Kapitel 24–27 enthalten einen Tonarius, d.h. eine paarweise geordnete Zusammenstellung der 8 Kirchentöne. Kapitel 23 behandelt anschaulich das zweistimmige Organum als einfachen Satz Note-gegen-Note, der durch wenige Zwischentöne in Gegenbewegung („ubi in recta modulatione est elevatio, ibi in organica fiat depositio et e converso") mit Stimmkreuzung in der organalen Stimme belebt werden kann. Gemeinsam mit dem sogenannten Mailänder Traktat und dem Organum-Traktat von Montpellier gehört dieses Kapitel zu den ältesten Zeugnissen der frühen Mehrstimmigkeit.

Ausg.: Joannis Cottonis Musica (ohne den Tonarius), in: GERBERT Scr. II; *De musica cum tonario,* hrsg. v. J. SMITS VAN WAESBERGHE (R 1950) (= CSM 1).

Lit.: O. KORNMÜLLER, Der Traktat des J. Cottonius über Musik, in: KmJb 3 (1888); J. PULVER, English Theorists I: John Cotton, in: MT (1933); L. ELLINWOOD, John Cotton or John of Affligem (1951) (= Music Library Ass. Notes VIII); J. SMITS VAN WAESBERGHE, John of Affligem or John Cotton?, in: MD 6 (1952); H. HÜSCHEN, J. von Affligem, in: MGG VII; TH. GÖLLNER, Formen früher Mehrstimmigkeit in dt. Hss. des späten MA (Tutzing 1961) (= Münchner Veröff. z. Musikgesch. 6); E. F. FLINDELL, J. Cottonis, in: MD 20 (1966), vgl. dazu: DERS., Corrigenda et addenda, in: MD 23 (1969); J. SMITS VAN WAESBERGHE, Einleitung zu einer Kausalitätserklärung der Evolution der Kirchenmusik im MA (von etwa 800 bis 1400), in: AfMw 26 (1969); H. H. EGGEBRECHT – F. ZAMINER, Ad organum faciendum. Lehrschriften der Mehrstimmigkeit in nachguidonischer Zeit (Mz 1970) (= Neue Stud. z. Musikwiss. 3).

B. R. SUCHLA

JOHANNES DAMASCENUS (Johannes Chrysorrhoas [= goldströmend]), * um 675 Damaskus, † um 749 Kloster Mār Saba bei Jerusalem; byzantinischer Theologe, Heiliger. Er trat in das Kloster Mār Saba ein und wurde dort zum Priester geweiht. J., der bedeutendste Dogmatiker der kirchengeschichtlichen Epoche des Bilderstreits, galt lange als Schöpfer der ↗Oktoechos, des byzantinischen Systems der 8 Modi und der mittelbyzantinischen, sog. damaszenischen Notation. Sein Nachruhm gründet auch auf die unter seinem Namen überlieferten Hymnen.

JOHANNES DE BOSCO ↗Bosquet,

JOHANNES DE FLORENTIA ↗Giovanni da Cascia.

JOHANNES DE GARLANDIA (Gallandia), * um 1190 in England, † 1272 (?) Paris (?). Musiktheoretiker. Er kam um 1217 nach Paris, wo er bis 1229 im Clos de Galand lehrte. Von ihm sind (in komplizierter Quellenüberlieferung) die Traktate *De mensurabili musica* und *De plana musica* (in teilweise bearbeiteter Fassung auch mit dem Titel *Introductio musicae*) erhalten. Die erstgenannte Schrift stellt das System der modalen Notation dar, die in den musikalischen Quellen der Notre Dame-Epoche erscheint, und hat als unmittelbare Vorstufe zur Notationslehre Francos von Köln zu gelten.

Ausg.: E. REIMER, J. de G. De mensurabili musica. Kritische Edition mit Kommentar u. Interpretation der Notationslehre, 2 Teile (Wie 1972) (= Beihefte z. AfMw 10 u. 11); dieser Traktat sowie *Introductio musicae,* in: COUSSEMAKER Scr. I; *De mensurabili musica* in der Fassung des Hieronymus v. Moravia, in: S. M. CSERBA, H. de Moravia O.P., Tractatus de Musica (Rb 1935) (= Freiburger Stud. z. Musikwiss. 2).

Lit.: I. J. PAETOW, The Life and Works of John of G., in: Memoirs of the Univ. of California 4/2 (1927); G. REANEY, The Question of Authorship in the Medieval Treatises on Music, in: MD 18 (1964); F. A. GALLO, Fra G. di G. e Filippo da Vitry. Note sulla tradizione di alcuni testi teorici, in: MD 23 (1969); R. A. RASCH, J. de G. en de ontwikkeling van de voor-franconische notatie (Brooklyn/N.Y. 1969) (= Wiss. Abh. 20); E. REIMER, s. o. Ausg.; G. A. ANDERSON, J. de G. and the Simultaneous Use of Mixed Rhythmic Modes, in: MMASt 8 (1975).

JOHANNES DE GROCHEO (Grocheio, Jean de Grouchy); um 1300 in Paris wirkender Musiktheoretiker. Sein Traktat *De musica* nimmt Bezug auf die Musikpraxis seiner Zeit und lehnt die im Rahmen der Artes liberales übliche spekulative Betrachtungsweise der Musik explizit ab. Damit rückt erstmals die einstimmige weltliche Musik ins Blickfeld der Musiktheorie und wird in einen ständisch-gesellschaftlichen Bezug eingeordnet. J. gliedert die Musik in Musica vulgaris (simplex, civilis), Musica mensurata (composita, regularis, canonica) und Musica ecclesiastica. Die Musica vulgaris kann vokal und instrumental ausgeführt werden. Die vokalen Gattungen setzen sich aus den verschiedenen Ausprägungen des Cantus und der Cantilena zusammen. Die instrumentalen Gattungen entsprechen den vokalen, d.h. jede musikalische Form, also jeder Cantus und jede Cantilena kann grundsätzlich instrumental, und zwar bevorzugt durch die Vielle, ausgeführt werden. Singulär für mittelalterliche Traktate ist die Ordnung der einzelnen Gattungen zu bestimmten gesellschaftlichen Gruppen. Der Cantus gestualis ist für Angehörige der niederen Volksschichten bestimmt, der Cantus coronatus für Könige und Edle, der Cantus versualis, die Cantilena rotunda, die Cantilena stantipes und die Cantilena ductia für die Jugend. Als Gattungen der Musica mensurata werden das Organum duplum, triplum und quadruplum, der Conductus, der Motetus und der Hoquetus behandelt. Der Traktat schließt mit einer Beschreibung der verschiedenen Gattungen der Musica ecclesiastica.

Ausg.: Der Musiktraktat des J. de G. Nach den Quellen neu hrsg. mit Übers. ins Deutsche v. E. ROHLOFF (L 1943) (= Media Latinitas Musica 2); Die Quellen-Hss. zum Musiktraktat des J. de G. In Faks. hrsg. nebst Übertragung des Textes u. Übers. ins Deutsche v. DEMS. (L 1972).

Lit.: H. MÜLLER, Zum Texte der Musiklehre des J. de G., in: SIMG 4 (1902/03); E. ROHLOFF, Stud. zum Musiktraktat des J. de G. (L. 1930, ²1943) (= Media Latinitas Musica 1); H. BES-

SELER, Zur Ars Musicae des J. de G., in: Mf 2 (1949); G. REANEY, J. de G., in: MGG VII; J. E. MADDRELL, G. and the Measurability of Medieval Music. A Reply to H. Vanderwerf, in: Current Musicology 11 (1971).

B. R. SUCHLA

JOHANNES DE LIMBURGIA, möglicherweise aus dem flämischen Ort Limburg stammender Komponist des 15. Jahrhunderts. J. wurde zu Beginn des 15. Jh. Kaplan an St-Jean-l'Évangeliste in Lüttich, war dort 1408–19 als Nachfolger J. Ciconias und seit 1411 auch an St-Paul „bastonardius". 1426 wird er als Succentor bezeichnet. 1436 wurde er Kanonikus an Notre-Dame de Huy, lebte aber vermutlich schon seit 1430 in Italien, wahrscheinlich in Venedig. Die von ihm bekannten 46 geistlichen Werke, die deutlich Einflüsse G. Dufays erkennen lassen, sind sämtlich in der Hs. Bologna Liceo mus. Q 15 enthalten. Es handelt sich u. a. um ein vollständiges Meß-Ordinarium, eine Antiphon, ein Alleluja, 16 Motetten, 5 Laudae, 5 Magnificat und 4 Hymnen.

Ausg.: Eine Motette, in: Trienter Codices 1 (1900) (= DTÖ 14/15); eine Lauda, in: J. WOLF, Gesch. der Mensuralnotation 2–3 (L 1903), Nachdr. in einem Bd. (Hil – Wie 1965); eine Motette, in: G. Dufay, GA 1 (1947) (= CMM 1).

Lit.: H. W. ROSEN, Die liturg. Werke des J. von L. (Diss. I 1923); G. DE VAN, Inventory of Manuscript Bologna, Liceo Mus. Q 15 (olim 37), in: MD 2 (1948); H. BESSELER, Bourdon u. Fauxbourdon (L 1950); G. REANEY, J. de L., in: MGG VII.

JOHANNES DE MURIS, * 1290 in der Diözese Lisieux (Normandie), † nach 1351; frz. Mathematiker, Astronom und Musiktheoretiker. J. erwarb den Grad eines Magister artium an der Sorbonne in Paris und ist dort seit 1321 als Lehrer nachweisbar. 1338–42 lebte er am Hof von Philipp d'Évreux, König von Navarra, hielt sich 1342–44 in Mézières-en-Brenne auf, wo er ein Kanonikat besaß, und wurde 1344 von Papst Clemens VI. wegen einer Kalenderreform nach Avignon berufen. Daneben behielt er seine Lehrtätigkeit an der Sorbonne bis gegen Ende seines Lebens bei.

WW: *Notitia artis musicae* (1321), 1: *Musica theorica*, 2. Teil erweitert als: *Musica speculativa* (1323), 2: *Musica practica*, Auszug daraus als: *Compendium musicae practicae* (vor 1324); ferner *Libellus cantus mensurabilis.*

J. gehört neben Philipp de Vitry zu den wichtigsten Vertretern der ↗Ars nova, deren mathematisch fundierte Mensurierungs- und Notationsweise er insbesondere in seinem ersten und grundlegenden Traktat *Notitia artis musicae* darstellte. Außerdem behandelt er als erster die für die Musik des 14. und 15. Jh. wichtigen, zentralen Begriffe der Isorhythmie: ↗Color und ↗Talea. J.' Schriften waren hauptsächlich in Frankreich als dem Zentrum der Ars nova verbreitet. Seine *Musica speculativa,* die ihn als einen der letzten Vertreter der quadrivialen Musikanschauung ausweist, war dagegen auch eine an den deutschen Artistenfakultäten bis ins 16. Jh. grundlegende Lehrschrift. Aus seiner Schule stammen ferner *Ars contrapuncti secundum Johannem de M.* und *Ars discantus secundum Johannem de M.* (NA beider in: Coussemaker Scr. III).

Ausg.: Musikal. Schriften u. Traktate, in: GERBERT Scr. III u. in: COUSSEMAKER Scr. III; *Notitia artis musicae* u. *Compendium musicae practicae,* hrsg. v. U. MICHELS (R 1972) (= CSM 17).

Lit.: L. GUSHEE, New Sources for the Biography of J. de M., in: JAMS 22 (1969); U. MICHELS, Die Musiktraktate des J. de M. (Wie 1970) (= Beih. z. AfMw 8); M. HAAS, Musik zw. Mathematik u. Physik. Zur Bedeutung der Notation in den „Notitia artis musicae" des J. de M. 1321, in: FS A. Volk (Kö 1974).

JOHANNES SCOTUS (Scottus, Scotigena) **Eriugena** (Erigena), * zwischen 810 und 815 Irland, † zwischen 881 und 885 Oxford; irischer Philosoph. J. kam um 850 auf das europäische Festland, ließ sich in Laon nieder und leitete unter Karl dem Kahlen die Schola des Hofes. In seiner Hauptschrift mit dem griechischen Titel *Peri physeon* (meist mit dem lateinischen Titel zitiert: *De divisione naturae*), entstanden um 870, ist die Rede von dem „organicum melos", das mit der Schönheit und Harmonie des Weltalls im Sinne der Musica mundana verglichen wird. Dieser Ausdruck bedeutet nicht, wie früher vielfach angenommen wurde, den „Organum genannten Gesang" (H. Riemann u. a.), also eine der frühesten Erwähnungen der Mehrstimmigkeit, sondern (nach W. Wiora) in der Tradition der Antike „Musik von Instrumenten".

Lit.: J. HANDSCHIN, Die Musikanschauung des J. Sc. (Erigena), in: DVfLG 5 (1927); P. JONES, The Glosses de musica of J. Sc. Eriugena in the Ms. Lat. of the Bibl. Nat. (P 1957); M. CAPPUYNS, Jean Scot Érigène (Bru 1964); W. WIORA, Das vermeintliche Zeugnis des J. Eriugena für die Anfänge der abendländischen Mehrstimmigkeit, in: AMl 43 (1971); B. MÜNXELHAUS, Aspekte der musica disciplina bei Eriugena, in: J. Scot Érigène et l'histoire de la philosophie (P 1977) (= Colloques... du CNRS 561).

JOHANNES (Jan) **VON LUBLIN,** poln. Organist der 1. Hälfte des 16. Jahrhunderts. J. verfaßte zwischen 1537 und 1548 die umfangreichste Orgeltabulatur des 16. Jh.: *Tabulatura Ioannis de Lubliyn Canonic. Regularium de Crasnyc 1540* (hsl. in Krakau, Bibl. der Poln. Akad. der Wiss., Ms 1716). Sie enthält Werke polnischer Komponisten, u. a. von Nikolaus von Krakau, für den sie die einzige Quelle ist, ferner von niederländischen, deutschen, italienischen und französischen Komponisten. Neben zahlreichen geistlichen Werken sind auch Madrigale und 36 (darunter 9 polnische) Tänze überliefert. Der die Tabulatur einleitende Traktat, *Ad faciendum Cantum Coralum,* stammt vermutlich ebenfalls von ihm.

Ausg.: Tabulatura organowa Jana z Lublina, hrsg. v. K. WILKOWSKA-CHOMIŃSKA (Krakau 1964) (= Monumenta musicae in Polonia, Serie B I/1); Tablature of Keyboard Music, hrsg. v. J. R. WHITE, 6 Bde. (R 1964–67) (= Corpus of Early Keyboard Music 6).

Lit.: A. CHYBIŃSKI, Poln. Musik u. Musikkultur des 16. Jh. in deren Beziehungen zu Deutschland, in: SIMG 13 (1911/12); J. R. WHITE, The Tablature of J. of L., in: MD 17 (1963); PH. GOSSET, Techniques of Unification in Early Cyclic Masses and Mass Pairs, in: JAMS 19 (1966); J. R. WHITE, Original Compositions and Arrangements in the L. Keyboard Tablature, in: FS W. Apel (Bloomington/Ind. 1968).

JOHANN VON PARIS *(Jean de Paris)*, Opéra-comique in 2 Akten von François Adrien Boieldieu (1775–1834), Text von Claude Godard d'Aucour de Saint-Just. Ort und Zeit der Handlung: Gasthof an der Straße nach Pamplona im Königreich Navarra, 14. Jahrhundert. UA: 4. 4. 1812 in Paris (Théâtre de l'Opéra-Comique), EA in dt. Sprache: 28. 8. 1812 in Wien (Kärntnerthor-Theater), Übers.: I. F. Castelli; dt. EA: 11. 11. 1812 in Frankfurt am Main.
Die heitere Komödie um den französischen Kronprinzen, der incognito seine künftige Gemahlin, die Prinzessin von Navarra, kennenlernen und auf die Probe stellen will, hielt sich in Paris 50 Jahre ohne Unterbrechung im Spielplan. *Johann von Paris* wurde eine der erfolgreichsten Opern Boieldieus, obwohl bereits Zeitgenossen auf überdeutliche Parallelen zwischen dem Libretto dieses Werkes und der älteren Erfolgsoper des Komponisten, *Der Kalif von Bagdad*, aufmerksam machten. 1856 kritisierte H. Berlioz die durchweg einfallslose Harmonik der Oper, zeigte sich aber begeistert von den zeitlos schönen Melodien. R. Schumann zählt *Johann von Paris* sogar neben der *Hochzeit des Figaro* und dem *Barbier von Sevilla* zu den 3 besten komischen Opern der Welt. Außer in den klaren melodischen Linien zeigt sich Boieldieus Meisterschaft besonders in den Ensembleszenen; als herausragendes Beispiel ist das Finale des 1. Aktes zu nennen. Als Muster stilreinen Koloraturgesangs gilt die Arie der Prinzessin *Ah! quel plaisir d'être en voyage*, eine Nummer, die der Komponist aus seiner in Rußland zur UA gelangten Oper *Télémaque* adaptierte.

R. QUANDT

JOHANSEN, David Monrad, *8. 11. 1888 Vefsn, † 20. 2. 1974 Sandvika; norweg. Pianist und Komponist. Er studierte am Konservatorium in Oslo, seit 1921 bei E. Humperdinck an der Hochschule für Musik in Berlin, 1927–28 in Paris und 1933–35 bei H. Grabner in Leipzig. 1910 debütierte er als Pianist und trat 1915 erstmals auch mit eigenen Werken auf. 1918/19 gab er das *Norsk Musikerblad* heraus, war 1916–18 Musikkritiker des *Norsk Intelligensedler* und 1925–45 des *Aftenposten* in Oslo. 1929–45 leitete er den norwegischen Verband für musikalische Herstellungsrechte. J. ging als Komponist von der national gebundenen Musik E. Griegs und R. Nordraaks aus, in die er Elemente des französischen Impressionismus und der neueren russischen Musik aufnahm. Später wandte er sich einer mehr klassisch orientierten, polyphonen Schreibweise zu.

WW: **1) Instr.-WW:** Zahlr. Klv.-Stücke, darunter *Nordlandske danser* (1963); Sonate (1912–13) für V. u. Klv.; Klv.-Quartett (1947); Quintett für Fl. u. Str. (1967); Streichquartett (1969); für Orch.: Symphonische Fantasie (1936); symphonische Dichtung *Pan* (1939); Symphonische Variationen (1946); Klv.-Konzert (1955). – **2) Vokal-WW:** Lieder, u.a. *Syv sånge* (1920) (über alte norwegische Texte); *Nordlands Trompet* (1925); *10 Norske barnerim* (1926); *5 Bibeltekster* (1947); zahlr. Männerchöre; für SingSt u. Orch.: *Voluspà* (1923–26) (über einen alten norwegischen Text); Kantate *Ignis ardens* (1929–31); *Sigval Skald* (1928). – Ferner die Bühnenmusik zu T. Ørjasaeter, *Jo Gjende* (1924) u. eine Schrift *E. Grieg* (Oslo 1934, [3]1956).

JOHANSON, Sven-Eric, * 10. 12. 1919 Västervik; schwedischer Komponist. J. studierte 1939–46 Komposition bei H. Melchers und H. Rosenberg am Konservatorium von Stockholm. 1944–50 war er Organist in Uppsala und später in Göteborg, wo er seit 1954 am Konservatorium lehrt. Sein umfangreiches und vielfältiges, moderne Kompositionstechniken einbeziehendes Werk umfaßt viele Gebrauchskompositionen, u.a. für Laienchöre und Laienorchester.

WW: **1) Instr.-WW:** Orgel-Stücke; 3 Klv.-Sonaten (1949, 1956, 1959); 5 Streichquartette (1947, 1948, 1950, 1961, 1964); *Sonomobil* (1967) für 2 Trp., Harfe u. Pos.; elektronische Musik *Omaggio a Boccaccio* (1972). – Für Orch.: Symphonie Nr. 1 *Sinfonia ostinata* (1949, revidiert 1954); Symphonie Nr. 3 (1956); *Etemenanki* (1965–68); *Sinfonietta pastorella* (1972); Klv.-Konzert (1970). – **2) Vokal-WW:** Zahlr. Lieder u. Chorwerke; Symphonie Nr. 2 für Tenor u. Chor (1954) u. Symphonie Nr. 4 für Chor a cap. (1958). – **3) Bühnen-WW:** Opern: *Bortbytingarna* (Die Wechselbälger), UA: Göteborg 1953; *Kunskapens vin* (Der Wein des Wissens), UA: Motala 1966; Microdrama per musica *Rivalerna* (Die Rivalen), UA: Stockholm 1968; *Tjuvens pekfinger* (Der Zeigefinger des Diebes) (1968); *Sagan om ringen* (Der Herr der Ringe) (nach J. R. Tolkien) (1973), unvollendet; *Stoppnålen* (Die Stopfnadel) (1973), Solo-Oper für Sopran, Bläserquintett u. Schlagzeug.

JOHNSON, Bunk (William Geary), * 27. 12. 1879 New Orleans, † 7. 7. 1949 New Iberia (Louisiana); amerik. Jazzmusiker (Trompete, Kornett). Er spielte in New Orleans in verschiedenen Bands und kam um 1895 zu Buddy Bolden. Seit 1900 reiste er mit Wandershows und trat 1910–14 wieder in New Orleans auf. In den 20er Jahren bis 1932 spielte er mit der „Black Eagle Band“ und mit der „Banner Band“, geriet dann aber in Vergessenheit. Mit Unterstützung von Louis Armstrong und der Jazzautoren William Russel und Frederick Ramsey gelang ihm 1937 ein Comeback. In der nun entstehenden „New Orleans Renaissance“ zählte man J. zu den bekanntesten Solisten.

JOHNSON, James P. (James Price), *1.2.1891 New Brunswick (New Jersey), †17.11. 1955 New York; amerik. Jazzmusiker (Pianist) und Komponist. J. trat seit 1904, vorwiegend als Solist, auf, entwickelte sich zu einem der bedeutendsten Ragtime-Pianisten Harlems der 20er Jahre und war maßgeblich bei der Entstehung des Harlem-Stils beteiligt. Als Komponist schrieb er europäisch geprägte und von Jazz-Reminiszenzen durchsetzte Orchestermusik.

Lit.: Jazz erzählt, hrsg. v. N. SHAPIRO – N. HENTOFF (Mn 1962).

JOHNSON, Jay Jay (Jay James Louis), *22.1.1924 Indianapolis (Indiana); amerik. Jazzmusiker (Posaune) und Arrangeur. Er spielte bis Anfang der 50er Jahre u.a. bei Count Basie, Illinois Jacquet, Woody Herman, Dizzy Gillespie und Oscar Pettiford. Mit dem Posaunisten Kai Winding gründete J. das „Jay and Kai Quintet" das sehr bekannt wurde und bis 1956 bestand. 1962 spielte er bei Miles Davis, leitete eigene Combos und arbeitete als Arrangeur und trat erst in der zweiten Hälfte der 70er Jahre wieder als Jazzposaunist hervor. J. übertrug als erster den präzisen Bebop Charlie Parkers auf die Jazzposaune und überwand damit deren schwerfälliges Glissando.

Lit.: K. GOODWIN, J. J. J., in: Jazz Journal 9 (1956); F. FRANCESCO, The J. J. J. Complete Discography (Imola 1962).

JOHNSON, 1) John, †1594 London; engl. Lautenist. Er stand seit 1583 (1581?) bis zu seinem Tode als berühmter Lautenist im Dienst Königin Elisabeths I. Von ihm sind hsl. einige Lautenkompositionen erhalten (Cambridge, Universitäts-Bibliothek). – **2) Robert,** Sohn von 1), *1583 London, †1633 ebd.; engl. Lautenist und Komponist. Er ist seit 1604 als Lautenist König Jakobs I. nachweisbar. Von 1607 bis zu seinem Tode war er einer der wichtigsten Komponisten für die „King's Men Players" und schrieb die Musik zu zahlreichen Masques und Bühnenwerken u.a. Shakespeares. Er komponierte auch Lauten- und Virginalstücke.

WW: Bühnenmusik, u.a. zu: Th. Moddleton, *The Witch* (1610); B. Jonson, *Masque of Oberon* (1611) u. *The Gypsies Metamorphosed* (1621); Shakespeare, *The Tempest* (1612). – Instrumentalmusik, Lautenstücke, Lieder u. Gesänge sowie Virginalmusik, hsl. oder in Sammeldrucken der Zeit.

Ausg.: 4 Stücke, in: *Fitzwilliam Virginal Book*, hrsg. v. J. A. FULLER-MAITLAND – W. BARCLAY SQUIRE (L 1899, L – Lo ²1904, Nachdr. NY 1963); 2 Songs, in: 7 Songs by Elizabethan Composers, hrsg. v. D. DUPRÉ (Lo 1956); dies., hrsg. v. A. LEWIS, in: W. Shakespeare, Two Songs from „The Tempest"... (P 1936) (darin 2 weitere Ayres).

Lit.: J. P. CUTTS, The Contribution of R. J. ... to Court and Theatrical Entertainments... (Diss. Reading 1955); DERS., R. J. King's Musician, in: ML 36 (1955); V. DUCKLES, J., in: MGG VII.

JOLANTHE *(Iolanta),* Oper in einem Akt von Peter Tschaikowsky (1840–93), op. 69, Text von Modest Tschaikowski nach dem lyrischen Drama *Kong René's Datter* (1845; *König Renés Tochter*) von Henrik Hertz. Ort u. Zeit der Handlung: Frankreich im 15. Jh.; UA: 6. (18.) 12. 1892 in St. Petersburg (Mariinski-Theater) (zusammen mit der UA des Balletts *Der Nußknacker*); dt. EA (in dt. Sprache): 3. 1. 1893 in Hamburg.
Tschaikowskys letzter Oper liegt die Idee von der Überwindung eines schweren Schicksals (Jolanthe ist blind geboren) durch Liebe und Glauben an die Lebenskraft zugrunde. Trotz Änderung einzelner Züge der symbolistischen literarischen Vorlage behielt M. Tschaikowski im Libretto die monodramatische Struktur des Werkes bei. Deshalb entfaltet sich die Musikdramaturgie der Oper nicht im leitmotivischen Geflecht, das weniger dicht gefügt ist als in anderen Werken Tschaikowskys, sondern im sublimen Einsatz von dunklen und helleren Klangfarben und der sorgfältigen kammermusikalischen Gestaltung der Partitur mit auffallend zahlreichen Instrumentalsoli. Das Werk gliedert sich in neun deutlich voneinander abgesetzte Nummern; die symphonische Struktur des Orchestersatzes ist werkkonstitutiv. Symbolisch gedeutetes Kernstück der musikdramatischen Anlage ist Vaudemonts Lichthymnus, der in der Peripetie der Handlung zum Liebesthema (als Violoncello-Kantilene) von Jolanthe und Vaudemont umgedeutet erklingt.

J. SCHLÄDER

JOLIVET, André, *8.8.1905 Paris, †19.12.1974 ebd.; frz. Komponist. J. studierte bei P. de Flem und E. Varèse in Paris. 1936 gründete er mit O. Messiaen, Daniel-Lesur und Y. Baudrier die Gruppe der „Jeune France". 1945–59 war er musikalischer Leiter der Comédie-Française und 1959–62 Conseiller technique der Direction générale des arts et lettres. 1959 gründete er in Aix-en-Provence das Centre français d'humanisme musical. 1966 wurde er Professor für Komposition am Pariser Conservatoire und 1968 Präsident der Fédération nationale du spectacle.

WW: **1) Instr.-WW:** *Mana* (1935) für Klv.; 2 Klv.-Sonaten (1945, 1957); *Hymne à l'univers* (1961) u. *Mandala* (1969) für Org.; *Suite en concert* (1965) für Fl. u. 4 Schlagzeuger; *Arioso barocco* (1968) für Trp. u. Org.; *Heptade* (1971) für Trp. u. Schlagzeug; *Pipeaubec* (1972) für Blockfl. u. Schlagzeug; *La flèche du temps* (1973) für 12 Streichinstr. – Für Orch.: *Symphonie de danses* (1940); Suite aus dem Ballett *Guignol*... (1943); *Psyché* (1946); 3 Symphonien (1953, 1949, 1964) u. Symphonie für Str. (1961). – Konzerte für: Ondes Martenot (1947); 2 für Trp. (1948, 1954); Fl. (1949); Klv. (1950); Harfe (1952); Fag. (1954); Schlagzeug (1958); 2 für Vc. (1962, 1966); V. (1972). – **2) Geistliche Vokal-WW:** Messe für SingSt, Org. u. Tambourin (1940); *Épithalame* (1953) für 12st. Vokalorch.; Oratorium *La vérité de Jeanne*

(1956); Messe *Uxor tua* (1962) für 5 St. u. 5 Instr. (oder Org.); Kantate *Le cœur de la matière* (1965) (Text: Teilhard de Chardin) für Soli, Chor u. Orch. – **3) Bühnen-WW** (UA in Paris): Opéra-buffa *Dolorès,* UA: RTF 1947, szenisch: 1960; Ballette: *Les quatres vérités,* UA: 1941; *Guignol et Pandore,* UA: 1944; *L'inconnu,* UA: 1950; *Concerto,* UA: 1958; *Marines,* UA: 1961; *Ariadne,* UA: 1965; ferner Rundfunk- u. Bühnenmusik.

J.s Tonsprache wurzelt in den natürlichen Voraussetzungen der Musik. Das führte ihn dazu, daß er sich zwar von den tonalen Bindungen befreite, ohne allerdings die Zwölftontechnik zu verwenden. In den modalen wie in den atonalen Werken haben bestimmte Töne und Akkorde eine zentrale Funktion, sie werden gewissermaßen zu Gravitationszentren. Darüber hinaus gibt J.s Schaffen vielfältig Zeugnis für sein Interesse am Tonmaterial, sei es durch die Suche nach ungewöhnlichen Klängen oder durch die Einbeziehung von Geräuschen in musikalische Zusammenhänge, sei es durch die eigenwillige Behandlung instrumentaler (z.B. Konzert für Ondes Martenot) wie vokaler Klänge (z.B. *Épithalame*). Bei aller kompositorischen Gestaltungsfülle verfolgt J. unaufhörlich ein geistiges Ziel: „der Musik ihren ursprünglichen Sinn als magischen und beschwörenden Ausdruck der Religiosität menschlicher Gemeinschaften zurückzugewinnen".

Lit.: Werk-Verz., hrsg. v. V. FÉDOROV – P. GUINARD (P 1969). – S. DEMARQUEZ, A. J. (P 1958); P. LE FLEM, A. J., in: Musica (1959) Nr. 69; A. GOLÉA, Die zwei Welten A. J.s, in: NZfM 126 (1965); H. SAUGUET – B. GAVOTY, A. J., in: Courrier musicale (1975) Nr. 49.

G. BRELET

JOMMELLI (Jomelli), **Niccolò,** * 10. 9. 1714 Aversa bei Neapel, † 25. 8. 1774 ebd.; it. Komponist. J. war seit 1725 Schüler von Fr. Feo und I. Prota am Conservatorio S. Onofrio und seit 1728 Schüler von N. Fago, Sarcuni und Basso am Conservatorio della Pietà dei Turchini in Neapel. Darüber hinaus beeinflußte ihn auch L. Leo. Vom Marchese del Vasto Avalos protegiert, trat er nach Abschluß seiner Studien 1737 im Teatro Nuovo in Neapel erfolgreich mit seinem ersten Bühnenwerk, der komischen Oper *L'errore amoroso,* hervor. Im nächsten Jahr kam mit gleichem Erfolg *Odoardo* zur Aufführung. 1740 brachte er in Rom *Ricimero,* seine erste Opera seria, heraus und 1741 in Bologna die Oper *Ezio.* Dort traf er mit Padre Martini zusammen und wurde Mitglied der Accademia Filarmonica. Durch Empfehlung J. A. Hasses erhielt er 1745 (vielleicht auch früher) mit dem Posten eines Maestro di cappella am Conservatorio degli Incurabili in Venedig seine erste feste Anstellung. Der mit Beifall aufgenommenen Aufführung seines Passions-Oratoriums in Rom 1749 verdankte er die Beziehung zu einflußreichen vatikanischen Kreisen, auf deren Fürsprache hin er Vizekapellmeister an St. Peter wurde. Während eines Wien-Aufenthaltes 1749/50 lernte er Metastasio kennen, von dem er wichtige Anregungen für die später entstandenen Opern empfing. 1753 wurde er von Herzog Karl Eugen als Oberkapellmeister an den Württembergischen Hof zu Stuttgart berufen, wo er sich, unterstützt durch ein großes Aufgebot namhafter Sänger und Instrumentalisten sowie das von J. G. Noverre geleitete Ballett, hauptsächlich der Oper widmete. 1769 kehrte er in seine Heimat zurück, nachdem Zerwürfnisse und Intrigen seine Position in Stuttgart zuletzt unerfreulich gemacht hatten. In den letzten Jahren arbeitete er von Neapel aus für den Portugiesischen Hof, wo seine Opern trotz nachlassender Resonanz in Italien ungeteilten Beifall fanden.

WW: **1) Instr.-WW:** Trios, Sonaten u. Divertimenti sowie Orch.-Werke. – **2) Vokal-WW:** Zahlr. geistliche Vokalwerke, u.a. ein *Requiem (Missa pro defunctis)* für Soli, Chor, Str. u. B.c., UA: Stuttgart 1756; ferner Oratorien u. Kantaten, darunter *Miserere „Pietà Signore",* UA: Neapel 1774. – **3) Bühnen-WW:** Opern: *L'errore amoroso,* UA: Neapel 1737; *Odoardo,* UA: ebd. 1738; *Ricimero re de' Goti* (Libr.: A. Zeno, P. Pariati), UA: Rom 1740; *Ezio* (Libr.: P. Metastasio), UA: Bologna 1741, 2. Fassung: Neapel 1748, 3. Fassung: Stuttgart 1758 u. 4. Fassung: Lissabon 1772; *Merope* (Libr.: A. Zeno), UA: Venedig 1741, 2. Fassung: Wien 1749; *Eumene* (Libr.: A. Salvi), UA: Bologna 1742; *Demofoonte* (Libr.: Metastasio), UA: Padua 1743, 2. Fassung: Stuttgart 1764, 3. Fassung: Neapel 1770; *Ciro riconosciuto* (Libr.: ders.), UA: Bologna 1744; *Caio Mario,* UA: Rom 1746; *Demetrio* (Libr.: ders.), UA: Parma 1749; *Achille in Sciro* (Libr.: ders.), UA: Wien 1749, 2. Fassung: Rom 1771; *Armida abbandonata* (Libr.: F. S. de Rogatis), UA: Rom 1750, 2. Fassung: Neapel 1770; *Ifigenia in Aulide* (Libr.: M. Verazi), UA: Rom 1751; *Attilio Regolo* (Libr.: ders.), UA: Rom 1753; *Fetone* (Libr.: L. de Villati), UA: Stuttgart 1753; 2. Fassung: Ludwigsburg 1768; *Pelope* (Libr.: M. Verazi), UA: Stuttgart 1755; *Temistocle* (Libr.: Metastasio), UA: Neapel 1757; *Nitteti* (Libr.: ders.), UA: Stuttgart 1759; *Alessandro nell'Indie* (Libr.: ders.), UA: ebd. 1760; *L'Olimpiade* (Libr.: ders.), UA: ebd. 1761; *La clemenza di Tito* (Libr.: ders.), UA: ebd. 1765, 2. Fassung: Lissabon 1771; *Vologeso* (Libr.: A. Zeno), UA: Ludwigsburg 1766; *Ifigenia in Tauride* (Libr.: M. Verazi), UA: Neapel 1771; Festa teatrale *Cerere placata,* UA: ebd. 1772; *Il trionfo di Clelia* (Libr.: Metastasio), UA: Lissabon 1774.

Obwohl seine Bühnenwerke, von der Entwicklung überholt, rasch in Vergessenheit gerieten, gehört J., dessen stilistisches Vorbild J. A. Hasse war, zu den bedeutendsten Vertretern der neapolitanischen Opera seria. Als Meisterwerke ihrer Art unter den zahlreichen Stücken dieser Epoche gelten die in Stuttgart entstandenen Opern *L'Olimpiade, Vologeso* und *Fetone,* in denen J. den Höhepunkt seiner musikdramatischen Kunst erreichte. In ihnen wird die ehemals schematische Formbehandlung der Arien zurückgedrängt, das Accompagnato-Rezitativ gewinnt an Bedeutung, die Orchesterschreibweise wird verfeinert, Chor und Ballett nehmen verstärkt am Geschehen teil. In dieser Herausarbeitung der dramatischen Wirkung kommt J. den Intentionen Glucks nahe. Von den Kirchenkompositionen J.s, die vor allem aus der Zeit seiner Tätigkeit als Vizekapellmeister an St. Peter in Rom datieren, wurden einige Werke noch im 19. Jh. gespielt. Neben Psalmen und Motetten im Stile antico steht eine Vielzahl geistlicher Kompositionen im konzertierenden Stil: sie gefallen durch geschmeidige Melodieführung der Solostimmen und wirkungsvolle Chorsätze ebenso wie durch ihre überlegte Formgebung bis ins Detail. Während seiner venezianischen Zeit schrieb J. mehrere Werke in der für venezianische Konservatorien typischen Frauenchor-Besetzung. Unter den in Stuttgart entstandenen Kirchenkompositionen hat besonders das Requiem größere Bedeutung erlangt. Am berühmtesten wurde die kurz vor seinem Tode komponierte Psalmkantate *Pietà Signore* (nach dem Psalm *Miserere*).

Ausg.: *Fetone* 1768, hrsg. v. H. ABERT (1907) (= DDT 32, 33); „*Mors et vita*" aus *Victimae paschali laudes*, in: DAVISON-APEL Anth. II.

Lit.: H. ABERT, N. J. als Opernkomponist (Hl 1908, Nachdr. Tutzing 1969); H. HELL, Die neapolitanische Opernsinfonie in der 1. Hälfte des 18. Jh. (Tutzing 1971) (= Münchner Veröff. z. Musikgesch. 19); R. R. PATTENGALE, The Cantatas of N. J. (1973) (= Diss. Univ. of Michigan); J. O. CARLSON, Selected Masses of N. J. (1974) (= Diss. Univ. of Illinois); A. L. TOLKOFF, The Stuttgart Operas of N. J. (1974) (= Diss. Yale Univ./Conn.); M. MCCLYMONDS, N. J. The Last Years (1978) (= Diss. Univ. of California); W. HOCHSTEIN, Die Kirchenmusik von N.J., 2 Bde. (Hil - Z - NY 1984). W. HOCHSTEIN

JONES, Edward, genannt Bardd y Brenin, * 29. 3. 1752 Llanderfel (Wales), † 18. 4. 1824 Marylebone bei London; walisischer Barde. 1775 kam er nach London, wo er bald zu den besten Harfenisten seiner Zeit zählte. 1783 wurde er Barde des Prinzen von Wales und nachmaligen Königs Georg IV. Seine Sammlung von 225 gälischen Weisen wurde in 3 Büchern veröffentlicht: *Musical and Practical Relicks of the Welsh Bards* (Lo 1784, ²1794), *The Bardic Museum* (Lo 1802), *The Cambro-British Melodies* (Lo 1825, postum). Außerdem gab J. unter dem Titel *Lyric Airs* (Lo 1804) griechische, albanische, walachische und maurische Weisen sowie weitere Sammlungen französischer und italienischer Lieder heraus.

Lit.: C. POLIN, Some Thoughts on the Musical Content of the „Welsh Bardic Relicks", in: The National Library of Wales Journal 16 (1969/70).

JONES, Elvin (Elvin Ray), * 9. 9. 1927 Pontiac (Michigan); amerik. Jazzmusiker (Schlagzeug). Er spielte in den 50er Jahren vor allem in Hard-Bop-Gruppen, u.a. 1956 im Bud-Powell-Trio, 1958–59 bei Thelonious Monk und 1960–65 im Quartett von John Coltrane. Mit Duke Ellington konzertierte er 1966 in Europa und leitete seit 1967 eigene Combos, mit denen er die Coltrane-Tradition fortsetzte. J., der sich immer mehr vom durchlaufenden Beat löste und statt dessen ein rhythmisch pulsierendes Spiel entwickelte, zählt zu den Begründern des Free Jazz.

JONES, Gwyneth, * 7. 11. 1936 Pontnewyndd (Wales); engl. Sängerin (Sopran). Sie studierte am Royal College of Music in London, an der Accademia Musicale Chigiana in Siena, am Internationalen Opernstudio in Zürich sowie bei M. Carpi in Genf. 1961 debütierte sie am Opernhaus Zürich als Czipra im *Zigeunerbaron* von J. Strauß, gastierte dann u.a. an der Wiener Staatsoper, an der Mailänder Scala, am Covent Garden in London, an der Metropolitan Opera in New York und bei den Bayreuther Festspielen. In den letzten Jahren war sie Mitglied der Wiener Staatsoper und des Covent Garden in London. Zu ihren Hauptpartien zählen die Leonora in *Il trovatore* (G. Verdi), die Amelia in *Un ballo in maschera* (Verdi), die Lady Macbeth in *Macbeth* (Verdi), aber auch die Marschallin in *Der Rosenkavalier* (R. Strauss) sowie die Walküre in R. Wagners *Ring des Nibelungen* (so auch in der berühmten Chéreau-Inszenierung der Bayreuther Festspiele 1976–80).

JONES, Quincy (Quincy Delight), * 14. 3. 1933 Chicago; amerik. Jazzmusiker (Trompete). Er spielte 1951–53 bei Lionel Hampton, mit dessen Orchester er auch seine erste Europatournee unternahm. Nach 1953 arbeitete er als Arrangeur in New York und leitete seit 1956 die Big Band von Dizzy Gillespie. 1959 übernahm er das All Star Orchestra, mit dem er im selben Jahr das Jazzmusical *Free and Easy* von Harold Arlen in Amsterdam uraufführte. Nach Amerika zurückgekehrt, wurde J. 1964 Vizepräsident von Mercury Records, arbeitete daneben weiter als Arrangeur und Bandleader; trat auch als Film- und Fernsehkomponist hervor.

JONES, Robert, * um 1577, † nach 1615; engl. Lautenist und Komponist. 1597 wurde er in Oxford Bachelor of Music. 1610 erhielt er zusammen mit Ph. Rosseter ein Privileg zur Gründung und Leitung einer Schule sowie 1615 für ein Jugendtheater, das jedoch nicht realisiert werden konnte. Die kompositorische Stärke von J., dessen Werke teilweise auffällig nachlässig gedruckt wurden, liegt in der Erfindung kurzer eingängiger Melodien für seine weltlichen Gesänge.

WW: 5 Bücher *Songs and Ayres* (mit unterschiedl. Titeln) für 1–4 St. mit Laute bzw. Baß-Viole (Lo 1600, 1601, 1608, 1609, 1610); Madrigale für 3–8 St. (Lo 1607); einzelne Gesänge in Sammeldrucken (RISM 1601¹⁶, 1614⁷, 1662⁷, 1666³, 1682⁵).

Ausg.: *First Set of Madrigals* 1607, hrsg. v. E. H. FELLOWES (Lo 1924), revidiert v. Th. Dart (Lo 1961) (= Engl. Madrigalists 35a); Airs mit Laute, hrsg. v. DEMS. (Lo 1925–27), revidierte Ausg. des

1. Buches 1600, hrsg. v. DEMS. (Lo 1959) (= The Engl. School of Lutenist Song-Writers 2); 13 Lieder, in: An Elizabethan Song Book, hrsg. v. N. GREENBERG – W. H. AUDEN – CH. KALLMAN (Lo 1957); *A Musicall Dreame, or the Fourth Booke of Ayres*, Faks. der Ausg. v. 1609, hrsg. v. D. GREER (Menston 1967) (= Engl. Lute Songs 29).

Lit.: E. H. FELLOWES, The Engl. Madrigal Verse, 1588–1632 (Lo 1920, ²1929), 3. Aufl. revidiert u. erweitert v. F. W. Sternfeld – D. Greer (O 1967); J. P. CUTTS, A Reconsideration of the Willow Song, in: JAMS 10 (1957).

JONES, Sidney, * 17. 6. 1861 London, † 29. 1. 1946 ebd.; engl. Komponist. J. begann seine Laufbahn als Orchestermusiker und Militärkapellmeister und leitete in jungen Jahren bereits eine Operntruppe. 1892 schrieb er im Auftrag des Londoner Theaterdirektors George Edwardes die Musik für die Burleske *Don Juan*, woraus das Couplet *Linger Longer Loo* ein weltbekannter Schlager wurde. 1896 erzielte er mit der Operette *The Geisha* einen großen Erfolg, der 1899 durch die Musical Comedy *San Toy* in Großbritannien und den USA noch übertroffen wurde. Nach 1916 lebte J. sehr zurückgezogen und veröffentlichte keine neuen Werke mehr.

WW: *The Gaiety Girl* (1893); *An Artist's Model* (1895); *The Geisha* (1896); *A Greek Slave* (1899); *San Toy* (1899); *My Lady Molly* (1903); *The King of Cadonia* (1908); *The Persian Princess* (1909); *Spring Maid* (1911); *The Girl from Utah* (1913); *The Happy Day* (1916).

Lit.: B. GRUN, Kulturgesch. der Operette (Mn 1961).

JONGEN. – 1) Joseph-Marie-Alphonse-Nicolas, * 14. 12. 1873 Lüttich, † 12. 7. 1953 Sart-lez-Spa; belgischer Komponist. Er studierte am Conservatoire in Lüttich und erhielt 1897 mit der Kantate *Comala* den belgischen Prix de Rome. Nach den 4 Stipendienjahren, die er z.T. auch in Deutschland und Frankreich verbracht hatte, kehrte er nach Belgien zurück und wurde dort mit der *Fantaisie sur deux Noëls wallons* schlagartig bekannt. 1902 wurde er Professor für Harmonielehre am Lütticher Conservatoire und 1920 am Brüsseler Conservatoire, das er 1925–39 auch leitete. J. war zunächst von der Musikanschauung der Pariser Schola Cantorum und vorübergehend auch durch den Impressionismus geprägt, entwickelte jedoch bald einen eigenständigen Stil, der sich, ohne eigentlich experimentell zu sein, gelegentlich, wie in der *Symphonie avec orgue*, der Atonalität und anderen modernen Schreibweisen nähert.

WW: Zahlr. Klv.- u. Orgelstücke; Kammermusik, darunter: Sonate für Klv. u. Vc. (P 1912); 2 Sonaten für Klv. u. V. (P 1903, 1909); *Sonate duo* für V. u. Vc. (Bru 1942); 2 Klv.-Trios (P 1897, 1907); Saxophonquartett (Bru 1921); 3 Streichquartette (Lüttich 1894, Lo 1916, P 1921); Klv.-Quartett (P 1902); 2 Bläserquintette (Cincinnati 1933, 1942); *Concert à cinq* für Fl., V., Va., Vc. u. Harfe (Bru 1923). – Für Orch.: Symphonie (Bru 1899); symphonische Dichtung *Lalla-Roukh* (Lo 1904); *Impressions d'Ardennes* (Lo 1913); *Triptyque* (Bru 1935); *Bourrée* (Bru 1942); *Trois mouvements symphoniques* (Bru 1951). – Konzerte für: V. (P 1900); Vc. (P 1900); Klv. (Bru 1943); Harfe (P 1944); ferner *Suite en deux parties* für Va. u. Orch. (P 1915); *Pièce symphonique* für Klv. u. Blasorch. (Bru 1928); *Symphonie concertante* für Org. u. Orch. (Bru 1926). – Zahlr. Lieder sowie weltliche u. geistliche Vokal-Werke. – Oper *Félyane* (1907) (unvollendet) u. ein Ballett *S'Arka*, UA: Brüssel 1912.

2) Léon Marie-Victor Justin, Bruder von 1), * 2. 3. 1884 Lüttich, † 18. 11. 1969 Brüssel; belgischer Komponist. Er studierte am Conservatoire in Lüttich und war 1898–1904 Organist an der Collegiatskirche St-Jacques. 1913 erhielt er mit seiner Kantate *Les Fiancés de Noël* den belgischen Prix de Rome. Später unternahm er als Pianist zahlreiche Konzertreisen nach Asien und Marokko und war 1927–29 musikalischer Leiter und 1. Dirigent an der französischen Oper in Hanoi. Nach Belgien zurückgekehrt, war er seit 1934 Lehrer für Fuge und 1939 Direktor des Conservatoire in Brüssel und leitete seit 1956 die Chapelle musicale de la Reine Elisabeth.

WW: Klv.-Stücke; Kammermusik; Orchesterwerke, u.a. *Malaisie* (1935) u. ein V.-Konzert D-Dur (1962); Chöre u. Lieder. – Bühnen-WW: Oper *L'Ardennaise* (1909); Féerie *Le rêve d'une nuit de Noël*, UA: Paris 1918; Oper *Thomas l'agnelet*, UA: Brüssel 1924; Operette *Les cinq filles de Benjamin;* Ballette: *Les bals de Paris*, UA: ebd. 1954; *Le masque de la mort rouge* (nach E. A. Poe), UA: ebd. 1956.

Lit.: **Zu 1):** Werk-Verz. (Bru 1953) (= Catalogue des œuvres de compositeurs belges 5). – **Zu 2):** A. VANDER LINDEN, In memoriam L. J., in: Bulletin de la Classe des Beaux Arts de l'Académie Royale de Belgique 51 (1969); P. TINEL, Notice sur L. J., in: Annuaire de l'Académie Royale de Belgique (1973).

JONGLEUR (frz.; von lat. joculator = Spieler, Spaßmacher; altfrz.: jogleor), dem deutschen Spielmann (↗Spielleute) vergleichbare Bz. für berufsmäßige Musiker, Pantomimen, Schausteller und Rezitatoren, die besonders zwischen dem 11. und 14. Jh. auf Jahrmärkten und Festen auftraten. In der sozialen Rangordnung stand der J. unter dem Troubadour, der jedoch auch Aufgaben eines J. wahrnehmen konnte, wie dies u.a. von Cercamon, Marcabru oder Gaucelm Faidit belegt ist. Mittelalterlichen Berichten nach wurden z.B. die J.e vom Hofe König Philipps II. August wegen Ausgelassenheit und Indiskretionen verwiesen; Ludwig IX. dagegen gestattete ihnen wieder Aufenthalt in Paris. In einigen Städten, wie z. B. in Arras, genossen die J.e wirkliche Unabhängigkeit; häufig gehen die Bruderschaften (frz.: confréries), zu denen sie sich zusammenschlossen, auf besondere Feste zurück. Sie besaßen Ausbildungsstätten in Paris, Reims, Bourg-en-Bresse, Toulouse und Narbonne. Innerhalb ihrer Dichterzünfte (↗Puys) wählten die J.e einen sog. „Prince“. So ernannte Philipp der Schöne 1296 Jean Charmillon zum „Prince du Puy de Troyes“. Die in lyrischen Texten des 14. und 15. Jh.

(z. B. bei Fr. Villon) häufig anzutreffende Anrede „Prince" in der Geleitstrophe (↗Envoi) galt stets dem Vorsitzenden einer solchen Dichterzunft.

Lit.: E. FARAL, Les jongleurs en France au Moyen Age (P 1909, [2]1964); A. MÖNCKEBERG, Die Stellung der Spielleute im MA (Diss. Fr 1910); R. MENÉNDEZ PIDAL, Poesía juglaresca y juglares (Ma 1924, [6]1957); J. MAILLARD, Coutumes musicales au Moyen Age ..., in: Cahiers de Civilisation Médiévale 2 (Poitiers 1959); W. SALMEN, Der fahrende Musiker im europäischen MA (Kas 1960) (= Die Musik im alten u. neuen Europa 4).

W.-D. LANGE

JONNY SPIELT AUF, Oper in 2 Teilen von Ernst Krenek (* 1900), op. 45, Text vom Komponisten. Ort und Zeit der Handlung: eine mitteleuropäische Hauptstadt, ein Alpengletscher und Paris, in der Gegenwart. UA: 10. 2. 1927 in Leipzig.
Seinem erklärten Ziel, durch „direkte Gestaltung des lebendigen Lebens" den Zuschauern ein Opernerlebnis zu vermitteln, versucht Krenek mit der Anhäufung bunter Gegensätze gerecht zu werden: In der verwirrenden Geschichte um eine gestohlene Geige und eine wiedergefundene Liebe werden nicht nur landschaftliche Kontraste (Gletscherregion – Großstadt), sondern auch die personelle Disposition (der schwarze Jazzgeiger und seine von ihm faszinierten europäischen Zuhörer) dramatisch genutzt. Am deutlichsten wird die Gegenüberstellung auf der musikalischen Ebene, Jazz-Elemente werden in die durch übersättigte Harmonik gekennzeichnete spätromantische Musiksprache integriert. Dabei strebt der Komponist weniger stilechten Jazz an, als vielmehr eine Synthese mit den Schlagern der 20er Jahre, was sich auch in den bewußt banal gehaltenen Texten äußert. Dies trug dem Werk zwar in Amerika vernichtende Kritiken ein, Krenek traf damit jedoch genau den europäischen Zeitgeschmack; schon bei der UA brachte ihm das Publikum stürmische Ovationen dar, und die Oper wurde zu einer der meistaufgeführten der 20er Jahre überhaupt.

TH. MENGER

JONSON, Ben (eig. Benjamin Johnson), * wahrsch. 11. 6. 1572 London, † 6. 8. 1637 ebd.; engl. Dichter und Dramatiker. Er wurde nach der Schulzeit an der Westminster School und nach Militärdienst in Flandern 1597 von Philippe Henslowe in dessen Theatertruppen engagiert und war später auch für verschiedene andere Schauspieltruppen tätig. 1616 erhielt er durch die Zuweisung einer Pension von König Jakob I. praktisch die Stellung eines Poet laureate, 1619 wurde er Magister artium der Universität Oxford, 1628 Chronologer of the City of London. Für die Musikgeschichte bedeutsam wurde J. durch seine ↗Masques, die seit 1605 bei Hofe gespielt wurden. J.s ständiger Mitarbeiter war der Architekt und Bühnenbildner Inigo Jones (1573 bis 1652), der mit der Dekoration zu *The Masque of Blacknesse* (1605) die erste Bühnenausstattung in England schuf.

WW (UA in London): *The Masque of Blacknesse,* (UA: 1605; *Hymenaei,* UA: 1606; *The Masque of Beauty,* UA: 1608; *The Hue and Cry after Cupid,* UA: 1608; *The Masque of Queens,* UA: 1909; *Oberon,* UA: 1611; *Love Freed from Ignorance and Folly,* UA: 1611; *Love Restored,* UA: 1612; *The Irish Masque at Court,* UA: 1613; *Mercury Vindicated,* UA: 1615; *The Golden Age Restored,* UA: 1616; *Christmas,* UA: 1616; *The Vision of Delight,* UA: 1617; *Lovers Made Men,* UA: 1617; *Pleasure Reconciled to Virtue,* UA: 1618; *News from the New World,* UA: 1620; *The Gipsies,* UA: 1621; *The Masque of Augurs,* UA: 1622; *Time Vindicated,* UA: 1623; *The Fortunate Isles,* UA: 1625; *Love's Triumph Through Calliopolis,* UA: 1631; *Chloridia,* UA: 1631. – Kompositionen nach B. J.: *Volpone, or the Fox,* UA: London 1606, danach: G. Antheil, Oper *Volpone,* UA: Los Angeles 1953, H. Eisler, Bühnenmusik, UA: Wien 1953, u. F. Burt, Oper *Volpone,* UA: Stuttgart 1960, Neufassung Oldenburg 1963; *Epicoene, or the Silent Woman,* UA: London 1609, danach: A. Salieri, Oper *Angiolina o sia Il Matrimonio per susurro,* UA: Wien 1800, M. Lothar, Oper *Lord Spleen,* UA: Dresden 1930 u. R. Strauss, Oper *Die schweigsame Frau* (Libr.: S. Zweig), UA: ebd. 1935; *The Alchemist,* UA: London 1610, danach: G. F. Händel, Bühnenmusik, UA: ebd. 1733.

Lit.: W. M. EVANS, B. J. and Elizabethan Music (Lancaster/Pa. 1929, Nachdr. NY 1965); P. CUTTS, Jacobean Masque and Stage Music, in: ML 35 (1954); DERS., B. J.'s Masque „The Vision of Delight", in: Notes and Queries 101, N. S. 3 (1956); M. O. THOMPSON, Uses of Music and Reflections of Current Theories of the Psychology of Music in the Plays of Shakespeare, J. and Beaumont and Fletcher (1956) (= Diss. Univ. of Minnesota); A. J. SABOT, Two Unpublicated Stage Songs for the „Aery of Children", in: Renaissance News 13 (1960); S. ORGEL, The Jonsonian Masque (C/M 1965); E. DOUGHTIE, Ferrabosco and J.'s „The Houre-Glasse", in: Renaissance Quarterly 22 (1969); J. C. MEAGHER, Method and Meaning in J.'s Masque (Lo 1969); J. B. BAMBOROUGH, B. J. (Lo 1970) (mit Bibliogr.).

JOOSS, Kurt, * 12. 1. 1901 Wasseralfingen (Württemberg), † 22. 5. 1979 Heilbronn; dt. Choreograph. J. war ein Schüler R. von Labans. 1924 gründete er in Münster die „Neue Tanzbühne". 1927 wurde er Leiter der Tanzabteilung an der Folkwangschule Essen, der er ein Folkwang-Tanztheater angliederte, und 1929 auch Ballettmeister am Stadttheater von Essen. Einen sensationellen Erfolg hatte er 1932 mit dem anläßlich des Choreographie-Wettbewerbs der Archives de la Danse in Paris aufgeführten und mit dem 1. Preis ausgezeichneten pazifistischen Tanzdrama *Der grüne Tisch.* 1934 wurde ebenfalls in Paris seine für Ida Rubinstein bestimmte Choreographie zu I. Strawinskys Tanzmelodram *Perséphone* (Libretto: A. Gide) aufgeführt. Im selben Jahr emigrierte er nach London, von wo er mit seinen „Ballets Jooss" Westeuropa und Amerika bereiste. 1949–68 leitete er erneut die Tanzabteilung der Folkwangschule Essen und war zeitweilig auch als Ballettmeister an den Opern in Essen und Düsseldorf tätig. Besonders seine für die Salzburger und Schwetzinger Festspiele entstandenen Choreographien gehören zu den späten Beispielen einer Verbindung von klassischem Ballett und Ausdruckstanz. – ↗Ballett.

Lit.: A. V. COTON, K. J. and His Works (Lo 1949); O. F. REGNER, Das Ballettbuch (F 1950, ²1954) (= Fischer-Bücherei 66).

H. LINDLAR

JOPLIN, Janis * 19. 1. 1943 Port Arthur (Texas), † 4. 10. 1970 Los Angeles; amerik. Blues- und Rocksängerin. Sie kam 1966 nach San Francisco, wo sie sich der „Big Brother and Holding Company" anschloß. Mit dieser Formation wurde J. J. die bekannteste Rockinterpretin der späten 60er Jahre. 1968 gründete sie eine eigene Begleitband, mit der sie auch eine erfolgreiche Europatournee unternahm. J. J., die stark von Betty Smith beeinflußt war, galt als eine der wenigen weißen Sängerinnen, die den „echten schwarzen" Blues singen konnte.

JORA, Mihail, * 2. (14.) 8. 1891 Roman, † 10. 5. 1971 Bukarest; rumänischer Komponist. Er studierte Jura an der Universität und 1909–11 am Konservatorium von Iaşi. 1912–14 setzte er sein Musikstudium bei R. Teichmüller, St. Krehl und M. Reger am Konservatorium in Leipzig fort und bildete sich 1919/20 noch bei Fl. Schmitt in Paris weiter; 1928–33 war er Musikdirektor am Rumänischen Rundfunk sowie 1929–48 und 1957–62 Professor für Harmonielehre, Kontrapunkt, Fuge und Komposition am Bukarester Konservatorium, das er 1941–47 auch leitete. Zu seinen Schülern gehörte D. Lipatti.

WW: 1) Instr.-WW: Für Klv.: *Joujoux pour ma dame* (1925); *Poze şi pozne*, 3 H.e (1948, 1959, 1963); 13 Praeludien (1960); Sonatine (1961); 2 Streichquartette (1926–1966); Sonate für Va. u. Klv. (1951); V.-Sonate (1962). – Für Orch.: Suite d-moll (1915); symphonische Dichtung *Poveste indica* (1920); Suite *Privelişti moldoveneşti* (1924); Symphonie C-Dur (1937); *Burlesca* (1949). – **2) Vokal-WW:** 22 Liederzyklen für SingSt u. Klv. sowie zahlr. Chöre. – **3) Bühnen-WW:** Ballette: *La piaţă* (Auf dem Markt, UA: Bukarest 1931; *Cînd strugurii se coc* (Wenn die Trauben reifen), UA: ebd. 1957; *Întoarcerea din adîncuri* (Rückkehr aus der Tiefe) UA: ebd. 1965; *Hanul Dulcinea* (Die Herberge Dulcinea), UA: ebd. 1967.

Lit.: G. SBÎRCEA, M. J. (Bukarest 1969) (mit Werk-Verz.); V. COSMA, Muzicieni români (ebd. 1970).

JOROPO, venezolanischer Volkstanz im raschen und wechselnden $^6/_8$- und $^3/_4$-Takt; weitere Kennzeichen sind kurze melodische Floskeln und stark betonte Rhythmik. Die Tanzfiguren lassen spanisch-kreolische und z. T. auch afrikanische Einflüsse erkennen.

JOSEPH, Drame mêlé de chant (Drama mit Gesang) in 3 Akten von Étienne Nicolas Méhul (1763–1817), Text von Alexandre Duval. Ort und Zeit der Handlung: Memphis (Ägypten), um 1715 v. Chr. UA: 17. 2. 1807 in Paris (Théâtre de l'Opéra-Comique), dt. EA (in dt. Sprache): 6. 1. 1809 in München (Übers.: M. G. Lambrecht).

Um zu beweisen, daß ein Bühnenwerk ohne Liebeshandlung vor dem Publikum bestehen könne, schufen Duval und Méhul in knapp 3 Monaten diese Oper, die streng der biblischen Erzählung folgt. Mängel im Libretto (die im dramatischen Verlauf zentrale Wiedererkennungsszene verbleibt im gesprochenen Dialog) schmälerten den Erfolg des Werks in Frankreich, dennoch erkannte man ihm 1808 den von Napoléon I. gestifteten, alle 10 Jahre verliehenen Staatspreis für das beste in der Opéra-Comique aufgeführte Werk zu. In Deutschland, wo die Oper auch unter den Titeln *Joseph und seine Brüder* und *Joseph in Ägypten* gespielt wurde, errang das mit sparsamsten musikalischen Mitteln vertonte Drama dagegen Popularität. Zu seinen Bewunderern zählte nicht zuletzt C. M. von Weber. Méhul wählte die Gattungsbezeichnung „Drama mit Gesang", um so zum Ausdruck zu bringen, daß die nach den Regeln der Opéra-comique (mit gesprochenen Dialogen) gestaltete Oper einen ernsten Stoff zur Grundlage hat.

R. QUANDT

JOSEPH, Georg, dt. Komponist des 17. Jahrhunderts. Von ihm ist lediglich bekannt, daß er Mitte des 17. Jh. im Dienst des Fürstbischofs von Breslau stand. Er komponierte für die *Heilige Seelen-Lust oder Geistliche Hirten-Lieder* von Angelus Silesius (Breslau 1657, ²1668) 184 von insgesamt 205 Melodien. Viele von ihnen wurden im 17.–19. Jh. in katholische und evangelische Gesangbücher übernommen. Im katholischen Kirchengesang haben sich bis heute die Lieder *Ich will dich lieben, meine Stärke* und *Morgenstern der finstern Nacht* gehalten.

Ausg.: 78 Lieder, in: J. ZAHN, Die Melodien der dt. ev. Kirchenlieder 1–5 (Gütersloh 1889–92, Nachdr. Hil 1963); 10 Lieder aus *Heilige Seelen-Lust*, hrsg. v. P. EPSTEIN (Breslau 1931) (= Alte Schlesische Musik 1).

JOSEPH I., * 26. 7. 1678 Wien, † 17. 4. 1711 ebd.; seit 1705 römisch-deutscher Kaiser. Er war ein großer Musikfreund, trat gelegentlich selbst als Tänzer, Sänger oder Schauspieler auf und schrieb auch einige Kompositionen (*Regina coeli* für Sopr. u. Str. und einzelne italienische Arien). Bedeutsam ist er als Widmungsträger und vor allem als Auftraggeber (u. a. für A. Ariosti, C. A. Badia, H. I. Fr. Biber, G. B. Bononcini, D. Buxtehude, A. Draghi und M. A. Ziani).

Ausg.: Musikal. Werke der Kaiser Ferdinand III., Leopold I. u. J. I., 2 Bde., hrsg. v. G. ADLER (W 1892), Nachdr., 1 Bd. (Farnborough 1971).

JOSEPHSLEGENDE *(La Légende de Joseph),* Handlung in einem Akt. Libretto: Harry Graf Kessler und Hugo von Hofmannsthal (1874–1929). Musik: Richard Strauss (1864–1949), op. 63. UA: 14. 5. 1914 in Paris (Théâtre National de l'Opéra). Choreographie: Michail Fokin (1880–1942).
Im Libretto wird die biblische Geschichte vom Hirtenknaben Joseph zu einer eigenständigen Legende ausgestaltet. Joseph wird als Sklave von Potiphar, einem ägyptischen Hofbeamten, gekauft; als dessen Frau Joseph zu verführen sucht und er ihr widersteht, befiehlt sie, ihn zu foltern. In einer verklärenden Apotheose wird Joseph errettet, Potiphars Frau hingegen richtet sich selbst. – Die dramatische Spannung zwischen den Antagonisten suchte Strauss auch musikalisch zu präsentieren. Dabei war er bemüht, die Tendenzen der zeitgenössischen Ballettkunst zu fördern. Er ging davon aus, daß der reine Besitz des wirklich Nurgraziösen nicht verlorengehen sollte, so wie in der Musik neben dem Charakteristischen, Programmatischen und dem Elementaren nie die Linie des absolut Lieblichen preisgegeben werden dürfte. – Der UA des Werks, die Strauss selbst dirigierte, war ein triumphaler Erfolg beschieden. Im Stil venezianischer Spätrenaissance inszeniert, wurde die J. von den Ballets Russes des S. Diaghilew dargeboten; in der Rolle des Joseph debütierte Leonide Massine (1896–1979).

G. LUDIN

JOSIF, Enriko, *1.4.1924 Belgrad, serbischer Komponist jüdischer Abstammung. Er studierte an der Musikhochschule Belgrad, wo er 1957 Professor für Komposition wurde. Das Werk J.s ist von traditionellen Kompositionsverfahren geprägt, insbesondere durch alte Kirchentonarten und Formen barocker Polyphonie. Harmonisch wird die zugrunde liegende Dur-Moll-Tonalität gelegentlich durch impressionistische Passagen oder auch harte, dissonante Klangfolgen unterbrochen.

WW: **1) Instr.-WW:** Klv.-Stücke, u.a. *Sonata brevis* (1949); Streichquartett (1948); Divertimento für Bläserquintett (1964); *Epigram I* für Kammerensemble u. *II* für Klv.-Trio (1967). – Für Orch.: Sinfonietta (1954); *Sonata antica* (1955); *Lirska simfonija* (1956) für 4 Fl., Harfe u. Streichorch.; Klv.-Konzert (1959); *Simfonija u jednom stavu* (1965). – **2) Vokal-WW:** *Oratorio profano da camera* (1956) für Sopran, Rezitator, Celesta, Klv. u. Schlagzeug; Kantate *Rustikon* (1962) für Alt, gem. Chor u. Orch.; ferner Bühnen- u. Filmmusik.

JOSQUIN DES PRÉS, (Desprez, Jodocus Pratensis, Juschino, Josquin Dascanio, am häufigsten Josquin) * um 1440 in der Picardie (Beaurevoir?), † 27. 8. 1521 (1524?) in Condé-sur-l'Escaut; Komponist. – Die Schreibweise „Desprez" findet sich in einem offiziellen Schreiben J.s und des Kapitels von Notre-Dame in Condé an Margarete von Österreich 1507. Die Herkunft des Musikers läßt sich aus der Bezeichnung „picardus" des Reisepasses des Sforza-Hofes vom 12. 4. 1479 sowie den Hinweisen „belga veromanduus" in der St. Galler Hs. 463/64 und „hennuyer de nation" des Dichters F. Ronsard (1560) entnehmen. Das Todesdatum 27. 8. 1521 geht auf die aus dem 17. Jh. stammende Hs. 389 der Bibl. Municipale in Lille zurück und ist durch eine Unterschrift Josquins in einem bisher allerdings noch nicht wieder aufgefundenen Exemplar von Erasmus' *Exomologesis* aus dem Jahre 1524 fraglich geworden. – Nach Cl. Hémeré (1633) erhielt Josquin seine musikalische Ausbildung als Sängerknabe an der Kollegiatskirche von St. Quentin (zeitgenössische Quellenhinweise fehlen). Die *Déploration de Johan. Okeghem* und zahlreiche musikalische Ockeghem-Zitate lassen auf eine Verbundenheit mit dem älteren Meister schließen; ein direktes Schülerverhältnis ist nicht nachweisbar. – Von Juli 1459 bis Dezember 1472 wird Josquin als „biscantor", d.h. ausgebildeter Sänger, in den Registern der Mailänder Domkantorei geführt. Neue Quellenfunde von E. E. Lowinsky belegen, daß Herzog Galeazzo Maria Sforza dem nunmehrigen Mitglied seiner Privatkapelle bereits vor dem 20. 9. 1473 eine hochdotierte Pfründe übertragen hatte, was auf eine besondere Wertschätzung schließen läßt. Den beiden Kapellen des 1476 ermordeten Herzogs gehörten zeitweilig G. van Weerbeke, A. Agricola, L. Compère und J. Martini an. Der Reisepaß von 1479 für eine Wallfahrt nach Vienne gilt als das letzte Mailänder Dokument für den „cantore et capellano". – Der Name „Josquin Dascanio" (d'Ascanio) belegt, daß der Komponist in den Diensten des Kardinals Ascanio Sforza (1455–1505) stand. Lowinskys hieran anknüpfende Überlegungen für die Jahre 1479–86 müssen allerdings erst noch durch eindeutige Quellennachweise gestützt werden. Von Oktober 1486 bis April 1495 gehörte J. mit Unterbrechungen der päpstlichen Kapelle in Rom an. 1501 wurde er im Auftrage Herzog Ercoles I. d'Este (1431 bis 1505) zur Auswahl von Sängern nach Flandern gesandt. Auf dieser Reise wurden vermutlich Verbindungen zum französischen König Ludwig XII. und Erzherzog Philipp dem Schönen geknüpft, der den Komponisten mit nach Spanien nehmen wollte. 1503/04 wirkte Josquin, der Heinrich Isaac vorgezogen wurde, als Kapellmeister am Hof in Ferrara. Seinen Lebensabend verbrachte er als Propst der Kollegiatskirche Notre-Dame in Condé-sur-l'Escaut.

WW: Im Druck erschienen: 3 Bücher *Misse Josquin* (V 1502, 1505, 1514 mit jeweils mehreren Nachdr.), Messen ferner in Sammeldrucken (1505^{1}, 1516^{1}, 1522, $1539^{1\,u.\,2}$); Motetten, Psalmen,

Hymnen u.a. geistl. Werke sowie Chansons, Frottolen u.a. weltl. Werke in jeweils mehr als 30 Sammeldrucken 1501–1590; zahlr. geistl. u. weltl. Gesänge auch in Bearb. für u. mit Laute bzw. Vihuela (u.a. in den Tabulaturdrucken von Fr. Spinacino, Fr. da Milano, H. Neusidler, S. Gintzler, M. de Fuenllana, S. Ochsenkuhn, V. Bakfark, H. de Cabezón) u. für Org. (u. a. bei E. N. Ammerbach). Viele Beispiele aus J.s Werken finden sich auch in den Traktaten von H. Glareanus u. A. Gumpelzhaimer.

Das in seiner Zeit nur mit H. Isaacs Schaffen vergleichbare umfangreiche Opus J.s umfaßt 19 vollständige Messen, einige einzelne Ordinariumssätze, etwa 90 Motetten, 70 weltliche Werke und einige Instrumentalkompositionen. Bisherige Versuche einer Chronologisierung unter Berücksichtigung von Quellenlage, Textinterpretation und Stilanalyse gruppierten die Werke nach drei Schaffensperioden (Mailand – Rom/Ferrara – Condé). Neuere Analysen haben allerdings im Hinblick auf das Spätwerk bereits zur Revision dieser Ansätze geführt. – Bei den Messen *L'ami Baudichon* und *Gaudeamus* erinnern Kopfmotivtechnik, Ostinato- und C.f.-Prinzip an den älteren Stil G. Dufays und J. Ockeghems, während die *Missa Pange lingua* J.s Spätstil repräsentiert und als frühes Beispiel der vollständigen Durchimitation gilt. Die souveräne Beherrschung der kontrapunktischen Künste kommt auch in den Kanonmessen *Ad fugam* und *Sine nomine* zum Ausdruck. Choralzitate werden ebenso verwendet wie Chansonmelodien *(L'homme armé)*, Solmisationsthemen *(La sol fa re mi, Hercules Dux Ferrariae)* und mehrstimmige Vorlagen *(Di dadi)*. Am weitesten verbreitet war die *Missa De Beata Virgine*.

Verdienten bei der *Missa Pange lingua* die „Verschmelzung von Ausdrucksintensität und Ausdrucksfülle, Durchsichtigkeit und Strenge der Konstruktion" (Finscher) höchste Bewunderung, waren es vor allem die Motetten über Bibeltexte wie *Planxit autem David, De profundis, Miserere mei* oder *Memor esto tui*, in denen J. mit den Mitteln der Bicinienbildung, Chorspaltung und Durchimitation (z.T. kombiniert mit den bekannten Kontrapunkttechniken) und mit dem Wechsel polyphoner und homophoner Abschnitte unter Berücksichtigung eines engen Wort-Ton-Verhältnisses, des Affektgehaltes des Textes und des Deklamationsprinzips den entscheidenden Impuls für ein neues ausdruckshaftes Klang- und Stilideal gab. Zu den Idealen Josquinscher Musik gehören die Ausgewogenheit des Satzes und des Klanges. Gegenüber der epochalen Bedeutung des kirchenmusikal. Schaffens treten die weltlichen Werke trotz nicht geringerer Meisterschaft in der Satzkunst in den Hintergrund. – J.s Werke waren – nicht zuletzt aufgrund der raschen Verbreitung infolge des aufstrebenden Notendrucks – in allen europäischen Musikländern bekannt und prägten die Schreibweise der folgenden Komponistengenerationen. Die Wertschätzung des bereits zu Lebzeiten hochgerühmten „princeps omnium" bestätigen die *Misse Josquin* von 1502 als erster Druck, der nur Werke eines einzigen Komponisten enthält. Zu dem Kreis der Bewunderer, zu denen Komponisten, Musiktheoretiker und Dichter ebenso zählen wie Kunstmäzene und Herrscher, gehörte auch Martin Luther. In J. fand „die entscheidende, mit der Bewegung des Humanismus zusammenhängende Tendenz zur Ausdrucksgestaltung und Symbolistik, die Überwindung des mittelalterlichen Rationalismus zugunsten einer Vermenschlichung der Musik ihren größten, bahnbrechenden Repräsentanten" (H. Osthoff). Damit markiert sein Schaffen in einer besonderen Weise den Beginn der musikalischen Neuzeit.

Ausg.: GA, hrsg. v. A. SMIJERS (1921–57), fortgesetzt v. M. ANTONOWYCZ u. (ab 1965ff.) zus. mit W. ELDERS, 12 Bde., 55 Lieferungen (A 1922–69), davon I, III, V, X, XI, u. XV–XXI als Nachdr. (L 1969). – *Missa Pange lingua*, 6 Chansons, 4 Motetten, 3 Evangelienmotetten, 3 Pss. u. *Missa De beata virgine*, hrsg. v. F. BLUME (Wb 1929ff.) (= Chw 1, 3, 18, 23, 33 u. 42); 2 Vergil-Motetten u. 3 Motetten, hrsg. v. H. OSTHOFF (Wb 1956) (= ebd. 54 u. 57); Die 23 Chansons aus dem Susato-Druck RISM 1545[15] in der Faks.-Ausg. dieses Druckes (Bru 1970) (= Corpus of Early Music in Facs. I/8); weitere Werke, hrsg. v. H. OSTHOFF, in: Möseler-Chorreihe (Wb 1974ff.).

Lit.: A. KRINGS, Unters. zu den Messen mit Choralthemen v. Ockeghem bis J. des Prez (Kö 1951); H. OSTHOFF, Zur Echtheitsfrage u. Chronologie bei J.s Werken, in: Kgr.-Ber. Utrecht 1952; H. REIFFENSTEIN, Die weltlichen Werke des J. des Prez (Diss. F 1952); C. DAHLHAUS, Stud. zu den Messen J.s des Prés (Diss. Gö 1953); W. WIORA, Der religiöse Grundzug im neuen Stil u. Weg J.s des Prez, in: Mf 6 (1953); H. OSTHOFF, J. D. Leben u. Werk, 2 Bde. (Kas 1962–65); L. FINSCHER, Zur C.-f.-Behandlung in der Psalm-Motette der J.-Zeit, in: H. Albrecht in memoriam (Kas 1962); W. ELDERS, Das Symbol in der Musik v. J. des Prez, in: AMl 41 (1969); M. STAEHELIN, Zu einigen unter J.s Namen gehenden Ordinariumskompositionen, in: Mf 22 (1969); J. VAN BENTHEM, Zur Struktur u. Authentizität der Chansons à 5 & 6 v. J. des Prez, in: TVer 21 (1970); W. KIRSCH, International J. Festival Conference New York, in: Mf 24 (1971); L. FINSCHER, J. D., in: Musica 25 (1971); H. BESSELER, Dt. Lieder v. R. Morton u. J., in: BzMw 13 (1971); E. STAM, Die 24st. kanonische Psalmmotette „Qui habitat in adiutorio altissimi" v. J. des Prez, in: TVer 22 (1971/72); J. VAN BENTHEM, Einige wiedererkannte J.-Chansons im Cod. 18746 der Östr. Nationalbibl., in: ebd.; M. C. THORBERG, Contrapunctal Style in the Motets of J. des Prez (1973) (= Diss. Washington American Univ.); F. BLUME, J. D., the Man, the Music, in: Syntagma musicologicum 2 (Kas 1973); B. J. BLACKBURN, J.'s Chansons. Ignored and Lost Sources, in: JAMS 29 (1976); J. VAN BENTHEM, Kompositorische Verfahren in J.s Proportionskanon „Agnus Dei", in: TVer 26 (1976); W. ELDERS, Short Report of the Third J. Meeting with a Proposal for an Ordering of the Works in the New J. Edition, in: ebd.; I. GODT, The Restoration of J.s „Ave mundi spes, Maria" and Some Observations on Restoration, in: ebd.; DERS., Motivic Integration in J.'s Motets, in: JMTh 21 (1977); J. des Prez, hrsg. v. E. E. LOWINSKY (Lo 1977); W. ELDERS, Short Report of the Fourth J. Meeting, in: TVer 28 (1978); M. ANTONOWYCZ, Criteria for the Determination of

Authenticity. A Contribution to the Study of Melodic Style in the Works of J. des Prez, in: ebd.

F. BRUSNIAK

JOTA (span.), spanischer Volkstanz bzw. Tanzlied, landschaftlich unterschiedlich im schnellen oder langsameren (vom Gesang abhängigen) $^3/_8$- oder $^3/_4$-Takt. Sie wird – begleitet von Gitarre, Bandurria, Pfeife (oder Dudelsack) – paarweise, jedoch ohne daß die Tänzer sich berühren, und mit erhobenen Armen getanzt. Die J., die aus Aragón stammt und inzwischen in ganz Spanien verbreitet ist, läßt sich bereits im 18. Jh. nachweisen. Sie geht möglicherweise – wie der ↗Fandango – auf ältere Tänze zurück. Angeblich ist ihr Erfinder ein valencianischer Maure, Aben Jot, der im 12. Jh. als Flüchtling in Calatayud gelebt haben soll. Die bekanntesten Typen der J. sind die J. aragonesa pura, J. libre, J. de Utebo, J. del albañil, J. de Cariñena, J. Fiera de Fuentes, J. de Aben Jot, J. de Aragón. J.-Sammlungen veröffentlichten u. a. Agustín Pérez Soriano und Santiago Lapuente. In der Kunstmusik schrieben viele spanische Komponisten J.s., u. a. R. Chapí, Cr. Oudrid, M. Fernández Caballero, T. Bretón, I. Albéniz, E. Granados, M. de Falla und C. del Campo, ferner auch M. Glinka, Fr. Liszt, Fr. Gevaert, E. Chabrier und R. Laparra.

Lit.: M. SCHNEIDER, J., in: MGG VII; D. GALÁN BERGUA, El libro de la j. aragonesa (Saragossa 1966); J. MENÉNDEZ DE ESTEBAN, Carácter y personalidad de la j. (Pamplona 1974).

JOUBERT, John Pierre Herman, * 20. 3. 1927 Kapstadt, südafrikanischer Komponist. J. studierte am South African College of Music in Kapstadt und 1946–50 bei Th. Holland und H. Ferguson (Komposition) an der Royal Academy of Music in London. 1950 wurde er Bachelor of Music der Universität von Durham, lehrte dann bis 1962 an der Universität von Hull und anschließend an der Universität von Birmingham.

WW: **1) Instr.-WW:** Klv.-Stücke; Duo für V. u. Vc. (1969); Streichtrio (1959); Streichquartett (1950); Sinfonietta für Kammerorch. (1962). – Für Orch.: Ouvertüre (1953); Symphonisches Vorspiel (1954); *North Country Overture* (1958); *In memoriam 1820* (1961); 2 Symphonien (1956, 1962): V.-Konzert (1954) u. Klv.-Konzert (1958). – **2) Vokal-WW:** Chorsymphonie *The Choir Invisible* (1965) für Bar., Chor u. Orch.; zahlr. geistliche Werke, u.a.: Kantaten *Urbs beata* (1963) u. *Martyrdom of St. Alban* (1962); Missa *Beati Joannis* (1969) u. *Nunc dimittis* (1964) für Chor u. Org.; Oratorium *Lazarus* für Mezzo-Sopran, Tenor u. Chor. – **3) Bühnen-WW:** Opern: *Antigone*, UA: BBC 1954; *In the Drought*, UA: Johannesburg 1956; *Silas Manner*, UA: Kapstadt 1961; *The Quarry*, UA: ebd. 1965; *Under Western Eyes*, UA: London 1969; ferner das Ballett *The Legend of Princess Vlei*, UA: Kapstadt 1952.

Lit.: E. CHISHOLM, in: MT 102 (1961); W. MELLERS, in: MT 105 (1964); P. DICKINSON, in: MT 112 (1971).

JUBILEE (engl.), ↗Negro spiritual.

JUBILUS (von lat. iubilum, iubilatio = Jubel), Bz. für textlose Melismen, insbesondere für solche auf der Schlußvokalise des ↗Alleluia. Bereits im 1. Jh. v. Chr. verwendete Varro das Verb „iubilare" für das textlose Singen der Bauern, Hirten und Soldaten. Als Substantiv erscheint der Terminus indes erst im Latein der altchristlichen Liturgie: so etwa bei Vigilius von Trient und bei Hilarius im Kommentar zu den Psalmen 65,2 und 3. Auch in den *Enarrationes in psalmos* von Augustinus ist vom J. die Rede. Eine besondere Bedeutung erhielt der J. jedoch erst im Zusammenhang mit dem Alleluia der Messe: ausgeführt wurde er auf die Silbe *ia* (= Jahwe) des 2. Alleluia vor dem Vers und des Alleluia nach dem Vers. In der mailändischen Liturgie wird der 2. J. auf eine neue und längere Melodie, die „melodiae secundae", gesungen. Diese entsprechen den „longissimae neumae" der Tropenhandschriften des 11. Jh., deren spätere neu textierte Fassungen „sequentiae" (↗Sequenz) bzw. „sequelae" genannt werden. Im Zusammenhang mit der Entstehung neuer Melodien und Texte wurde im Mittelalter also auch der Terminus J. durch neue Bezeichnungen „neuma", „sequentia" oder „finalis" ersetzt.

Lit.: W. BLANKENBURG, Jubal, in: MGG VII; E. GERSON-KIWI, Halleluia and J. in Hebrew Oriental Chant, in: FS H. Besseler (L 1961); W. WIORA, Jubilare sine verbis, in: In memoriam J. Handschin (Str 1962); D. SCHUBERTH, Schrei u. Jubel vor dem Herrn, in: MuK 50 (1980).

JUDENKÜNIG, Hans, * um 1450 Schwäbisch-Gmünd, † 4. 3. 1526 Wien; dt. Lautenist. J. veröffentlichte nach S. Virdung (1511) und A. Schlick (1512) zwei der frühesten deutschen Lautentabulaturen. Die erste, *Utilis et compendiaria introductio* (zwischen 1515–19) enthält 19 3st. intavolierte Horaz-Oden von P. Tritonius, 2- und 3st deutsche Liedsätze (u.a. von P. Hofhaimer) und einen 2st. Hoftanz, die zweite, *Ain schone Kunstliche underweisung* (1523), Liedsätze und Tänze.

WW: *Utilis et compendiaria introductio, qua ut fundamento jactoque facillime musicum exercitium, instrumentorum et lutinae, et quot vulgo Geygen nominant, addiscitur…* (W 1515–19), u. *Ain schone Kunstliche underweisung… den rechten Grund zu lernen auff der Lauten und Geygen* (W 1523).

Ausg.: 21 Stücke, in: Östr. Lautenmusik im 16. Jh., hrsg. v. A. KOCZIRZ (1911) (= DTÖ 37).

Lit.: A. KOCZIRZ, Der Lautenist H. J., in: SIMG 6 (1904/05); O. GOMBOSI, Der Hoftanz, in: AMl 7 (1935); H. M. BROWN, Instrumental Music Printed Before 1600. A Bibliography (C/M 1965); M. BLACKMAN, A Translation of H. J.'s „Ain schone Kunstliche underweisung" 1523, in: Lute Society Journal 14 (1972); R. HENNING, H. J. ca. 1455/60–1526. Commemorating the 450th Anniversary of His Death, in: ebd. 16 (1974).

JÜDIN, DIE *(La Juive)*, Oper in 5 Akten von Jacques Fromental Élie Halévy (1799–1862), Text von

Eugène Scribe (1791–1861). Ort und Zeit der Handlung: Konstanz; 1414, zur Zeit des Konzils. UA: 23.2. 1835 in Paris (Théâtre de l'Opéra), dt. EA (in dt. Sprache): 29. 12. 1835 in Leipzig.
Die Jüdin ist Halévys erfolgreichste Oper. Bereits am 3. 6. 1840 fand an der Pariser Oper die 100. Aufführung statt. Bis 1893 wuchs die Aufführungszahl auf 550. Halévy schuf mit diesem Werk eines der neben Meyerbeers *Robert le Diable, Les Huguenots, Le Prophète* und *L'Africaine* glänzendsten Beispiele für den Typus der Grand opéra. – Eingebettet in einen historischen Stoff, entwickelt sich in der Handlung dieser Oper eine Liebesintrige zwischen dem Kronprinzen Leopold und der im jüdischen Glauben erzogenen Rachel. Der unvermeidbare Konflikt zwischen Christen und Juden kann nicht gelöst werden und mündet in die Katastrophe: Rachel und ihr Ziehvater Eleazar werden von Kardinal Brogni zum Tode verurteilt; sie sollen in siedendes Öl gestürzt werden. Brogni erkennt seinen tragischen Irrtum zu spät: mit Eleazars Ausruf „La voilà!" erhält er im Augenblick von Rachels Tod die Antwort auf die Frage nach seiner verlorenen Tochter. Dieser ‚coup de théâtre', mit dem die Oper endet, sowie der historische Stoff mit den eingeflochtenen Liebes- und Verwechslungsmotiven gehören ebenso zu den Charakteristika der Grand opéra wie die Ausweitung der Arien zu Szenen, die Summierung von Handlung in prunkvollen Tableaux (Finale 3. Akt), das (hier jüdisch-nationale) Lokalkolorit, die dramaturgisch geschickt eingesetzte Gebetsszene (2. Akt: *O Dieu de nos pères*) und der verklingende Aktschluß (4. Akt mit Eleazars Arie *Rachel! quand du Seigneur la grâce tutélaire*). Die letztgenannte Szene ist zudem ein Beleg dafür, daß Halévys Stärke eher in der musikalischen Charakterzeichnung als in der Gestaltung von Ensembles liegt.

R. QUANDT

JÜDISCHE MUSIK ↗Israel.

JUDITH, Ernste Oper in 3 Akten und 5 Bildern von Arthur Honegger (1892–1955), Text von René Morax. Ort und Zeit der Handlung: Bethulien (Judäa) im 6. Jh. v. Chr. Konzertante UA einer ersten Fassung (Gattungsbezeichnung „Biblisches Drama"): 13. 6. 1925 in Mézières (Schweiz); szenische UA der Opernfassung (im Unterschied zur oratorischen Fassung durchkomponiert): 13.2. 1926 in Monte Carlo; dt. EA (in dt. Sprache): 13. 1. 1927 in Köln.
Mit der mehr auf eindringliche Bildhaftigkeit als auf differenzierte Psychologisierung angelegten Handlung wird eine Episode aus der Geschichte Israels präsentiert: Die Armee des assyrischen Feldherrn Holofernes, die seit Monaten die judäische Festung Bethulien belagert, kann vernichtend geschlagen werden, nachdem sich die schöne Judith ins feindliche Lager begeben, Holofernes betört, betrunken gemacht und geköpft hat. In origineller künstlerischer Gestaltung des Judith-Stoffes gelingt es Morax und Honegger, effektvoll-aktionistischen Theaterdonner wie subjektivistische Seelendramatik zu vermeiden. Ästhetisches und intellektuelles Zentrum des Werkes ist vielmehr die atmosphärisch treffende Darstellung alttestamentarischer Religiosität, in der die Gottheit nicht als bloßes Refugium der Verinnerlichung dient, sondern zum allgegenwärtigen Bestandteil eines kampfbetonten Lebens wird. Der überindividuell-gleichnishaften Plastizität der Dichtung entspricht Honeggers Musik: Zu seiner Zeit moderne kompositorische Mittel wie Bitonalität und impressionistische Klangreihung ausnutzend, ordnet der Komponist seine musikalische Sprache dem Ziel möglichst klarer Expressivität unter; der Ausdruck menschlicher Gefühle geschieht unmittelbar und direkt, ohne jegliche Sentimentalisierung. Besonders die gleichermaßen einfache wie klangschöne Melodik bestimmt die weniger reflektive als vielmehr gestische Funktion der Musik in diesem Werk.

W. A. MAKUS

JUGENDBEWEGUNG, Bz. für den um 1900 einerseits mit Wanderbewegungen, andererseits aufgrund religiösen und politischen Engagements eingeleiteten Zusammenschluß Jugendlicher zu Gruppen, Bünden und Organisationen. Aus einer Protesthaltung z. T. gegen die naturferne, mechanisierte großstädtische Zivilisation und das Bürgertum versuchten diese Jugendlichen, „aus eigener Bestimmung, vor eigener Verantwortung, mit innerer Wahrhaftigkeit ihr Leben zu gestalten" (Meißnerformel 1913). Die J. gewann allmählich großen Einfluß auf Geistesleben, Schule, Kunst und Politik. Zu der um 1890 von Hermann Hoffmann-Fölkersamb in Berlin-Steglitz begründeten Wandergruppe gehörte u.a. Hans Breuer, der Schöpfer des verbreitetsten Liederbuchs der J., des *Zupfgeigenhansl* (1909). Aus dieser Gruppe ging 1901 der „Wandervogel" (Gründer K. Fischer) hervor. In diesen und in den übrigen Jugendverbänden war die Musik – besonders das von der „Zupfgeige" (= Laute) begleitete Lied – ein konstitutiver Faktor des jugendlichen Gemeinschaftslebens in Runde, Fahrt und Lager. Auch in dem allmählichen Selbsterziehungs- u. Reifeprozeß der J., der von Protesthaltung und Kulturfeindlichkeit zu Reformgesinnung und Dienst an der Kultur bis hin zur Ausprägung einer eigenen „Jugendkultur" führte, stand die Musik an führender Stelle. Die daraus entstehende ↗Jugendmusik-Bewegung fand ihre stark musikbezogenen Parallelen u.a. in der pädagogischen Bewegung, der Laienspiel-, Volkstanz- und Kunsterziehungsbewegung. – Während des Nationalsozialismus reagierte die J. auf entsprechende Verbote teils durch Übernahme der Ideologie oder durch Anpassung, z.T. aber auch durch aktiven und passiven Widerstand. – Im Nachkriegseuropa erlebte die J. zunächst eine erneute Blüte. Vor allem politisches Engagement führte aber zu einer neuen „Bewegung" der Jugend mit neuen Kommunikations-, Kooperations- und von aktueller Popularmusik und internationaler Folklore geprägten musikalischen Ausdrucksformen. – Die J.en sind inzwischen Gegenstand eines eigenen Forschungszweiges.

Lit.: Jb. des Arch. der dt. J. (Burg Ludwigstein 1969ff.) (mit fortlaufender Bibliogr. der Neuerscheinungen); Schriftenreihe des Arch. der dt. J. (ebd. 1975ff.). – H. BLÜHER, Wandervogel. Gesch. einer J., 2 Bde. (Prien 1912); F. JÖDE, Musikal. Jugendkultur (H 1918); O. STÄHLIN, Die dt. J. (L 1922); V. ENGELHARDT, Die dt. J. als kulturhist. Phänomen (B 1923); H. HÖCKNER, Die Musik in der dt. J. (Wb 1927); L. FICK, Die dt. J. (Jena 1939); W. VOGELS, Die dt. J. u. ihr Ertrag für Jugendleben u. Kultur (Diss. Tü 1949); A. KLÖNNE, Gegen den Strom (H 1958); H. ROTH, Kath. Jugend in der NS-Zeit (Düsseldorf 1959); M. PRIEPKE, Die ev. Jugend im Widerstand gegen das Dritte Reich (F 1960); W. Z. LAQUEUR, Die dt. J. Eine hist. Stud. (Kö 1962, [2]1978); E. KORN – O. SUPPERT – K. VOGT, Die J. Welt u. Wirkung (Düsseldorf – Kö 1963); B. SCHNEIDER, Daten z. Gesch. der J. (Bad Godesberg 1965); Dokumentation der J., hrsg. v. W. KINDT, 3 Bde. (Düsseldorf 1963–74); Namen u. Werke. Bibliogr. u. Beitr. z. Soziologie der J., hrsg. v. H. JANTZEN (F 1972ff.); H. ROSENBUSCH, Die dt. J. in ihren pädagogischen Formen u. Wirkungen (F 1973); J. KNEIP, Jugend der Weimarer Zeit. Hdb. der Jugendverbände 1919–38 (F 1974); B. SCHELLENBERGER, Kath. Jugend im Dritten Reich (Mz 1975); W. SCHEPPING, Das Lied als corpus delicti in der NS-Zeit (Kö 1977) (= Beitr. z. rheinischen Musikgesch. 118).

W. SCHEPPING

JUGENDMUSIK, Bz. für die musikalische Eigen- bzw. Gegenkultur der ↗Jugendbewegung, die sich besonders unter dem Einfluß von A. Halm, Fr. Jöde und W. Hensel ausprägte. J. war keine neue Musikgattung (obwohl sie mit Jugend- und Fahrtenlied, Schul- und Spielmusik neue Gattungen schuf); sie verstand sich als das auf kulturelle Erneuerung durch musikalische Aktivierung und Bildung breiter Volksschichten drängende „Gewissen" (Jöde) der bürgerlich-städtischen Musikkultur, die sie bekämpfte und z.T. wesentlich veränderte. – Die J. nahm ihren Ausgang von der Wiedererweckung des Volkslieds durch die Jugendbewegung und entwickelte daraus eine „Volksliedkultur", die durch steigenden künstlerischen Anspruch an Liedauswahl, -begleitung (besonders Lautensatz) und vokalen Liedsatz zur tradierten wie zeitgenössischen Kunstmusik einen neuen Zugang fand. Die daraus entstehende intensive musikalische Volks- und Jugendbildungsarbeit weitete sich ab 1917 zur beträchtlich über die Jugendbewegung und die Landesgrenzen hinaus wirkenden Jugendmusikbewegung aus. Dieser gelangen bedeutende Reformen (u.a. von L. Kestenberg gefördert) im schulischen Raum (Einführung des künstlerischen Lehramts; Musikgymnasium und Musikheim, Schulmusikwochen; Konzepte der musischen Bildung und eines kindgemäßen Musikunterrichts) wie im außerschulischen Sektor (Volks- und Jugendmusikschulen bzw. Seminare; Sing- und Musikwochen; Offenes Singen; Sing-, Spiel- und Hausmusikkreise; Volkstanz). Auch das neue Interesse von Musikpraxis und -forschung, Verlagswesen und Instrumentenbau an der älteren Musik und ihrer Interpretation auf historischen Instrumenten erwuchs wesentlich aus dieser Bewegung, die überregional besonders von 2 Kreisen getragen wurde: der mehr pädagogisch und künstlerisch orientierten „Musikantengilde" des Jödekreises und der Singbewegung W. Hensels und seines Finkensteiner Bundes. Von beiden gingen auch starke Impulse auf die Chor- und Orgelbewegung wie auf die kirchenmusikalische Erneuerungsbewegung (↗Kirchenmusik) aus.

Lit.: F. JÖDE, Musikal. Jugendkultur (H 1918); W. FLITNER, Musische Bildung (B 1931); F. JÖDE, Dt. J. (B 1934); DERS., Vom Wesen u. Werden der J. (Mz 1954); TH. W. ADORNO, Kritik des Musikanten, in: Dissonanzen (F 1956); F. JÖDE, Vom Wandervogel zur J., in: Wandervogel u. Freidt. Jugend, hrsg. v. G. Ziemer u. H. Wolf (Bad Godesberg 1961); U. GÜNTHER, Die Schulmusikerziehung v. der Kestenbergreform bis zum Ende des 3. Reiches (Neuwied – B 1967); F. JÖDE, Die Anfänge der Jugendmusikbewegung, in: Die Wandervogelzeit, hrsg. v. W. Kindt (Düsseldorf 1968) (= Dokumentation der Jugendbewegung 2); U. JÖDE, Die Entwicklung des Liedsatzes in der dt. Jugendmusikbewegung (Wb – Z 1969); E. KLUSEN, Volkslied. Fund u. Erfindung (Kö 1969); H. JUST, Die Jugendmusikbewegung in der Zeit der Bündischen Jugend, in: Die dt. Jugendbewegung 1920–33, hrsg. v. W. Kindt (Düsseldorf 1974) (= Dokumentation der Jugendbewegung 3); J. PIERSIG, Das Fortschrittsproblem in der Musik um die Jahrhundertwende (Rb 1977); D. KOLLAND, Die Jugendmusikbewegung. „Gemeinschaftsmusik" – Theorie u. Praxis (St 1979).

W. SCHEPPING

JUGOSLAWIEN. Frühe Zeugnisse über die Musikpraxis auf dem Gebiet des heutigen J. fehlen. Erst seit dem 7. Jh. verdanken wir einige spärliche Hinweise byzantinischen und z.T. slawischen Schriftquellen.

Serbien. Serbien erlangte seit dem 12. Jh. unter den Nemanjiden die Vormachtstellung im westlichen Balkanraum. Seit dieser Zeit wurde Musik am Hofe und in Adelskreisen gepflegt. Wenn auch musikalische Quellen nicht erhalten sind, so vermitteln literarische Texte und Illustrationen bestimmte Aufschlüsse über die benutzten Instrumente und einige Musiker wie z.B. Dragan von Prizren und Preda Svirec. Die serbisch-orthodoxen Kirchengesänge sind nur in byzantinischer Notation von Hilendare auf Athos überliefert. Von dem ersten bekannten Komponisten Kir Stefan Srbin (15. Jh.) ist ein *Psaltikija* erhalten, eine Sammlung von Kirchenliedern in kukuzelischer Notation. Mit der türkischen Besetzung im 15. Jh. erlosch das kulturelle Leben auf dem Gebiet der Kunstmusik und blieb auf die Musikpraxis der blinden Guslaren (↗Gusla) beschränkt.

Kroatien und Slowenien. Im Mittelalter waren Kroatien und Slowenien Lehen der Kirche oder der ungarischen Krone bzw. des Reiches. Aus dieser Zeit sind neben Gesängen für die Kirche auch solche in der Volkssprache bekannt. Mit dem Protestantismus erlebte Slowenien eine Blütezeit des Kirchenliedes mit slowenischen Texten und Melodien (Primož Trubar, 1508–1586, *Eni psalmi*, Tübingen 1567). Seit dem 16. Jh. sind Gesangsmeister, Stadtpfeifer und Landestrompeter belegt. Auch die bischöfliche Kapelle und das Jesuitenseminar (1598) in Laibach (Ljubljana) trugen zur Entwicklung des musikalischen Lebens bei. In den Adelspalais (Auersperg) fanden die ersten Opernaufführungen statt, die zunächst nur den Privilegierten vorbehalten blieben, allmählich jedoch der Öffentlichkeit zugänglich wurden (1740); in diese Zeit fällt auch der Bau des landständischen Theaters in Laibach (1765). Bereits 1701 wurde die Academia Philharmonicorum (Orchester und Chor) gegründet. Zu den bedeutendsten slowenischen Komponisten zählen Janez Berthold von Höffer (1667–1718), Janz Jurij Hočevar-Gottscheer (1657–1714), Michael Omerza (1679–1742), Jakob Zupan (1734–1810), Janez Krstnik Novak (1756–1833) und Francesco Pollini (1762–1846). Aus Kroatien sind nur die Namen einiger geistlicher Musiker überliefert sowie Sammlungen von Kirchenliedern, z.T. über kroatische Texte (*Cithara octochorda*, Wien 1701).

Dalmatien. In den reichen Städten Dalmatiens nahm die Musik eine besondere Stellung ein: in der Kirche, bei Theateraufführungen, in Adelshäusern und bei verschiedensten festlichen Anlässen. Die von Italien beeinflußte Musik erreichte ihren Höhepunkt im 17. Jh. mit Komponisten wie Andrija Petris aus Cres, Julius Schiavetto, Domenico Giovanni aus Šibenik und vor allem I. Lukačić aus Split. In Ragusa (Dubrovnik) wirkte im 18. Jh. L. Sorkočević. Einige Künstler, u.a. B. Praspergius und J. Gallus aus Slowenien, V. Jelich, Stefano N. Spadina und I. M. Jarnowick aus Dalmatien wirkten im Ausland.

Das 19. Jahrhundert. Das 19. Jh. ist in fast allen österreichischen Balkanländern durch die Übernahme aufklärerischer und romantischer Ideen und durch das Erwachen nationalen Bewußtseins geprägt. Unter diesem Einfluß wurde bereits 1829 im serbischen Kragujevac das erste Berufsorchester, „Knjazevsko srbska banda", gegründet sowie das Orchester der Chorgesellschaften (Pančevo 1838, Belgrad 1853). Bühnen- und Vokalwerke über patriotische Themen erlangten in der Zeit der Unabhängigkeitsbestrebungen große Popularität u.a. durch Kornelije Stanković (1831–1865), Aksentije Maksimović (1844–1873), Jovan Paču (1847 bis 1902), Mita Topalović (1849–1912), Isidor Bajić (1878–1915) und D. Jenko. Josif Marinković (1851–1931), ein Vertreter der Romantik und Stevan Mokranjac, der Schöpfer eines Nationalstils, schufen insbesondere Chormusik. Gegen Ende des 19. Jh. führten Komponisten der Belgrader Schule (Stanislav Binički, Petar Krstić, Vladimir Djordjević, Božidar Joksimović) diese Tradition weiter und bereicherten sie durch Instrumental- und Opernwerke. Durch die Komponisten P. Konjović, M. Milojević und S. Hristić wurde die serbische Musik international bekannt.

Auch in Slowenien trugen verschiedene Gesellschaften durch nationale Ideen zur Entwicklung der Musikpflege bei: so etwa der „Slowenische Verein" (Laibach 1848), der die „Besede" – Konzerte nationalen Einschlags – organisierte und mehrere Liedersammlungen (Slovenska gerlica) herausgab. Eine gewisse Rolle spielten auch die „Čitalnice" (1861) mit ihren Chören und Gesangsschulen, ebenso die „Dramatische Gesellschaft" (1867), eine Vorstufe der späteren Oper von Ljubljana. Am bedeutendsten war jedoch die „Glazbena matica" (1872), die sich um die Aufzeichnung von Volksliedern, die Herausgabe slowenischer Kompositionen, die Organisation von Konzerten und 1882 um die Gründung einer Musikschule verdient machte. Die meisten Komponisten, wie Jurij Fleišman (1818–1874), Miroslav Vilhar (1818–1871), Kamilo Mašek (1831–1859), Benjamin Ipavec (1829–1908), Fran Gerbič (1840–1917) gehörten einer nationalen Bewegung an. Außerhalb dieser Richtung stand die Cäcilien-Gesellschaft (1877) mit ihrem Hauptvertreter, dem Tschechen Anton Foerster (1837–1926). Gojmir Krek (1875–1942) wandte sich als erster von der romantischen Tradition ab. Seit 1901 veröffentlichte er seine neueren Standpunkte in der Zeitschrift *Novi akordi* und machte auf die z.T. in spätromantischem und impressionistischem Stil komponierten Werke seiner Zeitgenossen B. Ipavec, R. Savin, Emil Adamič (1877–1936) und Anton Lajovic (1878–1960) aufmerksam.

Zu Beginn des 19. Jh. hatte Dalmatien seine Vorherrschaft verloren. Nordkroatien mit der Hauptstadt Zagreb wurde das Zentrum einer politischen und kulturellen Bewegung. 1827 wurde dort der „Musikverein" gegründet, 2 Jahre später eine Musikschule. Die politische und literarische Richtung der „Illyrischen Bewegung" beeinflußte auch viele Musiker, u.a. Vatroslav Lisinski, der patriotische Lieder, sog. „budnice" und „davorje" komponierte. Neben Franjo Kuhač (1834–1911), Nikola Faller (1862–1938), Blagoje Bersa (1873–1934), Franjo Dugan (1874–1948), Antun Dobronić (1878–1955), Josip Hatze (1879–1959), Ivan Matetić-Ronjgov (1880–1960), Fran Lhotka (1883 bis 1962) und Dora Pejačević (1885–1923) gilt der seit 1870 in Zagreb wirkende I. Zajc als der bedeutendste Komponist dieser Zeit.

Nach 1918 erfuhr das Musikleben der in einem Staat vereinigten slawischen Völker eine bedeutende Entwicklung, die sich in der Gründung von Musikschulen und -akademien (Zagreb 1921, Ljubljana 1926, Belgrad 1937), Opernhäusern (Ljubljana, 1918; Belgrad, 1020) und Philharmonischen Orchestern (Zagreb, 1921; Belgrad 1923) niederschlug.

Zu den Vertretern eines ausgeprägten Nationalstiles zählen Komponisten wie B. Širola, K. Odak, K. Baranović, J. Gotovac, Rudolf Matz (*1901), Milo Cipra (*1906) und Natko Devčić (*1914); einer gemäßigteren Richtung gehören Jovan Bandur (1889–1956), M. Tajčević, Mihajlo Vukdragović (*1900). Milenko Živković (1901–1964), Svetomir Nastasijević (*1902) und Matija Bravničar (*1897). J. Slavenski, Lj. Marić, Sl. Osterc, Marij Kogoj (1895–1956), Pavel Šivic (*1908) gelten als Vertreter der Avantgarde; der neoklassizistischen und neoromantischen Richtung gehören u.a. Božidar Kunc (*1903), B. Bjelinski, S. Šulek, B. Papandopulo, Predrag Miloševic (*1904), Mihovil Logar (*1902), Milan Ristić (*1908), S. Rajičić, L. M. Škerjanc, Blaž Arnič (*1901), Marjan Kozina (*1907) und Marijan Lipovšek (*1910) an. Die kompositorische, musikwissenschaftliche und -kritische Tätigkeit von Vojislav Vučković (1910–1942) und Pavao Markovac (1903–1941) stand unter dem Einfluß marxistischer Ideen.

Entwicklung nach 1945. Nach 1945 wurde J. stark vom Sozialismus geprägt, der die gesamte kulturelle Entwicklung bestimmte: in dieser Zeit entstanden auch zwei neue Musikzentren: in Sarajevo und Skopje wurde 1946 bzw. 1948 eine Oper, 1953 bzw. 1950 eine Philharmonie und 1955 bzw. 1966 eine Musikakademie gegründet. Neben Komponisten wie S. Gadjov (*1905), Todor Skalovski (*1909), Blagoje Ivanovski (*1921), Vlastimir Nikolovski (*1925), Toma Prošev (*1931), Tomislav Zografski (*1934), die Elemente der Volksmusik in ihre Werke einbezogen, trat u.a. mit Krešimir Fribec (*1908), Branimir Sakač (*1918), M. Kelemen, I. Malec und Ruben Radica (*1931), Rudolf Bruči (*1917), Vladan Radovanović (*1932) und Zoran Hristić (*1938) eine Gruppe gegenüber, die sich vorwiegend der experimentellen Musik widmete. Andere Komponisten wiederum versuchten ihre künstlerischen Ausdrucksmöglichkeiten innerhalb der europäischen Musik des 20. Jh. zu finden. Dazu gehören u.a. Vasilija Mokranjac (*1923), E. Josif, Vlastimir Peričić (*1927), Aleksandar Obradović (*1927), D. Radić, Konstantin Babić (*1927), Rajko Maksimović (*1935), Zlatko Pibernik (*1926), Nikša Njirić (*1927), Stanko Horvat (*1930), Bogdan Gagić (*1931), Andjelko Klobučar (*1931), P. Ramovž, Uroš Krek (*1922), Pavle Merku (*1927), Dane Škerl (*1931), Ivo Petrič (*1931), Alojz Srebotnjak (*1931), Darjan Božič (*1933) und G. Globokar. Musikwissenschaft und besonders -ethnologie wird an den musikwissenschaftlichen Instituten der Universitäten von Belgrad (gegr. 1948) und Ljubljana (1962), am Folklore-Institut „Glazbena matica" in Ljubljana (1934), in Sarajevo (1947), in Zagreb (1948) und in Skopje (1950) gelehrt.

Die Volksmusik. In der außerordentlich mannigfaltigen Volksmusik verschmelzen eigenständige Traditionen mit Einflüssen aus dem Orient, aus Byzanz, Italien, Tirol und Ungarn. Jede Region besitzt aber ihre spezifische Musik. Charakteristisch ist die Vielfalt der benutzten Tonleitern: Dur- und Molltonarten, Kirchentöne, orientalische, pentatonische und chromatische Leitern. Der Umfang der Melodien umfaßt eine reine Quarte im epischen, eine Oktave und mehr im lyrischen Gesang bzw. in der Tanzmusik. Das tradierte Volksliedgut ist meist durch eine konsonierende, heterophone Stimmenführung gekennzeichnet, die aber auch z.T. unabhängig, häufig dann in parallelen großen Sekunden abläuft. Der 3- und 4st. Gesang sowie die Austerzung gehen wohl auf spätere abendländische Einflüsse zurück. Die mazedonische und serbische Musik ist auch durch eine große rhythmische und metrische Vielfalt gekennzeichnet. Dazu zählen besonders asymmetrische Rhythmen und andere Bildungen von Zeitabläufen, die unserem üblichen Notationssystem fremd sind. Zu den zahlreich überlieferten volkstümlichen Instrumenten gehören u.a.: Schlag-, Saiten- (z.B. ↗Gusla und ↗Tanbura) und Blasinstrumente wie z.B. die Frula (eine Flöte), die Zurle, Sopile (Schalmei) und die Gajde (Sackpfeife). Die von folkloristischen Ensembles auch über die Grenzen J.s bekanntgemachten jugoslawischen Tänze werden von Solisten, Paaren und Gruppen (↗Kolo) ausgeführt.

Ausg.: F. Š. KUHAČ, Južno-slovjenske narodne popijevke 1–4 (Zagreb 1878–81), 5, hrsg. v. B. ŠIROLA (1941); D. u. L. S. JANKOVIĆ, Narodne igre, 7 Bde. (Belgrad 1934–52).

Lit.: R. GALLOP, Folk Music of the Southern Slavs, in: MQ 23 (1937); A. B. LORD, Yugoslav Epic Songs 1 (C/M 1954); D. CVETKO, The Problem of National Style in South Slavonic Music, in: Slavonic Review 34 (1955); V. ŽGANEC, The Tonal and Modal Structure of Yugoslav Folk Music, in: Journal of the International Folk Music Council 10 (1958); D. CVETKO, Les formes et les résultats des efforts musicologiques yougoslaves, in: AMl 31 (1959); J. ANDREIS – S. ZLATIĆ, Yugoslav Music (Belgrad 1959); L. S. JANKOVIĆ, La situation actuelle de l'ethnomusicologie en Yougoslavie, in: AMl 32 (1960); J. ANDREIS – D. CVETKO – S. DURIĆ-KLAJN, Historijski razvoj muzičke kulture u Jugoslaviji (Zagreb 1962); D. CVETKO, Die Situation u. Probleme der slowenischen, kroatischen u. serbischen Musik des 19. Jh., in: Kgr.-Ber. Kassel 1962 (Kas 1963); V. ŽGANEC, La gamme istrienne dans la musique populaire yougoslave, in: Studia musicologica 4 (1963); E. HELM, Music in Yugoslavia, in: MQ 51 (1965); R. PETROVIĆ, The Oldest Notation of Folk Tunes in Yugoslavia, in: Studia musicologica 7 (1965); Yugoslav Composers and Music Writers. Members of the Union of Yugoslav Composers 1945–67. A Catalogue (Belgrad 1968); K. KOS, New Dimensions in Folk Music. A Contribution to the Study of Musical Taste in Contemporary Yugoslav Society, in: IRASM 3 (1972).

P. JANKOVIČ

JUILLIARD STRING QUARTET, amerik. Streichquartett. Es wurde 1946 vom Präsidenten der Juilliard School of Music in New York, W. Schumann, gegründet und debütierte dort im selben Jahr in der Besetzung *Robert N. Mann* (* 1920), *Robert Stoff, Raphael Hillyer* und *Arthur Winograd.* Heute spielen *R. N. Mann, Earl Carlyss* (* 1941), *Samuel Rhodes* (* 1941) und *Joel Krosnick.* Das Quartett pflegt vor allem Werke der Wiener Klassik sowie Kompositionen der Wiener Schule, von B. Bartók, P. Hindemith und besonders von amerikanischen Komponisten des 20. Jahrhunderts. 1962 wurde das Ensemble Quartet-in-Residence der Library of Congress in Washington und spielt als solches die Stradivari-Instrumente dieser Sammlung. Außerdem besitzt N. Mann eine Stradivari (1718) von A. J. Rosé und E. Carlyss die P.-Guarneri-Geige von Fr. Kreisler.

JUIVE, LA, Oper von J. Halévy; dt. Titel: Die ↗Jüdin.

JULIAN VON SPEYER, OFM, † 1285 Paris, dt. Hymnendichter. J. war Vorsänger an der Kapelle von König Philipp II. August und später Chormeister in einem Franziskanerkloster. Er verfaßte eine *Legenda Sancti Francisci* (hrsg. von E. d'Alençon, R 1900) sowie Reimoffizien auf Franz von Assisi und Antonius von Padua (hrsg. von H. Felder, Fribourg 1901), zu denen er auch die Melodien beitrug.

Lit.: J. E. WEIS, J. von S. (Mn 1900); DERS., Die Choräle v. J. von S. zu den Reimoffizien (Mn 1901); E. BRUNING, Giuliano da Spira, in: Note d'Archivio 4 (1927); H. DAUSEND, J. von S., in: Literaturwiss. Jb. der Görres-Ges. 3 (1928); E. JAMMERS, Wort u. Ton bei J. von S., in: Der kultische Gesang..., hrsg. v. F. Tack (Kö 1950).

JULIUS CÄSAR *(Giulio Cesare [in Egitto]),* Oper in 3 Akten von Georg Friedrich Händel (1685–1759); Text von Nicola Francesco Haym (1679–1729). Ort und Zeit der Handlung: Ägypten, 48 v. Chr. UA: 20. 2. 1724 in London (King's Theatre am Haymarket); dt. EA (mit it. Arien): 21. 11. 1725 in Hamburg; EA in dt. Sprache: 5. 7. 1922 in Göttingen.

Die Handlung von Händels sechster für die Royal Academy of Music komponierten Oper, mit der er endgültig seinen Rivalen G. B. Bononcini in der Publikumsgunst übertraf, basiert auf einem historischen Ereignis: Bei der Verfolgung seines Feindes Pompejus landet Cäsar in Ägypten, wo ihn König Ptolemäus mit dem abgeschlagenen Haupt des Pompejus empfängt. Von der Grausamkeit abgestoßen und in Liebe zu Cleopatra entbrannt, die ihren jüngeren Bruder auf dem Königsthron abzulösen gedenkt, beschließt Cäsar, seine militärische Stärke gegen Ptolemäus einzusetzen. Dieser wird von Sextus, dem Sohn des Pompejus, getötet, und Cleopatra wird Herrscherin über Ägypten. Bei allem Handlungsreichtum ist der Komponist dennoch bestrebt, die innere Haltung der handelnden Personen sichtbar zu machen. Das Werk wird dominiert von den wechselnden Stimmungen Cleopatras; ihre Verführungsarie im 2. Akt *V'adoro, pupille* gilt gleichzeitig als Beispiel für Händels subtile Orchestertechnik. In der engen Verknüpfung von Rezitativ und Arie – an einigen Stellen wird das Rezitativ innerhalb der Arie nochmals aufgegriffen – offenbart sich Händels Adaption des italienischen Operntyps, die konventionelle Elemente und eigene Erfindung zu neuer Einheit formt.

TH. MENGER

JUMP (engl., = Sprung). – **1)** in den 30er Jahren Synonym für Swing-Musik sowie für deren Anhänger. – **2)** Swing-Rhythmus mit charakteristischer Betonung der 2. und 4. Zählzeit im $^4/_4$-Takt. Im Zusammenhang mit einer stilisierten Bluesform wurde J. im sog. *Harlem-Jump* als Stilbegriff gebraucht und gilt als Vorläufer des Rhythm and Blues und Rock and Roll.

JUNGE LORD, DER, Komische Oper in 2 Akten von Hans Werner Henze (* 1926), Text von Ingeborg Bachmann (1926–1973) nach der Parabel *Der Affe als Mensch* aus *Der Scheik von Alessandria und seine Sklaven* (1826) von Wilhelm Hauff. Ort und Zeit der Handlung: die dt. Kleinstadt Hülsdorf-Gotha um 1830. UA: 7. 4. 1965 Berlin (Dt. Oper) unter Christoph von Dohnányi.

In der Parabel wird gezeigt, wie ein exzentrischer Engländer die aufdringlichen Kleinbürger dadurch foppt, daß er ihnen als seinen Neffen einen Affen präsentiert und sie dessen unkontrollierbare Reaktionen als modisch nachäffen läßt. Die eingefügte Liebesgeschichte, als deren ‚Held' der junge Lord in die Gesellschaft integriert scheint, dient dem Aufbau einer Konfliktspannung, deren tragische Lösung (die Entlarvung des Affen) zur geistigen Demaskierung der Bürger gerät. Die nur leicht verschlüsselte zeitkritische Ironie des Textes suchte Henze musikalisch zu verdeutlichen. Zahlreiche Ensemble-Szenen weisen auf den Typus der Opera buffa; die Musik klingt heiter, doch mehren sich im zweiten Akt Elemente des Schmerzes. Henze selbst faßte den Aufbau seiner bislang erfolgreichsten Oper so zusammen: „In wenigen Takten, gleich zu Beginn, ist alles deponiert, was zwei Stunden lang kaleidoskopartig bewegt wird, in augenfälliger Leichtigkeit und Brillanz, unter der eben alle Schwierigkeiten und Emotionen verborgen sind." K. LANGROCK

JUNTA, Luca Antonio, ↗Giunta.

JUON, Paul, * 23. 2. (6. 3.) 1872 Moskau, † 21. 8. 1940 Vevey (Schweiz); russ. Komponist Schweizer Herkunft. Er war Schüler von J. Hřímaly (Violine), S. Arenski und S. Tanejew (Komposition) am Konservatorium in Moskau und später von W. Bargiel an der Hochschule für Musik in Berlin. 1896–97 unterrichtete er Violine und Musiktheorie am Konservatorium in Baku, kehrte dann nach Berlin zurück und war dort 1906–34 Kompositionslehrer an der Musikhochschule. 1919 wurde er Mitglied der Akademie der Künste. 1934 zog er sich nach Vevey zurück. J. genoß einen bedeutenden Ruf als Musikpädagoge. Zu seinen Schülern gehörten H. Chemin-Petit, Ph. Jarnach und H. Kaminski. Als Komponist war er der Tradition des 19. Jh. verpflichtet. Seines expressiven Stiles wegen wurde er der „russische Brahms" genannt. Andererseits weisen ihn Verwendung russischer und nordischer Folklore, modale Harmonik, teilweise formelhafte Melodik und differenzierte rhythmische Strukturen bereits als Meister des Übergangs zur Moderne aus.

WW: 2 Vc.-Sonaten, op. 4 u. 54 (1913); 2 Streichquartette, op. 5 u. 29 (1898, 1905); 3 V.-Sonaten, op. 7, 69, 86 (1898, 1920, 1930); 5 Klv.-Trios, op. 17, 39, 60, 70, 83 (1901, 1908, 1915, 1920, 1930); 2 Klv.-Quintette, op. 33 u. 44 (1906, 1909); 3 Klv.-Quartette, op. 37, 50, 67 (1907, 1912, 1920). – Für Orch.: Symphonie A-Dur, op. 23 (1903); *Rhapsodische Symphonie*, op. 95 (1939); *Sinfonietta capricciosa*, op. 98 (1940); *Épisodes concertantes*, op. 45 (1912) für Klv.-Trio u. Orch.; ferner 3 V.-Konzerte, op. 42, 49 u. 88 (1909, 1912, 1931).

JÜRGENS, Udo (eig. Udo Jürgen Bockelmann), * 30. 9. 1934 Schloß Ottmanach (Kärnten); östr. Sänger und Komponist. Er studierte am Klagenfurter Konservatorium. 1964 machte ihn der Song *Walk away* international bekannt. Mehrere seiner weiteren Welterfolge, darunter *Warum nur, warum, Sag ihr, ich laß sie grüßen, Merci chérie,* wurden mit der „Goldenen Schallplatte" ausgezeichnet. 1972 brachte er in Wien sein Musical *Helden* (nach G. B. Shaw) zur Aufführung. Seine weltweite Popularität verdankt J. bes. auch seinen Fernsehshows und Konzerttourneen (Udo '70; Udo '80).

Lit.: J. BOBSIN, Alles über Udo (Mn 1969); A. EGGEBRECHT u.a., Warum nur, warum? Das Phänomen U. J. (W 1971).

JÜRGENSON, Pjotr Iwanowitsch, 5. (17.) 7. 1836 Reval, † 20. 12. 1903 (2. 1. 1904) Moskau; russ. Musikverleger. J. gründete 1861 in Moskau einen Musikverlag, zu dem er 1885 den St. Petersburger Musikverlag „Moritz Bernard" hinzuerwarb. Er verlegte Werke von P. Tschaikowsky, für die er auch einen Thematischen Werkkatalog erstellte (Mos 1897, Nachdruck Lo 1965), von M. Glinka, N. Rimski-Korsakow, A. Skrjabin sowie des frühen Strawinsky. Unter der Leitung seiner Söhne wurden die Verlagsrechte für den Westen 1917 an Robert Forberg in Leipzig (heute Bonn-Bad Godesberg) abgetreten. In Rußland wurde der Verlag 1918 verstaatlicht.

Ausg.: P. I. Tschaikowsky, Perepiska s P. I. J. om, hrsg. v. W. A. SCHIDANOW, 2 Bde. (Mos 1938–52); M. A. Balakirew, Perepiska s notoisdatelskoj firmoj J.a, hrsg. v. W. A. KISSELJOW – A. S. LJAPUNOWA (Mos 1958).

JURINAC, Sena (Srebrenka), * 24. 10. 1921 Travnik (Bosnien); jugoslawische Sängerin (Sopran). Sie studierte bei M. Kostrencic am Konservatorium von Zagreb und debütierte dort am Opernhaus 1942 als Mimi in G. Puccinis *La Bohème*. 1944 wurde sie Mitglied der Wiener Staatsoper. Sie gastierte in den Folgejahren an allen großen Opernbühnen Westeuropas, der Vereinigten Staaten und Südamerikas. Den Schwerpunkt ihres umfangreichen Repertoires bilden Opernpartien von Mozart und R. Strauss. J. ist seit 1953 mit dem italienischen Bariton Sesto Bruscantini verheiratet.

Lit.: U. TAMUSSINO, in: Opera 17 (1966); DIES., S. J. (Au 1971).

K

KABALEWSKI, Dmitri Borissowitsch, * 17. (30.) 12. 1904 St. Petersburg, † 17. 2. 1987 Moskau; russischer Komponist. K. studierte Komposition bei N. Mjaskowski und Klavier bei A. B. Goldenweiser am Moskauer Konservatorium, wo er 1932 Dozent und 1939 Professor für Komposition wurde. 1949–52 leitete er die Musikabteilung des Instituts für Kunstgeschichte der Sowjetischen Akademie der Wissenschaften und wurde 1952 Vorstandssekretär des Sowjetischen Komponistenverbandes. Seine vorwiegend lyrische, in der Volksmusik wurzelnde Musiksprache ist von der Tradition der russischen Musik des 19. Jh. geprägt.

WW: **1) Instr.-WW:** 2 Streichquartette (1928, 1945); 3 Klv.-Sonaten (1928, 1945, revidiert 1967, 1948); Suite für Jazzband (1940). – Für Orch.: Symphonische Dichtungen *Romeo i Dschuljetta* (1956) u. *Wesna* (1960); 4 Symphonien: 1: cis-moll (1932), 2: c-moll (1934), 3: b-moll (1933) u. 4: c-moll (1956); 3 Klv.-Konzerte (1929, 1936, 1952); V.-Konzert (1949); 2 Vc.-Konzerte (1949, 1964). – **2) Vokal-WW:** Kantaten; Requiem *Tem, kto pogib v borb'e s fasizmom* (1963). – **3) Bühnen-WW:** *Kola Brjun'on* (Colas Breugnon), UÁ: Leningrad 1938, revidiert 1970; *W ogne ili Pod Moskwoj* (Im Feuer oder Bei Moskau), UA: Moskau 1943; *Semja Tarassa* (Die Familie des Taras), UA: Leningrad 1947, 2. Fassung 1950; *Nikita Werschinin,* UA: Moskau 1955; *Sjostry* (Schwestern) (1967); Operette *Wesna pojot* (Der Frühling singt), UA: Moskau 1957; Ballett *Zolotyje kolo'ja* (Goldene Ähren) (1940).

Lit.: D. K., Twortscheskie wstretschi, otscherki, pisma, hrsg. v. W. I. WIKTOROWA (Mos 1974). – M. SOKOLSKI, Auf den Schwingen der Musik. D. K.s Musik zu dem Film „Die Schwestern" in: Sowjetwiss., Kunst u. Lit. 6 (1958); L. W. DANILEVIC, Twortschestwo D. B. Kabalewskogo (Mos 1963); R. GLESER, D. K. (Mos 1969); P. NAZAREVSKI, D. B. K. (Mos 1969); S. D. KREBS, Soviet Composers and the Development of Soviet Music (Lo 1970); G. POSCHIDAJEW, D. B. K. Rasskasy o schisni i twortschestwe (Mos 1970); L. S. GINSBURG, in: Issledowanija, statji, otscherki (Mos 1971); D. GOJOWY, Moderne Musik in der Sowjetunion bis 1930 (Laaber 1979).

KABASSA, südamerikanisches Schüttelidiophon westafrikanischer Herkunft (bei den sudanesischen Ewe Axatse genannt). In ursprünglicher Form ist sie aus einer Kalebasse mit Netzwerkumspannung aus Holzperlen gefertigt. Die moderne Ausführung besteht aus einem kleinen metallbeschlagenen Holzkessel mit einer Umwicklung aus Schnüren mit kleinen Metallkugeln. Die K. wird geschüttelt oder gerieben. Sie gehört zum Standardinstrumentarium südamerikanischer Perkussionsensembles und findet dort in allen Gattungen Verwendung.

KABASTA, Oswald, * 29. 12. 1896 Mistelbach (Niederösterreich), † 6. 2. 1946 Kufstein (Tirol); östr. Dirigent. Er studierte bis 1916 an der Akademie der Tonkunst in Wien und Klosterneuburg. Nach Kapellmeisterjahren in Wiener Neustadt und in Baden bei Wien wurde er 1926 Generalmusikdirektor in Graz sowie Gastdirigent der Gesellschaft der Musikfreunde Wien. 1931 übernahm er die musikalische Leitung des Wiener Rundfunks und die Leitung einer Dirigentenklasse an der Musikakademie in Wien und war seit 1935 auch ständiger Dirigent der Wiener Symphoniker und der Gesellschaft der Musikfreunde. 1938 wurde er Generalmusikdirektor der Münchener Philharmoniker, mit denen er zahlreiche Konzertreisen durch Europa unternahm. Schwerpunkt seines Repertoires waren Werke des 19. Jh., bes. die Symphonien Bruckners.

Lit.: W. ZENTNER, In memoriam O. K., in: NZfM 3 (1949); J. HERRMANN, O. K., in: Musica 10 (1956).

KABELÁČ, Miloslav, * 1. 8. 1908 Prag, † 17. 9. 1979 ebd.; tschechischer Dirigent und Komponist. Er studierte Komposition (K. B. Jirák) und Dirigieren am Konservatorium in Prag, wo er 1932–41 und 1945–54 das Radiosymphonieorchester leitete. 1958–62 war er Professor für Komposition am Prager Konservatorium. Als Komponist wurde er vor allem von L. Janáček und V. Novák beeinflußt.

WW: Klv.- u. Orgelstücke; 8 Inventionen (1963) u. 8 Ricercari (1967) für Schlagzeug; Stücke für Vc u. Klv. (1941); Ballade für V. u. Klv. (1956); Bläsersextett (1940); Suite *Dětem* (1955) für Kammerorch. – Für Orch.: Sinfonietta (1931); Fantasie für Klv. u. Orch. (1934); 2 Ouvertüren (1939, 1947); 8 Symphonien. – Lieder u. Chöre; *Eufemias mysterion* (1965) für Sopran u. Kammerensemble.

KABUKI (von japanisch kabuku = Spiel in der Art und in den Kostümen des 15. und 16. Jh.), Bz. für ein in Japan gegen Ende des 16. Jh. entstandenes und auf die Tänzerin Okuni zurückgehendes Theaterspiel mit Gesang und Tanz. Ursprünglich nur von Frauen gespielt (On'na K. = Frauen-K.), wurde es nach einem Regierungsverbot durch das stilistisch reichere und vom ↗Nō beeinflußte Wakashu K. (K. junger Männer) ersetzt, in dem junge Männer – ohne Masken, jedoch stark geschminkt – die Frauenrollen übernahmen. Seit dem 18. Jh. wurde das K. in zunehmendem Maße volkstümlich und besonders beliebt in Kaufmannskreisen der Städte Kamigata und Edo (Tokio).

Das K.-Theater hat seine Tradition im wesentlichen bis heute bewahrt. Auch die Szenerie ist die gleiche geblieben: eine große Drehbühne in der Mitte, die von einer Vorbühne (hana-michi = Blumenweg) flankiert ist und von der aus ein Weg an der linken Wand ins Publikum führt (bei 2 Vorbühnen auf beiden Seiten). Die Schauspieler verkörpern Typen, wie sie aus der chinesischen Oper bekannt sind: Hauptrolle, männlich oder weiblich (tateyaku), 2. Rolle (waki-yaku), komische Rolle (dōke-yaku), weibliche Rolle (on'na-gata) und die des Feindes (kataki-yaku). Nach dem Vorbild der Feudalgesellschaft gliedern sich die Schauspieler in Klassen, von der höchsten (tate-yaku) bis zur niedersten (hayaku); die Rollenverteilung vererbte sich über Generationen vom Vater auf den Sohn (z.B. in der Sippe der Ichikawa Danjūro I–XI, 1660–1965).

Das Drama Kyōgen, in dem das symbolische Element eine bestimmende Rolle spielt, war früher außerordentlich lang: Vorspiel (jomaku), 1. Akt (ichi-banme), Zwischenspiel (nakamaku), 2. Akt (ni-banme) und Schlußakt (ōgiri). Die Vorstellung begann am Vormittag und endete bei Dunkelheit. Zahlreiche Schauspiele gingen aus dem Marionettentheater ↗Bunraku hervor. Sie lassen sich in zwei Kategorien einteilen: 5aktige Stücke über historische Stoffe und 3aktige Volksstücke. Abwechslungshalber werden Tänze eingeschoben, die gewöhnlich in Beziehung zur Handlung stehen, aber auch längere Tanzstücke (henge-mono), die nicht mit dem Inhalt zusammenhängen. In diesen tritt ein bedeutender Tänzer auf jeweils einer der 5, 7 oder 9 Bühnen in einer anderen Rolle auf (z. B. stellte der Tänzer Nakamura Utaemon III im K. *Osotezakura-tenihano-nanmoji,* 1811, nacheinander eine Kurtisane, einen blinden Masseur, einen Gauner, einen Knaben, einen chinesischen Gott und eine Seiltänzerin dar). Die K.-Musik richtet sich danach, ob sie einen Tanz, eine Pantomime, Dialoge oder Monologe begleitet und kann in 4 Musikstile für das ↗Shamisen unterteilt werden: 1. Gidayū, rezitativische Vokalmusik im Bunraku; 2. Tokiwazu und Kiyomoto, rezitativische Vokalmusik aus Edo; 3. Nagauta, lyrischer Gesang, der vor allem Tanzschauspiele begleitet und bei dem das Hayashi-Ensemble des Nō-Theaters eingesetzt wird (Flöte Nōkan oder Shinobue und die Trommeln Tsuzumi und Taiko); 4. Kagebayashi, Hintergrundmusik, die – ähnlich wie beim Nagauta – von Schlag- und Blasinstrumenten (verschiedene Trommeln, Gongs, Glocken, Klappern, Schrapinstrumente, Bambusflöten) ausgeführt wird. Die meist kurzen Stücke dienen der Untermalung bestimmter Szenen (Palast, Tempel, Laden, tiefes Tal, Berg usw.). Durch Klangfarben werden kunstvoll natürliche Geräusche imitiert: Wind, Regen, Donner, Wellen. Die Musik wird entweder auf der Bühne (debayashi) oder im Hintergrund (kagebayashi), z. T. durch eine Holzwand getrennt, ausgeführt. Die Musiker sind folgendermaßen auf der Bühne plaziert: hinten auf einem Podium mit rotem Teppich die Nagauta, vor ihnen das Hayashi-Ensemble. Die Gidayū-Spieler sitzen auf einer hohen Plattform rechts auf der Bühne, die Tokiwazu- und Kiyomoto-Musiker links oder in der Mitte hinter den Tänzern.

Lit.: R. MAYBON, Le théâtre japonais (P 1925); E. ERNST, The K. Theatre (Lo 1956); P. ARNOLD, Le théâtre japonais (P 1957); W. P. MALM, Nagauta, the Heart of K. Music (Tokio – Rutland/Vt. 1963); B. ORTOLANI, Das K. Theater (Tokio 1964); Y. TOITA, K. (ebd. 1971).

S. KISHIBE

KADE, Otto, * 6. 5. 1819 Dresden, † 19. 7. 1900 Bad Doberan (Mecklenburg); dt. Musikforscher. K. gründete 1848 den Cäcilienverein in Dresden. 1853 wurde er Musikdirektor der Dreikönigskirche in Dresden-Neustadt und 1860 Großherzoglicher Musikdirektor am Hof von Schwerin. K. widmete seine Forschungen vor allem der evangelischen Kirchenmusik des 16. Jahrhunderts.

Schriften: *Mattheus le Maistre* (Mz 1862); *Der neuaufgefundene Luther-Kodex vom Jahre 1530* (Dresden 1873); *H. Isaac,* in: Allgem. Dt. Biogr. 14 (L 1881); *Die ältere Passionskomposition bis zum Jahre 1631* (Gütersloh 1893, Nachdr. 1971); *Die Musikalien-Slg. des Großherzoglich Mecklenburg-Schweriner Fürstenhauses aus den letzten zwei Jahrhunderten,* 2 Bde. (Schwerin 1893, Nachdr. 1974), dazu Nachtrag (ebd. 1899). – Ferner war K. Hrsg. u. a. v.: *J. Walthers Wittenbergisch geistlich Gesangbuch v. 1524* (1878) (= PGfM 7, Nachdr. Hil 1967); *W. Ambros, Gesch. der Musik,* 4 Bde. (L ²1880–89), Bd. 5 von O. K. als Beispielsammlung zu Bd. III (L 1882).

KADENZ (von lat. cadere = fallen; engl. und frz.: cadence; it.: cadenza). – **1)** In der dur-moll-tonalen Musik des 17. bis 19. Jh. Bz. für die Abfolge der Hauptfunktionen ↗Tonika (T), ↗Subdominante (S) und ↗Dominante (D):

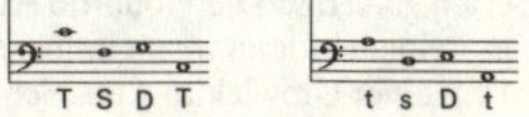

Mit ihrem charakteristischen zweimaligen Quintfall im Baß  schließt sie die Entfernung von der Tonika und die bestätigende Rückkehr zu ihr als dem tonalen Zentrum ein; durch Einschub von Nebendreiklängen oder Zwischendominanten kann diese einfache Grund-K. erweitert werden (= erweiterte K.). Im Unterschied zu den ↗Klauseln des 15. und 16. Jh., die primär als melodische Ereignisse zu betrachten sind, ist die K., verstanden als Gesamtheit der Stimmen, ein harmonischer Vorgang. So sind frühere Schlußwendungen

 , 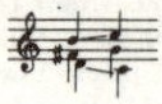 oder 

zwar klanglich der Folge Dominante–Tonika verwandt, nicht aber ihrem Sinn nach; der ↗Akkord ist noch nicht, wie in der dur-moll-tonalen K., die unmittelbar gegebene klangliche Einheit, sondern sekundäres Ergebnis der Intervallfortschreitung: Der Schritt von der Sexte zur Oktave, der den zweistimmigen Rahmen abgibt, wird durch eine (mittlere oder untere) Zusatzstimme ausgefüllt.
Die K., in der alle Töne der Dur- bzw. Mollskala enthalten sind (

), bestimmt eine ↗Tonart eindeutig; als harmonisches Fundament wie als bekräftigende Schlußformel prägt sie die tonale ↗Harmonik am deutlichsten aus.

L. van Beethoven, Klaviersonate op. 2, Nr. 2, Scherzo

Ist die Dominante dabei nicht nur durch ↗Leitton und Quintfall, sondern auch durch einen gemeinsamen Ton eng auf die Tonika bezogen (Quinte der T = Grundton der D), so schaffen andererseits Zusatztöne Verbindungen zur Subdominante: Die hinzugefügte große Sexte (sixte ajoutée) der Subdominante (= Quinte der D) – in C-Dur: 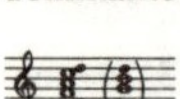

– und die kleine Septime der Dominante (= Grundton der S) – in C-Dur: 

– sind „charakteristische Dissonanzen", die den Zusammenhalt und Fortgang der K. verstärken:

Jeder Dur- und für die Sixte ajoutée auch jeder Molldreiklang erhält durch sie subdominantischen bzw. dominantischen Charakter, z.B. 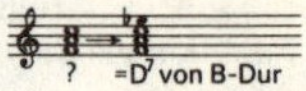

(↗Dominantseptakkord). Die Quinte der Subdominante kann dabei auch fehlen (S^6) – z.B. in C-Dur  –, während die Dominante häufig als „kadenzierender ↗Quartsextakkord" (D^{6}_{4}) erscheint – in C-Dur: 

L. van Beethoven, Klaviersonate op. 10, Nr. 2, 1. Satz

Das Auflösungsstreben der D in die T verbietet in der Regel die Umkehrung der Folge S–D zu D–S; als Ausnahmen finden sich bei Bach die Folgen D–S_3 (= Sextakkord) und D_3–S_3; vereinzelte spätere Fälle haben oft bewußt archaisierenden Charakter.

H. Berlioz, *Requiem*, Sanctus

Der Schritt zur T als dem eigentlichen Ziel der K. führt einen „Ganzschluß" herbei; die Folge D–T als schlußkräftigste Wendung ist der „authentische Ganzschluß" (auch „Ganzschluß" oder „authentischer Schluß"), die Folge S–T ist der – tonal nicht derart eindeutige – „plagale Ganzschluß" (auch „Plagalschluß").

G. Fr. Händel, *Messiah*, Chor *Hoch tut euch auf*

Der „Halbschluß" erreicht die D als kurzfristigen Ruhepunkt.

J. S. Bach, Choral

Bei einem „Trugschluß" folgt der D eine andere Funktion als die erwartete T:

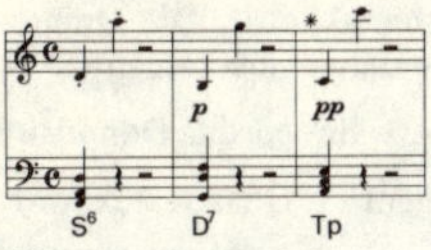

L. van Beethoven, Klaviersonate, op. 2, Nr. 3, 1. Satz

2) Die solistische – improvisierte oder komponierte – K. am Schluß der Bravourarie und an Satzschlüssen des Instrumentalkonzerts gibt dem Interpreten Gelegenheit zu virtuoser Darstellung und zum Spiel mit Themen und Motiven des Satzes. Hervorgegangen aus dem früh einsetzenden Brauch, den Schlußklang oder die Paenultima der Klausel ornamental auszugestalten, ist die Solo-K. als verzögernder Einschub in die harmonische Schlußformel der K. zu verstehen; deutlich wird dies bei dem – seit der Mitte des 18. Jh. typischen – Beginn nach dem kadenzierenden Quartsextakkord (D^{6}_{4}) und dem Abschluß auf der – die Tonika herbeiführenden – Dominante, z.B.:

L. van Beethoven, Klavierkonzert Nr. 1, op. 15, 1. Satz

Ursprünglich improvisiert, wurden K.en allmählich von den Komponisten – in der Regel mit alternativen Versionen zur freien Auswahl des Interpreten – schriftlich fixiert; maßgeblich dafür waren sowohl der Mißbrauch, K.en ohne Rücksicht auf Stil und Proportion des Werkes zur puren Schaustellung veräußerlichter Virtuosität zu nutzen, wie auch der fortschreitende Verfall improvisatorischer Fertigkeit der Interpreten. Beethoven entzieht in seinem Klavierkonzert Nr. 5, op. 73 dem Interpreten jede Freiheit: wie später bei anderen Komponisten ist die auskomponierte K., als integraler Bestandteil des Werkes, verbindlich vorgeschrieben.

Lit.: **Zu 1):** J.-PH. RAMEAU, Traité de l'harmonie ... (P 1722, Faks. NY 1965) (= MMMLF II/3); dass., in: Complete Theoretical Writings, hrsg. v. E. R. JACOBI (Dallas/Tex. 1967); J.-PH. RAMEAU, Nouveau système de musique théorique (P 1726, Faks. NY 1967) (= MMMLF II/7); dass., in: Complete Theoretical Writings, hrsg. v. E. R. JACOBI (Dallas/Tex. 1967); H. RIEMANN, Musikal. Logik, in: Präludien u. Stud. 3 (L 1901, Nachdr. Hil 1967); M. FREY, Die Hauptk. im Wandel der Zeiten, in: Mk 13 (1913); H. J. MOSER, Die harmonischen Funktionen in der tonalen K., in: ZfMw 1 (1918); R. TENSCHERT, Die Kadenzbehandlung bei R. Strauss, in: ebd. 8 (1925/26); H. NAUMANN, Strukturk. bei Beethoven (L 1931); H. J. MOSER, Das Schicksal der Penultima, in: Jb.-Peters 41 (1934); D. SCHJELDERUP-EBBE, Purcell's Cadences (Oslo 1962); S. H. HANSELL, The Cadence in the 18th Century Recitativa, in: MQ 54 (1968); G. KATZENBERGER, Improvisatorische Elemente in Mozarts K.en, in: Acta Mozartiana 20 (1973); F. OTTERBACH, Kadenzierung u. Tonalität im Kantilenensatz Dufays (Diss. Fr 1973); B. MEIER, Die Tonarten der klass. Vokalpolyphonie (Utrecht 1974); S. HERMELINK, Die innere Logik der Rezitativ-K., in: Kgr.-Ber. Berlin 1974 (Kas 1980). – **Zu 2):** H. KNÖDT, Zur Entwicklungsgesch. der K. im Instrumentalkonzert, in: SIMG 15 (1913/14); R. STOCKHAMMER, Die K. zu den Klavierkonzerten der Wiener Klassiker (Diss. W 1936); P. MIES, Die Krise der Konzertk. bei Beethoven (Bonn 1970) (= Abh. z. Kunst-, Musik- u. Lit.-Wiss. 101); DERS., Das Konzert im 19. Jh. Stud. zu Formen u. K.en (ebd. 1972) (= ebd. 126); O. EDWARDS, The Cadenza in Eighteenth-Century English Concerto Fugues, in: MR 36 (1975).

C. KÜHN

KADOSA, Pál, * 6. 9. 1903 Léva (heute ČSSR), † 30. 3. 1982 Budapest; ungar. Komponist und Pianist. Er studierte 1921–27 in Budapest Klavier bei A. Székely und Komposition bei Z. Kodály. Anschließend war er als Klavierlehrer an verschiedenen Budapester Musikschulen tätig. 1945 wurde er Professor an der Musikhochschule Budapest und Vizepräsident des Ungarischen Kunstrates. 1948 organisierte er das 1. Internationale Béla-Bartók-Fest. Seit 1967 ist er Mitglied der Royal Academy of Music in London und seit 1970 der Deutschen Akademie der Künste in Berlin (-Ost). Als Pianist trat K. nachhaltig für die zeitgenössische Musik ein. Als Komponist schöpfte er wie sein Lehrer Kodály aus der Tradition der altungarischen Volksmusik.

WW: Für Klv.: 3 Suiten (1921); 7 Bagatellen (1923); Etüden (1935); Préludes (1944); Stücke für 2 Klv.; 3 Streichquartette; Streichtrios u. -Duos; Solosonaten für V. u. Vc.; Suiten u. Sonaten für V. u. Klv.; 8 Symphonien (1942, 1948, 1957, 1959, 1961, 1966, 1967, 1968); 4 Klv.-Konzerte (1931, 1938, 1953, 1966); 2 V.-Konzerte (1932, 1941); Concertino für V. (1935). – Klv.-Lieder nach Petöfi (1952) u. N. Sachs (1970); Kantaten; ferner die Oper *Huszti kaland*, UA: Budapest 1951.

Lit.: J. S. WEISMAN, P. K., in: Ungar. Komponisten, hrsg. v. H. Lindlar (Bonn 1954) (= Musik der Zeit 9); F. BÓNIS, K. P. (Budapest 1965), gekürzt engl. in: New Hungarian Quarterly 5 (1964).

KAGEL, Mauricio Raúl, * 24. 12. 1931 Buenos Aires; argentinischer, seit 1980 deutscher Komponist. Er studierte teils privat, teils autodidaktisch Klavier, Violoncello, Orgel, Gesang, Dirigieren und Komposition sowie an der Universität von Buenos Aires Philosophie und Literatur. 1949 wurde er künstlerischer Berater der „Agrupación Nueva Música" Buenos Aires, 1950 Mitbegründer der Cinémathèque Argentine, 1955 Studienleiter an der Kammeroper und Direktor am Teatro Colón in Buenos Aires. 1957 übersiedelte er nach Köln. Seit 1960 war er häufig Dozent bei den Darmstädter Ferienkursen für Neue Musik, unternahm 1961–63 Vortrags- und Konzertreisen durch Amerika, war 1964–65 Professor für Komposition an der State University of New York in Buffalo und 1968 Leiter der Skandinavischen Kurse für Neue Musik in Göteborg. Seit 1967 lehrt er als Gastdozent an der Film- und Fernsehakademie Berlin und leitete 1969–75 die Kölner Kurse für Neue Musik. 1973–74 unternahm er mit dem Kölner Ensemble für Neue Musik Konzertreisen durch Asien, Südamerika, die USA und Kanada. Seit 1974 ist K. Professor für Neues Musiktheater an der Staatlichen Hochschule für Musik Rheinland in Köln. Er erhielt zahlreiche Preise, zuletzt für sein Hörspiel *Der Tribun* den Hörspielpreis der Kriegsblinden für 1979.

WW: **1) Instr.-WW:** Streichsextett (1953, Neufassung 1957); *Transiçión II* (1959) für Klv., Schlagzeug u. Tonbänder; *Transiçión I* (1960) für elektronische Klänge; *Sonant* (1960) für Gitarre, Harfe, Kb. u. Fellinstr.; *Mimetics (Metapiece)* (1961) für Klv. bei gleichzeitiger Darbietung eines Werkes v. einem lebenden Komponisten; *Heterophonie* (1961) für Orch.; *Match* (1964) für 3 Spieler (2 Vc. u. Schlagzeug); Musik für Renaissance-Instr. (1966); Streichquartett (1967); *Der Schall* (1968) für 5 Spieler; *Unter Strom* (1969) für 3 Spieler; *Tactil* (1970) für drei; *Programm. Gespräche mit Kammermusik* (1972); *Exotica* (1972) für außereuropäische Instr.; *Variationen ohne Fuge für großes Orch. über die „Variationen u. Fuge" über ein Thema v. Händel für Klv. op. 24 v. J. Brahms 1861/62* (1972); *Klangwölfe* (1979) für Geige u. Klv. – **2) Vokal-WW:** *Anagrama* (1958) für Gesangssoli, Sprecher u. Kammerensemble; *Phonophonie* (1963), 4 Melodramen für 2 St. u. andere Schallquellen; *Diaphonie* (1964) für Chor, Orch. u. Diapositivprojektoren (3 Fassungen); *Hallelujah* (1968) für St.; *1898* (1973) für Kinderst. u. Instr.; *Kantrimiusik* (1975), Pastorale für St. u. Instr.; *Chorbuch* (1978) für Vokalensemble u. Tasteninstr., Kantate *Vox humana?* (1979) für Solo-Lautsprecher, Frauenst. u. Orch. – **3) Bühnen-WW:** *Sur scène* (1960), kammermusikal. Theaterstück für Sprecher, Darsteller, Sänger u. 3 Instrumentalisten; *Tremens* (1965), szenische Montage eines Tests für 2 Darsteller u. elektrische Instr.; *Pas de cinq* (1965), Wandelszene für 5 Darsteller; *Staatstheater*, UA: Hamburg 1971, daraus szenisches Konzertstück, UA: Wuppertal 1971; *Probe*, Versuch für ein improvisiertes Kollektiv, UA: Oslo 1971; *Mare nostrum. Entdekkung, Befriedung u. Konversion des Mittelmeerraumes durch einen Stamm aus Amazonien*, szenisches Spiel für Countertenor, Bar., Fl., Ob., Gitarre, Harfe, Vc. u. Schlagzeug, UA: Berlin 1975; *Die Rhythmusmaschinen* (1978), Aktion für Gymnasten, Rhythmusgeneratoren u. Schlagzeug; *Die Erschöpfung der Welt* (1978), szenische Illusion in einem Aufzug; *Aus Deutschland*. Eine Lieder-Oper (1980). – **4) Hörspiele:** *(Hörspiel) Ein Aufnahmezustand* (1969); *Guten Morgen!* (1971); *Soundtrack* (1975); *Die Umkehrung Amerikas* (1976); *Der Tribun* (1979) für eine politische St., Lautsprecher u. Militärkapelle. – **5) Filme:** *Antithèse* (1965); *Match* (1966); *Solo* (1967); *Duo* (1968); *Hallelujah* (1968); *Ludwig van* (1969); *Zwei-Mann-Orchester* (1973); *Kantrimiusik* (1976); *Ex-Position* (1978). – **6) Schriften:** *Ton-Cluster, Anschläge, Übergänge*, in: Berichte/Analysen, hrsg. v. H. Eimert (W 1959) (= Die Reihe 5); *Translation, Rotation*, in: Form, Raum, hrsg. v. dems. (W 1960) (= ebd. 7); *Komposition, Notation, Interpretation*, in: Notation Neuer Musik, hrsg. v. E. Thomas (Mz 1965) (= Darmstädter Beitr. z. Neuen Musik 9); *Tamtam. Monologe u. Dialoge zur Musik*, hrsg. v. F. Schmidt (Mn 1975).

K.s erste in Europa entstandenen Kompositionen gehören der seriellen Musik an, von der er sich freilich bald abwandte, ohne deren Technik ganz aufzugeben. Mit *Sur scène* (1960) beginnt eine lange Reihe von Werken des „Instrumentalen Theaters", in denen K. nicht nur das Klangresultat, sondern auch szenische Dimensionen wie Bewegung, Licht oder Bühnenbild festlegt. Eine solche Aufhebung traditioneller Gattungsgrenzen, verbunden mit der Einbeziehung einer Fülle von Wirklichkeitsfragmenten, führte K. auch zu Film und Hörspiel. Daneben widmet er sich der Entdeckung neuer Klangbereiche, wobei häufig ungewohnte Instrumente und Klangerzeuger Verwendung finden. Seit *Ludwig van* (1969) gilt K.s Interesse in zunehmendem Maße der kompositorischen Umgestaltung älterer Musik (meist mittels Collage-Techniken) sowie politischen und theologischen Themen. Die in fast allen Werken anzutreffenden Verfremdungen und assoziativen Verknüpfungen wie auch K.s Absicht, aus eindeutigen Details vieldeutige Zusammenhänge herzustellen, zielen auf eine Intensivierung der Wahrnehmung, die indes nicht auf ästhetische Immanenz beschränkt bleiben soll. Wie im „Instrumentalen Theater" beides, Hören und Sehen, gefordert ist, so ist K. stets auch um eine Übereinstimmung von musikalischem Ausdruck und kommunizierbaren Gedanken bemüht; seine Musik soll zur Reflexion führen. Die vielfältigen, wenn auch vieldeutigen Bezüge der Werke K.s zur Geschichte und zur zeitgenössischen Gesellschaft sind die künstlerischen Reflexe einer Realität, deren Widersprüche und Bedrohungen K. aufzuzeigen sucht.

Lit.: D. SCHNEBEL, M. K. Musik, Theater, Film (Kö 1970) (mit Werk-Verz. u. Bibliogr.); K. H. ZARIUS, Das Instr. als Symptom, in: Kat. z. Ausstellung M. K. Theatrum instrumentorum (Kö 1975); W. KLÜPPELHOLZ, Sprache als Musik (Herrenberg 1976) (zu Anagrama); DERS., Musik als Theologie. Zu K.s Rezitativarie, in: Melos/NZ 3 (1977); R. FRISIUS, Musique pour la radio, radio pour la musique. Tendences de l'œuvre de M. K., in: Musique en jeu 27 (1977); C. M. SCHMIDT, Brennpunkte der Neuen Musik (Kö 1977); K. H. ZARIUS, Staatstheater v. M. K. Grenze u. Übergang (W 1977); M. K., in: Musik u. Bildung 9 (1977) H. 11; W. KLÜPPELHOLZ, M. K. u. die Tradition, in: Die neue Musik u. die Tradition, hrsg. v. R. Brinkmann (Mz 1978); DERS., M. K. 1970–1980 (Kö 1981).

W. KLÜPPELHOLZ

KAEGI, Werner, * 17. 6. 1926 Uznach (Kanton St. Gallen); Schweizer Komponist. Er studierte seit 1945 Musikwissenschaft und mathematische Logik an den Universitäten Heidelberg, Basel und Zürich, wo er 1951 promovierte. Außerdem studierte er an den Konservatorien in Basel und Zürich und war Kompositionsschüler P. Hindemiths in Salzburg sowie A. Honeggers in Paris. Seit 1963 wirkt er beim Centre de Recherches Sonores de la Radio Suisse Romande in Genf.

WW: *Ariadne in Zürich* (1957) für Klv. zu 4 Händen, Orch.-Fassung (1968); Concerto für Jazzquartett u. Str. (1964); *Mystic Puzzle I* (1968) für Cemb. u. Prepared Piano. – Elektronische Musik, u. a.: *Suisse vigilante* (1964); *Eclipses* (1964) für 4 Tonsäulen; *Entretiens* (1965); *Mystic Puzzle II* (1966) für Jazzensemble u. elektronische Klänge; *Les vêtements de la demoiselle* (1968) (Text: R. Sassi) für 2 Schauspieler, Sopran u. elektronische Klänge; *Entretiens solitaires* (1968) für einen Sprecher, 9 Instr. u. elektronische Klänge; *Anima ou Les rêves de Damien* (1968); ferner das Ballett *De Bach chunnt*, UA: Zürich 1959. – Schriften: *Die simultane Denkweise in J. S. Bachs Inventionen, Sinfonien u. Fugen* (Diss. Z 1951); *Was ist elektronische Musik?* (Z 1967).

KAISER, Joachim, * 18. 12. 1928 Milken (Ostpreußen); dt. Literatur- und Musikkritiker. Er studierte in Göttingen, Frankfurt a. M. und in Tübingen, wo er 1958 promovierte. Seit 1951 war er Mitarbeiter bei der *Frankfurter Allgemeinen Zeitung* und bei den *Frankfurter Heften*, 1954–58 Redakteur beim Hessischen Rundfunk und anschließend Feuilletonredakteur bei der *Süddeutschen Zeitung*. 1977 erhielt er den Lehrstuhl für Theorie des Theaters an der Musikhochschule in Stuttgart.

Schriften: *Große Pianisten unserer Zeit* (Mn 1965, ²1972); *Theater-Tagebuch* (H 1965); *Zur Praxis der Musikkritik*, in: Symposium für Musikkritik (Gr 1968); *Beethovens 32 Klv.-Sonaten u. ihre Interpreten* (F 1975); *Erlebte Musik von Bach bis Strawinsky* (H 1977).

KAISERLICHEN ABENTEUER DES HÁRY JÁNOS, DIE, Singspiel in 4 Akten mit Prolog und Epilog von Zoltán Kodály (1882–1967), Text von Béla Paulini mit Versen von Zsolt Harsányi nach der erzählenden Dichtung *Az obsitos (Der Veteran)* von János Garay. Ort und Zeit der Handlung: Rahmenhandlung in der Schenke zu Nagyabony um 1845, die Abenteuer: an der galizisch-russischen Grenze, auf dem Schlachtfeld vor Mailand und in der Wiener Hofburg, zwischen 1800 und 1812. UA: 16. 10. 1926 in Budapest, dt. EA (in dt. Sprache): 26. 9. 1931 in Köln.

Erzählungen des Veteranen Háry, der kein Aufschneider wie Münchhausen, sondern ein Träumer, „Sinnbild des unverwüstlichen, ewig magyarischen Optimismus" (Kodály) ist, bilden den Inhalt dieses ersten auf originalen ungarischen Volksliedern basierenden Singspiels. Nach der UA erweiterte Kodály die Partitur um eine Theater-Ouvertüre und um einige Lieder, wogegen er ein fünftes Abenteuer, die Szene vom *Ende der Welt*, strich. Eine letzte Umarbeitung des Singspiels durch den Komponisten erfolgte 1948, nachdem er bereits 1927 einige der wirkungsvollsten Instrumentalstücke zu der häufig gespielten *Háry-János-Suite* zusammengestellt hatte. Mit der volkstümlichen Musik zu diesem Singspiel gelang Kodály, was Bartók mit *Herzog Blaubarts Burg* nicht erreicht hatte: dem ungarischen Volk dessen eigene musikalische Sprache bewußt zu machen und damit zum Begründer der nationalen ungarischen Oper zu werden.

K. LANGROCK

KAJANUS, Robert, * 2. 12. 1856 Helsinki, † 6. 7. 1933 ebd.; finnischer Dirigent und Komponist. K. studierte in Helsinki, anschließend am Leipziger Konservatorium, in Paris und in Dresden. Nach Helsinki zurückgekehrt, gründete er dort 1882 ein Symphonieorchester, das er bis 1932 leitete, sowie 1885 eine Orchesterschule. Außerdem lehrte er 1897–1926 Musik an der Universität von Helsinki. K. hat das Musikleben Finnlands nachhaltig beeinflußt. Als Dirigent setzte er sich besonders für J. Sibelius ein. In seinen eigenen Kompositionen suchte er einen nationalen Stil zu entwickeln.

WW: Klv.- u. Harfenstücke; Orch.-Werke, u. a.: *Der Tod Kullervos* für Orch. (1881) (Episode aus dem finnischen Volksepos *Kalevala*); 2 finnische Rhapsodien (1882, 1889); Symphonie mit Schlußchor *Aino* (1885) (zur 50jährigen Feier des Epos *Kalevala*); Lieder, Chöre u. Chorwerke mit Orch.

Lit.: Y. SUOMALAINEN, R. K. (He 1952); O. ANDERSON, Sibelius och K., in: Studier i musik och folklore (Åbo 1964).

KALICHSTEIN, Joseph, * 15. 1. 1946 Tel Aviv; amerik. Pianist israelischer Herkunft. K. studierte 1962–69 Klavier (I. Kabos, E. Steuermann) an der Juilliard School of Music in New York und bei Wl. Ashkenazy. Seit seinem Debüt 1967 in der Carnegie Hall in New York konzertiert er in allen bedeutenden Musikzentren der Welt.

KALIF VON BAGDAD, DER *(Le Calife de Bagdad)*, Opéra-comique in 1 Akt von François Adrien Boieldieu (1775–1834), Text von Claude Godard d'Aucour de Saint-Just. Ort und Zeit der Handlung: Bagdad, in der märchenhaften Zeit von *1001 Nacht*. UA: 16. 9. 1800 in Paris (Théâtre Favart), dt. EA (in dt. Sprache): 14. 5. 1802 in Hamburg.

Mit dieser Oper gelang Boieldieu der Durchbruch zum internationalen Erfolg: Die Komödie um den Kalifen Isauun, der sich in wechselnden Verkleidungen in den Straßen Bagdads sehen läßt und bei einer dieser Gelegenheiten die junge Zétulbé rettet, die er schließlich zur Frau nimmt, konnte sich in den Aufführungsziffern sogar mit den großen Bühnenwerken Cherubinis messen. Paradoxerweise war es gerade der Erfolg dieser Oper, der Boieldieu veranlaßte, bei Cherubini musikdramatischen Unterricht zu nehmen. Zeitgenössische Kritiker bemän-

Ph. © Siegfried Lauterwasser, Überlingen

Herbert von KARAJAN war bis zu seinem Tod 1989 ein Mittelpunkt internationaler Musikkultur; die Berliner Philharmoniker standen unter seiner Leitung.

Der französische Komponist HÉROLD ist heute nur mehr durch sein Ballett „La Fille mal gardée" bekannt (Foto: Österreichischer Bundestheaterverband / Axel Zeininger).

Erich Wolfgang KORNGOLD erzielte mit seiner 1920 komponierten tragischen Oper „Die tote Stadt“ einen Welterfolg (Foto: Österreichischer Bundestheaterverband / Axel Zeininger).

geln zwar die „manieristische Sprachpräzision" in den Dialogen und die wenig orientalische couleur locale, betonen aber, daß diese Schwächen bei weitem von den Vorzügen der Oper ausgeglichen würden: Reichtum der Bilder, sprachlicher Esprit, entwaffnender Witz und schließlich eine Fülle melodischer Ideen in den wenigen, unkompliziert-schönen Musiknummern. Die Ouvertüre wurde zu einem beliebten Konzertstück.

R. QUANDT

KAELIN, Pierre, * 12. 5. 1913 Estavayer-le-Lac; Schweizer Chorleiter und Komponist. Nach der Priesterweihe 1937 studierte er in Paris an der École César Franck und am Institut grégorien. 1949 wurde er als Nachfolger von J. Bovet Kapellmeister an der Kathedrale Saint-Nicolas in Fribourg, wo er außerdem als Musiklehrer an der École Normale und am Konservatorium wirkte. 1952 gründete er die Chorvereinigung „La Chanson de Fribourg", 1957 den „Choeur symphonique de Fribourg" und 1971 die „Petits Chanteurs de Fribourg". Als Komponist volkstümlicher Lieder und Chöre führt er weitgehend die Linie von Bovet fort.

WW: **1) Kompositionen:** *Le jeu du noir et du blanc* (1955); *Terre de Gruyère* (1963); *La symphonie des deux mondes* (1980); ferner Lieder, Chöre; Messen, Motetten u.a. kirchenmusikal. Werke. – **2) Schriften:** *Le livre du chef de chœur* (G 1949), 2. erweiterte Aufl. als: *L'art choral* (P 1974); *Pratique grégorienne* (Fribourg 1961).

KALKANT, ältere Form **Calcant** (von lat. calcare = treten), in Deutschland Bz. für den Bälgetreter (↗Balg), wie er bis zum Beginn des 20. Jh. für die Versorgung einer Orgel mit Wind notwendig war (frz. Bz.: souffleur). K. oder Kalkantenruf bzw. Kalkantenzug hieß auch die Vorrichtung am Spieltisch, mit der der Organist dem K.en das Zeichen für den Einsatz seiner Tätigkeit gab.

KALKBRENNER. – 1) Christian, * 22. 9. 1755 Minden, † 10. 8. 1806 Paris; dt. Kapellmeister. Er war 1772–85 Chorsänger und Violinist am Hofe in Kassel und 1790–96 Kapellmeister des Prinzen Heinrich in Rheinsberg. Seit 1799 wirkte er als Korrepetitor an der Großen Oper in Paris.

WW: **1) Kompositionen:** Im Druck erschienen: Sonaten für Cemb. od. Klv.; mehrere Slgn. Sonaten für Cemb. od. Klv. mit V. bzw. mit V. u. Vc.; ferner Lieder, Arien u. Romanzen für SingSt. u. Klv. – **2) Schriften:** *Theorie der Tonsetzkunst,* 2 Tle. (B 1789); *Kurzer Abriss der Gesch. der Tonkunst* (B 1792). K. übers. u. bearb. auch Fr. X. Richters hsl. überlieferten *Harmonischen Belehrungen ...* als *Traité d'harmonie et de composition* (P 1804).

2) Friedrich Wilhelm Michael, Sohn von 1), * zwischen 2. und 8. 11. 1785 bei Kassel, † 10. 6. 1849 Enghien-les-Bains; dt. Pianist und Komponist. Er war zunächst Schüler seines Vaters, seit 1799 Klavierschüler von L. Adam und später Theorieschüler von Ch. S. Catel am Pariser Conservatoire. 1803 ging er nach Wien, wo er von Beethoven, Haydn und J. G. Albrechtsberger gefördert wurde. 1805 unternahm er eine außerordentlich erfolgreiche Konzertreise nach München und Stuttgart und kehrte 1806 nach Paris zurück, wo er bald ein gesuchter Pianist und Klavierlehrer wurde, der die Entwicklung der Klavierspieltechnik maßgeblich beeinflußte. 1814–23 lebte er in London, ließ sich dann aber endgültig in Paris nieder. Dort galt er bis zum Auftreten Fr. Liszts als einer der bedeutendsten Pianisten. Zu seinen Schülern gehörte kurze Zeit auch Fr. Chopin, der ihm sein 1. Klavierkonzert widmete. Von seinen Klavierkompositionen sind die Etüden, die R. Schumann als „Meisterstücke en miniature" bezeichnete, sowie die auf Chopin vorausweisenden *Préludes* op. 88 hervorzuheben.

WW: Sonaten für Klv. zu 2 u. 4 Händen; zahlr. Fantasien u. Variationen, meist über Opernmelodien, Rondos, Valses u. Charakterstücke für Klv. (mehr als 120 Opuszahlen); *24 Préludes,* op. 88 u. 5 Slgn. *Études* für Klv. – Lehrwerke: *Anweisung das Pianoforte mit Hilfe des Handleiters spielen zu lernen,* op. 108 (L o. J., frz. P 1830); *Harmonielehre ... als Anleitung zum Präludieren u. Improvisieren,* op. 109 (L o. J., frz. P 1849).

Lit.: W. C. M. KLOPPENBURG, De Ontwikkelingsgang van de Pianomethoden (Utrecht 1951); R. SIETZ, K., in: MGG VII.

KALLER, Ernst, * 27. 3. 1898 Beuthen (Oberschlesien), † 1. 11. 1961 Essen; dt. Organist. Er studierte seit 1921 Musikwissenschaft an den Universitäten in Freiburg im Breisgau (W. Gurlitt) und 1922–26 in Leipzig (H. Abert, Th. Kroyer), gleichzeitig Orgel (K. Straube) am dortigen Landeskonservatorium. 1927–34 war K. Leiter der Orgelklasse des von ihm mitbegründeten Musikseminars in Freiburg im Breisgau. 1934 wurde er Leiter der Abteilung Katholische Kirchenmusik an der Folkwangschule in Essen (1948 Professor). Neben einer Orgelschule in 2 Bden. gab er *Liber organi* (12 Bde., Mz 1931ff.) heraus, eine wichtige Edition älterer Orgelmusik.

KALLIWODA, Johann Baptist Wenzeslaus, * 21. 2. 1801 Prag, † 3. 12. 1866 Karlsruhe; böhmischer Violinist und Komponist. K. studierte bei D. Weber und F. W. Pixis am Prager Konservatorium. 1821 unternahm er eine Konzertreise nach Deutschland, in die Schweiz und nach Holland. 1822–66 war er Kapellmeister des Fürsten von Fürstenberg in Donaueschingen, dessen Orchester er zu hohem Ansehen führte. K.s Werke gehörten bis zur Jahrhundertmitte zum festen Repertoire des deutschen Konzertwesens. Seine Unterrichtswerke (Etüden, Duos) werden noch heute benutzt. K.s Sohn **Wilhelm,** * 19. 7. 1827 Donaueschingen, † 8. 9. 1893 Karlsruhe, war Pianist und Dirigent und wirkte

1853–75 als Hofkapellmeister in Karlsruhe. Er schrieb Lied- und Klavierkompositionen.

WW: Klv.-Stücke zu 2 u. 4 Händen; 3 Streichquartette; zahlr. Orch.-Werke, u.a. 7 Symphonien (1825, 1829, 1830, 1835, 1840, 1841, 1843); 10 Messen, Lieder u. Chöre, ferner Unterrichtswerke für V. – Opern: *Prinzessin Christine von Wolfenburg*, UA: Prag 1829; *Blanda, die silberne Birke* (Libr.: F. Kind), UA: ebd. 1847.

Ausg.: Concertino für Ob. u. Orch., op. 110, hrsg. v. H. DE VRIES (Lo 1974).

Lit.: K. STRUNZ, J. W. K.... (W 1910); H. KALLER, in: Musica 5 (1951); W. KRAMOLISCH, K., in: MGG VII.

KALLMEYER ↗Möseler-Verlag.

KÁLMÁN, Emmerich (Imre), *24.10.1882 Siófok (Ungarn), †30.10. 1953 Paris; ung. Komponist. K. wollte zunächst Konzertpianist werden, mußte diesen Plan wegen einer Erkrankung der rechten Hand aber aufgeben und studierte zusammen mit B. Bartók und Z. Kodály Komposition bei H. Kößler an der Landesakademie für Musik in Budapest. 1904–08 war er Musikkritiker an der Zeitung *Pesti Napló*. 1906 wurde sein erstes Bühnenwerk, das Lustspiel *Das Erbe von Pereszlény*, uraufgeführt. 1907 erhielt er den Franz-Joseph-Preis der Stadt Budapest. Ende 1908 siedelte er nach Wien über, wo noch im selben Jahr in Zusammenarbeit mit dem Librettisten Karl von Bakonyi die Operette *Tatárjárás (Ein Herbstmanöver)* entstand. Sie kam auch in London, Stockholm, Kopenhagen und New York zur Aufführung. Mit dem *Zigeunerprimas* (1912) schuf K. einen eigenen Typ der Ungarn-Operette, der in der Folgezeit neben der Berliner und Wiener Operette überaus beliebt wurde. *Die Csárdásfürstin* (1915) machte ihn schließlich zu einem der bekanntesten Operettenkomponisten seiner Zeit. Weitere Publikumserfolge erzielte er u.a. mit *Gräfin Mariza* (Wien 1924). 1938 emigrierte er nach Zürich, Paris und schließlich nach New York. Die dort komponierten Operetten konnten sich aber in Europa nicht mehr durchsetzen. 1948/49 kehrte er nach Europa zurück, wo er wenige Jahre später in Paris verstarb.

WW: *Tatárjárás* (1908); *Der gute Kamerad* (1911); *Der Zigeunerprimas* (1912); *Der kleine König* (1912); *The Blue House* (1912); *Die Csárdásfürstin* (1915); *Die Faschingsfee* (1917); *Die Bajadere* (1921); *Gräfin Mariza* (1924); *Die Zirkusprinzessin* (1926); *Die Herzogin von Chicago* (1928); *Das Veilchen vom Montmartre* (1930); *Der Teufelsreiter* (1932); *Kaiserin Josephine* (1936); *Marinka* (1945); *Arizona-Lady* (1954) (vollendet v. seinem Sohn Ch. K.).

Lit.: J. BISTRON, E. K. (W 1932); R. OESTERREICHER, E. K. (W 1954); S. CZECH, Das Operettenbuch (St 1960); V. KÁLMÁN, Grüß mir die süßen, die reizenden Frauen. Mein Leben mit E. K. (Bayreuth 1966).

R.-M. SIMON – S. SIMON

KALOMIRIS, Manolis, * 14. (26.) 12. 1883 Smyrna, †3.4. 1962 Athen; griech. Komponist. Er studierte 1901–06 bei H. Grädener und E. Mandyczewski am Konservatorium in Wien. 1906–10 war er Klavierlehrer am Konservatorium in Charkow und anschließend bis 1919 am Konservatorium in Athen. 1919–26 war er dort Leiter des Hellenischen Konservatoriums und seit 1926 des von ihm gegründeten Nationalkonservatoriums. K.' Kompositionen weisen Einflüsse der griechischen Folklore und der orientalischen Musik auf, stehen jedoch in der Formgestaltung und harmonisch in der Tradition der mitteleuropäischen Musik.

WW: Kammermusik u. Orch.-Werke, u.a. 3 Symphonien (1920, 1930) mit Chor u. (1955) mit Rezitator. – Opern (UA in Athen): *O Protomastoras* (Der Maurermeister), UA: 1916; *To dachtilidi tis manas* (Der Ring der Mutter), UA: 1917; *Anatoli*, UA: 1945; *Ta sotika nera* (Die schattigen Gewässer), UA: 1951; *Konstantin Palaiologos*, UA: 1962.

Lit.: F. ANOYANAKIS, M. K. Werk-Verz. (Athen 1964); G. J. ZACK, The Music Dramas of M. K. (1972) (= Diss. Florida State Univ.).

KAMĀNǦĒ, Kamanče (von arabisch kamān = Bogen), weitverbreitete Spießlaute des Vorderen Orients (offenbar persischen Ursprungs) mit langem, rundem Hals. Der – kleine – Resonanzkörper kann halbkugelig bis viereckig geformt, ein ausgehöhltes Stück Holz oder aus Holz zusammengesetzt sein oder aus einer Kokosnußschale bestehen. Als Decke dient eine dünne Holzplatte oder eine Fellmembran. Der griffbrettlose Hals wird oft unter der Fellmembran durch das ganze Korpus gezogen und endet in einem Spieß; oder ein Spieß wird eigens angesetzt. Das Instrument kann mit 1–3, heute mitunter in Anlehnung an die europäische Violine auch mit 4 Saiten bespannt sein. Die K. wird vertikal gehalten, wobei der Spieß zum Aufstützen dient. Die Töne werden durch seitliches Abdrücken der gestrichenen Saite erzeugt. Heute wird die traditionelle K. zunehmend durch die Violine ersetzt, die, gleichfalls aufgestützt gespielt, auch die Bezeichnung K. trägt. Die Bezeichnung K. ist also sehr weit gefaßt, wird aber zur genaueren Charakterisierung einzelner Typen fast immer mit einem entsprechenden Adjektiv verbunden.

Lit.: L. PICKEN, Folk Musical Instruments of Turkey (Lo 1975).

KAMBODSCHA (Musik der Khmer). An autochthone Traditionen anknüpfend, entwickelte sich in Südostasien unter indischem, chinesischem und indonesischem Einfluß eine relativ einheitliche Musikkultur. Aus prähistorischer Zeit haben sich in K. Bronzetrommeln und Lithophone (Steinspiele) erhalten; Abbildungen lassen erkennen, daß man in den mon-khmerischen Kulturen neben verschiedenen Blasinstrumenten vor allem Trommeln und Gongs verwendete. Nachdem im 6. Jh. n. Chr. die

Khmer das Land eroberten, erlebte es einen raschen kulturellen und wirtschaftlichen Aufstieg. In der Blütezeit des Khmer-Reiches (10.–13 Jh.), das sich von Birma bis nach Malaysia erstreckte, nahm die Musik einen bedeutenden Rang ein: Steininschriften bezeugen, daß die Fürsten in den Tempeln ganze Orchester sowie zahlreiche Tänzerinnen als Opfergaben darbrachten. Basreliefs zeigen Schlaginstrumente (Gongs, Trommeln, Becken), die bei Militärparaden und religiösen Zeremonien vorherrschten (kultische Tänze wurden von Streichinstrumenten begleitet). Das horizontal auf kreisförmigem Rahmen angeordnete Gongspiel ist bereits auf einem Relief aus dem 12. Jh. dargestellt, dürfte jedoch schon früher in Gebrauch gewesen sein. Seit dem 15. Jh. wurde auch malaysischer Einfluß in K. bestimmend.

Musikinstrumente. Viele Instrumente wurden aus Ost- und Zentralasien übernommen (u.a. verschiedene Lauten-Typen), andere gehen auf indische Vorbilder zurück; einige Trommel-Typen sowie die Schalmei Sralay entstammen offenbar der malaiischen Kultursphäre.

1. *Chordophone.* Zu den ältesten Instrumenten gehört das Stab-Monochord Sadev. Als Resonator dient eine unten offene Kalebasse, die der Musiker während des Spiels gegen die Brust drückt. In Anlehnung an die chinesische Mondgitarre entstand die Chapey, ein Instrument mit flachem, leicht ovalem Korpus sowie einem langen, am oberen Ende nach hinten gebogenen Hals mit hohen Stegen (Bünden). Zwei einfache bzw. gedoppelte Saiten sind an langen seitenständigen Wirbeln befestigt. Zum Typus der Kastenzither gehört die Takkhē, deren 3 Saiten über hohe Stege laufen. Neben der 3saitigen, gestrichenen Spießlaute Tro khmer mit flachem, meist ovalem und fellbespanntem Schallkörper, finden Streichinstrumente mit zylindrischem, bauchigem oder schalenförmigem Resonator Verwendung. Bei allen Instrumenten dieses Typus liegen die Saiten sehr hoch über dem nach hinten gebogenen Hals und sind an hinterständigen Wirbeln befestigt.

2. *Aerophone.* Unter den Flöten dominieren längs gehaltene Typen aus Bambus (Khloy) mit 3–7 Grifflöchern. Daneben sind 3 verschiedene Schalmei-Typen bekannt: die voll- und etwas schnarrend klingende Pey ār aus einem zylindrischen Bambusrohr mit 6 Grifflöchern und breitem Mundstück; die ebenfalls zylindrische Sralay mit faßförmig gedrechseltem Tubus aus Holz und 6 Grifflöchern; und schließlich die relativ schrill klingende Sralay khlang khēk, die mit einem leicht aufgeworfenen Schallbecher versehen ist. Das Mundstück der Sralay besteht aus 4 zusammengebundenen Palmblattsegmenten, die durch Zungendruck einzeln ausgeschaltet werden können, so daß sich der Klang verändert. Vermutlich in Anlehnung an ostasiatische Vorbilder entstanden Mundorgeln mit 6–16 Pfeifen, doch finden auch einzeln geblasene Instrumente mit durchschlagender Zunge und Grifflöchern Verwendung.

3. *Membranophone.* Von Bedeutung für das Pinpeat-Orchester sind die paarweise angeordneten Trommeln Skor thom, auf denen die Spieler mit Schlegeln die Hauptakzente markieren. Die 2 Felle der walzenförmigen Sampho hingegen werden mit den Händen geschlagen. Einige der zahlreichen Trommel-Typen tragen die Musiker an einem um den Hals geschlungenen Riemen.

4. *Idiophone.* Instrumente dieser Gruppe nehmen zwar einen bedeutenden Platz ein, gleichwohl ist ihre Typenzahl im Vergleich zu jener anderer Länder Südostasiens begrenzt. Als Material für die 21 bzw. 17 Lamellen der Roneat ek bzw. Roneat thung dient Bambus, der Klang ist zarter als der von Holzlamellen. Wie die Xylophone schlägt man auch das Metallophon Roneat dek (21 Platten) mit 2 Schlegeln, mit denen sich schnelle Tonrepetitionen und Wirbel ausführen lassen. Kong touch und Kong thom bestehen aus 17 bzw. 16 Buckelgongs, die hängend in halbkreisförmigen Gestellen angeordnet sind und jeweils von einem Musiker gespielt werden.

Orchester. Die Khmer bilden verschieden große Ensembles, darunter einige mit weitgehend fester Besetzung. Solche Formationen aus Laien-Musikern, die sich spontan aus Neigung zum gemeinsamen Musizieren zusammenfanden, gab es früher in vielen Dörfern, lediglich die berühmten Orchester des königlichen Hofes in Phnom Penh bestanden aus Berufsmusikern. Das große Orchester Pinpeat, das zeremonielle Tänze begleitet, besteht aus je 2 Xylophonen und Gongspielen, einer Sralay, 2 großen Trommeln und einer kleinen Trommel sowie den Becken Chhing; gelegentlich treten Bambusflöten hinzu. Zur allgemeinen Unterhaltung spielt das Orchester Mohori (Xylophon, gestrichene Spießlauten, Kastenzither, Trommeln, Becken, z.T. Flöten), während das Ensemble Phleng khmer bestimmten Trauerriten und dem Hochzeitszeremoniell vorbehalten bleibt. Es unterscheidet sich von den anderen Ensembles durch das Fehlen melodiefähiger Idiophone; die Melodie wird von der Pey ār sowie Chordophonen vorgetragen.

Tonsystem und musikalische Struktur. Das Tonsystem der Khmer ist im Prinzip 7stufig, die Musiker wählen jedoch in der Regel pentatonische Gebrauchsleitern aus; die beiden restlichen Stufen finden meist Verwendung nur als eingeschobene Zwischentöne oder Verzierungsnoten ohne großes musikalisches Gewicht. In den Ensembles ohne melodiefähige Idiophone kommt der exakten Einhaltung theoretisch ermittelter Tonstufen ohnehin geringere Bedeutung zu, die Musiker nutzen die größeren Differenzierungsmöglichkeiten im Bereich der Tonhöhe konsequent aus. Sind mehrere Musiker an der Ausführung beteiligt, so entstehen Formen der ↗Heterophonie. Strengen Regeln unterliegt die musikalische Struktur der Orchesterstücke: jeder Instrumentalist variiert die Hauptmelodie nach feststehenden Normen und entsprechend den technischen Gegebenheiten seines Instrumentes. Aus der Überlagerung sehr differenzierter rhythmischer und melodischer Varianten entsteht ein komplexes Klanggebilde. Die Musik ist rhythmisch und melodisch weniger statisch als die ostasiatische und – infolge des Übergewichtes von Saiten- und Blasinstrumenten gegenüber den Idiophonen – im Vergleich zur indonesischen klanglich variabler. Hinsichtlich des Klangideals der menschlichen Stimme orientieren sich die Khmer an ostasiatischen Vorbildern und bevorzugen eine flache, gepreßte Stimmgebung mit relativ starker Verfärbung.

Lit.: G. DE GIRONCOURT, Motifs de chants cambodgiens (Saigon 1941); A. DANIÉLOU, La musique du Cambodge et du Laos (Pondichéry 1957); B. P. GROSTIER, Danses et musiques sous les rois d'Angkor, in: Journal of Siam Soc. 2 (1965); Musique et danse au Cambodge (P 1969); DERS., Nang Sbek. Getanztes Schattentheater aus K. (B 1969); D. JAHN, Die Praxis des Instrumentalspiels des kambodschanischen Orchesters „Voung Phleng Kar", erläutert an 10 Stücken der Hochzeitsmusik der Khmer, 2 Bde. (Diss. Hl 1973).

CH. AHRENS

KAMIEŃSKI, Maciej, *13.10.1734 Ödenburg (Ungarn), †25.1.1821 Warschau; poln. Komponist. Er studierte in Ödenburg und Wien und kam 1760 nach Warschau, wo er Kapellmeister und Privatmusiklehrer war. K. ist mit der 1778 im Warschauer Nationaltheater uraufgeführten Oper *Nędza uszczęśliwiona* (Glück im Unglück) der Schöpfer der ersten polnischen Oper. Hier wie in seinen weiteren polnischen Opern verwendete er auch polnische Volkslieder und Tänze. K. schrieb außerdem auch 2 deutsche Opern und eine Kantate zur Enthüllung des Sobieski-Denkmals.

WW: Zahlr. Opern, u.a.: *Nędza uszczęśliwiona* (Glück im Unglück), UA: Warschau 1778; *Zoska* (Dorfliebe) (1779); *Prostota cnotliwa* (Der gerade Weg der Tugend) (1779); *Balik gospodarski* (Der Bürgerball) (1780); *Tradycja dowcipem załatwiona* (Die mit Scharfsinn erfüllte Tradition) (1789); *Słowik* (Die Nachtigall) (1790).

Lit.: H. HARLEY, M. K. i pierwsza polska opera, in: Pozadnik muzyczny (1964).

KAMINSKI, Heinrich, *4.7.1886 Tiengen (Baden); †21.6.1946 Ried (Bayern); dt. Komponist. Er studierte seit 1909 evangelische Kirchenmusik bei Ph. Wolfrum in Heidelberg und Komposition bei P. Juon in Berlin. 1920 übersiedelte er nach Ried in die Wohnung seines gefallenen Freundes, des Malers Franz Marc. 1930 übernahm er als Nachfolger von H. Pfitzner eine Meisterklasse für Komposition an der Preußischen Akademie der Künste in Berlin und war in Bielefeld als Konzertdirigent tätig. 1933 legte er beide Ämter nieder. 1937 wurden seine Werke mit Aufführungsverbot belegt. C. Orff, R. Schwarz-Schilling und E. Doflein gehörten zu seinen Schülern. In seinen Kompositionen suchte K. die alte niederländische Polyphonie mit rhythmisch-klanglichen Ausdrucksmitteln der Moderne zu verbinden. Sein überwiegend geistliches Vokalwerk ist von mystischer Empfindung geprägt.

WW: **1) Instr.-WW:** Toccata *Wie schön leucht' uns der Morgenstern* (1923) u. Choralsonate (1926) für Org.; Klv.-Buch, 3 H.e (1934); Streichquintett fis-moll (1916), bearb. für Orch. (1927); *Musik zu einem Passionsspiel* (1920); Concerto grosso für 2 Orch. (1922); Quintett für Klar. Horn u. Streichtrio (1924); *Musik für Orch.* (1933) u. Tanzdrama für Orch. (1942). – **2) Vokal-WW:** Motetten: *O Herre Gott* (1918) für 8st. Doppelchor u. Org.; *Der Mensch* (1926) für Alt, 6st. Chor u. Orch. u. *Die Erde* (1926) für 6st. Chor; Magnificat (1925) für Sopran, Va., Chor u. Orch.; *Die deutsche Messe* (1934) (2 Sätze) für 5st. Chor. – **3) Bühnen-WW:** *Das Spiel vom König Aphelius* (1946), UA: Göppingen 1950; *Jürg Jenatsch* (1926) (nach C. F. Meyer).

Lit.: K. SCHÄFER – E. DOFLEIN, Erinnerungen an K. in: Musica 1 (1947); A. VON RECK, Mystik u. Form im Magnificat v. H. K., in: SMZ 46 (1956); I. SAMSON, Das Vokalschaffen v. H. K. (Diss. F 1956); O. SÖHNGEN, H. K. in Leben u. Werk, in: Württembergische Blätter für Kirchenmusik 38 (1971); W. ABEGG, Persönliche Erinnerungen an H. K., in: SMZ 117 (1977).

H. LINDLAR

KAMMEL (Kammell, Kamel), **Anton** (Antonín, Antoine, Antonio), *21.4.1730 Běleč, † vor 1788 London; tschechischer Violinist und Komponist. Er war Schüler von G. Tartini in Padua. Nach seiner Ausbildung feierte er als Violinist große Erfolge in Prag, wandte sich aber bald nach London, wo er seit 1768 ebenfalls als Violin- und Violaspieler zu hohem Ansehen gelangte und Anschluß an den Künstlerkreis um J. Chr. Bach und K. Fr. Abel fand. K., der vor allem unter dem Einfluß der Mannheimer Schule stand, komponierte zahlreiche Kammermusikwerke, die zwar melodisch flüssig und formal ansprechend sind, aber wenig Originalität aufweisen. Sie waren zu seiner Zeit sehr beliebt und weit verbreitet.

WW: Im Druck erschienen: Duos für 2 V. sowie für V. u. Va.; Sonaten für V. u. B.c.; Streichquartette; Fl.-Quartette; Streichtrios; Klv.-Trios; Notturnos für 2 V. u. B.c.; V.-Konzert; Overtures (Symphonien).

Ausg.: Serenata G-Dur für 2 V. u. B.c., in: Serenate boheme, partite e notturni, hrsg. v. J. RACEK – V. BĚLSKÝ (Pr 1958) (= MAB 35).

Lit.: CH.L. CUDWORTH, K, in: MGG VII; H. UNVERRICHT, Gesch. des Streichtrios (Tutzing 1969) (= Mainzer Stud. z. Musikwiss. 2).

B. R. SUCHLA

KAMMERMUSIK (engl.: chamber music; frz.: musique de chambre; it.: musica da camera). Unter K. werden heute alle solistisch besetzten Instrumentalwerke bis zum ↗Nonett oder ↗Dezett zusammengefaßt. Diese Bedeutung hat sich erst seit etwa 1830 im allgemeinen durchgesetzt. Ursprünglich wurden zur K. alle Kompositionen gezählt, die in der höfischen Kammer solistisch oder mehrfach besetzt und rein instrumental oder unter Beteiligung von Singstimmen aufgeführt wurden. Eine Differenzierung von Musica da camera und Musica da chiesa in kompositorischer Hinsicht erscheint erstmals in N. Vicentinos *L'antica musica ridotta alla moderna prattica* von 1555, die Kirchenmusik wurde dabei als die lautere, die K. als die leisere angesehen. Im 18. Jh. traf u.a. J. Mattheson eine Einteilung nach „musicalischen Schreib-Arten“ für die Kirche, die Kammer und das Theater. Diese drei Klassifikationen blieben bis um 1800 gültig, allerdings wurde ab etwa 1750 die „musica da camera“ zur Konzert- und K. erweitert. Die zwischen 1810 und 1830 üblich gewordenen öffentlichen Konzertaufführungen mit ausschließlich solistisch besetzter Instrumentalmusik bedingten schließlich die Trennung von Orchester- und Kammermusik.

Gattungen. Zur K. in der ursprünglichen, umfassenderen Bedeutung, wie sie u.a. A. Schering verwendete und der ebenso der französische und z.T. der englische Sprachgebrauch zuneigt, gehören auch die ↗Kantate, ↗Suite, ↗Symphonie und das ↗Concerto. Bereits in der Vorklassik wurde die solistische Besetzung bestimmter Instrumentalgattungen die Regel; allerdings war es um die Mitte des 18. Jh. noch möglich, Trios und Quartette (Quadros) sowohl orchestral als auch solistisch vorzutragen. In den Drucken wurden deshalb mitunter Besetzungshinweise wie etwa „tutti“ und „solo“ hinzugefügt; auch Bezeichnungen wie Orchestertrio und Orchesterquartett (z.B. bei J. Stamitz) waren üblich. Das Generalbaßspiel gehörte zwar in solistisch besetzter Instrumentalmusik dieser Zeit noch zur allgemein gültigen Aufführungspraxis, doch war es etwa im Divertimento bereits möglich, die Baßstimme von Violoncello und Kontrabaß allein ausführen zu lassen. Entscheidend war noch nicht die Besetzung als ↗Duo oder ↗Trio, sondern die Zählung der komponierten, niedergeschriebenen Stimmen. Erst seit der Wiener Klassik wurde K. in der engeren Bedeutung formal nach der vom Komponisten nun genau festgelegten Besetzung untergliedert: Duo (oder Duett), Trio (oder Terzett), ↗Quartett, ↗Quintett, ↗Sextett, ↗Septett, ↗Oktett (gelegentlich auch Doppelquartett), Nonett und Dezett. Durch diese Begriffseinengung konnten auch ↗Tafelmusik und ↗Harmoniemusik zur K. zählen, so weit dort solistische Besetzung üblich war. Dagegen wurde Klaviermusik (↗Klavier) nicht zur K. gerechnet.

Die Besetzungsangaben enthaltenden Gattungsbezeichnungen richten sich im allgemeinen – insbesondere in gemischten Ensembles – nach der instrumentalen Hauptstimme: z.B. beim Flötentrio oder Klaviertrio. Daneben kommen auch zusammenfassende Bezeichnungen wie Bläsertrio, Bläserquartett, Bläserquintett sowie Streichtrio, ↗Streichquartett und Streichquintett vor. Feste Besetzungen gelten für das Streichquartett (2 V., Va., Vc.) und das Bläserquintett (Fl., Ob., Klar., Horn und Fag.). Im 20. Jh. gesellte sich in Frankreich seit 1938 das Trio d'anches mit Ob., Klar. und Fag. dazu.

Anfang des 20. Jh. wurde gelegentlich auf kleinere Orchesterbesetzungen des 18. Jh. zurückgegriffen und dies im Titel kenntlich gemacht, so etwa bei der Kammersymphonie (A. Schönberg op. 9, 1906) und Kammeroper, die trotz des Namens nicht zur K. (im engeren Sinne) gehören. Auch die Aufführungen der „Donaueschinger Kammermusiktage“ der 1920er Jahre, bei denen unbedenklich Werke der verschiedensten solistischen und kammerorchestralen, sogar vokalen Besetzungen vorgestellt wurden, sind ein Beleg für die allmähliche Auflösung der festgefügten kammermusikalischen Gattungen. Seit P. Hindemiths *Kammermusik No. 1* wurde der Begriff auch als Titel von Kompositionen verwendet (so etwa von H. W. Henze, M. Kagel und R. Kelterborn). Die entsprechenden Werke sind zumindest solistisch oder in kammermusikalischer (kleiner) Besetzung aufzuführen. Innerhalb der neuesten Musik zwischen 1950 und 1970 ist ein deutliches Zurücktreten der traditionellen K. mit ihren Gattungen gegenüber der Ensemblemusik festzustellen. In den letzten Jahren dagegen änderte sich der Bestand zugunsten der traditionellen K.-Gattungen.

Bedeutungswandel des Begriffs. Bereits J. Mattheson umschrieb die Grundlagen der K. in folgender Weise (*Kern melodischer Wissenschaft,* 1737, II § 47): „Es erfordert sonst dieser Styl in der Kammer weit mehr Arbeitsamkeit, als sonst, und will künstliche Mittel-Partien haben, die um den Vorzug mit den Ober-Stimmen gleichsam beständig, und auf eine angenehme Art, Streit führen. Bindungen, Rückungen, gebrochne Harmonien, Abwechselungen mit tutti und solo, mit adagio und allegro &c. sind ihm lauter wesentliche Dinge.“ Obwohl Mattheson hier noch die kontrapunktische gebundene Schreibweise vorschwebte, galt mindestens seit dieser Zeit die K. als die intime Kunst für den Kenner. In der K. ziehe der Komponist sorgsamere, feinere, genauer notierte Einfälle vor. In der Symphonie sei mehr eine gewisse „al fresco-Manier" angebracht. So bemerkte auch Quantz 1752 in seinem *Versuch einer Anweisung die Flöte traversiere zu spielen* (XVIII § 27): der Kammerstil pflegt „sowohl vom Kirchen- als vom Theaterstyle unterschieden zu werden. Der Unterschied besteht darinne, daß der Kammerstyl mehr Lebhaftigkeit und Freyheit der Gedanken erfodert, als der Kirchenstyl; und weil keine Action dabey statt findet, mehr Ausarbeitung und Kunst erlaubet, als der Theaterstyl." Die Kammerkompositionen, zu denen er ebenso die Serenata oder Cantate, also Vokalwerke zählte, sind „ausdrücklich für die Kenner gesetzt". J. Haydn hat seinen „neuen Stil" zum erstenmal in den Streichquartetten op. 33 (1781) realisiert. Mit Haydn, Mozart und Beethoven fanden die einzelnen kammermusikalischen Gattungen durch Ausnutzung der instrumententypischen Eigenheiten und durch bevorzugte Selbständigkeit und Gleichgewichtung der einzelnen Stimmen (obligater Stil) ihre eigene Prägung. Beethoven hat sich ausdrücklich zu der Verschiedenheit der kammermusikalischen Gattungen bekannt: ein K.-Werk könne nicht einfach umgeschrieben werden, es seien dann schwerwiegende Eingriffe vonnöten.

Im 19. Jh. wurden das Streichquartett und gelegentlich auch K.-Werke mit Klavier das Experimentierfeld für besondere Satztechniken und Klangvorstellungen (als bezeichnend hierfür können die letzten Streichquartette Beethovens genannt werden.); seit etwa 1800 gehörten sie zu jenen bevorzugten Gattungen, die im Gesamtœuvre der meisten Komponisten dieser Zeit einen besonderen Platz einnahmen. Adornos Auffassung von der K., sie beruhe auf der durchbrochenen und motivisch-thematischen Arbeit, z.T. auch auf dem Klavierklang, ist – allerdings einseitiger – Ausdruck dieser bis in die Spätromantik hinein gültigen Praxis. Eine inhaltliche Erweiterung erfuhr der K.-Begriff erst in den letzten Jahrzehnten, nicht zuletzt durch die Einbeziehung der zur K. rechnenden Werke des 17. und 18. Jahrhunderts.

Historische Entwicklung. Im Zusammenhang mit der Entstehung des ↗Concerto grosso im 17. Jh. wurde in dem sich vom Ripieno absetzenden solistischen Concertino (häufig Triobesetzung) die Grundlage geschaffen, auf der im 18. Jh. und später die K. in moderner Bedeutung aufbauen konnte. Ebenso brachte die strenge Trennung von Sonata da chiesa und Sonata da camera (Kirchen- und Kammersonate; ↗Sonate) bei A. Corelli eine klare gattungsmäßige Unterscheidung. Um 1750 gestattete die Ad libitum-Praxis mehrere Besetzungsmöglichkeiten: ein Trio konnte z.B. auch als Sonate für ein Tasten- und ein Melodieinstrument gespielt werden (↗Triosonate), bzw. es wurden solistische oder orchestrale Besetzungen freigestellt; auch konnten z.B. bei einer Besetzung aus 4 Streichern und 2 Hörnern noch bis etwa 1800 die beiden harmoniefüllenden Blasinstrumente wegfallen. Ab etwa 1780 wurde die Führung aller Stimmen so gewichtet, daß alle Partien unbedingt zur Vollständigkeit des musikalischen Satzes gehörten und die Besetzung festlag.

Aus dem Divertimento mit seiner typischen zyklischen und Einzelsatzgestaltung ging bei Haydn das Streichquartett hervor. Es verdrängte die bis dahin bevorzugte Triobesetzung und wurde schließlich die wichtigste Gattung der K., in der viele Komponisten zugleich auch eine kompositionstechnische Vorstudie für Orchesterwerke (z.B. die Symphonie) sahen.

Die satztechnischen Besonderheiten der verschiedenen kammermusikalischen Gattungen hatten bereits J. Haydn und W. A. Mozart entwickelt und eingehalten, auf denen L. van Beethoven und spätere Komponisten aufbauen konnten. Während Haydns und größtenteils auch Mozarts K. noch für den Künstler, Kenner und Liebhaber gedacht ist, trat seit Haydns op. 64 (1790) und der vornehmlich französischen oder französisch beeinflußten brillanten K., die sich in Paris seit 1800 aus der konzertanten Setzweise entwickelte, immer stärker der Virtuose in den Vordergrund. Diese Werke entzogen sich damit dem häuslichen Kreis und fordern das öffentliche Konzert oder die große Privatgesellschaft im Salon. Bei der konzertanten Art erhalten alle Instrumente abwechselnd und hintereinander in freier Folge die Melodien bzw. die verschiedenen Themen, während die anderen schlicht begleiten. Unmittelbare Wiederholungen von Themen oder Motiven werden dabei vermieden. Beim Quatuor brillant (oder Trio brillant) wird in der Melodiestimme allein ein Virtuose gefordert, der lebhafte große Sprünge, schwierige Bogenstriche und komplizierte Doppelgriffe zu spielen hat, während in den anderen Stimmen nur stützende Akkorde dazukommen. In Wien und Süddeutschland wurde dagegen die durchbrochene und motivisch-thematische Arbeit in der K. gepflegt und die brillante Schreibweise abgelehnt. Neben diesen anspruchsvollen Werken entstanden in dieser Zeit jedoch auch besondere K.-Kompositionen für das häusliche Musizieren (↗Hausmusik; ↗Salonmusik). – Zu den beliebten kammermusikalischen Genres der Komponisten des 19. Jh. gehörten das Streichquartett, z. T. auch das Klaviertrio und die Sonate für ein Streich- oder Blasinstrument und Klavier. Insbesondere der Horn-, Violoncello- und Klarinettenklang rückte in der K. des 19. Jh. in den Vordergrund des Interesses, aber auch größere bzw. gemischte Besetzungen (Klavierquintett, Sextett bzw. Septett oder Oktett) entsprachen der allgemeinen klanglichen, harmonischen und satztechnischen Entwicklung dieser Zeit. Beispielhaft dafür stehen insbesondere K.-Werke von Fr. Schubert, F. Mendelssohn Bartholdy, R. Schumann und in exzeptioneller Weise von J. Brahms. Dieser Tradition folgten im ausgehenden 19. und beginnenden 20. Jh. Komponisten wie Fr. Smetana, A. Dvořák, M. Reger, z. T. auch Cl. Debussy und M. Ravel.

Zu Beginn des 20. Jh. erfuhr vor allem die K. des 17. und 18. Jh. eine Wiederbelebung und mit ihr auch die alten Musikinstrumente (u. a. ↗Blockflöte, ↗Viola da Gamba). Sie brachte als Sonderentwicklung eine für den Laien spielbare Hausmusik und erweiterte damit das K.-Repertoire. Das Streichquartett besitzt bei A. Schönberg, P. Hindemith, B. Bartók, D. Schostakowitsch, W. Lutosławski u. a. noch die alte Bedeutung, bei anderen Komponisten des 20. Jh. trat es aber bereits z. T. zurück. Das Streichtrio erfährt seit M. Reger eine gewisse Neuentdeckung.

Bereits im 19. Jh trat neben die zur Norm gewordene 3- bzw. 4sätzige zyklische Anlage das einsätzige, liedhafte (mitunter poetische) K.-Stück. Im 20. Jh. wurde schließlich seit 1950 die „offene Form" eingebracht. Programmusikalische Neigungen in zyklischen K.-Werken blieben mehr auf das 19. Jh. beschränkt und sind als Ausnahmen zu werten. Die Ensemblemusik mit ihren Klangexperimenten der letzten 25 Jahre hat mit der K. des 19. Jh. nichts mehr gemeinsam, höchstens noch die rein äußerliche solistische Besetzung. – Zur K. einzelner Komponisten vgl. die betreffenden Artikel.

Lit.: **1) Kataloge u. Bibliographien:** M. GRÜNBERG, Führer durch die Lit. der Streichinstr. (L 1913) (= Hdb. der Musiklehre 10); W. ALTMANN, K.-Kat. (L [6]1945); E. FICKERT, Thematisch-analytische Bibliogr. der praktischen und theoretischen Original-K.-Werke v. Trio mit Streichbaß bis zum Dezett, 1950–65(?) (hsl. Nationalbibl. Wien); J. F. RICHTER, K.-Kat. Verz. der v. 1944 bis 1958 veröff. Werke für K. (L 1960). – **2) Gesamtdarstellungen:** H. MERSMANN, Die K., 4 Bde. (L 1930, 1933); O. VETTER, Warum u. wie spielen wir K.? Fragen und Antworten eines Dilettanten (W 1938); A. H. KING, Chamber Music (NY 1948); R. H. ROWEN, Early Chamber Music (NY 1949); A. CŒUROY – CL. ROSTAND, Les chefs-d'œuvre de la musique de chambre (P 1952); O. SCHUMANN, Schumanns K. (Wil [2]1956); H. RENNER – A. WÜRTZ – S. GRIES, Reclams Kammermusikführer (St [3]1959); K. A. BRUUN, K. 1: Fra Haydn til den unge Beethoven (Kop 1960), 2: Fra Beethoven til Schubert (ebd. 1962); V. VAN HEMEL, De Kamermuziek (An [2]1960); TH. W. ADORNO, Einleitung in die Musiksoziologie 6 (F 1962); W. W. COBBETT, Cobbett's Cyclopedic Survey of Chamber Music (O 1929, NY–Lo [2]1964); J. VAN ACKERE, De kamermuziek en het lied van Corelli tot Debussy (1967); H. UNVERRICHT, Die K. (Kö 1972, engl. 1971); E. REIMER, K., in: HMT. – **3) Größere Teildarstellungen:** P. LANDORMY, La musique de chambre en France de 1850 à 1871, in: Le Mercure Musical 8/9 (1911); F. WEINGARTNER, Von der K. zum Orch. u. z. Symphonie, in: Die Musik im Leben des Menschen (Bas 1941); E. H. MEYER, English Chamber Music (Lo 1946, [2]1951, Nachdr. NY 1971), dt. Übers.: K. Alt-Englands (L 1958); R. DONINGTON, The Englisch Contribution to the Growth of Chamber Music, in: Music-Survey 4 (1951); W. KIRKENDALE, Fuge und Fugato in der K. des Rokoko und der Klassik (Tutzing 1966, engl. Durham/N.C. 1979); L. FINSCHER, Hausmusik und K., in: Musik u. Verlag, FS K. Vötterle (Kas 1968); C. DAHLHAUS, Brahms u. die Idee der K. in: NZfM 134 (1973); J. WEBSTER, The Bass Part in Haydn's Early String Quartets and in Austrian Chamber Music, 1750–1780 (1973) (= Diss. Princeton Univ.); DERS., Towards a History of Viennese Chamber Music in the Early Classical Period in: JAMS 27 (1974); H. UNVERRICHT, Die K. in der Romantik. Stellung, Aufgabe und Anspruch in: Philharmonische Blätter (1975/76) H. 4. – **4) Einzelstudien:** H. GLENEWINKEL, Spohrs K. für Streichinstr. (Diss. Mn 1912); H. MERSMANN, Beitr. z. Aufführungspraxis der vorklassischen K. in Deutschland, in: AfMw 2 (1919/20); W. KAHL, Die Neudeutschen und die K. in: Mk 20 (1927/28); G. RIGLER, Die K. Dittersdorfs in: StMw 14 (1927); S. L. LACIAR, The Chamber-Music of F. Schubert in: MQ 14 (1928); E. F. SCHMID, C. Ph. E. Bach u. seine K. (Kas 1931); H. S. DRINKER, Chamber Music of J. Brahms (Philadelphia 1932); D. G. MASON, The Chamber Music of Brahms (NY 1933); F. BRAND, Wesen u. Charakter der Thematik im Brahmsschen Kammermusikwerk (Diss. B 1937); J. HORTON, The Chamber Music of Mendelssohn (Lo 1946); M. FAVRE, G. Faurés K. (Z 1948); H. KULL, Dvořáks K. (Diss. Be 1948); O. SOUREK, A. Dvořák. Werkanalysen II: K. (Pr [2]1955); D. G. MASON, The Chamber Music of Milhaud in: MQ 43 (1957); S. SADIE, The Chamber Music of Boyce and Arne in: MQ 46 (1960); C. MASON, Some Aspects of Hindemith's Chamber Music in: ML 41 (1960); A. PLANYAVSKY, Der Kontrabaß in der K., in: ÖMZ 13 (1958); dass. in: Das Orchester 8 (1960); R. FUHRMANN, Mannheimer Klavier-K. (Diss. Marburg 1963); R. M. JACOBS, The Chamber Ensembles of C. P. E. Bach Using two or More Wind Instruments (1964) (= Diss. State University of Iowa); H. ZEHETMAIR, J. M. Haydns Kammermusikwerke a quattro u. a cinque (Diss. I 1964); G. SEAMAN, The First Russian Chamber Music, in: MR 26 (1965); J. BRAUN, Die Thematik in den Kammermusikwerken von M. Ravel (Rb 1966) (= Kölner Beitr. z. Musikforsch. 33); D. ZIMMERSCHIED, Die K. J. N. Hummels (Diss. Mz 1967); A.-E. CHERBULIEZ, A. Glasunows K., in: Musik des Ostens 4 (1967); W. CZESLA, Stud. zum Finale in der K. v. J. Brahms (Diss. Bonn 1968); K. STAHMER, Musikal. Formung in soziologischem Bezug. Dargestellt an der instr. K. v. J. Brahms (Diss. Kiel 1968); J. A. MCDONALD, The Chamber Music of F. Mendelssohn Bartholdy (1970) (= Diss. Northwestern University); H. HERING, Das Klv. in der K. des 18. Jh. in: Mf 23 (1970); U. MASKE, Ch. Ives in seiner K. für drei bis sechs Instr. (Rb 1971) (= Kölner Beitr. z. Musikforsch. 64); A. MEIER, Die K. F. Gernsheims in: Symbolae historiae musicae. FS H. Federhofer (Mz 1971); R. R. KIDD, The Emergence of Chamber Music with Obligato Keyboard in England in: AMl 44 (1972); H. CH. WOLFF, Die K. P. Hindemiths, in: Hindemith-Jb. 3 (1973); H. UNVERRICHT, Bemerkungen zum geschichtlichen Ort v. Beethovens früher K., in: Beethoven-Jb. (1973); P. A. BROWN, The Chamber Music with Strings of Carlos d'Ordoñez: A Bibliographic and Stylistic Study, in: AMl 46 (1974); F. W. HOOGERWERF, The Chamber Music of W. Pijper 1894–1947 (1974) (= Diss. Univ. of Michigan); I. DELGADO, The Chamber Music of

Chopin (1975) (= Diss. Indiana Univ.); R. PASCALL, Ruminations on Brahm's Chamber Music, in: MT (1975); D. REXROTH, Zu den Kammermusiken v. P. Hindemith, in: Hindemith-Jb. 6 (1977); H. UNVERRICHT, Original u. Bearb. Ein Beitr. zu Beethovens eigenen Bearb. seiner Kammermusikwerke, in: Beitr. '76–78. Beethoven Kolloquium 1977. Dokumentation u. Aufführungspraxis (Kas 1978); F. KRUMMACHER, Mendelssohn. Der Komponist. Stud. z. K. für Str. (Mn 1978); H. KOHLHASE, Die K. R. Schumanns. Stilistische Unters., 3 Bde. (H 1979) (= Hamburger Beitr. z. Musikwiss. 19).

H. UNVERRICHT

KAMMERMUSIKER (it.: musico bzw. musicista da camera). Die Bezeichnung K. tritt erstmals in Italien mit der Stilwende um 1600 in Erscheinung, als sich die für den Gebrauch in der Kirche, in der Oper und in der höfischen Kammer (camera) komponierte Musik satztechnisch zu unterscheiden beginnt. Der K. in Deutschland ist im 18. Jh. der mehr oder weniger fest angestellte und aus der herrschaftlichen Kammerkasse (Hofstaatskasse) bezahlte Hofmusiker, der sich damit in seinem sozialen Status deutlich von dem Stadtmusiker und dem Militärhautboisten abhebt. Mit dem Bedeutungswandel des Begriffes ↗Kammermusik im späten 18. Jh. (zu einer eigenen Gattung innerhalb der Instrumentalmusik seit der Wiener Klassik) änderte sich auch der Inhalt der Bezeichnung K.: Aus dem Gros der Hofmusiker hoben sich nun einige wenige heraus, die diesen Titel aufgrund besonderer Leistungen erhielten. In der Regel war damit eine finanzielle Höherstufung, bisweilen auch die Verleihung eines Patents, d. h. eine Anstellung auf Lebenszeit, verbunden. Innerhalb der Hofstaatshierarchie zählten solche mit dem „Charakter eines Cammermusicus" ausgezeichneten Hofkapellisten zu den „Ober-Offizianten". Die Bezeichnung K. (oder später Kammervirtuose) war also im 19. Jh. – im Gegensatz zur Funktionsbezeichnung ↗Konzertmeister – ein reines Leistungsprädikat. Nach Auflösung aller Hofkapellen im Jahre 1918 ist der K.-Titel, der heute für langjährige Zugehörigkeit zu einem staatlichen oder städtischen Orchester vergeben wird (und damit oft den Status der Unkündbarkeit beinhaltet), fast zu einer Routinebezeichnung geworden, der weder soziale noch finanzielle Bedeutung besitzt. Seitdem es üblich geworden ist, Musikern Planstellen mit Pensionsberechtigung zu garantieren sowie den Vertretern der ersten Pulte Stellenzulagen zu gewähren, ist der Prozeß einer Art äußerer Emanzipation des Instrumentalmusikers weitgehend abgeschlossen. Die innere Emanzipation, erkennbar an der Tatsache, daß auch ein „Tuttist" jederzeit kammermusikalische Werke ausführen kann, hat sich durch die heute selbstverständliche hohe Ausbildungsqualität des Orchestermusikers ohnehin längst vollzogen.

Lit.: O. SCHREIBER, Orch. u. Orchesterpraxis in Deutschland zw. 1780 u. 1850 (B 1938, Nachdr. Hil 1978); Der Sozialstatus des Berufsmusikers v. 17. bis 19. Jh., hrsg. v. W. SALMEN (Kas 1971); R. MÜLLER-DOMBOIS, Die Fürstlich Lippische Hofkapelle (Rb 1972).

KAMMERSÄNGER, ein Ehrentitel, der an besonders verdiente, an größeren Opernhäusern in Deutschland und Österreich engagierte Gesangssolisten verliehen wird. Früher wurde er von Fürsten, heute wird er von staatlichen oder städtischen Institutionen gewährt.

KAMMERTON ↗Stimmton.

KÄMPER, Dietrich, * 29. 6. 1936 Melle bei Osnabrück; dt. Musikforscher. Er studierte Schulmusik und Musikwissenschaft in Zürich und Köln, wo er 1963 promovierte und sich 1967 mit *Studien zur instrumentalen Ensemblemusik im 16. Jh.* habilitierte. 1969 wurde er an der Universität Köln Professor; seit 1985 lehrt er hauptamtlich an der dortigen Musikhochschule.

Schriften: *F. Wüllner. Leben, Wirken u. kompositorisches Schaffen* (Kö 1963) (= Beitr. z. rheinischen Musikgesch. 55); *Stud. z. instr. Ensemblemusik des 16 Jh. in Italien* (Kö – W 1970); (= Anal. Mus. 10); *Das Lehr- und Instrumentalduo um 1500 in Italien*, in: Mf 18 (1965); *Instrumentale Stilelemente bei A. Agricola*, in: TVer 28 (1978); *Gefangenschaft u. Freiheit. Leben u. Werk des Komponisten L. Dallapiccola* (Kö 1984). – K. war Hrsg. von: *Rheinische Musiker 6–9* (Kö 1969–80) (= Beitr. z. rheinischen Musikgesch. 80, 97, 111 u. 125); *G. B. Conforti, Ricercare (1558) u. Madrigale (1567)* (Kö 1978) (= Concentus Musicus 4).

KAEMPFERT, Bert, * 16. 10. 1923 Hamburg, † 22. 6. 1980 Cala Brava (Mallorca); dt. Orchesterleiter, Komponist und Arrangeur. Er studierte 1937–39 Klavier, Klarinette, Saxophon und Akkordeon an der Musikhochschule Hamburg und wurde danach Mitglied des Orchesters Hans Busch. In dänischer Kriegsgefangenschaft gründete er 1945 eine eigene Band, aus der später das Sextett Pik As wurde. Seit 1947 spielte K. in Hamburg zunächst für den britischen Soldatensender BFN und arbeitete dann als Komponist, Arrangeur und Dirigent für den NWDR und für die Plattenfirma „Polydor". Mit Freddy Quinn als Sänger und seinem eigenen Orchester wurde seine Produktion von L. Olias' *Die Gitarre und das Meer* Mitte der 50er Jahre sein erster großer Erfolg. Weltruhm errang er durch die Plattenaufnahme von G. Neumanns *Wonderland by Night* (1961) sowie vor allem auch mit seinen eigenen Kompositionen *Strangers in the Night* (gesungen von Frank Sinatra), *Spanish Eyes* und *Blue Midnight.* Seit 1976 machte er mit dem Orchester B. K. auch Fernsehshows und unternahm Deutschland-Tourneen zusammen mit Freddy Quinn.

KANADA. Die erste Entwicklungsphase eines Musiklebens in Kanada (und besonders in der Provinz Quebec) ist durch die Volksmusik geprägt. Die Einwanderer, die in der 2. Hälfte des 17. Jh. in großer Zahl ins Land kamen und die in der Mehrzahl aus der Normandie und der Bretagne stammten, brachten ein Repertoire französischer Lieder mit und leiteten damit eine Volksmusikentwicklung ein, die zur Entstehung eigener frankokanadischer Volkslieder (z.B. '*Alouette, Vive la Canadienne* oder *Un Canadien errant*) führte. Seit der endgültigen Zugehörigkeit K.s zu Großbritannien (1763) siedelten sich dann weitere Einwanderer aus fast allen europäischen Staaten auf dem gesamten kanadischen Territorium an. In Ontario, dessen Bevölkerung überwiegend britischer Herkunft war, wurde als Hymne *The Maple Leaf Forever* (1867) eingeführt, das die Bevölkerung von Quebec zugunsten von *O Canada* (1880) von C. Lavallée ablehnte. In Neuschottland mit seiner schottischstämmigen Bevölkerung wurden traditionelle schottische Lieder gesungen und der Dudelsack gespielt. In den Prärien des Westens standen die widrigen Lebensbedingungen aus geographischen und ethnischen Gründen einer Entwicklung der Volksmusik im Wege. – Obwohl es ein wichtiger Bestandteil der kanadischen Kultur war, wurde das Volkslied als Inspirationsquelle lange von den Komponisten ignoriert. Es fand Interesse erst, nachdem im 19. Jh. Alexandre Hubert La Rue und E. Gagnon und im 20. Jh. M. Barbeau u.a. ausgedehnte Forschungen betrieben hatten. Vorher stand das gesamte Musikschaffen unter europäischem Einfluß. Nunmehr aber suchten die Komponisten eine typisch kanadische Musik zu entwickeln. Zwei in dieser Hinsicht bezeichnende Werke erschienen 1928; die *2 Sketches* von Sir Ernest MacMillan und die *Suite canadienne* von Cl. Champagne.

Dieses Datum markiert zugleich den Beginn der Entwicklung einer kompositorisch anspruchsvolleren Musik, auch wenn sich erste Ansätze dazu bereits in früheren Werken, wie in der Kantate *David's Lament* (1903) von Angelo Read oder in dem Oratorium *Jean le Précurseur* (1914) von Guillaume Couture beobachten lassen; jedoch erst um 1930 erschien eine autochthone Musik, die in die Zukunft führen sollte. Champagne und MacMillan, ihre Initiatoren, begründeten gemeinsam eine Komponistenschule, aus der die heutige Komponistengeneration hervorgegangen ist. Unter den Schülern Champagnes ist R. Matton mit dem Konzert für 2 Klaviere (1964) und der Symphonie *Te Deum* (1967) wegen seiner Ausdruckskraft und kompositorischen Souveränität hervorzuheben. Zu nennen sind ferner Jean Vallerand, J. Papineau-Couture, Lorne Betts, Harry Freedman, Harry Somers, Fr. Morel und Cl. Pépin. Unter den Schülern MacMillans ragt John Weinzweig durch die Qualität seiner Erfindung und seiner Orchestration hervor. Die meisten jüngeren zeitgenössischen Komponisten betätigen sich im Bereich der experimentellen Musik.

Institutionen. Zu Beginn des 20. Jh. wurden das Royal Conservatory of Music in Toronto (gegr. 1886) und das McGill Conservatorium in Montreal (gegr. 1904) die wichtigsten musikalischen Ausbildungsstätten. Nach dem 1. Weltkrieg entstanden die Musikfakultäten an den verschiedenen kanadischen Universitäten; die wichtigsten sind die der University of Toronto (eingerichtet 1918), die sich unter Sir Ernest MacMillan rasch entwickelte, und die der McGill University in Montreal (eingerichtet 1920). Das Conservatoire de la musique et de l'art dramatique der Provinz Quebec (gegr. 1942 von Cl. Champagne) spielt eine beherrschende Rolle im Musikleben. Daneben gibt es auch eine 1922 gegründete École de musique an der Universität Laval sowie eine 1952 eingerichtete Musikfakultät an der Universität Montreal. Die École de Musique V. d'Indy (Quebec) und die Musikfakultät der University of British Columbia in Vancouver, an der die Komponistin Barbara Pentland (*2.1.1912) lehrte, sind weitere bedeutende musikalische Lehrinstitute. – Eine andere musikalische Einrichtung, deren Wertschätzung und Popularität ständig wächst und internationalen Ruf besitzt, ist das allsommerliche Camp der Jeunesses Musicales in Orford/Quebec (gegr. 1949). In besonderer Weise sind auch die Berufsorchester (u.a. in Montreal, Toronto und Vancouver), die Opernensembles (in Vancouver, Toronto und Quebec), die hervorragenden Konzertsäle und die Organe zur finanziellen Förderung der Kunst (vor allem die Bundesregierung und die Provinzialregierungen) wichtige Träger des kanadischen Musiklebens.

Lit.: **1) Bibliographien:** J. R. MACMILLAN, Music in Canada. A Short Bibliogr., in: Ontario Library Review 24 (1940); L. MAY, Music and Composers of Canada, in: ebd. 33 (1949); N. J. WILLIAMSON, Canadian Music and Composers Since 1949, in: ebd. 38 (1954); A Bio-Bibliographical Finding List of Canadian Musicians... (Ottawa 1960–61); A Basic Bibliogr. of Musical Canadiana, hrsg. v. F. A. HALL (Toronto 1970); M.-F. GUÉDON, Canadian Indian Ethnomusicology. Selected Bibliogr. and Discography, in: Ethnomusicology 16 (1972); G. A. PROCTOR, Sources in Canadian Music. A Bibliogr. of Bibliographies (Sackville 1975). – **2) Studien:** Music in Canada, hrsg. v. E. MACMILLAN (Toronto 1955); W. AMTMANN, La vie musicale dans la Nouvelle France (Diss. Str 1956); M. u. R. BÉCLARD D'HARCOURT, Chansons folkloriques françaises du Canada. Leur langue musicale (P – Quebec 1956); H. KALLMANN, Historical Background, in: Music in Canada, hrsg. v. E. MacMillan (Toronto 1955); DERS., K., in: MGG VII; DERS., A History of Music in Canada 1534–1914 (Toronto 1960); A. LASALLE-

LEDUC, La vie musicale au Canada français (Quebec 1964); Aspects of Music in Canada, hrsg. v. H. WALTER (ebd. 1969); R. L. Y. DUQUAY, Musiques du Kébèk (Montreal 1971); Catalogue of Canadian Composers, hrsg. v. H. KALLMANN (St. Clair-Shores 1972); L. HEPNER, An Analytical Study of Selected Canadian Orchestral Compositions at the Mid-Twentieth Century (1972) (= Diss. New York Univ.); W. AMTMANN, Music in Canada 1600–1800 (Montreal 1975); I. JARMAN, Canadian Music. A Selected Checklist 1950–1973 (Toronto 1976).

G. PILOTE

KANDER, John Harold, * 18. 3. 1927 Kansas City (Missouri); amerik. Komponist. Nach dem Musikstudium am Oberlin College/O. und an der Columbia University in New York war K. seit 1953 als Pianist tätig und schrieb Ballettarrangements, u. a. für *Gipsy* und *Irma la Douce.* 1962 machte er mit *A Family Affair* erstmals als Broadway-Komponist auf sich aufmerksam, im selben Jahr begann seine Zusammenarbeit mit dem Songtexter **Fred Ebb** (* 8. 4. 1932 New York). In ihrem ersten Musical *Flora, the Red Menace* trat Liza Minelli zum ersten Mal am Broadway auf. Mit *Cabaret,* ihrem zweiten gemeinsamen Bühnenwerk, schufen sie einen Welterfolg.

WW: *A Family Affair* (1962) (zus. mit J. u. W. Goldman); *Flora, the Red Menace,* UA: New York 1965 (mit F. Ebb wie die folgenden); *Cabaret,* UA: ebd. 1966; *The Happy Time* (1968); *Zorbá* (1968); *70 Girls, 70* (1971); *Chicago* (1975).

Lit.: S. GREEN, The World of Musical Comedy (NY [3]1974).

KANGEN ↗Gagaku.

KANON (von griech. kanōn bzw. lat. canon = Maß, Maßstab, Regel). – **1)** In der Antike Bz. für die Meßleiste zur Messung der Schwingungsverhältnisse von Saitenlängen (seit dem 2. Jh. n. Chr. „Monochord" genannt) bzw. für die Länge der schwingenden Saitenlänge im Verhältnis zur ganzen Saite. – **2)** In der byzantinischen Kirche Bz. für die neben dem ↗Kontakion zweite bedeutende Form in Dichtung und Musik, die gegen Ende des 7. Jh. das bis dahin vorherrschende Kontakion verdrängte und sich als Hauptgattung der byzantinischen Hymnodie durchsetzte. Theoretisch besteht der K. aus 9, in der Praxis jedoch meist aus 8, manchmal 2, 3 oder 4 als Oden bezeichneten Teilen, die jeweils aus mehreren Strophen zusammengesetzt sind (↗Troparion). Jeder Ode liegt eine Musterstrophe zugrunde (↗Hirmos), nach der die verschiedenen Troparien gesungen werden. Hinsichtlich des Metrums und der Melodik ist der K. vielgestaltiger als das Kontakion. Er enthält 9 Strophen, während im Kontakion nur 2 verwendet werden, eine für das Prooimion und eine für die Oikoi. Textlich beziehen sich die 9 Oden des K.s auf die insgesamt 9 Cantica, die der byzantinische Psalter enthält. Der K. erlebte vor allem im 8. und 9. Jh. eine Blütezeit. Die bedeutendsten K.-Dichter waren Andreas von Kreta (um 660 – um 740), dessen Hauptwerk ein großer K. mit 250 Strophen ist, Johannes Damascenus († um 749), Kosmas von Jerusalem (8. Jh.) und Theodoros Studites (759–826), das geistige Haupt der Orthodoxie während des Bilderstreits.

C. FLOROS

3) In mehrstimmiger Musik versteht man unter K. primär das strikteste Verfahren der ↗Imitation, bei dem aus einer gegebenen melodischen Linie *(Guida)* durch deren genaue Nachahmung in einer oder mehreren anderen Stimmen *(Conseguentes)* ein mehrstimmiges Satzgefüge entwickelt wird. Der Begriff bezeichnet sowohl die strenge Imitationstechnik („im Kanon") als auch den aus solcher Setzweise entstandenen musikalischen Ablauf („den Kanon"). Häufig wird ein solcher K. so dargestellt, daß nur eine Stimme in Noten ausgeschrieben ist und das Prinzip der imitierenden Entfaltung dieser Melodielinie zum mehrstimmigen Satz einer vorangestellten verbalen Anweisung entnommen werden muß. Eine solche Vorschrift wurde im Mittelalter gemäß der Wortbedeutung (s. o.) *Canon* genannt. Richtlinien dieser Art bezogen sich ursprünglich jedoch nicht ausschließlich auf das Prinzip der Nachahmung. In der Vokalpolyphonie des 15.–16. Jh. forderten sie auch etwa die vollstimmige Ausführung eines nur 2st. notierten ↗Fauxbourdon-Satzes oder die Ableitung von Varianten eines Cantus firmus aus der gegebenen Grundform (z. B. seine Fortführung im Krebsgang oder seine Wiederholung unter Nichtbeachtung aller Pausen). Die vorangestellten Richtlinien waren – vor allem zur Zeit der franko-flämischen Vokalmusik – häufig nicht eindeutig und direkt formuliert, sondern wurden unter Verwendung symbolhafter oder poetischer Bezüge geistreich umschrieben. So konnte der K. entsprechend seiner sprachlichen Form als Konstruktionsplan, Symbolspruch, Widmung, scherzhafte Anspielung oder als Aufforderung zu satztechnischer Entzifferung verstanden werden.

Typen des Kanons. Die einfachste Art kanonischer Stimmführung ist die phasenverschobene Nachahmung einer Melodie durch eine oder mehrere Folgestimmen von der gleichen Tonstufe (bzw. von deren Oktave) aus. Die Mehrzahl solcher „natürlicher" K.-Formen ist harmonisch konzipiert: die Elemente eines kurzen mehrstimmigen Satzmodells, etwa $\begin{matrix} c \\ b \\ a \end{matrix}$, werden zu einer melodischen Folge (a b c) aneinandergereiht und in sukzessiven Einsätzen der Stimmen wieder zum vollstimmigen Satz zusammengefügt:

```
  a
 a b
a b c
```

(usw.). K.s dieser Art münden in der Regel wieder in ihren Anfang und können beliebig wiederholt werden (*Zirkel-* oder *Kreis-K.*, auch *Canon perpetuus* oder *infinitus*), wodurch der weitere Verlauf aus beständigem Stimmtausch (Permutation) des Satzmodells besteht:

```
a b c a
b c a b
c a b c
```

(usw.). Demgegenüber hat der polyphon konzipierte K. eine eindeutig lineare Struktur und ermöglicht eine Vielfalt unterschiedlicher Imitationstechniken. Zu seinen Wesensmerkmalen gehören: a) die Zahl der Stimmen, b) deren Einsatzabstand, c) das jeweilige Einsatzintervall und d) das von dem Guida abzuleitende Gestaltungsgesetz der Folgestimmen.

a) Die Zahl der Stimmen beträgt meist 2 bis 4, doch wird gelegentlich der vielstimmige K. als satztechnisches Sonderproblem gepflegt (K. zu 96 Stimmen von P. F. Valentini, 1631). Im *Mehrfach-K. (Doppel-, Tripel-K.* usw.) sind 2, 3 oder mehr K.s ineinander verschränkt:

```
a – – – – – – – – – – –
        a – – – – – –
    b – – – – – – – –
            b – – – –
```

Schema eines Doppelkanons

Der *Gruppen-K.* erzielt Vielstimmigkeit, indem er ganze Satzkomplexe imitierend durchführt:

```
Chor I, 4st.     A – – – – – – – – – – – –
Chor II, 4st.          A – – – – – – – – –
Chor III, 4st.               A – – – – – –
```

b) Der Einsatzabstand, der beim harmonischen K. mit den Formzäsuren zusammenfällt, ist beim polyphonen K. wesentlich kürzer; als Sonderfall gilt die Imitation im geringstmöglichen Abstand (einer einzigen Zählzeit), der *Canon ad minimam*.

c) Beginnen die Conseguentes ihre Nachahmung auf anderen Tonleiterstufen als die Guida, so liegt ein *Intervall-K.* vor. Dabei erfahren die Folgestimmen geringfügige Abwandlungen der realen Intervallverhältnisse; besonders bei Imitationen in der Sekunde, Terz, Sexte oder Septime kommt es zum Austausch gewisser Halb- und Ganztonschritte. Bei Intervall-K.s mit mehr als zwei Stimmen wechseln in der Regel die stufenversetzten Einsätze mit solchen auf dem Grundton ab, um die Tonart zu wahren, z.B.: Grundton – Unterquinte – Grundton – Unterquinte. Dagegen moduliert beim *Spiral-K.* die führende Stimme zum folgenden Stimmeintritt auf anderer Stufe hin, so daß der K. von Einsatz zu Einsatz durch die Tonarten schreitet *(Canon per tonos)*.

d) Bei komplizierteren Formen wird die Gestalt der Folgestimmen nach bestimmten Prinzipien abgewandelt: Im *Augmentations-* bzw. im *Diminutions-K.* werden die Tondauern der Conseguentes verdoppelt bzw. halbiert; im *Umkehrungs-K.* (per motum contrarium) erfolgt die Imitation in tonräumlicher Spiegelung, so daß ursprünglich Steigendes abwärts geführt wird und umgekehrt. Beim *Krebs-K. (Canon cancrizans)* beantwortet der 2. Einsatz die Führungsstimme, indem er sie rückläufig vorträgt (↗Cancricans). Im *Spiegelkrebs-K.* (per motum retrogradum et inversum) wird die krebsgängige Stimmführung gleichzeitig umgekehrt:

J. Ph. Kirnberger, Spiegelkrebskanon, nach: F. W. Marpurg, *Abhandlung von der Fuge*, Teil 2 (B 1754, Nachdr. Hil 1970) Tav. XXII

Bei Krebs- und Spiegelkrebs-K.s setzen die beteiligten Stimmen häufig gleichzeitig ein, es handelt sich dann also nicht um eigentliche Imitations-Formen. Der Ausdruck K. bezieht sich hier auf die Nebenbedeutung des Begriffs und meint einen musikalischen Ablauf, der durch ein in der K.-Anweisung formuliertes Strukturprinzip vollständig vorausbestimmt ist. Zu diesem Typus zählen der *Proportions-*, der *Reservat-*, der *Linear-* und der *Formal-K.* Im *Proportions-K.* wird ein melodisches Grundmodell gleichzeitig in verschiedenen Zeitmaßen (z.B. $^2/_2$-, $^3/_4$-, $^2/_4$- und $^6/_8$-Takt) durchgeführt, eine nur durch die Eigenart der Mensuralnotation ermöglichte Technik. Unter dem Begriff des *Reservat-* oder *Aussparungs-K.s* werden diejenigen Formen zusammengefaßt, deren Folgestimmen durch Wegfall bestimmter Notenwerte oder durch Umstellung der Melodietöne nach gewissen rationalen Prinzipien (etwa in der Reihenfolge der Töne nach ihrer Dauer) umgestaltet werden. *Linear-K.* ist der moderne Ausdruck für die mehrfache systematische Ableitung einer Tenorstimme aus einem einfach notierten Melodiemodell, als *Formal-K.* bezeichnet man die Verteilung eines auf solche Art gewonnenen Cantus firmus auf mehrere Stimmen. Einen Sonderfall stellt der *polymorphe K.* dar, der verschiedene Ausführungsmöglichkeiten zuläßt.

Zur Geschichte des Kanons. Die Doppelnatur des K.s, der einerseits durch die zeitliche Verschiebung gleichartiger Linien die natürlichste und einleuchtendste Erscheinungsform stimmlicher Gleichberechtigung darstellt und andererseits ein Satzgefüge ist, das in jedem Takt durch ein einheitliches Gestaltungsgesetz determiniert ist, läßt sich an zwei verschiedenen Entwicklungszügen der Musikgeschichte verfolgen. Der einfache imitatorische Typus reicht wohl bis zu den Anfängen volkstümlich-mehrstimmigen Musizierens zurück. Ein erstes Zeugnis dafür ist der englische *Sommerkanon* (um 1300 aufgezeichnet). Formen dieser Art hießen im Mittelalter ↗Rota, Round bzw. Radel. In der Kunstmusik des 14. Jh. wurde die Imitationstechnik als Fuga bezeichnet, als besondere Typen entwickelten sich in Italien die ↗Caccia und in Frankreich die Chace oder ↗Chasse. Spätere Erscheinungsformen des volkstümlichen Genres sind die englischen ↗Catches des 17. und die Gesellschafts- und Scherzkanons des 18. Jahrhunderts. Im 20. Jh. gewann nach dem 1. Weltkrieg das umgangsmäßige K.-Singen wieder verstärkte Bedeutung in der musikalischen ↗Jugendbewegung. Zu allen Zeiten nutzten Komponisten die knappe und prägnante Form des K.s als Ausdrucksmittel einer musikalischen „Aphoristik".

Der andere – abstraktere – Wesenszug des K.s, seine gesetzmäßige Struktur, wurde nach vereinzelten Ansätzen im 13. Jh. und wichtigen Beiträgen von G. de Machaut vor allem von den Meistern der Franko-flämischen Schule (15./16. Jh.) systematisch entwickelt. In den Messen und Motetten von J. Ockeghem, Josquin des Prés, Pierre de la Rue u. a. erreichte die Kunst des K.s eine erste Hochblüte. Der K. galt als Nachweis besonderer satztechnischer Meisterschaft, zugleich boten seine gesetzmäßige Anlage, seine komprimierte Notierungsform sowie die oft bildlich interpretierbaren Strukturprinzipien Anlaß für symbolische Anspielungen. Bei den „Künsten der Niederländer" war der K. primär ein satztechnisches Problem. Dies gilt auch noch für die Nachblüte der K.-Kunst im 16./17. Jh. in Italien (G. M. Artusi, L. Zacconi, G. B. Vitali, A. Caldara) und in Deutschland (S. Scheidt, A. Gumpelzhaimer, J. Theile u. a.). Das Problem, in kanonischer Technik eine geschlossene Form zu gestalten, wurde erst durch J. S. Bach überzeugend gelöst, dessen Spätwerk einen zweiten Höhepunkt in der Entwicklung des K.s bedeutet. Es war vor allem der Rückbezug auf Bachs Schaffen, der im 20. Jh. noch einmal zu einer Wiederbelebung der K.-Technik geführt hat (besonders bei M. Reger, P. Hindemith, J. N. David, und im Spätwerk von I. Strawinsky). In die Zwölftontechnik und die Serielle Musik sind – trotz erheblicher Verschiedenheit des musikalischen Materials – zahlreiche Grundprinzipien der K.-Technik eingegangen.

E. PLATEN

Lit.: **Zu 2):** E. WELLESZ, A History of Byzantine Music and Hymnography (O 1949, [3]1963); H. W. TILLYARD, Twenty Canons from the Trinity Hirmologium (Boston 1952); E. JAMMERS, Der K. des J. Damascenus für den Ostersonntag, in: Polychronion (Hei 1966); J. VAN BIEZEN, The Middle Byzantine Kanonnotation of Manuscript H (Bilthoven 1968); R. VON BUSCH, Unters. zum byzantinischen Heirmologion. Der Echos Deuteros (H 1971) – **Zu 3):** O. A. KLAUWELL, Die hist. Entwicklung des musikal. Canons (Diss. L 1874), gedruckt als: Der Canon in seiner geschichtlichen Entwicklung (L 1876); F. JÖDE, Der K., 3 Teile (Wb 1925); DERS., Vom Geist z. Gesicht des K.s, in: Die Kunst Bachs (Wb 1926); L. FEININGER, Die Frühgesch. des K.s bis Josquin des Prez (Emsdetten 1937); J. HANDSCHIN, The Summer Canon and Its Background, in: MD 3 (1949) u. 5 (1951); W. WIORA, Der ma. Liedkanon, in: Kgr.-Ber. Lüttich 1950; W. BLANKENBURG, Die Bedeutung des K.s in Bachs Werk, in: Bachtagung Leipzig 1950 (L 1951); R. LEIBOWITZ, Le canon (Lüttich 1952); J. J. A VAN DER WALT, Die K.-Gestaltung im Werk Palestrinas (Diss. Kö 1956); A. DUNNING, Mozarts K.s. Eine Stud., in: Mozart-Jb. 1971/72; R. FALCK, Rondellus, Canon, and Related Types Before 1300, in: JAMS 25 (1972); H. HÜSCHEN, Bemerkungen z. Satzstruktur der „missa canonica" zu 4 (8) St. v. J. Gallus, in: FS W. Boetticher (B 1974); N. S. JOSEPHSON, K. u. Parodie. Zu einigen Josquin-Nachahmungen, in: TVer 25 (1975); H. REICHENBACH, Modern Canons (NY o. J.).

KANSAS CITY JAZZ, Jazzstil der 30er Jahre, der im Umfeld des Big Band-Jazz der Swing-Ära anzusiedeln ist (Charlie Parker, Lester Young, Bennie Moten, Count Basie). Einfache Formen, Riff-Technik, Orientierung am Blues in Intonation, Tongebung und Struktur der Soli verhalfen ihm zu Popularität. Durch die Jam sessions bereitete der K. teilweise die Entwicklung zum Bebop und Modern Jazz vor.

Lit.: R. HORRICKS, Count Basie and His Orchestra. Its Music and Musicians (Lo 1957, Nachdr. Westport/Conn. 1971) (mit Discographie); R. RUSSEL, Bird Lives. The High Life and Hard Times of Ch. Parker (NY 1973).

KANT, Immanuel, * 22. 4. 1724 Königsberg, † 12. 2. 1804 ebd.; dt. Philosoph. Er studierte Philosophie, Mathematik und Naturwissenschaften an der Universität Königsberg, wo er 1770 den Lehrstuhl für Logik und Metaphysik erhielt. Die Frage nach dem Musikalisch-Schönen ist bei ihm peripher, doch in der radikalen Weise gestellt, die sich nur aus seinen erkenntniskritischen Trennungen ergeben konnte. Die Trennungen – zwischen apriorischer Form und sinnlichem Stoff der Erfahrung sowie zwischen den Gebieten des Naturbegriffs (der „reinen" Vernunft) und des Freiheitsbegriffs (der „praktischen" Vernunft) – verlangen nach einer Vermittlung, für die sich die Erfahrung von Ganzheit in der ästhetischen Anschauung anbietet. Das Schöne präsentiert sich als Einheit für die Anschauung vor allen Begriffen, so daß Form und Stoff hier immer schon vermittelt sind, und es präsentiert sich darüber hinaus als „Ausdruck ästhetischer Ideen", die auf eine „übersinnliche" Einheit des theoretischen und praktischen Vermögens hinweisen. Im Gegensatz zur Nachahmungstheorie ergibt sich aus K.s Kritik, daß die schöne Kunst nur insofern Nachahmung der Natur ist, als ihr „die Natur durch ein Genie die Regel gab". Gerade darum kann die Kunst eine Wirklichkeit schaffen, „für die sich in der Natur kein Beispiel findet" *(Kritik der Urteilskraft,* B 1790, § 49). Das Spiel der Tonempfindungen erhebt sich nur dann vom „Angenehmen" zum „Schönen", wenn die Tonempfindungen nicht nur „Reiz und Rührung" hervorbringen, sondern einer „Form" fähig sind, „welche für die Beobachtung und Beurteilung zweckmäßig ist" (§ 52). Die mathematische Form der Tonbeziehungen, die K. hierfür ins Auge faßt, geht als „transitorische" allzu leicht in der Gefühlswirkung unter. Wenn Musik daher nur bedingt eine „schöne Kunst" genannt werden kann, so kann sie nur durch ihre Beziehung zur Poesie zum Ausdruck ästhetischer Ideen werden. Durch Analogie zu affektuosem Tonfall der Sprache vermag sie „die ästhetische Idee eines zusammenhängenden Ganzen einer unnennbaren Gedankenfülle, einem gewissen Thema gemäß, welches den in dem Stücke herrschenden Affekt ausmacht, auszudrücken" (§ 53). Die systematische Geltung der K.schen Kriterien „Form" und „ästhetische Idee" regte dazu an, die Art und Weise, wie K. diese Geltung in Musik verwirklicht sah, in Frage zu stellen. Insofern wurde K.s Kritik der Urteilskraft auch in bezug auf Musik „Ausgangspunkt für das wahre Begreifen des Kunstschönen" (G. W. Fr. Hegel). Die im Spiel der Tonempfindungen vermißte Form haben J. G. Herder, Fr. von Schiller, Chr. G. Körner und Fr. W. J. von Schelling deutlicher herausgearbeitet. Die ästhetische Idee, die „viel zu denken veranlaßt, ohne daß ihr doch ein bestimmter Gedanke, d. i. Begriff adäquat sein kann" (§ 49), lieferte eine formale Vorgabe für die kontemplative Haltung zur absoluten Musik. Daß Kant ausführlich die ästhetische Erfahrung analysiert, das ästhetische Objekt aber weitgehend unbestimmt läßt, hat neuerdings die These veranlaßt, daß K.s Ästhetik gerade nach der Krise des Werkbegriffs besondere Aktualität zukomme (Bubner).

Lit.: K. MEYER, K.s Stellung z. Musikästhetik, in: ZfMw 3 (1920/21); G. WIENINGER, K.s Musikästhetik (Diss. Mn 1929); C. DAHLHAUS, Zu K.s Musikästhetik, in: AfMw 10 (1953); D. HENRICH, K., in: MGG VII; G. FREUDENBERG, Die Rolle von Schönheit u. Kunst im System der Transzendentalphilosophie (Meisenheim 1960); W. SEIFERT, Ch. G. Körner. Ein Musikästhetiker der dt. Klassik (Rb 1960); C. DAHLHAUS, Musikästhetik, in: Theoretica 8 (Kö 1967); D. ZOLTAI, Ethos u. Affekt. Gesch. der philosophischen Musikästhetik v. den Anfängen bis zu Hegel (Budapest 1970), R. BUBNER, Über einige Bedingungen gegenwärtiger Ästhetik, in: Ist eine philos. Ästhetik möglich? (Gö 1973) (= neue hefte z. philosophie 5); G. SCHUBERT, Zur Musikästhetik in K.s „Kritik der Urteilskraft", in: AfMw 32 (1975); R. CADENBACH, Das musikal. Kunstwerk (Rb 1978).

A. NOWAK

KANTATE, bis zum 19. Jh. meist **Cantate** (von lat. cantare = singen; engl., it.: cantata; frz.: cantate).

Die italienische Kantate im 17.–18. Jahrhundert. Der Terminus K. erscheint zum ersten Mal im Titel einer Sammlung weltlicher Monodien von A. Grandi (*Cantade ed Arie,* 1620). Wohl als Analogon zu dem älteren Terminus *Sonata* (↗Sonate) gebildet, ist die Bz. K. hier solchen Gesängen zugeordnet, in denen das Prinzip der durchkomponierten strophischen Variation der Singstimme über einen gleichbleibenden Baß vorherrscht (↗Ostinato), während die *Arie* Grandis Strophenlieder sind. Gesänge wie diese *Cantade* gab es freilich schon vorher, so vor allem bei G. Caccini (*Nuove musiche,* 1601). D. h., die Anfänge der K. fallen zusammen mit der Spätphase des ↗Madrigals und dessen „Monodisierung" im Umkreis der Camerata Fiorentina. Mehr und mehr hat in den ersten Dezennien des 17. Jh. die K. das Madrigal abgelöst in seiner Bedeutung als wichtigste Gattung der weltlichen vokalen Kammermusik. Ihre schnell wachsende Beliebtheit ist dabei ein Indiz für die allgemeine Wertschätzung des Sologesangs in dieser Zeit. Terminologisch ist zu beachten, daß mit K. im 17. Jh. allgemein die Solokantate mit B.c. (Cantata a voce sola; meist für Sopran oder, oktavierend, für Tenor) gemeint ist, daß vereinzelt aber auch 2- und 3st. Gesänge als K.n bezeichnet sind (↗Duett, ↗Terzett). Entscheidende Stationen in der Geschichte der italienischen K. sind in der ersten Hälfte des 17. Jh. die Werke von St. Landi (4 Bücher *Arie* bzw. *Arie da cantarsi,* 1620–38), B. Ferrari (3 Bücher *Musiche varie,* 1630–41) und vor allem von L. Rossi (mehrere hundert K.n, meist hsl.). In den K.n dieser und vieler anderer Komponisten läßt sich als wichtigstes Charakteristikum der Wechsel von rezitativischen und ariosen Abschnitten feststellen, dem im Text der Wechsel von verschiedenartigen Affekten und Sinneinheiten oder auch von Erzählung und Betrachtung vorgegeben ist. Die Sujets sind oft der Hirten- bzw. Schäferdichtung entnommen. An Rossi vor allem lehnt sich in unmittelbarer Tradition G. Carissimi an, der mit seinen zahlreichen hsl. überlieferten K.n schon zu Lebzeiten als der bedeutendste Meister der Gattung, im 18. Jh. sogar als ihr Erfinder galt. Bei Carissimi verbirgt sich unter der Bezeichnung K. (die sich nun endgültig durchgesetzt hat) eine Vielzahl von Gestaltungsmöglichkeiten. Meist handelt es sich um eine freie Folge von rezitativischen und ariosen Teilen mit häufiger Da Capo-, Rondo- und Strophenbildung, seltener um K.n in Form einer Arie, einer strophischen Variation oder eines Arioso. Bei Carissimi erhalten viele K.n starken musikalischen bildhaften und Affekt-Ausdruck und eine neue Art von Kantabilität und können so als frühe Zeugnisse des ↗Bel canto gelten. In dieser Zeit war die K.n-Dichtung zu einer eigenen hochangesehenen literarischen Gattung geworden.

Mit Carissimi geht in der Geschichte der K. eine Entwicklung zu Ende: die strikte Monodie, der nur vom Generalbaß begleitete Sologesang, erlebt ihren letzten Höhepunkt; schon sind jetzt, besonders von der Oper her kommend, Kräfte am Werk, die der K. durch den Zuwachs reicher instrumentaler Begleitung neue Farbe und neuen Reiz verleihen, freilich teilweise unter Verlust jener Vielfalt in Form, Melos und Ausdruck, durch die sich die K. Carissimis und seiner Zeitgenossen auszeichnen. Begünstigt durch die konsequente Trennung von ↗Rezitativ und ↗Arie und durch die Vorherrschaft der ↗Da capo-Arie wird die K. nun mehr und mehr von einer schematisch starren Bauweise bestimmt, die ihr Kennzeichen am Ende des 17. und zu Anfang des 18. Jh. ist. Die großen musikalischen Zentren in Italien sind auch die Pflegestätten der K. dieser Zeit: Rom (mit A. Cesti, C. Caprioli, A. Melani, A. Fr. Tenaglia, M. Savioni), Venedig (vor allem mit G. Legrenzi und seinen Schülern C. Fr. Pollarolo, A. Caldara und Fr. Gasparini), Bologna (mit G. B. Bassani, M. Cazzati, G. M. Bononcini, Fr. Gasparini u. G. A. Perti) und Neapel (vor allem mit A. Stradella und A. Scarlatti, der über 700 K.n schrieb und der letzte große Meister der Gattung war). Zumal bei den Komponisten der Neapolitanischen Schule wird die K. oft zu einer Art Opernszene en miniature mit der Opera seria als Vorbild. Bezeichnenderweise waren bedeutende Opern-Librettisten des frühen 18. Jh. (wie etwa P. Metastasio) auch berühmt als Kantatendichter. In Anbetracht der Beliebtheit der Opera seria als Mittel und Ausdruck höfischer Repräsentation im ganzen 18. Jh. ist es nicht erstaunlich, daß auch die italienischen K.n in diesem Jahrhundert vor allem als Huldigungsmusik in beschränktem Ausmaß weitergepflegt wurden, gleichzeitig aber den Rahmen der Kammermusik sprengen. In diesen Zusammenhang gehören – trotz des deutschen Textes – noch die Kantaten L. van Beethovens (K. auf den Tod Kaiser Josephs II. u. K. zur Kaiserkrönung Leopolds II., beide 1790; *Der glorreiche Augenblick*, op. 136, 1814). In Beethovens op. 136, zur Verherrlichung des Wiener Kongresses geschrieben, kündet sich eine neue Phase in der Geschichte der weltlichen K. an, die nun im 19. Jh. in den großen europäischen Ländern teilnimmt an dem Aufschwung des bürgerlichen Konzertwesens (s. u.).

Die französische Kantate. Die starke Anlehnung an italienische Vorbilder, die in vielen Bereichen des französischen Musiklebens seit der 2. Hälfte des 17. Jh. zu beobachten ist (↗Frankreich), führte zu Beginn des 18. Jh. auch zu einer Übernahme der italienischen K. und zu ihrer Anpassung an die Gegebenheiten der französischen Sprache. Die ersten ausdrücklich als solche bezeichneten K.n stammen von M. A. Charpentier (*Cantate françoise: Coulez charmans ruisseaux*, um 1683) und S. de Brossard (6 *Cantates*, um 1700). Es war dann namentlich in der Umgebung des späteren französischen Regenten Philipp von Orléans, wo die K. einen großen Aufschwung nahm. Die Werke von J. B. Morin (3 Bücher K.n, 1706–12) markieren die erste Blüte dieser Cantate françoise, wie die Gattung jetzt hieß. Morins K.n enthalten Gesänge mit Generalbaß mit und ohne weitere Instrumente. Ihre Texte sind zumeist der Hirten- und Schäferpoesie entnommen. K.n dieser Art schrieben in der Folgezeit u. a. J. B. Stuck (4 Bücher, 1706–14), A. Campra (3 Bücher, 1708–28), N. Bernier (8 Bücher, 1703?–23), L. N. Clérambault (5 Bücher, 1710–26), dessen *Orphée*, *Médée* und *Léandre et Héro* einen außergewöhnlichen Erfolg hatten. Neben Th. L. J. Bourgeois, Colin de Blamont, J. Bodin de Boismortier, A. C. Destouches, J.-J. Mouret, A. de Villeneuve ist hier besonders auch J.-Ph. Rameau mit seinen zwischen 1710 und 1730 geschriebenen 7 K.n zu nennen. Sie weisen sowohl idyllische *(Thétis, Le berger fidèle)* als auch komische *(Les amants trahis)* und dramatische Züge *(Orphée)* auf. Anders als in Italien galt in dieser Zeit in Frankreich die Bezeichnung K. nicht ausschließlich für Werke mit weltlichem, sondern auch für solche mit geistlichem Text. Solche Cantates spirituelles schrieben E. Jacquet de La Guerre (2 Bücher *Cantates... sur des sujets tirez de l'Écriture*, 1708 u. 1711) und R. Drouart de Bousset (2 Bücher *Cantates... tirées des Psaumes*, 1735 u. 1740). Eine Sonderform der französischen K. im 18. Jh. stellt die ↗Cantatille dar.

Nachdem die K. in Frankreich nach der Jahrhundertmitte stark an Beliebtheit verloren hatte, erlebte sie während der Französischen Revolution eine neue Blüte. Ohne klare terminologische Unterscheidung zu Hymne, Ode, Chant patriotique gehörte sie zu den charakteristischen Gattungen der Revolutionsmusik. K.n dieser Art in verschiedener Besetzung und formaler Anlage, oft mit Verwendung des Volksgesangs schrieben Fr. J. Gossec, É. N. Méhul, L. Cherubini, J.-Fr. Le Sueur. Die große Wertschätzung der K. um 1800 schlägt sich nicht zuletzt auch darin nieder, daß sie im offiziellen französischen Musikstudium zum Prüfstein für kompositorisches Können wurde. Am Pariser Conservatoire war 1803–1969 eine Kantate für 3 Singstimmen und Orchester berühmt-berüchtigtes Wettbewerbstück für den Prix de Rome.

G. MASSENKEIL

Die deutsche (Kirchen-)Kantate. Die deutschsprachige K. als Gattung der evangelischen Kirchenmusik ist in der 2. Hälfte des 17. Jh. aus dem ↗Geistlichen Konzert hervorgegangen und allmählich an dessen Stelle getreten. Da der Begriff K. damals jedoch nur vereinzelt üblich war, bedarf es einer terminologischen Abgrenzung zwischen Geistlichem Konzert und Kantate. Die evangelische K. ist nach heutigem wissenschaftlichem Sprachgebrauch ein mehrteiliges Werk instrumental-vokaler Besetzung, dessen Glieder musikalisch und oft, mit der Zeit sogar in der Regel, auch textlich verschiedenartig sind. Aus dem ursprünglich einsätzigen Geistlichen Konzert der 1. Hälfte des 17. Jh. hatte sich noch zu Lebzeiten von H. Schütz eine mehrgliedrige Gestalt mit Wechsel in der Besetzung, des Takts und der musikalischen Form – diese kann abschnittsweise mehr konzertant oder mehr liedhaft und schließlich rezitativisch sein – entwickelt. Das instrumentale Ritornell kam mit gliedernder Funktion häufig hinzu. Von einer K. kann erst gesprochen werden, wenn die vorhergenannten Merkmale sämtlich vorhanden sind. Auch in liturgischer Hinsicht löste sie das Geistliche Konzert ab. War dieses vordem an die Stelle der Evangelienmotette in Verbindung mit der gottesdienstlichen Lesung getreten – bereits im 2. und 3. Teil der *Neuen geistlichen Konzerte* von S. Scheidt (1634/35) steht eine Anordnung „auf alle Fest- und Sonntage durchs ganze Jahr" –, so liegt darin bereits die Wurzel für die K.n-Jahrgänge späterer Zeit. Auch für die K. ist der unmittelbare Anschluß an die Lesung des ↗Evangeliums in der lutherischen Messe der feste liturgische Platz. Daneben spielte noch die Wiedergabe (des 2. Teils bei zweiteiligen K.n) nach der Predigt eine gewisse Rolle. Bestand die gottesdienstliche Aufgabe der Evangelienmotette um 1600 und danach des Geistlichen Konzerts lediglich in der musikalischen Darbietung eines Teils oder der vollständigen Lesung, um die Verkündigung zu erhöhen, so führt die K. mit Hilfe von Textkombinationen, denen bestimmte musikalische Formen entsprechen, darüber hinaus zu deren predigthafter Erläuterung. Dafür sind die häufig verwendeten Werktitel „Musikalische Andachten" und „Musikalische Gespräche" oder auch, wie schon beim Geistlichen Konzert, „Dialoge" von programmatischer Bedeutung. In der Regel stellten die Komponisten selbst die textlichen Vorwürfe, oft mit viel theologischem Verstand, zusammen. Es waren vor allem A. Hammerschmidt um die Mitte des 17. Jh. und wenig später W. C. Briegel, mit deren Schaffen die eigentliche Geschichte der K. beginnt. Briegels K. *Fahre auf die Höhe* kann als Musterbeispiel einer predigthaft gegliederten K. in deren frühestem Stadium gelten. Jedoch gibt es keinen protestantischen Komponisten in der Generation der zwischen 1610–30 Geborenen, der nicht mehr oder weniger an dieser Entwicklung Anteil hatte. Zu nennen sind Fr. Tunder, J. Rosenmüller, Th. Strutius, J. R. Ahle, Chr. Dedekind und S. Capricornus, ferner die Schütz-Schüler M. Weckmann und Chr. Bernhard. In der folgenden Generation bildeten sich gewisse landschaftliche Gruppen von K.n-Schöpfern heraus, zwischen denen freilich mancherlei Verbindungen bestanden und auch verschiedentlich Austausch erfolgte. Zu der Nürnberger Gruppe gehören P. Hainlein, H. Schwemmer, G. K. Wecker, die beiden Brüder J. Ph. und J. Krieger sowie J. Pachelbel. In Mitteldeutschland wirkten u.a. J. G. Ahle, Ph. H. Erlebach und Fr. W. Zachow sowie die drei Leipziger Thomaskantoren S. Knüpfer, J. Schelle und J. Kuhnau. Besonders groß ist die nord- und ostdeutsche Gruppe mit G. Böhm, A. Pfleger, Chr. Geist, J. Gerstenbüttel, J. V. Meder, J. Ph. Förtsch, V. Lübeck, N. Bruhns und J. N. Hanff; sie alle werden überragt von D. Buxtehude, in dessen K.n-Werk sämtliche bis dahin entwickelten Typen vereinigt sind. Aus diesen heben sich vornehmlich die 4 folgenden hervor: Die Lied-K. (zugrunde liegt eine „Aria" aus dem Bereich des frühpietistischen Andachtsliedes), die Choral-K. (unter ihnen manche in der schlichten Form der Kantional-K.), die Concerto-Aria-K. (mit Verknüpfung eines biblischen Textes und einer Aria) und die gemischte K. mit Konzertsatz, Rezitativ, Arioso, Aria und Choralbearbeitung (Typisierung nach M. Geck). In der 2. Gruppe herrscht die reine per omnes versus-K. vor (alle Strophen eines Chorals werden vertont), die J. S. Bach noch vereinzelt gepflegt hat, oft verbunden mit einem ausgedehnten Amen- oder Hallelujaschluß, wie ihn bereits H. Schütz in den *Symphoniae sacrae* III (1650; bei *Feget den alten Sauerteig aus*) und noch J. S. Bach in der frühen K. BWV 106 bringt. Vor allem in der 4. Gruppe ist die K. zu einem Gottesdienst sui generis innerhalb der lutherischen Messe ausgereift. Es war daher von hier nur ein kleiner Schritt zur Bereitstellung von K.n-Libretti, wie es zuerst durch E. Neumeister 1700 geschah. Dies fiel zeitlich zusammen mit der Aufnahme des Seccorezitativs und der Da capo-Arie aus der Oper in die Kirchenmusik, gemäß Neumeisters klassischer Formulierung: „So siehet eine Cantata nicht anders aus als ein Stück aus einer Opera von Stylo recitativo und Arien zusammengesetzt." Der Begriff „Cantata" erscheint aber auch jetzt nur vereinzelt; statt dessen ist in der Regel von der „Hauptmusik" oder gar nur von der (gottesdienstlichen) „Musik" schlechthin die Rede. Neumeister schuf 6 Jahrgänge von K.n-Dichtungen, den 1., 5. und 6. für J. Ph. Krieger in Weißenfels (1700, 1716 und 1719), den 2. für Ph. H. Erlebach in Rudolstadt (1708), den 3. und 4. für G. Ph. Telemann in Eisenach (1711 und 1714). Während er anfangs ausschließlich freie, „madrigalische" Dichtungen bietet, nimmt er vom 3. Jahrgang an wieder Bibelwort und Liedstrophen auf. Danach beginnt die klassische Form der protestantischen Kantate des Hochbarocks mit einem Eingangschor über das de tempore-bezogene Dictum, d.h. ein das zuvor verlesene Evangelium interpretierendes Bibelwort, während die folgenden Rezitative und Arien der Explicatio (d.h. der gedanklichen Entfaltung) und der Applicatio (d.h. der existentiellen Aneignung) des Dictum dienen. Ein Choral bildet als Gebet oder Lobpreis den Schluß. In der Solo-K. schließen die solistischen Stücke unmittelbar an die Lesung an. Auch die Choral-K. besteht daneben weiterhin; jedoch wird auch sie zumeist mit K.n-Dichtung durchsetzt. Neumeister wurde das Vorbild für zahlreiche weitere K.n-Dichter, u.a. B.H. Brockes, J.K. Lichtenberg, S.Chr. Lehens und vor allem S. Franck, F. Hunold, M. von Ziegler und Chr. F. Henrici (genannt Picander), deren Texte Bach verwendete. Die Zahl der K.n stieg in der 1. Hälfte des 18. Jh. ins Unermeßliche. Allein G. Ph. Telemann schuf etwa 23 Jahrgänge. Außer den erwähnten Namen sind für diese Zeit noch Chr. Graupner, G. H. Stölzel und G. Gebel d. J. zu nennen. Von den K.n aller dieser Komponisten konnte naturgemäß zu ihrer Zeit nur ein verschwindend kleiner Teil gedruckt werden; vieles ist daher verlorengegangen. Erhalten blieben jedoch zahlreiche der oft in Jahrgängen oder für bestimmte Zeiten des Kirchenjahres zusammengefaßten gedruckten Textbücher.

In der folgenden Zeit hielt das K.n-Schaffen zwar weiter an, und es gab auch nach wie vor zahlreiche, weniger bedeutende Komponisten, die sich ihm widmeten. Jedoch verlor es mit dem nun mehr und mehr einsetzenden Verfall der alten liturgischen Ordnungen im Zeitalter der Aufklärung und des Rationalismus ihre bisherige gottesdienstliche Bedeutung. Zur Zeit der Empfindsamkeit diente die K. fast nur noch dem bloßen Gefühlsausdruck und wurde dann schließlich bald ganz aufgegeben. Nur wenige Namen ragen in dieser Zeit noch hervor, so C. H. Graun, W. Fr. Bach, G. A. Homilius, G. Benda, Fr. W. Rust, J. G. Vierling und G. R. Zumsteeg. Auf das Ganze gesehen hat die K. in diesem Zeitabschnitt nur noch eine periphere Bedeutung. Daran änderte sich auch nichts, als C. Loewe und F. Mendelssohn Bartholdy und um die letzte Jahrhundertwende M. Reger sie wieder aufgriffen. Auch die kirchenmusikalische Erneuerung seit etwa 1930 hat zwar mancherlei K.n hervorgebracht, ohne jedoch ihre Geschichte neu zu begründen.

W. BLANKENBURG

Die weltliche (Solo-)Kantate in Deutschland. Gemessen an dem Umfang des überlieferten Repertoires und im Bewußtsein der Nachwelt ist die geschichtliche Bedeutung der weltlichen deutschen K. geringer als die der Kirchen-K. Bereits in der 1. Hälfte des 17. Jh. finden wir vereinzelt auch in Deutschland Anlehnungen an die charakteristischen Form- und Ausdrucksprinzipien der italienischen K. Der deutsche Terminus K. erscheint (vermutlich erstmals) bei C. Kittel (*Arien und Cantaten* für 1–4 St. u. B.c., 1638) und ist dort bezogen auf Übungsstücke für den Sologesang nach italienischer Manier. Insgesamt vollzieht sich Angleichung deutscher weltlicher Gesänge mit pastoralen Inhalten an den italienischen monodischen Stil hauptsächlich innerhalb der Gattung der ↗Arie. Typisch in dieser Hinsicht sind vor allem die an der K.n-Kunst L. Rossis und G. Carissimis unmittelbar orientierten Arien von A. Krieger (1667) und Ph. H. Erlebach (1697). Neue Impulse gingen erst Anfang des 18. Jh. von dem Dichter und Librettisten Menantes (= Chr. Fr. Hunold) aus, der unter dem Einfluß der geistlichen K.n-Dichtungen E. Neumeisters einen neuen weltlichen K.n-Typus schuf und auch theoretisch begründete. Texte von Menantes komponierte u.a. R. Keiser. In der Folge schufen J. Gottsched, J. A. Scheibe und J. Mattheson eine spezielle Theorie der deutschen K. und ihrer Haupttypen der „moralischen", „verliebten" und „komischen" Kantate. Gleichwohl setzte sich die K. mit deutschem Text nur langsam gegen die auch von deutschen Komponisten reichlich gepflegte K. mit italienischem Text durch. Für beide Arten – durchweg übereinstimmend mehrteilige Gebilde mit Rezitativ und Arie – können die gleichen Namen von Komponisten genannt werden: u.a. die Brüder Graun, G. Ph. Telemann, J. H. Rolle. Auch J. S. Bach gehört in diese Reihe (K.n BWV 203 *Amore* *traditore;* 209 *Non sa che sia dolore,* beide nicht einwandfrei als echt geltend – 202 *Weichet nur, betrübte Schatten;* 204 *Ich bin in mir vergnügt*). Wichtig als Komponist italienischer K.n ist ferner G. H. Stölzel.

In den 60er Jahren des 18. Jh. setzte dann eine neue Welle in der K.n-Produktion ein, die – nach Dichtungen vor allem von J. E. Schlegel, K. W. Ramler und K. W. v. Gerstenberg – als eigenen Typus die sogenannte ernste K., meist mit mythologischen Stoffen, entstehen ließ. Als Komponisten dieser „Singgedichte", wie man die K. in Deutschland oft bezeichnete, kommen u. a. J. A. Scheibe, J. Chr. Fr. Bach und G. J. Vogler in Betracht. Ihr Hauptkennzeichen ist die ausgiebige Verwendung des Akkompagnato-Rezitativs. Was die instrumentale Besetzung angeht, so begegnen sowohl K.n mit Cembalo bzw. Pianoforte als auch solche mit zusätzlichen Instrumenten.

Um die Wende des 18./19. Jh. ist die Geschichte der deutschen Solo-K. im wesentlichen beendet. Es scheint, daß sie einmündet in die sich abzeichnende großartige Entwicklung des Sololieds. Zeugnisse für die vielfältigen Berührungen von Lied und K. in dieser Zeit – man unterscheidet bezeichnenderweise im musikwissenschaftlichen Schrifttum gelegentlich zwischen der „Liedkantate" und dem „Kantatenlied" – bieten die Werke von R. Zumsteeg, J. Fr. Reichardt u. a. Und noch in manchen Liedern Fr. Schuberts (etwa im *Prometheus*) ist die Tradition der älteren K. deutlich spürbar.

Die Kantate im 19.–20. Jahrhundert. Im 19. Jh. gibt es, namentlich in Deutschland, neben K.n mit geistlichem auch solche mit weltlichem Text. Es sind oratorienähnliche Stücke für Soli bzw. Chor oder Soli und Chor und Orchester mit patriotischem, lyrischem, balladeskem, märchenhaftem u. a. Charakter; eine klare Abgrenzung gegenüber dem weltlichen Oratorium der Zeit ist nicht möglich. Zu nennen sind hier Werke von L. v. Beethoven (s. o.), C. M. von Weber (*Kampf und Sieg,* 1815), R. Schumann (*Das Paradies und die Peri,* 1843), M. Bruch (*Szenen aus der Frithjofsage,* 1864), J. Brahms (*Rinaldo,* 1868; *Schicksalslied,* 1871), R. Strauss *(Wanderers Sturmlied),* auch wenn sie nicht immer eigens als K. bezeichnet sind. Noch in unserem Jh. stehen H. Pfitzners K. *Von deutscher Seele* (1921 nach J. von Eichendorff) und B. Bartóks *Cantata profana, Die Zauberhirsche* (1930) in dieser Tradition. Zur gleichen Zeit spielte die K. auch im Bereich der neuentstehenden ↗Gebrauchsmusik eine eigene Rolle als besondere Form des gemeinschaftlichen (auch Laien-)Musizierens. Beispiele hierfür bieten auf unterschiedlichen stilistischen Ebenen Werke von P. Hindemith, P. Höffer, J. Haas, H. Bergese, H. Bräutigam. In nicht unerheblichem Maße schrieben schließlich auch die Komponisten der Neuen Musik und der Avantgarde Kantaten in verschiedenster Besetzung und formaler Gestaltung: A. v. Webern (K. op. 29, 1938/39), W. Fortner (*Grenzen der Menschheit,* 1930; *An die Nachgeborenen,* 1947, *Chant de naissance,* 1958; usw.), P. Boulez (*Le soleil des eaux,* 1948), I. Strawinsky (*Cantata,* 1951–52), B. A. Zimmermann (*Omnia tempus habent,* 1957), H. W. Henze (*Novae de infinito laudes,* 1962).

Ausg. (nur Sammelausg. it. K.n des 17. Jh.): Kantaten-Frühling, hrsg. v. H. RIEMANN (L 1909–13); Ausgew. Kammerkantaten, hrsg. v. DEMS., 6 H.e (L o. J.); Alte Meister des Bel canto, hrsg. v. L. LANDSHOFF, 3 Bde. (L 1912–15); La Flora, hrsg. v. K. JEPPESEN, 3 Bde. (Kop 1949); The Italian Cantata in the Seventeenth Century … presented in Facsimile, hrsg. v. C. GIANTURCO, 16 Bde. (NY 1986 ff.). – Thematische Verz. von K.n einzelner Komponisten des 17.-18. Jh., in: The Wellesly Cantata Index Series (Wellesley/Mass. 1963 ff.), bisher 1: A. Cesti; 2: M. Savioni; 3: L. Rossi; 4: A. Stradella; 5: G. Carissimi.

Lit.: H. LEICHTENTRITT, Der monodische Kammermusikstil in Italien, in: A. W. Ambros, Gesch. der Musik IV (L 1909, Nachdr. Hil 1968); E. J. DENT, The Italian Chamber Cantatas, in: The Musical Antiquary II (1910/11, Nachdr. Lo 1968); A. SCHERING, Über die Kirchenk. vorbachischer Thomaskantoren, in: Bach-Jb. 9 (1912); E. SCHMITZ, Gesch. der K. u. des geistlichen Konzertes, I: Gesch. der weltlichen Solo-K. (L 1914, ²1955, Nachdr. Hil 1965); K. F. RIEBER, Die Entwicklung der dt. geistlichen Solok. im 17. Jh. (Diss. Fr 1932); U. LEUPOLD, Die liturg. Gesänge der ev. Kirche im Zeitalter der Aufklärung u. der Romantik (Kas 1933); F. TREIBER, Die thüringisch-sächsische Kirchenk. zur Zeit des jungen J. S. Bach (etwa 1700–23), in: AfMf 2 (1937); W. LANGE, Die Anfänge der K. (Dresden 1938); G. SCHWANBECK, Die dramatische Chork. der Romantik in Deutschland (Diss. B 1938); A. DÜRR, Über Kantatenformen in den geistlichen Dichtungen S. Francks, in: Mf 3 (1950); E. T. FERAND, Embellished „Parody Cantatas" in the Early 18th Century, in: MQ 44 (1958); G. ROSE, The Cantatas of Carissimi, in: MQ 58 (1962); W. BRAUN, Material zu W. F. Bachs Kantatenaufführungen in Halle 1746–1764, in: Mf 18 (1965); F. KRUMMACHER, Die Überlieferung der Choralbearb. in den frühen ev. K.n (B 1965) (= Berliner Stud. z. Musikwiss. 10); R. JAKOBY, Die K. (Köln 1968) (= Das Musikwerk 32); S. DAHMS, Opern und Festk. des Salzburger Hochbarocks, in: ÖMZ 25 (1970); J. BIRKE, Die Poetik der dt. K. zu Beginn des 18. Jh., in: FS H. Husmann (Mn 1970); A. DÜRR, Zur Textvorlage der Choralk.n J. S. Bachs, in: FS Ch. Mahrenholz (Kas 1970); DERS., Die K.n v. J. S. Bach, 2 Bde. (Kas 1971); E. BROCKHOFF, Die Paderborner Kalender-K.n v. 1764 u. 1766, in: Mf 24 (1971); H. STRECK, Die Verskunst in den poetischen Texten zu den K.n J. S. Bachs (H 1971) (= Hamburger Beitr. z. Musikwiss. 5); K. MARSONER, Stud. z. Gesch. der geistlichen frz. K. (Diss. Gr 1971); K. KÖHLER, Unters. z. deutschsprachigen szenischen K. für Kinder u. Jugendliche in dem Zeitraum v. 1945–1966, 2 Bde. (Diss. Greifswald 1971); G. KARSTÄDT, Der Lübecker Kantatenband D. Buxtehudes (Lübeck 1971); G. ROSE, The Italian Cantata of the Baroque Period, in: Gattungen der Musik. Gedenkschrift L. Schrade I (Be 1973); D. TUNLEY, The Eighteenth-Century French Cantata (Lo 1974).

KANTELE (estnisch: kannel; lettisch: kuokle; litauisch: kankles), eine früher in allen baltischen Ländern verbreitete Zither ohne Griffbrett, vor allem bekannt als finnisches Nationalinstrument, das bereits im *Kalevala*-Epos erwähnt wird. Sie ist ein Psalterium mit einem unregelmäßig trapezförmigen oder dreieckigen Resonanzkasten, der ursprünglich mit 5 in g^1, a^1, b^1, c^2 und d^2 gestimmten Roßhaarsaiten bezogen war, heute bis zu 30 Saiten (gewöhnlich aus Metall) haben kann. Die K. wird horizontal auf einen Tisch oder die Knie gelegt und mit den bloßen Fingern gezupft. Sie findet bis heute Verwendung zur Gesangsbegleitung, als Tanzinstrument und solistisch zu frei improvisatorischem Spiel.

Lit.: T. NORLIND, Systematik der Saiteninstr. I: Gesch. der Zither (Sto 1936, Hannover ^{2}1941); F. BOSE, Die finnische K., die älteste Zither Europas, in: Atlantis 24 (1952).

KANTILENE (von lat. cantilena = Lied, Melodie, Gesang; engl. und span.: cantilena; frz.: cantilène), im französischen, englischen und deutschen (nicht aber im italienischen) Sprachgebrauch des 19. und 20. Jh. (im Anschluß an die lateinische Grundbedeutung ↗Cantilena) Bz. für eine getragene, gesangsartige, dominierende Melodie in einem mehrstimmigen Vokal- oder Instrumentalwerk. In diesem Sinn wird Cantilena auch als Bezeichnung von Kompositionen oder einzelnen Sätzen gebraucht (z. B.: I. Strawinsky, 1. Satz des *Duo concertant pour violon et piano,* 1932; B. Bartolozzi: *Cantilena per flauto,* 1970).

KANTILENENSATZ, auch **Diskantlied, Balladenform, Balladenstil,** Bz. für den Typ des Liedsatzes des 14. und 15. Jh., der einen textierten, d. h. solistisch gesungenen Cantus und 1–3 nicht textierte, instrumental auszuführende Stimmen besitzt. Die Struktur des K.es weist einen 2st. Gerüstsatz aus Cantus und Tenor auf, der durch Hinzufügung eines Contratenors oder Triplums drei-, eines Contratenors und Triplums vierstimmig gesetzt werden konnte. Der K. entstand in Frankreich zur Zeit der Ars nova und wurde von dem Dichterkomponisten G. de Machaut in den Refrainformen Ballade, Rondeau und Virelai voll ausgeprägt.

Zur Zeit des Niederländers J. Ockeghem wurde vor allem im Zuge des Einflusses englischer Komponisten auf dem Kontinent der K. abgelöst durch einen Satz, in dem alle Stimmen vokal ausgeführt und aufgrund einer sich festigenden tonalen Harmonik über der tiefsten Stimme unentbehrlich wurden.

Lit.: A. SCHERING, Stud. z. Musikgesch. der Frührenaissance (L 1914) (= Stud. z. Musikgesch. 2); F. LUDWIG, Die geistliche nichtliturg. u. weltliche einst. u. die mehrst. Musik des MA bis zum Anfang des 15. Jh., in: Hdb. der Musikgesch., hrsg. v. G. Adler, 2 Bde. (B ^{2}1930, Nachdr. Tutzing 1961), Taschenbuchausg., 3 Bde. (Mn 1975); J. HANDSCHIN, Musikgesch. im Überblick (Luzern 1948, ^{2}1964); H. BESSELER, Bourdon u. Fauxbourdon (L 1950, ^{2}1974); J. HANDSCHIN, Réflexions sur la terminologie, in: RBMie 6 (1952); G. REANEY, Fourteenth Century Harmony and the Ballades, Rondeaux and Virelais of G. de Machaut, in: MD 7 (1953); U. GÜNTHER, Der musikal. Stilwandel der frz. Liedkunst in der 2. Hälfte des 14. Jh. ... (Diss. H 1957); E. APFEL, Beitr. zu einer Gesch. d. Satztechnik v. der frühen Motette bis Bach I (Mn 1964).

B. R. SUCHLA

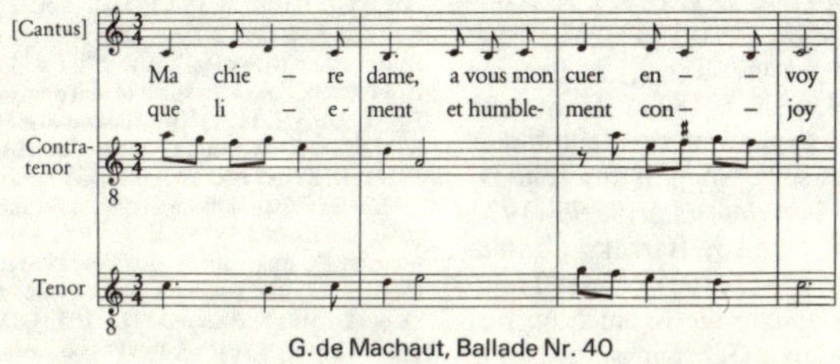

G. de Machaut, Ballade Nr. 40

KANTILLATION (von vulgärlat. cantillare = trällern; engl. und frz. cantillation), im englischen Sprachraum entstandene Bz. für den Sprechgesang in der jüdischen Musik zum Unterschied von der andersartigen, mit der Musik des Barocks beginnenden Tradition des ↗Rezitativs der abendländischen Musik. Die Choralforschung und die Musikethnologie des englischen und französischen Sprachgebiets haben den Begriff übernommen. Im deutschen Sprachraum wurde er im Gefolge der Liturgiereform des 2. Vatikanischen Konzils aufgegriffen und ist bislang vor allem in der katholischen Kirchenmusik gebräuchlich. Dabei soll gegenüber dem Begriff Rezitativ insbesondere die Vortragsweise und die Freiheit des Sängers bei der Ausführung der Formeln und Modelle des liturgischen Rezitativs zum Ausdruck gebracht werden.

Lit.: R. LACHMANN, Jewish Cantillation and Song in the Isle of Djerba (Jerusalem 1940); S. ROSOWSKY, The Cantillation of the Bible (NY 1957); S. CORBIN, La cantillation des rituels chrétiens, in RMie 47 (1961); T. VAN KHE, Aspects de la cantillation. Technique du Viêt-nam, in: ebd.; E. GERSON-KIWI, The Legacy of Jewish Music Through the Ages (Tel Aviv 1963); H. HUCKE, Le récitatif liturgique en langue moderne, in: Musique sacrée et langues modernes (P 1964).

H. HUCKE

KANTIONAL, Kanzional, ↗Cantional.

KANTIONALSATZ, Bz. für den 4stimmig-homophonen Kirchenliedsatz mit Diskant-Cantus firmus, wie ihn L. Osiander in den *Fünftzig geistliche Lieder und Psalmen* (Nü 1586) mit der Zweckbestimmung „auff Contrapunctsweise ... also gesetzt/das ein gantz Christliche Gemein durchauß mit singen kan" eingeführt hat. Dabei war nicht an eine Begleitfunktion des Chores gedacht, sondern an ein Zusammenwirken mit der Gemeinde, um den Gemeindegesang neben der Figuralmusik nicht zu kurz kommen zu lassen. Vorbild für den K. waren zum einen verschiedene homophone Ausgaben des Genfer Psalters, die jedoch fast ausnahmslos den Tenor als Melodiestimme beibehalten hatten, weil sie für häusliche Verwendung bestimmt waren. Zu nennen sind die Ausgaben von P. Certon (1546), L. Bourgeois (1547), D. Lupi Second (1548), Cl. Janequin (1558 u. 1559, mit Oberstimmen-Cantus firmus!), Ph. Jambe de Fer (1559–64), Cl. Goudimel (1562–64) und Cl. Le Jeune (1601). Zum andern wirkten bei der Schaffung des K.es die humanistischen Odenkompositionen mit, die seit dem frühen 16. Jh. in den Lateinschulen vielfältig gebraucht wurden. Im Anschluß an Osiander entstand eine große Reihe von Kantionalliedsammlungen mit oft wörtlicher Anlehnung an dessen Titel; die bekanntesten sind die von R. Michael (1593), A. Raselius (1595, 5st.), J. Eccard (1597, 5st.), S. Calvisius (1597), B. Gesius (1601), M. Vulpius (1604); M. Praetorius (1605ff.), H. L. Haßler (1608), J. H. Schein (1627), M. Franck (1631) und J. Crüger (1640). Bedeutungslos wurde der K. vom späteren 17. Jh. an durch die allmähliche Einführung der Gemeindegesangbegleitung durch die Orgel. Dafür entstanden seit 1692 untextierte Choralbücher mit Melodie- und Generalbaßnotierung. Jedoch blieb der K. noch über J. S. Bachs Tod hinaus in den zeitgenössischen Kantaten vor allem als (die Stimme der Gemeinde vertretender) Schlußchoral und an markanten Stellen der Oratorien erhalten. Wahrscheinlich haben die Gemeinden hier und da in die Melodie solcher Choralsätze mit eingestimmt. Allerdings hat dieser spätere K. vielfach nicht mehr die ehemalige strenge Form; vor allem zeigen Bachs Choralsätze zumeist eine kunstvollere Satzweise mit (z. T. sogar chromatischen) Durchgängen in affektbetonter Textbezogenheit.

Lit.: F. BLUME, Die ev. Kirchenmusik (Pd 1931), neubearb. v. L. FINSCHER – G. FEDER – A. ADRIO – W. BLANKENBURG als: Gesch. der ev. Kirchenmusik (Kas 1965); W. RECKZIEGEL, Das Cantional v. J. H. Schein (B 1963) (= Berliner Stud. z. Musikwiss. 5); J. WOLF, Der vierst. homophone Satz. Die stilistischen Merkmale des K. zw. 1590 u. 1630 (Wie 1965); M. HONEGGER, Les chansons spirituelles de D. Lupi et les débuts de la musique protestante en France au XVIe siècle (Lille 1971).

W. BLANKENBURG

KANTOR, Cantor (lat., = Sänger), seit dem Mittelalter vorwiegend in eingeengter Bedeutung gebraucht als Bz. für den Sänger der Liturgie bzw. den Leiter der Kirchenmusik, fand etwa seit dem 6. Jh. in seiner lateinischen Sprachform Eingang in den kirchlichen Sprachgebrauch. Die zuerst wohl bei Isidor von Sevilla begegnende Unterscheidung zwischen Musicus (der sich mit der Musik als Wissenschaft beschäftigt) und Cantor (der die Musik praktisch betreibt) blieb das ganze Mittelalter über in Geltung. Die zunehmende kunstvolle Entwicklung des liturgischen Gesanges brachte ein hohes Ansehen der Cantores mit sich, die als Mitglieder von Kathedral-, Dom- und Stiftschören geschulte Sänger waren und in der Regel dem geistlichen Stande angehörten. Während z.B. Thomas von Aquin den Leiter eines gottesdienstlichen Chores als Praecantor bezeichnet hat, ist nach dem *Ordo Officiorum Ecclesiae Senensis* (1213) der Cantor bereits der intonierende Vorsänger. In den spätmittelalterlichen deutschen Hofkapellen heißt der Leiter „Sangmeister". Nachdem am Vorabend der Reformation J. Tinctoris in seinem *Terminorum musicae diffinitorium* (um 1473/74) den Unterschied zwischen Musicus und Cantor noch einmal klassisch formuliert hat („Musicorum et cantorum magna est differentia, illi sciunt, ipsi dicunt, quae componit musica"), wurde er durch einen schwerwiegenden Bedeutungswandel des Begriffs K. in der Reformation hinfällig. Indem J. Walter sich als „der Cantorey zu Torgaw Cantor" nannte, trat die Bezeichnung K. an die Stelle von vormals Praecantor oder Sangmeister. Zugleich aber schloß sie die mittelalterliche Vorstellung vom Musicus eruditus mit ein; der lutherische K. war grundsätzlich ein akademisch gebildeter K., wie es Walter gewesen ist. Der K. im reformatorischen Verständnis hatte es neben der Praxis stets auch mit der Ars musica, d. h. mit der Musik als wissenschaftlich begründeter Kunst, die zu den Septem artes liberales gehörte, zu tun. Gleichzeitig bekam der Begriff K. aber auch einen eigentümlichen theologisch eschatologischen Sinn, weil die Musik als einzige der Künste Ewigkeitscharakter habe („Die Music mit Gott ewig bleibt, / die andern Künst sie all vertreibt", J. Walter). In seiner gesellschaftlichen Stellung trat der K. aus dem geistlichen Stand, zu dem die vorreformatorischen „Sangmeister" gehörten, heraus; Walter selbst hat mit seinem Amt als stadtbürgerlicher Schul-K. das für Jahrhunderte gültige Vorbild für die neue eigentümliche Stellung des lutherischen K.s im städtischen Gemeinwesen neben Pfarrer und

Rektor der Schule gegeben. Dieser wurde für die gesamte gottesdienstliche Musik, insonderheit für die Leitung der Figuralmusik, verantwortlich. Im Schulverband war er nach dem Rektor und Konrektor in der Regel der „Tertius", als der er den gesamten theoretischen und praktischen Musikunterricht der örtlichen Lateinschule, oft noch neben dem einen oder anderen Fach, zu erteilen hatte.

Die beispiellose Entwicklung der evangelischen Kirchenmusik vom 16.–18. Jh. war untrennbar mit der Stellung und Bedeutung des lutherischen K.s verbunden. Zwar sah dieser nicht selten sein Amt als Zwischenstufe zwischen Universitätsstudium und Pfarramt an (so G. Dreßler, M. Altenburg, E. Bodenschatz u. a.), in der Regel fand er in seinem Beruf jedoch eine angesehene Lebensaufgabe. Nach 1600 weitete sich zudem seine Tätigkeit in größeren Städten zu dem eines Director musices, der für das gesamte städtische Musikleben zuständig war, aus. Die öffentliche Geltung des K.s erlitt vom 17. Jh. an mancherorts freilich eine allmähliche Beeinträchtigung, einerseits durch die zunehmende Bedeutung des Hofkapellmeisteramts im Zeitalter des fürstlichen Absolutismus, deren Zahl bei der wachsenden territorialen Zersplitterung ungewöhnlich anwuchs, und zum andern durch die zunehmende Bedeutung der Orgelmusik bzw. der Organisten. Zwar hatte auch der Hofkapellmeister bis in das 17. Jh. zumeist gottesdienstliche Musik zu verrichten; mehr und mehr traten jedoch die Aufgaben der fürstlichen Repräsentation hinzu – so z. B. bei H. Schütz als sächsischem Hofkapellmeister; dadurch aber wurde das Ansehen des K.s gegenüber dem Hofkapellmeister zwangsläufig geschmälert. Kennzeichnend ist J. S. Bachs Äußerung in seinem Brief vom 28. 10. 1730 an G. Erdmann, daß es ihm „anfänglich (gemeint ist nach seiner Übersiedlung von Köthen nach Leipzig) gar nicht anständig seyn wolte, aus einem Capellmeister ein Cantor zu werden" (*Bach-Dokumente I,* Kas 1963, S. 67). Aber auch von seiten der Organisten, die, aus der handwerklichen Musikerzunft kommend, zunächst dem Kantor unterstanden, erwuchs diesem allmählich ein Nebenbuhler. In Halle/Saale unterstanden bereits zur Zeit S. Scheidts die K.en den Organisten. Auch das Aufkommen des Geistlichen Konzerts spielte bei dieser Entwicklung mit, da dessen Musizieren häufig nicht in der Hand des im Altarraum amtierenden K.s, sondern des auf der Orgelempore wirkenden Organisten lag. So gab es in Lübeck zu D. Buxtehudes Zeiten sowohl eine K.en- wie eine Organistenmusik. Als der K. nicht mehr akademisch gebildet sein mußte, wie z. B. im Falle J. S. Bachs, verwischten sich die Standesgrenzen zwischen K. und Organist.

Der Niedergang der Kirchenmusik im Zeitalter der Aufklärung seit dem späteren 18. Jh. hatte das Ende des altlutherischen Kantorenamtes zur Folge. Kantoren- und Organistenamt lagen nunmehr fast immer in einer Hand und zwar in der von Volksschullehrern. In den seit Ausgang des 18. Jh. entstehenden Lehrerseminaren wurden nun die angehenden Lehrer, zu deren Pflichten die Übernahme des Organistendienstes gehörte, zugleich als Organisten ausgebildet. Der Titel K. wurde zum Ehrentitel für verdiente Organisten, obwohl diese keineswegs in jedem Fall auch gottesdienstliche Figuralmusik betrieben. Das kirchliche Chorwesen gestaltete sich, wenn überhaupt, ausschließlich auf freiwilliger Basis und wurde zwar weithin von oft sehr verdienten Lehrerorganisten, häufig aber auch von interessierten Laien getragen. Erst im 20. Jh. ist es durch den Wegfall der zwangsläufigen Verbindung von Lehrerberuf und Organistenamt nach 1918 und vor allem durch die kirchenmusikalische Erneuerung zu einer Wiedergewinnung des K.en-Amts gekommen als eines Hauptberufs ohne Verbindung mit Schultätigkeit, jedoch unter Einbeziehung des Orgeldienstes. Der K.-Titel ist heute in den evangelischen Gebieten die Berufsbezeichnung für hauptberufliche Kirchenmusiker und wird nicht mehr als Ehrentitel verliehen. In der DDR gibt es, um die Einkommensbasis der Kirchenmusiker zu vergrößern, den „K.-Katecheten", der zusätzlich noch Religionsunterricht erteilt. Bei der katholischen Kirche blieb in der Neuzeit an den Bischofskirchen in der Regel das geistliche Amt des Domkapellmeisters, der auch heute noch häufig geweihter Priester ist, und somit die Trennung zwischen K. und Organist erhalten. Im übrigen wurde der kirchenmusikalische Dienst zumeist nebenamtlich versehen. Erst in jüngster Zeit gewinnt auch hier der hauptberufliche K. allgemeinere Bedeutung.

Lit.: A. WERNER, Vier Jahrhunderte im Dienst der Kirchenmusik. (L 1902); G. PIETZSCH, Bildung u. Aufgaben des K.s im MA u. Frühprotestantismus, in: Die Musikpflege 4 (1933/34); W. GURLITT, Geleitwort zur Facsimile-Ausg. v. J. Walters „Lob und Preis der löblichen Kunst Musica" (Kas 1938); W. M. LUTHER, Die gesellschaftliche u. wirtschaftliche Stellung des prot. K., in: MuK 29 (1949); K. F. MÜLLER, Der K. Sein Amt u. seine Dienste (Gütersloh 1964); D. KRICKEBERG, Das prot. Kantorat im 17. Jh. (B 1965) (= Berliner Stud. z. Musikwiss. 6); M. SCHULER, Zur Gesch. des K.s im MA, in: Kgr.-Ber. Leipzig 1966 (Kas 1970); K. W. NIEMÖLLER, Unters. zu Musikpflege u. Musikunterricht an den dt. Lateinschulen vom ausgehenden MA bis um 1600 (Rb 1969); W. BLANKENBURG, K. in: MGG XVI; E. REIMER, Musicus u. Cantor . . ., in: AfMw 35 (1978).

W. BLANKENBURG

KANTOREI, seit der Reformation Bz. für die aus einer Auswahl von musikbegabten Schülern und aus freiwillig mitsingenden Bürgern gebildeten gottesdienstlichen Sängerchöre. Wie weit der Name bereits in vorreformatorischer Zeit in Verbindung mit den damals vorhandenen Berufschören in Gebrauch war, konnte bisher nicht festgestellt werden; er kam aber sicherlich nicht selten vor, da die reformatorischen Chöre in den mittelalterlichen Bruderschaften wie Kalande, Constabler und Stabulisten Vorläufer hatten. In der bildlichen Darstellung „Kaiser Maximilians I. Triumph“ von Hans Burgkmair u.a. (um 1515) erscheint eine „Musica Canterey“. Zur Einführung des Namens K. als offizielle Bezeichnung gaben möglicherweise die Torgauer Visitationsakten von 1534, in denen für die Wirkungsstätte J. Walters eine „herrliche Musica und Cantorey“ festgestellt wurde, den Anstoß. Jedenfalls wird die Torgauer K. fortan als solche bezeichnet, deren Vorbild als Schulchöre mit Ergänzung durch Bürger der Stadt danach viele Chöre folgten. Die – vor allem in den lutherischen Kernlanden Sachsen und Thüringen – im 16. und 17. Jh. in großer Zahl gegründeten K.en, die sich zuweilen auch für die dazugehörigen Erwachsenen als K.-Gesellschaften bezeichneten, hatten streng eingehaltene Satzungen, die ihre freiwilligen Mitglieder zu genau bestimmten Dienstleistungen, insbesondere zum regelmäßigen Chorsingen im Gottesdienst, verpflichteten. Jedoch pflegten die K.en auch Geselligkeit; das zumeist jährlich stattfindende, manchmal mehrtägige „Convivium“ gehörte als traditionelle Festlichkeit zu einer festen Einrichtung. Die Bezeichnung „Adiuvantenchor“ wie auch der Name „Adstanten“ deckten sich mit dem Begriff der Kantorei. Diese Bezeichnungen, Ausdruck des Freiwilligkeitscharakters der beteiligten Erwachsenen, waren wohl vorzugsweise in ausgesprochenen Kleinstädten und auch in Dörfern, vor allem Thüringens, üblich. Wie stark das K.-Wesen in Mitteldeutschland bis in das 18. Jh. geblüht hat, zeigt J. S. Bachs Äußerung in seinem Mühlhäuser Entlassungsgesuch vom 25. 6. 1708, in dem er von „der fast auf allen Dorfschafften anwachsenden kirchenmusic“ spricht. Mit dem Niedergang der Kirchenmusik seit der 2. Hälfte des 18. Jh. verloren auch die K.en an Bedeutung, falls sie überhaupt noch bestehen blieben; bei nur wenigen, besonders namhaften, wie z.B. den Kruzianern in Dresden und den Thomanern in Leipzig, wirkten die alten Traditionen über die sich ändernden Zeiten weiter. An die Stelle der alten Schul-K.en traten jedoch im allgemeinen im Laufe des 19. Jh. vereinsmäßig organisierte, gemischte Erwachsenenchöre. Erst im Zusammenhang mit der kirchenmusikalischen Erneuerung wurde seit etwa 1925 als Gegenströmung zum kirchlichen Vereinswesen vor allem von leistungsfähigen städtischen Chören mit zumeist starker kirchlicher Bindung die Bezeichnung K. wieder aufgegriffen. Jedoch auch übergemeindliche Chöre übernahmen zuweilen diese Bezeichnung, von denen verschiedene in letzter Zeit besonders, z. T. sogar international bekannt geworden sind. Genannt seien die Gächinger K., Laubacher K., Spandauer K. und Westfälische K. sowie die Ev. Jugendkantorei der Pfalz. Vor allem von der Westfälischen K. ging unter dessen Leiter W. Ehmann die Anregung zur sog. K.-Praxis aus, die anstelle reiner a cappella-Besetzung ein vielfältiges, an M. Praetorius anknüpfendes vokal-instrumentales Musizieren betreibt. Im Hinblick auf diese Praxis hat Helmut Bornefeld seine *Kantoreisätze* (6 Bde., Kas 1930 bis 1952) geschaffen.

Lit.: A. WERNER, Gesch. der K.-Gesellschaften im Gebiet des ehemaligen Kurfürstentums Sachsen (L 1902, Nachdr. Wie 1969) (= BIMG I/9); J. RAUTENSTRAUCH, Luther u. die Pflege der kirchlichen Musik in Sachsen ... Ein Beitr. z. Gesch. der sächsischen K. (L 1907, Nachdr. Hil 1970); P. GRAFF, Gesch. der Auflösung der alten gottesdienstlichen Formen in der ev. Kirche Deutschlands, 2 Bde. (Gö [2]1937, 1939); W. EHMANN, Das Musizierbild der dt. K. im 16. Jh., in: Musik u. Bild. FS M. Seiffert (Kas 1938); DERS., Ev. Kantoreibuch (Gütersloh 1954, [3]1957); R. SCHAAL, K., in: MGG VII; M. RUHNKE, Beitr. zu einer Gesch. der dt. Hofmusikkollegien im 16. Jh. (B 1963).

W. BLANKENBURG

KANZELLE ↗Orgel.

KANZONE, Canzone (von lat. cantio = Gesang; engl.: canzona; frz.: canzone; it.: canzone, canzona), Name einer literarisch-musikalischen Form provenzalischen Ursprungs (↗Canso). – **1)** Die Canzone ist in der italienischen Lyrik des 13. Jh. (Patecchio, Guittone d'Arezzo, Dante, Cino da Pistoia) ein mehrstrophiges Gedicht, dessen Verse (Elfsilbler oder Wechsel von Elf- und Siebensilblern) nach unterschiedlichen Reimschemata angeordnet sind und das in der Regel durch einen „commiato“ (= Geleit, meist aus einer Halbstrophe bestehend) beschlossen wird. – **2)** Als Bz. für eine Komposition ist der Terminus Canzone seit dem 15. Jh. nachweisbar. Anfangs auf Stücke beschränkt, denen ein Text in Canzonenform zugrunde liegt, wird er seit etwa 1450 auch auf andere Formen weltlicher Vokalmusik ausgedehnt (u.a. ↗Frottola, ↗Strambotto). Instrumentale Bearbeitungen französischer ↗Chansons (u.a. von Josquin des Prés, H. Isaac, A. Agricola) sowie die Übertragung solcher Chansons auf Laute oder Tasteninstrument (Fr. Spinacino 1507, M. A. Cavazzoni 1523) haben die Weiterentwicklung der K. zu einem Gattungsnamen der Instrumentalmusik vorbereitet. Im 16. Jh. weisen Titel wie Canzon villanesche, Canzon alla napolitana, Canzon alla padoana (u.a. bei A. Willaert, O. di Lasso) noch auf diese Tradition hin, während seit etwa 1580 der Name ↗Kanzonette das anspruchslos-heitere Gegenstück zur ernsteren, gehobenen Gattung Madrigal bezeichnet. Entscheidend für die Entstehung der K. als einer der wichtigsten instrumentalen Gattungen des 16.–17. Jh. ist die Blüte der Pariser Chanson um 1520–30 (Cl. de Sermisy, Cl. Janequin). In der Regel 4st., ist ihr Beginn imitatorisch gehalten, während die Fortführung zwischen homophonen Abschnitten mit Parlando-Deklamation und Aufspaltung in Duos verschiedener Stimmenpaare wechselt. Das Vordringen dieser neuen Chanson in ganz Europa führt besonders in Italien zu zahlreichen instrumentalen Übertragungen. Eine herausragende Rolle spielt dabei Janequins Programmchanson *La guerre*, deren Instrumentalbearbeitungen (von einzelnen Vorläufern im 15. Jh. abgesehen) die Gattung der instrumentalen ↗Battaglia begründen (A. Gabrieli und A. Padovano). Unter Beibehaltung der für die französische Chanson charakteristischen Satztechnik entstehen ab etwa 1570 die ersten eigenständigen Instrumental-K., die als Canzoni alla francese bzw. Canzoni francesi, später einfach als Canzoni da sonar bezeichnet werden (N. Vicentino 1572, M. A. Ingegneri 1579, Fl. Maschera 1584). Im ausgehenden 16. Jh. gerät die K. zunehmend unter den Einfluß der mehrchörigen Schreibweise, die sich in der Vokal- u. Instrumentalmusik von San Marco in Venedig herausbildet (G. Gabrieli, *Sacrae symphoniae I*, 1597). Nach 1600, mit Beginn des Generalbaßzeitalters, tritt neben die Canzon à 4 und die mehrchörige K. der neue Typ der monodischen K. für 1–3 Soloinstrumente mit B.c. In Gabrielis *Sacrae symphoniae*, noch deutlicher in dessen *Canzoni e sonate* von 1615, zeigt sich die enge Nachbarschaft der Gattungen K. und ↗Sonate. Für M. Praetorius (*Syntagma musicum* III, 1619) reduziert sich der Unterschied auf die Tatsache, „daß die Sonaten gar gravitetisch und prächtig uff Motetten Art gesetzt seynd, die Canzonen aber mit vielen schwartzen Notten frisch, frölich und geschwinde hindurch passiren“. Der für die Form der K. charakteristische Mensurwechsel führt schon früh zu einer mehrteiligen Anlage, die sich allmählich zu echter Mehrsätzigkeit weiterentwickelt. Das Herauswachsen der Sonate aus der K., das sich in der Instrumentalmusik des frühen 16. Jh. anbahnt (G. Gabrieli, G. P. Cima, B. Marini), findet um die Mitte des 17. Jh. seinen Abschluß (letzte Beispiele für das Nebeneinander beider Termini: T. Merula 1637, M. Neri 1644). – Während in der Ensemblemusik die K. in der Sonate aufgeht, lebt sie in der Musik für Tasteninstrumente bis ins 18. Jh. als selbständige Gattung fort. Schon G. Cavazzoni (1543) hatte sich keineswegs auf eine bloße Übertragung der vokalen Vorlagen beschränkt, sondern sich der Technik paraphrasierender Umgestaltung bedient, die bald darauf auch A. Gabrieli aufgriff (*Canzoni alla francese et ricercari ariosi*, V 1605). Eine Mischform sind seine Ricercare über Chansonthemen (z. B. *Ricercar sopra Martin menoit*). Die K.n Cl. Merulos tragen oft Überschriften, in denen sich Widmungen an eine Familie oder Einzelperson verbergen (z. B. *La Zanbeccara*). Eine wichtige Rolle spielt die K. in der Frühgeschichte der Fuge. Schon B. Schmid d. J. (*Tabulaturbuch*, 1607) verwendete beide Namen völlig gleichbedeutend: „Fugen (oder wie es die Italiener nennen) Canzoni alla Francese“. Als knappe Imitationsform mit nur einem Thema wurde die K. als eine Vorform der Instrumentalfuge insbesondere von süddeutschen Komponisten gepflegt. Die K. beeinflußte auch die Kirchensonate des 17. Jh., vor allem das an zweiter Stelle stehende fugierte Allegro. Nach 1600 zeichnet sich verstärkt die Bestimmung der K. für die Orgel ab. Schon A. Banchieri (*L'Organo Suonarino*, 1605) veröffentlichte eine Reihe von K.n als Gebrauchsmusik für die Kirche; noch deutlicher wird diese Entwicklung bei G. Frescobaldi, der den 5 K.n seiner *Fiori musicali* (1635) einen festen Platz in der Meßliturgie zuwies: nach der Epistel und nach der Communio. Frescobaldi begründete schon in seinen frühen K.n (1615, 1624) nach dem Vorbild der neapolitanischen K. (G. M. Trabaci 1603) den neuen Typus der Variations-K., deren Abschnitte untereinander in variativem Zusammenhang stehen, und wandte sich damit vom älteren Typus der Kontrast-K. ab. Die gelegentliche Einfügung freier Überleitungspassagen führte zur Annäherung an die Form der Toccata (z. B. abrupte Tempowechsel in den Kanzonen der *Fiori musicali* durch Vorschriften wie Adagio und Allegro), die nun ihrerseits die fugierten Abschnitte nach dem Variationsprinzip miteinander verband. Die süddeutschen Komponisten J. J. Froberger und J. K. Kerll knüpften in ihren K.n an das Formschema ihres Lehrers Frescobaldi an (3teilige Variations-K. mit Mensurwechsel C – $^3/_2$ – C), das durch H. Scheidemann und M. Weckmann auch im norddeutschen Raum nachwirkte. Bei D. Buxtehude trat neben die Canzona mit dem 3teiligen Formschema C – $^6/_8$ – C die wesentlich kürzere, einteilige Canzonetta ohne Mensurwechsel. Charakteristisch für die K. Buxtehudes ist die Ausprägung eines eigenen, von der Fuge deutlich unterschiedenen Thementyps, der durch ununterbrochen fortlaufende Sechzehntelbewegung oder durch ausgedehnte Tonrepetitionen im Themenkopf gekennzeichnet ist (oft sind beide Merkmale miteinander verbunden). Von J. S. Bach, der 1714 – vermutlich zu Studienzwecken – eine Kopie der

Fiori musicali Frescobaldis erwarb, stammt eine *Canzona in D,* die ebenfalls Mensurwechsel und Themenvariation aufweist, allerdings reduziert auf die 2teilige Anlage C – $^3/_2$. Wichtiger jedoch erscheint der Einfluß der K. auf eine bestimmte Fugengattung in Bachs *Wohltemperiertem Clavier,* die als Gegenpol zur sog. Ricercarfuge zu gelten hat. – Im 20. Jh. begegnet die K. gelegentlich in der an historischen Vorbildern orientierten Instrumentalmusik, so z. B. bei E. Pepping (2. Klaviersonate, 1937, 2. Orgelkonzert, 1942) und H. Schroeder (*Präludium, K. und Rondo* für V. und Org., 1939).

Lit.: A. HEUSS, Ein Beitr. z. Klärung der K.n- u. Sonaten-Form, in: SIMG 4 (1902/03); H. KLOTZ, Über die Orgelkunst der Gotik, der Renaissance u. des Barock (Kas 1934, ²1975); J. M. KNAPP, The Canzon Francese and Its Vocal Models (1941) (= Diss. Columbia Univ.); E. CROCKER, An Introductory Study of the Italian Canzona for Instrumental Ensembles (1943) (= Diss. Radcliff College); B. DISERTORI, Le canzoni strumentali da sonar a quattro di C. Merulo, in: RIMus 47 (1943); S. KUNZE, Die Instrumentalmusik G. Gabrielis (Tutzing 1963) (= Münchner Veröff. z. Musikgesch. 8); J. MÜLLER-BLATTAU, Gesch. der Fuge (Kas ³1963); H.-J. PAULY, Die Fuge in den Orgelwerken D. Buxtehudes (Rb 1964) (= Kölner Beitr. z. Musikforsch. 31); W. APEL, Gesch. der Orgel- u. Klaviermusik bis 1700 (Kas 1967); D. KÄMPER, Stud. z. instr. Ensemblemusik des 16. Jh. in Italien (Kö – W 1970) (= Anal. Mus. 10).

D. KÄMPER

KANZONETTE (von it. canzonetta, Diminutiv von canzona; engl.: canzonet; frz.: canzonette), Bz. für eine weltliche Vokalkomposition in strophischer Liedform, deren Blütezeit in Italien in das späte 16. Jh. fällt. Die K. stellt die letzte Stufe innerhalb der von der geistlichen Musik und vom Madrigal unabhängigen Entwicklung des volkstümlichen italienischen Liedes dar. Der Text der K. ist an keine bestimmte Form gebunden, während der musikalische Aufbau stets eine dreiteilige Form aufweist (aabcc). Diese aus der instrumentalen Tanzmusik (↗Basse danse) stammende Form ist eines der beiden Schemata, die für sämtliche italienische Lieder des 16. Jh. charakteristisch sind, für die ↗Villanella, die Villanesca und die vokale ↗Kanzone. In der K. durchdringen sich die volkstümlichen Tanzliedformen und die aristokratische Kunst des Madrigals. Während dieses jedoch zunehmend homophon wurde, übernahm die K. vom Madrigal die verfeinerten Techniken, den imitatorischen Aufbau und teilweise die syllabisch deklamierende Motivik des Madrigals, allerdings nicht mehr als konstituierende, sondern als rein dekorative Elemente. Die Annäherung der beiden Gattungen ging so weit, daß Th. Morley die K. als „counterfeit of the Madrigal" nannte. Das musikalische Geschehen der K. wird von den Außenstimmen, namentlich von einem tanzartigen, ostinaten Baß, der auch die harmonischen Funktionen festlegt, bestimmt. Bezeichnenderweise sind die von S. Verovio zwischen 1586 und 1595 herausgegebenen Sammlungen von K.n bereits mit Tabulaturen für Laute und Cembalo versehen. Der Prozeß der gegenseitigen Angleichung der Gattungen mündete schließlich in die generalbaßbegleiteten Liedtypen des 17. Jahrhunderts. Zunächst überwiegend 3–4st. geschrieben, reduziert sich die K. mehr und mehr auf die Besetzung Solostimme und B.c., die erstmals bei D. M. Melli 1602 nachweisbar ist. Im Barock wurde die K. weiterhin gepflegt, hauptsächlich in der Oper. Sie ist hier durch strophische Anlage und periodische, volksliednahe Melodik charakterisiert (vgl. auch Francesco Saverio Quadrio, *Della storia e della ragione d'ogni poesia,* 7 Bde., Bol 1739–52, wo die Unterscheidung zwischen Arie und K. getroffen wird und K. jede Art von Strophenlied ist). Die dreiteilige Form, die bereits unter dem Einfluß des Madrigals modifiziert wurde, war im 17. Jh. nicht mehr die Regel; statt dessen findet sich jetzt eine Reprise der ersten melodischen Phrase (1. Vers) am Schluß des Stückes. Diese Form beschreibt auch noch Walther (*Musicalisches Lexicon,* 1732). Die Bz. K. wurde noch im späten 18. und bis ins 19. Jh. verwendet, war jedoch nicht mehr an eine bestimmte musikalische Form oder Gattung gebunden.

Lit.: F. VATIELLI, Canzonieri musicali del Cinquecento, in: RMI 28 (1921); H. J. MOSER, Das dt. Chorlied zw. Senfl u. Haßler, in: Jb. Peters 35 (1928); W. DÜRR, Die it. Canzonette u. das dt. Lied im Ausgang des 16. Jh., in: FS L. Bianchi (Bol 1960); E. GERSON-KIWI, Sulla genesi delle canzoni populari nell '500, in: Gedenkschrift J. Handschin (Str 1962); C. MORRICONE – A. SALOTTOLO, V. Haussmann trascrittore e le canzonette italiane in Germania, in: RIMus 5 (1970).

R. DI BENEDETTO

KAPELLE (von mittellat. cappa = Mantel; engl.: chapel; frz.: chapelle; it.: cappella; span.: capilla). Das Wort K. wird in der heutigen deutschen Umgangssprache in zwei verschiedenen Bedeutungen benutzt, zwischen denen keine Verbindung mehr empfunden wird. Es ist einerseits Bz. für eine kleine Kirche oder einen abgegrenzten Teil einer größeren Kirche, andererseits Bz. für ein auf bestimmte Gattungen der Instrumentalmusik spezialisiertes Ensemble von Musikern, an das nicht die höchsten künstlerischen Ansprüche gestellt werden (Stadt-, Dorf-, Vereins-, Kur-, Militär-, Blas-, Tanz-K.). Im Verlauf der Musikgeschichte verstand man ursprünglich unter einer K. die Körperschaft der Personen, denen die Durchführung der Gottesdienste in einer Kirche oder Kapelle anvertraut war; der K. gehörten Geistliche und Sänger an. Seit dem 16. Jh. ist das Wort im deutschsprachigen Raum auch in anderen Bedeutungen verwendet worden. An einigen Orten zählte man zur K. nur noch diejenigen, denen die Ausführung der Musik im Gottesdienst übertragen war, nicht aber die Geistlichen. Oder es wurden alle, die an der gottesdienstlichen Musik mitwirkten, zur K. gerechnet, d.h. auch die Instrumentisten, die bis dahin organisatorisch nicht zur K. gehört hatten. Schließlich sprach man auch dann noch von einer Hof-K., wenn die Hofmusiker kaum noch bei der Kirchenmusik mitzuwirken hatten; eine K. war nur noch eine Gemeinschaft von Musizierenden. Parallel zur Entwicklung des modernen höfischen und städtischen Orchesters erfolgte die Abwertung des Begriffs. – In der Musikgeschichtsschreibung hat man häufig auch solche Körperschaften K.n genannt, die zu ihrer Zeit in betonter Abgrenzung gegenüber einer wirklichen K. als Schola cantorum, Kantorei, Maîtrise, Hofmusici, Ratsmusici oder auch als Hoftrompeter bezeichnet worden waren.

Capella hieß im 7. Jh. am Hof der Merowinger die Reliquie des Mantels des Hl. Martin von Tours. Sie ging im 8. Jh. in den Besitz der Karolinger über. Die Hofgeistlichen, die diese und andere Reliquien zu hüten und die Gottesdienste durchzuführen hatten, wurden Capellani genannt. Beginnend mit der Reichsteilung bildeten sich auch an anderen Höfen capellae. Zunächst bezog man die Bezeichnung nur auf die Körperschaft der Hofgeistlichen. Mit dem Aufkommen des kunstvollen mehrstimmigen liturgischen Gesangs wurden die K.n erweitert und setzten sich nun zusammen aus Geistlichen und aus Sängern.

Auf K.n dieses Typs stießen die Päpste, als sie am Anfang des 14. Jh. ins Exil nach Avignon gingen. Johannes XXII. hat in der Bulle *Docta sanctorum* nicht nur die moderne französische Kirchenmusik als unkirchlich abgelehnt, sondern auch Haltung und Geist der Sänger kritisiert. Trotzdem paßte man sich schon in Avignon den neuen Gegebenheiten an und stellte französische Sänger ein, die die neue Kunst beherrschten. Nach dem Konzil von Konstanz (1414–18) wurden in die päpstliche K., wie sie jetzt im Gegensatz zur alten klösterlichen ↗Schola cantorum genannt wurde, ausgebildete Sänger und Komponisten aus dem niederländisch-französischen Raum aufgenommen. Um sie zu gewinnen und zu halten, mußten Sonderregelungen über die Vergabe von Benefizien und Pfründen erlassen werden. Nicht anders als in Hof-K.n sorgten Strafbestimmungen für die Wahrung der nötigen Disziplin und für das Einhalten der Dienstpflichten. Um 1450 gehörten der päpstlichen K. 16–18 Sänger an. Nach dem Bau der Cappella Sistina (1483), deren Bezeichnung nun auch auf die Körperschaft übertragen wurde, stieg die Zahl auf 24, in der Mitte des 16. Jh. auf 33. Im Vergleich zu anderen K.n, die im 15. und 16. Jh. an vielen größeren Kirchen eingerichtet wurden, behauptete die Cappella Sistina eine Sonderstellung insofern, als keine Instrumente zur Kirchenmusik herangezogen wurden und man auch, von kurzen Ausnahmen abgesehen, keine ↗Kapellknaben einsetzte.

Zahlreiche neue Hof-K.n wurden im 15. Jh. vor allem in Italien gegründet. In den wichtigsten europäischen Musikzentren sorgten Agenten für die Verpflichtung von Sängern. Häufig wurden auch Mitglieder der K.n in die Niederlande oder nach Frankreich geschickt, um qualifizierte Sänger und Sängerknaben zu gewinnen. In einem musikgeschichtlichen Rückblick hob Tinctoris *(Proportionale musices)* hervor, daß viele Fürsten im Bestreben, die Gottesdienste prächtiger gestalten zu können, nach dem Vorbild König Davids K.n gegründet und unter großem Kostenaufwand hervorragende Sänger angestellt hätten; da man als Sänger einer Hof-K. Ruhm ernten und reich werden könne, seien viele zum Studium der Musik angeregt worden, und darauf gründe sich der Aufschwung, den die Musik um 1430 genommen habe. Die Anstellung in einer Hof-K. bot allerdings weniger Sicherheit als die in einer kirchlichen K., da nach dem Tode eines adligen Dienstherrn alle Verträge nichtig bzw. die K.n häufig aufgelöst oder reduziert wurden.

Die offizielle Rechtfertigung für die Einrichtung einer Hof-K. bot das Wirken im Gottesdienst. Hier wurden die K.n-Sänger von den nicht zur K. gehörenden Instrumentisten unterstützt. Daneben haben alle Hofmusiker auch die weltliche Musik gepflegt. Einige besonders kunstliebende Fürsten unterhielten neben ihren K.n private Musikkollegien (Galeazzo Maria Sforza in Mailand, Franz I. von Frankreich, aber auch Papst Leo X.). Im 15. Jh. betrug die Zahl der K.n-Mitglieder an größeren Höfen (wie z. B. in Burgund, Sainte-Chapelle Paris, Chapel royal London, Savoyen, Kastilien, Aragón, Mailand und Ferrara) etwa 20–30. Wenn 75% der Mitglieder Sänger waren, konnte also jede der 3 Männerstimmen einer 4st. Komposition von 5–6 Sängern (und einigen Instrumentisten) ausgeführt werden.

In den meisten Ländern behielten die K.n im 16. und 17. Jh. ihre Struktur. An der Spitze der Sainte-Chapelle in Paris stand ein Bischof; die leitenden Musiker führten den Titel Sous-maître; die Instrumentalensembles (Grande und Petite bande) bildeten eigene Körperschaften. Ebenso unterhielt der englische König neben der im 16. Jh. vorübergehend auf 114 Mitglieder angewachsenen Chapel royal in London ein Instrumentistenensemble.

Im 16. Jh. erreichten auch einige deutsche Höfe

durch den Ausbau oder die Neugründung von Hof-K.n den Anschluß an die führenden Musiknationen. Man stellte zahlreiche niederländische Sänger an und brachte sie in die führenden Positionen; die Instrumentalensembles vieler Höfe rekrutierten sich aus italienischen Musikern. Unter Kaiser Maximilian I. wurde die Hof-K. vom Bischof Slatkonia geleitet; die Kapellsänger und die Instrumentisten wurden zusammen auch als Kantorei bezeichnet. An den meisten evangelischen Höfen, aber auch an einigen katholischen wie München, bildeten sich Kantoreien, denen Sänger und Instrumentisten angehörten; der leitende Musiker führte den Titel ↗Kapellmeister. An anderen Höfen hielt sich der Typ der älteren Hof-K.; die Instrumentisten standen hier auf einer niedrigeren Rangstufe, wirkten aber bei der Kirchenmusik mit den Sängern zusammen. Angestrebt wurde für die Kirchenmusik eine gemischt vokal-instrumentale Maximalbesetzung. In der ↗Mehrchörigkeit und im großbesetzten ↗geistlichen Konzert seit etwa 1600 wurden die Chöre, die die obligaten Favoritchöre fakultativ ergänzten, Capellae genannt. Sie konnten rein vokal, rein instrumental oder gemischt besetzt werden. Wenn solche Capellae auch der Klangausweitung dienten, mußten die höchsten und die tiefsten Stimmen instrumental ausgeführt werden.

Aus der gleichen Zeit stammt auch die Bezeichnung ↗a cappella für eine bestimmte musikalische Satzweise in der Tradition des vor allem an Palestrina orientierten strengen Kontrapunkts. Der Terminus deutet wohl darauf hin, daß man sich dabei der kirchlichen K.n des 16.–17. Jh. als der Hauptpflegestätten dieses Stils bewußt blieb. Erst im 19. Jh. wurde a cappella umgedeutet zur Bezeichnung einer bestimmten, rein vokalen Aufführungsweise.

Nachdem sich im 17. Jh. das Schwergewicht der höfischen Musik mehr und mehr auf den weltlichen Bereich einschließlich der Opernpflege verlagert hatte, wurde in Deutschland die Gesamtheit der Hofmusiker als K. bezeichnet. Der Begriff verlor damit seinen Zusammenhang mit dem Gebäude, in dem die K. ursprünglich gewirkt hatte. Nach der Auflösung zahlreicher Hof-K.n und der Neugründung moderner Hoforchester verstand man unter einer K. nur noch ein zweitrangiges Ensemble.

Lit.: W. LÜDERS, Capella, in: Arch. für Urkundenforschung 2 (1909); J. FLECKENSTEIN, Die Hofkapelle der dt. Könige I (St 1959); (= Schriften der Monumenta Germaniae Historiae XVI/1). – F. X. HABERL, Die römische Schola cantorum u. die päpstlichen Kapellsänger bis z. Mitte des 16. Jh., in: VfMw 3 (1887); M. BRENET, Les musiciens de la Ste-Chapelle du Palais (P 1910); J. MARIX, Histoire de la musique et des musiciens de la cour de Bourgogne (Str 1939); M. RUHNKE, Beitr. zu einer Gesch. der dt. Hofmusikkollegien im 16. Jh. (B 1963); M. TH. BOUQUET, La cappella musicale dei duchi di Savoia, in: RIMus 3 (1968) u. 5 (1970).

M. RUHNKE

KAPELLKNABEN, Bz. für junge Sänger in kirchlichen oder höfischen ↗Kapellen, denen in mehrstimmigen Gesängen die Ausführung der Oberstimmen übertragen war, auch für die Chorknaben oder -schüler, die nur zum Choralgesang herangezogen wurden. An größeren Kirchen wurden schon im Mittelalter Scholae cantorum eingerichtet, an denen K. neben ihrer musikalischen Ausbildung auch allgemeinen Unterricht erhielten. Der Musikunterricht erstreckte sich auf die Grundelemente des Choral- und Figuralgesangs; in den bedeutenderen Singschulen wurden auch Kontrapunkt und Kompositionstechnik mit einbezogen. In kleineren kirchlichen Kapellen wirkten 4–6 K. mit; an größeren Kirchen waren es 12 (14. Jh. Lüttich; 1550 Paris, Notre-Dame). In Singschulen für Choralsänger konnten 30 Knaben ausgebildet werden (1436 Florenz). Die Cappella Sistina nahm eine Sonderstellung ein. Nach zwei kurzen Versuchen (1425–27 und 1437–42), K. einzusetzen, blieb man dabei, die Soprane von falsettierenden (↗Falsett) Männerstimmen singen zu lassen; erst im 17. Jh. wurden auch ↗Kastraten in die Cappella Sistina aufgenommen.

In den Hofkapellen des 15.–17. Jh. waren Ausbildung und Unterhalt der K. dem leitenden Musiker übertragen. Für den allgemeinen Unterricht konnte ein Knabenpräzeptor angestellt werden. An kleineren Höfen begnügte man sich mit 2–4 K., an den größeren konnte man für die Oberstimmen weitaus mehr K. einsetzen, als für jede andere Stimme an Sängern zur Verfügung stand. Zur englischen Chapel royal gehörten 1465 10 K.; während der 2. Hälfte des 16. Jh. waren es in München und Stuttgart 10, in Wien bzw. Prag 16–24.

Viele bedeutende Komponisten von Dufay über Palestrina und Schütz bis zu Haydn, Schubert und Bruckner sind in ihrer Jugend K. gewesen und haben hier die Grundlage ihrer musikalischen Ausbildung erhalten und das zeitgenössische Repertoire kennengelernt.

M. RUHNKE

KAPELLMEISTER (engl.: master of the chapel; frz.: maître de chapelle; it.: maestro di cappella; span.: maestro de capilla), entsprechend dem Bedeutungswandel des Wortes ↗Kapelle unterschiedlich verwendete Bz. für den Leiter einer Kapelle. Bis zum 16. Jh. (in Frankreich und Italien auch darüber hinaus) wurde der für die Gottesdienste verantwortliche oberste Geistliche eines Hofes, in vielen Fällen ein Bischof, K. genannt. Der ihm unterstehenden Kapelle gehörten neben Sängern und Organisten auch die Geistlichen an, denen keine musikalischen Aufgaben übertragen waren. Diese Bz. trugen auch der Leiter einer nach dem

Vorbild der Hofkapellen eingerichteten kirchlichen Kapelle, die ebenfalls aus Geistlichen und Sängern bestand, oder der leitende Musiker innerhalb einer Kapelle und damit der Vorgesetzte eines Teils der Kapellmitglieder sowie der ↗Kapellknaben. Unter seiner Leitung wirkten Instrumentisten bei der Kirchenmusik mit, ohne der Kapelle anzugehören. Diese neue Bedeutung des Wortes K. kommt im 16. Jh. auf, setzte sich aber nicht sofort überall durch. In der musikwissenschaftlichen Literatur bezeichnet man häufig als K. auch solche Musiker, die die Titel Musikmeister, Maître bzw. Sousmaître des enfants (Knaben-K.) oder auch Hofkomponist u. ä. geführt haben.
Mit K. wurde gleichfalls der Leiter einer aus Sängern und Instrumentisten bestehenden Kantorei oder Hofkapelle neuen Typs bezeichnet. Auch Instrumentisten konnten jetzt K. werden. – Im 19. und 20. Jh. wurde die Bz. K. für den Leiter eines beliebigen Instrumentalensembles, auch eines Blasorchesters oder eines Tanzmusikensembles üblich; insbesondere der dem Chefdirigenten oder GMD nachgeordnete 2. oder 3. Dirigent eines größeren Orchesters (auch Opernensembles) wird heute noch K. genannt. Bis heute hat sich die Bezeichnung K. auch im Titel Dom-K. für den Leiter der Kirchenmusik an einer Bischofskirche erhalten.
Gelegentlich wurde die Figur des K.s auch musikalisch charakterisiert, so von D. Cimarosa in der Kantate *Il maestro di cappella*. M. RUHNKE

KAPODASTER ↗Capotasto.

KAPR, Jan, *12.3.1914 Prag; tschechischer Komponist. K. studierte 1933–38 Klavier und Komposition bei J. Řídký am Prager Konservatorium sowie bis 1940 in der Meisterklasse von J. Křička. 1939–46 war er Redakteur am Prager Rundfunk und 1950–53 Chefredakteur des Staatlichen Musikverlages *Orbis* in Prag. 1961–70 lehrte er Komposition an der Janáček-Musikakademie in Brünn. K. nimmt im tschechischen Komponistenverband leitende Aufgaben wahr. Er trat auch als Musikkritiker hervor.

WW: 7 Streichquartette (1938–72); *Rotace 9* (1967) für Klv.-Quartett; *Svědectví* (1969) für Vc., Baßklar., Klv. u. Lichtregie; *Anachron* (1974) für Kammerorch. – Für Orch.: 8 Symphonien: 1 (1942), 2 (1946), 3 (1956, umgearbeitet 1974), 4 (1956, 2. Fassung 1958), 5: *Olimpica* (1959–63), 6 (1960–64), 7: *Rikadla* (1969), 8: *Campanae Pragenses* (1977) für gem. Chor u. Orch.; symphonische Dichtung *Zítra* (1953); *Oscilace* (1965) für V. u. Kammerensemble; *Šifry* (1965) für Klv., Schlagzeug u. elektronische Klänge; *Omaggio alla tromba* (1967) für Trp. u. Kammerensemble. – *Stínohra* (1968) für Sopran, Alt-Fl. u. Harfe; *„Guten Morgen, Stern"* (Text: Ch. Morgenstern) für gem. Chor (Kas 1974); *Vendanges* (1974) (Text: P. Verlaine) für Singst. u. Klv. – Oper *Muzikantská pohádka* (Musikantenmärchen) (1962).

KAPRÁL. – 1) Václav, * 26. 3. 1889 Určice (Mähren), † 6. 4. 1947 Brünn; tschechischer Komponist und Klavierpädagoge. Er studierte 1907–10 Komposition bei L. Janáček in Brünn und 1919–20 bei V. Novák in Prag und war 1923–24 noch Klavierschüler von A. Cortot in Paris. Bereits 1911 hatte er in Brünn eine Musikschule gegründet, an der er Klavier lehrte. 1936 wurde er Theorielehrer am Konservatorium in Brünn. Während der deutschen Besetzung der Tschechoslowakei war er 3 Jahre im Konzentrationslager Svatobořic interniert. Nach seiner Entlassung nahm er sein früheres Amt wieder auf und lehrte seit 1946 an der neugegründeten Musikakademie in Brünn. K., dessen Werke zunächst den Einfluß von R. Schumann und J. Brahms, später von V. Novák und L. Janáček zeigen, gehört zu den wichtigsten modernen tschechischen Komponisten in der 1. Hälfte des 20. Jh.

WW: Für Klv.: 4 Sonaten (1918, 1921, 1924, 1940); Sonatine (1930); Fantasie (1934); *Sonatina bucolica* (1936); 2 Streichquartette (1925, 1927); *Pro ni* (1927) für SingSt u. Klv.-Quartett; *Pízeň podzimu* (1929) für SingSt u. Streichquartett; Messe (1943); ferner Lieder, Chöre u. Volksliedbearb.

2) Vítězslava Kaprálová, Tochter von 1), * 24.1. 1915 Brünn, † 16. 6. 1940 Montpellier; tschechische Komponistin. Sie studierte 1930–35 am Konservatorium in Brünn, 1935–37 Komposition bei V. Novák und Dirigieren bei V. Talich am Konservatorium in Prag und anschließend bei B. Martinů und Ch. Münch in Paris. K.s frühe Kompositionen sind, besonders auch in der Melodiebildung, durch die Romantik geprägt. Ihre späteren, in Paris entstandenen polytonalen und polyrhythmischen Werke deuten auf Einflüsse Martinůs hin.

WW: Klv.-Stücke; Streichquartett (1936); Partita (1938) für Str. u. Klv.; Sinfonietta (1937) u. *Suita rustica* (1938) für Orch.; Klv.-Konzert (1935).

Lit.: **Zu 1):** L. KUNDERA, V. K. (Brünn 1968). – **Zu 2):** J. MACEK, V. Kaprálová (Pr 1958).

KAPSBERGER, Johannes Hieronymus (in Italien bekannt als Giovanni Geronimo Girolamo Tedesco della Tiorba), * um 1575, † um 1661 Rom; dt. Theorbist, Lautenist und Komponist. K. kam kurz nach 1600 nach Venedig und um 1609 nach Rom, wo er als Virtuose auf Theorbe und Chitarrone zu großem Ansehen gelangte und am Hof Papst Urbans VIII. lebte. A. Kircher, der ihn in Rom kennenlernte, bringt in seiner *Musurgia universalis* (1650) mehrere Werke von K. als Beispiel für den Tanzstil in der Ensemblemusik und rühmt ihn als vollkommensten Theorbisten seiner Zeit.

WW: 4 Bücher *Intavolatura di chitarrone*, 1 (V 1604), 2–4 (R 1616–40); Madrigale für 5 St. (R 1609); 6 Bücher *Villanelle* zu 1–3 St. für Chitarrone u. Chitarra spagnola (R 1610–32); 2 Bücher *Intavolatura di lauto* (R 1611, 1623); *Libro primo di sinfonie a quattro* mit B.c. (R 1615); *Capricci a due stromenti tiorba e tiorbino* (o.O. 1617); *Cantiones sacrae* für 3 St. u. B.c. (R 1628); *Modulatus sacri diminutis voculis concinnati*... (R 1630); *Missa Urbanae* für 4–8 St. (R 1631).

Ausg.: *Libro primo d'intavolatura di lauto* 1611 (Faks.-Ausg. Bol 1970) (= Bibl. musica Bononiensis IV/41); dass. (G 1980).

Lit.: P. KAST, Biographische Notizen über J. H. K. aus den Vorreden zu seinen Werken, in: Quellen u. Forsch. aus it. Arch. u. Bibl. 40 (1960); DERS., Traccie monteverdiane e influssi romani nella musica sacra del K., in: RIMus 2 (1967).

KARAJAN, Herbert von, * 5.4. 1908 Salzburg; östr. Dirigent. Er studierte am Salzburger Mozarteum und an der Wiener Musikakademie (Klavier, Dirigieren). 1927–34 war er Theaterkapellmeister in Ulm, 1934–41 GMD in Aachen. Seit 1937 leitete er in Berlin auch Konzerte der Staatsoper und der Philharmoniker und wurde 1941 Leiter der Staatskapelle. Nach dem 2. Weltkrieg ging er nach Wien, wo er 1949 Direktor der Gesellschaft der Musikfreunde Wien wurde. Mit den Wiener Philharmonikern und dem Philharmonia Orchestra London unternahm er Konzertreisen durch die ganze Welt und wirkte als Dirigent, später auch als Regisseur, bei Festspielen in Salzburg, München, Berlin, Edinburgh und Luzern sowie an der Mailänder Scala. 1954 wurde er als Nachfolger Wilhelm Furtwänglers bei den Berliner Philharmonikern Dirigent „auf Lebenszeit". 1956–64 leitete er außerdem die Wiener Staatsoper, wo er vor allem Wagner-, Verdi- und Strauss-Opern aufführte. In den 60er Jahren trat K. als Dirigent und Regisseur besonders bei den Salzburger Festspielen hervor, deren künstlerischer Leiter er ist. Prominente Aufführungen waren dort *Don Giovanni* von W. A. Mozart (1961; 1968), *Elektra* von R. Strauss, *Boris Godunow* von M. Mussorgski, *Carmen* von G. Bizet (1964–66), *Otello* und *Don Carlos* von G. Verdi (1970; 1976). Seit 1967 veranstaltet K. mit den Berliner Philharmonikern in Salzburg auch Oster- und Pfingstfestspiele. 1969 gründete er eine Herbert von K.-Stiftung zur Förderung des internationalen Dirigenten-Nachwuchses, des Welt-Jugendorchesters und der Forschung (Akustik, Interpretations- und Rezeptionsgeschichte u.a.). In K. vereinen sich geniale Dirigierbegabung und überragendes Organisationstalent (Medien-Management) auf einzigartige Weise. Dies bezeugen auch die beispielhaften Fernsehaufnahmen berühmter Repertoire-Opern (z.B. *Carmen* von Bizet).

Lit.: B. GAVOTY – R. HAUERT, K. (G – Monaco 1954, dt. F 1956); K. LÖBL, Das Wunder K. (Bayreuth 1965, F [2]1978); P. DE RAEDT, H. von K. (Gent 1965); H. HÄUSSERMANN, H. von K. (Gütersloh 1968, NA W 1978); P. ROBINSON, K. (Toronto 1975) (mit Diskographie); R. C. BACHMANN, Große Interpreten im Gespräch (Be 1976); R. KLEIN, H. von K. zum 70. Geburtstag, in: ÖMZ 33 (1978).

KARAJEW, Kara Abulfas-ogly, * 5. 2. 1918 Baku; aserbeidschanischer Komponist. K. studierte 1935–38 am Konservatorium in Baku und später bis 1946 am Moskauer Konservatorium, wo er Schüler von Dm. Schostakowitsch war. 1941–42 dirigierte er die Philharmonie in Baku, leitete dort 1949–53 das Konservatorium und 1949–50 auch das Kunstgeschichtliche Institut der Akademie der Wissenschaften der Aserbeidschanischen SSR. Außerdem war er 1944–49 stellvertretender Vorsitzender und seit 1956 1. Sekretär des Komponistenverbandes der Aserbeidschanischen SSR. In K.s Kompositionen, die Einflüsse Schostakowitschs und S. Prokofjews aufweisen, verbinden sich folkloristische Elemente mit zeitgen. Satztechniken.

WW: 2 Streichquartette (1942, 1947); 3 Symphonien, h-moll (1944), c-moll (1946) u. (1964); symphonische Dichtungen. – Kantaten *Pesnja serdza* (1938) für Chor u. Orch. mit Tänzen u. *Pesnja stschastja* (1947) für Soli, Chor u. Orch. – Opern: *Anja* (1941) (zus. mit A. D. Gadschiew); *Wjetjen* (Heimat) (zus. mit dems.), UA: Baku 1945; *Neschnost* (Zärtlichkeit) (1972); Ballette: *Sem krasaviz* (Die sieben Schönen), UA: ebd. 1952, daraus eine Orch.-Suite (1949); *Tropoju groma* (Auf dem Pfade des Donners), UA: ebd. 1958; Musical *Neistowy gaskonjez* (Der ungestüme Gascogner, nach E. Rostand, *Cyrano de Bergerac*) (1972).

Lit.: L. V. KARAGITSCHEWA, K. K. (Baku 1956, NA Mos 1968); M. J. TARAKANOWA, Neue Gestalten u. neue Mittel in der Musik, in: BzMw 10 (1965).

KARBUSICKÝ, Vladimír, * 9. 4. 1925 Velim (Böhmen); dt. Musikforscher tschech. Herkunft. K. studierte an der Technischen Hochschule, danach Musikwissenschaft an der Karls-Universität in Prag, wo er 1953 promovierte. Zwischen 1954 und 1968 arbeitete er zunächst am Ethnographischen und dann am Musikwissenschaftlichen Institut der Akademie der Wissenschaften in Prag, war außerdem Vorsitzender der Beethoven-Gesellschaft in der Tschechoslowakei und sei 1965 Lehrbeauftragter für Kunstsoziologie und Musikwissenschaft an der Prager Universität. 1968 übersiedelte er nach Deutschland, wo er 1973 die Staatsangehörigkeit erhielt und bis 1976 als Lehrbeauftragter an mehreren Hochschulen tätig war. 1976 wurde er Professor für Systematische Musikwissenschaft an der Universität Hamburg. K. beschäftigt sich vor allem mit musiksoziologischen Problemen.

Schriften: *Geschichtl. Übersicht unserer Arbeitslieder* (Diss. Pr 1952) (tschech.); *Widerspiegelungstheorie u. Strukturalismus* (Mn 1973) (= Kritische Information 3); *Ideologie im Lied, Lied in der Ideologie. Kulturanthropologische Strukturanalysen* (Kö 1973); *Soziologische Aspekte der Volksliedforsch.*, in: Hdb. des Volksliedes II, hrsg. v. R. W. Brednich – L. Röhrich – W. Suppan (Mn 1975); *Beethovens Brief „An die unsterbliche Geliebte". Ein Beitr. zur vergleichenden textologischen u. musiksemantischen Analyse* (NA Wie 1977); *G. Mahler u. seine Umwelt* (Da 1978); *Systematische Musikwissenschaft* (Mn 1979); *Anfänge der hist. Überlieferung in Böhmen. Ein Beitr. zum vergleichenden Stud. der ma. Sängerepen* (Kö 1980).

KAREL, Rudolf, * 9. 11. 1880 Pilsen, † 6. 3. 1945 Konzentrationslager Theresienstadt; tschechischer Komponist. K. studierte in Prag Jura an der Universität und am Konservatorium Musik u.a. bei A. Dvořák, dessen letzter Schüler er war. 1918 trat er in die tschechische Legion ein und leitete dort seit 1919 das von ihm gegründete Militär-Symphonieorchester. Nach Prag zurückgekehrt, war er 1923–41 Lehrer für Komposition und Orchestrierung am Konservatorium. 1943 wurde er wegen seiner ehemaligen Zugehörigkeit zur tschechischen Legion von der Gestapo verhaftet. K. gehört neben V. Novák und J. Suk zu den wichtigsten Komponisten in der Tradition A. Dvořáks.

WW: Klv.-Stücke u. Kammermusik, u. a. 3 Streichquartette (1903, 1910, 1936); Sonate für V. u. Klv. (1912); Klv.-Quartett (1916); zahlr. Orch.-Werke, darunter 2 Symphonien (1911, 1938); symphonische Dichtungen *Ideály* (1909) u. *Démon* (1920); Orch.-Ouvertüre (1941); Lieder u. Chöre. – Opern: *Ilseino srdce* (Das Herz Ilseins), UA: Prag 1924; *Smrt kmotřička* (Gevatterin Tod), UA: Brünn 1933; *3 Vlasy děda Vševěda* (Drei Haare des allwissenden Greises), UA: Prag 1948; *Zkrocení zlé ženy* (Der Widerspenstigen Zähmung) (1943) (unvollendet).

Lit.: R. K. Werk-Verz. (Pr 1958) (tschechisch). – O. ŠOUREK, R. K. (Pr 1947); J. BAJER, in: Hudební věda 2 (1967).

KARGEL, Sixt, dt. Lautenist und Komponist Ende des 16. Jahrhunderts. Er lebte zunächst vermutlich in Mainz und stand dann 1569–1607 im Dienst der Fürstbischöfe von Straßburg in Zabern. Neben M. Neusidler ist K. in seiner Zeit der bedeutendste deutsche Vermittler von Lautenmusik. Seine Tabulaturen (darunter auch zwei der wenigen gedruckten Sammlungen für Cister) enthalten Fantasien (u.a. von Fr. da Milano und von K. selbst), Tanzsätze (Passamezzi, Gagliarden, Saltarelli, Deutsche Tänze) und zahlreiche Intavolierungen von Chansons, Madrigalen, deutschen Liedern und Motetten, vor allem aber von Chansons von O. di Lasso.

WW: *Theatrum musicum ... cui carmina selectissima sunt inserta* (Löwen 1571); *Novae, elegantissimae ... cantilenae* (Str 1574); *Toppel Cythar ... von etlichen ... Lidern und Tänzen* (Str 1575, ²1578); *Renovata Cythara ... Neugestalt Cytharbuch* (Str 1578, ²1580); *Lautenbuch ...* (Str 1586).

Ausg.: 4 Stücke, hrsg. v. J. WOLF, in: Hdb. der Notationskunde 2 (L 1919, Nachdr. Hil – Wie 1963); *Novae ... cantilenae*, Faks.-Ausg. (G 1980).

Lit.: W. BOETTICHER, Stud. z. solistischen Lautenpraxis ... (B 1943); H. M. BROWN, Instrumental Music Printed Before 1600. A Bibliography (C/M 1965).

KARG-ELERT, Sigfrid, * 21. 11. 1877 Oberndorf am Neckar, † 9. 4. 1933 Leipzig; dt. Komponist und Musiktheoretiker. K. war am Leipziger Konservatorium Schüler von S. Jadassohn, C. Reinecke und R. Teichmüller und wurde u.a. von E. Grieg gefördert. Seit 1902 lehrte er am Konservatorium in Magdeburg, kehrte aber 1904 nach Leipzig zurück, wo er nach seiner Teilnahme am 1. Weltkrieg 1919 als Nachfolger M. Regers Lehrer für Theorie, Komposition und Klavier wurde. Sein kompositorisches Werk war zuerst von Schönberg, Debussy und Skrjabin beeinflußt, lehnte sich jedoch später, vor allem in der dichten Kontrapunktik, an den Stil Regers an. Am bedeutendsten sind seine Kompositionen für Orgel und Harmonium, die vor allem in den angelsächsischen Ländern seinen Ruhm begründeten. K.s Schriften beruhen weitgehend auf der Lehre A. von Oettingens und weisen K. als konsequenten Vertreter des harmonischen Dualismus aus. Zu seinem 100. Geburtstag erschien eine FS, hrsg. v. V. Hempfling (o.O. 1977).

WW: **1) Kompositionen:** Für V. solo: Sonate e-moll op. 88 (1911); Partita, op. 89 (1912); zahlr. Werke für Orgel u. für Harmonium, darunter 66 Choralimprovisationen, op. 65 (1910); 20 Prae- und Postludien, op. 78 (1912); 3 Sinfonische Choräle, op. 87 (1911); *Kathedralfenster*, op. 106 (1923); WW für u. mit Klv.; Lieder mit Klv. u. mit Org.; Chorwerke a capp. u. mit Org. bzw. Orch. (1923); – Lehrwerke: *Die hohe Schule des Legatospiels*, op. 94 (1913); *Die Harmoniumtechnik (Gradus ad parnassum)*, op. 95 (1913/14); *Die Kunst des Registrierens*, 3 Bde., op. 91 (1911–14). – **2) Schriften:** *Die Grundlagen der Musiktheorie*, 2 Bde. (L 1922); *Akustische Ton-, Klang- u. Funktionsbestimmung* (L 1930); *Polaristische Klang- u. Tonalitätslehre* (L 1931).

Lit.: P. SCHENK, S. K. (B 1927); G. SCEATS, The Organ Works of K. (Lo 1949, ²1950); P. SCHENK, K.s polaristische Harmonielehre, in: Beitr. z. Musiktheorie des 19. Jh. (Rb 1966); S. E. YOUNG, The Organ Works of S. K. (1968) (= Diss. Univ. of North Carolina); W. KWASNIK, S. K. Sein Leben u. Werk in heutiger Sicht (Nister 1971); G. HARTMANN, Die Orgelwerke v. S. K. (Diss. Bonn 1985).

KARKOSCHKA, Erhard, * 6. 3. 1923 Mährisch-Ostrau; dt. Komponist. Er studierte seit 1946 an der Stuttgarter Musikhochschule Komposition (K. Marx) und Dirigieren (G. Koslik) sowie Musikwissenschaft (W. Gerstenberg, G. Reichert) an der Universität in Tübingen. Dort promovierte er 1959 mit *Studien zur Entwicklung der Kompositionstechnik im Frühwerk Anton Weberns*. 1948–68 leitete er Chor und Orchester der Hochschule in Hohenheim bei Stuttgart und lehrt seit 1958 Komposition an der Musikhochschule Stuttgart (1964 Professor). 1963 gründete er dort das Ensemble für neue Musik und leitet seit 1973 das Studio für Elektronische Musik. In seinen Kompositionen und Schriften widmete er sich besonders Problemen musikalischer Zeit- und Formgestaltung sowie neuen Notationsformen.

WW: **1) Kompositionen:** *Bewegungsstrukturen* (1960) für 2 Klv.; *desideratio* (1963) u. *triptychon über B-A-C-H* (1966) für Org.; Streichquartett *quattrologe* (1966); *antinomie* (1968) für Bläserquintett; *szene für zwei celli* (1968); *Mit/gegen sich selbst* (1970) für einen Pianisten, der 2 Flügel, Celesta, Cemb., Tamtam u. Tonband zu bedienen hat; *Szene im Schlagzeug* (1970) für einen Schlagzeuger; *4 Aufgaben für 5 Spieler* (1971); *Tempora mutantur* (1971) für Streichquartett; *Horkov* (1977) für Baßklar. u.

Klv. – Elektronische Komposition *Drei Bilder aus der Offenbarung des Johannes* (1960). – Für Orch.: *polyphone studie in 2 stufen* (1957); *undarum continuum* (1960); *vier stufen* (1966). – *Eine Suite vom Wind* (1955) (nach verschiedenen engl. Dichtern) für Solo-Sopran u. gem. Chor; *koordinaten* (1959) für Sopran u. Streichquartett; *sechs konstellationen nach E. Gomringer* (1962) für Sopran u. 4 Instr.; *omnia ad maiorem Dei gloriam* (1963) für Tenor u. 12 Instr.; *psylex* (1968) für Mezzo-Sopran, Fl. u. Tonband; *homo sapiens* 1968 (1968) für Solostimme. – **2) Schriften:** *Das Schriftbild der Neuen Musik* (Celle 1966); *Neue Methoden der musikal. Analyse…*, in: FS K. Marx (St 1967); *Aspekte der Gruppenimprovisation*, in: Melos 38 (1971); *Neue Musik. Analyse, Text und Graphik* (Herrenberg 1976).

Lit.: C. DAHLHAUS, E. K. u. die Dialektik der musikal. Form, in: Melos 50 (1973).

KARL V., Bühnenwerk mit Musik in 2 Teilen von Ernst Krenek (* 1900), Text vom Komponisten. Ort und Zeit der Handlung: Kloster San Geronimo de Yuste in Estremadura, im Jahre 1558. UA: 15. 6. 1938 in Prag; dt. EA (in dt. Sprache): März 1950 in Essen; EA der 1954 entstandenen Neufassung: 11. 5. 1958 in Düsseldorf.

Die Beichte des todkranken, gerade abgedankten Kaisers fungiert als Rahmen für das in zahlreiche Rückblenden im Bewußtsein des Herrschers aufgefächerte Geschehen. Durch diese psychologische Brechung entfällt die Notwendigkeit historischer Authentizität. So kann die Handlung verstanden werden als politisches Gleichnis vom Scheitern eines universalen christlichen Herrschers und seiner Reichsidee aufgrund von Nationalismen und religiösen Spaltungen. Das Konzept der Handlung und der musikalischen Idee bildet eine untrennbare Einheit, das Werk steht als musikdramatischer Typus P. Claudels „Welttheater" näher als traditionell verstandener Oper. Folgerichtig hat Musik hier die Aufgabe einer „Trägerin der Reflexion, als umrahmende Aura, durch die hindurch der geschichtliche Vorgang deutend betrachtet wird" (Krenek). Als spürbaren Ausdruck der historischen Distanz verwendet der Komponist die Zwölftontechnik, die er so umsetzt, daß eine flexible Anpassung an dramatische Notwendigkeiten gelingt. Die Aufführungsgeschichte dieses Werkes spiegelt die historisch-politischen Verhältnisse der Entstehungszeit (1931–33) wider: die für 1934 in Wien geplante UA (die Komposition ist der Wiener Staatsoper und ihrem Direktor Clemens Krauss gewidmet) wurde verhindert; erst 3 Jahre nach der Fertigstellung konnten Fragmente zur Aufführung gelangen (1936 in Barcelona und Winterthur, 1937 in St. Gallen), und nach der Prager UA finden erst seit 1950 wieder Aufführungen statt (zuletzt bei den Salzburger Festspielen 1980 in konzertanter Form).

TH. MENGER

KARŁOWICZ, Mieczysław, * 11. 12. 1876 Wiszniewo (Litauen), † 8. 2. 1909 Zakopane; poln. Komponist. K. war ein Sohn des polnischen Historikers, Ethnographen und Musikers **Jan K.** (1836–1903). Er studierte 1890–95 Violine, Komposition und Musiktheorie in Warschau, war seit 1896 Kompositionsschüler von H. Urban in Berlin und hörte außerdem Philosophie sowie Musikwissenschaft bei O. Fleischer an der Universität. Nach Warschau zurückgekehrt, arbeitete er seit 1903 mit der Musikalischen Gesellschaft zusammen, deren Direktor er 1904–06 war. 1906 schloß er sich der von L. Różycki und G. Fitelberg gegründeten Komponistengruppe Młoda Polska an, deren Vorbild R. Strauss war. 1906–07 studierte er Dirigieren bei A. Nikisch in Dresden, lebte dann als Komponist in Warschau, seit 1908 in Zakopane.

WW: Symphonie *Odrodzenie*, op. 7 (1902); V.-Konzert A-Dur, op. 8 (1902); symphonische Dichtungen: *Powracające fale*, op. 9 (1904); *Odwieczne pieśni*, op. 10 (1906) (symphonische Trilogie); *Rapsodia litewska*, op. 11 (1906); *Stanisław i Anna Oświecimowie*, op. 12 (1907); *Smutna opowieść*, op. 13 (1908).

K. gehört zu den wichtigsten Vertretern eines neuromantischen Stils in Polen. In der Harmonik lehnt er sich an R. Wagner an, in der Orchestrierung an R. Strauss und z. T. auch an P. Tschaikowsky. Den Schwerpunkt seines Schaffens bilden die symphonischen Dichtungen, in denen auch seine philosophisch-pantheistische Grundhaltung ihren Niederschlag fand. Das gesangliche Melos ist von typisch slawischem Charakter, obwohl K. außer in der *Rapsodia litewska (Litauische Rhapsodie)* keine Elemente der Volksmusik einbezog.

Lit.: M. K. w listach i wspomnieniach, hrsg. v. H. ANDERS (Krakau 1960): – F. KECKI, A Catalogue of Musical Works of M. K. and S. Moniuszko (War 1936); A. CHYBIŃSKI, K. (Krakau 1947); I. F. BELZA, M. Karlovič (Mos – Leningrad 1951); Z. Życia twórczości M. Karloviča hrsg. v. E. DZIĘBOWSKA (Krakau 1970).

KÁROLYI, Julian Julius von (Gyula), * 31. 1. 1914 Losonc (Ungarn; heute ČSSR); dt. Pianist ung. Herkunft. K. studierte seit 1926 Klavier in München (J. Pembaur), Leipzig (M. v. Pauer) und Paris (A. Cortot) sowie 1932–34 in Budapest (E. von Dohnányi). Anschließend unternahm er Konzertreisen durch ganz Europa, seit 1951 auch nach Nordamerika, Südamerika sowie in den Nahen und Fernen Osten. K., der seit 1956 deutscher Staatsbürger ist, lehrt seit 1972 Klavier am Würzburger Konservatorium. Er gilt als prominenter Chopin-Interpret.

KARTENSPIEL, DAS *(Jeu de cartes)*, Ballett in 3 Spielrunden von Igor Strawinsky (1882–1971). Libretto vom Komponisten. UA: 27. 4. 1937 in New York (Metropolitan Opera House), Choreogra-

phie: Georges Balanchine (* 1904); dt. EA: Oktober 1937 in Dresden (Staatsoper), Choreographie: Valeria Kratina (* 1892).
In Strawinskys Ballett-Œuvre bietet das neoklassizistische Spätwerk *Das Kartenspiel* die wohl originellste Handlung: Spielkarten präsentieren drei Runden einer Poker-Partie. Allein der Joker vermag das Spiel zu beeinflussen; er kann sich in jede beliebige Karte verwandeln und die vorgegebene Gruppierung der Karten verändern. Mit dem ‚Royal flush', der höchstmöglichen Kombination des Spiels, endet die Partie. Den spielerisch-heiteren Charakter des Balletts suchte der Komponist mit Parodien u. a. aus Werken von Tschaikowsky *(Dornröschen)*, Ravel *(La Valse)* und Rossini *(Der Barbier von Sevilla)* zu illustrieren. Ritornelle grenzen die einzelnen Spielrunden, in denen rhythmisch-agogische sowie tänzerisch-mimetische Elemente eine überzeugende Synthese eingehen, gegeneinander ab. Schon unmittelbar nach der erfolgreichen UA durch das American Ballet wurde das Werk als Inkarnation moderner Ballettkunst apostrophiert. Internationale Anerkennung erlangte als beste neuere Inszenierung J. Crankos humoristische Version (Stuttgart 1965).

G. LUDIN

KAŠLÍK, Václav, * 28. 9. 1917 Poličná (Nordmähren); tschech. Dirigent, Komponist und Opernregisseur. Er studierte in Prag an der Universität sowie 1936–39 Komposition (A. Hába, R. Karel) und bis 1941 Dirigieren (V. Talich) am Konservatorium. 1942 debütierte er als Regisseur am Nationaltheater in Prag und wurde 1943 1. Kapellmeister in Brünn. 1945–48 leitete er dort das von ihm gegründete und später mit dem Nationaltheater zum Smetana-Theater vereinigte Velká opera Divadla 5. května (Große Oper des Theaters des 5. Mai). Anschließend wurde er Chefdirigent und Chefregisseur des Prager Nationaltheaters. Im Westen trat er besonders als Gastregisseur an den großen Opernhäusern auf. Außerdem arbeitet er für den Film, für das Fernsehen und für das Prager Theater Laterna Magica, mit dem er auch häufig Tourneen unternahm.

WW: **1) Kompositionen:** Opern: *Zbojnická balada* (Räuberballade), UA: Prag 1948; *Krakatit*, UA: Mährisch-Ostrau 1961. – Ballette: *Don Juan*, UA: Prag 1939; *Jánošík*, UA: ebd. 1953; *Pražský karneval* (1959). – **2) Schriften:** *Operninterpretation in Film u. Fernsehen u. ihre Rückwirkung auf die Bühne*, in: Jb. der Komischen Oper Berlin 6 (1966).

KASSATION, Cassation (von it. cassatione = Entlassung), neben ↗Divertimento, ↗Serenade und ↗Notturno eine der im 18. Jh. (oft synonym) verwendeten Bezeichnungen für instrumentale Freiluftmusiken höfischer und bürgerlicher Unterhaltung, wie sie vor allem in Böhmen und Österreich üblich waren. Die Bz. K. erscheint allerdings relativ selten, z. B. bei M. Haydn (2 K.n), W. A. Mozart (K. n KV 62, 63 u. 63 a) und J. Haydn (ursprünglich für die Streichquartette Hob. I: 1–12, die später in Divertimenti umbenannt wurden). Diese K.en unterscheiden sich hinsichtlich Besetzung (Streicher und Bläser) und Satzfolge (4–7 Sätze, meist mit Marsch als Anfangssatz und mit 2 Menuetten) nicht wesentlich von den anderen genannten Gattungen.

Lit.: G. HAUSSWALD, Mozarts Serenaden (L 1951); H. ENGEL, Divertimento, Cassation, Serenade, in: MGG III; R. HESS, Serenade, C., Notturno u. Divertimento bei M. Haydn (Diss. Mz 1963); G. HAUSSWALD, Die Orchesterserenade (Kö 1970) (= Das Musikwerk 34).

KASTAGNETTEN (engl.: castanets; frz.: castagnettes; it.: castagnette, castagnole; span.: castañuelas), ein einhändig spielbares Klapperinstrument, das aus zwei muschelförmigen, (der Resonanzverstärkung wegen) ausgehöhlten Holzschalen besteht, die mit einer an den Ansätzen der Muscheln durchgezogenen Schnur verbunden sind. Der Spieler hängt die Schnur über den Daumen, so daß er mit den anderen Fingern die Schalen gegeneinander schlagen kann. Die K. werden paarweise von Tänzern gespielt, wobei in der linken Hand das tiefer klingende Paar, in der rechten das höher klingende gehalten wird. Instrumente dieser Art waren bereits in der Antike in Ägypten und in Griechenland (↗Crotales) bekannt. Sie sind heute vor allem in Südspanien (Andalusien, Balearen) und in Unteritalien verbreitet. Die im Orchester zur Charakterisierung spanischer oder neapolitanischer Musik (G. Bizet, *Carmen;* R. Wagner, *Tannhäuser*) verwendeten K. sind Stiel-K., deren Schalenpaare an einem oder an beiden Enden eines Griffes so befestigt sind, daß sie durch Schütteln erklingen.

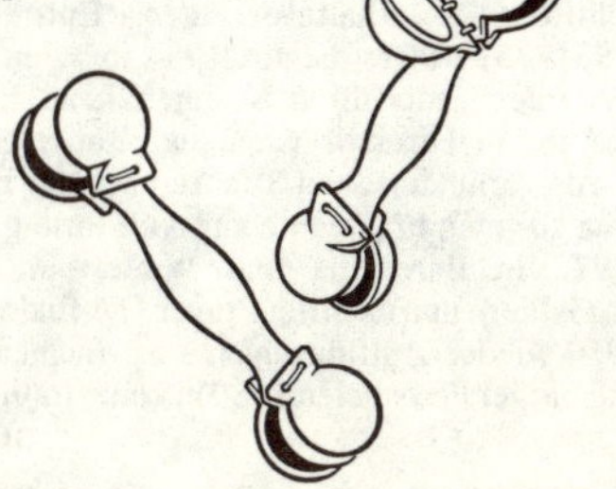

KASTAGNETTEN
16. Jh.

KASTNER, Johann Georg, * 9. 3. 1810 Straßburg, † 19. 12. 1867 Paris; elsässischer Komponist und Musiktheoretiker. Er studierte in Straßburg protestantische Theologie, wandte sich aber dann der Musik zu. Seine 1835 in Straßburg aufgeführte Oper *Die Königin der Sarmaten* brachte ihm ein Stipendium der Stadt ein, das ihm eine weitere Ausbildung bei H.-M. Berton und A. Reicha in Paris ermöglichte. 1867 gehörte er zu den Gründern der Association des artistes musiciens für hilfsbedürftige Musiker, deren Vizepräsident er später wurde. Von K.s Kompositionen nehmen die symphonischen Dichtungen in ihrer originellen Konzeption einen besonderen Rang ein. Sie bilden jeweils den musikalischen Teil eines größeren Ganzen, das K. als „Livre-partition" bezeichnet, und das außerdem eine ausführliche Abhandlung zum Thema des betreffenden Werkes enthält. Unter K.s musikpädagogischen Werken befindet sich auch ein *Traité général d'instrumentation,* der die erste Instrumentationslehre in Frankreich darstellt. – K.s Sohn, der Physiker **Georg Friedrich Eugen,** * 10. 8. 1852 Straßburg, † 6. 4. 1882 Bonn, ist der Erfinder der durch brennendes Gas betriebenen sog. „Flammenorgel" (Pyrophon), die er in *Le pyrophone. Flammes chantantes* (P 1875) beschrieb.

WW: **1) „Livres-partitions":** *Les danses des morts,* darin die symph. Dichtung *La danse macabre* (P 1852); *La Harpe d'Éole et la musique dramatique* (darin *Stephen ou la harpe d'Éole*) (P 1855); *Les voix de Paris* (darin *Les cris de Paris*) (P 1857); *Les Sirènes* (darin *La rêve d'Oswald ou les sirènes)* (P 1858); *Parémiologie musicale de la langue française* (darin *La Saint-Julien des ménétriers*) (P 1866). – **2) Opern:** *Béatrice* (1839); *La Maschera,* UA: Paris 1841; *Le dernier roi de Juda* (1844); *Les nonnes de Robert-le-Diable* (1846). – **3) Lehrwerke:** *Traité général d'instrumentation* (P 1837); *Méthodes élémentaires de chant, piano, violon, flûte, flageolet, cornet à pistons...* (P 1838); *Cours d'instrumentation considéré sous les rapports poétiques et philosophiques de l'art* (P 1839, Suppl. 1844); *Grammaire musicale* (P 1840); *Théorie abrégée du contrepoint et de la fugue* (P 1840); *Méthode complète et raisonnée de Saxophone* (P 1845).

Lit.: H. LUDWIG, J. G. K., ein elsässischer Tondichter, Theoretiker u. Musikforscher, 3 Bde. (L 1886); H. KRETZSCHMAR, J. G. K., in: Gesammelte Aufsätze (L 1910); H. BARTENSTEIN, Die frühen Instrumentationslehren bis zu Berlioz, in: AfMw 28 (1971).

KASTNER, Macario Santiago, * 15. 10. 1908 London; engl. Cembalist und Musikforscher. Er studierte in Amsterdam, Leipzig und Barcelona, wo er Schüler von H. Anglès (Musikwissenschaft) war. Nach zahlreichen Konzertreisen als Cembalist und Clavichordspieler folgte er 1947 einem Ruf als Professor für Cembalo, Clavichord und Interpretation älterer Musik an die Musikhochschule in Lissabon. Außerdem war er ständiger Mitarbeiter des spanischen Instituts für Musikwissenschaft in Barcelona. K. hat sich besonders der Erforschung und Edition span. Klaviermusik des 16. und 17. Jh. gewidmet.

WW: **1) Schriften:** *Música hispánica* (Lis 1936); *Contribución al estudio de la música española y portuguesa* (Lis 1941); *C. Seixas* (Coimbra 1947); *Port. u. span. Clavichorde des 18. Jh.* (Kop 1952); *Parallels and Discrepancies Between English and Spanish Keyboard Music of the 16th and 17th Century* (Ba 1952); *Relations entre la musique instrumentale française et espagnole au XVI*[e] *siècle,* 2 Teile (Ba 1955–56); *Veinte años de musicología en Portugal (1940–60),* in: AMl 32 (1960). – **2) Editionen:** *P. A. Soler, 6 conciertos para dos instr. de tecla,* Nr. 1–3 (Ba 1952), Nr. 4–6 (Ba 1958–62), NA, 2 Bde. (Mz 1972); *Antología de organistas do s. XVI* (Lis 1969) (zus. mit C. Rosado Fernandes).

KASTRATEN (von lat. castrare = verschneiden, entmannen; engl.: castrati, frz.: castrats, it.: castrati, span.: castrados), Bz. für männliche Sänger, denen vor dem Stimmbruch die Keimdrüsen entfernt wurden. Dadurch wurde der Kehlkopf mit den Stimmlippen im Wachstum gehemmt, und es blieb die hohe Lage der Knabenstimme (Sopran oder Alt) erhalten, während Brustkorb und Lungen mit dem normalen Körperwachstum das Volumen und die Kraft der Männerstimme erreichten. Die Kastration war in Italien weit verbreitet; K. sind dort wie auch auf der Iberischen Halbinsel seit der Antike bezeugt. Sie fanden – wohl im Zusammenhang mit dem Verbot des kirchlichen Frauengesangs – im 16. Jh. Eingang in die italienischen Kapellen. Obwohl die katholische Kirche die Kastration verboten hatte, nahm sogar die päpstliche Kapelle in Rom 1588 einen spanischen K. auf. Seit der Mitte des 17. bis weit ins 18. Jh. hinein war das eigentliche Wirkungsfeld der K. die Opernbühne, wo sie triumphale Erfolge nicht nur in Frauenrollen, sondern mehr und mehr in Männerrollen errangen. Sie waren die „Primuomini" des Theaters. Die außergewöhnliche Virtuosität der K., die den Glanz der italienischen Gesangskunst widerspiegelt, stand in enger Wechselwirkung mit der Entwicklung der Opern-Arie, speziell im Bereich der neapolitanischen Opera seria. Ein Indiz dafür sind in diesen Arien die zahlreichen und ausgedehnten Koloraturen. Auch an der Entwicklung des Bel canto hatten die K. einen nicht unerheblichen Anteil. Lange Zeit hindurch waren die männlichen Hauptrollen der neapolitanischen Oper (als deren Vertreter auch G. F. Händel zu gelten hat) für K. bestimmt. Das gleiche gilt auch für die Titel-Partie des *Orfeo* von Gluck und für die Partie des Idamante in Mozarts *Idomeneo.* Die heutige Besetzung solcher Rollen ist ein schwieriges aufführungspraktisches Problem.

Die bedeutendsten italienischen K. des 18. Jh., die auch außerhalb ihres Landes (mit Ausnahme von Frankreich) gefeiert wurden, waren C. Farinelli, Caffarelli, Gioacchino Conti (genannt Gizziello) und G. F. Tenducci (genannt Senesino). Zu den letzten K., die auf der Bühne sangen, gehören G. Crescentini, der seine Karriere 1812 in Paris beendete, und G. B. Velluti, den G. Rossini schätzte und der bis 1829 wirkte. In der Cappella Sistina sang noch ein Kastrat zu Beginn des 20. Jh. (A. Moreschi).

Lit.: F. HABÖCK, Die K. u. ihre Gesangskunst (B–L 1927); H. B. BOWMAN, A Study of the Castrati Singers and Their Music (1952) (= Diss. Indiana Univ.); A. HERIOT, The Castrati in Opera (Lo 1956); H. HUCKE, Die Besetzung v. Sopran u. Alt in der Sixtinischen Kapelle, in: Miscelánea ... FS H. Anglés I (Ba 1958); W. RUTH, Die K. u. ihre Gesangskunst, in: Bühnengenossenschaft 15 (1963).

KATCHEN, Julius, *15. 8. 1926 Long Branch (New Jersey), †29. 4. 1969 Paris; amerik. Pianist. Er trat bereits 1937 öffentlich auf. 1946 debütierte er in Paris, wo er seither seinen Wohnsitz hatte. 1968 gründete er mit dem Violinisten J. Suk ein Duo. K. ist besonders als Beethoven- und Brahms-Spieler bekannt geworden.

KATERINA ISMAILOWA, Oper von D. Schostakowitsch; dt. Titel: ↗Lady Macbeth von Mzensk.

KATINKA UND DER TEUFEL, Oper von A. Dvořák; ↗Teufelskäthe.

KATJA KABANOWA *(Káťa Kabanová),* Oper in 3 Akten von Leoš Janáček (1854–1928), Text vom Komponisten nach Vincenc Červinkas Übersetzung von A. N. Ostrowskis (1823–86) Drama *Groza* (Das Gewitter). Ort und Zeit der Handlung: die russ. Kleinstadt Kalinow an der Wolga, in den 60er Jahren des 19. Jahrhunderts. UA: 23. 11. 1921 in Brünn; dt. EA (in dt. Sprache): 8. 12. 1922 in Köln, Leitung Otto Klemperer.
Katja Kabanowa ist nach *Jenufa* die bedeutendste Oper des mährischen Komponisten. „Das Werk wird eine der zartesten von meinen Arbeiten sein", schrieb Janáček bereits zu Beginn der Kompositionsarbeit. In der Tat gelang es ihm weitgehend, diese Absicht zu realisieren. Weiche, lyrische Themen, deren oft (nicht prinzipiell) leitmotivische Funktion allerdings an Wirksamkeit verliert, weil sie untereinander nicht sehr differenziert werden, unterliegen einem fortwährenden melodischen und rhythmischen Umwandlungsprozeß; über weite Strecken wirkt das Werk geradezu monothematisch. Wie in *Jenufa,* so liegt auch hier die Stärke der Oper in der psychologischen Zeichnung der Charaktere; monologische Partien sind schon aus diesem Grund Kulminationspunkte im dramatischen Geschehen (herausragendes Beispiel: Katjas seelisches Ringen, bevor sie sich für das ‚Verbrechen' entscheidet), zeichnen sich aber auch musikalisch durch filigrane, gelegentlich „impressionistische" motivische Arbeit und hohe Expressivität aus. – Auffällige Übereinstimmungen in der Werkstruktur sind zwischen *Katja Kabanowa* und *Jenufa* zu bemerken: In beiden Opern ist es die herrische Mutter, welche die dramatische Entwicklung vorantreibt, in beiden steht ihr eine junge Frau gegenüber, die von den Normen des Kollektivs abweicht und daran zerbricht. Zwischen den Frauen steht jeweils der gutmütige, willensschwache Mann, dessen Versagen die Abwendung der Katastrophe verhindert.

R. QUANDT

KĄTSKI (de Kontski). – **1) Antoni,** *27. 10. 1817 Krakau, † 7. 12. 1889 Iwanowitschi (Rußland); poln. Pianist und Komponist. Er trat bereits 1825 öffentlich auf, bildete sich 1829/30 bei J. Field in Moskau weiter und nahm später noch Kompositionsunterricht bei S. Sechter in Wien. 1736–51 lebte er in Paris, wo er auch zusammen mit Fr. Liszt konzertierte, 1851–53 als Hofpianist in Berlin, 1853–67 in St. Petersburg, anschließend in London und zuletzt in den Vereinigten Staaten. K. schrieb effektvolle, brillante Salonstücke für Klavier, darunter *Le Réveil du lion,* das mehr als 100 Auflagen erlebte. – **2) Apolinary,** Bruder von 1), *23. 10. 1825 Krakau, †29. 6. 1879 Warschau; poln. Violinist und Komponist. Er trat bereits mit 7 Jahren am Kaiserlichen Hof in Wien auf. 1838 war er vermutlich zeitweilig Schüler von Paganini in Paris, wo er bis 1845 lebte. Anschließend ging er nach Warschau und war dort seit 1850 Konzertmeister an der Oper. 1853–61 lebte er als Kaiserlicher Solovioliníst in St. Petersburg, anschließend wieder in Warschau, wo er das von ihm 20 Jahre lang geleitete Musikalische Institut gründete, aus dem später das Konservatorium hervorging.

KATTNIGG, Rudolf, *9. 4. 1895 Oberdorf bei Treffen (Kärnten), †2. 9. 1955 Klagenfurt; östr. Komponist. K. studierte 1918–22 bei J. Marx und F. Löwe an der Staatlichen Musikakademie in Wien, wo er seit 1922 selbst lehrte (seit 1926 als Professor). 1928–34 leitete er die Innsbrucker Musikschule, ging anschließend nach Berlin und dann wieder nach Wien. Seit 1938 war er dort Dirigent der Wiener Symphoniker und des Opernhauses. K. wurde berühmt als Operettenkomponist, dessen Werke die Tradition Fr. Lehárs fortführen. Besonderen Erfolg hatte er mit *Balkanliebe.*

WW: Kammermusik; Konzerte u. Symphonien. – Oper *Donna Miranda,* UA: Graz 1953. – Operetten: *Prinz von Thule,* UA: Basel 1936; *Balkanliebe,* UA: Leipzig 1937; *Mädels vom Rhein,* UA: Bremen 1938; *Bel Ami,* UA: Wien 1948; ferner Filmmusik.

KAUER, Ferdinand, *8. oder 18. 1. 1751 Klein-Thajax (Mähren), †13. 4. 1831 Wien; östr. Komponist. Nach nicht abgeschlossenem Jura- und Medizinstudium in Tirnau kam K. um 1780 nach Wien.

Hier wandte er sich ganz der Musik zu, betrieb Kompositions- und Kontrapunktstudien und arbeitete als Zensor, Übersetzer und Korrektor für den Verlag Artaria & Co., bei dem er auch musikpädagogische Schriften veröffentlichte. 1789 wurde er 1. Violinist und Orchesterdirektor am Leopoldstädter Theater in Wien, ging nach ersten Kompositionserfolgen 1810 als Theaterkapellmeister an das Grazer Theater und kehrte 1811 an das Leopoldstädter Theater zurück. 1814–18 war er Kapellmeister am Josefstädter Theater und seit 1822 zweiter Violinist im Orchester des Leopoldstädter Theaters.

WW: **1) Instr.-WW:** Klv.-Stücke; Kammermusik; 30 Symphonien; Klv.-Konzerte. – **2) Vokal-WW:** Motetten; 200 Solfeggien; Arietten mit Klv.- u. Gitarrebegleitung; zahlr. geistliche Werke, u.a. Oratorien u. Kantaten, 17 Messen, 4 Requiems u. 3 Vespern. – **3) Bühnen-WW:** 154 Bühnen-Werke, u.a. *Das Donauweibchen,* UA: Wien 1798; *Das Sternenmädchen im Meidlinger Walde,* UA: ebd. 1801; *Die Zauberlaterne* (1809). – **4) Schriften:** Unterrichtswerke: *Kurzgefaßte Anweisungen die Fl. zu spielen* (W 1788); *Kurzgefaßte Clavierschule für Anfänger* (W 1790); *Singschule nach dem neuesten System der Tonkunst* u. *Kurzgefaßte Generalbaßschule für Anfänger* (W o.J.).

K.s Singspiel-Kompositionen waren zu seiner Zeit weit verbreitet und sehr beliebt. Neben Wenzel Müller gilt er als Hauptvertreter der Gattung Zauberposse, die zwar Komponisten wie Fachkritikern als minderwertig galt, sich aber wegen origineller Einfälle in der Inszenierung und eingängiger Melodik in den Einlage-Liedern als sehr publikumswirksam erwies. Sein erfolgreichstes Werk, *Das Donauweibchen,* nahm Einfluß auf die Entwicklung der deutschen romantischen Oper.

Ausg.: Gesangsnummern aus *Das Donauweibchen* u. *Das Sternenmädchen* in: Komödienlieder aus 3 Jahrhunderten, hrsg. v. B. GLOSSY – R. HAAS (W 1925); *Sonata militare,* in: W. STOCKMEIER, Die Programmusik (Kö 1970) (= Das Musikwerk 36).

Lit.: TH. HAAS, F. K. 1751–1831. Ein Künstlerschicksal, in: NMZ 46 (1925); K. MANSCHINGER, F. K. Ein Beitr. z. Gesch. des Wiener Singspiels um die Wende des 18. Jh. (Diss. W 1929); R. M. LONGYEAR, F. K's Percussion Enterprises, in: GalpinJ 27 (1974); J. SCHLÄDER, Undine auf dem Musiktheater. Zur Entwicklungsgesch. der dt. Spieloper (zum „Donauweibchen“) (Bonn 1979).

J. SCHLÄDER

KAUFFMANN, Leo Justinus, * 20. 9. 1901 Dammerkirch (Elsaß), † 15. 9. 1944 Straßburg; elsässischer Komponist. Er studierte am Konservatorium in Straßburg, bei H. Abendroth und Ph. Jarnach an der Musikhochschule in Köln und später noch als Privatschüler bei Fl. Schmitt. Nach Tätigkeiten als Organist in Dornach und Repetitor am Stadttheater von Mülhausen kam er 1926 wieder nach Köln, wo er 1929 Professor an der Rheinischen Musikschule wurde. Nach einer Aufführung seiner *Alemannischen Suite* 1933 in Amsterdam, die ihn bei den Nationalsozialisten in den Ruf eines Neutöners brachte, wurde er seines Amtes enthoben. Unter einem Pseudonym schrieb er Unterhaltungsmusik für den Kölner Rundfunk und konnte erst wieder seit 1937, gefördert u. a. durch Hans Rosbaud, unter seinem eigenen Namen komponieren. 1940 wurde er als Lehrer für Komposition an das Konservatorium Straßburg berufen. Er starb bei einem Luftangriff, noch ehe sich seine Werke, die zu ihrer Zeit sehr geschätzt wurden, durchsetzen konnten.

WW: Klv.-Stücke; Kammermusik, u. a.: V.-Sonate (1922); Klv.- u. Streichtrio; 4 Streichquartette (1922–42); Bläserquintett (1943); Orch.-Werke, u. a. eine Symphonie (1942); zahlr. Lieder u. Chöre; Messe (1935); Kantaten: *Mainacht* (1932); *Heimatkantate* (1933); *Frühlingskantate* (1940) u. *Abendkantate* (1943). – Opern: Märchenoper *Abenteuer in Kaschgar* (1924); Singspiel *Die nie gesehene Braut* (1934); Funkoper *Die Serenade* (1939) u. die Kammeroper *Das Perlenhemd* (1944).

Lit.: H.-J. SEYDEL, L. J. K., in: Musica 5 (1951); H. VON RADZIBOR, in: Rheinische Musiker 4 (Kö 1966) (= Beitr. z. rheinischen Musikgesch. 64).

KAUN, Hugo, * 21. 3. 1863 Berlin, † 2. 4. 1932 ebd.; dt. Komponist. Er studierte Komposition an der Hochschule für Musik und an der Akademie der Künste (Fr. Kiel) in Berlin. 1887–1901 lebte er als Dirigent und Lehrer in Milwaukee (USA), danach wieder in Berlin, wo er seit 1922 am Klindworth-Scharwenka-Konservatorium unterrichtete. K.s Bedeutung liegt vor allem in seinen Werken für Männerchor, mit denen er einer Verflachung und Trivialisierung in diesem Bereich entgegenzuwirken versuchte.

WW: 3 Symphonien: *An mein Vaterland* D-Dur (1898), c-moll (1910) u. c-moll (1914). – *Normannenabschied* (1898); 126. Psalm (1910) u. *Zigeunertreiben* (1911) für Soli, Chor u. Orch.; Requiem für Alt, Männerchor u. Orch. (1921); 100. Psalm für 8st. Männerchor a cap. (1925); *Mutter Erde* (1926) für Soli, Chor u. Orch.; Ballade *Die wandernde Menschheit* (1927) für Männerchor u. Orch.; Orch.-Suite mit Männerchor *Alt-Heidelberg* (1930). – Ferner seine Erinnerungen *Aus meinem Leben* (B 1932).

Lit.: R. SCHAAL, H. K. (Diss. Marburg 1944).

KAVATINE, Cavatine (von lat. cavare = herausziehen; frz.: cavatine; it.: cavatina, Diminutiv von cavata), Bz. für ein kürzeres, instrumentalbegleitetes solistisches Gesangstück im 18.–19. Jh., das sprachlich und wohl auch in der Sache auf die ältere ↗Cavata verweist. Von der Arie unterscheidet sich die K. meist durch einfachere und kurzgliedrige Melodik, durch den Verzicht auf zahlreichere Textwiederholungen und Koloraturen sowie durch die in der Regel ein- oder zweiteilige Form. Damit ist sie das bündige Gegenstück zur Da capo-Arie, ohne daß freilich eine generelle Unterscheidung zwischen Arie und K. möglich wäre. Bekannte K.n im Bereich der Oper sind *Se vuol ballare, Porgi amor* und *L'ho perduto* in W. A. Mozarts *Figaro, Largo al factotum* und *Una voce poco fa* in G. Rossinis

Barbier, Salut, demeure chaste et pure in Ch. Gounods *Faust (Margarethe)*. Auch in Oratorien finden sich gelegentlich K.n, so etwa bei J. Haydn (*Dem Druck erlieget die Natur,* in *Die Jahreszeiten*). Im Bereich der Instrumentalmusik schrieb L. v. Beethoven eine *Cavatina* als 5. Satz des Streichquartetts op. 130. Aus späterer Zeit wurde besonders die K. für Orchester op. 85, Nr. 3 von J. J. Raff bekannt.

Lit.: N. PIRROTTA, Falsirena e la più antica delle cavatine, in: Collectanea historiae musicae 2 (1957); W. OSTHOFF, Mozarts Cavatinen u. ihre Tradition, in: FS H. Osthoff (Tutzing 1969).

KAWAL (türkisch), eine in Jugoslawien, Albanien, Rumänien, der Türkei und vor allem in Bulgarien verbreitete randgeblasene, zylindrisch gebohrte Längsflöte. Der K. hat meistens 7 vorderständige Grifflöcher, ein hinterständiges Griffloch und 4 Schallöcher. Der Klang des virtuos geblasenen K. ist weich, in der unteren Lage geräuschhaft, in der Höhe voll und rund.

KAYSER, Johann Melchior, ↗Caesar.

KAYSER, Philipp Christoph, * 10. 3. 1755 Frankfurt a. M., † 24. 12. 1822 Zürich; dt. Komponist. Er war Schüler seines Vaters, des Frankfurter Organisten Matthäus K., und seit 1770 Klavierlehrer in Frankfurt. 1775 ging er nach Zürich, wo er bald ein angesehener Musikpädagoge wurde. K. hatte sich in Frankfurt mit Goethe befreundet, der für ihn die Singspiele *Jery und Bäteli* (1779) und *Scherz, List und Rache* (1785–87) schrieb. K. komponierte auch eine Musik zu Goethes *Egmont* und vertonte viele Gedichte Goethes.

WW: *Sonates en symphonie* für Klv. u. 2 Hörner (Z 1784); *Vermischte Lieder* für SingSt u. Klv. (Winterthur–L 1775); *Gesänge mit Begleitung des Claviers* (ebd. 1777); *Weyhnachts-Cantate* für 2 Sopr. u. Streichquartett (Z 1780). – Singspiele *Jery und Bätely* (1779, unvollendet) (Libr.: J. W. v. Goethe) u. *Scherz, List und Rache* (1785–87) (Libr.: ders.).

Lit.: C. A. H. BURKHARDT, Goethe u. der Komponist Ph. Ch. K. (L 1879); W. SCHUH, Ph. Ch. K.s Kompositionen für den Freundeskreis im „Schönenhof", in: 138. Neujahrsblatt der AMG (Z 1950).

KEGEL, Herbert, * 29. 7. 1920 Zschachwitz bei Dresden; dt. Dirigent. Er studierte 1935–40 Dirigieren (K. Böhm) und Komposition (B. Blacher) am Dresdner Konservatorium. 1946 wurde er Kapellmeister am Theater in Rostock, 1949 in Leipzig Leiter des Rundfunkchores und des Großen Rundfunkorchesters. 1953 übernahm er das Rundfunk-Symphonie-Orchester in Leipzig (1958 GMD) und war 1960–78 Chefdirigent dieses Orchesters sowie des Rundfunkchores. Seit 1975 ist er auch Professor für Dirigieren an der Musikhochschule Leipzig. 1976 wurde er Chefdirigent der Dresdner Philharmonie. K. gastierte in zahlreichen europäischen Ländern sowie in Mittel- und Südamerika und trat besonders mit Ur- und Erstaufführungen von Komponisten der DDR hervor.

KEHLKOPF ↗Stimme.

KEHR, Günter, * 16. 3. 1920 Darmstadt; dt. Violinist und Dirigent. Er studierte Violine (Alma Moodie, H. Zitzmann) an den Musikhochschulen Frankfurt a. M. und Köln, außerdem Musikwissenschaft (1941 Dr. phil. mit *Untersuchungen zur Violintechnik um die Wende des 18. Jahrhunderts*). 1949 gründete er zusammen mit Georg Schmid (Viola) und Hans Münch-Holland (Violoncello) ein nach ihm benanntes Streichtrio. Seit 1949 unterrichtete er am Staatl. Hochschulinstitut für Musik in Mainz und leitete 1953–61 auch das Konservatorium in Mainz. 1955 gründete er das Mainzer Kammerorchester, mit dem er als Dirigent zahlreiche Konzertreisen unternahm sowie Rundfunk- und Schallplattenaufnahmen einspielte. Seit 1959 lehrt er Kammermusik an der Kölner Musikhochschule (1961 Professor). K. gab zahlreiche Neuausgaben von Violin- und Orchesterwerken heraus und veröffentlichte viele Zeitschriftenaufsätze.

KEHRREIM ↗Refrain.

KEIL, Alfredo, * 3. 7. 1850 Lissabon, † 4. 10. 1907 Hamburg; port. Komponist, Dichter und Maler. K., über dessen Leben nichts Näheres bekannt ist, schrieb mit *A Serrana* die erste portugiesische Nationaloper. Sein Lied *A Portugueza* wurde 1911 zur portugiesischen Nationalhymne erklärt.

WW: Tondichtungen für Orch.; Kantaten. – Opern: *Don Branca,* UA: Lissabon 1888; *Irene,* UA: Turin 1893; *A Serrana,* UA: Turin u. Lissabon 1899.

KEILBERTH, Joseph, * 19. 4. 1908 Karlsruhe, † 20. 7. 1968 München; dt. Dirigent. K. studierte Klavier, Cello und Komposition am Konservatorium in Karlsruhe, wurde dort 1925 Korrepetitor und 1935 GMD am Badischen Staatstheater. 1940–45 leitete er das Deutsche Philharmonische Orchester in Prag, war dann bis 1951 GMD der Sächsischen Staatskapelle und der Staatsoper in Dresden sowie ständiger Gast der Staatsoper in Berlin. 1951–59 dirigierte er das Philharmonische Orchester in Hamburg, war 1952–56 Gast bei den Bayreuther Festspielen und seit 1951 bis zu seinem Tod Chefdirigent der Bamberger Symphoniker, mit denen er häufig Auslandsreisen unternahm. 1959 wurde er GMD der Bayerischen Staatsoper in München. K. starb am Pult während des 2. Aufzugs einer Aufführung von Wagners

Tristan und Isolde. In seinem umfassenden Repertoire hatte das Werk von H. Pfitzner eine besondere Bedeutung.

Schriften: *Begegnungen mit H. Pfitzner und seinem Werk,* in: Mitt. der H. Pfitzner-Ges. (1966) Nr. 18; *Proben sind keine Schulstunden,* in: E. Schwaiger, Warum der Applaus? Berühmte Interpreten über ihre Musik (Mn 1968).

Lit.: W. E. v. LEWINSKI, J. K. (B 1968).

KEISER, Reinhard, getauft 12. 1. 1674 Teuchern bei Weißenfels, † 12. 9. 1739 Hamburg; dt. Komponist. K. bezog 1685 die Leipziger Thomasschule, wo er Schüler von J. Schelle und möglicherweise von J. Kuhnau war. 1694 brachte er in Braunschweig seine erste Oper, *Procris und Cephalus,* und anschließend in Hamburg *Basilius* zur Aufführung und wurde noch im selben Jahr in Braunschweig zum „Cammer-Componist" ernannt. 1697 übersiedelte er nach Hamburg, wo er als Kapellmeister der Oper rasch zu hohem Ansehen gelangte. Spätestens seit der Oper *Der bey dem allgemeinen Welt-Friede… geschlossene Tempel des Janus* (1698), zu der G. Ph. Telemann noch 1729 Einlagearien schrieb, gehörte K. für fast zwei Jahrzehnte zu den führenden Komponisten des Hamburger Unternehmens. Daneben leitete er 1700–01 die Winterkonzerte im Hause des kaiserlichen Gesandten Graf von Eckh und erhielt wohl zur selben Zeit von Herzog Wilhelm von Mecklenburg-Schwerin den weder mit Dienstleistung noch Gehalt verbundenen Titel eines Oberkapellmeisters. 1703 pachtete er zusammen mit dem Dramaturgen Drüsicke das Opernhaus, trat jedoch nach einer Reise nach Weißenfels (1706) 1707 aus wirtschaftlichen Gründen aus dem Vertrag zurück. Zwischen 1707 und 1717 schrieb er noch etwa 20 Werke für die Hamburger Bühne. 1716 veranstaltete er mit J. Mattheson, den er 1712 kennengelernt hatte, öffentliche Konzerte. Etwa zur selben Zeit wandte er sich zunehmend auch der Kirchenmusik zu, schrieb aber – möglicherweise für holsteinische Adelsfamilien – auch weltliche Kantaten. Vermutlich 1718 verließ er Hamburg und lebte 1719–20 am Hof in Stuttgart, wo er einige Konzerte leitete, sich aber vergeblich um die Position des Hofkapellmeisters bemühte. 1721 kehrte er nach Hamburg zurück, doch hatte dort gerade Telemann das führende Kirchenmusikeramt der Stadt übernommen. So reiste K. Ende 1721 nach Kopenhagen weiter. Hier erhielt er den Titel eines Königlich-Dänischen Kapellmeisters und brachte 1721/22 fünf Opern heraus. 1723 ließ er sich endgültig wieder in Hamburg nieder; seine Bemühungen, wieder enger mit der Oper zusammenzuarbeiten, blieben allerdings erfolglos. Ende 1728 übernahm er als Nachfolger Telemanns das Kantorenamt am Hamburger Dom und komponierte seitdem überwiegend Kirchenmusik.

WW: **1) Instr.-WW:** 3 Triosonaten; *Concerto* für Fl., V. u. Instr. – **2) Vokal-WW: a)** Weltliche Kantatensammlungen: *Gemüths-Ergötzung* (H 1698); *Divertimenti serenissimi* (H 1713); *Musical. Land-Lust… Moralische Cantaten* (H 1714); *Kayserliche Friedenspost* (H 1715). – **b)** Geistliche WW: 9 Oratorien, darunter *Der für die Sünde der Welt gemarterte u. sterbende Heiland* (1712), daraus gedruckt: *Auserlesene Soliloquia* (H 1714), *Der zum Tode verurtheilte u. gekreuzigte Jesus* (1715), daraus gedruckt: *Seelige Erlösungs-Gedancken* (H 1715); 20 Kantaten, 3 Psalmkompositionen, 2 Sanctus, 1 „Concert", Te Deum u. Missa brevis. – **3) Bühnen-WW:** Die Libretti sämtlicher Opern sind im Druck erhalten. Hsl. vollständig erhaltene Partituren (Jahr der UA – stets Hamburg – in Klammern; Titel z. T. abgekürzt): *Adonis* (1697); *Janus* (1698); *La forza della Virtù* (1700), daraus gedruckt *Die auserlesensten Arien* (H 1701); *Pomona* (1702); *Claudius Caesar* (1703); *Nebucadnezar* (1704); *Masagniello furioso* (1706); *Arsinoe* (1710); *Fredegunda* (1715); *Tomyris* u. *Trajanus* (1717); *Ulysses* (1722); *Cupido* (1724); *Jodelet* (1726); *Circe* (1734). Jeweils mehrere Arien sind hsl. erhalten von *Procris u. Cephalus* (1694); *Psyche* (1701); *Octavia* (1705), einzelnes daraus gedruckt in *Componimenti musicali* (H 1706); *Carneval v. Venedig* (1707); *Heliates* u. *Olympia* (1709); *Aurora* (1710); *Croesus* (1711); *Carolus* u. *Diana* (1712); *Heraclius* (1712); *Jobates* u. *Bellerophon* (1717).

Mit insgesamt 69 Opern, von denen 53 allein in Hamburg uraufgeführt wurden, sowie mit etlichen szenischen Gelegenheitswerken erweist sich K. als eine der schöpferischen Zentralgestalten der frühdeutschen Oper in Hamburg. Seinen Bühnenwerken liegen überwiegend Stoffe der antiken Mythologie und Geschichte zugrunde; lokalbezogene populär-realistische Sujets (*Störtebeker und Jödge Michels* I u. II, 1701; *Der Hamburger Jahrmarkt* und *Das Hamburger Schlachtfest,* 1725) und andere Konzessionen an das örtliche Publikum (plattdeutsche Gesänge in *Der angenehme Betrug oder der Carneval in Venedig,* 1707) finden sich dagegen nur vereinzelt. Als Komponist von J. B. Lully und A. Steffani beeinflußt, ragt K. aus der Schar seiner komponierenden Zeitgenossen weit heraus. Besonderen Ruhm erwarb er sich als Komponist lyrischer Partien und als Instrumentator. Vor allem seine hochexpressiven Rezitative sind Meisterleistungen auf dramatischem Gebiet. Welche innere Entwicklung K. hier im Hinblick auf formale Weitungen, auf wirkungsvolles Koloraturenwesen, auf dramatisch-effektive Instrumentation und auf dramaturgische Ökonomie im ganzen durchlaufen hat, belegt u. a. die Zweitfassung der Oper *Croesus* (1730). Besonders erfolgreich war *Fredegunda* (1715), das sechs Spielzeiten lang im Hamburger Repertoire blieb. *Claudius* (1703), *Nebucadnezar* (1704) und *Masagniello furioso* (1706) kamen – die letztgenannten mit Einlagearien von Telemann – nach etwa 2 Jahrzehnten wieder auf den Spielplan.

Ausg.: **1) Instr.-WW:** Triosonaten, hrsg. v. E. SCHENK (Hannover 1930–37) (= Nagels MA 68, 114, 132). – **2) Vokal-WW:**

Passion nach dem Evangelisten Markus, hrsg. v. F. SCHROEDER (St 1963) (= Geistliche Chormusik X/152); *De profundis clamavi,* hrsg. v. H. KÜMMERLING (Kö 1964). – **3) Bühnen-WW:** *Der lächerliche Printz Jodelet,* hrsg. v. F. ZELLE (1892) (= PGfM 17); *Octavia,* hrsg. v. M. SEIFFERT, in: Händel-GA, Suppl. 6 (L 1902); *Croesus* u. *Erlesene Sätze aus... L'Inganno fedele,* hrsg. v. M. SCHNEIDER (L 1912) (= DDT 37/38); *Masaniello,* für die Bühne bearb. v. J. RUDOLPH (L 1967); *Die Großmütige Tomyris,* hrsg. v. K. ZELM (Mn 1975) (= Die Oper 1).

Lit.: H. LEICHTENTRITT, R. K. in seinen Opern (Diss. B 1901); P. MERBACH, Das Repertoire der Hamburger Oper 1718–50, in: AfMw 6 (1924); T. KROGH, R. K. in Kopenhagen, in: FS J. Wolf (B 1929); R. PETZOLD, Die Kirchenkomp. u. weltlichen Kantaten R. K.s (Düsseldorf 1935); G. F. SCHMIDT, Die frühdeutsche Oper I/2 (Rb 1933); W. SCHULZE, Die Quellen der Hamburger Oper (H 1938); H. KÜMMERLING, Fünf unbekannte Kantaten in R. K.s Autograph, in: FS M. Schneider (L 1955); H. C. WOLFF, Die Barockoper in Hamburg I/2 (Wb 1957); H. BECKER, R. K., in: MGG VII; J. RUDOLPH, R. K. u. „Masaniello", in: MuGes 17 (1967); DIES., Musikal. Probleme der Hamburger dt. Frühoper, in: Händel-Jb. 15/16 (1969/70); R. BRENNER, The Operas of R. K. in their Relationship to the „Affektenlehre" (1968) (= Diss. Brandeis Univ.); D. G. MOE, The „St. Mark Passion" of R. K. (1968) (= Diss. Univ. of Iowa); G. J. BUELOW, Die schöne u. getreue Ariadne (H 1691). A Lost Opera by J. G. Conradi Rediscovered, in: AMl 44 (1972); B. DEAM, R. K. An Interim Assessment, in: Soundings 4 (1974); K. ZELM, Die Opern R. K.s (Mn 1975) (= Musikwiss. Schriften 8); H. FREDERICHS, Das Verhältnis v. Text u. Musik in den Brockespassionen K.s, Händels, Telemanns u. Matthesons (Mn 1975) (= ebd. 9); H.-J. THEIL, R. K., Masaniello furioso, in: Publikationen der Schweizerischen Musikforsch. Ges. III/3 (Be 1978) (= Schweizer Beitr. z. Musikwiss. 3).

W. PFANNKUCH

KELDYSCH, Juri (Georgi) **Wsewolodowitsch,** * 16. (29.) 8. 1907 St. Petersburg; sowjet. Musikforscher. K. studierte am Moskauer Konservatorium, an dem er seit 1930 Musikgeschichte lehrte. 1947 promovierte er zum Doktor der Kunstwissenschaft, wurde 1948 Professor und leitete 1950–57 das Forschungsinstitut für Musik und Theater in Leningrad. Anschließend war er bis 1960 Chefredakteur der Zeitschrift *Sovjetskaja muzyka* und 1961–74 Leiter der Abteilung „Musik der Sowjet-Völker" am Institut für Kunstgeschichte in Moskau.

Schriften: Zahlr. Arbeiten über M. Mussorgski, W. W. Stassow, A. K. Glasunow u. S. W. Rachmaninow, u. a. *Romansowaja lirika Mussorgskowo* (Mos 1933); *Istorija russkoj musyki* I–III (Mos 1947–54), Bd. I erschien auch dt. (L 1956); *Kritika i schurnalistika. Isbrannyje stati* (Mos 1963); *Russkaja musyka XVIII wjeka* (Mos 1965), Kap. 4 als *Fomin u. das russ. Musiktheater des 18. Jh.,* in: BzMw 9 (1967). – K. ist Hrsg. von *Musykalnaja enziklopedija; Pamjatniki russkowo musykalnowo iskusstwa* u. *Istorija musyki narodow SSSR,* 4 Bde. (Mos ^{2}1970–73).

KELEMEN, Milko, * 30. 3. 1924 Podrawska Slatina (Kroatien); jugoslawischer Komponist. K. war 1945–52 Kompositionsschüler von St. Šulek an der Musikakademie Zagreb, wo er 1953 einen Lehrauftrag für Komposition übernahm. 1954 studierte er noch als Stipendiat bei O. Messiaen und T. Aubin in Paris und 1958–60 bei W. Fortner in Freiburg im Breisgau. 1961 gründete er die Musikbiennale Zagreb als Internationales Festival für Neue Musik. 1966 gab er seine Lehrtätigkeit in Zagreb auf und ließ sich in der Bundesrepublik Deutschland nieder, wo er als Stipendiat der Humboldt-Stiftung bis 1968 im elektronischen Studio Siemens in München arbeitete. Anschließend wurde er Composer-In-Residence in Berlin und 1970 Professor für Komposition am Konservatorium Düsseldorf. 1973 wechselte er an die Musikhochschule Stuttgart.

WW: **1) Instr.-WW:** Klv.-Stücke; Kammermusik, u. a.: *Musik für V.* (1957); *Studie für Fl.* (1959); *Études contrapunctiques* (1959) für Bläserquintett; *Entrances* f. Bläserquintett; *Motion* (1968) für Streichquartett; *Fabliau* (1972) für Org. u. Mikrophon, auch für einen Flötisten; *Varia melodia* (1972) u. *Splintery* (1978) f. Streichquartett; *Rontondo* (1978) für Ob., Klar. u. Fag.; *Zehn Fabeln* (1978) für 2 Blockfl. – Für Orch.: *Konzertante Improvisationen* (1955) für Str.; Konzert für Fag. u. Str. (1956); *Sinfonische Musik* (1957); *Skolion* (1959); *Transfigurationen* (1960) für Klv. u. Orch.; *Équilibres* (1961) für 2 Orch.; *Musik für „Judith"* (1966) für elektr. verarbeitete u. unverarbeitete Instrumentalklänge; *Changeant* (1969) für Vc. u. Orch.; *Floreal* (1970); *Olifant* (1972) für Trombita, Bali-Fl., Zurla, Alphorn, Büchel, Pos. (1 Spieler) u. Kammerorch.; *Abecedarium* (1973) für Str.; *Mirabilia* (1974) für Klv., Ringmodulator u. 2 Orch.-Gruppen; *Tantana* (1974), Improvisation f. 10–20 Spieler; *Mageia* (1978); *Infinity* (1979). – **2) Vokal-WW:** *Inserate – Personal column* (1958) für 6st. Chor a cap.; *Hommage à Heinrich Schütz* (1964) für gem. Chor u. Solost. a cap.; Kantate *O primavera* (1965) für Tenor u. Str.; *Die Wörter I* (1965) (nach J.-P. Sartre), Szenische Kantate mit Fernsehapparaten im Publikum, konzertante Fassung als *Die Wörter II; Passionato* (1972) für 1 Flötisten u. 3 Chorgruppen; *Gassho* (1973) für 4 Chorgruppen; *Monogatari* (1973) für 12 Gesangssolisten; *Drei irische Volkslieder* (1980) für gem. Chor. – **3) Bühnen-WW:** Ballette: *Der Spiegel* (Le héros et son miroir) (1960); *Abbandonate* (1964); *Yebell* (1972). – Opern: *Der neue Mieter* (Libr.: E. Ionesco), UA: Münster 1964; *Der Belagerungszustand* (nach A. Camus), UA: Hamburg 1970; Multimedia-Ballett-Oper *Apocalyptica* (1974) (zus. mit F. Arrabal u. E. Kieselbach), UA: Graz 1979, daraus auch einzeln: *Die Sprichwörter* (1976) für Sopr., Kammerensemble u. Tonband, *Die Richter* (1976) für Doppelchor, *Die 7 Plagen* (1977) für Sopransolo, *Apocalypse* (1977) für Chor u. Orch. – **4) Schriften:** Aufsätze in *Melos* u. *Novi Zvuk; Klanglabyrinthe* (Mn 1980).

In K.s kompositorischem Schaffen lassen sich drei Stilperioden unterscheiden: die frühen Werke (bis etwa 1959) sind – mit klarem formalem Aufbau – der Folklore verpflichtet. In der Folgezeit wandte er sich seriellen Techniken zu, stellte organisiertes und amorphes Tonmaterial nebeneinander und nahm Anregungen aus der elektronischen Musik auf – wobei er nach Meinung einiger Kritiker das Experiment über die Musikalität stellte. Seit 1967 strebt K. die Synthese aller bisherigen Möglichkeiten an; er versucht, die unbewußte und die bewußte Sphäre von Musik aufzuspüren, indem er während des kompositorischen Schaffensprozesses als musikalische Erscheinungselemente Imagination, Archetyp, Form, Struktur und Sprache gleichermaßen berücksichtigt. Dabei folgt er dem Postulat der Originalität: eine Komposition, die gut sein soll, muß substantiell neu sein. Als sein Hauptwerk bezeichnet K. selbst die Multimedia-Ballett-Oper *Apocalyptica,* das komplexe Ergebnis seiner Auseinandersetzung mit dem Absurden und dem Totalen (Musik-)Theater.

Lit.: U. DIBELIUS, Moderne Musik 1945–65 (Mn 1966, ²1972); J. HÄUSLER, Musik im 20. Jh. (Bremen 1969); H. KRELLMANN, Plädoyer für kurze Musik oder: gestaltete Verwirrung, in: Musica 23 (1969); E. SEDAK, M. K. oder das Spiel der Flucht vor alten u. neuen Dogmen in d. Musik, in: Novi Zvuk, Sammelbd. (1972); F. PRIEBERG, 20 Fragen an M. K., in: Melos 41 (1974); N. GLIGO, M. K. „Passionato". Voraussetzungen für eine mögliche Analyse, in: ZfMth (1975); S. ERDING, Apocalyptica, eine multimediale Ballettoper (Rohrdorf 1979).

K. LANGROCK

KELEMEN, Zoltán, * 1926 Budapest, † 9. 5. 1979 Rüschlikon bei Zürich; ung. Sänger (Baß). Er studierte Gesang in Budapest sowie bei M. T. Pediconi in Rom und sang nach seinem Debüt am Stadttheater in Augsburg dort 1959–62. Anschließend wurde er an die Kölner Oper verpflichtet. Seit 1964 wirkte er regelmäßig bei den Bayreuther Festspielen mit und gastierte mit großem Erfolg auch an anderen bedeutenden Opernbühnen Europas und an der Metropolitan Opera in New York. Zu seinen Glanzrollen gehörte der Alberich in R. Wagners *Ring des Nibelungen.*

KÉLER, Béla (Adalbert von Kéler; ung. Schreibweise: Kéler Béla), * 13. 2. 1820 Bártfa (Ungarn; heute Bardejov/ČSSR), † 20. 11. 1882 Wiesbaden; ung. Komponist. K. studierte zunächst Jura und Landwirtschaft, wandte sich aber 1845 ganz der Musik zu, war in Wien Schüler von Schlesinger und S. Sechter und trat als Violinist in das Orchester am Theater an der Wien ein. Daneben machte er sich als Komponist von Tänzen und Märschen einen Namen. 1854 leitete er kurze Zeit die Kapelle Gungl in Berlin, kehrte dann nach Wien zurück und war dort 1856–63 Militärkapellmeister. 1863 wurde er Hof-Musikdirektor in Wiesbaden und 1870 Musikdirektor in Bad Spa. Nach 1872 unternahm er noch einige Konzertreisen durch Europa und zog sich dann ins Privatleben zurück. Von seinen Werken gehören einige noch heute zum festen Bestand der orchestralen Unterhaltungsmusik.

WW: 27 Walzer, darunter *Am schönen Rhein,* op. 83; 12 Ouvertüren, u. a. die *Lustspiel-Ouvertüre,* op. 73 u. die *Ungarische Lustspiel-Ouvertüre,* op. 108; ferner Märsche, Polkas, Mazurkas, Quadrillen u. einige Vokalwerke sowie das Ballett *Die Schmetterlingsjagd.*

Lit.: Z. SZTEHLO, K. B. (Budapest 1930).

KELKEL, Manfred, * 15. 1. 1929 Siersburg an der Saar; dt. Komponist. K. studierte bei P. Auclert und E. P. Stekel am Konservatorium in Saarbrücken und anschließend bis 1956 am Pariser Conservatoire bei D. Milhaud, O. Messiaen und J. Rivier und erhielt dort als erster Deutscher den 1. Preis für Komposition sowie den 1. Preis beim Internationalen Kompositionswettbewerb in Lüttich. 1954 war er auch Preisträger der Copley Foundation in Chicago. Seit 1956 ist er Directeur musical des Musikverlags Heugel et Cie. in Paris. In seinen Kompositionen ist K. der Tradition verpflichtet, bezieht jedoch Elemente des Jazz und modernes Instrumentarium mit ein.

WW: **1) Instr.-WW;** 2 Streichquartette (1955, 1956); *Laterna magica* (1966), 1. Fassung für Klar., Fag., Trp. u. V., 2. Fassung für Saxophon oder Ondes Martenot, Klv. u. Schlagzeug. – Für Orch.: *Ostinato* (1960); Trauermusik (1961); *Ungarische Tanzsuite* (1967) (Bearb. ungar. Volksthemen); Fag.-Konzert (1963); *Zagreber Konzert* für Gitarre u. Orch. (1971). – **2) Vokal-WW:** *2 Herbstgesänge* (1950) für SingSt u. Klv.; *Trinklied* (1961) für Männerchor. – **3) Bühnen-WW:** *Alraune (La Mandragore),* UA: Paris ORTF 1966; Ballett *Das kalte Herz,* UA: Nizza 1965.

KELLER, Hermann, * 20. 11. 1885 Stuttgart, † 17. 8. 1967 Freiburg i. Br.; dt. Musikschriftsteller. K. studierte zunächst Architektur, dann Musik an den Konservatorien in Leipzig, München und Stuttgart u. a. bei M. Pauer, M. Reger und K. Straube sowie Musikwissenschaft an den Universitäten Jena und Tübingen, wo er 1925 promovierte. 1920–50 lehrte er an der Württembergischen Hochschule für Musik in Stuttgart, die er 1945–50 auch leitete, war außerdem Dozent an der Technischen Hochschule und Organist an der Markuskirche.

Schriften: *Reger u. die Orgel* (Mn 1923); *Die musikal. Artikulation, insbesondere bei J. S. Bach* (St 1925) (= Veröff. des Musikinst. der Univ. Tübingen 2); *Schule des Generalbaß-Spiels* (Kas 1931 u. ö., engl. NY 1965, Lo 1966); *Die Orgelwerke Bachs* (L 1948, engl. NY 1967); *Die Klavierwerke Bachs* (L 1950); *Phrasierung u. Artikulation* (Kas 1955, engl. NY 1965, Lo 1966); *D. Scarlatti* (L 1957); *Das Wohltemperierte Klavier v. J. S. Bach. Werk u. Wiedergabe* (Kas 1965). Ferner zahlr. Neuausgaben älterer Orgelmusik.

KELLNER, David, * um 1670 Leipzig, † 6. 4. 1748 Stockholm; dt. Lautenist und Komponist. K. ist seit 1711 in Stockholm als Organist an St. Jakob und Glöckner der deutschen Kirche nachweisbar. Sein Traktat *Treulicher Unterricht im General-Bass* (H 1732), der in Deutschland und in Schweden weite Verbreitung fand, ist das erste Lehrbuch, das nur Dur- und Molltonarten zugrunde legt. Von K. wurden außerdem *Auserlesene Lauten-Stücke* (1747) veröffentlicht.

Lit.: E. A. WIENANDT, D. K.'s „Lautenstücke", JAMS 10 (1957).

KELLNER. – 1) Johann Peter, * 28. 9. 1705 Gräfenroda (Thüringen), † 19. 4. 1772 ebd.; dt. Komponist. K. studierte Orgel und Komposition in Gräfenroda, Zella und Suhl, war 1725–28 Kantor in Frankenhain und seit 1728 in Gräfenroda. Er war persönlich mit G. F. Händel und J. S. Bach bekannt. In seiner Handschrift sind zahlreiche Werke Bachs überliefert. K. komponierte Klaviersuiten (*Certamen musicum*, Arnstadt 1739–56, *Manipulus musices*, Arnstadt 1753–56), Orgelwerke und Kirchenkantaten. – **2) Johann Christoph,** Sohn von 1), * 15. 8. 1736 Gräfenroda, † 1805 Kassel; dt. Komponist. Er war Schüler seines Vaters, dann G. Bendas in Gotha. Er veröffentlichte eine Generalbaßschule (Kas 7 Aufl. 1783–96), Präludien, Fugen und Choralvorspiele für Orgel, Klaviersonaten, mehrere Klavierkonzerte, Kantaten und das Singspiel *Die Schadenfreude*.

Ausg.: **Zu 1):** 2 Choralvorspiele, in: Choralvorspiele alter Meister, hrsg. v. K. STRAUBE (L 1907); Ausgew. Orgelwerke, hrsg. v. G. FEDER (Lippstadt 1958) (= Die Orgel II/7). – **Zu 2):** 1 Fuge, in: Cäcilia, hrsg. v. K. SCHWEICH (L 1954); 6 Choralvorspiele, hrsg. v. W. LOHOFF (Wilhelmshaven 1973); Werke für Org. zu vier Händen, hrsg. v. H. J. BUSCH (Bonn 1981).

Lit.: Autobiogr., in: F. W. MARPURG, Hist.-kritische Beyträge zur Aufnahme der Musik 1 (L 1755, Nachdr. Hil 1970); R. SIETZ, Die Orgelkompositionen des Schülerkreises um J. S. Bach, in: Bach-Jb. 32 (1935); Gedenkschrift anläßlich der Kellner-Festwoche in Gräfenroda (Gräfenroda 1955).

KELLY (eig. O'Kelly), **Michael** (italienisiert: Michele Occhelly), * 25.12.1762 Dublin, † 9.10.1826 Margate; irischer Sänger und Komponist. K. studierte bei M. Arne (Klavier) in Dublin, bei Passerini und W. Rauzzini (Gesang) in London sowie seit 1779 bei F. Fenaroli und G. Aprile in Neapel. 1783–87 war er am Burgtheater in Wien tätig und befreundete sich mit W. A. Mozart, der ihm die Rollen des Don Curzio und des Basilio in der Uraufführung der *Hochzeit des Figaro* übertrug. 1787 ging er nach London zurück, wo er zunächst 1. Tenor am Drury Lane Theatre war. 1793 übernahm er die Leitung des King's Theatre. Zwischen 1797 und 1802 schrieb er 62 Werke für die Bühne sowie zahlreiche englische, französische und italienische Lieder. Berühmt wurde K. durch seine *Reminiscences of M. Kelly* (2 Bde. Lo 1826), die eine wichtige Quelle für das Musikleben seiner Zeit sind und insbesondere auch interessante Details über Haydn und Mozart enthalten.

Aus.: *Reminiscences*, NA der 2. Aufl., neu eingeteilt u. hrsg. v. A. H. KING, 2 Bde. (NY 1968); *Solo Recital. The Reminiscences of M. K.*, hrsg. v. H. VON THOL (Lo 1972).

Lit.: S. M. ELLIS, The Life of M. K. (Lo 1930).

KELTERBORN, Rudolf, * 3. 9. 1931 Basel; Schweizer Komponist. K. studierte bis 1952 in Basel Komposition (W. Geiser) und Dirigieren an der Musikakademie und Musikwissenschaft bei J. Handschin an der Universität. Später bildete er sich noch bei W. Burkhard und B. Blacher weiter und vervollständigte seine Studien 1955 bei W. Fortner und G. Bialas an der Musikakademie Detmold. 1955–60 war er Lehrer für Musiktheorie an der Musikakademie in Basel, wechselte dann nach Detmold, wurde 1963 Professor und folgte 1968 einem Ruf an die Musikhochschule in Zürich; 1969–74 war er außerdem Chefredakteur der SMZ. 1975–80 leitete er die Abteilung Musik beim Deutsch-schweizerischen und Rätoromanischen Radio in Basel und übernahm anschließend Lehrtätigkeiten in Karlsruhe und Zürich. K., dessen Ruf als Komponist mit Aufführungen beim Musikfest der IGNM in Stockholm 1956 begründet wurde, verdankt seine bedeutende Stellung innerhalb des Schweizer Musiklebens nicht zuletzt auch seinen ausgedehnten Aktivitäten als Dirigent und Vortragsredner. K. fordert die Durchsichtigkeit von Kompositionsprozessen, um die Verständlichkeit musikalischer Werke zu gewährleisten. In seinen Kompositionen, die von rationaler Durchdringung ästhetischer Zusammenhänge zeugen, erscheint der formale Aufbau als übergeordnet. Gliedernd wirkt dabei nicht das Prinzip der Wiederholung; die Struktur bildet sich vielmehr durch rhythmisch gegensätzliche Entwicklungen oder durch den Kontrast von melodisch und harmonisch bestimmten Abschnitten heraus. Die Fragen nach dem musikalischen Material, nach Kompositionstechniken und nach musiksprachlichen Prioritäten sind für K. nur zweitrangig. In dem Bemühen um größtmögliche Ausdruckskraft wählt er – ohne sich stilistisch festzulegen – als Basis die Dodekaphonie, nutzt aber auch andere serielle Techniken und Aleatorik. Durch differenzierte Verwendung des symphonischen Instrumentariums nutzt K. die Klangfarbe nahezu dramaturgisch als wichtigen Bereich des musikalischen Ausdrucks.

WW: **1) Instr.-WW:** Kammermusik: 4 Streichquartette (1954, 1956, 1962, 1968/70); Sonata für 2 Klv. (1955); 7 *Bagatellen* (1958) für Bläserquintett; *5 Fantasien* f. Fl., Vc. u. Cemb. (1958); *Varianti* (1959) für 6 Instr.; *Lyrische Kammermusik* (1959) für Klar., V. u. Va.; *Fantasia à tre* (1967) für Klv.-Trio; *Inventionen u. Intermezzi* (1969) für 2 Gamben u. Cemb.; Musik für Klv. u. 8 Bläser (1970); 4 Stücke für Klar. u. Klv. (1969/70); *Monumentum* (1970) für Org.; *Reaktionen* (1974) für V. u. Klv.; *Kammermusik für 5 Bläser* (1974); *Sevenminute-Play* (1976) für Fl. u. Klv.; *Monodie I* für Fl. u. Harfe (1977). – Für Orch.: *Kammersinfonie* 1 (1960) für Solo-V., 10 Bläser, Schlagzeug, Harfe u. tiefe Str.; 3 Symphonien (1968, 1970, 1975); *Changements* (1972/73); *Tableaux encadrés* (1974) für 13 Solo-Str.; *Szene* (1977) für 12 Solo-Cellisten; *Erinnerungen an Orpheus* (1977/78); *Visions sonores* (1979) für 6 Schlagzeuggruppen u. 6 obligate Instr.; *Canzoni per orchestra Chiaroscuro* (1980). – **2) Vokal-WW:** *Elegie* (1955) für Alt, Ob., Va., kleines Schlagzeug u. Cemb.; *Missa* (1958) für Soli, gem. Chor u. Orch.; *Cantata profana* (1959/60) für Bar., Chor u. 13 Instr.; Oratorium *Die Flut* (1963/64) für Sprecher, Soli, gem. Chor u. Orch.; *Kana/Auferstehung* (1964), 2 Gesänge für Bar., 2 V. u. Org.; *Tres cantiones sacrae* (1967) für gem. Chor;

5 Madrigale für Orch. u. 2 Solost. (1967/68); *Musica spei* (1968) für Sopran, gem. Chor u. Org.; 3 *Fragmente* (1973) für gem. Chor, *Gesänge zur Nacht* (1978) für Sopran u. Kammerorch. – **3) Bühnen-WW:** *Die Errettung Thebens* (Libr.: R. K.), UA: Zürich 1963; *Kaiser Jovian* (Libr.: H. Meier), UA: Karlsruhe 1967; *Ein Engel kommt nach Babylon* (Libr.: F. Dürrenmatt), UA: Zürich 1977. – Ballett: *Relations*, UA: Bern 1975. – **4) Schriften:** *Stilistisch gegensätzliche Entwicklungen auf der Basis der Zwölftontechnik*, in: SMZ 96 (1956); *Gegensätzliche Formprinzipien in der zeitgen. Musik*, in: SMZ 97 (1957); *Kriterien bei der Festlegung einer Zwölftonreihe*, in: Musica 14 (1960); *Die Problematik der Formbegriffe in der Neuen Musik*, in: Terminologie der Neuen Musik, hrsg. v. R. Stephan (B 1965); *Etüden zur Harmonielehre* (Kas 1967) (zus. mit G. Güldenstein); *Mozartsche Themen mit variabler formaler Funktion*, in: Musik u. Verlag. FS K. Vötterle (Kas 1968); *Die Bedeutung hist. Musik für den zeitgen. Komp.*, in: Musica 23 (1969); *Funktion u. Wirkung des zeitgen. Musiktheaters*, in: Melos 41 (1974).

Lit.: E. MOHR, Über R. K., in: SMZ 100 (1960); DERS., Zur Kompositionstechnik R. K.s, in: Musica 14 (1960); DERS., Über einige neue Werke von R. K., in: SMZ 102 (1962); W.-E. v. LEWINSKI, Schwierige Musik zum Verstehen, in: Musica 24 (1970); D. LARESE – F. GOEBELS, R. K., eine Lebensskizze (Amriswil 1970); M. WEBER, Die Orchesterwerke R. K.s (Rb 1980) (= Kölner Beitr. z. Musikforsch. 105).

K. LANGROCK

KELTISCHE HARFE ↗Harfe, irische.

KEMPE, Rudolf, * 14. 6. 1910 Niederpoyritz bei Dresden, † 11. 5. 1976 Zürich; dt. Dirigent. Nach dem Studium 1924–28 in Dresden war er 1. Oboist im Duisburger Opernorchester und 1929–36 im Gewandhausorchester in Leipzig. Dort betätigte er sich mehr und mehr auch als Korrepetitor und dirigierte 1933 erstmals an der Städtischen Oper. 1942 begann er seine Kapellmeisterlaufbahn in Chemnitz und kam über Weimar 1949 nach Dresden, war dort bis 1952 GMD der Staatskapelle und 1952–54 GMD der Bayerischen Staatsoper in München. Nach Gastverpflichtungen an der Metropolitan Opera in New York, an Covent Garden in London sowie bei den Festspielen in Edinburgh, Salzburg und Bayreuth leitete er 1961–75 das Royal Philharmonic Orchestra in London, außerdem 1965–72 das Tonhalle-Orchester in Zürich und war seit 1967 GMD der Münchner Philharmoniker. 1975 übernahm er zusätzlich das BBC-Symphony Orchestra in London. K. bevorzugte Werke von A. Dvořák, P. Tschaikowsky und R. Strauss, die seiner Spontaneität und dramatisch-expressiven Musizierweise besonders entsprachen.

Lit.: H. JÄCKEL – G. SCHMIEDEL, Bildnis des schaffenden Künstlers. Ein Dirigent bei der Arbeit (L 1954); R. CH. BACHMANN, Große Interpreten im Gespräch (Be – St 1976); R. K. Bilder eines Lebens, hrsg. v. C. KEMPE-OETTINGER (Mn 1977).

KEMPEN, Paul van, * 16. 5. 1893 Zoeterwoude bei Leiden, † 8. 12. 1955 Amsterdam; ndl. Dirigent. Er studierte Violine am Konservatorium in Amsterdam, wo er schon mit 17 Jahren Konzertmeister des Concertgebouworkest wurde. Weitere Stationen waren Dortmund, Posen und Bad Nauheim. 1932 begann er seine Dirigentenlaufbahn als Städtischer Musikdirektor in Oberhausen, war 1934–42 Leiter der Dresdner Philharmoniker und seit 1940 auch Dirigent an der Staatsoper in Berlin. 1942–44 war er als Nachfolger Karajans GMD in Aachen. Nach Holland zurückgekehrt, wurde er 1949 Chefdirigent des Philharmonischen Orchesters von Radio Hilversum und hielt dort wie auch an der Accademia Chigiana in Siena Dirigier-Kurse ab. 1953 wurde er außerdem GMD von Bremen. K. genoß auch als Pädagoge einen bedeutenden Ruf.

Lit.: D. HÄRTWIG, Die Dresdner Philharmonie (L 1970).

KEMPER, dt. Orgelbauwerkstatt mit Sitz in Lübeck. Sie wurde 1860 von **Emanuel K.** gegründet, der die Werkstatt der Firma Voigt in Lübeck übernommen hatte. Unter der Leitung seines Sohnes **Karl K.** (1880–1956) folgte die Werkstatt als eine der ersten den Tendenzen der Orgelbewegung und restaurierte u. a. 1926 mit H. H. Jahnn die Schnitger-Orgel der Jacobikirche in Hamburg. Seit 1956 wurde sie von **Emanuel K.** (1901–78) geleitet und firmiert heute als „E. Kemper Lübecker Orgelbau GmbH". Wichtige Instrumente befinden sich u. a. in Danzig, Marienkirche (1938; 5 Man., 88 Reg.), Hamburg, St. Jacobi, Zweitorgel (1960; 3 Man., 45 Reg.), Koblenz, Stadthalle (1964; 4 Man., 71 Reg.), Mainz, Dom (Umbau und Erweiterung der vorhandenen Orgeln 1966; 6 Man., 113 Reg.), Lübeck, St. Marien (1968; 5 Man., 101 Reg.).

KEMPFF. – 1) Georg, * 22. 10. 1893 Jüterbog, † 1. 9. 1975 Oberstdorf; dt. Organist. K. studierte Musik und Theologie in Berlin, wo er 1917 eine Pfarrstelle übernahm. 1923 wurde er Kapellmeister in Upsala und 1933 Universitätsmusikdirektor und Leiter des Instituts für Kirchenmusik der Universität Erlangen. Dort lehrte er bis 1959 (seit 1937 als Honorarprofessor), konzertierte vielerorts als Sänger, Organist, Pianist, Cembalist und Dirigent, komponierte und veröffentlichte Schriften zur Kirchenmusik. 1959–1962 war er an der Universität von Johannesburg (Südafrika) tätig. – **2) Wilhelm,** Bruder von 1), * 25. 11. 1895 Jüterbog; dt. Pianist und Komponist. Er studierte seit 1906 Komposition bei R. Kahn und Klavier bei H. Barth an der Hochschule für Musik in Berlin und Musikwissenschaft an der Universität. 1917 erhielt er den Mendelssohn-Preis für Klavier und Komposition, debütierte 1918 als Solist bei den Berliner Philharmonikern und unternahm seither Konzertreisen in die ganze

Welt. 1924–29 leitete er die Musikhochschule in Stuttgart. Seit 1957 hält er jährlich Beethoven-Interpretationskurse in Positano (Kampanien) ab. K. der sich vor allem der Musik der Wiener Klassik und der Romantik widmet, zählt zu den bedeutendsten deutschen Pianisten seiner Generation. Er trat auch als Komponist und mit Klavierbearbeitungen (u. a. von Chorälen J. S. Bachs) hervor. Seine Autobiographie erschien mit dem Titel *Unter dem Zimbelstern* (St 1951, [2]1978).

WW: Klv.- u. Orgelstücke; Kammermusik; 2. Symphonie (1923); Klv.-Konzert b-moll (1915); szenisches Mysterium *Von der Geburt des Herrn* (1925); Te Deum (1926); Klv.-Konzert mit Chor *Totentanz* (1931). – Opern: *König Midas* (nach Ch. M. Wieland), UA: Königsberg 1930; *Familie Gozzi*, UA: Stettin 1934; *Die Fasnacht von Rottweil*, UA: Hannover 1937.

Lit.: B. GAVOTY – R. HAUERT, K. (Monaco 1954).

KENNER UND LIEBHABER, Bz. für die beiden wichtigsten Typen des musikliebenden Dilettanten in der 2. Hälfte des 18. Jahrhunderts. Schon spätestens seit dem 4. Jh. v. Chr. trat der praktisch-technischen Musikausübung und ihrer sensuellen Rezeption seitens des Hörers eine auf ästhetischer Reflexion beruhende, außerklanglich-spekulative Anschauung von dem, „was Musik sei", konkurrierend zur Seite. Während Aristoteles *(Politika)* noch zwischen beiden Haltungen zu vermitteln suchte, neigten die mittelalterlichen Theoretiker zu einer eindeutigen Abgrenzung der als höherstehend erachteten spekulativen Musikanschauung des gelehrten „musicus" gegenüber der praktisch vollzogenen Musik des „cantor", wobei der ungelehrte, durch die Lande ziehende Spielmann (ioculator, histrio) noch als außer- und vor allem unterhalb dieser Klassifizierung stehend angenommen wurde (Isidor v. Sevilla, *Etymologiae*, 6./7. Jh.). – Der gebildete Aristokrat der Renaissance und des Barocks (uomo universale, honnête homme), für den die Kunst in erster Linie Ausdruck einer vornehmen Lebenshaltung war, betrieb die Musik zwar auch praktisch, behielt sich aber angesichts seiner humanistischen Bildung gegenüber dem Berufsmusiker das Recht vor, in Fragen des Geschmacks und des ästhetischen Urteils die entscheidende Instanz zu sein. In der Erziehung des jungen Adligen kam der Musik die Aufgabe zu, eine „edle und tugendhafte Haltung" („un habito buono e virtuoso") zu bewirken (G. Zarlino, *Istitutioni harmoniche*, 1573). Ihre Ausübung durch den adligen Dilettanten durfte dabei aber niemals den Eindruck des mühevoll Erarbeiteten erwecken, denn alles Handwerkliche – und dazu zählte zu jener Zeit auch die Tätigkeit des Berufsmusikers – galt als ungelehrt und eines freien Mannes unwürdig. Das vom Edelmann betriebene Spiel hatte vielmehr mit einer gewissen „vornehmen Leichtigkeit" („una nobile sprezzatura") zu geschehen (B. Castiglione, *Il libro del cortegiano*, 1528; G. Caccini, Vorwort zu *Le nuove Musiche*, 1601).

Als Folge der Aufklärung des 18. Jh. und bedingt durch die mit ihr ursächlich verbundene Bürgeremanzipation, kam seit etwa 1750 vor allem im Musikleben Deutschlands das Begriffspaar „Kenner und Liebhaber" auf zur Kennzeichnung zweier gleichsam an die Stelle des gebildeten Aristokraten des 17. und frühen 18. Jh. tretender Kulturträger. So wie der Adlige dem praktizierenden, vorwiegend am Handwerklich-Mechanischen orientierten Berufsmusiker gegenübergetreten war, so grenzten sich jetzt auch der „Kenner" und der „Liebhaber" gegen den professionellen Künstler ab, freilich auf eine jeweils spezifische Weise. Während der „Kenner" nunmehr die Urteilsfähigkeit des Aristokraten von einst für sich beanspruchte, übernahm der „Liebhaber" der Musik eher dessen Hang zur „nobile sprezzatura", also die Bereitschaft zum quasi mühelos zu genießenden Kunsterlebnis. Wenn C. Ph. E. Bach seine 1779–87 veröffentlichten 6 Sammlungen mit Klavierkompositionen ausdrücklich „für K. u. L." bestimmte, so wird damit deutlich, welch eine beherrschende Rolle diese neuartigen Varianten des musikalischen Dilettanten zu jener Zeit spielte. J. G. Sulzer gibt in seiner *Allgemeinen Theorie der schönen Künste* ([2]1778/79) eine Definition dieser für das 18. und frühe 19. Jh. so charakteristischen Schichtung des Musikpublikums: „Der Kenner steht zwischen dem Künstler und dem Liebhaber in der Mitte. Jener [= der Künstler] muß das Mechanische der Kunst verstehen und auch die Ausübung derselben in seiner Gewalt haben; dieser [= der Liebhaber] empfindet nur die Wirkung der Kunst, indem er Wohlgefallen an ihren Werken hat und nach dem Genuß derselben begierig ist ... Man ist ein Liebhaber, wenn man ein lebhaftes Gefühl für die Werke der Kunst hat, ein Kenner, wenn zu diesem Gefühl ein durch lange Übung und Erfahrung gereinigter Geschmack und Einsicht in die Natur und das Wesentliche der Kunst hinzukommt. Aber ein Künstler wird man allein durch Übung in der Kunst." – Jedem der drei Genannten kam im öffentlichen Musikleben des ausgehenden 18. Jh. eine bestimmte Funktion zu, wobei eine Rangordnung für jene Zeit grundsätzlich noch auszuschließen ist. Erst als im 19. Jh. das Dilettantenwesen zu einer bedrohlichen, wenngleich unqualifizierten Konkurrenz für den Künstler wurde und die Kunstentwicklung zu behindern trachtete, zerfiel die ideale Gemeinschaft von „Könnenden", „Wissenden" und (auf kultivierte Weise) „Genießenden" in getrennte und mehr und mehr auseinanderstrebende Bereiche. Die hochstilisierte Kunst eines L. van Beethoven, Fr. Schubert und R. Schumann war nunmehr für den Liebhaber weder technisch noch geistig erreichbar, und auch der gelehrte Kenner wandte sich mehr und mehr von der Kunst der eigenen Zeit ab und begann statt dessen, den forschenden Blick auf die Vergangenheit zu richten. So war es vor allem der gebildete, nichtprofessionelle Musik-„Kenner" (z.B. G. van Swieten, J.N. Forkel oder A.Fr.J. Thibaut), der mit seinen historisierenden Bestrebungen den entscheidenden Anstoß gab für die Konstituierung der modernen Musikwissenschaft. Der Liebhaber hingegen wurde, sofern er nicht einem flachen Trivialismus verfiel, zum Vorläufer des heutigen Konzertbesuchers und Hausmusik-„Amateurs". Während die Bezeichnungen „Dilettant" und vor allem „dilettantisch" weiterhin in negativem Sinne verstanden werden, bezeichnet der Begriff des „Amateurs" heute neben dem Hausmusik treibenden Musikliebhaber auch den zwar nicht professionellen, aber künstlerisch gebildeten, zudem mit Geschmack und technischem Können ausgestatteten Musiker, dem im Musikleben vornehmlich kleinerer Städte (Kammerorchester!), in der Kirchenmusikpflege und in den Collegia musica der Hochschulen eine wichtige, z.T. unersetzbare Funktion zukommt.

Lit.: A. SCHERING, Künstler, K. u. L. der Musik im Zeitalter Haydns u. Goethes, in: Jb. Peters 38 (1931); E. PREUSSNER, Die bürgerliche Musikkultur (H 1935, Kas ²1950); H. CH. WORBS, Komponist, Publikum u. Auftraggeber..., in: Kgr.-Ber. Wien 1956 (Gr – Kö 1958); M. BRIGUET, Faire de la musique. L'amateur et ses problèmes (P 1960); C. DAHLHAUS, Der Dilettant u. der Banause in der Musikgesch., in: AfMw 25 (1968); E. REIMER, K.-L., Dilettant, in: HMT (1974).

H. WOHLFARTH

KENTNER, Louis Philip, *19.7.1905 Karwin (östr. Schlesien, heute Karwina, Polen); brit. Pianist und Komponist ung. Herkunft. Er studierte 1911–22 an der Musikakademie in Budapest Klavier und Komposition (L. Weiner, Z. Kodály) und debütierte dort 1920. Konzertreisen führten ihn in der Folge durch Europa und nach Übersee. 1935 nahm er seinen ständigen Wohnsitz in London. K. wurde vor allem als Chopin- und Liszt-Interpret bekannt. 1933 spielte er in der Uraufführung B. Bartóks 2. Klavierkonzert, 1946 als europäische Erstaufführung dessen 3. Klavierkonzert. Er ist auch als Komponist von Kammermusik und Liedern hervorgetreten.

Schriften: *The Interpretation of Liszt's Piano Music* u. *Liszt and the Romantic Age*, in: F. Liszt, hrsg. v. A. Walker (Lo – NY 1970); *Das Klavier* (Zug 1975).

KENTON, Stan (eig. Stanley Newcomb), *19.2.1912 Wichita (Kansas), †26.8.1979 Los Angeles; amerik. Jazzmusiker (Bandleader, Pianist, Arrangeur). Er war seit 1928 zuerst als Arrangeur, dann auch als Pianist tätig und gründete 1941 seine erste Band. Anfangs vom Swing-Stil beeinflußt, wandte er sich 1947 dem Afro-Cuban Jazz zu und interpretierte um 1950 mit einem 40-Mann-Orchester symphonisch und lateinamerikanisch beeinflußte Musik. Seit den 50er Jahren musizierte er mit verschiedenen Gruppierungen, seit 1965 spielte er mit seinem Neophonic Orchestra in Los Angeles Synthesen aus Jazz und symphonischer Musik. K.s Bedeutung in der Geschichte des Jazz liegt nicht zuletzt in seinem ständigen Bemühen, dessen Grenzen nach verschiedenen Richtungen hin zu überschreiten. Er selbst nannte dies „Progressive Jazz". Besonders in den 70er Jahren kümmerte sich K. auch intensiv um den Jazznachwuchs an amerikanischen Colleges.

KERAS (griech.), Bz. für ein antikes Tierhorn, das als Trinkhorn, aber auch als Signalinstrument benutzt wurde. Die charakteristische Form konnte auch aus Metall oder Ton nachgebildet werden. Der Überlieferung nach ließ Alexander der Große ein K. von 2,40 m Durchmesser bauen, dessen Klang angeblich 18 km weit zu hören war.

KERBFLÖTE, Bz. für eine kernlose Längsflöte mit 0–7 Grifflöchern, bei der auf der Vorderseite an der oberen Öffnung eine runde, drei- oder viereckige Kerbe eingeschnitten ist, die wie der Aufschnitt der Kernspaltflöte abgeflacht wird. Der Spieler bläst gegen die Kerbe, indem er mit der Unterlippe fast die ganze obere Öffnung bedeckt. Die K. ist als Volksmusikinstrument außerhalb Europas weit verbreitet; die heute wohl bekannteste K. ist die Kena (Qena) der südamerikanischen Indianer.

KERCKHOVEN, belgische Musikerfamilie des 16.–18. Jh., aus der zahlreiche Mitglieder als Organisten oder Sänger in Brüssel und am königlichen Hof tätig waren. Von **Abraham van den K.,** getauft 2.5.1627 Brüssel, † 9.1.1702 ebd., 1. Organist der königlichen Kapelle seit 1656, sind hsl. Werke für Orgel erhalten.

Ausg.: A. van den K., Werken voor Org., hrsg. v. J. WATELET (An 1933) (= MMBelg 2).

KERLE, Jacobus von, *1531 oder 1532 Ypern, †7.1.1591 Prag; frz.-ndl. Komponist. Er studierte bei Gilles Bracquet, vielleicht auch bei Clemens non Papa in Ypern und begab sich zu einem unbekannten Zeitpunkt nach Italien, wo er wahrscheinlich die Priesterweihe empfing und seit 1555 Organist und Glockenspieler am Dom zu Orvieto war. 1562 wurde er Kapellmeister der Privatkapelle des Bischofs von Augsburg, des Kardinals Otto Truchseß von Waldburg, der sich seit 1559 in Rom aufhielt. Ihn begleitete K. 1563–64 auf einer Reise durch Norditalien nach Barcelona. Bei dieser Gelegenheit besuchte er auch Trient, wo in derselben Zeit das Konzil stattfand. Mit der Kapelle siedelte er dann nach Dillingen über, bis diese 1565 aufgelöst wurde. Im selben Jahr und 1567 ist er als Kapellmeister in Ypern bezeugt, und 1566 immatrikulierte er sich an der Universität Dillingen. In diese Zeit fällt auch eine gerichtliche Verurteilung und seine zeitweilige Exkommunikation. 1568 wurde er in das Domkapitel in Augsburg aufgenommen, zunächst als Chorvikar, dann als Organist. Dort entfaltete er bis 1575 eine fruchtbare künstlerische Tätigkeit. In der Folgezeit hielt er sich u.a. in Mons und in Köln auf, bis er 1582 Mitglied der Kaiserlichen Hofkapelle wurde. In dieser Stellung lebte er erst in Wien, dann (seit 1583) in Prag.

WW: **Geistliche WW:** Messen für 4–5 St. (V 1562); Messen mit Te Deum für 4–5 St. (An 1582/83); mehrere Bücher Motetten bzw. *Cantiones sacrae* (Nü 1571, P 1572, Mn 1572, Mn 1573 [2 verschiedene Slgen.], Mn 1575, Pr 1585); *Hymni totius anni* für 4–5 St. (R 1560); *Liber psalmorum ad vesperas* u. *Magnificat octo tonorum* für 4 St. (V 1561); *Preces speciales pro salubri generalis concilii successu* für 4 St. (V 1562); andere WW auch hsl. u. in Sammeldrucken der Zeit erhalten.

K.s Werke stehen einerseits in der Tradition der niederländischen Musik und verweisen auf das Vorbild Josquins des Prés. Andererseits nehmen seine liturgischen Kompositionen in vielen Einzelheiten der Satz- und Ausdruckskunst den Stil der Römischen Schule und Palestrinas vorweg. Dies gilt besonders auch für die *Preces speciales* (1562), die K. eigens für das Trienter Konzil geschrieben hat. Sie fanden dort großen Beifall und trugen bei den Konzilsvätern ähnlich entscheidend zu einer günstigen Beurteilung der mehrstimmigen Kirchenmusik bei wie die etwa gleichzeitig entstandene *Missa Papae Marcelli* von Palestrina.

Ausg.: Ausgew. Werke I *(Preces speciales)*, hrsg. v. O. URSPRUNG (Au 1926) (= DTB 34), NA revidiert u. hrsg. v. R. MACHOLD (Wie 1974). – Te Deum aus dem Motettenbuch 1571, in: R. J. VAN MALDEGHEM, Trésor musical. Musique religieuse 1 (Bru 1865); 5 Motetten, in: ebd. 17 (1881); je eine Messe v. 1562 in: ebd. 22 (1886) u. 28 (1892).

Lit.: O. URSPRUNG, J. de K. (Diss. Mn 1913); F. HABERL, Die Kirchenmusik beim Konzil von Trient u. J. de K., in: MS 85 (1965); DERS., J. de K. e le sue „Preci speciali" per il Concilio di Trento, in: Quadrivium 7 (1966); G. HAYDON, The Hymns of J. de K. (NY 1966).

M. HONEGGER

KERLL (Kerl, Kherl, Cherl), **Johann Kaspar von,** *9.4. 1627 Adorf (Vogtland), †13.2. 1693 München; dt. Komponist. Er war der Sohn eines protestantischen Organisten, trat aber später zum Katholizismus über. Nachdem er früh in den Dienst des Erzherzogs Leopold Wilhelm, des Bruders von Kaiser Ferdinand III., getreten war, studierte er in Wien bei G. Valentini und in Rom bei G. Carissimi und vielleicht auch bei G. Frescobaldi. Er war Organist des Erzherzogs in Brüssel, Wien und Kremsier bei Olmütz und übernahm 1656 die Leitung der Münchner Hofkapelle. Hier wurde K. vor allem als Opernkomponist bekannt. 1673 gab er wegen Intrigen den Posten auf und ging nach Wien, wo er 1677 Organist der kaiserlichen Kapelle wurde. Aus dieser Zeit stammen seine Kompositionen für Tasteninstrumente. Nach der Belagerung Wiens durch die Türken (1683) kehrte K. nach München zurück, behielt aber den Organistenposten am kaiserlichen Hof bis 1692 bei. Als berühmter Orgel- und Kompositionslehrer hatte er A. Steffani, Fr. X. Murschhauser und J. M. Gletle zu Schülern, ebenso seinen Sohn Johann Christoph (1669–1730), der später Hoforganist in München war.

WW: **1) Instr.-WW:** *Modulatio organica super Magnificat* (Mn 1686); *Toccates & suittes pour le clavessin de Messieurs Pasquini, Poglietti & G. K.* (A 1704), dazu *A second collection…* (Lo um 1780); einzelne Canzonen und Sonaten für Instr. u. B.c. (hsl.). – **2) Vokal-WW:** *Delectus sacrarum cantionum* für 2–5 St. u. B.c. (Mn 1669); Messen für 4–6 St. u. Instr. mit Ripienochor (Mn 1689); weitere kirchenmusikal. WW (Messen für versch. Besetzungen, Motetten u.a.) sind hsl. erhalten; desgleichen ein musikal. Jesuitendrama *Pia et fortis mulier in S. Natalia* sowie eine dt. Kantate u. ein it. Duett. Von K.s Opern haben sich nur einzelne Textbücher erhalten.

K. ist einer der führenden deutschen Komponisten der 2. Hälfte des 17. Jh. vor allem auf dem Gebiet der Kirchen- und Instrumentalmusik. Sein Schaffen vermittelt zwischen den großen römischen Meistern des 17. Jh. (und insbesondere G. Carissimi und G. Frescobaldi) und den deutschen Komponisten des frühen und mittleren 18. Jh. Wie groß der Einfluß auf seine Nachwelt war, geht nicht zuletzt daraus hervor, daß J. S. Bach und G. F. Händel einige seiner Werke für Tasteninstrumente bearbeitet bzw. Teile davon in eigene Kompositionen übernommen haben.

Ausg.: Ausgew. Werke I (Werke für Org. u. Klv., geistl. Konzerte u.a.), hrsg. v. A. SANDBERGER (L 1901) (= DTB 2/2); 2 Messen, in: Messen v. H. I. F. Biber, J. H. Schmeltzer u. J. C. K., hrsg. v. G. ADLER (W 1918) (= DTÖ 49); 1 Missa pro defunctis, in: Drei Requiem… aus dem 17. Jh., hrsg. v. DEMS. (W 1923) (= ebd. 59); Canzonen u. Ricercata, in: Ricercare, Canzonen u. Fugen des 17. u. 18. Jh., hrsg. v. W. HILLEMANN (Kas 1956) (= Nagels MA 87); *Modulatio organica*, hrsg. v. R. WALTER (Altötting 1957, [2]1968) (= Südt. Orgelmeister des Barock 2).

Lit.: A. C. GIEBLER, The Masses of J. C. K., 2 Bde. (1957) (= Diss. Univ. of Michigan) (darin Ausg. v. 2 Messen); F. W. RIEDEL, J. K. K., in: MGG VII; R. SCHAAL, Quellen zu J. K. K., in: Anzeiger der philosophisch-hist. Klasse der Östr. Akad. der Wiss. 99 (1962); F. W. RIEDEL, Neue Mitteilungen z. Lebensgesch. v. A. Poglietti u. J. K. K., in: AfMw 19/20 (1962/63); L. F. TAGLIAVINI, Un'importante fonte per la musica cembalistica-organistica di J. K. K., in: Collectanea historiae musicae 4 (1966).

F. W. RIEDEL

KERMAN, Joseph Wilfred, * 3. 4. 1924 London; amerik. Musikforscher. Er studierte an der Princeton University (N. J.), an der er 1951 mit einer Dissertation über *The Elizabethan Madrigal* promovierte. 1951 wurde er an die University of California in Berkeley berufen, an der er seit 1958 als Professor of Music tätig ist. Schwerpunkte seiner Forschungen sind neben musikästhetischen Fragen die engl. Musik des 16. Jh. und L. van Beethoven.

Schriften: *Opera as Drama* (NY 1956, 1959, Lo 1958); *The Elizabethan Madrigal. A Comparative Study* (NY 1962) (= MSD 4); *Byrd's Motets. Chronology and Canon,* in: JAMS 14 (1961); *The Beethoven Quartets* (NY – Lo 1967); *A History of Art and Music* (Englewood Cliffs/N.J. – NY 1968); *Beethovens Early Sketches,* in: MQ 56 (1970); *L. van Beethoven. Autograph Miscellany from ca. 1786 to 1799 ... (The „Kafka Sketchbook“),* 2 Bde. (Lo 1970); *Listen* (NY 1972, [2]1977); *„An die ferne Geliebte“,* in: Beethoven Studies (NY 1973). – K. ist Hrsg. (zus. mit D. K. Holoman u. R. Winter) v. *19th Century Music* (Berkeley 1977 ff.).

KERN, Adele, * 25. 11. 1901 München, † Mai 1980 ebd.; dt. Sängerin (Sopran). Sie studierte in München, debütierte 1924 an der Staatsoper als Olympia in *Hoffmanns Erzählungen* von J. Offenbach und sang nach einem Engagement in Frankfurt am Main (1926/27) und einer Südamerikatournee (1927/28) 1928–34 wieder an der Bayerischen Staatsoper in München, 1935–37 an der Berliner Staatsoper und war für 1938–43 wieder in München engagiert; 1947 beendete sie ihre Bühnenlaufbahn. A. K. trat im Verlauf ihrer Karriere an allen großen Opernhäusern Europas und bei den Salzburger Festspielen auf. Ihre größten Erfolge hatte sie in Mozart- und Strauss-Partien, so als Susanna, Zerlina, Despina, Sophie und Zerbinetta.

KERN, Alfred, * 17. 2. 1910 Vendenheim (Elsaß); frz. Orgelbauer. Nachdem er bei den Werkstätten Roethinger (Straßburg), Haerpfer & Erman (Boulay), Walcker (Ludwigsburg) und Mühleisen (Straßburg) gearbeitet hatte, gründete er 1953 eine eigene Orgelbauwerkstatt in Straßburg, wo er ausschließlich Orgeln mit Schleifladen und rein mechanischer Traktur auf der Grundlage des französischen und insbesondere elsässischen Orgelbaus des 18. Jh. unter gelegentlicher Einbeziehung von Elementen des norddeutschen Barock baut. Er restaurierte zahlreiche Orgeln des 18. und 19. Jh., insbesondere im Elsaß, und baute u. a. neue Instrumente in Paris, St-Séverin (1964; 4 Man., 57 Reg.), Thionville (1969; 3 Man., 44 Reg.), Mülhausen, St-Jean (1972, Rekonstruktion einer Silbermann-Orgel von 1764; 3 Man., 31 Reg.), Paris, St-Jacques-du-Haut-Pas (1971; 4 Man., 47 Reg.) und Notre-Dame-des-Victoires (1974; 4 Man., 49 Reg.) sowie Dallas Tex. (1978; 3 Man., 46 Reg.).

Lit.: Orgeln in Paris, hrsg. v. H. J. BUSCH (B 1977, [2]1979).

H. J. BUSCH

KERN, Jerome David, * 27. 1. 1885 New York, † 11. 11. 1945 ebd.; amerik. Komponist. Nach dem Klavier- und Theoriestudium ging er nach Europa, wo er in London erstmals mit dem Musiktheater in Berührung kam. Nach seiner Rückkehr in die USA trat er zunächst mit musikalischen Komödien hervor, die einen genuin amerikanischen Gegenpol zur europäischen bzw. europäisch beeinflußten Operette darstellten *(Very Good, Eddie; Oh, Boy; Leave it to Jane).* In den 20er Jahren schrieb er zwei außerordentlich erfolgreiche Shows für Marilyn Miller *(Sally, Sunny)* und brachte 1927 zusammen mit O. Hammerstein II *Show Boat* (mit dem weltberühmten Schlager *Ol' Man River*) heraus. In den 30er Jahren wandte K. sich einer eigenen Form der modernen Operette zu *(The Cat and the Fiddle, Music in the Air, Roberta)* und war als Komponist für den Tonfilm erfolgreich (u. a. *Swing Time* mit Fred Astaire). Aus seinem letzten Broadway-Musical *Very Warm for May* stammt der Weltschlager *All the Things you are.* Vor allem mit *Show Boat,* einem der ersten typisch amerikanischen Musicals, hat K. die Entwicklung dieser Gattung nachhaltig beeinflußt. Dies zeigt sich u. a. in den Werken von G. Gershwin und R. Rodgers.

WW: *The Red Petticoat* (1912); *Very Good, Eddie* (1915); *Oh, Boy* (1917); *Leave it to Jane* (1917); *Sally* (1920); *Sunny* (1925); *Show Boat,* UA: New York 1927, dt. EA: Freiburg 1970; *The Cat and the Fiddle* (1931); *Music in the Air* (1932); *Roberta* (1933); *Three Sisters* (1934), *Very Warm for May* (1939).

Lit.: The J. K. Song Book, hrsg. v. O. HAMMERSTEIN – A. SIRMAY (NY 1955); D. EWEN, The World of J. K. (NY 1960); S. SCHMIDT-JOOS, Das Musical (Mn 1965) (= dtv 319); S. GREEN, The World of Musical Comedy (NY [3]1974).

R.-M. SIMON – S. SIMON

KERNSPALTFLÖTE ↗Flöte.

KERTÉSZ, István, * 28. 8. 1929 Budapest, † 16. 4. 1973 bei Kfar Saba (Israel); dt. Dirigent ung. Herkunft. Er studierte 1947–53 an der Musikhochschule Budapest Violine, Theorie (L. Weiner), Komposition (Z. Kodály) und Dirigieren (L. Somogyi). 1953–56 war er Kapellmeister an der Staatsoper Budapest und ging 1957 über Wien und Rom nach Deutschland, wo er 1958–64 GMD an den Städtischen Bühnen Augsburg sowie seit 1964 GMD der Oper in Köln war. K. gehörte zu den meistbeschäftigten Opern- und Konzertdirigenten der 60er und frühen 70er Jahre an allen bedeutenden Festspielplätzen und mit den Spitzenorchestern Europas, der USA und Japans. Seine Frau Edith Kertész-Gabry gehört seit 1964 als lyrischer und Koloratursopran der Kölner Oper an und ist seit 1974 auch Professor für Gesang an der Musikhochschule Rheinland in Köln.

Lit.: I. K., hrsg. v. K. RICHTER (Au 1974) (mit Diskographie u. Inszenierungskat.).

KES, Willem, *16.2.1856 Dordrecht, †21.2. 1934 München; ndl. Dirigent und Komponist. Er studierte Violine bei Ferdinand David, H. Wieniawski und J. Joachim sowie Komposition bei C. Reinecke. Seit 1877 als Dirigent tätig, gründete er 1888 das Concertgebouworkest in Amsterdam und leitete es bis 1895. 1896–98 war er Dirigent in Glasgow, 1898–1900 in Moskau und 1901–04 in Koblenz. Sein Repertoire war für seine Zeit sehr fortschrittlich (mit Werken von R. Strauss, A. Dvořák, E. Chabrier, E. Chausson, V. d'Indy); er war einer der ersten, die während der Konzerte Ruhe verlangten. Seine Kompositionen stehen unter dem Einfluß von R. Wagner, M. Bruch und R. Strauss.

WW: Klv.- u. V.-Stücke; Ouvertüren; eine Symphonie; V.- u. Vc.-Konzerte; Lieder u. die Ballade *Der Taucher* für Soli, Chor u. Orch.

Lit.: S. A. M. BOTTENHEIM, Geschiedenis van het Concertgebouw I (A 1948); E. REESER, Een eeuw Nederlandse muziek (A 1950).

KESSELMUNDSTÜCK ↗Mundstück.

KESSELPAUKE ↗Pauke.

KESTENBERG, Leo, *27.11.1882 Rosenberg (Ungarn; heute Ruzomberk, Slowakei), †14.1. 1962 Tel Aviv; israelischer Pianist und Musikpädagoge. Er studierte bei Fr. Kullak und F. Busoni (Klavier) sowie bei F. Draeseke (Komposition). Nach einer Lehrtätigkeit am Klindworth-Scharwenka-Konservatorium in Berlin wurde K. 1918 Referent für musikalische Angelegenheiten im preußischen Ministerium für Wissenschaft, Kunst und Volksbildung, 1921 Professor. 1933 emigrierte er nach Prag, leitete dort ein Internationales Institut für Musikerziehung und ging 1939 nach Palästina, wo er zunächst mit der Leitung des Palästina-Orchesters betraut wurde. 1945 übernahm K. die Leitung eines Musiklehrerseminars in Tel Aviv, wo er seine musikerzieherische Tätigkeit wieder aufnahm. K. hatte 1920–30 wesentlichen Einfluß auf das musikalische Unterrichtswesen in Preußen.

Schriften: *Musikerziehung u. Musikpflege* (L 1921, ²1927); *Bewegte Zeiten. Musisch-musikantische Lebenserinnerungen* (Wb – Z 1961).

Lit.: G. BRAUN, Die Schulmusikerziehung in Preußen (Kas 1957) (= Musikwiss. Arbeiten 11) (mit einem Aufsatz u. Erlassen v. K.); U. GÜNTHER, Die Schulmusikerziehung v. der K.-Reform bis zum Ende des Dritten Reiches (Neuwied 1967) (= Aktuelle Pädagogik o. Nr.).

KEUSCHE SUSANNE, DIE, Operette in 3 Akten von Jean Gilbert (1879–1942), Text von Georg Okonkowski mit einigen Gesangstexten von Alfred Schönfeld nach dem Schwank *Fils à Papa* von Antony Mars und Maurice Desvallieres. Ort u. Zeit der Handlung: Paris um 1910. UA: 26.2.1910 in Magdeburg (Wilhelm-Theater). Verfilmt 1926, 1933 u. 1941.

Die französische Verwechslungskomödie von den scheinbar tugendsamen Bürgern, die sich alle im „verruchten" Moulin Rouge treffen und schließlich (im 3. Akt) Mühe haben, sich gegenseitig von ihrer Respektabilität zu überzeugen, bildete für Gilbert die langgesuchte Vorlage, ein Bild bürgerlicher Gesellschaftsschichten persiflierend nachzuzeichnen. Er beließ die Handlung in Paris, in seiner Musik aber fühlt man sich trotz deutlicher Reminiszenzen an J. Offenbach *(Susann, Susann* und *Can-Can-Ballett)* in das Berlin Anfang des Jahrhunderts versetzt. In dem großen Duett *Wenn der Vater mit dem Sohne* oder dem im Werk mehrmals anklingenden Walzer *Wenn die Füßchen sich heben* wird das besonders lebendig. Die harmonische Einfachheit (fast jeder Refrain endet nach 16 Takten in der Dominante) ermöglichte es dem Publikum, die geradezu banal klingenden Nummern begeistert aufzugreifen und zu bis heute bekannten Schlagern zu machen. Als Ganzes war dem Werk jedoch – trotz der Neubearbeitung durch Gilberts Sohn Robert 1953, der den Schauplatz von Paris nach Berlin verlegte und aus anderen Operetten seines Vaters beliebte Melodien (z.B. *Puppchen, du bist mein Augenstern*) einbezog – kein dauerhafter Erfolg beschieden.

B. DELCKER

KEUSSLER (eig. Keußler), **Gerhard von,** *23.6. (5.7.) 1874 Schwanenberg (Livland), †21.8. 1949 Niederwartha bei Dresden; dt. Komponist und Musikforscher. Er studierte zunächst Biologie, wandte sich dann der Musik zu und studierte seit 1900 in Leipzig am Konservatorium (J. Klengel, C. Reinecke, S. Jadassohn) und an der Universität (H. Kretzschmar, H. Riemann), an der er 1920 mit einer Dissertation über *Die Grenzen der Ästhetik* promovierte. 1906 ließ er sich in Prag nieder, wo er die Choral- und Orchestergesellschaft leitete und am Athenaeum Vorlesungen über Musikgeschichte und -ästhetik hielt. 1918–21 leitete er in Hamburg die Singakademie und die Philharmonischen Konzerte, konzertierte dann vorwiegend mit eigenen Kompositionen und lebte 1932–35 in Melbourne. 1936 übernahm er die Kompositionsklasse der Preußischen Akademie der Künste in Berlin.

WW: **1) Instr.-WW:** 2 Symphonien (1925, 1928); zahlr. symphonische Dichtungen; *Auferstehung* und *Jüngstes Gericht* für Sprecher u. Orch. (L 1905); *An den Tod* (1922). – **2) Vokal- u. Bühnen-WW:** Lieder, 4 Bde. (L 1902–17); Oratorien *Jesus aus Nazareth* (L 1921) u. *Zebaoth* (L 1924); Dramen *Gefängnisse,* UA: 1914 u. *Die Geisselfahrt,* UA: 1923. – **3) Schriften:** *Das dt. Volkslied u. Herder* (Pr 1915); *Händels Kulturdienst u. unsere Zeit* (H 1919); *Zur Tonsymbolik in den Messen Beethovens,* in:

Jb. Peters 27 (1920); *Zu Bachs Choraltechnik,* in: Bach-Jb. 24 (1927).

Lit.: E. SIEMENS, G. von K., in: Musica 4 (1950); E. JANETSCHEK, Musik u. Nationalität. Aus dem Nachlaß v. G. von K., nach seinen Aufzeichnungen bearb., in: ZfM 114 (1953); P. NETTL, in: Musik des Ostens 2 (Kas 1963).

KIEL ↗Cembalo.

KIEL, Friedrich, * 8.10. 1821 Puderbach/Wittgenstein, † 13.9. 1885 Berlin; dt. Komponist und Pädagoge. Er wurde 1840 Konzertmeister an der Kapelle des Fürsten Albrecht I. zu Wittgenstein-Berleburg, studierte dann in Berlin bei S. Dehn und wurde selbst ein begehrter Lehrer, zuerst am Sternschen Konservatorium, später an der Musikhochschule (1870), wo er seit 1882 eine Meisterklasse leitete. 1865 wurde er Mitglied der Akademie der Künste. K. war zu seiner Zeit vor allem seiner geistlichen Vokalwerke wegen berühmt. In dem Oratorium *Christus* wird das biblische Geschehen (Einzug in Jerusalem, Passion und Auferstehung) wie in F. Mendelssohn Bartholdys *Elias* ohne erzählenden Text quasi dramatisch dargestellt. Die musikalische Gestaltung lehnt sich ebenfalls stark an Mendelssohns Oratorienstil an, zeigt aber auch direkte Anlehnungen (besonders in den Partien Christi, der anderen handelnden Personen und der Turbae) an die Passionen J. S. Bachs. – 1979 wurde eine Fr.-K.-Gesellschaft gegründet (Sitz Coppenbrügge).

WW: 7 Klv.-Trios (1850–71); 2 Streichquartette (1868); 3 Klv.-Quartette (1866, 1867); 2 Klv.-Quintette (beide 1874); Klv.-Konzert. – 2 Requiem, f-moll (1860, revidiert 1878), A-Dur (1881); *Missa solemnis* (1865); *Te Deum* (1866); Oratorien *Christus* (1872) u. *Der Stern von Bethlehem* (1884).

Lit.: E. REINECKE, F. K. (Diss. Kö 1937); P. PFEIL, Die Hss. des Komponisten F. K. in der Stadt- u. Landesbibl. Dortmund, in: Zschr. Wittgenstein 51 (1963); G. PUCHELT, Verlorene Klänge. Stud. z. dt. Klv.-Musik 1830–80 (B 1969); R. SIETZ, in: Rheinische Musiker 6, hrsg. v. D. Kämper (Kö 1969) (= Beitr. z. rheinischen Musikgesch. 83); P. PFEIL, Briefe des Komponisten F. K., in: Zschr. Wittgenstein 59 (1971); W. SCHNEIDER, Irrtümer in F. K.s Selbstbiogr., in: ebd. 63 (1975).

KIELFLÜGEL ↗Cembalo.

KIEM, Paul (genannt der Kiem Pauli), * 25.10. 1882 München, † 10.9. 1960 Kreuth bei Tegernsee; dt. Volksliedforscher und -sammler. Bereits in seiner Jugend zog er als Wandermusikant durch die Lande. 1910 gründete er mit Hansl Reither und Karl Holl das Tegernseer Trio, das zusammen mit dem Dengg'schen Bauerntheater auf Reisen ging. Durch die Bekanntschaft mit Herzog Ludwig Wilhelm von Bayern und Ludwig Thoma erhielt K. Kenntnis von den Bemühungen um die Wiederbelebung des österreichischen Volkslieds. Seit 1924 lebte er in Bad Kreuth und widmete sich ganz der Volksliedarbeit in enger Zusammenarbeit mit K. Huber (seit 1925). Beide veröffentlichten die Liederbücher *Oberbayerische Volkslieder mit Bildern und Weisen* (Mn 1930, ³1937) und *Altbayerische Volkslieder* (Mz o. J.). Seit 1930 veranstaltete K. sog. Preissingen, die als der eigentliche Beginn der Wiederbelebung und Pflege bayerischer Volksmusik gelten.

Lit.: Das Volkslied in Altbayern u. seine Sänger. Ein Geburtstagsbuch für den K. P., hrsg. v. A. THOMA (Mn 1952); Beitr. zum 75. Geburtstag, zum Tode, zum 80. Geburtstag u. zum 10jährigen Todestag, in: Schönere Heimat. Erbe u. Gegenwart 46 (1957), 49 (1960), 51 (1962) u. 59 (1970); dass., in: Volksmusik in Bayern. Aufsätze z. Volksmusikforsch. u. -pflege 1912–1977 (Mn 1978); A. WÜRZ, in: Unser Bayern 9 (1970).

KIENZL, Wilhelm, * 17.1. 1857 Weizenkirchen (Steiermark), † 19.10. 1941 Wien; östr. Komponist. Er erhielt eine musikalische Ausbildung bei dem Fr. Liszt-Schüler Mortier de Fontaine, studierte 1874–79 in Wien Komposition bei Wilhelm Mayer, einem seinerzeit berühmten Wiener Lehrer, zu dessen Schülern auch F. von Weingartner und F. Busoni zählten, und promovierte 1878 bei E. Hanslick mit einer Dissertation über *Die musikalische Deklamation* (L 1880). Nach einem Aufenthalt in Bayreuth (1879), wo er Aufnahme in R. Wagners engsten Freundeskreis fand, reiste K. als konzertierender Pianist, war zeitweilig als Kapellmeister in Amsterdam, Hamburg und München tätig, wurde 1897 in Graz seßhaft und übersiedelte 1917 nach Wien, wo er, durch den großen Erfolg des *Evangelimann* (vollendet 1894) zu internationalem Ruhm gelangt, als vielfach geehrter Komponist und Musikschriftsteller wirkte.

WW: **1) Kompositionen:** Klv.-Stücke u. Kammermusik, darunter 3 Streichquartette; Orch.-Werke; Lieder. – Bühnen-WW: Opern *Urvasi,* UA: Dresden 1886 u. *Heilmar der Narr,* UA: München 1892; Schauspiel *Der Evangelimann,* UA: Berlin 1895; Tragikomödie *Don Quixote,* UA: Berlin 1898; Weihnachtsmärchenspiel *In Knecht Ruprechts Werkstatt,* UA: Graz 1907; Schauspiel *Der Kuhreigen,* UA: Wien 1911; Mus. Komödie *Das Testament,* UA: Wien 1916; Oper *Hassan der Schwärmer,* UA: Chemnitz 1925; Melodramatische Allegorie *Sanctissimum,* UA: Wien 1925; Singspiel *Hans Kipfel,* UA: Wien 1926. – **2) Schriften:** *Miszellen* (Gesammelte Aufsätze) (L 1886); *R. Wagner. Die Gesamtkunst des 19. Jh.* (Mn 1904); *Aus Kunst und Leben* (Gesammelte Aufsätze (B ²1904); *Meine Lebenswanderung* (St 1926).

Weniger zu dramatisch-expressiven als zu lyrisch-verhaltenen Ausdrucksnuancen neigend, entwickelte K. eine sensible musikalische Poetik, die das Klangbild der instrumentalen Kleinformen, Lieder und Bühnenwerke gleichermaßen beherrschte. Seine musikalischen Schauspiele, wohl den historisch und künstlerisch bedeutendsten Teil seines Gesamtwerks ausmachend, bestechen durch die ästhetisch stets treffsichere und sorgfältig differenzierte Zuordnung von Klangsprache und Situationsatmosphäre, wobei die Vorliebe für realistische und volkstümliche Elemente veristischen Tendenzen im zeitgenössischen Opernschaffen entspricht. Ernsthafte gedankliche Arbeit in ansprechender Form sicherte auch K.s Schriften große Beachtung und Popularität.

Lit.: M. MOROLD, Monographien moderner Musiker 3 (L 1909); H. SITTNER, K., Rosegger, eine Künstlerfreundschaft Z 1953); DERS., W. K., in: Große Österreicher 10 (Z 1957); K. TRAMBAUER, W. Kienzls Opernstoffe (Diss. W 1950); C. OTTNER, Das Wort-Tonproblem in den Klavierliedern W. K.s (Diss. W 1974).

W. A. MAKUS

KIEPURA, Jan, * 16. 5. 1902 Sosnowiece (Polen), † 15. 8. 1966 Harrison (New York); amerik. Sänger poln. Herkunft (Tenor). Er wurde in Warschau ausgebildet und debütierte 1924 in Lemberg in der Titelrolle von Ch. Gounods *Faust*. Nach Engagements in Warschau und Posen sang er 1926–28 an der Wiener Staatsoper, danach u. a. an der Mailänder Scala, der Pariser Opéra-Comique, der Berliner Staatsoper sowie am Teatro Colón in Buenos Aires und war 1938–41 Mitglied der Metropolitan Opera in New York. 1944 ließ er sich in den USA nieder und wurde nach dem Kriege amerikanischer Staatsbürger. Sein Repertoire umfaßte vor allem das italienische Fach, aber auch Operettenpartien und Schlager. Seine Popularität beruhte vor allem darauf, daß er – seit den 30er Jahren oft zusammen mit seiner Frau, der Sopranistin Martha Eggerth – bei vielen Tonfilmen mitwirkte.

Lit.: J. WALDORFF, J. K. (Krakau 1974).

KIESEWETTER, Raphael Georg, Edler von Wiesenborn, * 29. 8. 1773 Holleschau (Mähren), † 1. 1. 1850 Baden bei Wien; östr. Musikforscher. Nach einem Rechtsstudium in Wien wurde er Beamter im Hofkriegsrat und studierte später noch Generalbaß und Kontrapunkt bei J. G. Albrechtsberger. Er war auch als Sänger ausgebildet. Neben seiner beruflichen Tätigkeit widmete er sich wie viele andere „Dilettanten" seiner Zeit intensiv der Musik. In seiner Wohnung in Wien veranstaltete er 1816–45 mit professionellen und Amateur-Musikern „historische Konzerte", bei denen Vokalwerke des 16.–18. Jh. aufgeführt wurden. Seine für diesen Zweck angelegte umfangreiche Musikaliensammlung (heute in der Östr. Nationalbibl.), aus der er eine Auswahl als *Galerie alter Kontrapunktisten* veröffentlichte (W 1847), bildete später eine wichtige Grundlage auch für die *Geschichte der Musik* seines Neffen A. W. Ambros (1862ff.). Mit seinen musikalischen Aktivitäten und mit seinen zahlreichen Schriften ist K. ähnlich wie A. F. J. Thibaut, G. Baini, C. v. Winterfeld und K. Proske ein bedeutender Repräsentant des musikalischen Historismus in der 1. Hälfte des 19. Jh. und zugleich ein Wegbereiter der neuzeitlichen Musikforschung. Geschichte gemacht hat namentlich seine Abhandlung *Die Verdienste der Niederländer um die Tonkunst*, die im Zusammenhang mit einer Preisfrage der Niederländischen Akademie 1826 ebenso wie eine Arbeit von Fr.-J. Fétis über dasselbe Thema prämiert wurde (beide gedruckt 1829). K. hat damit erstmals die Aufmerksamkeit der musikalischen Praxis und Forschung auf die eigentümliche Kunst der Niederländer gelenkt.

Schriften: *Gesch. der europäisch-abendländischen oder unserer heutigen Musik* (L 1834, [2]1846 Nachdr.); *Über die Musik der neueren Griechen, nebst freien Gedanken über altegyptische u. altgriech. Musik* (L 1838); *Guido von Arezzo* (L 1840); *Schicksale u. Beschaffenheit des weltlichen Gesanges vom frühen MA bis zu der Erfindung des dramatischen Styles u. den Anfängen der Oper* (L 1841, Nachdr. Osnabrück 1970); Die Musik der Araber (L 1842, Nachdr. Den Haag 1967, Wie 1968); *Der neuen Aristoxener zerstreute Aufsätze* (L 1846); *Über die Octave des Pythagoras* (W 1848); *Galerie alter Kontrapunktisten* (W 1847).

Lit.: Aufsätze: O. WESSELY, R. G. K., in: MGG VII; E. RIEGER, Zwei Briefe O. Nicolais an R. G. K., in: StMw 24 (1962); H. KIER, K.s Hist. Hauskonzerte. Zur Gesch. der kirchenmusikal. Restauration in Wien, in: KmJb 52 (1968); DERS., R. G. K. Wegbereiter des musikal. Historismus (Rb 1968) (= Stud. z. Musikgesch. des 19. Jh. 13); B. MEIER, Zur Musikhistoriographie des 19. Jh., in: Die Ausbreitung des Historismus über die Musik, hrsg. v. W. Wiora (Rb 1969) (= ebd. 14); W. PASS, Beethoven u. der Historismus, in: Beethoven-Stud. (W 1970) (= Sb. Wien 270. Veröff. der Kommission für Musikforsch. 11).

KIESSLING, Heinz (Pseudonym: Christian Mondstein), * 11. 3. 1926 Nürnberg; dt. Komponist. Nach seinem Studium am Nürnberger Konservatorium (1946–49) arbeitete er als Konzertpianist. Seit 1950 ist er als Komponist und Arrangeur von Unterhaltungsmusik tätig. Er machte sich besonders durch zahlreiche Produktionen für Funk und Fernsehen einen Namen.

WW: *Spanische Impressionen* (1953) für 2 Klv. u. Orch.; *3 Skizzen* (1968) für V. u. Streichorch.; *Pariser Bilderbogen* für Orch. – Zahlr. Schlager, u. a. *In the Shadow of the Moon* (1969) (Schallplatteneinspielung mit F. Sinatra). – Filmmusik zu: *Casino de Paris* (1957); *Das Mädchen u. der Staatsanwalt* (1962); *Bel Ami 2000* (1966); *Romeo und Julia 70* (1960).

KILLMAYER, Wilhelm, * 21. 8. 1927 München; dt. Komponist. Er studierte in München 1945–55 bei H. v. Waltershausen (Komposition und Dirigieren), R. von Ficker (Musikwissenschaft) und C. Orff (Komposition) und war 1955–56 zunächst Theorielehrer am Trappschen Konservatorium, dann Ballettkapellmeister an der Staatsoper in München. Nach freischaffender Tätigkeit wurde er 1974 Professor für Komposition an der Musikhochschule München. K. ist vielfacher Preisträger (München, Stuttgart, Rom, Chicago) und seit 1972 ordentliches Mitglied der Bayerischen Akademie der Schönen Künste. Sein Kompositionsstil, ursprünglich von Orffs Elementarrhythmik mitgeprägt, trägt stark gestische und rhetorische Züge. Klangphantasie und Formenreichtum sind charakteristisch für das breite Spektrum seines Gesamtwerkes.

WW: **1) Instr.-WW:** Kammermusik für Jazzinstr. (1958); *Tre danze* (1959) für Ob. u. Schlagzeug; Streichquartett (1969); *The Woods so Wilde* (1970) für Schlagzeug, Xylorimba, Vibraphon, Fl., Va. u. Gitarre; *Schumann in Endenich* (1972) für Schlagzeugensemble; *Paradies* (1972) für Klv.; *Kindertage* (1973) für Schlagzeug, Va. u. Klv.; Klv.-Quartett (1975); *An John Field* (1978) für Klv. – Für Orch.: Klv.-Konzert (1955); *Final puncto* (1970) für Streichorch.; *Nachtgedanken* (1973); 3 Symphonien, 1: *Fogli* (1968), 2: *Ricordance* (1969), 3: *Menschen-Los* (1974); Trp.-Konzert *The Broken Farewell* (1977); 2 symphonische Dichtungen *Jugendzeit* (1978) u. *Überstehen u. Hoffen* (1978). – **2) Vokal-WW:** *Sappho* (1960) für Sopran u. kleines Orch.; *Tre canti di Leopardi* (1965) für Bar. u. Orch.; *Tamquam sponsus* (1974) für Sopran u. 7 Instr.; *Laudate* (1973) für Chor a cap. – **3) Bühnen-WW:** Ballettoper *La buffonata,* UA: Heidelberg 1961; Musikal. Posse *Yolimba oder Die Grenzen der Magie,* UA: Wiesbaden 1964, Neufassung München 1970; *Der weiße Hut,* UA: Stuttgart 1966. – Ballette: *La tragedia di Orfeo,* UA: München 1961; *Pas de deux classique,* UA: München 1965; *Encores,* UA: ebd. 1970. – Er schrieb *Sprache als Musik,* in: Melos 39 (1972).

Lit.: W.-E. VON LEWINSKI, W. K. Vorwort zum Werk-Verz. (Mz 1971); H. VOGT, W. K., in: Neue Musik seit 1945 (St 1972).

H. LINDLAR

KILPINEN, Yrjö, * 4. 2. 1892 Helsinki, † 2. 3. 1959 ebd.; finnischer Komponist. Er studierte in Helsinki, Wien und Berlin, war dann als Lehrer und Musikkritiker tätig und widmete sich seit 1925 ganz der Komposition. K. ist vor allem als Komponist von Liedern und Liederzyklen nach finnischen (L. Kyösti, E. Leino, V. A. Koskenniemi), schwedischen (P. Lagerkvist, A. Österling) und deutschen (Chr. Morgenstern, H. Löns, R. M. Rilke) Gedichten bekannt geworden. Der Tradition von J. Brahms und H. Wolf ebenso wie der Volksmusik seines Landes verpflichtet, gelang K. in diesen Werken ein origineller Beitrag zur Entwicklung des Sololieds in unserem Jahrhundert.

WW: 2 Klv.-Sonaten u. Klv.-Suiten (L 1943); Suite für Viola da Gamba u. Klv. (L 1939); Sonate für Vc. u. Klv. (L 1951); etwa 600 Lieder auf finnische, schwedische u. dt. Gedichte, darunter die Slg. *Kanteletar-lauluja* (mit 64 Liedern) (He 1953–54).

Lit.: Verz. der gedruckten Kompositionen, hrsg. v. M. PULKKINEN (He 1960). – A. O. A. VÄISÄNEN, Y. K.s Kanteletar-Lieder, in: Kgr.-Ber. Hamburg 1958; G. KRAUSE, in: Musica 13 (1959); F. L. PULLANO. A Study of the Published German Songs of Y. K. (1970) (= Diss. Univ. of Illinois).

K'IN, Ch'in, Tjin (chinesisch), chinesische Zither mit gewölbter Decke und flachem Boden, sog. Wölbbrettzither. Von den heute 7 Saiten aus Seide sind 4 umsponnen. Sie werden von einer Befestigung an zwei Füßen unter dem Boden des Instruments ohne Steg über die Decke geführt und laufen am anderen Ende der Decke über einen Steg. Hinter diesem sind sieben Löcher durch Decke und Boden gebohrt, durch die die Saiten zu den ebenfalls unter dem Boden angebrachten Stimmvorrichtungen gezogen werden. Das Instrument ruht beim Spielen auf einem Tisch, der oft an derjenigen Stelle ein Loch hat, an der der Spieler die Stimmvorrichtungen unterhalb des Bodens bedienen muß. Das K. hat verschiedene, den jeweiligen Musikstücken angepaßte Stimmungen. Der Spieler zupft die Saiten mit der rechten Hand, während die Finger der linken Hand die Saiten verkürzen. Geringe Tonhöhenänderungen werden durch seitliches Verschieben der angerissenen Saite auf der Decke erzeugt, klangliche Färbungen z. B. durch das Spielen des gleichen Tones auf verschiedenen Saiten. Auf der Decke unter der dicksten Saite sind 13 Markierungen angebracht, die die Lage der Naturtöne anzeigen. Sie erleichtern das Auffinden der Druckpunkte für die Spieltöne, sind mit diesen aber nicht identisch. Der Klang des Instruments ist sehr leise. Das K. scheint ein hohes Alter zu haben, der Name wird erstmals erwähnt im *Shi-King* (Buch der Lieder) aus dem 9.–6. Jh. v. Chr. Es galt als angesehenstes Instrument Chinas und wurde als sakrales Instrument besonders des Taoismus zur theoretischen Darstellung von Tonverhältnissen herangezogen. Eine besondere Blüte erlebte das K.-Spiel während der Ming-Dynastie (um 1368–1644). Die bedeutendste Schrift dieser Epoche verfaßte Leng Chien (um 1375) *K'in shen shih liu fa* (16 Regeln für die Töne des K.).

Lit.: R. H. VAN GULIK, The Lore of the Chinese Lute. An Essay in Ch'in Ideology (Tokio 1940); H. TREFZGER, Über das K., seine Gesch., seine Technik, seine Notation u. seine Philosophie, in: SMZ 88 (1948); K. REINHARD, Chinesische Musik (Kas [2]1956); K. ROBINSON – H. ECKARDT, Chinesische Musik, in: MGG II; D. MING-YUEH LIANG, The Chinese Ch'in. Its History and Music (San Francisco 1972).

M. BRÖCKER

KIND, Johann Friedrich, * 4. 3. 1768 Leipzig, † 25. 6. 1843 Dresden; dt. Schriftsteller und Librettist. Er studierte 1786–90 Jura in Leipzig und war 1792–1816 in Dresden als Advokat tätig. 1814 wurde er Mitglied des Literaturkreises „Dichter-Thee" (später „Liederkreis"). Er schrieb Gedichte, Erzählungen und Dramen, die an August Wilhelm Iffland und A. Fr. Kotzebue orientiert sind. K. wurde bekannt vor allem als der Verfasser des Textbuches zu C. M. von Webers *Der Freischütz oder Die Rosen des Eremiten* nach der Erzählung *Der Freischütz. Eine Volkssage* (in: *Gespensterbuch,* hrsg. v. J. A. Apel u. Fr. Laun, L 1811). Weitere Libretti K.s wurden u. a. von H. Marschner (*Der Holzdieb,* UA: Dresden 1825), C. Kreutzer (*Das Nachtlager von Granada,* UA: Wien 1834) und J. W. Kalliwoda (*Blanda oder Die silberne Birke,* UA: ebd. 1847) vertont. In seiner Schrift *Der Freischütz, Volksoper* *in drei Aufzügen, Ausgabe letzter Hand* (L 1843) veröffentlichte er u.a. eine kleine Autobiographie und Briefe von C.M. von Weber.

Lit.: H. A. KRÜGER, Pseudoromantik. Fr. K. u. der Dresdner Liederkreis (L 1904); G. MAYERHOFER, „Abermals vom Freischützen", Der Münchener „Freischütze" v. 1812 (Rb 1959) (= Forschungsbeitr. z. Musikwiss. 7).

KINDERLIED umfaßt sowohl das von Erwachsenen für Kinder – improvisierend oder kunstgemäß – geschaffene als auch das von Kindern selbst geprägte und tradierte Singgut. Neben dem Lied ist auch der Reim bzw. Spruch zur Gattung zu rechnen – insofern zu Recht, als hier die Grenzen zwischen Musik und Sprache besonders fließend sind und für viele nur textlich tradierte K.er die ursprüngliche Funktion als Lied oder Spruch nicht mehr zu ergründen ist. – Das K. ist seit dem 13. Jh. belegt. Altersbestimmungen tradierter K.er durch Typenvergleich oder aufgrund inhaltlicher (mythischer, historischer, volkskundlicher) Details bleiben aber meist Spekulation, auch wenn z.T. Anhaltspunkte für hohes Alter vorhanden sind (archaische Tonalität und Sprache, stichische Reihung, Zeilenmelodik, Zauberformelnähe) und bestimmte frühe Tänze und Spiele sogar nur im K. tradiert wurden. – Das bis zum 19. Jh. zunächst nur sporadische Interesse am K. wuchs seit *Des Knaben Wunderhorn* (1806–08) erheblich und führte einerseits zu intensiver Sammlung und Erforschung, andererseits zur Popularisierung durch Editionen und zahlreiche Neuschöpfungen. Der Erwachsenenanteil am K. spiegelt sich besonders in der pädagogischen Intention (Kose-, Trost-, Zucht-, Zähl-, Buchstabier- und „Pflege"-Reime; religiöses K.), in der unterhaltenden Funktion (Schaukel-, Kniereiter-, Neck-, Scherz- und Erzähllied), in brauchtümlicher Bindung sowie in elaborierter Sprache und Struktur. Der eigenschöpferische Anteil von Kindern ist demgegenüber relativ gering. Seine Merkmale sind eine Melodik, in der das sog. K.-Ternar (sol-mi-la) bzw. einfache Durwendungen, Sprach- und Bewegungsrhythmus, Analogie und Wiederholung dominieren, und ein Text, den Klangsilben, Lautimitation, Ruf, Wortverfremdung, Paarreim mit weitgehenden Freiheiten und häufigem Kadenzwechsel, Kettenbildung, formelhafter Eingang und Ablauf charakterisieren. Auch Übernahme bzw. Transformation aus dem Erwachsenenrepertoire, besonders aus Ballade, Moritat, Spott-, Scherz- und Lügenlied, Handwerks- und Ammenlied, Gassenhauer, Schlager und Werbespot sind typisch. Das von Kindern aller Zeiten improvisierend auf Grund bestimmter Impulse (Situations-, Kommunikations-, Unterhaltungs-, Bewegungsimpuls) praktizierte Singen, das den größten Sektor kindlicher musikalischer Eigenaktivität ausmacht, entzieht sich dagegen weitgehend der Tradierung. Erst durch die neuen Möglichkeiten akustischer Aufzeichnung wurde dieser Bereich systematisch erforschbar. Weitere Felder kindlicher Singaktivität sind heute das umgangsmäßige Singen (Kinderspiel, -tanz, -fest), dessen Repertoire alters- und schichtenspezifisch stark differiert, das „institutionalisierte" Singen in Kindergarten, Schule und Kirche und das Singen zu medialer Musikdarbietung.

Lit.: **1) Studien:** K. WEHRHAN, K. u. Kinderspiel (L 1909) (= Hdb. der Volkskunde); J. LEWALTER – G. SCHLÄGER, Dt. K. u. Kinderspiel (Kas 1911); K. AMELN – H. HETZER, Lied u. Musik im Kinderleben (Kas 1933); A. GÖPEL, Der Wandel des K.s im 18. Jh. (Diss. Kiel 1935); B. KÜRTH, Das dt. K. des 19. Jh. (Diss. Hl 1955); E. GERSTNER-HIRZEL, Entwurf einer Typologie des dt. Wiegenreims (Diss. Bas 1967); R. LORBE, Die Welt des K.es (Weinheim 1971); E. GERSTNER-HIRZEL, Das K., in: Hdb. des Volkslieds I (Mn 1973). – **2) Sammlungen:** A. VON ARNIM – C. BRENTANO, Des Knaben Wunderhorn, 3 Bde. (Hei 1806–08), kritische Studienausg., 9 Bde., hrsg. v. H. RÖLLEKE (St 1979); F. POCCI – K. VON RAUMER, Alte u. neue K.er mit Bildern u. Singweisen (L 1852); C. REINECKE, K.er (L 1877); A. H. HOFFMANN VON FALLERSLEBEN, K.er, hrsg. v. L. von Donop (B 1877, Nachdr. Hil 1976); F. M. BÖHME, Dt. K. u. Kinderspiel (L 1897, Nachdr. 1967); O. NOTHOLZ, Wegenlieder un Kinnerreime (Bückeburg 1901); Macht auf das Tor. Alte dt. K.er, Reime, Scherze u. Singspiele, hrsg. v. M. KÜHN (Düsseldorf – L [3]1904); F. JÖDE, Ringel Rangel Rosen. 150 Singspiele u. 100 Abzählreime, nach mündlicher Überlieferung (L 1913, [4]1928); G. ZÜRICHER, K.er der dt. Schweiz (Bas 1926); K. WEHRHAN, Frankfurter Kinderleben in Sitte u. Brauch, K. u. Kinderspiel (Wie 1929); O. STÜCKRATH, Nassauisches Kinderleben in Sitte u. Brauch, K. u. Kinderspiel, 3 Lieferungen (Wie 1931, 1932, Kas 1938); K. HENNINGER, Ringel Rangel Reihe. 100 Kinderspiele mit Singweisen gesammelt (Kö [2]1948); R. R. KLEIN, Willkommen, lieber Tag. Alte u. neue Lieder (F [2]1965); W. DEUTSCH, Sing mit uns. Lieder, Reime und Spiele für Kinder im Vorschulalter (W 1971); H. LEMMERMANN, 150 der schönsten dt. K.er aus alter u. neuer Zeit (Mn 1971); E. BORNEMANN, Stud. z. Befreiung des Kindes, 4 Bde. (Fr – Olten 1973–79).

W. SCHEPPING

KINDERMANN, Johann Erasmus, * 29. 3. 1616 Nürnberg, † 14. 4. 1655 ebd.; dt. Komponist. Er erhielt eine umfassende musikalische Ausbildung durch J. Staden in seiner Heimatstadt und war dort auch schon früh als Organist tätig. 1634–35 hielt er sich in Italien auf; möglicherweise lernte er in Rom auch G. Frescobaldi und G. Carissimi kennen. Nach kurzer Tätigkeit in Schwäbisch Hall wurde er 1640 in Nürnberg Organist an der St.-Egidien-Kirche, wo er bis an sein Lebensende blieb. Über seine Schüler wirkte er auch in die Musikgeschichte Nürnbergs der 2. Hälfte des 17. Jh. hinein (J. Krieger, J. Pachelbel).

WW (alle in Nürnberg erschienen): **1) Vokal-WW:** *Musicalische Friedensfreud* für 1–2 St., 3 Violen ad lib. u. B.c. (1630); *Cantiones Pathetikai* (Passionsgesänge) für 3–4 St. u. B.c. (1639); *Opitianischer Orpheus* für 1–3 St., 3 Violen ad lib. u. B.c., 2 Tle. (1642); *Dialogus. Mosis Plag, ...* für 1–6 St. u. B.c. (1642); *Con-*

centus Salomonis... Geistl. Concerten, auß dem Hohen Lied für 2 St., 3 Violen u. B.c., 2 Tle. (1642); *Deß Erlösers Christi u. sündigen Menschens heylsames Gespräch* für 7 St. u. B.c. (1643); *Musica Catechetica* für 5 St. u. B.c. (1643); *Intermedium musico-politicum* für 4 u. 6 St. u. B.c. (1643); *Herrn Dilherrns Evangelische Schlußreimen* für 3 St. u. B.c., 3 Tle. (1652); ferner einzelne Gelegenheitsgesänge. – **2) Instr.-WW:** *Deliciae studiosorum*, 4 Teile (Suitensätze für verschiedene Instr. mit B.c.), unvollst. erhalten nur Teil 1 (1640) u. 3 (1643); *Canzoni. Sonatae* für 1–4 Violen u. B.c. (1653). – Vokal- u. Instr.-WW auch hsl. erhalten.

K.s Schaffen, das in der Tradition J. Stadens steht und durch italienische Gestaltungselemente bereichert ist, umfaßt sowohl Instrumental- als auch – in zahlenmäßig größerem Umfang – Vokalmusik. Im Zentrum stehen die geistlichen Werke, die eine ähnliche Vielfalt in der Besetzung aufweisen wie die gleichzeitigen Werke von H. Schütz. Mannigfaltig ist auch der stilistische Befund: a cappella-Satzweise, solistisch, geringstimmig und vielstimmig konzertierender Stil mit und ohne Instrumente und mit Tutti-Solo-Wirkungen.

Ausg.: Ausgew. Werke I, hrsg. v. F. SCHREIBER (L 1913) (= DTB 24); Ausgew. Werke II, hrsg. nach dem Nachlaß Schreibers v. B. A. WALLNER (Au 1924) (= DTB 32). – **1) Vokal-WW:** Ein Lied, in: H. J. MOSER, Corydon 2 (Brau 1933); ein Gesang aus *Mosis Plag*, in: R. MITJANA – Å. DAVIDSON, Catalogue... des imprimés de musique... d'Uppsala 2 (Uppsala 1951); ein Gelegenheitsgesang in: Begräbnisgesänge Nürnberger Meister für Exulanten aus der Steiermark, hrsg. v. H. FEDERHOFER (Gr 1955) (= Musik alter Meister 3). – **2) Instr.-WW:** Orgelwerke, in: Hirschberger Orgelbuch II, hrsg. v. F. REUSCH (Breslau 1936); Tanzstücke für Klv., hrsg. v. R. BAUM (Kas – Bas ^{3}1950); Sarabande, Sonata u. Symphonia, in: Dreistimmiges Spiel. 16 Stücke alter Meister, hrsg. v. W. HILLEMANN (Mz 1950); Festlicher Aufzug, in: 15 Aufzugsmusiken alter Meister, hrsg. v. A. HOFFMANN (Wb 1951); 3 Stücke in: Orgelwerke alter Meister aus Süddeutschland, hrsg. v. H. METZGER (Tü 1953).

Lit.: F. SCHREIBER, Der Nürnberger Organist J. E. K. (Diss. Mn 1913); H. H. EGGEBRECHT, Zwei Nürnberger Orgel-Allegorien des 17. Jh., in: MuK 27 (1957).

KINDĪ, Abū Yusūf Ya'qūb Ibn Isḥāq al-K., * um 790 Basra (Irak), † 874 Bagdad; arabischer Philosoph und Musiktheoretiker. Er war ein Günstling des Kalifen al-Ma'mun (813–33), eines Anhängers griechischer Wissenschaften und Philosophie. Seine zahlreichen Werke, in denen er alle Wissenszweige behandelt, enthalten 8 Musiktraktate (teilweise verloren), in denen er sich mit Komposition, Melodik und Rhythmik befaßt und die griechische Musiktheorie auf die arabische Musik überträgt. K. übte einen beträchtlichen Einfluß auf seine Zeitgenossen und die nachfolgenden Generationen aus.

Lit.: H. G. FARMER, Historical Facts of the Arabian Musical Influences (Lo 1930, Nachdr. 1964); C. COWL, The Risala Fi Hubr Ta Lif al-'Alhan of Ja'Qub Ibn Ishaq Al-K., in: The Consort 23 (1966).

K'ING, Tjing (chinesisch), Bz. für ein chinesisches Instrument aus der Gruppe der ↗Lithophone, das aus einer einzelnen Steinplatte (tö-tjing) oder aus einer Reihung von verschieden großen, d.h. verschieden gestimmten Steinplatten (biän-tjing) bestehen kann. Die einzelne Steinplatte hat die Form eines stumpfen Winkels mit ungleich langen Schenkeln und wird mit Klöppeln angeschlagen. Früher bestand ein Spiel aus 12, 14 oder 24 Klingsteinen, heute sind es meist 16. Je 8 Klingsteine werden an 2 Querleisten eines Gestells aufgehängt, derart, daß jede Reihe eine Folge von Ganztönen ergibt, wobei in der oberen Reihe die „weiblichen" (yinliu), in der unteren Reihe die „männlichen Töne" (yangliu) des 12stufigen Tonsystems (↗China) erklingen.

fis gis ais/b c d e fis gis
f g a h cis dis f g

Das Instrument wurde vor allem in der Tempelmusik und im Hoforchester verwendet.

Lit.: CH. MENG, Remarks on Chinese Music and Instruments (NY 1932); K. ROBINSON – H. ECKARDT, Chinesische Musik, in: MGG II; K. REINHARD, Chinesische Musik (Kas ^{2}1956).

KING, James, * 22. 5. 1928 Dodge City (Kansas); amerik. Sänger (Tenor). Nach einem Musikstudium an der Louisiana State University in Baton Rouge und der University of Kansas City war er 1952–61 Professor für Musik an der University of Kentucky in Lexington. 1962 wurde er an die Deutsche Oper Berlin engagiert und sang im selben Jahr erstmals bei den Salzburger Festspielen; 1965 debütierte er bei den Bayreuther Festspielen, 1966 wurde er an die Metropolitan Opera in New York verpflichtet. Als einer der namhaftesten Heldentenöre der Gegenwart, besonders in Wagner-Partien, ist er ständiger Gast an den Opernhäusern in Mailand, Wien, London und München.

KING AND I, THE *(Der König und ich)*, amerik. Musical in 2 Akten von Richard Rodgers (1902–79), Buch und Song-Texte von Oscar Hammerstein II nach dem Roman *Anna and the King of Siam* von Margaret Landon. Ort und Zeit der Handlung: am siamesischen Königshof zu Beginn der sechziger Jahre des 19. Jahrhunderts. UA: 29. 3. 1951 in New York (St. James Theater); dt. EA (in dt. Sprache): 17. 4. 1966 in München (Staatstheater am Gärtnerplatz). Verfilmt 1956.

Die Konfrontation östlicher und westlicher Welt und Weltanschauung steht im Mittelpunkt des Werkes. Anna Leonowens, eine englische Lady des „Viktorianischen Zeitalters", kommt als Erzieherin an den Hof von Siam. Obwohl der König und Anna sich zueinander hingezogen fühlen, können sie die kulturellen Schranken nicht überwinden. Als der König stirbt, bleibt Anna in Siam, um den Thronfolger in westlichem Sinn zu beeinflussen. Rodgers unternahm nicht den Versuch, „echte" orientalische Musik zu schreiben, sondern komponierte ein Musical, das durch melodische, rhythmische und vor allem instrumentatorische Wendungen fernöstliche Eindrücke schafft. Eines der gelungensten Beispiele dafür ist *The March of the Siamese Children* im 1. Akt, während das balladeske *Hello, young Lovers* oder das polka-ähnliche Duett *Shall we dance?* ganz und gar westliche Musik bleiben. Mit 1246 Vorstellungen en suite wurde *The King and I* ein außergewöhnlicher Publikumserfolg. Es wurde 1952 mit dem Antoinette Perry Award als bestes Musical der Saison ausgezeichnet. *The King and I* entwickelte sich zu einem „Klassiker" des amerik. Theaters; dies beweisen nicht zuletzt die ungewöhnlich vielen, erfolgreichen Neuproduktionen.

R.-M. SIMON – S. SIMON

KINKEL (geborene Mockel, geschiedene Mathieux), **Johanna,** * 8. 7. 1810 Bonn, † 15. 11. 1858 London; dt. Schriftstellerin, Musikpädagogin und Komponistin. Sie studierte in Bonn bei Fr. A. Ries sowie in Berlin bei Karl Böhmer (Theorie) und Wilhelm Taubert (Klavier). 1840 gründete sie mit ihrem Mann Gottfried K. die literarische Vereinigung „Der Maikäferbund". Nach einer geglückten Flucht ihres Mannes aus dem Spandauer Gefängnis (1850), wo er wegen Beteiligung am badischen Aufstand festgehalten war, folgte sie ihm mit den vier Kindern nach London. Wie in Bonn arbeitete sie dort als Gesangslehrerin für Kinder, leitete einen Chor, gab Klavierunterricht und hielt später auch öffentliche Vorträge über Komponisten und über Musiktheorie.

WW: Unterrichtswerke, darunter *Acht Briefe an eine Freundin über Clavier-Unterricht* (St–Tü 1852). – Zahlr. Vokal-Werke, u. a. Duette, schottische Lieder, Lieder für SingSt u. Klv; ferner die *Vogelkantate,* op. 1 u. weitere Kantaten.

J. K. war eine vielseitig begabte, umfassend gebildete Frau. Sie war literarisch tätig, verfaßte musikpädagogische Schriften und Aufsätze über Musik und Musiker, war selbst Pianistin und Komponistin, vor allem von Liedern, die bereits früh Anerkennung fanden (u. a. bei R. Schumann), und leistete als Musikpädagogin Hervorragendes. Bereits als junges Mädchen hatte sie einen eigenen, für das damalige Bonner Musikleben außergewöhnlichen Musikkreis aufgebaut, mit dem sie seit 1840 große Chorwerke und konzertante Opernaufführungen erarbeitete. Unter ihren musikalischen Schriften ist besonders die geistreiche Studie *Fr. Chopin als Komponist* zu nennen; ihre Novellen und ihr Roman *(Hans Ibeles in London)* zeigen nicht nur Autobiographisches, sondern vor allem auch den Niederschlag ihrer politischen und gesellschaftlichen Vorstellungen (Gleichberechtigung der Frau bei Berufswahl, Bezahlung, Heirat usw.).

Lit.: G. KINKEL JR., Drei Jahre aus dem Leben eines dt. Dichterpaares, in: Der Zeitgeist (1887), Beiblatt Nr. 13–17; A. N. HARZEN-MÜLLER, J. K. als Musikerin, in: NZfM 13/14 (1910); J. F. SCHULTE, J. K. Nach ihren Briefen und Erinnerungs-Blättern (Mr 1908); K. STEPHENSON, J. K., in: Rheinische Musiker 4 (Kö 1966) (= Beitr. z. rheinischen Musikgeschichte 64); M. BRÖCKER, J. K.s schriftstellerische und musikpädagogische Tätigkeit, in: Stud. z. Bonner Musikgeschichte des 18. u. 19. Jh. (Kö 1978) (= ebd. 116).

M. BRÖCKER

KINKELDEY, Otto, * 27. 11. 1878 New York, † 19. 9. 1966 Orange (New Jersey); amerik. Musikforscher. Er studierte am College of the City of New York und an der New York University sowie 1900–02 bei E. MacDowell an der Columbia University in New York und danach bei M. Friedländer und H. Kretzschmar an der Berliner Universität, an der er 1909 mit einer Dissertation über *Orgel und Klavier in der Musik des 16. Jh.* promovierte. 1909–14 lehrte er Orgel und Musikwissenschaft an der Universität Breslau und kehrte bei Kriegsausbruch in die USA zurück; er war 1915–23 und 1927–30 Bibliothekar an der New York Public Library und lehrte 1923–27 an der Cornell University in Ithaca/N.Y., wo er 1930 den ersten musikwissenschaftlichen Lehrstuhl in den USA erhielt.

Schriften: *Orgel u. Klv. in der Musik des 16. Jh.* (L 1910, Nachdr. Hil – Wie 1968); *L. Luzzaschi's Solo-Madrigale,* in: SIMG 9 (1907/08); *A Jewish Dancing Master of the Renaissance, Guglielmo Ebreo,* in: A. S. Freidus Memorial Volume (NY 1929, Nachdr. Brooklyn 1966); *Music and Music Printing in Incunabula,* in: Papers of the Bibliographical Society of America 26 (1932); *Equal Voices in the „A cappella" Period,* in: Essays on Music. FS A. Th. Davison (C/M 1957); *Dance Tunes of the 15th Century,* in: Instrumental Music, hrsg. v. D. G. Hughes (C/M 1959) (= Isham Library Papers 1); *Kinnor, Nebel – Cithärä, Psalterium,* in: The J. Bloch Memorial Volume (NY 1960).

Lit.: P. H. LANG, in: MQ 45 (1959) u. 53 (1967); D. J. GROUT, in: AMl 39 (1967); J. LARUE, in: Mf 20 (1967).

KINOKÖNIGIN, DIE, Operette in 2 Teilen von Jean Gilbert (d. i. Max Winterfeld) (1879–1942), Text von Georg Okonkowski, dramaturgische Bearbeitung von Julius Freund. Ort u. Zeit der Handlung: Berlin um 1910. UA: 8. 3. 1913 in Berlin (Metropol-Theater).

Vorlage für die Kinokönigin war eine am 23. 11. 1912 in Hamburg uraufgeführte Operette Gilberts *(Elfte Muse).* Als „Terpsichore der Flimmerleinwand" bezeichnete Robert Gilbert (Jeans Sohn) diese Erfindung einer eigenen Filmmuse. Gilbert, der „König der modernen Operette" (E. Urban), stellt in seiner musikalischen Posse die Welt des Films wie auch die Gegner dieses neuen Mediums vor. Die Rolle des stotternden Filmregisseurs Josef Grampietro garantierte ebenso wie die an Berliner Gassenhauern orientierten Melodien den Erfolg des Werkes im Wilhelminischen Deutschland. Beliebtester Schlager der Kinokönigin war das Chanson *In der Nacht, in der Nacht, wenn die Liebe erwacht.* In die Neufassung der Operette durch Robert Gilbert und Per Schwenzen (UA: 21.10. 1961 in Nürnberg) wurden Grundzüge der Handlung übernommen, Gesangstexte zeitgemäß umgedichtet und Erfolgsmelodien anderen Gilbert-Operetten (z.B. das Duett *In Berlin an der Ecke von der Kaiserallee* aus *Kleine Sünderin*) übernommen.

B. DELCKER

KINSKY, Georg Ludwig, * 29.9.1882 Marienwerder (Westpreußen), † 7.4. 1951 Berlin; dt. Musikforscher. Als Autodidakt kam er 1909 als Konservator an das Musikhistorische Museum von W. Heyer, dessen Bestände er durch einen bibliographisch und instrumentenkundlich grundlegenden Katalog erschloß und dessen Direktor er später wurde. 1921 erhielt er einen Lehrauftrag am Musikwissenschaftlichen Institut der Universität Köln und promovierte dort 1925 mit einer Arbeit über *Doppelrohrblatt-Instrumente mit Windkapsel* (gedruckt in: AfMw 7, 1925). Seit 1925 widmete er sich ausschließlich der Forschung; u.a. arbeitete er mehr als ein Jahrzehnt an dem thematischen Verzeichnis der Werke Beethovens, dessen Fertigstellung er jedoch nicht mehr erlebte.

Schriften: *Musikhist. Museum v. W. Heyer,* 3 Bde. I: *Besaitete Tasteninstr.* (L 1910), II: *Zupf- u. Streichinstr.* (L 1912), III: *Musik-Autographen* (L 1916); *Gesch. der Musik in Bildern* (L 1929, engl. 1930, Nachdr. 1951); *Pedalklv. oder Orgel bei Bach?,* in: AMl 8 (1936); *Die Originalausg. der Werke J.S. Bachs* (W 1937, Nachdr. Hilversum 1968); *Das Werk Beethovens. Thematisch-bibliographisches Verz. seiner sämtlichen vollendeten Kompositionen,* abgeschlossen u. hrsg. v. H. Halm (Mn 1955).

Lit.: E. H. MÜLLER VON ASOW, G. K., in: Mf 4 (1951) (mit Schriftenverz.); K. DREIMÜLLER, K., in: MGG VII.

KIRCHENCHOR, seit dem 19. Jh. übliche und in engem und ursächlichem Zusammenhang mit der kirchenmusikalischen Erneuerungsbewegung, besonders dem ↗Cäcilianismus, stehende Bz. für einen ↗Chor von Sängern aller Stimmgattungen zu ein- bis vielstimmiger Ausführung von Vokalkompositionen, auch zusammen mit Instrumenten, hauptsächlich für den gottesdienstlichen (liturgischen) Gebrauch der christlichen Kirchen, wobei in der evangelischen Kirche vielfach die Bezeichnung ↗Kantorei üblich ist. Die Besetzung ist im allgemeinen die des gemischten Chores (Sopran, Alt, Tenor, Baß) neben ↗Männerchor, ↗Frauenchor und Jugendchor; die Anzahl der Sänger kann von 4–8 bis zur sog. Oratorienstärke (80–100) reichen bei einem Mittelwert von 30–50 Mitgliedern. Geleitet wird der K. von dem jeweiligen haupt- oder nebenamtlichen Kirchenmusiker der betreffenden Kirche. – Auf die Komposition von ↗Kirchenmusik hat das Aufblühen der Kirchenchöre im 19. Jh. großen Einfluß genommen, woraus einerseits bedeutende Werke (A. Bruckner), andererseits Gebrauchsmusik resultierte, die aber auch unter der Beachtung der Leistungsfähigkeit der Kirchenchöre entstand. Die interpretierten Kompositionen sind heute besonders bunt gemischt, wobei Musikverständnis und Leistungsfähigkeit der Kirchenchöre vielfach traditionell tonal gebundener Musik vor „neueren" Klängen den Vorzug geben, was der Notwendigkeit der Allgemeinverständlichkeit der in der Liturgie zu verwendenden Musik Rechnung trägt. Da die Kirchenchöre freiwillig und ehrenamtlich zusammenkommen, ist der gesellschaftlichen Seite dieser Vereinigungen besondere Bedeutung beizumessen, wenn sie zum kulturellen Leben nicht nur der Pfarr-, sondern auch der politischen Gemeinde wesentlich beitragen. Besondere Bedeutung kommt dem Kirchenchor seit dem 2. Vatikanischen Konzil und seiner Liturgiereform zu, die auch neuen Formen, vor allem im Wechsel von Vorsänger, Schola, Chor und Gemeinde, Geltung verschafft, wobei auch die Kantoren und die Schola meist aus dem Kirchenchor herauswachsen.

Lit.: vgl. die versch. einschlägigen Zeitschriften, u.a. Kath. Kirchenmusik (Einsiedeln – Schwyz – St. Gallen 1876ff.); Musica sacra (Rb – Kö – Rb 1889ff.); Der Ev. Kirchenchor (Z 1897ff.); Musik u. Kirche (Kas 1929ff.); Musik u. Altar (Fr 1948–72); Der Kirchenchor (Kas 1949ff.); Singende Kirche (W 1953ff.); Der Chorwächter (1960ff.).

F. A. STEIN

KIRCHENLIED, allgemeinem Sprachgebrauch entsprechend im weiteren Sinne das nationalsprachige Gemeindelied der christlichen Konfessionen, im engeren Sinne das Gemeindelied, wie es vorrangig im deutschsprachigen Raum gepflegt wird und in übrigen europäischen Ländern keine direkte Entsprechung in der Sache und im Begriff hat.

Das K. des Mittelalters. Seine Entstehung verdankt das K. dem pastoralen Bestreben der deutschen Kirche im Mittelalter, das Volk trotz der lateinischen Klerikerliturgie und neben ihr am Gottesdienst zu beteiligen. Das geschah vereinzelt in der ↗Messe und im Stundengebet (↗Horen) an hohen Feiertagen, wenn viel Volk anwesend war, vor allem aber am Ende der lateinischen liturgischen Spiele zu Ostern und Weihnachten, in Prozessionen, am Ende der Predigten, bei Wallfahrten sowie bei außerordentlichen Ereignissen. Weil diese keineswegs als geringerwertige Paraliturgie gegenüber der fixierten römischen Liturgie abgestuft waren, wird man auch diese Gesänge als K.er mit liturgischem Rang ansprechen dürfen.

Nicht zum K. gehören die ältesten volkssprachlichen Rufe, die sich meist in Verbindung mit dem

Kyrie eleison erhalten haben. Ein liedmäßiger Ruf dagegen ist der seit dem 13. Jh. belegte Marienruf *Sant Maria muoter und meit.*
Die Christusepen der Karolingerzeit mit Akzentsetzungen und Neumen über einzelnen Modellstrophen weisen auf den kirchlichen Traditions- und Funktionszusammenhang hin. Aus dem 9. Jh. ist ein strophischer Lobgesang auf den hl. Gallus – ursprünglich deutsch abgefaßt, später ins Lateinische übertragen – überliefert. Das älteste Zeugnis für ein echtes deutsches K. ist die Aufzeichnung im bayrischen Dialekt des sog. Freisinger Petrusliedes aus der Zeit um 900; die 3 Strophen schließen mit *Kirie eleison* und tragen alle linienlose Neumierung.
Daneben existieren K.er aus dem späten 11. Jh. ohne Neumierung, wie etwa ein Marienlied und das 7strophige, auf die Wunder Christi gedichtete *Ezzolied.* Aus der 2. Hälfte des 12. Jh. stammen die ältesten Übersetzungen lateinischer Sequenzen: 2 Mariensequenzen, die nach der Sequenz *Ave praeclara maris stella* gedichtet und nach deren Melodie beide zu singen sind, wie dies aus den Neumen der Engelberger Fassung hervorgeht. Im 12.–15. Jh. läßt sich eine immer stärkere Verbreitung deutscher K.er in fast allen deutschsprachigen Diözesen feststellen. Sie finden sich (mit Angabe des ↗Initium) in folgenden Quellengruppen: in ↗Antiphonaren, Prozessionalen, ↗Brevieren, ↗Ordinarien, Lektionarien, ↗Cantionalien, Liedersammlungen, Orationalien. Auch Verbote einzelner Bischöfe vor allem im Zusammenhang mit den Hussitenkriegen änderten nichts an der Tatsache der offiziellen Duldung und Pflege. Landschaftlich besonders ergiebig für deutsche K.er waren im 14. Jh. Medingen im Bistum Verden, vermutlich unter Magdeburger Einfluß, die Steiermark, schon im 12. Jh. Salzburg, im 15. Jh. Wien (der Hof) und unter dem Einfluß der Mystik: Schwaben, Elsaß, Schweiz und der Niederrhein (Köln, Amsterdam, Utrecht), auch Trier.
Die Entfaltung des Liedrepertoires vollzog sich in folgenden Gruppen:
1. Hymnensammlungen in deutscher Sprache. Hierzu zählen die sog. „Murbacher Hymnen" (Version des altbenediktinischen Hymnars der Reichenau), die wegen ihrer Notation für den Gesang bestimmten Hymnen- und Sequenzen-Übersetzungen des Mönchs von Salzburg um 1100 und die Hymnen der Liederhandschrift des Heinrich von Laufenberg; von besonderem Wert ist die aus dem Jahre 1477 stammende deutsche Hymnensammlung Kaiser Friedrichs III., ein vollständiges Hymnar für die ferialen Tagzeiten und die Festzeiten mit Notation zu allen Strophen. Ohne Noten, aber durchaus singbar sind u. a. der Kölner Hymnar (1460) und die gedruckten Hymnare ohne Noten (Heidelberg, 1494, und Sigmundslust in Tirol, 1524).
2. Rufe. Wichtigste Quellen für die seit dem 13. Jh. nachweisbaren, bei Prozessionen und Wallfahrten beliebten Ruflieder (doppelzeilig, z. T. mit Binnen- und Endrefrain) sind die Sammlungen der ↗Geißlerlieder und das Repertoire des Hohenfurter Liederbuchs.
3. Leisen. Schon das Freisinger Petruslied war eine ↗Leise, da alle drei Strophen mit *Kyrieleison* abschlossen. Die eigentliche Blütezeit der Leisen beginnt im 12. Jh.; sie entstanden meist als Interpolationen zu den Sequenzen und umfassen meist nur 4 Zeilen mit anschließendem *Kyrieleison:* z. B. *Christ ist erstanden* (zuerst 1160 in Salzburg), *Nun bitten wir den hl. Geist, Gott sei gelobet und gebenedeiet* (Medingen um 1350), *Nun sei willekommen, Herre Christ* und *Gelobet seist du Jesu Christ* (seit 1380 in Medingen). Aus den Kreuzzügen stammen Leisen zu Feiern am hl. Grab und zur Kreuzverehrung (*In Gottes namen varen wir,* schon um 1215 zitiert in Gottfrieds *Tristan*). Die Beliebtheit dieser Leisen zeigt sich nicht nur in mehrstimmigen Bearbeitungen des 15. Jh., sondern auch im Fortleben von Text und Melodie bis in die katholischen und evangelischen Gesangbücher unserer Tage. Ein Lied wie *Christ ist erstanden,* das in fast 300 Quellen über ganz Deutschland verbreitet war, verdankt seine Verbreitung vor allem den lateinischen und deutschen Osterspielen. Es wurde auch während der Messe und in der Vesper gesungen. Übersetzungen in das Tschechische und Polnische sorgten für die Verbreitung in den östlichen Nachbarländern.
4. Lateinische Cantiones (↗Cantio) und Rondelli waren seit 1200 in ganz Europa beliebt. Trotz der meist weltlichen (Tanz-)Melodien stand ihrer liturgischen Verwendung vor allem als Benedicamus-Tropus und als Interpolation in den Cantica von Vesper und Komplet nichts entgegen. Lieder wie *Surrexit Christus hodie, Puer natus in Bethlehem* und *Quem pastores laudavere* erhielten meist schon im Mittelalter eine deutsche oder tschechische Übersetzung oder wurden wie *In dulci jubilo* von vornherein in lateinisch-deutscher Mischpoesie gesungen. Sammlungen dieser Cantiones aus Prag, Moosburg, Seckau, St. Gallen, Jistebnicz, Wien, Neustift, Benediktbeuren und Hohenfurt gehören daher unmittelbar zur Vorgeschichte.
5. Kontrafakturen weltlicher Herkunft. Das Einströmen weltlichen Melodiegutes verbindet die Gruppe der Cantiones mit den ↗Kontrafakturen der deutschen Mystik und der niederländischen Devotio moderna. In der mystischen Prosa der

Mechthild von Magdeburg (13. Jh.) gibt es kleinere strophische Gebilde, die vermutlich zum Singen bestimmt waren, wenn auch die Neumen dazu fehlen. Im Zisterzienserinnenkloster Medingen haben sich solche mystischen Strophen mit Neumen (um 1330) erhalten. Für diese Strophen wird man weltliche Melodien annehmen dürfen. Die eng an den weltlichen Text anschließende parodierende Kontrafaktur, die bewußt das Original durchblicken läßt, ist vor allem eine Schöpfung der deutschen Mystik. Man findet diese zuerst am Oberrhein (Basel, 14. Jh.; Straßburg), in Handschriften aus Utrecht (um 1500) und Amsterdam (um 1480) sowie im Liederbuch der Anna von Köln (um 1500) und dem der Nonne Katharina Tirs (1588).

6. Antiphonenlieder. Aus Benediktinerklöstern der Salzburger Diözese, die der Melker Reform angehörten, St. Peter in Salzburg, Ebersberg, Tegernsee, Mondsee, Michaelbeuren, stammt die vorletzte Schicht deutscher K.er des Mittelalters, die dem melodischen Duktus und dem Text der kirchlichen ↗Antiphonen angepaßt sind. In den Mittelpunkt traten jetzt Antiphonen wie das *Media vita = Mitten wir im Leben* in Salzburg (St. Peter) und Ebersberg seit 1456; die marianischen Antiphonen *Regina caeli = Königin in dem Himmel* (15. Jh.), das *Salve Regina = Fraw von hertzen* (Salzburg, Tegernsee und Ebersberg um 1480, die Prosa-Antiphon *Veni sancte Spiritus = Kum heiliger geist, herre got* (St. Peter, Ebersberg, Tegernsee um 1480). Diese Gesänge gingen fast lückenlos in die gedruckten katholischen Gesangbücher des 16. Jh. und zum Teil auch in die evangelischen Gesangbücher über.

7. Spruchdichtung und ↗Meistersang. Die Liedschöpfungen der späten Minnesänger und Meistersinger können trotz des geistlichen Inhalts nur selten dem K. zugerechnet werden, darunter allerdings einige freie Liedschöpfungen des Mönchs von Salzburg. Weite Verbreitung fand jedoch schon vor der Reformation durch Liedblätter: *Maria zart von edler Art* (um 1490), *Dich Fraw vom Himmel ruff ich an* (um 1510), der *Marienpsalter* von Sixt Buchsbaum (1420–1500) und das Tagelied *Frölich so wil ich singen.*

Das katholische K. seit dem 16. Jahrhundert. Nach der Reformation ist das katholische K. einerseits eine Fortsetzung des mittelalterlichen deutschen K.es, andererseits ein Mittel, um dem lutherischen und calvinischen K. entgegenzuwirken. Wie im Mittelalter und in der Frühzeit des lutherischen K.es war nicht daran gedacht, den lateinischen liturgischen Gesang der römischen Kirche durch das K. zu ersetzen, aber die substitutive Verwendung, wie sie die Lutheraner übten, kam für die katholischen Gemeinden nicht in Frage. Bis zur Aufklärung konnte das K. in der Liturgie an einzelnen Stellen der Messe und des Stundengebets nur additiv verwendet werden. Diese sekundäre Stellung in der Liturgie aber wurde ausgeglichen durch die mannigfaltige Verwendung im kirchlichen Brauchtum, u. a. bei Prozessionen, Wallfahrten, Andachten, Veranstaltungen der Bruderschaften. So ist es nicht verwunderlich, daß der Umfang der offiziellen katholischen Gesangbücher (↗Gesangbuch) nicht geringer war und daß diese bei den Katholiken ebenso geschätzt wurden wie bei den Protestanten.

Die frühesten katholischen Gesangbücher waren private Sammlungen, so etwa das Gesangbuch von Michael Vehe (1537) mit den ersten katholischen Psalmliedern in Anlehnung an Luthers Psalmdichtungen (Weisen von Wolfgang Heintz). Ähnliche Sammlungen sind u. a. der vollständige katholische Lied-Psalter von Caspar Ulenberg (Köln 1580) mit eigenen Melodien (gegen das Eindringen Genfer Psalmlieder) und verschiedene süddeutsche und böhmische Gesang- und Rufbücher, in denen erstmals auch mittelalterliche Rufe mündlicher Überlieferung aufgezeichnet wurden (u.a. das Grazer Gesangbuch von Nikolaus Beuttner, das in der Steiermark 1602–1718 13 Aufl. erlebte). Es wurde 1625, 1631 und 1649 durch das *Groß Catholisch Gesangbuch* des Benediktinerabtes David Gregor Corner zu einem Gesangbuch für ganz Österreich erweitert. Das katholische K. des 17. Jh. wurde wesentlich bestimmt durch die Jesuiten. Diese wollten K.er, die in der Tradition des Mittelalters standen, aber sprachlich und metrisch modernen Vorstellungen entsprachen, lehrhaft, leicht zu singen und so im Unterricht zu verwenden waren. Den Anstoß dazu gab Petrus Canisius; das erste Beispiel war das Konstanzer Gesangbuch von 1594 (erste Melodienausgabe Konstanz 1600 mit 78 Melodien). Unter dem Einfluß seines Repertoires standen auch verschiedene Diözesan-Gesangbücher, u. a. das Speyrische Gesangbuch (*Alte Catholische Geistliche Kirchen Gesäng,* Kö 1599–1625, Mz 1631), das *Catholisch Cantual* (Mz 1605; mit Katechismus, Evangelien, Episteln, Gebeten; 1628 durch die *Himmliche Harmony* ersetzt; mit dem Würzburger Gesangbuch von 1627 das erste Beispiel eines deutschen Generalbaßgesangbuchs). Besondere Bedeutung kommt der 3. Auflage des Jesuitengesangbuches der Kölner Diözese (1623) zu mit der Neuaufnahme von K.ern, in denen das Hebungsprinzip für deutsche Verse voll verwirklicht ist und die Friedrich Spee zugeschrieben werden. Sein großer Erfolg begründet auch den weiteren Ruhm der ab 1637 *Kleines Psälterlein* genannten zahlreichen Auflagen.

Die Geschichte des katholischen K.es im 17. Jh. hängt eng mit der Entwicklung des geistlichen Sololieds mit B. c. zusammen, in dem – wie beim evangelischen K. – die schöpferischen Kräfte einer ganzen Zeit besonders produktiv wurden. Die Bezeichnung K. rechtfertigt jedenfalls die häufige Aufnahme beliebter Sololieder in die Gesangbücher. Vielfältige Funktionen kamen dem geistlichen Sololied zu. Es war zunächst eine Art geistlicher Hausmusik, das vor allem bei Treffen der Bruderschaften und für Wallfahrten als geistliches Konzert beliebt war. Vor allem die Spiritualität der einzelnen Orden und die Begabung ihrer Ordensdichter und Musiker kam hier zur Geltung. Näher bekannt aus dieser Literatur sind die *Trutznachtigall* von Fr. Spee (Melodien mit B.c. von Jakob Gippenbusch, Kö 1649) und die *Heilige Seelen-Lust* von Angelus Silesius (Melodien u. a. von Georg Joseph, Breslau 1657).
Im süddeutschen Raum waren es vor allem Jesuiten (u. a. Albert Curtz mit seinem Liedspalter *Harpfen Davids* von 1659 und 1669), Kapuziner (u. a. Laurentius Schnüffis mit seinen mystischen Liederzyklen und Liedromanen von 1665–1698), Benediktiner, aber auch Zisterzienser und Augustiner-Chorherren, die Andachtsbücher mit Sololiedern (mit B.c.) verfaßten. Fast ebenso umfangreich wie das Schaffen der Ordensmänner auf diesem Gebiet ist das einzelner Pfarrer und Laien, vor allem der Berufsmusiker.
Auch die größte Sammlung an Wallfahrtsliedern, die *Mariazeller Lieder* (von 1640–1760 fast jährlich mit neuen Texten und Melodien), gehört diesem Typus an. Ein großer Zyklus von Sololiedern über die Evangelien erschien 1653 in Würzburg, die 2. Auflage (F 1656) fügte noch einen Zyklus von Epistelliedern hinzu (ähnliche Unternehmen auf evangelischer Seite 1561 von Nikolaus Herman, auf katholischer Seite 1569 vom Grazer Pfarrer Andreas Gigler). Der anonyme Autor war Johann Philipp von Schönborn, Erzbischof von Mainz, als Komponist gilt sein Hofkapellmeister Ph. Fr. Buchner. 1658 folgte als neue Sammlung *Der schöne Psalmbrunn* in der gleichen Art.
Viele deutsche Diözesen behielten in der ersten Hälfte des 18. Jh. noch die bewährten Gesangbücher des 17. Jh. bei. Aber die Kritik an der Sprache der alten K.er und an ihrer musikalischen Gestalt ließ bald eine Reihe von Gesangbüchern aufkommen, die in Sprache, Form und Musik nur den Zeitstil des jeweiligen Verfassers und Musikers wiedergaben und eine Verarmung im Repertoire darstellten. Vielleicht waren auch hier die Jesuiten die ersten, die für ihre Volksmissionen 1717–1718 an den verschiedenen Orten ihre *Missionsbüchlein* mit einer völlig neuen Art von Liedern, die nüchtern und einfach waren, hervortraten. Die Wiener Jesuiten machten daraus größere Gesangbücher (1727, 1733, 1736, 1750), die der Katechese dienen sollten. Auffällig ist auch der Reformeifer der großen Benediktinerabteien, die sich für ihre Territorien verantwortlich fühlten (z. B. Weingarten und St. Blasien, wo der Fürstabt M. Gerbert für sein Gebiet die *Christliche Lehre in Liedern* 1773 herausgab).
Unter Joseph II. wurden alle Mittel eingesetzt, um in den österreichischen Erblanden die alten Gesangbücher durch solche der Aufklärung zu ersetzen. So erschien 1776 „auf Befehl der Kaiserin Maria Theresia" mit Melodien das neue offizielle Gesangbuch Österreichs, noch heute bekannt durch das deutsche Te Deum: *Großer Gott wir loben dich*. 1777 kam in Bayern *Der heilige Gesang im Gottesdienst* heraus, das den letzten Versuch für ein überdiözesanes Gesangbuch darstellt. 1781 wurde es Gesangbuch der Salzburger Diözese (die Auflage von 1790 nennt M. Haydn als Herausgeber) und 1786 auch von Trier übernommen.
Die Lieder der Aufklärung mit ihrem primitiven Rationalismus bestimmten lange den Geschmack des Volkes. Nur langsam setzte sich die Erkenntnis von der Verarmung der Gesangbücher durch ihre Einschichtigkeit durch. Durch Germanisten, Hymnologen und Dichter wurde seit dem frühen 19. Jh. der Wunsch nach einer geschichtsbewußten Rezeption des wertvollen alten Kirchenliedes neu geweckt. Besonderen Anteil an dieser Entwicklung hatten u. a. Cl. Brentano, A. von Arnim und A. H. Hoffmann von Fallersleben. Einfluß auf eine Neugestaltung der Gesangbücher nahmen auch 1845 bis 1847 die *Cantica spiritualia*. 1847 hatte man sich um eine Vereinheitlichung aller deutschen katholischen Gesangbücher auf einer Bischofssynode in Würzburg bemüht. Dazu hatte Heinrich Bone mit seinem Liederbuch *Cantate* (1847) den Weg gewiesen. Es blieb jedoch weiterhin so, daß jede Diözese ihr eigenes Gesangbuch hatte (in der Regel kombiniert mit einem Gebetbuch für Messe und Andachten), ohne daß allerdings zu jedem Lied auch immer die entsprechende Melodie eigens verzeichnet war. Das Liedgut war auf diese Weise von Diözese zu Diözese in seinem Bestand und in Text- und Melodiefassungen stark unterschiedlich. Erst seit den 30er Jahren des 20. Jh. verstärkten sich wieder die Bemühungen um eine Vereinheitlichung der deutschen K.er. Eine wichtige Rolle spielte hier das *Kirchenlied* (Fr 1938 u.ö.), das vor allem in Kreisen der katholischen Jugend weit verbreitet war. In seiner Gestaltung griffen die Herausgeber (A. Lohmann, G. Thurmair, J. Diewald) entschie-

den auf die alten Quellen zurück und bezogen in größerem Umfang auch Lieder aus dem evangelischen Bereich mit ein. Lohmann selbst steuerte eine beträchtliche Zahl neuer Melodien bei, von denen einige in der Folge allgemein bekannt wurden. Nach dem 2. Vatikanischen Konzil kam es dann zu einer definitiven Vereinheitlichung der Kirchenlieder im deutschsprachigen Raum durch die Veröffentlichung des *Gotteslob* (1975), eines Gebet- und Gesangbuches, dessen allgemeiner Teil für alle Diözesen gemeinsam vorgeschrieben ist, während ein eigener Liedteil für jede Diözese hinzugefügt ist, der einen Teil der regionalen Überlieferung enthält. – ↗Gesangbuch; ↗Kirchenmusik.

W. LIPPHARDT

Das lutherische Kirchenlied. Seine Entstehung entspringt der Absicht des Reformators, im Wissen um die Einprägsamkeit gesungener Texte, das Volk am Gottesdienst aktiv zu beteiligen. Luther hat dies in einem an G. Spalatin (1523/24) geschriebenen Brief programmatisch formuliert. Mit der Bestimmung des Gemeindeliedes zum liturgischen Gesang wurde zur Zeit der Reformation ein Grundstock von Liedern geschaffen, die gesungenes Evangelium darstellen sollten und sich vornehmlich in folgende Sachgruppen ordnen lassen: Psalm-, Fest- und Katechismuslieder sowie Lieder zum ↗Ordinarium missae. Das reformatorische Lied ist daher häufig mehr hymnisches oder auch lehrhaftes Aussagelied als Gebetslied, wenngleich sich beides, besonders beim Psalmlied, keineswegs ausschließt. Den Hauptanteil an der Bereitstellung der frühesten K.er haben außer Luther Johann Agricola, Erasmus Alber, Elisabeth Cruciger, N. Decius, Johann Gramann, Nikolaus Herman, S. Heyden, Justus Jonas, Lazarus Spengler, Paul Speratus und J. Walter geleistet. Diese Dichter knüpften bewußt an volkstümliche Formen an, im geistlichen Bereich vor allem an ↗Hymnus und ↗Leise des Mittelalters, im weltlichen an die durch den ↗Minnesang begründete strophische ↗Bar-Form. Weithin wurde dabei die silbenzählende Reimstrophe ohne feststehendes Versmaß angewandt. Das K. konnte als gottesdienstliche Zweckdichtung seine Aufgabe jedoch nur erfüllen, wenn dessen Schöpfer in Art der zeitgenössischen Meistersinger (↗Meistersang) zugleich Melodien bereitstellten. In der Regel erfolgte dies auch hier, wenn möglich, durch Anknüpfung an überkommene, vor allem mittelalterliche geistliche Weisen, die jedoch unter Umständen gemeindegemäß, z. B. durch Ausmerzen von Ligaturen besonders bei Hymnenmelodien, umgeformt wurden (z. B. Luthers *Komm Gott, Schöpfer, heiliger Geist* nach dem Hymnus *Veni Creator Spiritus*). Bei der strophischen Barform kamen jedoch nur Anlehnungen an das aus der spätmittelalterlichen Hofweise hervorgegangene bürgerliche ↗Gesellschaftslied sowie an Meistersingerweisen in Betracht. Die Schöpfer des K.es fallen daher nach der Terminologie von Glareanus' *Dodekachordon* (1547) nicht unter den Begriff „componista", sondern unter den des „phonascus" oder „inventor". Über den reformatorischen Weisen liegt z.T. der Schleier der Anonymität. Daß Luther im besagten Sinn selbst „phonascus" gewesen ist, steht außer Zweifel; offen jedoch ist die Frage, in welchem Umfang er es war. Sicher ist, daß u. a. auch J. Walter an der Beschaffung von Liedweisen beteiligt gewesen ist. Verbreitet wurden die K.er durch ↗Gesangbuch-Drucke (die frühesten sind das sog. *Achtliederbuch* aus Nürnberg, die sog. *Erfurter Enchiridien* und das 3–5st. *Geystliche gesangk Buchleyn* J. Walters; alle 1524). Das zwischen 1529 und 1543 in vier Auflagen in Wittenberg erschienene Klug'sche Gesangbuch spiegelt am deutlichsten Luthers Einfluß und seine musikalischen Vorstellungen von der Gemeindeliedweise wider. Das letzte zu seinen Lebzeiten herausgegebene und von ihm (wie bei einigen früheren) mit einer Vorrede versehene Gesangbuch war das von Valentin Babst (L 1545). Weitere wichtige Erscheinungsorte von Gesangbüchern der Reformationszeit waren Rostock, Königsberg, Konstanz, Straßburg und Bonn. Die Lieder Nikolaus Hermans aus Joachimsthal (Böhmen) erschienen gesondert meist in Wittenberg (u. a. *Die Sontags Evangelia über das gantze Jar*). Bis zur Mitte des 16. Jh. war der Grundstock des lutherischen K.es geschaffen und dessen liturgische Verwendung im wesentlichen geordnet, und zwar: Innerhalb des ↗Proprium (de tempore) zwischen den Lesungen von Epistel und Evangelium, innerhalb des ↗Ordinarium vor allem zum Gloria (*Allein Gott in der Höh sei Ehr* von N. Decius), Credo (*Wir glauben all an einen Gott* von Luther), Sanctus (*Jesaja dem Propheten das geschah* von Luther) und Agnus Dei (*Christe, du Lamm Gottes* von Luther oder *O Lamm Gottes, unschuldig* von N. Decius), ferner als Kommunionslied und schließlich als Gesang vor und nach der Predigt sowie als Gesang zum Ausgang anstelle des *Da pacem* (*Verleih uns Frieden gnädiglich* von Luther). Noch nicht fest hatte sich um diese Zeit das Eingangslied eingebürgert. – Die folgenden 50 Jahre, in die auch der Beginn der Gegenreformation fiel, bildeten in der Gesangbuchgeschichte eine Epoche des Übergangs, die der Festigung und Sicherung des lutherischen K.es diente. Vereinzelte Neuaufnahmen sind z. B. von P. Eber und N. Selnecker bekannt. Gegen Ende des 16. Jh. erwachte jedoch als Folge der zeitbedingten Nöte (z. B. Seuchen) und als Reaktion auf die konfessionellen Streitigkeiten eine neue Frömmigkeit, in der häufig die mittelalterliche Mystik wieder auflebte. Während die Nöte den Grundtenor vor allem im Liedschaffen von Ludwig Helmbold bilden, fand die mystische Frömmigkeit in den Dichtungen von Bartholomäus Ringwaldt und besonders von Martin Moller, Valerius Herberger und Melchior Teschner ihren Niederschlag. Die wohl bedeutendsten Lieder dieses Zeitabschnitts *Wie schön leuchtet der Morgenstern* und *Wachet auf, ruft uns die Stimme* (1599) stammen in Text und Weise von Ph. Nicolai. Während die kunstvolle Strophenform beider Lieder und die als Reprisenbar mit 3zeiligen Stollen gestalteten Weisen auf eine ältere Straßburger Tradition zurückgehen, weist das jeweils an die erste Strophe gebundene enge Wort-Ton-Verhältnis auf eine neue Melodiengestaltung hin; diese fand ihre Hauptvertreter in M. Vulpius, *Ein schön geistlich Gesangbuch* (4–5st., Jena 1609) und M. Franck, *Rosetulum musicum* (4–8st., Coburg 1627–28). Ihre Weisen erschienen nicht mehr einstimmig, sondern als harmoniebezogene Oberstimmen von vier- und mehrstimmigen homophonen Kantionalsätzen. Die Kirchentöne verloren ihre Bedeutung zugunsten der Dur-Moll-Tonalität. Zugleich trat auch eine feste Mensurbindung an die Stelle des früher häufigen Schweberhythmus. Die Bindung der Melodie an die jeweils erste Strophe, die auch Tonmalerei einschloß, setzte sich allgemein durch. – In die Zeit des 30jährigen Krieges fällt mit den Schlesiern Johann Heermann, Matthäus Apelles von Löwenstern, Johann Franck und Andreas Gryphius, den Mitteldeutschen Martin Rinckart, Paul Flemming, Johann Olearius, Michael Franck, Johann Matthäus Meyfart und G. Neumark, den Ostpreußen Georg Weißel, Simon Dach, H. Albert und Valentin Thilo, den Niederdeutschen Josua Stegmann, Justus Gesenius, David Denicke und J. Rist sowie schließlich den Brandenburgern Michael Schirmer und vor allem P. Gerhardt eine neue Blüte der K.-Dichtung. Nicht der gottesdienstliche Zweck gab nunmehr den Anstoß zum dichterischen Schaffen, sondern das oft aus der Not der Kriegszeit hervorgerufene Bedürfnis, persönliche Anliegen im Lied zum Ausdruck zu bringen; es war daher in erster Linie für die Hausandacht bestimmt. So erklären sich die zahlreichen Morgen- und Abendlieder und vor allem die Vertrauens-, Kreuz-, Trost- und Ewigkeitslieder dieser Epoche. Große Bedeutung kam auch dem Passionslied als Bußlied zu. Am bekanntesten sind J. Heermanns *Herzliebster Jesu, was hast du verbrochen* und P. Gerhardts *O Haupt voll Blut und Wunden* und *O Welt, sieh hier dein Leben.* – Von der dichterischen Gestaltung her steht das umfangreiche Liedschaffen dieser Zeit im Zusammenhang mit der Reform von M. Opitz, der in dem *Buch von der deutschen Poeterey* (1624) die unbedingte Einheit von Sprachbetonung und Versmaß zur unumstößlichen Regel machte.

Um die Vertonung von Liedtexten dieser Dichter des 17. Jh. machten sich u. a. namhafte Komponisten verdient: J. Crüger und J. Ebeling vertonten u. a. Texte von Paul Gerhardt sowie Th. Selle und J. Schop Texte von J. Rist. In der Melodiebehandlung folgten sie M. Vulpius und M. Franck; wie bei diesen waren aber auch das italienische ↗Balletto (so verwendete J. Lindemann G. Gastoldis *A lieta vita* in dem Lied *In dir ist Freude,* 1598) und bei J. Crüger der ↗Hugenottenpsalter von Einfluß. Beiden ist eine strenge homorhythmische Struktur eigen, die als musikalisches Korrelat zur Opitzschen Reform zu verstehen ist. Enges, jeweils auf die erste Strophe des betreffenden Liedes appliziertes Wort-Ton-Verhältnis und Harmoniebezogenheit sind auch jetzt charakteristische Merkmale der Melodiebildung. Gleichzeitig erfolgt der Übergang vom ↗Cantional als Chorbuch mit homophonen Liedsätzen zu Gesangbuchausgaben für Kirchen- und Hausgebrauch, in denen lediglich Melodie und Generalbaß notiert sind. Belege dafür sind J. Crügers *Neues vollkömmliches Gesangbuch* (B 1640), das den Vorläufer der in vielen Ausgaben bis 1736 erschienenen *Praxis pietatis melica* darstellt, und Johann Rists *Himmlische Lieder* mit Melodien von Johann Schop (Lüneburg 1641 bis 1642).

Etwa das letzte Drittel des 17. Jh. ist als Übergangszeit in der Geschichte des lutherischen K. zu verstehen, die in der ersten Hälfte des 18. Jh. zum Pietismus führt und selbst schon vielfach frühpietistische Züge trägt. Zu den wenigen bekannten Dichtern dieser Zeit gehören u. a. Samuel Rodigast (z. B. *Was Gott tut, das ist wohlgetan*) und Ämilie Juliane von Schwarzburg-Rudolstadt (u. a. mit *Wer weiß, wie nahe mir mein Ende*). Eine bedeutende Veränderung vollzog sich im Kompositorischen. Die stärkere Hervorkehrung von Gefühlsausdruck, die im geistlichen Sololied, der Aria, ihren stärksten künstlerischen Niederschlag erfuhr, wirkte sich in den Gemeindeliedweisen in einer nun konsequent erstrebten Isometrik aus, die auch zur Angleichung der ursprünglich rhythmisch bewegten älteren Weisen führte. Die zahlreichen isometrischen Melodien aus der Zeit zwischen etwa 1660 und 1760 haben zusammen mit den umgebildeten älteren Weisen bis in das frühe 20. Jh. den evangelischen Gemeindegesang geprägt. Eine besonders charakteristische Melodie ist die von S. Gastorius zu *Was Gott tut, das ist wohlgetan.* Zu den Gesangbüchern dieser Zeit gehören das von W. Weßnitzer (1661 bis 1696) aus Celle und vor allem das einflußreichste pietistische Gesangbuch von A. Freylinghausen. In ihm kommt zum isometrischen Melodietypus noch ein rhythmisch bewegter im tänzerisch-daktylischen Dreiertakt hinzu, dem auch der Versfuß der betreffenden Dichtungen genau entspricht. Ein besonders charakteristisches Beispiel für diesen Typus, den 1716 ein Gutachten der Wittenberger Theologischen Fakultät als „üppig" und gegen die „Gravität der hohen Geheimnisse" verstoßend bezeichnete, ist Christian Friedrich Richters *Es glänzet der Christen inwendiges Leben* (1704). Die große Liedproduktion dieser Zeit ist durch eine Reihe bedeutender Namen belegt wie Johann Jakob Schütz, Heinrich Georg Neuß, Gottfried Arnold (sein *O Durchbrecher aller Bande* ist ein Musterbeispiel pietistischer Lebensbetrachtung) und Ph. Fr. Hiller. Auch die Dichtungen strenger Lutheraner wie S. Franck, E. Neumeister (beide auch Schöpfer von Kantatentexten), Valentin Ernst Löscher und Benjamin Schmolck zeigen Spuren pietistischer Frömmigkeit. Im Zusammenhang mit dem großen Dichterkreis steht eine Vielzahl neuer Melodien, über denen jedoch der Schleier der Anonymität liegt. Notiert wurden sie, wie seit J. Crüger, bis etwa gegen Mitte des 18. Jh. generell mit B.c. (z. B. das Schemellische Gesangbuch von 1736, bei dem J. S. Bach beteiligt war). Aus den im öffentlichen Gottesdienst gebrauchten Gesangbüchern verschwanden jedoch (im Unterschied zu den in den Hausandachten benutzten pietistischen Gesangbüchern) allmählich die Noten. Die Choralbücher für die jetzt erst stärker aufkommende Orgelbegleitung traten an ihre Stelle.

Der Pietismus brachte die letzte schöpferische Epoche der Gesangbuchgeschichte. Was im Bereich des Luthertums in der Folgezeit bis zur Gegenwart an neuen Liedern entsteht, ist nicht speziell lutherisch, sondern allgemein protestantisch, wenn nicht gar, wie in allerjüngster Zeit, überkonfessionell. In der Epoche des Rationalismus erfuhr das lutherische K. etwa seit 1760 eine oft so weitgehende, dem Zeitgeschmack Rechnung tragende textliche Neubearbeitung, daß vom ursprünglichen Wortlaut nahezu nichts übrigblieb. Von neu entstandenen Liedern haben nur einige von Chr. F. Gellert ihre Zeit überdauert. In den Melodien des späten 18. Jh., wie im Kirchengesang überhaupt, fand die Zeit der Empfindsamkeit in schleppender Sentimentalität ihren Niederschlag. Von den Melodien dieser Zeit werden heute nur noch einige wenige gesungen, u. a. die streng isometrischen der Herrnhuter Brüdergemeine (z. B. *Herz und Herz vereint zusammen*) und J. A. P. Schulz' *Der Mond ist aufgegangen* (Text von M. Claudius, 1779; Melodie 1790). Im 19. Jh. erfolgte die Restauration des lutherischen K.es (wichtigster Anstoß durch E. M. Arndts *Von dem Wort und dem Kirchenliede,* 1819), zunächst der Texte, später allmählich auch der Weisen. Dieser Prozeß kam erst im 20. Jh. zum Abschluß. Durch die kirchenmusikalische Erneuerung erfuhr das K. des 16. und 17. Jh. eine einzigartige Wiederbelebung, aus deren Geist auch neue Lieder entstanden (z. B. von J. Klepper und R. A. Schröder, Melodien u. a. von H. Fr. Micheelsen und G. Schwarz) und das *Evangelische Kirchengesangbuch* als erstes Gesangbuch sämtlicher Deutschen Landeskirchen 1949 hervorgegangen ist. Seit 1960 ist eine ungewöhnlich große Menge von neuem geistlichen Liedgut entstanden, bei dem häufig eine bewußte Anknüpfung an vulgäre Gesangsformen (z. B. Verwendung von Jazz-Elementen) erfolgte. Das Ergebnis ökumenischer Bestrebungen waren 1973 *Gemeinsame Kirchenlieder* (hrsg. im Auftrag der christlichen Kirchen im deutschen Sprachraum von der Arbeitsgemeinschaft für ökumenisches Liedgut). – ↗Gesangbuch.

W. BLANKENBURG

Ausg. u. Bibliographien: **Zu: Das K. des Mittelalters:** Piae Cantiones ecclesiasticae et scholasticae ... (Greifswald 1582, Faks. He 1967); Gesch. des dt. Kirchenliedes, hrsg. v. H. HOFFMANN VON FALLERSLEBEN (Breslau 1832, Hannover ³1861, Nachdruck Hil 1965); K. S. MEISTER, Das kath. dt. K. in seinen Singweisen v. den frühesten Zeiten bis gegen Ende des 17. Jh. I (Fr 1862); PH. WACKERNAGEL, Das dt. K. II (L 1864, Faks. Hil 1964); F. M. BÖHME, Altdt. Liederbuch (L 1876, Faks. L 1925); W. BÄUMKER, Ein dt. geistliches Liederbuch mit Melodien aus dem 15. Jh. nach einer Hs. des Stiftes Hohenfurt (L 1895, Nachdr. Hil 1962); B. RZYTTKA, Die geistlichen Lieder der Klosterneuburger Hs. 1228. Stud. zum spätma. K. in Östr. (Diss. W 1952); F. GENNRICH, Melodien altdt. Lieder. 47 Melodien in hsl. Fassung (Da 1954) (= Musikwiss. Stud.-Bibl. 9); DERS., Mittelhochdt. Liedkunst (Da 1954) (= ebd. 10); W. SALMEN – J. KOEPP, Liederbuch der Anna von Köln um 1500 (Düsseldorf 1954) (= Denkmäler rheinischer Musik 4); H. MOSER – J. MÜLLER-BLATTAU, Dt. Lieder des MA v. Walther von der Vogelweide bis zum Lochamer Liederbuch. Texte u. Melodien (St 1968); W. LIPPHARDT, Niederdt. Reimgedichte in den Orationalien der Zisterzienserinnen v. Medingen u. Wienhausen, in: Jb. des Vereins für niederdt. Sprachforsch. 95 (1972); V. SPECHTLER, Die geistlichen Lieder des Mönchs von Salzburg (B 1972) (= Quellen u. Forsch. z. Sprach- u. Kulturgesch. der germanischen Völker, N. F. 51). – **Zu: Das kath. K. seit dem 16. Jh.:** J. KEHREIN, Kirchenlieder, Hymnen, Psalmen aus den ältesten gedruckten Gesangbüchern zusammengestellt (Wü 1859–63, Nachdruck Hil 1965); PH. WACKERNAGEL, Das deutsche Kirchenlied von den ältesten Zeiten bis zum Anfang des 17. Jh. II u. V (L 1867, 1877, Nachdr. Hil 1961); W. BÄUMKER, Das kath. dt. K. in seinen Singweisen, 4 Bde. (Fr 1883–1901, Nachdr. Hil 1962); Cunradus Hagius Rinteleus, Die Psalmen Davids nach K. Ulenberg, Köln 1582, für 4 St., Düsseldorf 1582, hrsg. v. J. OVERATH (Düsseldorf 1955) (= Denkmäler rheinischer Musik 3); Johann Leisentrit, Gesangbuch v. 1567, Faks. hrsg. v. W. LIPPHARDT (L – Kas 1966); N. Beuttner, Catholisches Gesang-Buch, Graz 1602, Faks. hrsg. v. DEMS. (Gr 1966); Das

Andernacher Gesangbuch, Köln 1608, Faks. hrsg. v. M. HÄRTING (Düsseldorf 1970) (= Denkmäler rheinischer Musik 13); M. Vehe, Ein New Gesangbüchlein Geystlicher Lieder, Faks. hrsg. v. W. LIPPHARDT (Mz 1970) (= Beitr. zur mittelrheinischen Musikgesch. 11); J. Ph. v. Schönborn, Die Psalmen des Königlichen Propheten David 1658, hrsg. v. G. M. MARIGOLD (NY – Lo 1972); K. AMELN – M. JENNY – W. LIPPHARDT, Das dt. K., Kritische Gesamtausg. der Melodien I/1. Verz. der Drucke (Kas – Bas – Tn – Lo 1975); F. Spee, Die anonymen geistlichen Lieder vor 1623, hrsg. v. M. HÄRTING – TH. G. M. VAN OORSCHOT (B 1979). – **Zu: Das luth. K.:** M. Luthers geistliche Lieder, hrsg. v. PH. WACKERNAGEL (St 1848, Nachdruck Hil 1970); DERS., Das dt. K. von der ältesten Zeit bis zu Anfang des XVII. Jh., 5 Bde. (L 1864–77, Faks.-Nachdruck Hil 1964); A. FISCHER – W. TÜMPEL, Das dt. ev. K. des 17. Jh., 6 Bde. (Gütersloh 1904–16, Faks.-Nachdruck Hil 1964); Die Lieder Luthers, hrsg. v. W. LUCKE – H. J. MOSER – O. ALBRECHT (Wr 1923) (= M. Luthers Werke 35); Martin Luther, Die dt. geistlichen Lieder, hrsg. v. G. HAHN (Tü 1967).

Lit.: **Zu: Das K. des Mittelalters:** G. M. DREVES, Beitr. z. Gesch. des dt. K., in: KmJb 2 (1887), 3 (1888), 4 (1889); W. METTIN, Die ältesten Pilgerlieder, in: Philologische Stud. FS E. Sievers (Hl 1896); J. WOLF, Dt. Lieder des 15. Jh., in: FS R. Liliencron (1910); K. AMELN, Das älteste dt. Weihnachtslied, in: Die Singgemeinde 5 (1928); A. SCHMITZ, Ein schlesisches Cantional aus dem 15. Jh., in: AfMf 1 (1936); M. C. PFLEGER, Unters. am dt. geistlichen Lied des 13.–16. Jh. Ein Beitrag zur Melodiengesch. des MA (Diss. B 1937); J. KOTHE, Die dt. Osterlieder des MA (Diss. Breslau 1939); E. JAMMERS, Cantio, in: MGG II; DERS., dt. Lieder um 1400, in: AMl 28 (1956); B. STÄBLEIN, Art. Gemeindegesang, Abschnitt A.: Mittelalter, in: MGG IV; J. MÜLLER-BLATTAU, Zur Erforsch. des einst. Liedes im MA, in: Mf 10 (1957); W. LIPPHARDT, Das älteste deutsche Weihnachtslied, in: JbLH 4 (1959); DERS., „Christ ist erstanden". Zur Gesch. des Liedes, in: ebd. 5 (1960); DERS., „Laus tibi Christe". „Ach du armer Judas". Unters. zum ältesten dt. Passionslied, in: ebd. 6 (1962); DERS., Die ma. Leisen, in: MuA 16 (1964); K. AMELN, Ein vorreformatorisches Gebet- u. Andacht-Buch als hymnologische Quelle dt. geistlicher Lieder, in: JbLH 10 (1966); J. JANOTA, Stud. z. Funktion u. Typus des dt. geistlichen Liedes im MA (Mn 1968) (= Münchnener Texte u. Unters. 23); V. SPECHTLER, Das dt. geistliche Lied des MA. Funktion u. Wirkung, in: Studia musicologica hungariae 13 (1971); PH. HARNONCOURT, Gesamtkirchliche u. teilkirchliche Liturgie. Stud. zum liturg. Heiligenkalender u. zum Gesang im Gottesdienst unter besonderer Berücksichtigung des dt. Sprachgebietes (Fr 1974); W. LIPPHARDT, Die Bedeutung der hsl. Überlieferung für die Hymnologie, in: FS K. Ameln (Kas 1974); DERS., Lat. Osterfeiern u. Osterspiele 1–5 (B 1975/76); W. SUPPAN, Das geistliche Lied in der Landessprache, in: K. G. Fellerer, Geschichte der kath. Kirchenmusik I (Kas 1972); W. LIPPHARDT, Das Lat.-Dt. Augsburger Osterspiel und das Dt. Passionslied des Mönchs von Salzburg in Abb. aus dem Ms. Liturg. 1rtr des Kapuzinerklosters Feldkirch (Gö 1978). – **Zu: Das kath. K. seit dem 16. Jh.:** R. JOHANDL, D. G. Corner und sein Gesangbuch, in: AfMw 2 (1919/21); K. WÜSTEFELD, Geschichte des eichsfeldischen Kirchengesanges (Gö 1921); A. SCHMITZ, Psalteriolum harmonicum 1642, in: ZfMw 4 (1921/22); DERS., Monodien der Kölner Jesuiten aus der ersten Hälfte des 17. Jh., in: ebd.; P. EPSTEIN, Ein Grüssauer Gesangbuch und Gebetbuch von 1678, in: KmJb 25 (1930); O. URSPRUNG, Die kath. Kirchenmusik (Pd 1931, Neudruck Laaber 1979) (= Hdb. der Musikgesch. 10); W. KURTHEN, Zur Gesch. der dt. Singmesse. Die Kirchenlieder der Berliner Hs. 40095, in: KmJb 26 (1931); R. HEUGEL, Melodische und rhythmische Wandlungen im kath. dt. K. (Diss. L 1932); K. G. FELLERER, Zur dt. Singmesse um die Wende des 18./19. Jh., in: KmJb 33 (1939); J. SOLZBACHER, K. Ulenburg, eine Priestergestalt der Gegenreformation (Diss. Mr 1948); J. HACKER, Die Messe in den dt. Diözesangesangbüchern v. der Aufklärungszeit bis z. Gegenwart (Mn 1950) (= Theol. Stud. II/1); I. RÜTTENAUER, F. von Spee, 1591–1635 (Fr 1950); J. GOTZEN, Über die Trutznachtigal von F. v. Spee u. die Verbreitung ihrer Melodien, in: KmJb 37 (1935); N. TSCHULIK, P. von Templin u. das dt. Lied im 17. Jh. in: Mf 6 (1953); W. LIPPHARDT, Zur Entwicklung des dt. Meßgesangs, in: MuA 7 (1954/55); J. GOTZEN, Das kath. K. im 18. Jh., insbesondere in der Aufklärungszeit, in: KmJb 40 (1956); J. HACKER, Die Singmesse der Aufklärungszeit, in: MuA 9 (1956); W. WIORA, Das produktive Umsingen der dt. Kirchenliedweisen in der Vielfalt europäischer Stile, in: JbLH 3 (1957); A. GOTTRON, Das dt. K. 1537–1649 am Mittelrhein, in: KmJb 12 (1958); J. OVERATH, Unters. über die Melodien des Liedpsalters v. K. Ulenberg. Ein Beitr. z. Gesch. des K. im 16. Jh. (Kö 1960); F. HABERL, M. Vehe u. die ersten kath. Gesangbücher, in: MS 82 (1965); M. HÄRTING, K. in den ersten nachtridentinischen Diözesangesangbüchern Süddeutschlands, in: MS 88 (1969); H. VOSSEBRECHER, Die Gesänge des Speyrer Gesangbuchs, Köln 1599 (Kö 1969) (= Beitr. z. rheinischen Musikgesch. 72); M. HÄRTING, Die kirchlichen Gesänge in der Volkssprache, in: Gesch. der kath. Kirchenmusik I, hrsg. v. K. E. Fellerer (Kas 1972); S. RÖSLER, Das kath. K. Böhmens im Reformationszeitalter, in: Erbe und Auftrag der Reformation in den böhmischen Landen (1973/74); PH. HARNONCOURT, Gesamtkirchliche und teilkirchliche Liturgie (Fr 1974); M. JENNY, Ein Markstein in der Geschichte des Kirchengesangs, in: MuG 29 (1975); W. SCHEPPING, Die „Purifizierung" des geistlichen Liedes im 19. Jh. aus der Sicht der musikal. Volkskunde, in: Jb für Volksliedforsch. 20 (1975); C. SPAEMANN, Die zweite Aufklärung im K. Anmerkungen zum neuen „Gotteslob", in: Int. kath. Zschr. Communio 4 (1975); W. GRANDJEAN, Das kath. K. in den trierischen Gesangbüchern... (Mz 1975); PH. HARNONCOURT, Das neue Einheitsgesangbuch „Gotteslob". Grundsätzliche und kritische Überlegungen, in: Stimmen der Zeit 194 (1976); H. RIEHM, Röm. kath. Liturgie u. K. im deutschsprachigen Raum, in: JbLH 20 (1976); O. BRODDE, Gotteslob. Kath. Einheitsgesangbuch für den dt. Sprachraum, in: Gottesdienst u. Kirche (1977); F. SCHNEIDER, Geistliche Lieder des 17. Jh. auf Flugblattdrucken des Bodenseeraums, in: ÖMZ 32 (1977); W. BLANKENBURG, Das kath. K. vom 16.–18. Jh., in: Theologische Rundschau 44 (1979); W. BRETSCHNEIDER, Pädagogische Bedeutung u. Funktion des dt. K.es zw. Aufklärung u. Restauration (Diss. Bonn 1980). – **Zu: Das luth. K.:** A. J. RAMBACH, Über M. Luthers Verdienst um den Kirchengesang (H 1813, Faks. Hil 1972); C. VON WINTERFELD, Der ev. Kirchengesang u. sein Verhältnis z. Kunst des Tonsatzes, 3 Bde. (L 1843–47, Faks. Hil 1965); E. E. KOCH, Gesch. des K. u. Kirchengesanges, 8 Bde. (St [6]1866–76, Nachdruck Hil 1973); J. ZAHN, Die Melodien der dt. ev. K., 6 Bde. (Gütersloh 1888–93, Faks. Hil 1963); PH. WOLFRUM, Die Entstehung u. erste Entwicklung des ev. K. in musikal. Beziehung (L 1890); P. STURM, Das ev. Gesangbuch der Aufklärung (Barmen 1923, Nachdruck Hil 1964); G. MÜLLER, Geschichte des deutschen Liedes (Mn 1925, Faks. Da 1959); W. NELLE, Geschichte des deutschen ev. K. (H [3]1928, Nachdruck Hil 1962); W. BLANKENBURG, Wertmaßstäbe für Choralweisen, in: MuK 28 (1948); CH. MAHRENHOLZ, Das ev. Kirchengesangbuch (Kas 1950); K. BERGER, Barock u. Aufklärung im dt. Lied (Marburg 1951); Hdb. zum ev. Kirchengesangbuch, hrsg. v. CH. MAHRENHOLZ – O. SÖHNGEN (Gö 1953 ff.); Leiturgia. Hdb. des ev. Gottesdienstes, hrsg. v. K. F. MÜLLER – W. BLANKENBURG, IV: Die Musik des ev. Gottesdienstes (Kas 1961); J. RÖBBELEN, Theologie u. Frömmigkeit im dt. ev.-lutherischen K. des 17. u. frühen 18. Jh. (Gö 1957); G. HAHN, „Christ ist erstanden". Zu Luthers Stellung in der Gesch. des dt. Gemeindeliedes, in: Werk – Typ – Situation (St 1969); W. BLANKENBURG, J. Walters Chorgesangbuch von 1524..., in: JbLH 18 (1973–74); DERS., Die Entwicklung der Hymnologie seit etwa 1950, in: Theologische Rundschau (1979).

KIRCHENMUSIK. Dem Wortsinn nach die in einer Kirche (als Gebäude) gebrauchte Musik oder die spezifische Musik der sich als Kirche verstehenden Gemeinschaften, im allgemeinen aber die gottesdienstliche Musik der großen christlichen Kirchen.

Die Kirchenmusik im Mittelalter. Zu Beginn der abendländischen Musikgeschichte war K. identisch mit dem Gregorianischen Gesang, den man nicht als Repertoire, sondern als eine Tradition verstand, die je nach den Gegebenheiten auf unterschiedliche Weise realisiert, auch mehrstimmig vorgetragen (↗Organum), ergänzt und durch neue Formen (↗Tropus, ↗Sequenz) bereichert wurde. Umfang und Bedeutung des volkssprachlichen Kirchengesangs dieser Zeit sind schwer abzuschätzen, da Volksgesänge in der Regel nicht Gegenstand schriftlicher Überlieferung waren.

Parallel zur Entwicklung der Notenschrift vom didaktischen Hilfsmittel zur verbindlichen Gesangsvorlage wurden die Choralbücher immer mehr als Sammlungen verbindlicher Melodien verstanden; doch dieses Repertoire stellte eine musikalische Aufgabe dar, die selbst an größeren Kirchen kaum regelmäßig zu bewältigen war. Andererseits brachte die Entwicklung der Mehrstimmigkeit von einer Vortragsweise zu einer Kompositionstechnik (Notre-Dame-Schule) neue musikalische Gattungen hervor: Die Ordnung der liturgischen Bücher und die kirchenmusikalische Realität klafften immer weiter auseinander. Das Problem wurde seit dem 13. Jh. durch die Vorschrift gelöst, daß der Priester sämtliche liturgischen Texte sprechen muß, gleichgültig, ob sie zugleich gesungen werden. Damit war der Vollzug dieser Texte gesichert, auch wenn der Chor etwas anderes sang. Von da an bis zum II. Vaticanum war die kath. K. von der Liturgie abgetrennt: Musik und Liturgie brauchten nicht übereinzustimmen. Zur Normalform der gesungenen Meßfeier – der Missa cantata – wurde die „Begleitung" der Messe des Priesters durch den Vortrag einer Vertonung des ↗Ordinarium missae, die sich seit dem 14./15. Jh. als musikalische Gattung ↗Messe konstituiert hatte. Dazwischen waren die Amtsgebete des Priesters und die Lesungen laut vorzutragen; daraus ergaben sich Beschränkungen für die Dauer insbesondere von Gloria und Credo. Aber auch diese Beschränkungen wurden umgangen, etwa indem der Priester zum gesungenen Ordinarium eine „stille Messe" hielt oder indem der Vortrag des Ordinariums durch den Chor nur von Evangelium und Elevation unterbrochen wurde.

Um 1300 findet sich bei Johannes de Grocheo zum ersten Mal das Wort „Kirchenmusik" („Musica ecclesiastica"). Gemeint ist damit der Gregorianische Gesang im Gegensatz zu den neuen mehrstimmigen Gattungen und der Anspruch, daß auch die kirchliche Einstimmigkeit kunstgerechte „Musica" sei. Die Entwicklung der ↗Motette, in der der gregorianische ↗Cantus firmus mit seinem liturgischen Text vom Thema der Komposition zum mehr oder weniger beziehungsreich ausgewählten Motto eines Stücks mit ganz anderem, geistlichem oder weltlichem Text wurde, führte zur Auseinandersetzung mit der Entwicklung der Ars musica. Wahrscheinlich auf Betreiben der Dominikaner gelangte das Verbot der Motette auf das Programm des 15. allgemeinen Konzils in Vienne (1311–12). In Abwicklung der vom Konzil nicht mehr behandelten Programmpunkte erließ Papst Johannes XXII. 1324/25 ein Dekret *Docta sanctorum Patrum* über die K., in dem aber statt der Motette „gewisse Neuerer" angesprochen werden und versucht wird, das Problem durch das Verbot bestimmter Satztechniken zu lösen. Das Dekret hatte zwar keinen Einfluß auf die allgemeine Entwicklung der musikalischen Komposition selbst, bewirkte aber, daß man sich mancherorts und insbesondere in den strengen Orden von dieser Entwicklung abschloß. Deren Schwerpunkte lagen im 14. Jh. in Frankreich (↗Ars nova; G. de Machaut) und in Italien (↗Trecento), zu Beginn des 15. Jh. vorübergehend in England (J. Dunstable). Aus Zeugnissen des 14. Jh. gewinnen wir auch erstmals eine Vorstellung von der Verwendung der Orgel im Gottesdienst: Sie tritt an die Stelle von Gesang bzw. eines Partners im Wechselgesang; die Verse bzw. Abschnitte der liturgischen Gesänge können abwechselnd gesungen und von der Orgel vorgetragen werden. Diese ↗Alternatim-Praxis blieb bis ins 17. Jh., in Frankreich noch länger geläufig. Über die Verwendung anderer Instrumente läßt sich aus den Quellen kein eindeutiges Bild gewinnen; sie waren offenbar an bestimmte Musizierweisen und Arten der Mehrstimmigkeit gebunden.

Im Laufe des 15. Jh. vollzog sich, ausgelöst insbesondere durch die musikalische Repräsentation einiger Fürsten auf dem Konzil von Konstanz (1414–18), die Wende von mehr oder weniger lokalen Praktiken der Ars musica zur gemeineuropäischen Musikkultur. Die mittelalterlichen Hofkapellen erhielten nun allenthalben die Funktion musikalischer Institutionen. Seit der 2. Hälfte des 15. Jh. begann man, auch an Kathedralen, Stiftskirchen und Stadtkirchen Kapellen zu gründen. Die bedeutendsten Komponisten sind bis ins 16. Jh. Niederländer (↗Franko-flämische Schule). Neben einzelnen mehrstimmigen Ordinariumsätzen und Kyrie-Gloria- bzw. Sanctus-Agnus-Satzpaaren sind bereits aus dem 14. Jh. die ersten mehrstimmigen

Ordinarien überliefert; durch G. Dufay wird dann das Meßordinarium als die erste große zyklische Form der Musikgeschichte geschaffen. Die Einheit des Zyklus beruht auf der Verwendung von gregorianischen Melodien, Chansons, später auch von Liedern und Madrigalen als Cantus firmus oder melodisches Material (↗Parodiemesse). Die Motette entwickelt sich zu einem einheitlichen Satztypus mit meist kirchlichem, aber nicht liturgischem Text. Daneben stehen eher lokale Traditionen der Hymnen-, Antiphonen- und Propriensatzvertonung. Der auf Bestellung des Konstanzer Domkapitels entstandene vollständige Proprienzyklus H. Isaacs *(Choralis Constantinus)* ist ein Sonderfall. Im Werk Josquin des Prés' wird die Musik in einem neuen Sinne Vertonung des Wortes; er ist zugleich der eigentliche Schöpfer der „klassischen Vokalpolyphonie". Damit ist eine Homogenisierung der Stimmen gemeint, die später als Vokalisierung gedeutet wurde. Tatsächlich aber war auch im 16. Jh. die Mitwirkung von Instrumenten die Regel. Zu Ende des 15. Jh. treten auch deutsche Komponisten hervor.

Seit dem Ende des 15. Jh. wurde aus Kreisen der Humanisten Kritik am Zustand der K. laut, und es vollzog sich ein bezeichnender Wandel in der Wahl der Motettentechnik: Um 1500 entsteht die motettische Psalmen- und Evangelienvertonung, seit etwa 1530 tritt die Motette mit liturgischer Bestimmung in den Vordergrund; der Text wird entweder aus dem Proprium oder dem Offizium des Tages gewählt.

Die katholische Kirchenmusik. *16. Jahrhundert.* Vor dem Konzil von Trient, das 1545 zusammentrat, standen sich zwei Auffassungen über die Reform der K. gegenüber: Die einen suchten die Tradition von Messe und Motette gegenüber der neuen Gattung des ↗Madrigals abzugrenzen, die anderen sahen gerade im engen Wort-Ton-Verhältnis des Madrigals das Vorbild einer neuen, wortgezeugten Kirchenmusik. Das Konzil behandelte die K. schließlich in der 22. Sitzung im Herbst 1562 im Zusammenhang mit den Mißbräuchen bei der Feier der Messe. Die offenbar unter Schwierigkeiten zustande gekommene Kommissionsvorlage fordert Verständlichkeit des Texts und Abgrenzung gegenüber dem „profanum"; das Konzil einigte sich aber lediglich auf ein Verbot, anstößige Melodien zu verarbeiten. Mit dem Gregorianischen Gesang hat sich das Konzil nicht im Zusammenhang mit der K., sondern mit der Ausbildung der Kleriker beschäftigt. Im Zuge der Reform der päpstlichen Kapelle griff der Mailänder Kardinal C. Borromeo die Frage der Textverständlichkeit noch einmal auf. Auf seine Initiative geht die Entwicklung eines schlichten akkordisch-deklamierenden Satzstils insbesondere durch den Mailänder Domkapellmeister V. Ruffo zurück, der sich jedoch nicht als entwicklungsfähig erwies. Daß G. P. da Palestrina auf dem Konzil die K. gerettet habe, ist Legende. Seine Leistung ist vielmehr die Fortentwicklung der klassischen Vokalpolyphonie zu einem Stil vollkommener Ausgeglichenheit auf der Grundlage niederländischer Kontrapunktkunst und italienischer Klanglichkeit. Mit ihm beginnt die Vorherrschaft der italienischen Musik. Er ist zunächst vor allem in Rom als Schulhaupt verehrt worden. Der bedeutendste musikalische Repräsentant der kath. Reform ist O. di Lasso.

Die eigentliche Bedeutung des Konzils von Trient für die K. liegt darin, daß es die Kodifizierung der Liturgie und der liturgischen Texte in lateinischer Sprache vollendete und die K. als Vertonung dieser Texte und Schmuck der Liturgie betrachtete. Weil die K. die Liturgie nur begleitete, waren Lieder in der Volkssprache an sich nicht ausgeschlossen, aufgrund ihrer Bedeutung im evangelischen Gottesdienst wurden sie jedoch zum Teil als Merkmal für die Unterscheidung der Konfessionen betrachtet. Die Rolle der Orgel wird im *Caeremoniale Episcoporum* von 1600 umschrieben: Sie darf beim Meßordinarium und im Offizium mit dem Chor alternieren und Stücke nach der Epistel, zum Offertorium und zur Communio vortragen. In der Advents- und Fastenzeit ist die Verwendung der Orgel und anderer Instrumente jedoch nicht gestattet.

17.–18. Jahrhundert. Im Umkreis der Katholischen Reform taucht der Begriff „K.", den weder die Humanisten noch das Konzil von Trient gebraucht hatten, mit neuer Bedeutung wieder auf: Er meint jetzt die Musik der Messen und Motetten im Gegensatz zu der des Madrigals; da das Madrigal auch eine literarische Gattung ist, kann es keine Madrigale mit liturgischem Text, sondern nur als „geistliche Musik" geben. Doch bereits in der 1. Hälfte des 17. Jh. kam das Wort „K." wieder außer Gebrauch: der Barock schuf sich noch einmal ein geschlossenes Weltbild und eine einzige, ungeteilte Musica. Von der venezianischen K. des ausgehenden 16. Jh. (A. Willaert, A. Gabrieli, G. Gabrieli) ging die Entwicklung des konzertierenden Stils aus, der für die Musik des Barock konstitutiv wurde. Im Zusammenhang mit der Generalbaßpraxis wurde die Orgel zum Begleitinstrument. Durch Reduktion des mehrstimmigen Chorsatzes schuf L. Viadana einen „Kirchenstil" für Solostimmen und eine unter beinahe allen Verhältnissen und bei allen Gelegenheiten ausführbare Kirchenmusik. Dagegen war der neue monodische Stil nicht unmittelbar auf die K. übertragbar, weil

die liturgischen Gesangstexte unter den Gesichtspunkten und mit den Regeln der Opernästhetik nicht zu fassen waren. Die Tradition des vollstimmigen Satzes wurde in der Musik des Barock als „alter Stil" weitergeführt (↗a cappella), und zwar unter zwei verschiedenen Aspekten: einerseits als Vorbild und Grundlage der musikalischen Satztechnik, insbesondere des Kontrapunkts, andererseits als getragener, ohne Solostimmen und Instrumente ausführbarer Kirchenstil „a cappella"; das Instrumentenverbot des *Caeremoniale Episcoporum* für Buß- und Trauerzeiten lief praktisch auf ein Gebot des a cappella-Stils hinaus.
Zentren der katholischen K. des Barock waren die weltlichen und geistlichen Fürstenhöfe; sie war Teil ihrer musikalischen Repräsentation, und die unterschiedlichen kirchenmusikalischen Stile (Gregorianischer Gesang, a cappella-Musik, konzertierende K.) wurden Stufen höfischen Gottesdienstzeremoniells. Daneben haben insbesondere Jesuiten und Franziskaner die K. bewußt als Mittel der Volksmission und Anreiz zum Besuch des Gottesdienstes gepflegt. Der Schwerpunkt der Entwicklung liegt nach 1600 zunächst auf der Vesper- und Vesperpsalmenvertonung; die nachmittägliche Vesper spielt eine wichtige Rolle in der Entwicklung des öffentlichen Konzertwesens. Die Messenvertonung trägt demgegenüber zunächst konservative Züge und tritt erst im 18. Jh. wieder in den Vordergrund. Medium kirchenmusikalischer Prachtentfaltung ist im 17. Jh. die Mehrchörigkeit; bis zu 12 vokale und instrumentale, chorische und solistische Chöre füllen den ganzen Raum mit Klang. Im 18. Jh. wird dann der mehrchörige Satz zum akademischen Kunststück; die allgemeine Tendenz geht nunmehr zu breitangelegten Messensätzen und Psalmenvertonungen, in denen abgeschlossene Chor- und (zum Unterschied von der weltlichen Arie stets zweiteilige) Solonummern abwechseln. In Neapel wird dabei nach 1720 das Meßordinarium sogar auf die umfangreiche Vertonung von Kyrie und Gloria „verkürzt". Das Rezitativ wird bei liturgischen Texten nur ausnahmsweise verwendet. Zugleich ist mit dem Beginn des 18. Jh., offenbar von Rom ausgehend, ein neues Interesse am kontrapunktischen Satz zu beobachten, als dessen Vorbild Palestrina gilt (J. J. Fux, G. B. Martini) und das sich sowohl auf die a cappella-Komposition wie auf die Chorsätze der konzertierenden K. auswirkt. Von regional und lokal unterschiedlicher Bedeutung ist die Vertonung von Responsorien und Lektionen des Triduum sacrum und der Matutin von Weihnachten, die mancherorts Höhepunkte sängerischer Virtuosität werden, von Offizien lokaler Patrone, Litaneien, bestimmten Antiphonen usw.
Mit dem Namen „Motette" werden nunmehr zwei ganz verschiedene Gattungen bezeichnet: Chorstücke a cappella, meist auf liturgische Texte aus dem Proprium missae oder dem Offizium, und Kompositionen mit Chorsätzen, Arien und Rezitativen auf nichtliturgische geistliche Texte; mit volkssprachlichem Text heißen solche Kompositionen ↗Kantate. Diese Gattung steht ebenso wie das ↗Oratorium (G. Carissimi) in der Tradition der ↗geistlichen Musik, die sich im Anschluß an die liturgische Kodifizierung des Konzils von Trient, beispielsweise vom Oratorium des Filippo Neri in Rom ausgehend, herausbildete. Die katholische Orgelmusik nimmt aufgrund ihrer liturgischen Bindung nicht an der Entwicklung großer freier Gattungen teil. Nach dem Tode G. Frescobaldis verlagert sich ihr Schwerpunkt aber nach Frankreich (Fr. Couperin). Vor allem in Oberitalien gewinnt dagegen die Kirchensonate große Bedeutung; S. Petronio in Bologna und S. Antonio in Padua wurden zu weitberühmten Zentren der Instrumentalmusik. Kirchensonaten wurden insbesondere nach der Epistel gespielt; im übrigen ist der Umfang ihrer Verwendung in der Liturgie weithin ungeklärt.
Die K. des 17.–18. Jh. wurde im allgemeinen für den Tagesbedarf komponiert und die Überlieferung ist unübersehbar. So hat beispielsweise G. O. Pitoni, der namhafteste Vertreter der römischen K. in der 1. Hälfte des 18. Jh., mehrere hundert Messen für bis zu 12 Chöre und jeweils Hunderte von Psalmen, Magnificat und Motetten komponiert; allein das Archiv der Kapelle von St. Peter besitzt von ihm 184 Vertonungen des Psalms *Dixit Dominus*. Die beiden herausragenden Komponisten katholischer K. des Barock aber sind Cl. Monteverdi und A. Scarlatti. In seiner Papst Paul V. gewidmeten und der „allerseligsten Jungfrau Maria" zugeeigneten Messe und Vesper (1610) unternimmt Monteverdi den programmatischen Versuch, in der Messe („für die Kirchenchöre") den „alten Stil" weiterzuentwickeln und in der Vesper („für die Hofkapellen") den neuen Stil in die K. zu integrieren. A. Scarlatti setzt sich in seinen a cappella-Messen mit dem Kontrapunkt Palestrinas und dem Problem des „Kirchenstils" auseinander und entwickelt in seiner *Messa di S. Cecilia* einen von der (offenbar als „neutral" empfundenen) Instrumentalmusik abgeleiteten, eigentümlichen konzertierenden Vokalstil.
Die Päpste des 17. und 18. Jh. haben sich wiederholt zu Fragen der K. geäußert, doch bezogen sich ihre Anweisungen nur auf Rom selbst. K. wurde als lokaler Usus, nicht als allgemeines Repertoire betrachtet. Die bedeutendste Verlautbarung und die erste grundsätzliche Auseinandersetzung mit

der K. überhaupt ist das Rundschreiben *Annus qui*, das Benedikt XIV. 1749 anläßlich des bevorstehenden Heiligen Jahres an die Bischöfe des Kirchenstaats richtete. Es weist dem „cantus ecclesiasticus" (dem Gregorianischen Gesang), der sorgfältiger ausgeführt werden soll, den ersten Platz zu. Aber auch der „cantus musicus" (die mehrstimmige Musik) ist gestattet. Hauptsorge des Dokuments ist die Unterscheidung der Musik in der Kirche von der profanen Musik, deren Inbegriff die Musik des Theaters (die Oper) ist. Die instrumentale K. (die Kirchensonate) wird toleriert.

In der 2. Hälfte des 18. Jh. wächst eine bürgerliche Musikkultur heran. Im *Stabat mater* G. B. Pergolesis, einem der bezeichnenden Werke eines „empfindsamen Stils", fand diese Musikkultur ihr kirchenmusikalisches Ideal; kein musikalisches Werk ist im 18. Jh. so häufig gedruckt worden. Das neue K.-Ideal war überkonfessionell. Die Salzburger K. W. A. Mozarts gehört freilich noch zur höfischen Repräsentationsmusik, die bis zu den Dresdener Messen C. M. von Webers nachlebt. Der Bruch vollzieht sich mit Mozarts c-moll-Messe und dem Requiem, den späten „Hochämtern" J. Haydns und den beiden Messen L. van Beethovens. Auch die K. sieht sich nunmehr einer Musikästhetik gegenüber, deren Kategorien nicht mehr Stile und Gattungen sind, sondern das einmalige und einzigartige musikalische Werk. Die späten kirchenmusikalischen Werke Haydns und Mozarts, Beethovens und Fr. Schuberts werden zum Repertoire nicht mehr der Kirchenchöre, sondern der Chorvereinigungen und des öffentlichen Musiklebens. Das Repertoire der Kirchenchöre, die im Zusammenhang mit der Entwicklung des bürgerlichen Chorwesens im 19. Jh. stehen, knüpfte an die einfacheren Messen der Wiener Klassik und deren Nachahmung in den „Landmessen" an.

19.–20. Jahrhundert. In der Literatur der deutschen Frühromantik taucht der Begriff „K." zum dritten Mal und mit neuer Bedeutung wieder auf. J. G. Herder, W. Wackenroder, L. Tieck entdeckten im „nur in feierlichen Akkorden einherschreitenden" vollstimmigen Kirchenstil „a cappella", der nunmehr als „reiner" Vokalstil ohne Instrumente verstanden wurde, das Ideal einer „Heiligen Tonkunst", einer „Musica sacra", die sich von aller weltlichen Musik abhebt und aller Tagesdiskussion über Musik und Musikästhetik entzogen ist. Diese Musica sacra wurde mit der Legende von der Rettung der K. durch Palestrina in Trient in Verbindung gebracht. „Heilig" ist sie aber nicht aufgrund ihres Bezugs zum „sacrum", zum Gottesdienst, sondern weil sie selber „das Herz unmittelbar zu Gott erhebt".

Dieses literarische Kirchenmusikideal wurde vor allem durch den Dichtermusiker E. Th. A. Hoffmann in die Musik übertragen. C. von Winterfeld (*Der evangelische Kirchengesang*, 1843–47) entdeckte J. Eccard als den „protestantischen Palestrina". Die Übernahme des Stilideals der Musica sacra durch die K. beider Konfessionen hängt mit der Entwicklung der Kirchenchöre eng zusammen, die in dieser Chormusik ein geeignetes Repertoire fanden.

Während auf evangelischer Seite das Palestrinaideal seit der Mitte des 19. Jh. durch die Wiederentdeckung von J. S. Bach und H. Schütz abgelöst wurde, setzte sich auf der katholischen der 1868 von F. X. Witt gegründete Allgemeine Cäcilien-Verein (ACV) das Ziel, den „Palestrinastil" als „wahre kath. K." verbindlich zu machen und das kirchliche Chorwesen zu fördern (↗Cäcilianismus). Dadurch kam Witt mit den musikalischen Volksbildungsideen Fr. Liszts in Berührung, der in einer Reihe von Kompositionen eine neue K. zu entwickeln suchte, die jedoch nicht den Beifall des ACV fand. Gegen die Musik der Wiener Klassik polemisierte Witt als „Musik der Hure Babylon". 1870 erlangte der ACV die päpstliche Approbation und verstand sich hinfort als kirchenamtliche Institution mit der Aufgabe, die Einhaltung der „kirchenmusikalischen Gesetzgebung" zu überwachen. Im *Cäcilien-Vereins-Katalog* veröffentlichte er ein Verzeichnis der „für den Gebrauch im Gottesdienst geeigneten Kompositionen". Das Komponieren kath. K. wurde zur Spezialdisziplin von Kirchenmusikern. Von den namhaften Komponisten des ausgehenden 19. Jh. haben nur wenige Musik für den kath. Gottesdienst komponiert (Liszt, A. Bruckner, J. Rheinberger, C. Franck), aber ihre Werke entsprachen nicht den Anforderungen des ACV. Einige kirchenmusikalische Gattungen, insbesondere Messe und Requiem, führten ein von der K. unabhängiges Eigenleben als Gattungen des öffentlichen Konzertwesens. So entstanden z. B. die Requiemvertonungen von H. Berlioz und G. Verdi. Zu einer schöpferischen Blüte kam es hingegen am Ende des 19. Jh. in der französischen Orgelmusik (Ch.-M. Widor, F. A. Guilmant, Ch. Tournemire, L. Vierne).

Im Gegensatz zu den Idealen des Cäcilianismus entwickelte sich in der von Frankreich ausgehenden Choralrestauration die Vorstellung vom Gregorianischen Gesang als dem eigentlichen „liturgischen" Gesang und kirchenmusikalischen Idealtypus. Das Motu proprio Papst Pius' X. über die Kirchenmusik von 1903 verknüpft Ideen der Choralrestauration und des Cäcilianismus vor dem Hintergrund der spezifischen kirchenmusikalischen Situation in Italien (L. Perosi). Es identifiziert K. und Musica sacra und fordert von ihr „Heiligkeit", „Güte der Form" und „Universalität". Diese Qualitäten seien insbesondere dem Gregorianischen Gesang eigen, der der eigentliche Gesang der römischen Kirche und das Vorbild aller K. sei. Sie fänden sich aber „in höchstem Maße" auch in der „klassischen Vokalpolyphonie", namentlich der Palestrinas. Die „moderne" K. wird zugelassen, wenn sie sich von profaner Musik unterscheidet. Der Kirchenchor versieht eigentlich Kleriker-Chordienst, deshalb dürfen Frauen nicht mitwirken. Musikinstrumente sind – mit Ausnahme der Orgel – nur in Sonderfällen und mit besonderer Erlaubnis gestattet. Unter K. versteht das Motu proprio nur die Musica sacra des Chors. Volksgesang kommt nur als Beteiligung des Volkes am Gregorianischen Gesang vor. Jeglicher Gesang in der Volkssprache bei „feierlichen liturgischen Handlungen" ist streng verboten. Das Motu proprio war ursprünglich nur für die Diözese Rom gedacht, wurde dann aber als „kirchenmusikalisches Gesetzbuch für die ganze Kirche" publiziert.

Trotz der Autorität des Motu proprio kam die Choral- und Volkschoralbewegung nur zu lokalen und vorübergehenden Erfolgen. Für die mehrstimmige Musik der Kirchenchöre hatte der einstimmige Gregorianische Gesang kaum Bedeutung; hier blieb es beim Vorbild des „Palestrinastils", und damit war kath. K. auch auf dessen Gattungen, Messe und Motette, und deren Satztypen – auf dem historischen Stand des 16. Jh. – festgelegt. Zwar gewann sie vor allem im deutschsprachigen Raum im Zusammenhang mit der Eingliederung der K. in die Musikhochschulen nach dem Ersten Weltkrieg allmählich wieder Anschluß an die Entwicklung der musikalischen Satztechnik (J. Haas, H. Schroeder, G. Trexler, M. Baumann); aber soweit die Komponisten dem klassischen Formenkanon nicht in Oratorium, Singmesse u. ä. (Haas) auszuweichen suchten, standen sie in der ständigen Gefahr einer bloßen Neustilisierung der liturgischen Gesangstexte. Andererseits entstanden infolge des Eigenlebens, das einige traditionelle Gattungen der K. entwickelt hatten, auch außerhalb des eigentlichen kirchenmusikalischen Bereichs gelegentlich Messen und Motetten (L. Janáček, I. Strawinsky, Z. Kodály, P. Hindemith, Fr. Poulenc, E. Krenek).

Von den kirchenmusikalischen und liturgischen Auseinandersetzungen weithin unabhängig entwickelte sich die Orgelmusik; zum ersten Mal geht nunmehr im deutschen Sprachraum ein bedeutsamer Teil der Orgelmusik aus der kath. K. hervor. Dabei spielte die Auseinandersetzung zwischen der durch J. S. Bach und die deutsche Orgelmusik des Barock geprägten Tradition und der neueren französischen Orgelmusik eine besondere Rolle (J. Ahrens, A. Heiller, Fr. Haselböck, J. Fr. Doppelbauer). Durch J. Langlais, J. Alain u. a. wurde die französische Tradition weitergetragen, mit O. Messiaen mündet sie in die musikalische Avantgarde. Erstmals rückt so kath. K. wieder ins Zentrum der zeitgenössischen musikalischen Entwicklung.

Gegenüber der Liturgischen Bewegung, die einerseits einen liturgischen Gesang in deutscher Sprache, also sogenannte „Deutsche Gregorianik", zu schaffen und andererseits die Tradition des deutschen Kirchenliedes weiterzuentwickeln suchte, verwies der ACV stets auf das absolute Verbot der Volkssprache bei „feierlichen liturgischen Handlungen". Über die Jugendbewegung wirkte die Liturgische Bewegung gleichwohl in die K. hinein (H. Rohr, E. Quack, Fr. Schieri, H. Schubert, B. Hummel).

Die zuletzt immer schneller aufeinander folgenden römischen Verordnungen über die K. versuchten, die kirchenmusikalische Gesetzgebung des Motu proprio auf die neuen Fragestellungen anzuwenden. In der Enzyklika *Musicae sacrae disciplina* Pius' XII. von 1955 ist erstmals auch der Gesang des Priesters und der Gemeinde, in der Instruktion *Über die Kirchenmusik und die hl. Liturgie* von 1958 auch die „Musica sacra pro organo" und die „Musica religiosa" in die Musica sacra einbezogen. Mit Musica sacra aber wird nun nicht mehr ein Stilideal bezeichnet, sondern man versucht alle K. und religiöse Musik einschließlich „geistlicher Hausmusik" zu erfassen.

Seit dem II. Vaticanum. Die am 4. 12. 1963 verabschiedete Liturgiekonstitution des 2. Vatikanischen Konzils bezeichnet die überlieferte K. als einen wertvollen Schatz, den es zu pflegen und zu mehren gilt; die Kirchenchöre sollen auch fortan nachdrückliche Förderung erfahren. Aber sie stellt die kath. K. auf neue Grundlagen: Die K. selbst und nicht mehr das Sprechen der Gesangstexte durch den Priester ist liturgischer Vollzug; sie ist nicht mehr Musica sacra in Stellvertretung eines Klerikerchors, sondern Ausdrucksform der Gemeinde im Gottesdienst, und Chor und Musiker sind Teil der Gemeinde. Richtschnur der K. ist nicht mehr ein historischer Stil, sondern ihre jeweilige liturgische Funktion. Mit der Einbeziehung der Volkssprache in die Liturgie ist diese dann nicht nur für die Gattungen des Volksgesangs geöffnet worden, sondern auch für evangelische K. und zeitgenöss. Musik.

Die Liturgiereform ist von den Kirchenmusikern nicht überall begrüßt worden. Hinzu kamen tiefgreifende Wandlungen der Musikkultur. Von den USA her breitete sich im Anschluß an das Erwekkungslied freikirchlicher Gemeinschaften seit der Mitte der 50er Jahre auch in den europäischen Ländern ein neuer Typus des geistlichen Lieds aus, der in den 60er Jahren über die Jugendgottesdienste in die Liturgiefeier gelangte und die Diskussion um die Zukunft der K. noch verschärfte. Das Phänomen ist vielfältig: religiöse Schnulzen und Nachahmungen des Negro Spirituals, geistliche Folksongs und Lieder der jugendlichen Protestbewegung. Sie wurden stilbildend für Kirchenlieder, die textlich und musikalisch einen neuen Ansatz suchten und für „Messen“ unterschiedlicher Art. Das alles wird heute mit dem Verlegenheitsbegriff „Rhythmische K.“ umschrieben. Auf der anderen Seite gewannen religiöse Themen in der zeitgenössischen musikalischen Kunst große Bedeutung; die musikalische Avantgarde erhob den Anspruch einer „neuen Musica sacra“ (Schnebel). Und als neue musikalische Form entwickelte sich der durchkomponierte oder jedenfalls musikalisch durchgestaltete „musikalische Gottesdienst“.

Das 1975 vorgelegte neue Gesangbuch *Gotteslob* und die daraus sich ergebende, über den Gemeindegesang hinausreichende kirchenmusikalische Kodifizierung bedeuten eine Zäsur. Aber die K. hat die liturgische Reform noch nicht bewältigt, und die Liturgik hat die Bedeutung der K. für ihre Erneuerung noch zuwenig erkannt. H. HUCKE

Die evangelische Kirchenmusik wurde begründet durch M. Luther und den protestantischen Kantor J. Walter. Beiden ging es um die Musik als Schöpfergabe und deren rechten, d.h. gottesdienstlichen Gebrauch. Das Wort K. verwendeten sie nicht. Die Wirkung der Musik hatte auch Calvin für den Gottesdienst erkannt, jedoch um der Gefahr des ästhetischen Genusses willen nur den einstimmigen Gemeindegesang gelten lassen. Zwingli hat die Musik aus diesem Grunde aus dem Gottesdienst völlig verbannt.

Die Eigenständigkeit der ev. K. entfaltete sich an dem weithin an mittelalterliche Formen anknüpfenden lutherischen ↗Kirchenlied (ab 1523) und an dessen mehrstimmiger Bearbeitung in der zeitgenössischen Gestalt des Tenor-Liedsatzes. Im übrigen bestand Literaturgemeinschaft mit dem überkommenen lateinischen Repertoire. Deutsche Motetten entstanden nach vereinzelten Vorläufern in Sammlungen erst seit etwa 1550 (u.a. von J. Reusch, D. Köler, G. Dreßler), auf die um 1600 vollständige Jahrgänge von Evangeliensprüchen als typisch protestantische Lesungsmusik mit liturgischer Einordnung folgten (u.a. von A. Raselius, Chr. Demantius, M. Vulpius und M. Franck). Der polyphone Tenor-Liedsatz hatte sich inzwischen bei zunehmender Textbezogenheit einerseits zum homophonen Kantionalsatz mit Diskant-Cantus firmus (erstmals 1586 bei L. Osiander, danach zahlreiche Ausgaben bis zu J. H. Scheins *Cantional* von 1627) und andererseits zur textdarstellenden Liedmotette u.a. bei J. Eccard, L. Lechner, M. Franck, H. L. Haßler, M. Praetorius entwickelt. Die nur für den häuslichen Gebrauch bestimmten mehrstimmigen Bearbeitungen des ↗Hugenottenpsalters hatten bereits 1547 durch L. Bourgeois in Genf zum homophonen Satz geführt und vor allem durch Cl. Goudimel weiteste Verbreitung erlangt (deutsche Übersetzung von A. Lobwasser, 1573). Goudimel schuf jedoch auch motettische Bearbeitungen wie später noch J. P. Sweelinck, während zahlreiche andere Meister Zwischenformen pflegten.

Um 1600 ist im lutherischen Bereich der Höhepunkt des motettischen Schaffens erreicht, der am stärksten bei L. Lechner durch subjektive Durchdringung und affektbetonte Textvertonung gekennzeichnet ist. Danach findet diese Gattung noch einzigartige Ausprägungen in J. H. Scheins geistlichen Madrigalen, dem *Israelsbrünnlein* (1623), und in H. Schütz' *Geistlicher Chormusik* (1648). Um diese Zeit überschneiden sich die endende Epoche der Motette und die der neuen Gattung ↗geistliches Konzert. Die von Italien übernommene ↗Generalbaß-Praxis, die ↗Mehrchörigkeit, der affektbetonte Sologesang mit oder ohne obligate Instrumente und vor allem der Stile oratorio der ↗Seconda prattica sind die neuen Elemente, die insbesondere in Werken von Schein und Schütz ihre bedeutendste Verwirklichung fanden. Das geistliche Konzert bestimmte aber auch das Schaffen zahlreicher anderer Komponisten wie etwa M. Weckmann, Chr. Bernhard, A. Hammerschmidt, J. Rosenmüller, W. C. Briegel, G. W. Wecker, J. Pachelbel, S. Knüpfer, J. Schelle, J. Kuhnau, Fr. Tunder, N. Bruhns und D. Buxtehude. Dabei wandelte sich die Gestalt dieser Gattung aus der ursprünglichen Einsätzigkeit in ein durch verschiedene Satzarten gegliedertes Werk, nach und nach auch verbunden mit Textkombinationen von Bibelversen, Gesangbuchstrophen und affektbetonten Arien. Damit ist der Übergang zur ↗Kantate, deren Begriffsanwendung bis heute schwankt, erreicht. Sie bedeutet jedenfalls ein mehrsätziges Werk mit wechselnden Satzarten und zumeist textlicher Mehrschichtigkeit.

Einzuschieben ist hier die Kompositionsgattung der biblischen Historien (↗Historia) von Weihnachten, Ostern und vor allem der ↗Passion. Die letztere hat sich seit der Reformation von der an eine ältere Vorform anknüpfenden responsorialen Passion J. Walters mit choralen Soliloquenten-Partien und chorischen Turbae in ↗Falsobordone-Satz allmählich zur ausdrucksvollen Monodie und chorischer

Dramatik der 3 Schütz-Passionen entwickelt. Von besonderer Bedeutung sind auch einige motettisch durchkomponierte Passionen (Joachim a Burck, L. Lechner, J. Herold und Chr. Demantius). In verschiedenen Weihnachts- und Osterhistorien wurde nach dem Vorbild von Schütz' *Auferstehungshistorie* bereits frühzeitig der Anschluß an das Generalbaßzeitalter vollzogen, in Hamburg durch Th. Selle bereits seit 1641 auch bei Passionen. Alle Historienkompositionen gehören in den Bereich der Evangelienvertonungen.

Eindeutig wird der Begriff Kantate seit 1700 durch die zuerst von E. Neumeister erfolgte, jahrgangsweise Bereitstellung von Kantatendichtungen. Ihrer liturgischen Funktion gemäß, nach der Evangelienlesung (z. T. auch nach der Predigt) eine Predigt eigener Art zu bieten, war sie Hauptgattung der evangelischen K. bis etwa 1750. Eine entsprechende Entwicklung vollzog sich von der Historienkomposition zum (spezifisch deutschen) ↗Oratorium, das in J. S. Bachs Passionen und dem *Weihnachtsoratorium* gipfelte. Um dieselbe Zeit erreichte auch die protestantische Orgelmusik, die seit S. Scheidts *Tabulatura nova* (1624) wie die Instrumentalmusik allgemein als eigenständiger Kunstzweig ständig wachsende Bedeutung erlangte, einen Höhepunkt.

Bis etwa 1750 meint der von M. Praetorius (*Syntagma musicum* I) eingeführte Begriff K. lediglich die Funktion (nicht etwa einen besonderen Stil) jener Musik, „die sich schicket in der Kirche executiert zu werden" (J. G. Walther, *Musicalisches Lexikon,* 1732). Jedoch im ausschließlich aus madrigalischer Dichtung bestehenden Passionsoratorium entstand seit Chr. F. Hunolds *Der blutige und sterbende Jesus* (1704) eine zum Kirchenkonzert in oder außerhalb der Kirche tendierende Kompositionsgattung, wodurch die K. als gottesdienstliche Musik ihre Eindeutigkeit verlor.

Das Zeitalter der Aufklärung war für die ev. K. infolge des Verfalls der alten gottesdienstlichen Formen, der „Modernisierung" der alten Kirchenlieder, der Verlagerung der musikalischen Auslegekunst auf die Darstellung religiöser Seelenzustände (Prototyp ist C. H. Grauns *Der Tod Jesu,* 1755) wie allgemein der Emanzipation des Geisteslebens (insbesondere der Schulbildung gegenüber der kirchlichen Inanspruchnahme) eine Epoche des Niedergangs. Ihr folgte im 19. Jh. mit der romantischen Restauration eine Rückkehr zur Überlieferung, freilich mit dem illusionistischen Versuch, Vergangenes wiederherzustellen. Demzufolge stand die K. nunmehr gewollt abseits von der allgemeinen Entwicklung. Zudem stellte sie das altprotestantische ↗a cappella-Ideal als Inbegriff „heiliger Tonkunst" in grundsätzlichen Gegensatz zur weltlichen Musik. Nur wenige Komponisten von Rang haben daher in dieser Epoche K. komponiert (u. a. F. Mendelssohn Bartholdy und J. Brahms). Bedeutendes wurde indes in der historischen Forschung und Quellenerschließung u. a. durch C. von Winterfeld, Ph. Wackernagel, G. Rietschel und R. von Liliencron geleistet. Erst gegen Ende des Jahrhunderts kündigte sich in M. Regers Choralvorspielen op. 67, 79b und 135a und den 4 Choralkantaten mit Gemeindegesang ad. lib. (1903–05) eine Wende an. Programmatische Bedeutung gewann seit 1896 die von Fr. Spitta und J. Smend herausgegebene *Monatsschrift für Gottesdienst und kirchliche Kunst.* Die gottesdienstliche Gebrauchsmusik erlangte zunehmend Beachtung. Eine völlig andere Situation entstand seit etwa 1925 durch die Erneuerung der K. aus dem Geist der Sing- und der Orgelbewegung. Beide fanden seit 1929 in der Zeitschrift *Musik und Kirche* ihr Organ. Verbunden mit der liturgischen Erneuerung, wurde K. wieder gleichbedeutend mit gottesdienstlicher Musik, wobei man sich vor allem an der Reformation und an Schütz orientierte. Trotz erneuter Bevorzugung von a cappella-Musik handelte es sich nicht abermals um Restauration; dies beweisen Werke u. a. von K. Thomas, H. Distler, E. Pepping, J. N. David, W. Burkhard, C. Gerhardt, E. Wenzel, G. Schwarz, H. Bornefeld und S. Reda. Für die außerordentliche Entfaltung der K. vor allem seit 1945 schuf die Wiederherstellung eines hauptberuflichen Kantorenstands die Voraussetzung.

War bis nach 1950 die K. keine periphere Erscheinung des allgemeinen Musiklebens mehr, so führte die Komplizierung der modernen Kompositionsverfahren (Zwölfton- und serielle Musik) zu einem neuen Gegensatz zwischen musikalischer Moderne und gottesdienstlicher Gebrauchsmusik. W. Fortner postulierte 1957 die Unterscheidung von gottesdienstlicher und geistlicher Musik und ihre Berechtigung; beides sei K., auch jene, die nur im Kirchenkonzert dargeboten werden könne.

W. BLANKENBURG

Lit.: **Periodica** (Aufsätze hieraus werden nicht eigens angegeben): **a)** Katholische K.: Katholische Kirchenmusik; Kirchenmusikalisches Jahrbuch; Musica sacra. Cäcilien-Verbands-Organ; Musik und Altar; Singende Kirche. – **b)** Evangelische K.: Gottesdienst und Kirchenmusik; Monatsschrift für Gottesdienst und kirchliche Kunst; Musik und Gottesdienst; Musik und Kirche; Zeitschrift für evangelische Kirchenmusik. – **Monographien und Aufsätze:** C. VON WINTERFELD, Der ev. Kirchengesang und sein Verhältnis zur Kunst des Tonsatzes 1–3 (L 1843–47, Nachdr. Hil 1966); K. WEINMANN, Das Konzil v. Trient u. die K. (L 1919); K. G. FELLERER, Der Palestrinastil u. seine Bedeutung in der vokalen K. des 18. Jh. (Au 1929); O. URSPRUNG, Die kath. K. (Pd 1931); F. BLUME, Die ev. K. (Pd 1931), neu bearb. unter Mitwirkung v. L. FINSCHER – G. FEDER – A. ADRIO – W. BLANKENBURG als Gesch. der ev. K. (Kas 1965); H. DISTLER, Vom Geist der neuen ev. K., in: ZfM 102 (1935); P. GRAFF, Gesch. der Auflösung der alten gottesdienstlichen Formen in der ev. Kirche Deutschlands, 2 Bde. (Gö 1937–39); W. LIPPHARDT, Die Gesch. des mehrst. Proprium missae (Hei 1950); H. J. MOSER, Die ev. K. in Deutschland (B 1953);TH. GEORGIADES, Sakral u. Profan in der Musik, in: Münchner Universitätsreden N. F. 28 (Mn 1960); dass., in: Th. Georgiades, Kleine Schriften (Tutzing 1977) (= Münchner Veröff. z. Musikgesch. 26); Der Allgemeine Cäcilienverband für die Länder der dt. Sprache. Gestalt u. Aufgabe, hrsg. v. J. OVERATH (Kö 1961); Die Musik des ev. Gottesdienstes, in: Leiturgia 4, hrsg. v. K. F. MÜLLER – W. BLANKENBURG (Kas 1961); J. GELINEAU, Die Musik im christlichen Gottesdienst (Rb 1965); O. SÖHNGEN, Theologie der Musik (Kas 1967); K. nach dem Konzil, hrsg. v. H. HUCKE (Fr 1967); L. LOCKWOOD, The Counter-Reformation and the Masses of Vincenzo Ruffo (V 1967); Die ev. Kirchenmusik. Hdb. für Studium und Praxis, hrsg. v. E. VALENTIN – F. HOFMANN (Rb 1968); K. im Spannungsfeld der Gegenwart, hrsg. v. W. BLANKENBURG (Kas 1968); H. HUCKE, Jazz und Folk-Music in der Liturgie, in: Concilium 5 (1969); DERS., Palestrina als Autorität und Stilvorbild im 17. Jh., in: C. Monteverdi e il suo tempo (Cremona 1969); W. KURZSCHENKEL, Die theologische Bestimmung der Musik (Trier 1971); K. G. FELLERER, Gesch. der kath. K., 2 Bde. (Kas 1972–76); Traditionen u. Reformen in der K., in: FS K. Ameln (Kas 1974); Musik in der feiernden Gemeinde, hrsg. v. H. HUCKE – E. QUACK – H. RENNINGS (Fr 1974); K. RÖHRING, Neue Musik in der Welt des Christentums (Mn 1975); R. PACIK, Volksgesang im Gottesdienst, in: Schriften des P.-Parsch-Inst. 2 (Klosterneuburg 1977); F. W. RIEDEL, K. am Hofe Karls VI. (1711–1740) (Mn–Salzburg 1977); W. BLANKENBURG, Kirche u. Musik (Gö 1979); H. HUCKE, Über Herkunft und Abgrenzung des Begriffs „K". (Tutzing 1979) (= Frankfurter Beitr. z. Musikwiss. 2); Universa Laus – Dokument '80. Über die Musik im Gottesdienst, in: Gottesdienst 15 (1980); A. SCHARNAGL, Einführung in die kath. K. Ein Überblick über die Gesch. (Wilhelmshaven 1980); CH. BERNSDORFF-ENGELBRECHT, Einführung in die ev. K. (ebd. 1980).

W. BLANKENBURG – H. HUCKE

KIRCHENTÖNE, Kirchentonarten (lat.: tropi, toni, modi) bilden das Tonsystem der Musik vom frühen Mittelalter bis ins 17. Jh. und mit unmittelbaren Nachwirkungen bis ins 18. Jahrhundert. Üblicherweise werden 8 K. (4 authentische und 4 plagale) unterschieden, von denen die 4 plagalen jeweils eine Quarte unter (griech.: hypo) den 4 authentischen liegen. Einige Musiktheoretiker des Mittelalters, wie z. B. Guido von Arezzo, unterscheiden nur 4 K., indem sie je einen Tonus authentus und den zu ihm gehörigen Tonus plagalis zu einem ↗Modus zusammenfassen. Das System der 8 K. hat seinen Ursprung in der Antike und weist nach Alexandrien, Byzanz, Antiochia und Jerusalem. Die Analogie der lateinisch-mittelalterlichen K. zu den byzantinischen Echoi (↗Oktoechos) liegt in der Anzahl und Benennung (protus, deuterus, tritus, tetrardus), der Unterscheidung von authentischen und plagalen K.n und ihrer paarweisen Anordnung. Der älteste bisher bekannte theoretische Beleg für das System der 8 K. findet sich bei Aurelianus Reomensis. In der Absicht, die bereits vorhandenen Melodien des liturgischen Repertoires systematisch zu ordnen, teilte er diese aufgrund ihrer formelhaften Wendungen, ihres Tonraumes und möglicher Schlußbildungen in 8 Tonarten ein: in die 4 authentischen Protos, Deuteros, Tritos und Tetrardos mit dem Schlußton als Ausgangspunkt und ihre 4 plagalen K. mit dem Schlußton als Zentrum des Tonraumes, so daß jeweils 2 K., also ein authentischer und ein plagaler, an einen Schlußton (↗Finalis) gebunden sind. Nach Odo von St. Maur wird die Zugehörigkeit eines Gesanges zu einem der K. durch die Finalis allein bestimmt: der Gesang soll mit der Finalis oder einem ihm verwandten Ton beginnen, und die einzelnen Abschnitte (distinctiones) dieses Gesangs sollen wiederum mit dem Ton enden, auf dem der Gesang beginnt. Diese Definition blieb das ganze Mittelalter hindurch gültig. Aufgrund von Fehlinterpretationen, die indes bis in die Antike selbst zum Kommentar des Porphyrios zur *Harmonika* des Ptolemaios zurückreichen, wurde seit dem 9. Jh. das System der K. aus der antiken griechischen Musiktheorie hergeleitet. Im Anschluß daran erklärte Berno von Reichenau die K. als Zusammensetzung verschiedener Quart- und Quintgattungen: authentische und plagale K. besitzen gemeinsam jeweils die gleiche Quintgattung, aber sie unterscheiden sich durch die Stellung der gleichen Quartgattung über oder unter der Quinte. Spätestens seit dem 11. Jh. ist das System der K. primär heptatonisch. Die K. werden nun durch die Aufeinanderfolge von Ganz- und Halbtönen (tonus und semitonium) über und unter der Finalis bestimmt. Daneben gelten als weitere Charakteristika der Tenor und der Ambitus: Der Tenor ist der bevorzugt angestrebte Ton einer Melodie oder sein Rezitationston. Der Ambitus, d. h. der Tonumfang der einzelnen K. umfaßte ursprünglich eine Oktave, doch sah sich bereits Marchettus de Padua (um 1317/18) gezwungen, die Erweiterung des Ambitus weit über eine Oktave hinaus theoretisch festzulegen. Die K. sind auf jede beliebige Tonstufe des heptatonischen Systems transponierbar. Dabei bewahren sie ihre Charakteristik durch die ihnen eigene Intervallfolge von Tonus und Semitonium. Seit Glareanus (1547) werden die Hochtranspositionen des 1. Kirchentons von d nach a und des 5. von f nach c^1 (z. T. auch mit ♭-Vorzeichnung vor h) als eigene Skalen dem mittelalterlichen System der K. als 9. äolischer und 11. ionischer Kirchenton hinzugefügt und jeweils mit einem plagalen als 10. und 12. Kirchenton versehen. Nach Glareanus setzte sich auch G. Zarlino für die Annahme des erweiterten Systems der K. ein: 1571 führte er sogar eine neue Zählung durch, die mit ionisch und hypoionisch als 1. und 2. Kirchenton beginnt. Bald galt neben der Quinte vor allem die Terz als konstitutives Intervall der K. Demzufolge teilte J. Lippius (1612) die K. nach dem Dreiklang über ihrer jeweiligen Finalis in naturaliores (durus, große Terz unten) und molliores (mollis, kleine Terz unten) ein. Ein Gesang wurde nach dem Kirchenton, in dem er steht, Cantus durus (naturalior; major) oder mollis (minor) bezeichnet. Zu Beginn des 18. Jh. waren von den K.n nur noch der dorische, äolische und ionische im Gebrauch (nach J. G. Walther). Die K. mit Durcharakter waren demnach auf eine Tonart, die mit Mollcharakter auf zwei Tonarten zusammengeschrumpft. Bald galten der ionische Kirchenton als Dur-Tongeschlecht (C-Dur), der äolische als Moll-Tongeschlecht (a-moll; J.-Ph. Rameau, 1737). ↗Dur und ↗Moll können seit dem 18. Jahrhundert auf sämtliche Tonstufen des Quintenzirkels transponiert werden: sie ergeben unser ↗Tonsystem.

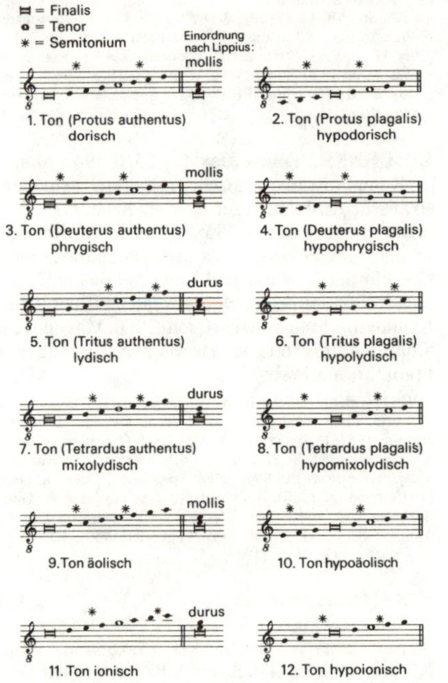

Lit.: W. BRAMBACH, Das Tonsystem u. die Tonarten des Abendlandes im MA (L 1881); H. GEHRMANN, J. G. Walther als Theoretiker, in: VfMw 7 (L 1891); G. JACOBSTHAL, Die chromatische Alteration im liturg. Gesang der abendländischen Kirche (B 1897); U. BOMM, Der Wechsel der Modalitätsbestimmung in der Tradition der Meßgesänge im 9. bis 13. Jh. (Einsiedeln 1929); A. GASTOUÉ, Über die 8 „Töne", die authentischen u. die plagalen, in: KmJb 25 (1930); O. GOMBOSI, Stud. z. Tonartenlehre des frühen MA, in: AMl 10 (1938) u. 12 (1940); E. JAMMERS, Der ma. Choral. Art u. Herkunft (Mz 1954) (= Neue Stud. z. Musikwiss. 2); K. W. NIEMÖLLER, Zur Tonus-Lehre der it. Musiktheorie des ausgehenden MA, in: KmJb 40 (1956); S. HERMELINK, Dispositiones modorum (Tutzing 1960) (= Münchner Veröff. z. Musikgesch. 4); H. HÜSCHEN, Art. Modus, in: MGG IX; H. OESCH, Berno u. Hermann von Reichenau als Musiktheoretiker (Be 1961); C. DAHLHAUS, Art. Tonsysteme, in: MGG XIII; DERS., Unters. über die Entstehung der harmonischen Tonalität (Kas 1968); R. L. CROCKER, P. Zarlino diede una nuova numerazione ai modi?, in: RIMus 3 (1968); M. VOGEL, Zur Entstehung der Kirchentonarten, in: Mf 21 (1968); B. MEIER, Die Tonarten der klassischen Vokalpolyphonie, nach den Quellen dargestellt (Utrecht 1974); C. DAHLHAUS, Zur Tonartenlehre des 16. Jahrhunderts. Eine Duplik, in: Mf 29 (1976); J. LESTER, Major-Minor Concepts and Modal Theory in Germany, 1592–1680, in: JAMS 30 (1977).

B. R. SUCHLA

KIRCHER, Athanasius, SJ, * 2. 5. 1601 Geisa (Rhön), † 27. 11. 1680 Rom; dt. Gelehrter. K. war 1612–16 Schüler des Jesuitengymnasiums in Fulda und trat 1618 in den Jesuitenorden ein. Er erhielt eine umfassende wissenschaftliche Ausbildung und erlernte u. a. auch orientalische Sprachen. 1623/24 war er Lehrer für Griechisch im Eichsfeld, studierte dann in Mainz Theologie und wurde dort 1628 zum Priester geweiht. 1629–31 lehrte er Mathematik, Philosophie und orientalische Sprachen an der Universität Würzburg und wurde nach kurzer Lehrtätigkeit in Avignon 1633 als Professor an das Collegium Romanum in Rom berufen, das eines der bedeutendsten Ausbildungsstätten der katholischen Welt im 17. Jh. war. Hier konnte sich K., nachdem er bald von seinen Lehrverpflichtungen entbunden worden war, ausschließlich seinen Forschungen widmen. K. war einer der großen Universalgelehrten seiner Zeit, vergleichbar etwa mit M. Mersenne und R. Fludd. Von seinen mehr als 30 Büchern ist die *Musurgia universalis* in ihrer umfassenden Darstellung des Stoffes von einzigartiger musikgeschichtlicher Bedeutung. Sie beruht wesentlich auf der mittelalterlichen Auffassung der Musik als einer theologisch zu begründenden mathematischen Disziplin. Hauptthemen dieses Werkes sind: die Klassifikation der Musik, die Sphärenharmonie, die Zahlenverhältnisse in der Musik, die musikalische Komposition, Instrumentenkunde, musikalische Akustik, die Affektenlehre und die Lehre von den musikalisch-rhetorischen Figuren.

Musiktheoretische Schriften: *Musurgia universalis,* 2 Bde. (R 1650, ²1690), dt. Auszug v. A. Hirsch (Schwäbisch Hall 1662); *Phonurgia nova* (Kempten 1673), dt. Übers. v. A. Cario: *Neue Hall- u. Thonkunst* (Nördlingen 1684).

Ausg.: *Musurgia universalis,* Faks. der Ausg. R 1650, hrsg. v. U. SCHARLAU (Hil 1970); *Phonurgia nova,* Faks.-Ausg. (NY 1966) (= MMMLF II/44).

Lit.: J. GUTMANN, A. K. u. das Schöpfungs- u. Entwicklungsproblem (Diss. Wü 1938); W. KRÜGER, Ein neunchöriger Sanctus-Kanon v. M. Romanus in A. K.s „Musurgia" 1650, in: MuK 25 (1955); B. HUYS, Catalogue des imprimés musicales des XVe, XVIe et XVIIe siècles de la Bibl. Royale de Belgique (Bru 1965); U. SCHARLAU, A. K. ... als Musikschriftsteller (Marburg 1969) (= Stud. z. hessischen Musikgesch. 2).

KIRCHGESSNER (eig. Kirchgeßner), **Mariane,** * 5.6. 1769 Bruchsal, † 9.12. 1808 Schaffhausen; dt. Glasharmonikaspielerin. Mit 4 Jahren erblindet, zeigte sie bald großes Talent im Klavierspiel. Joseph Anton Reichsherr von Beroldingen ermöglichte ihr im Alter von 10 Jahren eine Ausbildung auf der Glasharmonika bei J. A. Schmittbauer in Karlsruhe und ließ ihr von diesem eine Glasharmonika bauen. 1791 reiste sie nach Wien, wo W. A. Mozart für sie ein Quintett für Glasharmonika, Fl., Ob., Va. und Vc. (KV 617) sowie ein Adagio C-Dur für Glasharmonika (KV 617a) schrieb. M. K. war eine der ersten reisenden Virtuosen der Musikgeschichte und erzielte große Erfolge in zahlreichen europäischen Städten. 1799 ließ sie sich in Leipzig nieder.

Lit.: H. ULLRICH, Die blinde Glasharmonikavirtuosin M. K. u. Wien. Eine empfindsame Künstlerin der empfindsamen Zeit (Tutzing 1971).

KIRCHNER, Leon, * 24.1.1919 Brooklyn (New York); amerik. Komponist. Er studierte bei A. Schönberg an der University of California in Los Angeles und dann bei E. Bloch in Berkeley. 1942 erhielt er den George Ladd-Preis, der es ihm ermöglichte, bei R. Sessions in New York zu studieren. Nach Lehrtätigkeit an der University of Southern California in Berkeley und am Mills College in Oakland/Calif. wurde er 1961 Professor für Komposition an der Harvard University in Cambridge/Mass. K.s Schaffen wurzelt in der mitteleuropäischen Musik und ist besonders beeinflußt von G. Mahler, A. Schönberg und B. Bartók. Wie dieser verwendet K. Elemente der Volksmusik und verarbeitet sie in einer chromatischen, dissonanzreichen Schreibweise.

WW: Klv.-Stücke; Klv.-Trio (1954); 3 Streichquartette (1949, 1958, 1967); Konzert für V., Vc., 10 Bläser u. Schlagzeug (1960); *Sinfonia* (1951); *Music for Orchestra* (1969); 2 Klv.-Konzerte (1953, 1962); *Of Obedience* (1950) u. *The Runner* (1950) für Sopran u. Klv.; *Lily* (1973) für V., Va., Vc., Holzbläserquintett, Klv. u. Schlagzeug, daraus Material für die Oper *Lily,* UA: New York 1977.

Lit.: A. L. RINGER, L. K., in: MQ 43 (1957); E. W. SCHWEITZER, Generation in String Quartets of Carter, Sessions, K. and Schuller (1966) (= Diss. Univ. of Rochester/N.Y.).

KIRCHNER, Theodor Fürchtegott, * 10.12.1823 Neukirchen bei Chemnitz, † 18.9.1903 Hamburg; dt. Komponist. Auf den Rat F. Mendelssohn Bartholdys hin studierte er seit 1838 in Leipzig bei J. Knorr (Klavier) und C. F. Becker (Orgel und Theorie). 1843 begann seine Laufbahn als Konzertorganist. H. von Bülow, Fr. Liszt und R. Wagner gehörten zu seinen Bewunderern. 1862 ließ er sich in Zürich nieder und arbeitete dort als Chordirigent, Musiklehrer, Organist und Liedbegleiter. Danach war er Lehrer der Prinzessin Amalia in Meiningen (1872–73), Leiter der Königlichen Musikschule in Würzburg (bis 1876) sowie Musiklehrer in Leipzig (1876–83) und Dresden (bis 1890). Aus seinem umfangreichen Werk kommt vor allem den Liedern und den lyrischen Klavierstücken Bedeutung zu, bei denen K. in Form und Harmonik die Tradition R. Schumanns und Mendelssohn Bartholdys aufgreift und auf seine Weise fortbildet.

WW: Klv.-Stücke, u. a.: *Neue Davidsbündlertänze,* op. 17; *Nachtbilder,* op. 25; *Florestan und Eusebius,* op. 53; *Erinnerungsblätter,* op. 101; Orgelstücke, Kammermusik; Lieder; Chöre.

Lit.: R. SIETZ, J. Brahms u. Th. K. Mit ungedruckten Briefen Th. K.s, in: Mf 13 (1960); J. BITTNER, Die Klaviersonaten E. Francks 1817–93 u. anderer Kleinmeister seiner Zeit, 2 Bde. (Diss. H 1968); G. PUCHELT, Verlorene Klänge. Stud. z. dt. Klaviermusik 1830–80 (B 1969); R. SIETZ, Th. K., ein Klaviermeister der dt. Romantik (Rb 1971) (= Stud. z. Musikgesch. des 19. Jh. 21).

KIRCHNER, Volker David, * 25.6.1942 Mainz; dt. Komponist und Bratschist. Er erhielt seine musikalische Ausbildung zunächst am Konservatorium in Mainz und studierte 1959–63 an der Musikhochschule Köln Violine, Viola und Kammermusik bei G. Kehr und T. Varga und Komposition bei G. Raphael. 1963 wurde er Solobratschist im Rheinischen Kammerorchester und ist seit 1966 Mitglied des Sinfonie-Orchesters des Hessischen Rundfunks in Frankfurt am Main.

WW: *Fragmente* (1966) für Orch.; *Riten* (1970) für Sängerin, Tänzerin, Licht, Schlagzeug, Klv., Vc. u. Dirigent; 2 Streichsextette (1976), das erste mit dem Titel *Orphischer Gesang;* 3 Gesänge für tiefe St. u. Orch. (1976); *Lamento* (1976) für Chor a capp.; *Requiem* für Sopr., Baß, Sprecher, 2 Chöre u. Orch. (1979, revidiert 1980). – Opern: *Die Trauung* (nach W. Gombrowicz), UA: Wiesbaden 1975; Szenisches Requiem *Die fünf Minuten des Isaak Babel,* UA: Wuppertal 1980; Ballade für Musik *Das kalte Herz* (1980).

KIRK, Roland Rahsan (Ronald T. K.), * 7.8.1936 Columbus (Ohio), † 5.12. 1977 Bloomington (Indiana); amerik. Jazzmusiker (Saxophon, Flöte, Klarinette, Manzello, Stritch). Er gehörte seit 1961 zur Gruppe von Charles Mingus, hatte im selben Jahr einen großen Erfolg bei den Essener Jazztagen, war 1963 in England und bei den Berliner Jazztagen und trat 1968 beim New Port-Festival auf. K., der blind und später auch halbseitig gelähmt war, trat meist mit eigener Rhythmusgruppe und kurz vor seinem Tode im Orchester Gil Evans auf. Er spielte einen expressiven, emotionalen Modern Jazz mit starken Blues-Elementen. Als Flötist bediente er sich häufig der Überblastechnik, bei der während des Blasens zugleich auch in das Instrument hineingesungen wird. Er spielte auch zwei selbstkonstruierte Blasinstrumente (Manzello und Stritch), meist kombiniert, oft auch – über ein Mundstück – gleichzeitig mit dem Tenorsaxophon.

KIRKPATRICK, Ralph, * 10.6.1911 Leominster (Mass.), † 13. 4. 1984 Guilford (Conn.); amerik. Cembalist. Er studierte an der Harvard University in Cambridge/Mass. u. 1931–33 als deren Stipendiat in Paris (bei W. Landowska, N. Boulanger), danach in England (bei A. Dolmetsch), in Leipzig (bei G. Ramin) und in Berlin (bei H. Tiessen). 1940 wurde er Dozent an der Yale University in New Haven/Conn. Aufgrund einer Arbeit über D. Scarlatti erhielt er 1956 den Titel eines Associate Professor; 1965 wurde er Professor of Music an der Yale University. K., der seit 1947 auch in Europa konzertiert, gilt als einer der bedeutendsten Cembalisten seiner Generation.

Schriften: *D. Scarlatti* (Princeton/N.J. 1953, Nachdr. NY 1968), dt. erweitert u. übers. v. H. Leuchtmann, 2 Bde. (Mn 1972); *D. Scarlatti's Choral Music,* in: Essays on Music. FS A. Th. Davison (C/M 1957); *Scarlatti Revisited in Parme and Venice,* in: Notes II/28 (1971/72). – Er gab heraus: *Scarlatti, Complete Keyboard Works,* 18 Bde. (NY 1971).

KIRNBERGER (Kernberg), **Johann Philipp,** getauft 24.4.1721 Saalfeld (Thüringen), † 26./27.7. 1783 Berlin; dt. Musiktheoretiker und Komponist. Er nahm nach Musikstudien bei J. P. Kellner, H. N. Gerber, und J. S. Bach 1741–50 Stellungen als Musiklehrer und Kapellmeister in polnischen Adelsfamilien und am Nonnenkloster in Lemberg wahr. 1751 nach Deutschland zurückgekehrt, wurde er nach weiteren Studien in Dresden Violinist an der Hofkapelle in Berlin. 1754 ernannte ihn Prinzessin Anna Amalie, deren berühmte Blibliothek mit Handschriften von Werken J. S. Bachs und anderer Meister er zusammenstellte, zum Kapellmeister. C. Ph. E. Bach und J. Chr. Bach, die Bach-Schüler J. Fr. Agricola und Ch. Nichelmann sowie C. H. Graun, von dem er auch Kompositionsunterricht erhielt, zählten zu seinem näheren Bekanntenkreis. Bedeutender als seine Kompositionen, unter denen Lieder und Klavierstücke überwiegen, sind seine musiktheoretischen Werke, denen er sich in den beiden letzten Lebensjahrzehnten hauptsächlich widmete. Als sein Hauptwerk gilt *Die Kunst des reinen Satzes in der Musik.* Im Unterschied zu J. J. Fux geht K. nicht vom 2-, sondern vom 4st. Satz aus und versteht ihn als Akkordfolge. Auch führt er die Unterscheidung von Akkord- und Intervalldissonanz in die Generalbaßlehre ein. Obwohl er sich auf den Unterricht bei J. S. Bach beruft und gegen J.-Ph. Rameau Stellung bezieht, was ihm u. a. die Gegnerschaft W. Fr. Marpurgs einbrachte, lassen sich seine musiktheoretischen Ansichten nur bedingt für J. S. Bach in Anspruch nehmen und verraten eklektischen Charakter. Anteil an der schriftlichen Fixierung seines Lehrsystems hatte J. G. Sulzer, für dessen *Allgemeine Theorie der schönen Künste* er einen Teil der musikalischen Artikel bearbeitete (Buchstaben A–I; die folgenden stammen von K.s Schüler J. A. P. Schulz).

WW: **1) Kompositionen:** Übungen; Sonaten; Fugen; Allegro (1759); Klv.- u. Orgelstücke; Triosonaten; Orch.-Menuette; Symphonien; Orch.-Suiten; Motetten; Kantate *Ino* u. Lieder. – **2) Schriften:** *Der allezeit fertige Polonoisen- u. Menuettencomponist* (B 1757); *Construktion der gleichschwebenden Temperatur* (B um 1760), Nachdr. zus. mit J. A. P. Schulz, *Die wahren Grundsätze zum Gebrauch der Harmonie* (B – Königsberg 1773), jedoch unter K.s Namen, Nachdr. (Hil 1970); *Die Kunst des reinen Satzes in der Musik,* 2 Bde. (B 1771–79, Nachdr. Hil 1968); *Grundsätze des Generalbasses als erste Linien zur Composition* (B 1781 u. ö., Nachdr. Hil 1974); *Anleitung zur Singecomposition mit Oden in verschiedenen Sylbenmaßen* (B 1782); *Gedanken über die verschiedenen Lehrarten in der Komposition als Vorbereitung zur Fugenkenntnis* (B 1782, W 1793), Nachdr. zus. mit *Grundsätze des Generalbasses* (Hil 1974). – Ferner war K. an der Ausg. der 4st. Choral-Gesänge C. Ph. E. Bachs beteiligt (L 1784–87).

Ausg.: Orgelstücke, u. a. Orgelchoräle, hrsg. v. F. W. RIEDEL (Lippstadt 1960) (= Die Orgel II/14); 6 Motetten, u. a. *An den Flüssen Babylons* (Ps. 137) für 4 St. mit Instr., in: Motetten der Bachschule, hrsg. v. G. FEDER (Wb 1963) (= Chw 89); 2 Symphonien, 2 Ouvertüren, Kammermusik, u. a. Sonate G-Dur für Querfl. u. B.c., hrsg. v. W. WEIGART (Mz 1967); Lieder, Kanons, Klv.-Stücke, u. a. Tanzstücke für Klv., hrsg. v. K. HERRMANN (Mz 1935); 8 Fugen für Cemb. oder Org., hrsg. v. H. RUF – H. BEMANN (Mz 1973).

Lit.: A. SCHERING, J. Ph. K. als Hrsg. Bachscher Choräle, in: Bach-Jb. 15 (1918); S. BORRIS, K.s Leben u. Werk (Kas 1933); R. SIETZ, Die Orgelkompositionen des Schülerkreises um J. S. Bach, in: Bach-Jb. 32 (1935); M. MEKEEL, The Harmonic Theories of K. and Marpurg, in: JMTh 4 (1960); H. SERWER, Marpurg versus K.: Theories of Fugal Composition, in: ebd. 14 (1970); P. ALDRICH, „Rhythmic harmony" as Taught by J. Ph. K., in: Studies in Eighteenth Century Music. FS K. Geiringer (Lo 1970); D. W. BEACH, The Harmonic Theories of J. Ph. K. (1975) (= Diss. Yale Univ.).

H. FEDERHOFER

KIRSCHSTEIN, Leonore, * 29.3.1935 Stettin; dt. Sängerin (Sopran). Nach ihrer Gesangsausbildung bei Franziska Martienssen-Lohmann in Düsseldorf debütierte sie 1958 an der Städtischen Oper Berlin und kam über Kiel (1960–63), Augsburg (1963 bis 1965) und Köln (1965–68) an die Bayerische Staatsoper in München, der sie seither angehört. Sie trat bei den Festspielen in Salzburg, Edinburgh und Montreux sowie an den Opernbühnen Hamburgs, Zürichs und Wiens auf; Konzertreisen führten sie auch in die USA.

KISMET, amerik. Musical in 2 Akten von Robert

Wright (* 1914) und George Forrest (* 1915), die zusammen die Song-Texte und die Musik, nach Themen von Alexander Borodin (1833–87), schrieben, Buch von Charles Lederer und Luther Davis nach dem gleichnamigen Bühnenstück von Edward Knoblock. Ort und Zeit der Handlung: Bagdad in der Zeit von „1001 Nacht“. UA: 3. 12. 1953 in New York (Ziegfeld Theater); dt. EA (in dt. Sprache): 22. 1. 1977 in Koblenz (Stadttheater). Verfilmt 1955.

Die Handlung dieses Märchen-Musicals mit dem originalen Untertitel „a musical arabian night“ spielt sich an einem einzigen Tag ab; im Mittelpunkt steht der verkleidete Poet Hajj, dessen schöne Tochter Marsinah zum Schluß den Kalifen heiratet. Das Autorenteam Wright/Forrest adaptierte die Musik Borodins so geschickt, daß einerseits charakteristische musikalische Züge der Kompositionen gewahrt blieben, andererseits die Themen problemlos dem Medium des populären Schlagers angepaßt wurden. *Stranger in Paradise,* basierend auf einem Thema der *Polowezer Tänze* (aus Borodins Oper *Fürst Igor*), wurde zum Weltschlager. *Kismet* war beim Publikum ähnlich erfolgreich (583 Aufführungen en suite in New York, 648 in London) wie bei der Kritik (Antoinette Perry Award 1954 für das beste Musical der Saison).

R.-M. SIMON – S. SIMON

KISS ME, KATE, amerik. Musical in 2 Akten von Cole Porter (1893–1964), der die Musik sowie die Song-Texte schrieb, Buch von Samuel und Bella Spewack nach der Komödie *The Taming of the Shrew (Der Widerspenstigen Zähmung)* von William Shakespeare. Ort und Zeit der Handlung: Baltimore (USA) in der Gegenwart. UA: 30. 12. 1948 in New York (New Century Theater); dt. EA (in dt. Sprache): 22. 11. 1955 in Frankfurt am Main (Städt. Bühnen). Verfilmt 1953.

Die Handlung des Musicals, eines der erfolgreichsten überhaupt, läuft auf zwei Ebenen ab: Eine Schauspielgruppe inszeniert die Shakespeare-Komödie; parallel dazu wird die Hauptdarstellerin Lilli Vanessi von ihrem früheren Ehemann Fred Graham, dem Darsteller des Petruchio, ebenfalls „gezähmt“. Mit 1.077 Broadway-Vorstellungen en suite war *Kiss me, Kate* beim Publikum ebenso erfolgreich wie bei der Kritik, die dem Werk den Antoinette Perry Award 1949 als bestem Musical des Jahres verlieh. Die seltene Ausgewogenheit von Buch und Choreographie (Hanya Holm) und Porters Musik bzw. Song-Texten ließ das Musical zu einem geradezu sensationellen Erfolg werden, nicht nur in Deutschland, wo es als eines der ersten Musicals nach dem 2. Weltkrieg zur Aufführung kam, sondern auch in Wien, wo es der bisher größte Erfolg in der Geschichte der Volksoper (EA: 14. 2. 1956) wurde, und in Polen, wo es als erstes amerikanisches Musical überhaupt gezeigt wurde. Fast alle Songs wurden zu populären Schlagern. Besonders bekannt wurden das Duett *So in Love,* der parodistische Walzer *Wunderbar,* der jazz-beeinflußte Song *Too darn hot* und das komische Gaunerduett *Brush up your Shakespeare (Schlag nach bei Shakespeare),* in dem Porter die Titel mehrerer Shakespeare-Stücke in einen Song-Text einbindet.

R.-M. SIMON – S. SIMON

KISTNER & SIEGEL, dt. Musikverlag. – **Friedrich Kistner,** * 3. 3. 1797 Leipzig, † 21. 12. 1844 ebd., übernahm 1831 eine 1823 von Heinrich Albert Probst gegründete Musikalienhandlung. Zunächst unter dem Firmennamen Probst-Kistner, seit 1836 nur noch unter seinem Namen, brachte Kistner Werke von M. Hauptmann, Ferdinand David, F. Hiller, J. Rietz, J. Moscheles, F. Mendelssohn Bartholdy, Fr. Chopin und R. Schumann heraus. Seine Nachfolger veröffentlichten auch Kompositionen von Fr. Liszt, N. Gade, Fr. Smetana, A. Rubinstein u. a. 1919 ging das Haus in den Besitz der Gebrüder Carl und Richard Linnemann über und wurde 1923 mit dem Verlag Siegel (gegr. 1846 in Leipzig) unter der Firmierung „Fr. Kistner & C. F. W. Siegel“ zusammengeschlossen. Wichtige musikwissenschaftliche Publikationen sind die Veröffentlichungen des Fürstlichen Instituts für musikwissenschaftliche Forschung in Bückeburg, die 1924 gegründete Reihe *Organum* mit praktischen Neuausgaben älterer Musik sowie die Zeitschriften *Archiv für Musikwissenschaft* (AfMw; 1919–26) und *Die Musikpflege* (1933–45). Seit 1948 wird die Leipziger Filiale der Firma von Friedrich Linnemann, Sohn von Richard Linnemann, geleitet. Im selben Jahr wurde in Lippstadt (Westfalen) der Verlag K. & S. gegründet, dessen Eigentümer Rudolf Lott war. 1965 wurde der Firmensitz nach Köln verlegt und die Geschäftsführung zuerst von Georg Feder, seit 1982 von Marianne Feder, geb. Lott, übernommen.

Lit.: R. LINNEMANN, F. K. 1823–1923... (L 1923); H.-M. PLESSKE, in: Beitr. z. Gesch. des Buchwesens 3, hrsg. v. K.-H. Kalhöfer – H. Rötzsch (L 1968).

KITHARA (griech.), neben der ↗Lyra das wichtigste und angesehenste Saiteninstrument der griechischen Antike. Die K. hatte einen großen, kastenförmigen Resonanzkörper aus Holz, der in breite Jocharme ohne Absatz überging. Manchmal läßt sich auch eine Einfügungsnaht erkennen. In den antiken Darstellungen sind diese Jocharme so breit, daß angenommen wird, sie seien ausgehöhlt gewesen, um die Resonanz noch zu verstärken. Das Korpus hatte eine flache, oft mit reichen Verzierungen versehene Decke und schloß unten gerade ab. Der Boden scheint nach späteren plastischen Darstellungen nicht immer flach, sondern auch gewölbt gewesen zu sein. Die Jocharme waren – je nach Darstellung – an unterschiedlichen Stellen durch ein Querholz, das Joch, verbunden, an dem die Saiten oben befestigt sind. Sie wurden offenbar um das Joch gewickelt und mit Hilfe von verdickten Wülsten (Schwarte) festgehalten. Die meist 7, später bis zu 12 gleich langen Saiten verliefen von der Jochstange über einen sehr breiten, dachförmigen Steg auf der Decke zu einem Saitenhalter, der unterhalb der Decke befestigt gewesen zu sein scheint. Der Spieler hielt das Instrument so, daß sich die Decke im rechten Winkel zum Körper befand, der rechte Arm sich also parallel zur Decke frei bewegen konnte. Er zupfte die Saiten mit den Fingern der rechten Hand oder benutzte dazu ein Plektron, während die gespreizten Finger der linken Hand immer von hinten gegen die Saiten gehalten wurden, wobei unklar bleibt, ob die Finger einzelne Saiten verkürzten oder nur abdämpften. Da alle Saiten gleich lang sind, konnten, wenn man eine Verkürzung durch die Finger ausschließt, nur durch unterschiedliche Dicke und Spannung der Saiten verschiedene Tonhöhen erreicht worden sein.

Eine besondere Art der K. ist die sog. Wiegen-K., die nur für das 5. Jh. v. Chr. belegt ist. Auch sie hatte meist 7 Saiten. Ihr Name rührt daher, daß bei ihr das Korpus unten nicht gerade abschließt, sondern abgerundet ist. Erstaunlich hoch ist bei Instrumenten dieses Typs die Querstange mit den Saiten angesetzt. Insbesondere die Korpusform der Wiegen-K. macht es wahrscheinlich, daß die K. überhaupt aus der älteren ↗Phorminx entstanden ist. Erstmals erscheint eine K. im 3. Viertel des 7. Jh. v. Chr. auf einem Bronzepanzer in Olympia. Belegt ist die Bezeichnung K. erst für das 5. Jh. (u.a. bei Herodot, *Historiai* I, 24, 5). Die K. war, nach den Darstellungen zu schließen, das klangstärkste Saiteninstrument der Antike. Es wurde zuerst nur zur Begleitung des Gesangs benutzt. Diese Kitharodie gelangte im 7. Jh. auf Lesbos zu besonderer Blüte. Von dort scheint die K. in veränderter Gestalt auf das griechische Festland gelangt zu sein, die man dem Kepion zuschreibt. Dieser war ein Schüler des Terpandros, des Erfinders kitharodischer Nomoi (↗Nomos). Auf dem Festland scheint das Instrument dann schnell große Verbreitung gefunden zu haben. Zu Beginn des 6. Jh. v. Chr. wurden bei den Pythischen Spielen in Delphi Wettbewerbe in der Kitharodie ausgetragen, kurze Zeit später auch in der Kitharistik, d.h. im K.-Spiel ohne Gesang (Pausanias X, 4 und 7). Als Virtuoseninstrument erhielt die K. dann gegen Ende des 5. Jh. v. Chr. auch 11 bis 12 Saiten. Die hohe Wertschätzung der K. zeigt sich daran, daß man sie, wie die Lyra, dem Gott Apollon zuordnete. Sie wurde stets von Männern gespielt, während die Wiegen-K. sich überwiegend in den Händen von Frauen befand (u.a. wurden Musen damit dargestellt). Die Verwendung der K. (lat. cithara) erstreckte sich bis in die römische Spätantike; in der Folgezeit kam sie jedoch außer Gebrauch; nicht so der Name, der weite Verbreitung fand und auf zahlreiche Saiteninstrumente übertragen wurde (vgl. das hebr. Kinnor, ferner die Cister, die Gitarre, die Zither u.ä., aber auch die sudanesische Kissar, ein der antiken Lyra ähnliches Instrument). – ↗Leier.

Lit.: H. HUCHZERMEYER, Aulos u. K. in der griech. Musik bis zum Anfang der klass. Zeit (Emsdetten 1931); J. W. SCHOTTLÄNDER, Die K. (Diss. B 1933); T. NORLIND, Lyra u. K. in der Antike, in: STMf 16 (1934); W. STAUDER, Die Harfen u. Leiern der Sumerer (F 1957); DERS., Die Harfen u. Leiern Vorderasiens in babylonischer u. assyrischer Zeit (F 1961); L. VORREITER, Musikinstr. als antike Münzbilder (Mn 1973); DERS., in: Arch. für Musikorganologie 1 u. 2 (1976 u. 1977); A. J. NEUBECKER, Altgriech. Musik. Eine Einführung (Da 1977); M. VOGEL, Chiron, der Kentaur mit der K., 2 Bde. (Bonn 1978) (= Orpheus-Schriftenreihe zu Grundfragen der Musik Band 25/26); H. THIEMER, Der Einfluß der Phryger auf die altgriech. Musik (Bonn 1979) (= ebd. 29).

M. BRÖCKER

KITTEL, Johann Christian, getauft 18. 2. 1732 Erfurt, † 17. 4. 1809 ebd.; dt. Organist und Komponist. Er war Schüler von J. Adlung in Erfurt und 1748–50 von J. S. Bach in Leipzig, der ihn sehr schätzte. Nach 5jährigem Wirken in Langensalza wurde er 1756 Organist in Erfurt, zunächst an der Barfüßerkirche, dann an der Predigerkirche. K. war als Organist ebenso bedeutend wie als Orgellehrer. Goethe, Herder und Wieland besuchten seine Abendmusiken; zu seinen Schülern zählen J. W. Häßler und Chr. H. Rinck. Seine Kompositionen (fast ausschließlich für Orgel) stehen in der Tradition der großen Bachschen freien und choralgebundenen Orgelwerke, lassen aber auch die zeitüblichen Elemente des galanten Stils erkennen. K.s *Angehender praktischer Organist*, eine Lehre des Orgelspiels und der -komposition, die in ihrer Bedeutung mit den bekannten Instrumentallehren des 18. Jh. (J. J. Quantz, L. Mozart, C. Ph. E. Bach) vergleichbar ist, ist ausdrücklich „nach Bachischen Grundsätzen" konzipiert.

WW: Für Org.: *Große Präludien*, 2 Tle. (L o. J.); *24 Choräle mit acht verschiedenen Bässen über eine Melodie von J. Ch. Kittel*, postum hrsg. v. Ch. H. Rinck (Offenbach 1811); teilweise postum erschienen ferner mehrere Slgn. Choräle, Choralvorspiele u. -variationen. – Lehrwerk *Der angehende praktische Organist*, 3 Tle. (Erfurt 1801, 1803 u. 1808, [3]1831). – Für Klv.: Klv-Sonaten (Gera 1789); *Veränderungen über… Nicht so traurig, nicht so sehr* (St. Petersburg o. J.).

Lit.: A. DREETZ, J. Ch. K. (L 1932); G. FOCK, Zur Biogr. des Bach-Schülers J. Ch. K., in: Bach-Jb. 49 (1962); CH. S. BROWN, The Art of Chorale Preluding and Chorale Accompaniment as Presented in K.'s „Der angehende praktische Organist" (1970) (= Diss. Eastman School of Music).

KITTEL, dt. Musikerfamilie des 17. Jahrhunderts. – **1) Kaspar,** * 1603 Lauenstein, † 9. 10. 1639 Dresden; Komponist und Theorbist. Er wurde um 1620 Mitglied der Dresdner Hofkapelle und war Schüler von H. Schütz. 1624–28 lebte er in Italien. Seine *Arien und Cantaten* zu 1–4 St. mit Gb. (Dresden 1638) sind frühe Belege des neuen italienischen Stils und waren für die Entwicklung der Kantate in Deutschland von Bedeutung. – **2) Christoph,** Sohn von 1) (?), † nach 1680; Organist. Er ist 1642–63 als Mitglied der Dresdner Hofkapelle nachweisbar. Er wurde von H. Schütz mit der Herausgabe von dessen *12 Geistlichen Gesängen* op. 13 (1657) betraut. – **3) Johann Heinrich,** Sohn von 2), * 13. 10. 1652 Dresden, † 17. 7. 1682 ebd. Er war seit 1666 wie sein Vater Hoforganist in Dresden. 1669 war J. Kuhnau einige Monate sein Schüler.

Lit.: I. BECKER-GLAUCH, Die Bedeutung der Musik für die Dresdener Hoffeste bis in die Zeit Augusts des Starken (Kas 1951) (= Musikwiss. Arbeiten 6). – **Zu 3):** J. H. BARON, A 17th Century Keyboard Tablature in Brasov, in: JAMS 20 (1967).

KJERULF, Halfdan, * 17. 9. 1815 Oslo, † 11. 8. 1868 ebd.; norwegischer Komponist. Er studierte 1847 bei Karl Arnold in Oslo und 1850–51 bei E. Fr. Richter am Leipziger Konservatorium. 1857–59 dirigierte er zusammen mit Johan Conradi das Orchester der Abonnementskonzerte in Oslo. K. wurde zum Wegbereiter der Romantik in Norwegen; seine etwa 100 Lieder (u. a. auf Texte von J. S. Welhaven, Bj. Bjørnson und V. Hugo) und 30 Männerchöre nehmen in der norwegischen Musik einen wichtigen Platz ein. Er schrieb auch zahlreiche Klavierstücke, darunter ein sehr bekanntes *Wiegenlied.*

Ausg.: Sanger och visor, GA der Lieder, 3 Bde. (Sto–L 1877–84).

Lit.: N. GRINDE, En H. K.-bibliogr., in: Norsk musikkgranskning Årbok 1954–55 (Oslo 1956); DERS., H. K.s klaviermusikk, in: ebd. 1959–61; H. WENDELBORG, H . K.s mannskorsanger med hovedvekten pa et systematiseringsforsok av harmonikken (Diss. Oslo 1971).

KLAIS, dt. Orgelbaufirma mit Sitz in Bonn, gegr. 1882 von **Johannes K. sen.** (1852–1925), der sie um 1900 zu einer der führenden deutschen Werkstätten entwickelte. Unter seiner Leitung wurden etwa 650 Orgeln im spätromantischen, hochtechnisierten Stil gebaut, u. a.: Erfurt, Dom (1906; 4 Man., 93 Reg.); Bonn, St. Elisabeth (1910; 4 Man., 46 Reg., erhalten); Limburg, Dom (1912; 3 Man., 50 Reg.); Beckum, St. Stephan (1913; 3 Man., 55 Reg., erhalten); Köln, Messehallen (1924; 5 Man., 130 Reg.). 1925–65 stand das Haus unter der Leitung von **Johannes K. jun.** (1890–1965), der eine Synthese des spätromantischen und des neobarocken Orgelbaus anstrebte. Wichtige Orgeln aus dieser Zeit sind u. a.: Gent, Kathedrale (1936; 5 Man., 92 Reg.); Aachen, Dom (1939; 4 Man., 64 Reg.); Köln, Dom (1948–56; 4 Man., 90 Reg.); Münster (Westf.), Dom (1957; 4 Man. 76 Reg.); Frankfurt am Main, Dom (1957; 4 Man., 72 Reg.); Bonn, Beethovenhalle (1959; 4 Man., 68 Reg.). Seit 1965 wird die Firma von **Hans Gerd K.** (* 2. 12. 1930) geleitet. Es wurden nunmehr ausschließlich mechanische Schleifladenorgeln gebaut, u. a. die Domorgeln in Würzburg (1970; 5 Man., 86 Reg.), Trier (1974; 4 Man., 67 Reg.), Ost-Berlin (1976/77; 3 Man., 67 Reg.) und Limburg (1978; 4 Man., 60 Reg.). Seit 1970 widmet sich das Unternehmen auch der denkmalgerechten Restaurierung historischer Orgeln.

Schriften von H. G. K.: *Gedanken über die Neuplanung von Orgeln,* in: Acta organologica 3 (1969); *Die Würzburger Domorgeln* (F 1970); *Überlegungen zur Orgeldisposition* (F 1973); *The Bamboo Organ in the Catholic Parish Church of St. Joseph at Las Pinas* (Delaware 1977) (zus. mit H. Steinhaus); *War die Kegellade ein Irrtum?* in: FS W. Supper (B 1978); *Philippinische Orgeln aus dem 18. u. 19. Jh.,* in: Acta organologica 13 (1979).

Lit.: J. KLAIS, J. K. der Ältere u. J. K., in: Rheinische Musiker 2 (Kö 1962) (= Beitr. z. rheinischen Musikgesch. 53); H. J. BUSCH, Die Orgeln des Limburger Doms (Limburg 1978); Beitr. zur Gesch. u. Ästhetik der Orgel. Aus Anlaß der Einhundertjahrfeier ..., hrsg. v. H. G. KLAIS (Bonn 1983). H. J. BUSCH

KLAMPFE ↗Gitarre.

KLANG, Bz. für akustische Erscheinungen im Bereich zwischen Ton und Geräusch, in der Umgangssprache häufig allgemein zur Charakterisierung akustischer Eindrücke verwandt. Daneben hat sich in der musikalischen Fachsprache die Verwendung des Wortes K. für das gleichzeitige Erklingen von Tönen eingebürgert, die – z. B. aus terminologischer Vorsicht – nicht als Akkord bezeichnet werden sollen (z. B. Zweiklang, Mehrklang). Da Musik als historisches Objekt nur aufgrund ihrer Schriftlichkeit existiert, der Bereich der Klangfärbung der notierten Tonrelationen sich aber bis etwa 1600 gänzlich und auch später noch z. T. der schriftlichen Fixierung entzog, zählte der K. traditionsgemäß zu den sekundären Eigenschaften des musikalischen Satzes. Während die Verwendung der einzelnen Instrumente in der Musik des 17. und 18. Jh. vornehmlich durch Regeln determiniert war, die sich auf die Funktion dieser Instrumente in der Lebenswelt oder auf eine musikalisch-satztechnische Funktionalisierung der Instrumente im Orchesterverband gründeten, entstand im Gefolge der romantischen Dichtung eine Neubewertung der

INDIEN, 18. Jahrhundert: Frauen spielen die Instrumente Tanpura und Mrdanga; Miniatur aus der Bibliotheque Nationale, Paris.

JAPAN, 18. Jahrhundert: Musizierende Frauen mit Koto und Shamisen auf einem Farbholzschnitt (oben); zur gleichen Zeit spielten Musikanten in China Mondgitarre und Tamburin (links). Auf einem japanischen Seidenteppich sind musizierende Weise in einem Bambuswald dargestellt (rechte Seite).

JAPAN, 20. Jahrhundert: Auf der Weltausstellung „EXPO 70“ in Osaka demonstrierte Karlheinz Stockhausen in einem Kugelauditorium mit Lichteffekten und 500 Lautsprechern die Zukunft der Musik.

Instrumentalklänge, die den K. als ästhetisches Objekt zu fassen vermochte, ohne auf eine musikalische Struktur rekurrieren zu müssen (u.a. Wakkenroder, Tieck, E. Th. A. Hoffmann, Eichendorff). Bevorzugte Objekte romantischer Klangpoesie wie Flöten- und Hörnerklang oder Naturgeräusche wurden mit einem Assoziationshorizont von Verzauberung umgeben, der Rückwirkungen auf die Kompositionstechnik des 19. Jh. hatte. Die außerordentliche Entwicklung der Orchester- wie der Klaviertechnik im 19. Jh. schuf die Möglichkeit neuer Klangerfahrungen, die sich – wie das Beispiel der Entwicklung des Klaviersatzes bis hin zu Cl. Debussy und M. Ravel zeigt – durchaus nicht auf eine Bereicherung des orchestralen Klangfarbenreichtums beschränkten, sondern alle Bereiche der Musik durch eine neue ästhetische Bewertung des Erklingenden relativ zum musikalischen Satz tangierten. Die schrittweise Verschmelzung des Orchesterapparates zu einem homogenen Klangkörper von beliebiger Verfügbarkeit begünstigte die Erschließung neuer Klänge, gewonnen zumeist aus der Verschmelzung mehrerer Instrumentalfarben. Als universale Kategorie zur Beschreibung des Instrumentationsideales im 19. Jh. erscheint der Begriff „Verschmelzungsklang" (A. Schering) dagegen wenig tauglich; im Orchestersatz des späten 19. Jh. traten nämlich die solistischen Farben vor dem Hintergrund des universalen Mischklanges um so reiner hervor und entwickelten eine besondere Intensität. Dem Ideal des homogenen Wohlklanges im Orchestersatz des 19. Jh. widersprach eine schon zu Beginn dieses Jahrhunderts in Erscheinung tretende Unterströmung verzerrter und „beschädigter" Klanglichkeit, die die allmähliche Aufnahme der Geräusche in den Kreis musikalisch-ästhetischer Objekte förderte. Die „Emanzipation" des Geräuschs, die sich in der kompositorischen Praxis bereits vollzogen hatte, als das „Futuristische Manifest" sie zu verordnen suchte, wurde anfangs kompositorisch legitimiert durch musikalisch traditionellere Umfelder und durch strukturelle Absicherung auf der Ebene der Tonhöhenkonstruktion; sie gipfelte in reinen Schlagzeugkompositionen – wie etwa *Ionisation* von E. Varèse. Während die Komponisten der Wiener Schule in ihrer frei atonalen Phase wesentlich zur Emanzipation des Geräuschs im Orchestersatz beigetragen hatten, reduzierte die Verwendung der Zwölftontechnik die Bereitschaft zu Klangexperimenten – bildete doch das reine Geräusch im Rahmen einer zwölftönigen Komposition einen nicht-organisierbaren Fremdkörper. Obwohl A. Schönberg in seiner *Harmonielehre* (1911) durch den Begriff der Klangfarbenmelodie das Problem klangfarbenimmanenter Strukturen aufgeworfen hatte, wurde die Beziehung von K. und musikalischer Struktur in der ersten Hälfte des 20. Jh. zumeist als Dichotomie verstanden: Konzentration auf die klanglichen Valeurs bedeutete ein Nachlassen an struktureller Stringenz, Klangflächenkomposition bedeutete im Regelfall, daß das Interesse für die übrigen Faktoren des musikalischen Satzes bewußt gering gehalten wurde. Daher bezeichnet man im Gefolge der Wiener Schule als „strukturelle Instrumentation" eine Instrumentationstechnik, die die Verteilung der Instrumentalfarben vollständig von der Tonhöhenkonstruktion abhängig werden ließ; ein extremes Beispiel bietet die Symphonie op. 21 von A. von Webern. Diese Kompositionstechnik, verstehbar als Reaktion auf das Nachlassen konstruktiver Kontrolle im übersteigerten Orchestersatz des Fin de siècle sowie auf die strukturell irrelevante Verwendung ausgefallener Schlaginstrumente in Kompositionen des französischen Neoklassizismus, bereitete den Weg für die nach ↗Parametern gegliederte Durchorganisation des musikalischen Materials in der ↗seriellen Musik, bremste aber die Entwicklung der autonomen Klangkomposition. Im Rahmen der seriellen Musik widersetzte sich der Parameter Klangfarbe einer quantitativen Organisation nach dem Vorbild der Tonhöhen, Dauern und Lautstärken, da die einzelnen Instrumentalklangfarben als gegebene Qualitäten menschlicher Erfahrung nebeneinander existieren; zwar lassen sich Ähnlichkeitsrelationen aufstellen, doch mißlingt innerhalb einer seriellen Instrumentalkomposition jeder Versuch, Ordnungen durch Klangfarbentransformation zu etablieren. Zu Beginn der ↗elektronischen Musik wurde versucht, diesen „Mangel" der natürlichen Klangfarben zu korrigieren; in der strengen Form seriell-elektronischen Komponierens erzeugte der Komponist Klänge mit künstlichem Obertonspektrum, das gemäß der Konstruktion aller übrigen Parameter organisiert wurde (z.B. K. Stockhausen, *Studie II*). Da diese Kompositionstechnik für den Hörer nicht sinnfällig wird, weil Obertonspektrum und Höreindruck einander nicht entsprechen, bediente Stockhausen sich in einer späteren Komposition der Klangfarben verschiedener Schlagzeugfamilien, um die elektronisch erzeugten Klänge nach dem Modell vertrauter Klangfarben zu organisieren (*Kontakte*, 1960). In den „kontinuierlichen Kompositionen" von G. Ligeti, W. Lutosławski und Krz. Penderecki entwickelte sich um 1965 eine Konzeption von musikalischem Denken, die Klangidee und Werkstruktur miteinander verschmelzen ließ; die – entweder nur grob fixierte oder in eine Vielzahl von Einzelparten zerfaserte – Satzstruktur wurde zum

Mittel der Erzeugung eines bestimmten Klanges. Unter dem Vorbild der kontinuierlichen Klangtransformation der elektronischen Musik, das auf die Instrumentalmusik zurückprojiziert wurde, realisierte sich die Idee autonomer Klangkomposition; bei scheinbarem Stillstand der diastematischen Struktur entwickeln sich Klangfarbenfelder mit Innenbewegung, deren Umwandlung autonome Klangstrukturen erzeugt. – ↗Klangfarbe, ↗Instrumentation.

Lit.: H. VON HELMHOLTZ, Über die physiologischen Ursachen der musikal. Harmonien (1857), NA hrsg. v. F. Krafft (Mn 1971); E. BERNOULLI, H. Berlioz als Aesthetiker der Klangfarben (Z 1909); A. SCHÖNBERG, Harmonielehre (L–W 1911, ^{3}1922, ^{7}1966, engl. NY 1947); A. SCHERING, Hist. u. nationale Klangstile, in: Jb. Peters 34 (1927); R. VON FICKER, Primäre Klangformen, in: ebd. 36 (1929); G. ALBERSHEIM, Zur Psychologie der Ton- u. Klangeigenschaften (Str 1935); H. FEIERTAG, Das orchestrale Klangbild in Brahms' Orchesterwerken (Diss. W 1938); F. OESER, Die Klangstruktur der Bruckner-Symphonie (L 1939); G. RÉVÉSZ, Einführung in die Musikpsychologie (Be 1946); J. HANDSCHIN, Der Toncharakter (Z 1948); F. WINCKEL, Über das Farbenspektrum der Musik, in Melos 19 (1952); H.-J. ZINGEL, Spaltklang, das neue Ideal, in: ebd.; H.-P. REINECKE, Über den doppelten Sinn des Lautheitsbegriffs beim musikal. Hören (Diss. H 1953); TH. W. ADORNO, Zur Partitur des Parsifal, in: R. Wagner u. das neue Bayreuth, hrsg. v. W. Wagner (Mn 1962); P. FUHRMANN, Unters. z. Klangdifferenzierung im modernen Orch. (Rb 1966); V. RAHLFS, Psychometrische Unters. z. Wahrnehmung musikal. Klänge (Diss. H 1966); K. G. FELLERER, Klang u. Struktur in der abendländischen Musik (Kö – Opladen 1967); H. RÖSING, Zur Analyse v. Instrumenten- u. Orchesterklängen, in: ÖMZ 22 (1967); G. SCHULTE, Unters. zum Phänomen des Tonhöheneindrucks bei versch. Vokalfarben (Rb 1967); R. COGAN, Toward a Theory of Timbre. Verbal Timbre and Music Line in Purcell, Sessions and Strawinsky, in: Perspectives of New Music 8 (1969); W. GRAF, Musikal. Klangforsch. Wege z. Erforsch. der musikal. Bedeutung der Klangfarbe (Karlsruhe 1969); W. H. HERKNER, Der Ausdruck der Klangfarben von Musikinstr. (Diss. W 1969); H. KAUFMANN, Orchesterfarben als Dimension des Komponierens. Zur „Walküre", in: Spurlinien. Analytische Aufsätze über Sprache u. Musik (W 1969); V. RAHLFS, Der Begriff der Kanalkapazität u. seine Anwendung auf das Musikhören, in: Mf 22 (1969); C. DAHLHAUS, Ästhetische Probleme der elektronischen Musik, in: Experimentelle Musik, hrsg. v. F. Winckel (B 1970); DERS., Schönbergs Orchesterstück op. 16, 3 u. der Begriff der „Klangfarbenmelodie", in: Kgr.-Ber. Bonn 1970 (Kas 1973); M. GUIOMAR, Le masque et le phantasme. L'imagination de la matière sonore dans la pensée musicale de H. Berlioz (P 1970); W.-E. VON LEWINSKI, Die Rolle der Klangfarbe bei Strauss u. Debussy, in: SMZ 110 (1970); M. LICHTENFELD, Zur Technik der Klangflächenkomposition bei Wagner, in: Das Drama R. Wagners als musikal. Kunstwerk, hrsg. v. C. Dahlhaus (Rb 1970); I. LUDWIG, Die Klanggestaltung in R. Wagners „Parsifal". Ein Beitr. z. Erhellung v. Idee u. Materie des Gesamtkunstwerkes (Diss. H 1970); P. NITSCHE, Zur Wahrnehmung der Klangfarbe I, in: ZfMth 1 (1970) u. II in: ebd. 3 (1972); H. RÖSING, Probleme u. neue Wege der Analyse v. Instrumenten- u. Orchesterklängen (W 1970); TH. W. ADORNO, Die musikal. Monographien, in: Gesammelte Schriften 13, hrsg. v. R. Tiedemann (F 1971); H.-P. HESSE, Die Tonhöhenwahrnehmung u. die neurophysiologischen Bedingungen des Gehörsinnes, in: Jb. des Staatlichen Inst. für Musikforsch. Preußischer Kulturbesitz 1970 (B 1971); DERS., Die Wahrnehmung v. Tonhöhe u. Klangfarbe als Problem der Hörtheorie (Kö 1972); J. MEYER, Akustik u. musikal. Aufführungspraxis (F 1972); S. BORRIS, Neue Bläserklangstrukturen, in: Musik u. Bildung 5 (1973); Ch. BURKHART, Schoenberg's „Farben", An Analysis of op. 16 Number 3, in: Perspectives of New Music 12 (1973/74); D. KRICKEBERG, Einige Zusammenhänge zw. K. u. Ästhetik bei E. T. A. Hoffmann, in: FS E. Emsheimer (Sto 1974); W. D. KEIDEL, Physiologie des Gehörs. Akustische Informationsverarbeitung (St 1975); R. KOCH, Akustische Informationsverarbeitung in der zentralen Hörbahn (Diss. Gö 1975); P. NITSCHE, Klangfarbe u. Form. Das Walhallthema in „Rheingold" u. „Walküre", in: Melos / NZ 1 (1975); S. M. NOWALIS, Timbre as a Structural Device in Berlioz' Symphonies (1975) (= Diss. Case Western Reserve Univ.); R. COGAN – P. ESCOT, Sonic Design (Englewood Cliffs 1975); G. GRUBER, Klangkomposition in den Opern Zemlinskys, in: A. Zemlinsky. Tradition im Umkreis der Wiener Schule (Gr 1976) (= Stud. z. Wertungsforsch. 7); C. MAURER ZENCK, Form- u. Farbenspiele. Debussys „Jeux", in: AfMw 33 (1976); H. RÖSING, Musikal. Stilisierung akustischer Vorbilder in der Tonmalerei, 2 Bde. (Mn – Salzburg 1976); G. SCHUBERT, Aus der musikal. Vorgesch. der Neuen Sachlichkeit, in: Mf 29 (1976); J. MAEHDER, Klangfarbe als Bauelement des musikal. Satzes 1: Zur Kritik des Instrumentationsbegriffes (Diss. Be 1977); H.-P. HESSE, Klangexperimente u. ihre Beziehung zur zeitgen. Musiktheorie, in: Jb. des Staatlichen Inst. für Musikforsch. Preußischer Kulturbesitz 1977 (B 1978); B. REIPRICH, Transformation of Coloration and Density in G. Ligetis „Lontano", in: Perspectives of New Music 16 (1978); J. STENZL, F. Schreker u. A. Berg. Bemerkungen zu den „Altenberg-Liedern" op. 4, in: F. Schreker. Am Beginn der Neuen Musik (Gr 1978) (= Stud. z. Wertungsforsch. 11); J. KASEM-BEK, Über die Nachahmung räumlicher Erscheinungen in der Musik, in: IRASM 9 (1978); J. MAEHDER, Die Poetisierung der Klangfarbe in Dichtung u. Musik der dt. Romantik, in: Eichendorff-Jb. 38 (1978); R. BOCKHOLDT, Musikal. Satz u. Orchesterklang im Werk v. H. Berlioz, in: Mf 32 (1979); J. MAEHDER, Verfremdete Instrumentation. Stud. über beschädigten Schönklang (Be 1980) (= Schweizer Stud. z. Musikwiss. 4).

J. MAEHDER

KLANGFARBE, eine Eigenschaft des ↗Klangs, die seit H. von Helmholtz auf die Zusammensetzung der Obertöne zurückgeführt wird, nachdem zuvor G. S. Ohm den Zusammenhang zwischen dem Obertongehalt und der Schwingungsform der Schallvorgänge geklärt hatte.

K.n bilden eine mehrdimensionale Mannigfaltigkeit. Im Gegensatz zu den anderen Ton- bzw. Klangeigenschaften Tonhöhe und Tondauer ist die K., wie die Lautstärke, nicht systemfähig: Die Möglichkeit zur Bildung redundanzerhöhender höherer Einheiten ist nicht gegeben. Es gibt zwar Klangkombinationen, die einen hohen Grad von Verschmelzung aufweisen bzw. neue Farben hervorbringen. In den Instrumentationslehren finden sich auch Hinweise für die erfahrungsmäßige Berücksichtigung klanglicher Wirkungen. Klangstrukturverhältnisse, die wie die Frequenzverhältnisse (transponierbare) Intervalle bilden, die sich ihrerseits in einem Beziehungssystem zu höheren Einheiten zusammenfügen lassen, sind jedoch nicht vorstellbar. Serielle Anordnungen von K.n, wie sie in der Musik der letzten Jahrzehnte gebraucht werden, führen daher sehr leicht zur Überschreitung der möglichen Informationsaufnahme.

C. Stumpf stellt der K. im engeren Sinne eine K. im weiteren Sinne gegenüber. Er bezieht damit alle mit dem zeitlichen Ablauf im musikalischen Kontext gehörsmäßig feststellbaren klanglichen Merkmale ein. Sie beruhen auf der besonderen Art der ↗Einschwing-, Übergangs- und Ausklingvorgänge (↗Ausgleichsvorgänge), auf typischen Geräuschbeimischungen und feinmodulatorischen Vorgängen, nicht zuletzt auf der charakteristischen Modulationsfähigkeit des Tones eines Instruments.

Die „Momente" bzw. „Qualitäten" oder „Dimensionen" der K. wurden von C. Stumpf, E. M. v. Hornbostel und A. Wellek mit zunehmendem Differenzierungsgrad klassifiziert, z. B. als weich, hart, rauh, voll, leer, dunkel, hell. Dabei wurde betont, daß die K. zunächst als etwas Einheitliches wahrgenommen wird.

Der Begriff K. ist seit Helmholtz, C. Stumpf und E. Schumann mit dem ↗Formant-Begriff fest verbunden. Es stellte sich die Frage nach den physikalischen Ursachen und den Reizgrundlagen für das Charakteristische, Gleichbleibende der K. trotz verschiedener Tonhöhe und Lautstärke. Für die Vokale hatte Helmholtz dieses Merkmal in den Formanten und der von der Tonhöhe unabhängigen Formantstruktur des Spektrums gefunden; für die Instrumentalklänge suchte er es in der konstanten Schwingungsform. Dies impliziert jedoch parallel mit der Tonhöhe wandernde Spektralstrukturen. Demgegenüber konnte Schumann auch bei Musikinstrumenten feste Formanten nachweisen, die in zahlreichen nachfolgenden Untersuchungen bestätigt wurden. Diese Formanten lassen im Rahmen bestimmter Gesetzmäßigkeiten auch gehörsmäßig nachzuweisende Variationen zu, die in den sog. Schumannschen Klangfarbengesetzen beschrieben werden.

Die für die einzelnen Musikinstrumente typischen Klänge stellen eine unter dem Gesichtspunkt der Idealisierung vorgenommene Auswahl dar, die ihrerseits auf psychologischen, am Zeitgeschmack orientierten Selektionsprozessen basiert. Die Gültigkeit der Schumannschen Gesetze gerade für diese typischen Klänge weist auf die psychologische Komponente in ihnen hin.

So lassen sich die Klangerscheinungen nach gehörsmäßigen Prinzipien in 2 Kategorien teilen; in diejenigen, die bestimmte Hörbedingungen einhalten, und in diejenigen, die es nicht oder nur unvollkommen tun. Zur 1. Kategorie gehören die Vokale und die meisten hochentwickelten, melodiefähigen Musikinstrumente. Die von den Vokalen her bekannten Prinzipien der K.n-Konstanz wurden allein durch Hörerfahrung auf das Instrumentarium übertragen. Sie lassen sich in gewissem Grade an einfachen physiologischen Vorgängen aufzeigen. G. v. Békésys Untersuchungen zufolge bilden sich die Formantstrukturen in groben Umrissen als Erregungsmuster mit bestimmten Erregungszonen und -schwerpunkten auf der Basilarmembran des Innenohres (↗Gehör) ab. So lassen sich schon von den physiologischen Bedingungen her gesehen aus der unendlichen Menge der K.n diejenigen K.n herausheben, die die von den Vokalen her bekannten physiologischen Bedingungen erfüllen.

Das Attribut der Vokalähnlichkeit im Sinne einer Vokalqualität (Vokalität) kann von Instrumentalklängen jedoch nicht in jedem Falle gefordert werden, da die Instrumentalklänge Formantkonstellationen und innerhalb dieser Konstellationen Relationen aufweisen können, die den Vokalklängen von ihren Entstehungsbedingungen her nicht möglich sind, Erfahrungsvoraussetzungen also dafür nicht vorhanden sind.

Es ist eine der wesentlichen Konsequenzen der Schumannschen K.n-Gesetze, daß dynamische Änderungen auch K.n-Änderungen zur Folge haben. Spektrale Änderungen durch verstärktes Anblasen, Streichen, allgemein durch verstärkte Klangerzeugung korrelieren mit einer Steigerungsempfindung in Richtung einer erhöhten „Eindringlichkeit der Klangfarbe". Die mit der musikalischen Dynamik einhergehende K.n-Änderung erwies sich für den Hörer inzwischen sogar als wirkungsvoller zur Vermittlung des Eindrucks der Intensität der Klangerzeugung als die Lautstärkeänderung. Dieser Sachverhalt berechtigt geradezu dazu, von einer K.n-Dynamik neben der Lautstärkedynamik zu sprechen.

Die Möglichkeiten elektronischer Verstärkung machen für jedermann offensichtlich, daß es neben einem leisen *p* auch ein lautes *p* und neben einem lauten *f* ein leises *f* gibt. Es müssen also Lautstärke- bzw. Lautheitsdynamik und Pegeldynamik einerseits und Klangfarbendynamik und Spektraldynamik andererseits unterschieden werden.

Lit.: G. S. OHM, Über die Definition des Tones, nebst daran geknüpfter Theorie der Sirene u. ähnlicher tonbildender Vorrichtungen, in: Annalen der Physik u. Chemie 59 (1843); H. VON HELMHOLTZ, Die Lehre von den Tonempfindungen (Brau 1863, [6]1913, Nachdr. Da 1968); C. STUMPF, Die Sprachlaute (B 1926); E. M. VON HORNBOSTEL, Psychologie der Gehörserscheinungen, in: Hdb. der normalen u. pathologischen Physiologie XI (B 1926); E. SCHUMANN, Physik der K.n (Habil.-Schr. B 1929); A. WELLEK, Die Mehrseitigkeit der „Tonhöhe" als Schlüssel zur Systematik der musikal. Erscheinungen, in: Zschr. f. Psychologie 134 (1935); G. VON BÉKÉSY, Über die Resonanzkurve u. die Abklingzeit der verschiedenen Stellen der Schneckentrennwand, in: Akustische Zschr. 8 (1943); H.-P. REINECKE, Über den doppelten Sinn des Lautheitsbegriffes beim musikal. Hören (Diss. H 1953); G. VON BÉKÉSY, Experiments in Hearing (NY 1960); A. WELLEK, Musikpsychologie u. Musikästhetik (F 1963); V. RAHLFS, Psychometrische Unters. z. Wahrnehmung musikal. Klänge (Diss. H 1966); H.-P. REINECKE, Experimentelle Beiträge z. Psychologie des musikal. Hörens (H 1964); D. A. LUCE – M. CLARK JR., Physical Correlates of Brass-Instrument Tones, in: Journ. Acoustical Soc. of America 42 (1967); U. MÜLLER, Unters. zu den Strukturen von Klängen der Clarin- u. Ventiltrompete (Rb 1971) (= Kölner Beitr. z. Musikforsch. 60); G. VON BISMARCK, Extraktion u. Messung von Merkmalen der K.nwahrnehmung stationärer Schalle (Diss. Mn 1972); H.-P. HESSE, Die Wahrnehmung von Tonhöhe u. K. als Problem der Hörtheorie (Kö 1972); H. RÖSING, Die Bedeutung der K. in traditioneller und elektronischer Musik (Mn 1972); E. SCHUMANN, Zur Physik der Vokalklangfarben, in: Musicae Scientiae Collectanea. FS K. G. Fellerer (Kö 1973); U. SIRKER, Strukturelle Gesetzmäßigkeiten in den Spektren v. Blasinstrumentenklängen, in: Acustica 30 (1974); D. A. LUCE, Dynamic Spectrum Changes of Orchestral Instruments, in: Journ. Audio Engineering Soc. 23 (1975); P.-H. MERTENS, Die Schumannschen K.ngesetze u. ihre Bedeutung für die Übertragung von Sprache u. Musik (F 1975); W. VOIGT, Unters. z. Formantbildung in Klängen von Fagott u. Dulzianen (Rb 1975) (= Kölner Beitr. z. Musikforsch. 80); P. NITSCHE, K. u. Schwingungsform (Mn – Salzburg 1978) (= Berliner musikwiss. Arbeiten 13).

J. P. FRICKE

KLANGFARBENMELODIE, Terminus von A. Schönberg (1911) – schon H. von Helmholtz und F. Busoni sahen in der Klangfarbe ein neues und zukunftsträchtiges Kunstmittel –, der besagt, daß die Klangfarbe als eigenständiges Qualitätsmoment des Tones begriffen werden kann und als Strukturfaktor verwendbar wird. Eine K. entsteht in der Praxis als Folge von Veränderungen der Instrumentation und der dynamischen Intensität. Schönberg hat dieses Verfahren, das sich bei R. Wagner, G. Mahler und vor allem Cl. Debussy vorgebildet findet, beispielhaft im 3. der Orchesterstücke op. 16 (1909) demonstriert; es trägt den Titel *Farben* (ursprünglich *Der wechselnde Akkord*). Klangfarbmelodische Konstruktionen hat Schönberg darüber hinaus nicht mehr verfolgt, obwohl in seiner Theorie, die er freilich eine „Zukunftsphantasie" nannte, prinzipiell bereits die Farbe des Tons als eine der Höhe, der Dauer und der Lautstärke gleichwertige Eigenschaft begriffen ist, was später in der ↗seriellen Musik Bedeutung erlangte. Im Unterschied zu Schönberg begreift A. von Webern die Klangfarbe als ein Merkmal der Tonhöhe. Wechselnde Tonhöhen bedingen demnach einen Wechsel der Klangfarbe; eine zusammenhängende, melodische Tonfolge stellt zugleich eine Folge von Klangdispositionen dar, bildet eine Farbstruktur. Die Idee der K. wurde vor allem durch H. Eimert in der elektronischen Musik weiterverfolgt und realisiert. Mittels bestimmter Verfahren kann eine Tonfolge als Folge von Klangfarben eingerichtet werden, wobei die Tonursprünge nicht mehr erkennbar sind. Die Titel *Klangfarbenstudie, Klangstudie I, Klangstudie II* belegen diese Bedeutung. Eimerts Bezugnahme auf Schönberg dient dabei auch dazu, die elektronische Musik im musikgeschichtlichen Entwicklungszusammenhang zu sehen und zugleich dadurch zu legitimieren, daß durch sie der geschichtliche Prozeß der „Emanzipation" der Klangfarbe zum Abschluß gebracht sei.

Lit.: C. DAHLHAUS, Schönbergs Orchesterstück op. 16, 3 u. der Begriff der K. in: Kgr.-Ber. Bonn 1970 (Kas 1973).

D. REXROTH

KLANGVERTRETUNG bildet in H. Riemanns Funktionstheorie (↗Funktionsbezeichnung) die Grundposition, bei der ein Ton als Vertreter eines Akkords aufgefaßt wird. Aufgrund der K. kann ein einzelner Ton unterschiedliche Funktion annehmen: Als Grundton, Terz oder Quinte eines Dur- oder Molldreiklangs kann er 6 verschiedene Bedeutungen haben. Für die funktionalen Zusammenhänge und Akkordverbindungen eines Tonsatzes, für die implizite Harmonik dur-moll-tonaler Melodien sowie für die Modulation mit Hilfe der Umdeutung von Tönen und Akkorden ist das Prinzip der K. von zentraler Bedeutung.

KLAPPE (engl.: key; frz.: clef; it.: chiave; span.: llave), Bz. für die seit dem 16. Jh. bekannten, mit weichem Leder gepolsterten Verschlußdeckel für Grifflöcher, die schwer oder nur ungenau von den Fingern zu schließen sind. Sie wurden zuerst nur auf Holzblasinstrumenten angebracht und erst zu Beginn des 19. Jh. auch auf Blechblasinstrumenten (↗Klappenhorn), konnten sich jedoch bei diesen gegen die um die gleiche Zeit entwickelten ↗Ventile nicht durchsetzen. Es gibt offene und geschlossene K.n, je nachdem ob sie erst durch das Niederdrücken ihres Hebels das Griffloch verschließen, oder ob sie das Loch in Ruhestellung decken. Zunächst waren nur wenige K.n an Holzblasinstrumenten angebracht, ihre Anzahl wuchs jedoch während des 18. Jh., bis zu Beginn des 19. Jh. Karl Almenräder (*Abhandlung über die Verbesserung des Fagotts*, Mz um 1820) für das Fagott und Theobald Böhm (seit 1832) für die Querflöte (*Über den Flötenbau*, Mz 1847) die Anzahl der K.n erhöhten. Dadurch konnten auf der Querflöte die Grifflöcher in der richtigen Größe und an den akustisch richtigen Stellen des Rohres gebohrt werden. Weitere K.n sollten die Intonation verbessern oder die Applikatur erleichtern. Der von Böhm entwickelte K.n-Mechanismus erwies sich als so leistungsfähig, daß er auch auf andere Holzblasinstrumente (u. a. auf Klarinette, Oboe und Saxophon) übertragen wurde. Spätere technische Verbesserungen sind u. a. die Dreh-K., bei der die Hebelbewegung über eine Welle auf die K. wirkt, und die Ring-K. (nach C. Sachs bereits von Fred Nolan 1808 erfunden), bei der ein Ring über einem offenen Griffloch liegt und beim Decken dieses Loches über einen Hebel eine andere K. mitbewegt. M. BRÖCKER

KLAPPENHORN (engl.: key[ed] bugle; frz.: bugle à clefs; it.: cornetta a chiavi; span.: bugle de llaves), Bz. für ein von Joseph Halliday (Patent von 1810) in Dublin erfundenes Blechblasinstrument (↗Bügelhorn) mit geschlossenen Klappen. Zunächst mit 5, später mit 6 oder 7 Klappen (eine davon offen) ausgestattet, wurde es vor allem in Militärkapellen verwendet. Schon 1816 gelangte es in die USA, wo es wie in Deutschland bis in die 2. Hälfte des 19. Jh. sehr beliebt war. Klappenhörner wurde in C oder B (Diskant) und in F oder Es (Alt) gebaut. J. Halary, der das K. bereits 1815 kopiert hatte, baute es zu einer ganzen Familie mit der Bezeichnung ↗Ophikleïde aus.

KLAPPER, ein weltweit verbreitetes Schlaginstrument, das in seiner einfachsten Form aus zwei Knochen- oder Holzstücken besteht, die zwischen den Fingern gehalten und zusammengeschlagen werden. In anderer Form sind es zwei bewegliche Teile, die an einer Stelle grifförmig zusammengefügt oder durch Scharniere verbunden sind. Besonders ausgeprägte K.n sind die ↗Krotala, die ↗Crotales und die ↗Kastagnetten.

KLARINETTE (engl.: clarinet; frz.: clarinette; it.: clarinetto; span.: clarinete), **1)** Bz. für ein überwiegend zylindrisch gebohrtes Holzblasinstrument (auch aus Metall und anderen Materialien), das am unteren Ende parabolisch verläuft, und aus Mundstück (Schnabel), Birne, oberem und unterem Mittelstück und Schallbecher besteht. Auf der geschliffenen Bahn des Mundstücks wird eine einfache, aufschlagende Zunge (aus Bambus) durch Fadenwicklung oder eine Metallschnalle als Schwingungserreger befestigt. Beim Überblasen schlägt die K. in die Duodezime (= 3. Partialton) um, so daß für die entsprechenden einzelnen Register (Chalumeau-, Mittel-, Nadelregister) je nach Oktavlage unterschiedliche Griffe erforderlich sind. Mundstück und Korpus bilden mit dem Bläser ein Koppelsystem. Die auffälligen Abweichungen in den Grifftabellen des 18. Jh., als die Herstellung der Instrumente noch wenig genormt war, finden hierin ihre Erklärung. Je nach Individualität des Bläsers und seinen Fähigkeiten können somit Intonation, Ambitus (nach oben) und Klangfarbe deutlich voneinander abweichen.

Ob wirklich J. Chr. Denner der Erfinder der K. gewesen ist, wie nach J. G. Doppelmayrs Angaben (1730) angenommen wird, oder ob er nicht vielmehr der Erfinder des ↗Chalumeaus war, ist strittig. Tatsächlich hat sich von Denner keine Klarinette erhalten. Die frühesten, typologisch einwandfrei identifizierten K.n stammen von Denners Sohn Jakob Denner. Die klangliche Überlegenheit der K. macht es auch verständlich, weshalb dem instrumententypologisch angeähnelten Chalumeau nur eine kurze Lebensdauer beschieden war. Obwohl schon 1710 die Lieferung von K.n durch J. Denner belegt ist, tritt die K. im Gegensatz zu der sich schnell und reichlich entwickelnden Chalumeauliteratur in den Kompositionen zunächst nicht in Erscheinung.

Die frühesten K.n-Konzerte von V. Rathgeber (?) und J. M. Molter (um 1745), der auch noch das Chalumeau verwendete, lassen erkennen, daß das Instrument als Ersatz für die hohe Trompete gedacht war: unterhalb des c^2 begegnet nur Dreiklangsthematik, erst darüber setzt diatonisches Spiel ein, während in der Chalumeauliteratur schon frühzeitig ausgesprochene chromatische Passagen nachweisbar sind (G. Ph. Telemann). In dem etwa gleichzeitig entstandenen K.n-Konzert von J. Stamitz tritt weder die Trompetenthematik hervor, noch ist das Chalumeauregister berücksichtigt.

Bis in das 19. Jh. hinein spielten die Klarinettisten mit dem zur Oberlippe gewendeten Blatt (maxillarer Ansatz; früher „Übersichblasen" genannt). Erst mit der Ausnutzung tieferer Lagen wurde das Blatt entsprechend der heutigen Spielpraxis zur Unterlippe gewendet (mandibularer Ansatz; früher „Untersichblasen"). A. Vanderhagen lehrt in seiner offiziellen K.n-Schule für das Pariser Conservatoire (1785) ausschließlich den maxillaren Ansatz. J. G. H. Backofen (1824) berichtet, daß noch etwa die Hälfte aller Spieler aus praktischen Gründen den alten Ansatz benutzten, er selber bildet die K. mit nach oben gewendetem Rohrblatt ab. Der älteste K.n-Typus mit 2 diametral gelagerten geschlossenen Klappen (a^1, b^1 [h^1]) wurde bald durch Hochlagerung der b^1-Klappe verbessert, die offensichtlich gleichzeitig als Duodezklappe fungierte. Dieser Typus mit 2 oblique gelagerten Klappen, den auch J. Fr. B. C. Majer (1732) abbildet, dominierte bis um die Mitte des 18. Jh. Wann die 3. (Langstiel-) Klappe für das h^1 (= e) und die 4. (cis^2)-Klappe hinzutraten, ist ungeklärt. Bertold Fritz († 1766), soll die 5. (es^2)-Klappe angebracht, J. X. Lefèvre die 6. Klappe (cis^1/gis^2) hinzugefügt haben. Tatsächlich ist die Chronologie der Erweiterung des Klappenmechanismus schwer zu bestimmen, da es regionale Sonderentwicklungen gab und die chromatischen Töne durch Labialkorrektur und Hilfsgriffe von den Bläsern individuell produziert wurden. Vanderhagen stellt für das d^3 noch 4 unterschiedliche Griffe

zur Wahl und betont, daß es dem Spieler obliege, die erforderlichen Griffabweichungen auf seinem Instrument jeweils empirisch zu finden. Lefèvre (1802) demonstrierte sein Applikatursystem an einer K. mit 6 Klappen.
In der ersten Hälfte des 18. Jh. läßt sich die Ausbreitung der K. nur durch einzelne Belege verfolgen (Nachrichten über das Auftreten reisender Virtuosen oder den Ankauf von Instrumenten). J.-Ph. Rameau führte die K. in das französische Opernorchester ein. Von Einzelfällen abgesehen (A. Vivaldi, Molter) scheint die K. konzeptionell zunächst in Mannheim als Orchesterinstrument verwendet worden zu sein. Während von J. Stamitz, der die K. vermutlich auch schon während seiner Paris-Aufenthalte (1751, 1754) einsetzte, nur ein einziges K.n-Konzert nachgewiesen ist, komponierte sein Sohn C. Stamitz nicht weniger als 11 K.n-Konzerte. Fr. X. Pokorny, Schüler von I. Holzbauer, schrieb um 1765 2 Konzerte, in denen die tiefe Lage des Instruments erstmals kenntnisreich ausgenutzt wird. W. A. Mozart äußert sich 1778 begeistert über den Zusammenklang von Flöten, Oboen und K.n im Mannheimer Orchester, er liebte und schätzte die Wärme und Ausgewogenheit des K.n-Klangs und schenkte 1791 der K. mit dem Quintett KV 581 und dem Konzert A-Dur, KV 622 (für das A. Stadler den Tonumfang seines Instruments in der Tiefe erweitern mußte) die unbestrittenen Spitzenwerke der solistischen K.n-Literatur.
Entscheidend zur raschen Verbreitung der K. trug ihre Aufnahme in die französischen Militärkapellen bei. Über die Ausbreitung der K. im französischen Bereich fehlen noch fundierte Untersuchungen. In den Privatkapellen von A. de La Pouplinière und des Prinzen von Conti zu Chantilly war die K. um 1755 fest etabliert. Mit der Umwandlung der Pariser Gesangschule zum Institut National de Musique, dem heutigen Conservatoire (1793), erhielt das K.n-Spiel einen didaktisch geordneten Ausbildungsgang. Am Conservatoire waren mehrere K.n-Lehrer zugleich tätig. Die Gründung der wohl frühesten deutschen Ausbildungsstätte für Klarinettisten ist das Verdienst von Franz Tausch, einst Zögling der Mannheimer Tonschule, der 1805 im Dienste des Königs von Preußen in Potsdam eine spezielle „Pflanzschule" für Klarinettisten ins Leben rief, aus der u.a. H. J. Bärmann hervorging. Sieht man von den Grifftabellen bei J. Fr. B. C. Majer (1732) und J. Ph. Eisel (1732) ab, so stammen die frühesten Lehranweisungen für K. aus England und Frankreich; während die englischen Schulen zunächst ausnahmslos anonym erschienen, was auf spezielle verlegerische Initiativen schließen läßt, präsentieren sich in den Autoren der französischen Handleitungen hervorragende Virtuosen des Instruments: Valentin Roeser (1764), Amand van der Hagen (Vanderhagen) (1785), Chef des Gardemusik-Korps, und J. X. Lefèvre, seit 1795 Professor für K. am Pariser Conservatoire, der 1802 die offizielle K.n-Schule dieses Instituts verfaßte. Einen wichtigen Versuch, die tonlichen Ungleichheiten zwischen den natürlich gegriffenen, durch Klappen gewonnenen und mit Hilfe von Gabelgriffen erzeugten Töne zu beseitigen, stellt die sogenannte Inventions-K. von Iwan Müller dar, der um 1812 die Tonlochbohrung nach akustischen Prinzipien durchführte und die so entstehenden Schwierigkeiten in der Applikatur durch Ansatzstücke ausglich. Seine 13-Klappen-K. wurde zwar von der Kommission des Pariser Conservatoire verworfen, setzte sich aber dennoch bei der Militärmusik durch. Die weitere Verfeinerung des Klappenmechanismus machte nun rasche Fortschritte. Zu den wichtigsten Instrumentenbauern, die in dieser Hinsicht tätig wurden, zählen E. Kruspe in Erfurt, C. G. Geisler in Amsterdam, E. Wünnenberg in Köln und J. H. G. Streitwolf in Göttingen. Die Erfindung des Ringklappenmechanismus durch Th. Böhm, die H. Klosé in Zusammenarbeit mit A. Buffet in Paris auf das Klappensystem der K. übertrug und 1844 als „clarinette à anneaux mobiles" patentieren ließ, gab der Entwicklung der K. die vielleicht entscheidende Wende. Diese im populären Sprachgebrauch sogenannte Böhm-K. setzte sich mit ihrer leichteren Applikatur, die vor allem das Gleiten der Kleinfinger von Klappengriff zu Klappengriff erübrigte, besonders in den romanischen Ländern durch, so daß heute beide Systeme, das deutsche (oder Wiener) System und das Böhm-System gleichberechtigt nebeneinander bestehen. Die Varianten, die sich in der Bauweise und der Applikatur der K. bei den zahlreichen, schier unübersehbaren Museumsstücken darstellen, lassen sich kaum systematisch ordnen. Es gehörte ebenso zur Eigenart hervorragender Klarinettisten, daß sie sich nach eigenen Angaben und Wünschen von Instrumentenbauern Sonderformen anfertigen ließen, wie es Usus wurde, daß die Komponisten bei den Virtuosen, für die sie ihre Werke schrieben, Rat suchten. Die wachsende Beliebtheit der K., die sich nach 1800 recht eigentlich als das Soloblasinstrument der Romantik durchsetzte, führte zu Beginn des 19. Jh. zu einer wahren Flut an virtuoser K.n-Musik. Zu den bevorzugten Werken gehören die K.n-Konzerte von C. M. v. Weber, die für den Münchner Bärmann geschrieben wurden, die K.n-Konzerte von L. Spohr für den Sondershäuser Johann Simon Hermstedt, ferner Konzerte von Tausch, Fr. Berr, B. Crusell, Fr. A. Rößler, J. Pleyel, S. Mercadante

u. a. 1828 sind im *Handbuch der musikalischen Literatur* von K. Fr. Whistling schon über 25 Lehrwerke für K. und mehr als 120 K.n-Konzerte unter vielem anderen angezeigt. Daß sich unter diesen Bergen an K.n-Literatur viel Alltagsware befindet, die die reisenden Virtuosen oft zu eigenem Gebrauch fertigten, versteht sich von selbst. Die K. erfreute sich zu dieser Zeit so allgemeiner Beliebtheit, daß nahezu jeder renommierte Komponist das Instrument kompositorisch bedachte, u. a. auch L. van Beethoven, Fr. Schubert, R. Schumann und F. Mendelssohn Bartholdy.

Nach 1850 büßte die K. ihre Sonderstellung als Soloinstrument jedoch ein. 1866 mokierte sich E. Hanslick, daß die Zeit, wo die Klarinettisten scharenweise gereist kamen „und Concerte auf ihrem langweiligen Einzelrohr abbliesen“ vorüber sei. Deutlicher als zuvor trat dafür nun die K. in der Kammermusik in Erscheinung und regte hier viele Komponisten zu Werken an, u. a. J. Brahms, C. Saint-Saëns, Cl. Debussy, R. Strauss, M. Reger, A. Schönberg, I. Strawinsky, A. von Webern, A. Berg, A. Honegger, D. Milhaud, P. Hindemith und Fr. Poulenc. Die technische Weiterentwicklung des Klappenmechanismus richtete sich in der neueren Zeit darauf, alle unerreichbaren und schwierigen Tonverbindungen im Applikatursystem durch Hinzufügung sinnreicher Spielhilfen (Doppelhebel, Trillerklappen) spielbar zu machen und matte Töne durch ergänzende Korrekturbohrungen klanglich zu verbessern. Zu den bekannteren Instrumentenbauern, die zur Verbesserung oder Erleichterung der Applikatur beitrugen, zählen Robert Stark (ais-h-Trillerklappe), O. Oehler (System Oehler), G. Mollenhauer, A. Uebel, P. Pupeschi (cis-gis-Bindung). W. Heckel (Patent-K. mit doppelter Duodezklappe), C. G. Conn u. a. In der zeitgenössischen Musik zeichnet sich das Bestreben ab, das herkömmliche Klangbild der K. in seiner Ausgewogenheit zu verändern und ein bisher nicht genutztes Klangreservoir konzeptionell einzubeziehen. So werden durch Änderung des Lippen- und Blasdrucks, durch Abweichungen der Lippenstellung auf dem Rohrblatt in Verbindung mit bestimmten, empirisch gefundenen Griffstellungen künstliche Obertöne, Flageolettöne und sogar vierstimmige Mehrklänge erzeugt, die auch das gewohnte klangfarbliche Spektrum des Instruments grundlegend verändern und eine neue Individualität der K. postulieren. Mit der Negierung der im 19. Jahrhundert gefertigten klangästhetischen Normen sind die Wege frei für völlig neue und ungeahnte Hörerfahrungen.

Im Gegensatz zum Chalumeau, das von Anfang an als Familie, d.h. in unterschiedlichen Klanglagen gebaut wurde, wurde die K. zunächst nur als Sopraninstrument entwickelt. Die frühesten K.n-Konzerte sind für die hohe D-K. geschrieben, die in ihrem Nadelregister noch nicht das typische Klangtimbre der K. aufweist, dagegen einer Trompete ähnlich klingt, wie schon J. Walther (1732) bemerkte. Da die durch Hilfsgriffe gewonnenen chromatischen Zwischentöne gegenüber den natürlichen Griffen der Skala klangliche Unreinheiten aufwiesen, ging man bald dazu über, Instrumente in unterschiedlichen Stimmungen zu bauen. V. Roeser (1764) kennt bereits K.n in A, B, C, D und E. Im ausgehenden 18. Jh. traten dann, namentlich durch die Anforderungen in der Militärmusik, noch Es- und As-K.n hinzu. Schon um 1740 stellte J. G. Eisenmenger in Mannheim Versuche an, eine Alt-K. zu konstruieren; erst Anton (sen. u. jun.) und Michael Mayrhofer in Passau gelang es nach 1760, mit dem ↗Bassetthorn ein Alt-Instrument zu entwickeln, das umfangmäßig (F–f^3) und klanglich allen Erfordernissen entsprach. Die sog. Alt-K. in F, deren Entwicklungsgang noch im Dunkel liegt und die nicht mit dem Bassetthorn identisch ist, vor allem sich von diesem hinsichtlich der Bohrung deutlich unterscheidet, vermochte sich nicht durchzusetzen. 1792 versuchte G. Lot in Paris eine K. in Baßlage zu bauen („Bass tube“), jedoch ohne sichtbaren Erfolg. Eine günstigere Lösung fand H. Grenser in Dresden mit dem „Klarinettenbaß“, von H–f^3 reichend. 1833 gelang G. Streitwolf in Göttingen ein in Fagottform gehaltenes 19-Klappen-Instrument (As_1–f^2), aber erst A. Sax stellte 1836 in Paris die erste wirklich brauchbare klangliche Lösung einer Baß-K. vor. G. Meyerbeer verwandte die fabrikneue Erfindung im 5. Akt von *Les Huguenots* und ebnete somit der Baß-K. den Weg ins moderne Orchester. Die moderne Kontrabaß-K., zu der seit 1808 Vorformen konstruiert wurden, kam 1889 von der Firma Evette & Schaeffer in Paris auf den Markt, ein Jahr darauf trat die Firma Fontaine-Besson in Paris mit einem ähnlichen Instrument hervor: B-Stimmung, Umfang klingend A_2 bis f^1. 1897 modernisierte W. Heckel in Biebrich das Modell und erweiterte den Umfang bis zum Kontra-D. Die Applikatur entspricht der normalen Klarinette. 1930 entwickelte Charles Houvenaghel eine Kontrabaß-K., die das klingende Subkontra-B erreicht. Die ebenfalls von Houvenaghel konstruierte Octobaß-K. in B, noch eine Oktave tiefer stehend, gelangte nicht in die Praxis. Die Entwicklung der Liebes-K. (Clarinetto d'amore), die J. Chr. Bach in seiner Oper *Lucio Silla* vorschreibt, liegt noch völlig im Dunkeln. – **2)** Orgelregister des Zungenchors in der 8′-Lage mit durchschlagender Zunge und breitem zylindrischem Schallbecher

(Aufsatz). Mit seinem obertonarmen Klang schon in der 2. Hälfte des 18. Jh. als Orgelstimme bekannt, wird dieses inzwischen seltene Register heute mit aufschlagender Zunge gebaut.

Lit.: **Zu 1): 1) Lehranweisungen:** J. G. DOPPELMAYR, Hist. Nachricht v. den Nürnbergischen Mathematicis u. Künstlern (Nü 1730); J. F. B. C. MAJER, Museum musicum (Schwäbisch Hall 1732), Faks.-Ausg., hrsg. v. H. Becker (1954) (= DMI I/8); ABRAHAM, Méthode pour la clarinette (P 1780); V. ROESER, Essai d'instruction à l'usage de ceux qui composent pour la clarinette et le cor (P 1764, Nachdr. G 1972); A. VANDERHAGEN, Méthode nouvelle et raisonnée pour la clarinette (P 1785, Nachdr. G 1972); J. J. GELIOT, The Complete Instructor for the Clarinet (Lo 1790); M. F. BLASIUS, Méthode de clarinette (P um 1795); M. WOLDEMAR, Méthode de clarinette (P 1801); J. X. LEFÈVRE, Méthode de clarinette (P 1802, [2]1830); J. G. H. BACKOFEN, Anweisung zur K. nebst einer kurzen Anweisung über das Bassetthorn (L 1803, [2]1824); V. GAMBARO, Méthode facile de clarinette à six clefs (o. O. 1825); I. MÜLLER, Anweisung zu der neuen Clarinette u. der Clarinetto Alto (L 1825); F. T. BLATT, Die Kunst des Clarinettblasens, 3 Teile (Mz 1828); F. BERR, Traité complet de la clarinette à quatorze clefs (P 1836); H. E. KLOSÉ, Méthode pour servir à l'enseignement de la clarinette à anneaux mobiles (P um 1843); C. BAERMANN, Vollständige Clarinett-Schule, 5 Teile (Offenbach 1864); R. STARK, Grosse theoretisch praktische Klarinett-Schule..., 2 Teile (Heilbronn 1892); DERS., Die hohe Schule des Clarinett-Spiels (ebd. um 1900). – **2) Studien:** W. ALTENBURG, Die K. (Heilbronn 1904); O. W. STREET, The Clarinet and its Music, in: Proc. Mus. Assoc. 42 (1915/16); P. GRADENWITZ, The Beginnings of Clarinet Literature, in: ML 17 (1936); H. BOESE, Die K. als Soloinstr. in der Musik der Mannheimer Schule (Diss. B 1940); F.-G. RENDALL, The Clarinet (Lo 1954, [3]1971) (weitere Lit.); H. BECKER, Zur Gesch. der K. im 18. Jh., in: Mf 8 (1955); R. W. YOUNG – J. C. WEBSTER, Die Innenstimmung v. Musikinstr., III: Die K., in: Gravesaner Blätter 4 (1958/60); H. HICKMANN – H. BECKER, K., in: MGG VII; K. OPPERMAN, Repertory of the Clarinet (NY–Lo 1960); O. KROLL, Die K., bearb. von D. Riehm (Kas 1965) (weitere Lit.); E. JOST, Akustische und psychometrische Unters. an Klarinettenklängen (Kö 1967); J. MEYER, Über die Intonation bei der K., in: Instrumentenbau-Zschr. 23 (1969); J. SAAM, Das Bassetthorn (Mz 1971); L. G. LANGWILL, An Index of Musical Wind-Instrument Makers (Edinburgh [4]1974); A. HEINE, Akustische Phänomene. Unters. u. Experimente mit der K. u. Einführung in die Ansatztechniken... (Mn 1978); E. BRIXEL, K.-Bibliogr. I (Wilhelmshaven 1978); J. BRYMER, Die K. (Zug 1978); H. BECKER, Die Aufschlagzunge als instrumentenhistorisches Problem, in: Tibia 1 (1980).

H. BECKER

KLARWEIN, Franz, * 8. 3. 1914 Garmisch; dt. Sänger (Tenor). Nach seiner Ausbildung in Frankfurt am Main und Berlin war er 1937–42 als lyrischer Tenor an der Berliner Volksoper engagiert und wurde danach Mitglied der Bayerischen Staatsoper in München, wo er 1942 bei der Uraufführung des *Capriccio* von R. Strauss und bei der deutschen Erstaufführung von H. Sutermeisters *Raskolnikoff* mitwirkte. In den 40er und 50er Jahren trat er – nunmehr ins Heldenfach übergewechselt – bei den Salzburger Festspielen, an der Covent Garden Opera in London und beim Maggio Musicale Fiorentino auf. K. ist mit der Sopranistin Sari Barabas verheiratet.

KLASSIK (von griech. klēō, klēsis = Herbeirufung, herbeigerufene, versammelte Menge) und das davon abgeleitete Adjektiv klassisch leiten sich in ihrer Bedeutung im Kern vom römischen Staatsdenken her (lat. classis = Volksklasse, classicus = Bürger der ersten gegenüber dem der untersten Klasse, dem proletarius). Im Bereich der Literatur (seit Ende des 2. Jh. n. Chr. in Ansätzen schon bei Cicero) sind die Classici scriptores die vorbildlichen Schriftsteller. Gemäß der klassizistischen Einstellung, die zu dem Begriff führte, ist dieser Kanon der Schulschriftsteller zwar in der Vergangenheit angesiedelt, fällt jedoch nicht mit bestimmten Epochen und Stilen zusammen. Seitdem gilt das „Klassische" als der Inbegriff von Vollendung, Vorbildlichkeit und höchstem Rang. Es war damit eine Grundkategorie des ästhetischen Urteils gegeben, die formale und inhaltliche Kriterien umfaßte, vor allem aber wertend gemeint war. Die deskriptive Komponente gewann erst Bedeutung, als im Anschluß an J. J. Winckelmann (1755), sodann an G. Fr. W. Hegel die Umdeutung des „Klassischen" zu einem Epochen- und Stilbegriff, somit eine gewisse historische Relativierung der absoluten Wertungskategorie erfolgte. Der normative Gehalt – nach Hegel bringt die klassische Kunst zur Ausführung, „was die wahrhafte Kunst ihrem Begriff nach ist" – und die Auffassung einer dauernden Gegenwart und Aktualität klassischer Werke blieb trotz des Konflikts mit der streng historischen Auffassung grundsätzlich gleichwertiger Kunstepochen bis heute lebendig. Der Begriff des „Klassischen" widersetzte sich der im entfalteten historischen Bewußtsein des 19. Jh. eigentlich unausweichlichen Konsequenz, „daß alle normative Bedeutung der Vergangenheit schließlich von der souverän gewordenen historischen Vernunft zersetzt wird" (H.-G. Gadamer). Der eher einschränkende Gebrauch der Bezeichnung „klassisch" im Sinne von Stilvollendung (z. B. „klassische Vokalpolyphonie" G. P. da Palestrinas oder Fr. Schubert als „Klassiker des Lieds") bis hin zur bloß rühmenden Kennzeichnung einzelner in ihrer Art exemplarischer und vollkommener Werke aus Vergangenheit und Gegenwart vermochte den Widerspruch nicht zu lösen. Noch im umgangssprachlichen Gebrauch (z. B. „Album klassischer Stücke" oder „klassische Musik", auch einfach „Klassik", pauschal für die Kunstmusik der Vergangenheit beziehungsweise die Kunstmusik überhaupt) ist das Bewußtsein für die absolut normsetzenden Eigenschaften des Klassischen nicht geschwunden.

Die Bezeichnung „Wiener Klassik" für die Musik der „Wiener Klassiker" J. Haydn, W. A. Mozart und L. van Beethoven setzte sich seit dem Ende des

19. Jh. als Epoche und als Stil in der Musik in Analogie zur „Klassik" der Hochrenaissance (J. Burckhardt, H. Wölfflin) und zur „Weimarer Klassik" J. W. von Goethes und Fr. von Schillers sowie in Abhebung gegen die „romantische" Epoche allgemein durch. Die Auffassung der Wiener klassischen Musik als einer höchsten, zeitlos gültigen und schlechthin vorbildlichen Stufe der Musik, in der die Idee des Werkhaften zu allseitig vollendeter Ausprägung gelangt war, bahnte sich aber bereits zu Lebzeiten Beethovens an. Vereinzelt sprach man sogar von der „classischen Periode" der Musik (A. Wendt, 1836). Als die eigentliche Domäne der Wiener Klassiker galt bei Zeitgenossen und Nachlebenden die autonome Instrumentalmusik der Symphonien, Konzerte und der Kammermusik. Mozarts Opern dagegen wurden zwar von Kennern als Ausnahmewerke beurteilt, doch hat man sie zu ihrer Zeit vornehmlich an der beherrschenden italienischen Tradition gemessen. Das Bild der Wiener Klassik als Geistesgemeinschaft und als Musik unüberschreitbaren Ranges ist seit dem frühen 19. Jh., ungeachtet des Wandels der Interpretation und trotz unleugbarer Verständnisschwankungen und exemplarischer Mißdeutungen bemerkenswert stabil geblieben.

Dreimal in verschiedener Gestalt ist die Wiener Klassik zur Vollendung gelangt. Die Ansicht, es habe Mozart Haydn vollendet und Beethoven Mozart fortgesetzt, ist irrig, trotz des geistigen Austausches, der sich in ihrem Werk dokumentiert und der engen persönlichen Beziehung zwischen Haydn und Mozart sowie Haydn und Beethoven. Die innere Zusammengehörigkeit der Wiener klassischen Musik über die Generationsgrenzen, die je eigene Individualität und den epochalen Wandel hinweg (Französische Revolution, 1789; Napoleonische Ära; Heraufkommen des bürgerlichen Zeitalters) ist zum einen bedingt durch das Wirken in den besonderen Kultur- und Lebensformen ihrer gemeinsamen Wahlheimat Wien, zum andern durch persönlichen Umgang, vor allem aber durch eine aus äußeren Umständen nicht ableitbare Geistesgemeinschaft. Die Musik Haydns und Mozarts trat etwa gleichzeitig um 1780 in die klassische Phase; das Ende dieser Ära ist gegeben durch die Todesjahre Beethovens (1827) und Fr. Schuberts (1828). Die historischen Voraussetzungen der Wiener Klassik sind indessen in der europäischen Musik seit etwa 1730 greifbar. Insbesondere in der neuen Gattung der italienischen Opera buffa, die um 1730 feste Gestalt annahm und die Opera seria an Aktualität bald weit überflügelte, trat ein neuer beweglicher, aktionshaltiger musikalischer Satz in Erscheinung, der eine radikale Abkehr vom episch-ableitenden Prinzip des Generalbaßkomponierens, somit vom Generalbaßzeitalter, bedeutete. Steter Wechsel im Motivisch-Melodischen, Kleingliedrigkeit, formelhafte Agilität, neue Kantabilität und melodisch geschlossene Formung sowie feste, überschaubare Architektur durch rationale metrische Verhältnisse und meist regelmäßige, symmetrisch angeordnete Taktgruppierungen (2 + 2, 4 + 4 usw.) kennzeichnen den Umbruch des musikalischen Denkens, das von der italienischen Opernsinfonia auf die Instrumentalmusik, mit ihren Zentren um 1750 in Mannheim, Paris, Wien und London, übergriff. Die alten, vom Generalbaßkomponieren geprägten Gattungen Triosonate und Concerto grosso wurden abgelöst durch den zunächst (als italienische Opernsinfonia) 3sätzigen, nach Einführung des Menuetts 4sätzigen Zyklus von Symphonie, Streichquartett, Klaviersonate und verwandten Gattungen. Diese neue Instrumentalmusik, der sich partiell die Begriffe „galanter Stil", „Empfindsamkeit", „Sturm und Drang" und „Aufklärung" zuordnen lassen, wurde repräsentiert u.a. durch J. Stamitz (Mannheim), J. Chr. Bach (London), N. Jommelli (Stuttgart), J. Schobert (Paris), G. Chr. Wagenseil (Wien) und G. B. Sammartini (Mailand). Die gegenüber den „Mannheimern" im Ansatz konservativere Berliner Schule wurde um so bedeutender vertreten durch C. Ph. E. Bach, der vor allem durch seine Klaviermusik gewirkt hat. Die Wirkung seiner Musik auf Haydn war beträchtlich. In der Oper (Opera buffa und Opera seria) waren bis ins 19. Jh. italienische Komponisten führend (B. Galuppi, P. Anfossi, G. Paisiello, D. Cimarosa u.a.). So sehr die Wiener Klassiker vornehmlich in ihrer Jugend von der Musik der Zeitgenossen angeregt wurden (Mozart insbesondere durch J. Chr. Bach, durch die „Mannheimer" Komponisten der 2. Generation und durch die italienische Oper), die Tradition der „vorklassischen" Musik hielt und wandelte sich, von der Wiener Klassik nur oberflächlich berührt, in ihren eigenen Bahnen und ging später auf in der neuen „romantischen" Musik. Es ist historisch ebenso irreführend, die Klassik als gereifte, veredelte „Vorklassik" zu verstehen, wie die Generationsgenossen Mozarts und Beethovens der Klassik zuzurechnen. Durch die nach 1780 einsetzende europäische Wirkung der Wiener klassischen Instrumentalmusik ergab sich allerdings insofern eine neue Situation, als der höchste Kunst- und Werkanspruch in der Komposition nunmehr unverzichtbar geworden, eine unverrückbare Norm des Kunstcharakters gegeben war, ohne daß eine Fortsetzung oder Nachfolge im Sinne des Vorbilds denkbar gewesen wäre. Im Zeichen dieses Zwiespalts, von dem nur die Oper ausgenommen blieb,

steht in verschiedener Weise die gesamte Musik des 19. Jahrhunderts.
Die Wiener Klassiker sind keine Wiener gewesen: Haydn stammte aus dem niederösterreichischen Rohrau, Mozart war süddeutsch-österreichischer Herkunft (Augsburg, Salzburg), Beethoven gebürtiger Rheinländer (Bonn) mit Vorfahren aus dem flämischen Brabant. Wesentliche Bedingung ihres Wirkens in Wien war indessen die einzigartige Stellung Wiens als Kaiserstadt und als Schnittpunkt der Kulturen (Süden, Osten, Westen). Das Europäische verband sich mit der noch vom Barock geprägten bodenständigen und stabilen Lebensform, die auch die gesellschaftlichen Gegensätze ausglich. Nur in abgeschwächter Form fanden die neuen Ideen des Zeitalters (z. B. die Aufklärung) Eingang. So erklärt sich, daß Beethoven in Wien keine wesentlich veränderten Existenz- und Schaffensbedingungen vorfand als Haydn und Mozart. Es war dieselbe, vielfach bürgerlich gesinnte, geistig hochsensible, der Kunst besonders aufgeschlossene, in Anspruch und Geltung ungebrochen aristokratische Schicht des höheren und mittleren Adels (nicht des Kaiserhauses!), bei der die drei Wiener Klassiker Förderung, Umgang, vor allem Verständnis fanden. Namentlich die Konzerte in den Adelspalästen mit ihrem zugleich repräsentativ-öffentlichen, doch von persönlich-privater Kennerschaft geprägten Charakter, wurden eine unabdingbare Voraussetzung für die Entstehung der Wiener klassischen Musik. Im Musikleben kam es zu einer Trennung von professionellem Konzertwesen und privater Musikausübung erst nach Beethovens Tod. Der Wiener Klassik entspricht somit eine gesellschaftliche Ausnahmesituation im damaligen Europa. Mozart und Beethoven lösten sich ausdrücklich vom fürstlich-höfischen Dienst, ohne jedoch in gesellschaftliche Isolierung zu geraten, obwohl sich in den letzten Lebensjahren Mozarts und beim späten Beethoven die für das 19. Jh. typische innere Vereinsamung des Künstlers zeichenhaft andeutete. Haydn, der die längste Zeit seines Lebens im Dienst der Fürsten Esterházy stand, begann seine Komponistenlaufbahn zu einer Zeit (um 1750), da die neuen Gattungen (Symphonie, Sonate, Streichquartett) im österreichisch-süddeutschen Raum noch nicht konsolidiert waren. In den 70er Jahren setzte sein europäischer Ruhm ein. Haydn legte in seinen etwa 83 (bzw. 68) Streichquartetten (zw. 1755 und 1803) und 104 Symphonien (zw. etwa 1755 und 1795) den Grund der Wiener klassischen Musik. Durch Haydn wurde das Streichquartett zum Idealfall der Kammermusik, die Symphonie zum Idealfall großer orchestraler Musik höchsten Kunstanspruchs. Die exemplarische und normsetzende Vierstimmigkeit des Streichquartetts, in das im Frühwerk Haydns auch die bodenständige Serenadentradition einfloß, wurde darüber hinaus zum Inbegriff des in strengster Weise durchgeformten und zugleich freien Satzes. In keiner anderen Gattung stehen Haydn, Mozart und Beethoven einander so nahe. Die unerhörte Folgerichtigkeit, die Universalität, der prinzipielle Charakter, die geistige Intensität und Luzidität, die vornehmlich in Haydns Streichquartetten und Symphonien walten, lassen sich allenfalls mit der denkerischen Tat in Kants drei „Kritiken" vergleichen (*Kritik der reinen Vernunft,* 1781). Schon in den frühesten Werken Haydns machte sich unüberhörbar Originalität und Freiheit im Umgang mit den Elementen des musikalischen Satzes bemerkbar. Insbesondere die Konstruktion kommt stets auf neue, unerwartete Weise zustande. Das gegenüber der zeitgenössischen Musik Neuartige besteht im eigenwilligen Zugriff bei der Herstellung der Werkeinheit, die nicht mehr als präformierte erscheint. Seine klassische Reife erreichte Haydn in den 6 auf „gantz neue besondere art" komponierten „Russischen" Quartetten, op. 33 (1781). Die Vielfalt der motivisch-thematischen Gebilde wird restlos durch einen neuen tektonischen Geist erfaßt, eine neue Freiheit durch Strenge gewonnen. Die Summe seiner symphonischen Konzeption, die in ihren Anfängen auch auf Elemente des Solokonzerts, des Concerto grosso und auf polyphone Gattungen zurückgreift, zieht Haydn in den 6 Pariser Symphonien Nr. 82–87 (1785 bis 1786), den Symphonien Nr. 88–92 (1787–88) und schließlich in den 12 Londoner Symphonien Nr. 93 bis 98 (1791–92) und Nr. 99–104 (1793–95). Die beiden Oratorien *Die Schöpfung* (1798) und *Die Jahreszeiten* (1801) besiegeln sein Lebenswerk monumental. Den menschheitsverbindenden Ton gerade dieser Werke hat Beethoven später aufgenommen. Mit unerschöpflicher Vielseitigkeit widmete sich Haydn auch anderen Gattungen (Oper, Divertimento, Konzert, Sonate, Klaviertrio u. a.). In den kirchenmusikalischen Werken Haydns und Mozarts zeigt sich am deutlichsten die Verwurzelung der Wiener Klassik im katholisch-süddeutschen Kulturraum. Die Kirchenmusik Haydns (vorab die späten Messen) und Mozarts (vor allem die beiden Fragmente des Requiems und der c-moll-Messe) übersteigen diese Tradition, ohne sie jedoch zu durchbrechen.
Die innere und äußere Universalität ist bei Mozart anders begründet. Auf den Reisen als Wunderkind durch Europa lernte er die Musik seiner Zeit an ihrer Quelle kennen, nahm alle Traditionen auf: in Italien die der Oper, in London, Mannheim und Pa-

ris die der Instrumentalmusik. Bereits in den frühesten Kompositionen ist indessen ein Ton der Ursprünglichkeit vernehmbar, der über die Aneignung der bestehenden Gattungen hinausgeht, die Konvention in ihrem Kern verwandelt, die kompositorischen Mittel und die Gattungsvorstellung gleichsam neu konstituiert. Nur scheinbar betritt Mozart die Bahnen des Vorgefundenen. Von Kantabilität durchwirkte Beseelung und Spontaneität, gepaart mit tektonischem Geist, kennzeichnen schon das Frühwerk Mozarts, das in mehreren Phasen bis in die späten 70er Jahre reicht. Im Unterschied zu Haydn stand bei Mozart von Anfang an die Oper gleichgewichtig neben der Instrumentalmusik, bis 1780 vor allem die Opera seria, später die Opera buffa und das deutsche Singspiel. Am Ende der Jugendperiode in Schaffen und Biographie – 1781 ließ sich Mozart in Wien nieder – entstand als Werk von ungeahnter Glut und Fülle die Opera seria *Idomeneo* (1780/81), die den Maßstab der zeitgenössischen Opernproduktion sprengte. Der musikalische Gehalt durchdringt jedoch noch nicht restlos auch die Bühnenaktion. Der Gleichklang von Musik und dramatischem Geschehen ist erst erreicht in der *Entführung aus dem Serail* (1781/82), in den großen Buffaopern *Le nozze di Figaro* (1786), *Don Giovanni* (1787), *Così fan tutte* (1790) sowie mit letzter Vergeistigung in der *Zauberflöte* (1791). In diesen Werken, von denen jedes der klassischen Werkidee entsprechend eine Welt für sich ist, trat die Wiener Klassik als musikalisches Theater, und zwar als Komödie in Erscheinung. (In der späten Opera seria *La clemenza di Tito,* 1791, fand eine letzte Auseinandersetzung mit dem ernsten Operngenre statt.) Darüber hinaus verknüpfte sich mit Mozarts Opern die Vorstellung des Idealfalls von musikalischem Theater. Mit seinen Klavierkonzerten der Wiener Jahre wurde Mozart der Schöpfer des klassischen Konzerts, das durch Beethovens 5 Klavierkonzerte nochmals ein neues, unverwechselbares Gesicht erhielt. In Mozarts und Beethovens Konzerten ging das Prinzip des aufeinander bezogenen Wechsels von Tutti und Solo eine enge Verbindung mit der klassischen orchestralen Architektur ein. Den Weg zur Mozartschen Klassik in Symphonie und Streichquartett wies Haydn. Dies dokumentieren die „Linzer" Symphonie, KV 425 (1783) und die 6 Haydn gewidmeten Streichquartette (1782–85), die Mozart in der Vorrede Frucht einer „lunga e laboriosa fatica" nennt. Hingegen dürfte der Vorgang Mozarts mit der „Prager" Symphonie, KV 503 (1786) und mit der Trias der Symphonien Es-Dur, KV 543, g-moll, KV 550 und C-Dur, KV 551 (1788) für die Konzeption von Haydns „Londoner" Symphonien von Bedeutung gewesen sein. Mozarts Musik ist die Mitte der Klassik: Hier zeigte sich klassische Vollendung als Eigenschaft jedes Teilgebildes, als die vollkommene Durchdringung von komplexer Konstruktion und Beseelung.

Wie Mozart durch seinen Vater Leopold genoß auch Beethoven seit früher Jugend eine strenge Schule. Der geplante Unterricht bei Mozart (1787) kam nicht zustande. Als Beethoven 1792 nach Wien reiste, um bei Haydn Unterricht zu nehmen, begleitete den 22jährigen die prophetische Stammbucheintragung des befreundeten Grafen Waldstein. Sie schließt mit den Worten: „Durch ununterbrochenen Fleiß erhalten Sie: Mozarts Geist aus Haydens Händen." In Beethovens 16 Streichquartetten, 9 Symphonien und den Konzerten kam es nochmals (um mit Hegel zu sprechen) zur „Phänomenologie" des klassischen Geistes in der Musik. Mit dem Korpus der 32 Klaviersonaten trat auch diese Gattung ins Zentrum der klassischen Musik. Klassische Struktur und Werkkonzeption nehmen bei Beethoven, dessen Persönlichkeit das Bild von Genie und Größe bis heute bestimmt, einen unerbittlichen, willens- und ethosgeprägten, gewaltig anrufenden Ton an. Eher an Haydn als an Mozart anknüpfend, läßt Beethoven das Werkganze aus dichtester thematisch-motivischer Arbeit in allen Stimmen (obligates Accompagnement) entstehen. Die für das musikalische Denken der Wiener Klassiker prinzipielle Freiheit und Vielfalt in der Disposition der Gebilde ist dadurch nicht im geringsten beeinträchtigt. Ebensowenig verlieren das Kadenzgefüge und das taktmetrische Bezugssystem ihre Festigkeit. Die Großräumigkeit und Gedrängtheit der musikalischen Architektur, deren allgemeine Anlage wie bei Haydn und Mozart aus der Abfolge eines tonal aufstellenden Teils (Exposition: T–D), eines auf der elementaren Vorstellung des Ganges beruhenden labilen Mittelteils (Durchführung) und eines die endgültige Fügung der Gebilde herstellenden Teils (Reprise: T–T) steht, nimmt bei Beethoven eher noch zu. Stärker wird auch das Verfahren der Variation einbezogen. Mit neuer Ausdrücklichkeit kommt die Werkindividualität zur Geltung. So gelangt Beethoven in den Symphonien seit der „Dritten", der „Eroica", op. 55 (1803) zu je einmaligen Lösungen. Bestimmende „poetische Ideen" sind (z. B. in der „Sinfonia eroica" oder in der „Sechsten", der „Pastorale") so sehr im autonomen Gefüge verankert, daß sich jede Parallele zur meist literarisch vermittelten späteren Programmusik oder symphonischen Dichtung verbietet. Auch im Spätwerk (seit etwa 1816: die 5 letzten Klaviersonaten, die 5 letzten Quartette, 9. Symphonie, *Missa solemnis*) dokumentiert sich weniger

Annäherung an die „romantische“ Musik als schroffe Abgrenzung. Unter den größten Belastungen, denen Beethoven die musikalischen Elemente aussetzt, bewährt sich Schlüssigkeit, Autonomie und innere Festigkeit der klassischen Bauweise. Die Spätwerke sind Beethovens letztes Wort, ein letztes Wort der Musik im allgemeinen und der Wiener Klassik im besonderen, insofern als in ihnen die extreme Vielschichtigkeit, der unerhörte Anspruch und die geistige Dichte der Wiener klassischen Musik unüberhörbar zutage tritt. Beethovens Spätwerk ist daher nicht Auflösung, sondern Besiegelung der Wiener Klassik.

Die Wiener Klassik ist streng genommen weder Stil noch Epoche der Musik, da sie sich ausschließlich im Sinngefüge der Werke Haydns, Mozarts und Beethovens verwirklicht. Nur Schuberts Welt des Lieds steht der Wiener Klassik an Gewicht und Universalität der Aussage nahe. Schuberts Gesamtwerk hebt sich außerdem ebenso entschieden von der späteren Musik ab. Der Werkbegriff der Wiener Klassik ist begründet in einer neuen Bewußtheit des Komponierens, die sich vor allem im Verhältnis des Einzelnen zum Ganzen bekundet. In jedem Augenblick des musikalischen Prozesses ist das Ganze gegenwärtig. Musik wurde ausdrücklich als Bleibendes, Dauerhaftes konzipiert. Mit der neuen Bewußtheit des kompositorischen Aktes ist die Geistigkeit des musikalischen Sinns gegeben. Die Vergeistigung aber ist restlos durchtränkt von Empfindung. So tritt in dieser Musik die Idee des seiner selbst bewußten Subjekts (nicht das Subjektive) hervor. Strenge der Tektonik, der Konstruktion erscheint als Freiheit, als freies spielerisch überlegenes Walten der Phantasie. Darin zeigt sich die Wiener Klassik den Kantschen Denkpositionen nahe (Auflösung des Widerspruchs zwischen Freiheit und Notwendigkeit), und deshalb spricht aus ihr der höchste denkbare Begriff von Menschenwürde. Die im Werk zutage tretende Notwendigkeit des So-und-nicht-Anders erscheint als Spontaneität, Willkür, Freiheit des Zu- und Eingriffs. Der zutiefst humane Gehalt im Sinne Schillers ist in der Wiener klassischen Musik wesentlich bedingt durch das befreiende Spiel, dessen deutlichstes Indiz die stets von innerer Wachheit bewegte, nie formelhaft mechanisierte und poetisch (romantisch) verklärte Figuration ist. In der Wiener Klassik scheint außerdem die Antinomie zwischen dem Allgemeinen und dem Besonderen aufgehoben. Das Allgemeine kommt im Gewande des Besonderen (der besonderen Werkstruktur) zum Vorschein. Dies bedeutet: Die Elemente des Komponierens behalten ihr allgemein Verbindliches und bilden einen sinnvollen Zusammenhang doch nur durch ihre besondere Fügung im einzelnen Werk. Wie früher Gattung und Satzverfahren das einzelne Werk legitimierten, so legitimiert nunmehr die besondere Werkstruktur die Gattung. Die Auflösung der Gattungsvorstellung und eines gesicherten kompositorischen Handwerks zu Beginn des 19. Jh. ist nicht zuletzt eine Auswirkung der Wiener Klassik gewesen. Zum letzten Mal in der europäischen Geschichte erfüllte die Musik die Aufgabe der Herstellung einer als allgemein gültig empfundenen objektiven Ordnung, und zwar im Sinne des im frühen Mittelalter für die Mehrstimmigkeit formulierten Prinzips der Concordia discors. Der Bau eines harmonisch gefügten Ganzen aus heterogenen Elementen wird in der Wiener klassischen Musik als „antagonistische Struktur“ ins kompositorische Bewußtsein gehoben. Mit dem restlosen Übereinkommen von rationaler, objektiv hergestellter Ordnung (auch Konstruktion) und Empfindung ist jedoch eine Grenzposition eingenommen, ein Endpunkt erreicht (wie aus dem Spätwerk Beethovens klar wird): Musik kommt als Kompositionsakt zum Bewußtsein ihrer selbst. Dies geschieht in erster Linie durch die kompositorisch auf allen Ebenen (vor allem der Takt- und Kadenzmetrik) bewältigte Zeit. Die in der Würde und Einmaligkeit des Augenblicks musikalisch bewußt gewordene Zeit verleiht den Tongebilden Dauer. Gedächtnis ist der Einheit stiftende Grundimpuls der Wiener klassischen Musik, Gedächtnis wird somit auch beim Hörer aktiviert. Die Entelechie und die Finalität, von denen die Werke und das Kompositionsverfahren Haydns, Mozarts und Beethovens geprägt sind, die Tatsache, daß eine letzte Autonomie der musikalischen Sinnbeziehungen, letzte Vollendung und Durchformung der Gebilde erreicht wurden, außerdem die immanente Universalität und allgemeine Verbindlichkeit der musikalischen Sprache (die nicht auf eine Synthese des Bestehenden zurückzuführen ist) bestimmen den geschichtlichen Ort der Wiener Klassik. Sie steht am Ende des aristokratisch-höfischen Zeitalters, setzte zwar eine Adelskultur voraus, löste sich jedoch gänzlich vom Boden der höfischen Musik. Dem geschärften Blick mag die Wiener Klassik als die letzte, im kritischen Augenblick der Wende vernehmbare Bekundung einer Welt erscheinen, die in der Antike beginnt und bis zum Anbruch des bürgerlichen Zeitalters reicht.

Lit.: **1) Allgemeine WW:** H. WÖLFFLIN, Die klass. Kunst (Mn 1899); F. STICH, Dt. K. u. Romantik oder Vollendung u. Unendlichkeit (Mn 1922); H. ROSE, K. als künstlerische Denkform (Mn 1937); Concinnitas. Beitr. z. Problem des Klassischen. FS H. Wölfflin (Bas – St 1944); Das Problem des Klassischen u. die Antike. Acht Vorträge Naumburg 1930, hrsg. v. W. JAEGER (L 1933, Nachdr. St 1961); H.-G. GADAMER, Wahrheit u. Methode. Grundzüge einer philos. Hermeneutik (Tü [2]1965) (bes.

S. 269–275): R. WELLEK, Das Wort u. der Begriff „Klassizismus“ in der Literaturgesch., in: Schweizer Monatshefte 45 (1965/66); H. WÖLFFLIN, Kunstgeschichtliche Grundbegriffe (Mn 1915, [14]1970); E. SCHMALZRIEDT, Inhumane K. Vorlesung wider ein Bildungsklischee (Mn 1971); Begriffsbestimmung der K. u. des Klassischen, hrsg. v. H. O. BURGER, in: Wiss. Buchges. (1972); TH. GELZER, K. u. Klassizismus, in: Gymnasium 82 (1975). – **2) WW über K. in der Musik:** W. FISCHER, Zur Entwicklungsgesch. des Wiener klass. Stils, in: StMw 3 (1915); G. BECKING, K. u. Romantik, in: Kgr.-Ber. Leipzig 1925 (L 1926); A. SCHMITZ, Das romantische Beethovenbild (B – Bonn 1927); E. BÜCKEN, Die Musik des Rokoko und der K. (Pd 1927) (= Handbuch der Musikwiss., hrsg. v. dems., o. Nr.); P. MIES, Zur Musikauffassung u. Stil der K., in: ZfMw 13 (1930/31); K. WESTPHAL, Der Begriff der musikal. Form in der Wiener K. (L 1935); A. DAMERINI, Classicismo e romanticismo nella musica (Fi 1942); R. GERBER, Klass. Stil in der Musik, in: Die Sammlung 4 (1949); TH. G. GEORGIADES, Aus der Musiksprache des Mozart-Theaters, in: Mozart-Jb. 1950, u. Zur Musiksprache der Wiener Klassiker, in: ebd. 1951, Wiederabdruck in: Kleine Schriften (Tutzing 1977) (= Münchner Veröff. z. Musikgesch. 26); H. TISCHLER, Classicism, Romanticism and Music, in: MR 14 (1953); J. C. SINGLETON, The Rationality of 18th Century Musical Classicism ..., 2 Bde. (NY 1954); F. BLUME, K., in: MGG VII; W. S. NEWMAN, The Sonata in the Classic Era (Chapel Hill/N.C. 1963); L. FINSCHER, Zum Begriff der K. in der Musik, in: DJbMw 11 (1966); TH. E. HEGER, Music of the Classic Period (Iowa City 1969); H. CH. R. LANDON, Essays on the Viennese Classical Style. Gluck, Haydn, Mozart, Beethoven (Lo 1970); H. H. EGGEBRECHT, Versuch über die Wiener K. Die Tanzszene in Mozarts „Don Giovanni“ (Wie 1972) (= Beih. z. AfMw 12); R. G. PAULY, Music in the Classic Period (Englewood Cliffs/N.J. 1973); E. H. MEYER, Musik der Renaissance, Aufklärung, K. (L 1973); A. FORCHERT, „Klassisch“ u. „romantisch“ in der Musikliteratur des frühen 19. Jh., in: Mf 31 (1978); S. KUNZE, Die Wiener K. u. ihre Epoche. Zur Situierung der Musik v. Haydn, Mozart u. Beethoven, in: Studi musicali 7 (1978); DERS., Mozarts Don Giovanni u. die Tanzszene im ersten Finale. Grenzen des klass. Komponierens, Exkurs 2: Über das Prinzip des klass. Komponierens, in: Anal. Mus. 18 (1978); G. PESTELLI, L'età di Mozart e di Beethoven, in: Storia della musica VI (Tn 1979).

S. KUNZE

KLAUSEL (lat. clausula, von claudere = schließen). – **1)** In der mittelalterlichen Musik Bz. für einen bestimmten musikalischen Abschnitt. Die mehrstimmige Musik der Notre-Dame-Zeit (um 1150–1250) ist stilistisch durch den satztechnischen Kontrast von organalen und Discantus-Partien gekennzeichnet: Organale Abschnitte zeigen im Tenor orgelpunktartig gedehnte Cantus firmus-Töne, während die Oberstimme(n) reich melismatisch geführt werden; Discantus-Partien dagegen weisen einen lebhafteren Tenor mit rhythmisch gestrafften Cantus firmus-Tönen auf, bei entsprechend kürzeren Melismen der Oberstimme(n). Galt Leoninus als der Meister des organalen, so Perotinus als der des Discantus-Stils: Das Hauptwerk von Leoninus, den *Magnus liber organi,* eine Sammlung 2st. Organa, arbeitete er um und ergänzte es in den Discantus-Partien durch eine Fülle von Neukompositionen. Diese von Perotinus neu komponierten Ersatzpartien, aus denen durch Textierung die ↗Motette hervorging, heißen (nach Fr. Ludwig) Kl.n (↗Organum). – **2)** Mit den seit dem frühen 14. Jh. überlieferten Begriffen „apertum“ und „clausum“ wurden schon melodische Schlußformeln des Mittelalters unterschieden: clausum (= geschlossen) bezeichnet den Ganzschluß auf der Finalis, apertum (= offen) den Halbschluß auf einem anderen Ton. K. (Clausula, oft synonym dazu auch Cadentia, ↗Kadenz) ist dann in der mehrstimmigen Musik des 15.–16. Jh. die Bz. für bestimmte formelhafte melodische Schlußwendungen, die sich seit dem 15. Jh. in den einzelnen Stimmen ausprägten und – nach der charakteristischen Fortschreitung von der vorletzten Note (Paenultima) zur Finalis (Ultima) – als Tenor-, Diskant- oder Baß-K. bezeichnet werden;

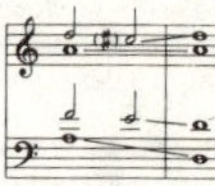

G. Dufay

die Baß-K. ausgenommen, sind die K.n zwischen den Stimmen austauschbar. Die Diskant-K. – der Sekundschritt von der Paenultima aufwärts zur Ultima mit vorangehender Vorhaltsbildung auf der Antepaenultima – kann als vereinfachte Form der ↗Landino-Klausel angesehen werden:

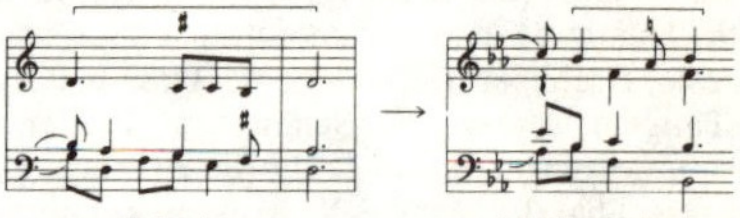

G. Dufay J. Ockeghem

Die Alt-K. zeigt Tonwiederholung (seit dem späten 15. Jh. auch einen Terzfall), die Tenor-K. einen (meist von der Terz als Antepaenultima ausgehenden) Ganztonschritt abwärts zur Finalis. Abweichend von dem früher auch gebräuchlichen Oktavsprung des Contratenors ist die Baß-K. durch einen

G. Dufay

Quintfall (oder einen Quartsprung aufwärts) bestimmt (vgl. das Beispiel von Ockeghem; ↗Kadenz).
Die Kompositionslehre des 16.–18. Jh. unterschied je nach der Tonstufe einer Tonart (z. B. Modus major in F), auf der die K.n zu stehen kommen, zwi-

schen einer Clausula primaria (auf F), secundaria (auf C) und tertiaria (auf A) sowie peregrina (auf D und auf G). Es gab ferner außer den genannten regulären K.n zahlreiche irreguläre Wendungen und Kombinationen, die oft im Dienst eines bestimmten Wortausdrucks verwendet wurden und in den Bereich der musikalisch-rhetorischen ↗Figuren gehörten.

Lit.: F. LUDWIG, Die liturg. Organa Leonins u. Perotins, in: FS H. Riemann (L 1909); H. BESSELER, Bourdon u. Fauxbourdon (L 1950, ²1974); B. MEIER, Die Harmonik im c.-f.-haltigen Satz des 15. Jh., in: AfMw 9 (1952); M. BUKOFZER, Interrelations Between Conductus and Clausula, in: Ann. Mus. 1 (1953); A. SCHMITZ, Die Kadenz als Ornamentum musicae, in: Kgr.-Ber. Bamberg 1953 (Kas 1954); R. JAKOBY, Unters. über die Klausellehre in dt. Musiktraktaten des 17. Jh. (Diss. Mz 1955); L. FINSCHER, Tonale Ordnungen am Beginn der Neuzeit, in: Musikal. Zeitfragen 10, hrsg. v. W. Wiora (Kas 1962); N. E. SMITH, The clausulae of the Notre-Dame School, 3 Bde. (1964) (= Diss. Yale Univ./Conn.); F. RECKOW, Der Musiktraktat des Anon. 4, Teil II: Interpretation der Organum purum Lehre (Wie 1967) (= Beih. z. AfMw 5); G. A. ANDERSON, Clausulae or Transcribed Motets in the Florence Manuscript?, in: AMl 42 (1970); J. STENZL, Die vierzig Clausulae der Hs. Paris Bibl. Nat. Lat. 15139 (Be 1970) (= Publikationen der Schweizerischen Musikforschenden Ges. II/22); B. MEIER, Die Tonarten der klass. Vokalpolyphonie (Utrecht 1974).

C. KÜHN

KLAVIATUR (von lat. clavis = Schlüssel; engl.: keyboard; frz.: clavier; it.: tastiera; span.: teclado), Bz. für eine Reihe von Hebeln (Tasten), die, mit Händen (↗Manual) oder Füßen (↗Pedal) gespielt, eine Mechanik (Klavier, Cembalo, Clavichord, Spinett, Hammerklavier, Pianoforte, Glockenspiel, Celesta, Drehleier u. ä.) oder eine Traktur (Orgel) in Tätigkeit setzen, um Saiten bzw. Pfeifen bei Tasteninstrumenten zum Erklingen zu bringen. Bei der Orgel hat die Manual-K. heute gewöhnlich einen Umfang von $4^1/_2$ Oktaven ($C-f^3$), ausnahmsweise 5 Oktaven ($C-c^4$), die der italienischen Orgel 4 Oktaven ($G-f^3$), die Pedal-K. $2^1/_2$ Oktaven ($C-f^1$). Die heutigen Klaviere und Flügel haben einen K.-Umfang von $7^1/_2$ Oktaven (A_2-c^5), es gibt aber auch Konzertflügel mit 8 Oktaven. Die Anzahl der K.en bei der Orgel kann bis zu 5 betragen (ausnahmsweise 7 wie bei der amerikanischen Riesenorgel in Atlantic City), das Cembalo hat in der Regel 2 Klaviaturen.

KLAVIER, bis zum 19. Jh. Clavier (von lat. clavis = Schlüssel; engl. u. frz.: piano; it.: pianoforte).

Begriff. Unter Claves (↗Clavis) verstand man im späten Mittelalter sowohl die Tangenten der Radleier als auch die Tasten der Orgel. Zu welchem Zeitpunkt die Übertragung des Begriffs auf die besaiteten Tasteninstrumente vorgenommen wurde, läßt sich bei der gegenwärtigen Kenntnis der Quellenlage nicht exakt bestimmen. Bereits im 16. Jh. wurden die Manuale und das Pedal der Orgel als Claviere bezeichnet. Das 18. Jh. verstand unter Clavier das besonders in Deutschland verbreitete ↗Clavichord. Das ↗Cembalo, dessen Saiten durch Kiele angerissen werden, wurde in Abgrenzung zum Clavier als ↗Flügel bezeichnet. Erst im 19. Jh. wurde der Begriff K. für besaitete Tasteninstrumente mit Hammermechanik allgemein angewendet.

Geschichte. Die Geschichte des K.s beginnt mit der Konstruktion eines *Gravecembalo col piano e forte*, das 1709 durch B. Cristofori vorgestellt wurde. Die Hammermechanik dieses Instruments, bei der die Hammerköpfe aus Pergament gefertigt waren, ist nicht denkbar ohne vorausgegangene Arbeiten anderer Instrumentenbauer. Von der Mitte des 15. Jh. an lassen zahlreiche Berichte über Hammermechaniken und Instrumente mit Konstruktionen, die ein piano e forte-Spiel zuließen, deutlich werden, daß die Erfindung eines Tasteninstrumentes mit Hammermechanik nicht erst im 18. Jh. angesetzt werden kann. Bereits H. Arnault beschrieb in seinen detaillierte Angaben über den Instrumentenbau des 15. Jh. enthaltenden Traktaten u. a. eine Tangentenmechanik für ein K.-Instrument: ein auf dem hinteren Ende eines zweiarmigen Tastenhebels senkrecht stehendes Konstruktionselement wird von unten an die Saite geführt; eine Technik, die im 18. Jh. durch Chr. G. Schröter in Dresden und Späth & Schmahl in Regensburg in vervollkommneter Weise für den Tangentenflügel angewendet wurde. Als wichtige Quelle gilt auch A. Kirchers 1673 erschienene *Phonurgia nova*, in der ein von Michael Todini erbautes Universalinstrument (Klaviorganum) beschrieben wird, dessen drei „Clavicymbali" durch „marculi" (= Hämmerchen) angeschlagen wurden. Es liegt nahe, die Entwicklung der frühen Hammermechaniken in enger Verbindung zu dem seit dem Mittelalter bekannten ↗Hackbrett zu sehen. Aufsehen erregte auch ein von P. Hebenstreit erfundenes, tatsächlich aber nur umkonstruiertes Instrument, das „Pantaleon". Es war ein überdimensioniertes, mit Stahl- und umsponnenen Darmsaiten bespanntes Hackbrett, das, mit Klöppeln gespielt, ein dem frühen Hammerklavier vergleichbares Klangresultat bot; eine Dämpfung war nicht vorhanden. Der Orgel- und K.-Bauer G. Silbermann baute es in Hebenstreits Auftrag in seiner Freiberger Werkstatt und wurde so intensiv mit der Problematik der angeschlagenen Saite konfrontiert. 1705 führte Hebenstreit sein Instrument am Hofe Ludwigs XIV. mit großem Erfolg vor. Bereits 1716 konstruierte der französische Instrumentenmacher Jean Marius ein *Clavecin à maillet*, ein Modell mit aufwärts- und eines

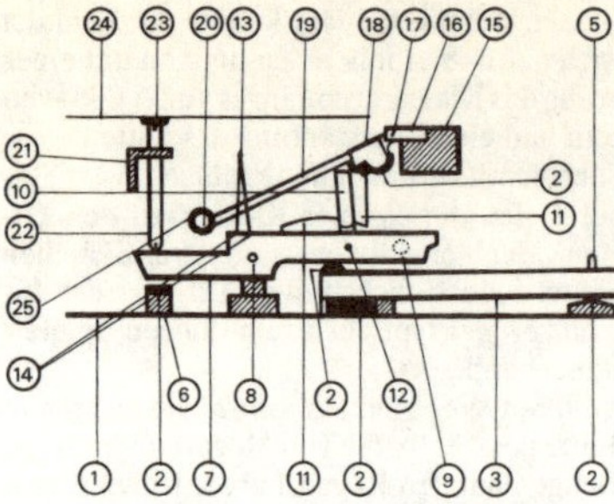

HAMMERMECHANIK NACH CRISTOFORI

1 Klaviaturrahmen; 2 Filz- oder Ledergarnierung; 3 Taste; 4 Tastenbelag u. Stirnplättchen; 5 Waagebalkenstift; 6 Hebegliedsattel; 7 Hebeglied; 8 Hebegliedachse; 9 Bleigewicht; 10 Stoßzunge; 11 Stoßzungenfeder; 12 Stoßzungenachse; 13 Seidenschnur; 14 Seidenschnurhalter; 15 Hammerleiste; 16 Hammergelenk; 17 Hammerachse; 18 Hammernuß; 19 Hammerstiel; 20 Hammerkern; 21 Dämpferwinkelleiste; 22 Dämpferstößel; 23 Dämpferbelederung; 24 Saite; 25 Ledergarnierung

mit abwärtsschlagender Hammermechanik. Ebenso wurde der Organist und Instrumentenmacher Chr. G. Schröter durch Hebenstreits Pantaleon zur Konstruktion einer entsprechenden Mechanik angeregt (1717). Jedenfalls war das Interesse für ein Tasteninstrument mit Hammermechanik zu Beginn des 18. Jh. bereits so groß, daß nach einem Bericht Schröters von 1721 in 20 Städten entsprechende Instrumente gebaut wurden. – Cristoforis Gravecembalo wurde 1711 von Marchese Maffei im *Giornale dei Letterati di Venezia* beschrieben, erst 1725 jedoch erschien eine Übersetzung (von Johann Ulrich König) des Berichtes von Maffei in J. Matthesons *Critica musica.*
Von den bis 1725 zum Vergleich anstehenden Hammermechaniken war Cristoforis Konstruktion wohl die perfekteste. Dabei handelte es sich um eine Stoßmechanik mit Auslösung, bei der die auf einem Hammerstuhl befestigten Hämmer durch bewegliche Stoßzungen losgelöst wurden. Differenzierbare Tonstärke und hohe Repetitionsgeschwindigkeit waren weitere Merkmale. Für die Entwicklung des K.-Baues bis hin zum modernen Flügel blieb diese Mechanik richtungsweisend. G. Silbermann lernte die Schrift über Cristoforis Gravecembalo, samt einer Skizze der Mechanik, wohl durch den mit ihm befreundeten J. U. König kennen. Nach 1730 baute er jedenfalls – so vermeldete die Zeitung *Curiosa Saxonica* – ein „neuartiges" Instrument, das er *Piano & forte* nannte. Aber erst nach 1741, als auch der Straßburger Neffe J. H. Silbermann sich in der Freiberger Werkstatt aufhielt, entstanden *Hammerflügel* mit der Mechanik Cristoforis. Es kann mit Sicherheit angenommen werden, daß Silbermann ein Instrument Cristoforis zur Verfügung stand, was sich aus hoher Maßgenauigkeit der Mechanikteile im Vergleich zur Mechanik der Instrumente Cristoforis ergibt. Auf die Kompositionspraxis der ersten Hälfte des 18. Jh. blieb jedoch Cristoforis Gravecembalo ohne Einfluß. Doch erschienen 1732 *Sonate da Cimbalo di piano e forte... da D. Lodovico Giustini da Pistoia.* Die erste deutsche Komposition, eine Sonate für *Klavicymbel* oder Hammer-K. von J. Chr. Fr. Bach entstand erst 1757. J. S. Bach wurde 1747 bei seinem Besuch am Hofe Friedrichs II. mehrere Hammerflügel von G. Silbermann vorgeführt, die von ihm gelobt wurden.
Die große Zeit des Hammer-K.s begann jedoch erst nach 1770. Neue Impulse erhielt sein Bau durch den in Augsburg lebenden Orgel- und Klavierbauer J. A. Stein.

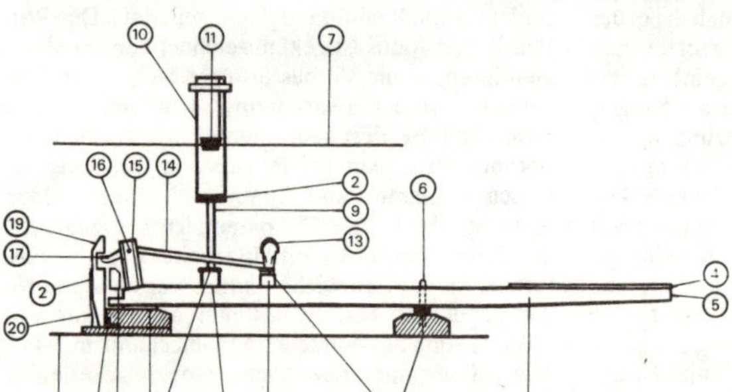

HAMMERMECHANIK NACH STEIN

1 Klaviaturrahmen; 2 Filz- oder Ledergarnierung; 3 Taste; 4 Tastenbelag; 5 Stirnplättchen; 6 Waagebalkenstift; 7 Saite; 8 Dämpferstuhl; 9 Dämpferstößel; 10 Dämpferkopf; 11 Dämpferbelederung; 12 Hammerruheleiste; 13 Hammerkopf; 14 Hammerstiel; 15 Hammerkapsel; 16 Hammerachse; 17 Schnabel; 18 Tastenhub-Begrenzungsleiste; 19 Auslösezunge; 20 Feder

Im Unterschied zu den Instrumentenbauern der sächsischen Silbermann-Schule, die der Cristofori-Tradition und damit der Stoßmechanik verpflichtet waren, verfeinerte Stein die seit der ersten Hälfte des 18. Jh. bekannte Prellmechanik. Bei der einfachen Prellmechanik, bei der die in einer Kapsel gelagerten Hämmer auf der Taste befestigt sind, wird das mit Leder garnierte hintere Ende des Hammers (Schnabel) beim Niederdrücken der Taste unter eine feststehende, quer hinter der gesamten Mechanik liegende Prelleiste geführt. Dieses Prinzip neigt bei zu niedriger Regulierung zum Ausbleiben des Tones bei schwachem und zu unkontrollierbaren Mehrfachanschlägen bei starkem Anschlag. Die Hammerflügel Steins waren mit einer vervollkommneten Prellmechanik mit Auslösung ausgestattet. Hierbei ist es möglich, den ebenfalls auf dem Tastenhinterarm in einer Kapsel gelagerten Hammer wenige Millimeter vor dem Berühren der Saite von der nunmehr beweglichen Prellzunge zu lösen und den Hammer losgelöst von seinem Antriebsmechanismus an die Saite gelangen zu lassen. Nach erfolgtem Anschlag weicht die mit einer Feder ausgestattete Prellzunge dem Hammerschwanz (Schnabel) in der Weise aus, daß dieser für eine Wiederholung des Tones in seine Ausgangsposition gelangen kann. Bei den frühen Instrumenten Steins waren die Hammerköpfe, ähnlich denen bei Cristofori, ringförmig ausgeführt; Fänger waren nicht vorhanden. Nach dem Tode Steins wurde die Werkstatt von seiner Tochter Nanette – später Frau des Pianisten und Komponisten A. Streicher – und deren Bruder M. A. Stein nach Wien verlegt. Die Prellmechanik mit Auslösung, auch deutsche oder Wiener Mechanik genannt, prägte den Wiener Klavierbau das ganze 19. Jh. hindurch: sie wurde von verschiedenen Firmen bis ins 20. Jh., u. a. von Bösendorfer, verwendet. Zu Gunsten eines kraftvolleren Spieles wurde indes im Laufe der Zeit der etwa 6 mm tiefe Tastengang, der für das ausgehende 18. Jh. typisch ist, vergrößert. Die anfänglich bei der Prellmechanik üblichen Holzkapseln ersetzte man durch solche aus Messing (Wiener Kapseln) zusammen mit spitzengelagerten Hämmern. Fänger, durch Schrauben regulierbare Auslösezungen, verstärkte Hammerstiele und -köpfe waren weitere dem Wandel unterliegende technische Details. Die bei Stein noch durch Kniehebel zu betätigende Aufhebung der Dämpfung wurde nach 1800 zunehmend durch Pedale vorgenommen. Für eine Teilung der Dämpfung in Baß und Diskant, für die Verschiebung der Mechanik (una corda), für einen Pianozug ebenso wie für Fagott- und Janitscharenzug (eine Vorrichtung, durch die Instrumente der ↗Janitscharenmusik – u. a. Glöckchen, Becken, Pauke – nachgeahmt wurden) konnte die Zahl der Pedale sich auf 6–8 erhöhen. Zusammen mit einer Erweiterung des Klaviaturumfanges von 5 Oktaven bei J. Stein und einer Verstärkung des Saitenbezuges und den damit verbundenen Problemen der Statik, näherte sich der Wiener Klavierbau den Dimensionen der englischen und französischen Instrumente, jedoch nicht unter Aufgabe der für den *Wiener Flügel* typischen feinfühligen Spielart der Prellmechanik.

Einen weiteren Weg zum *Pianoforte* versuchten in der 2. Hälfte des 18. Jh. die von Mozart, ebenso wie Stein hochgeschätzten Regensburger Klavierbauer Späth & Schmahl. Sie verwendeten die schon erwähnte Tangentenmechanik, die sie technisch perfektionierten. Der noch am Cembalo orientierte Klang dieser Instrumente konnte sich trotz mehrerer Veränderungen (una corda, Lauten- und Pianozug) gegenüber den Instrumenten mit Prellmechanik nach 1800 nicht mehr behaupten. Der englische Klavierbau erfuhr um 1760 durch Einwanderung mehrerer sächsischer, überwiegend aus der Silbermann-Schule stammender Klavierbauer eine Belebung. Hier war die Verbreitung des Pianoforte besonders durch die vom Clavichord übernommene, in der Herstellung preisgünstige rechteckige Form gekennzeichnet: das Instrument wurde *Square piano* genannt. Anfangs wurde eine Stoßmechanik mit starrem, später mit beweglichem Stößer verwendet. J. Chr. Bach spielte 1763 erstmals öffentlich auf einem solchen Instrument. Aus der schon um 1728 gegründeten Werkstatt des Schweizers Burkhardt Tschudi (anglisiert Burkat Shudi) entwickelte sich in Weiterführung durch seinen Schwiegersohn J. Broadwood das bedeutendste Klavierbau-Unternehmen in England. Nach dem Vorbild des in den Jahren nach 1760 bei Tschudi tätigen sächsischen K.-Bauers Zumpe, nahm Broadwood um 1771 die Herstellung der *Square pianos* auf, 1783 baute er seinen ersten Hammerflügel (in England *Grand piano* genannt). Das Wirken Broadwoods ist gekennzeichnet von ständigen Bemühungen um Verbesserungen technischer Einzelheiten seiner Instrumente. Um eine bessere Stimmhaltung der Instrumente zu erreichen, experimentierte man bei Broadwood frühzeitig mit zwischen Damm und Stimmstock angebrachten Metallspreizen. Die 1777 patentierte sog. englische (Stoß-)Mechanik, die ein Mitarbeiter Broadwoods, Robert Stodart, entwickelt hatte, war nicht nur für den englischen K.-Bau bestimmend. Sie war eine Modifikation der einfachen Stoßmechanik mit starrem Stößer; ihre bewegliche Stoßzunge erlaubte schnellere Tonrepetitionen bei gleichzeitig verfeinerten Anschlagseigenschaften.

Der französische Klavierbau wandte sich erst durch den Import englischer Grand und Square pianos dem Pianoforte zu. Der aus Straßburg stammende S. Érard verfertigte in einer von der Marquise von Villeroy eingerichteten Werkstatt 1777 sein erstes *Tafelklavier* (Piano carré) nach englischem Vorbild mit Stoßmechanik mit einem Umfang von 5 Oktaven und 2chörigem Bezug. Nach 1796 baute Érard seinen ersten Hammerflügel mit einer weiter verbesserten englischen Mechanik; einen 1803 erbauten Hammerflügel dieser Konstruktion schenkte er L. van Beethoven. Sein bedeutendster Beitrag ist aber neben der Einführung des 3chörigen Saitenbezuges die 1821 präsentierte K.-Mechanik mit doppelter Auslösung (double échappement). Diese Einrichtung erlaubte Tonrepetitionen bei noch nicht in die Ausgangsposition zurückgekehrter Taste: der Hammerkopf wird beim Rückfall vom Fänger so fixiert, daß eine geringe Rückbewegung der Taste bereits genügt, um die Stoßzunge für einen weiteren Anschlag unter das nahe dem Hammergelenk angebrachte Röllchen gleiten zu lassen. Diese Mechanik wurde um 1840 nach einer durch H. Herz vorgenommenen Veränderung Grundlage der modernen Flügelmechanik. Ebenfalls dem französischen Klavierbau ist die Einführung des Filzbezuges für die Hammerköpfe zu verdanken, die 1826 von J. H. Pape vorgenommen wurde. Gleichfalls bedeutend für den französischen Klavierbau in der ersten Hälfte des 19. Jh. wurde I. Pleyel. Die Instrumente aus seiner 1809 gegründeten Fabrik haben zusammen mit denen von Érard und Pape die besondere Wertschätzung französischer Pianofortes bewirkt.

Um die Wende vom 18. zum 19. Jh. entstanden in Philadelphia und Boston die Zentren des amerikanischen Klavierbaues. Die dort hergestellten Instrumente stehen in enger Beziehung zur englischen Tradition. Die wichtigste Erfindung war der von Babcock in Boston erstmals 1825 beim Tafel-K. verwendete Gußrahmen, die entscheidend auf die Entwicklung des Klavierbaues in Europa einwirkte. Die zögernde Einführung dieser Neuerung war von diversen Versuchen zur Verbesserung der Stimmhaltung begleitet: so etwa die Einführung des kreuzsaitigen Bezuges um 1830, durch den auch eine günstigere Resonanz der Saiten untereinander erreicht wurde. Nach 1850 ging die Produktion des Tafel-K.s allmählich zurück; an seine Stelle trat das mit einer stehenden Stoßmechanik ausgestattete Pianoforte, das nach 1850 im deutschen Sprachgebrauch einfach als K. bezeichnet wurde. Die im Gegensatz zum Flügel aufrecht stehende Mechanik des heutigen K.s hat ihre Vorläufer in dem *Pyramidenflügel* des Geraer Instrumentenmachers Chr. E. Friederici (um 1745), in der um 1800 in Wien durch Matthias Müller gebauten *Ditanaklasis* (vertikales Hammer-K.) und in den von Robert Wornum 1828 in London vorgestellten *Upright pianos.* Die große Verbreitung der Instrumente mit stehender Mechanik ist auf den geringen Platzbedarf und die niedrigeren Herstellungskosten gegenüber dem Flügel zurückzuführen. *Pyramiden-, Schrank-, Lyraflügel* und ↗Giraffenklavier boten durch ihre aufrecht stehende Konstruktion im Vergleich zum ↗Pianino eine größere Saitenlänge und damit ein dem Flügel vergleichbares Klangresultat. J. H. Pape gab mit seinem *Piano console* das Vorbild des modernen Kleinklaviers.

Generell wurde seit der Mitte des 19. Jh. das Ende der großen Entwicklung deutlich, die mit der Festlegung auf zwei Typen, auf Flügel und K., und deren industrielle Fertigung einen gewissen Abschluß fand. Als Neuerung kam u. a. das 1862 von Claude Montal eingeführte Tonhalte-Pedal hinzu, das das Aushalten von Einzeltönen gestattete; es findet sich auch heute noch als 3. Pedal am Konzertflügel verschiedener Firmen, seltener am Klavier. Klangliche Verbesserungen für den Diskant des Flügels versuchten Steinway und Blüthner durch unterschiedliche Techniken zu erreichen: Steinway setzte die Länge des hinter dem Steg liegenden Teils der Saite in gleiche Beziehung zum angeschlagenen, um durch ein Mitschwingen dieses Bereiches der Saite die Klangfarbe des Tones zu beeinflussen (Duplex-Skala). Auf J. Blüthner geht das „Aliquot-System“ zurück, bei dem eine 4. über dem sonst jeweils 3chörigen Bezug des Diskantes liegende Saite die Klangfarbe des Tones und seine Nachhallzeit beeinflußt. Versuchen, das K. mit mehreren Manualen auszustatten, war kein nachhaltiger Erfolg beschieden: Erwähnenswert sind hier die von Paul von Jankó mit 6 übereinander liegenden chromatischen Tastenreihen ausgestattete Klaviatur (1882) und die 2manualige Konstruktion von Pierre Hans, die das Spiel chromatischer Stücke erleichtern sollten. Bei dem 1876 patentierten *Piano à claviers renversés* der Brüder Mangeot aus Nancy waren beim oberen der zwei Manuale die tiefen Töne rechts und die hohen links angeordnet. Bogenförmige Klaviaturen, die von mehreren Klavierbauern hergestellt wurden, sollten das Spiel in den extremen Lagen begünstigen. Die hohen Herstellungskosten und viel mehr noch die dafür nötige Umstellung der Spieltechnik, verhinderten eine größere Verbreitung der von der Norm abweichenden Klaviaturen. Flügel und K. weisen seit etwa 1880, trotz gewandelten Klangideales, eine nahezu gleichbleibende Konstruktion auf. – Mit der Geschichte des Klavierbaues – insbesondere des deutschen – sind vor allem neben den bereits genannten Firmen Namen wie Schiedmayer (Stuttgart), Ibach (Barmen), Bechstein (Berlin), Grotrian-Steinweg und Schimmel (Braunschweig) verbunden. Den größten Marktanteil an K.-Instrumenten hingegen hat heute Japan mit den Firmen Kawai, Yamaha und Nippon Gakki (letztere erzeugte allein 1970 257159 Instrumente).

Bau und Funktion. *1. Mechanik.* Der Umfang der Klaviatur des modernen Flügels und K.s reicht üblicherweise von A_2–c^5. Die ungleichschenkligen, aus Lindenholz hergestellten Tastenhebel erhalten ihre Führung durch am Waagebalken und unterhalb der Tastenbeläge angebrachte Stifte. Die Untertasten sind mit Elfenbein belegt, die Obertasten aus Ebenholz gefertigt. Beide Materialien werden heute z.T. durch entsprechende Kunststoffe ersetzt. Auf dem durch ein kleines Bleigewicht beschwerten Tastenhinterarm befindet sich eine verstellbare Pilotenschraube, die die Verbindung zur darüber liegenden Anschlagsmechanik herstellt. Die Konstruktion der Anschlagsmechanik des Flügels mit liegenden Hämmern und die des K.s mit stehenden geht auf Cristofori zurück. Die heute allgemein bei Flügel und K. verwendete Mechanik (Renner) basiert auf der von Érard und Herz entwickelten Repetitionsmechanik mit doppelter Auslösung. Bei der gegenüber dem Flügel um 90 Grad gedrehten, stehenden Klaviermechanik wird die Bewegung des beim Anschlag sich hebenden hinteren Endes der Taste mit seiner Pilotenschraube auf den Sattel des Hebegliedes übertragen, auf dem sich die Stoßzungenkapsel befindet. Die in der Kapsel eingeachste bewegliche Stoßzunge gibt die Bewegung an die Hammernuß weiter. Dadurch wird der Hammer bis etwa 2 mm an den Saitenbezug herangeführt, um diesen bei ausgewichener Stoßzunge, losgelöst von der Antriebsmechanik, zu erreichen. Das Ausweichen der Stoßzunge erlaubt eine Rückkehr des Hammers nahezu in seine Ausgangsposition.

Um bei stärkerem Anschlagen ein Flattern des Hammers zu vermeiden, hindert der am Hebeglied montierte Fänger durch Fixieren des an der Hammernuß befindlichen Gegenfängers den Hammer an weiteren Bewegungen. Für eine schnelle Rückführung des Hammers nach erfolgtem Anschlag sorgt ein zwischen einem auf dem Hebeglied befindlichen Draht und ein zwischen Gegenfänger und Hebeglied befestigtes Bändchen. Zur Verringerung der Anschlagsintensität kann bei Betätigung des linken der beiden Pedale des K.s der Weg der Hämmer zum Saitenbezug verkürzt werden (Pianopedal). Die Bewegung des unterhalb des Hammers angeordneten Dämpfers, der beim Betätigen der Taste von der betreffenden Saite abgehoben wird und nach Loslassen derselben die Saite am Weiterschwingen hindert, wird ebenfalls vom Hebeglied aus gesteuert. Durch Betätigung des rechten Pedals werden alle Dämpfer gemeinsam von den Saiten abgehoben. Ein bei neueren K.en häufiger anzutreffendes 3. Pedal erlaubt die Verringerung der Lautstärke des K. durch Einschieben eines Filzstreifens zwischen Hammer und Saitenbezug (Moderator). Beim Flügel bietet die horizontale Lage des Saitenbezuges und der Hämmer bei im Prinzip gleicher Konstruktion der Mechanik gegenüber dem K. erhebliche Vorteile. Die Bewegungen des nach dem Anschlag durch Eigengewicht zurückkehrenden Hammers sind technisch leichter kontrollierbar. Sie ermöglichen ein feinfühligeres Spiel und differenziertere Tonrepetitionen. Am Hebeglied ist die sog. Scherenkapsel eingeachst, sie wird mit Hebeglied und Stoßzunge beim Anschlag bis kurz vor dem Auslösen der Stoßzunge an der sog. Abknickschraube festgehalten. Die Stoßzunge übernimmt die Übertragung der letzten Bewegungsphase auf die Hammerrolle allein, um den Hammer etwa 2 mm vor Erreichen des Saitenbezuges freizugeben. Nach erfolgtem Anschlag wird die Bewegung des Hammers von einem auf dem Hinterende der Taste stehenden Fänger abgebremst. Der besondere Vorteil der beim Flügel verwendeten Repetitionsmechanik mit doppelter Auslösung zeigt sich beim geringfügigen Loslassen der Taste und noch nicht abgedämpfter Saite: Die Stoßzunge kommt durch die geringe Zurücknahme der Bewegung wieder unter die Hammerrolle zu liegen, so daß ein neuer Anschlag ermöglicht wird, ohne daß die Taste zuvor in ihre Ausgangsposition zurückgekehrt ist. Der Hebelmechanismus der von oben auf die Saiten (ausgenommen die höchsten) wirkenden Dämpfung wird vom hinteren Ende der Taste betätigt. Während das Abheben der Dämpfung vom rechten Pedal ausgelöst wird, bewirkt das Betätigen des linken Pedals bei Flügeln ein Verschieben der Mechanik nach rechts, so daß in jedem Saitenchor jeweils eine Saite vom Anschlag ausgenommen wird.

Der Auswahl der Hammerstiele kommt beim Bau von Flügel und K. besondere Bedeutung zu. Das sog. „Abklingeln" weist den Hammerstielen nach ihrem Eigenklang eine bestimmte Position im Baß oder Diskant der Instrumente zu. Entscheidend für den Klang eines Flügels oder K.s ist die Qualität der Befilzung der Hammerköpfe. Sie kann im Baß bis zu 30 mm stark sein und sich im Verlauf der gesamten Tonskala im Diskant bis auf 3 mm reduzieren. Besondere Sorgfalt erfordert das Intonieren der Instrumente. Zu hart klingende Filze werden durch „Stechen" aufgelockert; zu matt klingende Töne durch „Abziehen" intensiviert. Ein Vergleich der

Gewichte der Hammerköpfe heutiger K.-Instrumente mit denen des 18. Jh. deutet die Tendenz einer Entwicklung zum kraftvollen Klavierklang an: Das Gewicht der Hammerköpfe von K. und Flügel liegt heute zwischen 4,2 und 8,4 g, das der Hammerköpfe Cristoforis zwischen 0,5 und 1 g. Die günstigste Anschlagstelle der Hämmer liegt bei Werten zwischen $^1/_{10}$ und $^1/_8$ der Saitenlänge. Die Wahl der Anschlagstelle steht in engem Zusammenhang mit der Klangbildung der Instrumente, d. h. mit der Begünstigung oder Unterdrückung bestimmter Teiltöne.

2. Klangsystem. Als Material für die Besaitung von Flügel und K. wird heute ausschließlich Gußstahl verwendet, den Webster 1834 erstmalig benutzte. Davor waren Saitenbezüge aus kaltgezogenem Stahl und Messing, letzteres für den Baß der Instrumente, üblich. Das Gewicht des Saitenbezugs hat sich von etwa 4,5 bis 6 kg beim Hammerflügel auf ca. 75 kg bei modernen Instrumenten erhöht. Da sich die Saitenlänge von Oktave zu Oktave theoretisch zu verdoppeln hätte, müssen, um überdimensionale Ausmaße der Instrumente zu vermeiden, die Baßsaiten verkürzt und – um deren Gewicht zu erhöhen – umsponnen werden. Der Klavierbau des 18. Jh. konnte auf umsponnene Baßsaiten verzichten, da der Tonumfang der Instrumente im Baß durch das F_1 als tiefsten Ton beschränkt war.

Zur Aufnahme der heute zwischen 15000 und 20000 kg liegenden Spannung des Saitenbezuges wird ein gegossener Eisenrahmen verwendet. Der kreuzsaitig angeordnete Bezug bedingt so eine bessere Stimmhaltung. Die Befestigung der Saiten erfolgt mittels einer Schlaufe oder Öse am Anhang des Gußrahmens und an den im meist gepanzerten Stimmstock angebrachten Stimmwirbeln.

Die Schwingungen der klingenden Saite werden über den Steg auf den Resonanzbogen übertragen, der von entscheidender Bedeutung für die Tonbildung ist. Er ist aus 7 bis 9 mm starker astreiner, einjähriger Bergfichte hergestellt. Er hat die schwierige Aufgabe, die zwischen etwa 27 und 6000 Hz liegenden Schwingungen des Saitenbezuges zu verstärken und abzugeben, ohne selbst Eigenresonanz zu entwickeln. An seiner Unterseite bzw. Rückseite befindet sich beim K. eine Rastenkonstruktion, die im Vergleich zu den bescheidenen Berippungen der Hammerflügel des 18. Jh. sehr massiv ausgeführt ist; sie sorgt für die nötige Stabilität und Haltbarkeit des Resonanzbodens. Um diesem eine für die Tonbildung wesentliche Spannung zu verleihen, werden die einzelnen Rippen der Rastenkonstruktion leicht gewölbt.

R. MENGER

Musik für Klavier. Im weitesten Sinne versteht man heute unter K.-Musik eine Musik für alle Tasteninstrumente mit Ausnahme der Orgel, im engeren jene für die neuen Instrumente mit Hammermechanik. C. Ph. E. Bach unterschied in seinem grundlegenden Lehrbuch *Versuch über die wahre Art, das Clavier zu spielen* (B 1753, ^{4}1787) terminologisch das Clavier (= Clavichord), den Flügel (= Cembalo) und das Pianoforte (= Hammer-K.), wobei er dem erstgenannten seines „schmeichelnden Tones" wegen für das häusliche Spiel den Vorzug gab. Auch sein Rondo *Abschied vom Silbermannschen Clavier* (1781) ist noch für dieses Instrument komponiert. Mit den 2 Konzerten *Concerto doppio a cembalo concertato, forte piano concerto* beschritt er jedoch Neuland. Die Übergänge zwischen der Musik für Cembalo, Clavichord und Hammer-K. blieben bis 1770/80 weitgehend fließend. Sicher ist jedoch, daß in Lodovico Giustinis *Sonate da Cimbalo di piano e forte detto volgarmente di martellatti* (Fi 1732) wohl nur aus Reklamegründen im Titel das Pianoforte erscheint, denn diese Musik ist ihrer Struktur nach noch ganz für das Cembalo eingerichtet. Zu den ersten Werken für das Hammer-K. gehören J. G. Eckards Sonaten op. 1 und 2 (P 1763 u. 1764), wie überhaupt die neben Eckard in Paris wirkenden deutschen K.-Spieler J. Schobert und L. Honauer nach 1760 das neue Instrument in Frankreich erfolgreich propagiert haben. In England hat J. Chr. Bach um 1770 mit Sonaten und Konzerten im gleichen Sinne gewirkt. Neben J. Haydn gab vor allem W. A. Mozart mit seinen Sonaten, Variationen und 23 K.-Konzerten der neuen K.-Musik entscheidende Impulse. Er spielte auf Hammer-K.en von Schmahl, Stein und seit 1781 von Walther (Wien). Die vorzüglichen Klangeigenschaften des Walther-K.s mit seiner „Wiener Mechanik" haben wesentlich Mozarts durchsichtige 2st. Satzweise und sein perlendes Lauf- und Passagenwerk mitbestimmt. In unermüdlicher Experimentierfreude wußte er in seinen K.-Konzerten, die er überwiegend für sich selbst als Virtuose schrieb, dem Wechselspiel zwischen K. und Orchester ständig neue Klangkombinationen abzugewinnen. Mozart war es auch, der erstmals und in größerem Umfang Werke für K. zu 4 Händen und für 2 K.e zu 4 Händen schrieb und damit einen eigenen Bereich der K.-Musik begründete, der dann im 19. Jh. zu großer Beliebtheit gelangte. Beethoven strebte in seinen Sonaten und in den 3 letzten K.-Konzerten nach vollgriffiger, geradezu orgelmäßiger Fülle des Klangs und erreichte in der *Apassionata* und „Waldstein"-Sonate wie im 5. K.-Konzert einen pianistisch höchst wirkungsvollen und günstig liegenden K.-Satz. Er benutzte K.e mit robuster englischer Mechanik und spielte seit 1818 einen großen 3chörigen Broadwood-Flügel, dessen Saiten jedoch noch immer in einen Holzrahmen gespannt waren. Erst der gußeiserne Rahmen der Folgezeit erlaubte einen stärkeren Saitenbezug und eine große Resonanz. Ein solch ausgestattetes Instrument konnte sich konzertierend gegenüber dem großen romantischen Orchester voll behaupten, zumal es später als Konzertflügel in einer Länge bis zu 280 cm gebaut wurde. Nach D. G. Türks *Clavierschule* (1789), die noch ein Universallehrbuch des angehenden Musikers sein wollte, begann ein neues Zeitalter der K.-Pädagogik, die den Schwerpunkt der Erziehung auf die Aneignung technischer Fertigkeiten und Brillanz legte. Erste Prototypen dahin zielender Lehrwerke sind Ph. J. Milchmeyers *Die wahre Art das Pianoforte zu spielen* (1797) und L. Adams *Méthode nouvelle pour le piano* (P 1802). Die zahlreichen neuen ↗Etüden und Studienwerke, etwa M. Clementis *Gradus ad Parnassum* (1817) oder K. Czernys *Schule der Geläufigkeit* op. 299, förderten u. a. das Spiel schneller Läufe, Sprünge, Terzen- und Oktavpassagen und Staccati. Mit ihrer Hilfe erreichten schon zur Zeit Beethovens die Musikdilettanten ein technisches Niveau, das 30 Jahre zuvor bei Mozart noch als Spitzenleistung galt. Im freien Wettbewerb mit den Laien und auch untereinander mußten die professionellen Virtuosen deshalb ihre Technik ständig steigern, um im Konkurrenzkampf bestehen zu können. Trotz gewisser Auswüchse im Virtuosenzeitalter um und nach Beethoven wurden auf diese Weise die klanglichen Möglichkeiten des K.s entscheidend erweitert und kulminierten im Schaffen Fr. Liszts. Neu ist bei ihm die häufige Verwendung z. B. von gehämmerten Oktaven, auf beide Hände verteilten Trillern, Tremoli, schnellen Sprüngen über die ganze Tastatur, Glissandi, Tonleitern in alternierenden Oktaven, vollgriffigen Themen. Liszt empfing für manche klavieristische Effekte auch Anregungen von der Violintechnik N. Paganinis. Wichtig wurde auch für seinen Stil das pathetische Rezitativ und das Arioso. Unter seinen Händen konnte das K. ein Orchester ersetzen. Dank seiner faszinierenden persönlichen Ausstrahlungskraft galt er unumstritten als der bedeutendste Virtuose seines Jahrhunderts, wurde viel kopiert, aber in seiner Art nie wieder erreicht. Aus seinem großen Schülerkreis sind vor allem H. v. Bülow, K. Tausig, E. d'Albert und, in direkter Fortsetzung, F. Busoni zu nennen.

Auch die musikalische Romantik bereicherte die Ausdrucksmöglichkeiten des K.s um neue wesentliche Nuancen. Im Vordergrund der Musik stand das oft mit Überschriften versehene ↗Charakterstück, das häufig auch zu größeren Zyklen verbunden wurde, mit einer überwiegend in sonorer Mittellage erklingenden Melodie, die meist von einer rhythmisch gleichförmigen, ständig wiederkehrenden Spielfigur in dunklerer Baßlage begleitet wird und das gefühlshafte Element unterstreicht. Meister dieses neuen romantischen K.-Stücks war nach Fr. Schubert (u. a. *Impromptus* und *Moments musicaux*) vor allem Fr. Chopin. Seine *Nocturnes* (vorbereitet durch J. Field), *Préludes* und vor allem die *Études* op. 10 und 25, die nichts mehr mit Übungsstücken gemeinsam haben, sondern Kunstwerke sui generis sind, erweisen sich dem „einstimmenden" Prinzip zutiefst verpflichtet. Die phantasievoll, oft nach Belcanto-Manier ornamentierte tragende Melodie bettet Chopin nicht selten in berückenden Wohlklang. Seine Mazurkas und Polonaisen sind rhythmisch wie melodisch von der polnischen Folklore inspiriert. R. Schumanns häufig mit Titeln versehene K.-Stücke entspringen in ihrer Erfindung meist einer „poetischen Idee". Im inneren Kampf gegen das „Novellistische", gegen die kleine Form, vereinigte er sie oft zu Zyklen unter einer Grundidee (z. B. *Papillons* op. 2, *Carnaval* op. 9, *Phantasiestücke* op. 12 und 111, *Kreisleriana* op. 16, *Album für die Jugend* op. 68). Er verachtete das rein Virtuose und schrieb einen durch rhythmische Unruhe, kühne Harmonik und polyphone Satztechniken gekennzeichneten K.-Stil, bei dem auch Pedaleffekte eine wichtige Rolle spielen. F. Mendelssohn Bartholdys Stil hingegen ist wesenhaft klassizistisch. Seine *Lieder ohne Worte* mit übersteigert gefühlshaftem Einschlag wurden Modelle jener Richtung, die um und nach 1850 immer stärker in das verflachte, sentimentale Salonstück mündete (u. a. bei B. Godard, N. P. Jensen, J. J. Raff, Chr. Sinding, Ch. T. Brunner und F. Berger). Für diese Literatur ohne großen künstlerischen Anspruch, oft eklektisch und ältere Vorbilder paraphrasierend, bestand im 19. Jh. von seiten der sich ständig vergrößernden Zahl der bürgerlichen Dilettanten ein kaum zu deckender Bedarf, denn dank der beginnenden Industrialisierung und nunmehr kostengünstigen Fertigung wurde das K., vor allem in seiner Kleinform als Pianino, zum Standardinstrument des aufstrebenden Bürgertums. Dieser Sachverhalt schlägt sich nicht nur in der großen Zahl der original für und mit K. komponierten Musik nieder, sondern auch in der enormen Verbreitung des ↗Klavierauszugs im 19. Jahrhundert.

Einen stärker von der Wiener Klassik her geprägten Gegenpol zur Neudeutschen Schule um Liszt bildet J. Brahms, der sich auch J. S. Bach und dem Volkslied verpflichtet fühlte. Sein vollgriffiger und polyphon strukturierter Klavierstil, der mitunter die ex-

tremen Lagen des Instruments gleichzeitig verwendet, vereinigt Spontaneität und verhaltene Leidenschaft mit Weichheit und Zartheit des Klangs. Seine zwei Konzerte, 4 große Variationszyklen sowie zahlreiche Einzelstücke, z.B. die Intermezzi und Balladen, gehören zu den beachtetsten Werken seiner Zeit. Im Streben nach Ausgleich und Ausdruck ist ihm C. Franck in Frankreich verwandt. In der Tradition von Brahms steht M. Reger unter starker Betonung des chromatischen Elements und, in neuerer Zeit, P. Hindemith, dessen 3 Sonaten und vor allem der *Ludus tonalis* den nachhaltigen Einfluß der Bach-Renaissance auf das Schaffen der Gegenwart widerspiegeln.
Nach V. d'Indy und neben G. Fauré trat um 1900 in der Letztphase der Spätromantik noch einmal die französische K.-Musik mit Cl. Debussy und M. Ravel führend in Erscheinung. Eingebettet in die nationale Tradition, die das Malerische, Deskriptive seit Jahrhunderten schätzte und in Überschriften diskret Inhalte andeutete, suchten beide, in der poetischen Vorstellung nicht unbeeinflußt vom Impressionismus der Malerei und dem dichterischen Symbolismus, in übersteigerter Sensitivität Naturerleben und literarische Vorstellungen suggestiv und atmosphärisch in ihren Werken zu gestalten. Inspiriert auch von exotischer Musik (↗Indonesien), der Folklore der Randgebiete Europas und der ↗Pentatonik, benutzten sie Parallelharmonik, Leerklänge und Terzenschichtungen und stellten die Klangfarbe unter Vernachlässigung von konturierter Themenbildung und der Rhythmik in den Vordergrund. In Ravels *Jeux d'eaux* und Debussys *Estampes*, besonders aber in seinen *Préludes* mit nachgestellten, oft Naturerscheinungen u.a. Vorstellungen visionär andeutenden Titeln steht die romantische Spannungsharmonik kurz vor ihrer Auflösung. Beide Musiker fanden in Frankreich, England und Deutschland zahlreiche Nachahmer.
Seit der Mitte des 18. Jh. traten im Norden und Osten Europas, um und nach 1900 auch in Spanien (z.B. M. de Falla) und in den USA (u.a. Ch. Ives), Komponisten hervor, die nach dem Vorbild von Liszt, Chopin und Schumann durch Verwendung folkloristischer Elemente der Musik für K. ein betont nationales Gepräge zu geben versuchten. In Norwegen war es E. Grieg mit seinen Norwegischen Tänzen und dem K.-Konzert a-moll, in Rußland neben M. Balakirew, A. Borodin und N. Rimski-Korsakow vor allem M. Mussorgski *(Bilder einer Ausstellung)*, ferner P. Tschaikowsky mit seinen oft sentimentalen K.-Stücken und 3 noch heute beliebten Konzerten. Um 1900 entwickelte A. Skrjabin, dem Kreis der russischen Symbolisten nahestehend, vor allem in seinen 10 Sonaten einen harmonisch und rhythmisch äußerst originellen Stil, der die Folklore jedoch ausklammerte. Im 20. Jh. schrieben u. a. S. Prokofjew, Dm. Schostakowitsch, A. Chatschaturjan einen teils spätromantisch inspirierten, teils gemäßigt modernen K.-Stil unter der ästhetischen Doktrin des „sozialistischen Realismus". Die antiromantische Stilwende um 1910 eröffnete der K.-Musik neue Wege. A. Hábas Versuchen mit einem Viertelton-K. mit 2 Manualen war kein dauerhafter Erfolg beschieden. A. Schönbergs Entwicklung zur Reihentechnik, die den spätromantischen Espressivostil bis zur Immaterialität vorantrieb, auf jeden Ton Gewicht legte und den tonalen Zusammenhang aufhob, läßt sich in der Gegenüberstellung seiner K.-Stücke op. 11 und op. 19 deutlich verfolgen. Unter Rückgriff auf alte kontrapunktische Techniken wird in ihnen bei aphoristischer Kürze der Komposition (im Extremfall 8–14 Takte) letztlich der spätromantische Spannungsakkord „festgeschrieben". Der stark auf isolierten Sprüngen und Griffen beruhende Satz macht das K. in der seriellen und postseriellen Musik zu einem Kurztoninstrument. Beispiele hierfür liefern neben Schönbergs op. 19 auch seine Suite op. 25, A. von Weberns Konzert op. 24 und die Variationen op. 27, O. Messiaens *Modes de valeurs et d'intensités* (1949), die *Structures* für 2 K.e von P. Boulez, K. Stockhausens K.-Stücke (seit 1957) sowie H. W. Henzes *Sonata (*1959). Bei B. Bartók (*Allegro barbaro*, 1911, und im 1. K.-Konzert, 1926), P. Hindemith *(Suite 1922)*, I. Strawinsky (Capriccio für K. und Orch., 1929) z.B. diente während einer längeren Übergangsphase das Schlagzeug als Vorbild für einen K.-Stil betonter Motorik. Folgenreicher war das Ausspielen von schlagzeugähnlichen Klangfarben des K.s in Bartóks *Sonate für zwei Klaviere und Schlagzeug* (1937), das eine Generation später zur ↗Cluster-Technik sowie zum direkten Anzupfen und Schlagen der Saiten und des Instrumentenkörpers führte. Auf diese Weise wurden die Klangfarben radikal erweitert, und es wurde versucht, die für das K. bislang charakteristischen festen Tonhöhen aufzugeben (z.B. A. Louviers, *Études pour agresseurs*, 1964, unter Benutzung von 10 Fingern, 2 Handflächen, 2 Fäusten und 2 Armen). Von solchen Experimenten war freilich Bartók noch weit entfernt. Charakteristisch für seine K.-Musik ist die latente Polyphonie und die enge Verbindung mit der rumänisch-ungarischen Folklore, die er nur selten original zitierte, vielmehr vollendet nachzugestalten verstand. Sein Stil erfuhr in seinem letzten Schaffensjahrzehnt eine fast klassizistisch zu nennende Abklärung. Beispiele hierfür sind das Schulwerk *Mikrokosmos* und das 3. K.-Konzert (1945). Hier

wie schon früher bei anderen Komponisten, z.B. Ravel, Hindemith, Strawinsky, haben gelegentlich auch Elemente des Jazz Eingang in die K.-Musik gefunden. Die K.-Musik nach 1950 ist weitgehend durch Experimente und durch die Suche nach neuen, teilweise extremen und schockierenden klanglichen Möglichkeiten gekennzeichnet. Zu nennen sind hier die K.-Werke der ↗Aleatorik, bei der der Spieler aus vorgegebenen Partikeln (Motiven, Akkorden, Rhythmen) spontan eine Auswahl zu treffen und sie improvisatorisch frei zu gestalten hat. Eine solche Musik bedingt ein völlig neues Schriftbild, das die Partikel auf große Blätter scheinbar willkürlich verteilt (K. Stockhausen, *Klavierstück IX*). Zu nennen sind ferner die Werke u.a. von J. Cage für ↗Prepared piano (*Music for piano*, 1952/53, 1955/56), bei denen das K. verstimmt wird und zwischen die Saiten Holz-, Metall- und Gummiteile gesteckt werden. Die Zeit solcher Experimente, die gleichermaßen Zustimmung und scharfe Ablehnung erfahren haben, scheint jedoch gegenwärtig zu Ende zu gehen. Vertreter der jüngsten Komponistengeneration fordern wieder eine stärker ausdrucksorientierte K.-Musik.

L. HOFFMANN-ERBRECHT

Lit.: **Geschichte u. Technik des K.:** C. PH. E. BACH, Versuch über die wahre Art, das Clavier zu spielen, 2 Teile (B 1753, 1762, L ^{3}1787), Faks. der 1. Aufl., hrsg. v. L. Hoffmann-Erbrecht (Wie 1957); A. J. HIPKINS, A Description and History of the Pianoforte (Lo 1896, ^{2}1898); J. GOEBEL, Grundzüge des modernen Klavierbaues (L 1925); E. HERTZ, J. A. Stein. Ein Beitr. z. Gesch. des Klavierbaues (Wb–B 1937); E. HUTCHESON, The Literature of the Piano (NY 1948); W. PFEIFFER, Vom Hammer (B 1948); F. ERNST, Der Flügel J. S. Bachs. Ein Beitr. z. Gesch. des Instrumentenbaues im 18. Jh. (F 1955); F. J. HIRT, Meisterwerke des Klavierbaus. Gesch. der Saitenklaviere v. 1440 bis 1880 (Olten 1955); A. BAINES, Musikinstr. (Mn 1962); L. WEGELE, Der Augsburger Orgel- u. Klavierbauer J. A. Stein (Au 1966); H. GRUNDMANN, Per il clavicembalo o pianoforte, in: Colloquium amicorum. FS J. Schmidt-Görg (Bonn 1967); K. WOLTERS, Das K. (Be–St 1969); H. WALTER, Haydns K.e, in: Haydn-Stud. 2 (1970); W. S. NEWMAN, Beethoven's Pianos Versus His Piano Ideals, in: JAMS 23 (1970); H. C. SCHONBERG, Die großen Pianisten. Eine Gesch. des K.s u. der berühmtesten Interpreten v. den Anfängen bis zur Gegenwart (Mn 1972); G. CROLL, Ein Claviorganum aus der Salzburger „Kunst- u. Wunderkammer", in: ÖMZ 31 (1976); C. EHRLICH, The Piano. A History (Lo 1976). – **Musik für Klavier:** F. COUPERIN, L'art de toucher le clavecin (P 1716, dt. NA L 1933, Faks.-Nachdruck NY 1969) (= MMMLF II/23); A. PROSNITZ, Hdb. der K.-Lit., 2 Bde. (W–L ^{9}1918); A. KULLAK, Ästhetik des K.spiels (L ^{9}1922); W. NIEMANN, Meister des K.s (B 1919); DERS., Das Klavierbuch. Gesch. der K.-Musik u. ihrer Meister (L ^{11}1922); R. HÄFNER, Die Entwicklung der Spieltechnik u. der Schul- u. Lehrwerke für Klavierinstr. (1937) (= Schriftenreihe des Musikwiss. Seminars der Univ. München 2); G. SCHÜNEMANN, Gesch. der Klaviermusik (B 1940), NA hrsg. v. H. Gerigk (Münchberg 1953, H ^{2}1956); L. HOFFMANN-ERBRECHT, Dt. u. it. Klaviermusik zur Bachzeit (L–Wie 1954) (= Jenaer Beitr. z. Musikforsch. 1); DERS., Sturm u. Drang in der dt. Klaviermusik v. 1753 bis 1763, in: Mf 10 (1957); W. GEORGII, Klaviermusik (Z–Fr ^{4}1965); H. GRUNDMANN – P. MIES, Stud. zum Klavierspiel Beethovens und seiner Zeitgenossen (Bonn 1966); F. WÜHRER, Meisterwerke der Klaviermusik (Wilhelmshaven 1966); W. APEL, Gesch. der Orgel- und Klaviermusik bis 1700 (Kas 1967); G. PUCHELT, Verlorene Klänge. Stud. z. dt. Klaviermusik 1830 bis 1880 (B 1969); O. SCHUMANN, Hdb. der Klaviermusik (Wilhelmshaven 1969); P. BADURA-SKODA – J. DEMUS, Die Klaviersonaten v. L. van Beethoven (Wie 1970); H. HERING, Das K. in der Kammermusik des 18. Jh. Versuch einer Orientierung, in: Mf 23 (1970); W. KRÜGER, Das Nachtstück. Ein Beitr. z. Entwicklung des einsätzigen Pianofortestückes im 19. Jh. (Mn 1971) (= Schriften z. Musik 9); S. STARAL, Die Klavierwerke v. J. Ch. Bach (Diss. Gr 1971); W. S. NEWMAN, Performance Practices in Beethoven's Piano Sonatas (NY 1971, Lo 1972); C. MAREK, Lehre des Klavierspiels (Z–Fr 1972); Keyboard Music, hrsg. v. D. MATTHEWS (NY 1972); L. HOFFMANN-ERBRECHT, Das Klavierkonzert, in: Gattungen der Musik in Einzeldarstellungen (Be–Mn 1973); D. FULLER, Accompanied Keyboard Music, in: MQ 60 (1974); H. HERING, Orchestrale Klaviermusik, in: AMl 46 (1974); V. SCHWARZ, Der Wandel der Wertbegriffe im Klavierspiel zw. Empfindsamkeit und Romantik, in: ÖMZ 34 (1979).

KLAVIERAUSZUG (engl.: piano score, vocal score, piano reduction; frz.: partition bzw. arrangement bzw. réduction pour piano; it.: estratto bzw. ridotta bzw. aggiustata per il pianoforte), heißt die Übertragung eines für andere Instrumente oder Singstimmen geschriebenen Werkes auf das Klavier. Im Gegensatz zu einer freien Umgestaltung (↗Paraphrase) sucht diese Art der Bearbeitung das Original möglichst genau nachzuzeichnen. Der K. läßt sich als fixiertes Partiturspiel bezeichnen; er stellt das Gegenstück zur Orchestration einer Klavierkomposition dar. – Der K. entwickelte sich im 18. Jh. aus der Praxis des ↗Intavolierens und des ↗Generalbaß-Spiels. Schon 1786 wurde der Terminus in das Handwörterbuch von Wilke aufgenommen. J. A. Hiller und C. M. v. Weber bereiteten durch äußerst sorgfältige Klavierübertragungen die Entfaltung der verschiedenen Arten des K.s im 19. Jh. vor. Entweder wurde nun der gesamte musikalische Satz auf das Klavier übertragen oder – bei Opern, Oratorien, Instrumentalkonzerten u.ä. – neben den Vokal- bzw. Solostimmen nur der Orchesterpart dem Klavier zugeordnet. Beide Arten konnten für 2 oder 4 Hände oder für 2 Klaviere gesetzt werden. Die Gestaltung geschah unter Berücksichtigung der Funktion, denn der K. war unentbehrlich in allen Bereichen des Musiklebens, zum Kennenlernen und Studieren von Musik, zur Vorbereitung und Verwirklichung von Aufführungen. Die Schwierigkeit des Klaviersatzes zeigt, ob er dem Dilettanten oder dem Virtuosen zugedacht war. Dennoch blieb der K. – im Unterschied etwa zu Bearbeitungen der Musik des 17./18. Jh. – in erster Linie immer dem Original als einmaligem historischem Werk verpflichtet. Dies war nicht nur bei den philologisch genauen Klavierauszügen etwa von J. Brahms gegeben, sondern auch bei den die orchestrale Klangwirkung klavieristisch übersetzenden Klavierpartituren Fr. Liszts. Der K. galt in der Auffassung des 19. Jh. weithin als angemessener Repräsentant des Originals, nicht etwa als eine Verstümmelung, sondern eher als eine Rückführung auf das Wesentliche der Komposition. Aus dieser Einschätzung erklärt sich die Ähnlichkeit vieler Kompositionsskizzen mit einem Klavierauszug. Viele Komponisten von R. Schumann bis Cl. Debussy und A. Schönberg fertigten selbst Klavierauszüge von ihren Werken an. – Im 20. Jh. hat der K. an Bedeutung verloren. Die wachsende Kompliziertheit der Partituren, nicht so sehr ihre Farbigkeit, erschwerten die Übertragung; zudem übernahmen die technischen Mittler (Radio, Schallplatte) einen Teil der früheren Aufgaben des K.s; in der neuen Situation galt als Weiterentwicklung die ↗Particella.

Lit.: K. GRUNSKY, Die Technik des K. Entwickelt am 3. Akt v. Wagners Tristan (L 1911); M. BROESIKE-SCHOEN, Der moderne K., in: Die Musikwelt 2 (1922); E. FRIEDLAENDER, Wagner, Liszt u. die Kunst der Klv.-Bearb. (Detmold 1922); M. HANSEMANN, Der K. v. den Anfängen bis Weber (Borna – L 1943); R. SCHAAL, Zur Gesch. des K., in: Musica 15 (1961); H. GRÜSS, Bearb., Arrangement, Instrumentation als Form der Aneignung musikal. Werke v. Beethoven bis Schönberg, in: Kgr.-Ber. Berlin 1977 (L 1978); H. LOOS, Zur Klavierübertragung v. Werken für u. mit Orch. des 19./20. Jh. Ein Beitr. z. Gesch. des K. (Diss. Bonn 1980).

H. LOOS

KLEBE, Giselher Wolfgang, * 28. 6. 1925 Mannheim; dt. Komponist. Er kam nach Zwischenstationen in München und Rostock mit seiner Familie 1937 nach Berlin, wo er 1940 am Konservatorium das Musikstudium in den Fächern Violine und Viola aufnahm; K. von Wolfurt wurde sein erster Kompositionslehrer. Nach kriegsbedingter Unterbrechung nahm er sein Studium am Internationalen Musikinstitut Berlin bei J. Rufer wieder auf. Im Herbst 1946 fand er eine Anstellung – zunächst im Bandarchiv, 1947–49 als Programmgestalter – bei der Musikabteilung des Berliner Rundfunks. Gleichzeitig wurde er Privatschüler von B. Blacher. Seinen ersten überregionalen Erfolg als Komponist errang er 1949 mit den von W. Fortner angeregten und auch aufgeführten *Divertissements joyeux,* weltweit bekannt wurde er 1950 durch die Uraufführung der *Zwitschermaschine* unter H. Rosbaud in Donaueschingen. 1957 wurde K. als Nachfolger von W. Fortner Dozent für Komposition und Musiktheorie an der Nordwestdeutschen Musikakademie Detmold (1962 Professor). Er erhielt 1959 und 1962 Stipendien für die Villa Massimo in Rom; u. a. wurde ihm auch der Große Kunstpreis des Landes Nordrhein-Westfalen (1959) zuerkannt. K. ist seit 1963 Mitglied der Freien Akademie der Künste Hamburg, seit 1964 Mitglied der Akademie der Künste Berlin (West) und seit 1978 Mitglied der Bayer. Akademie der Schönen Künste, München.

WW: **1) Instr.-WW:** Für Orgel: *Introitus, Aria ed Alleluja,* op. 47 (1965); *Passacaglia,* op. 56 (1968); *Fantasie und Lobpreisung,* op. 58 (1970); *Surge, aquilo, et veni, auster,* op. 60 (1971), Paraphrase über ein Thema von I. Strawinsky; Missa *Miserere nobis,* op 63 (1971) (Neufassung der gleichnamigen Messe op. 45). – Kammermusik: Sonate für 2 Klv., op. 4 (1949); 2 Sonaten für V. solo, op. 8 (1952), op. 20 (1955); 2 Streichquartette, op. 9 (1951), op. 42 (1965); *Wiegenlieder für Christinchen,* op. 13, für Klv. (1953); *Elegia appassionata,* op. 22, für V., Vc. u. Klv. (1956); 7 Bagatellen, op. 35, für Bassetthorn, Pos., Harfe u. Röhrenglocken (1960); 9 Duettini, op. 39, für Fl. u. Klv. (1965); 3 Romanzen, op. 43, für Klv. (1963); *Recitativo, aria e duetto per flauto e chitarra,* op. 44 (1967); *Concerto a cinque,* op. 50, für Klv., Harfe, Cemb., Schlagzeug u. Kb. (1965); *Quasi una fantasia,* op. 53, für Klv.-Quintett (1967); *Variationen über ein Thema v. H. Berlioz,* op. 59, für Org. u. Schlaginstr. (1972); *Tennen no bi – Die Schönheit der Natur,* op. 62, Betrachtung eines japanischen Liedes für Fl., Ob., Klar., Harfe, Klv., Vc. u. Kb. (1972); Sonate für Kb. u. Klv., op. 65 (1974); *Al rovescio,* op. 67, für Fl., Harfe, Klv. u. Metallidiophone (1973); *Nenia,* op. 70, für Vc. solo (1975); 9 *Klv.-Stücke für Sonja,* op. 76 (1978); *Alborada,* op. 77, für Harfe solo (1977); *5 chants sans paroles,* op. 80, für Cemb. u. Schlagzeug (1978); *Der dunkle Gedanke,* op. 84, für Klar. (auch Bassetthorn) u. Klv. (1980). – Für Orch.: 5 Symphonien (1953, 1953, 1967, 1972, 1977); *Rhapsodie,* op. 17 (1954); *Moments musicaux,* op. 19 (1955); Vc.-Konzert, op. 29 (1958); *Adagio u. Fuge* (mit einem Motiv aus Wagners *Walküre*), op. 37 (1961); Missa *Miserere nobis,* op. 45, für 18 Bläser (1964), Neufassung für Org. (1971); *Scene und Arie,* op. 54, für 3 Trp., 3 Pos., 2 Klv. u. 8 Vc. (1967); *Herzschläge (Furcht, Bitte und Hoffnung),* op. 54, für Beatband u. Orch. (1970); Konzert für Cemb. mit elektrischen Klangveränderungen u. kleines Orch., op. 64 (1972); *Orpheus,* op. 73, dramatische Scenen für Orch. (1976); *La tomba di Igor Strawinsky,* op. 81, für Ob.-Solo, 14 Str. u. Klv. (1979); Org.-Konzert, op. 85. – **2) Vokal-WW:** Kantate *Ein lust'ger Musikante,* op. 1, für Tenor, Chor u. Instr.-Quintett, (1949); dramatische Scene *Raskolnikows Traum,* op. 23, für Sopran, Klv.-Solo u. Orch. (1956); 5 Lieder, op. 38, für mittlere St. u. Orch. (1962); *Stabat Mater,* op. 46, für 3 Soli, Chor u. Orch. (1964); Messe *Gebet einer armen Seele,* op. 51, für gem. Chor u. obligater Org. (1966); *Beuge dich, du Menschenseele,* op. 71 (Text: S. Lagerlöf), für Bar. u. Org. (1975); 3 Lieder (F. Hölderlin), op. 74, für hohe St. u. Klv. (1977); *Choral u. Te Deum,* op. 79, für gem. Chor u. Orch. (1978); *Römische Elegien,* op. 15 (nach J. W. v. Goethe) für Sprecher, Klv. Cemb. u. Kb. (1953). – **3) Bühnen-WW:** Ballette: *Pas de trois,* UA: Wiesbaden 1951; *Signale,* UA: Berlin 1955; *Fleuronville,* UA: ebd. 1956; *Menagerie* (nach F. Wedekind), UA: ebd. 1958; *Das Testament* (1971) (nach F. Villon), Orch.-Fassung als 4. Symphonie. – Opern: *Die Räuber* (nach F. von Schiller), UA: Düsseldorf 1957; *Die tödlichen Wünsche* (nach H. Balzac), UA: ebd. 1959; *Die Ermordung Caesars* (nach W. Shakespeare), UA: Essen 1959; *Alkmene* (nach H. von Kleist), UA: Berlin 1961; *Figaro läßt sich scheiden* (nach Ö. von Horvath), UA: Hamburg 1963; *Jacobowsky und der Oberst* (nach F. Werfel), UA: ebd. 1965; *Das Märchen von der schönen Lilie* (nach J. W. von Goethe), UA: Schwetzingen 1969; *Ein wahrer Held* (nach J. M. Synge), UA: Zürich 1975; *Das Mädchen aus Domremy* (nach Schiller), UA: Stuttgart 1976; *Das Rendezvous* (nach M. Soschtschenko), UA: Hannover 1977; *Der jüngste Tag* (Libr.: L. Klebe nach Ö. v. Horvath), UA: Mannheim 1980.

In K.s frühen, von spielerischer Heiterkeit durchdrungenen Kompositionen ist der Einfluß Blachers deutlich spürbar. Dessen Technik der variablen Metren behielt K. bei, als er sich – mit gleichzeitig wachsendem Interesse an mathematischen Problemen – zu der Zwölftontechnik A. Weberns bekannte. Bei der Arbeit an seinem 1. Streichquartett (1950) fand K., daß „die serielle Technik die von mir gesuchte Möglichkeit bietet, eine optimale Verbindung von Einfall, Ausdruck und Verbindlichkeit der Konstruktion herzustellen". Die Möglichkeiten einer präzisen, umfassenden Organisation des musikalischen Materials reizten K. im Frühjahr 1955 zu praktischer Beschäftigung mit elektronischer Musik; im Studio Köln entstand *Interferenzen* für 4 Lautsprecher. In seinen Instrumentalwerken gelangte er um diese Zeit zu einer dunkelgefärbten, ausdrucksstarken Musiksprache, in der die Zwölftontechnik nur noch als in sich gefestigtes Gestaltungsgerüst dient. Dieser expressive Stil bestimmt auch die Opernkompositionen, die in K.s Schaffen seit 1956 den Schwerpunkt bilden. Besondere Aufmerksamkeit widmet er dabei der Führung der Singstimmen und erreicht Kantabilität bei Berücksichtigung der Prosodie, wodurch die Textverständlichkeit in seinen Literaturopern (fast alle Librettofassungen stammen von K. selbst) gewährleistet ist. Um 1967 gelang K. eine Neustrukturierung der Harmonik in dem Bestreben, „wieder eine absolute akkordische Dichte ohne irgendwelche kontrapunktische Abstützung zu erreichen, und zwar dergestalt, daß sie in den Bereich der Idee der ‚Komposition mit den zwölf Tönen' gehört und diesen Bereich mit allen Möglichkeiten der funktionalen Harmonik verbindet, ohne indessen die Gesetze der Funktionalität auf Ereignisse zu übertragen, die ihrem Geiste nach nicht diesen Gesetzen gehorchen". Dieses Vermischen von Tonalität und Atonalität kann wie das Zitieren, Variieren und Paraphrasieren von Themen und Motiven anderer Komponisten (op. 16, 37, 59, 60) als Beleg dafür gelten, daß K. alle Möglichkeiten des musikalischen Ausdrucks nutzt.

Lit.: W.-E. VON LEWINSKI, G. K., in: Junge Komponisten, hrsg. v. H. Eimert (W 1958) (= die Reihe 4); A. D. MCCREDIE, G. K., in: MR 26 (1965).

K. LANGROCK

KLEBER, Leonhard, * um 1495 Wiesensteig bei Göppingen, † 4. 3. 1556 Pforzheim; dt. Organist. Er studierte Theologie an der Universität Heidelberg (1512) und wurde 1516 Organist in Horb, 1517 in Esslingen am Neckar und 1521 an der St.-Michaels-Kirche in Pforzheim. Von ihm ist eine in älterer deutscher Orgeltabulatur (Oberstimme in Noten auf Linien, übrige Stimmen in Tonbuchstaben) geschriebene Hs. überliefert (1524; Berlin, Deutsche Staatsbibl. Mus. ms. 40026). Von den 112 Stücken dieser Sammlung sind die ersten 50 nur manualiter, die folgenden auch mit Pedal zu spielen. Es handelt sich um meist reich verzierte Intavolierungen von 87 geistlichen und weltlichen Vokalstücken (u.a. von Adam von Fulda, A. Brumel, H. Isaac, L. Senfl, J. Barbireau, H. Finck, Josquin des Prés) sowie um 19 freie Sätze (Praeludien und Fantasien), 5 Tänze und ein Lehrstück.

Ausg.: Einige Stücke, in: H. J. MOSER, P. Hofhaimer (St – B 1929, Hil [2]1966); DERS. – F. HEITMANN, Frühmeister des Orgelspiels (L 1930, Wie [2]1954) 2 Praeambula, in: DAVISON-APEL Anth. I.

Lit.: H. K. LOEWENFELD, L. K. u. sein Orgeltabulaturbuch (Diss. B 1897, Nachdr. Hilversum 1968) (= Bibl. organologica 19); K. KOTTERBA, Die Orgeltabulatur des L. K. (Diss. Fr 1958).

KLECKI (Kletzki), **Paul** (Pawel), * 21. 3. 1900 Łódź, † 5. 3. 1973 Liverpool; Schweizer Dirigent poln. Herkunft. Er war 1914–19 Violinist im Philharmonischen Orchester von Łódź, lebte 1921–33 in Berlin, wirkte 1935–38 als Lehrer an der Scuola Superiore di Musica in Mailand und ließ sich 1938 in der Schweiz nieder, wo er während und nach dem Krieg bei den Internationalen Musikfestwochen in Luzern dirigierte. 1954 wurde K. Chefdirigent des Liverpool Philharmonic Orchestra, 1958 des Symphonieorchesters von Dallas (Tex.); 1964 übernahm er die Leitung des Berner Symphonieorchesters und dirigierte 1967–70 als Nachfolger von E. Ansermet das Orchestre de la Suisse Romande. K. setzte sich stark für zeitgenössische Musik ein.

KLEE, Bernhard, * 19. 4. 1936 Schleiz (Thüringen); dt. Dirigent. Er gehörte 1948–55 dem Leipziger Thomanerchor an, studierte danach in Köln Klavier und Dirigieren und kam anschließend als Solorepetitor und Kapellmeister an die Opernhäuser in Köln und Bern, 1962 als 1. Kapellmeister nach Salzburg, 1963 nach Oberhausen und 1965 nach Hannover. 1966–77 war er GMD der Stadt Lübeck und seither in Düsseldorf.

KLEIBER. – 1) Erich, * 5. 8. 1890 Wien, † 27. 1. 1956 Zürich; östr. Dirigent. Er studierte in Prag am Konservatorium Klavier, Orgel, Schlagzeug und Dirigieren sowie an der Universität Philosophie und Geschichte und war dort 1911–12 am Landestheater tätig. 1912–19 war er Kapellmeister in Darmstadt, dann bis 1921 in Elberfeld-Barmen. Als Operndirektor in Düsseldorf und Mannheim (seit 1922) wurde K. 1923 GMD der Deutschen Staatsoper sowie der Staatskapelle in Berlin und erlangte während dieser Jahre Weltgeltung. 1935 legte er sein Amt aus politischen Gründen nieder. Bis 1949 wirkte er dann vorwiegend am Teatro Colón in Buenos Aires, außerdem in Havanna und New York. Danach trat er wieder in Europa auf, seit 1951 auch in Berlin. Ein Vertrag mit der Staatsoper

Unter den Linden wurde von K. jedoch aus politischem Protest noch vor Beginn wieder gelöst. Neben zahlreichen Gastverpflichtungen dirigierte er in jenen Jahren regelmäßig an der Covent Garden Opera in London. K. zählt zu den bedeutendsten Dirigenten unserer Zeit. Wichtige Ereignisse in seinem Wirken waren 1925 die Uraufführung von A. Bergs Oper *Wozzeck,* 1924 die deutsche Erstaufführung von L. Janáčeks *Jenufa,* 1930 die Uraufführung von D. Milhauds *Christophe Colomb.* – **2) Carlos,** Sohn von 1), * 3. 7. 1930 Berlin; argentinischer Dirigent östr. Abstammung. Nach einem kurzen Chemiestudium in Zürich studierte er seit 1950 privat Musik in Buenos Aires. A. Toscanini, Fr. Busch und Br. Walter waren hier seine Mentoren. Seine Dirigentenlaufbahn begann er 1952 am Theater in La Plata. 1953 kam er nach München und wurde 1954 Kapellmeister am Theater in Potsdam, 1956 an der Deutschen Oper am Rhein in Düsseldorf-Duisburg sowie 1964 am Opernhaus in Zürich. Seit 1966 wirkte er an der Württembergischen Staatsoper in Stuttgart sowie als Gastdirigent in Wien, Prag, München und bei den Bayreuther Festspielen.

Lit.: **Zu 1):** J. RUSSELL, E. K. (Lo 1957), dt. v. A. Razumovsky (Mn 1958); W. REICH, E. K. u. A. Berg, in: SMZ 98 (1958) (mit unveröff. Briefen); U. ECKART-BÄCKER, K., in: Rheinische Musiker 4 (Kö 1966) (= Beitr. z. rheinischen Musikgesch. 64).

KLEIN, Bernhard Joseph, * 6. 3. 1793 Köln, † 9. 9. 1832 Berlin; dt. Komponist. Er erlernte die Musik als Autodidakt in Köln und ging 1812 zum Studium an das Pariser Conservatoire. Nach Köln zurückgekehrt, dirigierte er dort Liebhaberkonzerte und machte sich erstmals als Komponist einen Namen. 1818 übernahm er in Berlin die Leitung der Jüngeren Liedertafel und wurde 1820 Professor für Komposition an der neugegründeten Schule für Kirchenmusik sowie Universitätsmusikdirektor. K., der stark den historistischen Tendenzen seiner Zeit verpflichtet war, orientierte sich in seinen Chorwerken am Palestrinastil. Seine Oratorien zählen zu den beachtenswerten Werken dieser Gattung, deren Erfolg freilich durch die Oratorien Mendelssohn Bartholdys überstrahlt wurde. – Sein Halbbruder **Joseph** (*1802 Köln, † 10. 2. 1862 ebd.) war mit H. Heine befreundet und vertonte viele seiner Gedichte.

WW: Klv.-Stücke; Lieder; 15 Variationen für Streichquartett 1832; Balladen; Kantate *Worte des Glaubens* (nach F. Schiller); Oratorien: *Hiob* (1822), *Jephta* (1828) u. *David* (1830); Messe; Magnificat (1825); Responsorien für 6 St. u. 8 H.e Psalmen, Hymnen u. Motetten für Männerstimmen. – Opern *Dido* (1823) u. *Ariadne* (1825).

Lit.: C. KOCH, B. K. (L 1902); P. MIES, Ein Sinfonie-Fragment v. B. K., in: Stud. z. Musikgesch. des Rheinlandes 2. FS K. G. Fellerer (Kö 1962) (= Beitr. z. rheinischen Musikgesch. 52).

KLEINE HOFKONZERT, DAS, Musikalisches Lustspiel in 3 Akten von Edmund Nick (1891 bis 1974), Text von Paul Verhoeven und Toni Impekoven. Ort und Zeit der Handlung: eine kleine Residenz, um 1840. UA: 19. 11. 1935 in München (Kammerspiele). Verfilmt: 1936 und 1944.
In dieser Komödie mit dem Untertitel *Aus der Welt Carl Spitzwegs* wird die durch höfisches Reglement und Spießbürgermoral erschwerte Suche der unehelich geborenen Sängerin Christine Holm nach ihrem Vater geschildert. Die stille Kleinstadt, der im Dachstübchen hausende arme Poet, die Postkutsche und Liebespaare als „Versatzstücke" versinnbildlichen eine für den Menschen des 20. Jh. heil erscheinende Welt. Diese äußere Darstellung einer Idylle wird musikalisch nachvollzogen. Heitere Weisen wie die Walzermelodien *Leben ohne Liebe* und *Nochmal jung sein, nochmal dumm sein,* lyrische, in ihrem Duktus ganz dem Volkslied angenäherte Melodien wie die Vertonung des *Heiderösleins* (Goethe) oder *Wenn des Abends dunkle Schleier* sowie das Liebesduett *Dich, nur dich hat das Schicksal mir auserwählt* zeigen ebenso wie die instrumentale Begleitung durch ein Kammerorchester, daß Nick hier einen Weg einschlug, der von der revuehaften Operette wegführt. Das bekannte Walzerlied *Wunderbar ist es, verliebt zu sein* wurde von Nick für die Filmfassung von 1936 hinzukomponiert.

B. DELCKER

KLEINGEDACKT ↗Grobgedackt.

KLEINKNECHT, dt. Musikerfamilie. – **1) Johann** (Johannes), getauft 7. 12. 1676 Ulm, begraben 4. 6. 1751 ebd.; Organist. Er war seit 1712 2. Organist am Ulmer Münster. – **2) Johann Wolfgang,** Sohn von 1), getauft 22. 4. 1715 Ulm, † 20. 2. 1786 Ansbach; Violinist. Er trat 1733 in die Stuttgarter Hofkapelle ein. Nach mehreren Konzertreisen wurde er Mitglied der herzoglichen Kapelle in Eisenach und 1738 Konzertmeister der Hofkapelle in Bayreuth; später folgte er dem Hof nach Ansbach. Er schrieb Sonaten und Konzerte für sein Instrument. – **3) Jakob Friedrich,** Bruder von 2), getauft 8. 4. 1722 Ulm, † 11. 8. 1794 Ansbach; Flötist. Er trat 1743 in die Bayreuther Hofkapelle ein, wurde dort 1747 Violinist und 1756 Musikdirektor. 1769 folgte er der Kapelle nach Ansbach. Sein Œuvre umfaßt Sonaten für Klavier, Violine, Violoncello oder Flöte, Flötentrios und ein Doppelkonzert für 2 Flöten. – **4) Johann Stephan,** Bruder von 3), * 17. 9. 1731 Ulm, † nach 1806 Ansbach (?); Flötist. Auch er war seit 1754 Mitglied der Bayreuther Hofkapelle, unternahm mehrere Konzertreisen und war als einer der besten Flötisten seiner Zeit bekannt.

Ausg.: **Zu 3):** Sonate c-moll für Fl., Ob. (V.) u. B.c., hrsg. v. W. BERNSTEIN (L 1969) (= Bayreuth-Ansbacher Hofmusik o. Nr.).

Lit.: J. W. K. u. J. S. K. Autobiogr. u. Biogr. mit Anhang „Ueber die Ansbacher Musik", hrsg. v. R. SCHAAL (Kas 1948).

KLEMPERER, Otto, * 14. 4. 1885 Breslau, † 6. 7. 1973 Zürich; dt. Dirigent. Er studierte zunächst am Hochschen Konservatorium in Frankfurt am Main, dann am Sternschen Konservatorium in Berlin (Klavier bei J. Kwast, Tonsatz bei H. Pfitzner). 1907 debütierte er als Kapellmeister am Deutschen Landestheater in Prag und kam über Hamburg (1910), Barmen (1912), Straßburg (1914), Köln (1917; 1923 GMD) und Wiesbaden (1924) 1927 als Leiter der Kroll-Oper nach Berlin, wo er sich insbesondere für das zeitgenössische Schaffen einsetzte (P. Hindemith, I. Strawinsky). Nach Schließung der Kroll-Oper (1931) dirigierte er an der Berliner Staatsoper und leitete weiterhin als Nachfolger von S. Ochs den Philharmonischen Chor. 1933 als Jude seiner Ämter enthoben, emigrierte er in die USA, leitete bis 1940 das Philharmonic Orchestra Los Angeles, baute das Symphony Orchestra Pittsburgh auf und unternahm Konzertreisen durch Nord- und Südamerika, Kanada und die UdSSR. Nach dem 2. Weltkrieg übernahm er 1947 die Budapester Staatsoper, 1950–70 das (New) Philharmonia Orchestra London. 1970 übersiedelte er nach Jerusalem, nahm die israelische Staatsangehörigkeit an, bereiste jedoch weiterhin Europa, auch Deutschland, und lebte zuletzt in Zürich. Er war Träger der Goethe-Medaille (1932), Mitglied des Ordens Pour le mérite (seit 1967) und der Akademie der Künste Berlin sowie Ehrendoktor mehrerer amerikanischer Universitäten. K., bis ins hohe Alter tätig, ist einer der großen Dirigenten des 20. Jh., unter denen er als ein Wahrer der Aufführungstraditionen vor allem der Wiener Klassiker eine Sonderstellung einnahm, aber auch als Mahler-Dirigent hervorragte. Er ist auch als Komponist, u. a. mit einer Missa C-Dur und einer Vertonung des 42. Psalms für Baß und Orch., hervorgetreten und schrieb *Erinnerungen an G. Mahler* (Zürich 1960) sowie *Beethoveniana* (Moskau 1967).

Lit.: S. STOMPOR, „Die Idee kann man nicht töten", O. K. u. die Berliner Kroll-Oper 1927–31, in: Jb. der Komischen Oper Berlin 3 (B 1962/63); H. C. SCHONBERG, Die großen Dirigenten (Be 1970); Conversation With K., hrsg. v. P. HEYWORTH (Lo 1973, dt. F 1974) (mit Diskographie).

H. LINDLAR

KLENGEL, Julius, * 24. 9. 1859 Leipzig, † 27. 10. 1933 ebd.; dt. Violoncellist und Komponist. Er studierte bis zu seinem Abitur (1877) privat bei Emil Hegar (Violoncello) und S. Jadassohn (Theorie) und trat danach, auch auf Konzertreisen, als gefeierter Solist hervor. 1881–1924 war er Solovioloncellist des Leipziger Gewandhausorchesters, bis 1930 auch Mitglied des Gewandhausquartetts. Außerdem lehrte er bis zu seinem Tode (seit 1899 als Professor) am Sächsischen Landeskonservatorium. K. gilt als der bedeutendste Violoncellist seiner Zeit. Zu seinen Schülern zählen u. a. P. Grümmer und L. Hoelscher. Seine Kompositionen (Sonaten, Suiten, u. a. Stücke für Vc. solo und für 2–4 Vc., ein Klaviertrio, Serenaden für Streichorchester und 4 Violoncellokonzerte) sind heute nur noch von technisch-pädagogischem Interesse.

KLIEN, Walter, * 27. 11. 1928 Graz; östr. Pianist. Er studierte 1946–49 am Konservatorium in Graz sowie danach bei Josef Dichler an der Wiener Musikakademie und bei A. Benedetti-Michelangeli und war auch Kompositionsschüler P. Hindemiths. Er war Preisträger mehrerer internationaler Wettbewerbe und bildet seit 1963 ein Duo mit dem Violinisten Wolfgang Schneiderhahn.

KLINDWORTH, Karl, * 25. 9. 1830 Hannover, † 27. 7. 1916 Stolpe bei Oranienburg; dt. Pianist und Dirigent. Er begann seine Dirigentenlaufbahn im Alter von 17 Jahren und war 1850–54 Klavierschüler von Fr. Liszt in Weimar. 1854–68 wirkte er als Pianist und Dirigent in London. Entscheidend war 1855 seine Begegnung mit R. Wagner, dem er seitdem persönlich und künstlerisch eng verbunden war. 1868 wurde er als Professor für Klavier an das Moskauer Konservatorium berufen und übersiedelte 1884 nach Berlin. Neben J. Joachim und Fr. Wüllner leitete er dort die Philharmonischen Konzerte und dirigierte auch Aufführungen des Wagner-Vereins in Berlin. Eine von ihm gegründete Klavierschule wurde 1893 mit dem Scharwenka-Konservatorium vereinigt. K. ist bis heute bekannt vor allem als Verfasser von Klavierauszügen sämtlicher Opern Wagners.

Lit. Briefe H. von Bülows an K., in: H. von Bülow, Neue Briefe, hrsg. v. R. DU MOULIN-ECKART (Mn 1927); Unveröff. Briefe K. K.s an Tschaikowsky, in: MuGes 15 (1965).

KLINGLER, Karl, * 7. 12. 1879 Straßburg, † 18. 3. 1971 München; dt. Violinist. Er studierte 1897–1900 Violine bei J. Joachim sowie Komposition bei M. Bruch und Robert Kahn an der Hochschule für Musik in Berlin, an der er nach kurzer Tätigkeit als Konzertmeister des Philharmonischen Orchesters 1903 selbst Lehrer (1910 Professor) wurde. 1905/06 gründete K. zusammen mit Richard Heber, Fridolin Klingler und Max Baldner ein Streichquartett, mit dem er auf zahlreichen Konzertreisen durch Europa und Amerika Weltruhm errang, wobei er besonders mit den späten

Beethoven-Quartetten hervortrat, aber auch die Werke A. Schönbergs pflegte. 1935 mußte K. aus politischen Gründen sein Lehramt und sein Quartett aufgeben; seit 1950 lebte er in München. Er schrieb *Die Grundlagen des Violinspiels* (L 1921) und ist auch als Komponist hervorgetreten (u. a. mit 3 Streichquartetten und einem Violinkonzert).

KLIRRFAKTOR ↗Verzerrung.

KLOIBER, Rudolf Johann Nepomuk, * 14.11. 1899 München, † 12.12.1973 ebd.; dt. Dirigent und Musikschriftsteller. Er studierte an der Münchener Akademie der Tonkunst Dirigieren (S. von Hausegger, Hugo Röhr), Klavier und Theorie sowie Musikwissenschaft (A. Sandberger) an der Universität, an der er 1927 mit einer Dissertation über *Die dramatischen Ballette von Chr. Cannabich* promovierte. 1928 übernahm er die musikalische Leitung der Münchener Musikbühne. Seit 1935 wirkte er am Stadttheater in Regensburg und dirigierte 1947–49 das Bayreuther Symphonieorchester. 1950–59 war K. Chefdirigent des Schwäbischen Symphonieorchesters in Reutlingen und trat seit 1960 als Gastdirigent im In- und Ausland auf. Er wurde vor allem bekannt durch seine populären Schriften über die Oper und die Orchestermusik.

Schriften: *Taschenbuch der Oper* (Rb 1954, [5]1957), dann als: *Handbuch der Oper* (Rb [6]1961, Kas–Mn [8]1973), auch als: *Das große Opernbuch* (H 1958); *Handbuch der klass. und romantischen Symphonie* (Wie 1964, [2]1976); *Hdb. der Symphonischen Dichtung* (Wie 1967); *Hdb. des Instrumentalkonzerts,* 2 Bde. (Wie 1972–73, [2]1978).

KLOPSTOCK, Friedrich Gottlieb, * 2.7.1724 Quedlinburg, † 14.3. 1803 Hamburg; dt. Dichter. Mit seinem *Messias* (1748–73) und seinen weltlichen und geistlichen Oden und Liedern war er einer der einflußreichsten deutschen Literaten des 18. Jh. Von zeitgenössischen Komponisten schätzte er besonders C. Ph. E. Bach und Chr. W. Gluck, mit denen er auch freundschaftlich verbunden war. Glucks Vertonung einiger seiner Oden und Lieder (um 1770, u.a. *Die frühen Gräber* und *Die Sommernacht*) empfand er als ideal in der musikalischen Deklamation und im Ausdruck des Textes. Gedichte K.s vertonten in späterer Zeit G. Neefe, Abbé Stadler, J. R. Zumsteeg, Fr. Schubert *(Dem Unendlichen),* Chr. Stanford, G. Mahler (*Auferstehung* im 5. Satz der 2. Symphonie), R. Strauss und K. v. Wolfurt.

Ausg.: *K.s Oden u. Lieder beym Clavier zu singen, in Musik gesetzt v. Herrn Ritter Gluck,* Wien 1785/86, hrsg. v. G. Beckmann (L 1917) (= Veröff. der Gluckges.).

Lit.: M. FRIEDLÄNDER, Das dt. Lied im 18. Jh., 2 Bde. (St – B 1902, Nachdr. Hil 1962); L. PRINZ, K.s weltliche Oden in der Liedkomposition bis Schubert (Diss. Kiel 1925); G. ADLER, K. u. die Musik (Diss. Pr 1935); G. BUSCH, C. Ph. E. Bach u. seine Lieder (Rb 1956) (= Kölner Beitr. zur Musikf. 12).

KLOSE, Friedrich, * 29.11.1862 Karlsruhe, † 24.12.1942 Ruvigliana (Tessin); Schweizer Komponist dt. Herkunft. Er war zunächst Schüler von V. Lachner in Karlsruhe und von A. Ruthardt in Genf. Entscheidend für seine weitere künstlerische Entwicklung war dann sein Besuch der Uraufführung von R. Wagners *Parsifal* 1882 in Bayreuth. Er lernte dort auch A. Bruckner kennen und studierte bei ihm in Wien 1886–89. In der Folge lebte er eine Zeitlang als freischaffender Komponist. 1906 wurde er Kompositionslehrer am Konservatorium in Basel, 1907 als Nachfolger von L. Thuille an der Akademie der Tonkunst in München. K., dessen Bestreben es war, zu verschiedenartigen musikalischen Gattungen mit jeweils einem Werk einen bezeichnenden Beitrag zu leisten, stand stilistisch im Banne von Berlioz, Liszt und Wagner.

WW: Klv.-Stücke; Streichquartett (1911); Orch.-Werke, darunter Tondichtungen *Jeanne d'Arc* (1882), *Loreley* (1884) u. *Das Märchen* (1893); Liederzyklen; Chorwerke, u.a. *Die Wallfahrt nach Kevelaer* (1911) (mit Sprecher; Text: H. Heine); Messe (1889) für Soli, Chor u. Orch.; Oratorium *Der Sonne-Geist* (1917); Oper *Ilsebill* (1902). – Er schrieb *Meine Lehrjahre bei Bruckner* (Rb 1927) (= Dt. Musikbücherei 61).

Lit.: H. KNAPPE, F. K., in: Zeitgen. Komponisten III (Mn 1921); E. REFARDT, F. K.s kompositorischer Nachlaß, in: SMZ 93 (1953); W. ZENTNER, K., in: MGG VII.

KLOSE, Margarete, * 6.8.1902 Berlin, † 14.12. 1968 ebd.; dt. Sängerin (Alt). Sie studierte am Klindworth-Scharwenka-Konservatorium in Berlin bei Franz Marschalk und debütierte in der Spielzeit 1926/27 in Ulm, wo sie sowohl Opern- als auch Operettenpartien sang. Über Mannheim (1929 bis 1932) kam sie an die Berliner Staatsoper, der sie 1932–49 und 1955–61 angehörte; daneben sang sie 1949–58 an der Städtischen Oper Berlin und gastierte an den großen Opernhäusern Europas und in Übersee. Sie sang regelmäßig auch bei den Bayreuther Festspielen und war eine der bedeutendsten Wagner- und Verdi-Interpretinnen ihrer Generation. Seit 1964 lehrte sie am Salzburger Mozarteum.

KLOTZ, Hans, * 25.10.1900 Offenbach; dt. Organist und Musikforscher. Er studierte Kirchenmusik in Leipzig, war dort Orgelschüler von K. Straube, später in Paris von Ch.-M. Widor. 1927 promovierte er in Frankfurt am Main mit der Dissertation *Über die Prägnanz akustischer Gestalten als Grundlage für die Theorie des Tonsystems.* 1928–46 war er in Aachen Organist an der Christuskirche und Dirigent des Bachvereins, 1946–54 KMD in Flensburg, 1954–66 Professor für Orgel und Leiter der Abteilung für evangelische Kirchenmusik an der Musikhochschule Köln. K., der auch als Komponist mit liturgischen Vokal- und Orgelwerken hervorgetreten ist, zählt zu den bedeutendsten deutschen Organisten der Nachkriegszeit und setzt sich besonders für die Interpretation der Orgelmusik M. Regers ein. Seine Forschungen zu Orgelspiel und Orgelbau des 15.–18. Jh. waren grundlegend für die Wiederbelebung älterer Orgelmusik im Zuge der ↗Orgelbewegung.

Schriften: *Über die Orgelkunst der Gotik, der Renaissance u. des Barock* (Kas 1934, [2]1975); *Das Buch v. der Orgel* (Kas 1938, [8]1970); *Die kirchliche Orgelkunst,* in: Die Musik des ev. Gottesdienstes, hrsg. v. W. Blankenburg (Kas 1961) (= Leiturgia 4). – K. war Hrsg. u. a. von: *J. S. Bach, Die Orgelchoräle der Leipziger Originalhandschrift* (Kas 1958) (= Neue Bach-Ausg., Serie IV/3); *M. Reger, Orgelwerke,* 4 Bde. (Wie 1957–66) (= Reger-GA 15–18).

Lit.: H. J. BUSCH, H. K. 75 Jahre, in: Ars organi 23 (1975).

KLOTZ, dt. Geigenbauerfamilie, in mehr als 8 Generationen bis zur Gegenwart tätig. Von den über 20 Mitgliedern der Familie K. sind am bekanntesten: **1) Mathias** (Matthias), * 11. 6. 1653 Mittenwald, † 16. 8. 1743 ebd. Er lernte bei Giovanni Railich in Padua und vielleicht auch bei N. Amati in Cremona. 1683 ließ er sich in Mittenwald nieder, wo er eine eigene Werkstatt eröffnete. Er gilt als der Begründer der Mittenwalder Geigenbauschule. – **2) Georg,** Sohn von 1), * 31.3.1687 Mittenwald, † 31.8.1737 ebd. Er lebte wiederholt in Italien; seine Instrumente besitzen ein größeres Klangvolumen als die seines Vaters. – **3) Sebastian,** Bruder von 2), * 18.1.1696 Mittenwald, † 20.1.1775 ebd. Auch er hielt sich in Italien auf. – **4) Johann Karl,** Bruder von 2), * 29.1.1709 Mittenwald, † 25. 5. 1769 ebd. Seine Instrumente zeigen Einfluß von N. Amati. – **5) Ägidius Sebastian,** Sohn von 3), * 1.9.1733 Mittenwald, † 8.8.1805 ebd. Er arbeitete nach Modellen von Stainer und Amati. – **6) Josef Thomas,** Bruder von 5), * 8. 3. 1743 Mittenwald, † nach 1809. – **7) Balthasar,** Urenkel von 5), * 7. 3. 1854 Mittenwald, † 7.5.1936. Schüler von Andreas Tiefenbrunner, war er zunächst wie seine unmittelbaren Vorfahren als abhängiger „Geigenarbeiter" tätig und machte sich erst 1890 selbständig. Mit ihm und seinen Nachkommen nahm die Arbeit der Familie K. einen neuen Aufschwung.

Lit.: **Zu 1):** A. LAYER, M. K. von Mittenwald, ein berühmter Geigenbauer der Barockzeit (Feldafing 1959, [2]1965).

KLUGE, DIE *(Die Geschichte von dem König und der klugen Frau),* Dichtung und Musik von Carl Orff (* 1895). Ort und Zeit der Handlung: in märchenhafter Vergangenheit. UA: 28.2.1943 in Frankfurt am Main.

In 12 stimmungsmäßig kontrastierenden, jedoch durch Dominanz zweier Handlungsstränge zu dramatisch-logischer Homogenität verbundenen Szenen gestaltete Orff den Märchenstoff von der klugen Frau zu einer Satire auf unverhohlene Rechtsbeugung durch absolute Potentaten und frohgemut-selbstbewußtes Gaunertum derjenigen Machtlosen, die – teils resignierend, teils phlegmatisch – herrschende Unmoral hinnehmen und durch geschicktes Taktieren ihren persönlichen Vorteil suchen. Theatralische Bühnenwirksamkeit der Aktionen und feinsinnig-hintergründiger Intellektualismus der Dialoge verhinderten die Entstehung eines „trockenen" Lehrstück-Charakters. Plakative Skizzierung ohne Sensibilitätsverlust und Ökonomie der klanglichen Mittel ohne Abgleiten in Primitivismus zeichnen die musikalische Arbeit des Komponisten aus; der häufig groteske Kontrast zwischen nahezu idyllischer Harmonie des Klangbildes und bewußt ordinär-brutalem Zynismus des Bühnengeschehens ist charakteristisch für das musikdramatische Konzept des Stückes. *Die Kluge* fand bei der UA begeisterte Aufnahme und wurde zu einem der international erfolgreichsten deutschen Bühnenwerke des 20. Jahrhunderts. Das Lied der Strolche beim Saufen *Als die Treue ward geborn* erlangte besondere Popularität. W. A. MAKUS

KLUSÁK, Jan, * 18. 4. 1934 Prag; tschechischer Komponist. Er studierte 1953–57 an der Akademie der Musischen Künste in Prag bei J. Řídký und P. Bořkovec. In seinem Schaffen orientiert er sich an der 2. Wiener Schule, insbesondere an A. Berg und A. Webern.

WW: *Contrapunto fiorito* (1966) für 8 Instr.; 2 Streichquartette (1956, 1962); Canzonetta (1965) für Fag. u. Celesta. – 3 Symphonien (1956, 1959, 1960); *Ein friesischer Freitag* (1970) für Orch.; *Obrazy* (1960) für 12 Instr.; Inventionen, I: für Kammerorch. (1961), III: für Str. (1962), V: für Bläserquintett (1965), VI: für Nonett (1969); elektronische Musik *O sacrum convivium,* UA: Rundfunk Prag 1968. – *Čtyři malá hlasová cvičeni* (1960) (Text: F. Kafka); *Černé madrigaly* (1961) (Text: F. Halas); 4 Fragmente aus Dantes *Divina commedia* (1962). – Ferner die Oper *Proces* (Der Prozeß) (1966) (nach F. Kafka).

KLUSEN, Ernst, * 20. 2. 1909 Düsseldorf; dt. Musikforscher. Er studierte an den Universitäten Köln und Bonn, wo er 1938 mit einer Dissertation über *Das Volkslied im niederrheinischen Dorf* promovierte, und war bis 1961 im Schuldienst tätig. 1961–76 war er Professor für Didaktik der Musik und Musikalische Volkskunde an der Pädagogischen Hochschule Neuß. Außerdem leitete er das 1938 von ihm gegründete Niederrheinische Volksliedarchiv in Viersen, das 1964 als Institut für Musikalische Volkskunde der Hochschule Neuß, jetzt Universität Düsseldorf, inkorporiert wurde, sowie 1952–62 das Rheinische Volksliedarchiv der Universität Bonn. Im Mittelpunkt seiner Forschungen steht das deutsche Volkslied unter besonderer Berücksichtigung seiner sozialen Implikationen und seiner Bedeutung für die Gegenwart.

Schriften: *Das Musikleben der Stadt Krefeld v. seinen Anfängen bis 1870* (Krefeld 1938, Nachdr. Kö 1979); *Das Volkslied im Niederrheinischen Dorf* (Pd 1941, NA Bad Godesberg 1970); *Der Stammescharakter in den Weisen neuerer dt. Volkslieder* (Bad Godesberg 1953); *Volkslied. Fund u. Erfindung* (Kö 1969); *H. Heine u. der Volkston*, in: Zschr. für Volkskunde (1973); *Zur Situation des Singens in der Bundesrepublik Deutschland*, 2 Bde. (Kö 1974, 1975); *Experimente zur mündlichen Tradition von Liedern*, in: Jb. für Volksliedforsch. 23 (B 1978) (zus. mit H. Moog u. W. Piel); *Singen als soziales Handeln*, in: FS H. Hüschen (Kö 1980); *Elektronische Medien und musikal. Laienaktivität* (Kö 1980). – Ferner gab K. heraus: *Lieder zw. Maas u. Rhein* (Krefeld 1967) (zus. mit J. Lennards); *Volkslieder aus 500 Jahren* (F 1978); *Kritische Lieder der 70er Jahre* (F 1978) (zus. mit W. Heimann); *Dt. Lieder. Texte und Melodien* (F 1980).

KMENTT, Waldemar, * 2. 2. 1929 Wien; östr. Sänger (Tenor). Nach seinem Studium an der Wiener Musikakademie gab er 1950 sein Konzertdebüt bei einer Aufführung der 9. Symphonie von L. van Beethoven in Wien und ist seit 1951 Mitglied der Wiener Staatsoper; ein Gastvertrag bindet ihn seit 1958 zugleich an die Deutsche Oper am Rhein in Düsseldorf-Duisburg. Gastspiele führten ihn in die großen europäischen Musikzentren sowie zu den Salzburger und Bayreuther Festspielen.

KNAB, Armin, * 19. 2. 1881 Neu-Schleichach, † 23. 6. 1951 Bad Wörishofen; dt. Komponist. Nach frühen Anregungen durch den Vater, der Leiter eines Singknabenalumnats war, studierte er 1897 bis 1902 an der Musikschule in Würzburg Klavier bei M. Meyer-Olbersleben. Zur gleichen Zeit widmete er sich an den Universitäten Würzburg und München einem juristischen Studium (Dr. jur. 1904). Seine Laufbahn in diesem Beruf führte ihn über München (Landgericht, Justizministerium) und Vilshofen/Niederbayern (Amtsgericht) nach Rothenburg ob der Tauber, wo er 1913–26 amtierte, und 1927–34 nach Würzburg (Gerichtshof). 1934–43 war er Dozent (1935 Professor) für Theorie und Tonsatz an der Hochschule für Schul- und Kirchenmusik in Berlin-Charlottenburg. Nach dem 2. Weltkrieg ließ er sich in Kitzingen nieder. K.s Bedeutung liegt in der melodisch und satztechnisch eigenständigen Erneuerung und Fortführung des deutschen Chor- und Klavierliedes sowie des Volksoratoriums aus dem Geiste der Jugendbewegung und der Wiederentdeckung der altdeutschen Liedkunst (Fr. Jöde, A. Halm).

WW: Für Klv.: *5 Ländliche Tänze* (1927); *5 Lindegger Ländler* (1933); 8 Choräle (1934), davon 7 auch für Org. (1941); Kammermusik für V. solo, Streichtrio, Streichquartett, Block-Fl. u. Cemb. – Klv.-Liederzyklen: *Wunderhorn-* (1904–20), *George-* (1904–21), *Mombert-* (1905–23), *Dehmel-* (1905–25), *Eichendorff-* (1918–22), *Goethe-* (1945–46) und *Kerner-Lieder* (1944 bis 1948); *Lautenlieder* (1905–20); *Knechtsballade* (1940) (nach R. Billinger) für Tenor u. Streichquartett; *Rosa mystica* (1944) (nach A. Silesius) für Alt u. Va.; Liederzyklen für gem. Chor, Männerchor u. Frauenchor; Weihnachtskantate (1932, revidiert 1945); Oratorien *Das gesegnete Jahr* (1935–43) u. *Till Eulenspiegel* (1950). – Eine Slg. von Aufsätzen über Musik erschien postum unter dem Titel *Denken und Tun* (B 1959).

Lit.: O. LANG, A. K. (Mn 1937); H. WEGENER, A. K., in: NMZ 2 (1948); H. LINDLAR, Der Lyriker A. K., in: ZfM 112 (1951); H. WERLÉ, A. K.s Weg zum Männerchor, in: Dt. Sängerbundeszeitung 43 (1954); F. KRAUTWURST, A. K., in: Fränkische Lebensbilder 5 (1973).

H. LINDLAR

KNAPPERTSBUSCH, Hans, * 12. 3. 1888 Elberfeld, † 25. 10. 1965 München; dt. Dirigent. Er studierte zunächst Philosophie und Musikwissenschaft in Bonn und München, dann seit 1908 Dirigieren bei Fr. Steinbach und Klavier bei L. Uzielli am Kölner Konservatorium. 1910–12 war er Theaterkapellmeister in Mülheim / Ruhr sowie 1909–12 Assistent H. Richters und S. Wagners bei den Bayreuther Festspielen. 1912 wurde K. Operndirektor in Elberfeld, 1918 1. Kapellmeister in Leipzig und 1919 Operndirektor in Dessau (1920 GMD). 1922 trat er die Nachfolge Br. Walters an der Bayerischen Staatsoper in München an (1923 Ernennung zum Professor). 1935 erhielt K. von den Nationalsozialisten Dirigierverbot und übernahm dann 1938 die kommissarische Leitung der Wiener Staatsoper. Nach 1945 wirkte er vor allem als Gastdirigent in Berlin, München, Wien und London sowie auch bei den Bayreuther Festspielen. Dort hatte der *Parsifal*, mit dem 1951 die Festspiele wiedereröffnet wurden und der unter K.s Leitung bis 1964 fast jährlich aufgeführt wurde, einen geradezu legendären Ruf. K. war eine der großen Dirigentenpersönlichkeiten unseres Jahrhunderts. Seine Interpretationen waren von weiträumigem, spannungsgeladenem Atem und von großer, sozusagen innerer Ruhe geprägt.

Lit.: R. BETZ – W. PANOFSKY, K. (Ingolstadt 1958).

KNECHT, Justin Heinrich, * 30. 9. 1752 Biberach (Württemberg), † 1. 12. 1817 ebd.; dt. Organist. Seit 1771 war er als Organist und Musiklehrer in Biberach tätig; 1807 wurde er zum 2. Hofkapellmeister in Stuttgart ernannt, aber bereits 1809 wieder entlassen und zog sich nach Biberach zurück. Er wurde bekannt als Organist und mit einer Reihe musikpädagogischer und -theoretischer Schriften. Von seinen Kompositionen ist die Symphonie *Tongemälde der Natur* als ein Vorläufer von L. van Beethovens *Sinfonia pastorale* von Interesse.

WW: **1) Kompositionen:** Orgelstücke; Klv.-Variationen und -Sonatinen; Fl.-Duette; Symphonie *Tongemälde der Natur* (um 1784); Arien u. Hymnen; Psalmen; Messen; ein Te Deum (1801); ferner Singspiele u. Opern. – **2) Schriften:** *Erklärung einiger … mißverstandenen Grundsätze aus der Voglerschen Theorie* (Ulm

1785); *Gemeinnützliches Elementarwerk der Harmonie u. des Generalbasses*, 4 Bde. (Au 1792–97, Mn ²1814); *Kleines alphabetisches Wörterbuch der... musikal. Theorie* (Ulm 1795); *Vollständige Orgelschule*, 3 Bde. (L 1795–98); *Theoretisch-praktische Generalbaßschule* (Fr o. J.); *Kleine Theoretische Klavierschule für die ersten Anfänger*, 2 Bde. (Mn 1800–02), 2. Aufl. als: *Bewährtes Methodenbuch* (Fr. o. J.); *Kleine praktische Klavierschule*, 4 H.e (Mn o. J.); *Allgemeiner musikal. Katechismus* (Biberach 1803, Fr ⁵1824); *Luthers Verdienste um Musik und Poesie* (Ulm 1817).

Lit.: E. KAUFFMANN, J. H. K. (Tü 1892); M. SCHNEIDER, Die Orgelspieltechnik des frühen 19. Jh. in Deutschland dargestellt an den Orgelschulen der Zeit (Rb 1968).

KNEF, Hildegard (eig. Frieda Albertine), * 28. 12. 1925 Ulm; dt. Schauspielerin und Chansonsängerin. Sie besuchte die Schauspielschule der Ufa und erwarb sich unmittelbar nach dem Krieg als Filmschauspielerin einen vielbeachteten Namen (u. a. mit *Die Mörder sind unter uns*, 1946, und *Die Sünderin*, 1951). In der Folge lebte sie mehrere Jahre in den USA. Großen Erfolg hatte sie als Ninotschka in C. Porters Musical *Silk Stockings* am Broadway (1955). Nach Deutschland zurückgekehrt, drehte sie später wieder mehrere Filme (u. a. *Dreigroschenoper*, 1963; *Jeder stirbt für sich allein*, 1976). 1963 gelang ihr der Durchbruch auch als Chansonsängerin mit ausgeprägtem individuellem Profil und mit starker Ausstrahlung. Von ihren Liedern (z. T. mit eigenen Texten und komponiert u. a. von Ch. Niessen) wurden besonders bekannt *Eins und eins, das macht zwei* und *Für mich soll's rote Rosen regnen*. Autobiographische Bücher sind *Der geschenkte Gaul* (W 1970) und *Das Urteil* (W 1975).

KNEIF, Tibor, * 9. 10. 1932 Preßburg; dt. Musikforscher. Er promovierte 1955 in Budapest zum Dr. jur. und studierte dann Musikwissenschaft in Göttingen, wo er 1963 promovierte. 1965 wurde er Assistent am Musikwissenschaftlichen Institut der Freien Universität Berlin; dort habilitierte er sich 1971 und wurde 1973 zum Professor ernannt. Schwerpunkte seiner Forschungen bilden musikphilosophische und -soziologische Fragen.

Schriften: *Zur Entstehung der musikal. Mediävistik* (Gö 1963); *Die geschichtlichen u. sozialen Voraussetzungen des musikal. Kitsches*, in: DVfLG 37 (1963); *E. Bloch u. der musikal. Expressionismus*, in: E. Bloch zu ehren. Beitr. zu seinem Werk (F 1965); *Das triviale Bewußtsein in der Musik*, in: Stud. z. Trivialmusik des 19. Jh., hrsg. v. C. Dahlhaus (Rb 1967) (= Stud. z. Musikgesch. des 19. Jh. 8); *Historismus u. Gegenwartsbewußtsein*, in: Die Ausbreitung des Historismus über die Musik, hrsg. v. W. Wiora (Rb 1969) (= ebd. 14); *Ideen zu einer dualistischen Musikästhetik*, in: Musik u. Bildung 2 (1970); *Musiksoziologie* (Kö 1971, ²1975) (= Theoretica 9); *Einführung in die systematische Musikwiss.*, hrsg. v. C. Dahlhaus (1971) (= ebd. 10) (zus. mit H. de la Motte-Haber u. H.-P. Reinecke); *Die Bühnenwerke von L. Janáček* (W 1974); *Einführung in die Rockmusik* (Wilhelmshaven – H – A 1979) (= Taschenbücher z. Musikwiss. 51). – Ferner veröff. K. das *Sachlexikon der Rockmusik* (Reinbek 1978).

KNEPLER, Georg, * 21. 12. 1906 Wien; östr. Musikforscher. Er studierte Klavier, Komposition und Dirigieren (bei E. Steuermann und Hans Gal) und Musikwissenschaft bei G. Adler an der Universität Wien, an der er 1930 mit einer Dissertation über *Die Form in den Instrumentalwerken J. Brahms'* promovierte. 1930–33 war er in Deutschland, nach seiner Emigration seit 1934 in England als Operndirigent tätig und leitete daneben auch Arbeiterchöre. 1949–59 war er Direktor der Hochschule für Musik in Ost-Berlin, 1959–69 Direktor des Musikwissenschaftlichen Instituts und Professor für Musikgeschichte an der Ost-Berliner Humboldt-Universität. Seit 1960 ist K. auch Chefredakteur der *Beiträge zur Musikwissenschaft* (BzMw) und seit 1964 Mitglied der Akademie der Wissenschaften in Ost-Berlin. K.s Schriften sind grundlegend für eine marxistische Musikgeschichtsschreibung.

Schriften: *Die Bestimmung des Begriffs „Romantik"*, in: Kgr.-Ber. Warschau 1960; *Musikgesch. des 19. Jh.*, 2 Bde. (B 1961); *Improvisation, Komposition. Überlegungen zu einem ungeklärten Problem der Musikgesch.*, in: Studia musicologica 11 (1969); *Das Beethoven-Bild im Wandel der Gesch.*, in: MuGes 21 (1971); *Gesch. als Weg zum Musikverständnis* (L 1977).

Lit.: E. H. MEYER, in: MuGes 16 (1966); H. A. BROCKHAUS, G. K.s Konzeption der musikal. Historiographie, in: BzMw 9 (1967); J. LING – J. FORNÄS, G. K.s Gesch. als Weg z. Musikverständnis, in: STMf 60 (1978).

KNORR, Ernst-Lothar von, * 2. 1. 1896 Eitorf/Sieg, † 30. 10. 1973 Heidelberg; dt. Komponist, Violinist und Musikpädagoge. Er studierte seit 1907 am Kölner Konservatorium (Violine bei Br. Eldering, Tonsatz bei Fr. Boelsche und Dirigieren bei Fr. Steinbach) und wurde 1919 Violinlehrer an der Heidelberger Musikakademie. Zusammen mit P. Gies gründete er 1920 das Heidelberger Kammerorchester. 1924 baute K., in enger Verbindung mit Fr. Jöde, die Volks- und Jugendmusikschule in Berlin auf, an der auch P. Hindemith unterrichtete. 1937 ging er dann an die Musikhochschule in Berlin, wo er 1940 zum Professor ernannt wurde. 1941 übernahm er die stellvertretende Leitung der Musikhochschule in Frankfurt am Main. Bei einem Luftangriff 1944 wurden sämtliche Handschriften seiner bis dahin geschaffenen Kompositionen vernichtet. 1945 baute K. das Staatliche Hochschulinstitut für Musikerziehung in Trossingen auf, wurde 1952 Direktor der Akademie für Musik und Theater in Hannover und hatte 1961–69 die Leitung der Hochschule für Musik und Theater in Heidelberg inne. Zu seinem 75. Geburtstag erschien eine Festschrift, hrsg. v. O. Riemer (Kö 1971).

WW: Kammermusikal. Werke für u. mit Klv., darunter *Diaphonia, Sonata a due pianoforti* (1971); Duo für Va. u. Vc. (1961); Streichquartett (1969); Kammermusik für 5 Bläser; Haus- und Jugendmusik für versch. Besetzungen; Werke für u. mit Akkordeon; Serenade für Streichorch. (1947, revidiert 1973). – Werke für SingSt u. Klv. bzw. andere Instr.; Chorwerke a capp.; zahlr. Kantaten für Soli, Chor u. Orch. – Er gab heraus: *Musik im Leben* I (F. o. J.) sowie mehrere Liederslgen.

K.s kompositorisches Schaffen wurzelt in der musikalischen Jugendbewegung und zeigt in den Anfängen Einflüsse besonders von P. Hindemith. Nach dem 2. Weltkrieg verarbeitete er auch Stilelemente B. Bartóks und der Dodekaphonie, ohne das Musikantische seiner frühen Werke aufzugeben.

Lit.: E.-L. von K. (autobiographisch), in: Rheinische Musiker 6 (Kö 1969) (= Beitr. z. Rheinischen Musikgesch. 80).

KNOTE, Heinrich, *26. 11. 1870 München, †12. 1. 1953 Garmisch-Partenkirchen; dt. Sänger (Tenor). Er studierte bei Emanuel Kirschner in München und debütierte 1892 an der dortigen Hofoper in der Rolle des Georg in A. Lortzings *Der Waffenschmied.* Zunächst nur in Bufforollen eingesetzt, wurde K., der später ins Heldentenorfach überwechselte, einer der namhaftesten Wagner-Sänger seiner Zeit. 1904–08 war er Mitglied der Metropolitan Opera in New York, kam danach nach Deutschland zurück, sang zunächst an der Hamburgischen Staatsoper, später in Wiesbaden und wieder an der Staatsoper in München, deren Mitglied er bis 1931 blieb. Danach wirkte er als Gesanglehrer in München.

Lit.: J. H. WAGENMANN, Der sechzigjährige dt. Meistersänger H. K. (Mn 1930).

KNÜPFER, Sebastian, getauft 6. 9. 1633 Asch (Niederbayern), †10. 10. 1676 Leipzig; dt. Komponist. Er besuchte das Gymnasium poeticum in Regensburg und ging 1654 nach Leipzig, wo ihm schon drei Jahre später die Nachfolge von T. Michael als Thomaskantor angetragen wurde. Es ist wesentlich auf sein Wirken zurückzuführen, daß sich der Ruf Leipzigs als Musikzentrum in Mitteldeutschland weit verbreitete.

WW: Im Druck erschienen: *Lustige Madrigalien und Canzonetten* für 1–4 St., 2 Instr. u. B.c. (L 1663); ferner einige Gelegenheitsgesänge; Messenteile, Kantaten u. Motetten sind hsl. erhalten.

Ausg.: 4 Choralkantaten, in: S. K., J. Schelle, J. Kuhnau. Ausgew. Kirchenkantaten, hrsg. v. A. SCHERING (L 1918) (= DDT 58/59) (mit Werk-Verz.); Motette *Mein Gott, betrübt ist meine Seele* für 6 St., hrsg. v. DEMS. (L 1923); Kantaten *Ich will singen v. der Gnade* u. *Sende dein Licht,* hrsg. v. D. KRÜGER (St 1960 u. 1964) (= Geistliche Chormusik X/81 u. 99).

Lit.: F. KRUMMACHER, Die Überlieferung der Choralbearb. in der frühen ev. Kantate (B 1965) (= Berliner Stud. z. Musikwiss. 10); D. W. KRAUSE, The Latin Choral Music of S. K. With a Practical Edition of the Extant Works, 2 Bde. (1973) (= Diss. Univ. of Iowa).

KOBZA ↗Bandura.

KOCH, Heinrich Christoph, *10. 10. 1749 Rudolstadt, † 19.3.1816 ebd.; dt. Musiktheoretiker. Er war Kompositionsschüler von Chr. Gotthelf Scheinpflug, wurde um 1763/64 Violinist in der Hofkapelle Rudolstadt und wurde 1772 zum „Hofmusikus" sowie 1778 zum „Kammermusikus" ernannt. 1792 leitete er kurze Zeit die Kapelle. K.s Bedeutung als Musiktheoretiker liegt in seiner Melodielehre, die einen wesentlichen Teil des *Versuchs einer Anleitung*... bildet. In der Betrachtung des musikalischen Rhythmus und Metrums an J. Riepel anknüpfend und auf H. Riemann vorausweisend, hat sie als eine der ersten ↗Formenlehren zu gelten. K.s *Musicalisches Lexikon* gilt als ein Höhepunkt unter den musikalischen Sachlexika.

Schriften: *Versuch einer Anleitung zur Composition,* 3 Teile (Rudolstadt – L 1782–1793), Nachdr., 3 Bde. mit Register (Hil 1969); *Musicalisches Lexikon,* 2 Bde. (F 1802, Hei ²1817, Nachdruck Hil 1964); *Kurzgefaßtes Handwörterbuch der Musik* (L 1807); *Handbuch bey dem Studium der Harmonie* (L 1811); *Versuch aus der harten u. weichen Tonart jeder Stufe ... vermittels des enharmonischen Tonwechsels ... auszuweichen* (Rudolstadt 1812).

Lit.: A. FEIL, Satztechnische Fragen in den Kompositionslehren v. F. E. Niedt, J. Riepel u. H. Ch. K. (Diss. Hei 1955); C. DAHLHAUS, Gefühlsästhetik u. musikal. Formenlehre, in: DVfLG 41 (1967); F. RITZEL, Die Entwicklung der „Sonatenform" im musiktheoretischen Schrifttum des 18. u. 19. Jh. (Wie 1968) (= Neue musikgesch. Forsch. 1); W. SEIDEL, H. Ch. K.s Begriff des musikal. Metrums, in: Kgr.-Ber. Bonn 1970 (Kas 1973); G. P. JONES, H. Ch. K.'s Description of the Symphony and a Comparison With Selected Symphonies of C. Ph. E. Bach and Haydn (1973) (= Diss. Univ. of California); W. SEIDEL, Über Rhythmustheorien der Neuzeit (Be 1975) (= Neue Heidelb. Stud. zur Musikw. 7); N. K. BAKER, From „Teil" to „Tonstück". The Significance of the „Versuch einer Anleitung zur Composition" by H. Ch. K. (1975) (= Diss. Yale Univ.); DIES., The Aesthetic Theories of H. Ch. K., in: IRASM 8 (1977); C. DAHLHAUS, Der rhetorische Formbegriff H. Ch. K.s u. die Theorie der Sonatenform, in: AfMw 35 (1978).

KOCH, Ulrich, *14. 3. 1921 Braunschweig; dt. Bratschist (spielt auch Viola d'amore und Viola pomposa). Er nahm 1936–41 in Berlin Privatunterricht, war 1945–48 am Staatstheater in Braunschweig tätig und wurde 1949 1. Solobratschist im Sinfonieorchester des SWF; 1946–48 spielte er auch im Bruinier-Quartett. 1955 übernahm er die Bratschenklasse an der Freiburger Musikhochschule (1967 Professor). Daneben gehört er seit 1954 der Capella Coloniensis des WDR an und bildet zusammen mit Susanne Lautenbacher, Violine, und Thomas Blees (seit 1976 Martin Ostertag), Violoncello, das Trio Bell'Arte. K. interpretiert die Bratschenliteratur vom Barock bis zur Avantgarde; so spielte er u. a. Uraufführungen von M. Seiber, J. N. David, K. Husa und T. Baird. Konzertreisen führten ihn durch Europa und nach Übersee.

KOCHAN, Günter, *2. 10. 1930 Luckau (Niederlausitz); dt. Komponist. Er studierte 1946–50 bei

B. Blacher an der Musikhochschule in Berlin-Charlottenburg und 1950–53 bei H. Eisler an der Deutschen Akademie der Künste in Berlin (Ost). Seit 1950 lehrt er an der Deutschen Hochschule für Musik in Berlin (Ost), seit 1967 als Professor für Komposition. 1959 und 1964 erhielt er den Nationalpreis der DDR für Komposition und ist seit 1965 Mitglied der Deutschen Akademie der Künste sowie Mitglied des Zentralvorstandes des Verbandes der Komponisten und Musikwissenschaftler der DDR. Anknüpfend an die rhythmisch-metrisch belebte Neoklassik Blachers, fand K. in seinen weiteren Kompositionen über die programmatisch bestimmte Gefolgschaft Eislers und Schostakowitschs zu einem rhythmisch-harmonisch freieren, spielerisch gelösten, gleichwohl formbewußten eigenen Instrumental- und Vokalstil.

WW: **1) Instr.-WW:** Für Klv.: Suite (1952); Trio (1953); Praeludien, Intermezzi u. Fugen (1954); Kleine Stücke (1958) für Klv. zu 4 Händen; *Kindermusik* (1960); 5 Klv.-Stücke u. 7 leichte Stücke (1971). – Sonate für V. u. Klv. (1966); Divertimento (1956) für Fl., Klar. u. Fag.; 5 Sätze für Streichquartett (1961); Kleines Streichquartett (1965); Streichquartett (1974). – Für Orch.: Kleine Suite (1956); *Fröhliche Ouvertüre* (1960); Divertimento (Weber-Variationen) (1964); 2. Symphonie (1968); *Mendelssohn-Variationen* (1972) für Klv. u. Orch. – Konzerte: 2 für Klv. (1951, 1957); Orch. (1960); 2 für Vc. (1967, 1976); Va. (1974); Bläserquintett (1977) u. ein Concertino für Fl. (1964). – **2) Vokal-WW:** 1. Symphonie (1963, revidiert 1964) mit Chor u. Orch.; 3 Shakespeare-Lieder (1964) für Alt, Fl. u. Str.; Kantate *Asche von Birkenau* (1965) (Text: S. Hermlin) für Alt u. Orch.; 3. Symphonie (1972) (Text: J. R. Becher) mit Sopran; Oratorium *Das Friedensfest* (1978/79) (Text: P. Wiens) für Sopran, Tenor, Baß, 2 Chöre u. Orch.; ferner Filmmusik.

Lit.: E. KNEIPEL, Die Sinfonik G. K.s. Anmerkungen zum sozialistischen Realismus im Musikschaffen der DDR, in: Wiss. Zschr. der F.-Schiller-Univ. Jena 23 (1974); U. STÜRZBECHER, Komponisten in der DDR (Hil 1979).

H. LINDLAR

KÖCHEL, Ludwig Alois Friedrich (nicht Ferdinand), Ritter von, * 14.1.1800 Stein an der Donau, † 3.6.1877 Wien; östr. Gelehrter. Seit 1816 in Wien ansässig, promovierte er 1827 an der dortigen Universität zum Dr. jur. Frühzeitig Waise, verdiente er sich ab 1823 seinen Lebensunterhalt als Hauslehrer. In Anerkennung seiner Verdienste um die Erziehung der vier Söhne von Erzherzog Karl (1827–42) erfolgte 1842 seine Erhebung in den Ritterstand. Als Privatgelehrter lebte er 1843–47 in Wien, von wo aus er ausgedehnte botanische Studienreisen durch Europa unternahm. Seit 1848 in Teschen (Böhmen) wohnhaft, übersiedelte er bereits 1850 nach Salzburg. Dort verbrachte er zehn Jahre und traf 1856 mit W. A. Mozarts Sohn Karl zusammen. Seit 1863 wohnte er wieder in Wien. 1867 wurde er Ehrenmitglied des Salzburger Mozarteums und 1871 der Gesellschaft der Musikfreunde Wien.

Schriften: *Chronologisch-thematisches Verzeichnis sämtlicher Tonwerke W. A. Mozarts* (L 1862), bearb. v. F. Giegling – A. Weinmann – G. Sievers (Wie [6]1964); *Der kleine Köchel*, zusammengestellt v. H. von Hase (ebd. 1951, [9]1977); *Die kaiserliche Hof-Musikkapelle in Wien von 1543–1867* (W 1869, Nachdr. Hil 1976); *J. J. Fux* (W 1872, Nachdruck Hil 1974).

Als Universalgelehrten fesselte K. – neben Mineralogie, Botanik u.a. Naturwissenschaften – zunehmend die Musikgeschichte Österreichs. Durch sein Hauptwerk, das „Köchelverzeichnis", dessen Vorarbeiten in die Salzburger Zeit zurückreichen und durch das sein Name zum Begriff geworden ist, steht er mit dem ihm befreundeten O. Jahn am Beginn der modernen Mozart-Forschung. Die Herausgabe der Alten Mozart-Gesamtausgabe ermöglichte er durch ein Legat von 15000 Gulden. Auch K.s grundlegendes Werk über J. J. Fux mit thematischem Werkverzeichnis hat bis zur Gegenwart an Gültigkeit nicht verloren.

Lit.: O. E. DEUTSCH, Aus K.s Jugendtagen, in: FS H. Engel (Kas 1964); G. RECH, L. A. F. Ritter v. K., in: Symbolae historiae musicae. FS H. Federhofer (Mz 1971); O. BIBA, L. Ritter v. K. 1800–1877, in: ÖMZ 32 (1977).

R. FEDERHOFER-KÖNIGS

KOECHLIN, Charles, * 27.11.1867, † 31.12. 1950 Le Canadel (Var); frz. Komponist und Musiktheoretiker. 1887–89 besuchte er die École Polytechnique in Paris und war 1890–98 am Conservatoire Schüler von J. Massenet, A. Gédalge und G. Fauré. Mit diesem befreundet, orchestrierte er dessen Bühnenmusik zu M. Maeterlincks symbolistischem Drama *Pelléas et Mélisande*, das von Cl. Debussy zur selben Zeit als Drame lyrique (UA 1902) vertont wurde. Um 1900 beschäftigte sich K. mit Rudyard Kiplings *Dschungelbüchern* und ließ sich davon zu einer Reihe von (zu verschiedenen Zeiten geschriebenen) Werken anregen, die er später zu einer symphonischen Suite *Livre de la jungle* zusammenfaßte. 1913 orchestrierte er nach Debussys genauen Anweisungen dessen Ballett *Khamma*. Von 1911 bis in die 20er Jahre komponierte er vorwiegend Kammermusik. Um 1928 lehrte er an der University of California in Berkeley Harmonielehre und Kontrapunkt. In den letzten Jahren wandte er sich wieder größeren Kompositionen zu.

WW: **1) Instr.-WW:** *Quatre sonatines françaises* (1919) u. *Paysage et marines* (1920) für Klv.; 3 Streichquartette (1911–13, 1915–16, 1921); Quintett *Primavera* (1936) für Fl., V., Va., Vc. u. Harfe; Bläserseptett (1937). – Für Orch.: *L'Épopée de l'École polytechnique* (1894); symphonische Suiten bzw. Dichtungen: *L'automne* (1909), *Le printemps* (um 1911), *L'hiver* (um 1916) u. *L'été* (1911); 2 Symphonien (1916, 1944); *La course de printemps* (1925–27); *The Seven Stars-Symphony* (1933); *Symphonie d'hymnes* (1936); *La méditation de Purun Baghat* (1936), *La loi de la jungle* (1939) u. *Les bandar-log* (1939), zus. mit *La course de printemps* (1927), *La berceuse phoque* (1899) u. *La chanson de nuit dans la jungle* (1899) als symphonische Suite *Livre de la jungle* mit Soli u. Chören (nach R. Kipling); *Le buisson ardent*

(1938–45); *Offrande musicale sur le nom de Bach* (1942). – **2) Vokal-WW:** Zahlr. Lieder; Chorwerke, u.a.: *La vérandah* (1893) für Sopran u. doppelten Frauenchor; *La fin de l'homme* (1895) für Tenor, Bar., Chor u. Orch.; Suite *L'abbaye*, 2 Teile, 1. Teil (1902) für Solost., Chor., Orch. u. Org., 2. Teil (1908) für Chor, Orch. u. Org.; *Libérons Thaelmann* (1934) für Chor u. Klv. oder Orch. – **3) Bühnen-WW:** Biblische Pastorale *Jacob chez Laban* (1908). – Ballette: *La divine vesprée* (1918); *La forêt païenne* (1920) u. *L'âme heureuse* (1947). – **4) Schriften:** *Étude sur les notes de passage* (1922); *Debussy* (1927, ²1956); *G. Fauré* (1927, ²1949); *Précis des règles du contrepoint* (1927); *Traité de l'harmonie* (1927–30); *Étude sur l'écriture de la fugue d'école* (1933); *Traité de l'orchestration*, 4 Bde. (1954–59).

K.s Musik ist stilistisch nicht leicht einzuordnen, vor allem auch weil nur wenig davon heute zugänglich und veröffentlicht ist. Seine Orchestrationen von G. Faurés *Pelléas et Mélisande* und Debussys *Khamma* zeigen schon früh die Fähigkeit, sich fremde Techniken zu eigen zu machen. Um 1920 griff er einerseits die neoklassizistische Schreibweise von E. Satie auf und experimentierte andererseits mit sehr dichten bitonalen Akkorden, über denen orientalisierende Hirtenmelodien erklingen. K. öffnete sich bereitwillig den in den 20er Jahren dominierenden neuen Strömungen, der Rückbesinnung P. Hindemiths auf J. S. Bach ebenso wie der Zwölftonmusik A. Schönbergs, die er als einer der ersten französischen Komponisten übernahm. Die symphonische Dichtung *Les bandar-log* – Kipling nennt mit diesem Namen die Affen des indischen Dschungels – „äfft" souverän alle diese Stile nach, ohne sie damit lächerlich machen zu wollen. Dazu nimmt K. im ersten und letzten Teil des Werkes noch die Klangflächenkomposition der 60er Jahre voraus. Er ist Eklektiker, in seinen weitgespannten Interessen, die allen Kulturen der Erde und jedem Zeitalter gelten, vergleichbar mit O. Messiaen.

Lit.: Ch. K. Werk-Verz., hrsg. v. H. SAUGUET (P 1975). – J. ROY, Musique française, Satie, K., Roussel, Schmitt (P 1961, NA 1962); J. E. WOODWARD, The Theoretical Writings of Ch. K. (1974) (= Diss. Univ. of Rochester/N.Y.); TH. H. MCGUIRE, The Piano Works of Ch. K. 1867–1950 (1975) (= Diss. Univ. of North Carolina); E. K. KIRK, K.'s Neglected „Le livre de la Jungle", in: MQ 64 (1978); P.-G. LANGEVIN, Ch. K., in: RM 324–326 (1979).

TH. HIRSBRUNNER

KOECKERT, Rudolf Josef, * 27. 6. 1913 Großpriesen (Böhmen); dt. Violinist. Er studierte bis 1938 in der Meisterklasse des Prager Konservatoriums und war dort 1939–45 Konzertmeister des Deutschen Philharmonischen Orchesters, 1946–47 Konzertmeister der Bamberger Symphoniker. Seit 1949 ist er 1. Konzertmeister des Symphonie-Orchesters des Bayerischen Rundfunks, seit 1952 außerdem Professor am L.-Mozart-Konservatorium in Augsburg. 1939 gründete er das Sudetendeutsche Streichquartett, das später in Prager Deutsches Streichquartett umbenannt wurde; seit 1947 tritt das Ensemble unter dem Namen K.-Quartett auf und besteht aus den Mitgliedern: *Willi Buchner* (* 14. 10. 1910 Schwarzau/Niederösterreich), 2. Violine, seit 1965 K.s Sohn *Rudolf Joachim K.* (* 10. 4. 1941 Prag); *Oskar Riedl* (* 4. 7. 1912 Graslitz/Böhmen), Viola; *Josef Merz* (* 20. 8. 1911 Gumplitz/Böhmen), Violoncello. Das Ensemble trat auf zahlreichen Konzertreisen auch im europäischen und außereuropäischen Ausland auf und brachte Werke von zeitgenössischen Komponisten wie G. Bialas, A. Ginastera, P. Hindemith, E. Krenek und W. Zillig zur Uraufführung. Ein Quartett c-moll von A. Bruckner wurde 1950 von K. entdeckt und später ediert (W 1956).

KOCZALSKI, Raoul Armand Georg, * 3.1.1884 Warschau, † 24.11.1948 Posen; poln. Pianist. Er studierte zunächst in Warschau, dann bei dem Chopin-Schüler Karol Mikuli in Lemberg, später u.a. bei Anton Rubinstein in St. Petersburg. Als Kind bereiste er bereits ganz Europa und erhielt in Frankreich, Spanien, Persien und der Türkei Auszeichnungen. An der Pariser Sorbonne studierte er auch einige Jahre Musikwissenschaft und Philosophie. Bis 1945 lebte er zwischen seinen häufigen Konzertreisen meist in Deutschland, danach als Professor an den Musikhochschulen in Posen und Warschau. K. erlangte als Chopin-Interpret große Berühmtheit. Er ist auch als Komponist von Opern, Kammermusik, Klavierwerken und Liedern hervorgetreten.

KODÁLY, Zoltán, * 16.12.1882 Kecskemét, † 6. 3. 1967 Budapest; ung. Komponist, Musikforscher und Musikpädagoge. Er studierte seit 1900 in Budapest an der Universität deutsche und ungarische Literatur und Sprachwissenschaft sowie an der Musikakademie bei J. Koessler Komposition und promovierte 1906 mit der Dissertation *Der Strophenbau im ungarischen Volkslied* (ung.), für die er etwa 150 Volkslieder aus der Umgebung von Galánta gesammelt hatte. Zu dieser Zeit begann K.s Zusammenarbeit mit B. Bartók mit dem Ziel, eine von Einflüssen der deutschen Romantik freie eigenständige ungarische Musik zu schaffen. 1907 nahm er eine Lehrtätigkeit an der Musikakademie in Budapest auf, die er mit einer politisch bedingten Unterbrechung 1919–21 bis 1940 ausübte. K.s Kompositionen stießen wie die Bartóks zunächst weitgehend auf das Unverständnis der Kritiker, denen als „ungarische Volkslieder" bislang nur städtische Neuschöpfungen des 18. und 19. Jh. bekannt waren. K. und Bartók widmeten sich daraufhin intensiv ihrer Sammeltätigkeit, unterstützt von K.s späterer Frau, der Komponistin Emma Schlesinger.

Bis 1913 zeichneten sie etwa 3000 Melodien auf und legten einen *Entwurf zur neuen allgemeinen Volksliedersammlung* vor, doch fand ihr Plan zur Herausgabe der Lieder keine Unterstützung. Als durch den Krieg Reisen erschwert wurden, trat K. in stärkerem Maße als Komponist hervor und versuchte als Musikkritiker (1917–19), das Publikum zu einem neuen Musikverständnis heranzuführen. Bald darauf wurde er durch den *Psalmus Hungaricus* (1923) und durch das Singspiel *Háry János* (1925–27) weltweit bekannt. Um 1925 stellte er fest, daß in seinem Land „die Jugend in einer vollkommenen musikalischen Verwahrlosung lebt, schlimmer als Analphabetismus". Seine nun zahlreich entstehenden Chorwerke sollten daher „der breiten Masse des ungarischen Volkes... Gelegenheit geben..., hohe künstlerische Musik kennen und lieben zu lernen". Seit 1930 hielt er an der Universität Budapest Vorlesungen über Volksmusik und arbeitete an seinem bedeutendsten wissenschaftlichen Werk, *A magyar népzene* (Die ungarische Volksmusik). Etwa gleichzeitig ergriff er auch die Initiative zu einer Bewegung für richtiges Sprechen und zur Vervollkommnung der ungarischen Sprache. Praktisches Ergebnis dieser Bemühungen war eine 1944/45 gemeinsam mit J. Ádám herausgegebene Liedersammlung für die Schule. Seit 1940 bereitete K. die Veröffentlichung des *Corpus Musicae Popularis Hungaricae* vor (der erste Band erschien 1951). 1943 wurde er korrespondierendes Mitglied der Ungarischen Akademie der Wissenschaften, war seit 1945 – gleichzeitig mit seiner Berufung zum Vorsitzenden des Ungarischen Künstlerischen Rates – deren ordentliches Mitglied und 1946–49 deren Präsident. Als Abgeordneter der Nationalversammlung konnte K. sein Konzept zur Musikerziehung, die schon im Kindergarten durch eine auf der Solmisation beruhende Gesangsausbildung eingeleitet werden sollte, durchsetzen. Auf wissenschaftlichem Gebiet wirkte er seit 1961 bis zu seinem Tode als Chefredakteur der *Studia musicologia*. K. erhielt zahlreiche Auszeichnungen und Ehrungen, u.a. dreimal den Kossuth-Preis, die Ehrendoktorwürde von vier Universitäten und zahlreiche Ehrenbürgerschaften. Festschriften erschienen zu seinem 60., 70., 75. und 80. Geburtstag.

WW: **1) Instr.-WW: a)** Für Klv.: *Zongora muzsika* (1905), auch als „9 Klv.-Stücke" (1909); *Méditation sur un motif de C. Debussy* (1907); 7 Stücke (1910–18); *12 Gyermektáncok* (1945). – **b)** Kammermusik: 2 Streichquartette (1909, 1916–18); Serenade für 2 V. u. Va. (1920); Adagio für V. u. Klv. (1905), davon zahlr. Bearb.; Duo für V. u. Vc. (1914); *Magyar rondo* (1917), Orch.-Fassung als: *Régi magyar katonadalok;* Sonatine (1966) für Vc. u. Klv. – **c)** Für Orch.: *Nyári este* (1906, Neufassung 1930); *Marosszéki táncok* (1930) (auch für Klv.); *Galántai táncok* (1933) (auch für Klv.); Variationen über das Volkslied *Felszálott a páva* (1939); Konzert (1939); Symphonie C-Dur (1961). – **2) Vokal-WW:** Zahlr. Lieder für SingSt u. Klv. (auch mit Orch.). – A cap.-Chöre, für gem. Chor, darunter: *Zrínyi szózata* (1954) mit Bar.solo; *Magyarország címere* (1956); *I Will Go Look for Death* (1959); *Sik Sándor Te Deuma* u. *Media vita in morte sumus* (1961) (in memoriam M. Seiber); *Veni, veni Emmanuel* u. *An Ode for Music* (1963); *A Song of Faith* (1964); *Mohács* (1965); *Nemzeti dal* (1955) für Männerchor u. *Hegyi éjszakák* Nr. 1 (1923), Nr. 2–4 (1955–56), Nr. 5 (1962) für Frauenchor. – Chorwerke mit Orch. oder Orgel, u.a.: *Psalmus Hungaricus* (1923) für Tenor, Chor u. Orch.; *Pange lingua* (1929) für gem. Chor (oder Kinderchor) u. Org.; *Te Deum* (1936) für Soli, Chor u. Orch.; *Missa brevis* (1944) für Chor u. Org. (oder Soli, gem. Chor u. Orch.); *Kállai kettös* (1950) für gem. Chor u. Volksorch.; *An Ode. The Music Makers* (1964) für gem. Chor, 2 Trp., 3 Pos. u. Str. – **3) Bühnen-WW:** Singspiele: *Háry János,* UA: Budapest 1928, dazu *Szinházy nyitány* (1927) u. urspr. *Ballettszene* (1925); *Székelyfonó,* UA: ebd. 1932; *Czinka Panna,* UA: ebd. 1948, daraus *Minuetto serio* (1953) für Orch. – **4) Schriften:** Gesammelte Aufsätze *A zene mindenkié,* hrsg. v. A. Szöllösy (Budapest 1954) u. *Visszatekintés,* hrsg. v. F. Bónis, 2 Bde. (ebd. 1964); *A magyar népdal strófaszerkazete,* in: Nyelvtudományi közlemények 36 (1906); *Meine kompositorischen Absichten,* in: Neues Pester Journal (1924); *A magyar népzene* (Budapest 1937, ^{2}1943, ^{4}1960), dt. Übers.: *Die ungarische Volksmusik* (ebd. 1956); *Mein Weg zur Musik. Fünf Gespräche mit L. Besch* (Z 1966).

„Seine Musik ist ein Glaubensbekenntnis an den ungarischen Geist. Eine äußere Erklärung dafür ist, daß die Tätigkeit K.s als Komponist ganz besonders im Nährboden der ungarischen Volksmusik verwurzelt ist, die innere Ursache aber ist K.s unerschütterlicher Glaube an die aufbauende schöpferische Kraft seines Volkes und sein Vertrauen auf die Zukunft" (Bartók). Die bei der Sammeltätigkeit festgestellten Grundzüge der Volksmusik griff K. in seinen Kompositionen zunächst quasi zitierend auf, doch wurden sie etwa seit dem 2. Streichquartett (1916–18) auch Bestandteil seines Stils: in der Vokalmusik stets textorientierte Melodien, im Instrumentalbereich eine freie, improvisatorische Melodieführung mit variierten Reprisen, dazu eine aus der Melodik abgeleitete Harmonik ohne stützende Funktion. Doch nahm K. auch Anregungen aus verschiedenen Epochen der Musikgeschichte auf (Gregorianik, Palestrina-Stil, barocke Wortsymbolik, klassische Formschemata, impressionistische Klangfarben) und gelangte in seinem Werk zu einer Synthese von westeuropäischer Kunst- mit ungarischer Volksmusik. K.s Schaffen läßt sich nach Gattungen in drei Perioden gliedern: 1905–20: Lieder und Kammermusik; 1923–39: symphonische Kompositionen, Chor- und Bühnenwerke; Hauptwerk der letzten Schaffensperiode ist die *Chor-Schule*. Dieser nach pädagogischen Gesichtspunkten aufgebaute Lehrgang basiert auf der Solfeggio-Methode, die die Fähigkeit zum Notenlesen und zu einer reinen Intonation fördern soll. K.s Schüler (u.a. Mátyás Seiber, István Szélényi) führen seinen Gedanken, die Jugend durch Musik zu erziehen, fort, so daß der anerkannte hohe Standard der heutigen Musikausbildung in Ungarn ohne K. nicht vorstellbar ist.

Lit.: Z. K., Werk-Verz. (W 1967). – Sonderhefte: Magyar zene 3 (1962) u. 8 (1967); Tempo (1962/63) Nr. 63; Documenta Bartókiana (1946) H. 1; Kortárs 11 (1967); Muzsika 10 (1967). – B. SZABOLCSI, Die Instr. Musik Z. K.s, in: Musikblätter des Anbruch (W 1922); DERS., Die Lieder Z. K.s, in: ebd. (1927); DERS., Die Chöre Z. K.s, in: ebd. (1928); É. HARASZTI, Z. K. et la musique hongroise, in: RM (1947); L. EÖSZE, K. Z. élete és munkássága (Budapest 1956), dt. Übers.: Z. K., sein Leben u. sein Werk (Bonn 1964); Z. VANCEA, Janáček und die führenden Komponisten der südost-europäischen Schulen. Bartók, Enescu, K., in: Kgr.-Ber. Brünn 1958; B. SZABOLCSI, Z. K., ein Erzieher zum hist. Bewußtsein, in: DJbMw 7 (1962); P. M. YOUNG, Z. K. (L–NY 1964, dt. Budapest 1964); B. SZABOLCSI, Gesch. der ung. Musik (Budapest 1964); E. KRAUS, Das musikerzieherische Vermächtnis Z. K.s, in: Musik im Unterricht (Ausg. B) 58 (1967); H. STEVENS, The Choral Music of Z. K., in: MQ 54 (1968); G. FRISS, Musik u. Musikerziehung in Ungarn. Zu Z. K.s musikpädagogischer Reform u. ihren Auswirkungen, in: Orff-Inst. Jb. 3 (1964–68); H. SZABÓ, The K.-Concept of Music Education (L 1969); H. H. STUCKENSCHMIDT, Die großen Komponisten unseres Jh. 1 (Mn 1971); Ungarische Komponisten, hrsg. v. H. LINDLAR (Bonn o. J.) (= Musik der Zeit 9); Contemporary Hungarian Composers (Budapest [3]1973); L. CHOKSY, The K. Method (Englewood Cliffs/N.J. 1974); E. HALMOS, Die musikpädagogische Konzeption Z. K.s im Vergleich mit modernen curricularen Theorien (Wb–Z 1977) (= Schriften z. Musikpädagogik 4).

K. LANGROCK

KOFFLER, Józef, * 28.11.1896 Stryj, † 1943 oder 1944 Wielicka bei Krakau (hingerichtet); poln. Musikforscher und Komponist. K. studierte in Wien 1914–16 bei H. Graedener, seit 1920 Komposition bei A. Schönberg und Musikwissenschaft bei G. Adler. 1923 promovierte er, war 1928–41 Professor für Harmonielehre und Komposition in Lemberg sowie 1930–37 Chefredakteur der Zeitschriften *Orkiestra* und *Echo*. K. war der erste polnische Komponist, der aus der Wiener Schule hervorging.

WW: **1) Kompositionen:** Zahlr. Klv.-Stücke; Streichtrio, op. 10; Streichquartett, op. 20; für Str.: 3 Symphonien; *Suita polska*, op. 24; *Uwertura radosna; Wariacje szeregu 12 tonów;* Kantate *Miłość* für SingSt, Va., Vc. u. Klar.; *4 Poèmes*, op. 22 für SingSt u. Klv.; Ballett *Alles durch M. O. W.* für Tänzer, 2 SingSt, Chor u. Orch., op. 15. – **2) Schriften:** *Die orchestrale Koloristik in den symphonischen Werken v. Mendelssohn* (Diss. W 1923); *Modulacja diatoniczna. Nowa droga nauczania*, in: Kwart. Muz. (1931); *Problemy muzyczne w Radio*, in: Muzyka (1932); *Muzyka awangardowa z łotu ptaka*, in: ebd. (1952).

Lit.: J. FREIHEITER, J. K., in: Muzyka (1936) Nr. 7; M. PLUTA-KOTYŃSKA, J. K., in: Ruch muzyczny 9 (1965) Nr. 1.

KOGAN, Leonid Borissowitsch, * 14. 11. 1924 Jekaterinoslaw (heute Dnjepropetrowsk, Ukraine), † 17. 12. 1982 Moskau; sowjet. Violinist, K. wurde mit 10 Jahren Schüler von Aram Jampolski am Moskauer Konservatorium, wo er 1943–48 weiterhin studierte. Seit 1944 trat er als Solist der Moskauer Philharmonie auf und lehrte neben seiner Konzerttätigkeit seit 1952 am dortigen Tschaikowsky-Konservatorium (1963 Professor). Er gehörte neben J. Heifetz und D. Oistrach zu den bedeutendsten russischen Geigern dieses Jahrhunderts. A. Chatschaturjan, T. Chrennikow, L. Nikolajew und M. Weinberg schrieben für ihn Violinkompositionen. K. spielte eine Geige von Guarneri del Gesù. Er war mit der Violinistin **Jelisaweta Gilels** (* 30. 9. 1919 Odessa), einer Schwester des Pianisten Emil Gilels, verheiratet.

Lit.: M. ZAZOVSKIJ, L. K. (Mos 1956); J. HARTNACK, Große Geiger unserer Zeit (Mn 1967).

KOEGLER, Horst, * 22.3.1927 Neuruppin; dt. Musikschriftsteller und Musikkritiker. K. studierte 1945–47 Musikwissenschaft, Kunstgeschichte und Germanistik an der Universität Kiel und 1947–49 Regie und Dramaturgie an der Theaterhochschule Halle an der Saale. 1949–51 war er Dramaturg und Opernregisseur am Gerhart Hauptmann-Theater in Görlitz und lebte anschließend als freischaffender Publizist für deutsche und ausländische Zeitungen und Fachzeitschriften (*Stuttgarter Zeitung, Süddeutsche Zeitung, Opera News,* New York, *Opera,* London, *Les Saisons de la Danse,* Paris) bis 1959 in Berlin (West) und 1959–77 in Köln. 1977 wurde er Musikredakteur der *Stuttgarter Zeitung*.

Schriften: *Ballett international* (B 1960); *Balanchine und das moderne Ballett* (Velber 1964); *Friedrichs Ballettlexikon von A–Z* (ebd. 1972), engl. revidiert als: *The Concise Oxford Dictionary of Ballett* (Lo 1977). – Er ist Hrsg. des dt. Balletjahrbuchs *Ballett* (Velber 1965ff.) (zus. mit H. Regitz 1977ff.).

KÖHLER, Siegfried, * 30. 7. 1923 Freiburg i. Br.; dt. Dirigent. K. studierte Harfe und Dirigieren an der Musikhochschule in Freiburg i. Br. und war 1941–42 Solorepetitor und Harfenist am Stadttheater in Heilbronn. 1946 wurde er Dirigent und 1952 1. Kapellmeister an den Städtischen Bühnen in Freiburg i. Br., 1954 an der Düsseldorfer Oper und 1957 in Köln, wo er seit 1962 Stellvertretender GMD und interimistischer Leiter der Oper war. Außerdem leitete er die Opernschule an der Hochschule für Musik in Köln. Seit 1964 war er Musikalischer Oberleiter und GMD der Stadt Saarbrücken und ist seit 1974 in gleicher Funktion am Staatstheater Wiesbaden tätig.

WW: Orchesterwerke; Lieder. – Bühnen-WW: Musikal. Lustspiel *Autofahrt ins Glück*, UA: Freiburg 1947; Operette *Alles Capriolen*, UA: Koblenz 1952; musikal. Märchen *Der gestiefelte Kater*, UA: Düsseldorf 1958; Musical *Sabine sei sittsam* (nach Kotzebues *Die deutschen Kleinstädter*), UA: Saarbrücken 1967; musikal. Komödie *Ladies and Gentleman*, UA: ebd. 1970; ferner Bearb. v. Werken v. A. Thomas, F. A. Boieldieu u. J. A. Hiller.

KOLĘDA (poln.; Plur. Kolędy), Weihnachtslied der Slawen (Polen, Tschechen, Slowaken, Bulgaren), dem in Rumänien die ↗Colindă entspricht. Man unterscheidet die K. für das Singen in der Kirche, für das Haus und mit Glückwunschfunktion zu Weihnachten und Neujahr. Die K. geht z.T. auf Sequenzen, Tropen und Hymnen des Mittelalters zurück, daneben wurden auch Volksweisen (vornehmlich mit Tanzrhythmen) übernommen oder neue Melodien geschaffen, deren Verfasser jedoch z.T. unbekannt sind. Die meisten für den kirchlichen Gebrauch geschaffenen Kolędy tragen feierlichen Charakter, bei den weltlichen – die Pastorałki (Hirtenlieder) genannt werden – ist das Volksliedhafte vorherrschend. Die ersten K.-Aufzeichnungen stammen aus dem 12. Jh., bedeutende gedruckte Sammlungen aus dem 17. Jh.: z.B. von Jan Żabczyc, *Simfonie anielskie* (Engelssymphonie, Krakau 1630). Die K. wurde auch in der Kunstmusik verwertet, u.a. bei Fr. Chopin im Mittelteil seines *Scherzos* h-moll, op. 20, die K. *Lulajże, Jezuniu*.

Lit.: S. DOBRZYCKI, O kolędach (Posen 1923); L. ROMANSKY, Die einfachen Koledo-Refrains der bulgarischen Weihnachtslieder (Diss. B 1942); J. KUCKERTZ, Gestaltvariation in den von Bartók gesammelten rumänischen Colinden (Rb 1963) (= Kölner Beitr. z. Musikforsch. 23); A. PETNEKI, Die poln. Kolenda-Lieder im MA, in: Studia musicologica 15 (1973); D. DEVIĆ, Melodien der K.-Lieder bei einigen Balkan-Völkern, in: Makedonski folklor / Le folklore macédonien 8 (1975).

G. HABENICHT

KÖLER (Colerus, Koler), **David,** * um 1532 Zwickau, † 25.7.1565 ebd.; dt. Komponist. Er besuchte die Lateinschule in Zwickau und immatrikulierte sich 1551 an der Universität in Ingolstadt. 1554–55 hielt er sich in Schönfeld bei Schlaggenwald (Böhmen) auf, war 1556–57 Kantor in St. Joachimsthal und 1557–63 in Altenburg und 1563–65 Hofkapellmeister in Schwerin. Zuletzt lebte er als Kantor wieder in Zwickau.

WW: *Zehen Psalmen Davids* für 4–6 St. (L 1554), daraus ein Ps. in Org.-Bearb. in RISM 1583[24]; weitere geistl. WW, darunter eine 5st. *Missa super Benedicta Josquini* hsl. erhalten.

Ausg.: 3 dt. Psalmen, hrsg. v. L. HOFFMANN-ERBRECHT (Wb 1960) (= Chw 71).

KOLISCH, Rudolf, * 20.7.1896 Klamm (Niederösterreich), † 1.8.1978 Watertown (Massachusetts); amerik. Violinist. Er studierte an der Wiener Musikakademie Violine (O. Ševčík) und Komposition (Fr. Schreker) sowie Musikwissenschaft an der Universität (G. Adler); außerdem war er seit 1917 Privatschüler A. Schönbergs, der 1924 K.s Schwester heiratete. 1919–21 war K. Vortragsmeister in Schönbergs „Verein für musikalische Privataufführungen" und gründete 1922 ein eigenes Streichquartett, das vor allem durch die Aufführungen zeitgenössischer Werke (Schönberg, A. Berg, A. Webern, B. Bartók, E. Krenek) große Berühmtheit erlangte. 1940 übersiedelte K. in die USA und war 1944–67 als Leiter des Pro-Arte-Quartetts Lehrer für Violine und Kammermusik an der University of Wisconsin in Madison tätig. Seit 1967 leitete er die Kammermusikabteilung am New England Conservatory of Music in Boston, seit 1974 auch die praktischen Kurse der Mödlinger Interpretationsseminare der Internationalen Schönberg-Gesellschaft. Seit 1953 konzertierte er wieder in Deutschland, wo er wiederholt auch bei den Internationalen Ferienkursen für Neue Musik in Darmstadt mitwirkte. Er schrieb: *Tempo and Character in Beethoven's Musik* (in: MQ 29, 1943) und *Über die Krise der Streicher* (in: Darmstädter Beiträge z. Neuen Musik 1, Mz 1958).

Lit.: R. STEPHAN, Zum Tode v. R. K., in: ÖMZ 33 (1978); Beethoven. Das Problem der Interpretation (Mn 1979) (= Musik-Konzepte 8) (R. K. gewidmet).

B. A. KOHL

KOLLEKTE (von lat. colligere = sammeln; lat.: collecta), deutsche Bz. für die erste von drei Orationen der Meßfeier im *Missale Romanum* von 1970. Der Name bringt zum Ausdruck, daß der Priester als Leiter der gottesdienstlichen Versammlung in der K. die Gebete aller Teilnehmer zusammenfaßt. Das Deutsche Meßbuch verwendet für K. die Bz. Tagesgebet, da sie ebenso in anderen Teilen der Liturgie des Tages vorkommt; üblich ist ferner auch die Bz. Eröffnungsgebet, weil die K. Amtsgebet im Eröffnungsteil der Meßfeier ist. Unter K. in einem weiteren Sinn werden auch – vor allem im Sprachgebrauch der evangelischen Liturgie – verschiedenartige Orationen und orationsähnliche Gebete verstanden.

Nach der Gebetseinladung *Oremus* (bzw. dt. *Lasset uns beten*) und einer Gebetsstille beginnt die K. mit einer Anrede an Gott den Vater (seltener an Christus); danach folgt eine – meist relativisch angeschlossene – Aussage über sein Handeln, die die nachfolgende Bitte motiviert. Eine trinitarische Schlußformel führt zum *Amen* der Gemeinde.

Für die vom Stilmittel des Cursus geprägten Orationen gibt der *Ordo Cantus Missae* von 1972 (und entsprechend die nichtoffizielle Ausgabe des *Graduale Romanum* von 1974) nur noch zwei Orationstöne – gegenüber einer früher reicheren Auswahl – an. Für die muttersprachliche Kantillation der K., deren Melodien von den Bischofskonferenzen approbiert werden müssen, liegen im deutschen *Regelbuch* ebenfalls zwei Orationstöne vor.

Lit.: H. RHEINFELDER, Zum Stil der lat. Orationen, in: Jb. für Liturgiewiss. 11 (1931); H.-L. KULP, Das Gemeindegebet im christlichen Gottesdienst (Kas 1955) (= Leiturgia 2); J. A. JUNGMANN, Missarum Sollemnia I (W [5]1962); E. QUACK – F. SCHIERI, Regelbuch für die Orations- und Lektionstöne in dt. Sprache (Fr 1969); J. H. EMMINGHAUS, Die Messe (Klosterneuburg [2]1976).

H. RENNINGS

KOLLER, Hans, * 12.2.1921 Wien; östr. Jazzmusiker (Saxophon, Klarinette). K. studierte 1935–39 an der Wiener Musikakademie. Seit 1947 leitete er eigene Gruppen, u.a. ein Quartett mit Jutta Hipp als Pianistin, das ihn auch unter amerikanischen Jazzmusikern bekannt machte. Außerdem spielte er in den 50er Jahren mit Albert Mangelsdorff zusammen und begleitete 1953 Dizzy Gillespie, 1954 Lee Konitz und Lars Gullin und 1956 Stan Kenton auf ihren Deutschland-Tourneen. 1954–56 leitete er mit dem Pianisten Roland Kovac eine Combo, war 1957–58 in Eddie Sauters Big Band beim Südwestfunk Baden-Baden, übernahm 1958 die Leitung des Jazz-Ensembles beim NDR in Hamburg und spielte 1959 u.a. mit Oscar Pettiford zusammen. K.s Hauptinstrument war bis in die 70er Jahre das Tenorsaxophon, als dessen führender Vertreter in Deutschland er lange Zeit galt. In den 50er Jahren stark vom Cool Jazz beeinflußt, wandte er sich in den 70er Jahren mehr dem Jazzrock und einem freien New Jazz zu und bevorzugte nun häufig das Sopransaxophon.

Lit.: D. H. KRANER, Die H. K. Diskographie 1947–1966 (Gr 1967); K. SCHULZ, H. K. (Gr 1967).

KOLLMANN, August Friedrich Christoph, * 21.3. 1756 Engelbostel bei Hannover, † 21.3. 1829 London; dt. Musiktheoretiker und Komponist. Er war zunächst Organist in Lüneburg und kam 1784 als Kantor der deutschen Kapelle von St. James nach London. Neben Klavierstücken und klavierpädagogischen Werken veröffentlichte er mehrere bedeutende theoretische und didaktische Schriften, durch die er eine wichtige Stellung im Musikleben Londons einnahm. Insbesondere gehört K. zu den ersten Theoretikern, die sich mit dem Werk Bachs beschäftigten. Er veröffentlichte auch eine englische Übersetzung der Bach-Biographie Forkels. Sein Sohn **Georg August,** * um 1780 London, † 19.3. 1845 ebd., war Organist und wurde 1829 Nachfolger seines Vaters an der deutschen Kapelle von St. James in London. Er schrieb Klaviersonaten und andere Klavierwerke.

WW: **1) Kompositionen:** *Analysed Symphony* (Klv.-Trio), op. 3; Symphonien für Klv.-Trio, op. 7; Klv.-Konzert, op. 8; *The Melody of the 100th Psalm, With 100 Harmonies*, op. 9; *Twelve Analysed Fugues* für Klv. zu 4 Händen, op. 10; Programm-Symphonie *The Shipwreck*. – **2) Schriften u. Lehrwerke:** *First Beginning on the Pianoforte* (Lo 1796); *Essay on Practical Harmony* (Lo 1796); *Essay on Practical Musical Composition* (Lo 1799, [2]1812); *Practical Guide to Thorough Bass* (Lo 1801, dt. Offenbach o. J.); *Vindication*... (Lo 1802); *A New Theory of Musical Harmony* (Lo 1806, [2]1823); *A Second Practical Guide to Thorough Bass* (Lo 1807); *Remarks on what Mr. Logier Calls His „New System...“* (Lo 1824); *Über Logier's Musikunterrichtssystem* (Mn o. J.) (zus. mit C. F. Müller).

Lit.: E. R. JACOBI, A. F. K. als Theoretiker, in: AfMw 13 (1956); DERS., Die Entwicklung der Musiktheorie in England nach der Zeit v. J.-Ph. Rameau 1 (St 1957) (= Slg. musikwiss. Abh. 35).

KOLLO. – 1) Walter (eig. Elimar Walter Kollodziepski), * 28.1.1878 Neidenburg (Ostpreußen), † 30.9. 1940 Berlin; dt. Komponist. K. studierte in Sondershausen und Königsberg Musik und begann seine Laufbahn als Korrepetitor und Kapellmeister am Luisentheater in Königsberg. Anschließend wurde er Kapellmeister in Stettin und Berlin, wo er sich 1901 niederließ und zunächst Chansons und Couplets komponierte *(Immer an der Wand lang)*. 1910–18 war er Hauskomponist am „Berliner Theater“. 1913 erzielte er mit der Operette *Wie einst im Mai* seinen größten Erfolg. Nach Kriegsende leitete er mehrere Theater und komponierte seit 1923 Revuen für Hermann Haller (1871–1943). Daneben brachte er neue Operetten heraus, u.a. *Marietta* und *Frau ohne Kuß* und schrieb Couplets, Schlager und Tanzlieder. Die meisten seiner Operetten (zu mehreren schrieb Willi K. das Libretto) gerieten in Vergessenheit, doch sind einige Melodien wie *Das war in Schöneberg im Monat Mai* Evergreens geworden.

WW: Zahlr. Operetten u. Revuen, darunter: *Wie einst im Mai* (1913); *Der Juxbaron* (1913); *Die tolle Komteß* (1917); *Marietta* (1923); *Die Frau ohne Kuß* (1924); *Lieber reich, aber glücklich* (1933). – Filmmusiken zu: *Die schönsten Beine von Berlin* (1927); *Nur Du* (1930); *Kopfüber ins Glück* (1931); *Ein Mädel vom Ballett* (1937); *Symphonie einer Weltstadt* (1938/39); *Leichte Muse* (1941); *Frühling von Berlin* (1956); *Solang noch unter Linden* (1958); *Was eine Frau im Frühling träumt* (1959).

2) Willi, Sohn von 1), * 28.4.1904 Königsberg; dt. Komponist und Librettist. Er studierte am Konservatorium Collini in Berlin und schrieb mit 17 Jahren erste Operettenlibretti und Chansontexte, u.a. zu Musik seines Vaters *(Marietta)*. Seit 1925 trat er auch als Komponist von Operetten und Revue- und Filmmusiken hervor. Nach dem 2. Weltkrieg trat er in verschiedenen Hamburger Kabaretts auf. Seit 1960 leitet er die Verlag und Vertrieb GmbH & Co. KG Musikverlage und lebt heute in Berlin. Außer mit Schlagertexten *(Was eine Frau im Frühling träumt; Warte, warte nur ein Weilchen)* wurde K. auch durch eigene Lieder bekannt, darunter *Zwei in einer großen Stadt* und *Lieber Leierkastenmann*.

WW: Zahlr. Lieder u. Chansons. – Revuen, darunter *Von A–Z* (1925) u. *Traumkarussell* (1936). – Operetten: *Schminke* (1935); *Besuch am Abend* (1938); *Die hellgelben Handschuhe* (1949). – Filmmusik zu: *Die blonde Nachtigall; Meine Frau, die Hochstaplerin; Krach im Vorderhaus* u. a.

3) René, Sohn von 2), * 20.11. 1937 Berlin; dt. Sänger (Tenor). K. begann seine Musikerlaufbahn zunächst als Schlagersänger. 1958–65 studierte er bei Elsa Varena in Berlin Gesang und debütierte 1965 am Stadttheater in Braunschweig. 1967–71 war er an der Deutschen Oper am Rhein Düsseldorf-Duisburg verpflichtet. 1969 sang er erstmals bei den Bayreuther Festspielen, wurde weltweit als Wagner-Tenor bekannt und trat 1976 als Lohengrin in Wagners gleichnamiger Oper erstmals an der Metropolitan Opera in New York auf. Außerdem gastierte er an der Mailänder Scala, in Bologna und an der Wiener Staatsoper. Schwerpunkt seines Repertoires bilden Wagner-Partien (u.a. Lohengrin, Tannhäuser, Walther von Stolzing). K. erlangte aber auch als Operettentenor große Popularität.

KOELLREUTTER, Hans Joachim, * 2.9.1915 Freiburg i. Br.; brasilianischer Komponist dt. Herkunft. K. studierte an der Berliner Musikhochschule u.a. Komposition bei P. Hindemith. 1937 bis 1952 war er Professor am Conservatório Brasileiro de Música in Rio de Janeiro und gründete 1939 mit jungen brasilianischen Komponisten die Gruppe „Música Viva". 1952–62 leitete er an der Universität Bahia die von ihm gegründete Musikabteilung, die sich zu einem der wichtigsten Musikzentren des Landes entwickelte. Außerdem war er 1950–63 und 1969–70 künstlerischer Leiter der Ferienkurse in Teresópolis und seit 1969 Direktor des Goethe-Instituts in Tokio. 1975 kehrte er nach Brasilien zurück.

WW: Variationen (1941) u. *Música* (1947) für Streichquartett; *Acht Haikai des Pedro Xisto* (1963) für Baß, Fl., Gitarre, Klv. u. Schlagzeug; für Orch.: *Quatro peças* (1937); *Concretion* (1960); *Constructio ad synesin* (1962). – Kulka-Gesänge (1964) für Sopran u. Klv.; *India Report* (1969) für Sopran, Sprecher, Kammerchor, Sprechchor u. Kammerorch. (mit indischen Instr.).

Lit.: F.C. LANGE, in: Musica 12 (1958).

KOLNEDER, Walter, * 1.7.1910 Wels (Oberösterreich); östr. Musiker u. Musikforscher. K. studierte bis 1936 am Mozarteum in Salzburg (Violine, Komposition, Dirigieren). 1936–39 lehrte er am Konservatorium in Graz und 1939–45 an der Hochschule für Musikerziehung Graz-Eggenberg. 1947–53 war er Bratschist im Städtischen Orchester Innsbruck; 1953–59 leitete er das Konservatorium Luxemburg, 1959–65 die Akademie der Tonkunst in Darmstadt und 1966–72 die Musikhochschule Karlsruhe. Neben dieser künstlerisch-praktischen Tätigkeit promovierte K. 1949 im Fach Musikwissenschaft an der Universität Innsbruck, habilitierte sich 1956 in Saarbrücken, lehrte dort bis 1965, dann bis 1975 an der Universität Karlsruhe (seit 1963 als Professor).

Schriften: *Die vokale Mehrstimmigkeit in der Volksmusik der östr. Alpenländer* (Diss. I 1949, gedr. Winterthur 1977); *A. Vivaldi. Neue Stud. zur Biogr. u. Stilistik seiner Werke* (Hab.schrift Saarbrücken 1956), Teildrucke als: *Aufführungspraxis bei Vivaldi* (L 1955, Adliswil – Z [2]1973) u. *Die Solokonzertform bei Vivaldi* (Str 1961) (= Slg. musikwiss. Abh.en 42); *A. Webern* (Rodenkirchen 1961) (= Kontrapunkte 5); *A. Vivaldi* (Wie 1965, engl. Lo – Berkeley 1970); *Das Buch der Violine* (Z – Fr 1972, [3]1978); *Melodietypen bei Vivaldi* (Adliswil – Z 1973); *Die Kunst der Fuge. Mythen des 20. Jh.*, 4 Bde. (Wilhelmshaven 1976); *A. Vivaldi, Dokumente seines Lebens und Schaffens* (ebd. 1979); *Kleine Harmonielehre für Geiger und Spieler anderer Melodieinstrumente* (1980). – K. besorgte auch zahlreiche Neuausg. älterer Musik, u.a. von T. Albinoni, M.-A. Charpentier, A. Corelli, G. F. Händel, F. M. Veracini und A. Vivaldi.

KOLO (serbokroatisch, = Rad), Sammelbezeichnung für verschiedene jugoslawische Kettentänze und Tanzlieder mit z.T. unterschiedlichen Tanzmustern und Tempi.

KOLORATUR, Coloratur (von lat. color = Farbe; it. und frz.: coloratura), allgemein die Bz. für längere schnelle Passagen in der Gesangsstimme einer vokalsolistischen Komposition. K.en können aus Läufen (Tonleitern), Akkordbrechungen, Trillern und Sprüngen in mannigfacher Kombination und Ausdehnung bestehen. Nicht ohne gelegentliches Vorkommen von K.en in oberstimmenbetonten Vokalformen des 16. Jh beginnt die Geschichte der K. in der 1. Hälfte des 17. Jh. im Zusammenhang mit der Ausprägung der monodisch-ariosen Satzweise, und zwar zunächst gleichermaßen in weltlicher wie geistlicher Musik, in Oper, Kantate, Oratorium, Concerto. Im weiteren Verlauf des 17. Jh. wird die ↗Arie (speziell die ↗Da capo-Arie) die eigentliche Domäne der Koloraturen. Sie bestimmen ihrerseits weithin die Entwicklung der Arie und sind in diesem Bereich das offenkundigste Zeichen für die sich entfaltende sängerische Virtuosität (↗Gesang) und für das Frühstadium des ↗Bel canto. Am stärksten ausgebildet war das Koloraturenwesen in der Opera seria neapolitanischer Prägung vom späten 17. bis zum frühen 19. Jh., dann in der italienischen Oper des 19. Jh. (G. Rossini, V. Bellini, G. Donizetti). K.en bildeten nicht nur einen integrierenden Bestandteil der schriftlich fixierten Komposition, sondern wurden auch improvisiert (besonders in der Schlußkadenz einer Arie), was zeitweise in Italien geradezu zu einem K.-Unwesen führte, das von zahlreichen Komponisten scharf kritisiert wurde.

Die K. hatte jedoch seit ihrer Frühzeit nicht nur einen virtuosen Aspekt, sondern konnte auch im Dienst des Ausdrucks von Sinn und Affekt einzelner Worte oder eines textlichen Zusammenhangs stehen. Mit zunehmender Typisierung der Opernarie entstand so etwas wie ein fester Vorrat von sozusagen koloraturauslösenden Worten und Sinnbereichen. Er umfaßte sowohl solche Worte, die eine musikalische Umsetzung von Bewegungsvorgängen in melodisch bewegte K.en ermöglichen (Wellen, Meer, laufen, bewegen u.ä.) als auch vor allem stark affektbezogene Worte (Liebe, Haß, Rache, Zorn, Schmerz, Betrug, Mitleid, Herz u.v.a.). Kein Opernkomponist – mit Ausnahme französischer Meister, die dem Koloraturenwesen in der Oper kaum Raum gaben – von A. Stradella bis C. M. v. Weber, der nicht hiervon reichen Gebrauch gemacht hätte. Herausragende Beispiele für den affektbezogenen und gleichzeitig dramaturgisch begründeten Einsatz ausgedehnter K.en sind die Arien der Königin der Nacht in W. A. Mozarts *Zauberflöte* und die „Wahnsinnsarie" aus Donizettis *Lucia di Lammermoor*. Freilich ist die Oper nicht das einzige Gebiet, wo sich K.en finden. Wo immer vom 17. bis zum frühen 19. Jh. in anderen Gattungen Arien komponiert wurden, im italienischen und deutschen Oratorium, in der weltlichen Solokantate, in der deutschen evangelischen Kirchenkantate, in der Messe und in anderen liturgischen Gattungen, dort kommt auch die K. zur Geltung. Die Kantaten, Passionen und Messen J. S. Bachs, Mozarts c-moll-Messe, J. Haydns *Schöpfung* und *Jahreszeiten* bieten mannigfaltige Beispiele gerade für das Miteinander und den Ausgleich von Virtuosität und Wortausdruck von Koloraturen.

Erst in der Mitte des 19. Jh. verliert die K. in allen Bereichen der Vokalmusik an Beliebtheit. Für G. Verdi wird sie zunehmend ein Mittel musikalisch-dramatischer Intensivierung. Für R. Wagner ist sie dagegen ein wesentliches Indiz für den Verfall und den Tiefstand der Oper und des Operngesangs der ihm unmittelbar vorausgehenden Zeit. Das einzige Werk, in dem er selbst K.en verwendet, sind die *Meistersinger*, und zwar parodistisch (und anspielend auch an die ↗Kolorierungs-Praxis der historischen Meistersinger) im Preislied des Beckmesser. In der Oper des 20. Jh. wurden K.en gelegentlich zur Charakterisierung bestimmter dramatischer Personen verwendet, so der Zerbinetta in *Ariadne auf Naxos* von R. Strauss und der Lulu in der gleichnamigen Oper von A. Berg.

Lit.: H. GOLDSCHMIDT, Die Lehre v. der vokalen Ornamentik (B 1907); M. HÖGG, Die Gesangskunst der F. Hasse u. das Sängerinnenwesen ihrer Zeit in Deutschland (Diss. B 1931); H. FALLER, Die Gesangskoloratur in Rossinis Opern u. ihre Ausführung (Diss. B 1935); L. MEDICUS, Die K. in der it. Oper des 19. Jh. (Diss. Z 1939); H. CH. WOLFF, Die Barockoper in Hamburg 1678–1738, 2 Bde. (Wb 1957); H. TRENNER, Zur Stilgesch. der K. v. Monteverdi bis Verdi (Diss. I 1968); D. GALLIVER, „Cantare con la gorga". The Coloratura Technique of the Renaissance Singer, in: Studies in Music 7 (1973).

KOLORATURSOPRAN, Bz. für die höchste und am hellsten timbrierte Gattung der Frauenstimme mit einem Umfang, der in der Höhe über c^3 bis f^3 und darüber hinaus reicht und eine besondere Affinität zum Gesang von ↗Koloraturen besitzt. Die Bezeichnung K. stammt aus dem 19. Jh.; die damit angesprochene stimmliche Disposition und Fähigkeit entwickelte sich namentlich in Verbindung mit dem Koloraturengesang in der italienischen Oper des 17.–18. Jh. Die K.-Sängerin galt in dieser Zeit uneingeschränkt als die Primadonna. In der heutigen Opernpraxis unterscheidet man den dramatischen K. (Königin der Nacht und Constanze in W. A. Mozarts *Zauberflöte* bzw. *Entführung,* Rosina in G. Rossinis *Barbier*) und die Koloratursoubrette (Blondchen in der *Entführung,* Adele in der *Fledermaus* von J. Strauß).

KOLORIERUNG (von lat. colorare = färben, ausschmücken), als musikwissenschaftlicher Terminus des 19./20. Jh. Bz. für die mittelalterliche Praxis, einzelne Gerüsttöne oder Tonschritte in Gruppen von kleinen, schnelleren Noten zu zerlegen (↗Color; ↗Diminution; ↗Flores, Fioriture; ↗Koloratur; ↗Verzierungen). Durch die K. werden jedoch Tonschritte verschiedener Intervallgröße melodisch ausgefüllt, während eine Verzierung einzelne Töne umspielt. Die melodische Vorlage wird demzufolge durch die K. in eine neue Melodiegestalt umgebildet.

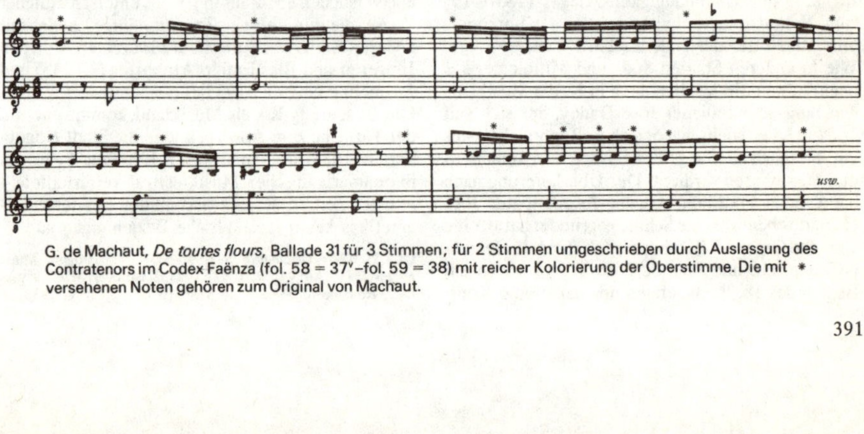

G. de Machaut, *De toutes flours,* Ballade 31 für 3 Stimmen; für 2 Stimmen umgeschrieben durch Auslassung des Contratenors im Codex Faënza (fol. 58 = 37ᵛ–fol. 59 = 38) mit reicher Kolorierung der Oberstimme. Die mit * versehenen Noten gehören zum Original von Machaut.

In der musikwissenschaftlichen Literatur fand K. von der Sache her einen z.T. unterschiedlichen Nachweis: während die K. für A. Schering in den melismenreichen Oberstimmen der Trecentomusik auftritt, ist sie für R. von Ficker und A. Orel ein allgemeines Kompositionsverfahren des 14. und 15. Jh.; demgegenüber differenziert J. Handschin zwischen Paraphrasierung, Variierung, Komprimierung und Kolorierung. Die Thesen Scherings, von Fickers und Orels fanden Widerspruch vor allem durch H. Besseler, W. Korte und Th. Kroyer. Doch gelten heute allgemein die Ordinariums- und Hymnenkompositionen des 14. und 15. Jh. als koloriert (E. H. Sparks). Unüblich ist es hingegen, die instrumentale Verzierung des 18. Jh. als K. zu bezeichnen (H. Lungershausen). In der Literatur wird gelegentlich – unter Hinweis auf die Verzierungspraxis deutscher Organisten und Lautenisten – von einer „Epoche der Koloristen“ (etwa 1570–1620) gesprochen.

Lit.: A. SCHERING, Das kolorierte Orgelmadrigal des Trecento, in: SIMG 13 (1911/12); DERS., Stud. z. Musikgesch. der Frührenaissance (L 1914) (= Stud. z. Musikgesch. 2); R. V. FICKER, Die Kolorierungstechnik der Trienter Messen, in: StMw 7 (1920); A. OREL, Einige Grundformen der Motettkomposition im 15. Jh., in: ebd.; TH. KROYER, Denkmäler der Tonkunst in Österreich, in: ZfMw 5 (1922/23), dazu: R. V. FICKER – A. OREL, in: ebd.; R. V. FICKER, Die frühen Messenkompositionen der Trienter Codices, in: StMw 11 (1924); J. HANDSCHIN, Zur Frage der melodischen Paraphrasierung im MA, in: ZfMw 10 (1927/28); H. BESSELER, Von Dufay bis Josquin, in: ebd. 11 (1928/29); W. KORTE, Stud. z. Gesch. der Musik in Italien im ersten Viertel des 15. Jh. (Kas 1933) (= Münsterische Beitr. z. Musikwiss. 6); H. LUNGERSHAUSEN, Zur instr. Kolorierungspraxis des 18. Jh., in: ZfMw 16 (1934); E. T. FERAND, Die Improvisation in der Musik (Z 1939); DERS., Die Improvisation (Kö 1956, [2]1961) (= Das Musikwerk 12); E. H. SPARKS, Cantus firmus in Mass and Motet 1420–1920 (Berkeley 1963).

B. R. SUCHLA

KOLUMBIEN. Die Musiktraditon K.s weist – bedingt durch die geschichtliche Entwicklung – mannigfache Züge auf, die indianische, spanische und afrikanische Einflüsse in sich vereinigen. Ein charakteristischer Tanz K.s ist der Bambuco, der sich zur Zeit des Unabhängigkeitskrieges (1810–19) zum Nationaltanz entwickelte. Seine Choreographie ähnelt der der chilenischen ↗Cueca.

Wie in anderen Staaten Süd- und Mittelamerikas beeinflußten die Jesuiten auch in K. die Musikentwicklung. Der Italiener José Dadey, der sich seit 1604 in K. aufhielt, macht sich in Bogotá als erster um die musikalische Unterweisung von Indianern und Missionaren verdient. Der Überlieferung nach baute er in Fontibón, wo der Jesuitenpater José Hurtado ebenfalls eine Schule gegründet hatte, eine einfache Orgel mit Bambuspfeifen. Juan de Herrera y Chumacero und Juan de Dios Torres waren am Beginn des 18. Jh. die ersten uns bekannten Komponisten; ihre Werke befinden sich in den Archiven der Basilika von Bogotá. Seit 1783 gab es in Bogotá auch ein Theater, das von der bürgerlichen Regierung trotz der kirchlichen Opposition eingerichtet wurde. In den adligen Salons entwickelte sich etwa um dieselbe Zeit eine besondere Musikpflege; u.a. wurden die damals populär gewordenen ↗Tonadillas bevorzugt. Zur Zeit der Unabhängigkeitskämpfe trat z.B. Juan Antonio Velasco als Komponist patriotischer Lieder hervor, der schließlich zusammen mit Nicolas Quevedo Rachadell auch tatkräftig an dem Aufschwung des Musiklebens des neuen, 1819 von Simon Bolívar gegründeten Staates mitwirkte: u.a. wurden Orchesterkonzerte veranstaltet mit Symphonien von Haydn, Mozart und Beethoven. Ein traditionell jedes Jahr am 28. Oktober, dem Gedenktag Bolívars, von Quevedo gegebenes Konzert schloß gewöhnlich mit der *Canción patriótica* von Lino Gallardo.

Velasco ist auch der Gründer des ersten kolumbianischen Konservatoriums, das damals im Kloster Chandeleur untergebracht war und in dem u.a. José Maria und Eladio Cancino und Mariano de la Hortua unterrichteten. Bedeutende Komponisten dieser Zeit waren vor allem Julio Quevedo Arvelo (1829–96), der auch als Theoretiker und Orgelbauer wirkte, und José Joaquin Guarin, der u.a. Kirchenmusik und Salonstücke für Klavier schrieb. Als wichtigste Persönlichkeit des Musiklebens in K. im 20. Jh. gilt Guillermo Uribe Holguín (1880 bis 1971), ein Schüler von V. d'Indy und der Pariser Schola cantorum, der sich als Leiter des Konservatoriums von Bogotá, aber auch als Komponist zahlreicher Werke, in denen er ein nationales Kolorit mit neueren Kompositionstechniken verbindet, einen Namen machte. Daneben zählen auch Antonio María Valencia (1904–52), Carlos Posada Amador (* 1908), Adolfo Mejía (* 1909), Roberto Pineda Duque (* 1910), Fabio Gonzáles-Zuleta (* 1920) und Luis Antonio Escobar (* 1925) zu den prominenten kolumbianischen Komponisten. Sie alle versuchen ebenfalls in jeweils unterschiedlicher Weise, die musikalische Tradition ihres Landes mit anderen modernen Stilmitteln zu vereinen. Von den Jüngeren sind Blas Emilio Atehortua (* 1933) und Jacqueline Nova (* 1937) erwähnenswert.

Die Bedeutung K.s als Musikland kommt auch in der Tatsache zum Ausdruck, daß die Stadt Bogotá bereits 1938 aus Anlaß ihrer 400-Jahr-Feier ein iberoamerikanisches Musikfestival veranstaltete – in einer Zeit, in der es zwischen den Ländern Südamerikas kaum musikalische Beziehungen gab.

Lit.: **1) Bibliographien:** R. STEVENSON, The Bogota Music Archives, in: JAMS 15/3 (1962). – **2) Denkmäler:** M. CARVAJAL, Romancero colonial de Santiago de Calí (Calí 1936). –

3) **Studien:** E. DE LIMA, Folklore colombiano (Barranquilla 1942); A. PARDO TOVAR, A. M. Valencia, artista integral (Cali 1958); DERS., Los cantares tradicionales del Baudo (Bogotá 1960); DERS., Ritmica y melodica del folklore chocano (ebd. 1961); J. I. PERDOMO ESCOBAR, Histoire de la musique en Colombia (ebd. 1963); A. PARDO TOVAR, La cultura musical en Colombia (ebd. 1966); G. BEUTLER, Stud. zum span. Romancero in K. in seiner schriftlichen u. mündlichen Überlieferung v. der Zeit der Eroberung bis zur Gegenwart (Hei 1969); H. C. DAVIDSON, Diccionario folklórico de Colombia. Música, instrumentos y danzas, 3 Bde. (Bogotá 1970); J. PINZON URREA, La música vernacula del altiplano de Bogotá, in: Boletín interamericano de música 77 (1970).

L. H. CORREA DE AZEVEDO

KOMBINATION, Bz. für eine Vorrichtung am Spieltisch der Orgel, mit der mehrere Register gleichzeitig durch einen Zug, Druckknopf oder Hebeltritt ein- und ausgeschaltet werden können. Bei der *festen K.* sind die Register festgelegt: z. B. als in der Lautstärke (p, mf, f, Tutti) oder Klangfarbe (Streicher, Zungen) fest disponierte Registergruppen. Feste K.en waren zwischen 1880 und 1930 im Orgelbau weit verbreitet, sind aber seither bis auf das Tutti aufgegeben worden. Als Registrierungshilfe wichtiger ist heute hingegen die *freie K.*, durch die mehrere Registrierungen frei vorprogrammiert und während des Spiels nach Bedarf abgerufen werden können, und zwar auf mechanischem (schon im italienischen Orgelbau des 18. Jh.), pneumatischem, elektrischem oder elektronischem Wege. Dabei sind 2 Bedienungssysteme zu unterscheiden: bei dem deutschen System kann jedes Register durch eine den K.en entsprechende Anzahl von Zügen (meist 2–4) geschaltet und vorbereitet werden. Bei den amerikanischen „Setzer"-K.en (engl.: setter pistons), die inzwischen auch in Europa weit verbreitet sind, hat jedes Register nur einen Zug, mit dem vorab die verschiedenen Registerprogramme (8–60) gesetzt werden. Beim Abrufen der K. springen dann die Registerzüge automatisch entsprechend um.

Lit.: H. M. BALZ, Zur Technik u. Gesch. der Registriervorrichtung, in: FS O. Heuß (1978); C. VON GLATTER-GÖTZ, Spielhilfen, in: Iso-Information 17 (1978), vgl. dazu: ebd. 19 (1979).

H. J. BUSCH

KOMBINATIONSTON (engl.: combination tone, resultant tone; frz.: son résultant), Bz. für einen Zusatzton, der aus der Kombination der ↗Frequenzen zweier Töne entsteht, die gleichzeitig erklingen. Man unterscheidet zwischen einem Differenzton, dessen Frequenz gleich der Differenz der Frequenzen der beiden erklingenden Töne ist, und dem Summationston, dessen Frequenz gleich der Summe der Frequenzen der beiden Töne ist. So beträgt z. B. für eine große Terz mit der Schwingungszahl 500/400 Hz der Differenzton 500 − 400 = 100 Hz, der Summationston 500 + 400 = 900 Hz. Die Differenztöne sind unter günstigen akustischen Bedingungen deutlich hörbar, insbesondere bei hohen Tönen der Orgel. Sie wurden, unabhängig voneinander, von G. A. Sorge (1740), J. B. Romieu (1743), J. A. Serre (1752) und G. Tartini (1754) erkannt. Man entdeckte auch, daß der Differenzton eines gegebenen Intervalls mit den Tönen dieses Intervalls erneut Differenztöne bildet, die ihrerseits weitere Kombinationstöne erzeugen. Diese Differenztöne 2. Ordnung (Differenz zwischen dem ersten Differenzton und dem stärksten Ton des Intervalls), von denen nur einige hörbar sind, wurden gelegentlich auch Gegenstand der Musiktheorie (u. a. in P. Hindemiths *Unterweisung im Tonsatz*). Darüber hinaus ist das Interesse eher spekulativ. Die Summationstöne, die H. von Helmholtz 1856 entdeckte, sind im allgemeinen dissonant und haben praktisch keine Bedeutung, da sie sehr schwach sind.

Differenztöne: ‹› = 1. Ordnung, • = 2. Ordnung

Lit.: H. VON HELMHOLTZ, Die Lehre von den Tonempfindungen ... (Brau 1863, erweitert [6]1913, Nachdruck Da 1968); C. STUMPF, Beobachtungen über subjektive Töne u. Doppelthören, in: Zschr. für Psychologie u. Physiologie der Sinnesorgane 21 (1899); F. KRUEGER, Zur Theorie der Combinationstöne, in: Philosophische Stud. 17 (1901); H. HUSMANN, Vom Wesen der Konsonanz (Hei 1953) (= Musikal. Gegenwartsfragen 3); J. P. FRICKE, Über subjektive Differenztöne höchster hörbarer Töne u. des angrenzenden Ultraschalls im musikal. Hören (Rb 1960) (= Kölner Beitr. z. Musikforsch. 16); F. TRENDELENBURG, Einführung in die Akustik (B [3]1961); H.-P. REINECKE, H. Riemanns Beobachtungen v. „Divisionstönen" ..., in: H. Albrecht in memoriam (Kas 1962); J. L. GOLDSTEIN, Aural Combination Tones, in: Frequency Analysis and Periodicity Detection in Hearing, hrsg. v. R. Plomp – G. F. Smoorenburg (Leiden 1970).

KOMITAS (eig. Ssogomonjan), **Ssogomon Geworkowitsch,** * 26. 9. (8. 10.) 1869 Kutina (Türkei), † 22. 10. 1935 Paris; armenischer Komponist, Musikforscher und Dirigent. K. war seit 1881 Schüler der Geistlichen Akademie in Edschmiadzin und setzte seine musikalische Ausbildung später in Berlin fort. Später lebte er wieder in Edschmiadzin, Konstantinopel und zuletzt in Paris. K. ist eine wertvolle Sammlung armenischer Volkslieder zu verdanken, über die er auch wichtige Arbeiten veröffentlichte. Als Komponist leitete er die Entwicklung einer national eigenständigen, armenischen Kunstmusik ein.

WW: Zahlr. Lieder für SingSt u. Klv. sowie a cap. Chöre; Volksliedslg. *Etnografitscheskij sbornik*, 2 Bde. (Jerewan 1931, Armgis 1950); Chorslgen. (L 1913, Jerewan 1934, 1937, P 1937). – Ferner die Schriften *Armeniens volkstümliche Reigentänze*, in: Zschr. für armenische Philologie 1 (1901) u. *Armjanskaja lira* (P 1907).

Lit.: R. SZESKUS, K. in Berlin, in: BzMw 12 (1970); DERS., K. Musikforscher u. Patriot, in: MuGes 20 (1970); S. POLADIAN, K. Verdapet and His Contribution to Ethnomusicology, in: Ethnomusicology 16 (1972).

KOMMA. – **1)** (griech., = Abschnitt) Bz. für Verhältnisse annähernd gleicher Frequenzen. Das *pythagoreische K.*, das in der ↗pythagoreischen Stimmung (↗Intervall) auftritt, resultiert aus dem Verhältnis der Frequenzen f_1 und f_2, die sich durch Aneinanderreihung von 12 reinen Quinten bzw. 7 Oktaven auf die gleiche Grundfrequenz ergibt:
$f_1 : f_2 = (3/2)^{12} : (2/1)^7 = 1{,}0136 : 1$.
Die Differenz, die 23,46 Cent beträgt, wird in der gleichschwebenden (temperierten) Stimmung ausgeglichen, indem jede Quinte um $\frac{23{,}46}{12}$ Cent verkleinert wird. – Das *syntonische* oder *diatonische K.* ergibt sich in einer Terz-Quint-Stimmung und resultiert aus dem Verhältnis zwischen großem und kleinem Ganzton:
$f_1 : f_2 = (9/8) : (10/9) = 81 : 80 = 1{,}0125 : 1$.
Der Frequenzunterschied beträgt 21,506 Cent. – Das *septimale K.*, die Differenz zwischen pythagoreischer und Naturseptime, beträgt 27,256 Cent und resultiert aus:
$f_1 : f_2 = (16/9) : (7/4) = 64 : 63 = 1{,}0158 : 1$.
Das Gehör nimmt diese Differenz bei bestimmten Intervallen in der nicht temperierten Stimmung als Verstimmung wahr. Andere Differenzbildungen sind rein spekulativer Art und für die Musikpraxis ohne Bedeutung.
2) (engl.: comma; frz.: virgule; it.: virgola, span.: coma) Artikulationszeichen, das in der Vokal- und Blasmusik benutzt wird, um Stellen für das Atemholen anzuzeigen. In ähnlicher Bedeutung wird in der übrigen Instrumentalmusik das K. als Phrasierungszeichen gebraucht.

KOMMERSBUCH ↗Studentenlied.

KOMÖDIE AUF DER BRÜCKE *(Veselohra na mostě)*, Funkoper in einem Akt von Bohuslav Martinů (1890–1959), Text vom Komponisten nach der gleichnamigen Komödie (1828) von Václav Klicpera. Ort und Zeit der Handlung: Brücke über einen Fluß, der feindliche Armeen trennt; erste Hälfte des 19. Jahrhunderts. Ursendung: 18.3.1937 Prager Rundfunk; szenische UA: 1951 Venedig; dt. EA (in dt. Sprache): 1952 Hagen.
Die hübsche Popelka und der Bierbrauer aus ihrem Dorf dürfen kurz vor Beendigung eines Waffenstillstands die Brücke im Niemandsland nicht verlassen. Bei einem freundschaftlichen Kuß werden sie vom Bräutigam des Mädchens überrascht, welcher der ebenfalls erscheinenden Ehefrau des Brauers den Vorfall schildert. Die sich entwikkelnde Eifersuchtsszene wird von der wieder einsetzenden Kampfhandlung beendet: inmitten der kämpfenden Armeen versöhnen sich die Paare. Bei der Vertonung dieses Stoffes griff Martinů in parodistischer Absicht Stilelemente des Biedermeier auf und zeigte in der Vermeidung jeglicher Modernismen seine Bindung an die tschechische musikalische Tradition. Mit der oft volkstümlichen, der unbeschwerten Handlung entsprechenden Musik stellt sich dieses Werk (Aufführungsdauer 38 Minuten) als Rückgriff auf die Gattung des neapolitanischen Intermezzo buffo aus dem 19. Jh. dar.

K. LANGROCK

KOMPLET (von lat. completorium), die letzte der ↗Horen im Offizium der katholischen Kirche. Sie ist monastischen Ursprungs und hat heute den folgenden Aufbau, wobei die Texte dem Charakter der K. als eines liturgischen Nachtgebets entsprechen: Eröffnung und Bußgebet – Hymnus *Te lucis ante terminum* – Psalm mit Antiphonen (entweder Pss. 4 und 134 oder Ps. 91) – Lesung – Responsorium – Canticum Simeonis (↗Canticum) – Oration und Segen (mit der Bitte um „eine gute Nacht und ein seliges Ende“). Die K. und damit das gesamte Offizium eines Tages schließt mit einer der vier ↗Marianischen Antiphonen. Für den Gesang der K. sind im *Antiphonale* die entsprechenden choralen Melodien vorgesehen, im Gebet- und Gesangbuch *Gotteslob* auch eine Adaption mit deutschem Text. Aus dem 16./17. Jh. existieren – ähnlich wie in größerem Umfang für die ↗Vesper – auch für die K. eigene mehrstimmige Vertonungen, deren Kern die Psalmen, das Canticum und die Marianischen Antiphonen sind. Gedruckt wurden Werke u. a. von G. G. Gastoldi, G. Finetti, L. Viadana, A. Agazzari, G. M. Sabino, G. M. Trabaci, D. Massenzio, N. Fontei, G. A. Rigatti.

KOMPOSITION (von lat. componere = zusammensetzen bzw. compositio = die Zusammensetzung oder das Zusammengesetzte) bezeichnet heute allgemein das vom Komponisten geschaffene, mittels einer Notation fixierte und somit auch unabhängig von seinem Schöpfer klanglich realisierbare musikalische Werk. Im erweiterten Sinne kann darüber hinaus auch eine zwar notationsfreie, aber eindeutig fixierte und reproduzierbare musikalische Ausarbeitung, etwa eine elektronische Tonbandmontage, als K. verstanden werden, doch bedarf es hierzu noch einer endgültigen Definition der Begriffe „Werk", „Fixierung" u.a.

Unter der Voraussetzung einer schriftlich notierten Musik kann von K. bzw. „compositio" frühestens seit der Ausbildung der Neumennotation im 9. Jh. n. Chr. gesprochen werden und auch das zunächst nur im westeuropäischen Raum. Das schriftlose Musizieren nach festgelegten Modellen und Regeln, wie es z. B. die altgriechischen Nomoi oder noch heute die indischen Rāgas oder die arabischen Maqāmat darstellen, erfüllen auf Grund ihrer dem Improvisatorischen nahestehenden Realisierung und damit ihrer Unwiederholbarkeit nicht die Bedingungen einer Komposition. Nur im Abendland „kennt man die in der Schrift geborgene, durchrationalisierte K., kennt man ein ‚Schrifttum' von musikalischen Kunstwerken" (R. Hammerstein, 1966). Erst die Verbindung von Musik und Notenschrift ermöglichte eine Kunst des Kontrapunkts und der Polyphonie, erst mit der Notenschrift wurden auch in der Musik die geistigen Phänomene „alt" und „neu", „Tradition" und „Fortschritt" möglich, sie erst schuf die Voraussetzung für die Entwicklung und die gedankliche Formulierung von Stilen und Epochen und damit auch für stilistische Rückorientierungen, wie sie uns seit dem frühen 17. Jh. begegnen (↗a cappella) und im musikalischen ↗Historismus des 19. und 20. Jh. ihre besondere Ausprägung erfuhren. Auf diese Weise ist eine K. auch immer eingebunden in das historische Feld ihrer Entstehungszeit und wird damit, anders als außereuropäische Musik, zugleich zu einem beredten Dokument für eine bestimmte geistesgeschichtliche, kulturelle und gelegentlich auch politische und gesellschaftliche Situation. Daneben folgt der Komponist bei der Herstellung einer K. aber selbstverständlich spezifisch musikalischen Gesetzen, wie sie in den verschiedenen K.s-Lehren (Kontrapunkt-, Harmonie-, Formen- und Instrumentationslehre, Zwölftonmusik usw.) zu erlernen oder an exemplarischen Meisterwerken (z. B. an J. S. Bachs *Wohltemperiertem Clavier*) ablesbar sind. Die an den Komponisten gestellte Forderung, ein „autonomes" oder gar „originales" Kunstwerk zu erschaffen, ist frühestens in der Renaissance anzutreffen.

Das Verbum „componere" wird bei seinem ersten bekannten Auftreten im musikalischen Sinne zunächst im reinen Wortsinne verwendet und bezieht sich anfangs noch auf die Ausformung einer Melodie (11./12. Jh.: Guido von Arezzo, Johannes Affligemensis), wobei eine Anlehnung an den „compositio"-Begriff der spätantiken Rhetorik angenommen werden muß: So wie der Redner die Wörter zu wohlgeordneten und gut klingenden Sätzen formt, so setzt der Musiker die Einzeltöne zu einem hinsichtlich seiner Tonbewegung (später auch bezüglich der rhythmischen Gliederung) wohlgeordneten Cantus zusammen. In der mehrstimmigen Musik, vor allem seit den Organa des 12. Jh., werden die Begriffe „componere" bzw. „compositio" dann mehr und mehr im Sinne von kontrapunktischem Satz benutzt und verschmelzen zeitweise geradezu ineinander. Allerdings erscheinen beide vor dem 16. Jh. noch nicht als eigenständige Begriffe, sondern stets in Verbindung mit einem musikalischen Gattungsnamen („compositio cantilenarum", „compositio carminum"; auch „componere organum vel discantum" usw.). Seit dem 13. Jh. beziehen sich beide Begriffe ausschließlich auf mehrstimmige Musik. Vom 14. Jh. an rückt die individuelle Leistung des Komponisten ins Blickfeld. Damit büßt die Musik zwar ihre mittelalterliche Rolle als Spiegelung und mikrokosmisches Analogon der von Gott als dem „summus musicus" geschaffenen Universalharmonie ein, sie wird aber damit zugleich in den Rang eines autonomen Kunstwerks erhoben und als „opus" eines irdischen „Schöpfers" erkannt. Dieses Werk ist jetzt auf eine ganz neuartige Weise dem Gestaltungswillen seines Erschaffers unterworfen, der ihm nunmehr, besonders wenn es sich um eine cantus firmus-freie Musik handelt, seinen persönlichen Stil hinsichtlich des Text- und Affektausdrucks einprägen kann. Und so wie man jetzt die als „klassisch" empfundenen Komponisten mit den Dichtern der Antike vergleicht (so vergleicht Glareanus in seinem *Dodekachordon* [1547] Josquin des Prés mit Virgil, J. Obrecht mit Ovid und P. de La Rue mit Horaz), so gesteht man seit dem späten 15. Jh. auch dem musikalischen Kunstwerk einen den antiken Epen und Dramen entsprechenden Ewigkeitswert zu. „Compositio" erhält damit eine Bedeutung, die dem neuzeitlichen Begriff K. weitgehend gleichkommt: Nicht mehr der Vorgang des Herstellens von Musik, sondern das schriftlich ausgearbeitete autonome Kunstwerk ist jetzt gemeint, wenn von „compositio" gesprochen wird. J. Tinctoris grenzt den „compositus cantus" als eine „res facta" deutlich ab gegenüber dem nur improvisierten kontrapunktischen Singen und gesteht dem Komponisten die Fähigkeit (und Verpflichtung!) zu, Neues und Gültiges zu schaffen („compositor est alicuius novi cantus editor", in: *Diffinitorium*

Musicae, 1473/74). N. Wollick (*Opus aureum,* 1501) und N. Vincentino (*L'antica musica ridotta alla moderna prattica,* 1555) führen diese Gedanken weiter, indem sie die vollkommen ausgearbeitete Compositio, die durch einen kontrapunktisch voll durchstrukturierten Stimmenverband gekennzeichnet ist, über den nur praktisch und ex improviso realisierten Contrappunto alla mente (auch Sortisatio oder canere supra librum genannt) stellen, bei dem es nur darauf ankommt, daß das Verhältnis der Einzelstimme zum Tenor beachtet wird. Von hier aus ist es nur noch ein Schritt zur ersten wirklichen Kompositionslehre im neuzeitlichen Sinne: dem Traktat *Musica* des N. Listenius (Wittenberg 1537). Neben der rein spekulativen Musica theorica und der den Contrappunto alla mente repräsentierenden Musica practica führt Listenius erstmals die Musica poetica (von griech. poiein = machen) als dritte Musikart in die Musiklehre ein, womit nichts anderes gemeint ist als das moderne autonome musikalische Kunstwerk, das als „opus perfectum et absolutum" für alle Zeiten seine volle Gültigkeit bewahrt und somit auch seinen Schöpfer überleben und überdauern wird. Und ein solches Opus ist in sich so vollkommen, daß niemand zu keiner Zeit an ihm etwas ändern darf (H. Glareanus: „... una perfecta ars, cui nihil addi potest"). Die K. wird so zum „ewigen" Zeugnis ihres Erschaffers und von dessen „ingenium". Erst von dieser Zeit an findet sich auch das Wort „Komponist" als Berufsbezeichnung: Der in Diensten Maximilians I. stehende H. Isaac nennt sich 1497 einen „kuniglichen mayestat componisten"; G. P. da Palestrina wird 1555 zum „compositore della Cappella pontificia" berufen.

Bei alldem darf freilich nicht übersehen werden, daß viele aufführungspraktische Einzelheiten auch weiterhin nicht schriftlich fixiert wurden und somit der ↗Interpretation durch den Ausführenden vorbehalten blieben. Auch kommt es in der Folgezeit im Rahmen der K. immer wieder zu direkten Berührungen zwischen den Bereichen der schriftlich fixierten Musik und der schriftlosen ↗Improvisation. Zu nennen wären hier z. B. die aus der Spielmannstradition hervorgegangenen Variationsformen, wie das freie Variieren über ostinaten Baßmodellen, ferner die vokale und instrumentale Kolorierungspraxis sowie der der Spielmannssphäre entwachsene Stilisierungsvorgang, der die Entwicklung von der Basse danse mit ihrer Paarigkeit von geradtaktigem Vortanz und ungeradtaktigem Nachtanz kennzeichnet bis hin zur Suite und Partita des 17. Jahrhunderts. Auch in der Generalbaßlehre des Barocks, die seit dem beginnenden 17. Jh. als gleichberechtigt neben die Kontrapunktlehre tritt, finden wir noch einmal ein der Polarität von Sortisatio und Compositio entsprechendes Nebeneinander von improvisierter und geschriebener Musik wieder. Autoren wichtiger Generalbaßlehren sind u. a. L. Viadana (1602), A. Agazzari (1607), M. Praetorius (1619), F. E. Niedt (1700), J. D. Heinichen (1711 und 1728), J. Mattheson (1719), J. J. Quantz (1752), C. Ph. E. Bach (1753) und J. Ph. Kirnberger (1781).

Der stilistische Wechsel, der die Musik des ausgehenden 16. und beginnenden 17. Jh. kennzeichnet und der sich kompositorisch vornehmlich im Zurückdrängen der polyphonen Satzweise und im Vordringen der generalbaßbegleiteten Monodie äußerte, ist auch an den theoretischen Abhandlungen jener Zeit deutlich abzulesen. War es G. Zarlino (*Istitutioni harmoniche,* 1558) zunächst noch gelungen, den Musica practica-Begriff neu zu formulieren und für die Zukunft wirksam werden zu lassen, so wurden seine Thesen bereits durch Mitglieder der Camerata Fiorentina (G. Mei, 1572; V. Galilei, 1581; G. Caccini, 1601) wieder in Frage gestellt und als überholt erklärt. In nahezu allen damaligen theoretischen Schriften steht das Problem des Affektausdrucks mit Hilfe melodischer und harmonischer Mittel (Konsonanz und Dissonanz, Chromatik) im Zentrum der Erörterungen. Dieses Problem findet denn auch seinen Niederschlag in den meisten und wichtigsten Kompositionsgattungen: im Madrigal, in der mehrchörigen Motette (↗Coro spezzato), vor allem aber in der Monodie und der von ihr bestimmten Oper und dem Oratorium. Mit dem gleichzeitigen Entstehen einer selbständigen Instrumentalmusik (Concerto, Sonata, Ricercar, Toccata, Liedvariation u. a.) prägt sich in zunehmendem Maße das Bewußtsein für verschiedene Stile (im Sinne von „Schreibarten") aus. Stellte schon Monteverdi in der berühmten Vorrede zu seinem 5. Madrigalbuch (1605) der „Prima pratica" der Vergangenheit eine „Seconda pratica" gegenüber, so stellt uns A. Kircher mit einer neunteiligen Stiltabelle (*Musurgia universalis,* 1650) einen kompletten Überblick über die K.s-Praktiken und die von ihnen bestimmten K.s-Gattungen in der Mitte des 17. Jh. vor: Zu den alten K.s-Techniken des Stylus ecclesiasticus, des Stylus canonicus, des Stylus motecticus und des Stylus madrigalescus gesellen sich die neuen „Stile": der Stylus phantasticus (die cantus firmus-freie Musik für ein Einzelinstrument, z. B. Praeambulum, Toccata, Ricercar), der Stylus melismaticus (der einfache Liedstil, z. B. Villanella, Canzonetta oder die deutsche „Aria"), der Stylus choraicus (Tanzstil, Suite), der Stylus symphoniacus (die stark besetzte Instrumentalmusik, z. B. Intrada, Sinfonia, Ritornello) und endlich

der Stylus dramaticus sive recitativus (der monodische Stil, wie er u.a. die Oper, die Kantate und das Oratorium kennzeichnet).
Neben den an der Vokalmusik ausgerichteten K.s-Lehren begegnen uns seit dem 16. Jh. auch vereinzelte Lehrwerke für ein bestimmtes Instrument, so die Fundamentbücher und Spiellehren für den Organisten und Spieler anderer Tasteninstrumente (z. B. A. Schlick, 1511; S. Virdung, 1511; M. Agricola, 1529), die Lehrschriften für die Laute (H. Judenkünig, 1515; H. Neusidler, 1536) und für die Viola da gamba (S. Ganassi, 1542/43; D. Ortiz, 1553) sowie für die Blockflöte (S. Ganassi, 1535).
Die K.s-Lehre des 18. Jh. ist neben den bereits genannten Generalbaßlehrschriften einerseits durch ein Weiterwirken der am „alten Stil" orientierten Kontrapunktlehre bestimmt (J.G. Walther, 1708; J.J. Fux, 1725), andererseits aber ist sie auch von dem Bestreben gekennzeichnet, die Generalbaßlehre zu einer spezifischen Harmonielehre auszuweiten (J.-Ph. Rameau, 1722). Die Verbindung von Generalbaß und Harmonielehre wirkt sich hie und da noch auf den heutigen Tonsatzunterricht aus.
J.S. Bachs Kompositionslehre ging von E. Niedts Generalbaßlehre aus und führte über den vierstimmigen Choralsatz zur hochstilisierten Polyphonie, die er in den gewaltigen Lehrexempla der Inventionen und Sinfonien, im *Wohltemperierten Clavier* und in der *Kunst der Fuge* für die Mit- und Nachwelt bereitstellte. Anders als der von Fux gelehrte Kontrapunkt war Bachs Kontrapunkt also zunächst weniger am vokal-linearen Palestrina-Stil orientiert als am Kantionalsatz und seiner figuralen Ausformung.
Ähnlich wie die Vertreter der Camerata um 1600 wandten sich die Komponisten und Theoretiker der dem Barock folgenden Zeit gegen die strenge kontrapunktische Satzart zugunsten eines harmonisch vereinfachten, oberstimmenbetonten „natürlichen" Musizierstils. Wenn J. Riepel in seiner K.s-Lehre (*Anfangsgründe zur musicalischen Setzkunst,* 1752) vermerkt: „Man könnte dem Basse unterweilen wohl etwas zu Gefallen tun, allein ein Zuhörer bekümmert sich wenig darum; er merkt nur auf den Gesang", dann wird die Abkehr vom Generalbaßdenken und die Hinwendung zur Oberstimmenmelodik nachdrücklich unterstrichen. Der neue Musizierstil äußerte sich in all seinen Ausprägungen (galanter Stil, Buffo-Stil, empfindsamer Stil) in Form eines periodisierten, auf den Prinzipien von Wiederholung, Kontrast- und Korrespondenzmotivik beruhenden Melodieverlaufs, der seinerseits in ein festes Kadenzschema eingebunden war, dessen formale Ausweitung in der sog. „klassischen Sonatensatzform" Ziel und Erfüllung finden sollte. Dieser für die Musikgeschichte des 18. Jh. zentrale Vorgang wird freilich in den K.s-Lehren der Zeit nur äußerst unzureichend berücksichtigt. Riepel, dessen Lehrwerk (s.o.) immerhin als der wichtigste formtheoretische Beitrag der vorklassischen Zeit genannt werden muß, führt seine Thesen zur musikalischen Form fast ausnahmslos am Beispiel des Menuetts aus, und zwar auf eine sehr vordergründige Weise. Und noch zu einem Zeitpunkt, zu dem sich der neue K.s-Stil bereits aus innermusikalischer Logik heraus weitgehend konsolidiert hatte, wird das Unwägbare der neuen K.s-Technik spürbar, wenn es bei Abbé Vogler heißt: „Fortführen heißt, zu einem Satze andere Sätze beifügen" („Sätze" sind hier im Sinne von Themen oder Motiven bzw. thematisch-periodisierten Abschnitten zu verstehen). Und weiter vermerkt Vogler: „Wiederholen, versetzen, fortführen, ausführen unterscheiden sich. ‚Fortführen' im besonderen Verstande heißt: Sätze wissen zu wählen, die auf das Vorhergehende Anspielungen sind, Ideen schreiben, die relativ und bezugsvoll aufs Vorhergehende eine mannigfaltige Einheit zustande bringen" (*Betrachtungen der Mannheimer Tonschule,* 1778). Wollte der Komponist all dieses kompositorisch verwirklichen, dann war er auf sich allein angewiesen; die Lehrwerke schweigen letztlich zu der angedeuteten Problematik: „Wie es aber der Tonsetzer anzufangen habe, daß in seiner Seele schöne Melodie entstehe, dazu wird nie die Theorie ächte Hülfsmittel erfinden können", schreibt H. Chr. Koch (*Anleitung zur Composition,* 1782). Der Künstler war genötigt, „original" zu werden, wenn er als Komponist mit der Situation fertig werden wollte. J. Haydns autobiographische Worte hierzu verdeutlichen die Sachlage: „... ich war von der Welt abgesondert. Niemand konnte mich quälen und an mir irremachen, und so mußte ich original werden." Vom letzten Drittel des 18. Jh. an kam es aus den genannten Gründen zu einer nicht nur graduellen, sondern vor allem wesensmäßigen Unterscheidung von schöpferischem „Genie" und epigonalem „Kleinmeister". Und das wiederum hatte zur Folge, daß mit den Begriffen „Klassik" und „Klassiker" maßstabsetzende Qualitäten aufgestellt wurden, die vornehmlich in die Zukunft wirkten: Die Komponisten des 19. Jh. schrieben ihre Werke in steter unangefochtener Auseinandersetzung mit den musikalischen Kunstwerken der Vergangenheit, wobei diese Vergangenheit neben den Klassikern J. Haydn, W. A. Mozart und L. van Beethoven in zunehmendem Maße auch die Großmeister weiter zurückliegender Epochen (Bach, Palestrina) ins Bewußtsein rückte, deren Schaffen jetzt in einer bis dahin nicht

gekannten Weise sowohl ideell als auch real (Konzertwesen!) präsent blieb. Diese Auseinandersetzung konnte sich in einem bewußten Anknüpfen an die Tradition äußern (so bei F. Mendelssohn Bartholdy, R. Schumann, J. Brahms und M. Reger) bis hin zur gewollten Nachahmung alter Stile und Techniken (Historismus, Cäcilianismus) oder in einer energischen Abkehr von ihr und in dem Willen, Neues zu schaffen (H. Berlioz, Fr. Liszt, R. Wagner, G. Mahler). Die hier zum Ausdruck kommende Polarität prägt sich auch in anderer Hinsicht aus: Dem kleinen und klanglich intimen Charakterstück und dem klavierbegleiteten Sololied steht die Großform der Oper gegenüber, und in der Gattung der symphonischen Dichtung trifft sich die Befreiung von Sonatensatzform, Periodik und Kadenzzwang mit der gewollten Bindung an ein außermusikalisches Programm.

Die Musik des 20. Jh. versteht trotz unterschiedlichster Ausformungen im einzelnen K. wieder in einem ursprünglichen, „gereinigten" Sinne: als ein allein am Materialcharakter der Musik orientiertes Zusammensetzen von Tönen zu einem autonomen musikalischen Kunstwerk (A. Schönberg, A. Webern, I. Strawinsky, B. Bartók, P. Hindemith u. a.). Dem könnte allerdings entgegengehalten werden, daß die vor allem die serielle Musik seit 1950 kennzeichnende Prädetermination all ihrer Bauelemente (z. B. der Qualität, Höhe und Klangfarbe des Tons, der rhythmischen Formung, ferner der Dichte und des Gefüges des Satzes usw.) neue Bindungen hervorrief, die letztlich nicht „in" der Musik beheimatet sind und zudem einer gehörsmäßig nachvollziehbaren künstlerischen Aussage entbehren.

Als Reaktion auf das rechnerisch-mechanistisch vollständig prädeterminierte K.s-Verfahren der seriellen Musik sind seit der Mitte der 1950er Jahre (J. Cage, *Music for prepared pianos,* 1954) die Versuche anzusprechen, die die irrationalen Momente des Zufalls und des spontanen Impulses in den K.s-Prozeß einbeziehen bzw. sie zum alleinigen schöpferischen Faktor erklären. Zu nennen sind hier die Aleatorik, das musikalische Experiment sowie Begriffe wie „Teamwork", „Workshop" u. a. Ausgehend von der Überzeugung, daß es eine absolute Werkfixierung und interpretatorische Werktreue nicht geben könne (schon Brahms lehnte einst den Verlegerwunsch, seine Klavierwerke mit Metronomangaben zu versehen, mit der Begründung ab, er selbst spiele seine Stücke „jeden Tag anders"), wurde die „offene Form" propagiert, was wiederum die traditionellen Grenzen der Musik und ihrer Interpretation sprengte. Die Aktivierung neuer Klangquellen, die totale Entgrenzung der Bereiche Musik, Literatur, Theater, Tanz, bildende Kunst, Religion und Philosophie, die Einbeziehung fernöstlicher Meditationsexerzitien zwecks Erzeugung eines für die kreative Aktion unabdingbaren geistig-seelischen Erlebnisses, das als integraler Bestandteil des künstlerischen Produktes verstanden wird (und das weder von einer – wie auch immer gearteten – Notation noch vom Tonband festgehalten werden kann) – all das läßt eine Neuformulierung des K.s-Begriffs als notwendig erscheinen.

Lit.: H. RIEMANN, Gesch. der Musiktheorie (B ^{2}1921); H. ERPF, Stud. z. Harmonie- und Klangtechnik der neueren Musik (L 1927); J. HANDSCHIN, Musikgesch. im Überblick (Luzern 1948); E. T. FERAND, „Zufallsmusik" und „Komposition" in der Musiklehre der Renaissance, in: Kgr.-Ber. Basel 1949 (Kas 1951); A. FEIL, Satztechnische Fragen in den Kompositionslehren v. F. E. Niedt, J. Riepel u. H. Ch. Koch (Diss. Hei 1955); W. MEYER-EPPLER, Statistische u. psychologische Klangprobleme, in: die reihe 1 (W 1955); C. DAHLHAUS, Eine dt. Kompositionslehre des frühen 16. Jh., in: KmJb 40 (1956); P. BOULEZ, „Alea", in: Darmstädter Beitr. z. Neuen Musik 1 (Mz 1958); E. T. FERAND, K., in: MGG VII; K. V. FISCHER, Der Begriff des „Neuen" in der Musik v. der ars nova bis z. Gegenwart, in: Kgr.-Ber. NY 1961; P. BENARY, Die dt. Kompositionslehre des 18. Jh. (L 1961) (= Jenaer Beitr. z. Musikforschung 3); TH. G. GEORGIADES, Musik u. Schrift (Mn 1962), Wiederabdruck in: Kleine Schriften (Tutzing 1977) (= Münchner Veröff. z. Musikgesch. 26); P. BOULEZ, Musikdenken heute, in: Darmstädter Beitr. z. Neuen Musik 5 (Mz 1963); G. VON DADELSEN, Über das Wechselspiel v. Musik u. Notation, in: FS W. Gerstenberg (Wb – Z 1964); C. DAHLHAUS, Musica poetica u. musikalische Poesie, in: AfMw 23 (1966); W. GURLITT, Musik u. Rhetorik, in: Musikgesch. u. Gegenwart 1 (Wie 1966) (= Beih. z. AfMw 1); DERS., Der Begriff der Sortisatio in der Kompositionslehre des 16. Jh., in: ebd.; R. HAMMERSTEIN, Musik als Komposition u. Interpretation, in: DVfLG 40 (1966); H. H. EGGEBRECHT, K., in: RIEMANN ML, Sachteil (Mz 1967); J. HÄUSLER, Musik im 20. Jh. Von Schönberg bis Penderecki (Bremen ^{2}1969); H. VOGT, Neue Musik (St 1972).

H. WOHLFARTH

KOMZÁK, Karl (Karel, senior), * 8. 11. 1850 Prag, † 23. 4. 1905 Baden bei Wien; tschechischer Komponist. Er studierte am Prager Konservatorium und war danach in erster Linie als Militärkapellmeister tätig, zuletzt in Baden bei Wien. K. komponierte besonders Märsche und Tänze, von denen sich einige heute noch großer Beliebtheit erfreuen, z. B. der *Erzherzog Albrecht-Marsch* und der Walzer *Bad'ner Mad'ln.* Daneben wurden seine Operette *Edelweiß* und das Salonstück *Volkslied und Märchen* für Streichquintett und Harfe bekannt.

KONDRASCHIN, Kirill Petrowitsch, * 21. 2. (6. 3.) 1914 Moskau, † 8. 3. 1981 Amsterdam; sowjetruss. Dirigent. Er studierte 1931–36 Dirigieren am Moskauer Konservatorium u. debütierte bereits 1934 am Newirowitsch-Dantschenko-Musiktheater in Moskau. 1937–42 war er Dirigent am Mali-Operntheater in Leningrad u. 1943–56 am Bolschoi-Theater in Moskau. Danach war er nur noch als Konzertdirigent tätig. 1960–77 leitete er als Chefdirigent das Staatliche Philharmonische Symphonieorchester Moskau, wurde 1975 außerdem Gastdirigent des Concertgebouworkest in Amsterdam, wo er seit seiner Übersiedlung nach Holland 1978 einen festen Vertrag hatte. 1980 wurde er als Nachfolger R. Kubeliks (ab 1982) zum Dirigenten des Symphonieorchesters des Bayerischen Rundfunks ernannt. K. machte sich im Westen vor allem durch mehrere Uraufführungen von Werken Dm. Schostakowitschs einen Namen, galt aber auch als hervorragender Dirigent der Symphonien G. Mahlers sowie von Werken russischer Komponisten des 19. Jahrhunderts.

KONETZNI. – 1) Anni, * 12. 2. 1902 Ungarisch-Weißkirchen, † 6.9.1968 Wien; östr. Sängerin (Sopran). Sie studierte am Wiener Konservatorium und in Berlin bei J. Stückgold und debütierte 1927 als Altistin an der Wiener Volksoper. Danach sang sie in Augsburg und Elberfeld, seit 1929 am Stadttheater in Chemnitz und 1931–34 an der Berliner Staatsoper. Seit 1934 bis zum Ende ihrer Laufbahn 1954 war sie – inzwischen in das Fach des dramatischen Soprans übergewechselt – Mitglied der Wiener Staatsoper. Mit großem Erfolg gastierte sie am Covent Garden in London, in Rom, Mailand, an der Metropolitan Opera in New York (1934/35) und bei den Salzburger Festspielen, wo sie 1935 unter A. Toscanini die Isolde in Wagners *Tristan und Isolde* sang. Nach 1954 lehrte sie Gesang an der Wiener Musikakademie. – **2) Hilde,** Schwester von 1), * 21.3.1905 Wien, † 20.4.1980 ebd.; östr. Sängerin (Sopran). Sie studierte Gesang bei Heß und R. Nillius in Wien und debütierte 1929 in Chemnitz als Sieglinde in Wagners *Walküre*. 1931/32 sang sie in Gablonz und 1932–35 am Deutschen Theater in Prag. 1936–55 war sie Mitglied der Wiener Staatsoper und lehrte seit den 50er Jahren Gesang an der Wiener Musikakademie. Sie gastierte auch bei den Salzburger Festspielen, in Mailand, Rom und 1937 und 1939 auch in den USA. Ihr Repertoire umfaßte u.a. die Rolle der Donna Elvira in Mozarts *Don Giovanni,* der Leonore in Beethovens *Fidelio,* der Elisabeth im *Tannhäuser* und andere Wagner-Partien sowie der Marschallin im *Rosenkavalier* von R. Strauss. Nach dem Ende ihrer Karriere war H. K. auch als Komikerin und in Sprechrollen erfolgreich.

KÖNIG, dt. Orgelbauerfamilie des 18. Jahrhunderts. Die wichtigsten Vertreter der seit 1711 in Münstereifel und seit 1735 in Köln ansässigen Familie waren **Balthasar** (um 1685 – um 1756) und seine Söhne **Christian Ludwig** (1717–1789) und **Johann Kaspar Joseph** (1726–1763). Aus ihrer Werkstatt gingen zahlreiche große Orgeln für den Raum Düsseldorf – Köln – Aachen und für die Niederlande hervor. Erhalten sind u.a. die Orgeln in Steinfeld (1727; 3 Man., 35 Reg.), Schleiden (um 1770; 2 Man., 27 Reg.) und Nijmegen, Groote Kerk (1773–76; 3 Man., 54 Reg.).

Lit.: C. REUTER, Der Orgelbau in kath. Kirchen des Rheinlandes von 1700 bis 1900, in: Acta organologica 2 (1970).

KOENIG, Gottfried Michael, * 5.10. 1926 Magdeburg; dt. Komponist. Er studierte seit 1946 an der Staatsmusikschule in Braunschweig, 1947–50 Komposition bei W. Maler und G. Bialas und elektronische Aufnahmetechnik bei E. Thienhaus an der Nordwestdeutschen Musikakademie in Detmold sowie 1953–54 an der Musikhochschule Köln. 1954–64 war er ständiger Mitarbeiter am Elektronischen Studio des WDR in Köln und 1954–64 Assistent und Lehrbeauftragter an der dortigen Musikhochschule. Seit 1964 leitet K. das Elektronische Studio der Universität Utrecht. Außerdem hielt er Kurse für elektronische Musik ab in Stockholm, Bilthoven, Essen und bei den Darmstädter Ferienkursen. Er realisierte auch Werke u. a. von B. Hambraeus, H. Heiß, M. Kagel, G. Ligeti, B. Nilsson und K. Stockhausen.

WW: **1) Kompositionen:** *Streichquartett 1959* (1962); 2 Bläserquintette (1959, 1965); *Projekt 1/Version 1* (1966); *Projekt 1/Version 3* (1967); *Orchesterstück 1* (1961), *2* (1962) u. *3* (1963). – Elektronische Musik: *Klangfiguren 1* (1955) u. *2* (1956); *Essay* (1960); *Materialien zu einem Ballett* (1961), daraus *Suite* (1965); *Terminus I* (1963), *II* (1967) u. *X* (1967); *Funktion Grün* (1968), *Gelb* (1968), *Orange* (1968), *Rot* (1968). – **2) Schriften:** *Studium im Studio,* in: Berichte/Analysen, hrsg. v. H. Eimert (W 1959) (= die reihe 5), dass., in: Kommentare zur Neuen Musik I (Kö 1963); *Computer-Verwendung in Kompositionsprozessen,* in: Musik auf der Flucht vor sich selbst, hrsg. v. U. Dibelius (Mn 1969) (= Reihe Hanser 38).

Lit.: U. STÜRZBECHER, G. M. K., in: Werkstattgespräche mit Komponisten (Kö 1971).

KÖNIG, Johann Balthasar, getauft 28.1.1691 Waltershausen bei Gotha, beerdigt 2.4.1758 Frankfurt am Main; dt. Kirchenmusiker. K. wurde in Frankfurt a. M. 1703 Chorknabe der Stadtkapelle, 1721 Musikdirektor an St. Katharinen und 1727 städtischer Kapellmeister. 1738 veröffentlichte er in Frankfurt den *Harmonischen Lieder-Schatz,* die bedeutendste und umfangreichste Choralsammlung aus der Zeit des Pietismus, von dessen 1913 Melodien etwa 300 vermutlich von K. selbst stammen. Davon finden sich noch heute die Melodien von *O daß ich tausend Zungen hätte* und *Ich will dich lieben, meine Stärke* im evangelischen Kirchengesangbuch.

Ausg.: Kantate *Ach, Jesus geht zu seiner Pein,* hrsg. v. A. ADRIO (B 1947).

KÖNIG ALS HIRTE, DER, Oper von W. A. Mozart; Originaltitel: Il ↗Rè pastore.

KÖNIG DAVID *(Le Roi David),* Dramatischer Psalm in 2 Teilen von Arthur Honegger (1892–1955), Text von René Morax. Ort und Zeit der Handlung: Israel im 10. Jh. v. Chr.; UA (szenisch): 11. 6. 1921 in Mézières; konzertante EA (in dt. Sprache; als *Symphonischer Psalm in 3 Teilen*): 2. 12. 1923 in Winterthur.

Äquivalenz von situationsgebundenem Spontanaffekt und überpersönlich verallgemeinernder Typisierung einander kontrastierender Emotionen kennzeichnen in diesem Werk die Gestaltung sowohl der Einzelrollen als auch des Chores. Unter Verzicht auf jeglichen Schematismus wird die Individualfigur in gleichem Maße zum Träger symbolisch-distanzierend dargestellter Affekte wie der Chor zur agierenden und spontan reagierenden Kollektivfigur. Diese dramaturgische Doppelfunktion von Solopart und Ensemble entspricht der von Dichter und Komponist gleichermaßen präzise erfaßten Atmosphäre der alttestamentarischen Erzählungen um David, dessen bewegtes Leben zum Spiegel des Gegensatzes von banaler menschlicher Schwäche und monumentaler Bedeutsamkeit wird. Das aus dem Spannungsverhältnis von spontaner Expressivität und überpersonaler Empfindungscharakterisierung resultierende kompositorische Problem löste Honegger, indem er bei der Vertonung der originalen Psalmtexte wie der erzählenden Zwischentexte kirchenmusikalische Elemente und orientalisches Kolorit zu zentralen Determinanten des thematischen Materials erhob, Instrumentierung, Harmonisierung und Detailgestaltung des melodischen Duktus jedoch flexibel dem häufigen Affektwechsel des Textes anpaßte. Freie Tonalität, Vorliebe für ostinate Rhythmen und Dominanz des Bläserchores kennzeichnen die musikalische Sprache des Werkes, das Honegger nach erfolgreicher szenischer UA zu einem konzertanten „Symphonischen Psalm" umarbeitete, in dem die handlungstragenden Partien einer gesprochenen Erzählerrolle übertragen wurden. *König David* begründete Honeggers internationale Anerkennung als hervorragender Vertreter gemäßigt moderner Kompositionsweise.

W. A. MAKUS

KÖNIG FÜR EINEN TAG, Operette von R. Friml; Originaltitel: The ↗Vagabond King.

KÖNIG HAT'S GESAGT, DER *(Le Roi l'a dit),* Opéra-comique in 3 Akten von Léo Delibes (1836–91), Text von Edmond Gondinet. Ort und Zeit der Handlung: Versailles, 1688. UA: 24. 5. 1873 in Paris (Opéra-Comique) unter J. M. Danbé, EA in dt. Sprache: 20. 4. 1874 in Wien, dt. EA: 9. 9. 1874 in Karlsruhe.

Mit dieser Verwechslungs- und Verkleidungskomödie, in der es an Liebesintrigen und anderen typischen Ingredienzen der Opéra-comique (z. B. Entführung aus dem Kloster) nicht fehlt, gelang Delibes sein erfolgreichstes Werk dieser Gattung. Der Komponist zeigt sich in *Le Roi l'a dit* von Offenbach beeinflußt, mit dem er bei der Produktion mehrerer Operetten zusammenarbeitete. Das Werk steht stilistisch zwischen den großen Opéras-comiques Aubers und Boieldieus und der Operette des 19. Jahrhunderts; es wird dem ausgeprägten Unterhaltungsanspruch besonders durch eingängige Melodien gerecht. Neben tradierten musikalischen Formen, insbesondere Tanzsätzen, wie sie für die Comique des 18. Jahrhunderts charakteristisch sind, greift Delibes auch auf kontrapunktische Techniken (Fuge) zurück, wenn es z. B. darum geht, das Spiel im Spiel (Aufführung einer griechischen Tragödie) musikalisch abzugrenzen. Das Libretto ist wenig originell, aber in der Intrige gut gestaltet: Der Marquis Othon de Moncontour präsentiert dem König (Ludwig XIV.) einen falschen Sohn und wird den teuren Parasiten erst durch ein Duell zwischen Baron de Merlussac und „Sohn" Benoit wieder los, nach welchem der junge Mann sich totstellt und vom König für tot erklärt wird.

R. QUANDT

KÖNIGIN VON SABA, DIE, Oper in 4 Akten von Karl Goldmark (1830–1915), Text von Salomon Hermann Mosenthal. Ort und Zeit der Handlung: Am Hofe Salomons und in der Umgebung Jerusalems, im 10. Jh. v. Chr. UA: 10. 3. 1875 in Wien (Hofoper); dt. EA: 17. 3. 1877 in Hamburg.

Das Schicksal des Feldherrn Assad, der – von Salomon in die Wüste verbannt, weil er seine Braut Sulamith zugunsten einer spontan entflammten Leidenschaft zur Königin von Saba verstoßen hatte – am Ende nach innerer Wandlung reuig in den Armen seiner Verlobten stirbt, wird hier zum Gegenstand eines dramatischen Werkes, in dem subtiler Psychologismus in der Gestaltung der Einzelfiguren und drastische Expressivität der Massenszenen einander die Waage halten. In Harmonik und ansatzweise polyrhythmischer Struktur der ariosen Partien an den Stil R. Wagners erinnernd, deuten die Integration orientalischen und sakralen Kolorits in die hochromantische Klangsprache sowie die dramatische Konzeption mit ihrer Gleichgewichtigkeit von lyrischer Situationscharakteristik und pathetisch-bewegter Affektdarstellung eher auf Orientierung an der Großen Oper G. Meyerbeers. *Die*

Königin von Saba, Goldmarks erstes Bühnenwerk, gilt als bedeutendste Leistung des Komponisten.

W. A. MAKUS

KÖNIGIN VON ZYPERN, DIE *(La Reine de Chypre),* Oper in 5 Akten von Jacques Fromental Élie Halévy (1799–1862), Text von J. H. Vernoy de Saint-Georges. Ort und Zeit der Handlung: Venedig und Zypern, 1441. UA: 22. 12. 1841 in Paris (Théâtre de l'Opéra); dt. EA (in dt. Sprache): 19. 9. 1842 in Leipzig.

Das Libretto zu dieser Oper verkaufte Saint-Georges gleich an zwei namhafte Komponisten: an Halévy und F. Lachner. Beide vertonten das Buch und brachten im Dezember 1841 ihre Werke auf die Bühne – Lachner am 3. 12. in München (unter dem Titel *Catarina Coronaro*) und Halévy am 22. 12. in Paris. Der Anlage des Librettos gemäß, schufen beide Komponisten eine Grand Opéra; Lachners Oper kann sogar als die wohl einzige reine Ausprägung dieses Operntyps in Deutschland angesehen werden. – Der Erfolg, den Halévy mit seiner Version in Frankreich hatte, steht zwar deutlich hinter dem seiner *Jüdin* zurück, doch sind sich beide Opern ebenbürtig. Im Drama um die Heirat aus Staatsraison – Catarinas Ehe mit Lusignan, dem König von Zypern, soll Frieden zwischen Venedig und Zypern stiften – prallen die Gegensätze in der für die Grand Opéra typischen Weise hart aufeinander: Catarinas Entschluß, ihre Verlobung zu lösen und ihre Liebe zu dem Edelmann Gérard zu verleugnen, erfolgt in einer großangelegten, den gedanklichen Wendungen exakt folgenden Arie; die Entscheidung zum Vergehen gegen Liebe und Treue fällt in einem Gebet, ebenso wie später Gérards eifersüchtiger Racheplan (Mord an Lusignan) betend geschmiedet wird. Markante Rhythmen, eingängige Melodik, treffsichere psychologische Zeichnung in den Rezitativen, Lokalkolorit durch Tänze (z. B. Zypriotischer Tanz im Ballett des 4. Akts) und farbige Tableaux mit bis zu vier kontrastiven Chören sind die wesentlichen musikalischen und dramatischen Elemente des Werkes.

R. QUANDT

KÖNIG ÖDIPUS *(Oedipus Rex),* Opern-Oratorium in zwei Akten von Igor Strawinsky (1882–1971); Text (frz. Original) von Jean Cocteau nach Sophokles, ins Lateinische übersetzt von J. Daniélou. UA (konzertant): 30. 5. 1927 in Paris (Théâtre Sarah Bernhardt), szenische UA: 23.2. 1928 in Wien; dt. EA (Bühnenversion): 25. 2. 1928 in Berlin (Kroll-Oper).

In dieser modernen Adaptation des antiken Mythos führt der thebanische König ebenso wie im Drama des Sophokles einen aktiven Kampf um die Rettung seiner Existenz. Das scharf profilierte Rededuell, an dessen Ende der tragische Held die ganze Wahrheit schaut, zeichnet durchaus die Grundstruktur der Vorlage nach. Unter dieser Voraussetzung kann die theatralische Handlung – trotz der von Strawinsky gewählten Gattungsbestimmung „Opern-Oratorium" – nicht als „undramatisch" oder gar „statisch" gekennzeichnet werden. Die monumentalisierende Kraft der lateinischen Sprache und das Stilrepertoire des Neoklassizismus sollen wohl die dargestellte Wirklichkeit gegenüber der Erfahrungswelt abgrenzen, zerstören aber weder die Möglichkeit einer engen Wort-Ton-Bindung noch die spezifischen Sprechhaltungen agierender Figuren. Aus dem dialektischen Wechsel von Angriff und Verteidigung, dem eine Folge in sich geschlossener musikalischer Formen entspricht, resultiert vielmehr eine zielgerichtet-intensive Spannung, die zudem durch die Chor-Partien eher gesteigert denn gemindert wird. Auch der zwischen den Szenen auftretende ‚Speaker' hebt diese immanente Konzentration und Dynamik keineswegs auf, weil er lediglich den äußeren Geschehensverlauf in der jeweiligen Landessprache referiert, ohne selbst im Sinne eines „epischen" Erzählers für das Werkgefüge konstitutiv zu sein.

E. FISCHER

KÖNIGSKINDER, Märchenoper in 3 Akten von Engelbert Humperdinck (1854–1921), Text von Ernst Rosmer (d. i. Elsa Bernstein-Porges), Ort der Handlung: 1. u. 3. Akt vor der Hexenhütte im Hellawald, 2. Akt auf dem Stadtanger vor Hellabrunn. UA: 28. 12. 1910 in New York (Metropolitan Opera); dt. EA: 14. 1. 1911 in Berlin.

Die von tiefsinniger Symbolik gefärbte Märchendichtung ist in ihrer Ereignisfolge von Rosmer frei erfunden, doch ordnet sie Motive aus dem *Schweinehirten* (Andersen) und der *Gänsemagd* (Brüder Grimm) dem Personal aus bekannten deutschen Märchen zu. Geplant waren zunächst nur Zwischenaktmusiken, Lieder und Tänze zu diesem Märchendrama, doch begeisterte sich Humperdinck bald so sehr für den Stoff, daß er ihn als „gebundenes Melodram" vertonte, bei dem Rhythmus und Tonhöhe des Sprechvortrags durch „Sprechnoten" (von Humperdinck eingeführte Sternchen anstelle der Notenköpfe) genau festgelegt ist. Weil der melodramatische Stil erstmals zum tragenden künstlerischen Prinzip für ein Drama wurde, stellten *Königskinder* in dieser Form eine Neuerung dar. Humperdinck realisierte auf diese Weise seine Vorstellung von der Entwicklung der Gattung Oper: „Unsere moderne Oper geht einen Weg, der zum Melodram führen muß." Die melodramatische Fassung wurde am 23. 1. 1897 in München unter großem Beifall uraufgeführt. – 1908 begann der Komponist mit der Umarbeitung zur durchkomponierten Oper, weil ausführungstechnische Probleme einer Verbreitung des Melodrams im Wege standen. Die bruchlose Verknüpfung von rezitativisch-deklamatorischem und ariosem Gesangsstil und das sehr dichte, semantisch mehrfach besetzte leitmotivische Geflecht im Orchesterpart weisen Humperdinck als Wagner-Nachfolger aus. In seiner Klangsprache nähert er sich Färbungen, wie sie aus Debussys Werken bekannt sind, während die melodische Erfindung (oftmals textgezeugt am Volksliedton orientiert) im Gegensatz zu Wagners Werken stets von bezwingender Überzeugungskraft ist. Die Kritiker priesen das Werk bei der UA als „bedeutendste Oper seit Wagners *Parsifal*" und „die Krone des deutschen nachwagnerischen Opernschaffens". Mit der Wuppertaler Aufführung 1973 setzte eine Wiederentdeckung der *Königskinder* ein.

J. SCHLÄDER

KÖNIG UND ICH, DER, Musical von R. Rodgers; Originaltitel: The ↗King and I.

KÖNIG WIDER WILLEN *(Le Roi malgré lui)*, Opéra-comique in 3 Akten von Alexis Emmanuel Chabrier (1841–94), Text von Émile de Najac und Paul Burani (d.i. Urbain Roucoux) nach der gleichnamigen Komödie (1836) von Ancelot. Ort und Zeit der Handlung: Krakau, 1574. UA: 18. 5. 1887 in Paris (Opéra-Comique); dt. EA (in dt. Sprache): 2. 3. 1890 in Karlsruhe (Großherzogl. Theater). *König wider Willen* ist Chabriers bekannteste Oper; sie stand bis 1941 in den Spielplänen und hatte, trotz niederschmetternder Kritik nach der Dresdner EA im April 1890 (bezeugt in einem Brief Cosima Wagners), vor allem in Deutschland Erfolg, wo sich besonders F. Mottl für die Musik Chabriers einsetzte. Die in ihrer Nummern-Struktur durchaus konventionelle Oper zeichnet sich vor anderen Opéras-comiques der Zeit durch gemäßigt progressive Harmonik aus, was Ravel zu der Behauptung veranlaßte: „La première du *Roi malgré lui* a changé l'orientation de l'harmonie française." Kompositionstechniken, die von Satie, Debussy und Ravel weitergeführt wurden, Arbeit mit unvorbereiteten und nicht aufgelösten Sept- und Nonenakkorden, prägen vor allem das Klangbild der instrumentalen Partien. – Trotz zahlreicher Verbesserungen, die Chabrier am Libretto vornahm, gelang es nicht, die Textvorlage auf eine der Musik adäquate Ebene zu heben. In einer unglaubwürdigen Erzählung um die historische Figur Henri de Valois (später König Heinrich III. von Frankreich) wird geschildert, wie der heimwehkranke König von Polen auf Mittel sinnt, nach Frankreich zurückzukehren, wie er als Höfling verkleidet an einer Verschwörung gegen sich selbst teilnimmt und wie er sich schweren Herzens (und mit der Gewißheit, in der Frau seines Hofkämmerers eine Jugendliebe wiedergefunden zu haben) dazu durchringt, König wider Willen zu bleiben.

R. QUANDT

KONITZ, Lee, * 13. 10. 1927 Chicago; amerik. Jazzmusiker (Alt- und Tenorsaxophon). K. spielte 1947 im Orchester Claude Thornhill, war 1948–50 Mitglied in der Band von Miles Davis und arbeitete außerdem eng mit dem Pianisten Lennie Tristano zusammen, dessen Konzept eines harmonisch komplexen Cool-Jazz er entschieden vertrat. 1952–53 spielte K. bei Stan Kenton, 1959 und 1964 nochmals mit Tristano und leitete außerdem eigene Gruppen. K., der seit 1951 häufig Europa-Tourneen unternimmt, hat mit seinem vibratoarmen Ton, seiner lyrischen und komplexen Spielweise den Cool-Jazz bis zur Mitte der 50er Jahre maßgebend beeinflußt.

Lit.: J. E. BERENDT, Das Jazzbuch, Von Rag bis Rock (F 1973); A. POLILLO, L. Tristano, in: Jazz, Gesch. u. Persönlichkeit der afro-amerik. Musik (Mn 1978).

KONJOVIĆ, Petar, * 5. 5. 1883 Čurug (Wojwodina), † 1. 10. 1970 Belgrad; serbischer Komponist und Musikforscher. Er studierte Komposition bei V. Novák am Konservatorium in Prag. 1906 in seine Heimat zurückgekehrt, leitete er 1921–26 die Oper in Zagreb, 1927–33 die Theater von Osijek, Split und Novi Sad und 1933–39 das Nationaltheater in Zagreb. 1939–50 war er Professor für Komposition an der Musikakademie von Belgrad und 1948–54 Direktor des von ihm gegründeten Instituts für Musikwissenschaft an der Serbischen Akademie der Wissenschaften. K. pflegte nach dem Vorbild von S. Mokranjac einen national eigenständigen Musikstil. Seine Opern lassen Einflüsse M. Mussorgskis und L. Janáčeks erkennen.

WW: **1) Instr.-WW:** Klv.-, V.- u. Vc.-Stücke; Suiten für Bläserquintett *San letnje noći* (1940, 1945); Symphonie c-moll (1907); symphonisches Triptychon *Koštana* (1935); 3 Psalmen für Streichorch. (1963); V.-Konzert *Jadranski capriccio* (1933). – **2) Vokal-WW:** Jugoslawische Volkslieder *Moja zemlja* (1921–55) für SingSt u. Klv. – **3) Bühnen-WW:** Opern: *Ženidba Miloševa* (Die Hochzeit des Milos), UA: Zagreb 1917; Knez od Zete (Der Fürst v. Zeta), UA: Belgrad 1929; *Koštana*, UA: Zagreb 1931; *Seljaci* (Die Bauern), UA: ebd. 1952; *Otadžbina* (Das Vaterland) (1960); *Pop Ćira i Pop Spira* (Vater Cira u. Vater Spira) (1965). – **4) Schriften:** *Ličnosti* (Zagreb 1920); *Knjiga o muzici srpskoj i slovenskoj* (Novi Sad 1947); *M. Milojević* (Belgrad 1954); *S. S. Mokranjac* (ebd. 1956); *Ogledi o muzici* (ebd. 1965).

Lit.: I. JAMPOLSKIJ, in: Sowjetskaja musyka 34 (1970); P. MILOŠEVIĆ, in: Zvuk (1970) Nr. 108.

KONSERVATORIUM – MUSIKHOCHSCHULE (engl.: conservatory; frz. conservatoire; it.: conservatorio), öffentliche Einrichtung zur teil- bzw. vollberuflichen künstlerischen, pädagogischen und theoretischen Musikausbildung. Die historische, weltweit verbreitete Bz. K. wurde, weil nur begrenzt berufsbezogen, in Deutschland (Preußen) seit 1869 erstmals durch die Bz. Königliche Hochschule für Musik (Berlin), sodann seit 1925 in Köln durch die Bz. Staatliche Hochschule für Musik ersetzt.

K. (von lat. conservare = bewahren) bezeichnete seit dem 16. Jh., zunächst in Italien, eine „Bewahranstalt" für musikbegabte Waisenkinder. Solche geistlich geführte Waisenhäuser, die auch um die gesangliche und instrumentale Ausbildung ihrer Zöglinge bemüht waren, waren u. a. das seit 1517 in Venedig als Mädcheninternat geführte Ospedale San Salvadore degl'Incurabili und in Neapel das Conservatorio Santa Maria di Loreto (seit 1537) für Kinder und Jugendliche beiderlei Geschlechts. Ursprünglich zielte die Ausbildung dahin, für den steigenden Bedarf der Kirchen an Sänger- und Instrumentalistennachwuchs zu sorgen, seit dem 17. Jh. auch für den Nachwuchs der aufkommenden höfischen Orchester, Opern- und Ballettensembles, seit dem 18./19. Jh. auch für den der kommunalen Vereinigungen zur Pflege von Oratorien- und Symphoniekonzerten, Singspiel und Oper, aber auch Tanz- und Militärmusik.

Bereits im Italien des 17./18. Jh., seither auch in Deutschland (Stuttgart 1775, Theater- und Musikabteilung der Hohen Carls-Schule) und in Frankreich (Paris 1784, École Royale de Chant et de Déclamation), standen die Konservatorien unter der Leitung namhafter Musiker; sie wurden zu Ausbildungsstätten des Musikerstandes. Die bürgerliche Musikkultur des späten 18., 19. und 20. Jh. bemühte sich einerseits um die Verbreiterung der Laienausbildung, andererseits förderte sie die Heranbildung virtuoser Berufsspezialisten. Demzufolge zeichnete sich in Deutschland seit der mit Beginn des 20. Jh. einsetzenden ↗Jugendbewegung (A. Halm, W. Hensel, F. Jöde) eine Neuformierung auch des Ausbildungswesens im Sinne von Musikschulen für Jugend und Volk ab und seit den Erlassen aus dem Preußischen Kultusministerium (L. Kestenberg) eine Neuordnung der bedeutendsten Konservatorien im Sinne von Staatlichen Hochschulen für Musik oder Hochschulen für Schul- und Kirchenmusik (Berlin-Charlottenburg) bzw. Hochschulen für Musik und Darstellende Kunst (Folkwanghochschule Essen).

Unter dem Nationalsozialismus führte die Entwicklung zu Gesamtschulen für Musik (auch vereinzelter Musikgymnasien mit Internat, u. a. in Frankfurt am Main). Ähnliche Tendenzen zeigen die Staatsmusikschulen in der UdSSR mit durchlässigem Unter-, Mittel- und einem dem K. entsprechenden Oberbau. Auch das System an den Colleges of Music in den USA bildet studentische Laienmusiker neben Berufsmusikern (und Musikologen) aus. Nach 1945 führten in der Bundesrepublik Deutschland zunächst mehrere Städte ihre Hochschulen, Akademien oder Konservatorien für Musik mit Laien- und Berufsausbildung weiter (u. a. Köln mit der Rheinischen Musikschule als zahlenmäßig stärkster Institution). Auf Empfehlungen des Deutschen Musikrates und Vorschläge des Deutschen Städtetages wurden jedoch ab 1972 die berufsbildenden Zweige, also Orchester- und Opern- (Chor-)schulen, Musiklehrerseminare, Kirchenmusikabteilungen, von den Ländern als Hochschulinstitute übernommen, in NRW regional an Hochschulen angeschlossen (z.B. Staatliche Hochschule für Musik Rheinland mit der zentralen Musikhochschule Köln und den vormaligen Konservatorien der Städte Düsseldorf, Aachen, Wuppertal als Außeninstituten). Augsburg, Bremen, Darmstadt u. a. behielten indessen ihre Städtischen Konservatorien oder Landes-Akademien der Tonkunst mit Laien- und Berufsausbildung bei. Auch Köln (Rheinische Musikschule), Mainz (P. Cornelius-K.) und München (R. Strauss-K.) unterhalten neben den jeweiligen Staatlichen Hochschulen weiterhin ihre Konservatorien mit vor- und teilberuflicher Ausbildung.

In der Bundesrepublik Deutschland gibt es gegenwärtig (1980/81) 16 z.T. aus städtischen oder staatlichen Konservatorien hervorgegangene Staatliche Hochschulen der 11 Bundesländer: Berlin (neuerdings im Verbund mit weiteren Kunsthochschulen), Detmold (mit Münster und Dortmund), Essen (mit Duisburg), Frankfurt, Freiburg i. Br., Hamburg, Hannover, Heidelberg / Mannheim, Karlsruhe, Köln (mit Düsseldorf, Aachen, Wuppertal), Lübeck, München, Saarbrücken, Stuttgart, Trossingen, Würzburg. – Die DDR unterhält seit 1949 ihre wichtigsten Hochschulen für Musik an den traditionsreichen Plätzen Berlin (Hanns Eisler-Hochschule), Leipzig (Mendelssohn-Akademie), Dresden (C. M. von Weber-Hochschule), Weimar (Fr. Liszt-Hochschule), Halle (G. Fr. Händel-Hochschule). – Auch Österreich und die deutschsprachige Schweiz wandelten ihre altüberlieferten Landes- bzw. Kantons-Konservatorien seit 1970 in Staatliche Hochschulen für Musik um: in Wien, wo bereits 1817 ein K. der Gesellschaft der Musikfreunde ins Leben gerufen wurde; in Salzburg, wo 1856 (anläßlich des

100. Geburtstages von W. A. Mozart) das Mozarteum als Musik-Akademie gegründet wurde, in Graz, Basel, Zürich und Bern.
Das Ausbildungsangebot einer Musikhochschule in der Bundesrepublik umfaßt heute: Meisterklassen für Komposition; Kapellmeisterklassen; Soloklassen für Gesang, Orgel, Klavier und alle Orchesterinstrumente, ferner für Cembalo und andere historische Instrumente; für Jazz, Unterhaltungs- und Militärmusik; Orchester-, Opern- und Chorschule; Institute für Bühnentanz, Pantomime, Schauspiel; Seminare für Musikpädagogik einschließlich Rhythmische Erziehung; Schulmusikabteilung; Kirchenmusik-Institut (ev., kath.); Seminare für Tonmeister/Toningenieure, für experimentelle und elektronische Musik und für Medienpraxis; Gruppenunterricht ist obligatorisch für Studenten aller Abteilungen in: Gehörbildung, Harmonielehre, Kontrapunkt und neueren Satztechniken; musikwissenschaftliche Vorlesungen und Übungen werden wahlweise in Musikgeschichte, Stilkunde und Ästhetik, in Instrumentenkunde, Akustik und Ethnologie, ferner u.a. in Philosophie, Psychologie, Geschichte der Musikerziehung angeboten. – Die Zulassung zum Studium (8–12 Semester) erfolgt über fachspezifische Aufnahmeprüfungen, gefolgt von Zwischenprüfungen. Das Abitur wird vorausgesetzt für Schul- und Kirchenmusiker und Toningenieure, die Mittlere Reife für Musikschullehrer. Die Abschlußprüfungen fächern sich in Künstlerische Reifeprüfungen, Konzert- bzw. Solistenprüfung (Gesang und Instrumente), staatliche Prüfungen (Musikschul- u. Rhythmiklehrer); Staatsexamen (Höheres Lehramt für Schulmusik; Kirchenmusik); Diplom-Prüfungen für alle anderen Disziplinen.
Die Staatlichen Musikhochschulen in der Bundesrepublik gehören, wie die Pädagogischen Hochschulen, seit 1980 dem Bereich der „Wissenschaftlichen Hochschulen" an, haben überwiegend Direktorialverfassung (in Bayern Präsidialverfassung mit abwechselbarem Dreierdirektorium), einen Senat (mit stimmberechtigter studentischer Vertretung), einen Lehrkörper mit beamteten und nichtbeamteten Professoren, Dozenten im Angestelltenverhältnis und Lehrbeauftragten auf Zeit. – Seit 1956 gibt es eine „Association Européenne des Académies, Conservatoires et Musikhochschulen" mit Sitz in Genf. Sie erörtert und vertritt in Jahreskonferenzen der Direktoren, an wechselnden Orten in Westeuropa (einschließlich Österreich) mit K.- oder Hochschulsitz, ihre Belange untereinander, gegenüber der öffentlichen Hand und solche der Musikpflege allgemein.

Lit.: K. SCHAAL, K. u. M. in: MGG VII; K. HAHN, Musikstudium in der Bundesrepublik Deutschland (Mz [3]1973); E. KRAUS, Musikal. Berufsausbildung, in: Musik u. Bildung 9 (1977).

H. LINDLAR

KONSONANZ UND DISSONANZ, Consonantia und Dissonantia (von lat. consonare = zusammenklingen und dissonare = verworren, abweichend klingen). Diese Begriffe dienen der qualitativen Einschätzung und Klassifizierung von ↗Intervallen und ↗Akkorden; als dissonant gelten Intervalle und Klänge, die nach Auflösung in eine K. verlangen. Die Definition von K. und D. erfolgt nach mathematischen (Grad der Komplexität der Zahlenverhältnisse), physikalischen (Phänomen der ↗Obertöne, ↗Schwebungen, ↗Kombinationstöne), physiologischen (subjektive Obertöne, Erfahrungen mit binauralem Hören) und psychologischen Gesichtspunkten (Grad der Tonverschmelzung, Wohlklang). Darüber hinaus spielen Tradition und Gewohnheit eine große Rolle. Daraus ergibt sich, daß die Grenzen zwischen K. und D. ungenau und veränderlich sind. Der Begriff der K. ist von dem der D. nicht zu trennen. Ist die D. einerseits das Gegenteil einer K., so ist sie andererseits von ihr abgeleitet. Aus mathematischer und physikalischer Sicht gibt es zwischen K. und D. nur einen graduellen Unterschied, keine feste Grenze. Nur das übliche Musiksystem – als Produkt von Tradition und Geschichte – macht zwischen ihnen einen Unterschied.

Geschichte. *Die griechische Antike.* In der griechischen Antike wurde zum ersten Mal eine Erklärung der K. versucht. Dazu benutzte man die einfachsten mathematischen Zahlenverhältnisse, die innerhalb des „Tetraktys", der Zahlen 1–4, von Pythagoras liegen. Diese Zahlenverhältnisse mußten entweder vielfache (1:2 = Oktave, 1:3 = Duodezime, 1:4 = Doppeloktave) oder überteilige Proportionen (2:3 = Quint, 3:4 = Quart) sein. Die so erhaltenen Intervalle hießen „Symphoniae" und erhielten im 12. Jh. die Bz. perfekte Konsonanz. Das für die Errechnung verwandte Instrument war das ↗Monochord. Die Griechen bemerkten auch, daß Quinte und Quarte die Oktave teilen und suchten für diese Teilung Formeln; dieses Problem nimmt einen wichtigen Teil im *Timaios* von Platon ein. Die griech. Hauptoktave e^1–e konnte demnach in e^1–h–e oder in e^1–a–e unterteilt werden. Die Griechen machten zwischen dieser harmonischen bzw. arithmetischen Teilung keinen Unterschied und stellten infolgedessen die Quinte und die Quarte, die beide von einer übergeordneten K., der Oktave, umfaßt werden, auf eine Stufe. Berücksichtigt werden muß, daß die antiken K.en – durch das Zusammentreffen von sinnlicher Wahrnehmung und einleuchtender mathematischer Proportion verifiziert – sich nicht

Tafel zur Klassifizierung von Konsonanz und Dissonanz vom 10. bis 16. Jh.

K. = Konsonanz; D. = Dissonanz; p. = perfekt; i. = imperfekt

Jahrhundert	Autor oder Traktat	Prim oder Oktav	große/ kleine Terz	Quarte	Quinte	kleine Sext	große Sext
Anfang 10.	*Musica enchiriadis*	K.		K.	K.		
Anfang 10.	*De Organo*	K.		K.			
Anfang 11.	Guido v. Arezzo	K.		K.			
Ende 11.	Traktat v. Mailand	p. K.	i. K.	p. K.	p. K.		
Anfang 12.	Traktat v. Montpellier	p. K.	i. K.	p. K.	p. K.	i. K.	i. K.
Anfang 12.	Johannes Affligemensis	K.					
Ende 12.	Theinred v. Dover	p. K.	i. K.	p. K.	p. K.	i. K.	i. K.
Ende 12.	*Quiconques veut déchanter*	K.			K.		
Ende 12.	*Discantus positio vulgaris*	K.		i. D.	K.		
13.	Guido v. Chalis	K.		K.	K.		
13.	Johannes de Garlandia	p. K.	i. K.	K./D.	K./D.	K./D.	i. D.
13.	Anonymus I	p. K.	i. K.	K./D.	K./D.	p. D.	i. D.
13.	Anonymus II	p. K.	i. K.	K./D.	K./D.	D.	i. D.
13.	Anonymus XIII	p. K.	i. K.	D.	p. K.	i. D.	i. D.
13.	Franco v. Köln	p. K.	i. K.	K./D.	K./D.	p. D.	i. D.
13.	Anonymus IV	p. K.	i. K.	K./D.	K./D.	D.	D.
Ende 13.	*Compendium Discantus*	p. K.	i. K.		p. K.	p. D.	i. K.
Ende 13.	Johannes de Grocheo	p. K.		p. K.	p. K.		
Anfang 14.	Garlandia d. J.	p. K.	i. K.		p. K.	i. K.	i. K.
Anfang 14.	Odington	p. K.	i. K.	p. K.	p. K.		D.
Anfang 14.	Marchettus de Padua	p. K.	i. K.	p. K.	p. K.	i. K.	i. K.
14.	Ph. de Vitry	p. K.	i. K.	D.	p. K.	i. K.	i. K.
14.	Johannes de Muris	p. K.	i. K.		p. K.		i. K.
14.	Jacobus Leodiensis	p. K.	K./D.	p. K.	p. K.	i. D.	i. K.
14.	Tunstede	p. K.	i. K.	i. D.	p. K.	i. D.	i. K.
Ende 14.	Anonymus V	p. K.	i. K.	K.	p. K.	i. K.	i. K.
Anfang 15.	Beldemandis	p. K.	i. K.	D.	p. K.	i. K.	i. K.
15.	Tinctoris	p. K.	i. K.	K. und D.	p. K.	i. K.	i. K.
15.	Ramos de Pareja	K.	K.	D.	K.	K.	K.
15.	Adam v. Fulda	p. K.	i. K.	i. D.	p. K.	i. K.	i. K.
15.	Gaffori	p. K.	i. K.	p. K.	p. K.	i. K.	i. K.
16.	Aaron	p. K.	i. K.	p. K.	p. K.	i. K.	i. K.
16.	Fogliano	K.	K.	K.	K.	K.	K.
16.	Glareanus	p. K.	i. K.	D.	p. K.	i. K.	i. K.
16.	Vicentino	p. K.	i. K.	p. K.	p. K.	i. K.	i. D.
16.	Zarlino	p. K.	i. K.	p. K.	p. K.	i. K.	i. K.
16.	Salinas	p. K.	i. K.	p. K.	p. K.	i. K.	i. K.

auf polyphone Musik bezogen; sie dienten als Intervalle und Strukturen zur Organisation ihres Klangsystems.

Quinte und Quarte im Mittelalter. Das Mittelalter übernahm das Wesentliche dieser Konzeption, die Boëthius im 6. Jh. übermittelt hatte. Später behielt der Traktat *Musica enchiriadis* (9. Jh.) die drei Hauptkonsonanzen der griech. Antike – Oktave, Quinte und Quarte – bei. Die Oktave war die privilegierte K., die Quarte aber hatte bis zum Ende des 11. Jh. gegenüber der Quinte den Vorrang, obwohl die *Scholiae* (Ergänzung der *Musica enchiriadis)* die Quinte vorzogen. Das ↗Organum des 9.–11. Jh. bestand aus Quint- oder Quartparallelen, Guido von Arezzo (11. Jh.) ließ jedoch nur letztere zu. Vom 11.–12. Jh. wurden Quarten und Quinten als gleichwertige K. betrachtet und entweder einzeln oder nacheinander benutzt. Ende des 12. Jh. rechnet der Traktat *Discantus positio vulgaris* die Quarte zu den D.en, doch verbreitete sich diese Ansicht erst im 14. Jahrhundert. Gleichzeitig formulierte der Anonymus XIII das erste bis heute im strengen Satz gültige Verbot der Quint- und Oktavparallelen (13. Jh.) mit der Begründung, daß diese Intervalle perfekt seien. Wegen ihrer Degradierung zur D. entging die Quarte diesem Verbot. Obgleich theoretisch eine K. (Verhältnis 3:4), wird sie im kontrapunktischen Satz als auflösungsbedürftige D. behandelt.

Terzen und Sexten im Mittelalter. Seit dem 13. Jh. werden Terzen regelmäßig als imperfekte K.en, ohne Unterscheidung zwischen großer und kleiner Terz betrachtet. Der Traktat von Montpellier (12. Jh.) zeigt als erster die Möglichkeit auf, mit einer Terz oder Sext zu beginnen, und Anonymus XI erlaubt zum ersten Mal den Gebrauch von Terzfolgen (13. Jh.), die nach Anonymus IV in England schon häufig waren. Adam von Fulda (15. Jh.) gestattete beliebig viele sukzessive Terzen. Aber unabhängig von der Klassifizierung erschwert ein akustisches Problem die theoretischen Überlegungen. Das von der griech. Antike übernommene pythagoreische System ist das einzige, das im Mittelalter benutzt wurde. Diesem – auf der Quinte basierenden – System folgend entspricht die große Terz dem Verhältnis 64:81 (8:9 × 8:9 = 64:81) und nicht dem einfachen Schwingungsverhältnis 4:5, der natürlichen Terz, die einen großen (8:9) und einen kleinen Ganzton (9:10) einschließt. Die entstehende Differenz von (64:81 und 4:5 =) 80:81, das syntonische Komma, hinderte die Theoretiker daran, die Terz als vollkommene K. zu betrachten. Theinred von Dover folgerte Ende des 12. Jh. daraus: „quod auditu percipere difficile est". W. Odington beschrieb Anfang des 14. Jh. detailliert die Verwandtschaft der beiden Verhältnisse und schloß daraus, es sei eine Frage der Geschicklichkeit von seiten der Sänger, den Unterschied zu verschleiern. B. Ramos de Pareja (*Musica practica,* 1482) benutzte als erster die einfachen Zahlenverhältnisse 4:5 (große Terz) und 5:6 (kleine Terz), die mit G. Zarlino (1558) endgültig übernommen wurden. Die musikalische Praxis bestätigt die Aussagen der Theoretiker. Verkettungen von sukzessiven Terzen kamen schon zu Ende des 12. Jh. auf dem Kontinent vor (St. Martial in Limoges), so daß entgegen einer weitverbreiteten Annahme England nicht das Ursprungsland zu sein scheint. Über das Problem, ob Terzen in Schlußakkorden auftreten dürfen, schweigen die Traktate im allgemeinen. Nur der Anonymus IV (13. Jh.) sagt, daß einige Komponisten unpassenderweise mit einer großen oder kleinen Terz abschließen. J. Tinctoris schreibt, beim Singen „super librum" (↗Contrappunto alla mente) sei eine große oder kleine Terz am Schluß nicht schlecht. In der musikalischen Praxis kommt die Schlußterz mit Ausnahme eines einzigen Beispiels im 13. Jh. (kleine Schlußterz im Conductus *Quis imponet terminum*) erst seit dem Ende des 14. Jh. vor (Hs. Apt) und wird um die Mitte des 16. Jh. üblich. Seit der Mitte des 16. Jh. wird für mehr als ein Jahrhundert am Schluß nur die Durterz benutzt, also wird sie in Stücken in Moll erhöht (Picardische Terz). Seit dem 16. Jh. (Zarlino) wird die Terz, nun der Quinte ebenbürtig, als grundlegendes Intervall des Tonsystems anerkannt; auf J.-Ph. Rameau (1722) geht die Lehre vom Terzaufbau der Akkorde zurück.

Die Klassifizierung der Sexte ist schwieriger. Viele Theoretiker unterscheiden zwischen großer und kleiner Sext (vgl. Tafel) und schreiben der kleinen Sext den geringeren Perfektionsgrad zu. Sie müßte aber als Umkehrung der großen Terz – aus physikalischer Sicht, die sich auf die Obertonreihe gründet – vor der großen Sext eingestuft werden, die wiederum eine Umkehrung der Mollterz ist. Eine Erklärung könnten lineare Gesichtspunkte liefern: die große Sext geht in der Oktave auf, die kleine Sexte in der Quinte.

In der musikalischen Praxis werden dagegen nur Terzen einerseits und Sexten andererseits sorgfältig unterschieden: die Intervalle mit überteiliger Proportion (4:5 und 5:6) werden den anderen (3:5 und 5:8) vorgezogen. Seit dem 15. Jh. haben Terzen und Sexten denselben K.-Grad aber mit der Einschränkung, daß man mit einer Sext nicht abschließen kann, weil sie eine Umkehrung der Terz ist.

Der Dissonanzbegriff in der Mehrstimmigkeit bis zum Beginn des 17. Jahrhunderts. Das frühe Organum kannte keine eigentlichen D.en, sondern nur Abweichungen von dem allgemein üblichen Abstand (Quinte oder Quarte). Mit dem Prinzip der Gegenbewegung (12. Jh.) taucht der D.-Begriff auf: Die Schwerpunkte müssen konsonant sein, D.en als ↗Durchgang zwischen ihnen sind erlaubt. Manchmal finden sich Vorschlagsnoten. Im allgemeinen sind Sekund- oder Septparallelen, undiatonische Durchgänge, ↗Wechselnoten, ↗harmoniefremde Töne zusammen mit dem Hauptton usw. bis zum Ende des 14. Jh. sehr häufig. Im 15. und 16. Jh. werden die Freiheiten beschränkt, als die Terzen und Sexten als übliche K.en anerkannt werden. Auf betonter Taktzeit muß die D. vorbereitet werden (Prinzip des Vorhalts mit Synkopenrhythmus) und verlangt eine Auflösung durch einen absteigenden Sekundschritt (↗Suspensio); auf der schwachen Taktzeit ist sie ein Durchgang zwischen zwei K.en (transitus). Ausnahmen von dieser Doppelregel sind selten, abgesehen von der oft benutzten ↗Cambiata.

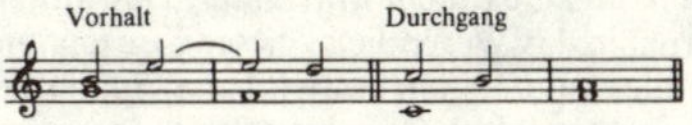

Die Dissonanz als Ausdrucksmittel. Ein von den Regeln des strengen Satzes abweichender kunstvoller Einsatz dissonanter Klänge und Intervalle konnte besonders in der Vokalmusik des 16.–18. Jh. auch zum Ausdruck bestimmter Worte dienen und wurde in der Lehre von den musikalisch-rhetorischen ↗Figuren theoretisch fundiert (besonders exponiert bei Chr. Bernhard, um 1660).

Von der Intervall- zur Akkordkonsonanz. Bis zum 16. Jh. werden Akkorde als gleichzeitig erklingende

Intervalle, nicht als Klangeinheiten aufgefaßt. Die Satztechnik bestand darin, daß einem vorgegebenen Gesang (↗Cantus prius factus, auch ↗Cantus firmus oder Tenor genannt), der als Ausgangspunkt diente, sukzessiv Stimmen hinzugefügt wurden. Dies erklärt es, daß im 13. Jh. Franco von Köln gestattete, daß zwei zum Tenor konsonante Stimmen zueinander dissonant sein konnten, und daß Anonymus I die doppelte Quint zur K. erklärte: Sie wurden als Überlagerung zweier perfekter K.en über und unter dem Tenor angesehen. Aus denselben Gründen finden sich Doppelquarten. Im 14. Jh. lenkt Johannes de Muris zum ersten Mal die Aufmerksamkeit auf das Differenzintervall, das zwischen zwei K.en zum Tenor entsteht, und fordert, daß es keine D. sein darf. Dies Prinzip setzt sich im 15. Jh. durch. P. Aaron betrachtet zwar die sukzessive Komposition als überholt (1523), aber der Tenor verliert sein altes Privileg zugunsten des Basses erst in der Mitte des 16. Jh. (A. Petit Coclico, 1552, und vor allem G. Zarlino, 1558). Zarlino begründet als erster die konstitutiven Proportionen des Durakkords (der der ↗harmonischen Teilung 15:12:10 der Quinte entspricht) und des Mollakkords (der ihrer arithmetischen Teilung 6:5:4 entspricht). Die Vorstellung vom Akkord als klanglicher Einheit wird im Laufe des 17. Jh. betont, vor allem durch die Praxis des ↗Generalbasses, hauptsächlich in Italien. Erst am Anfang des 18. Jh. aber hat sich die Auffassung des Akkordes als einheitliche Ganzheit durchgesetzt.

Die Akkorddissonanz. Seit Anfang des 17. Jh. ändern sich die K.- und D.-Begriffe, weil man von einem Intervall- zu einem Akkordbewußtsein überging. Trotzdem hat sich die Klassifikation der K., wie sie im 16. Jh. entwickelt wurde, bis heute in der Praxis erhalten: perfekte K.en (Oktave, Quinte und Quart), unvollkommene K.en (Terzen und Sexten), D.en (alle anderen Intervalle). Infolgedessen ist der einzige konsonante Akkord der Dur- oder Mollakkord mit seinen Umkehrungen. Nach der Funktionstheorie (H. Riemann) sind jedoch nur die Hauptfunktionen ↗Tonika, ↗Subdominante und ↗Dominante K.en (↗Harmonielehre); daß die Dreiklänge der anderen Stufen aus Tönen bestehen, die verschiedenen ↗Funktionen zugehören, macht sie zu Auffassungsdissonanzen bzw. Scheinkonsonanzen. Dissonante Akkorde, wie z. B. den ↗Dominantseptakkord, erklärt die Stufentheorie mit dem gesetzmäßigen Terzenaufbau der Akkorde. Die Funktionstheorie dagegen, die den Terzenaufbau als „unfruchtbaren Schematismus" (Riemann) verwirft, versteht sie als Verbindung von gegebenen Dreiklängen und Zusatztönen: Die Septime des Dominantseptakkordes und die hinzugefügte große Sexte (sixte ajoutée) der Subdominante sind „charakteristische" D.en, welche die funktionale Bedeutung anzeigen und die Beziehung zur Tonika hervorkehren; die erst dadurch zwischen Dominante und Subdominante gegebenen gemeinsamen Töne treiben die Entwicklung in der ↗Kadenz weiter. Von diesen „wesentlichen" D.en sind die harmoniefremden Töne als „zufällige" D.en zu unterscheiden, die als harmonisch einflußlose Töne einem Satz lineare Bewegtheit verleihen. (↗Durchgang, ↗Vorhalt, ↗Antizipation, ↗Nebennote, ↗Wechselnote).

Konsonanz und Dissonanz im 20. Jahrhundert. Mit der Auflösung der ↗Funktionsharmonik verwischt sich seit Ende des 19. Jh. mehr und mehr der spezifische Unterschied zwischen K. und D.; vormals dissonante, also auflösungsbedürftige Akkorde, wie der Dominantseptakkord, werden häufig zum Ziel dissonanterer Klangbildungen: Ihr D.-Wert hat sich zum Farbwert gewandelt. Mit A. Schönbergs Postulat der „Emanzipation der Dissonanz" – dem Verzicht auf deren Auflösungsbedürftigkeit – wird die Unterscheidung von K. und D. gegenstandslos.

Die Konsonanztheorien. *Theorie der einfachen mathematischen Proportionen.* Sie folgt der von den Griechen übernommenen Erkenntnis, daß ein Intervall um so konsonanter ist, je mehr es einer einfachen Proportion entspricht. Dieses Prinzip ist bis heute eine der solidesten Grundlagen zur Bestimmung der Konsonanz. Die Griechen begrenzten die Unterteilung mit der Ziffer 4 (Tetraktys). Im 16. Jh. erweiterte G. Zarlino sie bis zur Zahl 6 (senarius), um die harmonische und arithmetische Division der Quint zu erhalten, mit der er die schon benutzten Dur- und Mollakkorde erklärte. Ungeklärt ist, warum das Divisionsprinzip auf 4 oder später auf 6 beschränkt und entschieden werden soll, daß ab dort der Dissonanzbereich beginnt. Es dürfte allein eine musikalische – und damit eine ästhetische und subjektive – Einschätzung sein, die uns signalisiert, daß mit der Ziffer 7 ein völlig neues Element auftritt.

Theorie der Obertöne. Das Phänomen der ↗Obertöne, die schon von R. Descartes und M. Mersenne beobachtet wurden, wurde zum ersten Mal von J. Sauveur (1701) deutlich dargestellt. Er bestätigte die von den älteren Theoretikern praktizierte harmonische Teilung, die nun physikalisch nachweisbar und damit „naturgegeben" war. Die daraus folgende Zweitrangigkeit der arithmetischen Teilung – die nicht von der „Natur" bestätigt wird – beraubte die Theoretiker ihrer einzigen befriedigenden Erklärung des Mollakkords und stellte sie vor ein ungelöstes Problem.

Die Theorie von den Schwebungen. Nach H. von

Helmholtz ist die D. ein Resultat von Störungen zwischen zwei Schwingungen in sehr ähnlichem, aber nicht identischem Frequenzverhältnis, die zu ↗Schwebungen zwischen den Ausgangstönen und ihren Obertönen führen; K.en dagegen sind durch das Fehlen solcher Schwebungen zwischen Grund-, Teil- und Differenzfrequenzen ausgezeichnet. Seitdem C. Stumpf gezeigt hat, daß es Schwebungen ohne D.en und D.en ohne Schwebungen geben kann, hat diese Theorie viel von ihrer Wichtigkeit verloren.

Theorie der Verschmelzung. C. Stumpf wies die physikalischen Theorien zurück und versuchte, mit Hilfe psychophysiologischer Tests zu demonstrieren, daß die K. eine Folge der Verschmelzung zweier Töne ist, die den Eindruck erwecken, nur einen einzigen zu bilden. Der Grad der Verschmelzung zeige den Grad der K. an; die Oktave z.B., oft als Einklang gehört, weist den höchsten Verschmelzungsgrad auf.

Theorie der Kombinationstöne. Felix Krueger erklärt die K. und die D. durch die Vereinbarkeit oder Unvereinbarkeit der ↗Kombinationstöne, die beim gleichzeitigen Erklingen zweier Töne entstehen: bei der K. entsteht ein der Obertonreihe entsprechender Differenztonunterbau, während bei der D. dieser Unterbau zu Störungen und Verzerrungen führt, die der Wahrnehmung des Klanges schaden und das Intervall instabil werden lassen.

Experimente mit binauralem Hören. Albert Wellek (1934), H. Sandig (1939), H. Husmann (1952) und Raoul Husson (1953) experimentierten mit binauralem Hören von Sinustönen: ein Intervallton wird zum einen, der zweite zum anderen Ohr geleitet. Selbst hochmusikalische Personen konnten die entsprechenden Intervalle nicht beurteilen. Bei Wiederholung des Experiments mit obertonhaltigen Tönen wurden dagegen die Intervalle leicht erkannt.

Koinzidenztheorie. Die Theorie der Verwandtschaft von Tönen mit gemeinschaftlichen Obertönen (Helmholtz) führte H. Husmann weiter und fügte sie in seine Koinzidenztheorie, der Theorie vom „Zusammenfallen gemeinsamer Obertöne", ein. Es sind die Gemeinsamkeiten (Koinzidenzen) von „objektiven Obertönen" mit „subjektiven Obertönen" (die neu entdeckt wurden und als sog. „Ohrobertöne" im Ohr selbst entstehen) zweier oder mehrerer gleichzeitig erklingender Töne, die das Erkennen der Intervalle ermöglichen. Der Grad von K. und D. jedes Intervalls (oder Akkords) wird bestimmt von der Einfachheit oder Komplexität dieser Koinzidenzen. Nach Husmann haben die Verhältnisse 6:7 und 7:8 schon ebenso viele dissonante wie konsonante Koinzidenzen: sie stehen also an der Grenze zwischen K. und D. Beim Verhältnis 8:9 (Ganzton) überwiegen die dissonanten Koinzidenzen.

Die Multiplizitätstheorie. Aus der Tatsache, daß es viele und verschiedene Theorien zur K. und D. gibt und daß mehrere von ihnen eine befriedigende Erklärung nur für Teilaspekte geben können, schloß Albert Wellek, daß eine Synthese aller dieser Theorien gefunden werden müsse. Er nannte sie Multiplizitätstheorie. In der Tat sind die Probleme, die das Phänomen der K. und der D. stellt, unendlich komplex und weit davon entfernt, völlig oder auch nur annähernd gelöst zu sein.

Lit.: H. VON HELMHOLTZ, Die Lehre v. den Tonempfindungen als physiologische Grundlage für die Theorie der Musik (Brau 1863, [6]1913, Nachdr. Da 1968); C. STUMPF, Tonpsychologie, 2 Bde. (L 1883–90, Nachdr. Hilversum 1965); DERS., Gesch. des Consonanzbegriffs 1, in: Abh.en der Königlich Bayerischen Akad. der Wiss., Philosophisch-philologische-hist. Klasse 21 (Mn 1897); DERS., K. u. D. (L 1898) (= Beitr. z. Akustik u. Musikwiss. 1); H. RIEMANN, Zur Theorie der K. u. D., in: Präludien u. Stud. III (L 1901, Nachdr. Hil 1967); F. KRUEGER, Differenztöne u. K., in: Arch. für die gesamte Psychologie 1/2, Bd. 1 u. 2 (1903); K. JEPPESEN, Palestrinastil ... (Kop 1923), dt. Übers.: Der Palestrinastil u. die D. (L 1925); E. M. VON HORNBOSTEL, Psychologie der Gehörerscheinungen, in: Hdb. der normalen u. pathologischen Physiologie XI, hrsg. v. H. Geiger – K. Scheel (B 1927); A. WELLEK, Die Aufspaltung der „Tonhöhe" ... u. die Konsonanztheorien v. Hornbostel und Krueger, in: ZfMw 16 (1934); J. HANDSCHIN, Der Toncharakter (Z 1948); H. HUSMANN, Eine neue Konsonanztheorie, in: AfMw 9 (1952); DERS., Vom Wesen der K. (Hei 1953) (= Musikal. Gegenwartsfragen 3); DERS., Verschmelzung u. K., in: DJbMw 1 (1956); B. STOCKMANN, Über das D.-Verständnis Bachs, in: Bach Jb. 47 (1960); C. DAHLHAUS, Intervalldissonanz u. Akkorddissonanz, in: Kgr.-Ber. Kassel 1962 (Kas 1963); H.-P. REINECKE, Experimentelle Beitr. z. Psychologie des musikal. Hörens (H 1964) (= Schriftenreihe des Musikwiss. Inst. der Univ. Hamburg 3); C. DAHLHAUS, Emanzipation der D., in: FS H. H. Stuckenschmidt (Kas 1968); J. W. BUTLER – P. G. DASTON, Musical Consonance as Musical Preference. A Cross-Cultural Study, in: The Journal of General Psychology 79 (1968); K. SCHÜGERL, On the Perception of Concords, in: Frequency Analysis and Periodicity Detection in Hearing, hrsg. v. R. Plomp – G. F. Smoorenburg (Leiden 1970); A. COHEN, „La Supposition" and the Changing Concept of D. in Baroque Theory, in: JAMS 24 (1971); N. CAZDEN, The Systemic Reference of Musical Consonance Response, in: IRASM 3 (1972); H. DE LA MOTTE-HABER, Musikpsychologie. Eine Einführung (Kö 1972) (= Theoretica 14); S. GUT, La notion de consonance chez les théoriciens du Moyen Age, in: AMl 48 (1976).

S. GUT

KONSUL, DER *(The Consul),* Musical Drama in 3 Akten von Gian Carlo Menotti (* 1911), Text vom Komponisten. Ort und Zeit der Handlung: irgendwo in Europa, Gegenwart. UA: 1.3. 1950 in Philadelphia (Schubert Theater) unter der Regie des Komponisten; dt. EA (in dt. Sprache): 13.1.1951 in Hamburg.

Mit dieser Oper begründete Menotti seinen Weltruhm als Opernkomponist: bereits zwei Wochen nach der UA, am 15. 3. 1950, ging das Drama am

Ethel Barrymore Theater am Broadway in Szene und lief dort 269mal en suite – ein für eine Oper nie gekannter Sensationserfolg. Auszeichnungen wie der New York Drama Critics Award und der Pulitzer Prize unterstreichen die Bedeutung, die dieses Werk in kurzer Zeit erlangte. Das Drama, mit Motiven, die an Kafkas Schilderung der Behördenwillkür erinnern, durchsetzt, spielt in einem totalitären Staat. Geschildert wird der vergebliche Versuch einer jungen Frau, ein Einreisevisum in einen freien Staat zu erhalten, um mit ihrer Familie dem vor der Geheimpolizei geflohenen Ehemann ins Ausland zu folgen. – Der häufig auch als Regisseur tätige Komponist zeigt sich bereits im *Konsul* als Meister der bühnenwirksamen Gestaltung, so gleich zu Beginn des 1. Aktes, wenn die Schlagerwelt eines französischen Cafés in die ärmliche Wohnung der Familie hereinklingt und der verletzte Flüchtling John plötzlich ins Zimmer stürzt. Menottis Musik schließt sich über weite Strecken dem veristischen Stil Puccinis an, doch greift der Komponist auch auf andere stilistische Vorbilder zurück, wenn ihm dies erforderlich scheint. So findet man Reminiszenzen an I. Strawinskys *Sacre du Printemps* und R. Strauss' *Till Eulenspiegel* neben einem Wiegenlied im Stile Mussorgskis. Die kantablen, sehr differenziert instrumentierten Rezitative werden in ständigem Fluß gehalten und sichern so die Stringenz der musikdramatischen Linie.

R. QUANDT

KONTAKION (griech., wahrscheinlich = Stäbchen), Bz. für eine der bedeutendsten Großformen byzantinischer Hymnographie und Musik. Es hat sich aus der poetischen Homilie entwickelt, einer Art rezitierenden Festpredigt, die ursprünglich im Morgengottesdienst der Lesung des Evangeliums folgte, und besteht aus einer Reihe von 20 bis 30 Strophen, den sog. Oikoi (Häuser), die untereinander strukturell gleich sind (Übereinstimmung von Melodie, Silbenzahl, Akzent und syntaktischer Gliederung). Den Oikoi insgesamt wird eine kürzere allometrische Strophe, das sogenannte Prooimion oder Kukulion vorangestellt; Prooimion und Oikoi sind durch den gleichen Refrain miteinander verbunden. Das Vorhandensein des Refrains am Ende jeder Strophe läßt auf eine responsoriale Vortragsweise schließen: Vortrag der Strophen vom Solisten, des Refrains vom Chor. Ein weiteres Kennzeichen des K.s sind die Akrosticha. Als Vorläufer des K.s gelten drei syrische Poesieformen des 4. und 5. Jh., die Memra, die Madraša und die Sogitha. Das K. erlebte seine erste Blüte im 6. Jh. unter seinem prominentesten Vertreter, dem Syrer Romanos, von dem mindestens 85 Kontakia mit Sicherheit stammen. Neben ihm sind Anastasios, Kyriakos, Georgios, Dometios und Elias als Kontakiendichter bekannt. Eine zweite Blüte läßt sich für den Beginn des 9. Jh. im Studios-Kloster zu Konstantinopel feststellen. Die ältesten Aufzeichnungen von Kontakienmelodien finden sich in Handschriften des 12. und 13. Jh. mit altslawischer Kondakarien- bzw. mittelbyzantinischer Notation. Sie enthalten in der Regel nur das Prooimion und den ersten Oikos. Die Melodien weisen den hochmelismatischen Stil des Asmatikon bzw. des Psaltikon auf.

Lit.: P. MAAS, Das K., in: Byzantinische Zschr. 19 (1910); C. FLOROS, Das K., in: DVfLG 34 (1960); DERS., Fragen zum musikal. u. metrischen Aufbau der Kontakien, in: Actes du XIIe Congrès International des Études Byzantines III (Belgrad 1964); DERS., Die Entzifferung der Kondakarien-Notation, in: Musik des Ostens 3–4 (Kas 1965–67); J. GROSDIDIER DE MATONS, Le k., in: Gattungen der Musik in Einzeldarstellungen. Gedenkschrift L. Schrade I (Be – Mn 1973).

C. FLOROS

KONTARSKY, 1) Aloys, * 14. 5. 1931 Iserlohn, und **2) Alfons,** Bruder von 1), * 9. 10. 1932 ebd.; dt. Pianisten. Sie studierten beide an den Musikhochschulen Köln (1951–55: Klavier bei Else Schmitz-Gohr, Kammermusik bei M. Frank) und Hamburg (1955–57: Klavier bei E. Erdmann) und gewannen 1955 den 1. Preis für Klavierduo beim Internationalen Wettbewerb der Rundfunkanstalten Deutschlands in München. In kurzer Zeit errangen sie beispiellosen Weltruf vor allem durch ihre Interpretationen moderner Musik, die im Duospiel neue Maßstäbe setzten. Die Brüder K. waren in den 60er Jahren führend auch bei den Internationalen Ferienkursen für Neue Musik Darmstadt. 1967 wurden sie Professoren für Klavier und für Klavierduo an der Musikhochschule Köln. Aloys K. ist auch solistisch ein bedeutender Interpret zeitgenössischer und avantgardistischer Kompositionen und hat zahlreiche Werke von K. Stockhausen, B. A. Zimmermann, M. Kagel, M. Kelemen u. a. uraufgeführt. Alfons K. wurde 1979 an die Musikhochschule München berufen.

KONTRABASS (engl.: double bass, contrabass; frz.: basse double, contrebasse; it.: violone, contrabasso; span.: contrabajo). – **1)** K. bedeutet, einem Instrumentennamen vorangestellt, im allgemeinen das 16'-Instrument einer Instrumentenfamilie; im besonderen bezeichnet K. das größte und tiefste Streichinstrument, das – allerdings als „Mischling" – zur Viola da braccio-Familie gehört. Der K., auch Baßgeige genannt, ging aus dem tiefsten Instrument der Viola da gamba-Familie hervor und hat bis heute noch wichtige Merkmale dieser Familie beibehalten, so den flachen, nach oben abgeschrägten Boden, die hohen Zargen, die spitz zulaufenden Schultern und einen im Verhältnis zum Korpus kurzen Hals, der bis um 1800 noch mit Bünden ausgestattet war. Von der Viola da braccio-Familie wurden nur die F-Löcher statt der C-Löcher und die Schnecke statt eines Zierkopfes übernommen.

Die Anzahl der Saiten und die Stimmung des K.es waren im 17.–19. Jh. unterschiedlich. Es gab Instrumente mit 3, 4, 5, sogar 6 Saiten. Die Normalform war aber und ist bis heute der 4saitige K. in der Stimmung E_1 A_1 D G. Er klingt eine Oktave tiefer als notiert, ist also das einzige transponierende Streichinstrument. Der Tonumfang reicht in der Höhe bis mindestens g^1, bei Flageolett-Tönen bis g^3. In Partien, die tiefere Töne als E_1 enthalten, wird auf dem 4saitigen K. in der Regel in die höhere Oktave „ausgewichen". Bereits im frühen 19. Jh. ist dafür auch das Herunterstimmen der E-Saite bis zum C_1 bezeugt. Zu diesem Zweck gab es seit etwa 1880 mechanische Umstimmsysteme (sog. C-Maschinen), die sich aber auf die Dauer nicht durchsetzen konnten, nachdem seit R. Wagner K.-Partien in der Regel bis zum C_1 reichen. Heute verfügen alle professionellen Orchester gleichermaßen über 4saitige wie über 5saitige Kontrabässe (mit der Stimmung C_1 E_1 A_1 D G).

Nicht nur Form und Besaitung des K.es waren lange Zeit unterschiedlich, sondern auch die Bogenhaltung ist bis heute nicht einheitlich. Seit Franz Simandl, der als K.-Virtuose bekannt und seit 1863 als Lehrer tätig war, benutzen die Spieler den modernen konkaven Bogen, in Deutschland mit Untergriff, in Frankreich vorwiegend mit Obergriff (wie beim Violoncello). Bereits im 17. Jh. wurden zur Erleichterung des Stimmens Eisenwirbel und Zahnräder (M. Praetorius, *Syntagma musicum* II, 1619) verwendet, die sich aber nicht recht durchsetzen konnten. K. L. Bachmann erfand die Schraubenmechanik (Berlin 1772), d. h. für jeden Wirbel die Verbindung eines Zahnrades mit einer Schnecke, die seitdem allgemein benutzt wird, da durch sie jede Tonhöhe genau eingestimmt werden kann. Vom 17.–19. Jh. wurden sowohl kleinere als auch sehr viel größere Kontrabässe gebaut, darunter der kleine 3saitige, vorwiegend in Süddeutschland und Österreich verbreitete K. (↗Bassett) oder der 1849–51 von J. B. Vuillaume gebaute, 4 m hohe ↗Octobasse. Streichinstrumente in K.-Lage hießen im 17.–18. Jh. manchmal allgemein ↗Violone, in Deutschland auch Groß-Contra-Bas-Geig (M. Praetorius, *Syntagma musicum* II, 1619).

Der K. wurde vermutlich in der 2. Hälfte des 16. Jh. in Streicherensembles üblich; seit 1663 ist er bei den 24 Violons du Roi nachgewiesen, seit 1701 in der kaiserlichen Kapelle in Wien, seit 1706/07 im Opernorchester der Pariser Opéra (M. Marais, *Alcyone*). Im klassischen Orchester wurde der K. meist oktavierend mit dem Violoncello verwendet, d. h., für beide Instrumente galt die gleiche Stimme. Seit der 2. Hälfte des 18. Jh. wird der K. gelegentlich auch selbständig geführt, und seit dem frühen 19. Jh. ist die getrennte Notierung in Partitur und Stimmen üblich.

M. BRÖCKER

Musik für Kontrabaß. Die Anfänge einer Musik für K. kann man in dem Repertoire für Gamben-↗Consort sehen, der auch einen Violone umfaßte. Seit dem frühen 17. Jh. gehörte dieses Instrument zu den ↗Fundamentinstrumenten der Generalbaßpraxis. Die ersten Werke für Violone stammen vom Ende des 17. Jh. (G. B. Vitali und Giovannini del Violone).

Auch im 18. Jh. repräsentierte der K. die Fundamentstimme, dies sogar in bestimmten Bereichen oft ausschließlich (d. h. ohne Violoncello), so vor allem in der süddeutsch-österreichischen katholischen Kirchenmusik im Verband des sog. Kirchentrios (2 Violinen u. K.) und in der Serenadenmusik. Von hier aus entwickelte sich kurz nach der Mitte des 18. Jh. im Wiener Raum ein reicher Bestand von Werken für und mit solistischem K. innerhalb der Kammermusik, der Symphonik (J. Haydn, Symphonien Nr. 6, 7, 8, 31, 45 und 72), der konzertanten Symphonie (K. D. von Dittersdorf, Sperger), als Arie mit obligatem K. (J. M. Sperger; Mozart, KV 612). Vor allem sind hier zu nennen die K.-Konzerte von Dittersdorf, J. B. Vanhal, V. Pichl, A. Zimmermann, Fr. A. Hoffmeister, Sperger (von dem 18 Konzerte überliefert sind). Konzertierende Wiener Kontrabassisten des späten 18. Jh. waren u. a. Pichelberger, Kämpfer, Mannl, Lasser, Dietzl und Sperger. Auch wegen der Besonderheit des Wiener K.-Baus mit der Stimmung F_1 A_1 D Fis A kann von einer eigenen Wiener K.-Schule gesprochen werden. Besonders weit war hier die Lagen- und Flageolettechnik entwickelt. Sperger wandte erstmals den Daumenaufsatz an. Fast gleichzeitig traten die Italiener G. A. Capuzzi und Cimador mit ihren K.-Konzerten hervor. Die kompositorisch, spieltechnisch und auch als Lehrer überragenden Virtuosen und Komponisten waren jedoch D. Dragonetti und Giovanni Bottesini. Beide spielten die für Italien typischen Dreisaiter in der Stimmung A_1 D G.

Im 19. Jh. wurden an allen wichtigen Konservatorien Europas Lehrerstellen für K.-Spiel eingerichtet, so in Mailand 1808, Prag 1811, Wien 1817, Paris 1827. Mit der gleichzeitig intendierten Normierung im Instrumenten- und Bogenbau wurde eine vereinheitlichende Spieltechnik erstrebt. Exzellente Pädagogen, die fast alle auch für ihr Instrument komponierten, waren Wenzel Hause, Franz Simandl, Achille Gouffé, Lajos Montag und Ludwig Streicher.

Dem solistischen K.-Spiel stehen neben einer Fülle von Transkriptionen in zunehmendem Maße Originalkompositionen zur Verfügung (so u. a. von Bottesini, Dragonetti, Otto Findeisen, Gouffé, S. Kussewitzky, Láska und Simandl; vgl. das Verzeichnis bei A. Planyavsky, s. u. Lit.). Gleichzeitig erfuhr die Spieltechnik im Laufe des 19. Jh. starke Anregungen durch die enorme Entwicklung der ↗Instrumentation.

Die Neue Musik des 20. Jh. erschloß dem Kontrabassisten neue Spieltechniken (besonders im bogentechnischen und klanglichen Bereich); dies belegen die Originalkompositionen von P. Hindemith, H. W. Henze, S. Borris, F. Farkas, Ladislav Cerný, Fritz Leitermeyer, Montag, E. Nanny, Fritz Skorzeny, J.-Fr. Zbinden u. a. Noch extremere technische Ansprüche fordern Komponisten, die seriellen und experimentellen Techniken verpflichtet sind (Charles Whittenberg, Kr. Penderecki, Otto J. M. Zykan, G. Ligeti 1958 und 1961). M. Kagel verlangt in seiner Komposition *Tremens* einen elektrischen Kontrabaß. In den USA wird neuerdings ein „Ampeg Electric Bass“ aus Kunststoff hergestellt. Das K.-Spiel in Kammer- und Orchestermusik in unserem Jh. wurde auch durch den Jazz angeregt, wo vor allem das Pizzicato-Spiel verwendet wird (Schlagbaß). Innerhalb der Popmusik wurde der K. durch die elektrisch verstärkte Baßgitarre (↗Elektrobaß) verdrängt.

A. MEIER

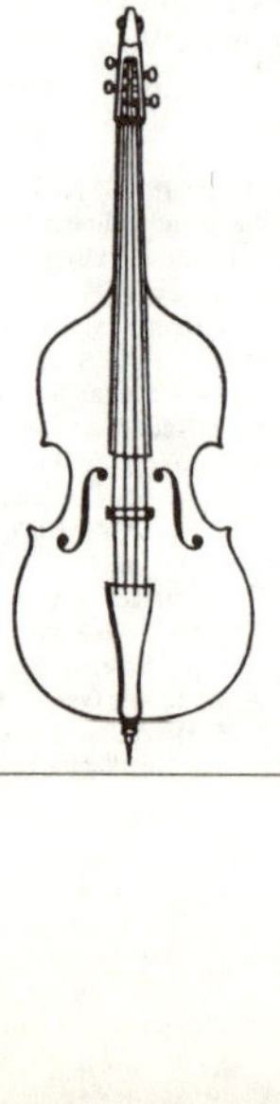

KONTRABASS
20. Jh.

2) Im Orgelbau Bz. für ein offenes Labialregister in 32′- oder 16′-Lage im Pedal, meist von enger Mensur und streichendem Klang.

Lit.: **Zu 1):** F. WARNECKE, Ad infinitum. Der K., seine Gesch. u. seine Zukunft (H 1909); A. M. KLAFSKY, M. Haydn als Kirchenkomponist, in: StMw 3 (1915); W. JERGER, Der K., in: Hohe Schule der Musik III (Pd 1935); C. BÄR, Zum Begriff des „Basso“ in Mozarts Serenaden, in: Mozart-Jb. 1960/61 (1961); H. KUNITZ, Die Instrumentation, XIII: Violoncello, K. (L 1961); H. KÜMMERLING, Entdeckung u. Verwendung der Subbaßlage, in: Kgr.-Ber. Leipzig 1966 (Kas 1970); A. MEIER, Konzertante Musik für K. in der Wiener Klassik (Giebing 1969, Mn ^{2}1979); A. PLANYAVSKY, Gesch. des K. (Tutzing 1970); B. M. FINK, Die Gesch. des K. u. seine Trennung vom Violoncello in der orchestralen Instrumentation (Rb 1974) (= Forschungsbeitr. z. Musikwiss. 24); F. BAINES, What Exactly is a Violone? A Note Towards a Solution, in: Early Music 5 (1977).

KONTRAFAGOTT (engl.: double bassoon, contrabassoon; frz.: contrebasson; it.: contrafagotto; span.: contrafagot), Doppelrohrblattinstrument mit enger, konisch gebohrter, mehrfach umgelegter Röhre (Länge des Rohres ca. 593 cm), verlängert durch ein S-förmiges Anblasrohr, auf welches das Doppelrohrblatt aufgesteckt wird, sowie nach unten gerichteter Metallstürze und einem Stachel zum Aufstützen des Instruments. Es erklingt eine Oktave tiefer als das ↗Fagott (Notierung 1 Oktave höher) und hat mit C-Stürze einen Tonumfang von C_1–g, bei Verwendung der A-Stürze von A_1–g (a). Die tiefen Töne haben einen vollen warmen Klang, während die hohen Töne leise sind. Die Entwicklung, die zum K. führte, setzte bereits um 1620 ein; nach M. Praetorius (*Syntagma musicum* II, 1619) habe der Berliner Musiker Hans Schreiber ein solches Instrument (Fagot contra) bauen wollen. Das älteste erhaltene Exemplar stammt von Andreas Eichentopf aus Leipzig (1714). 1727 wurde ein K. von Thomas Stanesby (London) bei Aufführungen Händelscher Werke verwendet. Im Laufe des 18. Jh. wurde das Instrument besonders in Österreich vorrangig für die Militärmusik gebaut, aus der es im 19. Jh. durch die Entwicklung von klangvolleren tiefen Blechblasinstrumenten (↗Tuba) verdrängt wurde. Der Bedarf an Kontrabaßinstrumenten in der Militärmusik führte zu zahlreichen Experimenten, um die Klangqualität und vor allem die Lautstärke des Instruments zu verbessern, u. a. zum Universalkontrabaß oder Tritonikon (1839) von Schöllnast & Sohn (Preßburg), einem Kupfer-K. mit großen geschlossenen Klappen, die ein klaviermäßiges Spiel erlaubten. C. W. Moritz (Berlin) benutzte diesen Mechanismus sogar dazu, auf seinem Klaviatur-K. eine Klaviertastatur mit weißen und schwarzen Unter- und Obertasten anzubringen (Patent 1856). Für die musikalische Verwendbarkeit des K. wichtiger war jedoch das Kontrabassophon (1850) von H. J. Haseneir (Koblenz) mit einer Drehklappenanlage. Endgültig durchsetzen konnte sich das K. aber erst mit dem von W. Heckel (Biebrich) entwickelten Typ (1876), der heute allgemein benutzt wird. Partien für K. finden sich u.a. bei G. Fr. Händel *(Alexander's Feast)*, J. Haydn *(Die Schöpfung;* hier auch tonmalerisch bei den Worten *Vor Freude brüllend steht der Löwe da)*, W. A. Mozart (*Maurerische Trauermusik*, KV 477), L. van Beethoven (5. und 9. Symphonie; *Fidelio*, 2. Akt, Kerkerszene), J. Brahms (1. und 4. Symphonie; Haydn-Variationen), A. Bruckner (9. Symphonie), H. Pfitzner *(Palestrina)*, R. Strauss *(Salome; Eine Alpensinfonie)*, G. Puccini *(Tosca*, 1. Akt, Finale), A. Schönberg *(Gurre-Lieder)*, I. Strawinsky *(Le sacre du printemps)*, Cl. Debussy *(La mer)*, G. Mahler (8. Symphonie), M. Ravel (*Daphnis et Chloé;* Suiten Nr. 1 und 2), G. Holst *(The Planets)*, O. Respighi *(I pini di Roma)*, Dm. Schostakowitsch (7. Symphonie, „Leningrad") und B. Bartók (Konzert für Orchester).

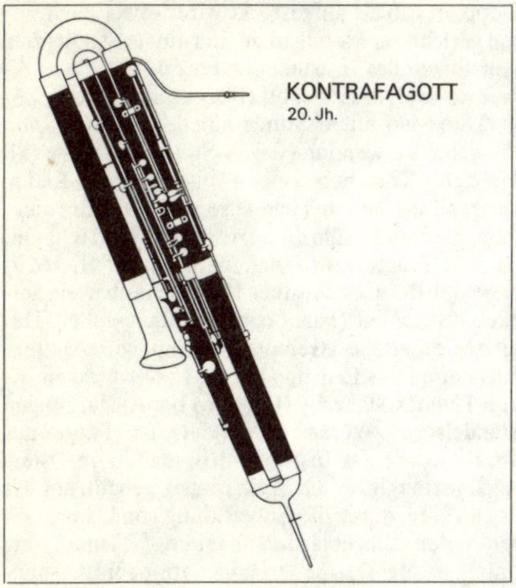

Lit.: L. G. LANGWILL, The Double-Bassoon, in: Proc. Mus. Assoc. 69 (1942); M. PIARD, Enseignement du contrebasson (P 1952); L. G. LANGWILL, The Bassoon and Contrabassoon (Lo – NY 1965); K. BISSAK, Die Holzblasinstrumente im Salzburger Museum Carolino Augusteum (Salzburg 1973); A. BAINES, Woodwind Instruments and Their History (Lo ³1977).

M. BRÖCKER

KONTRAFAKTUR (von mittellat. contrafacere = dagegen machen, nachmachen), allgemein Bz. für das Abfassen eines neuen Liedtextes zu einer vorhandenen, meist einstimmigen Melodie. Der historische Kernbereich der K., die über ganz Europa verbreitet war, liegt im Mittelalter, mit dessen Kunstanschauung, das Neue als eine Erweiterung und Bereicherung des anerkannten Bestandes anzusehen, sich das Verfahren der K. besonders gut deckt. So gehört die K. neben Tropierung, Mehrstimmigkeit usw. zu den häufig angewandten Möglichkeiten der Bereicherung des Gregorianischen Gesangs. Schwer durchschaubar sind die Gründe für die K. im Troubadour-, Trouvère- und Minnesang (Betonung des Zusammenhangs, Stileinübung, Gewinnung von Repertoire). Der Umstand, daß sich bei der K. das Interesse auf einen neuen Text richtete und die Melodien immer wieder verwendet wurden, eröffnet der Erforschung mittelalterlicher Musik manche Zugänge. Eine andere Konsequenz besteht darin, daß die Bedeutung von Kontrafakta-Verfassern eher im Dichterischen als im Musikalischen liegt (z.B. Heinrich Laufenberg, 15. Jh.). Zu einer speziellen semantischen Aussage verhalf die K. bei der Transposition der weltlichen in die geistliche Sphäre. Immer wieder wurden mit voller Absicht weltliche, oft ausgesprochen erotische Lieder sozusagen sakralisiert *(O admirabile Veneris idolum, O Roma nobilis orbis et domina)*; die entsprechenden Melodien, die auch unter neuem Text leicht wiederzuerkennen waren, bildeten nicht nur sozusagen eine technische Brücke, sondern auch ein Bindeglied für die beabsichtigte inhaltliche Assoziation und Transposition. Eine derart ausgerichtete K. spielte eine auffällige Rolle in der volksliturgischen Bewegung Süddeutschlands im 15. Jh. und dann im ↗Kirchenlied der Reformation. Im 16. Jh. nahm auch die K. mehrstimmiger Stücke zu (z.B. wurde J. Regnarts *Venus, du und dein Kind* zum protestantischen *Auf meinen lieben Gott* und zum katholischen *Magnificat anima mea Dominum*). Seit der Mitte des 17. Jh. verlor die K. an Bedeutung. Vom historischen Wortgebrauch her (seit dem 15. Jh.) ist der Begriff „K." von der ↗Parodie nicht scharf getrennt.

Lit.: K. HENNIG, Die geistliche K. im Jh. der Reformation (Hl 1909); J. A. HUISMAN, Neue Wege zur dichterischen u. musikal. Technik Walthers von der Vogelweide (Utrecht 1950); H. ALBRECHT, Zur Rolle der K. in Rhaus „Bicinia" v. 1545, in: FS M. Schneider (L 1955); S. W. KENNEY, Contrafacta in the Works of W. Frye, in: JAMS 8 (1955); U. AARBURG, Melodien zum frühen dt. Minnesang. Eine kritische Bestandsaufnahme, in: Zschr. für dt. Altertum 87 (1956/57), Neudr. in: Der dt. Minnesang, hrsg. v. H. Fromm (Da 1961) (= Wege der Forsch. 15); K. VON FISCHER, K. u. Parodien it. Werke des Trecento u. frühen Quattrocento, in: Ann. Mus. 5 (1957); E. JAMMERS, Der Vers der Trobadors u. Trouvères u. die dt. K., in: FS W. Bulst (Hei 1960); J. MÜLLER-BLATTAU, K. im älteren geistlichen Volkslied, in: FS K. G. Fellerer (Rb 1962); F. GENNRICH, Die K. im Liedschaffen des MA (Langen 1965) (= Summa musicae medii aevi 12); J. AENGENVOORT, Die K. in der Gesch. des geistlichen Liedes, in: MuA 18 (1966); W. BRAUN, Die ev. K., in: JbLH 12 (1966); W. LIPPHARDT, Zur geistlichen K., in: FS W.

Wiora (Kas 1967); CH. PETZSCH, K. u. Melodietypus, in: Mf 21 (1968); M. HONEGGER, Les chansons spirituelles de D. Lupi et les débuts de la musique protestante en France au XVIe siècle, 2 Bde. (Lille 1971).

G. GRUBER

KONTRAPUNKT (engl.: counterpoint; frz.: contrepoint; it.: contrappunto; span.: contrapunto), allgemein die Bz. für die Technik der Komposition mehrstimmiger Musik, die mehrere selbständige, jedoch aufeinander bezogene melodische Ereignisse unter Beachtung von vorgegebenen Grundbedingungen zu einem sinnvollen Satz zusammenfügt. Die Aufeinander-Bezogenheit, die vorgegebenen Grundbedingungen und die Formulierung dessen, was „sinnvoller Satz" bedeutet, unterliegen historischem Wandel. Daher stellt sich K., speziell als Theorie des polyphonen Satzes verstanden, zu verschiedenen Zeiten verschieden dar. Die jeweilige Ausprägung von K. als K.-Lehre hat also die Definition der Grundbedingungen zum Inhalt. Unter K. im engsten Sinne ist die Satztechnik zu verstehen, die die mehrstimmige Musik – mit einem deutlichen Schwerpunkt auf der geistlichen Vokalmusik – etwa zwischen 1450 und 1650 bestimmt hat („klassische Vokalpolyphonie").

Häufig wird K. in einen gewissen Gegensatz zur ↗Harmonielehre gebracht, durch die die entsprechenden Grundbedingungen für homophonen Satz formuliert werden. Dieser Gegensatz ist nur insoweit richtig, als harmonisches Denken kontrapunktisches Denken historisch abgelöst hat. Jedoch ist nicht zu übersehen, daß der Übergang zu einer die simultanen Zusammenklänge in den Vordergrund stellenden Betrachtungsweise latent in der K.-Lehre der oben genannten Zeit angelegt ist, deren zentrales Thema das Verhältnis von ↗Konsonanz und Dissonanz darstellt; dieses jedoch ist ein Zusammenklangsproblem.

Vorläufer des K.s sind ↗Organum- und ↗Discantus-Technik. Der Begriff K. (Contrapunctus) tritt – als Ableitung aus punctus contra punctum, d.h. Note gegen Note – erstmals nach 1300 in Traktaten über den Discantus auf. Er wird zunächst – dem Wortsinn entsprechend – nur für den Satz Note gegen Note verwendet, jedoch dann auf alle Satztechniken ausgeweitet, die eine (oder mehrere) Stimme(n) zu einem C.f. erklingen lassen.

Als die „Geburtsurkunde" des K.s kann der Traktat *Musica enchiriadis* (früher Hucbald zugeschrieben) um 900 mit seinen Organumbeispielen angesehen werden. Diese frühen Organa beruhen auf Note gegen Note gesetzten Unterquarten zum C.f. (Die oft angeführten Quint- und Oktavparallelfortschreitungen entstanden wohl sekundär durch Oktavierungen der Hauptstimmen.) Zur Vermeidung von Tritonusbildungen wird – bei absteigendem C.f. – die Organalstimme auf einem unteren Grenzton angehalten. Erst wenn der C.f. wieder ansteigt und das Quartintervall erreicht hat, setzt die Organalstimme die Quartparallelen wieder fort.

Im 11. Jh. wurde für das Organum das Prinzip der Gegenbewegung konstitutiv, wobei nunmehr die Organalstimme als Discantus über dem C.f. läuft (Mailänder Traktat, um 1100). Der Satz bleibt jedoch zunächst syrrhythmisch. Als Zusammenklangskonsonanzen werden nur Einklänge, Quarten, Quinten und Oktaven zugelassen. Für Anfänge und Schlüsse wird die Einklangs- oder Oktavkonsonanz zwingend vorgeschrieben. Erst um die Mitte des 12. Jh. werden Organum und Discantus zunehmend voneinander unterschieden.

In der 1. Hälfte des 13. Jh. wurden Franco von Köln und Johannes de Garlandia die maßgebenden Theoretiker des K.s, der jetzt durch den Verzicht auf die Syrrhythmik gekennzeichnet ist, wobei die Terz den Rang einer Konsonanz erobert hat. Zwischen zwei Konsonanzen kann der Discantus nunmehr Verzierungen (colores) anbringen. Damit war es jedoch notwendig geworden, auch die Dissonanzen zu definieren: Dissonanzen (discordantiae) sind Halbton, Tritonus und große Septime (als vollkommene Dissonanzen), Ganzton und kleine Sexte (!) (als „mittlere" Dissonanzen) sowie große Sexte (!) und kleine Septime (als unvollkommene Dissonanzen); Konsonanzen (concordantiae) sind dagegen Einklang und Oktave (als vollkommene Konsonanzen), Quarte und Quinte (als mittlere Konsonanzen) sowie kleine und große Terz (unvollkommene Konsonanzen). Dissonanzen dürfen nur als color auftreten (auf unbetontem Taktteil), während für die betonten Mensurzeiten Konsonanzen gefordert werden. Somit läßt sich für das 13. Jh. bereits ein Grundbestand an kontrapunktischen Verfahrensweisen feststellen, der von da an zum ständigen Repertoire gehören sollte: die Verwendung von Dissonanzen auf unbetonten Mensurzeiten als Durchgangsnote und (seltener) als Wechselnote.

Johannes de Garlandia, Franco von Köln u.a. beschreiben auch den mehr als zweistimmigen Satz, wobei sie im wesentlichen nur verlangen, daß auf schweren Mensurzeiten alle Stimmen miteinander konsonieren, während (so Franco von Köln) auf den leichten Zeiten das Triplum (die 3. Stimme neben ↗Duplum und ↗Tenor) entweder mit dem Tenor oder mit dem Discantus konsonieren soll.

Die Unterscheidung von schweren und leichten Mensurzeiten macht deutlich, daß die Organisation von Konsonanz-Dissonanz-Verhältnissen von nun an eng mit der Entwicklung einer geregelten Mensur- und Metrumlehre (der Mensuralnotation; ↗Notenschrift) verbunden ist. Auch für diesen Be-

reich sind Franco von Köln und Johannes de Garlandia die herausragenden Theoretiker.
Das 14. Jh., dessen musiktheoretische Zentralgestalt Johannes de Muris in Paris gewesen sein dürfte, lehnt zunehmend die Quarte als Konsonanz ab und toleriert aber die Sexte als imperfekte Konsonanz. Der Traktat *Ars nova* (um 1320) des Komponisten Ph. de Vitry hat im nachhinein der Epoche den Namen gegeben.
Zu Beginn des 15. Jh. hat der Begriff K. in vollem Umfang die Bedeutung gewonnen, die er heute hat, d.h. über den Satz Note gegen Note hinaus beschreibt er die Möglichkeit, viele Noten gegen eine Note des C.f. zu setzen. Einige anonyme Autoren formulieren jetzt (ähnlich wie Prosdocimus de Beldemandis 1412 in seinem Traktat *Contrapunctus*) Generalregeln, die nun wesentlicher Inhalt der K.-Lehre bleiben: 1. Gegenbewegungsgebot („quando tenor ascendit, contrapunctus debet descendere et e converso"). 2. Gebot der perfekten Konsonanz am Anfang und Schluß (während die Paenultima eine imperfekte Konsonanz [kleine Terz oder große Sexte] enthalten soll; in dieser Zeit finden sich im Zusammenhang mit der ↗Musica ficta auch Anweisungen, auf der Paenultima Leittöne zu verwenden: kleine Terz vor dem Einklang, große Sexte vor der Oktave, große Terz [Dezime] vor der Quinte [Duodezime]). 3. Quint- und Oktavparallelenverbot. 4. Gebot der Abwechslung zwischen perfekten und imperfekten Konsonanzen. 5. Möglichkeit der Folge mehrerer unvollkommener Konsonanzen, wenn eine vollkommene Konsonanz anschließt.
Wichtig scheint aber zu sein, daß diese und alle weitergehenden Regeln (z.B. diejenigen, die sich auf Dissonanzbehandlung bei diminuierender Figuration beziehen) weniger für die aufgeschriebene Komposition (res facta) gelten. Sie verstanden sich wahrscheinlich mehr als Anleitung zur Improvisation. – Bei Guilielmus Monachus (um 1450) endlich findet sich erstmals die Beschreibung der Vorhaltssynkope (Sekunde vor Terz, Septime vor Sexte, Quarte vor Terz) als Errungenschaft der zeitgenössischen Komponisten („...secundum usum modernorum"). Auch führt Guilielmus Monachus die Möglichkeit einer unter dem Tenor liegenden Baßstimme ein, wobei er für die Schlußbildungen bereits die spätere Baßklausel fordert.
J. Tinctoris bringt in seinem *Liber de arte contrapuncti* (1477) die Entwicklung der K.-Lehre zu einem vorläufigen Abschluß. In 8 Generalregeln faßt er die Errungenschaften eines halben Jahrtausends zusammen: 1. Anfang und Schluß sollen perfekte Konsonanzen bilden (Ausnahmen: Bei auftaktigem Anfang können auch imperfekte Konsonanzen auftreten, und bei vielstimmigen Schlüssen darf auch die Terz vorhanden sein). 2. Terz- und Sextparallelen sind erlaubt, Quint- und Oktavparallelen dagegen verboten. 3. Bei liegendem Tenor können gleiche Konsonanzen wiederholt werden. 4. Der K. soll eine geschlossene melodische Linie darstellen. 5. Die Tonart des C.f. darf nicht durch falsche Klauseln gestört werden. 6. Tonwiederholungen (redictae) darf der K. nicht haben, vor allem nicht, wenn sie im C.f. schon auftreten, es sei denn aus klangnachahmenden Gründen („...aliquando tamen sonum campanarum aut tubarum imitando ubique tolerantur"). 7. Zwei Schlußklauseln sollen nicht unmittelbar hintereinander stehen. 8. Überhaupt soll der K. Mannigfaltigkeit (varietas) aufweisen. Contrapunctus simplex und Contrapunctus diminutus (oder floridus) sind nun gleichberechtigte Gattungen. – Tinctoris ist der Theoretiker für die Satztechnik der franko-flämischen Schule, die mit G. Binchois, G. Dufay, J. Ockeghem und J. Obrecht einen Höhepunkt der Vokalpolyphonie markiert.
Die Theoretiker der Zeit von G. P. da Palestrina, dessen Name und Werk (bis zu beinahe legendärer Überhöhung) als Erfüllung des kontrapunktischen Vokalstils gilt, sind Glareanus (1547), N. Vicentino (1555) und G. Zarlino (1558). Während bei Glareanus die Formulierung eines modalen Skalensystems im Vordergrund steht, bemüht sich Vicentino (wie Zarlino ein Schüler A. Willaerts) um genaue Untersuchung der Dissonanzbehandlung. Vorhaltsdissonanz (sincopa), Durchgangsdissonanz (dissonanza sciolta) und Klauseln (cadentie) erfahren später kaum noch Formulierungsänderungen. Auch finden die Imitationstechnik und der doppelte K. (bei dem die Gegenstimme so angelegt ist, daß sie sowohl über als auch unter ihrer Bezugsstimme liegen kann) erstmals hier ausführliche Beschreibung. Zarlinos Fassung der K.-Lehre endlich stellt wohl die deutlichste Fassung des Regelbestandes des strengen Satzes dar (*Istitutioni harmoniche*, 1558). Dabei ist nicht zu verkennen, daß Zarlino im Kontrapunktteil der *Istitutioni harmoniche* bereits als „Konservativer" angesprochen werden muß. Zukunftsträchtiger wird seine Feststellung, daß Dur- und Molldreiklänge die einzigen Grundharmonien des Tonsatzes seien. Mit einigem Recht darf hier der Beginn der Harmonielehre im eigentlichen Sinne angesetzt werden.
Die Entwicklung von Monodie und Generalbaß verlagerte im 17. Jh. sehr deutlich das Schwergewicht theoretischer Untersuchungen weg vom Kontrapunkt. Dieser wurde zunehmend Übungsdisziplin für angehende Komponisten. Interessant sind hier vor allem noch deutsche Autoren, u.a. J. Burmeister (*Musica poetica*, 1606) und Chr.

Bernhard (*Tractatus compositionis augmentatus*, um 1660), bei denen die Lehre von den musikalisch-rhetorischen ↗Figuren als zusätzlicher Aspekt auftritt. K. als Kompositionsmittel steht hier sehr deutlich im Dienst des Wortausdrucks, wobei bemerkenswert ist, daß die Figuren weitgehend als Abweichung vom normierten Regelsatz, als „vitium artificale" verstanden werden.

Im 18. Jh. war der „strenge Satz" bereits historisch. J. J. Fux bezieht sich in seinem *Gradus ad Parnassum* (1725) ganz auf Palestrina. Sein Lehrbuch, in lateinischer Dialogform abgefaßt, stellt gewissermaßen ein „Lehrprogramm" dar, das den Schüler in kleinen Lernschritten voranführt und ihm sofort die „Erfolgskontrolle" ermöglicht. J. G. Albrechtsberger (1790), Fr.-J. Fétis (1825), L. Cherubini (1835) und H. Bellermann (1862) setzten diese Tradition im 19. Jh. fort. Strenger Satz im Sinne einer sich auf Palestrina berufenden a cappella-Technik gewann jetzt mehr und mehr den Sinn einer akademischen Unterweisung für angehende Komponisten, ein Fortschritt der K.-Theorie war jedoch nicht mehr zu verzeichnen. K. Jeppesens *Kontrapunkt* (1931), auf einer gründlichen Analyse der Werke Palestrinas beruhend, brachte diese Entwicklung gewissermaßen zum Abschluß.

Ein wichtiger Seitenzweig der K.-Lehre begann allerdings noch 1779 mit J. Ph. Kirnberger *(Die Kunst des reinen Satzes)*. Seine Lehrweise (auf J. S. Bach fußend) beruht auf der Grundannahme, daß alle Stimmfortschreitungen auf Akkordfortschreitungen beruhen. Folgerichtig ist für ihn der vierstimmige Satz Ausgangspunkt und der zweistimmige Satz eine Art Reduktion aus dem vierstimmigen. Hier wurden – wie später bei A. Reicha (1824) – Erkenntnisse J.-Ph. Rameaus auf den K. angewandt. Diese Linie fand ihre Fortsetzung etwa bei E. Fr. Richter (1872) und S. Jadassohn (1883). In gewisser Weise verkörpert hier P. Hindemiths *Unterweisung im Tonsatz* (1939) den Endpunkt dieser Entwicklung: Komposition ist stets gleichzeitig ein Problem der Akkordfortschreitung wie der melodischen Erfindung.

Auffällig ist, daß in der rückschauenden Betrachtung, insbesondere auch im 20. Jh., die vertikale Komponente oft übersehen wird und manchmal K. auf das Gegeneinander von rein melodischen Phänomenen oder rhythmischen Vorgängen oder gar auf „Vorgang gegen (und mit) Vorgang" (D. de la Motte, 1965) reduziert wird. E. Krenek (1940, 1952) endlich hält es deshalb für „angemessen, Atonalität und die Zwölftontechnik vom K. her zu erarbeiten", weil „Atonalität offenkundig melodische Phänomene in den Vordergrund" stelle. – Eine Weiterentwicklung der Theorie und Lehre vom K. hätte sich auch in der heutigen Zeit durchaus wieder der Aufgabe zu unterziehen, „Grundbedingungen" zu formulieren, die melodisches und vertikales Komponieren in einen sinnvollen Zusammenhang zu stellen vermögen. Dann wäre der Begriff K. auch in der zeitgenössischen Musik weiter verwendbar.

Lit. **1) Kontrapunktlehren u. -lehrbücher:** P. AARON, Thoscanello de la musica (V 1523, ^{5}1562), Faks. der 3. Aufl. 1539, hrsg. v. G. Frey (Kas 1970) (= DMl I/29); H. GLAREANUS, Dodekachordon (Bas 1547, Faks.-Nachdr. NY 1967, Hil 1969), dt. Übers. v. P. Bohn (L 1888–90) (= PGfM 16); N. VICENTINO, L'antica musica ridotta alla moderna prattica (R 1555), Faks. hrsg. v. E. Lowinsky (Kas 1959, Nachdr. 1969) (= DMl I/17); G. ZARLINO, Istitutioni harmoniche (V 1558, ^{3}1573, ^{4}1593), Faks. der 1. Aufl. (NY 1965) (= MMMLF II/1), Faks. der 3. Aufl. (Ridgewood/N.J. 1966); G. M. ARTUSI, L'arte del contrapuncto, 2 Teile (V 1586–98, ^{2}1598, Faks. Hil 1969); V. GALILEI, Il primo libro della prattica del contrapunto... (hsl. 1588–91); TH. MORLEY, A Plaine and Easie Introduction to Practicall Musicke ... (Lo 1597), Faks. hrsg. v. E. H. Fellowes (Lo 1937, NA 1952); J. P. SWEELINCK, Compositions-Regeln... (um 1600), hrsg. v. H. Gehrmann (s'-Gravenhage – L 1903) (= Sweelinck-GA 10); CH. BERNHARD, Tractatus compositionis augmentatus (hsl. um 1660), in: Die Kompositionslehre H. Schützens ..., hrsg. v. J. MÜLLER-BLATTAU (L 1926, Kas ^{2}1963); J. G. WALTHER, Praecepta der Musicalischen Composition (hsl. Wr 1708), hrsg. v. P. Benary (L 1955) (= Jenaer Beitr. z. Musikforsch. 2); J.-PH. RAMEAU, Traité de l'harmonie ... (P 1722, Faks.-Ausg. (NY 1965) (= MMMLF II/3); dass. in: J.-Ph. Rameau, Complete Theoretical Writings, hrsg. v. R. JACOBI (Dallas/Tex. 1967); J. J. FUX, Gradus ad Parnassum (W 1725), dt. v. L. Ch. Mizler (L 1742, Faks. NY 1966) (= MMMLF II/24); J. PH. KIRNBERGER, Die Kunst des reinen Satzes in der Musik, 2 Bde. (B – Königsberg 1771–79, Nachdr. Hil 1968); G. B. MARTINI, Esemplare ossia saggio fondamentale pratico di contrapunto..., 2 Bde. (Bol 1773–75, Faks. Ridgewood/N. J. 1965); J. PH. KIRNBERGER, Gedanken über die verschiedenen Lehrarten in der Composition... (B 1782, Nachdr. Hil 1973); L. CHERUBINI, Cours de contrepoint et de fugue (P 1835), dt. Übers. v. F. Stölpel als: Theorie des K. u. der Fuge (L 1836), u. v. G. Jansen (Kö 1896, NA L 1911); S. DEHN, Lehre vom Contrapunkt, dem Canon u. der Fuge (B 1859); H. BELLERMANN, Der Contrapunkt (B 1862, ^{4}1901); H. RIEMANN, Lehrbuch des einfachen, doppelten u. imitierenden K. (L 1888, $^{4-6}$1921); F. DRAESEKE, Der gebundene Styl, 2 Bde. (Hannover 1902); S. KREHL, K. (B 1908, ^{3}1920); P. HINDEMITH, Unterweisung im Tonsatz 1 (Mz 1937, ^{2}1940); E. KRENEK, Studies in Counterpoint (NY 1940), dt. Übers.: Zwölfton-K.-Stud. (Mz 1952); E. PEPPING, Der polyphone Satz, 2 Bde. (B 1943, ^{2}1950); W. PISTON, Counterpoint (NY 1947); K. SIKORSKI, K., 3 Bde. (Krakau 1953–57); D. MANICKE, Der polyphone Satz, 2 Bde. (Kö 1965, 1979); A. SCHÖNBERG, Preliminary Exercises in Counterpoint, hrsg. v. L. Stein (Lo 1970). – **2) Studien:** H. RIEMANN, Gesch. der Musiktheorie im 9.–19. Jh. (L 1898, ^{2}1921, Faks.-Nachdr. Hil 1961); R. O. MORRIS, Contrapuntal Technique in the 16th Century (O 1922); K. JEPPESEN, Der Palestrinastil u. die Dissonanz (dt. L 1925); DERS., K. (Vokalpolyfoni) (Kop – L 1930), dt. v. J. Schultz (L 1935, ^{3}1962, Wie ^{8}1978); R. H. ROBBINS, Beitr. z. Gesch. des K. von Zarlino bis Schütz (Diss. B 1938); A. T. MERRITT, Sixteenth Century Polyphony (C/M 1939); H. SEARLE, Twentieth Century Counterpoint (Lo 1954, ^{2}1955); J. HEIN, Die K.-Lehre bei den Musiktheoretikern im 17. Jh. (Diss. Kö 1954); J. M. CHOMINSKI, Hist. harmonii i kontrapunktu, 2 Bde. (Krakau 1958–62); TH. W. ADORNO, Die Funktion des K. in der neuen Musik, in: Klangfiguren (F 1959)

(= Musikal. Schriften 1); S. HERMELINK, Dispositiones modorum. Die Tonarten in der Musik Palestrinas u. seiner Zeitgenossen (Tutzing 1960); R. SCHLÖTTERER, Struktur u. Kompositionsverfahren in der Musik Palestrinas, in: AfMw 17 (1960); C. DAHLHAUS, Zur Theorie des klass. K., in: KmJb 45 (1961); DERS., D. Belli u. der chromatische K. um 1600, in: Mf 15 (1962); DERS., Bach u. der „lineare K.“, in: Bach-Jb. 49 (1962); D. DE LA MOTTE, K., in: Terminologie der neuen Musik (B 1965); H. TISCHLER, Remarks on Hindemith's Contrapuntal Technique, in: FS W. Apel (Bloomington/Ind. 1968); R. STEPHAN, Schönbergs Entwurf über „Das Komponieren mit selbständigen Stimmen“, in: AfMw 29 (1972); J. MAEGAARD, Ein Beispiel atonalen K. im Frühstadium, in: ZfMth 3 (1972); K. G. FELLERER, Zur K.-Lehre im Zeitalter des Humanismus, in: FS A. Geering (St–Be 1972); A. MANN, Haydn's „Elementarbuch“. A Document of Classic Counterpoint Instruction, in: Music Forum 3 (1973); G. GERRITZEN, Unters. z. K.-lehre des J. Tinctoris (Kö 1974); K.-J. SACHS, Der Contrapunctus im 14. u. 15. Jh. (Wie 1974) (= Beih.e zum AfMw 13); J. ROTHGEB, Strict Counterpoint and Tonal Theory, in: JMth 19 (1975).

W. KRÜTZFELDT

KONTRASTE, Ballett von Bernd Alois Zimmermann (1918–70). UA: 24.4. 1954 in Bielefeld (Stadttheater). Choreographie: Peter Roleff (*1906).
Die Gemälde wie auch die graphischen Skizzen des Malers Joan Miró (*1893) und die Zusammenarbeit mit dem „Schweizer abstrakten Puppenkabaret“ von Fred Schneckenburger inspirierten Zimmermann, eine „Musik zu einem imaginären Ballett zu komponieren“. Die 1953 entstandene konzertante Komposition *Kontraste* wurde ein Jahr später als Ballett unter gleichem Titel szenisch mit außergewöhnlichem Erfolg realisiert. Das Werk ist in sechs Sätze gegliedert, die mit erklärenden Überschriften versehen sind: *1. Introduktion, pas de couleur – Ensemble; 2. Moreske, rouge – Solo; 3. Tempo di valse, vert – pas de trois; 4. Phantasmagorie, blanc – pas de quatre; 5. Tempo di marcia, noir – pas de quatre; 6. Epilog, pas de couleur – Ensemble.* Absolute Musik und absoluter Tanz sind als eigenständige, künstlerische Ausdrucksformen gegeneinandergeführt, so daß – den Vorstellungen des Komponisten entsprechend – die Interpretation der einen durch die andere ausgeschlossen sein sollte. Tänzer, die als Farbenträger fungieren, sowie schwebende, sich drehende bunte Kreise, Linien und Dreiecke weisen das Bühnengeschehen als „Choreographie der farbigen Bewegung“ (P. Roleff) aus.

G. LUDIN

KONTRASUBJEKT (von lat.: contrasubjectum = Gegenthema), auch ↗Gegensatz genannt, in der Lehre von der ↗Fuge Bz. für die Fortführung des ersten Themeneinsatzes (die als Gegenstimme zum Comes-Einsatz erklingt), sofern sie auch im weiteren Verlauf ständig oder doch oft als Begleitpartie des Themas auftritt (daher häufig auch die Bz. beibehaltener oder obligater ↗Kontrapunkt). Einem Fugenthema können mehrere K.e zugeordnet werden. In der älteren Fugentheorie wird der Begriff meist wörtlich als Gegenthema jeglicher Art verstanden, jedoch empfiehlt sich die terminologische Unterscheidung zwischen K.en im Sinne von obligaten Nebenstimmen und den selbständigeren Supplementärthemen in Doppel- und Tripelfugen.

KONTSKI, poln. Musikerfamilie, ↗Kątski.

KONWITSCHNY, Franz, *14.8. 1901 Fulnek (Nordmähren), †28.7. 1962 Belgrad; dt. Dirigent. Er studierte 1921–23 an der Deutschen Musikvereinsschule in Brünn und 1923–25 am Konservatorium in Leipzig, wo er als Violinist und Bratschist im Gewandhaus- und im Theaterorchester spielte. 1925–27 war er Bratschist im Fitzner-Quartett und Violinlehrer am Volkskonservatorium in Wien, schlug anschließend jedoch die Dirigenten-Laufbahn ein und wurde 1930 1. Kapellmeister an der Staatsoper Stuttgart. Seit 1933 war er GMD in Freiburg i. Br., seit 1938 in Frankfurt a. M. und seit 1945 in Hannover sowie gleichzeitig an der Staatsoper in Hamburg. 1949 wurde er Gewandhaus-Kapellmeister in Leipzig, war daneben 1953–55 auch GMD der Dresdner Staatsoper und seit 1955 der Deutschen Staatsoper in Berlin(-Ost). 1951 erhielt er den Professoren-Titel und 1960 die Ehrendoktorwürde. K. gehörte zu den namhaftesten Dirigenten der Deutschen Demokratischen Republik, unter dem das Leipziger Gewandhausorchester wieder Weltgeltung erlangte.

Lit.: F. K. (B 1963) (Diskographie).

KÓNYA, Sándor, * 23.9.1923 Sarkád (Ungarn); dt. Sänger ung. Abstammung (Tenor). K. studierte an der Musikhochschule in Budapest, nach dem Krieg in Detmold, später in Rom und Mailand und debütierte 1951 am Stadttheater in Bielefeld als Turiddu in P. Mascagnis *Cavalleria rusticana*. Zwischen 1952 und 1955 sang er in Darmstadt, Stuttgart, Hamburg und wurde 1955 Mitglied der Städtischen Oper Berlin. 1956 gastierte er erstmals bei den Edinburgher Festspielen, 1958 als Lohengrin bei den Festspielen in Bayreuth und 1960 an der Mailänder Scala. 1961 wurde er an die Metropolitan Opera in New York verpflichtet. Sein Repertoire umfaßt außer Wagner-Rollen (u. a. den Lohengrin) auch dramatische Partien der italienischen und französischen Oper des 19. Jahrhunderts.

KONZERT, Concert (von it. concerto = Übereinstimmung, Vereinigung, Einverständnis) bezeichnet in einem Prozeß fortschreitender Ausdifferenzierung 1. ein Stilprinzip und später eine Werkgattung, 2. ein Ensemble der Ausführenden, 3. eine Veranstaltung, in der Musik dargeboten wird.

1) Concerto und Konzert als Stilprinzip und Werkgattung (↗Concerto). Bereits im frühen 16. Jh. in Italien in der Bedeutung *Zusammenklang* und synonym mit *Concento* verwendet, ließ die Bz. zunächst keine nähere Spezifikation zu, diese mußte vielmehr durch Zusätze verdeutlicht werden (*Concerto di voci*, 1519; *Concerto de gl'istrumenti*, M. A. Ingegneri 1598). In dieser allgemeinen Form wurde sie bis Ende des 17. Jh. verwendet und blieb austauschbar mit ähnlich allgemeinen Bezeichnungen wie Concento und Sinfonia. Ende des 16. Jh. wurde der Terminus *concertato* zur Bezeichnung eines mit der Mehrchörigkeit zusammenhängenden Stilprinzips eingesetzt, das gekennzeichnet ist durch Auflösung des kontrapunktischen Satzverbunds, die Tendenz zu Rahmensatz-Anlage, veränderte Funktion des (instrumentalen) Basses und Kleingliedrigkeit der Motivik. Die Reduktionspraxis der Zeit ermöglichte die Wirksamkeit dieses Stilprinzips auch für kleine Besetzungen.

Im Laufe des 16. Jh. verfestigte sich der Wortgebrauch daneben auch bereits zur Bezeichnung musikalischer Werke noch ohne Spezifikation auf vokale oder instrumentale Ensemblemusik (vgl. *Concerti di Andrea, et di Gio. Gabrieli*, 1587 u. a.), bei Cl. Monteverdi (7. Madrigalbuch) wird Concerto als Sammelbegriff für 6–16st. Besetzungen verwendet. Obwohl A. Banchieri 1595 8st. Stücke *Concerti ecclesiastici* nannte und der Wortgebrauch in Verbindung mit Mehrchörigkeit andauerte, begründete L. Viadana mit seinen *Concerti ecclesiastici* (1602 ff.) zum ersten Mal K. als Gattungsbegriff für die geringstimmige generalbaßbegleitete ↗Motette. Er wurde als ↗geistliches Konzert (u. a. von H. Schütz) in Deutschland aufgenommen. Noch J. G. Walther (*Musicalisches Lexicon*, 1732) und J. Mattheson (*Der Vollkommene Capellmeister*, 1739) bezeichnen Viadana als den Erfinder des K.s schlechthin. In dieser Weise wirkt der Begriff bis ins 18. Jh. hinein: noch J. S. Bach verwendete Concerto als Gattungsbegriff für die Kirchen-↗Kantate.

Daneben wurde K. zunehmend auf instrumentale Ensemble-Stücke angewendet, zunächst noch ohne Wechsel zwischen Solo und Tutti. Aus ihnen differenzierten sich zwei Gattungstypen heraus, die beide wohl durch die von M. Praetorius aufgebrachte Fehletymologie K. = Wettstreit (von vermeintlich lat. concertare = wettstreiten, kämpfen, *Syntagma musicum* III, 1619) beeinflußt wurden (vgl. etwa den Titel von Th. Selle, *Concertatio Castaldium h[oc] e[st] Musicalischer Streit*, H 1624). Bei dem einen Typus wurde ein solistischer, aber vollstimmiger (2 Violinen mit B.c.; Satz a due canti) Klangkörper (Concertino) einem mehrfach besetzten (Concerto grosso) gegenübergestellt, nach diesem wurde der Typus insgesamt bezeichnet (↗Concerto grosso). Der andere K.-Typus experimentierte mit einem oder mehreren (Melodie-)Soloinstrumenten, die dem Tutti gegenübertraten. Nach unterschiedlichen genetischen Vorstufen, die z. T. zeitlich noch über die Hauptentwicklung hinausreichten (G. Torelli, E. F. dall'Abaco u. a.), bildete A. Vivaldi einen festen Gattungstypus des Solokonzerts aus.

Konstitutiv für den Solokonzert-Typus Vivaldis ist das Tutti-Ritornell, das auf verschiedenen Tonstufen wiederkehrend, den Satz gliedert, während das Solo mit freien Spielfiguren von einem zum nächsten Ritornell moduliert, wobei seine unthematischen Figuren nicht weiterverarbeitet werden und bei jedem Einsatz des Solo wechseln. Dieses Modell (in der Formenlehre als „Modulationsrondo" bezeichnet), bei dem erstmals Tonalität formbildend wirkte, kam zunächst dem rationalistischen Formverständnis so sehr entgegen, daß es sich rasch ausbreitete. Als ästhetisch unbefriedigend wurde jedoch zunehmend empfunden, daß gerade das klanglich dominierende Solo an den formbildenden thematischen Vorgängen unbeteiligt blieb und die Spielfiguren zumeist ohne Rücksicht auf den Charakter des Solo-Instruments eingesetzt wurden. Die wohl auf T. Albinoni zurückgehende Technik der „Devisen"-Bildung, die das Solo wenigstens bei seinem ersten Auftreten mit dem Ritornell verknüpfte, oder G. Ph. Telemanns Experimente mit einer Art strophischer Variation vermochten diesem grundsätzlichen Mangel nicht abzuhelfen. – Während das Concerto grosso ohne eigenen Formtypus meist der viersätzigen Anlage der Sonata da chiesa folgt, bevorzugte das Solokonzert die dreisätzige Anlage, wobei der langsame Mittelsatz arienhaften Charakter hatte, während das Finale entweder ebenfalls als Modulationsrondo oder als zweiteiliger K.-Satz gestaltet wurde.

Die Faszination des Vivaldischen K.-Typus endete um 1740 so abrupt, wie sie aufgetreten war. Albinonis op. 10, publiziert ungefähr zur gleichen Zeit, als Vivaldi selbst in Venedig aus der Mode kam, zeigt bereits deutlich die Tendenz der späteren Entwicklung. J. J. Quantz (*Versuch einer Anweisung*..., 1752), der in seiner Jugend auch im Banne Vivaldis gestanden hatte, sah diesen Vorgang bereits klar als historischen Prozeß. Nach Ablösung des Modulationsrondo-Konzerts geriet das K. rasch in den Sog der inzwischen ausgebildeten Symphonie. Wie sich dieser Vorgang im einzelnen vollzog, ist noch unerforscht. Bei den Wiener Klassikern ist dieses symphonische K. bereits fertig ausgebildet; die anderen Komponisten in Wien folgten der Entwicklung allerdings in einigem zeitlichem Abstand. Die Dreisätzigkeit des älteren K. wirkte jedoch so stark nach, daß auch das symphonische K. diese beibehielt und nicht die viersätzige Anlage der Symphonie übernahm. Das Solo setzt in dem K. dieses Typs in der Regel erst ein, nachdem die gesamte Exposition des Sonatensatzes im Tutti abgelaufen ist; häufig erfüllt das Solo die Funktion der Wiederholung der Exposition, wie sie in der Symphonie üblich ist. Das Solo läuft jedoch nicht mehr wie beim älteren K. unbeteiligt neben der thematischen Entwicklung her, sondern ist voll in die thematischen Prozesse des klassisch-romantischen Sonatenprinzips integriert.

Weniger selbständig ist die Funktion der meist wechselnden Soli in der ↗Sinfonia concertante, die sich um die Mitte des 18. Jh. als Sonderentwicklung von der Symphonie abspaltet.

Die Bezeichnung K. wurde seit der Wiener Klassik beinahe zum Synonym für Solo-Konzert. Insgesamt entsteht nun ein reiches Repertoire von K.en, zunächst vorzugsweise für Klavier und für Violine, später zunehmend auch für nahezu alle gebräuchlichen Instrumente (vgl. die entsprechenden Artikel). Nur vereinzelt treten noch K. für mehrere Instrumente auf (L. van Beethoven, Tripelkonzert op. 56, J. Brahms, Doppelkonzert op. 102).

In der Musik des 20. Jh. genügt die Beziehung von Solo und Tutti, um – unabhängig von Form und Kompositionstechnik – den Gattungsbegriff zu rechtfertigen. Auch Bezeichnungen wie ↗Concertino und Concerto grosso treten, meist historisierend, aber ohne direkten Bezug zur historischen Besetzung und Satztechnik, wieder auf.

2) Concert(o) als Ensemble. Der umgangssprachlichen Bedeutung des Wortes in Italien entsprechend, war Concert(o) zeitweise auch die Bezeichnung für das (Vokal- und Instrumental-)Ensemble der Aufführenden selbst und ist seit dem 16. Jh. häufig belegt, u. a. für die berühmten Madrigalsängerinnen des Hofes von Ferrara (Concerto di donne). Für Walther (*Musicalisches Lexicon*, 1732), Mattheson (*Das neu-eröffnete Orchestre*, 1713) und J. A. Scheibe (*Critischer Musicus*, 1739) war auch dieser Wortgebrauch noch selbstverständlich.

3) Konzert als Veranstaltung. Wie weit die Verwendung von K. als Bezeichnung für Aufführungen zurückreicht, ist schwer bestimmbar, weil die Belege oft nicht zweifelsfrei erkennen lassen, ob die Ausführenden oder die Aufführung gemeint sind; so etwa wenn 1565 vom „Concerto maggiore“ des Herzogs von Ferrara berichtet wird. Seit dem 18. Jh. wurde dann die Verwendung von K. als Bezeichnung von Aufführungen allgemein: ↗Concert spirituel (Paris ab 1725), Castle Concerts (London ab 1724), Gentlemen's Concerts (Manchester ab 1774). Dieser Wortgebrauch ist eng verknüpft mit der sozialgeschichtlichen Wandlung des Musiklebens; ursprünglich bezeichnete wohl K. musikalische Aufführungen gegen Entgelt, die im allgemeinen der Öffentlichkeit zugänglich waren. Im angelsächsischen Sprachgebrauch wurde bis heute an der Bezeichnung K. (Concert) nur für Ensemblemusik festgehalten, solistische Aufführungen heißen Recital. Von England drang wohl auch der Typus des Konzertunternehmers auf den Kontinent vor und ersetzte die Form des von ausübenden Künstlern auch wirtschaftlich selbst verantworteten Konzerts. Bekannte Beispiele aus dem 18. Jh. sind hier die sogenannten Bach-Abel-Konzerte und die Salomon-Konzerte in London. Kennzeichnend für diese Entwicklung ist eine Bezeichnung wie „Professional Concerts“ (London ab 1783). Seit Ende des 18. Jh. verdrängt der Begriff K. allgemein die (in Wien noch bis in die Beethoven-Zeit hinein) gängigeren Bezeichnungen wie ↗Akademie und ↗Recital.

Lit.: A. SCHERING, Gesch. des Instrumentalk.s bis auf die Gegenwart (L 1905, ²1927, Nachdr. Hil – Wie 1965, ²1972); H. ENGEL, Das Instrumentalk. (L 1932) (= Führer durch den Konzertsaal, Die Orchestermusik III), revidiert, 2 Bde. (Wie 1971–74); F. GIEGLING, Concerto, in: MGG II; H. H. EGGEBRECHT, Stud. z. musikal. Terminologie (Mz 1955); J. B. HUTCHINGS, The Baroque Concerto (Lo 1961); S. KUNZE, Die Entstehung des Concertoprinzips im Spätwerk G. Gabrielis, in: AfMw 21 (1964); H. ENGEL, Das Solok. (Kö 1964) (= Das Musikwerk 25); S. KROSS, Concerto, concertare u. conserere, in: Kgr.-Ber. Leipzig 1966 (Kas 1970); H. W. SCHWAB, K., Öffentliche Musikdarbietung v. 17. bis 19. Jh. (L 1971) (= Musikgesch. in Bildern IV/2); R. KLEIN, Das Symphoniek. Ein Stilführer durch das Konzertrepertoire (W – Mn 1971); R. U. RINGGER, Konzertpublikum u. Konzertprogramm, in: NZfM 133 (1972); P. MIES, Das K. im 19. Jh. Stud. zu Formen u. Kadenzen (Bonn 1972); R. KLOIBER, Hdb. des Instrumentalk.s I (Wie 1972); G. HELDT, Das dt. nach-romantische Violink. v. Brahms bis Pfitzner (Rb 1973) (= Kölner Beitr. z. Musikforsch. 76); J. VINTON, The Concerto for Orchestra, in: Notes 30 (1973); L. HOFFMANN-ERBRECHT, Das Klavierk., in: Gattungen der Musik in Einzeldarstellungen 1 (Be 1974); H.-W. HEISTER, Unters. zu Publikum, Rezeptionsweise u. ästhetisch-musikal. Gegenstand des K.s. Ein Beitr. z. Theorie des Konzertwesens (1977) (= Diss. TU Berlin); H. W. SCHWAB, K. u. Konzertpublikum im 19. Jh., in: Musica 31 (1977); W. BREIG, J. S. Bach u. die Entstehung des Klavierk.s, in: AfMw 36 (1979); C. M. SCHMIDT, Über die Konzertform in späten Orgelkompositionen J. S. Bachs, in: Kgr.-Ber. Berlin 1974 (Kas 1980).

S. KROSS

KONZERTIERENDER STIL ↗Stile concertato, ↗Concerto.

KONZERTINA, ein ↗Harmonika-Instrument mit

4- oder 6eckigem Querschnitt. Dieses im Unterschied zur gleichtönigen englischen ↗Concertina wechseltönige Instrument hatte statt der gekoppelten Bässe Einzeltöne auch für die linke Hand, die innerhalb des Tonumfangs akkordisches Spiel in jeder Lage erlaubten. Die K. wurde 1834 von dem Klarinettisten C. Fr. Uhlig (in Chemnitz) erstmals gebaut. Zunächst hatte das Instrument 5 Melodie- und 5 Baßknöpfe, d. h. insgesamt 20 Töne. Die Anzahl der Töne wurde im Laufe des 19. Jh. immer weiter bis auf 128 (1924) erhöht. Die K., in der 2. Hälfte des 19. Jh. sehr verbreitet, wurde vom ↗Bandonion verdrängt. – ↗Akkordeon.

KONZERTMEISTER (amerik.: concertmaster; engl.: leader; frz.: chef d'attaque, maître de concert; it.: primo violino), spätestens seit der Mitte des 17. Jh. bis heute übliche Bz. für den führenden 1. Violinisten einer Kapelle bzw. eines Orchesters. Im 17. und 18. Jh. hatte der K. in kleineren Kapellen, denen kein ↗Kapellmeister vorstand, leitende Funktion. Seine Pflichten reichten von der Auswahl der zu spielenden Kompositionen über deren Einstudierung bis zur Direktion der Aufführung (Violindirektion). In größeren Hofkapellen war er der nächst dem Cembalo postierte und stehend agierende Anführer der Instrumentisten, zumindest der Streicher, denen er die Anweisungen des ihm vorgeordneten Kapellmeisters übermittelte. Indem er sich um alle orchesterspezifischen Details, vom Einstimmen bis zur Überprüfung von Stricharten und Verzierungen usw. zu kümmern hatte, war sein Wirken entscheidend für die Qualität des Orchesters. Die eigentliche Leitung von Chor- und Opernaufführungen lag in der Hand des Kapellmeisters am Cembalo (Klavierdirektion). Die derart praktizierte sog. Doppeldirektion durch K. und Kapellmeister war für das 18. Jh. charakteristisch. In dieser Weise arbeiteten z. B. in Dresden J. G. Pisendel als K. und J. A. Hasse als Kapellmeister eng und erfolgreich zusammen, in entsprechender Weise A. Gyrowetz und G. Paisiello in Neapel. Die vom K. ausgeübte Violindirektion blieb in Deutschland bis in die Zeit Beethovens, in Frankreich bis in die Zeit Fr. Habenecks und in England bis in die 40er Jahre des 19. Jh. bzw. bei den sog. Stehgeigern einer Tanzkapelle bis in die 50er Jahre des 20. Jh. allgemein üblich. Heute wird sie – eher als Besonderheit – noch von einigen Kammerorchestern und in den Neujahrskonzerten der Wiener Philharmoniker praktiziert.

KONZERTSTÜCK (frz.: morceau de concert), im 19. Jh. gelegentlich verwendeter Titel oder Untertitel von ein- und mehrsätzigen Werken für ein Soloinstrument und Orchester, meist durch Virtuosität und Brillanz des Soloparts gekennzeichnet. Es gibt K.e unterschiedlicher Formgestaltung. Einige zeigen Sonatensatzform oder die Form eines ersten oder letzten Konzertsatzes mit und ohne langsame Einleitung (z. B. R. Schumann, K.e op. 86 für 4 Hörner und Orch. sowie op. 92 und 134 für Klavier und Orch.), andere sind eine Folge mehrerer Sätze unter einer programmatischen Überschrift (Fr. Liszt, *Hexameron, Morceau de concert. Grandes variations... sur la Marche des Puritains de Bellini* mit Variationen auch von S. Thalberg, J. P. Pixis, H. Herz, C. Czerny und Fr. Chopin). Umgangssprachlich nennt man oft auch einsätzige Werke für Soloinstrumente und Orchester K.e, die im Titel nicht eigens als solche bezeichnet sind (z. B. Fr. Liszt, *Totentanz* für Klavier und Orch. und M. Ravel, *Tzigane* für Violine u. Orch.).

Lit.: H. ENGEL, Die Entwicklung des dt. Klavierkonzerts von Mozart bis Liszt (L 1927, Nachdr. Hil 1970); P. MIES, Das Konzert im 19. Jh. Stud. zu Formen und Kadenzen (Bonn 1972) (= Abh. z. Kunst-, Musik- u. Literaturwiss. 126).

KOPELENT, Marek, * 28. 4. 1932 Prag; tschechischer Komponist. Er studierte 1951–55 an der Akademie der Musischen Künste in Prag Komposition bei J. Řídký. 1956 wurde er Redakteur für zeitgenössische Musik im Prager Staatsverlag, leitet seit 1965 außerdem das Ensemble „Musica Viva Pragensis" und ist Mitglied der Gruppe „Neue Musik" in Prag.

WW: 4 Streichquartette (1954, 1955, 1963, 1968); *Reflexe* (1962) für Fl., V., Va. u. Vc.; *Rozjímání* (1966) für Kammerorch.; *Bijoux de Bohème* für Cemb., 2. Fassung für Fl., Cemb. u. Vibraphon (1967); Nonett *Pocta Vl. Holanovi* (1967); *Accords et désaccords* (1968) für 12 Solisten u. Orch.; *Zátiší* (1968) für Va. u. Kammerensemble; *A Few Minutes With an Oboist* (1974) für Ob. u. Kammerensemble. – Kantate *Chléb a ptáci* (1964); *Matka* (1964) für Fl. u. gem. Chor; *Snéháh* (1967) für Sopran, Jazz-Alt, Kammerorch. u. Tonband; *Modlitba kamene* (1968) für Rezitator, 2 Chöre, 3 Gongs u. Tamtam; *Žaloby* (1969) für 2 Kammer- oder Knabenchöre, Trp., Schlagzeug u. Tonband ad lib.; *Irrende Stimme* für eine Schauspielerin, Kammerensemble, Tonband, Film u. Licht ad lib. (1970).

KOPFSTIMME ↗Stimme.

KOPIST, früher Bz. für einen professionellen Notenschreiber, der im Auftrag eines Bestellers Kopien (von lat. copia = Abschrift) von handschriftlichen oder gedruckten Vorlagen anfertigt. Innerhalb der Institutionen (Hofkapellen, Theaterorchester), für die er arbeitete, hatte der K. häufig auch die Funktion eines ausübenden Musikers. Bis zum Ausgang des 18. Jh. wurde der überwiegende Teil der europäischen Musik durch Abschriften verbreitet. Nach dem Aufschwung des Notendrucks im 19. Jh. schränkte sich die Tätigkeit des K.en auf das

Duplieren von Chor- und Orchesterstimmen ein; in der 2. Hälfte des 20. Jh. wurde sie schließlich weitgehend durch fotomechanische Vervielfältigungsmöglichkeiten ersetzt. Für die modernen kritischen Ausgaben älterer Musik ist die Identifizierung einzelner K.en eine wesentliche Voraussetzung zur Ermittlung eines authentischen Notentextes.

KOPPEL (engl.: coupler; frz.: accouplement, tirasse; it.: accoppiamento; span.: acoplar), bei Orgel und Cembalo Bz. für die Verbindung, d. h. Koppelung, der Manuale miteinander und der Manuale mit dem Pedal, die es ermöglicht, die auf einer Klaviatur disponierten Register auf einer anderen zu spielen. Bei der Orgel sind, neben den Pedal-K.n, die K.n am gebräuchlichsten, die die Nebenmanuale mit dem Hauptwerk zu Plenum und Tutti vereinigen. K.n der Nebenmanuale untereinander sind weniger häufig, sehr selten wird das Pedal ins Manual gekoppelt. Neben dieser Art von K.n gibt es sog. Oktav-K.n innerhalb eines Manuals (erstmals im italienischen Orgelbau des 18. Jahrhunderts). Dies ist eine mechanische Vorrichtung, durch welche die Oberoktaven der jeweils gegriffenen Tasten miterklingen. Im Orgelbau des späteren 19. Jh. wurden Unter- und Oberoktav-K.n innerhalb eines Manuals und zwischen den Manualen (auch ins Pedal) zur Erzielung besonderer Effekte oder größerer Klangfülle beliebt. In dieser Zeit wurde auch eine sog. Melodie-K. gebaut, durch welche nur die jeweils höchste gegriffene Taste in der Oberoktave verdoppelt oder durch Ankoppeln eines anderen Manuals verstärkt wird. Heute tritt gelegentlich an die Stelle der schaltbaren Manual-K.n das K.-Manual, eine Klaviatur, die über keine eigenen Register verfügt, sondern nur über eine gemeinsame Traktur mit den übrigen Manualen.

Lit.: H. J. BUSCH, Die Spieltraktur. Historie u. Aktualität, in: FS O. Heuß (Lich 1978).

KOPPELFLÖTE (von lat. copula = Band, Verbindung), Bz. für ein labiales Orgelregister, dessen Pfeifen zu $^2/_3$ aus einem zylindrischen Teil und zu $^1/_3$ aus einem konischen Aufsatz bestehen. Der Klang der in 16′-, 8′-, 4′- und 2′-Lage gebauten K. ist obertönig.

KOREA. Geschichte. Bildliche Darstellungen und schriftliche Quellen belegen, daß bereits im 3. Jh. n. Chr. chinesische Musikinstrumente in Korea verbreitet waren, darunter Panflöten und Trommeln. Im 6. Jh. entwickelte man aus der chinesischen Tscheng bzw. Chin die Wölbbrettzithern Kayagum und Komungo und übernahm vermutlich aus Zentralasien die Oboe Piri sowie ein Chordophon. Zur gleichen Zeit gewann die koreanische Musik erheblichen Einfluß auf die japanische Hofmusik (koreanische Musiker unterrichteten z. B. Japaner im Spiel verschiedener Instrumente): koreanische Elemente sollen sich bis heute in den sog. Komagaku-Stücken (↗Gagaku) erhalten haben. Zwischen dem 7. und 10. Jh. (Vereintes Silla-Reich) fand die chinesische Tang-Musik Eingang in Korea, seit jener Zeit unterschied man zwischen koreanischer und chinesischer Musik. Allerdings vermochten sich nur wenige charakteristische Elemente der Tang-Musik und kaum spezifische Instrumente in der koreanischen Musizierpraxis zu behaupten. Während der Koryo-Dynastie (10.–14. Jh.) gelangten weitere chinesische Instrumente (u. a. Klangsteine, Bronzeglocken, Okarina) nach K., zugleich vermischten sich jedoch Elemente der chinesischen Musik (Tang-ak) weitgehend mit jenen der koreanischen (Hyang-ak). Zu Beginn der Yi-Dynastie (1392–1593 bzw. 1593–1910) bemühte man sich, die Kunstmusik von allen fremden Einflüssen zu reinigen und sie in ihrer ursprünglichen Form zu restaurieren. Zugleich gestaltete man sie weitgehend um, damit sie nicht nur angenehm klinge, sondern darüber hinaus den Geist beflügele. Nachdem 1443 das koreanische Alphabet erfunden worden war, entstand 1493 der erste Musiktraktat *Akhak kwebom*, der musiktheoretische Erörterungen enthält sowie Angaben über die Instrumente und die Musizierpraxis jener Zeit. Im 16. und 17. Jh. verwüsteten Invasionen der Japaner das Land, als deren Folge auch die Musik unter starken japanischen Einfluß geriet. Dank der Information aus dem genannten Traktat war es jedoch möglich, die koreanische Musik zu rekonstruieren. Während der Besetzung durch die Japaner 1910–1945 machte sich erneut japanischer Einfluß bemerkbar, der sich indessen im Bereich der traditionellen Musik weniger stark auswirkte als in der europäisch geprägten Musizierpraxis. Heute entwickeln sich in Nord- und Südkorea zunehmend unterschiedliche musikalische Traditionen.

Tonsystem und Rhythmus. Grundlage der Musik K.s bildet ein aus China übernommenes 7stufiges Tonsystem mit insgesamt 12 Halbtönen. Aus diesen wählt man jeweils 5stufige Gebrauchsleitern aus; die koreanische Musik ist durchgehend pentatonisch. Im Prinzip lassen sich über jedem Ton entsprechende Skalen bilden, indessen bevorzugen koreanische Musiker die Modi Kyemyon-yo (c–es–f–g–b–c^1), dem man einen pathetischen und klagenden Ausdruck zuschreibt, sowie Pyong-yo (c–d–f–g–a–c^1), der als heldenhaft gilt. Übergänge von einem zum anderen Modus sind durchaus üblich.

Die Melodien sind überwiegend symmetrisch gegliedert, Schläge auf den Gong Jing oder die Klapper Pak bzw. Trommelwirbel markieren Beginn bzw. Ende einer Phrase. Die rhythmische Gliederung mancher Stücke (vornehmlich in der traditionellen Hofmusik) läßt sich wegen des relativ langsamen Tempos nur erahnen, dafür treten dynamische und klangfarbliche Schattierungen um so deutlicher hervor. In der Regel sind Tempo sowie rhythmische Intensität erheblich höher als in den chinesischen und japanischen Stücken, für die im übrigen ähnliche Struktur- und Formgesetze gelten. Auch die koreanische M. ist im wesentlichen einstimmig konzipiert, beim Zusammenspiel im Ensemble entstehen streng hierarchisch strukturierte Formen der ↗Heterophonie.

Musikinstrumente. Die meisten koreanischen Musikinstrumente gehen auf chinesische, einige auch auf zentralasiatische Vorbilder zurück. Wichtigstes Baumaterial ist Holz (insbesondere Bambus).

Chordophone: Unter den Chordophonen überwiegen Zithern; Lauten finden heute kaum noch Verwendung. Das Komungo ist eine etwa 1,5 m lange Wölbbrettzither mit 6 Saiten, deren 3 mittlere über 16 feste Bünde laufen, indessen die übrigen lediglich an ihren Endpunkten fixiert sind und mittels eines verschiebbaren Sattels gestimmt werden. Der Musiker spielt die Melodie auf den Mittelsaiten, die er in ihrer Länge verkürzt und mit einem hölzernen Plektrum anreißt. Auf den äußeren Saiten erklingen Borduntöne. Von der oben beschriebenen Zither unterscheidet sich das Kayagum in Form und Maßen kaum, doch werden alle 12 (skalenmäßig gestimmten) Saiten melodisch genutzt. Der Musiker greift die Saiten nicht ab, drückt sie jedoch mit den Fingern der linken Hand während des Spiels etwas nieder oder bewegt sie hin und her, wodurch u. a. Tonhöhen-Modifikationen und Vibrati entstehen, die den Klang beleben. Die Saiten des Kayagum werden mit den Fingern gezupft. Im Unterschied zu den beiden genannten Instrumenten werden die 7 Saiten der Ajaeng nicht gezupft, sondern mit einem Holzstäbchen gestrichen, das mit Harz eingerieben wird. Vermutlich erst im 18. Jh. fand die trapezförmige Zither Yanggum, die auf vorderasiatische bzw. europäische Vorbilder zurückgeht, Eingang in die koreanische Musik. Die 14 jeweils vierfach bezogenen Saiten werden mit nur einem Bambusstäbchen angeschlagen, mithin lassen sich ausschließlich einstimmige Melodien ausführen. Den zentralasiatischen Röhrengeigen verwandt ist die Haegum, deren mehr als 60 cm langer spießförmiger Hals durch einen zylindrischen Resonanzkörper von nur etwa 10 cm Durchmesser läuft. Die beiden Saiten liegen so hoch über dem Hals, daß der Spieler sie nicht niederdrücken, sondern lediglich seine Finger auf die Saiten legen kann; der Ton des Instrumentes ist relativ schwach und obertonarm.

Unter den *Aerophonen* nimmt die Bambus-Querflöte Taegum, die man in verschiedenen Größen baut, eine herausragende Stellung ein: nach ihr stimmt man im Ensemble die übrigen Instrumente ein. Die Flöte ist nur mit 6 Grifflöchern versehen, doch verstehen es die Musiker, durch spezielle Griff- und Anblastechniken den Tonraum auf fast 3 Oktaven auszudehnen und dabei auch kleinste Zwischenstufen zu nutzen. Unterhalb des Blasloches befindet sich eine kleine Öffnung, die mit einer Membran bedeckt ist. Diese gerät beim Spiel in Schwingungen und verleiht dem Ton der Taegum im Forte einen speziellen, leicht schnarrenden Klang. Im Gegensatz zur Taegum bläst man die Tanso in Längsrichtung an und hält sie wie eine Blockflöte. Es fehlt ihr indessen ein Block, mithin muß der Spieler mit den Lippen einen Anblaskanal formen (↗Shakuhachi). Trotz der geringen Zahl von nur 5 Grifflöchern steht auch den Bläsern der besonders weich klingenden Tanso ein Tonraum von mehr als 2 Oktaven zur Verfügung. Von vollem, modulationsfähigem Ton ist die zylindrische Bambusoboe Piri, deren Tubus nur ca. 25 cm in der Länge mißt, mit 8 Grifflöchern versehen ist und mit einem breiten Doppelrohrblatt angeblasen wird. Sie findet bevorzugt als Begleitinstrument der Chordophone in der Kammermusik Verwendung. Die konische Oboe Taepyongso hingegen, deren gedrechselter Tubus in einen Schallbecher aus Messing mündet, dient mit ihrem schrillen Klang als Melodieträger in der Militärmusik und wird auch in dörflichen Musikgruppen gespielt. Auch die gerade, bis 2 m lange metallene Trompete Nabal gehört, zusammen mit der seitlich angeblasenen Muschel Nakak, zum Instrumentarium der Militärmusik.

Membranophone: Die Janggo, als Rhythmusinstrument unentbehrlich für die Begleitung von Musik und Tanz, besteht aus einem in der Mitte eingebuchteten, sanduhrförmigen und meist leuchtend rot lackierten Korpus, über dessen Enden 2 Felle gespannt sind; die Stimmung läßt sich mittels Schnüren verändern. Korpus und Felle der Juago, die wegen ihrer Größe meist hängend in einem Gestell befestigt ist, sowie der Yonggo sind mit bunten Ornamenten bemalt. Für die Begleitung der Pansori-Gesänge bedient man sich einer speziellen, der Yonggo ähnlichen Trommel ohne Verzierungen; das eine Fell wird mit der Hand, das andere mit einem Schlegel geschlagen.

Idiophone: Neben dem Gong Jing, dessen Schläge bestimmte Melodieabschnitte markieren, finden verschiedene Becken (Tanbal, Jabara) sowie die Klapper Pak Verwendung. Diese besteht aus 6 Holzplatten, die ähnlich einem Fächer an einem Ende durch Schnüre verbunden sind und mit den Händen gegeneinander geschlagen werden. Besonderes Interesse verdienen das Glockenspiel Pyongjong, dessen 16 Glocken in zwei Reihen übereinander in einem Gestell angeordnet und mit einem Hammer angeschlagen werden, sowie das Steinspiel Pyongyong mit 16 abgestimmten Steinplatten. Beide Instrumente entstammen einer sehr alten Traditionsschicht und wurden aus China importiert, sind indessen heute offenbar nur noch in K. in Gebrauch.

Gattungen. In der Musik K.s lassen sich verschiedene Gattungen unterscheiden, denen in der Regel ein spezifisches Instrumentarium zugeordnet ist. 1. Die Hofmusik *A-ak* (elegante Musik) diente ursprünglich der Untermalung verschiedener Opferzeremonien. Heute erklingt sie nur noch anläßlich der Gedenkfeiern für Konfuzius, dabei alternieren 2 Ensembles, die überwiegend aus Membranophonen und Idiophonen, darunter Klangsteinen und Glockenspielen, bestehen. 2. Stärker melodisch orientiert ist die Musik *Yollye-ak,* welche man bei höfischen Festen, bei denen man auch tanzte, spielte. Das Instrumentarium umfaßt Aerophone (Piri, Taegum), Chordophone (Komungo, Haegum) ebenso wie Membranophone (Janggo, Juago). 3. Die Militärmusik *Tae chwi ta* wurde früher von 2 verschieden besetzten Gruppen ausgeführt. Die an der Spitze marschierende, heute noch übliche Gruppe musiziert auf Nabal, Nakak, Taepyongso sowie Schlaginstrumenten. Die zweite Gruppe spielte die leiser klingenden Instrumente Piri, Taegum, Haegum und Janggo. 4. Als *Sanjo* bezeichnet man solistische Instrumental-Improvisationen auf der Flöte Taegum oder der Röhrengeige Haegum, die von einer Trommel begleitet werden. Die meist 3teiligen Stücke bieten dem Solisten Gelegenheit, seine musikalische Gestaltungskraft und seine technische Virtuosität unter Beweis zu stellen. 5. Mit Begleitung von Instrumenten trägt man die langen, stark verzierten Melodien *Kagok* vor, in denen Text- und Melodiestruktur aufs engste miteinander verbunden sind. 6. Die Gattung *Pansori,* 1754 erstmals erwähnt, indessen mit Sicherheit schon früher vor allem im Süden des Landes verbreitet, läßt sich als rezitativisch-pantomimisch vorgetragenes Drama bezeichnen. Verbal sowie durch Gesten und Körperbewegungen gestaltet ein Sänger bzw. eine Sängerin, von einem Trommler begleitet, Handlung und Stimmung des Dramas, in dem nicht selten pathetische Elemente überwiegen.

Volksmusik. Die Volksmusik ist weniger statisch als die in hohem Maße stilisierte Kunstmusik. Überdies haben sich in der Volksmusik autochthone koreanische Elemente erhalten: rasches Tempo und hohe rhythmische Intensität, im rhythmischen Bereich dominieren die in China oder Japan seltenen Tripeltakte ($^3/_4$ oder $^6/_8$). Während man es in der Kunstmusik vermeidet, Emotionen unmittelbar Ausdruck zu verleihen, spielen diese in der Volksmusik, insbesondere im volkstümlichen Drama *Pansori,* eine entscheidende Rolle. Für das dörfliche Musizieren bevorzugen die Koreaner als Melodieinstrument die Oboe Taepyongso wegen ihres durchdringenden Tones, der sich selbst gegenüber den vielen Schlaginstrumenten zu behaupten vermag.

Lit.: A. ECKARDT, Koreanische Musik, in: Mitteilungen der dt. Ges. für Natur- u. Völkerkunde Ostasiens 24B (1930); CH. S. KEH, Die koreanische Musik (Str 1935) (= Slg. musikwiss. Abh.en 17); J. L. BOOTS, Korean Musical Instruments and an Introduction to Korean Music, in: Transaction of the Royal Asiatic Society, Korean Branch (1940); W. S. LIM, Present Status of Music in K., in: Kgr.-Ber. Wien 1956 (Gr – Kö 1958); J. G. KIM, Musikethnologische Stud. über das koreanische Volkslied (Diss. W 1964); A. ECKARDT, Musik, Lied, Tanz in K. (Bonn 1968); J. HOYT, Songs of the Dragons (Seoul 1971); B. SONG, An Annotated Bibiography of Korean Music (Providence 1971); C. ROCKWELL, Kagok. A Traditional Korean Vocal Form (ebd. 1972).

CH. AHRENS

KORN, Peter Jona, * 30. 3. 1922 Berlin; dt. Komponist. 1933–36 studierte er in London Theorie und Tonsatz bei E. Rubbra, 1936–38 in Jerusalem bei St. Wolpe und 1941–47 an der University of California in Los Angeles Komposition bei A. Schönberg, E. Toch, H. Eisler und M. Rózsa (Filmmusik). 1948 gründete er das bis 1957 von ihm auch geleitete Studenten-Orchester „New Orchestra of Los Angeles". 1966 nach Deutschland zurückgekehrt, wurde er 1967 Direktor des Konservatoriums in München und tritt seither auch als Gastdirigent deutscher (Rundfunk-)Orchester auf. Seine Kompositionen zeigen Witz und Schlagkraft. Mit seiner Streitschrift *Musikalische Umweltverschmutzung* (Wie 1975) polemisierte er gegen Esoterik, Kommerzialisierung und andere „unerquickliche Themen" des zeitgenössischen Musikbetriebs.

WW: Klv.- u. Kammermusik; für Orch.: *Bettleroper-Variationen* (1955); 3 Symphonien (1946–56), Neufassung der 3. (1973); V.-Konzert (1974); *Eine kleine Popmusik* (1974); *Beckmesser-Variationen* (1979); Trp.-Konzert (1980); ferner Lieder u. Chöre.

KORNAUTH, Egon, * 14.5.1891 Olmütz (Mähren), † 28.10.1959 Wien; östr. Pianist und Komponist. K. studierte Musiktheorie bei R. Fuchs und Fr. Schreker an der Wiener Akademie für Musik und darstellende Kunst und privat bei Fr. Schmidt sowie Musikwissenschaft bei G. Adler an der Universität (1915 Promotion). 1916 wurde er Solorepetitor an der Hofoper und lehrte 2 Jahre Musiktheorie am Musikhistorischen Institut der Universität. Anschließend unternahm er, auch als Interpret eigener Werke, ausgedehnte Konzertreisen bis nach Ostasien (1926–30) und Brasilien (1933–35). 1940 wurde er Lehrer an der Wiener Musikakademie und 1945 Professor am Mozarteum in Salzburg. K.s Kompositionen weisen eine tonal gebundene, spätromantische Tonsprache auf.

WW: Sonaten für: Va. (Klar.), op. 3 (1912), Klar., op. 5 (1913), V., op. 9 (1913) u. op. 15 (1916), Vc., op. 28 (1922) u. Fl., op. 46a (1952) mit Klv.; Klv.-Quartett, op. 18 (1917); Streichsextett, op. 25 (1919); Streichquartett, op. 26 (1920); Streichquintett, op. 30 (1923) u. op. 40a (1938, revidiert 1947); *Kammermusik*, op. 31 (1924) für Fl., Ob., Klar., Horn u. Streichquintett, als Nonett (1932), als Dezett (1946); Klar.-Quintett, op. 35a (1931); Oktett für Klar., Fag., Horn u. Streichquintett, op. 40b (1949); Quintett für Fl. u. Streichquartett, op. 46. – Für Orch.: Sinfonietta, op. 20 (1918), revidiert als Orch.-Suite (1922); symphonische Suiten, op. 35 (1926–31, revidiert 1937) u. op. 42 (1938); *Romantische Suite*, op. 40 (1932–36, revidiert 1940); *Burleske*, op. 11 (1914, revidiert 1931) für Fl. u. Orch.; *Ballade*, op. 17 (1917) mit obligatem Vc. – *Gesang der späten Linden*, op. 16 (1917) für Frauenchor mit Kammerorch. oder Klv.-Quintett; *Der Abend*, op. 34b (1931) (Text: C. von Brentano) für Frauenchor, Fl., Klar. u. Streichquartett.

KORNETT. – 1) (engl.: cornet; frz.: cornet à pistons; it.: cornetta; span.: corneta, cornetín), ein Blechblasinstrument, das durch Anbringen von 2–3 Ventilen (Périnet-Ventile) am ↗Posthorn nach 1823 in Frankreich entstand (daher im Deutschen auch kurz *Piston* genannt). Es wurde in verschiedenen Formen gebaut, seit etwa 1920 meist in Anlehnung an die Trompete. Durch die zylindrisch-konische Mensur (weiter als die der ↗Trompete, enger als die des ↗Bügelhorns) und das Kesselmundstück (tiefer als das der Trompete) steht das K. in Bau und Klangcharakter zwischen Trompete und Bügelhorn (in der Höhe fehlt dem K. der glänzende Klang der Trompete, in der Tiefe der volle, runde des Bügelhorns). Bedingt durch Mensur und Mundstück spricht das K. jedoch sehr leicht an und kann mit virtuoser Beweglichkeit geblasen werden. Früher wurde es in vielen verschiedenen Tonlagen gebaut; am häufigsten verwendet blieben: das *Sopran-K.* in C (nicht transponierend, Tonumfang: fis–c^3), in B (transponierend, eine große Sekunde tiefer als notiert klingend, Tonumfang: e–b^2), in B mit A-Stimmbogen (es–a^2) und das *Pikkolo-K.* in Es mit D-Stimmbogen (transponierend, eine kleine Terz höher als notiert klingend, Tonumfang: a–es^3 bzw. mit Stimmbogen gis–d^3), sowie das *Alt-K.* in Es, eine Oktave unter dem Pikkolo-K. in Es stehend.

Das K. fand vor allem Eingang in die ↗Harmoniemusik und in die Militärorchester, seltener in die Symphonie- und Opernorchester, obwohl bereits G. Rossini es erstmals 1829 *(Guillaume Tell)* vorschrieb. Ihm folgten andere Komponisten, u.a. H. Berlioz (z.B. in *Symphonie fantastique, Harold en Italie*), J. Meyerbeer *(Les Huguenots)*, G. Bizet *(L'Arlésienne, Carmen)*, P. Tschaikowsky *(Francesca da Rimini, Schwanensee)*, G. Verdi *(Don Carlos)*, C. Franck (Symphonie d-moll), Cl. Debussy *(La Mer)*, I. Strawinsky *(L'histoire du soldat, Rag-Time, Circus Polka)*, P. Hindemith *(Kammermusik No. 4)*, Z. Kodály *(Háry János-Suite)*, O. Messiaen *(Turangalîla-Symphonie)*. Heute werden die K.-Partien meistens von Trompeten übernommen. Das K. wurde auch anfangs im Jazz verwendet, später aber durch die Trompete ersetzt.

M. BRÖCKER

2) Bz. für ein labiales Orgelregister, das als gemischte Stimme weiter Mensur in der Regel 5fach mit den Chören 8′, 4′, $2^2/_3$′, 2′, $1^3/_5$′ vorkommt. Gelegentlich entfällt die 8′- und 4′-Lage (Cornettino), oder es werden entlegene Aliquoten hinzugefügt (Septimen-, Nonen-K.). Meist ist das K. nur im Diskant vorhanden (im 17./18. Jh. ab c^1, neuerdings auch ab g, fis oder c) oder im Baß auf die Oktavchöre reduziert (K. 3–5fach). Allein registriert, dient das K. der Solostimmenführung, im Zungenplenum (Grand Jeu) verstärkt es den Diskant, wo die Klangstärke der Rohrwerke nachläßt. Die Registrierpraxis des späten 19. Jh. bezog das K. in das Tutti ein. – Als Zungenstimme wird das K. im Pedal in 4′- oder 2′-Lage gebaut, als Singend K. auch mit verkürzten Bechern.

H.-J. BUSCH

Lit.: **Zu 1):** M. RASMUSSEN, On the Modern Performance of Part Originally Written for the Cornett, in: Brass Quarterly 1 (1957); A. BAINES, Brass Instruments. Their History and Development (L ²1978).

KORNGOLD, Erich Wolfgang, * 29. 5. 1897 Brünn, † 29. 11. 1957 Hollywood; östr. Komponist. Er war seit 1907 in Wien Schüler von R. Fuchs und seit 1909 von A. von Zemlinsky und nahm zwischen 1911 und 1913 gelegentlich auch Unterricht bei H. Graedener. Schon 1910 erregte er Aufsehen mit seiner in der Wiener Hofoper aufgeführten Pantomime *Der Schneemann.* 1916 machten ihn in München die Einakter *Der Ring des Polykrates* und *Violanta* bekannt. Die tragische Oper *Die tote Stadt* (1920) schließlich wurde ein Welterfolg. 1920 debütierte K. in Wien als Konzertdirigent und war anschließend einige Monate Kapellmeister am Hamburger Stadttheater. Seit 1920/21 unternahm er von Wien aus Konzertreisen als Pianist und Dirigent. 1927 übernahm er eine Opernklasse an der Wiener Musikakademie. 1929 begann er die Zusammenarbeit mit M. Reinhardt, dem er 1934 in die USA folgte. Hier schrieb er mehrere Filmmusiken für die Warner Bros. Company, wandte sich seit 1940 aber wieder zunehmend der absoluten Musik zu.

WW: **1) Instr.-WW:** Zahlr. Klv.-Stücke u. Kammermusik, darunter: 3 Klv.-Sonaten (1908, 1910, 1930); 3 Streichquartette (1922, 1935, 1945); Klv.-Quintett (1921); Streichsextett (1916). – Für Orch.: *Schauspielouvertüre* (1911); Sinfonietta B-Dur (1912); Ouvertüre *Sursum Corda* (1919); *Babyserenade* (1928); symphonische Serenade B-Dur (1947) für Streichorch.; Symphonie fis-moll (1950); Thema und Variationen (1953); Konzerte für: Klv. (für die linke Hand allein) (1926); Vc. (1946); V. D-Dur (1947). – **2) Vokal-WW:** Psalm für Sopran, gem. Chor und Orchester (1941); symphonische Dichtung *Tomorrow* (1942) für Alt, Frauenchor und Orchester; zahlreiche Klv.-Lieder. – **3) Bühnen-WW:** Pantomime *Der Schneemann,* UA: Wien 1910; Opern: *Der Ring des Polykrates,* UA: München 1916; *Violanta,* UA: ebd. 1916; *Die tote Stadt,* UA: Hamburg u. Köln 1920; *Das Wunder der Heliane,* UA: Hamburg 1927; *Die Kathrin,* UA: Stockholm 1939; Komödie mit Musik *Die stumme Serenade,* UA: Dortmund 1954; ferner Film- u. Bühnenmusik sowie zahlr. Operettenbearb.

In einer spezifisch österreichischen Musiktradition verwurzelt, gehört K. zu den zwischen Spätromantik und Neoklassizismus vermittelnden Komponisten. Seine dramatischen Werke sind bühnenwirksame Schöpfungen eines mit großem Sinn für farbigen Klangreiz und blühendes Melos begabten Komponisten. Einige seiner Filmmusiken, entstanden „like writing an opera", enthalten auch Formen absoluter Musik.

Lit.: R. S. HOFFMANN, E. W. K. (W 1922); R. SPECHT, E. W. K., in: Mk 19 (1926/27); K. R. BRACHTEL, E. W. K., in: Musica 12 (1958); W. PFANNKUCH, E. W. K., in: MGG VII; L. KORNGOLD, E. W. K. (W 1967); J. FREYENFELS, Abendglanz im Jugendstil. Anmerkungen, Gedanken u. Erinnerungen z. Biogr. E. W. K.s, in: NZfM 133 (1972). W. PFANNKUCH

KORREPETITOR (lat., = Mitwiederholer), Bz. für den Assistenten eines ↗Kapellmeisters, dessen Aufgabe darin besteht, mit den Opernsolisten die Gesangspartien am Klavier einzustudieren. Ist der K. für das Proben der Chöre zuständig, so heißt er Chordirektor. Die Funktion des K.s ist in der Regel die erste Stufe der Kapellmeisterlaufbahn.

Lit.: R. HARTMANN, Hdb. des Korrepetierens (B 1926).

KORTHOLT (engl.: curtall; frz.: courtaud), ein Blasinstrument des 16./17. Jh. mit Doppelrohrblatt. In ein Holzstück wurde der doppelten Länge des Instruments entsprechend zwei abwärts bzw. aufwärts geführte zylindrische Kanäle gebohrt, so daß der Luftstrom aus dem obersten hinterständigen Loch austrat. Die genauere Abgrenzung zu anderen Instrumenten ähnlicher Bauart (↗Dulzian, ↗Fagott, ↗Sordun; z. B. bezeichnet engl. Single curtall das Quintfagott, Double curtall das Choristfagott) war bereits für die Zeitgenossen schwierig. M. Praetorius (*Syntagma musicum* II, 1619) erwähnt K., Kort-Instrument oder Kurtz-Pfeiff als Tenorinstrument der Sordune und bildet es sowohl mit als auch ohne Windkapsel ab (Tafel 10, 12), P. Trichet (*Traité des instruments de musique,* 1640) beschreibt das K. als Windkapselinstrument, während es bei M. Mersenne (*Harmonie universelle* III, 1636) nur als Instrument ohne Windkapsel erscheint. Für beide Autoren ist das K. jedoch ein Baßinstrument zur Begleitung der ↗Musette.

M. BRÖCKER

KOSMA, Joseph, * 22. 10. 1905 Budapest, † 7. 8. 1969 La Roche-Guyon bei Paris; frz. Komponist ung. Herkunft. K. studierte an der Franz-Liszt-Akademie in Budapest und war 1926–28 Korrepetitor an der Staatsoper. 1929 ging er als Stipendiat nach Berlin, wo er B. Brecht, H. Eisler und H. Weigel kennenlernte. 1933 ließ er sich in Paris nieder. K. wurde als musikalischer Mitarbeiter französischer Regisseure vor allem durch seine Filmmusiken, u. a. zu *Les enfants du paradis (Kinder des Olymps)* bekannt. Zusammen mit dem Dichter J. Prévert trug er auch zur Erneuerung des französischen Chanson bei und war außerdem mit Balletten, Pantomimen (für Marcel Morceau) und Bühnenmusik (u. a. zu Schauspielen J.-P. Sartres) erfolgreich.

WW: Kammermusik; Orch.-Werke; Vokal-Werke, u. a. *Les ponts de Paris* (1947) sowie weitere Chansons, Lieder u. Chöre. – Opern: *Les canuts,* UA in Berlin als: *Die Weber von Lyon,* 1959; *Un amour électronique,* UA: Paris 1961; *Les hussards,* UA: Lyon 1969. – Ballette: *Le rendez-vous,* UA: Paris 1945; *Baptiste,* UA: ebd. 1949 u. *L'écuyère,* UA: ebd. 1949; Pantomimen u. Bühnenmusik; Filmmusik zu: J. Renoir, *La grande illusion* (1935), ders., *La Marseillaise* (1936), ders., *La bête humaine* (1937), M. Carnés, *Les enfants du paradis* (Kinder des Olymp) (1944) (zus. mit M. Thiriet).

Lit.: W. NEEF, Bekanntschaft mit J. K. u. seinem szenischen Oratorium „Die Weber von Lyon", in: MuGes 8 (1958).

KOSTELANETZ, André, * 22. 12. 1901 St. Petersburg, † 14. 1. 1980 Haiti; amerik. Dirigent russ. Herkunft. Er studierte am Konservatorium seiner Heimatstadt und ging 1922 in die USA, wo er das Orchester des Columbia Broadcasting System und zeitweise ein eigenes Unterhaltungsorchester dirigierte. 1928 wurde er amerikanischer Staatsbürger. 1945 übernahm er die Leitung des Konservatoriums in Cincinnati. K. dirigierte die großen Symphonieorchester der USA, insbesondere seit 1952 regelmäßig die New Yorker Philharmoniker und unternahm zahlreiche Konzertreisen nach Europa. Neben zahlreichen Filmmusiken schrieb er vor allem Arrangements von Werken der Klassik und Romantik, die in den USA zeitweise sehr populär waren.

DAS GROSSE LEXIKON DER MUSIK

5

DAS GROSSE LEXIKON DER MUSIK

in acht Bänden

herausgegeben von
Marc Honegger und Günther Massenkeil

Fünfter Band

Köth – Mystischer Akkord

Herder
Freiburg · Basel · Wien

DAS GROSSE LEXIKON DER MUSIK
herausgegeben von Günther Massenkeil, Bonn

auf der Grundlage des
DICTIONNAIRE DE LA MUSIQUE
herausgegeben von Marc Honegger, Straßburg,
Verlag Bordas, Paris

Redaktionelle Bearbeitung der deutschen Ausgabe:
Karin Andrae, Hamburg; Christian Berger, Kiel; Charles Biegala, Baden-Baden; Marianne Bröcker, Bonn; Marie-Agnes Dittrich, Hamburg; Ursula Eckart-Bäcker, Aachen; Ingela Flotzinger, Graz; Maria Franke, Au bei Freiburg i. Br.; Maximilian Herbstmeier, München; Thomas B. H. Knospe, Kiel; Dieter Kroll, Oststeinbek bei Hamburg; Ulrich Kurth, Kiel; Dieter Möller, Hamburg; Ulrike Patow, Hamburg; Friedemann Pods, Kiel; Barbara Progscha-Weiner, Hamburg; Gertrud Rinderle, Kirchzarten; Peter Ruschenburg, Hamburg; Roswitha Schlager, Erlangen; Angelus Seipt, Köln; Jerg Trescher, Freiburg i. Br.; Petra Weber-Bockholdt, München; Elisabeth Winkler, Graz; Wolfgang Winkler, Graz

sowie die Lexikonredaktion des Verlages Herder

Sonderausgabe für den
Zweiburgen Verlag

Herstellung: Freiburger Graphische Betriebe 1992
ISBN 3-451-22921-8

Allgemeine Abkürzungen

Abb.	Abbildung
Abh.	Abhandlung
Abk.	Abkürzung
Abt.	Abteilung
Acad., Accad.	Academia, Académie, Accademia
a cap., a capp.	a cappella
ad lib.	ad libitum
AG.	Aktien-Gesellschaft
ahd.	althochdeutsch
Akad.	Akademie
amerik.	amerikanisch
anglik.	anglikanisch
Anh.	Anhang
Anm.	Anmerkung
Anon.	Anonymus
anon.	anonym
Ant., Anth.	Antologia, Anthologie
Arch.	Archiv
Art.	Artikel
Assoc., assoc.	Association, associé, associated
AT	Altes Testament
Auff.	Aufführung
Aufl.	Auflage
Ausg.	Ausgabe
ausgew.	ausgewählt
Ausw.	Auswahl
Bar.	Bariton
B.c.	Basso continuo
Bd., Bde.	Band, Bände
bearb., Bearb.	bearbeitet, Bearbeitung
Beitr.	Beitrag, Beiträge
Ber.	Bericht
bes.	besonders
Bibl.	Bibliothek
Bibliogr., bibliogr.	Bibliographie, bibliographisch
Bol., Boll.	Boletin, Bolletino
Br.	Bratsche
Bsp.	Beispiel
Bull.	Bulletin
Bz.	Bezeichnung
bzw.	beziehungsweise
C.	Cantus
ca.	circa
Cat.	Catalog
Cemb.	Cembalo
C.f.	Cantus firmus
Ch.	Chor
Cie.	Compagnie
Co.	Compagnie
Cod.	Codex
dB	Dezibel
ders., dies., dass.	derselbe, dieselbe, dasselbe
d. h.	das heißt
d. i.	das ist
Diss.	Dissertation
Diss. masch.	Dissertation maschinengeschrieben
Doz.	Dozent
dt.	deutsch
EA	Erstaufführung
ebd.	ebenda
ed., Ed.	edidit, Edition
eig.	eigentlich
engl.	englisch
Enz.	Enzyklopädie
etc.	et cetera (= und so weiter)
ev.	evangelisch
f.	für
f., ff.	folgend, folgende
f., fol.	Folio
Fag.	Fagott
Faks.	Faksimile
Fl.	Flöte
folkl.	folkloristisch
Forsch.	Forschungen
frz.	französisch
FS	Festschrift
GA	Gesamtausgabe
Gb.	Generalbaß
gegr.	gegründet
gem.	gemischt

Ges.	Gesellschaft
Gesch.	Geschichte
Ggs.	Gegensatz
GmbH.	Gesellschaft mit beschränkter Haftung
GMD	Generalmusikdirektor
gregor.	gregorianisch
griech.	griechisch
H.	Heft
Hdb.	Handbuch
Hist., hist.	Historia, historisch
hl.	heilig
Hrsg., hrsg.	Herausgeber, herausgegeben
Hs(s)., hsl.	Handschrift(en), handschriftlich
Hz	Hertz
Inc.	Incorporated
Inst.	Institut
Instr., instr.	Instrument, instrumental
int.	international, internazionale
it.	italienisch
Jb., Jbb.	Jahrbuch, Jahrbücher
Jg.	Jahrgang
Jh(h).	Jahrhundert(e)
Jt.	Jahrtausend
Kap.	Kapitel
Kat.	Katalog
kath.	katholisch
Kb.	Kontrabaß
KG.	Kommandit-Gesellschaft
Kgr.-Ber.	Kongreß-Bericht
Klar.	Klarinette
klass.	klassisch
Klv.	Klavier
Klv.-A.	Klavier-Auszug
KMD	Kirchenmusikdirektor
Kod.	Kodex
Komp.	Komponist, Komposition
Kons.	Konservatorium
Kpm.	Kapellmeister
lat.	lateinisch
Libr.	Libretto
Lit.	Literatur
liturg.	liturgisch
LP	Longplay, Long Player, Langspielplatte
Ltd.	Limited
lyr.	lyrisch
MA, ma.	Mittelalter, mittelalterlich
Man.	Manuale
MD	Musikdirektor
MH	Musikhochschule
mhd.	mittelhochdeutsch
Mitt.	Mitteilung(en)
Ms(s).	Manuskript(e)
musikal.	musikalisch
Musikwiss., musikwiss.	Musikwissenschaft, musikwissenschaftlich
NA	Neuausgabe
Nachdr.	Nachdruck
nat.	national
ndl.	niederländisch
N.F.	Neue Folge
nhd.	neuhochdeutsch
Nr(n).	Nummer(n)
N.S.	Neue Serie
NT	Neues Testament
Ob.	Oboe
OFM	Ordo Fratrum Minorum (Franziskaner)
OHG	Offene Handelsgesellschaft
o.J.	ohne Jahr
o.Nr.	ohne Nummer
o.O.	ohne Ort
op.	opus
Orch.	Orchester
Org.	Orgel
OSB	Ordo Sancti Benedicti (Benediktiner)
Östr., östr.	Österreich, österreichisch
Philos., philos.	Philosophie, philosophisch
Pk.	Pauke
Plur.	Plural
poln.	polnisch
port.	portugiesisch
Pos.	Posaune
Präs.	Präsident
Prof.	Professor
prot.	protestantisch
Prov.	Provinz
Ps(s).	Psalm(en)
pseud.	pseudonym
Reg.	Register
rel.	religiös
Rev.	Revue, Revista
Riv.	Rivista
russ.	russisch
S.	Seite(n)
SA	Société Anonyme
Sb.	Sitzungsbericht(e)
Sing.	Singular
SingSt	Singstimme
SJ	Societas Jesu (Jesuiten)
Slg(en).	Sammlung(en)
s.o.	siehe oben
Soc.	Societá, Société
SOCist	Sacer Ordo Cisterciensis (Zisterzienser)
sog.	sogenannt
span.	spanisch
St., st.	Stimme(en), stimmig
staatl.	staatlich
städt.	städtisch
Str.	Streicher
Stud.	Studien
s.u.	siehe unten
Suppl.	Supplement
Syn., syn.	Synonym, synonym
Trp.	Trompete
TU	Technische Universität
u.	und
UA	Uraufführung
u.a.	und andere, unter anderem

u.ä.	und ähnliches	veröff.	veröffentlicht
Übers.	Übersetzung	versch.	verschiedene
ung.	ungarisch	Verz.	Verzeichnis
Univ.	Universität	vgl.	vergleiche
Unters.	Untersuchung(en)	Vorb.	Vorbereitung
unveröff.	unveröffentlicht	Vorw.	Vorwort
u.ö.	und öfter		
urspr.	ursprünglich	wahrsch.	wahrscheinlich
usf., usw.	und so fort, und so weiter	Wiss., wiss.	Wissenschaft, wissenschaftlich
u.v.a.	und viele andere, unter vielen anderen	WW	Werke (meist Auswahl)
V.	Violine	z.	zu, zum, zur
v.	von	zahlr.	zahlreich(e)
v.	voce, voice, voix (Sing. u. Plur.)	z.B.	zum Beispiel
		zeitgen.	zeitgenössisch
Va.	Viola	Zschr.	Zeitschrift
Var.	Variation	z.T.	zum Teil
Vc.	Violoncello	zus.	zusammen
Ver.	Verein	zw.	zwischen
Veröff.	Veröffentlichung(en)	z.Z.	zur Zeit

Abkürzungen oft verwendeter Verlagsorte

A	Amsterdam	H	Hamburg	NY	New York
An	Anvers (Antwerpen)	He	Helsinki	O	Oxford
Au	Augsburg	Hei	Heidelberg	P	Paris
B	Berlin	Hil	Hildesheim	Pa	Palermo
Ba	Barcelona	Hl	Halle/Saale	Pd	Potsdam
Bas	Basel	I	Innsbruck	Pr	Prag
Be	Bern	Kas	Kassel	R	Roma (Rom)
Bol	Bologna	Kö	Köln	Rb	Regensburg
Brau	Braunschweig	Kop	Kopenhagen	St	Stuttgart
Bru	Bruxelles (Brüssel)	L	Leipzig	Sto	Stockholm
C	Cambridge	Lau	Lausanne	Str	Strasbourg (Straßburg)
C/M	Cambridge/Mass.	Lei	Leiden	Tn	Torino (Turin)
Ch	Chicago	Lis	Lisboa (Lissabon)	Tou	Tournai
Da	Darmstadt	Lo	London	Tü	Tübingen
E	Edinburgh	Ly	Lyon	V	Venezia (Venedig)
Erl	Erlangen	Ma	Madrid	W	Wien
F	Frankfurt am Main	Mi	Milano (Mailand)	War	Warschau
Fi	Firenze (Florenz)	Mn	München	Wb	Wolfenbüttel
Fr	Freiburg im Breisgau	Mos	Moskau	Wie	Wiesbaden
G	Genf	Mr	Münster	Wr	Weimar
Gö	Göttingen	Mz	Mainz	Wü	Würzburg
Gr	Graz	Nü	Nürnberg	Z	Zürich

K

KÖTH, Erika, * 15. 9. 1927 Darmstadt; dt. Sängerin (Sopran). Sie studierte an der Musikhochschule in Darmstadt, gewann 1947 einen Gesangswettbewerb des Hessischen Rundfunks und debütierte 1948 am Pfalztheater Kaiserslautern als Philine in *Mignon* von A. Thomas. Nach einem Engagement 1950–53 am Badischen Staatstheater in Karlsruhe wurde sie 1953 Mitglied der Staatsopern in München und Wien, denen sie bis zum Ende ihrer Laufbahn verbunden blieb. 1961 wurde sie außerdem an die Städtische Oper in Berlin verpflichtet. K. gastierte häufig bei den Salzburger Festspielen, an der Mailänder Scala, am Londoner Covent Garden, in Rom sowie in den USA und in der UdSSR. 1956 wurde sie Bayerische Kammersängerin, 1970 auch Berliner Kammersängerin. E. K. zählt zu den bedeutendsten Sopranistinnen des Koloraturfachs der Nachkriegszeit, was auch zahlreiche Schallplattenaufnahmen bezeugen. Besonderen Erfolg hatte sie in Mozart- und Strauss-Partien sowie als Rosina in G. Rossinis *Il barbiere di Siviglia.*

Lit.: K. ADAM, Herzlichst! E. K. (Da 1969).

KOTO (japanisch), Bz. für verschiedene Zupfinstrumente, speziell für die lange japanische Wölbbrettzither mit 13 Saiten (eig. genauer *Zokusō* genannt). Der Resonanzkörper ist aus Kiriholz (Paulownia oder Kaiserbaum) gefertigt. Jede der 13 Saiten läuft über einen eigenen verschiebbaren Steg in Form eines A. Mit Hilfe dieser Stege lassen sich auch die verschiedenen Stimmungen des Instruments erreichen. Das K. wird mit Fingerplektren auf Daumen, Zeige- und Mittelfinger der rechten Hand gezupft. Mit den Fingern der linken Hand drückt der Spieler hinter den Stegen auf die angerissenen Saiten, um die Tonhöhe zu beeinflussen. Die Wölbbrettzithern wurden aus ↗China eingeführt (↗K'in, japanisch: *Kin-no-koto*) und sind seit dem 5. Jh. belegt. In ↗Japan entwickelten sich verschiedene Typen des K., deren ältester und wichtigster das *Yamatogoto* oder *Wagon* war. Bis auf die Länge des Instruments, die zwischen 127 cm und 195 cm schwankt, ist das Yamatogoto seit dem 8. Jh. in seiner Gestalt unverändert geblieben und hat seitdem 6 (früher auch 7 oder 8) Saiten. In der höfischen Musik (↗Gagaku) werden 3 verschiedene Typen des K. (genannt *Sō-no-koto*) verwendet, in der „Linksmusik" vor allem das *Gakusō,* das seit dem 9. Jh. 13 Saiten hat und in verschiedenen Stimmungen gespielt wird, das *Tsukushi-sō* (ebenfalls mit 13 Saiten), aus dem das *Zokusō* hervorging, das heute allgemein als K. bezeichnet wird. Außer den 13 klassischen Stimmungen für dieses K. gibt es Spezialstimmungen für bestimmte Kompositionen und heute auch Stimmungen in europäischen Tonarten.

Lit.: S. IZAWA, Collection of Japanese K. Music, 2 Bde. (Tokio 1888, 1914); E. T. PIGGOTT, Principal Tunings of the Modern Japanese K. (Lo 1892); H. ECKARDT, K., in: MGG VII; W. P. MALM, Japanese Music and Musical Instruments (Tokio 1959, Rutland/Vt. [5]1970); E. HARICH-SCHNEIDER, A History of Japanese Music (Lo 1973).

M. BRÖCKER

KOTOŃSKI, Włodzimierz, * 23. 8. 1925 Warschau; poln. Komponist. Nach dem 1951 abgeschlossenen Studium an der Warschauer Musikhochschule wandte er sich zunächst der Erforschung und Sammlung beskidischer Volksmusik zu, wovon neben der Studie *Góralki i zbójnicki* (*Goralische Tänze und Räubertänze,* Krakau 1956) auch die *Tańce góralskie* (*Goralische Tänze,* 1950) zeugen. 1959 wurde er Mitarbeiter des experimentellen Studios beim Polnischen Rundfunk. Seit 1967 leitet er das Studio für Elektronische Musik an der Musikhochschule Warschau. 1975 wurde er in den Vorstand der IGNM gewählt. Nach folkloristisch bzw. neoklassizistisch geprägten Anfängen gewann K. besonders durch seine Teilnahme an den Darmstädter Ferienkursen für Neue Musik 1957–60 Anschluß an zeitgenössische musikalische Strömungen und profilierte sich besonders auf dem Gebiet der punktuellen und elektronischen Musik und der Aleatorik als einer der engagiertesten Vertreter der polnischen Avantgarde.

WW: *Szkice baletowe* (1951); *Preludium i Passacaglii* (1953);

V.-Konzert (1955); *Muzyka kameralna na 21 instrumentów i perkusje* (1958) für 21 Instr. u. Schlagzeug; *Musique en relief* (1959) für Orch. in 6 Gruppen; *Concerto per quattro* (1960) für Harfe, Cemb., Gitarre, Klv. u. Kammerorch.; *Canto per complesso da camera* (1961); *Pezzo* (1961) für Fl. u. Klv.; *Mikrostruktury* (1963); *Jeux sonores* (1967) für Tonband; *Pour quatre* (1968) für Klar., Pos., Vc. u. Klv.; *Musique pour seize cymbals et cordes* (1969); *Aela* (1970); *Euridice* (1970); *Multiplay* (1972) für 6 Blechbläser; Ob.-Konzert (1972); *Musical Games* (1974) für 5 Spieler (Fl., Klar., Ob., Horn, Fag.). – Ferner die Schrift *Instrumenty perkusyjne w wsólczesnej orkiestrze* (Krakau 1963), dt. Übers.: Die Schlaginstr. im modernen Orch. (Mz 1967).

KOTTER, Hans (Johannes), * um 1480 Straßburg, † 1541 Bern; elsässischer Organist. Er war 1498 bis um 1500 Schüler von P. Hofhaimer in Torgau, wo er bis 1508 im Dienst des sächsischen Kurfürsten stand. Um 1513 hielt er sich vermutlich in Basel auf. 1514 wurde er Organist in Freiburg in der Schweiz, konvertierte 1520 zum Protestantismus und mußte 1530 die Stadt deshalb wieder verlassen. 1534 erhielt er eine Lehrerstelle in Bern, wo er bis zu seinem Tode lebte. K. ist bekannt durch drei Tabulaturen des mit ihm befreundeten Basler Rechtsgelehrten Bonifacius Amerbach (Basel, Universitätsbibl., Sign. F. IX.22, 56 u. 58). Diese, 1513 bis etwa 1520/21 teilweise von K. geschrieben, sind mit den Tabulaturen L. Klebers die wichtigsten Quellen für die Klavier- und Orgelmusik des frühen 16. Jh. im süddeutschen Raum. Sie enthalten Übertragungen lateinischer, französischer und deutscher Gesänge sowie Tänze und freie Sätze. Die Komponisten sind u. a. H. Isaac, P. Hofhaimer, Josquin des Prés und K. selbst (mit insgesamt etwa 20 Stücken, darunter Praeludien, Praeambula und den beiden einzigen deutschen Choralbearbeitungen *Aus tiefer Not* und *O Herre Gott, begnade mich* nach Straßburger Melodien).

Ausg.: Sämtliche Stücke K.s in: Tabulaturen des XVI. Jh., Teil 1; Die Tabulaturen aus dem Besitz des ... B. Amerbach, hrsg. v. H. J. MARX (Bas 1967) (= SMD 6).

Lit.: W. MERIAN, Die Tabulaturen des Organisten H. K. (Diss. Bas 1916); H. J. MARX, Der Tabulatur-Cod. des Basler Humanisten B. Amerbach, in: Musik u. Gesch. FS L. Schrade (Kö 1963); M. SCHULER, Ein Beitr. z. Biogr. H. K.s, in: Mf 22 (1969).

KOTZEBUE, August Friedrich von, * 3.5.1761 Weimar, † 23.3.1819 Mannheim; dt. Dichter, neben Iffland einer der erfolgreichsten Schauspieldichter seiner Zeit. Er genoß in der Fachwelt gleichermaßen hohe Anerkennung (u. a. von J. W. v. Goethe) wie scharfe oder satirische Ablehnung (u. a. von den deutschen Romantikern und von Fr. Nietzsche). In K.s Dramen ist die Musik stets von großer Bedeutung. L. v. Beethoven schrieb zu den beiden Festspielen *König Stephan* und *Die Ruinen von Athen,* die (als Vor- und Nachspiel) zur Einweihung des Theaters in Pest 1812 aufgeführt wurden, die Bühnenmusik (op. 117 und op. 113). Sie enthält jeweils eine Ouvertüre und Märsche, Chöre, Sologesangstücke und Melodramen. K. war auch als Musikkritiker und als Opernlibrettist tätig. Nach einem Schauspiel von K. *(Der Rehbock)* entstand das Libretto zu A. Lortzings *Der Wildschütz.*

WW (nur die Libretti): *Das Dorf im Gebirge,* vertont v. J. Weigl, UA: Wien 1798; *Das Zauberschloß,* vertont v. J. F. Reichardt, UA: Berlin 1802; v. F. Schubert als: *Des Teufels Lustschloß* (1813–14), UA: ebd. 1978; *Der Spiegelritter,* vertont v. F. Schubert (um 1812), UA: Weilheim 1978; *Die Alpenhütte,* vertont v. C. Kreutzer, UA: Wien 1815.

Lit.: D. W. MACARDLE, Beethoven, Matthisson, K. and Gaveaux, in: MR 22 (1961).

KOUNADIS, Arghyris, * 14.2.1924 auf Keffalinia; griech. Komponist. K. studierte in Athen Jura sowie Klavier und Komposition bei J. Papaioannou. 1958–61 war er Kompositionsschüler von W. Fortner in Freiburg im Breisgau. Seither ist er an der Musikhochschule Freiburg als Leiter eines Ensembles für Neue Musik und seit 1963 als Dozent (1972 Professor) für Theorie, Tonsatz und Komposition tätig. Seine von vokal-instrumentaler Prägnanz gekennzeichneten Kompositionen beruhen auf einer individuellen Modifikation von Zwölftonstrukturen, weisen aber auch Elemente der griechischen Musiktradition auf.

WW: **1) Instr.-WW:** Bläserquintett *Wer Ohren hat, der höre* (1970); *Epitymbion in memoriam Ch. Ives* (1965) für 6 Schlagzeuge u. 13 Fl.n; für Orch.: *Chorikon I* u. *II* (1958, 1960) sowie *Heterophonika Idiomela* (1967). – **2) Vokal-WW:** Nocturnes (1960) (nach Sappho) für Sopran u. Kammerorch.; Rhapsodie für Frauenst. u. Orch. (1967); *Quattro pezzi per trio et soprano* (1968) (Text: H. M. Enzensberger); 9 Gedichte des Miltos Sochtouris für Chor, Baß u. Instr.-Ensemble, UA: Athen 1980. – **3) Bühnen-WW:** Opernsketch *Der Gummisarg,* UA: Bonn 1968; Musikal. Theater *Die verhexten Notenständer* (nach K. Valentin), UA: Freiburg 1971; Operngroteske *Der Ausbruch* (nach W. Jens), UA: Bayreuth 1975; Opera semiseria *Die Baßgeige* (nach A. Tschechow) für St.n, Chor, Ballett u. Statisterie, Kammerorch. u. Tonband, UA: Freiburg 1979.

KOUSSEVITZKY, Serge, ↗Kussewitzky, Sergei.

KOX, Hans, * 19.5.1930 Arnheim; ndl. Komponist. K. studierte 1945–51 Klavier bei J. Spaandermann und 1951–55 Komposition bei H. Badings. 1957–70 leitete er die Musikschule in Doetinchem und war 1970–74 Berater des Nordholländischen Philharmonischen Orchesters von Haarlem. K. schrieb einige seiner Werke im 31-Ton-System von A. D. Fokker.

WW: Klv.- u. Orgelmusik; Streichquartett (1955); Streichquintett (1957); Klv.-Quartett (1959); 4 Sextette für Bläser u. Klv. (1957–61); Cyclophonien (8 Stücke in versch. Besetzung, 1965–71); Sinfonia concertante für Va. u. Cello, UA: Utrecht 1978; Suite *Dorian Gray* für Kammerorch., UA: Koblenz 1979. – Für Orch.: 2 Symphonien (1959, 1970); Konzert (1959); Ballade (1960); *Paraklesis* (1964); *Phobos* (1971); *Sechs Einakter für 29 Musiker* (1971); Konzerte für: Fl. (1952), Klv. (1962), V. (1963). – *In Those Days* (1970) für 3 Instr. u. 2 Singgruppen;

Requiem for Europe (1971) für 4 Chöre u. Orch.; Ballett *Spleen* (1960).

Lit.: W. PAAP, De componist H. K., in: Mens en melodie 24 (1969); G. WERKER, „In Those Days." A Musical Memory of the Battle of Arnhem, in: Sonorum Speculum (1970) Nr. 43; R. STARREVELD, H. K. „Cyclophonies", in: ebd. (1973) Nr. 52; W. F. BON, H. K. Opera „Dorian Gray", in: ebd. (1973) Nr. 54.

KOŽELUCH (Koželuh, Kotzeluch). – **1) Johann Evangelista Anton Thomas,** getauft 14. 12. 1738 Welwarn (Böhmen), † 3. 2. 1814 Prag; böhmischer Komponist. Er war Schüler von J. Seger in Prag sowie seit 1769 von F. L. Gaßmann, J. A. Hasse und möglicherweise auch von Chr. W. Gluck in Wien. Von 1784 bis zu seinem Tod war er Kapellmeister an St. Veit in Prag.

WW (hsl. erhalten): 4 Symphonien; je 1 Ob.- u. Fag.-Konzert; zahlr. kirchenmusikal. Werke, darunter 16 Messen u. 1 Requiem für 4–5 St., Orch. u. Org. – Oratorium *Gioas, re di Giuda* (1777); Opern *Alessandro nelle Indie* (1769) u. *Demofoonte* (1772).

2) Leopold Anton, Vetter von 1), * 26. 6. 1747 Welwarn, † 7. 5. 1818 Wien; böhmischer Komponist. Er studierte Jura in Prag, wandte sich dann der Musik zu und lebte seit 1778 als Hofmusiklehrer in Wien. Seit 1792 versah er die Aufgaben eines Hof- und Kammerkomponisten am Wiener Hof.

WW: **1) Instr.-WW** (gedruckt meist in Wien, teilweise mit vielen Nachdrucken): Zahlr. Sonaten, Caprices u. a. Stücke für Klv. zu 2 Händen (darunter besonders berühmt *La chasse*, op. 5) u. zu 4 Händen; Sonaten für Klv. u. V. (z. T. ad lib.); mehr als 60 Trios für Klv., V. bzw. Fl. u. Vc.; 6 Streichquartette; 8 Symphonien; 2 Serenaden; 9 Klv.-Konzerte; *Harmonie* für Bläser; ferner zahlr. Bearbeitungen eigener Werke für andere kammermusikal. oder orchestrale Besetzungen. – **2) Vokal- u. Bühnen-WW:** Gedruckt wurden mehrere Slgen. Lieder u. Arietten sowie Einzelgesänge für SingSt u. Klv.; schottische u. walisische Volkslieder für SingSt, V. u. Klv. bzw. Harfe, auch mit Vc. (Lo 1798 u. ö.); *Sei notturni* für 4 St. u. Klv. (W o. J.); einzelne Kantaten u. Arien mit Klv. bzw. mit anderen Instr. – Mehrere Opern (nicht erhalten?); Ballette (hsl. erhalten): *Die wiedergefundene Tochter Ottos II.* (1782); *La tempestà di Telemacco* (1798); *Die Maskerade oder Harlekins verschmitzte Streiche* (1799); *La morte di Ottone II imperatore*; *Ballo* zur Krönung Leopolds II. 1791; Oratorien: *Moise in Egitto* (1789) u. *La Giuditta* (beide hsl. erhalten).

K. erfuhr zu seinen Lebzeiten außergewöhnlichen Ruhm vor allem als Komponist von Kammermusikwerken mit Klavier und von Orchestermusik, aber auch scharfe künstlerische und persönliche Ablehnung (u. a. durch W. A. Mozart und L. van Beethoven). Einige seiner Werke wurden lange Beethoven zugeschrieben (Klv.-Trio D-Dur, Kinsky-Halm Anh. 3, und 3 Stücke für Klv. zu 4 Händen, Anh. 8).

Ausg.: **Zu 2):** 6 Lieder, in: Das Wiener Lied v. 1778 bis Mozarts Tod, hrsg. v. M. ANSION – I. SCHLAFFENBERG (W 1920) (= DTÖ 54); 3 Sonaten für Klv., V. u. Vc., op. 12 Nr. 1–3, hrsg. v. H. ALBRECHT (Lippstadt 1950–56) (= Organum III/54, 59 u. 41); Streichquartett B-Dur, op. 32 Nr. 1, hrsg. v. J. MICKA – J. RACEK – A. NĚMEC (Pr 1954) (= MAB 15); Klv.-Konzert D-Dur, hrsg. v. R. MEYLAN (Wie 1964); 3 Symphonien, hrsg. v. J. RACEK – M. POŠTOLKA (Pr 1969) (= MAB 72).

Lit.: **Zu 2):** G. LÖBL, Die Klv.-Sonate bei L. K. (Diss. W 1937); M. POŠTOLKA, L. K. Život a dílo (Pr 1964) (mit thematischem Kat. sowie dt. u. engl. Zusammenfassung); CH. FLAMM, L. K. Biogr. u. stilkritische Unters. der Sonaten für Klv., V. u. Vc. nebst einem Beitr. zur Entwicklungsgesch. des Klv.-Trios (Diss. W 1968).

KOZUB, Ernst, * 1925 Duisburg, † 27.12.1971 Bad Soden (Taunus); dt. Sänger (Tenor). Nach dem Studium an der Musikhochschule in Weimar debütierte er 1950 an der Komischen Oper in Berlin, wo er bis 1954 verpflichtet war. 1954–62 sang er an der Frankfurter Oper und 1962 bis zum Ende seiner Laufbahn an der Hamburgischen Staatsoper. 1969 wurde er zum Kammersänger ernannt. Gastverträge banden K. außerdem an die Städtische Oper in Berlin und an die Wiener Staatsoper. K. gastierte mit großem Erfolg u. a. am Covent Garden in London, in Rom und wiederholt auch an der Mailänder Scala. Sein Repertoire umfaßte vor allem Wagner-Rollen (Siegmund, Siegfried) und das Helden-Fach in italienischen Opern.

KRAFT. – 1) Anton, * 30.12.1749 Rokitzan bei Pilsen, † 28. 8. 1820 Wien; böhmischer Cellist. K. studierte zunächst Philosophie an der Universität Prag und wandte sich dann der Musik zu. 1778–90 war er 1. Cellist in der Kapelle des Fürsten Esterházy in Wien, spielte seit 1790 in der Kapelle des Fürsten Grassalkowitsch und seit 1796 in der des Fürsten Lobkowitz. Um 1780 war er auch Kompositionsschüler von J. Haydn.

WW: 6 Vc.-Sonaten; 3 Duos für 2 Vc.; 3 Duos für V. u. Vc.; Divertissements für Vc. u. Kb.; Trios für 2 Barytons u. Vc.; Vc.-Konzert.

2) Nikolaus, Sohn von 1), * 14. 12. 1778 Esterház, † 18. 5. 1853 Eger; böhmischer Cellist. Er war Schüler seines Vaters. 1796 trat er in die Kapelle des Fürsten Lobkowitz ein und wurde etwa zur selben Zeit Mitglied des Schuppanzigh-Quartetts. Seit 1809 war er Solocellist am Kärntnerthor-Theater in Wien und 1814–34 Kammermusiker am Stuttgarter Hof. Er gehörte zu den bedeutendsten Cellisten zu Anfang des 19. Jahrhunderts.

WW: Fantasie für Vc.; Streichquartett; 5 Vc.-Konzerte.

Ausg.: **Zu 1):** Sonate D-Dur für Vc. u. Klv. oder 2 Vc., op. 2 Nr. 2, hrsg. v. C. ADAM (NY 1948); Vc.-Konzert C-Dur, hrsg. v. M. SOLC – J. CHUCHRO (Pr 1961).

Lit.: K. JERING, A. K., Cellist und Komponist, in: Sudetenland 6 (1964).

KRAFT, Walter Wilhelm Johann, * 9. 6. 1905 Köln, † 9. 5. 1977 Antwerpen; dt. Organist, Komponist und Dirigent. K. studierte Klavier und Orgel am Vogt'schen Konservatorium in Hamburg und war in Berlin Kompositionsschüler von P. Hindemith. Seit 1924 wirkte er als Organist in Hamburg und Altona und seit 1929 an St. Marien in Lübeck, wo er bis zu seinem Tode auch als Dirigent und Cembalist tätig war. Außerdem leitete er seit 1947 eine Meisterklasse an der Musikhochschule in Freiburg im Breisgau und war 1950–55 Direktor der Schleswig-Holsteinischen Musikakademie in Lübeck. K., der zu den bedeutendsten Vertretern seines Faches gehörte, unternahm zahlreiche Konzertreisen, bes. nach Skandinavien. Er spielte das Gesamtwerk D. Buxtehudes und J. S. Bachs auf Schallplatte ein.

WW: Fantasie *Dies irae* (1965) für Org. – Oratorium *Christus* (1944) für 3 Chöre a cap.; *Lübecker Totentanz* (1954) für Soli, Chöre, 16 Soloinstr., Org. u. Tänzer; Messe (1966) für Chor u. obligate Org.; *Laudatio 71* (1971) für gem. Chor, 5 Bläsergruppen, einen Sprecher, Glocken, Schlagzeug u. Org.

KRAKOWIAK (poln.), polnischer Tanz aus der Gegend von Kraków (Krakau), im raschen $^2/_4$-Takt, mit charakteristischen Synkopen und symmetrischem Aufbau, der aus einem kurzen 4taktigen Anfangsrefrain, einem weiteren 4taktigen Abschnitt und einer Reprise besteht. Die Typisierung des K. richtet sich danach, ob die Synkopen auf die geraden, ungeraden oder beide Taktzeiten fallen:

Der K. wird paarweise getanzt, wobei alle Paare die hüpfend und aufstampfend ausgeführten Tanzschritte der Vortänzer nachahmen. Bei Hochzeitsfesten steht der K. neben anderen polnischen Volkstänzen wie Chodzony (↗Polonaise), ↗Mazur, Kujawiak, Oberek. – In seiner charakteristischen Rhythmisierung erscheint der K. bereits in den Lautentabulaturen des 16. und 17. Jh. unter der Bezeichnung *Chorea Polonica* oder *Polnisch Dantz* (u.a. bei Johannes von Lublin, E.N. Ammerbach, A. Nörmiger und G.L. Fuhrmann). Im 18. Jh. wurde dafür die Bezeichnung K. üblich. Der K. erfreute sich seit der Aufführung der Oper *Krakowiacy i górale* (1794) von J. Stefani auch in adligen und bürgerlichen Salons großer Popularität. In stilisierter Form und mit einem dreiteiligen Aufbau mit langsamem Mittelsatz fand er rasche Verbreitung in Opern, Balletten, Symphonien und sogar in der Kirchenmusik. Auch Sammlungen für Klavier wurden im 19. Jh. gedruckt. In Paris wurde der K. durch das Ballett *Gitana* von A. Thomas berühmt, das 1826 Fanny Elsner im polnischen Nationalkostüm tanzte. In Rußland findet sich ein K. erstmals im 2. Akt von M. Glinkas Oper *Ein Leben für den Zaren*. Besonders bekannt wurden von Fr. Chopin der *Krakowiak, Grand Rondo de concert*, op. 14, und der K. im Finale des Klavierkonzerts e-moll.

KRAMÁŘ, František, ↗Krommer, Franz.

KRANNHALS, Alexander, * 16.2.1908 Frankfurt a.M., † 15.3.1961 Karlsruhe; Schweizer Dirigent. Er studierte Klavier und Komposition an der Musikakademie in Zürich und Dirigieren (F. Weingartner) am Basler Konservatorium. Seit 1929 war er Kapellmeister am Theater in Luzern, 1934–53 Musikalischer Oberleiter am Stadttheater in Basel und Lehrer am dortigen Konservatorium. 1949–53 leitete er den Konzertverein in St. Gallen und ging anschließend als Chefdirigent an die Niederländische Oper in Amsterdam. 1953 wurde er GMD am Badischen Staatstheater in Karlsruhe, wo er außerdem die Dirigentenklasse und die Opernabteilung an der Musikhochschule leitete.

KRAUS, Else C., * 14.9. 1899 Darmstadt, † 2.8. 1979 Ascona; ndl. Pianistin dt. Herkunft. K. studierte in Darmstadt, Lausanne und seit 1918 bei A. Schnabel an der Musikhochschule in Berlin. Seit 1924 trat sie öffentlich auf und machte sich besonders als Interpretin moderner Klaviermusik einen Namen. 1926 studierte sie in Zusammenarbeit mit A. Schönberg dessen Klavierwerke ein. 1928–34 lehrte sie an der Akademie für Kirchen- und Schulmusik in Berlin und wurde dann wegen ihres Eintretens für die moderne Musik entlassen. Seitdem lebte sie auf Wylerberg bei Nimwegen. 1949 war sie in Wuppertal bei der deutschen Erstaufführung von Schönbergs Klavierkonzert die Solistin. 1951 und 1961 spielte sie das gesamte Klavierwerk Schönbergs auf Schallplatte ein und gehörte zuletzt auch der Jury des Internationalen A. Schönberg-Wettbewerbs in Rotterdam an.

Schriften: *Das Klavierwerk v. A. Schönberg*, in: Jb. der Akad. für Kirchen- und Schulmusik Berlin 4 (Kas 1932); *Schönbergs Klavierwerk steht lebendig vor mir*, in: Melos 41 (1974).

Lit.: K. H. WÖRNER, E. C. K., in: Musica 8 (1954).

KRAUS, H. J. Detlef, * 30.11. 1919 Hamburg; dt. Pianist. Er studierte an der Musikhochschule in Hamburg Klavier (F. Gebhardt) und Violine (W. Hanke) sowie in Berlin Klavier bei W. Kempff. 1936 debütierte er in Hamburg mit Bachs *Wohltemperiertem Clavier*. Seit 1957 ist er Professor an der Folkwang-Hochschule in Essen.

KRAUS, Joseph Martin, * 20.6.1756 Miltenberg am Main, † 15.12.1792 Stockholm; dt. Komponist. Er besuchte die Lateinschule in Buchen (Odenwald) und das Jesuitengymnasium in Mannheim. Seine wichtigsten Lehrer waren der Sprachforscher und Dichter Anton Klein und der Komponist G. J. Vogler. 1773–78 studierte er Philosophie und Jura an den Universitäten Mainz, Erfurt und Göttingen und war Mitglied des „Hainbundes". 1778 übersiedelte er nach Stockholm, wo er 1781 Hofkapellmeister König Gustavs III. wurde. In dessen Begleitung unternahm er 1782–86 eine Kunstreise durch Deutschland, Italien, Frankreich und England, auf der er mit bedeutenden Komponisten wie J. Fr. Reichardt, J. G. Naumann, W. Gluck, J. Haydn, J. G. Albrechtsberger, A. Salieri und Padre Martini zusammentraf.

WW (meist hsl. erhalten): **1) Instr.-WW:** Kammermusik, darunter 2 Klv.-Sonaten (1785, nach 1787); 4 V.-Sonaten; Klv.-Trio D-Dur (nach 1787); 9 Streichquartette; Quintett für Fl. u. 4 Str. D-Dur (1783). – 11 Symphonien, u. a.: C-Dur (1781), c-moll (1783), D-Dur (1789) u. *Symphonie funèbre* (1792); V.-Konzert C-Dur. – **2) Vokal-WW:** Klv.-Lieder, Duette, Chöre u. zahlr. Kantaten; Requiem d-moll (1776); Oratorium *Der Tod Jesu* (1776); Trauerkantate (1792). – **3) Bühnen-WW:** Opern: *Proserpina*, UA: Ulriksdal 1781; *Soliman den andre* (Soliman II.), UA: Stockholm 1789; *Aeneas i Carthago* (Aeneas in Carthago), UA: ebd. 1799; *Quatre intermèdes et divertissement* zu Molières *Amphitryon*, UA: Drottningholm 1787; Ballett *Fiskarena* (Die Fischerin), UA: Stockholm 1788. – Ferner die Abh. *Etwas von und über Musik fürs Jahr 1777* (F 1778).

Vielseitig begabt und gebildet, nahm K. als Schriftsteller eine wichtige Stellung in den musikästhetischen Auseinandersetzungen in der Zeit der Empfindsamkeit und des Sturm und Drangs ein. Innerhalb seines nahezu alle musikalischen Gattungen umfassenden Œuvres ragen neben den Klavierliedern, Kammermusikwerken und der Oper *Aeneas* vor allem die späten Symphonien und die Trauerkompositionen für Gustav III. hervor. In ihrem klassizistisch-heroischen Stil stellen sie gleichsam das Bindeglied zwischen Gluck und Beethoven dar.

Ausg.: 4 Symphonien, 3 Ouvertüren, V.-Konzert C-Dur (2. Fassung), Fl.-Quintett D-Dur u. Klv.-Trio D-Dur, hrsg. v. W. LEBERMANN (Wie 1956–59); Symphonie c-moll 1783, hrsg. v. R. ENGLÄNDER (Sto 1960, Nachdr. 1970); 7 Streichquartette u. Fl.-Quintett D-Dur, hrsg. v. A. HOFFMANN (Wb 1960–61); *Etwas von und über Musik fürs Jahr 1777*, Faks.-Ausg. hrsg. v. F. W. RIEDEL (Mn – Salzburg 1977); Trauersymphonie und Trauerkantate, hrsg. v. J. O. RUDEN (Sto 1979).

Lit.: K. MEYER, Ein Musiker des Göttinger Hainbundes, J. M. K., in: ZfMw 8 (1926/27); K. F. SCHREIBER, Verz. der musikal. Werke v. J. M. K., in: AfMw 7 (1925); DERS., Biogr. über den Odenwälder Komponisten J. M. K. (Buchen 1925); R. ENGLÄNDER, J. M. K. und die gustavianische Oper (Uppsala – L 1943); W. PFANNKUCH, Sonatenform u. Sonatenzyklus in den Streichquartetten von J. M. K., in: Kgr.-Ber. Kassel 1962 (Kas 1963); R. ENGLÄNDER, J. M. K. u. der schwedische Dichterkreis, in: FS E. H. Meyer (L 1973); V. BUNGARDT, J. M. K. 1756–1792. Ein Meister des klass. Klavierliedes (Rb 1973); DERS., J. M. K., ein „Outsider" der Musikgesch.?, in: Musica 31 (1977); I. LEUX-HENSCHEN, J. M. K. in seinen Briefen (Sto 1978); F. W. RIEDEL, J. M. K., ein Klassiker der Tonkunst, in: 700 Jahre Stadt Buchen (Buchen 1980).

F. W. RIEDEL

KRAUSE, Christian Gottfried, getauft 17.4.1719 Winzig (Schlesien), † 4.5.1770 Berlin; dt. Musikschriftsteller und Komponist. K. wurde durch seinen Vater, den Stadtmusikus Christian K., in Violine, Cembalo und Pauke unterrichtet. Seit 1741 studierte er Jura in Frankfurt an der Oder. 1746 kam er als juristischer Sekretär nach Berlin und legte 1749 seine juristischen Examina ab. 1753 wurde er Advokat beim Magistrat und beim französischen Gericht in Berlin, später (wohl 1762) Justizrat. Bereits 1749 hatte er zusammen mit den befreundeten Dichtern W. L. Gleim, E. von Kleist, K. W. Ramler und dem Ästhetiker J. G. Sulzer einen „Konversations-Zirkel" gegründet, dem er seit 1764 als „Subsenior" vorstand und dem er entscheidende Anregungen für seine Ästhetik verdankte. Bei Hauskonzerten wirkte häufig auch J. J. Quantz mit. Nach Fr. Nicolai galt sein von Rode ausgemalter Musiksalon als eine Sehenswürdigkeit Potsdams.

WW: **1) Kompositionen:** *Preußische Kriegslieder in den Feldzügen 1756 u. 1757* (B o. J., [2]1786); weitere Lieder u. Oden mit Klv. in den von ihm hrsg. Slgen. *Oden mit Melodien*, 2 Bde. (B 1753 u. 1755), *Oden mit Melodien* (B 1761), *Lieder der Deutschen*, 4 Bde. (B 1767–68) sowie in anderen Slgen. der Zeit (u. a. in F. W. Marpurg, *Berlinische Oden u. Lieder*, 1756–63); hsl. erhalten: Oratorium *Der Tod Jesu* (nach Ramler, mit Rezitativen von G. Ph. Telemann). – **2) Schriften:** *Lettre à M. le Marquis de B. sur la différence entre la musique italienne et françoise* (B 1748); *Von der musikal. Poesie* (B 1752, Nachdr. L 1973); *Vermischte Gedanken ...*, in: F. W. Marpurg, Hist.-kritische Beyträge II u. III (B 1756–57, Nachdr. Hil 1970).

K. gilt als die eigentliche zentrale Persönlichkeit der „Berliner Liederschule", die dem deutschen Liedschaffen seiner Zeit wesentliche Impulse gab. Seine von Ramler und den Ideen Spinozas, Dubos' und Scheibes beeinflußte ästhetische Grundhaltung bleibt im wesentlichen dem Denken seiner Zeit verhaftet; neue und originelle Gedanken finden sich lediglich in seinen Überlegungen zu einer Opernreform.

Lit.: A. SCHERING, Ch. G. K., in: Zschr. für Aesthetik 2 (1907); J. BEAUJEAN, Ch. G. K. (Diss. Bonn 1930); H. BECKER, K., in: MGG VII; J. R. EDWARDS, Ch. G. K. Mentor of the First Berlin Song School (1973) (= Diss. Univ. of Iowa).

F. BRUSNIAK

KRAUSS, Clemens, * 31.3.1893 Wien, † 16.5.1954 Mexico City; östr. Dirigent. K. wurde 1902 Sängerknabe der Hofburgkapelle in Wien und studierte später bis 1912 am Konservatorium Klavier, Komposition (H. Grädener) und Chorleitung. Anschließend war er nacheinander Chordirektor am Stadttheater in Brünn, Kapellmeister am Deutschen Theater Riga und in Nürnberg und Opernleiter in Stettin sowie in Graz. Seit 1922 dirigierte er an der Wiener Staatsoper, deren Direktor er 1929 wurde, und leitete eine Kapellmeisterklasse an der Musikakademie. 1923 erhielt er den Professorentitel und wurde als Nachfolger W. Furtwänglers auch Dirigent der Tonkünstler-Konzerte. Seit 1924 war er in Frankfurt a. M. Opern-Intendant und Leiter der Museumskonzerte. 1934–36 dirigierte er als Nachfolger Furtwänglers an der Deutschen Staatsoper in Berlin, anschließend bis 1944 an der Bayerischen Staatsoper in München, wo er 1938 Intendant und 1943 Generalintendant wurde. Seit 1939 war er auch Direktor des Mozarteums und der Festspiele in Salzburg. Nach einem Verbot öffentlichen Auftretens in den Jahren 1945–47 war er anschließend erneut an der Staatsoper und bei den Philharmonikern in Wien tätig, seit 1950 bei den Bamberger Symphonikern, mit denen er auch in Mittel- und Südamerika konzertierte, sowie seit 1953 bei den Bayreuther Festspielen. K. gilt als einer der faszinierendsten Operndirigenten dieses Jahrhunderts. Er war mit R. Strauss eng befreundet, von dem er *Arabella, Friedenstag, Capriccio* (Textbuch von K.) und *Die Liebe der Danae* uraufführte. Daneben nahm er sich auch anderer zeitgenössischer Opern, u. a. von A. Honegger, C. Orff und B. Britten, an und dirigierte 1930 die Wiener Erstaufführung von A. Bergs *Wozzek*. K. war verheiratet mit der Sängerin Viorica Ursuleac.

Lit.: R. Strauss, C. K. Briefwechsel, hrsg. v. G. K. KENDE – W. SCHUH (Mn 1963, revidiert 1964). – A. BERGER, C. K. (Gr 1924, ³1929); J. GREGOR, C. K. (W 1953); O. VON PANDER, C. K. in München (Mn 1955); G. K. KENDE, R. Strauss. u. C. K. (Mn 1960, 1964) (= Drucke z. Münchner Musikgesch. 1); DERS., Höchste Leistung aus begeistertem Herzen. C. K. als Direktor der Wiener Staatsoper (Salzburg 1971).

KREBS, Helmut, * 8. 10. 1913 Dortmund; dt. Sänger (Tenor). K. studierte Musikwissenschaft sowie Gesang an der Musikhochschule in Berlin. Er begann zunächst als Konzert- und Oratoriensänger und debütierte als Opernsänger 1938 an der Städtischen Oper Berlin. 1945–47 war er am Opernhaus in Düsseldorf engagiert, dann wieder an der Städtischen Oper Berlin, der er bis zum Ende seiner Laufbahn angehörte. K. gastierte auch bei den Festspielen in Salzburg, Glyndebourne und Edinburgh sowie an den meisten großen Opernhäusern Europas. K.' eigentliche Domäne waren jedoch das Lied und das Oratorium. Vor allem in Werken von J. S. Bach war er überaus erfolgreich. Seit 1961 lehrt K. an der Frankfurter Musikhochschule (1963 Professor).

KREBS. – 1) Johann Tobias, * 7. 7. 1690 Heichelheim bei Weimar, † 11. 2. 1762 Buttstädt; dt. Organist. Er war seit 1710 Kantor in Buttelstedt und gleichzeitig Cembalo- und Kompositionsschüler von J. G. Walther und J. S. Bach. 1721 wurde er Organist an der Michaelskirche in Buttstädt. Von seinen Werken sind ein Präludium mit Fuge in C-Dur, ein Trio in c-moll sowie 5 Orgelchoräle erhalten. – **2) Johann Ludwig,** Sohn von 1), * 10. 10. 1713 Buttelstedt bei Weimar, † 1. 1. 1780 Altenburg; Organist. Er besuchte 1726–35 die Leipziger Thomasschule und war daneben Privatschüler Bachs, der ihm ein hervorragendes Zeugnis ausstellte. 1735–37 studierte er an der Universität, war 1737–43 Organist an der Marienkirche in Zwickau, 1744–56 Schloßorganist in Zeitz und anschließend Hoforganist in Altenburg. Nach dem Tode Bachs hatte er sich vergeblich um dessen Nachfolge im Leipziger Thomaskantorat bemüht. Das Schaffen von K. steht in der unmittelbaren Tradition J. S. Bachs, was sich besonders in den großen freien und in den choralgebundenen Orgelwerken zeigt. K. spielt auch in der Überlieferung der Bachschen Werke eine bedeutende Rolle.

WW: **1) Instr.-WW:** Für Org. (ausschließlich hsl. erh.): Präludien u. Fugen; Toccaten u. Fugen; Phantasien u. Fugen sowie einzelne Phantasien; Triosätze; zahlr. Choralbearbeitungen, auch für Ob. bzw. für Trp. u. Org.; für Klv. oder Cemb.: 4 *Piecen*, 1: *6 leichte ... Praeambula* (Nü 1740), 2: *Leichte ... Suite* u. 3: *Französische Ouverture* (Nü 1741), 4: *It. ... Concerto* (Nü 1742); *Clavier-Übung*, 3 Teile (Choralvorspiele u. -variationen, Suite, Sonatinen) (Nü o. J.); *Exercices ... consistant en VI suites* (Nü o. J.); weitere Werke hsl.; kammermusikal. Werke: *6 Sonate da camera* für Fl. oder V. u. Cemb. (L 1760, 1762); *Musicalischer u. angenehmer Zeitvertreib* (Sonaten für Cemb. u. Fl. oder V.) (Nü o. J.); 6 Trios für 2 Fl. oder Fl. u. V. mit Cemb. (Nü o. J.); hsl. erhalten: *Sinfonia* für 2 V., Va. u. Cemb.; 2 Konzerte für Laute u. Str.; 1 Konzert für Cemb. u. Str. – **2) Vokal-WW** (hsl. erhalten): 2 Magnificatvertonungen; einzelne Messesätze, Motetten u. Kantaten; *Oratorio funebre* auf den Tod der Königin Maria Josepha v. Polen (1757).

3) Johann Gottfried, Sohn von 2), getauft 29. 5. 1741 Zwickau, † 5. 1. 1814 Altenburg; Organist. Er wirkte seit 1758 als Organist, seit 1771 als Stadtkantor in Altenburg. Von ihm erschienen einige Werke für Cembalo sowie Lieder mit Melodien im Druck. Hsl. sind u. a. zahlreiche Kirchenkantaten und das Oratorium *Die Auferstehung und Himmelfahrt Jesu* (nach Ramler) erhalten. Sein Bruder **Ehrenfried Christian Traugott** (1753–1804) und sein Sohn **Ferdinand** waren ebenfalls Organisten.

Ausg.: **Zu 2):** Ältere GA der Orgel-Werke, hrsg. v. C. GEISSLER (Magdeburg 1847–48); dass., hrsg. v. G. W. KÖRNER (Erfurt usw. 1848 ff.) (unvollendet). – *Klavierübung*, hrsg. v. K. SOLDAN (L 1959); Triosonate h-moll, hrsg. v. L. HOFFMANN-ERBRECHT (Lippstadt 1961) (= Organum III/62); Ausgew. Orgelwerke, 3 H.e, hrsg. v. K. TITTEL (Kö 1963–66) (= Die Orgel II/18, 20 u. 21); Suiten c-moll u. h-moll, hrsg. v. L. HOFFMANN-ERBRECHT (Lippstadt 1964–65) (= Organum V/32 u. 54); Triosonaten G-Dur u. h-moll, hrsg. v. H. RUF (Wilhelmshaven 1968).

Lit.: H. LÖFFLER, J. L. K., Mitteilungen über sein Leben und Wirken, in: Bach-Jb. 27 (1930); K. TITTEL, Die musikal. Vertreter der Familie K., mit besonderer Berücksichtigung der Bachschüler J. T. u. J. L. K. (Diss. Marburg 1963); DERS., Welche unter J. S. Bachs Namen geführten Orgelwerke sind J. T. bzw. J. L. K. zuzuschreiben?, in: Bach-Jb. 52 (1966); H. ZIETZ, Quellenkritische Unters. an den Bach-Hss. P 801, P 802 u. P 803 aus dem „Krebs'schen Nachlaß" (H 1969) (= Hamburger Beitr. z. Musikwiss. 1).

KREBSGANG (lat.: cancricans), **Krebs,** Bz. für den notengetreu rückläufigen (spiegelbildlichen) Ablauf einer Stimme, eines Themas oder eines Satzgefüges, wie er als satztechnisches Verfahren u.a. in Kanon- und Fugenkompositionen angewendet wird (↗Cancricans). In der seriellen Musik des 20. Jh. erscheint der K. als eine der 4 Reihenpermutationen. Die Reihe läßt sich so bilden, daß der K. genau der Form der transponierten Grundgestalt entspricht (z.B. in A. Weberns Symphonie op. 21):

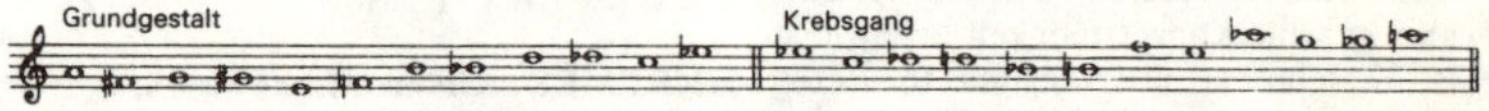

Die Technik des K.s ist auch auf rhythmische Bildungen übertragen worden. Gelegentlich finden sich Folgen von Tondauern – wie etwa bei O. Messiaen –, die symmetrisch um ein Zentrum verteilt sind und deren K. daher der Grundgestalt gleich ist (z.B. ♩♩ ♫ ♩ ♫ ♩♩).

KREIDEKREIS, DER, Oper in 3 Akten von Alexander von Zemlinsky (1872–1942), Text vom Komponisten nach dem gleichnamigen Drama von Klabund (d.i. A. Henschke), das auf der Dichtung *Hui-lan-ki* des Li-Hsing-Tao (14. Jh.) basiert. Ort und Zeit der Handlung: China, im 11. Jh. UA: 14. 10.1933 in Zürich, dt. EA: 19.1.1934 in Stettin. In seiner sechsten Oper griff Zemlinsky mit der Erzählung von dem Teehaus-Mädchen Haitang, das Lieblingsfrau eines Mandarins und schließlich sogar Kaiserin wird, auf ein zu seiner Zeit sehr erfolgreiches Theaterstück zurück. Bei der „reichsdeutschen UA" schien der Inhalt des Werkes einem politischen Funktionär „dem sittlichen Denken des deutschen Volkes" zu widersprechen, weshalb jede Wiederholung der Oper in Stettin verboten wurde. Jedoch ließ der Reichsdramaturg schon am 23. 1. 1934 die Premiere – mit geringen Kürzungen – in Berlin zu. Zemlinsky erreicht Textverständlichkeit bei seiner Vertonung in einer überzeugenden Synthese von durchkomponierten Partien, Melodram und gesprochenem Wort. In seiner Musik erzielt er mit dem Nebeneinander von Chromatik, Quartenharmonik und Pentatonik chinesisches Lokalkolorit, ohne in klangspielerische Exotismen zu verfallen.

K. LANGROCK

KREIN. – 1) Grigori Abramowitsch, * 6. (18.) 3. 1879 Nischni-Nowgorod, † 6. 1. 1955 Komarowo bei Leningrad; sowjetruss. Violinist und Komponist. Er studierte 1900–05 Violine am Moskauer Konservatorium in der Klasse von Johann Hřímalý und Komposition bei R. Glière sowie 1905–08 am Leipziger Konservatorium Komposition bei M. Reger. 1908–17 unterrichtete er Violine und Musiktheorie in Moskau; 1926–34 lebte er in Paris.

WW: 2 Klv.-Sonaten (1906, 1924); Sonate für V. u. Klv. (1913); Streichquartett (1915); Quartett (1947) für Klar., V., Vc. u. Klv.; für Orch.: Symphonie (1946); V.-Konzert (1934); Konzertfantasie (1948).

2) Alexander Abramowitsch, Bruder von 1), * 8. (20.) 10. 1883 Nischni-Nowgorod, † 21. 4. 1951 Staraja Russa; sowjetruss. Komponist. Er absolvierte 1908 ein Violoncello- und Kompositionsstudium am Konservatorium in Moskau, wo er 1912–17 Violoncello unterrichtete. 1918–27 arbeitete er in der Musikabteilung des Volkskommissariats für das Bildungswesen und in der Musikabteilung des Staatsverlags. In seinem Werk sind Einflüsse von A. Skrjabin, E. Grieg und der französischen Impressionisten spürbar. Seine bekannteste Komposition ist das Ballett *Laurencia.*

WW: Klv.-Stücke; zahlr. Kammermusikwerke, u.a. 2 Streichquartette (1909–10, 1950–51) u. *Jewrejskije eskisy* (1909–10) für Klar. u. Streichquartett. – 2 Symphonien (1925, 1945); *Kaddisch* (1922) für Chor u. Org.; Trauerode auf Lenin (1926) für Chor u. Orch.; *SSSR* (1932) für Chor. – Oper *Sagmuk* (1930); Ballette: *Laurencia* (1937); *Othello* (1942); *Tatjana* (1943), 2. Fassung (1947); ferner Musik zu L. de Vegas *Maestro de danzar* (1945).

3) Julian Grigorjewitsch, Sohn von 1), * 20. 2. (5. 3.) 1913 Moskau; sowjetruss. Pianist und Komponist. Er studierte Komposition bei seinem Vater und 1926–32 an der École Normale de Musique in Paris bei P. Dukas. 1932–34 gab er in Frankreich Klavierabende, kehrte dann nach Moskau zurück, wo er 1934–37 am Konservatorium Orchestration unterrichtete und sich seit 1937 ausschließlich seinem kompositorischen und schriftstellerischen Schaffen widmet.

WW: **1) Kompositionen:** Klv.-Stücke; Kammermusik, u.a. Variationen (1959) u. 3 „Miniaturen" (1961) für Streichquartett; Fl.-Quartett (1943). – Für Orch.: 2 Balladen (1932, 1942); 3 symphonische Dichtungen (1953); *Liritscheskaja oda* (1962); symphonische Dichtung *Skaska o rybake i rybke* (1970) (nach A. Puschkin); 3 Klv.-Konzerte, 1:(1929), 2. Fassung (1961), 2: (1943) u. 3: (1942), 2. Fassung (1952); *Wessennjaja simfonija* (1935), 2. Fassung (1959) u. Fantasie (1941) für Klv. u. Orch.; *Poema* (1956) für V. u. Orch. sowie V.-Konzert (1959). – Wintermärchen *Serebrjannoje kopytze* (1959) u. *Rembrandt* (1962–69) für Sprecher u. Orch. – Ballett *Galateja* (1933). – **2) Schriften** (in Moskau erschienen): *M. de Falla* (1961); *Simfonitscheskije proiswedenija K. Debjussi* u. *Simfonitscheskije proiswedenija M.*

Rawelja (1962); *A. Krejn* (1964) (zus. mit N. I. Rogoschina); *Stil i kolorit w orkestre* (1967).

Lit.: **Zu 1):** W. SCHIRINSKIJ, in: Sowjetskaja musyka 29 (1965). – **Zu 2):** J. G. KREIN – N. I. ROGOSCHINA, A. K. (1964); D. GOJOWY, Moderne Musik in der Sowjetunion bis 1930 (Laaber 1979). – **Zu 3):** A. ALEXANDROW, J. G. K., in: Sowjetskaja musyka 27 (1963); JU. N. TJULIN, J. K. Otscherk schisni i twortschestwa (1971).

KREISLER, Fritz, * 2. 2. 1875 Wien, † 29. 1. 1962 New York; östr. Violinist und Komponist. Er studierte Musik bei seinem Vater, bei J. Hellmesberger d. J. und A. Bruckner in Wien, dann bei L. Massart und L. Delibes in Paris. Nach einer Konzerttournee durch die USA mit dem Pianisten Moriz Rosenthal (1888) gab er für 6 Jahre das Violinspiel auf, studierte Medizin und leistete seinen Militärdienst ab. Seit 1898 konzertierte er wieder in Europa und den USA. Nach Heilung einer Kriegsverwundung (1914) nahm er seine Konzerttätigkeit bald wieder auf. 1924–32 lebte er überwiegend in Berlin, 1933–34 in Paris, dann in den USA. K. war einer der beliebtesten Violinisten seiner Zeit. Seine *Alt-Wiener Tanzweisen* für Violine und Klavier *(Liebesfreud, Liebesleid, Schön Rosmarin,* aus den *Klassischen Manuskripten)* sind bis heute als Unterhaltungsmusik erfolgreich geblieben.

WW: Für V. u. Klv.: *Klass. Manuskripte,* 18 H.e (Mz 1910), urspr. unter der Vorgabe veröffentlicht, es handele sich hier um Bearbeitung älterer hsl. erhaltener Werke (u.a. v. A. Pugnani), gab K. 1935 (vgl. Lochner, s. u.) die eigene Autorschaft preis; *Original-Kompositionen,* 13 H.e (Mz 1910), darin *Caprice viennois; Transkriptionen,* 28 H.e (Mz o. J.); *Meisterwerke der V.,* 18 H.e (Mz o. J.); *Volkslieder aus Östr.,* 4 H.e (Mz o. J.); V.-Konzert G-Dur. – Operetten *Apple Blossoms,* UA: New York 1919, u. *Sissy,* UA: Wien 1932; einige Lieder. – Ferner veröff. K. *Four Weeks in the Trenches. The War Story of a Violinist* (Boston – NY 1915).

Lit.: L. P. LOCHNER, F. K. (NY 1950, Lo 1951, dt. W 1957) (mit Werk-Verz. u. Lit.); M. PINCHERLE – R. HAUERT, F. K. (F 1956) (= Die großen Interpreten o. Nr.).

KREISLER, Georg, * 18. 7. 1922 Wien; östr. Musiker und Kabarettist. Er studierte am Konservatorium der Stadt Wien und an der University of South California in Los Angeles. Nach ersten Erfolgen in Hollywood als Textautor und Komponist kehrte er 1955 nach Wien zurück. Seit Beginn der 60er Jahre arbeitet er in Deutschland. Durch Tourneen (mit seiner damaligen Frau, Topsy Küppers, und Barbara Peters) und Schallplattenaufnahmen wurde er seither als Kabarettist und Interpret seiner eigenen Lieder populär. Zu seinen bekanntesten Titeln zählen *Als der Zirkus in Flammen stand, Geh'n ma Tauben vergiften im Park, Zwei alte Tanten tanzen Tango, Lieder zum Fürchten, Der Musikkritiker.*

Ausg.: G. K., Zwei alte Tanten tanzen Tango (Mn 1964); Ich weiß nicht, was soll es bedeuten (Z 1973, NA Mn 1975).

KREJČÍ, Iša (eig. František), * 10. 7. 1904 Prag (-Vinohrady), † 6. 3. 1968 Prag; tschechischer Komponist. Nach einer musikalischen Ausbildung in Prag (Musikwissenschaft an der Karlsuniversität, Komposition bei K. B. Jirák, Dirigieren bei V. Talich) betätigte er sich als Regisseur und war 1934–45 Dirigent des tschechoslowakischen Rundfunkorchesters. 1945–58 dirigierte er am Theater in Olmütz und wurde 1958 Dirigent und Dramaturg am Nationaltheater in Prag.

WW: Klv.-Stücke; Klv.-Trio mit Altsolo (1965); 4 Streichquartette (1928, revidiert 1935, 1953, 1960, 1966); für Orch.: *Sinfonietta-Divertimento* (1939); Serenade (1950); *Vivat Rossini* (1967) u. Concertino für Vc. u. Orch. (1940); 4 Symphonien (1955, 1957, 1963, 1966); Lieder u. Chöre. – Szenische Kantate *Antigona* (1932) (nach Sophokles), als Oper (1959), UA: Olmütz 1965; Oper *Temno* (1944), unvollendet, als Fragment aufgeführt: ebd. 1955; Ballett *Maly balet,* UA: Bratislava 1931.

Lit.: V. STEPÁNEK – B. KARÁSEK, Tschechische Musik (Pr 1964); Contemporary Czechoslovak Composers, hrsg. v. Č. GARDAVSKY (Pr 1965).

KREMER, Gidon Markowitsch, * 27. 2. 1947 Riga; sowjetruss. Violinist. Er erhielt seit 1954 Violinunterricht bei Waldemar Sturestep an der Rigaer Musikschule und war dann 1965–73 Meisterschüler D. Oistrachs am Moskauer Konservatorium. 1967–70 gewann er die Wettbewerbe in Brüssel, Genua, Montreal und den Tschaikowsky-Wettbewerb in Moskau. Mit einem ungewöhnlich breiten Repertoire von J. S. Bach bis ins 20. Jh., das besonders auch Werke moderner sowjetischer Komponisten umfaßt (A. Schnittke, Edisson Denissow), ist er einer der prominenten Violinisten der Gegenwart. K. trat 1975 erstmals in der Bundesrepublik Deutschland auf und lebt seit 1980 ständig im Westen. Er spielt ein Instrument von Guadagnini.

Lit.: W.-E. VON LEWINSKI, Es geht nicht nur um schöne Töne. Ein Gespräch mit... G. K., in: fono-forum 20 (1976).

KRENEK (Křenek), **Ernst,** * 23. 8. 1900 Wien; amerik. Komponist östr. Herkunft. Er studierte seit 1916 an der Wiener Musikakademie und 1920–23 an der Berliner Musikhochschule bei Fr. Schreker. Unter dem Einfluß von H. Scherchen und des Pianisten E. Erdmann löste sich K. bald von der Esoterik Schrekers, woraufhin er bei Aufführungen seines 1. Streichquartetts (Dt. Tonkünstlerfest Nürnberg 1921) und der 1. Symphonie (Donaueschingen 1922) als „zorniger junger Mann" bekannt wurde. 1923–25 hielt er sich aufgrund einer Einladung W. Reinharts in der Schweiz auf und wurde dann am Opernhaus Kassel, später in Wiesbaden Assistent von P. Bekker. Hier konnte K., der schon 3 Opern und 2 Ballette veröffentlicht hatte, praktische Erfahrungen mit der Opernbühne sammeln; es entstand die Musik zu mehreren Schauspielen, darüber hinaus erwies sich K. in Beiträgen zu Programm-heften und in Rundfunkvorträgen als sprachgewandter, vielseitig gebildeter Essayist. Der sensationelle Erfolg seiner Oper *Jonny spielt auf*, in der sämtliche Möglichkeiten der Opernbühne ausgenutzt sind, gab K. finanzielle Unabhängigkeit. Er ließ sich 1928 in Wien nieder und fand dort Anschluß an A. Berg und A. Webern, deren Zwölftonmusik er noch 1926 öffentlich kritisiert hatte. Da er glaubte, in seinen eigenen Kompositionen festgefahren zu sein, betätigte er sich überwiegend auf literarischem Gebiet und schrieb für die *Frankfurter Zeitung* Artikel über verschiedene kulturelle Fragen, daneben Buchbesprechungen und Reiseberichte. Cl. Krauss gab ihm mit der Bitte um eine neue Oper den Anstoß, sich wieder dem Komponieren zu widmen; es entstand *Karl V.* (1930–33). Das Werk blieb wie alle Kompositionen K.s aus politischen Gründen nach 1933 in Deutschland und Österreich zunächst unaufgeführt. 1938 emigrierte K. in die USA, wo er am Vassar College in Poughkeepsie bei New York 1939–42 Musiktheorie unterrichtete und gleichzeitig eigene Forschungen im Bereich der mittelalterlichen Polyphonie aufnahm. 1942 wurde er zum Leiter der Musikabteilung an der Hamline Univ. in St. Paul (Minn.) ernannt und erhielt einen Lehrauftrag für Musikgeschichte und Musikwissenschaft. 1947 nahm der 1945 eingebürgerte K. seinen Wohnsitz in Kalifornien, wo er als Gastdozent an verschiedenen Universitäten lehrte. 1950 begann er mit regelmäßigen Konzert- und Vortragsreisen durch Europa; insbesondere in Deutschland und Österreich wurden ihm zahlreiche hohe Auszeichnungen verliehen. Ausdruck für die weitgehende Wertschätzung K.s sind die K.-Festivals in Raleigh/N.C. (1963), Minneapolis-St. Paul (1965 und 1975), Graz (1969), Palm Desert/Calif. (1975) und Santa Barbara/Calif. (1979).

WW: **1) Instr.-WW: a)** Für Klv.: *Toccata u. Chaconne*, op. 13 (1922); 6 Sonaten, op. 2 (1919), op. 59 (1928), op. 92/4 (1943), op. 114 (1948), op. 121 (1950), op. 128 (1951); 2 Suiten, op. 26 (1924); *Hurrican Variations* (1944), Orch.-Fassung als *Tricks and Trifles* (1945); *George Washington Variations* (1950); *Twenty Miniatures* (1953), daraus *Six for Two*, bearb. für 2 Klv. (1954); *Echoes from Austria*, op. 166 (1958); *Sechs Vermessene*, op. 168 (1958). – **b)** Zahlr. Kammermusikwerke, u.a.: 2 Sonaten f. V. (1924/25, 1948); Trio für V., Klar. u. Klv. (1946); 7 Streichquartette, op. 6 (1921), op. 8 (1921), op. 20 (1923), op. 24 (1923/24), op. 65 (1930), op. 78 (1936), op. 96 (1943/44); *Streichtrio* (1948); *Parvula corona musicalis ad honorem J. S. Bach* (1950) für Streichtrio; Bläserquintett (1952), Neufassung als: *Pentagramm*, op. 163 (1957); *Marginal Sounds* (Grenzklänge), op. 162 (1957) für V., Celesta, Klv. u. Schlagzeug; *Hexaeder*, op. 167 (1958) für Kammerensemble; *Flötenstück neunphasig*, op. 171 (1959) für Fl. u. Klv.; *Hausmusik* (1959) für versch. Instr.-Kombinationen; Sonate für V. u. Org. (1979). – **c)** Für Orch.: 5 Symphonien, op. 7 (1921), op. 12 (1922), op. 16 (1922), op. 113 (1947), op. 119 (1949); 2 Concerti grossi, op. 10 (1921), op. 25 (1924); *Symphonische Musik*, op. 11 (1922) für 9 Soloinstr.; 4 Klavierkonzerte: op. 18 (1923), op. 81 (1937), op. 107 (1946), op. 123 (1950); Concertino, op. 27 (1924) für Fl., V., Cemb. u. Str.-Orch.; 2 V.-Konzerte, op. 29 u. 140 (1924, 1950); *Kleines Konzert*, op. 88 (1939/40) für Klv., Org. u. Kammer-Orch.; *I Wonder as I Wander*, op. 94 (1942); *Doppelkonzert* (1950) für V. u. Klv.; Konzert für 2 Klv. (1951); Konzert für Harfe u. Kammerorch. (1951); Sinfonietta *La brasileira*, op. 131 (1952); *Scenes of the West*, op. 134 (1952/53) für Schul-Orch.; *Vc.-Konzert* (1953); *11 Transparente* (1954); *Kette, Kreis u. Spiegel* (1956/57); *Quaestio temporis*, op. 170 (1958/59); *Horizon circled*, op. 196 (1967); *Perspektiven*, op. 199 (1967); *Fivefold Enfoldment*, op. 205 (1969); *Statisch u. Ekstatisch* (1971/72); *Auf- und Ablehnung*, op. 220 (1974). – **d)** Elektronische Musik: *San Fernando Sequence*, op. 185 (1963); *Instant Remembered* (Augenblick erinnert) (1969) für Sopr., Orch. u. Sprecher; *Doppelt beflügeltes Band* (Tape and Double) (1969) für 2 Klv. u. Tonband; *Orga-Nastro* (1971) für Org. u. Tonband. – **2) Vokal-WW:** Zahlr. Lieder u. Liederzyklen sowie a cap.-Chöre; *Kantate von der Vergänglichkeit des Irdischen* (1932) für Chor, Sopran u. Klv.; *Lamentatio Jeremiae Prophetae*, op. 93 (1940/41) für gem. Chor a cap.; *Ich singe wieder, wenn es tagt* (1956) (nach Walther von der Vogelweide) für gem. Ch. u. Str.-Orch.; *Missa duodecim tonorum*, op. 165 (1958) für gem. Ch. u. Org.; *Glauben u. Wissen*, op. 192 (1966) für Ch. u. Orch.; *Dt. Proprium für das Dreifaltigkeitsfest*, op. 194 (1966/67) für Sopran, Ch., Gemeinde, 2 Trp., Pk. u. Org.; *Dt. Messe* (1967) für 4 gem. St., Klar., Trp., 2 Pos., Pk., Schlagzeug u. Org.; *Messe „Gib uns den Frieden“* (1970) für Soli, Ch. u. Orch.; *The Dissembler*, op. 229 (1978), Monolog für Bar. u. Kammerorch. – **3) Bühnenwerke:** Opern (Libr. von K., wenn nicht anders angegeben): *Zwingburg* (Libr.: F. Werfel), UA: Berlin 1924; *Sprung über den Schatten*, UA: Frankfurt 1924; *Orpheus u. Eurydice* (Libr.: O. Kokoschka), UA: Kassel 1926; *Jonny spielt auf*, UA: Leipzig 1927; 3 Einakter, UA: Wiesbaden 1928: *Der Diktator* (1926), *Das geheime Königreich* (1926/27), *Schwergewicht oder die Ehre der Nation* (1927); *Leben des Orest*, UA: Leipzig 1930; *Karl V.*, UA: Prag 1938, Neufassung Düsseldorf 1958; *Cefalo e Procri* (Libr.: R. Küfferle), UA: Venedig 1934; *Tarquin* (Libr.: E. Lavery), UA: Köln 1950; *What Price Confidence?* (Vertrauenssache), UA: Saarbrücken 1962; *Dark Waters*, UA: Los Angeles 1950; *Pallas Athene weint*, UA: Hamburg 1955; *The Belltower* (nach H. Melville), UA: Urbana 1957; *Ausgerechnet u. verspielt*, UA: Wien 1962; *Der goldene Bock*, UA: Hamburg 1964; *Der Zauberspiegel*, UA: München 1966; *Das kommt davon, oder Wenn Sardakai auf Reisen geht*, UA: Hamburg 1970. – Ballette: *Mammon* (1925); *Der vertauschte Cupido* (1925); *Eight Column Lines* (Schlagzeile) (1939); *Jest of Cards* (1957); ferner Bühnenmusik. – **4) Schriften u. Lehrwerke:** *Über Neue Musik* (W 1937, Nachdr. Da 1977); *Music Here and Now* (NY 1939, ²1967); *Studies in Counterpoint* (ebd. 1940), dt. Übers.: *Zwölfton-Kontrapunkt-Studien* (Mz 1952); *Selbstdarstellung* (Z 1948); *Musik im goldenen Westen* (W 1949); *J. Ockeghem* (NY – Lo 1953); *De rebus prius factis* (F 1956); *Modal Counterpoint* (Lo 1958, NY 1959); *Tonal Counterpoint* (NY 1958); *Zur Sprache gebracht*, hrsg. v. Fr. Saathen (Mn 1958); *Gedanken unterwegs*, hrsg. v. dems. (Mn 1959); *Prosa, Dramen, Verse* (Mn 1965); *Das musikdramatische Werk*, 3 Bde. (W 1974 bis 1979) (= Östr. Dramatiker der Gegenwart). – Außerdem war K. Hrsg. der *Hamline Studies in Musicology*, 2 Bde. (St. Paul/Minn. 1945–47).

K.s umfangreiches, vielseitiges Schaffen weist keine geradlinige Entwicklung auf. In seiner *Selbstdarstellung* (1948) nennt K. die „Idee reiner, kompromißloser Schöpfung, unabhängig von den Strömungen des Tages, ja vielfach diesen ausdrücklich entgegengesetzt“, und „die Versuchung, praktische Resultate ‚in dieser Welt‘ zu erzielen“, als Triebfedern seines Schaffens. Die Frühwerke sind in der

Verbindung von energischer Motorik und emotionaler Intensität Ausdruck einer persönlichen Sturm-und-Drang-Epoche, die folgende Hinwendung zur „Gebrauchsmusik“ – unter deutlichem Einfluß der Groupe des Six – gipfelte in der Jazzoper *Jonny spielt auf* (1926). Neben Elementen des Jazz griff K. in steigendem Maße, um dem vermeintlichen Publikumsgeschmack zu entsprechen, auf Mittel der Musik des 19. Jh. zurück und bekannte sich mit dem *Reisebuch aus den österreichischen Alpen* (1929) zu Fr. Schubert. Um 1930 griff er bei dem Liederzyklus *Durch die Nacht* die Zwölftontechnik auf, die er nach seinem Studium der griechischen Modaltheorie, des Gregorianischen Gesangs und der frühen Choralpolyphonie zu einem Rotationsverfahren entwickelte. Im Bereich der seriellen Musik lieferte K. mit *Sestina* (1957) eines der radikalsten Beispiele für total prädeterminierte Musik; die Möglichkeiten elektronischer Musik nutzte er u. a. in dem Pfingstoratorium *Spiritus intelligentiae, sanctus* (1956). In den Werken seit dem nach eigenem Bekunden autobiographischen Liederzyklus *Spätlese* (1973) bestätigt sich, daß für K. die Dichtung integraler Bestandteil der Komposition ist. Er nutzt alle möglichen musikalischen Mittel, um „tönende Ordnungen zu schaffen“; sein Gesamtwerk reflektiert wie bei keinem anderen Komponisten die Breite der musikalischen Entwicklung seit 1920.

Lit.: E. K., Verz. sämtlicher Werke 1918–64 (W 1964); Th. W. Adorno u. E. K., Briefwechsel, hrsg. von W. ROGGE (F 1974). – M. J. COLUCCI, A Comparative Study of Contemporary Musical Theories in Selected Writings of Piston, K., and Hindemith (1957) (= Diss. Univ. of Pennsylvania); G. HAUSSWALD, Musica sacra in Zwölftontechnik, in: MuK 28 (1958); W. ZILLIG, Variationen über neue Musik (Mn 1959); R. TIMPER, E. K. zw. Gestern u. Morgen, in: Die Wiener Schule, hrsg. v. R. Klein (W 1961); R. STOCKHAMMER, E. K.s „Reisebuch aus d. östr. Alpen“, in: SMZ 102 (1962); W. SCHUH, E. K.s „Karl V.“ in München, in: SMZ 105 (1965); L. KNESSL, E. K. (W 1967) (= Östr. Komp. des 20. Jh. 12); A. G. HUETTEMAN, E. K.'s Theories on the Sonata and Their Relations to His Six Piano Sonatas, 2 Bde. (1968) (= Diss. Univ. of Iowa); W. ROGGE, E. K. s Opern, Spiegel der zwanziger Jahre (Wb – Z 1970); F. WILLNAUER, Der unzeitgemäße Zeitgenosse, in: Musica 24 (1970); H. H. STUCKENSCHMIDT, Die großen Komponisten unseres Jh. I (Mn 1971); J. HUGHES, E. K. Festival Concerts, in: MQ 62 (1976); TH. KOEBNER, Die Zeitoper in den zwanziger Jahren, in: Erprobungen u. Erfahrungen, hrsg. v. D. Rexroth (Mz 1978) (= Frankfurter Stud. 2); M. ZENCK, Avantgarde ohne Fortschrittsideologie, in: Musica 33 (1979); C. MAURER ZENCK, Unbewältigte Vergangenheit. K.s „Karl V.“ in Wien, in: Mf 32 (1979); N. TSCHULIK, Die verhinderte UA v. K.s „Karl V.“, in: ÖMZ 34 (1979); Musica 34 (1980) H. 2 (= Sonderh. E. K.); C. MAURER ZENCK, E. K., Komponist im Exil (Kö 1980).

K. LANGROCK

KRENZ, Jan, * 14. 7. 1926 Włocławek; poln. Dirigent. Er studierte Klavier, Dirigieren und Komposition an den Musikhochschulen Warschau und Łódź und leitete bereits mit 19 Jahren sein erstes Konzert. 1947–49 war er Dirigent des Philharmonischen Orchesters in Posen; 1953 wurde er als Nachfolger von G. Fitelberg zum Direktor und Chefdirigenten des Polnischen Rundfunk-Symphonieorchesters, 1968 zum GMD an das Teatr Wielki (Staatsoper) in Warschau berufen. 1979–82 war er GMD der Stadt Bonn. K. ist ständiger Gastdirigent der großen Orchester in Europa und bei den Festspielen u. a. in Edinburgh, Prag, Bergen, Montreux und Osaka; sein Repertoire umfaßt Werke von Cl. Monteverdi bis Kr. Penderecki. Er ist auch als Komponist hervorgetreten (u. a. mit 2 Symphonien, Kammermusik, Liedern, Film- und Bühnenmusik).

KRETZSCHMAR, Hermann, * 19. 1. 1848 Olbernhau (Erzgebirge), † 12. 5. 1924 Berlin(-Lichterfelde); dt. Musikforscher. Er besuchte die Kreuzschule in Dresden und studierte dann in Leipzig Philologie an der Universität (1871 Promotion zum Dr. phil.) und Musik am Konservatorium, wo er 1871 selbst Lehrer wurde. In der Folge entfaltete er eine reiche Dirigententätigkeit in Leipzig, Metz (1876), Rostock (seit 1877) und wieder in Leipzig (seit 1887). Dort war er Universitätsmusikdirektor und Dozent (später Professor) für Musikgeschichte und veranstaltete u. a. Konzerte mit „historischen“ Programmen. 1904 folgte er einem Ruf auf das neugegründete Ordinariat für Musik an der Universität in Berlin. Hier leitete er außerdem 1909 bis 1920 als Nachfolger J. Joachims die Hochschule für Musik. – K. war neben H. Riemann der bedeutendste deutsche Musikhistoriker seiner Zeit. Zu vielen Bereichen hat er Werke geschrieben, die bis heute grundlegend und anregend sind: zur Geschichte der Gattungen, zur musikalischen Aufführungspraxis, Ästhetik und ↗Hermeneutik. Aber er nahm auch als erfahrener Praktiker engagiert zu aktuellen *Musikalischen Zeitfragen* Stellung (so der Titel einer Publikation gesammelter Aufsätze aus verschiedenen Zeitschriften, L 1903). Die größte Breitenwirkung erzielte K.s *Führer durch den Konzertsaal*, der in seiner Gesamtkonzeption und in den einzelnen Werkanalysen zugleich ein wichtiges Zeugnis für die Popularisierung musikwissenschaftlicher Erkenntnisse im ersten Viertel des 20. Jh. darstellt.

WW: **1) Schriften:** *Führer durch den Konzertsaal, I: Sinfonie u. Suite* (L 1887), bearb. v. F. Noack, H. Botstiber u. H. Engel ([7]1932), *II: Vokalmusik, 1: Kirchliche Werke* (ebd. 1888, [5]1921), *2: Oratorien u. weltliche Chorwerke* (ebd. 1890), bearb. v. H. Schnoor ([5]1939); *Die Venezianische Oper u. die Werke Cavallis u. Cestis,* in: VfMw 8 (1892); *Monteverdis Incoronatione di Poppea,* in: ebd. 10 (1894); *Bemerkungen über den Vortrag alter Musik,* in: Jb. Peters 7 (1900); *Anregungen zur Förderung musikal. Hermeneutik,* in: ebd. 9 (1902); *Neue Anregungen zur Förderung* *musikal. Hermeneutik. Satzästhetik,* in: ebd. 12 (1905); *Gesammelte Aufsätze über Musik u. anderes aus dem Grenzboten* (L 1910); *Gesammelte Aufsätze aus dem Jb. Peters* (L 1911, Nachdr. 1973); *Gesch. des Neuen dt. Liedes I* (L 1911, Nachdr. Hil – Wie 1966); *Gesch. der Oper* (L 1919, Nachdr. Wie 1970); *Einführung in die Musikgesch.* (L 1920, Nachdr. Wie 1970); *Bach-Kolleg. Vorlesung über J. S. Bach* (L 1922). – **2) Editionen:** *J. S. Bachs Hss. in zeitlich geordneten Nachbildungen* (= Bach-GA 44); *I. Holzbauer, Günther v. Schwarzburg* (1902) (= DDT 8/9); *E. Bach, Fabeln* u. *V. Herbing, Musikal. Versuch* (1910) (= DDT 42).

Lit.: A. EINSTEIN, H. K., in: ZfMw 6 (1923/24); H. ABERT, Zum Gedächtnis H. K.s, in: Jb. Peters 31 (1925); R. HEINZ, Gesch. als angewandte Ästhetik. Zum Verhältnis Musikästhetik, Musiktheorie bei F. Chrysander u. H. K., in: Die Ausbreitung des Historismus über die Musik, hrsg. v. W. Wiora (Rb 1969) (= Stud. z. Musikgesch. des 19. Jh. 14); W. BRAUN, K.s Hermeneutik, in: Beitr. z. musikal. Hermeneutik, hrsg. v. C. Dahlhaus (Rb 1975) (= ebd. 43).

KREUDER, Peter Paul, * 18. 8. 1905 Aachen, † 28. 6. 1981 Salzburg; dt. Komponist. Bereits mit 10 Jahren trat er als Pianist auf. Nach Studium in Berlin, München und Hamburg und ersten Engagements als Korrepetitor und Bühnenpianist war er 1928–30 musikalischer Leiter der Reinhardtbühnen in Berlin und avancierte bald zum erfolgreichsten deutschen Schlager-, Tonfilm- und Bühnenkomponisten. 1937 wurde er Staatsmusikdirektor der Bayerischen Staatsoperette in München. Nach dem Krieg ging K. nach Südamerika, war dort musikalischer Leiter verschiedener Rundfunkstationen und wurde 1950 vom argentinischen Staatspräsidenten Juan Perón zum Prof. h.c. ernannt; 1955 kehrte er nach Europa zurück. Seit 1959 ist er östr. Staatsbürger. K. veröffentlichte Autobiographisches unter den Titeln *Schön war die Zeit* (Mn 1955) und *Nur Puppen haben keine Tränen* (Percha 1971). Zu seinen zahlreichen Evergreens gehören *Ich brauche keine Millionen, Sag' beim Abschied leise „Servus", Für eine Nacht voller Seligkeit, In einer Nacht im Mai* und *Good Bye Johnny.*

WW: Sinfonie C-Dur („Die Brasilianische"); etwa 1200 Schlager. – Operetten, u. a. *Bal musette* (1959); Opern: *Der Zerrissene,* UA: Stockholm 1940, u. *Der Postmeister* (1966); Musicals: *Madame Scandaleuse,* UA: Wien 1958; *Lady aus Paris,* UA: ebd. 1964; *Lola Montez* (1973); *Wedding Mary* (1976); Filmmusik zu: *Peter Voß, der Millionendieb; Mazurka; Allotria; Capriolen; Eine Nacht im Mai* u.a.; ferner Bühnenmusik.

KREUTZBERG, Harald, * 11. 12. 1902 Reichenberg (Böhmen), † 25. 4. 1968 Muri bei Bern; dt. Tänzer. Er wurde von Mary Wigman und R. von Laban unterrichtet. Seine Laufbahn begann am Opernhaus in Hannover, führte ihn an die Berliner Staatsoper und 1928 zu den Salzburger Festspielen. Zahlreiche Tourneen im In- und Ausland mit F. Wilkens als musikalischem Begleiter machten ihn als Solotänzer mit eigenen Tanzschöpfungen weltberühmt. Er unterrichtete an Universitäten in Nordamerika, war eine Zeitlang Leiter der Klasse für Tänzer und Tanzstudierende am Mozarteum in Salzburg, wirkte als Gastdozent bei den Zürcher Sommerkursen sowie 1941 an der Staatlichen Akademie der Tanzkunst in Wien. Seit 1955 leitete er eine eigene Tanzschule in Bern. K. wirkte 1957 auch bei den Bayreuther Festspielen mit. 1959 zog er sich vom aktiven Tanz zurück und widmete sich bis zu seinem Tode der pädagogischen Arbeit. K., einer der bedeutendsten Vertreter des mimischen Solotanzes, übte entscheidenden Einfluß auf die Bewegung des amerikanischen Modern dance aus. Er schrieb eine Autobiographie *Über mich selbst* (Detmold o. J.).

Lit.: H. WILLE, H. K. (L 1930); E. PIRCHEN, H. K. Sein Leben u. seine Tänze (W [2]1950); DERS., Das K.-Buch (St 1956).

KREUTZER, Conradin (eig. Conrad), * 22. 11. 1780 Meßkirch (Baden), † 14. 12. 1849 Riga; dt. Komponist. Er erhielt seine schulische und erste musikalische Ausbildung in einem Benediktinerkloster (Unterricht für Klarinette, Oboe, Klavier, Orgel und Violine) und begann 1799 auf Wunsch des Vaters in Freiburg im Breisgau ein Jurastudium, widmete sich aber nach dessen Tod seit März 1800 ausschließlich der Musik. Schon aus den letzten Schülerjahren und der Studentenzeit datieren erste Kompositionen und erfolgreiche Aufführungen kleiner Opern. Seit 1804 studierte er bei J. G. Albrechtsberger in Wien, begab sich 1810 auf eine Konzertreise und blieb 1812 in Stuttgart, wo seine Opern *Feodora* und *Konradin von Schwaben* erfolgreich aufgeführt wurden und König Friedrich I. ihn deshalb als Nachfolger Fr. Danzis zum Hofkapellmeister ernannte. 1816 mußte er den Dienst wieder quittieren, doch erhielt die Begegnung mit L. Uhland und dem schwäbischen romantischen Dichterkreis in dieser Zeit für ihn entscheidende Bedeutung. 1818–22 war er Kapellmeister in Donaueschingen, 1822–27, 1829–32 und 1834–40 am Kärntnerthor-Theater in Wien, dazwischen 1833–34 am Josephstädter Theater (mit der sehr erfolgreichen Uraufführung der Oper *Das Nachtlager von Granada*), sowie 1840–42 Städtischer Musikdirektor in Köln. In den letzten Lebensjahren begleitete er seine älteste Tochter Cäcilie, eine Sängerin, auf Konzertreisen durch Europa.

WW: Instrumentalmusik, darunter 3 Klv.-Konzerte und Kammermusik. – 2 Oratorien, u. a. *Moses' Sendung,* UA: Stuttgart 1814; Messen, geistliche Chorwerke, Hymnen, Kantaten, Männerchöre, Lieder. – Singspiele *Die lächerliche Werbung,* UA: Freiburg, um 1800, u. *Jery und Bätely* (Text: J. W. von Goethe), UA: Wien 1810. – Opern: *Konradin von Schwaben,* UA: Stuttgart 1812; *Feodora* (nach A. von Kotzebue), UA: Stuttgart 1812; *Der Taucher* (nach F. von Schiller), UA: Stuttgart 1813, umgearbeitet 1823; *Die Alpenhütte* (nach Kotzebue), UA: Stuttgart 1815; *Libussa,* UA: Wien 1822; *Melusine* (nach F. Grillparzer),

UA: Berlin 1833; *Das Nachtlager von Granada*, UA: Wien 1834; ferner Bühnenmusik.

K. zählt zu den fruchtbarsten Komponisten zur Zeit der deutschen Romantik, der in allen Gattungen ansprechende Kompositionen schuf. In der Wahl seiner musikalischen Stilmittel verfuhr er durchaus eklektizistisch. Seine dramatischen Werke weisen ihn für diese Gattung als minderbegabt aus (bekannt sind heute eigentlich nur *Das Nachtlager von Granada* und die Bühnenmusik zu F. Raimunds *Verschwender*); mehr lag ihm die lyrische Ausdruckshaltung, und er darf wohl als der geistige Träger des einstimmigen Kunstlieds in Schwaben bezeichnet werden. Durch K.s Melodien wurden die Gedichte der schwäbischen Romantiker, vor allem L. Uhlands, Volksgut.

Ausg.: Trio Es-Dur für Klv., Klar., Fag., hrsg. v. H. SCHULTZ (L 1956); Lieder, in: A. LANDAU, Das einstimmige Kunstlied C. K.s (L 1930); Lieder, in: Das Wiener Lied von 1792 bis 1815, hrsg. v. H. MASCHEK – H. KRAUS (W 1935) (= DTÖ 79); Septett Es-Dur op. 62, hrsg. v. V. RECHTENBACHER (W 1968); Klar.-Quartett Es-Dur, hrsg. v. B. PÄULER (Z 1974); Duo für 2 Klar. C-Dur, hrsg. v. DEMS. (Z 1975).

Lit.: R. KRAUSS, C. K. als Stuttgarter Hofkapellmeister, in: NMZ (1902); A. PRÜMERS, Aus K.s Briefwechsel, in: ebd. (1912); R. ROSSMAYER, K. als dramatischer Komponist (Diss. W. 1928); A. LANDAU, Die Klaviermusik C. K.s, in: ZfMw 13 (1930/31); DIES., Das einstimmige Kunstlied C. K.s u. seine Stellung zum zeitgen. Lied in Schwaben (L 1930, Nachdr. Niederwalluf 1972); H. LEISTER, K. K.s Lieder für Männerchor (Diss. Mz 1963).

J. SCHLÄDER

KREUTZER. – 1) Rodolphe, * 16. 11. 1766 Versailles, † 6. 1. 1831 Genf; frz. Violinist und Komponist. Er studierte Violine bei seinem Vater, einem Mitglied der Chapelle Royale, und Komposition bei A. Stamitz. Mit 13 Jahren spielte er ein eigenes Violinkonzert im Concert spirituel, mit 16 Jahren wurde er Nachfolger seines Vaters als Violinist der Chapelle Royale (1783–92), 1790 Soloviolinist am Théâtre-Italien, wo im selben Jahr seine erste Oper *Jeanne d'Arc à Orléans* aufgeführt wurde. 1801 wurde er 1. Soloviolinist, 1816 2. und 1817 1. Kapellmeister an der Opéra, 1802 Mitglied der Chapelle du Premier Consul und war 1815–27 als Kapellmeister der Chapelle Royale tätig. Außerdem war er 1795–1825 Professor für Violine am Pariser Conservatoire. Neben P. Rode und Fr. Baillot war K. einer der bedeutendsten Violinisten seiner Zeit. Seine Etüden gehören zum festen Bestand des Violinunterrichtes. Auf einer Konzertreise traf K. 1798 in Wien L. van Beethoven, der ihm die Violinsonate op. 47 (1805) widmete, die dann unter der Bezeichnung „Kreutzer-Sonate" bekannt wurde; K. hat sie jedoch wahrscheinlich nie selbst gespielt.

WW: *40 Études ou Caprices pour le violon* (P 1807) (mit zahlr. Aufl.); gedruckt wurden ferner Duos für 2 V., für V. u. Va., für 2 Fl.; Sonaten für V. u. Baß sowie für Klv. u. V.; 15 Trios für 2 V. u. Baß, für Ob. oder Klar., Fag. u. Va., für Harfe, V. u. Horn; 15 Streichquartette; 3 Symphonies concertantes für 2 V., für Harfe u. V., für 2 Klv. u. Orch.; 19 V.-Konzerte; 1 Ob.-Konzert. – Etwa 40 Bühnenwerke, von denen mehrere auch gedruckt wurden, u. a. *Jeanne d'Arc à Orléans*, UA: Paris 1790; *Paul et Virginie* u. *Lodoïska*, UA: Paris 1791; *Aristippe*, UA: ebd. 1808; *L'homme sans façon*, UA: ebd. 1812. – K. veröff. auch eine *Méthode de violon* (P 1803, Nachdr. G 1974) (zus. mit P. Rode u. F. Baillot).

2) Jean Nicolas Auguste, Bruder von 1), * 3. 9. 1778 Versailles, † 31. 8. 1832 Paris; Violinist. Er studierte bei seinem Bruder, spielte seit 1798 im Orchester der Opéra-Comique, 1802–23 an der Opéra und war 1804–30 auch Mitglied der Chapelle Impériale bzw. Royale. 1825 wurde er Nachfolger seines Bruders als Professor für Violine am Pariser Conservatoire. Er veröffentlichte verschiedene Arien, Soli und Duos für V., 3 Sonaten für V. und Baß sowie 2 Violinkonzerte. – Sein Sohn **Léon Charles François** (1817–68) war ebenfalls Komponist und trat auch als Musikschriftsteller hervor.

Ausg.: **Zu 1):** V.-Konzert Nr. 19 u. Nr. 13 D-Dur, hrsg. v. W. DAVISSON (L 1953, 1959); V.-Konzert Nr. 18 e-moll u. Nr. 14 A-Dur, hrsg. v. F. HERMANN (L 1959, 1960).

Lit.: **Zu 1):** J. HARDY, R. K., sa jeunesse à Versailles (P 1910); F. FRIEBE, R. K. als Opernkomponist, in: Chigiana 23, N.S. 3 (1966); D. THEMELIS, Étude ou Caprice. Die Entstehungsgesch. der Violinetüde (Mn 1967); M. D. WILLIAMS, The V. Concertos of R. K. (1973) (= Diss. Indiana Univ.).

KREUZ (engl.: sharp; frz.: dièse; it.: diesis; span.: sostenido), aus dem Schriftzeichen des „b durum" (↗H) entstandenes Versetzungszeichen (↗Akzidentien), das die Erhöhung der folgenden Note um einen Halbton anzeigt und auch als Zeichen für die große Terz in der ↗Generalbaß-Bezifferung gebräuchlich ist. Einzeln bzw. in Gruppen dient es zur Vorzeichnung der Tonart am Anfang der Notenlinien bei den sog. Kreuz-Tonarten (G-Dur, D-Dur usw. im Quintenzirkel aufwärts und parallele Molltonarten e-moll, h-moll usw.). – Seit dem 13. Jh. wurde das K. als Zeichen verwendet, das die Erniedrigung einer Note durch ♭ aufhob; erst Anfang des 14. Jh. erhielt es selbst die Bedeutung eines Akzidens. In der älteren geistlichen Vokalmusik wurde das K. – gleichsam als optisches Signal – gelegentlich in Beziehung gesetzt zu entsprechenden Textworten, so möglicherweise bereits von G. de Machaut (Credo der *Messe de Nostre-Dame* bei dem Wort *Crucifixus*). Am auffälligsten geschieht dies später bei J. S. Bach (Kantate BWV 56, 1. Arie):

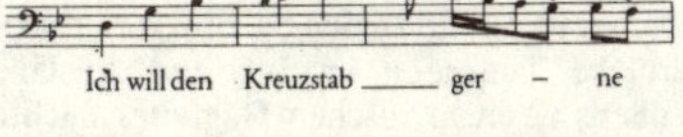

In der hsl. Partitur hat Bach hier das Wort *Kreuzstab*, zusätzlich durch den griechischen Buchstaben

X (= Chi) symbolisierend auf Christus hinweisend, als *Xstab* geschrieben. Dieser auffälligen musikalischen und textlichen Schreibweise entspricht in der musikalischen Faktur der auffällige melodische Sprung b–cis¹, der in der Figurenlehre des 17. Jh. als Saltus duriusculus bezeichnet wird.

KREUZBERGER STREICHQUARTETT, gegr. 1971 in Berlin. Es spielt in der Besetzung: *Friedegund Riehm* und *Rainer Johannes Kimstedt,* abwechselnd 1. und 2. Violine, seit 1980 anstelle von Kimstedt *Winfried Rüssmann* als Primarius; *Hans Joachim Greiner,* Viola; *Barbara Brauckmann,* seit 1976 *Peter Gerschwitz,* Violoncello. Das Quartett errang 1974 den 1. Preis beim Internationalen Musikwettbewerb in Genf und begann damit eine internationale Konzerttätigkeit. Im Mittelpunkt seines Repertoires steht das Schaffen von L. Janáček und P. Hindemith.

KŘIČKA, Jaroslav, * 27.8.1882 Kelč (Mähren), † 23.1.1969 Prag; tschechischer Komponist. Er studierte an der Universität und am Konservatorium in Prag sowie in Berlin. Zunächst war er Kompositionslehrer in Jekaterinoslaw (Rußland), 1911 bis 1920 Chorleiter in Prag und wurde 1921 Professor für Komposition am Prager Konservatorium, wo er 1936–45 die Meisterklasse für Komposition leitete. Dann widmete er sich ausschließlich seinem kompositorischen Schaffen, das sowohl von der russischen Musik wie von V. Novák beeinflußt war.

WW: **1) Instr.-WW:** Klv.-Stücke; V.-Sonate e-moll (1925); Sonatine für V. u. Klv. (1962); Klv.-Trio *Doma* (1923/24); 3 Streichquartette (1907, 1938/39, 1949); Divertimento für Bläserquintett (1950). – Für Orch.: Symphonie d-moll (1905–07), neues Finale (1942); Serenade für Str. (1940/41); *Proč, jaro vždy tak popícháš* (1962); *Sinfonietta semplice* (1962); V.-Konzert (1944). – **2) Vokal-WW:** Lieder; Chöre; Kantate *Praha* (1960). – **3) Bühnen-WW:** Opern: *Hipolyta,* UA: Prag 1917; *Bílý pán,* UA: Brünn 1929, als *Spuk im Schloß,* Breslau 1931; *Král Lávra,* UA: Prag 1940; *Serenáda,* UA: Pilsen 1950; *Jáchym a Juliána,* UA: Troppau 1951; ferner eine Fernsehoper, musikal. Komödien u. Operetten.

Lit.: Contemporary Czechoslovak Composers, hrsg. v. Č. GARDAVSKY (Pr 1965).

KRIEGEL, Volker, * 24.12.1943 Darmstadt; dt. Jazzmusiker (Gitarrist, Bandleader und Komponist). Er gründete 1962 ein Trio und wurde 1964 beim Jazz-Amateur-Festival in Düsseldorf zum besten Solisten gewählt. K. gründete 1968 mit dem amerikanischen Vibraphonisten David Pike das „Dave Pike Set", das bis Ende 1972 erfolgreich war. Danach formierte er die Gruppe „Spectrum", dann das „Mild Maniac Orchestra", das als eine der erfolgreichsten Jazz-Rock-Bands Deutschlands angesehen wird.

KRIEGER, Adam, * 7. 1. 1634 Driesen (Neumark), † 30. 6. 1666 Dresden; dt. Komponist. Er war Schüler von S. Scheidt in Halle a. d. Saale und folgte J. Rosenmüller als Organist an der Nikolaikirche in Leipzig (1655–57), bewarb sich 1657 erfolglos um das Thomaskantorat und wurde 1658 zum Organisten am Dresdener Hof ernannt, wo er auch Klavierlehrer der kurfürstlichen Prinzessin war. K. war der beliebteste deutsche Liedkomponist des 17. Jahrhunderts. Seine Ariensammlungen (teilweise mit eigenen Dichtungen) enthalten hauptsächlich strophische Sololieder mit B.c., meist 2teilig und mit 5st. Ritornellen für Streicher. In der Melodik verbinden sich Einflüsse der italienischen Opernmonodie mit tanz- und volksliedmäßigen Elementen. Zahlreiche Lieder K.s wurden auch in geistlicher Parodie in den evangelischen Kirchengesang übernommen. Am bekanntesten davon wurde *Nun sich der Tag geendet hat.*

WW: Im Druck erschienen: *Arien* für 1–3 St. mit 2 V. u. B.c. (L 1657) (unvollständig erhalten); *Neue Arien* für 1–5 St. mit 2 V., 2 Violen u. B.c. (Dresden 1667, ²1676); ferner Gelegenheitskompositionen. – Eine Kantate u. weltliche Gesänge sind hsl. erhalten.

Ausg.: *Neue Arien* u. 6 Lieder aus dem Liederbuch des Studenten Clodius, hrsg. v. A. HEUSS (1905, revidiert W–Gr 1958) (= DDT 19); Kantate *An den Wassern zu Babel,* hrsg. v. H. OSTHOFF (Kas 1948); 42 Lieder aus den *Arien* v. 1657, in: N. SCHIØRRING, Det 16. og 17. århundredes verdslige danske visesang (Kop 1950); *Siehe, eine Jungfrau ist schwanger,* hrsg. v. H. KÜMMERLING (Gö 1957); versch. Gesänge auch in den unten (Lit.) genannten Werken.

Lit.: H. KRETZSCHMAR, Gesch. des Neuen dt. Liedes I (L 1911, Nachdr. Hil 1966); K. FISCHER, Über eine Gelegenheitskomposition A. K.s, in: AfMw 2 (1919/20); H. OSTHOFF, A. K. (L 1929, Nachdr. Wie 1970); DERS., Neue Quellen zu A. K., in: AfMf 8 (1943); N. SCHIØRRING, Wiederaufgefundene Melodien aus der verschollenen A.-K.-Arienslg. 1657, in: FS W. Wiora (Kas 1967).

KRIEGER, Familie dt. Musiker u. Komponisten. – **1) Johann Philipp,** getauft 27. 2. 1649 Nürnberg, † 6. 2. 1725 Weißenfels. Seit 1663 oder 1665 weilte er als Schüler J. Schröders und C. Försters des Jüngeren sowie als Organist an St. Peter in Kopenhagen, wurde um 1670 Hoforganist und nach einer Italienreise Kapellmeister in Bayreuth. Als Kammerorganist ging er 1677 an den Herzogshof in Halle a. d. Saale, wurde dort Vizekapellmeister und übersiedelte mit dem Hof, nunmehr als Kapellmeister, 1680 nach Weißenfels.

WW: *Musicalischer Seelen-Frieden,* dt. u. lat. Psalmen u.a. für SingSt, 2 V. u. B.c. (Nü 1697); *Auserlesene ... Arien* aus Singspielen für 1–2 St. u. B.c. (Nü 1690); weitere Arien sowie zahlr. geistliche Konzerte, Kantaten u. Motetten hsl. – Triosonaten, op. 1 (Nü 1688); Sonaten für V. u. Va. da gamba mit B.c., op. 2 (Nü 1693); *Lustige Feldmusik* für 4 Blasinstr. (Nü 1704).

2) Johann, Bruder von 1), * 1. 1. 1652 Nürnberg, † 8. 7. 1735 Zittau. Er war Schüler seines Bruders, wirkte seit 1672 als Hoforganist in Bayreuth und wurde nach vorübergehender Tätigkeit als Kapellmeister in Greiz und Eisenberg 1681 Organist und Director musices in Zittau. Wie u.a. durch G.Fr. Händel und J. Mattheson bezeugt ist, genoß K. bei der folgenden Generation hohes Ansehen als Komponist von Orgel- und Cembalowerken. Diese sind bedeutsam auch für die Entwicklung der Fuge und der Suite.

WW: *Neue Musicalische Ergetzligkeit* (geistliche u. weltliche Lieder sowie Singspielarien) für 1–4 St. u. B.c., teilweise mit Instr., 3 Teile (F – L 1684); *Sechs Musicalische Partien* für Cemb. oder Clavichord (Nü 1697); *Anmuthige Clavier-Übung* (Nü 1698); hsl. erhalten sind u.a. zahlr. Kantaten mit dt. u. lat. Text u. einzelne Messesätze (meist mit Instr.).

3) Johann Gotthilf, Sohn von 1), * 13.9.1687 Weißenfels, † nach 1743. Er war Schüler von Fr. W. Zachow in Halle und wurde 1712 Hoforganist und dann Nachfolger seines Vaters als Kapellmeister in Weißenfels bis zur Auflösung der Hofkapelle 1736.

Ausg.: **Zu 1):** 21 ausgew. Kirchenkompositionen, hrsg. v. M. SEIFFERT (1916) (= DDT 53/54); 24 Lieder u. Arien, hrsg. v. H. J. MOSER (Hannover 1930) (= Nagels MA 174–175); Triosonate a-moll, op. 1, hrsg. v. H. OSTHOFF (ebd. 1937) (= ebd. 185); U. E. STOUT, 4 Cantatas by J. Ph. K. An Edition with Commentary on Performance Practice, 2 Bde. (1966) (= Diss. Indiana Univ.). – **Zu 2):** 2 Kantaten, in: Nürnberger Meister der zweiten Hälfte des 17. Jh., hrsg. v. M. SEIFFERT (L 1905) (= DTB 6/1); J. K., F. X. A. Murschhauser u. J. Ph. K. Gesammelte Werke für Klv. u. Org., hrsg. v. DEMS. (L 1917) (= ebd. 18); Ausgew. Klv.-Werke aus *Sechs Musicalische Partien* 1697 u. *Anmuthige Clavier-Übung* 1699, hrsg. v. A. KREUTZ (Kas 1956); Präludien u. Fugen, hrsg. v. F. W. RIEDEL (Lippstadt 1957) (= Die Orgel II/3).

Lit.: **Zu 1):** M. SEIFFERT, Einleitung zu DDT 53/54 (mit Verz. der kirchenmusikal. Werke); R. WAGNER, Beitr. z. Lebensgesch. J. Ph. K.s..., in: ZfMw 8 (1925/26). – **Zu 2):** R. EITNER, J. K., in: MfM 27 (1895); M. SEIFFERT, Einleitung zu DTB 18 (mit Verz. der kirchlichen und weltlichen Vokal-Werke), auch separat (L 1919).

F. KRUMMACHER

KRIEG UND FRIEDEN *(Woina i mir),* Oper in 5 Akten (13 Bildern) und einem Chor-Prolog von Sergei Prokofjew (1891–1953), op. 91, Text vom Komponisten und Mira Mendelson nach Leo Tolstois gleichnamigem Roman (1869). UA: 8.11. 1957 in Moskau (Stanislawski-Nemirowitsch-Dantschenko-Musiktheater); dt. EA (in dt. Sprache): 8.10.1961 in Leipzig.

Unter dem Eindruck des Kriegsausbruchs 1941 faßte Prokofjew in patriotischer Absicht den Entschluß, den von Tolstoi geschilderten russischen Sieg über die Große Armee auf der Opernbühne zu präsentieren. 11 Jahre lang arbeitete der Komponist an dem Projekt. Eine erste Fassung (Klavier- bzw. Konzert-Aufführung am 16.10.1944 und 7.6.1945 in Moskau) wurde zunächst um zwei Bilder erweitert (Nr. 2: Ball-Szene; Nr. 10: Kriegsrat in Fili); sodann ließ die Selbständigkeit der ausgewählten Geschehenspartien – einerseits die um Natascha Rostowa zentrierte Handlung, die von Repräsentanten der Adelsgesellschaft getragen wird, anderseits der heroische Kampf unter Führung des Feldmarschalls Kutusow – eine Aufgliederung des Materials in zwei Teile angeraten erscheinen (UA des 1.Teils: 12.6.1946 im Leningrader Kleinen Operntheater). Späterhin bemühte sich Prokofjew bei einer tiefgreifenden stilistischen Revision des Werks, dessen Einheit erneut stärker zu akzentuieren, und stellte eine Folge von 10 Bildern mit einem Epilog zusammen (UA: 31.3.1955 wiederum im Kleinen Operntheater). Die oben genannte Moskauer UA schließlich bot die vollständige Oper – abgesehen von Kürzungen innerhalb der Segmente und mit Ausnahme des Chor-Prologs, der erst in der Inszenierung des Bolschoi-Theaters (15.12.1959) berücksichtigt wurde. An dieser Entstehungs- und Aufführungsgeschichte sind Dispositions- und Gestaltungsprobleme ablesbar, die der Versuch aufwarf, aus einer Romanvorlage wie *Krieg und Frieden* eine schlüssige musikdramatische Handlung zu gewinnen. Gerade die Vielfältigkeit der gezeigten Episoden eröffnete Prokofjew aber auch besondere Möglichkeiten, die zahlreichen Personen der Oper differenziert zu charakterisieren und – als erfahrener Komponist von Ballett- und Filmmusik – den Bildern der aristokratischen Feste wie denen der Kriegsgreuel und des Triumphs höchste Intensität zu verleihen. Zudem war er bestrebt, die divergierenden Sujetkomponenten im musikalischen Satz durch thematische Entsprechungen miteinander zu verknüpfen.

E. FISCHER

KRIPS, Josef, * 9.4.1902 Wien, † 13.10.1974 Genf; östr. Dirigent. Er studierte bei E. Mandyczewsky und F. von Weingartner an der Wiener Musikakademie und wurde 1921 Korrepetitor, Chormeister und Dirigent an der Wiener Volksoper. Nach Engagements als Opernchef in Aussig (1924–25) und 1. Kapellmeister in Dortmund (1925–26) war er 1926–33 GMD in Karlsruhe, 1933–38 ständiger Dirigent an der Wiener Staatsoper, daneben Professor für Dirigieren an der Wiener Musikakademie sowie 1938–39 Gastdirigent an der Belgrader Oper und Philharmonie. Während des NS-Regimes war K. mit Berufsverbot belegt; nach Kriegsende hatte er 1945–50 maßgeblichen Anteil am Wiederaufbau des Wiener Musiklebens und leitete zahlreiche Auslandsgastspiele der Wiener Staatsoper. 1946 wirkte er bei der Wiedereröffnung der Salzburger Festspiele mit, bei denen er schon 1935 erstmals dirigiert hatte. 1950–54 war er Chefdirigent des London Symphony Orchestra, 1954–63 des Buffalo Philharmonic Orchestra sowie 1963–70 des San Francisco Orchestra. Als Gastdirigent trat er u.a. an der Covent Garden Opera in London (seit 1963), der Metropolitan Opera in New York (seit 1967), der Deutschen Oper Berlin (1970) und der Pariser Opéra (1974) sowie ständig an der Wiener Staatsoper auf. K., dessen Repertoire von J.S.Bach bis zur Neuen Musik reichte, galt als der Schöpfer des Wiener Mozart-Stils nach dem Kriege.

KROHN, Ilmari Henrik Reinhold, * 8. 11. 1867 Helsinki, † 25. 4. 1960 ebd.; finnischer Musikforscher. Er studierte Klavier, Orgel und Komposition in Helsinki, Leipzig und Weimar und war als Organist 1894–1905 an der Alexanderkirche in Tempere sowie 1911–44 an der Kallio-Kirche in Helsinki tätig. 1899 promovierte er an der Universität Helsinki, habilitierte sich dort 1900 und war 1918–35 Professor für Musikwissenschaft. Die Forschungen K.s, der auch als Komponist geistlicher Musik bekannt geworden ist, galten vor allem dem finnischen Volkslied, der liturgischen Musik, der Musik des 19. Jh. und der Musiktheorie.

WW: Lieder-Slg. *Suomen kausan sävelmiä,* 3 Bde. (He 1893 bis 1933). – Schriften: *Der Formenbau in den Symphonien von J. Sibelius* (He 1942); *Der Stimmungsgehalt der Symphonien von J. Sibelius,* 2 Bde. (He 1945–46); *Einheitliche Grundzüge der musikalischen Formgebung,* in: AMl 25 (1953); *A. Bruckners Symphonien,* 3 Bde. (He 1955–57).

KROL, Bernhard, * 24. 6. 1920 Berlin; dt. Komponist und Hornist. Er studierte Waldhorn und Komposition in Berlin und Wien und war Kompositionsschüler von J. Rufer. 1945–61 gehörte er der Staatskapelle Berlin, 1962–79 dem Südfunk-Sinfonie-Orchester Stuttgart an. Die Doppeltätigkeit als ausübender Musiker und Komponist bildete eine besondere Voraussetzung seiner langjährigen Funktion im Juryvorsitz (Horn, Orgel) des Internationalen Wettbewerbs der ARD. Sein breitgefächertes Gesamtwerk steht in der Tradition M. Regers und P. Hindemiths. Neben symphonisch-konzertanten und kammermusikalischen Werken nehmen geistliche und liturgische sowie Unterrichtswerke einen bedeutsamen Platz ein.

WW: Für Orgel: *Missa muta* (1972) für Horn u. Org.; *Sinfonia sacra* (1973) für Pos. u. Org.; *Tuba-mirum-Fantasie* (1977); *Orgelbüchlein* (1977). – Harfenseptett (1951); Ob.-Quartett (1952); *Lassus-Variationen* (1962) für Va. u. Cemb.; *Divertissement classique* (1975) für 13 Blechbläser; *Linzer Harmoniemusik* (1978) für Bläseroktett. – Für Orch.: *Scarlatti-Variationen* (1962) für Mandoline u. kleines Orch.; *Magnificat-Variationen* (1965) für Bach-Trp. u. Streichorch.; *Caricettes* (1971) für Ob. u. Streichorch.; *Fledermaus-Variationen* (1974); *Serenata amorosa* (1975) für Engl. Horn u. Zupforch.; *Figaro-Metamorphosen* (1977) für Horn u. Streichorch. – Geistliche Vokalmusik, darunter Weihnachts-, Oster- u. Pfingstkantaten sowie Motetten; *Berliner Gotteslob-Messe* (1980) für Gemeindegesang, Chor u. Org. oder Blechbläser.

Lit.: B. K. Werk-Verz. (H 1985) H. LINDLAR

KROMBHOLC, Jaroslav, * 30. 1. 1918 Prag, † 16. 7. 1983 ebd.; tschechischer Dirigent. Er studierte Komposition 1937–40 bei V. Novák sowie 1940–42 bei A. Hába am Prager Konservatorium und Dirigieren bei V. Talich. Seit 1940 war er als Dirigent, seit 1968 als Chefdirigent der Oper am Nationaltheater in Prag tätig. Daneben wirkte er als Gastdirigent meist tschechischer Werke häufig im Ausland. K. ist auch als Komponist von Orchester- und Kammermusikwerken sowie von Liederzyklen hervorgetreten.

KROMMER (Kramář), **Franz** (František Vincenc), * 27.11.1759 Kamenitz (Mähren), † 8.1.1831 Wien; böhmischer Violinist und Komponist. Er war 1781–95 in verschiedenen Diensten, hauptsächlich in Ungarn. Hier wirkte er 1790–93 als Kapellmeister an der Kathedrale von Pécs. 1810 wurde er Ballettkapellmeister am Hoftheater in Wien, 1818 Kaiserlicher Kammerkomponist.

WW: **1) Instr.-WW** (gedruckt u.a. in Wien, Offenbach, Paris, teilweise mit zahlr. Nachdrucken): Variationen für V.; einige Stücke für Klv.; zahlr. Duos (auch *Duos concertants*) für 2 V.; Sonaten für V. u. Va.; Duettini für 2 Fl.; Streichtrios u. Klv.-Trios; ca. 30 Slgen. Streichquartette bzw. *Quatuors concertants*; einige Quartette auch mit Fl. bzw. Klar.; Streichquintette u. Quintette für Fl. bzw. Ob. u. Str.; Märsche, Partiten u. *Harmonies* für Bläser; Konzerte für V., für Ob., für Klar. sowie für mehrere Soloinstr. u. Orch.; mehrere Symphonien. – **2) Vokal-WW:** Mehrere Messen gedruckt u. hsl. sowie kleinere kirchenmusikal. Werke hsl.

K. war zu seiner Zeit einer der erfolgreichsten Streichquartettkomponisten. Seine Werke gerieten jedoch schnell aus der Mode (mit Ausnahme der Violinduette, die noch bis zum Ende des 19. Jh. als Studienwerke beliebt waren) und finden heute wieder stärkeres Interesse.

Ausg.: Streichquartett, op. 5 Nr. 1, hrsg. v. A. NEMEČ (Pr 1949, Neudr. 1969) (= MAB 5); Klar.-Konzert Es-Dur, op. 36, hrsg. v. J. RACEK – J. KRATOCHVIL – L. SIMON (Pr 1953, [4]1966) (= MAB 13); Ob.-Konzert, op. 52, hrsg. v. J. RACEK – F. SUCHÝ (Pr 1956, [3]1966) (= MAB 27); 2 Quartette für Ob., V., Va. u. Vc., hrsg. v. J. RACEK – J. POHANKA (1959) (= MAB 42); Oktette, op. 69 u. op. 79, sowie Suiten Nr. 4 op. 57 u. Nr. 5 op. 67 für 2 Ob., 2 Klar., 2 Hörner u. 2 Fag., hrsg. v. R. HELLYER, 3 H.e (Lo 1970–71); Klar.-Konzert Es-Dur, op. 36, hrsg. v. M. BERLÁSZ (Budapest – Z 1975); Klv.-Trio Es-Dur, op. 32, hrsg. v. MICHAELS (H 1979) (= Ludus instrumentalis 106).

Lit.: H. WALTER, F. K. Sein Leben u. Werk mit besonderer Berücksichtigung der Streichquartette (Diss. W 1932) (mit thematischem Werk-Verz.); J. M. BARBOUR, F. K. and His Writing for Brass, in: Brass Quarterly 1 (1957/58); O. WESSELY, K., in: MGG VII; DERS., Zur NA eines Bläsersextetts v. F. K., in: Mf 13 (1960).

KRONDIAMANTEN, DIE *(Les Diamants de la Couronne),* Opéra-comique in 3 Akten von Daniel François Esprit Auber (1782–1871), Text von Eugène Scribe (1791–1861) und J. H. Vernoy de Saint-Georges. Ort und Zeit der Handlung: Coimbra und Lissabon (Portugal), 1777. UA: 6. 3. 1841

in Paris (Opéra-Comique), dt. EA (in dt. Sprache): 15.7.1842 in München.
In dieser unterhaltsamen Komödie stehen sich Figuren aus den extremen gesellschaftlichen Schichten einer Monarchie gegenüber; es entsteht ein Spannungsverhältnis, das der unglaubwürdigen Geschichte ihren Reiz verleiht: Die portugiesische Königin Catarina versucht auf nicht ganz lautere Art ihre Kassen zu füllen, indem sie die Krondiamanten an eine Hehler- und Falschmünzerbande verkauft. In diesem Milieu findet sie den ehrbaren Don Henrique de Sandoval, dessen Verbindung zu den Briganten keine sinnvolle Erklärung findet, und heiratet ihn schließlich. Nicht im Libretto, sondern in der Musik sind die Qualitäten dieser Oper zu finden: melodischer Einfallsreichtum, eine brillante Koloraturpartie für Catarina und mitreißende Ensemblesätze (der Chor der als Mönche verkleideten Gauner am Schluß des 1. Aktes ist nur mit den besten Passagen aus *Fra Diavolo* vergleichbar) trugen zum beachtlichen Erfolg der Oper bei. Zahlreiche Tanzsätze, von der Sarabande bis zu dem für die Zeit modernen Bolero, verleihen der Komödie nicht nur Lokalkolorit, sondern wurden auch außerhalb des Theaters als Tanzmusik beliebt.

R. QUANDT

KRONSTEINER. – 1) Joseph, * 15.2.1910 Losenstein (Oberösterreich); östr. Kirchenmusiker. Nach seiner Priesterweihe studierte er 1934–37 am Bruckner-Konservatorium in Linz (u.a. bei R. Keldorfer), war seit 1938 an der Wiener Musikakademie (u.a. bei E. Tittel) und 1942–45 bei J. N. David und K. Straube an der Leipziger Musikhochschule. 1943–80 war K. Domkapellmeister in Linz an der Donau. Zeitweise wirkte er als Lehrer am Bruckner-Konservatorium, seit 1946 als Dozent für Choral (1961 Professor) an der Philosophisch-Theologischen Lehranstalt, 1950–53 am Bischöflichen Lehrerseminar. 1953–74 war K. Landespräses für Österreich des Allgemeinen Cäcilien-Verbandes. 1954 wurde er Mitglied der Akademie für Kunst und Wissenschaft in Wien.

WW: Kammermusik u. Orch.-Werke, u.a. *Pastorales Streichtrio* (1948); *Symphonischer Prolog* (1957); 2. Symphonie (1970); zahlr. Lieder; zahlr. geistliche Werke, darunter: Motetten für gem. Chor a cap.; 60 dt. u. 100 lat. Proprien; 30 Meßordinarien, darunter *Missa Aula Dei* (1949) für 5 Chöre; *Pius-Messe super „Quia pius est“* (1952) für 4st. Chor a cap.; *Missa Filiae Sion* (1954); *Litanei* (1955) (Text: G. von le Fort) für gem. Chor a cap.; *Ecce sacerdos magnus* für gem. Chor u. Orch. (1973); *Missa serenissima* (1974); Oratorium *Maria* für Soli, gem. Chor u. Orch. (1958). – Er veröffentlichte *Erste Brucknermesse in Rom,* in: Bruckner-Stud. FS L. Nowak (W 1964).

2) Hermann, Bruder von 1), *25.3.1914 Losenstein; östr. Kirchenmusiker. Nach einer Tätigkeit als Seelsorger (u.a. als Domvikar in Linz) studierte er 1946–49 Kirchen- und Schulmusik (u. a. bei J. Lechthaler, E. Tittel, Karl Walter, Franz Kosch) an der Musikakademie in Wien sowie 1949 an der Päpstlichen Musikakademie in Rom. 1960–79 lehrte er als Professor für Liturgik, Gregorianik und Deutschen Kirchengesang an der Wiener Musikakademie, wo er 1960–65 die Kirchenmusikabteilung, seither das neugegründete Institut für kirchenmusikalische Volksbildung an der Kirchenmusikabteilung leitete. 1968 wurde er Rektor der Hochschulkirche St. Ursula. 1974 wurde er als Nachfolger seines Bruders Landespräses des ACV für Österreich. Er veröffentlichte zahlreiche Abhandlungen über katholische Kirchenmusik.

WW: **1) Weltliche WW:** Klv.-Stücke; Orgelstücke; *Lied vom Kinde* (1958) (Text: C. von Brentano), Zyklus für Mezzosopr. u. Klv.; Märchenoper *Der gestiefelte Kater* (1963) (Libr.: J. Perndl nach den Gebrüdern Grimm); Schauspielmusik. – **2) Geistliche WW:** 8 lat. Messen; 4 dt. Meßordinarien; 60 ein- u. 20 mehrst. dt. Proprien; Te Deum (1946) für 4st. gem. Chor, Soli, Bläser u. Org.; *Der Sonnengesang des heiligen Franziskus* (1954) für gem. Chor a cap.; 16 dt. Antiphonen für 3 gleiche St. (1957); *Salve regina,* 3 Mariengesänge nach Eichendorff (1958) für SingSt u. Klv.; *Marien-Oratorium* (1954) für 2 gem. Chöre, Soli, Streichorch. u. Org.; Oratorium *Hemma von Gurk* für Soli, gem. Chor und Kammerorch. (1971). – **3) Schriften:** *Bruckners Kirchenmusik und die Liturgie,* in: Bruckner-Stud. FS L. Nowak (W 1964); *Das dt. Kirchenlied in der Liturgiefeier,* in: Kirchenmusik und das II. Vatikanische Konzil, hrsg. v. Ph. Harnoncourt (Gr 1965); *Kirchenmusik heute* (Linz 1967); *Vinzenz Goller* (Linz 1976).

B. A. KOHL

KRÖNUNG DER POPPÄA, DIE *(L'Incoronazione di Poppea),* Dramma in musica in einem Prolog und 3 Akten von Claudio Monteverdi (1567–1643), Text von Giovanni Francesco Busenello nach den *Annalen* des Tacitus (13. und 14. Buch). Ort u. Zeit der Handlung: Rom, 62 n. Chr.; UA: Herbst 1642 in Venedig (Teatro Santi Giovanni e Paolo); EA in dt. Sprache: 25.9.1937 in Wien (Volksoper), dt. EA: 1953 in Berlin (Hebbeltheater).
Monteverdis letztes Bühnenwerk stellt einen Neuansatz in der Geschichte der Opernkomposition dar; der musikdramatische Stil dieses Werkes ist für eine Schule (Venezianische Schule) wie für eine ganze Epoche (Barock) richtungweisend. *Die Krönung der Poppäa* ist die erste Oper mit einem historischen Sujet. Monteverdi richtete aus der Libretto-Vorlage ein Musikdrama ein, das als frühestes Beispiel einer Dialogoper gilt: Er verschränkte die monologisch konzipierten Passagen und erreicht durch Wort- und Satzwiederholungen größtmögliche Steigerung des dramatischen Ausdrucks, der stets der jeweiligen Situation adäquat ist. Die musikalischen Stilmittel, deren er sich bereits in der ein Jahr zuvor entstandenen Oper *Die Heimkehr des Odysseus* bediente, sind weiter diffe-

renziert und werden von Monteverdi so variabel eingesetzt, daß sämtliche, durchweg negativ gezeichneten Hauptfiguren des Werkes (Nero, Poppäa, Otho, Oktavia und Seneca) treffend charakterisiert werden. Mit dieser Oper vollzieht sich die endgültige Lösung vom Stile rappresentativo des florentinischen Dramma per musica hin zum ausgewogenen Wechsel von rezitativischen und meist in strophischer Liedform gegliederten ariosen Partien der venezianischen Oper; der rein instrumentale Part und die Chorpartien sind gegenüber dem Florentiner Operntypus erheblich verringert. – Formal ist der Wechsel von Rezitativ und (durch Instrumentalritornell eingeleiteter und somit scharf abgesetzter) Arie für die Werkstruktur bereits konstitutiv. Darüber hinaus gelingt Monteverdi die musikalisch-motivische Gliederung ganzer Szenen. Die Ensembles, vor allem Duette, sind in Kanon- und Passacaglia-Form geschrieben. Im Schlußduett Nero/Poppäa *(Pur ti miro)*, dem musikdramatischen Höhepunkt der gesamten Oper, hat Monteverdi erstmals die da capo-Form mit der charakteristischen Identität von erstem und drittem Teil und dem satztechnisch kontrastierenden Mittelteil verwirklicht. – Da in beiden vorhandenen Quellen keine Partitur im eigentlichen Sinn überliefert ist, sondern lediglich die Singstimme mit einem nur selten bezifferten Baß, stellt jede Realisierung dieser Partitur zugleich eine Interpretation und Bearbeitung des Werkes dar. Für die Rezeptionsgeschichte wurden vor allem die konzertante Aufführung am 24.5.1905 in Paris sowie die szenischen Bearbeitungen von Hans F. Redlich (Mai 1948 in London), Raymond Leppard (Glyndebourne 1962), Erich Kraack (Wuppertal 1962) und besonders von Nikolaus Harnoncourt / Jean-Pierre Ponnelle (Zürich 1977) bedeutsam. J. SCHLÄDER

KRONWERK, Kronpositiv, Bz. für ein Teilwerk der Orgel, das von allen Werken im Gehäuse und Prospekt zuoberst (gleichsam als „Krönung") angeordnet ist.

KRÖPFL, Francisco, * 26.2.1931 Szeged (Ungarn); argentinischer Komponist. Er war Schüler von J. C. Paz und trat 1950 der „Agrupación Nueva Musica" bei, deren Leitung er 1956 übernahm. K., der seit 1954 elektronische Musik in sein Schaffen einbezogen hat, wurde 1953 mit der Einrichtung eines Studios für elektronische Musik an der Universidad de Buenos Aires betraut und 1967 zum Leiter der Abteilung für elektronische Musik am Centro Latinoamericano de Altos Estudios Musicales (CLAEM) berufen.

WW: *Forma versus textura* (1967) für 4 Jazzmusiker; *Ideas asociades* (1969) für Kammerensemble; 1. Kollektivkomposition für 6 Teilnehmer, 1. Fassung: für Ob., Trp., Pos., V., Kb. u. Gitarre; *Piel de cada día* (1959) für Sopran, Kammerensemble u. St. auf Tonband. – Elektronische Kompositionen: *Musica* (1962) für 3 Schlagzeuger u. elektronische Klänge; *Diálogos I* u. *II* (1965); 2. Fassung der 1. Kollektivkomposition mit Synthesizer u. live entwickelten Instrumentalpartien (1967); 2. u. 3. Kollektivkomposition für Synthesizer u. Teilnahme verschiedener Komponisten (1968); 4. Kollektivkomposition für Synthesizer (1969); *Variante* (1969), Bewegungskomposition für drei Stereomagnetophone.

Lit.: J. ROMANO, Paz, Kagel, K., tres revitalizadores de la música argentina contemporánea, in: Sonda (1967) Nr. 1.

KROPFREITER, Augustinus Franz, * 9.9.1936 Hargelsberg bei Enns (Oberösterreich); östr. Komponist und Organist. 1953 trat er als Chorfrater in das Augustinerchorherrenstift St. Florian (Oberösterreich) ein und war dort Theorieschüler von Johann Krichbaum. Danach studierte er am Bruckner-Konservatorium in Linz bei H. Eder Komposition sowie 1956–60 an der Kirchenmusikabteilung der Musikakademie in Wien-Klosterneuburg Komposition (E. Tittel), Orgel (Walter Pach) und Dirigieren (H. Gillesberger). Seit 1960 ist K. Stiftsorganist in St. Florian und Lehrer der Sängerknaben sowie seit 1965 auch Leiter des Stiftschores.

WW: Zahlr. Orgelstücke, u. a.: *Dreifaltigkeits-Triptychon* (1959); 2 Sonaten (1961, 1967); *Introduktion, Meditation u. Finale* (1976); *Passio et Resurrectio* (1979); ferner Choralpartiten, darunter *Nun komm, der Heiden Heiland* (1976) und *Jesus, meine Zuversicht* (1978). – *Aphorismen* (1970) für Klar. u. Klv.; Trio für Fl., Ob. u. Cemb. (1977); 2 Bläserquintette (1967, 1977). – Für Orch.: Konzert für Cemb. u. Kammerorch. (1960); Concerto für Gitarre u. Str. (1962); *Sinfonia* für Str. (1975) u. *Sinfonia concertante* für Bläserquintett u. Str. (1979). – Kammeroratorium *Altdorfer Passion* (1965) für Alt, Bar. u. 11 Instr.; *Vom Baum des Lebens* (1974) (Text: H. Hesse) für Alt u. Kammerorch.; Oratorium *Vita Severini* (1980) für Soli, Chor, Orch. u. Org.; ferner zahlr. Chöre, u. a. *Te Deum* (1970) (Text: G. von le Fort), *Ave Crux, spes unica, O sacrum convivium, Es spricht der Herr* (alle 1978); 3 *Michelangelo-Sonette* (1978). B. A. KOHL

KROSS, Siegfried, * 24.8.1930 Wuppertal-Elberfeld; dt. Musikforscher. Er studierte in Freiburg im Breisgau und Bonn, wo er 1957 mit einer Dissertation über *Die Chorwerke von J. Brahms* promovierte und Assistent am Beethoven-Archiv wurde. Seit 1960 war er Assistent am Musikwissenschaftlichen Seminar der Universität Bonn, habilitierte sich dort 1966 mit einer Arbeit über Telemann und wurde 1970 zum Professor ernannt. Schwerpunkte seiner Forschungen bilden L. van Beethoven und die Musik des 19. Jahrhunderts.

Schriften: *Brahms u. der Kanon,* in: FS J. Schmidt-Görg (Bonn 1957); *Zur Frage der Brahmsschen Volksliedbearb.en,* in: Mf 11 (1958); *Die Chorwerke v. J. Brahms* (B 1958, ²1963); *Das Instrumentalkonzert bei G. Ph. Telemann* (Tutzing 1969); *Der preußische prot. Choral in der Musikgesch.,* in: Kirche u. Kultur im dt. Osten (Kö 1970) (= Stud. zum Deutschtum im Osten 7); *Brahms. Der unromantische Romantiker,* in: Brahms-Stud. 1 (1974). – Ferner gab K. heraus: *Beethoven GA IV/1* (1964); *M. Reger in seiner Zeit* (Bonn 1973); *Dokumentation zur Gesch. des dt. Liedes* (Hil 1973 ff.); *Beethoven. Mensch seiner Zeit* (1980); *Brahms. Volkslieder für Frauenstimmen* (³1980).

KROTALA (griech., Plural von Krotalon; lat.: crotala), Bz. für die zumeist paarig verwendeten ↗Klappern der griechischen und römischen Antike. Sie bestanden in ihrer einfachsten Form aus einem Stück Rohr, das längs (senkrecht) so eingeschnitten wurde, daß die beiden Teile gegeneinander zu schlagen waren. Entwickelter waren K. aus zwei durch eine Art Scharnier verbundenen Holz-, Bronze- oder Tonplatten, deren Innenflächen der Länge nach ausgehöhlt waren. Die bereits von Homer und Sappho erwähnten K. wurden beim Tanz um das Handgelenk getragen und galten wegen ihres Geklappers als wirkungsvolles Geräusch- und Rhythmusinstrument. – Die K. sind nicht identisch mit dem seit dem 19. Jh. verwendeten Schlaginstrument ↗Crotales.

Lit.: M. WEGNER, Das Musikleben der Griechen (B 1949).

KROYER, Theodor, * 9. 9. 1873 München, † 12. 1. 1945 Wiesbaden; dt. Musikforscher. Er studierte in München zunächst Theologie, dann Musikwissenschaft bei A. Sandberger an der Universität und Kontrapunkt an der Akademie der Tonkunst. Nach seiner Promotion an der Münchner Universität mit einer Dissertation über *Die Anfänge der Chromatik* (1897) arbeitete er bis 1910 als Musikkritiker bei der *Münchner Allgemeinen Zeitung.* 1902 habilitierte er sich in München mit der Arbeit *L. Senfl und sein Motettenstil* und wurde 1907 außerordentlicher Professor in München, 1920 ordentlicher Honorarprofessor, 1921 Ordinarius in Heidelberg, 1923 (als Nachfolger von H. Abert) in Leipzig und war 1932–38 in gleicher Stellung in Köln tätig. K., dessen Forschungen zu einem großen Teil der Vokalmusik des 16. Jh. galten, gründete 1925 die *Publikationen älterer Musik* (PäM). Er ist auch als Komponist von Kammermusik, Symphonien und Liedern hervorgetreten. Zu seinem 60. Geburtstag wurde er durch eine Festschrift geehrt (Rb 1933).

Schriften: *Die Anfänge der Chromatik im it. Madrigal des XVI. Jh.* (L 1902, Nachdr. Farnborough 1968, Wie 1970) (= BIMG I/4); *Dialog u. Echo in der alten Chormusik,* in: Jb. Peters 26 (1909); *J. Rheinberger* (Rb – R 1916) (= Slg. Kirchenmusik 14/15); *Die circumpolare Oper,* in: Jb. Peters 36 (1919); *Der vollkommene Partiturspieler* (L 1930); *Zur Chiavetten-Frage,* in: Stud. z. Musikgesch. FS G. Adler (W – L 1930); *Die barocke Anabasis,* in: ZfM 100 (1933); *Das a cappella-Ideal,* in: AMl 6 (1934); *Von der Musica riservata des 16. Jh.,* in: FS H. Wölfflin (Dresden 1935).

Lit.: H. ZENCK, T. K., in: Mf 1 (1948).

KRUEGER, Felix, * 10. 8. 1874 Posen, † 25. 2. 1948 Basel; dt. Psychologe. Er promovierte 1898 und war 1906–08 Professor für Psychologie in Buenos Aires, 1909 in Leipzig, seit 1910 in Halle/Saale und seit 1917 wieder in Leipzig, wo er die genetische Psychologie seines Lehrers W. Wundt zur ganzheitlichen Psychologie ausbaute. Seine Konsonanztheorie hat in der Musikpsychologie heute noch Bedeutung.

Schriften: *Theorie der Konsonanz,* in: Vierteljahresschrift für wiss. Philosophie 23 (1899); *Beobachtungen an Zweiklängen,* in: Philosophische Stud. 16 (1900); *Zur Theorie der Combinationstöne,* in: ebd. 17 (1904); *Differenztöne u. Konsonanz,* in: Arch. für die gesamte Psychologie 1–2 (1903/04); *Die Theorie der Konsonanz,* in: Psychologische Stud. 1, 2, 4, 5 (1906–10).

Lit.: C. STUMPF, Beobachtungen über Kombinationstöne, in: Beitr. z. Akustik u. Musikwiss. 5 (1910); E. KURTH, Musikpsychologie (B 1930, Be ²1947, Nachdr. Hil 1969); O. BUSS, Die Ganzheitspsychologie F. K.s (Mn 1934); E. WELLEK, Das Problem des seelischen Seins. Die Strukturtheorie F. K.s (L 1941); DERS., Die Wiederherstellung der Seelenwissenschaft im Lebenswerk F. K.s (H 1950); H. HUSMANN, Vom Wesen der Konsonanz (Hei 1953) (= Musikal. Gegenwartsfragen 3).

KRÜGER, Johann, ↗Crüger.

KRUMMACHER, Friedhelm, * 22. 1. 1936 Berlin; dt. Musikforscher. Er studierte in Berlin, Marburg und Uppsala und promovierte an der Freien Universität Berlin. 1965 wurde er wissenschaftlicher Assistent am Musikwissenschaftlichen Seminar der Universität Erlangen-Nürnberg, an der er sich 1972 mit einer Arbeit über F. Mendelssohn Bartholdys Kammermusik habilitierte. 1975 wurde er als Professor an die Musikhochschule Detmold, 1976 auf den musikwissenschaftlichen Lehrstuhl der Universität Kiel berufen. Zu den Schwerpunkten seiner Forschungen gehören die Orgel- und Vokalmusik des 17.–19. Jh. sowie die Musik des 19. Jahrhunderts.

Schriften: *Die Überlieferung der Choralbearb.en in der frühen ev. Kantate* (B 1965) (= Berliner Stud. z. Musikwiss. 10); *Kantate u. Konzert im Werk J. Pachelbels,* in: Mf 20 (1967); *Die Tradition in Bachs vokalen Choralbearb.en,* in: Bach-Interpretationen, hrsg. v. M. Geck (Gö 1969); *Parodie, Umtextierung u. Bearb. in der Kirchenmusik vor Bach,* in: STMf 53 (1971); *Die Choralbearb. in der prot. Figuralmusik zw. Praetorius u. Bach* (Kas 1978) (= Kieler Schriften z. Musikwiss. 22); *Mendelssohn, der Komponist. Stud. z. Kammermusik für Str.* (Mn 1978); *Stylus phantasticus und phantastische Musik. Kompositorische Verfahren in Toccaten von Frescobaldi und Buxtehude,* in: Schütz-Jb. 2 (Kas 1980); *Synthesis des Disparaten. Zu Beethovens späten Quartetten und ihrer romantischen Rezeption,* in: AfMw 27 (1980).

KRUMMHORN (engl.: cromorne, crumhorn; frz.: cromorne, tournebout; it.: cromorno, cornomuto torto; span.: orlo, cromorno). – **1)** Bz. für ein Doppelrohrblattinstrument mit engem, zylindrischem, nur am Ende leicht konisch gebohrtem Rohr, dessen unteres Ende hakenförmig aufgebogen ist. Das Instrument gehört zu den Windkapsel-Instrumenten, bei denen der Spieler keinen direkten Einfluß auf das Rohrblatt hat, eine differenzierte Artikulation daher unmöglich ist. Das K. hat 7 (auch 6 oder 8) vorderständige Grifflöcher und ein hinterständiges Daumenloch sowie 1 bis 2 Stimmlöcher am unteren Ende; das unterste oder die beiden untersten

Grifflöcher sind bei tiefen Instrumenten mit einer offenen Klappe ausgestattet, geschützt durch eine Messingkapsel. Da das K. nicht überblasen werden kann, umfaßt der Tonumfang nur eine None. Die Höhe der einzelnen Töne hängt ab vom Fingersatz, vom Rohrblatt (Breite, Länge und Stärke) und vor allem vom Atemdruck des Spielers, der einen Ton im Rahmen einer Quinte verändern und durch verschiedenen Atemdruck die Intonation vor allem von chromatischen Tönen korrigieren kann, da diese durch Halbdeckung der Grifflöcher oder durch ↗Gabelgriffe nicht sauber zu erreichen sind. Der Klang des K.s ist leise, nicht weittragend, aber gleichmäßig, in den Höhen leicht näselnd und in den Tiefen dumpf und etwas hohl.

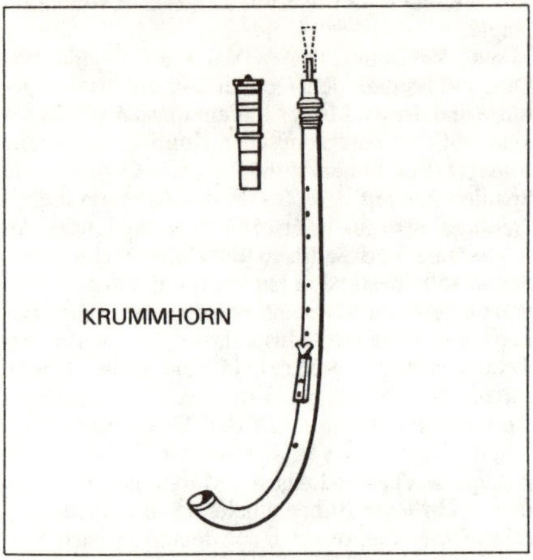

Das K., ein typisches Renaissanceinstrument, wurde chorisch verwendet und daher in verschiedenen Stimmlagen gebaut. Bei S. Virdung (*Musica getutscht,* 1511) umfaßt ein Stimmwerk 4 verschiedene Größen, M. Agricola (*Musica instrumentalis deudsch,* 1529) kennt nur 3 Größen, während M. Praetorius (*Syntagma musicum* II, 1619) 5 verschiedene Größen mit folgenden Stimmungen angibt: Klein-K. (Exilent) c^1–d^2, Diskant-K. g–a^1, Alt-Tenor-K. c–d^1, Baß-K. F–g und Großbaß-K. C–d bzw. A_1–d (eventuell durch Abdecken der Stimmlöcher erreicht). Anhand bildlicher Darstellungen, auf denen um 1500 Krummhörner erscheinen, ist die Entstehung des Instruments in das 15. Jh. zu datieren. Die bereits früher aufgetretene Bezeichnung „krumbes Horn" (u.a. bei Heinrich von Neustadt um 1300 und Apollonius von Tyrland) bezieht sich auf das Tierhorn und nicht auf das spätere Krummhorn. Noch S. Virdung bildet als K. ein gebogenes Tierhorn mit Grifflöchern, aber auch einen Satz von Krummhörnern ab. In Frankreich, wo das K. nie so beliebt war wie in Deutschland und England (als *tournebout* bei M. Mersenne, *Harmonie universelle III,* 1636; P. Trichet, *Traité des instruments de musique,* um 1640), war das K. noch nach 1650 in der Musique de la Grande Écurie vertreten, wurde allerdings ohne Windkapsel geblasen und verlor durch die damit erschlossenen Möglichkeiten der Artikulation sowie des Überblasens seinen charakteristischen Klang. Erhalten haben sich historische Krummhörner in Instrumentensammlungen von Berlin, Brüssel, Leipzig, Linz, München, Nürnberg, Paris, Prag und Wien. Seit 1952 werden Krummhörner zur Aufführung älterer Musik nachgebaut, wobei die Rohrblätter sowie neuerdings auch die Rohre z. T. aus Plastik gefertigt werden.
M. BRÖCKER

2) Bz. für eine Orgelstimme des ↗Zungenchors, als Imitation des Holzblasinstruments gleichen Namens, mit zylindrischem Aufsatz in der 8'-Lage (selten als 16') und typisch näselndem Klang. Das französische Cromorne hat weit mensurierte Aufsätze und kräftigen, klarinettenartigen Klang.

Lit.: **Zu 1):** S. VIRDUNG, Musica getutscht und ausgezogen (Bas 1511), Faks. hrsg. v. K. W. Niemöller (Kas 1970) (= DMI I/31); M. AGRICOLA, Musica instrumentalis deudsch (Wittenberg 1528, ^{3}1533), Faks. hrsg. v. R. Eitner (= PGfM 24) (L 1896); M. PRAETORIUS, Syntagma musicum II (Wb 1619), Faks. hrsg. v. W. Gurlitt (Kas 1958) (= DMI I/14); C. SACHS, Doppione u. Dulzaina. Zur Namensgesch. des K.s, in: SIMG 11 (1909/10); G. KINSKY, Doppelrohrblatt-Instr. mit Windkapsel, in: AfMw 7 (1925); A. BERNER, K., in: MGG VII; B. THOMAS, The Crumhorn Repertoire, in: Early Music 1 (1973); R. WEBER, Tournebout, Pifia, Bladderpipe (Platerspiel), in: GalpinJ 30 (1977); A. BAINES, Woodwind Instruments and Their History (Lo ^{5}1977); B. BOYDELL, The Crumhorn (Den Haag 1981).

KRUMPHOLTZ. – 1) Johann Baptist, * 8.5.1742 Budenice bei Zlonice (Böhmen), † 19.2. 1790 Paris; böhmischer Harfenist und Komponist. Er wuchs in Paris auf, konzertierte später in Frankfurt am Main und Wien und trat 1773 in die von J. Haydn geleitete Kapelle des Fürsten Esterházy ein, der er bis 1776 angehörte. 1777 ließ er sich in Paris nieder und debütierte 1778 beim Concert spirituel mit einem eigenen Harfenkonzert. In seinen Kompositionen bemühte sich K. um eine Erweiterung der klanglichen Möglichkeiten seines Instruments. Er beschäftigte sich auch mit technischen Verbesserungen am Bau der ↗Harfe. – Seine Frau (geb. Stekler, Vorname nicht bekannt), * um 1755 Metz, † nach 1824 London, war als „Madame K." eine berühmte Harfenistin. Sie konzertierte bis 1803, vor allem in London.

WW: Gedruckt wurden Sonaten, Symphonien, Charakterstücke u.a. für Harfe allein bzw. mit anderen Instr.; Duos für 2 Harfen; 6 Harfenkonzerte; ferner einige Airs für SingSt u. Instr.

2) Wenzel, Bruder von 1), * um 1750, † 2.5.1817 Wien; böhmischer Violonist und Mandolinenvirtuose. Er war ebenfalls Mitglied der Kapelle in Esterhaz, dann seit 1796 der Wiener Hofmusik. L. van Beethoven, mit dem er eng befreundet war und dem er auch die Bekanntschaft mit K. Czerny vermittelte, schrieb für ihn eine Sonatine und ein Adagio für Mandoline und Cembalo (WoO 43) und komponierte unter dem Eindruck seines Todes den Gesang der Mönche aus Schillers *Wilhelm Tell* (WoO 104).

Ausg.: **Zu 1):** Sonate für Fl. u. Harfe, hrsg. v. H. J. ZINGEL (Hannover 1933) (= Nagels MA 98); Harfenkonzert, op. 9, hrsg. v. F. SCHROEDER (Mannheim 1970); Harfenkonzert, op. 4 Nr. 2, hrsg. v. DEMS. (Adliswil 1971); Harfensonaten, op. 13, 4 H.e, hrsg. v. A. L. ABER (Ross/Calif. 1974).

KRUPA, Gene, * 15.1.1909 Chicago, † 16.10. 1973 Yonkers (New York); amerik. Jazzmusiker (Schlagzeug). Er spielte in verschiedenen Jazzbands und Tanzorchestern und kam 1935 zu Benny Goodman. In diesem Orchester machte er sich einen Namen als bedeutender Swingschlagzeuger, der mit seinen ausgedehnten und virtuosen Soli im Jazz richtungweisend wurde. Später gründete und leitete K. eigene Big Bands und Combos und unternahm zahlreiche Tourneen, u.a. mit Tommy Dorsey. 1954 gründete er eine Schlagzeugschule in New York. K. schrieb *The Science of Drumming* (NY 1946).

Lit.: A. SHAW, G.K. (NY 1945); G.K. and His Orchestra 1938–51, hrsg. v. E. EDWARDS – G. HALL – B. KERST (Whittier/Calif. 1968).

KRUYF, Ton de, * 3.10.1937 Leerdam (Südholland); ndl. Komponist. Er bildete sich zunächst autodidaktisch und besuchte dann mehrmals die Internationalen Ferienkurse für Neue Musik, wo er Anregungen von P. Boulez, G. Ligeti und Br. Maderna erhielt. Seit 1967 nahm er Unterricht bei W. Fortner in Heidelberg. Er lebt seit dieser Zeit in Neckarsteinach bei Heidelberg.

WW: *Sgrafitti* (1960) für Klv.; Arioso (1975) für Klv. 4händig; *Monumenta in memoria di Alberto Giacometti* (1966) für 2 Fl., Harfe u. Schlagzeug; *Séance* (1968) für 6–8 Schlagzeuger u. 2 Klv.; *Mosaico* (1969) für Ob. u. Streichtrio. – *Sinfonia II* (1968); *Concerto da camera* (1969) für Fl., Harfe u. Kammerorch.; *Continuo* (1969) für Cemb., 14 Str. u. 2 Schlagzeuger; *Quatre pas de deux* (1972); *Echoi* (1973) für Ob. u. Streichorch.. – *Töne aus der Ferne* (1967) (nach Gedichten v. P. Klee) für Alt u. Orch.; *Twee nur* (1973) für Sprache u. Orch. – Ferner die Oper *Spinoza*, UA: Amsterdam 1971, Funkoper *Quauhquauhtinchan in der vreemde*, UA: Radio Hilversum 1972, u. die Ballettmusik *Chronologie II*, UA: Den Haag 1968.

KUBA. Mit ihren komplexen und mitreißenden Rhythmen ist die kubanische Volksmusik in besonderem Maße charakteristisch für die Musik der Neuen Welt. Sie ist eindeutig afrikanischen Ursprungs, hat aber auch spanische Ausdrucksformen aufgenommen und neue kreolische Formen, wie Bolero, Guajira und Habanera, hervorgebracht. Die Afrikaner und ihre Nachkommen spielten allerdings eine wichtige Rolle in der Entstehung der kubanischen Volksmusik. Die unter ihrem Einfluß stehenden Mischformen, besonders Conga, Rumba und Son, fanden weite Verbreitung. Rhythmische Grundlage bilden die beiden folgenden Figuren: 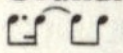 (die ursprünglich zur Conga gehört) und 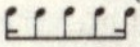 (örtlich Cinquillo genannt und aus Haiti eingeführt). Ein Volkslied, das bis heute lebendig blieb, der *Son de la Ma Teodora,* bewahrt die Erinnerung an die Mutter Teodora, eine Gitarristin aus Santiago de los Caballeros auf der Insel Haiti, die gegen Ende des 16. Jh. zusammen mit ihrer Schwester Micaela Ginés in Kuba zu großem Ruhm gelangte.

Miguel Velásquez, dessen Vater der Familie von Diego Velásquez, dem Gouverneur der Insel, angehörte und dessen Mutter Indianerin war, gilt als der erste auf dem amerikanischen Kontinent geborene Musiker. Von seiner Ausbildung zum Organisten in Spanien her mit den Regeln des Gregorianischen Gesanges vertraut, ist er 1544 als Kanonikus an der Kathedrale von Santiago de Cuba nachweisbar. Schon 1601 bestand in Havanna unter der Leitung von Gonzalo de Silva eine von den städtischen Behörden unterhaltene Musikklasse. 1776 wurde das Teatro Principal eröffnet, in dem kleine Opern, Zarzuelas, Tonadillas, Tanzveranstaltungen und Konzerte im Wechsel mit den klassischen spanischen Komödien von P. Calderón de la Barca, F. Lope de Vega und Agustín Moreto gegeben wurden. Auf dieser Bühne spielte 1800 ein französisches Ensemble, das sich auf dem Weg nach New Orleans befand, Opern von R. Cambert, P.-A. Monsigny, A.-E.-M. Grétry, G. B. Pergolesi und G. Paisiello. Der bedeutendste kubanische Komponist des 18. Jh. war E. de Salas y Castro, der von 1764 bis zu seinem Tode (1803) Kapellmeister an der Kathedrale von Santiago de Cuba war und ein beachtliches Œuvre hinterließ. Sein Nachfolger an der Kathedrale, Pater Juan Paris (1759–1845), war ebenfalls ein guter Komponist.

In Kuba, das von den Freiheitskriegen und Unabhängigkeitskämpfen der übrigen lateinamerikanischen Staaten unberührt blieb, war zu Beginn des 19. Jh. sozusagen eine Oase, in der sich die Musik frei entfalten konnte. In den Musikverlagen erschienen zahlreiche typische Lieder; Volksmusik und gehobene Musik vertrugen sich sehr gut. In den kubanischen Kontratänzen für Klavier von Manuel Saumell (1817–70) sind bereits die Rhythmen verwendet, die später den Erfolg der kubanischen Musik begründeten. Juan Federico Edelmann, der

Sohn des Straßburger Komponisten J. Fr. Edelmann, ließ sich 1832 in Kuba nieder und wurde dort ein angesehener Klavierlehrer, zu dessen Schülern Saumell zählte. Antonio Raffelín (1796 bis 1882), der 1836–48 in Paris lebte, schrieb in einem weitgehend von der Romantik unberührten Stil Orchesterwerke und Kammermusik.
Im 19. Jh. wurden am Teatro Principal wie auch am neuen, 1838 in Havanna eröffneten Teatro Tacón mit Erfolg Opern dargeboten. Die Sociedad Filarmónica de Santa Cecilia machte Havannas Musikleben mit den überseeischen Neuigkeiten vertraut. Aus dem spanischen Sainete und der Tonadilla entwickelten sich Volkstheaterstücke, die auch typische Figuren der Insel sowie nationale Tänze und Lieder verwendeten und mit großem Erfolg im Teatro Cervantes und in der Alhambra (zwei ausschließlich von Männern besuchten Theatern) gespielt wurden. Selbst einige der bekanntesten kubanischen Komponisten jener Zeit, namentlich Laureano Fuentes Matons und Ignacio Cervantes, schrieben zu solchen Stücken die Musik. Andere Komponisten, wie Gaspar Villate, dessen Opern mit Erfolg in Paris, Den Haag und Madrid gespielt wurden, oder der Klaviervirtuose Nicolas Ruís Espadero, zeigten in ihren Werken keine engere Bindung an ihre Heimat. Als die eigentliche Entdeckung der afrokubanischen Musik gilt das Werk zweier frühverstorbener Komponisten des 20. Jh., A. Roldán und A. García Caturla. Nach ihrem Tod wandten sich infolge des Einflusses des Spaniers J. Ardévol viele junge Komponisten um 1940 von einer national bestimmten Musik ab und bildeten den Grupo Renovación Musical, der neoklassizistische Tendenzen verfolgte. Seine wichtigsten Vertreter wurden Serafín Pro, E. Martín, Virginia Fleites, Juan Antonio Cámara, H. Grammatges und J. Orbón; Gisela Hernández, Hilario Gonzáles und Argeliers León, die ihm ebenfalls angehört hatten, machen dagegen kein Hehl aus ihrer Vorliebe für die Volksmusik, die ihr Schaffen stets beeinflußt hat. Abseits steht A. de la Vega, der im Ausland studierte und dort auch lebt. Juan Blanco, ihr Zeitgenosse, steht mit seiner Musikauffassung den Komponisten der jungen Generation näher; er wurde der führende Komponist elektronischer Musik in Kuba. Von den jüngeren Komponisten sind Hector Ángulo, Carlos Fariña, Roberto Valera, Calixto Álvarez und Leo Brouwer zu erwähnen. Die Revolution von Fidel Castro hat keinerlei Auswirkung auf diese Komponisten gezeigt, die sich weiterhin künstlerisch frei entfalten können, auch unter Einbeziehung avantgardistischer Techniken. – Seit den 50er Jahren, namentlich durch das Auftreten des kubanischen Conga-Trommlers Chano Pozo zusammen mit der Bebop-Band von Dizzie Gillespie, wurde K. auch jazzgeschichtlich durch die Ausprägung des ↗Afro-Cuban Jazz bedeutsam.

Lit.: **1) Bibliographie:** P. HERNÁNDEZ BALAGUER, Cat. de música de los archivos de la catedral de Santiago de Cuba y del Museo Bacardi (Havanna 1961). – **2) Denkmäler:** E. SALAS, Cuatro villancicos, hrsg. v. P. Hernández Balaguer (Havanna 1936); E. GRENET, Música popular cubana (ebd. 1939); E. TOLÓN – J. A. GONZÁLEZ, Operas cubanas y sus autores (ebd. 1943); A. CARPENTIER, La música en Cuba (Mexico City 1947). – **3) Studien:** F. ORTIZ, La africania de la música folklórica (Havanna 1950); DERS., Los bailes y el teatro de los negros en el folklore de Cuba (ebd. 1951); DERS., Los instrumentos de la música afrocubana (ebd. 1952–55); A. LEÓN, El patrimonio folklórico musical cubano (ebd. 1952); DERS., El paso de elementos por nuestro folklore (ebd. 1952); O. CASTRELLO-FALIDE, M. Falide, creator del danzón (ebd. 1964); J. ARDÉVOL, Introducción a Cuba. La música (ebd. 1969); E. MARTÍN, Panorama histórico de la música en Cuba (ebd. 1971); A. HESSE, Das Transmissionen-Singen im kubanischen Spiritismus. Musikethnologisch-soziologische Unters. zur Transkulturations-Problematik im städtisch-halbproletarischen Kontaktbereich afroider u. europäischer Gruppenkulturen K.s, 3 Bde. (1971) (= Diss. Humboldt-Univ. Berlin).

L. H. CORRÊA DE AZEVEDO

KUBANISCHER JAZZ ↗Afro-Cuban Jazz.

KUBELÍK. – 1) Jan, * 5.7.1880 Michle bei Prag, † 5. 12. 1940 Prag; tschechischer Violinist. Er war 1892–98 Violinschüler von O. Ševčík am Prager Konservatorium. Anschließend übersiedelte er nach Wien, von wo aus er seine internationale Karriere als Violinvirtuose begann. K., der gelegentlich als „tschechischer Paganini“ bezeichnet wurde, schrieb 6 Violinkonzerte und viele Bravourstücke für sein Instrument. Sein Landsmann Fr. Drdla widmete ihm eine *Kubelík-Serenade*. – **2) Jerónym Rafael,** Sohn von 1), * 29.6.1914 Býchory bei Kolin; tschechischer Dirigent und Komponist. Er studierte 1928–34 Violine, Komposition und Dirigieren am Prager Konservatorium. 1936–39 war er Dirigent und 1942–48 künstlerischer Leiter der Tschechischen Philharmonie in Prag und 1939–41 Dirigent am Nationaltheater in Brünn. 1950 ging er in die USA und leitete 1950–53 das Chicago Symphony Orchestra. 1955–58 war er musikalischer Direktor des Covent Garden in London. Seit 1961 leitete er das Symphonieorchester des Bayerischen Rundfunks in München, mit dem er auch Konzerttourneen, u. a. nach Japan und in die USA, unternahm, war 1973–75 musikalischer Leiter an der Metropolitan Opera in New York und dirigierte anschließend wieder das Symphonieorchester des Bayerischen Rundfunks. Als sein Nachfolger ab 1982 wurde 1980 K. Kondraschin († 8. 3. 1981 Amsterdam) ernannt. K. ist vor allem als Dirigent klassischer und romantischer Werke hervorgetreten. Als Komponist vertritt K. eine gemäßigt moderne Schreibweise.

WW: Klv.-Stücke; Streichquartette; 3 Symphonien (1933–71); V.- u. Vc.-Konzert; Requiem *Pro memoria uxoris* (1962) für Bar., Chor u. Orch.; Opern: *Veronika*, UA: Brünn 1947; *Cornelia Faroli*, UA: Augsburg 1972.

Lit.: **Zu 1):** J. ČELEDA, J. K. (Pr 1930); B. VOLDAN, Skladby J. Kubelíka (Pr 1933); K. HOFFMEISTER, J. K. (Pr 1941); Kuctění památky J. Kubelíka, hrsg. v. J. DOSTÁL (Pr 1942). – **Zu 2):** M. SEE, in: NZfM 136 (1965).

H. LINDLAR

KÜCHLER, Ferdinand, * 14.7.1867 Gießen, † 24.10.1937 Leipzig; dt. Violinist und Bratschist. Er studierte 1883–88 am Hochschen Konservatorium in Frankfurt a.M. Violine (J. Naret-Koning, H. Heermann) und Theorie (A. Egidi, I. Knorr). Danach war er Violinlehrer am Konservatorium und Solo-Bratschist der Symphoniekonzerte in Basel. 1898–1910 lehrte er am Hochschen Konservatorium, nahm dann seine Solistentätigkeit in Basel wieder auf, gründete dort 1911 eine eigene Musikschule und übernahm 1912 auch die Leitung des Basler Volkschores. 1927–36 lehrte er am Landeskonservatorium in Leipzig. K. hat maßgeblichen Anteil an der Entwicklung einer neuen Violin-Methodik, die auf den Erkenntnissen Fr. A. Steinhausens über die Physiologie der Bogenführung beruht.

Schriften: *Praktische Violinschule*, 2 Bde. (Bas 1911, L–Z [11]1930), NA hrsg. v. I. Pagel, 2 Bde. (Z 1964–66); *Lehrbuch der Bogenführung auf der Violine* (L 1929, Neudr. 1954); *Lehrbuch der Technik des linken Armes* (L 1932).

KUCHTA, Gladys, *16. 6. 1923 Chicopee (Mass.); amerik. Sängerin (Sopran). An der Juilliard School in New York und am Columbia Opera Workshop ausgebildet, debütierte sie 1952 in Florenz als Donna Elvira in Mozarts *Don Giovanni*. Anschließend sang sie an der Oper in Genua, 1953–54 am Stadttheater in Flensburg und 1954–58 in Kassel. 1958–75 war sie Mitglied der Städtischen (später Deutschen) Oper in Berlin. Zeitweilig war sie auch an der Metropolitan Opera in New York sowie an den Staatsopern in Wien, München und Stuttgart verpflichtet. Außerdem gastierte sie u.a. in Buenos Aires, San Francisco, Paris, London, Tokio und bei den Festspielen in Bayreuth (seit 1968) und Edinburgh. Neben Wagner-Partien (Senta, Isolde, Brünhilde) zählen Strauss-Partien (Elektra, Färberin), aber auch die Leonore in Beethovens *Fidelio* sowie die Turandot in G. Puccinis gleichnamiger Oper zu ihren wichtigsten Rollen.

KUCKERTZ, Josef, * 24.11.1930 Würselen; dt. Musikethnologe. K. studierte 1952–56 an der Rheinischen Musikschule Köln und 1957–62 Musikwissenschaft, Germanistik und Geschichte an der Universität Köln. Nach seiner Promotion 1962 wurde er dort 1963 Assistent, 1967 Dozent und 1970 Professor. Seit 1980 lehrt K., dessen Forschungen vor allem der Musik des Vorderen Orient und Indiens gelten, an der Freien Univ. Berlin.

Schriften: *Gestaltvariation in den v. Bartók gesammelten rumänischen Colinden* (Diss. Rb 1963) (= Kölner Beitr. z. Musikforsch. 23); *Die Melodietypen der westsyrischen liturg. Gesänge*, in: KmJb 53 (1969); *Form u. Melodiebildung der karnatischen Musik Südindiens im Umkreis der vorderorientalischen u. der nordindischen Kunstmusik*, 2 Bde. (Wie 1970) (= Schriftenreihe des Südasien-Inst. der Univ. Heidelberg); *Die klass. Musik Indiens u. ihre Aufnahme in Europa im 20. Jh.*, in: AfMw 31 (1974); *Struktur u. Aufführung ma. Gesänge aus der Perspektive vorderorientalischer Musik*, in: Basler Jb. für hist. Musikpraxis (Winterthur 1978); *Musik in Asien I. Indien und der Vordere Orient*, in: Beih. zu Musik Aktuell, hrsg. v. H. Segler (Kas 1980).

KUCKUCKSRUF. – **1)** Der Ruf des Kuckucks ist dank seiner prägnanten Gestalt (mehrmals wiederholter Terzsprung abwärts) in musikalischem Zusammenhang oft onomatopoetisch verwendet worden, erstmals in dem englischen Sommerkanon *Sumer is icumen* (13. Jh.) bei den Worten *sing cucu*. Eine berühmte Stelle aus späterer Zeit ist der Schluß des langsamen Satzes von L. v. Beethovens *Sinfonia pastorale*. Dort erscheint der K. (in der 1. u. 2. Klarinette) kombiniert mit anderen stilisierten Vogelrufen (Nachtigall, Wachtel); sie alle sind hier jedoch nicht nur in tonmalerischer Absicht eingesetzt, sondern auch in den motivischen Zusammenhang des ganzen Satzes integriert. – **2)** Hilfsregister der Orgel des 16./18. Jh. zur Nachahmung des K.s, das aus gedackten Holzpfeifchen besteht. Ein Windrad treibt mittels Übersetzung ein größeres Rad mit Nocken an, die die Ventile der Pfeifchen öffnen bzw. schließen.

KUFFERATH. – **1) Johann Herrmann,** * 12.5. 1797 Mülheim an der Ruhr, † 28.7.1864 Wiesbaden; dt. Violinist. Er studierte bei L. Spohr und G. Hauptmann in Kassel. 1823 wurde er Musikdirektor in Bielefeld und 1830 in Utrecht. Er schrieb Ouvertüren, Kantaten und Motetten und veröffentlichte 1836 eine Gesanglehre für Schulen. – **2) Louis,** Bruder von 1), * 10.11.1811 Mülheim, † 2.3.1882 Brüssel; Dt. Pianist. Er leitete 1836–50 die Musikschule von Leeuwarden und 1850–52 die Königliche Chorvereinigung von Gent. K. schrieb eine Messe, eine Kantate, zahlreiche Klavierstücke. Lieder, Chöre und 250 Kanons. – **3) Hubert Ferdinand,** Bruder von 2), * 10.6.1818 Mülheim, † 23.6.1896 St-Josseten-Noode; dt. Komponist. Er war Schüler von F. Mendelssohn (Komposition) und F. David (Violine) in Leipzig und ließ sich 1844 als Klavier- und Kompositionslehrer in Brüssel nieder. 1872 wurde er Professor für Kontrapunkt und Fuge am Conservatoire. Er veröffentlichte neben Instrumental- und Vokalwerken auch eine *École* *du choral*... (Bru o. J.). – **4) Maurice,** Sohn von 3), * 8.1.1852 St-Josseten-Noode, † 8.12.1919 Brüssel; belgischer Musikschriftsteller. Er studierte Jura und Kunstgeschichte in Brüssel und Leipzig. Seit 1875 war er Redakteur bei *L'Indépendance belge* sowie Mitarbeiter von *Le Guide Musical,* der 1890 in sein Eigentum überging. 1901 wurde er Direktor des Théâtre de la Monnaie in Brüssel. Von seinen Veröffentlichungen ist die umfangreiche Schrift über die Opern R. Wagners nach ihrem Inhalt und ihrem literarischen Rang noch heute von Interesse.

Schriften: **Zu 4):** *Le théâtre de R. Wagner de Tannhäuser à Parsifal,* 6 Bde. (P–Bru 1891–98); *L'art de diriger l'orchestre* (P [3]1909); *H. Vieuxtemps, sa vie et son œuvre* (Bru 1882); *Musiciens et philosophes, Tolstoi, Schopenhauer, Nietzsche, R. Wagner* (P 1899).

Lit.: **Zu 3):** K.-U. DÜWELL, in: Rheinische Musiker 3, hrsg. v. K. G. Fellerer (Kö 1964) (= Beitr. z. rheinischen Musikgesch. 38).

KUGELMANN. – 1) Hans, * Augsburg (?), † Juli oder August 1542 Königsberg; dt. Trompeter und Komponist. K. ist 1518 als Mitglied der Kapelle Kaiser Maximilians I. nachweisbar. 1523 stand er im Dienst der Fugger in Augsburg, war seit 1524 1. Trompeter und Hofkomponist am Hof des Markgrafen Albert von Preußen in Königsberg und seit 1534 auch Kapellmeister der Kantorei. Die von ihm herausgegebene Sammlung *Concentus novi trium vocum* (Au 1540), die zahlreiche deutsche und lateinische Gesänge auch von K. enthält, ist ein Dokument für die Musikpflege des frühen Protestantismus in Süddeutschland. K.s Bruder **Melchior** war 1540–48 Hofkomponist in Königsberg. – **2) Paul,** Bruder von 1). Er war zwischen 1542 und 1557 1. Trompeter und Hofkomponist am Hof in Königsberg. Seine *Etliche Teutsche Liedlein* zu 3–6 St. (Königsberg 1558) sind ein später Beitrag zum Tenorlied.

Ausg.: **Zu 1):** *Concentus novi* 1540, hrsg. v. H. ENGEL (Kas 1955) (= EDM Sonderreihe 2); eine Messe u. 2 Motetten, hrsg. v. F. JÖDE, in: Chorbuch 5 (Wb 1931). – **Zu 2):** *7 teutsche Liedlein,* hrsg. v. H. ENGEL (Kas–Bas 1954).

Lit.: F. SPITTA, Die Liederslg. des P. K., in: FS H. Riemann (L 1909); H. ENGEL, Etliche teutsche Liedlein, geistlich u. weltlich..., in: Ostpreußische Musik (1937); S. FORNAÇON, Weniger bekannte Komponisten der ev. Kirchengesch. H. K. „Oberster Trompeter" in Königsberg, in: Der Kirchenmusiker 6 (1955).

KUHLAU, Daniel Friedrich Rudolf, * 11.9.1786 Uelzen, † 12.3.1832 Lyngbye bei Kopenhagen; dänischer Komponist dt. Herkunft. K. war Kompositionsschüler von Chr. G. Schwencke in Hamburg, wo er seit 1804 als Pianist und Komponist hervortrat. 1810 ging er nach Kopenhagen und war dort zunächst als Lehrer für Klavier, Theorie und Gesang tätig. 1818 wurde er Hofkompositeur und 1828 Professor. Von K.s Kompositionen werden einige Klavierstücke gelegentlich noch heute gespielt, darunter besonders die im Anfangsunterricht gern verwendeten Sonatinen.

WW: Trios für 2 Fl. u. Klv. sowie für 3 Fl. (1826); Quartett für 4 Fl. (1826); Streichquartett a-moll (1831); Klv.-Konzert C-Dur (1810). – Opern (UA in Kopenhagen): *Die Räuberburg,* UA: 1814; *Die Zauberharfe,* UA: 1817; *Elisa,* UA: 1820; *Lulu,* UA: 1824 u. *Hugo u. Adelheid,* UA: 1827; ferner Bühnenmusik zu: J. L. Heiberg, *Elverhøj* (1828) u. C. J. Boyes, *William Shakespeare* (1826).

Ausg.: Sonatinen für Klv., hrsg. v. L. KÖHLER – A. RUTHARDT, 2 Bde. (L 1954), Neudr. des 1. Bd.es (F 1966); Klv.-Konzert op. 7 u. Fl.-Quintett op. 51 (Kop 1958–61); 6 Sonatinen op. 44 u. 66 für Klv. zu 4 Händen, hrsg. v. A. RUTHARDT (L 1959); Quartett für 4 Fl. E-Dur, hrsg. v. F. NAGEL (F 1971); Variationen über ein schottisches Lied, op. 104 für Fl. u. Klv., hrsg. v. G. BRAUN (St 1974).

Lit.: K. GRAUPNER, Das Leben u. die dramatischen Werke F. K.s (Diss. Mn 1930); K. LARSEN, D.F.R. K. Ein Werkverz. (Kop 1959); J.-L. BEIMFOHR, Das C-Dur-Klv.-Konzert op. 7 u. die Klv. Sonaten v. F. K., 2 Bde. (H 1971); A. K. FAIRBANKS, Music for Two, Three, and Four Flutes by F. K. (1975) (= Diss. Ohio State Univ.); Kompositionen v. F. K. Thematisch-bibliogr. Kat., hrsg. v. D. FOG (Kop 1977).

KÜHN, Clemens, * 23.4.1945 Hamburg; dt. Musiktheoretiker. Er studierte in Hamburg Schulmusik, Germanistik sowie Musiktheorie und Komposition (bei D. de la Motte) und in Berlin Musikwissenschaft (bei C. Dahlhaus), wo er 1977 mit einer Arbeit über B. A. Zimmermann promovierte. 1978 wurde er Professor für Musiktheorie an der Hochschule der Künste Berlin. Seit 1978 ist K. Schriftleiter der Zeitschrift *Musica.*

Schriften: *Das Zitat in der Musik der Gegenwart* (H 1972); *Plädoyer für eine Reform der Harmonielehre,* in: Musica 3 (1972) (zus. mit D. de la Motte u. R. Birnstein); *Ch. Ives. Eine Bestandsaufnahme,* in: Musik u. Bildung 8 (1976); *Die Orchesterwerke B. A. Zimmermanns. Ein Beitr. z. Musikgesch. nach 1945* (H 1978) (= Schriftenreihe z. Musik 12); *Verlust der Unmittelbarkeit? Der Interpret u. die Analyse,* in: Musica 10 (1979); *Allgemeine Musiklehre* (Kö 1981).

KUHN, Paul, * 12.3.1928 Wiesbaden; dt. Bandleader und Komponist. Er erhielt Unterricht am Konservatorium in Wiesbaden. Nach dem 2. Weltkrieg leitete er mit Erfolg eigene Jazz-Combos und kam 1953 als Pianist und Arrangeur zum WDR. Seit Ende der 50er Jahre produziert er auch eigene Fernsehshows, u. a. *Pauls Party* und *Hallo, Paulchen.* 1968–80 war er Leiter des SFB-Tanzorchesters. Von K.s Schlagerkompositionen, die teilweise auch von ihm selbst gesungen werden, ist besonders *Geben Sie dem Mann am Klavier noch ein Bier* bekannt geworden.

WW: Musicals: *Fanny Hill,* UA: Gelsenkirchen 1972; *Schinderhannes* (nach C. Zuckmayer), UA: Karlsruhe 1978. – Hörspiel- und Fernsehmusiken sowie zahlreiche Schlager.

KÜHN. – 1) Rolf, * 29.9.1929 Köln; dt. Jazzmusiker (Klarinette, Altsaxophon) und Dirigent. Er studierte in Leipzig 1938 Klavier und 1941 Klarinette und spielte seit 1952 im Rundfunkorchester von RIAS Berlin. 1956 ging er in die USA und trat dort mit namhaften Musikern der amerikanischen Jazzszene auf, u.a. 1957–58 mit der Benny-Goodman-Band, deren stellvertretende Leitung er zeitweise übernahm. 1961 kehrte er nach Deutschland zurück und wurde im selben Jahr Dirigent des Fernseh-Studio-Orchesters des NDR. Mitte der 60er Jahre gründete er mit seinem Bruder Joachim K. ein eigenes Free-Jazz-Quartett. K. gilt als der führende europäische Klarinettist, der auch in den USA starke Beachtung und Anerkennung fand. – **2) Joachim,** Bruder von 1), * 15. 3. 1944 Leipzig; dt. Jazzmusiker (Klavier, Tasteninstrumente, Altsaxophon). Er spielte zunächst in der DDR mit eigenen Gruppen und ging dann in die Bundesrepublik Deutschland, wo er seit 1966 im Free-Jazz-Quartett seines Bruders Rolf Kühn mitwirkte. 1972 spielte er in Pierre Courbois' bekannter Jazz-Rock-Gruppe „Association P. C." Seit den 70er Jahren konzertiert K. zunehmend als Solopianist der virtuos-neuromantischen Richtung mit internationalem Erfolg.

KUHN, Th. Kuhn AG, Schweizer Orgelbaufirma. Sie wurde 1864 von **Johann Nepomuk K.** (1827–88) und **Heinrich Spaich** (1844–97) in Männedorf bei Zürich gegründet. H. Spaich schied 1872 aus der Firma aus. Nachfolger von Johann Nepomuk K. wurde sein Sohn **Theodor K.** der 1907 die Firma Merklin in Lyon übernahm. 1925 wurde das Stammhaus in Männedorf in eine AG umgewandelt, während der Betrieb in Lyon selbständig als „Michel, Merklin & Kuhn" firmierte. Seit 1968 wird das Unternehmen von **Friedrich Jakob K.** (* 7. 11. 1932 Zürich) geleitet, der 1962 an der Universität Zürich mit der Dissertation *Der Orgelbau im Kanton Zürich von seinen Anfängen bis zur Mitte des 19. Jh.* (Be 1971) promovierte und an der Universität Zürich als Lehrbeauftragter für das Fach Musikwissenschaft tätig ist. Die Firma K., die seit 1900 als führende Schweizer Orgelbauwerkstatt gilt, baute u.a. folgende Orgeln: Bern, Münster (1930; 4 Man., 78 Reg.), Basel, Münster (1956; 4 Man., 74 Reg.), St. Gallen, Dom (1968; 4 Man., 77 Reg.), Zürich, Predigerkirche (1973; 3 Man., 45 Reg.) und New York, Lincoln Center (1975; 4 Man., 61 Reg.).

KUHNAU, Johann, * 6. 4. 1660 Geising (Erzgebirge), † 5. 6. 1722 Leipzig; dt. Komponist. Er war in Dresden Alumnus der Kreuzschule und Ratsdiskantist, dann Gymnasiast in Zittau, wo er vorübergehend auch das vakante Kantorat versah. Seit 1682 studierte er Jura in Leipzig. Hier war er neben seiner Tätigkeit als Advokat seit 1684 Thomasorganist und seit 1701 als Nachfolger J. Schelles Thomaskantor sowie Universitätsmusikdirektor. K., ein universal gebildeter Mann, verdient nicht nur als Amtsvorgänger J. S. Bachs besondere Beachtung, sondern auch als Musikschriftsteller, Klavier- und Kantatenkomponist. Weiten Nachhall fanden vor allem die z. T. in mehreren Auflagen gedruckten Klavierwerke: neben Suiten (*Neue Clavier Übung*, I 1689, II 1692) stehen Werke wechselnder Satzfolge und Formung, die erstmals in der Geschichte der Klaviermusik die Bezeichnung „Sonate" tragen (*Frische Clavier Früchte*, 1696, *Sonate aus dem B*, im Druck 1692), schließlich die bedeutenden 6 Programmsonaten mit charakterisierender Verdichtung bestimmter Affektsituationen in vielfältiger Gestaltung (*Musicalische Vorstellung einiger Biblischer Historien*, 1700). K.s geistliche Vokalwerke umfassen neben z.T. lateinischen Motetten vor allem etwa 20 Kantaten (viele weitere sind verlorengegangen), die, wenngleich von unterschiedlicher Qualität, den Übergang von verschiedenen älteren Formen zum neuen Typ der Bachzeit in sehr anschaulicher Weise verfolgen lassen.

WW: *Neue Clavier Übung*, 2 Teile (L 1689 u. 1692, mit mehreren Aufl.) (darin je 7 Suiten); *Frische Clavier Früchte oder Sieben Suonaten von guter Invention u. Manier* (L 1696 u. ö.); *Musicalische Vorstellung Einiger Biblischer Historien, In 6 Sonaten auff dem Claviere zu spielen* (L 1700, mit mehreren Aufl., Nachdr. L 1973). – Er schrieb *Der musikal. Quacksalber* (Dresden 1700).

Ausg.: *Der musikal. Quacksalber*, hrsg. v. K. BENNDORF (B 1900) (= Dt. Literaturdenkmale des 18. u. 19. Jh. 83–88); J. K.s Klv.-Werke, hrsg. v. K. PÄSLER (L 1901) (= DDT 4); 4 Kantaten, in: S. Knüpfer, J. Schelle, J. K. Ausgew. Kirchenkantaten, hrsg. v. A. SCHERING (L 1918) (= DDT 58/59); *Musicalische Vorstellung Einiger Biblischer Historien ...*, hrsg. v. L. HOFFMANN-ERBRECHT (F 1964–67); Kantate *Ich hebe meine Augen auf*, hrsg. v. H. KÜMMERLING (Kö 1964) (= Auslese für die Musizierpraxis der Kantorei 1); Motette *Tristis est anima mea*, hrsg. v. G. SCHRECK (L 1965, Neudr. 1970); dies., hrsg. v. D. HELLMANN (St 1973) (= Die Motette 27); Kantate *Wie schön leuchtet der Morgenstern*, hrsg. v. H. R. RÖTHLISBERGER (Be 1968).

Lit.: J. MARTIN, Die Kirchen-Kantaten J. K.s (Diss. B 1928); K. HAHN, J. K.s „Fundamenta compositionis", in: Kgr.-Ber. Hamburg 1956 (Kas 1957); W. REICH, Semantische u. formale Gestaltungsprinzipien in den „Biblischen Historien" v. J. K., in: AfMw 15 (1958); S. STÖPFGESHOFF, Die Musikerromane v. W. C. Printz u. J. K. zw. Barock u. Aufklärung (Diss. Fr 1960); E. SCHENK, K. u. Fux, in: Anzeiger der philosophisch-hist. Klasse der Östr. Akad. der Wiss. 102 (1965); F. KRUMMACHER, Die Überlieferung der Choralbearb. in der frühen ev. Kantate ... (B 1965) (= Berliner Stud. z. Musikwiss. 10); DERS., Die Choralbearbeitung in der prot. Figuralmusik zw. Praetorius u. Bach (Kas 1978) (= Kieler Schriften z. Musikwiss. 22); E. L. RIMBACH, The Church Cantatas of J. K., 2 Bde. (1966) (= Diss. Univ. of Rochester/N.Y.).

F. KRUMMACHER

KÜHNEL, August, * 3. 8. 1645 Delmenhorst, † um 1700; dt. Komponist und Viola da gamba-Spieler. Er war zwischen 1661 und 1681 Mitglied der Hofkapelle des Herzogs Moritz von

Sachsen-Zeitz, unternahm aber zahlreiche Konzertreisen, u. a. 1665 nach Frankreich. Nach 1681 lebte er längere Zeit in London. 1686 wurde er Gambist und Direktor der Instrumental-Musik in Darmstadt, 1695 Kapellmeister in Kassel, wo 1698 seine *Sonate o partite* für 1–2 Violen und B.c. erschienen. K. hat Kassel wohl 1699 wieder verlassen.

Ausg.: 2 Sonaten für Viola da Gamba, hrsg. v. CH. DÖBEREINER (Mz 1928).

Lit.: A. EINSTEIN, Zur dt. Lit. für Viola da Gamba im 16. u. 17. Jh. (1905) (= BIMG II/1) (darin 3 Stücke); CH. ENGELBRECHT, Die Hofkapelle des Landgrafen Carl von Hessen-Kassel, in: Zschr. des Vereins für hessische Gesch. u. Landeskunde 68 (1957).

KUHREIGEN (frz.: ranz des vaches), Bz. für ein in Hirtengebieten Europas beheimatetes „Eintreibelied", das offenbar aus einfacheren, gesungenen Viehlockrufen herausgewachsen ist. Die vom Wortteil „Reihen" nahegelegte Verbindung mit irgendwelchen archaischen Kuh-Tänzen bleibt, obwohl solche gelegentlich bezeugt sind, unsicher. Die Deutung im Sinne von „Lied" (wie in „Bergreihen") hat den Vorzug größerer Einfachheit. Die in der Literatur besonders des 18. Jh. häufige Behauptung, der heimatferne Schweizer werde durch das Erklingen des K.s von unbezähmbarem Heimweh befallen, führte zur Vorstellung, der K. sei ein nationales Charakeristikum der Schweiz. So wurde, nach dem ersten, offensichtlich frei „arrangierenden" Beleg von 1545 (G. Rhaw, *Bicinia gallica*), der K. im 18. und 19. Jh. in den Schweizer Alpen geradezu eine touristische Attraktion. Offenbar umfaßte in den damaligen schriftlichen Bezeugungen der Begriff K. mehr, als zum K. im eigentlichen Sinne gehört. So geben die frühen erhaltenen Belege und literarischen Zeugnisse schon keine entschiedene Klarheit darüber, ob der – zweifellos recht alte – K. ursprünglich ein textiertes, vokales oder ein instrumentales oder wenigstens textloses Gebilde war; wahrscheinlicher ist heute eine textierte Konzeption mit erst nachträglich eingeschobenen Liedstrophen. Ein einziger Archetyp der vielen, untereinander verschiedenen Fassungen des K.s läßt sich, trotz Gemeinsamkeiten und einzelnen greifbaren Ansatzpunkten, nicht rekonstruieren; deutlich scheint immerhin die formale Dreigliederung des aus „rezitativisch-melodischen freien Versketten" gebauten K.s, wobei der Kernteil in der Mitte eine katalogartige Apostrophierung der Kuh-Namen enthält. Darin wurde schon ein Zusammenhang mit dem ↗Alpsegen gesehen. Die musikalische Nähe zu Alphorn-Melodik und ↗Jodeln ist (z. B. in der Schweiz) unverkennbar; einige K. sind durch große Virtuosität, die sie vom Sänger fordern, gekennzeichnet. Wie alle Bestandteile alter Volksmusik ist auch der K., zumindest in der Schweiz, im Rückgang begriffen und nur selten noch zu hören.

Lit.: G. TARENNE, Recherches sur les Ranz des vaches (P 1813); J. R. WYSS, Slg. v. Schweizer-Kühreihen u. Volksliedern (Be [3]1818); A. TOBLER, Kühreihen oder Kühreigen, Jodel u. Jodellied in Appenzell (L–Z 1890); L. GAUCHAT, Étude sur le Ranz des vaches fribourgeois, in: Programm der Zürcher Kantonsschule (Z 1899); P. GEIGER, Volksliedinteresse u. Volksliedforschung in der Schweiz (Be 1912); M. F. BUKOFZER, Zur Erklärung des „Lobetanz" durch die schweizerische Volksmusik, in: Schweizerisches Arch. für Volkskunde 36 (1937/38); W. SICHARDT, Der alpenländische Jodler u. der Ursprung des Jodelns (B 1939) (= Schriften zur Volksliedkunde u. völkerkundlichen Musikwiss. II); W. WIORA, Zur Frühgesch. der Musik in den Alpenländern (Bas 1949); C.-A. MOBERG, Kühreihen, Lobetanz u. Galder, in: Gedenkschrift J. Handschin (Str 1962); M. P. BAUMANN, Musikfolklore u. Musikfolklorismus. Eine ethnomusikologische Unters. des Jodelns (Winterthur 1976). M. STAEHELIN

KUJAWIAK ↗Mazur.

KUKUZEL (Kukuzeles), **Joan** (Johannes), * um 1280 Durazzo (Bulgarien; heute Albanien). Er lebte als angesehener Sänger am Hof von Byzanz und später als Mönch der Großen Lavra auf dem Athos und gehört zu den bedeutendsten Vertretern der spätbyzantinischen Musik. Seine Gesänge unterscheiden sich von denen anderer byzantinischer Autoren durch reichere Melismatik, größeren Ambitus und komplexere musikalische Struktur. Zu nennen sind der *Polyeleios der Bulgarin,* die *Anixantari,* das *Große Isso des papadikischen Gesanges* und das *Höfische Cheruvim-Lied.* K. erweiterte die spätbyzantinische Neumennotation (die nach ihm auch „kukuzelische" Notation genannt wird) und vermehrte die cheironomischen Zeichen. Er gilt ferner als Verfasser eines musiktheoretischen Traktats *(Ermeneia tēs parallagēs tou trochou).*

Lit.: E. WELLESZ, A History of Byzantine Music (O 1949); R. PALIKAROVA-VERDEIL, La musique byzantine chez les Bulgares et les Russes (Kop–Boston 1953); L. STANTSCHEWA-BRASCHOWANOWA, K., in: MGG VII; DIES., Forsch. über das Leben u. die Tätigkeit J. K., in: Jb. des Inst. für Musik der Bulgarischen Akad. der Wiss. 6 (Sofia 1959); E. V. WILLIAMS, J. K.'s Reform of Byzantine Chanting for Great Vespers in the 14th Century (1968) (= Diss. Yale Univ./Conn.); S. DZUDZEV, J. K. u. die ma. bulgarische Musik, in: Musica Slavica. Beitr. z. Musikgesch. Osteuropas, hrsg. v. E. Arro (Wie 1977); L. BRASCHOWANOWA, Die ma. bulgarische Musik u. J. K. (W – Kö – Gr 1984) (= Wiener musikwiss. Beitr. 12).
L. STANTSCHEWA-BRASCHOWANOWA

KULENKAMPFF, Georg, * 23. 1. 1898 Bremen, † 5. 10. 1948 Schaffhausen; dt. Violinist. K. studierte bei E. Wendel in Bremen und 1913–16 bei W. Heß in Berlin und wurde anschließend Konzertmeister im Philharmonischen Orchester der Stadt Bremen. Daneben trat er auch als Solist auf. 1919 ging er erneut nach Berlin und lehrte 1923–26 und 1931–43 als Professor an der Musikhochschule. 1943 übersiedelte er in die Schweiz und übernahm nach C. Fleschs Tod dessen Meisterklasse am Konservatorium in Luzern. Zeitweise trat er auch im Duo mit W. Kempff auf sowie im Trio mit E. Fischer und E. Mainardi. Außerdem hatte er mit U. Grehling, W. Müller und A. Troester ein eigenes Streichquartett. K. galt als einer der bedeutendsten deutschen Violinisten seiner Zeit. 1937 spielte er in Berlin bei der Uraufführung von R. Schumanns nachgelassenem Violinkonzert den Solopart. Sein Repertoire umfaßte vor allem Werke von J. S. Bach, L. van Beethoven, J. Brahms, M. Reger, E. Ysaye, B. Bartók und P. Hindemith. Er schrieb *Geigerische Betrachtungen* (hrsg. v. G. Meyer-Sichting, Rb 1952).

KULKA, János, * 11. 12. 1929 Budapest; dt. Dirigent ung. Herkunft. Er studierte 1944–50 an der Musikhochschule in Budapest Klavier, Dirigieren (J. Ferencsik, L. Somogyi) und Komposition (Z. Kodály, L. Weiner und J. Viski). Anschließend war er Solorepetitor und später Dirigent an der Budapester Staatsoper. 1957 ging er nach Wien, dann an die Bayerische Staatsoper nach München, wurde 1959 1. Kapellmeister an der Württembergischen Staatsoper in Stuttgart und 1961 an der Hamburgischen Staatsoper. Seit 1964 ist K. GMD in Wuppertal und dirigiert als Gast im In- und Ausland.

KULLAK. – 1) Theodor, * 12.9.1818 Krotoschin (Bezirk Posen), † 1. 3. 1882 Berlin; dt. Pianist und Komponist. Er spielte bereits mit 11 Jahren vor dem König in Berlin. Seit 1837 studierte er (u.a. Medizin) an der Universität Berlin, promovierte zum Dr. phil. und erwarb sich daneben eine musikalische Ausbildung (u.a. bei S. Dehn und W. Taubert), die er 1842 in Wien (bei K. Czerny, O. Nicolai und S. Sechter) fortsetzte. 1843 nach Berlin zurückgekehrt, wurde er vor allem in Hof- und Adelskreisen als Klavierlehrer geschätzt und 1846 zum Hofpianisten ernannt. 1850 gründete er zusammen mit J. Stern und A. B. Marx das Berliner (später sog. Sternsche) Konservatorium und 1855 eine eigene Akademie der Tonkunst, die bis 1890 bestand und eine der angesehensten musikalischen Ausbildungsstätten in Deutschland war. Er selbst war ein Pianist und Klavierpädagoge von hohem Rang. M. Moszkowski und X. Scharwenka zählen zu seinen Schülern. Seine Kompositionen sind Salonmusik brillantester Art. K.s Sohn **Franz** (1844–1913) war ebenfalls Klavierpädagoge und wurde vor allem durch seine praktische Ausgabe der Klavierkonzerte von L. van Beethoven bekannt.

WW: Sonaten, Etüden, Charakterstücke u. a., fast ausschließlich für Klv. (etwa 130 Opuszahlen); ferner Studienwerke, u. a. *Schule des Oktavenspiels*, op. 48 (B o.J., NA um 1875).

2) Adolph, Bruder von 1), * 23.2.1823 Meseritz (Posen), † 25. 12. 1862 Berlin; dt. Musikschriftsteller. K. studierte Philosophie an der Berliner Universität und wurde von A. B. Marx musikalisch ausgebildet. Er war Lehrer an der Akademie und Mitarbeiter der *Berliner Musikzeitung*. Seine *Ästhetik des Klavierspiels* (1860 u.ö.) wurde eine der grundlegenden Schriften zur deutschen Klavierpädagogik des späten 19. und frühen 20. Jahrhunderts.

Schriften: *Die Kunst des Anschlags* (L 1855); *Das Musikalisch-Schöne* (L 1858); *Ästhetik des Klavierspiels* (B 1860), spätere Aufl. hrsg. v. H. Bischoff bzw. v. W. Niemann (7–8 1920).

Lit.: H. RIEMANN, Präludien u. Stud. III (L 1901, Nachdr. Hil 1967); W. C. M. KLOPPENBERG, De Ontwikkelingsgang van de pianomethoden (Utrecht 1951); R. SIETZ, K., in: MGG VII.

KUMMER. – 1) Gotthelf Heinrich, * 23.1.1774 Neustadt bei Dresden. † 28.1.1857 Dresden; dt. Fagottist und Komponist. K. wurde 1796 Fagottist bei den Wachgrenadieren am Dresdner Hof und 1809 Mitglied der Hofkapelle. Von ihm wurden gedruckt u.a. 6 Fagottkonzerte, Fagott-Trios und weitere Stücke für und mit Fagott. – **2) Friedrich August,** Neffe von 1), * 5.8.1797 Meiningen, † 22. 8. 1879 Dresden; dt. Cellist. Er war in Dresden Schüler von Justus Johann Friedrich Dotzauer. 1814 wurde er Oboist der Dresdner Hofkapelle, 1817 2. und 1852 1. Cellist. Außerdem lehrte er am Dresdner Konservatorium.

WW (ca. 170 Opuszahlen): Vor allem Werke für u. mit Vc.: Duos für 2 Vc., Stücke für Vc. mit anderen Streichinstr. u. mit Klv., Konzerte, Fantasien u. a. mit Orch.; ferner zahlr. Studienwerke für Vc.

Lit.: W. VON WASIELEWSKI, Das Violoncello u. seine Gesch. (L 3 1925, Nachdr. Wie 1968); J. ECKHARDT, Die Violoncelloschulen v. J. J. Dotzauer, F. A. K. u. B. Romberg (Rb 1968) (= Kölner Beitr. z. Musikforsch. 51).

KUNAD, Rainer, * 24. 10. 1936 Chemnitz (heute: Karl-Marx-Stadt); dt. Komponist. Er studierte 1955–56 am Dresdner Konservatorium, dann 1956–59 Komposition (F.F. Finke, O. Gerster, P. Schenk) an der Musikhochschule in Leipzig. Nach kurzer Lehrtätigkeit (Musiktheorie, Gehörbildung) am Robert-Schumann-Konservatorium in Zwickau war K. 1960–74 Leiter der Schauspielmusik an den Staatstheatern in Dresden. Seit 1971 ist er für die Deutsche Staatsoper in Berlin(-Ost) tätig. 1974 wurde er ordentliches Mitglied der Akademie der Künste der DDR. Seit 1984 lebt er in der Bundesrepublik Deutschland.

WW: **1) Instr.-WW:** Klv.-Werke; Chaconne u. Doppelfuge (1958); Kammermusik, u.a. Bläserquintett (1965). – *Sinfonie 1964* (1964) u. 2. Symphonie (1967); *Concerto per archi* (1966); Klv.-Konzert (1969); Konzert für Org., 2 Streichorch. u. Pauken (1971); *Quadrophonie* (1973) für 4 Streichorch., Blechbläser u. Pauken; *Scène concertante* (1975) für Orch. – **2) Vokal-WW:** *Schattenland Ströme* (1966) (nach Gedichten v. J. Bobrowski), Gesänge für Tenor u. Gitarre; kleines Oratorium *Die Kitschpo-*

stille (1974). – **3) Bühnen-WW:** Lustspieloper *Maître Pathelin*, UA: Dresden 1969; Operneinakter *Bill Brook* (nach W. Borchert), UA: ebd. 1965, u. *Old Fritz* (nach R. Schneiders *Mann aus England*), UA: ebd. 1965; Opern *Sabellicus*, UA: Berlin 1974, u. *Litauische Claviere* (nach J. Bobrowski), UA: Dresden 1976.

Lit.: H. BÖHM, in: MuGes 16 (1966); D. HÄRTWIG, Traditionslinien, in: BzMw 15 (1973); W. RÖSLER, Zur musikal. Dramaturgie der Oper „Sabellicus" v. R. K., in: Musikbühne 75, hrsg. v. H. Seeger (B 1975); U. STÜRZBECHER, Komponisten in der DDR (Hil 1979).

KÜNNEKE. – 1) Eduard, * 27. 1. 1885 Emmerich (Niederrhein), † 27. 10. 1953 Berlin; dt. Komponist. K. studierte 1903–05 u. a. bei M. Bruch an der Hochschule für Musik in Berlin. 1907 wurde er in Berlin Chordirektor am Neuen Operettentheater am Schiffbauerdamm, war eine Zeitlang auch Kapellmeister am Deutschen Theater unter M. Reinhardt, widmete sich dann aber vorwiegend der Komposition. Bereits 1909 brachte er sein erstes Bühnenwerk, die komische Oper *Robins Ende,* in Mannheim zur Aufführung, doch gelang ihm der entscheidende Durchbruch erst 1921 mit der Operette *Der Vetter aus Dingsda*. Einen vergleichbaren Erfolg erzielte er 1932 mit *Glückliche Reise*. Krankheit und Krieg behinderten seit 1941 weitgehend sein Schaffen. K. gehört zu den bedeutendsten deutschen Operettenkomponisten unseres Jh., auch wenn er selbst immer wieder zur „ernsten" Musik tendierte. Er war ein Meister der vokalen Kantilene und des subtilen Stimmungsausdrucks (etwa in *Ich bin nur ein armer Wandergesell* aus *Der Vetter aus Dingsda*) ebenso wie kontrapunktischer Satzweise und wirkungsvoller Instrumentation. Dies ist charakteristisch besonders auch für seine *Tänzerische Suite*, eine Art Concerto grosso für Jazzband und Orchester, die bis heute ein Standardstück virtuoser Unterhaltungsmusik ist.

WW: Zahlr. Operetten, u. a.: *Wenn Liebe erwacht* (1920); *Der Vetter aus Dingsda* (1921); *Verliebte Leute* (1922); *Casinogirls* (1923); *Die hellblauen Schwestern* (1925); *Not so long ago* (1925); *Riki-Tiki* (1925); *Lady Hamilton* (1926); *Die singende Venus* (1928); *Der Tenor der Herzogin* (1930); *Glückliche Reise* (1932); *Lockende Flamme* (1933); *Die große Sünderin* (1935); *Hochzeit in Samarkand* (1938); *Der große Name* (1938); *Die Wunderbare* (1940); *Traumland* (1941); *Hochzeit mit Erika* (1949). – Opern: *Robins Ende*, UA: Mannheim 1909, *Cœur As*, UA: Dresden 1913, *Nadja*, UA: Kassel 1931. – Stummfilmmusik zu: *Das Weib des Pharao* (1923) u. zahlr. Tonfilmmusiken. – Einzelne Chor-Werke u. Lieder mit Orch. (teilweise nur hsl. erhalten) sowie Klv.-Lieder. – Für Orch.: Mehrere Ouvertüren, Suiten, Tänze, darunter *Tänzerische Suite* (1929); 2 Klv.-Konzerte.

2) Evelyn (Eva-Susanne), Tochter von 1), * 15. 12. 1921 Berlin; dt. Schlagersängerin. Sie hatte in den 40er Jahren großen Erfolg vor allem mit Melodien von M. Jary (u. a. mit *Sing, Nachtigall, sing,* aus dem Film *Auf Wiedersehen, Franziska,* 1941). Ihr eigentümlicher Gesangsstil wurde nach dem Krieg von vielen Schlagersängerinnen nachgeahmt. Vor einigen Jahren gelang ihr ein Comeback als extravagante Chansonette.

KUNST, Jaap (Jakob), * 12. 8. 1891 Groningen, † 7. 12. 1960 Amsterdam; ndl. Musikforscher. Er studierte an der Universität in Groningen und promovierte 1917 zum Dr. jur.; 1919–34 lebte er als holländischer Regierungsbeamter in Indonesien und legte eine bedeutende Sammlung von indonesischen Musikinstrumenten und Aufnahmen indonesischer Musik an. 1936 wurde er Konservator an der anthropologischen Abteilung im Tropeninstitut in Amsterdam, 1942 Privatdozent und 1952 Lektor für Musikethnologie an der dortigen Universität.

Schriften: *De toonkunst van Bali*, I (Weltevreden 1925), II, in: Tijdschrift van het koninklijk Bataviaasch Genootschaap 65 (1925); *Hindoe-Javaansche muziekinstrumenten* (Weltevreden 1927), engl. erweitert als: *Hindu-Javanese Musical Instruments* (Den Haag ²1968); *A Study on Papuan Music* (ebd. 1931); *De toonkunst van Java*, 2 Bde. (Den Haag 1934, engl. ebd. 1949, erweitert ³1973); *Ein musikologischer Beweis für Kulturzusammenhänge zw. Indonesien... u. Zentral-Afrika*, in: Anthropos 31 (1936); *Musicologica. A Study of the Nature of Ethno-musicology, ...* (A 1950, ²1955), als: *Ethno-Musicology* (Den Haag 1955, ³1959, Suppl. 1960, Nachdr. 1970). – Ferner die Schriftenslg. *Music in New-Guinea* (Den Haag 1967).

Lit.: F. VAN LAMSWEERDE, In memoriam J. K., in: Sonorum Speculum 6 (1961); E. REESER, In memoriam J. K., in: TVer 19 (1963).

KUNSTMUSIK wird als Gegenbegriff zur ↗Volksmusik vor allem in der soziologisch orientierten Literatur gebraucht und als das bewußt nach bestimmten Regeln und kritischen Maßstäben geschaffene musikalische Artefakt verstanden. Die K. ist demnach stets ↗Komposition, die auf variablen theoretischen Grundlagen (↗Harmonielehre, ↗Kontrapunkt) beruht und in der Regel ein bestimmtes Instrumentarium verwendet.

KUNZ, Erich, * 20. 5. 1909 Wien; östr. Sänger (Baß-Bariton). Er studierte Gesang bei Theodor Lierhammer und Hans Duhan in Wien und debütierte 1933 in Troppau als Osmin in Mozarts *Die Entführung aus dem Serail*. Nach Engagements in Plauen (1936/37) und Breslau (1937–41) kam er an die Wiener Staatsoper, der er bis zum Ende seiner Laufbahn angehörte. 1948 wurde er dort Kammersänger und 1970 Ehrenmitglied der Oper. Als glänzender Mozart-Interpret trat er jährlich bei den Salzburger Festspielen auf. Außerdem gastierte er bei den Festspielen in Bayreuth, Edinburgh und Glyndebourne, an der Mailänder Scala, am Covent Garden in London, in Buenos Aires und in der Spielzeit 1952/53 an der Metropolitan Opera in New York. K. war vor allem wegen seiner glänzenden Buffo-Rollen, besonders in Opern Mozarts, berühmt, daneben aber auch ein beliebter Operetten- und geschätzter Konzertsänger.

KUNZE, Stefan, *10. 2. 1933 Athen; dt. Musikforscher. K. studierte 1952–53 und 1956–61 Musikwissenschaft, klassische Philologie und Byzantinistik an der Universität München sowie 1953–56 an der Universität Heidelberg, außerdem Flöte, Klavier und Theorie am ehemals Trapp'schen Konservatorium in München, wo er 1955 die Konzertreifeprüfung für Querflöte ablegte. 1961 promovierte er mit einer Dissertation über die Instrumentalmusik G. Gabrielis. 1962–65 unternahm er als Stipendiat der Deutschen Forschungsgemeinschaft mehrere Studienreisen nach Italien. Daneben war er Mitarbeiter an der *Neuen Mozart-Ausgabe* (NMA). 1970 habilitierte er sich an der Universität München und folgte 1973 einem Ruf als Ordinarius an die Universität Bern. Seine Hauptarbeitsgebiete sind: Musik des 16. Jh., Oper des 18. Jh., Wiener Klassik, Oper des 19. Jh. (Wagner, Verdi).

Schriften: *Die Instrumentalmusik G. Gabrielis*, 2 Bde. (Tutzing 1963) (= Münchner Veröff. z. Musikgesch. 8); *Die Entstehung des Concerto-Prinzips im Spätwerk G. Gabrielis*, in: AfMw 21 (1964); *F. Schubert, Sinfonie h-moll (Unvollendete)*, in: Meisterwerke der Musik, H. 1 (Mn 1965); *W. A. Mozart, Sinfonie g-moll KV 550*; in: ebd. H. 6 (Mn 1968); *Die it. Opera buffa im 18. Jh. Kompositionstechnik, System der Gattungen im Buffatheater. Zu Mozarts Theater* (Habil.-Schrift 1969) (Druck in Vorbereitung); *Don Giovanni vor Mozart. Die Tradition der Don-Giovanni-Opern im it. Buffa-Theater des 18. Jh.* (Mn 1972) (= Münchner Univ.-Schriften. Reihe der phil. Fakultät 10); *Klassikerrezeption in den Kompositionslehren des frühen 19. Jh.*, in: Schweizer Beitr. z. Musikwiss. (1976) (= Publikationen der Schweizerischen Musikforschenden Ges. 4); *Musikgesch., Musiktheorie, Theorie der Musikgesch.*, in: Mf 30 (1977); *Fragen zu Beethovens Spätwerk*, in:, Beethoven-Jb. 1973/77 (Bonn 1977); *Über den Kunstcharakter des Wagnerschen Musikdramas*, in: R. Wagner. Von der Oper zum Musikdrama (Be – Mn 1978); *Die Wiener Klassik u. ihre Epoche*, in: Studi Musicali 7 (1978); *Instrumentalität u. Sprachvertonung in der Musik v. H. Schütz* I, in: Schütz-Jb. 1 (1979).

KUNZEN (Kuntzen). – **1) Johann Paul,** * 31. 8. 1696 Leisnig (Sachsen), † 20. 3. 1757 Lübeck; dt. Organist und Komponist. K. studierte 1717–18 an der Universität Leipzig und nahm Musikunterricht bei J. Kuhnau. 1718 war er Kapellmeister in Zerbst und kam 1719 nach Wittenberg, wo er eine Konzertgesellschaft gründete und leitete. Nach Konzertreisen in Deutschland wurde er 1723 für 2 Jahre Leiter der Opernmusik in Hamburg, wo er noch bis 1732 als Privatmusiklehrer blieb. 1733 wurde er als Nachfolger J. Chr. Schieferdeckers Organist und Werkmeister (d.h. leitender kirchlicher Rechnungs- und Verwaltungsbeamter) an der Marienkirche in Lübeck. Hier entfaltete er bis zu seinem Lebensende eine vielseitige musikalische Tätigkeit. 1747 wurde er in die sog. „Mizlersche Societät" aufgenommen, zu der u.a. Bach, Händel und Telemann gehörten. Als Musiklehrer wurde K. in Hamburg sehr geschätzt; als Opernkomponist weniger, wie dies Telemanns abfällige Äußerungen belegen. Seine größte Bedeutung lag offenbar in der Weiterführung und -entwicklung der von Buxtehude eingeführten fünfteiligen Lübecker Abendmusiken und den Impulsen, die er dem öffentlichen Musikleben Lübecks gab. K. war auch der Bearbeiter des ersten Lübecker Choralbuches zum Gesangbuch von 1748.

WW: Serenaden; Suite G-Dur; 2 Cemb.-Konzerte; eine Symphonie; zahlr. Oratorien, u.a. *Der verlassene Sohn* (hsl. erhalten); 2 Kantaten.

2) Adolf Carl, Sohn von 1), * 22. 9. 1720 Wittenberg, beerdigt 11. 7. 1781 Lübeck; dt. Komponist. Er trat bereits mit 7 Jahren als Violinist öffentlich auf und unternahm 1728–29 mit seinem Vater eine Konzerttournee nach Holland und England, wo er Händel kennenlernte. 1749 wurde er Konzertmeister und 1752 Kapellmeister am Hof von Schwerin. 1754–57 hielt er sich in London auf und wurde dann Nachfolger seines Vaters als Organist von St. Marien in Lübeck. Von K.s Kompositionen sind lediglich die Lieder durch M. Friedländer näher bekannt geworden; sie setzen die durch Telemanns *Sing-, Spiel- und Generalbaß-Übungen* (H 1733/34) begonnene Tendenz zur Volkstümlichkeit und Eingängigkeit weiter fort.

WW: Kammermusik, u.a. 17 Sonaten für V. u. Klv.; Serenaden; Instrumentalkonzerte; 5 Ouvertüren; 16 Symphonien; Kantaten u. Passionen (alle hsl.). – Im Druck erschienen: *Lieder zum Unschuldigen Zeitvertreib*, mit 2 Fortsetzungen (H 1748, Lübeck 1754, Lo 1756); *12 Sonatas for the Harpsichord* (Lo o.J.).

3) Friedrich Ludwig Aemilius, Sohn von 2), * 24. 9. 1761 Lübeck, † 28. 1. 1817 Kopenhagen; dt. Komponist. K. studierte seit 1781 Jura an der Universität Kiel, wo er C.F. Cramer und 1784 J.A.P. Schulz kennenlernte, auf dessen Empfehlung er als Pianist in Kopenhagen konzertierte. Seit 1785 trat er dort auch als Komponist hervor. Besonderen Erfolg hatte er 1787 mit einer Konzertaufführung von J.A.P. Schulz' Musik zu *Athalie*. 1789 wurde seine Oper *Holger Dansk* uraufgeführt, worauf jedoch nur 5 weitere Aufführungen folgten. Noch im selben Jahr zog er nach Berlin, begann dort gemeinsam mit Fr. Reichardt einen Musikalienhandel und gab 1791 das *Musikalische Wochenblatt* und die *Musikalische Monatsschrift* heraus. 1792 wurde er Kapellmeister in Frankfurt a.M., 1796 in Prag und noch im selben Jahr als Nachfolger von J.A.P. Schulz Kapellmeister in Kopenhagen. Hier führte er außer eigenen Werken als erster Opern Mozarts und 1801 auch Haydns *Schöpfung* auf. K. vollzog in der dritten Generation der Komponistenfamilie den Übergang vom Zeitalter der Aufklärung in das des Biedermeiers. In seinem Schaffen bilden die Bühnenmusiken ein Schwergewicht. Daneben war er beteiligt an den volkspädagogischen Bestrebungen der Berliner Liederschule. Kennzeichnend ist, daß mehrere seiner Lieder Aufnahme in das Mildheimische Liederbuch (Gotha 1799 u. ö.) fanden.

WW: Ouvertüren; Chorwerke, u.a. *Das Halleluja der Schöpfung* (Z o. J.); Chöre u. Gesänge zu Klopstocks *Hermann u. die Fürsten* (Altona 1790); Liederslgen., darunter: *Weisen und Lyrische Gesänge in Musik gesetzt* u. *Auswahl der vorzüglichsten altdänischen Volksmelodien*; ferner Singspiele u. Bühnenmusik.

Ausg.: **Zu 2):** Sinfonie in d, hrsg. v. M. SCHNEIDER (L 1954). – **Zu 3):** Mehrere Lieder, in: M. FRIEDLÄNGER, Das dt. Lied im 18. Jh. I u. II (St 1902, Nachdr. Hil 1962); E. WINKEL, Aeldre dansk Klaviermusik (Kop 1943); Lied *Lenore*, in: Balladen v. G. A. Bürger, in Musik gesetzt..., hrsg. v. D. MANICKE (Mz 1970) (= EDM 45, Abt. Oper u. Sologesang 6).

Lit.: J. MATTHESON, Grundlagen einer musikal. Ehrenpforte (H 1740, Nachdr. B 1910, Faks. Kas 1969); A. SCHERING, Gesch. des Oratoriums (L 1911, Nachdr. Hil 1966); B. FRIIS, F. L. A. K. Sein Leben u. Werk 1 (Diss. B 1943); J. HENNINGS, A. K. K. u. seine Lieder, in: Mf 3 (1950); DERS., Musikgesch. Lübecks, I: Weltliche Musik (Kas 1951); W. STAHL, Musikgesch. Lübecks, II: Geistliche Musik (Kas 1952); G. Ph. Telemann, Briefwechsel, hrsg. v. H. GROSSE – R. JUNG (L 1972).

W. BLANKENBURG

KUPFER, Harry, * 12. 8. 1935 Berlin; dt. Opernregisseur. Er studierte an der Theaterhochschule Leipzig und gab 1958 sein Regie-Debüt in Halle. 1962 wurde er Regisseur in Karl-Marx-Stadt, 1966 Operndirektor in Weimar, ist seit 1972 Oberspielleiter der Staatsoper und seit 1977 Professor an der Musikhochschule in Dresden. Ab 1981 wird K. außerdem das Amt des Chefregisseurs an der Komischen Oper in (Ost-)Berlin wahrnehmen. K. entwickelte einen an der Methode des Realistischen Musiktheaters orientierten, dabei stark musikbezogenen Regiestil, der für seine Inszenierungen klassischer wie zeitgenössischer Werke gleichermaßen charakteristisch ist.

WW (neuere Inszenierungen): A. Schönberg, *Moses und Aron*, Dresden; R. Wagner, *Tristan und Isolde*, ebd.; R. Strauss, *Frau ohne Schatten*, Berlin; G. Verdi, *Otello*, ebd.; R. Wagner, *Parsifal*, ebd.: W. A. Mozart, *Don Giovanni*, Graz; A. Berg, *Wozzeck*, ebd.; G. F. Händel, *Alcina*, ebd. 1980; R. Wagner, *Der Fliegende Holländer*, Bayreuth 1978; R. Strauss, *Elektra*, Wiesbaden 1979; R. Wagner, *Rheingold, Walküre, Siegfried* u. *Götterdämmerung*, Wien 1978/79 u. 1979/80.

KUPKOVIČ, Ladislav, * 17. 3. 1936 Preßburg (slowakisch: Bratislava); slowakischer Komponist und Dirigent. Er studierte 1950–55 an der Musikhochschule in Bratislava, wo er 1960–62 Dirigent des Philharmonischen Orchesters war. 1963–69 leitete er das von ihm gegründete Ensemble Hudba Dneška (Musik von heute), mit dem er auch im Ausland bekannt wurde. Seither lebt K. in der Bundesrepublik Deutschland. 1973 wurde er Dozent und 1976 Professor für Komposition an der Musikhochschule in Hannover. Auf K. geht die Idee der sogenannten „Wandelkonzerte" zurück, bei denen in mehreren Räumen gleichzeitig verschiedene Musikwerke für die umhergehenden Hörer dargeboten werden. Konzerte dieser Art veranstaltete er erstmals 1968 auf Schloß Smolenice.

WW: *Rozhovor času s hmotou* (1965) für Fag. u. 3 Schlaginstr.; *Ozveny* (1966) für 31 Spieler, 2. Fassung (1966) für Orch.; *Písmená* (1967) für 4 Frauen- u. 4 Männerst.; *Oktoedr* (1968) für 4 Fl., 2 Ob., 2 Trp., 2 Harfen, 2 Vibraphone, 4 Schlagzeuger u. 8 V.; *Ad libitum* (1969); *Klanginvasion* (1970) (Makrokomposition für die Stadt Bonn); *Missa Papae Joannis Pauli Secundi* (1980) für gem. Chor u. Orch.

B. A. KOHL

KUPPER, Annelies Gabriele, * 21. 7. 1906 Glatz (Schlesien); dt. Sängerin (Sopran). Sie studierte Pädagogik und Musikwissenschaft und war zunächst Musiklehrerin an einer Breslauer Schule. Seit 1933 trat sie als Konzertsängerin auf und debütierte als Opernsängerin 1935 am Opernhaus in Breslau. Über Schwerin und Weimar kam sie 1940 an die Hamburgische Staatsoper und war 1946–66 Mitglied der Bayerischen Staatsoper in München. K. gastierte an den großen europäischen Musikzentren und wurde in den 40er und 50er Jahren vor allem bei den Salzburger und Bayreuther Festspielen gefeiert. Eine ihrer Glanzrollen war die Elsa in Wagners *Lohengrin*. 1952 sang sie in München die Titelpartie bei der Uraufführung der *Liebe der Danaë* von R. Strauss. Auf der Bühne wurde sie vor allem als Mozart- und Strauss-Interpretin geschätzt, galt daneben aber auch als hervorragende Konzertsängerin. Seit 1937 ist sie mit dem Musikkritiker und Pianisten Joachim Herrmann verheiratet. 1956 wurde sie Dozentin und 1958 Professorin für Gesangspädagogik an der Musikhochschule München.

KURPIŃSKI, Karol Kazimierz, * 6. 3. 1785 Włoszakowice (Posen), † 18. 9. 1857 Warschau; poln. Dirigent und Komponist. K. war seit 1810 neben J. Elsner 2. Kapellmeister am Nationaltheater in Warschau und 1824–40 Direktor der Oper. Außerdem lehrte er Theorie an der Schule für Musik und Dramatische Kunst und leitete 1835–40 die von ihm gegründete Gesangschule am Großen Theater. 1820–21 war er Redakteur der ebenfalls von ihm gegründeten ersten polnischen Musikzeitschrift *Tygodnik Muzyczny (Musikalisches Wochenblatt)*. K. schrieb etwa 20 Opern, von denen einige Ouvertüren noch lange zum Konzertrepertoire gehörten. Seine patriotischen Lieder waren zu ihrer Zeit sehr populär.

WW: **1) Kompositionen:** Klv.-Werke, u. a. 24 Polonaisen, Mazurken, Variationen u. Fugen; Symphonien, Märsche, Polonaisen, eine Fantasie sowie ein Klar.-Konzert für Orch.; Lieder, Chöre, Kantaten u. Messen. – Opern (UA in Warschau): *Szarlatan*, UA: 1814; *Jadwiga*, UA: 1815; *Zamek na Czorsztynie* (Das Schloß auf Czorsztýn), UA: 1819. – **2) Schriften:** *Wykład systematyczny Zasad muzyki na klavikord* (War 1819); *Zasady harmonii tonów*

(War 1821); Reiseerinnerungen u. Reisetagebuch als: *Wspomnienia z podróży* bzw. *Dziennik podróży*, hrsg. v. Z. Jachimecki (Lemberg 1911, Krakau ²1954, 1957).

Lit.: T. STRUMITT, Uwertury K.iego (Krakau 1954); J. PROSNAK, Twórczose fortepianowa K. K.ego, in: Muzyka 4 (1959); T. PRZYBYLSKI, Fragmenty „Dziennika prywatneap" K. K., in: ebd. 20 (1975).

KURRENDE (wahrscheinlich von mittellat. corradere = zusammenscharren, betteln; später mit dem lat. currere = umherlaufen in Verbindung gebracht), bereits in vorreformatorischer Zeit Bz. für zumeist einstimmig singende Chöre bedürftiger Knaben, die durch Mitwirkung bei Hochzeiten und Beerdigungen, aber auch durch „Umsingen" auf der Straße sich Sachleistungen und Geld verdienten. Wohl vor allem durch eine entsprechende Äußerung in M. Luthers *Ein predig .../ das man kinder zur Schulen halten solle* (1530) gewannen die mit eigener Tracht versehenen K.n in altprotestantischer Zeit insbesondere in Mitteldeutschland große Bedeutung, wodurch manchen Knaben der Besuch einer Lateinschule ermöglicht wurde. Die Dienstregelung war örtlich verschieden, besonders auch das Verhältnis zum Chorus symphoniacus (vgl. z. B. die *Consuetudo currendae* der Leipziger Thomaskantorei von 1683). Mit dem allgemeinen Niedergang der Kirchenmusik seit dem späteren 18. Jh. verschwanden weithin auch die K.n; jedoch blieben gewisse Gepflogenheiten mancherorts bis ins 20. Jh. erhalten (z. B. das Silvestersingen der Schulkinder auf den Straßen). Um 1850 bemühte sich der Berliner Schulrektor J. Fr. Marquardt um eine Erneuerung des K.-Wesens, und 1917 gab das Reformationsgedenkjahr dazu neue Anstöße. Vor allem aber führte nach 1920 die Singbewegung zur Gründung von K.n vornehmlich in Studentenkreisen. Zu einer allgemeinen kirchlichen Einrichtung kam es naturgemäß jedoch nicht wieder.

Lit.: CH. G. STEMLER, Abhandlung... von der Currende u. den Currendanern (L 1765); G. SCHÜNEMANN, Gesch. der dt. Schulmusik, 2 Teile (L 1928-32), I (²1931), Nachdr. beider Teile (Kö 1968); P. EPSTEIN, Der Schulchor v. 16. Jh. bis z. Gegenwart (L 1929).

W. BLANKENBURG

KURTÁG, György, * 19. 2. 1926 Lugos (Rumänien); ung. Komponist. Er studierte zunächst in Temesvár und seit 1945 in Budapest Klavier (P. Kadosa), Komposition (S. Véress und F. Farkas) und Kammermusik (L. Weiner). 1957-58 arbeitete er noch bei D. Milhaud und O. Messiaen in Paris. Seit 1958 lebt er wieder in Budapest, war dort bis 1963 Lehrer an der Bartók-Musikfachschule, wurde 1960 Korrepetitor an der Philharmonie und 1967 Professor für Klavier und Kammermusik an der Musikhochschule. 1971 hielt er sich als Stipendiat des DAAD in Berlin auf und erhielt im selben Jahr den Kossuth-Preis für Komposition. K. ist der bekannteste ungarische Komponist nach Bartók. In seinem Werk vereinen sich impressionistische Klangfarben und strukturelle Elemente Weberns zu einem national geprägten Personalstil.

WW: **1) Instr.-WW:** 8 Klv.-Stücke (1960); *Jelek* (1962) für V.; 5 Stücke für Gitarre (1962); 8 Duos für V. u. Cymbal (1961); Streichquartett (1959); Bläserquintett (1959). – **2) Vokal-WW:** *Bornemisza Péter mondásai* (1968) für Sopran u. Klv.; Lieder für SingSt, Cymbal u. V. (1969); 4 Capriccios für Sopran, Streichquartett, Bläserquintett, Cymbal u. Harfe (1971); 4 Lieder nach J. Pilinszky für SingSt u. Kammerensemble (1974); 7 Lieder nach D. Tandori für Sopran u. V. (1975).

KURTH, Ernst, * 1.6.1886 Wien, † 2.8.1946 Bern; Schweizer Musikforscher. K. studierte Musikwissenschaft bei G. Adler sowie Musiktheorie und Klavier bei R. Gund in Wien und promovierte dort 1908. Nach einer Tätigkeit als Nachfolger und im Sinne von A. Halm an der Freien Schulgemeinde Wickersdorf habilitierte er sich an der Universität Bern, wo er bis zum Ende seines Lebens lehrte (seit 1920 als Professor, seit 1927 als Ordinarius). K., der mit der Schrift *Grundlagen des linearen Kontrapunks* (1917) seinen internationalen Ruf begründete, setzte sich besonders mit Problemen der Harmonik und der musikalischen Form auseinander. Seinen Arbeiten liegt wesentlich eine psychologisch begründete Betrachtungsweise zugrunde, die dem modernen musikwissenschaftlichen Denken wichtige Anregungen gab.

Schriften: *Der Stil der Opera seria v. Ch. W. Gluck bis zum Orfeo* (Diss. W 1908), gedruckt als: *Die Jugendopern Glucks bis Orfeo*, in: StMw 1 (1913); *Die Voraussetzungen der theoretischen Harmonik u. der tonalen Darstellungssysteme* (Be 1913, Nachdr. Mn 1973) (= Schriften z. Musik 14); *Grundlagen des linearen Kontrapunkts, Einführung in Stil u. Technik v. Bach's melodischer Polyphonie* (Be 1917), seit der 2. Aufl. als: *Grundlagen des linearen Kontrapunkts.* Bachs melodische Polyphonie (⁵1956, Nachdr. Hil 1977); *Romantische Harmonik u. ihre Krise in Wagners „Tristan"* (Be – L 1920, B ³1923, Nachdr. Hil 1968); *A. Bruckner*, 2 Bde. (B 1925, Nachdr. Hil 1971); *Musikpsychologie* (B 1930, Be ²1947, Nachdr. Hil 1969).

Lit.: K. VON FISCHER, In memoriam E. K., in: Der Musik-Almanach, hrsg. v. V. Schwarz (Mn 1948); W. KREIDLER, E. K., in: Mf 2 (1949); K. VON FISCHER, K., in: MGG VII; D. MENSTELL, E. K. and His Concept of Music as Motion, in: JMTh 10 (1966).

KURTZ, Eugène, * 27.12.1923 Atlanta (Georgia); amerik. Komponist. K. studierte 1941-47 an der Universität und an der Eastman School of Music in Rochester, 1948 bei D. Milhaud in den Sommerkursen in Tanglewood, seit 1949 in Paris bei A. Honegger und O. Messiaen sowie 1953-57 noch bei dem Schönberg-Schüler M. Deutsch. Neben seriellen Techniken wurde für K. die Musik von Ch. Ives wegweisend, die ihm Möglichkeiten einer Synthese heterogenen musikalischen Materials erschloß.

WW: Klv.-Stücke, darunter 2 Bücher *Motivations* (1963, 1965);

Kammermusik; Symphonie für Str. (1956); Kammersymphonie (1958–59); *Suite parisienne* (1960) für Kammerorch.; *Le marcheur solitaire* (1964) für Orch.; Vokalwerke; Film-, Rundfunk- u. Bühnenmusik, u.a. zu: J.-P. Sartre, *Les faux nez* (1953); W. Borchert, *Draußen vor der Tür* (1951) u. C. Confortès, *Le gisant* (1960).

KURZ, Selma, * 15. 11. 1874 Biała (Galizien), † 10. 5. 1933 Wien; östr. Sängerin (Sopran). Sie wurde in Wien bei J. Ress und in Paris bei Mathilde Marchesi ausgebildet. 1895 debütierte sie an der Hamburgischen Staatsoper als Mignon in der gleichnamigen Oper von A. Thomas und sang 1896–99 an der Frankfurter Oper. 1899 holte sie G. Mahler an die Wiener Hofoper, deren Mitglied sie bis zum Ende ihrer glanzvollen Karriere 1929 blieb. Triumphale Erfolge feierte sie 1904–07 bei ihren alljährlichen Gastspielen an der Covent Garden Opera in London. Außerdem gastierte sie an allen großen europäischen Opernhäusern sowie bei den Salzburger Festspielen, trat dagegen in den USA nur einmal 1921 in New York auf. Ihre technisch wie stilistisch gleichermaßen vollkommene Beherrschung auch schwieriger Passagen wies S. K. als eine der bedeutendsten Koloratursängerinnen unseres Jahrhunderts aus.

Lit.: H. GOLDMANN, S. K. (Bielitz 1933).

KURZ, Siegfried, * 18. 7. 1930 Dresden; dt. Dirigent und Komponist. Er studierte 1945–50 Dirigieren, Trompete und Komposition (F. F. Finke) an der Akademie für Musik und darstellende Kunst in Dresden. 1949–60 war er Leiter der Schauspielmusik am dortigen Staatstheater und dirigiert seither an der Staatsoper, deren GMD er 1971 wurde. Er schrieb Orchesterwerke, Solokonzerte, Kammer- und Filmmusik.

KURZE LEBEN, DAS *(La Vida breve)*, Lyrisches Drama in 2 Akten (4 Bildern) von Manuel de Falla (1876–1946), Text von Carlos Fernandez Shaw. Ort und Zeit der Handlung: Granada zu Beginn des 20. Jh. UA: 1. 4. 1913 in Nizza (in frz. Sprache); EA der Originalfassung in span. Sprache: 14. 11. 1914 in Madrid (Teatro de la Zarzuela); dt. EA (in dt. Sprache): August 1936 in Berlin (Musikhochschule).

Die sozialkritisch orientierte Erzählung von dem aus ärmlichen Verhältnissen stammenden Mädchen Salud, das von ihrem Verlobten Paco wegen einer reichen Schönheit verlassen wird und vor Kummer stirbt, bot de Falla Gelegenheit, einzelne Stationen des Handlungsstrangs in veristischer Tradition zu extensiven atmosphärischen Schilderungen andalusischer Mentalität und Lebensart zu gestalten. Die wechselseitige Infiltration von situationsbezogenem Dialog und lyrischer Kontemplation ermöglichte eine musikalische Synthese dramatisch-steigernder und liedhaft-verweilender Kompositionsanlage, wobei das folkloristische Lokalkolorit – eine facettenreiche Mischung andalusischer und orientalischer Elemente – nicht als bloß äußerlich farbliche Bereicherung, sondern neben traditionell spätromantischen und impressionistischen Kompositionsmitteln als gleichwertige, omnipräsente Determinante des thematischen Materials und dessen rhythmisch-harmonischer Verarbeitung fungiert. Bereits acht Jahre vor der UA war dem Werk der 1. Preis in einem Opernwettbewerb zuerkannt worden, den die Spanische Akademie der Schönen Künste zur Brechung der italienischen Vorherrschaft auf den einheimischen Bühnen ausgeschrieben hatte.

W. A. MAKUS

KURZE OKTAVE, Bz. für eine verkürzte Tastaturanordnung für die tiefste (= große) Oktave im Manual und Pedal bei Tasteninstrumenten (Cembalo, Orgel) des 16.–18. Jh., bei der die (in dieser Zeit als Baßtöne nicht häufig verwendeten) Töne Cis, Dis, Fis und Gis entfielen. Die Anordnung umfaßte zunächst die Töne F, G, A, und H (bzw. B als chromatischen Ton), die später um die Töne C, D und E erweitert wurde. Die Töne C, F, G, A, H wurden auf den Unter-, die Töne D, E, B auf den Obertasten gespielt (im französischen Orgelbau blieb F bis ins 18. Jh. der tiefste Ton). Aber auch andere Aufteilungen waren möglich, die z. T. die Töne Fis und Gis als Obertasten einbezogen. Häufig wurden diese Töne in geteilten Obertasten mit den Tönen D und E kombiniert (daher auch die Bz. gebrochene Oktave für diese Disposition). Eine klare terminologische Trennung zwischen gebrochener und kurzer Oktave ist indes nicht möglich, denn die Beschreibungen des 17. und 18. Jh. bezeichnen z. T. die gebrochene Oktave als k. O., z. T. aber auch umgekehrt.

Lit.: A. WERCKMEISTER, Erweiterte u. verbesserte Orgel-Probe (Quedlinburg 1698, Nachdr. Kas 1927); A. G. RITTER, Zur Geschichte des Orgelspiels..., 2 Bde. (L 1884, Nachdr. Hil 1969); G. KINSKY, K. O. auf besaiteten Tasteninstrumenten, in: ZfMw 2 (1919/20).

KUSCHE, Benno, * 30. 1. 1916 Freiburg i. Br.; dt. Sänger (Baß-Bariton). Nach seiner Gesangausbildung an der Akademie des Badischen Staatstheaters in Karlsruhe debütierte er 1938 bei den Heidelberger Opernfestspielen. 1938/39 sang er in Koblenz und 1939–42 in Augsburg. Nach dem Krieg wurde er 1946 an die Bayerische Staatsoper in München verpflichtet und 1958 an die Deutsche Oper am Rhein Düsseldorf-Duisburg. Als Gast sang er u. a. am Covent Garden in London, an der Mailänder Scala, in Wien, Berlin und in Stuttgart.

K. gilt auch darstellerisch als exzellenter Buffo-Sänger, dessen Repertoire neben Mozart- und Wagner-Partien auch Operettenrollen umfaßt.

KUSCHE, Ludwig Walter Helmuth, * 31.3.1901 Mainz; dt. Musikschriftsteller, Komponist und Pianist. K. studierte 1918–23 an der Akademie der Tonkunst in München und trat seit 1921 als Pianist sowie als Lied- und Tanzbegleiter auf. 1924–26 war er Kapellmeister und Klaviersolist an der Münchner Kammeroper, 1927–77 ständiger Mitarbeiter des Bayerischen Rundfunks bzw. des Fernsehens, außerdem 1947–49 Kapellmeister der Städtischen Bühnen in München. K. komponierte zahlreiche Hörspiel-, Schauspiel- und Filmmusiken und gestaltete als Autor, Sprecher, Komponist und Pianist zahlreiche eigene Sendungen bei Rundfunk und Fernsehen (u.a. die Sendereihe *Musikaleum*). Er war auch als Verfasser mehrerer populär geschriebener Musikbücher erfolgreich.

WW: **1) Kompositionen:** Kammermusik für Blechbläser; Stücke für 2 Klv.; Lieder nach Gedichten v. J. Ringelnatz; ferner Bühnen-, Hörspiel- u. Filmmusik – **2) Schriften:** *Der nachdenkliche Musikant* (Mn 1958); *Musik als Vergnügen u. Unbehagen* (Mn 1960); *Richard Strauss – Kulturkarussell* (Mn 1964); *Auf musikal. Schleichwegen* (Mn 1968); *Stimmt das denn auch?* (Mn 1966); *Ich hab's erlebt!* (Mn 1970); *Mütter machen Musikgeschichte* (Mn 1972); *Frau Musica, die unverstandene Frau* (Mn 1974).

KUSS, DER *(Hubička),* Volksoper in 2 Akten von Friedrich Smetana (1824–84), Text von Eliška Krásnohorská nach der gleichnamigen Novelle (1871) von Karolina Světlá. Ort u. Zeit der Handlung: ein Dorf in Nordböhmen nahe der Grenze, 19. Jahrhundert. UA: 7.11. 1876 in Prag; dt. EA (in dt. Sprache): 6.10. 1893 in Leipzig.

Das Werk war als komische Oper geplant, doch korrigierte die Librettistin sehr bald die Gattungsbezeichnung in „Volksoper", wobei das tschechische Wort *prostanárodní* zugleich die Bedeutung des Einfachen, Schlichten hat. Die melodisch-thematische Erfindung dieser Dialogoper ist vornehmlich an slawischer Folklore orientiert, weshalb man vermuten darf, daß Smetana das Volkhafte in der sehr sparsamen Fabel vom verweigerten und endlich doch gewährten Kuß als das tragende Element erkannte. Der erinnerungsmotivisch strukturierte Orchesterpart ist Träger der musikdramatischen Handlung, wenn auch immer wieder vor allem solistische Nummern eingeschoben sind, in denen die Sänger parallel zur Orchesterthematik Volksliedmelodien intonieren. Im 2. Akt setzen sich die traditionell absolut-musikalisch konzipierten Formen durch. Der dramatische Konflikt wird in einer großangelegten, mehrteiligen Duett-Szene der beiden Hauptpersonen aufgebaut und anschließend im musikalischen Kontrast von schlichtem lyrischem Wiegenlied (Wendulka) und rüpelhafter Trinklied-Polka (Lukas) bekräftigt. – Dieses Werk ist Smetanas größter Erfolg zu Lebzeiten; er vollendete die Partitur in völliger Taubheit.

J. SCHLÄDER

KUSS DER FEE, DER *(Le Baiser de la Fée),* Ballett in 4 Bildern von Igor Strawinsky (1882 bis 1971) nach Motiven aus Hans Christian Andersens Märchen *Die Eisjungfrau.* UA: 27.11.1928 in Paris (Opéra). Choreographie: Bronislawa Nischinska (1890–1960). Dt. EA: 1932 in Magdeburg.

Für Ida Rubinstein und ihre Compagnie komponierte I. Strawinsky dieses Auftragswerk, das er anläßlich des 35. Todesjahres von P. I. Tschaikowsky dem von ihm verehrten Komponisten widmete. Auch die musikalische Gestaltung dieses Märchenballetts weist Tschaikowsky als Widmungsträger aus: die aus seinen Kompositionen zitierten Themen bestimmen das melodische Material des Werks, dessen Einheitlichkeit durch die Technik der motivischen Verflechtung und Kombination gewährleistet wird. In vier Bildern *(Wiegenlied im Sturm, Kirchweihfest, Bei der Mühle, Die Gefilde der Seligen)* wird die Geschichte des jungen Mannes nachgezeichnet, der durch einen Kuß schon als Kind der Macht der Fee verfällt. Unmittelbar vor seiner Hochzeit wird er von der als Braut verkleideten Fee getäuscht und in die Sphäre der Unsterblichen entführt. – Neben der choreographischen Konzeption trug auch die künstlerisch-szenische Präsentation der Darsteller (Ida Rubinstein, Ludmilla Scholler, Anatole Vilzak u.a.) zum triumphalen Erfolg der UA bei. Spätere, vielbeachtete Versionen boten F. Ashton (Sadler's Wells Ballet, 1935) und G. Balanchine (American Ballet, 1937).

G. LUDIN

KUSSER (Cousser), **Johann Sigismund,** * 13. 2. 1660 Preßburg, † Ende November 1727 Dublin; dt. Komponist ung. Herkunft. K. lebte 1674–82 in Paris, wo er Freund und Schüler J.-B. Lullys war. 1683 ist er am Hof von Ansbach nachweisbar, 1690–93 als Oberkapellmeister der neugegründeten Oper in Braunschweig-Wolfenbüttel. 1694–95 war er Direktor und Kapellmeister der Hamburger Oper und 1698–1704 Kapellmeister der Stuttgarter Oper. Um 1705 ging er nach London und 1710 nach Dublin, wo er zunächst Composer of the State Music, einige Jahre später Kapellmeister des Vizekönigs von Irland und 1716 Chief-Composer und Music-Master in Dublin Castle wurde. K., in seiner Zeit als Kapellmeister berühmter als durch seine Werke, spielte gleichwohl als Komponist eine wichtige Rolle in der Entwicklung der Orchester-Suite, indem er als einer der ersten die französische Ouvertüre nach der Art J.-B. Lullys in Deutschland einführte.

WW: **1) Instr.-WW:** 4 Slgen. mit jeweils 6 *Ouvertures de théâtre* für Str. mit 2 Ob. u. Fag.: *Compositions de musique* (St 1682); *Apollon enjoué, La cicala della cetra* u. *Festin des muses* (St 1700). – **2) Bühnen-WW:** Von der Musik zu K.s Opern, Serenaden u. ä. sind nur erhalten *Arien aus der Oper Erindo* (H 1695) u. *Heliconische Musen-Lust... Arien aus... Ariadne* (St 1700).

Ausg.: Ouvertüre IV aus *Composition de musique* 1682, hrsg. v. H. OSTHOFF (Hannover 1933) (= Nagels MA 100); Arien, Duette u. Chöre aus *Erindo*, hrsg. v. DEMS. (Brau 1938) (= EDM, LD Schleswig-Holstein u. Hansestädte 3); 1. Suite aus *Festin des muses* 1700, hrsg. v. H. MÖNKEMEYER (Mz 1958).

Lit.: H. SCHOLZ, J. S. K. (Cousser) (L 1911); W. SCHULZE, Die Quellen der Hamburger Oper (H 1938) (= Mitt. aus der Bibl. der Hansestadt Hamburg 4); H. CH. WOLFF, Die Barockoper in Hamburg 1678–1738, 2 Bde. (Wb 1957); H. BECKER, K., in: MGG VII.

KUSSEWITZKY (Koussevitzky), **Sergei Alexandrowitsch,** * 14. (26.) 7. 1874 Wischni-Wolotschok (Gouvernement Twer), † 4. 6. 1951 Boston (Mass.); russ. Dirigent. K. studierte seit 1888 Kontrabaß an der Musikalisch-Dramatischen Schule der Philharmonischen Gesellschaft in Moskau und trat 1894 in das Orchester des Bolschoi-Theaters ein. 1901 wurde er Kontrabaß-Lehrer am Philharmonischen Institut. Einige Jahre später ging er nach Berlin und debütierte 1908 als Dirigent mit den Berliner Philharmonikern. Nach Moskau zurückgekehrt, gründete er dort ein eigenes Orchester und einen Musikverlag. 1917–20 leitete er das Staatsorchester in Petrograd, übersiedelte dann nach Paris und gründete 1921 die Concerts Symphoniques Koussevitzky, die er bis 1928 dirigierte. 1924–49 war er als Nachfolger von P. Monteux Leiter des Boston Symphony Orchestra. 1942 gründete er die Koussevitzky Foundation zur Vergabe von Kompositionsaufträgen an Komponisten aller Nationalitäten. Besonders setzte er sich für Werke zeitgenössischer russischer, französischer und amerikanischer Komponisten ein und dirigierte zahlreiche Uraufführungen.

Lit.: A. LOURIÉ, S. K. (NY 1931, Nachdr. NY 1971); H. LEICHTENTRITT, S. K. (C/M 1946); M. SMITH, K. (NY 1947).

KYBERNETIK (von griech. kybernetes = Steuermann, Lenker, Leiter), übergreifende Bz. für Forschungen über Steuerungs- und Regelungsvorgänge nicht nur im Bereich der Technik, sondern auch der Biologie, Soziologie oder Wirtschaftswissenschaft. Als wichtigste Zweige der K. gelten die System-, Regelungs-, Spiel-, Algorithmen- und vor allem die ↗Informationstheorie, mit der – als Lehre vom Entstehen, Aufbewahren, Übertragen und Erkennen von Signalen (die sich z. B. als musikalische Ereignisse darstellen können) – ein deutlicher Bezug zur Musik hergestellt ist. Als bekanntester Begründer der K. gilt Norbert Wiener, der mit seinem fundierenden Werk *Cybernetics* auch den Begriff prägte. Charakteristisch ist die enge Verbindung mit außerordentlich schwierigen mathematischen Problemen (etwa Methoden der Wahrscheinlichkeitsrechnung, mathematische Statistik, Topologie, Vektor- und Matrizenrechnung). Ein Hauptanwendungsgebiet der K. ist die Automatisierungstechnik, vor allem die maschinelle Rechenautomatik. Hier liegt neben den theoretischen Erkenntnissen über Kommunikationssysteme und Informationsverarbeitung der vielleicht wichtigste Einfluß der K. auf die neuere Musik, in der – seit Mitte der 50er Jahre – Computer sowohl für das Erstellen von Kompositionsplänen als auch zur Realisierung von Klangmaterial und schließlich zur Erforschung von Kompositionsprozessen eingesetzt werden (↗Computermusik).

Lit.: N. WIENER, Cybernetics (NY 1948, dt. Düsseldorf – W ²1963); W. R. ASHBY, An Introduction to Cybernetics (1956); H. FRANK, K. u. Philosophie (B 1966); F. WINCKEL, Kybernetische Prozesse der Musikerzeugung, in: MGG XVI; P. VOGEL, Musik u. K. (Kas 1978).

H. U. HUMPERT

KYMBALA (griech., Sing.: Kymbalon; lat.: Cymbala), Bz. für antike Becken asiatischen Ursprungs, die besonders in der kultischen Musikpraxis der Griechen und Römer Verwendung fanden. Zahlreiche erhaltene Darstellungen belegen die Existenz zweier verschiedener Formen der K., die entweder flach und tellerartig oder glockenähnlich sein konnten. Die K. wurden gegeneinandergeschlagen, also stets paarweise benutzt. – ↗Cymbala.

KYRIALE, Bz. für das Buch mit den gregorianischen Melodien zum ↗Ordinarium Missae, Anhang zum Graduale Romanum. In mittelalterlichen Handschriften wurden die Kompositionen als Einzelstücke, zuerst die Kyrie-, dann die Gloria-Melodien usw., oder in Gruppen (z. B. Kyrie - Gloria) notiert. Die Zusammenfassung zum Ordinarium geht mit der Entwicklung zur zyklischen Ordinarienkomposition in der mehrstimmigen Musik einher. Doch wurde in der einstimmigen Überlieferung das Credo nicht in den Messezyklus einbezogen. Das K. der *Editio Vaticana* (1905) wurde von J. Pothier redigiert. Er traf eine Auswahl aus der sehr umfangreichen Überlieferung, ordnete die Gesänge in 18 Ordinarien, die er z. T. im Anschluß an ältere Überlieferung bestimmten Festzeiten und Festrängen zuschrieb, und fügte 4 Credomelodien sowie eine Reihe von Einzelstücken zum Gebrauch ad libitum hinzu.

Lit.: M. SIGL, Zur Gesch. des Ordinarium Missae in der dt. Choral-Überlieferung (Rb 1911); P. WAGNER, Gesch. der Messe (L

1913, Nachdr. Hil–Wie 1963); D. JOHNER, Erklärung des K. (Rb 1933); F. HABERL, Das K. Romanum (Rb 1975).

H. HUCKE

KYRIE ELEISON (griech., = Herr, erbarme dich), **1)** ein Bittruf, der in frühchristliche Zeit verweist. Erstmals um 400 für Jerusalem als Bestandteil litaneiartiger Bitten genannt, ist der Ruf K. e. etwas später in dem lateinischen Bittgebet des Papstes Gelasius (*Deprecatio Gelasii*, Ende 5. Jh., Text bei J. A. Jungmann, s. u. Lit.) jeweils am Ende der einzelnen Bitten bezeugt. Gebete dieser Art (↗Litanei) gab es zu dieser Zeit, in Verbindung mit Prozessionen, bei verschiedenen liturgischen Handlungen, so auch zu Beginn der Messe. Die Worte *Kyrie eleison – Christe eleison – Kyrie eleison* leiten die noch heute gebräuchlichen Litaneien ein. Der Ruf *Kyrie eleison* erscheint im späten Mittelalter auch am Ende zahlreicher lateinischer und volkssprachlicher Lieder, wörtlich oder in Formen wie *Kyrieleis, Kyrioleis* oder ähnlich und führte zur Bz. solcher Lieder als ↗Leisen. –**2)** In der römisch-katholischen Liturgie der 1. Teil des Ordinarium missae. Etwa seit dem 6. Jh. lösten sich die K.-e.-Rufe mehr und mehr aus dem Verband litaneiartiger Gesänge und wurden auch zu einem eigenen selbständigen Teil der Messe, den man allgemein als Kyrie bezeichnet. In den römischen Ordines des 7./8. Jh. ist dann, unter Hinzunahme des Rufes *Christe eleison*, eine bestimmte Ordnung des Kyrie vollzogen, die bis heute in der lateinischen Messe üblich ist: je 3mal *Kyrie eleison – Christe eleison – Kyrie eleison*. Diese Ordnung, in der das alte akklamatorische Prinzip der Wiederholung in charakteristischer Weise verwirklicht ist, wird seit Amalar (9. Jh.) auch trinitarisch gedeutet (Gott Vater – Sohn – Heiliger Geist), was jedoch nicht zwingend ist, da das Kyrie als Ganzes seinem Wesen und seiner liturgischen Stellung nach als Hymne an Christus den Herrn zu verstehen ist.

Während zur Zeit Papst Gregors I. die Kyrie-Rufe von den Klerikern gesungen und vom Volk beantwortet wurden, war der Gesang des Kyrie seit dem 7./8. Jh. ausschließlich Sache der Schola. Das prägt sich auch in der Struktur der überlieferten choralen Kyrie-Melodien aus. Die insgesamt über 220 bekannten Melodien (Überblick bei M. Melnicki, s. u. Lit.) sind meist syllabisch, und sie sind teilweise in tropierter Form erhalten, d. h. mit einem den Kyrie-Ruf paraphrasierenden lateinischen Text (↗Tropus). Aus den 26 am meisten verbreiteten Melodien dieses Repertoires sind 18 in die Choralmessen der *Editio Vaticana* übernommen worden (dazu 11 ad libitum sowie das Kyrie der Totenmesse). Nur wenige davon sind so einfach gehalten, daß man an einen ursprünglichen Gesang durch das Volk denken könnte. In der *Editio Vaticana* erscheint der Textanfang des am häufigsten in den Quellen belegten Kyrie-Tropus als Untertitel der betreffenden Choralmesse, z. B. *Cunctipotens Genitor Deus* bei der Missa IV. Dieses Kyrie gehört zu den beliebtesten Choralgesängen des Mittelalters. Ein anderer Kyrie-Tropus, *Kyrie fons bonitatis* (Missa II), gelangte in deutscher Nachdichtung in den evangelischen Kirchengesang *(Kyrie, Gott Vater in Ewigkeit)*. Zahlreich sind in neuerer Zeit die Neukompositionen von Kyrie-Melodien mit deutschem Text, von denen einige (u. a. von H. Rohr und E. Quack) auch in das katholische Gebet- und Gesangbuch *Gotteslob* aufgenommen wurden. Der Gesang des choralen Kyrie erfolgt seit langem alternierend zwischen Schola und Chor bzw. zwischen Schola und Gemeinde.

Kyrie-Tropen bilden auch den Anfang der mehrstimmigen Kyrie-Vertonung. Die frühesten Beispiele finden sich unter den 2st. Organa des Winchester-Tropars (um 1050) und im sog. Mailänder Organum-Traktat (um 1100). Überhaupt waren Kyrie und Gloria die ersten Teile des Ordinarium missae, die mehrstimmig vertont wurden, oft auch als Satzpaar. In G. de Machauts *Messe de Nostre Dame* ist das Kyrie erstmals in eine musikalisch-gesamthafte Gestaltung aller Ordinariumsteile einbezogen, wie sie seit G. Dufay das Wesen der ↗Messe als einer musikalischen Gattung ausmacht. Das Kyrie nimmt seitdem an der reichen Entwicklung der Messe teil, auch an der Entwicklung besonderer Messetypen wie der italienischen Kurzmesse des 17.–19. Jh. oder der protestantischen Missa des 16.–18. Jh. (vgl. etwa J. S. Bachs Messen BWV 233–236). Zu allen Zeiten bis heute sind die musikalischen Ausdrucksmöglichkeiten der Kyrie-Vertonung überaus vielfältig. Beispielhaft können hierfür die beiden Messen L. van Beethovens genannt werden: Dem inständigen, geradezu hymnischen Rufen, solistisch und chorisch, im Kyrie der *Missa solemnis* steht die ganz andersartige Gestaltung des Kyrie in der C-Dur-Messe gegenüber, die Beethoven selbst mit den Worten „innige Ergebung, wahre Innigkeit religiöser Gefühle … Sanftheit …" kennzeichnet (Brief vom 16. 1. 1811 an Breitkopf & Härtel).

Lit.: J. A. JUNGMANN, Missarum sollemnia, 2 Bde. (W–Fr–Bas 1948, [5]1962); M. MELNICKI, Das einst. Kyrie des lat. MA (Rb 1954) (= Forschungsbeitr. z. Musikw. 1); B. STÄBLEIN, Kyrie, in: MGG VII; M. HUGLO, Origine et diffusion des Kyrie, in: Revue Grégorienne 37 (1958); M. LÜTOLF, Die mehrst. Ordinarium Missae-Sätze vom ausgehenden 11. bis zur Wende des 13. zum 14. Jh. (Be 1970); D. A. BJORK, Early Repertories of the K. e., in: KmJb 63/64 (1979/80); DERS., The Kyrie Trope, in: JAMS 33 (1980).

G. MASSENKEIL

L

LA, die sechste ↗Solmisations-Silbe, die im mittelalterlichen ↗Hexachord-System je nach Transposition die Töne a, d oder e bezeichnete. Im Französischen, Italienischen und Spanischen Bz. für den Ton ↗A.

LAAFF, Ernst, *4. 11. 1903 Wiesbaden; dt. Musikforscher und Musikpädagoge. Er studierte Musikwissenschaft in München, Berlin und Frankfurt am Main, wo er 1931 mit einer Arbeit über *Fr. Schuberts Sinfonien* promovierte. Nach Tätigkeiten als Musiklehrer, -kritiker und -redakteur war er 1938–56 Leiter der Zeitschriftenabteilung im Verlag B. Schott's Söhne in Mainz. Schon früh auch als Leiter von Sing- und Spielkreisen (mit historischen Instrumenten) hervorgetreten, gründete er 1946 (und leitete bis 1969) an der neu eröffneten Universität Mainz ein Collegium musicum, dessen Konzert- und Rundfunkaufführungen alter und neuer Musik viel beachtet wurden. 1948–72 war L. Direktor des Staatlichen Hochschulinstituts für Musik in Mainz (heute Fachbereich der Universität) und hat als einer der maßgebenden Musikpädagogen der beiden ersten Nachkriegsdezennien zu gelten. Die Universität Mainz ernannte ihn 1949 zum Honorarprofessor.

Schriften: *Schuberts h-moll-Symphonie,* in: Gedenkschrift H. Abert (Hl 1928); *Grenzen der Perfektion,* in: Melos 21 (1954); *W. Gieseking zum Gedächtnis* (Wie 1956); *Aus der Musiktradition des Rheingaus* (Bonn 1956); *Der musikalische Humor in Beethovens achter Symphonie,* in: AfMw 19/20 (1962/63); *Schuberts große C-Dur-Symphonie,* in: FS F. Blume (Kas 1963); *Prozeß um Mozarts „Entführung",* in: Symbolae historiae musicae. FS H. Federhofer (Mz 1971). – L. gründete u. redigierte 1948–55 die Zschr. *Das Musikleben* u. war Schriftleiter auch von *Musik im Unterricht* (in beiden Zschr. zahlreiche Art. v. L.).
Lit.: Musik im Unterricht 59 (1968) H. 11 (= FS E. L.).

LABAN, Rudolf von, * 15. 12. 1879 Preßburg, † 1. 7. 1958 Weybridge bei London; dt. Tanzpädagoge und Choreograph ung. Herkunft. L. studierte 1900–07 in Paris Tanz, Schauspiel und Bühnenmalerei. 1910 gründete er in München eine Schule für modernen Tanz. Während des 1. Weltkrieges arbeitete er in Zürich und war 1919–25 u. a. Ballettdirektor und Leiter eines Kammertanztheaters in Hamburg. Weitere Stationen seines Wirkens waren Bayreuth (Festspiele 1930–31) und Berlin, wo er 1930–34 Ballettdirektor der Staatsoper war und 1936 Bewegungschöre der Olympischen Spiele leitete. 1938 emigrierte er nach England. 1942 gründete er in Manchester ein „Art of Movement Studio" und 1953 in London einen „R. von L. Trust". L. gehörte zu den Begründern eines musikalischen Ausdruckstanzes, der weitgehend rhythmisch orientiert war. Grundlegend waren seine Arbeiten an einer Tanzschrift, die er selbst Kinetographie nannte und die auch unter de Bezeichnung „Labanotation" bekannt wurde (↗Choreographie). Von L. gingen auch starke Impulse zur Ausbildung einer Bewegungstherapie aus. M. Wigman und K. Jooss gehörten zu seinen bedeutendsten Schülern.

Schriften: *Choreographie* (Jena 1926); *Schrifttanz,* 2 Bde. (W 1928); *Ein Leben für den Tanz* (Dresden 1935); *Modern Educational Dance* (Lo 1948); *Principles of Dance and Movement Notation* (Lo 1956, Nachdr. Brooklyn/N. Y. 1970); *Choreutics* (Lo 1966).

Lit.: A. KNUST, Abriß der Kinetographie L.s (Mn 1942, NA H 1956); G. BALANCHINE, Ballettschrift, in: Ballett-H. (Bonn 1952) (= Musik der Zeit 2); K. JOOSS, Tanz in der Mitte des Jh., in: ebd.; A. HUTCHINSON – S. J. COHEN, Labanotation (NY 1954, revidiert 1970); V. M. PRESTON-DUNLOP, Readers in Kinetography L., Series A, 3 Bde. (Lo 1966); DIES., Practical Kinetography L. (Lo – NY 1969); S. THORNTON, A Movement Perspective of R. von L. (Lo 1971).

H. LINDLAR

LA BARRE, Michel de, * um 1675 Paris, † Ende 1743 ebd.; frz. Flötist und Komponist. Er wurde um 1695 Flötist der königlichen Kammer und Mitglied des Orchesters der Académie Royale de Musique. Er war einer der bedeutendsten Flötisten seiner Zeit. Seine Flötenwerke wie auch das Ballett *Le triomphe des arts* und überaus zahlreiche Airs sérieux und Airs à boire waren weit verbreitet.

WW (teilw. mit mehreren Aufl.): 3 Bücher *Pièces en trio* für V., Fl. u. Ob. (P 1694–1707); *Pièces pour la flûte traversière* mit B.c. (P 1702), 2 weitere Bücher mit gleichem Titel (P 1710); 12 Bücher (bzw. *Suites)* für 2 Fl. ohne Baß (P 1709–25). – Ballette: *Le triomphe des arts* (Libr.: Houdar de la Motte), UA und

Druck: Paris 1700; *La Vénitienne* (Libr.: ders.), UA u. Druck: Paris 1705. – *Airs à boire* für 2 St. (P 1724); zahlr. Airs u. Chansonettes auch in vielen Sammeldrucken 1694–1730.

Ausg.: *Sonate dite l'inconnue* für Fl. u. Cemb., hrsg. v. R. VIOLLIER (G 1952); Suite e-moll, hrsg. v. K. ZÖLLNER (H 1962) (= Fl.-Duette alter Meister 2); Sonate für 2 Fl., 2 Ob. oder 2 V., hrsg. v. R. VIOLLIER (Wilhelmshaven 1964); Suite für Fl. u. B.c., in: H. BECK, Die Suite (Kö 1964) (= Das Musikwerk 26).

Lit.: A. CURTISS, Musique classique française à Berkeley. Pièces inédites de L. Couperin, Lebègue, La B. etc., in: RMie 56 (1970); J. M. HUSKINSON, „Les Ordinaires de la musique du Roi", M. de la B., M. Marais et les Hotteterres, d'après un tableau du début du XVIIIe siècle, in: Rech. Mus. 17 (1977).

LA BARRE (eig. Chabanceau, genannt La Barre, später Chabanceau de La Barre), frz. Musikerfamilie. – Von besonderer Bedeutung waren: **1) Pierre (III),** * 27. 1. 1592 Paris, beerdigt 31. 3. 1656 ebd. Er war seit etwa 1630 Kapell- und Kammerorganist König Ludwigs XIII. und bis 1642 auch Cembalist der Königin. Er wurde von M. Mersenne geschätzt und stand in Briefwechsel mit C. Huygens. In seinem Hause veranstaltete er zusammen mit seinen Kindern Concerts spirituels.

WW: Courante für Laute, in: J.-B. Bésard, Novus partus (Au 1617); *Tu crois, ô beau soleil* für Cemb. oder Org., in: M. Mersenne, Harmonie universelle. Traité des instruments (P 1636), Faks.-Ausg. 3 Bde. (P 1963); dass., in: A. Kircher, Musurgia universalis 1 (R 1650, Faks.-Ausg. Hil 1970).

2) Anne, Tochter von 1), getauft 3.7.1628 Paris, † nach 1688 ebd. Sie wurde als Sängerin in den von ihrem Vater veranstalteten Konzerten bekannt. Seit 1652 lebte sie in Den Haag, 1653–54 in Schweden, anschließend in Dänemark und Kassel. Nach Frankreich zurückgekehrt, wurde sie 1661 Sängerin der Kammer. – **3) Joseph,** genannt le Cadet, Sohn von 1), getauft 21. 5. 1633 Paris, † 1678 ebd. Er begleitete seine Schwester Anne auf ihren Reisen ins Ausland. 1656 wurde er in Paris als Nachfolger seines Vaters Organist der Königlichen Kapelle und erhielt vom König als Pfründe die Abtei St-Hilaire bei Narbonne.

WW: *Airs à deux parties, avec les seconds couplets en diminution* (P 1669); weitere Airs in: RISM 1665[4] u. 1695[3].

4) Pierre (V), Sohn von 1), getauft 18.10.1634 Paris, † Ende November 1710 ebd. Er war seit 1655 Lauten- und Theorbenspieler der königlichen Kammer und wurde später Basse de viole der Kapelle Königin Maria-Theresias. 1697 wurde er geadelt, doch hatte sich auch schon Pierre III. „Chabanceau de L." genannt. Einige Werke von L. sind hsl. erhalten (u. a. in London, British Museum).

Ausg.: **Zu 1):** Courante für Laute, in: J. TIERSOT, Une famille de musiciens français au XVIIe siècle, in: RMie 11 (1927); 2 Couranten u. eine Sarabande für Org., hrsg. v. J. BONFILS, in: L'organiste liturgique (P 1958) Nr. 18. – **Zu 4):** 2 Allemanden, hrsg. v. F. RAUGEL, in: Les Maîtres français de l'orgue II (P 1939); Œuvres de Vaumeslin ... L., hrsg. v. A. SOURIS – M. ROLLIN – J. M. VACCARO (P 1974).

Lit.: Y. DE BROSSARD, Musicien de Paris 1535–1792 (P 1965); M. LE MOEL, Les Chabanceau de L. (Diss. Paris, École de Chartes [o. J.]).

LABARRE (eig. Berry), **Théodore François Joseph,** * 24.3.1805 Paris, † 9.3.1870 ebd.; frz. Harfenist und Komponist. L. war in Paris Schüler u. a. von J. G. Cousineau, R. N. Ch. Bochsa und Fr. A. Boieldieu. Nach seiner Tätigkeit als Kapellmeister 1847–49 an der Opéra-Comique wurde er 1851 Inspecteur accompagnateur der Chapelle Impériale und 1867 Harfenlehrer am Conservatoire. Außer Stücken für Harfe komponierte er zahlreiche Romanzen sowie 5 Opern und 5 Ballette. Das für Maria Taglioni geschriebene Ballett *La Révolte des femmes* (1831) regte H. Berlioz zu seiner ersten Musikkritik an (1833).

LA BASSÉE ↗Adam de la Bassée.

L'ABBÉ (eig. Saint-Sevin), **Joseph Barnabé,** genannt L'Abbé le Fils, * 11.6.1727 Agen, † 25.7. 1803 Paris; frz. Violinist. Er war Schüler seines Vaters, des Violoncellisten Pierre Philippe L. († 1768), und von J.-M. Leclair. 1739 wurde er Violinist an der Opéra-Comique, spielte 1742–62 an der Opéra in Paris und 1741–53 im Concert spirituel. L.s hochentwickelte Violintechnik, die ihn als einen der bedeutendsten Vorläufer N. Paganinis auszeichnet, wird vor allem durch die 6 Violinsonaten (um 1764) belegt. Seine *Principes du violon* (P 1761) gehören neben den Werken von Fr. Geminiani und L. Mozart zu den wichtigsten Violinschulen ihrer Zeit. L.s Onkel Pierre († 1777) war wie sein Vater Violoncellist (an der Pariser Opéra und an der Ste-Chapelle).

WW: Sonaten u. *Airs variés* für V. (P 1748 u. um 1763); Sonaten für V. u. Baß (P o. J.); 3 Slgen. *Airs françois et italiens avec des variations* für 2 V. oder andere Instr. (P 1754–60); *Simphonies* für 3 V. u. Baß (P um 1754); *Minuets de ... Exaudet et Granier* für Orch. (Lo 1764). – Lehrwerke: *Principes du violon pour apprendre le doigté ... et les différends agréments* (P 1761, [2]1772); *Très facile méthode ... Sehr leichte Art, auf der Violin aus allen Tönen des Flautino zu spielen* (W o. J.).

Ausg. *Principes du violon* 1761, Faks.-Ausg., hrsg. v. A. WIRSTA (P 1961, Nachdr. G 1976).

Lit.: L. DE LA LAURENCIE, L'école française de violon 2 (P 1923, Nachdr. G 1971); B. S. BROOK, La symphonie française (P 1962); D. D. BOYDEN, The History of Violin Playing from its Origins to 1761 (Lo 1965, dt. Mz 1973).

LABIALPFEIFEN, Lippenpfeifen (von lat. labium = Lippe), Bz. für die wichtigste und anteilsmäßig größte Gruppe von Pfeifen der Orgel aus Metall oder Holz, bei denen der Ton durch wirbelartige Brechung des Spielwinds an der Kante des Oberlabiums und longitudinale Schwingungen der Luftsäule im Pfeifenkörper erzeugt wird (ähnlich wie bei der Blockflöte und im Unterschied zu den ↗Lingualpfeifen). Ihre wichtigsten Teile sind: der trichterförmige Fuß mit der Fußöffnung (Windrohr bei Holzpfeifen), das Labium (Unter- und Oberlabium) mit dem dazwischenliegenden Aufschnitt und Kern (abgeschrägte Metallplatte im Pfeifeninnern bzw. keilförmiges Holzstück bei Holzpfeifen; der aus der Kernspalte zwischen Kern und Unterlabium austretende Orgelwind bricht sich an der Kante des Oberlabiums) und der eigentliche Pfeifenkörper. Das obere Ende des Pfeifenkörpers kann mit einem „Hut" (bei Metallpfeifen) oder einem Spund (bei Holzpfeifen) verschlossen (↗gedackt) bzw. der Hut mit einem offenen Röhrchen versehen sein (↗halbgedackt). Zusätzlich werden oft zu beiden Seiten des Aufschnitts kleine Metallplättchen (Bärte) angebracht, um eine bessere An-

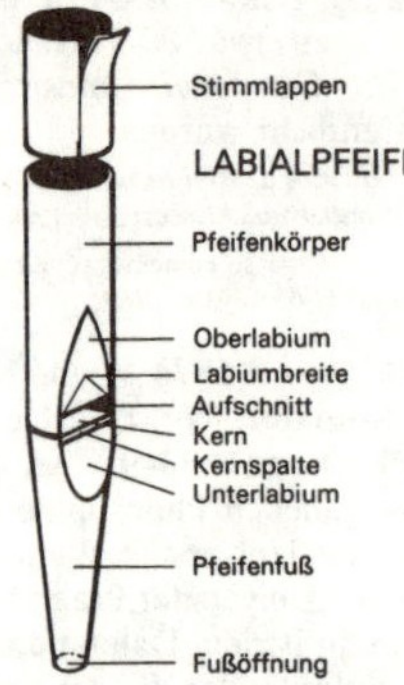

sprache der Pfeifen zu ermöglichen. Das Einstimmen der Pfeifen erfolgte bis zum 18. Jh. durch möglichst präzises Zuschneiden der Pfeifenlänge auf die gewünschte Tonhöhe; kleinere Korrekturen waren durch Ein- oder Ausreiben der Pfeifenmündung möglich. Als sich im 19. Jh. vermehrt die Notwendigkeit ergab, vorhandenes Pfeifenwerk auf eine veränderte Stimmtonhöhe umzustellen, kamen bei den offenen Pfeifen Stimmschlitze, d. h. Einschnitte am oberen Pfeifenrand, in Gebrauch; die dadurch entstehende Metallzunge kann ein- oder ausgerollt werden. Daneben werden auch verschiebbare Stimmringe verwendet. Offene Holzpfeifen werden durch verstellbare Deckel gestimmt, halb- und vollgedackte Pfeifen (Holz und Metall) durch Verschieben des Hutes oder Spundes. – Die L. unterteilen sich in offene, gedackte und halbgedackte Pfeifen. Sowohl bei den offenen als auch bei den gedackten haben sich verschiedenste Formen entwickelt: zylindrische, konische, trichterförmige, zylindrisch-konische. Falls die zur Verfügung stehende Höhe nicht ausreicht, können die Pfeifen gekröpft (abgewinkelt) werden. – Außer ihrer Form sind die L. nach Funktion und Klangfarbe in 3 Gruppen unterteilt: Zum ↗Engchor zählen Stimmen von geringer Verschmelzungsfähigkeit (größtenteils offene zylindrische Metallpfeifen oder offene Holzpfeifen, z. B. Prinzipale mit ihren Oktaven und Klangkronen), zum Weitchor (↗Flötenchor) stark verschmelzungsfähige Stimmen mit großer Fülle und Tragfähigkeit (z. B. Flöten und ↗Aliquotstimmen), zum Solochor obertonreiche Stimmen enger Mensur (z. B. streichende Stimmen).

LABLACHE, Luigi, * 6. 12. 1794 Neapel, † 23. 1. 1858 ebd.; it. Sänger (Bariton) frz. Abstammung. Er debütierte 1812 als Baßbuffo am Teatro San Carlino in Neapel. Nach weiteren Gesangsstudien kam er 1813 nach Messina, später nach Palermo und sang 1817 an der Mailänder Scala, wo er 1821 als Dandini in *Cenerentola (Aschenbrödel)* von G. Rossini gefeiert wurde. 1824–27 sang er in Wien, anschließend wieder am Teatro San Carlino und wurde 1830 nach London verpflichtet. Noch im selben Jahr trat er im Théâtre-Italien in Paris auf, an das er 1834 fest engagiert wurde. Daneben sang er, als Sänger und Darsteller mit sensationellem Erfolg, ständig in London und in der englischen Provinz und 1852 auch in St. Petersburg. 1843 kreierte er die Titelrolle von G. Donizettis *Don Pasquale.* Zu seinen wichtigsten Rollen gehörte auch der Don Geronimo in *Il matrimonio segreto* von D. Cimarosa. Fr. Schubert schrieb für ihn 1827 die 3 italienischen Gesänge nach P. Metastasio (D 902).

Lit.: A. SOUBIÈS, Le Théâtre-Italien (P 1913); H. WEINSTOCK, L. L., in: Opera 17 (Lo 1966).

LABORDE (La Borde), **Jean Benjamin de,** * 5. 9. 1734 Paris, † 22. 7. 1794 ebd. (guillotiniert); frz. Komponist und Musikschriftsteller. L. war als Komponist Schüler von J.-Ph. Rameau. 1762 wurde er Kammerherr Ludwigs XV., 1773 Gouverneur des Louvre und 1774 bis zum Tod des Königs Generalpächter. Bedeutender als seine Kompositionen sind die Schriften. L.s enzyklopädisch angelegter *Essai sur la musique ancienne* nimmt einen wichtigen Platz in der im Geist der Aufklärung stehenden frühen französischen Musikgeschichtsschreibung ein.

WW: **1) Kompositionen:** Zahlr. Bühnen-Werke (Tragédies lyriques, Comédies, Opéras bouffons, Pastorales, ein Ballett), sämtlich in Paris aufgeführt. Ferner mehrere Slgen. mit Chansons für SingSt mit versch. Instr. sowie Trios für 2 V. u. Baß (P 1765). – **2) Schriften:** *Essai sur la musique ancienne et moderne,* 4 Bde. (P 1780); *Mémoires sur les proportions musicales, le genre enharmonique des Grecs et celui des modernes* (P 1781); *Mémoires histori-*

ques sur R. de Coucy (P 1781); *Autobiographie sous forme de Lettre de L. B. à Champein, de sa prison* (1793).

Lit.: E. HARASZTI, J. B. de L. et la musique hongroise, in: RMie 19 (1935); J. WARMOES, L'exemplaire de l',,Essai sur la musique ancienne et moderne" de J.-B. de L. annoté par Grétry (à la Bibl. Royale de Bruxelles) (Löwen 1956).

LABROCA, Mario, * 22. 11. 1896 Rom, † 1. 7. 1973 ebd.; it. Komponist. L. studierte bei O. Respighi und G. Fr. Malipiero und wirkte 1922–36 als Musikkritiker. 1936–44 war er Intendant des Maggio Musicale Fiorentino, 1946–47 künstlerischer Leiter des Teatro La Fenice in Venedig und 1947–49 der Mailänder Scala sowie 1949–58 Programmdirektor für Musik beim italienischen Rundfunk. 1959 übernahm er erneut die künstlerische Leitung des Teatro La Fenice. Außerdem war er 1959 und 1962 Präsident des International Music Council. L., der als Komponist einer gemäßigten Moderne zuzurechnen ist, setzte sich in den letzten Lebensjahren besonders auch für eine breitgefächerte Musikpflege in Italien ein.

WW: **1) Kompositionen:** Klv.-Stücke u. Kammermusik; Sinfonia für Kammerorch. (1925); Lieder; 3 Passionskantaten nach Johannes (1950) für Bar., Chor u. Orch.; *8 Madrigali di Tomaso Campanella* (1958) für Bar. u. Orch. – Opern: *La principessa di Perepepè*, UA: Rom 1927; *Le tre figliuole di Pinco Pallino*, UA: ebd. 1928; ferner Bühnenmusik. – **2) Schriften:** *Parole sulla musica* (Mi 1954); *Malipiero, musicista veneziano* (V 1957); *Arte di Toscanini* (Tn 1966).

LA BRUCHOLLERIE, Monique Adrienne Marie Yver de, * 20. 4. 1915 Paris, † 15. 12. 1972 ebd.; frz. Pianistin. Sie studierte bei E. von Sauer in Wien und A. Cortot in Paris und errang nach ihrem Debüt 1933 mehrere Preise internationaler Wettbewerbe (1937 Warschau, 1938 Brüssel). Ein schwerer Autounfall 1966 in Rumänien setzte ihrer großen Karriere ein Ende.

LACÉPÈDE (La Cépède), **Bernard Germain Étienne de la Ville-sur-illion,** Comte de, * 20. 12. 1756 Agen, † 6. 10. 1825 Épinay; frz. Naturforscher und Komponist. Er erhielt seine erste musikalische Ausbildung in Agen und ging dann nach Paris, wo er sich auf Anraten Chr. W. Glucks bei Fr. J. Gossec weiterbildete. Seine Kompositionen, darunter mehrere Opern, hatten jedoch wenig Erfolg. Bedeutender waren seine Schriften zur Musik. Mit J. le Rond d'Alembert korrespondierte er über Probleme der Harmonielehre. Die Musik ist für ihn eine deskriptive Kunst: sie soll die Natur nachahmen und Echo der menschlichen Leiden und Freuden sein.

WW: **1) Kompositionen:** Opern: *Armide*, UA: Paris 1775; *Omphale*, UA: ebd. 1776; *Télémaque*, UA: ebd. 1785; *Scanderberg*, UA: ebd. 1785; *Alcine; Cyrus*. – **2) Schriften:** *La poétique de la musique* (P 1785, ³1797); *Réflexions sur les progrès que la musique a encore à faire* (hsl. Arch. du Lot-et-Garonne).

Ausg.: *La poétique de la musique* 1785, Faks.-Ausg. (G 1970).

Lit.: O. F. SALOMAN, Aspects of ,,Gluckian" Operatic Thought and Practice in France. The Musico-Dramatic Vision of Le Sueur and L. 1785–1809 in Relation to Aesthetic and Critical Tradition (1970) (= Diss. Columbia Univ. New York); DERS., L.'s La poétique de la musique and Le Sueur, in: AMl 47 (1975).

LACERDA, Francisco de, * 11. 5. 1869 Ribeira Seca (Azoren), † 18. 7. 1934 Lissabon; port. Dirigent und Komponist. L. studierte zunächst am Conservatório Nacional in Lissabon, seit 1895 in Paris am Conservatoire und seit 1897 u. a. bei V. d'Indy an der Schola Cantorum, wo er später Klassen für Vokal- und Instrumentalensemble leitete. Außerdem nahm er an Dirigierkursen von A. Nikisch und H. Richter teil und wirkte zeitweilig als Assistent bei den Bayreuther Festspielen mit. 1923 gründete er das Philharmonische Orchester Lissabon. Als Dirigent wurde er vor allem in Frankreich bekannt. Zu seinen Schülern gehörte E. Ansermet. L. sammelte auf den Azoren etwa 500 Volkslieder, die unter dem Titel *Le Cancioneiro musical português* teilweise veröffentlicht wurden.

WW: Klv.-Stücke *Epitáfios* u. *Anteriana;* Org.-Werke; symphonische Dichtungen *Almourol* u. *Alcácer;* Ballette u. Bühnenmusik.

Lit.: F. DE SOUSA, Exposição comemorativa do primeiro centenário do nascimento F. de L. (Lis 1969).

LACH, Robert, * 29. 1. 1874 Wien, † 11. 9. 1958 Salzburg; östr. Musikforscher. Er erhielt seine musikalische Ausbildung 1893–99 bei R. Fuchs in Wien, studierte daneben Philosophie und Musikwissenschaft an der Universität Wien und promovierte 1902 an der Universität Prag. Anschließend lebte er bis 1909 in Istrien, Dalmatien und Italien. 1911 wurde er Volontär der Wiener Hofbibliothek, deren Musiksammlung er 1912–20 leitete, habilitierte sich 1915 an der Universität, war dort seit 1920 außerordentlicher Professor für Vergleichende Musikwissenschaft, Psychologie und Ästhetik der Tonkunst und lehrte seit 1924 auch an der Musikakademie. 1927–39 war er als Nachfolger G. Adlers Ordinarius und Leiter des Musikwissenschaftlichen Instituts der Universität und hatte noch bis 1945 einen Lehrauftrag. Seit 1918 war er korrespondierendes Mitglied der Akademie der Wissenschaften in Wien, seit 1925 der Deutschen Akademie in München. L. trat auch mit zahlreichen Kompositionen nachromantischer Stilrichtung hervor. Zu seinem 80. Geburtstag wurde er mit einer Festschrift geehrt.

Schriften: *Stud. zur Entwicklungsgesch. der ornamentalen Melopöie* (L 1913); *W. A. Mozart als Theoretiker* (W 1918) (= Wiener Akad. der Wiss., philos.-hist. Klasse 61); *Das Inhaltsproblem in der Musikästhetik*, in: FS H. Kretzschmar (L 1918); *Die vergleichende Musikwiss., ihre Methoden u. Probleme* (W 1924); *Vergleichende Kunst- u. Musikwiss.* (W 1925); *Das Konstruktionsprinzip der Wiederholung in Musik, Sprache u. Lit.* (W 1925);

Gregor. Choral u. vergleichende Musikwiss., in: FS P. Wagner (L 1926); *Das Ethos in der Musik Schuberts* (W 1928); *Tempelgesänge*, in: FS J. Wolf (B 1929); *Das Ethos in der Musik v. J. Brahms*, in: Neues Simrock-Jb. 3 (1930–34); *Mozart und die Gegenwart*, in: Ber. über die musikwiss. Tagung der Int. Stiftung Mozarteum in Salzburg 1931 (L 1932).

LÄCHELN AM FUSSE DER LEITER, DAS *(Sorriso ai piedi d'una scala)*, Oper in 2 Akten und 5 Bildern von Antonio Bibalo (* 1922); Text vom Komponisten nach der gleichnamigen Novelle von Henry Miller. Ort und Zeit der Handlung: ein Wanderzirkus in der Gegenwart. UA: 6. 4. 1965 als Auftragswerk für die Hamburgische Staatsoper. Bibalo bezeichnet sein erstes Bühnenwerk als „das einfache Drama des Mitleids und gleichzeitig ein Drama von Selbstidentifikation". Im Zentrum steht das Psychogramm eines Außenseiters, des Clowns Augusto, der an der selbstgestellten Aufgabe, den Menschen das Lächeln zu schenken, scheitern muß, weil er nicht zu sich selbst findet. Die Schwierigkeit, die Vorlage in ein wirkungsvolles Libretto umzugestalten, vor der Henry Miller kapitulierte, führte zu einigen Schwächen in der Darstellung der psychischen Disposition des Protagonisten. Es überwiegen jedoch bühnenwirksame und stimmungsvolle Passagen wie die ausgedehnte Zirkusszene mit zahlreichen Balletteinlagen und Augustos Traumvision, in denen sich das Einfühlungsvermögen und Bühnentalent des Komponisten offenbaren. Die in frei gestalteter Zwölftontechnik komponierte Musik wird meist zur sparsamen Ausdeutung des Textes eingesetzt, woran sich Bibalos Schulung am Werk A. Bergs zeigt. Nach der außergewöhnlich guten Aufnahme (34 Vorhänge) durch das Hamburger Premierenpublikum konnte sich das Werk in kürzester Zeit auch über Deutschland hinaus durchsetzen.

TH. MENGER

LACHENMANN, Helmut Friedrich, * 27. 11. 1935 Stuttgart; dt. Komponist und Pianist. Er studierte 1955–58 an der Musikhochschule Stuttgart Klavier und bei J. N. David Theorie und Kontrapunkt, war 1958–60 einziger Kompositionsschüler L. Nonos in Venedig und lebte 1961–66 als freischaffender Komponist und Pianist in München. 1965 arbeitete er im Elektronischen Studio der Universität Gent. 1966–70 war er Theorielehrer an der Musikhochschule Stuttgart, wurde 1970 Dozent (1972 Professor) an der Pädagogischen Hochschule in Ludwigsburg und lehrte seit 1976 als Professor für Komposition an der Musikhochschule Hannover. Außerdem leitete er 1972–73 eine Meisterklasse für Komposition an der Universität Basel. 1981 wurde er Professor für Komposition und Theorie an der Musikhochschule Stuttgart.

WW: **1) Instr.-WW:** Rondo für 2 Klv. (1957); *Echo Andante* (1961), *Wiegenmusik* (1963) u. *Guero* (1970) für Klv.; *Interieur I* (1966) für einen Schlagzeuger; Streichtrio (1965); *Trio fluido* (1966) für Klar. solo, Va. u. Schlagzeug; *Gran Torso* (1972), Musik für Streichquartett; *Introversion I* (1963) für 6 Instr. u. *II* (1964); *5 Strophen* (1961) für 9 Instr. – Elektronische Musik *Szenario* (1965). – *Souvenir* (1959) für 41 Instr.; Notturno (1968) für kleines Orch. u. Vc. solo; *Air* (1969) für Schlagzeug u. großes Orch.; *Kontrakadenz* (1971) für großes Orch.; *Klangschatten – „mein Saitenspiel"* (1972) für 48 Str. u. 3 Konzertflügel; *Fassade* (1973) für großes Orch.; *Schwankungen am Rand* (1975) für 4 Trp., 4 Pos., 2 Klv., 2 elektrische Gitarren, 4 Donnerbleche, 24 V., 10 Va. u. 6 Regler; *Accanto* (1976) für Klar. solo u. Orch.; *Tanzsuite mit Deutschlandlied* (1980) für Orch. mit Streichquartett. – **2) Vokal-WW:** *Consolation I* (1967) (Text: E. Toller) für 12 St. u. 4 Schlagzeuger; *Consolation II* (1968) (Wessobrunner Gebet) für 16 St.; *temA* (1968) für St., Fl. u. Vc.; *Les Consolations III* u. ... *IV* (1968 u. 1978) für 16 St. u. Orch. – **3) Schriften:** *Klangtypen der neuen Musik*, in: ZfMth 1 (1970); *Luigi Nono oder Rückblick auf die serielle Musik*, in: Melos 38 (1971); *Zum Verhältnis Kompositionstechnik – gesellschaftlicher Standort*, in: Kgr.-Ber. Stuttgart 1971 (St 1972); *Bedingungen des Materials – Stichworte zur Praxis der Theoriebildung* (Mz 1978) (= Darmstädter Beitrag zur Neuen Musik 17); *Vier Grundbestimmungen des Musikhörens*, in: Neuland 1 (1980).

L. versteht seine Musik einerseits als „Resultat material-immanenter Auseinandersetzung" in der Dialektik von Form und Klang, andererseits immer auch als „Niederschlag von mechanischen Handlungen und Vorgängen". Stilistisch zieht er vor allem serielle Verfahren heran, jedoch ohne sich ihnen sklavisch zu unterwerfen. Musikalische Struktur, verstanden als „Polyphonie von Anordnungen", ist für L. nur insofern sinnvoll, als sie auf „Wirklichkeiten und Möglichkeiten um uns und in uns selbst" hinweist und als Modell für die Freiheit des Menschen dienen kann.

Lit.: U. STÜRZBECHER, H. L., in: Werkstattgespräche mit Komponisten (Kö 1971); R. OEHLSCHLÄGEL, Z. B. H. L. Der Versuch eine neue ästhetische Quelle zu formulieren, in: Musica 26 (1972).

B. A. KOHL

LACHNER. – 1) Franz, * 2. 4. 1803 Rain am Lech (Oberbayern), † 20. 1. 1890 München; dt. Komponist und Dirigent. Nach erstem Musikunterricht bei seinem Vater, der Stadtorganist in Rain war, kam er 1822 nach München, wo er als Organist, Musiklehrer und Orchestermitglied des Isarthortheaters tätig war. Daneben nahm er Kompositionsunterricht bei J. K. Ett. 1823 beteiligte er sich erfolgreich bei einem Wettbewerb um die vakante Organistenstelle an der evangelischen Kirche in Wien. S. Sechter, der zur Prüfungskommission gehörte, wurde sein Lehrer. 1826 erhielt L. die Stelle des Vizekapellmeisters, 1828 die des 1. Kapellmeisters am Kärntnerthor-Theater. Er trat in freundschaftliche Beziehungen zu bedeutenden Persönlichkeiten Wiens, darunter besonders zu Fr. Schubert und Moritz von Schwind. 1834 wurde er Hofkapellmeister in Mannheim, folgte jedoch schon 1836 einem Ruf an das Hoftheater nach München. Hier entfaltete er in rund drei Jahrzehnten eine bemerkenswerte Aktivität als Operndirigent, Leiter der Musikalischen Akademien im Odeon sowie der Kirchenmusik in der Allerheiligenhofkapelle. 1852 wurde er in München GMD, 1863 Dr. phil. h. c. und 1883 Ehrenbürger der Stadt. Als entschiedener Gegner der Neudeutschen Schule suchte L. nach der Berufung R. Wagners und H. von Bülows an die Münchner Oper um seine Pensionierung nach, die ihm 1868 gewährt wurde.

WW: **1) Instr.-WW:** Orgelstücke; Trios; Suite für V. u. Klv.; 7 Streichquartette (1843–76); 2 Klv.-Quintette (1868, 1869); Septett (1824); Bläseroktett (1850); Nonett (1875). – 8 Symphonien (1828–50); 8 Orch.-Suiten (1861–81). – **2) Vokal-WW:** Lieder; Messen u. Motetten; Oratorien *Die vier Menschenalter* (1829) u. *Moses* (1833); Requiem (1856); 2 Stabat mater (1856, 1874). – **3) Bühnen-WW:** Opern: *Die Bürgschaft,* UA: Budapest 1828; *Alidia,* UA: München 1839; *Catharina Cornaro,* UA: ebd. 1841; *Benvenuto Cellini,* UA: ebd. 1849.

L., ein Dirigent und Orchestererzieher von außergewöhnlichem Rang, war besonders wegen seiner Beethoven-Aufführungen berühmt. Als Komponist wurde L., der neben seinen Vorbildern L. van Beethoven und Fr. Schubert auch Einflüsse von L. Spohr, F. Mendelssohn Bartholdy und G. Meyerbeer aufnahm, besonders durch seine 8 Orchestersuiten von Bedeutung, die wesentlich zur Wiederbelebung dieser Gattung beitrugen. Hinter diesen stehen seine 8 Symphonien an Bedeutung weit zurück. Von seinen 4 Opern fand *Catarina Cornaro,* eine Große Oper im Stil Meyerbeers, größere Resonanz. Auch seine Kirchenmusik (besonders das Requiem) sowie sein Liedschaffen verdienen Beachtung.

2) Ignaz, Bruder von 1), * 11.9.1807 Rain am Lech, † 24.2.1895 Hannover; dt. Komponist und Dirigent. Er wurde in Augsburg und München ausgebildet und folgte seinem Bruder 1824 nach Wien, wo er Nachfolger in dessen Organistenstelle und Kapellmeister am Kärntnerthor-Theater wurde. 1831 wurde er Hofmusikdirektor in Stuttgart, 1842 2. Kapellmeister an der Münchner Hofoper, 1853 1. Kapellmeister am Theater in Hamburg und 1858 Hofkapellmeister in Stockholm. 1861–75 wirkte er als Dirigent in Frankfurt am Main.

WW: Kammermusik, darunter 6 Trios für Klv., V. u. Va.; Kirchenmusik und Orch.-Werke. – 5 Singspiele *Alpenszenen* (um 1850); Opern, u. a.: *Der Geisterturm,* UA: Stuttgart 1837; *Die Regenbrüder,* UA: ebd. 1839; *Loreley,* UA: München 1846.

Als Dirigent bei weitem nicht so bekannt wie seine Brüder, errang L. als Komponist mit den ländlichen Singspielen *Alpenszenen,* die in ihrer schlichten Melodik sich dem bayerisch-alpenländischen Volkslied anpassen, einen gewissen Erfolg. Am bemerkenswertesten sind seine 6 Trios für Klavier, Violine und Viola, die auch innerhalb der Gattung einen beachtlichen Rang einnehmen.

3) Vinzenz, Bruder von 2), * 19.7. 1811 Rain am Lech, † 22.1.1893 Karlsruhe; dt. Dirigent und Komponist. Er kam 1830 als Musiklehrer des Grafen Mycielski nach Posen. 1834 folgte er seinem Bruder Franz als Kapellmeister am Kärntnerthor-Theater in Wien nach und übernahm auch 1836 dessen Dirigentenstelle in Mannheim, die er mit kurzen Unterbrechungen bis zu seiner Pensionierung (1873) innehatte. Wie sein Bruder Franz war auch er ein vorzüglicher Orchestererzieher und Dirigent klassischer Werke, während ihm der Zugang zum Schaffen der Neudeutschen Schule verschlossen blieb. Von seinen Vokal- und Instrumentalkompositionen sind besonders die Chöre sowie die Brahms gewidmeten 12 Ländler für Klavier hervorzuheben.

Lit.: A. WÜRZ, L., in: MGG VIII. – **Zu 1):** F. STETTER, Werkverz., in: M. Chop, Zeitgenössische Tondichter II (L 1890). – L. K. MAYER, F. L. als Instrumentalkomponist (Diss. Mn 1922); A. WÜRZ, F. L. als dramatischer Komponist (Diss. Mn 1927); G. WAGNER, F. L. als Liederkomponist (Giebing 1970) (= Schriften z. Musik 3); H. FEDERHOFER, Briefe von F. u. V. L. an F. u. Betty Schott, in: FS L. Strecker (Mz 1973). – **Zu 2):** C. KREBS, in: Allgemeine Dt. Biogr. 51 (1906); H. MÜLLER, I. L. (Celle 1974) (mit Werk-Verz.). – **Zu 3):** F. WALTER, Briefe V. L.s an H. Levi (Mannheim 1931).

G. WAGNER

LACHNITH, Ludwig Wenzel, * 7.7.1746 Prag, † 3.10.1820 Paris; böhmischer Hornist und Komponist. L. war zunächst Hofmusiker des Herzogs von Zweibrücken. 1773 trat er im Concert spirituel in Paris auf und wurde Kompositionsschüler von Fr.-A. D. Philidor. 1781 ließ er sich endgültig in Paris nieder. L. wurde außer durch seine Instrumentalwerke vor allem durch Opern-Pasticci bekannt, von denen *Les mystères d'Isis* (1801, mit Musik aus mehreren Werken W. A. Mozarts) zu einer Zeit große Erfolge hatten, in der die Opern Mozarts in ihrer Originalgestalt noch wenig bekannt waren.

WW: Außer weiteren Pasticci (u. a. nach Werken v. A. Salieri) Instr.-Werke (in Paris gedruckt): Sonaten für Cemb. oder Klv. u. V. sowie für Harfe u. V.; Trios für 2 V. u. Baß; *Quatuors concertants;* Konzerte für Cemb. oder Klv. u. Orch.; zahlr. Symphonien.

LACOMBE (eig. Trouillon-Lacombe), **Louis,** * 26.11.1818 Bourges, † 30.9.1884 St-Vaast-la-Hougue; frz. Pianist und Komponist. Er war seit 1829 Klavierschüler von P. J. G. Zimmermann am Pariser Conservatoire und erhielt dort 1831 den 1. Klavierpreis. 1832 unternahm er eine Konzertreise durch Europa und hielt sich 1834 in Wien auf, wo er sich bei K. Czerny weiterbildete. 1839 kehrte er nach Paris zurück und widmete sich der Komposition gefälliger und effektvoller Stücke. Seine Frau **Claudine** (* 17.1.1831, † 18.9.1902), eine unter dem Namen Andrée Favel bekannte Sängerin und

Pädagogin, schrieb eine Gesanglehre: *La science du mécanisme vocal et l'art du chant* (P 1876).

WW: Zahlr. Klv.-Stücke; Klv.-Trios d-moll u. a-moll; Klv.-Quintett, op. 26 (P o. J.); dramatische Symphonien *Manfred* (1847) u. *Arva* (1850), jeweils mit Soli u. Chören; Melodram *Sapho* (1878), Preiskantate der Pariser Weltausstellung. – Opern: *La madone*, UA: Paris 1861; *Winkelried*, UA: Genf 1892; *Le tonnelier de Nuremberg*, UA: Koblenz 1897; *Korrigane*, UA: Sondershausen 1901. – Ferner die Schrift *Philosophie et musique* (P 1896).

Lit.: H. BOYER, L. L. et son œuvre (P 1888); E. JONGLEUX, Un grand musicien méconnu, L. L. (Bourges 1935).

LADEGAST, Friedrich, * 30. 8. 1818 Hochhermsdorf (Sachsen), † 30. 6. 1905 Weißenfels; dt. Orgelbauer. Er lernte zunächst bei seinem Bruder Christlieb L. und arbeitete dann in den Werkstätten Kreutzbach in Borna, Mende in Leipzig und Zuberbier in Dessau und wurde mit den sächsischen Barockorgeln, vor allem G. Silbermanns, vertraut. Den elsässisch-französischen Orgelbau des 18. und frühen 19. Jh. lernte er durch die Werkstätten des Silbermann-Nachfolgers Wetzel in Straßburg und von A. Cavaillé-Coll in Paris kennen. 1846 ließ sich L. in Weißenfels nieder. 1855 baute er im Merseburger Dom die seinerzeit größte Orgel Deutschlands (4 Man., 81 Reg., verändert erhalten), die Fr. Liszt zu seinen großen Orgelwerken inspirierte und von den Zeitgenossen als der Beginn des deutschen hochromantischen Orgelbaus angesehen wurde. Bis 1898, als die Werkstatt von seinem Sohn Oskar L. übernommen wurde, entstanden über 200 Orgeln, u. a.: Leipzig, Nikolaikirche (1862; 4 Man., 85 Reg., teilweise erhalten); Schwerin, Dom (1871; 4 Man., 84 Reg., fast unverändert erhalten); Wien, Konzertsaal der Gesellschaft der Musikfreunde (1872; 3 Man., 55 Reg., Prospekt erhalten); Reval, Dom (1878; 3 Man., 54 Reg.). L. ging vom barocken Orgelbau aus und hat technische und musikalische Neuerungen nur zurückhaltend einbezogen. Die wenigen erhaltenen Werke weisen ihn als einen der bedeutendsten Orgelbauer überhaupt aus. Oskar L. führte die Werkstatt bis nach dem 1. Weltkrieg weiter.

Lit.: W. HAACKE, 100 Jahre L.-Orgel im Dom zu Schwerin, in: MuK 41 (1971); H. J. BUSCH, Zw. Tradition u. Fortschritt. Zu Orgelbau, Orgelspiel u. Orgelkomposition in Deutschland im 19. Jh., in: Mundus organorum. FS W. Supper (B 1978)

H. J. BUSCH

LĀDIQĪ, Muhammad al-, ibn ʿAbdalhamīd, * Ladikije (Syrien). Er lebte im 15. Jh. und ist der letzte bedeutende Gelehrte der mittelalterlichen arabischen Welt. Sein dem Sultan Bajazet II. (1481 bis 1512) gewidmeter Traktat *Risāla al-Fathīja* (Abhandlung über den Sieg) behandelt arabische Tonskalen, Rhythmen, Instrumente und die arithmetischen und geometrischen Grundlagen der Musik. Ein weiterer Musiktraktat (1483 vollendet) hat den Titel *Zain al-alhān fiʿilm at-ta'lif wa-l-auzān* (Melodienzier zur Kenntnis von Komposition und Metren).

Ausg.: Französische Übersetzung der Abh. *Risāla al-Fathīja*, in: R. D'ERLANGER, La musique arabe 4 (P 1939).

Lit.: H. G. FARMER, The Sources of Arabian Music (Bearsden 1940, revidiert Leiden 1965); C. BROCKELMANN, Gesch. der arabischen Lit. II (Leiden ²1949), Suppl. II (1938), III (1942); H. G. FARMER, Turkish Instruments of Music in the 15th Century, in: Journal of the Royal Asiatic Soc. (1940), Abdruck in: Oriental Studies, Mainly Music (Lo 1953) (zu den Instr. aus der „Fathīja").

LADURNER. – 1) Ignaz Anton, * 1.8.1766 Aldein bei Bozen, † 4.3.1839 Villein bei Massy (Essonne); östr. Pianist, Organist und Komponist. Er war 1776–82 Schüler seines Onkels Innozenz L. (1745–1807) im Kloster Benediktbeuern und 1782 bis 1784 als Nachfolger seines Vaters **Franz Xaver L.** (1735–82) Organist in Algund. Anschließend besuchte er bis 1785 das Lyceum Gregorianum in München. Dort lernte er die Gräfin Heimhausen, eine talentierte Pianistin, kennen, wurde von ihr als Partner engagiert und ging mit ihr 1786 nach Longeville bei Bar-le-Duc. 1788 ließ er sich in Paris nieder und wurde als Pianist, Klavierlehrer und Komponist rasch bekannt. D. Fr. E. Auber und A. P. Fr. Boëly waren seine Schüler. Von L. sind die Klavier-Werke wegen ihrer für ihre Zeit erstaunlichen rhythmischen und harmonischen Kühnheiten beachtenswert.

WW (gedruckt in Paris): Sonaten für Klv. zu 2 u. zu 4 Händen; Sonaten u. *Mélanges harmoniques* für Klv. u. V. – Oper *Wenzel*, UA: Paris 1793 (einzelnes daraus gedruckt P 1795 u. 1800); Opéra-comique *Les vieux fous*, UA: Paris 1796 (hsl. erhalten).

2) Josef Alois, Bruder von 2), * 7. 3. 1769 Algund, † 20. 2. 1851 Brixen; östr. Organist und Pianist. Er war ebenfalls Schüler in Benediktbeuern und in München. 1799 empfing er die Priesterweihe und wurde 1802 Hofkaplan in Brixen. Werke von L. (Klaviermusik) sind in österreichischen Bibliotheken zahlreich vertreten.

Lit.: G. DE SAINT-FOIX, Les premiers pianistes parisiens, J. A. L., in: RM (1926); M. BRIQUET, L., in: MGG VIII.

LADY BE GOOD!, amerik. Musical in 2 Akten von George Gershwin (1898–1937), Buch von Guy Bolton und Fred Thompson, Song-Texte von Ira Gershwin. Ort und Zeit der Handlung: eine amerik. Großstadt in den zwanziger Jahren. UA: 1.12. 1924 in New York (Liberty Theater); dt. EA (in dt. Sprache): 19.9.1976 in Dortmund (Städt. Bühnen); verfilmt 1941.

Lady be Good!, im gleichen Jahr wie die *Rhapsody in Blue* entstanden, war Gershwins erstes erfolgreiches Musical und markiert zugleich den Beginn der Zusammenarbeit mit seinem Bruder Ira, der von nun an zu sämtlichen Bühnenwerken und Filmschlagern die Texte schrieb. Die turbulente Handlung um ein armes Geschwisterpaar gab dem – echten – Geschwisterpaar Fred und Adele Astaire, die die Hauptrollen der Erstproduktion spielten, Gelegenheit, die tänzerischen Elemente des Werkes in den Vordergrund zu stellen, unterstützt von einer Reihe Gershwin-Evergreens wie das programmatische *Fascinating Rhythm* oder der Titel-Song *O, Lady be Good!*. Ein weiterer Gershwin -Weltschlager, *The Man I love,* wurde während der ‚tryouts' aus der Produktion genommen. Mit 330 Aufführungen en suite am Broadway war *Lady be Good!* eines der erfolgreichsten Musicals der zwanziger Jahre, auch in London (326 Vorstellungen, EA: 14.4. 1926, Empire Theatre), wo ebenfalls Fred und Adele Astaire die Hauptrollen spielten. Der in die Filmfassung eingebaute Song *The Last Time I saw Paris* von Jerome Kern wurde 1941 mit dem Oscar für den besten Filmschlager ausgezeichnet.

R.-M. SIMON – S. SIMON

LADY IN THE DARK, Musical play in 2 Akten von Kurt Weill (1900–50), Buch von Moss Hart, Gesangstexte von Ira Gershwin. Ort und Zeit der Handlung: Amerika, um 1940. UA: 23.1. 1941 in New York (Alvin Theatre), dt. EA (in dt. Sprache): 24.5.1951 in Kassel unter dem Titel *Das verlorene Lied;* verfilmt 1943 mit Ginger Rogers in der Hauptrolle.

Die erfolgreiche Moderedakteurin Norma Elliott gerät in eine schwere seelische Krise und wird von einem Psychoanalytiker geheilt. Das Stück zeichnet den Prozeß der Bewußtseinsaufhellung der Patientin nach; ihre Erinnerungen und bizarren Träume werden bis zu jenem Punkt rekonstruiert, an dem das Kindheitstrauma, die Ursache ihrer Krankheit, entdeckt wird. Weill fand in der Traumthematik zahlreiche Möglichkeiten angelegt, vielfältige musikalische Stile und Formen einzusetzen. Konzertante Abschnitte wechseln mit Songs; Jazzelemente geben vielen Nummern eine spezifisch amerikanische Prägung. Eindrucksvoll gelingt es Weill, das heterogene Material zu einer musikalischen Einheit zu verbinden, indem er die Suche nach dem Ansatzpunkt für eine Heilung symbolisch als Suche nach einem vergessenen Lied *(My Ship)* nachvollzieht. Bruchstücke der schlichten Melodie durchziehen das gesamte Werk, bis sich die Heldin im Augenblick ihrer Heilung an das vollständige Lied erinnert.

R. QUANDT

LADY MACBETH VON MZENSK *(Ledi Makbet Mzenskogo ujesda),* Oper in 4 Akten (9 Bildern) von Dmitri Schostakowitsch (1906–75), op. 29, Text von Alexander Preis und dem Komp. nach der 1865 erschienenen gleichnamigen Erzählung („Skizze") Nikolai Leskows. Ort und Zeit der Handlung: Landkreis Mzensk, um die Mitte des 19. Jahrhunderts. UA: 22.1.1934 in Leningrad (Kleines Staatl. Operntheater); EA in dt. Sprache: 29.1.1936 in Prag; dt. EA: 14.11.1959 in Düsseldorf.

Katerina Ismailowa, die Hauptfigur der Oper, begeht – obwohl sie doch eigentlich nach Zuneigung und Menschlichkeit strebt – in einer von Brutalität, Skrupellosigkeit und Zynismus beherrschten Welt eine Reihe entsetzlicher Verbrechen. Ebenso grotesk wie dieses Schicksal wirken die vielfältigen unaufgelösten Spannungen, die sich in Schostakowitschs Musik aus der „Montage" zum Klischee abgesunkener Ausdrucksmittel ergeben: Der Komponist nutzt hier extensiv die Möglichkeit, unterschiedliche Szenentypen sowie heterogene Stil- und Formmodelle der traditionellen Oper ironisch gebrochen aufzunehmen und zu verfremden, so daß auf diese Weise die ethisch-moralische Indifferenz der dargestellten Wirklichkeit mit besonderer Schärfe verdeutlicht wird. – Zwei Jahre nach der UA erschien in der *Prawda* eine vernichtende parteioffiziöse Kritik an diesem Werk; daraufhin von den Spielplänen abgesetzt, wurde es erst 1963 rehabilitiert, nachdem Schostakowitsch eine in sprachlichen und musikalischen Details „gemilderte" Fassung – unter dem Titel *Katerina Ismailowa* (op. 29/114); UA: 8.1. in Moskau – vorgelegt hatte. Im Westen aber wird neuerdings offensichtlich wieder die ursprüngliche Version bevorzugt. Dies zeigt neben der Londoner Gesamteinspielung unter M. Rostropowitsch (1978) auch die Wuppertaler Inszenierung der *Lady Macbeth* (1979).

E. FISCHER

LA FAGE (Lafage), **Juste Adrien Lenoir de,** * 28.3.1801 Paris, † 8.3.1862 Charenton (Val-de-Marne); frz. Musikforscher und Komponist. Er war Schüler von Fr. L. Perne und A.-É. Choron. 1828 reiste er als Stipendiat nach Rom, wo er als Schüler G. Bainis besonders die Vokalpolyphonie des 16. Jh. kennenlernte. Nach Paris zurückgekehrt, wurde er Kapellmeister an St-Étienne-du-Mont. Dort führte er als Neuerung Orgelbegleitung zum Gregorianischen Gesang ein. 1833–36 und 1845–51 hielt er sich erneut in Italien auf. Von L.s Lehrwerken und Schriften waren die *Histoire de la musique* und die *Essais de diphthérographie* (mit Veröffentlichung mittelalterlicher Musiktraktate) über seine Zeit hinaus grundlegend. Als Komponist schrieb er vorwiegend geistliche Musik.

Schriften (alle in Paris erschienen): *Manuel complet de musique vocale et instrumentale,* 6 Bde. (1836–38), Kompositionslehre, v.

A.-E. Choron unvollständig hinterlassen; dass. neu bearb. als: *Nouveau manuel...*, 17 Bde. (P o. J.); *Histoire générale de la musique et de la danse*, 2 Bde. (1844, Nachdr. Bol 1970) (= Bibl. musica Bononiensis 3/84); *Miscellanées musicales* (1844, Nachdr. Bol 1969) (= ebd. 3/29); *Cours complet de plain-chant*, 2 Bde. (1856); *L'unité tonique et la fixation d'un diapason universel* (1859); *Essais de diphthérographie musicale* (1864, Nachdr. A 1964).

L'AFFILARD, Michel, frz. Sänger, um 1700. L. war 1679 Altist der Ste-Chapelle in Paris und 1696 bis 1708 als Nachfolger von Cl. Legros an der Chapelle Royale. Er wurde sehr bekannt als Gesanglehrer und als Verfasser einer erfolgreichen Gesanglehre.

WW: Zahlr. Airs sérieux und Airs à boire in den Sammeldrucken der Zeit (seit 1695) u. hsl. – Lehrwerk: *Principes très faciles pour bien apprendre la musique qui ont du naturel pour le chant jusqu'au point de chanter toutes sortes d'airs proprement et à livre ouvert* (P 1694 mit zahlreichen Aufl. bis 1744).

Ausg.: *Principes très faciles*, Faks. der Ausg. 1705 (G 1971).

Lit.: W. MELLERS, F. Couperin and the French Classical Tradition (Lo 1949); E. SCHWANDZ, L. on the French Court Dances, in: MQ 40 (1974).

LAFONT, Charles Philippe, * 1.12.1781 Paris, † 14.8.(10.1.?) 1839 bei Tarbes (auf einer Reise); frz. Violinist. L. war zunächst Schüler seines Onkels, des Violinisten J. Bertheaume, später von R. Kreutzer und P. Rode. Außerdem studierte er Komposition bei H. M. Berton. Nach erfolgreichen Konzerttourneen in Europa und Rußland war er 1808–14 als Nachfolger Rodes Kammervirtuose in Petersburg und seit 1815 Soloviolinist am Hof Ludwigs XVIII. in Paris. 1816 unternahm er eine Italienreise, während der er mit N. Paganini ein Konzert in der Mailänder Scala gab. L. gehörte zu den bedeutendsten frz. Violinisten seiner Zeit.

WW: Duos concertants für V. u. Klv.; 7 V.-Konzerte; *Airs variés* für V. mit Orch.-Begleitung, Streichquartett, Klv. u. Harfe; etwa 200 Lieder u. Romanzen; Oper *La rivalité villageoise*, UA: Paris 1799.

Lit.: A. MOSER, Gesch. des Violinspiels (B 1923), 2 Bde. (^{2}1966–67).

LAGE. – 1) Bei Streich- und Zupfinstrumenten (mit Griffbrett) Bz. für die Stellung der Finger der linken Hand auf dem Griffbrett (engl. u. frz.: position; it.: posizione). In der 1. L. wird mit dem 1. Finger (↗Fingersatz) eine Sekunde über der leeren Saite gegriffen, in der 2. L. eine Terz usw. In der halben L. rückt die linke Hand weiter zum ↗Sattel als in der 1. Lage. Bedingt durch Unterschiede in der Mensur, und damit im Fingersatz, ist bei verschiedenen Streichinstrumenten die L.n-Zählung modifiziert: beim Kontrabaß wird sie halbtonweise durchgeführt, bzw. es werden Ganz- und Zwischen-L.n unterschieden. Für das Violoncello ist neben der Normal-L. (enge L.) die weite L. bekannt, in der zwischen 1. und 2. Finger ein Ganzton gegriffen wird; durch den Gebrauch des Daumens als Stütz- und Spielfinger in den oberen (Daumen-) L.n von Violoncello und Kontrabaß sind auch hohe L.n den unteren entsprechend nutzbar. – Die Verwendung der L.n dient nicht nur zur Erweiterung des Tonumfangs der Instrumente, sondern ist auch spieltechnisch bedingt (Vermeidung von Saitenwechseln, Spielen von Doppelgriffen). Bis zum Ende des 18. Jh. brauchte in den meisten Orchesterkompositionen die 5. Lage auf der Violine selten überschritten zu werden, bei L. van Beethoven wurde das Spiel bis zur 9. L. erforderlich, bei R. Wagner (*Tannhäuser*-Vorspiel) bis zur 11. Lage. Bei der Viola sind 7 L.n, beim Violoncello 8–9 L.n gebräuchlich. Den Übergang von einer L. zur anderen nennt man L.n-Wechsel. Die musikalisch sinnvolle Verwendung der einzelnen L.n, auch zur Differenzierung der Klangfarbe, und ein unhörbarer L.n-Wechsel sind Grundvoraussetzungen des künstlerischen Streichinstrumentenspiels. – **2)** In der Harmonielehre Bz. für die Schichtung eines ↗Akkords. – **3)** In der Praxis des ↗Gesangs unterscheidet man die verschiedenen ↗Stimmlagen. Auch werden bestimmte Teilbereiche einer Singstimme oder eines Instruments als L. bezeichnet (z. B. hohe L., Mittel-L.).

LA GROTTE (La Crotte), **Nicolas de,** * um 1530, † um 1600; frz. Komponist. Er war seit spätestens 1557 Spinettspieler und Organist von Antoine de Bourbon, dem König von Navarra. Nach dessen Tod (1562) trat er in den Dienst des Herzogs von Anjou, des nachmaligen Königs Heinrich III. von Frankreich, der ihn während seiner Regierung zum „Valet de chambre et organiste ordinaire" ernannte. 1589 wurde er pensioniert. L. stand vermutlich mit der Académie de Poésie et de Musique A. de Baïfs in Verbindung und war mit Cl. Le Jeune befreundet. Neben Chansons, die zur ↗Musique mesurée à l'antique gehören, veröffentlichte er als einer der ersten Chansons „en forme d'airs", die die Entwicklung des ↗Air de cour beeinflußten.

WW: *Chansons de P. de Ronsard, Ph. Desportes, et autres* für 4 St. (P 1569 u. ö.); *Premier livre d'airs et de chansons* für 3–6 St. (P 1583); weitere Stücke in Sammeldrucken 1559–91; ferner eine Fantasie für Org. (hsl.).

Ausg.: 6 Chansons, hrsg. v. H. EXPERT, in: La fleur des musiciens de P. de Ronsard (P 1923); eine Chanson, in: C. le Jeune, Airs 1608 II, hrsg. v. D. P. WALKER (R 1951) (= Publications of the American Inst. of Music, Miscellanea 1); Chanson *Nicolas*, in: F. LESURE, Anthologie de la chanson parisienne au XVIIe siècle (Monaco 1952).

Lit.: E. DROZ, Les chansons de N. de la G., in RMie 8 (1927); L. DE LA LAURENCIE, N. de la G., in: Rass. Mus. 5 (1932); R. LEBÈGUE, Ronsard corrigé par un de ses musiciens, in: RMie 39 (1957).

LA HÈLE (Helle), **Georges de,** * 1547 Antwerpen,

† 19.2.1587 Madrid; franko-flämischer Komponist. L. war 1560–70 Sänger der Hofkapelle König Philipps II. in Madrid, studierte anschließend Theologie an der Universität Löwen und empfing 1571 die Priesterweihe. 1572 wurde er Kapellmeister in Mecheln, 1574 Chordirigent in Tournai und 1578 dort Kanonikus der Kathedrale. 1576 erhielt er beim Puys d'Evreux Preise für die Motette *Nonne Deo* und die Chanson *Mais voyez*. Von Philipp II. 1580 zum Hofkapellmeister in Madrid ernannt, trat er die Stelle jedoch erst 1582 an.

WW: Im Druck erschienen: *Octo Missae* für 5–7 St. (An 1578); *Nonne Deo*, in: F. Sales, Sacrarum cantionum ... liber primus (Pr 1593); eine Chanson *Mais voyez*, in: RISM 1597[10].

Ausg.: Messen *Gustate et videte, In convertendo Dominus*, hrsg. v. F. HABERL (Düsseldorf 1950).

Lit.: M. ANTONOWYTSCH, Die Motette „Benedicta es" v. J. des Prez u. die Messen super „Benedicta es" v. Willaert, Palestrina, De la H. u. De Monte (Diss. Utrecht 1951); L. J. WAGNER, The „Octo Missae" of G. de la H., 2 Bde. (1957) (= Diss. Univ. of Wisconsin).

LAI (frz., von gälisch laid = Lied; dt.: Leich, zu gotisch laiks = Tanz, Spiel; für beide Formen [Lai, Leich] sind Einflüsse von mittellat. laicus = weltlich nicht auszuschließen), formal wesentlich von der ↗Sequenz beeinflußte, zum Teil ↗Descort und ↗Estampie nahestehende Gattung volkssprachlicher Literaturen des europäischen Mittelalters, deren Ursprünge auf einreimige, in der Regel 4zeilige, sangbare Strophen mit oder ohne Refrain aus dem Bereich der Volksliedtradition zurückgehen. Aus diesem Grund ergeben sich die unterschiedlichen Formen der schriftlich überlieferten L.s, die inhaltlich in 2 Gruppen zu teilen sind: 1. der *historische* oder *erzählende L.*, in dem vom 12. Jh. an religiöse, politische oder mythisch-fiktionale Themen behandelt werden (z. B. Hugo de Lincolnia; *Mès de Warenne ly bon quens;* die L.s der Marie de France, darunter der *Geißblattlai [Chèvrefeuille]* aus der Tristansage). In ihm ist einerseits die volksliedhafte Strophenform erhalten; seine „kurzen rhythmischen Zeilen mit unmittelbar gebundenen Reimen in singbaren Strophen" boten sich zur instrumentalen, bereits von Venantius Fortunatus angedeuteten Begleitung durch Harfe, Rotta und Fiedel an. Die in dieser Art von bretonischen Spielleuten verbreiteten gesagten und gesungenen Dichtungen werden andererseits wohl um die Mitte des 12. Jh. durch die Umformung in strophenlose L.s zu nur noch gelesenen und gesagten Texten (*L. du Cor;* L.s der Marie de France). Die so entstehenden kleineren Erzählungen konnten zu umfangreichen Abenteuerromanen verbunden werden (Tristanstoff).

2. Der *lyrische L.*, der die alten Liedformen besonders seit dem 13. Jh. nachahmend fortsetzt und in der höfischen Literatur des französischen 14. und 15. Jh. seinen auch poetologisch durch Eustache Deschamps und die *Arts de seconde rhétorique* anerkannten Platz behauptet. Autoren wie Thibaut de Champagne, Ernoul de Gastinois Gautier de Coinci und G. de Machaut belegen die Lebendigkeit der Gattung ebenso wie der *Roman de Fauvel.* Die lyrischen L.s, die zumeist von ↗Jongleurs gesungen wurden, konnten instrumental beliebig begleitet werden.

Beide Gruppen der L.s setzen sich in der mittelhochdeutschen Form der *Leiche* fort, deren Erwähnung bei Gottfried von Straßburg und deren Pflege durch Walther von der Vogelweide, Reinmar von Zweter, Tannhäuser, Ulrich von Lichtenstein, Konrad von Würzburg und Heinrich von Meißen die Bedeutung des Genres als Marien-, Minne- und Tanzleich bis zum Niedergang der höfischen Lebensform belegen. Die künstliche Wiederbelebung der Gattung durch die Meistersinger ist folgenlos geblieben. Die in der Forschung immer wieder kontrovers diskutierte mittelalterliche Dichtungsform erweist sich somit als faszinierendes Beispiel und Demonstrationsobjekt der Zusammenhänge zwischen gelehrter und volkstümlicher Literatur, ihrer Entstehung sowie ihrer geistigen, sozialen und historischen Entwicklungs- und Verfallsbedingungen.

Lit.: F. WOLF, Über die L.s, Sequenzen u. Leiche (Hei 1841, Nachdr. Osnabrück 1965); F. GENNRICH, Grundriß einer Formenlehre des ma. Liedes (Hl 1932, Nachdr. Tü 1970); DERS., Der musikal. Nachlaß der Troubadours, 3 Bde. (Da 1958–65); U. AARBURG, L., Leich, in: MGG VIII; B. STÄBLEIN, Die Schwanenklage. Zum Problem L., Planctus, Sequenz, in: FS K. G. Fellerer (Rb 1962); E. JAMMERS, Ausgewählte Melodien des Minnesangs. Einführung, Erläuterungen u. Übertragung (Tü 1963); K. H. BERTAU, Sangverslyrik. Über Gestalt u. Geschichtlichkeit mittelhochdeutscher Lyrik am Beispiel des Leichs (Gö 1964); H. BAADER, Die L.s. Zur Gesch. einer Gattung der altfrz. Kurzerzählungen (F 1966); J. MAILLARD, L., Leich (Be–Mn 1973) (= Gattungen der Musik in Einzeldarstellungen 1); H. SPANKE, Stud. zu Sequenz, L. u. Leich, hrsg. v. U. Aarburg (Da 1977); R. BAUM, Eine neue Etymologie v. frz. „lai" u. apr. „lais", in: Beitr. zum Romanischen MA, hrsg. v. K. Baldinger (Tü 1977) (= Zschr. für romanische Philologie, Sonderbd.).

W.-D. LANGE

LAI, Francis, * 23.4.1932 Nizza; frz. Komponist. Nach erstem Privatunterricht im Akkordeonspiel kam er als Jazzmusiker nach Marseille und von dort als Begleiter von Claude Goaty nach Paris. Dort entdeckte ihn 1960 Edith Piaf, als deren Begleiter er populär wurde. L. schrieb mehr als 400 Chansons, u. a. für Edith Piaf *(Emporte-moi, Ce sale petit brouillard, Le bruit d'aimer)*, Juliette Gréco, Yves Montand *(La bicyclette)*, Ella Fitzgerald, Mireille Mathieu und Nana Mouskouri. Von seinen mehr als 30 Filmmusiken brachte ihm die Musik zu Arthur Hillers Film *Love Story* (1970) den größten Erfolg und 1972 den Oscar.

WW: Chansons; Filmmusiken, u.a. zu *Un homme et une femme* u. *The Bobo* (1966); *Vivre pour vivre* (1967); *13 jours en France, Hannibal Brooks, The Games, Mayerling* u. *La leçon particulière* (1968); *L'aventure, c'est l'aventure, Smic Smac Smoc, Les petroleuses* (1971); *Le petit poucet* (1972); *La bonne année* (1973); *Le chat et la souris* u. *Emmanuelle* (1975); *Le corps de mon ennemi* (1976); *Widows Nest* (1977); *Robert et Robert, Les Ringards* u. *Oliver's Story* (1978).

LAISSE (frz.), eine auf dem Strukturprinzip der Assonanz aufbauende Strophenform in Heldenepen und hagiographischen Texten des romanischen Mittelalters von unterschiedlicher Zeilenzahl (z. B. *Chanson de Roland* in Zehnsilbern, altfranzösisch, um 1100; *Chanson de Sainte Foy* in Achtsilbern, altprovenzalisch, um 1060; *Cantar de mio Cid* in Alexandrinern, altspanisch, um 1140; *Ritmo laurenziano* in Achtsilbern, altitalienisch, Ende des 12. Jh). Die L. tritt überlieferungsgeschichtlich erst nach Formen mit festen Strophenschemata auf und ist von daher wohl wesentlich als innerromanische Weiterentwicklung der ursprünglichen Strophe anzusehen, zumal auch Belege aus dem Bereich der mittellateinischen Literatur (Hugo Primas, Archipoeta) erst nach den romanischen Textzeugnissen beizubringen sind. Die Musik der L. ist uns nur durch Vergleiche zugänglich und auf der Basis später Dokumente wie der *Chanson d'Audigier*, die Adam de la Halle in seinem *Jeu de Robin et Marion* parodierte. Es ist sicher, daß sich manche Tonfolgen der L. in den Chansons der Trouvères wiederfinden, z. B. unter den Rotrouenges oder den Chansons de toile. Andere Indizien ermöglichen die Vorstellung von der modulierenden Vortragsweise der archaischen L.: einige Melodien von Tropen (wie das *Tu autem*) oder von Lais, die beiden Abschnitte des *Tournoiement des Dames* von Huon d'Oisy oder die mit einer Klausel verzierten Abschnitte der Chantefable *Aucassin et Nicolette*. Man kann daraus schließen, daß die L. über ein oder zwei einfache melodische Fragmente mit Intonationsformel, eigentlicher Deklamation und Klausel gesungen wurde, wahrscheinlich mit der Begleitung eines Streichinstruments wie der Fiedel. Es handelt sich also um den einfachsten Typ einer Litanei-Form, wie dies etwa Johannes de Grocheo (Ende des 13. Jh.) bestätigt. – Analog erhalten große Tiraden einiger Stücke aus dem überlieferten internationalen volkstümlichen Repertoire den Namen Laisse. Das Alter einiger von ihnen ist bezeugt und veranlaßte die Gelehrten, in ihnen eine Nachahmung der melodischen Gestalt der Chansons de geste zu vermuten. Dasselbe gilt für einige spanische oder portugiesische Romances, jugoslawische Pjesmes oder auch für die byzantinischen Tragoudia. Auch romantische Balladen, deren mündliche Überlieferung noch lebendig ist, die begleitenden Gesangstücke zu einigen Marionettentheatern (Lütticher Theater, Sizilianisches Theater) und die einigen Volkserzählern eigenen Kantillationen sind mit der L.-Form identisch.

Lit.: F. GENNRICH, Grundriß einer Formenlehre des ma. Liedes (Hl 1932, Nachdr. Tü 1970); J. CHAILLEY, Études musicales sur la chanson de geste, in: AMl 27 (1955); F. GENNRICH, Der musikal. Nachlaß der Troubadours III (Da 1958); U. AARBURG, Die Laissenmelodie zu „Aucassin et Nicolette", in: Mf 11 (1958); A. RONCAGLIA, L'Alexandre d'Albéric et la séparation entre chanson de geste et roman, in: Chanson de geste u. höfischer Roman (Hei 1963); PH. A. BECKER, Die Anfänge der romanischen Verskunst, in: Zur romanischen Literaturgesch. (Mn 1967); I. SICILIANO, Les chansons de geste et l'épopée (Tn 1968); U. MÖLK, Vers latin et vers roman, in: Grundriß der romanischen Literaturen des MA, I: Généralités (Hei 1972); W. HIRDT, It. Bänkelsang (F 1979).

W.-D. LANGE

LAJTHA, László, * 30.6.1892 Budapest, † 16.2. 1963 ebd.; ung. Komponist und Volksmusikforscher. Er studierte Klavier und Komposition an der Musikakademie und Musikwissenschaft an der Universität in Budapest. 1913–50 arbeitete er in der Ethnographischen Abteilung des Nationalmuseums in Budapest. 1952 übernahm er eine Professur für Komposition und Kammermusik an der Budapester Musikhochschule. L. vertrat Ungarn mehrmals in den Musikkommissionen des Völkerbunds und bei der UNESCO. Er veröffentlichte 4 Bände *Volksmusikmonographien* (Budapest 1954–56). Seine überwiegend kammermusikalischen Werke zeigen Einflüsse ungarisch-transsylvanischer Folklore und französisch-impressionistischer Musik (Cl. Debussy, M. Ravel, P. Dukas).

WW: **1) Instr.-WW:** Klv.-Musik; Duosonaten; Streichtrios; 10 Streichquartette (1923–30); 5 Bläserquintette; V.-Konzert, op. 15 (1931); 9 Symphonien (1936–61), darunter *Le printemps, L'automne*; Symphonie für Str. *Les soli*. – **2) Vokal-WW:** Phrygische Messe für gem. Chor u. Orch. (1950); Missa für gem. Chor u. Org. (1952); Magnificat für Frauenchor u. Org. (1954); *3 Hymnes pour la Sainte Vierge* (1958). – **3) Bühnen-WW:** Opérabouffe *Chapeau bleu* (nach S. de Madariaga), UA: Paris 1952; Ballette: *Lysistrata* (1933), *Le bosquet des quatre dieux* (1943) u. *Capriccio* (1944).

Lit.: E. LEDUC, L. L., in: Ung. Komponisten (Bonn 1954) (= Musik der Zeit 9) (mit Werk-Verz.); J. S. WEISMANN, L. L. The Symphonies, in: MR 36 (1975).

LAKMÉ, Oper in 3 Akten von Léo Delibes (1836 bis 1891), Text von Edmond Gondinet und Philippe Gille. Ort und Zeit der Handlung: Indien, im 19. Jahrhundert. UA: 14.4.1883 in Paris (Opéra-Comique), dt. EA (in dt. Sprache): 3.12. 1883 in Frankfurt am Main.

Die Unvereinbarkeit des fernöstlichen mit dem europäischen Kulturkreis, dargestellt an der verhängnisvollen Liebe der indischen Brahmanentochter Lakmé zu dem englischen Kolonialoffizier Gérald, ist Thema dieser Oper. In einer Zeit des erwachenden Interesses an exotischen Sujets und fremdländischen Klängen schuf Delibes ein Werk, das stofflich zwischen dem märchenartigen Prototyp der exotischen Oper, z. B. *Lalla Rookh,* und veristischen Musikdramen wie *Madame Butterfly* angesiedelt ist. In dramatischem Aufbau und musikalischem Stil stellt L. eine (durchaus gelungene) Mischform dar: traditionelle Klänge wechseln, dramatisch begründet, mit scheinbarem indischem Lokalkolorit, welches besonders durch eine aus dem strengen Dur-Moll-System ausbrechende Melodik und differenzierte Rhythmik gekennzeichnet ist. Traditionelle Bravour-Koloraturen stehen neben längeren Abschnitten, in denen die klangfarbliche Wirkung des Orchesterparts von entscheidender Bedeutung ist. Die berühmteste Nummer, Lakmés „Glöckchen-Arie" *Où va la jeune Hindoue* (Seht Ihr des Paria Tochter), ein seltenes Beispiel für eine dramatisch notwendige, gänzlich ins Geschehen eingebundene Arie, besitzt in ihrer szenischen Ausweitung Vorbilder im Arientypus der Grand opéra.

R. QUANDT

LA LAURENCIE, Marie Bertrand Lionel Jules Comte **de,** * 24.7.1861 Nantes, † 21.11.1933 Paris; frz. Musikforscher. L. besuchte die École Nationale des Eaux et Forêts, trat in den Staatsdienst, widmete sich aber seit 1898 ganz der Musik, studierte am Pariser Conservatoire Harmonielehre und Musikgeschichte und war Schüler u. a. von L.-A. Bourgault-Doucoudray. 1906–33 hielt er vor allem an der École des Hautes Études Vorlesungen und Vorträge. Er gehörte zu den Gründern der Société française de Musicologie und war einer der angesehensten französischen Musikhistoriker dieses Jahrhunderts. Zu seinem 70. Geburtstag wurde er durch eine Festschrift geehrt (*Mélanges de musicologie,* P 1933 = Publications de la Soc. Fr. de Mie II/3–4).

Schriften: *Le goût musical en France* (P 1905, Nachdr. G 1970); *L'académie de musique et le concert de Nantes à l'Hôtel de la Bourse* 1727–6) (P 1906, Nachdr. G. 1972); *Rameau* (P 1908); *Lully* (P 1911, ²1919) (= Les maîtres de la musique 16); *Les créateurs de l'opéra française* (P 1920, ²1930) (= ebd. 24); *L'école française de violon de Lully à Viotti,* 3 Bde. (P 1922–24, Nachdr. G 1971); *Un musicien dramatique de XVIIe siècle français, P. Guédron,* in: RMI 29 (P 1922); *Les luthistes* (P 1928); *Orphée de Gluck* (P 1934). – Ferner zahlr. Art., in: Mercure Mus., Revue musicale de la Société Internationale de Musique, RM, RMI, RMie. – Er war auch Mitarbeiter an der großangelegten *Encyclopédie de la musique* v. A. Lavignac, die er nach dessen Tod redigierte.

Lit.: Bibliogr. des œuvres de L. de La L., in: RMie 18 (1934); B. S. BROOK, L. de La L.'s „L'école française de violon", in: Notes 26 (1969/70).

LALLA ROOKH *(Lalla Roukh),* Opéra-comique in 2 Akten von Félicien David (1810–76), Text von Hippolyte Lucas und Michel Carré nach dem gleichnamigen Versepos (1817) von Thomas Moore. Ort und Zeit der Handlung: Kaschmir und Samarkand, in märchenhafter Zeit. UA: 12. 5. 1862 in Paris (Opéra-Comique), dt. EA (in dt. Sprache): 25. 12. 1862 in Coburg.

Mit Thomas Moores Epos griff David einen Stoff auf, der zahlreiche Komponisten, darunter G. Spontini, A. Rubinstein und R. Schumann, zu inspirieren vermochte. David versuchte (mit großem Erfolg bei mehr als 100 Aufführungen schon im ersten Jahr nach der UA), seine auf zahlreichen Reisen gesammelten musikalischen Eindrücke in ein Bühnenwerk einzubringen; aus diesem Bestreben resultierte schließlich eine musikalische Komödie, die mit einiger Berechtigung als Urtypus der exotischen Oper bezeichnet werden darf. Das fernöstliche Kolorit, das der Komponist insbesondere in der Melodieführung und, durch geschickte Instrumentation, in der Klangfarbe zu erzielen bestrebt ist, wird eingebunden in eine konventionell gebaute Nummernoper, in der letztlich doch die abendländische Musik, ihre Harmonien und ihre formalen Schemata, dominieren. Im Handlungsablauf gleicht das Werk auffallend Boieldieus *Johann von Paris:* Auch hier findet eine Prinzessin, Lalla-Rookh (= Tulpenwange), auf der Reise zu ihrem noch unbekannten Bräutigam einen Mann, in den sie sich verliebt und der sich als der verkleidete Kronprinz und vorab bestimmte Gemahl zu erkennen gibt.

R. QUANDT

LALLOUETTE, Jean François de, * 1651 Paris, † 31. 8. 1728 ebd.; frz. Violinist und Komponist. Er erhielt seine erste musikalische Ausbildung an der Maîtrise von St-Eustache und war später Kompositionsschüler von J.-B. Lully, der ihn als Privatsekretär und 1672 als Violinist für das Orchester der Opéra engagierte. 1677 wurde er von Lully wieder entlassen, da er sich als Komponist der besten Arien von Lullys Oper *Isis* gerühmt hatte. 1689 unternahm er eine Italienreise. Nach Frankreich zurückgekehrt, wurde er 1693 Kapellmeister an der Kathedrale von Rouen, 1695 an Notre-Dame de Versailles und übernahm 1697 die Maîtrise von St-Germain-l'Auxerrois. 1700 trat er die Nachfolge A. Campras an Notre-Dame in Paris an. L. steht stilistisch M. R. Delalande nahe. Seine Motets à grand chœur fanden im Concert spirituel großen Beifall.

WW: 2 Bücher Motetten (P 1726, 1730); Messe *Veritas* für 4 St. (P ²1744); weitere Messen u. Motetten hsl. (Paris, Bibl. Nat.). – Ferner die Schrift *Histoire et abrégé des ouvrages latins, italiens et françois pour et contre la comédie et l'opéra* (P 1697).

LALO, Édouard Victor Antoine, * 27. 1. 1823 Lille, † 22.4.1892 Paris; frz. Komponist. L. besuchte zunächst das Konservatorium in Lille und seit 1839 das Pariser Conservatoire, wo er Violinschüler von Fr. A. Habeneck und Kompositionsschüler von Julius Schulhoff war. Seine ersten, um 1850 entstandenen Kompositionen, darunter 2 Klaviertrios, belegen zwar seine Begabung, fanden beim Publikum aber nur wenig Resonanz. Von dem Mißerfolg entmutigt, bestritt L. seinen Lebensunterhalt zunächst als Instrumentalist. Er wirkte u.a. als Bratschist und später als Violinist in dem berühmten, 1855 von ihm selbst gegründeten Armingaud-Quartett mit. Erst nach seiner Heirat mit der Altistin Bernier de Maligny (1865), der er später die meisten seiner Lieder widmete, wandte er sich wieder der Komposition zu. 1867 legte er die Oper *Fiesque* bei einem Wettbewerb des Théâtre-Lyrique vor, doch wurde das Werk nicht aufgeführt. Mehr Erfolg hatte er 1872 mit einem Divertissement für Orchester, dessen Andantino unter dem Titel *Aubade* sehr bekannt geworden ist. Im Auftrag von P. de Sarasate schrieb er ein Violinkonzert (1872) und sein berühmtestes Werk, die *Symphonie espagnole* (1873), an deren Uraufführungen Sarasate mitwirkte. Sein 1882 an der Opéra aufgeführtes Ballett *Namouna,* für das sich Cl. Debussy begeisterte, wurde als Orchestersuite beliebt. 1888 brachte L. an der Opéra-Comique sein bedeutendstes Werk, die auf einer bretonischen Sage beruhende Oper *Le roi d'Ys,* zur Aufführung. L.s Sohn **Pierre** (1866–1943) war ein angesehener Musikkritiker. Er veröffentlichte u.a. *R. Wagner ou le Nibelung* (P 1933), *De Rameau à Ravel. Portraits et Souvenirs* (P 1947).

WW: 3 Klv.-Trios c-moll, h-moll u. a-moll; eine V.-Sonate; Streichquartett Es-Dur; *Aubade-Allegretto* (1872) für 10 Str. oder Kammerorch. – Für Orch.: 4 V.-Konzerte, 1 (1872), 2: *Symphonie espagnole* (1873), 3: *Fantaisie norvégienne* (1880), 4: *Concerto russe* (1883); Vc.-Konzert (1876); *Romance-Sérénade* (1878) für V. u. Orch.; *Rhapsodie norvégienne* (1881); Klv.-Konzert (1888); Symphonie g-moll (1889). – Opern: *Fiesque* (1866); *Le roi d'Ys,* UA: Paris 1888; *La Jacquerie* (vollendet v. A. Coquard), UA: Monte Carlo 1895; Ballett *Namouna,* UA: Paris 1882, auch als Orch.-Suite.

L. war als Komponist seiner Zeit voraus. Seine Werke wurden in Deutschland früher anerkannt als in Frankreich. Seine Musik wurzelt in einer gründlichen Kenntnis der großen deutschen Meister, durch die er sich eine solide handwerkliche Grundlage erwarb. Darüber hinaus geben sein ausgesprochener Sinn für nuancenreiche, farbige Harmonik und differenzierte Rhythmik dem Werk einen eigenständigen, individuellen Charakter. Wertvolle Impulse gab er besonders der in Frankreich erst an den Anfängen stehenden Gattung der Kammermusik. Viele Urteile belegen die Wertschätzung, die L.s Werken im 20. Jh. zuteil wurde: „Ohne *Namouna* würde es keine *España* geben" (E. Chabrier, in: P. Lalo, *De Rameau à Ravel,* P 1947). – „Eine reiche, farbige und durchsichtige Sprache, eine ebenso bestimmte wie biegsame Syntax, erlesene, klare Harmonik und der köstliche Farbenreichtum in der Instrumentation sind grundlegend für den musikalischen Stil von L., und der Rhythmus ist König: Er dient gleichermaßen als Grundlage und Ornament" (G. Carraud, in: *Musica,* April 1908). – „Nichts fehlt: weder Glanz noch Schwung, noch Heiterkeit, und dennoch ist der künstlerische Gestus vollkommen" (G. Fauré, in: *Opinions musicales,* P 1930). – „Jedes Werk von L. bleibt ein unvergleichliches Vorbild [der Instrumentation]" (P. Dukas, in: *Les Écrits,* P 1848).

Lit.: O. SÉRÉ, Musiciens français d'aujourd'hui (P 1921) (mit Werk-Verz. und Bibliographie); G. SERVIÈRES, L. (P 1925); P. LANDORMY, La musique française de Franck à Debussy (P 1943, [17]1948); F. NOSKE, La mélodie française de Berlioz à Duparc (P 1954, engl. NY 1970).

J. HARDING

LA MARA, Pseudonym von Marie ↗Lipsius.

LAMBARDI. – 1) Camillo, * um 1560 Neapel, † 1634 ebd.; it. Sänger und Komponist. L. war als Tenorist der Kirche S. Casa dell'Annunziata Schüler von G. D. Del Giovane (genannt „da Nola") und trat 1592 als Kapellmeister dessen Nachfolge an.

WW: Responsorien für die Karwoche für 2 Chöre (Neapel 1592); Motetten *da … concerto* für 3 St. u. B.c. (ebd. 1628); 2 Bücher Madrigale bzw. *Madrigali ariosi* für 4 St. (ebd. 1600 u. 1609).

2) Francesco, Sohn von 1), * 1587 Neapel, † 25. 7. 1642 ebd.; it. Sänger, Organist und Komponist. Er war zunächst Tenorist an der Kirche S. Casa dell'Annunziata, dann Tenorist und Organist der königlichen Kapelle (1615–36 1. Organist). 1626 bis 1630 versah er auch das Amt des Kapellmeisters am Conservatorio della Pietà dei Turchini.

WW: 2 Bücher Villanellen (mit *Arie* u. *Dialoghi*) für 3–4 St. (Neapel 1607; 1614, [2]1618); *Canzonette* für 3–5 St. *con alcune arie per cantar solo* (ebd. 1616).

LAMBERT, Michel, * 1610 Champigny-sur-Vende bei Chinon (Indre-et-Loire), † 29. 6. 1696 Paris; frz. Lauten- und Theorbenspieler, Komponist und Sänger. Er war zunächst Chorknabe im Poitou, später Musikpage in der Chapelle de Monsieur in Paris und erhielt Unterricht von P. de Nyert, der ihn in die italienische Gesangskunst einführte. 1661 wurde er als Nachfolger J. de Cambeforts Maître de musique de la Chambre du roi, 1670 auch Maître de musique de la Chapelle du roi. L. war ein angesehener Virtuose und Gesanglehrer. Als Tänzer und Komponist wirkte er an zahlreichen Ballets de cour mit. Als Gesanglehrer oblag ihm die Ausbildung neuer Sänger und die Einstudierung von Rollen. In dieser Funktion unterstützte er J.-B. Lully bei der Gründung der französischen Oper.

WW: Im Druck erschienen: *Les airs de M. L.* (P 1660 u. öfter);

Nouveau livre d'airs (P 1661) (Zuschreibung zweifelhaft); Airs für 1–4 St. u. B.c. (P 1689); *Pièces en trio* für V., Fl. oder Ob. (A o. J.).

L. ist einer der wichtigsten Komponisten von ↗Airs im 17. Jh. in Frankreich. Er pflegte besonders die Gattungen des Air sérieux und des Air en rondeau, die sich bei ihm durch einen einfachen und natürlichen Stil, genaue Deklamation und äußerste Geschmeidigkeit in den Verzierungen und Doubles auszeichnen. Seine Récits und Dialogues haben geradezu dramatischen Charakter; die Dialogues sind schon richtige kleine Opernszenen. Diese Formen bezeugen zugleich den großen Anteil, den L. an der Entwicklung des französischen Rezitativs hatte, und zwar nicht nur als Komponist, sondern auch als Sänger, dessen Gesangmethode zu seiner Zeit hochgeschätzt wurde (vgl. B. de Bacilly, *Remarques curieuses sur l'art de bien chanter,* 1668).

Ausg.: Ein Air, hrsg. v. F. NOSKE, in: Das außerdt. Sololied (Kö 1958) (= Das Musikwerk 16).

Lit.: H. PRUNIÈRES, Les maîtres du chant 1 (P 1925) (darin 3 Airs); N. BRIDGMAN, M. L., le maître de chant, in: Les cahiers de l'Ouest 7 (1955); L. MAURICE-AMOUR, Benserade, M. L. et Lully, in: Les divertissements de cour au XVIIe siècle (1957) (= Cahiers de l'Association internationale des études françaises 9).

A. VERCHALY

LAMENTATION (von lat. lamentatio = Wehklagen). Teile der L.en *(Threni),* die dem Propheten Jeremia zugeschrieben werden, bildeten in der römischen Liturgie den Text der drei ersten (von insgesamt neun) Lektionen in den 1. Matutinen (*Tenebrae,* frz.: ténèbres) des Gründonnerstags, Karfreitags und Karsamstags. In der Bibel bestehen die L.en aus 5 Kapiteln zu je 22 Versen, von denen die ersten vier Kapitel im hebräischen Text alphabetische Akrosticha sind. Die hebräischen Buchstaben *Aleph, Beth, Gimel* usw., die dort zugleich der Numerierung dienen, sind unverändert auch in die lateinische Übersetzung der Threni übernommen worden. Das 5. Kapitel der L.en trägt den Titel *Oratio Jeremiae* und besitzt keine Akrosticha. Während im Mittelalter die Anzahl und die Auswahl der auf die neun Tenebrae-Lektionen entfallenen Threni-Verse nicht einheitlich festgelegt waren, gilt seit dem Trienter Konzil folgende Ordnung:

	Lectio I	II	III
Gründonnerstag	1, 1–5	1, 6–9	1, 10–14
Karfreitag	2, 8–11	2, 12–15	3, 1–9
Karsamstag	3, 22–30	4, 1–6	5, 1–11

Abweichend von dem biblischen Text beginnt die Lectio I jeweils mit den einleitenden Worten *Incipit Lamentatio Jeremiae prophetae* bzw. *De Lamentatione Jeremiae …,* die Lectio III am Karsamstag mit *Incipit Oratio ….* Jede Lektion schließt refrainartig mit dem Vers *Jerusalem, Jerusalem, convertere ad Dominum Deum tuum* (nicht Jeremia, sondern frei nach Hosea 14, 2). Nach jeder Lektion steht ein Responsorium, das im Text Bezug nimmt auf die Leidensgeschichte Jesu.

Der chorale Vortrag der Lamentationen geschah schon im Mittelalter mit Hilfe von Melodien, die sich mehr oder weniger stark von den übrigen Lektionsformeln unterschieden. Aus dem reichen Schatz dieser Melodien hat sich nach dem Trienter Konzil (zum ersten Mal gedruckt in: G. D. Guidetti, *Directorium chori,* 1582) eine alte römische Formel als Tonus lamentationum behauptet, die auch in die *Editio Vaticana* aufgenommen wurde. Er klingt an den 6. Psalmton an und lautet folgendermaßen (Beginn und Ende der Lectio I am Gründonnerstag):

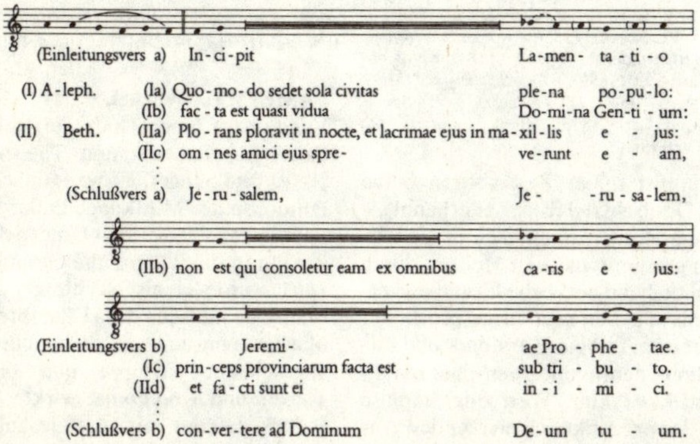

Die Geschichte der L. als einer Gattung der mehrstimmigen Vokalmusik beginnt im 15. Jahrhundert. Hierbei ist zu unterscheiden einerseits das große Repertoire von solchen Werken, die ihrem Text gemäß als liturgische Lektion für die Karliturgie bestimmt sind, und andererseits eine kleine Gruppe von Werken, denen lediglich einige Verse aus den Threni zugrunde liegen. Eines der berühmtesten Beispiele für die letztere Gruppe ist die 3st. Motette G. Dufays über den Fall Konstantinopels (1453) *Lamentatio sanctae matris ecclesiae Constantinopolitanae* (mit dem französischen Text *O très piteulx*... in der Oberstimme und dem römischen Tonus lamentationum zu dem L.s-Text *Omnes amici ejus spreverunt eam* als Tenor). Auch ein Werk wie die Motette *O vos omnes* von L. Compère ist keine L. im eigentlichen (liturgischen) Sinne.

Die Blütezeit der mehrstimmigen L. reicht vom Ende des 15. bis zum Ende des 16. Jahrhunderts. An ihrer Pflege waren in erster Linie französische, niederländische, italienische und spanische Komponisten beteiligt. Deutsche und Engländer traten weniger in Erscheinung. Die Fülle der erhaltenen Quellen läßt sich wohl nicht nur mit dem Blick auf die liturgische Verwendung erklären, die ja eng begrenzt war. Sicher war auch der teilweise sehr expressive Text von starker Anziehungskraft für die Komponisten dieser und einer späteren Zeit. Repräsentativ für die L.s-Komposition des frühen 16. Jh. sind die von O. Petrucci 1506 (RISM 1506¹) veröffentlichten Werke von A. Agricola, Gaspar van Weerbeke, E. Lapicida, J. Tinctoris, B. Tromboncino u. a. Eine zweite Entwicklungsstufe stellen die L.en von Carpentras (1532) sowie diejenigen von J. Arcadelt, Th. Créquillon, C. Festa, A. Févin, J. Gardano, H. Isaac, P. de la Rue, St. Mahu u. a. dar, die in den Sammeldrucken von P. Attaingnant (RISM 1535²), G. Rhau (RISM 1538¹), Montanus & Neuber (RISM 1549¹) und Le Roy & Ballard (RISM 1557⁷) enthalten sind. Eine dritte Stufe wird dann in der 2. Hälfte des 16. Jh. gebildet von den L.en von Cr. Morales (1564), T. L. da Victoria (1581), O. di Lasso (1585), G. M. Asola (1585), J. Gallus (1587) und G. P. da Palestrina (5 Bücher seit 1564, davon nur das erste 1588 gedruckt). In diese Gruppe gehören noch zahlreiche weitere, nur hsl. überlieferte L.en, auch aus England (z. B. von W. Byrd, T. Tallis und R. White).

Zwischen den Werken der einzelnen Gruppen und innerhalb der Gruppen gibt es Unterschiede und Gemeinsamkeiten verschiedenster Art. So divergiert etwa die Anzahl der jeweils komponierten Threni-Verse und ihre Gruppierung zu Lektionen in den früheren L.en mehr als in den späteren. Insgesamt nimmt die L. im 16. Jh. an der gleichzeitigen Entwicklung der ↗Motette teil, und zwar in satztechnischer Hinsicht wie auch im Bereich des Verhältnisses von Wort und Ton. Dabei sind die Komponisten von L.en nicht zuletzt wegen der starken liturgischen Fixierung der Gattung in der Einbeziehung von Satzfreiheiten, von madrigalesken und ähnlichen Mitteln ausgesprochen zurückhaltend. Eigentümlich ist ferner für die L.en des 16. Jh. die häufige Verwendung des römischen Tonus lamentationum (vereinzelt auch anderer choraler Melodien) als Cantus firmus oder als melodische Keimzelle andersartiger kontrapunktischer Verarbeitung. Die Wandlung des musikalischen Stils und Geschmacks im 16. Jh. bezüglich der L. zeigt sich wie in einem Brennspiegel in den Aufführungsgewohnheiten der päpstlichen Kapelle zu Rom. Hier lösten 1587 die L.en G. P. da Palestrinas diejenigen von Carpentras ab, die seit etwa 1535 dort regelmäßig in der Karwoche aufgeführt worden waren. Palestrinas Werke entsprachen wohl mit ihrer durchweg homorhythmischen Satzweise, die auf eine deutliche Deklamation der Worte abzielt, wie auch durch die melodische und harmonische Gemessenheit den kirchenmusikalischen Forderungen des Trienter Konzils in idealer Weise.

Während im 17. Jh. noch viele L.en im alten (a cappella-)Stil komponiert wurden (u. a. von G. Croce, Ch. Luyton, L. da Viadana und G. Allegri), gibt es nun auch Werke im monodischen Stil, vor 1650 vereinzelt (z. B. von A. Gregorio), dann in größerer Zahl (u. a. von G. Carissimi, P. Cesi, M. Cazzati, G. P. Colonna, G. Frescobaldi, A. Stradella und von J. Rosenmüller als einzigem Deutschen). Bevorzugt war Sologesang mit und ohne obligate Instrumente. Bei italienischen Komponisten – vor allem in Neapel – war die L. auch im 18. Jh. beliebt. Erhalten haben sich solche Werke von fast allen Meistern der Neapolitanischen Schule von A. Scarlatti bis zu N. Jommelli. Besondere Beachtung verdienen die formal italienisch beeinflußten, als Solokantaten angelegten *Lamentationes Jeremiae Prophetae* (1722) von J. D. Zelenka. Herausragendes Merkmal ist ihre z. T. streng kontrapunktische Faktur und eine außergewöhnliche Instrumentation (z. B. die L. für den Karfreitag mit 2 Fl., 2 obligaten Vc., Tenor und B.c.).

Eine besondere Entwicklung zeigt sich im 17. und 18. Jh. in Frankreich, wo die L. meist als Leçon de ténèbres bezeichnet wurde. Rund hundert Jahre nach dem Attaingnant-Druck von 1557 beginnt bei M. Lambert und besonders (um 1680–1704) bei M.-A. Charpentier eine neue Blüte der Gattung. Wie für die Komponisten des Seicento bietet gerade für Charpentier der stark affekthaltige Text der Threni Anlaß, seinen ganzen Reichtum an musikalischen Ausdrucksmitteln einzusetzen: Chromatik, Diminutionen, freie Dissonanzbehandlung u. a. mehr. Aber anders als bei den Italienern geht bei Charpentier der Bezug zur Liturgie nie ganz verlo-

ren, was sich nicht zuletzt in den häufigen Anklängen an den choralen Tonus lamentationum niederschlägt. Eine spezifisch französische Erscheinung sind die – im Gefolge der Messes en plain-chant von H. Du Mont entstandenen – choralen L.en von G. G. Nivers (1689 ff.). Aus dem 18. Jh. verdienen hier die L.en von Fr. Couperin (le Grand) (1714?), S. de Brossard (1721) und M. R. Delalande (1730) genannt zu werden. Ihr Einfluß ist auch außerhalb Frankreichs zu bemerken, z. B. in den L.en des in Brüssel wirkenden J. H. Fiocco. Damit geht die kontinuierliche Entwicklung der L. im wesentlichen zu Ende, bis es in unserer Zeit zu einem kurzen Wiederaufleben der Gattung kam. E. Krenek verbindet in seiner *Lamentatio* (1958; mit dem gesamten Text der liturgischen L.en) serielle Techniken mit kompositorischen Mitteln des späten Mittelalters. I. Strawinskys *Threni* (1958; mit einer Auswahl aus den liturgischen L.en) sind ein reines Zwölftonwerk ohne feste liturgische und historische Orientierung.
Ein Sonderfall in der Geschichte der L. sind 1st. deutsche nichtbiblische Klagegesänge mit hebräischen Buchstaben und *Jerusalem*-Vers aus dem Neumarkter Cantional (um 1480). Genannt werden kann in diesem Zusammenhang auch als ganz andersartiges Stück die Symphonie Nr. 26 „Lamentatione" von J. Haydn, in der der römische L.s-Ton als Cantus firmus und als Motiv verarbeitet wird.

Ausg. (nur Sammelpublikationen mit mehrstimmigen L.en): G. E. WATKINS, Three Books of Polyphonic L.s of Jeremiah 1549–1564 (1953) (= Diss. Univ. of Rochester); Mehrst. L.en aus der ersten Hälfte des 16. Jh., hrsg. v. G. MASSENKEIL (Mz 1965) (= Musikalische Denkmäler 6).

Lit.: P. WAGNER, Gregor. Formenlehre (L 1921, Nachdr. Hil – Wie 1962) (= Einführung in die gregor. Melodien 3); A. E. SCHRÖDER, Les origines de l.s polyphoniques au XVe siècle dans les Pays-Bas, in: Kgr.-Ber. Utrecht 1952 (A 1953); B. STÄBLEIN, Lamentatio, in: MGG VIII; G. MASSENKEIL, Zur Lamentationskomposition des 15. Jh., in: AfMw 18 (1961); DERS., Eine span. Choralmelodie in mehrst. Lamentationskomposition des 16. Jh., in: ebd. 19/20 (1962/63); TH. KÄSER, Die Leçon de Ténèbres im 17. u. 18. Jh. (Be 1966); H. J. MARX, Monodische L.en des Seicento, in: AfMw 28 (1971).

G. MASSENKEIL

LA MENTHE, Ferdinand Joseph, ↗Morton, Jelly Roll.

LAMENTO (it., = Klage). Das Wort erscheint zum ersten Mal in musikalischem Zusammenhang vereinzelt als Titel einer instrumentalen ↗Estampie des 13. Jh. *(Lamento di Tristano),* ohne daß hier musikalisch der Charakter einer Klage unmittelbar erkennbar ist. In der Oper des 17. und 18. Jh. ist L. dann eine Klageszene, wie sie auch im Rahmen der italienischen Kantate und des Oratoriums auftritt. Das erste Stück dieser Art ist das *Lamento d'Arianna* für Alt und B.c. von Cl. Monteverdi (1608, gedruckt 1628; mit lateinischem geistlichem Text als *Lamento della Madonna,* 1641; als 5st. Madrigal, 1614). Die Klage, die in der Auffassung der Zeit einer der bedeutendsten Affekte ist, kommt hier musikalisch durch bestimmte satztechnische Mittel zum Ausdruck (freie Dissonanzbehandlung, Chromatik u. a.). In der Folge schrieben viele andere Komponisten solche Klageszenen, auch ohne sie eigens als L. zu benennen. Ihr musikalisches Kennzeichen ist oft ein ostinater chromatischer Quartgang im Baß („L.-Baß"). Ein berühmtes Beispiel dieser Art aus dem 17. Jh. ist die Klage der Dido in H. Purcells *Dido and Aeneas* (1691), aus dem 18. Jh., im Bereich der geistlichen Musik, der Einleitungssatz *Weinen, Klagen, Sorgen, Zagen* aus der Kantate Nr. 12 von J. S. Bach. Im 17. und 18. Jh. gibt es auch instrumentale L.-Sätze, z. B. bei J. J. Froberger (neben ähnlichen Stücken mit den Titeln *Plainte, Lamentation* oder *Tombeau*) wie auch bei J. S. Bach (im *Capriccio sopra la lontananza*...). L. heißt schließlich noch im 19. Jh. das instrumentale Vorspiel zu *Les Troyens à Carthage* von H. Berlioz (1863).

Lit.: P. EPSTEIN, Dichtung u. Musik in Monteverdis „L. d'Arianna", in: ZfMw 10 (1927/28); J. A. WESTRUP, Monteverdi's „L. d'Arianna", in: MR 1 (1940); W. OSTHOFF, Monteverdi-Funde, in: AfMw 14 (1957); M. SCHNEIDER, Klagelieder des Volkes in der Kunstmusik der it. Ars nova, in: AMl 33 (1961); N. ANFUSO – A. GIANMARIO, L. d'Arianna de C. Monteverdi. Studio e interpretazione (Fi 1969).

LA MOTTE, Antoine Houdar de, ↗Houdar de La Motte.

LAMOUREUX, Charles, * 28. 9. 1834 Bordeaux, † 21. 12. 1899 Paris; frz. Violinist und Dirigent. Sein Name ist in der Geschichte des französischen Musiklebens vor allem verbunden mit der Gründung der Nouveaux Concerts (1881), der sog. Concerts L., die eine der großen Pariser Konzerteinrichtungen geworden sind. L., dessen Aufführungen wegen ihrer Präzision und Sicherheit gerühmt wurden, setzte sich sowohl für die Werke des klassischen Repertoires als auch für die zeitgenössischer französischer Komponisten ein. Er war auch einer der ersten Vermittler der Musik R. Wagners in Frankreich, dessen *Lohengrin* er 1887 und dessen *Tristan und Isolde* er 1899 dirigierte.

Lit.: A. JULLIEN, Ch. L., in: RMI 7 (1900); P. LALO, De Rameau à Ravel (P 1947).

LAMPADIUS, Auctor, * um 1500 Braunschweig, † 1559 Halberstadt; dt. Musiktheoretiker. Er war Schulmeister in Goslar und kam 1532 als Kantor der Johannisschule nach Lüneburg, das er jedoch 1537 nach dem Tod seiner Kinder während einer

Pestepidemie wieder verließ. Danach trat er in den Dienst des Grafen von Stolberg in Wernigerode und wurde 1541 Pastor von Halberstadt. Sein Traktat *Compendium musices,* weitgehend eigenständig konzipiert, legt für die kompositorische Unterweisung den Stil Josquins des Prés zugrunde. Das Werk ist auch eine frühe theoretische Quelle für die Verwendung der Partitur als Hilfsmittel zum Komponieren.

WW: *Compendium musices,* 3 Teile, I: *Musica plana,* II: *Musica figuralis,* III: *De compositione cantus compendium* (Be 1537, [5]1554); 2 Bicinien wurden gedruckt in: RISM 1549[16].

Lit.: E. JACOBS, Zwei harzische Musiktheoretiker des 16. u. 17. Jh., in: VfMw 6 (1890); E. LOWINSKY, On the Use of Scores by 16th Century Musicians, in: JAMS 1 (1948); M. BUKOFZER, Nachwort, in: Faks.-Neudruck v. A. P. Coclico, Compendium musices (Kas 1954) (= DMI I/9).

LAMPUGNANI, Giovanni Battista, * 1706 Mailand, † nach 1784 ebd.; it. Komponist. Er studierte in Mailand, wo er 1732 mit der Oper *Candace* zum ersten Mal an die Öffentlichkeit trat. 1743–46 leitete er als Nachfolger B. Galuppis und Vorgänger Chr. W. Glucks in London das King's Theatre am Haymarket. Nach einem Aufenthalt in Italien unternahm er weitere Reisen, 1753 nach Barcelona, 1754–55 nach London und 1758 nach Deutschland. Seit 1760 war er Maestro al cembalo am Teatro Ducale, später an der Scala in Mailand, die 1778 eingeweiht wurde. Anfangs pflegte L. die Opera seria nach dem Vorbild von J. A. Hasse, wandte sich später, stilistisch an Galuppi orientiert, der Opera buffa zu, wobei er der Orchesterbehandlung große Sorgfalt widmete.

WW: 2 Fl.-Konzerte, 2 Kantaten u. a. geistliche Werke sowie einzelne Arien hsl.; von etwa 30 Opern ist *Didone abbandonata,* UA: Padua 1739, hsl. überliefert. – Im Druck erschienen Arien aus *Alessandro nell'Indie,* UA: London 1741, *Alceste,* UA: ebd. 1744, *Alfonso,* UA: ebd. 1744, *Tigrane,* UA: Venedig 1747, u. *Siroe,* UA: London 1755, daraus: *Favourite songs* (Lo o. J.); ferner 2 Slgen. Triosonaten (Lo 1743–65 u. ö.).

Lit.: G. BARBLAN – A. DELLA CORTE, Mozart in Italia (Mi 1956); K. HORTSCHANSKY, Gluck u. L. in Italien. Zum Pasticcio „Arsace", in: Anal. Mus. 3 (1966).

LAND DES LÄCHELNS, DAS, Romantische Operette in 3 Akten von Franz Lehár (1870–1948), Text von Ludwig Herzer u. Fritz Löhner-Beda. Ort u. Zeit der Handlung: Wien u. Peking, 1912. UA: 10. 10. 1929 in Berlin (Metropol-Theater). Verfilmt 1931 und 1952.

Die weltberühmt gewordene Operette stellt eine Umarbeitung der am 9. 2. 1923 in Wien uraufgeführten, wenig erfolgreichen Lehár-Operette *Die gelbe Jacke* dar. Das unglaubwürdig wirkende Happy-End wurde in der neuen Fassung durch einen Abschied der Liebenden ersetzt. Prinz Sou Chong läßt seine Ehefrau Lisa, die in Peking nicht heimisch werden kann, wieder in ihre Heimatstadt Wien zurückkehren.

Im Berliner Metropol-Theater garantierte eine Lehár-Operette mit Richard Tauber in der Hauptrolle ein ausverkauftes Haus, und so wurde dieser Sänger auch für die Rolle des Prinzen engagiert. Das „Tauber-Lied" *Dein ist mein ganzes Herz* wurde, wie nahezu alle anderen Musiknummern *(Meine Liebe, deine Liebe; Bei einem Tee en deux; Wer hat die Liebe mir ins Herz gesenkt; Immer nur lächeln),* zum Evergreen. Häufung von Quint- und Oktavreihungen, Trillern in den Holzbläsern und Heterophonien sollen die Illusion des Fernen Ostens auch musikalisch unterstützen. – Die Verfilmungen vergrößerten die Breitenwirkung dieser Operette noch und trugen dazu bei, daß das Werk bis heute in den Spielplänen deutscher Bühnen ganz vorn rangiert.

B. DELCKER

LANDI, Stefano, * um 1585 Rom, † 28. 10. 1639 ebd.; it. Komponist. Nach Ausbildung zum Sänger und Studium der Rhetorik und Philosophie trat er in den Dienst des Kardinals Marco Cornaro, dem er nach Padua folgte. Seit 1620 erneut in Rom, wurde er 1624 Kapellmeister an der Kirche S. Maria dei Monti und war von 1629 bis zu seinem Tode Altist im Chor der Cappella Sistina.

WW: **1) Geistliche WW:** Psalmen für 4 St. u. B.c. (R 1624); *Missa in benedictione nuptiarum* für 6 St.; eine *Messa concertata* u. a. liturg. Werke hsl. – **2) Weltliche WW:** Madrigale für 5 St. u. B.c. (V 1619); 6 Bücher *Arie ad una voce* mit B.c., davon erhalten I (V 1620), II (R 1627), V (V 1637) u. VI (V 1638). – **3) Opern:** *La morte d'Orfeo,* UA: Rom 1619 (R 1619); *Il Sant'Alessio,* UA: ebd. 1632 (R 1634).

Am bekanntesten wurde L. durch seine beiden Opern *La morte d'Orfeo* (1619) und *Il Sant'Alessio* (1632), die erste Oper der Geschichte mit geistlichem Sujet. Sie enthalten als erste Werke der Gattung komische Szenen und Figuren. In *La morte d'Orfeo* zeigen ausgedehnte, symmetrisch angelegte Chorszenen an den Aktschlüssen erstmals intermedienhafte Funktion. *Il Sant'Alessio* wird darüber hinaus noch durch drei *Sinfonie* jeweils zu Beginn eines Aktes gegliedert, was ein Novum in der Operngeschichte darstellt. Mit seinen *Arie ad una voce* gehört L. außerdem zu den wichtigsten Wegbereitern der italienischen ↗Kantate. Die stilistische Vielfalt jener Zeit des Umbruchs spiegelt sich besonders in den Vesperpsalmen (1624) und der hsl. überlieferten *Messa concertata.*

Ausg. u. Lit.: H. GOLDSCHMIDT, Stud. z. Gesch. der it. Oper I (L 1901, Nachdr. Hil–Wie 1967) (darin Teile aus „La morte d'Orfeo" u. „Il S. Alessio"; S. A. CARFAGNO, The Life and Dramatic Music of S. L., 2 Bde., I: Texte, II: Partitur, Übertragung u. Orchestrierung v. „Il S. Alessio" (Los Angeles 1960) (= Diss. Univ. of Calif.); „Il S. Alessio", Faks. der Ausg. Rom 1634, hrsg. v. S. RIGHETTI (Bol 1970) (= Bibl. musica Bononiensis 4/11);

S. LEOPOLD, S. L. Beitr. z. Biographie. Unters. z. Vokalmusik, 2 Bde. (H 1976) (= Hamburger Beitr. z. Musikwiss. 17).

S. LEOPOLD

LANDINO (Landini), **Francesco** (F. da Firenze, F. degli organi, F. Cieco, Franciscus Caecus), * um 1335 (?) Fiesole, † 2. 11. 1397 Florenz; it. Komponist. L., Sohn des Malers Jacopo L., soll bereits in seiner Kindheit infolge einer Pockenerkrankung erblindet sein. Dennoch erwarb er sich große Fertigkeiten im Gesang, auf verschiedenen Instrumenten, vor allem der Orgel, im Instrumentenbau, in der Dichtkunst und der Komposition sowie eine beachtenswerte Bildung, u.a. in Philosophie und Astrologie. 1369–96 ist er als Organist an S. Lorenzo in Florenz nachweisbar. L. wurde schon in jungen Jahren berühmt; wahrscheinlich wurde er 1361 in Venedig zum Poeta laureatus gekrönt. 1375 schrieb Coluccio Salutati, Kanzler von Florenz und engster Freund L.s, eine besondere Laudatio auf ihn. Noch zu L.s Lebzeiten, vermutlich nach 1381, verfaßte F. Villani im *Liber de origine civitatis Florentiae* ebenfalls eine Laudatio auf ihn als einen der berühmtesten Florentiner. Giovanni Gherardi da Prato berichtet über gelehrte und schöngeistige Diskussionen, die 1389 in A. Albertis Landhaus „Il paradiso" stattgefunden haben mit Gelehrten, Künstlern und hohen Persönlichkeiten, und nennt u. a. L. und Salutati. L. fand nicht nur als Komponist und praktischer Musiker Anerkennung, sondern auch als Musiktheoretiker, Förderer der Grammatik, Rhetorik, Dialektik sowie als Dichter der Ars poetica und der Rhythmi vulgares, d. h. von Versen in lateinischer und italienischer Sprache. Er wurde in der Kirche S. Lorenzo in Florenz beigesetzt.

WW (Hauptquellen sind die großen Trecento-Hss. Florenz, Bibl. Nazionale Panc. 26, Florenz, Bibl. Laurenziana Pal. 57, der sog. Squarcialupi-Cod. sowie Paris, Bibl. Nat. fonds it. 568, sog. Ms. Pit): 9 Madrigale für 2 St. u. 2 Madrigale für 3 St.; 2 Cacce für 3 St.; 91 Ballate für 2 St. u. 49 für 3 St., davon 8 sowohl in 2- als auch in 3st. Fassung. – Zweifelhafte WW: Triplum einer Motette (Padua, Bibl. Univ. 1066); 2 anon. überlieferte Ballate (Pariser Hs. s.o.); 3 Motettenfragmente (Rom, Hs. Egidi).

L. war der bedeutendste italienische Komponist des 14. Jh., was durch die äußerst umfangreiche Überlieferung seiner Werke in zahlreichen Quellen bestätigt wird. Diese machen etwa ein Viertel des gesamten Bestandes der heute zugänglichen italienischen Werke des Trecento aus. Neben Giovanni da Cascia ist L. der einzige Komponist aus Florenz, dessen Kompositionen auch in oberitalienischen Hss. zahlreich vertreten sind – ein weiteres Zeichen für seine Berühmtheit. L. wurzelt im Kompositionsstil seiner Florentiner Vorgänger, doch verliert in seinem Gesamtwerk das Madrigal zahlenmäßig den Vorrang, den es noch bei seinen Vorgängern genossen hatte, während demgegenüber die ↗Ballata bedeutungsmäßig in den Vordergrund rückt. Seine Madrigale sind 2teilig: Teil A besteht aus 3 Abschnitten, die 2- oder 3mal auf verschiedene Texte gesungen werden; Teil B ist ein Ritornell, dessen Rhythmus im bewußten Kontrast zu Teil A steht. Lange Melismen zu Beginn und am Ende eines jeden Abschnitts wechseln mit rascher und stark akzentuierter syllabischer Rezitation, außerdem dringen Mehrtextigkeit und isorhythmische Struktur ein. Berühmt wurde L. hauptsächlich aufgrund seiner äußerst zahlreichen Ballatakompositionen. Wie das französische ↗Virelai besteht die Ballata aus 2 Teilen ohne rhythmische Kontrastierung nach dem Schema ABBAA. Die ersten mehrstimmigen Ballate lassen sich um 1360/70 nachweisen; die zweistimmigen Ballate scheinen überwiegend einer früheren Zeit anzugehören als die dreistimmigen, da sie in einem melismatischen Stil komponiert worden sind, der Ähnlichkeit mit dem Stil der ältesten Florentiner Madrigalkompositionen hat. Synkopierungen kommen häufig vor, ebenfalls die Differenzierung der Kadenzen in „verto" und „chiuso". Die Deklamation ist fast homosyllabisch. Ausgedehntere Melismen finden sich lediglich am Schluß der Ripresa und der Piedi. Offenbar nach 1368 hat L. mit der Komposition nach Texten von F. Sacchetti begonnen, doch hat er die meisten Texte seiner Kompositionen selbst gedichtet. Die Bedeutung L.s liegt vor allem darin, daß er es vermochte, die mehrstimmigen Kompositionstechniken nahtlos mit der auf Tradition beruhenden lyrischen Freiheit der einstimmigen Ballata zu verbinden.

Ausg.: GA, hrsg. v. L. ELLINWOOD (C/M 1939, Nachdr. NY 1970) (= The Medieval Acad. of America. Studies and Documents 3); GA, hrsg. v. L. SCHRADE (Monaco 1958) (= Polyphonic Music of the Fourteenth Century 4) (dazu ein separater Kommentar). – 145 Stücke, in: Der Squarcialupi-Codex Pal 87... hrsg. v. J. WOLF (Lippstadt 1955).

Lit.: J. WOLF, Florenz in der Musikgesch. des 14. Jh., in: SIMG 3 (1901/02); L. ELLINWOOD, F. L. and His Music, in: MQ 22 (1936); H. NOLTHENIUS, Renaissance in Mei. Florentijns leven rond F. L. (Utrecht 1956); N. PIRROTTA, L., in: MGG VIII; M. SCHNEIDER, Das gestalttypologische Verfahren in der Melodik des F. L., in: AMl 35 (1963); K. VON FISCHER, Ein Versuch z. Chronologie v. L.s Werken, in: MD 20 (1966); U. GÜNTHER, Die „anonymen" Kompositionen des Ms. Paris, Bibl. Nat. fonds it. 568 (Pit), in: AfMw 23 (1966); C. SCHACHTER, L.'s Treatment of Consonance and Dissonance. A Study of Fourteenth Century Counterpoint, in: The Music Forum 2 (1970); B. R. SUCHLA, Stud. z. Provenienz der Trecento-Ballata (Kas 1976) (= Göttinger musikwiss. Arbeiten 6); D. BAUMANN, Die 3st. Satztechnik bei F. L. (Baden-Baden 1978).

B. R. SUCHLA

LANDINO-KLAUSEL, Landino-Sexte, Bz. für eine Schlußformel eines mehrstimmigen Satzes, die aus einer Sekundklausel im Tenor und einer charakteristischen ↗Klausel im Diskant besteht; diese strebt der Oktave zu, unterbricht aber den Leittongang Septime–Oktave (z.B.: $h-c^1$ bzw. cis^1-d^1; vgl. Notenbeispiel), indem sie von der Septime über die Sexte (hier: a bzw. h) die Oktave mit einem Terzsprung erreicht. Daher wird dieser Vorgang auch als Unterterzklausel bezeichnet. Nachdem sich diese Fortschreitung im 13. Jh. als grundlegende Schlußformel des mehrstimmigen Satzes behauptet hatte, wurde sie für die Mehrstimmigkeit des 14. Jh. (Fr. Landino und seine Zeitgenossen) und des 15. Jh. (G. Dufay und Zeitgenossen) charakteristisch. Die L.-K., die zuerst von A. G. Ritter beschrieben worden ist, hat sich in der deutschen Orgelmusik noch bis ins 16. Jh. hinein erhalten.

 bzw. 

Lit.: A. G. RITTER, Zur Gesch. des Orgelspiels, vornehmlich des dt., im 14. bis zum Anfang des 18. Jh., 2 Bde. (L 1884, Nachdr. Hil 1969), neu bearb. v. G. Frotscher, als: Gesch. des Orgelspiels, 2 Bde. (B 1935–36, ^{3}1966); E. T. FERAND, Die Improvisation in der Musik (Z 1938); W. BIBER, Das Problem der Melodieformel in der einst. Musik des MA (Be 1951); B. R. SUCHLA, Stud. z. Provenienz der Trecento-Ballata (Kas 1976) (= Göttinger musikwiss. Arbeiten 6).

B. R. SUCHLA

LÄNDLER, Sammelname für verschiedene Tanzformen im langsamen Dreivierteltakt, die vorwiegend in Österreich, im süddeutschen Raum und in der Schweiz verbreitet sind. Der typische L. wird meist als Figurentanz ausgeführt, bei dem eine stilisierte Liebeswerbung dargestellt wird. Zum Tanz wird häufig gesungen, in die Hände geklatscht und gestampft. Der Dreivierteltakt kann durch Verkürzung des 2. und Dehnung des 1. Taktteils der Geradtaktigkeit angenähert werden. Die Tanzweisen sind seit den letzten Jahrzehnten des 18. Jh. auch schriftlich überliefert. Melodisch vorherrschend – besonders ausgeprägt beim „Steirischen Tanz“ – sind die vom Jodeln herkommenden weiträumigen Dreiklangsbrechungen. Sie verbinden sich mit Vorhalten, Durchgangs- und Wechselnoten zu 1-, 2- oder 4taktigen, formelhaft wiederholten Spielfiguren, die parallel oder symmetrisch angeordnet sein können. Die 8- oder 16taktigen L. werden zu Gruppen zusammengefaßt und mit einem Vor-, Zwischen- und Nachspiel versehen. Innerhalb eines Taktes wechselt die Harmonik in der Regel nicht und beschränkt sich auf Tonika und Dominante; die Subdominante tritt seltener auf.

Die Frühgeschichte des L.s läßt sich bisher nur in Ansätzen verfolgen. Ursprünglich ein ländlicher Tanz, wurde der L. im 18. Jh. auch in bürgerlichen Kreisen beliebt. Umgekehrt wirkten sich stadtbürgerliche und höfische Gepflogenheiten auf den ländlichen Tanz aus. Frühe Musikaufzeichnungen vor 1800 ergeben ein vielfältiges Bild. Ohne Bezeichnung oder unter Namen wie „Tanz“, „Deutscher Tanz“, „Walzer“, „Dreher“, „Schleifer“ u. a. finden sich z. T. typische L.-Formen wie auch Tänze, die eher auf eine höfische bzw. städtische Herkunft schließen lassen. In der Volkstanzforschung werden 3 Haupttypen unterschieden: Steirischer Tanz, Landler und Schuhplattler.

Unter Beibehaltung seiner charakteristischen Merkmale fand der L. auch Eingang in die Kunstmusik, so bei W. A. Mozart (*6 Ländlerische Tänze,* KV 606), L. van Beethoven (*Ländlerische Tänze,* WoO 11 und 15) und vor allem Fr. Schubert (zahlreiche Werkgruppen für Klavier). Im Wiener Biedermeier schrieb J. Lanner viele L. als Gebrauchstänze, bevor sich der Walzer durchsetzte. In den Bereich der Salonmusik gehören in der späteren Zeit die L. von St. Heller, A. Jensen, J. Raff u. a.

Lit.: E. HAMZA, Folkloristische Stud. aus dem niederöstr. Wechselgebiete, in: Zschr. des Dt. u. Östr. Alpenvereins 44 (1913); R. ZODER, Die melodisch-stychische Anordnung von Ländlermelodien, in: Das dt. Volkslied 16 (1914); H. COMMENDA, Der L., in: Heimatgaue 4 (1923); V. VON GERAMB, Die Knaffl-Hs. Eine obersteirische Volkskunde aus dem Jahre 1813 (B–L 1928); M. HAAGER, Die instr. Volksmusik im Salzkammergut (Diss. W 1932, Nachdr. Gr 1979); R. WOLFRAM, Die Frühform des L.s, in: Zschr. für Volkskunde 42 (1933); E. HAMZA, Almerisch-Wallnerisch u. Landlarisch, in: Das dt. Volkslied 39 (1937); H. COMMENDA, Die Gebrauchschriften der alten Landlageiger, in: Zschr. für Volkskunde 48 (1939); R. WOLFRAM, Die Volkstanznachrichten in den Statistischen Erhebungen Erzherzog Johanns, in: Volk u. Heimat. FS V. von Geramb (Gr 1949); DERS., Die Volkstänze in Östr. u. verwandte Tänze in Europa (Salzburg 1951); E. HAMZA, Der L. (W 1957); S. SCHUTTE, Der L. Unters. z. musikal. Struktur ungeradtaktiger östr. Volkstänze (Str 1970); F. HOERBURGER, Achttaktige L. aus Bayern (Rb 1976); R. PETER, Ländlermusik. Die amüsante und spannende Geschichte der Schweizer Ländlermusik (Aarau–St 1978).

S. SCHUTTE

LANDON, Howard Chandler Robbins, * 6. 3. 1926 Boston; amerik. Musikforscher. Er studierte bei K. Geiringer an der Boston University und ließ sich 1947 in Wien, 1960 in Italien nieder. L. ist besonders als Haydn-Forscher bekannt geworden; 1949 gründete er die Haydn Society. Die Boston University verlieh ihm 1969 die Ehrendoktorwürde.

Schriften: *The Symphonies of J. Haydn* (Lo – NY 1955), dazu separates Suppl. (Lo – NY 1966); *The Mozart Companion* (ebd. 1956, revidierte Paperbackausg. 1965, NY 1969) (zus. mit D. Mitchell); *The Collected Correspondance and London Notebooks of J. Haydn* (Lo 1959); *Collected Essays* (Lo 1969); *Essays on the Viennese Classical Style. Gluck, Haydn, Mozart, Beethoven* (Lo 1970); *Beethoven. A Documentary Study* (Lo – NY 1970), dt. Übers.: *Beethoven. Sein Leben u. seine Welt in zeitgen. Bildern u. Texten* (Z 1970, NA 1974); *Das kleine Verdibuch* (Salzburg 1976); *Haydn. Chronicle and Works,* 5 Bde. (Lo – Bloomington/Ind. 1976–80). – L. war maßgeblich auch an der Herausgabe der 3. GA J. Haydns u. W. A. Mozarts beteiligt; weitere Ausg.: *J. Haydn, Sämtliche Klv.-Sonaten,* 2 Bde. (W 1964–66) bzw. 4 Bde. (W 1975–77); J. Haydn, *Klv.-Trios,* 45 H.e (W 1970–77); *The Haydn-Yearbook,* 10 Bde. (W 1962–78).

LANDORMY, Paul Charles René, * 3. 1. 1869

Issy-les-Moulineaux (Seine), † 17.11.1943 Paris; frz. Musikschriftsteller. Nach einem Philosophiestudium widmete er sich seit 1892 der Musik und ließ sich 1902 in Paris nieder, wo er mit R. Rolland an der École des Hautes Études Sociales Musikgeschichtskurse durchführte und ein akustisches Laboratorium einrichtete. Daneben schrieb er Kritiken für Tageszeitungen und Zeitschriften.

Schriften: *Histoire de la musique* (P 1910, [2]1943); *Brahms* (P 1920); *Schubert* (P 1928); *Bizet* (P 1929); *A. Roussel* (P 1938); *Gluck* (P 1941); *La musique française*, 3 Bde. (1943–44, [2]1948).

LANDOWSKA, Wanda Alexandra, * 5.7.1879 Warschau, † 16.8.1959 Lakeville (Connecticut); poln. Cembalistin. Sie studierte am Konservatorium in Warschau zunächst Klavier, dann Komposition bei H. Urban in Berlin. 1900–13 lehrte sie Cembalo an der Schola Cantorum in Paris, trat 1903 erstmals öffentlich in einem Cembaloabend auf und ließ sich 1912 von Pleyel das erste moderne Konzertinstrument bauen. 1913–19 war W. L. in Berlin die erste Cembalolehrerin an einer deutschen Musikhochschule. Seit 1920 lebte sie ständig in Paris und unternahm seit jener Zeit Tourneen durch alle Welt. 1925 gründete sie in Saint-Leu-la-Forêt bei Paris eine eigene „École de Musique Ancienne". 1940 mußte sie jedoch fliehen und kam 1941 in die USA, 1947 nach Lakeville. 1954 trat sie in New York zum letzten Mal öffentlich auf, spielte aber noch kurz vor ihrem Tod Werke J. S. Bachs für die Schallplatte ein. Durch ihre Konzerttätigkeit, ihr pädagogisches Wirken wie zahlreiche Veröffentlichungen wurde W.L. bahnbrechend für die Verbreitung der Cembalomusik des 17. und 18. Jh.; die ersten zeitgenössischen Kompositionen für Cembalo von M. de Falla und Fr. Poulenc (1926/1927) wurden von ihr angeregt.

Schriften: *La musique ancienne* (P 1909, [4]1921, engl. NY 1924); *Bach und die französische Klaviermusik*, in: Bach-Jb. 7 (1910); *Die C-dur-Fuge des Wohltemperierten Klaviers I*, in: ebd. 10 (1913); *Commentaries for the Treasury of Harpsichord Music* (NY 1947); Gesammelte Schriften als: *L. on Music*, hrsg. v. D. Restout – R. Hawkins (NY 1964, Lo 1965).

Lit.: A. SCHAEFFNER, W. L. et le retour aux „Humanités" de la musique, in: RM (1927) Juni-H.; B. GAVOTY – R. HAUERT, W. L. (G 1957); P. ALDRICH, W. L.'s „Musique ancienne", in: Notes 27 (1970/71).

B. A. KOHL

LANDOWSKI, Marcel François Paul, * 18.2.1915 Pont-l'Abbé (Finistère); frz. Komponist. Er erhielt Klavierunterricht bei Marguerite Long, studierte 1934–40 am Pariser Conservatoire (H. Busser, N. Gallon, Ch. Münch) und war Schüler von P. Monteux. 1960–65 war er Direktor des Konservatoriums von Boulogne-sur-Seine, 1962–65 Musikdirektor an der Comédie-Française in Paris und wurde 1964 Inspecteur général de l'Enseignement musical, 1966 Directeur de la musique beim Ministerium für kulturelle Angelegenheiten, wo er seit 1970 für Musik, Oper und Ballett zuständig ist. Auf seine Initiative hin wurden das Orchestre de Paris (1967) und das Orchestre de la Région Rhône-Alpes (1968) gegründet. Sein kompositorisches Schaffen zeigt eine persönliche, schlichte Ausdrucksweise; die musikalische Erfindung führt L. häufig auf außermusikalische (poetische, gefühlsmäßige) Eindrücke zurück, schreibt aber keine literarische oder Programmusik.

WW: **1) Instr.-WW:** Klv.-Stücke; *Étude de sonorité* (1973) für V. u. Klv. – Für Orch.: 3 Symphonien, 1: *Jean de la Peur* (1949), 2 (1963), 3: *Des espaces* (1964); symphonische Dichtungen *Edina* (1946) u. *L'orage* (1960). – Konzerte: 2 für Klv. (1939, 1963); für Vc. (1944); für Ondes Martenot, Str. u. Schlagzeug (1954); für Fag. (1957), auch als Ballett, UA: Paris 1966; für Fl. u. Str. (1968). – **2) Vokal-WW:** Oratorium *La quête sans fin* (1943–44); *Chants de solitude* (1960) für 4 Frauen-St. u. Orch.; *Notes de nuit* (1961) für Kinder-Sprech-St. u. Kammerorch., als Ballett, UA: Nancy 1970; *4 chants d'innocence* (1971) für Frauenchor. – **3) Bühnen-WW:** Opern: *Le fou*, UA: Nancy 1956; *Le ventiloque*, UA: Paris 1957; *Les adieux*, UA: ebd. 1960; *L'opéra de poussière*, UA: Avignon 1962; Légende lyrique et chorégraphique *Le rire de Nils Halérius*, UA: Mulhouse 1951, daraus: Ballettsuite *Les jeux du monde*; Ballett *Die Tiefe*, UA: Essen 1959; ferner Film- und Bühnenmusik. – **4) Schriften:** *L'orchestre* (P 1951) (= Que sais-je? 495) (zus. mit L. Aubert); *Honegger* (P 1957) (= Solfège 7) (zus. mit M. Christenet).

Lit.: C. BAIGNÈRES, M. L. (P 1958); A. GOLÉA, M. L. (P 1969) (= Musiciens de tous les temps 41).

LANDRÉ, Guillaume Louis Frédéric, * 24.2.1905 Den Haag, † 6. 11. 1968 Amsterdam; ndl. Komponist. Er studierte an der Universität Utrecht Jura (Dr. jur. 1925) und war Kompositionsschüler von W. Pijper. Nach einer Tätigkeit als Lehrer für Handelsrecht und Nationalökonomie in Amsterdam (1930–47) fungierte er 1947–57 als Generalsekretär des Kunstrates und seit 1957 als Präsident der niederländischen Urheberrechtsgesellschaft BUMA, der niederländischen Sektion der IGNM und der niederländischen Tonkünstlervereinigung. L.s frühe Kompositionen sind von weitgespannter Melodik gekennzeichnet und neigen häufig einem elegischen Ausdruck zu; in seinen späteren Werken bezieht er auch die Dodekaphonie ein, ohne allerdings die Tonalität aufzugeben.

WW: Trio für V., Vc. u. Klv. (1929); 4 Streichquartette (1927, 1942, 1949, 1966); 2 Bläserquintette (1930, 1960); für Orch.: 4 Symphonien (1932, 1942, 1951, 1955); Suite für Streichorch. u. Klv. (1936); *Permutazioni sinfoniche* (1957); *Caleidoscopio* (1958); *Anagrammes* (1960); *Variazioni senza tema* (1967). – *Piae memoriae pro Patria Mortuorum* für Chor u. Orch.; *Egidius* (1968) für Frauenchor a cap. – Opern: *De snoek*, UA: Amsterdam 1938; *Jean Levèque*, UA: ebd. 1965; *La symphonie pastorale*, UA: Rouen 1968.

Lit.: J. WOUTERS, G. L., in: Sonorum speculum 15 (1963); M. FLOTHUIS, G. L. Viertes Streichquartett, in: ebd. 40 (1969); W. PAAP, In memoriam G. L., in: Mens en melodie 24 (1969).

LANDSTREICHER, DIE, Operette in einem

Vorspiel u. 2 Akten von Carl Michael Ziehrer (1843–1922), Text von Leopold Krenn u. Carl Lindau. Ort u. Zeit der Handlung: eine süddeutsche Kleinstadt, um die Jahrhundertwende. UA: 26. 7. 1899 in Wien (Sommertheater Venedig).

Einzelne Episoden aus dem Vagabundenleben von August und Berta Fliederbusch werden ohne weitere inhaltliche Verknüpfung aneinandergereiht. Auch in der Partitur sind Stücke unterschiedlicher Prägung gemischt: typische Wiener Musik, ein spanisches Lied *(Auf der Sierra)*, eine Polka française *(In flagranti)*, ein marokkanischer Marsch, ein Lied im Volkston *(Mein herzliaber Bua)* u.a. Erfolgreichste Musiknummer ist der Walzer *Sei gepriesen, du lauschige Nacht*, von dem in knapp zehn Jahren etwa eine halbe Million Einzelexemplare verkauft wurden. Von den 23 Operetten Ziehrers sind *Die Landstreicher* das einzige Werk, das auch heute noch aufgrund der zahlreichen zündenden Marschmelodien und schwankhafter Elemente eine gewisse Popularität besitzt.

B. DELCKER

LANE, Burton (eig. Burton Levy), * 2.2.1912 New York; amerik. Komponist. Er schrieb bereits mit 16 Jahren Songs für eine Produktion der Greenwich Village Follies. 1933 ging er nach Hollywood, wo er Filmschlager, u. a. mit Fr. Loesser, A. J. Lerner und Ira Gershwin, komponierte. Der erste große Broadway-Erfolg war *Finian's Rainbow* (1947), an den er 1965 mit *On a Clear Day You Can See Forever* anknüpfen konnte.

Lit.: S. GREEN, The World of Musical Comedy (NY 1960, [3]1974).

LANFRANCO, Giovanni Maria, * Terenzio (Prov. Parma), † Ende November 1545 Parma; it. Musiktheoretiker. Er wurde 1528 Kapellmeister an der Kathedrale von Brescia, um 1534 in Verona und 1540 an der Kirche Madonna della Steccata in Parma. In seinen *Scintille di musica* (Brixen 1533) behandelt er in 4 Büchern die Elementarbegriffe der Musik (I), der Notation, des Rhythmus und der Zeitmaße (II), der Modi (III) sowie des Kontrapunkts und der Instrumente (IV) und gibt aufschlußreiche Hinweise zur Musikpraxis seiner Zeit.

Ausg.: *Scintille di musica*, Faks.-Ausg. (Bol 1970) (= Bibl. musica Bononiensis II/15).

Lit.: B. LEE, G. M. L.'s „Scintille di musica" and Its Relation to 16th Century Music Theory (1961) (= Diss. Cornell Univ., Ithaca/N.Y.); G. MASSERA, Musica inaspettiva e accordatura strumentale nelle „Scintille" di L. da Terenzio, in: Quadrivium 6 (1964).

LANG, Eddie (auch Blind Willie Dunn; eig. Salvatore Massaro), * 25.10.1902 Philadelphia, † 26. 3. 1933 New York; amerik. Jazzmusiker (Gitarre). Er spielte 1924 bei Red McKenzie in England und seit 1926 häufig mit dem Geiger Joe Venuti, u. a. in der Gruppe „Blue Four". 1930 wirkte er in dem Paul Whiteman-Film *King of Jazz* mit und begleitete anschließend 2 Jahre lang den Sänger Bing Crosby. L. gilt als der bedeutendste Jazzgitarrist seiner Zeit.

LÁNG, István, * 1.3.1933 Budapest; ung. Komponist. L. studierte an der Budapester Musikakademie Komposition bei János Viski und Ferenc Szabó. 1966 wurde er musikalischer Leiter des Staatlichen Puppentheaters und 1973 Dozent (1979 Professor) für Kammermusik an der Franz-Liszt-Hochschule in Budapest. L. ist außerdem Präsident des Ungarischen Komponistenverbandes und Leiter der ungarischen Sektion der International Society for Contemporary Music (ISCM). 1961 gewann er einen Kompositionswettbewerb der Stadt Ludwigshafen und erhielt 1968 und 1975 den Ferenc-Erkel-Preis. L. gehört zu den gemäßigt modernen, national gebundenen Komponisten seiner Generation in Ungarn.

WW: Kammermusik für gem. Ensembles u. Einzelinstr., u.a. *Intermezzi* (1972) für Klv.; Improvisationen für Cimbalom (1973) u. für Schlagzeug (1978); *Wellen II* (1976) für Fl., Gitarre u. Cimbalom; 2 Symphonien; Solokonzerte für Xylophon, Ob., Horn, V. – Kammerkantate *Laudate hominem* (1971–72) für Sprecher, Sopran u. Instrumentalquintett. – Ballett *Mario und der Zauberer* (1962); Oper *Der Feigling* (1964–68).

LANG, Paul Henry, *28. 8. 1901 Budapest; amerik. Musikforscher ung. Herkunft. Nach Kompositionsstudien bei Z. Kodály und L. Weiner studierte er an den Universitäten in Budapest, Heidelberg und Paris sowie an der Cornell University in Ithaca (N. Y.), wo er 1928 mit der Dissertation *A Literary History of French Opera* promovierte. Anschließend lehrte er an mehreren Colleges in den USA und seit 1933 an der Columbia University in New York (1943 ordentlicher Professor). 1954–64 war er Musikkritiker der *New York Herald Tribune* und gab 1945–73 die Zeitschrift *The Musical Quarterly* (MQ) heraus. 1955–58 hatte er den Vorsitz der Internationalen Gesellschaft für Musikwissenschaft. In seinen Schriften untersuchte L. vor allem den Einfluß kultureller Phänomene auf stilistische Wandlungen in der Musik.

Schriften: *Music in Western Civilization* (NY 1941), dt. Übers.: *Musik im Abendland*, 2 Bde. (Au 1947); *A Pictorial History of Music* (NY 1960, Lo 1964) (zus. mit O. L. Bettmann); *G. F. Handel* (NY 1966, Lo 1967, dt. Kas 1979); *Musicology and Musical Letters*, in: Musik u. Verlag F. S. K. Vötterle (Kas 1968); *Critic at the Opera* (NY 1971); *The Experience of Opera* (Lo 1973).

LANG, Walter, * 19.8.1896 Basel, † 17.3.1966 Baden (Aargau); Schweizer Komponist. L. war ein Schüler von É. Jaques-Dalcroze, an dessen Institut in Genf er 1915 unterrichtete. Danach setzte er seine Ausbildung in München und Zürich fort.

1920–22 lehrte er Theorie an der Schule Wolff in Basel und 1922–41 Klavier am Konservatorium in Zürich. 1942 wurde er ans Rundfunkstudio Lugano des Senders Monte Ceneri berufen. 1948 kehrte er nach Zürich zurück und unterrichtete seitdem an der Musikakademie in Basel, am Konservatorium in Bern und an der Musikakademie in Zürich.

WW: Zahlr. Klv.-Stücke, darunter 12 Etüden (1960) u. 10 Etüden *A due voci* (1963); 2 Orgelfantasien (1961); V.-, Vc.- u. Fl.-Sonaten; 6 Bagatellen für V. u. Klv. (1957); *Bulgarische Volksweisen* (1928) u. *Sonata festiva* (1936) für Kammerorch.; Divertimento für Streichorch. (1957). – Für Orch.: Symphonie (1946); *Praeludium* (1947); Konzertante Suite (1954) für 2 Klv. u. Streichorch.; Klv.-Konzert (1940) u. Vc.-Konzert (1952). – Ferner das Festspiel *Leggende del Ticino* (1944) für Chor und Orchester.

Lit.: Werkverz. (Z 1956), dazu Nachtrag (1956–61). – W. BERTSCHINGER, in: SMZ 96 (1956); E. GRAF, W. L.s Unterrichtswerk bis zur oberen Mittelstufe, in: ebd. 10 (1964).

LANGAUS, eine umstrittene und oft von den Behörden – erfolglos – verbotene Tanzart, typisch für die Tanzbesessenheit in Wien im ausgehenden 18. Jh., wie sie als Reaktion gegen das getragene und gemessene Tanzwesen höfischen Charakters entstanden war: das Tanzpaar hatte den Saal in raschem Tempo mit großen Schritten und nur wenigen Umdrehungen auf mehrere Zweitaktgruppen zu durchmessen. Die erhaltenen musikalischen Beispiele (von Stanislaus Ossowsky) unterscheiden sich nicht vom ↗Deutschen Tanz und ↗Ländler. Der L. kann daher wohl als Wegbereiter, wegen der choreographischen und formalen Verschiedenheit jedoch nicht direkt als Vorläufer des Wiener ↗Walzers angesehen werden.

Lit.: E. SCHENK, Der L., in: Studia Musicologica 3 (Budapest 1962).

LANGE, Francisco Curt (Franz Kurt), * 12. 12. 1903 Eilenburg bei Leipzig; uruguayischer Musikforscher dt. Herkunft. L. studierte Architektur, Philosophie und Musikwissenschaft u.a. an der Universität Bonn. 1930 ließ er sich in Uruguay nieder, leitete dort bis 1948 das Schallplattenarchiv des von ihm mitgegründeten staatlichen Rundfunks (SODRE) und 1932–48 eine musikwissenschaftliche Abteilung am Instituto de Estudios Superiores in Montevideo, wo er 1940 das Instituto Interamericano de Musicología gründete. 1948–55 leitete er die ebenfalls von ihm gegründete musikwissenschaftliche Abteilung der Landesuniversität von Cuyo in Argentinien. Anschließend lehrte er als Gastprofessor an zahlreichen Universitäten Nordamerikas. 1961–63 war er Kulturattaché der uruguayischen Botschaft in Bonn. L. hat bedeutende Verdienste um die Erforschung der südamerikanischen Musikgeschichte.

Schriften: *La opera y las casas de opera en el Brasil colonial,* in: Bol. interamericano de música (1964) Nr. 44; *E. Neuparth, ein dt. Musiker in Brasilien,* in: Staden-Jb. 15 (São Paulo 1967); *Pesquisas esporádicas de musicología no Rio de Janeiro,* in: Rev. do Inst. de estudios brasileiros 4 (1968); *L. M. Gottschalk,* in: Bol. interamericano de música (1970) Nr. 77; *História da música nas Irmandades de Vila Rica* I/1 (Belo Horizonte 1979). – Er gab heraus u. a.: *Rev. de Estudios Musicales, Bol. latinoamericano de música,* 6 Bde. (1935–46).

Lit.: F. BOSE, in: AMl 29 (1957); P. S. URTUBEY, Las obras colectivas de F. C. L. (Buenos Aires 1974).

LANGE (Langius), **Gregor,** * um 1540 Havelberg (Brandenburg), † vermutlich 1.5.1587 Breslau; dt. Komponist. L. studierte an der Universität Frankfurt an der Oder, wo er 1574–83 ein Kantorenamt versah. 1583 ließ er sich in Breslau nieder. L.s Arbeiten stehen in der Nachfolge O. di Lassos. Seine dt. Lieder waren bis ins 17. Jh. weit verbreitet.

WW (teilweise mit mehreren Aufl.): 2 Bücher *Cantiones sacrae,* 1: für 5–6 St. (Frankfurt/Oder 1580), 2: für 4–10 St. (Nü 1584); 2 Bücher *Neue deutsche Lieder* für 3 St. (Breslau 1584, 1586), 5st. Bearb. v. Ch. Demantius, 2 Bde. (L 1614, 1615); gedruckt wurden auch mehrere Gelegenheitsgesänge. – 78 lat. u. 67 dt. Gesänge sind hsl. erhalten.

Ausg.: Ausgew. Motetten für 4, 5, 6 u. 8 St., hrsg. v. R. STARKE (1901) (= PGfM 25); Neue dt. Lieder mit 3 St., hrsg. v. F. BOSE (B 1968) (= Ed. alter Musik o. Nr.).

Lit.: R. STARKE, Hieronymus Gregorius Langius Havelbergensis, in: MfM 31 (1899); I. GALLWITZ, Die neuen dt. Lieder v. 1584 u. 1586 des Gregorius Langius u. deren Bearb. durch Ch. Demantius u. H. Dedekind (Diss. W 1960); R. CASPARI, Liedtradition im Stilwandel um 1600 (Mn 1971) (= Schriften zur Musik 13).

LANGE, de, ndl. Musikerfamilie. – **1) Samuel (I.),** * 9.6.1811 Rotterdam, † 15.5.1884 ebd.; Organist. Er war an der Kirche St. Lorenz in Rotterdam tätig und schrieb Orgelsonaten. – **2) Samuel (II.),** Sohn von 1), * 22.2.1840 Rotterdam, † 7.7.1911 Stuttgart; Organist und Komponist. Er trat früh als Orgelvirtuose und Pianist hervor, studierte später an der Musikschule in Lemberg, wo er 1860–63 lehrte. Weitere Stationen waren Rotterdam, Basel, Köln und zuletzt Stuttgart. Dort leitete er 1900–08 das Konservatorium. Von seinen Kompositionen verdient das Oratorium *Moses* (Den Haag 1889) Beachtung. L. gab außerdem den *Apparatus musico-organisticus* von G. Muffat heraus (L 1888). – **3) Daniel,** Bruder von 2), * 11. 7. 1841 Rotterdam, † 31.1.1918 Point Loma (California); Komponist. Er studierte seit 1855 am Brüsseler Conservatoire und war 1860–63 Lehrer an der Musikschule in Lemberg. Später lebte er in Paris und seit 1870 in Amsterdam. 1884 gehörte er zu den Gründern des Amsterdamer Konservatoriums, das er 1895–1913 auch leitete. 1914 ließ er sich in Point Loma (Calif.) nieder. Als Dirigent mehrerer a cappella-Chöre widmete er sich besonders Kompositionen des 16. Jahrhunderts. L. hat als Lehrer und Organisator das Musikleben in den Niederlanden maßgeblich beeinflußt. Als Dirigent setzte er sich auch für die zeitgenössische Musik ein und gehört damit zu den Begründern der neueren niederländischen Musik.

WW: 2 Symphonien; Ouvertüre *Willem van Holland;* Vc.-Konzert; Chorwerke; Messe, Requiem u. die Oper *De val van Kuilenburg.* – Schrieb *Exposé d'une théorie de la musique* (P 1908).

Lit.: A. AVERKAMP, Levensbericht van D. de L. (Lei 1918); A. ANNEGARN, D. de L., in: TVer 18 (1959).

LANGE-MÜLLER, Peter Erasmus, * 1. 12. 1850 Frederiksborg, † 26.2.1926 Kopenhagen; dänischer Komponist. L. studierte Jura, nahm daneben Musikunterricht und wurde 1871 Schüler des Kopenhagener Konservatoriums. Aus Gesundheitsgründen mußte er seine Ausbildung wenig später abbrechen, machte sich aber 1874 durch seinen ersten Liedband, *Sulamith og Salomon,* bekannt. 1879–83 war er 2. Dirigent der Konzertvereinigung in Kopenhagen, die er mitbegründet hatte. L. nimmt eine wichtige Stellung unter den Komponisten seiner Zeit in Dänemark ein. Viele seiner Lieder gehören heute zum dänischen Volksliedgut.

WW: Fantasien für V. u. Klv.; Klv.-Trio (Kop 1898); 2 Orch.-Suiten *Alhambra* u. *Weyerburg* (1894); 2 Symphonien, 1: *Efteraar* (Kop 1881), 2 (1889); zahlr. Lieder, darunter *Sulamith og Salomon* sowie Chöre. – Opern: *Tove,* UA: Kopenhagen 1787; *Spanske Studenter,* UA: ebd. 1883, u. *Vikingeblod,* UA: ebd. 1900; ferner Bühnenmusik.

Lit.: J. CLAUSEN, P.E. L.-M. (Kop 1938); H. BONNÉN, P. E. L.-M. (Kop 1946).

LANGLAIS, Jean, * 15.2.1907 La Fontenelle (Ille-et-Vilaine); frz. Organist und Komponist. L., mit 2 Jahren erblindet, war 1923–27 Orgelschüler von A. Marchal an der Institution Nationale des Jeunes Aveugles in Paris. 1927–30 studierte er am Pariser Conservatoire Orgel bei M. Dupré, anschließend Komposition bei P. Dukas und Improvisation bei Ch. Tournemire. 1930 wurde er Professor für Orgel an der Institution Nationale des Jeunes Aveugles und 1960 an der Schola Cantorum, außerdem 1934 Organist an St-Pierre-de-Montrouge und 1945 – als dritter Nachfolger C. Francks – an Ste-Clotilde.

WW (wenn nichts anderes angegeben, in Paris erschienen): **1) Instr.-WW:** Für Org.: 3 *Paraphrases grégoriennes* (1938); 2 Symphonien (1944, 1978); *9 Pièces* (1945); *Suite brève* (1947); *Suite médiévale* (1950); *Suite française* (1949); *Incantation pour un jour saint* (1954); *Hommage à Frescobaldi* (1954); *Folkloric Suite* (Ch 1954); *Triptyque* (Lo 1958); 3 *Méditations sur la Ste-Trinité* (1962); *Hommage to Rameau* (Ch 1965); *Poem of Life, Poem of Peace, Poem of Happiness* (1966/67); *Sonate en trio* (1968); *Livre œcuménique* (1968); *Offrande à Marie* (1972); 5 *Méditations sur l'Apocalypse* (1973); *Suite baroque* (1973); 8 *Chants de Bretagne* (1975); *Mosaïque,* 3 Bde. (1977/78); 3 Konzerte (1949, 1961, 1971) für Org. u. Orch.; ferner Klv.-Stücke, Kammermusik u. Orch.-Werke. – **2) Vokal-WW:** *Mystère du Vendredi Saint* für Chor u. Orch. (1943); *Cantate à St-Vincent* für Chor u. Str. (1946); *Messe solennelle* für Chor u. 2 Org. (1949); *Missa in simplicitate* für Sopran u. Org. (1952); Passion für Soli, Chor u. Orch. (1954); *Mystère du Christ* für Chor u. Orch. (1957); ferner zahlr. Messen, Motetten u. Kantaten für Chor a cap. oder mit Org. u. versch. Instr., sowie weltliche Werke, darunter Lieder u. Kantaten.

L. genießt als Interpret der neueren französischen Orgelmusik und als Improvisator Weltruf. Unter den französischen Orgelkomponisten des 20. Jh. nimmt er neben L. Vierne, M. Dupré und O. Messiaen eine führende Stellung ein. Seine Kompositionen zeichnen sich durch außergewöhnliche Vielfalt der Formen und Stilmittel aus. Neben liturgischen Werken, in denen er häufig frei weiterentwickelte historische Formen verwendet, schrieb er didaktische Kompositionen und großangelegte virtuose Werke konzertanten Charakters. L. verwendet Elemente der Gregorianik, des protestantischen Chorals und der Folklore; das musikalische Material umfaßt Kirchentonarten, erweiterte Tonalität und serielle Techniken.

Lit.: D. B. KURR, The Organ Works of J. L. (1971) (= Diss. Univ. of Washington); M. L. JACQUET, J. L., un indépendant. Essai sur son œuvre d'orgue, in: L'orgue (1972) Sonder-Nr. 144; DIES., Die leichten Orgelwerke v. J. L., in: MS 97 (1976); DIES., Les œuvres récentes pour orgue de J. L., in: Jeunesse et orgue 35 (1978).

H. J. BUSCH

LANIER (Laniere, Laneare, Lanyere), **Nicholas,** getauft 10.9.1588 London, † 24.2.1666 Greenwich; engl. Sänger, Komponist und Maler frz. Abstammung. Er stand zunächst im Dienst des Prinzen von Wales und wurde 1626 unter König Karl I. Master of the King's Music. Während der Revolution verlor er seine Stellung, wurde aber unter König Karl II. erneut in dieses Amt eingesetzt. Er schrieb die Musik zu mehreren Masques, darunter zu B. Jonsons *Vision of Delight,* das zeitgenössischen Quellen zufolge auch rezitativische Stücke enthalten haben soll. L. wurde daher die Einführung des Stile rappresentativo in England zugeschrieben. Von seinen Kompositionen sind lediglich einige Gelegenheitswerke und einzelne Lieder u.a. in Sammlungen J. Playfords erhalten.

Ausg.: 2 Airs, in Songs and Dances for the Stuart Masque, hrsg. v. A. J. SABOL (Providence/R. I. 1959); Lieder, in: Twenty Songs from Printed Sources, hrsg. v. D. GREER (Lo 1969) (= The Engl. Lute Songs II/21); 11 Lieder, in: Engl. Songs from 1625–60, hrsg. v. I. SPINK (Lo 1971) (= Mus. Brit. 33).

Lit.: C. L. DAY – E. B. MURRIE, Engl. Song-Books 1651–1702 (Lo 1940); I. SPINK, L. in Italy, in: ML 40 (1959); A. J. SABOL, A Score for „Lovers Made Men". A Masque by B. Jonson, the Music Adapted and Arranged for Dramatic Performance from Compositions by N. L., A. Ferrabosco and Their Contemporaries (Providence/R. I. 1963).

LANNER, Josef, * 12.4.1801 Wien, † 14.4.1843 Oberdöbling; östr. Komponist. L. bildete sich in Violinspiel und Komposition als Autodidakt aus. Mit 17 Jahren gründete er ein Quartett, in dem J. Strauß (Vater) die Bratsche spielte. Das Quartett wurde allmählich zu einem großen Tanzorchester erweitert, das mit großem Erfolg auch Kompositionen von L. aufführte. L., neben dem älteren Strauß der führende Tanzkomponist des Wiener Biedermeiers und einer der Klassiker des Wiener Walzers, schuf eine neue Form des Wiener Walzers mit Einleitung, mehrgliedriger Walzerfolge („Walzerkette") und Finale (Coda).

WW (208 Opuszahlen): Zahlr. Walzer, darunter: *Pesther Walzer*, op. 93 (W 1835); *Hofballtänze*, op. 161 (W 1840); *Die Romantiker*, op. 167 (W 1841); *Die Schönbrunner*, op. 200 (W 1843); ferner Galoppe, Ländler (u. a. *Steyrische Tänze*, op. 165, W 1841), Märsche und Potpourris.

Ausg.: GA, hrsg. v. E. KREMSER, 14 Bde. (W 1888–89); Ländler und Walzer (Ausw., in Partitur), hrsg. v. A. OREL (W 1926) (= DTÖ 65); Ausgew. Walzer für Klv. (Kas 1947); Berühmte Walzer für Klv. (L 1955).

Lit.: A. WEINMANN, Verz. der Werke (W 1948) (= Beitr. z. Gesch. des Alt-Wiener Musikverlages 1); F. LANGE, J. L. u. J. Strauß (W 1904, L [2]1919); PH. T. BARFORD, The Early Dances of J. L., in: MR 21 (1960).

LANTINS (Lantinis, Latinis, Lantius, Lanctius). – **1) Hugo de,** aus der Diözese Lüttich stammender Komponist der 1. Hälfte des 15. Jahrhunderts. L. hielt sich um 1415–30 in Venedig auf, wo er anläßlich der Hochzeit von Cleofe Malatesta mit Theodoros Palaiologos, einem Sohn des Kaisers Manuel II. von Byzanz (1420) ein italienisches Lied, *Tra quante regione*, und zu Ehren des Dogen Francesco Foscari die Motette *Christus vincit* (1423) schrieb. L.' Kompositionen stehen J. Ciconia nahe, weisen ihm gegenüber aber eine stärkere Hinwendung zum imitierenden Stil, häufigere Verwendung von transponierten Modi und Musica ficta sowie gelegentlichen Wechsel der Prolatio auf. Die schlichte Melodieführung erinnert an die Frühwerke von G. Dufay. – **2) Arnold,** Bruder von 1) (?), aus der Diözese Lüttich stammender Komponist der 1. Hälfte des 15. Jahrhunderts. Auch er lebte zeitweise in Venedig, wie eine Chanson aus dem Jahre 1428 belegt. 1431 ist er neben Dufay als Sänger der Päpstlichen Kapelle nachweisbar. L. steht – vor allem in der Verwendung komplizierter Rhythmen – noch in der Tradition des 14. Jh., doch lassen weite Melodiebögen und gelegentlicher Gebrauch der Fauxbourdontechnik auch in seinen Werken die sich im ersten Drittel des 15. Jh. anbahnende stilistische Wende erkennen. Seine Messe *Verbum incarnatum* gehört zu den ersten vollständigen Vertonungen des Meßzyklus.

WW: **Zu 1):** 4 Messesätze; 5 Motetten für 4 St.; 15 frz. u. 3 it. Chansons für 3 St. – **Zu 2):** 9 Messesätze, davon 5 als vollständige Messe *Verbum incarnatum;* 3 Motetten für 2, 3 u. 4 St.; 14 Chansons für 3 St.

Ausg.: GA der Chansons v. A. u. H. de L., in: Pièces polyphoniques profanes de provenance liégeoise (XVe siècle), hrsg. v. CH. VAN DEN BORREN (Bru 1950); 3 Gloria v. A. de L. sowie Messe *Verbum incarnatum* u. 3 Motetten v. H. de L., in: Polyphonia sacra, hrsg. v. DEMS. (Lo 1932, revidiert University Park/Pa. 1963) (= Penn. State Music Series o. Nr.).

Lit.: W. REHM, L., in: MGG VIII; CH. VAN DEN BORREN, H. et A. de L., in: RBMie 21 (1967).

S. CLERCX

LANZA, Mario (eig. Alfredo Cocozza), * 31. 1. 1921 New York, † 7. 10. 1959 Rom; amerik. Sänger (Tenor). Er studierte bei Irene Williams, trat zunächst als Mitglied des „Belcanto-Trios" (zus. mit George London und Francis Yeend) auf, arbeitete dann in Hollywood und wurde durch die Titelrolle des Films *The Great Caruso* (1951) weltweit bekannt. Außer durch gelegentliche Konzerttourneen in Europa blieb L., dessen Repertoire hauptsächlich Opern und gehobene Unterhaltungsmusik umfaßte, dort vor allem durch zahlreiche Schallplattenaufnahmen populär.

Lit.: H. M. HAUSNER, M. L., Tragödie einer Stimme (Mn 1962); M. BERNARD, M. L. (NY 1971).

LANZELOT, Oper in 15 Bildern von Paul Dessau (1894–1979), Text von Heiner Müller nach der Märchenkomödie *Der Drache* (1944) von Jewgeni Schwarz. UA: 19. 12. 1969 in Ost-Berlin (Staatsoper).

Der Librettist betont in seiner Fassung des Märchens die Aktualität der „gesellschaftlichen Auseinandersetzungen, in welche der Drache als Symbol für den Faschismus und sein großer Gegenpart Lanzelot als Sinnbild für die Befreiung von jeglicher Ausbeutung stehen" (Dessau). Der Komponist setzt die Musik als Mittel der Textauslegung ein und verknüpft dabei so gegensätzliche Techniken wie Aleatorik und Kontrapunktik oder Dreiklangsharmonik und dissonante Klangballung zu einer stilistischen Einheit. Der Deutung von dialektischen Textpassagen und dramatischen Vorgängen dienen die Parodie mittels zu Formeln erstarrter Kompositionstechniken (Huldigung der Bürger als schematisch fugierter Chorsatz) wie auch das Zitieren aus eigenen Werken (*Lied der Thälmannkolonne* beim Kampf zwischen Lanzelot und dem Drachen). Zur Charakterisierung des Drachen erweitert Dessau den Orchesterapparat um ein Tonbandgerät, über dessen Lautsprecher schrille Chorglissandi das Fauchen des Drachen wirkungsvoll illustrieren.

K. LANGROCK

LAPICIDA, Erasmus, * um 1445/50, † 19. 11. 1547 Wien; dt. Komponist. L. war Geistlicher und seit 1510 Mitglied der Hofkapelle des Kurfürsten Ludwig V. von der Pfalz in Heidelberg. 1521 wurde ihm auf Veranlassung Erzherzog Ferdinands eine Pfründe am Schottenstift in Wien zugesprochen, wo er mit H. Finck bei der Gründung einer Kantorei zusammenarbeitete. 1539 nahm er an den Trauerfeierlichkeiten für Isabella von Portugal im Stephansdom in Wien teil. 1544 wurde ihm von König Ferdinand I. eine Pension bewilligt. Zeitgenössische Quellen belegen sein hohes Alter. Sebastianus Solidus beklagt in einer lateinischen Elegie seinen Tod. Die wenn auch nur zu einem kleinen Teil erhaltenen Werke bezeugen L.s vielseitige Begabung und die stilistische Vielfalt seiner Werke. Seine deutschen Liedbearbeitungen stehen H. Isaac nahe, weisen aber durch manche Züge wie gleichzeitiges Kadenzieren aller Stimmen und belcantohafte Melodik einen durchaus persönlichen Stil auf. In der Frottola *La pietà ha chiuso le porte,* kombinierte L. eine gleichnamige Melodie von B. Tromboncino und die Melodie der Canzonetta *Pietà, cara Signora* von M. Cara mit 2 selbst komponierten Stimmen.

WW (in Sammeldrucken 1504–39 u. hsl.): 7 Motetten, 1 Lamentation, 1 Frottola, 8 dt. Liedbearb. (sämtlich 4st.), eine 3st. ndl. Liedbearb., diese auch in der Lautentabulatur v. H. Neusidler (1536).

Ausg.: Lieder, in: Das dt. Gesellschaftslied in Östr., hrsg. v. L. NOWAK – A. KOCZIRZ (1930) (= DTÖ 72); 7 Lieder, in: G. FORSTER, Frische teutsche Liedlein I, hrsg. v. K. Gudewill (1940) (= EDM, RD 20); Motette *Veni, electa mea,* in: G. RHAU, Musikdrucke aus den Jahren 1538 bis 1545 III, hrsg. v. H. Albrecht (Kas 1959); Renaissance Lieder. Th. Stolzer, H. Finck, E. L., hrsg. v. E. GAMBLE (University Park/Pa. 1964) (= Penn. State Music Series 4); eine Lamentation, in: Mehrst. Lamentationen aus der 1. Hälfte des 16. Jh., hrsg. v. G. MASSENKEIL (Mz 1965) (= Musikal. Denkmäler 6); ein Satz, in: The Medici Cod. of 1518, hrsg. v. E. LOWINSKY, 3 Bde. (Ch 1968) (= Monuments of Renaissance Music 3–4).

Lit.: H. FEDERHOFER, Biogr. Beitr. zu E. L. u. S. Mahu, in: Mf 5 (1952); O. WESSELY, Ein unbekannter Brief v. E. L., in: Die Musikerziehung 8 (1954–55); DERS., Neues z. Lebensgesch. v. E. L., in: Anzeiger der philos.-hist. Klasse der Östr. Akad. der Wiss. 92 (1955); DERS., Neue Beitr. z. Lebensgesch. von E. L., in: KmJb 41 (1957).

LA POUPLINIÈRE (Poupelinière, Popelinière), **Alexandre Jean Joseph Le Riche de,** * 26.7. 1693 Chinon (Indre-et-Loire), † 5.12.1762 Paris; frz. Musikliebhaber und Mäzen. L. war seit 1718 Generalpächter der Steuern und erwarb rasch ein ansehnliches Vermögen. Seit 1735 versammelte er in Paris und später in seinem Schloß in Passy einen Kreis begabter Musiker und Komponisten. Er unterhielt ein Privattheater und ein berühmt gewordenes Orchester, dessen Bläsergruppe er auf Anraten von J. Stamitz 1748 um 2 Hörner und 2 Klarinetten erweiterte. Leiter des Orchesters war zunächst J.-Ph. Rameau, der in L.s Haus lebte und ihn auch in Musik unterrichtete. L. trug durch seine Konzertveranstaltungen, in denen auch Symphonien von Fr. J. Gossec und J. Stamitz dargeboten wurden, wesentlich zur Verbreitung der vor- und frühklassischen Symphonik und Kammermusik bei.

Lit.: G. CUCUËL, La P. et la musique de chambre au XVIIIe siècle (P 1913, Nachdr. G – NY 1971); P.-M. MASSON, L'opéra de Rameau (P 1930, Nachdr. NY 1972).

LARGANDO (it., = breiter werdend), ähnlich wie ↗Allargando Vortragsbezeichnung für ein langsamer werdendes Tempo mit gleichzeitiger Zunahme der Lautstärke.

LARGHETTO (it.; Diminutiv von Largo, = etwas breit), Bz. für ein etwas fließenderes Zeitmaß und einen weniger gewichtigen Vortrag als ↗Largo. L. erscheint bei G. Fr. Händel oft in Verbindung mit Sicilianorhythmus (z.B. im *Messias* im Duett *Er weidet seine Herde*), gelegentlich in der Kombination *Andante larghetto.* Mozart verwendet L. gern in den Opernarien mit hoheitsvollem und pathetischem Ausdruck (z.B. Bildnisarie des Tamino und Sarastro-Arie *In diesen heil'gen Hallen* aus der *Zauberflöte*). Ein bekanntes L. L. van Beethovens ist der 2. Satz des Violinkonzerts op. 61.

LARGO (it., = breit), im 17. Jh. zunächst Hinweis für den langsamen Vortrag eines $^{3}/_{2}$- oder $^{3}/_{4}$-Takts, der ohne solche Vorschrift (als Tripla) eine schnelle Bewegung erfordert. Im 18. Jh. bezeichnet J. G. Walther (*Musicalisches Lexicon,* 1732) L. als eine „etwas geschwindere Bewegung" als ↗Adagio, jedoch ist eine klare Abgrenzung nicht möglich, auch nicht gegenüber ↗Larghetto. Vielmehr bezieht sich seit der 2. Hälfte des 18. Jh. L. als Satzbezeichnung auf einen gewichtigen Charakter und den dementsprechenden Vortrag des betreffenden Satzes. Charakteristische Beispiele dafür bieten etwa einige langsame Sätze L. van Beethovens, namentlich aus Werken für und mit Klavier der frühen und mittleren Schaffenszeit (u.a. aus den Konzerten op. 15 und op. 37), gelegentlich auch mit ergänzenden Zusätzen (*L. con gran espressione* bzw. *L. e mesto* in den Klaviersonaten op. 7 bzw. op. 10,2). Das durch unzählige Bearbeitungen berühmt gewordene *Largo von Händel* (Arie des Titelhelden aus *Xerxes: Ombra mai fu*) trägt im Original nicht die Bz. L., sondern *Larghetto.* – Die (seltene) Bz. **Larghissimo** (= sehr breit) weist auf einen dem Wortsinn entsprechenden Vortrag hin.

LARIGOT, vor allem im französischen Orgelbau des 17./18. Jh. gebräuchliches Orgelregister in $1^{1}/_{3}$'-Lage und weiter Mensur. Die Metallpfeifen sind zylindrisch offen und meist im Rückpositiv disponiert.

LA ROCCA, Nick (Dominick James), * 11.4.1889 New Orleans, † 22.2.1961 ebd.; amerik. Jazzmusiker (Kornett) und Bandleader. Er gründete 1915 die Original Dixieland Jazz Band (ODJB) in Chicago, mit der 1917 die ersten Schallplattenaufnahmen der Jazzgeschichte gemacht wurden. Erfolgstitel waren vor allem *Tiger Rag, At the Jazz Band*

Ball und *Ostrich Walk*. 1925 wurde die Band aufgelöst. 1935–36 versuchte L. ein Comeback mit neuen Schallplattenaufnahmen, hatte jedoch keinen Erfolg. Daraufhin zog er sich zurück. In Briefen bezeichnete er sich als „Schöpfer des Jazz".

Lit.: H. H. LANGE, N. La R. (Wetzlar 1960) (= Jazz-Bücherei 8); H. O. BRUNN, The Story of the ODJB (Lo 1961).

LAROCHE, Hermann Augustowitsch, * 13. (25.) 5.1845 St. Petersburg, † 5. (18.) 10.1904 ebd.; russ. Musikforscher und Musikpädagoge. L. studierte 1862–66 zusammen mit P. Tschaikowsky am Konservatorium in St. Petersburg. 1867–72 und 1883 bis 1886 lehrte er Musikgeschichte am Konservatorium in Moskau und 1872–79 sowie erneut seit 1886 am Konservatorium in St. Petersburg. L. setzte sich tatkräftig für die Förderung der Musikpflege und Musikerziehung in Rußland ein. Eine gewisse Neigung zum Formalismus, die auch in der Vorrede seiner russischen Übersetzung von E. Hanslicks *Vom Musikalisch-Schönen* deutlich wird, brachte ihn allerdings in Widerspruch zu zeitgenössischen Strömungen innerhalb der russischen Musik, insbesondere zu den Zielen der ↗Gruppe der Fünf. L. war der Entdecker von P. Tschaikowsky. Seine Arbeiten über M. I. Glinka sind noch heute von Bedeutung.

Lit.: M. TSCHAIKOWSKY, H. A. L. (Mos 1913); M. SABININA, in: Sowjetskaja Musyka (1945) Nr. 6.

LARSEN, Jens Peter, * 14.6.1902 Kopenhagen; dänischer Musikforscher. L. studierte 1921–23 Orgel bei M. Wöldike und 1924–28 Musikwissenschaft an der Universität Kopenhagen. Anschließend war er dort Assistent, seit 1939 Dozent (1945 Professor) am Musikwissenschaftlichen Institut, das er 1949–65 leitete (1971 Emeritierung). Daneben lehrte er seit 1933 Kirchenmusik am Pastoralseminar in Kopenhagen und war 1930–45 Organist der Vangede Kirke bei Kopenhagen. L. war außerdem 1954–63 Vorsitzender der dänischen Gesellschaft für Musikforschung. 1949–51 leitete er die J.-Haydn-Gesamtausgabe der Haydn Society und 1955–60 das J. Haydn-Institut in Köln. 1961 war er Gastprofessor an der University of California in Berkeley. Zu seinem 70. Geburtstag wurde ihm eine Festschrift gewidmet (hrsg. v. N. Schiørring, Kop 1972).

Schriften: *Haydn und das kleine Quartbuch*, in: AMl 7 (1935); *Die Haydn-Überlieferung* (Kop 1939); *Zu Haydns künstlerischer Entwicklung*, in: FS W. Fischer (I 1956); *Handel's Messiah* (Kop – Lo – NY 1957); *Zur Bedeutung der Mannheimer Schule*, in: FS K. G. Fellerer (Rb 1962); *Probleme der chronologischen Ordnung v. Haydns Sinfonien*, in: FS O. E. Deutsch (Kas 1963); *Sonatenform-Probleme*, in: FS F. Blume (ebd.); *Zur Frage der Portraitähnlichkeit der Haydn-Bildnisse*, in: Studia musicologica academiae scientiarum Hungaricae 12 (1970); *Epochenstil, Generationsstil*, in: Händel-Jb. 17 (1971); *Traditionelle Vorurteile bei der Betrachtung der Wiener klass. Musik*, in: FS H. Federhofer (Mz 1971); *Über Echtheitsprobleme in der Musik der Klassik*, in: Mf 25 (1972); *„Wort-Ton"-Probleme in Händels „Messias"*, in: Händel-Jb. 21/22 (1975/76). Er gab heraus: *Drei Haydn-Kataloge* (Faks.) (Kop 1941, Nachdr. NY 1979).

LARSSON, Lars Erik Vilner, * 15.5.1908 Åkarp; schwedischer Komponist. Er studierte 1925–29 Komposition und Orchesterleitung am Stockholmer Konservatorium und setzte seine Ausbildung in Wien (A. Berg) und Leipzig fort. Seit 1937 war er Dirigent am schwedischen Rundfunk und 1947–60 Professor für Komposition in Stockholm sowie 1961–65 Director musices an der Universität in Uppsala. L.s frühe Werke gehören in den Umkreis der Spätromantik. Nach einer neoklassizistischen Phase (1930–35) versuchte er in den späteren Werken eine Synthese beider Stilrichtungen. L. gehört zu den wichtigsten Komponisten seiner Generation in Schweden.

WW: 3 Streichquartette, 1: *Miniature* (1938), 2 (1944), 3: *Quartetto alla Serenata* (1955); 3 Symphonien (1928, 1936, 1945); Konzerte für: Saxophon (1934), Vc. (1947), V. (1948); 12 Concertini mit Streichorch. (1953–57). – *Förklädd gut* (1940) für Sprecher, Sopran, Bar., Chor u. Orch.; Kantate *Soluret och urnan* (1965) für Bar., Chor u. Orch. – Oper *Prinsessan av Cypern*, UA: Stockholm 1937; Ballett *Linden*, UA: ebd. 1958; ferner Bühnenmusik.

Lit.: R. DAVIDSSON, L.-E. L., in: Musikrevy international (1954); B. WALLNER – H. BLOMSTEDT – F. LINDBERG, L.-E. L. och hans concertinor (Sto 1957); G. PERCY, in: Musikrevy 13 (1958); A. BRANDEL, in: ebd. 14 (1959); DERS., A Mature Generation. L., Wirén, de Frumerie, von Koch, in: Musikrevy international (1960).

LA RUE, Adrian Jan Pieters, * 31.7.1918 Kisaran auf Sumatra (Indonesien); amerik. Musikforscher. Er studierte 1935–42 an der Princeton University in New Jersey und promovierte 1952 an der Harvard University in Cambridge (Mass.) mit einer Arbeit über *The Okinawan Classical Songs*. Anschließend lehrte er 1942–43 und 1946–57 am Wellesley College (Mass.), wo er seit 1949 die Musikabteilung leitete. 1957 wurde er Professor of Music an der Graduate School of Arts and Science der New York University, deren Vorstand er seit 1970 angehört, war außerdem 1953–54 Sekretär, 1963–64 Vizepräsident und 1966–68 Präsident der American Musicological Society. Als Gastprofessor wirkte er an der University of California in Los Angeles (1947) und an der University of Michigan in Ann Arbor (1963). 1974 wurde er der erste Musicologist-in-Residence am Kennedy-Center for the Performing Arts in Washington.

Schriften: *The Okinawan Notation System*, in: JAMS 4 (1951); *Harmonic Rhythm in the Beethoven Symphonies*, in: MR 18 (1957); *Major and Minor Mysteries of Identification in the 18th Century Symphony*, in: JAMS 13 (1960); *Watermarks and Musicology*, in: AMl 33 (1961); *On Style Analysis*, in: JMTh 6 (1962); *Ten Rediscovered Sale-Catalogues: Leuckart's Supplements…*, in: Musik u. Verlag. FS K. Vötterle (Kas 1968); *Fundamental Considerations in Style Analysis,* in: Notes 25 (1968/69); *The Ruge-Seignelay Catalogue. An Exercise in Automated Entries,* in: Elektronische Datenverarbeitung in der Musik, hrsg. v. H. Heckmann (Rb 1968) (zus. mit M. Cobin); *Guidelines for Style Analysis* (NY 1970); *Mozart or Dittersdorf – KV 84/732,* in: Mozart-Jb. 1971/72.

LA RUE, Pierre de (Pierchon, Petrus de Vico bzw. de Platea, Pieter van der Straeten), * um 1460 Tournai (?), † 20.11.1518 Courtrai; franko-flämischer Komponist. Ob er ein direkter Schüler von J. Ockeghem war, wie es in der berühmten *Déploration d'Ockeghem* (vertont von Josquin des Prés) heißt, läßt sich nicht nachweisen. In jungen Jahren (1482 und 1483–85) ist er als Tenorist am Dom zu Siena, 1490 in gleicher Eigenschaft in Bois-le-Duc in der „Illustre Confrérie de Notre-Dame" bezeugt. Seit 1492 war er Mitglied der burgundischen Kapelle des späteren Kaisers Maximilian I. Später wirkte er in den Diensten von dessen Sohn Philipp dem Schönen, seit 1496 in seiner Grande Chapelle in Lille. 1501–03 nahm er mit der Kapelle, zu der u.a. auch A. Agricola und Gaspar van Weerbeke gehörten, an der Reise Philipps nach Spanien teil. Möglicherweise traf er dabei in Blois mit Josquin zusammen. Auch bei einer zweiten Spanienreise des Hofs 1506 – Philipp war seit 1504 König von Kastilien und starb auf dieser Reise – war L. in dessen Gefolge. 1507 nach den Niederlanden zurückgekehrt, trat er in die Dienste der Regentin Margarete von Österreich, der Schwester Kaiser Maximilians, die in Mecheln residierte. L. war ihr Lieblingskomponist, wurde von ihr großzügig unterstützt und schrieb zahlreiche Gelegenheitskompositionen zu ihren Ehren. Mehrere reich verzierte musikalische Hss. (die Chansonniers 228 und 11239 der Bibliothèque Royale Brüssel) und kostbare Chorbücher mit liturgischen Werken L.s, die sie anfertigen ließ, zeugen von dem Mäzenat Margaretes ihm gegenüber. 1514–16 gehörte er zur persönlichen Kapelle des späteren Kaisers Karl V.; die letzten Lebensjahre verbrachte er als Kanonikus in Courtrai.

WW: Im Druck erschienen *Misse Petri de La Rue* (V 1503) (mit 5 Messen, u. a. *L'homme armé*). – 31 Messen, etwa 30 Motetten, 1 Lamentation, 8 Magnificat, ca. 40 Chansons, eine flämische Chanson in zahlr. Sammeldrucken 1501–94 und hsl.; 2 Chansons auch in den Lautentabulaturen v. H. Gerle (1532) und H. Formschneider (1538).

Die weite Verbreitung seiner Werke ist ein unverkennbares Zeichen für den Ruhm, den L. in der Epoche Josquins genoß, die ja reich an herausragenden Talenten war. Unter ihnen hat er als der wichtigste Vertreter eines fundamental kontrapunktischen Stils franko-flämischer Provenienz zu gelten. Dies bezeugen vor allem die 31 Messen, die den Mittelpunkt seines Schaffens bilden. Die Mehrzahl von ihnen ist über gregorianische Cantus firmi gebaut (z. B. die Messen *Alleluia, Assumpta es Maria, Sancta Dei Genitrix, Cum jucunditate*). Anderen Werken liegen weltliche Tenores zugrunde *(L'homme armé, Incessament, Tous les regretz).* In der Messe *De beata Virgine* wird in jedem Teil ein eigener gregorianischer Cantus firmus verwendet. In allen diesen Messen ist kanonische Satzweise häufig, auch die Technik des Proportions-↗Kanons, bei dem jede der kanonisch geführten Stimmen eine verschiedene Mensur aufweist. Die kompositorische Meisterschaft L.s zeigt sich ferner in der Verwendung des Ostinato, wie sie unter den niederländischen Komponisten seiner Generation auch J. Obrecht besonders schätzt. Die 4st. Messe *Cum jucunditate* ist ganz über ein Thema von 5 Tönen komponiert, die ständig in einer der Stimmen wiederholt werden, mit Wechsel des Hexachords und rhythmisch variiert. Eine extreme Kanontechnik findet sich in der 4st. Messe *O salutaris hostia.* Sie ist nur in einer einzigen Stimme notiert, aus der die 3 anderen abgeleitet werden. L. ist auch einer der ersten Komponisten von Parodiemessen (↗Parodie), die erst seit 1540 ihre Blütezeit erlebten. Ein wichtiges Beispiel dafür und zudem für die außerordentlich seltene Kombination mit Kanontechnik ist die Messe *Ave sanctissima Maria* über eine vermutlich eigene 6st. Motette. Notiert ist sie für 3 Stimmen wie die Motette; die 3 anderen Stimmen werden dazu als Kanon in der Oberquarte gebildet.

Auf dem Gebiet der mehrstimmigen Chanson hat L. einige der erfolgreichsten Werke seiner Zeit geschaffen. Mehr als die Hälfte der Chansons und einige seiner bedeutenden Motetten wie *Vexilla Regis – Passio Domini, Doleo super te, Considera Israel* sind in den beiden Brüsseler Chansonniers enthalten. Es dominieren hier Stücke mit traurigem Inhalt und Ausdruck, entsprechend der Grundstimmung am Hof in Mecheln wegen der Unglücke, von denen Margarete von Österreich betroffen wurde *(Tous les regretz, Pourquoy non, Sortez regretz).*

Ausg.: *Missa pro defunctis* u. Motette *Delicta Juventutis,* hrsg. v. F. BLUME (1931) (= Chw 11); 7 Messen für 5 St. aus dem Ms. 15075 Brüssel, in: Liber missarum P. de la R., hrsg. v. A. TIRABASSI (Bru 1942); *Missa Ave sanctissima,* hrsg. v. L. FEININGER (R 1950) (= Documenta polyphoniae liturgicae I B/1); 3 Messen für 4 St., in: Missae P. de la R., hrsg. v. R. B. LENAERTS – J. ROBIJNS (An 1960) (MMBelg 8); 4 Motetten für 4 St., hrsg. v. N. DAVISON (Wb 1964) (= Chw 91); die Lamentation in: Mehrst. Lamentationen aus der ersten Hälfte des 16. Jh., hrsg. v. G. MASSENKEIL (Mz 1965) (= Musikal. Denkmäler 6); *Missa Assumpta est Maria,* hrsg. v. L. Finscher (Rb 1966) (= Musica divina 18); Messe *L'homme armé,* hrsg. v. N. DAVISON (1972) (= Chw 114).

Lit.: W. H. RUBSAMEN, P. de la R. als Messenkomponist (Diss.

Mn 1937); J. ROBIJNS, P. de la R. als overgangsfiguur tussen middeleeuwen en renaissance, in: RBMie 9 (1955); M. PICKER, Three Unidentified Chansons by P. de la R., in: MQ 46 (1960); W. RUBSAMEN, L., in: MGG VIII; N. DAVISON, The Motets of P. de la R., in: MQ 48 (1962); M. ROSENBERG, Symbolic and Descriptive Text Settings in the Sacred Works of P. de la R., in: MMASt (1966); M. STAEHELIN, P. de la R. in Italien, in: AfMw 27 (1970); J. E. KREIDER, The Masses for Five and Six Voices by P. de la R., 2 Bde. (1974) (= Diss. Indiana Univ.); W. H. RUBSAMEN, Unifying Techniques in Selected Masses of Josquin and La R. A. Stylistic Comparison, in: Proceedings of the Int. Josquin Festival-Conference 1971 (Lo 1976). R. B. LENAERTS

LARUETTE, Jean-Louis, * 7.3.1731 Paris, † 10.1.1792 ebd.; frz. Sänger und Schauspieler. L. war 1752 bis 1762 Schauspieler und Sänger am Théâtre de la Foire und 1762–79 an der Comédie-Italienne. Als Komponist hatte er maßgeblichen Anteil an der Entwicklung der Opéra-comique, indem er mehr und mehr die Vaudevilles durch neue Arietten und gesprochene Szenen ersetzte.

WW: Opéras-comiques (die meisten auch gedruckt): *Le boulevard* u. *Le plaisir et l'innocence*, UA: Paris 1753; *Le diable à quatre*, UA: ebd. 1756; *La fausse aventurière*, UA: ebd. 1757; *Le docteur Sangrado* u. *L'heureux déguisement* sowie *Le médecin de l'amour*, UA: ebd. 1758; *Cendrillon* u. *L'ivrogne corrigé*, UA: ebd. 1759; *Le dépit généreux*, UA: ebd. 1761; *Le Guy de chesne ou La fête des druides*, UA: ebd. 1763.

Lit.: P. LETAILLEUR, J.-L. L., in: Rech. Mus. 8 (1968) bis 10 (1970).

LASALLE QUARTET, amerik. Streichquartett. Es erhielt seinen Namen nach der LaSalle Street in New York, wo 1946 die ersten Proben stattfanden. Das Ensemble debütierte 1949 im Colorado College in Colorado Springs und war dort bis 1953 als Quartet-in-Residence beheimatet. Seither ist es in gleicher Funktion am College-Conservatory of Music der Universität Cincinnati. Die Mitglieder sind *Walter Levin* (* 6.12.1924 Berlin), 1. Violine, *Henry Meyer* (* 29.6.1923 Dresden), 2. Violine, *Peter Kamnitzer* (* 27.11.1922 Berlin), Viola, und – seit 1975 – *Lee Fiser* (* 26.4.1947 Portland/Oregon), Violoncello, als Nachfolger von *Jack Kirstein* (* 15.2.1921 Cleveland/Ohio). Levin, Meyer, Kamnitzer und Kirstein lehren seit 1953 bzw. 1955 als Professoren in Cincinnati. Sie spielen Instrumente von N. Amati (Violinen, 1648 bzw. 1682), J. Amati (Viola, 1619) und N. Amati (Violoncello, 1670/1684). Das Quartett genießt Weltruf besonders durch seine Aufführungen zeitgenössischer Werke. Viele moderne Komponisten, darunter H. E. Apostel, G. M. Koenig, G. Ligeti, L. Nono und H. Pousseur, widmeten ihm Kompositionen.

LASERNA, Blas de, getauft 4.2.1751 Corella (Navarra), † 8.8.1816 Madrid; span. Komponist. L. war seit 1776 an den Madrider Stadttheatern de la Cruz und del Príncipe tätig, für die er etwa 500 Tonadillas, 80 Sainetes und die Musik zu 150 Komödien schrieb. Zu den berühmtesten Werken gehört *El majo y la italiana fingida*.

Ausg.: Solo-Tonadilla *Las murmuraciones del Prado*, Klv.-A. hrsg. v. J. SUBIRÁ (Ma 1971).

Lit.: J. SUBIRA, La tonadilla escénica, 3 Bde. (Ma 1928–30); DERS., Catalogo de la sección de música de la Bibl. municipal de Madrid I: Teatro menor, tonadillas y sainetes (Ma 1965).

LASSEN, Eduard, * 13.4.1830 Kopenhagen, † 15.1.1904 Weimar; dt. Komponist dänischer Herkunft. Er studierte seit 1842 am Brüsseler Conservatoire und errang 1851 den 1. Preis im Kompositionswettbewerb des belgischen Staates. Anschließend bereiste er Deutschland und Italien und gewann in Weimar die Freundschaft Fr. Liszts, der ihn 1858 zu seinem Nachfolger als Weimarischer Hofkapellmeister bestimmte. Dieses Amt verwaltete L. bis 1895, dirigierte u.a. Wagners *Meistersinger* (1869) und *Tristan* (1874) sowie die Uraufführung von C. Saint-Saëns' Oper *Samson und Dalila* (1877).

WW: 227 Klv.-Lieder; Ouvertüren, u.a. *Beethoven-Ouvertüre* (1870); ferner Bühnenmusik zu: J. W. von Goethe, *Faust I* u. *II*; F. Hebbel, *Nibelungen*, und Sophokles, *König Ödipus*.

L., der seine französisch geprägte musikalische Bildung nie verleugnete, konnte mit seinen 3 eigenen Opern keine bleibenden Erfolge erringen. Erhebliche lokale Bedeutung in Weimar aber gewann seine Bühnenmusik zu beiden Teilen von Goethes *Faust* in der Einrichtung von Otto Devrient (1876). Große internationale Erfolge hatte L. mit seinen Klavierliedern. Aus Einflüssen der französischen Romanze und der Lieder Fr. Liszts bildete er einen durchaus persönlichen Liedstil. Die eingängige, klar gegliederte Gesangslinie und die durchsichtige Klavierbegleitung waren vor allem bei sängerischen Dilettanten außerordentlich beliebt.

Lit.: M. MARX-WEBER, Die Lieder E. L.s, in: Hamburger Jb. für Musikwiss. 2 (1977). M. MARX-WEBER

LASSO, Orlando di (Orlandus Lassus, Roland de Lassus, Roland de Lattre), * um 1532 Mons (Hennegau), † 14.6.1594 München; franko-flämischer Komponist. L. war Chorknabe an St-Nicolas in Mons. Später reiste er im Gefolge des Vizekönigs von Sizilien, Ferdinand Gonzaga, durch Frankreich und Italien. 1553–54 war er Kapellmeister an S. Giovanni di Laterano in Rom. Nach einem kurzen Aufenthalt in Antwerpen (1555–56) wurde er 1556 als Tenorist an die Kapelle Herzog Alberts V. von Bayern in München berufen, wo er von 1563 bis zu seinem Tod das Amt des Kapellmeisters innehatte. Daneben unternahm er in diplomatischer und künstlerischer Mission zahlreiche Reisen nach Italien und Frankreich. Mehrmals wurde er vom Kaiser nach Wien eingeladen. Durch Vermittlung des Verlegers A. le Roy unterhielt er auch enge Beziehungen zum französischen Hof, der ihm seit 1560 eine Pension auszahlte. Eine offizielle Einladung 1573 schlug L. jedoch aus, ebenso 1580 einen Ruf an die kursächsische Hofkapelle in Dresden. Viele Dokumente und Widmungen mehrerer Motetten belegen darüber hinaus freundschaftliche Beziehungen zu den Höfen in Württemberg, Baden, Steiermark, Tirol, Schlesien und Braunschweig sowie zu fürstlichen Mäzenen in Italien. Die Verbindung zur Basilika S. Giovanni in Laterano und möglicherweise auch mit G. P. da Palestrina scheint er bis zuletzt aufrechterhalten zu haben. Zu seinen Schülern gehörten L. Lechner, J. Reiner, J. Eccard und Gr. Aichinger. Der junge G. Gabrieli stand während eines mehrmonatigen Aufenthalts in München mit L. in Verbindung, war aber nicht Mitglied der Hofkapelle. L. nahm an zahlreichen Festlichkeiten des Bayerischen Hofes teil. Anläßlich der Hochzeit des Erbprinzen, des nachmaligen Herzogs Wilhelm V., mit Renate von Lothringen (1568) schrieb er mehrere Festmotetten und Madrigale. Seit 1575 zog er sich allmählich vom öffentlichen Leben zurück und widmete sich nun vorwiegend der Komposition geistlicher Musik. In Begleitung des Herzogs nahm er aber bis in das hohe Alter an den Reichstagen teil. Den Briefen seiner Frau Regina (geborene Wäckinger) zufolge starb L. an einem Schlaganfall. Von seinen Söhnen waren Ferdinand und Rudolph ebenfalls Musiker und erhielten Stellungen am Münchener Hof. Eine seiner Töchter heiratete den Maler Hans von Aachen. Die Familie erlosch um 1750. Das Epitaph von L. wird im Bayerischen Nationalmuseum in München aufbewahrt.

WW: **1) Geistliche WW:** Etwa 700 Motetten; 70 Messen, darunter 3 Requiems; 32 lat. Hymnen; *Officia... de praecipuis festis* (1574); *Sacrae lectiones ex Propheta Job* (1565); 2 weitere Lectiones; Lamentationen; 101 Magnificat-Sätze u. 6 Nunc dimittis-Vertonungen; 4 Passionen (jeweils nach einem der Evangelisten; vertont sind für die Matthäus- u. Johannes-Passion Soliloquenten u. Turbae, für die anderen beiden nur die Turbae); Responsorien; Falsibordoni; ferner geistliche Madrigale. – **2) Weltliche WW:** *Prophetiae Sibyllarum* (postum Mn 1600); etwa 110 Madrigale (bzw. verwandte Gattungen wie Moresca, Todesca, Villanesca, Canzonetta); etwa 150 Chansons; etwa 90 dt. Lieder. – Viele Werke sind auch in Tabulaturen überliefert, anteilmäßig besonders bedeutend in den Drucken von M. Neusiedler (1566), S. Kargel (1574) u. B. Schmid (1577). Zahlr. weltliche Werke L.s erscheinen ferner als geistliche Kontrafakturen in den Slgen. mit Hugenottenmusik (vor allem bei Simon Goulard). – Die Überlieferung der Werke v. L. umfaßt für die Zeit 1555–1629 mehr als 120 versch. Individualdrucke (mit z.T. mehreren Aufl. u. Nachdrucken; Verz. in RISM A/I/5) sowie viele Sammeldrucke u. Hss.

L.s früheste Werke, im Alter von 18 Jahren komponiert, waren Villanellen (Moresken u. a.), die den Einfluß kleinerer Meister wie Baseo, G. B. Fontana, G. D. Del Giovane (da Nola) erkennen lassen. Wenig später zeigen ihn die 12 Gesänge (in Hexametern) der *Prophetiae Sibyllarum* in der Auseinandersetzung mit der Chromatik. Nachdem bereits 1552 in der Gitarrentabulatur von G. Morlaye eine *Paduane. Chant d'Orlande* erschienen war, beginnt 1555 die große Reihe von Veröffentlichungen mit Werken Lassos. Die erste bedeutende Sammlung ist der *Primo libro de mottetti* (An 1556), dem 1562 ein 2. Buch (in Nürnberg gedruckt) mit Evangelienmotetten folgt. Hier setzt L. die Textausdeutung wie auch die Ostinatotechnik fort (vgl. etwa die Sexta vox von *Fremuit spiritus*), die Clemens non Papa zu großer Vollendung gebracht hatte. Den mit diesen beiden Motettenbüchern begründeten Ruhm L.s als unvergleichlicher Meister der Motette bezeugten und festigten bis zum Ende seines Lebens zahlreiche weitere Drucke. L.s Motetten sind in der Regel 4–6stimmig. In den Jahren der Reife wandte er sich auch der doppelchörigen Psalmkomposition nach der Art A. Willaerts zu, im Alter auch der 2–3st. Satzweise (z. B. in den 2st. *Novae... suavissimae cantiones,* Mn 1577, u. in den 3st. *Teutschen Psalmen,* Mn 1588). In gleicher Meisterschaft wie geistliche Werke schrieb L. Madrigale, Chansons und deutsche Lieder und gehört damit zu den bedeutendsten Vertretern dieser Gattungen unmittelbar vor dem Aufkommen der Monodie. Hier wie in den Motetten beruht die herausragende Leistung L.s auf der Bildung von prägnanten melodischen Motiven und auf der differenzierten Ausdeutung von Sinn und Affekt des Textes. Dieser Aspekt seiner Kunst stand stets im Mittelpunkt des ihm bezeugten Interesses. Es waren denn auch seine *Psalmi poenitentiales,* von einem Zeitgenossen des Komponisten, Samuel Quickelberg, als ↗Musica reservata klassifiziert, die um 1830 die Wiederentdeckung des L.schen Œuvres markierten.

Auf dem Gebiet der Messe hat L. nicht die Bedeutung von Palestrina, der viel strenger den der Melodik innewohnenden musikalischen Gesetzen folgt. Das gleiche gilt für die Magnificatkompositionen, in denen L. wie in den Messen oft eigene oder fremde ein- und mehrstimmige Vorlagen verarbeitet (Chansons, Madrigale, Motetten). Seit 1567, in den deutschen Liedern und in den anderen Werken, gibt L. die archaisierende Cantus firmus-Technik mehr und mehr auf. Nur ausnahmsweise und unter besonderen Umständen erscheint noch die strenge Behandlung eines liturgischen oder freien Tenor-Cantus firmus (z. B. *Teutsche Psalmen* von 1588; *Lauda Sion,* in: Neue GA 1). Zahlreiche Werke der letzten Lebensjahre L.s (Hymnen u. a. liturgische Gesänge) wurden nicht mehr von ihm zum Druck gebracht. So konnte er etwa von den 4 Passionen, die er komponierte, nur den Druck der Matthäus-Passion selbst besorgen. Die wichtigste postume Ausgabe (mit vielen hsl. hinterlassenen Motetten) ist das von L.s Söhnen Ferdinand und Rudolph herausgegebene *Magnum opus musicum* (Mn 1604).

Ausg.: Sämtliche Werke, hrsg. v. F. X. HABERL – A. SANDBERGER (L 1894ff.), unvollständig, 21 Bde. (Inhaltsverz. in Grove[5]), enthält in den ungeradzahligen Bden das *Magnum opus musicum*, in den geradzahligen Madrigale, Chansons u. dt. Lieder. Fortsetzung als Sämtliche Werke, Neue Reihe, hrsg. v. der Académie Royale de Belgique u. der Bayerischen Akad. der Wiss. (Kas 1956ff.), bisher erschienen: 1: Motetten, Chansons und Madrigale aus wiedergefundenen Drucken 1559–88, hrsg. v. W. BOETTICHER; 2. Die vier Passionen, hrsg. v. K. VON FISCHER; 3–12: Sämtliche Messen (mit den parodierten Vorlagen), hrsg. v. S. HERMELINK; 18: Das Hymnarium aus dem Jahre 1580/81, hrsg. v. M. L. GÖLLNER. – *Sacrae lectiones novem ex propheta Hiob. Die Klagen des Hiob,* hrsg. v. H. J. THERSTAPPEN (L o. J.); *Lagrime di S. Pietro,* hrsg. v. DEMS. (Wb 1935–36) (= Chw 34, 37 u. 41); *Prophetiae Sibyllarum,* hrsg. v. DEMS. (Wb 1937) (= ebd. 48); O. u. R. de L., *Teutsche Psalmen* mit 3 St., hrsg. v. W. LIPPHARDT (Kas 1952). – Ferner zahlr. praktische Ausgaben.

1) Verz. der Werke, Drucke u. Tabulaturen: R. EITNER, Chronologisches Verz. der gedruckten Werke v. H. L. von Hassler u. O. de L., in: MfM 5 (1873) u. 6 (1874) (Beilage); E. SCHMIDT, O. di L.s Werke in den Orgeltabulaturen v. B. Schmidt dem Älteren u. E. N. Ammerbach (Diss. Gö 1924); W. BOETTICHER, Neue L.-Funde, in: Mf 8 (1955); DERS., Les œuvres de R. de L. mises en tabulature de luth, in: Le luth et sa musique, hrsg. v. J. Jacquot (P 1958). – **2) Biographien u. Veröff. von Briefen u. a. Dokumenten:** 52 Briefe bei A. SANDBERGER, Beitr. z. Gesch. der bayerischen Hofkapelle unter O. di L. 1 (L 1894) u. 3 (L 1895); E. SCHMITZ, O. di L. (L 1915, [2]1954); E. CLOSSON, R. de L. (Turnhout 1919); R. CASIMIRI, O. di L., maestro di capella al Laterano nel 1553 (R 1920); CH. VAN DEN BORREN, O. de L. (P 1920, [3]1930); A. SANDBERGER, O. di L. und die geistigen Strömungen seiner Zeit (Mn 1926); CH. VAN DEN BORREN, R. de L. (Bru 1943); F. LESURE, Les premiers rapports de R. de L. avec la France, in: RBMie 3 (1949); W. BOETTICHER, O. di L. und seine Zeit 1532–1594, I: Monographie (Kas 1958); W. BOETTICHER, Dokumente und Briefe um O. di L., in: Archivalische Stud. (Kas 1960); DERS., Aus O. di L.s Wirkungskreis. Neue archivalische Stud. z. Münchener Musikgesch. (Kas 1963); DERS., New L. Studies, in: Aspects of Medieval and Renaissance Music. FS G. Reese (NY 1966); DERS., Weitere Beitr. z. L.-Forsch., in: Renaissancemuziek 1400–1600. FS R. B. Lenaerts (Löwen 1969); H. LEUCHTMANN, O. di L. u. die bayerische Hofkapelle, in: Musik in Bayern 1 (Tutzing 1972); DERS., O. di L., 2 Bde., 1: Sein Leben, 2: Briefe (Wie 1976, 1977). – **3) Zu einzelnen Werken u. Werkgruppen:** CH. VAN DEN BORREN, Une messe-canzonetta et un magnificat-chanson d'O. di L., in: RMI 34 (1927); L. BEHR, Die dt. Gesänge O. di L.s (Diss. Wü 1935); E. LOWINSKY, Das Antwerpener Motettenbuch O. di L.s u. seine Beziehungen zum Motettenschaffen der ndl. Zeitgenossen, in: TVer 14–15 (1937), separat (Den Haag 1937); L. BALMER, O. di L.s Motetten (Be 1938) (= Berner Veröff. z. Musikforsch. 11); H. OSTHOFF, Die Niederländer und das dt. Lied (B 1938, Nachdr. Tutzing 1967); J. HUSCHKE, O. di L.s Messen, in: AfMf 5 (1940); E. PAUL, Das Nürnberger Motettenbuch O. di L.s v. Jahre 1562 (Diss. B 1948); R. D. WILDER, The Masses of O. di L., With Emphasis on His Parody-Technique, 2 Bde. (1952) (= Diss. Harvard Univ./Mass.); H. OSTHOFF, Vergils Aeneis in der Musik v. Josquin des Prez bis O. di L., in: AfMw 11 (1954); W. BOETTICHER, Eine Frühfassung doppelchöriger Motetten O. di L.s, in: AfMw 12 (1955); B. MEIER, Alter u. neuer Stil in lat. textierten Werken v. O. di L., in: AfMw 15 (1958); W. BOETTICHER, Zum Parodieproblem bei O. di L., in: Kgr.-Ber. New York 1961; B. MEIER, Wortausdeutung und Tonalität bei O. di L., in: KmJb 47 (1963); H. LEUCHTMANN, Die musikal. Wortausdeutungen in den Motetten des Magnum opus musicum v. O. di L. (Str 1959, Nachdr. Baden-Baden 1972) (= Slg. musikwiss. Abh.en 38); J. ROTH, Zum Litaneischaffen G. P. da Palestrinas u. O. di L.s, in: KmJb 44 (1960); S. HERMELINK, Die Gegenquintsprungkadenz, ein Ausdrucksmittel der Satzkunst L.s, in: Kgr.-Ber. Bonn 1970 (Kas 1973); M. RUHNKE, L.s Chromatik und die Orgelstimmung, in: FS W. Boetticher (B 1974); H. KÜMMERLING, Das Œuvre O. di L.s als Sammelobjekt v. Dehn u. Commer in Berlin, in: Kgr.-Ber. Berlin 1974 (Kas 1980); H. LEUCHTMANN, Dt. Lieder L.s in einer verloren geglaubten Regensburger Hs., in: Musik in Bayern 11 (1975); H.-W. GROSS, Klangliche Struktur u. Klangverhältnis in Messen u. lat. Motetten O. di L.s (Tutzing 1977) (= Frankfurter Beitr. z. Musikwiss.); P. BERGQUIST, The Poems of O. di L.'s Prophetiae Sibyllarum and Their Sources, in: JAMS 32 (1979); M. VAN DAALEN, Der Utrechter Lasso-Codex aus der Bayerischen Hofkapelle in München, in: TVer 30 (1980).

W. BOETTICHER

LASSUS, Orlandus (Roland de), ↗Lasso.

LAST, James (Hans), * 17.4.1929 Bremen; dt. Bandleader, Komponist und Arrangeur. Nach dem Besuch der Heeresmusikschule in Bückeburg spielte er 1946–56 als Kontrabassist in mehreren Tanzorchestern (Radio Bremen, Last/Becker-Ensemble, NWDR). 1956 schrieb er erste Arrangements für den Funk und für bekannte Stars, darunter Caterina Valente, Freddy Quinn und Helmut Zacharias. Seit 1969 unternimmt er mit eigenen Tanzorchestern regelmäßig Tourneen in alle Welt. Durch seinen „Happy Party Sound" und Bearbeitungen klassischer Melodien wurde L. in den 70er Jahren der in seiner Art populärste deutsche Bandleader. Seine Plattenserien *A gogo* und *Non Stop Dancing* erzielten Rekordumsätze. Bis 1981 erhielt er 150 „Goldene Schallplatten".

WW: Zahlr. Songs, u. a. *Fool, Games That Lovers Play, Lingering on, When The Snow Is On The Roses;* Filmmusiken, u. a. *Morgens um sieben ist die Welt noch in Ordnung, Wenn süß das Mondlicht auf den Hügeln schläft.*

Lit.: H. J. FEURICH, J. L.'s Bearbeitung des 2. Satzes v. Beethovens „Pathétique" (Op. 13), in: Musik und Bildung 5 (1973).

LATEINAMERIKANISCHE TÄNZE ↗Turniertänze.

LATIN ROCK (engl.), Bz. für die Kombination von ↗Rock music und lateinamerik. Rhythmen.

LATTUADA, Felice, * 5. 2. 1882 Caselle di Morimondo (Prov. Mailand), † 2. 11. 1962 Mailand; it. Komponist. L. war bis 1912 Schüler von V. Ferroni am Konservatorium in Mailand, wo er seit 1935 bis zu seinem Tod die Civica scuola di musica leitete. Er schrieb u. a. mehrere Opern im Stil des Verismo. Seine Autobiographie erschien unter dem Titel *La Passione dominante* (Bol 1951).

WW: *La consacrazione del Bardo* (1931) u. *Impressioni sinfoniche*

Ph. Jeanbor © Photeb

MESOPOTAMIEN, assyrischer Raum, 7. Jahrhundert v. Chr.: Militärmusiker König Assurbanipals mit Rahmentrommel, Harfen-Leier und Zimbeln auf einem Flachrelief vom Palast des Herrschers in Ninive; Louvre, Paris.

Ph. Hubert Josse © Photeb

Ph. Hubert Josse © Photeb

Orlando di LASSO und die Hofkapelle des Herzogs von Bayern auf einer Miniatur des 16. Jahrhunderts (linke Seite).
Die LAUTE war das dominierende Instrument des 17. Jahrhunderts: Musizierende Gruppe auf einem französischen Gemälde von François Puget aus dem Louvre, Paris (oben); Konzertierende auf einem niederländischen Gemälde von Gerard Terborch aus dem Louvre, Paris (rechts).

Die Oper DIE MEISTERSINGER VON NÜRNBERG vermittelt deutsches Musikgeschehen des 16. Jahrhunderts (Foto: Österreichischer Bundestheaterverband / Axel Zeininger).

(1954) für Orch. – *Il mistero della passione di Cristo* u. *Canto augurale per la nazione eletta* (1933) für Tenor, Chor u. Orch. – Opern: *La tempesta,* UA: Mailand 1922; *Sandha,* UA: Genua 1924; *Le preziose ridicole,* UA: Mailand 1929; *Don Giovanni,* UA: Neapel 1929; *La caverna di Salamanca,* UA: Genua 1938; *Caino,* UA: Mailand 1957.

LAUBENTHAL, Horst Rüdiger (eig. Horst Neumann), * 8.3.1939 Eisfeld (Thüringen); dt. Sänger (Tenor). L. studierte 1962–65 an der Musikhochschule in München und 1959–67 privat bei Rudolf Laubenthal (1886–1971), der ihn adoptierte. 1967 debütierte er beim Mozartfest in Würzburg in der Rolle des Don Ottavio (in W. A. Mozarts *Don Giovanni*) und erhielt 1968 ein Engagement an der Stuttgarter Staatsoper. Seit 1970 singt er als Gast bei den Bayreuther Festspielen, seit 1972 auch bei den Salzburger Oster- und Sommerfestpielen sowie an der Wiener Staatsoper. 1973 wurde er 1. lyrischer Tenor an der Deutschen Oper Berlin. L., der auch ein gesuchter Konzertsänger ist, ist mit der Sopranistin Marga Schiml verheiratet.

LAUBER, Anton Joseph, * 27.12. 1864 Ruswil, † 28.5. 1952 Genf; Schweizer Komponist. L. war Schüler von Fr. Hegar in Zürich, von J. Rheinberger in München und von J. Massenet sowie L. Diémer in Paris. Er lebte in Neuchâtel und Zürich, kam 1901 als Kapellmeister an das Grand Théâtre in Genf und wurde 1907 Lehrer für Komposition und Instrumentation am dortigen Konservatorium. Fr. Martin war sein Schüler.

WW: Klv.-Stücke; Kammermusik, darunter Klv.-Quartett, 2 Klv.-Quintette u. 2 Klv.-Sextette; 4 V.-Sonaten; je ein Bläserquartett u. -quintett. – Für Orch.: 6 Symphonien; 5 Orch.-Suiten; symphonische Dichtungen; Ouvertüren; 2 Klv.- u. 2 V.-Konzerte; ferner eine Festspielmusik *Neuchâtel Suisse* (1898). – Lieder u. Chöre; *Sappho* (1893) für Sopran, Frauenchor u. Orch.; *Sempach* (1904) für Sopran u. Orch.; die Oratorien *Ad Gloriam Dei* (1905) u. *Le drame de Saul de Tarse* (1951). – Oper *Die Hexe.* – Schrift *Quelques considérations sur la voix chantée* (Neuchâtel 1894).

LAUDA (it., = Lobgesang; Plur.: Laude), eine religiöse, nichtliturgische, literarische und musikalische Gattung volkstümlichen Charakters in italienischer oder (seltener) lateinischer Sprache des 13.–16. Jh. (mit Nachklängen vom 17. bis ins 20. Jahrhundert). Sie wurde vor allem von den Bruderschaften der Laudesi (Compagnie de' laudesi) in den Kirchen im Anschluß meist an die Non des Sonnabends, die Vesper oder die Komplet, in Versammlungen und auf der Straße einstimmig und spätestens seit dem Ende des 14. Jh. mehrstimmig gepflegt. Verbreitet war die L. vor allem in Umbrien, in der Toscana und in Norditalien. Sie geht auf den *Sonnengesang (Cantico delle Creature = Laudes creaturarum = Lobgesang der Schöpfung)* des hl. Franz von Assisi (um 1225) zurück und fand seit dem 12./13. Jh. vermehrte Pflege, als offenbar zwischen der institutionalisiert-hierarchischen Kirche und der volkstümlichen Religiosität Spannungen entstanden waren und das Volk einen Ausdruck seiner Religiosität außerhalb der Kirche suchte. 1260 entstand in Perugia die Bewegung der Geißler (flagellanti; disciplinati; battuti), die in öffentlichen Prozessionen sich selbst geißelten und Laude sangen (↗Geißlerlieder). Sie schlossen sich zu dauerhaften Ordensgemeinschaften zusammen und pflegten in diesen ein eigenständiges L.-Repertoire zu Ehren der Heiligen und der Mutter Gottes. Der bedeutendste Dichter dieser Frühzeit der L. ist Jacopone da Todi. In der Geschichte der L. wurden die religiösen Dichtungen oft berühmten oder bekannten Volksliedern oder Tanzmelodien unterlegt. Es finden sich aber auch Beispiele dafür, daß auf bekannte Laudenmelodien weltliche Texte gedichtet wurden.

Die L. des 13. bis 14. Jh. ähnelt formal der ↗Ballata des Trecento. Die Vertonung ist in der Regel einstimmig und wird in den Strophen z. T. solistisch, im Refrain meist chorisch vorgetragen und mit wenigen Ausnahmen immer der Versphrase angeglichen. Die Melodiestruktur deutet in vielen Fällen ein tonales Empfinden an, das vom Gregorianischen Gesang erheblich abweicht. Die L. des 15. und 16. Jh. ist meist 4stimmig im einfachen Satz Note gegen Note akkordisch-homophon komponiert und in ihrer Form der ↗Frottola ähnlich. Die Melodie liegt fast immer in der Oberstimme. Als bedeutendster Komponist der 2. Hälfte des 16. Jh. ist vor allem G. Animuccia zu nennen, dessen *Laudi* im Werk G. P. da Palestrinas, vor allem aber in verschiedenen Sammlungen des Oratorienkreises um F. Neri rezipiert wurden. Neri maß dem L.-Gesang große Bedeutung bei, insbesondere der dialogischen Form, die als eine der Wurzeln des römischen Oratoriums betrachtet werden muß. – Im 16. Jh. besaß fast jede größere italienische Stadt eigene Laudesi-Bruderschaften, die die Dichtungen z. B. von Poliziano, Bembo, Martelli und Giambellari sangen. Seit 1598 förderten die Jesuiten den Gesang der L., ihre Bedeutung ging jedoch allmählich zurück. Die letzte systematisch geordnete Ausgabe einstimmiger Laude wurde 1710 durch Matteo Coferati veröffentlicht. Die L. lebt bis heute weiter, zehrt aber in überwiegendem Maße von weltlichen Melodievorlagen für ihre geistlichen Texte.

Quellen: An Laude sind nachgewiesen: 135 1st. it. in 2 Hss. des 13. u. 14. Jh., Florenz, Bibl. nazionale, Magl. II. I. 122; Cortona, Bibl. Comunale, Cod. 91; 1st. lat. in 1 Hs. des frühen 14. Jh., Turin, Bibl. nazionale, Bobbio F. I. 4.; 92 1- u. mehrst. it. u. lat. in 9 Hss. des 15. Jh., Bologna, UB, Ms. 2216; ebenda, Liceo mus. Q 15; London, BrM, Add. 29987; Rom, Vat. Urb. lat. 1419; Venedig, Marciana, Mss. Ital. Cl.IX, 145; Pavia, Univ. Bibl., Aldini 361; Brescia, Privatbibl. Passi; Udine, Bibl. Comunale, Ms.

165; Paris, Bibl. Nat. f. ital. 2104). Aus dem 16. Jh. sind zu nennen: ein Laudendruck von Petrucci (RISM 1508^{3}), dann – außer den gedruckten Laude von Animuccia – eine Slg. (1- bis 4st.) von S. RAZZI (RISM 1563^{6}), eine Slg. für die römischen Oratorianer (3- bis 4st.) (RISM $1583^{3 \text{ u. } 4}$) sowie eine weitere Slg. von Razzi (1- bis 4st.) (RISM 1609^{8}). Hss. mit mehrst., vorwiegend weltlichen Laude befinden sich in Florenz, Paris, Modena, Bologna, Monte Cassino, Perugia. Wichtige Hss. aus dem späten 16. Jh., entstanden zw. 1586 u. 1594, stammen von dem genannten Razzi. Die ersten 3 Bücher enthalten nur Laudendichtungen von Razzi selbst, während Buch 4 eine Auswahl von Texten der Laude in der Ausg. Florenz 1563, also keine Melodien, beinhaltet. Laude aus dem Ende des 16. Jh. überliefern ferner einige Hss. der Bibl. Vallicelliana zu Rom sowie eine Slg. des Dommuseums zu Florenz.

Ausg.: K. JEPPESEN – V. BRØNDAL, Die mehrst. it. Laude um 1500 (L – Kop 1935); F. LIUZZI, La l. e i primordi della melodia italiana, 2 Bde. (R 1935); G. VARANINI, Laude ducentesche (Padua 1972).

Lit.: D. ALALEONA, Le laude spirituali italiani nei secoli XVI e XVII e il loro rapporto coi canti profani, in: RMI 16 (1909); K. JEPPESEN, Die mehrst. it. Laude des 16. Jh., in: Kgr.-Ber. Lüttich 1930; F. GHISI, Strambotti e Laude nel Travestimento spirituale della Poesia Musicale del Quattrocento, in: Collectanea Historiae Musicae 1 (1953); K. JEPPESEN, L., in: MGG VIII; F. GHISI, Gli aspetti musicali della l. fra il XIV e il XV secolo, prima metà, in: Natalicia musicologica. FS K. Jeppesen (Kop 1962); S. W. KENNY, In Praise of the L., in: Aspects of Medieval and Renaissance Music. FS G. Reese (NY 1966); F. GHISI, Di una l. nel codice pavese Aldini, in: Essays in Musicology. FS D. Plamenac (Pittsburgh 1969); H. E. SMITHER, Narrative and dramatic elements in the Laude Filippine, 1563–1600, in: AMl 41 (1969); A. ZIINO, Frammenti di laudi nell'Archivio di Stato di Lucca, in: Cultura Neolatina 31 (1971); DERS., Adattamenti musicali e tradizione manoscritta nel repertorio laudistico del duecento, in: FS L. Ronga (Mi 1973); B. R. SUCHLA, Stud. z. Provenienz der Trecento-Ballata (Kas 1976) (= Göttinger musikwiss. Arbeiten 6); C. TERNI, Dalla l. al madrigale spirituale. Una precisazione, in: Studi medievali 17 (1976).

B. R. SUCHLA

LAUDA SION (SALVATOREM) (lat., = Lobe, Zion, deinen Heiland), die Anfangsworte der Sequenz in der Messe von Fronleichnam (1264 als Feiertag in die römische Kirche eingeführt). Verfaßt von Thomas von Aquin um 1263 im Auftrag des Papstes Urban IV., zählt das L. S. zu den ↗Sequenzen, die nach der Neuordnung der römisch-katholischen Liturgie im *Missale Romanum* von 1570 verblieben. Das erneuerte Meßbuch von 1970 schreibt diese nicht mehr verpflichtend vor. Nach der neuen Leseordnung soll L. S. an Fronleichnam vor dem Alleluia-Ruf gesungen werden.

Metrischer Aufbau (12 in Vers- und Silbenzahl unregelmäßige Doppelstrophen vorwiegend in trochäischem Versmaß) und – den Geist der Scholastik widerspiegelnder – Gedankengang des Textes weisen auf das Vorbild der Kreuzsequenz *Laudes crucis attollamus* des Adam von St-Victor (12. Jh.); bei diesem ist auch die chorale Melodie des L. S. nachweisbar, die besonders für die jüngere Sequenz charakteristisch ist: große Form, 7. bzw. 8. Kirchenton als bevorzugter Tonraum, erweiterter Ambitus (Duodezime), Reihung von formelhaften Melodiezeilen, stereotype Klauseln. Das Anfangsmotiv e–g–a–g–c¹–h–a–g geht wohl zurück auf den 2. Alleluia-Vers der Messe vom Fest der Auffindung des Hl. Kreuzes *(Dulce lignum)*. – Das L. S. wirkte am Ausgang des Mittelalters stark auf das volkssprachliche Kirchenlied in Deutschland ein. Neben Übersetzungen des Mönchs von Salzburg *(Lob, o Sion, deinen hailer)* wurden auch eucharistische Gesänge von Bedeutung, die häufig in die vom Chor gesungene lateinische Sequenz eingefügt wurden (z. B. *Gott sei gelobet und gebenedeiet*) und dem Volk erlaubten, in die Liturgie einzustimmen. Auch in protestantische Gesangbücher fand L. S. – z. T. mit lateinischen und deutschen Textumarbeitungen – Eingang. – In den mehrstimmigen Vertonungen des L. S. seit dem 15. Jh. spiegeln sich in Form und Ausdruck die jeweilige eucharistische Glaubens- und Frömmigkeitsgeschichte und liturgische Praxis. Häufig wird dabei die chorale Melodie verwendet. Zu den Komponisten zählen G. Dufay, G. P. da Palestrina, O. di Lasso, D. Buxtehude, J. A. Hasse, M. Haydn, F. Mendelssohn Bartholdy. In Frankreich wurden seit dem 17. Jh. gelegentlich ↗Élévations-Motetten mit dem L. S.-Text geschrieben. Melodie-Zitate finden sich oft in liturgischen und außerliturgischen Orgelwerken (auch neuerer Zeit). P. Hindemith verarbeitet den Anfang des L. S. im 6. Bild der Oper *Mathis der Maler* bzw. im Schlußsatz der gleichnamigen Symphonie.

Lit.: D. JOHNER, Zur Melodie der Fronleichnamssequenz, in: Benediktinische Monatsschrift 21 (1939); J. A. JUNGMANN, Missarum sollemnia, 2 Bde. (1948, W – Fr – Bas ^{5}1962).

W. BRETSCHNEIDER

LAUDES (lat., = Lobgesänge; auch L. matutinae oder matutinales), Bz. für das Morgengebet, eine der ↗Horen der katholischen Kirche. Diese eröffnen heute im Anschluß an die ↗Matutin den Ablauf der Horen, die aus Psalmodie, Lesung und Gebet bestehen. Sie dienten beim Anbruch der Morgenröte dem Lob Gottes als des Schöpfers des Lichts (daher auch ursprünglich laus, solemnitas oder agenda matutina genannt) und wurden bereits im frühen Christentum gepflegt (Tertullian, um 200 n. Chr.). Die L. des Säkularbreviers waren seit der Reform des Breviers durch Pius X. formal folgendermaßen aufgebaut: Auf die Einleitung folgten Pss 92, 99, 62 (bzw. 50, 117, 62) mit Antiphonen, danach das alttestamentliche ↗Canticum (Lobgesang der 3 Jünglinge: Dan 3,57–58 und 56 bzw. Dan 3,52–57) mit Antiphon sowie Ps 148 mit Antiphon. Dann fand eine kurze Lesung (Offb 7,12) statt, Capitulum genannt. Schließlich wurde der Hymnus, das liturgische Strophenlied, gesungen. Nach einem überleitenden Versikel ertönte der Höhepunkt der L., das *Benedictus Dominus Deus*

Israel (Lk 1,68–79), das Canticum Zachariae, nebst Antiphon. Mit der Kollekte, der Oration, der teilweise Preces vorausgingen, dem Grußwechsel und dem *Benedicamus Domino* wurden die L. beendet. Der Aufbau der L. des monastischen ↗Offiziums unterschied sich von dem des säkularen vor allem dadurch, daß statt 4 in der Regel 6 oder 7 Psalmen gesungen wurden, wobei die Pss 148–150 immer eingeschlossen waren. Im Rahmen des 2. Vatikanischen Konzils wurde eine weitere Reform des römischen Breviers beschlossen (*Constitutio de sacra liturgia,* 1963), die eine tiefgreifende Neuordnung und Neugestaltung des Offiziums zur Folge hatte. Ihre Ergebnisse sind in der *Institutio generalis de liturgia horarum* (1971) und in der *Liturgia horarum iuxta ritum romanum* (1972) niedergelegt. Die L. des neuen Breviers beginnen mit einem Einleitungsvers und dem ↗Invitatoriums-Ps 94 (bzw. 95). Danach wird der Hymnus gesungen. Es folgen ein Morgenpsalm, ein alttestamentliches Canticum und ein Lobpsalm (Ps 148, 149 oder 150). Nach einer Kurzlesung folgen das Responsorium, das *Benedictus Dominus* und die Bitten. Die L. klingen aus mit dem Vaterunser, der Oration und dem Schlußsegen.

Lit.: S. BÄUMER, Gesch. des Breviers (Fr 1895); H. LECLERCQ, L., in: Dictionnaire d'Archéologie Chrétienne et de Liturgie VIII (P 1929); L. EISENHOFER, Hdb. der kath. Liturgie II (Fr 1933, ²1942); B. STÄBLEIN, L., in: MGG VIII; P. RADÓ, Enchiridion Liturgicum I (R 1961).
B. R. SUCHLA

LAUDES REGIAE (lat.), eine mittelalterliche Sonderform der ↗Akklamation, die Huldigungs- (auf Christus), Bitt- (an Heilige) und Heilrufe (auf geistliche und weltliche Würdenträger) einschließt. Die L. r. sind wohl karolingischen Ursprungs, haben jedoch sicherlich ältere fränkische und christlich-römische Vorbilder. Anläßlich Bischofsweihen, Kaiser- und Papstkrönungen erklangen sie im Pontifikalamt meist nach dem Evangelium oder nach der Schlußoration (in der Papstkrönungsmesse sind sie heute noch üblich). Die Melodien der L. r. sind altgallikanischen Ursprungs und lehnen sich in der musikalischen Gestaltung und im Aufbau an die ↗Litanei an. Die im Wechselgesang (2 Chorgruppen oder Vorsänger und Schola) vorgetragenen L. r. gliedern sich auf in das einleitende Trikolon *(Christus vincit, Christus regnat, Christus imperat),* die Invokationen *(Exaudi, Christe),* die Herrscher-Akklamationen und schließen mit der 3fachen Doxologie ab. – Bestrebungen des ausgehenden 19. Jh., die L. r. wieder zu beleben, führten schließlich nach 1900 zu Neubearbeitungen für den modernen kirchlichen Gebrauch. Der Eröffnungsteil einer heute in Italien und Frankreich beliebten Form wurde Pausenzeichen des Vatikansenders.

Lit.: E. H. KANTOROWICZ, L. A Study in Liturgical Acclamations and Medieval Ruler Workship (Berkeley/Calif. 1946) (mit Anhang I: M. Bukofzer, The Music of the L.); M. PFAFF, Die L.-Akklamation des MA, in: Kgr.-Ber. Wien 1956 (Gr–Kö 1958); H. HUCKE, Eine unbekannte Melodie zu den L., in: KmJb 42 (1958); H. GOLTZEN, Acclamatio anamneso, in: JbLH 19 (1975).

LAUFENBERG (Loufenberg), **Heinrich,** * um 1390 wahrscheinlich Laufenburg am Oberrhein, † 31. 3. 1460 Straßburg; Schweizer Theologe, Dichter und Musiker. Möglicherweise war L. 1417 Student an der Universität Heidelberg, ist mit Sicherheit aber seit 1429 als Kaplan, später als Dekan in Freiburg im Breisgau, vorübergehend zugleich auch als Dekan in Zofingen (Schweiz) nachweisbar. 1445 zog er sich in das Johanniterkloster in Straßburg zurück. L. übersetzte Hymnen und Sequenzen ins Deutsche, verfaßte Gedichte mit religiöser Thematik, dichtete geistliche Liedtexte als Kontrafakturen zu Volksliedmelodien und sammelte alemannische Volkslieder mit ihren Melodien. Als Dichtermusiker erhielt er Anregungen von der Volksmusik und vom Meistersang, vermutlich auch von der frz. Musik. Fast alle Hss. wurden 1870 beim Brand der Straßburger Stadtbibliothek vernichtet.

Ausg.: Das dt. Kirchenlied von der ältesten Zeit bis zu Anfang des 17. Jh. II, hrsg. v. PH. WACKERNAGEL (L 1867, Nachdr. Hil 1964) (nur Texte); 6 dt. Lieder des MA v. Walther von der Vogelweide bis z. Lochamer Liederbuch, hrsg. v. H. MOSER – J. MÜLLER-BLATTAU (St 1968).

Lit.: L. BOLL, H. Loufenburg, ein Liederdichter des 15. Jh. (Düsseldorf 1934); W. SALMEN, L., in: MGG IX.
J. HUNKEMÖLLER

LAUNÉDDAS, ein heute nur in Sardinien bekanntes Blasinstrument unbekannter Herkunft (aus Spanien ist eine Darstellung aus dem 13. Jh. in den Miniaturen zu den *Cantigas de Santa María* Alfons' X. überliefert), bestehend aus unterschiedlich langen Schilfrohren mit aufschlagenden, direkt in den Mund genommenen Zungen. Das Bordunrohr (ohne Grifflöcher) und die mittlere Pfeife sind miteinander verbunden, während die eigentliche Melodiepfeife lose in den Mund genommen wird. Die beiden Grifflochpfeifen haben vier rechteckige Grifflöcher und je ein fünftes Luftloch. Musiziert wird vorwiegend in Terzen und Sexten über einem Bordunton. Die Zungen werden durch Aufdrücken von Wachsklumpen gestimmt. Das Instrument, heute noch in verschiedenen Größen und Stimmungen gefertigt, wird im sog. Windkapselansatz geblasen, und zwar bis in die Gegenwart zum Tanz und bei kirchlichen Festen und Prozessionen.

Lit.: F. KARLINGER, „L.". Skizze eines Kultinstr., in: MS 78 (Kö 1958); H. OESCH, Die L., ein seltenes sardinisches Musikinstr., in: Jb. für musikal. Volks- u. Völkerkunde 4 (1968); F. W. BENTZON, The L. A Sardinian Folk Music Instr., 2 Bde. (Kop 1969) (= Acta Ethnomusicologica Danica 1).

LAURENCIE, Lionel de la, ↗La Laurencie.

LAURENTI. – 1) Bartolomeo Girolamo, * um 1644 Bologna, † 18.1.1726 ebd.; it. Komponist und Violinist. L. war Violinist an mehreren Kirchen Bolognas, u.a. an S. Lucia und S. Petronio, und bereiste als Virtuose italienische Städte. 1666 gehörte er zu den Gründern der Accademia filarmonica. Er veröffentlichte *Suonate da camera a violino e violoncello* (Bol 1691) und *Sei concerti a 3* (Bol 1720). – **2) Girolamo Nicolò,** Sohn von 1), * Bologna, † 26. 12. 1751; it. Komponist und Violinist. Er wurde 1706 Nachfolger seines Vaters und 1734 Konzertmeister an S. Petronio. Im Druck erschienen *6 Concerti a 3 violini, viola, violoncello ed organo* (A o. J.); hsl. sind in Venedig 25 Ricercari und eine Sonate für Violine solo erhalten.

LAURENTIUS DE FLORENTIA (L. Massi, L. Masini, Lorenzo da Firenze, Ser Lorenzo), † vor 1385; it. Komponist. L. war ein Zeitgenosse der Komponisten Gherardello de Florentia und Donato de Florentia und wirkte vermutlich zwischen 1350 und 1380 in Florenz. Während die ältesten Trecento-Komponisten, Giovanni da Caccia, Piero, Vincenzo da Rimini, Johannes und Jacobus de Bononia, offenbar keine Ballate komponiert haben, von Gherardello de Florentia und L. zwar 1st., indessen keine mehrstimmigen Ballate erhalten sind, Nicolaus de Perugia aber bereits 20 2st. Ballate komponiert hat, sind von Fr. Landino bereits 92 2st. und 49 3st. Ballate überliefert. Somit gehört L. der Übergangsgeneration zwischen den ältesten Trecento-Komponisten und Landino an. Seine Werke sind vorwiegend in Quellen Florentiner Provenienz überliefert. L. vertonte u.a. Texte von Giovanni Boccaccio, Niccolò Soldanieri, Franco Sacchetti und Gregorio Calonista. Auffallend ist die häufige Verwendung von Quarten-, Quinten- und Oktavparallelen in seinen mehrstimmigen Kompositionen, deren Oberstimmen durch ausgedehnte Melismatik ausgezeichnet sind. Oft finden sich Imitationen zwischen den Stimmen – vor allem im Mittelteil der Verse –, Stimmkreuzungen, schnelle Deklamation des Textes, wiederkehrende rhythmische und melodische Figuren, chromatische Wendungen und ausgeprägte Rhythmik.

WW (Hauptquellen siehe Verz. bei Fr. Landino): 1 Sanctus für 2 St.; 9 Madrigale für 2 St.; 1 Madrigal für 2 u. 3 St.; 1 Caccia für 3 St.; 5 Ballate u. 1 *Antefana* für 1 St.

Ausg.: GA, in: the Music of Fourteenth-Century Italy, hrsg. v. N. PIRROTTA (R 1962) (= CMM 8/3).

Lit.: E. LIGOTTI – N. PIRROTTA, Il Sacchetti e la tecnica musicale del Trecento it. (Fi 1935); K. VON FISCHER, Stud. z. it. Musik des Trecento u. frühen Quattrocento (Be 1956) (= Publikationen der Schweizerischen Musikforsch. Ges. II/5); N. PIRROTTA, L. de F., in: MGG VIII; B. R. SUCHLA, Stud. z. Provenienz der Trecento-Ballata (Kas 1976) (= Göttinger musikwiss. Arbeiten 6); D. BAUMANN, Die dreist. it. Lied-Satztechnik im Trecento (Baden-Baden 1979) (= Slg. musikwiss. Abh.en 64).

B. R. SUCHLA

LAURENTIUS VON SCHNÜFFIS (eig. Johann Martin), * 24. 8. 1633 Schnüffis (Vorarlberg), † 7. 1. 1702 Konstanz; östr. Dichter und Komponist. Nach mehreren Wanderjahren trat er 1656 in das Innsbrucker Hoftheater ein. 1661 kehrte er in die Schweiz zurück und wurde 1665 Novize des Kapuzinerordens in Zug. 1668 wurde er nach Konstanz versetzt, wo er zahlreiche Liederbücher veröffentlichte. L. arbeitete mit Pater Romanus Vötter zusammen, von dem vermutlich auch ein Teil der Melodien stammt. 1692 wurde er von Kaiser Leopold I. zum „poeta laureatus" gekrönt. L. gehört zu den bedeutenden Meistern des geistlichen Liedes mit B. c. im 17. Jh. in Süddeutschland.

WW (teilweise mit mehreren Aufl.): *Philotheus oder des Miranten durch die Welt u. Hofe wunderlicher Weg* (Ems 1665); *Mirantisches Flötlein* (Konstanz 1682); *Mirantische Wald-Schallmey* (ebd. 1688); *Mirantische Wagen-Pfeiff* (Dillingen 1692); *Mirantische Maul Trummel* (Konstanz 1695); *Futer über die Mirantische Maul-Trummel* (ebd. 1698).

Ausg.: 2 Lieder, hrsg. v. W. LIPPHARDT, in: Ave Maria dich lobt musica (Fr 1949); *Mirantisches Flötlein*, Faks. der 3. Aufl. (Da 1968) (mit einem Vorwort v. A. Daiger).

Lit.: W. VETTER, Das frühdt. Lied, 2 Bde. (Mr 1928) (mit 10 Liedern); H. D. GROSS, L. von Sch. (Diss. W 1942); H. SENNINGER, Die Mayenpfeiff des L. von Sch. (Diss. W 1947); N. TSCHULIK, L. von Sch. (Diss. W 1949); H. CH. WORBS, Eine unbekannte Liederhs. aus dem Anfang des 18. Jh., in: Kgr.-Ber. Hamburg 1956 (Kas 1957); N. TSCHULIK, Der Liedersänger von Schnifis, in: ÖMZ 25 (1970); T. HOEBERS, L. von Sch. Sein Leben, seine Werke u. die Forschung, in: Montfort 23 (1971).

LAURI-VOLPI (eig. Volpi), **Giacomo,** * 11. 12. 1892 Lanuvio bei Rom, † 17. 3. 1979 Valencia; it. Sänger (Tenor). Er studierte an der Accademia Nazionale di S. Cecilia in Rom und debütierte dort 1920 am Teatro Costanzi als Des Grieux in J. Massenets *Manon*. 1923–34 war er Mitglied der Metropolitan Opera in New York und trat außerdem an den großen Bühnen der Welt auf. L.-V. war zu seiner Zeit einer der führenden Sänger seines Fachs, der die großen italienischen und französischen Tenorpartien von Rossini bis Puccini beherrschte.

Schriften: Autobiogr. *L'equivoco* (Mi 1939); *Voci parallele* (Mi 1955); *Misteri della voce umana* (Mi 1957); *Incontri e scontri* (R 1971); *Parlando a Maria* (R 1972).

Lit.: F. TOMASELLI, A Shower of Diamonds. G. L. V., in: Opera News (NY 1959).

LĂUTARI (rumänisch; Plur. von Lăutar), ursprünglich Bz. für Lautenspieler, später – vornehmlich im 18. und 19. Jh. – Bz. für alle Spielleute, ungeachtet der von ihnen gehandhabten Instrumente. Auch in Siebenbürgen ersetzt die Bz. L. heute immer mehr die vormals hier üblichen Namen

Muzicant, Ceteraş u. a. Die L. sind überwiegend Zigeuner, die das Aufspielen (teil-)berufsmäßig betreiben. Die Ausbildung erfolgt handwerksmäßig, Notenkenntnisse sind auch heute noch selten; üblich ist die Weitergabe vom Vater auf den Sohn. Bis zur Befreiung der Zigeuner (1848) waren die L. Leibeigene der Fürsten, der Bojaren oder der Klöster. Seit Mitte des 18. Jh. organisierten sie sich in Zünften. Den L. kommt große Bedeutung in der Tradierung bestimmter volksmusikalischer Gattungen zu: der Ballade mit epischem Rezitativ und der „de dragoste" (einer ↗Doină-Abart mit vorwiegend erotischen Texten), als deren Schöpfer sie angesehen werden; gewisse zeremonielle Brauchtumslieder werden nur von den L. gespielt (z. B. zur Hochzeit), desgleichen die „de ascultat" (Vortragsstück „zum Anhören"). Ihr Repertoire umfaßt auch traditionelle und neuere Tanzstücke, Doinăs, Romanzen, Heiducken- und Liebeslieder. Während die L. im ciskarpatischen Rumänien nur instrumentale Musik ausführen, ist der instrumental begleitete Sologesang ein typisches Merkmal der L. im rumänischen Altreich. Der Ausführungsstil ist durch Improvisation, Rubatospiel, spezifische Ornamentik (eigentümliches Vibrato) und untemperierte Intonation gekennzeichnet. Stil- und Repertoireunterschiede bestehen zwischen ländlichen und städtischen L. und ihrer variablen Ensemblebildung (taraf), wie z. B. Violine, Cobză (Kurzhalslaute) oder Ţambal (rumänisches Hackbrett) bzw. Violine, Nai (Panflöte) und Ţambal bzw. Violine, Klarinette, Ţambal (heute häufig von Gitarre ersetzt) oder Cymbal (Ţambal mare) und Kontrabaß. Besonders im Banat wurden der Holzsaxophontyp Torogoată (↗Tárogató) und Blechblasinstrumente verwendet; auch das Akkordeon ist heute häufiger in Gebrauch. Die staatlichen L.-Orchester treten in großer Besetzung auf.

Lit.: C. BOBULESCU, Lăutarii noştri (Bukarest 1922); V. COSMA, Figuri de lăutari (ebd. 1960); GH. CIOBANU, Lăutarii din Clejani. Repertoriu şi stil de interpretare (ebd. 1969); T. ALEXANDRU, Muzica populară românească (ebd. 1975).

G. HABENICHT

LAUTE (aus arabisch al-ʿūd; engl.: lute; frz. luth, it.: liuto; span.: laúd), in der Systematik der Musikinstrumente (nach von Hornbostel/Sachs) Oberbegriff für alle zusammengesetzten Chordophone, die aus einem Resonanzkörper und einem Saitenträger bestehen und deren Saiten parallel zur Decke des Resonanzkörpers verlaufen. Zu den L.n gehören Joch-L.n, die gewöhnlich als ↗Leiern bezeichnet werden, und Stiel-Lauten. Im Gegensatz zur Leier sind die Saiten der Stiel-L. über einen Hals gezogen und werden in der Regel durch Abgreifen mit den Fingern verkürzt. Die Stiel-L.n werden als Spieß-L.n bezeichnet, wenn der Hals durch das Korpus geführt ist und häufig am unteren Ende als Spieß wieder austritt, als Hals-L.n, wenn der Hals angesetzt oder mit dem Korpus fest verbunden ist. Hals-L.n werden je nach Länge des Halses als Langhals-L.n oder als Kurzhals-L.n bezeichnet. Nach der Korpusform unterscheidet man bei den Stiel-L.n Kasten-L.n mit kastenförmigem oder geschweiftem Zargenkorpus, Schalen-L.n mit bauchigem oder schalenförmigem Korpus und Röhren-L.n mit kleinem röhrenförmigem Resonanzkörper. Alle L.n haben eine ebene Decke aus Holz oder gegerbter Tierhaut mit einem oder mehreren Schallöchern. Als Hals kann ein runder oder abgerundeter Stab oder ein breiteres und flacheres Holzstück verwendet werden. Die Anzahl der Saiten wechselt je nach Typ und Verbreitungsgebiet ebenso wie die Art ihrer Befestigung. Sie werden unterhalb der Decke am Korpus oder am Spieß oder an einem aufgeleimten Querriegel auf der Decke befestigt und entweder ohne Wirbelvorrichtung um den Hals gewickelt (wahrscheinlich älteste Art) oder an Wirbeln befestigt. Unterschiedlich ist auch die Ausstattung mit Bünden, die bei Kurzhals-L.n häufig bis auf die Decke reichen (↗Biwa). Für die Bestimmung eines Saiteninstrumentes als L. ist die Art der Klangerzeugung nicht ausschlaggebend. Sie kann durch Anzupfen mit den Fingern oder mit einem Plektrum oder durch Anstreichen mit einem Bogen erfolgen. Die Langhals-L. läßt sich bis ins 2. Jt. v. Chr. zurückverfolgen. Darstellungen aus Mesopotamien und Kleinasien zeigen bereits verschiedene Formen und Größen des Instrumentes. In Ägypten wurde sie vermutlich von den Hyksos eingeführt. Sie scheint dort um 1500 v. Chr. ein Instrument der Berufsmusiker gewesen zu sein sowie in kleinerer Ausführung ein Instrument der Sängerinnen und Tänzerinnen. Zu den Langhals-L.n gehören auch die später daraus entstandenen Instrumente ↗Tanbūr, ↗Domra, ↗Balalaika und ↗Colascione, aber auch ↗Kamānğē, ↗Rabāb oder ↗Fiedel und deren gestrichene oder gezupfte Nachfahren (z. B. auch die Violine).

Die Kurzhals-L. ist jünger und läßt sich zuerst als P'i-p'a (↗Biwa) in Ostasien (China, 5. Jh. n. Chr.) und als ʿŪd bei den Arabern (7.-8. Jh.) belegen. Sie führten den ʿŪd in Europa ein (erste Darstellungen 8.–10. Jh.). Im 13. Jh. entwickelte sich in Spanien aus dem ʿŪd die europäische L., deren wesentliches Merkmal der nach hinten abgeknickte Wirbelkasten ist. Diese L. im engeren Sinne hat, nachweisbar seit der Renaissance, ein gewölbtes Korpus, das aus mehreren, oft farblich abwechselnden dünnen Holzspänen zusammengeleimt ist. In der Holzdecke befindet sich ein Schalloch, das meist mit ei-

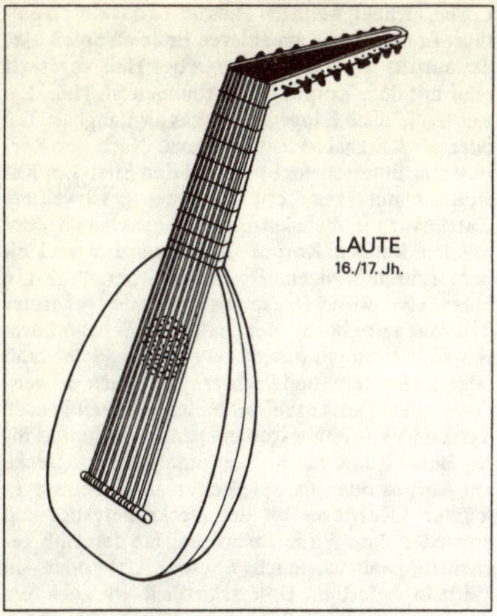

ner geschnitzten ↗Rosette verziert ist. Die L. hatte zuerst 4, dann 5 und schließlich 6 Saitenchöre (mit 11 Saiten), von denen nur die oberste Saite einfach aufgezogen ist, alle anderen jedoch doppelt. Diese wurden im Einklang oder im Oktavabstand gestimmt. Im 16./17. Jh. existierten daneben auch 7- bis 11chörige Lauten. Die Darmsaiten sind von einem Querriegel auf der Decke über das breite, mit meist 9 Bünden versehene Griffbrett zum abgeknickten Wirbelkasten mit seitenständigen Wirbeln gezogen. Die 5saitige L. war in c f a d^1 g^1 gestimmt, die 6saitige in der Regel in G c f a d^1 g^1 oder A d g h e^1 a^1. Daneben gab es zahlreiche andere Stimmungen, ebenso wie Anweisungen zum Umstimmen einzelner Saiten (↗Scordatura). Die L.n-Form wurde nach 1600 nur noch leicht verändert, das Korpus wurde schmaler und länglicher und erhielt so eine annähernde Mandelform. Seit dem 16. Jh. wurde die L. zu einer Familie ausgebaut mit einer großen Anzahl von verschiedenen Größen. Die Hauptgrößen waren die Diskant-, Alt-, Tenor-, Baß- und Großoktavbaß-L.; Bau und Spiel der sehr großen Baß-L.n waren schwierig, so daß andere Instrumente für die Baßlage entwickelt wurden (↗Chitarrone, Colascione, ↗Theorbe). Wurde die L. mit Baßsaiten ausgestattet, so verliefen sie unverkürzt neben dem Griffbrett. Dazu setzte man meist neben dem eigentlichen Knickhals einen weiteren aufrechten Wirbelkasten, an dessen Wirbeln die langen Baßsaiten endeten. Man erhielt damit die sog. „theorbierte" L. Die L. war in Europa seit dem 16. Jh. ein bevorzugtes Instrument. Das beweisen nicht nur die erhaltenen, oft äußerst kostbar ausgestatteten Instrumente, darunter solche ganz aus Elfenbein, sondern auch die große Zahl von L.n-Kompositionen, die in den nach 1500 entwikkelten eigenen Griffschriften, der L.n-↗Tabulatur, notiert wurden. Die Saiten der L. werden mit den Fingern der linken Hand abgegriffen und mit der rechten Hand gezupft, zunächst nur mit Daumen und Zeigefinger, später auch mit Mittel- und Ringfinger. Die Spieltechnik wurde mit wachsenden musikalischen Anforderungen immer schwieriger und daher auch in zahlreichen Lehrwerken mit genauen Regeln für den Fingersatz der linken Hand und für den Gebrauch der rechten Hand beschrieben. Während des 16. Jh. wurde der ↗Barré-Griff eingeführt, und bis ins 17. Jh. nahm die Anzahl schwieriger Griffe für die linke Hand zu. Im 18. Jh. wurde die L. vor allem durch das Klavier und in anderen Bereichen durch die Gitarre verdrängt. Erst im 20. Jh. kam es in Verbindung mit der Wiederbelebung älterer L.n-Musik zu einem neuen Interesse an Bau und Spieltechnik der Laute. Dies bezeugt gerade in den letzten Jahren die starke Nachfrage nach Kopien von L.n des 16./17. Jahrhunderts. M. BRÖCKER

Musik für Laute. Spezielle Musik für L. gibt es seit dem frühen 16. Jh.; sie wurde in einer eigenen Griffschrift (↗Tabulatur) aufgezeichnet und war auch an der enormen Verbreitung von Musik dank der Erfindung des Notendrucks beteiligt. Zahlreich sind bis ins 18. Jh. auch hsl. L.n-Tabulaturen. Das Repertoire umfaßt ähnlich wie für die ↗Gitarre u. ä. Zupfinstrumente und wie für die Tasteninstrumente von Anfang an freie Stücke – Praeludium, Fantasia, Toccata u. a. –, Tänze, namentlich solche, die später zur Entstehung der Suite führen, also Allemande, Pavane, Courante, Sarabande, Gigue, sowie, vor allem im 16. Jh., Übertragungen von weltlichen und geistlichen Gesängen. Bei der Übertragung (↗Intavolieren, der zeitgenössische deutsche Terminus hieß Absetzen), d.h. bei der Anpassung des originalen polyphonen Satzes an die spieltechnischen Gegebenheiten der Laute, die ein Aushalten einzelner längerer Töne nicht zuließen, ergab sich eine sozusagen verstümmelte Polyphonie. Eine Sondererscheinung waren Übertragungen von vokalen C. f.-Stücken mit dem C.f. als separat notierter Vokalstimme und den übrigen Stimmen als „Begleitung", wobei die Singstimme auch im Lautensatz enthalten sein konnte. Für die freien Stücke und Tanzsätze bildete sich im 16. Jh. eine speziell lautenmäßige Satztechnik heraus, meist mit dominierender Oberstimme. Vereinzelt erscheinen auch Sätze für 2 L.n, z. B. bei M. de Barberiis (1540) und

W. Wyssenbach (1551–52), sogar für 3 und 4 L.n (E. Adriaensen, 1584). Nationale Eigentümlichkeiten nehmen schon früh in der L.n-Musik einen breiten Raum ein: einerseits dadurch, daß die charakteristischen weltlichen vokalen Gattungen der einzelnen europäischen Länder für L. übertragen wurden, d. h. die italienische Frottola, die Villanella und das Madrigal, die französische Chanson, das Air (de cour), das deutsche Tenorlied und die Arie, das englische Ayre und der Song. Andererseits sind bestimmte Tänze einzelner Länder (z. B. Polen) in den L.n-Tabulaturen nicht selten vertreten. Eine eigene Entwicklung zeigt sich in Spanien; hier war es die ↗Vihuela, die eine ähnlich große Bedeutung hatte wie die L. in den anderen europäischen Ländern. Von geradezu internationalem Gepräge ist im 16. Jh. der Bestand an Übertragungen von Motetten. Aus ihm ragen zahlenmäßig heraus die Werke von O. di Lasso.

Mit dem Aufkommen des Generalbasses wuchs der L. – auch in der theorbierten Form (↗Theorbe) – ein neues Aufgabenfeld als improvisierendes ↗Fundamentinstrument mit akkordischem Spiel zu, ohne daß sie sich freilich in dieser Funktion gegen die Tasteninstrumente durchsetzen konnte. In begrenztem Umfang hielt sie sich bis weit ins 18. Jh. hinein in der Kammermusik als Solo- und Ensembleinstrument. Zu nennen sind hier vor allem die L.n-Suiten von J. S. Bach (BWV 995–998) und die obligate L.n-Partie (kombiniert mit 2 Violen d'amore) in seiner *Johannes-Passion* (Arioso *Betrachte, meine Seel'*).

Im späten 18. und frühen 19. Jh. war die L. besonders auch als Begleitinstrument empfindsamen Sologesangs gebräuchlich. Dies spiegelt sich auch in einigen Liedern Fr. Schuberts wider (z. B. *Pause – Meine Laute hab ich gehängt an die Wand* – und *Mit dem grünen Lautenbande* aus *Die schöne Müllerin*). Für R. Wagner dient in den *Meistersingern von Nürnberg* die L., alte Spielweisen parodierend, als klangliches Requisit für Beckmessers unglückliches Preislied. Im Zuge der Renaissance älterer Musik – in Deutschland auch im Umkreis der Jugendbewegung – kam es im 20. Jh. in vielen europäischen Ländern zu einer Neubelebung des Lautenspiels. Verdienste auf editorischem Gebiet hatten u. a. O. Chilesotti, H. Bruger, Fr. J. Giesbert. Als bedeutende L.n-Virtuosen sind zu nennen: Walter Gerwig, Desmond Dupré, Julian Bream, Michael Schäffer.

Quellen: Übersicht über die zahlr. hsl. u. gedruckten L.-Tabulaturen in den Artikeln L. in MGG VIII, Riemann ML, Sachteil u. Grove; ausführliche Verz.: W. BOETTICHER, Hsl. überlieferte L.n- u. Gitarrentabulaturen des 15. bis 18. Jh. (Mn 1978) (= RISM B VII); H. M. BROWN, Instrumental Music Printed Before 1600 (C/M 1965) (mit Inhaltsangabe der gedruckten Tabulaturen des 16. Jh.). – Wichtige Tabulaturdrucke: Deutschland: A. Schlick, H. Judenkünig, H. Gerle, H. Newsidler, R. Wyssenbach, W. Heckel, S. Ochsenkhun, S. Kargel (16. Jh.); J. D. Mylius, J. H. Kapsberger, G. L. Fuhrmann, E. Reusner der Ältere und der Jüngere (17. Jh.); A. Falkenhagen, D. Kellner (18. Jh.); S. L. Weiß (hsl.). – Italien: F. Spinaccino, F. Bossinensis, J. A. Dalza, F. da Milano, M. de Barberiis, G. P. Paladino, V. Bakfark, G. Gorzanis, V. Galilei, G. C. Barbetta, S. Verovio, O. Vecchi, G. A. Terzi, S. Molinaro (16. Jh.); C. Negri, D. M. Melli (17. Jh.). – Frankreich und Niederlande: Attaingnant, Phalèse, A. de Rippe, E. Adriaensen (16. Jh.); J. van den Hove, J.-B. Bésard, R. u. P. Ballard, N. Vallet, A. Boësset, É. Moulinié, P. u. D. Gaultier, Ph. F. le Sage de Richée (17. Jh.). – England: J. u. R. Dowland, Th. Morley, A. Holborne (16./17. Jh.).

Ausg.: **a)** Sammelausg.: Östr. Lautenmusik im 16. Jh., hrsg. v. A. KOCZIRZ (1911) (= DTÖ 37); The English School of Lutenist Song Writers, hrsg. v. E. H. FELLOWES, 32 Bde. (Lo 1920ff.), revidiert v. Th. Dart, als: The English Lute-Songs (Lo 1956); Alte Lautenkunst aus drei Jhh., hrsg. v. H. BRUGER (B – L 1923); DERS., Schule des Lautenspiels (Wb 1926), Nachdr. mit Beiheften (1961); Chansons au luth et airs de cour français du XVIe siècle, hrsg. v. A. MAIRY – G. THIBAULT (P 1934, Nachdr. 1976) (= Publications de la Soc. Fr. de Mie. I/3–4); Lautenmusik des 17./18. Jh., hrsg. v. H. NEEMANN (Brau 1939, F [2]1961); Airs de cour pour voix et luth, hrsg. v. A. VERCHALY (P 1961) (= Public. de la Soc. Fr. de Mie I/16); Corpus des luthistes français, hrsg. v. J. JACQUOT, bisher 18 Bde. (P 1957ff.). – **b)** Faks.-Ausg. einzelner gedruckter L.n-Tabulaturen u. Abh.en zu L.n-Bau u. L.n-Spiel: *S. Virdung, Musica getutscht* 1511, hrsg. v. K. W. NIEMÖLLER (Kas 1970) (= DMl I/31); *H. Gerle, Musica teutsch* 1532 (G 1971); *H. Newsidler, Ein newgeordnet künstlich L.n-Buch* 1536, hrsg. v. P. PÄFFGEN (Neuß 1974); *G. Gorzanis, Intabolatura di liuto*, Buch 4 1567, hrsg. v. B. TONAZZI (Mi 1975); *S. Kargel, Novae, elegantissimae... cantilenae* 1574 (G 1980); *Th. Mace, Musick's Monument* 1676 (P 1958), dass. (NY 1966) (= MMMLF II/17); *D. Gaultier, La rhétorique des dieux et autres pièces de luth*, 2 Bde. (Faks. u. Übertragung), hrsg. v. A. TESSIER (P 1932) (= Publications de la Soc. Fr. de Mie. I/6–7); *E. Reusner der Ältere, Erfreuliche L.n-Lust* 1647 (L 1979); *E. Reusner der Jüngere, Neue L.n-Früchte* 1676, hrsg. v. J. JAENECKE (L 1979); *E. G. Baron, Hist.-theoretische u. practische Unters. des Instr. der L.* 1727 (A 1965). – **c)** Ausg. v. L.n-WW einzelner Komponisten: siehe die betreffenden Verz. – **d)** Ausg. einzelner hsl. L.n-Tabulaturen: *Codex carminum gallicorum*, hrsg. v. B. HAMBRAEUS (Uppsala 1961); *The Wickhambrook Lute Ms.*, hrsg. v. D. E. R. STEPHENS (New Haven/Conn. 1963) (= Collegium Musicum Series 4); Die Tabulaturen aus dem Besitz des ... B. Amerbach, hrsg. v. H. J. MARX (Bas 1967) (= SMD 6).

Lit.: **a)** Zu Gesch., Bau u. Spielweise der Laute: E. M. VON HORNBOSTEL – C. SACHS, Systematik der Musikinstr., in: Zschr. für Ethnologie 46 (1914), engl. Übers.: Classification of Musical Instr., in: GalpinJ 14 (1961); F. BEHN, Die L. im Altertum u. frühen MA, in: ZfMw 1 (1918/19); W. L. VON LÜTGENDORFF, Die Geigen- u. Lautenmacher v. MA bis z. Gegenwart, 2 Bde. (F 1922, Nachdr. Tutzing 1968); J. ZUTH, Hdb. der L. und Gitarre (W 1926–28, Nachdr. Hil 1972); K. GEIRINGER, Vorgesch. u. Gesch. der europäischen L., in: ZfMw 10 (1927/28); C. SACHS, Geist u. Werden der Musikinstr. (B 1929, Nachdr. Hil 1965); F. J. GIESBERT, Schule für die Barocklaute (Mz 1940); TH. BINKLEY, Le luth et sa technique, in: Le luth et sa musique (P 1958); H. HICKMANN – W. BOETTICHER, L., in: MGG VIII; W. STAUDER, Zur Frühgesch. der L., in: FS H. Osthoff (Tutzing 1961); E. POHLMANN, L., Theorbe, Chitarrone... (Bremen [2]1972); H. TURNBULL, The Origin of the Long-Necked Lute, in: GalpinJ 25 (1972); E. L. KOTTICK, Building a 15th-Century Lute, in: ebd. 26 (1973); J. GODWIN, The Survival of the Theorbo Principle, in: Journal of the Lute Society of America 6

(1973); F. HELLWIG, Zur Terminologie der europäischen Zupfinstr. Das Vokabularium in den Quellen zum hist. Lautenbau, in: FS E. Emsheimer (Sto 1974); DERS., Lute Construction in the Renaissance and the Baroque, in: GalpinJ 27 (1974); P. PÄFFGEN, L. u. Lautenspiel in der ersten Hälfte des 16. Jh. Beobachtungen zu Bauweise u. Spieltechnik (Rb 1978) (= Kölner Beitr. z. Musikforsch. 95); G. HELLWIG, J. Tielke. Ein Hamburger L.n- u. Violenmacher der Barockzeit (F 1979) (= Das Musikinstr. 38). – **b)** Zur Musik für Laute (nur umfassende WW, ohne die zahlr. Schriften von O. ↗Chilesotti): M. BRENET, Notes sur l'histoire du luth en France, in: RMI 5–6 (1898–99, Nachdr. G 1973); O. KÖRTE, L. u. Lautenmusik bis z. Mitte des 16. Jh. (L 1901, Nachdr. Wie 1969) (= BIMG I/3); J. ZUTH, Hdb. der L. u. Gitarre (W 1926–28, Nachdr. Hil 1972); K. GEIRINGER, Vorgesch. und Gesch. der europäischen L., in: ZfMw 10 (1927/28); L. DE LA LAURENCIE, Les luthistes (P 1928); J. DIECKMANN, Die in dt. Lautentabulatur überlieferten Tänze des 16. Jh. (Kas 1931); L. SCHRADE, Das Problem der Lautentabulatur-Übertragung, in: ZfMw 16 (1934); H. NEEMANN, L. u. Theorbe als Generalbaßinstr. im 17. u. 18. Jh., in: ebd.; H. P. KOSACK, Gesch. der L. u. Lautenmusik in Preußen (Kas 1935); W. APEL, Early Spanish Music for Lute …, in: MQ 20 (1934); O. GOMBOSI, Der Lautenist V. Bakfark (Budapest 1935, NA Kas 1967); J. BAL Y GRAY, M. de Fuenllana and the Transcription of Spanish Lute Music, in: AMl 11 (1939); A. VERCHALY, Les airs italiens mis en tablature de luth, in: RMie 32 (1953); K. LUMSDEN, The Sources of English Lute Music 1540–1620, 2 Bde. (Diss. C 1956–57); W. BOETTICHER, L., in: MGG VIII; W. S. CASEY, Printed English Lute Instruction Books 1568–1610, in: Diss. Abstracts 21 (Ann Arbor/Mich. 1960); D. STEVENS, German Lute Songs of the Early 16th Century, in: FS H. Besseler (L 1961); U. OLSHAUSEN, Das lautenbegleitete Sololied in England um 1600 (Diss. F 1963); K. DORFMÜLLER, Stud. z. Lautenmusik in der ersten Hälfte des 16. Jh. (Tutzing 1967) (= Münchner Veröff. z. Musikgesch. 11); W. W. NEWCOMB, Stud. z. engl. Lautenpraxis im elisabethanischen Zeitalter (Kas 1968); G. WILLMITZER, Die Volksliedbegleitung auf der Gitarre (L.) u. das Lautenlied in der Zeit der dt. Jugendbewegung 1900–1932, 2 Bde. (Diss. Hl 1970); W. BOETTICHER, Über Stand u. Aufgaben der Erforschung der Tabulaturen für Zupf- u. Streichinstr., in: Musicae Scientiae Collectaneae. FS K. G. Fellerer (Kö 1973); K. RAGOSSNIG, Hdb. der Gitarre u. L. (Kas 1978); W. BOETTICHER, Zur inhaltlichen Bestimmung des für L. intavolierten Handschriftenbestandes, in: AMl 51 (1979).

LAUTENBACHER, Susanne, * 19. 4. 1932 Augsburg; dt. Violinistin. Sie studierte bei K. Freund an der Akademie der Tonkunst in München und später noch bei H. Szeryng. Seit 1960 lehrte sie an der Musikhochschule in Karlsruhe und wurde 1965 als Professorin an die Musikhochschule Stuttgart berufen. 1970 gründete sie, zusammen mit U. Koch, Viola, und Thomas Blees (seit 1976 Martin Ostertag), Violoncello, das „Streichtrio Bell'Arte". Sie genießt durch Konzertreisen und zahlreiche Schallplatteneinspielungen internationales Ansehen. Ihr vielseitiges Repertoire reicht vom Barock (Fr. X. Biber, J. S. Bach) bis zur Moderne (B. A. Zimmermann, H. W. Henze).

LAUTENTABULATUR ↗Tabulatur.

LAUTHEIT ↗Lautstärke.

LAUTSPRECHER, Gerät zur Umwandlung von elektrischen Signalen in Schallwellen, das letzte Glied in der ↗elektroakustischen Übertragungskette. Lautsprecher und ↗Mikrophon sind grundsätzlich gleich aufgebaut, sie beruhen auf den gleichen, umkehrbaren physikalischen Prinzipien; deren gebräuchlichste sind: elektrostatisches Prinzip (zwischen zwei elektrisch geladenen Flächen wirkt eine mechanische Kraft), Piezoprinzip (ein Kristall ändert durch Anlegen einer elektrischen Spannung seine Dicke) und elektrodynamisches Prinzip (um eine von Strom durchflossene Spule entsteht ein Magnetfeld; bringt man sie in ein anderes, konstantes Magnetfeld, so wird die Spule durch die entstehenden magnetischen Kräfte bewegt). Der eigentlichen Schallabstrahlung dient eine an das Erregersystem angekoppelte, federnd aufgehängte Membran (beim Elektrostaten ist sie Teil des Erregersystems). Für die Schallabstrahlung aller L.-Systeme gilt: Ist die abstrahlende Fläche kleiner als $^1/_3$ der abgestrahlten Schallwellenlänge, so entstehen kugelförmige, ist sie größer, so entstehen ebene Schallwellen. (Der Übergang zwischen beiden Wellenformen ist jedoch kontinuierlich.) Da auch die Rückseite einer L.-Membran Schall abstrahlt, muß ein L. für die Wiedergabe tiefer ↗Frequenzen in eine Schallwand oder ein Gehäuse eingebaut werden, andernfalls heben sich die nach vorne und hinten abgestrahlten Kugelwellen gegenseitig auf („akustischer Kurzschluß"). Die Aufstellung insbesondere kleiner Boxen an einer Wand oder in einer Ecke verbessert die Tieftonwiedergabe sehr, da die das Gehäuse umschließenden Kugelwellen nach vorn reflektiert werden.

Daß der L. immer noch das schwächste Glied in der elektroakustischen Übertragungskette ist, liegt vor allem an der Tatsache, daß er – wie auch jedes Musikinstrument – selbst ein schwingungsfähiges, mit Resonanzeigenschaften behaftetes Gebilde darstellt, dessen Eigenbewegungen sich nur schwer kontrollieren lassen. Deshalb muß der unserer Hörfläche entsprechende Frequenzbereich von 20–20 000 Hz auf verschieden große Einzelsysteme (Tief-, Mittel-, Hochtöner) aufgeteilt werden; nur so läßt sich ein ebener ↗Frequenzgang erzielen. Daneben werden die in Musik und Sprache reichlich vorhandenen ↗Impulse und Einschwingungsvorgänge erheblich verfälscht: Wie ein Schlag die Pauke zum Klingen bringt, so wird auch ein L. durch Impulse zu Schwingungen angeregt, die sich dem übertragenen Tonsignal überlagern – daher können L. mit gleichem Frequenzgang gänzlich verschieden klingen. Eine bedeutsame Verbesserung hierin wurde durch den Biegewellenstrahler von Manger erreicht. Dessen elektrodynamisch angetriebene, weiche, sehr leichte und resonanzfreie Kunststoffmembran folgt Impulsen ohne Eigenbewegungen und überträgt gleichzeitig den Frequenzbereich von 5–30 000 Hz. Weitere Entwicklungen bleiben abzuwarten.

Lit.: G. BUCHMANN, Fortschritte in der Entwicklung v. L.n, in: Acustica 4 (1954); L.-Taschenbuch, bearb. v. H. WILLIGES (B 1962, [7]1965); E. JOST, Über die Klangeigenschaften v. L.n. Eine experimental-psychologische Unters., in: Jb. des Staatlichen Inst. für Musikforsch., Preußischer Kulturbesitz (1972). U. KRAUS

LAUTSTÄRKE, Bz. für die Intensität der Hörempfindung (↗Gehör, Hörfläche, Schalldruck). Die als Schall wahrnehmbaren Schwankungen des Luftdrucks (↗Schalldruck) erzeugen eine nicht nur von der Stärke dieser Schwankungen, sondern auch deren ↗Frequenz abhängige Intensität der Hörempfindung. Das Ohr empfindet also verschieden hohe Töne gleichen Schalldrucks immer auch gleich laut. Es hört tiefe und hohe Töne leiser als mittlere, wobei das Maximum der Empfindlichkeit bei 3000 Hz (↗Hertz) liegt. Das Ohr ist sozusagen ein schlechtes Mikrophon mit einem sehr unebenen ↗Frequenzgang, der sich überdies mit dem Schalldruck verändert. Diesen Zusammenhang verdeutlichen die „Kurven gleicher Lautstärke“:

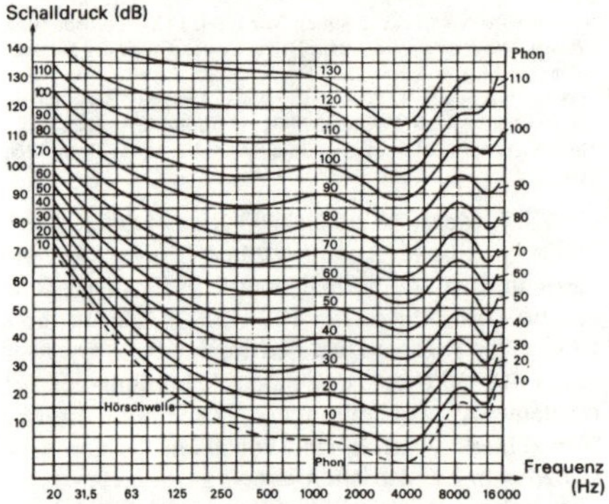

Hörschwelle und Kurven gleicher Lautstärke für Sinustöne (nach DIN 45630)

Die L. wird in Phon gemessen, wobei eine Normung dahingehend erfolgte, daß bei 1000 Hz (etwa c^3) die Zahlen für Phon und Schalldruck den gleichen Wert haben. Als Ausgangspunkt (0 Phon) wurde die Hörschwelle bei 1000 Hz gewählt, d.h. jener Schalldruck, bei dem die Hörempfindung einsetzt. Dieser Wert ist sehr niedrig, er liegt bei 20 $\mu N/m^2$ bzw. 2×10^{-4} µbar, d.h. einem Fünfmilliardstel des normalen Luftdrucks. Wäre das Ohr empfindlicher, würde es bereits die Wärmebewegung der Luftmoleküle (als Rauschen) hören. Die Kurven zeigen, daß einer Lautstärke von 70 Phon bei 20 Hz ein Schalldruck von 105 db entspricht, also 35 db mehr als bei 1000 Hz (oder das Fünfzigfache). Eine Verdoppelung der empfundenen Lautstärke wird (oberhalb 40 Phon) erreicht bei einer Erhöhung um 10 Phon. Diesen Zusammenhang beschreibt der Begriff *Lautheit*, die Einheit hierfür ist das Sone, 40 Phon sind als 1 Sone definiert:

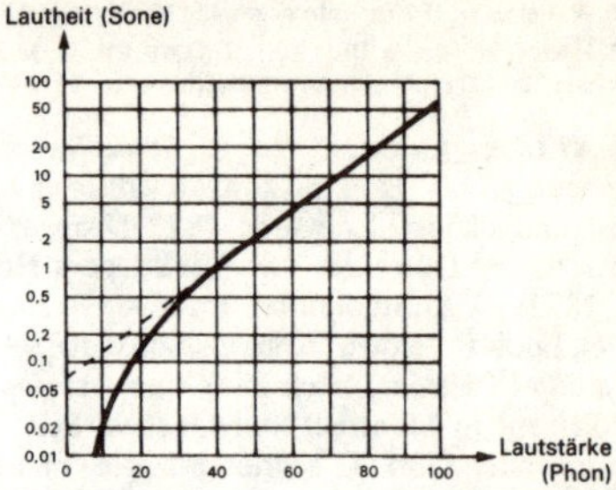

Zusammenhang zwischen Lautstärke (Phon) und Lautheit (Sone)

Lit.: K. SCHOLL, Vom absoluten Eindruck bei Schallstärkevergleichen, in: Zschr. für Psychologie 84 (1920); H. FLETCHER – W. A. MUNSON, Loudness, Its Definition, Measurement and Calculation, in: Journal of the Acoustical Society of America 5 (1932/33); M. KWIEK, Über L. u. Lautheit, in: Akustische Zschr. 2 (1937); H.-P. REINECKE, Über den doppelten Sinn des Lautheitsbegriffes beim musikalischen Hören (Diss. H 1953); G. QUIETZSCH, Objektive u. subjektive Lautstärkemessungen, in: Acustica 5 (1955); E. ZWICKER, Verfahren zur Berechnung der Lautstärke, in: ebd. 10 (1960); W. REICHARDT – K. NOTBOHM – H. JURSCH, Verbesserung des Lautstärke-Berechnungsverfahrens nach Niese, in: ebd. 21 (1969). U. KRAUS

LAUX, Karl, * 26.8.1896 Ludwigshafen/Rhein, † 27.6.1978 Dresden; dt. Musikschriftsteller. Nach einer Ausbildung in Violine, Klavier, Orgel und Musiktheorie studierte er seit 1919 Musikwissenschaft bei Th. Kroyer und H. J. Moser an der Universität Heidelberg, an der er 1925 mit der Dissertation *Der Erziehungsgedanke bei Schleiermacher* promovierte. Er war 1922–25 Musikkritiker der *Neuen Pfälzischen Landeszeitung*, später Musikredakteur der *Neuen Badischen Landeszeitung* und Lehrer für Musikgeschichte an der Musikhochschule in Mannheim. L. wirkte dann in Dresden als Musikredakteur der *Dresdner Neuesten Nachrichten* (1934–44) und (1936–42) als Lehrer an der Musikakademie. Nach Kriegsende war er Ministerialrat (für Musik und Theater) bei der Landesregierung Sachsen sowie Musikredakteur der *Täglichen Rundschau* in Berlin. 1949 zum Professor ernannt, erhielt er den Auftrag, die Dresdner Musikakademie in eine Musikhochschule umzuwandeln, die er bis 1963 auch selbst leitete.

Schriften: *Orchester- und Kammermusik*, in: Das Atlantisbuch der Musik, hrsg. v. F. Hamel – M. Hürlimann (Z 1934, [7]1951); *A. Bruckner* (L 1940, L – Wie [2]1947); *Musik und Musiker der Gegenwart*, I: *Deutschland* (Essen 1949); *J. Haas* (B – Düsseldorf 1954, L 1958); *Die Musik in Rußland und in der Sowjetunion* (B 1958); *10 Jahre Musikleben in der DDR* (L 1960); *O. Gerster* (L 1961) (= Reclams Universal-Bibl. 8928/29); *Die Dresdner Staatskapelle* (L 1964); *C. M. von Weber* (L 1966) (= Reclams Universal-Bibl., Biogr. u. Dokumente 252); *Wesen u. Wandel des philharmonischen Gedankens*, in: Musa, Mens, Musici. Gedenkschrift W. Vetter (L 1970); Autobiographie *Nachklang* (B 1977).

Lit.: J. HAAS, in: Musica 10 (1956); S. KÖHLER, in: Musik in der Schule 22 (1971); H. SCHAEFER, in: MuGes 21 (1971).

LAVALLÉE, Calixa, * 28. 12. 1842 Verchères (Quebec), † 21. 1. 1891 Boston; kanadischer Komponist und Pianist. Er wurde 1872 Dirigent und künstlerischer Leiter des New York Opera House, ging 1873–75 zu Studien bei Fr.-E.-J. Bazin und Adrien Louis Boieldieu (Komposition) sowie A. Fr. Marmontel (Klavier) nach Paris und war Opernchordirigent in Montreal und Quebec. Seit 1880 lebte er in den USA. L. schrieb u. a. die Operetten *The Widow* (UA: Boston 1882) und *Tiq* (UA: ebd. 1883), Salonmusik, darunter die berühmten *Papillons*, und die Hymne *O Canada!*, die 1967 zur kanadischen Nationalhymne erklärt wurde.

Lit.: E. LAPIERRE, C. L. (Montreal 1936, P [3]1966).

LAVIGNAC, Alexandre Jean Albert, * 21. 1. 1846 Paris, † 28. 5. 1916 ebd.; frz. Musikforscher. Er studierte bei A. Fr. Marmontel, Fr.-E.-J. Bazin, Fr. Benoist und A. Thomas am Pariser Conservatoire, an dem er seit 1871 Repetitor, seit 1875 Professor für Solfège und 1891–1915 Professor für Harmonielehre war. Die von ihm 1913 begonnene *Encyclopédie de la musique et dictionnaire du Conservatoire* gilt bis heute in Frankreich als musikgeschichtliches und musiktheoretisches Standardwerk. L.s *Cours ... de dictée musicale* wurde grundlegend für die Begründung des ↗Musikdiktats als eines eigenen musikpädagogischen Zweiges.

Schriften: *Solfèges manuscrits, 50 leçons d'harmonie* (P 1877); *Cours complet théoretique et pratique de dictée musicale* (P – Bru 1882); *École de la pédale* (P 1889, Neudruck 1927); *La musique et les musiciens* (P 1895, Neudruck 1950, engl. NY 1903); *Le voyage artistique à Bayreuth* (P 1897, Neudruck 1951), engl. Übers.: *The Music Dramas of R. Wagner* (Lo 1898, Nachdr. NY 1968). – Er gab heraus: *Encyclopédie de la musique et dictionnaire du Conservatoire* (nach L.s Tod von L. de La Laurencie redigiert), 2 Teile, I: *Histoire de la musique*, 5 Bde. (P 1913–22), II: *Technique, esthétique, pédagogie*, 6 Bde. (P 1925–31).

LAVOTTA, János, * 5. 7. 1764 Pusztafödémes, † 11. 8. 1820 Tályа; ung. Komponist. Er studierte Musik und Jura in Nagyszombat, Poszony und Pest, wo er Kanzleibeamter wurde. Nach einer Tätigkeit als Hauslehrer bei der Familie Zichy widmete er sich seit 1792 ausschließlich der Musik und war u. a. 1792–93 musikalischer Leiter der ersten ständigen Truppe am Theater in Budapest und 1816 Musikalienhändler in Debrecen. L. gilt neben J. Bihári und A. Csermák als Hauptvertreter des Verbunkos. In seinen Kompositionen (neben Verbunkos u. a. zahlreiche Polonaisen, Menuette und Kontratänze), die von der ungarischen Volksmusik beeinflußt sind, führte er die Zigeunertonleiter ein.

Ausg.: Tänze, hrsg. v. B. SZABOLCSI, in: A magyar zenetőrténet kézikőnyve (Budapest 1947); dass., hrsg. v. E. MAJOR, in: A magyar zongoramuzsika száz éve (ebd. 1954).

Lit.: S. SZILÁGYI, L. J., a Kor és az Ember (Budapest 1930).

LAVRANGAS, Dionysios (Denis), * 17. 10. 1864 Argostolion, † 18. 7. 1941 Razata; griech. Dirigent und Komponist. Er studierte 1882–85 am Conservatorio S. Pietro a Majella in Neapel sowie 1885–94 am Pariser Conservatoire bei L. Delibes, J. Massenet und Th. Dubois. Anschließend trat er in Frankreich und Italien als Dirigent, Pianist und Violoncellist auf. Nach seiner Rückkehr nach Griechenland (1894) übernahm er die Leitung der Philharmonischen Gesellschaft von Athen und gründete 1898 die griechische Nationaloper. Mit seinen Kompositionen gehört L. zu den Schöpfern eines griechischen Nationalstils in der Musik.

WW: Klv.- u. V.-Stücke; 2 Suiten (vor 1904, 1923), *Introduzione e fuga* u. *Ouverture orientale* für Orch.; Lieder, Chöre u. 2 Messen. – Opern: *Elda di Vorn*, UA: Neapel 1890; *La vita è un sogno* (1891), daraus der 4. Akt revidiert als: *I majissa*, UA: Athen 1901; *Ta dio adelfia*, UA: ebd. 1901; *O litrotis*, UA: ebd. 1903; *Dido*, UA: ebd. 1909; *Aspri tricha*, UA: ebd. 1915; *Dipli fotia*, UA: ebd. 1918; *Mawri petaluda*, UA: ebd. 1923.

LAVRY, Marc, * 22. 12. 1903 Riga, † 20. 3. 1967 Haifa; israelischer Komponist und Dirigent. Er studierte in Riga und Leipzig, wurde 1927 Dirigent in Saarbrücken, dirigierte 1928–32 in Berlin und 1933–38 in Riga und ließ sich dann in Palästina nieder. 1948–58 leitete er die Musikabteilung des Jerusalemer Kurzwellensenders „Die Stimme Zions". Von seinem Schaffen sind vor allem die den verschiedenen Landstrichen Israels gewidmeten symphonischen Rhapsodien (besonders *Emek* und *Hora*) hervorzuheben, in denen L. israelische Volkslieder und -tänze verarbeitet hat.

WW: *Five Country Dances* für Klv.; *Three Jewish Dances* für V. u. Klv. – 4 Symphonien; symphonische Rhapsodien; Klv.-Konzert (1945–47); V.-Konzert; *Israeli Dances* (Tel Aviv o. J.). – Kantaten, Chorstücke u. ein Oratorium *Shir HaShirim* (1944). – Opern: *Dan HaShomer* (Libr.: M. Brod), UA: Tel Aviv 1945; *Tamar*, UA: San Francisco 1959.

LAWES. – 1) Henry, * 5. 1. 1596 Dinton (Wiltshire), † 21. 10. 1662 London; engl. Komponist. Er war wahrscheinlich ein Schüler von G. Coperario und wurde 1626 zum Gentleman der Chapel Royal ernannt. Als Royalist verlor er nach dem Sturz König Karls I. (1649) seine Stellung und wurde erst unter König Karl II. wieder angestellt. L. war der bedeutendste Liedkomponist seiner Zeit. In seinen Kompositionen zeigt sich vor allem auch eine genaue Beachtung der Versprosodie. Er war auch an der Vertonung von William D'Avenants *The Siege of Rhodes* beteiligt, das wegen der Verwendung des Stile recitativo für Chöre und Dialoge als erste englische Oper gilt, aber nicht erhalten ist.

WW: *A paraphrase upon the psalms of David* für SingSt (Lo 1638); *Choice psalmes put into musick* für 3 St. u. B.c. (Lo 1648) (darunter auch Stücke von seinem Bruder W. L.); *Ayres and dialogues* für 1–3 St. u. B.c., 3 Bde. (Lo 1653, 1655, 1658); Songs zu J. Miltons *Comus* (1634); ferner Airs, Songs und Dialogues in zahlreichen Sammeldrucken und Hss. der Zeit.

2) William, Bruder von 1), getauft 1. 5. 1602 Salisbury, † 1645 Chester; engl. Komponist. Er war ebenfalls Schüler von Coperario und wurde Mitglied der Kapelle König Karls I. L. fiel im Bürgerkrieg als Soldat der Royalistenarmee. Den Kern seines Schaffens bildet die Instrumentalmusik, die sich oft durch für die damalige Zeit kühne harmonische Wendungen auszeichnet. Besonders L.' Fantasien haben in ihrem geradezu expressiven Charakter in der Geschichte der Gattung einen besonderen Rang.

WW (in zahlr. Sammeldrucken der Zeit u. hsl.): Instr.-WW: Fantasien, In Nomine, Tanzsätze u. a. für Tasteninstr. u. für Violenensemble, auch mit obligatem Cemb.; Suiten-Slg. *The Royal Consort.* – Vokal-WW: Psalmen und Kanons; Airs und Dialogues, auch zu Bühnen-Werken; Catches.

Ausg.: **Zu 1):** *Ten Ayres,* hrsg. v. TH. DART (Lo 1956); *Dialogues* für 2 St. u. B.c., hrsg. v. R. JESSON (University Park/Pa. 1964) (= Penn State Music Series 3); 28 Lieder, in: Engl. Songs 1625–60, hrsg. v. I. SPINK (Lo 1971) (= Mus. Brit. 33). – **Zu 2):** Select Consort Music, hrsg. v. M. LEFKOWITZ (Lo 1963) (= Mus. Brit. 21); *Dialogues* für 2 St. u. B.c., hrsg. v. R. JESSON (University Park/Pa. 1964) (= Penn State Music Series 3); Trois masques à la cour de Charles Ier d'Angleterre, hrsg. v. M. LEFKOWITZ (P 1970) (= Le chœur des muses 16) (Musik zu Shirleys *The Triumph of Peace*); Ps. 67 *Have Mercy on Us Lord* für Bar., Chor u. Org. u. Lamentation für Alt, Baß, Chor u. Org., hrsg. v. G. DODD (Lo 1970); 6 Songs, hrsg. v. E. H. JONES (Lo 1972).

Lit.: **Zu 1):** Verz. der Songs bei C. L. DAY – E. B. MURRIE, Engl. Song-Books, 1651–1702 (Lo 1940); W. M. EVANS, H. L. (NY 1941, Nachdr. 1966); E. F. HART, Introduction to H. L., in: ML 32 (1951); W. MELLERS, H. L. and the Caroline Ayre, in: Harmonious Meeting (Lo 1965); J. S. APPLEGATE, The H. L. Autograph Song Manuscript. A Critical Edition of British Museum Loan Ms. 35, 2 Bde. (1966) (= Diss. Univ. of Rochester/N.Y.); E. B. JORGENS, „Let Well Tun'd Words Amaze". Attitudes Toward Poetry in Engl. Solo Song from J. Dowland to H. L. (1975) (= Diss. City Univ. of New York). – **Zu 2):** R. ERLEBACH, W. L. and His String Music, in: Proc. Mus. Assoc. 59 (1932/33); M. LEFKOWITZ, W. L. (Lo 1960); J. P. CUTTS, W. L.'s Writing for the Theater and the Court, in: JAMS 16 (1963); H. POULOS, G. Coperario and W. L. (1971) (= Diss. Indiana Univ.).

LAYOLLE, François de (eig. Antonio Francesco Romolo di Agniolo di Piero Aiolle, auch Aiolla, Ajolla), * 4. 3. 1492 (?) Florenz, † um 1540 Lyon; it. Organist und Komponist. Er verkehrte mit den Florentiner Künstlern und Schriftstellern seiner Zeit und war um 1505–06 auch Musiklehrer des berühmten Bildhauers Benvenuto Cellini, 1505–07 Chorsänger an SS. Annunziata in Florenz, das er 1518 verließ. Er ließ sich dann in Lyon nieder (wo er seit 1523 nachweisbar ist) und wurde dort Mitarbeiter des Druckers J. Moderne. – Sein Sohn **Alemano L.** (* um 1520 Florenz, † 1576 oder 1577 ebd.) war ebenfalls Organist.

WW: *Venticinque canzoni a 5 v.* (Ly 1540); *Cinquanta canzoni a 4 v.* (Ly um 1542); ferner Messen, Motetten, Chansons u. Madrigale in den Sammeldrucken der Zeit.

Ausg.: 2 Motetten u. eine Frottola, in: A. W. AMBROS, Gesch. der Musik V (Breslau 1882, [3]1887–1911), Nachdr. der 3. Aufl. (Hil 1968); N. BRIDGMAN, G. C. Maffei et sa lettre sur le chant, in: RMie 38 (1956) (darin L.s Madrigal *Lasciar il velo*); Collected Secular Works für 2–5 St., hrsg. v. F. A. D'ACCONE (1969) (= CMM 32/3–4).

Lit.: D. A. SUTHERLAND, F. de L. 1492–1540. Life and Secular Works, 2 Bde. (1968) (= Diss. Univ. of Michigan); D. CRAWFORD, Reflections on Some Masses from the Press of Moderne, in: MQ 58 (1972).

LAZZARI, Sylvio (eig. Josef Fortunat Silvester), * 30. 12. 1857 Bozen, † 10. 6. 1944 Suresnes bei Paris; frz. Komponist östr. Herkunft. Er absolvierte 1882 ein Jurastudium in Wien, ging dann nach Paris, wo er Ch. Gounod und E. Guiraud kennenlernte, in dessen Klasse am Conservatoire er 1883/84 eintrat. Von C. Franck und E. Chausson ermutigt, schlug er die Musikerlaufbahn ein und ließ sich endgültig in Frankreich nieder. Er bekleidete verschiedene Ämter (Präsident des Pariser Wagner-Vereins, Chordirigent in Monte Carlo), bevor er sich ganz der Komposition widmete. L. war eine Musikerpersönlichkeit, die einerseits vom Erbe R. Wagners geprägt war, das er seiner frühen deutschen Erziehung und dem Unterricht bei Franck verdankte, und andererseits vom Impressionismus beeinflußt wurde, mit dem er in späteren Jahren durch französische Dichter und Musiker in Berührung kam.

WW: **1) Instr.-WW:** Klv.-Stücke; V.-Sonate (P 1894); V.-Romanze; Klv.-Trio (P 1889); Streichquartett (P 1911); Bläseroktett (P 1920). – Symphonie Es-Dur (P 1914); *Rhapsodie espagnole;* symphonische Dichtungen *Ophélie* und *Effet de nuit* (P 1904); Orch.-Suite *Quatre tableaux maritimes;* Rhapsodie für V. u. Orch.; Konzertstück für Klv. u. Orch. – **2) Vokal-WW:** Lieder; Duette u. Chöre für Frauen-St. – **3) Bühnen-WW:** Opern: *Amor,* UA: Prag 1895, dt. Fassung: Hamburg 1900; *La lépreuse,* UA: Paris 1913, dt. Fassung: *Die Ausgestoßene,* UA: Mainz 1913; *Melaenis,* UA: Mulhouse 1927; *La tour de feu,* UA: Paris 1928; Bühnenmusik zu J. W. von Goethes *Faust.*

Lit.: P. LANDORMY, La musique française après Debussy (P 1943, [18]1948).

LEANDER (eig. Hedberg), **Zarah Stina** * 15. 3. 1907 Karlstad, † 23. 6. 1981 Stockholm; schwedische Schauspielerin und Sängerin. Sie debütierte 1929 bei dem Revueproduzenten Ernst Rolf und, nach Engagements an schwedischen Theatern, 1936 als Operettensängerin (*Axel an der Himmels-*

tür von R. Benatzky) im Theater an der Wien. Mit dem Film *Premiere* (1936) begann ihre Karriere als Filmschauspielerin und Schlagersängerin in Deutschland mit einer charakteristischen, geradezu baritonalen Stimme und einer unverwechselbaren Vortragsweise. 1958 feierte sie am Wiener Raimundtheater ein Comeback in P. Kreuders Musical *Madame Scandaleuse*. 1977 zog sie sich aus dem Showleben zurück. Sie war verheiratet mit dem Pianisten und Komponisten Arne Hülphers († 1978) und lebte zuletzt auf ihrem Gut. Zu den bekanntesten Schlagern Z. L.s, durchweg aus ihren Tonfilmen, zählen: *Ich weiß, es wird einmal ein Wunder gescheh'n* (aus *Die große Liebe*); *Der Wind hat mir ein Lied erzählt (La Habanera); Kann denn Liebe Sünde sein? (Der Blaufuchs); Nur nicht aus Liebe weinen (Es war eine rauschende Ballnacht); Ich steh im Regen* und *Yes, Sir! (Zu neuen Ufern); Eine Frau wird erst schön durch die Liebe* (aus *Heimat*). Lebenserinnerungen erschienen unter dem Titel *Es war so wunderbar!* (H 1973).

Lit.: K. BRINKER, Z. L. Eine große Karriere (B 1937).

LEAR, Oper in 2 Teilen von Aribert Reimann (* 1936), Text von Claus H. Henneberg nach William Shakespeare. Ort und Zeit der Handlung: England, zur Zeit der Sage. UA: 9. 7. 1978 in München unter Gerd Albrecht mit Dietrich Fischer-Dieskau in der Titelrolle.

Reimann vertonte das Drama von der Isolation des Menschen, der in totaler Einsamkeit der Brutalität allen Lebens ausgesetzt ist, in einer aggressiven Tonsprache, die von Clustern über mehrere Oktaven, unruhiger Gesangsmelodik mit großen Sprüngen und bruitistischer Verwendung des reichhaltigen Schlagzeugs geprägt ist. Die musikalische Charakterisierung der Personen wird parallel zum Handlungsverlauf fortwährend verändert, so daß Reimann die Formidee dieser Oper zu Recht als „Metamorphose" angibt. Eindrucksvollstes Beispiel für das Anpassen der musikalischen Struktur an den Ablauf der Handlung ist der Cluster, bei dem alle 48 Streicher des Orchesters solistisch geführt werden; in der Sturmszene erstreckt sich diese Klangfläche, tonmalerisch tremoliert, über 7 Oktaven – bei fortschreitendem Wahnsinn Lears wird der Klang zu einem Viertelton-Cluster über 4 Oktaven verdichtet. Die sich dem Hörer leicht erschließende Kongruenz von Handlung und musikalischer Dramaturgie war ausschlaggebend für den sensationellen Erfolg dieser Oper bei der UA.

K. LANGROCK

LEAR, Evelyn, * 8. 1. 1928 Brooklyn (N. Y.); amerik. Sängerin (Sopran). Sie studierte an der Juilliard School of Music in New York und an der Musikhochschule Berlin. 1958 gab sie ihr Deutschlanddebüt in der Rolle des Komponisten in R. Strauss' *Ariadne auf Naxos* an der Städtischen Oper Berlin, der sie bis 1964 angehörte. Sie trat 1962–65 bei den Salzburger Festspielen auf und gastierte an den großen Bühnen der Welt. Zu ihrem Repertoire zählen neben Rollen in zeitgenössischen Werken (Titelrolle in A. Bergs *Lulu*, Jeanne in W. Egks *Die Verlobung in San Domingo*) die großen Mozart-Partien ihres Fachs. E. L. ist auch als Konzertsängerin bekannt geworden.

LEBÈGUE (Lebegue, le Bègue), **Nicolas Antoine,** * 1631 Laon, † 6. 7. 1702 Paris; frz. Organist und Komponist. Er war wahrscheinlich Schüler von J. Champion de Chambonnières und wurde 1664 Organist an St-Merry in Paris, 1678 einer der 4 Organisten der Versailler Hofkapelle. Als Cembalokomponist steht L. in der Tradition seines Lehrers. L.s Orgelschaffen umfaßt u. a. Meß- und Magnificatversetten, Noëls (eines davon erinnert an die in f, e, d und c gestimmten Glocken von St-Merry), Offertorien (teilweise auf gregorianische Melodien) und Élévations. Seine nach dem Vorbild der Lullyschen Ouvertüre geschriebenen *Symphonies* für Orgel sind die ersten ihrer Art überhaupt. L. war der Lehrer von Fr. d'Agincourt und N. de Grigny.

WW: 3 Bücher *Pièces d'orgues* (P 1676, 1678, 1685); weitere Orgelstücke hsl. erhalten; 2 Bücher *Pièces de clavessin* (P 1676, 1677); *Motets* für SingSt u. B.c. (mit instr. Ritornellen) (P 1687, ^{2}1708).

Ausg.: 3 *Livres d'orgues*, in: GUILMANT-PIRRO 9 (1909); *Noëls variés*, in: Orgue et liturgie 16 (1952); eine Orgelmesse, in: ebd. 29 (1956); 2 Bücher *Pièces de clavessin*, hrsg. v. N. DUFOURCQ (Monaco 1956).

Lit.: A. TESSIER, L'œuvre de clavecin de N. L., in: RMie 4 (1923); J. E. GILLESPIE, The Music for Harpsichord of N. Le Bègue (1951) (= Diss. Univ. of Southern California); N. DUFOURCQ, N. L. (P 1954) (= La vie musicale en France sous les rois Bourbons I/1); R. A. HOUGH, The Organ Works of N. L. (1969) (= Diss. Univ. of Illinois); A. CURTIS, Musique classique française à Berkeley. Pièces inédites de L. Couperin, L., La Barre etc., in: RMie 56 (1970); F. DOUGLASS, Dom Bédos joue L., in: Couperin Colloque (P 1974).

LEBEN FÜR DEN ZAREN, EIN *(Schisn sa zarja),* Große Oper in 4 Akten und einem Epilog von Michail Glinka (1804–57), Text von Georgi F. von Rosen. Ort u. Zeit der Handlung: Rußland, im Jahre 1613. UA: 27. 11. (9. 12.) 1836 in St. Petersburg (Bolschoi-Theater); EA in dt. Sprache: 3. (15.) 3. 1873 in Reval; dt. EA: 12. 12. 1878 in Hannover.

Mit der Wahl Michails, des ersten Romanow, zum Herrscher aller Reußen fand die „Zeit der Wirren" 1613 ihr Ende. In den Kontext dieses historischen Vorgangs ist die Geschichte des heldenmütigen Patrioten Iwan Sussanin verwoben: damit die Inthronisation Michails nicht verhindert würde, gab er sein Leben hin, indem er einen Trupp der polnischen Invasoren in gänzlich unwegsames Gebiet führte. Neben der „nationalen" Prägung des Sujets erlaubt vor allem Glinkas kompositorisches Konzept, mit der UA des Werks die eigentliche Geschichte der „russischen" Oper einsetzen zu lassen. Denn hier war es gelungen, das lange virulente Problem des nationalsprachlichen Rezitativs vorbildlich zu lösen; zugleich hatte Glinka für die musikalisch adäquate Präsentation seines Volkes – insbesondere in den Chorszenen – zukunftsweisende Modelle geschaffen. Daß charakteristische Elemente der russischen Musik in dieser Oper zum ersten Male eine konstitutive Bedeutung erlangt hatten, war bereits den unvoreingenommenen Zeitgenossen offenkundig (und spiegelte sich auch im blasiert-aristokratischen Verdikt von der „Kutschermusik" wider). – Kurz vor der Premiere erhielt die Komposition „mit allerhöchster Erlaubnis" den Titel *Ein Leben für den Zaren.* In der Stalinzeit verbanden sich die Bemühungen, Glinkas ursprüngliche Benennung *(Iwan Sussanin)* wiederherzustellen, mit einer tiefgreifenden Veränderung des Librettos durch Sergei Gorodezki: Die Handlung spielt nun im Jahre 1612, und Sussanin opfert sich für die Anführer einer Volksbewegung gegen die Polenbesatzung. Ausschließlich in dieser Fassung wird das Werk seit 1939 (UA: 2.4. im Moskauer Bolschoi-Theater) in der UdSSR aufgeführt.

E. FISCHER

LEBERTOUL (le Bertoul), **Franchois** (François), frz. Komponist des 14./15. Jahrhunderts. Von ihm sind 5 Stücke in der Hs. Oxford, Bodleian Library, Ms. Can. Misc. 213 überliefert. Sie gehören ihrer Satztechnik nach der Zeit G. Machauts an.

Ausg.: Eine Tripelballade, in: Polyphonia sacra, hrsg. v. CH. VAN DEN BORREN (Burnham – Lo 1932, revidiert University Park/Pa. 1963) (= Penn State Univ. Series o. Nr.); 5 Chansons, in: Early 15th Century Music, hrsg. v. G. REANEY (1959) (= CMM 11).

Lit.: H. BESSELER, Bourdon u. Fauxbourdon (L 1950, [2]1974) (darin das Rondeau „Au pain faitich").

LEBEUF (Le Beuf), Abbé **Jean,** * 6.3. 1687 Auxerre, † 10.4. 1760 Paris; frz. Historiker. Er war Kanonikus und Sous-chantre an der Kathedrale von Auxerre. 1740 wurde er Mitglied der Académie des Inscriptions et Belles-Lettres in Paris. Seine geschichtlichen Werke enthalten aufschlußreiche Beiträge über Musik. Mit dem Kanonikus Cl. Chastelain zusammen erarbeitete L. eine (an der jüngeren Überlieferung und nicht an den mittelalterlichen Quellen orientierte) Methode der Choralnotation, die die französische Choralpraxis bis zum Ende des 19. Jh. maßgeblich beeinflußt hat.

Schriften: *Recueil de divers écrits pour servir d'éclaircissement à l'histoire de France,* 2 Bde. (P 1738); *Dissertation sur l'histoire ecclésiastique et civile de Paris,* 3 Bde. (P 1739–43); *Traité historique et pratique sur le plain-chant* (P 1741, Nachdr. G 1972).

LEBRUN, Ludwig August (eig. Ludwig Karl Maria), getauft 2.5. 1752 Mannheim, † 16.12. 1790 Berlin; dt. Oboist und Komponist. Seit 1767 gehörte er dem Mannheimer Hoforchester an und wurde als Oboenvirtuose bekannt, u.a. 1779 in Paris beim Concert spirituel und 1785 in Wien. – Seine Frau **Franziska Dorothea L.,** getauft 24.3.1756 Mannheim, † 14.5. 1791 Berlin, die Schwester von Fr. Danzi, war eine der bekanntesten Sängerinnen (Sopran) ihrer Zeit und wurde in Mannheim, München, Mailand, Wien, Neapel und London gefeiert. Sie trat auch als Komponistin von 2 Bdn. Sonaten für Cemb. oder Klv. und V. (Lo um 1780) hervor.

WW: Duos für V. u. Va. (Mannheim 1784/85 u.ö.); Trios für 2 V. u. Vc. (ebd. 1774) u. für 2 V. bzw. Fl. u. V. u. Baß (1776); 6 Ob.-Konzerte (Offenbach 1804) (auch als Fl.-Konzerte gedruckt); ferner Arien und Tänze aus dem Ballett *Adel de Ponthiew* (Lo o.J.) und der Oper *Armida* (Lo 1782).

Ausg.: Ob.-Konzert Nr. 4 C-Dur, hrsg. v. W. LEBERMANN (L 1964).

LE CAMUS, Sébastien, * um 1610, † 8. oder 9.3. 1677 Paris; frz. Komponist und Bratschist. Er war um 1640 Ordinaire de la musique du roi, wurde 1648 Intendant de la musique bei Gaston d'Orléans, 1660 Maître de la musique der Königin Marie-Thérèse und 1661 Officier de la musique de chambre König Ludwigs XIV. Neben M. Lambert ist er einer der fruchtbarsten Komponisten von Airs und hat besonders zur Entwicklung des Air sérieux beigetragen. Seine Airs zeigen häufig ausdrucksvolle Melodik, werden oft durch ein instrumentales Vorspiel eingeleitet und sind in der Regel zweiteilig oder haben Rondeauform.

WW: *Airs à 2 et 3 parties* (P 1678); weitere Airs in den Sammeldrucken der Zeit sowie hsl.

Lit.: F. LESURE, Les „Airs de S. le C.", in: RBMie 8 (1954); N. DUFOURCQ, Autour de S. Le C., in: Rech. Mus. 2 (1961/62); L. BOULAY, Notes sur trois airs de S. Le C., in: ebd.

LE CÈNE, Michel-Charles, ↗Roger, Estienne.

LECERF DE LA VIÉVILLE (Le Cerf de la Viéville), **Jean Laurent,** Sieur de Fresneuse, * 1674 Rouen, † 9.11.1707 ebd.; frz. Jurist. Seit 1696 Garde des sceaux am Parlament von Rouen, war er ein großer Opernfreund und ein glühender Anwalt der französischen Musik. Seine *Comparaison de la musique italienne et de la musique françoise,* eine Antwort auf die Parteinahme des Abbé Fr. Raguenet für die italienische Oper, und sein Pamphlet *L'art de décrier ce qu'on n'entend point, ou le médicin musicien,* eine Stellungnahme gegenüber dem Arzt Andry, der die Verteidigung von Raguenet übernommen hatte, sind ein wertvolles Zeugnis für den musikalischen Geschmack in Frankreich zur Zeit der Hochblüte der Lullyschen Oper. L. befürwortet eine rationale, einfache, „natürliche" Kunst und räumt dem Wort den Vorrang gegenüber der Musik ein – Instrumentalstücke sind für ihn nur Beiwerk. Das Hauptgewicht mißt er dem handlungstragenden Rezitativ bei, in dem die Melodieführung von der Versstruktur abhängig und ausschließlich der Dichtung untergeordnet ist. Ein solches Ideal widersprach ganz den Vorstellungen, die sich L. von der italienischen Oper machte als einer Gattung, in der gegenüber einer die Sprache plastisch hervorkehrenden Vertonung kantabler Melodik, beweglicherem Rhythmus und reicherer Harmonik das Hauptaugenmerk eingeräumt wurde. In der Folgezeit hörten die Auseinandersetzungen zwischen den beiden gegensätzlichen Auffassungen vom Primat der sprachbedingten französischen und dem der musikbedingten italienischen Oper nicht auf und gipfelten im 18. Jh. im ↗Buffonistenstreit. Indem L. so prononciert auf die Bedeutung des Textes in der Oper hingewiesen hat, markieren seine Schriften nicht nur einen kritischen, sondern auch ästhetischen Standpunkt.

Schriften: *Comparaison de la musique italienne et de la musique françoise* (Bru 1704, ²1705–06), NA, erschienen auch als Bde. 2/3 u. 4 von J. Bonnet, *Histoire de la musique* (A 1721, ²1725); *L'art de décrier ce qu'on n'entend point, ou le médecin musicien* (Bru 1706).

Ausg.: *Comparaison de la musique italienne...*, Faks. der 2. Aufl. 1705–06, 2 Bde. (G 1972); dass., Faks. der Ausg. Amsterdam 1725, hrsg. v. O. WESSELY, 2 Bde. (Gr 1966) (= Die großen Darstellungen der Musikgesch. in Barock u. Aufklärung 2).

Lit.: D. C. VISCHER, Der musikgeschichtliche Traktat des P. Bourdelot (Be 1947); R. WANGERMÉE, Le C., Bonnet-Bourdelot et l' „Essai sur le bon goust en musique" de N. Grandval, in: RBMie 5 (1951); C. GIRDLESTONE, Le C. de la V.'s „Comparaison". Its Non-Musical Interest, in: French Studies 16 (1962); M. JUST, L. de la V. Comparaison de la musique italienne et de la musique française 1704–06, in: Kgr.-Ber. Leipzig 1966 (Kas 1970).

LECHNER, Irmgard, * 5. 7. 1907 Bonn; dt. Cembalistin. Sie studierte 1926–31 Klavier an den Musikhochschulen in Köln und Berlin (Edwin Fischer) und lebte anschließend als Pianistin und Pädagogin in München. 1938 wandte sie sich dem Cembalospiel zu und nahm Unterricht bei dem Landowska-Schüler Carl Bittner in Berlin. 1941–45 war sie Dozentin für Cembalo und alte Kammermusik am Mozarteum in Salzburg, leitete 1947–72 eine Cembaloklasse an der Nordwestdeutschen Musikakademie in Detmold (1949 Professor) und war 1948–64 daneben ständige Solistin des Stuttgarter Kammerorchesters. Seit 1959 gehört sie den Deutschen Bachsolisten, seit 1964 den Berliner Philharmonischen Solisten an. I. L. konzertierte in ganz Europa sowie im Nahen Osten und pflegt die gesamte Literatur für Cembalo von den Anfängen bis ins 20. Jh. (Fr. Martin, W. Fortner, G. Petrassi, H. Distler u. a.).

LECHNER, Leonhard, * um 1553 im Etschtal (Südtirol), daher der Beiname Athesinus, † 9. 9. 1606 Stuttgart; östr. Komponist. Er war 1566–70 als Kapellknabe Schüler von O. di Lasso und I. de Vento in den bayrischen Hofkapellen in München und Landshut. Nach Jahren der Wanderschaft, bei der er möglicherweise auch nach Italien gekommen ist, und dem Übertritt zur lutherischen Kirche war er 1575–84 „Schulgehilfe" an der St.-Lorenz-Schule in Nürnberg, wo er bereits zu hohem Ansehen als Komponist gelangte. Obwohl er auch noch oberster Stadtmusiker war und zudem als Kantor besoldet wurde, bewarb er sich nach fast 10jähriger Tätigkeit in Nürnberg mit Erfolg um das Hofkapellmeisteramt am katholischen Hof des Grafen Eitel Friedrich von Hohenzollern in Hechingen; die Freiheit seiner lutherischen Konfession hatte er sich schriftlich bestätigen lassen. Er überwarf sich jedoch bald mit dem Grafen und bewarb sich – allerdings vergeblich – 1585 um das Hofkapellmeisteramt am kursächsischen Hof in Dresden. Nach dem völligen Bruch fand er am Stuttgarter Hof zunächst eine bescheidene Stellung als Tenorist, wurde 1586 Hofkomponist und 1594 nach dem Tod von B. Hoyoul, dem Nachfolger seines Schwiegervaters L. Daser, Hofkapellmeister. Während seiner Amtszeit, die bis zu seinem Tod währte, erreichte die Hofkapelle eine bedeutende künstlerische Höhe. Die letzten Lebensjahre L.s waren von Krankheit überschattet, wodurch seine Schaffenskraft aber offenbar kaum beeinträchtigt wurde; wahrscheinlich erklärt sich daraus jedoch, daß die reifen Spätwerke nicht mehr zum Druck gelangten.

WW (meist in Nürnberg gedruckt und teilweise mit mehreren Aufl.): *Motectae sacrae* für 4–6 St. (1575); *Neue teutsche Lieder* für 3 St. *nach Art der Welschen Villanellen*, 2 Teile (1576, 1577), beide Teile zus. (1578); *Neue Teutsche Lieder* für 4–5 St. (1577); *Sanctissimae Virginis Mariae canticum... Magnificat* für 4 St. (1578); *Sacrarum cantionum liber II* für 5–6 St. (1581); *Neue Teutsche Lieder* für 4–5 St. (1582); *Liber missarum* für 5–6 St. (1584); *Neue lustige Teutsche Lieder* für 4 St. *nach Art der Welschen Canzonen* (1586); *Septem psalmi poenitentiales* für 6 St. (1587); *Neue Geistliche und Weltliche Teutsche Lieder* für 4–5 St. (1589); ferner mehrere Gelegenheitsgesänge. – Hsl. erhalten sind: *Johannes-Passion* für 4 St. (1594); *Newe Geistliche und Weltliche Gesang samt zwayen Lateinischen* für 4–5 St. (1606), darin u. a. *Das Hohelied Salomos* u. *Deutsche Sprüche von Leben und Tod* für 4 St. – L. gab heraus O. di Lasso, *Selectissimae cantiones*, 2 Teile (Nü 1579, ²1587), u. *Liber missarum* (Nü 1581) sowie den Sammeldruck *Harmoniae miscellae cantionum sacrarum* (= RISM 1583²).

L. war neben J. Eccard der wichtigste Vermittler der musikalischen Errungenschaften Lassos für die evangelische Kirchenmusik, wobei er gegenüber seinem allzeit hochverehrten Lehrmeister sogar zu künstlerischer Eigenständigkeit und Größe heranwuchs. Zeigt sich seine hohe Befähigung bereits in den *Motectae,* so sind die lateinischen Werke doch insgesamt traditionsgebundener. Der Durchbruch zu eigener künstlerischer Leistung vollzog sich bezeichnenderweise in Verbindung mit der deutschen Sprache, und zwar insonderheit mit geistlichen Texten, darin nahe verwandt mit H. Schütz. Demgegenüber stellen die italienisch beeinflußten Sätze im Villanellen- und Kanzonenstil im allgemeinen schlichtere Gesellschaftskunst dar. Die geistlichen Liedmotetten der *Newen Teutschen Lieder* über die z.T. für ihre Zeit einzigartigen Dichtungen P. Dulners (wie *O Tod, du bist ein bitter Gallen*) eröffnen jedoch eine Reihe von Werken, die bis hin zu den *Deutschen Sprüchen von Leben und Tod* einen überragenden Gipfel in der Geschichte der Liedmotette um 1600 darstellen. In der Anwendung der neuzeitlichen Dur-Moll-Harmonik im Dienst einer überaus erregten und persönlich durchglühten Affektsprache, in der Kontrastierung von Polyphonie und Homophonie wie auch in der Sprachbehandlung in Gestalt von chorischer Deklamation, ferner in der Anwendung von Tonsymbolik und Tonmalerei überragt L. seine Zeitgenossen an künstlerischer Kraft und Leidenschaft bei weitem. Ohne sein Werk ist eine Generation später H. Schütz, der in der Kasseler Hofkapelle mit L.s Schaffen vertraut wurde, nicht zu verstehen. Wie sehr L. in seinen Kompositionen auch Elemente des italienischen Madrigals verwenden konnte, zeigt vor allem seine Vertonung des Hohenlieds. Mit den *Deutschen Sprüchen von Leben und Tod,* bestehend aus 15 knappen Strophen unbekannter Herkunft „von ungewöhnlichem literarischem Wert", „hat Lechner einen Totentanz komponiert, für den es in der gesamten deutschen Musikgeschichte keine Parallele gibt" (Fr. Blume). Auch seine Johannespassion bildet nicht nur den Höhepunkt der Geschichte der Figuralpassion, sondern gehört zu den eindrucksvollsten Schöpfungen der gesamten Geschichte der Passionskomposition.

Ausg.: GA, hrsg. v. K. AMELN u. a. (Kas 1956ff.), bisher erschienen 11 Bde. (mit den gedruckten Slgen. in chronologischer Reihenfolge; noch nicht erschienen Bd. 6: *Sacrarum cantionum liber II* u. 10: *Psalmi poenitentiales*); 12: *Historia der Passion,* 1593; 13: *Neue... Gesang,* 1606. – Zahlr. weitere praktische Ausg. einzeln und in Slgen. erhalten.

Lit.: M. SCHREIBER, L. L. Athesinus (Birkeneck 1932); DERS., Die Kirchenmusik des Kapellmeisters L. L. (Rb 1935); A. A. ABERT, Die stilistischen Voraussetzungen der Cantiones sacrae v. H. Schütz (Wb 1935); K. AMELN, L.s Bekenntnis, in: MuK 23 (1953); U. MARTIN, Der Nürnberger P. Dulner als Dichter ... L. L.s, in: AfMw 10 (1954); K. AMELN, L. L., in: MuK 26 (1956); U. MARTIN, Hist. u. stilkritische Stud. zu L. L.s Strophenliedern (Diss. Gö 1957); K. AMELN, L. L., in: MGG VIII; H. WEBER, Die Beziehungen zw. Musik und Text in den lat. Motetten L. L.s (Diss. H 1961); E. F. SCHMIDT, Musik an den schwäbischen Zollernhöfen der Renaissance (Kas 1962); F. BLUME, Gesch. der ev. Kirchenmusik (Kas [2]1965); W. PASS, Thematischer Kat. sämtlicher Werke J. Regnarts ca. 1540–1599 (W 1969); W. BLANKENBURG, Anmerkungen zu den Passionen von L. Daser 1578 und L. L. 1593, in: Musa, Mens, Musici. Gedenkschrift W. Vetter (L 1970); W. DUPONT, Werkausgaben Nürnberger Komponisten (Nü 1971).

W. BLANKENBURG

LECHTHALER, Josef, * 13.12.1891 Rattenberg (Tirol), † 21.8.1948 Wien; östr. Komponist. Er studierte in Wien Musikwissenschaft bei G. Adler an der Universität, an der er 1919 mit einer Dissertation über *Die kirchenmusikalischen Werke von Uttendal* promovierte, sowie Komposition bei V. Goller und M. Springer an der Musikakademie. Dort wurde er 1924 Theorielehrer und 1932 Leiter der Abteilung für Kirchen- und Schulmusik. Die Ausbildung in diesen Fachrichtungen wurde in Österreich maßgeblich durch ihn geprägt.

WW: Choralfantasie, op. 31 (1954) für Org.; 2 Streichquartette; 7 Messen: op. 2 (1914), op. 5 (1920), op. 9 (1922), op. 25 (1930), op. 33 (1932), op. 37 u. 38 (1937); Stabat mater, op. 15 (1928) für Soli, Chor u. Orch.; Chöre a cap.

Lit.: E. KNOFLACH, Die kirchenmusikal. Werke J. L.s (Diss. I 1962); E. TITTEL, J. L. (W 1966) (= Östr. Komponisten des 20. Jh. 7).

LECLAIR, Jean-Marie, genannt l'Aîné, * 10.5. 1697 Lyon, † 23.10. 1764 Paris (ermordet aufgefunden); frz. Violinist, Komponist und Tänzer. Er war zunächst Violinist und Tänzer an der Oper in Lyon, dann seit 1722 Ballettmeister und 1. Tänzer in Turin, wo er als Komponist von Intermedien zu G. M. Orlandinis Oper *Semiramide* hervortrat. Dort wurde der Violinvirtuose G. B. Somis, ein Schüler A. Corellis, auf ihn aufmerksam und unterrichtete ihn. 1723 übersiedelte er vorübergehend nach Paris und veröffentlichte dort seine Violinsonaten op. 1. Nachdem er 1728 viermal erfolgreich im Concert spirituel aufgetreten war, ließ er sich endgültig in Paris nieder. Sein Ruf als Violinist und Komponist wuchs schnell, als seine Violin- und Flötensonaten op. 2 und Triosonaten op. 4 sowie seine Sonaten für 2 Violinen op. 3 erschienen. 1734 trat er zusammen mit J.-P. Guignon in die Königliche Kapelle ein, schied aber bereits 1736 wegen Streitigkeiten um die Konzertmeisterposition aus. Von Mäzenen unterstützt, reiste er nach Holland, traf wohl 1741 in Amsterdam mit P. Locatelli zusammen und ging dann an den Hof des Infanten Philipp. Seit 1745 wirkte er als angesehener Privatlehrer des Adels und Großbürgertums wieder in Paris. – Fünf seiner sieben Geschwister waren ebenfalls Musiker und in ihrer Zeit z.T. sehr erfolgreich.

WW: (Je 12) Sonaten für V. u. B.c. op. 1 (P 1723), op. 2 (P um 1728), op. 5 (P 1734), op. 9 (P 1738); Sonaten für 2 V. ohne B.

op. 3 (P 1730), op. 12 (um 1747); Triosonaten für 2 V. u. B. c. op. 4 (P 1730), op. 6 (P 1737), op. 8 (P um 1737); (je 6) Konzerte für V. u. Str. op. 7 (P um 1737), op. 10 (um 1743/44); Oper *Scylla et Glaucus*, op. 11 (P 1746); *Ouvertures et sonates en trio* für 2 V. u. B. c. op. 13 (P 1753); Trio für 2 V. u. B. c. op. 14 (P um 1766); Sonate für V. u. B. c. (P 1767).

L. war einer der besten Violinisten seiner Zeit und Begründer der französischen Geigertradition, die über seine Schüler bis zu P. Rode, R. Kreutzer und Fr. Baillot reicht. Von den Italienern übernahm er viele Techniken und baute das akkordische Spiel aus. In seinen Kompositionen schloß er an die französische Clavecin-Musik (Fr. Couperin) an, deren Elemente er streichermäßig umsetzte und damit die französische Kammer- und Orchestermusik nachhaltig prägte. Seine Violin- und Triosonaten gehören noch immer zu den grundlegenden Werken der Violinliteratur.

Ausg.: V.-Sonaten: op. 1,5; 2,2; 2,5; 5,5; 5,7, in Einzelausg. hrsg. v. H. RUF (Kas 1956–58); op. 2,3 u. 2,11, hrsg. v. DEMS. (Lörrach 1953); op. 2,8, hrsg. v. L. HÖFFER-VON WINTERFELD (H o. J.); Sonaten, 3 H.e hrsg. v. F. POLNAUER (NY 1960); 4 Sonaten aus op. 9, hrsg. v. DEMS.: Nr. 3 u. 5. (Mz 1969), Nr. 2 (Lo 1970), Nr. 9 (Wilhelmshaven 1970); op. 5, hrsg. v. R. E. PRESTON, 2 Bde. (New Haven/Conn. 1968–69) (= RRMBar 4–5); Sonaten für Fl. op. 1,2; 9,2; 9,7, hrsg. v. H. RUF (Mz 1967–68) (= Il flauto traverso o. Nr.). – Sonaten für 2 V.: op. 3,2; 3,4; 3,6, hrsg. v. C. HERRMANN (NY 1958); 6 Sonaten, hrsg. v. W. ROST (Wilhelmshaven 1963); 6 Sonaten aus op. 12 für 2 Violen, hrsg. v. W. LEBERMANN, 2 H.e (Mz 1971) (= Va.-Bibl. 19–20). – Triosonaten: op. 2,8, hrsg. v. H. RUF (Mz 1968) (= Antiqua o. Nr.); op. 4, 1–2, hrsg. v. A. u. H. MAJEWSKI (Wilhelmshaven 1964–65). – Konzerte: op. 7, 3 (für Fl. oder Ob.), hrsg. v. G. SCHECK – H. RUF (Lörrach 1956); dass., hrsg. v. K. REDEL (Mn 1957); op. 10,1 (für V.), hrsg. v. F. POLNAUER (Mz 1968) (Concertino o. Nr.); op. 7,4 (für V.) u. C-Dur für Fl., hrsg. v. C. CRUSSARD (Lau 1960, 1964) (= Flores Musicae 10 u. 14); op. 7,2; op. 10,2; op. 10,6, hrsg. v. J.-F. PAILLARD (P 1962–63) (= Arch. de la musique instr. 1, 4 und 5); op. 7, 5 (für V.) hrsg. v. H. RUF (Kas 1963) (= Nagels MA 209); op. 7, 1 (für V.) (F o. J.). – Suite aus *Scylla et Glaucus* für Streichorch., hrsg. v. L. BOULAY (Lo 1956).

Lit.: N. SLONIMSKY, The Murder of L., in: A Thing or Two about Music (NY 1948); E. APPIA, Les Sonates à Violon seul et Basse de J.-M. L. l'aîné, in: SMZ 90 (1950), auch in: DERS., De Palestrina à Bartók (P 1965); M. PINCHERLE, J.-M. L. l'aîné (P 1952); M. LEMOINE, La technique violinistique de J.-M. L., in: RM (1955) Nr. 226; W. S. NEWMAN, The Sonata in the Baroque Era (Chapel Hill 1959, revidiert NY [4]1972); R. E. PRESTON, The Sonatas for V. and Figured Bass by J.-M. L., 2 Bde (1959) (= Diss. Univ. of Michigan); DERS., The Treatment of Harmony in the V. Sonatas of J.-M. L., in: Rech. Mus. 3 (1963); J.-F. PAILLARD, Les concertos de J.-M. Leclair, in: Chigiana 21, N. S. 1 (1964); N. ZASLAW, Materials for the Life and Works of J.-M. L. l'aîne (1970) (= Diss. Columbia Univ. New York) (mit thematischem Werkverz.); W. KOLNEDER, Das Buch der Violine (Fr–Z 1972, [2]1978); N. ZASLAW, L.s „Scylla and Glaucus", in: MT 120 (1979).

G. SCHUHMACHER

LECOCQ, Alexandre Charles, * 3. 6. 1832 Paris, † 24. 10. 1918 ebd.; frz. Komponist. L. war am Pariser Conservatoire Schüler von Fr.-E.-J. Bazin (Harmonielehre), Fr. Halévy (Komposition) und Fr. Benoist (Orgel). 1857 nahm er mit der Operette *Le Docteur Miracle* an einem von J. Offenbach ausgeschriebenen Wettbewerb teil und wurde zusammen mit G. Bizet ausgezeichnet. Nach weiteren, nur mäßig erfolgreichen Werken begründeten *Fleur de thé* (1868), *Les cent Vierges* (1872) und – sein beliebtestes Werk – *La Fille de Madame Angot* (1872) L.s Popularität als Operettenkomponist in Frankreich.

WW: Bühnen-WW: *Fleur de thé*, UA: Paris 1868; *Le testament de Monsieur de Crac*, UA: Paris 1871; *Les cent Vierges*, UA: Brüssel 1872; *La fille de Madame Angot*, UA: ebd. 1872; *Giroflé-Girofla*, UA: ebd. 1874; *La petite mariée*, UA: Paris 1875; *Le petit Duc*, UA: ebd. 1878; *Le jour et la nuit*, UA: ebd. 1881; *Le cœur et la main*, UA: ebd. 1882.

Lit.: Lettres inédites de L. à Saint-Saëns, hrsg. v. G. LEBAS, in: RM 5 (1924) u. 6 (1925); L. SCHNEIDER, Les maîtres de l'opérette française, Hervé et Ch. L. (P 1924) (mit Werk-Verz.); DERS., Une heure de musique avec Ch. L. (P 1930); L. OSTER, Les opérettes du répertoire (P 1953).

LECOCQ, Jean (Johannes Gallus, Johannes de Ferrara, Maistre Ihan o. ä.); franko-flämischer Komponist des 16. Jahrhunderts. Er stand zwischen 1541 und 1543 im Dienst des Herzogs Ercole II. von Ferrara. L. ist vielleicht identisch mit Giovanni Nasco († 1561 Treviso), der in Vicenza die Kapelle des Paolo Naldi, Capitano der Republik Venedig, und 1547–51 die Accademia Filarmonica in Verona leitete. Auch er wird in seiner Zeit als Maistre Ihan bezeichnet. Von ihm stammt eines der seltenen Beispiele für eine „durchkomponierte" responsoriale lateinische ↗Passion, in der auch der Evangelistenbericht mehrstimmig vertont ist, der sonst bei der responsorialen Passion einstimmig-choral vorgetragen wird. Nascos Matthäus-Passion ist auch durch eine außerordentlich reiche Verwendung musikalisch-rhetorischer Figuren gekennzeichnet.

WW: Von L.: Madrigale (V 1541); *Symphonia* für 4 St. (Motetten) (V 1543); etwa 20 Chansons in Sammeldrucken 1544–55. – Weitere geistliche u. weltliche Werke hsl. – Von G. Nasco: Lamentationen für 4 gleiche St. (V 1561); Madrigale für 4 St. (V 1554 u. ö.); 2 Bücher Madrigale für 5 St. (V 1548 u. 1557); *Canzon villanesche* für 4 St. (V 1558 u. ö.); *Le canzon et madrigali* für 6 St. (V 1557); weitere Werke in Sammeldrucken der Zeit u. Hss., darunter eine Matthäus-Passion.

Ausg.: Zu L.: Motette *Lauda, Jerusalem*, in: The Medici Cod. of 1518, hrsg. v. E. E. LOWINSKY (Ch – Lo 1968) (= Monuments of Renaissance Music 3–5). – Zu Nasco: Matthäus-Passion, in: Oberit. Figuralpassionen des 16. Jh., hrsg. v. A. SCHMITZ (1955) (= Musikal. Denkmäler 1); je 1 Madrigal, in: 6 it. Madrigale ... sowie in: 5 Madrigale auf Texte von F. Petrarca, hrsg. v. B. MEIER (Wb 1956 und 1961) (= Chw 58 und 88).

Lit.: D. G. TURRINI, De Vlaamsche Componist Nasco te Verona, in: TVer 14 (1935); A. SCHMITZ, s. o. Ausg.; CH. VAN DEN BORREN, Jean, Maître, in: MGG VI; DERS., L., in: MGG VIII; J. ROBIJNS, Nasco, in: MGG IX.

LECUONA, Ernesto, * 7. 8. 1896 Guanabacoa (heute Havanna), † 29. 11. 1963 Santa Cruz (Teneriffa); kubanischer Komponist, Bandleader und

Pianist. Er studierte bis 1913 Klavier, Instrumentation und Orchesterleitung bei J. Nin y Castellanos, Antonio Saavedra und H. De Blanck am Nationalkonservatorium von Havanna. Anschließend bereiste er Nordamerika und Westeuropa als Pianist und Dirigent des von ihm gegründeten Salonorchesters „Lecuona Cuban Boys". Schon vor dem 1. Weltkrieg begann mit *Malagueña* und *Siboney* die Kette seiner Sensationserfolge, die bis zuletzt nicht abriß (*Rapsodia negra* für Orchester, 1943; *Concierto en rumba* für Klavier und Orchester, 1963). L. entwickelte einen rhythmisch und melodisch an kreolisch-afrikanische Grundmuster angelehnten Pop-Stil. Auch mit einer Reihe von Zarzuelas hatte er seit den 20er Jahren anhaltenden Erfolg (*Niña Rita,* 1927; *Lola Cruz,* 1935).

LEDUC (Le Duc), **Simon,** genannt l'Aîné, * um 1745 Paris, begraben 22. 1. 1777 ebd.; frz. Violinist und Komponist. L. war Violinschüler von P. Gaviniès und wurde 1759 2. Violinist und 1763 1. Violinist des Concert spirituel. L. Mozart, der ihn während eines Aufenthaltes in Paris hörte, bewunderte sein Spiel. Trotz seiner Erfolge gab L. die Virtuosenlaufbahn auf und wandte sich der Komposition zu. Außerdem war er als Lehrer tätig und gründete 1767 den Musikverlag ↗Leduc & Cie. 1773 übernahm er zusammen mit Fr. J. Gossec und Gaviniès die Leitung des Concert spirituel. L. gehört zu den wichtigsten Instrumentalkomponisten seiner Zeit in Frankreich. Seine Orchesterwerke verbinden instrumentale Farbigkeit mit einer reichen kontrastierenden, häufig molltonalen und chromatisierenden Harmonik. Auch Form, Rhythmus und Dynamik belegen eine sehr persönliche Schreibweise. Die technisch brillanten, mit genauen dynamischen Spielanweisungen versehenen Violinsonaten stehen der Mannheimer Schule nahe.

WW: Im Druck erschienen: 2 Bücher V.-Sonaten u. 2 Bücher Sonaten für V. ohne Baß; 12 Trios für 2 V. u. Baß; 3 V.-Konzerte; 2 konzertante Symphonien; 3 Symphonien.

Ausg.: 3 kleine Sonaten für 2 V., hrsg. v. E. DOFLEIN (Mz 1941); Symphonie D-Dur, hrsg. v. F. OUBRADOUS (P 1957); 2 V.-Konzerte C-Dur, hrsg. v. DEMS. (P 1958); 4 Sonaten für V. u. B.c. op. 1, Nr. 2 u. op. 4, Nr. 1/4 u. 6, hrsg. v. E. DOFLEIN, 2 H.e (Mz 1964).

Lit.: L. DE LS LAURENCIE, L'école française de violon II (P 1923, Nachdr. G 1971); C. JOHANSSON, French Music Publishers' Catalogues of the Second Half of the 18th Century (Sto 1955); B. S. BROOK, La symphonie française dans la 2de moitié du XVIIIe siècle (P 1962); DERS., S. le D. l'aîné. A French Symphonist at the Time of Mozart, in: MQ 48 (1962); A. DEVRIÈS, Deux dynasties d'éditeurs et de musiciens. Les Leduc, in: RBMie 28 (1974) – 30 (1976).

LEDUC & CIE, frz. Musikverlag. Er wurde von **Simon Leduc** 1767 in Paris gegründet und nach seinem Tod von seinem Bruder **Pierre Leduc,** * 1755 Paris, † nach 1823 in den Niederlanden, weitergeführt, der die Bestände von Venier (1781 oder 1782) und von La Chevardière (1785) hinzuerwarb. 1804 übernahm **Pierre Auguste Leduc,** vermutlich ein Sohn von Pierre Leduc, * 1779, † 25. 5. 1823 Paris, die Verlagsleitung. Er verlegte vor allem Werke von J. Chr. Bach, J. Haydn, W. A. Mozart und G. B. Viotti. Nach seinem Tod leitete zunächst seine Frau und seit 1841 **Alphonse (I.) Leduc,** * 9. 3. 1804 Nantes, † 17. 6. 1868 Paris, das Unternehmen, das nun als „Éditions Alphonse Leduc" firmierte. Sein Sohn **Alphonse (II.) Leduc,** * 29. 5. 1844 Paris, † 4. 6. 1892 ebd., pflegte vor allem Ausgaben musiktheoretischer und -pädagogischer Werke (Arban, Klosé, Taffanel, N. Rimski-Korsakow). Nach seinem Tod übernahm seine Frau, **Emma Leduc-Ravina,** die Verlagsleitung, die sie 1904 ihrem Sohn, **Émile Alphonse (III.) Leduc,** * 14. 11. 1878 Paris, † 24. 5. 1951 ebd., überließ. Unter seiner Leitung erschienen zahlreiche Werke zeitgenössischer Komponisten, u. a. von G. Pierné, H. Busser, J. Ibert, B. Martinů, G. Migot, L. Lajtha, H. Tomasi, H. Sauguet, E. Bozza, A. Jolivet, O. Messiaen, J. Alain, H. Dutilleux, R. Gallois-Montbrun, Ch. Chaynes, P.-M. Dubois, R. Boutry, J. Charpentier und J. Guillou. 1938 traten seine Söhne **Claude Alphonse Leduc,** * 22. 7. 1910 Lieusant (Seine-et-Marne), und **Gilbert Alphonse Leduc,** * 17. 10. 1911 Paris, als Teilhaber in den Verlag ein, den sie noch heute leiten.

Lit.: ↗Leduc, Simon.

LEE, Peggy (eig. Norma Dolores Egstrom), * 26. 5. 1922 Jamestown (North Dakota); amerik. Jazzsängerin. Sie sang 1941 bei Benny Goodman, widmete sich aber seit 1943 eine Zeitlang nur der Komposition. Seit den 50er Jahren war sie wieder als Sängerin u. a. bei Benny Carter und Quincy Jones erfolgreich und trat daneben in den 60er Jahren erneut als Komponistin ansprechender Songs hervor.

LEERE SAITE (engl.: open string; frz.: corde à vide; it.: corda vuota; span.: cuerda al aire), bei Streich- und Zupfinstrumenten (mit Griffbrett) Bz. für die ohne Fingeraufsatz zum Erklingen gebrachte Saite (meist mit o angezeigt). War das Spielen der l. S. bis zum 19. Jh. durchaus üblich – und durch die Grifftechnik ohne Vibrato gerechtfertigt –, wird der Gebrauch der l. S. in der modernen Spieltechnik auf Streichinstrumenten im allgemeinen vermieden. Lediglich zur Erzielung gewisser Effekte (z. B. am Beginn des Violinkonzerts von A. Berg) und bei der bis heute häufig verlangten ↗Bariolage-Technik ist die l. S. unumgänglich. – Die als ↗Aliquotsaiten bezeichneten Resonanzsaiten u. a. von Viola d'amore und Baryton erklingen immer leer.

LEEUW, Ton (Antonius) **Wilhelmus Adrianus de,** * 16. 11. 1926 Rotterdam; ndl. Komponist. L. studierte Komposition bei H. Badings und O. Messiaen und 1954–56 Musikethnologie bei J. Kunst. 1954 wurde er Tonmeister beim Rundfunk in Hilversum und 1959 Kompositionslehrer an den Konservatorien in Amsterdam und Utrecht sowie Dozent für zeitgenössische Musik an der Universität Amsterdam. 1971–73 war er Direktor des Amsterdamer Konservatoriums. Von P. Hindemith und B. Bartók ausgehend, wandte sich L., angeregt durch seine musikethnologischen Studien, später besonders rhythmischen Problemen zu (*5 Études de rythmes* für Klavier, 1952). In seinen letzten Werken erprobte er serielle und postserielle Techniken.

WW: **1) Instr.-WW:** 2 Streichquartette (1958, 1963); *Spatial Music II* (1971) für Schlagzeug u. *IV* (Homage to I. Stravinsky) (1968) für 12 Spieler; Musik für Org. u. 12 Spieler (1970/71); *Reversed Night* (1971) für Fl. – Elektronische Studie (1958); *Antiphony* (1960) für Bläserquintett u. 4 Klangspuren; *Syntaxis I* (1966). – Für Orch.: Klv.-Konzert (1948); 2 Symphonien (1950, 1951); 2 V.-Konzerte (1953, 1961); *Mouvements rétrogrades* (1957); *Ombres* (1961); *Nritta* (1961); *Symphonies of Winds* (1963); *Spatial Music I* (1966) für 32–38 Spieler u. *III* (1971) für Orch. in 4 Gruppen; *Syntaxis II* (1966). – **2) Vokal-WW:** Oratorium *Job* (1956); *Haiku I* (1963) für SingSt u. Klv. u. *II* (1968) für Sopran u. Orch.; *Lamento pacis* (1969) (nach E. von Rotterdam) für gem. Chor u. 16 Instr. – **3) Bühnen-WW:** Oper *De droom,* UA: Amsterdam 1965; Fernsehopern *Alceste* (1963) u. *Litany of Our Time* (1970); Ballette *De bijen* (1964) u. *Krishna en Radha* (1964). – **4) Schriften:** *Experimentale muziek* (A 1958); *Muziek van de twintigste eeuw* (Utrecht 1964, [2]1970, engl. Middletown/Conn. 1973); *Musik in Ost u. West, ein soziales Problem,* in: Sonorum Speculum 44 (1970); *Influences mutuelles des cultures dans le domaine de la musique* (P 1973).

Lit.: E. VERMEULEN, Lamento Pacis v. T. de L., in: Sonorum Speculum 39 (1969); D. MANNEKE, T. de L. Music for Strings, in: ebd. 48 (1971); J. WOUTERS, Negen portretten van Nederlandse Componisten (A 1971); D. MANNEKE, T. de L. Music for Organ and 12 Players, in: Sonorum Speculum 49 (1971/72); S. SCHNEIDER, Mikrotöne in der Musik des 20. Jh. (Bonn 1975) (= Orpheus-Schriftenreihe zu Grundfragen der Musik 15).

LEFÈVRE, Jean Xavier, * 6. 3. 1763 Lausanne, † 9. 11. 1829 Paris; frz. Klarinettist und Komponist. L. war Schüler von M. Yost in Paris und trat 1778 in die Musique des Gardes Françaises ein. 1783 spielte er erstmals im Concert spirituel. 1791–1817 war er 1. Klarinettist im Orchester der Grand Opéra und 1807–29 Mitglied der kaiserlichen, später königlichen Kapelle. Bei der Gründung des Pariser Conservatoire 1795 wurde er Professor für Klarinette und behielt dieses Amt bis 1825. L. führte die 6. Klappe bei der Klarinette ein. Er schrieb zahlr. Stücke für Klarinette u. eine Klarinettenschule.

WW: Sonaten für Klar. u. Baß; zahlr. Duos für 2 Klar. sowie für Klar. u. Fag.; Trios für 2 Klar. u. Fag.; Quartett für Klar., V., Va. u. Baß; 6 Klar.-Konzerte; 2 konzertante Symphonien für Klar. u. Fag. sowie eine konzertante Symphonie für Fag. mit Orch. u. Saxophon; ferner eine *Méthode de clarinette* (P 1802/03) (mit 12 Sonaten für Klar. u. Baß).

Ausg.: 5. Klar.-Sonate (aus der *Méthode*), hrsg. v. G. MIGOT (G 1949) (= Musique française 2); 3. Klar.-Sonate, hrsg. v. DEMS. (G 1951) (= ebd. 15); 7. Klar.-Sonate, hrsg. v. F. ROBERT (P 1966).

Lit.: L. V. YOUNGS, J. X. L. His Contribution to the Clarinet and Clarinet Playing (Washington/D. C. 1970) (= Diss. Catholic Univ. of America); D. R. HARMAN, Six Quartets for Clarinet, Violin, Viola and Cello by J. X. L. A Critical Score... (Rochester/N.Y. 1974) (= Diss. Eastman School of Music); U. RAU, Die Kammermusik für Klar. u. Streichinstr. im Zeitalter der Wiener Klassik, 2 Bde. (Diss. Saarbrücken 1975).

LEFÈVRE (Lefebvre, Le Fèbre, Lefeure); frz. Orgelbauer und Organisten. Die Familie ist seit dem 16. Jh. in der Normandie nachweisbar, weitere, möglicherweise nicht mit den normannischen L. verwandte Vertreter dieses Namens waren in der Île-de-France und im südlichen Frankreich ansässig. – **1) Léonard,** * Fresnay-sur-Sarthe, † 1659 Angoulême. Er wirkte in Le Mans, Mitry-Mory und Angoulême, wo er, wie zeitweise in Bourges, auch Organist der Kathedrale war. L. vertritt den durch Zweimanualigkeit und Reichtum an Zungenstimmen charakterisierten Orgeltypus, aus dem sich die „klassische" französische Orgel entwickelte (1615 Orgel im Couvent des Cordeliers in Angoulême). – **2) Clément,** * zwischen 1627 und 1630 Rouen, † 29. 9. 1709 ebd. Er arbeitete seit 1681 mit seinem Sohn **Germain L.,** getauft 6. 10. 1656, † 1694, zusammen. Ihr gemeinsames Hauptwerk ist die 1688 vollendete Orgel von St-Denis in Rouen, die die klassische Viermanualigkeit (Grand orgue, Positif, Récit, Écho) und ein reich besetztes Pedal aufweist. – **3) Jean-Baptiste Nicolas,** getauft 6. 2. 1706 Rouen, † 26. 3. 1784 ebd. Er ist der wohl bedeutendste Vertreter der Blütezeit des klassischen französischen Orgelbaus in der Normandie. Zu seinen wichtigsten Werken zählen die Orgeln von St-Étienne in Caen (1742), St-Martin in Tours (1761), St-Maclou in Rouen und Notre-Dame in le Havre (1772).

Lit.: P. DE FLEURY, Dictionnaire biographique des facteurs d'orgues (P 1926); N. DUFOURCQ, Esquisse d'une histoire de l'orgue en France du XIIIe au XVIIIe siècle (P 1935); DERS., Documents inédits relatifs à l'orgue français, 2 Bde. (P 1943–45) (= Publications de la Soc. Fr. de Mie 5–6); F. DOUGLASS, The Language of the Classical French Organ (New Haven – Lo 1969); E. KRAUS, Orgeln u. Orgelmusik (Rb 1972); S. DIEDERICH, Originale Registrieranweisungen in der frz. Orgelmusik des 17. u. 18. Jh. (Kas – Bas – Tours – Lo 1975); H. KLOTZ, Über die Orgelkunst der Gotik, der Renaissance u. des Barock (ebd. 1975).

B. SYDOW-SAAK

LEFFLOTH (Löffelloth), **Johann Matthäus** (Matthias) der Jüngere, getauft 6. 2. 1705 Nürnberg, begraben 2. 11. 1731 ebd.; dt. Komponist. L. war Schüler von W. H. Pachelbel und wirkte als Organist seit 1723 an St. Leonhard und seit 1731 an St. Bartholomäus in Nürnberg. Er war als hervorragender Orgelspieler und Clavichordvirtuose bekannt. Seine Werke für Cembalo lassen Einflüsse des französischen und italienischen Klavierstils erkennen. Eine Gambensonate wurde irrtümlich G. Fr. Händel zugeschrieben.

WW: In Nürnberg wurden gedruckt: *Divertimento musicale* (Partita für Cemb.) (um 1726); 6 Sonaten für V. oder Fl. u. Baß (um 1729); 2 Concerti für Cemb. u. Fl. oder V. bzw. für Cemb. u. V. (um 1730 u. um 1734).

Ausg.: Sonate C-Dur für Va. da Gamba u. Cemb., in: Händel-GA 48 (L 1894, Nachdr. Lo 1965); dass., hrsg. v. V. LÄNGIN (Wb 1935, Kas ²1953); Konzert D-Dur für Cemb. u. Fl. oder V., hrsg. v. H. RUF (Kas 1955) (= Nagels MA 134).

Lit.: A. EINSTEIN, Zum 48. Bande der Händel-Ausg., in: SIMG 4 (1902/03); H. ULDALL, Beitr. zur Frühgesch. des Klavierkonzerts, in: ZfMw 10 (1927/28).

LE FLEM, Paul, * 18. 3. 1881 Lézardrieux, † 31. 7. 1984 Tréguier; frz. Komponist. Er studierte am Pariser Conservatoire Harmonielehre (A. Lavignac) und an der Schola Cantorum Kontrapunkt (A. Roussel), Komposition und Dirigieren (V. d'Indy) und Gregorianischen Gesang (A. Gastoué). 1924–39 lehrte er Kontrapunkt an der Schola Cantorum, war daneben 1924 Chormeister an der Opéra-Comique und dirigierte 1925–39 die Chanteurs de St-Gervais. Außerdem schrieb er 1922–37 Musikkritiken für die *Commoedia.* Neben zeitgenössischen Strömungen (Cl. Debussy, V. d'Indy) war für L.s Schaffen das (bretonische) Volkslied und die Vokalpolyphonie des 15. und 16. Jh. bedeutsam, besonders aber die Wiederentdeckung von Cl. Monteverdis *Orfeo,* der für ihn zeitlebens das Vorbild vollendeter lyrischer Deklamation blieb.

WW: **1) Instr.-WW:** Klv.-Stücke; Kammermusik, u. a. V.-Sonate g-moll (1905) u. Klv.-Quintett e-moll (1908/09). – Für Orch.: 3 Symphonien (1908, 1958, 1967); symphonisches Triptychon *Pour les morts* (1912); *Ronde des fées* (1953); Konzerstück (1964). – **2) Vokal-WW:** *La fête du printemps* (1937) für Frauenchor u. Orch.; *Morvenn le gaëlique, Hommage à Max Jacob* (1963) für 5 SingSt, Fl., Ob., Klar., Fag., Va. u. Klv.; „Gwerz" dramatique *La maudite* (1967, Neufassung 1971) für Soli, Chor u. Orch. (nach einer keltischen Legende). – **3) Bühnen-WW:** Chantefable *Aucassin et Nicolette* (1908); Oper *Le rossignol de Saint-Malo,* UA: Paris 1942; *La clairière des fées* (1944); *La magicienne de la mer,* UA: Paris 1954; Ballett *La folie de Lady Macbeth* (1934); ferner Film- u. Hörspielmusik.

Lit.: P. LE FLEM, in: Le courrier musicale de France (1966) Nr. 13.

LEGATO, ligato (it., = gebunden), Vortragsanweisung für die Ausführung einer kleineren oder größeren Gruppe von Tönen, ohne diese abzusetzen. Im allgemeinen wird sie durch den L.-↗Bogen angegeben. Beim Singen oder beim Spielen eines Blasinstruments wird das L. ohne Unterbrechung des Atemstroms ausgeführt, beim Streichinstrument durch Zusammenfassen der Noten auf einen Bogenstrich; beim Tasteninstrument wird die niedergedrückte Taste erst beim Anschlag des nächsten Tones freigegeben. Die Anweisung *legatissimo* oder *ben legato* fordert einen äußerst gebundenen Vortrag.

LEGENDE VON DER UNSICHTBAREN STADT KITESCH UND DER JUNGFRAU FEWRONIA, DIE *(Skasanije o newidimom grade Kitesche i dewe Fewronii),* Oper in 4 Akten (6 Bildern) von Nikolai Rimski-Korsakow (1844–1908), Text von Wladimir Belski nach Motiven aus der altrussischen Legendenliteratur. UA: 7. (20.) 2. 1907 in St. Petersburg (Marientheater); dt. EA (in dt. Sprache): 14. 5. 1935 in Duisburg.

Diese vorletzte Oper Rimski-Korsakows gilt zu Recht als Gipfel seines musikdramatischen Schaffens. Daß der Komponist hier die Summe seiner früheren Bestrebungen zog, zeigen neben der fein differenzierten Instrumentation vor allem die komplexe, stringent geführte Harmonik sowie die Verdichtung der rhythmischen Gestaltung. Zudem ist nun das Gewebe der Orchesterstimmen mit den frei sich darüber entfaltenden Vokallinien musikalisch zur Synthesis gebracht; und die in ausgereifter Technik verknüpften Leitmotive und -themen korrelieren aufs engste mit dem Sinngefüge dieses – dem Medium der Kunst abgewonnenen – Mysterienspiels: Die wundersam errettete Stadt Kitesch – sie wird für die angreifenden Tataren unsichtbar – erscheint als szenisch präsentiertes Sinnbild der Kirche; die Jungfrau Fewronia ihrerseits symbolisiert die Macht christlicher Demut und verzeihender, bedingungsloser Liebe. Diese musiktheatralische Konzeption überschreitet – trotz aller idiomatischen Eigentümlichkeiten – deutlich die engeren Grenzen der nationalrussischen Oper. E. FISCHER

LEGGIERO (it., = leicht), Vortragsanweisung für ein leichtes Spiel, das auf dem Klavier durch perlenden Anschlag, auf Streichinstrumenten durch geworfene Stricharten wie z. B. ↗Spiccato erzielt wird.

LEGRANT, frz. Komponisten der 1. Hälfte des 15. Jahrhunderts. – **1) Guillaume** (Guilelmus, Guilem, Guielmo, Guillermus). Er hielt sich 1417 vermutlich in Konstanz auf und ist 1419 als Mitglied der päpstlichen Kapelle nachweisbar. Um 1446 lebte er in Rouen. Von L. sind 3 Messensätze und 3 3st. Chansons sowie ein Instrumentalstück (im *Buxheimer Orgelbuch* und im *Fundamentum* von C. Paumann) erhalten. Die Messensätze sind bemerkenswert durch den ständigen Wechsel geschlossener musikalischer Abschnitte, die eigens mit der Angabe Unus bzw. Duo und Chorus versehen sind. Charakteristisch für L. ist auch die

Verwendung von Chromatik im Sinne der Musica ficta. – **2) Johannes.** Von ihm sind ebenfalls 3 Messensätze sowie 5 3st. Chansons erhalten. Die Werke unterscheiden sich von denen Guillaume L.s durch eine bewegtere Stimmführung und eine häufigere Verwendung von Imitationen.

Ausg.: GA der Werke beider Komponisten, in: Early Fifteenth Century Music 2, hrsg. v. G. REANEY (1958) (= CMM 11/2); für das Instr.-Stück v. G. L. vgl. auch die Faks.-Ausg. des ↗Buxheimer Orgelbuchs und des ↗Lochamer Liederbuchs.

Lit.: G. DE VAN, A Recently Discovered Source of Early XVth Century Polyphonic Music, in: MD 2 (1948); DERS., Inventory of Ms. Bologna, Liceo Mus. Q 15 (olim 37), in: ebd.; G. REANEY, The Ms. Oxford Bodleian Libr. Canonici Misc. 213, in: MD 9 (1955).

LEGRENZI, Giovanni, getauft 12.8.1626 Clusone bei Bergamo, † 27.5.1690 Venedig; it. Komponist. Ersten Unterricht erhielt er vermutlich von seinem Vater Giovanni Maria, von dem er eine Sonate in sein op. 2 aufnahm. Dann studierte er wahrscheinlich bei G.B. Rovetta, dem Schüler und Nachfolger Monteverdis an San Marco in Venedig. Er wurde in Bergamo ansässig, empfing dort die Priesterweihe und wurde Organist an Santa Maria Maggiore. 1657–65 war er Kapellmeister der Accademia dello Spirito Santo in Ferrara und lebte dann in Venedig, wo seine ersten Opern aufgeführt wurden. Obgleich er eine feste Stellung suchte, lehnte er eine Berufung als Kapellmeister nach Bergamo ab. Nach erfolglosen Bemühungen um die Position eines kaiserlichen Kapellmeisters in Wien wurde er 1672 Direktor des Conservatorio dei Mendicanti in Venedig. 1681 erhielt er zusätzlich die Position des Vizekapellmeisters, 1685 die des Domkapellmeisters an San Marco, dessen Orchester er auf 34 Spieler erweiterte. Zu seinen Schülern gehören C. Pollarolo, A. Lotti, A. Caldara, M. H. Gasparini, D. Gabrielli, sein Neffe Giovanni Varischino, den er testamentarisch mit der Veröffentlichung seiner noch ungedruckten Werke beauftragte, sowie vielleicht der junge A. Vivaldi.

WW (wenn nichts anderes angegeben, in Venedig gedruckt): **1) Instr.-WW:** 5 Bücher Sonaten u.a. für 2, 3 u. mehr Instr. u. B.c.: 1: op. 2 (1655), 2: *Sonate da chiesa, da camera,* op. 4 (1656); 3: op. 8 (1663), 4: *La Cetra,* op. 10, 5: *Balletti e correnti,* op. 10 (1673). – **2) Geistliche Vokal-WW:** *Concerti musicali* für 4 St., Instr. u. B. c., op. 1 (1654); *Harmonia d'affetti divoti* für 2–4 St. u. B. c., op. 3 (1655); *Sentimenti divoti* für 2–3 St. u. B. c., op. 6 (1660); Psalmen für 3 St., u. 2 V. u. B. c., op. 5 (1657); *Compiete* u. a. für 5 St. u. B.c., op. 7 (1662); *Sacri e festivi concenti* (2chörige Messen u. Psalmen mit Instr. ad lib.), op. 9 (1667); *Acclamationi divoti* für 1 SingSt u. B.c., op. 10 (Bol 1670); *Sacri musicali concerti* für 2–3 St. u. B.c., op. 15 (1689); *Mottetti sacri* für 1 SingSt, Instr. u. B.c., op. 17 (1692). – **3) Weltliche Vokal-WW:** 2 Bücher *Cantate e canzonette* bzw. *canzoni* für 1 SingSt u. B.c., op. 12 u. 14 (Bol 1676, 1678); *Idee armoniche* für 2–3 St. u. B.c., op. 13 (1678). – **4) Opern:** Vollständig hsl. erhalten: *Eteocle et Polinice,* UA: Ferrara 1675; *Germanico sul Reno,* UA: ebd. 1676; *Totila,* UA: Venedig 1677; *Il Giustino,* UA: ebd. 1683. – **5) Oratorien:** Hsl. erhalten: *La vendita del cuor humano,* UA: Ferrara 1676; *La morte del cuor penitente,* UA: Wien 1705; *Oratorio del Giudizio.* – Hsl. erhalten sind ferner zahlreiche kirchenmusikalische Werke (Psalmen, Messen, Motetten u. a.).

L. folgte in seinen Triosonaten zunächst älteren Vorbildern (M. Cazzati), unterschied aber bereits in op. 4 (1656) zwischen „Sonata da chiesa" und „da camera". Wenn auch sein Ansehen bei den Zeitgenossen als eines der geistvollsten Komponisten vornehmlich auf dem Erfolg der Opern beruhte, ist sein Einfluß auf die spätere Instrumentalmusik sehr groß. In den *Sacri e festivi concenti* (1667) folgt er der venezianischen Tradition in der Doppelchörigkeit, führt jedoch instrumentale Zwischenspiele als dritte Klanggruppe zur formalen Gestaltung der Texte ein. Seine Opern führen die von Cl. Monteverdi und Fr. Cavalli begonnene Linie fort und treffen den Ausdruck des Tragischen ebenso wie den des Komischen und Satirischen. In den Arien lassen sich verschiedene Formen beobachten; in den späteren Werken ist die Da capo-Arie weitgehend die Regel. Neben der Verwendung von Soloinstrumenten ist in seinen Arien erstmals in großem Maße Gebrauch von volkstümlicher Rhythmik und Melodik gemacht (Sarabande, Gigue, Forlana, Villotta, Nio). Einzelne seiner Arien waren so bekannt, daß noch J. S. Bach und G. Fr. Händel sich darauf bezogen.

Ausg.: **1) Instr.-WW:** Triosonaten: *La Torriana* aus op. 2, in H. RIEMANN, Musikgesch. in Beispielen (L 1912, [4]1929); *La Raspona* aus op. 2, hrsg. v. W. DANCKERT (Kas 1949) (= Hortus Mus. 31); *La Cornara* aus op. 2, hrsg. v. C. CRUSSARD (Lau 1968) (= Flores Musicae 16); *Sonate da chiesa* op. 4, 1–6 u. op. 8, 7–10, hrsg. v. A. SEAY (P 1968) (= Le pupitre 4); *Sonata a tre,* hrsg. v. A. PLANYAVSKY (W 1970) (= Diletto musicale 407); *La Bernarda* aus op. 4, hrsg. v. E. SCHENK (W 1971) (= ebd. 446); für andere Besetzungen: *La Buscha* für 5 Instr. u. B. c. aus op. 8, in: DAVISON – APEL Anth. II; Sonaten für 4 V. u. B. c., op. 10, 3 u. für V. u. B. c., op. 10, 4, hrsg. v. K. G. FELLERER (Kas 1951) (= Hortus Mus. 83 u. 84); *Sonata quarta* für V. u. B. c. aus op. 10, in: F. GIEGLING, Die Solosonate (Kö 1959) (= Das Musikwerk 15); Ouvertüre zu *Il Giustino* für V., Streichorch. u. B. c., hrsg. v. A. SEAY (NY 1968). – **2) Vokal-WW:** 2 Arien in: L. TORCHI, Eleganti canzoni ed arie (Mi 1893); eine Arie aus *Il Giustino* in: A. SCHERING, Gesch. der Musik in Beispielen (L 1931, Nachdr. 1953); Abschiedsszene aus derselben Oper in: H. CH. WOLFF, Die Oper I (Kö 1971) (= Das Musikwerk 38).

Lit.: H. RIEMANN, Hdb. der Musikgesch. II/1 (L 1912) (darin: 2 Sätze der Triosonate „La Savorgnana" op. 2, 18 u. eine Arie aus op. 14); E. SCHMITZ, Gesch. der Kantate u. des geistlichen Konzerts (L 1914, Nachdr. Hil 1966); A. SCHLOSSBERG, Die it. Sonate für mehrere Instr. (Diss. masch. Heidelberg 1932); G. TEBALDINI, G. L., in: Musica d'oggi 19 (1939); H. CH. WOLFF, Die venezianische Oper (B 1937); P. FOGACCIA, G. L. (Bergamo 1964) (mit Briefen L.s); W. S. NEWMAN, The Sonata in the Baroque Era (Chapel Hill 1959, [4]1972); J. A. MACDONALD Jr., The Sacred Vocal Music of G. L., 2 Bde. (1964) (= Diss. Univ. of Michigan); S. BONTA, The Church Sonatas of G. L. (1965) (= Diss. Harvard Univ.) (mit Werkverz.).

G. SCHUHMACHER

LEHÁR, Franz, * 30.4.1870 Komorn (Ungarn),

† 24.10.1948 Bad Ischl; östr. Komponist. Nach seinem Musikstudium am Prager Konservatorium 1882–88 war er zunächst Orchestermusiker in Barmen-Elberfeld, später Militär-Kapellmeister in Pula, Triest, Budapest und 1899–1902 in Wien. Nach erfolglosen Anfängen als Opernkomponist konnte er sich 1902 mit den Operetten *Wiener Frauen* und *Der Rastelbinder* durchsetzen und wirkte seither als freischaffender Komponist. Weltweit bekannt wurde er durch die 1905 in Wien uraufgeführte Operette *Die lustige Witwe*. Große Erfolge erzielte er auch mit *Paganini* (1925), *Der Zarewitsch* (1927), *Friederike* (1928), *Das Land des Lächelns* (1929) und mit der letzten Operette *Giuditta* (1934), die zu den Repertoire-Stücken deutscher Bühnen gehören. Von seinen Instrumentalkompositionen wurde der Konzertwalzer *Gold und Silber* (1902) besonders bekannt.

WW: Operetten (wenn nichts anderes angegeben, UA in Wien): *Wiener Frauen*, UA: 1902, revidiert als: *Der Schlüssel zum Paradies*, UA: Leipzig 1906; *Der Rastelbinder*, UA: 1902; *Der Göttergatte*, UA: 1904, revidiert als: *Die ideale Gattin*, UA: 1913, u. als: *Tangokönigin*, UA: 1921; *Die Juxheirat*, UA: 1904; *Die lustige Witwe*, UA: 1905; *Mitislaw der Moderne*, UA: 1907; *Der Mann mit den drei Frauen*, UA: 1908; *Das Fürstenkind*, UA: 1909; *Der Graf von Luxemburg*, UA: 1909; *Zigeunerliebe*, UA: 1910; *Eva*, UA: 1911; *Endlich allein*, UA: 1914; *Wo die Lerche singt…*, UA: Budapest 1918; *Frasquita*, UA: 1922; *Die gelbe Jacke* (1923), revidiert als: *Das Land des Lächelns*, UA: Berlin 1929; *Paganini*, UA: 1925; *Der Zarewitsch*, UA: Berlin 1927; *Friederike*, UA: ebd. 1928; *Schön ist die Welt*, UA: 1930; *Giuditta*, UA: 1934.

L. gehört zu den erfolgreichsten Operettenkomponisten des 20. Jahrhunderts. Charakteristisch für seine Musik ist eine durch volkstümliche Elemente und moderne Rhythmen belebte lyrisch-gefühlvolle Grundhaltung. Dies gilt auch für den – im Gegensatz zur populären Tanzmusik der 20er Jahre – bei L. immer noch dominierenden Walzer, bei dem die rhythmische Komponente zugunsten eingängig-stimmungsvoller Melodik zurückgenommen ist. Als Inbegriff L.scher Musik gelten seit langem die Tenor-Arien und -Lieder voll schmelzender Kantabilität, die der Komponist zum Teil für Richard Tauber schrieb (u. a. *Dein ist mein ganzes Herz* aus *Das Land des Lächelns*).

Lit.: ANON., Kat. der Bühnen-Werke von F. L. (W 1955); M. SCHÖNHERR, Bibliogr. zu Leben u. Werk (Baden 1970). – E. DECSEY, F. L. (W 1924, Mn ²1930); S. CZECH, F. L. (B 1940, Lindau ³1948), auch als: Schön ist die Welt (B 1957); B. GRUN, Gold u. Silber. F. L. u. seine Welt (Mn 1970, engl. Lo – NY 1970); M. LUBBOCK, F. L. and Opera, in: Opera 21 (1970); H.-G. OTTO – W. RÖSLER, Die L.-Legende, in: Theater der Zeit 25 (1970); E. BLOCH, L., Mozart, in: Zur Philos. der Musik (F 1974).

R.-M. SIMON – S. SIMON

LEHEL, György, * 10.2.1926 Budapest; ung. Dirigent. Er studierte an der Musikhochschule in Budapest Dirigieren bei László Somogyi und Komposition bei P. Kadosa. Seit 1950 ist L. Dirigent und seit 1962 Chefdirigent des Symphonieorchesters des Ungarischen Rundfunks und Fernsehens. Er gastiert häufig auch in (West-)Europa und in Japan.

LE HEURTEUR, Guillaume, frz. Komponist der 1. Hälfte des 16. Jahrhunderts. L. war Maître des enfants und Kanonikus an St-Martin in Tours. Die meisten seiner Werke, die stilistisch der nordfranzösischen Schule zuzurechnen sind, erschienen zwischen 1530 und 1543 in Sammeldrucken von P. Attaingnant. Eine seiner 4 4st. Messen verwendet ein Thema der Motette *Impetum inimicorum* von Th. Créquillon, 2 weitere Messen basieren auf weltlichen Chansons *(Fors seulement, Un jour Robin)*. Auf dem Gebiet der Chanson sind seine Vertonungen volkstümlicher Texte bemerkenswert.

WW: *Operum musicalium liber primus* (P 1545); zahlr. Messen, Motetten u. Chansons in Sammeldrucken 1530–78 u. hsl. erhalten.
Ausg.: 2 Chansons, in: 60 Chansons…, hrsg. v. R. EITNER (1899) (= PGfM 27); 6 Gesänge aus den Attaingnant-Motettenbüchern 3–7 u. 8 (1534–35), in den entsprechenden Bdn. von: P. Attaingnant, Treize livres de motets, hrsg. v. A. SMIJERS – A. T. MERRITT (Monaco 1936–62); eine Chanson, in: Theatrical Chansons of the 15th and Early 16th Century, hrsg. v. H. M. BROWN (C/M 1963).

LEHMANN, Lilli (eig. Elisabeth Maria Kalisch, geborene Loew), * 24. 11. 1848 Würzburg, † 17. 5. 1929 Berlin; dt. Sängerin (Sopran). Sie studierte bei ihrer Mutter Marie Loew (1807–83) und debütierte 1865 am Landestheater Prag. Nach Engagements in Danzig (1868) und Leipzig (1869) wurde sie 1870 als Koloratursopran an die Berliner Hofoper verpflichtet. Bei den ersten Bayreuther Festspielen 1876 sang sie im *Ring*-Zyklus von R. Wagner die Partien der 1. Rheintochter, der Helmwige und des Waldvogels, bei den Festspielen 1896 die Brünnhilde. 1886 wurde sie an die New Yorker Metropolitan Opera engagiert. 1901 gehörte sie zu den Gründern der Salzburger Festspiele und übernahm in ihrer eigenen *Don Giovanni*-Inszenierung die Partie der Donna Anna. Außerdem unterrichtete sie am Salzburger Mozarteum. L. L., die mit 61 Jahren ihre ersten Schallplattenaufnahmen machte, beherrschte ein ungewöhnlich breit gefächertes, mehr als 170 Rollen umfassendes Repertoire von Koloraturpartien bis hin zu hochdramatischen Wagnerrollen. Zu ihren Schülerinnen gehörten Geraldine Farrar und Viorica Ursuleac.

Schriften: *Meine Gesangskunst* (B 1902, ⁶1961, engl. NY – Lo 1902, ³1924, Nachdr. 1949); *Mein Weg* (L 1913, ²1920, engl. NY – Lo 1914).

Lit.: J. H. WAGENMANN, L. L.s Geheimnis der Stimmbänder (B 1905, ²1926) (= Der moderne Gesangslehrer 1); L. ANDRO, L. L. (B 1907); P. LORENZ, L. L.s Wirken für Salzburg, in: ÖMZ 27 (1972).

LEHMANN, Lotte, * 27.2.1888 Perleberg (Mark

Brandenburg), † 26. 8. 1976 Santa Barbara (Calif.); dt. Sängerin (Sopran). Sie studierte in Berlin bei Erna Thiele, Helene Jordan und Mathilde Mallinger. 1910 debütierte sie am Hamburger Stadttheater und folgte 1914 einem Ruf an die Wiener Hofoper. Dort kreierte sie in der Uraufführung der Zweitfassung der *Ariadne auf Naxos* (1916) von R. Strauss die Partie des Komponisten, ferner die Färberin in der Wiener Uraufführung von dessen *Frau ohne Schatten* (1919) sowie die Titelrolle in den Wiener Erstaufführungen der *Turandot* von G. Puccini (1926) und der *Arabella* von R. Strauss (1933). 1924 debütierte sie am Covent Garden in London unter Bruno Walter in der Rolle der Marschallin, ihrer berühmtesten Bühnenpartie, 1934 als Sieglinde *(Walküre)* an der New Yorker Metropolitan Opera, der sie bis zu ihrem Bühnenabschied 1945 als festes Ensemblemitglied angehörte. Bei den Salzburger Festspielen 1927–37 sang sie mit geradezu legendärem Erfolg die Titelpartie in L. van Beethovens *Fidelio* unter Fr. Schalk, Cl. Krauss, R. Strauss und A. Toscanini. 1951 beendete sie auch ihre Laufbahn als Konzertsängerin.

Schriften: *More than Singing* (NY 1946); *Five Operas and R. Strauss* (NY 1964), auch als: *Singing with R. Strauss* (Lo 1964); *Eighteen Song Cycles. Studies in Their Interpretation* (Lo 1971, NY 1972). – Autobiographien: *Anfang u. Aufstieg* (W 1937), engl. Übers.: *Wings of Song* (Lo 1938), auch als: *Midway in my Song* (Indiana 1938, Nachdr. Westport/Conn. 1970); *My Many Lives* (NY 1948).

Lit.: B. W. WESSLING, L. L., mehr als eine Sängerin (Salzburg 1969) (mit Diskographie).

LEHMANN, Ludwig Fritz (Friedrich), * 17. 5 1904 Mannheim, † 30. 3. 1956 München; dt. Dirigent. Er studierte 1918–21 an der Musikhochschule in Mannheim sowie an den Universitäten in Heidelberg und Göttingen, wo er 1923–27 als Theaterkapellmeister wirkte und auch die Akademische Orchestervereinigung leitete. Anschließend unterrichtete er bis 1929 in der Kapellmeisterklasse der Folkwangschule in Essen und wirkte 1929–38 als Chor- und Orchesterdirigent in Hannover, 1935 bis 1938 auch als GMD in Bad Pyrmont, dann bis 1947 in Wuppertal und 1946–50 als GMD und Intendant in Göttingen. Seit 1934 war er außerdem musikalischer Leiter der Göttinger Händel-Festspiele und lehrte seit 1953 Orchesterleitung an der Münchner Musikhochschule. L. starb am Karfreitag 1956 während einer Aufführung von J. S. Bachs *Matthäus-Passion.*

Lit.: W. MEYERHOFF, in: Händel-Jb. 3 (1957); M. HÜBSCHER, in: Rheinische Musiker 7, hrsg. v. D. Kämper (Kö 1972) (= Beitr. z. rheinischen Musikgesch. 97).

LEHN, Erwin, * 8. 6. 1919 Grünstadt (Pfalz); dt. Bandleader und Komponist. 1934–37 besuchte er die Städtische Musikschule in Peine. 1945 kam er nach Berlin, wurde Pianist und Arrangeur im Tanzorchester von Radio Berlin und 1947 zusammen mit Horst Kudritzki dessen Leiter. 1951 übernahm er das Südfunk-Tanzorchester beim Süddeutschen Rundfunk, das er mit Spitzenmusikern und durch seine stark vom Jazz beeinflußten Arrangements zu einer der besten europäischen Big Bands entwickelte. Aus dem Orchester gingen zahlreiche bekannte Musiker hervor, darunter H. Jankowski. In eigenen kleinen Ensembles (Quartett, Quintett) spielt L. Vibraphon.

LEHRNDORFER, Franz Xaver, * 10. 8. 1928 Salzburg; dt. Organist östr. Herkunft. Er studierte 1948–52 Orgel und Katholische Kirchenmusik an der Musikhochschule München und war danach Lehrer am Gymnasium der Regensburger Domspatzen. Seit 1962 lehrt er an der Münchener Musikhochschule (1970 Professor), wo er seit 1969 die Abteilung für Katholische Kirchenmusik leitet. 1970 wurde er auch Domorganist an der Frauenkirche in München. L. erhielt bereits 1951 den 1. Preis im Fach Orgel beim Internationalen Musikwettbewerb der Rundfunkanstalten der BRD und konzertiert seither im In- und Ausland. Er genießt auch als Improvisator großes Ansehen.

LEHRSTÜCK, eine literarisch-musikalisch-dramatische Gattung, die Ende der 20er Jahre mit den so bezeichneten Stücken von P. Hindemith, K. Weill, P. Dessau und H. Eisler begründet wurde, die der Brechtschen Theorie der Überwindung des „lukullischen" durch das „epische" Theater folgten. Einige wichtige L.e waren:

Titel	Jahr	Text	Musik
Der Flug Lindberghs	1929	B. Brecht	K. Weill / P. Hindemith
Badener L. vom Einverständnis	1929	B. Brecht	P. Hindemith
Der Ja-Sager	1930	B. Brecht / K. Weill	K. Weill
Die Maßnahme	1930	B. Brecht	H. Eisler
L. vom Beruf	1930	E. Meißner	H. Heiß
Das Wasser	1930	A. Döblin	E. Toch
Der neue Hiob	1930	R. Seitz	H. Reutter
Cress ertrinkt	1930	A. Zeitler	W. Fortner
Tadel der Unzuverlässigkeit	1931	R. Seitz	P. Dessau
Das Eisenbahnspiel	1931	R. Seitz	P. Dessau
Orpheus	1931	R. Seitz	P. Dessau
L. von der Berechtigung	1931	E. Meißner	H. Heiß
Kinderkantate	1932	P. Dessau	H. Eisler
Die Brücke	1933	W. Gerhard	E. Rabsch
Mitte des Jahrhunderts	1950	J. R. Becher	H. Eisler
Herrnburger Bericht	1951	B. Brecht	P. Dessau
Kriegsfibel	1957	B. Brecht	H. Eisler

Eines der ersten L.e, Weills *Der Ja-Sager,* dokumentiert bereits in seinem Untertitel „Eine Schuloper" die pädagogische Motivation der neuen Gattung, wie sie auch später in mehreren L.en für Kinder von P. Dessau gegeben ist (z. B. *Kinderkantate, Das Eisenbahnspiel*). Nach 1933 wurde mit seinen prominentesten Autoren auch das Lehrstück aus politischen Gründen geächtet und fand erst wieder nach 1945 vor allem in der DDR eine Pflegestätte.

R. CADENBACH

LEIBNIZ, Gottfried Wilhelm, * 1. 7. 1646 Leipzig, † 14. 11. 1716 Hannover; dt. Philosoph. Im Kontext der Musikästhetik ist L. vor allem durch seine Idee der „prästabilierten Harmonie" und durch seinen Musikbegriff wirksam geworden. Jene Idee bezieht sich auf das Verhältnis der individuellen Substanzen (Monaden) zueinander und zum Universum, so daß unter dem Gesichtspunkt der „Monadologie" die Traditionen der „Musica humana" und „Musica mundana" fortgeführt werden. Ist die Musik „imitation de cette harmonie universelle que Dieu a mise dans le monde", so darf sich der als „harmonikale Symbolik" bezeichnete Versuch, in verschiedenen Seinsbereichen musikalische Proportionen nachzuweisen, auch auf L. berufen (R. Haase).

L.' Begriffsbestimmung der Musik als „verborgene arithmetische Tätigkeit des unbewußt zählenden Geistes" („musica est exercitium arithmeticae occultum nescientis se numerare animi") steht einerseits in pythagoreischer Tradition, antizipiert andererseits in der Betonung des unbewußt Rationalen die Baumgartensche Begründung der Ästhetik in der „sinnlichen Erkenntnis". Das Zählen geschieht hier „sensibiliter" (durch den Gehörssinn) und meint nicht die Bestimmung einer Anzahl, sondern die Akte der Perzeption als sinnliches Einbegreifen einer Vielheit in die Einheit, als sinnliche Verknüpfung. Dieses „Zählen" ermöglicht die ästhetischen Qualitäten der Proportion, Übereinstimmung, Ordnung, Harmonie. – Auf den Musikbegriff von L. beruft sich Fr. W. J. von Schelling bei seiner Darlegung der Musik als Zeitgestalt, als „Einbildung der Einheit in die Vielheit" der Tondauern und Tonhöhen; daß in beiden Dimensionen analoge zahlhafte Kategorien wirksam sind, hat M. Hauptmann dargelegt. Die Konsonanztheorie von Theodor Lipps beruht auf der Annahme mikropsychischer Rhythmen und eines inneren Zählens, das deren Proportionen erfaßt. Führt nach L. zahlenmäßige Erkenntnis zu philosophischer Erkenntnis, so hat A. Schopenhauer seine Metaphysik der Musik in eine Parodie des Satzes von L. zusammengefaßt („exercitium metaphysices occultum nescientis se philosophare animi"). Das Bild von der Monade, die „fensterlos" das Weltganze vorstellt, hat Th. W. Adorno auf das Verhältnis des autonomen Kunstwerks zur Gesellschaft bezogen.

Lit.: J. HANDSCHIN, Der Toncharakter (Z 1948); R. HAASE, L. u. die Musik. Ein Beitr. z. Gesch. der harmonikalen Symbolik (Hommerich 1963, ²1965); E. SANDVOSS, G. W. L. (Gö 1976) (= Persönlichkeit und Gesch. 89/90).

L. NOWAK

LEIBOWITZ, René, * 17.2.1913 Warschau, † 28.8.1972 Paris; frz. Komponist, Dirigent und Musikschriftsteller poln. Herkunft. L. kam 1926 nach Paris und erhielt seine musikalische Ausbildung 1931–32 bei A. Webern (Harmonielehre, Kontrapunkt) in Wien und seit 1934 bei M. Ravel (Instrumentation) und P. Monteux (Dirigieren) in Paris. 1937 schlug er die Dirigentenlaufbahn ein und wurde 1945 Dirigent der Radiodiffusion Française, widmete sich dann aber vorwiegend der Komposition und Lehrtätigkeit. L. hat sich als Dirigent und in seinen Schriften für die Werke A. Schönbergs und seiner Schüler eingesetzt und maßgeblich zu ihrer Rezeption in Frankreich beigetragen. In seinen eigenen Kompositionen griff er Schönbergs Idee des „seriellen Komplexes" auf und erschloß durch konsequente Weiterführung dieses Ansatzes der modernen Musik ein reiches Feld neuer Anwendungsmöglichkeiten. Zu seinen Schülern gehörten P. Boulez, H. W. Henze und S. Nigg.

WW: **1) Instr.-WW:** Klv.-Stücke; 8 Streichquartette (1940, 1950, 1952, 1958, 1963, 1965, 1966, 1968); 2 Kammersymphonien (1948, 1961); *Humoreske* (1957) für 7 Schlagzeuger; Sonate für Fl., Va. u. Harfe (1966); Quartett für Saxophon (1969) u. Sextett für Klar. (1970). – Für Orch.: Symphonie (1941); Variationen (1945); Konzerte für: V., Klv. u. Orch. (1944); Klv. (1954); Bratsche (1954); V (1959); Pos. (1960); Vc. (1962). – **2) Vokal-WW:** *L'explication des métaphores* (1947) für Sprecher, 2 Klv., Harfe u. Schlagzeug; *The Grip of the Given* (1950) für gem. Chor u. 6 Instr.; dramatische Symphonie *Perpetuum mobile. The City* (1951) für Sprecher u. Orch.; *Trauersymphonie* (1955) für Soli, Chor u. Orch.; Serenade für Bar. u. 8 Instr. (1955); *The Renegade* (1956) für Chor u. 8 Instr.; *A Prayer* (1965) für Alt, Männerchor u. Orch.; *A Legend* (1968) für Sopran, Klv. u. Orch.; *Laboratoire central* (1970) für Sprecher, Frauenchor u. Kammerorch. – **3) Bühnen-WW:** Opern: *La rumeur de l'espace* (1950); *Ricardo Gonfolana* (1953); *Labyrinth* (1969); Opéra-bouffe *Les espagnoles à Venise*, UA: Grenoble 1970; *Todos Caerán* (1970–72). – **4) Schriften:** *Schoenberg et son école* (P 1947, engl. NY 1949, 1970); *Qu'est-ce que la musique de douze sons?* (Lüttich 1948); *Introduction à la musique de douze sons* (P 1949); *L'artiste et sa conscience* (P 1950); *Évolution de la musique. De Bach à Schoenberg* (P 1951); *Sibelius le plus mauvais compositeur du monde* (Lüttich 1955); *Histoire de l'opéra* (P1957); *E. I. Kahn* (P 1958, 1959, engl. NY 1958) (zus. mit K. Wolff); *Thinking for Orchestra. Practical Exercises in Orchestration* (NY 1960) (zus. mit J. Maguire); *Schoenberg* (P 1969) (= Solfèges 30); gesammelte Aufsätze als: *Le compositeur et son double* (P 1971).

Lit.: W. L. OGDON, Series and Structure. An Investigation into the Purpose of the Twelve Note Row in Selected Works of Schoenberg, Webern, Krenek and L. (1955) (= Diss. Indiana Univ.); J.-M. MOREL, R. M., in: Esprit (1972) Dezember-H.; Hommage à R. L. 1913–1972, in: Musique de tous les temps (1973) Februar-März-H.

LEICH ↗Lai.

LEICHTE MUSIK, umgangssprachliche Bz. für ↗Unterhaltungsmusik.

LEICHTENTRITT, Hugo, * 1.1.1874 Pleschen (Posen), † 13.11.1951 Cambridge (Mass.); amerik. Musikforscher dt. Herkunft. L. war Schüler von J. K. Paine an der Harvard University (1894 Bachelor of Arts), studierte in Berlin an der Musikhochschule (1895–98) und Musikwissenschaft an der Universität, wo er 1901 mit einer Arbeit über Reinhard Keiser promovierte. Im selben Jahr wurde er Lehrer für Komposition, Musikgeschichte und Musikästhetik am Klindworth-Scharwenka-Konservatorium in Berlin. 1933 emigrierte er in die USA und wurde Professor an der Harvard University. L.s bekannteste Schrift ist die *Musikalische Formenlehre,* lange Zeit ein Standardwerk auf ihrem Gebiet.

Schriften: *R. Keiser in seinen Opern. Ein Beitr. z. Gesch. der frühen dt. Oper* (B 1901); *F. Chopin* (B 1905, Neudruck 1913, [2]1920) (= Berühmte Musiker 16); *Gesch. der Musik* (B 1905, engl. NY 1938); *Gesch. der Motette* (L 1908, Nachdr. Hil 1967) (= Kleine Handbücher der Musikgesch. in Gattungen 2); *Musikal. Formenlehre* (L 1911, [5]1952, Wie [6]1964, [8]1971) (= Hdb. der Musiklehre 8), engl. Übers.: *Musical Forms* (C/M – Lo 1951, NA C/M 1956, 1961); *F. Busoni* (L 1916); *Analyse der Chopin'schen Klavierwerke* (B 1921–22); *Händel* (St – B 1924); *Music. History and Ideas* (C/M – Lo 1938, [7]1946, NA C/M 1964); *S. Koussevitzky, the Boston Symphony Orchestra, and the New American Music* (C/M 1946); *Music of the Western Nations,* hrsg. v. N. Slonimsky (C/M 1956).

Lit.: R. SCHAAL, Nachruf für H. L., in: Mf 5 (1952); C. E. SELBY, A Catalogue of Books and Music Acquired from the Library of Dr. H. L. by the Univ. of Utah Library (Salt Lake City 1954); N. SLONIMSKY, s. o.

LEIDER, Frida Anna, * 18.4.1888 Berlin, † 4.6. 1975 ebd.; dt. Sängerin (Sopran). Als junge Bankangestellte studierte sie in ihrer Freizeit Gesang, zuletzt bei Otto Schwarz in Berlin. 1915 debütierte sie als Venus in Wagners *Tannhäuser* am Stadttheater Halle und kam nach Zwischenstationen in Rostock, Königsberg und Hamburg 1923 an die Berliner Staatsoper, der sie bis 1939 als festes Ensemblemitglied angehörte. Bei den Bayreuther Festspielen 1928–38, am Covent Garden in London (1924–38), am Opernhaus in Chicago (1928–32) und an der Metropolitan Opera in New York (1932–34) wurde sie als die bedeutendste hochdramatische Wagner- und Strauss-Sängerin ihrer Zeit, aber auch als qualifizierte Interpretin des italienischen Fachs gefeiert. 1945–52 leitete sie das Gesangsstudio der Berliner Staatsoper, 1948–58 war sie Gesangsprofessorin an der Hochschule für Musik in Berlin-Charlottenburg. Ihre Memoiren veröffentlichte sie unter dem Titel *Das war mein Teil* (B 1959).

LEIER (von griech.-lat. lyra; mhd.: lire; engl., frz.: lyre; it., span.: lira). – **1)** Sammelbezeichnung für alle Saiteninstrumente, an deren Resonanzkörper sich zwei Jocharme mit einem verbindenden Querholz (Joch) befinden. Die Saiten verlaufen von einem Saitenhalter über die Decke zum Querholz und werden mit den Fingern oder mit einem Plektrum gezupft. L.n gehören zu den ältesten bekannten Zupfinstrumenten und treten in 2 verschiedenen Formen auf: als Kasten-L. mit kastenförmigem Holzkorpus und breiten Jocharmen und als Schalen-Leier. Die Kasten-L. läßt sich seit dem 3. Jt. v. Chr. nachweisen. Sie war im Vorderen Orient weit verbreitet (bei den Sumerern, Ägyptern, Juden), teils als symmetrische L. mit horizontalem Querholz und teils als asymmetrische L. mit ungleich langen Jocharmen und schräger Querstange. Wesentlich jünger ist die Schalen-L. mit halbkugel- oder schalenförmigem Resonanzkörper. Die altgriechischen L.n waren Schalen- (↗Lyra, ↗Barbitos) oder Kasten-L.n (↗Kithara, ↗Phorminx). Die Kasten-L. ist nur bis in die Spätantike nachzuweisen, während die Schalen-L. bis heute u. a. in Ägypten, Nubien, Äthiopien, Uganda oder im Sudan gespielt wird. – **2)** Im europäischen Mittelalter Bz. für verschiedene Zupf- und Streichinstrumente, u. a. für die ↗Lira, den ↗Crwth oder die ↗Drehleier.

Lit.: H. PANUM, Harfe u. Lyra im alten Nordeuropa, in: SIMG 7 (1905/06); O. ANDERSSON, The Bowed Harp (Lo 1930); A. O. VÄISÄNEN, Die L. der obugrischen Völker, in: Eurasia septentrionalis antiqua 6 (1931); H. PANUM, Stringed Instruments of the Middle Ages (Lo 1940, Nachdr. Westport/Conn. 1970, NY 1971); O. SEEWALD, Die Lyrendarstellungen der ostalpinen Hallstattkultur, in: FS A. Orel (W – Wie 1960); W. STAUDER, Die Harfen u. L.en Vorderasiens in babylonischer u. assyrischer Zeit (F 1961); E. EMSHEIMER, Die Streich-L. v. Danczk, in: STMf 43 (1961); B. AIGN, Die Gesch. der Musikinstr. des ägäischen Raumes bis um 700 vor Christus (Diss. F. 1963); F. W. GALPIN, Old English Instr. of Music (Lo – NY [4]1965); B. BAYER, The Biblical Nebel, in: Yuval. Studies of the Jewish Music Research Centre, hrsg. v. I. Adler (Jerusalem 1968); H. STEGER, Philologia Musica (Mn 1971); L. VORREITER, Altsemitische Schräglyren, in: Mf 27 (1974); G. A. PLUMLEY, El Tambur. The Sudanese Lyre or the Nubian Kissar (C 1976); G. LARSSON, Die estnisch-schwedische Streich-L., ihre Spieltechnik u. ihr Repertoire, in: Studia instrumentorum musicae popularis 6 (St 1979) (= Musikhistoriska museets skrifter 8).

M. BRÖCKER

LEIERKASTEN ↗Drehorgel.

LEIFS, Jón, * 1.5.1899 Sólheimar (Island), † 30.7. 1968 Reykjavík; isländischer Komponist. L. studierte 1916–22 bei H. Scherchen, R. Teichmüller und P. Graener in Leipzig. 1923–24 war er Dirigent an der Leipziger Volksakademie und 1935–37 musikalischer Leiter des Isländischen Staatsrundfunks. 1945 gründete er den Isländischen Komponistenverband, 1948 die Isländische Gesellschaft für Autorenrechte (STEF) und war mit Ausnahme kurzer

Unterbrechungen 1. Vorsitzender bzw. Präsident dieser Vereinigungen bis zu seinem Tod. Außerdem ist ihm der Beitritt Islands in die Berner Union und 1948 dessen Aufnahme in den Nordischen Komponistenrat und in die internationale Autorenrechtsunion in Buenos Aires zu verdanken. 1954 war er ferner Gründer und erster Präsident des Conseil International des Compositeurs. Neben diesen Aktivitäten hat L. auch als Komponist durch die Entwicklung eines eigenständigen Nationalstils die Musikkultur seines Landes maßgeblich beeinflußt.

WW: **1) Kompositionen:** Klv.-Stücke; 3 Streichquartette; Quintett für Fl., Klar., Fag., Va. und Vc. – Für Orch.: Trilogie *Hljómkvida* (1925); Praeludium, Passacaglia u. Finale für Org. u. Orch. (1933); *Geysir* u. *Fine I* sowie *... II; Saga-Symphonie* (1950). – Requiem für gem. Chor a cap. (1947); Kantaten *Dettifors, Darradarljod* u. *Hafís* für gem. Chor u. Orch.; 2 Edda-Oratorien. – Bühnenmusik zu J. Sigurjónsson, *Loftr* (1938); choreographisches Drama *Baldr* (1950). – **2) Schriften:** *Tónlistarhoettir* (L 1923); *Islands künstlerische Anregung* (Reykjavík 1951).

Lit.: P. MIES, in: Lied u. Chor 51 (1959); W. R. EMMEN RIEDEL, in: Mens en melodie 24 (1969); J. L., in: H. HELGASON, Íslands lag (Reykjavík 1973).

LEIGH, Mitch (eig. Irwin Mitchnik), * 30. 1. 1928 Brooklyn (New York); amerik. Komponist. L. studierte Musik bei P. Hindemith an der Yale University in New Haven (Conn.) und begann seine Karriere als Komponist für Werbespots. Mit dem Theater kam er erstmals 1963 in Kontakt, als er eine Bühnenmusik zu G. B. Shaws *Too True to Be Good* schrieb. Zwei Jahre später gab er ein eindrucksvolles Broadway-Debüt mit dem auch in Europa bekannt gewordenen *Man of La Mancha* nach dem *Don Quijote* von M. de Cervantes.

WW: *Man of La Mancha* (1965); *Cry for us all* (1970); *Home Sweet Homer* (1975); ferner Film- u. Bühnenmusik.

Lit.: S. GREEN, The World of Musical Comedy (NY 1960, [3]1974).

LEIGHTON, Kenneth, * 2. 10. 1929 Wakefield (Yorkshire); engl. Komponist. Er studierte bis 1946 an der Royal Academy of Music in London, bis 1951 am Queen's College in Oxford und 1951–52 Komposition bei G. Petrassi in Rom. 1953–56 war er als Lecturer in Music an der Universität Leeds tätig, bis 1968 an der Universität Edinburgh und bis 1970 am Worcester College in Oxford. Seither wirkt er als Professor of Music an der Universität Edinburgh. L. wurde mit zahlreichen Kompositionspreisen ausgezeichnet und erhielt Werkaufträge von Hörfunk und Fernsehen, Bühnen und Chören. In seinen überwiegend instrumentalen Werken vereinigte er neokontrapunktische (P. Hindemith), polyrhythmische (B. Bartók) und serialistische (O. Messiaen) Satztechniken zu einem stets tonal ausgerichteten Stil von ursprünglicher Erfindungskraft.

WW: **1) Instr.-WW:** Klv.-Musik; 2 Streichquartette (1956, 1957), Symphonien; Konzerte für: Klv. (1951); V. (1952); Va., Harfe, Pk. u. Str. (1952); Ob. u. Str. (1953); 2 Klv., Pk. u. Str. (1954); Vc. (1956). – **2) Vokal-WW:** Kammer- u. Klv.-Liederzyklen; Sinfonia sacra *The Light Invisible* (1957/58) (auf Bibeltexte sowie Gedichte v. T. S. Eliot) für Tenor, Chor u. Orch.; *The Birds Suite* (1958) für Sopran, Chor, Str. u. Klv.

Lit.: I. V. COCKEHOOT, The Music of K. L., in: MT 98 (1957); E. BRADBURY, The Light Invisible, in: MT 99 (1958).

H. LINDLAR

LEIGHTON, Sir William, * um 1566 in Shropshire, † zwischen 1616 und 1617; engl. Dichter und Komponist. L. war Gentleman Pensioner der Royal Chapel unter Königin Elisabeth und König Jakob I. Er wurde vor allem durch seinen Sammeldruck *The Teares or Lamentacions of a Sorrowfull Soule* (Lo 1614 = RISM 1614^7) bekannt. Er enthält 54 Psalmen und geistliche Lieder, teils für Singstimme und Instrumente, teils für Singstimmen bzw. Instrumente allein. Die Kompositionen stammen von den bekanntesten englischen Komponisten seiner Zeit, darunter J. Bull, W. Byrd, J. Dowland und O. Gibbons, sowie von L. selbst (8 Stücke).

Ausg.: The Tears or Lamentations of a Sorrowful Soul 1614, hrsg. v. C. HILL (Lo 1970) (= Early English Church Music 11).

LEIMER, Karl, * 22.6.1858 Biebrich bei Wiesbaden, † 19. 7. 1944 Wiesbaden; dt. Pianist. Nach seiner Ausbildung am Württembergischen Konservatorium in Stuttgart wurde L. 1883 Direktor des Konservatoriums in Königsberg. 1897 gründete er in Hannover eine eigene Musikschule (das spätere Konservatorium) und wirkte als Klavierpädagoge seit 1922 auch regelmäßig in Kalifornien. Seine Unterrichtsmethode legt besonderen Wert auf die Schulung des musikalischen Gedächtnisses sowie die Ausbildung des Gehörs. Zusammen mit W. Gieseking, der ihm nach eigener Aussage seine gesamte Ausbildung verdankte, verfaßte er das Lehrbuch *Modernes Klavier-Spiel* (Mz 1931 u. ö., Neudruck 1965).

LEINSDORF, Erich, * 4.2.1912 Wien; amerik. Dirigent östr. Herkunft. Er studierte 1931–33 an der Musikakademie in Wien und war dann bis 1937 Assistent von Br. Walter und A. Toscanini bei den Salzburger Festspielen. 1938–43 dirigierte er an der Metropolitan Opera in New York, war bis 1947 Leiter des Cleveland Orchestra und anschließend bis 1956 Musikdirektor des Philharmonic Orchestra in Rochester (N.Y.). 1955 wurde L. Direktor der City Opera, 1958 Dirigent und musikalischer Berater der Metropolitan Opera in New York und anschließend 1962 als Nachfolger von Ch. Münch Leiter des Boston Symphony Orchestra. 1969–78 wirkte L. als Gastdirigent in Europa (1972 Bayreuth), Israel und den Vereinigten Staaten. Seit

1978 ist er Chefdirigent beim Radio-Symphonie-Orchester in Berlin.

Schriften: *Je tradice šlendrián?* (Ist Tradition Schlendrian?), in: Hudební rozhledy 25 (1972); *Recipe for Survival*, in: Opera 23 (1972); *Lesen Sie Musik oder „aimez-vous Beethoven"?* (F – Lo – NY 1976).

Lit.: I. HERMANN, Mit E. L. im Gespräch, in: Das Orchester 16 (1968).

LEISE (ahd. u. mhd.), aus dem abgekürzten Bittruf ↗Kyrie eleison, der bereits seit der frühchristlichen Kirche vor allem in der Form der Litanei als Bestandteil des Volksgesanges einen wichtigen Platz in der Liturgie einnahm, abgeleiteter Name für das mittelalterliche, volkstümliche ↗Kirchenlied. Als in der Regel 4zeilige deutschsprachige Liedstrophe mit angehängtem *Kyrieleis*, die aus dem gleichen liturgischen Brauch hervorgegangen ist, erlebte die L. eine Blüte im 12. Jh. und erfreute sich noch bis zum 15. Jh. einer gewissen Beliebtheit. Gerade ihr sowohl textlicher wie musikalischer Ursprung ist mit großer Wahrscheinlichkeit als eine volkssprachige und volkstümliche Kurzform der lateinischen ↗Sequenz zu verstehen, mit der sie häufig im Wechsel zwischen Chor und Volk an der betreffenden Stelle der Liturgie (besonders der Messe) gesungen wurde. Daß die L. demzufolge auch in mehrstimmige Meßkompositionen Einlaß finden konnte, zeigt eine Messe von J. Galliculus in den von G. Rhau veröffentlichten *Officia Paschalia* (Wittenberg 1539). Hier ist in der an das Alleluia anschließenden lateinischen *Prosa de Resurrectione* das deutsche *Christ ist erstanden* eingeflochten. Außer dieser Oster-L. zählen zu den bis heute bekanntesten L.n das weihnachtliche *Gelobet seist du, Jesu Christ*, das Wallfahrtslied *In Gottes Namen fahren wir* (beide aus der Sequenz *Grates nunc omnes* hervorgegangen) und die Pfingst-L. *Nun bitten wir den Heiligen Geist* (in Anlehnung an *Veni Sancte Spiritus*). Für M. Luther bot bei der Schaffung des evangelischen Kirchenlieds die volkssprachige L. eine willkommene Möglichkeit zur ebenfalls textlichen wie musikalischen Anknüpfung an die liturgische Tradition, indem er derartige Einzelstrophen zu mehrstrophigen Liedern erweiterte.

Lit.: PH. WACKERNAGEL, Das dt. Kirchenlied v. der ältesten Zeit bis zu Anfang des 17. Jh. 2 (L 1867, Nachdr. Hil 1964); W. BÄUMKER, Das kath. dt. Kirchenlied ..., 4 Bde. (Fr 1862 ff., Nachdr. Hil 1962); W. LIPPHARDT, Die ma. L., in: MuA 15 (1963) u. 16 (1964); J. JANOTA, Stud. zu Funktion u. Typen des dt. geistlichen Liedes im MA (Mn 1968) (= Münchner Texte u. Unters. z. dt. Lit. des MA 23).

LEISNER, Emmi, * 8.8.1885 Flensburg, † 12.1. 1958 ebd.; dt. Sängerin (Alt). Sie studierte bei H. Breest in Berlin und debütierte dort 1911 als Konzertsängerin. 1913–21 war sie Mitglied der Berliner Hofoper und sang anschließend am Deutschen Opernhaus. Bei den Bayreuther Festspielen wurde sie in der Rolle der Erda (*Rheingold, Siegfried*) berühmt; als Konzertsängerin fand sie vor allem als Bach- und Händel-Interpretin internationale Anerkennung.

LEITEREIGEN heißen die Töne, die einer bestimmten Tonleiter bzw. Grundtonart angehören. Die aus diesem Tonvorrat gebildeten und geschichteten Intervalle werden leitereigene Akkorde oder Klänge genannt. Im Unterschied dazu heißen die chromatisch veränderten bzw. alterierten Töne *leiterfremd*.

LEITMOTIV, Bz. für eine musikalische Prägung (melodisch, rhythmisch, harmonisch), die, mit einer bestimmten Bedeutung verbunden und im Werk geregelt wiederkehrend, dem Hörer als Wegmarke des Verständnisses dient. Dieser Allgemeinbegriff bedarf jedoch der Differenzierung.

1. Auf R. Wagner bezogen, verwandte den Ausdruck L. erstmals H. von Wolzogen in seiner Besprechung von 1877, nachdem bereits Fr. W. Jähns (1871) das „strenge Durchführen aller einzelnen Charactere" in Opern C. M. von Webers unter dem Begriff L. erfaßt hatte. Davor hatte schon Fr. Stade (1870) von „Leitthemen" gesprochen. Wagners Auffassung von der musikalisch-dramatischen Rolle seiner Motive am nächsten dürfte G. Federlein mit Analysen von *Rheingold* (1871) und *Walküre* (1872) gekommen sein. Von seinen Motivbezeichnungen ging Wolzogen aus. Federlein, dessen Analysen im Hause Wagners ein positives Echo fanden, spricht nicht von L., betont aber die spezifische dramatische Funktion der Musik, die bei Wagner „den weitausklingenden Nachhall von vorausgegangenen bedeutsamen Momenten wiedergibt oder auf wichtige neue Scenen vorbereitet".

2. An Wolzogens Betrachtungen kritisierte Wagner die Überbetonung „dramatischer Bedeutsamkeit und Wirksamkeit" zu Lasten musikalischer Aspekte. Wagner selbst spricht nicht von L., sondern von „Gefühlswegweisern" und „melodischen Momenten, in denen wir uns der Ahnung erinnern, während sie uns die Ahnung zur Erinnerung machen". Damit war der formbildende Strukturzusammenhang der L.e angesprochen: Vertikale Wechselbeziehung der dramatischen Schichten („Orchestermelodie" – „Versmelodie" – szenische Aktion) und horizontale Motivbeziehungen ergeben eine Abfolge dramatischer Konstellationen, die – von Augenblick zu Augenblick ins Vergangene und Zukünftige ausgreifend – Erinnerung und Ahnung im Gegenwärtigen neu aktualisieren.

3. Die Tatsache, daß Wagners L.e einen spezifi-

schen Strukturzusammenhang bilden, ist entscheidend als Kriterium für die Unterscheidung und die Besonderheiten eines historischen Vorfeldes. Das wiederholte Erscheinen von Motiven stempelt diese noch nicht zu L.en im Wagnerschen Sinne. Gewöhnlich spricht man von „Erinnerungsmotiven". Zu fragen wäre aber jeweils nach der Verteilung, Ausstrahlung und Funktion solcher Motive, u. a. bei A.-E.-M. Grétry (*Richard Cœur-de-Lion,* 1784), J.-Fr. Le Sueur (*Ossian ou les Bardes,* 1804), É. N. Méhul (*Euphrosine,* 1790; *Ariodant,* 1799), Ch. Catel (*Sémiramis,* 1802; *Les Bayadères,* 1810), H. Berton (*Virginie ou les Décemvirs,* 1823), aber auch bei L. Cherubini (*Médée,* 1797). Im Anschluß an Grétry war es Méhul, Catel und Berton vorbehalten, über bloße „Erinnerungsmotive" hinausgehend, eine Technik der die ganze Oper durchwirkenden, durchführungsartigen Entfaltung der Motive zu entwickeln. (Berton orientierte sich dabei erklärtermaßen an J. Haydns Durchführungstechnik.) Hiervon abzuheben sind L. Spohr (*Faust,* 1816), C. M. von Weber (*Freischütz,* 1821; *Euryanthe,* 1823), R. Marschner (*Der Vampyr,* 1827; *Hans Heiling,* 1832), bei denen die romantisch-atmosphärische Verdichtung durch wiederholte klangliche und melodische Wendungen geschieht.

4. Der entscheidende Schritt dieser Entwicklung erfolgte dann in Wagners eigenem musikdramatischem Œuvre. Erste Andeutungen liegen im Frühwerk (*Die Feen,* 1833; *Das Liebesverbot,* 1836) vor, weiterreichende Ansätze im *Lohengrin* (1848), wo bereits Erinnerung und Ahnung durch ein zentrales L. (Frageverbot) zu Ende des 2. Aktes hervorgerufen werden. Doch sind nicht nur im *Fliegenden Holländer* (1841), sondern auch im *Lohengrin* die Motive noch ins traditionelle Periodenschema eingerüstet. Demgegenüber bedeutete das leitmotivische Verfahren im *Ring* (1853–74), die „charakteristische Verbindung und Verzweigung der thematischen Motive", zwecks struktureller Integration des ganzen Dramas, einen qualitativen Sprung. Entscheidend für die Ausformung eines nicht an formale Schemata gebundenen musikalisch-dramatisch tragfähigen Motiv-Netzes war – neben der Anregung durch H. Berlioz' ↗Idée fixe – vor allem Beethovens thematisch-motivische Arbeit, die „Ausdehnung der Melodie durch reichste Entwicklung aller in ihr liegenden Motive zu einem großen, andauernden Musikstücke, welches nichts Anderes als eine einzige, genau zusammenhängende Melodie war". Doch war sich Wagner der Unterschiede voll bewußt. Zwar galt für „die neue Form der dramatischen Musik", daß im „Gewebe von Grundthemen" diese „ähnlich wie im Symphoniesatze, (sich) gegenüberstehen, ergänzen, neu gestalten, trennen und verbinden"; indes blieben die „Gesetze der Scheidungen und Verbindungen" der „ausgeführten und aufgeführten dramatischen Handlung" vorbehalten. Auch in seinen Werken nach dem *Ring* handhabte Wagner das leitmotivische Verfahren deshalb unterschiedlich; die weit ausgreifende epische Verzweigung knapper Motive wird (schon mit *Siegfried* III beginnend) zurückgenommen und modifiziert.

Von Wagner ausgehend, wurde das Komponieren mit L.en zum weitverbreiteten, aber unterschiedlich angewendeten Verfahren, so u. a. bei P. Cornelius, G. Fauré, E. Humperdinck, L. Janáček, Cl. Debussy, R. Strauss, H. Pfitzner, L. Blech, A. Schönberg, A. Berg. Berg hob für *Wozzeck* (UA: 1925) die Zusammenhang stiftende Rolle der „Erinnerungs-Motive" hervor. Schönberg spricht mit Blick auf *Verklärte Nacht* (1899) und *Pelleas und Melisande* (1903) selbst von Leitmotiv. Die 6tönige Ostinato-Zelle aus der *Jakobsleiter* (1917–22, UA: 1944) kann als Vorform von leitmotivischen Bildungen angesehen werden, wie sie dann im Rahmen der Zwölftontechnik in *Moses und Aron* (1932) auftreten. – Neben der Ausstrahlung im musikalischen Bereich gingen von Wagners L.-Technik auch wichtige Impulse für die Literatur aus. Th. Mann betonte anläßlich seiner *Einführung in den Zauberberg* (1939) den an Wagners „Benützung des Leitmotivs" entwickelten „musikalisch-ideellen Beziehungs-Komplex", der den Roman strukturiert. Kraß gegensätzlich zu dieser sinnvollen Anverwandlung steht die sinnfremde, veräußerlichende Handhabung von L.en in der Filmmusik. Sie wurde von Th. W. Adorno und H. Eisler zu Recht, wenn auch unter Berufung auf einen verkürzten L.-Begriff kritisiert.

Lit.: F. STADE, Zur Wagner-Frage mit Bezug auf Dr. K. A. Pabst's Schrift „die Verbindung der Künste auf der dramatischen Bühne", in: Musikal. Wochenblatt 1 (1870); R. WAGNER, Oper u. Drama; DERS., Eine Mitteilung an meine Freunde; DERS., Zukunftsmusik; DERS., Über die Anwendung der Musik auf das Drama, alle in: Gesammelte Schriften u. Dichtungen, 9 Bde. (L 1871–73 u. ö.); F. W. JÄHNS, C. M. von Weber in seinen Werken (B 1871); G. FEDERLEIN, „Das Rheingold" v. R. Wagner. Versuch einer musikal. Interpretation des Vorspiels zum „Ring des Nibelungen", in: Musikal. Wochenblatt 2 (1871); DERS., „Die Walküre" v. R. Wagner, in: ebd. 3 (1872); H. VON WOLZOGEN, Thematischer Leitfaden durch die Musik zu R. Wagners Festspiel „Der Ring des Nibelungen" (L 1876); DERS., Motive in Wagners „Götterdämmerung", in: Musikal. Wochenblatt 8 (1877) u. 10 (1879); E. KURTH, Romantische Harmonik u. ihre Krise in Wagners „Tristan" (B 1920, ²1923, Nachdr. Hil 1968); E. HARASZTI, Le problème du L., in: RM 4 (1923); E. BÜCKEN, Der heroische Stil in der Oper (Bückeburg – L 1924); A. LORENZ, Das Geheimnis der Form bei R. Wagner, 4 Bde. (B 1924–33, Nachdr. Tutzing 1966); K. H. WÖRNER, Beitr. z. Gesch. des L. in der Oper (Diss. B 1931), Auszug in: ZfMw 14 (1931/32); M. LAMM, Beitr. z. Entwicklung des musikal. Motivs in den Tondramen R. Wagners (Diss. W 1932);

TH. W. ADORNO, Versuch über Wagner (B–F 1952, Mn–Z ²1964); dass. (F 1971) (= Gesammelte Schriften 13); TH. MANN, Einführung in den Zauberberg. Für Studenten der Univ. Princeton, in: Der Zauberberg (F 1956); A. BERG, Wozzek-Vortrag, in: H. F. Redlich, A. Berg. Versuch einer Würdigung (W–Z 1957); K. H. WÖRNER, Gotteswort und Magie. Die Oper „Moses und Aaron" v. A. Schönberg (Hei 1959); J. M. STEIN, R. Wagner and the Synthesis of the Arts (Detroit 1960, Nachdr. Westport/Conn. 1973); TH. MANN, R. Wagner und der „Ring des Nibelungen", in: Wagner und unsere Zeit (F 1963); C. DAHLHAUS, Wagners Begriff der „dichterisch-musikal. Periode", in Beitr. z. Gesch. der Musikanschauung im 19. Jh., hrsg. v. W. Salmen (Rb 1965) (= Stud. z. Musikgesch. im 19. Jh. 1); DERS., Zur Gesch. der Leitmotivtechnik bei Wagner, in: Das Drama R. Wagners als musikal. Kunstwerk (Rb 1970) (= ebd. 23); DERS., Wagners Konzeption des musikal. Dramas (Rb 1971) (= Arbeitsgemeinschaft 100 Jahre Bayreuther Festspiele 5); R. Wagner, Sämtliche Briefe 3, hrsg. v. G. STROBEL – W. WOLF (L 1975); K. KROPFINGER, Wagner und Beethoven. Unters. z. Beethoven-Rezeption R. Wagners (Rb 1975) (= Stud. z. Musikgesch. des 19. Jh. 29); P. BOULEZ, Die neuerforschte Zeit, in: „Das Rheingold". Programmh. 1 (Bayreuth 1976); H.-J. BAUER, Wagners „Parsifal". Kriterien der Kompositionstechnik (Mn–Salzburg 1977) (= Berliner musikwiss. Arbeiten 15); K. STIRNEMANN, Zur Frage des L.s in Debussys Pelléas et Mélisande, in: Stud. z. Musik des 19. u. 20. Jh. (Be–St 1980) (= Schweizer Beitr. z. Musikwiss. 4).

K. KROPFINGER

LEITNER, Ferdinand, * 4.3.1912 Berlin; dt. Dirigent. L. studierte 1926–31 Klavier (A. Schnabel) und Dirigieren (K. Muck) an der Musikhochschule in Berlin und war einige Zeit auch Schüler von P. Hindemith. Nach längerer Tätigkeit als Pianist und Liedbegleiter wurde er 1943 Kapellmeister am Nollendorfplatz-Theater, ging 1945 als 1. Kapellmeister an die Hamburgische Staatsoper und 1946 als Operndirektor an die Bayerische Staatsoper nach München. 1947–69 war er Direktor der Württembergischen Staatsoper, seit 1950 auch GMD in Stuttgart. 1947–51 leitete er auch die Ansbacher Bachwochen, 1956–66 die deutsche Spielzeit am Teatro Colón in Buenos Aires. Seit 1969 ist L. musikalischer Oberleiter am Opernhaus in Zürich und war 1976–80 außerdem Chefdirigent des Residentie Orkest Den Haag. L. wurde durch zahlreiche Gastspiele international als Interpret besonders von Werken W. A. Mozarts, R. Wagners und R. Strauss' bekannt. Außerdem setzte er sich seit jeher für die zeitgenössische Musik ein; herausragend sind hier die Einstudierung der von I. Strawinsky selbst geleiteten UA von *The Rake's Progress* (Venedig 1951). Erstaufführungen von *Jenufa* (Janáček) und *Lulu* (A. Berg) in Buenos Aires sowie weitere Uraufführungen von Werken von W. Fortner, G. von Einem, W. Egk, H. Reutter, R. Kelterborn, G. Klebe, K. A. Hartmann und J. N. David.

Lit.: E. SCHWARZ, Konzert in Stuttgart (Esslingen 1964).

B. A. KOHL

LEITTON, im engeren Sinne die 7. Stufe jeder ↗Dur- und melodischen und harmonischen ↗Moll-Skala, die mit einem Halbtonschritt zur Auflösung in den Grundton strebt (in C-Dur: h, in a-moll: gis); entsprechend ihrer symmetrischen Anlage – dem Aufbau aus zwei gleichartigen ↗Tetrachorden – ist in einer Dur-Skala auch die 3. Stufe leittönig

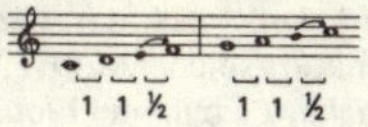

, während im reinen Moll die 6. Stufe leittönig abwärts gerichtet ist

. Im weiteren Sinne erzeugt chromatische Erhöhung jedes Tones einen L. mit aufwärts, chromatische Erniedrigung einen L. mit abwärts gerichteter Auflösungstendenz, z. B.

. Da der Dreiklang der ↗Dominante als Terz den L. enthält, folgt ihm bei regulärer Führung der Stimmen der Dreiklang der ↗Tonika ohne Quinte (in C-Dur:

); sofern der L. in den Mittelstimmen liegt, wird er deshalb in Chorälen Bachs fast ausnahmslos irregulär weitergeführt, um einen vollständigen Tonika-Akkord zu ermöglichen („abspringender L."):

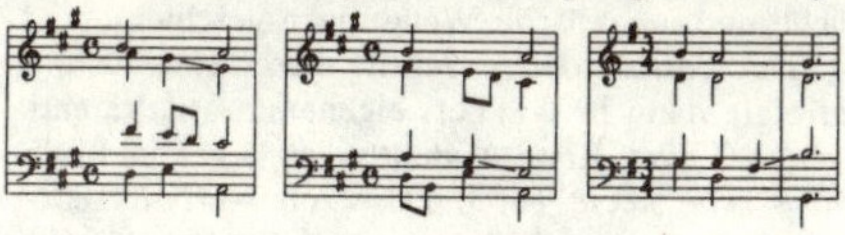

Gelegentlich in Liedern eingesetzt,

L. van Beethoven, *Adelaide*

wird der irregulär fallende L. zum besonderen Ausdrucksmittel in der italienischen Oper des 19. Jahrhunderts.

Gleichermaßen für Konstituierung wie für Auflösung tonaler ↗Harmonik ist der L. von grundlegender Bedeutung. Die 4 authentischen ↗Kirchentöne, von denen nur das Lydische den L. kennt, ergänzte Glareanus (*Dodekachordon* 1547) um Ionisch und Äolisch, die der C-Dur- bzw. der reinen a-moll-Skala entsprechen. Dieser Vorgang spiegelt die aufkommende Tonalität: Waren kirchentonale Melodien durch die Spannung zwischen einem mittleren Ton (Repercussa, Tenor) und dem Schlußton (Finalis) geprägt, so ist für dur-moll-tonale Melodien die – in der Skalenform des Dur angelegte – Beziehung auf einen Grundton charakteristisch. Im harmonischen Sinne ist bereits der Terz eines Durdreiklangs eine aufwärts, der Terz eines

Modelldreiklangs eine abwärts zielende „latente Spannkraft" (E. Kurth) eigen: e in c–e–g drängt zum Grundton der ↗Subdominante, es in c–es–g zur Quinte der Dominante – die Hauptfunktionen dur-moll-tonaler Musik sind damit angezeigt; in der Verbindung dieser Funktionen (↗Kadenz) begründet der L. das Streben der Dominante zur Tonika. Zunehmende ↗Alteration von Akkorden aber, bis hin zu Klangfolgen, die nur noch durch Leittönigkeit legitimiert sind, hebt im späten 19. Jh. die funktionale Eindeutigkeit harmonischer Vorgänge auf; einen Meilenstein in dieser Entwicklung bildet die Harmonik in Wagners *Tristan* (1857–59), für die exemplarisch der berühmte erste Akkord einstehen kann (↗Tristan-Akkord). Übersteigerte Leittönigkeit – ebenso maßgeblich für dichtere Verknüpfung wie für Farbwirkung von Akkorden – führte zum Zerfall tonaler Harmonik.

Lit.: E. KURTH, Die Voraussetzungen der theoretischen Harmonik u. der tonalen Darstellungssysteme (Be 1913, Nachdr. Mn 1973).

C. KÜHN

LEITTONWECHSELKLANG nannte H. Riemann jene Akkorde, bei denen durch „Einstellung" (Riemann) des ↗Leittons – in Dur der 7., im reinen Moll der 6. Stufe – ein Klang gegenteiligen Tongeschlechts entsteht. In C-Dur:  (= e-moll), in a-moll:  (= F-Dur).

Der L. kann stellvertretend für eine Harmonie eintreten; bedeutsam ist dies für den ↗Trugschluß, bei dem der Dominante nicht die erwartete Tonika folgt:

in a-moll: 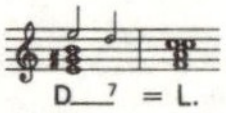

In heutiger Terminologie wird der L., in Abgrenzung zu Parallelklängen, meist „Gegenklang" genannt. – ↗Funktionsbezeichnung.

Lit.: H. RIEMANN, Hdb. der Harmonielehre (L ²1887, ⁸1920); D. DE LA MOTTE, Harmonielehre (Kas–Mn 1976, Kas ³1980) (= dtv Wiss. Reihe 4183).

LE JEUNE, Claude (Claudin), * um 1530 Valenciennes, † September 1600 Paris. Über seine Jugend und Ausbildung ist nichts bekannt. Seine ersten Werke erschienen 1552 in Löwen. Bevor er sich in Paris niederließ, lebte er wahrscheinlich in Italien. Gefördert wurde er durch die adligen Protestanten François de La Noue und Charles de Téligny, denen er die *Dix pseaumes ... en forme de motets* widmete. Nachdem J.-A. de Baïf und Th. de Courville die Académie de poésie et de musique gegründet hatten, schloß sich L. diesem Kreis an und wurde einer seiner wichtigsten Komponisten. Vor 1582 trat er als Lautenist in den Dienst des Herzogs François d'Anjou, des Bruders von König Heinrich III., und wurde dessen Musiklehrer. Wahrscheinlich begleitete er ihn auf der Expedition nach Antwerpen, denn dort übergab er 1585 dem Verleger Plantin die erste Ausgabe seines *Livre de meslanges*. Nach dem Tode des Herzogs von Anjou (1584) scheint er im Dienst des Herzogs von Bouillon gestanden und adlige Hugenotten unterrichtet zu haben. Militärische Vorgänge in Paris veranlaßten ihn 1590 zu einem antikatholischen Bekenntnis, woraufhin er fliehen mußte. Sein Freund J. Mauduit rettete seine Notenmanuskripte, darunter das *Dodécacorde*. 1594 kehrte L. nach Paris zurück, trat dann in die Hofkapelle von König Heinrich IV. ein und wurde 1596 zum Kammerkomponisten ernannt. Später zog er sich nach La Rochelle, dem Hauptsitz der Hugenotten, zurück, wo er noch 1598 nachweisbar ist.

WW (teilweise mit mehreren Nachdrucken): *Dix pseaumes ... en forme de motets* für 4 St. (P 1564); 2 *Livres de meslanges* für 4–10 St. (An 1585 u. P 1612); *Airs* für 4–5 St. (P 1594); *Dodécacorde, contenant douze pseaumes ... selon les douzes modes* für 2–7 St. (La Rochelle 1598); *Les cent cinquante pseaumes de Davidtür* für 4 St. (P 1601 u. ö.); 3 Bücher *Pseaumes de David, mis en musique à 3 parties* (P 1602, 1608, 1610); *Pseaumes en vers mesurés* für 2–8 St. (P 1606); *Le printemps* für 2–8 St. (P 1603); *Octonaires de la vanité ... du monde* für 3–4 St. (P 1606, 1641); *Missa ad placitum* für 5 und 6 St. (P 1607); 2 Bücher *Airs ...* für 3–5 St. (P 1608); Chansons u. a. weltliche Gesänge in zahlreichen Sammeldrucken 1552–1610.

L. hat in seinem Schaffen die verschiedenen vokalen Gattungen der Zeit gepflegt. Sein Stil ist der Musica reservata sowohl hinsichtlich der Harmonik wie der Sprachbezogenheit nach den Grundsätzen der Pariser Académie de poésie et de musique verpflichtet. Akzidentien sind mit besonderer Sorgfalt gesetzt, und die Verschmelzung der Kirchentöne (mit Ausnahme des phrygischen) mit Dur und Moll ist konsequent vollzogen. Seine Bearbeitung der Genfer Psalmen (1601 u. ö.) fand nach der Goudimelschen (1565 u. ö.) die weiteste Verbreitung.

Ausg.: 3 Pss. aus *Dodécacorde*, in: EXPERT Maîtres 11 (P 1900); *Le printemps*, in: ebd. 12–14 (P 1900–01); 13 Chansons aus *Le livre de meslanges*, in: ebd. 16 (P 1903); *Pseaumes en vers mesurés*, in: ebd. 20–22 (1905–06); *Octonaires*, in: EXPERT Monuments 1 u. 8 (P 1924, 1928); 4 Chansons aus dem 2. Buch der *Meslanges*, in: EXPERT Florilège 6 (1929); *Airs* 1608, hrsg. v. D. P. WALKER, 4 Bde. (R 1951–59); 10 Pss., in: Chorals de la réforme, hrsg. v. M. HONEGGER (P 1953), 2. Aufl. als: Pseaumes de la réforme (P 1965); 15 Pss., in: Das Psalmbuch, hrsg. v. H. HOLLIGER (Bas 1953), sowie 2 in: Chorgesänge von der Renaissance bis zur Romantik (Kas 1979).

Lit.: O. DOUEN, C. Marot et le Psautier Huguenot, 2 Bde. (P 1878–79, Nachdr. A 1967); D. P. WALKER – F. LESURE, C. Le J. and „Musique mesurée", in: MD 3 (1949); P. PIDOUX, Le Psautier Huguenot du XVIᵉ siècle, 2 Bde. (Kas 1962); W. BLANKENBURG, Die Kirchenmusik in den reformierten Gebieten, in: Gesch. der ev. Kirchenmusik, hrsg. v. F. Blume (Kas 1965, engl. NY 1974).

W. BLANKENBURG

LEKEU, Jean Joseph Nicolas Guillaume, * 20. 1. 1870 Heusy bei Verviers, † 21. 1. 1894 Angers; belgischer Komponist. L. kam 1888 mit seiner Familie nach Paris, wo er 1889 noch Schüler von C. Franck und nach dessen Tod (1890) von V. d'Indy war. 1891 erhielt er in Brüssel für seine Kantate *Andromède* einen 2. Prix de Rome. In den folgenden wenigen Jahren entstand der größte und wichtigste Teil seiner Werke, darunter eine von E. Ysaye angeregte Violinsonate.

WW: Klv.-Sonate (1891); 2 V.-Sonaten (1891, 1892); Klv.-Trio (1890); Streichquartett (1887); Klv.-Quartett (1893) (unvollendet); Larghetto für Vc., Streichquintett, Fag. und 2 Hörner (1892). – Für Orch.: 2 symphonische Etüden (1889, 1890); *Fantaisie pour orchestre sur un cramignon liégeois* (1890); *Introduction et Adagio* (1891) für Tuba u. Harmoniemusik; *Fantaisie sur deux airs angevins* (1892). – Zahlr. Vokalwerke, u. a. *Trois poèmes* (1894) für SingSt u. Klv.; *Chant lyrique* (1891) für Chor und Orchester.

L., Zeitgenosse von Cl. Debussy, A. Roussel, Fl. Schmitt, M. Ravel, suchte im Vorfeld des Impressionismus den Weg zu einer erneuerten Romantik. Er kann als der einzige Komponist aus der Schule C. Francks gelten, der sich völlig dem Wagnerschen Einfluß entzogen hatte. Charakteristisch für ihn ist vor allem eine Melodik, die oft wie schwebend, stets neu anfangend, unabgeschlossen anmutet (z. B. das Adagio der Violinsonate).

Lit.: O. G. SONNECK, G. L., in: MQ 5 (1919); M. LORRAIN, G. L., sa correspondance, sa vie et son œuvre (Lüttich 1923); R. STENGEL, G. L. (Bru 1944); V. DENIS, G. L. et H. Evenepoel, in: FS Ch. Van den Borren (An 1945); P. PRIST, L'enfant de génie de la musique contemporaine, G. L. (Bru 1946); A. VAN DER LINDEN, Lettres de G. L. à O. Maus 1892–1893, in: RBMie 3 (1949); J. CHAILLEY, Un manuscrit inédit de G. L., in: Académie royale de Belgique. Bulletin de la classe des Beaux-Arts 52 (1970); P.-G. LANGEVIN, G. L., le „Rimbaud" de la musique, in: RM (1979) Nrn. 324–326.

A. HOÉRÉE

LEKTIONAR (von lat. lectionarium), liturgisches Buch, das neben Epistolar und Evangeliar (↗liturgische Bücher) die Lesungen für den offiziellen Gottesdienst (Messe oder Offizium) der christlichen Kirchen enthält. Mit der Zusammenfassung aller zur Meßfeier gehörenden Texte im Missale (seit dem 9./10. Jh.) wurde das lateinische L. nur in der Missa solemnis benutzt. – Neuerdings kommt dem L. (mit Perikopen und Zwischengesängen) besondere Bedeutung zu, da das neue Missale von 1970 die ↗Lesungen nicht mehr enthält.

LEKTIONSTÖNE, die verschiedenen melodischen Modelle für den gesungenen Vortrag der lateinischen Lektionen (↗Lesungen) in ↗Messe und ↗Offizium der römisch-katholischen Kirche. Sie umfassen hauptsächlich die Singweisen von Lesung (Epistel), ↗Evangelium und von speziellen Lektionsarten wie ↗Passion, ↗Lamentation, Prophetien. Allgemeines Kennzeichen der L. – sie gehören zum ↗Accentus ecclesiasticus – ist der Vortrag, das „Rezitieren", des Textes auf einer festen Tonhöhe (Tenor, Tuba, Dominante, Tonus currens, Rezitationston) und die Gliederung des Vortrags durch bestimmte einfache melodische Formeln, die den Wortakzenten angepaßt sind und sozusagen als musikalische Interpunktionen dienen. Die für die einzelnen Lektionsarten unterschiedlichen Formeln sind: *Metrum* innerhalb einer textlichen Periode, *Punctum* an deren Ende, *Interrogatio* bei einer Frage, *Conclusio* am Ende einer Lesung. Beispiel für den Ton der *Lectio II* (gemäß *Graduale Romanum*):

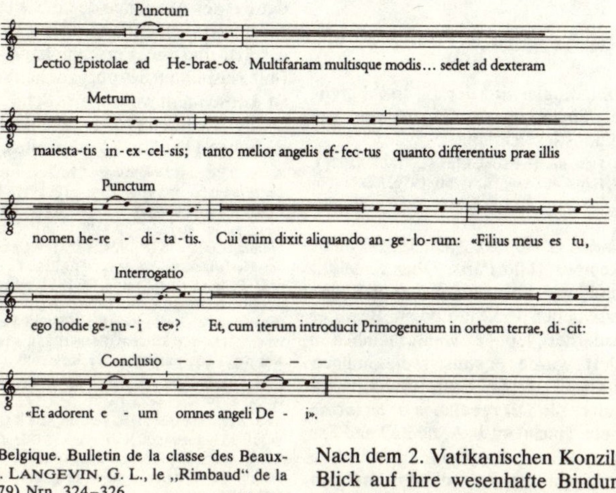

Nach dem 2. Vatikanischen Konzil führte die – im Blick auf ihre wesenhafte Bindung an die lateinische Sprache nicht unproblematische – Adaption der L. für den Vortrag der Lesungen in deutscher Sprache zur Schaffung sog. Lesetöne. Namentlich zu nennen sind hier u. a. die *Episteln und Evangelien in deutscher Sprache für besondere Anlässe* von H. Schroeder (3 Tle., Düsseldorf 1965), die in ihren Formeln weitgehend von gregorianischen Vorbildern unabhängig sind. Jedoch ist in der heutigen liturgischen Praxis auch in feierlichen Gottesdiensten fast ausschließlich der gesprochene Vortrag der Lesungen üblich.

Ausg.: E. QUACK – F. SCHIERI, Regelbuch für die Orationsu. Lektionstöne in dt. Sprache (Fr 1969); Graduale ... de tempore et de Sanctis (Solesmes–Tours 1974).

Lit.: R. MOLITOR, Die Nach-Tridentinische Choral-Reform I (L 1901, Nachdr. Hil 1967); C. CALLEWAERT, Sacris erudiri (Steenbrugge 1940); G. KUNZE, Die Lesungen, in: Gestalt u. Form des ev. Gottesdienstes, hrsg. v. K. F. Müller – W. Blankenburg (Kas 1955) (= Leiturgia 2); W. APEL, Gregorian Chant (Bloomington/Ind. 1958); F. HABERL, Die liturg. Rezitative der hl. Messe, in: MS 80 (Kö 1960); B. STÄBLEIN, L., in: MGG VIII.

B. R. SUCHLA

LE LEU, Jean (Jennet), ↗Lupi, Johannes.

LELEU, Jeanne, * 29. 12. 1898 Saint-Mihiel; frz. Pianistin und Komponistin. Sie trat bereits 9jährig in das Pariser Conservatoire ein und war dort Schülerin von Marguerite Long, A. Chapuis, G. Caussade und Ch.-M. Widor. 1923 erhielt sie mit ihrer Kantate *Béatrix* einen Prix de Rome. 1947 wurde sie Professor für Prima-Vista-Spiel und 1952 für Harmonielehre am Pariser Conservatoire.

WW: Klv.-Stücke u. Kammermusik. – Für Orch.: *Esquisses italiennes* (1926); Suite symphonique für Blasinstr. (1926); *Deux danses* (P 1927); *Transparences* (P 1931); Suiten *Femmes* (1947) u. *Virevoltes* (1950); Klv.-Konzert (1935). – 2 Ballette *Un jour d'été*, UA: Paris 1940, und *Nautéos*, UA: Monte Carlo 1947.

LEMACHER, Heinrich, * 26. 6. 1891 Solingen, † 16. 3. 1966 Köln; dt. Komponist und Musikpädagoge. L. studierte 1911–16 am Kölner Konservatorium Theorie und Klavier, gleichzeitig Musikwissenschaft bei L. Schiedermair an der Univ. Bonn, wo er 1916 zum Dr. phil. promovierte. Anschließend lebte er als Musikkritiker in Köln, leitete dort 1925–56 das Musiklehrerseminar an der Musikhochschule (1928 Professor) und gemeinsam mit Hermann Unger und Edmund Joseph Müller 1924–33 auch das Kölner Seminar des Reichsverbandes Deutscher Tonkünstler und Musiklehrer. 1921 war er Mitbegründer der Kölner Gesellschaft für Neue Musik, die er bis 1925 leitete, und 1927 der Internationalen Gesellschaft für neue katholische Kirchenmusik. Seit 1956 gehörte er dem Vorstand des Allgemeinen Cäcilienverbandes an. L. schrieb Kirchenmusik (Proprien, Messen, Motetten) im neokontrapunktischen Stil, ferner Chorlieder, Haus- und Jugendmusik. Zum 65. Geburtstag wurde er mit einer Festschrift geehrt (*Musikalisches Brauchtum*, Kö 1956).

Schriften: *Hdb. der Hausmusik* (Rb – Gr 1948); *Hdb. der kath. Kirchenmusik* (Essen 1949) (zus. mit K. G. Fellerer); *Lehrbuch des Kontrapunkts* (Mz 1950, [4]1965) (zus. mit H. Schroeder); *Generalbaßübungen* (Düsseldorf 1954, [2]1965) (zus. mit dems.); *Harmonielehre* (Kö 1958, [8]1974) (zus. mit dems.); *Formenlehre der Musik* (Kö 1962, [2]1968) (zus. mit dems.), revidiert und engl. Übers.: *Musical Form* (1967) (mit neuen Bsp.en).

Lit.: Rheinische Musiker 1, hrsg. v. K. G. FELLERER (Kö 1960) (= Beitr. z. rheinischen Musikgesch. 43) (mit ausführlichem Werk-Verz.); P. MIES, L., in: MGG VIII; DERS., in: MS 86 (1966).

H. LINDLAR

LEMAIRE (Le Maire), **Jean,** * um 1581 Chaumont(-en-Bassigny), † um 1650; frz. Mathematiker. Er lebte teils in Toulouse, teils in Paris und widmete sein Vermögen und seine Freizeit dem Projekt eines Kanals zwischen Atlantik und Mittelmeer. L. konstruierte auch ein neues Lauteninstrument, die Almérie (Anagramm seines Namens), bei dem der Ganzton in 4 gleiche Teile geteilt wurde. Er erfand ferner eine merkwürdige Buchstabennotation, „almérien" oder „almérique" genannt, mit deren Hilfe man ohne Kenntnis der üblichen Noten singen und komponieren lernen sollte.

Lit.: A. COHEN, J. Le Maire and „La musique almérique", in: AMl 35 (1963); J. R. KNOWLSON, J. L., the Almérie, and the „musique almérique"..., in: ebd. 40 (1968).

LEMAIRE, Louis, * 1693 (?), † um 1750 Tours; frz. Komponist. Er war Schüler von S. de Brossard an der Maîtrise der Kathedrale von Meaux, später Maître de musique in Paris. Er war seit 1712 einer der prominenten Komponisten von *Airs sérieux et à boire*. Werke von ihm wurden auch im Concert spirituel aufgeführt.

WW: **1) Instr.-WW:** *Les plaisirs de la paix. Simphonies en trio* für V., Fl., Ob., Fag., Va., Trp., Pauken u. B. c. (P 1749). – **2) Vokal-WW:** *Motets* für 1–2 St. mit Instr., 6 Bde. (P um 1734); zahlr. Kantaten u. Cantatilles mit B. c. bzw. Instrumentalbegleitung (P 1733–50); mehrere Slgen. *Airs sérieux et à boire* (P 1725–50); *Concert spirituel* (geistliche Airs) (P 1729).

LE MAISTRE, Mattheus, * um 1505 (?) vielleicht Roclengesur-Geer (Lüttich), † 1577 Dresden; franko-flämischer Komponist. Er gehörte vermutlich zuerst der Münchener Hofkapelle an, ehe er 1554 als Nachfolger von J. Walter die Leitung der aus 40 Musikern bestehenden Kantorei in Dresden übernahm. Krankheit überschattete seine letzten Dienstjahre; 1568 trat er in den Ruhestand. Sein Nachfolger war A. Scandello.

WW: 8 Magnificat (Dresden 1557); *Catechesis numeris musicis inclusa* für 3 St. (Nü 1559, [2]1563); *Geistliche und Weltliche Teutsche Geseng* für 4–5 St. (Wittenberg 1566); *Sacrae cantiones* für 5 St. (Dresden 1570); *Schöne und auserlesene Deudsche und Lateinische Geistliche Gesenge* (Dresden 1577); weitere Kompositionen in Sammeldrucken der Zeit und hsl. erhalten.

L. ist ein Komponist betont konservativer Richtung, dem die kunstvolle Behandlung des Tonmaterials nach niederländischer Tradition Hauptanliegen war. Kompositorisch fand er seine Bestätigung in der am Dresdner Hof besonders vorherrschenden protestantischen Tradition eines G. Rhau und J. Walter. Aus dieser Haltung, die sich auch in seinem Übertritt zum Protestantismus bezeugte, ist der schlichte Satz des *Musikalischen Katechismus* mit seinem ins Lateinische zurückübersetzten Text zu verstehen. Am bedeutendsten sind L.s deutsche geistliche und weltliche mehrstimmige Lieder, obwohl auch sie an die damals bereits veraltete Cantus firmus-Tradition der Senfl-Zeit anknüpfen und mit weiteren archaischen Stilelementen durchsetzt sind. In den geistlichen Liedern von 1577 tritt die lehrhafte, humanistisch-schulmeisterliche Tendenz in den Vordergrund. In den Liebesliedern dagegen ist der Einfluß des italienischen Madrigals spürbar. Als einziger Niederländer in Deutschland hat er auch 2 Quodlibets komponiert.

Ausg.: 6 Sätze, in: Luthers Kirchenlieder in Tonsätzen seiner Zeit, hrsg. v. K. AMELN (Kas 1934); 2 Motetten, hrsg. v. H. OSTHOFF (Wb 1934) (= Chw 30); 16 Sätze, in: Hdb. der dt. ev. Kirchenmusik, hrsg. v. K. AMELN – CH. MAHRENHOLZ – W. THOMAS – C. GERHARDT (Gö 1935ff.); *Missa Regnum mundi* und Motette, hrsg. v. G. GRUBER (Gr 1965) (= Musik alter Meister 14); *Herr Jesu Christe, Gottes Sohn,* hrsg. von D. C. GRESCH (St. Louis 1973).

Lit.: O. KADE, M. le M. (Mz 1862); H. OSTHOFF, Die Niederländer u. das dt. Lied (B 1938, Nachdr. Tutzing 1967); G. REESE, Music in the Renaissance (NY 1954); D. C. GRESCH, M. Le M. A Netherlander at the Dresden Court Chapel (1970) (= Diss. Univ. of Michigan); R. CASPARI, Liedtradition im Stilwandel um 1600. Das Nachleben des dt. Tenorliedes in den gedruckten Liederslgen. v. Le M. 1566 bis Schein 1626 (Mn 1971) (= Schriften z. Musik 13); D. C. GRESCH, M. le M.s Polyphonic Offices, in: MQ 60 (1974).

L. HOFFMANN-ERBRECHT

LEMARQUE, Francis (eig. Nathan Korb), * 25. 11. 1917 Paris; frz. Komponist und Chansonsänger. Bevor er sich 1935, zusammen mit seinem Bruder (Duo „Frères Marc"), dem Chanson zuwandte, übte er verschiedene Berufe aus. 1946 lernte er Y. Montand kennen, der ihn förderte und viele seiner Chansons interpretierte. Populär wurde L. auch durch seine eigenen Interpretationen, bei denen er sich selbst auf der Gitarre begleitete. Die Chansons von L. sind entscheidend geprägt von seiner engen Verbundenheit mit Paris, aber auch von seinem politischen Engagement und seiner antimilitaristischen Haltung. Zu den bekanntesten Titeln zählen *Les routiers, Mathilda, À Paris, Ma douce vallée, A côté du canal, Un petit cordonnier, Mon copin d'Pékin, Dénonciation de la guerre, Quand un soldat, Cornet de frites* und *Marjolaine*.

Lit.: A. BLANC, Choix de chansons, discographie, portrait (P 1974) (= Poésie et chansons 26).

LEMLIN (Lemblin, Lämblin, Lemlein), **Lorenz,** * 1495 (?) Eichstätt, † zw. 1549 und 1551 Heidelberg (?); dt. Komponist. Er studierte 1513 in Heidelberg und promovierte 1514 zum Baccalaureus. Seine Zugehörigkeit zur Heidelberger Hofkantorei als Sänger, Knabenpräzeptor und Kapellmeister unter Kurfürst Ludwig V. ist durch G. Forster (1549) bezeugt. L. gilt als Lehrer der sog. Heidelberger Liedmeister (J. vom Brandt, G. Forster, C. Othmayr, St. Zirler).

WW: 14 Lieder für 4 St. u. *Der Gutzgauch auf dem Zaune saß* für 6 St., in: G. Forster, *Ein Auszug guter alter und newer teutscher Liedlein* I–III (Nü 1539, 1540, 1549); Bicinien, Tricinien u. lat. Motetten in Sammeldrucken der Zeit, hsl. u. im Musikalien-Verz. Heidelberg Cod. Pal. Germ. 318 erhalten.

In L.s eigenen Liedbearbeitungen herrschen ältere Kompositionstechniken vor (starre C.f.-Behandlung, Anfangsimitation der Außen- und freie Führung der Mittelstimmen). Eine Ausnahme bildet das wegen seiner tonmalerischen Gestaltung bekannt gewordene Lied *Der Gutzgauch auf dem Zaune saß.* Moderne Züge (Annäherung an die Homophonie, kürzere Motive) sind vor allem in den Psalmvertonungen zu erkennen.

Ausg.: 12 Lieder sowie *Der Gutzgauch,* in: G. Forster, Frische teutsche Liedlein I u. II, hrsg. v. K. GUDEWILL – W. HEISKE – H. SIUTS (Wb 1942, 1969) (= EDM, RD 20 u. 60); ein Satz in: G. Forster, Frische teutsche Liedlein, hrsg. v. K. GUDEWILL (Wb 1957) (= Chw 63).

Lit.: C. PH. REINHARDT, Die Heidelberger Liedmeister des 16. Jh. (Kas 1939) (= Heidelberger Stud. z. Musikwiss. 8); H. ALBRECHT, C. Othmayr (Kas 1950); G. REESE, Music in the Renaissance (Lo 1954, revidiert 1959); L. HOFFMANN-ERBRECHT, L., in: MGG VIII; G. PIETZSCH, Quellen u. Forsch. z. Gesch. der Musik am kurpfälzischen Hof zu Heidelberg bis 1622 (Wie 1963); H. HAASE, J. vom Brandt 1517 bis 1570 (Kas 1967) (= Kieler Schriften z. Musikwiss. 13).

LEMMENS, Nicolas Jacques, * 3. 1. 1823 Zoerle-Parwijs, † 30. 1. 1881 Linterport bei Mecheln; belgischer Organist und Komponist. Er studierte bei Karl Girschner und bei Fr.-J. Fétis in Brüssel sowie seit 1846 bei A. Hesse in Breslau und erhielt 1849 den 2. Prix de Rome für Komposition. 1849–69 war er Lehrer für Orgel am Brüsseler Konservatorium. Zu seinen Schülern zählten A. Guilmant und Ch.-M. Widor. Verheiratet mit der englischen Sängerin Helen Sherrington (1834–1906), lebte L. 1869–78 in London, von wo aus er zahlreiche Konzertreisen unternahm. 1878 gründete er die École Interdiocésaire de Musique Religieuse in Mecheln, eine wichtige Ausbildungsstätte für Organisten, Kirchenchorleiter und Komponisten. Nach seinem frühen Tod wurde E. Tinel sein Nachfolger. L.' *École d'orgue* hat heute noch pädagogische Bedeutung; seine meist auf Choralmelodien beruhenden Orgelwerke gehören noch heute zum Repertoire vieler, zumal belgischer und französischer Organisten.

WW: Orgelstücke; Symphonien; geistliche Vokalwerke. – *École d'orgue basée sur le plain-chant* (Mz 1862); *Du chant grégorien,* hrsg. v. J. Duclos (Gent 1886).

Ausg.: Œuvres inédites, 4 Bde., hrsg. v. H. LEMMENS-SHERRINGTON (L 1883–87).

Lit.: M. SCHNEIDER, Die Orgelspieltechnik des frühen 19. Jh. in Deutschland, dargestellt an den Orgelschulen der Zeit (Rb 1968).

LEMNITZ, Tiana, * 26. 10. 1897 Metz; dt. Sängerin (Sopran). Sie studierte an der Musikhochschule Metz und am Hochschen Konservatorium in Frankfurt am Main und debütierte 1920 in Heilbronn. Über Aachen (1921–28), Hannover (1928 bis 1934) und Dresden (als Gast seit 1931) kam sie an die Berliner Staatsoper, deren Ensemble sie 1934–57 angehörte. Gastspiele führten sie an die Londoner Covent Garden Opera (u. a. als Eva in R. Wagners *Die Meistersinger von Nürnberg* 1936 unter Sir Th. Beecham), an die Wiener Staatsoper, das Teatro Colón in Buenos Aires und zu den Salzburger Festspielen, wo sie 1939 unter H. Knappertsbusch als Agathe in C. M. v. Webers *Freischütz* besonders erfolgreich war.

LEMOINE, Édition Henry L., frz. Musikverlag, gegr. 1772 in Paris. – **1) Antoine Marcel,** * 3. 11. 1753 Paris, † 10. 4. 1816 ebd. Er war Gitarrist, schrieb Musik zu Vaudevilles und wurde der Gründer des Verlags.

WW: *Nouvelle méthode courte et facile pour la guitarre à l'usage des commençans* (P o.J., Nachdr. G 1972) (darin J. Bailleux, *Méthode de guitarre...*).

2) Antoine Henry, Sohn von 1), * 21. 10. 1786 Paris, † 18. 5. 1854 ebd. Er war Schüler des Pariser Conservatoire, wo er 1807 einen 1. Preis für Klavier erhielt, wurde Klavierpädagoge und trat 1816 die Nachfolge seines Vaters als Leiter des Verlags an.

WW: Zahlr. Klv.-Stücke; *Traité d'harmonie pratique* (P 1836); *Solfège des solfèges,* 10 Bde.; *Tablettes du pianiste* (P 1844).

3) Achille Philibert, Sohn von 2), * 15. 4. 1813 Paris, † 13. 8. 1895 Sèvres. Er wurde 1850 Teilhaber seines Vaters in der Leitung des Musikverlags, den er seit 1852 allein führte. Durch ihn erfuhr die Firma einen großen Aufschwung, die 1875 die Bestände von Schonenberger übernahm und 1885 eine Filiale in Brüssel errichtete. – **4) Henry Félicien,** Sohn von 3), * 8. 4. 1848 Paris, † 24. 4. 1924 ebd. Er übernahm nach dem Tod des Vaters zusammen mit seinen Brüdern Gaston, Léon und Achille die Firma, die er 1900–20 allein mit Louis Gorant als Teilhaber führte. – **5) Henry Jean,** Neffe von 4), * 10. 4. 1890 Paris, † 20. 11. 1970 ebd.; wurde erst Teilhaber, 1924 Alleininhaber. 1946 trat **André,** Sohn von 4), * 5. 4. 1907 Paris, als Teilhaber in den Verlag ein, 1955 **Max,** Sohn von 5), * 27. 6. 1922 Paris. Der Verlag firmierte seit seiner Fusion (1932) mit den Éditions Lucien Grus & Cie. als *Henry L. & Cie.* und erhielt 1968 den heutigen Firmennamen. – Wichtige Publikationen des Verlags waren und sind u. a. die Instrumentationslehren von H. Berlioz, Fr. Gevaert und Ch.-M. Widor, Solfègeschulen und Harmonielehren sowie das ehemals Lucien Grus gehörige Orchester- und Bühnenmaterial.

LEMOYNE (Le Moyne). – **1) Jean Baptiste,** * 3. 4. 1751 Eymet (Dordogne), † 30. 12. 1796 Paris; frz. Komponist. Er ging 1770 nach Berlin und studierte bei J. G. Graun, J. Ph. Kirnberger und J. A. P. Schulz. Nach Paris zurückgekehrt, schrieb er eine Oper *Électre* im Stile Chr. W. Glucks, als dessen Schüler er sich bezeichnete, was aber Gluck in Abrede stellte; daraufhin komponierte L. eine andere Oper *Phèdre* im Stile N. Piccinnis. Nach einer Italienreise ließ er sich 1788 in Paris nieder.

WW: Etwa 16 Opern, davon im Druck erschienen: *Électre,* UA: Paris 1782; *Phèdre,* UA: Fontainebleau 1786; *Nephté* (nach P. Corneille) u. *Les prétendus,* UA: Paris 1789; *Les pommiers et le moulin,* UA: ebd. 1790.

2) Gabriel, Sohn von 1), * 14. 10. 1772 Berlin, † 2. 7. 1815 Paris; frz. Komponist und Pianist. Er studierte Harmonielehre und Klavier bei M. Clementi und J. Fr. Edelmann und unternahm um 1800 mit dem Violinisten Ch. Ph. Lafont Konzerttourneen. L. schrieb gemeinsam mit Piccinni die Operette *L'entresol.*

WW: Klv.-Stücke; Kammermusik; 2 Klv.-Konzerte (P 1813). – Ferner die Operette *L'entresol,* UA: Paris 1802 (zus. mit N. Piccinni) sowie Romanzen.

Lit.: H. GOUGELOT, La romance française, 2 Bde. (Melun 1938–43) (darin 2 Romanzen v. G. L.); J. RUSHTON, An Early Essay in „Leitmotiv". J. B. L.'s „Électre", in: ML 52 (1971).

LENAERTS, René Bernard Maria, * 26. 10. 1902 Bornem (Antwerpen); belgischer Musikforscher. Er studierte Musikwissenschaft in Löwen und Theologie in Mecheln. 1927 zum Priester geweiht, promovierte er 1929 mit der Dissertation *Het Nederlands polifonies lied...* an der Katholieke Universiteit Löwen. In der Folge vervollständigte er seine Studien in Paris und München. 1944–49 war er Dozent, 1949–71 Professor für Musikwissenschaft in Löwen. 1958–71 lehrte er auch an der Rijksuniversiteit Utrecht. L. redigierte 1946–57 zusammen mit Susanne Clercx-Lejeune die *Revue belge de musicologie* (RBMie). 1955 wurde er Mitglied der Koninklijke Vlaamse Academie voor wetenschappen, Letteren en Schone Kunsten van België, 1956 Titularkanonikus von St. Rumoldus in Mecheln. Zu seinem 65. Geburtstag wurde L., einer der besten Kenner der niederländischen Musik des 15.–16. Jh., durch eine Festschrift geehrt (*Renaissance-muziek. 1400–1600,* hrsg. v. J. Robijns, Löwen 1969, = Musicologica Lovaniensia 1).

Schriften: *Het Nederlands polifonies lied in de zestiende eeuw* (Mecheln – A 1933); *The 16th Century Parody Mass in the Netherlands,* in: MQ 36 (1950); *Van Monteverdi tot Bach,* in: Algemene Muziekgeschiedenis, hrsg. v. A. Smijers (Utrecht 1958); *Die Kunst der Niederländer* (Kö 1962) (= Das Musikwerk 22); *Eine spanische Palestrina-Quelle des frühen 17. Jh.,* in: FS K. G. Fellerer (Rb 1962); *Parodia, reservata-kunst en muzikaal symbolisme,* in: Liber amicorum. FS Ch. van den Borren (An 1964); *Erasmus en de muziek,* in: Vlaams muziektijdschrift 22 (1970); *Die Kirchenmusik der Niederländer,* in: Gesch. der kath. Kirchenmusik I, hrsg. v. K. G. Fellerer (Kas 1972). – L. ist ferner Generaleditor der MMBelg.

Lit.: C. W. F. HILLEN, in: Mens en melodie 26 (1971).

LENDVAI, Peter Erwin, * 4.6.1882 Budapest, † 21.3.1949 Epsom (Surrey; England); ung. Komponist. Nach Kompositionsstudien bei Hans Koessler in Budapest und G. Puccini in Mailand ließ er sich 1909 in Deutschland nieder. 1913–14 war er als Theorielehrer am Institut Jaques-Dalcroze in Hellerau tätig, 1914–20 am Klindworth-Scharwenka-Konservatorium in Berlin und wurde 1923 Chorleiter an der Hamburger Musikschule. Bis zu seiner Emigration nach Großbritannien (1933) leitete er verschiedene deutsche Chorvereinigungen. Auch im Exil widmete er sich vornehmlich der Chorerziehung. Er schrieb zahlreiche Chorwerke in einem nachromantisch-klassizistischen Stil, ferner Klavier- und Kammermusik sowie eine Oper *Elga* nach Fr. Grillparzers *Kloster von Sendomir* (UA: Mannheim 1916, Neufassung UA: Leipzig 1918).

Lit.: H. LEICHTENTRITT, E. L. (B 1912); H. GAPPENACH, E. L., in: Der Chor 5 (1952); DERS., In memoriam E. L., in: Melos 20 (1953).

LENEPVEU, Charles Ferdinand, * 4.10.1840 Rouen, † 16.8.1910 Paris; frz. Komponist. Er studierte gleichzeitig Jura und Musik. 1863 trat er am Pariser Conservatoire in die Kompositionsklasse von A. Thomas ein und erhielt 1865 einen 1. Grand Prix de Rome für seine Kantate *Renaud dans les jardins d'Armide.* 1880 wurde er Professor für Harmonielehre am Pariser Conservatoire, wo er 1894 die Kompositionsklasse übernahm. L., seit 1896 Mitglied der Académie Française, hatte vor allem als Pädagoge einen bedeutenden Ruf.

WW: Opéras-comiques *L'anniversaire* (1876) u. *Le florentin* (P o. J.); Oper *Velléda* (nach *Les martyrs* v. F. R. de Chateaubriand), UA: London 1882; Drame lyrique *Jeanne d'Arc* (P 1886). – Ferner *Cent leçons d'harmonie* (P 1896–98).

LENOIR, Jean (eig. Jean Bernard Daniel Neuburger), * 26.2.1891 Paris, † 19.1.1976 ebd.; frz. Komponist. Nach dem Studium am Pariser Conservatoire war er als Orchesterleiter und Komponist tätig. Er schrieb mehr als 300 Filmmusiken und etwa 4000 Chansons. Diese, meist in den 20er Jahren entstanden, waren in ihrer Sentimentalität bewußt als Reaktion auf Einflüsse des amerikanischen Jazz konzipiert. Weltberühmt wurde das Chanson *Parlez-moi d'amour* (1925) in der Interpretation von Lucienne Boyer (Text von J. L.; 1. Grand Prix du disque, 1943). Weitere bekannte Titel von L. sind *Voulez-vous danser, grand-mère* und *Pars* (1926), gesungen von Yvonne George.

LENTEMENT (frz., = langsam), im 17.–18. Jh. gebräuchlich als Tempovorschrift für den langsamen ersten Teil der französischen Ouvertüre.

LENTO (it., = langsam), seit dem frühen 17. Jh. gelegentlich als Tempovorschrift verwendet, z. B. bei L. van Beethoven in der Bezeichnung des 3. Satzes *(Lento assai e cantante tranquillo)* des Streichquartetts op. 135. Häufiger ist in der französischen Musik die entsprechende Bz. *lent* bzw. *lentement.*

LENYA, Lotte, * 18. 10. 1900 Wien, † 27. 11. 1981 New York; östr. Sängerin und Schauspielerin. Sie begann ihre Theaterlaufbahn als Ballettelevin in Zürich, wo sie K. Weill, ihr späterer Mann, entdeckte. Sie kreierte die weiblichen Hauptrollen in den Songspielen *Mahagonny* (1927), *Die Dreigroschenoper* (1928) und *Die 7 Todsünden der Kleinbürger* (1933) von Weill und B. Brecht. Der Erfolg dieser Stücke ist aufs engste mit ihrer Darstellungs- und Vortragskunst verbunden. 1933 emigrierte sie mit ihrem Mann über Paris und London in die USA, wo sie auch in Stücken anderer Autoren, z. B. 1968 als Fräulein in der Harold Prince-Inszenierung des Musicals *Cabaret* von John Cander auftrat. Erinnerungen von ihr erschienen als *That Was a Time* (dt. Übers. in: B. Brechts Dreigroschenbuch, hrsg. v. S. Unseld, F 1960).

LENZ, Günter, * 25. 7. 1938 Frankfurt am Main; dt. Jazzmusiker (Kontrabaß; auch Bandleader). Er gehörte seit 1955 zur „Frankfurter Szene" und machte in den 60er und 70er Jahren als Mitglied der Gruppen von A. Mangelsdorff eine internationale Karriere. 1978 gründete er eine eigene Band, „Springtime", die Hard Bop, Free und New Jazz verbindet. L. bevorzugt das Expressive; seine Soli auf dem Kontrabaß sind durch stürmische Folgen von gebrochenen Akkorden gekennzeichnet.

LEO, Leonardo (eig. Lionardo Oronzo Salvatore de L.), * 5.8.1694 San Vito degli Schiavi (heute San Vito dei Normanni) bei Brindisi, † 31.10.1744 Neapel; it. Komponist. Er studierte 1709–13 bei A. Basso und N. Fago am Conservatorio S. Maria della Pietà dei Turchini in Neapel und machte so große Fortschritte, daß bereits 1712 sein Oratorium *L'infedeltà abbattuta in Assisi con la fuga dei Saraceni a gloria di S. Chiara* sowohl an diesem Konservatorium wie auch im Palais des Vizekönigs aufgeführt wurde. 1713 wurde L. Organist der Königlichen Kapelle, nach dem Tode von A. Scarlatti (1725) dort 1. Organist, 1730 3. Kapellmeister, 1737 Vizekapellmeister und 1744, einige Monate vor seinem Tode, Hofkapellmeister. Daneben wirkte er als Vize- sowie seit 1741 als 1. Kapellmeister am Conservatorio S. Maria della Pietà dei Turchini und seit 1739 als Nachfolger von Fr. Feo als Kapellmeister am Conservatorio Sant'Onofrio.

WW (fast ausschließlich hsl. erhalten): **1) Instr.-WW:** 6 Vc.-Konzerte (autograph 1737–38); ein Konzert für 4 V. u. B.c.; Ouvertüre u. Triosonate in Sammeldrucken (P um 1755, Lo um 1795); 14 Toccaten u. Aria mit Variationen für Cemb. – Ferner einige didaktische Werke (Fugen, Solfeggien u. a.). – **2) Vokal-WW:** Zahlr. kirchenmusikal. Werke, darunter einzelne Messen (nur Kyrie–Gloria); Propriumskomp.en; Psalmen u. a. Offiziumsgesänge; Lamentationen; Motetten. – 2 Oratorien (Text: P. Metastasio): *Sant'Elena al Calvario,* UA: Bologna 1734, u. *La morte di Abel,* UA: ebd. 1738. – It. Kantaten, Duette u. Arien. – **3) Bühnen-WW** (nur teilweise erhalten): etwa 30 Opere serie (z. T. mit Intermezzi u. Buffoszenen); etwa 30 Commedie musicali bzw. selbständige Intermezzi sowie Serenate.

L. zählt mit Fr. Durante und L. Vinci zu den bedeutenden Vertretern der ↗Neapolitanischen Schule in den 1720–40er Jahren. Dies bezeugen die Opern (meist auf Libretti von P. Metastasio) ebenso wie die Oratorien und kirchenmusikalischen Werke. Charakteristisch für den letzteren Bereich ist auch der Rückgriff auf den Stile antico und seine Verbindung mit den Elementen des Stile concertato in der Tradition des 17. Jahrhunderts. Als Lehrer vermittelte er die Kunst A. Scarlattis der Generation N. Jommellis und N. Piccinnis, die beide seine unmittelbaren Schüler waren.

Ausg.: **1) Instr.-WW:** 3 Toccaten, in: G. TAGLIAPIETRA, Antologia di musica antica e moderna per il pianoforte 12 (Mi 1932); Sinfonien zu *Emira, La morte di Abel, S. Elena* u. *S. Genoviefa,* hrsg. v. G. A. PASTORE (Mi 1957); Sinfonien zu *Le nozze di Psiche con Amore* u. *Olimpiade,* hrsg. v. DEMS. (Padua 1960); Vc.-Konzerte: D-Dur, hrsg. v. E. CILEA (Mi 1934); A-Dur, hrsg. v. E. RAPP (Mz 1938, Neudruck 1955); D-Dur, hrsg. v. F. SCHROEDER (Lo – Z 1958); A-Dur, hrsg. v. R. FASANO (Mi 1967): f-moll, hrsg. v. A. PASTORE (Padua 1970); Konzert für 4 V., hrsg. v. W. UPMEYER (B 1952). – **2) Vokal- u. Bühnen-WW:** *Praebe, virgo benignas aures!* für Sopran u. B.c., hrsg. v. R. EWERHART (Kö 1957) (= Cantio sacra 15); *Salve Regina* für Sopran, 2 V. u. B.c., hrsg. v. DEMS. (Kö 1960) (= Die Kantate 4); *Tenebrae* für Chor u. Org., hrsg. v. D. DARLOW (O 1964). – *L'Olimpiade,* hrsg. v. H. M. BROWN (NY 1978) (= It. Opera 1640–1770, 36).

Lit.: G. LEO, L. L., musicista del secolo XVIII e le sue opere musicali (Neapel 1905); G. A. PASTORE, L. L. (Galatina 1957); H. HUCKE, L., in: MGG VIII; D. GREEN, Progressive and Conservative Tendencies in the Vc. Concertos of L. L., in: FS K. Geiringer (Lo 1970); H. HELL, Die neapolitanische Opernsinfonie in der ersten Hälfte des 18. Jh. (Tutzing 1971) (= Münchner Veröff. z. Musikgesch. 19); H. CH. WOLFF, L. L.'s Oper „L'Andromaca" 1742, in: Studi musicali 1 (1972); DERS., Un oratorio sconosciuto di L. L., in: RIMus 7 (1972); G. H. HARDIE, L. L. and His Comic Operas „Amor vuol sofferenza" and „Alidoro" (1973) (= Diss. Cornell Univ., Ithaca/N. Y.).

LÉONARD, Hubert, * 7. 4. 1819 Bellaire bei Lüttich, † 6. 5. 1890 Paris; belgischer Violinist und Komponist. Er studierte 1836–39 am Pariser Conservatoire bei Fr. A. Habeneck und war in der Folge sowohl konzertierend wie auch kompositorisch tätig. 1849–67 lehrte er am Brüsseler Konservatorium Violine. 1866 ließ er sich endgültig in Paris nieder, unternahm aber weiterhin Konzertreisen. L. gehört zu den bedeutenden belgischen Violinisten des 19. Jahrhunderts.

WW: Zahlr. V.-Stücke; 6 V.-Sonaten; 1 Serenade für 3 V.; Duos mit Klv.; 5 V.-Konzerte. – Lehrwerke: *Méthode Léonard (24 études harmoniques); 24 études pour violon seul; La gymnastique du violoniste; La petite gymnastique du jeune violoniste.*

LEONARDA, Isabella (bürgerlicher Name wahrscheinlich Leonarda Calegari), * um 1620 Novara, † nach 1700 ebd.; it. Komponistin. Sie trat 1636 in das Kloster S. Orsola in Novara ein, wurde dort 1686 Oberin und war mindestens seit 1693 Provinzialoberin. I. L. hinterließ ein umfangreiches Werk (etwa 200 bekannte Kompositionen).

WW: *Motetti a voce sola* mit B.c., op. 6, 11, 12, 14, 15, 17 u. 20 (V 1684, Bol 1684, 1686, 1687, 1690, 1695 u. 1700); im Druck erschienen ferner weitere Slgen. Motetten für 1–4 St. u. B.c., auch mit Instr.; *Messa e salmi, concertati & a capella* mit Instr. ad lib. (Mi 1674); *Vespro della Beata Vergine* (u. Motetten) (Bol 1678); *Messe concertate* für 4 St. u. B.c. mit Instr. (u. Motetten) (ebd. 1696); *Salmi concertati* für 4 St. u. B.c. mit Instr. (ebd. 1698). – Sonaten für 1–4 Instr. u. B.c. (Bol 1693).

I. L., von ihren Zeitgenossen gelegentlich „La musa novarese" genannt, war die einzige namhafte Kirchenkomponistin des 17. Jahrhunderts. In ihrem Schaffen nehmen die Solomotetten einen breiten Raum ein. Sie weisen jedoch, ähnlich wie bei M. Cazzati – wie er gehört I. L. zur Bologneser Schule –, in Textgestaltung und musikalischem Ausdruck über den liturgischen Rahmen hinaus.

Lit.: K. MEYER, Der chorische Gesang der Frauen mit besonderer Bezugnahme seiner Betätigung auf geistlichem Gebiet (L 1917); L. FRATI, Donne musiciste bolognesi, in: RMI 37 (1930); V. FEDELI, Le cappelle musicali di Novara (Mi 1939) (= Istituzioni e monumenta dell'arte musicale Italiana 3); E. WEISSWEILER, Komponistinnen aus 500 Jahren (F 1981).

LEONCAVALLO, Ruggero (Ruggiero), * 23. 4. 1857 Neapel, † 9. 8. 1919 Montecatini (Toskana); it. Komponist. Er studierte 1866–74 bei Lauro Rossi am Conservatorio San Pietro a Majella in Neapel und verdiente sich dann als Privatlehrer, Klavierspieler in Kaffeehäusern und reisender Künstler in Frankreich, Großbritannien und Ägypten seinen Lebensunterhalt. Nach Italien zurückgekehrt, wo er zeit seines Lebens keine sichere Stellung bekleidete, versuchte er sich zunächst als überzeugter Anhänger R. Wagners an einer historischen Operntrilogie mit dem bezeichnenden Titel *Crepusculum.* Davon wurde aber nur ein 1. Teil, *I Medici,* fertiggestellt und erst 1893 aufgeführt.

Ein Jahr vorher wurde L. schlagartig bekannt durch den *Bajazzo (Pagliacci)* und konnte sich an Berühmtheit mit den anderen großen Vertretern des musikalischen Verismo messen. Dieser Erfolg blieb ihm auf den weiteren Stationen seines Lebens und Schaffens jedoch nicht treu. Die vom italienischen Publikum und von der Kritik zurückhaltend, vom deutschen Kaiser Wilhelm II. dagegen begeistert aufgenommenen *Medici,* eine *Bohème,* die gegen die wirkungsvollere gleichnamige Oper G. Puccinis nicht ankam, und der Mißerfolg einer den wilhelminischen Geist des Fin de siècle widerspiegelnden deutschen Oper *Der Roland von Berlin* entmutigten L. zunehmend. Er fühlte sich zeitweilig veranlaßt, geradezu triviale Operetten zu schreiben, und erst durch die Ereignisse des 1. Weltkriegs fand er zum „schweren" Operngenre zurück – freilich ohne jedes Echo. Als er starb, war seine künstlerische Persönlichkeit fast völlig vom Ruhm des *Bajazzo* überdeckt.

WW: Opern: *Pagliacci* (Der Bajazzo), UA: Mailand 1892; *I Medici,* UA: ebd. 1893; *Chatterton,* UA: Rom 1896; *La Bohème,* UA: Venedig 1897; *Zazà,* UA: ebd. 1900; *Der Roland von Berlin,* UA: Berlin 1904; *Maja,* UA: Rom 1910; *Zingari,* UA: London 1912; *Goffredo Mameli,* UA: Genua 1916; zahlr. Operetten u. Ballette, ferner Romanzen u. a. Gesänge mit Klv. – Autobiogr. *La réforme* (Alexandria 1892).

L. war als Dichter-Musiker von ähnlichem Rang wie A. Boito. Er schrieb die Libretti zu den meisten seiner Opern selbst und hatte einen sicheren Blick für bühnenwirksame Stoffe und Texte. So etwa verdanken u.a. die Libretti von Puccinis *La Bohème* und *Manon Lescaut* L. entscheidende Anregungen. Gleichwohl erlangte er nur durch ein einziges Werk, den *Bajazzo,* operngeschichtliche Bedeutung. Text, Handlung und Musik erscheinen hier im großen und in vielen Einzelheiten der Melodik, Harmonik und Instrumentierung vollendet aufeinander abgestimmt, Einflüsse von seiten Wagners, G. Bizets, J. Massenets zu einer musikalischen Sprache von elementarer theatralischer Italianità verschmolzen. Symptom dafür sind nicht zuletzt die Partien des Canio (Tenor) und des Tonio (Bariton), die mit der Arie *Hüll dich in Tand ... Lache, Bajazzo* und mit dem Prolog *Schaut her, ich bin's* berühmte Paradenummern des Belcanto enthalten. Ähnlich erfolgreich wurde auch L.s Romanze *Mattinata.*

Lit.: A. DE ANGELIS, Il capolavoro inespresso di R. L., in: RMI 30 (1923); R. DE RENSIS, U. Giordano e R. L. (Siena 1949); J. W. KLEIN, R. L., in: MGG VIII; DERS., The Other „Bohème", in: MT 111 (1970); T. LERARIO, R. L. e il soggetto dei „Pagliacci", in: Chigiana 6–7 (1971); F. GHISI, Un altro sconosciuto libretto d'opera da un carteggio inedito di R. L., in: Annuario mus. 26 (1971).

LEONCE UND LENA, Oper in Vorspiel und 2 Teilen von Paul Dessau (1894–1979), Text von Thomas Körner nach dem gleichnamigen Lustspiel (1836) Georg Büchners. UA: 24. 11. 1979 in Ost-Berlin (Staatsoper) unter Otmar Suitner.
Durch Hervorhebung der sozialkritischen Züge in Büchners melancholischem Lustspiel zeichnet der „Textorganisator" Körner die Titelhelden als durchweg negative Figuren. Dessau verzichtet in der musikalischen Gestaltung seines letzten vollendeten Werkes weitgehend auf theatralische Effekte; die transparente, häufig solistische Führung der Instrumentalstimmen ermöglicht Textverständlichkeit auch bei Gesangslinien in extremen Tonlagen. Die wenig suggestive Kraft der Musiksprache, mit welcher der Text mehr kommentiert als vertont scheint, erlaubt an einigen Stellen der Partitur den Vergleich mit Schauspielmusik; daher wurde das Werk auch als „musikalisch-szenische Paraphrase über ausgewählte Motive aus *Leonce und Lena*" kritisiert. Da Dessau aber mit dem rhythmisch differenzierten, wenig melodischen und kaum thematisch gebundenen Material die breite Gefühlsskala der handelnden Personen präzise illustriert, erfuhr diese Oper als „Meisterwerk des Aussparens" dennoch bei der UA begeisterte Zustimmung, die sich bei der EA in der Bundesrepublik in Freiburg i. Br. (29. 12. 1979) wiederholte.

K. LANGROCK

LEONHARDT, Gustav, * 30. 5. 1928 's-Graveland; ndl. Cembalist und Dirigent. Er studierte 1947–50 Cembalo und Orgel bei Eduard Müller an der Schola Cantorum Basiliensis. 1952–55 war er Professor für Cembalo an der Wiener Musikakademie und lehrt seit 1953 in gleicher Stellung am Konservatorium in Amsterdam. Als Solist wie als Leiter des von ihm gegründeten L.-Consort hat er seit 1950 zahlreiche Konzertreisen unternommen. L. genießt besonders als Interpret Bachscher Werke internationalen Ruf.

Schriften: *The Art of Fugue. J. S. Bach's Last Harpsichord Work* (Den Haag 1952); L. war Hrsg. v. *J. P. Sweelinck, The Instrumental Works. Fasc. 1. Keyboard Works, Fantasias and Toccatas* (A 1968) (= Sweelinck-GA 1).

Lit.: W. PAAP, in: Mens en melodie 26 (1971).

LEONI, Leone, * um 1560 Verona, † 24.6.1627 Vicenza; it. Komponist. Unterstützt durch den Grafen Mario Bevilacqua, konnte er in Verona Musik studieren. Er ließ sich später in Vicenza nieder, wo er seit 1588 Kapellmeister an der Kathedrale war und fast 40 Jahre lang eine beachtliche Pflege der Kirchenmusik besorgte. Wesentliche Züge seiner Musik, die klangliche Farbigkeit, die häufige Verwendung von Doppelchören, die dynamischen Kontraste und die Kombination vokaler und instrumentaler Satzweise, rücken L. in die Nähe G. Gabrielis und der Venezianischen Schule.

WW: 5 Bücher *Madrigali* für 5 St. (V 1588, 1591, 1595, 1598, 1602); *Madrigali spirituali* für 5 St. (V 1596); 4 Bücher Motetten für 1–4 St. u. B.c., 1 u. 2 (V 1606, 1612), 4 (V 1622); *Sacrarum cantionum liber I* für 8 St. (V 1608); *Omnium solemnitatum Psalmodia* für 2 Chöre mit B.c. (V 1613); zahlr. Gesänge in Sammeldrucken 1592–1627 u. hsl. erhalten.

Ausg.: 2 Madrigale für 5 St., in: TORCHI Arte mus. II (1897).

Lit.: G. MANTESE, Storia musicale vicentina (Vicenza 1956); H.J. WING, The Polychoral Motets of L. L., 2 Bde. (1966) (= Diss. Boston Univ.).

LEONINUS (Leonin, Leo), frz. Komponist der 2. Hälfte des 12. Jh. an der Kathedrale ↗Notre-Dame in Paris. Sein Name sowie der Name seines Nachfolgers ↗Perotinus werden von dem Musiktheoretiker Anonymus IV (nach 1279) bezeugt, der L. als den besten Komponisten von Organa (optimus organista), Perotinus hingegen als den besten Komponisten von Discantuspartien (optimus discantor) bezeichnet. Der vom Anonymus IV erwähnte *Magnus liber organi de gradali et antiphonario* des L. ist in den Quellen Florenz, Bibl. Laur. plut. 29, 1 und Wolfenbüttel, Herzog-August-Bibliothek 628 und 1099 erhalten. Er enthält insgesamt 32 Organa „de antiphonario“, d. h. über Responsorien der Matutinen, 3 weitere singuläre Organa, ferner 60 Organa „de gradali“, d. h. über Graduale und Alleluja der Messe. Die Zyklen „de antiphonario“ und „de gradali“ sind nach dem Kirchenjahr geordnet. Die Organa „de antiphonario“ dienten auch als Gesänge der Sonntagsprozession vor der Messe. Sämtliche Organa sind zweistimmig. Die Töne der Soloteile (der sog. organalen Partien) eines responsorialen Gesanges werden in der tieferen Stimme (im Tenor) rhythmisch gedehnt und bekommen dadurch den Charakter von liegenbleibenden Stütztönen. Die Oberstimme verläuft dazu melismatisch in einem schnellen belebten, offenbar freien Rhythmus. In den restlichen Teilen (den sog. Discantuspartien) werden demgegenüber die Töne des Tenors rhythmisch modal gemessen, und auch die Oberstimme scheint rhythmisch modal (offenbar im 1. ↗Modus) zu verlaufen. Die L. folgende Generation hat den *Magnus liber* umgearbeitet.

Lit.: ↗Notre-Dame. B. R. SUCHLA

LEONORA ODER DIE EHELICHE LIEBE *(Leonora ossia L'amore conjugale)*, Opera semiseria in 2 Akten von Ferdinando Paër (1771–1839). Text vermutlich von G. Cinti nach dem gleichnamigen Libretto von Jean Nicolas Bouilly. Ort und Zeit der Handlung: ein spanisches Staatsgefängnis bei Sevilla, um 1500. UA (in ital. Sprache): 3.10. 1804 in Dresden, EA in dt. Sprache: 8.2.1809 in Wien unter dem Titel *Leonore oder Spaniens Gefängnisse bei Sevilla*.

Paërs *Leonora* ist die zweite Oper, die nach dem Buch von Bouilly entstand. Wegen ihres großen Erfolges mußte Beethovens ein Jahr später uraufgeführte Version unter dem geänderten Titel *Fidelio* gespielt werden. Daß das zeitgenössische Publikum Paërs Werk demjenigen Beethovens vorzog, ist verständlich: stilistisch einheitlicher und ohne schwer verständliche Brüche, bleibt diese italienische Vertonung des Stoffes eng an der im Untertitel präzisierten Thematik und verzichtet auf den großen Befreiungsgestus. Der 2. Akt spielt ausschließlich im Kerker und hält die Spannung bis in die letzte Szene aufrecht, was bei Beethoven nicht gelingt. Marzelline, im *Fidelio* ohne plausible dramatische Funktion, ist hier entscheidend in den dramatischen Verlauf integriert: ihre Liebe zu dem vermeintlichen Mann Fedele wird als Beweggrund zur Rettung Leonoras (hier ebenfalls für kurze Zeit gefangengesetzt) und Florestans ausgenutzt. Zahlreiche Nummern aus dieser in Themenbildung, Instrumentierung und Ensemblestruktur meisterhaften Oper verdienen Beachtung. An erster Stelle sind die beiden großen Monologe Leonoras und Florestans (*Esecrabil Pizzarro! dove vai* und *Ciel! Che profonda oscurità tiranna!)* zu nennen; ihre formale und zum Teil auch die melodische Gestaltung haben Beethoven zweifellos als Vorbild gedient. R. QUANDT

LEONORE, urspr. Titel der Oper ↗Fidelio von L. van Beethoven.

LEONORE 40/45, Opera semiseria in 2 Akten von Rolf Liebermann (* 1910), Text von Heinrich Strobel. Ort und Zeit der Handlung: Deutschland und Frankreich, 1937–47. UA: 25. 3. 1952 in Basel; dt. EA: 1. 10. 1952 in Köln.

Der Titel dieser Oper verweist auf Beethovens *Fidelio.* Ähnlich wie dort Leonore, findet hier die Französin Yvette nach langem Suchen ihren Geliebten in einem Kriegsgefangenenlager und kann ihn allen Schwierigkeiten zum Trotz heiraten. Ihr hilft dabei der Schutzengel Monsieur Émile, der auch als Conférencier des Stückes agiert; als Zeichen seiner Doppelfunktion trägt er Flügel am Frack. Aufgrund der Handlungselemente und der sprachlichen Gestaltung mit deutschen und französischen Dialogen wurde das Werk bei der UA als „Moderne Versöhnungsoper“ triumphal gefeiert (44 Vorhänge), im Deutschland der Nachkriegszeit aber als „Hohes Lied der Kollaboration“ (im Gegensatz zu *Fidelio:* „Hohes Lied der Gattentreue“) kritisiert. Als Beispiel für die geistvolle Zitiertechnik, die Liebermann in parodistischer Absicht nutzt, diene eine Episode aus der ersten Szene: Bei einem Konzert erklingt seine frühe Klaviersonate; entsetzt stammelt das Publikum „Dodo-kaka-pho-

pho-nie" (12st. Chor), doch beim Erklingen von Fr. Liszts berühmtem *Liebestraum* schlägt die Stimmung in Entzücken um. K. LANGROCK

LEOPOLD I., * 9.6.1640 Wien, † 5.5.1705 ebd.; seit 1658 römisch-dt. Kaiser. Unter den kunstverständigen Habsburgern des Barocks nimmt L. einen besonderen Rang ein. Er war selbst vielseitig schöpferisch tätig, seine bevorzugte Liebe galt aber der Musik, die er zeit seines Lebens selbst ausübte. Als Komponist hat er ein umfangreiches und professionellen Maßstäben entsprechendes Werk hinterlassen, das qualitativ höher einzuschätzen ist als das seines Vaters Ferdinand III. oder das seines Sohnes Joseph I. Von historischem Interesse ist vor allem seine Musik zu deutschsprachigen Oratorien und Komödien. Eine stilistische Entwicklung ist allerdings kaum feststellbar, vielmehr hielt L. am Stil der Venezianischen Schule seiner Jugend fest. Ähnlich konservativ verhielt er sich auch als großzügiger Mäzen, der den Wiener Hof zu einer zentralen Pflegestätte von Musik und Theater machte. Einen für den Barock typischen Höhepunkt des Zusammenwirkens von Kunst, Prachtliebe, politischer Repräsentation und bedeutungsvollem Anlaß bildete 1667 die Aufführung von M. A. Cestis Oper *Il pomo d'oro* zur Hochzeit L.s mit Margaretha Theresia von Spanien. Für L.s Willen zur Kontinuität spricht auch, daß A. Draghi als Komponist, N. Minato als Dichter und Ludovico Burnacini als Bühnenarchitekt zwei Jahrzehnte lang die bestimmenden Künstler am Hofe blieben.

WW: Kirchenmusikal. Werke, u.a. Messen, Litaneien, Trauerlektionen, Motetten u. Hymnen; Oratorien u. Sepolcri, darunter: *Il lutto dell'universo* (1668) und *Sig des Leydens Christi über die Sinnligkeit* (1682); Oper, Komödien u. Ballette in it., dt. u. span. Sprache, u.a.: *Timone Misantropo* (1696) (nur der 2. Akt erhalten); *Der thoreichte Schäffer* (1683); *Fineza contra Fineza* (vor 1705); ferner 155 Arien u.a. Einlagen in dramatische Werke seiner Hofmusiker.

Ausg.: Musikal. Werke der Kaiser Ferdinand III., L. I. u. Joseph I., hrsg. v. G. ADLER (W 1892–93, Nachdr. Farnborough 1971).

Lit.: H. V. F. SOMERSET, The Habsburg Emperors as Musicians, in: ML 30 (1949); O. WESSELY, Kaiser L.s I. „Vermeinte Bruder- und Schwesterliebe". Ein Beitr. z. Gesch. des Wiener Hoftheaters in Linz, in: StMw 25 (1962); H. SEIFERT, Die Festlichkeiten z. ersten Hochzeit Kaiser L.s I., in: ÖMZ 29 (1974); G. BROSCHE, Die musikal. Werke Kaiser L.s I., in: Beitr. z. Musikdokumentation. FS F. Grasberger (W 1975).

G. GRUBER

LEOPOLDI, Hermann (eig. Hersch Kohn), * 15.8. 1888 Wien, † 28.6.1959 ebd.; östr. Sänger und Komponist. Nach ersten Auftritten als Pianist (1906) und Varietékapellmeister (1907) wurde er während des 1. Weltkriegs als „Wiens bester Klaviersänger" populär. Zusammen mit Betja Milskaja unternahm er zahlreiche Tourneen durch deutschsprachige Länder, nach Paris, Prag, Budapest und Bukarest. 1938 wurde er in Wien verhaftet und 9 Monate lang in den Konzentrationslagern Dachau und Buchenwald festgehalten. Nach seiner Entlassung emigrierte er in die USA und sang in New York mit großem Erfolg seine Wiener Lieder und Couplets. 1947 kehrte er nach Wien zurück. L. schrieb mehr als 350 Schlager und Couplets. Zu den bekanntesten Titeln zählen *Die Überlandpartie, In einem kleinen Café in Hernals, Schön ist so ein Ringelspiel, Ich bin ein stiller Zecher, Wien, sterbende Stadt* und *Powidltatschkerln.*

LEOPOLITA (Leopolitanus, Lwowczyk), **Marcin,** * um 1540 Lemberg, † um 1589 ebd.; poln. Komponist. Er studierte Poetik an der Universität Krakau und wurde um 1560 „compositor cantus" am Hofe König Sigismunds II. August; 1564 kehrte er nach Lemberg zurück. Seine wenigen erhaltenen Werke zeugen von großem Talent. Sein Stil steht dem der späten Niederländischen Schule sehr nahe und weist in der Melodik auch polnische Züge auf.

WW (sämtliche 5st., hsl. erhalten): *Missa paschalis; Missa rorate; Missa de resurrectione*; Motetten: *Mihi autem; Cibavit eos; Spiritus Domini* u. *Resurgente Christo Domino.*

Ausg.: *Missa paschalis,* hrsg. v. J. SURZYŃSKI (Posen 1889) (= Monumenta musices sacrae in Polonia 3); dass., hrsg. v. H. FEICHT – S. WIECHOWICZ (Krakau 1957) (= WDMP 35).

Lit.: A. CHYBIŃSKI, Über die poln. mehrst. Musik im XVI. Jh., in: FS H. Riemann (L 1909); H. OPIEŃSKI, La musique polonaise (Lau 1918, Paris ²1929); M. PERZ, Motety Marcina Leopolity, in: FS H. Feicht (Krakau 1967).

LEPPARD, Raymond, * 2.8.1927 London; engl. Dirigent und Cembalist. Er erhielt seine Ausbildung am Trinity College in Cambridge, wo er 1958–68 als Lecturer in Music unterrichtete. 1956–68 war er musikalischer Berater des Royal Shakespeare Theatre in Stratford upon Avon. Seit 1963 leitet L. das English Chamber Orchestra, mit dem er außer in Europa auch in Japan und Buenos Aires gastierte. 1973 wurde er zum Principal Conductor des BBC Northern Symphony Orchestra ernannt. L. wurde besonders bekannt durch seine Wiederbelebung und Bearbeitung von Opern Cl. Monteverdis und Fr. Cavallis (Glyndebourne Festival und in London, auch als Schallplatteneinspielung).

WW: **1) Schriften:** *Cavalli's Operas,* in: Proc. R. Mus. Assoc. 93 (1966/67); *„Realizing" Monteverdi,* in: Opera 12 (1971). – **2) Editionen:** *C. Monteverdi. L'incoronazione di Poppea* (Lo 1964); *ders., L'Orfeo* (Lo 1965); *F. Cavalli, L'Ormindo* (Lo 1968); *ders., La Calisto* (Lo 1970).

LERNER, Alan Jay, ↗Loewe, Frederick.

LE ROUX, Gaspard, * um 1660, † 1707 Paris; frz. Cembalist und Komponist. Er wird neben Fr. Couperin u.a. 1692 in dem *Livre commode des adresses de Paris* unter den bedeutendsten Cembalisten der

Zeit aufgeführt. L. veröffentlichte einen Band *Pièces de clavessin* (P 1705), die, trotz unverkennbarer italienischer Einflüsse in der Melodik, einen persönlichen Stil erkennen lassen. J. S. Bach kannte seine *Pièces*, J. G. Walther kopierte daraus eine Suite. Erhalten sind von L. auch ein Air sérieux sowie (hsl.) 3 Motetten.

Ausg.: 5 Cemb.-Stücke, hrsg. v. P. BRUNOLD (P. o.J.); Pieces for Harpsichord, hrsg. v. A. FULLER (NY 1959).

Lit.: A. TESSIER, L'œuvre de G. Le R., in: RMie 3 (1922); DERS., Un claveciniste français, G. Le R., in: RM 5 (1923/24) (darin Air sérieux und verschiedene Cemb.-Stücke).

LE ROUX, Maurice, * 6.2.1923 Paris; frz. Komponist und Dirigent. Er war 1944–47 Schüler von O. Messiaen in der Klasse für Harmonielehre am Pariser Conservatoire und von R. Leibowitz, der ihn in die Zwölftonmusik einführte. 1951 arbeitete er am Studio für Musique concrète bei der RTF. In seiner Tätigkeit als Dirigent seit 1948 – er dirigierte u.a. das Orchestre de la Société des Concerts du Conservatoire und das Orchestre National de Monte Carlo und leitete 1960–68 das Orchestre National de la RTF – setzte er sich für die zeitgenössische Musik, besonders die der Avantgarde, ein. Sein kompositorisches Schaffen, das von der Zwölftontechnik zur seriellen Musik führte, ist stilistisch von der Rhythmik A. Jolivets und O. Messiaens beeinflußt, ferner von E. Varèse, B. Bartók und A. Webern sowie außereuropäischer Musik. Seine Musik steht Debussy nahe und könnte als serieller Impressionismus gekennzeichnet werden.

WW: **1) Kompositionen:** Zahlr. Klv.-Stücke; *2 mimes* (1947) für Kammerorch.; *Le cercle des métamorphoses* (P 1954), *Hommage à Mozart* (1956) u. *Un koan* (P 1973) für Orch. – Liederzyklus *Au pays de la magie* (1951); *Psaumes a capella* (1949) für Chor. – Ballette *Le petit Prince* (1953) u. *Sables* (1956); ferner Film- u. Bühnenmusik. – **2) Schriften:** *Introduction à la musique contemporaine* (P 1947); *C. Monteverdi* (P 1951).

Lit.: C. ROSTAND, La musique française contemporaine (P 1952); A. GOLÉA, 20 ans de musique contemporaine (P 1962).

LE ROY, Adrian (Adrien), * um 1520 Montreuil-sur-Mer, † 1598 Paris; frz. Musikdrucker, Lautenist und Komponist. Seit 1546 im Dienste des Vicomte von Tours, Seigneur de Semblançay, lernte er den Pariser Verleger Jean de Brouilly kennen, dessen Tochter er heiratete. 1551 gründete er gemeinsam mit seinem Vetter R. Ballard den Musikverlag „Le Roy & Ballard", der sehr erfolgreich wurde und dem er als künstlerischer Leiter vorstand. L. spielte eine führende Rolle im damaligen französischen Musikleben. Als musikalischer Berater König Karls IX. und regelmäßiger Besucher des Salons der Comtesse de Retz knüpfte er Beziehungen zu Politikern, Literaten und Dichtern an (P. de Ronsard, J. A. de Baïf u.a.); mit O. di Lasso, den er während dessen Parisaufenthalts in seinem Haus aufnahm und bei Hofe einführte, stand er in freundschaftlichen Beziehungen. Auch kompositorisch betätigte sich L., vor allem während der ersten Jahre seiner Zusammenarbeit mit Ballard.

WW: **1) Instr.-WW:** *5 Livres de tabulature de guiterre* (mit Tanzsätzen u. Intavolierungen) (P 1551–54); *Premier* bzw. *Tiers* u. *Sixiesme livre de tabulature de luth* (P 1551, 1552, 1559). – **2) Vokal-WW:** *Chansons en forme de vau de ville* für 4 St. (P 1573). – **3) Lehrwerke:** *Breve et facile instruction pour apprendre la tabulature ... sur le cistre* (P 1565); eine entsprechende *Instruction* für die Laute ist nur in 2 versch. engl. Übers. erhalten: *A briefe and easye instruction...* (Lo 1568) und *A briefe and plaine instruction...* (Lo 1574).

L. leistete auf allen Gebieten der Musik, auf denen er sich betätigte, Entscheidendes. Seine Lautenlehre, in der er besonders die für die französische Spieltechnik eigentümlichen Legatozeichen behandelt, blieb bis ins 17. Jh. vorbildlich. Die Intavolierungen von Chansons von J. Arcadelt und Lasso sowie die Tanzsätze zeigen einerseits L.s Fähigkeit, das vokale Original instrumental klanglich angemessen wiederzugeben, andererseits ein feines Gespür für den Rhythmus und, vor allem in den Doubles, eine phantasievolle Ausnutzung der virtuosen Möglichkeiten des Instruments. Sein *Premier livre de chansons* und seine Airs, die oberstimmenbetont und überwiegend homophon gesetzt sind, bezeichnen eine wichtige Etappe auf dem Weg zur Monodie.

Ausg.: *Livre d'airs de cour* 1571, übertragen v. A. MAIRY, in Chansons au luth et airs de cour français du XVIe siècle (P 1934); *1er livre de tabulature de luth* 1551, übertragen v. A. SOURIS – R. DE MORCOURT (P 1961); *Fantaisies et danses* 1568, übertragen v. P. JANSEN (P 1962); *Psaumes* (*Tiers livre de tabulature de luth* 1552) u. *Instruction* 1574, übertragen v. R. DE MORCOURT (P 1962); dass., hrsg. v. J. JACQUOT, 2 Bde. (P 1977).

Lit.: F. LESURE – G. THIBAULT, Bibliogr. des éditions d'A. Le R. et R. Ballard (P 1955); Ergänzungen dazu, in: RMie 39/40 (1957); R. DE MORCOURT, A. Le R. et les psaumes pour luth, in: Ann. Mus. 3 (1955); H. SCHNEIDER, Die frz. Kompositionslehre in der ersten Hälfte des 17. Jh. (Tutzing 1972) (= Mainzer Stud. z. Musikwiss. 3).

A. VERCHALY

LE SAGE DE RICHÉE, Philipp Franz, dt. Lautenvirtuose und Komponist frz. Herkunft. Nach einer Lehrzeit bei Ch. Mouton kam er gegen Ende des 17. Jh. nach Breslau, wo 1695 sein *Cabinet der Lauten* erschien, das 98 in 12 Suiten zusammengestellte Kompositionen im Stil der Pariser Lautenisten enthält.

Lit.: H. RIEMANN, Ein wenig bekanntes Lautenwerk, in: MfM 21 (1889) (mit einer Passacaglia); T. WORTMANN, Ph. F. Le S. de R. u. sein „Cabinet der Lauten" (Diss. W 1919).

LESCHETIZKY (Leszetycki), **Theodor,** * 22.6. 1830 Lańcut bei Lemberg, † 14.11.1915 Dresden; östr. Pianist und Pädagoge poln. Herkunft. Er erhielt seine Ausbildung seit 1840 bei K. Czerny (Klavier) und S. Sechter (Komposition) in Wien. Gefördert durch A. Rubinstein, lehrte er seit 1852 als Lehrer (1862 Professor) am Konservatorium in St. Petersburg. Nach zahlreichen Konzertreisen ließ sich L. 1878 in Wien nieder und wurde zu einem der bedeutendsten und einflußreichsten Klavierpädagogen seiner Zeit. Seine sorgfältig ausgewählten Schüler unterrichtete er nach einer jeweils individuellen Methode, die er nach seiner eigenen Angabe von Czerny übernommen hat; zu seinen Schülern zählen I. Friedmann, O. Gabrilowitsch, Elly Ney, I. Paderewski, A. Schnabel sowie Annette Essipow, seine Ehefrau und langjährige Duopartnerin. L. ist auch als Komponist vorwiegend von Salonmusik, Tänzen u. a. für Klavier und der Oper *Die erste Falte* (UA: Prag 1867) hervorgetreten.

Lit.: M. BRÉE, Die Grundlage der Methode L. (Klavierschule) (Mz 1902, [4]1914, NA 1924), engl. Übers.: The Groundwork of the L. Method (NY 1902, [2]1905, Nachdr. NY 1969 und St. Clair Shores/Mich. 1971); A. HULLAH, Th. L. (Lo 1906); E. NEWCOMB, L., as I Knew Him (NY–Lo 1921, Nachdr. NY 1967) (mit Einleitung v. E. Behre u. Werk-Verz.); G. WOODHOUSE, How L. Taught, in: ML 35 (1954).

LESCUREL, Jehannot de, † 1303 (?); frz. Dichter und Musiker. Er schrieb eine bedeutsame Sammlung von Chansons, von der nur ein Teil am Ende der *Roman de Fauvel*-Hs. (Paris, Bibl. Nat., fr. 146) überliefert ist. Es handelt sich dabei um 32 Balladen, Rondeaux und Virelais sowie um zwei *Dits,* die Rondeaux-Refrains unterlegt und in alphabetischer Reihenfolge bis zum Buchstaben G angeordnet sind. Mit Ausnahme eines 3st. Rondeau, *A vous, douce debonnaire,* im Satz Note gegen Note mit nur wenigen Kolorierungen, sind die Stücke einstimmig und erinnern an die Oberstimmen der Motetten von Petrus de Cruce.

Ausg.: GA (Texte u. Musik), in: F. GENNRICH, Rondeaux, Virelais u. Balladen, 2 Bde. (Dresden 1921, Gö 1927); GA, hrsg. v. N. WILKENS (R 1966) (= CMM 30).

LESSEL, Wincenty Ferdynand, * um 1750 Eula, † 1827 Puławy bei Warschau; poln. Komponist. Er studierte bei K. D. von Dittersdorf und J. A. Hiller in Dresden, wo er 1766–80 als Violinist der Hofkapelle angehörte. Nach seiner Rückkehr nach Polen war er 1781–1811 Kapellmeister beim Prinzen Czartoryski, unterrichtete seit 1814 Orgel an der Schule von Puławy und ließ sich kurz vor 1825 in Warschau nieder. Er schrieb neben Instrumentalwerken im Stil der Vorklassik musikalische Bühnenwerke (zumeist verschollen) über Themen aus der Geschichte Polens. Sein Sohn **Franciszek** (Franz), * um 1780 Warschau, † 26.12.1838 Piotrków, war auch Komponist und studierte bei seinem Vater sowie bei J. Haydn in Wien, wo er bis 1810 lebte. Anschließend kehrte er nach Polen zurück. Er imitierte den Stil Haydns und führte in seine Werke polnische Tanzrhythmen ein. Seine Lieder verweisen auf die Romantik.

WW: Sonaten; Variationen; Polonaisen; Walzer; Klv.-Bearbeitungen; 11 Streichquartette; ein Klv.-Quintett; Partita für Blasinstr.; Symphonie g-moll; Ouvertüre C-Dur; Klv.-Konzert; Lieder; eine Messe; ein Requiem; Kantaten; eine Oper. – Hsl. erhalten sind Kontrapunktstudien.

Lit.: H. RUDNICKA-KRUSZEWSKA, W. L. Szkic biograficzny na podstawie listów do syna (Krakau 1968) (darin Briefe W. L.s dt. u. poln.).

LESSING, Gotthold Ephraim, * 22. 1. 1729 Kamenz (Sachsen), † 15. 2. 1781 Braunschweig; dt. Dichter und Kritiker. Seit 1748 war er in Berlin als Journalist und Literat tätig und zählte dort J. G. Sulzer, Fr. Nicolai, K. W. Ramler, Fr. W. Marpurg, J. Fr. Agricola, J. Ph. Kirnberger, J. J. Quantz und C. Ph. E. Bach zu seinem Bekanntenkreis. Von diesen gleicherweise an Dichtung wie an Musik interessierten Männern beeinflußt, wandte er sich auch musikästhetischen Fragen zu. Was im *Laokoon* (1766) in einer Gesamtschau der Künste für die Musikästhetik angedeutet war, fand in der *Hamburgischen Dramaturgie* (1767–69) einen akzentuierten Niederschlag (besonders Stück 26–27). Manche seiner Gedichte wurden auch vertont (außer von den befreundeten Komponisten Agricola, Bach, Kirnberger, Marpurg und Quantz u. a. von J. André, L. van Beethoven, C. Fr. Fasch, H. Gal, C. H. Graun, J. Haydn, J. A. Hiller, L. Koželuch und C. Fr. Zelter), blieben aber liedgeschichtlich unbedeutend.

Lit.: A. CH. KALISCHER, G. E. L. als Musikästhetiker (Dresden 1889); J. S. UPTON, L. as a Music Critic (1968) (= Diss. Univ. of Texas); M. G. FLAHERTY, L. and Opera, in: Germanic Rev. 44 (1969).

LESSON (engl., = Aufgabe, Lehrstück), im 17.–18. Jh. in England Bz. für ein Soloinstrumentalstück, das tatsächlich oder dem Anspruch nach einen didaktischen Aspekt aufweist bzw. ein bestimmtes spieltechnisches Problem exponiert, ähnlich wie später die ↗Etüde. Am Ende des 16. Jh. gab es auch L.s für ↗Consort (z. B. von Th. Morley) und für Soloinstrumente mit Cembalobegleitung. Gelegentlich wurden auch Suitensätze als L.s bezeichnet (z. B. in M. Locke, *Melothesia ... with a choice collection of Lessons for the harpsicord and organ,* 1675). Eine Neuauflage der *Essercizi per gravicembalo* von D. Scarlatti (Lo 1738) erschien (Lo o. J.) unter dem Titel *Forty two suits of lessons for the harpsichord.*

L'ESTOCART, Pascal (Paschal) **de,** * kurz vor 1540 Noyon, † nach 1584; frz. Komponist. Er erhielt 1581 ein Privileg zur Veröffentlichung seiner Werke, das er seinen guten Beziehungen zu einem literarischen und musikalischen Kreis nach Genf geflüchteter Hugenotten verdankte. 1581–82 war er an der Universität Basel eingeschrieben, begab sich dann nach Nancy an den Hof Herzog Karls III. von Lothringen, der ihm als Dank für die Widmung der *Quatrains de Pibrac* eine Belohnung zukommen ließ. Nach seiner Rückkehr nach Basel widmete er 1583 dem zukünftigen französischen König Heinrich IV. seine *150 pseaumes de David*. 1584 ist er im Puy d'Évreux, vermutlich als Mitglied der Kapelle des Abbé von Valmont, nachweisbar, wo er für seine 5st. Motette *Ecce quam bonum et quam jucundum* den Preis der „Silbernen Harfe" erhielt. Danach verliert sich seine Spur. L. steht mit seinen ausschließlich geistlichen Werken, zumal mit den Psalmvertonungen, in der musikalischen Tradition der Hugenotten (↗Hugenottenpsalter).

WW: *Sacrae cantiones* für 4–7 St. (Motetten u. Chansons spirituelles), 2 Bücher *Octonaires de la vanité du monde* für 3–6 St. u. *Quatrains du Sieur de Pibrac* für 2–6 St. (Ly 1582); *Cent cinquante pseaumes de David* für 4–8 St. (Ly 1583 u. ö.) (mit den Texten v. C. Marot u. Th. de Bèze).

Ausg.: *Premier livre des octonaires* (P 1929) (= EXPERT Monuments 10); *150 pseaumes de David*, Faks.-Ausg. Genf 1583, hrsg. v. H. HOLLIGER – P. PIDOUX (Kas 1954) (= DMl I/7); *Second livre des octonaires*, hrsg. v. J. CHAILLEY – M. HONEGGER (P 1958) (= EXPERT Monuments 11).

Lit.: E. DROZ, Jean de Sponde et P. de L'E., in: Bibl. d'Humanisme et Renaissance 13 (G 1951); S. FORNAÇON, L'E. u. sein Psalter, in: Mf 13 (1960); J. V. COBB, The 1583 Psalter of P. de l'E. A Critical Edition (Urbana 1966) (= Diss. Univ. of Illinois).

LE SUEUR (Lesueur), **Jean-François**, * 15. 2. 1760 Drucat-Plessiel bei Abbeville, † 6. 10. 1837 Paris; frz. Komponist. Er war Chorknabe in Abbeville und Amiens und studierte Harmonielehre bei Abbé N. Roze. Jeweils kurze Zeit war er Kantor an Kirchen in Sées, Dijon, Le Mans, Tours und an Sts-Innocents in Paris sowie 1786–87 Kapellmeister an Notre-Dame in Paris. 1788–92 lebte er zurückgezogen bei einem Mäzen und widmete sich der Komposition. 1793 spielte das Théâtre Feydeau mit großem Erfolg seine Opéra-comique *La caverne ou le repentir*, es folgten 1794 *Paul et Virginie* und 1796 *Télémaque dans l'île de Calypso*. Am neugegründeten Pariser Conservatoire wurde L. 1795 Inspecteur des études, verlor dieses Amt aber 1802 infolge von Auseinandersetzungen. Napoleon, der seine Musik sehr schätzte, machte ihn 1804 in der Nachfolge G. Paisiellos zu seinem Hofkapellmeister. Nunmehr wurden seine schon früher der Pariser Opéra eingereichten dramatischen Werke gespielt, 1804 mit großem Erfolg *Ossian ou les bardes*, 1809 *La mort d'Adam*. 1816 wurde L. Professor für Komposition am wiedereröffneten Conservatoire. Über seine Schüler A. Thomas, H. Berlioz und Ch. Gounod reicht sein Einfluß weit ins 19. Jahrhundert.

WW: **1) Geistliche WW:** Den größten Teil seiner Kirchenmusik hat L. gegen Ende seines Lebens in revidierter Fassung u. neuer Anordnung drucken lassen; insgesamt erschienen bei J. Frey in Paris 17 Bände, darin u. a. 3 Messen (mit Motetten) für Chor, Soli u. Orch., 3 Te Deum, 3 *Oratorios de la passion* (lat. Karwochengesänge), 3 *Oratorios pour le couronnement des Princes Souverains*, die lat. Oratorien *Deborah, Rachel, Ruth et Noëmi, Ruth et Booz*, ein frz. Stabat Mater. – **2) Weltliche WW:** 8 Gesänge zu Feierlichkeiten der Frz. Revolution. – Opern: *La caverne*, UA: Paris 1793; *Paul et Virginie*, UA: ebd. 1794; *Télémaque dans l'île de Calypso*, UA: ebd. 1796; *Ossian ou les bardes*, UA: ebd. 1804; *La mort d'Adam*, UA: ebd. 1809; außerdem Opern, die nicht aufgeführt wurden. – **3) Schriften:** *Exposé d'une musique une, imitative et particulière à chacque solennité* (P 1787); *Lettre en réponse à Guillard sur l'opéra La Mort d'Adam* (P 1800–01); *Notice sur Paësiello* (P 1816).

L. konnte sich als Komponist den politischen Umwälzungen seiner Zeit nicht entziehen. 1794–1800 komponierte er zahlreiche Stücke für die Feierlichkeiten der Französischen Revolution. Zur Krönung Napoleons I. (1804) dirigierte er eine Messe und ein Te Deum von Paisiello, eine Motette des Abbé Roze sowie eine *Marche triomphale* und 2 Motetten eigener Komposition. Auch zur Hochzeit Napoleons (1810) und zur Krönung König Karls X. (1824) erklang Musik von Le Sueur. Wie sein Schüler Berlioz war L. ein streitbarer Geist, der Auseinandersetzungen nicht scheute und seine Auffassungen in zahlreichen Schriften verteidigte. Er hatte eine Vorliebe für große Chor- und Orchesterbesetzungen, auch in seiner Kirchenmusik. Sein Bemühen um antikes Kolorit in seinen Opern sowie seine kühnen, sich der Enharmonik bedienenden Modulationen nehmen Elemente der Romantik vorweg.

Ausg.: Die Revolutionsgesänge, in: C. PIERRE, Musique des fêtes et cérémonies de la Révolution Française (P 1899); Ein Chor aus *Premier oratorio pour le couronnement*, in: G. MASSENKEIL, Das Oratorium (Kö 1970) (= Das Musikwerk 37).

Lit.: H. BERLIOZ, Die Musiker u. die Musik (L 1903) (= Lit. Werke 9); F. LAMY, J.-F. L. 1760–1837 (P 1912); W. BUSCHKÖTTER, J.-F. L., in: SIMG 14 (1912/13); M. M. HERMAN, The Sacred Music of J.-F. L. A Musical and Biographical Source Study, 2 Bde. (1964) (= Diss. Univ. of Michigan); J. MONGRÉDIEN, La musique du sacre de Napoléon Ier, in: RMie 53 (1967); M. M. HERMAN, The Turbulent Career of J.-F. L. ... A Source Study of His Sacred Music and the Circumstances Surrounding its Composition, in: Rech. Mus. 9 (1969); O. F. SALOMAN, Aspects of „Gluckian" Operatic Thought and Practice in France. The Musico-Dramatic Vision of L. and La Cépède 1785–1809 in Relation to Aesthetic and Critical Tradition (1970) (= Diss. Columbia Univ.); J. MONGRÉDIEN, J.-F. L. 1760 to 1837. A Thematic Catalogue of His Complete Works (NY 1980) (= Thematic Catalogue Series 7).

M. MARX-WEBER

LESUNGEN (lat.: lectiones, daher dt. auch **Lektionen**), im allgemeinen Sinn die biblischen Texte bzw. Texte aus den Schriften der Kirchenväter, die im römisch-katholischen Gottesdienst als liturgische Verkündigung gelesen oder gesungen werden. Die L. der Messe sind die *Lectio* – die *Lesung* im engeren Sinn – und das ↗Evangelium; zusätzliche

L. gibt es bei besonderen Anlässen (Palmenweihe, Feier der Osternacht). Das ↗Offizium umfaßt kürzere und längere L.: kürzere sind *Lectio brevis* und *Capitulum*, längere L. (neuerdings auch mit Texten moderner Autoren wie R. Guardini) sind konstituierend besonders für die Matutin, die dementsprechend auch „Lesehore" genannt wird. Musikgeschichtlich bedeutsame biblische Matutin-L. sind die ↗Lamentationen.

Die L. der Messe bilden seit dem 5. Jh. den Mittelpunkt des Wortgottesdienstes. Bis zum 2. Vatikanischen Konzil gab es in der Regel nur eine Lesung (im engeren Sinn). Sie hieß *Epistel* – lat. *Epistola* = Brief –, da sie meist den Apostelbriefen entnommen war. Doch stammten nicht wenige Stücke auch aus dem AT, der Apostelgeschichte oder der Apokalypse. Epistel und Evangelium waren bei den Texten des betreffenden Tages im Missale Romanum abgedruckt, doch gab es für die feierliche Verkündigung auch ein eigenes Lektionar.

Heute stehen an Sonntagen und höheren Festen außer dem Evangelium zwei weitere L. zur Verfügung (an Wochentagen eine), von denen aber nur eine vorgetragen werden muß: die 1. Lesung aus dem AT oder der Apostelgeschichte, die 2. aus den Apostelbriefen oder der Apokalypse. Ihnen folgen jeweils Zwischengesänge. Neu geschaffen wurde (gemäß Art. 51 der Liturgiekonstitution von 1963) auch die Ordnung der Texte für die L. und Evangelien; sie umfaßt jetzt für die Sonn- und Feiertage 3 verschiedene jährliche Zyklen („Lesejahre" A, B und C), die der Reihe nach abwechseln. Die Texte sind heute nicht mehr im Meßbuch enthalten, sondern – samt den Zwischengesängen – im *Lektionar* (Bde. I – III: die L. für die Sonn- und Feiertage, IV: Wochenlektionar in 2 Teilen, V: Die L. für die Gedenktage der Heiligen, VI: Die L. für die Meßfeier bei besonderen Anlässen). Der Vortrag der Lesung ist nicht wie beim Evangelium allein dem Priester oder Diakon vorbehalten, sondern geschieht in der Regel durch einen Lektor.

Im Gregorianischen Gesang erfolgt der Vortrag der L. mit Hilfe von ↗Lektionstönen, deren Hauptmerkmale das Rezitieren auf einem Ton und die Verwendung melodischer Formeln für bestimmte Akzente und für die syntaktische Gliederung des Textes sind. Von den zahlreichen mittelalterlichen Tönen für L. und Epistel gingen 2 einfache Modelle in die *Editio Vaticana* ein, der *Tonus Prophetiae* und der *Tonus Epistolae* (heute *Toni Lectionum I* und *II*; vgl. *Graduale Romanum*, Toni communes III). Musikalisch kunstvollere Gebilde waren im Mittelalter die *Epistola farcida* und der Gesang der Sibylle. Die *Epistola farcida* ist seit dem Ende des 12. Jh. in einigen französischen Missalien für die Weihnachtszeit nachweisbar. In ihr wird der vorgetragene Text kunstvoll mit den dazugehörigen Bibelauslegungen geschmückt (tropiert, farciert). Der Gesang der Sibylle wurde am Weihnachtstag in eine Textstelle des Jesaias eingefügt. Es gibt auch viele mehrstimmige Epistelvertonungen. Das früheste mittelalterliche Beispiel ist die 2st. Lectio *In omnibus requiem quaesivi* (Paris, Bibl. Nat., f. lat. 1139). Für den evangelischen Gottesdienst schuf M. Luther in der *Deutschen Messe* von 1526 neben dem Evangelien- auch einen eigenen Epistelton, der an den 8. Psalmton angelehnt ist. Jedoch setzte sich der gesungene Vortrag von Epistel und Evangelium nicht durch. Das gleiche gilt heute auch für die katholische Meßfeier.

Ausg.: M. Luther, Deudsche Messe (Wittenberg 1526), Faks. hrsg. v. J. WOLF (Kas 1934) (= Veröff. der Musikbibl. P. Hirsch 11); Antiphonale sacrosanctae Romanae ecclesiae pro diurnis horis (R 1949); H. SCHROEDER, Episteln u. Evangelien in dt. Sprache für Feste und besondere Anlässe, 3 Teile (Düsseldorf 1965); Lektionar, 6 Bde. (Einsiedeln–Kö–Fr u. a. 1969–74); Graduale ... de tempore et de sanctis (Solesmes–Tours 1974).

Lit.: R. MOLITOR, Die Nach-Tridentinische Choral-Reform I (L 1901); P. WAGNER, Einführung in die Gregor. Melodien III (L 1921, Hil–Wie 1970); F. GEBHARDT, Die musikal. Grundlagen zu Luthers Dt. Messe, in: Luther-Jb. 10 (1928); C. CALLEWAERT, Sacris erudiri (Steenbrugge 1940); CH. MAHRENHOLZ, Altargesang, in: MGG I; G. P. KÖLLNER, Der Accentus Moguntinus (Diss. Mz 1950); B. STÄBLEIN – CH. MAHRENHOLZ, Epistel, in: MGG III; G. KUNZE, Die L., in: Leiturgia 2 (Kas 1955); W. APEL, Gregorian Chant (Bloomington/Ind. 1958); F. HABERL, Die liturg. Rezitative der heiligen Messe, in: MS 80 (Kö 1960); O. BRODDE, Ev. Choralkunde, in: Leiturgia 4 (Kas 1961); L. SCHRADE, Ein neuer Fund früher Mehrstimmigkeit, in: AfMw 19 (1962) u. 20 (1963); J. A. JUNGMANN, Wortgottesdienst (Rb 1965); Die mehrst. liturg. L., 2 Bde., hrsg. v. TH. GÖLLNER (Tutzing 1969).

B. R. SUCHLA

LESUR, Daniel Jean Yves, ↗Daniel-Lesur.

LESURE, François, * 23. 5. 1923; frz. Musikforscher. Er studierte in Paris an der Sorbonne, an der École des Chartes, an der École Pratique des Hautes Études und am Conservatoire. Er ist Bibliothekar am Département de la Musique der Bibliothèque Nationale (seit 1970 Conservateur en chef) und leitet seit 1953 das Zentralsekretariat des Répertoire International des Sources Musicales (RISM). 1965 übernahm er einen Lehrauftrag an der Université Libre von Brüssel. Seit 1973 ist er Directeur d'études an der École Pratique des Hautes Études in Paris. L., dessen Forschungen u. a. auch Cl. Debussy gelten, ist heute führend auf dem Gebiet der europäischen Musikbibliographie.

Schriften: *Bibliographie des éditions d'A. le Roy et R. Ballard* (P 1955) (= Publications de la Soc. Fr. de Mie II/9), dazu Suppl., in: RMie 40 (1957); *Musicians and Poets of the French Renaissance* (NY 1955) (= Merlin Music Books 6); *Mozart en France* (P 1956); *Recueils imprimés XVIe–XVIIe siècle* (Mn 1964) (= RISM B I); *Recueils imprimés XVIIIe siècle* (Mn 1964) (= ebd. B II), dazu Suppl., in: Notes 28 (1971/72); *Musica e so-*

cietà (Mi 1966), dt. Übers.: Musik u. Ges. im Bild. Zeugnisse der Malerei aus 6. Jh.en (Kas 1966); *Bibliographie des éditions musicales publiées par E. Roger et M.-Ch. Le Cène Amsterdam 1696–1743* (P 1969) (= Publications de la Soc. Fr. de Mie II/12); *Écrits imprimés concernant la musique*, 2 Bde. (Mn 1971) (= RISM B VI); *Les débuts de la musicologie française*, in: Quadrivium 12 (1971); *L'opéra classique français* (G 1973); *C. Debussy* (G 1975). – L. edierte ferner eine GA des „Œuvre critique" v. C. Debussy (P 1971, dt. St 1974) u. ist Hrsg. v. *Le pupitre* (Collection de musique ancienne) (P 1967ff.) sowie der Reihe *Iconographie musicale* (G 1972ff.).

LET'S MAKE AN OPERA *(Wir machen eine Oper)*, Unterhaltungsstück in 2 Teilen von Benjamin Britten (1913–76), op. 45, Text von Eric Crozier. Ort und Zeit der Handlung: Suffolk, 1810. UA: 14. 6. 1949 in Aldeburgh (Suffolk); dt. EA: 10.1.1951 in Gelsenkirchen.

Nach szenisch-spielerischer Vorbereitung von Publikum und Mitwirkenden folgt im getrennt aufführbaren 2. Teil des Stückes die Oper *The Little Sweep (Der kleine Schornsteinfeger)*. In sich geschlossene Nummern mit eingeschobenen Sprechdialogen und die bescheidene Instrumentalbesetzung – Klavier zu 4 Händen, Solostreichquartett und Schlagzeug – lassen das Werk als Spiel- und Kammeroper erscheinen. Kinder und professionelle Sänger stellen gemeinsam die Geschichte des achtjährigen Sammy dar, der als Gehilfe eines boshaften Schornsteinfegers arbeiten muß, jedoch von einer Gruppe aufgeweckter Kinder, die ihn in ihrem Schrank verbergen und in einem Koffer aus dem Hause schmuggeln, seinem schlimmen Schicksal entzogen wird. Vitale Rhythmik, unkomplizierte Gestik einfacher Melodien und dezent durch Reizdissonanzen erweiterte tonale Harmonik sind Elemente der musikalischen Sprache, die dem Werk seine charakteristische Verbindung geistreicher Kurzweil und didaktisch kluger Einfachheit geben. Besonders beliebt wurde das *Nachtlied* zu Beginn der dritten Szene, in dem das Publikum – hier wie in drei weiteren Liedern in den Kreis der Ausführenden einbezogen – Vogelgeräusche imitieren muß.

W. A. MAKUS

LEUCKART, F. E. C. L., dt. Musikverlag, gegr. 1782 in Breslau von **Franz Ernst Christoph L.**, * 21. 3. 1748 Helmstedt, † 9. 2. 1817 Breslau, und nach dessen Tod weitergeführt von seiner Witwe *Friederike L.* († 1825) sowie deren Kindern *Karl August Ferdinand L.* († 1830) und *Augusta Henriette*, der Gattin von *Karl August Sander* (1786–1859). Deren Sohn *Constantin Sander* (1826–1905) verlegte das Unternehmen 1870 nach Leipzig. Gegenwärtig wird der Verlag, der sich 1948 in München niederließ, von *Berta* und *Marco Sander* geleitet. Eine der wichtigsten Publikationen des 19. Jh. war die *Geschichte der Musik* von A. W. Ambros. Heute publiziert der Verlag vor allem Chormusik *(Leuckart Chorblatt)*, katholische Kirchenmusik, Instrumentalmusik *(Leukartiana)* sowie Werke von R. Strauss und H. Pfitzner.

Lit.: 175 Jahre Musikverlag F. E. C. L. (Mn 1957); J. LA LUE, Ten Rediscovered Sale-Catalogues. L.'s Supplements, Breslau 1787–1792, in: Musik u. Verlag. FS K. Vötterle (Kas 1968).

LEVI, Hermann, * 7. 11. 1839 Gießen, † 13. 5. 1900 München; dt. Dirigent. Er erhielt 1852–55 Theorieunterricht bei V. Lachner in Mannheim und studierte dann bis 1858 bei M. Hauptmann und J. Rietz am Leipziger Konservatorium. Über Paris kam er als Musikdirektor nach Saarbrücken und war 1861–64 Opernkapellmeister in Rotterdam, dann bis 1872 Hofkapellmeister in Karlsruhe. Während dieser Zeit setzte er sich für J. Brahms ein, trat aber dann um 1870 mit R. Wagner in Verbindung. 1872–96 wirkte L. als Hofkapellmeister in München (1894 GMD für Oper und Konzert). Seine glühende Verehrung für Wagner gipfelte in der Bayreuther Uraufführung des *Parsifal* (1882), als dessen bedeutendster Dirigent er lange Zeit angesehen wurde. Zu L.s Repertoire zählten ebenso die Symphonien A. Bruckners wie das Schaffen W. A. Mozarts. Er war maßgeblich an der Mozart-Renaissance seiner Zeit beteiligt, die ihm Weltruhm einbrachte. Seine Übersetzungen der Texte der italienischen Opern Mozarts waren zwar lange Zeit an deutschen Bühnen gebräuchlich, sind aus heutiger Sicht jedoch wegen substantieller Eingriffe problematisch. L. ist auch als Komponist von Liedern und Instrumentalwerken hervorgetreten.

Lit.: E. POSSART, Erinnerungen an H. L. (Mn 1900); L.s Briefwechsel mit Brahms, in: Brahms, Briefwechsel 7, hrsg. v. L. SCHMIDT (B 1910, Nachdr. Tutzing 1974); F. WALTER, Briefe V. Lachners an H. L. (Mannheim 1931); R. SIETZ, Aus F. Hillers Briefwechsel 6 (Kö 1968) (= Beitr. z. rheinischen Musikgesch. 70).

B. A. KOHL

LEVIDIS, Dimitri, * 8. 4. 1886 Athen, † 30. 5. 1951 ebd.; griech. Komponist. Er studierte 1900 bis 1905 am Konservatorium in Athen, 1906–07 in Lausanne sowie 1907–08 bei Fr. Klose, F. Mottl und R. Strauss in München. 1910–39 lebte er in Paris, wo mehrere seiner Kompositionen uraufgeführt wurden. Nach seiner Rückkehr nach Griechenland war er mehrere Jahre lang Vorsitzender des griechischen Komponistenverbands. L. war einer der ersten Komponisten, der neue Instrumente, wie die Ondes Martenot, in sein Schaffen mit einbezog.

WW: Klv.-Stücke; ein Streichquartett; *Chant païen* für Ob. u. Str.; Divertissement für Engl. Horn u. „aeolisches Orch." (Harfen, Str., Celesta u. Schlagzeug) (1911). – Für Orch.: symphonische Dichtung *Nazmi* (1922); Werke für „Dixtuor aeolien d'orchestre" (1925–29); *Poème* (1927) für V. u. Orch.; *Poème symphonique pour solo d'ondes musicales et orchestre* (1928). – Orch.-Lieder:

De profundis (1930) für 2 Ondes Martenot, Tenor und Orch.; Oratorium *L'Iliade* (1942/43). – Ballett *Le pâtre et la nymphe,* UA: Paris 1924.

LEVINE, James, * 24. 6. 1943 Cincinnati (Ohio); amerik. Pianist und Dirigent. Er erhielt seine Ausbildung in Klavier u. a. bei R. Serkin und seit 1961 an der Juilliard School of Music in New York (Rosina Lhevinne), in Dirigieren bei G. Szell, bei dem er 1964–70 stellvertretender Dirigent des Cleveland Orchestra war. 1965 wurde er daneben Leiter des University Circle Orchestra. In der Folgezeit trat er bei namhaften amerikanischen und europäischen Orchestern als Gastdirigent hervor und gab 1971 mit *Tosca* von G. Puccini sein Debüt an der Metropolitan Opera in New York, an der er 1973 den eigens für ihn geschaffenen Posten des Chefdirigenten erhielt und 1976 die musikalische Leitung übernahm. L. machte sich besonders als Dirigent der Werke W. A. Mozarts (*La clemenza di Tito* und *Die Zauberflöte* bei den Salzburger Festspielen seit 1976) wie auch G. Verdis und G. Mahlers einen Namen. Er tritt auch als brillanter Pianist (u. a. in Schallplatteneinspielungen mit dem Cellisten Lynn Harell) hervor.

LEWIN, David, * 2. 7. 1933 New York; amerik. Komponist und Musikforscher. Neben Klavierunterricht bei E. Steuermann in New York studierte er Theorie bei M. Babbit und Komposition bei R. Sessions an der Princeton University (N. J.). Seit 1967 lehrt er an der Universität in Stony Brook (N. Y.). L.s analytische Arbeiten beschäftigen sich vor allem mit A. Schönberg und der Dodekaphonie. Seine Kompositionen beziehen serielle und elektronische Techniken und Klangbilder mit ein *(Essay on a Subject of Webern; Three Spanish Songs).*

WW: **1) Kompositionen:** *Essay on a Subject of Webern* (1958) für Kammerorch.; elektronische Kompositionen *Studies 1* u. *2* (1961); *Fantasy-Adagio* (1966) für V. u. Orch.; *Three Spanish Songs* (1959) für Bar., Gitarre u. Baßklar. – **2) Schriften:** *A Theory of Segmental Association in Twelve-Tone Music,* in: Perspectives of New Music 1 (1962/63); *A Study of Hexachord Levels in Schoenberg's Violin Fantasy,* in: ebd. 6 (1967/68); *Some Applications of Communication Theory to the Study of Twelve-Tone Music,* in: JMTh 12 (1968).

LEWINSKI, Wolf-Eberhard von, * 2. 6. 1927 Berlin; dt. Musikschriftsteller und -kritiker. Er studierte 1944–50 in Dresden Violine, Klavier und Dirigieren (H. Abendroth, J. Keilberth) sowie Theater-, Literatur- und Kunstgeschichte. 1947–51 lebte L. als Musikkritiker in Dresden und Berlin, anschließend in Darmstadt. Seit 1971 ist er in Mainz als Musikschriftsteller für Fachzeitschriften, Tagespresse und Fernsehen tätig. Seit 1979 leitet er ein Seminar für Musikkritik an der Musikhochschule Rheinland, Abteilung Köln.

Schriften: *Musik, wieder gefragt. Gedanken u. Gespräche zum Musikleben von heute* (H 1967); *L. Hoelscher* (Tutzing 1967); *A. Rubinstein* (B 1967) (= Rembrandt-Reihe 57); *J. Keilberth* (B 1968) (= ebd. 59); *A. Foldes* (B 1970) (= Rembrandt-Reihe 61); *Elektronische Musik u. ihr Instrumentarium,* in: FS für einen Verleger. L. Strecker (Mz 1973).

LEWIS, John (Aaron), * 3. 5. 1920 La Grange (Illinois); amerik. Jazzmusiker (Pianist, Bandleader, Komponist, Arrangeur). Er arbeitete 1945 bei Dizzy Gillespie, war 1949 als Solist und Arrangeur für Miles Davis und dessen „Capitol Orchestra“ tätig, gründete 1951 das „Modern Jazz Quartet“, das seit 1952 offiziell in Erscheinung trat und zu einer maßgebenden Combo des Cool Jazz wurde. Der Klang der Gruppe wurde vor allem durch das ausgesparte Spiel von L. am Klavier und durch die flüssigen Vibraphonimprovisationen von Milt Jackson bestimmt. Als Komponist hatte L. großen Erfolg mit *Django, Afternoon in Paris, Fontessa* und *Two Bass Hit.* Daneben strebt L. Verbindungen zwischen Jazz und Konzertmusik an.

Lit.: J. E. BERENDT, Good Bye, Modern Jazz Quartet, in: Ein Fenster aus Jazz (F 1977).

LHÉRITIER (L'Héritier, Leretier, Liritier), **Jean,** * wahrscheinlich um 1480; frz. Komponist. Er war Kleriker in Thérouanne (Pas-de-Calais) und gilt als Schüler von Josquin des Prés. 1521/22 ist er als Kapellmeister an S. Luigi dei Francesi in Rom, 1540/41 als Kapellmeister des Kardinals von Clermont, François-Guillaume de Castelnau, in Avignon nachweisbar. Der 1508 in die Ste-Chapelle in Paris eingetretene und 1520–32 am Hofe Kaiser Karls V. lebende Kirchenmusiker Antoine L. ist wahrscheinlich nicht der Autor der mit „L'Héritier“ gezeichneten Kompositionen.

WW: *Motetti de la fama* für 4 St. (V 1555); eine Messe, ein Magnificat, etwa 40 Motetten und 3 Chansons in Sammeldrucken 1519–88 u. hsl. (Rom, Bibl. Vallicelliana).

Ausg.: Opera omnia I, hrsg. v. L. L. PERKINS (R 1969) (= CMM 48). – 11 Motetten, in: P. Attaingnant, Treize livres de motets, hrsg. v. A. SMIJERS – T. MERRITT (P – Monaco 1934–63).

Lit.: E. E. LOWINSKY, A Newly Discovered 16th Century Motet Manuscript at the Bibl. Vallicelliana in Rome, in: JAMS 3 (1950); F. LESURE, Notes pour une biogr. de J. L., in: RMie 42 (1958); L. L. PERKINS, The Motets of J. L. Héritier, 2 Bde. (1965) (= Diss. Yale Univ. New Haven/Conn.); H. W. FREY, Die Kapellmeister an der frz. Nationalkirche S. Luigi dei Francesi in Rom im 16. Jh. I: 1514–77, in: AfMw 22 (1965).

LHOTKA. – 1) Fran, * 25. 12. 1883 Mladá Vožice (Südböhmen), † 26. 1. 1962 Zagreb; jugoslawischer Komponist. Er studierte 1899–1905 bei A. Dvořák am Prager Konservatorium, gehörte dann seit 1909 als Hornist der Oper in Zagreb an und war 1910–20 Lehrer an der Musikschule sowie 1920–61 an der Musikakademie, die er 1923–40 und 1948–52 auch leitete. 1912–20 dirigierte er auch den Chor „Lisinski“ und 1920–40 das Orchester der Musikakademie.

WW: **1) Instr.-WW:** Streichquartett g-moll (1910); Konzert für Streichquartett (1925); Suite für 4 Fl. (1926); Bläsertrio (1948); Pastoral u. Scherzo für 5 Bläser (1950); Elegie u. Scherzo für Streichquartett (1955). – Für Orch.: Symphonie E-Dur (1909); V.-Konzert d-moll (1914); 2 Kroatische Rhapsodien für V. u. Kammerorchester (1931); *Epilog* (1957); *Fresken* (1958). – **2) Bühnen-WW:** Musikal. Märchen *Zlatokosi kraljević*, UA: Zagreb 1909; fantastische Sage *U carstvu sanja*, UA: ebd. 1912; Opern *Minka*, UA: ebd. 1918, u. *More*, UA: ebd. 1920. – Ballette: *Davo i njegov šegrt*, UA: Zagreb 1931; *Djavo u selu*, UA: Zürich 1935; *Balada o jednoj srednjovjekronaj ljubavi*, UA: ebd. 1937; *Lûk*, UA: München 1939; *Duša mora* (1953); *Amazonke* (1954). – **3) Schriften:** *Dirigiranje* (Zagreb 1931, [2]1968); *Harmonija* (ebd. 1948, [3]1961).

2) Ivo (L.-Kalinski), Sohn von 1), * 30. 7. 1913 Zagreb; jugoslawischer Komponist. Er beendete 1939 ein Kompositions- und Gesangsstudium an der Musikakademie in Zagreb. Seit 1940 unterrichtete er in Zagreb und Split, seit 1951 als Gesangslehrer an der Musikakademie in Zagreb. L. bezieht sowohl die Dodekaphonie wie Elemente der Volksmusik seines Landes in sein Schaffen mit ein.

WW: **1) Instr.-WW:** Für Orch.: Symphonie Es-Dur (1937); *Žalobna muzika* (1962); 6 *Eseja* (1965). – **2) Vokal-WW:** Kantate *Kerempuhova pesem* (1959); 4 *Epitafa* (1964); *Medifacje XX* (1965) für Bar. mit Kammerensemble. – **3) Bühnen-WW:** Opern: *Pomet*, UA: Zagreb 1944; *Matija Gubec*, UA: ebd. 1948; *Vlast*, UA: Belgrad 1958; Funkoper *Analfabeta*, UA: Radio Belgrad 1954; Fernsehopern: *Putovanje*, UA: jugoslavisches Fernsehen Zagreb 1957; *Dugme*, UA: ebd. 1958; Kinderoper *Velika coprarija* (1952); ferner das Ballett *Legenda o pjesmi*, UA: Rijeka 1966.

LIBERATI, Antimo, * 3.4.1617 Foligno (Umbrien), † 24.2.1692 Rom; it. Kirchenmusiker. Er stand zuerst im Dienste Kaiser Ferdinands III., dann Erzherzog Leopolds in Wien. Schüler von Gr. Allegri und O. Benevoli, trat er 1661 als Altist in die päpstliche Kapelle in Rom ein, bei der er bis zu seinem Tode blieb; 1674/75 war er auch deren Kapellmeister. Zugleich hatte L. Organisten- und Kapellmeisterposten an verschiedenen Kirchen Roms inne. L. ist hauptsächlich durch seine Schriften bekannt geworden. Sie enthalten interessante Angaben über zeitgenössische Musiker und ihre Kompositionen. L. verteidigt in ihnen die Römische Schule und wendet sich gegen die Seconda pratica, Cl. Monteverdi und die venezianische Oper.

WW: **1) Kompositionen:** Ein *Laudate Dominum*, in: RISM [1]1683; ferner eine Messe für 16 St. u. Arien hsl. – **2) Schriften:** *Lettera scrita ... in riposta ad una del Signore Ovidio Persapegi* (R 1685); *Ragguaglio dello stato del coro de cantori nella Capella Pontificia* (1663), *Epitome della musica* (1666) und *Due lettere a G. P. Colonna ...* (1685) hsl.

Lit.: F. KAST, A. L., in: KmJb 43 (1959).

LIBRETTO (it., Diminutiv zu libro = Buch; frz.: livret), seit dem 18. Jh. Bz. für das kleinformatige Textbuch zu musikalisch-szenischen Werken, im übertragenen Sinn deren Text selbst; in der weitesten Auslegung des Begriffs auch die textliche Vorlage für Oratorien, Kantaten u. ä., ferner die Szenarien von Balletten und Pantomimen. L. bezeichnet keine Dichtung, die nach literarischen Maßstäben zu messen wäre, auch keine literarische Gattung, obwohl Librettisten sich literarischer Formen und Gattungen bedienen, mithin der Text nach literarhistorischen Kategorien klassifiziert werden kann. Die Eigenart des L.s beruht in der Vereinigung sämtlicher dramatischer Funktionen einer ↗Oper (Musik, Sprache, szenisch-gestische Momente), die seines Textes liegt in der Bestimmung zur Komposition und nicht in seiner literarischen Eigenwertigkeit.

Die Geschichte der Librettistik ist von Anbeginn von literarischen Einflüssen geprägt. Bis zum Ausgang des 18. Jh. ist die L.-Produktion nahezu ausschließlich von der je zeitgenössischen Dramenproduktion beeinflußt; mit dem italienischen und französischen L.-Typus bildeten sich zwei Grundtypen heraus, die in Aufbau und Funktion den die europäische Literatur beherrschenden romanischen Dramen-Typen glichen. Im 19. Jh. entstand mit der Hinwendung zu undramatischen, epischen Gattungen als Vorlage ein gegenüber dem gleichzeitigen Sprechdrama eigenständiger Gattungstypus. Um die Wende zum 20. Jh. trat an die Stelle der musikdramatischen Umgestaltung dramatischer und epischer Vorlagen mehr und mehr die redaktionelle Einrichtung von zur Weltliteratur zählenden Dramen für die musikalische Bühne, ein Vorgang, der als Literarisierung der Oper bezeichnet wird. Die Gegenreaktion in jüngster Gegenwart gründet in Verfahren, in denen die Zerstörung und Negierung musikalisch-kompositorischer Traditionen bewußt parallel gesetzt wird zu literarischen Tendenzen im Antitheater; durch Verknüpfung dieser Verfahrensweisen entsteht eine neue Konzeption des absurden Musiktheaters, mit der die Gattung Oper in Frage gestellt wird.

Die ersten Libretti (O. Rinuccini) erschienen zugleich mit den ersten Opern. In Form und Thematik knüpfen sie an die literarische Tradition der Favola pastorale an; der glückliche Ausgang (lieto fine) ist gültiges Prinzip, Akt- und Szeneneinteilung sowie Bühnenanweisungen (Nebentext) fehlen. Unter dem Einfluß des spanischen Dramas wird in Venedig für den kommerzialisierten Opernbetrieb der Typus des Intrigendramas mit komischen Nebenepisoden entwickelt (G. Faustini); in der römischen Oper werden auch religiöse Themen (*Il Sant'Alessio*, 1632) verarbeitet; zugleich legte Kardinal Rospigliosi den Grund zur komischen Oper (*Chi soffre speri*, 1639). G. Fr. Busenello entwarf 1642 für Cl. Monteverdi die erste Oper mit historischem Stoff

(L'incoronazione di Poppea). Trotz Straffung der Handlungsführung und Schematisierung im Intrigendrama trieb die Kontrastierung ernster und heiterer Szenen gegen Endes des 17. Jh. eher einem Konglomerat aus grotesken und abenteuerlichen Szenen- und Personentypen entgegen als einem durchorganisierten Dramentypus. Erst unter dem Einfluß der klassischen französischen Tragödie erhielt das L. wieder eine strengere Form. Ph. Quinault und J.-B. Lully begründeten die Tragédie lyrique, die bis ins 18. Jh. maßgebend blieb. An dieser Form des musikalischen Dramas orientierten sich auch A. Zeno und P. Metastasio mit ihren L.-Reformen. Vor allem der metastasianische L.-Typ, das dreiteilige Intrigenstück um idealisierte antike Gestalten mit dem strengen Wechsel von Handlungsdialog (Rezitativ) und kurzen Verspartien (Arie), beherrschte die Opera seria des gesamten 18. Jahrhunderts. Metastasio führte diesen Reformtypus auch zu dichterischer Höhe; seine Opernlibretti wurden mit gleichem Erfolg auch als Sprechdramen aufgeführt. Diesem starren dramatischen Schematismus setzten Chr. W. Gluck und sein Librettist R. de' Calzabigi einen Typus des musikalischen Dramas entgegen, in dem sie der Echtheit menschlichen Gefühls und einer einfachen, psychologisch motivierten Handlung den Vorrang gaben. – Als Gegenposition zu den herrschenden ernsten Typen nahmen die komischen Dramen eine eigene Entwicklung. Im italienischen Bereich aus der Commedia dell'arte und der neapolitanischen Dialektdichtung entstanden, entwickelte sich aus der Theaterpraxis heraus und ohne literarische Ambitionen der Typus der zweiaktigen Opera buffa, die im 18. Jh. durch C. Goldoni und L. Da Ponte im Dramma giocoso auf höheres Niveau geführt wurde. In Frankreich entstand aus der Comédie mêlée d'ariettes und dem ↗Vaudeville im Gefolge des ↗Buffonistenstreits die Opéra-comique (Ch. S. Favart, M. Sedaine, J.-Fr. Marmontel), deren unschematischer Aufbau die Präsentation verschiedenster Stoffe ermöglichte und zahlreiche Ansatzpunkte für die Weiterentwicklung der Gattung Oper bot. Im Schatten der beherrschenden italienischen und französischen L.-Produktion fristete die Librettistik in anderen europäischen Ländern nur ein unselbständiges Dasein. – Die Zerstörung der gesellschaftlichen Grundlagen von Tragédie lyrique und metastasianischer Oper insbesondere durch sozialgeschichtliche Veränderungen ermöglichte in der Librettistik einen breiten Neuansatz. In Frankreich schuf E. Scribe den L.-Typus der Grand opéra mit Massenszenen und einem festen Repertoire an klischeehaften Musiknummern (Trinklied, Liebesduett, Racheschwur, Gebetsszene u.a.). Eine ähnlich beherrschende Stellung nahm in Italien F. Romani ein; der französische und italienische romantische L.-Typus wurden bis zur typologischen Gleichartigkeit einander angenähert. Stofflich-motivisch tritt an die Stelle des ausgewogenen metastasianischen Handlungsschemas das tragisch disponierte Motiv des Mannes zwischen zwei Frauen bzw. der Frau zwischen zwei Männern, dargestellt an romantisch-literarischen oder historisch-originalen Stoffen. Dieser Typus ist weder auf logische Stringenz der Handlung und des dramatischen Dialogs noch auf eine literarisch qualifizierte sprachliche Gestaltung abgestellt, sondern auf den kontrastreichen Aufbau primär emotional geprägter Szenen, in denen die affektiven Reaktionen handelnder Figuren subtil nachgezeichnet und breit dargestellt werden. G. Verdi bezeichnete diese Konzeption als „parola scenica", als unmittelbare szenische Realisierung eines Geschehens durch Geste, Spiel, Bewegung und musikalischen Ausdruck. Dieselben Vorstellungen verband L. Véron (Direktor der Pariser Oper von 1831–35) mit seiner Forderung nach einer vom Geist des Theaters und nicht der Literatur getragenen Librettistik. Dieser künstlerischen Intention entspringt eine Typenvielfalt, die sich in den mannigfachen nationalen Stilen der Oper widerspiegelt: Eigenwertiges einer nationalen Kultur bestimmt den L.-Typus im 19. Jh. ebenso wie spezifische Stoffwahl und Originalitätsstreben. In Verfolgung der gleichen L.-Konzeption, jedoch in Verkehrung der idealisierenden Absichten entstand in Italien gegen Ende des 19. Jh. die sogenannte veristische Oper, in der stofflich-motivisch das Alltägliche, das realistische Milieu in den Vordergrund gerückt wird. – Im deutschsprachigen Raum regenerierte sich die Librettistik an den Formen des nord- und süddeutschen ↗Singspiels, mit dem romantisch-wunderbare Stoffe transportiert wurden und aus dem heraus sich ein eigener Operntypus mit originärer L.-Thematik entwickelte. In Wagners Musikdramen verschmelzen diese Elemente mit einer episch angelegten Gestaltung des germanischen Mythos zu einer neuformulierten Anschauung der theatralischen Szene, die durch wechselseitige Inspiration von Wort und Musik getragen wird. Diesem Entwicklungszug steht als Nebenform die deutsche Spieloper zur Seite, für die vor allem A. Lortzing unter theatralisch-pragmatischen Gesichtspunkten seine Libretti selbst entwarf. – Die Literarisierung der Oper beginnt mit A. Dargomyschskis Vertonung von Puschkins *Steinernem Gast* (1872), bei der die literarische Vorlage unverändert blieb, und wurde fortgesetzt mit Cl. Debussys *Pelléas et Mélisande* (nach M. Maeterlinck), R. Strauss' *Salome* (nach O. Wilde)

und A. Bergs *Wozzeck* (nach G. Büchner). Die jüngsten Tendenzen des Musiktheaters lassen sich wohl am plastischsten in B. A. Zimmermanns *Die Soldaten* (als Literaturoper) und M. Kagels *Staatstheater* (als absurdes Musiktheater) exemplifizieren. – Die Geschichte der Gattungsästhetik ist seit der Mitte des 18. Jh. von einer Kontroverse geprägt, die Komponisten wie Librettisten wie Operntheoretiker irregeleitet hat: vom Streit über den Vorrang von Musik oder Sprache. Die scheinbare Kontroverse, in der das Typische der Gattung Oper am Beispiel des L.s jeweils nur unzureichend beschrieben wurde, verstellte Bühnenpraktikern wie Historikern den Blick für das Wesentliche nicht nur in den folgenden 200 Jahren, sondern brachte auch die festgefügte Gattungstradition des L.s im 17. und 18. Jh. in Verruf. Zweimal wurde der Streit gar in Opern thematisiert: in *Prima la musica et poi le parole* (1786) von G. B. Casti/A. Salieri und in *Capriccio* (1942) von C. Krauss/R. Strauss. Entschied Salieri die Kontroverse zugunsten der Musik, so formuliert R. Strauss in seinem „Konversationsstück“ die Unsinnigkeit der Fragestellung: sich für einen (Librettisten oder Komponisten) zu entscheiden heißt, den Vorzügen des anderen völlig zu entraten. Die Kritik an der Gattung L. wurde getragen von Kriterien der aristotelischen Poetik; ihr liegt das Verständnis von Oper als Sprechdrama und nicht als Musikdrama zugrunde. Noch heute wird die Wirksamkeit der szenischen Anlage eines L.s häufig konterkariert durch Wert oder Unwert der sprachlichen Gestaltung. Die Wertung konzentriert sich (fälschlich) weniger auf die Eigendynamik eines Werkes und seine musikalisch-szenischen Höhepunkte als vielmehr auf den Vergleich mit der literarischen Vorlage, nach der die Oper entstanden ist. – Nur an wenigen Beispielen kooperativer Arbeit läßt sich heute die L.-Genese nachvollziehen, etwa an derjenigen zwischen Scribe und G. Meyerbeer, deren vielschichtige Arbeitsweise nur mit großem philologischem Aufwand aus Tagebuchnotizen und an den originalen Libretti zu entschlüsseln ist, oder derjenigen zwischen R. Strauss und Hugo von Hofmannsthal, deren Substanz in einem umfangreichen Briefwechsel greifbar wird. Der Versuch, auf dieser Materialbasis eine Ästhetik des L.s fernab von der Wertung sprachlich-dichterischer Formung eines Textes zu entwerfen, wäre der Kenntnis von der historischen Entwicklung der Gattung und der typologischen Bestimmung dienlicher als nahezu die gesamte Forschung, die bisher über diesen Gegenstand getrieben wurde.

Lit.: E. H. DE BRICQUEVILLE, Le livret d'opéra français de Lully à Gluck 1672–1779 (Mz 1887); F. LINDEMANN, Die Operntexte Ph. Quinaults (Diss. L 1904); M. EHRENHAUS, Die Operndichtung der dt. Romantik (Breslau 1911) (= Breslauer Beitr. z. Literaturgesch. 29); M. FEHR, A. Zeno u. seine Reform des Operntextes (Diss. Z 1912); E. ISTEL, Das L. (B 1914, ²1915); H. ABERT, Wort u. Ton in der Musik des 18. Jh., in: AfMw 5 (1923); dass., in: Gesammelte Schriften u. Vorträge, hrsg. v. F. Blume (Hl 1929); R. GERBER, Der Operntypus J. A. Hasses u. seine textlichen Grundlagen (L 1925); M. KUNATH, Die Oper als literarische Form (Diss. L 1925); H. PRUNIÈRES, I libretti dell'opera veneziana nel secolo XVII, in: Rass. Mus. 3 (1930); M. KRAUSSOLD, Geist und Stoff der Operndichtung (L 1931); R. GUIET, L'évolution d'un genre, le livret d'opéra en France de Gluck à la Révolution 1774–1793 (1936/37) (= Smith College Studies in Modern Languages 18); E. VALENTIN, Dichtung u. Oper, in: AfMf 3 (1938); A. DELLA CORTE, La „poesia per musica“ e il l. d'opera (Tn 1950); U. ROLANDI, Il l. per musica attraverso i tempi (R 1951); A. A. ABERT, Der Geschmackswandel auf der Opernbühne, am Alkestis-Stoff dargestellt, in: Mf 6 (1953); E. DAHNK-BAROFFIO, Zu den Libretti der Händelzeit, in: FS Göttinger Händelfestspiele (Gö 1953). A. A. ABERT, C. Monteverdi und das musikal. Drama (Lippstadt 1954); A. SCHERLE, Das dt. Operni. v. Opitz bis Hofmannsthal (Diss. Mn 1957); W. HUBER, Das Textbuch der frühdt. Oper (Diss. Mn 1957); A. DELLA CORTE, Dramma per musica dal Rinuccini allo Zeno, 2 Bde. (Tn 1958) (= I classici it. 57/1–2); S. KUNZE, Die Entstehung eines Buffo-L. Don-Quijote-Bearb., in: DJbMw 12 (1967); K. HORTSCHANSKY, Der Deus ex machina im Operl. der ersten Hälfte des 19. Jh., in: Beitr. z. Gesch. der Oper, hrsg. v. H. Becker (Rb 1969) (= Stud. z. Musikgesch. des 19. Jh. 15); F. LIPPMANN, Vincenzo Bellini u. die it. Opera seria seiner Zeit. Stud. über L., Arienformen u. Melodik (Kö 1969) (= Anal. Mus.); E. THIEL – G. ROHR, L. Verz. der bis 1800 erschienenen Textbücher (F 1970); K. LEICH, G. F. Robertis Libretti 1694–1708. Ein Beitrag insbesondere z. Gesch. des Operni. in Venedig (Mn 1973); P. HACKS, Oper (B–Wr 1975, Düsseldorf 1976); K. G. JUST, Das dt. Operni., in: Poetica 7 (1975); L. DALLAPICCOLA, Texte et musique dans le mélodrame 1961–1969, in: Musique en jeu 21 (1975); W. DEAN, Opera and Literary Approach, in: MT 119 (1978); C. DAHLHAUS, Zur Methode der Opernanalyse, in: Musik und Bildung 12 (1980); R. STROHM, Händels Londoner Operntexte, in: Kgr.-Ber. Berlin 1974 (Kas 1980).

J. SCHLÄDER

LIBUSSA *(Libuše)*, Festliches Singspiel in 3 Akten von Friedrich Smetana (1824–84), dt. Originaltext von Josef Wenzig, tschech. Übersetzung von Ervín Špindler. UA: 11. 6. 1881 in Prag (zur Einweihung des tschech. Nationaltheaters).

Der Stoff um die gerechte Herrscherin und Seherin Libussa ist dem nationalen tschechischen Mythos entnommen; er stellt eine freie Geschichtserfindung dar, mit der die Herkunft des böhmischen Herrschergeschlechts der Přemysliden und die Gründung Prags erläutert werden sollen. Trotz der Einfügung einer Liebes- und Eifersuchtsgeschichte, die in den Sagenvorlagen nicht zu finden ist und für die Oper den (scheinbaren) Konfliktstoff liefern soll, bleibt die Anlage des Werkes undramatisch und bilderbogenhaft. – Gerade dieser Entwurf reizte Smetana, eine Festoper mit nationalem musikalischen Pathos zu schreiben. Den Hauptfiguren sind treffend charakterisierende Personalmotive zugeordnet, deren Kombinationen im Verlauf der Handlung Symbolkraft gewinnen. Bei aller Nähe zum musikdramatischen Stil R. Wagners gelingt Smetana die Schöpfung eines originären und singulären Kompositionsstils, geprägt von äußerst sorgfältiger Beachtung der Sprachmelodie und einer über weite Strecken pathetischen Deklamation. Höhepunkt des Werkes ist Libussas abschließende Prophezeiung, die durch sechs „lebende Bilder“ verdeutlicht wird: in typischen Gruppierungen werden bedeutsame Augenblicke aus der tschechischen Geschichte symbolisch dargestellt. – Der nationalistisch-repräsentative Charakter des Werkes gewann vielfache politische Bedeutung: geplant für die Prager Königskrönung des österreichischen Kaisers Franz Joseph, stellte es schon damals mit der visionär geschauten Lösung Böhmens von Österreich ein politisches Wagnis dar. Auch später (z. B. nach Hitlers Einmarsch in Böhmen und Mähren) nahmen Aufführungen dieser Oper den Charakter nationalistischer Demonstrationen an.

J. SCHLÄDER

LICENZA (it.), **Licentia** (lat., = Erlaubnis). – **1)** Unter Licentia verstand man in der Satzlehre seit dem 16. Jh. besonders im Umkreis der Lehre von den musikalisch-rhetorischen ↗Figuren, das kunstvolle Abweichen vom strengen Satz (z. B. freie Dissonanzbehandlung, ↗Querstand). In ähnlichem Sinne erscheint die Bz. noch bei L. van Beethoven *(Fuga a 3 voci, con alcune licenze* im letzten Satz der Klaviersonate op. 106). – **2)** Im Schauspiel und in italienischen Opern des 17./18. Jh. gelegentlich Bz. für die Schlußszene (↗Epilog), die sich direkt an das Publikum wendet und gewöhnlich eine Huldigung einer hochgestellten Persönlichkeit darstellt (z. B. an Kaiserin Elisabeth Christine in der 1723 aufgeführten Oper *Costanza e fortezza* von J. J. Fux). Mitunter wurde dieser Teil, der im allgemeinen ein Rezitativ und eine Arie oder einen Schlußchor enthält, für den jeweiligen Anlaß eigens hinzukomponiert.

LICHNOWSKY, östr. Adelsfamilie. – **1) Karl,** Fürst, * 21.6.1761 Wien, † 15.4.1814 ebd. Er war Schüler und Freund W. A. Mozarts, der ihn 1789 auf einer Reise nach Prag, Dresden und Berlin begleitete. Durch J. Haydn wurde er mit L. van Beethoven bekannt, den er eine Zeitlang bei sich aufnahm und ihm 1800 ein festes Gehalt von 600 Gulden aussetzte. Beethoven schätzte sein Urteil sehr und widmete ihm mehrere Werke (Klv.-Trios op. 1; Klv.-Sonaten op. 13 und 26; 2. Symphonie). K. v. L.s Frau Christine betreute den Komponisten mit mütterlicher Fürsorge. – **2) Moritz,** Graf, Bruder von 1), * 17. 10. 1771 Wien, † 17. 3. 1837 ebd. Auch er gehörte zu den treuesten Freunden und Gönnern Beethovens, der ihm die Klaviervariationen op. 35 und die Klaviersonate op. 90 widmete und auf ihn den Scherzkanon *Bester Herr Graf, Sie sind ein Schaf* (WoO 183) schrieb. Er komponierte Klaviervariationen über G. Paisiellos *Nel cor più non mi sento* (W 1798).

Lit.: TH. V. FRIMMEL, Beethoven-Hdb. 1 (L 1926, Nachdr. Hil–Wie 1968); S. LEY, Beethoven und die fürstliche Familie L., in: Aus Beethovens Erdentagen (Bonn 1948, Siegburg 1957); R. SCHAAL, L., in: MGG VIII.

LICHTTON-ORGEL, ein elektromechanisches Tasteninstrument (↗Elektrophone), bei dem Schwingungen durch rotierende Lochscheiben erzeugt werden, die in rhythmischer Folge von einem auf eine Fotozelle gerichteten Lichtstrahl getroffen werden. Diese tonfrequenten Spannungsschwankungen werden über Verstärker und Lautsprecher wiedergegeben.

LIDHOLM, Ingvar Natanael, * 24.2.1921 Jönköping; schwedischer Komponist und Dirigent. Er studierte 1940–45 Violine und Dirigieren an der Musikhochschule Stockholm und war daneben 1942–44 Kompositionsschüler von H. Rosenberg in Stockholm und 1954 noch von M. Seiber in London. 1947–56 dirigierte er das Symphonieorchester in Örebro und leitete 1956–65 die Kammermusikabteilung am Schwedischen Rundfunk. Seither ist er Professor für Komposition an der Musikhochschule Stockholm. Als Komponist wandte sich L. nach einer neoklassizistischen Phase *(Toccata e canto)* einer moderneren, expressiven Schreibweise zu (Klaviersonate, 1947), in der die Zwölftontechnik eine zentrale Stellung einnimmt.

WW: **1) Instr.-WW:** *Toccata e canto* (1944) für Kammerorch.; Solosonate für Fl. (1946); Musik für Str. (Orch. oder Quartett) (1952, revidiert 1955); Concertino für Fl., Ob., Engl. Horn u. Vc. (1954); 4 Stücke für Vc. u. Klv. (1955). – Für Orch.: *Ritornell* (1955); *Mutanza* (1959); *Motus-Colores* (1960); *Poesis* (1963). – **2) Vokal-WW:** *Laudi* (1947) für gem. Chor a cap.; *Cantata* (1949) für Bar. u. Orch.; 3 Lieder auf Texte v. G. Ekelöf (1954) für Sopran u. 4 Instr.; *Canto LXXXI* (1956) (Text: E. Pound) für gem. Chor a cap.; Kantate *Skaldens natt* (1958) für Sopran, Chor u. Orch.; Szene *Nausikaa ensam* (1963) (Text: E. Johnson) für Sopran, Chor u. Orch. – **3) Bühnen-WW:** Fernsehoper *Holländarn* (nach A. Strindberg), UA: 1967; Ballett *Riter* (1959) (auch als Suite). – **4) Schriften:** *Three Aspects of New Music. From the Composition Seminar in Stockholm* (Sto 1968, ²1971) (zus. mit G. Ligeti und W. Lutosławski).

Lit.: I. BENGTSSON, S.-E. Bäck u. I. L., in: Melos 23 (1956); B. WALLNER, Blomdahl, Bäck, L., in: Musikrevy 14 (1959); G. BERGENDAL, in: Musikkultur 32 (1968); B. E. BROLSMA, The Music of J. L. A Survey and Analysis (Evanston/Ill. 1979) (= Diss. Northwestern Univ.).

LIEBE DER DANAE, DIE, Heitere Mythologie in drei Akten von Richard Strauss (1864–1949), op. 83, Text von Joseph Gregor. Ort und Zeit der Handlung: das mythische Griechenland. Am 16. 8.

1944 in Salzburg Generalprobe und Uraufführung, die der Öffentlichkeit nicht zugänglich war. Wegen der Zeitereignisse wurden die Salzburger Festspiele auf höheren Befehl untersagt. Öffentliche UA: 14.8.1952 in Salzburg (Festspielhaus).
H. von Hofmannsthal hatte 1920 ein Szenarium *Danae* an Strauss übersandt, das jedoch nach anfänglichem Interesse liegenblieb. Erst 1936 befaßte er sich wieder mit diesem Stoff. Joseph Gregor, der schon 1935 eigene Gedanken zum gleichen Thema entwickelt hatte, fiel die Aufgabe zu, beide Fassungen im gewünschten Sinne zu vereinen. (Der bei Hofmannsthal nur angedeutete Gott geriet Gregor zur veritablen Bühnenfigur.) Eingebettet in die vordergründige Handlung eines Pleitestaates, dessen Herrscher Pollux durch kluge Verheiratung seiner Tochter Danae die Wirtschaft seines Landes wieder flott und seinen Staat wieder kreditwürdig machen will, vollzieht sich das Mysterium von Liebe und Menschlichkeit, die Gold und Gott zu überwinden vermögen. Strauss knüpft kompositorisch am Stil der *Ariadne* an, gestaltet die Partie des Jupiter im feierlichen Stil des Peneios aus *Daphne*, wendet seine inspiratorische Kraft aber unverkennbar dem liebenden Paar Midas und Danae zu, dessen Zwiegesang im symbolhaften Unisono mündet, das Jupiter bei Danae versagt bleibt. Namentlich das Orchesternachspiel der Versöhnungsszene zwischen Jupiter und Merkur (Jupiters Verzicht) als Überleitung zur letzten Szene mit stillem Aktschluß, die großen Solonummern und Danaes Cavatine zeigen Strauss noch einmal in der Vollkraft seiner künstlerischen Inspiration. Der große Erfolg blieb diesem Werk bisher versagt.

H. BECKER

LIEBE MACHT ERFINDERISCH, Burletta per musica von J. Haydn; ↗Untreue lohnt nicht.

LIEBERMANN, Rolf, * 14.9.1910 Zürich; Schweizer Komponist. Nach abgebrochenem Jurastudium wurde er 1937 Dirigierschüler, bald auch Privatsekretär und Assistent von H. Scherchen in Wien. Das Arbeitsverhältnis endete mit dem deutschen Einmarsch in Wien; L. kehrte in die Schweiz zurück, wo er in Ascona von Wl. Vogel Kompositonsunterricht, insbesondere in Zwölftontechnik, erhielt. Die nun entstehenden Werke wurden von Scherchen so erfolgreich zur Aufführung gebracht, daß L. einen Optionsvertrag auf alle folgenden Kompositionen bekam. 1945 wurde er Tonmeister bei Radio Beromünster, leitete 1950–57 die Orchesterabteilung dieses Senders und übernahm dann die Musikabteilung des NDR Hamburg. 1959 wurde L. Leiter der Hamburgischen Staatsoper, die sich vor allem durch sein Festhalten am Prinzip des Ensembletheaters (alle Vorstellungen einer Inszenierung in Premierenbesetzung) zu einer der führenden deutschen Opernbühnen entwickelte; durch eine Reihe von Kompositionsaufträgen förderte er das zeitgenössische Musiktheater. 1973–80 war er Generalintendant der Vereinigten Pariser Opernhäuser. Mehrere Opern brachte er auch als (Fernseh-)Filme heraus und machte sie damit einem breiteren Publikum zugänglich. Sein Buch *En passant par Paris* stellt einen „Rechenschaftsbericht" über diese Zeit dar. Seit 1980 widmet sich L. ganz der Komposition. Als Komponist war L. vor allem durch seine Experimentierfreudigkeit bekannt geworden (*Concerto for Jazz-Band and Symphony Orchestra,* 1954; eine auf Lochkarten gestanzte Sinfonie für Büromaschinen *„Les Échanges"* für 159 Maschinen, 1964). Seine 3 Opern auf Texte von H. Strobel waren vor allem durch ihre auf unkonventioneller Dodekaphonie beruhende ausdrucksvolle Musiksprache erfolgreich.

WW: **1) Instr.-WW:** *Polyphone Studien* (1943) für Kammerorch.; *Sinfonie* (1949); Klv.-Sonate (1951). – *Furioso* (1947) für Orch.; Suite über 5 Schweizerische Volkslieder (1947) für Orch.; *Concerto for Jazz-Band and Symphony Orchestra* (1954); *Geigy Festival Concerto* (1958) für Basler Trommel u. Orch., Sinfonie für Büromaschinen *Les Échanges* (1964) für 159 Maschinen. – **2) Vokal-WW:** Kantate *Une des fins du monde* (1945) (Text: J. Giraudoux) für Bar. u. Orch.; *Chinesische Liebeslieder* (1945) für Tenor, Harfe u. Streichorch.; *Musik* (1949) (nach Texten v. Ch. Baudelaire u. P. Verlaine) für Orch. u. Sprecher; Kantate *Streitlied zwischen Leben und Tod* (1950) für Soli, Chor u. Orch.; *Capriccio* (1959) für Sopran, V. u. Orch. – **3) Bühnen-WW:** Opern: *Leonore 40/45* (Libr.: H. Strobel), UA: Basel 1952; *Penelope* (Libr.: ders.), UA: Salzburg 1954; Rondo buffo *Die Schule der Frauen* (Libr.: ders.), UA als: *School for Wives,* Louisville/Ky. 1955, UA der erweiterten dt. Fassung, Salzburg 1957. – **4) Schriften:** *Krise der Oper,* in: Melos 21 (1954); *Oper in der Gegenwart,* in: ÖMZ 15 (1960); *Als Intendant sieht man alles anders,* in: Melos 28 (1961); *Oper in der Demokratie,* in: Melos 29 (1962); *Actes et Entractes* (P 1976), dt. Übers.: *Opernjahre* (Mn 1977, NA Mn–Mz 1979); *En passant par Paris: Opéras* (P 1980), dt. Übers.: *Und jedermann erwartet sich ein Fest: Musiktheater* (B 1981).

Lit.: H. H. STUCKENSCHMIDT, R. L., in: SMZ 92 (1952); J. RUFER, Die Komposition mit 12 Tönen (B 1952, Kas [2]1966); R. KLEIN, R. L. als dramatischer Komponist, in: Melos 21 (1954); H. STROBEL, Libretti für Rolf, in: Melos 37 (1970); R. L. zum 60. Geburtstag, hrsg. v. I. SCHARBERT–H. PARIS (H 1970); C. RIESS, R. L. Nennen Sie mich einfach Musiker (H 1977).

K. LANGROCK

LIEBERT (Libert). – **1) Gautier,** frz. Komponist des frühen 15. Jahrhunderts. Er ist um 1428 als Mitglied der päpstlichen Kapelle nachweisbar. Von ihm sind in der Hs. Oxford 3 3st. Rondeaux überliefert. – **2) Reginald** (Reginaldus), frz. Komponist des 15. Jahrhunderts. Er wurde vermutlich als Maître de musique Nachfolger von Nicolas Grenon an der Kathedrale von Cambrai. Von ihm sind 2 3st. Rondeaux, eine 3st. Plenarmesse, bestehend aus 12 Ordinariums- und Propriumsgesängen, und ein 4st. Kyrie überliefert.

Ausg.: **Zu 1):** Die Chansons, in: Early 15th Century Music 2, hrsg. v. G. REANEY (R 1959) (= CMM 11/2). – **Zu 2):** Die Messe, in: Trienter Codices, 4. Auswahl, hrsg. v. R. VON FICKER (1920) (= DTÖ 53); dies. u. die anderen WW, in: Early 15th Century Music 3, hrsg. v. G. REANEY (R 1966) (= CMM 11/3).

Lit.: **Zu 1):** G. REESE, Music in the Renaissance (NY 1954, revidiert 1959). – **Zu 2):** R. VON FICKER, Die Kolorierungstechnik der Trienter Messen, in: StMw 7 (1920); H. BESSELER, Bourdon u. Fauxbourdon (L 1950, ²1974); G. REANEY, The Ms. Oxford Bodl. Libr., Can. Misc. 213, in: MD 9 (1955); DERS., L., in: MGG VIII.

LIEBESFUSS (engl.: pear-shaped bell; frz.: pavillon piriforme; it.: padiglione piriforme), Bz. für das birnenförmige, sich zu einer kleinen Öffnung verengende Schallstück einiger Rohrblattinstrumente, wie z. B. Oboe da caccia, Oboe d'amore, Heckelphon und Englisch Horn. Der L. dient als Dämpfer und verleiht diesen Instrumenten den charakteristisch weichen Klang.

LIEBESTRANK, DER *(L'Elisir d'amore)*, Opera comica in 2 Akten von Gaetano Donizetti (1797–1848), Text von Felice Romani vermutlich nach *Le Philtre* (1831) von E. Scribe und D. F. E. Auber. Ort u. Zeit der Handlung: ein italienisches Dorf, zu Beginn des 19. Jahrhunderts. UA: 12. 5. 1832 in Mailand (Teatro della Canobbiana); dt. EA (in dt. Sprache): 26. 6. 1834 in Berlin (Königstädtisches Theater).

Die Geschichte vom armen, aufrichtigen Bauernsohn Nemorino, der seine geliebte Adina mit einem vom Quacksalber Dulcamara erstandenen „Liebestrank" (in Wahrheit purer Rotwein) gewinnen will, wie einst Tristan seine Isolde, soll Donizetti innerhalb von 14 Tagen in Musik gesetzt haben. Stoff, komödiantischer Spielwitz und musikalische Faktur sind so gut aufeinander abgestimmt, daß die Oper den Zeitgenossen als vorbildlich gestaltete Opera buffa galt. Stilistisch hat Donizetti den Gattungstypus in Richtung auf die durchkomponierte Musikkomödie verändert: Die orchesterbegleiteten Rezitative sind zumeist in die geschlossenen Formen eingebaut; klavierbegleitete Secco-Rezitative finden nur sparsame Verwendung. Solonummern in Strophen- oder Refrainform schließen mit der für Donizettis Kompositionsstil typischen Cabaletta; mehrteilige Solonummern sind durch Choreinschübe oder Ausweitung zum Ensemble als musikalische Szenen angelegt (z. B. Dulcamaras Auftritts-Cavatine). Die Fülle an eingängigen Melodien und die lyrisch-sentimentale Komponente (vor allem in der Romanze des Nemorino *Una furtiva lagrima – Heimlich aus ihrem Auge*, einer Glanznummer aller großen Tenöre) sicherten dem Werk seit der UA eine bleibende Beliebtheit beim Opernpublikum.

J. SCHLÄDER

LIEBESZAUBER, DER *(El amor brujo)*, Zigeunerszene aus Andalusien, Ballett mit Gesang in einem Akt von Manuel de Falla (1876–1946). Libretto von Gregorio Martínez Sierra (1881–1947). UA: 15.4.1915 in Madrid (Teatro Lara), Choreographie: Pastora Imperio (1894–1979); dt. EA: 1952 (Berliner Staatsoper).

Die Handlung dieses wohl berühmtesten spanischen Zigeunerballetts basiert im wesentlichen auf einer alten iberischen Sage: Carmelo, ein junger Zigeuner, wirbt um die schöne, leidenschaftliche Candelas; diese allerdings wird von dem Geist ihres verstorbenen Liebhabers bedroht und vermag sich seiner eifersüchtigen Verfolgung nicht zu entziehen. Hingegen weiß die verführerische Lucia, die Freundin Candelas', das Gespenst mit weiblicher List zu betören und die Spukgestalt zu verbannen, so daß die Verliebten endlich zueinanderfinden. – Innerhalb weniger Monate schuf de Falla die gesamte Ballett-Partitur, obgleich er ursprünglich beabsichtigt hatte, nur ein Lied und einen Tanz für die gefeierte spanische Flamencotänzerin P. Imperio zu komponieren. Melodien andalusischer Zigeunermusik, orientalisch gefärbte Melismen und rhythmische Elemente des „canto jondo" prägen das Klangbild des Werkes. De Fallas sublime Instrumentationstechnik ermöglicht die Imitation von Zupf- und Schlaginstrumenten, die in der eigentlichen Orchesterbesetzung ausgespart sind. – Die musikalische Erstfassung sowie die erste choreographische Konzeption vermochten nicht zu überzeugen. Dagegen fand die Zweitfassung, die 1916 in Barcelona zum ersten Mal konzertant aufgeführt wurde, wohlwollende Beachtung. Schließlich begründete die Neuinterpretation der Tänzerin Antonia Mercé (gen. Argentina, 1890–1936) in Paris (Opéra-Comique, 1928) den internationalen Erfolg des Balletts, das 1954 in Spanien sogar verfilmt wurde.

G. LUDIN

LIEBE ZU DEN DREI ORANGEN, DIE *(Ljubow k trjom apelsinam)*, Oper in 4 Akten (10 Bildern) und einem Prolog von Sergei Prokofjew (1891–1953), op. 33, Text vom Komp. nach Carlo Gozzi. UA (in frz. Sprache: *L'Amour des trois oranges)*: 30.12. 1921 in Chicago; dt. EA (in dt. Sprache): 14.3.1925 in Köln; EA in der Originalsprache: 18.2.1926 in Leningrad.

Prokofjew faszinierten an Gozzis Stück die dort gebotenen Möglichkeiten, mannigfaltige Elemente des Märchenhaften, der Satire und des Phantastischen im Sinne der Commedia dell'arte wechselseitig zu verknüpfen und ironisch gebrochen zu präsentieren: Die wunderbaren Abenteuer der Hauptfiguren bilden eine Kette tumultuarisch sich überstürzender „Ereignisse", durch die eine „dramatische Handlung" eher persifliert denn konstituiert erscheint; darüber hinaus treten im Prolog miteinander rivalisierende Zuschauergruppen auf, die gegensätzliche Forderungen eines „Publikums" erheben und demgemäß das Geschehen der inneren Spielebene sodann beständig kommentieren und sogar beeinflussen. Diesem szenischen Konzept folgt Prokofjews Vertonung in hohem Maße: die stark vom Tänzerischen geprägte Musik hebt die mimisch-gestischen – gleichsam improvisierten – Aktionen der Figuren hervor; charakteristische Orchestermotive verdeutlichen die komisch-grotesken Situationen; und die melodische Ausgestaltung der stegreifartigen Dialoge ist in einem sehr variablen rezitativischen Stil gehalten. Die distanzierend-heitere Kritik an den Konventionen des Theaters spiegelt sich nicht zuletzt auch in jenen traditionellen Szenentypen, die (z. B. bei der Darstellung der übernatürlichen Mächte) allein parodistisch aufgenommen werden. E. FISCHER

LIED (von ahd. liod; mhd. liet; auch zu lat. laus = Preislied) bedeutet allgemein zunächst vom Text her ein Strophengedicht – im engeren Sinne ist vorrangig das deutsche L. gemeint –, dessen mögliche Sangbarkeit sich aus seinen Strukturmerkmalen – geringe, in den einzelnen Strophen gleiche Verszahl, gleiches Metrum (meist Vierhebigkeit) und Endreim – ableitet. Von der Musik her stehen die Zeilenmelodien, einfache Periodenbildung, eine syllabische Vertonung, ein überschaubarer Tonumfang und die tonale Geschlossenheit im Vordergrund. Das Strophen-L. gilt als Grundmodell der Gattung. „Solange die Gliederung des Textes in Strophen und Verse mindestens durchschimmert, kann die Komposition als Lied im vollen Sinn des Wortes gelten" (W. Wiora). Eine exakte Unterscheidung und Trennung der vielfältigen Ausprägung des L.es in Volks-L., Kirchen-L., Kunst-L. oder in mehr sozialhistorisch bedingte Kategorien wie Gesellschafts-L., Gemeinschafts-L. (Nationalhymne), Marsch-L., Arbeits-L., Brauchtums-L., Tanz-L., Gassenhauer, Schlager, politisches L. u. a. ist kaum zu vollziehen und stößt vor allem bei den Begriffen Volks- und Kunst-L. auf Schwierigkeiten (Volks-L.: Überlieferung meist anonymer Texte und Melodien, mündliche Verbreitung in der Gruppe; Kunst-L.: künstlerisch anspruchsvoller Solovortrag der in Notenschrift festgehaltenen Vertonung eines lyrisch-poetischen Textes; wesentliche Unterschiede in der musikalischen Struktur und im Wort-Ton-Verhältnis). Versteht man das L. nicht als „Ober- oder Allgemeinbegriff", sondern als „Inbegriff verschiedener Arten" (Wiora), so fallen auch Verselbständigungen im Literarischen (*Das Hohe Lied Salomonis* des AT, Fr. Schillers *Lied von der Glocke*) wie im Musikalischen (Liedzitate ohne Text, F. Mendelssohn Bartholdys *Lieder ohne Worte*) darunter.

Das Lied im Mittelalter. Die mittelalterlichen Wurzeln des L.es liegen in den rhythmisch gegliederten lateinischen Strophendichtungen des kirchlichen bzw. klösterlichen Lebens: den Hymnen (↗Hymnus), den Tropen und Sequenzen (↗Tropus, ↗Sequenz), dem ↗Planctus, ↗Conductus und der ↗Cantio.

Formtypische und melodische Übernahmen aus der geistlichen Einstimmigkeit finden sich im Liedgut der Troubadours, Trouvères (↗Chanson) und im deutschen ↗Minnegesang. Neue Texte zu bekannten Melodien (↗Kontrafakturen), dazu auch Nachbildungen und bodenständiges Repertoire verwenden u. a. Friedrich von Hausen, Walther von der Vogelweide und Neidhardt von Reuenthal. Innerhalb der reichen mittelalterlichen L.-Formen herrschen die Barform (↗Bar), das Sequenzprinzip des ↗Lai und der Rondeltypus, d. h. Formen mit Refrain (↗Rondeau, ↗Virelai, ↗Ballade) vor. Als früheste deutsche Textsammlung lateinischer und mittelhochdeutscher L.er gelten die um 1300 aufgezeichneten ↗Carmina burana.

Die bürgerliche Nachblüte des höfischen Minnesangs im 15./16. Jh., der ↗Meistersang, ist durch festgelegte Formgesetze von Text und Weisen gekennzeichnet.

Das mehrstimmige Lied des 14.–16. Jahrhunderts. Das deutsche mehrstimmige L. wird erst seit dem 14. Jh. greifbar. Die Anfänge finden sich in den 2–3st. Liedsätzen des Mönchs von Salzburg und Oswalds von Wolkenstein, des „letzten Minnesängers". Die L.-Weise liegt im Tenor, begleitet von einer instrumentalen Oberstimme. Die handschriftlichen Sammlungen des 15. Jh. verzeichnen solche mehrstimmigen Bearbeitungen von Melodien, z. B. das ↗Lochamer *(Ich fahr dahin)*, das Schedelsche (Nü um 1460) oder das ↗Glogauer Liederbuch *(Ach Elslein)*. Der Charakter der L.er entspricht den ständischen Bedürfnissen. Zweck der Sammlungen ist das häusliche Musizieren. Man unterscheidet (nach H. J. Moser) zwischen einfacheren Volks- und (formal kunstvolleren) Hofweisen mit größerem melodischem Umfang.

Vom ursprünglichen Solo-L. mit instrumentaler Begleitung hat sich das mehrstimmige L. im 16. Jh. zum 4st. primär vokalen Tenorlied entwickelt. Die L.-Melodie liegt als Cantus firmus im Tenor, der

Diskant wird melodisch kunstvoll ausgestaltet. Die den Tenor umgebenden Stimmen können auch instrumental ausgeführt werden. Dazu kommen Vor- und Zwischenspiele. Die Satzgliederung orientiert sich an den Liedzeilen. Zu den bedeutenden Komponisten zählen H. Isaac (z. B. *Innsbruck, ich muß dich lassen;* als Tenor- und Diskant-L. [homophoner Satz, Melodie in der Oberstimme]), H. Finck, P. Hofhaimer, C. Othmayr. Höhe- und Endpunkt des polyphonen Cantus firmus-L. bildet das Werk L. Senfls, der noch einmal nahezu alle Satztypen seiner Zeit aufgreift, die Volksweise in freieren Formen setzt und nur die Hoftenores noch im polyphonen, meist durchimitierten Satz, der gelegentlich auch schon madrigalähnliche Züge annimmt, bearbeitet. Gedruckte Liedersammlungen des 16. Jh. existieren von E. Öglin (1512), A. von Aich (um 1512), P. Schöffer (1513), H. Ott (1534–44), Chr. Egenolff (1535) und G. Forster (1539–56). Die Verbindung mehrerer L.-Weisen zu einem Quodlibet (bekannteste Sammlung von W. Schmeltzl, 1544) ist eine im 16. Jh. bis weit ins 18. Jh. hinein beliebte Vokalform.

Das Generalbaß-Lied des 17.–18. Jahrhunderts. Unter dem Einfluß von ↗Villanella und ↗Madrigal wird zu Beginn des 17. Jh. das alte Cantus firmus-L. allmählich von einem frei erfundenen Chor-L. (L.-Motette) im homophonen Oberstimmensatz mit strophischer Gliederung oder madrigalartiger Durchkomposition abgelöst. Hauptvertreter dieser Übergangszeit vom Tenor- zum Generalbaß-L. sind J. Regnart, O. di Lasso und H. L. Haßler. Das deutsche L. im 17. Jh. umfaßt kunstvoll gestaltete monodische wie volkstümlich polyphone Sätze, schwankt also zwischen dem generalbaßbegleiteten Solo- und dem Chorlied. Die L.-Dichtung gewinnt für die Komposition zunehmend an Bedeutung, bildet einzelne Zentren heraus (Königsberger Kreis mit S. Dach, Hamburger Schule unter J. Rist) und unterstützt durch teils volkstümliche, teils bildungsbewußte Thematik die Pflege bürgerlichen Liedgutes. Musikalisch bereichert werden die L.er durch Hinzufügung von Streichinstrumenten, durch kleine Vor-, Nach- und Zwischenspiele (Ritornelle) und durch bewußt gestaltete Text-Musik-Bezüge (Figuren, Tonmalereien). H. Albert, A. Hammerschmidt und vor allem A. Krieger sind die Repräsentanten der L.-Komposition dieses Jahrhunderts. Eine umfangreiche Sammlung süddeutschen volkstümlichen Liedgutes veröffentlichte V. Rathgeber in seinem *Augsburger Tafel-Confect.*

Das Sololied mit Klavier im 18. Jahrhundert. Die sich bereits um die Mitte des 17. Jh. polarisierenden Richtungen einer volkstümlichen Schlichtheit und kunstvollen Gestaltung im L. streben im 18. Jh. weiter auseinander. Einfache Strophen-L.er und ausdrucksbetonte, sich an die Opernarie und ihre Formen anlehnende Gebilde bereiten das klavierbegleitete Solo-L. vor, das als Typus das gesamte 18. Jh. beherrschen wird. Für das deutsche L. bedeutsam erscheint zudem die Volksliedbewegung (J. G. Herder, J. W. von Goethe), und damit eng verbunden das Studium, die Aufnahme und Nachahmung musikalischen Volksgutes. Hatte Rathgeber mit Quodlibets, Volks-L.ern und Solokompositionen das Interesse am L. gegenüber der Oper neu entfacht, so überraschte Sperontes in seiner Sammlung *Singende Muse an der Pleiße* (1736–45) mit Tanzsätzen, denen Texte unterlegt wurden. Von Bedeutung für das gesellige L. sind auch G. Ph. Telemanns *Sing-, Spiel- und Generalbaßübungen* (1733) und V. Görners *Sammlung neuer Oden und Lieder* (1742).

Die 2. Hälfte des 18. Jh. wird von der L.-Komposition in Berlin und in Wien bestimmt. Der Theoretiker der „Ersten Berliner Liederschule" (↗Berliner Schule), Chr. G. Krause, fordert eine schlichte Melodik und die völlige Unterordnung der Klavierbegleitung (*Von der musicalischen Poesie,* 1752), woran sich freilich weder C. Ph. E. Bach (*Geistliche Oden und Lieder,* 1758) mit seinem ariosen und deklamatorischen Gesangsstil, mit vielfältigen Formen und differenziertem Klaviersatz, noch Chr. G. Neefe (*Klopstocks Oden mit Melodien,* 1776), noch (der nicht zu den Berlinern zählende) Chr. W. Gluck (*Klopstocks Oden und Lieder,* 1786) gehalten haben. Diese Werke wurden freilich an Popularität vom deutschen Singspiel-L. (J. A. Hiller) übertroffen, dessen Wirkungen auf die Opern- und Singspielproduktion bis weit ins 19. Jh. anhalten (Mozart, Weber, Lortzing). Die „Zweite Berliner Liederschule" verbindet die ausgeprägte Volkstümlichkeit ihrer Werke mit größeren musikalisch-künstlerischen Freiheiten gegenüber der meist bedeutenden dichterischen Vorlage (Lyrik von Goethe und Schiller) und greift auch auf das alte Volks-L. zurück. Gleichsam zum Programm wird der Titel einer Sammlung von J. A. P. Schulz *Lieder im Volkston* (1785; *Der Mond ist aufgegangen*). „Im Schein des Bekannten liegt das ganze Geheimnis des Volkstons", schreibt Schulz im Vorwort. Er geht von der Lyrik des Göttinger Hainbundes aus (Hölty, Voß u. a.). J. Fr. Reichardt (etwa 700 Lieder; darunter *Über allen Gipfeln, Erlkönig*) und C. Fr. Zelter bevorzugen Goethe-Texte. Im Gefolge dieser Berliner Meister stehen die schwäbischen Komponisten J. R. Zumsteeg – der durch seine Balladenvertonungen auch Fr. Schubert beeinflußte – und Chr. D. F. Schubart (*Musikalische Rhapsodien,* 1786). Als Vertreter einer 3. Berliner

Liederschule steht F. Mendelssohn Bartholdy zwar im 19. Jh., seine sehr beliebten und weit verbreiteten L.er (83 Solo-L.er, 13 Duette) bleiben jedoch stilistisch wie sozialgeschichtlich im 18. Jh.; seine *Lieder ohne Worte* übertragen das Strophen-L. und Bewegungsformen der Liedbegleitung als Neuheit in die romantische Klaviermusik.

In Wien wird ein literarisch weniger anspruchsvoller, dem Volks-, dem Singspiel-L. und der italienischen Opernmelodik verpflichteter Typus gepflegt, aus dessen Tradition das Schubert-L. hervorgeht, aber auch die – innerhalb ihres Gesamtwerkes peripheren – Kompositionen von J. Haydn (u. a. *Canzonettas and Songs*) und W. A. Mozart (34 L.er; u. a. *Das Veilchen* [Goethe]). L. van Beethovens 79 Solo-L.er mit Klavierbegleitung, darunter *Adelaide* (1795), 6 Gellert-L.er (1803) und der Zyklus *An die ferne Geliebte* (1816) stehen dagegen wegen ihres Formenreichtums und ihrer die bisherige Entwicklung zusammenfassenden Qualitäten im Zentrum seines Schaffens.

Das Kunstlied seit Schubert. Die großen L.-Komponisten des 19. Jh., allen voran Fr. Schubert, lösen das L. aus dem Bereich privaten häuslichen Musizierens, erheben es zum Konzert-L. und zugleich zu einer eigenständigen Kunstgattung – das Lied gilt als Inbegriff der Romantik – neben der Symphonie, der Oper und der Kammermusik („le lied" bzw. „the lied" wird zum frz. bzw. engl. Fachterminus für das deutsche romantische L.). Singstimme und Klavier erreichen vollkommene Gleichberechtigung in der Komposition, was sich zunächst rein äußerlich in der Notation auf 3 Systeme niederschlägt (erstmals bereits bei J. E. Bach, 1749). Ausdrucks- und Stimmungsgehalt der lyrischen Textvorlage werden mit den Mitteln der Musik in Einzelzügen wie als Gesamteindruck gedeutet. Vor-, Zwischen- oder Nachspiele des Klaviers, tonpoetische und -symbolische Verdeutlichungen und Weiterführungen im Instrumentalen erreichen bisher nicht gekannte Ausmaße. Die L.er werden „rezeptionswürdig", d. h., sie regen Komponisten zu neuen, auf sie aufbauenden Werken an (z. B. Fr. Liszts Klavierparaphrasen über Schubert-L.er, Übertragungen für Kammermusikensembles). Auch das Volks-L. erhält durch zahlreiche Bearbeitungen einen neuen Wirkungsbereich.

Mit dem *Erlkönig* und *Gretchen am Spinnrad* schuf Schubert bereits mit 17 Jahren formvollendete Werke, die keine weitere Entwicklung oder Steigerung mehr zuließen. Seine über 660 L.er (davon 66 Goethe-Vertonungen) basieren auf 3 Formtypen: dem einfachen Strophen-L. *(Heideröslein, Das Wandern)*, dem durchkomponierten L. *(Der Wanderer, Prometheus)* und dem wegen des musikalisch-textlichen Stimmungswechsels bevorzugten variierten Strophen-L. *(Der Lindenbaum, Die Forelle)*. Das als Chaconne gebaute L. *Der Doppelgänger* weist gleichermaßen in die Vergangenheit (barockes Formprinzip) wie ins 20. Jh. (A. Schönberg, P. Hindemith). Zwei von Schubert selbst in der textlichen Auswahl konzipierte Liederzyklen nach Gedichten von W. Müller, *Die schöne Müllerin* und *Winterreise* sind erhalten, während der sog. Schwanengesang von seinen Freunden zusammengestellt wurde. Eine Reihe von „Kunstliedern" Schuberts wurde zum allgemeinen Volksgut (z. B. *Der Lindenbaum*).

Das L.-Schaffen R. Schumanns gipfelt in den 138 Werken des von ihm selbst so benannten „Liederjahres" 1840. Die Verlagerung der Vertonungen auf Details (weniger auf das Textganze) und auf eine höchst differenzierte, vielfach sich zu einem poetischen Klavierstück verselbständigende Begleitung unterscheiden ihn von Schubert. Schumann bevorzugt romantische Lyriker, was sich gerade auch in den eigenen Zusammenstellungen von Liederkreisen zeigt: *Dichterliebe* (H. Heine), *Myrthen* (verschiedene Dichter), *Liederkreis* (J. von Eichendorff), *Frauenliebe und -leben* (A. von Chamisso) u. a. Das Strophen-L. mit weit schwingender, teils schwermütiger, teils heiterer Melodik und sich unterordnender Begleitung bevorzugt J. Brahms (*Vergebliches Ständchen, Feldeinsamkeit;* insgesamt über 200 L.er). Damit verknüpft er auch seine Vorliebe für das Volks-L. in zahlreichen Bearbeitungen (*Deutsche Volkslieder,* 1858) und stilistisch nachempfundenen Neuschöpfungen (*Volkskinderlieder,* 1858). In Anlehnung an symphonische Strukturen übernimmt Brahms die motivische Arbeit auch in seine L.-Kompositionen, so in den *Vier ernsten Gesängen* (1896). Weitere Zyklen: *15 Romanzen aus L. Tiecks Magelone* (1868), Daumer-Liederkreis (1871).

Individualität und Stärke der L.er H. Wolfs liegen in der kleinen, auf engstem Raum zusammengedrängten Form, in kurzen sich wiederholenden, sequenzierenden oder kontrastierenden Motiven als Ausdruck von Situations- und Stimmungscharakteristik sowie im ausgeprägten tonmalerisch-koloristisch agierenden Klaviersatz. Wolfs etwa 250 Werke, vorwiegend zwischen 1888–90 entstanden, sind zu Liederfolgen nach bestimmten Dichtern zusammengefaßt (u. a. Mörike, Eichendorff, Goethe; weiterhin *Spanisches* u. *Italienisches Liederbuch*). Wolf schreibt bewußt für ein Publikum und für konzertante Darbietung. Aufgrund solcher Aufführungspraxis und zur Erweiterung des Klangspektrums werden einige L.er nachträglich instrumentiert. Besonderen Anteil an dieser Entwicklung haben G. Mahler und R. Strauss. Mahler verbindet im Klavier-, wie im Orchester-L. Volkstümliches mit leichter Ironisierung, dazu mit einer klanglich raffiniert eingesetzten Orchestersprache, so in den *Liedern eines fahrenden Gesellen* (1884), den empfindsamen *Kindertotenliedern* nach Fr. Rükkert (1904), den L.ern aus *Des Knaben Wunderhorn* (1895) und den *Liedern aus letzter Zeit* (1903). Die mehr kammermusikalische Orchesterbehandlung gibt Mahler im *Lied von der Erde* (1908) zugunsten einer groß angelegten symphonischen Formung auf, die die Grenzen der Gattung L. zu sprengen scheinen (↗Orchestergesang.) In seinen Symphonien sind mehrere Orchester-L.er als eigene Sätze eingebunden. R. Strauss führt das Deklamations- (z. B. *Zueignung*) und das Orchester-L. zu neuer Blüte und Popularität und verdichtet gleichzeitig die symphonische Thematik (*Vier letzte Lieder,* 1949). Aus dem weiteren L.-Schaffen des 19. und 20. Jh. seien noch wegen ihrer individuellen Prägung erwähnt: R. Franz (350 meist romantische Stimmungs-L.er; Rückgriff auf Melodien des 15. und 16. Jh.), R. Wagner (20 L.er, u. a. 5 Wesendonck-L.er, 1858, als Vorstudien zu *Tristan und Isolde*), Fr. Liszt (etwa 60 deutsche L.er), P. Cornelius (über 100 L.er und Duette, darunter *Weihnachtslieder,* 1856), M. Reger, H. Pfitzner, O. Schoeck (über 120 L.er).

Das L.-Schaffen des 20. Jh. lebt, soweit heute überblickbar, einmal von der großen Tradition des 19. Jh., zum anderen von den Einflüssen der Neuen Wiener Schule sowie von individuellen Prägungen. A. Schönbergs erste L.er (op. 1, 2, 3) stehen noch in der Nachfolge Brahms', um allmählich eigenständiges Profil zu gewinnen (op. 6) und mit dem Zyklus von St. George-Gedichten *Das Buch der hängenden Gärten* (1909) musikalisches Neuland zu betreten, d. h. sich von den formalen und tonalen Bindungen der bisherigen Musik zu lösen. Nach den Orchester-L.ern op. 22 (1915) erscheinen nur noch wenige L.-Kompositionen. A. Webern vertont zunächst ebenfalls St. George (5 Lieder op. 4, 1909) und zeigt später dort seine Originalität, wo sich Expressivität, eine Art Volkston und formale Geschlossenheit vereinen (Kanons op. 16, 1924; Trakl-Vertonungen op. 14, 1917–21). Von A. Berg sind die 7 frühen L.er (1908; Orchesterfassung 1928) und die Altenberg-L.er op. 4 (1912) von Bedeutung.

Eine individuelle Lösung in Richtung neuer Gesanglichkeit strebte P. Hindemith mit dem Zyklus *Die junge Magd* nach G. Trakl für Alt und Instrumente an. In seinem Rilke-Zyklus *Das Marienleben* (1923; Neufassung 1948) wird die expressive Vertonung durch traditionelle Formelemente gestützt (z. B. Passacaglia). Von den L.ern E. Kreneks verdient der Schubert verpflichtete Zyklus *Reisetagebuch aus den österreichischen Alpen* (1929) Beachtung, aus dem Schaffen W. Fortners vor allem die Hölderlin-L.er (1933) und *Shakespeare-Songs* (1946). H. Reutter sucht einer romantischen Grundtendenz neues kompositorisches Profil abzugewinnen (z. B. *Die Weise von Liebe und Tod* nach Rilke, 1947). H. Eisler und P. Dessau vertreten das politisch engagierte L. (zumeist Texte von B. Brecht). A. Reimann, dem Schaffen von A. Webern verbunden, zielt auf eine weitere Intensivierung musikalischer Ausdrucksmöglichkeiten (u. a. *Fünf Gedichte von Paul Celan,* 1960). Komponisten wie A. Knab, C. Bresgen, K. Marx, E. Pepping sind z. T. um die Erneuerung des Klavier-L.es bemüht, doch scheint insgesamt die Gattung Kunst-L. nach 1950 im Niedergang begriffen.

Die ↗Ballade als spezieller literarisch-musikalischer Zweig des Solo-L.es wird bereits in der 2. Berliner Liederschule gepflegt als herkömmliches Strophen-L. (J. Fr. Reichardt) wie als zukunftsweisende durchkomponierte Form (J. André). Fr. Schubert bildet im Rahmen seines L.-Schaffens eine eigene Balladen-Gattung heraus (u. a. *Die Bürgschaft, Der Erlkönig*). Als bekanntester Komponist im 19. Jh. gilt C. Loewe mit seinen den Erzählvorgang eindringlich illustrierenden und charakterisierenden Vertonungen (u. a. *Heinrich der Vogler*). Von Bedeutung sind weiterhin R. Schumann (*Die beiden Grenadiere*), H. Brahms (*Edward)* und H. Wolf.

Das Chor-Lied seit dem 19. Jahrhundert. Die Wiedererweckung des Chor-L.es im 19. Jh. nach seiner Blütezeit im 15. und 16. Jh. (Gesellschafts-L.) und der anschließenden Verdrängung durch das generalbaßbegleitete Solo-L. geht ebenfalls von der Berliner Liederschule aus. J. Fr. Reichardt schreibt zunächst 1st. Chor-L.er *(Frohe Lieder für deutsche Männer).* Fr. Zelter institutionalisiert den Männerchorgesang 1809 durch die Gründung der ↗Liedertafel. Neueren Bestrebungen, das Ende des 19. Jh. abgesunkene Niveau des Männerchorgesangs („Liedertafelei") zu heben (u. a. A. Schönberg, P. Hindemith, E. Krenek) sind bis jetzt wenig Erfolg beschieden (↗Männerchor). Wesentlich anspruchsvoller, dafür zahlenmäßig geringer, ist das Schaffen für gemischten Chor a cappella oder mit Instrumentalbegleitung. Für diese Besetzung schrieben u. a. F. Mendelssohn Bartholdy (z. B. *O Täler weit, o Höhen* [Eichendorff]), J. Brahms (z. B. *Liebesliederwalzer*), M. Bruch und P. Cornelius. Der Geist der Jugendbewegung wirkt ab 1920 stark auf eine Neuorganisation der Chormusik ein und bringt zugleich eine Rückbesinnung auf die L.-Ty-

pen vor 1600 wie Madrigal, Tenor-L. und Kanon. Bedeutende Vertreter des Chor-L.es im 20. Jh. sind P. Hindemith, H. Distler und E. Pepping.
Die überragende Stellung des deutschen Kunst-L.es im 19. Jh. verstellte lange Zeit den Blick auf das außerdeutsche Solo-L., wie es teils in epigonaler Anlehnung, teils in unabhängiger, oft auch national gebundener Originalität geschaffen wurde. Dabei stehen Rußland, Frankreich, England und die skandinavischen Länder an führender Position. Als Komponisten sind zu nennen: in Rußland M. Glinka und M. Mussorgski (u. a. der Zyklus *Kinderstube,* 1868–72); in Frankreich Ch. Gounod, G. Fauré, Cl. Debussy (*Proses lyriques,* 1893), H. Duparc, M. Ravel, D. Milhaud und O. Messiaen; in England R. Vaughan Williams und vor allem B. Britten; in Skandinavien N. Gade, E. Grieg und J. Sibelius; ferner die Tschechen A. Dvořák (u. a. *Zigeunermelodien,* 1880) und L. Janáček (*Tagebuch eines Verschollenen,* 1919) und die Ungarn B. Bartók und Z. Kodály.
Die Musikwissenschaft hat sich im 20. Jh. intensiv um die Veröffentlichung des L.-Schaffens vom Gesellschafts-L. des 15. Jh. bis zum Solo-L. des 19. und 20. Jh. bemüht. Von den großen L.-Meistern liegen praktische und vielfach auch neuere wissenschaftlich-kritische Gesamtausgaben vor oder sind im Entstehen.
Nicht zu übersehen ist schließlich auch, daß in den letzten Jahrzehnten im öffentlichen Musikleben (Konzert, Rundfunk, Schallplatte) der Liedgesang starke und neue Impulse bekommen hat. Einen entscheidenden Anteil daran hatten Sängerpersönlichkeiten wie E. Schwarzkopf, A. Rothenberger, H. Hotter, D. Fischer-Dieskau, H. Prey.

Ausg. (nur Sammelausg.): Alte Meister des dt. L.es, hrsg. v. H. J. MOSER (L 1914 u. ö.); Das Wiener L. v. 1778 bis Mozarts Tod, hrsg. v. M. ANSION – I. SCHLAFFENBERG (1920) (= DTÖ 54); Das dt. Gesellschaftslied in Östr. v. 1480 bis 1550, hrsg. v. L. NOWAK (1930) (= DTÖ 72); H. OSTHOFF, Das dt. Chorl. (Kö 1955) (= Das Musikwerk 13); H. J. MOSER, Das dt. Solol. u. die Ballade (Kö 1957) (= ebd. 17); Dokumentation z. Gesch. des dt. L.es, hrsg. v. S. KROSS (Hil 1973 ff.), bisher erschienen: C. Ph. E. Bach, Gellerts Geistliche Oden u. L.er.

Lit. (nur umfassende Werke): M. FRIEDLÄNDER, Das dt. L. im 18. Jh., 2 Bde. u. ein Bsp.-Bd. (St – B 1902, Nachdr. Hil 1962); H. KRETZSCHMAR, Gesch. des Neuen dt. L.es I (L 1911, Nachdr. Hil 1962); I. SCHLAFFENBERG, Die Wiener Liedmusik v. 1778–1800, in: StMw 5 (1918); G. MÜLLER, Gesch. des dt. L.es vom Zeitalter des Barock bis z. Gegenwart (Mn 1925, Nachdr. Da 1959); W. VETTER, Das frühdt. L., 2 Bde. (Mr 1928); H. ABERT, Entstehung u. Wurzeln des begleiteten dt. Solol.es (Hl 1929); L. NOWAK, Das dt. Gesellschaftslied in Östr. v. 1480–1550, in: StMw 17 (1930); F. GENNRICH, Grundriß einer Formenlehre des ma. L.es (Hl 1932, Nachdr. Tü 1970); H. J. MOSER, Corydon, das ist: Gesch. des mehrst. Generalbaßl.es, Text- u. Bsp.-Bd. (Brau 1933, Nachdr. Hil 1966); P. NETTL, Das Wiener L. im Zeitalter des Barock (W – L 1934); H. J. MOSER, Das dt. L. seit Mozart, 2 Bde. (Z 1937, Nachdr. Tutzing 1966); H. OSTHOFF, Die Niederländer u. das dt. L. 1400–1640 (B 1938, Nachdr. Tutzing 1967) (= Neue dt. Forsch. 197); A. SYDOW, Das L. Ursprung, Wesen u. Wandel (Gö 1962); H. SCHWAB, Sangbarkeit, Popularität u. Kunstlied (Rb 1965); TH. G. GEORGIADES, Schubert. Musik u. Lyrik (Gö 1967); J. MÜLLER-BLATTAU – H. MOSER, Dt. L.er des MA (St 1968); W. SEIDEL, Die L.er L. Senfls (Be – Mn 1969); W. WIORA, Das dt. L. (Wb – Z 1971); W. SUPPAN, Dt. Liedleben zw. Renaissance u. Barock. Die Schichtung des dt. Liedgutes in der zweiten Hälfte des 16. Jh. (Tutzing 1973) (= Mainzer Stud. z. Musikwiss. 6); A. FEIL, F. Schubert. Die schöne Müllerin, Winterreise (St 1975); H. DANUSER, Der Orchestergesang des Fin de siècle, in: Mf 30 (1977).

H. JUNG

LIEDERKRANZ ↗Liedertafel.

LIEDERMACHER, erstmals von Wolf Biermann (* 1936) Anfang der 60er Jahre verwendete Bz., die in der Folge die Bz. Chansonnier ablöste. In der Personalunion von Dichter, Komponist und instrumental begleitendem (meist Gitarre) Sänger ist der L. dem mittelalterlichen Spielmann verwandt. Er unterscheidet sich – bewußt distanzierend untertreibend – vom romantisch-bürgerlichen Liedkomponisten, der Texte anderer Dichter mit subtilen, höchst artifiziellen Mitteln vertont und sie ausgebildeten Interpreten zur Aufführung vor einem hörerfahrenen, gebildeten Publikum überläßt. „Das Individuum ist aufgelöst in Funktion" umschrieb Karl Jaspers 1932 ein Verhältnis von Mensch und Kunst, das 1929 Erich Kästner in „Gebrauchspoeten, die unmittelbar nach den Handwerkern rangieren", erkannt hatte. Aus dieser „Neuen Sachlichkeit" kam B. Brechts „Stückeschreiber" und die von dort beeinflußte Berufsbezeichnung „songwriter" nordamerikanischer Protestsänger (Pete Seeger, Bob Dylan und Joan Baez). „Machen" als ein eher handwerklicher Vorgang verweist auf die Anfertigung schlichter Gebrauchsgegenstände. Die „L.-Werkstatt" als Ort des Machens wurde üblich, nachdem der Kanadier Perry Friedmann den amerikanischen Ausdruck Workshop beim 1. Waldeck-Festival 1964 eingeführt hatte. Entsprechend einfach, auf aktuellen Gebrauch hin und mit sozialem Engagement geschaffen sind denn auch die Lieder. Sie artikulieren sowohl politische Agitation (F. J. Degenhardt, *Drei Kugeln für Rudi Dutschke*) wie private Alltagsprobleme (H. Wader, *Das Lied vom kleinen Mädchen*). Die Grenzen zum Agitproplied, Chanson, Schlager und Kabarettlied sind im Musikalischen wie im Literarischen fließend. Als L. bezeichnen sich u. a. neben Wolf Biermann später R. Mey, H. D. Hüsch und G. Kreisler. Zu den bekannteren L.n gehören daneben Walter Mossmann und Dieter Süverkrüp. Seit 1974 gibt es auch „Kinder-L." und „Mundart-L." Zwischen 1974 und 1977 haben in 14 deutschen Städten L.-Treffen stattgefunden. Seit 1973 besteht eine „Arbeitsgemeinschaft Song" als „formloser Freundeskreis von L.n, Literaten und Mitläufern". Ihre Namenskartei umfaßte 1975 an die 500 Adressen.

Lit.: R.-U. KAISER, Das Songbuch (Ahrensburg 1967); Erstes Tübinger Folk- u. L.-Festival (Tü 1975); Namen u. Adressen aus der dt. Folkszene, hrsg. v. H. u. M. MEES – W. REINHEIMER (Rüsselsheim 1979) (= Folkbuch 1); TH. ROTHSCHILD, L. 23 Porträts (F 1980). E. KLUSEN

LIEDERSPIEL, Bz. für eine von J. W. von Goethe angeregte, in der Nähe des ↗Singspiels stehende Theatergattung, die neben dem gesprochenen Dialog lediglich volkstümliche Lieder enthält. Das erste Stück dieser Art war J. Fr. Reichardts *Lieb und Treue* (UA: 1800 in Berlin), das sich in seiner lyrischen Grundhaltung vom ↗Vaudeville unterscheidet. Nachahmer fand Reichardt u.a. in den – aus der ↗Berliner Schule hervorgegangenen – Komponisten Fr. H. Himmel (z.B. *Frohsinn und Schwärmerei*, 1801) und C. Eberwein (*Leonore*, 1832), die der Gattung in der 1. Hälfte des 19. Jh. zu großer Beliebtheit verhalfen. L.e schrieben u.a. auch F. Mendelssohn Bartholdy (*Heimkehr aus der Fremde*, 1829) und A. Lortzing (*Der Pole und sein Kind*, 1832). – Als L. wurde gelegentlich auch ein konzertant aufgeführter Liederzyklus für mehrere Stimmen und ohne gesprochene Dialoge bezeichnet, wie R. Schumanns *Spanisches Liederspiel* (1849).

LIEDERTAFEL, eine auf C. Fr. Zelters 1809 gegründete Berliner L. zurückgehende Bz. für vereinsmäßig organisierte Männerchöre, die im 19. Jh. in zahlreichen deutschen Städten (u.a. 1815 in Leipzig, 1823 in Hamburg, 1839 in Dresden) entstanden und die als Pflegestätten nicht nur für Geselligkeit, sondern auch für patriotisch-freiheitliche Ideen zu verstehen sind. Dem pädagogisch-sozialen Ideal Pestalozzis verpflichtet war der 1810 gegründete Züricher Männergesangverein H. G. Nägelis, auf den die vielen volkstümlichen – Lieder- oder Singkranz genannten – Vereinigungen im süddeutschen Raum zurückgehen. Diese Chorgemeinschaften schlossen sich im Laufe des 19. Jh. zu ↗Sängerbünden zusammen. Mit dieser Bewegung verbindet sich auch das Entstehen zahlreicher spezieller Kompositionen für ↗Männerchor (insbesondere von Fr. Silcher).

Lit.: H. DIETEL, Beitr. zur Frühgesch. des Männergesanges (B 1938); P. NITSCHE, Die L. im System der Zelterschen Gründungen, in: Stud. z. Musikgesch. Berlins im frühen 19. Jh. (Rb 1980) (= Stud. z. Musikgesch. des 19. Jh. 56).

LIEDFORM, Bz. für die Form des kleinen Musikstücks, vor allem des Liedes und des Tanzes. Der Terminus ist seit der 1. Hälfte des 19. Jh. in Gebrauch (A. B. Marx). Die Formen finden sich schon in Tänzen des 16. Jh.; man unterscheidet die zwei- von der dreiteiligen L.; ihre Teile werden meist im Sinne der Schemata aa bb oder aa ba ba wiederholt. In größeren Stücken, z.B. in größeren Menuetten oder Scherzi, können mehrere liedförmig angelegte Teile zu einem größeren Ganzen verbunden werden, das selbst wieder L. hat:

a b a	c d c	a b a
A	B	A

Die Liedform ist die kleine Form der neuzeitlichen Musik schlechthin. Ihr entspricht ein bestimmter musikalischer Stil. Die Bewegung liedförmig angelegter Stücke ist im allgemeinen maßvoll; ihr Ausdruck ist „natürlich", vielfach lyrisch. In Klavierstücken des 19. Jh. werden ausnahmsweise auch höchst leidenschaftliche Bewegungen in L. gefaßt. Hier bringt das Mißverhältnis von Form und Ausdruck eine ästhetische Qualität sui generis hervor.

Lit.: ↗Formenlehre. W. SEIDEL

LIED OHNE WORTE (frz.: romance sans paroles), Bz. für eine seit den 1830er Jahren auftretende, von Deutschland ausgehende und wahrscheinlich auf F. Mendelssohn Bartholdy zurückgehende Gattung kurzer, überwiegend dreiteiliger liedhafter Klavierstücke. Als Vorläufer können neben Klavierminiaturen von J.N. Hummel oder C.M. von Weber die kantablen Klavieretüden von L. Berger und I. Moscheles gelten, aber auch die *Nocturnes* von J. Field sowie das Satz- und Formbild des frühen romantischen Klavierliedes, als Nachahmungen die Salonstücke von H. Herz, Fr. Hünten, Fr. Kalkbrenner. Mendelssohn schrieb 8 Hefte mit je 6 L.ern o.W. (op. 19b, 1830; op. 30, 1833; op. 38, 1837; op. 53, 1841; op. 62, 1844 [„Frau Clara Schumann gewidmet"]; op. 67, 85 und 102, 1845). In den englischen Erstdrucken von Mendelssohns Hand auch als *Romances* oder *Melodies for Pianoforte* bezeichnet, stehen seine noch nach 1900 weitverbreiteten L.er o. W. zwischen den Salonstücken kleinerer Zeitgenossen und Nachfahren und den rhythmisch-harmonisch reicheren Genrestücken R. Schumanns und anderer Komponisten bis M. Reger (noch A. Schönberg bezeichnete 1923 den 6. Satz seiner Serenade op. 24 als L.o.W.). Ausdrücklich „für die Damen" komponiert und von klavierspielenden „höheren Töchtern" der Folgezeit bevorzugt, entsprechen Mendelssohns spieltechnisch leichte bis mittelschwere, formal klassizistische und inhaltlich heitere bis scherzandoartige L.er o. W. z.T. dem anspruchsvolleren lyrischen ↗Charakterstück seiner Zeit (wobei die Charakterstücke op. 7 und die Kinderstücke op. 72 als Vor- bzw. Nachformen seiner

L.er o. W. einzuordnen sind). Ein Zug zur monothematischen Verdichtung und zu eher psychologisch oder poetisch als realistisch zu verstehenden Satzbezeichnungen (*Gondel-, Frühlings-, Spinnerlied, Trauermarsch*) haben eine ganze Reihe der in der Moderne weithin verpönten L.er o. W. lebendig erhalten.

Lit.: W. KAHL, Zu Mendelssohns L.ern o. W., in: ZfMw 3 (1920/21); W. GEORGII, Klaviermusik. Gesch. der Musik für Klv. zu 2 Händen v. den Anfängen bis z. Gegenwart (B – Z 1941, [3]1956, [4]1965); D. SIEBENKÄS, Zur Vorgesch. der L.er o. W. Mendelssohns, in: Mf 15 (1962); H. EPPSTEIN, Zur Entstehungsgesch. v. Mendelssohns L. ohne W. op. 62/3, in: Mf 26 (1973).

H. LINDLAR

LIENAU, Robert, dt. Musikverlag. Er wurde 1810 von A. M. Schlesinger in Berlin gegründet und ging 1864 in den Besitz von **Emil Robert L.,** * 28. 12. 1838 Neustadt (Holstein), † 22. 7. 1920 ebd., über. 1875 wurde das Unternehmen durch den Ankauf des Wiener Verlags C. Haslinger quondam Tobias Haslinger erweitert. Das Verlagsprogramm umfaßte Werke von C. M. von Weber, L. van Beethoven, Fr. Schubert, J. Strauß und A. Bruckner. 1898 übernahmen die Söhne **Robert Heinrich L.,** * 27. 7. 1866 Neustadt, † 8.11.1949 Berlin, und **Friedrich Wilhelm L.,** * 6. 1. 1875 Berlin, † 15. 11. 1973 Wien, die Firmenleitung und vergrößerten das Haus durch den Ankauf weiterer Verlage (Th. Rättig, R. Krentzlin, A. Köster, O. Wernthal). Nach dem Tod von Robert Heinrich L. übernahm seine Tochter **Rosemarie L.** das Unternehmen. 1958 trat auch sein Sohn **Robert Albrecht L.** in die Geschäftsleitung ein. Der Verlag konzentriert sich heute auf praktische Ausgaben älterer Musik, zeitgenössische Instrumentalwerke, Unterhaltungsmusik und Unterrichtsmusik.

Lit.: M. VON HASE, 150 Jahre Musikverlag R. L. in Berlin, in: Börsenblatt für den dt. Buchhandel 16 (1960); H.-M. PLESSKE, Bibliogr. des Schrifttums zur Gesch. dt. u. östr. Musikverlage, in: Beitr. z. Gesch. des dt. Buchwesens 3, hrsg. v. K.-H. Kalhöfer – H. Rötzsch (L 1968).

LIER, Bertus van, * 10.9.1906 Utrecht, † 14. 2. 1972 Roden bei Groningen; ndl. Komponist und Dirigent. L. studierte bei W. Pijper (Komposition) und H. Scherchen (Dirigieren) und war anschließend als Musikkritiker und Dirigent in- und ausländischer Orchester tätig. 1947–60 war er Mitarbeiter der Tageszeitung *Het parool.* Außerdem lehrte er seit 1938 am Konservatorium von Utrecht, seit 1945 am Konservatorium von Amsterdam und seit 1953 am Muzieklyceum in Amsterdam. 1964 erhielt er die Ehrendoktorwürde der Universität Groningen und wurde dort 1967 Dozent für Musikwissenschaft. L. bevorzugte eine kontrapunktische Schreibweise. Sein Hauptwerk ist das Oratorium *Het Hooglied.*

WW: **1) Kompositionen:** Sonatine für 2 Klv. (1930); *Petite suite* (1935) für V. u. Klv.; Streichquartett (1929). – Für Orch.: 3 Symphonien (1928, 1930, 1938); Vc.-Konzert; Fag.-Konzert (1950); Sinfonia (1954); *Divertimento facile* (1957); Konzertante Musik für V., Ob. u. Orch. (1959); *Intrada reale e sinfonia festiva* (1964); *Variaties en thema* (1967). – Oratorium *Het Hooglied* für Soli, Chor u. Orch. sowie *Cantate voor kerstmis* (1970). – Bühnenmusik zu Sophokles' *Ajax,* UA: Utrecht 1932, u. *Antigone,* UA: Amsterdam 1952. – **2) Schriften:** Aufsatz-Slg. *Buiten de maatstrup* (A 1948); *Rhythme en metrum* (Groningen 1967); *De metrische Rhythmen van de lyriek in Sofokles' „Antigone" in muziekschrift* (A 1968).

Lit.: J. WOUTERS, in: Sonorum speculum (1968) Nr. 29; W. PAAP, in: Mens en melodie 27 (1972).

LIESS, Andreas Karl Friedrich, * 16. 6. 1903 Klein-Kniegnitz (Schlesien); östr. Musikforscher. Er studierte an den Universitäten in Breslau (M. Schneider) und Wien (G. Adler, R. von Ficker), wo er 1928 promovierte. Danach lehrte er am Konservatorium der Stadt Wien Musikgeschichte, in gleicher Eigenschaft seit 1964 an der Akademie (später Hochschule) für Musik und darstellende Kunst (1972 Professor). Musikalische Grundlagenforschung und Geistesgesch. sowie hist. Musikästhetik bilden die Schwerpunkte seiner Arbeit.

Schriften: *Die Grundelemente der Harmonik in der Musik v. C. Debussy* (Diss. W 1928); *C. Debussy,* 2 Bde. (Str 1936) (= Slg. musikwiss. Abh. en 19); *Beethoven u. Wagner im Pariser Musikleben* (H 1939), 2. Aufl. als: *Deutsche und französische Musik in der Geistesgeschichte ...* (W 1950); *Die Triosonaten v. J. J. Fux* (B 1940) (= Neue dt. Forsch. 263, Abt. Musikwiss. 9); *J. Marx* (Gr 1943); *Wiener Barockmusik* (W 1946); *Die Musik im Weltbild der Gegenwart* (Lindau 1949); *F. Schmidt* (Gr 1951); *J. M. Vogl* (Gr – Kö 1954); *C. Orff* (Z 1955, erweitert [2]1977, engl. NY – Lo 1966); *Fuxiana* (W 1958); *Aktuelle Probleme der Musikgeschichtsschreibung,* in: NZfM 130 (1969); *Die Musik des Abendlandes im geistigen Gefälle der Epochen* (W 1970); *Protuberanzen.* Ausgew. Vorträge u. Abh.en I: *Zur Theorie der Musikgesch.* (W 1970); *Zum Ursprung der Orchestra,* in: Symbolae historiae musicae. FS H. Federhofer (Mz 1971); *Der Weg nach Innen. Ortung ästhetischen Denkens heute* (Z 1973).

Lit.: G. BERGER, Die hist. Dimension im musikphilosophischen Denken v. A. L. u. Th. W. Adorno, in: IRASM 2 (1971).

LIFAR, Serge, * 2. 4. 1905 Kiew, † 15. 12. 1986 Lausanne; frz. Tänzer u. Choreograph russ. Herkunft. Nach Studien u. a. bei Bronislawa Nischinska u. E. Cecchetti wurde L. von S. Diaghilew für die Ballets Russes in Paris engagiert. Zum Premier danseur der Compagnie avanciert, tanzte er die Hauptrollen in den von ihm selbst choreographierten Balletten sowie in den Inszenierungen von Br. Nischinska (*Le train bleu,* 1924). L. Massine (*Le beau Danube,* 1924) und G. Balanchine (*Apollon Musagète,* 1928). Nachdem sich die Ballets Russes 1930 aufgelöst hatten, war L. mit kurzen Unterbrechungen bis 1958 für die Pariser Opéra und für das 1942 von ihm gegründete Nouveau Ballet de Monte Carlo tätig. Später betreute er zahlreiche ausländische Compagnien, die seine erfolgreichsten Inszenierungen einstudierten. Wiederholt als Erneuerer des Balletts der Pariser Opéra und Gründer zweier Institute (Institut Chorégraphique, 1947; Université de la Danse, 1957) gewürdigt, wurde L., der auch durch seine Schriften zum Ballett Anerkennung fand, 1970 korrespondierendes Mitglied der Académie des Beaux-Arts.

WW: **1) Choreographien** (in Paris aufgeführt): L. van Beethoven, *Die Geschöpfe des Prometheus*, UA: 1929; I. Strawinsky, *Renard*, UA: 1929; A. Roussel, *Bacchus et Ariane*, UA: 1931; D. Milhaud, *Salade*, UA: 1935; C. Debussy, *L'après-midi d'un faune*, UA: 1935; V. Rieti, *David triomphant*, UA: 1936; M. Ravel, *Boléro*, UA: 1941; W. Egk, *Joan von Zarissa*, UA: 1942; M. de Falla, *El amor brujo*, UA: 1943; H. Sauguet, *Les mirages*, UA: 1946; M. Ravel, *Daphnis et Chloë*, UA: 1948; S. Prokofjew, *Romeo und Julia*, UA: 1955; E. Satie, *Parade*, UA: 1965; A. Chatschaturjan, *Le grand cirque*, UA: 1969; J.-Ph. Rameau, J.-B. Lully, *Fête chez le Roi Soleil*, UA: 1969. – **2) Schriften:** *Le manifeste du chorégraphe* (P 1935); *La danse* (P 1938, NA 1965); *S. Diaghilew* (P 1940, engl., frz. Monaco 1954); *Traité de danse académique* (P 1949, revidiert 1954); *Histoire du ballet russe depuis les origines jusqu'à nos jours* (P 1950); *Traité de chorégraphie* (P 1952, ²1954); Autobiographie *Ma vie* (P 1965, engl. Lo 1970); *Histoire du ballet* (P 1966).

Lit.: A. LEVINSON, S. L. (P 1934, NA 1954); A. E. SCHAIKÉVITCH, S. L. et le ballet contemporain (P 1950); R. HOFMANN, S. L. et son ballet (P 1953); J. LAURENT – J. SAZONOVA, S. L. renovateur du ballet français (P 1960); H. KOEGLER, Ballett international. Versuch einer Bestandsaufnahme (B 1960); H. SCHMID-GARRE, Ballett. Vom Sonnenkönig bis Balanchine (Hannover 1966); G. LEEB, S. L. u. das neoklassische Ballett (Diss. W 1969); Hommage à S. L., in: Les saisons de la danse 3 (1970) (mit Werk-Verz.); Dessins de P. Picasso. S. L. et la danse, in: RM (1971) Nr. 280/81; A. E. SCHAIKÉVITCH, S. L. et le destin du ballet de l'Opera, in: RM (1971) Nr. 278/79.

G. LUDIN

LIGATUR (von lat. ligatura = Verbindung). – **1)** Bz. für ein Notationszeichen der Modal- und Mensuralnotation (↗Notenschrift), das 2 oder mehr Noten graphisch zusammenfaßt und dem in der Regel nur eine einzige Textsilbe zugeordnet ist. Der Terminus L. in dieser Bedeutung ist seit dem 13. Jh. bezeugt, z. B. in der *Discantus positio vulgaris*. Als Synonyme des mittelalterlichen Terminus ligatura finden sich neben figura ligata und figura composita die Termini coniunctura, coniuncta, figura coniuncta, iunctura u. a. bei Anonymus IV, Lambertus, Anonymus St. Emmeram und Franco von Köln. L.en mit 2 Noten heißen dort ligaturae binariae, mit 3 Noten ligaturae ternariae usw. Neben der L. gab es als weitere Notationszeichen die Einzelnoten (figurae simplices), die ↗Plica und die Coniunctura, die in der heutigen Bedeutung als Einzelnote und eine Folge von 2 und mehreren rautenförmigen Noten verstanden wird ( ). Die ältesten L.en sind aus den ↗Neumen Pes ( ), Flexa ( ), Scandicus ( ), Climacus ( ), Torculus ( ), Porrectus ( ) u. a. übernommen worden. Schon in den Anfängen der Modalnotation scheint es die Regel gewesen zu sein, daß die jeweilige Schlußnote einer L. den längsten rhythmischen Wert zugewiesen bekam. Eine 2tönige L. hatte demnach die rhythmische Abfolge kurz – lang, also Brevis – Longa: = ♩ 𝅗𝅥 oder = ♩ 𝅗𝅥. Der rhythmische Wert 3- und mehr als 3töniger L.en ist in der Modalnotation mehrdeutig und daher heute oft nicht mehr exakt feststellbar. Dieses Problem der Mehrdeutigkeit wurde bereits im Mittelalter, und zwar noch im 13 Jh., erkannt und kritisiert. Die Diskussion darüber führte zu einer Reform der Notation, deren Ergebnis die Mensuralnotation ist. Ihre Erfordernisse formulierte Franco von Köln gegen 1280 in seiner berühmt gewordenen Forderung: „Figurae significare debent modos et non e converso." In der Mensuralnotation wurde nun die Aufzeichnung des modalen Rhythmus (↗Modus) mit Hilfe der bereits vorhandenen Notationszeichen genau reglementiert. Während in der Modalnotation die Notierung syllabischer Partien keinerlei Rhythmus andeuten konnte, da nur die L.en, nicht aber die Einzelzeichen rhythmisch hinreichend festgelegt waren, umfassen die Regeln der Mensuralnotation die rhythmische Notierung von sowohl Einzelzeichen als auch L.en.: das L.en-System rechnet seitdem mit den festen rhythmischen Werten Longa, Brevis und Semibrevis. Es bleibt in seiner Grundkonzeption bis ins 16. Jh. hinein gültig. Die Grundform aller L.en war die „ligatura cum proprietate et cum perfectione". Ihre rhythmischen Werte waren in 2töniger L. Brevis – Longa, in 3töniger L. Brevis – Brevis – Longa; notiert wurde die absteigende L.: und , die aufsteigende L.: und . Der rhythmische Wert aller L.en konnte am Anfang (↗Proprietas) und am Ende (↗Perfectio) abgeändert werden. Diese abgeänderten Formen waren am Anfang entweder „sine proprietate" oder „cum opposita proprietate" (d. h., daß die ersten beiden Noten immer Semibrevis – Semibrevis sind) und am Ende „sine perfectione". Die Änderung der Formen geschah durch Weglassen oder Hinzufügen eines Striches (Cauda, tractus) und durch schräge (ligatura obliqua) statt rechtwinkliger (ligatura recta) Notierung. In mehrtönigen L.en erhielten alle mittleren Töne immer den Wert von Breven. Den rhythmischen Wert aller auf- und absteigenden 2- und 3tönigen L.en zeigt die Tabelle auf der gegenüberliegenden Seite (S = Semibrevis; L = Longa; B = Brevis). Eine aufgelöste L. wird in der Übertragung in die heutige Notenschrift meist durch eine eckige Klammer angezeigt: z. B. = ♩ 𝅗𝅥. Seit dem Ende des 15. Jh. gab es nur noch wenige Gelegenheiten, L.en zu schreiben, da die Notationszeichen ↗Minima und

cum proprietate: cum perfectione	cum proprietate: sine perfectione	sine proprietate: cum perfectione	sine proprietate: sine perfectione	cum opposita proprietate
B L	B B	L L	L B	SS
BBL	BBB	LBL	LBB	SSL SSB
B L	B B	L L	L B	SS
BBL	BBB	LBL	LBB	SSL SSB

↗Semiminima die am häufigsten gebrauchten Notationssymbole waren. Einige Formen, vor allem die „ligatura cum opposita proprietate", die den Wert von 2 Semibreven anzeigt, blieben noch längere Zeit, insbesondere in kirchenmusikalischen Werken, im Gebrauch, bis sie im Lauf des 16./17. Jh. allmählich verschwanden. – **2)** L. bedeutet seit dem 16. Jh. die Bindung (it.: legatura; frz.: liaison) von Einzelnoten durch einen ↗Bogen, im besonderen die auf einen guten Taktteil herübergebundene Note (↗Synkope).

Lit.: W. NIEMANN, Über die abweichende Bedeutung der L.en in der Mensuraltheorie der Zeit vor J. de Garlandia. Ein Beitr. z. Gesch. der altfrz. Tonschule des 12. Jh. (L 1902, Nachdr. 1970) (= BIMG I/6); J. WOLF, Gesch. der Mensuralnotation v. 1250 bis 1460 (L 1904, Nachdr. Hil–Wie 1965); DERS., Hdb. der Notationskunde (L 1913, Nachdr. Hil–Wie 1963); H. RIETSCH, Ein Gedächtnisbehelf für die Ligaturenlesung, in: ZfMw 8 (1925/26); W. WAITE, The Rhythm of 12th Century Polyphony (New Haven 1954); C. PARRISH, The Notation of Medieval Music (NY 1957); C. DAHLHAUS, Zur Gesch. der Synkope, in: Mf 12 (1959); M. SCHULER, Punctum, suspirium u. Bindebogen, in: Mf 15 (1962); W. APEL, Die Notation der polyphonen Musik 900–1600 (L ²1970); J. A. BANK, Tactus, Tempo and Notation in Mensural Music from the 13th to the 17th Century (A 1972); Franco de Colonia. Ars cantus mensurabilis, hrsg. v. G. REANEY – A. GILLES (R 1974) (= CSM 18).

B. R. SUCHLA

LIGENDZA, Catarina, * 18.10.1937 Stockholm; schwedische Sängerin (Sopran). Sie studierte 1959–63 am Konservatorium in Würzburg und 1965–68 bei J. Greindl an der Musikhochschule in Saarbrücken. Nach Engagements in Wien, Braunschweig und Saarbrücken kam sie 1969 an die Deutsche Oper Berlin. Gastverträge banden sie außerdem an die Wiener, Hamburger, Münchner und Stuttgarter Staatsoper. 1970/71 trat sie bei den Osterfestspielen in Salzburg auf, debütierte 1971 als Leonore in L. van Beethovens *Fidelio* an der Metropolitan Opera in New York und als Isolde in R. Wagners *Tristan* bei den Bayreuther Festspielen. Weitere wichtige Rollen sind die Partien der Desdemona (G. Verdi, *Othello*) und Ariadne (R. Strauss, *Ariadne auf Naxos*).

LIGETI, György, * 28.5.1923 Dicsöszentmárton (heute Tîrnăveni, Siebenbürgen); östr. Komponist ung. Herkunft. L. studierte Komposition bei S. Veress und F. Farkas an der Fr.-Liszt-Akademie in Budapest, an der er selbst 1950–56 Musiktheorie unterrichtete. 1956 verließ er Ungarn, war bis 1959 freier Mitarbeiter am Elektronischen Studio des Westdeutschen Rundfunks in Köln, lebte danach bis 1969 vornehmlich in Wien, bis 1973 in Berlin (West) und seitdem in Hamburg, wo er als Professor für Komposition an der Musikhochschule wirkt. Als Gast lehrte er in Deutschland (Darmstädter Ferienkurse, Folkwang-Hochschule Essen), Schweden, Finnland, Spanien, in den Niederlanden und in den USA.

WW: **1) Instr.-WW:** Org.- u. Cemb.-Stücke; 2 Streichquartette (1954, 1968); 10 Stücke für Bläserquintett (1968); *Ramifications* (1969) für 12 Str. (oder Streichorch.); Kammerkonzert für 13 Instr. (1970). – Elektronische Musik, u.a. *Artikulation* (1958). – Für Orch.: *Apparition* (1958/59); *Atmosphères* (1961); Cellokonzert (1966); *Lontano* (1967); *Melodien* (1971); Doppelkonzert für Fl. u. Ob. (1972); *San Francisco Polyphony* (1974); Klv.-Konzert, UA: WDR 1980. – **2) Vokal- u. Bühnen-WW:** Requiem für Sopran, Mezzo-Sopran, 2 Chöre u. Orch. (1963–65) (unvollständig); *Lux aeterna* (1966) für Chor a cap.; *Aventures* (1962), *Nouvelles aventures* (1962–65) für Sopran, Alt, Bar. u. 7 Instr., dass. auch szenisch (1966), UA: Stuttgart 1977; Mono-Drama *Rondeau*, UA: ebd. 1977; Oper *Le grand macabre*, UA: Stockholm 1978. – **3) Schriften:** *Wandlungen der musikal. Form*, in: Die Reihe 7 (1960); *Kompositorische Tendenzen heute*, in: Neue Musik (Mn 1960) H. 1; *Neue Notation. Kommunikationsmittel oder Selbstzweck?*, in: Notation Neuer Musik, hrsg. v. E. Thomas (Mz 1965) (= Darmstädter Beitr. z. Neuen Musik 9); *Weberns Melodik*, in: Melos 33 (1966); *Auswirkungen der elektronischen Musik auf mein kompositorisches Schaffen*, in: Experimentelle Musik, hrsg. v. F. Winckel (B 1970) (= Schriftenreihe der Akad. der Künste 7); *Texte* (St 1978) (mit Werk-Verz.).

L. begann als Komponist der Bartók-Nachfolge. Seine Kompositionen seit 1957 kennen als Element nicht mehr, wie die traditionelle (bis hin zur früheren seriellen) Musik, den „Ton", sondern nur noch den „Klang", in der Regel Cluster. Inhalte der jeweiligen Komposition sind nicht die Beziehungen verschiedener Klänge zueinander, sondern Vorgänge innerhalb der sich (meist langsam) verändernden Klänge. Die Klänge selbst werden durch Ambitus, Farbe, Dichte und die Art der internen Bewegung charakterisiert. Etwa entstehende Melodien sind Konsequenzen solcher internen Vorgänge an der Oberfläche der Klänge. Dem Typus der Klangflächenkomposition (dichte Füllung der Klänge, bei kaum merklicher Veränderung), wie ihn das Orchesterstück *Atmosphères* (1961) rein ausprägt, steht ein anderer Typus (etwa in *Aventures*, 1962) zur Seite, in welchem rasche Tonfolgen in extremen Lagen, die als Melodien nicht auffaßbar sind, zu einem mehr oder weniger dichten Netz verknüpft erscheinen. Die beiden Satztypen stellen Extreme dar (Ruhe – hektische Bewegung), die in größeren Werken durch vermittelnde Satztypen ergänzt werden. Im Bereich der Vokalmusik (Sprachkomposition) erscheint der Text vielfach entsemantisiert (also „unverständlich"), wenn nicht, wie in *Aventures*, überhaupt eine nichtsemantische Lautfolge der Komposition zugrunde liegt. Text und Musik bilden Affekte und Gesten nach. So war der Weg zum musikalischen Theater, in welchem die Gesten real versinnlicht werden können, vorgezeichnet. L.s Werke, die zu den wichtigsten unserer Zeit gehören, sind durch einen außerordentlichen Reichtum an Nuancen, durch ungewöhnliche Sensibilität ausgezeichnet. Ihre Grundstimmung ist der Décadence des Fin de siècle verwandt (und verpflichtet).

Ausg.: Artikulation. Eine Hörpartitur, hrsg. v. R. WEHINGER (Mz 1970) (mit Schallplatte).

Lit.: O. NORDVALL, G. L. (Mz 1971) (mit ausführlichem Werk-Verz.); E. KRAUS, Bibliogr. u. Diskographie, in: Musik u. Bildung 7 (1975). – E. SALMENHAARA, Das musikal. Material u. seine Behandlung in den Werken „Apparitions", „Atmosphères" u. „Requiem" v. G. L. (He 1969) (= Acta musicologica Fennica 2); dass. (Rb 1969) (= Forschungsbeitr. z. Musikwiss. 19); M. LICHTENFELD, G. L. oder Das Ende der seriellen Musik, in: Melos 39 (1972); R. STEPHAN, G. L., Konzert für Vc. u. Orch., Anm.en z. Cluster-Komposition, in: Die Musik der Sechziger Jahre, hrsg. v. R. Stephan (Mr 1972); K. KROPFINGER, L. u. die Tradition, in: Zw. Tradition u. Fortschritt, hrsg. v. R. Stephan (Mz 1973); W.-A. SCHULTZ, Zwei Studien über das Cello-Konzert v. L., in: ZfMth 6 (1975); O. NORDVALL, G. L. 1980, in: ÖMZ 35 (1980).

R. STEPHAN

LILIENCRON, Rochus Freiherr **von,** * 8.12.1820 Plön (Holstein), † 5.3.1912 Koblenz; dt. Germanist, Volksliedforscher und Musikhistoriker. Er studierte Theologie, Jura und german. Philologie in Berlin und Kiel, promovierte 1846 zum Dr. phil. und habilitierte sich nach altnordischen Studien in Kopenhagen 1848 an der Universität Bonn. Später war er Professor für Germanistik in Kiel und Jena und übernahm 1855 die Intendanz der herzoglichen Kapelle und das Bibliothekarsamt von Sachsen-Meiningen. Seit 1858 bearbeitete L. die bahnbrechende Sammlung *Die historischen Volkslieder der Deutschen vom 13. bis 16. Jh.* (5 Bde., L 1865–69, Nachdr. Hil 1966, 2 Bde.) und übernahm 1875 zusammen mit F. X. von Wegele das „mächtige Unternehmen" (H. Kretzschmar) der *Allgemeinen Deutschen Biographie* (56 Bde., L 1875–1912). Seit 1900 führte er die von Ph. Spitta begonnene Edition der *Denkmäler deutscher Tonkunst* weiter, von der bis zu seinem Tod 42 Bände erschienen. Innerhalb seiner Volksliededitionen stellen die konzeptionell völlig neuartige Sammlung *Deutsches Leben im Volkslied um 1530* (B – St 1885, [2]1925, Nachdr. Hil 1966) und das unter seinem Vorsitz edierte, äußerst breitenwirksame sog. „Kaiserliederbuch" (Volksliederbuch für Männerchor, L 1906, und für gemischten Chor, ebd. 1915, je 2 Bde.) eine Synthese von Volksliedforschung und musikalischer Praxis dar. Zu L.s 90. Geburtstag wurde eine Festschrift veröffentlicht (hrsg. v. H. Kretzschmar, L 1910).

Schriften: *C. E. F. Weyse und die dänische Musik seit dem vorigen Jh.* (Kiel 1878); *Über den Chorgesang in der evangelischen Kirche* (B 1881); *Die horazischen Metren in deutschen Kompositionen des 16. Jh.* (L 1887); *Liturgisch-musikalische Geschichte der evangelischen Gottesdienste von 1523–1700* (Schleswig 1893, Nachdr. Hil 1970); *Deutsche Musikgeschichte und Musik,* in: H. Paul, Grundriß der germanischen Philologie (Str 1893, [2]1909); *Die Aufgaben des Chorgesanges im heutigen evangelischen Gottesdienst* (Oppeln 1895); *Chorordnung für die Sonn- und Festtage des evangelischen Kirchenjahres* (Gütersloh 1900, NA Kas 1929) (mit einem Vorwort v. H. J. Moser). – Autobiopraphie *Frohe Jugendtage. Lebenserinnerungen* (L 1902), NA v. A. Bettelheim, in: Dt. Rundschau (1913) März–Mai-H.

Lit.: J. WOLF, R. von L., in: ZIMG 12 (1911/12); A. BETTELHEIM, Leben u. Wirken des Freiherrn R. von L. (B 1917); H. J. MOSER, Das musikal. Denkmälerwesen in Deutschland (Kas 1952).

W. SCHEPPING

LILJEFORS. – 1) Ruben Matthias, * 30.9.1871 Uppsala, † 4.3. 1936 ebd.; schwedischer Komponist. Er studierte in Leipzig bei S. Jadassohn (Kontrapunkt) und M. Reger (Komposition) sowie in Dresden bei F. Draeseke (Komposition). 1902–11 war er Chordirigent in Göteborg und 1912–31 Dirigent des Landesorchesters in Gävle.

WW: Sonate für V. u. Klv. (1896); Klv.-Sonate (Sto 1938). – Klv.-Konzert (1899); Symphonie (1906); 2 Ouvertüren (1908, 1920); Suite (1920); ferner Bühnenmusik.

2) Ingemar Kristian, Sohn von 1), * 13.12.1906 Göteborg, † 14.10.1981 Stockholm; schwedischer Komponist. Er erhielt seine Ausbildung (Klavier, Dirigieren, Komposition und Orgel) in Stockholm und München. Seit 1938 unterrichtete er an der Königlichen Musikschule in Stockholm (1968 Professor). 1947–63 war er Präsident des Schwedischen Komponistenverbandes.

WW: **1) Kompositionen:** Klv.-Stücke; Kammermusik, u.a. 2 Klv.-Trios (1940, 1961), Streichquartett (1963) u. Sonatine für V. solo (1964). – Rhapsodie für Klv. u. Orch. (1936); 2 Klv.-Konzerte (1940, 1949); Symphonie (1943); V.-Konzert (1957); Sinfonietta (1962); Divertimento für Streichorch. (1968). – Oper *Hyrkusken* (1951). – **2) Schriften:** *Harmoniläraпs grunder med ackordanalys enligt funktionsteorien* (Sto 1937); *Harmonisk analys enligt funktionsteorien* (ebd. 1951); *Romantisk harmonik ur pedagogisk synvinkel,* in: Kungl. musikaliska akademiens årsskrift 1967 (ebd. 1969).

LIMMA ↗Intervall, ↗Systema teleion.

LINCKE, Karl Emil Paul, * 7.11.1866 Berlin, † 3.9.1946 Clausthal-Zellerfeld; dt. Komponist. L. erhielt seine musikalische Ausbildung seit 1880 in der Stadtmusikkapelle von Wittenberg. 1884 begann er seine Laufbahn als Berufsmusiker in Berlin, wo er zunächst mit kleinen Liedern und Couplets, später – als Kapellmeister am Apollo-Theater – mit Operetten-Einaktern, u. a. *Die Spreeamazone* (1896), hervortrat. 1897–99 war er an dem berühmten Varieté „Folies-Bergère" in Paris engagiert. Unmittelbar nach seiner Rückkehr schrieb er sein bekanntestes Bühnenwerk, die Operette *Berliner Luft*, die noch im Dezember 1899 im Apollo-Theater uraufgeführt wurde. Den Höhepunkt seiner Karriere erreichte er mit den Revuen *Donnerwetter – Tadellos* (1908) und *Halloh, die große Revue* (1909).

WW: Zahlr. Operetten (wenn nichts anderes angegeben, UA in Berlin), darunter: *Ravachol* (1893); *Ein Abenteuer im Harem* (1896); *Venus auf Erden*, UA: 1897; *Eine lustige Spreewaldfahrt* (1897); *Im Reiche des Indra*, UA: 1899; *Außer Rand und Band* (1899); *Frau Luna*, UA: 1899; *Fräulein Loreley*, UA: 1900; *Nakiris Hochzeit*, UA: 1902; *Im Riesengebirge* (1902); *Lysistrata*, UA: 1902; *Berliner Luft*, UA: 1904; *Bis früh um fünfe* (1904); *Die lustige Doppelehe* (1905); *Prinzeß Rosine*, UA: 1905; *Wenn die Bombe platzt* (1906); *Das blaue Bild* (1906); *Die verkehrte Welt* (1907); *Ihr Sechs-Uhr-Onkel* (1906); *Immer obenauf* (1908); *Grigri*, UA: Darmstadt u. Köln 1911; *Casanova*, UA: Chemnitz 1913; *Fräulein Kadett* (1914); *Der Gatte des Fräuleins* (1916); *Pst! Pst!* (1917); *Ein Liebestraum*, UA: Hamburg 1940.

L. ist Begründer und wichtigster Vertreter der typischen Berliner Operette, die sich in Thematik der Sujets und in der musikalischen Grundhaltung deutlich von der eleganten Wiener Operette unterscheidet. Seine Musik zeichnet sich durch eher schlichte, einprägsame Melodien aus, die durch ihre Breitenwirkung bis heute einen überzeugenden Publikumserfolg verbuchen konnten. Große Popularität errangen vor allem die eng an das Berliner Lokalkolorit gebundenen Stücke, so der Marsch *Das ist die Berliner Luft*.

Lit.: P. L. Kompositions-Verz. (B 1956). – E. NICK, P. L. (H 1953); F. BORN, Berliner Luft (B 1966), W. HUSCHKE, P. L.s Vorfahren, in: Genealogie 15 (1966); O. SCHNEIDEREIT, P. L. und die Entstehung der Berliner Operette (B 1974, ²1977).

R.-M. SIMON – S. SIMON

LIND, Jenny (Johanna), * 6.10.1820 Stockholm, † 2.11.1887 Malvern Hills (Herfordshire); schwedische Sängerin (Sopran). Sie studierte Gesang in Stockholm, wo sie 1838 als Agathe in C. M. von Webers *Freischütz* debütierte. Nach weiterer Ausbildung in Paris bei Manuel García trat sie 1844 zum ersten Mal in Berlin auf (in V. Bellinis *Norma*) und 1847 am Covent Garden in London (in G. Meyerbeers *Robert le Diable*). Dort und an anderen europäischen Bühnen feierte sie, als „schwedische Nachtigall" apostrophiert, Triumphe in den großen Belcanto-Partien. J. L.s Gesangskunst und ihre Persönlichkeit beeindruckten ihre Zeit in unvergleichlicher Weise. Sie wurde verehrt von H. Chr. Andersen, den sie dichterisch inspirierte und der ihr u. a. in dem Märchen *Der Kaiser und die Nachtigall* ein literarisches Denkmal setzte. Sie war befreundet mit F. Mendelssohn Bartholdy sowie mit Robert und Clara Schumann; Fr. Grillparzer, H. Berlioz, Fr. Chopin und Fr. Liszt rühmten sie, während H. Heine ihr eher mit Ironie begegnete. Offenbar entsprach J. L.s Kunst vollendet dem romantischen Ideal eines beseelten Gesanges in Oper und Lied. Sie selbst freilich hatte, anders als die meisten Primadonnen des 19. Jh., ein distanziertes Verhältnis zur Oper und wandte sich deshalb bereits 1849 von der Bühne ab, um sich ausschließlich dem Konzertgesang zu widmen. Spektakulär war eine Reise (1850–52) durch Amerika mit 150 Konzerten, die der Zirkusunternehmer Barnum organisierte. J. L.s Heimat war nun England, wo sie die Gunst der Queen Victoria empfing und auch wegen ihrer finanziellen Großzügigkeit und Wohltätigkeit hoch geachtet war. Ihre Grabstätte befindet sich in der Westminster Abbey, neben G. Fr. Händel.

Lit.: M. PERGAMENT, J. L. (Sto 1945); K. ROOTZÉN – T. MEYER, J. L. (Sto 1945); H. KUHNER, Große Sängerinnen der Klassik und Romantik (Mn 1954); J. BULMAN, J. L. (Lo 1956); A. M. DUNLOP, The Swedish Nightingale (NY 1965); The Lost Letters of J. L., hrsg. v. W. P. WARE – TH. C. LOCKARD (Lo 1966); E. P. MYERS, J. L. Songbird from Sweden (Champaign/Ill. 1968); F. CAVANAH, J. L.'s America (Philadelphia 1969); J. M. C. GOLDSCHMIDT MAUDE, The Life of J. L. (NY 1978).

LINDA DI CHAMOUNIX, Opera semiseria in 3 Akten von Gaetano Donizetti (1797–1848), Text von Gaetano Rossi. Ort u. Zeit der Handlung: Chamounix und Paris, 1760. UA: 19. 5. 1842 in Wien (Kärntnerthor-Theater); EA in dt. Sprache: 10. 9. 1842 in Budapest; dt. EA (in dt. Sprache): 10. 12. 1842 in Hamburg.

Das larmoyante Schicksal der schönen, tugendhaften Pächterstochter Linda, die in Paris wegen scheinbar verschmähter Liebe geistiger Zerrüttung anheimfällt, schließlich in ihrem Heimatdorf Chamounix aber doch ersehntes Glück findet, wird mit den typischen Handlungsklischees des bürgerlichen Rührstücks dargestellt. Ebenso konventionell wie die Handlung nimmt sich Donizettis Musik aus, die von wohlklingenden Melodien über vorhaltreiche Harmonik und Terzenschönklang bis zu schwierigsten Koloraturen in den Solonummern alles bietet, was man zum (oft kritisierten) Belcanto-Stil der italienischen Oper zählt. Gerade wegen der schlichten, auf Publikumswirksamkeit angelegten musikalischen Faktur wurde das Werk wohl ein großer Erfolg in Wien; der Zeitstil war perfekt getroffen. Der österreichische Kaiser ernannte Donizetti nach der UA spontan zum Kammerkapellmeister und Hofkompositeur – eben jene Ämter, die einst auch W. A. Mozart innehatte. J. SCHLÄDER

LINDBLAD, Adolf Fredrik, * 1.2.1801 Skänninge, † 23.8.1878 Löfvingsborg bei Linköping; schwedischer Komponist. L. studierte bei Johann Christian Friedrich Haeffner in Uppsala und seit 1825 bei C. Fr. Zelter in Berlin, wo er sich mit F. Mendelssohn Bartholdy befreundete. In Berlin gab er eine Sammlung schwedischer Volkslieder heraus. Während eines Aufenthalts in Paris lernte er die Klavierunterrichtsmethode von J. B. Logier kennen, die er in seiner 1827 in Stockholm gegründeten Musikschule einführte. L. ist auch bedeutend als Komponist von Liedern, die durch seine Schülerin J. Lind weltweit bekannt wurden.

WW: Klv.-Stücke; 3 V.-Sonaten; 2 Streichquartette; 2 Streichquintette (Sto 1885); 2 Symphonien; 215 Lieder (Sto 1878–80); Oper *Frondörerna*, UA: Stockholm 1835.

Lit.: F. H. TÖRNBLOM, A. F. L. Som operakompositör, in: STMf 17 (1935); DERS., A. F. L. och J. Lind, in: ebd. 23 (1941); K. LINDER, Den unge A. F. L. 1801–27 (Diss. Uppsala 1973).

LINDE, Hans-Martin, * 24.5.1930 Werne (Westfalen); Schweizer Flötist und Komponist dt. Herkunft. Er studierte 1947–51 Flöte (G. Scheck), Chorleitung und Komposition (Konrad Lechner) an der Staatlichen Hochschule für Musik in Freiburg i. Br. und lehrt seit 1957 an der Musikakademie in Basel Blockflöte, Traversflöte und Ensemblespiel in der Abteilung Schola Cantorum Basiliensis, deren Vokalensemble er leitet. 1976 wurde er dort auch Leiter der Abt. Konservatorium. Konzertreisen durch Europa, Asien und die USA machten L., der auch Soloflötist der Cappella Coloniensis in Köln ist, international bekannt.

WW: **1) Kompositionen:** Trio für Blockfl., Querfl. u. Cemb. (1963); *Serenata a tre* (1966) für Blockfl., Gitarre u. Vc.; *4 Miniaturen* (1968) für mehrere Blockfl., Stabspiele u. Trommel; *Consort Music* (1972) für 4 Instrumentalisten. – **2) Unterrichtswerke u. Schriften:** *Die Kunst des Blockflötenspiels* (Mz 1958, engl. NY 1967); *Sopranflötenschule* (Mz 1960). – *Kleine Einleitung zum Verzieren alter Musik* (Mz 1958); *Hdb. des Blockflötenspiels* (Mz 1962, NA 1972).

LINDEMAN. – 1) Ole Andreas, * 17.1.1769 Surnadal (Nordmøre), † 26.2.1857 Drontheim; norwegischer Organist. Er wirkte seit 1799 als Organist in Drontheim und ist als Herausgeber des 1835 autorisierten norwegischen Choralbuches, das bis 1877 in Gebrauch war, bekannt geworden. – **2) Ludvig Mathias,** Sohn von 1), * 28.11.1812 Drontheim, † 23.5.1887 Oslo; norwegischer Organist und Komponist. Er war seit 1839 Organist an der Vår Frelsers Kirke in Oslo und seit 1849 Lehrer für Kirchengesang am Theologischen Seminar. 1883 gründete er mit seinem Sohn **Peter L.** (1858 bis 1930) eine Organistenschule, aus der 1894 das Konservatorium hervorging. Auch er gab ein Choralbuch heraus, das 1877 dasjenige seines Vaters ablöste und bis 1926 in Gebrauch blieb. Eine größere Zahl eigener volkstümlich gewordener Choralmelodien gehört heute zum festen Bestand norwegischer Kirchenlieder. Seine umfangreiche Sammlung norwegischer Volkslieder (größtenteils in *Ældre og nyere norske fjeldmelodier,* 3 Bde., Oslo 1853–67, veröffentlicht) war für die meisten norwegischen Komponisten der 2. Hälfte des 19. Jh., darunter besonders für E. Grieg, eine unerschöpfliche Quelle der Inspiration. – **3) Trygve Henrik,** Enkel von 2), * 30.11.1896 Oslo, norwegischer Violoncellist und Musikforscher. 1930–69 war er Lehrer und Direktor des Osloer Konservatoriums; veröff. zahlr. musiktheoretische Schriften.

Lit.: **Zu 1):** A. HERNES, O. A. L. (Oslo 1957). – **Zu 2):** O. M. SANDVIK, L. M. L.s optegnelser i Valdres 1848 (Oslo 1941); DERS., L. M. L. og folkemelodien (ebd. 1950); Ø. GAUKSTAD, L. M. L.s komposisjoner. Bibliogr., in: Norsk musikgranskning Årbok 1959–61 (ebd. 1962) u. 1962–71 (1972).

LINDEN, Albert Charles Gérard van der, ↗Vander Linden.

LINDENBERG, Udo, * 17. 5. 1946 Gronau (Westfalen); dt. Rock-Musiker. Er studierte Musik in Münster und Duisburg und spielte danach Schlagzeug, Klavier, Gitarre und Saxophon in verschiedenen Tanzorchestern und Bands. 1973 gelang ihm in Hamburg der Durchbruch mit seinem „Panik-Orchester", auf dessen zahlreichen Tourneen er ein neues, sehr erfolgreiches Showkonzept, eine Mischung aus Rock-Musik, Hollywood-Revue, Gesellschaftskritik und Kommerz, entwickelte (u. a. *Dröhnland-Symphonie,* 1979, Inszenierung P. Zadek; *Rock gegen Rechts*, 1980). 1979 produzierte er seinen ersten Film *(Panische Zeiten).* Von seinen Schallplatten sind zu nennen: *Ball pompös; Votan Wahnwitz; Der Detektiv – Rock Revue 2.*

LINDHOLM, Berit Maria, * 18.10.1934 Stockholm; schwedische Sängerin (Sopran). Sie studierte bis 1963 an der Königlich Schwedischen Opernschule in Stockholm und debütierte dort im selben Jahr als Gräfin in W. A. Mozarts *Die Hochzeit des Figaro* an der königlichen Oper. Erste internationale Beachtung fand sie 1965 in der Partie der Chrysothemis in R. Strauss' *Elektra* neben B. Nilsson in der Titelrolle. Seitdem gastiert sie vorwiegend als Wagner- und Strauss-Interpretin u. a. in Bayreuth, Wien und London. Zu ihren bevorzugten Partien gehören außerdem die Aida (G. Verdi) und Leonore (L. van Beethoven, *Fidelio*).

LINDLAR, Heinrich, * 6.8.1912 Bergisch Gladbach; dt. Musikforscher und Musikschriftsteller. Er studierte 1932–39 Musik und Musikwissenschaft (1935 Staatsexamen, 1939 Promotion in Köln). Nach Krieg und Kriegsgefangenschaft (1940–49) wirkte er 1949–65 in Bonn und Köln als Musikkritiker, Verlagslektor und Musikhochschuldozent. 1965 wurde er Ordinarius für Musikgeschichte an der Musikhochschule Freiburg und war 1969–76 Direktor der Rheinischen Musikschule (Konservatorium der Stadt) Köln. Seither lehrt er Neuere Musikgeschichte an der Hochschule für Musik Rheinland in Köln.

WW: **Schriften:** *H. Pfitzners Klavierlied* (Wü 1940); *I. Strawinskys sakraler Gesang* (Rb 1975) (= Forschungsbeitr. z. Musikwiss. 6); ausgew. Opernkritiken als: *77 Premieren* (Kö 1965) (= Bd. VIII v. *Kontrapunkte*, s. u.); *100 Jahre Edition Peters* (F 1967); *125 Jahre Rheinische Musikschule* (Kö 1975); *Strawinsky* (Wie 1981); *Strawinsky-Lexikon* (Bergisch-Gladbach 1982). – Er gab heraus: *Musik der Zeit*, 15 H.e (Bonn 1952 bis 1960); *Kontrapunkte*, 8 Bde. (Rodenkirchen 1958–65); ferner die Festschriften für H. Reutter (Mz 1965) und B. Bartók (Duisburg 1981).

LINDNER, Friedrich, * um 1542 Liegnitz (Schlesien), begraben 15. 9. 1597 Nürnberg; dt. Komponist. Er war zunächst Chorknabe an der Dresdner Hofkapelle, trat 1565 als Tenorist in die Hofkapelle in Ansbach ein und wurde dort 1573 Vizekapellmeister. Nach Auflösung der Kapelle erhielt er 1574 eine Kantorenstelle am Gymnasium und an St. Egidien in Nürnberg. L.s Hauptleistung sind die von ihm besorgten Sammeldrucke, die entscheidend für die Verbreitung italienischer Vokalmusik in Deutschland waren. Seine seit 1574 für St. Egidien geschriebenen Chorbücher sind wichtige Quellen für die Pflege der Werke von O. di Lasso in Süddeutschland.

WW (Sammeldrucke, alle in Nürnberg erschienen): 2 Bücher *Sacrae cantiones* für 4–12 St (1585, 1588); 3 Bücher *Gemma musicalis* (Madrigale) für 4–12 St. (1588, 1589, 1590); *Corollarium cantionum sacrarum* für 5–12 St. (1590); Messen für 5 St. (1590); *Bicinia sacra* (1591); Magnificatvertonungen für 4 und 5 St. (1591).

Lit.: W. BOETTICHER, O. di Lasso und seine Zeit, 2 Bde. (Kas 1958); F. KRAUTWURST, L., in: MGG VIII; DERS., Musik der 2. Hälfte des 16. u. 17. Jh., in: Nürnberg, Gesch. einer europäischen Stadt, hrsg. v. G. Pfeiffer (Mn 1971).

LINEK (Linka), **Jiří Ignác,** * 21.1.1725 Bakow an der Iser (Böhmen), † 30.12.1791 ebd.; böhmischer Komponist. Seit 1747 Kantor in seiner Heimatstadt, gehört L. zu den wichtigsten böhmischen Komponisten, die von der Volksmusik ihres Landes beeinflußt wurden. Das Prager Nationalmuseum besitzt von ihm über 200 Vokal- und Instrumentalwerke (Pastorellen, Arien, Messen, Oratorien, Cembalokonzerte und Symphonien).

Ausg.: *Pastorella iucunda*, in: Ceské vánocní pastorely / Pastorelle boemiche, hrsg. v. J. RACEK – J. BERKOVEC (Pr 1955) (= MAB 23); Concerto F-Dur für Cemb., 2 Hörner, 2 V. u. Vc., hrsg. v. F. GOEBELS (Wilhelmshaven 1966).

LINGUALPFEIFEN, Zungenpfeifen (von lat. lingua = Zunge), Bz. für diejenigen Pfeifen der Orgel, bei denen der Ton durch die Schwingung eines

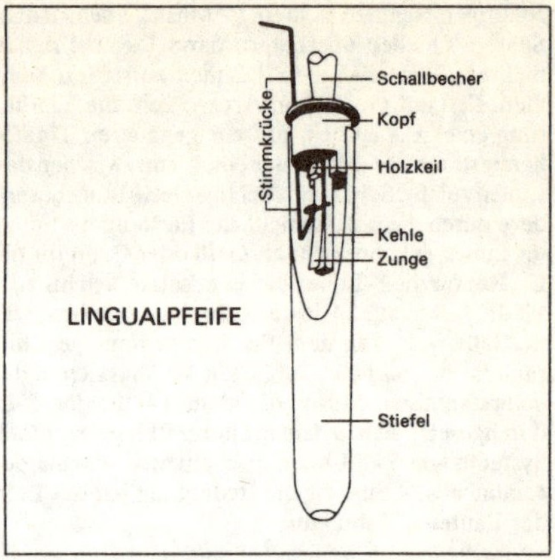

elastischen Körpers, der Zunge, erzeugt wird. Ihre wichtigsten Teile sind: der Stiefel, ein zylindrischer oder rechteckiger Körper aus Metall oder Holz, der auf der Windlade steht und in den durch eine Bohrung Wind einströmt. Im Stiefel befindet sich die Zunge, die auf einem seitlich offenen Metallröhrchen, der Kehle, aufliegt und – durch den einströmenden Wind in Bewegung versetzt – entweder auf den Rand der Kehle aufschlägt (aufschlagende L.) oder frei in deren Öffnung schwingt (durchschlagende L.). Die Zunge wird durch einen umgebogenen Draht, die Stimmkrücke, auf die Kehle gedrückt. Durch Verschieben der Stimmkrücke kann der schwingende Teil der Zunge verkürzt oder verlängert und damit die Tonhöhe verändert werden. Zunge und Kehle sitzen im Kopf, einem walzenförmigen Metallteil, der den Aufsatz (Schallbecher) trägt. Von der Länge, dem Material und der Form der Aufsätze ist im wesentlichen die Klangfarbe und Lautstärke der L. abhängig. L. mit stark verkürzten Bechern heißen Regale und geben einen sehr obertonreichen, schnarrenden Klang.

LINIENSYSTEM (engl.: staff; frz.: portée; it.: pentagramma; span.: pentagrama), die 5 im gleichen Abstand parallelen Linien (die unterste wird bei der Zählung als die 1. bezeichnet), auf denen und zwischen denen die Noten und sonstige Zeichen (Pausen, Taktstriche) stehen. Einer der Linien wird durch den Notenschlüssel eine bestimmte Tonhöhe zugewiesen. Erweitert wird das L. seit dem 16. Jh. durch sog. Hilfslinien über und unter dem L., die früher durch entsprechende Schlüsselung vermieden wurden. – Vorläufer des modernen L.s waren zunächst (10. Jh.) geritzte Linien, nach denen sich die Ordnung des Textes bzw. der dazugehörigen Neumen richtete (↗Musica enchiriadis). Spätere Quellen überliefern dann L.e, bei denen mehrere Töne zwischen 2 Linien zu stehen kommen. Erst auf Guido von Arezzo geht die Einführung eines L.s zurück, das zur genaueren Tonhöhenbestimmung jeweils nur einen Ton zwischen den Linien zuläßt. Sein L. mit Schlüsselung ist insbesondere durch die unterschiedliche Färbung bestimmter Linien gekennzeichnet: Gelb oder Grün für die C-, Rot für die F-Linie. Dieses L. setzte sich bis zum 13. Jh. fast in allen Klöstern durch (Ausnahme war St. Gallen). Neben dem für die einstimmige Choralnotation (bis heute) üblichen 4-L. hat sich in der mehrstimmigen Musik seit dem 14. Jh. das 5-L. durchgesetzt, neben dem in älterer Zeit gelegentlich Systeme von 6–8 Linien erscheinen. – ↗Scala decemlinealis. – Eine eigene Bedeutung hat das L. in der Lauten-↗Tabulatur.

LINKA, Jiří Ignác, ↗Linek.

LINKE, Norbert, * 5. 3. 1933 Steinau an der Oder (Schlesien); dt. Komponist, Musikpädagoge und Musikschriftsteller. Er studierte in Hamburg an der Musikhochschule Komposition (Ernst Klussmann) und Schulmusik (Fr. Jöde), an der Universität Musikwissenschaft (H. Husmann), Germanistik, Psychologie und Phonetik und promovierte 1960 zum Dr. phil. Anschließend war er bis 1972 im Schuldienst tätig, wurde 1971 Dozent an der Universität Hamburg, 1972 in Lübeck, 1975 Professor für Musikpädagogik an der Fachhochschule Darmstadt und 1976 Professor für Musikdidaktik an der Gesamthochschule Duisburg. Seit den 70er Jahren wirkt er auch als Musikkritiker. L.s Forschungen umfassen empirische Studien zur Wahrnehmungs- und Urteilsfähigkeit des Musikhörers sowie zur Musiktherapie und Musikanthropologie. Als Komponist war er international erstmals 1962 in Darmstadt erfolgreich und erhielt seitdem 6 Kompositionspreise. Sein Schaffen umfaßt Instrumental- und Vokalmusik verschiedenster Besetzungen. Stilistisch ist es geprägt vom Pluralismus zwischen Tradition und Avantgarde.

WW: **1) Instr.-WW:** Für Org.: *Rital* (1969); 18 Choralversionen *Organ Pops* (1970/81); Choralsuite (1972); *Retro* (1975); Choralvariationen (1976); Sonate *Fragmente* (1979/81); für Klv.: *Polyrhythmika I–III* (1961–68); *Piccotelli* (1970); *Zugstücke* (1975); *Konkretionen II* (1963) für Streichquartett; Sonett für Baßklar. u. Klv. (1965); Bläserquintett (1967); *Konkretionen IV* (1967) für Blechbläsertrio; *Profit tout clair* (1967) für Nonett; *Fresko* (1970) für Harfe u. Vc.; *Violencia* (1971) für V.; *Zeitplan* (1972) für Live-Electronic-Group u. Tonband; *Puzzle I (Percuzzle Puzzle)* u. *II (Chesage)* (1973, 1975); Metamorphosen über ein tschechisches Landarbeiterlied (1975) für Klv.-Quartett; *Lovika* (1976) für V. u. Klv. – Für Orch.: 2 Symphonien (1960, 1964); Klv.-Konzert (1971); V.-Konzert (1973). – **2) Vokal-WW:** *Markuspassion* (1960) für gem. Chor; *Canticum I–III* (1962, 1968, 1972); *Lyrical Symphony* (1968) für Orch. u. hohe St.; *Steinauer Messe* (1972) für gem. Chor; *Diri Dana* (1974) für gem. Chor, Klv. u. Orch.; *Die Seligpreisungen* (1979) für gem. Chor, Org. u. Blechbläser ad lib.; ferner zahlr. Lieder auf Texte v. H. Carossa, H. Heine, F. Rückert u. G. Benn. – **3) Schriften:** *Musik zwischen Konsum u. Kult* (Wie 1972, ³1976); *Neue Wege in der Musik der Gegenwart* (Wb 1975); *Philosophie der Musikerziehung* (Rb 1976); *Heilung durch Musik?* (Wilhelmshaven 1977); *Wertproblem u. Musikerziehung* (Wb 1977); *R. Schumann* (Wie 1978) (zus. mit G. Kneip); *Einführung in die Musiksoziologie* (Hagen 1979); *J. Strauß Sohn* (Reinbek 1981); *Musik in der „Sozialen Schule“* (Wilhelmshaven 1981); ferner eine Autobiogr., in: Zeitgen. schlesische Komponisten 2 (Dülmen 1980) (mit Werkverz.).

Lit.: H. SIMBRIGER, Werke zeitgen. Komponisten aus den dt. Ostgebieten (Esslingen 1968ff.); Das Komponisten-Porträt. N. L., hrsg. v. R. LÜCK (Kö 1972); J. DORFMÜLLER, Avantgarde als Stilintegration. Zum Orgelschaffen N. L.s, in: MuK 47 (1977).

J. DORFMÜLLER

LINLEY. – 1) Thomas (der Ältere), * 17. 1. 1733 Badminton, † 19. 11. 1795 London; engl. Komponist. Er wirkte zunächst als Gesangslehrer und Musikdirektor in Bath und ließ sich 1776 in London nieder. Dort wurde er Miteigentümer und musikalischer Direktor des Drury Lane Theatre, für das er auch zahlreiche Werke schrieb. Von ihm stammt die erste Orchesterfassung der Arien aus der *Beggar's Opera*. Seine Töchter **Elisabeth Ann, Mary** und **Maria** waren bekannte Sängerinnen.

WW: **1) Vokal-WW:** *Elegies* für 3 St. mit Cemb.- u. Vc.-Begleitung (Lo um 1770); *Twelve ballads* (Lo um 1780). – **2) Bühnen-WW** (Opern u. Pastorale oder Pantomimen; UA in London), davon gedruckt: *The royal merchant*, UA: 1767; *The Duenna* (mit Stücken v. Th. L. dem Jüngeren), UA: 1775; *Selima and Azor* (mit Stücken v. A. M. Grétry), UA: 1776; *The camp*, UA: 1778; *The gentle shepherd*, UA: 1781; *The carnival of Venice*, UA: 1781; *The triumph of mirth*, UA: 1782; *The Spanish rivals*, UA: 1784; *The strangers at home*, UA: 1785; *Love in the East*, UA: 1788.

2) Thomas (der Jüngere), Sohn von 1), * 7. 5. 1756 Bath, † 5. 8. 1778 Grimsthorpe (Lincolnshire); engl. Violinist und Komponist. Er war zunächst Schüler seines Vaters, später von W. Boyce in London und P. Nardini in Italien, wo er W. A. Mozart kennenlernte. Sein früher Tod beendete eine vielversprechende Karriere.

WW (hsl. erhalten): V.-Konzerte; Anthem *Let God Arise*; Oratorium *The Song of Moses*; Bühnenmusik zu Shakespeares *The Tempest; An Ode on the Witches and Fairies of Shakespeare*, UA: London 1776; Oper *The Cadi of Bagdad*, UA: ebd. 1778.

3) William, Sohn von 1), * Febr. 1771 Bath, † 6. 5. 1835 London; engl. Komponist. Hauptberuflich in der Verwaltung tätig, veröffentlichte er Songs und Kanzonetten und gab *Shakespeare's dramatic songs* (Lo um 1815) heraus mit Werken u. a. von H. Purcell, W. Boyce, Th. Arne und seines Bruders.

Ausg.: **Zu 1) u. 2):** *The Duenna*, hrsg. v. A. REYNOLDS (Lo 1925). – Ouvertüre zu *The Duenna*, hrsg. v. A. CARSE (Lo 1941); *Shakespeare Ode*, hrsg. v. G. BEECHEY (Lo 1970) (= Mus. Brit. 30).

Lit.: C. BLACK, The L.'s of Bath (Lo 1911, 1926, NA 1971); Ch. L. CUDWORTH, L., in: MGG VIII; G. BEECHEY, Th. L. junior (Diss. C 1965).

LIONCOURT, Guy de, * 1.12.1885 Caen (Calvados), † 24.12. 1961 Paris; frz. Komponist. Er studierte 1905–16 bei V. d'Indy an der Schola Cantorum. Dort war er 1914–31 Secrétaire général, wurde 1931 Kompositionslehrer als Nachfolger d'Indys und später auch Sous-directeur. 1935 gründete er mit L. de Serres die École César Franck, die er nach dessen Tod seit 1942 leitete.

WW: Orgelstücke u. Kammermusik; Liederzyklen; Chöre; geistliche Vokalwerke; liturg. Dramen: *Le mystère de l'Emmanuel,* UA: Lüttich 1924; *Le mystère de l'Alleluia; Le mystère de l'Esprit; Les dix lépreux;* Märchenspiel *La belle au bois dormant.* – Ferner die Schrift *Témoignages sur la musique et la vie au XXe siècle* (P 1956).

LIPATTI, Dinu, * 19.3.1917 Bukarest, † 2.12. 1950 Chêne-Bourg (Kanton Genf); rumänischer Pianist und Komponist. Er studierte Klavier (Florea Musisescu) und Komposition (M. Jora) am Bukarester Konservatorium, 1934–39 bei A. Cortot, P. Dukas und N. Boulanger sowie Dirigieren bei Ch. Münch an der École normale de musique in Paris. Seit 1943 lebte er in Genf, wo er 1944 eine Professur für Klavier am Konservatorium erhielt. Auf seinen Konzertreisen 1939–47 durch England und Westeuropa wurde L. besonders als Bach- und Chopin-Interpret gefeiert.

WW: Für Klv.: 3 Nocturnes (1939); Phantasie (1940); Sonatine für die linke Hand allein (1941); Suite für 2 Klv. (1938); *3 Danses roumaines* (1943) für 2 Klv.; Phantasie für Klv. u. Org. (1945); Sonatine für V. u. Klv. (1936) u. Phantasie für V., Klv. u. Vc. (1936); *Aubade* (1949) für Bläserquartett (1949); Suite *Satrarii* (1933) für Orch.; Concertino für Klv. u. Orch. (1937); *Symphonie concertante* für 2 Klv. u. Str. (1938).

Lit.: Hommage à D. L., hrsg. v. M. LIPATTI (G 1951); A. LIPATTI, La vie du pianiste D. L., écrite par sa mère (P 1954); dass., als: D. L., La douleur de ma vie (G 1967); Album commémoratif D. L. (P 1955); 1970, in memoriam D. L. (G 1970); M. MEYER, Wirklichkeit u. Legende, in: fono forum 23 (1978) (mit Diskographie).

B. A. KOHL

LIPIŃSKI, Karol Jósef, * 30.10.1790 Radzyń bei Lublin, † 16.12.1861 Urłow bei Zborow; poln. Violinist und Komponist. Er wurde von seinem Vater, Musiklehrer und Dirigent eines Privatorchesters, in Violine und Cello unterrichtet und bildete sich als Autodidakt weiter. 1809 wurde er Konzertmeister und war 1811–15 Kapellmeister in Lemberg. 1814–39 konzertierte er mit großem Erfolg in Italien, Deutschland, England, Frankreich, Rußland und Polen. 1817 lernte er in Padua N. Paganini kennen und trat mit ihm gemeinsam 1818 in Piacenza auf. 1839–59 war er Konzertmeister in Dresden und zog sich dann auf sein Gut in Urłow zurück. L.s Violinspiel zeichnete sich durch vollen Ton, Kantabilität und eine hervorragende Doppelgriff- und Akkordtechnik aus. Seine Violinkompositionen sind virtuose Stücke.

WW: Caprices für V.; Rondos, Polonaisen, Variationen; Phantasien; ein Streichtrio; *Polonaise guerrière* für Orch.; 4 V.-Konzerte; ferner eine Bearb. v. F. Kauers *Donauweibchen* als: *Syrena Duiestru* (1814); Lieder und Volksliedbearbeitungen.

Lit.: Bibliogr. polskich czasopism muzycznych 1–4 (Krakau 1957–58) (darin Rezensionen v. L.s Konzerten); C. R. HALSKI, Paganini and L., in: ML 40 (1959); J. POWRÓZNIAK, K. L. (Krakau 1970).

LIPP, Wilma, * 26.4.1925 Wien; östr. Sängerin (Sopran). Sie studierte bei Friedel Sindel, Paola Novikova und Toti dal Monte an der Staatsakademie und am Konservatorium in Wien, wo sie 1943 als Rosina in G. Rossinis *Barbier von Sevilla* debütierte. 1945 erhielt sie ein festes Engagement an der Wiener Staatsoper. Ein aufsehenerregendes Rollendebüt als Königin der Nacht (W. A. Mozart, *Zauberflöte*) markierte den Beginn ihrer internationalen Karriere, die sie an die Opernbühnen in Salzburg, Bayreuth, London, Mailand, Paris, Brüssel und München führte. Ende der 50er Jahre wechselte sie vom Koloratursopran zum lyrisch-dramatischen Rollenfach (Eva in *Die Meistersinger* von R. Wagner; Elvira in *Don Giovanni* von W. A. Mozart).

LIPPHARDT, Walther, * 14.10.1906 Wiescherhöfen bei Hamm (Westfalen), † 16.1.1981 Frankfurt am Main; dt. Musikforscher. Er studierte seit 1925 Musikwissenschaft an den Universitäten Heidelberg (H. J. Moser, H. Besseler) und Freiburg (W. Gurlitt) und promovierte 1931 in Heidelberg. Anschließend war er bis 1970 als Schulmusiker (zuletzt in Frankfurt a. M.) tätig, außerdem seit 1946 als Dozent für Gregorianik und katholische Kirchenmusik an der Hochschule für Musik in Frankfurt am Main. L. trat mit zahlreichen Beiträgen besonders zur (mittelalterlichen) geistlichen Musik und zum katholischen Kirchenlied hervor. Vor allem auch seine praktischen Ausgaben und Chorliederbücher trugen seit den 20er Jahren in Deutschland viel zur Wiederbelebung der chorischen Vokalmusik des 16. Jh. bei.

Schriften: *Über die altdt. Marienklagen* (Diss. Hei 1931); *Die Weisen der lat. Osterspiele des 12. u. 13. Jh.* (Kas 1948) (= Musikwiss. Arbeiten 2); *Die Gesch. des mehrst. Proprium missae* (Hei 1950); *Unbekannte Weisen zu den Carmina Burana,* in: AfMw 12 (1955); *Über die Möglichkeiten einer dt. Psalmodie,* in: Liturg. Jb. 13 (1963); *Der karolingische Tonar v. Metz* (Mr 1965) (= Liturgiewiss. Quellen u. Forsch. 43); *Das Hymnar der Metzer Kathedrale um 1200,* in: FS B. Stäblein (Kas 1967); *Die liturg. Funktion dt. Kirchenlieder in den Klöstern niedersächsischer Zisterzienserinnen des Mittelalters,* in: Zschr. für kath. Theologie 94 (1972). – Er gab heraus: Faks.-Ausg. der ↗Gesangbücher v. J. Leisentritt (1567), N. Beuttner (1602) u. M. Vehe (1537); einzelne Bde. der Lasso- u. der Lechner-GA; Werke v. H. Isaac, W. Byrd u. a. in Einzelausg.; ferner die Chorliederbücher: *Gesellige Zeit,* 2 Bde. (Kas 1933–35 u. ö.); *Der Singer* (Kas 1939); *Ave Maria, dich lobt Musica* (Fr 1949); *Altenberger Liedsätze* (ebd. o. J.); *Marienlied* (ebd. 1954).

Lit.: H. HEINE, in: Mitteilungen der Arbeitsgemeinschaft für mittelrheinische Musikgesch. (1971) Nr. 23 (mit Bibliogr. der Arbeiten L.s nach 1959).

LIPSIUS, Marie (Pseudonym: La Mara), * 30. 12. 1837 Leipzig, † 2.3.1927 Schmölen bei Wurzen (Sachsen); dt. Musikschriftstellerin. Sie entstammte einer bedeutenden Leipziger Gelehrtenfamilie, erhielt eine gründliche musikalische Ausbildung und widmete sich früh der Schriftstellerei. Zu vielen Musikern unterhielt sie persönliche Beziehungen. Fr. Liszt und die Fürstin Carolyne von Sayn-Wittgenstein gehörten zu ihrem Freundeskreis. Ihre fast ausschließlich der Musik gewidmeten, sachkundigen und reiches Quellenmaterial enthaltenden Schriften und Briefausgaben sind für die Forschung noch heute von Bedeutung.

Schriften: *Musikal. Studienköpfe* (L 1868), erweitert 5 Bde. (L 1875–82); *Musikal. Gedankenpolyphonie* (L 1873); *L. van Beethoven* (L ²1875); *Das Bühnenfestspiel in Bayreuth* (L 1878); *Liszt u. die Frauen* (L 1911); *Beethoven u. die Brunsviks* (L 1920). – Sie gab heraus: *Briefe Liszts*, 8 Bde. (L 1893–1905), engl. Übers.: *Letters of F. Liszt*, 2 Bde. (Lo 1894, Nachdr. NY 1968–69); *Briefe hervorragender Zeitgenossen an F. Liszt*, 3 Bde. (L 1895–1904); *Briefwechsel zw. F. Liszt u. H. von Bülow* (L 1898); *Briefe v. H. Berlioz an die Fürstin Carolyne Sayn-Wittgenstein* (L 1903); *Briefe F. Liszts an seine Mutter* (L 1918).

LIRA (it., von griech. lyra), ein Streichinstrument, das im späten 15. Jh. aus der mittelalterlichen ↗Fiedel hervorging. Die L. wurde in mehreren Größen gebaut und in verschiedener Weise gestimmt. Das Korpus hatte immer Zargen, war aber in seiner äußeren Gestaltung nicht einheitlich. Es konnte sowohl die Form der mittelalterlichen Fiedel als auch die der späteren Violine haben. Als L. da braccio hatte das Instrument charakteristische Merkmale: eine herz- oder blattförmige Wirbelplatte mit vorderständigen Wirbeln, ein fast immer bundloses Griffbrett, einen flachen Steg für akkordisches Spiel und 7 Saiten, von denen 2 neben dem Griffbrett verliefen und nicht abgegriffen wurden. Lange Zeit als Bordunsaiten gedeutet, benutzte man sie vermutlich statt dessen als Baßsaiten, während 2 Saiten auf dem Griffbrett als Bordunsaiten dienten. Das scheint aus dem hervorzugehen, was 1533 G.M. Lanfranco in *Scintille di Musica* über Namen und Stimmung der Saiten mitteilte: d d^1 (basso grave / basso acuto), g g^1 (bordone grave / bordone acuto), d^1 (tenore), a^1 (sottanella), e^2 (canto). Eindeutig sind hier die beiden erstgenannten Saiten neben dem Griffbrett gespannt. M. Praetorius gibt, nur für die höchste Saite abweichend, die gleiche Stimmung für die italienische L. da braccio an (d d^1, g g^1, d^1, a^1, d^2), stellt sie allerdings mit Bünden dar (*Syntagma musicum* II, 1619). Die L. wurde in zwei verschiedenen Typen gebaut: als *L. da braccio* und als *L. da gamba*, ein Baßinstrument, das auf den Boden gestellt oder zwischen die Knie genommen wurde. Die L. da gamba, Mitte des 16. Jh. entwickelt, wurde in Frankreich bis zur Mitte, in Italien bis zum Ende des 17. Jh. benutzt. Sie war der ↗Viola da gamba zwar ähnlich, aber größer als sie und hatte ein breiteres Griffbrett sowie eine Wirbelplatte mit hinterständigen Wirbeln und einen flachen Steg für mehrstimmiges Spiel. Neben den üblichen Schallöchern hatte sie oft noch ein rundes, mit einer Rosette verziertes Schalloch. Von ihren 9 bis 16 Saiten verliefen ebenfalls 2 als Baßsaiten neben dem Griffbrett. Auch dieses Instrument konnte verschiedene Stimmungen haben, wie Sc. Cerreto (*Della prattica musica*, 1601), Praetorius (*Syntagma musicum* II, 1619) und M. Mersenne (*Harmonie universelle* III, 1636) zeigen. Die L. da braccio wurde als Soloinstrument, als Begleitinstrument zum Gesang und in Ensembles mit anderen Instrumenten zusammen gespielt. Die L. da gamba, auch als Accordo, Arciviola da lira, Arcivíolata lira, L. grande, Lirone da gamba, Lirone perfetto oder Lyra perfecta bezeichnet, spielte man als Baßinstrument in Ensembles verschiedener Zusammensetzung, oft auch anstelle eines Cembalos.

Lit.: A. HAJDECKI, Die it. L. da braccio (Mostar 1892, Nachdr. A 1965); B. DISERTORI, Pratica e tecnica della l. da braccio, in: RMI 45 (1941); E. WINTERNITZ, The L. da Braccio, in: Musical Instruments and Their Symbolism in Western Art (New Haven – Lo ²1979).

M. BRÖCKER

LISINSKI, Vatroslav (eigentlich Ignaz Fuchs), * 8. 7. 1819 Zagreb, † 31. 5. 1854 ebd.; kroatischer Komponist. Er studierte in Zagreb Jura und Philosophie und in Prag 1847–50 Komposition und Instrumentation bei Johann Friedrich Kittl. Nach Zagreb zurückgekehrt, verbrachte er die letzten Lebensjahre in großer Armut. Als Anhänger der „Illyrischen Bewegung" wurde L. Begründer einer national eigenständigen Kunstmusik in Kroatien. Er schrieb auch die erste kroatische Oper: *Ljubav i zloba* (Kabale und Liebe).

WW: Klv.-Stücke; eine Ouvertüre für V. u. Klv.; 7 Ouvertüren und Idylle *Večer* (Abend) (1850) für Orch.; Lieder u. Chöre. – Opern: *Ljubav i zloba*, UA: Zagreb 1846; *Porin*, UA: ebd. 1897.

Ausg.: Izabrana djela, hrsg. v. L. ŽUPANOVIĆ, 7 Bde. (Zagreb 1969).

Lit.: L. ŽUPANOVIĆ, V. L., Život, djelo, značenije (Zagreb 1969).

LISSA, Zofia, * 19. 10. 1908 Lemberg (heute Lwów), † 26. 3. 1980 Warschau; poln. Musikforscherin. Sie studierte in Lemberg bis 1924 Klavier und Orgel am Konservatorium, dann an der Universität Musikwissenschaft (A. Chybiński), Philosophie und Psychologie. Nach ihrer Promotion (1930) lehrte sie bis 1941 als Professor Theorie und Musikgeschichte am Konservatorium. 1942–47 lebte sie in Moskau, habilitierte sich 1947 im Fach Musikwissenschaft an der Universität in Posen und lehrte seit 1948 an der Warschauer Universität.

1951 wurde sie Professor, 1957 Ordinaria und Direktorin des von ihr selbst gegründeten Musikwissenschaftlichen Instituts. Außerdem wurde sie 1948 Kommissionsmitglied bei der Polnischen Akademie der Wissenschaften und 1951 dort Präsidiumsmitglied des Komitees für Theorie und Geschichte der Kunst, war 1947–54 Vizepräsidentin des Polnischen Komponistenverbandes und 1964–68 Vorsitzende der polnischen musikwissenschaftlichen Gesellschaft. Als korrespondierendes Mitglied gehörte sie seit 1955 der Deutschen Akademie der Künste in (Ost-)Berlin an (seit 1957 auch in [West-]Berlin), ferner seit 1963 der Sächsischen Akademie der Wissenschaften zu Leipzig und seit 1972 der Mainzer Akademie der Wissenschaften und der Literatur. Z. L., die als Nestorin der modernen polnischen Musikwissenschaft galt, war mit ihren Arbeiten maßgeblich an der Entwicklung der Methode einer marxistischen Musikwissenschaft beteiligt und förderte nachhaltig die weltweite Anerkennung polnischer Musik, insbesondere auch zeitgenössischer Komponisten (W. Lutoslawski, K. Penderecki, T. Baird und Gr. Bacewicz). Von ihr stammen außerdem wesentliche Schriften zu Musikästhetik und Filmmusik.

Schriften: *Zarys nauki o muzyce* (Lemberg 1934, Krakau [4]1966); *Geschichtliche Vorform der Zwölftontechnik,* in: AMl 7 (1935); *O istocie komizmu muzycznego,* in: Kwartalnik filozofyczny 1–2 (1938); *Chopin, Materialy do użytku swietlic* (War 1949); *Niektóre zagadnienia estetyki muzycznej w świetle prac J. Stalina o marksizmie w językoznawstwie* (Krakau 1952), dt. Übers.: Fragen der Musikästhetik (B 1954); *Podstawy estetyki muzycznej,* 2 Bde. (War 1953); *Probleme der Musikkultur* (B 1955); *Historia muzyki rosyjskiej* I (Krakau 1956); *Die Musikwiss. in Volkspolen,* in: Mf 10 (1957); *Estetyka muzyki filmowej* (Krakau 1964), dt. Übers.: Ästhetik der Filmmusik (B 1965); *Szkice z estetyki muzycznej* (Krakau 1965), dt. Übers.: Aufsätze zur Musikästhetik. Eine Auswahl (B 1969); *Studia nad twórczóścią F. Chopina* (Krakau 1970); *Neue Aufsätze z. Musikästhetik* (Wilhelmshaven 1975) (= Taschenbücher z. Musikwiss. 38). B. A. KOHL

LISTENIUS, Nikolaus, Magister, * Hamburg; dt. Musiktheoretiker. Er studierte 1529–31 an der Universität Wittenberg und wurde um 1535 Schulmeister in Salzwedel. Seine mit einer Fülle von musikalischen Beispielen ausgestattete und weitverbreitete Musiklehre *Rudimenta Musica* (Wittenberg 1533) verwendet in der erweiterten Fassung von 1537 (*Musica,* mit 45 Aufl. bis 1583) neben den üblichen Bezeichnungen „Musica theorica“ und „Musica practica“ erstmals den Begriff ↗Musica poetica.

Ausg.: *Musica,* Faks.-Ausg. v. G. SCHÜNEMANN nach der Auflage von 1549 (B 1927) (= Veröff. der Musikbibl. P. Hirsch 8).

L'ISTESSO TEMPO ↗Istesso tempo.

LIST UND LIEBE *(La vera costanza),* Dramma giocoso in musica von Joseph Haydn (1732–1809), Text von Francesco Puttini in der Bearbeitung von P. Travaglia. UA: 25. 4. 1779 in Esterháza; EA in dt. Sprache (übers. von F. X. Giržik als *Der flatterhafte Liebhaber oder Der Sieg der Beständigkeit*): 30. 1. 1786 in Preßburg.

Die Überlieferung, Haydn habe dieses Werk auf Bestellung des Kaisers geschrieben, aber die für 1776 in Wien geplante Premiere sei auf Hintertreiben einer „italienischen Clique“ durch eine Aufführung der gleichnamigen Oper von P. Anfossi ersetzt worden, gehört – neueren Forschungen zufolge – in den Bereich der Legende. Haydns Fassung dieser Oper um ein einfaches Mädchen, das dem Ränkespiel hochgestellter Persönlichkeiten nur der Standhaftigkeit seiner Liebe wegen zu entgehen vermag, war zu Lebzeiten des Komponisten weit verbreitet (u. a. als *Laurette* in frz. Sprache, EA: Paris 1791). Im 20. Jh. fand die Oper wieder verstärkt Aufnahme ins Repertoire; der heute gebräuchliche deutschsprachige Titel geht auf eine zweiaktige Bearbeitung von G. Schwalbe und W. Zimmer (EA: Schwerin 1960) zurück

K. LANGROCK

LISZT, Franz (seit 1859: **von**), * 22. 10. 1811 Raiding (Burgenland; damals Ungarn, seit 1919/21 Österreich), † 31. 7. 1886 Bayreuth; ung. Komponist, Dirigent und Pianist östr. Abstammung. L. war das einzige Kind des aus Edelstal gebürtigen Adam L. (1776–1827) und seiner Frau Maria Anna (1788–1866), geborene Lager, aus Krems. Der Vater, Rentmeister der Fürstlich-Esterházyschen Schäferei in Raiding, erkannte und förderte schon früh die musikalische Begabung seines Sohnes und erteilte ihm vom 6. Lebensjahr an den ersten Klavierunterricht. Nachdem ungarische Magnaten 1820 nach einem der ersten Konzerte von L. in Preßburg ein sechsjähriges Stipendium gewährt hatten, zog Adam L. 1822 mit seinem Sohn nach Wien, um ihm eine angemessene Ausbildung zu ermöglichen. In Wien wurde L. Schüler von K. Czerny (Klavier) und A. Salieri (Musiktheorie).

1823 gab der Vater seine Stellung in Esterházyschen Diensten ganz auf und begab sich mit dem Sohn, der durch eine Reihe von Konzerten mittlerweile als Wunderkind bekannt geworden war, nach Paris, um ihn am Conservatoire seine Ausbildung fortsetzen zu lassen. Die Aufnahme in dieses berühmte Institut wurde L. jedoch durch dessen Direktor L. Cherubini verweigert. L. erhielt seither keinen Klavierunterricht mehr. Seine Studien in Musiktheorie setzte er privat bei F. Paër (seit 1823) und A. Reicha (seit 1826) fort. Nach Konzerten in Paris unternahm Adam L. mit dem Sohn Konzertreisen nach England (1824/25/27), durch Frankreich (1825/26) und in die Schweiz (1826/27).

L.s erste im Druck erschienene Komposition ist eine 1822 geschriebene Variation über einen Walzer von A. Diabelli. In den folgenden Jahren entstand eine Reihe weiterer Kompositionen, darunter die 1825 aufgeführte kleine Oper *Don Sanche* (einzige Oper L.s) und die 1826 gedruckte Etüdensammlung. Für sein weiteres Schaffen entscheidende Eindrücke empfing L. in den Jahren nach dem Tod seines Vaters insbesondere durch die Komponisten V. Bellini, H. Berlioz, Fr. Chopin, G. Meyerbeer, G. Rossini und Chr. Urhan, durch den Musiktheoretiker Fr.-J. Fétis, den Violinvirtuosen N. Paganini, die Dichter V. Hugo und A. de Lamartine, den Theologen und Schriftsteller F. R. de Lamennais und durch den Saint-Simonismus. 1833 lernte L. in Paris die Gräfin Marie d'Agoult (1805–76, Pseudonym als Schriftstellerin: Daniel Stern) kennen. Mit ihr zusammen lebte L. 1835–36 in Genf, wo er eine Klavierklasse am Konservatorium übernahm. Nachdem er in der Zwischenzeit öfters nach Paris zurückgekehrt war und sich in Nohant (bei George Sand) aufgehalten hatte, reiste er mit der Gräfin 1837 nach Italien. 1838 gab er in Wien eine Reihe von Wohltätigkeitskonzerten zugunsten der Opfer der Überschwemmungskatastrophe in Ungarn. Seine großen Konzertreisen, die er 1839 begann, führten ihn in den folgenden Jahren durch ganz Europa. Von Lissabon bis Petersburg, von Konstantinopel bis London wurde er als Virtuose gefeiert. Von den zahlreichen Ehrungen, die L. zuteil wurden, sind die Verleihung der Ehrendoktorwürde durch die Universität Königsberg (1842) und die Ernennung zum Hofkapellmeister in a.o. Diensten in Weimar (1842) zu nennen. – In den Jahren 1839–44 war L. noch wiederholt mit der Gräfin d'Agoult zusammengetroffen; 1844 erfolgte die endgültige Trennung. Aus der Verbindung waren 3 Kinder hervorgegangen: Blandine, Cosima (1837–1930, seit 1857 mit H. von Bülow verheiratet, seit 1870 mit R. Wagner) und Daniel.

Auf seiner Virtuosenreise durch die Donauländer und die Ukraine begegnete L. 1847 in Kiew der kunstsinnigen Fürstin Caroline von Sayn-Wittgenstein (1819–87). Vor und nach den letzten öffentlichen Klavierkonzerten seiner Virtuosenjahre (1847) in Jelisawetgrad (heute Kirowograd) war er Gast der Fürstin auf ihrem Gut Woronince (1847). Als L. 1848 das Hofkapellmeisteramt in Weimar übernahm, folgte ihm die Fürstin mit ihrer Tochter nach. Durch die Aufführung von Werken zeitgenössischer Komponisten (u.a. H. Berlioz, *Benvenuto Cellini*, R. Schumann, *Manfred* und *Genoveva* sowie R. Wagner, *Tannhäuser* u. *Lohengrin*) setzte er sich planmäßig für die Musik seiner Zeit ein. Binnen weniger Jahre wurde Weimar zu einem Zentrum der damaligen Avantgarde (↗Neudeutsche Schule). Für den Komponisten L. bedeutete die Weimarer Schaffensphase (1848–1861) die Erfüllung von z.T. lange gehegten Plänen. In Weimar entstanden die Neufassungen der großen Klaviermusikzyklen, die Sonate h-moll, die beiden Konzerte für Klavier und Orchester, die *Missa solemnis* und vor allem die 12 Symphonischen Dichtungen sowie die beiden großen Symphonien. Nach einer Intrige um die von ihm geleitete Aufführung von P. Cornelius' *Barbier von Bagdad* legte L. 1858 sein Kapellmeisteramt nieder.

1861 folgte L. der 1860 nach Rom gereisten Fürstin. Die geplante Trauung kam nicht zustande, und beide ließen sich, künftig getrennt lebend, in Rom nieder. 1865 empfing L. die niederen Weihen eines Klerikers. Seit 1869 verbrachte er regelmäßig einen Teil des Jahres in Weimar. Nach seiner Ernennung zum Königlich Ungarischen Hofrat (1871) lebte er abwechselnd in Rom, Weimar und Budapest. 1875 wurde er Präsident der neugegründeten Musikakademie in Budapest, die heute seinen Namen trägt. Im letzten Lebensjahrzehnt unternahm L., Einladungen zu Aufführungen seiner Werke folgend, zahlreiche Reisen. Von seiner letzten großen Reise im Frühjahr 1886, die ihn u.a. über Lüttich und Paris nach England geführt hatte, kehrte er erschöpft zurück. Krank traf er im Juli in Bayreuth ein, um auf Bitten seiner Tochter Cosima den Festspielen beizuwohnen. Dort starb er und wurde in einem kleinen Mausoleum beigesetzt.

WW: **1) Instr.-WW: a)** Für Klv.: Variation über einen Walzer v. Diabelli (1822); *Huit variations* (um 1824); *Allegro di bravura* (1825); *Rondo di bravura* (1825); *Étude … en quarante-huit exercices* (1826) (nur 12 Etüden gedruckt); *Harmonies poétiques et religieuses* (1833); *Apparitions* (1834); *Album d'un voyageur* (1835–36); 12 *Grandes études* (1837); 6 *Études d'exécution transcendante d'après Paganini* (1838); *Grand galop chromatique* (1838); *Heroischer Marsch im ungarischen Styl* (1840); *Magyar Dallok. Ungarische National-Melodien* (1840); *Seconde marche hongroise* (1844, endgültige Fassung 1875); *Harmonies poétiques et religieuses* (1845–52), darin Nr. 4: *Pensée des morts* (= Umarbeitung v. *Harmonies* 1833); *Magyar Rhapsodiák. Rhapsodies hongroises* (1846) (= Fortsetzung der *Ung. National-Melodien* 1840); *Ungarische Rhapsodien* (endgültige Fassung), Nr. 1–2 (1847), Nr. 3–7 (1851–53), Nr. 8–10 (1851–53), Nr. 11–15 (1851–53); *Glanes de Woronince* (1847–48); *Trois études de concert. Caprices poétiques* (1848); *Années de pèlerinage*, I: *Suisse* (1848–54) (= Umarbeitung v. *Album d'un voyageur* 1835–36), II: *Italie* (1835 ff.), darunter *Fantasia quasi sonata d'après une lecture du Dante*, dazu Suppl. *Venezia e Napoli* (1840, 1859); 6 *Consolations* (1849); *Liebesträume* (s. u. Vokal-WW); 2 Balladen (um 1849/53); Großes Konzertsolo (1849), Fassung für 2 Klv. als: *Concerto pathétique* (1856); *Valse-impromptu* (1850); 12 *Études d'exécution transcendante* (1851) (= Umarbeitung der *Grandes études* 1837); 6 *Grandes études de Paganini* (1851) (= Umarbeitung der *Études* 1838); *2 Polonaises* (1851); *Soirée de Vienne, Valses caprices d'après Schubert* (1852); *Ab irato* (1852); Sonate h-moll (1853); Berceuse (1854), 2. Fassung (1863);

Mephisto-Walzer (1859–60) (= Klv.-Fassung der 2. *Episode aus Lenaus Faust*); *Variationen über das Motiv von Bach (B. c. des 1. Satzes seiner Kantate „Weinen, Klagen, Sorgen, Zagen" u. des „Crucifixus" der h-moll Messe)* (1862); 2 Konzertetüden, 1: *Waldesrauschen* (1862), 2: *Gnomenreigen* (1863); 2 *Légendes*, 1: *St. François d'Assise. „La prédication aux oiseaux"* u. 2: *St. François de Paule marchant sur les flots* (1863); *Rhapsodie espagnole* (1863); *Années de pèlerinage* III (1867–77), 7 Stücke, darunter *Les jeux d'eaux à la Villa d'Este* (1877); Impromptu (1872); 2 *Élégies* (1874, 1877); *Weihnachtsbaum. Arbre de Noël* (12 Stücke) (1874–76); *Sarabande und Chaconne aus dem Singspiel „Almira" v. Händel* (1879); *Zweiter Mephisto-Walzer* (1881) (= Klv.-Fassung nach dem Orch.-Werk); *Trübe Wolken* (1881); *Trois Valses oubliées* (1881–83); *Ungarische Rhapsodie* Nr. 16 (1882); *Csárdás macabre* (1882); *Die Trauer-Gondel* Nr. 1 u. 2 (1882/85); *R. W.-Venezia* (1883); *Dritter Mephisto-Walzer* (1883); *Mephisto-Polka* (1883); *Deux Csárdás*, 1: *Csárdás obstinée*, 2: *Allegro* (1884); *Historische ungarische Bildnisse* (1884 bis 1886); *Ungarische Rhapsodie* Nr. 17, 18 u. 19 (1885); *Vierter Mephisto-Walzer* (1885); *Valse oubliée* Nr. 4 (1885); *Preludio funèbre* (1885); *Trauer-Vorspiel und Trauer-Marsch* (1885); *Bagatelle sans tonalité* (1885); *Unstern (Sinistre)* (um 1885/86). – **b)** Bearbeitungen für Klv.: Bearb. v. Instrumentalkompositionen, u. a.: H. Berlioz, *Symphonie fantastique* (1833); L. van Beethoven, Symphonien Nrn. 1–9 (1837–65). – Transkriptionen v. Liedern, u. a.: 14 Lieder v. L. van Beethoven, 9 v. F. Mendelssohn Bartholdy, 57 v. F. Schubert, 12 v. R. Schumann u. 20 v. L. selbst, darunter: *Buch der Lieder* (1840) u. *Liebesträume* (1850). – Ferner zahlr. Phantasien, Paraphrasen, Illustrationen u. Reminiszenzen, u. a.: *Réminiscences de „Norma"* (1841) (V. Bellini); *Réminiscences de „Don Juan"* (1841) (W. A. Mozart); *Bénédiction et serment, deux motifs de „Benvenuto Cellini"* (1852) (H. Berlioz); *„Ernani." Paraphrase de concert* (1849, revidiert 1859) (G. Verdi); *Valse de l'opéra „Faust"* (1861) (Ch. Gounod). – **c)** Für Org.: *Fantasie u. Fuge über den Choral „Ad nos, ad salutarem undam"* (G. Meyerbeer) (1850); *Praeludium u. Fuge über den Namen BACH* (1855), 2. Fassung (1870); *Évocation à la Chapelle Sixtine* (1862); *Missa pro organo* (1879); Requiem (1883); Introitus (1884). – **d)** Kammermusik: Für V. u. Klv.: Duo (Sonate) (um 1831–35); *Grand Duo concertant sur la romance de M. Lafont „Le Marin"* (um 1835, revidiert 1849); *Epithalam zu E. Reményis Vermählungsfeier* (1872); *Romance oubliée* (1880) für V. (Va. oder Vc.) u. Klv.; *La lugubre gondola* (1882/83) für V. oder Vc. u. Klv. – **e)** Für Orch.: Symphonische Dichtungen: *Ce qu'on entend sur la montagne*, 3 Fassungen (1848–49, 1850, 1854–57) (nach V. Hugo); *Les préludes*, 2 Fassungen (1848, 1854) (nach A. de Lamartine); *Héroïde funèbre*, 2 Fassungen (1848–50, 1854); *Tasso. Lamento e trionfo*, 4 Fassungen (1849–54) (nach Goethe u. Lord Byron); *Prometheus*, 2 Fassungen (1850, 1855); *Mazeppa* (1851, 1854) (nach V. Hugo); *Orpheus* (1853–54); *Festklänge* (1853); *Hungaria* (1854); *Hunnenschlacht* (1855, 1857) (nach einem Gemälde v. W. von Kaulbach); *Die Ideale* (1857) (nach F. Schiller); *Hamlet* (1858); *Von der Wiege bis zum Grabe* (1881–82) (nach einer Zeichnung v. M. Zichy). – *Faust-Symphonie in drei Charakterbildern* (1854/57); *Symphonie zu Dantes Divina Commedia* (1855–56); *Zwei Episoden aus Lenaus Faust* (1860); *Trois odes funèbres*, 1: *Les morts* (1860) (nach Lamennais), 2: *La notte* (1864) (nach Michelangelo), 3: *Le triomphe funèbre du Tasse* (1866); *Rákóczi-Marsch* (1865) (= Orch.-Fassung der Ung. Rhapsodie Nr. 15). – Für Klv. u. Orch.: 2 Konzerte, 1: Es-Dur (Skizzen um 1830, 1849, 1856), 2: A-Dur (1839, 1849–61); *Malédiction* (Skizzen um 1830, 1840); *Totentanz. Paraphrase über „Dies irae"* (1849, 1853, 1859); *Fantasie über ungarische Volksmelodien* (1852). – **2) Vokal-WW: a)** Geistliche Chorwerke: *Missa quattuor vocum*, 2 Fassungen (1848, 1869) für 4st. Männerchor u. Org.; *Missa solemnis* (1855) (zur Einweihung der Basilika in Gran); Der 13. Psalm (1855) für Tenor, Chor u. Orch.; Oratorium *Die Legende von der heiligen Elisabeth* (1857–62); Der 127. Psalm (1859); Te Deum (1859); Der 23. Psalm (1859, 1862); Der 18. Psalm (1860); *Cantico del sol di San Francesco d'Assisi*, 2 Fassungen (1862–1881); Oratorium *Christus* (1862–67); *Missa choralis* (1865); *Ungarische Krönungsmesse* (1866–67); Requiem (1868); *Die heilige Cäcilia. Legende* (1874); *Die Glocken des Straßburger Münsters* (1874); *Sankt Christoph. Legende* (1875); *Via crucis* (1878–79). – **b)** Weltliche Vokal-WW: Für Chor: *Les quatre éléments* (1844); *Festkantate zur Enthüllung des Beethoven-Denkmals in Bonn* (1845); *Ungaria-Kantate* (1848); *An die Künstler* (1853) (Text: F. Schiller); *Zur Säkularfeier Beethovens (1869–70)*; *Gaudeamus igitur* (1870). – Für Singst. u. Klv.: 64 dt. Lieder, darunter *Drei Lieder* (1850) (Titel der Bearb. für Klv.: *Liebesträume*); 11 frz., 5 it., 3 ung. u. 1 engl. Lied; ferner 6 Melodramen. – **3) Bühnen-WW:** *Don Sanche ou Le Château d'amour* (Libr.: E. G. M. Théaulon u. Rancé), UA: Paris 1825. – **4) Schriften:** *De la situation des artistes, et de leur condition dans la société* (1835); *Lettres d'un bachelier ès-musique* (1837–41); *De la Fondation-Goethe à Weimar* (1851); *F. Chopin* (1851); *R. Wagners Lohengrin und Tannhäuser* (1851, 1852); *R. Schumann* (1855); *Berlioz und seine Haroldsymphonie* (1855); *Des bohémiens et de leur musique en Hongrie* (1859, ²1881).

L. zählt zu den bedeutendsten europäischen Musikerpersönlichkeiten des 19. Jahrhunderts. Geradezu legendären Ruhm erwarb er sich als Pianist. Entscheidend für seine Entwicklung vom brillanten Klavierspieler zum virtuosen Pianisten war seine Begegnung mit dem Geiger N. Paganini 1831 und 1832 in Paris, die ihn zur Erarbeitung einer der Violintechnik Paganinis vergleichbaren Spieltechnik auf dem Klavier anregte. L.s Klaviersatz geht in seinen spieltechnischen Anforderungen weit über den seiner Zeitgenossen hinaus. Als Lehrer prägte L. mehrere Generationen Pianisten (A. Göllerich zählt 184 Schülerinnen und 225 Schüler auf).

Als Komponist hat L. ein nach Art und Umfang bemerkenswertes Gesamtwerk hinterlassen. Einen hohen Anteil an seinem Œuvre haben die zahlreichen Bearbeitungen, darunter vor allem die Opernphantasien und -paraphrasen sowie die Schubert- und Beethoventranskriptionen, die wesentlich seinen Ruhm der Virtuosenjahre (bis 1847) begründeten. Eine zentrale Bedeutung kommt im Gesamtschaffen L.s der Programmusik zu.

Ausgehend von der These, Musik sei eine Sprache, war für L. das musikalische Kunstwerk als Gestaltung einer poetischen Idee „Dichtung in Tönen". Als „Dichtungen in Tönen" in diesem Sinne sind seine Klaviermusikzyklen *Album d'un voyageur*, *Années de pèlerinage*, *Harmonies poétiques et religieuses*, *Weihnachtsbaum* und *Historische ungarische Bildnisse* ebenso zu verstehen wie seine beiden *Légendes*. Zu seinen bekanntesten Klavierkompositionen zählen die *Ungarischen Rhapsodien*, mit denen er ein den Homerischen Epen vergleichbares ungarisches Nationalepos in Tönen schaffen wollte (bei den von ihm hier verarbeiteten Melodien handelt es sich jedoch nicht, wie L. glaubte, um ungarische Volksmusik, sondern um volkstümliche Kunstmusik, vor allem Verbunkos und Csárdás). In seinen Symphonischen Dichtungen sowie in der Faust- und in der Dante-Symphonie hat L. seine Idee der Programmmusik auf dem Gebiet der Symphonik verwirklicht. Charakteristisch für L.s Konzeption der Programmusik ist der in Abgrenzung zur Trivialmusik und zu klassizistischem Epigonentum durch die Verbindung mit Werken der Weltliteratur (*Faust, Divina commedia, Harmonies poétiques et religieuses, Ce qu'on entend sur la montagne* usw.), Gemälden (*Die Hunnenschlacht, Sposalizio* usw.) oder Skulpturen (*La notte, Il pensieroso* usw.) erhobene ästhetische Anspruch, literarische und bildnerische Werke gleichsam in Musik aufgehen zu lassen. Seine Programmkompositionen sind keineswegs als Illustrationen zu diesen Werken oder den als Text beigefügten Programmen, sondern als selbständige Dichtungen in Tönen über die großen Themen der Weltliteratur und der bildenden Künste aufzufassen. Die Titel, Vorworte und Zitate sollen den Hörer vorbereitend auf den Inhalt der Musik hinweisen und Fehlinterpretationen verhindern. Bei den Symphonischen Dichtungen handelt es sich um einsätzige Werke, bei denen das mehrsätzige Formschema der Symphonie bewußt modifiziert (nicht selten Mehrsätzigkeit in der Einsätzigkeit) bzw. aufgegeben wurde. Die innere Verknüpfung der verschiedenen Teile dieser einsätzigen Kompositionen wird durch das Verfahren der „Motivtransformation" (A. Heuß) hergestellt: die entgegengesetzten und scheinbar heterogenen Themen und Motive werden aus denselben melodischen und rhythmischen Grundstrukturen abgeleitet.

Einen weiteren Schwerpunkt im Schaffen L.s bilden die geistlichen Werke. Bereits in Weimar hatte er die Männerchormesse und die *Missa solemnis* zur Einweihung der Basilika in Gran sowie große Teile seines Oratoriums *Legende von der hl. Elisabeth* geschrieben. In seiner römischen Schaffensphase (1862–1869) beendete er die Arbeit an der *Legende von der hl. Elisabeth* und schrieb sein zweites Oratorium *Christus* sowie die *Missa choralis*, die *Ungarische Krönungsmesse* und das Requiem. Während die *Legende von der hl. Elisabeth* stilistisch die zeitliche Nähe zu den Symphonischen Dichtungen erkennen läßt, verwirklichte L. in der *Missa choralis* seine u.a. von den Zielsetzungen G. Spontinis, C. Proskes, J. G. Mettenleiters und J. L. d'Ortigues beeinflußten kirchenmusikalischen Reformideen und schufen in diesem Werk auf der Grundlage des Gregorianischen Gesangs eine Stilsynthese, die Elemente des strengen Palestrinastils mit den differenzierten musikalischen Ausdrucksmitteln seiner Zeit vereinigt.

Die Werke der letzten Schaffensphase (1869 bis 1886), besonders aber die Kompositionen von etwa 1880 bis 1886, wurden in der älteren L.-Forschung allgemein wegen der Kargheit des Stils als Indiz für die nachlassende Schaffenskraft L.s gewertet. In der neueren L.-Forschung wird demgegenüber zum einen der Zusammenhang zwischen der in der Sujetwahl erkennbaren Einengung auf bestimmte Themenkreise (*Trübe Wolken, Von der Wiege bis zum Grabe, La lugubre gondola, R. W.-Venezia, Preludio funèbre, Unstern*) und der asketischen Schlichtheit des Stils betont und zum andern die im Spätwerk L.s erkennbare Vorausnahme von Tendenzen der Neuen Musik des 20. Jh. hervorgehoben.

Aufgrund seines Anteils an den verschiedenen künstlerischen, politischen, philosophischen und religiösen Strömungen seiner Zeit und aufgrund seiner Stellung zwischen den Nationen kommt L. in der Musikgeschichte des 19. Jh. eine wichtige Mittlerrolle zu. Auf dem Gebiet der Programmusik wurden seine Ideen von Fr. Smetana, A. Borodin, C. Saint-Saëns, R. Strauss u.a. aufgegriffen. Seine Neuerungen in bezug auf Harmonik und Melodik, die bis zur Polytonalität und Quartenharmonik reichen, waren revolutionär und haben wesentlich die Tonsprache des 20. Jh. vorbereitet. In seinem Gesamtwerk finden sich Ideen und Techniken, die einerseits auf Cl. Debussy, anderseits aber auch auf A. Schönberg und die Wiener Schule sowie vor allem auf den István Thomán-Schüler B. Bartók hinweisen.

Ausg.: **1) Kompositionen:** GA der musikal. Werke, hrsg. v. der F. L.-Stiftung durch F. BUSONI – P. RAABE u.a., 34 Bde. (L 1907–36) (unvollständig), Nachdr. hrsg. v. H. SEARLE, 34 Bde. in 33 (Farnborough 1966); dazu Ergänzungen: L. Society Publications, bisher 5 Bde. erschienen (Lo 1950–68); NA Sämtlicher Werke, hrsg. v. Z. GÁRDONYI – I. SZELÉNYI u. a., 10 Serien geplant (Kas–Bas–Tours–Lo–Budapest 1970ff.), bis 1981 10 Bde. erschienen; Összes orgonamüve (Sämtliche Orgelwerke), hrsg. v. S. MARGITTAY, 4 Bde. (Budapest 1970ff.); *Die Legende von der heiligen Elisabeth*, hrsg. v. K. HAMBURGER – O. NAGY (ebd. 1975) (= Musicotheca class. 1). – **2) Schriften:** Gesammelte Schriften v. F. L., dt. Übers. v. LA MARA (d.i. M. Lipsius) – L. RAMANN, 6 Bde. (L 1880–83, Nachdr. Hil 1978); F. Chopin, NA hrsg. v. J.-G. PROD'HOMME (P 1941), mit Vorwort v. A. Cortot u. Einleitung v. J.-G. Prod'homme (P 1957, 1959), dt. Übers. v. H. Kühner (Bas 1948); Pages romantiques, hrsg. v. J. CHANTAVOINE (P 1912). – **3) Briefwechsel:** Briefwechsel zw. Wagner u. L., 3 Bde. (L 1887), vervollständigt v. E. KLOSS (L [3]1910, [4]1919); F. L.s Briefe, hrsg. v. LA MARA, 8 Bde. (L 1893–1905); Briefe hervorragender Zeitgenossen an F. L., hrsg. v. DERS., 3 Bde. (L 1895–1904); Correspondance de L. et de la Comtesse d'Agoult, hrsg. v. D. OLLIVIER, 2 Bde. (1933–1934), Bd. 1 dt. (B 1933); The Letters of F. L. to Marie zu Sayn-Wittgenstein, hrsg. v. H. E. HUGO (C/M 1953); F. L. Briefe aus ung. Slgen. 1835–1886, hrsg. v. M. PRAHÁCS (Budapest – Kas 1966).

Lit.: **1) Werkverzeichnisse u. Dokumente:** F. L., Thematisches Verz. der Werke … (L 1855), neue vervollständigte Ausg. (L

1877, Nachdr. Lo 1965); Werkverz. v. F. RAABE, in: P. Raabe, F. L. II (St 1931), ergänzte 2. Aufl. (Tutzing 1968); Werkverz. v. H. SEARLE, in: The Music of L. (Lo 1954, revidiert NY [2]1968); vgl. dazu: F. SCHNAPP, Verschollene Kompositionen F. L.s, in: Von dt. Tonkunst. FS P. Raabe (L 1942); B. HANSEN, Variationen u. Varianten in den musikal. Werken F. L.s (Diss. H 1959); W. JERGER, Die Hss. F. L.s aus dem Nachlaß v. A. Göllerich in Linz, in: Mf 29 (1976). – **2) Bibliographien u. Sammelpublikationen:** L. KOCH, L. Ferenc Bibliográfiai kisérlet (F. L. Ein bibliogr. Versuch) (Budapest 1936); CH. SUTTONI, F. L.'s Published Correspondence. An Annotated Bibliogr., in: FAM 26 (1979). – Ber. über die Zweite Int. Musikwiss. Konferenz L. – Bartók Budapest 1961, hrsg. v. Z. GÁRDONYI – B. SZABOLCSI (Budapest 1963) (= Studia musicologica 5); F. L. The Man and His Music, hrsg. v. A. WALKER (Lo 1970, Nachdr. 1976); L.-Stud. I. Kgr.-Ber. Eisenstadt 1975, hrsg. v. W. SUPPAN (Gr 1977); F. L. Beitr. v. ung. Autoren, hrsg. v. K. HAMBURGER (Budapest 1978); F. L., hrsg. v. H.-K. METZGER – R. RIEHN (Mn 1980) (= Musik-Konzepte 12); L.-Stud. II. Kgr.-Ber. Eisenstadt 1978, hrsg. v. S. GUT (Mn – Salzburg 1981). – **3) Biographien u. umfassende Darstellungen:** L. RAMANN, F. L. als Künstler u. Mensch, 3 Bde. (L 1880–94); A. GÖLLERICH, F. L. (B 1908); J. KAPP, F. L. (B – L 1909, [20]1924); P. RAABE, F. L., 2 Bde. (St 1931, Tutzing [2]1968); E. NEWMAN, The Man L. (Lo 1934, Nachdr. 1969, 1970); S. SITWELL, F. L. (Lo 1934, [2]1955, dt. Z 1958); P. REHBERG, F. L. (Z 1961); K. HAMBURGER, L. Ferenc (Budapest 1966, dt. ebd. 1973); E. HARASZTI, F. L. (P 1967); E. HELM, F. L. in Selbstzeugnissen u. Bilddokumenten (Reinbek 1972); B. W. WESSLING, F. L., ein virtuoses Leben (Mn – Z 1973); E. HELM, F. L. Ein Opfer seiner Biographen?, in: FS L. Strecker (Mz 1973); E. PERÉNYI, L. (Lo 1974); W. JERGER, F. L.s Klavierunterricht v. 1884–1886, dargestellt an den Tagebuchaufzeichnungen v. A. Göllerich (Rb 1975) (= Stud. z. Musikgesch. des 19. Jh. 39); E. K. HORVATH, F. L., I: Kindheit (Eisenstadt 1978). – **4) Zu einzelnen Werken u. Werkgruppen: a)** Zu musikal. Werken: A. HEUSS, Erläuterungen zu L.s Symphonien u. Symphonischen Dichtungen (L 1912); P. RAABE, Die Entstehungsgesch. der ersten Orchesterwerke F. L.s (L 1916); J. HEINRICHS, Über den Sinn der L.schen Programmusik (Kempen 1929); E. MAJOR, Die Ungarischen Rhapsodien F. L.s (Budapest 1929); J. BERGFELD, Die formale Struktur der „Symphonischen Dichtungen" F. L.s (Eisenach 1931); Z. GÁRDONYI, Die ung. Stileigentümlichkeiten in den musikal. Werken F. L.s (B – L 1931); R. KÓKAI, F. L. in seinen frühen Klavierwerken (L 1933, Nachdr. Budapest – Kas 1968); H. SEARLE, The Music of L. (Lo 1954, revidiert NY [2]1966); D. PRESSER, Die Opernbearb. des 19. Jh., in: AfMw 12 (1955); C. DAHLHAUS, F. L. u. die Vorgesch. der Neuen Musik, in: NZfM 122 (1961); B. SZABOLCSI, F. L. an seinem Lebensabend (Budapest 1959); P. SCHWARZ, Stud. z. Orgelmusik F. L.s (Mn 1973) (= Berliner Musikwiss. Arbeiten 3); C. DAHLHAUS, Thesen über Programmusik, in: Beitr. z. musikal. Hermeneutik (Rb 1975) (= Stud. z. Musikgesch. des 19. Jh. 43); N. MILLER, Musik als Sprache. Zur Vorgesch. v. L.s Symphonischen Dichtungen, in: ebd.; S. GUT, F. L. Les éléments du langage musical (P 1975); C. DAHLHAUS, L.s „Bergsymphonie" u. die Idee der Symphonischen Dichtung, in: Jb. des Staatlichen Inst. für Musikforsch. Preußischer Kulturbesitz 1975 (B 1976); N. MILLER, Élévation bei V. Hugo u. F. L., in: ebd.; E. G. HEINEMANN, F. L.s Auseinandersetzung mit der geistlichen Musik (Mn – Salzburg 1978) (= Musikwiss. Schriften 12); K. W. NIEMÖLLER, Zur religiösen Tonsprache im Instrumentalschaffen v. F. L., in: Religiöse Musik in nicht-liturg. Werken v. Beethoven bis Reger, hrsg. v. W. Wiora (Rb 1978) (= Stud. z. Musikgesch. des 19. Jh. 51); D. TORKEWITZ, Harmonisches Denken im Frühwerk F. L.s (Mn – Salzburg 1978) (= Freiburger Schriften z. Musikwiss. 10). – **b)** Zu Schriften: E. HARASZTI, Die Autorschaft an F. L.s literarischen Werken, in: Ung. Jb. 21 (1940); DERS., F. L. Author Despite Himself, in: MQ 33 (1947); L. GUICHARD, L. et la littérature française, in: RMie 56 (1970); D. ALTENBURG, Vom poetisch Schönen. F. L.s Auseinandersetzung mit der Musikästhetik E. Hanslicks, in: Ars Musica. Musica Scientia. FS H. Hüschen (Kö 1980). – **5) Ikonographie:** D. BARTHA, F. L. Sein Leben in Bildern (L 1936); H. WEILGUNY – W. HANDRICK, F. L. Biographie in Bildern (L 1961); Z. LÁSZLÓ – B. MÁTÉKA, F. L. Sein Leben in Bildern (Kas 1967).

D. ALTENBURG

LITAIZE, Gaston Gilbert, * 11. 8. 1909 Ménil-sur-Belvitte (Vosges); frz. Organist und Komponist. Er trat mit 16 Jahren in die Institution Nationale des Jeunes Aveugles in Paris ein und wurde mit 18 Jahren Orgelschüler von M. Dupré am Pariser Conservatoire. 1938 erhielt er den 2. Grand Prix de Rome. Anschließend wirkte er als Organist an mehreren Kirchen und seit 1946 an St-François-Xavier in Paris. 1938–69 unterrichtete er an der Institution des Jeunes Aveugles zunächst Klavier, dann Harmonielehre und Musikpädagogik, schließlich seit 1959 Orgel, Improvisation und Komposition. 1944–75 leitete er beim französischen Rundfunk die Gottesdienstübertragungen und war für Sendungen mit Orgelmusik und geistlicher Musik verantwortlich. Zahlreiche Orgelkonzerte führten ihn durch ganz Europa, in die USA und nach Kanada; damit und durch vielbeachtete Schallplatteneinspielungen machte er sich einem breiten Publikum als hervorragender Interpret frz. Musik und der Orgelwerke J. S. Bachs bekannt.

WW (wenn nichts anderes angegeben, in Paris erschienen): Für Org.: *12 Pièces*, 2 Bde. (1939); *Noël basque* (1949); *24 Préludes liturgiques*, 3 H.e (1952–54); *Fugue sur „Da pacem"* (1953); *Passacaille sur le nom de Victor Gonzalez* (1956); *Grand-Messe pour tous les temps* (1957); *Messe Basse pour tous les temps* (1959); *Messe de la Toussaint* (1964); *Prélude et danse fuguée* (1964); *Cortège* für 3 Trp., 3 Pos. u. Org. (1951). – Geistliche Vokal-WW: Kantate *Fra Angelico* für Soli, Chor u. Orch. (1936); Kantate *L'anneau du roi* für 3 SingSt u. Orch. (1938); *Missa solemnior* für 4st. gem. Chor u. Org. (1954); *Missa Virgo gloriosa* für 3 gem. St. u. Org. (Toledo/Ohio 1958); *Messe solennelle en français* für 4 gem. St., Gemeinde u. Org. (1966); *Magnificat en français* für gem. St. u. Org. (1966).

L.s kompositorisches Schaffen ist der vor allem von Dupré verkörperten Tradition französischer Orgelmusik verpflichtet; farbenreiche Harmonik, Sinn für ausgeprägte Rhythmen und Verwendung gregorianischer Modi bilden die Grundlage für die Entwicklung von melodischen Elementen zu architektonisch ausgewogenen, spannungsvollen Formgebilden. Viele Organisten der Gegenwart verdanken L. als Lehrer wie auch der Ausstrahlung seines Spiels voll ausdrucksreicher Agogik wesentliche Impulse für die Entwicklung ihrer eigenen künstlerischen Persönlichkeit.

H. MUSCH

LITANEI (von griech. litaneia = Flehgebet; lat.: litania, letania, litaniae), ein Bittgebet in Form von Anrufungen, das offenbar seit frühesten Zeiten musikalisch vorgetragen und in der Spätantike von der Ost- in die Westkirche übernommen worden ist. Ein Vorbeter bzw. -sänger trägt mehrere Anliegen oder Anrufungen hintereinander vor, die jedesmal durch die Gemeinde mit einem gleichbleibenden Ruf, z. B. *Amen, Kyrie eleison, Ora pro nobis,* beantwortet werden. In der katholischen Kirche ist seit Papst Clemens VIII. (1601) die Approbation von L.en für den öffentlichen Gebrauch ausschließliches Recht des Papstes. Dieser gestattete lediglich die *Allerheiligen-* und die *Lauretanische L.,* so genannt nach dem Wallfahrtsort Loreto, wo sie seit 1531 zu Ehren Marias bezeugt ist. Neue Approbationen erfolgten erst für die *L. vom Namen Jesu* (1886), die *Herz-Jesu-L.* (1899), die *L. vom hl. Joseph* (1909) und die *L. vom Kostbaren Blut* (1960). Diese L.en haben ihren liturgischen Platz in den Prozessionen an den Vortagen von Ostern und Pfingsten sowie an den 3 Bittagen. Im *Gotteslob* sind heute 8 L.en verzeichnet. Auch die lutherische, reformatorische und anglikanische Kirche kennen die Litanei.

Seit dem 15./16. Jh. wurde die zunächst nur einst. im ↗Gregorianischen Gesang vorgetragene L. auch mehrst. vertont. Die traditionelle Formel des Chorals blieb in der Regel unversehrt, indem sie als Cantus firmus in den mehrst. Satz übernommen wurde. Am häufigsten wurde die Lauretanische L. vertont. G. P. da Palestrina, O. di Lasso, G. F. Anerio, G. Aichinger u.a. haben eine verschieden gegliederte, motettische L. geschaffen. Dieser Typ wurde in Sammelwerken wie dem *Thesaurus Litaniarum* des G. Victorinus (Mn 1596) verbreitet. Die venezianischen und neapolitanischen Komponisten des 17. und 18. Jh. haben eine vielgliedrige kantatenhafte L. geschaffen, wie sie ähnlich noch bei W. A. Mozart erscheint (KV 109, 125, 195, 243). Noch im 19. Jh. wurde die mehrst. L. von Komponisten des ↗Cäcilianismus gepflegt. – Vereinzelt gibt es auch Instrumentalstücke mit dem Titel L. wie die *Litanies* op. 79 für Orgel von J. Alain.

Lit.: P. WAGNER, Einführung in die Gregor. Melodien III (L 1921, Nachdr. Hil – Wie 1962); K. G. FELLERER, Mozarts L.en, in: Ber. über die musikwiss. Tagung der int. Stiftung Mozarteum in Salzburg 1931 (L 1932); J. ROTH, Die mehrstimmigen lat. Litaneikompositionen des 16. Jh. (Rb 1959) (= Kölner Beitr. z. Musikforsch. 14); B. STÄBLEIN, L., in: MGG VIII; H. u. R. FEDERHOFER, Eighteenth Century litaniae lauretanae from the Repertory of the Viennese province of the Franciscan Order, in: FS K. Geiringer (Lo 1970).

B. R. SUCHLA

LÍTERES CARRIÓN, Antonio, * 1675 Artá (Mallorca), † 18.1.1747 Madrid; span. Komponist. Er war seit 1688 Schüler des Sängerkollegs der königlichen Kapelle in Madrid und wurde dort 1693 als Baßgeiger eingestellt. Nach dem Brand vom 24.12. 1734 wurde er zusammen mit J. de Nebra mit der Reorganisation der Kapelle und der Zusammenstellung eines neuen musikalischen Repertoires beauftragt. L. gehört zu den wichtigsten Komponisten der 1. Hälfte des 18. Jahrhunderts in Spanien. Neben kirchenmusikalischen Werken schrieb er zahlreiche Zarzuelas und eine Oper, *Los elementos,* nach italienischem Vorbild. L.s Sohn **Antonio L. y Montalvo** († 2.12.1768), mit dem er häufig verwechselt wurde, war Organist der königlichen Kapelle.

Lit.: N. ÁLVAREZ SOLAR-QUINTES, A. L. C. y sus hijos, in: Anuario Mus. 5 (1950).

LITHOPHONE (von griech. lithos = Stein) sind Idiophone, deren klingendes Material aus Steinplatten besteht. Dazu zählen Geräusch- oder Rhythmusinstrumente wie Steinklappern oder Steinrasseln, aber auch melodiefähige Lithophone. Die Wahl, Größe und Bearbeitung der Steine ermöglichen die genaue Einstimmung bestimmter Tonhöhen. Die L. bestehen entweder aus einem einzelnen, als Gong benutzten Stein oder aus einer Reihe von gestimmten Steinplatten unterschiedlicher Größe, deren Anordnung je nach Herkunft verschieden ist. So dienen liegende Steinplatten in Afrika (u.a. Togo, Nigeria) als Steinspiel, das der Spieler mit kleinen Steinen in beiden Händen schlägt. Zur Verstärkung der Resonanz können die Platten über ein Loch in der Erde, auf den Oberschenkeln des Spielers oder horizontal auf ein Gestell gelegt werden. Die Steinplatten der chinesischen L. haben eine stumpfwinklige Form und werden senkrecht in einem Rahmen aufgehängt (↗K'ing). Die meisten L. werden mit Klöppeln angeschlagen.

Das Alter der L. läßt sich nicht bestimmen; für China liegen erste Berichte und ein gefundener Klangstein aus der Schang-Dynastie (um 1400 v. Chr.) vor. In Vietnam wurden 3 prähistorische L. gefunden, bedeutend ein 1949 entdecktes; es besteht aus 11 abgeschliffenen, 5–11 kg schweren Steinplatten. Die einzelnen Steinplatten ergeben eine pentatonische Skala mit unterschiedlich großen Intervallen. Trotz dieser wohl ältesten Funde scheinen L. in Asien mehr mit der chinesischen Musik verbunden zu sein (↗K'ing), denn offenbar von China aus verbreiteten sie sich in Asien von Turkestan bis nach Korea, Vietnam und Japan. Andere Entwicklungen lassen sich nachweisen für Äthiopien und Schwarzafrika. Archäologische Funde beweisen, daß L. auch bei den Indianern Südamerikas (Venezuela) bekannt waren ebenso wie in Europa (auf den Inseln Chios und Sardinien). In jüngerer Zeit wurden L. erst wieder durch C. Orff einge-

Museumsfoto

Claudio MONTEVERDI: Gemälde aus der Hill Collection des Ashmolean Museum, Oxford.

Bulloz

Franz LISZT: Gemälde von H. Lehmann aus dem Musée Carnavalot, Paris.

Museumsfoto

Wolfgang Amadeus MOZART: Unvollendetes Ölgemälde von J. Lange aus dem Winter 1782/83.

Modest MUSSORGSKI: Ölgemälde von I. E. Répine aus der Tretjakow-Galerie, Moskau.

A.P.N.

führt, der ein Lithophon von 6 liegenden Steinplatten in *Antigonae* und *Trionfo di Afrodite* einsetzte.

Lit.: A. HUTH, Die Musikinstr. Ost-Turkistans bis zum 11. Jh. nach Christus (Diss. B 1928); H. SIMBRIGER, Klangsteine, Steinspiele u. ihre Nachbildungen in Metall, in: Anthropos 32 (1937); A. SCHAEFFNER, Une importante découverte archéologique, le l. de Ndut Lieng Krak (Viêtnam), in: RMie 33 (1951); P. R. KIRBY, A Communication on the „Lithotone" Discovered in Indo-China, in: South African Journal of Science 49 (1952); H. HUSMANN, Das neuentdeckte Steinzeitl., in: Mf 5 (1952); G. CONDOMINAS, Le l. préhistorique de Ndut Lieng Krak, in: Bulletin de l'École Française d'Extrême-Orient 45 (Hanoi 1952); F. A. KUTTNER, Nochmals die Steinzeit-L. von Annam, in: Mf 6 (1953); B. FAGG, The Discovery of Multiple Rock-Gongs in Nigeria, in: African Music I/3 (1956); R. MAUNY, Nouvelles pierres sonores d'Afrique occidentale, in: Notes africaines 79 (1958); A. KING, A Report on the Use of Stone Clappers for the Accompaniment of Sacred Songs, in: African Music II/4 (1961); TRÂN VAN KHÊ, Viêt-Nam (Buchet-Chastel 1967) (= Les traditions musicales 3); J. BLADES, Percussion Instruments and Their History (Lo 1974). M. BRÖCKER

LITOLFF'S VERLAG (Henry Litolff's Verlag); dt. Musikverlag. Er ging aus dem 1828 in Braunschweig gegründeten Musikalienverlag G. M. Meyer hervor, der nach Heirat (1851) der Witwe Meyers, Julie (geb. Zimmer), mit dem französischen Pianisten und Komponisten **Henry Charles Litolff** (1818–91) seit 1856 als „Henry Litolff's Verlag" firmiert. Nach der Scheidung Litolffs von Julie (1860) und seiner Rückkehr nach Paris übernahm sein aus der Ehe Julies mit dem Firmengründer G. M. Meyer stammender Adoptivsohn **Theodor Litolff** (1839–1912) den Verlag. Th. Litolff begründete 1864 *Litolff's Bibliothek classischer Compositionen,* eine notentextlich revidierte Klassikerreihe in gleichformatigen preiswerten Bänden, die weltweite Verbreitung fand *(Collection Litolff)*. Unter Mitarbeit seines Schwagers **Adolf Bente** (1840–1913) wurde der Verlag um Unterrichtswerke wie die vor dem 1. Weltkrieg millionenfach verbreitete Klavierschule von Louis Köhler erweitert. 1912 übernahm Th. Litolffs Sohn **Richard Litolff** (1876–1937) das Haus, unter dessen Leitung sich der Verlagskatalog um Hausmusikreihen *(Scholasticum),* Werke zeitgenössischer Komponisten (P. Graener) und musikwissenschaftliche Publikationen *(Beethoven-Jahrbücher)* vermehrte. 1940, 3 Jahre nach Richard Litolffs Tod, erwarb der Musikverlag C. F. ↗Peters in Leipzig das Verlagshaus, dessen Geschäfts- und Fabrikräume 1944 bei Bombenangriffen zwar vernichtet, dessen Rechte jedoch mit Übersiedlung des Musikverlags C. F. Peters nach Frankfurt am Main (1950) weiterhin bei diesem liegen und dessen Katalog seither vor allem um zeitgenössische Musik (H. Genzmer, K. Höller u. a.) erweitert wurde.

Lit.: T. M. BLAIR, H. Ch. L. (1968) (= Diss. Univ. of Iowa); R. HAGEMANN, H. L. (Herne 1978, ²1981). H. LINDLAR

LITTLE JOHNNY JONES, amerik. Musical in 2 Akten von George M. Cohan (1878–1942), der Musik, Buch und Song-Texte schrieb. Ort und Zeit der Handlung: London, Southampton, ein Ozeandampfer, um die Jahrhundertwende. UA: 7. 11. 1904 in New York (Liberty Theater).

Little Johnny Jones erzählt die Geschichte eines amerikanischen Jockeys, der nach England kommt und dort fälschlicherweise des Wettbetrugs verdächtigt wird. Der wirkliche Täter wird gefaßt, und dem Happy-End steht nichts mehr im Wege. Mit diesem Bühnenwerk beginnt die eigentliche Entwicklungsphase des Musicals. Cohan schrieb zwei Evergreens für seinen ersten großen Erfolg am Broadway, das Auftrittslied des Titelhelden *The Yankee Doodle Boy* und *Give my Regards to Broadway*. Außerdem initiierte er in diesem Musical, das mit 52 Aufführungen en suite nur einen mäßigen Starterfolg hatte, aber mehrfach neu produziert wurde, eine für ihn typische, von naivem Chauvinismus geprägte Auftrittsszene: Er marschierte in die amerikanische Flagge gehüllt auf die Bühne. R.-M. SIMON – S. SIMON

LITURGIE (von griech. lēiton ergon = Werk für das Volk im profanen und religiösen Sinn). In frühchristlicher Zeit bezeichnete L. vor allem die Meßfeier. Der von den Humanisten des 16. Jh. auf alle gottesdienstlichen Feiern erweiterte Sprachgebrauch wurde im 19. Jh. kirchenamtlich übernommen. Im liturgierechtlichen Sinn werden unter L. heute in der katholischen Kirche jene Gottesdienste verstanden, die der Regelung durch den Apostolischen Stuhl unterliegen (laut Liturgiekonstitution des 2. Vatikanischen Konzils), in Unterscheidung der von den Bischöfen geregelten gottesdienstlichen Feiern der Teilkirchen und der Andachtsübungen des christlichen Volkes. In theologischer Deutung sieht das Konzil in der L. den „Vollzug des Priesteramtes Christi; durch sinnenfällige Zeichen wird in ihr sowohl die Heiligung des Menschen bezeichnet und in je eigener Weise bewirkt als auch vom mystischen Leib Jesu Christi, d. h. dem Haupt und den Gliedern, der gesamte öffentliche Kult vollzogen". Damit sind sowohl die wirksame soterische, dem Menschen heilschenkende wie auch die doxologische, gottverherrlichende Richtung der L., ihre Verwurzelung in Christus und dem Pascha-Mysterium sowie ihre ekklesiale, alle Mitglieder der Kirche angehende Dimension ausgedrückt. L. kann somit nicht mehr als bloßes Zeremonienwesen abgewertet werden, sondern ist ein kirchliches Handeln, dessen „Wirksamkeit kein anderes Tun der Kirche an Rang und Maß erreicht". Zu den mannigfachen „sinnenfälligen Zeichen" der L. gehören auch Musik und Gesang, ohne die Verkündigung und Lobpreis um eine ganze Dimension menschlicher Ausdrucksfähigkeit verkürzt würden. Der unersetzlichen Bedeutung von Gesang und Musik des Gottesdienstes entspricht es, daß die Liturgiekonstitution in einem eigenen Abschnitt (Kap. 6) davon handelt, der in der Instruktion „Über die Musik in der Liturgie" vom 5. 3. 1967 theologische Vertiefung und genauere Ausführungsbestimmungen erhielt.

Lit.: L. EISENHOFER, Hdb. der kath. Liturgik, 2 Bde. (Fr 1932–33, [2]1941–42); A. ADAM – R. BERGER, Pastoralliturgisches Handlexikon (Fr 1980); E. J. LENGELING, Liturgie. Dialog zwischen Gott und Mensch (Fr 1981). H. RENNINGS

LITURGISCHE BÜCHER, Gesamtheit der für den Gebrauch in der römisch-katholischen Liturgie bestimmten und heutzutage kirchenamtlich herausgegebenen Bücher, die Texte, Noten und Rubriken (Angaben für den Verlauf des gottesdienstlichen Handelns) enthalten. Die l. B. waren im Mittelalter Hauptquellen für die Überlieferung des Gregorianischen Gesangs. Nach dem Trienter Konzil kam es zu einer weitgehenden Vereinheitlichung der l. B., die nun allgemein verbindlichen Charakter hatten. Bei ihrer vom 2. Vatikanum beschlossenen „baldigsten Revision" wurde auf historische Vorbilder – die sich u. a. auch in den Ostkirchen erhalten haben – zurückgegriffen und das Prinzip des Rollenbuches wieder stärker verwirklicht: Die einzelnen Diensten (z. B. Priester, Lektor, Sängergruppe) zukommenden Texte und Gesänge sind je in einem eigenen Buch abgedruckt. Die wichtigsten erneuerten l. B. der lateinischen Liturgie und ihre Übertragungen bzw. Bearbeitungen für das deutsche Sprachgebiet durch die Bischofskonferenzen sind für die Meßfeier: *Missale Romanum* ([2]1975) bzw. *Meßbuch* (1975), *Lectionarium Missae* (1970) bzw. *Lektionar* (1970), *Ordo Cantus Missae* (1972, Verzeichnis der Gregorianischen Gesänge, überwiegend ohne Noten; private Ausgabe mit Noten unter dem Titel *Graduale*, Solesmes 1974), *Graduale Simplex* ([2]1975); für das Stundengebet: *Liturgia Horarum* (1971) bzw. *Stundenbuch* (1978 ff.). Vom *Pontificale Romanum* (für Feiern, die von einem Bischof zu leiten sind) und vom *Rituale Romanum* (andere Sakramentenfeiern, Sakramentalien usw.) erschienen bisher zahlreiche Einzelfaszikel lateinisch und deutsch. Zu den l. B. im weiteren Sinn zählt das gemeinsame Gesang- und Gebetbuch der deutschsprachigen Bistümer *Gotteslob* (1975; mit Diözesananhängen) als Rollenbuch der Gemeinde. Im nichtkatholischen Sprachgebrauch werden die l. B. häufig ↗Agenden genannt. H. RENNINGS

LITURGISCHE MUSIK, moderne Sammel-Bz. für solche Musik (vorab für Vokalmusik), die für den Gottesdienst, die ↗Liturgie der christlichen Kirchen bestimmt ist. Die Bz. wird meist synonym mit ↗Kirchenmusik verwendet. – ↗Geistliche Musik, ↗Religiöse Musik.

LITURGISCHES DRAMA (engl.: liturgical drama; frz.: drame liturgique; it.: dramma liturgico; span.: drama litúrgico), moderne Bz. für die geistlichen Spiele des Mittelalters, speziell für lateinische, durchgehend gesungene und im Rahmen von Messe und Offizium dargebotene Stücke. Diese hatten im 11.–13. Jh. ihre Blütezeit, bevor sie allmählich von volkssprachigen Stücken (↗Mysterienspiele, Moralitäten) abgelöst wurden. Die liturgischen Dramen hängen nicht mit dem Theater der klassischen Antike zusammen, das völlig verschwunden war, sondern gehen anscheinend auf kurze dialogische Passagen in der Liturgie zurück. Solche Texte finden sich bereits in den Tropen der abendländischen Kirche des 9. Jh. – noch früher sogar im Sōgītā und in den Kontakia der syrischen bzw. byzantinischen Liturgie –, aber nichts deutet darauf hin, daß sie für eine szenische Darbietung konzipiert waren. Aus den ersten Jahrhunderten gibt es keine Erwähnung von bestimmten Rollen oder von szenischen Aktionen. Das früheste bekannte Beispiel echter theatralischer Darbietung ist das *Quem quaeritis* der Ostermatutin, ein Dialog zwischen dem Engel und den drei Marien am Grabe, der in Winchester um die Mitte des 10. Jh. – wahrscheinlich früher noch in Fleury-sur-Loire und in Gent – mit Handlung, Kostümen und Inszenierung gesungen wurde. Die Beliebtheit dieses Osterspiels zog bald weitere Spiele nach sich: Das *Quem quaeritis in sepulcro?* diente z. B. als Modell für ein Weihnachtsspiel *Quem quaeritis in praesepe?* Die frühesten Stücke, mit einem einzigen „Bühnenbild" und sehr einfach in Szene gesetzt, entwickelten sich in einigen Städten zu größerer Länge und zu größerem Aufwand in Material und Darstellung. Aufgeführt wurden sie am Ende der Matutin; der Gesang des Te Deum diente zugleich als Schluß des Spiels und des Gottesdienstes. Da die Matutin die längste und feierlichste der 7 Horen des kanonischen Offiziums ist und wie die Lektionen meist erläuternd auf die Ereignisse der Tagesliturgie Bezug nimmt, bildete sie einen idealen Rahmen für eine szenische Adaptation der jeweiligen Thematik. Außerhalb der Matutin wurde das l. D. zuweilen auch während der Messe, der Vesper und sogar während der kleinen Horen gespielt.
Die Sujets beziehen sich meist auf die Geschehnisse des Kirchenjahres (Weihnachten, Epiphanie,

Passion, Ostern, Himmelfahrt); sie sollten die Geschehnisse, deren man in der Tagesliturgie gedachte, anschaulich darstellen. Es gibt jedoch auch Spiele für besondere Anlässe unterschiedlichster Art; die einen behandeln populäre Heiligenviten und -legenden wie die des hl. Nikolaus oder des hl. Paulus, andere haben apokalyptischen Charakter, andere wiederum weisen humoristische Züge auf. Die Texte sind in Prosa oder in Versen. Manche Stücke zeigen eine völlige stilistische Einheit und hohe literarische Qualität, andere besitzen eine erstaunliche stilistische Vielfalt, die sich aus dem im Mittelalter sehr beliebten Brauch des ↗Cento, des Zusammenstückelns aus heterogenen Elementen, ergab: ein und dasselbe Spiel kann Texte aus der Bibel, aus Antiphonen und Responsorien, Tropen und Sequenzen, ja sogar Verse aus der klassischen Antike enthalten. So entstanden Stücke, die teils in Prosa, teils in Versen in unterschiedlicher metrischer Struktur, teils gereimt und teils reimlos, abgefaßt sind.

Bei den liturgischen Dramen findet sich eine ähnliche stilistische Vielfalt wie in den Texten auch in den Melodien, die teils syllabisch wie die Sequenzen und Hymnen, teils melismatisch wie die Responsorien, teils im Stil der Antiphonen gehalten und ausschließlich einstimmig und in Neumen aufgezeichnet sind, die ebenso wie die liturgischen Gesänge lokale Eigenheiten aufweisen. Aus der Anfangszeit des l. D. ist keine musikalische Quelle überliefert. Bei späteren Quellen, in denen die Tonhöhen genau fixiert sind, bleibt noch das Problem des Rhythmus. Der Gebrauch der gleichen Notation wie im liturgischen Gesang wie auch die Vielzahl von Entlehnungen aus dem Graduale und Antiphonale lassen an den metrisch nicht gebundenen Rhythmus des spätmittelalterlichen ↗Gregorianischen Gesangs denken. Für die Stücke mit rhythmisch akzentuierenden Versen kann jedoch ein entsprechend rhythmisierter Vortrag angenommen werden, auch wenn die Notation hierzu keine Hinweise gibt. In einem späten Spiel aus dem Ende des 14. Jh., das Mariä Opferung behandelt, ist die Verwendung von Instrumenten sicher bezeugt. Aber auch für die frühere Zeit, aus der keine solch direkten Zeugnisse existieren, dürfte die Begleitung der liturgischen Dramen durch Instrumente üblich gewesen sein. Zahlreich sind nämlich Texte, die darauf hinweisen, wie z. B. in dem im 12. Jh. in Beauvais aufgeführten Daniel-Spiel: „Simul omnes gratulemur, / Resonent et tympana, / Cythariste tangant cordas, / Musicorum organa / Resonent ad eius preconia."

Wenn auch die szenischen Angaben in der Regel spärlich sind, so wird doch deutlich, daß eine realistische Darstellungsweise erwünscht war. Es wurden aufwendige Materialien und komplizierte Maschinen benutzt. So wurde in Moosburg bei der Darstellung der Auferstehung ein Bild Christi, umgeben von Blumen, einer Taube und einem Engel, an Seilen vom Boden emporgehoben, das dann in einer Dachöffnung entschwand. Freilich waren solch aufwendige Effekte selten. Im wesentlichen wurde die Szene mit Hilfe der Einrichtung und der räumlichen Gegebenheiten der Kirche angedeutet. So stellte der Sakramentsaltar nach patristischer Tradition zugleich die mystische Wiege und das Grab Christi dar und wurde häufig in diesem Sinne in Weihnachts- und Osterspielen benutzt. Für andere Zwecke waren Bänke, Tische, Sessel, Türen, Stufen, Krypten und Triforien in jeder größeren Kirche leicht verfügbar. Die großen Ausmaße einer Kathedrale oder Abteikirche erlaubten eine Weiträumigkeit des Spiels, die selbst in den größten heutigen Theatern unbekannt ist. Was die Kostüme angeht, so waren diese aus liturgischen Gewändern improvisiert, die auf ungewöhnliche Weise je nach Erfordernis drapiert und durch Attribute wie Kronen, Zepter, Schwerter, Hirtenstäbe usw. vervollständigt wurden. Die Rubriken geben an, daß bestimmte Mitwirkende als junge Männer, Mädchen oder Frauen zu kleiden waren. Maskenbildnerei war nicht unbekannt: Der Brauch verlangte es, daß in den Weihnachtsspielen einer der drei Könige das Gesicht schwarz färbte, und manchmal mußten Mönche und Kleriker, obwohl sie in der Regel bartlos waren, die Rolle bärtiger Personen übernehmen. Frauenrollen wurden normalerweise von Männern oder Knaben gespielt – ein Brauch, der sich bis ins 17. Jh. hielt –, jedoch war die Teilnahme von Frauen nicht vollkommen ausgeschlossen. In Barking und Troyes sind Berichte von Aufführungen erhalten, in denen bestimmte Rollen von Nonnen gespielt wurden.

Lit.: E. DE COUSSEMAKER, Drames liturgiques du moyen âge (Rennes 1860, Nachdr. NY 1964); M. J. RUDWIN, A Historical and Bibliogr. Survey of the German Religious Drama (Pittsburgh 1924); K. YOUNG, The Drama of the Medieval Church, 2 Bde. (O 1933, ²1951); W. LIPPHARDT, Stud. zu den Marienklagen. Marienklage u. germanische Totenklage, in: Beitr. z. Gesch. der dt. Sprache u. Lit. 58 (1934); E. HARTL, Das Drama des MA, 4 Bde. (L – Hl 1937–42) (= Dt. Lit., Reihe Drama des MA 1–4); M. S. DE VITO, L'origine del dramma liturgico, in: Bibl. della rassegna 21 (1938); H. OSTHOFF, Dt. Liedweisen u. Wechselgesänge im ma. Drama, in: AfMf 7 (1942); J. SMITS VAN WAESBERGHE, Muziek en drama in de Middeleeuwen (A 1943, ²1954); W. L. SMOLDON, The Easter Sepulchre Music-Drama, in: ML 25 (1946); W. LIPPHARDT, Die Weisen der lat. Osterspiele des 12. u. 13. Jh. (Kas 1948) (= Musikwiss. Arbeiten 2); A. A. ABERT, Das Nachleben des Minnesangs im liturg. Spiel, in: Mf 1 (1948); K. DREIMÜLLER, Die Musik im geistlichen Spiel des späten dt. MA, in: KmJb 34 (1950); E. A. SCHULER, Die Musik der Osterfeiern, Osterspiele u. Passionen des MA 1 (Kas 1951); G. COHEN, Histoire de la mise en scène dans le théâtre religieux français du moyen âge (P 1952); S. CORBIN, Le Ms. 201

d'Orléans. Drames liturgiques dits de Fleury, in: Romania 74 (1953); W. L. SMOLDON, Drama, in: Early Medieval Music up to 1300, hrsg. v. A. Hughes (Lo 1954) (= New Oxford History of Music 2); G. FRANK, The Medieval French Drama (O 1954); C. J. STRATMAN, Bibliogr. of Medieval Drama (Berkeley/Calif. 1954), 2 Bde. (NY ²1972): K. LANGOSCH, Geistliche Spiele (Da 1957); R. B. DONOVAN, The Liturgical Drama in Medieval Spain (Toronto 1958) (= Pontifical Inst. of Mediaeval Studies. Studies and Texts 4); E. A. BOWLES, The Role of the Musical Instruments in Medieval Sacred Drama, in: MQ 45 (1959); W. LIPPHARDT, L. D., in: MGG VIII; H. CRAIG, English Religious Drama of the Middle Ages (O 1961); M. M. MCSHANE, The Music of the Medieval Liturgical Drama (1961) (= Diss. Catholic Univ. of America, Washington/D.C.); W. L. SMOLDON, The Music of the Medieval Church Drama, in: MQ 48 (1962); The Fleury Play of Herod, hrsg. v. T. BAILEY (Toronto 1965); O. B. HARDISON JUNIOR, Christian Rite and Christian Drama in the Middle Ages (Baltimore 1969); W. ARLT, Ein Festoffizium des MA aus Beauvais..., 2 Bde. (Kö 1970); M. PFAFF, Das geistliche Spiel des MA, in: Musik in Bayern 1 (Tutzing 1972); K. FINKEL, L. D. am Mittelrhein, in: KmJb 57 (1973); W. L. SMOLDON, The Music of the Medieval Church Dramas, 2 Bde. (Lo 1973–74); C. W. BROCKETT, Easter Monday Antiphons and the Peregrinus Play, in: KmJb 61/62 (1977/78).

T. BAILEY

LITUUS (lat.), Bz. für ein Blasinstrument der Etrusker und Römer mit langer Röhre und aufwärts gebogenem Schallstück, vermutlich nach dem ihm äußerlich ähnlichen Krummstab der Auguren benannt, der L. hieß. Anfangs bestand der L. aus einer geraden Röhre aus Holz mit aufgesetztem Ziegenhorn am Ende, später aus Bronze. Mehrere Exemplare wurden bei Ausgrabungen gefunden (u. a. bei Mainz und Düsseldorf). Das Wort L. findet sich in nachrömischer Zeit häufig in theoretischen Werken als Name eines nicht bestimmbaren Instrumentes. Im 16. und 17. Jh. wurde mit L. gewöhnlich das ↗Krummhorn, im 18. Jh. der ↗Zink, 1706 aber auch ein Blechblasinstrument („litui vulgo Waldhörner"; Inventar des Klosters Ossegg, Böhmen) bezeichnet. Die zwei „Litui" in J. S. Bachs Kantate *O Jesu Christ, mein's Lebens Licht,* BWV 118, sind tiefe Trompeten in B.

Lit.: C. SACHS, L. u. Karnyx, in: FS L. von Liliencron (L 1910); DERS., Die Litui in Bachs Kantate „O Jesu Christ", in: Bach-Jb. 18 (1921); A. VOIGT, Die Signalinstr. des römischen Heeres u. der L., in: Dt. Instrumentenbau-Zeitung 34 (1932); F. BEHN, Musikleben im Altertum u. frühen MA (St 1954); G. FLEISCHHAUER, Etrurien u. Rom (L 1964) (= Musikgeschichte in Bildern II/5); G. WILLE, Musica Romana (A 1967); A. BAINES, Brass Instruments. Their History and Development (Lo–Boston 1976, ²1978).

M. BRÖCKER

LIVE ELECTRONIC (engl.), **Live-Elektronik, live-elektronische Musik,** Bz. für eine Entwicklung innerhalb der ↗elektronischen Musik, die darauf abzielt, Interpreten in die Studio- und Tonbandmusik miteinzubeziehen und damit die kommunikative Wechselwirkung zwischen Spieler und Hörer in diesem Bereich der Musik wiederherzustellen. Die 1960er Jahre sind gekennzeichnet durch vielerlei Versuche, die Klänge von unmittelbar („live") spielenden Musikern mit elektronischen Klängen (vom Tonband) zu mischen (Br. Maderna, K. Stockhausen, L. Nono u. a.) und, darüber hinaus, sie mit elektronischen Geräten zu verändern (K. Stockhausen, Gruppe „Musica eletronica viva" aus Rom u. a.). Die dazu erforderliche Technik aber erreichte erst mit der Einführung der spannungsgesteuerten ↗Synthesizer in der Mitte der 1960er Jahre jene notwendige Mobilität, die die Komponisten in die Lage versetzte, nicht nur Instrumente im sog. Real-Time-Verfahren klanglich umformen, sondern auch elektronische Klangfolgen „live" hervorbringen zu können (J. Fritsch, Y. Höller, H.U. Humpert, A. Lanza, T. Souster u. a.). In der bislang letzten Entwicklung werden Computer eingesetzt, um Klangtransformations-, Synchronisations- und Raumverteilungsprozesse zu steuern.

Lit.: Teilton. Schriftenreihe der H.-Strobel-Stiftung des SWF, hrsg. v. O. TOMEK (Kas 1978ff.). – K. STOCKHAUSEN, Texte, hrsg. v. D. Schnebel, 3 Bde. (Kö 1963–71); W. GIESELER, Komposition im 20. Jh. (Celle 1975); H. P. HALLER, L.-E. im Konzertsaal (Mz 1975) (= Darmstädter Beitr. z. Musikwiss. 14); DERS., Klangsteuerung in der L.-E. (Mz 1976) (= ebd. 16).

H. U. HUMPERT

LJADOW, Anatoli Konstantinowitsch, * 29. 4. (11. 5.) 1855 St. Petersburg, † 15. (28.) 8. 1914 Polynowka bei Nowgorod; russ. Komponist, Dirigent und Pädagoge. Aus einer Musikerfamilie stammend, studierte er 1870–78 bei N. Rimski-Korsakow am Konservatorium in St. Petersburg. Seit 1878 lehrte er dort Kontrapunkt, Fuge und Komposition und unterrichtete seit 1885 in der Kapellmeisterklasse der Hofkapelle. L. gehörte dem Kreis um den Verleger M. Beljajew an. Als ein „großer Meister für kleine Dinge" (B. Assafjew) widmete er sich sowohl in seinen Klavier- wie auch seinen Orchesterstücken dem Genre der Miniatur, in dem er eine hohe Eleganz und Differenzierung der Harmonik und Stimmführung erreichte. Auch seine Bearbeitungen russischer Volkslieder zeigen diese Qualitäten.

WW: Zahlr. Klv.-Stücke, u. a. 3 Balladen (1887, 1889, 1889). – Für Orch.: Scherzo (1886); *Selskaja szena* (Ländliche Szene) (1887); Tondichtungen: *Baba-Jaga* (1904); *Volschebnoje osero* (Der verzauberte See) (1909); *Kikimora* (1909) (aus der geplanten Oper *Soriuschka*); *Is Apokalipsia* (Aus der Offenbarung) (1912); *Nénie* (1914). – Zahlr. Vokalwerke, u. a. 3 H.e Kinderlieder (1887, 1887, 1890).

Ausg.: GA der Klv.-Werke, hrsg. v. K. N. IGUMNOW, 2 Bde. (Mos – Leningrad 1947).

Lit.: A. K. L., Aufsätze u. Briefe (Petrograd 1916); G. ABRAHAM, Random Notes on Lyadov, in: MR 6 (1945), Wiederabdruck, in: DERS., Slavonic and Romantic Music (Lo 1968); N. SAPOROSCHEK, A. K. L. (Mos 1954); Z. LISSA, Über den Einfluß Chopins auf L., in: DJbMw 13 (1968).

LJAPUNOW, Sergei Michailowitsch, * 18. (30.) 11. 1859 Jaroslawl, † 11. 11. 1924 Paris; russ. Komponist. Er studierte 1878–83 bei K. Klindworth und S. Tanejew am Moskauer Konservatorium und wurde 1894 Assistent von M. Balakirew in der Leitung der Hofkapelle. 1902 verließ er diese wieder, war 1908–11 Direktor der Freischule der Musik und wurde 1910 Professor für Klavier und 1917 für Komposition am Konservatorium in St. Petersburg. 1923 ließ er sich in Paris nieder. Sein Schaffen steht unter dem Einfluß von Balakirew, mit dem er in freundschaftlicher Beziehung stand.

WW: Zahlr. Klv.-Stücke; Orch.-Ballade (1883, revidiert 1889); 2 Klv.-Konzerte (1890, 1910); 2 Symphonien (1887, 1917); symphonische Dichtungen: *Zelazowa Wola* (= Geburtsort v. F. Chopin) (1910) u. *Gaschisch* (Haschisch) (1915); ferner Lieder u. ein Psalm für Sopran, Orgel und Harfe (1918).

Lit.: Perepiska W. Stasowa i. S. Ljapunowa, in: Sowjetskaja musyka 21 (1957); R. DAVIES, S. Lyapunov, the Piano Works. A Short Appreciation, in: MR 21 (1960); M. E. SCHIFMAN, S. M. L. (Mos 1960).

LJATOSCHYNSKI (Ljatoschinski), **Boris Mykolajowitsch** (Boris Nikolajewitsch), *22. 12. 1894 (3. 1. 1895) Schitomir, † 15. 4. 1968 Kiew; sowjet-ukrainischer Komponist und Pädagoge. Er absolvierte 1919 als Schüler der Kompositionsklasse von R. Glière das Konservatorium in Kiew, an dem er seit 1920 als Lehrer und seit 1935 als Professor für Komposition und Instrumentation tätig war. 1935–38 und 1941–44 gehörte er auch dem Lehrkörper des Moskauer Konservatoriums an. Sein Schaffen steht sowohl unter dem Einfluß der russischen Musik des ausgehenden 19. Jh. wie dem des Impressionismus.

WW: **1) Instr.-WW:** V.-Sonate (1926); 2 Klv.-Trios (1925, 1942); 5 Streichquartette (1915, 1922, 1928, 1943, 1944). – Für Orch.: 5 Symphonien: 1 (1918), 2 (1936), 3 (1950, 2. Fassung 1955), 4 (1963), 5: *Slawjanskaja* (Die Slawische) (1967); symphonische Dichtungen: *Liritscheskaja poema* (1947); *Wossoedinenije* (Die Wiedervereinigung) (1949); *Graschyna* (1955); *Na beregach Wisly* (An den Ufern der Weichsel) (1958); *Slawjanski konzert* (1953) für Klv. u. Orch. – **2) Vokal-WW:** Lieder, Chöre und Volksliedbearb.; 2 Kantaten (1939). – **3) Bühnen-WW:** Opern: *Soloty Obrutsch* (Der goldene Ring), UA: Odessa 1930; *Schtschors*, UA: Kiew 1938.

Lit.: N. V. SAPOROSCHEZ, B. N. L. (Mos 1960); W. J. SAMOCHWALOW, B. L. (Kiew 1972); D. GOJOWY, Neue sowjetische Musik der 20er Jahre (Laaber 1980).

ŁOBACZEWSKA, Stefania (geborene Gérard de Festenbourg), *31. 7. 1888 Lemberg, † 16. 1. 1963 Krakau; poln. Musikforscherin. Sie studierte bei G. Adler in Wien und bei A. Chybiński in Lemberg, wo sie 1928 mit der Dissertation *O harmonice Kl. A. Debussy'ego w pierwszym okresie twórczósci* (Über Cl. A. Debussys Harmonik in seiner ersten Schaffenszeit) promovierte, 1928–39 Musikkritikerin bei der *Gazeta Lwowska* war und 1931–38 Musiktheorie am Konservatorium lehrte. 1945 erhielt sie einen Lehrauftrag an der Musikhochschule in Krakau (1952–54 Rektorin) und übernahm dort 1953 das Musikwissenschaftliche Institut (1954 Professor).

Schriften: *Tablice do historii muzyki* (Tafeln z. Musikgesch.) (Krakau 1949); *Problem wartościowania i wartości w muzyce* (Das Problem der Wertung und des Wertes in der Musik), in: Kwart. Muz. 7 (1949); *L. van Beethoven* (Krakau 1953, [3]1968); *Wkład Chopina do romantyzmu europejskiego* (Chopins Beitr. z. europäischen Romantik), in: Rocznik Chopinowski 1 (1956); *Die Analyse des musikalischen Kunstwerkes als Problem der Musikwissenschaft*, in: Kgr.-Ber. Wien 1956 (Gr – Kö 1958); *Style muzyczne* (Die Stilarten der Musik), 2 Bde. (Krakau 1960 bis 1961); *La culture musicale en Pologne au début du XIXe siècle et ses relations avec la musique de Chopin*, in: Kgr.-Ber. Krakau 1960; *Agogika jako element stylu historycznego* (Die Agogik als ein Element des hist. Stils), in: Muzyka 7 (1962).

Lit.: Z. LISSA – T. KACZYŃSKI, in: Ruch muzyczny 7 (1963).

LOBE, Johann Christian, *30. 5. 1797 Weimar, † 27. 6. 1881 Leipzig; dt. Komponist und Musiktheoretiker. Er verdankte der Förderung durch die Prinzessin Maria Paulowna eine gediegene musikalische Ausbildung. 1811–42 gehörte er der Weimarer Hofkapelle als Flötist und Bratschist an und unternahm zahlreiche Konzerttourneen. Mit dem Titel eines Professors pensioniert, zog er sich 1846 nach Leipzig zurück und machte sich als Schriftsteller und Pädagoge einen Namen. 1846–48 redigierte er die *Allgemeine musikalische Zeitschrift* (AmZ). Er war von J. W. von Goethe und seinem Kreis sehr geschätzt und unterhielt zahlreiche Verbindungen mit den bekanntesten Musikern seiner Zeit. L., der um 1840 das Komponieren aufgab, erlangte vor allem durch seine musikalischen Lehrwerke Bedeutung. Einem klassizistischen Ideal verpflichtet, fanden sie bis weit ins 20. Jh. hinein starken Anklang.

Schriften: *Compositionslehre oder umfassende Lehre von der thematischen Arbeit* (Wr 1844); *Lehrbuch der musikalischen Composition*, 4 Bde. (L 1850–67), neu bearb. v. H. Kretzschmar (L [2]1884–87); *Katechismus der Musik* (L 1851, [28]1904), neu bearbeitet v. H. Leichtentritt (L [7]1968); *Fliegende Blätter für Musik*, 3 Bde. (L 1855–57); *Vereinfachte Harmonielehre* (L 1861); *Konsonanzen und Dissonanzen* (L 1869), 3 Aufsätze daraus wiederabgedruckt, in: Gespräche mit Komponisten, hrsg. v. W. Reich (Z 1965).

Lit.: B. GRIMM, Die sozial-ökonomische Lage der Weimarer Hofkapellisten in der ersten Hälfte des 19. Jh., dargestellt am Beispiel J. Ch. L.s (Diss. L 1964); R. FRISIUS, Unters. über den Akkordbegriff (Diss. Gö 1970).

LOBKOWITZ, böhmische Adelsfamilie. Viele ihrer Mitglieder im 17./18. Jh. waren auch musikalisch tätig, namentlich als Lautenisten, und sind als Gönner und Mäzenaten bekannt geworden, so Fürst Ferdinand Philipp L. (1724–1784) gegenüber Chr. W. Gluck. Am bedeutendsten in dieser Hinsicht war Fürst **Franz Joseph Maximilian L.,** *7. 12. 1772 Wien, † 16. 12. 1816 Raudnitz (Elbe). Er spielte selbst Violine u. a. Instrumente; sein Palais in Wien war seinerzeit ein wichtiges Zentrum der

Musikpflege in Österreich. Er veranstaltete Hauskonzerte und unterhielt auf seinen Landsitzen Raudnitz und Eisenberg ein eigenes Orchester mit Chor und Solisten. Eine Zeitlang leitete er die Wiener Oper. J. Haydn schrieb in seinem Auftrag die Streichquartette op. 77 („L."-Quartette). Früh setzte sich L. vor allem auch für L. van Beethoven ein. Zusammen mit dem Erzherzog Rudolph und dem Fürsten Kinsky verpflichtete er sich 1809, ihm jährlich eine beträchtliche Summe zu zahlen. Beethoven widmete ihm mehrere seiner bekanntesten Werke, u.a. die Streichquartette op. 18 und 74, die 3., 5. und 6. Symphonie (die beiden letzteren auch dem Grafen Rasumowsky gewidmet), den Liederkreis *An die ferne Geliebte,* äußerte sich aber gelegentlich auch unwillig über den „fürstlichen Lumpenkerl". – Im Besitz der Familie L. auf Schloß Raudnitz befand sich eine wertvolle Bibliothek (heute in Prag, Nationalmuseum und Univ.-Bibl.) mit über 5000 Musikalien, darunter zahlreiche hsl. Lauten- u. Gitarren-Tabulaturen des frühen 18. Jh.

Lit.: TH. VON FRIMMEL, Beethoven-Hdb. I (L 1926, Nachdr. Hil 1968); R. MUZÍKOVÁ, Složeni lobkovické kapely v r. 1811, in: Miscellanea musicologica 12 (1960); R. SCHAAL, L., in: MGG VIII; M. POŠTOLKA, L., in: Grove[6] XI.

LOBO, Duarte (Eduardus Lupus), getauft 19.9. 1565 Alcáçovas, † 24.9.1646 Lissabon; port. Komponist. Er studierte in Évora, wo er den Chor der Kathedrale leitete. Dann erhielt er in Lissabon den Kapellmeisterposten am Hospital Real und 1594 den an der Kathedrale, den er bis 1639 innehatte. L. ist ein hervorragender Vertreter des a capella-Stils in Portugal.

WW: Im Druck erschienen: *Opuscula Nataliciae noctis responsoria* für 4–8 St. (An 1602); *Cantica Beatae Mariae Virginis* für 4 St. (An 1605); 2 Bücher Messen (An 1621, 1639).

Ausg.: GA, hrsg. v. S. M. JOAQUIN (Lis 1945ff.).

Lit.: M. A. DE LIMA CRUZ, D. L. (Lis 1917); A. T. LUPER, Portuguese Polyphony, in: JAMS 3 (1950).

LOBWASSER, Ambrosius, * 4.4.1515 Schneeberg (Sachsen), † 27.11. 1585 Königsberg (Preußen); dt. Gelehrter. Nach dem Studium der Rechte in Leipzig, Löwen, Paris und Bologna war er 1563–80 Professor an der Universität Königsberg. Musikgeschichtliche Bedeutung erlangte er durch die Übersetzung der Genfer Psalmen von Cl. Marot und Th. de Bèze: *Der Psalter ... Davids, in deutsche Reime ... gebracht und ... bei jedem Psalm seine zugehörigen vier Stimmen* (L 1573). Da L. die originalen Strophenformen beibehielt, konnten die Genfer Weisen samt den 4st. homophonen Sätzen von Cl. Goudimel (1565) übernommen werden. Hatte der Lutheraner L. das Werk „aus Lust an der lieblichen Sprach" unternommen, so fand es doch als offizielles Gesangbuch in sämtlichen reformierten deutschsprachigen Gebieten, einschließlich der Nordschweiz, in unzähligen Drucken große Verbreitung und blieb bis gegen Ende des 18. Jh. im Gebrauch.

Lit.: W. BLANKENBURG, Die Kirchenmusik in den reformierten Gebieten des europäischen Kontinents, in: Gesch. der ev. Kirchenmusik, hrsg. v. F. Blume (Kas 1965, engl. NY 1974); D. GUTKNECHT, Vergleichende Betrachtung des Goudimel-Psalters mit dem L.-Psalter, in: JbLH 15 (1970).

W. BLANKENBURG

LOCATELLI, Pietro Antonio, * 3.9.1695 Bergamo, † 30.3.1764 Amsterdam; it. Violinist und Komponist. Er kam sehr jung als Schüler zu A. Corelli nach Rom und unternahm anschließend ausgedehnte Konzertreisen, u.a. 1721 nach Amsterdam, wo er sein op. 1 veröffentlichte, sowie an die Höfe von Dresden, Mantua und Potsdam; 1729 ließ er sich in Amsterdam nieder. Seit 1741 betrieb er auch einen Handel mit italienischen Saiten. Wie aus seinem Briefwechsel mit Padre G. B. Martini hervorgeht, bereitete er dessen op. 2 für den Druck in Amsterdam vor; vermutlich war er auch für andere Komponisten gleicherweise tätig, da sich in seinem Nachlaß Druckbogen mit Werken von G. Tartini, A. Vivaldi, C. Tessarini, J.-M. Leclair u.a. fanden. Ungewiß ist, ob er 1738 mit Vivaldi bzw. 1746 mit Fr. Geminiani bei deren Aufenthalten in den Niederlanden zusammengetroffen ist, doch nahm Leclair bei ihm einige Unterrichtsstunden. L. war ein angesehener und gefragter Lehrer und konnte sich ein ansehnliches Vermögen erarbeiten. In seinem 1765 durch den Buchhändler Th. Crayenschrot in Amsterdam verkauften Nachlaß befanden sich mehrere wertvolle Instrumente, etwa 150 Gemälde, Kupferstiche und Radierungen sowie eine wertvolle Bibliothek von etwa 1000 Bänden. Er wurde in der englischen Kirche (Begynhof) in Amsterdam beigesetzt.

WW (teilweise mit mehreren Aufl.): Sonaten für Fl. u. B.c., op. 2 (A 1732); Sonaten für V. u. B.c., op. 6 (A 1731); Sonaten für 2 V. oder 2 Fl. u. B.c., op. 5 (A 1736); Sonaten für V. u. für 2 V. u. B.c., op. 8 (A 1744); *L'arte del violino* für V., Streicher u. B.c., op. 2 (A 1732); *Concerti grossi:* op. 1: *a quatro, e a cinque con 12 fughe* (A 1721), op. 4 in 2 Teilen, I: *Introduttioni teatrali,* II: *Concerti* (A 1735), op. 7 (Leiden 1741).

Den überwältigenden Eindruck L.s auf seine Zeitgenossen kennzeichnet eine Stelle aus D. Diderots Novelle *Le neveu de Rameau,* wo es in J. W. von Goethes Übersetzung heißt: „Der erste, der etwas von L. spielte, war der Apostel der neuen Musik." L.s *L'arte del violino,* op. 3, ein Lehrwerk in 12 exemplarischen Konzerten mit virtuosen *Capricci ad libitum,* erweitert die Spielmöglichkeiten beträchtlich; noch N. Paganini war davon beeinflußt. In den Concerti grossi vergrößerte L. das Concertino durch Einführung der Viola zum Quartett. In Motivik und Figuration löst er sich in op. 4, 6 und 8 vom Stil Vivaldis, und die Sonaten op. 8 nähern sich mit Ansätzen zu Durchführungsteilen dem 3teiligen Sonatensatz.

Ausg.: Aus op. 1: je 1 Concerto, hrsg. v. A. EGIDI (B 1927), A. SCHERING (L o.J.) u. E. BONELLI (Padua 1948); aus op. 2: 3 Sonaten, hrsg. v. G. SCHECK – W. UPMEYER (Kas 1944, Neudr. 1965) (= Hortus musicus 35); eine Sonate, hrsg. v. A. KOWATSCHEFF (Z 1949); Nr. 3, hrsg. v. H. RUF (Mz 1967) (= Il flauto traverso o. Nr.); op. 3, hrsg. v. A. NADAUD (P o. J.), neu hrsg. v. R. FRANCONI (Mi 1921); aus op. 4: Nr. 10, hrsg. v. G. BENVENUTI (Mi 1952); aus op. 5: 3 Sonaten, hrsg. v. H. ALBRECHT (Lippstadt 1951–54) (= Organum III/52, 46, 50); Nr. 1, hrsg. v. H. KÖLBEL (Wilhelmshaven 1969) (= L'arte del violino o. Nr.); Nr. 3, hrsg. v. H. RUF (Mz 1964) (= Antiqua o. Nr.); aus op. 6: Nr. 1–6, hrsg. v. G. BENVENUTI – E. POLO (Mi 1956) (= I classici mus. it. 14); Nr. 2, in: F. GIEGLING, Die Solosonate (Kö 1959) (= Das Musikwerk 15); Nr. 7 (zusammen mit op. 8, Nr. 5), hrsg. v. J. RÖNTGEN – D. F. SCHEURLEER (A – L 1911); aus op. 7: Nr. 6, hrsg. v. R. GIAZOTTO (Mi 1965) (= Antica musica strumentale it. o. Nr.); ein weiteres Concerto, hrsg. v. N. JENKINS (Lo 1959); aus op. 8: s. o. bei op. 6. – Trauersinfonie g-moll, hrsg. v. A. SCHERING (L o. J.) nach einem Ms. in Paris, Bibl. Nat., jedoch mit zweifelhafter Zuschreibung an L.

Lit.: C. VANBIANCHI, Un celebre violinista bergamasco precursore di N. Paganini (Bergamo 1921); A. MOSER, Gesch. des Violinspiels (B 1923), 2. Aufl. hrsg. v. H.-J. Nösselt, 2 Bde. (Tutzing 1966–67); A. KOOLE, Leven en werken van P. A. L. da Bergamo (A 1949) (mit Briefen und Dokumenten); B. BECHERINI, Bibliogr. delle opere di P. A. L., in: Musicisti lombardi ed emiliani, hrsg. v. A. Damerini – G. Roncaglia (Siena 1958) (= Accad. musicale Chigiana 15); J. DE CARPENTIER, P. L., musicien te Amsterdam (A 1964); A. DUNNING – A. KOOLE, P. L. Nieuwe bijdragen tot de kennis van zijn leven en werken, in: TVer 20/1–2 (1964–65) (mit Werkverz.); J. H. CALMEYER, The Life, Times and Works of P. A. L. (1969) (= Diss. Univ. of North Carolina) (mit thematischem Werkverz.); A. KOOLE, P. L. (Bergamo 1970); D. D. BOYDEN, Gesch. des Violinspiels v. seinen Anfängen bis 1761 (Mz 1971, engl. Lo 1965, ²1967); W. KOLNEDER, Das Buch der Violine (Fr – Z 1972, ²1978).

G. SCHUHMACHER

LOCHAMER LIEDERBUCH, früher meist **Loch(h)eimer Liederbuch** genannt (Berlin, Deutsche Staatsbibl., Ms. 40613), benannt nach seinem ersten Besitzer Wolflein von Lochamer aus Nürnberg (um 1482), ist eine zwischen 1452 und 1460 von 6 Musikkundigen angefertigte Papierhandschrift im Format 21,5 × 16 cm, die neben dem Schedelschen Liederbuch (um 1460) und dem Glogauer Liederbuch (um 1480) zu den 3 Hauptquellen der deutschen bürgerlichen Liedkunst aus der 1. Hälfte des 15. Jh. gehört. Sie enthält in andeutend oder streng mensuraler Notation 31 einstimmige, 2 zweistimmige und 6 dreistimmige Lieder, 1 ein- und dreistimmiges Lied, 2 ohne Noten sowie 3 einstimmige lateinische geistliche Kontrafakturen. Für einige dieser Liebes- und Tanzlieder wurden Oswald von Wolkenstein, der Mönch von Salzburg und G. Binchois als Autoren ermittelt. Die Auswahl des L. L.s dokumentiert, abgesehen von 3 Fronleichnamsgesängen und einem Tischsegen, das Repertoire zweier Generationen und bevorzugt beliebte Formen und Gehalte gediegener profaner Hausmusik der gebildeten bürgerlichen Schicht. Neben dem derb-sinnlichen Reigenlied *(Ich spring an disem ringe)* mit grobschlächtigen Randglossen stehen verhaltene Liebeslieder volksliedhafter Schlichtheit *(All mein gedencken dy ich hab)*. Die mehrstimmigen Sätze über einen Liedtenor benutzen meist am Schluß der Komposition Wechselrhythmik. Während in den Dupeltaktliedern noch weitgehend das additive Strukturprinzip der mittelalterlichen Musik wirksam ist, das sich in dem Fehlen von rhythmisch-metrischen oder melischen Korrespondenzen äußert, sind in den Tripeltaktliedern Kräfte stärkerer Integration zu beobachten. Seit dem frühen 19. Jh. bearbeiteten viele Komponisten diese „Lieder der Minne" als Quelle vermeintlicher echter Volkslieder und machten sie populär. In neuerer Zeit dienten sie W. Fortner, K. Thomas u. a. als Grundlage von Chorsätzen und Instrumentalstücken. – Im Anhang enthält das L. L. C. Paumanns *Fundamentum organisandi,* eine pädagogisch aufgebaute Anleitung, einfache Melodien und Skalen auf der Orgel zu kolorieren.

Ausg.: Das L. L. u. Fundamentum organisandi des C. Paumann, Faks. hrsg. v. K. AMELN (B 1925, Nachdr. Kas 1972) (= DMI II/3); Die mehrst. Sätze aus dem L. L., hrsg. v. DEMS. (Au 1925); Das L. L., hrsg. v. K. ESCHER – W. LOTT (L 1926); Die einst. Weisen des L. L., hrsg. v. E. ROHLOFF (Hl 1953); Das L. L., hrsg. v. W. SALMEN – CH. PETZSCH (Wie 1972) (= DTB, N.F. Sonderbd. 2).

Lit.: O. URSPRUNG, Vier Stud. z. Gesch. des dt. Liedes 3, in: AfMw 5 (1923); H. ROSENBERG, Übertragungen einiger bisher nicht aufgelöster Melodienotierungen des L. L.s, in: ZfMw 14 (1931); H. BESSELER, Das L. L. aus Nürnberg, in: Mf 1 (1948); W. SALMEN, Das L. L. (L 1951) (= Slgen. musikwiss. Einzeldarstellungen 18); E. ROHLOFF, Mit ganzem Willen wünsch ich dir, in: AfMw 13 (1956); CH. PETZSCH, Weiterdichten u. Umformen. Grundsätzliches z. NA des L. L.s, in: Jb. für Volksliedforsch. 10 (1965); DERS., Zur hebräischen Widmung im L. L., in: Mf 18 (1965); DERS., Die Nürnberger Familie v. Lochaim, in: Zschr. für bayerische Landesgesch. 29 (1966); DERS., Das L. L. (Mn 1967) (= Münchener Texte u. Unters. z. dt. Lit. des MA 19); DERS., Weiteres zum L. L. u. zu den Hofweisen, in: Jb. für Volksliedforsch. 17 (1972).

L. HOFFMANN-ERBRECHT

LOCKE (Lock), **Matthew,** * um 1630 Exeter, † August 1677 London; engl. Musiktheoretiker, Organist und Komponist. Er studierte vermutlich in Exeter bei E. Gibbons, der zu jener Zeit Master of the Choristers an der dortigen Kathedrale war, sowie wahrscheinlich auch bei William Wake, einem Violenspieler, dem er später sein *Little Consort of Three Parts* widmete, und bei dem Domorganisten John Lugge. Um 1641 wurde er aus dem Domchor entlassen. In der Folgezeit diente er anscheinend in der königlichen Armee. Dabei gab er seine musikalischen Betätigungen nicht auf, wie es sein Manuskript von *A Collection of Songs Made When I Was* *in the Lowe Countries* (London, British Museum, Add. 31437) zeigt; dieses beweist L.s Interesse für die italienische Kirchenmusik des frühen 17. Jh., wie sie uns in den Werken von N. Sabbatini und G. Rovetta begegnet. Um 1651 scheint L. nach London zurückgekehrt zu sein und die Komposition für die Bühne begonnen zu haben. König Karl II. ernannte ihn 1661 zum Hofkomponisten, später die Königin zu ihrem Organisten.

WW: Instr.-WW: *Little Consort of Three Parts* (Lo 1656) und einige weitere Instr.-Werke; Anthems u. a. kirchenmusikal. Werke (hsl.); Songs, Airs, Catches in zahlr. Sammeldrucken 1662–87. – Musik zu Bühnenwerken: J. Shirley, *Cupid and Death* (1656) (zus. mit Ch. Gibbons); W. D'Avenant, *The Siege of Rhodos*, 1. Akt (1656) (verschollen; zus. mit E. Coleman u. H. Lawes); ders., *Macbeth* (1663); Th. Shadwell, *The Tempest* (1667); E. Settle, *The Empress of Morrocco* (1670); Th. Shadwell, *Psyche* (1673). – Ferner der Traktat *Melothesia or Certain General Rules for Playing Upon a Continued Bass* (Lo 1673).

L., der originelle Beiträge zu den verschiedenen in seiner Zeit in England gepflegten musikalischen Gattungen geschaffen hat (Consort-Musik, Anthem, Song), war auf dem Gebiet der theatralischen Musik einer der Vorläufer H. Purcells. Seine *Melothesia* gilt als die früheste englische Generalbaßlehre.

Ausg.: *Cupid and Death*, hrsg. v. E. J. DENT (Lo 1951, revidiert ²1965) (= Mus. Brit. 2); Organ Voluntaries aus *Melothesia*, hrsg. v. TH. DART (Lo 1957); Keyboard Suites, hrsg. v. DEMS. (Lo 1959); 12 Duos für 2 Baßgamben, hrsg. v. N. DOLMETSCH (Kas 1960) (= Hortus Mus. 167); *The Broken Consort.* 6 Suiten für 3 Instr.. hrsg. v. H. MÖNKEMEYER, 2 H.e (Wilhelmshaven 1961) (= Consortium 3); Chamber Music, 2 Bde., hrsg. v. M. TILMOUTH (Lo 1971) (= Mus. Brit. 31–32).

Lit.: R. E. M. HARDING, A Thematic Cat. of the Works of M. L. (O 1971). – A. LEWIS, M. L., in: Proc. R. Mus. Assoc 74 (1947 bis 1948); E. H. MEYER, L., Blow, Purcell. Drei Vorgänger Händels auf dem Gebiet des Instrumentalschaffens, in: Händel-Jb. 9, N. F. 3 (1957); C. D. S. FIELD, M. L. and the Consort Suite, in: ML 51 (1970); M. TILMOUTH, Revision in the Chamber Music of M. L., in: Proc. R. Mus. Assoc. 98 (1971/72); F. ROUTH, Early English Organ Music from the Middle Ages to 1837 (Lo 1973).

LOCKPFEIFE, ein Gerät, mittels dessen Vogelfänger und Wilderer Vogelgesang nachahmen können, um Vögel anzulocken: Pfeife für Lerchen, Rebhühner, Wachteln ...; Windzunge (oft nur ein einfaches zwischen den geöffneten Lippen gehaltenes Blatt) zur Nachahmung des Schreis der von anderen Vögeln gefürchteten Eule; ein mit einem Loch versehenes gerolltes Blatt zur Nachahmung des rauschenden Flügelschlags verängstigter Vögel, die sich vor einer feindlichen Vogelart fürchten.

LOCKSPEISER, Edward, * 21. 5. 1905 London, † 3. 2. 1973 ebd.; engl. Musikkritiker und -schriftsteller. Er studierte in Paris bei Nadia Boulanger, in Berlin bei J. Rufer sowie am Royal College of Music in London bei Charles Herbert Kitson und war seit 1934 Musikkritiker bei einer Reihe von Zeitschriften, u. a. *Music and Letters, The Listener* (1936) und *The Musical Times* (1938), wurde 1940 Leiter der Musikabteilung sowie musikalischer Berater bei der BBC in London. Daneben dirigierte er u. a. 1953–57 das Goldsbrough Orchestre London. 1957–66 war er Musikredakteur der *Encyclopaedia Britannica.* 1966–70 lehrte er als Gastdozent am King's College in London und 1971 am Collège de France in Paris.

Schriften: *Berlioz* (Lo 1938, ³1952, Nachdr. NY 1962); *Bizet* (Lo 1946); *Mahler in France*, in: The Monthly Musical Record 90 (1960); *Debussy*, 2 Bde. (Lo 1962–65); *Debussy in Perspective*, in: MT 109 (1968); *The Berlioz-Strauss Treatise on Instrumentation*, in: ML 50 (1969); *Music and Painting. A Study in Comparative Ideas from Turner to Schoenberg* (Lo 1973).

LOCKWOOD, Lewis, * 16. 12. 1930 New York; amerik. Musikforscher. Er studierte am Queens College in New York sowie bei O. Strunk und A. Mendel an der Princeton University (N. J.), wo er 1960 promovierte. Seit 1958 lehrte er an der Princeton University (1968 Professor) und folgte 1980 einem Ruf an die Harvard University in Cambridge (Mass.). L. veröffentlichte grundlegende Arbeiten über die italienische Musik des 15.–16. Jh. und über die Quellen der Werke L. van Beethovens.

Schriften: *V. Ruffo and Musical Reform after the Council of Trent*, in: MQ 42 (1957); *On „Parody" as Term and Concept in 16th-Century Music*, in: Aspects of Medieval and Renaissance Music. FS G. Reese (NY 1966); *The Counter-Reformation and the Sacred Music of V. Ruffo* (V – W 1970) (= Studi di musica veneta 2); *Problèmes de création musicale au XIXe siècle*, in: AMl 4 (1970); *On Beethoven's Sketches and Autographs. Some Problems of Definition and Interpretation*, in: ebd.; *Beethoven's Sketches for „Sehnsucht"*, in: Beethoven Studies (NY 1973); *On "Mannerism" and "Renaissance" as Terms and Concepts in Music History*, in: Studi musicali 3 (1974); *Beethoven's Early Works for Violoncello and Contemporary Violoncello Technique*, in: Beitr. '76–78. Beethoven-Kolloquium 1977 (Kas 1978).

LOCO (it. = [an seinem] Ort), Bz. für die Stelle, an der nach einer vorhergehenden Oktavierung (8va, all'ottava) wieder in die Normallage zurückgekehrt werden soll. Bei Violinkompositionen wird damit auch nach vorhergehender Anweisung des Spiels bestimmter Saiten (z. B. sul G oder 4me corde) und dadurch auch ungewöhnlicher Lagen die Rückkehr in die Normallage gefordert.

LODOÏSKA, Comédie héroïque in 3 Akten von Luigi Cherubini (1760–1842), Text von Claude François Fillette-Loraux nach *Les amours de Chevalier de Faublas* von Jean-Baptiste Louvet de Couvray. UA: 18. 7. 1791 in Paris (Théâtre Feydeau); dt. EA (in dt. Sprache): 13. 5. 1797 in Berlin. Mit der Vertonung dieses „Rettungsstückes" errang Cherubini in Paris die endgültige Anerkennung als Opernkomponist. Die Schwächen des Librettos, „so kindisch und dumm wie ein schlechter Bibliotheksroman, eine polnische Rittergeschichte vom ordinärsten Schlage" (Moritz Hauptmann, 1854), überdeckte der Komponist mit konsequent durchgeführter musikalisch-dramatischer Charakterisierung der Situationen und Individualisierung der Gestalten. Bei der UA applaudierte das Publikum stehend nach jedem Abschnitt dieser Nummernoper; noch im selben Jahr folgten weitere 200 Aufführungen. Dieser große Erfolg setzte sich in Deutschland fort, wo L. bis 1850 zum Repertoire gehörte.

K. LANGROCK

LOEFFLER, Charles Martin, * 30.1.1861 Mülhausen (Elsaß), † 19.5.1935 Medfield (Massachusetts); amerik. Violinist und Komponist frz. Herkunft. Er verbrachte seine Kindheit in Rußland, Ungarn und der Schweiz und studierte dann in Berlin bei E. Rappoldi, J. Joachim (Violine) und Fr. Kiel (Harmonielehre) sowie in Paris bei H. Léonard, J. Massart (Violine) und E. Guiraud (Komposition). 1881 übersiedelte er in die USA; 1882–1903 war er Mitglied des Boston Symphony Orchestra. 1903 zog er sich auf seinen Besitz in Medfield zurück und widmete sich dem Unterricht und der Komposition. Sein Schaffen knüpft an den französischen Impressionismus an, dessen wichtigster Vertreter in Amerika er wurde. Nach seinem Tode vermachte er seinen gesamten Nachlaß dem Pariser Conservatoire und der Académie Française.

WW: *A Pagan Poem* (1901) für Klv. u. 12 Instr., bearb. für Klv. u. Orch. (1906); *Music for Four Stringed Instruments* (1923); symphonische Dichtungen: *La mort de Tintagiles* (1897) (nach M. Maeterlinck) für 2 Viole d'amore u. Orch., bearb. für eine Viola d'amore u. Orch. (1900); *La vilianelle du diable* (1901) (nach M. Rollinat) für Orch. u. Org.; *Avant que tu ne t'en ailles* (1901) (nach P. Verlaine), bearb. als *La bonne chanson* (1918) u. als *Poem* (1923); *Memories of My Childhood* (1925). – Ode *For One Who Fell in Battle* (1906) (Text: T. W. Parson) für 8st. Chor a cap., Neufassung (1911); Symphonie *Hora mystica* (1915) mit Männerchor; *Evocation* (1930) für Frauenchor u. Orchester.

Lit.: C. ENGEL, Ch. M. L., in: MQ 11 (1925) u. 22 (1936); O. H. COLVIN junior, Ch. M. L., 2 Bde. (1959) (= Diss. Univ of Rochester/N.Y.).

LOGARITHMUS, mathematische Funktion, die erstmals 1739 von L. Euler zur Intervallberechnung in die Musiktheorie eingeführt wurde. Heute sind 3 logarithmische Systeme gebräuchlich: das System von Euler (Teilung der Oktave in 1000 Einheiten), das System von Savart (Teilung der Oktave in 301 Einheiten; ↗Savart) und das System von A. J. Ellis (Teilung der Oktave in 1200 Einheiten; ↗Cent). – Im Vergleich zur mathematischen Darstellung von Intervallen mittels ihrer Frequenzen (Zahlenverhältnisse) lassen sich bei der logarithmischen Intervallberechnung die Größenunterschiede von Intervallen leichter erkennen. So ergibt sich z. B. bei Anwendung der Centrechnung und Frequenzberechnung für den Vergleich von pythagoreischer Terz und reiner Terz folgendes Bild: reine Terz = 5/4 = 386 Cent, pythagoreische Terz = 81/64 = 408 Cent. Dem Vorteil der einfacheren Berechnung (z. B. Quinte + Quarte = Oktave ist nach dem System von Ellis 700 Cent + 500 Cent = 1200 Cent statt $3/2 \cdot 4/3 = 12/6 = 2/1$) steht der Nachteil rechnerischer Ungenauigkeit gegenüber.

LOGIER, Johann Bernhard, * 9.2.1777 Kassel, † 27.7.1846 Dublin; dt. Musikpädagoge und Komponist. Er studierte bei seinem Vater Klavier und Theorie und übersiedelte 1791 nach England. 1794–1807 war er Flötist einer Militärkapelle, deren Leitung er bald auch innehatte, 1809–10 Dirigent in Dublin. Dann widmete er sich dem Musikalienhandel und dem Klavierunterricht. Er führte mit der Erfindung des ↗Chiroplasts eine neue Methode für den Klavierunterricht ein, die im 19. Jh. besonders in Irland, Großbritannien und den USA großen Erfolg hatte.

Schriften: *An Explanation and Description of the Royal Patent Chiroplast* (Lo 1816); *Logier's Thorough-Bass* (Lo 1818), dt. Übers. v. A. B. Marx (B 1819); *System der Musikwissenschaft und der praktischen Komposition* (B 1827). Dazu *Aufgaben und Beispiele* (B 1827), auch engl. u. französisch.

Lit.: H. BECKER, System L., in: Musica 11 (1957); G. PÜGNER, J. B. L. (Diss. L 1960).

LOGOTHETIS, Anestis, * 27.10.1921 Burgas (Bulgarien); östr. Komponist und Maler griech. Abstammung. Nach einem Ingenieurstudium in Wien, wo er seit 1942 lebt, studierte er nach dem Krieg bis 1951 Klavier u. Komposition an der Wiener Musikakademie. 1955–68 war er Mitarbeiter der Universal Edition und Edition Modern in Wien sowie der Edition Gerig in Köln. Mehrfach mit Wiener und Athener Kompositionspreisen ausgezeichnet, wirkt er seither freischaffend als Komponist und Klavierlehrer. Ausgehend von den dodekaphonisch-serialistischen Satztechniken seines Lehrers A. Uhl, entwickelte er seit den frühen 60er Jahren Formgebungen mittels einer „integrierenden" Notation von „Assoziations-Zeichen" zu improvisatorischer Ausführung von Musik in variablen Besetzungen (*Zeichen als Aggregatzustand der Musik*, W 1974). Seine eigenen Kompositionen erzielen hierin Klangstrukturen von zartester bis zu bruitistischer Bandbreite.

WW (in integrierender Notation): **1) Für beliebige Besetzungen:** *Koordination* (1960) für 5 Orch.-Gruppen; *Katalysator* (1960); *Kulmination* (1961); *Meditation* (1961); *Vibration* (1962); *Mäandros* (1963); *Odyssee* (1963), auch als Ballett; *Diffusion* (1965); *Styx* (1968); *Zonen für Siegfried Behrend* (1969); *Kollisionen* (1970); *Styxische Flüsse* (1971); *Pyriflegheton-Acheron-Kokkytos* (1971) für 3 Chöre u. Instr.; *Klangraum I* u. *II* (1972) für Orch.; *Emanationen* (1973) für Klar. u. Tonband. – **2) Büh-**

nen-WW: Ballette: *Himmelsmechanik,* UA (3 Bilder von 7): Wien 1962; *Fünf Porträts der Liebe,* 1. u. 2. Bild UA: Wien 1962, 3. u. 4. Bild: Tokyo 1965; *Fantasmata u. Meditation* für Tonband, UA: Wien 1969; musikal. Schauspiele: *Party* (1961) u. *Karmadharmadrama,* UA: Wien 1974; Hörspiele: *Anastásis* für St. u. Instr., UA: Saarländischer Rundfunk 1970, Bühnenfassung: Selb 1971; *Nekrolog,* UA: Wien 1974; *Kerbtierparty,* UA: Saarländischer Rundfunk u. NDR 1974; *Menetekel,* UA: Stuttgart 1975. – **3) Für Tonband:** *Tang aus Harfe u. Klavier* (1963); *Ohne Titel* (1965); *Sechs Synthemata* (1968); *Kyklópia* (1969). – **4) Schriften:** *Notation mit graphischen Elementen* (Salzburg 1967); *Gezeichnete Klänge,* in: Neues Forum (W 1969) H. 183; *Kurze musikal. Spurenkunde. Eine Darstellung des Klanges,* in: Wort u. Wahrheit 2 (W 1969); dass., in: Melos 37 (1970); *Anestis Logothetis* (W 1969, Athen 1975) (illustriertes Album); *Impulse* (W 1973); *Zeichen als Aggregatzustand der Musik* (W – Mn 1974).

Lit.: E. KARKOSCHKA, Das Schriftbild der Neuen Musik (Celle 1966); K. ROSCHITZ, A. L. u. die „musikal. Graphik", in: Protokolle 69 (1969).

LOGROSCINO (Lo Groscino), **Nicola Bonifacio,** getauft 22.10. 1698 Bitonto, † um 1765/67 Palermo; it. Komponist. Sohn des Domkapellmeisters von Bitonto, Pietro L., studierte er 1714–27 am Conservatorio S. Maria di Loreto in Neapel und war 1728–31 Organist im Erzbistum Conza. 1738 wurde in Rom seine Oper *Il Quinto Fabio* aufgeführt. Seit 1758 war er Lehrer für Kontrapunkt am Conservatorio dei Figliuoli dispersi in Palermo. Er galt gelegentlich als „Gott der Opera buffa". Die beiden einzig erhaltenen Werke dieses Genre provozierten jedoch hinsichtlich der Originalität der Finalegestaltung eine scharfe musikwissenschaftliche Kontroverse zu Beginn des 20. Jh. zwischen H. Kretzschmar und E. J. Dent.

WW: Hsl. erhalten sind: 2 Stabat mater, einige Kantaten, Arien u. Duette; ferner die Opern *Il governatore,* UA: Neapel 1742; Fragment der Opera buffa *Leandro,* UA: ebd. 1744, u. *Giunio Bruto,* UA: Rom 1748.

Lit.: H. KRETZSCHMAR, Zwei Opern N. L.s, in: Jb. Peters 15 (1908); U. PROTA-GIURLEO, N. L., „Il Dio dell'opera buffa" (Neapel 1927); M. BELLUCCI LA SALANDRA, Triade musicale bitontina. Brevi cenni biografici di B. N. L. 1698–1760... (Bitonto 1936).

LOHELIUS, Johann (eig. Franz Joseph Öhlschlägel), * 31.12. 1724 Losch bei Dux (Böhmen), † 22.2. 1788 Prag; böhmischer Organist und Komponist. Er war Organist an verschiedenen Klöstern, studierte später Philosophie in Prag und trat 1747 in das Prämonstratenserkloster Prag-Strahov ein, wo er nach theologischen und kompositorischen Studien 1756 Regens chori wurde. Dieses Amt behielt er bis zu seinem Tod. L. baute für sein Kloster die zu seiner Zeit bedeutendste Prager Orgel.

WW: Zahlr. Messen, Oratorien u. a. kirchenmusikal. Werke sowie eine Schrift *Beschreibung des in der königlichen Strahöfer Stifts-Kirche zu Prag neu eingerichteten u. im Jahr 1774 zu Standt gesetzten Orgelwerkes* (1775) sind hsl. erhalten.

Lit.: R. PERLIK, J. Lohel Öhlschlägel (Pr 1927); R. QUOIKA, Lohel 1724–88 u. der Prager Orgelbau seiner Zeit, in: Musik des Ostens 2 (Kas 1963).

LOHENGRIN, Romantische Oper in 3 Akten von Richard Wagner (1813–83), Text vom Komponisten. Ort und Zeit der Handlung: Antwerpen, in der 1. Hälfte des 10. Jahrhunderts. UA: 28.8.1850 in Weimar.

Charakter- und situationsgebundene Emotionalität, göttliche Sendung und ethische Verhaltensnormen fixieren das Spannungsfeld der theatralischen Aktion. Neid und Machtstreben Ortruds, der erklärten Feindin, besiegeln das Schicksal des einsamen Gralsritters Lohengrin in gleichem Maße wie Neugier und Wankelmut seiner liebenden Frau Elsa, die – von Ortrud angestachelt – das Gebot mißachtet, Lohengrin nie nach seiner geheimnisvollen überirdischen Herkunft zu fragen. Bei dramatischer Gleichrangigkeit von innerer und äußerer Handlung werden imaginativ verdichtete Historie und psychologisch interpretierter Mythos poetisch frei miteinander verbunden, wenn Wagner die Lohengrin-Sage – in Anlehnung an ein bayerisches Epos des späten 13. Jh. und an die noch ältere mittelalterliche Dichtung *Der Sängerstreit auf der Wartburg* – in der für die Geschichte des Deutschen Reiches bedeutsamen Zeit König Heinrichs I. (des „Voglers") spielen läßt. Zwar ist L. das letzte von Wagners Werken, das der Komponist selbst als „Oper" bezeichnete und das sowohl in der Bedeutung historischen Lokalkolorits für die Atmosphäreschilderung als auch in der Einflechtung wohlklingender belcanto-ähnlicher Melodien (als deren bekannteste der Brautchor im 3. Akt, *Treulich geführt,* gilt) noch der Großen Oper verpflichtet ist, aber die Dichte des Leitmotivgeflechts weist bereits auf das Musikdrama. Voll entwickelt sind dabei die für Wagners Leitmotivarbeit charakteristischen kompositorischen Techniken: Die melodische Grundgestalt eines Leitmotivs wird symbolisch einer Figur, einem Handlungsbereich oder einem Affekt zugeordnet und im Verlaufe der musikalisch-dramatischen Entwicklung durch rhythmische, harmonische und instrumentatorische Varianten der sich wandelnden Situation angepaßt. Konsequent einbezogen in das enge Beziehungsgeflecht zwischen Musik und Handlung wurde auch das Vorspiel, das hier die traditionelle Ouvertüre ablöst; seine Funktion wurde von primär musikalischer Einstimmung zu einer eigenständigen, die Haupthandlung nicht widerspiegelnden, sondern inhaltlich vorbereitenden programmatischen Komposition erweitert. – Die für das Jahr 1848 in Dresden geplante UA wurde abgesetzt: vom politischen Exil in der Schweiz aus, in das Wagner aufgrund seiner aktiven Beteiligung an der Revolution hatte fliehen müssen, bat der Komponist seinen Freund Fr. Liszt, sich des Werkes anzunehmen. Nach einigem Zögern gab Liszt Wagners Drängen nach und führte die Oper anläßlich der Einweihung eines Herder-Denkmals an Goethes Geburtstag in Weimar auf – mit mäßigem Erfolg; die Anforderungen an Ausführende und Publikum erschienen zu hoch. Seit der Inszenierung in Wiesbaden 1853 jedoch ist ihr dauerhafte, bis heute ungebrochene Popularität beschieden. Wagner selbst hörte das Werk erst 11 Jahre nach der UA am 15. 5. 1861 in Wien.

W. A. MAKUS

LOHET, Simon, * Mitte des 16. Jh. Lüttich, begraben 5.7.1611 Stuttgart; belgischer Organist. 1571 trat er als Organist in die Stuttgarter Hofkapelle ein. Er unternahm mehrere Reisen in die Niederlande und nach Venedig mit dem Auftrag, von dort Musikinstrumente und Notenmaterial mitzubringen.

WW: 20 Fugen, eine Kanzone, 2 Choralbearb. u. 2 dt. intavolierte Motetten, in: J. Woltz, *Nova musices organicae tabulatura* (Bas 1617).

Ausg.: J. WOLTZ, Nova musices... (Faks.-Ausg. Bol 1970) (= Bibl. musica Bononiensis IV/53). – 3 Fugen, hrsg. v. H. A. METZGER, in: Orgelwerke alter Meister aus Süddeutschland (Tü 1954).

Lit.: G. FROTSCHER, Gesch. des Orgelspiels u. der Orgelkomposition 1 (B 1935, ³1966); K. SWARYCZEWSKA, Fugi S. Loheta, in: Muzyka 2 (1957) (im Anhang Ausg. der 20 Fugen); A. REICHLING, in: MuA 11 (1958).

LÖHLEIN, Georg Simon, getauft 16. 7. 1725 Neustadt an der Heide, † 16. 12. 1781 Danzig; dt. Pianist, Violinist und Komponist. Er wurde zum Dienst in der Garde Friedrichs des Großen gezwungen, bei der er bis 1757 blieb. Danach studierte er an der Universität Jena und leitete deren Collegium musicum. 1763 ist er in Leipzig als Violinist und Pianist beim „Großen Konzert" unter der Leitung von J. A. Hiller, später als Musikdirektor dieses Ensembles nachweisbar. Mit seinen Schülern organisierte er wöchentliche Musikabende. Anfang 1781 wurde er Kapellmeister an der Marienkirche in Danzig. L. wurde vor allem durch seine pädagogischen Werke bekannt. Von seinen Kompositionen verdient das *Neujahrslied* (1769) Erwähnung als früheste bekannte Vertonung eines Goethe-Gedichts.

WW: Sonaten; Partiten für Cemb.; Duos für V.; Trios; Streichquartette; Konzerte. – *Clavier-Schule,* 2 Bde. (L – Züllichau 1765, 1781, zahlr. NA bis 1848); *Anweisung zum Violinspielen* (ebd. 1774, ⁵1791).

Ausg.: Klv.-Konzert F-Dur, hrsg. v. F. VON GLASENAPP (L 1954) (= Coll. Mus. 80); Sonate G-Dur (1765) für Fl. u. Cemb., hrsg. v. D. SONNTAG (Wilhelmshaven 1967); eine Fantasie in: P. SCHLEUNING, Die Fantasie I (Kö 1971); Cemb.-Konzert in: Danziger Instr.-Musik, hrsg. v. F. KESSLER (Neuhausen 1979).

Lit.: F. VON GLASENAPP, G. S. L. (Hl 1937) (mit Werk- u. Lit.-Verz.); L. HOFFMANN-ERBRECHT, L., in: MGG VIII.

LOHMANN, Adolf, * 10. 1. 1907 Düsseldorf, † 19. 10. 1983 ebd.; dt. Pädagoge und Komponist. Er studierte 1927–29 in Bonn und war dann im Schuldienst tätig, meist in Düsseldorf, 1937–49 in Goch am Niederrhein. Seit 1926 widmete er sich der Musikarbeit in der katholischen Jugend und bemühte sich, durch Werkveranstaltungen, Singetage, Veröffentlichung von Liedsätzen, die z. T. von ihm selbst stammten, und Schallplatten wertvolles unbekanntes und neues Liedgut heimisch zu machen. Das wohl bekannteste seiner Liederbücher ist das *Kirchenlied* (1938), durch das auch zahlreiche evangelische Lieder Eingang in den katholischen Gottesdienst fanden und das viele eigene Lieder L.s enthält. Einige davon sind fest im Gemeindegesang verankert *(Wir sind nur Gast auf Erden; Herz Jesu, Gottes Opferbrand).* L. schrieb über 150 Lieder und 400 Chor- und Instrumentalsätze in der Tradition des 16./17. Jh. und oft volksliednah.

WW: L. war Hrsg. der Liederbücher: *Das graue Singeschiff* (Düsseldorf o. J. [1934]) (zus. mit J. Diewald); *Kirchenlied* I u. II (B – Fr 1938 u. ö., Fr 1967) (zus. mit dems. u. G. Thurmair); *Weihnachts-Singebuch* I u. II (Fr o. J. [1941], Fr 1972) (zus. mit J. Diewald). – Ferner *Kirchenliedpflege* (Düsseldorf 1962) (zus. mit J. Dunkel).

Lit.: J. DIEWALD, in: Informationen. Veröffentlichungsorgan für die Mitglieder der Werkgemeinschaft Lied u. Musik (1977) Nr. 13; A. WELLER, A. L., in: Mitt. der Arbeitsgemeinschaft für rhein. Musikgesch. 52 (1977); DERS., Werkverz. A. L., in: Stud. z. Musikgesch. des Rheinlandes 5 (Kö 1978).

LÖHNER, Fritz, * 24. 6. 1883 Wildenschwert (Böhmen), † Dezember 1942 Konzentrationslager Auschwitz; östr. Librettist und Schlagertexter. Er studierte Jura an der Universität Wien und begann schon in jungen Jahren schriftstellerisch tätig zu sein. Längere Zeit arbeitete er als Theaterdramaturg und kam dann über das Kabarett zum Schlagerlied und zur Operette. Neben zahlreichen für die 20er Jahre charakteristischen Schlagertexten (unter dem Pseudonym Beda) verfaßte er, meist in Zusammenarbeit mit anderen Autoren (etwa Alfred Grünwald), die Libretti zu Werken der bekanntesten Operettenkomponisten seiner Zeit.

WW: Schlagertexte, u. a. *Was machst du mit dem Knie, lieber Hans* u. *Ausgerechnet Bananen.* – Libretti zu: F. Raymond, *Ich hab' mein Herz in Heidelberg verloren* (1927); F. Lehár, *Friederike* (1928); ders., *Das Land des Lächelns* (1929); P. Abraham, *Victoria und ihr Husar* (1930); ders., *Die Blume von Hawaii* (1931); ders., *Ball im Savoy* (1932); F. Lehár, *Giuditta* (1934).

LÖHNER, Johann, * getauft 21. 11. 1645 Nürnberg, † 2. 4. 1705 ebd. Von seinem Schwager G. C. Wecker wurde er zum Organisten ausgebildet. Nach einer Studienreise, die ihn nach Wien, Salzburg und Leipzig führte, war er vorübergehend als Hofmusiker in Bayreuth tätig. Seit 1672 hielt er sich wieder in Nürnberg auf, zunächst offenbar ohne feste Anstellung, seit 1682 als Organist an der Spitalkirche, seit 1694 als Organist an St. Lorenz. L. war vor allem als Komponist erbaulicher geistlicher

Lieder bekannt und beliebt. Seine Opern, von denen Aufführungen in Nürnberg und am Ansbacher Hof belegt sind, enthalten als „Arien" noch die für die frühdeutsche Oper typischen Strophenlieder.

WW (alle in Nürnberg gedruckt): **1) Geistliche Vokal-WW:** *Geistliche Sing-Stunde oder 30 Andacht Lieder* für SingSt u. Gb., z.T. mit 5 Violen (1670); *Der geistlichen Erquickstunden ... Poetischer Andacht-Klang in Arien gesetzet* (1673); *D. Johann Sauberts Verneuete Kirchenandacht* ... für SingSt u. Gb. (1674); *Auserlesene Kirch- u. Tafel-Music* für SingSt, 2 V. u. Gb. (1682); *Die alte Zions-Harpfe, nach denen 150 Psalmen in eben so vielen Liedern angestimmet* (1694); *Suavissimae canonum musicalium delitiae* für 3–8 St. (1700); 8 Lieder in: J. Saubert, *Nürnbergisches Gesang-Buch* (1677); 21 Lieder, in: J. C. Arnschwanger, *Heilige Psalmen und christliche Psalmen* (1680); ferner 8 Drucke mit 17 Beerdigungsliedern (1670–1696). – **2) Weltliche Vokal-WW:** *Keusche Liebs- und Tugend-Gedancken* (12 Arien) für SingSt, 2 V. u. Gb. (1680); *44 Arien aus der Opera von Theseus* (1688). – **3) Bühnen-WW:** *Die triumphirende Treu,* UA: 1679, u. *Der gerechte Zaleucus,* UA: 1687 (hsl.).

Lit.: A. SANDBERGER, Zur Gesch. der Oper in Nürnberg, in: AfMw 1 (1918/19) (darin 12 Arien); H. SAMUEL, L., in: MGG VIII; DERS., The Cantata in Nürnberg During the 17th Century (Ithaca/N.Y. 1963) (= Diss. Cornell Univ.). M. RUHNKE

LŒILLET (L'Œillet), **1) Jean-Baptiste** (John), getauft 18.11.1680 Gent, † 19.7.1730 London; belgischer Oboist (auch Flötist), Cembalist und Komponist. Er ist seit 1705 in London nachweisbar, wo er seit 1710 wöchentliche Hauskonzerte veranstaltete. Nach J. Hawkins sollen in diesem Rahmen A. Corellis Concerti grossi op. 6 ihre englische Erstaufführung erfahren haben. L.s *Lessons* für Cembalo folgen englischen Vorbildern und führen darüber hinaus die Corelli-Rezeption fort. Daß er in seinem ersten Druckwerk „Mr. Baptist Lully" genannt wird, hat Fehlzuschreibungen verursacht.

WW: 18 Triosonaten, op. 1 u. 2 (Lo 1722, 1725); 6 Sonaten für Querfl. u. 6 für Blockfl. (Lo 1729); *Lessons for the Harpsichord or Spinet* (Lo 1709–15); 6 *Suits of Lessons for the Harpsichord* (Lo 1723).

2) Jacques (Jacob Jean Baptiste), Bruder von 1), getauft 7.7.1685 Gent, † 28.11.1746 ebd.; belgischer Komponist. Er ist als Oboist 1726 am Münchner und 1727 am Versailler Hof nachweisbar. Sein Bruder Jean-Baptiste berücksichtigte ihn und seine Kinder in einem 1729 aufgesetzten Testament mit einem Legat.

WW: 6 Sonaten für eine Querfl. mit B.c., op. 5 (P 1728); 6 Sonaten für 2 Querfl. ohne B.c., op. 4 (P 1728); Konzert Es-Dur für Ob. u. Str. sowie Konzert D-Dur für Fl. u. Str. hsl.

3) Jean-Baptiste, Vetter von 1), * 26. 7. 1688 Gent; belgischer Komponist. Seine näheren Lebensumstände liegen im Dunkeln. Von ihm ist nur bekannt, daß Angehörige des französischen Adels als Widmungsträger seiner ausnahmslos in Amsterdam publizierten Werke erscheinen.

WW: 12 Sonaten für Fl. u. B.c., op. 1 (A 1705), op. 2, 3 u. 4 (A 1715); 12 Sonaten, op. 5 (6 für eine u. 6 für 2 Querfl. u. B.c.) (A 1720); 6 Sonaten aus op. 1 u. 2, bearb. für 2 Fl. (Lo 1730).

Ausg. (wenn nichts anderes angegeben, hrsg. v. H. Ruf): **Zu 1):** Werker voor clavicimbal (*Lessons* u. *Six Suits of Lessons* für Cemb.), hrsg. v. J. WATELET (An 1932) (= MMBelg 1); Triosonaten aus op. 1: Nr. 3 g-moll u. Nr. 5 c-moll (Celle 1963) (= Moecks Kammermusik 77–78); Nr. 2 G-Dur, Nr. 4 D-Dur u. Nr. 6 e-moll (Mz 1967) (= Il flauto traverso o. Nr.), Nr. 2, hrsg. v. F. SCHROEDER (Wb o. Nr.); aus op. 2: Nr. 2 F-Dur, Nr. 6 C-Dur und Nr. 4 d-moll (Kas 1961–64) (= Hortus Mus. 166, 176, 181); Nr. 7 E-Dur und Nr. 11 D-Dur, hrsg. v. L. HÖFFER-VON WINTERFELD (H 1963); Nr. 12 G-Dur (Kas 1964) (= Flötenmusik o. Nr.); Nr. 11 D-Dur (Mz 1967) (= Il flauto traverso o. Nr.); Konzert D-Dur für Trp. u. Orch., hrsg. v. J. THILDE (P 1973). – **Zu 2):** Konzert D-Dur für Fl., 2 V. u. B.c. (Kas 1959); Konzert für Ob., Streichorch. u. B.c., hrsg. v. F. SCHROEDER (Wb 1968). – **Zu 3):** GA der Sonaten op. 1–4, hrsg. v. W. KOLNEDER (Wilhelmshaven o. J.), bisher erschienen op. 1 (4 H.e), von op. 2–4 jeweils H. 1; Sonaten op. 1 Nr. 1, 4, 6 u. 8, op. 2 Nr. 5 u. op. 4 Nr. 6, hrsg. v. H. MÖNKEMEYER (Celle o. J.) (= Moecks Kammermusik Nr. 1028–1032); Sonaten op. 3 Nr. 2–6 u. 10, hrsg. v. P. F. SCHERBER – A. KUTZ (Mz 1949); Sonaten op. 1 Nr. 1–3, hrsg. v. J. F. HINNENTHAL (Kas 1952, Neudruck 1967) (= Hortus Mus. 43); Sonaten op. 3 Nr. 9 u. op. 4 Nr. 9–10, hrsg. v. DEMS. (Kas 1960) (= ebd. 162); Sonaten h-moll op. 5 Nr. 2 u. g-moll op. 5 Nr. 6 für Ob. (Mz 1974).

Lit.: B. PRIESTMAN, Cat. thématique des œuvres de Jean-Baptiste, John & Jacques L., in: RBMie 6 (1952); DERS., An Introduction to the L.s (1954) (= The Consort 11); A. SKEMPTON, The Instrumental Sonatas of the L.s, in: ML 43 (1962). – **Zu 1):** B. PRIESTMAN, The Keyboard Works of J. L., in: MR 16 (1955). G. MORCHE

LOLLI, Antonio, * um 1730 Bergamo, † 10.8. 1802 Palermo; it. Violinist und Komponist. L. war vermutlich Schüler von Padre Martini. Auf Veranlassung N. Jommellis wurde er 1758 als Konzertmeister an die Stuttgarter Hofkapelle verpflichtet, wo er bis 1774 blieb. Anschließend war er bis 1783 Kammervirtuose der Kaiserin Katharina II. in St. Petersburg. 1794 erhielt er noch eine Anstellung als 1. Konzertmeister des Königs von Neapel in Wien. Später zog er sich nach Palermo zurück. Auf ausgedehnten Konzertreisen durch Europa wurde L. als glänzender Virtuose gefeiert. Sein Einfluß auf die Entwicklung des Violinspiels war beträchtlich. Seine Kompositionen dagegen, von Kritikern gelegentlich als „bizarr" empfunden und scharf verurteilt, fanden mit Ausnahme der Violinsonaten bei Zeitgenossen nur wenig Anklang.

WW: 6 V.-Duos; 3 H.e V.-Sonaten mit B.c.; 8 V.-Konzerte ferner eine *École du violon en quatuor* (B – A um 1784).

Lit.: G. B. RANGONI, Saggio sul gusto della musica col carattere de' tre celebre sonatori di Violino, i Signori Nardini, L. e Pugnani (Livorno 1790, Faks.-Ausg. Mi 1932); A. MOSER, A. Corelli u. A. L., in: ZfMw 3 (1920/21); N. K. NUNAMAKER, The Virtuoso Violin Concerto Before Paganini. The Concertos of L., Giornovichi and Woldemar (1968) (= Diss. Indiana Univ.); A. MELL, A. L.'s Letters to Padre Martini, in: MQ 56 (1970).

LOMBARDI ALLA PRIMA CROCIATA, I *(Die Lombarden während des 1. Kreuzzuges),* Oper in 4 Akten von Giuseppe Verdi (1813–1901), Text von Temistocle Solera nach dem Versepos *I Lombardi*

(1826) von Tommaso Grossi. Orte der Handlung (die Akttitel sind in der Operngeschichte einmalig): 1. Akt: *Die Rache* (Mailand), 2. Akt: *Der Mann in der Höhle* (in und um Antiochia), 3. Akt: *Die Bekehrung* (Tal von Josaphat bei Jerusalem), 4. Akt: *Das Heilige Grab* (bei Jerusalem), Zeit: um 1095. UA: 11.2.1843 in Mailand (Scala); dt. EA: 25.8. 1845 in Berlin (Königstädtisches Theater).

Die Handlung ist nicht überzeugend motiviert und verläuft wegen einiger Exkurse diffus. Die Historie bietet nur den farbigen Hintergrund (mit der Möglichkeit zu orientalischem Kolorit) für die tödliche Rivalität zweier Brüder um eine Frau. Der Unterlegene, Pagano, der irrtümlich zum Mörder seines Vaters wird, gelangt als Einsiedler in der Verbannung zur Läuterung und vermag dem Heer der Kreuzfahrer schließlich zum Sieg zu verhelfen. – Das Werk gehört zum Typus der Belcanto-Oper: inspirierte Soli mit flammenden Emotionen, plakative Kontraste, schmissige Chöre und straffe Rhythmen. Einflüsse G. Rossinis (Zitat aus *Otello*), V. Bellinis und G. S. R. Mercadantes sind deutlich herauszuhören, aber auch G. Meyerbeers Homorhythmik hat Spuren französischer Provenienz hinterlassen. Die Oper zählt neben *Nabucco* und *Ernani* zu Verdis frühen „politischen" Werken. Der Personalstil ist noch nicht gefestigt, aber schon deutlich entwickelt. Bei der UA erhielt die Oper stürmischen Applaus. Der Chor *O Signore, dal tetto natio* (4. Akt) entfachte eine bekenntnishafte politische Ovation. Das Werk wurde als erste Oper Verdis in Amerika aufgeführt (New York 1847). Die französische Fassung mit dem Titel *Jérusalem* weist Umarbeitungen und Hinzufügungen auf.

H. BECKER

LOMBARDISCHER RHYTHMUS, Lombardischer Geschmack, Bz. für die Folge einer kurzen und einer langen Note im Verhältnis 1:3: ♬. bzw. ♪ ♩. oder ♬. (es handelt sich also sozusagen um die Umkehrung des punktierten Rhythmus ♩.♪ usw.). Seit dem späten 16. Jh. gehört der L. R. als improvisierte Möglichkeit des Vortrags gleichrhythmisch notierter melodischer Phrasen in den Bereich der Verzierungslehre (u.a. bei T. de Sancta Maria, 1565; G. Caccini, 1602; G. Frescobaldi, 1614). In diesem Sinn wird er etwa von Fr. Couperin (*Pièces de clavecin*, 1713) durch Bögen und Punkte über den betreffenden Noten angezeigt: 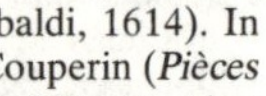

In der Auffassung der Zeit unterscheidet sich der L. R. von einem Vorschlag durch die stärkere Betonung der kurzen Note. Ein bekanntes Beispiel für L. R. in ausgeschriebener Form ist der letzte Satz des Concerto grosso C-Dur (zu *Alexander's Feast*) von G. Fr. Händel.

LONATI (Lunati), **Carlo Ambrogio,** *um 1645 Mailand, † 1710/15 ebd. (?); it. Violinist und Komponist. L. war 1665–67 Violinist der königlichen Kapelle in Neapel. Anschließend ging er nach Rom und wurde dort 1668 Mitglied der Congregazione di S. Cecilia. 1673–74 leitete er die Privatkapelle der Königin Christine von Schweden und war 1674 bis 1675 Violinist des Oratorio del SS. Crocifisso. Seit 1678 lebte er in Genua und später in Mailand, wo Fr. Geminiani sein Schüler wurde. L.s wichtigste Kompositionen, die 12 Sonaten für Violine und B.c., stehen stilistisch A. Corelli und der oberitalienischen Schule nahe und belegen durch häufige Verwendung von Doppelgriffen und Scordatura seine hervorragende Violintechnik.

WW: 2 Orgelsonaten; 12 V.-Sonaten mit B.c. (Mi 1701); zahlr. Kantaten, Arien, Kanzonetten u. ein Oratorium; Opern, u.a.: *Amor stravagante*, UA: Genua 1677; *Ariberto e Flavio*, UA: Venedig 1684.

Ausg.: Sonate V, in: F. GIEGLING, Die Solosonate (Kö 1959) (= Das Musikwerk 15).

LONDON, George (eig. George Burnstein), * 30. 5. 1919 Montreal (Kanada), † 23. 3. 1985 Armonk (N.Y.); kanadischer Sänger (Baßbariton). Er studierte bei R. Lert in Los Angeles und debütierte 1941 als Dr. Grenvil in G. Verdis *La Traviata* in Hollywood. 1947 ging er als Mitglied des „Belcanto-Trios" (gemeinsam mit Frances Yeend und Mario Lanza) auf eine zweijährige Welttournee und sang 1949 den Amonasro in einer *Aida*-Aufführung an der Wiener Staatsoper, der er bis 1956 angehörte. 1951 trat er als Amfortas in R. Wagners *Parsifal* erstmals bei den Bayreuther Festspielen auf, debütierte im selben Jahr als Amonasro an der Metropolitan Opera in New York und 1952 als Graf in W. A. Mozarts *Hochzeit des Figaro* bei den Salzburger Festspielen. Gastspiele führten ihn an das Bolschoi-Theater in Moskau, an die Mailänder Scala und das Teatro Colón in Buenos Aires. Eine Krankheit Ende der 60er Jahre setzte seiner Sängerlaufbahn ein Ende. 1968 übernahm L. die Leitung des J. F. Kennedy Center for the Performing Arts in Washington, 1972 wurde er Generaldirektor des Opera Theater of Southern California in Los Angeles und 1975 der Opera Society in Washington (D. C.).

LONDON PHILHARMONIC ORCHESTRA, wurde 1932 von Th. Beecham gegründet und debütierte im selben Jahr in London bei den Konzerten der Royal Philharmonic Society. Später spielte es bei den Robert Mayer Concerts for Children, bei den Courtauld-Sargent Concerts, für die Sommerspielzeit der Covent Garten Opera in London und bei den Festspielen in Leeds und Norwich, die Beecham dirigierte, sowie 1936 beim Sheffield Festival, wo H. Wood dirigierte. Unter Beechams Stabführung, der bis 1939 das Orchester leitete, entwickelte sich das L. zu einem der führenden europäischen Orchester. Nach Beechams Ausscheiden erhielt das L., das bislang eine „Association" zwischen Dirigent und Orchester gewesen war, eine autonome Organisationsform und wählt den Chefdirigenten selbst: 1943–46 A. Fistoulari, 1949–50 E. van Beinum, 1951–57 A. Boult, 1958–59 W. Steinberg und 1962–67 J. Pritchard. 1967 wurde B. Haitink an die Spitze des L., 1970 zugleich zum künstlerischen Direktor des Orchesters berufen. 1979 wurde G. Solti sein Nachfolger.

Lit.: TH. RUSSELL, Philharmonic (Lo 1942); DERS., Philharmonic Project (Lo 1945); W. KELLAWAY, London Philharmonic (Lo 1972).

LONDON SYMPHONY ORCHESTRA ist das älteste Londoner Orchester. Es wurde gebildet von 50 Mitgliedern des Queen's Hall Orchestra, die noch 10 Musiker dazu engagierten, und debütierte 1904 in der Queen's Hall in London unter der Leitung von H. Richter, der der erste ständige Dirigent des Orchesters wurde. 1905 unternahm das L. seine erste England-, 1906 seine erste Auslandstournee (nach Paris); 1912 gab es unter der Leitung von A. Nikisch 28 Konzerte in den USA. Nikisch wurde im selben Jahr an die Spitze des Orchesters berufen. In den 20er Jahren wandte sich das L. neben seiner Konzerttätigkeit dem Film und Funk zu; 1922 spielte es unter E. Goossens zu Filmen, die in der Covent Garden Opera in London gezeigt wurden, 1924 war es das erste Orchester, dessen Spiel in der BBC übertragen wurde. 1928–32 war Th. Beecham, dann Hamilton Harty Chefdirigent des L., das sich zu einem der führenden Orchester Großbritanniens entwickelte. Während des 2. Weltkriegs spielte das Orchester für die Promenadekonzertsaisons, 1940 zum ersten Mal unter Henry Wood. 1950 übernahm J. Krips das L., 1960 P. Monteux, unter dessen Stabführung das Orchester eine Spitzenstellung unter den Orchestern der Welt erlangte. Seine Nachfolger waren I. Kertesz (1964–68) und A. Previn (1968–79); E. Jochum wurde zum Ehrendirigenten ernannt. Heute wird das L. von Cl. Abbado geleitet.

Lit.: R. ELKIN, Queen's Hall, 1893–1941 (Lo 1944); H. J. FOSS – E. GOODWIN, London Symphony. Portrait of an Orchestra (Lo 1954); M. PEARTON, The LSO at 70 (Lo 1974).

LONG, Marguerite, * 13.11.1874 Nîmes, † 13.2. 1966 Paris; frz. Pianistin. Sie war Schülerin von A. Fr. Marmontel am Pariser Conservatoire, wo sie 1904–40 unterrichtete und 1920 als Nachfolgerin von A. Diémer eine Meisterklasse für Klavier übernahm. 1920 gründete sie eine eigene Musikschule, der sich 1940 J. Thibaud anschloß, und schuf 1943 mit ihm zusammen den „Concours international de piano et violon M. L. – J. Thibaud". M. L. wurde vor allem als Interpretin der Klavierwerke von G. Fauré, Cl. Debussy und M. Ravel bekannt, von denen sie viele Werke uraufführte (z. B. Ravels Klavierkonzert in G, 1931).

Schriften: *Le piano de M. L., Méthode* (P 1959); *Au piano avec C. Debussy* (P 1960, engl. Lo 1972); *Au piano avec G. Fauré* (P 1963) (zus. mit J. Weill); *Au piano avec M. Ravel* (P 1971) (zus. mit P. Laumonier).

Lit.: J. WEILL, M. L. (P 1969).

LONGA (lat., statt Nota longa = lange Note), aus der ↗Virga der sog. römischen Quadratnotation (↗Neumen) entstandenes Notenzeichen in der Notenschrift seit dem 13. Jh. (𝆷). In der Mensuralnotation dieser Zeit gilt sie – als L. perfecta – 3 Breves, wenn ihr eine weitere L. (oder L.-Pause) oder 2 oder 3 Breves folgen. Sie gilt – als L. imperfecta – 2 Breves, wenn ihr eine einzelne Brevis folgt, durch die sie „imperfiziert" wird (↗Imperfektion). Die entsprechenden Pausen sind ein senkrechter Strich durch drei Zwischenräume des Liniensystems, wenn es sich um eine L. perfecta handelt 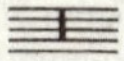, ein Strich durch zwei Zwischenräume, wenn es sich um eine L. imperfecta handelt 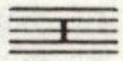. Mit der Einführung der sog. weißen Notation im 15. Jh. erhielt auch die L. eine „hohle" Form (). In der Musik des 15.–17. Jh. sind die Schlußnoten geschlossener Abschnitte in allen Stimmen grundsätzlich als Longae notiert („Schlußlongae"), auch wenn sie in den einzelnen Stimmen von unterschiedlicher Dauer sind. – Die Duplex-L. (↗Maxima) hat den Wert zweier Longae.

LONGMAN & BRODERIP, engl. Musikverlag und Instrumentenfabrik. Die Firma wurde 1767 von James Longman mit mehreren Teilhabern in London als „J. Longman & Co." gegründet. 1775 trat Francis Broderip in das Unternehmen ein, das nun die Bezeichnung „Longman, Lukey & Broderip" trug. Nach Lukeys Ausscheiden wurde das Haus, das u. a. Werke J. Haydns, J. S. Bachs und J. Stamitz' verlegte, bis zu seinem Bankrott (1798) von Longman allein weitergeführt. 1798–1801 schloß sich James Longmans Nachfolger, John Longman, mit dem ehemaligen Teilhaber M. Clementi zusammen, gründete dann ein eigenes Geschäft, das 1816 von Giles Longman zusammen mit James Herron bis zur endgültigen Auflösung des Unternehmens 1822 geleitet wurde. Fr. Broderip liierte sich bis 1808 mit C. Wilkinson und firmierte mit „Broderip & Co". 1810 ging die Firma an Preston & Son über.

Lit.: C. HUMPHRIES – W. C. SMITH, Music Publishing in the British Isles (Lo 1954, ²1970).

LOOSE, Emmy, * 22. 1. 1914 Karbitz bei Aussig (Böhmen); östr. Sängerin (Sopran). Nach ihrem Gesangstudium am Prager Konservatorium debütierte sie 1940 als Blondchen in W. A. Mozarts *Entführung aus dem Serail* in Hannover und wurde 1942 Mitglied der Wiener Staatsoper. Gastspiele führten sie nach Südamerika, an den Covent Garden in London, die Mailänder Scala und zu den Festspielen von Aix-en-Provence, Florenz, Glyndebourne und Salzburg. Außerdem war sie bis 1970 Professor für Gesang an der Akademie für Musik und darstellende Kunst in Wien und gab seit 1967 Kurse während der Internationalen Sommerakademie der Stiftung Mozarteum in Salzburg.

LOPATNIKOW, Nikolai Lwowitsch, * 16. 3. 1903 Reval, † 7. 10. 1976 Pittsburgh; amerik. Komponist russ. Herkunft. Er war 1914–17 Schüler am Konservatorium in St. Petersburg und 1919–21 von H. Grabner in Heidelberg sowie von E. Toch und Willy Rehberg in Mannheim. Daneben studierte er bis 1928 an der Technischen Hochschule Karlsruhe. Anschließend lebte er in Berlin, seit 1933 in Estland sowie seit 1937 in London und ging 1939 in die USA. Dort unterrichtete er 1945–69 Komposition und Theorie am Carnegie Institute of Technology in Pittsburgh.

WW: Zahlr. Klv.-Stücke; Kammermusik, u. a.: 3 Streichquartette (1923, 1928, 1956); *Divertimento da camera* (1967) für 10 Instr. – Für Orch.: 4 Symphonien (1928, 1939, 1954, 1970); 2 Klv.-Konzerte (1925, 1930); V.-Konzert (1942); Orch.-Konzert (1964). – Ferner die Oper *Danton* (1933) (nach R. Rolland).

Lit.: Werkverz., in: Composers of the Americas 12 (Washington/D. C. 1966).

LOPES GRAÇA, Fernando, * 17. 12. 1906 Tomar (Santarém); port. Komponist. Er studierte 1924–31 Musik am Konservatorium von Lissabon sowie Geschichte und Philosophie an den Universitäten von Lissabon und Coimbra und vervollständigte seine musikalische Ausbildung 1937–39 bei Ch. Koechlin und P.-M. Masson in Paris. 1941–54 lehrte er an der Academia de Amadores de Música in Lissabon, leitete 1942–56 die Konzertreihe *Sonata* für moderne Musik und war außerdem als Musikkritiker tätig. L., einer der führenden Repräsentanten der zeitgenössischen portugiesischen Musikkultur, setzte sich stark für die Musik A. Schönbergs, I. Strawinskys und besonders B. Bartóks ein. Als Komponist suchte er durch die Synthese folkloristischer Elemente und moderner Techniken eine eigenständige port. Kunstmusik zu entwickeln.

WW: **1) Kompositionen:** 4 Klv.-Sonaten (1934, 1943, 1954, 1961); Klv.-Quintett (1939, Neufassung 1963); Streichquartett (1964); *Vieira da Silva* (1966) für Bläserquintett. – Für Orch.: 2 Klv.-Konzerte (1941, 1942); *5 Estelas funerárias* (1948); Symphonie (1953). – Lieder, Volksliedbearbeitungen u. Chöre a cap. – **2) Schriften:** *Reflexões a música* (Lis 1941); *Introdução a música moderna* (Lis 1942); *Música e músicos modernos* (Porto 1943); *Talia, Euterpe e Terpsicora* (Coimbra 1945); *B. Bartók* (Lis 1953); *A canção popular portuguesa* (Lis 1953); *Em louvor de Mozart* (Lis 1956); *A música portuguesa e os seus problemas,* 2 Bde. (Porto 1959). – Ferner war L. G. Hrsg. v.: *Lieder aus Portugal* (H 1961) (= Lieder der Welt 6); *Antologia da música popular portuguesa,* 5 Bde. (Lis 1961–70) (zus. mit M. Giacometti).

Lit.: M. V. HENRIQUES, F. L. G. na música portuguesa contemporánea (Sacavém 1956).

LÓPEZ COBOS, Jesús, * 25.2.1940 Toro (Zamora); span. Dirigent. Er studierte 1959–66 Klavier und Komposition an den Konservatorien in Málaga und Madrid, 1960–65 Philosophie an den Universitäten in Granada und Madrid (Dr. phil.), anschließend 1966–69 Dirigieren bei H. Swarowsky und Reinhold Schmid an der Wiener Musikakademie und 1969–70 noch an der Juilliard School of Music in New York. Nach kurzer Tätigkeit am Teatro La Fenice in Venedig ist L. C. seit 1972 ständiger Dirigent an der Deutschen Oper in Berlin, ab 1981 deren Chefdirigent.

LOQUEVILLE, Richard (Richardus) **de,** † 1418 Cambrai; frz. Komponist. L. stand eine Zeitlang im Dienst des Herzogs Robert de Bar, dessen Sohn er seit etwa 1410 auf der Harfe unterrichtete. 1413 bis zu seinem Lebensende war er Maître de chant an der Kathedrale von Cambrai, wo G. Dufay sein Schüler wurde. Seine weltlichen Kompositionen weisen denn auch in ihrer Melodik und in der Tonalität auf den Stil Dufays voraus.

WW: 7 Messesätze für 3 u. 4 St., darunter ein tropiertes Sanctus; eine Motette; 4 Rondeaux und eine Ballade.

Ausg.: Ein Messesatz, in: Polyphonia sacra, hrsg. v. CH. VAN DEN BORREN (Lo 1932, revidiert University Park/Pa. 1963) (= Penn State Univ. Series o. Nr.).

Lit.: E. DANNEMANN, Die spätgotische Musiktradition in Frankreich u. Burgund (Str 1936) (darin eine Chanson); J. MARIX, Histoire de la musique et des musiciens de la cour de Bourgogne (Str 1939, Nachdr. G 1972); G. DE VAN, A Recently Discovered Source of Early XVth Century Music, in: MD 2 (1948); G. REESE, Music in the Renaissance (NY 1954, revidiert 1959) (darin eine Chanson); W. REHM, L., in: MGG VIII.

LORAND, Colette, * 7.1.1923 Zürich; Schweizer Sängerin (Sopran). Nach ihrem Gesangstudium an der Musikhochschule Hannover und bei Melitta Hirzel in Zürich debütierte sie 1944 als Margarethe in Ch. Gounods gleichnamiger Oper in Basel. 1952 wurde sie von G. Solti an das Frankfurter Opernhaus engagiert. In der Eröffnungsvorstellung der wiederaufgebauten Hamburgischen Staatsoper sang sie die Königin der Nacht in W. A. Mozarts *Zauberflöte.* Neben Gastverträgen mit Hamburg, Düsseldorf, München, Berlin und Stuttgart folgte C. L. Einladungen an den Covent Garden in London, die Wiener Staatsoper, zu den Festspielen von Edinburgh und an die Opernhäuser von Rio de Janeiro, Lissabon, Rom, Mailand, Bologna und Neapel. Anfang der 70er Jahre spezialisierte sie sich auf Opern zeitgenössischer Komponisten und kreierte die weiblichen Hauptrollen in den Uraufführungen der Opern *Prometheus* von C. Orff (Stuttgart 1968), *Elisabeth Tudor* von W. Fortner (Berlin 1972) und *Lear* von A. Reimann (München 1978).

LORCA, Federico García, ↗García Lorca.

LORENGAR, Pilar (eig. Pilar Lorenza García), * 16. 1. 1928 Saragossa; span. Sängerin (Sopran). Sie erhielt ihre Ausbildung in Barcelona, debütierte 1949 als Mezzosopranistin und wechselte 1951 ins Sopranfach. 1951 gastierte sie in Paris und London und 1957 als Pamina in W. A. Mozarts *Zauberflöte* beim Glyndebourne-Festival. Seit 1958 ist sie festes Ensemblemitglied der Deutschen Oper Berlin. Gastspiele führten sie zu den Salzburger Festspielen, an die Metropolitan Opera in New York und an die Wiener und Münchner Staatsoper. L. wurde vor allem als Mozart-Sängerin bekannt.

LORENS, Karl, * 7. 7. 1851 Wien, † 12. 12. 1909 ebd.; östr. Volkssänger, Komponist und Textdichter. Er war Anstreichergehilfe, trat daneben als Stegreifsänger mit eigenen Reimen und Melodien auf und wurde ein bekannter Volkssänger des sog. Wiener Brettls. Großen Anklang fanden auch seine Parodien in böhmischem und jiddischem Dialekt, die er auf Reisen durch die östlichen Provinzen Österreichs vortrug. Von ihm stammen u.a. die Lieder *Allweil lustig, fesch und munter; Menschen, Menschen san mir alle; Weana Chic und Weana Schan; Denn so a Räuscherl, das is ma liaba; Mir gengan heut' nach Nußdorf 'naus.*

Lit.: J. KOLLER, Das Wiener Volkssängertum in alter u. neuer Zeit (W 1931).

LORENTZ. – 1) Johan (I), * um 1580 Grimma, beerdigt 18.6. 1650 Helsingör; dänischer Orgelbauer. Er war Schüler des Orgelbauers Nicolaus Maas in Stralsund und ließ sich 1608 in Flensburg nieder. 1616 folgte er einem Ruf von König Christian IV. nach Kopenhagen und wurde 1619 mit dem Bau der Orgel der Trefaldighets-Kirche in Kristianstad beauftragt. 1639 erhielt er das königliche Privileg für den Orgelbau in Dänemark und Norwegen. Von L.' Instrumenten, die zum Typ der frühen Barockorgel gehören, ist nur noch die Orgel von Kristianstad erhalten. – **2) Johan** (II), Sohn von 1), * um 1610 Flensburg, † 19. 4. 1689 Kopenhagen; Organist und Komponist. Er wurde 1629 Organist an der Vor-Frue-Kirche in Kopenhagen, wurde aber 1631 für eine weitere Ausbildung in Italien beurlaubt. Nach seiner Rückkehr wurde er vornehmlich zu Hoffestlichkeiten herangezogen. Seit etwa 1634 bis zu seinem Tod war er Organist an der Nikolaikirche in Kopenhagen und genoß hohes Ansehen. Von seinen Kompositionen sind lediglich einige Tanzsätze in Tabulaturbüchern erhalten.

LORENZ, Alfred Ottokar, * 11. 7. 1868 Wien, † 20. 11. 1939 München; dt. Musikforscher und Dirigent. L. studierte in Berlin Musikwissenschaft (Ph. Spitta) und Dirigieren (Rudolf Radecke), war seit 1893 als Theaterkapellmeister in mehreren Städten tätig und wirkte 1898–1920 in Gotha und Coburg, wo er 1904 Hofkapellmeister und 1917 GMD wurde. 1922 promovierte er an der Universität Frankfurt am Main. 1923 ging er als Lehrer für Musikgeschichte und Musiktheorie an die Universität München (1926 Honorarprofessor). L.' Wagner-Schriften sind wichtige Beiträge zum Problem der Formbetrachtung in der Musik.

Schriften: *Das Geheimnis der Form bei R. Wagner,* I: *Der Ring des Nibelungen* (B 1924), II: *Tristan und Isolde* (B 1926), III: *Die Meistersinger* (B 1930) u. IV: *Parsifal* (B 1933), Nachdr. der 4 Bde. (Tutzing 1966); *Betrachtungen über Beethovens Eroica-Skizzen,* in: ZfMw 7 (1924/25); *Das Finale in Mozarts Meisteroper,* in: Die Musik 19 (1927); *A. Scarlattis Jugendoper. Ein Beitr. z. Gesch. der it. Oper,* 2 Bde. (Au 1927). – L. gab heraus: *C. M. von Weber, Jugendopern* (1926) (= Weber-GA II/1).

Lit.: C. DAHLHAUS, Formprinzipien in Wagners „Ring des Nibelungen“, in: Beitr. z. Gesch. der Oper, hrsg. v. H. Becker (Rb 1969) (= Stud. z. Musikgesch. des 19. Jh. 15); R. STEPHAN, Gibt es ein Geheimnis der Form bei R. Wagner, in: Das Drama R. Wagners als musikal. Kunstwerk, hrsg. v. C. Dahlhaus (Rb 1970) (= ebd. 23).

LORENZ, Max, * 17. 5. 1901 Düsseldorf, † 11. 1. 1975 Salzburg; dt. Sänger (Tenor). Er studierte bei Ernst Grenzebach in Berlin und debütierte 1927 als Walther von der Vogelweide in R. Wagners *Tannhäuser* an der Dresdener Staatsoper, der er bis 1931 angehörte. Anschließend war er Mitglied der Berliner und 1941–62 der Wiener Staatsoper. Gastspiele führten ihn als einen der angesehensten deutschen Heldentenöre seiner Zeit an die bedeutendsten Opernhäuser der ganzen Welt sowie zu den Festspielen von Bayreuth, Salzburg, Zoppot und Florenz. Bei den Bayreuther Festspielen wurde L. besonders in den Rollen des Tristan und Siegfried gefeiert. In Salzburg wirkte er auch bei Uraufführungen zeitgenössischer Opern mit: *Der Prozeß* von G. von Einem (1953), *Irische Legende* von W. Egk (1955), *Penelope* von R. Liebermann (1954) und *Das Bergwerk von Falun* von R. Wagner-Régeny (1961).

Lit.: W. HERRMANN, M. L. (W 1976).

LORENZANI, Paolo, * 1640 Rom, † 28. 10. 1713 ebd.; it. Komponist. Er war Schüler von O. Benevoli, wurde 1672 Kapellmeister an der Kirche Il Gesù in Rom und 1675 am Dom von Messina. 1678 nahm ihn der Herzog von Vivonne, Vizekönig von Sizilien, mit nach Frankreich, wo er durch seine Motetten die Gunst König Ludwigs XIV. errang. 1679 erhielt er durch Vermittlung des Königs als Nachfolger J.-B. Boëssets die Stelle eines Surintendant de la musique de la Reine. Im selben Jahr wurde er nach Italien entsandt, um Sänger anzuwerben. 1680 kehrte er zurück und leitete die Zeremonien der Weihe J. N. Colberts zum Bischof von Rouen. 1681 brachte er seine italienische Pastorale *Nicandro e Filene* zur Aufführung, 1682 mit großem Erfolg eine Sérénade en form d'opéra, zu der M. R. Delalande den französischen Teil geschrieben hatte. 1683 bewarb er sich vergeblich um die Stelle eines Sous-maître der königlichen Kapelle. Als die Königin noch im selben Jahr starb, verlor er sämtliche Ämter. 1685 wurde er Kapellmeister bei den Theatinern. Anläßlich der Feierlichkeiten für den Dauphin in Chantilly schrieb L. die mit großem Beifall aufgenommene Oper *Oronthée,* konnte aber wegen Intrigen J.-B. Lullys nicht an diesen Erfolg anknüpfen. L. kehrte nach Italien zurück, wo er 1694 noch Kapellmeister der Cappella Giulia in Rom wurde. L. gehört zu den wichtigsten Komponisten am Hof Ludwigs XIV. vor Lully. Durch seine Werke, in denen er französischen und italienischen Geschmack zu vereinen suchte, trug er zu einer stärkeren Rezeption der italienischen Musik in Frankreich bei.

WW: Motetten für 1–5 St., Instr. u. B.c. (P 1693); *Airs italiens* (P 1695). – Oper *Oronthée* (1688) (nur Teile aus dem Ballett erhalten).

Lit.: H. PRUNIÈRES, P. L. à la cour de France, in: RM 2 (1922); A. TESSIER, L'Oronthée de L. et L'Orontea de Cesti, in: RM 8 (1928); W. GÜRTELSCHMIED, P. L. 1640–1713. Seine Tätigkeiten in Paris u. Rom, in: Kgr.-Ber. Berlin 1974 (Kas 1980).

LORENZO FERNÂNDEZ, Oscar, * 4. 11. 1897 Rio de Janeiro, † 17. 8. 1948 ebd.; brasilianischer Komponist. Er studierte am Instituto Nacional de Música in Rio de Janeiro und wurde als Komponist rasch bekannt. 1923 veranstaltete er in Rio de Janeiro ein Konzert mit eigenen Werken. Aufsehen erregte 1924 eine Orchestersuite mit betont nationalem Charakter. 1936 gründete er das Conservatório Brasileiro de Música, das er bis zu seinem Tod leitete. Außerdem war er seit 1943 Professor für Chorgesang am Conservatório nacional de canto orfeônico. L. gehört für seine Zeit neben H. Villa-Lobos zu den wichtigsten Komponisten einer national ausgerichteten Musik in Brasilien.

WW: Für Klv.: 2 Reihen *Poemetos brasileiros* (1926–28) u. *Suite brasileira* Nrn. 1–3 (1936–38); 2 Streichquartette (1927, 1946); Bläserquintett (1926); für Orch.: Klv.-Konzert (1924); symphonische Suite über 3 brasilianische Volksthemen (1925); V.-Konzert (1941); 2 Symphonien (1945, 1947); Symphonische Variationen (1948). – Ferner das lyrische Drama *Malazarte,* UA: Rio de Janeiro 1941, und ein Ballett *Amaya,* UA: ebd. 1939.

Lit.: E. NOGUEIRA FRANÇA, L. F. compositor brasileiro (Rio de Janeiro 1950); Werkverz., in: Compositores de América 7 (Washington/D.C. 1961).

LORIOD, Yvonne, * 20. 1. 1924 Houilles (Seine-et-Oise); frz. Pianistin. Sie studierte bei D. Milhaud und O. Messiaen am Pariser Conservatoire, wo sie 7 erste Preise errang. 1948 begann sie ihre Konzertlaufbahn, die sie durch Europa, nach Nord- und Südamerika, Japan und Nordafrika führte. Seit 1958 lehrt sie als Professorin für Klavier an der Staatlichen Hochschule für Musik in Karlsruhe sowie am Pariser Conservatoire; außerdem war sie Dozentin bei den Darmstädter Ferienkursen für Neue Musik. Y. L. gilt als eine der profiliertesten Interpretinnen der zeitgenössischen Klaviermusik. Sie ist verheiratet mit O. Messiaen, der für sie seine Klavierkompositionen schrieb.

LORTZING, Gustav Albert, * 23. 10. 1801 Berlin, † 21. 1. 1851 ebd.; dt. Komponist. L. erhielt seinen ersten Musikunterricht bei Fr. Rungenhagen, dem späteren Leiter der Berliner Singakademie. Nach dem Bankrott des elterlichen Ledergeschäfts machte die Familie ihre bisherige Liebhaberei, das Theaterspielen, zum Beruf (1811), schloß sich einer Schauspieltruppe an und kam nach Engagements in Breslau, Coburg, Bamberg (1813) und Straßburg (1814) nach Freiburg. Dort schrieb L. im Rahmen des Gastspiels eine seiner ersten Bühnenmusiken zu A. von Kotzebues *Der Schutzgeist.* 1817 und 1822 folgten mehrjährige Engagements bei rheinischen Bühnenensembles, ohne daß die miserable wirtschaftliche Lage der Familie entscheidend verbessert worden wäre. L. trat im Schauspiel als jugendlicher Bonvivant, in der Oper in Tenor- bzw. Baritonrollen auf. 1826 wurde er mit seiner Frau an das Hoftheater in Detmold engagiert, 1833 an das Stadttheater in Leipzig. Die nächsten Jahre gestalteten sich sehr erfolgreich: Nach einigen Singspiel-Arrangements schrieb L. 1835 seine erste Oper, *Die beiden Schützen,* wurde gerngesehenes Mitglied in der Gesellschaft „Der Tunnel über der Pleiße" und erhielt 1844 die Berufung zum Kapellmeister. 1845 fand in Magdeburg die Uraufführung der *Undine* statt, doch wurde er gleichzeitig in Leipzig gekündigt. Das folgende Engagement am Theater an der Wien (1846–48), zunächst durch den Uraufführungs-Erfolg des *Waffenschmied* begünstigt, verlief enttäuschend. Einen neuerlichen Vertrag in Leipzig (1849) nahm Lortzing nicht an, sondern verdingte sich als reisender Schauspieler an kleinen Theatern. Die Verpflichtung an das Friedrich-Wilhelmstädtische Theater in Berlin (1850) bedeutete künstlerisch wie wirtschaftlich den endgültigen Abstieg. Am Morgen nach der Frankfurter Uraufführung der *Opernprobe* erlag L. einem Schlaganfall.

WW: Opern u. Singspiele (Libretti v. A. L.): *Ali Pascha von Janina oder Die Franzosen in Albanien*, UA: Münster 1828; *Der Pole und sein Kind oder Der Feldwebel vom IV. Regiment*, UA: Osnabrück 1832; *Der Weihnachtsabend*, UA: Münster 1832; *Szenen aus Mozarts Leben* (1832) (mit Melodien aus Mozarts Werken); *Andreas Hofer* (1832) (nach K. L. Immermanns *Trauerspiel in Tirol*); *Die beiden Schützen* (nach J. Patrats *Les méprises par ressemblance*), UA: Leipzig 1837; *Zar und Zimmermann* (nach Mélesvilles, Merles und Cantiran de Boiries *Le Bourgmestre de Sardam ou Les deux Pierres*), UA: ebd. 1837; *Caramo oder Das Fischerstechen* (nach E. P. Prévosts Oper *Cosimo*), UA: ebd. 1839; *Hans Sachs* (Libr. zus. mit Ph. Reger u. Ph. J. Düringer nach J. L. Deinhardsteins gleichnamigem Schauspiel), UA: ebd. 1840; *Casanova* (nach Varins, Aragos u. Desverges' *Casanova au Fort Saint-André*), UA: ebd. 1841; *Der Wildschütz oder Die Stimme der Natur* (nach A. F. Kotzebues *Der Rehbock*), UA: ebd. 1842; *Undine* (nach F. de la Motte Fouqué), UA: Magdeburg 1845; *Der Waffenschmied* (nach Zieglers *Liebhaber u. Nebenbuhler in einer Person*), UA: Wien 1846; *Zum Großadmiral* (nach Duvals *La Jeunesse de Henri V*), UA: Leipzig 1847; *Regina*, UA: Berlin 1899, vollständig umgearbeitet v. A. L'Arronge als: *Regina oder Die Marodeure*; *Rolands Knappen oder Das ersehnte Glück* (Libr. zus. mit G. Meisinger u. C. Haffner nach Musäus' gleichnamigem Märchen), UA: Leipzig 1849; *Die Opernprobe oder Die vornehmen Dilettanten* (nach Poissons *L'impromptu de campagne*), UA: Frankfurt 1851. – Ferner Bearb.en fremder Opern, u. a. v. J. A. Hiller, *Die Jagd*; Bühnenmusiken u. Einlagen zu Schauspielen, Opern u. Singspielen; versch. Orch.- u. Chorwerke, Klv.-Lieder, Quodlibets u. Melodramen.

L. gilt als Meister der deutschen komischen Spieloper und Prototyp des Biedermeier-Komponisten. Mit diesen Klassifizierungen werden heute jedoch eher die ihm anhaftenden negativen Merkmale hervorgehoben, da man in L.s Kompositionsstil musikalisch-stilistische Innovationen und einen Anspruch auf ästhetische Autonomie vergeblich sucht. L.s Opernästhetik ist geprägt vom Pragmatismus des Theaterbetriebs: Er schrieb seine Libretti meist nach Komödien-Vorlagen, deren Effekt er als Schauspieler häufig schon auf der Bühne erprobt hatte. Die wirkungssichere Rolle, deren Gestaltung auch Minderbegabten gelingt, und der zündende melodische Einfall waren ihm wichtiger als Experimente im Werkstil. Als Konsequenz solcher Voraussetzungen entstand der Typus der deutschen Spieloper, in deren Rahmen L. sowohl den Konversationsstil als auch das Opernlied und das (strophisch gegliederte) Liedduett kultivierte. Die vielstimmigen Ensemblesätze (gelungenstes Beispiel ist die Billardszene aus dem *Wildschütz*) belegen L.s satztechnische Meisterschaft und weisen ihn gleichzeitig als großen Mozart-Verehrer aus. Die charakteristischen Gestaltungsmittel des Spieloperntypus bewähren sich auch in der romantischen Oper *Undine* und in der durchkomponierten Oper *Regina* (die vor allem von der DDR-Musikwissenschaft als Beleg für L.s liberale politische Gesinnung gewertet wird).

Lit.: **1) Briefwechsel:** A. L., Gesammelte Briefe, hrsg. v. G. R. KRUSE (Rb 1913, ²1947); A. DESSOFF, Briefe L.s an G. Meisinger, in: Die Musik 3 (1904); E. ISTEL, L. u. das Urheberrecht. Sieben ungedruckte Briefe des Meisters an das Haus Schott, in: NMZ 25 (1904). – **2) Biographien u. umfassende Darstellungen:** PH. DÜRINGER, A. L., sein Leben u. Wirken (L 1851); G. R. KRUSE, A. L. (B 1899); DERS., A. L. Leben u. Werk (L 1914); H. KILLER, A. L. (Pd 1938); R. PETZOLDT–K. LAUX, A. L. Leben eines großen Meisters (L 1951); M. HOFFMANN, G. A. L. (L 1956); H. C. WORBS, A. L. in Selbstzeugnissen u. Bilddokumenten (Reinbek 1980) (mit Lit.-Verz.). – **3) Studien zum Werk:** E. VON KOMORZYNSKI, L.s „Waffenschmied" u. seine Tradition, in: Euphorion 8 (1901); J. SCHWERMANN, A. L.s Bühnentexte (Diss. Mr 1914); H. LAUE, Die Operndichtung L.s (Bonn 1932); R. BUTSCHEK, Die musikal. Ausdrucksmittel des Komischen in den Opern A. L.s (Diss. W 1938); M. LOY, L.s „Hans Sachs". Ein Beitr. z. Gesch. u. zum Stil der komischen Oper im 19. Jh. (Diss. Erl 1938); J. KRÜGER-RIEBOW, A. L. als politischer Freiheitssänger, in: MuGes 1 (1951); G. KRAFT, A. L.s Vermächtnis, in: ebd.; W. NEEF, L.s „Regina" neu entdeckt, in: Theater der Zeit 7 (1952); E. SANDERS, Oberon and Zar und Zimmermann, in: MQ 40 (1954); J. LODEMANN, L. u. seine Spiel-Opern. Dt. Bürgerlichkeit (Diss. Fr 1962); H. SCHIRMAG, Das erste Auftreten des Proletariats als Klasse in der dt. Opernlit. des 19. Jh. Neue Aspekte für die Gewinnung eines realistischen Lortzingbildes aus der Sicht der L.-Oper „Regina" (Diss. Pd 1967); I. KOBÁN, Magnet L. Werkprobleme u. Inszenierungsversuche, in: Theater der Zeit 27 (1972); Zw. Anspruch u. Unbehagen. Eine L.-Diskussion, in: Theater der Zeit 28 (1973); R. ROSENGARD, Popularity and Art in L.'s Opera. The Effects of Social Change on a National Operatic Genre (1973) (= Diss. Columbia Univ.); K. D. GRÄWE, „Der Wildschütz". Idyllik u. Realismus einer Spieloper aus dem „Vormärz", in: Jb. der Hamburgischen Staatsoper 1973/74 (1974); A. GOEBEL, Die dt. Spieloper bei L., Nicolai u. Flotow. Ein Beitr. z. Gesch. u. Ästhetik der Gattung im Zeitraum von 1835 bis 1850 (Diss. Kö 1975); J. SCHLÄDER, Undine auf dem Musiktheater. Zur Entwicklungsgesch. der dt. Spieloper (Bonn-Bad Godesberg 1979) (= Orpheus-Schriftenreihe zu Grundfragen der Musik 28).

J. SCHLÄDER

LOS ANGELES, Victoria de (eig. Victoria Gomes Cima), * 1.11.1923 Barcelona; span. Sängerin (Sopran). Sie studierte seit 1940 am Konservatorium in Barcelona, gab dort 1944 ihr Konzertdebüt und 1946 als Gräfin in W. A. Mozarts *Le nozze di Figaro* ihr Bühnendebüt. Anschließend feierte sie triumphale Erfolge in Paris, am Covent Garden in London und an der Mailänder Scala und wurde 1951 an die Metropolitan Opera in New York engagiert. 1961 und 1962 trat sie bei den Bayreuther Festspielen als Elisabeth in R. Wagners *Tannhäuser* auf. V. de L. ist auch bekannt als Interpretin spanischer Lieder und Zarzuelas.

Lit.: H. ROSENTHAL, Sopranos of Today (Lo 1956); K. V. BURIAN, V. de L. A. (Pr 1970).

LOESSER, Frank, * 29.6.1910 New York, † 26.7.1969 ebd.; amerik. Komponist, Textdichter, Librettist und Produzent. L. begann seine Karriere als Song-Texter in Hollywood, wo er u. a. mit B. Lane, Hoagy Carmichael und Fr. Hollaender zusammenarbeitete. Seinen ersten Erfolg als Komponist und Texter errang er während des 2. Weltkriegs mit dem Schlager *Praise the Lord and Pass the Ammunition* (1942). Das Musical *Where's Charly?* brachte 1948 den Durchbruch am Broadway. Zahlreiche weitere Werke belegen seine Vielseitigkeit als Komponist, Texter und Librettist.

WW: *Guys and Dolls*, UA: New York 1950, dt. EA als: Schwere Jungs, leichte Mädchen, Bremen 1969; *The Most Happy Fella*, UA: New York 1956, dt. EA als: Der glücklichste Mann der Welt, Freiburg/Breisgau 1972; *How to Succeed in Business Without Really Trying*, UA: New York 1961, dt. EA als: Wie man was wird im Leben, ohne sich anzustrengen, Trier 1968. – Ferner Filmmusik zu: *Variety Girl* (1947); *Perils of Pauline* (1947); *Neptune's Daughter* (1949).

Lit.: A. LOESSER, My Brother Frank, in: Notes II/7 (1949/50); S. GREEN, The World of Musical Comedy (NY 1960, ³1974); S. SCHMIDT-JOOS, Das Musical (Mn 1965); D. EWEN, Great Men of American Popular Song (Englewood Cliffs/N.J. 1970); F. L. Songbook (NY 1972).

LOSSIUS (eig. Lotze), **Lucas,** * 18.10.1508 Vacha (Hessen), † 8.7.1582 Lüneburg; dt. Kantor und Komponist. L. studierte an der Universität Leipzig. 1530 kam er nach Wittenberg, um hier Ph. Melanchthon und vermutlich auch M. Luther zu treffen. 1533 wurde er Lehrer und 1540 Konrektor am Gymnasium Johanneum in Lüneburg, wo er Musik und Musiktheorie unterrichtete und die gottesdienstliche Musik in Schule und Kirche leitete. Er schrieb zahlreiche theologische Lehrbücher und die weit verbreitete Elementarlehre *Erotemata musicae.* Seine *Psalmodia* von 1562, eine Sammlung lateinischer und deutscher Gesänge, ist ein umfassender Versuch, den vorreformatorischen Choral in den lutherischen Gottesdienst einzubringen.

WW: *Psalmodia, hoc est Cantica sacra veteris ecclesiae* (Nü 1553 u.ö.) (mit einem Vorwort v. Ph. Melanchthon); *Erotemata musicae practicae* (Nü 1563 u.ö.).

Lit.: W. MERTEN, Die Psalmodia des L. L. (Diss. Gö 1951), dass. wiederabgedruckt in: JbLH 19–21 (1975–77); F. ONKELBACH, L. L. (Rb 1960) (= Kölner Beitr. z. Musikforsch. 17).

LO STESSO TEMPO ↗Istesso tempo.

LOST IN THE STARS, Musical von K. Weill; dt. Titel: ↗Weit ist der Weg.

LOTHAR, Mark, * 23. 5. 1902 Berlin, † 6. 4. 1985 München; dt. Komponist und Dirigent. Er studierte Theorie und Tonsatz (Fr. Schreker, P. Juon) sowie Dirigieren an der Musikhochschule Berlin und Komposition bei E. Wolf-Ferrari in München. 1934–44 wirkte er als musikalischer Leiter unter Gustav Gründgens am Preußischen Staatstheater in Berlin, 1945–55 in gleicher Funktion am Bayerischen Staatstheater in München, wo er seitdem als freischaffender Komponist lebte. Seine Bühnenwerke, Schauspiel-, Hörspiel- und Filmkompositionen zeichnen sich – wie auch seine Klavier- und Liederzyklen und Kammermusiken – durch stimmungsstarke, rhythmisch fantasievolle Klangbilder gemäßigt modernen Stils aus. Zu den erfolgreichsten Schöpfungen gehören die Heitere Oper *Schneider Wibbel* und die Zauberoper *Rappelkopf* (nach F. Raimund).

WW: **1) Instr.- u. Vokal-WW:** Concertino für 4 Klar., Streichorch., Harfe u. Schlagzeug (1962); Concertino für 2 Klv., Streichorch. u. Schlagzeug (1972). – Der „Gesang vom Leben" *Sei uns Erde, wohlgesinnt* (1953) für Sopran, Bar., gem. Chor u. Orch.; musikal. Märchen *Die Geschichte vom faulen Bären* (1976) für Sprecher, Tuba solo u. Orch. – **2) Bühnen-WW:** Opern: *Tyll,* UA: Weimar 1928; *Lord Spleen,* UA: Dresden 1930; *Münchhausen,* UA: ebd. 1933; *Schneider Wibbel,* UA: Berlin 1938; *Rappelkopf,* UA: München 1958; Opera piccola *Der Glücksfischer,* UA: Nürnberg 1962; Legende *Der widerspenstige Heilige,* UA: München 1968; Kinderoper *Momo,* UA: Coburg 1978.

Lit.: M. L., hrsg. v. A. OTT (Mn 1968) (mit Werkverz.).

LOTTER, Augsburger Drucker- und Verlegerfamilie. Ihre wichtigsten Mitglieder waren **Johann Jakob** der Ältere (1683–1738), sein Sohn **Johann Jakob** der Jüngere (1726–1804) und sein Enkel **Esaias Daniel** (1759–1820). Um 1720 gegründet, um 1830 erloschen, nahm die Buch- und Musikdruckerei nebst Verlagshandlung der Familie L. Mitte des 18. Jh. eine vorherrschende Stellung an den Musikalienmärkten von Augsburg, München, Salzburg und Landshut ein. Druck- und Verlagswerke wie V. Rathgebers *Ohren-vergnügendes und Gemüts-ergötzendes Tafel-Confect* (Liedertrachten, 1733–35) und L. Mozarts *Versuch einer gründlichen Violinschule* (1756) erreichten hohe Auflagen und Verbreitung in ganz Europa.

Lit.: A. LAYER, Die Augsburger Musikaliendrucker L., in: Gutenberg-Jb. 39 (Mz 1964); DERS., J. J. L. der Jüngere, L. Mozarts Augsburger Verleger, in: L. Mozart, hrsg. v. L. Wegele (Au 1969).

LOTTERMOSER, Werner, * 18. 6. 1909 Dresden; dt. Physiker. Er studierte an der Technischen Hochschule Dresden und an den Universitäten Kiel, Tübingen und Berlin. 1934 wurde er Mitarbeiter am Akustischen Institut der Technischen Hochschule Berlin und promovierte 1935 mit einer Dissertation über *Klanganalytische Untersuchungen an Zungenpfeifen* zum Dr. phil. 1936–45 war er am Akustischen Labor der Physikalisch-Technischen Reichsanstalt Berlin und dann am Physikalischen Institut der Universität Tübingen tätig. 1952 trat er in die Physikalisch-Technische Bundesanstalt Braunschweig ein, deren Laboratorium für musikalische Akustik er bis 1971 leitete.

Schriften: *Klanganalytische Unters. an Zungenpfeifen* (Diss. B 1936); *Über die Stimmung von Flügeln,* in: Physikalische Zschr. 1 (1936) (zus. mit M. Grützmacher); *Elektroakustische Unters. an berühmten Barockorgeln,* in: Physikalische Blätter (1948); *Über die Akustik des Raumes u. der Orgel in der Frauenkirche in Dresden,* in: AfMw 17 (1960); *Orgelakustik in Einzeldarstellungen* (F 1966) (= Das Musikinstr. 16); *Plenum. Klangbilder der G. Sil-*

bermann-Orgel im Dom von Freiberg (F 1968) (= ebd.); *Probleme bei der Restauration der Silbermann-Orgel in der Hofkirche zu Dresden*, in: MuK 42 (1972).

LOTTI, Antonio, * Februar 1666 vermutlich Venedig, † 5. 1. 1740 ebd.; it. Komponist. L., ein Sohn von Matteo L., Kapellmeister am Hof in Hannover, war in Venedig Schüler von G. Legrenzi und wurde 1687 Chorsänger an S. Marco. 1692 brachte er seine erste Oper, *Il Trionfo dell'Innocenza*, zur Aufführung, wurde im selben Jahr 2. und 1704 1. Organist an S. Marco. 1717–20 hielt er sich auf Einladung des Kurfürsten von Sachsen mit venezianischen Musikern in Dresden auf, wo er 3 neue Opern herausbrachte. Nach Venedig zurückgekehrt, wandte er sich ausschließlich der Kirchenmusik zu. L. nimmt, besonders in den Opern, eine Mittlerstellung zwischen der Venezianischen und der aufblühenden Neapolitanischen Schule ein. Seine Kirchenmusik, vorwiegend in einem in Melodik und Harmonik zeitentsprechenden a cappella-Stil geschrieben, war von Bedeutung im Umkreis der Palestrina-Renaissance des frühen 19. Jahrhunderts. Zu seinen Schülern gehörten M. Gasparini, B. Galuppi, D. Alberti, B. Marcello und G. B. Pescetti.

WW: *Duetti, Terzetti e Madrigali* (V 1705). – Hsl. sind erhalten: Sonaten für 3 St.; Arien u. Duos; etwa 50 Kantaten für eine St. mit B.c., auch mit Instr.; zahlr. Messen, Motetten, Psalmen usw.; Oratorien: *Giuditta* (1701); *Il voto crudele* sowie *L'umiltà coronata in Esther* (1712); *Il ritorno di Tobia* (1723); *Gionata* (1728); *Gioàs re di Giuda*. – Opern: *Irene Augusta*, UA: Venedig 1713; *Polidoro*, UA: ebd. 1714; *Joca superbo*, UA: ebd. 1716; *Costantino*, UA: Wien 1716; *Alessandro Severo*, UA: Venedig 1716; *Giove in Argo*, UA: Dresden 1717; *Ascanio*, UA: ebd. 1718; *Teofane*, UA: Dresden 1719; Intermezzo *Griletta e Serpinello*.

Ausg.: 8 Messen, hrsg. v. H. MÜLLER (L 1930) (= DDT 60); Missa C-Dur „Studenten-Messe", hrsg. v. A. SCHLÖGL (W 1954, Neudruck 1960) (= Meisterwerke kirchlicher Tonkunst in Östr. o. Nr.); *Salve regina*, hrsg. v. G. MALCOLM (Lo 1962) (= Westminster Series 5); *Crucifixus* für gem. Chor, hrsg. v. G. MASON (Lo 1963); dass., hrsg. v. G. GRAULICH (St 1967) (= Die Motette 532); Missa A-Dur *Missa pro defunctis*, hrsg. v. H. BÄUERLE (L 1965). – *Alessandro Severo*, hrsg. v. H. M. BROWN (NY 1977) (= Italian Opera 20).

Lit.: CH. SPITZ, A. L. in seiner Bedeutung als Opernkomponist (Diss. Mn 1918); DIES., Die Opern „Ottone" v. G. F. Händel (London 1722) u. „Teofane" v. A. L. (Dresden 1719), in: FS A. Sandberger (Mn 1918); B. BECHERINI, Uno sguardo alla produzione vocale da camera di A. L., in: Musiche italiane rare e vive..., hrsg. v. A. Damerini – G. Roncaglia (Siena 1962) (= Accad. mus. Chigiana 19); K. J. O'DONNELL, The Secular Solo Cantatas of A. L. (1975) (= Diss. Univ. of Iowa).

LOUBÉ, Karl, * 13.7.1907 Mährisch-Kromau (heute Moravský Krumlov), † 12. 12. 1983 Wien; östr. Komponist. Stud. am Konservatorium Brünn Komposition bei L. Janáček und an der Wiener Musikakademie Klavier bei E. Sauer. Neben dem Studium spielte er in Nachtlokalen, kam hier zum erstenmal mit Unterhaltungsmusik in Berührung und schrieb mit großem Erfolg Schlager und Wiener Lieder *(Der Donaudampfschiffahrtsgesellschaftskapitän; Wenn der Mensch in Stimmung ist; Ich marschier' mit mein Dullieh; Ich kann mein Schlüsselloch net finden)*. Nach dem Studium wurde er Kapellmeister am Wiener Stadttheater, am Wiener Bürgertheater und 1947 Direktor des Wiener Stadttheaters. Seit 1952 leitete er im Besatzungssender „Rot-Weiß-Rot" für die amerikanische Zone Wiens die Abteilung Unterhaltungsmusik. L. war zuletzt freiberuflich als Komponist tätig.

WW: Lustspieloperetten, u.a.: *Das Fräulein mit dem Koffer* (1941); *Brasilianischer Kaffee* (1942); *Drei blaue Augen* (1942). – Operette *Ohne Geld wär' ich reich* (1948). – Filmmusik zu *Königswalzer, Rauschgift, Der Pfarrer mit der Jazztrompete* sowie Fernsehmusik, u.a. zu *Wenn der Vater mit dem Sohne* u. *Hallo, Hotel Sacher, Portier* (1973).

LOUCHEUR, Raymond, * 1. 1. 1899 Tourcoing, † 14. 9. 1979 Nogent-sur-Marne; frz. Komponist. Er studierte am Pariser Conservatoire bei N. Boulanger, A. Gédalge, M. d'Ollone, P. Vidal und V. d'Indy. 1928 erhielt er mit der Kantate *Héraklès à Delphes* den Grand Prix de Rome. Als Nachfolger von Roger-Ducasse wurde er 1941 Inspecteur de l'enseignement musical von Paris und 1946 Inspecteur général de l'instruction publique. 1952–62 leitete er das Pariser Conservatoire. Seine Musik ist von großer harmonischer Farbigkeit, rhythmischer Vitalität und bisweilen dramatischer Intensität.

WW: Kammermusik, darunter: Streichquartett (1932); *4 pièces en quintette* (1955) für Fl., V., Va., Vc. u. Harfe; Sonatine für V. solo (1959). – Für Orch.: 2 Symphonien (1936, 1945); *Rapsodie malgache* (1946); V.-Konzert (1963). – Lieder u. Chöre; *5 poèmes de R. M. Rilke* (1957) für Sopran u. Streichquartett. – Ballettpantomime *Hop-Frog* (nach E. A. Poe), UA: Paris 1953.

Lit.: F. SCHMITT, A propos de Hop-Frog, in: L'Opéra de Paris (1953) Nr. 7; R. BERNIER, Présentation à la classe de M. R. L., associé de l'Académie Royale, in: Académie Royale de Belgique. Bull. de la classe des Beaux-Arts 47 (1967).

LOUËL, Jean Hippoliet Oscar, * 3. 1. 1914 Ostende; belgischer Komponist, Dirigent und Pianist. Er studierte 1933–37 am Konservatorium von Gent, später in Brüssel, wo er Schüler von J. Jongen wurde und 1943 für seine Kantate *La navigation d'Ulysse* den belgischen Prix de Rome erhielt. Er war Leiter mehrerer Musikakademien (1945–51), bevor er 1956 Inspektor für den Musikunterricht in der flämischen Region Belgiens wurde. Seit 1955 lehrte er am Brüsseler Conservatoire und seit 1959 an der Chapelle musical Reine Élisabeth und leitete bis 1970 die Middagconcerte in Brüssel.

WW (alle in Brüssel erschienen): Sonatine für Klv. (1953); Bläsertrio (1951); Bläserquintett (1958); Klv.-Konzert (1949); 2 V.-Konzerte (1950, 1970); Symphonie für Str. (1969).

Lit.: H. HEUGHEBAERT, in: Vlaams muziektijdschrift 23 (1971) (mit Werkverz.).

LOUGHRAN, James, * 30. 6. 1931 Glasgow; schottischer Dirigent. Nach privaten Musikstudien kam er als Korrepetitor an das Bonner Theater und errang 1961 den 1. Preis eines Wettbewerbs des Philharmonia Orchestra London. 1962 wurde er Assistant Conductor und 1964 Associate Conductor beim Bournemouth Symphony Orchestra, gab 1962 sein Debüt an der Sadler's Wells Opera und 1963 am Covent Garden in London. 1965–71 war L. Chefdirigent des BBC Scottish Symphony Orchestra in Glasgow, anschließend in gleicher Eigenschaft und als musikalischer Berater beim Hallé Orchestra Manchester. Seit 1979 ist er Leiter der Bamberger Symphoniker.

LOUIS, Rudolf, * 30. 1. 1870 Schwetzingen, † 15. 11. 1914 München; dt. Musikschriftsteller. Er studierte Philosophie und Musikwissenschaft in Genf und Wien (Dr. phil.), dann bis 1895 Komposition bei Fr. Klose in Wien sowie Dirigieren bei F. Mottl in Karlsruhe und war danach als Theaterkapellmeister in Landshut und Lübeck tätig. Seit 1897 in München ansässig, wirkte er dort seit 1900 als Musikkritiker der *Münchner Neuesten Nachrichten*. Während sich seine Kompositionen im Konzertleben nicht durchsetzen konnten, blieb sein Name bekannt durch die gemeinsam mit L. Thuille verfaßte Harmonielehre, die – inzwischen mehrfach bearbeitet – noch heute zu den Standardwerken ihres Gebietes gehört.

Schriften: *Der Widerspruch in der Musik* (L 1893, Nachdr. Walluf 1972); *F. Liszt* (B 1900) (= Vorkämpfer des Jh. 2); *H. Berlioz* (L 1904); *A. Bruckner* (Mn 1905); *Harmonielehre* (St 1907, ^{10}1930) (zus. mit L. Thuille); *Die dt. Musik der Gegenwart* (Mn 1909, ^{3}1912).

LOUISE, Roman musical in 4 Akten von Gustave Charpentier (1860–1956), Text vom Komponisten. Ort und Zeit der Handlung: Paris, um 1900. UA: 2. 2. 1900 in Paris (Opéra-Comique); dt. EA (in dt. Sprache): 1. 1. 1902 in Elberfeld.

Charpentiers erste Oper erzielte bei der UA einen Sensationserfolg und fand sogleich einen festen Platz im Repertoire der Opéra-Comique; sie wurde dort mehr als 1000mal gespielt. Operngeschichtliche Bedeutung kommt diesem Werk zu, weil es den wohl überzeugendsten französischen Beitrag zum Verismo darstellt. Die Geschichte vom bürgerlichen Mädchen, das mit einem Bohémien davonläuft, von den Eltern zurückgelockt wird und schließlich endgültig sein Elternhaus verläßt, ist bis ins letzte Detail glaubwürdig, erreicht aber das in der klangvollen Bezeichnung „Roman musical" implizierte literarische Niveau schwerlich. Musikalisch verdient L., dem Stil der Opern G. Puccinis und J. Massenets angeglichen, die Bezeichnung „Meisterwerk": Mit wenigen Leitmotiven (Liebe, Freiheit, elterliche Strenge, Paris) wird die künstlerische Einheit des Werkes gesichert; treffende Charakterzeichnungen, ausdrucksstarke, fast psychogrammatische Pantomimenmusik, bis in feinste Nuancen differenzierte Instrumentation und anspruchsvolle Gesangspartien zeichnen diese Oper aus. Besondere Erwähnung verdient das instrumentale Stimmungsbild *Paris s'éveille* als Vorspiel zum 2. Akt.

R. QUANDT

LOUIS FERDINAND (eig. Friedrich Louis Christian), Prinz von Preußen, * 18. 11. 1772 Friedrichsfelde bei Berlin, gefallen 10. 10. 1806 bei Saalfeld. L. F., Neffe Friedrichs des Großen, zeigte schon früh musikalische Begabung. 1789 trat er in den Militärdienst ein und nahm 1792–94 am Feldzug gegen Frankreich teil, in dem er sich durch besondere Tapferkeit auszeichnete. In den folgenden Friedensjahren widmete er sich vornehmlich der Musik. 1796 begegnete er L. van Beethoven in Berlin und wurde einer seiner glühendsten Verehrer. Seit 1804 nahm er Kompositionsunterricht bei J. L. Dussek, den er einige Jahre vorher in Hamburg kennengelernt hatte und der später auch seine Werke herausgab. Auf einer diplomatischen Reise nach Wien (1806) kam es erneut zu einer Begegnung mit Beethoven, der ihn als Klavierspieler sehr schätzte und ihm sein 3. Klavierkonzert gewidmet hatte. L. F.s Kompositionen, ausschließlich Werke für und mit Klavier, zeigen Anlehnungen an Beethovensche Thematik und weisen in manchen Einzelzügen und im musikalischen Ausdruck auf die deutsche Romantik voraus.

WW (gedruckt meist in Leipzig u. Wien): Klv.-Quintett (1803); Larghetto mit Variationen für Klv. u. Streichquartett u. Kb. (1806); 2 Klv.-Quartette (1806, 1807); Andante mit Variationen für Klv.-Quartett (1806); 4 Klv.-Trios (1806); Klv.-Fuge zu 4 St. (1807); Notturno für Klv., Fl., Streichtrio u. 2 Hörner ad lib. (1808); Rondo für Klv. u. Orch. (1808).

Ausg.: Musikal. Werke, hrsg. v. H. KRETZSCHMAR (L 1910).

Lit.: R. HAHN, L. F. von Preußen als Musiker (Diss. Breslau 1935); E. POSECK, L. F., Prinz von Preußen (B 1938, ^{2}1943); B. NADOLNY, L. F. (Düsseldorf 1967); E. KLESSMANN, L. F. von Preußen (Mn 1972); B. H. MCMURTRY, The Music of Prince L. F. (1972) (Diss. Univ. of Illinois).

LOULIÉ, Étienne, † 1702 Paris; frz. Musiktheoretiker. Er war 1663–73 Schüler von Guéhénault und R. Ouvrard an der Ste-Chapelle in Paris, später Musiker der Herzogin von Guise. L. erfand einen „Chronomètre", mit dem – nach Art des späteren Metronoms – Geschwindigkeitsgrade festgelegt werden konnten, das sich aber wegen seiner Höhe von ca. 2 m nicht durchsetzte, und einen „Sonomètre", der das Stimmen von Tasteninstrumenten erleichterte. L.s *Éléments ... de musique* sind eine wichtige Quelle zur französischen Aufführungspraxis des 17. Jahrhunderts.

Schriften: *Éléments ou principes de musique, mis dans un nouvel ordre* (P 1696); *Abrégé des principes de musique* (P 1696); *Nouveau système de musique ... avec la description du Sonomètre* (P 1698).

Ausg.: *Éléments ou principes...*, Faks. der Ausg. 1696 (G 1971).

Lit.: E. BORREL, Les indications métronomiques laissées par les auteurs français du XVIIIe siècle, in: RMie 12 (1928); A. COHEN, E. L. as a Music Theorist, in: JAMS 18 (1965); J. E. TURNER, Notes inégales. Treatises by Bacilly, L., and Demotz. Their Application to the „Mass for the Convents" by F. Couperin (1974) (= Diss. Univ. of Wisconsin).

LOURE (frz.). – **1)** Bz. für eine heute noch in der Normandie und im Poitou verbreitete ↗Sackpfeife. – **2)** Bz. für einen volkstümlichen, ursprünglich auf der L. gespielten (und deshalb wahrscheinlich auch so genannten) Tanz im gemäßigten 6/4-Takt. Die von der Spielweise des Instruments abgeleitete, heute noch übliche Vortragsbezeichnung *louré* (frz. = geschleift) wird u.a. bereits von S. Brossard (*Dictionnaire de musique*, 1713) in der Weise beschrieben, daß dem ersten zweier Achtel „etwas mehr Dauer und Betonung" zukommt. In diesem Sinn ist sie auch charakteristisch für die stilisiert-höfische L. des ausgehenden 17. Jh., deren Ausführung – bei Triolennotierung auf jeder Zählzeit –

J. F. Rebel, *Les Éléments*, 1737

die „Betonung der ersten und Verkürzung der mittleren Note" (J.-J. Rousseau, *Dictionnaire de musique*, 1767) vorsieht.

Die L. fand insbesondere Eingang in die französische Opern- und Ballettmusik, in der sie z.T. zur Charakterisierung des Ländlichen diente (u.a. bei J.-B. Lully, *Alceste*, 1677). Nachweisbar ist sie auch verschiedentlich in Instrumentalkompositionen bis etwa zur Mitte des 18. Jh. (u.a. bei Fr. Couperin, *Les Goûts réunis*, 8. Konzert, 1724; J. S. Bach, Französische Suite Nr. 5, BWV 816), in denen zu dem charakteristischen „Schleifen" eine reiche Ornamentik und rhythmische Differenzierung treten.

Fr. Couperin, *Les Goûts réunis*, 8. Konzert, 1724

Lit.: **Zu 2):** D. G. TÜRK, Clavierschule (L–Hl 1789), Faks. hrsg. v. E. R. Jacobi (1962, ²1967) (= DMl I/23); C. MARCEL-DUBOIS, L., in: MGG VIII; A. GEOFFROY-DECHAUME, Les „Secrets" de la musique ancienne (P 1964); G. REICHERT, Der Tanz (Kö 1965) (= Das Musikwerk 27).

LOURIÉ, Arthur Vincent, * 14.5.1892 St. Petersburg, † 13.10.1966 Princeton (New Jersey); amerik. Komponist und Musikforscher russ. Herkunft. Als Komponist im wesentlichen Autodidakt, schloß er sich der russischen Oktoberrevolution an und war 1918–22 Leiter der Musikabteilung im Petrograder Ministerium für Volksaufklärung. 1923 emigrierte er nach Paris und übersiedelte 1941 in die USA. Frühe Experimente mit Vierteltonmusik und Einflüssen A. Skrjabins gab er nach seiner Begegnung mit I. Strawinsky wieder auf, der umgekehrt durch L.s symbolistisch-theologische Musikanschauung beeinflußt wurde (Psalmensinfonie, Messe, Biblische Kantaten). Die Spätwerke L.s sind vielfach von liturgischem Gehalt (Regina coeli; De ordinatione angelorum; Improperium für Baß, 4 V., Kb.).

WW: **1) Kompositionen:** Für Klv.: *Ivresse* (1912); *Synthèses* (1914); *Formes en l'air* (1915); *Tjeni* (Schatten) (1915); *Upman. Smoking Sketch* (1917); *Der Mime* (1956) für Klar. solo; für Orch.: 2 Symphonien (1931, 1941); *Sonate liturgique* (1928) für Klv., Chor u. Orch.; *Chant funèbre sur la mort d'un poète* (1929) für gem. Chor u. 12 Bläser; *Concerto spirituale* (1930) für Klv., gem. Doppelchor, Soli, Blechbläser u. Schlagzeug. – Oper *The Moor of Peter the Great* (nach A. Puschkin) (1958); Opéra-ballet *Le festin pendant la peste* (nach dems.) (1933), auch als symphonische Suite mit gem. Chor u. Sopran-Solo (1948). – **2) Schriften:** *S. Koussewitzkij and His Epoch* (NY 1931, Nachdr. NY 1971); Erinnerungen u. Aufsätze als: *Profanation et sanctification du temps* (P 1966).

Lit.: D. GOJOWY, Neue sowjetische Musik der 20er Jahre (Laaber 1980); DERS., A. L. der Futurist, in: Hindemith-Jb. 1980 (F 1981); I. GRAHAM, A. L. Biographische Notizen, in: ebd.

LOUSSIER, Jacques, * 26.10.1934 Angers (Maine-et-Loire); frz. Jazzmusiker (Pianist). L. studierte bei Y. Nat am Pariser Conservatoire, spielte zunächst als Begleitmusiker in Varietés und fand dann zum Jazz. 1959 gründete er mit Christian Garros (Schlagzeug) und Pierre Michelot (Baß) das Trio „Play Bach", das Werke von J. S. Bach in einer stark rhythmisierten und nur wenig jazz-improvisatorischen Weise darbietet.

LOEWE, Carl (Johann Carl Gottfried), * 30.11.1796 Löbejün bei Halle an der Saale, † 20.4. 1869 Kiel; dt. Komponist. Er besuchte in Halle die Schule der Franckeschen Stiftungen, erhielt dort musikalischen Unterricht von D. G. Türk, wurde auch durch J. Fr. Reichardt gefördert und bildete sich zu einem hervorragenden Tenor-Sänger aus. 1817 begann er an der Universität Halle ein Theologiestudium; daneben war er Organist an der Marienkirche. 1820 wurde er Kantor und Organist in Stettin (Jakobikirche), 1821 dort städtischer Musikdirektor und Gymnasiallehrer für Musik u.a. Fächer. In dieser Stadt wirkte er 46 Jahre und bestimmte maßgeblich das weltliche und kirchliche Musikleben. Ruhm erlangte er darüber hinaus im In- und Ausland durch den Vortrag seiner eigenen Lieder am Klavier. L. war Mitglied der Berliner

Akademie der Künste und Ehrendoktor der Universität Greifswald. Stark von patriotischen Ideen durchdrungen, war er mit seinen Werken bei den Königen von Preußen überaus beliebt und galt lange Zeit als Hohenzollernkomponist schlechthin. Mit dem Namen L. verbindet sich in erster Linie die Geltung der ↗Ballade als besondere Ausprägung des Sololiedes im 19. Jahrhundert. Hier steht L. sozusagen im geistigen Gefolge J. G. Herders, was sich nicht nur in der Vertonung vieler von dessen Liedern zeigt (u. a. des *Edward* als op. 1), sondern auch in der Substanz seiner Musik, namentlich in der Vorliebe für Kantabilität der melodischen Linien, für symmetrische Taktordnung, für eine insgesamt leichtfaßliche, natürliche, einfache Gestaltung. Dies letztere gilt auch im Verhältnis von Wort und Ton, das bei L. generell vordergründig determiniert ist: Wenn die Führung der Singstimme oder der Klavierbegleitung tonmalerisch oder durch andere Ausdrucksmittel auf den Text Bezug nimmt, tut sie das stets auf eine eindeutige und oft sogar naive Art. Darauf beruht wohl nicht zuletzt die enorme Beliebtheit und Popularität vieler L.-Balladen in Konzert und Hausmusik des 19. und frühen 20. Jahrhunderts. Diese Gestaltungsweise markiert aber auch einen Gegenpol zu den meisten Liedern der deutschen Romantiker, insbesondere Fr. Schuberts (mit dem L. fast gleichaltrig war) und R. Schumanns. Denn in ihren Liedern beruht das typisch Romantische, der Zauber der musikalischen Poesie, gerade auf der weitgehenden Unbestimmtheit der Wort-Ton-Beziehung und auf einer Hintergründigkeit in der Gestaltung von Singstimme und Begleitung.

WW (145 Opuszahlen): Einige Klv.-Werke (Sonaten, Tondichtungen u. a.). – Zahlr. Balladen u. a. Klv.-Lieder, darunter: *Edward, Der Wirtin Töchterlein* u. *Erlkönig,* op. 1 (1818) (B 1824); *Das Hochzeitslied, Der Zauberlehrling* u. *Die wandelnde Glocke,* op. 20 (B 1832); *Heinrich der Vogler* (Dresden 1836); *Die Glocken von Speyer* (ebd. 1838); *Fridericus Rex* (B 1838); *Prinz Eugen, der edle Ritter* (B 1844); *Archibald Douglas* (B 1858); *Der Nöck* (B 1860); *Tom der Reimer* (Brau 1867). – 5 Opern, davon aufgeführt nur *Die drei Wünsche,* Berlin 1832. – 17 geistliche u. weltliche Oratorien, darunter: *Die Festzeiten* (1825–36); *Die Zerstörung Jerusalems* (1829); *Die eherne Schlange* (1843) für Männerchor; *Die Siebenschläfer* (1833); *Gutenberg* (1837); *Palestrina* (1841); *Johann Hus* (1842); *Die Auferweckung des Lazarus* (1863); ferner *Horaz-Oden* (1836) für Männerchor u. a. Werke für Männerchor u. Orch. – Einige Unterrichtswerke, darunter *Klavier- u. Generalbaß-Schule* (B [2]1851); Selbstbiographie, hrsg. v. C. H. Bitter (B 1870, Nachdr. Hil 1976).

Ausg.: GA der Balladen, Legenden, Lieder u. Gesänge für eine SingSt, hrsg. v. M. RUNZE, 17 Bde. (L 1899–1905, Nachdr. Farnborough 1970); ferner zahlr. praktische Ausg. der Balladen.

Lit.: W. SERAUKY, Zu C. L.s Biogr. ..., in: FS A. Schering (B 1937); R. SIETZ, C. L. (Kö 1948); W. VETTER, Zu C. L.s Balladenstil, in: Mythos, Melos, Musica 1 (L 1957); E. G. PORTER, The Ballads of C. L., in: MR 24 (1963); J. E. SCHLEICHER, The Ballads of C. L. (Urbana 1966) (= Diss. Univ. of Illinois); B. BASELT, C. L. Zur Konzeption eines zeitgen. L.-Bildes, in: MuGes 19 (1969); P. L. ALTHOUSE, C. L. His Lieder, Ballads and Their Performance (New Haven/Conn. 1971) (= Diss. Yale Univ.).

G. MASSENKEIL

LÖWE, Ferdinand, * 19. 2. 1865 Wien, † 6. 1. 1925 ebd.; östr. Dirigent. Er studierte bis 1879 Musiktheorie (A. Bruckner), Klavier und Komposition am Konservatorium der Gesellschaft für Musikfreunde in Wien, wo er 1884–97 als Lehrer für Klavier und 1895–97 als Lehrer für Chorgesang tätig war. 1896–98 leitete er die Wiener Singakademie, daneben seit 1897 das Kaim-Orchester in München, 1900–04 das Orchester der Gesellschaft der Musikfreunde in Wien. 1901 gehörte er zu den Gründern des Wiener Konzertvereins und dirigierte 1908–14 das Konzertvereinorchester in München. 1918–22 war er Direktor der Wiener Musikakademie. Neben Werken zeitgenössischer Komponisten (M. Reger, G. Mahler, R. Strauss und H. Pfitzner) pflegte L. besonders die Werke Bruckners, dessen 9. Symphonie er uraufgeführt hat (Wien 11. 2. 1903). In München und Wien, letztmals 1923/24, dirigierte L. mehrere Bruckner-Zyklen und veranstaltete 1905 in München das erste Brucknerfest. Seine Klavier-Bearbeitungen Brucknerscher Symphonien, teilweise zusammen mit J. Schalk, haben trotz mancher eigenwilliger Eingriffe einen verdienstvollen Anteil an der Verbreitung dieser Werke.

Lit.: H. JANCIK, in: ÖMZ 20 (1965).

LOEWE, Frederick, * 10. 6. 1904 Berlin; amerik. Komponist und Pianist dt. Herkunft. L. studierte in Berlin bei F. Busoni, E. d'Albert und E. N. v. Rezniček und trat bereits 13jährig als Solist mit dem Berliner Philharmonischen Orchester auf. 1924 ging er in die USA, konnte dort aber nur schwer Fuß fassen. Er verdiente u. a. als Unterhaltungspianist seinen Lebensunterhalt und komponierte gelegentlich Stücke und Einlagen für die Bühne. 1942 begann er die Zusammenarbeit mit dem Textdichter und Librettisten **Alan Jay Lerner** (* 31. 8. 1918 New York) und brachte mit ihm 1943 als erstes Musical *What's Up* heraus. *Brigadoon* erzielte 1947 den eigentlichen Durchbruch und *My Fair Lady* 1956 einen einmaligen Welterfolg. 1958 entstand die Filmmusik zu *Gigi* und 1960 das ebenfalls erfolgreiche und aufwendig inszenierte Musical *Camelot*. 1962 endete diese Zusammenarbeit. Lerner brachte seither mit anderen Komponisten weitere Musicals heraus.

WW (zus. mit J. Lerner): *Life of Party,* UA: Detroit 1942; *What's Up,* UA: New York 1943; *The Day Before Spring,* UA: ebd. 1945; *Brigadoon,* UA: ebd. 1947; *Paint Your Wagon,* UA: ebd. 1951; *My Fair Lady* (nach G. B. Shaws *Pygmalion*), UA: ebd. 1956; *Camelot* (1960). – Ferner Filmmusik zu *Gigi* (1958).

Lit.: S. GREEN, The World of Musical Comedy (NY 1960, [3]1974); S. SCHMIDT-JOOS, Das Musical (Mn 1965); D. EWEN, Great Men of American Popular Song (Englewood Cliffs/N. J. 1970).

LÖWE, Johann Jakob (L. von Eisenach), getauft 31. 7. 1629 Wien, † Anfang September 1703 Lüneburg; dt. Komponist. L. wurde 1652 Schüler von H. Schütz und auf dessen Empfehlung 1655 Kapellmeister am Hof von Wolfenbüttel. 1663 kam er als Kapellmeister an den Hof von Zeitz, mußte die Stellung aber bereits 1665 wieder aufgeben. Nach Jahren ohne feste Anstellung ist er 1682 als Organist der Nikolaikirche in Lüneburg nachweisbar. Als Komponist ist L. wegen seiner italienisch beeinflußten „Synfonien" wichtig, der ersten Beispiele eines Einleitungssatzes in der Geschichte der deutschen Suite.

WW: ... *Tugend- und Schertzlieder* für 1–3 St., Instr. u. B.c. (Bremen 1657); *Synfonien, Intraden, Gagliarden, Arien, Balletten, Couranten, Sarabanden* für 3–5 Instr. u. B.c. (ebd. 1658); *Neue geistliche Concerten* für 1–3 St., 2 V. u. B.c. (Wb 1660); *Sonaten, Canzonen u. Capriccen* für 2 Instr. u. B.c. (Jena 1664); *Salanische Musenlust ... dienende Lieder* für 1–4 St., Instr. u. B.c. (ebd. 1665).

Ausg.: Arien mit Ritornellen aus *Salanische Musenlust*, hrsg. v. A. RODEMANN (1929) (= Nagels MA 32); 2 Streichersuiten, hrsg. v. DEMS. (1936, Neudruck Kas 1960) (= ebd. 67); Aria II aus *Salanische Musenlust*, in: H. J. MOSER, Das dt. Sololied (Kö 1957) (= Das Musikwerk 17).

Lit.: H. RIEMANN, Zur Gesch. der dt. Suite, in: SIMG 6 (1904/05) (darin eine Sinfonia); A. EINSTEIN, It. Musiker am Hofe der Neuburger Wittelsbacher 1614–1716, in: ebd. 9 (1907/08) (darin ein Capriccio für 2 Trp. u. B.c.); G. F. SCHMIDT, Neue Beitr. z. Gesch. der Musik u. des Theaters am herzoglichen Hofe zu Braunschweig-Wolfenbüttel (Mn 1929).

LOEWENGUTH-QUARTETT, französ. Streichquartett. Es wurde 1929 von *Alfred Loewenguth* (* 11. 6. 1911 Paris, * 11. 11. 1983 ebd.) gegründet und trat seit 1936 öffentlich auf. Außer A. Loewenguth, 1. Violine, gehörten dem L. an: *M. Fueri, N. Gotkovsky, J.-B. Sabouret* und zuletzt *Philippe Langlois* (* 23. 4. 1951 Paris), 2. Violine, *J. George, R. Roche* und zuletzt *Claude Dewaele* (* 15. 3. 1942 La Mure, Isère), Viola, und *P. Basseux*, zuletzt *Roger Loewenguth* (* 22. 3. 1916 Viroflay, Seine-et-Oise), Violoncello. Das L. genoß einen außerordentlichen Ruf. A. Loewenguth, der außerdem die Orchestres d'enfants et des cadets an der Schola Cantorum in Paris gründete und leitete, schrieb *Les enfants sont-ils tous musiciens?* (in: M. Legaud, *Aimer la musique*, P 1971).

LÖWENSTERN, Matthäus Appeles von (Matthaeus Leonastro de Longueville Napolitanus, eig. Matthaeus Appelt), * 20. 4. 1594 Neustadt (Oberschlesien), † 11. 4. 1648 Breslau; dt. Komponist. Er war 1613–25 Lehrer und Kantor in Leobschütz. Später kam er an den Hof des Fürsten Heinrich Wenzel von Oels in Bernstadt, wurde Leiter der Kapelle und Inspektor der fürstlichen Schule und stieg rasch vom Rentmeister zum Sekretär und fürstlichen Rat auf. 1634 wurde er von Kaiser Ferdinand II. in den Ritterstand erhoben. Seit 1639 lebte er vornehmlich in Breslau. L.s schlichte und formvollendete geistliche Lieder, in denen er antike Versmaße und Strophenformen verwendete, fanden rasch Aufnahme in den evangelischen Gemeindegesang. Zwei seiner Lieder stehen im heutigen *Evangelischen Kirchengesangbuch*.

WW: *Fruelings-Mayen* (30 geistliche Lieder) (Breslau 1644), NA v. J. D. Major (Kiel 1678) (darin eine Biogr. L.s); 11 Chöre für 3–4 St. u. B.c. zu M. Opitz' Drama *Judith* (Rostock 1646); ferner Motetten für 4–12 St. u. geistliche Konzerte hsl.

Ausg.: Motetten u. 5 Lieder, in: Hdb. der dt. ev. Kirchenmusik, hrsg. v. K. AMELN – CH. MAHRENHOLZ – W. THOMAS – C. GERHARDT (Gö 1932 ff.); 3 Sätze, hrsg. v. CH. MAHRENHOLZ, in: Generalbaß-Choräle (Kas 1938).

Lit.: C. VON WINTERFELD, Der ev. Kirchengesang II (L 1845, Nachdr. Hil 1966) (darin 5 Lieder); H. STEINITZ, Über das Leben u. die Compositionen des M. A. von L. (Breslau 1892); P. EPSTEIN, M. A. von L.s weltliche Lieder, in: ZfMw 10 (1927/28) (darin 3 Lieder); DERS., A. von L. (Breslau 1929) (mit den Chören aus „Judith").

LOWINSKY, Edward Elias, * 12. 1. 1908 Stuttgart, † 11. 10. 1985 Chicago; amerik. Musikforscher dt. Herkunft. Er studierte u. a. Klavier an der Musikhochschule Stuttgart und seit 1929 Musikwissenschaft (H. Besseler) und Philosophie an der Universität Heidelberg, wo er 1933 promovierte. 1933–39 lebte er in Holland und ließ sich anschließend in den USA nieder. Dort lehrte er 1947–52 und 1954–56 am Queen's College in New York, 1952–54 an der Princeton University (N. J.), 1956–61 an der University of California in Berkeley (als Nachfolger M. Bukofzers) und anschließend an der University of Chicago. L.s Arbeiten haben vor allem zentrale Themen der Musikgeschichte des 16. Jh. zum Gegenstand.

Schriften: *Das Antwerpener Motettenbuch O. di Lassos u. seine Beziehungen zum Motettenschaffen der niederländischen Zeitgenossen* (Den Haag 1937); *Secret Chromatic Art in the Netherlands Motets* (NY 1946, Nachdr. 1967) (= Columbia Univ. Studies in Musicology 6); *On Mozart's Rhythm*, in: MQ 42 (1956), Wiederabdruck in: The Creative World of Mozart, hrsg. v. P. H. Lang (NY 1963); *Tonality and Atonality in 16th Century Music* (Berkeley/Calif. – Lo 1961, [2]1962); *Musical Genius. Evolution and Origins of a Concept*, in: MQ 50 (1964). – L. gab heraus: *J. de Prés. Proceedings of the International Josquin Festival-Conference ... 1971* (Lo 1976), darin von ihm selbst *Ascanio Sforza's Life. A Cue to Josquin's Biography* ... – Ferner leitete L. die Edition *Monuments of Renaissance Music*, davon stammen die Bde. 3–5: *The Medici Codex of 1518* (Ch 1968) von ihm selbst.

Lit.: L. FINSCHER, Zu den Schriften E. E. L.s, in: Mf 15 (1962).

LP, Abk. für Langspielplatte, ↗Schallplatte.

LUALDI, Adriano, * 22. 3. 1885 Larino (Campobasso), † 8. 1. 1971 Mailand; it. Komponist, Dirigent und Musikkritiker. Er studierte bei Stanislav Falchi am Conservatorio di Musica S. Cecilia in Rom und später bis 1907 bei E. Wolf-Ferrari am Conservatorio di Musica B. Marcello in Venedig. 1908–15 war er als Opern- und Konzertdirigent tätig, gründete das Orchester „San Pietro a Majella", aus dem später das Orchester „Scarlatti" hervorging, und 1938 die Festivali Internazionali di Musica. Außerdem schrieb er 1923–27 Musikkritiken für die Tageszeitung *Il secolo,* 1927–32 für *La sera* und 1936–39 für das *Giornale d'Italia.* 1936–44 leitete L. das Conservatorio di Musica S. Pietro a Majella in Neapel und 1947–56 das Conservatorio di Musica Cherubini in Florenz. L., ein Musiker von umfassender Bildung, vertrat eine gemäßigte Moderne und war ein entschiedener Gegner extremer Richtungen.

WW: **1) Instr.- und Vokal-WW:** Kammermusik, darunter ein Streichquartett (1913); Orch.-Werke, u. a. die Symphonische Dichtung *L'Albatro;* zahlr. Stücke für SingSt u. Klv., u. a. *La Morte di Rinaldo;* ferner *Sire Halewin* (1929) u. *La rosa di Sarom* (1929) für SingSt u. Orch. – **2) Bühnen-WW:** *Le furie di Arlecchino,* UA: Mailand 1915; *Il cantico,* UA: ebd. 1915; *Guerrin Meschino,* UA: Rom 1920; *La figlia del re,* UA: Turin 1922; *Il diavolo nel campanile,* UA: Mailand 1925; *La grançèola,* UA: Venedig 1932; *Le nozze di Haura,* UA: Rom 1943; *La luna dei Caraibi,* UA: ebd. 1953; *Il testamento di Euridice,* UA: RAI 1963; Ballett *Lumawig e la saetta,* UA: Rom 1937, erweitert: Mailand 1956; ferner Bühnenmusik. – **3) Schriften:** *Il rinnovamento musicale italiano* (Mi 1931); *L'arte di dirigere l'orchestra* (Mi 1940, ³1957); *La filosofia della musica di G. Mazzini* (Mi 1943, R ²1954); *Oggi non domani* (R 1947); *L'arte della fuga di J. S. Bach* (Triest 1955); *Don Chisciotte e i basilischi* (Mi 1964).

Lit.: A. VERETTI, A. L., in: RMI 35 (1928); G. CONFALONIERI, L'opera di A. L. (Mi 1932); R. MARIANI, A. L. (R 1934).

LÜBECK, Vincent, * vermutlich Ende September 1656 Padingbüttel bei Bremerhaven, † 9. 2. 1740 Hamburg; dt. Organist und Komponist. Sein Vater, Vincent L., war Organist und vermutlich sein erster Lehrer, doch liegen über L.s Jugend- und Lehrjahre keine zuverlässigen Nachrichten vor. 1675 trat er das Amt des Organisten an der Kirche St. Cosmae et Damiani in Stade an. 1702 wurde er auf die bedeutende Organistenstelle an St. Nicolai in Hamburg berufen, die er bis zu seinem Tode innehatte. J. Mattheson nennt ihn einen „ungemeinen Organisten". Von seinen Kompositionen wurde zu seinen Lebzeiten eine *Clavier Uebung* gedruckt („auff Ersuchen einiger guten Freunden"), alles übrige ist nur hsl. überliefert. Seine als „Praeambulum" oder „Praeludium" betitelten Orgelwerke zeigen die Stilmerkmale der norddeutschen Schule: eine Verbindung von orgeltypischem Passagenwerk, akkordischen Partien und ausgedehnten fugierten Abschnitten (sogenannte Toccatenfuge). Unter den erhaltenen Vokalwerken zählt die schlichte Weihnachtsmusik *Willkommen, süßer Bräutigam* zum Standardrepertoire evangelischer Kantoreipraxis.

WW: *Clavier Uebung* (Praeludium, Fuge, Suite und Chaconne) (H 1728). – Ferner 7 „Praeambula", 2 Choralbearb. für Org. u. 3 Kantaten hsl. erhalten.

Ausg.: GA, hrsg. v. G. HARMS (Klecken 1921); Orgelwerke, hrsg. v. H. KELLER (L 1941, Neudr. 1954); Sämtliche Orgelwerke, hrsg. v. K. BECKMANN (Wie 1973).

Lit.: P. RUBARDT, V. L., sein Leben u. seine Werke (Diss. L 1920), Teildruck in: AfMw 6 (1924); W. APEL, Gesch. der Orgel- und Klaviermusik bis 1700 (Kas 1967).

LUCCA, Francesco, * 1802 Cremona, † 20. 11. 1872 Mailand; it. Musikverleger. L. war 1816–22 Lehrling im Verlag G. Ricordi in Mailand und spielte daneben als 2. Klarinettist im Orchester der Scala. Anschließend ging er zur weiteren Ausbildung nach Deutschland und gründete, nach Mailand zurückgekehrt, dort 1825 einen eigenen Musikverlag, der sich rasch zu einer Konkurrenz Ricordis entwickelte. Das Haus förderte besonders junge talentierte Bühnenkomponisten, darunter A. Ponchielli und Alfredo Catalani. Der Verlagskatalog umfaßte u. a. Werke von G. Donizetti, G. Rossini und G. Verdi. Nach L.s Tod übernahm seine Frau Giovannina (1810 oder 1814–1894) die Leitung des Hauses und setzte sich besonders für die Opern R. Wagners ein. 1888 fusionierte das Unternehmen mit dem Haus Ricordi.

LUCCA, Pauline, * 25. 4. 1841 Wien, † 28. 2. 1908 ebd.; östr. Sängerin (Sopran). Sie begann ihre Bühnenlaufbahn als Choristin der Wiener Hofoper und debütierte 1859 am Stadttheater Olmütz als Elvira in Verdis *Ernani.* Über Prag kam sie auf Empfehlung von G. Meyerbeer 1861 an die Berliner Hofoper. Ihren Vertrag auf Lebenszeit löste sie bereits 1872 und war 1874 bis zu ihrem Bühnenabschied 1889 Ensemblemitglied der Wiener Hofoper. Gastspiele führten sie an den Covent Garden in London (seit 1863), nach Rußland, Frankreich, Belgien, Spanien und in die USA. Sie galt als eine der führenden Bizet- und Meyerbeer-Interpretinnen ihrer Zeit. Sie war mit Kaiser Wilhelm I. und Otto von Bismarck befreundet.

Lit.: A. JANSEN-MARA – D. WEISSE-ZEHRER, Die Wiener Nachtigall. Der Lebensweg der P. L. (B 1935).

LUCHESI (Lucchesi), **Andrea,** * 23. 5. 1741 Motta di Livenza bei Treviso, † 21. 3. 1801 Bonn; it. Komponist. Er studierte bei G. Cocchi und G. Saratelli in Venedig und war zunächst als Organist tätig. Ende 1771 kam er mit einer italienischen Operntruppe in die kurkölnische Residenzstadt Bonn und erhielt dort als Nachfolger des Vaters von L. van Beethoven 1774 eine Kapellmeisterstelle, die er bis zur französischen Besetzung des Kurstaates (1794) innehatte. L. schrieb mehrere in Venedig und Bonn aufgeführte Opern und kleinere Bühnenwerke; wenig bekannt ist heute seine Instrumentalmusik (6 Klaviersonaten, 6 Symphonien, 1 Klavierkonzert), obwohl diese von Zeitgenossen (u. a. Leopold Mozart) geschätzt wurde. Der Schwerpunkt seines Schaffens lag in den späteren Jahren auf dem Gebiet der Kirchenmusik (zahlreiche Messen, Motetten, ein Passionsoratorium), in der er einen etwas antiquierten italienischen Stil pflegte.

WW: **1) Instr.-WW:** Sonaten für Cemb. u. V., op. 1 (Bonn 1772); 3 weitere Stücke für Cemb. bzw. Org.; 6 Symphonien u. Ballettmusik *Arlequin déserteur* (sämtlich hsl.). – **2) Opern:** Hsl. erhalten sind *Le donne sempre donne*, UA: Venedig 1767; *Il matrimonio per astuzia*, UA: ebd. 1771; *L'inganno scoperto*, UA: Bonn 1773; zu weiteren 5 Opern sind nur die Textbücher erhalten. – **3) Vokal-WW** (hsl.): 4 Messen und 1 Requiem; Te Deum; einige Motetten; Vesperpsalmen; Magnificat u. a. kirchenmusikalische Werke; Oratorium *La passione di Gesù Cristo*.

Lit.: A. HENSELER, A. L., in: Bonner Geschichtsblätter 1 (1937); N. JERS, A. L., in: Rheinische Musiker 7, hrsg. v. D. Kämper (Kö 1972) (= Beitr. z. rheinischen Musikgesch. 97).

S. BRANDENBURG

LUCIA DI LAMMERMOOR, Opera seria in 3 Akten von Gaetano Donizetti (1797–1848), Text von Salvatore Cammarano nach Walter Scotts Roman *The Bride of Lammermoor* (1819). Ort und Zeit der Handlung: Schottland, im 16. Jahrhundert. UA: 26.9.1835 in Neapel (Teatro San Carlo); EA in dt. Sprache: 25.8.1838 in Baden bei Wien; dt. EA (in dt. Sprache): 15.10.1838 in Berlin (Königstädtisches Theater).

Donizetti schrieb die Oper nach seiner „Niederlage“ mit *Marin Faliero* gegen V. Bellinis *Die Puritaner* innerhalb eines halben Jahres. Das Werk gilt als der Höhepunkt in der Geschichte der italienischen romantischen Musiktragödie. Die Fülle der mit Elementen der Schauerromantik angereicherten Romanereignisse ist im Libretto auf wenige, aussagekräftige Szenen komprimiert. Der vom Komponisten planvoll entworfene und vom Interpreten expressiv zu steigernde melodische Gestus, die symphonisch-thematische Disposition ganzer Szenenkomplexe und die nahezu ständige Präsenz des thematischen Materials im Orchesterpart verbinden sich zu einer höchst eindrucksvollen Musikdramaturgie. Donizetti behielt zwar den Nummernplan der tradierten Opernform äußerlich-formal bei, weitete die Folge von Rezitativ und Arie bzw. Ensemble aber sowohl kompositorisch-formal wie in der musikalisch-emotionalen Qualität. Berühmtestes Beispiel für diese Technik ist Lucias Wahnsinnsszene im 3. Akt, in der der musikalische Freiraum für sublime psychologische Gestaltung der Titelpartie am deutlichsten wird. Aber das Werk besticht auch durch eingängige Melodien (z. B. das Schlußduett Lucia/Edgard im 1. Akt *Verranno a te sull'aure – Es wird dir meine Seufzer*) und wirkungssichere Ensembles (z. B. das Finalsextett im 2. Akt *Chi mi frena – Wer vermag's, den Zorn zu hemmen*); die Anforderungen an die technischen Fertigkeiten der Sänger sind extrem gesteigert.

J. SCHLÄDER

LUCIO SILLA, Opera seria in 3 Akten von Johann Christian Bach (1735–82), Text von Giovanni de Gamerra in der Bearbeitung von Mattia Verazi. Ort u. Zeit der Handlung: Rom und Umgebung, nach 85 v. Chr. UA: 4. 11. 1774 in Mannheim, EA in dt. Sprache: 22. 3. 1929 in Kiel.

Der Mannheimer Hofdichter M. Verazi änderte in erster Linie den 2. Akt von Gamerras Libretto, in welchem einige der zahlreichen Rezitative gestrichen wurden. Dies kam den Intentionen des Komponisten sehr entgegen, in dessen früheren Opern bereits ein Zurückdrängen der Secco-Rezitative zugunsten des Accompagnatos, verbunden mit einer Lösung vom Typus der Da capo-Arie, zu beobachten ist. Die Tendenz zur stärkeren musikalischen Durchformung größerer Komplexe zeichnet sich in den Szenen 7–8 des 1. Aktes ab, die als musikdramatisch besonders gelungen anzusehen sind. Das Zusammentreffen der vom römischen Diktator Lucio Silla umworbenen Giunia mit ihrem totgeglaubten Geliebten Cecilio bildet die Schlüsselszene der Oper; alle Ereignisse – Cecilios gescheitertes Attentat auf Silla und die nachfolgende Inhaftierung, die mit verzeihender Geste des Diktators beendet wird – nehmen hier ihren Anfang. Daß das Werk im Gegensatz zu *Temistocle* (UA: 5. 11. 1772), Bachs erster Oper für Mannheim, bei fast gleicher Besetzung nicht annähernd so erfolgreich war, gründet nicht in den psychologischen Schwächen der Textvorlage und sicher auch nicht in der wirkungsvollen musikalischen Gestaltung, sondern vielmehr im allmählichen Vordringen einer deutschen Nationaloper.

TH. MENGER

LUCIO SILLA, Dramma per musica in 3 Akten von Wolfgang Amadeus Mozart (1756–91), KV 135, Text von Giovanni de Gamerra. Ort u. Zeit der Handlung: Rom, nach 85 v. Chr. UA: 26. 12. 1772 in Mailand (Teatro Regio Ducale); EA in dt. Sprache: 14.12.1929 in Prag; dt. EA: 23.9.1955 in Dresden.

Mozart erhielt den Auftrag zur Komposition in Salzburg vor Antritt seiner dritten Italien-Reise; sämtliche Rezitative und der Entwurf für die Ouvertüre waren bereits fertig, als der Komponist in Mailand eintraf. Hier mußte er feststellen, daß P. Metastasio das Textbuch überarbeitet hatte; in unglaublicher Hast waren zahlreiche Passagen neu zu komponieren. – Das Libretto konventionellen Zuschnitts ist dramatisch nicht stringent aufgebaut, läßt aber dennoch viel Raum zu wechselnder Affektdarstellung. Diesen nutzt Mozart, um innerhalb der tradierten Form der Opera seria in neapolitanischem Stil neue musikalische Ausdrucksmittel zu erproben. Auffällig sind die häufige Verwendung ausdrucksstarker Accompagnato-Rezitative und die Verfeinerung der Orchestrierung. Vor allem in den Arien der Giunia hat Mozart die starre dreiteilige Form der Solonummer zerbrochen zugunsten einer individuellen affektbestimmten Anlage. Die musikdramatisch eindrucksvollsten Passagen bilden die Gräberszenen im 1. Akt, die über Szenengrenzen hinweg als musikalische Einheit gestaltet sind. – Trotz wenig glücklicher Umstände bei der UA errang Mozart mehr als einen Achtungserfolg; dennoch blieb dies sein letzter Opernauftrag für einen italienischen Fürsten. J. SCHLÄDER

LUCREZIA BORGIA, Opera seria in 3 Akten von Gaetano Donizetti (1797–1848), Text von Felice Romani nach Victor Hugos Tragödie *Lucrèce Borgia* (1833). Ort u. Zeit der Handlung: Venedig und Ferrara, Anfang des 16. Jahrhunderts. UA: 26. 12. 1833 in Mailand (Teatro alla Scala); dt. EA (in dt. Sprache): 14. 12. 1839 in Berlin (Königstädtisches Theater).

Lucrezia Borgia wird weniger als die mit unzähligen heimtückischen Morden belastete Verbrecherin denn als Mutter dargestellt, die mit sentimentaler Liebe an ihrem Sohn Gennaro hängt. In dieser Konstellation ist die tragische Fallhöhe der Titelfigur, die unwissend ihren eigenen Sohn tötet, um so größer. Donizetti vermag die einzelnen Figuren und ihre psychischen Probleme musikalisch treffend zu charakterisieren. Die musikdramatisch effektvollste Szene, zugleich das dramaturgische Kernstück des Werkes, bildet das Terzett Lucrezia/Alfonso/Gennaro im 2. Akt, in dem die wechselnden emotionalen Äußerungen der Mutter jeweils mit den kontrastierenden thematischen Linien der beiden Männerstimmen simultan verlaufen. Die Typisierung der tradierten Opernformen erlaubt Donizetti, den musikalisch-thematischen Beziehungsreichtum über längere Abschnitte hinweg (nicht zuletzt auch durch Erinnerungsthematik) zu erhalten. Der stilbildende Einfluß gerade dieses Werkes auf Verdis Opern ist nicht zu übersehen. – Da bei der UA ein Ensemble nur durchschnittlich begabter Sänger zur Verfügung stand (einzig die Altistin Marietta Brambilla vermochte in der Hosenrolle des Orsini höchsten Ansprüchen zu genügen; für sie komponierte Donizetti den berühmten Brindisi im 3. Akt), arbeitete der Komponist das Werk für spätere Aufführungen und bessere Sänger mehrfach um. Schon unmittelbar nach der UA wurde die Oper mehrfach mit Titel- und Stoffänderungen gegeben. Nach einem ausdrücklichen Verbot von V. Hugo durfte das Werk auch in Paris (1845) nur als *La rinnegata* mit erheblichen Veränderungen aufgeführt werden. J. SCHLÄDER

LUDFORD, Nicholas, * um 1485, † um 1557; engl. Komponist. Er wurde 1510 Musiker der Kapelle des Kollegiums von St. Stephan in Westminster und blieb dort bis zur Auflösung der Kollegiums (1547). Von ihm sind hsl. Messen und Motetten erhalten.

Ausg.: Collected Works, hrsg. v. J. BERGSAGEL (R 1963) (= CMM 27).

Lit.: H. BAILLIE, N. L., in: MQ 44 (1958); J. BERGSAGEL, An Introduction to L., in: MD 14 (1960); DERS., On The Performance of L.'s „Alternatim" Masses, in: MD 16 (1962).

LUDWIG, Christa, * 16. 3. 1928 Berlin; dt. Sängerin (Mezzosopran). Sie wurde von ihrer Mutter, der Altistin Eugenie Besalla-L., und an der Frankfurter Musikhochschule ausgebildet und debütierte 1946 in Frankfurt am Main als Orlowsky in J. Strauß' *Fledermaus.* 1952–54 war sie Mitglied der Darmstädter Oper, wechselte anschließend an das Opernhaus in Hannover und gehört seit 1955 zum Ensemble der Wiener Staatsoper. Gastspiele führten sie zu den bedeutendsten Opernhäusern und Festspielorten in Europa und den USA. 1971 kreierte sie die Titelrolle von G. von Einems *Der Besuch der alten Dame* an der Wiener Staatsoper. Zu den maßstabsetzenden Partien ihres Bühnenrepertoires gehören von W. A. Mozart der Cherubino *(Le nozze di Figaro)* und Dorabella *(Così fan tutte),* von R. Wagner die Venus *(Tannhäuser),* Brangäne *(Tristan und Isolde)* und Kundry *(Parsifal)* sowie von R. Strauss die Marschallin *(Der Rosenkavalier),* der Komponist *(Ariadne auf Naxos)* und die Färberin *(Frau ohne Schatten).* Chr. L. gilt als eine der bedeutendsten Liedersängerinnen unserer Zeit. In erster Ehe war sie mit dem Sänger Walter Berry verheiratet.

Lit.: P. LORENZ, Ch. L., W. Berry (W 1968); G. PERCY, in: Musikrevue 24 (1969); CH. OSBORNE, in: Opera 24 (1973).

LUDWIG, Franz, * 7. 7. 1889 Graslitz (Böhmen), † 15. 6. 1955 Münster; dt. Komponist. Er studierte in Leipzig an der Universität bei H. Riemann und am Konservatorium bei M. Reger und J. Pembaur und war 1912–19 Lehrer am Konservatorium in Sondershausen. Seit 1919 lebte er als Komponist, Musikpädagoge und Musikkritiker in Münster, wo er den „Ludwigbund zur Pflege des Klavierspiels in historischer und wissenschaftlicher Umrahmung" gründete. L.s Kompositionen, in denen stets das

Vorbild seines Lehrers Reger gegenwärtig ist, sind besonders durch das böhmische Volkslied geprägt.

WW: **1) Kompositionen:** Klv.-Stücke u. Kammermusik; für Orch.: Klv.-Konzert (1913) u. ein Hornkonzert (1914); Lieder u. Chorwerke; *Fons Carolinus* (1941) für Bar. u. Orch.; szenisches Oratorium *Das Lambertusspiel*, UA: Bremerhaven 1934; Oper *Schlag 12*, UA: Münster 1928. – **2) Schriften:** *E. A. Förster*, in: ZIMG 10 (1909/10); *Musikgeschichte des Erzgebirges* (Kaaden 1924); *J. O. Grimm* (Bielefeld 1925); *L. Wüllner* (L 1931).

Lit.: K. M. KOMMA, F. L., in: Stifter-Jb. 3 (Mn 1953); G. KASCHNER, F. L., in: Blickpunkte 3/2 (Mr 1975).

LUDWIG, Friedrich, * 8. 5. 1872 Potsdam, † 3. 10. 1930 Göttingen; dt. Musikforscher. Er studierte Geschichte und Musikwissenschaft in Marburg und in Straßburg, promovierte dort 1896 als Historiker und habilitierte sich 1905 im Fach Musikwissenschaft (1910 Professor). Seit 1920 lehrte er an der Universität Göttingen. L.s Schriften gehören zu den grundlegenden Werken über die Musik des 11.–14. Jahrhunderts.

Schriften: *Studien über die Geschichte der mehrstimmigen Musik im Mittelalter*, I: *Die mehrstimmige Musik des 14. Jh.*, in: SIMG 4 (1902/03), II: *Die 50 Beispiele Coussemakers aus der Hs. v. Montpellier*, in: ebd. 5 (1903/04), III: *Über die Entstehung u. die erste Entwicklung der lateinischen u. französischen Motette in musikalischer Beziehung*, in: ebd. 7 (1905/06); *Studien über die mehrstimmige Musik im Mittelalter*, in: KmJb 19 (1905); *Die mehrstimmige Musik des 11. u. 12. Jh.*, in: Kgr.-Ber. Wien 1909; *Mehrstimmige Musik des 12. oder 13. Jh. im Schlettstädter St. Fides-Codex*, in: FS H. Kretzschmar (L 1918); *Die Quellen der Motetten ältesten Stils*, in: AfMw 5 (1923); *Die geistliche nichtliturgische u. weltliche einstimmige und die mehrstimmige Musik des Mittelalters bis zum Anfang des 15. Jh.*, in: Hdb. der Musikgesch., hrsg. v. G. Adler (F 1924, B ²1930, Nachdr. Mn 1975). – L. veröff. ferner *G. de Machaut, Musikalische Werke*, 4 Bde.: I–III (= PäM I/1), III/1 u. IV/2 (L 1926–29), IV, hrsg. v. H. Besseler (L 1943), Nachdr. der 4 Bde. (L 1954).

Lit.: H. BESSELER, F. L., in: ZfMw 13 (1930/31) (mit Schriftenverz.); J. M. MÜLLER-BLATTAU, Dem Andenken F. L.s (Kas 1930) (mit Schriftenverz.); J. CHAILLEY, Quel est l'auteur de la „théorie modale" dite de Beck-Aubry?, in: AfMw 10 (1953).

LUDWIG, Leopold, * 12. 1. 1908 Witkowitz (Vítkovice, heute Ostrava, ČSSR), † 25. 4. 1979 Lüneburg; dt. Dirigent. L. studierte an der Wiener Musikakademie Klavier (E. von Pauer) und Komposition (F. Schmidt), dirigierte 1931–35 an mehreren Theatern und wurde 1936 als GMD an das Staatstheater in Oldenburg berufen. 1939–45 war er 1. Kapellmeister an der Wiener Staatsoper, 1943 bis 1945 außerdem am Städtischen Opernhaus in Berlin, dann bis 1953 dort Gastdirigent an der Staatsoper Unter den Linden. 1951–72 wirkte er als GMD an der Hamburgischen Staatsoper, der er gemeinsam mit dem Direktor R. Liebermann zu großem internationalem Ansehen verhalf. Daneben dirigierte L. seit 1958 in Los Angeles und San Francisco, 1963–66 auch in Wien und 1970–72 an der Metropolitan Opera in New York. In Hamburg leitete er u.a. die UA von *Pallas Athene weint* (E. Krenek, 1955), *Der Prinz von Homburg* (H. W. Henze, 1960) und *Jacobowsky und der Oberst* (G. Klebe, 1965).

Lit.: B. W. WESSELING, L. L. (Bremen 1968). B. A. KOHL

LUDWIG, Walther, * 17. 3. 1902 Bad Oeynhausen (Westfalen), † 15. 5. 1981 Lahr/Schwarzwald; dt. Sänger (Tenor). Er studierte in Königsberg Medizin und Jura, daneben auch Gesang und debütierte 1928 am Stadttheater. 1929–32 sang er am Stadttheater in Schwerin und kreierte dort 1931 die Titelrolle der P. Graener-Oper *Friedemann Bach*. 1932–45 war er als lyrischer Tenor festes Ensemblemitglied der Städtischen Oper Berlin. 1935 gastierte er als Belmonte *(Entführung aus dem Serail)* und als Tamino *(Zauberflöte)* beim Glyndebourne-Festival. Weitere Gastspiele führten ihn an das Teatro Colón in Buenos Aires (als Stewa in L. Janáčeks *Jenufa*), an die Mailänder Scala, zu den Salzburger Festspielen und an die Wiener Staatsoper, wo er als Mozart-Interpret internationales Ansehen errang. 1952–69 war L. Professor an der Hochschule für Musik in West-Berlin, setzte anschließend sein Medizinstudium fort und promovierte 1971 zum Dr. med.

LUDWIG II., König von Bayern, * 25. 8. 1845 München, † 13. 6. 1886 (ertrunken im Starnberger See) bei Schloß Berg. L. ist musikgeschichtlich vor allem als Mäzen R. Wagners von Bedeutung geworden. Unmittelbar nach seiner Thronbesteigung (1864) ließ er den bewunderten Dichter des *Lohengrin* auf der Flucht vor seinen Gläubigern aufspüren und zu sich einladen und unterstützte ihn finanziell aufs großzügigste. Wagner, der den königlichen Mäzen für „ganz unmusikalisch" hielt (in der Tat scheint Musik für L. vor allem Stimmungsträger gewesen zu sein), entwarf ein Programm von Werken, die er bis auf *Die Sieger* auch ausgeführt hat. Bei Neuinszenierungen und Uraufführungen (*Tristan und Isolde*, 1865; *Die Meistersinger*, 1868) entwickelten L. und Wagner gemeinsam Konzepte von „Mustervorstellungen", die der König nicht zu Unrecht als „unser Werk" bezeichnete, da er sein umfassendes historisches und kunsthistorisches Wissen und seine künstlerische Begabung einbrachte und sich um die Details von Bühnenbildern und Kostümen kümmerte. Die Bühnenillusion, Voraussetzung für die Identifizierung mit den Helden seiner Wunschwelt, sollte durch geschichtliche Richtigkeit abgesichert werden. Mit Schloß Neuschwanstein, als „würdiger Tempel für den göttlichen Freund" Wagner gedacht (1868), ließ L. ein Bauwerk schaffen, bei dem Theaterdekorationen zum Vorbild der realen Architektur dienten. Hier waren Schauplätze von *Lohengrin, Tannhäu-*

ser und *Parsifal* vereinigt (die Venusgrotte aus *Tannhäuser* wurde aus technischen Erwägungen im Park von Schloß Linderhof errichtet). Der menschenscheu gewordene König, der sich – sich mehr und mehr von dem durch Wagner geformten Bild seiner Helden lösend – den mittelalterlichen Archetypen zuwandte, hatte sich eine eigene begehbare Traumwelt geschaffen.

Lit.: König L. II. u. R. Wagner, Briefwechsel, hrsg. v. O. STROBEL, 5 Bde. (Karlsruhe 1936–39); K. HOMMEL, Die Separat-Vorstellungen vor König L. II. (Mn 1963); D. u. M. PETZET, Die R. Wagner-Bühne L.s II. (Mn 1970) (= Stud. z. Kunst des 19. Jh. 8).

LUDWIG XIV., König von Frankreich, * 5. 9. 1638 St-Germain-en-Laye, † 1. 9. 1715 Versailles. Mit der Gründung einer „Académie de Danse" (1661), der „Académie de Musique" (1669) sowie weiterer Akademien setzte L. die von Richelieu begonnene zentralistische Organisation der Wissenschaften und Künste fort. Seine persönliche Anteilnahme – der Überlieferung zufolge war er der erste, der ein Menuett tanzte (1653, auf Musik J.-B. Lullys) – begünstigte den Ausbau der Hofmusik, traditionell gegliedert in „Chambre" (für Tafel und Divertissements), „Écurie" (für Freiluftaufführungen und Paraden) und „Chapelle Royale" (für die tägliche Messe des Königs). Auf die Auswahl der von Ph. Quinault und J.-B. Lully vorgeschlagenen Opernsujets nahm er ebenso Einfluß wie auf die Besetzung seiner Organisten- und Kapellmeisterstellen (Wettbewerbe 1663, 1678, 1683). Repräsentative Drucke des Versailler Repertoires entstanden auf L.s Befehl. Sie hatten, seinen politischen Anstrengungen vergleichbar, der Steigerung der französischen Vormachtstellung zu dienen.

LUKAČIĆ, Ivan (eig. Giovanni Lucacich), OFM, * 1574 (?) Šibenik, † 20. 9. 1648 Split; kroatischer Komponist. Er trat 1597 in den Franziskanerorden ein, studierte in Italien und wurde in Rom 1616 Magister der Musik. Kurz darauf erhielt er eine Kapellmeisterstelle an der Kathedrale in Split und behielt dieses Amt bis zu seinem Tod. Von ihm sind bekannt *Sacrae cantiones* (V 1620), eine Sammlung von 27 Motetten, teilweise im konzertierenden Stil.

Ausg.: 16 Motetten aus *Sacrae cantiones* 1620, hrsg. v. J. ANDREIS (Zagreb 1970).

Lit.: D. PLAMENAC, I. L. Motets choisis (Zagreb 1935) (mit dt. u. frz. Zusammenfassung); N. O'LOUGHLIN, A Note on L., in: MT 114 (1973).

ŁUKOMSKA, Halina, * 29.5.1929 Suchedniów bei Kielce; poln. Sängerin (Sopran). Sie studierte 1951–54 Gesang in Posen, dann an der Warschauer Musikakademie, 1958 an der Accademia Musicale Chigiana in Siena und 1959–60 bei Toti dal Monte in Venedig. Preisträgerin beim Internationalen Gesangswettbewerb in 's-Hertogenbosch 1956, ist H. Ł., die besonders von P. Boulez gefördert wurde, seit 1960 als Konzertsängerin vor allem zeitgenössischer Werke international bekannt geworden.

LULLY, Jean-Baptiste (eig. Giovanni Battista Lulli), * 28. 11. 1632 Florenz, † 22. 3. 1687 Paris; frz. Komponist it. Herkunft. Sein unvergleichlicher Aufstieg aus einfachsten Verhältnissen gab vielfach Anlaß zu Legendenbildungen, die teilweise zeitgenössischen Ursprungs sind. Hierher gehört seine angebliche adlige Abstammung, aber auch das herabsetzende Gerücht, er habe als „Küchenjunge" begonnen. In Wirklichkeit fand er um 1645 bei der Prinzessin von Montpensier, der „Grande Demoiselle", eine Anstellung als „Garçon de chambre". Über den Grad seiner musikalischen Vorbildung zu diesem Zeitpunkt gibt es keine gesicherten Nachrichten. Die unter Kardinal Jules Mazarin geförderte Verbreitung italienischer Musik in Frankreich beeinflußte seine Entwicklung ebenso wie die Kenntnis französischer Traditionen (Air de cour, Ballet de cour). Kompositorische Fähigkeiten vermittelten ihm die Organisten Fr. Roberday und N. Gigault. In die Zeit der Fronde fallen erste Kontakte mit dem Hof. Nachdem er 1653 zusammen mit dem König im *Ballet de la nuit* aufgetreten war, wurde L. im selben Jahr zum Compositeur de la musique instrumentale du Roi ernannt. In dieser Stellung schuf er sich nach dem Vorbild der 24 Violons du Roi ein Ensemble von 16 Instrumentalisten. Die „petite bande" erreichte unter seiner Leitung eine bis dahin unbekannte spieltechnische Perfektion (einheitliche Bogenführung, sorgfältige Ausführung der Ornamentik). Die Geltung der französischen Instrumentalmusik, wegen ihrer choreographischen Bindung keineswegs innovatorisch angelegt, beruht seitdem entscheidend auf ihrer aufführungspraktischen Wirkung, und der frühe, bereits übernationale Ruhm L.s ist damit begründet. Die letzten großen italienischen Opernimporte, Fr. Cavallis *Xerse* (1660 zur Feier des Pyrenäischen Friedens) und *Ercole amante* (1662 zur Hochzeit des Königs), wurden mit umfangreichen Beiträgen L.s ausgestattet. Bereits 1660 war die Form der sogenannten französischen Ouverture als Typus fertig. Mit dem Beginn der persönlichen Regentschaft des Königs (1661) nahm L., nunmehr als Surintendant de la musique du Roi, die Geschicke der französischen Nationalmusik in seine Hand. Während des folgenden Jahrzehnts sammelte er in Zusammenarbeit vor allem mit J.-B. Molière weitere Bühnenerfahrung. Das Comédie-ballet berücksichtigt die ästhetische Maxime der Wahrscheinlichkeit, der „vraisemblance", und entläßt die Musik aus dekorativer Unverbindlichkeit in dramatisch motivierte Gleichberechtigung zum Libretto. Sorgfältig angepaßt an Prosodie und Tonfall der französischen Sprache erarbeitete L. in Anlehnung an das ältere italienische Rezitativ seinen Typus des französischen Accompagnato-Rezitativs. Wie das gleichzeitig in Italien entwickelte Secco-Rezitativ fungiert es als Handlungsträger; außerdem bietet es der musikalischen Textinterpretation die Möglichkeit reicherer Entfaltung. Damit waren alle Voraussetzungen geschaffen, der italienischen Oper mit dem französischen Konzept einer Tragédie en musique zu begegnen. Die neue Gattung erhielt ihren institutionellen Rahmen in der 1669 gegründeten Académie Royale de Musique, deren Privileg 1672 durch die Vermittlung Colberts auf L. übergegangen war. *Cadmus et Hermione* eröffnete 1673 die jährlich bis zu seinem Tod fortgesetzte Reihe der Bühnenwerke Lullys. Librettist war Ph. Quinault. Die enge Zusammenarbeit mit dem Komponisten ging gelegentlich bis zur Reglementierung der Wortwahl einzelner Verse, ohne den heute erneut gewürdigten literarischen Rang der Dichtung zu gefährden. Dem Vorbild der klassischen Tragödie von P. Corneille und J. Racine folgt die Wahl der Stoffe (vorwiegend antike Mythologie) und ihre Gliederung in 5 Akte, denen ein Prolog vorangestellt wird. Die Komposition steht ebenso im Dienst der poetischen Entwicklung und psychologischen Schilderung, wie umgekehrt die Dichtung die musikalischen Elemente zur Geltung bringt: Tanz, Ballett, Ensembles und Chöre, Rezitative im Wechsel mit einfachen Airs, selbständige Instrumentalsätze, dazu großzügige Ausstattung und erfinderischer Einsatz von Bühnenmaschinen sind die bereits früher erprobten Mittel, ein eigentümlich französisches „Gesamtkunstwerk" zu erstellen. In Deutschland (u.a. Braunschweig, Darmstadt, Stuttgart) fanden die Opern L.s sehr rasch Beachtung, z.T. in deutschen Übersetzungen. Breite Nachahmung erfuhren bei den deutschen „Lullisten" (u.a. S. Kusser, G. Muffat) die aus Opern ausgezogenen Orchestersuiten mit vorangestellter „Ouverture". Daß der Anspruch einer französischen Nationalmusik vornehmlich von der Tragédie en musique in der Formulierung L.s abgeleitet wurde, zeigt die um 1700 einsetzende Diskussion um den Vorrang der französischen vor der italienischen Musik, ein Streit, der den Personalstil L.s zu Recht mit dem frz. Nationalstil gleichsetzen konnte. Als 1659 im *Ballet de la Raillerie* die it. und frz. Musik in Person auftraten, waren die kompositorischen Mittel absichtsvoll stilisiert: L. kennt die Technik dissonanzverschränkter Fundamentschritte, ohne sie zu rezipieren.

Obwohl L. zu keinem Zeitpunkt eine amtliche Stellung an der königlichen Kapelle innehatte, schrieb er konzertierende Motetten, wenn bei offiziellen Anlässen die gesamte Hofmusik herangezogen werden sollte. (Während einer Aufführung seines Te Deum zur Feier der Genesung des Königs zog er sich beim Taktieren die Fußverletzung zu, an deren Folgen er starb.) L. respektierte den von P. Robert und H. Du Mont festgelegten Typus des Versailler Grand motet, großangelegte Kantaten mit Soli, Ensemble- und Chorsätzen sowie Orchesterritornellen. Allerdings verzichtet er weitgehend auf fugierte Arbeit. Funktion und die Möglichkeit aufwendiger Besetzung bestimmen den effektvollen Charakter dieser Motetten deutlicher als die Rücksicht auf spezielle Gattungstraditionen. Doch wurde eine Auswahl seiner Kirchenmusik in die Reihe repräsentativer Repertoiredrucke des Jahres 1684 aufgenommen, und Stücke wie das Miserere (1664) festigten das Ansehen L.s nicht weniger als seine Bühnenwerke.

G. MORCHE

WW (wenn nichts anderes angegeben, UA in Paris): **1) Ballette** (zus. mit anderen Komponisten): *Le nuit* (Libr.: I. Benserade), UA: 1653; *Les proverbes* (Libr.: ders.), UA: 1654; *Les noces de Pelée et Thétis* (Balletteinlagen zu C. Capriolis Oper), UA: 1654; *Le temps* (Libr.: Benserade), UA: 1654; *Les Plaisirs* (Libr.: ders.), UA: 1655; *Les bienvenus* (Libr.: ders.), UA: Compiègne 1655; *Psyché et la puissance de l'amour* (Libr.: ders.), UA: 1656; *La galanterie du temps*, UA: 1656; *L'Amour malade*, UA: 1657; *Les plaisirs troublés*, UA: 1657; *La revente des habits de ballet* (Libr.: Benserade) (um 1661) (UA?); *Mascarade du capitaine* (1664) (UA?); Ballette (mit gelegentlichen Beitr. anderer Komponisten): *Alcidiane* (Libr.: Benserade), UA: 1658; *La raillerie* (Libr.: ders.), UA: 1659; *Xerxès* (Balletteinlagen zu F. Cavallis Oper), UA: 1660; *Ballet de Toulouse* (1660?); *L'impatience* (Libr.: ders.), UA: 1661; *Les saisons* (Libr.: ders.), UA: 1661; *Hercule amoureux* (Balletteinlagen zu Cavallis Oper), UA: 1663; *Les arts* (Libr.: Benserade), UA: 1663; *Les noces de village* (Libr.: ders.), UA: Vincennes 1663; *Les amours déguisés* (Libr.: ders. u. Périgny), UA: 1664; *Œdipe* (Balletteinlagen zu P. Corneilles Tragödie), UA: 1664; *La naissance de Vénus* (Libr.: Benserade), UA: 1665; *Les gardes* (1665?); *Ballet de Créquy ou Le triomphe de Bacchus dans les Indes*, UA: 1666; *Les muses* (Libr.: Benserade), UA: 1666; *Le carnaval ou Mascarade de Versailles* (Libr.: ders.), UA: 1668; *Flore* (Libr.: ders.); UA: 1669; Pasticci *Ballet des ballets*, UA: 1671, u. *Le carnaval*, UA: 1675; *Le triomphe de l'amour* (Libr.: Benserade u. Ph. Quinault), UA: St-Germain 1681; *Le temple de la paix* (Libr.: Quinault), UA: 1685. – **2) Pastoralen, Gelegenheitswerke u. Musik für Comédies-ballets:** J.-B. Molière, *Les fâcheux* (Musik überwiegend v. Ch.-L. Beauchamps) (1661); ders., *Le mariage forcé*, UA: 1664; ders., *Les plaisirs de l'île enchantée*, UA: Versailles 1664; ders., *La princesse d'Élide*, UA: 1664; ders., *L'amour médecin*, UA: Versailles 1665; ders., *La pastorale comique*, UA: St-Germain 1667; ders., *Le Sicilien ou L'amour peintre*, UA: ebd. 1667; ders., *Grand divertissement royal de Versailles* bzw. *George Dandin*, UA: Versailles 1668; Ph. Quinault, *La grotte de Versailles*, UA: ebd. 1668; Molière, *Monsieur de Pourceaugnac*, UA: 1669; ders., *Les amants magnifiques*, UA: St-Germain 1670; ders., *Le bourgeois gentilhomme*, UA: Chambord 1670; Tragédie-ballet v. dems., P. Corneille u. Quinault, *Psyché*, UA: 1671; J.-B. Racine, *Idylle sur la paix*, UA: 1685. – **3) Opern:** Pasticcio *Les fêtes de l'Amour et de Bacchus* (Libr.: Quinault, Molière u. Benserade), UA: 1672; *Cadmus et*

Hermione (Libr.: Quinault), UA: 1673; *Alceste* (Libr.: ders.), UA: 1674; *Thésée* (Libr.: ders.), UA: St-Germain 1675; *Atys* (Libr.: ders.), UA: ebd. 1676; *Isis* (Libr.: ders.), UA: ebd. 1677; *Psyché* (Libr.: Th. Corneille, Quinault u. B. de Fontenelle), UA: 1678; *Bellérophon* (Libr.: Th. Corneille u. Fontenelle), UA: 1679; *Proserpine* (Libr.: Quinault), UA: St-Germain 1680; *Persée* (Libr.: ders.), UA: 1682; *Phaéton* (Libr.: ders.), UA: 1683; *Amadis* (Libr.: ders.), UA: 1684; *Roland* (Libr.: ders.), UA: Versailles 1686; *Armide et Renaud* (Libr.: ders.), UA: 1686; Pastorale héroïque *Acis et Galatée* (Libr.: J. G. de Campistron), UA: 1686; *Achille et Polixène* (Libr.: ders.), UA: 1687, Ouvertüre u. 1. Akt v. L., Prolog u. 2.–5. Akt v. P. Collasse. – **4) Instr.-WW u. Kirchenmusik:** *Bransles* (1664); *Airs de trompettes, timbales et hautbois; Trios pour le coucher du roi;* zahlr. Opernsuiten (Ouvertürensuiten). – Te Deum (1677); 10 Grands motets und 14 andere Motetten (petits motets).

Ausg.: Œuvres complètes, 10 Bde., hrsg. v. H. PRUNIÈRES (P 1930–39, Nachdr. NY 1966) (unvollständig); Einzelausg., in: Chefs-d'œuvre classiques de l'opéra français, hrsg. v. J. B. WECKERLIN – TH. DE LAJARTE (P 1787ff.).

Lit.: L. et l'opéra français, in: RM 6 (Sonderh.) (1924/25) Nr. 3; Molière et L., in: XVIIe siècle (Sonderh.) (1973) Nr. 98/99. – H. PRUNIÈRES, L. (P 1910, ^{2}1927); L. DE LA LAURENCIE, L. (P 1911, ^{2}1919); P.-M. MASSON, Lullistes et Ramistes 1733 jusqu'au 1752, in: AM 1 (1911); H. PRUNIÈRES, L'opéra it. en France avant L. (P 1913); DERS., Le ballet de cour en France avant Benserade et L. (P 1914, Nachdr. NY 1970); L. DE LA LAURENCIE, Les créateurs de l'opéra français (1920, ^{2}1939); H. PRUNIÈRES, L. and the Acad. de Musique et de Danse, in: MQ 11 (1925); D. J. GROUT, Seventeenth Century Parodies of French Opera, in: MQ 27 (1941); E. BORREL, J.-B. L. (P 1949); C. SARTORI, G. B. Lulli it. suo malgrado, in: Musicisti toscani, hrsg. v. A. Damerini – F. Schlitzer (Siena 1955) (= Accad. mus. Chigiana 12); CH. L. CUDWORTH, „Baptist's Vein". French Orchestral Music and Its Influence from 1650 to 1750, in: Proc. R. Mus. Assoc. 83 (1956/57); A. M. NAGLER, L.s Opernbühne, in: Kleine Schriften der Ges. für Theatergesch. 17 (B 1960); J. EPPELSHEIM, Das Orch. in den Werken J.-B. L.s (Tutzing 1961) (= Münchner Veröff. z. Musikgesch. 7); F. H. NEUMANN, Die Ästhetik des Rezitativs. Zur Theorie des Rezitativs im 17. u. 18. Jh. (Str 1962); N. DEMUTH, French Opera. Its Development to the Revolution (Horsham/Sussex 1963); M. F. CHRISTOUT, Le ballet de cour de Louis XIV 1643–1672 (P 1967); W. P. COLE, The Motets of J.-B. L., 2 Bde. (1967) (= Diss. Univ. of Michigan); K. COOPER – J. ZSAKO, G. Muffat's Observations on the L. Style of Performance, in: MQ 53 (1967); H. M. ELLIS, The Dances of J.-B. L. (1967) (= Diss. Stanford Univ./Calif.); DIES., The Sources of J.-B. L.'s Secular Music, in: Rech. Mus. 8 (1968); L. HIBBERD, Mme de Sévigné and the Operas of L., in: Essays in Musicology. FS W. Apel (Bloomington/Ind. 1968); H. M. ELLIS, Inventory of the Dances of J.-B. L., in: Rech. Mus. 9 (1969) (mit thematischem Kat.); A. DUCROT, Les représentations de l'Acad. Royale de Musique à Paris au temps de Louis XIV, in: ebd. 10 (1970); M. BENOIT, Versailles et les musiciens du roi, 1661–1733 (P 1971) (= La vie musicale sous les rois Bourbons 19); J. R. ANTHONY, French Baroque Music from Beaujoyeulx to Rameau (Lo 1973); R. M. ISHERWOOD, Music in the Service of the King (Ithaca/N. Y. – Lo 1973); R. H. F. SCOTT, J.-B. L. (Lo 1973); J. E. W. NEWMAN, J.-B. de L. and his Tragédies lyriques (Ann Arbor 1979); H. SCHNEIDER, Chronologisch-thematisches Verz. sämtlicher Werke von J.-B. L. (LWV) (Tutzing 1981) (= Mainzer Stud. zur Musikwiss. 14).

LULU, Oper in 3 Akten von Alban Berg (1885–1935), Text vom Komponisten nach Frank Wedekinds Tragödien *Der Erdgeist* (veröffentlicht 1895) und *Die Büchse der Pandora* (veröffentlicht 1902). Ort und Zeit der Handlung: eine deutsche Großstadt, Paris und London, um die Wende zum 20. Jahrhundert. UA: 2. 6. 1937 in Zürich (Stadttheater); dt. EA: 7. 3. 1953 in Essen. UA der komplettierten Fassung: 24. 2. 1979 in Paris unter P. Boulez; dt. EA: 14. 10. 1979 in Frankfurt a. M.

Berg folgte in seiner Dramatisierung der Lulu-Dramen Wedekinds deren zentraler Idee, wie sie Karl Kraus formulierte: „Alle Typen der Mannheit hat die Herrin der Liebe um sich versammelt, damit sie ihr dienen, indem sie nehmen, was sie zu spenden hat." Die Zwangsläufigkeit in Lulus Schicksal verdeutlicht Berg im Libretto durch dessen spiegelsymmetrischen Aufbau: Lulus stetiger Aufstieg, in dessen Folge sie zum Mord an ihrem reichen Gönner Dr. Schön getrieben wird, steht ihrem unabwendbaren sozialen Abstieg zur Londoner Prostituierten, die von Jack the Ripper (vom selben Sänger wie Dr. Schön dargestellt) erstochen wird, gegenüber. Die Zeit der Wende, Lulus Jahre im Gefängnis bis zu ihrer Befreiung durch die sie liebende Gräfin Geschwitz, ließ Berg als Film zur Verwandlungsmusik zwischen beiden Szenen des zweiten Aktes abspulen. Das Geflecht der Verstrikkungen, in denen sich die Personen der Handlung in ihren Beziehungen zu Lulu befinden, illustriert der Komponist durch Leitmotive von nahezu wagnerischer Prägnanz, deren zwölftöniges melodisches Material durch Permutation oder Ausfällung aus der „Lulu-Reihe" gewonnen ist. Vom 3. Akt der Oper hinterließ Berg nur ein Particell von 1326 Takten; lediglich 390 wurden fertig instrumentiert. Schönberg und Webern lehnten eine Vervollständigung für die geplante UA (Zürich 1936) ab, und die Witwe Bergs untersagte schließlich testamentarisch jegliche Einsicht in das Quellenmaterial; das Werk sollte Torso bleiben. Der Wiener Musikwissenschaftler und Komponist Fr. Cerha unternahm trotz Strafandrohung seitens der Erben die Komplettierung der Oper (vollständige Instrumentation und Nachkomposition einiger von Berg vorgesehener Takte). Der Rechtsstreit endete im Mai 1980 mit einem Vergleich: Bergs Verlag darf die Aufführungsrechte für die vollständige Fassung „nicht zu oft" pro Spielzeit (1980/81 nur dreimal) vergeben. Diese Fassung wird sich nach Meinung der Fachwelt jedoch durchsetzen, denn nur in dieser Version wird die komplexe Gesamtarchitektur des Werkes, wenn auch nicht immer auditiv nachvollziehbar, deutlich.

K. LANGROCK

LUMBYE, Hans Christian, * 2. 5. 1810 Kopenhagen, † 20. 3. 1874 ebd.; dänischer Komponist. L. gründete 1840 in Kopenhagen eine Tanzkapelle, für die er zahlreiche Stücke im Stil von J. Strauß (Vater) schrieb und deshalb gelegentlich auch als der „nordische Strauß" bezeichnet wurde. Seine Stücke wurden durch Konzerttourneen auch im Ausland rasch populär, darunter *Champagnegalopp* und *Drømmebilleder.* Nach seinem Tod übernahmen sein Sohn Carl (1841–1910) und 1891 sein Sohn Georg (1843–1922) die Leitung der Kapelle.

Lit.: G. SKJERNE, H. Ch. L. og hans samtid (Kop 1912, ²1946).

LUNA, Pablo, * 21.5.1880 Alhama de Aragón (Saragossa), † 28. 12. 1942 Madrid; span. Komponist und Dirigent. Er studierte an der Musikschule in Saragossa und schrieb etwa 150 Bühnenwerke, vorwiegend Operetten, Zarzuelas und Revuen. Neben A. Vives und J. Serrano zählt er zu den wichtigsten Vertretern der spanischen Zarzuela.

WW: Bühnen-WW: *Molinos de viento,* UA: Sevilla 1910; *Los cadetes de la reina,* UA: Madrid 1913; *El asombro de Damasco,* UA: ebd. 1916; *El niño judío,* UA: ebd. 1918; *Benamor,* UA: ebd. 1923; *La pícara molinera,* UA: ebd. 1928; *El pilar de la Victoria,* UA: Saragossa 1944.

LUNATI, Carlo Ambrogio, ↗Lonati.

LUNCEFORD, Jimmie (eig. James Melvin), * 6. 6. 1902 Fulton (Missouri), † 13. 7. 1947 Seaside (Oregon); amerik. Jazzmusiker (Saxophon, Klarinette, Flöte, Posaune und Gitarre) und Bandleader. L. studierte an der Fisk University in Nashville (Tenn.) und am New Yorker City College. 1927 gründete er seine „Chickasaw Syncopators", die während der 30er Jahre in New York zu den führenden Big Bands des Swing gehörten. Ihr Swingstil zeichnete sich durch besondere Präzision und rhythmische Prägnanz („Bounce") aus. Zu ihrem Repertoire, meist Stücke im mittleren Tempo, gehörten die Erfolgstitel *Baby won't you please come home* und *Margy.*

Lit.: The J. L. Band, hrsg. v. E. EDWARDS – G. HALL – B. KORST (Whittier/Calif. 1965) (= Jazz. Discographies o. Nr.).

LUNELLI, Renato, * 14. 5. 1895 Trient, † 14. 1. 1967 ebd.; it. Organist und Musikforscher. Er studierte Orgel am Liceo Musicale in Trient und wurde 1920 Organist an S. Maria Maggiore, deren Orgel aufgrund seiner Forschungen restauriert werden konnte (1925–30). 1953–60 leitete er die von ihm eingerichtete Musikabteilung der Stadtbibliothek in Trient. 1960 bis zu seinem Tod gab er zusammen mit Luigi Ferdinando Tagliavini die Zeitschrift *L'Organo* heraus.

Schriften: *Contributi trentini alle relazioni musicali fra l'Italia e la Germania ...,* in: AMl 21 (1949); *Der Orgelbau in Italien in seinen Meisterwerken vom 14. Jh. bis zur Gegenwart,* dt. Übers. v. C. Elis – P. Smets (Mz 1956), daraus 11 Orgelmonodien (Mz 1956–57); *L'arte organaria del Rinascimento in Roma* (Fi 1958); *A che punto è in Italia la storia dell'arte organaria?,* in: AMl 30 (1958); *Organi trentini,* hrsg. v. R. Maroni (Trient 1964); *Studi e documenti di storia organaria veneziana* (Fi 1973). – Gesammelte Aufsätze als: *La musica sul Trentino dal XV al XVIII s.,* 2 Bde., hrsg. v. R. Maroni – C. Lunelli (Trient 1967), und *Strumenti musicali nel Trentino,* hrsg. v. dens. (ebd. 1968).

Lit.: C. LUNELLI, in: RIMus 2 (1967).

LUENING, Otto, * 15. 6. 1900 Milwaukee (Wisconsin); amerik. Flötist, Dirigent und Komponist. Er studierte 1915–17 an der Akademie der Tonkunst in München, 1917–20 bei Ph. Jarnach und V. Andreae am Konservatorium und 1919–20 an der Universität in Zürich. 1918 war er außerdem Privatschüler von F. Busoni, von dem er erste Anregungen für seine in den 50er Jahren entwickelte elektronische bzw. Magnetband-Musik empfing. In die USA zurückgekehrt, gründete er dort 1920 die American Grand Opera Company in Chicago, war 1925–28 Executive Director und Dirigent der Opernabteilung der Eastman School of Music in Rochester (N.Y.) und leitete 1934–44 die Musikabteilung des Bennington College in Vermont. 1944–47 lehrte er Komposition am Barnard College und 1949–68 als Professor an der Columbia University in New York. Seit 1959 ist L. beigeordneter Direktor des Columbia-Princeton Electronic Center.

WW: 3 Streichquartette, 1: mit obligater Klar. (1919), 2 u. 3 (1922, 1928); *Pilgrim's Hymn* (1947) u. *Prelude* (1947) für Kammerorch.; *Kentucky Concerto* (1951) u. Fantasien (1969) für Orch. – Elektronische Musik: *Invention, Fantasy in Space* u. *Low Speed* (alle 1952); *Dynamophonic Suite* (1958); *Gargoyles* (1960) für V. u. synthetische Klänge; *A Day in the Country* (1961) für V. u. Tonband; *Study in Synthesized Sounds* (1961); *Synthesis* (1962) für Orch. u. Tonband; *In the Beginning* (1971) für elektronischen Klang u. St. auf Tonband; ferner das Ballett *Theater Piece No. II* (1956) für Tonband, Klv., Sopran, Sprecher, Schlagzeug u. Blechbläser. – Oper *Evangeline,* UA: New York 1948; Ballett *Of Identity* (1954); Bühnenmusik zu Shakespeares *King Lear,* UA: New York 1956. – Ferner die Schrift *Some Random Remarks about Electronic Music,* in: JMTh 8 (1964), und die Autobiographie *The Odyssey of an American Composer* (NY 1980).

Lit.: Werkverz., in: Composers of the Americas 7 (Washington/D. C. 1961); CH. WUORINEN, Conversations with O. L., in: Perspectives of New Music 10 (1971).

LUPACCHINO (Luppachino, Luppagino) **DAL VASTO, Bernardino** (eig. Bernardino Carnefresca); it. Komponist des 16. Jahrhunderts. L. war Priester und wurde 1552 Kapellmeister an S. Giovanni in Laterano in Rom. Sein schlechter Lebenswandel führte schon 1555 zu seiner Entlassung. G. P. Palestrina war sein Nachfolger.

WW: 2 Bücher *Madrigali* für 4 St. (V 1543, 1546) sowie je ein Buch für 5 St. (V 1547) u. für 2 St. (V 1559 u. ö.) (zus. mit G. M. Tasso). – Bicinien und Madrigale in Sammeldrucken 1551–1609.

Lit.: A. EINSTEIN, The Italian Madrigal (Princeton/N.J. 1949, Nachdr. 1970, dt. Z 1952).

LUPI (Lupus), **Johannes** (eig. Jean oder Jennet le Leu), * um 1506 Cambrai, † 20. 12. 1539 ebd.;

franko-flämischer Komponist. L. war bis 1521 Chorknabe an der Kathedrale von Cambrai und studierte seit 1522 an der Universität Löwen. Nach Cambrai zurückgekehrt, wurde er 1526 Vikar und 1527 Kapellmeister an der Kathedrale. Beide Ämter behielt er bis zu seinem Tod. Josquin Baston, möglicherweise einer seiner Schüler, schrieb eine Trauermusik auf seinen Tod. Aus dem 16. Jh. sind 3 weitere Musiker gleichen Namens bekannt. Ein Johannes L. ist bis 1502 als Organist in Nivelles nachweisbar, ein weiterer 1548 als Capellanus der Kathedrale von Antwerpen, schließlich ein Komponist Johannes L., der eine Trauermusik auf den Tod J. Ockeghems schrieb und mit Johannes L. aus Cambrai identisch sein könnte. Ferner erscheint in den Quellen ein Komponist namens Lupus (Vorname unbekannt), der aufgrund der Quellenlage weder mit Lupus ↗Hellinck noch mit Johannes L. identisch sein dürfte.

WW: *Chori Sacrae Virginis Marie Cameracensis Magistri, Musice Cantiones*... (15 Motetten für 4, 5, 6 u. 8 St.) (P 1542); 20 weitere Motetten sowie 25 Chansons hsl. u. in Sammeldrucken der Zeit. – 3 Messen (Zuschreibung zweifelhaft).

Bei den L. mit Sicherheit zuschreibbaren Werken verbinden sich Elemente der niederländischen und französischen (Pariser) Musik. Dies gilt vor allem für die Chansons, meist auf sentimentale oder amouröse Texte, die stilistisch in der Nähe Cl.' non Papa stehen. In den Motetten von 1542 strebt L. im Vergleich zu N. Gombert eine deutlichere formale Gliederung in Verbindung mit einer harmonisch und melodisch verfeinerten, gelegentlich preziösen Schreibweise an.

Ausg.: 10 weltliche Lieder, hrsg. v. H. ALBRECHT (Wb 1932) (= Chw 15); eine Chanson, in: Theatrical Chansons of the 15th and Early 16th Century, hrsg. v. H. M. BROWN (C/M 1963); 2 Motetten, in: P. Attaingnant, Treize livres de motets, hrsg. v. A. T. MERRITT (Monaco 1963).

Lit.: K. HUBER, Die Doppelmeister des XVI. Jh., in: FS A. Sandberger (Mn 1918); H. ALBRECHT, Lupus Hellinck u. J. L., in: AMl 6 (1934); L. FINSCHER, L., in: MGG VIII; B. J. BLACKBURN, The Lupus Problem, 2 Bde. (1970) (= Diss. Univ. of Chicago); DERS., J. L. and Lupus Hellinck. A Double Portrait, in: MQ 59 (1973).

LUPI SECOND, Didier, † nach 1559 wahrsch. Lyon; frz. Komponist. Druckort und Widmungen seiner Werke weisen darauf hin, daß L. S. in Lyon oder im Umkreis dieser Stadt gewirkt hat. Neben einem Buch mit weltlichen Chansons veröffentlichte er 1548 21 Chansons spirituelles auf Texte von G. Guéroult, die zu den ersten bedeutenden Beispielen dieser Gattung gehören. Stilistisch lassen sich schlichte, strophische Stücke im Satz Note gegen Note und figurierte Stücke nach Art der weltlichen Chanson unterscheiden, die später auch seinen 30 Psalmen auf Texte von Giles Daurigny zum Vorbild diente. Am berühmtesten wurde seine Chanson spirituelle *Suzanne un jour,* deren Tenor für die Vertonung desselben Textes von etwa 30 Komponisten übernommen wurde.

WW: *Premier livre des chansons spirituelles* für 4 St. (Ly 1548, P ²1568); *Tiers livre contenant trente et cinq chansons* für 4 St. (Ly 1548); *Psalmes trente ... traduits en vers françois par G. Daurigny* (Ly 1549).

Ausg.: Chansons spirituelles, hrsg. v. M. HONEGGER, 8 H.e (P 1960) (= Soli Deo gloria o. Nr.); Chansons, hrsg. v. DEMS., 6 H.e (P 1964–65) (= Chansons françaises o. Nr.).

Lit.: M. HONEGGER, L. S., in: MGG VIII und Grove⁶ XI.

LUPOT, frz. Geigenbauer-Familie. Die bedeutendsten Mitglieder sind: **1) François (I),** * 5.7. 1725 Plombières, † 1804 Paris. Er arbeitete zunächst bei seinem Vater, dem Geigenbauer François-Laurent L. (1696–1762), in Lunéville und ging nach einem kurzen Aufenthalt in Nancy 1758 nach Stuttgart, wo er bis nach 1766 im Dienst des Herzogs von Württemberg stand. Seit 1769 lebte er in Orléans und seit 1794 in Paris. – **2) Nicolas,** Sohn von 1), * 4. 12. 1758 Stuttgart, † 3. 8. 1824 Paris. L. ist das berühmteste Mitglied seiner Familie und erhielt den ehrenvollen Beinamen „französischer Stradivari". Er folgte seinem Vater nach Orléans und Paris und arbeitete dann bei dem Geigenbauer Fr.-L. Pique. 1798 eröffnete er eine eigene Werkstatt, wurde 1815 Geigenbauer der Chapelle Royale und 1816 Lieferant der Ecole royale de musique. Nach seinem Tod übernahm sein Schwiegersohn, Fr. Gand, die Werkstatt. – **3) François (II),** Bruder von 2), * 1774 Orléans, † 4. 2. 1837 Paris. L. ließ sich 1815 in Paris nieder und wurde vor allem durch seine Streichbogen bekannt. Er gilt als Erfinder des Schiebers am ↗Frosch.

LUPU, Radu, * 30. 11. 1945 Galatz; rumänischer Pianist. Er studierte 1959–62 Klavier bei Florea Musisescu am Konservatorium in Bukarest und anschließend bis 1966 am Moskauer Konservatorium bei H. Neuhaus und dessen Sohn. L. gewann mehrere Klavierwettbewerbe: 1966 in Texas („Van Cliburn"), 1967 in Bukarest („George Enescu") und 1969 in Leeds. 1969 debütierte er in Deutschland und 1972 in New York. L., der seither in der ganzen Welt konzertiert, charakterisiert sein Spiel als „Mischung von Intuition und Analyse" und stellt Atmosphäre über technische Perfektion.

LUPUS ↗Hellinck, ↗Lupi.

LURE (von dänisch lur). – **1)** Bz. für ein nordisches Blasinstrument der jüngeren Bronzezeit, das durch zahlreiche Funde in Dänemark (1797 wurden im Moor von Brudevaelte 6 Exemplare gefunden), Schweden, Norwegen und Norddeutschland belegt ist. Die leicht konischen Instrumente bestehen aus

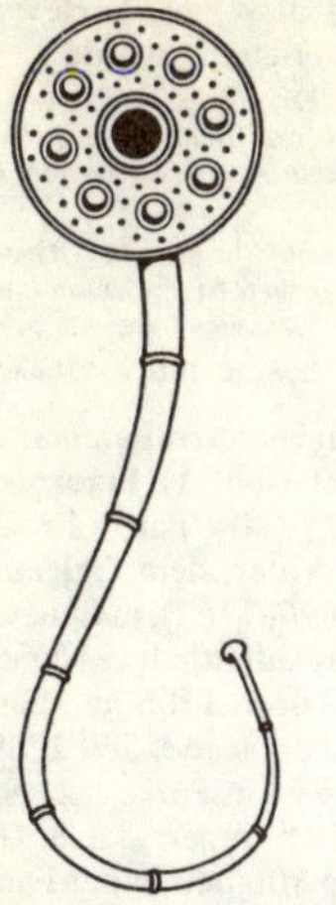

mehreren, aus Bronze gegossenen und halbkreis- oder S-förmig zusammengesetzten Teilen von insgesamt etwa 1,50–2,50 m Länge. Das Schallstück trägt eine flache Scheibe, die häufig mit Sonnenornamenten geschmückt ist. Zur Erzeugung besonderer Klangeffekte besitzen die L.n kleine Bronzehämmerchen auf der Rückseite der Scheibe und Bronzestückchen in der Umgebung des kesselförmigen Mundstückes. Die häufig paarweise gefundenen, jeweils gleich groß und symmetrisch gebauten Instrumente dienten – insbesondere durch Felsbilder belegt – kultischen Zwecken. Die daraus vermutete paarweise Verwendung läßt indes keinen Schluß auf Heterophonie bzw. zwei- oder mehrstimmiges Spiel im modernen Sinne zu. Auch der auf spielbaren L.n nachgewiesene Vorrat von 12 Naturtönen und zusätzlichen 10 chromatischen Tönen unterhalb des Grundtons gibt letztlich noch keine Auskunft über die tatsächliche Musizierpraxis. Die von R. von Ficker 1929 aus tradierten archaischen Praktiken gezogenen Rückschlüsse – etwa das einen Vier- oder Fünfklang umkreisende Spiel mehrerer Hörner in der Normandie – müssen hypothetisch verstanden werden. – **2)** Skandinavisches Alphorn ohne Mundstück, das aus zwei ausgehöhlten, meist rindenumwickelten Holzteilen besteht.

Lit.: **Zu 1):** R. VON FICKER, Primäre Klangformen, in: Jb. Peters 36 (1929); A. OLDENBERG, A Contribution to the History of the Scandinavian Bronze L., in: Acta Archaeologica 18 (1947); H. CH. BROHOLM – W. P. LARSEN – G. SKJERNE, The L. of the Bronze Ages (Kop 1947); H. CH. BROHOLM, Bronzelurerne i Nationalmusaeet (Kop 1959).

LUSCINIUS (eig. Nachtigall), **Othmar** (Othmarus), * um 1480 Straßburg, † 5.9.1537 Freiburg im Breisgau; dt. Musiktheoretiker und Komponist. L. studierte 1494–96 in Heidelberg und erwarb das Bakkalaureat. Später setzte er seine Studien an den Universitäten von Wien, Löwen, Paris (1511–14) und Padua (1518–19), wo er zum Dr. jur. can. promovierte, fort. Seine Organistenstelle in Straßburg, die er bereits 1515 angetreten hatte, verlor er 1520. 1523–28 war er Prediger und Kanonikus an St. Moritz in Augsburg und anschließend Prediger am Münster in Freiburg im Breisgau. Von seinen beiden Musikschriften ist die *Musurgia seu Praxis musicae* (Str 1536) zu erwähnen, deren 1. Teil aus einer freien lateinischen Übersetzung von S. Virdungs *Musica getutscht* besteht.

WW: 3 Orgelstücke im Tabulaturbuch v. L. Kleber (1524). – *Musicae institutiones* (Str 1515); *Musurgia seu Praxis musicae* (Str 1536, [2]1542), dazu *De concentus polyphoni ratione*.

Ausg.: 3 Orgelstücke, in: Frühmeister der dt. Orgelkunst, hrsg. v. H. J. MOSER (1936).

Lit.: M. VOGELEIS, Quellen u. Bausteine zu einer Gesch. der Musik u. des Theaters im Elsaß (Str 1911, Nachdr. G 1976); K. W. NIEMÖLLER, O. L., Musiker u. Humanist, in: AfMw 15 (1958).

LUSITANO, Vicente, * Olivença (?); port. Komponist und Musiktheoretiker des 16. Jahrhunderts. L. erhielt die Priesterweihe und seine musikalische Ausbildung vermutlich in der Bischofsstadt Olivença und soll später selbst in Rom, Viterbo und Padua unterrichtet haben. 1551 ist er in Zusammenhang mit dem berühmten Streitgespräch mit N. Vicentino über die 3 Tongeschlechter nachweisbar, aus dem er als Sieger hervorging. In Rom wurde auch seine Motettensammlung und die 1. Auflage der *Introdutione facilissima* ... gedruckt. Nach seiner Konversion zum Protestantismus und der Heirat flüchtete er aus Italien und bewarb sich vergeblich um eine Stelle in der Kapelle des Herzogs Christoph von Württemberg. Danach verliert sich jede Spur. Möglicherweise verbrachte er seine letzten Lebensjahre in Frankreich. Als Komponist wie Musiktheoretiker nimmt L. einen bedeutenden Rang innerhalb der europäischen Musikkultur um die Mitte des 16. Jh. ein. Seine theoretischen Werke mit starkem didaktischem Einschlag sind aufschlußreich für die Kenntnis der Musikpraxis und des Musikunterrichts in der Mitte des 16. Jahrhunderts.

WW: **1) Kompositionen:** *Liber primus epigramatum que vulgo motetta dicuntur* für 5, 6 u. 8 St. (R 1551); eine Motette hsl. u. ein Madrigal in RISM 1562[8]. – **2) Schriften:** *Introdutione facilissima, et novissima, di canto fermo, figurato, contraponto semplice et in concerto, con regole generali per far fughe differenti sopra il canto fermo, a 2, 3 et 4 v.* ... (R 1553); ein weiterer Traktat hsl.

Lit.: R. STEVENSON, V. L. New Light on His Career, in: JAMS

15 (1962); M. A. BARBOSA, V. L., ein port. Komponist und Musiktheoretiker des 16. Jh. (Lis 1977). M. A. BARBOSA

LUSSY, Mathis, * 8. 4. 1828 Stans, † 21. 1. 1910 Montreux; Schweizer Pianist und Musiktheoretiker. Er ließ sich 1847 in Paris nieder, wo er ein geschätzter Klavierlehrer war. L. ist vor allem durch seine Schriften über den musikalischen Rhythmus bekannt geworden, die von großem Einfluß auf seine Zeitgenossen waren.

Schriften: *Réforme dans l'enseignement du piano,* 1: *Exercices de piano* (P 1863), NA als: *Exercices de mécanisme* (1878, [5]1909); *Traité de l'expression musicale* (P 1874, [8]1904), dt. Übers. v. F. Vogt als: Die Kunst des musikal. Vortrags (L 1885); *Histoire de la notation musicale* (P 1882) (zus. mit E. David); *Le rythme musicale* (P 1883, [4]1911).

Lit.: E. MONOD, M. L. u. der musikal. Rhythmus (dt. Neuenburg 1912).

LUSTIGEN MUSIKANTEN, DIE, Singspiel in 2 Akten von Ernst Theodor Amadeus Hoffmann (1776–1822), Text von Clemens Brentano. Die Handlung spielt in Famagusta, in italienisch-phantastischen Masken. UA: 6. 4. 1805 in Warschau (Nationaltheater).

Brentano hatte den Text als Gelegenheitsarbeit innerhalb von 4 Tagen im November 1802 in Düsseldorf für eine dortige Schauspieltruppe geschrieben (geplant war eine Aufführung am Neujahrstag 1803 mit Musik von Peter Ritter; diese Fassung wurde zuerst am 1. 1. 1804 in Mannheim gegeben). – Das Libretto bietet eine typische romantische, sentimentale Wiedererkennungsgeschichte, die in eine Rahmenhandlung mit derb-satirischen Szenen (gespielt von typischen Masken der Commedia dell'arte) gestellt ist. Hoffmann, der das Werk im Dezember 1804 komponierte, teilte die Folge von 19 Auftritten in 2 Akte, um die Einheit des Ortes in jedem Akt wahren zu können. Stilistisch steht die Komposition ganz in der Tradition des Singspiels mit gesprochenem Dialog: formale Anlage der einzelnen Nummern und melodische Erfindung sind ebenso schlicht wie der zumeist homophone Satz in den Ensembles. Einzig zwei zur Szene geweitete Nummern im 2. Akt und die beiden durchkomponierten Finali weisen auf die stilistischen Elemente, derentwegen Hoffmann „von dieser Komposition (s)eine bessere Periode“ datierte. Außer der Ouvertüre ging zu Lebzeiten des Komponisten das gesamte Notenmaterial verloren und wurde erst Jahrzehnte nach Hoffmanns Tod wiedergefunden. J. SCHLÄDER

LUSTIGEN WEIBER VON WINDSOR, DIE, Komisch-Phantastische Oper in 3 Akten von Otto Nicolai (1810–49), Text nach William Shakespeares Komödie *The Merry Wives of Windsor* (vermutlich 1597) von Hermann Salomon Mosenthal. Ort u. Zeit der Handlung: Windsor, Anfang des 17. Jahrhunderts. UA: 9. 3. 1849 in Berlin (Königliches Opernhaus).

Anders als in Verdis *Falstaff* konzentrierten Mosenthal und Nicolai (der das Szenarium entwarf) die Handlung nicht auf die tragikomische Gestalt des heruntergekommenen Junkers Sir John Falstaff, sondern übernahmen aus der literarischen Vorlage unter geschickter Reduktion von Personal und szenischem Ambiente die schelmische Rache der lustigen Weiber an Falstaff und allen eifersüchtigen Männern als Kern der Handlung. Zugleich werteten sie die bei Shakespeare untergeordnete romantische Liebeshandlung zwischen Anna und Fenton zu einem gleichberechtigten komplementären Handlungsstrang auf. Innerhalb dieses Handlungsrahmens gelang Nicolai eine Reihe treffender musikalischer Figurencharakterisierungen (z. B. Frau Fluth in Rezitativ und Arie *Nun eilt herbei, Witz, heitre Laune* oder Falstaff in seinem berühmten Trinklied *Als Büblein klein*). Das als Singspiel mit gesprochenen Dialogen angelegte Werk verbindet italienischen Belcantostil mit szenisch-kompositorischer Weitung der geschlossenen Form und dem für die deutsche Spieloper charakteristischen Konversationsstil; wirkungssicher eingesetzte karikierende musikalische Komik findet sich in dem barock-pompös instrumentierten Auftrittsgesang Falstaffs und im nichtssagend-pathetischen Rezitativ Fluth/Falstaff im 2. Akt. – Das 1845 begonnene Werk wurde für die Saison 1846 in Wien abgelehnt und konnte erst nach Nicolais Wechsel nach Berlin fertiggestellt werden. Die beliebte deutsche Repertoireoper erlebte bereits 1876 in Berlin die 100. Aufführung. J. SCHLÄDER

LUSTIGE WITWE, DIE, Operette in 3 Akten von Franz Lehár (1870–1948), Text von Victor Léon u. Leo Stein nach Henri Meilhacs Lustspiel *Der Gesandtschaftsattaché*. Ort u. Zeit der Handlung: Paris, 1905. UA: 30. 12. 1905 in Wien (Theater an der Wien).

Das Neuartige dieses Werkes liegt in den freimütig dargestellten erotischen Beziehungen zwischen Hanna Glawari und Graf Danilo, Valencienne und Rossillon. Die sinnliche Atmosphäre des Geschehens wird durch die Musik intensiviert (z. B. in der Kanzonette *Da geh ich ins Maxim*, im *Ballsirenen-Walzer* mit seinem langsamen Mittelteil *Wie die Blumen im Lenz erblühen*, in dem Lied *Ich bin eine anständ'ge Frau* oder in der letzten Kantilene Danilos *Lippen schweigen, 's flüstern Geigen*). Flötenstimmen, kombiniert mit Harfenglissandi, extreme Lagen der Geigen und tiefe Klarinettenregister werden als Klangmittel ebenso eingesetzt wie Gitarren und Tambourine. Mit *Die lustige Witwe* wurde Lehár weltberühmt, obwohl der mäßige Erfolg bei der UA und den durch Vergabe von Freikarten subventionierten Folgeaufführungen nicht darauf hindeutete. Erst nach 300 Aufführungen an Wiener Theatern breitete sich das „Lustige-Witwe-Fieber" über die ganze Welt aus. Allein für das Jahr 1910 sind 18000 Aufführungen in zehn Sprachen verzeichnet. Bis heute ist diese Operette unverzichtbarer Bestandteil im Repertoire einer jeden deutschen Opernbühne. B. DELCKER

LUTHER, Martin, * 10. 11. 1483 Eisleben, † 18. 2. 1546 ebd.; dt. Reformator. Nach dem Schulbesuch in Mansfeld, Magdeburg und Eisenach, wobei er sich den Lebensunterhalt als Kurrendeknabe verdiente, studierte er an der Universität Erfurt, wo er 1505 die Magisterwürde erlangte. Darauf begann er mit dem Jurastudium, trat aber noch im selben Jahr überraschend in das dortige Augustinerkloster ein. Nach der Priesterweihe (1507) lehrte er an den Universitäten Wittenberg (1508) und Erfurt (1509). 1511 siedelte er ganz nach Wittenberg über, erwarb dort den Grad eines Doktors der Theologie und erhielt eine biblische Professur. Nach langen inneren Kämpfen erkannte er um 1512/13, daß die göttliche Gnade ein unverdientes Geschenk sei, das nicht durch gute Werke erworben werden könne. Diese Erfahrung überwand seine Zweifel und begründete in den Vorlesungen der folgenden Jahre seine reformatorische Theologie, brachte ihn aber gleichzeitig in Konflikt mit dem Ablaßwesen und führte zur Abfassung der 95 Thesen (1517). Obwohl L. nur eine Erneuerung der Kirche anstrebte, wurde er 1520 in Acht und Bann getan. Nachdem er auf dem Reichstag zu Worms (1521) einen Widerruf verweigert und danach auf der Wartburg bei Eisenach mit der Bibelübersetzung begonnen hatte, nahm er seit 1523 eine Neuordnung der Gottesdienste, in denen die Predigt eine zentrale Stellung erhielt und die Gemeinde durch deutsche Gesänge beteiligt wurde, in Angriff. Demzufolge dichtete er 1523/24 24 seiner 37 Kirchenlieder und kümmerte sich auch um die entsprechenden Melodien. 1524 schrieb er für J. Walters *Geystliche gesangk Buchleyn* seine erste von 5 Vorreden. 1525 berieten Walter und C. Rupsch L. bei der musikalischen Gestaltung der *Deudschen Messe*, worüber Walter in einer von M. Praetorius im *Syntagma musicum* I (1614/15) überlieferten Niederschrift berichtet hat. Eine zweite Vorrede verfaßte L. für das sog. Klug'sche Gesangbuch (1529 u. ö.), das seine musikalischen Vorstellungen vom Gemeindelied am deutlichsten zeigt. Es folgten noch die Vorreden zu Walters Lehrgedicht *Lob und Preis der löblichen Kunst Musica* (1538), zu den Begräbnisliedern (1542) und zum sog. Babst'schen Gesangbuch (1545). Für L.s Musikverständnis sind sodann (neben mancherlei verstreuten Äußerungen) die Psalmvorlesungen (1513–15 und 1518–21) und die Schrift *Wider die himmlischen Propheten* (1525) grundlegend, ferner die Skizze *Peri tēs musikēs* (1530), die lateinische Vorrede zu G. Rhaus *Symphoniae iucundae* (1538; dt. Übers. von Walter, 1564; von M. Praetorius mit dem Titel *Encomion musices* versehen) sowie die Briefe an Georg Spalatin (um die Jahreswende 1524/25), L. Senfl vom 4. 10. 1530 und M. Weller vom 7. 10. 1534 und schließlich verschiedene Tischreden. Daß L. selbst gern gesungen hat, bezeugt Walters Bericht; auch ist ein 4st. motettischer Satz *Non moriar, sed vivam* von ihm überliefert.

L.s Musikverständnis fußt einerseits auf dem mittelalterlichen kosmologischen Verständnis („nihil enim est sine sono", *Encomion*) und auf J. Tinctoris' „complexus effectuum" (um 1484), andererseits aber hat er Augustins Bezeichnung der Musik als „donum Dei" mit der Aussage, daß sie eine „nobilis, salutaris et laeta creatura" *(Encomion)* sei, und somit mit dem Kern seiner Theologie verbunden. Von der Schöpfung her erscheint die Musik prädestiniert als Mittel der Verkündigung („Sic praedicavit Deus evangelium etiam per musicam…", Tischreden Nr. 1258) und zur frohen Glaubensäußerung. Wichtig war für L. daher auch die rechte Einheit von Musik und Sprache, die er vor allem gegenüber Andreas Karlstadt und Thomas Müntzer vertrat. – Als Dichter knüpfte L. mit Hymnenübertragungen, Zusatzstrophen zu Leisen und anderen mittelalterlichen Cantiones bewußt an die liturgische Überlieferung an. Neu – und wohl seine Erfindung – ist das Psalmlied. Neben metrisch festgelegten volksliedartigen Gesängen wie z. B. *Nun freut euch, lieben Christen gmein* verwendet L. auch die silbenzählende Reimdichtung, z. B. bei *Nun komm, der Heiden Heiland*. Auch bei der Melodienbeschaffung lehnte er sich womöglich an die Tradition an, wobei er ligaturreiche Weisen vereinfachte. Hingegen führte er vor allem bei den Psalmliedern die aus dem Minnesang stammende strophische Barform in den Kirchengesang ein. Mit Sicherheit erfand L. auch selbst Melodien, so die von *Ach Gott vom Himmel sieh darein* und *Aus tiefer Not schrei ich zu dir* und die im charakteristischen F-Modus stehenden Weisen von *Ein feste Burg ist unser Gott* und *Vom Himmel hoch da komm' ich her*. – Die Vorrede zu Walters Lehrgedicht *Frau Musica* (1538) vertonte P. Hindemith in den *Sing- und Spielmusiken* op. 45, I (1928).

Ausg.: Kritische GA der Werke L.s (Wr 1883ff.) (dazu eine separate Inhaltsübersicht Wr 1956), 4 Abt.en: 1: Werke, 58 Bde.; 2: Tischreden, 6 Bde.; 3: Die dt. Bibel, 12 Bde.; 4: Briefwechsel, 12 Bde. u. ein Register-Bd.; Bd. 35 der Werke mit den Liedern, dazu Texte, Singweisen, Notentexte u. kritische Unters., hrsg. v. O. ALBRECHT – K. DRESCHER – W. LUKKE – J. LUTHER – H. J. MOSER (Wr 1923), dazu ein Bd. mit Korrekturen u. Ergänzungen v. M. Jenny (erscheint 1983). – J. WALTER, *Geystliche gesangk Buchleyn*, Wittenberg 1524, hrsg. v. O. Kade (B 1878) (= PGfM 7); J. WALTER, GA 1–6, hrsg. v. O. Schröder – M. Schneider – W. Braun – J. Stalmann (Kas 1943–73); M. L.s geistliche Lieder mit den zu seinen Lebzeiten gebräuchlichen Singweisen, hrsg. v. PH. WACKERNAGEL (St 1848, Nachdr. Hil 1970); *Deudsche Messe* 1526, Faks. hrsg. v. J. WOLF (Kas 1934) (= Veröff. der Musikbibl. P. Hirsch 9); *Geystl. Lieder* (= Babst'sches Gesangbuch 1545), Faks. hrsg. v. K. AMELN (Kas 1929, [2]1966); *Geystliche Lieder* (= Klug'sches Gesangbuch 1533), Faks. hrsg. v. DEMS. (Kas 1954); Die dt. geistlichen Lieder, hrsg. v. G. HAHN (Tü 1967) (= Neudrucke dt. Lit.-Werke N.F. 20); J. WALTER, Das geistliche Gesangbüchlein 1525, Faks. hrsg. v. W. Blankenburg (Kas 1979).

Lit.: A. J. RAMBACH, Über Doktor M. L.s Verdienst um den Kirchengesang (H 1813, [2]1817, Nachdr. Hil 1972); F. ZELLE, Die Singweisen der ältesten ev. Lieder I–III (B 1899–1910); J. WOLF, L. u. die musikal. Liturgie..., in: SIMG 3 (1901); F. SPITTA, Stud. zu L.s Liedern (Gö 1907); H. ABERT, L. u. die Musik (Wittenberg 1924); H. PREUSS, M. L. Der Künstler (Gütersloh 1931); CH. MAHRENHOLZ, Zur musikal. Gestaltung v. L.s Gottesdienstreform, in: Musik u. Kirche 5 (1933); R. GERBER, Zu L.s Liedweisen, in: FS M. Schneider (H 1935); CH. MÜLLER, L.s Lieder. Theologische Auslegungen (Gö 1936); F. MESSERSCHMID, Das Kirchenlied L.s (Wü 1937); CH. MAHRENHOLZ, L. u. die Kirchenmusik (Kas 1937); DERS., Zur musikal. Gestaltung v. L.s dt. Litanei, in: L.-Jb. (1937); DERS., Die Psalmodie bei L., in: Hdb. der dt. ev. Kirchenmusik I/1 (Gö 1941); CH. SCHNEIDER, L., Poète et musicien et les enchiridions de 1524 (G 1942); V. VAYTA, Die Theologie des Gottesdienstes bei L. (Gö 1952); K. BURBA, Die Christologie in L.s Liedern (Gütersloh 1956); W. BLANKENBURG, Abriß der Gesch. der Melodien, in: Hdb. z. Ev. Kirchengesangbuch II/2 (Gö 1957); DERS., L. u. die Musik, in: L., Mitt. der L.-Ges. (B 1957); CH. MAHRENHOLZ, Ausw. u. Einordnung der Katechismuslieder in den Wittenberger Gesangbüchern seit 1529, in: FS O. Söhngen (Witten 1960); O. SÖHNGEN, Die Musikauffassung des jungen L., in: FS F.W. Krummacher (B 1961); E. SOMMER, Die Metrik in L.s Liedern, in: JbLH 9 (1964); R. KÖHLER, Die biblischen Quellen der Lieder, in: Hdb. zum Ev. Kirchengesangbuch I/2 (Gö 1965); K. GUDEWILL, Dt. Liedtenores mit F-Dur-Melodik u. Oktavambitus, in: FS W. Wiora (Kas 1967); O. SÖHNGEN, Theologie der Musik (Kas 1967); Hdb. zum Ev. Kirchengesangbuch, III/1: Liederkunde Erster Teil (Gö 1970); W. BLANKENBURG, Überlieferung u. Textgesch. v. M. L.s „Encomion musices", in: L.-Jb. 1972; DERS., J. Walters Chorgesangbuch v. 1524 in hymnologischer Sicht, in: JbLH 18 (1973/74); M. JENNY, Das „nachrevidierte" NT der L.-Bibel als kirchenmusikal. Problem, in: MuK 49 (1979).

W. BLANKENBURG

LUTOSŁAWSKI, Witold, * 25. 1. 1913 Warschau; poln. Komponist und Dirigent. Er erhielt schon früh Klavier- und Violinunterricht und studierte dann Klavier (J. Lefeld) und Komposition (W. Maliszewski) am Konservatorium in Warschau sowie 1929–31 auch Mathematik an der dortigen Universität. Nach ersten Erfolgen seiner frühen Kompositionen (Symphonische Variationen für Orch.) spielte L. nach seiner Flucht aus deutscher Kriegsgefangenschaft 1939–45 als Pianist im Konzertcafé von B. Woytowicz. Aus dieser Zeit sind nur noch die häufig gespielten Paganini-Variationen für 2 Klv. erhalten. Nach Kriegsende komponierte L. im Rahmen seiner Tätigkeit in der Musikabteilung des polnischen Rundfunks auf folkloristischem Material basierende Musik für zahlreiche Hörspiele und Filme sowie Kinderstücke und Bühnenmusik. 1949 wurde L.s 1. Symphonie mit dem Vorwurf des Formalismus von den Programmen abgesetzt; fast bis zu ihrer Wiederaufführung (1959) entstanden nur solche Werke, die auf Volksmusikmaterial beruhen, wie z. B. das Schlesische Triptychon, die Kleine Suite oder das Konzert für Orchester. Mit der Trauermusik, den 3 Postludien und den *Jeux vénitiens* vollzog L. eine stilistische Wende, die ihm weltweite Anerkennung verschaffte. Es folgten Einladungen zu Kompositionskursen in die USA (Tanglewood/Mass. 1962), nach Großbritannien (Dartington 1953/64) und Skandinavien (Stockholm 1965, Aarhus 1969) sowie seine Berufung in zahlreiche Akademien (Stockholm 1962; Hamburg 1966; Berlin/West 1968; Berlin/Ost 1970; München 1973) und nationale wie internationale Gesellschaften (1973 polnischer Komponistenverband und IGNM). Seit 1963 hat L. seine Werke häufig selbst einstudiert und dirigiert; er lebt in Warschau.

WW: **1) Instr.-WW:** Für Klv.: Sonate (1934); Variationen über ein Thema von Paganini für 2 Klv. (1941), auch für Klv. u. Orch. (1980); 2 Etüden (1941); 12 *Melodie ludowe* (Volksmelodien) (1945); *Bukoliki* (1952), auch für V. u. Vc. (1962); 3 leichte Stücke (1953). – Kammermusik: 30 kleine Stücke für Blasinstr. (1944); Trio für Ob., Klar. u. Fag. (1945); kleine Suite für Kammerensemble (1950), auch für Orch. (1951); *Recitativo ed arioso* (1951) für V. u. Klv.; *Preludia taneczne* (Tanzpräludien) (1953) für Klar. u. Klv. (auch für andere Besetzungen bearb.); *4 melodie śląskie* (Schlesische Melodien) (1955) für 4 V. (Bearb. v. Nr. 9–12 der *Melodie ludowe* für Klv.); Streichquartett (1964); Sacher-Variationen (1976) für Vc. solo. – Für Orch.: Symphonische Variationen (1938); 2 Symphonien (1947, 1967); Ouvertüre für Str. (1949); Konzert für Orchester (1954); *Muzyka żałobna* (Trauermusik) (1958) für Streichorch.; 3 Postludien (1960); *Jeux vénitiens* (1961); *Livre pour orchestre* (1968); Vc.-Konzert (1970); Präludien u. Fuge für 13 Solostr. (1972); *Mi-parti* (1976); *Novelette* (1979); Doppelkonzert für Ob. u. Harfe (1980). – **2) Vokal-WW:** *Pieśni dziecięce* (Kinderlieder) (Krakau 1979); *Lacrimosa* (1937) für Sopran u. Org.; *Tryptyk śląski* (Schlesisches Triptychon) (1951) für Sopran u. Orch.; 5 Lieder für Frauenst. u. 30 Soloinstr. nach Gedichten v. K. Iłłakowicz (1955); *Trois poèmes d'Henri Michaux* (1963) für gem. Chor, Bläser, 2 Klv., Harfe u. Schlagzeug; *Paroles tissées* (1965) für Tenor, Str., Harfe, Klv. u. Schlagzeug; *Les espaces du sommeil* (1978) für Bar. u. Orch. – **3) Schriften:** *Teoria a praktyka w pracy kompozytora* (Theorie u. Praxis der Arbeit des Komponisten), in: Studia estetyczne 2 (1965); *O II Symfonii* (Über meine 2. Symphonie), in: Ruch muzyczny 11 (1967); *Sur l'orchestre d'aujourd'hui*, in: ebd. 12 (1968); *Über das Element des Zufalls in der Musik*, in: Melos 36 (1969); *G. Bacewicz*, in: La musique en Pologne 5 (1969); *Gedanken über die Zukunft der Musik*, in: Poln. Musik 7 (1972); *O swoim koncercie wiolonczelowym* (Über mein Violoncellokonzert), in: Ruch muzyczny 17 (1973).

Die entscheidende Einsicht, daß ein „in den dreißiger Jahren sehr ‚fashionabler‘ Stil, welcher aus tonalen Relikten und ‚falschen‘ Tönen bestand“, eine neue Organisation des Klangmaterials nötig machte, brachte L. von seinen Vorbildern K. Szymanowski, I. Strawinsky und A. Roussel zu den Experimenten der Trauermusik und der 3 diese Phase abschließenden Postludien. 1961 veröffentlichte er die *Jeux vénitiens*, die auch die subjektiven Folgen des Erlebnisses westlich-avancierter Musik (wie die von J. Cage) bezeugen: Sie sind die erste polnische aleatorische Komposition. So wurde L. zum Schöpfer eines Stils, der bald als „Neue polnische Expressivität“ und als Ausweg aus den Extremen streng serieller Komposition und ganz freier Aleatorik begrüßt wurde. Die für die Musik L.s nach 1960 typischen Merkmale sind ein unmittelbar sich mitteilender Ausdruck, der seiner Struktur nach um so strengeren Organisationsprinzipien unterliegt, je emotional geladener er erscheint. Zu diesen Ordnungsfaktoren gehört die Verbindung der Arbeit mit dem 12tönig chromatischen Total in „Reihen“ mit einer Form des musikalischen Zufalls, die L. „begrenzte Aleatorik“ genannt hat. Diese freie Form der Tonhöhenorganisation erweitert den künstlerischen Spielraum der Ausführenden, ohne die Identität der Werkform und -struktur zu gefährden. – Hatte in den 60er Jahren jedes neue Werk L.s weitere überraschende Aspekte dieser Kompositionstechnik eröffnet, so zeugen die seit dem Violoncellokonzert entstandenen Werke von Konsolidierung und Tragfähigkeit eines Stils, den L. voranzutreiben jetzt für noch nicht nötig hält.

Lit.: Z. LISSA, Studium analityczne „Malej Suity“ i „Tryptyku Śląskiego“ W. L.ego, in: Muzyka (1952) Nr. 5–6; W. BRENNECKE, Die „Trauermusik“ von W.L., in: FS F. Blume (Kas 1963); O. NORDWALL, Fünf Iłłakowicz-Lieder von W. L., in: Melos 33 (1966); G. SANNEMÜLLER, Das Konzert für Orch. v. W. L., in: SMZ 107 (1967); O. NORDWALL, L. (Sto 1968); CH. M. SCHMIDT, W. L.s Streichquartett, in: Die Musik der sechziger Jahre, hrsg. v. R. Stephan (Mz 1972) (= Veröff. des Inst. für Neue Musik u. Musikerziehung Darmstadt 12); T. BŁASZKIEWICZ, Aleatoryzm w twórczośi W. L.ego (Die Aleatorik im Schaffen W. L.s) (Gdánsk 1973) (= Prace sprecjalne 3); J. HÄUSLER, Einheit in der Mannigfaltigkeit. Skizze über L., in: NZfM 134 (1973); ST. STUCKY, The String Quartet of W. L. (1973) (= Diss. Cornell Univ./N. Y.); A. HUBER, W. L. Cellokonzert, in: Melos 40 (1973); W. ROGGE, Die „Jeux vénitiens“ von W. L. im Schulfunk, in: Musik u. Bildung 5 (1973); Z. LISSA, W. L.s Konzert für Orch., in: Zur musikal. Analyse, hrsg. v. G. Schuhmacher (Da 1974) (= Wege der Forschung 257); P. PETERSEN, W. L.s Präludien u. Fuge, in: Hamburger Jb. für Musikwiss. 1 (1974); H. SCHÄFER, Konsequenz u. Klarheit. Bemerkungen z. Schaffen W. L.s, in: MuGes 25 (1975); T. KACZYNSKI, Gespräche mit W. L. (dt. L 1976); H.-K. METZGER, Komponist zw. Auschwitz u. Venedig. Eine Hommage an W. L., in: NMZ (1980) Nr. 6.

R. CADENBACH

LUTYENS, Agnes Elisabeth, * 9. 7. 1906 London, † 15. 4. 1983 ebd.; engl. Komponistin. Sie studierte Gesang und Komposition (bei Harold Darke) am Royal College of Music in London und vervollkommnete sich am Pariser Conservatoire in der Klasse von G. Caussade. Um 1936 übernahm sie die Zwölftontechnik und verwarf dabei ihre ersten, in einem neoromantischen Stil geschriebenen Werke. 1969 wurde sie zum Commander of the British Empire (C.B.E.) ernannt.

WW: **1) Instr.-WW:** *Plenum I* (1973) für Klv.; *Plenum IV* (1975) für Org.; Kammermusik, u.a.: Streichtrio (1963); *Plenum III* (1974) für Streichquartett; Streichquintett (1963); *Symphonies* (1961) für Klv., Bläser, Harfen u. Schlagzeug; *6 Tempi for 10 Instruments* (1957); Musik für doppeltes Bläserquintett (1964); *The Rape of the Moon* (1973) für Kammerensemble. – Für Orch.: Choral „Hommage à Stravinsky“ (1956); *Music for Orchestra I* (1954), *II* (1962) u. *III* (1963); *Novenaria* (1967); *Plenum II* (1974) für Ob. u. Kammerorch.; *The Winter of the World* (1974) für Vc. u. Kammerensemble. – **2) Vokal-WW:** *Requiem for the Living* (1948) u. *Bienfaits de la lune* (1951) für Chor; *And Suddenly It's Evening* (1966) für Tenor u. 11 Instr.; *The Tears of Night* (1971) für Countertenor, 6 Soprane u. 3 Instrumentalensembles; *Dirge for the Proud World* (1971) für Sopran, Countertenor, Cemb. u. Vc. – **3) Bühnen-WW:** Dramatische Szene *The Pit* (1947) für Tenor, Baß, Frauenchor u. Orch.; Funkoper *Penelope* (1950); Kammeroper *Infidelio* (1955), UA: London 1973; Oper *The Numbered* (1965–67); lyrisches Drama *Isis and Osiris* (1970); Oper „A Charade in 4 Scenes With 3 Interruptions“ *Time off? Not a Ghost of a Chance* für einen Schauspieler, Vokalquartett, 2 gem. Chöre u. 10 Instr., UA: London 1972; Ballett *The Birthday of the Infanta*, UA: ebd. 1932; Film-, Funk- u. Bühnenmusik. – Veröffentlichte die Autobiographie *A Goldfish Bowl* (Lo 1972).

Lit.: R. HENDERSSON, in: MT 104 (1963); M. SCHAFER, in: British Composers in Interview (Lo 1963); S. BRADSHAW, The Music of E. L., in: MT 112 (1971); S. WALSH, in: ebd. 113 (1972).

LUYTON (Luython), **Karel** (Charles), * um 1557/58 Antwerpen, † August 1620 Prag; ndl. Organist und Komponist. Er war 1566–71 Chorknabe unter J. Vaet, A. de Gaucquier und Ph. de Monte in der Kaiserlichen Kapelle in Wien. Auch sein weiteres Wirken stand ausschließlich im Dienste der Kaiser Maximilian II. und Rudolf II.: seit 1576 als Kammermusiker, seit 1577 auch als Mitglied der Hofkapelle und seit 1582 als Hoforganist, 1603–11 in der Nachfolge von Ph. de Monte als Hofkomponist. Sein kompositorisches Schaffen steht hinsichtlich der Kirchenmusik in der Tradition der franko-flämischen Schule. Die Madrigale partizipieren in Ausdruck und Bildhaftigkeit an den italienischen Neuerungen ihrer Zeit.

WW: Madrigale für 5 St. (V 1582); *Popularis anni jubilus* für 6 St. (Pr 1587); *Selectissimae sacrae cantiones* für 6 St. (Pr 1603); *Opus musicum in lamentationes Hieremiae prophetae* für 6 St. (Pr 1604); Messen für 3–7 St. (Pr 1609, ²1621); weitere Vokal- u. Instr.-Werke in Sammeldrucken der Zeit u. Hss.

Ausg.: 2 Messen, Lamentationen u. weitere Werke, in: F. COMMER, Musica sacra 17, 19, 20 u. 22 (1877–81); 3 Madrigale, in: It. Musiker u. das Kaiserhaus 1567–1625, hrsg. v. A. EINSTEIN (1934) (= DTÖ 77); 8 Orgelstücke, in: Ch. Guillet, G. (de) Macque, C. L. Werken voor Orgel ..., hrsg. v. J. WATELET (1938/1968) (= MMBelg 4); *Fuga suavissima*, in: Alte Musik für Tasteninstr. 1, hrsg. v. G. BÖNIGK (B 1965).

Lit.: A. KOCZIRZ, Zur Gesch. des L.schen Klavizimbels, in: SIMG 9 (1908); A. SMIJERS, K. L. als Motettenkomponist (A 1923); DERS., Die Kaiserliche Hofmusikkapelle von 1543 bis 1619, in: StMw 9 (1922); C. SASS, Ch. L., ses madrigaux et œuvres instrumentaux (Diss. Löwen 1958).

LUZZASCHI, Luzzasco, * um 1545 Ferrara, † 11. 9. 1607 ebd.; it. Organist und Komponist. L., Schüler von C. de Rore, stand schon 1571 im Dienst des Herzogs von Ferrara, Alfonso d'Este. Spätestens 1576 erhielt er die Organistenstelle, die er anscheinend bis zu seinem Lebensende beibehielt. Außerdem war er Organist der Accademia della Morte, vielleicht auch Domkapellmeister in Ferrara. Zu seinen Schülern zählt G. Frescobaldi.

WW: **1) Geistliche WW:** *Sacrae cantiones* für 5 St. (V 1598); Messe für 5–6 St. (hsl. Modena). – **2) Weltliche Vokal-WW:** 7 Bücher *Madrigale* für 5 St. (Ferrara – V 1571–1604); *Madrigali per cantare et sonare a uno, e doi, e tre soprani* (R 1601); Madrigale u. eine Kanzonette in Sammeldrucken 1582–1610. – **3) Instr.-WW:** Toccata, Ricercar und Kanzone für Org. in: G. Diruta, Il Transilvano 1 und 2 (V 1593 u. 1609); eine Canzona für Org. in: RISM 1608[24].

L. wurde von seinen Zeitgenossen (V. Galilei, Cl. Merulo, A. Banchieri) vor allem als Organist gepriesen. Sein Rang als Komponist tritt am meisten in seinen Vokalwerken, vor allem den 5st. und den 1- bis 3st. Madrigalen hervor. In den ersteren lehnt sich L. an den Stil von C. de Rore an, dessen Expressivität und kühne Chromatik er zu übertreffen sucht. Seine späten Sammelwerke beeinflußten mit ihren klanglichen und Ausdrucks-Kontrasten die Musik C. Gesualdos beträchtlich. Die Madrigale für 1–3 Soprane, möglicherweise um 1571 für das berühmte Frauentrio des Hofes von Ferrara komponiert, kündigen mit ihrer Begleitung für Tasteninstrumente und ihrer reichen vokalen Verzierungskunst das konzertierende Madrigal an.

Ausg.: 3 Org.-Stücke, in: Composizioni a più voci (Mi 1903) (= TORCHI Arte mus. 4); 3 Madrigale, in: A. EINSTEIN, The It. Madrigal 3 (Princeton / N. J. 1949, Nachdr. 1970, dt. Z 1952); *Madrigali per cantare e sonare*... 1601, hrsg. v. A. CAVICCHI (Brescia 1965).

Lit.: O. KINKELDEY, L. L.s Solo-Madrigale mit Klavierbegleitung, in: SIMG 9 (1908); J. RACEK, Les madrigaux à voix seule de L. L., in: RM 13 (1932); A. G. SPIRO, The Five-Part Madrigals of L. L. (1961) (= Diss. Boston Univ.).

LWOW (Lvoff), **Alexej Fjodorowitsch,** * 25. 5. (5. 6.) 1798 Reval, † 16. (28.) 12. 1870 Romanowo bei Kowno; russ. Komponist und Violinist. Von seinem Vater, Fjodor Pjetrowitsch L. (1766–1836), Leiter der Hofkapelle in St. Petersburg, erhielt er eine umfassende musikalische Ausbildung. Nach Besuch einer Ingenieurschule und achtjähriger Dienstzeit bei der Armee in Nowgorod wurde er 1826 an den Hof nach St. Petersburg beordert. Erfolgreich mit einer Chor-Orchester-Bearbeitung des Stabat mater von G. B. Pergolesi, beauftragte Zar Nikolaus I. ihn 1833 mit der Komposition einer neuen russischen Nationalhymne (anstelle der bisher gebrauchten Melodie des *Heil dir im Siegerkranz*). 1834 zum persönlichen Adjutanten des Zaren ernannt, wurde er 1837 Nachfolger seines Vaters als Leiter der Hofkapelle. Fortan trat L. nachhaltig für Reformen der russisch-orthodoxen Kirchenmusik ein, die er von italianisierenden Harmonisierungen befreite und teilweise auch auf die ursprünglichen freien Rhythmen zurückführte. Zudem gab er dem Konzertwesen der Residenzstadt neuen Auftrieb, gründete eine namhafte Streichquartettvereinigung (deren Proben und Erstaufführungen im Hause L. der Zar mit Familie zu besuchen pflegte) und trat auch als Dirigent für regelmäßige Orchesterkonzerte ein. Auf einer Tournee durch Deutschland hatte er 1840 in Leipzig unter F. Mendelssohn Bartholdy dessen Violinkonzert gespielt und in Bad Ems mit Fr. Liszt konzertiert. Von L.s Kompositionen blieben außer Kirchenchorsätzen insbesondere 24 Capricen für V., eine Fantasie für V. und Vc. *(Le duel)*, mehrere Streichquartette und ein Violinkonzert von Belang. Im Gegensatz dazu verharrte L. in seinen konventionellen und wenig erfolgreichen Opern bei der zeitgenössischen italienischen Koloratur- und Nummernoper (*Bianca et Gualtiero*, UA: Dresden 1844; *Undine*, Ballettoper, 1848; *Starosta Boris*, 1854). 1867 zog er sich wegen Schwerhörigkeit endgültig aus dem Musikleben zurück.

Lit.: L. RAABEN, Schisn sameschatelnych skripatschej (Mos 1967); I. GARDNER, A. F. L. (Jordanville / N.Y. 1970) (russ.).

H. LINDLAR

LYDISCH, in der altgriechischen Musiktheorie Bz. für die Oktavgattung mit dem Umfang c^1–c. – Im System der ↗Kirchentöne Bz. für den 5. Modus, der durch die Skala f g a h c^1 d^1 e^1 f^1 charakterisiert ist, während „hypolydisch" die Bz. für den 6. Modus bildet, dem die Skala c d e f g a h c^1 entspricht. Beispiele für lydische Melodien im Gregorianischen Gesang sind die Introitus *Ecce deus adjuvat* und *Circumdederunt me* sowie die Communio *Quis dabit*, für hypolydische Melodien der Introitus *Omnes gentes* und das Offertorium *Stabit angelus*. Der Mittelsatz von L. van Beethovens Streichquartett op. 135 ist als *Heiliger Dankgesang... in der lydischen Tonart* betitelt. Auch A. Bruckners Motette *Os justi* steht in der lydischen Tonart.

Lit.: R. P. WINNINGTON-INGRAM, Mode in Ancient Greek Music (C 1936, Neudr. A 1968); O. GOMBOSI, Tonarten u. Stimmungen der antiken Musik (Kop 1939, Nachdr. 1950); J. CHAILLEY, Le mythe des modes grecs, in: AMl 28 (1956); A. SCHMITZ, A. Bruckners Motette „Os justi", in: Epirrhosis. FS C. Schmitt (B 1968); J. LOHMANN, System und Tonart, in: FS J. Lohmann (St 1970); M. MARKOVITS, Das Tonsystem der abendländischen Musik im frühen MA (Be 1977).

LYRA. – 1) Bz. für eine Schalen-↗Leier, neben

der ↗Kithara das wichtigste Saiteninstrument der griechischen Antike, mit einem Resonanzkörper aus einem mit Tierhaut bezogenen Schildkrötenpanzer (daher auch chelys = Schildkröte genannt). Bei späteren Instrumenten, deren Korpus und Decke aus Holz bestanden, wurde die Form des Schildkrötenpanzers nachgeahmt. Aus dem Korpus ragten 2 schmale geschwungene oder gerade, durch ein Querholz (Joch) verbundene Jocharme heraus; an diesen wurden die vom Saitenhalter über einen Steg gezogenen Saiten befestigt. Bei den frühen Instrumenten dienten wohl Lederriemen zur Befestigung und zum Stimmen der Saiten, während es später andere Möglichkeiten gab (etwa Stimmknebel und Wirbel, deren genaue Beschaffenheit jedoch nicht bekannt ist). Die L. hatte 4 bis 7, später auch mehr Saiten, die meisten Instrumente der klassischen Zeit hatten 7 Saiten. Sie wurden mit einem Plektrum, seltener auch mit den Fingern gezupft. Die Herkunft der L. ist nicht geklärt. Im sog. Apollon-Hymnos (vermutlich 7. Jh. v. Chr.) wird Apollon als L.-Spieler geschildert, in dem jüngeren Hermes-Hymnos wird dieser als Erfinder genannt. Hermes soll die L. an seinen Bruder Apollon gegeben haben, von dem sie, der Überlieferung nach, der Sänger Orpheus erhielt. Der erste historisch faßbare Spieler ist Terpandros (1. Hälfte 7. Jh. v. Chr.), der versuchte, seine 7saitige L. mit einer weiteren Saite auszustatten. Er mußte sie jedoch wieder entfernen, weil er über die Zahl 7, die heilige Zahl Apollons nicht hinausgehen durfte; noch Timotheos und Phrynis (5. Jh. v. Chr.) wurde dies verboten. In hellenistischer Zeit bekam die L. mehr Saiten, blieb jedoch das Instrument der Dichter und Sänger und wurde nicht, wie die Kithara, zu einem Instrument der Virtuosen. Sowohl die griechischen wie die römischen Autoren unterschieden nicht immer genau zwischen Kithara und Lyra. Beide Namen traten nicht nur als Synonyma auf, sondern auch einfach in der Bedeutung als Saiteninstrument. – **2)** Im 12./13. Jh. Bz. für ein Streichinstrument mit halbbirnenförmigem Korpus, 2 halbrunden Schallöchern und nur einer Saite. – **3)** Heute Bz. für ein griechisches Streichinstrument, mit länglichem, schmalem (L. der Pontos-Griechen) oder halbbirnenförmigem Korpus. Sie hat 3, selten 4 Saiten, wird, vertikal auf dem linken Knie aufgestützt, vor dem Körper gehalten und mit einem Bogen angestrichen. Die Finger der linken Hand greifen die Saiten von der Seite her ab. Sie wird oft durch eine in gleicher Haltung gespielte Violine ersetzt. Enge Verwandtschaft scheint mit der bulgarischen ↗Gădulka und anderen Streichinstrumenten des östlichen Mittelmeerraumes zu bestehen. – **4)** Wegen der Ähnlichkeit mit der Form der antiken L.

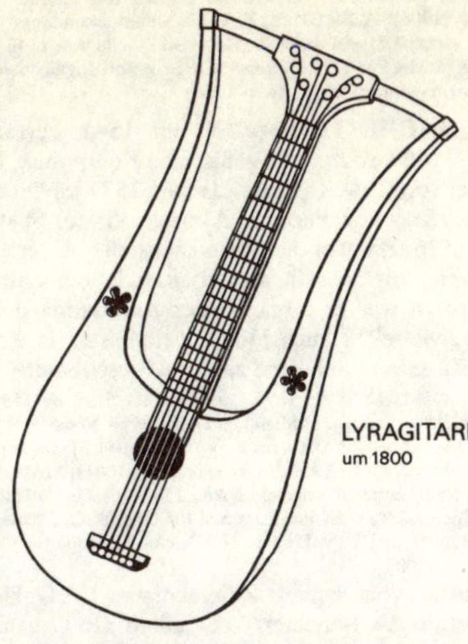

LYRAGITARRE
um 1800

Bz. für das Gestell an der Unterseite von Klavierinstrumenten, an dem die Pedale und das Übertragungsgestänge befestigt sind. – **5)** Bz. für ein tragbares ↗Glockenspiel der Militärkapellen. Auf einer Stützstange ist ein lyraförmiger Rahmen eingesetzt, in dem 25 Stahl- oder Aluminiumplatten chromatisch in 2 Reihen von unten nach oben angeordnet sind. Ältere Instrumente hatten nur 15 diatonische Platten in einer Reihe. Die L. hat einen Tonumfang von c^3–c^5. Der Spieler steckt beim Gehen die Stützstange in die Schlaufe eines Gurtes, hält die Stange mit der linken Hand fest und schlägt mit einem Messinghämmerchen in der rechten Hand die einzelnen Platten an. An die türkische Herkunft der L. erinnern noch die Roßhaarschweife an den auswärts gebogenen Enden des Rahmens.

Lit.: **Zu 1):** L. DEUBNER, Die viersaitige Leier, in: Mitt.en des dt. Archäologischen Inst., Athenische Abt. 54 (1929); T. NORLIND, L. u. Kithara in der Antike, in: STMf 16 (1934); O. GOMBOSI, Tonarten u. Stimmungen der antiken Musik (Kop 1939); M. WEGNER, Das Musikleben der Griechen (B 1949); F. BEHN, Musikleben im Altertum u. frühen MA (St 1954); R. P. WINNINGTON-INGRAM, The Pentatonic Tuning of the Greek Lyre. A Theory Examined, in: Classical Quarterly 50, N.S. 6 (1956); H. HICKMANN – M. WEGNER, Leier, in: MGG VIII; M. WEGNER, Griechenland (L 1963) (= Musikgesch. in Bildern II/3); B. AIGN, Die Gesch. der Musikinstr. des ägäischen Raumes (Diss. F 1963); D. PAQUETTE, L'instr. de musique à travers la céramique de la Grèce antique (Diss. Dijon 1968); L. VORREITER, Altmakedonische Pracht- u. Riesenlyren, in: Antike Welt. Zschr. für Archäologie u. Weltgesch. 3 (1972); H. THIEMER, Der Einfluß der Phryger auf die altgriech. Musik (Bonn 1979) (= Orpheus-Schriftenreihe zu Grundfragen der Musik 29). – **Zu 2):** C. SACHS, Hdb. der Musikinstrumentenkunde (L [2]1930, Nachdr. Wie 1971). – **Zu 3):** S. BAUD-BOVY, L'évolution parallèle de la

construction, de la technique et du répertoire de la 1. crétoise, in: Studia instrumentorum musicae popularis 5, hrsg. v. E. Stockmann (Sto 1977) (= Musikhistoriska museets skrifter 7); R. BRANDL, Die L.-Musik der Insel Karpathos, 2 Bde. (Laaber 1980).
M. BRÖCKER

LYRAFLÜGEL ↗Giraffenklavier.

LYRAGITARRE (engl.: lyre-guitar; frz.: lyre-guitare), Bz. für ein in der 2. Hälfte des 18. Jh. entwickeltes Zupfinstrument mit einem der antiken ↗Kithara ähnlichen Resonanzkörper, aber mit dem Griffbrett, dem 6saitigen Bezug und der Stimmung der Gitarre.
Die L. war sehr unbequem zu spielen, trotzdem aber als Dameninstrument um 1800, in Berlin bis 1830, sehr beliebt, wohl hauptsächlich deswegen, weil sie, mit einem Standfuß versehen, ein schmückendes Möbelstück für den Empire-Salon war.

Lit.: D. FRYKLUND, Studier över lyragitarren, in: STMf 9 (1927); DERS., Une lyre-guitare d'Ory (Hälsingborg 1957); S. BONNER, The Classic Image. European History and Manufacture of the Lyre Guitar 850–1840 (Harlow 1972).
M. BRÖCKER

LYRA VIOL, englischer Name der ↗Viola bastarda. Die Bz. läßt erkennen, daß das Instrument eine Mischform aus Elementen der Lira da gamba und der ↗Viola da gamba darstellt. Im wesentlichen ist das Korpus der L. V. dem der Viola da gamba sehr ähnlich, sie hat jedoch neben den C- oder F-Schalllöchern die für die Lira typische Rose unterhalb des Griffbretts und eine Schnecke statt des Zierkopfes. Für die L. V. ist eine Vielzahl von Stimmungen bekannt, die anfangs denen der Lira entsprachen (Quint-Quart-Stimmung) und erst später denen der Viola da gamba (Quart-Terz-Stimmung) angeglichen wurden. Einige dieser Stimmungen waren C F c f a d^1, A_1 e A e a d^1, A_1 D A d a d^1 oder A_1 D G d g d^1. Um 1600 soll Daniel Farrant die L. V. mit Aliquotsaiten ausgestattet haben, die aber bereits in der 2. Hälfte des 17. Jh. wieder aufgegeben wurden.
Die L. V. war zwischen 1600–80 in England als Soloinstrument sehr beliebt, und es entstanden zahlreiche Kompositionen für das Instrument, u. a. von A. Ferrabosco (II), J. Coperario, Farrant, W. Lawes, J. Jenkins und T. Hume. Eine wichtige zeitgenössische Sammlung ist J. Playfords *Musick's Recreation: on the lyra viol* (Lo 1652 u. ö.).

Lit.: J. PLAYFORD, Musick's Recreation, hrsg. v. N. Dolmetsch (Lo 1965) (= Hinrichsen's Facsimile Reprints 4); C. SACHS, Die Viola bastarda, in: ZIMG 15 (1914); G. R. HAYES, The Viols and Other Bowed Instr. (NY 1969); F. TRAFICANTE, L. V. Tunings. „All Ways have been Tryed to do It", in: AMl 42 (1970); A. ERHARD, Zur L.-V.-Musik, in: Mf 27 (1974).
M. BRÖCKER

LYSSENKO (Lissenko), **Mykola Wytalijowytsch** (Nikolaj Witaljewitsch), * 10. (22.) 3. 1842 Grinjki bei Krementschug (Ukraine), † 24. 10. (6. 11.) 1912 Kiew; ukrainischer Komponist. Er studierte in Charkow, Kiew sowie bei C. Reinecke (Klavier) und E. Fr. E. Richter (Theorie) am Leipziger Konservatorium; außerdem lernte er Orchestrieren bei N. Rimski-Korsakow in St. Petersburg, wo er einen Chor gründete, der sich vor allem der ukrainischen Musik widmete. 1876 ließ sich L. in Kiew nieder und leitete dort einen anderen Chor, mit dem er durch die ganze Ukraine reiste. 1904 gründete er das Institut für Musik und dramatische Kunst in Kiew, das einen großen Aufschwung erfuhr. L. gilt als bedeutender Erneuerer der ukrainischen Musik.

WW: **1) Kompositionen:** Zahlr. Klv.-Stücke; ein Liederzyklus mit 83 Stücken; Volksliedbearb. – Opern: *Tschernomorzy,* UA: Charkow 1883; *Risdwjana nitsch* (Weihnacht) (nach N. Gogol), UA: Kiew 1874, revidierte Fassung, Charkow 1883; *Taras Bulba,* UA: Kiew 1924 (neu instrumentiert v. B. Ljatoschinsky u. L. Rewuzki). – **2) Schriften:** *Narodni musitschni instrumenty na Ukrajini* (Die Volksmusik in der Ukraine) (Kiew 1909, NA 1955); *Pro narodnu pisnju i pro narodnist w musyzi* (Über das Volkslied u. über das Volkstümliche in der Musik), hrsg. v. M. Gordijtschuk (ebd. 1955).

Lit.: L. ARCHIMOWITSCH – M. GORDIJTSCHUK, M. W. L. (Kiew 1952, ²1963); S. I. WASSILENKO, Folkloristitschna dijalnist M. W. L. (Kiew 1972).

M

M, m, Abk. in: **1)** m.d. = frz. main droite oder it. mano destra = rechte Hand; m.g. = frz. main gauche und m.s. = it. mano sinistra = linke Hand. – **2)** M.M. (oder MM) = ↗Metronom Mälzel. – **3)** mf = mezzoforte (↗forte), mp = mezzopiano (↗piano). – **4)** m = ↗manualiter.

MAAG, Peter, * 10.5.1919 St. Gallen; Schweizer Dirigent. Er studierte in Zürich Klavier und Theorie (Czesław Marek) sowie Dirigieren bei Franz von Hoesslin und E. Ansermet in Genf. Seit 1942 wirkte er an den Theatern in Biel und Solothurn, war 1952–54 1. Kapellmeister am Opernhaus in Düsseldorf, 1954–59 GMD in Bonn und 1964–68 Chefdirigent an der Wiener Volksoper. Seit 1972 ist er musikalischer Leiter des Teatro Regio in Parma und seit 1974 des Teatro Regio in Turin. Hauptsächlich als Mozart-Interpret bekannt geworden, gastiert M. seit 1960 an bedeutenden Opernhäusern und bei Festspielen in Europa, Amerika und Japan sowie bei berühmten Orchestern.

MAAZEL, Lorin Varencove, * 6.3.1930 Neuilly-sur-Seine (Hauts-de-Seine); amerik. Dirigent. M. studierte Klavier, Violine und Dirigieren in Pittsburgh. Mit 8 Jahren trat er erstmals öffentlich auf, dirigierte als 11jähriger durch Vermittlung A. Toscaninis das NBC Orchestra und 1943 das Cleveland Orchestra. Nach Beendigung eines Studiums an der Universität Pittsburgh gründete er 1947 das Fine Arts String Quartet und wurde 1949 Leiter des Pittsburgh Symphony Orchestra. In den 50er Jahren studierte er in Italien ältere Musik und dirigierte erste Konzerte in Europa. 1965–71 war er Chefdirigent des Radio-Sinfonie-Orchesters Berlin und GMD der Deutschen Oper in Berlin. Außerdem dirigierte er 1960, 1968 und 1969 in Bayreuth und gastierte bei den bedeutendsten europäischen Orchestern. 1972–80 leitete er als Nachfolger G. Szells das Cleveland Orchestra und wurde dann musikalischer Leiter der Wiener Staatsoper.

Lit.: I. GELENG, L. M. Monographie eines Musikers (B 1971).

MÁCAL, Zdeněk, * 8.1.1936 Brünn; tschechischer Dirigent. Er studierte bis 1956 am Konservatorium und bis 1960 an der Janáček-Musikakademie in Brünn. Seit 1963 war er Dirigent der Mährischen Philharmonie in Olmütz, später Chefdirigent der Prager Symphoniker und 1970–74 Chefdirigent des Rundfunk-Symphonieorchesters des WDR in Köln. M., 1966 Preisträger beim Mitropoulos-Dirigentenwettbewerb in New York, gastiert bei bedeutenden Orchestern und Opernhäusern in Europa und den USA.

MACBETH, Oper in 4 Akten von Giuseppe Verdi (1813–1901), Text von Francesco Maria Piave nach William Shakespeare. Ort der Handlung: Schottland. UA: 14. 3. 1847 in Florenz (Teatro alla Pergola). UA der frz. Fassung: 21. 4. 1865 in Paris; EA in dt. Sprache: 11. 12. 1849 in Wien; dt. EA (in dt. Sprache): 23. 12. 1850 in Hannover.
Verdi war nicht nur an der Gestaltung des Szenariums beteiligt, sondern nahm auch entscheidenden Einfluß auf die Versifizierung. Für die französische Fassung wurden die Arie *La luce langue* (2. Akt) der Lady Macbeth, ein Duett am Schluß des 3. Aktes und die für Paris obligatorische Ballettmusik (zu Beginn des 3. Aktes) eingefügt. – Indem Verdi einen Opernstoff ohne Liebespaar akzeptierte, schwenkte er auf die französische Opernästhetik einer Musique caractéristique ein, verzichtete auf strahlende Arien und lyrische Stimmungen; Verdi wollte die Welt des Bösen klanglich nachgestalten. – Mit der Schlafwandelszene der Lady *(Una macchia … è qui tuttora)*, die nach dem Typus der klassischen Wahnsinnsarie konzipiert wurde, gelang Verdi eine erstaunliche moderne Monologszene, wobei er durch stereotype Wiederholungen eines einzigen Motivs Monotonie nicht nur in Kauf nahm, sondern bewußt erzeugte. Über 150mal probte Verdi mit seiner Protagonistin Marianne Barbieri-Nini. „Ich möchte für die Lady eine rauhe, erstickte, hohle Stimme haben“, forderte er und zwang die Sängerin, mit maskenstarrem Antlitz und

geschlossenen Augen die Worte zu artikulieren, möglichst ohne die Lippen zu bewegen. Verdi experimentierte mit unverbrauchten Mitteln, um die seelischen Abgründe der Lady in eine empfindungsgemäße Musik zu übertragen. Félix Clément hat diese Art der Charakteristik bei der Pariser Aufführung aus Unverstand kritisiert. Diese Neufassung blieb im Ausland zunächst ohne Resonanz. Erst die deutsche Rückübersetzung von Georg Göhler für die EA in Dresden (21.4.1928) führte zu einem Wandel in der Rezeption zugunsten der Pariser Fassung.

H. BECKER

MACDERMOT, Galt, * 18.12.1928 Montreal; amerik. Komponist. Er wurde bekannt durch sein „American tribal love rock musical" *Hair* (1967, überarbeitet 1968). Weitere Werke konnten an diesen Erfolg nicht anknüpfen.

WW: *Hair* (1967, 1968); *Isabel's a Jezebel* (1970); *Two Gentlemen of Verona* (1971); *Dude* (1972).

MACDOWELL, Edward Alexander, * 18.12. 1861 New York, † 23.1.1908 ebd.; amerikanischer Pianist und Komponist irisch-schottischer Abstammung. M. kam 1876 als Stipendiat an das Pariser Conservatoire, wo er Kompositionsschüler von Augustin Savard und Klavierschüler von A. Fr. Marmontel war. 1879–81 vervollständigte er seine Ausbildung bei Karl Heymann und J. J. Raff am Konservatorium in Frankfurt am Main. 1881 war er vorübergehend Klavierlehrer am Konservatorium in Darmstadt. 1882 begegnete er Fr. Liszt in Weimar, dem er sein 1. Klavierkonzert vorspielte. Liszt lobte das Werk. Auf seine Empfehlung hin wurde 1882 M.s *First Modern Suite for Piano* in Leipzig aufgeführt. 1888 kehrte M. nach Amerika zurück und ließ sich in Boston nieder, wo er 1896–1904 als Professor an der Columbia University lehrte. Die letzten Jahre lebte er in geistiger Umnachtung.

WW: Für Klv.: 4 Sonaten, 1 u. 2: *Sonata tragica* (1893, 1895), 3: *Norse Sonata* (1900) u. 4: *Keltic Sonata* (1901); *Woodland Sketches* (1896); *Sea pieces* (1898); *Fireside Tales* (1902); *New England Idyls* (1902). – Für Orch.: 2 Klv.-Konzerte a-moll und d-moll (1882, 1889); symphon. Dichtungen: *Hamlet und Ophelia* (1885); *Lancelot und Elaine* (1888); *Lamia* (1889); 2 Orch.-Suiten a-moll (1891) u. *Indian Suite* (1895); Lieder. – Schrieb *Critical and Historical Essays* (Boston – NY 1912, Nachdruck NY 1969).

M. gehörte zu den bedeutendsten amerikanischen Komponisten spätromantischer Richtung. Seine Begabung offenbart sich am deutlichsten in der tonmalerischen Umsetzung geheimnisvoller Naturstimmungen *(New England Idyls, Woodland Sketches)*. Bevorzugtes Ausdrucksmittel ist das Klavier, dessen Klangmöglichkeiten er – wie später S. Rachmaninow – bis hin zu orchestralen Effekten ausschöpft. Harmonisch kühn und hochexpressiv, überschreiten seine Werke jedoch nicht die ästhetischen Kategorien seiner Zeit. Das melodische Material seiner meist kurzen, prägnanten und logisch entwickelten Themen ist häufig indianischen Weisen *(Indian Suite)* entlehnt, obwohl M. selbst sich nie als Vertreter einer national orientierten Musik verstanden hat. Er war auch ein großer Verehrer E. Griegs, dessen Einfluß in kleineren Formen erkennbar ist. M. widmete ihm seine *Norse Sonata* und die *Keltic Sonata*.

Lit.: O. G. SONNECK, E. M., in: ZIMG 9 (1907/08); L. GILMAN, E. M. A Study (NY 1909, Nachdr. 1969); O. G. SONNECK, Cat. of First Editions of E. M. (Washington 1917, Nachdr. NY 1971); I. LOWENS, E. M.'s „Critical and Historical Essays" 1912, in: Journal of Research in Music Education 19 (1971); M. M. LOWENS, The New York Years of E. M. (1971) (= Diss. Univ. of Michigan); DIES., M., in: Grove[6] XI.

MACE, Thomas, * um 1615 Cambridge, † 1709 (?), engl. Musiktheoretiker. Er war Chorknabe und seit 1635 Sänger am Trinity College in Cambridge. 1644–47 hielt er sich vorübergehend in York auf. In Not geraten, bot er 1690 seine Musik- und Instrumentensammlung in London zum Verkauf an. Sein *Musick's monument* von 1676 ist eine wichtige Quelle für die Kenntnis der englischen Musikpraxis des 17. Jh., insbesondere auch für die Musik der Anglikanischen Kirche, sowie über Bau, Stimmung und Spiel der Lauteninstrumente und der Viola.

WW: *Musick's monument, or a remembrance of the best practical musick, both divine and civil, that has ever been known to have been in the world*, 3 Bde. (Lo 1676).

Ausg.: *Musick's monument*, 2 Bde., I: Faks., II: Kommentar, hrsg. v. J. JACQUOT – A. SOURIS (P 1958, 1966); dass., Faks.-Ausg. (NY 1966) (= MMMLF II/17).

Lit.: J. JACQUOT, Le „Musick's Monument" de T. M. et l'évolution du goût musical en Angleterre, in: RMie 34 (1952); E. D. MACKERNESS, T. M. and the Fact of Reasonableness, in: Monthly Musical Record 85 (1955); J. JACQUOT, T. M. et la vie musicale de son temps, in: FS E. H. Meyer (L 1973).

MACFARREN. – 1) Sir **George Alexander,** * 2.3. 1813 London, † 31.10.1887 ebd.; engl. Komponist und Musiktheoretiker. Er war Schüler von Charles Lucas an der Royal Academy of Music in London, an der er seit 1834 lehrte. 1875 wurde er als Nachfolger von W. St. Bennett Professor an der Universität Cambridge und 1876 Direktor der Royal Academy of Music. Daneben war er als Herausgeber für die Handel Society und die Musical Antiquarian Society tätig. 1883 wurde er geadelt. M. gehörte zu den wichtigsten englischen Komponisten seiner Epoche. Seine Frau, die Sängerin **Clara Natalia M.,** * 1828 Lübeck, † 9.4.1916 Bakewell (Derbyshire), machte sich als Übersetzerin dt. Opern und Lieder ins Englische einen Namen.

WW: **1) Kompositionen:** Klv.-Sonaten; Kammermusik; 9 Symphonien; V.-Konzert; Ouvertüren, u.a. *Chevy Chase* (1836). – Kantaten: *The Sleeper Awakened* (1851); *May Day* (1856); *Christmas* (1859); *The Lady of the Lake* (1877); Oratorien: *St.*

John the Baptist (1873); *The Resurrection* (1876); *Joseph* (1878); *King David* (1883). – Opern: *The Devil's Opera,* UA: London 1838; *An Adventure of Don Quixote,* UA: ebd. 1846; *King Charles II.,* UA: ebd. 1849; *Robin Hood,* UA: ebd. 1860; *Jessy Lea,* UA: ebd. 1863; *Helvellyn,* UA: ebd. 1864. – **2) Schriften:** *The Rudiments of Harmony* (Lo 1860, [15]1886); *Six Lectures on Harmony* (Lo 1867, [3]1882); *Counterpoint* (C 1879, [2]1887).

2) Walter Cecil, Bruder von 1), * 28.8.1826 London, † 2.9.1905 ebd.; engl. Pianist und Komponist. Er war Schüler seines Bruders und von C. Potter, 1846–1903 Klavierlehrer an der Royal Academy of Music, deren Konzerte er 1873–80 dirigierte.

Lit.: H. C. BANISTER, G. A. M. (Lo 1891).

MACHABEY, Armand, * 7.5.1886 Pont-de-Roide (Doubs), † 31.8.1966 Paris; frz. Musikforscher. Er studierte in Paris bei V. d'Indy und an der Sorbonne Musikwissenschaft bei A. Pirro und promovierte 1928 mit der Dissertation *Essai sur l'histoire et l'évolution des formules musicales au Moyen Âge* (P 1928, Neufassung als *Genèse de la tonalité musicale classique,* P 1955) zum Docteur-ès-lettres. Er publizierte zahlreiche grundlegende musikwissenschaftliche Arbeiten und war Mitherausgeber des *Larousse de la musique.*

Schriften: *Le théâtre musical en France* (P 1933); *M. Ravel* (P 1947); *Traité de la critique musicale* (P 1947); *La notation musicale* (P 1952, [3]1971); *G. de Machault,* 2 Bde. (P 1954); *Notations musicales non modales* (P 1957, erweitert [3]1959); *J.-Ph. Rameau et le tempérament égal,* in: RM (1965) Nr. 260.

MACHAUT (Machault), **Guillaume de** (auch Guglielmus de Mascaudio), * zwischen 1300 und 1305 in der Champagne, † April 1377 Reims; frz. Dichter und Komponist. Er war 1323–46 Sekretär des Königs von Böhmen, Johann von Luxemburg, in dessen Gefolge er quer durch Europa reiste, u.a. nach Prag, Luxemburg, Paris, Schlesien, Litauen, Thorn, Königsberg, Polen, Ungarn und Österreich. 1337 erhielt er ein Kanonikat in Reims und wurde 1340 dort seßhaft. Wichtigste Ereignisse der nun folgenden Jahre, in denen der größte Teil seines rasch bekannt werdenden Werkes entstand, waren 1348/49 der Einbruch der Pest, 1358/59 die Belagerung von Reims und 1362–65 sein Liebesverhältnis mit Péronne d'Armentière. Seine letzten Lebensjahre scheint M. damit verbracht zu haben, im Auftrag seiner Dienstherren die Niederschrift seiner Werke in prachtvolle Sammel-Hss. zu überwachen. In diesen bilden die ↗Lais die Abteilung I, die ↗Motetten die Abteilung II und die Refrainformen ↗Ballade, ↗Rondeau und ↗Virelai die Abteilung III. M. schuf auch ein umfangreiches, ausschließlich literarisches Werk, darunter eine Chronik, mehrere Dichtungen in Dialog- und Spruchform, unvertonte Balladen und Rondeaux, das an Bedeutung jedoch weit hinter seinem insgesamt 143 (bzw. 144) Kompositionen umfassenden Œuvre zurücksteht.

WW (Hauptquellen sind die Hss. Paris, BN, f. fr. 1584, 22545, 22546, 9221; diese überliefern die Werke in der Notationsweise, die die frz. Ars nova kennzeichnet): 1 Messe für 4 St.; 23 Motetten für 3 u. 4 St.; 1 Doppel-Hoquetus für 3 St.; 42 Balladen für 1–4 St.; 22 Rondeaux für 2–4 St.; 33 Virelais für 1–3 St.; 19 Lais für 1–3 St.; 1 Complainte für 1 St. sowie 1 *Chanson Royale* für 1 St. – Von diesen Werken entstammen 7 Kompositionen (2 3st. Balladen, 1 3st. Rondeau, 1 1st. Virelai, 1 1st. Lai, die Complainte und die *Chanson Royale*) der Dichtung *Remède de Fortune,* in der M. offenbar das Bedürfnis hatte, Musterbeispiele der charakteristischen musikalischen Formen seiner Zeit zu geben. – Die Chronologie der Werke ist noch immer unsicher. Es könnten die Messe vor 1364, vielleicht schon Ende 1340, die 1st. Lais und Virelais um oder nach 1349, die Balladen zwischen 1325 und 1350 (A. Swartz), die frz. Motetten um oder nach 1356, *Le Remède de Fortune* vor 1357, die 3st. und 4st. Virelais und die lat. Motetten um oder nach 1365 entstanden sein.

M. gilt neben Fr. Landino als die überragende Musikerpersönlichkeit des 14. Jahrhunderts. Er vertrat einerseits die konservativ-archaisierende, noch dem 13. Jh. verpflichtete Schreibweise, war aber andererseits entscheidend an der Ausprägung eines neuen Musikstils beteiligt, der noch für das 15. Jh. verbindlich blieb. Zur konservativen Stilrichtung gehören die einstimmigen Lais und Virelais, die Messe und der Hoquetus, zur modernen die Motetten, Balladen, Rondeaux sowie die mehrstimmigen Lais und Virelais. In diesen verwendet M. die Neuerungen von ↗Mensur und Rhythmus, die die Theoretiker der ↗Ars nova, Ph. de Vitry und J. de Muris, propagiert hatten, nämlich die verschiedenen Kombinationen von zwei- und dreizeitiger Mensur in ↗Modus, ↗Tempus und ↗Prolatio, den Zweier- neben dem herkömmlichen Dreierrhythmus, die Teilwerte ↗Minima und ↗Semiminima, die ↗Synkope als rhythmische Belebung einzelner Stimmen und die ↗Isorhythmie. M.s Bedeutung liegt vor allem darin, daß er den in Frankreich zur Zeit der Ars nova entstandenen ↗Kantilenensatz in den Refrainformen Ballade, Rondeau und Virelai voll ausgeprägt hat. Besonderes Interesse verdienen jene 5 3st. Kompositionen, in denen M. als 3. Stimme je ein Triplum und einen Contratenor als fakultative Alternativen komponiert hat: die 4 Balladen *De petit po, de nient volente; De toutes flours; En amer a douce vie* und *Dame de qui toute ma joie vient* und das Rondeau *Se vous m'estés.* Diese sowie jene 2 Balladen, in denen M. den Stimmenverband nachträglich erweitert hat (*De Fortune me doy pleindre,* von 3 auf 4 St., *Tres douce dame que j'aour,* von 2 auf 3 St.), geben einen tiefen Einblick in die Entwicklung des Kantilenensatzes. M. hat die Ballade vor Rondeau und Virelai bevorzugt. Seine vertonten Balladen stellen die erste Blütezeit der mehrstimmigen Ballade dar und beeinflussen die Ballade des 15. Jh. in entscheidendem Maße. Für alle von M. mehrstimmig vertonten Refrainformen sind eine reich mit Melismen verzierte Oberstimme und eine meistens instrumental wirkende Fundamentstimme charakteristisch. In M.s Motetten sind Tempus und Prolatio, Zweier- und Dreierrhythmus geschickt miteinander kombiniert; hinzu tritt eine ausgefeilte reife Verwendung der Isorhythmie. Der Hoquetus über den Tenor *David* weist als ein spätes Beispiel dieser Gattung weit in das 13. Jh. zurück und stellt, kunstvoll nach Motettenart komponiert, einen verspäteten Höhepunkt dieser Gattung dar.

M.s *Messe de Nostre Dame* ist eine der frühesten polyphonen Vertonungen des ↗Ordinarium missae. Als ihr Vorbild kann die 3st. sogenannte Messe von Tournai gelten, die M. gekannt haben dürfte. Beide Messen sind formal von der Motette und dem ↗Conductus abhängig. Wie die Sätze Kyrie, Sanctus und Agnus der Messe von Tournai weisen die strophisch geformten (O. Gombosi) Sätze Gloria und Credo von M.s Messe den charakteristischen Note-gegen-Note-Stil des Conductus auf, während Kyrie, Sanctus, Agnus und Ite missa est vom Prinzip der Isorhythmie beherrscht werden; ferner finden sich Zweierrhythmus und Prolatio, Techniken, die in der Messe von Tournai noch nicht vorkommen.

In seinen einstimmigen Kompositionen, d. h. in den meisten seiner Lais und Virelais, schöpfte M. aus dem einstimmigen Repertoire des 13. Jahrhunderts. In die Zukunft weist in diesen Gesängen, daß er mit eben diesem einstimmigen Material auch polyphon experimentiert. So weisen der *Lay de la fonteinne* und der *Lay de confort* einen 3st. Kanon im Unisonus auf, während der *Lay de consolation* einen perfekten 2st. Kontrapunkt Note-gegen-Note (Hoppin), der Lai *En demantant et lamentant* einen 3st. Kontrapunkt darstellen. Zweifellos bilden die polyphonen Vertonungen des Virelai einen Versuch M.s, seine Erfahrungen mit den polyphonen Formen Rondeau und Ballade auf das Virelai zu übertragen.

M. verbindet in vollendeter Weise die Klangfolge des Satzes, dessen isorhythmisches Schema und den tonalen und rhythmischen Aufbau des Tenors mit einer melodisch reichhaltigen Oberstimme, Text und Musik verknüpft er zu einer besonders engen Einheit. Er war schon zu Lebzeiten und nach seinem Tod bis weit in das 15. Jh. hinein über die Landesgrenzen hinaus berühmt. Auf Grund seines umfangreichen einstimmigen Liedrepertoires kann er als ein später Trouvère betrachtet werden. Als Komponist einer polyphonen Messe, als Meister der Motette und vor allem des Kantilenensatzes aber hat er zukunftsweisend gewirkt.

Ausg.: Œuvres de G. de M., hrsg. v. E. HOEPPFNER, 3 Bde. (P 1908–21) (Textausg.); Musikal. Werke, hrsg. v. F. LUDWIG (L 1926–29) (= PäM I/1, II/1, IV/2), dazu Bd. IV aus dem Nachlaß F. Ludwigs hrsg. v. H. BESSELER (L 1943), Nachdr. I–IV (L 1954); L. SCHRADE, The Works of G. de M., 2 Bde. (Monaco 1956–57) (= Polyphonic Music of the Fourteenth Century, 2–3); Faks. der Messe, hrsg. v. F. GENNRICH, (Da 1957) (= Summa musicae medii aevi, Bd. I).

Lit.: O. GOMBOSI, M.s Messe Notre-Dame, in: MQ 36 (1950); G. REANEY, A Chronology of the Ballades, Rondeaux and Virelais Set to Music by G. de M., in: MD 6 (1952); A. MACHABEY, G. de M., sa vie et son œuvre musicale, 2 Bde. (P 1955); G. REICHERT, Das Verhältnis zw. musikal. u. textlicher Struktur in den Motetten M.s, in: AfMw 13 (1956); U. GÜNTHER, Der musikal. Stilwandel der frz. Liedkunst in der zweiten Hälfte des 14. Jh. (Diss. H 1957), Teildruck als: Zehn datierbare Kompositionen der ars nova (H 1959) (= Schriftenreihe des Musikwiss. Inst. der Univ. Hamburg 2); A. MACHABEY, M., in: MGG VIII; G. REANEY, The Development of the Rondeau, Virelai and Ballade Forms ..., in: FS K. G. Fellerer (Rb 1962); U. GÜNTHER, Chronologie u. Stil der Kompositionen G. de M.s, in: AMl 35 (1963); H. H. EGGEBRECHT, M.s Motette Nr. 9, in: AfMw 19/20 (1962/63) u. 25 (1968), Wiederabdrucke in: Sinn u. Gestalt (Wilhelmshaven 1979); G. REANEY, Towards a Chronology of M.'s Musical Works, in: MD 21 (1967); W. DÖMLING, Zur Überlieferung der musikal. Werke G. de M.s, in: Mf 22 (1969); DERS., Die mehrst. Balladen, Rondeaux u. Virelais von G. de M. (Tutzing 1970) (= Münchner Veröff. z. Musikgesch. 16); G. REANEY, G. de M. (Lo 1971) (= Oxford Studies of Composers 9); H. KÜHN, Die Harmonik der ars nova. Zur Theorie der isorhythmischen Motette (Mn 1973) (= Berliner musikwiss. Arbeiten 5); A. SWARTZ, A New Chronology of the Ballades of M., in: AMl 46 (1974); R. A. PELINSKI, Zusammenklang u. Aufbau in den Motetten M.s, in: Mf 28 (1975); E. MULDER, Einige Bemerkungen zu M.s „Lai de l'Ymage", in: Mf 32 (1979); J. HIRSHBERG, Hexachordal and Modal Structures in M.'s Polyphonic Chansons, in: Studies in Musicology. FS O. E. Albrecht (Kas 1980).

B. R. SUCHLA

MACHT DES SCHICKSALS, DIE *(La forza del destino),* Oper in 4 Akten von Giuseppe Verdi (1813–1901), Text von Francesco Maria Piave nach dem span. Schauspiel *Don Alvaro, o la fuerza del sino* von Angelo Pérez di Saavedra, Herzog von Rivas. Ort u. Zeit der Handlung: Spanien u. Italien, um die Mitte des 18. Jahrhunderts. UA der Erstfassung: 10. 11. 1862 in St. Petersburg (Kaiserl. Oper); UA der Zweitfassung (Text: Antonio Ghislanzoni): 20. 2. 1869 in Mailand (Teatro alla Scala); dt. EA (in dt. Sprache): 12. 10. 1878 in Berlin (Krolloper).

Die tragische Liebe zwischen dem Mestizen Don Alvaro und der Spanierin Donna Leonora bildet den Mittelpunkt der Handlung. Die aufgetürmten Schauerlichkeiten, die zum Tod aller am Konflikt Beteiligten führen – Alvaro stürzt sich, Gott und der Menschheit fluchend, von einem Felsen –, riefen bei der Premiere einen zwiespältigen Eindruck hervor. Verdi ließ das Buch durch Ghislanzoni umarbeiten, der vor allem den nihilistischen Schluß auflichtete. Alvaro, durch den sinnlosen Tod der Geschwister Leonora und Carlos geläutert, fristet nun in Demut sein Leben. – Verdi schrieb für diese 2. Fassung eine neue Ouvertüre, die sich als einzige von Verdis Ouvertüren zum Konzertstück verselbständigte, nahm Umstellungen vor und fügte das Schlußterzett mit dem verklingenden Schluß hinzu.

Die besten seiner musikalischen Einfälle schenkte Verdi der Partie der Leonora. Das Durchflechten der Musik mit Erinnerungsmotiven sowie die Verklammerung rezitativischer und arioser Abschnitte verdeutlichen Verdis Streben nach einer psychologisch vertieften Ausdruckssprache seiner Musik. Farbige Kontraste (Zigeuner-Milieu, Klosterszene, Soldaten-Tableau) und pittoreske Balletteinlagen knüpfen aber unverkennbar an plakative Gestaltungselemente der französischen Grand Opéra an.

H. BECKER

MACKEBEN, Theo, * 5.1.1897 Stargard, † 10.1. 1953 Berlin; dt. Komponist. Nach seiner Ausbildung in Koblenz, Köln und Warschau war M. in Berlin als Pianist, später als Kapellmeister – zuletzt am Metropoltheater – tätig. Im Theater am Schiffbauerdamm dirigierte er 1928 die Uraufführung der *Dreigroschenoper* (von B. Brecht / K. Weill). Er schrieb Schauspielmusiken für Berliner Bühnen und bearbeitete K. Millöckers Operette *Gräfin Dubarry,* die er 1931 unter dem Titel *Die Dubarry* mit großem Erfolg herausbrachte. Seit den 1930er Jahren gehörte er außerdem zu den bedeutendsten Tonfilmkomponisten. Viele seiner Filmmelodien wurden Evergreens, darunter *So oder so ist das Leben, Bel Ami, Die Nacht ist nicht allein zum Schlafen da, Komm auf die Schaukel, Luise* und sein wohl bekanntestes Lied *Bei dir war es immer so schön.*

WW: Operetten: *Lady Fanny* (1934); *Anita und der Teufel* (1938); *Der goldene Käfig* (1943); *Die Versuchung der Antonia* (1950). – Zahlr. Filmmusik, u. a. zu: *Der Tanz auf dem Vulkan* (1938); *Heimat* (1938); *Es war eine rauschende Ballnacht* (1939); *Bel ami* (1939); *Ohm Krüger* (1941).

MACKENZIE, Sir **Alexander Campbell,** * 22.8. 1847 Edinburgh, † 28.4.1935 London; schottischer Komponist. Nach erstem Musikunterricht bei seinem Vater, Alexander M. (1819–57), Dirigent am Edinburgher Royal Theatre, ging er 1857 nach Deutschland, wo er in Sondershausen bis 1862 Schüler von Eduard Stein (Theorie) war. Anschließend studierte er Harmonielehre und Kontrapunkt bei Charles Lucas an der Royal Academy of Music in London und war seit 1865 Musiklehrer in Edinburgh. 1888–1924 war er Direktor der Royal Academy of Music und dirigierte 1892–99 die Philharmonic Society. 1908–12 war er Präsident der Internationalen Musikgesellschaft. 1895 erhob ihn Königin Victoria in den Adelsstand. Mehrere englische Universitäten verliehen ihm die Ehrendoktorwürde.

WW: **1) Instr.-WW:** Klv.- u. V.-Stücke; Streichquartett (1875). – Für Orch.: 3 schottische Rhapsodien (1880, 1881, 1911); *La belle Dame sans merci* (1883); *London Day by Day* (1902); *Canadian Rhapsody* (1905); 6 Ouvertüren; Klv.-Konzert (1897); V.-Konzert (1885); Suite *Pibrock* (1889) für V. u. Orch. – **2) Vokal-WW:** Kantaten: *The Bride* (1881); *Jason* (1882); *The Story of Sayid* (1886); *A Jubilee Ode* (1887); *The New Covenant* (1888); *The Cottar's Saturday Night* (1888); *The Dream of Jubal* (1889); *Veni Creator Spiritus* (1891); *The Witches' Daughter* (1904); *The Sun-God's Return* (1910); Oratorien *The Rose of Sharon* (1884, revidiert 1910) u. *Bethlehem* (1894). – **3) Bühnen-WW:** Opern: *Colomba,* UA: London 1883; *The Troubadour,* UA: ebd. 1886; *His Majesty,* UA: ebd. 1897; *The Cricket on the Hearth,* UA: ebd. 1914; *The Knights of the Road,* UA: ebd. 1905; *The Eve of St John,* UA: Liverpool 1924.

Lit.: J. P. BAKER, A. M., in: MQ 13 (1927); J. SPENCER, M., in: Grove[6] XI.

MACMILLAN, Kenneth, * 11.12.1929 Dunfermline (Schottland); schottischer Tänzer und Choreograph. Er studierte an der Sadler's Wells School in London, war seit 1946 Mitglied des Sadler's Wells Theatre Ballet, 1952–66 Tänzer und Choreograph des Royal Ballet und 1966–69 Ballettdirektor an der Deutschen Oper in Berlin. 1963 choreographierte er zum erstenmal in Stuttgart (*Las hermanas*; Fr. Martin, Cembalokonzert). Seit 1970 ist er Direktor des Royal Ballet in London, arbeitet aber daneben auch für andere Ballettkompanien (American Ballet Theatre, Königlich Dänisches Ballett, Königlich Schwedisches Ballett) und für Film und Fernsehen (*Turned out proud,* 1955).

WW (Choreographien): I. Strawinsky, *Danses concertantes,* UA: London 1955; F. Mompou, *House of Birds,* UA: ebd. 1955; F. Martin, *The Burrow,* UA: London 1958; M. Seiber, *The Invitation,* UA: ebd. 1960; I. Strawinsky, *The Rite of Spring,* UA: ebd. 1962; G. Mahler, *Lied von der Erde,* UA: Stuttgart 1965; S. Prokofjew, *Romeo and Juliet,* UA: London 1965; Dm. Schostakowitsch, *Concerto* (Klv.-Konzert op. 10), UA: Berlin 1966; I. Strawinsky, *Olympiade,* UA: ebd. 1968.

Lit.: J. LAWSON, A History of Ballet and its Makers (Lo 1964); P. BRINSON – C. CRISP, Ballet for All (Lo 1970).

MAÇON, LE, Oper von D. F. E. Auber; dt. Titel: ↗Maurer und Schlosser.

MACONCHY, Elizabeth, * 19.3.1907 Broxbourne (Hertfordshire); engl. Komponistin irischer Herkunft. Sie studierte in Dublin und 1923–29 bei R. Vaughan Williams am Royal College of Music in London. Zur weiteren Ausbildung ging sie anschließend nach Prag, wo sie 1930 ihr 1. Klavierkonzert zur Aufführung brachte, nach Wien und Paris. Zunächst von Vaughan Williams beeinflußt, entwickelte sie seit den 30er Jahren einen individuellen Stil. Charakteristisch sind die durchweg kontrapunktisch gearbeiteten Streichquartette.

WW: **1) Instr.-WW:** *The Yaffle and Mill Race* (1962) für Klv.; Sonatine (1965) u. *Notebook* (1966) für Cemb.; 6 Stücke für V. solo (1966); 10 Streichquartette (1932–72); Sonatine für Streichquartett (1963); Quintett für Klar. u. Str. (1963); 3 Bagatellen für Ob. u. Harfe (1972). – Für Orch.: *Serenata concertante* (1962) für V. u. Orch.; *Variazioni concertanti* (1965) für Ob., Klar., Fag., Horn u. Str.; *Essex Overture* (1966); *3 Cloudscapes* (1968). – **2) Vokal-WW:** *The Armado* (1962) für Chor u. Klv.; *Samson and* *the Gates* (1963) für Chor u. Orch.; Kantate *Christmas Morning* (1963) für Sopran, Frauen- (oder Knaben-) Stimmen u. Klv. (oder kleines Blasorch.); *The Starlight Night and Peace* (1964) für Sopran u. Kammerorch.; *Nocturnal* (1965), *Propheta mendax* (1965) u. *Maiden This Day* (1966) für gem. Chor; *Ariadne* (1971) für Sopran u. Orch. – **3) Bühnen-WW:** Opern: *The Sofa*, UA: London 1959; *The Departure*, UA: ebd. 1962; *The Three Strangers*, UA: Bishop's Stortford/Hertfort 1968; *The Birds*, UA: London 1968; *The Jesse Free*, UA: Dorchester 1970.

MACQUE, Jean de (Giovanni), * um 1550 Valenciennes, † September 1614 Neapel; franko-flämischer Komponist. Er war 1563 Sänger der Hofkapelle in Wien und ging dann vermutlich nach Italien, wo er nach eigener Bezeugung Schüler von Ph. de Monte war. Um 1568 ist er als Organist an S. Luigi dei Francesi in Rom nachweisbar. Eine einflußreiche Rolle spielte er dort in der von Luca Marenzio geleiteten „Virtuosa Compagnia dei Musicisti", der u.a. auch G.P. da Palestrina, G.M. Nanino, F. Soriano und F. Anerio angehörten. Um 1586 trat er in Neapel in den Dienst des Fürsten Fabrizio Gesualdo di Venosa, des Vaters des Komponisten C. Gesualdo, wurde 1590 2. Organist an SS. Annunziata, 1594 Organist und 1599 Kapellmeister der Real Cappella. Zu seinen Schülern gehörten G.M. Trabaci, A. Falconieri und L. Rossi. M. war einer der letzten bedeutenden niederländischen Komponisten, die in Italien heimisch wurden. Besonderes Interesse verdienen weniger seine zahlreichen Madrigale als seine Orgelwerke mit reicher Verwendung von Dissonanzen und Chromatik.

WW: 3 Bücher Madrigale für 4 St. (V 1596, Neapel 1610); 6 Bücher Madrigale für 5 St. (V 1579, V 1587, Ferrara 1597, Neapel 1599, V 1613); 2 Bücher Madrigale für 6 St. (V 1576, 1589); 3 Bücher *Madrigaletti e Napoletane* (V 1581, 1582, An 1600); Madrigale ferner in zahlr. Sammeldrucken (1574–1623); Motetten für 5–8 St. (R 1596); Orgelwerke (Toccaten u.a.) hsl.

Ausg.: Sämtliche Orgelstücke, in: Ch. Guillet, G. (de) M., Ch. Luyton, Werken voor Orgel..., hrsg. v. J. WATELET (1938/68) (= MMBelg 4) (mit Biogr. u. Werkverz.).

Lit.: U. PROTA GIURLEO, Notizie sul musicista belga J. M., in: Kgr.-Ber. Lüttich 1930; A. EINSTEIN, The Italian Madrigal 2 (Princeton/N. J. 1949, Nachdr. 1970, dt. Z 1952); S. CLERCX, J. de M. et l'évolution du madrigalisme à la fin du XVIe siècle, in: FS J. Schmidt-Görg (Bonn 1957); W. R. SHINDLE, The Madrigals of G. de M., 4 Bde. (1970) (= Diss. Indiana Univ.); L. B. ANDERSEN, G. de M. de Valenciennes et l'évolution de la musique polyphonique à Naples à la fin du XVIe siècle (Diss. Lüttich 1970); C. SARTORI, Madrigali del Passerini e ricercari di G. de M. e Gesualdo, in: FS G. M. Gatti (Bol 1973); F. LIPPMANN, G. de M. ... Nuovi documenti, in: RIMus 13 (1978).

MADAME BOVARY, Oper in einem Prolog und 2 Akten von Heinrich Sutermeister (* 1910), Text vom Komponisten frei nach Gustave Flaubert und zeitgenössischen Dokumenten. Ort und Zeit der Handlung: Rouen und Umgebung, 1847. UA: 25. 6. 1967 in Zürich (Opernhaus).

Die Vorwegnahme des tragischen Ausgangs im Prolog ermöglicht eine kommentierende Darstellung des Geschehens mit psychologischer Begründung: Dem Willen ihres Vaters folgend, heiratet Maria den Arzt Bovary, bei dem sie aber keinerlei Geborgenheit findet; sie flüchtet sich in Gespräche voller Todessehnsucht mit drei Traumgestalten, ihren „Schwestern im Leide". Maria, „von mehr geistiger als körperlicher Sinnlichkeit", zerbricht schließlich auf der Suche nach einem gleichgestimmten Partner am unüberwindlichen Gegensatz ihrer Traumwelt zur realen Welt. Sutermeister benutzt in dieser Oper eine effektvolle konventionelle Musiksprache mit zahlreichen Anleihen bei G. Puccini und C. Orff (dem Widmungsträger der Partitur). Besonders wirkungsvoll gelang die Musik zur 4. Szene *La Fête des Comices* mit dem Auftritt einer Feuerwehrkapelle. K. LANGROCK

MADAME BUTTERFLY, Tragedia Giapponese (= Japanische Tragödie) in 3 Aufzügen von Giacomo Puccini (1858–1924), Text von Giuseppe Giocosa und Luigi Illica nach der gleichnamigen Tragödie (1900) von David Belasco, die ihrerseits auf einer Novelle (1898) von John Luther Long beruht. Ort und Zeit der Handlung: Nagasaki, zu Beginn des 20. Jahrhunderts. UA der zweiaktigen Erstfassung: 17. 2. 1904 in Mailand; UA der dreiaktigen Neufassung: 28. 5. 1904 in Brescia (Teatro Grande); dt. EA (in dt. Sprache): 27. 9. 1907 in Berlin (Deutsche Oper).

Besonders die thematische Erfindung beeinflussend, ist fernöstliches Kolorit wesentliches Indiz sensibler Einfühlung in den Lebensraum der Titelheldin, einer japanischen Geisha, die an ihrer naiv-hingebungsvollen Liebe zu einem amerikanischen Marineoffizier zerbricht. Fein nuancierte Darstellung von Gefühlsschwankungen und prägnante Schilderung von Situationsstimmungen sind wesentliche Qualitäten der musikdramatischen Gestaltung. Ohne Unterbrechung der Entwicklungskontinuität gelang der musikalische Nachvollzug des für den literarischen Realismus des Fin de siècle charakteristischen Dingkults, d.h. der emotionalen Aufladung allein durch die Ästhetisierung von Gegenständen; eindrucksvolles Beispiel hierfür ist die ausführliche Beschreibung der verschiebbaren Wände eines japanischen Hauses im 2. Akt. Nach Ablehnung der Erstfassung durch das kritische Mailänder Publikum war Puccini gezwungen, sein erklärtes Lieblingswerk umzuarbeiten; die UA der Neufassung wurde dann zu einem über alle Erwartungen triumphalen Erfolg und sicherte *Madame Butterfly* bis heute ungebrochene Popularität. W. A. MAKUS

MADAME POMPADOUR, Operette in 3 Akten von Leo Fall (1873–1925), Text von Rudolf Schanzer u. Ernst Welisch. Ort u. Zeit der Handlung: Paris, um die Mitte des 18. Jahrhunderts. UA: 9. 9. 1922 in Berlin (Berliner Theater). Verfilmt: 1930. Das Leben am Hof in Versailles unter Ludwig XV. dient als geschichtlicher Hintergrund nur dazu, das Leben im Berlin der 1920er Jahre transparent werden zu lassen. Die Musik stützt in diesem Zeitstück in historischem Gewand lediglich die Charakterisierung des französischen Rokoko und der erotischen Atmosphäre um Madame Pompadour. In der mitreißenden Walzermelodie *Heut könnt einer sein Glück bei mir machen,* in den Melodien *Josef, ach Josef, Ein intimes Souper,* in der *Madame-Pompadour-Serenade* und zahlreichen anderen Musiknummern erlebt man eine spritzig-elegante Milieuschilderung. Mit Fritzi Massary in der Titelrolle wurde das Werk zu einem triumphalen Erfolg. Auch heute noch gehört *Madame Pompadour* zu den meistaufgeführten Operetten in der Bundesrepublik Deutschland. B. DELCKER

MADAM MACHT GESCHICHTEN *(Call Me Madam),* amerik. Musical in 2 Akten von Irving Berlin (* 1888), der Musik und Song-Texte schrieb, Buch Howard Lindsay und Russell Crouse. Ort und Zeit der Handlung: der europäische Phantasiestaat Lichtenburg und die USA, zur Zeit der UA. UA: 12. 10. 1950 in New York (Imperial Theater). Verfilmt 1953.

Die Autoren orientierten sich für die Hauptfigur dieses politisch-satirischen Musicals an der historischen Gestalt von Perle Mesta, die von einer bekannten Persönlichkeit der ‚High Society' Washingtons zur Botschafterin von Liechtenstein aufsteigt. Zu den bekanntesten Musiknummern des Werkes, das in Deutschland lediglich in der Filmversion bekannt wurde, gehören *The Hostess with the Mostes' on the Ball, Can you use any Money today, The Ocarina* und *They like Ike,* das zum Wahlkampfschlager für Dwight D. Eisenhower wurde.

R.-M. SIMON – S. SIMON

MÄDCHEN AUS DEM GOLDENEN WESTEN, DAS *(La fanciulla del West),* Oper in 3 Akten von Giacomo Puccini (1858–1924), Text von Guelfo Civinini und Carlo Zangarini nach dem Drama *The Girl of the Golden West* (1905) von David Belasco. Ort und Zeit der Handlung: Goldgräberlager in Kalifornien, zur Zeit des Goldfiebers 1849/50. UA: 10. 12. 1910 in New York (Metropolitan Opera), dt. EA (in dt. Sprache): 28. 3. 1913 in Berlin.

Die Schankwirtin Minnie verliebt sich in den Banditen Ramerrez, der unter dem falschen Namen Johnson ins Goldgräberlager kommt; zwar weist sie ihn fort, als sie seine wahre Identität erfährt, jedoch siegt letztlich ihr Gefühl über konventionelle Vorurteile: Zweimal rettet sie Ramerrez das Leben. Bis an die Grenze der Möglichkeiten spätromantischer Tonsprache ging Puccini bei der Vertonung des Theaterstückes: Freitonale Dissonanzharmonik und leidenschaftlich-vitale, dem bewegten Dialogverlauf angepaßte Rhythmik bestimmen das Klangbild. Personencharakteristik und situationsbedingt spontane Expressivität erhielten den Vorrang vor Lyrismus und Klangschönheit. Die Oper war gezielt auf Interessen und Vorlieben des amerikanischen Publikums zugeschnitten; die UA wurde zum größten Premierentriumph, den Puccini je erlebte; zu sensationellen Schwarzmarktpreisen handelte man die Eintrittskarten. E. Caruso in der Rolle des Ramerrez, A. Toscanini als Dirigent und die Attraktivität der Wildwestatmosphäre – eine Neuheit auf der Opernbühne – trugen wesentlich zum großen, wenngleich lokal und zeitlich begrenzten Erfolg des Werkes bei. W. A. MAKUS

MADERNA, Bruno, * 21. 4. 1920 Venedig, † 13. 11. 1973 Darmstadt; it. Komponist und Dirigent. M. studierte an den Konservatorien Venedig, Mailand und Rom (Komposition bei A. Bustini) und war anschließend Schüler von G. Fr. Malipiero (Komposition) und H. Scherchen (Dirigieren). Bei den Kranichsteiner Internationalen Ferienkursen für Neue Musik wirkte er 1954–67 als Dozent und als Leiter des Internationalen Kammerensembles Darmstadt. Gemeinsam mit L. Berio gründete er 1955 in Mailand das Studio di Fonologia, das erste elektronische Studio in Europa. In seiner Komposition *Musica su due dimensioni I* (1958) verband M. erstmals natürliche mit elektronisch erzeugten Klängen. Er trug wesentlich sowohl zur Entwicklung der seriellen Technik (*Studi per il „Processo" di Kafka,* 1950) als auch zu deren Überwindung (Streichquartett, 1955) bei. Der totalen Rationalisierung von Komposition als einer Art Wissenschaft vom Klang, wie sie damals Stockhausen noch vorschwebte, begegnete er mit Skepsis und hielt in der Verbindung von konstruktiver Dichte und Kantabilität am expressiven Charakter von Musik fest. Für die Nachkriegsgeneration italienischer Komponisten war M. als Vermittler der Dodekaphonie und der seriellen Technik von überragender Bedeutung. Als Gastdirigent europäischer und amerikanischer Orchester setzte sich M. besonders für die Neue Musik ein.

WW: **1) Instr.-WW:** *Widmung* (1967) u. *Piece for Ivry* (1971) für V.solo; *Solo* (1971) für einen Oboisten; *Viola* (1971) für Va. solo. – *Musica su due dimensioni* (1952) für Fl., Schlagzeug u. Tonband sowie ... *1958* [I] (1958) für Fl. u. Tonband; Streichquartett (1955); *Serenata I* (1954) und *II* (1957) für 11 Instr.; *Honey rêves* (1961) für Fl. u. Klv.; Ob.-Konzert I (1962) mit Kammerensemble; *Aulodia per Lothar* (1965) für Ob. d'amore u. Gitarre ad lib.; *Amanda* (1966) u. *Music of Gaity* (1970) für

Kammerorch.; *Serenata per un satellite* (1969) für 7 Instr.; *Juilliard Serenade* (1971) für Kammerorch. u. Tonband; *Giardino religioso* (1972) für Kammerensemble. – Für Orch.: *Stele per Diotima* (1965); *Quadrivium* (1969); *Aura* (1971); *Biogramma* (1972). – *Serenata IV* (1961) für 20 Instr. u. Tonband; *Musica su due dimensioni III* (1963) für Fl. u. Orch. u. *IV* (1965) (= *III* u. *Stele per Diotima*); *Grande Aulodia* (1970) für Fl., Ob. u. Orch.; Konzerte für: Klv. (1959); Ob. II u. III (1967, 1973); V. (1969). – Elektronische Musik: *Sequenze e strutture* (1954); *Continuo* (1957); *Musica su due dimensioni II* (1960); *Serenata III* (1961); *Le rire* (1962); *Tempo libero I* (1971) u. *II* (= *I* u. *Juilliard Serenade*). – **2) Vokal-WW:** *Tre liriche greche* (1948) für Sopran, Chor u. Instr.; *Studi per il „Processo" di Kafka* (1950) für Sprecher, Sopran u. Orch.; *Aria da „Hyperion"* (1964) für Sopran, Fl. u. Orch.; *Ausstrahlung* (1971) für Sopran, Ob., Chor, Orch. u. Tonband; *Bothwell-Journal* (1972) für Tenor, Instr. u. Tonband; „Invenzione radiofonica" *Ages* (1972) (nach Shakespeare) für St., Chor, Orch. u. Tonband. – **3) Bühnen-WW:** Bühnenmusik *Von A bis Z*, UA: Darmstadt 1970; Oper *Satyricon* (nach Petronius), UA: Scheveningen 1973; Funkoper *Don Perlimplin* (nach F. García Lorca), UA: RAI 1962; *Lirica in forma di spettacolo Hyperion I (= Dimensioni III* u. *Aria da „Hyperion")*, UA: Venedig 1964; Hörspiel *Ritratto di Erasmo* (1969/70) für Sprecher, Chor u. Orch.

Lit.: G. MANZONI, B. M., in: Junge Komponisten (W 1958) (= die reihe 4); L. PINZAUTI, Orfeo e Hyperion, in: Rinascita 25 (1968); DERS., A colloquio con B. M., in: NRMI 6 (1972); M. MILA, M. musicista europeo (Tn 1976) (mit WW-Verz.); Un inedito di B. M., hrsg. v. L. BERIO, in: ebd. 12 (1978); H. WEBER, Form u. Satztechnik in B. M.s Streichquartett, in: FS Suvini-Zerboni (Mi 1978). H. WEBER

MADETOJA, Leevi Antti, *17.2.1887 Oulu (Uleåborg), † 6.10.1947 Helsinki; finnischer Komponist. M. studierte am Musikinstitut in Helsinki bei Armas Järnefelt und J. Sibelius, anschließend bei V. d'Indy in Paris (1910–11), R. Fuchs in Wien (1911–12) und in Berlin. Nach Finnland zurückgekehrt, wirkte er zunächst mehrere Jahre als Dirigent, lehrte dann 1916–39 am Konservatorium in Helsinki und 1926–47 an der dortigen Universität. Außerdem war er 1917–23 Sekretär und 1933 bis 1936 Vorsitzender des von ihm mitgegründeten finnischen Tonkünstlerverbandes. M. gehört neben Sibelius zu den bedeutendsten Vertretern einer spätromantischen national-finnischen Musik.

WW: Klv.-Stücke u. Kammermusik; 3 Symphonien (1916, 1918, 1926); Konzertouvertüre (1911); Lustspielouvertüre (1923); Fantasieouvertüre (1930) für Bläser; symphonische Dichtung *Kullervo* (1913). – Lieder u. Chöre mit Orch., u.a.: *Sammon ryöslö* (1915) u. *Aslak Smaukka* (1917). – Opern: *Pohjalaisia*, UA: Helsinki 1924; *Juha*, UA: ebd. 1935; ferner ein Ballett u. Bühnenmusik.

Lit.: R.-E. HILLILA, The Solo Songs of T. Kuula and L. M. and Their Place in 20th Century Finnish Art Song (1964) (= Diss. Boston Univ.).

MADONIS (Madonnis), **Luigi** (Lodovico), *vor 1700 Venedig, †nach 1767 St. Petersburg; it. Violinist und Komponist. M. war möglicherweise Schüler von A. Vivaldi und 1725–26 als Konzertmeister Mitglied der Theatertruppe von Peruzzi in Breslau. 1729–31 hielt er sich in Paris auf, wo er mit großem Erfolg im Concert spirituel auftrat und 1731 seine *XII. Sonates à violon seul avec basse* veröffentlichte. Seit 1733 lebte er – mit Ausnahme der Jahre 1738–40 – als Konzertmeister am russischen Hof in St. Petersburg. Seine dort veröffentlichten 12 „Sinfonien" für Violine und B.c. (1738) gehören zu den frühesten Musikdrucken in Rußland. M. ist auch der erste Komponist, der Elemente der russischen Volksmusik verwendete.

Lit.: R. A. MOOSER, Annales de la musique et des musiciens en Russie au XVIIIe siècle (G 1948).

MADRIGAL, Gattung der Vokalmusik in Italien, die im 14. Jh. entstand und im 16. Jh. in anderer Ausprägung zu neuer Blüte gelangte.

Das Madrigal des 14. Jahrhunderts. Es ist die älteste musikalische Gattung der italienischen ↗Ars nova und zugleich die älteste mehrstimmige Gattung mit weltlichem Text in der Volkssprache. Etymologisch scheint das Wort M. – in der Frühzeit gibt es gelegentlich auch die Bz. „marigale", „madriale", „madrialle", „mandriale" – von „cantus matricalis" (= muttersprachlicher Gesang) abgeleitet zu sein.

Bereits 1313 erstmals als literarische Gattung erwähnt, als „rudium et inordinatum concinium" (Francesco da Barberino), stammen die frühesten vertonten M.e aus den 1330er Jahren (Rom, Bibl. Vat., Codex Rossi, vielleicht zwischen 1332 und 1337 entstanden). Sie haben poetische Texte rustikalen Charakters, weisen aber ein gewisses Raffinement auf. Später überwiegen ernste, amouröse, betrachtende oder heldische Inhalte. Bedeutende M.-Dichter waren Petrarca, Boccaccio, Soldanieri, Sacchetti und der Komponist Fr. Landino. Metrisch besteht das M. aus 2, 3 oder 4 11- oder 7silbigen Terzinen mit freien Reimen; gewöhnlich folgt ein Schluß-Ritornello (Refrain), das aus 2 oder 3 gereimten Versen gebildet wird. Die musikalische Form besteht aus 3 Abschnitten, die den einzelnen Versen der Terzinen entsprechen und gewöhnlich bei jeder Stanze (Strophe) wiederholt werden, und einem davon verschiedenen Abschnitt für den Refrain, der ebenfalls manchmal wiederholt wird. Es gibt auch „durchkomponierte" M.e ohne Wiederholungen von Abschnitten. Der musikalische Satz ist üblicherweise 2stimmig mit stark verzierter Oberstimme und einem (meist vokalen) Tenor, der rhythmische und tonale Stützfunktion hat. Der Vers beginnt und endet in den meisten Fällen mit einem langen Melisma, während sein Mittelteil überwiegend syllabisch deklamiert ist. Die Frage, ob diese Satzweise im Conductus, im Organum oder in der motettischen Clausula des 13. Jh. ihren Ursprung hat, läßt sich nicht eindeutig beantworten. Hin-

sichtlich der Aufführungspraxis der M.e kann man annehmen, daß Instrumente zu den Singstimmen hinzugezogen werden konnten.
Zu den ersten bekannten M.-Komponisten zählen vor allem Johannes de Florentia und Jacopo da Bologna: der eine mehr linear komponierend, der andere satztechnisch differenzierter und unter Einbeziehung der Dreistimmigkeit auch kontrapunktisch reicher. Namentlich bei Magister Piero läßt sich dann die allmähliche Umformung des M. in die ↗Caccia beobachten.
Die Bauweise des M., zunächst weithin unverändert, lockerte sich im Laufe des Trecento nach und nach, auch um den Ausdrucksmöglichkeiten neuer erregt-deskriptiver Texte gerecht zu werden. Gleichwohl überlebte auch das M. in seiner ursprünglichen Art und behielt seinen Charakter als feierliche Gelegenheitskomposition. Daneben wurde im Bereich der musikalischen Liebeslyrik, bei Gherardello, Lorenzo, Donato und vor allem bei Landino, das M. von der ↗Ballata verdrängt. Einen Sonderfall in dieser Zeit bilden einige 3st. M.e von Jacopo da Bologna und Landino, mit unterschiedlichen Texten in den einzelnen Stimmen.
Das Madrigal seit 1500: 1. Hälfte des 16. Jahrhunderts. Zu Beginn des 15. Jh. existierte das Ars nova-Madrigal nicht mehr. Vielleicht wurde es wieder zu jenem „rudium et inordinatum concinium", wie es bereits Fr. da Barberino beschrieben hatte, und fand seinen Platz in der improvisatorischen und volkstümlichen Musikpraxis, während der gelehrte niederländische Einfluß in der italienischen Kunstmusik zunahm. Am Ende des 15. Jh. beginnt jedoch ein neues Kunstverständnis die weltliche Musik zu bestimmen, einerseits hinsichtlich volkstümlichen Repertoires; andererseits entstehen nun völlig neue Gattungen: die ↗Canti carnascialeschi, die ↗Villota (die in einigen Zügen an das Trecento-M. erinnert), das ↗Quodlibet in seiner italienischen Ausprägung, die Oda, der ↗Strambotto, das ↗Sonett, die ↗Kanzone, der Capitolo, vor allem aber die ↗Frottola, für die die Drucke von O. Petrucci (1504–14) und einige weitere kleinere Sammlungen (1510–33) eine hohe Blüte markieren. Indessen zeigt sich bereits seit etwa 1510, unter dem unmittelbaren Einfluß des Schriftstellers Pietro Bembo (*Asolani,* 1505) und angeregt durch das Mäzenatentum und das Kunstverständnis der Markgräfin Isabella von Mantua, im Bereich der Frottola ein neuer literarischer Geschmack, der auf der Entdeckung und Nachahmung Petrarcas beruht. Dadurch kommt es auch zu neuen musikalischen Dimensionen. Das zunehmende Eindringen literarisch anspruchsvollerer Texte (vor allem Sonette und Kanzonenstrophen), verbunden mit einer stärker ausdeutenden Musik, kündigt bereits den Übergang zu einer neuen Form an, was sich mit großer Deutlichkeit bei B. Pisano (*Musica sopra le canzone di Petrarca,* 1520) und in ähnlichen Kompositionen der Hs. Q. 21 des Liceo Musicale in Bologna abzeichnet. Die musikalische Satzweise dieser Stücke (über Gedichte von Petrarca, Bembo u.a.) bewahrt zwar in der Homorhythmie und in Einzelheiten der Stimmführung Elemente des Frottolenstils; sie befreit sich aber von ihm durch das Aufgeben der Strophenform und des symmetrischen Phrasenbaus zugunsten einer subtileren Verkettung der Abschnitte, eines geschmeidigeren Kontrapunkts und einer kantableren Führung aller Stimmen, die nun nicht mehr an die Vorherrschaft der Oberstimme gebunden ist. Bei alldem handelt es sich um eine Angleichung an charakteristische Elemente des franko-flämischen Motetten- und Chansonstils. Zu den Komponisten solcher Gesänge gehören außer Pisano Sebastiano Festa und Ph. Verdelot. Als literarische Form erscheint das neue M. (vgl. Bembo in den *Prose della volgar lingua,* 1525) als ein lyrisches Gedicht, entfernt an die Kanzonenstrophe erinnernd, aus 11- und 7silbigen Versen gebildet, die mit absoluter Freiheit gruppiert und gereimt sind. Nachdem der Terminus M. als musikalische Gattung seit 1510 in literarischen Texten bezeugt ist, erscheint er in diesem Sinne als Titel erst in dem Sammeldruck *Madrigali de diversi musici, libro primo de la Serena* (R 1530 = RISM 1530^2, unvollständig erhalten). Vertreten sind hier u.a. zwei Komponisten, die als bezeichnend für die Frühzeit des M. gelten können und die später auch durch eigene M.-Sammlungen hervorgetreten sind: Verdelot, der den älteren Frottolenstil (mit Binnenwiederholungen und häufiger Homorhythmie) mit vorausweisenden Zügen (rhythmische Differenziertheit, Tonmalerei) verbindet, und C. Festa, der in der Folgezeit reichen Gebrauch von imitatorischer Satzweise macht und in geradezu realistischer Weise bestimmte Textstellen musikalisch ausdrückt (z.B. große Notenwerte bei dem Wort „adagio", schnelle bei „in fretta"). Solche Entsprechungen wie bestimmte tonmalerische Ausdrucksmomente sind seitdem so typisch für die M.-Komposition, daß sie in der musikhistorischen Literatur auch als „Madrigalismen" bezeichnet werden. Der musikalische Satz ist im Prinzip 4st., seltener 5- bis 6st., bei Festa häufig auch 3stimmig. Einen neuen Impuls erhält das M. von dem Niederländer J. Arcadelt: einerseits durch die Annäherung an die französische Chanson (Deklamation mit Hilfe von Tonrepetitionen, Wiederholung von Abschnitten), andererseits durch die Begründung eines neuen Typus des „zyklischen" M., d.h. einer

Folge von Gesängen, denen die verschiedenen Strophen einer Dichtung zugrunde liegen, jeweils mit unterschiedlichem melodischem Charakter und mit unterschiedlicher Stimmenkombination. Arcadelts M.e erfreuten sich bis weit ins 17. Jh. hinein größter Beliebtheit.
Den von Festa eingeschlagenen Weg verfolgt Fr. Corteccia. Bei ihm werden die ausdrucksmäßigen Kontraste im Verlauf der M.e noch schärfer. Bei ihm findet sich in Madrigalen mit lebhaftem Inhalt auch eine neue Schreibweise, die sich schon in den Werken von Festa und Arcadelt ankündigt: es ist die Notierung „a note nere" (auch „Notazione cromatica" genannt) im Rahmen des Tempus imperfectum (C) und Tempus imperfectum diminutum (¢). Es werden die als „note nere" („schwarze Noten") bezeichneten Semiminimen (♩) nicht mehr wie in der Zeit unmittelbar vorher nur in Melismen verwendet, sondern auch zu syllabischem Textvortrag. Stücke dieser Art, die sich seit etwa 1540 beobachten lassen, erhalten somit eine schnellere Grundbewegung, während M.e mit pathetischem oder feierlichem Inhalt weiterhin die ältere Satzweise mit größeren Notenwerten aufweisen.
2. Hälfte des 16. und das 17. Jahrhundert. Eine 2. Phase in der Entwicklung des M. beginnt mit dem Schaffen A. Willaerts, namentlich mit dessen *Musica nova* (1559). Er verbindet niederländische Kontrapunktik mit italienischem akkordlich-harmonischem Denken; seine musikalische Sprache wird sozusagen lockerer, indem sie die Stimmen im Verlauf eines Stückes in verschiedener Weise gruppiert und einen neuartigen „Chiaroscuro"-Effekt erzielt. Bezeichnend für Willaert ist ferner seine Vorliebe für Petrarca; Sonette von ihm bilden fast ausschließlich die textliche Grundlage der *Musica nova*. Willaert, der auch die leichtere Gattung der Villanella zu neuem künstlerischem Ansehen führte, war schulbildend auch in der Verwendung der ↗Chromatik im Madrigal. Sie zeigt sich mit expressiver Kraft namentlich bei C. de Rore (M.-Drucke 1542–66). Mit seinem Schaffen erreicht das M. die wohl bedeutendste Wende seiner Geschichte, die in einer neuen Konfiguration des Verhältnisses von Musik und Text im Sinne eines neuen Primats der „Musica" über die „Poesia" besteht. Zu Ende ist die Ära des M. voller „Soavità" und Reinheit, voller Wohlklang und naiver und oberflächlicher Madrigalismen; es beginnt eine neue Leidenschaftlichkeit in der Textausdeutung, eher den inneren Gehalt ausdrückend als äußerlich beschreibend. Bei Rore wird die Vierstimmigkeit von der nunmehr klassischen Fünfstimmigkeit abgelöst. Charakteristisch sind für ihn lebhafte kontrapunktische Passagen, das Dialogisieren von Stimmen und Stimmgruppen (was schon auf den konzertierenden Stil vorausweist), das Alternieren von homorhythmisch deklamierenden und stark pathetischen Abschnitten. Vergleichbar mit Rore in der Verbindung von Gelehrsamkeit und Empfindung und in der Kraft des Ausdrucks von Affekt und Sinn des Textes ist O. di Lasso in seinem M.-Schaffen, das sich von 1555 bis fast an das Ende des 16. Jh. erstreckt. Er pflegt auch die Gattung des „Madrigale spirituale", des M. mit italienischem geistlichem Text, das als dichterischer Ausdruck innerer Schau und religiöser Meditation schon bei Petrarca und seinen Nachfolgern bezeichnende Beispiele aufweist und das nun im Umkreis der Katholischen Reform eine neue Aktualität erhält. Lassos wichtigstes Werk in diesem Bereich und zugleich sein geistliches Testament sind die *Lagrime di S. Pietro,* die er zwei Monate vor seinem Tod vollendete. Konservativer und weniger expressiv als Lasso ist ein anderer Niederländer, Ph. de Monte (mit mehr als 1000 M.en, auch geistlichen). Das gleiche gilt für Palestrina, in dessen Schaffen das M. freilich nur eine unwesentliche Rolle spielt. Der letzte der in Italien wirkenden niederländischen M.-Komponisten ist G. de Wert. Seine zahlreichen M.e sind von einem neuen, erregten und dramatischen Geist erfüllt. Neu bei ihm ist zudem hinsichtlich der Textauswahl die Abwendung von Petrarca, Sannazaro, Bembo, Ariost und Gesualdo und die Hinwendung zu Tasso und Guarini.
Der hohe Rang A. und G. Gabrielis in der Musikgeschichte des 16. Jh. beruht zu einem nicht geringen Teil auch auf ihren M.en: beide schaffen einen prunkvollen M.-Stil durch Vergrößerung der Stimmenzahl bis auf 16, durch Aufteilung in 2 oder mehr Stimmgruppen (↗Coro spezzato), durch die Einführung der neuen klanglichen Effekte des ↗Concerto-Prinzips. A. Gabrieli pflegt in den M.en auch die Form der ↗Battaglia und bildet den Typus eines leichteren, lebhafteren M. aus, das in seiner Sprache den kleineren weltlichen Gattungen der Renaissance ähnlich ist, der Villanella, Canzonetta, Mascherata, Giustiniana, Moresca, Greghesca, Todesca, dem Balletto.
Das heitere Element ist freilich schon in den M.en von A. Striggio voll ausgeprägt, so in den dialogisierenden M.en *Il cicalamento delle donne al bucato* und *La caccia* (1567) sowie in *Il Gioco di primiera* (1569). In die gleiche Linie gehören später auch der Dialog zwischen Pantalone und Zanni von Lasso (1588), die *Mascarate piacevoli et ridicolose* (1590) und die *Triaca musicale* (1595) von G. Croce, ferner *Veglie di Siena* (1604) und vor allem *L'Amfiparnasso* (1597) von O. Vecchi. Diese Maskenkomödie in einem Prolog und 3 Akten ist eine Kette

von 5st. M.en mit dialogisierendem Text, aber ohne klangliche Individualisierung einzelner Personen. In der unmittelbaren Nachfolge Vecchis steht A. Banchieri mit seinen M.-Komödien *La pazzia senile* (1598), *Barca di Venetia per Padova* (1605) und *Festino nella sera del giovedì grasso* (1608). Das M. wurde in dieser Zeit jedoch auch in seiner ernsten Form weitergepflegt. Hervorzuheben ist aus der großen Zahl der Komponisten L. Marenzio (auch mit geistlichen M.en). In seinem M.-Schaffen findet sich die ganze Skala musikalischer Ausdrucksmöglichkeiten in seltener Ausgeglichenheit. Anders bei C. Gesualdo; er durchbricht, vor allem in den letzten M.-Sammlungen von 1611 und 1626, die klassischen Grenzen madrigalesker Gestaltung, um durch gewagte satztechnische Neuerungen, durch Dissonanzen, überraschende Chromatik, Querstände, kühne Vorhalte und rhythmische und tonale Kontraste eine bislang unerhörte expressive Spannung zu erreichen.

Mittlerweile ist das M. in dem Schaffen von Cl. Monteverdi in seine barocke Phase eingetreten. In einzigartiger Kohärenz vollzieht sich bei ihm eine tiefgreifende Entwicklung: von den 4st. M.en a cappella von 1583 (unvollständig erhalten) über das 1. M.-Buch (1587) zum 5. (1605) und 6. Buch (1614), die nun mit Generalbaß komponiert sind, zum 7. Buch (1619), 1- bis 6stimmig mit Instrumenten, bezeichnenderweise mit dem Titel *Concerto,* bis zum 8. Buch der *Madrigali guerrieri et amorosi* (1638), die in Satz- und Ausdruckskunst einen Höhepunkt des konzertierenden Stils insgesamt darstellen. Wichtig als Komponist solchermaßen neuartiger M.e in den ersten Dezennien des 17. Jh. ist ferner S. d'India (5 Sammlungen 1609–23). Für die Ausprägung des monodischen M. – bei Monteverdi nur ein Aspekt des Madrigale concertato – ist das Schlüsselwerk G. Caccinis *Le nuove Musiche* (1601).

Das außeritalienische Madrigal. Das italienische M. war im 16./17. Jh. in allen europäischen Ländern verbreitet; überall erschienen Sammlungen, auch mit landessprachlichen Übersetzungen der Texte. In einigen Ländern entstand in Anlehnung an das italienische Vorbild auch eine eigenständige M.-Tradition. In Deutschland komponierten u. a. L. Lechner, J. Meiland, H. Schütz, H. L. Haßler italienische M.e, die beiden letzteren sowie V. Haußmann, J. H. Schein auch deutsche M.e; Schein trat zudem mit konzertierenden M.en hervor. Ähnlich verhält es sich in den Niederlanden (italienische M.e von H. Waelrant, J. P. Sweelinck, C. Schuyt, C. Verdonck) und in Dänemark (italienische M.e von M. Borchgrevinck, Johann Grabbe, Hans Nielsen, M. Pedersøn, sämtlich Schüler von G. Gabrieli). Auch in Spanien, wo freilich der ↗Villancico die weltliche Vokalmusik weithin beherrschte, lehnten sich einige Komponisten in Werken mit italienischem oder spanischem Text an den italienischen M.-Stil an (P. A. Vila, Pedro Valenzuela, J. Brudieu, P. und Fr. Guerrero, S. Raval, P. Ruimonte, M. Flecha d. J., J. Vasquez u. a.), einige verschmolzen diesen mit Elementen der nationalen Tradition (Vasquez, Guerrero, M. Flecha d. Ä.). Doch blieb außerhalb von Katalonien der Name M. unbekannt; die entsprechende Bezeichnung war „canción".

Das Land, in dem sich eine eigene M.-Entwicklung am deutlichsten zeigte, ist England. Die Komponisten bevorzugten hier Stücke leichteren Genres mit lyrischer Kantabilität, einfacher diatonischer Melodik ohne exzessive und ausdrucksstarke Sprünge. Solche M.e komponierten W. Byrd, G. Farnaby, J. Benet. Sehr beliebt waren in England auch die mit dem M. verwandten Gattungen der Canzonetta und des Balletto, denen vor allem Th. Morley und Th. Weelkes gleichsam ein neues englisches Gewand schufen. Weelkes unterscheidet sich – ähnlich wie J. Wilbye – in seinem M.-Schaffen vom gängigen englischen Geschmack durch seine Vorliebe für harmonische und kontrapunktische Kühnheiten. Zumal in der Verwendung von Chromatik läßt er gelegentlich an Marenzio und Monteverdi denken. Auch in Frankreich war das italienische M. bekannt und beliebt, fand aber unter den Komponisten des Landes keine Nachahmer. Die ganz wenigen Beispiele von Cl. de Sermisy (*Altro non è mio core,* 1534) und Cl. Janequin (*Si come chiaro sole fier,* 1540) sind eher französische Chansons mit italienischem Text als eigentliche Madrigale. Und die Chansons von P. Sandrin und G. Costeley, obgleich sie einigen italienischen Einfluß zeigen, sind doch in der Syllabik und im Rhythmus typisch französisch.

Die Wiederbelebung der Chormusik des 15./16. Jh. in den 1920er Jahren führte auch zu einer Rückbesinnung auf das M. dieser Zeit als auf eine Hauptform geselligen Musizierens im kleinen Kreis. Dies bezeugen nicht nur die zahlreichen praktischen Neuausgaben älterer M.e, sondern auch Neukompositionen, u. a. von P. Hindemith, E. Pepping. Charakteristisch in diesem Zusammenhang sind ferner die seit einiger Zeit gebräuchlichen Bezeichnungen „Madrigalchor", „-kreis", „-vereinigung" für kleinere Chöre von meist höherem künstlerischem Niveau.

Ausg. (nur Sammelausg.): **1) Das M. des 14. Jh.:** Der Squarcialupi-Cod. …, hrsg. v. J. WOLF (Lippstadt 1955); The Music of 14th Century Italy, hrsg. v. N. PIRROTTA, 5 Bde. (R 1954–64). – **2) Das M. seit dem 16. Jh.:** TORCHI Arte Mus.; E. H. FELLOWES, The English M. School, 36 Bde. (Lo 1913–24), revidiert v. Th. Dart als: The English Madrigalists (1956 ff.); Nordische Schüler G. Gabrielis: Neun M.e, hrsg. v. R. GERBER (Wb 1935) (= Chw 35); F. GHISI, Le feste musicali della Firenze medicea (Fi 1939, Nachdr. Bol 1969); A. EINSTEIN, The Italian M. III (Princeton/N.J. 1949, Nachdr. 1970, dt. Z 1952); Madrigalisti italiani, hrsg. v. L. VIRGILI (R 1952); R. NIELSEN, Dodici madrigali di scuola ferrarese su testi di T. Tasso (Bol 1954); A. SCHINELLI, Collana di composizioni polifoniche vocali sacre e profane ... dei secoli XV, XVI e XVII (Mi 1955 bis 1960); C. GALLICO, Un canzoniere musicale italiano de Cinquecento (Fi 1961); Vier M.e von Mantuaner Komponisten, hrsg. v. D. ARNOLD (Wb 1961) (= Chw 80); G. Nasco u. a., Fünf M. auf Texte v. F. Petrarca, hrsg. v. B. MEIER (Wb 1962) (= Chw 88); Madrigali a diversi linguaggi von L. Marenzio, O. Vecchi, J. E. u. M. Varotto, hrsg. v. W. KIRKENDALE (Wb 1974) (= Chw 125).

Lit.: **1) Das M. des 14. Jh.:** A. VON KÖNIGSLÖW, Die it. Madrigalisten des Trecento (Wü 1940); N. PIRROTTA, Per l'origine e la storia della „caccia" e del M. trecentesco, in: RMI 48 (1946) u. 49 (1947); W. T. MARROCCO, The 14th Century M. Its Form and Contents, in: Speculum 26 (1951); K. VON FISCHER, Stud. z. it. Musik des Trecento u. frühen Quattrocento (Be 1956); L'Ars nova (P 1959) (= Les colloques de Wégimont 2); N. PIRROTTA, Una arcaica descrizione trecentesca del m., in: FS H. Besseler (L 1961); L'Ars nova italiana del Trecento, 3 Bde. (Certaldo 1962–70). – **2) Das M. seit dem 16. Jh.:** Die Anfänge der Chromatik im it. M. des 16. Jh. (L 1902, Nachdr. Wie 1968) (= BIMG I/4); E. SCHMITZ, Zur Gesch. des it. Continuo-M. im 17. Jh., in: SIMG 11 (1909/10); E. H. FELLOWES, The English M. Composers (Lo 1921, [2]1948); DERS., The English M. (Lo 1925); J. B. TREND, The Spanish M., in: Proc. Mus. Assoc. 52 (1925); E. (GERSON-)KIWI, Stud. z. Gesch. des it. Liedmadrigals im 16. Jh. (Wü 1938); H. SCHULTZ, Das M. als Formideal (L 1939); W. RUBSAMEN, Literary Sources of Secular Music in Italy (Berkeley/Calif. 1943); A. EINSTEIN, The Elisabethan M. and „Musica Transalpina", in: ML 25 (1944); N. BRIDGMAN, La frottola et la transition de la frottola au m., in: Musique et poésie au XVIe siècle (P 1954); J. A. WESTRUP, L'influence de la musique italienne sur le m. anglais, in: ebd.; W. J. BALLARD, The Sources, Development and Culmination of the Dramatic M. (Ann Arbor 1958); J. KERMAN, The Elisabethan M. (NY 1962); W. H. RUBSAMEN, From Frottola to M., in: Chanson and M. 1480–1530 (C/M 1964); J. HAAR, The Note Nere M., in: JAMS 18 (1965); G. ROSE, Polyphonic Italian M.s of the Seventeenth Century, in: ML 47 (1966); E. FERRARI BARASSI, Il m. spirituale nel Cinquecento e la raccolta monteverdiana del 1583, in: C. Monteverdi e il suo tempo (V – Mantua – Cremona 1968); E. J. DENT, The Sixteenth-Century M., in: The Age of Humanism 1540–1630, hrsg. v. G. Abraham (Lo 1968) (= New Oxford History of Music 3); U. SCHULZ-BUSCHHAUS, Das M. Zur Stilgesch. der it. Lyrik zw. Renaissance u. Barock (Bad Homburg 1969) (= Ars poetica 1, Stud. 7); S. SCHMALTZRIED, H. Schütz u. a. zeitgen. Musiker in der Lehre G. Gabrielis. Stud. z. ihren M.en (Neuhausen 1972) (= Tübinger Beitr. z. Musikwiss. 1); J. ROCHE, The M. (Lo 1972); J. HAAR, M.s from the Last Florentine Republic, in: FS M. P. Gilmore (Fi 1977).

E. FERRARI BARASSI

MAESTOSO (it., = majestätisch), Bz., in der Regel verbunden mit einer Tempovorschrift *(lento maestoso, allegro maestoso),* die auf einen dem Wortsinn entsprechenden Charakter bzw. Vortrag eines Stückes hinweist.

MAESTRO (it., = Meister, Lehrer), seit dem 17. Jh. nachweisbarer, in Italien gebräuchlicher inoffizieller Titel für Komponisten und Interpreten sowie Lehrer an Konservatorien. *M. al cembalo* ist im italienischen Opernorchester des 17./18. Jh. der Musiker, der am Cembalo den Basso continuo ausführt und die gesamte Aufführung koordiniert. Von seiten des Instrumentalkörpers ist ihm der Konzertmeister beigeordnet, während die Sänger und Chöre ausschließlich in seinen Aufgabenbereich fallen. In der Regel übernahm der Komponist selbst am Cembalo die ersten drei Aufführungen einer neuen Oper. Mit dem Verschwinden des Basso continuo beschränkten sich die Aufgaben des M. al cembalo auf das Begleiten der Sänger im Seccorezitativ, gelegentlich gehörte noch die Choreinstudierung zu seinen Aufgaben. Seit Beginn des 19. Jh. wurde seine Position vom Dirigenten übernommen, der in Italien bis heute als „M." angeredet wird.

Lit.: A. CARSE, The Orchestra in the 18th Century (C 1950).

MAGALHÃES, Filipe de, * Azeitão, † 17. 12. 1652 Lissabon; port. Komponist. Er stand vermutlich 1590 im Dienste der Kathedrale von Évora, wo er ausgebildet wurde. Später war er Kapellmeister an Sta. Casa da Misericordia in Lissabon, seit 1623 an der königlichen Kapelle. M. wird zu einer kleinen Gruppe von Komponisten in Évora gezählt, die ihren Ruhm technischer Gediegenheit und musikalischer Ausdruckskraft verdanken.

WW: *Cantus ecclesiasticus* (Lis 1614, [2]1642, [6]1724); Messen für 4–6 St. (Lis 1631) und Magnificatkompositionen (Lis 1636).

Ausg.: 10 Trechos selectos, hrsg. v. M. SAMPAYO RIBEIRA (Lis 1961).

Lit.: A. T. LUPER, Portuguese Polyphony, in: JAMS 3 (1950); S. STEVENSON, M., in: Grove[6] XI.

MAGALOFF, Nikita, * 8. (21.) 2. 1912 St. Petersburg; Schweizer Pianist russ. Herkunft. Er studierte Klavier bei I. Philippe am Pariser Conservatoire und Komposition bei S. Prokofjew. Nachdem er zunächst als Komponist bekannt geworden war, trat er seit 1937 mit großem Erfolg in zahlreichen europäischen und außereuropäischen Ländern als Pianist auf. 1949–60 leitete er als Nachfolger von D. Lipatti die Meisterklasse für Klavier am Genfer Konservatorium. M. machte sich vor allem als Chopin-Spieler weltweit einen Namen.

MAGD ALS HERRIN, DIE *(La Serva padrona),* Intermezzo in 2 Teilen von Giovanni Battista Pergolesi (1710–1736). Text von Gennaro Antonio Federico. Ort und Zeit der Handlung: ein Zimmer im Hause Ubertos zu Beginn des 18. Jahrhunderts. UA: 28.8.1733 in Neapel (Teatro San Bartolomeo), dt. EA: 8.2.1740 in Dresden; EA in dt. Sprache: 19.3.1810 in Berlin (unter dem Titel *Zofenherrschaft*).

Ursprünglich als Zwischenaktmusik zu Pergolesis 3aktiger Opera seria *Il prigioniero superbo* komponiert, erlangte das Werk schon bei der UA eigenständige Bedeutung; es mußte aufgrund des überwältigenden Erfolges an den folgenden Abenden separat wiederholt werden und wurde durch Theatertruppen rasch über ganz Europa verbreitet. Federico beschränkt die Zahl der Figuren auf den alten Hagestolz Uberto und seine ihm geistig überlegene Magd Serpina, der es durch eine List – der stumme Diener Vespone fordert in der Verkleidung des miles gloriosus als angeblicher Verlobter Serpinas eine hohe Mitgift – gelingt, Uberto ein Heiratsversprechen zu entlocken. Nicht nur die Figuren, sondern auch die Handlungselemente entstammen der Konvention der Commedia dell'arte und sind typisch für die zu jener Zeit üblichen Buffo-Einlagen in ernsten Opern. Überhöht wird das Libretto durch die pointierte musikalische Charakterzeichnung Pergolesis, der die unterschiedliche gesellschaftliche Stellung durch den Gegensatz zwischen volkstümlicher (Serpina) und künstlicher (Uberto) Melodik mit zahlreichen Travestien der Ausdrucksmittel der Opera seria einfängt und sie dem Verlauf der Handlung entsprechend einander allmählich kunstvoll annähert, was in den Schlußduetten besonders deutlich wird. Die mitreißende Wirkung der Musik wird durch eine für Pergolesi typische kurzatmige Melodik und eine scheinbar ununterbrochen bewegte Begleitung durch Streicher und Continuo erzeugt. Neben diesen werkimmanenten Qualitäten, die letztlich erklären, warum sich das Werk als älteste bis heute noch regelmäßig gespielte Oper behaupten konnte, ist der operngeschichtliche Aspekt ebenso bedeutsam: Die 2. Pariser Aufführung am 2. 8. 1752 löste einen Grundsatzstreit zwischen Gegnern und Anhängern der alten Tragédie lyrique aus, der als ↗Buffonistenstreit in die Musikgeschichte einging. Der durchschlagende Erfolg wurde noch erhöht durch die 1754 von P. Baurans erstellte französische Bearbeitung *(La servante maîtresse)*, die lange Zeit das Original überlagerte und indirekt die Entstehung einer neuen Gattung bewirkte, der Opéra-comique. TH. MENGER

MAGGINI, Giovanni Paolo, getauft 29. 11. 1579 Botticino Sera bei Brescia, † 1630 (?) Brescia; it. Geigenbauer. Er war Schüler von Gasparo da Salò (mindestens 1598–1604) und ließ sich um 1615 in Brescia nieder. M., zunächst in der Tradition seines Lehrers, nahm später mehr die Amati-Instrumente zum Vorbild. Er gilt als wichtigster Vertreter des Geigenbaus von Brescia. – **Pietro Santo M.** (1630 bis 1680) wird zu Unrecht als sein Sohn bezeichnet.

Lit.: A. BERENZI, Di G. P. M. (Brescia 1890, Cremona [2]1907); G. P. M., in: The Strad 76 (1965/66); A. W. LIGTVOET, Viool van M. in Haags Gemeentemuseum, in: Mens en melodie 24 (1969).

MAGGIORE ↗Minore.

MAGNETBAND ↗Tonband.

MAGNI, it. Musiker- und Verlegerfamilie aus Ravenna, die in der 2. Hälfte des 16. und der 1. Hälfte des 17. Jh. tätig war. Bekannt sind die Namen der 4 Brüder Sebastiano, Giovanni Grisostomo (Organist an S. Maria in Porto in Rom), Benedetto und Bartolomeo. Der bedeutendste Musiker unter ihnen war **Benedetto M.,** Organist an der Kathedrale in Ravenna seit 1600. Der Ruhm der Familie beruht jedoch in erster Linie auf dem Musikverlag, den **Bartolomeo M.** von seinem Schwiegervater Angelo Gardano erbte und in dem er zunächst als Angestellter tätig war. Nach dem Tode Gardanos (1611) übernahm er die Leitung des Verlags und fügte seinen Namen dem seines Schwiegervaters hinzu: „Stampa del Gardano aere B. Magni, Stampa del Gardano appresso B. Magni"; das Firmenzeichen Löwe und Bär behielt er fast immer bei. Seine umfangreiche Produktion, die sich ausschließlich an kommerziellen Gesichtspunkten orientierte, erstreckte sich auf alle Gattungen mit Ausnahme des Theaters. 1644 war seine Tätigkeit offenbar beendet; der Verlag setzte jedoch seine Produktion bis 1685 unter der Leitung von **Francesco M.,** vermutlich eines Sohnes des Bartolomeo, fort.

WW: 3 Bücher *Concerti* für 1–8 St. u. B.c. (V 1612–16); ein Buch Madrigale für 4–5 St. (V 1613); Messen für 8 St. u. B.c. (V 1614).

Lit.: C. SARTORI, Dizionario degli editori musicali italiani (Fi 1958).

MAGNIFICAT, M. anima mea Dominum (lat., = Es erhebe meine Seele den Herrn), der Lobgesang Marias nach Lk 1,46–55, eines der 3 neutestamentlichen Cantica in der römisch-katholischen Liturgie (↗Canticum). Es hat seinen Ort in der Vesper und ist gegliedert in 10 Verse, die mit der Doxologie *Gloria Patri*... abgeschlossen werden. Der chorale Vortrag des M. ist der der antiphonischen Offiziumspsalmodie; neben den 8 Psalmtönen stehen dafür 8 „Toni solemnes" zur Verfügung, die diesen gegenüber in Initium und Mediatio melodisch reicher sind. Wie den Offiziumspsalmen ist auch dem M. eine (je nach Fest wechselnde) Antiphon von feierlicher melodischer Gestalt zugeordnet.

Die früheste mehrstimmige M.-Vertonung, ein anonymes englisches Fragment, stammt aus dem 14. Jh.; um die Mitte des 15. Jh. beginnt dann die Blüte der Gattung. Beteiligt sind daran in erster Linie die Komponisten der franko-flämischen Schule von G. Dufay bis O. di Lasso, der mit etwa 100 M.-Sätzen zahlenmäßig an der Spitze steht, ihm folgen G. P. da Palestrina und die Spanier Andrés de Torrentes, L. da Victoria und Cr. de Morales. Von deutschen M.-Komponisten sind vor allem J. Walter und Th. Stoltzer zu nennen. Charakteristisch für die überwiegende Mehrzahl der M.-Vertonungen des 15.–16. Jh. ist zum einen die Verwendung der choralen M.-Töne als C.f. oder als Soggetto motettisch-imitatorischer Satzweise (meist unter Angabe des betreffenden Tons im Titel des Werkes, z.B. *M. primi toni*); charakteristisch zum anderen ist die Vertonung meist nur der geradzahligen Verse, was darauf hindeutet, daß die ungeradzahligen Verse im Sinne der ↗Alternatim-Praxis einstimmig-choraliter vorgetragen wurden. Wenn auch die ungeradzahligen Verse mitkomponiert sind, beginnt der mehrstimmige Satz in der Regel erst nach der einstimmigen Intonation *Magnificat anima mea Dominum* mit dem Text *Et exsultavit spiritus meus*. Einige Komponisten schrieben auch M.-Zyklen über alle 8 Töne (u.a. S. Dietrich, 1535).

Nach der Stilwende um 1600 entstanden sowohl weiterhin M. im Stile antico als auch solche im konzertierenden Stil, so etwa schon früh von L. Viadana im geringstimmigen, von Cl. Monteverdi (Vesper von 1610) und H. Schütz im vielstimmigen Satz mit Instrumenten. Im weiteren Verlauf des 17. Jh., in dem die Gattung rasch an Beliebtheit verliert, tendiert das M. (in ähnlicher Weise wie der Psalm) zum Wechsel chorischer und solistischer geschlossener Abschnitte, die meist den einzelnen Versen des M.-Textes entsprechen, so etwa bei A. Vivaldi und bei J. S. Bach, dessen M. von 1732 bis heute das bekannteste Werk seiner Art ist. Knapp in den Formen, sparsam und deutlich textausdrückend, farbig instrumentiert, wird hier der Lobgesang Marias zu einer hymnischen Akklamation. Sehr viel größer dimensioniert ist das M. von C. Ph. E. Bach (1749), ganz anders wiederum, den Salzburger kirchenmusikalischen Erfordernissen entsprechend als geschlossener Satz durchkomponiert, das M. aus den *Vesperae solemnes de confessore*, KV 339, von W. A. Mozart (1780). Aus der späteren Zeit gibt es nur noch vereinzelt nennenswerte M.-Kompositionen, im 19. Jh. von F. Mendelssohn Bartholdy, im 20. Jh. von Krz. Penderecki.

Ein wichtiger Seitenzweig in der Entwicklung des mehrstimmigen M. sind die instrumentalen M.-Versetten, die in der liturgischen Praxis des 16. bis 17. Jh. – entsprechend den vokalen M.-Sätzen, s.o. – alternierend mit den choraliter vorgetragenen Versen verwendet werden konnten. Frühe Beispiele für Orgel finden sich im 15. Jh. im ↗Buxheimer Orgelbuch und bei C. Paumann; im 16. Jh. publizierte P. Attaingnant einen Zyklus von anonymen *M. sur les huit tons* (RISM 1530^8) und schrieben G. Cavazzoni und A. de Cabezón ähnliche Werke. In dieser Tradition stehen im 17. Jh. u.a. M. Praetorius, S. Scheidt, H. Scheidemann. Dagegen lösen sich im 17. Jh. die M.-Versetten und -Fugen von J. Titelouze, J. K. Kerll, J. Murschhauser und J. Pachelbel weitgehend von den choralen Tönen.

Wie das Schaffen von J. Walter u.a. Meister bis hin zu J. S. Bach bezeugt, war das mehrstimmige lateinische M. auch in der evangelischen Kirchenmusik heimisch. Daneben gab es auch Kompositionen mit dem deutschen (Luther-)Text *Meine Seele erhebet den Herrn.* Ihnen liegt in der Regel die seit der Reformation im Gemeindegesang gebräuchliche Weise zugrunde, nämlich der Tonus peregrinus (mit den in den beiden Vershälften unterschiedlichen Rezitationstönen a und g) in der Version des ↗germanischen Choraldialekts (mit dem charakterist. Initium a c^1 anstelle a b in der römischen Fassung).

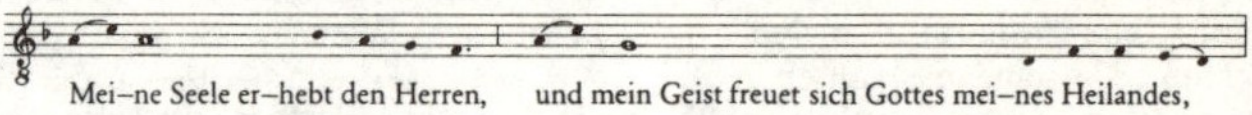

Über diese Melodie schrieb auch J. S. Bach seine Kantate *Meine Seel' erhebt den Herren,* BWV 10 (weitgehend mit dem deutschen M.-Text); er verwendet sie ferner u.a. als instrumentalen C.f. im *Suscepit Israel* seines *Magnificat.*

Lit.: C. H. ILLING, Zur Technik der M.-Kompositionen des 16. Jh. (Wb – B 1936); J. MEINHOLZ, Unters. z. M.-Komposition des 15. Jh. (Diss. Kö 1956); G. REESE, The Polyphonic M. of the Renaissance as a Design in Tonal Centers, in: JAMS 13 (1960); W. KIRSCH, Die Verbindung von M. u. Weihnachtsliedern im 16. Jh., in: FS H. Osthoff (Tutzing 1961); G. GRUBER, Beitr. z. Gesch. u. Kompositionstechnik des Parodiemagnificat in der 2. Hälfte des 16. Jh. (Diss. Gr 1964); E. R. LERNER, The Polyphonic M. in 15th-Century Italy, in: MQ 50 (1964); W. KIRSCH, Die Quellen der mehrst. M.- u. Te Deum-Vertonungen bis z. Mitte des 16. Jh. (Tutzing 1966); R. G. LUOMA, Aspects of Mode in 16th-Century M.s, in: MQ 62 (1976); R. STEINER – W. KIRSCH – R. BULLIVANT, M., in: Grove^6 XI.

G. MASSENKEIL

MAHAULT, Antoine (Antonio); frz. Komponist des 18. Jahrhunderts. Laut Fr.-J. Fétis lebte er um 1737 in Amsterdam und trat 1760 in ein französisches Kloster ein. M. hinterließ zahlreiche Flötenwerke und veröffentlichte Sammlungen von anderen Instrumentalstücken (Konzerte, Sinfonien) sowie von Airs und Chansons.

WW: Sonaten für Fl. u. B.c. (P – A 1740), für 2 Fl. oder V. (Lo o.J.), für 2 Fl. u. Vc. (P 1755, A o.J.), für Fl., Ob. oder V. (P 1775); *Sinfonie a più stromenti* für V., Va., Hörner und B.c. (A 1751) und *Sinfonie* (P 1754).

Ausg.: Sinfonia IV c-moll für 2 V., Va. und B.c., hrsg. v. W. NOSKE – H. SCHOUWMAN (A – Kas 1958).

MAHILLON, Victor-Charles, * 10. 3. 1841 Brüssel, † 17. 6. 1924 St-Jean-Cap-Ferrat (Gironde); belgischer Akustiker und Instrumentenbauer. Er war der Sohn des Blasinstrumentenbauers **Charles M.,** * 4. 11. 1813 Brüssel, † 4. 9. 1887, dessen Teilhaber er 1865 wurde. Als Konservator am Instrumentenmuseum des Brüsseler Konservatoriums baute er jenes mit einer Sammlung von mehr als 3500 Instrumenten zu einem der bedeutendsten der Welt aus.

Schriften: *Éléments d'acoustique musicale et instrumentale* (Bru 1874); *Catalogue descriptif et analytique du Musée Instrumental du Conservatoire Royal... de Bruxelles,* 5 Bde. (Gent 1880 bis 1922); *Les instr. de musique au Musée du Conservatoire Royal...,* 3 Bde. (Bru 1906–07).

MAHLER, Gustav, * 7. 7. 1860 Kalischt (Böhmen), † 18. 5. 1911 Wien; östr. Komponist und Dirigent. M., der aus einer jüdischen Kaufmannsfamilie stammte, besuchte das Gymnasium in Iglau und legte 1878 die Reifeprüfung ab. Seit 1875 studierte er am Konservatorium der Gesellschaft der Musikfreunde in Wien Klavier bei Julius Epstein, Komposition bei Franz Krenn sowie Harmonielehre bei R. Fuchs und schloß 1878 seine musikalischen Studien mit Diplom und Auszeichnungen ab; seit 1877 hörte er auch an der Universität Wien Vorlesungen. Die Kapellmeisterlaufbahn ergriff M. aus Enttäuschung darüber, daß ihm 1880 der Beethoven-Preis für das Märchenspiel *Das klagende Lied* nicht zuerkannt wurde. Zunächst war er an kleineren Provinztheatern tätig (Bad Hall, Laibach, Olmütz), später wurde er an größere Theater engagiert, 1883 nach Kassel, 1885 nach Prag und 1886 nach Leipzig. 1888 wurde er Operndirektor in Budapest, 1891 verpflichtete ihn der Impresario Bernhard Pollini als Kapellmeister an das Stadttheater Hamburg. Nach Übertritt zum Katholizismus wurde er 1897 an das größte damalige Theater, die Wiener Hofoper, als Kapellmeister und später als Direktor mit einzigartigen Kompetenzen berufen. M. war zu Lebzeiten bekannter als Dirigent denn als Komponist. Sein internationaler Dirigentenruhm gründete sich auf mustergültige Aufführungen der großen Werke W. A. Mozarts, C. M. von Webers, R. Wagners und Chr. W. Glucks, auf seinen Einsatz für zeitgenössische Musik, auf den Ernst seiner künstlerischen Auffassung und auf seinen Perfektionsfanatismus. Er war kompromißlos, verlangte von den Mitwirkenden das Äußerste, bekämpfte den Schlendrian (das von ihm geprägte Schlagwort „Tradition ist Schlamperei" ist vielfach mißverstanden worden) und trat für eine Auffassung der Oper als Gesamtkunstwerk ein, die heutige Vorstellungen vom Musiktheater in erstaunlicher Weise antizipiert. Trotz seiner Erfolge als Dirigent war M. mit seinem Beruf höchst unzufrieden. Er beklagte sich oft über die Misere des Opernbetriebs, der ihm keine Zeit zum Komponieren ließ. Zeitlebens konnte er sich nur in den Sommermonaten ausschließlich der Komposition widmen. 1902 heiratete er Alma Schindler, die Tochter eines Wiener Landschaftmalers; sie schenkte ihm zwei Töchter, von denen die jüngere, Anna, als Bildhauerin lebt. Das Jahr 1907 war für M. schicksalhaft: Seine ältere Tochter starb an Diphtherie, zugleich wurde bei ihm ein Herzleiden diagnostiziert. Von diesen Ereignissen geschwächt und unter dem Druck mächtiger Intrigen, trat er von der Leitung der Wiener Hofoper zurück und ging nach New York, wo er als Gastdirigent der Metropolitan Opera und später als Leiter der neugegründeten Philharmonic Society tätig war. Hier konnte er zum ersten Mal sämtliche Symphonien A. Bruckners und einige seiner eigenen Werke aufführen. Doch war er den Aufregungen seiner amerikanischen Tätigkeit nicht gewachsen. Eine Krankheit zwang ihn, im Februar 1911 seine Konzerte in New York abzubrechen. Er kehrte nach Wien zurück, wo er kurz darauf starb.

WW: **1) Symphonien:** 1. Symphonie D-Dur (1884–88), UA als: „Symphonische Dichtung in zwei Teilen", Budapest 1889, als *Titan* (nach J. Paul), UA: Hamburg 1893 u. Weimar 1894, mit der Abt. *Aus den Tagen der Jugend:* 1. Satz: *Frühling und kein Ende,* 2. Satz: *Bluminenkapitel,* 3. Satz: *Mit vollen Segeln,* u. mit der Abt. *Commedia umana,* 4. Satz: *Gestrandet. Ein Todtenmarsch in Callots Manier,* 5. Satz: *Dall'inferno al paradiso;* 2. Symphonie c-moll für Sopran, Alt, gem. Chor u. Orch., 3. Satz: Bearb. v. *Des Antonius von Padua Fischpredigt,* 4. Satz: nach *Urlicht* u. 5. Satz: nach Klopstocks *Aufersteh'n, ja aufersteh'n* (1887–94); 3. Symphonie d-moll für Alt, Frauenchor, Knabenchor u. Orch., 4. Satz: nach Worten aus Fr. Nietzsches *Also sprach Zarathustra,* 5. Satz: nach *Es sungen drei Engel* (1895/96); 4. Symphonie G-Dur für Sopran u. Orch., 4. Satz nach *Das himmlische Leben* (1899–1901); 5. Symphonie cis-moll (1901/02); 6. Symphonie a-moll (1903 bis 1904); 7. Symphonie e-moll (1904/05); 8. Symphonie Es-Dur für 3 Soprane, 2 Alt, Tenor, Bar., Baß, Knabenchor, 2 gem. Chöre u. Orch (1906/07); 9. Symphonie D-Dur (1908/09); 10. Symphonie Fis-Dur (1910). – **2) Lieder u. Gesänge:** *Das klagende Lied* für Sopran, Alt, Tenor, gem. Chor u. Orch. (Text: G. M. nach L. Bechsteins gleichnamigem Märchen u. Gebrüder Grimm *Der singende Knochen*), 1. Fassung als „Märchenspiel" (1878–80) mit den Teilen: *Waldmärchen, Der Spielmann, Hochzeitsstück;* Teile 2 u. 3 umgearbeitet, Streichung des 1. Teils (1898); *Lieder und Gesänge aus der Jugendzeit: Frühlingsmorgen* u. *Erinnerung* (nach R. Leander), *Hans und Grete* (nach einem Volkslied), *Serenade und Phantasie* (aus T. de Molinas *Don Juan*) (1880–83); *Lieder eines fahrenden Gesellen: Wenn mein Schatz Hochzeit macht* (nach *Des Knaben Wunderhorn*), *Ging heut' morgen über's Feld, Ich hab' ein glühend Messer, Die zwei blauen Augen* (Text: G. M.) (1883–85); *Lieder und Gesänge aus der Jugendzeit: Um schlimme Kinder artig zu machen, Ich ging mit Lust durch einen grünen Wald, Aus! Aus!, Starke Einbildungskraft, Zu Straßburg auf der Schanz!, Ablösung im Sommer, Scheiden und Meiden, Nicht wiedersehen!, Selbstgefühl* (1888–92); 5 Humoresken: *Der Schildwache Nachtlied, Verlorne Müh', Trost im Unglück, Das himmlische Leben, Wer hat dies Liedlein erdacht* (1892), u. 4 Lieder: *Lied des Verfolgten im Turm, Lob des hohen Verstandes, Rheinlegendchen, Wo die schönen Trompeten blasen* (1892/93), sowie: 2 Lieder: *Urlicht* u. *Des Antonius von Padua Fischpredigt* (1893/94), sämtlich zusammengefaßt als: 12 *Lieder aus des*

Knaben Wunderhorn, wobei *Das himmlische Leben* durch *Es sungen drei Engel...* u. *Das irdische Leben* ersetzt wurde (1893); 2 Lieder *Revelge* u. *Der Tambourg'sell* (1899); *Kindertotenlieder* (1901–04) (Text: F. Rückert): *Nun will die Sonn' so hell aufgeh'n, Nun seh' ich wohl, warum so dunkle Flammen, Wenn dein Mütterlein, Oft denk' ich, sie sind nur ausgegangen, In diesem Wetter;* 5 Lieder (Text: ders.): *Blicke mir nicht in die Lieder!, Ich atmet' einen linden Duft, Ich bin der Welt abhanden gekommen, Um Mitternacht, Liebst Du um Schönheit*, gedruckt als: 7 *Lieder aus letzter Zeit* (1908) (erweitert um *Revelge* u. *Der Tambourg'sell*); *Das Lied von der Erde* (1907/08) für Tenor, Alt (oder Bar.) u. Orch. – **3) Bearbeitungen:** C. M. von Weber, *Die drei Pintos* (1887); ders., *Euryanthe* (1903/04); ders., *Oberon* (um 1906); W. A. Mozart, *Figaro* (L 1908).

M. war zu Lebzeiten als Komponist umstritten oder verfemt. Er wurde oft zum Eklektiker oder zum Bruckner-Epigonen gestempelt. Seine immense Bedeutung für die neuere Musik wurde erst nach dem 2. Weltkrieg erkannt. Nicht zuletzt durch zahlreiche Schallplatteneinspielungen avancierte er zu einem der populärsten Komponisten. Trotzdem herrschen über das Wesen seiner Kunst viele Vorurteile. Das wohl verheerendste ist die Auffassung, daß seine Symphonik ein Musterfall absoluter Musik sei. Man kann M. kein größeres Unrecht antun, als sein Schaffen mit der Doktrin des L'art pour l'art zu verwechseln. Seine Symphonik läßt sich vielmehr als Autobiographie oder als Metaphysik in Tönen apostrophieren. M. war Gegner des Formalismus; wie Fr. Liszt und R. Strauss vertrat er die Ansicht, daß der Inhalt, und zwar der außermusikalische Inhalt, die Form bestimmt. Er war fest davon überzeugt, daß Kunst und Leben, Kunst und Natur, Kunst und Welt eng zusammengehören. Mit J. W. von Goethe hielt er Erlebnis und Lebenserfahrung für prinzipielle Voraussetzungen künstlerischen Schaffens. Er glaubte fest an den „Parallelismus zwischen Leben und Musik" und bekannte, daß er „noch nie auch nur eine Note geschrieben" habe, die „nicht absolut wahr" sei. Mehrere seiner Symphonien (die 1., die 2., die 6., die 9. und die unvollendete 10.), auch das *Lied von der Erde*, sind autobiographisch konzipiert. M.s Denken kreiste zeitlebens um metaphysische und eschatologische Fragen. Alle Gebiete der Metaphysik, die Ontologie, die Kosmologie, religiöse Problematik und die Existenzphilosophie faszinierten ihn. Die Frage nach dem Sinn der Existenz, die Aporie des Todes, die Fragen nach den letzten Dingen des Menschen und der Welt beschäftigten ihn in einem solchen Maße, daß es nicht übertrieben ist, von einer metaphysischen Agonie zu sprechen.

M.s gesamtes symphonisches Schaffen trägt bekenntnishaften Charakter. Die zurückgezogenen Programme zu den ersten vier Symphonien und die Texte, die der 8. Symphonie zugrunde liegen, lassen erkennen, daß M. die persönlichen, weltanschaulichen und religiösen Fragen, die ihn bewegten, zu Sujets seiner Symphonien machte. Er legte etlichen von ihnen literarisch-philosophische Programme zugrunde, die zentralen Inhalten seiner Weltanschauung Ausdruck verleihen. So ist der Glaube an die Wiederkunft philosophische Grundidee der 2. Symphonie. Der bekenntnishafte Text, den M. zu den beiden Strophen des Klopstockschen Chorals hinzudichtete, gipfelt in der Zuversicht: *Sterben werd' ich, um zu leben!* Ähnlich läßt sich von der 3. und der 8. Symphonie sagen, daß sie aus dem Boden der Liebesphilosophie M.s erwachsen. Die hierarchisch strukturierte, kosmologische 3. Symphonie mündet in den Satz von der „ewigen Liebe", und die 8. basiert auf dem Gedanken der alles umfassenden, erlösenden Liebe, die als christliche Caritas und als zeugender bildender Eros im humanistischen Sinne Goethes verstanden werden will.

Der Symphonik M.s ist ein Zug zur Monumentalität und zur Universalität eigen. Die Werke weisen eine erstaunliche Vielheit an Satztypen und Ausdruckscharakteren auf, die meisten von ihnen weichen von den Normen der traditionellen Symphonie ab. Schon rein äußerlich lassen sie einen neuartigen Typus erkennen, der sich durch mehrere Charakteristika auszeichnet. Dazu gehören die wechselnde Anzahl und Anordnung der Sätze, die Gliederung in Abteilungen, die Einbeziehung von Sängern und Chören, ferner Entlehnungen aus dem Liedschaffen, die symphonische Bearbeitung von Liedkompositionen und mannigfaltige thematische Verknüpfungen zwischen einzelnen Sätzen. Vier Symphonien, die 2., die 3., die 4. und die 8., repräsentieren den Typus der Symphoniekantate, zwei, die 2. und die 8., tragen oratorienhafte Züge; letztere läßt sich als Oratorium, Musikdrama, Erlösungsmysterium und Symphonie in einem bezeichnen.

M., ein Komponist von erstaunlicher Klangphantasie, ist Vollender der symphonischen Tradition des 19. Jh. und zugleich Wegbereiter der Neuen Musik. Sein Einfluß auf A. Schönberg, A. Berg, A. Webern, S. Prokofjew und Dm. Schostakowitsch war groß. Auch viele zeitgenössische Komponisten verdanken ihm viel.

Ausg.: Kritische GA, bisher erschienen: 10 Symphonien u. *Das klagende Lied* (B–W–Lo–F 1960ff.); 10. Symphonie, Faks.-Ausg. der Skizzen, hrsg. v. A. M. MAHLER (W–B 1924) (mit Einleitung v. R. Specht); *Waldmärchen* aus *Das klagende Lied*, hrsg. v. J. DIETHER (NY 1973); Klavierquartett v. 1876, hrsg. v. P. RUZICKA (H 1973); 10. Symphonie, bearb. u. hrsg. v. D. COOKE (Lo 1976).

Lit.: **1) Briefe, Dokumente u. Erinnerungen:** A. ROLLER, Die Bildnisse v. G. M. (W 1922); N. BAUER-LECHNER, Erinnerungen an G. M. (L 1923); G. M. Briefe 1879–1911, hrsg. v. A. M. MAHLER (B 1924, Nachdr. 1978); DIES., G. M. Erinnerungen u. Briefe (A ²1949); J. B. FOERSTER, Der Pilger (Pr 1955);

B. WALTER, G. M. (B [2]1957); DERS., Thema u. Variationen (F 1960); O. KLEMPERER, Meine Erinnerungen an G. M. (Fr 1960); F. PFOHL, G. M. (H 1973); K. BLAUKOPF, M. Sein Leben, sein Werk u. seine Welt in zeitgen. Bildern u. Texten (W 1976); G. M. in Wien, hrsg. v. S. WIESMANN (St 1976); E. R. REILLY, G. M. u. G. Adler (W 1978); G. M. Dokumentation, hrsg. v. B. u. E. VONDENHOFF (Tutzing 1978) (= Publikationen des Inst. für östr. Musikdokumentation 4); F. WILLNAUER, G. M. u. die Wiener Oper (W 1979); E. REESER, G. M. u. Holland (W 1980); G. M., R. Strauss. Briefwechsel 1888–1911, hrsg. v. K. BLAUKOPF (Mn 1980). – **2) Biographien u. WW zu einzelnen Aspekten:** R. SPECHT, G. M. (B 1913); G. ADLER, G. M. (W 1916); P. BEKKER, G. M.s Sinfonien (B 1921); H. F. REDLICH, Bruckner and M. (Lo 1963); TH. W. ADORNO, M. Eine musikal. Physiognomik (F [2]1964, [3]1972); H.-L. DE LA GRANGE, M. (Garden City/N.Y. 1973); D. MITCHELL, G. M. The Wunderhorn Years. Chronicles and Commentaries (Lo 1975); P. ANDRASCHKE, G. M.s IX. Symphonie (Wie 1976); C. FLOROS, G. M., 2 Bde. (Wie 1977); B. SPONHEUER, Logik des Zerfalls. Unters. zum Finalproblem in den Symphonien G. M.s (Tutzing 1978); S. VILL, Vermittlungsformen verbalisierter u. musikal. Inhalte in der Musik G. M.s (ebd. 1979).

C. FLOROS

MAHLER-KALKSTEIN, Menachem, ↗Avidom.

MAHLING, Christoph-Hellmut, * 25. 5. 1932 Berlin; dt. Musikforscher. Er studierte in Trossingen, Tübingen und Saarbrücken, wo er 1962 mit *Studien zur Geschichte des Opernchors* (Trossingen 1962) promovierte und seit 1963, nach seiner Habilitation (1972) als Professor, lehrte. 1980 übernahm er den Lehrstuhl für Musikwissenschaft an der Universität Mainz. Zusammen mit L. Finscher war M. bis 1980 Schriftleiter der Zeitschrift *Die Musikforschung*.

Schriften: *Zur Soziologie des Chorwesens*, in: FS J. Müller-Blattau (Kas 1966) (= Saarbrücker Stud. z. Musikwiss. 1); *Mozart u. die Orchesterpraxis seiner Zeit*, in: Mozart-Jb. 1967; *Typus und Modell in Opern Mozarts*, in: ebd. 1968/70; *Orchester und Orchestermusiker in Deutschland von 1700–1850* (Habil.-Schrift Saarbrücken 1972); *Die Gestalt des Osmin in Mozarts „Entführung". Vom Typus zur Individualität*, in: AfMw 30 (1973). – Ferner war M. Hrsg. der FS zum 70. Geburtstag v. W. Wiora (Tutzing 1979).

MAHRENHOLZ, Christhard (Christian Reinhard), * 11. 8. 1900 Adelebsen bei Göttingen, † 15. 3. 1980 Hannover; dt. Theologe und Musikforscher. Er studierte 1918–23 in Leipzig und Göttingen (Fr. Spitta, H. Abert, A. Schering, Fr. Ludwig) und promovierte 1923 mit einer Arbeit über S. Scheidt. 1926 wurde er Pfarrer und 1931 Mitglied des Landeskirchenamts Hannover, seit 1967 als Geistlicher Vizepräsident. Außerdem war er seit 1934 Reichsobmann des Verbandes evangelischer Kirchenchöre Deutschlands, seit 1946 Honorarprofessor für evangelische Kirchenmusik an der Universität Göttingen, an der er 1948 den theologischen Ehrendoktor erhielt, 1949–75 Vorsitzender der Deutschen Bach-Gesellschaft. 1960 wurde er Abt des (evangelischen) Klosters Amelungsborn. Zum 70. Geburtstag wurde ihm die Festschrift *Kerygma und Melos* (hrsg. v. W. Blankenburg u. a. 1970) gewidmet. Auf der Basis seiner historischen Forschungen hat M. wesentliche Neuansätze der Kirchenmusik initiiert: die ↗Orgelbewegung, die agendarische Neuordnung des lutherischen Gottesdienstes mit integrativen musikalischen Bestandteilen sowie das heute in Deutschland und Österreich allgemein eingeführte *Evangelische Kirchengesangbuch*.

Schriften: *S. Scheidt* (L 1924, Nachdr. Farnborough 1968); *Die Orgelregister, ihre Geschichte und ihr Bau* (Kas 1930, [2]1944, Nachdr. [2]1968); *Die Berechnung der Orgelpfeifenmensuren* ... (Kas 1938, [2]1968); *Glockenkunde* (ebd. 1949); *Das Evangelische Kirchengesangbuch* (ebd. 1950); *Musicologica et Liturgica, Gesammelte Aufsätze* (ebd. 1960) (mit Bibliogr.); *Kompendium der Liturgik* (ebd. 1963). – Ferner war M. Mithrsg. v.: *Handbuch der deutschen evangelischen Kirchenmusik* (Gö 1930 ff.); *Handbuch zum Evangelischen Kirchengesangbuch* (Gö 1954 ff.); ferner von S. Scheidt, GA (H 1932); er besorgte NA von zahlr. musikalischen Werken u. Traktaten.

Lit.: W. BLANKENBURG, in: MuK 50 (1980); DERS., Zum Tode v. Ch. M., in: Musica 34 (1980); J. HEINRICH, in: Ars Organi 28 (1980).

J. HEINRICH

MAHU, Stephan, * zwischen 1480 und 1490, † 1541 (?). Über seine Herkunft ist nichts Näheres bekannt. 1528–41 war er Posaunist am Hofe Annas von Böhmen und Ungarn, 1529–32 unter Arnold von Bruck außerdem Vizekapellmeister Kaiser Ferdinands I. Sein einziger nachweisbarer Schüler war J. Zanger.

WW: 12 Motetten, 2 Magnificat, Lamentationen, 7 dt. Choralbearb. u. 6 dt. weltliche Lieder hsl. u. in Sammeldrucken 1535–1568 erhalten.

Ausg.: Die Lamentationen u. Magnificat, in: F. COMMER, Musica sacra 17 u. 18 (1876, 1877); 5 Choralbearb., in: G. RHAU, Neue dt. geistliche Gesänge 1544, hrsg. v. J. Wolf (1908) (= DDT 34); 2 dt. Lieder, in: J. OTT, Gute u. neue Liedlein III (1875) (= PGfM 3); 4 Lieder, in: Das dt. Gesellschaftslied in Östr. v. 1480 bis 1550, hrsg. v. L. NOWAK (1930) (= DTÖ 72).

Lit.: C. DREHER, Die Lamentationen des S. M., in: MfM 6 (1874); H. FEDERHOFER, Biographische Beitr. zu E. Lapicida u. S. M., in: Mf 5 (1952).

MAICHELBECK (Meichelbeck, Meichelpeck), **Franz Anton,** getauft 6. 7. 1702 Insel Reichenau (Bodensee), † 14. 6. 1750 Freiburg i. Br.; dt. Komponist und Organist. Er studierte zunächst Theologie in Freiburg und erhielt seine musikalische Ausbildung 1725–27 in Rom. Nach Freiburg zurückgekehrt, wurde er dort 1728 Präsentarius und Organist am Münster und 1730 Professor für italienische Sprache an der Universität. Seine Klavierkompositionen zeigen eine deutliche Anlehnung an den italienischen Stil von D. Scarlatti.

WW: *Die auf dem Clavier spielende ... Caecilia*, op. 1 (8 Sonaten) (Au 1736); *Die auf dem Clavier lehrende Caecilia*, op. 2 (Au 1737) (Lehrbuch mit Übungsstücken); hsl. ist eine Motette erhalten.

Ausg.: 2 Sonaten aus op. 1, hrsg. v. W. WECKBECKER (W 1923).

Lit.: C. SCHWEITZER, F. A. M., in: Freiburger Diözesan-Arch.

64 (1936); E. F. SCHMID, in: Zschr. des Hist. Vereins für Schwaben 55 (1942) u. 56 (1943); C. BORROCO, Die auf dem Clavier spielende Caecilia (Diss. Fr 1958).

MAILLARD, Jean, frz. Komponist des 16. Jahrhunderts. Das einzige biographische Zeugnis ist ein Porträt auf dem Titelblatt der Motetten von 1555. M. gehört zu den bekanntesten französischen Komponisten seiner Zeit. Seine Chansons folgen dem Vorbild Cl. de Sermisys, gelegentlich auch Cl. Janequins. Seine Motette *Eripe me* diente G. P. da Palestrina als Vorlage für eine Messe.

WW: Motetten für 4–6 St. (P 1555); *Patrem* für 8 St. (P 1557); *Missa ad imitationem Virginis Mariae* für 5 St. (P 1557); *Missa „M'amie un jour"* für 4 St. (P 1558, ²1559); 2 Bücher *Moduli* (Motetten) für 4–7 St. (P 1565). – Messen, mehr als 100 Motetten, ein Psalm, 3 Chansons spirituelles, über 50 Chansons in Sammeldrucken 1538–83 u. hsl.; einige Motetten u. Chansons auch in Lautentabulaturen u. a. v. H. Gerle, A. de Roy u. A. de Rippe.

MAILLART, Louis, genannt Aimé, * 24. 3. 1817 Montpellier, † 26. 5. 1871 Moulins-sur-Allier; frz. Komponist. Er studierte seit 1833 Komposition (u. a. bei Fr. Halévy) und Violine am Pariser Conservatoire. 1841 errang er mit seiner Kantate *Lionel Foscari* den Prix de Rome. M. versuchte, mit patriotischen Kantaten das zeitgenössische Publikum anzusprechen, war jedoch wesentlich erfolgreicher mit seinen 6 Opéras-comiques, von denen *Das Glöckchen des Eremiten* auch außerhalb Frankreichs bekannt wurde. Die Ouvertüre dazu war ein beliebtes Stück der Unterhaltungsmusik bis weit ins 20. Jh. hinein.

WW: Kantaten: *Lionel Foscari* (1841); *La voie sacrée* (1855); *Le quinze août* (1860). – Opern (UA: in Paris): *Gastibelza ou le fou de Tolède,* UA: 1847; *Le moulin de Tilleuls,* UA: 1849; *La croix de Marie,* UA: 1852; *Les dragons de Villars (Das Glöckchen des Eremiten),* UA: 1856; *Les Pêcheurs de Catane (Die Fischer von Catania),* UA: 1860; *Lara,* UA: 1864.

MAINACHT, DIE *(Maiskaja notsch),* Oper in 3 Akten von Nikolai Rimski-Korsakow (1844 bis 1908), Text vom Komponisten nach Nikolai Gogols Novelle *Die Mainacht oder Die Ertrunkene* (1831). UA: 9. (21.) 1. 1880 in St. Petersburg (Marientheater); dt. EA (in dt. Sprache): 3. 5. 1900 in Frankfurt am Main.

Nachdem Rimski-Korsakow sich intensiv mit der Musik und dem Brauchtum des russischen Volkes beschäftigt hatte und als Mitherausgeber der Bühnenwerke M. Glinkas tiefer in deren Struktur eingedrungen war, inspirierte ihn Gogols „ukrainische" Erzählung zur Komposition dieser ersten seiner Märchenopern. Ihm bot die dort geschilderte dörfliche, heiter-turbulente Handlung vielfältige Möglichkeiten, den einzelnen Nummern der Partitur substantiell einen volkstümlich-spielerischen Charakter zu verleihen. Dieser Grundzug prägt die musikalische Ausgestaltung der burlesken, lyrischen und traumhaften Geschehenselemente gleichermaßen: die Aktionen des borniert-eitlen Bürgermeisters, der um die Geliebte seines Sohnes Lewko wirbt und die Hochzeit der beiden willkürlich zu vereiteln sucht, oder das frohe Treiben der singenden, tanzenden Jugend ebenso wie die Auftritte Lewkos, der stimmungsvolle Lieder zur Bandura vorträgt, und die anmutig-romantische Erscheinung der Nixenkönigin, die das Paar schließlich vereinigt.

E. FISCHER

MAINARDI, Enrico, * 19. 5. 1897 Mailand, † 10. 4. 1976 München; it. Violoncellist und Komponist. M. studierte bis 1910 Cello und bis 1920 Komposition am Mailänder Konservatorium und vervollkommnete sich später noch bei Hugo Becker in Berlin. Schon früh als Solist in Paris und London gefeiert, spielte er 1913 beim Heidelberger Bach-Reger-Fest zusammen mit M. Reger die UA von dessen Sonate op. 116. 1929–32 war er unter E. Kleiber Mitglied des Berliner Staatsopernorchesters und wurde im Trio mit G. Kulenkampff (später W. Schneiderhan) und E. Fischer weltberühmt. 1933–68 lehrte er an der Accademia di S. Cecilia in Rom und leitete seit 1948 Meisterkurse am Salzburger Mozarteum, seit 1949 bei den Musikfestwochen in Luzern und an anderen Festspielorten. Seit 1951 trat er auch als Dirigent auf. M., der als Komponist eine archaisierende Schreibweise im Stil G. Fr. Malipieros und I. Pizzettis pflegte, setzte sich als Interpret besonders für die Werke von Cl. Debussy, M. Ravel und für die deutsche Cellomusik ein. Er gab die 6 Suiten für Violoncello solo von J. S. Bach heraus.

WW: *Elegische Phantasie* (1969) für Vc. solo; Trio für Klar., Vc. u. Klv. (1969); Klv.-Quartett (1968); Streichquintett (1970); Konzert für Vc. u. Streichorch. (1966); Konzert für 2 Vc. u. Orch. (1969); Divertimento für Vc. u. Streichorch. (1972).

Lit.: D. LINDNER, in: ÖMZ 12 (1957); S. PALM, in: NZfM 128 (1967); E. MAINARDI, Bekenntnisse eines Künstlers (Wie 1977) (mit WW-Verz.).

MAINSTREAM JAZZ, ein in England geprägter Begriff für den „Hauptstrom" der Jazzmusik, der eine Mittelstellung zwischen traditionellen und avantgardistischen Formen des Jazz einnimmt und insbesondere typische Merkmale des ↗Swing aufgreift. Unter Verzicht auf Experimente stützt sich der M. J. auf einen Normenkanon, für den Chorusstruktur, Swing, Tonalität und die im Jazz *Standards* genannten Repertoirestücke verbindlich bleiben. Zu den großen Virtuosen, die man dem M. J. zurechnet, gehören u. a. Oscar Petersen, Joe Pass, Coleman Hawkins und Red Norvo.

MAÎTRISE, Psallette, in Frankreich bis zur Französischen Revolution Bz. für die Gesamtheit bzw.

die Ausbildungsstätte (Singschule) der Chorknaben (↗Kapellknaben), die im Dienst einer größeren Kirche standen. Die M.n waren im Prinzip überall einheitlich organisiert. Die Schüler lebten in einem der Kirche gehörenden Haus und unterstanden einem eigenen Directeur. Sie erhielten musikalischen und allgemeinen Unterricht und hatten die Verpflichtung, den meist ganztägigen Chordienst zu besorgen. Wichtige M.n, aus denen viele bedeutende Komponisten hervorgegangen sind, bestanden in Aix-en-Provence, Clermont-Ferrand, Chartres, Dijon, Langres, Paris, Rouen, Saint-Quentin, Troyes. Die M.n in der überkommenen Form und Organisation wurden zur Zeit der Revolution aufgelöst, während die entsprechenden Institutionen in anderen europäischen Ländern meist weiterbestanden. Im heutigen französischen Sprachgebrauch ist M. gleichbedeutend mit dt. ↗Kirchenchor. Die Bezeichnungen M. und Psallette erscheinen in Frankreich heute gelegentlich auch in Namen von Chorvereinigungen (z.B. „M. de Radio-France", „Psallette de Lorraine").

Lit.: G. ROUSSEL, Les m.s d'enfants et les offices liturgiques, in: Atti del Congresso internazionale di Musica Sacra (R 1950); P. PIMSLEUR, The French M., in: MT 95 (1954).

MAJER (Maier, Major), **Joseph Friedrich Bernhard Caspar,** * 16.10.1689 Schwäbisch Hall, † 22. 5. 1768 ebd.; dt. Musiktheoretiker. Er war Organist an St. Katharina und Privatmusiklehrer in Schwäbisch-Hall. Sein Hauptwerk, *Museum musicum* (Schwäbisch Hall 1732), eine wichtige Quelle für die instrumentale Musizierpraxis seiner Zeit, enthält auch einen lexikalischen Anhang fremdsprachiger Musikbegriffe. M. veröffentlichte außerdem *Hodegus musicus* (ebd. 1718).

Ausg.: *Museum musicum,* hrsg. v. H. BECKER (Kas 1954) (= DMI I/8).

MAJEUR, frz. Name für ↗Dur.

MAJEWSKI, Hans Martin Walter (Pseudonym Jan Troysen), * 14. 1. 1911 Schlawe (Pommern); dt. Komponist und Dirigent. Er studierte zunächst Medizin in Königsberg und 1932–35 Musik in Leipzig (u.a. bei H. Grabner und H. Abendroth). 1935 wurde er Korrepetitor und Kapellmeister am Berliner „Theater des Volkes" und komponierte erste Operetten und Filmmusiken. Nach dem Krieg ließ er sich in Hamburg nieder, schrieb Chansons für die literarischen Kabaretts „Kaleidoskop" und „Bonbonnière" (1945–47) und leitete die Sendung „Kabarett der Zeit" im NWDR. Danach war er vor allem als Komponist von Film-, Fernseh- und Bühnenmusik tätig. M. lebt heute als freischaffender Komponist in Berlin.

WW: Für Orch.: *Sinfonische Skizzen; Suite 52; Synopsis 74; Valse romantique.* – Operette *Insel der Träume,* UA: Oldenburg 1938; Kabarettmusical *Zwei Berliner in Paris,* UA: Berlin 1958; Ballett *Die Jagd nach dem Glück,* UA: Berlin 1948; Musik zu etwa 150 Filmen, u.a. zu: *Weg ohne Umkehr* (1953/54); *Das fliegende Klassenzimmer; Ohne dich wird es Nacht* (1956/57); *Nasser Asphalt* (1957/58); *Menschen im Hotel; Die Brücke* (1960); *Schachnovelle; Der Lord von Barmbeck* (1974). – Ferner Zahlreiche Fernseh-, Hörspiel- u. Bühnenmusiken.

MAJO. – 1) Giuseppe de, * 5. 12. 1697 Neapel, † 18. 11. 1771 ebd.; it. Komponist. Er war 1706–18 Schüler von N. Fago und A. Basso am Conservatorio della Pietà dei Turchini in Neapel, wurde dann Organist, Vizekapellmeister und 1744 als Nachfolger L. Leos Kapellmeister der Cappella Reale. Er schrieb vorwiegend geistliche Musik, ferner 6 Opern und ein Concerto für 2 Violinen und Violoncello (1726). – **2) Gian Francesco de** (di), genannt Ciccio, Sohn von 1), * 27. 3. 1732 Neapel, † 17. 11. 1770 ebd.; it. Komponist. Er war Schüler am Conservatorio di Sant'Onofrio in Neapel und von Padre Martini in Bologna und trat 1747 als Organist in die Cappella Reale in Neapel ein. Die Aufführung seiner Oper *Cajo Fabrizio* 1760 in Neapel begründete seinen Ruhm, der ihm auch Aufträge für Wien und Mannheim (*Ifigenia in Tauride,* 1764) einbrachte. M.s Opern fanden wegen ihrer kantablen Melodik und dramatischen Ausdruckskraft auch die Bewunderung W. A. Mozarts.

WW: **Zu 2):** Messen u.a. kirchenmusikal. Werke; einige Kantaten; Oratorien: *Gesù sotto il peso della croce; Esther* (nur 1. Teil erhalten); *La fuga in Egitto;* Azione sacra *Il prodigio della grazia.* – Etwa 20 Opern, davon hsl. erhalten: *Riccimero,* UA: Parma 1758; *Asterea placata,* UA: Neapel 1760; *L'Almeria,* UA: Livorno 1761; *Ipermestra,* UA: Neapel 1763; *Alcide negli Orti Esperidi,* UA: Wien 1764; *Demofoonte,* UA: Rom 1764; *Adriano in Siria,* UA: Rom ca. 1766; *Eumene,* UA: Neapel 1771; einzelne Arien aus anderen Opern.

Lit.: **Zu 2):** D. DICHIERA, The Life and Operas of G. F. De M., 2 Bde. (Los Angeles 1962) (= Diss. Univ. of California).

MAKLAKIEWICZ, Jan Adam, * 24. 11. 1899 Chojnaty bei Warschau, † 7. 2. 1954 Warschau; poln. Komponist. M. studierte 1922–25 am Konservatorium in Warschau und 1925–27 Komposition bei P. Dukas an der École Normale de Musique in Paris. Seit 1927 war er Lehrer für Theorie am Konservatorium in Łódź und seit 1929 am Konservatorium in Warschau, wo er daneben auch als Organist, Chorleiter und Musikkritiker wirkte. Nach dem Krieg war er 1945–47 Direktor der Krakauer und 1947–48 der Warschauer Philharmonie und wurde 1947 Professor für Komposition an der Musikhochschule in Warschau. Von K. Szymanowski beeinflußt, verwendete M. vor allem Elemente des späten Impressionismus und der polnischen Volksmusik.

WW: Klv.-Stücke u. Kammermusik; Orch.-Werke, u.a.: 2 Ouvertüren (1933, 1947); 2 V.-Konzerte (1931, 1952); Vc.-Konzert (1932); Tondichtung *Grunwald* (1944). – Kantate *Święty Boze*

(Heiliger Gott) (1927) für Bar., Chor, Orch. u. Org.; *Concertino quasi una fantasia* (1929) für Klv., Mezzosopran u. Orch.; 4 japanische Gesänge (1930) für SingSt u. Orch. – Ballette: *Cagliostro w Warszawie* (Cagliostro in Warschau); *Złota Kaczka* (Die goldene Ente) (1951); *Tańce łowickie* (Lowiczer Tänze) (1951).

MALAGUEÑA (span.), Bz. für die spezielle Ausprägung des ↗Fandango in der Provinz Málaga. Typisch für dieses lebhafte Tanzlied im $^3/_4$-Takt ist ein Aufbau aus Couplets mit 4 8silbigen Versen und ein ostinates Harmoniegerüst. Eingang in die Kunstmusik fand die M. u. a. bei I. Albéniz *(Iberia)* und M. Ravel *(Rapsodie espagnole)*.

MALAWSKI, Artur, * 4. 7. 1904 Przemyśl, † 26. 12. 1957 Krakau; poln. Komponist. Er studierte Violine am Konservatorium in Krakau, wo er 1928–36 die Violin- und Musiktheorieklassen leitete. 1936–39 studierte er noch Komposition bei K. Sikorski und Dirigieren bei W. Bierdiajew am Konservatorium in Warschau und unterrichtete diese Fächer seit 1945 am Konservatorium in Krakau, 1950–54 auch am Konservatorium in Kattowitz. 1948–51 war er Vorsitzender der polnischen Sektion der Internationalen Gesellschaft für Neue Musik. Unter Einbeziehung moderner Techniken entwickelte M. einen persönlichen Stil von hochexpressiver Klanglichkeit. In einigen Werken verwendete er polnische Volksweisen.

WW: Für Orch.: Sinfonietta (1936); *Wariacje symfoniczne* (1937); 2 Symphonien (1944, 1956); Ouvertüre *Hungaria 1956* (1957); 6 *Etiudy symfoniczne* (1948) sowie Toccata u. Fuge (1949) für Klv. u. Orch. – Chorkantate *Wyspa Gorgon* (Die Insel der Gorgonen) (1939). – Ballett-Pantomime *Wierchy* (Bergeshöhen) (1944, 2. Fassung 1950) für Sopran, Bar., Tenor u. Orch.

Lit.: F. K. PRIEBERG, in: NZfM 119 (1958); A. M., hrsg. v. B. SCHÄFFER (Krakau 1969); T. KACZYŃSKI, in: Ruch muzyczny 15 (1971).

MALCOLM, George John, * 28. 2. 1917 London; engl. Cembalist, Pianist und Dirigent. Er studierte Klavier am Royal College of Music in London und am Balliol College in Oxford. 1947–59 wirkte er als Chorleiter an der Westminster Cathedral in London, war 1962–66 künstlerischer Leiter der London Philomusica und 1965–67 Dirigent des BBC Scottish Orchestra. M. trat als Klavierbegleiter u. a. mit dem Hornisten D. Brain auf. Als Cembalist pflegte er besonders die englischen Virginalisten und Werke des 17. Jahrhunderts. 1965 wurde er Commander of the British Empire (C. B. E.).

MALDERE, Pierre van, * 16.10.1729 Brüssel, † 1.11.1768 ebd.; belgischer Violinist und Komponist. Er trat 1746 in die Brüsseler Hofkapelle ein, war 1752–53 Violinist und Kapellmeister in Dublin und wurde 1758 Virtuose Herzog Karls von Lothringen. 1763–66 leitete er die Oper in Brüssel. M. wurde von Zeitgenossen hoch geschätzt. J. Haydn und W. A. Mozart bewunderten ihn. K. Ditters von Dittersdorf rühmte seine Bogentechnik. Als Komponist gehört er mit seinen an J. Stamitz anknüpfenden *Sinfonie a più stromenti* zu den Vertretern der vorklassischen Symphonie. Als einer der ersten Komponisten verwendete er ein 2. Thema im Kopfsatz der Symphonie.

WW: Quartette; Sonaten; *6 sinfonie a più stromenti* (P 1761); 7 Opéras-comiques, u. a.: *Les amours champêtres,* UA: Schönbrunn 1758; *La bagarre,* UA: Paris 1763.

Ausg.: 2 Sonaten für V. u. Klv. (An 1947); Symphonie B-Dur op. 4, hrsg. v. A. CARSE (Lo 1958).

Lit.: S. CLERCX, P. van M. (Bru 1948).

MALEC, Ivo, * 30. 3. 1925 Zagreb; kroatischer Komponist. Er studierte Komposition und Dirigieren an der Musikakademie in Zagreb und 1955–56 Komposition am Pariser Conservatoire. In Paris wurde er Mitglied der Groupe de recherche de musique concrète und 1961 Mitarbeiter der Groupe de recherches musicales der ORTF. M.s Konzeption einer antiromantischen Kunst kennzeichnet von Anfang an seine Kompositionen, in denen er sich radikal von der traditionellen Musik löst und einen forciert modernistischen Stil anstrebt.

WW: **1) Instr.-WW:** Klv.-Sonate (1950); Klv.-Trio (1950); *Sonata brevis* (1956) für Vc. u. Klv.; *Dijalozi* (1961) für Cemb. oder Klv.; *Dahovi I* u. *II* (1962) für Tonband; *Lumina* (1968) für 12 Str. u. Tonband; *Arco-11* (1975) für 11 Str.; *Tri stećka* (3 Säulen) (1963) für 12–14 Musiker; *Echos* (1965) für 10 Instr. – Für Orch.: Symphonie (1951); *Mouvements en couleur* (1959); *Sekvence* (1960) für Vibraphon u. Streichorch.; *Sigma* (1963); *Vocatif* (1968), als Ballett: *Aquathème,* UA: Amiens 1968; *Gam(m)es* (1971); *Tehrana* (1975). – **2) Vokal-WW:** *Radovanove pesme* (Radovans Lieder) (1952) für SingSt u. Klv., Orch.-Fassung (1957); Suite *Tirena* (1958) für Chor u. Kammerorch.; *Dvanaest meseci* (12 Monate) (1960) für Soli, Chor u. Kammerorch.; Suite *Dubravka* (1961) für Soli, Chor u. Orch.; *Faits précipices* (1964) für Sprecher u. Kammerorch.; *Cantate pour elle* (1966) für Sopran, Harfe u. Tonband; *Dodecameron pour douze voix solistes* (1970) für St. u. Klv.; *Victor Hugo. Un contre tous* (1971) für 2 Sprecher, gem. Chor, Tonband u. Orch. – Ferner Musique concrète, Ballett *Makete* (Skizzen) (1956) sowie Bühnen-, Film- u. Rundfunkmusik. – Aufsatz *Musique concrète 1948–68,* in: Melos 36 (1969).

Lit.: F. RABE, I. M., in: Nutida Musik 7 (1963/64); U. STÜRZBECHER, Werkstattgespräche mit Komponisten (Kö 1971) (mit Werkverz.); E. WALTER, I. M., in: Harmonie (1974) Nr. 94.

MALER, Wilhelm, * 21. 6. 1902 Heidelberg, † 29. 4. 1976 Hamburg; dt. Komponist und Musikpädagoge. Er studierte bei H. Grabner in Heidelberg, J. Haas in München und Ph. Jarnach in Berlin, wurde 1925 als Dozent für Musiktheorie an die Rheinische Musikschule in Köln berufen und lehrte seit 1931 gleichzeitig an der Universität Bonn. 1946 übernahm er die Leitung der neugegründeten Nordwestdeutschen Musikakademie Detmold und hatte entscheidenden Anteil an deren Aufbau. 1959–69 war er als Nachfolger Ph. Jarnachs Direktor der Musikhochschule in Hamburg. M. war ein angesehener Kompositionslehrer (zu seinen Schülern zählten u. a. H. Degen, J. Driessler, D. de la Motte und W. Steffens); sein kompositorisches Schaffen ist weniger bekannt. M.s Musik basiert auf der erweiterten Tonalität im Sinne P. Hindemiths und zeigt neben der Neigung zu Linearität und Motorik viel Sinn für subtile wie machtvolle Klangwirkungen. Als Musiktheoretiker hat M. mit seinem *Beitrag zur Harmonielehre* in Weiterführung von Gedanken H. Grabners die Riemannsche Funktionstheorie zu einem auf die Hörwirklichkeit bezogenen Lehr- und Analysesystem entwickelt, das weite Verbreitung fand.

WW: **1) Instr.-WW:** Für Klv.: 6 Sonaten (1937–46); Suite *Der Mayen* (1947); Terzett für 2 V. u. Va. (1938); 2 Streichquartette (1935, 1942). – Für Orch.: Konzert für kleines Orch. mit Cemb. (1927); Concerto grosso (1928); *Orchesterspiel* (1930); V.-Konzert (1932); Musik für Streichorch. (1937); *Flämisches Rondo* (1937); Konzert für V., Vc. u. Klv. u. Orch. (1940); Serenade (1941). – **2) Vokal-WW:** 4 Hölderlin-Chöre (1933); Kantate nach Texten von Stefan George (1930); Oratorium *Der ewige Strom* (1934). – **3) Schriften:** *Beitrag zur Harmonielehre* (L 1931), neu bearbeitet als: *Beitrag zur durmolltonalen Harmonielehre* (Mn ³1950, ⁶1967) (zus. mit G. Bialas u. J. Driessler).

Lit.: K. LAUX, Musik u. Musiker der Gegenwart (Essen 1949); O. RIEMER, in: Der Kirchenmusiker 13 (1962); D. DE LA MOTTE, in: Musica 26 (1972) u. 30 (1976).

E. PLATEN

MALIBRAN, Maria Felicitá, ↗García 3).

MALIPIERO. – 1) Gian Francesco, * 18. 3. 1882 Venedig, † 1. 8. 1973 Treviso; it. Komponist. M. studierte 1898/99 am Wiener Konservatorium, dann bei M. E. Bossi in Venedig und Bologna, wo er 1904 das Diplom in Komposition erwarb. 1908 nahm er kurze Zeit Kompositionsunterricht bei M. Bruch, zog sich jedoch vor dessen Traditionalismus bald zurück. 1913 erlebte M. die Uraufführung von I. Strawinskys *Sacre du Printemps* und erklärte daraufhin die meisten seiner bislang entstandenen Werke für ungültig. In diesem Jahr gewann er beim Concorso nazionale di musica in Rom mit fünf unter Pseudonymen eingereichten Werken vier der ersten Preise. 1921–24 war er Kompositionslehrer am Konservatorium in Parma und übernahm 1932 eine Meisterklasse am Liceo musicale B. Marcello in Venedig, das er 1939–53 leitete. 1926 begann M., der schon seit 1902 Werke italienischer Komponisten des 17. und 18. Jh. gesammelt hatte, mit der Herausgabe der Monteverdi-Gesamtausgabe. 1947 wurde er künstlerischer Leiter am Istituto Italiano Antonio Vivaldi und trug zu der dort veröffentlichten Gesamtausgabe dieses Komponisten weit mehr als 100 Konzerte bei.

WW: **1) Instr.-WW:** Für Klv.: *Poemi asolani* (1916); *À. C. Debussy* (1920); *Tre preludi a una fuga* (1926); *Prélude à une fuge imaginaire. Hommage à Bach* (1932); *Bianchi e Neri* (1964); 8 Streichquartette, 1: *Rispetti e strambotti* (1920), 2: *Stornelli e ballate* (1923), 3: *Cantari alla madrigalesca* (1931), 4: (1934), 5: *Dei capricci* (1950), 6: *L'arca di Noè* (1947), 7: (1950), 8: *Per Elisabetta* (1964); *Ricercari* (1925) u. *Ritrovari* (1926) für 11 Instr.; *Serenata* (1959) u. *Endecatode* (1966) für 14 Instr. – Für Orch.: *Impressioni dal vero*, 3 Teile (1910, 1915, 1922); *Pause del Silenzio*, 2 Teile (1919, 1926); *Variazioni senza tema* (1923) für Klv. u. Orch.; *Sinfonia in un tempo* (1950); *Sinfonia dello Zodiaco* (1951); *Elegia-Capriccio* (1953); *Vivaldiana* (1952); *Omaggio a Belmonte* (1971); *Gabrieliania* (1971); *Sanzanipolo* (1971). – 11 Symphonien, 1: *In quattro tempi come le quattro stagioni* (1933), 2: *Elegiaca* (1936), 3: *Delle campane* (1945), 4: *In memoriam* (1946), 5: *Concertante, in eco* (1947), 6: *Degli archi* (1947), 7: *Delle canzoni* (1948), 8: *Symphonia brevis* (1964), 9: *Dell'ahimè* (1966), 10: *Atropo* (1967), 11: *Delle cornamuse* (1969); 6 Klv.-Konzerte (1934, 1937, 1948, 1950, 1958, 1964); Fl.-Konzert (1968). – **2) Vokal-WW:** Für Soli, Chor u. Orch.: Mysterien *San Francesco d'Assisi* (1921) u. *La cena* (1937); *La Passione* (1935); Heldensymphonie *Vergilii Aeneis* (1944); Missa pro mortuis (1938) für Bar., Chor u. Orch.; *Preludio e morte di Macbeth* (1958) für Bar. u. Orch.; *L'aredodese* (1958) für Sprecher, Chor u. Orch.; *Concerto di concerto ovvero dell'Uom malcontento* (1960) für Bar., V. u. Orch.; *Abracadabra* (1962) für Bar. u. Orch. – **3) Bühnen-WW:** Opern: Trilogie *L'Orfeide*, UA: Düsseldorf 1925; *Tre Commedie Goldoniane*, UA: Darmstadt 1926; *Filomela e l'infatuato*, UA: Prag 1928; Trilogie *Il mistero di Venezia*, UA: Coburg 1932; *La favola del figlio cambiato*, UA: Braunschweig 1934; *Giulio Cesare*, UA: Genua 1936; *Antonio e Cleopatra*, UA: Florenz 1938; *La vita è sogno*, UA: Breslau 1943; *I capricci di Callot* (nach E. T. A. Hoffmann), UA: Rom 1942; *Il figliuol prodigo*, UA: Turin 1957; *Donna Urraca*, UA: Bergamo 1954; *Venere prigioniera*, UA: Florenz 1957; *Don Giovanni* (nach Puschkin), UA: Neapel 1963; *Le metamorfosi di Bonaventura*, UA: Venedig 1966; *Don Tartufo Bacchettone*, UA: ebd. 1970; *Gli eroi di Bonaventura*, UA: Mailand 1969; *Uno dei dieci*, UA: Siena 1971; *L'Iscariota*, UA: ebd. 1971. – Ballette: *Pantea*, symphonisches Drama für eine Solotänzerin, Bar., Chor u. Orch., UA: Venedig 1932; *Stradivario*, UA: Lissabon 1951; *El mondo nuovo*, UA: Rom 1951. – **4) Schriften:** *L'orchestra* (Bol 1920); *Teatre* (Bol 1920, Mi ²1927); *I profeti di Babilonia* (Mi 1924); *C. Monteverdi* (Mi 1930); *Strawinsky* (V 1945); *L'armonioso labirinto* (Mi 1946); *A. Vivaldi* (Mi 1958); *Ti co mi e mi co ti* (Mi 1966); *Di palo in frasca* (Mi 1967) (= *L'armonioso labirinto*); *Maschere della commedia dell'arte* (Bol 1969). – Ferner edierte M. die GA v. C. Monteverdi (Asolo 1926–42, Nachdr. W 1966–68) u. war Mit-Hrsg. der GA der Instrumentalwerke A. Vivaldis (Mi 1947–72).

M. verfolgte mit seinen Kompositionen das Ziel, die italienische Musik aus den formalen und inhaltlichen Schemata des 19. Jh. zu befreien. Um 1917 löste er sich von Einflüssen des Impressionismus und gelangte nach einer kurzen expressionistischen Schaffensphase zu einer diatonischen, linear geprägten Musiksprache, die immer mehr durch Cl. Monteverdis Madrigalstil und das venezianische Konzert beeinflußt wurde. M.s Personalstil mit von der Gregorianik bestimmtem Melos, fluktuierender Rhythmik, funktionsgelöster (Quarten-)Harmonik und Bevorzugung des Spaltklangs stellt sich dar als Einheit von Tradition und Gegenwart, von Konstruktivismus und Freizügigkeit. Das Ersetzen von thematisch-funktionaler Durchführungsarbeit durch eine Folge neuer musikalischer Gedanken legitimiert M. historisch: „Die italienische Tradition ... ist ein freies Gespräch, logisch, lebendig und nur selten mit thematischen Wiederholungen."

2) Riccardo, Neffe von 1), * 24. 7. 1914 Mailand; it. Komponist und Musikkritiker. Er studierte bis 1932 Klavier am Konservatorium in Mailand, anschließend bis 1937 Komposition am Konservatorium in Turin und besuchte die Kurse seines Onkels in Venedig. Zunächst am französischen Impressionismus orientiert, wandte M. sich der Zwölftontechnik A. Schönbergs zu und gehörte 1948 zu den Initiatoren des 1. Internationalen Kongresses für Zwölftonmusik in Mailand. 1963 hielt er einen Kompositionskurs am Centro de Altos Estudios Musicales des Instituto Torcuato di Tella in Buenos Aires ab, lehrte im Sommer 1969 an der University of Maryland und leitet seit Oktober 1969 das Konservatorium in Varese. In seiner Eigenschaft als Musikreferent, Musikkritiker und Musikschriftsteller weist M. auf die Verpflichtung hin, die Gegenwart bewußt als Fortsetzung der Tradition zu gestalten. Seine Kompositionen sind stets originelle Lösungen von Problemen, die sich aus dieser Verpflichtung ergeben. Obwohl die unbekümmerte Heiterkeit der Jugend an ihm vorübergegangen zu sein scheint, tragen einige seiner Werke humorvolle Züge, so die als Gegenstück zu J. Haydns Abschiedssymphonie konzipierte *Ouverture-divertimento „del Ritorno"* (1953).

WW: **1) Instr.-WW:** 3 Streichquartette (1941, 1954, 1960); Klv.-Quintett (1957); *Nuclei* (1966) für 2 Klv. u. Schlagzeug; *Fantasia* (1970/71) für Vc. solo; *Giber folia* (1973) für Klar. u. Klv.; *Winterquintett* (1976) für Klar. u. Str.; *Musica* (1979) für 4 Vc. – Für Orch.: *Ouverture-divertimento „del Ritorno"* (1953); Symphonie (1959); *Nykteghersia* (1962); *Cadencias* (1964); *Muttermusik* (1965/66); *Requiem 1975* (1975); *Canti* (1978) für Va. u. Orch.; Rondo (1979); Konzerte für: V. (1952), Klv. (1955) u. Vc. (1957). – **2) Vokal-WW:** *Sinfonia cantata* (1956) für Bar. u. Orch.; *Cantata di natale* (1959) für Sopran, Chor u. Orch.; *In Time of Daffodils* (1964) für Sopran, Bar. u. Instr.; *Monologo* (1969) für SingSt u. Str.; Kantate *Go placidly*… (1974/75) für Bar. u. Kammerorch.; *Tre frammenti* (1979) für SingSt u. Klv. – **3) Bühnen-WW:** *Minnie la candida,* UA: Parma 1942; *La donna è mobile,* UA: Mailand 1957; Fernsehoper *Battono alla Porta,* UA: RAI 1962, szenisch Genua 1963. – **4) Schriften:** *G. S. Bach* (Brescia 1948, [2]1958); *Debussy* (ebd. 1948, [2]1959); *Guida a L'Enfant et les sortilèges* (Mi 1948); *Guida al Pelléas et Mélisande* (ebd. 1949); *Guida discografica alla musica sinfonica* (ebd. 1957); *Il libro completo dell'amatore di dischi* (ebd. 1958, [2]1960) (zus. mit R. Allorto u. a.); *Guida alla dodecafonia* (ebd. 1961); *Ricordo di A. Casella,* in: Musicisti piemontesi e liguri, hrsg. v. A. Damerini – G. Roncaglia (Siena 1959). – Ferner war M. Hrsg. des *Dizionario di centouno capolavori del melodramma* (Mi 1969); *Musica ieri e oggi,* 6 Bde. (R 1970) (zus. mit E. Radius u. G. G. Severi).

Lit.: **Zu 1):** H. PRUNIÈRES, G. F. M., in: MQ 6 (1920); H. H. STUCKENSCHMIDT, Zu M.s Bühnenwerken, in: Melos 13 (1934); G. F. M., in: Rass. Mus. Sonder-Nr. (1942) Februar-H.; H. BONTEMPELLI, G. F. M. (Mi 1942); F. D'AMICO, G. F. M., in: Melos 17 (1950); E. HELM, G. F. M., in: ebd. 19 (1952); G. M. GATTI, G. F. M., in: ÖMZ 8 (1952); L'opera di G. F. M., hrsg. v. DEMS. (Treviso 1952); M. LABROCA, M., musicista veneziano (Bol 1957); H. LINDLAR, G. F. M., in: MS 11 (1957); E. HELM, In der Casa M., in: Melos 29 (1962); DERS., G. F. M. u. die it. Musik des 20. Jh., in: NZfM 133 (1972); L. DALLAPICCOLA, Der Geist der it. Musik. G. F. M. zum Gedenken, in: ÖMZ 29 (1974); M. MILA, G. F. M. e l'irrazionalismo contemporaneo, in: Atti dell'Ist. Veneto di Scienze. Lettere ed Arti 134 (V 1974); Omaggio a M., hrsg. v. M. MESSINIS (Fi 1977); J. C. G. WATERHOUSE, I lavori „distrutti" di G. F. M. Brani da un „work in progress", in: NRMI 13 (1979). – **Zu 2):** C. SARTORI, R. M. (Mi 1957) (engl.); DERS. – P. SANTI, Due tempi di R. M. (Mi 1964).

K. LANGROCK

MALLARMÉ, Stéphane, * 18. 3. 1842 Paris, † 9. 9. 1898 Valvins (Seine-et-Marne); frz. Dichter. Die Begegnung mit Villiers de l'Isle-Adam im September 1864 inspirierte M. zu einer wachsenden Berücksichtigung der Musik im Rahmen seiner Dichtung. Anders als Ch. Baudelaire, dessen Wagner-Begeisterung sich besonders an einer Tannhäuser-Inszenierung in Paris 1861 entzündete, kannte M. das Werk des deutschen Komponisten zunächst im wesentlichen aus sekundären Hinweisen, die ihm Wagner zum Symbol einer totalen, auch antizivilisatorisch verstandenen Einswerdung von Wort und Musik werden ließen (*Richard Wagner. Rêverie d'un poète français,* 1885; *Hommage à Wagner,* 1886). In seinem Bemühen um die theoretische Fundierung einer entsprechend verstandenen absoluten poetischen Praxis bezog M. die Überlegungen der deutschen Romantiker (Novalis, L. Tieck) ebenso mit ein wie die der französischen Symbolisten (Th. Banville, A. Rimbaud, P. Verlaine) und der Parnassiens. Sein berühmtes Vorwort zum *Traité du verbe* des Lyrikers René Ghil (1886) spricht so folgerichtig von „den Gesetzen… die eine sprachliche Instrumentierung des Geistigen festlegen". Der immer wieder neue Versuch, die unsagbare Füllung des Wortes durch dessen Verknüpfung mit der Musik zu artikulieren, findet seinen Ausdruck in dem Vortrag *La musique et les lettres* (1894), in dem es heißt: „… vergessen wir die alte Unterscheidung zwischen Musik und Literatur, da sie nur die selbstgewollte, um später sich wieder zu treffen, Aufspaltung des ersteren Falles ist…" Musik und Literatur sind für ihn daher „das wechselweise Antlitz, hier zur Dunkelheit sich weitend, aufleuchtend, da mit Gewißheit, ein und desselben Phänomens…, ich nannte es, die Idee". Vor dem Hintergrund dieser Überlegungen sind seine Werke *Hérodiade* (Fragment, begonnen 1864), für Jean Royère „total und absolut das Gedicht der Abwesenheit", und – als Partitur von Wort, Zufall und Musikalität – *Un coup de dés* (1897) entstanden. Musikgeschichtlich und literaturhistorisch bedeutsam ist die Beziehung zwischen M. und Cl. Debussy, dessen *Prélude* für Orchester (1892) nach M.s Églogue *L'après-midi d'un faune* dem Dichter allerdings nur teilweise zusagte. Komponisten wie Debussy, M. Ravel, D. Milhaud und P. Boulez haben sich darüber hinaus dem Geheimnis einzelner Gedichte M.s musikalisch zu nähern versucht, letztlich zum Scheitern verurteilt wie der symbolistische Autor selbst. Denn die Sehnsucht nach dem Absoluten, das hinter einer unerträglichen Realität und Gegenwart beständig ruht, kann in einer strukturierten Kunstform nur metaphorisch angesprochen, aber nicht gestillt werden. Die literarischen Verwandlungen, die die Gedanken M.s im 20. Jh. erfahren haben, beweisen dies zur Genüge.

Kompositionen nach Texten von M.: C. Debussy, *Apparition* (1882–84); ders., *Trois poèmes de S. M.* (1913); ders., *Prélude à l'après-midi d'un faune* (1892–94) für Orch.; M. Ravel, *Sainte* u. *Trois poèmes de S. M.* (1913) für SingSt, Streichquartett, 2 Fl. u. 2 Klar.; P. Boulez, *„Pli selon pli"*, *Portrait de M.* (1957–1962) (aus *Remémoration d'amis belges*).

Ausg.: GA, hrsg. v. H. MONDOR – G. JEAN-AUBRY (P 1970) (= Bibl. de la Pléiade 65); Sämtliche Gedichte, dt. Übers. v. C. FISCHER (Hei 1957, Kö [2]1969).

Lit.: E. M. LÜDERS, Sechzig Jahre M.-Forsch., in: Romanistisches Jb. 8 (1957); S. BERNARD, M. et la musique (P 1959); H. R. ZELLER, M. u. das serielle Denken, in: Sprache u. Musik, hrsg. v. H. Eimert (W 1960) (= die Reihe 6); M. BUTOR, M. selon Boulez, in: Melos 28 (1961); E. LOCKSPEISER, M. and Music, in: MT 107 (1966); H. SCHMIDT-GARRE, M. u. der Wagnérisme, in: NZfM 130 (1969); P. BOULEZ, Werkstatt-Texte, hrsg. v. J. Häusler (B 1972); J. KRISTEVA, „Pli selon pli". Portrait de M., in: SMZ 113 (1973); R. GERLACH, P. Boulez u. S. M., in: Über Musik u. Sprache, hrsg. v. R. Stephan (Mz 1974) (= Veröff. des Inst. für Neue Musik u. Musikerziehung Darmstadt 14); A. B. WENK, C. Debussy and the Poets (Berkeley – Los Angeles – Lo 1976); TH. HIRSBRUNNER, Zu Debussys u. Ravels M.-Vertonungen, in: AfMw 35 (1978); M. HARDT, S. M., in: Frz. Lit. des 19. Jh., III: Naturalismus u. Symbolismus, hrsg. v. W.-D. Lange (Hei 1980).

W.-D. LANGE

MALVEZZI, Cristoforo (Cristofano), * 27. 7. 1547 Lucca, † 25. 12. 1597 Florenz; it. Organist und Komponist. Er wurde 1562 Kanonikus an S. Lorenzo in Florenz und nach dem Tod seines Lehrers Fr. Corteccia 1571 dort Kapellmeister. 1577 erhielt er außerdem die Stelle des großherzoglichen Kapellmeisters und 1596 des Domkapellmeisters in Florenz. M., ein Freund E. de' Cavalieris und der Lehrer von J. Peri, spielte eine hervorragende Rolle im Florentiner Musikleben. So komponierte er u. a. die (nicht erhaltenen) Intermedien zu *L'Amico fido* von G. de' Bardi für die Hochzeit von Cesare d'Este mit Virginia de' Medici (1585) sowie den größten Teil der Intermedien zu *La Pellegrina* von Girolamo Bargagli für die Hochzeit von Fernando de' Medici mit Christine von Lothringen (1589); weitere Intermedien dazu schrieben u. a. E. de' Cavalieri und L. Marenzio.

WW: Recercari für 4 St. (Perugia 1577), Madrigale für 5 St. (V 1583), für 6 St. (V 1584), einige Madrigale in Sammeldrucken 1589–1604; die Intermedien von 1589, in: RISM 1591[7].

M.s Madrigale mit transparenter, vorwiegend homorhythmischer Anlage zeigen das Streben nach einer natürlichen musikalischen Deklamation, wobei er einerseits an Corteccia anknüpfte, andererseits sich die neuen Prinzipien der Camerata fiorentina zu eigen machte. Die Madrigale der Intermedien von 1589 sind ähnlich konzipiert, zeichnen sich darüber hinaus durch Einbeziehung zahlreicher, die Vokalstimmen verstärkender Instrumente aus. Gelegentlich werden kontrastierende Klanggruppen einander gegenübergestellt.

Ausg.: Ein Orgelstück, in: I classici italiani dell'organo, hrsg. v. I. FUSER (Padua 1955); Musique des intermèdes de la Pellegrina, hrsg. v. D. P. WALKER – F. GHISI – J. JACQUOT (P 1963).

Lit.: H. GOLDSCHMIDT, Stud. z. Gesch. der it. Oper im 17. Jh. 1 (L 1901, Nachdr. Hil – Wie 1967) (darin 2 Stücke); M. SCHNEIDER, Die Anfänge des B.c. (L 1918, Nachdr. Farnborough 1971) (darin 6 Madrigale u. 3 Sinfonien); H. ENGEL, L. Marenzio (Fi 1956); F. D'ACCONE, The Intavolatura di M. Alamanno Aiolli, in: MD 20 (1966); F. BORROMEO, Notizie istoriche sulla vita e l'opera di C. M. (1966) (= Diss. Univ. Florenz); D. S. BUTCHART, The Madrigal in Florence, 1560–1630 (1979) (= Diss. Univ. of Oxford).

MÄLZEL (Mälzl, Melzl), **Johann Nepomuk,** * 15. 8. 1772 Regensburg, † 21. 7. 1838 auf der Überfahrt von La Guaira nach Philadelphia; österreichischer Instrumentenmacher. M. kam 1792 nach Wien und eröffnete dort eine Werkstatt für mechanische Musikwerke, die rasch bekannt wurde. 1800 baute er das „Orchestrion", einen Vorläufer seines Panharmonicons (1803), für das L. van Beethoven den 2. Teil von *Wellingtons Sieg oder Die Schlacht bei Vittoria*, op. 91 (1813) schrieb. 1808 erhielt er den Titel „Hofkammermaschinist". Berühmt wurde M. durch das von ihm verbesserte und in seine endgültige Form gebrachte ↗Metronom. Die Schläge dieses Gerätes regten Beethoven zu einem Kanon an: *Ta ta ta ... lieber Mälzel, leben sie wohl, sehr wohl, Banner der Zeit, großer Metronom* (WoO 162); die Melodie benutzte er dann im 2. Satz der 8. Symphonie. 1825 übersiedelte M. in die USA, wo er mit gleichem Erfolg wirkte. Sein Bruder **Leonhardt M.,** * 1783 Regensburg, † 1855 Wien, baute ebenfalls mechanische Musikwerke und arbeitete möglicherweise eine Zeitlang mit ihm zusammen. 1827 erhielt er den Titel eines kaiserlichen musikalischen Hofkammermaschinisten.

Lit.: R. ANGERMÜLLER, Aus der Frühgesch. des Metronoms. Die Beziehung zw. M. u. Salieri, in: ÖMZ 26 (1971).

MAMANGAKIS, Nikos, * 3. 3. 1929 Rethymnon (Kreta); griech. Komponist. Er studierte 1947–53 Musik in Athen, wirkte anschließend als Musiklehrer und Kapellmeister auf Kreta und setzte 1957–61 seine Studien an der Münchner Musikhochschule bei H. Genzmer und C. Orff fort. Daneben arbeitete er am Institut für Elektronische Musik der Firma Siemens (1961–62). M. lebt heute als Komponist und Rundfunkmitarbeiter in Athen. Ähnlich wie M. Theodorakis verwendet er gelegentlich Elemente der griechischen Volksmusik, mit denen er vor allem gesellschaftliche und politische Kritik auszudrücken sucht. Durch diese Werke ist M. in Griechenland bekannt geworden.

WW: **1) Instr.-WW:** *Konstruktionen* (1958) für Fl. u. Schlagzeug; *Monolog* (1960) für Vc. solo; *Antagonismoi* (Wettstreite) (1964) für Vc. u. Schlagzeug; *Tetraktys* (Vierer) (1964) für Streichquartett; *Trittys* (Dreier) (1966) für Gitarre, 2 Kontrabässe u. Cimbalom; *Askessis* (Übung) (1970) für Vc. solo; *Anarchia* (1971) für großes Orch. u. Schlagzeug; *Penthima* (Zur Trauer gehörig) (1971) für Gitarre oder Vc. solo; *Clotymos* (1973) für Tonband. – **2) Vokal-WW:** *Musik für 4 Protagonisten* (1960) für 4 Solost., Sprecher u. kleines Orch.; *Sprachsymbole* (1961/62) für Sopran, Baß u. großes Orch.; *Kassandra* (1963) (nach Aischylos) für Sopran u. Kammerorch.; *Antinomien* (1968) für Kammerorch., Chor u. Soli; *Bolivar* (1968), Volkskantate im Pop-art-Stil; *Parastassis* (Aufführung) (1970) für Frauenst., Fl.n u. Tonband; *11 Volkslieder* (1972) für Soli, Chor u. Orch.; *Magodia* (1973–76) für Bar. u. Kammerensemble; *Laiki litourgia* (Volksliturgie) (1976) für Frauenst., Erzähler u. Kammerensemble. – **3) Bühnen-WW:** *Theama-Akroama* (Zu Sehendes, zu Hörendes) (1967), Happening für 8 Instr., Sopran, Schauspieler, Tänzerin u. Maler; Ballett *Die Bacchanten* (1969) (nach Euripides); *Kykeon* (Wirrwarr) (1972), szenische Psychomusik für Kammerensemble; ferner zahlreiche Bühnen- und Filmmusik.

MAMBO. – 1) Afrokubanische Bz. für Polymetrie, wie sie auf Haiti auch in kultischem Gebrauch ist. – **2)** Lateinamerik. Gesellschaftstanz afrokubanischer Herkunft, der in den 40er Jahren aus der Verbindung von ↗Danzón, ↗Rumba und ↗Swing entstand. Typisch für den M. sind schnelles Tempo und Betonungen auf der 2. und 4. Taktzeit (sog. Rumba-Swing, MM ♩ = 164–224). Bekannt wurde u. a. Pérez Prado und sein Orchester mit den M.-Titeln *Mambo Jambo* und *Patricia.* Der M. wurde von dem aus ihm entstandenen ↗Cha-cha-cha verdrängt.

Lit.: H. GÜNTHER – H. SCHÄFER, Vom Schamanentanz zur Rumba (St 1959).

MAME, amerik. Musical von Jerry Herman (*1932), der die Musik und Song-Texte schrieb, Buch von Jerome Lawrence und Robert E. Lee nach ihrem Bühnenstück *Auntie Mame,* einer Adaption des gleichnamigen Romans von Patrick Dennis. Ort und Zeit der Handlung: New York, zwischen 1928 und 1946. UA: 24. 5. 1966 in New York (Winter Garden Theater); dt. EA (in dt. Sprache): 1. 10. 1970 in Nürnberg (Opernhaus). Verfilmt 1974.

Mit *Mame,* einem Stück um eine resolute Dame, knüpfte Herman an sein Musical *Hello, Dolly!* an. So erwies sich auch dieses Werk als vital genug, um mit 1508 Vorstellungen en suite beim Publikum und mit dem Antoinette Perry Award bei der Kritik glänzend anzukommen. Ähnlich wie in *Hello, Dolly!* wurde auch in *Mame* der Titelsong zum Weltschlager. R.-M. SIMON – S. SIMON

MANCHICOURT (Mancicourt, Manicourt), **Pierre de,** * um 1510 Béthune (Pas-de-Calais), † spätestens Ende Januar 1562; franko-flämischer Komponist. Er ist 1525 als Sänger an der Kathedrale von Arras nachweisbar, wurde 1539 Praefectus, 1545 Kapellmeister und 1554 Phonascus an Notre-Dame in Tournai. 1556 lebte er als Kanonikus in Arras, war 1557–60 Domkapellmeister in Antwerpen und ging 1561 als Leiter der flämischen Kapelle König Philipps II. von Spanien nach Madrid. M. knüpfte in seinen Werken stilistisch an N. Gombert und Th. Créquillon an.

WW: Je ein Buch Motetten für 4–6 St. (P 1539) u. für 5–6 St. (Löwen 1554); ein Buch Chansons für 4 St. (An 1545); *Missa... Quo abiit* (P 1556, ²1568).

Ausg.: GA, hrsg. v. J. D. WICK, bisher erschienen: Bd. 1, Motetten (1971) (= CMM 55).

Lit.: J. D. WICKS, The Motets of P. de M., 2 Bde. (C/M 1959) (= Diss. Harvard Univ.); A. DUNNING, Die Staatsmotette 1480–1555 (Utrecht 1970).

MANCINELLI, Luigi, * 5. 2. 1848 Orvieto, † 21. 2. 1921 Rom; it. Dirigent und Komponist. M. studierte Violoncello in Florenz, trat dort 1863 in das Orchester des Teatro La Pergola ein, 1874 in das Orchester des Teatro Apollo in Rom, wo er im selben Jahr mit *Aida* von G. Verdi als Dirigent debütierte. 1881–86 wirkte er in Bologna als Direktor des Liceo musicale, Leiter des Teatro Comunale und Kapellmeister an S. Petronio. Anschließend ging er nach London, wo er zunächst am Drury Lane Theatre und 1888–1905 am Covent Garden dirigierte. Außerdem dirigierte er 1888–93 am Teatro Real in Madrid und 1893–1911 an der Metropolitan Opera in New York. 1906 leitete er in Buenos Aires die Eröffnungsvorstellung *(Aida)* des neuerbauten Teatro Colón, dem er bis 1912 angehörte. Als Komponist geriet M., der dem Verismo zuzuordnen ist, rasch in Vergessenheit.

WW: Symphonische Dichtungen u. Ouvertüren für Orch.; Lieder; geistliche Werke; Oratorium *Isaia* (1887); Opern: *Isora di Provenza,* UA: Bologna 1884; *Ero e Leandro,* UA: Turin 1896; *Paolo e Francesca,* UA: Bologna 1907.

Lit.: G. OREFICE, L. M. (R 1921); L. SILVESTRI, L. M. (Mi 1967); V. GUI, Ricordo di L. M., in: NRMI 5 (1971); M. RINALDI, L. M., direttore d'orchestra, in: Musica e musicisti controluce (R 1972); R. MARIANI, Il gusto di L. M., in: Verismo in musica e altri studi (Fi 1976).

MANCINI, Francesco, * 16. 1. 1672 Neapel, † 22. (?) 9. 1737 ebd.; it. Komponist. M. war Schüler von Fr. Provenzale am Conservatorio di S. Maria della Pietà dei Turchini in Neapel, wo er am Teatro S. Bartolomeo seine erste Oper, *Ariovisto ovvero L'amore fra l'armi,* herausbrachte. 1704 wurde er 1. Organist, 1708 Vizekapellmeister und 1725 als Nachfolger D. Scarlattis 1. Kapellmeister der Hofkapelle in Neapel, 1720 auch 1. Kapellmeister am Conservatorio S. Maria di Loreto. 1710 brachte er in London *Idaspe fedele* zur Aufführung. Dieses Werk war nach *Almahide* (eines anonymen Verfassers) im Januar desselben Jahres die zweite Oper in England, die ganz in italienischer Sprache dargeboten wurde.

WW: *Solos (Lessons)* für V. oder Fl. u. B.c. (Lo 1724). – Einige Messen u. a. kirchenmusikal. Werke (hsl.); Oratorium *Sant'Elia profeta* (hsl.); Chöre zu der Tragedia cristiana *Maurizio* (Neapel 1729); zahlr. Kammerkantaten hsl. – Etwa 30 Opern u. Intermezzi, davon erhalten: *Gli amanti generosi*, UA: Neapel 1704; *Alessandro il Grande in Sidone*, UA: 1706 (?); *Idaspe fedele*, UA (?) 1710 (Lo 1710); *Trajano*, Neapel 1723.

Lit.: J. R. B. WRIGHT, The Secular Cantata of F. M. 1672–1736, 2 Bde. (1975) (= Diss. New York Univ.).

MANCINI, Giambattista (Giovanni Battista), * 1. 1. 1714 Ascoli Piceno, † 4. 1. 1800 Wien; it. Sänger (Kastraten-Sopran) und Gesangspädagoge. In Bologna u. a. Schüler von Padre Martini und Mitglied der Accademia filarmonica, trat er zunächst als Opernsänger in Italien (Venedig) und Deutschland auf und wurde 1757 von Kaiserin Maria Theresia als Gesanglehrer der kaiserlichen Prinzessinnen nach Wien berufen. M. schrieb eine bedeutende Gesanglehre, *Pensieri e riflessioni pratiche sopra il Canto Figurato* (W 1774, veränderte Aufl. Mi 1777), ferner *La libertà del cantare* (Lucca 1752) und *Lettera ... all'Ill.mo Sig. Conte N.N.* (W 1796).

Ausg.: *Riflessioni pratiche...*, Faks.-Ausg. (Bol 1970) (= Bibl. musica Bononiensis II/41).

Lit.: J. GARTNER, Die Gesangsschule G. B. M.s, in: Der junge Haydn, hrsg. v. V. Schwarz (Gr 1971) (= Beitr. z. Aufführungspraxis 1).

MANCINI, Henry, * 16. 4. 1924 Cleveland (Ohio); amerik. Komponist. M. studierte an der Juilliard School of Music in New York, später Komposition bei M. Castelnuovo-Tedesco, E. Krenek und Albert Sendrey in Los Angeles. 1945-50 war er Pianist und Arrangeur beim Orchester Glenn Miller – Tex Beneke und arbeitete 1951–57 als Komponist für die Filmgesellschaft Universal International. Seither schrieb er zahlreiche Filmmelodien und Musik für Fernsehproduktionen. Zu seinen Erfolgstiteln gehören *Mr. Lucky, I Love You and Don't You Forget It, The Shadow of Paris, Song about Love, Charade.* 1961 wurde ihm für die Filmmusik zu *Breakfast at Tiffany's (Frühstück bei Tiffany)* der Academy Award verliehen.

Lit.: D. EWEN, Great Men of American Popular Song (NY 1970).

MANCINUS (Menchinus; dt. Familienname: Menckin), **Thomas,** * 1550 Schwerin, † 1611 oder 1612 ebd.; dt. Komponist. M. immatrikulierte sich 1567 an der Universität Rostock, war 1572–79 Kantor in Schwerin und 1576 vorübergehend Kapellmeister am Dom von Güstrow, 1579–81 war er Tenorist der Berliner Hofkapelle, seit 1583 Kapellmeister des Bischofs von Halberstadt in Gröningen und 1587–1604 am Hof von Wolfenbüttel, wo M. Praetorius sein Nachfolger wurde. Von M. sind vor allem die beiden deutschen Choralpassionen erwähnenswert (Turbasätze 4st. im Satz Note gegen Note), die zu den späten responsorialen Passionen in der Tradition J. Walters gehören.

WW: *Newe Lustige und Höffliche Weltliche Lieder* für 4–5 St. (Helmstedt 1588); *Duum vocum canticulae* (ebd. 1597); *Madrigalia latina et una Gagliarda* für 5 St. (ebd. 1605); *Cantiones sacrae* für 5–8 St. (ebd. 1608); *Passio Domini nostri Iesus Christi* (je eine Passion nach Matthäus u. Johannes) (postum Wb 1620); gedruckt wurden ferner mehrere Gelegenheitswerke. Hsl. sind erhalten u. a. 12 *Benedicamus Domino* für 4 St.

Ausg.: Matthäus-Passion („Celler Passion 1637"), hrsg. v. F. SCHMIDT (Kas 1949); Johannes-Passion, in: Hdb. der dt. ev. Kirchenmusik I/3 u. 4, hrsg. v. K. AMELN – CH. MAHRENHOLZ – W. THOMAS (Gö 1935 ff.).

Lit.: W. FLECHSIG, Th. M. (Wb – B 1933).

MANDOLA ↗Mandora.

MANDOLINE (engl., frz.: mandoline; it.: mandolino; span.: mandolina), lautenähnliches Zupfinstrument, das vermutlich aus zwei verschiedenen Instrumententypen entwickelt wurde und dementsprechend in zwei Hauptformen existiert. Die sog. Mailänder M. entstand im 17. Jh. in Norditalien als kleine ↗Mandora und hatte ein schmaleres, halbbirnenförmiges Korpus, ein oder mehrere offene Schallöcher und 6 doppelte, später einfache, meist in g h e^1 a^1 d^2 e^2 (oder g^2) gestimmte Saiten, die an einem Querriegel auf der Decke und an den seitenständigen Wirbeln des geschweiften, zurückgebogenen Wirbelkastens befestigt waren. Das Instrument wurde nicht mit einem Plektrum, sondern mit den Fingern gezupft. Der zweite, früher entstandene Typ der M. wurde vermutlich zuerst in Florenz gebaut und ist heute in etwas abweichender Form als neapolitanische M. bekannt. Dieses Instrument geht nach C. Sachs auf ein südeuropäisch-arabisches Instrument zurück. Die in vielen, leicht unterschiedlichen Abarten bekannte neapolitanische M. hat als hervorstechendste Merkmale ein tiefes, bauchiges, aus 11 bis 23 schmalen Spänen zusammengesetztes Korpus mit unterhalb des Stegs abgeschrägter Decke, in die ein „Spielblatt" zum Schutz gegen Kratzer durch das Plektrum eingelassen ist, sowie ein kreisrundes oder ovales Schalloch. Die Saiten sind am unteren Ende unterhalb der Decke am Korpus befestigt. Der kurze Hals hat feste Metallbünde und endet in einem leicht abgeknickten, flachen Wirbelbrett mit hinterständigen Wirbeln. Das Stimmen der Drahtsaiten wird heute durch seitlich angebrachte Stellschrauben erleichtert. Die mit 4 Doppelsaiten in Violinstimmung ausgestattete neapolitanische M. wird mit einem Plektrum aus Schildpatt, Horn, Fischbein oder Kunststoff gespielt. Dabei werden die Saiten in schnellem Wechsel angerissen, wobei ein Effekt schneller Tonrepetitionen entsteht, der seit dem 19. Jh. besonders ausgenützt wird. Die der neapolitanischen M. verwandten Instrumente zeigen nur geringfügige Abweichungen (kleinere oder schlankere Resonanzkörper, unterschiedliche Besaitung). Zur Zeit ihrer Hochblüte gegen Ende des 18. Jh. begann der Ausbau der neapolitanischen M. zu einer ganzen Familie mit Piccolo-M., Sopran-M., Alt-M., dem Mandola genannten Tenorinstrument und den Baßinstrumenten Mandoloncello und Mandolone bzw. Arcimandola. Berühmte M.n-Bauer des 18. und 19. Jh. kamen aus der Familie Vinaccia (Neapel), von denen vor allem Pasquale Vinaccia hervorzuheben ist, der die M. seit 1835 mit Stahl-, statt der bis dahin üblichen Messingsaiten ausstattete. Zu nennen sind ferner P. Vimercati (Mailand, Ende 18. Jh.) und die Familie Calace (Neapel), die bis in das 20. Jh. M.n baute. Noch in der 1. Hälfte des 18. Jh. war die M. ein nur in Italien gebräuchliches Instrument; erst in der 2. Hälfte des 18. Jh. wurde sie vermutlich durch reisende Virtuosen auch in anderen europäischen Ländern bekannt. In der Kunstmusik wurde die M. vorwiegend als Serenadeninstrument in zahlreichen Opern verwendet, u. a. von G. Paisiello (*Il barbiere di Siviglia,* 1782), W. A. Mozart (*Don Giovanni,* 1787), D. Fr. E. Auber (*Fra Diavolo,* 1830), G. Verdi (*Les vêpres siciliennes,* 1855; *Otello,* 1887), H. Pfitzner (*Palestrina,* 1915) und M. von Schillings (*Mona Lisa,* 1915). J. A. Hasse und A. Vivaldi schrieben Konzerte für M., W. A. Mozart 2 Lieder mit M.n-Begleitung, J. N. Hummel ein Konzert und eine Sonate für M., L. van Beethoven 2 Sonatinen und ein Adagio für M. und Cemb. sowie ein Thema mit Variationen.

Im Laufe des 19. Jh. geriet die M. fast völlig in Vergessenheit, wurde erst gegen Ende des 19. Jh. wiederentdeckt und seit dieser Zeit vor allem in Italien als Volksmusikinstrument geschätzt. Daneben bildeten sich in vielen europäischen Ländern wie auch in Amerika und Japan unzählige Vereinigungen von M.n-Spielern, die in großen Gruppen zusammenspielen. Während für eine oder 2 M.n und andere Instrumente zahlreiche Originalkompositionen überliefert sind, ist das Repertoire der M.n-Orchester überwiegend auf Bearbeitungen angewiesen. Seit dem späten 19. Jh. erscheint die M. vereinzelt auch wieder in der Kunstmusik, u. a. bei G. Mahler (7. und 8. Symphonie, *Das Lied von der Erde*), A. Schönberg (*Moses und Aaron,* Serenade op. 24), I. Strawinsky *(Agon),* A. Webern (5 Stücke für Orch. op. 10) und H.-W. Henze *(König Hirsch).* Cl. Debussy schrieb ein Lied *Mandoline* (Text von P. Verlaine).

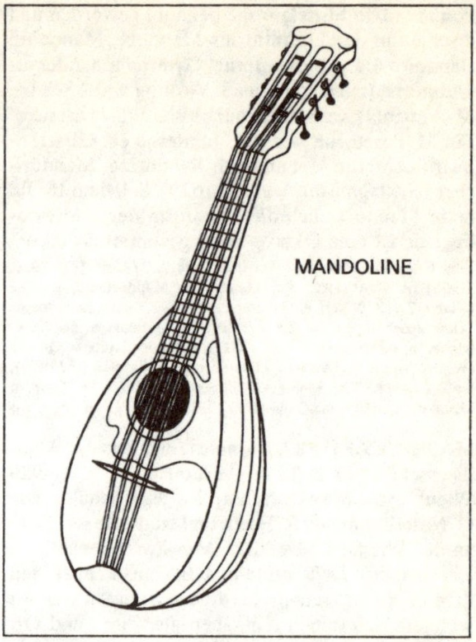

Lit.: B. BORTOLAZZI, Anweisung, die M. selbst zu erlernen (L 1805); C. SACHS, Hdb. der Musikinstrumentenkunde (L ^{2}1930, Nachdr. Wie 1971); J. ZUTH, Die Mandolinenhss. in der Bibl. der Ges. der Musikfreunde in Wien, in: ZfMw 14 (1931/32); G. DE SAINT-FOIX, Un fonds inconnu de compositions pour m. (XVIIe siècle), in: RMie 17 (1933); K. WÖLKI, Gesch. der M. (B 1940, Neufassung 1974); P. J. BONE, The Guitar and M. (Lo 1954); A. BUCHNER, Beethovens Kompositionen für M., in: Beethoven-Jb. 3 (1957/58); F. JAHNEL, Die Gitarre und ihr Bau. Technologie von Gitarre, Laute, M., Sister, Tanbur und Saite (F 1963, ^{2}1973, engl. F 1980).

M. BRÖCKER

MANDORA, Mandola, Mandore, seit dem 13. Jh. in Europa nachweisbare Bz. für ein lautenähnliches Zupfinstrument zunächst mit flachem, halbbirnenförmigem, in den Hals übergehenden Korpus und einem geschweiften, zurückgebogenen Wirbelkasten, später mit einer der Laute annähernd gleichen Form mit abgesetztem Hals und Rosette, jedoch ohne abgeknickten Wirbelkasten. Die M. blieb auch immer, mit Ausnahme der im 17. Jh. entwickelten Mandolenlaute (mandore luthée), kleiner als die Laute. Seit dem späten Mittelalter besaß die M. chörigen Bezug (Doppelsaiten) bei wechselnder Anzahl der Darmsaitenchöre, im allgemeinen 4 oder 5 Chöre in der Stimmung c g c^1 g^1 (auch f^1 oder e^1) bzw. c g c^1 g^1 c^2 oder c f c^1 f^1 c^2; erst im 17. Jh. erhöhte sich die Anzahl der Saitenchöre auf 7 oder 8. Die M. wurde sowohl mit den Fingern als auch mit einem Plektrum gespielt. Vermutlich Ende des 12. Jh. war die M., aus dem Vorderen Orient oder aus dem arabischen Spanien kommend, in Mitteleuropa bekannt geworden und erschien in der Literatur als Mandura, Mandoire, Baudoire u. ä., als Guinterne, Gyterne u. ä. oder als Quinterne (noch 1511 bei S. Virdung und 1528 bei M. Agricola), vermutlich auch als Guitarra morisca. Für M. Praetorius war die Quinterne ein Gitarreninstrument, die M. nannte er Pandurina, Mandürichen (*Syntagma musicum* II, 1619). Seit dem 18. Jh. heißt Mandola auch die Großform der ↗Mandoline; sie ist eine Oktave tiefer gestimmt als diese.

Lit.: F. W. GALPIN, Old English Instr. of Music (Lo 1910, [4]1965); A. KOCZIRZ, Zur Gesch. der Mandorlaute, in: Die Gitarre 2 (1920/21); K. GEIRINGER, Der Instrumentenname „Quinterne" u. die ma. Bz. der Gitarre, Mandola u. des Colascione, in: AfMw 6 (1924); J. ZUTH, Hdb. der Laute u. Gitarre (W 1926–28); F. JAHNEL, Die Gitarre u. ihr Bau (F [2]1973); L. WRIGHT, The Medieval Gittern and Citole. A Case of Mistaken Identity, in: GalpinJ 30 (1977). M. BRÖCKER

MANDYCZEWSKI, Eusebius (eig. Eusebie Mandicevschi), * 17. 8. 1857 Czernowitz, † 13. 7. 1929 Wien; östr. Musikforscher. Er war Schüler von G. Nottebohm und R. Fuchs und studierte seit 1875 an der Wiener Universität (Musikwissenschaft bei E. Hanslick). 1879 lernte er J. Brahms kennen, mit dem er später freundschaftlich verbunden war. Er widmete sich seinen Aufgaben als Chor- und Orchesterdirigent, wurde 1887 Nachfolger von C. F. Pohl als Archivar der Gesellschaft der Musikfreunde und lehrte seit 1896 an deren Konservatorium und seit 1897 am Wiener Konservatorium. Für seine Edition der Schubert-Gesamtausgabe verlieh ihm die Universität Wien 1898 die Ehrendoktorwürde. M. ist auch als Komponist von 12 Messen des orthodoxen Ritus hervorgetreten.

WW: Schriften: *Die Bibliothek Brahms'*, in: Musikbuch für Österreich 1 (1904); Art. über J. Brahms, A. Bruckner, C. F. Pohl, J. Strauß, in: Allgemeine Dt. Biogr., 56 Bde. (L 1875–1912). – Ferner war M. Mit-Hrsg. v.: F. Schubert, GA, 40 Bde. (L 1884–97, Nachdr. Wie 1965); J. Haydn, GA I, 11 Bde. (L 1908 bis 1933) (unvollendet); J. Brahms, GA, 26 Bde. (L 1926–28, revidiert Wie 1965 ff.).

Ausg.: Opere alese (GA), hrsg. v. L. RUSU (Bukarest 1957).

Lit.: M. SEYFF-KATZMAYER, Erinnerungen an E. M., in: Signale für die musikal. Welt 88 (1930); J. Brahms im Briefwechsel mit E. M., hrsg. v. K. GEIRINGER, in: ZfMw 15 (1932/33).

MANELLI, Carlo, ↗Mannelli.

MANELLI (Mannelli), **Francesco,** * um 1595 Tivoli bei Rom, † vor dem 27. 9. 1667 Parma; it. Sänger und Komponist. Er war seit 1605 Chorknabe, 1609–24 Kapellsänger am Dom von Tivoli, ging 1624 nach Rom, wo er sich in der Komposition ausbildete, und heiratete eine Sängerin namens Maddalena. 1627–29 wirkte er als Domkapellmeister in Tivoli, kehrte dann nach Rom zurück und ging nach Venedig, wo er sich mit B. Ferrari und einer Sängertruppe zusammentat und 1637 mit seiner Oper *Andromeda* das Teatro S. Cassiano, das erste öffentliche, gegen Eintritt zugängliche Opernhaus überhaupt, eröffnete. 1645 trat M. mit seiner Frau in den Dienst des Herzogs Ranuccio II. Farnese von Parma, der ihn zum Hofkapellmeister ernannte. Von seinen Opern hat sich nichts erhalten.

WW: Vokal-WW: *Ciaconne et arie*, op. 3 (R 1629).

Lit.: P. PETROBELLI, F. M. Documenti e osservazioni, in: Chigiana 24, N. S. 4 (1967); J. WHENHAM, M., in: Grove[6] XI.

MANEN, Hans van, * 11. 7. 1932 Nieuwer Amstel (Nordholland); ndl. Tänzer und Choreograph. M. erhielt seine Ausbildung bei Sonia Gaskell, Françoise Adret und Nora Kiss und trat 1952 der Ballet Recital-Gruppe bei, die später in das Opernballett Amsterdam eingegliedert wurde. 1959 ging er zu Roland Petits Ballets de Paris, 1960 zum Nederlands Dans Theater in Den Haag, für das er über 35 Choreographien schuf und damit wesentlich zum Weltruhm des Ensembles beitrug. Seit 1973 ist M. Choreograph und Ballettmeister bei Het Nationale Ballet in Amsterdam; daneben choreographiert er als Gast auch an vielen anderen Bühnen des In- und Auslandes. Zahlreiche seiner mehr als 70 Choreographien, die gleichermaßen formbetont und ausdrucksstark sind und einen wichtigen Beitrag zur Entwicklung des Balletts im 20. Jh. darstellen, sind internationale Repertoirestücke geworden. Oft auf einzelne Tänzerpersönlichkeiten abgestimmt, stehen viele seiner Werke in ihrem humanen Anspruch konträr zu den neoklassischen Choreographien G. Balanchines. M. verwendet auch Figuren des Modern dance und bezieht von der Avantgarde der bildenden Kunst und des Films Anregungen für seine Verfremdungstechniken.

WW: Choreographien: L. Ponse, *Feestgericht*, UA: Amsterdam 1957; B. Britten, Klv.-Konzert für linke Hand, als: *De maan in de trapez*, UA: Utrecht 1959; I. Strawinsky, *Symphony in Three Movements*, UA: Den Haag 1963; W. Pijper, K. Stockhausen, P. Henry, Versch. Kompositionen, als: *Point of No Return*, UA: ebd. 1965; L. van Beethoven, Große Fuge op. 133 u. Cavatina aus dem Streichquartett B-Dur op. 130, als: *Große Fuge*, UA: Scheveningen 1971; I. Strawinsky, Concerto in D, als: *Tilt*, UA: Rotterdam 1971; ders., *Sacre du Printemps*, UA: Holland Festival 1974; ders., *Ebony Concerto u. Tango*, UA: Amsterdam 1976; F. Schubert, Klv.-Trio B-Dur op. 99, als: *Grand Trio*, UA: Wien 1978; J. S. Bach, 3 Duette aus „Klavierübung 3. Teil", u. L. Dallapiccola, 3 Episoden aus *Marsia* als: *Klaviervariationen I*, UA: Amsterdam 1980.

Lit.: H. KOEGLER, Ballett an einem Tag (Probenprotokoll), in: Ballett 1967 (Velber 1967). B. A. KOHL

MANESSISCHE HANDSCHRIFT ↗Heidelberger Liederhandschrift.

MANFREDINI. – 1) Francesco Maria, * um 1680 Pistoia, † 1748 ebd.; it. Violinist und Komponist. Er studierte in Bologna bei G. Torelli (Violine) und G. A. Perti (Komposition) und trat um 1700 in die

Kapelle von S. Petronio in Bologna ein. Nach kurzer Tätigkeit als 1. Violinist an der Heilig-Geist-Kirche von Ferrara ging er 1704 wieder nach S. Petronio in Bologna zurück. 1711 trat er in die Dienste des Bayerischen Hofs in München. Seit 1727 wirkte er in Pistoia als Domkapellmeister. M. gehört mit Fr. Sacchini und Perti zu den Bologneser Komponisten, die das Instrumentalkonzert nach dem Vorbild Torellis pflegten.

WW: *Concertini per camera* für V. u. Vc. (oder Theorbe), op. 1 (Bol 1704); *Sinfonie da chiesa* für 2 V. u. B.c. mit Va. ad lib., op. 2 (Bol 1709); *Concerti* für 2 V. u. B.c. mit 2 V., Va. u. B. ad lib., op. 3 (Bol 1718), darin Nr. 12 ein Weihnachtskonzert *Pastorale per il Santissimo Natale; Six Sonatas* für 2 V., Vc. u. B.c. (Lo 1764); hsl. erhalten (Bologna) ein Konzert für 1 oder 2 Trp., Str. u. Org. (1711). – Von M.s Oratorien, deren Aufführungen bezeugt sind, ist nichts erhalten.

2) Vincenzo, Sohn von 1), * 22. 10. 1737 Pistoia, † 5. (16.) 8. 1799 St. Petersburg; it. Komponist und Musiktheoretiker. Er begann sein Musikstudium bei seinem Vater und setzte es bei Perti in Bologna und Gian Andrea Fioroni in Mailand fort. 1758 ging er mit seinem Bruder, dem Kastraten Giuseppe M., nach St. Petersburg und trat dort in den Dienst Kaiserin Katharinas II.; er wurde Cembalolehrer des Großfürsten Paul, des späteren Zaren Paul I. 1769 kehrte er mit seinem Bruder nach Italien zurück und ließ sich in Bologna nieder, wo er im folgenden Jahr W. A. Mozart begegnete. M. war Korrespondent des 1785–89 in Neapel erschienenen *Giornale enciclopedico d'Italia.* 1798 kehrte er auf Bitten Zar Pauls I. nach St. Petersburg zurück.

WW: **1) Instr.-WW:** 6 Sonaten für Cemb. (St. Petersburg 1765); *A favourite concerto for the harpsichord* (Lo um 1790); 6 Streichquartette (Fi o. J.). – **2) Vokal-WW:** *6 Arie e un duetto dell'opera Olimpiade* (Nü 1765); eine *Messa funebre* für 4 St. u. Instrumentalbegleitung hsl. (Pistoia); ferner einzelne Arien u. Kantaten. – **3) Schriften:** *Regole armoniche* (V 1755, [2]1797); *Difesa della musica moderna e dei suoi celebri esecutori* (Bol 1788).

M.s Instrumentalmusik, die von J. Chr. Hiller scharf kritisiert wurde, ist ein typisches Beispiel für den galanten Stil und zeigt im Unterschied zu M.s Bühnenwerken individuelle Züge. Originell sind auch seine *Regole armoniche,* ein wertvolles Zeugnis für die Vokalpraxis und die Instrumentaltechnik des 18. Jahrhunderts.

Ausg.: **Zu 1):** Sinfonia, op. 2 Nr. 10, hrsg. v. R. EHRMANN (W 1934); Sinfonia pastorale, op. 2 Nr. 12, hrsg. v. R. NIELSEN (Mi 1949); Concerto, op. 3 Nr. 9, hrsg. v. E. BONELLI (H o. J.); op. 3 Nr. 10, hrsg. v. B. PAUMGARTNER (Z 1947); op. 3 Nr. 11, hrsg. v. W. UPMEYER (Hannover 1941) (= Nagels MA 153); Weihnachtskonzert, op. 3 Nr. 12, hrsg. v. F. SCHROEDER (Lo 1959); dass., hrsg. v. H. MAY (Mz 1967) (= Concertino 91); Concerto für 2 Trp. u. Streichorch., hrsg. v. A. TONI (Mi 1938). – **Zu 2):** *Regole armoniche* ..., Faks.-Ausg. (NY 1966) (= MMMLF II/10); *Difesa della musica* ..., Faks-Ausg. (Bol 1972).

Lit.: **Zu 2):** A. MONICI, Delle regole più essenziali per imparare a cantare, in: RMI 18 (1911); DERS., Di un nuovo metodo per apprendere l'accompagnamento del basso, in: RMI 23 (1916).

MANGELSDORFF. – 1) Emil, * 11. 4. 1925 Frankfurt am Main; dt. Jazzmusiker (Altsaxophon, Klarinette, Flöte, Bandleader). Er war 1941 Mitbegründer des „Hot Club Frankfurt", kam Anfang der 50er Jahre zum Modern Jazz, spielte in verschiedenen Frankfurter Gruppen, vor allem mit seinem Bruder und Joki Freund, mit letzteren regelmäßig seit 1954 bis Ende der 50er Jahre. Seitdem tritt M., der auch zum „Jazzensemble des Hessischen Rundfunks" gehört, mit eigenen Gruppen auf; neben Modern Jazz spielt er immer wieder Swing im Stil Benny Goodmans. Hauptsächlich aber ist M. bis heute dem Idiom des Hard Bop verpflichtet. – **2) Albert,** Bruder von 1), * 5. 9. 1928 Frankfurt Main; dt. Jazzmusiker (Posaunist, Bandleader). Er spielte 1953 bei „Hans Kollers New Jazz Stars", hatte 1953–54 mit Dave Amram ein eigenes Ensemble und wurde bald die führende Persönlichkeit der „Frankfurter Szene", später auch des gesamten deutschen Jazz. In den 50er Jahren gründete er zusammen mit Joki Freund das „Jazzensemble des Hessischen Rundfunks", spielt seither mit eigenen Gruppen und in zahlreichen „All Star"-Formationen. Noch vor Mitte der 60er Jahre rückte M. in die Weltelite der Jazzposaunisten auf und wurde für die Mehrzahl seiner Kollegen in Europa und USA eine Schlüsselfigur. Seine Entwicklung geht von Dixieland und Mainstream über Cool Jazz, Bebop, Hard Bop zu modalem Jazz und Free Jazz. M. verfügt über eine überragende Virtuosität und hat damit Schule gemacht; charakteristisch dafür ist u. a. die Schallplatteneinspielung von *Trombirds* (1972). Weitere bedeutende Schallplatten sind *Tension* (1964), *Now Jazz Ramwong* (1964) und *The Wide Pont* (1975).

Lit.: **Zu 1):** Jazz Podium 24 (1975). – **Zu 2):** D. GLAWISCHNIG, Motivische Arbeit im Jazz, in: Jazzforsch. 1 (1969); W. SANDNER, Anmerkungen zur Improvisationstechnik A. M.s, in: ebd. 3/4 (1973).

MANICKE, Dietrich, * 29. 10. 1923 Wurzen (Sachsen); dt. Komponist. Er verbrachte seine Jugend in Dresden, wo er 1942–47 am Konservatorium Komposition bei F. F. Finke studierte und von R. Mauersberger gefördert wurde; 1949 erhielt er den „Carl Maria v. Weber-Preis" für Komposition. Außerdem widmete er sich dem Studium der Musikwissenschaft in Münster und Berlin, wo er 1955 bei H. H. Dräger mit der Dissertation *Die Sprache als musikalischer Gestaltträger in Mozarts „Zauberflöte"* promovierte. Er war in Berlin als Lehrer für Musiktheorie tätig (1950–53: Deutsche Hochschule für Musik; 1957–60: Berliner Kirchenmusikschule). 1960 wurde M. Dozent, 1967 Professor für Komposition und Musiktheorie an der Nordwestdeutschen Musikakademie in Detmold. M.s kompositorisches Schaffen umfaßt Orchester- und Kammermusik sowie geistliche Werke. In kontinuierlicher stilistischer Entwicklung ist er zu einer starken Erweiterung und freien Handhabung der über alles Experimentieren gestellten Tonalität gelangt und knüpft in diesem Sinne an P. Hindemith an, bezieht dabei aber auch Elemente der Zwölftontechnik variierend mit ein. Rhythmische und klangliche Vielfalt, Kontrapunktik und eine den Instrumental- und Singstimmen adäquate Schreibweise sind weitere Merkmale seiner Musik.

WW: **1) Instr.-WW:** Orgelwerke; Klv.-Sonate (1961); Bläsersextett (1962); *Quattro pezzi concertati* (1974) für V. u. Klv. – Für Orch.: Passacaglia u. Fuge (1947); Fl.-Konzert (1967); *Sinfonia brevis* (1975). – **2) Vokal-WW:** Psalm- u. Evangelienmotetten; Kleine geistliche Konzerte für Soli, Chor u. Org.; ein Magnificat (1968) für Mezzosopran u. Kammerorch. – **3) Schriften:** *Der polyphone Satz*, 2 Bde. (Kö 1965 u. 1979).

Lit.: G. HAUSSWALD, D. M., in: Der Kirchenmusiker 21 (B 1970) (mit Werk-Verz.). W. HOCHSTEIN

MANIER (von frz. manière = Art und Weise), Bz. für die Nachahmung eines Nationalstils (z.B. alla polacca, alla francese) oder Personalstils (à la manière de...). Dabei werden charakteristische Merkmale wie harmonische Fortschreitungen, Kadenzfloskeln oder Instrumentationseffekte übernommen. In der mittelalterlichen Musiktheorie wurde der Begriff „maneries" (auch „maneria") synonym für Modus („Modus vel maneries vel temporis consideratio est cognitio longitudinis et brevitatis meli sonique", Anonymus IV) gebraucht. „Maniera" bedeutete in der Poetik und Musiktheorie des 16. und frühen 17. Jh. (G. Zarlino, V. Galilei, Glareanus) sowohl die Vorschrift der Naturnachahmung wie die persönliche Gestaltungsweise eines Künstlers. Für die Komposition hieß dies die Beachtung der „natürlichen" Gesetze von Konsonanz und Dissonanz. Eine besondere Ausprägung erfuhr die Maniera in der Gesangskunst mit dem „recitar cantando", bei dem die Sprache die musikalische Vortragsweise bestimmte. So forderte G. Caccini (1601) eine „nobile maniera di cantare" für den Vortrag der Monodie. Im 18. Jh. (u.a. bei J. G. Walther, *Musicalisches Lexicon,* 1732) wurde M. im Sinne von ↗Verzierung verwendet. So kommt es nach J. Mattheson (1739) bei den „eigentlichen M.en im Singen und Spielen" im Grunde „nicht bloß auf Regeln, sondern vielmehr auf den Gebrauch, auf große Wirkung und Erfahrung" an. Fr. W. Marpurg nennt in seiner Klavierschule (1755) die notierten Figuren Setz-, die zu improvisierenden Verzierungen Spielmanieren.

Lit.: L. SCHRADE, Von der „Maniera" der Komposition in der Musik des 16. Jh., in: ZfMw 16 (1934).

MANIERISMUS (von it. maniera = Art und Weise), Bz. für eine Epoche der Kunst, vor allem für die italienische Kunst der Zeit zwischen Renaissance und Barock, auch für den Stil des Antiklassischen überhaupt. In die Kunstgeschichte wurde der Begriff durch Max Dvořák und Walter Friedländer eingeführt, der die Epoche des M. auf 1520–90 eingrenzte. Die führenden Meister des manieristischen Stils sind Iacopo da Pontormo, Rosso Fiorentino, Agnolo Bronzino, Parmeggianino und Domenico Beccafumi. Ernst Robert Curtius und vor allem sein Schüler Gustav René Hocke haben den Begriff verallgemeinert und bezeichnen damit alles, was der Idee des Klassischen widerspricht, das Seltsame, Abseitige, Übertriebene, Dämonische und Absurde.

In der Musikgeschichtsschreibung wird der Begriff erst seit kurzem verwendet. H. Besseler hat damit die Musik nach 1530 bezeichnet. Die Frage, ob M. eine Epoche der Musikgeschichte bezeichnet, wird gegenwärtig diskutiert und kann schlüssig noch nicht beantwortet werden. Schwierig ist dabei nicht nur die Definition und Eingrenzung einer solchen Epoche selbst, sondern auch die der in der Renaissance ausgeprägten klassischen Norm, vor deren Hintergrund der Begriff M. sinnvoll angewendet werden könnte; denn würden Musik- und Kunstgeschichte parallel gesetzt, so müßte die Musik der Generation von Josquin des Prés zur „Klassik" und damit zum Zentrum der Renaissance erklärt und die der ihm folgenden Generationen der Epoche des M. zugewiesen werden. Auch G. P. da Palestrina würde so zum Manieristen, eine abwegige Vorstellung; denn Palestrina, dessen Musik für Jahrhunderte das Symbol der alten Kunst war, repräsentiert nicht eine Ausnahme der Kunst, die das 15./16. Jh. geprägt hat, sondern ihre „Norm". Sein Werk ließe sich nicht einmal unter Zwang mit dem Begriff des M. und des Manieristischen verbinden. Auch das Verhältnis Palestrinas zu seinen Vorgängern, etwa zu A. Willaert und Josquin des Prés, ist nicht das eines Manieristen zu den klassischen Vertretern der Kunst.

Ist es einerseits unwahrscheinlich, daß sich der Begriff M. als Bezeichnung einer musikgeschichtlichen Epoche durchsetzen wird, so ist er andererseits zur Charakterisierung derjenigen Gattungs- und Kompositionsstile geeignet, die sich von der Norm der klassischen Vokalpolyphonie absetzen. Als manieristisch in diesem Sinne gelten das Madrigal, vor allem das späte Madrigal von L. Marenzio und C. Gesualdo wegen seiner Expressivität, seines Bewegungsreichtums und seiner Chromatik, aber auch einige geistliche Werke wie etwa die im chromatischen Genus komponierten *Prophetiae Sibyllarum* von O. di Lasso, Kompositionen, die mit Hilfe des außergewöhnlichen Tongeschlechts die geheimnisvolle Sprache der antiken Wahrsagerinnen nachzuahmen versuchen. In Verbindung mit dem M. bringt man ferner Kompositionen, die sich aufgrund einer gesteigerten oder übertriebenen Kunsthaftigkeit von der jeweils geltenden Norm absetzen. Dazu zählen Kunstwerke ersten Ranges wie z. B. Josquin des Prés' Motette *Stabat mater,* die um eine französische Chanson herumkomponiert wurde, und kompositorische Kunststücke wie H. Isaacs Motette *De radice Jesse* aus dem *Choralis Constantinus,* die eine Vielzahl von Mensuren und Proportionen miteinander kombiniert.

Lit.: M. DVOŘÁK, Kunstgesch. als Geistesgesch. Stud. z. abendländischen Kunstentwicklung (Mn 1924); W. FRIEDLÄNDER, Die Entstehung des antiklass. Stiles in der it. Malerei um 1520, in: Repertorium für Kunstwiss. 46 (1925); E. R. CURTIUS, Europäische Lit. u. lat. MA (Be 1948); G. R. HOCKE, Die Welt als Labyrinth. Manier u. Manie in europäischer Kunst (H 1957); L. SCHRADE, Von der „Maniera" der Komposition in der Musik des 16. Jh., in: ZfMw 16 (1934); H. HUCKE, Das Problem des M. in der Musik, in: Literaturwiss. Jb., N.F. 2 (1961); H. BESSELER, Das Renaissanceproblem in der Musik, in: AfMw 23 (1966); H. CH. WOLFF, Der M. in der barocken u. romantischen Oper, in: Mf 19 (1966); M. R. MANIATES, Mannerist Composition in France-Flemish Polyphony, in: MQ 52 (1966); L. BIANCONI, G. Caccini e il manierismo musicale, in: Chigiana 25 (1968); W. ELDERS, Das Symbol in der Musik von Josquin des Prés, in: AMl 41 (1969); D. HARRAN, „Mannerism" in the Cinquecento Madrigal?, in: MQ 55 (1969); H. FEDERHOFER, Zum M.-Problem in der Musik, in: FS R. B. Lenaerts (Löwen 1969); Colloquium Musica Bohemica et Europaea (= Kgr.-Ber. Brünn 1970) (Brno 1972); Kgr.-Ber. der Accademia di S. Cecilia Rom 1973 (1974) (= Studi musicali 3); C. DAHLHAUS, Gesualdos manieristische Dissonanztechnik, in: FS W. Boetticher (B 1974); H. FEDERHOFER, Ist Palestrina ein Manierist?, in: ebd.; V. RAVIZZA, M., ein musikgeschichtlicher Epochenbegriff?, in: Mf 34 (1981).

W. SEIDEL

MANKELL, schwedische Musikerfamilie, vielleicht ein Zweig der dt. Musikerfamilie Mangold. – **1) Carl Abraham,** * 16. 4. 1802 Christiansfeld, † 27. 10. 1868 Stockholm; Komponist und Musikschriftsteller. Er kam 1823 nach Schweden, war zunächst Organist an der Kirche St. Klara in Stockholm und dann Gesanglehrer an verschiedenen Schulen der Stadt; 1834–41 unterrichtete er auch am königlichen Konservatorium. M. komponierte Romanzen und Klavierlieder, gab mehrere Bände mit 2- bis 4st. Liedern heraus und schrieb musikhistorische und -ästhetische Werke. – **2) Gustav Adolf,** Bruder von 1), * 20.5.1812 Christiansfeld, † 23.10.1880 Stockholm; Organist und Komponist. Er lehrte seit 1853 Orgel am Konservatorium von Stockholm und schrieb überwiegend Orgelmusik. – **3) Ivar Henning,** Neffe von 2), * 3. 6. 1868 Harnösand, † 8. 5. 1930 Stockholm; Komponist. Er studierte 1892–95 bei Hilda Thegerström und Lennart Arvid Lundberg Klavier und widmete sich der Musikkritik sowie dem Klavierunterricht. Seine spätromantischen Kompositionen nähern sich im Stil Cl. Debussy und A. Skrjabin.

WW: 6 Klv.-Sonaten; 8 Klv.-Balladen; 3 Streichquartette (1914, 1919, 1924); je ein Klv.-Trio (1915) u. Klv.-Quintett (1915); Klv.-Konzert (1917). – Ferner Lieder u. Gesänge mit Klv.- oder Orchesterbegleitung.

Lit.: J. BENGTSSON, H. M., in: STMf 23 (1941) (mit Werkverz.); M. SÖDERBERG, H. M., en bortglömd kompositör, in: Musikkultur 30 (1966).

MANN, Herbie (eig. Herbert Jay Solomon), * 16. 4. 1930 New York; amerik. Jazzmusiker (Flöte, Tenorsaxophon, Klarinette; Bandleader). M. gehört seit den frühen 50er Jahren zur amerikanischen Jazzszene und gründete 1959 sein Sextett „Afro Jazziacs", für das lateinamerikanische Rhythmen charakteristisch waren. Seither besetzte M. seine Gruppe immer wieder um, wobei er mehr und mehr zu einem gefälligen Populär-Jazz tendiert. Die Flöte wurde sein Hauptinstrument.

MANN, Paul Thomas, * 6. 6. 1875 Lübeck, † 12. 8. 1955 Zürich; dt. Schriftsteller. Geprägt durch das Spannungsfeld seiner Abstammung aus einer Lübecker Patrizierfamilie mit einer kunstsinnigen Mutter brasilianischer Herkunft einerseits und die Faszination vieler Intellektueller seiner Generation durch das Werk R. Wagners andererseits, wurde der Gegensatz von Bürger- und Künstlertum als Gegensatz von Leben und Geist zum beherrschenden Thema seines Schaffens. Insbesondere die nichtbegriffliche Musik, dem pragmatischen Rationalismus des Bürgertums ohnehin verdächtig, wird schon in dem Roman *Buddenbrooks* (1901), der M.s Weltgeltung begründete, zum Paradigma für Lebensuntüchtigkeit und Degeneration, die erst Voraussetzung für kulturelle Entwicklung sind. Die Verwechslung mit einem Betrüger erscheint auch dem Künstler letztlich legitim (*Tonio Kröger,* 1903). Im *Zauberberg* (1924) wird Musik zum Symbol der Todessehnsucht. – Der Künstlerbegriff M.s verschob sich in der Folgezeit von der Darstellung des lebensfernen Ästheten Spinell (*Tristan,* 1903) über den zwischen Disziplin und Eros hin und her gerissenen Aschenbach (*Tod in Venedig,* 1913), der zugleich berühmt war wegen seiner Zynismen über Kunst und Künstler, bis zu jenem Typus, der durch Magie illegitime Seelenerregung provoziert – und daran zugrunde geht (*Mario und der Zauberer,* 1930).

1943 konzipierte M. aufgrund von Aufzeichnungen aus dem Jahre 1901 einen Musikerroman der „Enthemmung eines Künstlertums" durch bewußt herbeigeführte „Intoxikation". Motive aus den Biographien Fr. Nietzsches, P. Tschaikowskys, H. Wolfs u. a. wurden ineinander „montiert". Unter dem Einfluß Th. W. Adornos (besonders seiner

Philosophie der neuen Musik I) bildete M. das Sujet um zu einem „Roman der neuen Musik“ mit 48 Kapiteln analog den Grundformen der Zwölftonreihe (*Dr. Faustus,* 1947). Der Romanheld Leverkühn (nach Nietzsche: „Lebe gefährlich!“) erfindet die Zwölftontechnik (die Beschreibungen der fiktiven Kompositionen gehen weitgehend auf Adorno zurück) und „denkt die europäische Musik“ in Adornos Sinn „zu Ende“. A. Schönberg erzwang eine Erklärung M.s, die seine Urheberschaft an der Zwölftontechnik klarstellt und deren Ausbildung als Folge einer bewußt herbeigeführten Luesinfektion als frei erfunden ausweist.
In seinem essayistischen Schrifttum hat sich M. mehrfach mit R. Wagner (*Leiden und Größe R. Wagners,* 1933; *R. Wagner und der Ring des Nibelungen,* 1937), aber auch mit H. Pfitzner u. a. Musikern auseinandergesetzt. Seine in Essays und politischen Aufsätzen vorgetragene kompromißlos liberal-weltbürgerliche Einstellung führte 1933 zur erzwungenen Emigration und Ausbürgerung. M.s ausschließlich ästhetisch-literarisches und durch A. Schopenhauer bestimmtes Verständnis der Musik veranlaßte die Anwendung musikalischer Begriffe (Leitmotivtechnik, Partitur) auch auf seine schriftstellerischen Techniken.

Lit.: R. PEACOCK, Das Leitmotiv bei Th. M. (Be 1934) (= Sprache u. Dichtung 4); W. ABENDROTH, Leverkühns Musikvorstellung, in: Die Zeit 4 (1949); H. ENGEL, Musik der Krise, Krise der Musik, in: NMZ (1949); K. HEIM, Th. M. u. die Musik (Diss. Fr 1952); J. MÜLLER-BLATTAU, Die Musik in Th. M.s Dr. Faustus (Saarbrücken 1953) (= Annales Universitatis Saraviensis II/3); J. J. BUZGA, Leverkühn u. die moderne Musik, in: Melos 32 (1965); S. KROSS, Musikal. Strukturen als literarische Form, in: Colloquium amicorum. FS J. Schmidt-Görg (Bonn 1967); H. GRANDI, Th. M. musiziert, in: FS W. Vetter (L 1969); U. JUNG, Die Musikphilosophie Th. M.s (Rb 1969) (= Kölner Beitr. z. Musikforsch. 53); K. W. JONAS, Die Th. M.-Lit., I: Bibliographie der Kritik 1901–1955 (B 1972), II: dass. 1956 bis 1975 (B 1979); P. CARNEGY, Faust as Musician. A Study of Th. M.'s „Doctor Faustus“ (Lo 1973); J. NORTHCOTE-BADE, Die Wagner-Mythen im Frühwerk Th. M.s (Bonn 1975) (= Abh. z. Kunst-, Musik- u. Lit.-Wiss. 167).

S. KROSS

MANNE, Shelly (Sheldon), * 11. 6. 1920 New York, † 26. 9. 1984 Los Angeles; amerik. Jazzschlagzeuger. In den 30er Jahren zunächst in Swingbands, wechselte er in den 40er Jahren zum Modern Jazz. Seit 1946 spielte er immer wieder bei Stan Kenton und wurde in 50er Jahren der führende Schlagzeuger des kalifornischen West Coast Jazz, u. a. 1954 bei Shorty Rogers. 1956 hatte M. ein eigenes Quintett, arbeitete danach als Studiomusiker und galt seither als hervorragender Vertreter des modernen Mainstream Jazz. M. hat auch den Avantgardisten Ornette Coleman begleitet und in den 70er Jahren Jazzrock gespielt.

Lit.: N. SHAPIRO – N. HENTOFF, Jazz erzählt (Mn 1962).

MANNELLI (Manelli), **Carlo** (genannt Carlo del Violino, Carlino oder Carluccio di Pamfilio), * 4. 11. 1640 Rom, † 6. 1. 1697 ebd.; it. Violinist, Sänger und Komponist. Er war in Rom seit 1650 Sänger an S. Luigi dei Francesi, 1660–64 Sopranist und Violinist beim Oratorio del SS. Crocifisso an S. Marcello, wurde 1663 Violinlehrer bei der Congregazione di S. Cecilia, 1671 1. Violinist beim Oratorio del SS. Crocifisso und hatte die gleiche Stellung an mehreren römischen Kirchen inne. Als Violinlehrer und Komponist war M. einer der Vorläufer von A. Corelli.

WW: *Sonate a tre,* op. 2 (R 1682) u. op. 3 (R 1692); zahlr. Vokalwerke sind hsl. unter dem Namen Carlo del Violino überliefert, ohne daß man sie einem der so genannten it. Komponisten exakt zuschreiben kann (außer M. C. Caproli und C. Caesarini).

Lit.: H. WESSELY-KROPIK, Beitr. z. Lebensgesch. v. C. M., in: StMw 25 (1960).

MANNELLI, Francesco, ↗Manelli.

MÄNNERCHOR, Bz. für die vereinsmäßig organisierten, nicht solistisch singenden Männer in einem Chor, auch ein für Männerstimmen komponiertes oder bearbeitetes Werk mit oder ohne instrumentalen Anteil. – Der M. im heutigen Sinne einer weitverbreiteten gemeinschaftlichen Musikpflege wurde im 19. Jh. gegründet, hat aber Vorläufer in solistisch oder chorisch nur für Tenor und Baß besetzten Kompositionen des 16. und 17. Jh. (ad voces aequales) und in der Oper seit dem 17. Jahrhundert. Gegen Ende des 18. Jh. entstanden Chorsätze für Freimaurer- und Studentenkreise; für gesellige Männerrunden komponierte M. Haydn Gesänge für 4 Männer-St. (1788).
Die zentrale Stellung, die der M. im 19. Jh. erlangte, nahm ihren Ausgang von der in Berlin 1809 gegründeten gesellschaftlich gehobenen Zelterschen Liedertafel und den von dem Schweizer H. G. Nägeli beeinflußten süddeutschen Liederkränzen. Das erwachte vaterländische Einigungsstreben und die bürgerlich-liberale Bestrebung einer sozialen Integration der Volksschichten waren die politische Triebfeder für die in allen Gegenden Deutschlands entstehenden ↗Sängerbünde. 1862 wurde in Coburg der „Deutsche Sängerbund“ gegründet: „Sein Bestreben geht auf die Ausbildung und Veredelung des deutschen Männergesanges. Durch die dem deutschen Liede inwohnende einigende Kraft will auch der deutsche Sängerbund in seinem Theile die nationale Zusammengehörigkeit der deutschen Stämme stärken und an der Einheit und Macht des Vaterlandes mitarbeiten“ (§ 1 der Satzung). – Von Bedeutung für die Entwicklung der M.-Literatur waren die zahlreichen Werke für M. von Fr. Schubert sowie die Wiedererweckung des Volkslieds (Volkslieder für M., bearbeitet von Fr. Silcher,

1826ff.). Ausgehend von diesen Originalkompositionen und den Volksliedbearbeitungen entstand eine unübersehbare Fülle von Chorliteratur, u.a. von Fr. Abt, J. Brahms, P. Cornelius, A. Dvořák, Fr. Hegar (Chorballaden), C. Kreutzer, C. Loewe, A. Lortzing, H. Marschner, F. Mendelssohn Bartholdy, A. Methfessel, H. Pfitzner, R. Schumann, L. Spohr, Fr. Wüllner und C. Zöllner. Großformen für den Konzertsaal komponierten M. Bruch, A. Bruckner, E. Grieg, H. Kaun und M. Reger. Unter den vielen Sammlungen spielte das sog. Kaiserliederbuch (*Volksliederbuch für Männerchor*, L 1906) eine besondere Rolle.

Eine Erneuerung der M.-Literatur ging Ende der 20er Jahre von der Jugendmusikbewegung aus (mit Werken von W. Rein, A. Knab, L. Weber, H. Lang, E. Lendvai) und insbesondere von der aus dem Deutschnationalen Handlungsgehilfenverband unter Führung von C. Hannemann und W. Tebje hervorgegangenen „Lobeda"-Bewegung (*Lobeda-Singebuch* für Männerchor, 2 Bde., H – B – L 1931, 1933). 1927 war mit der Nürnberger Sängerwoche (später Deutsche Sängerbundeswoche) vom Deutschen Sängerbund ein Forum geschaffen worden, das im Gegensatz zu den vierstimmigen homophonen und teilweise harmonisch schwülstigen a cappella-Sätzen neue, vielgestaltige Satztechnik (neben homophonen auch polyphon-lineare Kompositionstechniken, Übertragung von Chorsätzen des 15.–17. Jh. für M., Einbeziehung weniger Begleitinstrumente, formale Vielfalt) vorzustellen bemüht war. Der Liedsatzstil der Nürnberger Schule prägte bis in die Gegenwart hinein die Kompositionen von Fr. Biebl, P. Cadow, R. Desch, H. Erdlen, W. Giesen, O. Gerster, H. Heinrichs, H. Herrmann, H. Kelling, W. Klefisch, A. Knab, H. Lang, E. Lendvai, K. Lissmann, H. Ophoven, W. Rein, Qu. Rische, H. Schroeder, P. Seeger, W. Sendt, B. Stürmer, B. Weber, L. Weber, E. L. Wittmer und P. Zoll. Stilmomente aus der Entwicklung der Neuen Musik, insbesondere von P. Hindemith und C. Orff, spiegeln sich wider in Kompositionen von W. Fussan, H. Genzmer, K. Hessenberg, W. Killmayer, Ph. Mohler, D. de la Motte, H. Poos und H. Sutermeister. Seit den 1960er Jahren nehmen auch Bearbeitungen ausländischer Volkslieder unter Betonung rhythmischer Modelle aus der Tanzmusik und Originalkompositionen mit Verwendung von stilistisch-technischen Mitteln der Unterhaltungsmusik zu; damit ist das durch die Dominanz der Nürnberger Schule nahezu einheitliche Stilbild in der M.-Literatur der 50er Jahre aufgelöst.

Lit.: H. G. NÄGELI, Gesangsbildungslehre für M. (Z 1817); O. ELBEN, Der volkstümliche dt. Männergesang (Tü 1855, Nachdr. Wie 1968); A. RUTHARDT, Wegweiser durch die Lit. des Männergesanges (L 1892); PH. SPITTA, Der dt. Männergesang, in: Musikgeschichtliche Aufsätze (B 1894, Nachdr. Hil 1976); E. CHALLIER, Großer Männergesangs-Kat. (Gießen 1900), 6. Nachtrag (1912, Nachdr. NY 1975); K. FRIEDRICHS, Der dt. Männergesang in Theorie u. Praxis (L 1903); A. HEUSS, Das Volksliederbuch für M., in: ZIMG 8 (1906/07); W. FILLIES, Die Arbeitersängerbewegung. Ein Beitr. z. Klassengesch. der Arbeiterschaft (Diss. Rostock 1922); H. THIERFELDER, Vorgesch. u. Entwicklung des dt. Männergesangs (Diss. Hl 1922); R. BUCK, Wegweiser durch die M.-Lit. (Dresden 1926); R. KÖTZSCHKE, Gesch. des dt. Männergesanges, hauptsächlich des Vereinswesens (ebd. 1926); Das dt. Sängerbuch, hrsg. v. F. J. EWENS (Marburg 1930); H. G. SCHMIDT, Das Männerchorlied F. Schuberts (Diss. Kö 1931); G. GÖTSCH – L. KELBETZ, M. oder singende Mannschaft. M. in der Entscheidung (H 1934); G. SCHÜNEMANN, Führer durch die dt. Chorlit., I: M. (Wb 1935); J. JERNEK, Der östr. Männerchorgesang im 19. Jh. (Diss. W 1937); H. DIETEL, Beitr. z. Frühgesch. des Männergesanges (Diss. B 1938); W. JERG, Hegar, ein Meister des Männerchorliedes (Diss. Z 1946); Chorkatalog des Deutschen Sängerbundes. Männerchöre, hrsg. v. F. J. EWENS (Kö 1958); G. SCHMIDT, Der dt. Männerchorgesang im 19. Jh. Ziele, Organisation u. gesellschaftliche Auswirkung, insbesondere auf die musikal. Laienbildung (Diss. Hl 1962); H. LEISTER, C. Kreutzers Lieder für M. (Diss. Mz 1963); O. RÜB, Die chorischen Organisationen (Gesangvereine) der bürgerlichen Mittel- und Unterschicht im Raum Frankfurt am Main v. 1800 bis z. Gegenwart (Diss. F 1964); O. BORST, K. Pfaff, der dt. Sängervater (Esslingen 1966); A. ECKHARDT, Das Männerchorwesen in der Bundesrepublik Deutschland nach 1945 (Diss. Mz 1977).

A. ECKHARDT

MANNHEIMER SCHULE, im weiteren Sinne Sammelbegriff für das Musikwesen der ehemaligen Kurpfalz in der 2. Hälfte des 18. Jh. unter Kurfürst Karl Theodor, der 1743–78 in Mannheim residierte, im engeren Sinne (seit H. Riemann, 1902) Bz. für die Mannheimer Musiker dieser Zeit. Zu einer älteren Generation gehören J. Stamitz als Gründer (in Mannheim seit 1742), A. Toeschi (seit 1742), Fr. X. Richter (seit 1747), I. Holzbauer (seit 1753) und A. Filz (seit 1754). Deren Schüler, besonders aber die Violinschüler von J. Stamitz, waren außergewöhnliche Virtuosen, so daß Ch. Burney 1772 schrieb: „Es sind wirklich mehr Solospieler und gute Komponisten in diesem, als vielleicht in irgend einem Orchester in Europa. Es ist eine Armee von Generälen, gleich geschickt, einen Plan zu einer Schlacht zu entwerfen, als darin zu fechten." Es handelt sich bei diesen Violinisten der 2. Generation um die Konzertmeister des Hoforchesters Chr. Cannabich, I. Fränzl, C. J. und G. B. Toeschi, dann um J. B. und W. Cramer, G. Zardt, die Brüder Eck und die Söhne von Stamitz. Fast alle ließen sich in dem Pariser Concert spirituel ihr überragendes Können bestätigen, das den Grund für die vielgerühmte Orchesterdisziplin der Mannheimer legte. Charakteristisch dafür waren die Präzision des Vortrags, die Möglichkeit kleinster dynamischer Nuancen, eine einheitliche Bogenführung. All dies beruhte wesentlich auf der gemeinsamen musikalischen und spieltechnischen Ausbildung der

Streicher durch J. Stamitz und später durch Chr. Cannabich und führte zu klanglichen Effekten, wie sie bis dahin unvorstellbar waren. Chr. D. Schubart beschrieb sie so (1784): „Kein Orchester der Welt hat es je dem Mannheimer zuvorgetan. Sein Forte ist ein Donner, sein Crescendo ein Katarakt, sein Diminuendo ein in die ferne hinplätschernder Krystallfluß, sein Piano ein Frühlingshauch." Vorher hatte auch schon W. A. Mozart die technische Brillanz und die Spieleigentümlichkeiten der Mannheimer Violinisten am Beispiel Fränzls gewürdigt (Brief vom 22. 11. 1777).

Auch die Blasinstrumente waren im Mannheimer Orchester ausgezeichnet besetzt. Böhmische Hornisten (Ziwiny) fanden sich schon 1723 in Mannheim, Klarinettisten (Quallenberg, Fr. und Fr. W. Tausch) wurden erstmals 1757/59 angestellt und waren seitdem im Orchester paarweise vertreten, was W. A. Mozart als Besonderheit rühmte. Tüchtige Bläser waren ferner der Flötist J. B. Wendling, die Oboisten Friedrich Ramm und L. A. Lebrun sowie die Hornisten der Familien Dimmler u. Lang.

Während die Zeitgenossen im 18. Jh. von einer einheitlichen Gruppe von Mannheimer Musikern in erster Linie im Hinblick auf die erwähnten Qualitäten eines disziplinierten und einheitlichen Orchesterspiels sprachen (so besonders auch C. Spazier, 1794), ist es das Verdienst H. Riemanns, nachdrücklich erstmals auch auf die stilistischen Gemeinsamkeiten in den Kompositionen der M. hingewiesen zu haben. Spezifische Mannheimer Merkmale, die natürlich auch in enger Wechselwirkung mit jenen spieltechnischen Gegebenheiten stehen, sind: starke Verselbständigung der Bläserstimmen im Orchestersatz bis hin zu ausgeprägt konzertanten Partien in den Symphonien (Fränzl); große dynamische und klangliche Kontraste auf engstem Raum; rauschende Crescendi bei gleichbleibender Harmonie unter Beteiligung aller Orchesterinstrumente; Kleingliedrigkeit in der melodischen Gestaltung; überraschende Periodik ungerader Taktzahlen; Gegensätzlichkeit zweier Sonatenthemen; Überraschungseffekte wie Akzente auf leichten Taktteilen, unvorbereitete Generalpausen und bestimmte melodische Formeln, die zum Teil drollige Bezeichnungen erhalten haben: Mannheimer „Walze", „Rakete", „Seufzer", „Vögelchen". Der gelegentlich in den Werken der M. zu beobachtende allzu häufige Gebrauch solcher musikalischer Mittel führte zu L. Mozarts Warnung seinem Sohn gegenüber vor dem „vermanirierten Mannheimer goût" (Brief vom 11. 12. 1777). Die Abkehr vom Musikideal des Barock, die sich in diesen Mitteln bezeugt, vollzog sich freilich gleichzeitig auch in Berlin und Wien, in Böhmen und Italien, allerdings nirgends mit dem gleichen Effekt, mit der gleichen Vehemenz oder orchestralen Brillanz wie in Mannheim, wo eine günstige, zumal nach Paris hin offene geographische Lage und die außergewöhnliche Unterstützung durch den Kurfürsten Karl Theodor einen fruchtbareren Boden für die Verbreitung der Werke und ihrer Eigenarten schufen. Zudem wirkten diese Kompositionen dank ihrer unbekümmerten Effekthascherei, insbesondere in der Instrumentation und der technischen Seite der Einzelstimmen, „originaler" als die der Wiener oder norddeutschen Musiker.

Seit der Mitte des 18. Jh. wurden in Paris, Amsterdam und London mehr Werke aus Mannheim gedruckt als aus irgendeinem anderen Musikzentrum. Das hier erstmals angewandte periodische Editionsprinzip (man veröffentlichte etwa *Symphonies périodiques*) verschaffte diesen neuen Werken weiteste Verbreitung, die von Riemann mit ihrer musikgeschichtlichen Bedeutung begründet wurde, die aber umgekehrt selbst einer der Gründe für diese Bedeutung war. Die ebenfalls von Riemann für die M. in Anspruch genommene direkte Vorläuferstellung zur Wiener Klassik ist heute in ihrer Ausschließlichkeit nicht mehr haltbar, obwohl W. A. Mozart von der Mannheimer Musikkultur und Orchestertechnik beeindruckt war und L. van Beethoven die Kompositionen der M. über das Bonner Kapellrepertoire kennenlernte und nachweislich verwertete. – Die gepriesene Orchesterkultur wurde nach der Verlegung der Hofhaltung nach München und der Vereinigung mit dem Münchener Orchester 1778 auf dieses übertragen, wo neben Chr. Cannabich eine 3. Generation der M. mit dessen Sohn, P. Winter, Fr. Danzi und F. Fränzl maßgeblich wirkte.

Ausg.: Sinfonien der pfalzbayerischen Schule, 3 Bde., hrsg. v. H. RIEMANN (1902–07) (= DTB 3/1, 7/2 u. 8/2) (mit thematischem Kat. u. Vorwort); Mannheimer Kammermusik des 18. Jh., 2 Bde., hrsg. v. DEMS. (1914–15) (= DTB 15–16) (mit thematischem Kat.); Fl.-Konzerte der M., hrsg. v. W. LEBERMANN (Wie 1964) (= EDM 51).

Lit.: M., Schriften, Bilddokumente, Noten, Schallplatten. Ein Führer durch die Sonderslg. der Stadtbücherei Mannheim (Mannheim 1978). – G. J. VOGLER, Churpfälzische Tonschule (Mannheim 1778); DERS., Betrachtungen der Mannheimer Tonschule I–III (ebd. 1778–87), Nachdr. 4 Bde. (Hil 1974); L. KAMIENSKI, Mannheim u. Italien, in: SIMG 10 (1908/09); A. HEUSS, Über die Dynamik der M. Teil 1, in: FS H. Riemann (L 1909), Teil 2, in: ZfMw 2 (1919/20); H. RIEMANN, Hdb. der Musikgesch. II/3 (L 1913); W. FISCHER, Zur Entwicklungsgesch. des Wiener klass. Stils, in: StMw 3 (1915); F. WALDKIRCH, Die konzertanten Sinfonien der Mannheimer im 18. Jh. (Diss. Hei 1931); H. BOESE, Die Klar. als Soloinstr. in der Musik der M. (Dresden 1940); G. CROLL, Zur Vorgesch. der „Mannheimer", in: Kgr.-Ber. Köln 1958 (Kas 1959); J. P. LARSEN, Zur Bedeutung der „M.", in: FS K. G. Fellerer (Rb 1962); R. FUHRMANN, Mannheimer Klv.-Kammermusik (Diss. Marburg 1963); P. MECHLENBURG, Die Sinfonie der M. (Diss. Mn 1963); G. MASSEN-

KEIL, Ruhm u. Nachruhm der M., in: NZfM 127 (1966); H.R. DÜRRENMATT, Die Durchführung bei Stamitz 1717–57 (Be 1969); H.H. EGGEBRECHT, Mannheimer Stil, Technik u. Gehalt, in: Kgr.-Ber. Brünn 1970 (Brünn 1972); A. RIETHMÜLLER, Mannheimer Kompositionsstil u. zeitgen. Ästhetik, in: ebd.; R. WÜRTZ, Verz. u. Ikonographie der kurpfälzischen Hofmusiker zu Mannheim ... 1723–1803 (Wilhelmshaven 1975) (= Quellenkat. z. Musikgesch. 8); C. DAHLHAUS, Quantz u. der „Vermanierierte Mannheimer goût", in: Melos/NZ 2 (1976); R. WÜRTZ – H. BUDIAN, Mozart u. Mannheim, eine Bibliogr., in: Das Mannheimer Mozartbuch (Wilhelmshaven 1977); J.P. NEWHILL, The Contribution of the Mannheim School to Clarinet Literature, in: MR 40 (1979); E.K. WOLF, On the Origins of the Mannheim Symphonic Style, in: Studies in Musicology. FS O.E. Albrecht (Kas 1980).

R. WÜRTZ

MANN VON LA MANCHA, DER *(Man of La Mancha),* amerik. Musical in 2 Akten von Mitch Leigh (* 1928), Song-Texte von Joe Darion, Buch von Dale Wasserman, basierend auf seinem Fernsehspiel *I, Don Quixote* nach Motiven aus Leben und Werk des Miguel de Cervantes y Saavedra (1547–1616). Ort und Zeit der Handlung: Spanien, zur Zeit Cervantes'. UA: 22. 11. 1965 in New York (ANTA Washington Square Theater); EA in dt. Sprache: 4. 1. 1968 in Wien (Theater an der Wien). Verfilmt 1972.

In seinem Libretto kombiniert Wasserman zwei Geschichten: die von Cervantes und seiner Einkerkerung sowie die seiner berühmtesten literarischen Gestalt, Don Quixotes, die zu einer einzigen Gestalt verschmelzen. Leigh gelang es, dazu Musik zu schreiben, die authentisch klang, ohne daß er auf originale Vorbilder zurückgriff. Der Song *The Impossible Dream,* der wesentlich zur Charakterisierung der Hauptperson beiträgt, wurde zum Weltschlager. *Der Mann von La Mancha* gehört zu den erfolgreichsten Musicals. Am Broadway lief es 2329mal en suite und erhielt sowohl den New York Drama Critics Circle Award wie den Antoinette Perry Award als bestes Musical der Saison.

R.-M. SIMON – S. SIMON

MANON, Oper in 5 Akten (6 Bildern) von Jules Massenet (1842–1912), Text von Henri Meilhac und Philippe Gille nach dem Roman *Histoire du chevalier des Grieux et de Manon Lescaut* (1731) von Antoine-François Prévost d'Exiles. Ort und Zeit der Handlung: Amiens, Paris und auf der Straße nach Le Havre, zu Beginn des 18. Jahrhunderts. UA: 19. 1. 1884 in Paris (Opéra-Comique); EA in dt. Sprache: 19. 11. 1890 in Wien (K.K. Hof-Operntheater); dt. EA: 31. 10. 1892 in Hamburg.

Mit dieser Vertonung des Manon-Stoffes schuf Massenet ein Werk, das zu einer der meistgespielten französischen Opern werden sollte. Die Liebesgeschichte um die flatterhafte Manon endet – entgegen der literarischen Vorlage – nicht in den amerikanischen Südstaaten, sondern bereits auf dem Wege zur Deportation. Die Heldin stirbt, um Verzeihung bittend, in den Armen ihres Geliebten, des Chevalier des Grieux. Massenets Musik ist lyrisch, fast sentimental, den schwärmerischen Charakteren jederzeit angemessen; viele der in Instrumentierung und Satzweise (fast ausschließlich homophon) besonders auf sinnlichen Klangreiz hin konzipierten Melodien werden – wenn auch nicht streng – leitmotivisch eingesetzt. So gelingt es Massenet, eine „sprechende" Musik zu entwerfen, die besonders in den melodramatischen Abschnitten als handlungstragendes Ausdrucksmedium zur Geltung kommt. Größte musikdramatische Einheit erzielt der Komponist, indem er die Oper als durchkomponierte Großform gestaltet. Bekannt ist neben den Arien der Manon *Je suis encore tout étourdie* und *Voyons, Manon, plus de chimères* das Terzett der Grisetten *Revenez, Guillot, revenez.*

R. QUANDT

MANON LESCAUT, Opéra-comique in 3 Akten von Daniel François Esprit Auber (1782–1871), Text von Eugène Scribe (1791–1861) nach dem Roman *Histoire du chevalier des Grieux et de Manon Lescaut* (1731) von Antoine-François Prévost d'Exiles. Ort und Zeit der Handlung: Paris und Nouvelle-Orléans (New Orleans), im 18. Jahrhundert. UA: 23. 2. 1856 in Paris (Opéra-Comique), dt. EA: nicht nachgewiesen.

Dieser ersten Oper mit dem Manon-Stoff war kein dauerhafter Erfolg beschieden, obwohl ihre musikdramatische Faktur deutlich über dem Niveau der meisten Opern Aubers liegt. Bis 1882 im Spielplan der Opéra-Comique, wurde die Oper in der Publikumsgunst durch J. Massenets ungleich bekanntere Vertonung des gleichen Stoffes (1884) abgelöst. – Scribe übernahm aus der Vorlage nur die Schauplätze Paris und Nouvelle-Orléans und konzentrierte dort eine Handlung, aus der alle Episoden, die der konventionellen Auffassung von Sittlichkeit und Moral widersprachen, eliminiert sind. Es blieb Auber überlassen, den sinnlichen Reiz von Prévosts Erzählung in die Oper hinüberzuretten. So entwarf Scribe das Bild einer letztlich unauslöschbaren Liebe, während das Schwergewicht bei Prévost auf der Zeichnung eines Frauencharakters lag. Erst in Manons Sterbeszene offenbart auch die Oper das ganze Wesen dieser Frau; Auber nutzte an dieser Stelle die Chance zu einer eindrucksvollen symphonischen Charakterzeichnung. Die Musik weist bereits Stilmerkmale des Drame lyrique auf.

R. QUANDT

MANON LESCAUT, Lyrisches Drama in 4 Akten von Giacomo Puccini (1858–1924), Text von

Marco Praga, Domenico Oliva, Luigi Illica, Giacomo Giacosa und vom Komponisten nach dem Roman *Histoire du chevalier des Grieux et de Manon Lescaut* (1731) von Abbé Antoine-François Prévost d'Exiles. Ort und Zeit der Handlung: Frankreich und Nordamerika, im 18. Jahrhundert. UA: 1. 2. 1893 in Turin (Teatro Regio); dt. EA (in dt. Sprache): 7. 11. 1893 in Hamburg.
Geschickt weicht Puccini der Gefahr des Plagiats von J. Massenets *Manon* (1884) aus, indem er bei weitgehenden Übereinstimmungen im Handlungsablauf den Charakter der Hauptfigur in stärkerem Maße realistisch zeichnet: Die schöne Manon, ständig schwankend zwischen echtem Gefühl und oberflächlicher Genußsucht, erscheint noch deutlicher desillusionierend dargestellt als Antiheldin, als Alltagsmensch mit Stärken und Schwächen. Musikalisch orientiert sich Puccini zwar noch eng an Vorbildern, so etwa harmonisch an der für R. Wagners *Tristan und Isolde* charakteristischen Chromatik; jedoch zeigt sich bereits hohe Originalität in Geschmeidigkeit und Fülle der Melodik wie auch in Sensibilität und Raffinesse der Stimmungsmalerei. Die UA des Werkes unter A. Toscaninis Leitung gilt als Puccinis endgültiger Durchbruch zur internationalen Elite der zeitgenössischen Opernwelt.

W. A. MAKUS

MANOWARDA, Josef von, * 3. 7. 1890 Krakau, † 23. 12. 1942 Berlin; östr. Sänger (Baß). Er studierte Philosophie und Gesang in Graz und debütierte 1911 am dortigen Theater. 1915–18 war er an der Wiener Volksoper, 1918–19 am Staatstheater Wiesbaden engagiert. 1919 debütierte er an der Wiener Staatsoper, der er bis zu seinem Tod als festes Ensemblemitglied angehörte. Er kreierte in der Uraufführung der *Frau ohne Schatten* von R. Strauss (1919) die Rolle des Geisterboten. Seit 1922 gastierte er regelmäßig bei den Salzburger, seit 1931 bei den Bayreuther Festspielen und sang seit 1935 häufig an der Berliner Staatsoper. Seine letzte Bühnenpartie war der Gurnemanz in R. Wagners *Parsifal* (1942). Weitere Rollen waren neben den einschlägigen großen Wagner-Partien u.a. Sarastro, Jago und Ochs von Lerchenau.

MANTEL, DER *(Il tabarro)*, Oper in 1 Akt von Giacomo Puccini (1858–1924), Text von Giuseppe Adami nach der Novelle *La Houppelande* (1910) von Didier Gold. Ort und Zeit der Handlung: Paris, zu Beginn des 20. Jahrhunderts. UA (im Rahmen von *Il trittico*): 24.12.1918 in New York (Metropolitan Opera); EA in dt. Sprache: 20. 10. 1920 in Wien; dt. EA: 2. 2. 1921 in Hamburg.
Der alternde Schleppkahnschiffer Marcel ermordet den Liebhaber seiner Frau. Nicht als Eskalation von Boshaftigkeit, sondern als Verzweiflungstat eines an sich gutmütigen Menschen wird das Verbrechen dargestellt – der Täter gleichsam als Mit-Opfer charakterisiert, dessen Motive durch persönliche und soziale Ausweglosigkeit zwar nicht entschuldigt, jedoch erhellt werden. Dem gesellschaftspsychologischen Akzent des Werkes angemessen, erhalten die Geschichte des Marcel und die überpersonale Schilderung sozialen Elends gleiche Ausführlichkeit der szenischen Darstellung. Die Musik wird dabei organisch zum integrierenden Ausdrucksmedium beider Handlungsbereiche. An keiner Stelle des musikdramatischen Verlaufs wird die düstere Grundstimmung verlassen; auch dort, wo heitere Affekte die Oberfläche szenischer Aktion bestimmen, wahren einzelne Details der musikalischen Sprache die Allgegenwart des Hintergründig-Bedrohlichen. Zu größter Expressivität gesteigert findet sich diese Affektschichtung als Verbindung von Idylle und Depression im Walzer der verstimmten Drehorgel: Die musikalische Synthese von Groteske und Trivialität wird zum Symbol des Grauens.

W. A. MAKUS

MANTOVANI, Annunzio Paolo, * 15. 11. 1905 Venedig, † 30. 3. 1980 Tunbridge Wells (Kent); engl. Orchesterleiter und Geiger it. Herkunft. Von seinem Vater (Geiger an der Mailänder Scala) erhielt er ersten Musikunterricht. Mit den Eltern kam er nach Großbritannien und gründete in London 1923 sein eigenes Unterhaltungsorchester. Er spielte zunächst in Hotels und Theatern, später auch im Rundfunk. Es folgten Gastspielreisen durch Europa und die USA, eigene Fernsehsendungen und zahlreiche Schallplatten. Berühmt wurde M. vor allem durch den weichen, unverkennbaren Sound seines Orchesters („verzauberte Geigen"), der auf speziellen Arrangements, verstärkten Streichergruppen und technischen Hilfsmitteln (etwa Hall) beruht. M. interpretierte Operetten-, Film- und Musicalmelodien, schuf aber auch Arrangements klassischer Musik. Am erfolgreichsten waren die Titel *Charmaine* (von Ernő Rapée) und *Song from „Moulin Rouge"* (von G. Auric).

MANTZAROS, Nikolaos, * 13. (24.) 10. 1795 Korfu, † 18. (30.) 3. 1872 ebd.; griech. Komponist und Musikpädagoge. Nach erstem Musikunterricht in seiner Heimat studierte er seit 1824 bei N. A. Zingarelli in Neapel. Seit 1826 war er als Musiklehrer und Komponist auf Korfu tätig. M., der als Vater einer eigenen modernen Ionischen Schule gilt, verband eine enge Freundschaft zu dem griechischen Dichter Dionisios Solomos, von dem er zahlreiche Gedichte vertonte, u. a. den *Imnos is tin eleftherian*

(Hymne an die Freiheit), der seit 1864 griechische Nationalhymne ist. M. komponierte ferner 24 Ouvertüren, Tänze, Märsche, Klavierstücke, geistliche Musik (u.a. 3 Messen) und Lieder.

MANUAL (von lat. manus = Hand), Bz. für die ↗Klaviatur, die bei Tasteninstrumenten mit den Händen gespielt wird, im Unterschied zum ↗Pedal. Bei der Orgel sind seit 980 (Orgel in Winchester), beim Cembalo seit der 1. Hälfte des 16. Jh. mehrere M.e nachweisbar. Ein von Édouard Joseph Mangeot 1876 erfundenes zweimanualiges Klavier, bei dem die 2. Klaviatur eine umgekehrte Tastenordnung enthielt, konnte sich nicht durchsetzen.

MANUALITER (lat., = zum ↗Manual gehörig; Abk.: *m* oder *man*), Anweisung in der Orgelliteratur, eine Passage oder ein Stück ausschließlich auf den Manualen (also ohne Pedal) zu spielen.

MANUALKOPPEL ↗Koppel.

MANZONI, Alessandro, * 7. 3. 1785 Mailand, † 22. 5. 1873 Mailand; it. Dichter. Er gilt als der bedeutendste Vertreter der italienischen Romantik; berühmt wurde er vor allem durch seinen historischen Roman *I promessi sposi (Die Verlobten)* (1825–27). M. hatte mit seinen Werken starken Einfluß auf die italienische Einigungsbewegung des Risorgimento. G. Verdi, der zu seinen Verehrern zählte, beendete unter dem Eindruck von M.s Tod sein Requiem, das am ersten Todestag M.s in Venedig unter seiner Leitung uraufgeführt wurde. Bereits wesentlich früher hatte Verdi die Ode auf den Tod Napoleons *Il cinque maggio* (1821) und Chöre aus M.-Tragödien vertont. Von weiteren Vertonungen von Werken M.s seien erwähnt die Opern *I promessi sposi* (UA Cremona 1856) und *Enrico Petrella* (UA Lecco 1869) von A. Ponchielli sowie *Le comte de Carmagnola* (UA Paris 1841) von A. Thomas.

Lit.: E. FONDI, A. M., la musica e i musicisti, in: RMI 17 (1910); M. SCHERILLO, Verdi, Shakespeare, M., Spigolature nelle lettere di Verdi, in: Nuova antologia (1912) Nr. 244; L. PARIGI, A. M. e la musica, in: Il pianoforte 7 (1927); U. ROLANDI, „I promessi sposi" posti in musica per la prima volta (Velletri 1927); M. GHISIO-ERBA, Com'era la musica? Rileggendo i „Promessi sposi" (R 1947); D. ROSEN, La „Messa" a Rossini e il „Requiem" per M., in: RIMus 5 (1970); G. PETROCCHI, M., Letteratura e vita (Mi 1971).

MANZONI, Giacomo, * 26. 9. 1932 Mailand; it. Komponist und Musikschriftsteller. Nach Musikstudien in Messina und Literaturstudien in Mailand promovierte er dort 1955 mit einer Dissertation über *Die Rolle der Musik im Werke Th. Manns.* 1958–63 war er im Musikverlag Ricordi Redaktionsmitglied der *Enciclopedia della musica* und 1958–66 Musikkritiker bei der Tageszeitung *L'unità* in Mailand. Seit 1965 wirkt er als Dozent für Tonsatz und Theorie am Conservatorio di Musica G. B. Martini in Bologna. M.s Kompositionen sind von der Neuen Wiener Schule und der Ästhetik Th. W. Adornos mitgeprägt, dessen Schriften wie auch A. Schönbergs *Harmonielehre* er ins Italienische übersetzte.

WW: Für Kammerorch.: *Fantasia, recitativo, finale* (1956); *Studio 2* (1963); *Variabili* (1973); *Percorso* (1976) für Fag. und Streichorch. – Elektronische Musik: *Studio 3* (1964); *Parole da Beckett* (1971) für 3 Instrumentengruppen, Chor und Tonband. – *Studio per 24* (1962); *Insiemi* (1967) für Orch. – *Ombre (alla memoria di Che Guevara)* (1968) für Orch. u. Chorklänge; *2 sonetti italiani* (1961) für 48 St. – Opern *La sentenza,* UA: Bergamo 1960; *Atomtod,* UA: Mailand 1965; *Per Massimiliano Robespierre,* UA: Bologna 1975. – Schrieb u.a. *Guida all'ascolta della musica sinfonica* (Mi 1967).

Lit.: A. GENTILUCCI, G. M., In: NRMI 2 (1968); C. ANNIBALDI, M., in: Grove[6] XI.

H. LINDLAR

MAQĀM (arabisch; Plur.: maqāmāt), in der arabischen Literatur des 10. Jh. Bz. für eine Versammlung, auf der ein Erzähler ein romanartiges Werk vorträgt, in der Musiktheorie des 14. Jh. für den Ort, an dem sich ein Künstler während des Musizierens aufhält, im heutigen Sprachgebrauch Bz. für einen ↗Modus der ↗arabisch-islamischen Musik. Nach arabischer Auffassung eignet jedem M. ein bestimmtes Ethos; die Realisation eines Stückes in dem betreffenden M. vermag beim Hörer entsprechende Gefühle zu wecken: So gilt beispielsweise der M. Rāst als energisch und männlich, Bayātī als freundlich und weiblich, Saba als schmerzvoll. Diese Zuordnung emotionaler Gehalte läßt sich aus der unterschiedlichen Tonstruktur der Maqāmāt erklären, insbesondere verursacht durch die unterschiedlichen Sekundschritte und aus dem besonderen Spannungsverhältnis der jeweiligen Haupttöne eines Maqām.

Innerhalb einer M.-Skala kommt den einzelnen Tonstufen unterschiedliche Bedeutung zu. Der Ausgangspunkt bzw. Grundton (mabda) gilt zugleich als Bezugspunkt und Finalis (qarar). Neben diesen Endpunkten der Skala sind in der Regel mindestens zwei weitere Töne für die musikalische Darbietung von Bedeutung und erlangen als Ausgangspunkte längerer Melodiezüge oder als tonale Zentren einer wellenförmigen Melodiebewegung besonderes Gewicht. Im Laufe einer M.-Realisation – d.h. der improvisatorischen Ausdeutung eines M. auf der Grundlage festgelegter Gestaltungsprinzipien – erschließt der Musiker durch Fortschreiten von einem tonalen Zentrum zum nächsten nacheinander den gesamten Tonraum. Obgleich einigen Maqāmāt die gleiche Skala mit identischer Stufenfolge zugrunde liegt, unterscheiden sie sich hinsichtlich ihrer Zentraltöne und damit, da diese ja die Melodiebildung bestimmt, auch in ihrer musikalischen Ausgestaltung. Es gilt demnach zu unterscheiden zwischen dem abstrakten Tonmaterial eines M. und der für die musikalische Strukturierung bedeutsamen Funktion einzelner Skalentöne. Die früher in Europa verbreitete Auffassung, kennzeichnend für das M.-System seien bestimmte Melodienmodelle, muß aufgrund neuerer Forschungsergebnisse modifiziert werden. Wegen der bereits erwähnten tonalen Hierarchie innerhalb der Skalen und der verbindlichen Normen in bezug auf die melodische Gestaltung ergeben sich in jeder Realisation eines bestimmten M. gewisse Übereinstimmungen in der äußeren Struktur melodischer Phrasen. Offenbar setzen jedoch die Musiker nicht eine konkrete Melodievorstellung im abendländischen Sinne in die klangliche Realität um, sondern füllen vorgegebene Strukturen individuell aus. Der M.-Realisation liegt demnach kein Modell einer musikalischen Gesamtstruktur zugrunde, sondern eine Anzahl charakteristischer Einzelelemente, deren Differenzierung ebenso wie das Zusammenfügen zu einem größeren formalen Gebilde der Intention des ausführenden Musikers überlassen bleibt. An der Kunstfertigkeit dieser Realisation, im Hinblick auf Übereinstimmungen mit den Regeln einerseits und der Ausprägung einer musikalischen Individualität andererseits, messen die Hörer die schöpferische Potenz eines Sängers oder Instrumentalisten.

Die instrumentale Realisation eines M. heißt Taqsīm (türkisch: taksim). Der Terminus leitet sich vom Verb „kassama“ her und nimmt Bezug auf die Möglichkeit, Elemente des M. zu gliedern, aufzuteilen und zu strukturieren, wie es den allgemeinmusikalischen Normen und den Besonderheiten des betreffenden M. entspricht. Im vokalen Gegenstück des Taqsīm, der Layali (wörtlich: O meine Nacht), werden die titelgebenden Worte unablässig wiederholt bzw. Vokalisen vorgetragen.

Lit.: A. Z. IDELSOHN, Die M.en der arab. Musik, in: SIMG 15 (1913); R. LACHMANN, Musik des Orients (Breslau 1929); A. BERNER, Stud. z. arabischen Musik ... in Ägypten (L 1937) (= Schriftenreihe des Staatlichen Inst. für Dt. Musikforsch. 2); H. G. FARMER, The Music of Islam, in: Ancient and Oriental Music, hrsg. v. E. Wellesz (Lo 1957) (= New Oxford History of Music 1); KHATSCHI KHATSCHI, Der Dastgah (Rb 1962) (= Kölner Beitr. z. Musikforsch. 19); G. ORANSAY, Die melodische Linie u. der Begriff Makam der traditionellen türkischen Kunstmusik v. 15. bis zum 19. Jh. (Ankara 1966) (= Ankaraner Beitr. z. Musikforschung 3, Küg-Veröff. 3 Nr. 7); H. H. TOUMA, Der M. Bayati im arabischen Taqsim (B 1968); L. MANIK, Das arabische Tonsystem im MA (Leiden 1969); H. H. TOUMA, Das M.-Phänomen u. sein Gefühlsgehalt, in: Musik u. Bildung 5 (1973); J. ELSNER, Der Begriff des maqām in Ägypten in neuerer Zeit (L 1973) (= Beitr. z. musikwiss. Forschung der DDR 5); DERS., Zum Problem des M., in: AMl 47 (1975). CH. AHRENS

MARA (geborene Schmeling), **Gertrud Elisabeth,** * 23. 2. 1749 Kassel, † 8. (20.) 1. 1833 Reval; dt. Sängerin (Sopran). Sie lernte frühzeitig Violine und wurde von ihrem Vater auf vielen Reisen als Wunderkind vorgestellt, so 1755 in Wien, 1759 in London. Nach ihrem letzten Auftreten als Geigerin studierte sie dort kurz Gesang bei P. D. Paradies, blieb im übrigen aber Autodidaktin. Ihre sängerische Karriere begann 1767 mit der Verpflichtung an das „Große Konzert“, die späteren Gewandhauskonzerte, nach Leipzig durch J. A. Hiller. Damals wurde auch J. W. von Goethe auf sie aufmerksam, der sie hoch verehrte. 1767 wurde sie von der Kurfürstin Maria Antonia Walpurgis für die Titelpartie ihrer Oper *Talestri* an die Dresdner Hofoper verpflichtet. Allgemein umschwärmt, sang sie 1771 in Potsdam vor König Friedrich II. und wurde an die Berliner Hofoper engagiert. Im selben Jahr heiratete sie gegen den Willen Friedrichs II. den Cellisten Johann Mara. Nach längeren Konflikten mit dem König, der die M. mit allen Mitteln in Berlin halten wollte, flohen die Eheleute 1780 von dort. Die weiteren Stationen waren nach Wien und München 1782–84 Paris, wo sie von Marie Antoinette zur „Première chanteuse de la Reine“ ernannt wurde und an der Oper in eine scharfe Rivalität mit der ebenfalls berühmten Luiza Todi geriet, und seit 1785 London. Dort hatte sie triumphale Erfolge in Opern G. Fr. Händels (besonders als Cleopatra in *Giulio Cesare*) und in den Konzerten mit J. Haydn (1792). 1799 von M. geschieden, ließ sie sich 1802 in Moskau nieder, verlor dort aber beim Brand der Stadt 1812 ihre gesamte Habe und siedelte nach Reval über. 1819 trat sie noch einmal in London auf und blieb dort bis 1821. Den Rest ihres Lebens verbrachte sie in Reval. – Die M. war die erste nichtitalienische Primadonna, die sich in ganz Europa im Opern- und Konzertgesang durchsetzen konnte. Die Zeitgenossen rühmten ihre umfangreiche, große und nuancenreiche Stimme.

Lit.: G. CH. GROSHEIM, Das Leben der Künstlerin M. (Kas 1823, Nachdr. Kas 1972); K. RIESEMANN, Autobiographie der M., in: (Leipziger) AmZ 10 (1875); R. KAULITZ-NIEDECK, Die M. (Heilbronn 1929); H. KÜHNER, Große Sängerinnen der Klassik u. Romantik (St 1954).

MARACAS, Rumbakugeln, ein lateinamerikanisches, paarweise verwendetes Rasselinstrument, das aus einer hohlen Kalebasse, einer Nuß oder einer Holzkugel besteht und mit Schrot, Muschelschalen, kleinen Perlen, Erbsen o. ä. gefüllt ist. Die M. sind mit einem Handgriff versehen. Sie werden abwechselnd durch Auf- und Abbewegen der Unterarme und Handgelenke oder durch Drehen zum Erklingen gebracht. Der Klang der M. ist kurz, trocken und zischend; ein dauerndes Zischen erreicht der Spieler beim Drehen des Instruments. Die M. sind indianischen Ursprungs und wurden in Lateinamerika als bevorzugtes Rhythmusinstrument in die Tanzmusik übernommen (vor allem in der ↗Rumba). Über die lateinamerikanische Volksmusik gelangten die M. in den Jazz und sind heute weltweit verbreitet auch im Schlagwerk des Orchesters. Verwendet wurden sie u. a. von P. Boulez, D. Milhaud, E. Varèse, C. Chávez Ramírez, H. W. Henze *(Ode an den Westwind)* und W. Fortner *(Bluthochzeit)*. M. BRÖCKER

MARAIS, Marin, * 31.5.1656 Paris, † 15.8.1728 ebd.; frz. Gambist und Komponist. Er war Gambenschüler von Sainte-Colombe und Kompositionsschüler von J.-B. Lully. 1676 wurde er Mitglied der Chapelle Royale und 1679–1725 dort Sologambist. Außerdem gehörte er dem Orchester der Académie Royale de Musique seit der Gründung an und war 1695–1710 deren Kapellmeister. Einige seiner 19 Kinder waren ebenfalls angesehene Gambenvirtuosen. Sein Sohn Vincent übernahm M.' Amt als Gambist des Königs.

WW: 5 Bücher *Pièces à une et à deux violes* mit B.c. (P 1686–1725); *Pièces en trio* für 2 Fl. u. B.c. (P 1692); *La gamme et autres morceaux de symphonie pour le violon, la viole et le clavecin* (darin *La sonnerie de Sainte Geneviève du Mont*) (P 1723). – Opern (jeweils im Jahr der UA in Paris gedruckt): *Alcide* (1693) (zus. mit Louis Lully); *Ariane et Bacchus* (1696); *Alcione* (1706); *Sémélé* (1709).

M. war wie sein Lehrer Lully ein Gegner der italienischen Musik und stand ganz auf dem Boden der französischen Tradition. Seine Opernrezitative folgen in der genauen Beachtung von Versmaß und Zäsur wie in der Verwendung der Intervalle dem Vorbild Lullys. Die Arien sind häufig kantabler als die Lullys und sind, offenbar unter dem Einfluß der französischen Kantate, reich an Melismen und Verzierungen. Am eigenständigsten zeigt sich M. in den instrumentalbegleiteten Arien und in den *Symphonies*. Die Gewitterszene *(Tempête)* in *Alcione* und die Darstellung der Hölle in *Sémélé* sind von dramatischer Kraft. M.' Kompositionen für Viola da gamba nehmen einen bedeutenden Platz in der Geschichte der französischen Kammermusik ein. Die Harmonik ist durch expressive Chromatik, alterierte Akkorde und häufige Modulationen gekennzeichnet. Gleichzeitig werden hier zwei gegensätzliche Tendenzen in M.' Instrumentalstil deutlich: einerseits eine Neigung zum Improvisatorischen, vor allem in heiteren und elegischen Stücken, andererseits eine strenge, konstruktivistische Haltung in den Tänzen im fugierten Stil.

Ausg.: Suite d-moll, Fantaisie u. Suite d-moll für Va. u. Cemb., hrsg. v. R. u. L. BOULAY (P 1951, 1955, 1961); Orch.-Suite aus *Sémélé*, hrsg. v. L. BOULAY (P 1955); *Les folies d'Espagne* für Fl., hrsg. v. H.-P. SCHMITZ (Kas 1956) (= Flötenmusik o. Nr.); *Tombeau de M. Meliton*, in: E. SCHENK, Die außerit. Triosonate (Kö 1970) (= Das Musikwerk 35); Instr.-WW, hrsg. v. J. HSU (Den Haag 1980f.), bisher 1 Bd. erschienen.

Lit.: A. TESSIER, L'œuvre de M. M., in: Bull. de la Soc. Historique d'Art Française (1924) (mit Werkverz.); F. LESURE, M. M., in: RBMie 7 (1953); L. BOULAY, La musique instrumentale de M. M., in: RM (1955) Nr. 226; C. H. THOMPSON, M. M.'s „Pièces de violes", in: MQ 46 (1960); DERS., Instrumental Style in M. M.'s „Pièces de viole", in: Rech. Mus. 3 (1963); M. I. J. URQUHART, Style and Technique in the „Pièces de violes" of M. M. (Diss. Edinburgh 1970); B. MACDOWELL, M. and Forquerai (1974) (= Diss. Columbia Univ.).

MARAZZOLI, Marco, * um 1605 Parma, † 26. 1. 1662 Rom; it. Komponist. M. schlug zunächst die Klerikerlaufbahn ein und war bis 1637 Benefiziat der Kathedrale zu Parma. 1626 kam er nach Rom, wo er bis 1662 ein Benefizium an S. Maria Maggiore innehatte. Als Musiker bekleidete er ehrenvolle Stellungen: 1631–45 und erneut seit etwa 1660 war er Kammermusiker des Kardinals Antonio Barberini. Papst Urban VIII. ernannte ihn zum „bussolante" (Kammerdiener) und Papst Alexander VII. Chigi zum „cameriere". Seit 1637 war er außerdem Tenorist der päpstlichen Kapelle. 1643–45 hielt er sich am königlichen Hof in Paris auf, wo 1645 vermutlich auch seine Oper *Il capriccio* aufgeführt wurde.

WW: It. Oratorien (hsl. erhalten): *Per il giorno della resurrezione; S. Tommaso;* ferner it. Oratoriendialoge; ca. 250 Solokantaten; etwa 120 Kantaten für 2–6 St. u. B.c., auch mit Instr. – Opern: *La fiera di Farfa* (Intermedium in *Chi soffre speri*), UA: Rom 1639; *L'amore trionfante dello sdegno*, UA: Ferrara 1941; *Le pretensioni del Tebro e del Po*, UA: ebd. 1642; *Il capriccio*, UA: vermutlich Rom 1643; *L'armi e gl'amori*, UA: ebd. 1656; *La vita humana* (für Christine von Schweden), UA: ebd. 1656 (R 1658). – *Il falcone* (mit V. Mazzocchi), UA: Rom 1637, als *Chi soffre speri* 1639; *Dal male il bene* (zus. mit M. Abbatini), UA: ebd. 1653.

M.s Rezitativstil tendiert eindeutig zum Secco-Rezitativ und ist auch in den Monologen nicht hochexpressiv. *La fiera di Farfa* (Bühnenbilder von Lorenzo Bernini) kann als ein Vorläufer der Opera buffa angesehen werden. In den Kantaten und Arien sind besonders schmerzliche Affekte überzeugend dargestellt. Historisch bedeutsam sind M.s Oratorien, die sich durch einen an oberitalienischen Vorbildern geschulten Chorstil mit lebhaften Kontrasten auszeichnen.

Ausg.: Eine Arie, in: Alte Meister des Bel canto. It. Kammerduette, hrsg. v. L. LANDSHOFF (L 1927); ein Dialog aus *Dal male il bene*, in: K. G. FELLERER, Die Monodie (Kö 1968); Rezitativ u. Arie („Romanesca") aus *S. Tommaso*, in: G. MASSENKEIL, Das Oratorium (Kö 1970).

Lit.: H. GOLDSCHMIDT, Stud. z. Gesch. der it. Oper im 17. Jh., 2 Bde. (L 1901–04, Nachdr. Hil 1967) (darin einzelne Stücke aus „La fiera di Farfa" u. „Dal mal il bene" I[1], I[2], I[8], III[10], III[15]); N. PELICELLI, Musicisti in Parma nel secolo XVII, in: Note d'archivio 10 (1933); P. M. CAPPONI, M. M. e l'oratorio „Cristo e i Farisei", in: Accademia Chigiana 10 (1953); S. REINER, Collaboration in „Chi soffre speri", in: MR 22 (1961); P. KAST, Unbekannte Dokumente zur Oper „Chi soffre speri" von 1637, in: FS H. Osthoff (Tutzing 1969); W. WITZEN-

MANN, Autographe M. M.s in der Bibl. Vaticana, in: Anal. Mus. 7 (1969) u. 9 (1970); M. GRACE, M. M. and the Development of the Latin Oratorio (Ann Arbor – Lo 1974); W. WITZENMANN, Die römische Barockoper „La vita humana", in: Anal. Mus. 15 (1975); DERS., Zum Oratorienstil bei D. Mazzocchi u. M. M., in: ebd. 19 (1979).
W. WITZENMANN

MARBECK (Marbecke, Marbek), **John,** ↗Merbecke.

MARCABRU, provenzalischer Troubadour, dessen dichterische Aktivität sich zwischen 1130 und 1148 entfaltet. Der in seiner überlieferten Biographie gegebene Hinweis, M. sei ein Findelkind gewesen, erklärt möglicherweise die nicht dokumentierten Daten seines Lebens. M.s Lieder wenden sich in einem auch von ihm selbst als „dunkel" erkannten Stil („trobar clus") häufig gegen die Höfischkeit („cortezia") und die sich in ihrer Folge einstellende Depravierung der Sitten. Seinem Angriff auf Eble II. von Ventadorn (Ebolus cantator, 1096 bis 1147) sowie seiner Polemik gegen den Adel liegt dabei eine geistige Konzeption der höfischen Liebe zugrunde, die entscheidend biblisch inspiriert ist. Sein berühmtes Kreuzzugslied gegen die Almoraviden *Pax in nomine Domini* belegt beispielhaft M.s ethisches und soziales Engagement für den Niedergang der eitlen, sichtbaren Welt und ihre Restituierung nach den Prinzipien des Glaubens. Der strenge Moralist mit der erhabenen Stilgebärde hinterließ darüber hinaus die erste provenzalische Pastourelle *(L'autr'ier jost' una sebissa)* und eine ebenfalls von der mündlichen Liedtradition des Volkes inspirierte Romanze *(A la fontana del vergier),* deren Anmut und Schlichtheit den Umfang seiner dichterischen Möglichkeiten belegen. Unter seinen etwa 50 überlieferten Texten sind auch einige mit musikalischer Notierung erhalten. Wie wesentlich gerade ihm das Zusammenspiel von Wort und Klang war, bezeugt die zweite Zeile seines erwähnten Kreuzzugliedes: *Fetz Marcabrus lo vers e'l so* (M. hat das Gedicht und die Melodie verfaßt).

Ausg.: J. M. DEJEANNE, Poésies complètes du troubadour M. (Toulouse 1909) (= Bibl. Méridionale I/12); F. GENNRICH, Der musikal. Nachlaß der Troubadours, 3 Bde. (Da 1958–65) (= Summa musicae medii aevi 3–4); DERS., Lo gai saber (Da 1959) (= Musikwiss. Studienbibl. 18/19).

Lit.: K. LEWENT, Beitr. zum Verständnis der Lieder M.s, in: Zschr. für romanische Philologie 37 (1913); K. VOSSLER, Der Trobador M. u. die Anfänge des gekünstelten Stiles (Mn 1913) (= Sitzungsberichte der Bayerischen Akad. der Wiss. 11); A. FRANZ, Der Troubadour M. (Marburg 1914); C. APPEL, Zu M., in: Zschr. für romanische Philologie 43 (1923); G. ERRANTE, M. e le fonti sacre dell'antica lirica romanza (Fi 1948) (= Bibl. Sansoniana Critica 12); E. KÖHLER, Trobadorlyrik u. höfischer Roman (B 1962) (= Neue Beitr. z. Literaturwiss. 15); U. MÖLK, Trobar clus, trobar leu. Stud. z. Dichtungstheorie der Trobadors (Mn 1968); S. M. OLSON, M.'s Psychomachy (New Haven/Conn. 1971) (= Diss. Yale Univ.); Grundriß der romanischen Literaturen des MA, II: Les genres lyriques I, Fasc. 5, hrsg. v. E. KÖHLER (Hei 1979).
W.-D. LANGE

MARCATO (it., = bedeutsam, nachdrücklich), Anweisung für einen dem Wortsinn entsprechenden musikalischen Vortrag; gelegentlich heißt es auch *ben marcato.* Eine ähnliche Bedeutung hat das Zeichen > über einzelnen Noten.

MARCELLO. – 1) Alessandro, * 24.8.1669 Venedig, † 19.6.1747 Padua; it. Philosoph, Mathematiker, Maler und Dichter. Er trat auch als Komponist hervor. Sein Oboenkonzert in d-moll, das zeitweise auch A. Vivaldi zugeschrieben wurde, bearbeitete J. S. Bach als Vorlage für sein Cembalokonzert BWV 974.

WW (z. T. unter dem Arcadiernamen Eterio Stinfalico erschienen): Sonaten für V. u. B.c. (Au 1708); *La Cetra. Concerti* für Ob. oder Fl. mit Solo-V. u. Str. (Au 1708); Ob.-Konzert d-moll in dem Sammeldruck *Concerti a cinque* (A um 1717); Cantate für Sopran oder Alt u. B.c. (V 1708).

2) Benedetto, Bruder von 1), * 24.7.1686 Venedig, † 25.7.1739 Brescia; it. Komponist. Er entstammt einer venezianischen Adelsfamilie und wurde durch G. Tartini (Violine), F. Gasparini und A. Lotti (Komposition) ausgebildet. Er studierte Jura, wurde 1711 Advokat und 1716 Mitglied des Consiglio dei Quaranta. 1730 wurde er Provveditore in Pola und 1738 Camerlengo in Brescia, wo er jedoch schon im folgenden Jahr an Tuberkulose starb. Durch seine musikalischen und literarischen Schriften schon früh bekannt geworden, war er bereits 1712 Mitglied der Accademia Filarmonica in Bologna und 1718 – unter dem Pseudonym Driante Sacreo – Mitglied der Arcadia in Rom geworden.

WW: **1) Instr.-WW:** Sonaten für Fl. u. B.c., op. 2 (V 1712), in anderer Anordnung u. teilweise transponiert (Lo um 1733); Sonaten für Vc. u. B.c. (Lo um 1733); *Sonate a tre* für 2 Vc. oder Viole da gamba u. B.c. (A o. J.); *Concerti a cinque* mit Solo-V. u. -Vc., op. 1 (V 1708). – **2) Vokal-WW:** *Estro poetico-armonico. Parafrasi sopra li... salmi,* 8 Bde. (V 1724–26, ²1776), 8 Bde. in 1 Bd. (R 1739); *Canzoni madrigalesche et arie per camera* für 2–4 St. (Bol 1724). Hsl. erhalten: Intermedium *Arianna;* etwa 170 Kantaten, Arien, Duette, Serenate; mehrere Messen, Lamentationen u. a. kirchenmusikal. Werke; Oratorium *Giuditta.* – **3) Schriften:** *Rime varie* (V 1717); *Il teatro alla moda* (V um 1720 u. ö.); *Lettera famigliare d'un accademico filarmonico*... (V 1705) (Echtheit unsicher). M. schrieb auch einige (hsl. erhaltene) Libretti.

Von den vielen Kompositionen des „nobile Veneto dilettante di contrappunto", wie M. sich selbst nannte, des „Musices Princeps", wie ihn sein Epitaph in Brescia bezeichnet, ist an erster Stelle der *Estro poetico-armonico* zu nennen, eine Sammlung von 50 Psalmvertonungen in der italienischsprachigen Fassung seines Freundes G. B. Giustiniani, die ihn in ganz Europa berühmt machte. Auf der Grundlage des Konzepts einer Erneuerung der antiken Musik, wie es die ↗Camerata Fiorentina vertrat und insbesondere in V. Galileis *Dialogo della mu-*

sica antica et della moderna (1581) formuliert worden war, strebte M. eine poetische wie musikalische Neufassung der hebräischen Psalmen an. Er verwendete ein der Monodie entsprechendes Kompositionsverfahren mit Generalbaßbegleitung einer oder mehrerer solistischer Stimmen. Im Gegensatz zur zeitgenössischen Monodie ist der Generalbaß hier über seine eigentliche begleitende Funktion hinaus als weitgehend selbständige Stimme konzipiert, so daß sich alte und neue Techniken verbinden. Möglicherweise verwendete M. hebräische Melodien als Cantus firmi, um einen höheren Grad an Authentizität zu erreichen. Jeder Band dieses Werkes enthält im Anschluß an die Vorrede Briefe bekannter Musiker, darunter Fr. Gasparini, A. Bononcini, J. Mattheson und G. Ph. Telemann. M.s bedeutendste Schrift ist der *Teatro alla moda*, eine brillante Satire auf den Opernbetrieb seiner Zeit. Er enthält wertvolle Nachrichten über die Aufführungspraxis barocker Opern.

Ausg.: **Zu 1):** Ob.-Konzert d-moll (Original der Vorlage zu BWV 974), hrsg. v. A. HOFFMANN (Wb 1963) (= Corona 76); dass., hrsg. v. H. RUF (Mz 1963) (= Antiqua 74); Concerto G-Dur für 4 Blockfl. u. Str., hrsg. v. G. CROCI (Wilhelmshaven o. J.). – **Zu 2):** Instr.-WW: Sonaten, op. 2 Nr. 1–4 und 6–7, hrsg. v. J. GLODE (Kas 1958–63) (= Hortus mus. 142, 151–152); op. 2 Nr. 8 u. 10, hrsg. v. H. RUF (Mz 1965); Cemb.-Sonaten, hrsg. v. L. SGRIZZI – L. BIANCONI (P 1971) (= Le pupitre 28); *Concerti grossi*, op. 1 Nr. 1, 3, 5 u. 7–8, hrsg. v. E. BONELLI (Padua 1960–66). – Vokal-WW: 6 Solokantaten, hrsg. v. G. BENVENUTO (Mi 1942) (= I classici musicali it. 2); *Arianna*, hrsg. v. R. NIELSEN (Bol 1956). – Schriften: *Il teatro alla moda*, hrsg. v. G. A. CAULA (Tn 1965).

Lit.: **Zu 1):** A. VANDER LINDEN – B. PAUMGARTNER, Zur Frage J. S. Bach – M., in: Mf 11 (1958). – **Zu 2):** T. WIEL, B. M. (V 1894); G. TINTORI, L'Arianna di B. M. (Mi 1951); H. CH. WOLFF, Die Lukrezia-Kantaten v. B. M. u. G. F. Händel, in: Händel-Jb. 3 (1957); C. SITES, More on M.'s Satire, in: JAMS 11 (1958); C. S. FRUCHTMAN, Checklist of Vocal Chamber Works by B. M. (Detroit 1967); G. FERRONI, L'opera letteraria di B. M. e l'inedita „Fantasia ditirambica eroicomica", in: Rassegna della letteratura it. 74 (1970); C. GALLICO, Prassi esecutiva nel „Teatro alla moda" di B. M., in: Studi musicali 1 (1972).

MARCHAL, André, * 6. 2. 1894 Paris, † 1980 St-Jean-de-Luz; frz. Organist. Er war blind und studierte Orgel am Conservatoire Paris bei E. Gigout. 1915–45 war er Organist an St-Germain-des-Prés, 1945–63 an St-Eustache und machte sich durch Konzertreisen auch international als glänzender Virtuose bekannt. 1913–59 unterrichtete er an der Institution nationale des jeunes aveugles. Sein Orgelspiel, besonders der Werke Bachs und französischer Meister des 17. und 18. Jh., war charakterisiert durch eine farbige Registrierung und wirkte wegweisend auf zeitgenössische Organisten.

Lit.: N. DUFOURCQ, A. M. et l'école d'orgue en France, in: L'organo 5 (1964–67).

MARCHAND, Louis, * 2. 2. 1669 Lyon, † 17. 2. 1732 Paris; frz. Organist und Komponist. Er wurde 1683 Organist an der Kathedrale von Nevers und 1693 an der Kathedrale von Auxerre. Wenig später kam er nach Paris, spielte dort seit spätestens 1698 die Orgel bei den Jesuiten in der Rue St-Jacques, bei den Cordeliers an St-Benoît und 1703–07 an St-Honoré. 1708–14 war er als Nachfolger G. Nivers' Organist der Chapelle Royale. Als Cembalo- und Orgelspieler von bedeutendem Ruf unternahm er seit 1714 Konzertreisen nach Deutschland und traf 1717 in Dresden mit J. S. Bach zusammen. Einem mit Bach angesetzten Wettspiel soll er sich durch Abreise entzogen haben. Auf der Rückreise nach Paris spielte er die soeben fertiggestellte Silbermann-Orgel des Straßburger Münsters. In Paris erlangte er rasch wieder sein früheres Ansehen, wirkte aber nun vornehmlich als Lehrer. Sein berühmtester Schüler war L.-Cl. Daquin. Als Komponist von Orgel- und Cembalowerken entwickelte M. einen sehr persönlichen Stil mit gefälliger Melodik, unerwarteten harmonischen Wendungen und lebhaften und kapriziösen Rhythmen.

WW: *Pièces de clavecin*, 2 Tle. (P 1702/03); *Pièces choisies pour l'Orgue* (P – Ly o. J.); weitere Org.- u. Cemb.-WW hsl.; 3 Cantiques spirituels, Kantate *Alcione* sowie frz. u. it. Airs hsl. u. in Sammeldrucken der Zeit.

Ausg.: *Pièces de clavecin*, hrsg. v. TH. DART (Monaco 1960); GA der Orgelwerke, hrsg. v. H. BONFILS (P 1977 ff.).

Lit.: G. B. SHARP, L. M., a Forgotten Virtuoso, in: MT 110 (1969); J.-M. BAFFERT, La jeunesse de L. M., in: Chigiana 6/7 (1971); N. DUFOURCQ, Pour une approche biographique de L. M. 1669–1732, in: Rech. Mus. 17 (1977); E. HIGGINBOTTOM, M., in: Grove[6] XI.

MÄRCHEN VOM SCHALKSNARREN, DER SIEBEN NARREN NARRTE, DAS (*Le Chout;* russ. Originaltitel: *Skaska pro schuta*), Ballett in sechs Bildern von Serge Prokofjew (1891–1953). Choreographie: Michail Larionow. UA: 17. 5. 1921 in Paris (Théâtre de la Gaîté-Lyrique); dt. EA: 1927 in Köln.

Als literarische Vorlage für das Libretto der Ballettpantomime wählte Prokofjew aus A. N. Afanasjews russischer Märchensammlung (*Narodnye russkie skaski,* Moskau 1855–63) das groteske Märchen vom Narren, der sich erst in eine Ziege, anschließend in ein Küchenmädchen verwandelt, um in zwei weiteren Streichen sechs andere Narren zu übertölpeln. Märchenphantastik und Situationskomik regten den Komponisten zu einer originellen künstlerisch-musikalischen Gestaltung an: Die sinfonisch durchgeformte Komposition ist durch Leitthemen geprägt, die dem Narren, dem Kaufmann und dem Küchenmädchen zugeordnet sind. Bizarre melodische Wendungen (Vorschläge, Triller, ungewöhnliche Intervallsprünge) akzentuieren den illustrativen Charakter der Musik, deren

Konzeption durch eine homogene, dem Atonalen angenäherte Harmonik, elementar-tänzerische Rhythmen und volksliedhafte Themen bestimmt ist. – Als „sehnlichst erwartetes Produkt russischer Exotik" und „wahrhaftige Kaskade von Ideen, unerschöpflichen Einfällen von Farbe, Rhythmus und Melodie" (I. Nestjew) apostrophiert, wurde das Werk bei der UA sowohl vom Publikum als auch von den Kritikern enthusiastisch aufgenommen.

G. LUDIN

MÄRCHEN VOM ZAREN SALTAN, VON SEINEM SOHNE, DEM BERÜHMTEN UND MÄCHTIGEN HELDEN GUIDON, UND DER SCHÖNEN PRINZESSIN SCHWANHILDE, DAS *(Skaska o zare Saltane, o syne ego slwawnom i mogutschem bogatyre knjase Gwidone Saltanowitsche i o prekrasnoi zarewne Lebedi),* Oper in 4 Aufzügen und einem Vorspiel von Nikolai Rimski-Korsakow (1844–1908), Text von Wladimir Belski nach dem gleichnamigen Märchen Alexander Puschkins (1832). UA: 21. 10. (3. 11.) 1900 in Moskau (Privattheater); dt. EA (in dt. Sprache): 2. 3. 1928 in Aachen.

Die wesensbestimmenden Merkmale eines Märchens – insbesondere die charaktermäßige „Unwahrscheinlichkeit" seiner Figuren und die Freiheiten einer Handlungsfügung, die den Regeln der Kausalität nicht unterworfen sein muß – kamen auch in diesem Werk den künstlerischen Neigungen Rimski-Korsakows entgegen: hier waren wiederum statt psychisch motivierter Prozesse und dramatischer Entwicklungen vielmehr das an den szenischen Augenblick gebundene Atmosphärische sowie die Symbole einer bilderreichen Illusionsbühne musikalisch zu verdeutlichen. Die Geschichte vom Zaren Saltan, der seine Frau und Guidon, seinen Sohn, verstößt und erst wieder zu ihnen zurückfindet, nachdem Guidon zum Herrscher über ein Zauberreich geworden ist, eröffnete dem Komponisten eine Fülle reizvoller Möglichkeiten, diese „wunderbaren", von humoristischen Elementen durchsetzten Geschehnisse in einer – vor allem von höchst nuancierten instrumentatorischen Kunstmitteln geprägten – Tonsprache sinnfällig zu präsentieren. Der illustrative Grundzug der Partitur zeigt sich nicht zuletzt in den breiten Orchesterzwischenspielen, denen Verse aus dem Puschkin-Märchen als „Programm" beigegeben sind, sowie in jenem durch mannigfache Bearbeitungen populär gewordenen Abschnitt, der den Flug der Hummel – in dieser Gestalt macht sich Guidon in das Land seines Vaters auf – darstellen soll.

E. FISCHER

MARCHESI. – 1) Salvatore, Cavaliere de Castrone, Marchese della Rajata, * 15. 1. 1822 Palermo, † 20. 2. 1908 Paris; it. Sänger (Bariton). Nach seinem Gesangstudium in Mailand mußte er 1848 wegen seiner Teilnahme an der Revolution in die USA fliehen und debütierte in New York in G. Verdis *Ernani.* Später setzte er seine Ausbildung noch bei M. García in Paris fort. Nach seiner Heirat mit der Sängerin Mathilde Graumann 1852 wirkte er mit ihr zusammen als Gesanglehrer in Wien und Paris und trat mit ihr gemeinsam in Konzerten auf. Er gab eine Gesangschule und Vokalisen heraus und übersetzte französische sowie mehrere Wagner-Opern *(Fliegender Holländer, Tannhäuser, Lohengrin)* ins Italienische. Als Komponist trat er mit italienischen Kanzonetten, französischen Romanzen und deutschen Liedern hervor. – **2) Mathilde,** geborene Graumann, Frau von 1), * 24. 3. 1821 Frankfurt a. M., † 17. 11. 1913 London; dt. Sängerin (Sopran). Sie war seit 1843 Schülerin von O. Nicolai in Wien und 1845–49 von M. García in Paris und trat als Konzertsängerin erfolgreich in Paris, London und Deutschland auf. 1854 wurde sie zusammen mit ihrem Mann als Gesanglehrer an das Wiener Konservatorium berufen. 1861 gründete M. in Paris eine eigene Gesangschule. Nach einem kurzen Aufenthalt in Köln unterrichtete sie mit ihrem Mann erneut in Wien (1868–78) und danach wieder in Paris. M. M. war neben P. Viardot-García eine der berühmtesten Gesanglehrerinnen des 19. Jahrhunderts. N. Melba war ihre Schülerin.

Schriften: Gesangschule *Ten Singing Lessons* (NY 1910), Nachdruck als: *Theoretical and Practical Vocal Method* (NY 1970). – Memoiren: *Erinnerungen aus meinem Leben* (W 1877) u. *Aus meinem Leben* (W 1888).

3) Blanche, Tochter von 1) und 2), * 4. 4. 1863 Paris, † 15. 12. 1940 London; it. Sängerin (Sopran). Sie ging 1896 nach London, trat auch als Opernsängerin auf, wurde aber vor allem als Konzertsängerin bekannt. Sie schrieb ein Lehrbuch, *The Singer's Catechism* (Lo 1932), und veröffentlichte ihre Autobiographie unter dem Titel *A Singer's Pilgrimage* (Lo 1923, Nachdr. 1977).

Lit.: **Zu 2):** R. SIETZ, in: Rheinische Musiker 2, hrsg. v. K. G. Fellerer (Kö 1962) (= Beitr. z. rheinischen Musikgesch. 53); DERS., Ein Brief v. M. M. an F. Hiller, in: Mitteilungen der Arbeitsgemeinschaft für rheinische Musikgesch. 34 (1969).

MARCHETTUS DE PADUA (Marchetto da Padova), it. Musiktheoretiker des 14. Jahrhunderts. Von M. sind 3 Musikschriften überliefert. Das aus 16 kleinen Traktaten bestehende *Lucidarium* behandelt Definition und Einteilung der Musik, Tonarten, Konsonanzen und Dissonanzen sowie die Unterteilung des Ganztons. M.' Fünfteilung des Ganztons (gegenüber der herkömmlichen Neunteilung) wurde später von Prosdocimus de Beldemandis und Johannes Gallus (Jean Lecocq) kritisiert.

Das *Pomerium* ist die früheste Quelle für die Theorie der italienischen Mensuralnotation des 14. Jh. und ihre Besonderheiten gegenüber der *Ars nova* Ph. de Vitrys. Die *Brevis compilatio* stellt eine geraffte Zusammenfassung des *Pomerium* dar.

Schriften: *Lucidarium in arte musicae planae* (1317–18); *Pomerium in arte musicae mensuratae* (1321–26); *Brevis compilatio in arte musicae mensuratae.*

Ausg.: *Lucidarium* u. *Pomerium*, in: GERBERT Scr. III; *Brevis compilatio*, in: COUSSEMAKER Scr. III; *Pomerium*, hrsg. v. J. VECCHI (1961) (= CSM 6).

Lit.: N. PIRROTTA, M. de P. ..., in: MD 9 (1955); M. L. MARTINEZ-GÖLLNER, M. of P. and Chromaticism, in: L'ars nova it. del Trecento 3. Kgr.-Ber. Certaldo 1969; I. ADLER, Fragment hébraïque d'un traité attribué à M. de Padoue, in: Yuval 2 (1971); F. A. GALLO, Marchetus in Padua u. die „franko-venetische" Musik des frühen Trecento, in: AfMw 31 (1974).

MARCHING BAND, Brass Band (engl.), Blechblasorchester nordamerikanischer Neger, wie es um die Mitte des 19. Jh. im Süden der USA in Anlehnung an die Militärorchester der Weißen entstand. Die M. B.s übernahmen zunächst europäisch-amerikanische Marschmusik, erweiterten jedoch bald ihr Repertoire durch Einbeziehung der verschiedensten Ausprägungen afroamerikanischer Musik und ihrer typischen Ausdrucksmittel bzw. Spielweisen (↗Blues, ↗Hot-Intonation). Die M. B.s, die bei allen möglichen Anlässen auftraten, spielten insbesondere mit den daraus entwickelten ↗Street Bands eine wichtige Rolle in der Frühphase des Jazz, im ↗New Orleans Jazz.

MARCO, Tomás, * 12. 9. 1942 Madrid; span. Komponist. Er studierte Jura und Musik in Madrid, war 1962–67 Mitarbeiter von Tageszeitungen und Zeitschriften und gründete 1967 die Zeitschrift *Sonda* für zeitgenössische Musik. 1969 übernahm er die Leitung der Musikabteilung des Spanischen Rundfunks in Madrid. 1967 hatte er in K. Stockhausens Gemeinschaftskomposition *Ensemble* mitgearbeitet und das Duodram *Anna Blume* (für 2 Sprecher, 5 Bläser und 2 Schlagzeuger) komponiert. Auf dieser Linie liegen auch seine weiteren Werke, vorwiegend Kammermusik mit charakteristischen Schlagzeugimpulsen.

WW: **1) Kompositionen:** Kammermusik; für Orch.: *Los caprichos* (1967); *Angelus novus* (1971); V.-Konzert *Les mécanismes de la mémoire* (1973); *Escorial* (1974). – *Anna Blume* (1967) für 2 Sprecher, Ob., Fl., Saxophon, Trp., Klar. u. 2 Schlagzeuger; *Cantos del pozo artesiano* (1967) für Schauspielerin, Fl., Horn, Trp., Pos., V., Vc., Kb., 2 Schlagzeuger u. Baßtuba. – **2) Schriften:** *Música española de vanguardia* (Ma 1970); *La música de la España contemporánea* (Ma 1971).

Lit.: G. GÓMEZ AMAT, T. M. (Ma 1974); T. MARCO, in: Artistas españolos contemporáneos 74 (Ma 1974).

MARCUSSEN & SØN, dänische Orgelbaufirma. Sie wurde 1806 von **Jürgen Marcussen** (1781 bis 1860) in Satrup gegründet und 1830 nach Aabenraa (Apenrade) verlegt. 1825 trat M.s Schüler **Andreas Peter Wilhad Reuter** (1798–1847) in die Werkstatt ein, die nun als „Marcussen & Reuter" firmierte. Unter der Leitung von M.s Urenkel **Sybrand Alexander Zachariassen** (1900–1960) gewann die Firma internationalen Ruf. Seit 1960 hat sein Sohn **Sybrand Jürgen Zachariassen** (* 1931) die Leitung der Werkstatt inne. Zu den wichtigsten von M. erbauten Orgeln zählen: Schloßkapelle Kronborg bei Helsingør (1843; 2 Man., 20 Reg., unverändert erhalten); Göteborg, Dom (1849; 3 Man., 42 Reg.); Lund, Dom (1868; 3 Man., 61 Reg., 1934 auf 4 Man., 101 Reg. erweitert); Göteborg, Konserthus (1937; 5 Man., 100 Reg.); Sorø, Klosterkirche (1942; 3 Man., 37 Reg.); Kopenhagen, Rundfunk (1946; 5 Man., 84 Reg.), Utrecht, Nikolaikerk (1956; 3 Man., 33 Reg.), Freiburg, Münster, Langschifforgel (1965; 2 Man., 21 Reg.); Linz (Österreich), Neuer Dom (1968; 4 Man., 70 Reg.); Lübeck, Dom (1970; 3 Man., 47 Reg.); Rotterdam, Laurenskerk (1973; 4 Man., 84 Reg.); Meldorf, Dom (1977; 3 Man., 42 Reg.). Restaurierungen historischer Orgeln wurden u. a. vorgenommen in Haarlem, St. Bavo (Chr. Müller, 1738), und Leufsta Bruk in Schweden (Cahman, 1728).

Lit.: N. FRIIS, M. (Aabenraa 1956).

MARÉ, Rolf de, * 9. 5. 1888 Stockholm, † 28. 4. 1964 Barcelona; schwedischer Choreograph. Er gründete 1920 in Paris mit Jean Börlin die „Ballets suédois". Für diese Gruppe entwarf er die Choreographie zu folgenden Balletten: *El Greco* (D.-E. Inghelbrecht, 1920–23 Dirigent der Truppe, 1921), *L'Homme et son désir* (D. Milhaud, 1921), *Les mariés de la Tour Eiffel* (Gemeinschaftskomposition der Groupe des Six mit Text von Jean Cocteau, 1921), *Skating Ring* (*Rollschuhballett,* A. Honegger, 1922), *La Création du Monde* (D. Milhaud, 1923). Die Gruppe wurde bereits 1925 wieder aufgelöst. 1920–27 leitete M. das Théâtre Comédie et Studio des Champs-Élysées und gründete 1933 die 1950 aufgelösten Archives Internationales de la Danse, deren Bestände sich jetzt in Stockholm (Öffentliches Museum) befinden.

MARÉCHAL, Maurice, * 3. 10. 1892 Dijon, † 19. 4. 1964 Paris; frz. Violoncellist. Er studierte u. a. bei Charles Lefebvre und P. Dukas am Pariser Conservatoire, wo er 1942–63 unterrichtete. Seit 1912 trat er als Solist, zeitweise auch im Trio mit A. Cortot und J. Thibaut auf. 1950 wurde M. Ritter der Ehrenlegion. M. Ravel, A. Honegger und D. Milhaud überließen ihm Uraufführungen ihrer Werke.

Lit.: L. S. GINSBURG, M. Mareschal (Mos 1972).

MARENZIO, Luca, * 1553 oder 1554 Coccaglio bei Brescia, † 22. 8. 1599 Rom; it. Komponist. Er war wahrscheinlich Chorknabe am Dom von Brescia, dessen Kapelle 1565–67 von G. Contino geleitet wurde, der vielleicht auch sein Lehrer war. Seine erste Anstellung fand M. in Rom bei dem Kardinal Cristoforo Madruzzo († 1578). Danach trat er in Rom in die Dienste des Kardinals Luigi d'Este (des Bruders des Herzogs von Ferrara, Alfonso d'Este), der 1586 starb. In dieser Zeit veröffentlichte er seine ersten Madrigalsammlungen; möglicherweise nahm er damals auch Kontakt mit dem Hof von Ferrara auf. Nachdem seine Bemühungen um die Kapellmeisterstelle an der herzoglichen Kapelle von Mantua erfolglos blieben, ging er 1588 an den Hof von Florenz. An den dortigen Festlichkeiten anläßlich der Hochzeit des Großherzogs Ferdinando I. dei Medici mit Christine von Lothringen (1589) war er als Komponist (2. und 3. Intermedium zu der Komödie *La pellegrina* von G. Bargagli) und als Sänger beteiligt. Im Herbst kehrte M. nach Rom zurück, wo er Mitglied der „Vertuosa Compagnia dei Musici“ war und die Protektion des Prinzen Virginio Orsini, des Kardinals Cinzio Aldobrandini und sogar des Papstes Clemens VIII. erhielt. 1596 hielt er sich am Hof König Sigismunds von Polen in Warschau auf, 1598 ist er in Venedig, 1599 wieder in Rom bezeugt, wo er im selben Jahr starb. Sein Grab befindet sich in S. Lorenzo in Lucina.

WW (mit z. T. zahlr. Neudrucken u. Aufl.): Madrigale: für 4 St. (R 1585), für 4–6 St. (V 1588); 9 Bücher für 5 St. (V 1580, 1581, 1582, 1584, 1585, 1594, 1595, 1598, 1599); 6 Bücher für 6 St. (V 1581, 1584, 1585, 1587, 1591, 1595); *Madrigali spirituali* für 6 St. (R 1584, erweitert Nü 1610); 5 Bücher Villanellen u. Canzonetten für 3 St. (V 1584, 1585, 1585, 1587, 1587), Ausw. daraus mit dt. Texten, hrsg. v. V. Haußmann (Nü 1606); zahlr. Madrigale in etwa 100 Sammeldrucken 1577–1627, mehrere auch in gedruckten Lautentabulaturen des 16. Jh. – Motetten für 4 St. (R 1585); *Sacrae cantiones* für 5–7 St. u. B.c. (postum V 1616). – Die Intermedien von 1589 wurden gedruckt in RISM 1591^7.

Die zahlreichen Nachdrucke der Werke M.s bezeugen den Ruhm, den er in den verschiedenen musikalischen Kreisen in Italien und in anderen europäischen Ländern genoß, und machen den Einfluß auf die Komponisten seiner Zeit und der unmittelbaren Nachwelt verständlich. Besonders sind hier zu nennen in Italien Cl. Monteverdi, in Deutschland H. L. Haßler, H. Schütz und J. H. Schein, in England J. Wilbye, Th. Weelkes und J. Dowland (der sein direkter Schüler war). Mit C. Gesualdo und Monteverdi ist M. einer der großen Madrigalisten des späten 16. Jahrhunderts. In der Tradition C. de Rores und G. Gabrielis stehend, sind seine Madrigale durch Eleganz der Melodik, Klarheit und Ebenmaß des Rhythmus und eine lyrische Grundhaltung von großer Farbigkeit und Delicatezza gekennzeichnet. M. versteht es, gelehrte Kontrapunktik mit ruhigen homorhythmisch deklamierten Abschnitten abwechseln zu lassen und berücksichtigt sorgfältig die Prosodie der Worte, vor allem in den Madrigalen, die aus der Zeit nach dem Wirken der ↗Camerata Fiorentina stammen. M.s besondere Aufmerksamkeit gilt dem musikalischen Ausdruck von Sinn und Affekt der Texte (von Francesco Petrarca, Iacopo Sannazaro, Torquato Tasso, Giovanni Battista Guarini), u.a. mit Hilfe von Chromatik, die freilich weniger kühn ist als bei Gesualdo. Auch in der Verwendung musikalisch-deskriptiver Mittel ist M. sparsam.

M.s Villanellen zeichnen sich durch Frische, Eleganz und Unmittelbarkeit der musikalischen Sprache aus. Die beiden Intermedien von 1589 haben die Rivalität der Musen und der Pieriden sowie den Sieg Apollos über den Drachen Python zum Inhalt. Erhalten sind davon eine kurze instrumentale Sinfonia und 7 mehrstimmige vokale Sätze (über Texte von O. Rinuccini). Diese sind instrumentalbegleitet und reichen in der Besetzung von 3 Stimmen bis zu 3 Chören (davon einer mit 18 Stimmen). Sie zeigen eine homorhythmische Satzweise, die dem Text starkes deklamatorisches und dramatisches Profil verleiht. In M.s kirchenmusikalischen Werken sind gleichermaßen die römische Palestrina-Tradition wie expressive venezianische Elemente wirksam.

Ausg.: Sämtliche Werke, hrsg. v. A. EINSTEIN, nur 2 Bde. erschienen (1.–6. Buch der 5st. Madrigale) (L 1929, 1931, Nachdr. Hil 1967) (= PäM 4 u. 6); Opera omnia, hrsg. v. B. MEIER – R. JACKSON (1976 ff.) (= CMM 72), bisher erschienen Bd. 1–4 (*Sacrae cantiones* u. a. Motetten sowie 1. u. 2. Buch der 6st. Madrigale); The Secular Works, hrsg. v. S. LEDBETTER – P. MYERS (NY 1977 ff.), bisher erschienen Bd. 7 u. 14; Villanellen, 1. Buch, hrsg. v. M. BARONI (Mi 1964) (= Mon. Mus. Lombarda A/2); ferner zahlr. praktische Ausg. von Madrigalen. – Musique des intermèdes de „La pellegrina“, hrsg. v. D. P. WALKER u. a. (P 1963) (= Le chœur des muses o. Nr.).

Lit.: F. X. HABERL, L. M., eine bio-bibliographische Skizze, in: KmJb 15 (1900); H. ENGEL, L. M. (Fi 1956); W. W. WADE, The Sacred Style of L. M. as Represented in His Four-Part Motets, 2 Bde. (Evanston 1959) (= Diss. Northwestern Univ.); D. ARNOLD, M. (Lo 1965); S. LEDBETTER, L. M. New Biographical Findings (1971) (= Diss. Univ. of New York); J. CHATER, Fonti poetichi dei madrigali di L. M., in: RIMus 13 (1978); S. LEDBETTER, M.'s Early Career, in: JAMS 32 (1979); DERS. – R. JACKSON, M., in: Grove[6] XI; B. MEIER, Zum Gebrauch der Modi bei M., in: AfMw 38 (1981).

MARESCHALL (Mareschal, Marschal, Marshall), **Samuel,** * 22.(?) 5. 1554 Tournai, † zwischen 23. 4. und 17. 12. 1640 Basel; franko-flämischer Komponist. Er ließ sich 1576 in Basel nieder, wo er 1577 Nachfolger des ersten protestantischen Münsterorganisten, Gr. Meyer, und Professor musices an der Universität wurde. Daneben versah er den Musikunterricht an den Gymnasien. Seine *Psalmen Davids* und *Der gantz Psalter* enthalten 4st. Kantionalsätze, bei denen die Melodie im Diskant liegt. In seinen hsl. Orgeltabulaturen pflegt er noch den zu seiner Zeit bereits lange veralteten Stil der sogenannten Koloristen nach Art C. Paumanns und des Buxheimer Orgelbuchs.

WW: *Der gantz Psalter* (nach A. Lobwasser), 2. Teil: *Psalmen Davids … und geistliche Lieder von D. Martin Luther und anderen* für 4 St. (Bas 1606 u. ö.); *Melodiae suaves* (Psalmen u. Hymnen für 4 St. sowie ein Traktat) (Bas 1622); 4 Orgeltabulaturbücher (hsl.); Traktat *Porta musices* (Bas 1589).

Ausg.: Selected Works, hrsg. v. J.-M. BONHÔTE (R 1968) (= Corpus of Early Keyboard Music 27).

Lit.: W. MERIAN, Der Tanz in den dt. Tabulaturbüchern (L 1927, Nachdr Hil – Wie 1968) (darin 4 Stücke); R. KENDALL, The Life and Works of S. M. 1554–1640, in: MQ 30 (1944); A. VAN DER LINDEN, La légende d'un psautier perdu de S. M., in: Hommage à Ch. van den Borren, Mélanges (An 1945); M. JENNY, Gesch. des deutschschweizerischen ev. Gesangbuches im 16. Jh. (Bas 1962).

MARESCOTTI, André François, * 30. 4. 1902 Carouge bei Genf; Schweizer Komponist. Er studierte am Genfer Konservatorium und seit 1924 in Paris bei Roger-Ducasse. 1925 wurde er in Genf Kapellmeister an Sacré-Cœur und 1940 an St-Joseph und lehrte seit 1931 Klavier und Instrumentation am Konservatorium. Zunächst weitgehend von M. Ravel, I. Strawinsky und der Groupe des Six beeinflußt, verwendete M. seit den 50er Jahren auch serielle Techniken.

WW: **1) Instr.-WW:** Für Orch.: *Ouverture pour la comédie de celui qui épousa une femme muette* (1931); *Prélude au Grand Meaulnes* (1934); *Aubade* (1937); 1., 2. u. 3. *Concert Carougeois* (1942, 1959, 1966); Ouvertüre *Festa* (1961); *Hymnus* (1963); *Giboulées* (1949) für Fag. u. Orch.; Klv.-Konzert (1957). – **2) Vokal-WW:** *3 poèmes majeurs de Saint Jean de la Croix* (1954) für Sopran, Frauen- u. Kinderchor ad lib.; 3 Motetten für gem. Chor u. Org. (1967); 3 *Incantations* (1969) für gem. Chor u. Schlagzeug. – **3) Bühnen-WW:** Ballett *Les anges du Gréco*, UA: Zürich 1947, daraus 2 Orch.-Suiten; Bühnenmusik zu: F. Timmermann, *Où l'étoile s'arrêta* (1937); R. Morax, *La lampe d'argile* (1947); ders., *Job le vigneron* (1953). – Ferner die Abh. *Les instruments d'orchestre* (1948–49).

Lit.: A. GOLÉA, A. F. M. (P 1963) (mit Werk-Verz.); DERS., in: SMZ 104 (1964); S. SCHULER, A.-F. M., in: ebd. 108 (1968); A. JACQUIER, Hommage à A.-F. M., in: ebd. 112 (1972).

MARGARETHE, Oper in 5 Akten von Charles Gounod (1818–93), Text von Jules Barbier und Michel Carré nach dem 1. Teil von J. W. von Goethes *Faust.* Ort und Zeit der Handlung: eine deutsche Kleinstadt, im 16. Jahrhundert. UA: 19. 3. 1859 als *Faust* in Paris (Théâtre-Lyrique); dt. EA (in dt. Sprache): 10. 2. 1861 in Darmstadt.

Gounods *Faust*-Vertonung, die in Deutschland meist unter dem Titel *Margarethe* gespielt wird, ist einer der bedeutendsten Beiträge zur Gattung der lyrischen Oper und zugleich einer der größten Erfolge in der Geschichte des Musiktheaters: In Paris fand am 31. 12. 1934 die 2000. Aufführung statt; in New York spielte man *Margarethe* zur Einweihung des Metropolitan Opera House. – Unter den Händen des versierten Autorenteams wandelte sich Goethes Drama zu einer bühnenwirksamen Liebesgeschichte, deren psychodramatisches Zentrum Margarethes Liebe zu Faust ist; die komplexe literarische Vorlage läßt sich lediglich noch als bloßes Handlungsgerüst erkennen. Trotz anfänglich kühler Aufnahme (den Franzosen erschien das Werk „zu deutsch"; in Deutschland verurteilte man den „respektlosen" Umgang mit Goethes Meisterwerk) setzte sich *Margarethe* bald durch. Ursprünglich war die Oper mit gesprochenen Dialogen konzipiert, doch schon für die Straßburger Aufführung von 1860 schrieb der Komponist Rezitative nach und erfüllte somit die Voraussetzung für eine spätere Übernahme des Werkes an die Pariser Opéra (1869, mit Christine Nilsson als Margarethe). Anläßlich der englischen EA (1864) komponierte Gounod für den Bariton Sir Charles Stanley *Valentins Gebet (Avant de quitter ces lieux),* eine der berühmtesten Nummern der Oper. *Margarethe* weist verschiedene Züge der Grand-opéra auf, die sich besonders in der szenischen Ausweitung der Einzelnummern und in der Rezitativgestaltung manifestieren. Leit- und Erinnerungsmotive sowie fließende Übergänge zwischen den einzelnen Stükken bewirken eine für Nummernopern ungewöhnliche musikdramatische Stringenz. Eine Fülle eingängiger Melodien und subtile Instrumentierungskunst zeichnen zudem diese Oper aus. Beliebte Einzelnummern sind unter anderem Margarethes *Lied vom König von Thule,* ihre *Juwelenarie* sowie Mephistos *Rondo vom goldenen Kalb.*

R. QUANDT

MARIA ANTONIA WALPURGIS, Kurfürstin von Sachsen, * 18. 7. 1724 München, † 23. 4. 1780 Dresden. Sie war eine Tochter des Kurfürsten von Bayern und nachmaligen Kaisers Karl VII. Ihre Musiklehrer waren in München G. Ferrandini und N. Porpora, nach ihrer Heirat (1747) mit Prinz Friedrich Christian, 1763 Kurfürst von Sachsen, N. Porpora und J. A. Hasse in Dresden, wo sie eine wichtige Rolle in der Musikpflege des Hofes spielte. M., die auch eine begabte Malerin war, gehörte der Arcadia in Rom an; sie schrieb Libretti und Musik zweier Opern, *Il trionfo della fedeltà* (UA Dresden 1754, gedruckt L 1756 als erster Typendruck des Verlags Breitkopf) und *Talestri* (UA Nymphenburg 1760, gedruckt L 1765), italienische Kantatentexte und für Hasse das Libretto zu dem Oratorium *La conversione di S. Agostino.*

Lit.: H. DREWES, M. A. W. als Komponistin (Bonn – L 1934).

MARIACHIS (span., von frz. mariage = Hochzeit), Bz. für Instrumentalensembles der mexikanischen Volksmusik, die aus mehreren Geigen, Gitarren (u.a. ein Guitarrón = Baßgitarre), häufig einer Harfe und Blasinstrumenten (Klarinetten, Trompeten) bestehen. Meist begleiten die M. einen Sänger oder übernehmen selbst die Gesangspartien. Zum charakteristischen Repertoire der M. zählen die ↗Corridos. – Der Ursprung der in spanischer Tradition stehenden, aber auch andere europäische Einflüsse aufweisenden M. wird im Bundesstaat Jalisco mit der Hauptstadt Guadalajara vermutet (die farbenfroh gekleideten Musikanten wurden irrtümlicherweise von den französischen Soldaten, die sich 1864–66 zur Unterstützung Kaiser Maximilians in Mexiko aufhielten, als Hochzeitskapellen bezeichnet). Typisch für sie ist auch die Tracht der in den nördlichen Regionen beheimateten Charros (berittene Viehhirten), in denen die M. heute in ganz Mexiko auftreten.

MARIANISCHE ANTIPHONEN (lat.: antiphonae finales Beatae Mariae Virginis), Bz. für gregorianische Gesänge zu Ehren Mariens, mit denen das tägliche Stundengebet der katholischen Kirche beschlossen wird. Zunächst waren sie für das marianische Offizium und in gewohnter Zuordnung zu den Psalmen geschaffen, haben sich jedoch aus diesem Verbund gelöst und sind zu selbständigen Gesängen geworden (Prozessions-↗Antiphon). Gefördert durch die aufblühende Marienfrömmigkeit des Hoch- und Spätmittelalters, entstanden zahlreiche psalmlose Antiphonen, deren Texte häufig auf Verse des Hohenliedes zurückgingen und zunehmend im marianischen Sinne ausgedeutet wurden. In der kirchlichen Liturgie haben sich vornehmlich 4 M. erhalten: 1. *Alma Redemptoris Mater* (für die Advents- und Weihnachtszeit; bis zum 1. Februar), 2. *Ave Regina Coelorum* (für die Zeit vom Fest Mariä Lichtmeß [2. Februar] bis zum Mittwoch der Karwoche), 3. *Regina Coeli* (für den Osterfestkreis) und 4. *Salve Regina* (für die Zeit vom Dreifaltigkeitssonntag bis zum Freitag vor dem 1. Adventssonntag). Die Zusammenstellung dieser 4 M. als Abschlußgesänge der Komplet findet sich erstmals 1249 bei den Franziskanern überliefert. 1350 übernahm Papst Clemens V. diese Ordnung für das neue Kurialbrevier. Der Brevierreform Pius' V. (1568) entsprechend sollte jede im Chor gefeierte Gebetszeit mit einem Gruß an die Gottesmutter beschlossen werden. Die Ritenkongregation beschränkte 1955 die M. wieder auf die Komplet. Das neue Stundenbuch von 1971 ordnet diese Gesänge nicht mehr bestimmten Zeiten im Kirchenjahr zu, mit Ausnahme des *Regina Coeli*, das weiterhin an den österlichen Festkreis gebunden bleibt. Neu ist auch, neben dem *Ave Maria* weitere approbierte M. zu singen (z.B. *Sub tuum praesidium*). Schließt das gemeinsam gefeierte Offizium schon mit der Vesper ab, so soll ein Marianischer Gesang diese beenden. Die vorwiegend melismatischen Weisen der M., z.T. den Affektgehalt des Textes nachzeichnend, sind von früh an mit den ursprünglichen Texten verbunden gewesen. Ihre große Beliebtheit führte im Mittelalter zu Umdichtungen, Umbildungen, Ausweitungen und Vereinfachungen. Ebenso groß war ihr Einfluß auf das volkssprachliche Liedgut.

1. Text (in daktylischen Hexametern) und Melodie (im 5. Ton) des *Alma Redemptoris Mater* sind seit dem 12. Jh. nachweisbar (vermutlich von Hermann dem Lahmen). Ursprünglich für die Sext des Offiziums von Mariä Himmelfahrt bestimmt, wird darin die Erwählung Mariens zur Mutter des Erlösers besungen und um ihre Fürsprache gebeten. Musikalische Kennzeichen sind reiche Gliederung und weitgespannte Melodik. Im 17. Jh. entstand eine vereinfachte Fassung, die als Cantus simplex ins Antiphonale aufgenommen wurde. Als mehrstimmige Motette wurde der lateinische Text u.a. von G. Dufay, G. P. da Palestrina, Josquin des Prés, O. di Lasso, J. Ockeghem, M.-A. Charpentier und W. Fortner vertont. Im Kirchengesang fand die deutsche Umgestaltung des Regensburger Dompredigers F. Weinzierl, *Erhabne Mutter unseres Herrn*, weite Verbreitung.

2. Das *Ave Regina Coelorum* findet sich um 1100 in der Non des Festes Mariä Himmelfahrt. Der anonyme Text besteht aus 2 Strophen mit je 4 paarweise gereimten Zeilen. Er wendet sich an die Himmelskönigin und erinnert an die Aufnahme Mariens in den Himmel. Die ältere Melodiefassung (im 6. tonus transpositus) ist gekennzeichnet durch starke Vereinheitlichung der Abschnitte. Eine vereinfachte Version stammt aus dem 17. Jh. (oder später). Mehrstimmig vertont wurde diese Antiphon u.a. von C. Gesualdo, A. Willaert und M. Haydn; G. Dufay verwendete ihre Melodie als C. f. in der gleichnamigen Messe. Die textliche Übertragung in *Maria, Himmelskönigin* von J. Mohr (1801) wurde in viele Diözesangesangbücher aufgenommen.

3. Das *Regina Coeli* ist zuerst als Magnificatantiphon der Ostervesper im Antiphonar von St. Peter in Rom um 1170 (als Umbildung der alten Weihnachtsantiphon *Maria virgo, semper laetare*) bezeugt. Der einstrophige Text (bestehend aus 4 Kurzzeilen) bringt die Freude Marias über die Auferstehung Jesu zum Ausdruck (4 Alleluia-Rufe am Ende jeder Zeile). Seit 1742 wurde sie dem Gebet beim Angelusläuten in der Osterzeit eingefügt und auch als Rahmengesang zu Benedictus und Magnificat im Stundengebet Beatae Mariae Virginis in Sabbato während der österlichen Zeit verwendet.

Bereits um die Mitte des 15. Jh. wurde die reich ausschwingende Melodie (im 6. Ton) vereinfacht. Der heute allgemein bekannte rein syllabische Tonus simplex entstand im 16. Jh.; auf ihn gehen auch die meisten deutschen Singweisen zurück (z.B. *Freu dich, du Himmelskönigin*). Mehrstimmige Kompositionen stammen u. a. von Josquin des Prés, G. P. da Palestrina, J. V. von Wöß, Fr. Philipp und H. Schroeder.

4. Die bekannteste Antiphon, *Salve Regina,* ist bereits im 11. Jh. auf der Reichenau (als Benedicamus-Tropus) nachweisbar. 1135 erscheint sie als Prozessionsgesang in Cluny, als Magnificatantiphon im Codex von St. Gallen (12. Jh.) zum Fest Mariä Verkündigung. Als Verfasser des Textes (Reimprosa in 5 Sätzen mit dreifacher Schlußanrufung) wird heute Bischof Petrus von Compostela (um 952–1002) angenommen. Die melismatische Melodie (im 1. Ton) wurde vom 17. Jh. an durch eine vereinfachte Fassung von H. Du Mont (Plain-chant musical im 5. Ton) verdrängt. Die heute weithin verbreitete Version wurde durch die Schule von Solesmes „gregorianisiert" und äqualistisch umgeformt. Als Abschlußgesang der Komplet erlangte diese Antiphon unter dem Einfluß der Zisterzienser und Dominikaner im Laufe des 13. Jh. einen festen Platz. In das Römische Brevier wurde sie erst im 16. Jh. aufgenommen und im Wechsel mit den übrigen M. als Abschlußgesang jeder selbständigen Hore verpflichtend vorgeschrieben. Von Bedeutung war sie auch für die marianische Volksfrömmigkeit, u. a. bei abendlichen Salve-Andachten, die sich vor allem in Deutschland und Frankreich vom 15. Jh. an ausbreiteten. Zum römisch-katholischen Kampf- und Bekennerlied wurde sie in der Reformationszeit. Zahllose Tropierungen, Paraphrasierungen, Übertragungen und freie Übersetzungen bezeugen ihre große Beliebtheit (z.B. das von J. G. Seidenbusch 1687 getextete, 1852 von G. Stein überarbeitete *Gegrüßet seist du, Königin*). Viele mehrstimmige Kompositionen – u. a. von J. Dunstable, J. Obrecht, M. Praetorius, A. Scarlatti, A. Vivaldi, G. Fr. Händel, G. B. Pergolesi, J. Chr. Bach, J. Haydn, Fr. Poulenc, J. Langlais – entstanden in Anlehnung an die Choralmelodie, gleichfalls Orgelwerke: aus neuerer Zeit von J. Ahrens, A. Heiller, P. Eben, B. Hummel, A. F. Kropfreiter, J. Langlais, L. De St-Martin, F. Peeters, H. Schroeder und Ch.-M. Widor.

Lit.: W. BÄUMKER, Das kath. dt. Kirchenlied in seinen Singweisen, 4 Bde. (Fr 1883–1901, Nachdr. Hil 1962); P. WAGNER, Einführung in die gregor. Melodien I (L [3]1911, Nachdr. Hil 1970), III (L 1921, Nachdr. Hil 1970); A. WEISENBÄCK, Ave Regina Coelorum, in: Musica Divina 16 (1928); J. MAIER, Stud. z. Gesch. der Marienantiphon Salve Regina (Rb 1939); W. APEL, Gregorian Chant (Bloomington/Ind. 1958); H. OESCH, Berno u. Hermann von Reichenau als Musiktheoretiker (B 1961) (= Publ. der Schweizer. Musikforschenden Ges. II/9); W. PASS, Jacob Vaets u. Georg Pronners Vertonungen des „Salve Regina" in Joanellus Sammelwerk von 1568, in: De Ratione in Musica. Gedenkschrift für E. Schenk (Kas 1975).

W. BRETSCHNEIDER

MARIANO, Charlie (Charles Hugo), * 12. 11. 1923 Boston (Massachusetts); amerik. Jazzmusiker (Saxophon, Flöte, Nagaswaram). Er begann mit Mainstream Jazz, kam dann in den 50er Jahren zum modernen West-Coast-Jazz, spielte u.a. bei Stan Kenton und Shelly Manne und gründete 1960 mit seiner damaligen Frau, der japanischen Pianistin Toshiko Akiyoshi ein Quartett. In den 60er Jahren hielt sich M. längere Zeit in Japan und Indien auf, erlernte das indische Blasinstrument Nagaswaram und startete 1971 eine zweite Karriere in Europa, wo er mit europäischen Gruppen zusammenspielt, u.a. mit Eberhard Webers „Colours". M. verfügt über einen hervorstechend kräftigen Ton und neigt seit den 70er Jahren zum melodisch Ausgeformten und Suggestiven. Sein Sopraninospiel löst sich vom Einfluß John Coltranes und zeigt Eigenständigkeit.

MARIA STUART *(Maria Stuarda),* Tragedia lirica in 3 Akten von Gaetano Donizetti (1797–1848), Text von Giuseppe Bardari nach Friedrich Schillers gleichnamigem Trauerspiel (1800). Ort u. Zeit der Handlung: London, 1587. UA: 30. 12. 1835 in Mailand (Teatro alla Scala); dt. EA: 8. 5. 1963 in Stuttgart.

Das symmetrisch angelegte fünfaktige Schiller-Drama wurde zu einer steigernd aufgebauten dreiaktigen Fassung gerafft; die politische Motivation der Handlung wurde in den emotionalen Bereich verschoben. Donizetti gelingt es vorbildlich, die beiden Sopranpartien musikalisch zu kontrastieren; der introvertierten Maria steht die von der Ratio geprägte Herrscherin Elisabeth gegenüber. Das konfliktreiche Dreiecksverhältnis der Frauen mit Leicester (in dessen Figur diejenigen des Mortimer und Leicester aus der Vorlage zusammenflossen) macht Donizetti in zwei Duetten musikdramatisch sinnfällig: Während das Duett Marias mit ihrem Liebhaber formal traditionell (mit abschließender Simultanstrophe) aufgebaut ist, bildet das Duett Elisabeths mit dem ihr abtrünnig gewordenen Geliebten eine konsequente Dialogisierung musikalischer Themen. Intensivierung des musikalischen Ausdrucks durch den Einsatz variabler Stilmittel in der Affektdarstellung kennzeichnen das hohe musikdramatische Niveau der gesamten Oper. – Äußere Ereignisse waren einem Aufführungserfolg häufig abträglich. Wegen eines Ohnmachtsanfalls der Königin von Neapel-Sizilien während der Generalprobe wurde die für Neapel (Teatro San Carlo) geplante UA untersagt; Pietro Salatino arbeitete das Libretto um (Aufführung als *Buondelmonte* am 18. 10. 1834). Die UA der Originalfassung wurde wegen stimmlicher Indisposition der Sopranistinnen ein Mißerfolg; der österreichische Zensor verbot das Werk nach 6 Vorstellungen. Der sehr erfolgreichen deutschen EA war am 8. 3. 1963 eine (wegen Indisposition des Tenors) abgebrochene Aufführung voraufgegangen. J. SCHLÄDER

MARIĆ, Ljubica, * 5. (18.) 3. 1909 Kragujevac; serbische Komponistin. Sie studierte bei J. Slavenski in Belgrad und 1929–32 bei J. Suk am Konservatorium in Prag sowie 1936–37 bei A. Hába. Nach Belgrad zurückgekehrt, wurde sie 1945 Dozentin an der dortigen Musikakademie. Als Komponistin atonaler und athematischer, auch Vierteltöne einbeziehender Musik errang sie beim Festival der SIMC in Amsterdam 1933 einen bemerkenswerten Erfolg.

WW: Klv.-Stücke; Streichquartett (1931); Bläserquintett (1932); Sonate für V. u. Klv. (1948). – Für Orch.: Passacaglia (1958); *Musica octoicha* Nr. 1 (1959); *Vizantijski konzert* (Byzantinisches Konzert) (1959) für Klv. u. Orch. – Kantate *Pesme prostora* (Die Lieder des Raumes) (1956) für Chor u. Orch.; *Prag sna* (Die Schwelle des Traumes) (1961) für Soli, Sprecher u. Instrumentalensemble.

Lit.: J. MILOJKOVIĆ-DJURIĆ, Das Byzantinische Konzert für Klv. u. Orch. v. L. M., in: Muzikološki zbornik 15 (1979).

MARIENTROMPETE, volksetymologische Bildung aus Tromba marina (↗Trumscheit).

MARIMBA, eine Art ↗Xylophon afrikanischer Herkunft (↗Balafon), das durch Negersklaven auch in Mittelamerika verbreitet wurde und dort bis heute in der Volksmusik Verwendung findet. Die M. hat zwei Reihen klaviaturentsprechend angebrachter Holzstäbe mit den chromatischen Klangstäben in einer und den diatonischen in der zweiten Reihe, die mit Schlegeln angeschlagen werden. Als Resonatoren dienen gewöhnlich Kalebassen verschiedener Größe oder Röhren aus Bambus oder anderem Material, deren Länge proportional zu der der Platten bestimmt wird. Die M. fand auch Verwendung im reichen Perkussionsapparat der Neuen Musik sowie im Jazz und in modernen Tanzorchestern. – ↗Marimbaphon.

Lit.: S. F. NADEL, M.-Musik (W 1931); F. ORTIZ, La afroamericana M., in: Anales de la Società geografia e historia 27 (Guatemala 1953/54); D. VELA, La m. (Guatemala 1962).

MARIMBAPHON, Bz. für ein modernes Schlagidiophon, das die Konstruktionsmerkmale und die Klangstäbe-Anordnung der ↗Marimba aufweist. Diese technisch verbesserte Version mit einem fahrbaren Metallgestell umfaßt einen Tonumfang von 4 Oktaven ($c - c^4$), seltener 5 Oktaven (bis c^5). Das M. ist heute mit allen dynamischen Abstufungen spielbar. Die Klangfarbe kann durch die Verwendung von verschieden weichen oder harten Schlegeln beeinflußt werden. Der Unterschied zur außereuropäischen Marimba besteht vor allem in der Art der Resonatoren, die aus unten geschlossenen, sehr dünnwandigen, vertikal unter den einzelnen Klangstäben angebrachten Metallrohren bestehen. Sie sind durch kleine, die Rohrenden verschließende Platten stimmbar. Die Luftsäule der Resonatoren hat jeweils die gleiche Schwingung wie die Klangstäbe, deren Grundtöne sie verstärken. Gleichzeitig verhindern sie das starke Hervortreten unharmonischer Obertöne, vor allem bei den tiefen Tönen. Das M. findet Verwendung in der Unterhaltungs- und in der Kunstmusik. Ein Konzert für M. und Orchester schrieb T. Medek. M. BRÖCKER

MARINERA, peruanischer Tanz, ↗Cueca.

MARINI, Biagio, * um 1597 Brescia, † 20. 3. (?) 1665 Venedig; it. Violinist und Komponist. Nach Studien in seiner Heimatstadt war er vielleicht Schüler von Cl. Monteverdi in Venedig, wo er als Violinist an S. Marco tätig war und bis 1618 im Dienst der Signoria stand. 1620 kehrte er nach Brescia zurück, lebte 1621–22 in Parma und kam 1623 nach Deutschland, wo er 20 Jahre lang Kapellmeister bei Wolfgang Wilhelm, dem Pfalzgrafen von Neuburg und Herzog von Jülich und Berg, war, der ihn zum Kammerrat ernannte. 1645 kehrte er nach Italien zurück, wo er in Parma als Kapellmeister an S. Maria della Scala, 1649 in Mailand, 1652–53 in Ferrara als Kapellmeister der Cavalieri nell'Accademia della Morte, 1654 wieder in Venedig und 1655 als Domkapellmeister in Vicenza nachweisbar ist. 1656 ging er nach Venedig, wo er seine letzten Lebensjahre verbrachte.

WW: *Affetti musicali* (Sinfonie, Kanzonen, Sonaten u. Tanzsätze) für 1–3 Instr. ..., op. 1 (V 1617); *Madrigali et symfonie* für 1–5 St., op. 2 (V 1618); *Arie, madrigali et corenti* für 1–5 St., op. 3 (V 1620); *Scherzi e canzonette a 1 e 2 v.*, op. 5 (Parma 1622); *Le lagrime d'Erminia, in stile recitativo*, op. 6 (V 1623); *Concerti* für 4–6 St. u. Instr., op. 7 (V 1634); *Sonate, symphonie, canzoni ...*, op. 8 (V 1629); *Madrigaletti* für 1–4 St. u. B.c., op. 9 (V 1635); *Compositioni varie per musica di camera* für 2–5 St. u. B.c., teilweise mit 2 V., op. 13 (V 1641); *Corona melodica* für 2–6 St. mit Instr., op. 15 (An 1644) (unvollständig erhalten); *Concerto terzo delle musiche da camera* für 3–6 St. u. B.c. mit Instr., op. 16 (Mi 1649); *Salmi ... concertati* für 1–3 St. u. B.c., teilweise mit V., op. 18 (V 1653); *Vesperi ... a 4 v.*, op. 20 (V 1654); *Lacrime di Davide sparse nel Miserere*, op. 21 (1655); *... diversi generi di sonate, da chiesa, e da camera*, op. 22 (1655).

M.s Schaffen ist wegen seiner Verschmelzung italienischer und deutscher Einflüsse von Bedeutung. Als Violinvirtuose improvisierte er auch auf seinem Instrument und machte sich nach einem Konzert

Notizen seines häufig auf bekannten Melodien basierenden Spiels, das er dann für eine Komposition auswertete. Dieser typisch italienische Improvisationsstil nahm auch in Deutschland entwickelte Techniken wie Doppelgriff und Scordatura auf. M. war einer der ersten, der die Violine solistisch einsetzte. Seine weltlichen und geistlichen Vokalwerke – vor allem die konzertierenden Stücke für Gesang und Instrumente – weisen ihn als einen hervorragenden Zeitgenossen Cl. Monteverdis aus.

Ausg.: 2 V.-Sonaten aus op. 1 u. 8, in: A. SCHERING, Gesch. der Musik in Beispielen (L 1931, Neudruck 1954); Sonate d-moll für V., Streichbaß (oder Vc.) u. B.c., hrsg. v. W. DANCKERT (Kas 1955) (= Hortus Mus. 129); *Scherzi e canzonette* (1622), hrsg. v. V. GIBELLI (Mi 1970) (= Antiquae musicae It. bibl., Monumenta Lombarda A 4).

Lit.: A. EINSTEIN, It. Musiker am Hofe der Neuburger Wittelsbacher, in: SIMG 9 (1907/08); D. J. ISELIN, B. M. Sein Leben u. seine Instrumentalwerke (Diss. Bas 1930) (darin 12 Stücke); F. FANO, B. M., violinista in Italia e all'estero, in: Chigiana 2 (1965); W. B. CLARK, The Vocal Music of B. M., 2 Bde. (New Haven/Conn. 1966) (= Diss. Yale Univ.); F. FANO, Nuovi documenti e appunti su B. M., in: FS L. Ronga (Mi – Neapel 1973); T. D. DUNN, The Sonatas of B. M. Structure and Style, in: MR 36 (1975); S. MONOSOFF, B. M., virtuoso of Brescia, in: Violinspiel u. Violinmusik in Gesch. u. Gegenwart (W 1975).

MARIOTTE, Antoine, * 22. 12. 1875 Avignon, † 22. 12. 1944 Paris; frz. Komponist. Er war 1891–97 Schüler der Marineschule, wechselte aber um 1896 zur Musik über und wurde Schüler von V. d'Indy an der Schola Cantorum in Paris. Nach einer Tätigkeit als Organist und Orchesterleiter an St-Étienne (1899–1902) übernahm er eine Klavierklasse am Konservatorium von Lyon. 1920–36 leitete er das Konservatorium von Orléans und war 1936–39 Administrateur der Opéra-Comique. Für sein Schaffen ist bemerkenswert, daß er zur selben Zeit wie R. Strauss eine *Salomé* auf den Text von O. Wilde schrieb.

WW: Klv.-Stücke u. Lieder. – Opern: *Salomé* (Libr.: O. Wilde), UA: Lyon 1908; *Le vieux roi,* UA: ebd. 1911; *Léontine sœurs,* UA: Paris 1924; *Gargantua,* UA: ebd. 1935; *Nele Dooryn,* UA: ebd. 1940.

Lit.: G. SAMAZEUILH, Musiciens de mon temps (P 1947); H. FÄHNRICH, Der Streit um das Autorenrecht der Vertonung v. O. Wildes „Salome", in: Mitteilungen der Int. R.-Strauss-Ges. (1969) Februar-H.

MARKEVITCH, Igor, * 14. (27.) 7. 1912 Kiew, † 7. 3. 1983 Antibes; it. Dirigent und Komponist russ. Herkunft. Er studierte bei A. Cortot und seit 1926 bei N. Boulanger in Paris und wurde rasch als Dirigent zeitgenössischer Werke, vor allem I. Strawinskys, international bekannt. Seit 1944 dirigierte er beim Maggio Musicale Fiorentino, war 1952–55 beim Stockholms Filharmoniska Orkester und dann bis 1960 beim Orchestre symphonique de Montréal. 1949–56 leitete M. Dirigierkurse in Salzburg, 1957–61 das Orchestre Lamoureux Paris und 1965–69 das Orchester des spanischen Rundfunks und Fernsehens in Madrid. Seit 1963 lehrte er am Moskauer Konservatorium Orchesterleitung. 1968–73 war er als künstlerischer Direktor Dirigent der Oper und des Symphonieorchesters in Monte Carlo; dort stand er bis 1972 auch dem Internationalen Dirigentenwettbewerb vor. Seit 1973 leitete M. Chor und Orchester der Accademia Nazionale di S. Cecilia in Rom. Als Gastdirigent wirkte er an vielen Opernhäusern der Welt. Er lebte zuletzt in St-Césaire-sur-Siagne (Alpes-Maritimes). Als Komponist stark von Strawinsky beeinflußt, war er am erfolgreichsten mit dem Ballett *L'envol d'Icare* (1933, Choreographie S. Lifar) und mit dem Oratorium *Paradis perdu* (1935).

Schriften: *Introduction à la musique* (Lau 1940); *Made in Italy* (Lo 1949); *Point d'orgue* (P 1959).

Lit.: B. GAVOTY, I. M. (Monaco 1954); DERS. – R. HAUERT, I. M. (F 1956) (= Die großen Interpreten o. Nr.).

MARKOWSKI, Andrzej (Pseudonym Marek Andrzejewski), * 22. 8. 1924 Lublin, † 30. 10. 1986 Warschau; poln. Dirigent und Komponist. M. studierte 1939–41 Theorie und Komposition (A. Malawski) in Lublin und 1946–47 in London sowie 1947–55 Komposition (T. Szeligowski) und Dirigieren an der Musikhochschule in Warschau. Seit 1954 dirigierte er die Staatliche Schlesische Philharmonie in Kattowitz, war anschließend seit 1959 GMD der Staatlichen Philharmonie in Krakau und 1965–69 der Staatlichen Philharmonie in Breslau. Seit 1971 war er Dirigent und stellvertretender künstlerischer Leiter der Nationalphilharmonie in Warschau. M. gründete das Krakauer Kammerorchester und das Festival Wratislavia cantans und trat besonders als Dirigent zeitgenössischer polnischer Musik hervor. Gastkonzerte führten ihn auch durch Europa, in die USA und nach Australien. Er schrieb Kammermusik, Lieder und Chöre sowie zahlreiche Film- und Bühnenmusiken mit Musique concrète und elektronischer Musik.

MARMONTEL. – 1) Antoine François, * 18. 7. 1816 Clermont-Ferrand, † 17. 1. 1898 Paris; frz. Pianist. Er studierte am Pariser Conservatoire Komposition bei L. Halévy und J.-Fr. Le Sueur und Klavier bei P. Zimmermann, als dessen Nachfolger er 1848–87 am Conservatoire wirkte. Als Pädagoge von hervorragendem Ruf zählte er G. Bizet, Cl. Debussy, V. d'Indy, J. Wieniawski und A. Lavignac zu seinen Schülern.

WW: **1) Lehrwerke:** *École élémentaire de mécanisme et de style* (P 1847); *L'art de déchiffrer à 4 mains* (P 1847); *24 études d'agilité et d'expression* (P 1857); *Enseignement progressif et rationnel du piano* (P 1887). – **2) Schriften:** *L'art classique et moderne du piano* (P 1876); *Les pianistes célèbres* (P 1878); *Symphonistes et virtuoses* (P 1880); *Virtuoses contemporains* (P 1882); *Éléments* *d'esthétique musicale* (P 1884); *Histoire du piano et de ses origines...* (P 1885).

2) Antonin Émile Louis Corbaz, Sohn von 1), * 24. 11. 1850 Paris, † 23. 7. 1907 ebd.; er war 1878–89 2. Chorleiter an der Opéra und seit 1901 Klavierlehrer am Conservatoire in Paris und schrieb Klavierstücke.

MARMONTEL, Jean-François, * 11. 7. 1723 Bort (Corrèze), † 31. 12. 1799 Abloville (Eure); frz. Schriftsteller und Librettist. M. war 1746 und 1747 Preisträger der Jeux Floraux de Toulouse und wurde dann von Fr. M. Voltaire nach Paris geholt. Von Madame de Pompadour protegiert, erhielt er die Stelle eines Sécretaire des Bâtiments du Roi, war 1758 Direktor des *Mercure de France,* seit 1763 Mitglied der Académie Française und seit 1783 als Nachfolger J. le Rond d'Alemberts deren ständiger Sekretär. Nach anfänglichem Erfolg als Tragödiendichter (*Denys le Tyran,* 1748; *Aristomène,* 1749) begann er mit der Abfassung von Opernlibretti und schrieb etwa 30 Texte, u. a. für J.-Ph. Rameau, N. A. Zingarelli, Fr.-A. Philidor, A. d'Auvergne, A.-E.-M. Grétry, L. Cherubini und insbesondere für N. Piccinni, für den er in seiner Streitschrift *Essai sur les révolutions de la musique en France* gegen die Gluckisten Partei ergriff. Seine *Œuvres complètes* (P 1787, ²1819–20) und *Œuvres posthumes* (P 1820) enthalten reiches Quellenmaterial über das Musikleben seiner Zeit.

WW (in Klammern UA): Für A.-E.-M. Grétry: *Le Huron* (1768); *Lucile* (1769); *Silvain* (1770); *L'ami de la maison* (1771); *Zémir et Azor* (1771); *Céphale et Procris ou L'amour conjugal* (1773). – Für N. Piccinni: *Roland* (1778); *Atys* (1780); *Didon* (1783); *Pénélope* (1785). – Für J.-Ph. Rameau: Ballett *La Guirlande ou Les fleurs enchantées* (1751); *Acante et Céphise ou La sympathie* (1751); *Lisis et Délie* (1753); Ballett *Les Sibarites* (1753). – Ferner für: F.-A. Philidor, *Persée* (1780); L. Cherubini, *Démophoon* (1788); N. Zingarelli, *Antigone* (1790).

Ausg.: Œuvres complètes, 14 Bde. (P 1787, ²1819–20); Mémoires, 4 Bde. (P 1804).

Lit.: S. LENEL, Un homme de lettres au XVIIIe siècle, M. (P 1902); E. PICK, M.s Bühnenwerke (Weida 1910); H. BAUER, J. F. M. als Literarkritiker (Dresden 1937); S. M. FINSETH, J.-F. M. as a Literary and Music Theorist and Critic (1967) (= Diss. New York Univ.); J. RUSHTON, The Theory and Practice of Piccinnisme, in: Proc. R. Mus. Assoc. 98 (1971/72); K. S. PENDLE, The Opéras-comiques of Grétry and M., in: MQ 62 (1976).

MARMORBRAUT, DIE, Oper von L. J. F. Hérold; ↗Zampa.

MAROS. – 1) Rudolf, * 19. 11. 1917 Stáchy (Böhmen), † 3. 8. 1982 Budapest; ungarischer Komponist. Er studierte 1938–42 Bratsche und Komposition (Z. Kodály) in Budapest. 1942–49 war er Direktor des Konservatoriums in Pécs, dann Professor für Kammermusik, Instrumentation und Komposition an der Musikhochschule in Budapest. Seine Teilnahme am Warschauer Musikherbst, an Ferienkursen in Darmstadt (bei K. Stockhausen) und Studien bei A. Hába in Prag regte ihn zu einer unorthodoxen Einbeziehung avantgardistischer Techniken in seinen für magyarische Volksmusik offenen Kompositionsstil an (*Strophen* für Sopran, Harfe, Schlagzeug, 1977). – **2) Miklós,** Sohn von 1), * 14. 11. 1943 Pécs; ung. Komponist. Er studierte Komposition bei R. Sugár und F. Szabó in Budapest sowie bei I. Lidholm und G. Ligeti in Stockholm, wo er seit 1967 lebt und Mitarbeiter des Studios für Elektronische Musik ist. Er schrieb vornehmlich Kammermusik, außerdem den Operneinakter *Ich wünschte, ich wäre* (1971).

Lit.: P. VÁRNAI, M. R. (Budapest 1967); I. FÁBIÁN, R. M., in: The New Hungarian Quarterly 10 (1969).

MAROT, Clément, * 23. 11. 1496 Cahors, † Dezember 1544 Turin; frz. Dichter. M., Sohn des höfischen Dichters Jehan M., erhielt in seiner Jugend eine umfassende Ausbildung, in der er sich auch musikalische Kenntnisse aneignete. Er trat zunächst in den Dienst der Marguerite d'Alençon (um 1519) und wurde dann als Nachfolger seiner Vaters Kammerdiener von König Franz I. (1527). Infolge seiner Hinneigung zur Reformation kam er mehrfach in Haft, wurde aber dennoch durch die Gunst des Königs und dessen Schwester Hofpoet. Seit 1534 erneut verfolgt, floh er nach Italien und konnte erst Ende 1536 zurückkehren. M.s versifizierte Psalmenübertragungen, mit denen er bereits vor 1533 begonnen hatte, erregten neue Ärgernisse, da sie von den Reformierten als ihre Lieder aufgegriffen wurden. Calvins *Aulcuns pseaumes et cantiques* (Str 1539) enthält 13 Dichtungen von ihm, die in *La forme des Prières et Chantz ecclésiastiques* (G 1542) auf 30 und in einer Neuauflage von 1543 auf 49 vermehrt wurden. Sie bildeten den Grundstock des sog. Genfer Liedpsalters (auch ↗Hugenottenpsalter genannt), dessen Übersetzer in andere Sprachen, darunter A. Lobwasser ins Deutsche, die originalen Strophenformen beibehielten, so daß die Genfer Weisen übernommen werden konnten. M. hielt sich selbst vorübergehend in Genf auf, zog aber von dort nach Savoyen und schließlich nach Piemont, wo er überraschend starb. Neben M.s Bedeutung für das reformierte Kirchenlied ist sein Anteil an der Erneuerung des französischen Liedes allgemein wichtig, wobei er stets auch ein lebhaftes musikalisches Interesse bekundete. Er schuf etwa 40 als Chansons bezeichnete Liebesgedichte, die von ihm zur Vertonung bestimmt waren und von denen möglicherweise einige zuerst in Sammlungen von Attaingnant erschienen sind, ferner Epigramme, von denen etwa 60 im 16. Jh. vertont wurden, 15 Rondeaux, 2 Balladen, 3 Sonette, 4 Elegien u.a. Marots Dichtungen zeichnen sich durch strenge Metrik und geschliffene Sprache aus und regten eine große Zahl bedeutender Komponisten zur Vertonung an, darunter (abgesehen von den Bearbeitern des Genfer Liedpsalters) Cl. de Sermisy, Cl. Janequin, Clemens non Papa, Th. Créquillon, P. de Manchicourt, D. Phinot, D. Lupi, O. di Lasso, P. Certon, P. Sandrin, J. Arcadelt, J. Maillard und G. Costeley.

Ausg.: Œuvres complètes, hrsg. v. G. GUIFFREY – R. YVE-PLASSIS – J. PLATTARD, 5 Bde. (P 1875–1931); Les Psaumes de C. M. Édition critique du plus ancien texte ..., hrsg. von S. J. LENSELINK (Bas 1969) (= Bd. 3 von Le Psautier Huguenot...).

Lit.: O. DOUEN, C. M. et le Psautier Huguenot, 2 Bde. (P 1878/79, Nachdr. A 1967); P. BEKKER, C. M., sein Leben und seine Dichtungen (Mn 1926); P.-A. GAILLARD, Loys Bourgeoys (Lau 1948); F. LESURE, Autour de C. M. et de ses musiciens, in: RMie 33 (1951); J. ROLLIN, Les chansons de C. M. (P 1951); C. A. MAYER, Bibliogr. des œuvres de C. M., 2 Bde. (G 1954); V. L. SAULNIER, D. Phinot et D. Lupi, musiciens de M. et des marotiques, in: RMie 43 (1959); P. PIDOUX, Le Psautier Huguenot du XVIe siècle, 3 Bde. (Bas 1962); W. BLANKENBURG, Die Kirchenmusik in den reformierten Gebieten..., in: Gesch. der ev. Kirchenmusik, hrsg. v. F. BLUME (Kas 1965, engl. NY 1974); P. PIDOUX, L. Bourgeois' Anteil am Hugenotten-Psalter, in: JbLH 15 (1970).

W. BLANKENBURG

MARÓTHY, György, * 1715 Debrecen, † 1744 ebd.; ungarischer Mathematiker und Theoretiker. Er studierte in Debrecen, dann ab 1731 in Basel, Zürich, Bern und Groningen und wurde 1738 Lehrer am Calvinistischen Kolleg in Debrecen, wo er den Schulchor neu organisierte und die Gründung eines Collegium Musicum empfahl. 1740 veröffentlichte er den Genfer Psalter in der ungarischen Übersetzung von Albert Molnár von Szencz. Der beigefügte Anhang über das notengerechte Psalmensingen ist der erste Musiktraktat in ungarischer Sprache überhaupt. Ferner gab M. 1743 den ersten 4st. Psalter nach Texten von Cl. Goudimel in der Übersetzung von A. Molnár von Szencz mit einem Anhang über die Harmonisierung heraus.

MARPURG, Friedrich Wilhelm, * 21. 11. 1718 Rittergut Seehof bei Seehausen (Mark Brandenburg), † 22. 5. 1795 Berlin; dt. Musiktheoretiker und Komponist. Nach einem Universitätsstudium und ausgedehnten Reisen kam M. 1746 als Privatsekretär eines deutschen Generals nach Paris und lernte dort J.-Ph. Rameau, A. le Rond d'Alembert und Fr. M. Voltaire kennen. 1749 ließ er sich in Berlin nieder, bewarb sich 1757 vergeblich um eine Stellung bei Breitkopf in Leipzig und wurde 1763 schließlich Direktor der königlichen Lotterie in Berlin mit dem Titel eines Kriegsrats. In vielfältiger Weise nahm er am Berliner Musikleben teil. Dies bezeugen die von ihm herausgegebenen Periodika *(Critischer Musicus, Historisch-critische Beyträge, Kritische Briefe)* ebenso wie seine Mitarbeit an den Sammlungen der sogenannten Ersten Berliner Liederschule.

WW: **1) Schriften:** *Des critischen Musicus an der Spree erster Band* (B 1749, Nachdr. Hil 1970); *Historisch-critische Beyträge zur Aufnahme der Musik*, 5 Bde. (B 1754–78, Nachdr. Hil 1970); *Anleitung zum Clavierspielen*, 2 Bde. (B 1755–61, Nachdr. Hil 1970); *Abhandlung von der Fuge*, 2 Bde. (B 1753–54, Nachdr. Hil 1970); *Handbuch bey dem Generalbasse und der Composition*, 3 Teile (B 1755–58, Nachdr. Hil 1971); *Anfangsgründe der theoretischen Musik* (L 1757); *Systematische Einleitung in die Musicalische Setzkunst, nach den Lehrsätzen des Herrn Rameau* (L 1757); *Anleitung zur Singcomposition* (B 1758); *Kritische Einleitung in die Lehrsätze der alten und neuen Musik* (B 1759, Nachdr. Mn 1980); *Kritische Briefe über die Tonkunst*, 3 Bde. (B 1760–64, Nachdr. Hil 1971); *Die Kunst das Clavier zu spielen* (B 1762, Nachdr. Hil 1969); *Versuch über die musikalische Temperatur* (Breslau 1776); *Neue Methode allerley Arten von Temperaturen dem Claviere aufs bequemste mitzutheilen* (B 1790, Nachdr. Hil 1970); *Legende einiger Musikheiligen* (Breslau 1786, Nachdr. L 1977). – **2) Kompositionen:** *Sonaten für Cemb.* (Nü 1756); *Pièces de clavecin* (P o. J.); *Fughe e capriccj* (B 1777) für Cemb. od. Org. – **3) Editionen** (enthalten auch eigene Kompositionen M.s): *Raccolta delle più nuove compositioni di Clavicembalo*, 2 Bde. (L 1756–57); *Neue Lieder zum Singen beym Clavier* (B 1756); *Berlinische Oden und Lieder*, 3 Bde. (L 1756–63); *Geistliche, moralische u. weltliche Oden* (B 1758); *Geistliche Oden, in Melodien gesetzt* (B 1758); *Gellerts Oden und Lieder* (L 1759); *Clavierstücke mit einem practischen Unterricht für Anfänger und Geübte*, 3 Bde. (B 1762–63).

M., einer der bedeutendsten Theoretiker des 18. Jh. und entscheidend vom Denken der Aufklärung geprägt, gehörte zu den ersten deutschen Anhängern J.-Ph. Rameaus, dessen Konzept einer klangphysiologischen Fundierung der Musik er übernahm. In ästhetischer Hinsicht ließ er sich von Ch. Batteux' Auffassung von der nachahmenden Funktion der Musik und der hierauf gründenden Forderung nach Klarheit und Verständlichkeit des musikalischen Ausdrucks leiten. In der Geschichte der Fuge ist seine *Abhandlung* die erste zusammenfassende Darstellung dieses Gegenstandes. M. trat auch für die Pflege der Werke J. S. Bachs ein; die 2. Auflage der *Kunst der Fuge* (B 1752) versah er mit einem aufschlußreichen Vorbericht.

Ausg.: 21 Choralvorspiele für Org., hrsg. v. R. M. THOMPSON (Minneapolis 1967); 8 Choralvorspiele für Org., hrsg. v. W. EMERY (Lo 1968); 5 Fugen für Org., hrsg. v. R. M. THOMPSON (Minneapolis 1969). – Für die Schriften s. o. Werke.

Lit.: E. BIEDER, F. W. M.s System der Harmonie, des Kontrapunkts u. der Temperatur (Diss. B 1923); J. MEKEEL, The Harmonic Theories of Kirnberger and M., in: JMTh 4 (1960); P. BENARY, Die dt. Kompositionslehre des 18. Jh. (L 1961) (= Jenaer Beitr. z. Musikforsch. 3); H. G. HOKE, M., in: MGG VIII; H. J. SERWER, F. W. M. 1718–1795. Music Critic in a Galant Age (New Haven/Conn. 1969) (= Diss. Yale Univ.); DERS., M. versus Kirnberger. Theories of Fugal Composition, in: JMTh 14 (1970).

MARRINER, Neville, * 15. 4. 1924 Lincoln; engl. Violinist und Dirigent. Er studierte am Pariser

Conservatoire und war 1949–59 Lehrer für Violine am Royal College of Music in London. Daneben war er Violinist im Philharmonia Orchestra London, gründete 1946 das Martin-Streichquartett, 1950 das Virtuoso String Trio und 1952 das Jacobean-Ensemble (zusammen mit dem Cembalisten Th. Dart). Als Stimmführer der 2. Violinen im London Symphony Orchestra (1956–68) bildete er aus dieser Gruppe das inzwischen weltweit bekannte Kammerorchester Academy of St. Martin-in-the-Fields. 1969 wurde er musikalischer Leiter des Los Angeles Chamber Orchestra, 1978 Chefdirigent des Minnesota Orchestra in Minneapolis und 1981 außerdem ständiger Gastdirigent beim Radio-Symphonieorchester Stuttgart.

MARSCH (von altfränkisch markōn = eine Fußspur hinterlassen; engl.: march; frz.: marche; it.: marcia), Bz. für ein instrumentales Musikstück in geradem $^2/_4$-, $^4/_4$-, $^2/_2$- oder $^6/_8$-Takt und mit stark betontem, zündendem Rhythmus. Die Herkunft des M. ist nicht eindeutig zu bestimmen. Vorläufer sind in den vom Aulos begleiteten Umzügen griechischer Soldaten, ferner im römischen Signalwesen sowie in der Aufzugsmusik zur Ankündigung mittelalterlicher Herrscher zu vermuten. Eine bestimmte musikalische Form wie auch instrumentale Mehrstimmigkeit erhielt der M. erstmals zur Zeit des Dreißigjährigen Krieges. Er hatte hier die Funktion, die Landsknechte zu disziplinieren und ihre Aufmärsche eindrucksvoll zu begleiten (z. B. *Marsch der Pappenheimer Reiter*). Die Form dieser ersten Märsche ist 2teilig. Jeder Teil enthält 8–12 Takte. Als instrumentale Besetzung nennt H. Fr. von Fleming Schalmeien (2 Diskantinstrumente, 1 Alt- sowie 1 Baßinstrument [Dulzian]).

W. Byrd, *The Earle of Oxfords Marche* aus *Fitzwilliam Virginal Book*

J.-B. Lully wird die Aufnahme des M. in die Oper (hier als Ballett-M. auch in ungerader Taktart) zugeschrieben. Damit erlebte der M. am Hofe Ludwigs XIV. eine Blütezeit. Durch A. Philidor ließ der König erstmals Märsche und Signale sammeln. Eine besondere Beliebtheit hatte der M. auch am preußischen Hof. Unter König Friedrich II. wurden Märsche häufig auch bei musikalischen Darbietungen gespielt; der König komponierte sogar selbst Märsche (1741 M. Es-Dur und *Mollwitzer-Marsch*). Ludwig IX., Landgraf von Hessen-Darmstadt (1719–90), soll sehr viele Märsche komponiert und eine M.-Sammlung angelegt haben, die alle bis dahin bekannten Märsche enthielt.

Mit der fortschreitenden allgemeinen Beliebtheit während des 18. Jh. verlor der M. seine bis dahin alleinige Funktion als disziplinierendes Musikstück. Mit einer neuen Ausdrucksart, die unterhaltend, lieblich, dennoch aber frisch und aufmunternd wirkte, wandte sich der M. an höfische Zuhörerkreise. In der 2. Hälfte des 18. Jh. erhielt der M. nach dem Vorbild des ↗Menuetts ein Trio, das tonal, melodisch und dynamisch einen Kontrast zum vorangehenden Hauptteil bildete. In dieser Zeit drangen auch charakteristische Elemente des M. in die Instrumentalmusik ein; im Umkreis der Wiener Klassik sind speziell Kopfsätze von Symphonien und Konzerten mit marschmäßigen Themen nicht selten, auch ohne die eigene Bezeichnung *alla marcia*. In der Oper des 18. Jh. entwickelte sich neben dem herkömmlichen Typus ein M. feierlichen Charakters, der sog. Priester-M. (Chr. W. Gluck, *Alceste;* W. A. Mozart, *Zauberflöte* u. a.). Damit verband sich erstmals auch ein neues (langsameres) M.-Tempo, das dem Gang der Priester in liturgischen Gewändern angemessen war. Langsames Tempo, dazu meist die Verwendung von Molltonarten, ist charakteristisch auch für den ↗Trauermarsch. Von den Märschen zu vielfältigen außermilitärischen Gelegenheiten wurden besonders einige Hochzeitsmärsche berühmt, namentlich aus F. Mendelssohn Bartholdys Musik zum *Sommernachtstraum* und aus R. Wagners *Lohengrin* (Brautchor *Treulich geführt*). Als eigenen Typus gibt es ferner seit dem 19. Jh. den primär für Aufführungen im Konzertsaal oder bei Freiluftkonzerten bestimmten Marsch. Bezeichnende Werke stammen von R. Wagner (*Huldigungsmarsch, Großer Festmarsch*). In dieser Tradition stehen auch die Märsche für großes Orchester bzw. die Konzertmärsche für Blasorchester im 20. Jh. (z. B. R. Strauss, 2 Märsche op. 57; E. Elgar, *Pomp and Circumstance;* A. Honegger, *Marche des Ambassadeurs;* E. Krenek, 3 Märsche op. 44). Eine eigene Bedeutung im 19. Jh. hat der M. auch in der Klaviermusik, wie die Märsche (besonders für Klavier zu 4 Händen) von L. van Beethoven und Fr. Schubert bezeugen.

Die Aufwertung des Soldatenberufes im 19. Jh. durch die Einführung der allgemeinen Wehrpflicht brachte auch dem M. neuen Auftrieb. Die Entstehung der gedruckten preußischen *Armeemarschsammlung* auf Befehl König Friedrich Wilhelms III. (Kabinettsordre von 1817) ist dafür sichtbarer Ausdruck. In dieser Sammlung wurden zunächst der langsame M. (mit dem ursprünglichen M.-Tempo, sog. Präsentier-M.) von dem Geschwind-M. (mit wesentlich schnellerem Tempo, sog. Parade-M.) und dem M. für berittene Truppen unterschieden, dann aber auch der typische Militär-M. von dem nur der Unterhaltung dienenden M. getrennt. Aufgenommen wurden vorwiegend solche Kompositionen, die sich als Begleitmusik zum Marschieren gut eigneten, so z.B. auch der *Radetzky-M.* von J. Strauß (Vater). Gleichzeitig erhielt die instrumentale Besetzung der Militärkapellen durch die Einführung der Janitschareninstrumente Große Trommel, Becken und Triangel eine deutliche Akzentuierung des rhythmischen Elements. Im 20. Jh. hat der Militär-M. allenthalben nicht zuletzt durch die zunehmende Technisierung an praktischer Bedeutung verloren; Soldaten marschieren heute nur noch selten in geschlossener Formation und mit „klingendem Spiel".

Ausg. u. Lit. (besonders zum Militär-M.): A. KALKBRENNER, Die Königlich-Preußischen Armeemärsche (L 1896); TH. GRAWERT, Verz. der Königlich Preußischen Armee-Märsche (B 1914); K. STROM, Beitr. z. Entwicklungsgesch. des M.es in der Kunstmusik bis Beethoven (Diss. Mn 1926); P. PANOFF, Militärmusik in Gesch. u. Gegenwart (B 1938); E. NICK, M., in: MGG VIII; R. BELING, Der M. bei Beethoven (Diss. Bonn 1960); F. DEISENROTH, Dt. Militärmusik in fünf Jhh.n (Wie 1961); Hist. Blätter. Slg. hist. Feld- u. Armeemusik, hrsg. v. DEMS., H.e 1–12 (Bonn – Wie 1961–67); G. KANDLER, Dt. Armee-Märsche (Bad Godesberg 1962); H. SCHWENK, Marschmusik (Mn 1965); Dt. Armeemärsche (Particells), 2 Bde., hrsg. v. F. DEISENROTH (B 1976, 1970); J. TOECHE-MITTLER, Armeemärsche I–III (Neckargemünd 1971–75).

B. HÖFELE

MARSCHNER, Heinrich August, * 16. 8. 1795 Zittau, † 14. 12. 1861 Hannover; dt. Komponist. M. war 1811–13 Kompositionsschüler von Carl Gottlieb Hering und studierte anschließend in Leipzig Jura und Musiktheorie bei J. G. Schicht. Nachdem er sich für den Musikerberuf entschieden hatte, unternahm er 1815 kleinere Konzertreisen. 1816 traf er in Wien mit L. van Beethoven zusammen. Im selben Jahr übersiedelte er nach Preßburg, wurde Musiklehrer beim Grafen Zichy und anschließend Kapellmeister des Fürsten Anton Grassalkowich. Während dieser Zeit entstanden M.s erste Bühnenwerke. Zur UA seiner Oper *Heinrich IV. und D'Aubigné* unter C. M. von Weber reiste er 1820 nach Dresden, wo er 1821 seinen Wohnsitz nahm und zu dem Dichterkreis um L. Tieck und Fr. Kind in Verbindung trat. Nach Aufträgen für Schauspielmusiken wurde er 1824 gegen Webers Willen Musikdirektor an der Oper; hier brachte er 1825 in Zusammenhang mit seinem Aufruf zur Schaffung einer deutschen Nationaloper seinen komischen Einakter *Der Holzdieb* heraus. Nach Webers Tod unternahm er 1826 Konzertreisen nach Berlin, Breslau, Danzig, Königsberg, Magdeburg, Aachen und Düsseldorf; im selben Jahr heiratete er in dritter Ehe die Sängerin Marianne Wohlbrück († 1854). 1827 wurde er Kapellmeister am Stadttheater in Leipzig. Seine romantischen Opern auf Texte seines Schwagers W. A. Wohlbrück *Der Vampyr* (1828) und *Der Templer und die Jüdin* (1829) machten ihn schlagartig berühmt und eroberten rasch die größeren deutschen Bühnen. 1831 ging M. als Hofkapellmeister nach Hannover, wo er 28 Jahre lang erfolgreich im Dienste einer bewußten Pflege der deutschen Oper, wie sie dem italienisch orientierten Geschmack des Hannoveraner Hofes keineswegs entsprach, wirkte. Nach der UA seiner Oper *Hans Heiling* in Berlin (1833) wurde er 1834 von der Universität Leipzig zum Dr. h.c. promoviert. Angebote aus Kopenhagen, wo er 1836 erfolgreich gastierte, lehnte M. dreimal ab. 1843 und 1847 wurde er als Dirigent auf Musikfesten in Lüneburg bzw. Lübeck gefeiert. 1855 schloß er mit der Sängerin Therese Janda (auch Jander, † 1884) seine vierte Ehe. 1859 wurde er pensioniert.

WW: **1) Instr.-WW:** Zahlr. Klv.-Stücke; Kammermusik, darunter 7 Klv.-Trios u. 3 Scherzi für Klv.-Trio; 2 Klv.-Quartette. – Für Orch.: Ouvertüre über ung. Nationalweisen (1818); *Grande ouverture solennelle;* 2 Symphonie-Fragmente u. ein Fragment eines Klv.-Konzerts. – **2) Vokal-WW:** Etwa 400 Klv.-Lieder; 10 Klv.-Duette; eine Messe für gem. Chor (um 1821); über 100 Männerchöre. – **3) Bühnen-WW:** Opern: *Titus* (1816) (Libr.: P. Metastasio); *Der Kyffhäuserberg* (Libr.: A. von Kotzebue), UA: Zittau 1822; *Heinrich IV. u. D'Aubigné,* UA: Dresden 1820; *Saidor und Zulima,* UA: Preßburg 1818; *Lukretia,* UA: Dresden 1827; *Der Holzdieb,* UA: ebd. 1825, Neufassung als: *Geborgt* (1853); *Der Vampyr,* UA: Leipzig 1828; *Der Templer und die Jüdin,* UA: Leipzig 1829; *Des Falkners Braut,* UA: ebd. 1832; *Hans Heiling* (nach E. Devrient), UA: Berlin 1833; *Das Schloß am Ätna,* UA: Leipzig 1836; *Der Bäbu,* UA: Hannover 1838; *Kaiser Adolph von Nassau,* UA: Dresden 1845; *Austin,* UA: Hannover 1852; *Sängerkönig Hjarne,* UA: Frankfurt 1863. – Ferner zahlr. Bühnenmusik, u. a. zu H. von Kleists *Friedrich von Homburg,* UA: Dresden 1821, sowie Ballette und Festspiele.

Während im Schaffen M.s Orchesterwerke kaum vertreten sind, nehmen kleinbesetzte Instrumentalmusik und verschiedene Vokalgattungen einen verhältnismäßig breiten Raum ein. Seine dem Zeitstil folgenden Klavierlieder, Balladen und Männerchöre waren ebenso wie die Klavier- und Kammermusik zu seiner Zeit, z.T. auch noch bis an die Wende zum 20. Jh., weit verbreitet; gleichwohl sind sie von unterschiedlicher Qualität und, mit Ausnahme einiger Kammermusikwerke, von geringer Bedeutung. M.s musikhistorischer Rang gründet auf seinen Bühnenwerken, aus denen *Der Vampyr, Der Templer und die Jüdin* und *Hans Heiling* als zentrale Werke herausragen. Mit ihnen erweist sich M. als ein Vermittler zwischen C. M. von Weber und R. Wagner. Die bis Weber allgemein übliche Kontrasthandlung ersetzte er nach dem Vorbild des romantischen Charakterdramas durch die Darstellung einer psychisch zwiespältigen Zentralgestalt und ist insoweit als ein unmittelbarer Vorgänger Wagners *(Fliegender Holländer, Lohengrin)* zu sehen. Wenngleich M. stilistisch, auch in seinen seit 1827 durchkomponierten Opern, oft weitgehend im Bereich der „Kapellmeister-Oper" des Biedermeier verharrte, gelangen ihm im einzelnen durch Psychologisierung musikalischer Formen in Verbindung mit expressiver Harmonik und chromatisiertem Melos sowie durch Psychologisierung des Orchesters bedeutsame Neuerungen, mit denen er in neue Bereiche des Musiktheaters vorstieß. Sein *Hans Heiling* steht am Ende der im eigentlichen Sinne „romantischen" Oper.

Lit.: G. FISCHER, M.-Erinnerungen (Hannover 1918); H. PFITZNER, M.s Vampyr, in: NMZ 45 (1924); H. BICKEL, H. M. in seinen Opern (Diss. Erl 1929); H. VOLKMANN, H. M., in: Sächsische Lebensbilder 2 (L 1938); G. HAUSSWALD, H. M. (Dresden 1938); V. KÖHLER, H. M.s Bühnenwerke (Diss. Gö 1953); DERS., H. M., in: MGG VIII; K. GÜNZEL, H. M., in: Sächsische Heimatblätter 8 (1962); R. SEEBOHM, „Fahr hin der Erde Lust und Leid". Eine Parallele zw. M. u. Pfitzner, in: Mitteilungen der H. Pfitzner-Ges. (1967) Nr. 18; V. KÖHLER, Rezitativ, Scene und Melodram in H. M.s Opern, in: Kgr.-Ber. Bonn 1970 (Kas 1973); S. GOSLICH, Die dt. romantische Oper (Tutzing 1975).

W. PFANNKUCH

MARSCHNER, Wolfgang, * 23. 5. 1926 Dresden; dt. Violinist. Er studierte an der Akademie für Musik und Theater in Dresden und am Salzburger Mozarteum und tritt seit 1946 als Solist, u. a. auch in den USA, auf. 1956–57 leitete er eine Meisterklasse für Violine an der Folkwang-Hochschule in Essen, war 1958–63 Professor an der Musikhochschule in Köln und wirkt seitdem in gleicher Stellung an der Musikhochschule Freiburg. M. gründete ein eigenes Kammerorchester und ist auch als Komponist hervorgetreten.

WW: Für Orch.: Paganini-Variationen für V. u. Orch. (oder Klv.) (1955); Klar.-Konzert (1957); V.-Konzert (1963, Neufassung 1967); *Liguria-Fantasia* (1968); *3 préludes* (1969) und *Sonata da Requiem* (1970) für V. solo. – Ferner *Moderne Studien für Violine* (Kö 1970).

MARSEILLAISE ↗Nationalhymne.

MARSH, John, * 1752 Dorking, † 1828 Chichester; engl. Komponist und Musiktheoretiker. In der Musik Autodidakt, war M. in Salisbury Organist der Stadtkirche und seit 1780 Dirigent der städtischen Konzerte. 1787 ließ er sich in Chichester (Sussex) nieder, wo er als Leiter der von ihm wieder ins Leben gerufenen Subskriptionskonzerte eine wichtige Rolle im Musikleben der Stadt spielte. M. schrieb zahlreiche Orchesterwerke und Instrumentalkompositionen, ferner mehrere theoretische Schriften von historischem Wert, darunter ein Lehrbuch der Orchestrierung. Seine mehrbändigen, Manuskript gebliebenen Erinnerungen enthalten interessante Nachrichten über das englische Musikleben seiner Zeit.

Ausg.: *A Comparison Between the Ancient and Modern Style of Music*, hrsg. v. CH. L. CUDWORTH, in: ML 36 (1955).

Lit.: CH. L. CUDWORTH, An Essay by J. M., in: ML 36 (1955).

MARSICK. – **1) Martin-Pierre-Joseph,** * 9. 3. 1848 Jupille bei Lüttich, † 21. 10. 1924 Paris; belgischer Violinist. Er war zunächst Schüler seines Vaters und studierte dann Klavier, Orgel und Violine an den Konservatorien in Lüttich, Brüssel (1865–67 bei Hubert Léonard) und Paris (1868–69 bei J. Massart). 1870–71 vervollkommnete er sich noch bei J. Joachim in Berlin. 1877 gründete er in Paris (mit Rémy, van Waefelghem und Delsart) das schnell berühmt gewordene Marsick-Quartett. 1892–1900 leitete er eine Violinklasse am Pariser Conservatoire. C. Flesch, A. Rebner, G. Enesco und J. Thibaut gehörten zu seinen Schülern. Er schrieb Werke für und mit Violine und Studienwerke. – **2) Armand-Louis-Joseph,** Neffe von 1), * 20. 9. 1877 Lüttich, † 30. 4. 1959 Haine Saint-Paul (Hennegau); belgischer Komponist und Violinist. Nach seinen Studien am Konservatorium in Lüttich wurde er 1898 in Nancy 1. Violinist am Theater und im Orchester des Conservatoire. Daneben nahm er Kompositionsunterricht bei G. Ropartz. Später wurde er in Paris 1. Violinist der Concerts Colonne und Kompositionsschüler von V. d'Indy. 1908–21 wirkte er als Kompositionslehrer am Odeon in Athen, 1910–13 in Rom, 1922 als Leiter des Konservatoriums in Bilbao (Spanien) und 1927–42 am Konservatorium in Lüttich, wo er die Association des Concerts populaires liégeois (1927–39) gründete. Er schrieb Orgelwerke, Kammermusik, Orchesterwerke, einige Opern und Vokalmusik.

MARSOLO (Marzolo, Marzoli), **Pietro Maria,** * 2. Hälfte 16. Jh. Messina; it. Komponist. M. erwarb vermutlich den Grad eines Dr. jur. an der Universität Messina. Seine musikalische Laufbahn begann er als Kapellmitglied am Dom in Rieti. 1606 unterrichtete er Musik am Nonnenkonvent S. Antonio in Ferrara, empfing dort 1608 die Priesterweihe, war anschließend bis 1610 Kapellmeister am Dom in Fano und 1612–16 am Dom in Ferrara und an der dortigen Accademia degli Intrepidi. 1612 hatte er sich vergeblich um die Nachfolge Cl. Monteverdis in Mantua bemüht.

WW: *Missa motecta, vesperarumque psalmi* für 8 St. (V 1606); 2 Bücher Motetten für 5 St. u. B.c. (V 1608, 1614). 2 Bücher Madrigale für 4 St. (V 1607 u. 1614); 5 Bücher Madrigale für 5 St., davon erhalten 2–5, teilweise unvollständig (V 1604–09).

Ausg.: 2. Madrigalbuch, hrsg. v. L. BIANCONI (R 1972).

Lit.: R. PAOLUCCI, La cappella musicale del duomo di Fano, in: Note d'archivio 3 (1926); O. TIBY, I polifonisti siciliani del XVI e XVII secoli (Palermo 1969).

MARTEAU, Henri, * 31. 3. 1874 Reims, † 3. 10. 1934 Lichtenberg (Franken); frz. Violinist und Komponist. Er war Schüler von H. Léonard in Brüssel und setzte nach dessen Tod (1890) seine Ausbildung am Pariser Conservatoire fort. 1892 bis 1894 unternahm er ausgedehnte Konzertreisen in die USA und 1894–99 nach Skandinavien. M. war mit großem Erfolg tätig als Violinlehrer am Konservatorium in Genf (1900–07), an der Musikhochschule in Berlin als Nachfolger von J. Joachim (1907–18), an der Deutschen Akademie für Musik in Prag (1921–24, dort auch als Direktor), an den Konservatorien in Leipzig (1926–27) und in Dresden (seit 1928). M. konzertierte auch mit M. Reger, der ihm 1908 sein Violinkonzert widmete. Sein Haus in Lichtenberg ist heute „Musikbegegnungsstätte des Bezirks Oberfranken".

WW: Kammermusik, u. a.: 3 Streichquartette (1903, 1906, 1916); Streichquintett (1900); Chaconne für Va. u. Klv. (1904); Klar.-Quintett (1908); Orch.-Werke, darunter 2 V.-Konzerte (1911, 1919). – 8 Lieder mit Streichquartett (1900); *Les voix de Jeanne d'Arc* für Sopran, Chor u. Orch.; Chöre. – Oper *Meister Schwalbe*, UA: Plauen 1921.

Lit.: B. MARTEAU, H. M. Siegeszug einer Geige (Tutzing 1971); Mitt. des Hauses M. in Lichtenberg, hrsg. v. G. WEISS, bisher 5 Bde. (1982 ff.) (in Bd. 3: Werk-Verz.).

MARTÈLEMENT, martellement (frz., = hammerartig; hämmernd). – **1)** Beim Harfenspiel Anweisung für schnelles und wiederholtes scharfes Anreißen eines Tones. – **2)** In der Klaviermusik des 17. und 18. Jh. eine Verzierung, gleichbedeutend mit ↗Mordent.

MARTELLATO (it., = gehämmert; frz.: martelé), bei Streichinstrumenten Ausführungsanweisung für einen kräftig geworfenen Bogenstrich, auf dem Klavier für ein äußerst kräftiges ↗Staccato (Zeichen: ∧ ober- oder unterhalb der Note).

MARTELLI, Henri, * 25. 2. 1895 Bastia (Korsika), † 15. 7. 1980 Paris; frz. Komponist. M. war Schüler von Ch.-M. Widor in Paris, 1932–40 Mitarbeiter der *Revue musicale* u. 1939–42 des französischen Rundfunks. 1945 wurde er Sekretär der Société Nationale de Musique und 1954 Präsident der französischen Sektion der SIMC. In seinen Kompositionen bevorzugte M. kontrapunktische Satztechniken mit gelegentlich polytonaler Harmonik.

WW: Zahlr. Kammermusik, u. a. 2 Streichquartette (1933, 1944); Trio für Klv., Fl. u. Vc. (1951); Sonate (1959) u. *Concertstück* (1962) für Va. u. Klv.; für Orch.: *Bas-reliefs assyriens* (1931); *Le radeau de la Méduse* (1957); *Scènes à danser* (1963); Rhapsodie für Vc. u. Orch. (1967); 3 Symphonien (1953, 1956, 1957); Konzerte für: Orch. (1932); V. (1939); Klv. (1949); Ob. (1970); ferner ein Doppelkonzert für Klar., Fag. u. Orch. (1956). – *Chrestomathie* (1949) für Chor für 3 gleiche St. a cap.; Kantate *Le temps* (1954) für SingSt u. 8 Instr.; *Chemin* (1961) für Chor a cap. – Opern: *Le Major Cravachon*, UA: Paris 1959; *La chanson de Roland*, UA: ORTF 1967, szenisch Angers 1971.

Lit.: C. CHAMFRAY, in: Le courrier musical de France (1968) Nr. 21, dazu Nachtrag, in: ebd. (1972) Nr. 40.

MARTENOT, Maurice, * 14. 10. 1898 Paris, † 8. 10. 1980 Clichy bei Paris; frz. Musikpädagoge. Er studierte bei A. Gédalge und gründete und leitete eine École d'Art Martenot. 1928 entwickelte er ein elektroakustisches Tasteninstrument, die ↗Ondes Martenot. Seit 1947 erteilte M. am Pariser Conservatoire auch Unterricht an diesem Instrument.

Schriften: *Méthode pour l'enseignement des ondes musicales* (P 1931); *Méthode Martenot* (P 1952); *Lutherie électronique* (P 1954) (= Cahiers de la Compagnie M. Renaud – J. L. Barrault 3), Wiederabdruck, in: La musique et ses problèmes contemporains 1953–63 (P 1963) (= ebd. 41); *Principes fondamentaux d'éducation musicale* (P 1967, ^{3}1970).

Lit.: A. PALM, Die „Méthode M." ein Beitr. z. frz. Musikpädagogik der Gegenwart, in: Musik im Unterricht (Ausg. B) 58 (1967).

MARTHA ODER DER MARKT ZU RICHMOND, Romantisch-Komische Oper in 4 Akten von Friedrich von Flotow (1812–83), Text von Wilhelm Friedrich (d. i. Friedrich Wilhelm Riese) nach dem Ballett *Lady Henriette ou La servante de Greenwich* (1844) von Saint-Georges und Marzillier. Ort u. Zeit der Handlung: Richmond, Anfang des 18. Jahrhunderts. UA: 25. 11. 1847 in Wien (Kärntnerthor-Theater); dt. EA: 16. 2. 1848 in Weimar.

Wegen der Begeisterung, die in Wien für *Alessandro Stradella* entstanden war, erhielt Flotow einen neuen Opernauftrag; die Entscheidung fiel für die Umarbeitung eines Balletts, zu dem Flotow bereits den 1. Akt komponiert hatte. Das geschickte Arrangement der bewährten Komödienklischees im Verkleidungs- und Verwechslungsspiel mit flüssig geschriebenen Versen und witzigen Pointen trug ebenso zum dauernden Erfolg dieses Werkes bei wie die musikalische Faktur, die von typischen Stilelementen der französischen Opéra-comique und der deutschen Spieloper bestimmt wird: ausgedehnte Ensembles (zumeist in Liedform und mit Führungssopran), volkstümlich gestaltete Solonummern (darunter als bekannteste Lady Harriets *Letzte Rose,* auf einem irischen Volkslied beruhend) und der Konversationsstil anstelle des Sprechdialogs. Die Nummernstruktur ist aber trotz der durchkomponierten Form stets (auch in den Finali) beibehalten. Die ausgewogene Mischung aus romantisch-sentimentaler (etwa Lyonels Arie *Ach! so fromm, ach! so traut*) und burlesker Attitüde fand beim Publikum große Zustimmung; *Martha* hat einen Stammplatz im Repertoire deutscher Opernbühnen.

J. SCHLÄDER

MARTIANUS CAPELLA, Minneus Felix, * Madaura (Nordafrika) wahrscheinlich Ende 4. Jh.; lat. Schriftsteller. Er erhielt seine Bildung in Rom und Karthago und ist der Verfasser der Schrift *De nuptiis Mercurii et Philologiae,* die in den Büchern III–IX die vor Isidor von Sevilla und Cassiodor umfangreichste Darstellung der Septem artes liberales enthält. Buch IX, *De musica,* schließt sich an Aristides Quintilianus (*De musica,* Buch I) und Marcus Terentius Varro (*Disciplinarum libri IX,* Buch VII) an und behandelt die Stellung der Musik in der antiken Mythologie und in ihrem Verhältnis zu den übrigen Artes, die Wirkung der Musik auf den Menschen sowie die Definition, Klassifikation und Theorie der Musik. Das Werk des M. C. war von großer Bedeutung für das Bildungswesen des Mittelalters; das Buch über die Musik beeinflußte namentlich die Schriften des Remigius von Auxerre *(Musica)* und des Regino von Prüm *(Epistola de harmonica institutione).*

Ausg.: *De nuptiis Mercurii et Philologiae libri IX,* hrsg. v. A. DICK (L 1925).

Lit.: J. WILLIS, M. C. and His Early Commentators (Diss. Lo 1952); H. HÜSCHEN, Capella, M., in: MGG VIII; W. H. STAHL, To a Better Understanding of M. C., in: Speculum 40 (1965); G. WILLE, Die Bedeutung der Musik im Leben der Römer (A 1967); W. H. STAHL, M. C. and the Seven Liberal Arts, in: Records of Civilization 84 (1971).

MARTIENSSEN, Carl Adolf, * 6. 12. 1881 Güstrow, † 1. 3. 1955 Berlin; dt. Pianist und Klavierpädagoge. Er studierte Klavier und Komposition bei K. Klindworth und Wilhelm Berger in Berlin und 1902–05 bei Alfred Reisenauer am Leipziger Konservatorium. Anschließend leitete er 2 Jahre eine Klavierausbildungsklasse am Konservatorium in Bromberg. 1908 ließ er sich in Berlin nieder, trat in Konzerten auf und begann mit dem Studium der Musikwissenschaft. 1914 wurde er Nachfolger Adolf Ruthardts am Leipziger Konservatorium, lehrte 1934–45 an der Musikhochschule in Berlin, 1946–50 in Rostock und anschließend bis 1952 in Ost-Berlin. M. veröffentlichte Schriften zur Methodik des Klavierunterrichts, gab die Klaviersonaten J. Haydns, W. A. Mozarts und L. van Beethovens in Urtext-Editionen heraus sowie die von ihm entdeckte Bachkantate *Mein Herz schwimmt im Blut* (BWV 199). Er war mit der Gesangpädagogin Franziska Martienssen(-Lohmann) verheiratet.

Schriften: *Die individuelle Klaviertechnik auf der Grundlage des schöpferischen Klangwillens* (L 1932); *Die Methodik des individuellen Klavierunterrichts* (L 1937); *Grundlage einer deutschen Klavierlehre* (L 1942); *Zur Methodik des Klavierunterrichts* (L 1951); *Schöpferischer Klavierunterricht* (L 1954).

MARTIENSSEN-LOHMANN (geborene Meyer-Estorf), **Franziska,** * 6.10.1887 Bromberg, † 2.2. 1971 Düsseldorf; dt. Gesangpädagogin. Nach ihrer Ausbildung an den Konservatorien in Bromberg und Leipzig sowie bis 1914 bei Johannes Messchaert in Berlin ließ sie sich mit ihrem Mann, dem Pianisten C. A. Martienssen, in Leipzig nieder und gab dort Gesangunterricht. Seit 1927 lehrte sie an der Akademie für Tonkunst in München, 1930–34 an der Akademie für Kirchen- und Schulmusik in Berlin, 1945–49 an der Musikhochschule in Weimar und danach bis 1969 am Schumann-Konservatorium in Düsseldorf. Außerdem leitete sie 1949–69 regelmäßig internationale Meisterkurse in Luzern. Fr. M.-L. war in zweiter Ehe seit 1929 mit dem Konzertsänger und Gesangpädagogen Paul Lohmann (1894–1981) verheiratet. Außer durch ihre Unterrichtstätigkeit wurde sie durch ihre gesangspädagogischen Schriften bekannt.

Schriften: *Das bewußte Singen* (L 1923, [3]1951); *Stimme und Gestaltung* (L 1927); *Berufung und Bewährung des Opernsängers* (Mz 1943), NA als: *Der Opernsänger* (Mz 1970); *Der wissende Sänger* (Z 1956, [2]1963).

Lit.: H. J. MOSER, Eine Gesangsprofessorin comme il faut, in: Musik im Unterricht 48 (1957).

MARTÍN, Edgardo, * 6. 10. 1915 Cienfuegos; kubanischer Komponist. Er studierte 1939–40 bei J. Ardévol in Havanna und war Mitglied des Grupo Renovación Musical (1940–48) und von Nuestro Tiempo (1950–59), die das kubanische Musikleben nachhaltig beeinflußten. 1945–68 lehrte er Musikgeschichte am Conservatorio Municipal in Havanna und 1969–73 Musikanalyse an der dortigen Escuela Nacional de Arte.

WW: **1) Kompositionen:** Klv.-, Gitarren- u. Harfenstücke; 2 Streichquartette (1967, 1968); Konzert für 9 Blasinstr. (1944). – Für Orch.: 2 Symphonien (1947, 1948); *Cuadros de Ismaelillo* (1970); *Soneras* Nr. 1 u. 2 (1973); ferner Fugen für Streichorch. (1947) u. Concertante für Harfe u. kleines Orch. (1949). – Lieder u. Chöre; Kantaten: *Los dos abuelos* (1959) für Chor u. Orch.; *Canto de héroes* (1967) für Sopran, Baß u. Orch.; *La carta del soldado* (1970) für Sprecher, Tenor, Chor, Sprechchor u. Orch. – Ballett *El caballo de coral,* UA: La Habana 1960. – **2) Schriften:** *La música hispano-americana del presente* (La Habana 1945), *Catálogo biográfico de compositores de Cuba* (ebd. 1970); *Panorama histórico de la música en Cuba* (ebd. 1971).

Lit.: Werkverz., in: Bol. interamericano de música (1962) Nr. 27.

MARTIN, François, * 1727, † Januar/Februar 1757 Paris; frz. Violoncellist und Komponist. Er war vielleicht Schüler des Violoncellisten Martin Berteau. In zeitgenössischen Berichten zwischen 1745–54 erscheint sein Name häufig. Er stand im Dienst des Herzogs von Gramont und war seit 1747 „symphoniste de l'Opéra". M. ist einer der prominentesten französischen Cellisten vor den Brüdern Duport. Seine 3sätzigen Symphonien bedeuten mit der 2thematischen Struktur und 3teiligen Anlage der Kopfsätze mit Exposition, Durchführung und Reprise den Anfang des vorklassischen Stils in Frankreich.

WW: Sonaten für Vc. (mit einem Duo für V. u. Vc.) (P 1746); *Trios ou conversation* für 2 V. oder Fl. u. Vc. (P 1746); *Sonates en trio* für 2 V. u. B. (P o.J.); *Symphonies et ouvertures* für 2 V., Va. u. B.c. (P 1751). – Cantatilles: *Le soupçon amoureux* (P 1747); *Le Suisse amoureux* (P 1747); *Le bouquet de Thémire* (P 1748); einige Motetten sind hsl. erhalten.

Ausg.: Symphonie op. 4 Nr. 2, in: B. S. BROOK, La symphonie française dans la seconde moitié du XVIIIe siècle (P 1962).

MARTIN, Frank, * 15. 9. 1890 Genf, † 21. 11. 1974 Naarden (Holland); Schweizer Komponist. Er war der jüngste Sohn und das 10. Kind eines Pfarrers und entstammte einer Familie, die seit 1750 in Genf ansässig war. Nach dem Besuch des humanistischen Gymnasiums wandte er sich zunächst dem Studium der Naturwissenschaften und der Mathematik zu. Erst 1910 entschied er sich endgültig für die Musik und studierte Harmonielehre, Komposition und Instrumentation bei J. Lauber in Genf. Nach Militärdienst und verschiedenen Aufenthalten in Zürich, Rom und Paris ließ er sich 1926 wieder in Genf nieder. Inzwischen waren auch die ersten Kompositionen, Kammermusik und Lieder, entstanden und gedruckt. 1928 holte ihn É. Jaques-Dalcroze an sein Institut für „rhythmische Gymnastik" in Genf, wo M. bis 1939 als Lehrer für Improvisation und Theorie des Rhythmus wirkte. Gleichzeitig entfaltete er eine reiche pädagogische Tätigkeit auch an dem Technicum Moderne de Musique und am Conservatoire in Genf. Als Pianist und Cembalist betätigte er sich bis 1938 in der von ihm selbst und einigen Freunden 1926 gegründeten Société de Musique de Chambre. 1942–46 war er Präsident des Schweizerischen Tonkünstlervereins. 1946 siedelte er in die Niederlande über und lehrte 1950–57 als Professor für Komposition an der Musikhochschule Köln. Die Universitäten Genf und Lausanne verliehen ihm 1949 bzw. 1960 die Ehrendoktorwürde.

WW: **1) Instr.-WW:** *Passacaille* (1944) für Org.; 8 *Préludes* (1948) u. a. Stücke für Klv.; *Sonata da chiesa* (1938) für Viola d'amore oder Fl. u. Org.; Ballade (1949) für Vc. u. Klv.; *Trio sur des mélodies populaires irlandaises* (1925) für V., Vc. u. Klv.; Streichquartett (1967). – Für Orch.: *Rythmes* (1926). 3 mouvements symphoniques; *Passacaille* (1944) für Streichorch.; *Ouverture en hommage à Mozart* (1956); *Ouverture en rondeau* (1958); Études symphoniques *Les 4 éléments* (1964); *Erasmi Monumentum* (1968) mit Org.; *Petite symphonie concertante* (1945) für Harfe, Cemb., Klv. u. 2 Streichorch.; *Concerto* (1949) für 7 Blasinstr.; Konzerte für: Klv. (1934, 1969); V. (1951); Cemb. u. kleines Orch. (1952); Vc. (1966); 4 Balladen, 1: für Saxophon (1938), 2: für Klv. (1939), 3: für Fl. (1939, 4: für Pos. (1940); Ballade (1972) für Cemb., Harfe u. Blasorch.; *Polyptique* (1973) für V. u. 2 Streichorch. – **2) Vokal-WW:** *Sechs Monologe aus Jedermann* (1949); (Text: H. von Hofmannsthal) für Bar. (oder Alt) u. Klv. bzw. Orch.; *Drey Minnelieder* (1961) für Sopran u. Klv.; *Quatre sonnets à Cassandre* (1922) (Text: P. de Ronsard) für Mezzosopran, Fl., Va. u. Vc.; *Die Weise von Liebe u. Tod des Cornets Christoph Rilke* (1943) (Text: R. M. Rilke) für Alt u. Orch.; *Maria-Triptychon* (1968) für Sopran, V. u. Org.; Messe für Doppelchor (1922–26). – Oratorien: *Le vin herbé* (Der Zaubertrank) (1938–41) (nach *Tristan* v. J. Bédier) für 12 Solost. u. 8 Instr.; *In terra pax* (1944); *Golgotha* (1945–48); *Pilate* (1964); *Mystère de la Nativité* (1957–59); *Psaumes de Genève* (1958) für Knabenchor, gem. Chor, Orch. u. Org.; *Ode à la Musique* (1961) für Bar., Chor, 6 Blechbläser u. Klv.; Requiem (1972) für Soli, Chor u. Orch.; *Et la vie l'emporta* (1974), Kammerkantate für Alt u. Bar., Chor u. kleines Orch. – **3) Bühnen-WW:** Spectacle populaire *La nique à Satan* (1931); *Der Sturm* (1955) (nach Shakespeare), UA: Wien 1956; Comédie en musique *Monsieur de Pourceaugnac* (1962) (nach J.-B. Molière), UA: Genf 1963; ferner Bühnenmusik. – **4) Schriften:** Zahlr. kleinere Aufsätze u. a. über Fragen der zeitgenössischen Musik u. das eigene Schaffen, darunter *Réflexions générales à propos du vin herbé* (1941); *Responsabilité du compositeur* (1948); Ausw. u. Bibliogr. in: F. Martin, Un compositeur médite sur son art, hrsg. v. M. Martin (Neuchâtel 1977).

Mit O. Schoeck, A. Honegger und W. Burkhard hat M. der zeitgenössischen Schweizer Musik international Gehör verschafft. Seine ersten Werke stehen unter dem Einfluß der französischen Musik und sind besonders C. Franck, G. Fauré und M. Ravel verpflichtet. In der folgenden Zeit zeigt M. eine starke Vorliebe für die bestimmende Kraft des Rhythmus (namentlich im *Trio sur des mélodies populaires irlandaises,* 1925, und in *Rythmes,* 1926), bevor er sich – seit 1930 – die Zwölftontechnik aneignete. Er verbindet sie in vielfältiger Weise mit tonalen Gestaltungsmitteln, die für ihn nach eigenem Bekunden die Basis jeder wahren Musik bleiben. Diese Verbindung erreicht auf dem Weg über die 4 Balladen für verschiedene Instrumente im *Vin herbé* (1938–41) eine vollendete Geschlossenheit. Der so geprägten musikalischen Sprache, die von modaler Diatonik bis zu Polytonalität und Atonalität reicht, bleibt M. von nun an treu: gleichermaßen in den Instrumentalwerken, von denen die *Petite symphonie concertante,* wie in den Vokalwerken, von denen das Oratorium *In terra pax* besondere Erwähnung verdienen.

Lit.: F. MARTIN – J.-C. PIGUET, Entretiens sur la musique (Neuchâtel 1967); Correspondance 1934–1968 (Schriftwechsel mit E. Ansermet), hrsg. v. J.-C. PIGUET – J. BURDET (ebd. 1976); Un compositeur médite sur son art (s.o. Werke). – W. SCHUH, Schweizer Musik der Gegenwart (Z 1948); J. DE MENASCE, F. M. and His „Petite Symphonie Concertante", in: MQ 34 (1948); K. VON FISCHER, F. M. Überblick über Werk u. Stil, in: SMZ 91 (1951); E. ANSERMET, Der Weg F. M.s, in: ÖMZ 11 (1956); R. KLEIN, F. M. Sein Leben u. Werk (W 1960); W. TAPPOLET, F. M. u. die religiöse Musik, in: SMZ 100 (1960); A. KOELLIKER, F. M. (Lau 1963); B. BILLETER, F. M. (Frauenfeld 1970); DERS., Die Harmonik bei F. M. (Be 1971); B. MARTIN, F. M. ou la réalité du rêve (Neuchâtel 1973).

M. HONEGGER

MARTINET, Jean-Louis, * 8. 11. 1912 Ste-Bazeille (Lot-et-Garonne); frz. Komponist. Er studierte in Paris u. a. bei Ch. Koechlin (Fuge) und – als einer der ersten Schüler – bei O. Messiaen (Komposition), Ch. Münch und R. Désormières (Dirigieren) sowie R. Leibowitz (Zwölftontechnik) und erhielt am Conservatoire 1. Preise in Komposition (1943) und Dirigieren (1945). 1970–76 lehrte er am Konservatorium in Montreal.

WW: **1) Instr.-WW:** Streichquartett *Variations* (1946). – Für Orch.: *Orphée* (1944–45, Neufassung 1965); *Trilogie des Prométhées* (1947, Neufassung 1965); 6 *Mouvements symphoniques* (1944–59); Symphonie *„In memoriam"* (1962–63); *Divertissement pastoral* (1966) für Klv. u. Orch. – **2) Vokal-WW:** *Trois Textes du XVIe siècie* (1952) u. *Chants de France* (1955–56) für Chor a cap.; Kantaten: *Elsa* (1959) u. *Les amours* (1959–60) für Chor a cap. sowie *Les douze* (1951) für Sprecher, Chor u. Orch.; *Sept poèmes* (1951–52) für Vokalquartett und Orch.

MARTÍNEZ DE BIZCARGUÍ, Gonçalo, * 2. Hälfte des 15. Jh. Azcoitia (Guipúzcoa), † nach dem 25. 3. 1528 (Datum seines Testaments) Burgos oder Azpeitia (Guipúzcoa); span. Musiktheoretiker und Komponist. Als Domkapellmeister in Burgos veröffentlichte er *Arte de canto llano y contrapunto y canto de órgano con proporciones y modos* (Saragossa 1508 u. ö., erweitert 1538), in der er den großen Halbton als allein gültig beschreibt und sich gegen die Mutation wendet, was ihm scharfe Angriffe von Juan de Espinosa einbrachte. M. galt in seiner Zeit als originell und fortschrittlich.

Ausg.: *Arte de canto llano*, Faks. der Ausg. Saragossa 1538 (Kas 1968).

MARTINI, Giovanni Battista (Giambattista), OFM, * 24. 4. 1706 Bologna, † 3. 8. 1784 ebd.; it. Musiktheoretiker und Komponist. Padre M., wie er meist genannt wurde, war Schüler seines Vaters Antonio Maria M., eines Violinisten und Violoncellisten, studierte dann bei Angelo Predieri (Cembalo), G. A. Riccieri (Kontrapunkt), G. A. Perti (Komposition) und Fr. A. Pistocchi (Gesang). 1721 trat er in den Orden ein und wurde 1727 zum Kapellmeister an S. Petronio in Bologna ernannt, wo er trotz eines Angebots der Kapellmeisterstelle am Petersdom in Rom sein Leben lang blieb. Unter der Protektion von Papst Benedikt XIV. widmete er sich gänzlich der Komposition sowie Studien der Theorie und der Musikgeschichte. Als von seinen Zeitgenossen hochgeschätzter Musiker und Mitglied mehrerer Akademien galt er vor allem wegen seiner wissenschaftlichen Kenntnisse und seiner umfassenden Bildung als die größte musikalische Autorität seiner Zeit. Aus aller Welt strömten junge Musiker nach Bologna, um bei ihm zu lernen und sich von ihm beraten oder ihre Begabungen bestätigen zu lassen, unter ihnen N. Jommelli, St. Mattei, J. Chr. Bach, F. Bartoni, G. Sarti und W. A. Mozart. M. stand in Verbindung mit vielen Persönlichkeiten der musikalischen, literarischen und politischen Welt, so mit König Friedrich II. von Preußen, P. Metastasio, A.-E.-M. Grétry, V. Martín y Soler. Chr. W. Gluck, J.-Ph. Rameau. Sein umfangreicher Briefwechsel (hsl. in Bologna) ist eine wichtige geistesgeschichtliche Quelle. M. sammelte eine Musikbibliothek, die nach Ch. Burney 17000 Bände umfaßt haben soll und als private Sammlung nach Art und Umfang nur mit der Bibliothek von S. de Brossard verglichen werden kann. Ein kleiner, aber repräsentativer Teil davon befindet sich heute noch in Bologna (Museo Bibliografico Musicale im Conservatorio G. B. Martini, dem ehemaligen Liceo Musicale) und ist eine der bedeutendsten Musikbibliotheken der Welt. M.s Bibliothek diente ihm vor allem zur Vorbereitung seiner *Storia della musica*, von der allerdings nur die ersten 3 Bände über die Musik der Antike im Druck erschienen. Für die weiteren geplanten Bände existiert in Bologna unter dem Titel *Zibaldone martiniano* eine Sammlung hsl. Notizen von großem musikgeschichtlichem Wert. Mit seiner *Storia della musica* gab M. der Musikgeschichtsschreibung eine entscheidende Richtung, indem er die Musik zu anderen Künsten und Geisteswissenschaften in Beziehung setzte. Er hielt bei alldem an der mathematischen Begründung der Musik fest und erwies sich in dieser Beziehung als Gegner von A. Eximeno. – Als Komponist schrieb M. Werke der verschiedensten Gattungen. Ungeachtet seiner großen Vorliebe für den strengen Kontrapunkt, der in der Auffassung der Zeitgenossen seine eigentliche Domäne war, zeigte er sich aufgeschlossen für mannigfache moderne Strömungen. Doch läßt sich dieses Schaffen eher als gelehrt denn als originell bezeichnen.

WW: **1) Kompositionen:** *Litaniae atque antiphonae* für 4 St. mit Org. u. Instr., op. 1 (Bol 1734); 12 *Sonate d'intavolatura per l'organo e il cembalo* (A 1742); 6 *Sonate per l'organo e il cembalo* (Bol 1747); 12 *Duetti da camera* (Bol 1763); 2 H.e *Canoni* für 2–4 St. (V o. J.). – Hsl. sind erhalten: Sonaten u. a. Stücke für Cemb. u. für Org.; Symphonien; Konzerte für versch. Soloinstr., u. a. 6 Cemb.-Konzerte; Kantaten, Arien, Messen, Motetten, Hymnen u. Psalmen; Oratorien *L'assunzione di Salomone al trono d'Israello* (1734), *S. Pietro* (1738) u. *Il sacrifizio d'Abramo*. – Bühnen-WW: eine *Azione teatrale* (1726); Intermezzi: *La Dirindina* (1731); *L'impresario delle Canarie* (1744); *Don Chisciotte* (1746) u. *Il maestro di musica*. – **2) Schriften:** *Storia della musica*, 3 Bde. (Bol 1757, 1770, 1781); *Regola agli organisti per accompagnare il canto fermo* (Bol 1756); *Dissertatio de uso progressionis geometricae in musica* (1767); *Compendio della teoria de' numeri per uso del musico* (Bol 1769); *Esemplare, o sia saggio fondamentale pratico di contrappunto sopra il canto fermo*, 2 Bde. (Bol 1774, 1775); *Serie cronologica dei Principi dell'Accademia de' Filarmonici di Bologna*, in: Diario bolognese (1776); *Lettere di un academico filarmonico sull'Eximeno* (Pesaro 1781); im Druck einige weitere kleine Schriften.

Ausg.: **1) Instr.-WW:** *Duetti da camera*, hrsg. v. C. PEDRON (Bol o. J.); 6 Sonaten, hrsg. v. L. HOFFMANN-ERBRECHT (L 1954) (= Mitteldt. Musikarch. 1); 20 Composizioni originali per organo, hrsg. v. I. FUSER (Padua 1956); *Sonate d'intavolatura per l'organo e il cembalo*, Faks.-Ausg. (NY 1967) (= MMMLF I/19); *Sonate da organo e cembalo*, Faks.-Ausg. (Bol 1970) (= Antiquae musicae it. bibl. monumenta organica A [Mss.] 42). – 3 Cemb.-Konzerte, hrsg. v. G. AGOSTI (Mi 1943) (= I classici mus. it. 11); V.-Konzert F-Dur, hrsg. v. DEMS. (Padua 1960); Cemb.-Konzert D-Dur, hrsg. v. P. BERNARDI – F. SCIANNAMEO (R 1968) (= Musiche vocali e strumentali sacre e profane... 35); Konzert C-Dur für Streichorch., hrsg. v. G. PICCIOLI (Mi 1956). – **2) Vokal-WW:** Magnificat für Soli, Chor u. Orch., hrsg. v. N. JEN-

KINS (Lo 1957); Concertato „De Profundis" für 5 St., Str., Trp. u. B.c., hrsg. v. DEMS. (Brescia – Kas 1963); 2 Salmi concertati für 3 bzw. 4. St., hrsg. v. DEMS. (ebd. 1964). – **3) Schriften:** Carteggio ined. del P. G. M. coi più celebri musicisti del suo tempo I, hrsg. v. F. PARISINI (Bol 1888, Nachdr. 1969) (= Bibl. musica Bononiensis V/22); *Esemplare*... 1774–75, Faks.-Ausg. (Lo – Wie 1965); *Storia della musica* 1757–81, Faks. hrsg. v. O. WESSELY, 3 Bde. (Gr 1967) (= Die großen Darstellungen der Musikgesch. in Barock und Aufklärung 3).

Lit.: L. BUSI, Il padre G. B. M. 1 (Bol 1891, Nachdr. 1969) (= Bibl. musica Bononiensis III/2) (mit Werkverz.); W. REICH, Padre M. als Theoretiker (Diss. W 1934); F. VATIELLI, Le opere comiche di G. B. M., in: RMI 40 (1936); G. TEBALDINI, La scolastica di P. M., in: RMI 43/44 (1939/40); H. BROFSKY, Padre M.'s Sonate for Four Trumpets and Strings, in: Brass Quarterly 5 (1961/62); E. R. JACOBI, Rameau and Padre M., in: MQ 50 (1964); H. BROFSKY, The Symphonies of Padre M., in: MQ 51 (1965); DERS., Students of Padre M., in: FAM 13 (1966); B. WIECHENS, Die Kompositionstheorie u. das kirchenmusikal. Schaffen Padre M.s (Rb 1968) (= Kölner Beitr. z. Musikforsch. 48); A. MELL, A. Lolli's Letters to P. M., in: MQ 56 (1970); V. DUCKLES, The Revival of Early Music in 18th Century Italy. Observations on the Correspondence Between G. Chiti and Padre G. M., in: RBMie 26 (1972) u. 27 (1973); M. HUGLO, La musicologie au XVIIIe siècle. G. M. et M. Gerbert, in: RMie 59 (1973); H. BROFSKY, Jommelli e P. M. Aneddoti e realtà di un rapporto, in: RIMus 8 (1973); A. MANN, Padre M. and Fux, in: FS E. H. Meyer (L 1973); A. SCHNOEBELEN, The Growth of Padre M.'s Library as Revealed in His Correspondence, in: ML 57 (1976); DIES., P. M.'s Collection of Letters in the Civico Museo Bibliografico Musicale in Bologna. An Annotated Index (NY 1979).

C. SARTORI

MARTINI, Johannes, * um 1430; it. (?) Komponist. Er ist vielleicht identisch mit Johannes Martinus von Armentières. Sein Name erscheint 1474 neben Josquin des Prés und L. Compère in den Archiven der Kapelle der Sforza in Mailand. 1475 bis 1492 war M. Mitglied der Hofkapelle von Ferrara, Lehrer der Isabella d'Este und stand auch mit P. Hofhaimer in Verbindung. Seine überlieferten Werke weisen ihn eher als Zeitgenossen Ockeghems als von Josquin des Prés aus.

WW: 12 Messen für 4 St.; 5 Motetten für 4 u. eine für 3 St.; 5 Magnificat; 23 frz. Chansons (20 für 3 u. 3 für 4 St.); 7 it. Chansons (4 für 3 und 3 für 4 St.) sowie ein Kanon für 4 St.

Ausg.: Drei geistliche Gesänge, hrsg. v. R. GERBER (1937) (= Chw 46).

Lit.: B. DISERTORI, Il Ms. 1947–4 di Trento e la canzone „i'ay prins amours", in: RMI 48 (1946); T. KARP, The Secular Works of J. M., in: FS G. Reese (NY 1966); J. G. BRAWLEY, The Magnificats, Hymns, Motets and Secular Compositions of J. M. (1968) (= Diss. Yale Univ.).

MARTINON, Jean, * 11. 1. 1910 Lyon, † 1. 3. 1976 Paris; frz. Dirigent und Komponist. Er war Schüler von V. d'Indy, A. Roussel (Komposition) und Ch. Münch (Dirigieren) und erhielt 1928 am Pariser Conservatoire einen 1. Preis im Violinspiel. 1944–46 war er Dirigent der Société des Concerts du Conservatoire, dann des Symphonieorchesters von Bordeaux sowie 1951–57 der Association des Concerts Lamoureux, 1958 übernahm er das Israel Philharmonic Orchestra in Tel Aviv, dirigierte 1960 bis 1966 die Düsseldorfer Symphoniker, 1963–68 das Chicago Symphony Orchestra und seit 1968 das Orchestre National de l'ORTF. Seine Werke sind meist klassizistisch gehalten; sie können keiner bestimmten Richtung zugeschrieben werden.

WW: **1) Instr.-WW:** Klv.-Stücke; 2 Streichquartette (1946, 1966); *Domenon* (1970) für Bläserquintett; *Octuor* (1974) u. *Vigintuor* (1974). – Für Orch.: 4 Symphonien, 1: G-Dur (1934 bis 1936), 2: *Hymne à la vie* (1942–44), 3: „Irische" (1948), 4: *Altitudes* (1965); 2 V.-Konzerte (1937–42, 1958); *Concerto lyrique* (1944) für Streichquartett u. kleines Orch.; Vc.-Konzert (1963); Fl.-Konzert (1971); Konzert für Saxophonquartett u. Orch. (1974). – **2) Vokal-WW:** Psalm 136 *(Chant des captifs)* (1940–42) für Sopran, Tenor, Sprecher, Chor u. Orch.; *Ode au soleil (né de la mort)* (1945) für Sprecher, gem. Chor u. Orch.; Oratorium *Le lis de Saron (Le cantique des cantiques)* (1952) für Soli, Chor u. Orch. – **3) Bühnen-WW:** *Hécube* (nach Euripides), UA: Straßburg 1956; Ballett *Ambohimanga (ou La cité bleue)* (1946) für 2 Männerst., Chor u. Orch.

Lit.: P. VIDAL, in: Musica (Disques) (1966) Nr. 144; C. CHAMFRAY, in: Le courrier musicale de France (1969) Nr. 26, Nachtrag, in: ebd. (1972) Nr. 40.

MARTINŮ, Bohuslav, * 8. 12. 1890 Polička, † 28. 8. 1959 Liestal (Basel-Land); tschech. Komponist. Als Stipendiat seiner Heimatgemeinde studierte er seit 1906 Violine am Prager Konservatorium und trat 1909 in die Orgel- und die Kompositionsklasse ein. Wie sein zeitweiliges Vorbild Cl. Debussy fand M. jedoch, daß jedes Werk seine eigenen Gesetze hervorbringe; daher lehnte er jeden akademischen Musikunterricht – insbesondere in Kontrapunkt – ab und wurde 1910 wegen „unverbesserlicher Nachlässigkeit" vom Konservatorium verwiesen. 1912 erwarb M. das staatliche Diplom für Violinlehrer; er gehörte seit 1913 gelegentlich, 1920–23 ständig der Tschechischen Philharmonie an. In den Kompositionen dieser Zeit griff er die Volksmusik seiner Heimat auf. 1923–40 lebte M. vorwiegend in Paris, wo er unter Anleitung von A. Roussel in verschiedenen Musikstilen (Neoklassizismus, Jazz) experimentierte, bis er seit 1931 wieder verstärkt das nationale Element berücksichtigte. Nach einjähriger Flucht gelangte M. 1941 nach Amerika und wurde dort durch eine Aufführung seines Concerto grosso unter S. Koussewitzky weit bekannt, so daß er mehrere Lehraufträge (u.a. 1948–51 an der Princeton University/N.Y.) erhielt. Einen Ruf an das Prager Nationalkonservatorium nahm M. 1945 an, doch konnte er ihm aus gesundheitlichen Gründen nicht folgen. Den Schwerpunkt seines kompositorischen Schaffens bildeten nun symphonische Werke; dabei wandte er sich von der „Geometrie" strenger Formen zur „Phantasie" (*Rhapsody Concerto,* 1952). Trotz Verleihung der amerikanischen Staatsbürgerschaft (1952) kehrte M. nach Europa zurück und verbrachte seine letzten Lebensjahre hauptsächlich in Frankreich und in der Schweiz bei

P. Sacher, auf dessen Anregungen viele Kompositionen M.s zurückgehen.

WW: 1) **Instr.-WW:** 7 Streichquartette (1918, 1925, 1929, 1937, 1938, 1946, 1947); 3 Sonaten für V. u. Klv. (1929, 1931, 1944); 3 Klv.-Trios (1930, 1950, 1951); 3 Madrigale für V. u. Va. (1947); Klv.-Sonate (1954); zahlr. Werke für 5–9 Instr., u. a. *Fantasie* für Theremin, Ob., Streichquartett u. Klv. (1944) u. Nonett (1959). – Für Orch.: *Half-Time* (1924); *La Bagarra* (1927); *Memorial to Lidice* (1943); Konzerte: 5 für Klv. (1925, 1934, revidiert 1944, 1948, 1956, 1958); 2 für Vc. (1930, 1945); 2 für V. (1933, 1943); *Double Concerto* (1938) für 2 Streichorch., Klv. u. Pauken; *Rhapsody Concerto* (1952) für Va. u. Orch. – 6 Symphonien (1942, 1943, 1944, 1945, 1946, 1953). – **2) Vokal-WW:** *Nipponari* (1912), 7 Lieder für Frauenst. u. kleines Orch.; *České madrigaly* (1939) für gem. Chor; *Polní mše* (1939) für Bar., Männerchor u. Orch.; *Zbojnické písně* (1957) für Männerchor; Oratorium *Das Gilgamesch-Epos* (1955) für Soli, Sprecher, Chor u. Orch.; Kantate *The Prophecy of Isaiah* (1959) für Sopran, Alt, Bar., Männerchor, Va., Trp., Klv. u. Pauken. – **3) Bühnen-WW:** Opern: *Voják a tanečnice* (Der Soldat u. die Tänzerin), UA: Brünn 1928; *Juliette*, UA: Prag 1938; *Mirandolina*, UA: ebd. 1959; *Ariane*, UA als: *Ariadne*, Gelsenkirchen 1961; *The Greek Passion*, UA: Zürich 1961. – Funkopern: *Hlas lesa* (Die Stimme des Waldes), UA: Prager Rundfunk 1935; *Veselohra na mostě* (Komödie auf der Brücke), UA: ebd. 1937, szenisch als: *Comedy on the Bridge*, UA: New York 1951. – Ballette: *Istar*, UA: Prag 1924; *Špalíček*, UA: ebd. 1928; *The Strangler*, UA: New London/Conn. 1948.

M.s Werk läßt sich in seiner Gesamtheit keiner bestimmten Stilrichtung zuordnen; nachzuweisen sind Einflüsse der tschechischen Volksmusik (Melodiebildung), des englischen Madrigals der Renaissance (Polyphonie), des Concerto grosso (Form) und des französischen Impressionismus (Klangfarbe, Harmonik). Daraus resultiert das Ersetzen von thematischer Arbeit durch motivische Fortspinnungstechnik bei konsonant klingender Tonsprache. M.s erreichtes Ziel war, im „Kunstwerk dem Hörer etwas über das Wesen seiner eigenen Weltanschauung“ mitzuteilen.

Lit.: H. HALBREICH, B.M. (Z – Fr 1968) (mit ausführlichem Werkverz., Bibliogr. u. Discographie). – Tschechische Komponisten, hrsg. v. H. LINDLAR (Bonn 1954) (= Musik der Zeit 8); J. MIHULE, Symfonie B.M. (Pr 1959); M. MIHALOVICI, Abschied v. B. M., in: Melos 26 (1959); P. EVANS, M. the Symphonist, in: Tempo 55/56 (1960); M. ŠAFRÁNEK, B.M., Život a dílo (Pr 1961), dt. Übers.: B.M., Sein Leben u. Werk (Kas 1964); J. LUDVOVA, Sonátová forma v klavírnich koncertech B.M. (Die Sonatenform in B. M.s Klv.-Konzerten), in: Hudební věda 8 (1971); B. LARGE, M. (Lo 1975); CH. MARTINŮ, Mein Leben mit B. M. (dt. Pr 1978).

K. LANGROCK

MARTÍN Y SOLER, Atanasio Martín Ignacio Vicente Tadeo Francisco Pelegrin (in Italien Vincenzo Martino oder Martini „lo Spagnuolo“ bzw. „il Valenziano“ genannt), * 2.5.1754 Valencia, † 30.1. (11. 2.) 1806 St. Petersburg; span. Komponist. Er war Chorknabe an der Kathedrale von Valencia, ging später nach Madrid und debütierte dort wahrscheinlich als Komponist musikalischer Bühnenwerke mit der Zarzuela *La madrileña*. Seit 1776 ist er in Italien nachweisbar, wo er sich als Opernkomponist besonders mit Opere serie sehr schnell einen Namen machte. 1785 zog er nach Wien, schrieb dort Opern auf Texte von L. Da Ponte, u.a. die äußerst erfolgreiche Opera buffa *Una cosa rara*. 1788 wurde M. von Kaiserin Katharina II. von Rußland als Hofkapellmeister nach St. Petersburg berufen, wo er seit 1790 neben D. Cimarosa als Komponist für die kaiserlichen Theater engagiert wurde und gleichzeitig als Musiklehrer am pädagogischen Institut für adlige Knaben von Smolna tätig war. 1794–96 lebte er in London und kehrte dann nach St. Petersburg zurück. Er lehrte wieder am Institut von Smolna. Zar Paul I. ernannte ihn zum Kaiserlich Russischen Hofrat; 1800–04 war M. außerdem Inspektor der italienischen Hoftheatertruppe.

WW: Zahlreiche Opern (meist hsl. erhalten; aus einigen wurden in teilweise großem Umfang einzelne Stücke in verschiedenen vokalen u. instr. Arrangements gedruckt), u. a. *Ifigenia in Aulide*, UA: Neapel 1779; *Ipermestra* (Libr.: P. Metastasio), UA: ebd. 1780; *La accorta cameriera*, UA: Turin 1783; *Le burle per amore* (Libr.: L. Da Ponte), UA: Venedig 1784; *Il burbero di buon core* (Libr.: ders.) u. *Una cosa rara o sia Bellezza ed onestà* (Libr.: ders.), UA: Wien 1786; *L'arbore di Diana* (Libr.: ders.), UA: ebd. 1787, Klv.-A. (Bonn o. J.); *Gore-bogatyr Kosometowitsch* (Der unglückliche Held Kosometowitsch) (Libr.: Katharina II. – A. Chrapowizki), UA: St. Petersburg 1789; *Fedul s detmi* (Fedul mit seinen Kindern) (Libr.: Katharina II.), UA: ebd. 1791 (zus. mit W. Paschkewitsch); *La scola de' maritati* (Libr.: Da Ponte) (auch unter dem Titel *La capricciosa corretta*, dt. *Die gebesserte Eigensinnige*), UA: London 1795, Klv.-A. (Bonn o. J.); *L'isola del piacere* (Libr.: ders.), UA: ebd. 1795; *Derewenski prasduik* (Das Dorffest), UA: St. Petersburg 1798. Im Druck erschienen die Kantate *Il sogno* (L o. J.), ferner Sammlungen it. u. dt. Arietten für SingSt u. Cemb. bzw. Gitarre sowie Kanons für 3 St. u. Cemb.

M. war einer der populärsten Buffo-Komponisten seiner Zeit, im künstlerischen Rang etwa vergleichbar mit D. Cimarosa und G. Paisiello, deren Werke indes gegenwärtig besser erforscht sind als die M.s. Viele seiner Opernmelodien – besonders aus *Una cosa rara* – waren in ganz Europa und in Rußland allgemein bekannt. Dies wird in besonderer Weise bis heute bezeugt durch das Zitat des Schlußsatzes aus *Una cosa rara (O quanto un si bel giubilo)* in der Tafelmusik (Finale 2. Akt) von W. A. Mozarts *Don Giovanni*.

Lit.: R. A. MOOSER, Un musicien espagnol en Russie à la fin du XVIIIe siècle, in: RMI 40 (1936); O. WESSELY, M. y S., in: MGG VIII; R. JESSON, M.'s „L'arbore di Diana“, in: MT 113 (1972).

MARTUCCI, Giuseppe, * 6.1.1856 Capua, † 1.6. 1909 Neapel; it. Dirigent und Komponist. Er studierte am Konservatorium in Neapel, an dem er 1880 Lehrer für Klavier wurde. 1886–1902 leitete er das Liceo Musicale in Bologna, wo er 1888 die erste italienische Aufführung von R. Wagners *Tristan und Isolde* dirigierte; 1902 wurde er Direktor des Konservatoriums in Neapel. O. Respighi zählte zu seinen Schülern. M.s Kompositionen stehen bes. unter dem Einfluß der dt. Musik jener Zeit.

WW: **1) Instr.-WW:** Zahlr. Klv.-Stücke, u.a. eine Sonate (1875) u. Thema u. Variationen (1886); Sonate für Vc. u. Klv. (1880); 2 Trios für Klv., V. u. Vc. (1882, 1883); Quintett für Klv. u. Str. (1878). – Für Orch.: 2 Symphonien (1895, 1904); Klv.-Konzert (1885). – **2) Vokal-WW:** Zahlr. Lieder, darunter *Pagine sparse* (um 1889); *La canzone dei ricordi* (1887) für SingSt u. Klv.; Oratorium *Samuel* (1881, revidiert 1905).

Lit.: F. FANO, G.M. (Mi 1951) (mit Werkverz.); A. DELLA CORTE, M. e Depanis, in: Rass. Mus. 24 (1954); G. A. FANO, L'arte di G.M., in: I grandi anniversari del 1960, hrsg. v. A. Damerini – G. Roncaglia (Siena 1960) (= Accad. musicale Chigiana 18); F. PERRINO, in: Musicalia 2 (1972) Nr. 2.

MARTZY, Johanna, * 26. 10. 1924 Temesvár (Ungarn, heute Timişoara/Rumänien), † 13. 8. 1979 Rüschlikon bei Zürich; ung. Violinistin. Sie studierte 1932–42 an der Musikhochschule in Budapest, war Preisträgerin beim Hubay-Wettbewerb und 1947 1. Preisträgerin in Genf. Seither trat sie mit vielen berühmten Dirigenten auf und bildete zusammen mit dem Pianisten István Hajdú seit 1966 ein Duo. J. M. fühlte sich vor allem der Musik des 19. Jh. verpflichtet.

MARX, Adolf Bernhard, *15.(?)5.1795 Halle/Saale, † 17.5.1866 Berlin; dt. Musiktheoretiker und Komponist. Er war Jurist in Naumburg/Saale, studierte Musik bei D. G. Türk in Halle und bei C. Fr. Zelter in Berlin, wo er 1824 die Berliner *Allgemeine musikalische Zeitung* (AmZ) gründete, die er bis 1830 redigierte (u.a. mit Rezensionen Beethovenscher Werke und mit engagiertem Eintreten für die Aufführung von Werken Bachs und Händels). 1827 promovierte M. an der Universität Marburg und erhielt 1830 mit der Hilfe von F. Mendelssohn Bartholdy eine Professur für Musik an der Universität Berlin, wo er 1832 auch Universitätsmusikdirektor wurde. 1850 gründete er mit J. Stern und Th. Kullak das Stern'sche Konservatorium. Während die Kompositionen von M. bald in Vergessenheit gerieten, bedeutet seine Kompositionslehre eine wichtige Etappe in der Entwicklung der Musiktheorie und der musikalischen Formauffassung vor H. Riemann.

WW: **1) Kompositionen:** Klv.-Werke; Lieder u. Chöre; Oratorien *Am Tage Johannes' des Täufers* (1834) u. *Mose* (1841); Festkantate für die Berliner Universität (1860); Singspiel *Jery und Bätely* (1824). – *Die Kunst des Gesanges* (B 1826); *Evangelisches Choral- und Orgelbuch* (B 1832); *Chorschule* (L 1860). – **2) Schriften:** *Über Malerei in der Tonkunst* (B 1828); *Die Lehre von der musikalischen Komposition*, 4 Bde. (L 1837–47); *Organisation des Musikwesens* (B 1848); *Die Musik des 19. Jh. u. ihre Pflege* (L 1855); *L. van Beethovens Leben u. Schaffen*, 2 Bde. (B 1859); *Anleitung zum Vortrag Beethovenscher Klavierwerke* (B 1863); *Gluck und die Oper*, 2 Bde. (B 1863, Nachdr. Hil 1970). – Autobiographie *Erinnerungen aus meinem Leben*, 2 Bde. (B 1865).

Lit.: J. TH. MOSEWIUS, Über das Oratorium Moses v. A. B. M. (L 1843); G. F. SELLE, Aus A. B. M.s literarischem Nachlaß (B 1898); L. HIRSCHBERGER, Der Tondichter A. B. M., in: SIMG 10 (1908/09); K. G. FELLERER, A. B. M. u. G. W. Fink, in: FS A. Orel (W – Wie 1960); K. HAHN, Die Anfänge der Allgemeinen Musiklehre. G. Weber, A. B. M., in: Musikal. Zeitfragen 9 (1960); A. EDLER, Zur Musikanschauung v. A. B. M., in: Beitr. z. Gesch. der Musikanschauung im 19. Jh., hrsg. v. W. Salmen (Rb 1969) (= Stud. z. Musikgesch. des 19. Jh. 1); H. KIRCHMEYER, Ein Kapitel A. B. M. Über Sendungsbewußtsein u. Bildungsstand der Berliner Musikkritik zw. 1824 u. 1830, in: ebd.; K.-E. EICKE, Der Streit zw. A. B. M. u. G. W. Fink u. die Kompositionslehre (Rb 1966) (= Kölner Beitr. z. Musikforsch. 42); P. RUMMENHÖLLER, Musiktheoretisches Denken im 19. Jh. (Rb 1967) (= Stud. z. Musikgesch. des 19. Jh. 12); B. P. V. MOYER, Concepts of Musical Form in the Nineteenth Century, With Special Reference to A. B. M. and Sonata (1969) (= Diss. Stanford Univ.); K.-E. EICKE, Das Problem des Historismus im Streit zw. M. u. Fink, in: Die Ausbreitung des Historismus über die Musik (Rb 1969); P. NIELSEN, Den musikalske formanalyse. Fra A. B. M. „Kompositionslehre" til vore dages strukturanalyse (Kop 1971); K. KROPFINGER, Klassik-Rezeption in Berlin (1800–1830), in: Stud. z. Musikgesch. Berlins im frühen 19. Jh. (Rb 1980) (= Stud. zur Musikgesch. des 19. Jh. 56); A. FORCHERT, A. B. M. u. seine Berliner Allgemeine musikal. Zeitung, in: ebd.

MARX, Hans Joachim, *16. 12. 1935 Leipzig; dt. Musikforscher. Er studierte an den Musikhochschulen in Leipzig und Freiburg im Breisgau sowie an den Universitäten in Freiburg und Basel, wo er 1966 mit einer Dissertation über *Die Orgeltabulatur des Cl. Hör (c. 1535)* promovierte. 1967–68 hatte er einen Lehrauftrag an der Universität Zürich, war 1969–73 Assistent am Musikwissenschaftlichen Seminar der Universität Bonn, wo er sich 1972 mit der Arbeit *Quellenkritische Studien zum Werk A. Corellis* habilitierte. Seit 1973 ist M. Professor an der Universität Hamburg, seit 1980 ordentliches Mitglied der Joachim Jungius-Gesellschaft der Wissenschaft. – M. ist mit der Musikforscherin **Magda Marx-Weber** (* 17. 11. 1941 Graz) verheiratet.

Schriften: *Der Tabulatur-Codex des Basler Humanisten Bonifacius Amerbach*, in: FS L. Schrade (Kö 1963); *Die Musik am Hofe Pietro Kardinal Ottobonis unter A. Corelli*, in: Anal. Mus. 5 (1968); *C. Rainaldi come Compositore*, in: RIMus 4 (1969); *Monodische Lamentationen des Seicento*, in: AfMw 28 (1971); *Zur Bedeutung des Begriffs „Symphonia" im Mittelalter*, in: Kgr.-Ber. Kopenhagen 1972 (Kop 1972); *Gesch. der Hamburger Barockoper. Ein Forschungsbericht*, in: HJbMw 3 (1978); *Die Überlieferung der Werke A. Corellis* (Kö 1980) (= Corelli-GA, Suppl.); *Neues zur Tabulatur-Hs. St. Gallen, Stiftsbibl., Cod. 530*, in: AfMw 37 (1980). – Editionen: *Die Tabulaturen aus dem Besitz des ... B. Amerbach* (Bas 1967) (= SMD 6); *Die Orgeltabulatur des Cl. Hör* (Bas 1970) (= ebd. 7); A. Corelli, GA 5: Werke ohne Opuszahl (1976).

MARX, Joseph Rupert Rudolf, * 11. 5. 1882 Graz, † 3. 9. 1964 ebd.; östr. Komponist. Er promovierte an der Universität Graz 1909 in Musikwissenschaft. 1914–52 wirkte er als Professor für Theorie und Komposition an der Wiener Musikakademie, die er 1922–27 leitete. Gleichzeitig war er als Musikkritiker tätig. 1947–57 lehrte er als Honorarprofessor Musikwissenschaft an der Grazer Universität. M., neben Fr. Schmidt der bedeutendste Vertreter der österreichischen Musik konservativer Richtung im

20. Jh., zeigt in seinen Werken am Impressionismus geschultes nachromantisches Klangempfinden von großer harmonischer Farbigkeit und bezog in den 30er Jahren in starkem Maße auch kontrapunktische Verfahren mit ein. Seine Lieder orientieren sich an H. Wolf, sein Orchesterschaffen und die Kammermusik meist an J. Brahms und Cl. Debussy. M. wurde zu Lebzeiten mit zahlreichen Ehrungen bedacht. Zu seinen Schülern zählen St. Askenase, J. N. David, J. Horenstein, O. Kabasta, O. Wessely und Fr. Wührer.

WW: **1) Instr.-WW:** *Frühlingssonate* (1913) für V. u. Klv.; 3 Streichquartette, 1: *Quartetto in modo chromatico* (1937, revidiert 1948), 2: *in modo antico* (1938), 3: *in modo classico* (1941). – Für Orch.: *Eine Herbstsymphonie* (1921); *Idylle-Concertino über die pastorale Quart* (1925); *Eine Frühlingsmusik* (1925); *Feste im Herbst* (1945); *Romantisches Klv.-Konzert E-Dur (1920); Castelli romani* (1930), 3 Stücke für Klv. u. Orch. – **2) Vokal-WW:** Zahlr. Lieder mit Streichquartett oder Orch., u. a.: *Italienisches Liederbuch* (1912) (Text: P. Heyse); *Verklärtes Jahr* (1932), 5 Gesänge mit Orch.; *Morgengesang* (1910) für Männerchor, Blechbläser u. Org. oder Orch. (1934); *Herbstchor an Pan* (1911) für Chor, Knabenchor, Orch. u. Org. – **3) Schriften:** *Über die Funktionen von Harmonie und Melodie beim Erfassen von Tonkomplexen* (Diss. Gr 1909); *Betrachtungen eines romantischen Realisten*, hrsg. v. O. Ortner (W 1947); *Weltsprache Musik* (W 1964) (= Buchreihe der Östr. UNESCO-Kommission 7).

Lit.: J. BISTRON, J. M. (W 1923); A. LIESS, J. M. (Gr 1943); E. WERBA, J. M. (W 1964) (= Östr. Komponisten des 20. Jh.s 1); DERS., It. Liederbücher v. H. Wolf u. J. M., in: ÖMZ 25 (1970); E. SCHENK, in: StMw 27 (1966); J. K. MEYERS, The Songs of J. M. (Kansas City 1972) (= Diss. Univ. of Missouri).

B. A. KOHL

MARX, Karl, * 12. 11. 1897 München, † 8. 5. 1985 Stuttgart; dt. Komponist. Seit 1919 Schüler von C. Orff, studierte er 1921–24 an der Akademie der Tonkunst in München, an der er 1929 Lehrer für Musiktheorie wurde. 1928–39 dirigierte er den Chor des Münchner Bach-Vereins, lehrte 1939–45 an der Hochschule für Musikerziehung Graz (1944 Professor) und war 1946–66 Professor für Komposition an der Stuttgarter Musikhochschule, an der er seit 1955 auch die Abteilung für Schulmusik leitete. M. war einer der wichtigsten Komponisten der Jugendmusikbewegung. In seinen Werken griff er unter Verzicht auf äußerliche Effekte häufig auf alte Vorbilder zurück. Auffallend ist die große Zahl seiner Vertonungen von Gedichten von Rainer Maria Rilke, Hermann Claudius, Fr. Hölderlin und Hans Carossa. Zu seinem 70. Geburtstag wurde ihm eine Festschrift (hrsg. v. E. Karkoschka, St 1967) gewidmet.

WW: **1) Instr.-WW:** Klv.-Stücke; zahlr. Kammermusikwerke, darunter: Sonate für Vc. u. Klv. (1965) u. Divertimento für 16 Bläser (1940). – Für Orch.: Passacaglia (1933, Neufassung 1965); *Fantasia sinfonica* (1967, Neufassung 1969); *Fantasia concertante* (1972); Konzerte für: Klv. (1930, Neufassung 1959); Va. (1930); V. (1936); Fl. (1938); 2 V. (1929). – **2) Vokal-WW:** Zahlr. Stücke nach Gedichten v. R. M. Rilke, darunter (für SingSt u. Klv.): *Rilke-Kreis* (1928); *Rilke-Lieder* (1949); *Der Panther* u. *Das Karussell* (1951); (für SingSt u. Instr.): *Neuer Rilke-Kreis* (1942); *Gebete der Mädchen* (1930) für Sopran u. Streichorch. – *Lieder* (1936) u. *Neue Lieder* (1937) (beide nach H. Claudius); 3 Gesänge (1948) (nach St. George) für Bariton u. Kammerorch. – Chor-Werke a cap., u. a. Motetten: *Werkleute sind wir* (1927) (nach R. M. Rilke); *Mensch, was du liebst* (1930) (nach A. Silesius); Chorliederbuch (1939); 3 Motetten (1951–59); mehrere Kantaten, darunter: *Rilke-Kantate* (1950) für Sopran, Bar., Chor u. Orch.; *Und endet doch alles mit Frieden* (1953) (nach F. Hölderlin) für Soli, Chor und Orch.; *Raube das Licht* (1957) (nach H. Carossa) für Bar., Chor u. Orch.; *Auftrag u. Besinnung* (1961) für Soli, Chor u. Orch.; *Fragment aus Mnemosyne* (1973) für Sopran u. Streichorch. u. *Versöhnender* (1973) für Chor u. Streichorch. sowie *Die Entschlafenen* (1974) (alle nach F. Hölderlin) für Sopran u. Str. – **3) Schriften:** *Analyse der Klavier-Sonate B-Dur v. W. A. Mozart* (St 1963); *Zur Einheit der zyklischen Form bei Mozart* (St 1971); *Einige Anmerkungen zu Schuberts Forellenquintett*, in: NZfM 133 (1971).

Lit.: F. OBERBORBECK, K. M., in: Hausmusik 21 (1957); K. SYDOW, K. M., in: Musik im Unterricht 48 (1957); H. A. METZGER, Das geistliche Vokalwerk v. K. M., in: Württembergische Blätter für Kirchenmusik 25 (1958); K. M. Werkverz., in: ZfMTh 3 (1972) H. 2; E. KARKOSCHKA, Über späte Instrumentalwerke v. K. M., in: Musica 26 (1972).

W. PFANNKUCH

MÄRZENDORFER, Ernst, * 26. 5. 1921 Oberndorf (Salzburg); östr. Dirigent. Er studierte Dirigieren bei Robert Wagner in Graz, war dort seit 1940 Opernkapellmeister und übernahm 1951 am Mozarteum in Salzburg eine Dirigentenklasse, 1953 auch die Leitung des Mozarteum-Orchesters. 1954–78 war M. an der künstlerischen Leitung der Salzburger Festspiele beteiligt. 1958–61 war er Dirigent an der Städtischen Oper Berlin und wirkt seither an der Wiener Staatsoper sowie seit 1971 auch an der Volksoper. M., der auch als Komponist von Instrumentalwerken hervorgetreten ist, besorgte (1969) eine spielbare Fassung des Finales von A. Bruckners 9. Symphonie, das nur fragmentarisch erhalten ist.

MASANIELLO FURIOSO oder Die Neapolitanische Fischerempörung, musikalisches Schauspiel in 3 Akten von Reinhard Keiser (1674–1739). Text von Barthold Feind. Ort und Zeit der Handlung: Neapel, im Juli 1647. UA: Juni 1706 in Hamburg (Oper am Gänsemarkt).

Der Stoff der Oper, der Fischeraufstand von 1647, diente später D. Fr. E. Auber als Vorlage für *Die Stumme von Portici.* Titelheld ist der Anführer des Aufstands, der Fischer Tommaso Aniello – kontaminiert zu Masaniello –, dem es gelingt, dem ausbeuterischen spanischen Adel einen Vertrag über die Abschaffung aller Zölle abzutrotzen und Demokratisierungsmaßnahmen einzuleiten; durch Verrat des Herzogs zum Wahnsinn getrieben, wird er schließlich von Adligen ermordet. Die scheinbare Disproportionalität zwischen Haupt- und Nebenhandlung – die Liebesaffären der Adligen – wurde vielfach als dramaturgische Schwäche gedeutet. Dem steht die bewußt eingesetzte dramatische Kraft der Musik Keisers entgegen. Gerade die Arien, deren formale Ausgestaltung vom einfachen Strophenlied bis zur Koloraturarie reicht, sind nicht mehr als Ruhepunkte der Handlung eingesetzt, sondern werden zum dramatischen Movens, indem die Handlung auf einer höheren Stufe weiterentwickelt wird. Keisers Fähigkeit, Melodien zur Vertiefung und Stilisierung von Affekten auszunutzen, sowie die verfeinerte Instrumentierungskunst mögen neben dem Interesse für den Stoff G. Ph. Telemann bewogen haben, die Oper am 18. 6. 1727 erneut zur Aufführung zu bringen. Eine Wiederaufführung am 11. 10. 1967 in Berlin wurde 1973 (Basel) und 1974 (Sheffield) nochmals aufgenommen, konnte das Werk jedoch nicht in den Spielplänen etablieren. TH. MENGER

MASCAGNI, Pietro, * 7. 12. 1863 Livorno, † 2. 8. 1945 Rom; it. Komponist. Nach musikalischer Grundausbildung in seiner Heimatstadt studierte er am Mailänder Konservatorium gleichzeitig mit G. Puccini bei A. Ponchielli und Michele Saladino. Er brach das Studium vorzeitig ab, schloß sich einer reisenden Operntruppe an und ließ sich als Leiter des Städtischen Orchesters in Cerignola (Apulien) nieder. 1890 wurde er mit seinem Einakter *Cavalleria rusticana* weltberühmt. Trotz großer Vitalität und unermüdlicher Arbeit gelang ihm kein zweiter gleich großer Wurf. 1895–1902 war er Direktor des Liceo Musicale in Pesaro, dann der Scuola Nazionale di Musica in Rom. In seinen beiden letzten Lebensjahrzehnten völlig vereinsamt, starb er im Hotel Plaza in Rom, der Hochburg seines Erfolges.

WW: Symphonie c-moll (1879); Lieder u. Kantaten. – Opern: *Cavalleria rusticana*, UA: Rom 1890; *L'amico Fritz*, UA: ebd. 1890; *I Rantzau*, UA: Florenz 1892; *Guglielmo Ratcliff*, UA: Mailand 1895; *Iris*, UA: Rom 1898; *Le maschere*, UA: Mailand 1901; *Il piccolo Marat*, UA: Rom 1921; *Nerone*, UA: Mailand 1935. – Ferner die Operette *Pinotta*, UA: San Remo 1932; Filmmusik *Rapsodia satanica* (1917).

M.s Bedeutung für die Entwicklung der Oper des Fin de siècle wird gemeinhin unterschätzt: Zwar behauptete sich auf Dauer nur die *Cavalleria rusticana* im internationalen Repertoire; jedoch erbrachte er in seinen übrigen Bühnenwerken den Beweis, daß er sehr wohl verschiedene Empfindungskategorien und Stoffcharaktere musikalisch beherrschte. Die feinnervige Melodik in *L'amico Fritz*, die Dichte und Ausdrucksintensität der Harmonik in *Iris*, seinem zweitgrößten Erfolg, belegen dies. Der stilistische Einfluß seiner Bühnenwerke auf Puccinis und R. Leoncavallos Musik war beträchtlich. In Italien rangiert M. hinsichtlich der Zahl der Opernaufführungen im 20. Jh. an zweiter Stelle hinter Puccini. Der alternde G. Verdi schätzte Mascagni als begabtesten unter den jüngeren Komponisten ein.

Lit.: A. DE DONNO, Modernità di M. (R 1931); A. JERI, M. (R 1945); F. BONAVIA, P. M., in: The Music Masters 3 (Lo 1952); J. W. KLEIN, M. and His Operas, in: Opera 10 (1955); DERS., P. M. and G. Perga, in ML 44 (1963); M. MORINI, Illica e M. nell'esperienza dell'Iris, in: Musica d'oggi 6 (1963); K. GEITEL, Der unbekannte M., in: Theater u. Zeit 11 (1963/64); G. GAVAZZENI, Discorso per M. nel centenario della nascita (R 1964); D. CELLAMARE, P. M. (R 1965); The Autobiography of P. M., hrsg. u. übers. v. D. STIVENDER (NY 1975); K.-D. LINK, Literarische Perspektiven des Opernlibrettos. Stud. z. it. Oper v. 1850–1920 (Bonn 1975). W. A. MAKUS

MASCARADE, auf den alten Mummenschanz zurückgehendes Divertissement, das von maskierten Personen getanzt wurde und unter König Heinrich II. in Frankreich große Verbreitung fand. Nach M. Praetorius (*Syntagma musicum* III, 1619, S. 19) werden „allerley Täntze in genere, als Bransle, Courranten, Volten, Gagliarden, &," besonders „Täntze zu Mummereyen vnd Vffzügen gemacht/ welche zur Mascarada gespielet wurden", und handelt es sich um 3 Teile, die Intrada (Auftritt der Personen), die Figuren (Hauptteil) und Retrajecte (Abgang der Personen). Die M. à grand spectacle begleitete die am Tage oder in der Nacht veranstalteten Freiluftveranstaltungen (Einzüge des Herrschers, Turniere, Ritterspiele). Verkleidete Gruppen, gefolgt von Sängern und Instrumentalisten, zogen auf Wagen durch die Straßen und stellten allegorische oder mythologische Szenen in Gestalt lebender Bilder dar. Ein anderer Typus der M., der später das Ballet de cour beeinflußte, spielte sich in einem geschlossenen Gelände, einem Palast oder Garten, ab. Er bestand hauptsächlich aus Récits, manchmal in Verbindung mit Tänzen und Ballets. Italienischer Einfluß wurde dort wirksam, wo sich Dichter wie P. de Ronsard, Mellin de Saint-Gelais, Étienne Jodelle und später Philippe Desportes und François de Malherbe für diese Gattung interessierten. Die Récits gewannen immer größere Bedeutung, wurden aber nicht immer gesprochen. Statt dessen verteilte man an die Zuschauer die Dichtungen, die die aufwendig ausgestatteten und inszenierten Pantomimen oder stummen Tänze kommentierten. Später, am Ende der Regierungszeit Heinrichs IV. und unter Ludwig XIII., verband sich die M. mit der Ballet-mascarade, später mit dem Ballet à entrées, ohne allerdings seinen burlesken Charakter aufzugeben. Sie hielt sich auch noch unter Ludwig XIV. bis um 1675, wurde jedoch nur noch während der Karnevalszeit aufgeführt.

Lit.: H. PRUNIÈRES, Le ballet de cour en France avant Benserade et Lully (P 1914); J. JACQUOT, Les fêtes de la Renaissance, 3 Bde. (P 1960, [2]1975); M. MCGOWAN, L'art du ballet de cour en France 1581–1643 (P 1963).

MASCHERA, Florentio, * um 1540 Brescia, † um

1584 ebd.; it. Organist und Komponist. Er war Schüler von Cl. Merulo und Organist an S. Spirito in Venedig und wurde 1557 als Nachfolger von Merulo Domorganist in Brescia. M. ist einer der ersten Komponisten eigenständiger Instrumental-↗Kanzonen.

WW: *Canzoni da sonare* für 4 St. (Brescia 1584 u. ö.); Kanzonen auch in Tabulaturdrucken für Laute (RISM 1574[14], 1593[11], 1599[19]) und Org. (1606[29], 1617[24]).

Ausg.: Canzon seconda *La martinenga* u. Canzon quarta für 4 Blockfl., hrsg. v. M. u. F. GRUBLE (Lo 1958); 2 Kanzonen, in: Venezianische Canzonen, hrsg. v. H. MÖNKEMEYER (Mz 1958) (= Antiqua o. Nr.).

Lit.: W. E. MCKEE, The Music of F. M. (Denton 1959) (= Diss. North Texas State Univ.).

MASCHERATA (it., = Mummenschanz), mehrstimmige, hauptsächlich in Florenz verbreitete Kompositionsgattung, die auf die ↗Canti carnascialeschi zurückgeht. Wichtiger Bestandteil bei Maskenbällen, Umzügen und öffentlichen Festen, war die Form frei und häufig nicht von der Villanella oder der Villotta zu unterscheiden. Ein Wesenszug ist ihr satirischer Charakter (Verspottung des Madrigals), Merkmale ihrer Faktur sind homophoner Satz mit führender Oberstimme und Verwendung von Quintenparallelen. Mascherate veröffentlichten u.a. Giovan Domenico da Nola (1541), Fr. Corteccia (1547), F. Azzaiolo (1557, 1559, 1569), O. Vecchi (1590) und A. Gabrieli (1611).

MASCITTI, Michele (in Frankreich Sieur Michel, Michelly oder Miquel genannt), * 1663 oder 1664 Santa Maria (Königreich Neapel), begraben 19. 4. 1760 Paris; it. Violinist und Komponist. Er ist seit 1704 in Paris nachweisbar, wo er im Dienst des Herzogs von Orléans stand. 1739 erhielt er seine „lettre de naturalité". M., einer der ersten Komponisten französischer Violinsonaten, stand noch italienischen Vorbildern nahe. Er war zu seiner Zeit hochgeschätzt und wurde gelegentlich A. Corelli gleichgestellt.

WW: 12 *Sonate a violino solo col violine o cimbalo e sonate a due violini, violoncello e b.c.* (P 1704); 2 Bücher *Sonate da camera* für V. solo u. B.c. (P 1706, 1707); *Sonate a violino solo e basso e Sonate a due violini e basso* (P 1711); 4 Bücher *Sonate a violino solo e basso* (P 1714, 1722, 1731, 1738): *Sonate a violino solo e basso e quattro concerti a sei* (P 1727).

Ausg.: 6 *Sonate da camera* für V. u. B.c., H. 1, hrsg. v. W. KOLNEDER (Hei 1963).

Lit.: L. DE LA LAURENCIE, L'école française de violon 1 (P 1922, Nachdr. G 1971); H. R. DEAN, The Music of M. M., 2 Bde. (Iowa City 1970) (= Diss. Univ. of Iowa).

MASKE IN BLAU, Große Operette in 6 Bildern von Fred Raymond (1900–54), Text von Heinz Hentschke, Liedtexte von Günther Schwenn. Ort u. Zeit der Handlung: San Remo u. Argentinien, in den 30er Jahren. UA: 27. 9. 1937 in Berlin (Metropol-Theater). Verfilmt: 1939 u. 1952.

Die bunte Bilderfolge stellt vor der Szenerie der klassischen „Traumländer" Italien und Argentinien das stets populäre Thema der unerfüllten Liebe vor. Die Handlung, die zum einen im exotischen Lebensbereich der reichen Plantagenbesitzerin, zum andern im Künstlermilieu des Geliebten spielt, entbehrt der besonderen dramatischen Höhepunkte und eignet sich vorzüglich zur prunkvollen Ausstattung im Stil der Revue-Operette. Raymond komponierte Melodien und Tanzstücke, die sich dank ihrer unkomplizierten Harmonik und eingängigen Rhythmik als Schlager einprägten und von großer Bühnenwirksamkeit sind. Wenn auch die Anwendung abgegriffener Klischees inhaltlicher wie musikalischer Art die Operette nicht sehr originell erscheinen läßt, so sind einzelne Musiknummern daraus doch zu Evergreens geworden, z. B. *Die Juliska, Ja das Temp'rament,* der instrumentale *Walzer in Blau* und die lyrischen Stücke *Am Rio Negro, Sassa* und *Schau einer schönen Frau nicht zu tief in die Augen.*

B. DELCKER

MASKENBALL, EIN *(Un ballo in maschera,* auch *Amélia),* Oper in 3 Akten von Giuseppe Verdi (1813–1901), Text von Antonio Somma nach dem frz. Libretto *Gustave III ou le bal masqué* (1833) von Eugène Scribe. Ort u. Zeit der Handlung: Stockholm, 1792. UA: 17. 2. 1859 in Rom (Teatro Apollo); dt. EA: 23. 11. 1861 in Berlin, EA in dt. Sprache: 6. 3. 1862 in Stuttgart.

Schwierigkeiten mit der Zensurbehörde, die schon den Prosaentwurf *Die Rache im Domino* abgelehnt hatte, machten Verdi die Vorarbeiten an diesem Libretto, dem die geschichtlichen Vorgänge um den Stockholmer Königsmord an Gustav III. zugrunde liegen, zur Qual. Trotz gelegentlicher konventioneller Tutti-Theatralik kehrt Verdi die seelische Nuancierung in seiner Musik deutlich hervor. Der Belcanto ist durchpulst von der Triebkraft des „affetto". Die heimliche Neigung des Königs zu Amelia, der Gattin seines besten Freundes René, die diese erwidert, ohne ihre eheliche Ehre zu opfern, bildet das Kernmotiv der Handlung. Die Verzweiflung der schuldlos liebenden Amelia, deren Seelenqual das Dreiecksdrama durchspannt, überträgt Verdi in zwei Arien mit charakteristischen Soloinstrumenten: in die Friedhofsarie (f-moll) zu Beginn des 2. Aktes *(Ma dall'arido stelo divulsa)* mit begleitendem Englisch Horn und in die es moll-Arie zu Beginn des 3. Aktes *(Morrò – ma prima in grazia)* mit begleitendem Solo-Violoncello. Der Page Oskar, dem Urbain in Meyerbeers *Hugenotten* nachgebildet, trägt unbeschwert-buffoneske Züge in das Geschehen, die den dunklen Hintergrund und das Mordkomplott wirkungsvoll kontrastieren.

Die Szene, in der Amelia unwissend jenes Los zieht, das ihren Mann zum Mörder des Geliebten bestimmt, und das bunt-festliche Ball-Tableau des Finales als plakatives Ambiente zum wohlplacierten Colpo di scena des Dolchstoßes verraten die bühnenkundige Hand Scribes: Grand Opéra aus der Hand des Italieners Verdi. H. BECKER

MASKENSPIEL ↗Masque.

MASNADIERI, I, Oper von G. Verdi; dt. Titel: Die ↗Räuber.

MASON. – 1) Lowell, * 8. 1. 1792 Medfield (Massachusetts), † 11. 8. 1872 Orange (New Jersey); amerik. Musikpädagoge. Er gründete 1832 mit G. J. Webb die Boston Academy of Music, veröffentlichte einige didaktische Werke und gab eine Anzahl von Sammlungen geistlicher und weltlicher Vokalmusik heraus, u. a. *The Handel and Haydn Society's Collection of Sacred Music* (Boston 1822). – **2) William,** Sohn von 1), * 24. 1. 1829 Boston, † 14. 7. 1908 New York; amerik. Pianist. Er studierte bei Henry Schmidt in Boston und debütierte 1846. 1849–54 setzte er seine Studien bei I. Moscheles, M. Hauptmann und E. Fr. Richter in Leipzig sowie bei Fr. Liszt in Weimar und bei Raimund Dreyschock in Prag fort. 1855 ließ er sich in New York nieder und gründete mit Th. Thomas die Mason and Thomas Soirées of Chamber Music, die bis 1868 bestanden. Die Yale University in New Haven (Conn.) promovierte ihn 1872 zum Doctor in Music. M. schrieb zahlreiche pädagogische Werke und die Autobiographie *Memories of a Musical Life* (NY 1901). – **3) Daniel Gregory,** Enkel von 1), * 20. 11. 1873 Brookline bei Boston (Massachusetts), † 4. 12. 1953 Greenwich (Connecticut); amerik. Komponist. Er war an der Harvard University in Cambridge (Mass.) Schüler von J. K. Paine, studierte dann Klavier bei Arthur Whiting, Theorie bei Percy Goetschius und Instrumentation bei G. Chadwick (1895) und bildete sich 1913 bei V. d'Indy in Paris weiter. 1910 wurde er Professor an der Columbia University in New York, an der er bis 1940 die Musikabteilung leitete. Als eher konservativer Komponist war er stark von der deutschen Romantik beeinflußt, während seine Instrumentation sich am französischen Impressionismus orientiert.

WW: **1) Kompositionen:** Klv.-Stücke; Kammermusik, u. a. Sonate für V. u. Klv. (1908); Streichquartett *„On Negro Themes"* (1919); Klv.-Quartett (1911); Orch.-Werke, darunter 3 Symphonien. – **2) Schriften** (in New York erschienen): *From Grieg to Brahms* (1902, [2]1907, Nachdr. 1971); *Beethoven and His Forerunners* (1904, [2]1930); *The Romantic Composers* (1906, Nachdr. NY – Westport/Conn. 1970); *The Appreciation of Music*, 4 Bde. (1908–21) (zus. mit T. W. Surette u. M. L. M.), Nachdr. des 2. Bd.es als: *Great Modern Composers* (Freeport/N. Y. 1968); *A Neglected Sense in Piano Playing* (1912); *Great Modern Composers* (1916); *From Song to Symphony* (1924); *The Dilemma of American Music and Other Essays* (1928, Nachdr. 1969); *Tune in America. A Study of Our Coming Musical Independence* (1931, Nachdr. Freeport/N.Y. 1969); *The Chamber Music of Brahms* (1933, Nachdr. 1970); *Music in My Time and Other Reminiscences* (1938, Nachdr. Freeport/N. Y. – Westport/Conn. 1970); *The Quartets of Beethoven* (1947).

Lit.: **Zu 1):** H. L. MASON, Hymn-Tunes of L. M. (C/M 1944); L. F. SUNDERMANN, L. M. Father of American Music Education, in: The Journal of Musicology 4 (1944); J. V. HIGGINSON, Notes on L. M.'s Hymn Tunes, in: Hymn 18 (1967); C. A. PEMBERTON, L. M. His Life and Work (Minneapolis 1971) (= Diss. Univ. of Minnesota); E. J. O'MEARA, The L. M. Library, in: Notes 28 (1971/72). – **Zu 3):** B. C. TUTHILL, D. G. M., in: MQ 34 (1948); M.-J. KLEIN, The Contribution of D. G. M. to American Music (Diss. Washington 1957); R. B. LEWIS, The Life and Music of D. G. M. (1959) (= Diss. Univ. of Rochester).

MASQUE, Mask (engl.), englisches szenisches Maskenspiel, dem Ballet de cour vergleichbar, bestehend gleichermaßen aus Handlung, Dichtung, Gesang, Tanz und Ausstattung. Ursprünglich, zu Beginn des 16. Jh., wurden Dialoge noch mimisch vorgetragen, gegen Ende des 16. Jh. jedoch wurden alle nicht gesungenen Abschnitte gesprochen. Die Blütezeit der M. lag zu Beginn des 17. Jh. während der Regierungszeit König Jakobs I. Die Texte stammten vorwiegend von B. Jonson, die Ausstattung vom Architekten Inigo Jones und die Musik von G. Coperario, A. Ferrabosco (II), H. Lawes, R. Johnson und zahlreichen anderen Komponisten, die oft gemeinschaftlich arbeiteten. Die M. war in dieser Zeit so populär, daß einige ihrer Grundzüge in die Schauspiele der öffentlichen Theater übernommen wurden, z. B. in Shakespeares *The Tempest* (um 1612): die Verlobung Mirandas und Ferdinands ist hier Gegenstand einer kurzen M., reich an Bühneneffekten und mit allegorischer Bedeutung. Später wurden M.s wie *Venus and Adonis* von J. Blow schon fast kurze Opern, und der Begriff erstreckte sich weiter auf Szenen, die durch das Zusammenwirken von Gesang, Chor, Tanz und Instrumentalmusik charakterisiert waren, z. B. bei H. Purcell und seinen Zeitgenossen in Stücken wie *The Prophetess (Dioclesian)* von Thomas Betterton und *The Indian Queen* von John Dryden und Robert Howard, während Purcells *The Fairy Queen* aus einer ganzen Reihe von M.s (im traditionellen Sinne) besteht, die in eine Bearbeitung von Shakespeares *Midsummer-Night's Dream* eingeschoben wurden. Im 18. Jh. erlangte die Gattung besondere Bedeutung im Schaffen G. Fr. Händels: die erste Fassung seines (ersten englischen) Oratoriums *Esther* (*Haman and Mordecai*, 1720) ist als M. bezeichnet.

In neuerer Zeit kam es in der englischen Musik vereinzelt zu einer Rückbesinnung auf Wesen und Bz. der M., so etwa bei R. Vaughan Williams (*A Christ-*

mas Carol, 1921; *Job,* 1934; *The Bridal Day,* 1938/39) und P. Maxwell Davies (*Blind Man's Buff,* 1972).

Lit.: R. BROTANEK, Die engl. Maskenspiele (W–L 1902) (= Beitr. z. engl. Philologie 15); P. REYHER, Les m.s anglais (P 1909); W. J. LAWRENCE, Notes on a Collection of M. Music, in: ML 3 (1922); M. S. STEELE, Plays and M.s at Court During the Reigns of Elizabeth, James and Charles (New Haven/Conn. – Lo 1926); E. WELSFORD, The Court M. (C 1927); P. CUTTS, Jacobean M. and Stage Music, in: ML: 35 (1954); DERS., Le rôle de la musique dans les m.s de B. Jonson, in: Les fêtes de la Renaissance I, hrsg. v. J. Jacquot (P 1956); G. WICKHAM, Contribution de B. Jonson et de Dekker aux fêtes du couronnement de Jacques Ier, in: ebd.; L. M. KANTNER, Zur Genese der M.-Duette in der Grand Opera, in: Anzeiger der phil.-hist. Klasse der östr. Akad. der Wiss. 113 (1976); A. J. SABOL, 400 Songs and Dances from the Stuart M. (Providence 1978).

MASSAINI (Massaino), **Tiburzio,** * vor 1550 Cremona, † nach 1609 Lodi oder Piacenza; it. Komponist. Er war Priester und wirkte 1585–87 als Domkapellmeister in Salò, lebte 1589–90 in Innsbruck, dann in Salzburg und Prag (nachweisbar 1592) sowie 1600–08 in Lodi. M., der venezianischen Schule des späten 16. Jh. zugehörig, war auch einer der frühesten Vertreter des geringstimmigen Concerto in der Art L. Viadanas.

WW (in Venedig gedruckt): **1) Weltliche WW:** Madrigale für 4 St. (1569); 4 Bücher Madrigale für 5 St. (1571, 1578, 1587, 1594); 2 Bücher für 6 St. (1604). – **2) Geistliche WW:** 3 Bücher Messen für 5–6 St. (1578, 1587, 1598); Messen für 6 St. (1595), für 8 St. (1600); 4 Bücher Motetten bzw. *Sacri cantus,* 1: für 5–6 St. (1576), 2: für 5 gleiche St. (1580), 3 u. 4: für 5 St. (1590, 1599); 3 Bücher *Sacrae cantiones* für 6 St. (1592, 1596, 1601); 2 Bücher doppelchörige *Sacri modulorum concentus* für 7–16 St. (1592, 1606); *Sacrae cantiones* für 7 St. u. B.c. (1607); *Musica per cantare con l'organo* für 1–3 St. (1607); 2 Slgen. Vesperpsalmen u. Magnificats für 5–8 St. (1576), für 8 St. (1587); *Musica super Threnos Ieremie* (Lamentationen) für 5 St. (1599); *Quaerimonia cum responsoriis* für die Karwoche für 5 St. (1609). – Weltliche u. geistliche Werke auch in zahlr. Sammeldrucken 1579–1619.

Ausg.: Kanzone für 8 Instr., hrsg. v. P. WINTER (F 1962) (= Canticum o. Nr.); *Liber primus cantionum ecclesiasticarum* 1592 u. 3 Instrumentalkanzonen 1608, hrsg. v. H. MONTEROSSO (Gr 1964) (= DTÖ 110); Canzon 33, 1608, für 8 Pos., hrsg. v. A. LUMSDEN (Lo 1969) (= Venetian Brass Music 7); *Gabriel angelus luctus est* für 2 gem. Chöre zu 4 St. u. 2 Bläserchöre, hrsg. v. O. ULF (Wb 1969).

Lit.: H. FEDERHOFER, M., in: MGG VIII; S. KUNZE, Die Instrumentalkunst G. Gabrielis II (Tutzing 1963) (= Münchner Veröff. z. Musikgesch. 8) (im Anhang Ausg. v. 2 Kanzonen); C. SARTORI, O. Vecchi e T. M. a Salò. Nuovi documenti ined., in: Renaissance-muziek 1400–1600. FS R. B. Lenaerts (Löwen 1969).

MASSART, Lambert-Joseph, * 19. 7. 1811 Lüttich, † 13. 2. 1892 Paris; belgischer Violinist. Er studierte bei R. Kreutzer in Paris und wirkte dort anschließend als Violinlehrer. Seit etwa 1830 war er besonders als Kammermusikspieler berühmt; sein Partner war oft Fr. Liszt. 1843–90 lehrte M. am Pariser Conservatoire, nachdem er sich allmählich vom Konzertleben zurückgezogen hatte. Zu seinen zahlreichen Schülern gehören H. Wieniawski, P. de Sarasate und Fr. Kreisler. Seine Konzerte mit der Pianistin **Louise-Aglae Masson,** * 10. 6. 1827 Paris, † 26. 7. 1887 ebd., seiner Ehefrau, rühmt H. Berlioz in seinen Kritiken.

MASSARY (eig. Friederike Massaryk), **Fritzi,** * 21. 3. 1882 Wien, † 30. 1. 1969 Los Angeles; östr. Sängerin (Sopran). Sie begann ihre Bühnenlaufbahn 1902 und hatte 1904 in einer Revue am Berliner Metropol-Theater ihren ersten sensationellen Erfolg. 1911 gastierte sie neben Maria Jeritza bei den Münchner Opernfestspielen in Offenbachs *Schöner Helena* und kreierte 1915 in Berlin die Titelrolle in der Operette *Die Kaiserin* von L. Fall. Unter Br. Walter hatte sie an der Städtischen Oper Berlin bedeutende Erfolge als Adele in der *Fledermaus* von J. Strauß und in der Titelpartie von Fr. Lehárs *Lustiger Witwe.* Außerdem trat sie u.a. bei den Salzburger Festspielen sowie in London, Paris und Wien auf. 1933 wanderte sie in die USA aus und verbrachte ihren Lebensabend in Beverly Hills (Calif.). Fr. M. war verheiratet mit dem als Charakterkomiker berühmten Wiener Schauspieler Max Pallenberg (1877–1934).

Lit.: O. BIE, F. M. (B 1920); O. SCHNEIDEREIT, F. M. (B 1970).

MASSÉ, Victor (eig. Félix Marie), * 7. 3. 1822 Lorient, † 5. 7. 1884 Paris; frz. Komponist. Er war seit 1834 Schüler von P. Zimmermann und L. Halévy am Pariser Conservatoire und erhielt 1844 für seine Kantate *Le renégat de Tanger* den Prix de Rome. 1860 wurde er Chorleiter an der Opéra, lehrte 1866–80 Komposition am Conservatoire und wurde 1872 als Nachfolger D. Fr. E. Aubers Mitglied der Académie des Beaux-Arts. Von seinen seinerzeit erfolgreichen Opern und Operetten werden *Les noces de Jeannette* noch heute gespielt.

WW: Kantate *Le renégat de Tanger* (1844); *Messe solennelle* (1846). – Bühnen-WW: *La chambre gothique,* UA: Paris 1849; *La chanteuse voilée,* UA: ebd. 1850; *Galathée,* UA: ebd. 1852; *Les noces de Jeannette,* UA: ebd. 1853; *La fiancée du diable,* UA: ebd. 1854; *Miss Fauvette,* UA: ebd. 1855; *La favorita e la schiava,* UA: Venedig 1855; *La reine Topaze,* UA: Paris 1856; *Fior d'Aliza,* UA: ebd. 1866; *Paul et Virginie,* UA: ebd. 1876.

MASSENET, Jules Émile Frédéric, * 12. 5. 1842 Montaud (Loire), † 13. 8. 1912 Paris; frz. Komponist. Ersten Musikunterricht erhielt M. von seiner Mutter, einer begabten Pianistin. 1848 übersiedelte die Familie nach Paris, wo M. 1851 in das Conservatoire eintrat. Er studierte bei A. Savard (Gesang), A. Laurent (Klavier), N. H. Reber (Harmonielehre), Fr. Benoist (Orgel) und A. Thomas (Komposition). 1863 erhielt er für seine Kantate *David Rizzio* den Prix de Rome. Während seines dreijährigen Aufenthalts in Rom freundete er sich mit

Fr. Liszt an. Zu den nach Paris eingesandten Pflichtkompositionen zählen die Orchestersuite *Pompeia*, die *Scènes de Bal* für Klavier und 2 Orchesterfantasien; daneben entstanden bereits in Rom Skizzen zu den später überaus erfolgreichen Oratorien *Marie-Magdeleine* und *La Vierge* sowie zu dem Mysterienspiel *Ève*. Auf Reisen durch Italien, Deutschland und Österreich-Ungarn schrieb er die *Première Suite d'Orchestre*, die *Scènes napolitaines* und die *Scènes hongroises*. Die ersten Erfolge errang er auf symphonischem Gebiet, seinen Weltruhm aber verdankte er den Bühnenwerken. 1867 debütierte er mit der stilistisch an Werke seines Lehrers Thomas erinnernden komischen Oper *La grand'tante*. In *Le roi de Lahore* zeigte er sich zwar noch deutlich von der Musik seines Freundes G. Bizet beeinflußt, fand aber dann rasch zu einem persönlichen Stil. Seine Opern *Manon*, *Werther* und *Thaïs* wurden Welterfolge. Als Nachfolger Fr.-E.-J. Bazins wurde M. 1878 Leiter der Opéra und Professor für Komposition, Kontrapunkt und Fuge am Pariser Conservatoire, ein Zeichen dafür, daß sich diese Institution den von M. verfochtenen Ideen H. Berlioz' und R. Wagners öffnete. Ebenfalls 1878 wurde er Mitglied der Académie des Beaux-Arts und 1889 Grand Officier der Ehrenlegion. Zu seinen Schülern gehören zahlreiche prominente frz. Komponisten, darunter A. Bruneau, G. Charpentier, G. Enescu, Ch. Koechlin, G. Pierné, H. Rabaud und P. Vidal.

WW: **1) Instr.-WW:** Zahlr. Klv.-Stücke zu 2 u. 4 Händen; Kammermusik. – Für Orch.: Konzertouvertüre (1863); 7 Suiten, 1: *Première Suite d'Orchestre* (1865), 2: *Scènes hongroises* (1871), 3: *Scènes dramatiques* (1873), 4: *Scènes pittoresques* (1874), 5: *Scènes napolitaines* (1876), 6: *Scènes de féeries* (1879) u. 7: *Scènes alsaciennes* (1881); ferner eine Fantasie für Vc. u. Orch. (1897) u. ein Klv.-Konzert (1903). – **2) Vokal-WW:** Zahlr. Lieder. – Oratorien: *Marie-Magdeleine* (Text: L. Gallet), UA: Paris 1873; *Ève* (Text: ders.), UA: ebd. 1875; *Narcisse* (1877); *La Vierge*, UA: Paris 1880; *Biblis* (1886); *La terre promise*, UA: Paris 1900. – **3) Bühnen-WW** (wenn nichts anderes angegeben, UA in Paris): Opern: *La grand'tante* (Libr.: J. Adenis u. Ch. Grandvallet), UA: 1867; *Don César de Bazan* (Libr.: A. Ph. d'Ennery u. J. Chantepie), UA: 1872; *Le roi de Lahore* (Libr.: L. Gallet), UA: 1877; *Hérodiade* (Libr.: P. Milliet u. H. Grémont), UA: Brüssel 1881; *Manon* (Libr.: H. Meilhac u. Ph. Gille), UA: 1884; *Le Cid* (Libr.: d'Ennery, Gallet u. E. Blau), UA: 1885; *Esclarmonde* (Libr.: Blau u. L. de Gramont), UA: 1889; *Le Mage* (Libr.: J. Richepin), UA: 1891; *Werther* (Libr.: Blau, Milliet u. G. Hartmann), UA: Wien 1892; *Thaïs* (Libr.: Gallet), UA: 1894; *Le portrait de Manon* (Libr.: G. Boyer), UA: 1894; *La Navarraise* (Libr.: J. Claretie u. H. Cain), UA: London 1894; *Sapho* (Libr.: Cain u. H. Bernède), UA: 1897; *Cendrillon* (Libr.: Cain), UA: 1899; *Grisélidis* (Libr.: A. Silvestre u. E. Armand), UA: 1901; *Le jongleur de Notre-Dame* (Libr.: M. Léna), UA: Monte Carlo 1902; *Chérubin* (Libr.: F. de Croisset u. Cain), UA: ebd. 1905; *Ariane* (Libr.: C. Mendès), UA: 1906; *Thérèse* (Libr.: Claretie), UA: Monte Carlo 1907; *Bacchus* (Libr.: Mendès), UA: 1909; *Don Quichotte* (Libr.: Cain), UA: Monte Carlo 1910; *Roma* (Libr.: ders.), UA: ebd. 1912; *Panurge* (Libr.: G. Spitzmüller u. M. Boukay), UA: 1913; *Cléopâtre* (Libr.: L. Payen), UA: Monte Carlo 1914; *Amadis* (Libr.: Claretie), UA: ebd. 1922. – Ballette: *Le carillon*, UA als: *Das Glockenspiel*, Wien 1892; *La Cigale*, UA: 1904; *Espada*, UA: Monte Carlo 1908. – Ferner zahlr. Bühnenmusik, u. a. zu: Ch. M. Leconte de Lisle, *Les Erinnyes*, UA: 1873; J. Richepin, *Nana-Sahib*, UA: 1833; V. Sardou, *Théodora*, UA: 1884; ders., *Le crocodile*, UA: 1886; Racine, *Phèdre*, UA: 1900 (Ouvertüre dazu 1874).

M. hat es verstanden, Elemente des französischen Musiktheaters und des neuen Musikdramas im Sinne Wagners sinnvoll miteinander zu verbinden. Die für seinen Stil charakteristischen kurzen Melodielinien werden durch exakte Prosodie geprägt; Enjambements und Wortverkürzungen führen zu einer Annäherung an den natürlichen Sprachrhythmus. Besondere Aufmerksamkeit widmete der Komponist der psychologischen Zeichnung, vor allem der weiblichen Protagonisten seiner Opern.

Lit.: H. T. FINCK, M. and His Operas (Lo 1910); A. SOUBIES, M. (P 1913); A. POUGIN, M. (P 1914); R. BRANCOUR, M. (P 1923, [2]1930); J. LOISEL, Manon de M. (P 1924); CH. BOUVET, M. (P 1929) (= Les musiciens célèbres 19); A. BRUNEAU, M. (P 1935); A. COQUIS, J. M. (P 1965) (= Musiciens de tous les temps 20); E. BOUILHOL, M. Son rôle dans l'évolution du théâtre musical (St-Étienne 1969); J. HARDING, M. (Lo 1970, NY 1971); E. KRAUSE, Traum u. Wirklichkeit des Eros. Über die Opern v. J. M., in: Jb. der Komischen Oper Berlin 12 (1971/72); H. BECKER, M.s „Werther". Oper oder vertonter Roman?, in: Ars musica, musica scientia. FS H. Hüschen (Kö 1980).

MASSENKEIL, Günther, * 11. 3. 1926 Wiesbaden; dt. Musikforscher. Er studierte nach frühzeitiger und vielseitiger praktisch-musikalischer Ausbildung Musikwissenschaft an der Universität Mainz (A. Schmitz) und an der Sorbonne in Paris (P.-M. Masson). Nach Promotion (1952, mit einer Dissertation über G. Carissimi) und Schulmusik-Staatsexamen (1953) in Mainz war er dort 1954–61 Wissenschaftlicher Assistent und habilitierte sich 1961. 1966 wurde er Ordinarius an der Universität Bonn. Seit 1973 ist er Kuratoriumsvorsitzender des Max-Reger-Instituts Bonn, seit 1977 Schriftleiter des *Kirchenmusikalischen Jahrbuchs*. M., in dessen Forschungen die geistliche Musik des 16.–19. Jh. einen breiten Raum einnimmt, ist der für die deutsche Bearbeitung des vorliegenden Lexikons verantwortliche Herausgeber. Er hat sich in den letzten Jahren zunehmend auch einen Namen als Konzertsänger (Baß-Bariton) gemacht. Zum 60. Geburtstag erschien eine FS *Beiträge zur Geschichte des Oratoriums seit Händel* (Bonn 1986).

Schriften: *Die Wiederholungsfiguren in den Oratorien G. Carissimis*, in: AfMw 13 (1956); *Bemerkungen zum „Compendium musicae" (1618) des R. Descartes*, in: Kongr.-Ber. Köln 1958 (Kas 1959); *Zur Lamentationskomposition des 15. Jh.*, in: AfMw 18 (1961); *Eine span. Choralmelodie in mehrst. Lamentationskompositionen des 16. Jh.*, in: ebd. 19/20 (1962/63); *Unters. zum Problem der Symmetrie in der Instrumentalmusik W. A. Mozarts* (Wie 1962); *Mehrstimmige Lamentationen aus der ersten Hälfte des 16. Jh.* (1965) (= Musikal. Denkmäler 6); *M.-A. Charpentier als Messenkomponist*, in: Colloquium amicorum. FS J. Schmidt-

Görg (Bonn 1967); *Das Oratorium* (Kö 1970) (= Das Musikwerk 37); *Eine unbekannte Quelle zur Gesch. der lat. choralen Passion...*, in: Musicae Scientiae Collectanea. FS K. G. Fellerer (Kö 1973); *Die konzertierende Kirchenmusik*, in: Gesch. der kath. Kirchenmusik 2 (Kas 1976); *Cornelius als Liederkomponist*, in: P. Cornelius... (Rb 1977) (= Stud. z. Musikgesch. des 19. Jh. 48); *Religiöse Aspekte der Gellert-Lieder Beethovens*, in: Religiöse Musik in nicht-liturgischen Werken v. Beethoven bis Reger (Rb 1978) (= ebd. 51); *Bach – Händel. Zur Gesch. eines Doppelbildes...*, in: J. S. Bach u. seine Ausstrahlung auf die nachfolgenden Jhh. (Mainz 1980); *Die Idylle in der Musik*, in: Jahres- u. Tagungsber. der Görres-Gesellschaft Salzburg 1979 (Kö 1980); *Einige Überlegungen zu Beethovens Italianità*, in: Anal. Mus. 21 (1982); *L. v. Beethovens Liederkreis „An die ferne Geliebte"*, in: FS H. Antholz (Düsseldorf 1982); *Zum Verhältnis Carissimi – Händel*, in: Händel-Jb 28 (1982). – Editionen: *T. Casati, Messa concertata* (Wb 1972) (= Chw 116); *A. Scarlatti, Messe in A* (F 1987).

Lit.: Rheinische Musiker 9 (Kö 1981) (mit Schriften-Verz.).

MASSIAS, Gérard, * 25. 5. 1933 Paris; frz. Komponist. Er war 1948–55 Schüler u.a. von Daniel-Lesur am Pariser Conservatoire, anschließend Solo-Bratschist am Mozarteum in Salzburg, seit 1956 beim Orchestre de Chambre der ORTF und seit 1967 beim Orchestre de Paris. Als Komponist ist M. Autodidakt; seine Werke sind stilistisch vielfältig, von modaler und atonaler bis hin zu zwölftöniger Schreibweise. In der Werkreihe *Tjurunga* experimentiert er auch mit dem gelenkten Zufall, der dem Ausführenden breiten Raum für eigene Gestaltung läßt.

WW: **1) Instr.-WW:** *Suite monodique* u. *Suite monodique no. 2* (1954) für Saxophon solo; Variationen für 4 Ondes Martenot (1955) sowie für Ob., Klar., Saxophon u. Fag. (1955); *Dialogues* (1956) für 2 gleiche Instr.; Suite *Faciès* (1959) für Kammerorch.; Streichtrio (1961); *Tjurunga 1* für V. solo, *2* für Schauspieler u. Sopran, *3* für Streichtrio, *4* für Schauspieler u. Streichtrio u. *6* für 6 Schlagzeuger; dass. als Action musicale *Tjurunga*, UA: Avignon 1969; *Exorcisme* (1973) für Fag. u. Klv. mit Schlagzeug ad lib.; *Stigmates* (1973) für Fag. solo. – *Concert 52* (1952) für Fl. u. Streichorch. (oder Klv.); *Laude* (1961) für Vc. oder Saxophon oder Va. u. Streichorch. – **2) Vokal-WW:** *Les aveux* (1960) für 4 Frauenchöre. – **3) Bühnen-WW:** Action musicale *Nouveaux racontars sur Agassin et Virelette* (oder *Aucassin et Nicolette*) für einen Schauspieler, mehrere Sänger u. alte Instr., UA: Paris 1971.

MASSINE, Léonide (eig. Leonid Fjodorowitsch Mjassin), * 9. (21.) 8. 1896 Moskau, † 16. 3. 1979 Borken (Westfalen); russ. Tänzer und Choreograph. Er war Schüler von E. Cecchetti in St. Petersburg und wurde 1913 an die Ballets Russes S. Diaghilews engagiert. Für dieses Ensemble schuf er die Choreographien *Soleil de minuit* (nach N. Rimski-Korsakow, 1915), *Les femmes de bonne humeur* (nach D. Scarlatti, 1917), *Parade*, *La boutique fantasque* und *Le tricorne* (nach M. de Falla). 1920 verließ er Diaghilews Compagnie, arbeitete an der Mailänder Scala mit Ida Rubinstein zusammen und choreographierte für die Pariser Soireen des Grafen von Beaumont *Salade* (D. Milhaud) und *Le beau Danube* (nach J. Strauß). 1926–31 war er Premier danseur und Choreograph am Roxy Theater in New York und 1932–37 Choreograph bei den Ballets Russes de Monte-Carlo. 1939 schloß er sich Col de Basil an, dem er in die USA folgte. Hier entstanden seine symphonischen Ballette, in denen zum ersten Mal Musik des Konzertsaals choreographiert wurde, z.B. *La Symphonie fantastique* (nach H. Berlioz), *7e Symphonie* (nach L. van Beethoven). Ferner kreierte er *Nobilissima visione* (P. Hindemith) und *Gaîté parisienne* (J. Offenbach). Daneben arbeitete M. noch für europäische Ballett-Compagnien, u.a. seit 1946 für das Sadler's Wells Ballet, für das er 1947 *Mam'zelle Angot* (Ch. Lecoq) choreographierte. Für europ. Bühnen schuf er ferner *Mad Tristan* (nach R. Wagner) und *Le peintre et son modèle* (G. Auric).

WW: Choreographien: E. Satie, *Parade*, UA: Paris 1917; O. Respighi (nach G. Rossini), *La boutique fantasque*, UA: London 1919; I. Strawinsky, *Pulcinella*, UA: Paris 1920; ders., *Le sacre du printemps*, UA: ebd. 1921; G. Bizet, *Jeux d'enfants*, UA: Monte Carlo 1932; J. Françaix, *Beach*, UA: ebd. 1933; J. Brahms, *Choreartium* (= 4. Symphonie), UA: ebd. 1939; P. Tschaikowsky, *Les présages* (= 5. Symphonie), UA: ebd. 1939; R. Wagner, *Bacchanale* (aus *Tannhäuser*), UA: New York 1939. – Tanzfilme: *Red Shoes* (1948); *The Tales of Hoffmann* (1951); *Carrousel* (1953). – Schriften: Autobiographie *My Life in Ballet*, hrsg. v. Ph. Hartnoll – R. Rubens (Lo–NY 1968) (mit Werkverz.); *M. on Choreography. Theory and Exercises in Composition* (Lo 1976).

MASSON, Paul-Marie, * 19. 9. 1882 Sète, † 27. 1. 1954 Paris; frz. Musikforscher. Er studierte in Paris 1903–06 an der École Normale Supérieure, außerdem Musikgeschichte bei R. Rolland an der Sorbonne sowie Komposition bei V. d'Indy an der Schola Cantorum und später bei Ch. Koechlin. In Florenz gründete er 1910 die musikwissenschaftliche Abteilung am Institut français, wo er bis 1914 Literatur und Musikgeschichte lehrte, und leitete seit 1920 das von ihm neu eingerichtete Institut français in Neapel. 1930 promovierte er zum Docteur-ès-lettres und lehrte 1931–52 Musikgeschichte an der Sorbonne. Dort gründete er 1951 das Institut de Musicologie.

Schriften: *Berlioz* (P 1923); *L'opéra de Rameau* (P 1930, Nachdr. NY 1972); *Lullistes et Ramistes*, in: AM (1911); *Le ballet héroïque*, in: RM (1920); *J. Mauduit et les hymnes latines de L. Strozzi*, in: RMie 9 (1925); *Une lettre inédite de Rameau*, in: Mélanges L. de La Laurencie (P 1933); *L'œuvre dramatique de Méhul*, in: Annales de l'Université de Paris (1937); *Rameau et Wagner*, in: MQ 25 (1939); *Les tâches internationales de la musicologie*, in: Kgr.-Ber. Utrecht 1952; *A. C. Destouches, surintendant de la musique du roi, directeur de l'opéra*, in: RMie 43/44 (1959).

Lit.: CH. VAN DEN BORREN, In memoriam P.-M. M., in: RBMie 7 (1954); J. CHAILLEY, P.-M. M. 1882–1954, in: RMie 36 (1954).

MASSONNEAU, Louis, * 10. 1. 1766 Kassel, † 4. 1. 1848 Ludwigslust (Mecklenburg); dt. Violinist und Komponist. Als Sohn eines französischen Küchenmeisters am Kasseler Hof erhielt er Violin- und Kompositionsunterricht. 1783 wurde er Violinist und Viola d'amore-Spieler der Hofkapelle des Landgrafen Friedrich II., ging 1785 als Konzertmeister nach Göttingen, war 1795–97 Dirigent in Frankfurt a.M., 1797–99 in Altona und 1799–1803 in Dessau. 1803 ließ er sich in Ludwigslust nieder, wo er zunächst als Adjunkt und 1812 bis zu seiner Pensionierung 1837 als Hofkapellmeister wirkte. Unter M.s Werken befindet sich eine Symphonie, *La tempête*, die durch ihr Programm, in Einzelheiten der Harmonik, mit den Vogelrufen im 2. Satz und mit ihren starken dynamischen Kontrasten als ein Vorläufer der *Sinfonia pastorale* von L. van Beethoven erscheint.

WW: Im Druck erschienen: Duos für 2 V. u. für V. u. Vc.; *Airs variés* für V. u. Va.; *Trios concertants:* Streichquartette u. Ob.-Quartett; 3 Symphonien, eine davon, *La tempête et le calme*, auch separat. – Hsl. erhalten sind V.-Konzerte, weitere Orchesterwerke sowie kirchenmusikal. Werke.

Lit.: W. BRENNECKE – B. S. BROOK, M., in: MGG VIII.

MASUR, Kurt, * 18. 7. 1927 Brieg (Schlesien); dt. Dirigent. Nach einer Ausbildung an der Landesmusikschule in Breslau studierte M. 1946–48 an der Musikhochschule in Leipzig Dirigieren (H. Bongartz und Kurt Soldan) und Komposition (Arnold Matz). Anschließend war er Solorepetitor in Halle an der Saale, 1951–53 Kapellmeister an den Städtischen Bühnen in Erfurt und 1. Kapellmeister am Opernhaus Leipzig. 1955–58 dirigierte er neben H. Bongartz die Dresdner Philharmonie und ging dann als GMD an das Mecklenburgische Staatstheater nach Schwerin. 1960–64 war M. musikalischer Oberleiter an der Komischen Oper in (Ost-)Berlin und danach als Gastdirigent im In- und Ausland tätig. 1967–72 wirkte er als Chefdirigent und künstlerischer Leiter erneut an der Dresdner Philharmonie und ist seit 1970 außerdem Gewandhaus-Kapellmeister in Leipzig. Seit 1975 lehrt er auch als Professor an der dortigen Musikhochschule. Mit dem Gewandhausorchester unternahm M. zahlreiche Gastspiele bis nach Japan und in die USA. 1976–80 war er ständiger Gastdirigent des Dallas Symphony Orchestra.

Lit.: D. HÄRTWIG, K. M. (L 1976).

MATAČIĆ, Lovro von, * 14. 2. 1899 Sušak (heute Rijeka, Jugoslawien), † 4. 1. 1985 Zagreb; jugoslaw. Dirigent. Er war Mitglied der Wiener Sängerknaben, studierte u. a. Komposition und Dirigieren in Wien, 1914–15 am Konservatorium in Köln und volontierte am dortigen Opernhaus. Nach dem Kriegsdienst war M. Kapellmeister u.a. in Osijet und Novi Sad, 1922–28 Dirigent an der Staatsoper in Ljubljana, dann bis 1932 in Belgrad und bis 1938 in Zagreb. 1938–41 wirkte er als GMD der Staatsoper und Leiter der Philharmonie in Belgrad und war daneben häufiger Gast an italienischen Opernhäusern. 1948–51 in Skopje, dann an der Oper in Rijeka und seit 1954 an der Staatsoper in Ljubljana tätig, wurde er 1956 Chefdirigent der Staatsoper in (Ost-)Berlin und gleichzeitig der Staatskapelle Dresden. 1961–66 war er GMD in Frankfurt a. M. und Leiter der Museumskonzerte, bis 1964 auch ständiger Gast der Wiener Staatsoper. Nach Gastverpflichtungen in Europa und den USA wurde er 1970 GMD der Zagreber Philharmoniker und 1974 ständiger Gastdirigent des Orchestre National de l'Opéra de Monte-Carlo. Er schrieb mehrere Orchesterwerke und Bühnenmusik.

MATASSIN, Matachin (frz.; von it. mattaccino = verrückt), ein der ↗Moresca nahestehender pantomimischer Tanz, der im 16./17. Jh. als Balletteinlage in England, Frankreich (dort auch als danse des bouffons bezeichnet) und Italien beliebt war (in Th. Arbeaus *Orchésographie*, 1588, beschrieben). Getanzt wurde der M. als Kriegs- oder Schwertertanz von maskierten (in Soldaten- oder Harlequinkostüme verkleideten) und – in 2 Gruppen aufgeteilt – einander gegenüberstehenden Männern. Diese vollführten dabei groteske Sprünge und Figuren. In seiner volkstümlichen Ausprägung als Totentanz (z.B. in Italien), in dem ein Tänzer den Verstorbenen darstellt, hat der M. eine ähnliche magische Bedeutung wie einige rituelle, mit dem Totenkult verbundene und heute noch übliche Tänze Mittelamerikas. Ein *Mattasin oder Toden Tantz* erscheint in der Tabulatur von A. Nörmiger (1598), einen *Matachin* für Gitarre schrieb G. Sanz (1674).

MAETERLINCK, Maurice Polydore Marie Bernard, * 29. 8. 1862 Gent, † 6. 5. 1949 Orlamonde bei Nizza; belgischer Dichter. Nach seinem Jurastudium in Gent war er zunächst als Rechtsanwalt tätig, widmete sich jedoch bald ganz der Literatur. 1886 kam er nach Paris und machte sich durch mehrere Dramen (*La princesse Maleine*, Brüssel 1889) und philosophische Essays (u.a. *La sagesse et la destinée*, 1898) rasch bekannt. 1911 erhielt er den Nobelpreis für Literatur. M. gehört zu den hervorragenden Vertretern des Symbolismus. In seinen pessimistisch-fatalistischen Dramen spielen irreale, traumhafte Elemente, Stimmungen und Schweigemomente zwischen den Worten eine weitaus größere Rolle als die äußere Handlung. Sein Drama *Pelléas et Mélisande* (Brüssel 1892) wurde in der Vertonung durch Cl. Debussy (Paris 1902) zu einem der wichtigsten Werke des neueren Musiktheaters.

WW (Musik zu WW von M.): *Pelléas et Mélisande:* Bühnenmusik v. G. Fauré (1898); symphonische Dichtung v. A. Schönberg

(1903); Bühnenmusik v. J. Sibelius (1905); Ouvertüre v. C. Scott (1912); Ballett v. M. Baumann (1954); *Aglavaine et Sélysette:* Orchestervorspiel v. M. Honegger (1917); *Ariane et Barbe-Bleu:* Oper v. P. Dukas, UA: Paris 1907; Bühnenmusik v. A. Alexandrow (1920); *Sœur Béatrice:* Chor v. A. Ljadow (1910); Oper v. A. Gretschaninow, UA: Moskau 1912; Oper v. A. Wolff (1919); religiöses Drama v. F. Rasse, UA: Brüssel 1944; *L'oiseau bleu:* Bühnenmusik v. E. Humperdinck (1912). – Gedichte: *Les serres chaudes:* daraus 5 Lieder v. E. A. Chausson (1889) u. *Herzgewächse* v. A. Schönberg (1911) für Sopran, Celesta, Harmonium und Harfe; *Quinze chansons:* daraus A. von Zemlinsky, *Sechs Gesänge* (1900).

Lit.: E. NEWMAN, M. and Music, in: Musical Studies (Lo 1905, Nachdr. NY 1969) (= Studies in Music o. Nr.); J. BRUYR, M. et ses musiciens, in: Musica (Disques) (1962) Nr. 105; P. MAHONY, M. and Music, in: Composer (1972) Nr. 43; H. WEBER, Zemlinskys M.-Gesänge, in: AfMw 29 (1972).

MATHEUS DE PERUSIO ↗Matteo da Perugia.

MATHEUS DE SANCTO JOHANNE (Mayhuet de Joan), aus der Diözese Morinum stammender Komponist des 14. Jahrhunderts. M. war 1378 Mitglied der Kapelle Herzog Ludwigs I. von Anjou und 1382 bis mindestens 1386 Capellanus der päpstlichen Kapelle in Avignon. In dieser Zeit entstand seine Ballade auf Papst Clemens VII. Möglicherweise ist M. mit einem Mönch namens Mathieu des Klosters St-Jean identisch, der 1363 als Hofkaplan der Königin Johanna von Neapel nachweisbar ist. M. gehört mit seinen im ↗Kantilenensatz geschriebenen Stücken zu den Komponisten in der Nachfolge G. Machauts, die die ↗Ars subtilior vorbereiteten.

WW (hsl. in Chantilly u. Modena): Eine 4st. u. 2 3st. Balladen; ein 4st. u. ein 3st. Rondeau; eine Motette.

Ausg.: Die Motette, in: The Old Hall Ms. 3, hrsg. v. A. HUGHES (Burnham 1938); Ballade auf Clemens VII., in: Zehn datierbare Kompositionen der ars nova, hrsg. v. U. GÜNTHER (H 1959) (= Schriftenreihe des Musikwiss. Inst. der Univ. Hamburg 2); Ballade auf Louis d'Anjou, in: A 14th Century Repertory from the Cod. Reina, hrsg. v. N. WILKINS (R 1966) (= CMM 36); 4 Sätze, in: French Secular Compositions of the 14th Century 1, hrsg. v. W. APEL (1970) (= ebd. 53).

Lit.: U. GÜNTHER, Der Gebrauch des tempus perfectum diminutum in der Hs. Chantilly 1047, in: AfMw 17 (1960); DIES., Datierbare Balladen des späten 14. Jh. 2, in: MD 16 (1962); DIES., Zur Biogr. einiger Komponisten der Ars subtilior, in: AfMw 21 (1964); DIES., Bemerkungen zum älteren frz. Repertoire des Cod. Reina, in: AfMw 24 (1967); A. HUGHES – M. BENT, The Old Hall Ms., in: MD 21 (1967).

MATHIAS, Maria François-Xavier, * 16. 7. 1871 Dinsheim (Elsaß), † 12. 2. 1939 Straßburg; elsässischer Organist und Komponist. Er studierte seit 1892 am Priesterseminar in Freiburg, empfing 1897 die Priesterweihe und war 1898–1908 Organist am Straßburger Münster. 1898–1901 studierte er Kunstgeschichte an der Universität, promovierte 1901 in Leipzig mit der Dissertation *Die Tonarien* (gedruckt L 1903) zum Dr. phil., 1907 in Straßburg mit der Dissertation *Der Straßburger Chronist Königshofen als Choralist* (gedruckt Gr 1903) zum Dr. theol. und habilitierte sich dort im selben Jahr als Privatdozent für Kirchenmusik an der katholisch-theologischen Fakultät (1913 Professor). M. hatte einen hervorragenden Ruf als Orgelimprovisator. Als Komponist trat er mit kirchenmusikalischen Werken hervor.

Schriften: *Die Tonarien* (L 1903); *Historische Entwicklung der Choralbegleitung* (Str 1905); *Die Musik im Elsaß* (Str 1905); *Compte rendu du Congrès d'orgue tenu à l'Univ. de Strasbourg 5–8 mai 1934*... (Str 1934).

Lit.: F.-X. M., l'extraordinaire musique de Dieu, hrsg. v. A. BENDER (Str 1960) (mit Werkverz.); P. WAGNER, in: La musique en Alsace (Str 1970) (= Publications de la Soc. savante d'Alsace et des régions de l'Est 10).

MATHIEU, Mireille, * 22. 7. 1946 Avignon; frz. Schlagersängerin. 1962 von Johnny Stark (Manager u. a. von Ives Montand) bei einem Wettbewerb für unbekannte Talente in Avignon entdeckt, wurde sie 1965 durch ihren ersten Auftritt im französischen Fernsehen schlagartig berühmt. Weitere Fernsehshows und Konzerte in rascher Folge, u. a. im Pariser „Olympia" (1967) festigten ihre Popularität. Seit 1971 unternimmt M. M., häufig als Nachfolgerin von Edith Piaf bezeichnet, regelmäßig Tourneen durch Deutschland. Sie singt Chansons von Pierre Delanoe, Charles Aznavour, Christian Bruhn *(Martin)* und Francis Lai, mit dessen Lied *Chant olympique* sie bei der Eröffnung der Olympischen Winterspiele in Grenoble 1968 auftrat. Zu ihren bekanntesten Liedern, die sie in mehreren Sprachen singt, gehören *C'est ton nom; Qu'elle est belle, Pourquoi mon amour, Hinter den Kulissen von Paris, L'amour, La dernière valse* und *Histoire d'amour.*

MATHIS, Edith, * 11. 2. 1938 Luzern; Schweizer Sängerin (Sopran). Sie erhielt ihre Gesangsausbildung an den Konservatorien in Luzern und Zürich und debütierte noch während ihrer Studienzeit 1956 als 2. Knabe in W. A. Mozarts *Zauberflöte* am Luzerner Stadttheater. 1959 wurde sie an die Kölner Oper engagiert, 1963 an die Deutsche Oper in Berlin, wo sie 1965 in der UA der Oper *Der Junge Lord* von H. W. Henze die Rolle der Luise kreierte. Gastspiele führten sie ferner an die Hamburgische, Münchner und Wiener Staatsoper, zu den Salzburger Festspielen und nach Glyndebourne, an den Covent Garden in London und an die Metropolitan Opera in New York. E. M. ist vor allem als Mozart-Interpretin bekannt geworden und hat einen hervorragenden Ruf auch als Oratorien- und Liedsängerin.

MATHIS DER MALER, Oper in 7 Bildern von Paul Hindemith (1895–1963), Text vom Komponisten. Ort und Zeit der Handlung: Deutschland, zur Zeit des Bauernkrieges (um 1525), das letzte Bild einige Zeit später. UA: 28. 4. 1938 in Zürich; dt. EA: 12. 12. 1946 in Stuttgart.

Der Maler und Architekt Mathis Grünewald vereint in sich zwei Künstlertypen, deren unterschiedliche Lebenshaltungen zu seelischen Spannungen führen: Einerseits ist er sich seiner unausweichlichen Doppelrolle als Opfer und Gestalter der Umwelt bewußt, andererseits möchte er sich die Kunst als geheiligten Raum privaten Gefühls bewahren. Den gegensätzlichen Charakterzügen der Hauptfigur entsprechen die Grundstimmungen der Bilder: Sie werden abwechselnd durch ruhige Verinnerlichung, seelische Konflikte und dramatische äußere Handlung bestimmt. Allein die psychologische und gedankliche Konsequenz der Ereignisfolge vermag dabei die Szenen trotz bunten Wechsels zu einem in sich geschlossenen Ganzen zu verbinden. Die Klangsprache des Werkes erfüllt nicht nur alle Erfordernisse sensibler, textgebundener Gefühlsschilderung, sondern zeichnet sich auch durch absolut-musikalische Strukturdichte und Formenreichtum aus. Harmonischer Wohlklang wird gezielt zur Darstellung lyrisch-verhaltener Stimmungen eingesetzt und gewinnt dadurch im freitonalen Kontext den Rang eines eigenständigen musikalischen Bedeutungsträgers. – Bereits 1934 hatte Hindemith das Werk vollendet; nach Eskalation der nationalsozialistischen Hetzkampagne gegen den Komponisten kam die geplante UA an der Berliner Staatsoper nicht zustande; lediglich die *Symphonie Mathis der Maler,* in der thematisches Material aus der Oper verarbeitet wurde, konnte noch am 12. 3. 1934 dem Berliner Publikum vorgestellt werden. Furtwängler suchte auch das Bühnenwerk gegen alle Widerstände durchzusetzen, blieb jedoch erfolglos und demissionierte aus Protest als Vizepräsident der Reichsmusikkammer, als Leiter der Berliner Philharmoniker und Direktor der Staatsoper. W. A. MAKUS

MATRIMONIO SEGRETO, IL, Opera buffa von D. Cimarosa; dt. Titel: Die ↗heimliche Ehe.

MATSCHAWARIANI, Alexei Dawidowitsch, * 10. (23.) 9. 1913 Gori (Georgien); sowjetgrusinischer Komponist. Er studierte 1930–40 Komposition bei Peter Rjasanow am Konservatorium in Tiflis, wo er 1934–36 das Operettentheater leitete. 1940 wurde er Lehrer für Musiktheorie, 1952 Dozent und 1960 Professor für Komposition am Konservatorium in Tiflis. Er war außerdem Präsident des sowjetischen Komponistenverbandes in der Grusinischen Sowjetrepublik.

WW: Klv.-Stücke; Orch.-Werke, u.a. Symphonie e-moll (1947); *Prasdnitschnaja uwertjura* (Festouvertüre) (1950); Klv.-Konzert (1941); V.-Konzert (1950). – Lieder; Oratorium *Den mojej rodiny* (Der Tag meiner Heimat) (1954). – Opern: *Deda da schwili* (Mutter u. Sohn), UA: Tiflis 1945; *Gamlet* (Hamlet), UA: ebd. 1966; Ballette: *Otello,* UA: ebd. 1957; *Witjas w tigrowoi schkure* (Der Held im Tigerfell) (1966); ferner Bühnen- und Filmmusik.

Lit.: P. CHUTSCHUA, Balet Otello (Tiflis 1958); T. LEBEDEWA, A. M., in: Musikalnaja schisn (1973) Nr. 17.

MATSUDAÏRA, Yoritsune, * 5.5.1907 Tokio; japanischer Komponist. Er erhielt seine Ausbildung bei N. Tscherepnin (Komposition) und Henri Gil-Marchex (Klavier) in Paris. 1956–60 war er Vorsitzender der japanischen Sektion der IGNM. In seinen Kompositionen strebte er eine Verbindung von Zwölftontechnik und Elementen der traditionellen japanischen Musik an.

WW: **1) Instr.-WW:** *Somakuha* (1961) für Fl. solo; Kammerkonzert für Cemb., Harfe u. Instrumentalensemble (1964); choreographische Suite für Kammerorch. (1965) bzw. 17 Spieler (1967); *Dialogue chorégraphique* (1966) für 2 Klv. u. Instrumentalensemble; *Portrait „Alfa"* (1967) für 2 Klv.; *Portrait B* (1968) für 2 Klv. u. 2 Schlagzeuger; *Koromoi-uta* (1972) für Klv. – *Figures sonores* (1956) u. *U-Mai* (1957) für Orch.; Thema u. Variationen für Klv. u. Orch. (1952). – **2) Vokal-WW:** *Métamorphoses d'après Saïbara* (1953) für Sopran u. 18 Instr.; *Katsura* (1957, revidiert 1967) für Sopran, Harfe, Cemb., Gitarre u. Schlagzeug; *Koromogae* („Canto d'amore") (1958) für Sopran u. 19 Instr.; *Rôei „Jisei"* („Deux étoiles de Vega") (1969) für Mezzosopran u. Instrumentalensemble.

MATTEIS. – 1) Nicola (I), it. Violinist und Komponist des 17. Jahrhunderts. M. kam 1672 nach London, wo er als Virtuose mit eigenen brillanten Violinkompositionen und als Lehrer für Violine, Gitarre und Gesang rasch bekannt wurde.

WW: 4 Bücher *Ayres* (Suiten) für V. u. B.c. (Lo 1685), dazu separat eine zweite V.; *First and second book's of aire's* für 2 V. u. B. (Lo 1703); ferner eine Generalbaßschule für Gitarre *Le false consonanze della musica* (Lo um 1680, auch engl. ebd. 1682).

2) Nicola (II), Sohn von 1), † 23. 10. 1737; engl. Violinist und Komponist. Er war 1700–30 Musiker der Hofkapelle in Wien unter J. J. Fux und komponierte zahlreiche Ballettmusiken zu Opern von F. B. Conti, A. Caldara und Fux.

Ausg.: **Zu 1):** Triosonate G-Dur, hrsg. v. N. TILMOUTH (Lo 1963); Suiten g-moll u. A-Dur für Blockfl., V. u. B.c., bearb. v. DEMS. (Lo 1964). – **Zu 2):** Ballettmusik zur Oper *Costanza e fortezza* v. J. J. Fux, in der NA dieser Oper, hrsg. v. E. WELLESZ (W 1910) (= DTÖ 36).

Lit.: **Zu 1):** M. TILMOUTH, N. M., in: MQ 46 (1960); G. A. PROCTOR, The Works of N. M., 2 Bde. (1960) (= Diss. Univ. of Rochester). – **Zu 2):** A. D. MCCREDIE, N. M. English Composer at the Habsburg Court, in: ML 48 (1967); P. REUSCHNIG, N. M. junior als Ballettkomponist, 2 Bde. (Diss. W 1968) (mit thematischem Kat.).

MATTEO DA PERUGIA (Matheus de Perusio), † vor 1418; it. Komponist. M. war 1402–07 und 1414–16 „biscantor" am Mailänder Dom, 1405–07 gleichzeitig auch in Pavia bei Pietro Filargo, dem Erzbischof von Mailand und nachmaligen Papst

Alexander V., dem er möglicherweise später nach Pisa, Pistoia und Bologna gefolgt ist. M. gehört zu den Komponisten, die in Norditalien den französischen Stil der ↗Ars subtilior zur Hochblüte brachten. Neben Werken von außerordentlicher rhythmischer Komplexität, streng durchgeführter Isorhythmik und Kanontechnik stehen schlichte Lieder mit Instrumentalbegleitung.

WW: Hsl. sind erhalten (Modena, Bibl. Estense): 4 3st. u. ein 4st. Gloria; Agnus Dei für 3 St.; isorhythmische Motette *Ave sancta mundi salus;* 2 Ballate für 3 St.; ein Kanon für 3 St.; frz. Chansons: 4 3st. Balladen; 5 3st. u. 2 2st. Virelais; 7 3st. u. 3 2st. Rondeaux.

Ausg.: Geistliche Werke, it. Ballate, 12 frz. Stücke, der Kanon sowie Sätze v. Grenon u. Ciconia mit M.s zugefügter St., hrsg. v. F. FANO (Mi 1956) (= Istituzioni e monumenti dell'arte musicale it. N.S. 1); 22 Sätze, in: French Secular Compositions of the 14th Century I, hrsg. v. W. APEL (R 1970) (= CMM 53).

Lit.: H. BESSELER, Hat M. de P. Epoche gemacht?, in: Mf 8 (1955); C. SARTORI, M. da P. e B. Feragut, i due primi maestri di cappella del Duomo di Milano, in: AMl 28 (1956).

MATTHAEI, Karl, *23. 4. 1897 Olten, † 8. 2. 1960 Winterthur; Schweizer Organist. Er studierte 1916–20 in Basel Klavier und Orgel am Konservatorium und Musikwissenschaft an der Universität und vervollständigte seine Studien noch 1920–23 bei K. Straube am Leipziger Konservatorium. 1925–59 wirkte er in Winterthur als Organist (seit 1938 an der Stadtkirche) und Direktor der Musikschule des namhaften Musikkollegiums. 1923–33 spielte er in regelmäßigen Konzerten die Praetorius-Orgel der Universität Freiburg im Breisgau. M. war eine der führenden Persönlichkeiten der ↗Orgelbewegung und wurde durch zahlreiche Neuausgaben älterer Orgelwerke bekannt. Er setzte sich auch für zeitgenössische Komponisten (J. N. David, W. Burkhard) ein und war lange Zeit im Schweizer Musikleben maßgebend.

WW: **1) Schriften:** *Orgel und Orgelmusik,* in: Das Atlantisbuch der Musik, hrsg. v. F. Hamel – M. Hürlimann (Z 1934, [8]1959, NA Mn 1964); *Vom Orgelspiel* (L 1936, [2]1949); *Die Baugeschichte der Stadtkirchenorgel in Winterthur* (Winterthur 1941); *J. S. Bachs Orgel,* in: Bach-Gedenkschrift 1950, hrsg. v. K. M. (Z 1950). – **2) Editionen:** *J. Pachelbel, Ausgew. Orgelwerke,* 4 Bde. (Kas 1928–36); *M. Praetorius, Sämtliche Orgelwerke* (Wb – B 1930, Nachdr. Wb 1966); *J. J. Froberger, Ausgew. Orgelwerke* (Kas 1931, [3]1951); *G. F. Händel, Orgelkonzerte op. 4* (Kas 1942–56) (= Hallesche Händel-Ausg. IV/2); M. war ferner Hrsg. der Zschr. MuG (Z 1947 ff.).

Lit.: K. M. Gedenkschrift (Winterthur 1960); E. NIEVERGELT, in: MuG 14 (1960).

B. A. KOHL

MATTHESON, Johann, * 28. 9. 1681 Hamburg, † 17. 4. 1764 ebd.; dt. Musiktheoretiker, Komponist und Kritiker. M. erhielt, seiner Autobiographie zufolge, in jungen Jahren Unterricht in Klavierspiel, Komposition und Gesang. Später erwarb er sich noch Fertigkeiten auf Violine, Flöte, Oboe und Laute. Bereits mit 9 Jahren sang er in der 1678 gegründeten Oper am Gänsemarkt in Hamburg und trat 1696 erstmals als Solist auf. Unter der Direktion S. Kussers lernte er den italienischen Gesangsstil kennen, der M.s erste Oper, *Die Plejaden* (1699), prägte. 1703 befreundete er sich mit dem jungen G. Fr. Händel, der, wahrscheinlich auf Anraten R. Keisers, nach Hamburg gekommen war und im Opernorchester mitwirkte. Anläßlich der Aufführung von M.s Oper *Cleopatra* (1704) kam es zwischen Händel und M. zu einem Streit um die Leitung der Aufführung, der erst durch ein glücklich beendetes Duell beigelegt wurde. Bis 1705 wirkte M. an der Gänsemarkt-Oper in 65 Opern mit, komponierte mehrere (heute meist verschollene) Musikdramen und machte sich gleichzeitig als Organist einen Namen. Nachdem sich um 1705 bei ihm ein Gehörleiden bemerkbar gemacht hatte, nahm er beim englischen Gesandten in Hamburg die Stelle eines Sekretärs an. Nach vielfältigen diplomatischen Tätigkeiten erhielt er 1744 den Titel eines Legationsrates. Neben seinem diplomatischen Dienst versah er zwischen 1715 und 1728 die Stelle des Musikdirektors am Dom. In dieser Eigenschaft komponierte M. zahlreiche geistliche Werke, darunter mehr als 20 Oratorien. 1719 verlieh ihm der Herzog von Gottorf-Holstein den Titel eines Hofkapellmeisters von Haus aus. Nach seiner völligen Taubheit (1735) widmete er sich verstärkt musiktheoretischen Fragen. M. starb im 83. Lebensjahr. Zu seinem Begräbnis führte G. Ph. Telemann die von M. selbst komponierte Trauermusik *Das fröhliche Sterbelied* auf.

WW: **1) Kompositionen:** Instr.-WW: Sonate für 2 u. 3 Fl. ohne B. (A 1708); *Pièces de clavecin,* auch unter dem Titel: *Matthesons Harmonisches Denckmahl, aus 12 erwählten Clavier-Suiten* (Lo 1714); *Der brauchbare Virtuoso ... Mit Zwölff neuen Kammer-Sonaten* für Fl., V. u. Klv. (H 1720); *Die wol-klingende Finger-Sprache* (12 Fugen) (H 1735). – Vokal-WW: *Arie scelte dell'opera Henrico IV. Re di Castiglia* (H 1711); *Odeon morale, jucundum. Sittliche Gesänge* mit B.c. (Nü 1751). – Hsl. ist erhalten das Passionsoratorium *Der für die Sünde der Welt gemarterte und sterbende Jesus* (Text: B. H. Brockes) (Berlin, Dt. Staatsbibl.). Der gesamte Nachlaß M.s mit zahlr. nur hsl. erhaltenen Werken (darunter Opern, Serenaden, Kantaten u. mehr als 20 Oratorien) befand sich bis zum 2. Weltkrieg in der Staats- u. Univ.-Bibl. Hamburg u. gilt heute als verschollen. – **2) Schriften:** *Das neueröffnete Orchestre* (H 1713); *Das beschützte Orchestre* (H 1717); *Exemplarische Organisten-Probe im Artikel vom General-Bass* (H 1719), erweitert als: *Grosse General-Bass-Schule* (H 1731); *Das forschende Orchestre* (H 1721); *Critica musica,* 2 Bde. (H 1722–25); *Der musicalische Patriot* (H 1728); *De eruditione musica* (H 1732); *Kleine General-Bass-Schule* (H 1735); *Kern melodischer Wissenschafft* (H 1737); *Der vollkommene Capellmeister* (H 1739); *Grundlage einer Ehrenpforte* (H 1740) (mit M.s Autobiographie); *Die neueste Untersuchung der Singspiele* (H 1744).

Als Musikschriftsteller war M. durch sein enzyklopädisches Wissen, das er wie kein anderer systematisch darzustellen verstand, einer der einflußreichsten Theoretiker seiner Zeit. In mehr als einem

Dutzend Büchern hat er die wichtigsten Fragen der Kompositionslehre, der Musiktheorie, der Aufführungspraxis und der ästhetischen Beurteilung von Musik in einer präzisen Sprache erörtert, die ihn auch als Schriftsteller von Rang erscheinen läßt. Seine von der Aufklärung beeinflußten Vorstellungen zielen eher auf die Beschreibung des gegenwärtigen Zustandes der Musik als auf den vergangener Zeiten. Sein Kampf gegen das System der Solmisation und das der Kirchentonarten hat ihm manche Feindschaft eingetragen. Im Mittelpunkt seiner theoretischen Ausführungen steht die Lehre von der Melodie als dem Primat einer vollkommen eingerichteten Komposition. – Als Komponist war M. den wenigen erhaltenen Partituren nach zu urteilen, bestrebt, dem wechselnden musikalischen Geschmack zu gefallen. In seinen geistlichen Werken hat er den dramatischen Stil der Oper bevorzugt. Entsprechend seiner Theorie zeichnen sich seine Kompositionen insgesamt durch melodiöse Führung der Einzelstimmen aus, die bisweilen volksliedhaften Charakter haben. Dem Klanglichen hat er den Vorzug vor dem Konstruktiven gegeben. Auch darin war er der Wegbereiter eines neuen musikalischen Empfindens.

Ausg.: **1) Kompositionen:** 12 Sonaten für 2 u. 3 Fl., hrsg. v. F. J. GIESBERT (Hannover 1939) (= Nagels MA); *Die wol-klingende Finger-Sprache,* hrsg. v. L. HOFFMANN-ERBRECHT (L 1953, Nachdr. 1969) (= Mitteldt. Musikarch. I/1); Sonate u. Suite g-moll für 2 Cemb., hrsg. v. B. C. CANNON (Lo 1960); *Das Lied des Lammes,* hrsg. v. DEMS. (1971) (= Coll. Mus. II/3); *Cleopatra,* hrsg. v. G. J. BUELOW (Mz 1975) (= EDM 69). – **2) Schriften:** *Grundlage einer Ehren-Pforte,* hrsg. v. M. SCHNEIDER (B 1910, Nachdr. 1969); *Grosse Generalbass-Schule,* hrsg. v. W. FORTNER, 2 Bde. (Mz 1956). – Faks.-Ausg.: *Grosse General-Bass-Schule* 1731 (Hil 1968); *Das forschende Orchestre* 1721 (Rochester/N.Y. 1957, Hil 1976); *Critica musica* 1722–25, in einem Bd. (A 1964); *Der musicalische Patriot* 1728 (L–Kas 1975); *Kleine General-Bass-Schule* 1735 (Laaber 1980); *Kern melodischer Wissenschafft* 1737 (Hil 1976); *Der vollkommene Capellmeister* 1739 (Kas 1954, Nachdr. 1969); *Die neueste Untersuchung der Singspiele* 1774 (L 1975).

Lit.: C. VON WINTERFELD, J. M., in: Der ev. Kirchengesang III (L 1847, Nachdr. Hil 1966); H. SCHMIDT, J. M., ein Förderer der dt. Tonkunst im Lichte seiner Werke (L 1897, Nachdr. Walluf 1973); F. STEGE, J. M. u. die Musikkritik des 18. Jh., in: ZfM 106 (1939); B. C. CANNON, J. M., Spectator in Musik (New Haven/Conn. 1947, Nachdr. 1968) (mit Werk-Verz.); W. BRAUN, J. M. u. die Aufklärung (Diss. Hl 1952); H. BECKER, J. M.s hsl. Einzeichnungen im „Musicalischen Lexicon" J. G. Walthers, in: Mf 5 (1952); F. FELDMANN, M. u. die Rhetorik, in: Kgr.-Ber. Hamburg 1956 (Kas 1957); H. CH. WOLFF, Die Barockoper in Hamburg 1676–1738, 2 Bde. (Wb 1957); H. LENNEBERG, J. M. on Affect and Rhetoric in Music, in: JMTh 2 (1958); O. WESSELY, J. J. Fux u. J. M. (Gr 1965) (= Jahresgabe der Fux-Ges. 1964); G. BUELOW, An Evaluation of J. M.'s Opera „Cleopatra" Hamburg 1704, in: Studies in 18th Century Music. FS K. Geiringer (Lo 1970); W. BRAUN, Drei dt. Arien, ein Jugendwerk Händels?, in: AMl 42 (1970); H. FEDERHOFER, J. J. Fux u. J. M. im Urteil L. Ch. Mizlers, in: Speculum musicae artis. FS H. Husmann (Mn 1970); H. FREDERICHS, Das Verhältnis v. Text u. Musik in den Brockespassionen Keisers, Händels, Telemanns u. M.s (Mn 1975) (= Musikwiss. Schriften 9); J. LESTER, The Fux-M. Correspondance. An Annotated Translation, in: Current Musicology 24 (1977); New M. Studies, hrsg. v. H. J. MARX – G. J. BUELOW (C 1983).

H. J. MARX

MATTHUS, Siegfried, * 13. 4. 1934 Mallenuppen (Ostpreußen); dt. Komponist. Er studierte seit 1952 Dirigieren an der Deutschen Hochschule für Musik in Berlin, später Komposition bei R. Wagner-Régeny und war 1958–60 Meisterschüler von H. Eisler an der Deutschen Akademie der Künste. Seit 1964 wirkt M. als Dramaturg und Komponist an der Komischen Oper in Berlin. In seinen Werken verfolgt er einen dramatischen, im Ausdruck konzentrierten Stil mit leichtem, klanglich impressivem Gestus; in den Opern unternimmt er die Transformation szenischer Vorgänge in musikalische Strukturen. M., der zu den exponiertesten Komponisten der DDR zählt, sieht als Basis seiner künstlerischen Existenz die soziale Umwelt, von der seine ethischen und ästhetischen Anschauungen geprägt werden.

WW: **1) Instr.-WW:** Zahlr. Kammermusik, u.a.: Musik für Oboeninstr. u. Klv. (1968); Oktett (1970); Streichquartett (1971); Nocturno (1977) für 3 Fl., 2 Klar., Baßklar. u. Harfe. – Für Orch.: 2 Symphonien, 1: *Dresdner Symphonie* (1969), 2: (1975/76); Konzerte für: V. (1968); Klv. (1970); Vc. (1975); Fl. (1978); Orchesterkonzert *Responso* (1977). – **2) Vokal-WW:** Kantaten *Grigorsk* 42 (1960) für Tenor, Bar., Chor u. Orch. sowie *Das Manifest* (1965) für Soli, Chor u. Orch.; *Wie die Saiten der Gitarre* (1970) für Kinder- oder Frauenchor; Oratorium *Laudate pacem* (1973/74) (nach Zeitdokumenten) für Soli, 2 gem. Chöre, Kinderchor, Org. u. Orch.; *Hyperion-Fragmente* (1979) für Baß u. Orch. – **3) Bühnen-WW:** Opern: *Lazarillo vom Tormes,* UA als: *Spanische Tugenden,* Karl-Marx-Stadt 1964; *Der letzte Schuß,* UA: Berlin 1967; *Noch einen Löffel Gift, Liebling?,* UA: ebd. 1972; *Omphale,* UA: Weimar 1976, Neufassung Köln 1979. – Ballette: *Match* (1969); *Alptraum einer Ballerina* (1973); *Mario und der Zauberer* (1974); *Revue* (1977). – Ferner zahlr. Bühnen-, Film- u. Hörspielmusik.

Lit.: F. K. PRIEBERG, Musik im anderen Deutschland (Kö 1968); H. SCHAEFER, Komponisten der DDR. S. M. (B 1970); F. SCHNEIDER, Das V.-Konzert v. S. M., in: Sammelbde. z. Musikgesch. der DDR II (B 1971); H. VOGT, Neue Musik seit 1945 (St 1972); F. SCHNEIDER, Momentaufnahme. Notate zu Musik u. Musiker in der DDR (L 1979); H. DÖHNERT, S. M., in: ebd.; U. STÜRZBECHER, Komponisten in der DDR (Hil 1979).

K. LANGROCK

MATTON, Roger, * 18. 5. 1929 Granby (Québec); kanadischer Komponist. Er studierte am Konservatorium von Montreal bei Cl. Champagne und in Paris bei Andrée Vaurabourg-Honegger (1949–50) und N. Boulanger (1952–55). 1957 wurde er Professor am Département d'études canadiennes d'ethnomusicologie der Laval-Universität in Québec. In seinen von I. Strawinsky, A. Honegger und O. Messiaen beeinflußten und im wesentlichen polytonal gehaltenen Werken verwendet er neben Elementen kanadischer Volksmusik serielle Techniken.

WW: Klv.-Stücke, u.a. 3 Präludien (1946, 1948, 1950); Streichquartett *Esquisse* (1949). – Für Orch.: Symphonische Suite *Pax* (1950); Suite chorégraphique *L'horoscope* (1958); *Mouvements symphoniques I* (1960) u. *II* (1962); Saxophonkonzert (1948); Konzert für 2 Klv. u. Orch. (1964). – *Escaouette* (1957) für Soli, Chor u. Orchester.

Lit.: Werkverz., in: Composers of the Americas 12 (Washington/D.C. 1966).

MATUTIN (vom lat. Matuta, der Göttin der Morgenhelle; eingedeutscht: Mette), ursprünglich aus den Laudes matutinae (↗Laudes) durch Aufteilung hervorgegangene 1. ↗Hore im ↗Offizium der römisch-kath. Kirche, die z.T. in den letzten Nachtstunden (seit dem Mittelalter auch in die Abendstunden vorverlegt) gefeiert wurde. Im römischen ↗Brevier war die M. in ↗Invitatorium, Hymnus und die nach liturgischem Rang zahlenmäßig wechselnden Nokturnen (bis 3) mit den dazugehörigen Psalmen, Lektionen und Responsorien aufgeteilt. An bestimmten Sonn- und Festtagen wurde das letzte Responsorium durch das *Te Deum* ersetzt. Das monastische Offizium wich von dieser Rubrizierung z.T. wesentlich ab. Musikgeschichtlich bedeutsam wurden die M.en der drei letzten Kartage, in deren Rahmen die ↗Lamentationen vorgetragen wurden (↗Lesungen). – Mit der Neuordnung des Stundengebets durch das 2. Vatikanische Konzil wurde die M. vereinfacht. 1970 trat an ihre Stelle schließlich die sog. Lesehore (auch Officium lectionis genannt).

MATZERATH, Paul Otto, * 26. 10. 1914 Düsseldorf, † 21. 11. 1963 Zama (Japan); dt. Dirigent. Er studierte bis 1934 am Kölner Konservatorium Violine (Br. Eldering), Klavier und Theorie. Anschließend war er 1935 Korrepetitor in Rheydt, 1936–38 Operettenkapellmeister in Krefeld und dann musikalischer Leiter der Oper in Würzburg. 1940–55 wirkte er als musikalischer Oberleiter (1946 GMD) am Badischen Staatstheater in Karlsruhe und bis 1961 als Chefdirigent des Symphonieorchesters des Hessischen Rundfunks in Frankfurt am Main. Gastverpflichtungen führten ihn u.a. zu den Berliner Philharmonikern sowie nach Paris und Budapest. Nach kurzer Tätigkeit beim Türkischen Staatsorchester in Ankara (1962-63) nahm er wenige Wochen vor seinem Tod einen Ruf an das Yomiuri-Nippon Symphony Orchestra in Tokio an.

MAUDUIT, Jacques, * 16. 9. 1557 Paris, † 21. 8. 1627 ebd.; frz. Komponist. M. studierte Sprachen und Philosophie, unternahm Reisen, besonders nach Italien, und wurde Conseiller et sécretaire de la Royne sowie Garde du dépôt des Requêtes du Palais. Er widmete sich aber hauptsächlich der Musik und errang 1581 einen Preis beim Puy d'Évreux. Wenig später kam er mit A. de Baïf und der Académie de poésie et de musique in Verbindung und wurde nach dem Tod Th. de Courvilles (1581) Baïfs wichtigster Mitarbeiter. 1584 wurde er auch Mitglied der Académie du Palais. Durch seinen Freund P. de Ronsard lernte er M. Mersenne kennen, den er in musikalischen Fragen beriet. Zum Tode Ronsards (1585) komponierte M. ein Requiem, das Mersenne zufolge sein Ansehen als Komponist begründete. Nach dem Tode Baïfs setzte er die Veranstaltungen der Académie in seinem eigenen Hause fort. Außerdem leitete er die jährlichen Konzerte der Karwoche im Kloster Petit St-Antoine und die Feiern zu Ehren der hl. Caecilia in Notre-Dame sowie zahlreiche Hofballette unter König Heinrich IV. und König Ludwig XIII., zu dessen Rückkehr 1614 er eine selbstkomponierte Ode mit 140 Sängern, Lautenisten und Violinisten aufführte. 1617 leitete er die Aufführung des zusammen mit P. Guédron, G. Bataille und A. Boësset komponierten Balletts *La délivrance de Renaud,* bei dem ein Ensemble von 92 Sängern und mehr als 45 Instrumentalisten mitwirkte.

WW: *Chansonnettes mesurées* für 4 St. (P 1586, ²1588); 2 Airs für SingSt u. Laute, in: RISM 1614¹⁰; 5 Psalmen, 2 frz. geistliche Gesänge u. 4 Motetten, in: M. Mersenne, *Quaestiones celeberrimae in Genesim* (P 1623); Fragment eines Requiem, in: ders., *Harmonie Universelle* (P 1636–37, Faks.-Nachdr. P 1963).

M., ein universal gebildeter Geist und wichtiger Initiator und Organisator des französischen Musiklebens, hat als Komponist die Prinzipien der ↗Musique mesurée à l'antique in konsequenter Weise angewandt. Trotz der neuartigen, auf Quantitätsmessung beruhenden Verbindung von Wort und Ton ist seine Musik von außerordentlicher Ausdruckskraft, rhythmischer Eleganz und klanglich-harmonischer Subtilität. Hauptwerk in dieser Richtung sind die *Chansonnettes mesurées* auf Texte von Baïf, zugleich ein Höhepunkt in der französischen Vokalmusik des späten 16. Jahrhunderts. In seinen geistlichen Werken zeigt sich M. aber auch als Meister des Übergangs an der Wende des 16./17. Jh.; hier finden sich in ausgeprägter Form erstmals in Frankreich die charakteristischen Elemente des vielstimmig-konzertierenden Stils nach der Art A. und G. Gabrielis, u.a. die Kombination von Singstimmen und Instrumenten.

Ausg.: *Chansonnettes mesurées* (P 1899) (= EXPERT Maîtres 10, NA NY o.J.); 8 4st. Psalmen aus Mersennes *Quaestiones*... (P 1928) (= EXPERT Florilège 7, NA NY o.J.); 2 Motetten, in: Anthologie du motet latin polyphonique en France 1609–61, hrsg. v. D. LAUNAY (P 1963) (= Publ. de la Soc. Fr. de Mie I/17).

Lit.: P.-M. MASSON, J. M. et les hymnes latins de L. Strozzi, in: RMie 9 (1925); F. A. YATES, The French Acad. of the 16th Century (Lo 1947) (darin 3 Stücke).

MAUERSBERGER. – 1) Rudolf, * 29. 1. 1889 Mauersberg (Erzgebirge), † 22. 2. 1971 Dresden;

dt. Dirigent, Organist und Komponist. M. besuchte 1903–09 das Lehrerseminar in Annaberg und studierte 1912–14 am Leipziger Konservatorium Orgel (K. Straube), Klavier (H. Sitt), Theorie (S. Krehl) und Dirigieren. Im 1. Weltkrieg war er Militärkapellmeister in Bad Lausick, studierte 1918–19 nochmals in Leipzig und wirkte 1919–25 als Organist und Chorleiter in Aachen. Seit 1925 war er erster Landeskirchenmusikwart von Thüringen und Kantor an St. Georg in Eisenach. Mit der Gründung eines gemischten Bachchores und eines Knabenchores in Eisenach initiierte M. eine jahrzehntelange Bach-Pflege von überregionaler Bedeutung. 1930 wurde er 25. evangelischer Kantor der Dresdner Kreuzkirche (1931 KMD, 1938 Professor). Während seiner mehr als 40 Jahre dauernden Amtszeit führte er den ↗Dresdner Kreuzchor zu einer nie zuvor erreichten Leistungshöhe und – durch zahlreiche Auslandsreisen – zur Weltgeltung. In der Aufführungspraxis Bachscher Werke setzte er Maßstäbe; so ließ er 1932 die Matthäus-Passion erstmals in neuerer Zeit von Knabenstimmen singen und besetzte 1950 die Arien in der Johannes-Passion und in der h-moll-Messe mit Knabensolisten. Anregend wirkte M. auch auf die moderne Schütz-Pflege, und er förderte intensiv die zeitgenössische Chormusik mit Uraufführungen von Werken u.a. von J.N. David, H. Distler, W. Fortner, E. Pepping, G. Raphael und K. Thomas. Sein eigenes kompositorisches Schaffen ist aufs engste mit seiner Dresdner Tätigkeit verbunden. M. wurde mit Festschriften zum 70, 75. und 80. Geburtstag geehrt: *Kirchenmusik heute* (hrsg. v. H. Böhm, B 1959), *Begegnungen mit R. M.* (hrsg. v. E.H. Hofmann und I. Zimmermann, B 1963, Neubearbeitung [6]1977) und *Credo musicale. Komponistenporträts aus der Arbeit des Dresdener Kreuzchores* (hrsg. v. U. von Brück, Kas 1969).

WW: Im Druck erschienen: Choralbearb. für Chor u. Instr. (Eisenach 1926–29); *Wie liegt die Stadt so wüst* (1945), Trauerhymnus für gem. Chor a cap. (B 1948); *Der kleine Jahrkreis* für gem. Chor a cap. (Dresden 1951); *Weihnachtszyklus* für gem. Chor u. Klv. (ebd.); Passionsmusik nach Lukas (1947) für 2 gem. Chöre (B 1980). – Hsl. sind erhalten: Kammer- u. Orgelmusik (1912–18); Symphonie e-moll (1914–16) für Orch. u. Frauenchor; Zyklus *Tag und Ewigkeit* (1942) für Chor a cap.; *Dresdner Te Deum* (1944–45, 1963) für Soli, Knabenchor, gem. Chor u. Orch.; Zyklus *Dresden* (1945–50) für Soli u. Chor; *Erzgebirgszyklus* (1948, 1961) für Soli, 3 Chöre, Blech- u. Schlaginstr. u. Org.; Ev. Messe (1954) für 2 Chöre u. Org.; Motetten.

2) Erhard, Bruder von 1), * 29. 12. 1903 Mauersberg, † 11. 12. 1982 Leipzig; dt. Dirigent. Er war Mitglied des Leipziger Thomanerchores und studierte dann am Konservatorium Orgel (K. Straube) u. Klavier. 1925 wurde er Chorleiter u. Organist in Aachen, 1928 in Mainz. 1930–61 war er Nachfolger seines Bruders in Eisenach (Kantor an St. Georg und Leiter des Bachchores). 1950 gründete er die Thüringer Kirchenmusikschule. 1932–60 war er auch Lehrer an der Musikhochschule in Weimar (1946 Professor). 1961–72 wirkte M. als Thomaskantor in Leipzig und brachte den Chor nach einer durch den Weggang von K. Thomas verursachten kurzen Krisenzeit wieder zu neuem Ansehen im In- und Ausland.

Lit.: W. BLANKENBURG, Die Brüder M., in: MuK 39 (1969). – **Zu 1):** E. H. HOFMANN, Capella sanctae crucis (B 1956); DIES., Der Dresdner Kreuzchor (L 1962); I. ZIMMERMANN, R. M. (B 1969); W. LOTTERMOSER, Zum Klang des Dresdner Kreuzchores, in: MuK 39 (1969); E. H. HOFMANN, Die Kreuzkapelle in Mauersberg u. ihr Stifter (B 1976); M. HERRMANN, R. M. Werkverz. (Dresden 1976, [2]1978) (= Stud. u. Materialien z. Musikgesch. Dresdens 3); DERS., R. M. u. die zeitgen. Kirchenmusik, in: Standpunkt 7 (B 1979); H. JOHN, Der Dresdner Kreuzchor u. seine Kantoren (B 1981). – **Zu 2):** T. BICKELHAUPT, Bilanz eines Jahrzehnts. Versuch eines Porträts v. E. M., in: Ev. Pfarrerblatt der DDR (B 1972); F. LIST, Der Thomanerchor zu Leipzig (L 1975).

B. A. KOHL

MAUGARS, André, * um 1580, † um 1645; frz. Violinist. Er war 1620–24 Hofmusiker König Jakobs I. in London, später Musiker Kardinal Richelieus, Sekretär und englischer Dolmetscher des Königs und seit 1630 Prior von St-Pierre-Eynac. M. genoß (nach dem Zeugnis von M. Mersenne, *Harmonie Universelle,* 1636–37, und J. Rousseau, *Traité de la viole,* 1687) als Violenspieler einen ausgezeichneten Ruf. Er bereiste Spanien und hielt sich, bei Richelieu in Ungnade gefallen, 1635–39 in Italien auf. Sein einzig erhaltenes Werk ist die in Rom entstandene Schrift *Response faite à un curieux sur le sentiment de la musique d'Italie* (P 1639). Sie enthält interessante und originelle Einzelheiten über das römische Musikleben und ist das erste literarische Zeugnis von Rang für die nun bis ins 18. Jh. immer intensiver werdende Auseinandersetzung der Franzosen mit der zeitgenössischen italienischen Musik.

Lit.: E. THOINAN, M., célèbre joueur de viole (mit Neuausg. der „Response") (P 1865, Faks.-Ausg. Lo 1965).

MAULTROMMEL, Brummeisen (engl.: jew's harp, trump; frz.: guimbarde, trompe; it.: scacciapensieri; lat.: crembalum; span.: birimbao, guimbarda), Bz. für ein Zupfidiophon (nach neueren Forschungen ein freies Aerophon), das aus einem vierkantigen, hufeisenförmig zusammengebogenen Stahlrahmen besteht, der beidseitig verlängert wird, so daß zwischen diesen verlängerten Enden eine im Scheitel des Rahmens festgelötete Metallzunge Platz hat. Das Ende dieser Zunge ist rechtwinklig hochgebogen und mit einem kleinen, umgebogenen Häkchen versehen, das der Spieler zum Anzupfen benutzt. Diese sog. Bügel-M. ist zwar heute am weitesten verbreitet, doch gibt es in außereuropä-

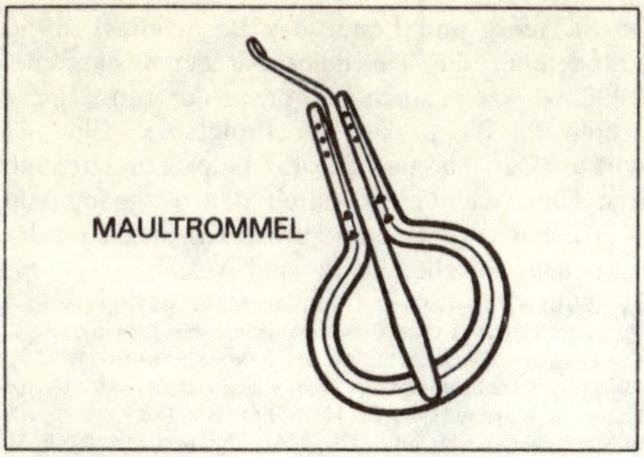

ischen Ländern auch M.n aus Bambus oder einem anderen Holz, deren Zunge direkt aus dem Holz geschnitten ist. Da diese sich nicht aufbiegen läßt, befindet sich am Ende der Zunge eine Schnur, die der Spieler zieht, um die Zunge schwingen zu lassen. Die M. wird beim Spielen gegen die Zähne im leicht geöffneten Mund gedrückt, der Spieler hält das Instrument mit der linken Hand so gegen die Zähne, daß die Stahlzunge beim Anzupfen mit dem Zeigefinger der rechten Hand in die Mundhöhle schwingt, die als Resonator dient. Das Instrument hat nur einen Grundton, der durch die Länge und Dicke der Stahlzunge bestimmt ist. Die M. gehört zu den Borduninstrumenten, da über einem ständig mitklingenden Grundton (dem 4. Teilton) nur die Töne aus der entsprechenden Teiltonreihe gespielt werden können. Die Bildung der einzelnen Töne wird durch die Veränderung der Resonanzhöhle erreicht, indem der Spieler die Stellung seiner Zunge oder seiner Wangen verändert. Zusätzlich benutzt er das Ein- und Ausatmen zur Artikulation der erklingenden Töne.

Die M. ist ein weitverbreitetes Instrument, sie findet sich in Ozeanien, Indien, China, Sibirien, Europa und Afrika ebenso wie in Nord- und Südamerika. Herkunft und Alter sind nicht festzulegen, sie war jedoch in einigen außereuropäischen Gebieten schon sehr früh ein wichtiges Tauschobjekt. In Europa wurden in Slawen- und Wikingersiedlungen um die Ostsee herum M.n gefunden, die um die Jahrtausendwende datiert werden, aber eindeutig läßt sich das Instrument erstmals für die 2. Hälfte des 12. Jh. nachweisen (Schweizer Funde). In außereuropäischen Ländern war die M. häufig ein Schamaneninstrument oder hatte andere kultische Bedeutung. In Europa gehörte sie, soweit bekannt, zur Volksmusik. Erst im frühen 19. Jh. sollte das Instrument leistungsfähiger werden. J. H. Scheibler verband 1816 5 M.n zu einem von ihm „Aura“ genannten Instrument, und der Leipziger Orgelbauer Kemper faßte sogar 10 M.n zusammen. Welches Interesse die M. hervorrief, läßt sich daran erkennen, daß es im 19. Jh. berühmte Virtuosen gab, so Carl Eulenstein (1802–1890) und Franz P. Koch (1761–1831). Aber bereits J. G. Albrechtsberger hatte mehrere Konzerte (mindestens 4) für M., Mandoline und Streicher geschrieben, in denen mehrere M.n abwechselnd gespielt werden mußten, damit beim Wechsel der Tonart die Töne der entsprechenden Teiltonreihe erklingen konnten. In vielen Gebieten Europas wurde die M. im Laufe des 19. Jh. durch die ↗Mundharmonika verdrängt und hielt sich nur in wenigen Regionen. In jüngster Zeit nahm jedoch das Interesse an diesem Instrument in ganz Europa wieder zu.

Lit.: C. SACHS, Die M., in: Zschr. für Ethnologie 49 (1917); E. EMSHEIMER, Über das Vorkommen u. die Anwendungsart der M.n in Sibirien u. Zentralasien, in: Ethnos 6 (1941), wiederabgedruckt in: Studia ethnomusicologica eurasiatica (Sto 1964) (= Musikhistoriska museets skrifter 1); F. ERNST, Ein fast vergessenes Volksinstr. Das Brummeisen oder die M., in: NZfM 131 (1970); O. K. LEDANG, On the Acoustics and the Systematic Classification of the Jew's Harp, in: Yearbook of the Int. Folk Music Council 4 (1972); J. WRIGHT, Another Look into the Organology of the Jew's Harp, in: The Brussels Museum of Musical Instr.s Bull. II/1–2 (Bru 1972); W. MEYER – H. OESCH, Maultrommelfunde in der Schweiz, in: FS A. Geering (St 1972); B. GEISER, M. in der Schweiz, in: Bull. d'information du Conseil Suisse de la Musique (1975); W. MEYER, Von M.n, Flöten u. Knochenschwirren. Ein Beitr. der MA-Archäologie z. Gesch. volkstümlicher Musikinstr. in der Schweiz, in: Studia instrumentorum musicae popularis 5 (Sto 1977) (= Musikhistoriska museets skrifter 7); G. DOURNON-TAURELLE – J. WRIGHT, Les guimbardes du Musée de l'Homme (P 1978).

M. BRÖCKER

MAURER UND SCHLOSSER *(Le maçon)*, Opéra-comique in 3 Akten von Daniel François Esprit Auber (1782–1871), Text von Eugène Scribe (1791–1861) und Germain Delavigne (1790–1868). Ort und Zeit der Handlung: Paris, 1788. UA: 3. 5. 1825 in Paris (Opéra-Comique); dt. EA (in dt. Sprache): 19. 3. 1826 in Berlin (Hofoper).

Der junge Offizier Léon de Merinville wurde bei dem Versuch, ein Mädchen aus dem Harem des türkischen Gesandten in Paris zu entführen, entdeckt und soll nun zusammen mit der Geliebten in einer Grotte eingemauert werden, um dort zu sterben. Zwei Handwerker, der Schlosser Baptist und der Maurer Roger, werden herbeigeholt, um die Fesseln zu schmieden und das Verlies zu vermauern; nach Durchführung dieses Auftrages können beide die französischen Behörden informieren und so die Gefangenen retten. Die Geschichte wurde von François de Coigneux de Bachaumont in einer englischen Zeitschrift entdeckt und zu jener französischen Erzählung umgeformt, welche den Librettisten als Vorlage diente. Auber schuf mit dieser Oper ein Werk, das überaus erfolgreich und richtungweisend für die Gattung der Opéra-comique werden sollte. Der Einfluß der Musik G. Rossinis ist im Vergleich zu früheren Bühnenkompositionen zugunsten eines musikalischen Konversationstones abgeschwächt, welcher den Schritt zur französischen Ausprägung der komischen Oper deutlich hervorhebt. *Maurer und Schlosser* zeichnet sich durch melodischen Einfallsreichtum aus; von dem in Deutschland besonders beliebten Werk (bereits 1826 in den Spielplänen von 6 deutschen Opernhäusern) wurde vor allem die Ouvertüre berühmt.

R. QUANDT

MAUṢILĪ, al-M. – 1) Ibrāhīm ibn Māhān ibn Bahman, * 742 al-Kūfa (Irak), † 804 Bagdad; arabischer Musiker. Er stammte aus einer persischen Adelsfamilie, die sich in al-Kūfa niedergelassen hatte und später nach al-Mauṣil (Mossul) übersiedelte. M., gleichermaßen in der persischen wie in der arabischen Musik bewandert, studierte an mehreren Orten, darunter in Bagdad, wo er zum berühmtesten Musiker seiner Zeit wurde; der Kalif Hārūn-al-Rashīd verlieh ihm den höchsten Hofrang. M. war Anhänger der traditionellen Musik. Mit seinem Rivalen Ibn Ǧāmiʿ, der die modernistische Strömung vertrat, stellte er den Fundus für das *Kitāb al-Aġānī al-kabīr* (Großes Buch der Lieder) zusammen. – **2) Isḥāq ibn Ibrāhīm ibn Māhān,** Sohn von 1), * 767 Raiy oder Arraǧān (Persien), † März 850 Bagdad; arabischer Dichter, Hofsänger, Instrumentalist und Musiktheoretiker. M., eine bedeutende Persönlichkeit seiner Zeit, studierte bei seinem Vater und bei seinem Onkel, dem Lautenspieler Zalzal. Nach dem Tode seines Vaters erhielt er dessen Posten am Hof des Kalifen. Als Vertreter der traditionellen Richtung kämpfte er gegen modernistische Strömungen und deren Hauptvertreter Ibrāhīm ibn al-Mahdī. M., der etwa 20 musiktheoretische Abhandlungen schrieb, gab das von seinem Vater vorbereitete *Kitāb al-Aġānī al-kabīr* heraus, das mehr eine Kulturgeschichte als eine Liedersammlung bildet.

Lit.: H. G. FARMER, A Hist. of Arabian Music to the 13th Century (Lo 1929, Nachdr. Lo 1967); DERS., The Sources of Arabian Music (Bearsden 1949, revidiert Leiden 1965); E. NEUBAUER, Musiker am Hofe der frühen ʿAbbāsiden (Diss. F 1965) (mit Lit. u. Quellen-Verz.).

MAVRA, Buffo-Oper in einem Akt von Igor Strawinsky (1882–1971), Text von Boris Kochno nach Alexander Puschkins Poem *Das Häuschen in Kolomna* (1833). UA (in frz. Sprache): 3. 6. 1922 in Paris (Opéra); dt. EA (in dt. Sprache): 7. 11. 1925 in Kiel; EA in der Originalsprache: Frühjahr 1928 in Leningrad (Konservatorium).

Innerhalb seiner kurzen Versdichtung schildert Puschkin, wie Mavra, eine neu eingestellte Köchin, von ihrer Herrin beim Rasieren ertappt wird und entflieht; daß Parascha, die Tochter des Hauses, diesen „Eindringling" wohl absichtsvoll zu sich geholt haben muß, deutet er nur an. In der Oper hingegen wird die buffoneske Intrige der Liebenden ausführlich dargestellt. Durch die musikalische Komposition erscheint dabei nicht nur das kleinbürgerliche Milieu, in dem die Handlung spielt, ironisch gebrochen, sondern hier ist zugleich ein weiteres Gegenmodell zur konventionellen emotionsbeladenen „Musikdramatik" entworfen: Traditionselemente der slawischen Folklore, der Zigeunermusik und italienischen Opera buffa werden aufgenommen und verarbeitet; die primär rhythmisch geprägte Begleitung des kleinen, von Blasinstrumenten dominierten Orchesters verschmilzt nicht mit den melodisch frei fließenden Singstimmen; und oftmals durchbrechen unorthodoxe Fortschreitungen erwartbare Satzstrukturen. Am Ende seiner „russischen Periode" stehend, zeugt dieses Werk – es ist bezeichnenderweise dem Andenken A. Puschkins, M. Glinkas und P. Tschaikowskys gewidmet – von Strawinskys Intention, Komponenten ost- und westeuropäischer Kultur aus dem Geist der Moderne erneut zur Synthese zu bringen.

E. FISCHER

MAXIMA (lat., statt Nota maxima = größte Note), auch *Duplex longa* genannt, der längste Notenwert in der Mensuralnotation des 13.–16. Jh. (■; seit etwa 1430 ⌝). Sie gilt 2 Longae (↗Longa); dementsprechend besteht die M.-Pause aus a) 2 Longa-perfecta- oder b) 2 Longa-imperfecta-Pausen:

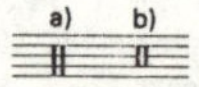

Die M. kommt nur selten vor, in der Frühzeit fast nur in Motetten-Tenores, später – in dieser Funktion gleichbedeutend mit der Longa, aber durch die breitere Form optisch auffallender – als Schlußnote.

MAXIXE, ein am Ende des 19. und Anfang des 20. Jh. in Brasilien sehr beliebter Tanz. Musikalisch ist er eine Verbindung der aus Europa stammenden Polka mit dem einheimischen Lundu. Wie die Samba, die Nachfolgerin des M., steht er im $^2/_4$-Takt und hat einen stark synkopierten Rhythmus.

MAXWELL DAVIES, Peter, * 8. 9. 1934 Manchester; engl. Komponist. Er studierte am College of Music u. an der Universität in Manchester, 1957 bei G. Petrassi in Rom und 1962–64 an der Graduate Music School der Princeton University (N. J.). An der Grammar School in Cirencester, vor der UNESCO-Konferenz für Musikerziehung und als Vortragsreisender in Kontinentaleuropa sowie in Australien, wo er 1966 eine Gastprofessur an der

Universität von Adelaide innehatte, entwickelte er eine eigene Theorie der Jugend-, Theater- und Kirchenmusikreform. Seit 1970 wirkt er als Leiter des Kammerensembles für zeitgenössische Musik und neue Formen des Musiktheaters „The Fires of London"; seitdem lebt er zeitweise auf den Orkney-Inseln. M. D. sucht in seinem Schaffen altenglische und neuzeitliche (nachstrawinskysche) Form- und Satzstrukturen zu vereinen.

WW: **1) Instr.-WW:** *Hymnos* (1967) für Klar. u. Klv.; *Steman Doubles* (1968) für Klar. u. Schlagzeug; *Bell Tower* (1971) für Schlagzeug; *Stevie's Ferry to Hoy* (1975) für Klv.; *Seven In Nomine* (1963–65) u. *Steman Caters* (1968) für Instr.; *Shakespeare Music* (1964) für Kammerensemble; *Psalm 124* (1974) u. *Ave, Maris Stella* (1975) (in Memoriam H. Juda) für Instrumentalensemble. – Für Orch.: *Second Fantasia on John Taverner's In Nomine* (1964); *St. Thomas Wake*, Foxtrott for Orch. on a Pavan by J. Bull (1969); *Worldes Bliss* (1969). – **2) Vokal-WW:** *The Shepherd's Calendar* (1965) für junge Sänger u. Instrumentalisten; *Five Carols* (1966) für Sopran- u. Altst.; *Missa super l'homme armé* (1968, revidiert 1971) für Sprecher(in) oder Sänger(in) u. Kammerensemble; *Eight Songs for a Mad King* (1969) für Sänger u. Kammerensemble; *From Stone to Thorn* (1971) für Mezzosopran u. Instrumentalensemble; *Hymn to Saint Magnus* (1972) für Sopran u. Kammerensemble; *Tenebrae super Gesualdo* (1972) für Mezzosopran, Gitarre u. Kammerensemble; *Stone Litany, Runes from a House of the Dead* (1973) für Mezzosopran u. Orch.; *Fiddles at the Wedding* (1973/74) für Mezzosopran u. Kammerensemble; Liederzyklus für Sopran u. Kammerensemble (1976). – **3) Bühnen-WW:** *Vesalii Icones* (1969) für Tänzer, Vc. solo u. Ensemble. – Oper *Taverner*, UA: London 1972; Masque *Blind Man's Buff* (nach G. Büchners *Leonce und Lena*), UA: ebd. 1972; *Martyrdom of Saint Magnus* (1978), Einakter für 5 Sänger u. 7 Instrumentalisten.

Lit.: Zahlr. Werkanalysen, in: Tempo (Lo 1964–78) Nrn. 69–126.

H. LINDLAR

MAY, Angelica, * 17. 9. 1938 Reutlingen; dt. Violoncellistin. Sie studierte bis 1954 an der Musikhochschule in Stuttgart bei L. Hoelscher, in Trossingen bei Rudolf von Tobel und in München bei Walter Reichardt sowie bei P. Casals in Zermatt und in Prades. 1957 begann sie ihre Solistenlaufbahn als Siegerin im Bundeswettbewerb der deutschen Musikhochschulen. Seither konzertiert A. M. in Europa, Japan und den USA. 1975 wurde sie Professor für Violoncello am R. Schumann-Institut Düsseldorf der Musikhochschule Rheinland. Zusammen mit Kurt Guntner, Violine, und L. Hokanson, Klavier, bildet sie das Odeon-Trio.

MAY, Gisela, * 31. 5. 1924 Wetzlar; dt. Schauspielerin und Chansonsängerin. Nach ihrer Schauspielausbildung in Leipzig (1940–42) hatte sie als Schauspielerin und Soubrette u. a. Engagements in Dresden, Danzig (1943–44), Leipzig (wo sie 1945 das Kabarett „Die Rampe" gründete), am Landestheater Halle (1945) und am Deutschen Theater in Berlin (1951–61). Seit 1962 ist sie Mitglied des Berliner Ensembles und seit 1957 tritt sie in erster Linie als Interpretin politischer Chansons (nach Texten von B. Brecht, Kurt Tucholsky und Erich Kästner) an die Öffentlichkeit. Zahlreiche Gastspielreisen führten sie u. a. in die Bundesrepublik (zuletzt 1980), in die Schweiz, nach Frankreich, Italien, Schweden und in die USA (1972). 1973 erhielt sie einen Lehrauftrag für Chansoninterpretation an der Hochschule für Musik in Ost-Berlin. G. M. wirkte als Sängerin auch in zahlreichen Fernsehsendungen mit.

Lit.: D. KRANZ, G. M. Schauspielerin u. Diseuse (B 1973).

MAY, Hans (eig. Johann Mayer), * 11. 7. 1886 Wien, † 31. 12. 1958 London; engl. Komponist östr. Abstammung. Er studierte an der Wiener Musikakademie und war danach als Opern- und Operettenkapellmeister tätig. Neben zahlreichen Schlagern (*Veronika, der Lenz ist da,* 1928; *Ein Lied geht um die Welt,* aus dem gleichnamigen Tonfilm, 1933) schrieb er hauptsächlich Filmmusik, zunächst Begleitmusik für Stummfilme (*Ein Sommernachtstraum,* 1925; *Der Bettler vom Kölner Dom,* 1927), danach für den Tonfilm. 1933 emigrierte er nach Großbritannien.

WW: Operette *Wedding in Paris.* – Filmmusik, u. a. zu: *Das gestohlene Gesicht* (1930); *Wien, du Stadt der Lieder* (1930); *Hai Tang* (1930); *Ein Lied geht um die Welt* (1933); *Waltz Time* (1945); *Shadow of the Eagle* (Graf Orloffs gefährliche Liebe) (1950); *The Gipsy and the Gentleman* (Dämon Weib) (1957). – Ferner zahlr. Schlager.

MAYR, Johann(es) Simon (Giovanni Simone), * 14. 6. 1763 Mendorf bei Kelheim (Niederbayern), † 2. 12. 1845 Bergamo; it. Komponist dt. Herkunft. Nach Studien am Jesuitenkolleg in Ingolstadt reiste er 1787 zusammen mit seinem Gönner, dem Feldherrn Thomas de Bassus auf dessen Besitz in Cantone (Schweiz) und dann nach Italien und arbeitete nacheinander in Bergamo bei Carlo Lenzi und in Venedig bei F. Bertoni. Zu dieser Zeit schrieb er Kirchenmusik und Oratorien, die erfolgreich in Venedig und Wien aufgeführt wurden. Von N. Piccinni ermutigt, ließ er 1794 seine erste Oper, *Saffo,* am Teatro La Fenice in Venedig aufführen, 1802 wurde er Kapellmeister an S. Maria Maggiore in Bergamo und behielt dieses Amt bis zu seinem Tode, hochangesehen auch als Lehrer – G. Donizetti war sein Schüler – und durch seine karitative Tätigkeit. M.s Opernschaffen erstreckt sich bis 1827; danach widmete sich M. fast ausschließlich der Kirchenmusik. Er war einer der letzten Opernkomponisten in der neapolitanischen Tradition. Seine Werke bekunden Einflüsse von der Mannheimer Schule sowie von W. A. Mozart, Chr. W. Gluck und der französischen Opéra-comique. In manchen kompositorischen Einzelheiten (obligate Führung der Bläser u. a. Instrumentationseffekte, Orchestercrescendo) kann er als ein Vorläufer

G. Rossinis gelten, dessen Ruhm M.s Schaffen zunehmend überschattet und letztlich überdauert hat.

WW: Etwa 70 Opere serie u. Opere buffe (hsl. erhalten), u.a.: *Saffo*, UA: Venedig 1794; *Telemaco nell'isola di Calipso*, UA: ebd. 1797; *Adriano in Siria*, UA: ebd. 1798; *Adelaide di Guesclino* (nach Voltaire), UA: ebd. 1799; *Ginevra di Scozia*, UA: Triest 1801; *Alonso e Cora*, UA: Mailand 1803; *Elisa*, UA: Venedig 1804; *L'amor coniugale* (nach J. N. Bouillys *Léonore*...), UA: Padua 1805; *Adelasia e Aleramo*, UA: Mailand 1806; *Medea in Corinto*, UA: Neapel 1813; Azione sacra *Ifigenia in Tauride* (Libr.: A. Zeno), UA: Florenz 1817. – Mehrere Oratorien u. Azioni sacre. – Zahlr. Solokantaten u.a. weltliche Vokal-Werke. – Mehr als 500 kirchenmusikal. Werke (Messen, Motetten, Psalmen u.a.). – Schriften: *Brevi notizie istoriche della vita e delle opere di G. Haydn* (Bergamo 1809); *Cenni biografici di A. Capuzzi* (ebd. 1819).

Lit.: H. KRETZSCHMAR, Die musikgeschichtl. Bedeutung S. M.s, in: Jb. Peters 11 (1904); L. SCHIEDERMAIR, S. M., 2 Bde. (L 1907–10) (= Beitr. z. Gesch. der Oper um die Wende des 18. u. 19. Jh., 1 u. 2); A. MELI, G. S. M. sulla linea musicale Baviera. – Bergamo (Bergamo 1963); F. LIPPMANN, V. Bellini u. die it. Opera seria seiner Zeit (Kö 1969) (= Anal. Mus. 6); J. FREEMAN, J. S. M. and His „Ifigenia in Aulide", in: MQ 57 (1971); H. BAUER, S. M. 1763–1845 (Mn 1974) (= Bavaria antiqua 4).

MAYR, Richard, * 18. 11. 1877 Henndorf bei Salzburg, † 1. 12. 1935 Wien; östr. Sänger (Baß). Er studierte zunächst Medizin, später gleichzeitig auch Gesang am Wiener Konservatorium. G. Mahler engagierte ihn 1902 an die Wiener Hofoper (die spätere Staatsoper), der er bis zu seinem allzufrühen Tod als eines der bei Publikum und Presse ungemein beliebten Mitglieder angehörte. In der Wiener Uraufführung der *Frau ohne Schatten* (1919) von R. Strauss kreierte er die Partie des Barak. Gastspiele führten ihn an die großen internationalen Opernbühnen. 1902 trat er bei den Bayreuther Festspielen als Hagen und Gurnemanz, seit 1922 regelmäßig bei den Salzburger Festspielen auf. Seine Glanzrolle war der Ochs im *Rosenkavalier* von R. Strauss.

MAYR, Rupert Ignaz, * 1646 Schärding, † 7. 2. 1712 Freising; dt. Komponist. Er wurde um 1670 Violinist am fürstbischöflichen Hofe in Freising, ging 1678 nach Eichstätt, wirkte zeitweilig auch in Regensburg, ging 1683 nach Passau und noch im selben Jahr nach München. Von Kurfürst Max Emanuel wurde er nach Paris geschickt, um dort die französische Musik zu studieren. 1685 wurde er in München zum „Primus violinista" ernannt und kehrte 1706 nach Freising zurück, wo er die Leitung der Hofkapelle übernahm. M. gehört zu den süddeutschen Komponisten, deren Rolle bei der Ausbildung einer neuen Tonsprache in der Zeit zwischen 1680 und 1720 durch Vereinigung italienischer, französischer und deutscher Stiltendenzen bisher noch nicht hinreichend gewürdigt ist.

WW: *Arion sacer sive Concertationes musicae* ... für 5 Instr. (Rb 1678); *Sacri concentus* für Solost. u. Instr. (Rb 1681); *Pythagorische Schmids-Füncklein* ... (7 Suiten) für 4 Instr. u. B.c. (A 1692); *Gazophylacium musico-sacrum* (25 Offertorien) für 4–5 St., Instr. u. B.c. (Au 1702); *Psalmodia brevis ad vesperas* für 4 St. mit Instr. u. B.c. mit Ripienochor (Au 1706); 24 Gesänge im Sammeldruck *Theatrum affectuum humanorum* (Mn 1717).

Ausg.: Ausgew. Kirchenmusik, hrsg. v. K. G. FELLERER (Brau 1936) (= DTB 37).

Lit.: B. ULRICH, Die „Pythagorischen Schmids-Füncklein", in: SIMG 9 (1907/08); K. G. FELLERER, R. I. M. ... u. seine Kirchenmusik, in: AfMf 1 (1936).

MAYRHOFER, Johann, * 3. 11. 1787 Steyr (Oberösterreich), † 5. 2. 1836 Wien; östr. Dichter. Nach einem Theologiestudium studierte er Jura in Wien und lernte hier 1814 Fr. Schubert kennen, mit dem er 1818–20 zusammenwohnte. M. ist neben J. W. von Goethe und W. Müller der von Schubert am meisten vertonte Autor; von ihm stammen u.a. 47 Gedichte, darunter *Lied eines Schiffers an die Dioskuren, Fahrt zum Hades, Nachtstück* und *Erlafsee* sowie das Singspiel *Die Freunde von Salamanca*. M. schrieb auch *Erinnerungen an Fr. Schubert* (in: Arch. für Gesch., Staatenkunde, Lit. u. Kunst 1, 1829).

Lit.: E. VON KOMORZYNSKI, Schuberts Freund u. Textdichter J. M., in: SMZ 21 (1909); F. LISZT, J. M., ein Freund u. Textdichter F. Schuberts (Diss. Mn 1921); M. BAUER, J. M., in: ZfMw 5 (1922/23); Schubert, Erinnerungen seiner Freunde, hrsg. v. O. E. DEUTSCH (L 1957, [2]1966).

MAYSEDER, Joseph, * 26. 10. 1789 Wien, † 21. 11. 1863 ebd.; östr. Violinist. Er erhielt seine Ausbildung seit 1798 bei A. Wranitzky und bei I. Schuppanzigh in Wien, der ihn als 2. Violinisten in sein Streichquartett aufnahm. 1802 begann M. in Wien noch ein Kompositionsstudium bei E. A. Förster, kam 1810 als Konzert- und Solospieler an das Hoftheater, 1816 an die Hofmusikkapelle in Wien, wurde 1820 Konzertmeister der Hofoper, 1835 Kammervirtuose und 1836 Musikdirektor der Hofkapelle. M. war 1810–30 der prominenteste Geiger und Violinkomponist in Wien und fand auch die Anerkennung N. Paganinis. Seine virtuos angelegten Kompositionen, u.a. 4 Klaviertrios, 8 Streichquartette, 5 Streichquintette und 3 Violinkonzerte, wurden zu ihrer Zeit viel beachtet.

Lit.: E. HELLSBERG, J. M., 2 Bde. (W 1955).

MAYUZUMI, Toshirō, * 20. 2. 1929 Yokohama; japanischer Komponist. Er studierte 1945–51 an der Musikakademie in Tokio und 1951–52 am Pariser Conservatoire, wo er Schüler von T. Aubin wurde. M., der die Gruppe „Ars Nova Japonica" gründete und beim Studio für elektronische Musik am japanischen Rundfunk NHK arbeitet, zählt zu den führenden Komponisten Japans.

WW: **1) Instr.-WW:** V.-Sonate (1946); *Bunraku* (1960) für Vc. solo; Divertimento für 10 Instr. (1948); *Tonepleromas* (1955) für Bläserensemble, 6 Schlagzeuger u. Singende Säge; *Microcosmos* (1957) für 7 Spieler; *Metamusic* (1964) für V., Saxophon,

Klv. u. einen Dirigenten. – Für Orch.: *Symphonic Mode* (1950); *Bachanale* (1954); *Phonologie symphonique* (1957); *Mandala-Symphony* (1960); symphonische Dichtung *Samsara* (Ewige Wiedergeburt) (1962); *Texture* (1962) u. *Fireworks* (1963) für symphonisches Blasorch.; *Essay* (1963) für Streichorch.; *Ongaku no tanjō* (Die Geburt der Musik) (1964); *Incantation* (1967); *Ectoplasme* (1956) für Clavioline, Gitarre, 5 Schlagzeuger u. Streichorch.; *Music with Sculpture* (1961) für Stahlmobile u. symphonisches Blasorch.; Concertino für Xylophon u. Orch. (1965); Konzert für Schlagzeug u. symphonisches Blasorch. (1969); *Shōwa-Tempyō raku* (1970) für Gagaku-Orch. – **2) Elektronische Musik:** *XYZ* (1953); *Boxing* (1954); Ballett *L'Ève future* (Musique concrète) (1955); *Music for Sine Waves* (1955); *Music for Modulated Waves* (1955); *Invention for Square Waves and Sawtooth Waves* (1955); *Variations on the Numerical Principle of 7* (1956) (zus. mit M. Moroi); *Aoi-no-ue* (1957); *Campanology* (Musique concrète) (1959); 3 Hymnen (1964). – **3) Vokal-WW:** *Sphenograms* (1951) für Alt, Fl., Altsaxophon, Marimba, V., Vc. u. Klv. zu 4 Händen; Oratorium *U-so-ri* (1959); buddhistische Kantate *Pratidesana* (1963) für Tenor, Bar., Baß, 6st. Männerchor, 3 Hörner, Pk., 4 Schlagzeuger u. 2 Klv.; *Ritual Overture* (1964) für Frauenchor unisono u. symphonisches Blas-Orch.; *Nihon Sanka* (Hymne auf Japan) (1972) für gem. Chor u. Orch. – **4) Bühnen-WW:** Oper *Kinkakuyi* (Der goldene Schrein), UA: Berlin 1976; Ballett *Bugaku*, UA: New York 1963.

MAZUR, Mazurek, Mazurka, ein polnischer Tanz aus Masowien in raschem $^3/_4$-Takt (MM ♩ = 160 bis 180). Charakteristisch sind Akzente auf den schwachen Taktteilen (2. od. 3. Viertel), sogar in den Kadenzen, zahlreiche Triolen, punktierter Rhythmus und große Melodiesprünge. Die Begleitung besteht stets aus einem Bordun mit einer Folge leerer Quinten. Der M. existierte schon im 16. Jh. als Volkstanz, fand aber erst nach 1600 Eingang in das Tanzrepertoire des Adels und des Bürgertums sowie in stilisierter Form in die Kunstmusik. Die Bezeichnung M. taucht erst im 18. Jh. auf.

Beispiel aus J. Chorosiński, *Melodie taneczne Powiśla* (Tanzmelodien des Weichselgebietes), Krakau 1953, Nr. 114

Das Volk tanzte den M. schwungvoll und gab ihm verschiedene Bezeichnungen, die alle etymologisch mit den Bewegungen der tanzenden Paare zusammenhängen, so Obracany, Obertas, Oberek (von poln. obrót = das Herumdrehen) oder Drobny (= der kleine Tanz). – Der *Oberek* ist die schnellere Variante des M., im $^3/_8$-Takt (MM ♪ = 180–240) mit figurativer Melodik und großen Sprüngen (bis zur None). Er wird mit sehr schnellen Drehungen getanzt:

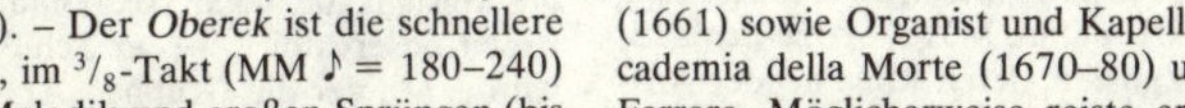

Beispiel aus O. Kolberg, *Lud,...* (Das Volk,...), Serie XXII: Łęczyckie, Nr. 422

Der *Kujawiak,* auch Okraly (= rund) genannt, ist eine langsame Variante des M. (MM ♩ = 120–130); er hat lyrischen Charakter und erlaubt ein Tempo rubato. Die Melodik, oft in Moll, verläuft meist stufenweise und zeigt symmetrische Gliederung:

Beispiel aus O. Kolberg, *Lud,...* (Das Volk,...), Serie VI: Krakowskie Teil 2, Nr. 131

M., Oberek und Kujawiak bildeten einen Zyklus, zu dem noch der *Chodzony* (= geschrittener Tanz), eine volkstümliche Variante der Polonaise, gehört. Rasch verbreiteten sich diese Tänze auch im Ausland: seit 1809 wurde der M. in Paris, später in Florenz und St. Petersburg auf allen Bällen gespielt. Rudimentär finden sich M.-Rhythmen schon im 17. Jh. in den Kanzonen des polnischen Komponisten Marcin Mielczewski, stilisiert seit dem 18. Jh. in Messen, Kirchen- und Opernsinfonien, in Opern und Balletten. Es war F. Chopin, der dann diese Tänze weltbekannt machte: Seine M.s umfassen die 3 genannten Formen Mazurka, Kujawiak und Oberek. Mazurkas schrieben ferner u. a. Maria Szymanowska, H. Wieniawski, Aleksander Zarzycki, Roman Statkowski, K. Szymanowski, Artur Malawski und vor allem St. Moniuszko in seinen Opern, außerhalb Polens M. Glinka, M. Mussorgski und P. Tschaikowsky. Weniger verbreitet waren Kujawiak und Oberek (Chopin, Finale des Klv.-Konzerts f-moll, op. 21).

Lit.: F. STARCZEWSKI, Die poln. Tänze, in: SIMG 2 (1900/01); T. NORLIND, Zur Gesch. der poln. Tänze, in: ebd. 12 (1910/11); Z. STĘSZEWSKA – J. STĘSZEWSKI, Zur Genese u. Chronologie des Mazurkarhythmus in Polen, in: Kgr.-Ber. Warschau 1960; A. PILIPCZUK, Der poln. Tanz Mazurek (Diss. Kö 1969); Z. LISSA, Klavierpolonaise u. -mazurka im 19. Jh., in: Gattungen der Musik. Gedenkschrift L. Schrade I (Be 1973); A. SWARTZ, The Polish Folk Mazurka (Budapest 1975) (= Studia musicologica 17).

Z. LISSA

MAZZAFERRATA, Giovanni Battista, * Pavia, † 26. 2. 1691 Ferrara; it. Komponist. Er studierte bei T. Merula und war nacheinander Domkapellmeister in Vercelli und Lehrer am Seminar der Stadt (1661) sowie Organist und Kapellmeister der Accademia della Morte (1670–80) und am Dom zu Ferrara. Möglicherweise reiste er danach in die Toskana, um mehrere Oratorien aufführen zu lassen. Vor allem in seinen Kantaten und Sonaten ist

M. in vielen Einzelzügen (Melodiebildung, Tendenz zu thematischer Vereinheitlichung) von bemerkenswerter Eigenständigkeit gegenüber dem entsprechenden Schaffen seiner it. Zeitgenossen.

WW: *Sacri concerti a voce sola*, op. 1 (Mi 1661); ein Buch *Madrigali... amorosi e morali* für 2–3 St. u. B.c. (Bol 1668); *Canzonette, e cantate* für 2 St. u. B.c. (Bol 1668); *Cantate da camera a voce sola*, op. 4 (1673); Sonaten für 2 V., Bassetto viola ad lib. u. B.c. (Bol 1674); *Salmi concertati* für 3–4 St., 2 V. u. B.c. (Bol 1676); *Cantate morali e spirituali* für 2–3 St. u. B.c. (Bol 1680).

Ausg.: Sonate Nr. 4, in: J. W. VON WASIELEWSKI, Instrumentalsätze v. Ende des 16. Jh. bis Ende des 17. Jh. (Bonn 1874, B ²1905); *Sonata a tre* op. 5 Nr. 6 für 2 V., Vc. u. B.c., hrsg. v. E. SCHENK (W 1959) (= Hausmusik 148).

Lit.: W. S. NEWMAN, The Sonata in the Baroque Era (Chapel Hill/N.C. 1959, NY–Lo ²1972).

MAZZOCCHI. – 1) Domenico, * 8.11.1592 Civita Castellana, † 21. 1. 1665 Rom; it. Komponist. Er wurde 1619 zum Priester geweiht und promovierte zum Dr. jur., trat 1621 als „familiaris" in den Hofstaat des Kardinals Ippolito Aldobrandini ein und gehörte seit 1638 dem der Olimpia Aldobrandini-Borghese-Pamfili an. 1626 reiste er mit Aldobrandini nach Parma, wo er am Hof Herzog Odoardo Farneses Ausschnitte seiner – zuvor in Rom gegebenen – Oper *La catena d'Adone* aufführte. Um 1637 wurden Madrigale M.s, begleitet von einem Gambenconsort, in den Akademien des Kardinals Francesco Barberini vorgetragen. Seit 1642 widmete sich M. vorwiegend Altertumsstudien.

WW: Oper *La catena d'Adone* (V 1626); *Dialoghi e sonetti* für 1–4 St. u. B.c. (R 1638); *Madrigali... e altri concerti* für 5–8 St. u. B.c. (R 1638); *Maphaei... Card. Barberini nunc Urbani Papae VIII poemata...* (1- bis 6st. lat. geistliche u. weltliche Gesänge) (R 1638); *Musiche sacre e morali* für 1–4 St. u. B.c. (R 1640); *Sacrae concertationes* für 2, 3, 5, 8 u. 9 St. u. B.c. (R 1664); einige Gesänge in Sammeldrucken 1621–1646.

M.s Stile recitativo, sowohl in der *Catena d'Adone* wie auch später, steht der frühen Monodie noch sehr nahe. Es handelt sich um ausdrucksstarke und hochrhetorische Deklamation. Die Arien weisen eine kleingliedrige, sensibel phrasierte Melodik auf. Sein Chorsatz ist noch ganz der altvenezianisch-römischen Doppelchörigkeit verhaftet. M. gehört zu den letzten Komponisten des Barocks, die 5st. Madrigale geschrieben haben. Gattungsgeschichtliche Bedeutung kommt seinen 1664 in den *Sacrae concertationes* publizierten, jedoch in den 1630er Jahren entstandenen Oratoriendialogen zu. – **2) Virgilio,** Bruder von 1), * 22. 7. 1597 Civita Castellana, † 3. 10. 1646 ebd.; it. Komponist. M., der die niederen Weihen erhielt, nahm bei seinem Bruder Musikunterricht. 1626 (?) – 1629 war er Kapellmeister an Il Gesù zu Rom durch Protektion des Kardinals Fr. Barberini, zugleich Musiklehrer am jesuitischen Collegio Romano; 1629 kurz Kapellmeister an S. Giovanni in Laterano; 1629 erhielt er das gleiche Amt an S. Pietro. Seit mindestens 1637 (aber vielleicht schon um 1625) bis 1645 gehörte er dem Hofstaat Barberinis als „familiaris" an.

WW: *Sacri flores* für 2–4 St. u. B.c. (R 1640); *Piae meditationes de Passione D. N. Iesu Christi...* (R 1648); *Psalmi vespertini* für 2 Chöre mit B.c. (R 1648); Gesänge (hauptsächlich Motetten) in Sammeldrucken 1625–59. – Opern, darunter *Chi soffre speri*, UA: Rom 1639.

Das umfangreiche kirchenmusikalische Schaffen von M. ist noch weitgehend unerforscht. Er gehört mit A. M. Abbatini, O. Benevoli und G. O. Pitoni zu den prominentesten Vertretern des vielchörigen römischen Kolossalstils. Wohl als erster hat er einen Echochor in der Kuppel des Petersdoms eingesetzt. In M.s Chorstil bahnt sich die Verschmelzung der altvenezianisch-römischen Mehrchörigkeit mit konzertierenden Elementen des frühen und mittleren 17. Jh. an. – Die Oper *Chi soffre speri (Il falcone)*, deren Musik zur Hauptsache von M. stammen dürfte (beteiligt war auch M. Marazzoli), zeigt M. im Übergang von der frühen Monodie zum Recitativo secco. Seine Arien zeichnen sich durch lockeren Kontrapunkt und liebliche Melodik aus. Wegen zahlreicher Dialekt- und Travestieszenen wird *Chi soffre speri* als frühes Beispiel einer musikalischen Komödie angesehen.

Ausg.: **Zu 1):** 1 Arie, in: Alte Meister des Bel Canto, hrsg. v. L. LANDSHOFF, 5 Bde. (L 1912–27); 6 Madrigale für 5 St., hrsg. v. R. MEYLAN (Wb 1965) (= Chw 95); *La catena d'Adone*, 1626, Faks.-Ausg. (Bol 1969) (= Bibl. musica Bononiensis IV/9); *Dialoghi e sonetti*, 1638, Faks.-Ausg. (Bol 1969) (= ebd. IX/10); *Sacrae concertationes*, hrsg. v. W. WITZENMANN (Kö 1975) (= Concentus musicus 3). – **Zu 2):** Stücke aus *Chi soffre speri* II¹, II³, in: H. GOLDSCHMIDT, Stud. z. Gesch. der it. Oper im 17. Jh., 2 Bde. (L 1901–04, Nachdr. Hil–Wie 1967); Intermezzo *La civetta* aus *S. Bonifatio*, in: TORCHI Arte Mus.; eine Arie in: Antiche cantate d'amore II, hrsg. v. F. VATIELLI (Bol 1916).

Lit.: **Zu 1):** H. KRETZSCHMAR, Gesch. der Oper (L 1919, Nachdr. Wie 1970); A. EINSTEIN, The It. Madrigal, 3 Bde. (Princeton/N. J. 1949, Nachdr. 1970, dt. Z 1952); H. OSTHOFF, D. M.s Vergil-Kompositionen, in: FS K. G. Fellerer (Rb 1962); C. GALLICO, Musicalità di D. M. „Olindo e Sofronia" dal Tasso, in: Chigiana 22 (1965); W. WITZENMANN, D. M. 1592–1665 (Kö – W 1970) (= Anal. Mus. 8); H. SMITHER, A Hist. of the Oratorio, 2 Bde. (Chapel Hill/N.C. 1977); F. HAMMOND, G. Frescobaldi and a Decade of Music in Casa Barberini: 1634–1643, in: StidMg 12 (1979) (= Anal. Mus. 19); W. WITZENMANN, Zum Oratorienstil bei D. M. u. M. Marazzoli, in: ebd. – **Zu 2):** H. GOLDSCHMIDT, s. o.; H. KRETZSCHMAR, s. o.; A. CARDINALI, Cenni biografici di D. e V. M. (Subiaco 1926); S. REINER, Collaboration in „Chi soffre speri", in: MR 22 (1961); P. KAST, Unbekannte Dokumente zur Oper „Chi soffre speri" v. 1637, in: FS H. Osthoff (Tutzing 1969); W. WITZENMANN, s. o.

W. WITZENMANN

MCCREDIE (eig. McCredie), **Andrew Dalgarno,** * 3. 9. 1930 Sydney; austral. Musikforscher. Er studierte in Sydney am State Conservatory of Music und an der Univ., 1953–55 an der Royal Academy of Music in London (bei L. Berkeley), dann an den

Universitäten in Kopenhagen (1955–56), Stockholm (1956–59) und Hamburg (1960–64), wo er 1964 mit der Dissertation *Instrumentarium and Instrumentation in the North German Baroque Opera* promovierte. 1965 wurde er an der Universität in Adelaide (Australien) Senior Research Fellow, 1970 Senior Lecturer. 1966 begründete er die von ihm herausgegebene Jahrbuchreihe *Miscellanea musicologica. Adelaide Studies in Musicology.*

Schriften: *Buxtehude and Baroque Instrumentation* (Sydney 1958); *D. Scarlatti and His Opera „Narcisso"*, in: AMl 33 (1961); *Ch. Graupner as Opera Composer*, in: Miscellanea musicologica 1 (1966); *Investigations into the Symphony of the Haydn-Mozart Era. The North German Manuscripts*, in: ebd. 2 (1967); *Systematic Musicology. Some 20th Century Patterns and Perspectives*, in: Studies in Music 5 (1971); *K. A. Hartmann. Sein Leben u. Werk* (Wilhelmshaven 1980) (= Taschenbücher z. Musikwiss. 74), engl. Originalfassung mit thematischem Werk-Verz. vorgesehen als Bd. 19 der Quellenkat. z. Musikgesch. (ebd. 1980–81).

MCDANIEL (eig. McDaniel), **Barry,** * 18. 10. 1930 Topeka (Kansas); amerik. Sänger (Bariton). Nach Studium an der Juilliard School of Music in New York und an der Musikhochschule in Stuttgart (als Fulbright-Stipendiat) wurde er 1954 an das Mainzer Theater, 1957 an die Staatsoper Stuttgart, 1959 an das Staatstheater Karlsruhe und 1962 an die von C. Ebert geleitete Deutsche Oper Berlin engagiert, der er nach wie vor als festes Ensemblemitglied angehört. Er gastiert regelmäßig in München und Frankfurt. In Bayreuth sang er 1964 den Wolfram, seit 1968 wirkt er bei den Salzburger Festspielen mit. In der Uraufführung der Oper *Der junge Lord* von H. W. Henze (Deutsche Oper Berlin 1965) sang er die Partie des Sekretärs. Einen hervorragenden Ruf hat M. auch als Bach-Sänger.

MCEWEN (eig. McEwen), Sir **John Blackwood,** * 13. 4. 1868 Hawick (Roxburghshire), † 14. 6. 1948 London; schott. Komponist. Studierte an der R. Academy of Music in London und an der Universität Glasgow. 1896–98 unterrichtete er an der Athenaeum School in Glasgow und lehrte 1898–1936 Komposition und Harmonielehre an der Royal Academy of Music, deren Direktor er 1929–36 war; er war auch Mitgründer der Society of British Composers. M. bezeichnete sich selbst als einen typisch schottischen Komponisten.

WW: Klv.-Stücke u. Kammermusik, darunter 7 Sonaten für V. u. Klv. (1913–39); Klv.-Trio (1937, revidiert 1943); 17 Streichquartette (1893–1917); Streichquintett (1911, revidiert 1947); *Under Northern Skies* (1939) für Fl., Ob., Klar., Horn u. Fag. – Für Orch.: 5 Symphonien (1890–1911); 4 Suiten (1924–41); 3 Balladen (1905–08); ferner ein Va.-Konzert (1901); Lieder, Chöre u. 2 Opern. – Schriften: *The Thought in Music* (Lo 1912); *Tempo rubato* (Lo 1928); *An Introduction to an Unpublished Edition of the Pianoforte Sonatas of Beethoven* (O 1932).

MCINTYRE (eig. McIntyre), **Donald,** * 22. 10. 1934 Auckland (Neuseeland); neuseeländischer Sänger (Baßbariton). Nach Studium in Auckland und in London debütierte er 1959 an der Welsh National Opera in G. Verdis *Nabucco.* 1960–67 war er an der Sadler's Wells Opera in London engagiert, seit 1967 ist er Mitglied der Covent Garden Opera in London. 1967–80 trat er regelmäßig bei den Bayreuther Festspielen auf. Besonders bekannt wurde er dort in der Rolle des Wotan in der Patrice Chéreau-Inszenierung von R. Wagners *Ring des Nibelungen.* Daneben führten ihn Gastspiele an die Metropolitan Opera nach New York, an die Mailänder Scala und die Staatsopern in Hamburg, München und Wien.

MCLAUGHLIN (eig. McLaughlin), **John,** * 4. 1. 1942 Kirk's Sandall (Yorkshire), engl. Jazz- und Rockgitarrist. Er spielte in europäischen Jazz- und Rockgruppen, u. a. bei Brian Auger und bei Wilson Pickett, kam 1968 nach New York in die Gruppe „Livetime" von Tony Williams und trat dann in den Gruppen von Miles Davis auf. 1969 schloß er sich durch den Einfluß des indischen Gurus Sri Chinmoy dem Hinduismus an. Seither nennt er sich auch „Mahavishnu", und sein eigenes Ensemble in den 70er Jahren hieß „Mahavishnu Orchestra"; später leitete er die indisch inspirierte Improvisationsgruppe „Shakti". M. spielt eine Spezialgitarre mit 2 Hälsen und 18 Saiten; sein ekstatisches Spiel erregte viel Aufsehen; Anerkennung fand er aber auch mit Einspielungen auf der Konzertgitarre.

Lit.: K. LIPPEGAUS, Rock Jazz, in: Die Story des Jazz, hrsg. v. J.-E. Berendt (St 1975).

MECHANIK, bei Tasteninstrumenten Bz. für den Apparat, der den Fingeranschlag in Tonbildung umsetzt, entweder auf Saiten wie beim ↗Cembalo, ↗Clavichord oder ↗Klavier oder auf Ventile wie bei der ↗Traktur der ↗Orgel.

Lit.: W. PFEIFFER, Taste und Hebelglied (L [2]1931); E. A. BOWLES, On the Origin of the Keyboard Mechanism in the Late Middle Ages, in: Technology and Culture 7 (1966).

MECHANISCHE MUSIKWERKE sind Apparate, die ohne Mitwirkung von Menschenhand eine bestimmte, durch jeweils verschiedene Techniken vorher programmierte Musik beliebig oft erzeugen können. Bekannt sind seit dem Mittelalter vor allem die in den Niederlanden und Lüttich verbreiteten Horn- und Turmglockenspiele (13.–15. Jh.), die Geigenwerke des Leonardo da Vinci, Jacques Vaucansons automatisches Flötenspiel (1738) und die gegen Ende des 18. Jh. in Mode gekommenen ↗Flötenuhren und ↗Spieldosen. Mit der Erfindung der mechanischen Musikaufzeichnung wie die des Phonographen von Thomas Alva Edison (1878) und der Produktion der ersten marktreifen Schallplatte durch Émile Berliner (1887) nahm die prak-

tische Bedeutung der m.n M. ab, die heute nur noch nostalgischen Wert besitzen.
Als eine große Gruppe m.r M. sind die verschiedenen Orgeln zu nennen, bei denen eine Mechanik das Gebläse betätigt, das die Pfeifen mit Wind versorgt. Typisch dafür ist z.B. die um 1770 aufkommende ↗Serinette, bei der eine Kurbel das Gebläse antreibt und eine Walze aus Holz oder Metall in Umdrehung versetzt, deren Stifte und Stiftbrücken ein Flötenregister zum Erklingen bringen. Dieses Prinzip liegt auch der ↗Drehorgel zugrunde, die um 1700 aufkam. Später wurde die Stiftwalze durch einen pneumatischen Hebelmechanismus ersetzt, den eine perforierte Papierrolle in Bewegung setzte. Aus der Drehorgel wurden die großen Orgelwerke entwickelt, die um 1900 auf den Jahrmärkten und Rummelplätzen aufkamen. In diesem Zusammenhang ist auch die Celestina (1880) zu nennen, eine amerikanische Kleinorgel, deren Töne durch die Schwingung von Bronzelamellen erzeugt werden, und das mechanische Akkordeon, eine Selbstspielharmonika (1905), die mit Hilfe durchschlagender Zungen erklang. – Eine Besonderheit bilden die verschiedenen *mechanischen Klaviere:* das Walzenklavier, bei dem eine Stiftwalze Hämmer betätigt, die auf Saiten schlagen; das Piano Melodico, bei dem durch Handkurbeln eine perforierte Kartonrolle transportiert wird, in die kleine Eisenstifte eindringen, die ihrerseits die Hämmer in Bewegung setzen; die pneumatischen Klaviere, die mit perforierten Papierrollen und mit Saug- oder Druckluft arbeiten, wie das Welte-Mignon-Reproduktions-Piano, das durch einen ↗Melographen aufgezeichnetes Klavierspiel reproduzieren kann – durch dieses Verfahren sind uns heute das Spiel u. a. von E. d'Albert, F. Busoni, Cl. Debussy, G. Fauré, A. Glasunow, E. Grieg, E. Humperdinck, Th. Leschetizky, G. Mahler, F. Mottl, A. Nikisch, M. Ravel, M. Reger, C. Saint-Saëns, A. Skrjabin und R. Strauss erhalten –; ferner Klaviere mit gezupften Saiten wie das meist in Zitherform gebaute Chordephon mit einem Federmechanismus, der eine mit Haken versehene Metallscheibe und damit Lamellen betätigt, die die Saiten anreißen. – Die Entwicklung der m.n M. gipfelte in den großen Automaten, die fast orchestrale Wirkungen erzeugen konnten, wie das von J. N. Mälzel um 1800 gebaute Orchestrion, eine Kombination mehrerer mechanischer Instrumente, insbesondere das 1803 daraus entwickelte Panmelodicon oder Panharmonicon, das einem großen Blasorchester mit Schlagzeug (37 Fl., 36 Ob., 38 Klar., 16 Fag., 3 Hörner, 8 Trp., Trommel, große Trommel, 2 Becken, Triangel, 2 Pauken) entsprach. Eine Sonderform ist die um 1926 gebaute Phonoliszt-Violina, ein Klavier mit Steuermechanik und drei eingebauten Violinen, die von einem pneumatisch gesteuerten Kreisbogen umspielt wurden. – Musik für m. M. komponierten u. a. H. L. Haßler (Stücke für eine von ihm selbst erfundene bzw. verbesserte mechanische Orgel), J. Haydn (Stücke für Flötenuhr, Hob. XIX), W. A. Mozart (Adagio und Allegro KV 594, Fantasie KV 608 und Andante KV 616 für Flötenuhr), L. van Beethoven (2. Teil von *Wellingtons Sieg oder Die Schlacht bei Vittoria,* op. 91, für Panharmonicon; Stücke für Spieluhr, WoO 33), P. Hindemith (Musik zum *Triadischen Ballett* von Oskar Schlemmer für mechanische Org. und Toccata für mechanisches Klv.) und E. Toch (Stücke für das Welte-Mignon-Reproduktions-Piano).

Lit.: E. F. SCHMID, H. L. Haßler u. seine Brüder, in: Zschr. des hist. Vereins für Schwaben 54 (1941); A. PROTZ, Mechanische Musikinstr. (Kas 1943); J. E. T. CLARK, Musical Boxes (Birmingham 1948, erweitert Lo ³1961); H.-P. SCHMITZ, Die Tontechnik des Père Engramelle (Kas 1953) (= Musikwiss. Arbeiten 8); A. CHAPUIS, Histoire de la boîte à musique et de la musique mécanique (Lau 1955); A. BUCHNER, Vom Glockenspiel zum Pianola (Pr 1959); E. MAINGOT, Les automates (P 1959); R. QUOIKA, Altöstr. Hornwerke (B 1959); L. MISCH, Zur Entstehungsgesch. v. Mozarts u. Beethovens Komp.en für die Spieluhr, in: Mf 13 (1960); E. SIMON, Mechan. Musikinstr. früherer Zeiten u. ihre Musik (Wie 1960, NA 1980); W. KRUMBACH, Zur Musik des Pommerschen Kunstschranks 1617, in: Mf 14 (1961); A Guidebook of Automatic Musical Instr., hrsg. v. Q. D. BOWERS (Vestal/N.Y. 1967); R. WAARD, From Music Boxes to Street Organs (NY 1967); A. W. J. G. ORD-HUME, Clockwork Music. An Illustrated Musical History of Mechanical Musical Instr. (Lo 1973); The History of Music Machines (NY 1975) (Ausstellungskat.); H. ZERASCHI, Drehorgeln (L 1976); H. JÜTTEMANN, Phonographen u. Grammophone (Brau 1979).

MECHANISCHES KLAVIER ↗Mechanische Musikwerke.

MEDEA *(Médée),* Oper in 3 Akten von Luigi Cherubini (1760–1842), Text von François Benoît Hoffmann nach der Tragödie von Corneille (1635), basierend auf dem letzten Akt des Dramas von Euripides. Ort und Zeit der Handlung: Kreons Palast zu Korinth, im sagenhaften griechischen Altertum. UA: 13. 3. 1797 in Paris (Théâtre Feydeau); dt. EA (in dt. Sprache): 17. 2. 1800 in Berlin.
In der Ouvertüre dieses Werkes, in der auch der Ton der französischen Revolutionsmusik anklingt, ist mit dem Wechsel von lyrischen und dramatischen Abschnitten der Konflikt zwischen Liebe und Haß bereits angedeutet. Die seelischen Vorgänge in Medea werden im Verlauf der Handlung musikalisch ausdrucksvoll verdeutlicht, so in ihrem Duett mit Jason *Perfides ennemis* der Gefühlsumschwung zu unversöhnlichem Haß. Das Vorspiel zum 3. Akt – eine der beeindruckendsten musikalischen Gewitterschilderungen überhaupt – leitet den dramatischen inneren Kampf der Medea zwischen Mutterliebe und Rachsucht ein, an dessen Ende sie zu

dem Entschluß gelangt, ihre Kinder zu töten. Die Gestaltung der Hauptrolle erfordert eine ausdrucksstarke, stimmgewaltige Primadonna; in den fünfziger Jahren war Medea die Paraderolle der M. Callas. – Diese Oper wird heute meist mit den von Franz Lachner auskomponierten Rezitativen (1855) aufgeführt. K. LANGROCK

MEDEK, Tilo, * 22. 1. 1940 Jena; dt. Komponist. Er studierte 1959–64 in (Ost-)Berlin Musikwissenschaft an der Humboldt-Universität und Komposition bei R. Wagner-Régeny an der Deutschen Hochschule für Musik und war dann noch 1964–67 Meisterschüler Wagner-Régenys an der Deutschen Akademie der Künste. Seit 1962 ist er freischaffend tätig und war bei vielen Kompositionswettbewerben erfolgreich. 1977 übersiedelte er aus der DDR in die Bundesrepublik Deutschland. M.s Kompositionen, die zumeist tonales Material benutzen, sind von musikantischem Spiel mit den tradierten Gattungsnormen und einer individuell gehandhabten Collagetechnik geprägt.

WW: **1) Instr.-WW:** Für Klv.: *Kaminstücke* (1968–70); *Lesarten an zwei Klavieren* (1967–71); *Tag- und Nachtstücke* (1976ff.). – Für Org.: *B-A-C-H. Vier Töne für Orgel* (1973); *Praeludium – Choralspiel – Postludium* (1971–78); *Rückläufige Passacaglia* (1979); *Reliquienschrein* (1980) mit Schlagzeug. – Kammermusik: Streichtrio (1965); 3 Bläserquintette (1965, 1974/76, 1978/79), Nonett (1974); *Eine Stele für B. A. Zimmermann* (1976); *Tagtraum* (1976) für 7 Instr.; *Zur Unzeit Erblühtes* (1977) für Marimbaphon; *Erdrauch* (1979) für Gitarre. – Für Orch.: *Triade* (1964); *Rezitativ und Arie* (1965); *Die betrunkene Sonne* (1968) mit Sprecher; Konzerte für: Fl. (1973), Marimbaphon (1975/76), Org. (1977/79), Vc. (1978), V. (1980); *Eisenblätter* (1983); *Rheinische Sinfonie* (1986). – **2) Vokal-WW:** *Der Silberreiher* (1963); *Todesfuge* (1966) (Text: P. Celan) für Sopran u. 16st. Chor; *Vier Tagebuchseiten aus Vietnam* (1967/71); *Deutschland-Lieder* (1971–77) (Text: B. Brecht) für Frauenchor; *Der schwere Traum* (1975) für Sopran u. Orch.; *Gethsemane* (1980) (Text: R. M. Rilke) für Sopran, Tenor, Chor und Orch. – **3) Bühnen-WW:** Kurzoper *Einzug* (1969); Singspiele: *Icke u. die Hexe Yu* (1970–71), *Appetit auf Frühkirschen* (1971); Oper *Katharina Blum* (nach H. Boell, 1984–86).

Lit.: Arbeitshefte der Akad. der Künste der DDR 13: Komponistenwerkstatt (B 1973); Darmstädter Beitr. z. Neuen Musik 16 (Mz 1976); U. STÜRZBECHER, Komponisten in der DDR (Hil 1979); T. M. Eine Dokumentation (Düsseldorf 1980) (WW-Verz.); O. G. BLARR, Kennen Sie M.? Über die Orgelfalte eines vielfältigen Komp., in: Ars organi 29 (1981). H. WEBER

MEDER, Johann Valentin, getauft 3. 5. 1649 Wasungen/Werra, † Ende Juli 1719 Riga; dt. Komponist. Er studierte seit 1669 in Leipzig Theologie, wandte sich aber dann der Musik zu. 1671 ist M. als Diskantist in der Hofkapelle zu Gotha nachgewiesen, danach in Kassel, Bremen, Hamburg, Kopenhagen und Lübeck, wo er D. Buxtehude kennenlernte; 1674 wurde er Kantor am Gymnasium in Reval, lebte um 1685/86 in Riga und kam 1687 als Kapellmeister an die Marienkirche nach Danzig. Nach der Aufführung zweier Opern wurde er vom Rat der Stadt ausgewiesen, ging später aber nach Königsberg, wo er um 1698/99 als Domkantor wirkte. 1700 wurde er Domorganist in Riga. M.s *Argenia*, im Original als „Singspiel“ bezeichnet, ist neben den Werken von J. W. Franck eine der wenigen frühdeutschen Opern von Belang vor dem Wirken R. Keisers. Anders als bei Franck stehen die monodischen Partien bei M. nicht unter dem Einfluß der italienischen Oper, sondern in der unmittelbaren Tradition des älteren deutschen Generalbaßliedes.

WW: hsl. erhalten: *Der Polnische Pracher ... mit seiner Pandur* für 5 Instr. (1689). – Singspiel *Die beständige Argenia*, UA: Reval 1680. – Geistliche Konzerte u. Choralkantaten für 1–4 St. mit Instr.; eine Matthäuspassion (nach 1700). – Gedruckt wurde ein Hochzeitsgesang (Riga 1685).

Ausg.: *Die beständige Argenia*, hrsg. v. W. BRAUN (Mz 1973) (= EDM 68); Psalmkonzert *Ach Herr, straf mich nicht* für Sopran u. Instr., in: Danziger Kirchenmusik, hrsg. v. F. KESSLER (Neuhausen – St 1973); *Der Polnische Pracher* u. Chaconne für 2 Instr. u. B.c., in: Danziger Instrumentalmusik des 17. u. 18. Jh., hrsg. v. DEMS. (ebd. 1979).

Lit.: J. BOLET, J. V. M., in: VfMw 7 (1891); H. RAUSCHNING, Gesch. der Musik u. Musikpflege in Danzig (Danzig 1931) (= Quellen u. Darstellungen z. Gesch. Westpreußens 15); J. B. HABERLEIN, A Critical Survey of the North German Oratorio Passion to 1700 (1974) (= Diss. Univ. of Illinois).

MEDERITSCH, Johann Georg Anton Gallus (genannt Johann Gallus), getauft 27. 12. 1752 Wien, † 18. 12. 1835 Lemberg; östr. Komponist. Er war Schüler von G. Chr. Wagenseil und begann 1779 in Wien als Opernkomponist. 1781–82 war er Theaterkapellmeister in Olmütz, 1793–96 und 1798 in Wien und Ofen. Um 1800 erteilte er Fr. Grillparzer Klavierunterricht. 1817 ging er nach Lemberg, wo er sich mit dem Sohn W. A. Mozarts befreundete.

WW: Variationen u. Rondos für Klv.; Klv.-Sonaten; Sonaten u. Capricci für V. u. Klv.; Streichtrios; Streichquartette, u. a. op. 5: 6 Ricercare „im Haendelschen Geschmack“; Klv.-Quintette; Klv.-Konzerte; Fl.-Konzerte u. Symphonien; Messen. – 1. Akt der Oper *Babilons Piramiden* (Libr.: E. Schikaneder), UA: Wien 1797 (2. Akt v. P. von Winter); Bühnenmusik zu *Macbeth*, UA: ebd. 1796.

Ausg.: 6 Quartetti capricciosi op. 2, hrsg. v. K. HEINEMANN (Mz 1951); Streichquartett F-Dur, hrsg. v. W. HÖCKNER (H 1960).

Lit.: TH. AIGNER, Thematisches Verz. der Werke v. J. M. detto Gallus (Mn 1974) (= Publikationen des Inst. für Musikwiss. der Univ. Salzburg 8. Musikwiss. Schriften 3). – E. VON KOMORZYNSKI, Grillparzers Klavierlehrer J. M., genannt Gallus, in: Alt-Wiener Kalender für das Jahr 1919 (W 1919), abgedruckt in: Jb. der Grillparzer-Ges. III/3 (1960); TH. AIGNER, J. G. M., Komponist u. Kopist des ausgehenden 18. u. frühen 19. Jh., in: Mf 26 (1973).

MEDIANTE, Bz. für einen terzverwandten Akkord. Die Verwendung des Begriffs ist nicht eindeutig festgelegt, so daß grundsätzlich alle terzverwandten Akkorde als M.n aufgefaßt werden können, zu C-Dur also die folgenden Akkorde: A-Dur, a-moll, As-Dur, as-moll, E-Dur, e-moll, Es-

Dur, es-moll. Häufig aber wird der Ausdruck M. begrifflich auf entfernte Terzverwandtschaft eingeschränkt, d.h. nur auf solche terzverwandten Klänge bezogen, die leiterfremd sind; in diesem Sinne sind zu C-Dur alle Akkorde außer den ↗leitereigenen a-moll- und e-moll-Akkorden Medianten. Der klangliche Reiz der leiterfremden M.n wurde vornehmlich in der Romantik, dem „Zeitalter der Terzen" (E. Kurth), als musikalisches Ausdrucksmittel eingesetzt.

Lit.: E. KURTH, Romantische Harmonik u. ihre Krise in Wagners Tristan (Be – L 1920, B ³1923, Nachdr. Hil 1968).

MEDIATIO (lat., = Vermittlung), **Mediante, Mittelkadenz,** in der Psalmodie des Gregorianischen Gesangs die einfache Melodieformel, mit der die Mitte (d. h. der Schluß der ersten Hälfte) der einzelnen Psalmverse markiert wird. Beispiel für die M. (a) des 1. Psalmtons (melodische Abweichung vom Tenor bei den beiden letzten Akzenten), (b) des 2. Psalmtons (Abweichung nur beim letzten Akzent):

MEDIATOR ist gleichbedeutend mit ↗Plektrum. Die Anweisung „mit M." kommt selten vor; G. Mahler fordert sie im *Abschied* aus dem *Lied von der Erde* für die 1. Harfe.

MEDICI, Lorenz de', genannt „il Magnifico" (Lorenzo I.), * 1. 1. 1449 Florenz, † 8. 4. 1492 ebd.; it. Staatsmann, Dichter und Musiker. Unter seiner Regierungszeit (1469–92) entwickelte sich Florenz zu einem der bedeutendsten Musikzentren seiner Zeit. L. de' M. besaß eine eigene Kapelle mit 15 Sängern und eine beachtliche Instrumentensammlung. Seine Gedichte wurden von zahlreichen Musikern vertont; er gilt auch als der berühmteste Dichter und Förderer der ↗Canti carnascialeschi und lieferte mit seinem *S. Giovanni e Paolo* einen wichtigen Beitrag für die Gattung der ↗Rappresentazione sacra. Von den zahlreichen Komponisten, mit denen er in Verbindung stand, ist vor allem H. Isaac zu nennen, der um 1474–94 am Hof in Florenz lebte und der der Musiklehrer von L. de' M.s Kindern war. – Sein Sohn **Giovanni de' M.** (1475 bis 1521), seit 1513 als Leo X. Papst, war ebenfalls sehr musikliebend, er komponierte und unterhielt neben der Sixtinischen Kapelle eine eigene Privatkapelle. Aus einem anderen Zweig der Familie de' M. sind noch **Cosimo I.** (1519–74) und dessen Söhne **Francesco I.** (1541–87) und **Ferdinando I.** (1549–1609) als Mäzene der Künste und Wissenschaften zu nennen. Unter der Regierungszeit von Ferdinando I. entstanden die frühen Opernversuche der Camerata Fiorentina.

Ausg.: Tutte le opere, hrsg. v. G. CAVALLI, 2 Bde. (Mi 1958). – Werke, die bei versch. Anlässen am Hof der M. aufgeführt wurden: Les fêtes du mariage de Ferdinando de M. et de Ch. de Lorraine Florence 1589, I: Musique des intermèdes „La pellegrina", hrsg. v. D. P. WALKER (P 1963) (zus. mit F. Ghisi u. J. Jacquot); A Renaissance Entertainment. Festivities for the Marriage of Cosimo I, Duke of Florence, in 1539, hrsg. v. A. C. MINOR – B. MITCHELL (Columbia/Mo. 1968) (mit Ausg. der Musik, Dichtung u. Komödie sowie einem Kommentar).

Lit.: A. SOLERTI, Musica, ballo e drammatica alla corte medicea dal 1600 al 1637 (Fi 1905, Nachdr. Bol 1969) (= Bibl. musica Bononiensis III/4); F. GHISI, Feste musicali della Firenze medicea (Fi 1939); L. PARIGI, Laurentiana, L. dei M., cultore della musica (Fi 1954); H. W. FREY, Regesten z. päpstlichen Kapelle unter Leo X. u. seiner Privatkapelle, in: Mf 8 (1955) u. 9 (1956); E. E. LOWINSKY, The M. Cod., in: Ann. Mus. 5 (1957); A. M. NAGLER, Theatre Festivals of the M., 1539–1637 (New Haven/Conn. 1964); W. KIRKENDALE, L'aria di Fiorenza id est Il ballo del Gran Duca (Fi 1972).

MEDLEY (engl., = Gemisch), in England seit dem 16. Jh. Synonym für ↗Potpourri, in der modernen Unterhaltungs- und Tanzmusik gelegentlich Bz. für eine ununterbrochene Folge von versch. Stücken, meist im gleichen Rhythmus u. Tempo.

MEDTNER (Metner), **Nikolai Karlowitsch,** * 24. 12. 1879 (5. 1. 1880) Moskau, † 13. 11. 1951 London; russ. Pianist und Komponist dt. Herkunft. Er beendete 1900 bei W. Safonow (Klavier), A. Arenski (Komposition) und S. Tanejew (Kontrapunkt und Fuge) sein Studium am Moskauer Konservatorium, wo er 1909–10 und 1915–21 Professor für Klavier war. Seit 1921 lebte er im Ausland, zunächst in Berlin, dann in Paris und schließlich nach 1936 in London. M. nimmt in der russischen Musik eine besondere Stellung ein. Sich auf das Erbe der großen Musiker der Vergangenheit, J. S. Bach, W. A. Mozart und Beethoven sowie vor allem auf J. Brahms, stützend, widmete er sich besonders der instrumentalen und vokalen Kammer- und der Klaviermusik. Auf diesem Gebiet entwickelte er einen durchaus persönlichen Stil.

WW: Für Klv.: *Wosem kartin nastrojenij* (Acht Stimmungsbilder), op. 1 (1896–97); *Skaski* (Märchen), op. 8 (1905), op. 34 (1916), op. 35 (1916–17), op. 42 (1921–23), op. 48 (1926), op. 51 (1928); *Sabytyje motiwy* (Vergessene Weisen), op. 38–40 (1918 bis 1920); *Tri gimna trudu* (Drei Hymnen an die Arbeit), op. 45 (1926–27); *Romantitscheskije eskisy dlja junoschestwa* (Romantische Stücke für die Jugend), op. 54, 2 H.e (1932); 12 Klv.-Sonaten (1904–35). – 3 Klv.-Konzerte, op. 33 (1918), op. 50 (1927) u. op. 60 (1943). – Ferner zahlr. Lieder, u. a. auf Texte v. J. W. von Goethe: op. 6 (1904–05), op. 15 (1907–08), op. 18 (1908–09), u. A. Puschkin: op. 29 (1913), op. 32 (1913–14), op. 36 (1918), op. 52 (1929–30). – Aus M.s Nachlaß: *Powsnednewnaja rabota pianista i kompositora. Stranizy is sapisnick knischek* (Die tägliche

Arbeit eines Pianisten u. Komponisten. Seiten aus dem Tagebuch), hrsg. v. P. I. Wasiliew (Mos 1963).

Ausg.: Sobranije sotschinenij (GA), hrsg. v. A. GOEDICKE u. a., 12 Bde. (Mos 1959–63); Sonaty dlja fortepjano (Klaviersonaten), 2 Bde., hrsg. v. N. KOPTSCHEWSKI u. a. (ebd. 1975–76).

Lit.: J. SWAN, M. and the Music of Our Time, in: ML 8 (1927); R. HOLT, M. and His Music (Lo 1948); N. M. 1879–1951. A Tribute to His Art and Personality, hrsg. v. DEMS. (Lo 1955); C. M. BOYD, M. Reconsidered, in: Monthly Musical Record 82 (1952); H. TRUSCOTT, M.'s Sonata in G Minor op. 22, in: MR 22 (1961); J. SWAN, Das Leben N. M.s, in: Musik des Ostens 4 (Kas 1962); C. M. BOYD, The Songs of N. M., in: ML 46 (1965); B. H. LOFTIS, The Piano Sonatas of N. M. (1970) (= Diss. West Virginia Univ.); CH. W. KELLER, The Piano Sonatas of N. M. (1971) (= Diss. Ohio State Univ.); C. C. ELMORE, Some Stylistic Considerations in the Piano Sonatas of N. M. (1972) (= Diss. Univ. of N. Carolina); M. BOYD, M. and the Muse, in: MT 121 (1980).

MEESTER, Louis Auguste Edmund Hendrik de, * 28. 10. 1904 Roeselare (Flandern); belgischer Komponist. Er verbrachte einen großen Teil seiner Jugend in Frankreich und Marokko, wo er 1932 auch am Konservatorium von Meknès unterrichtete. Nach seiner Rückkehr nach Belgien studierte er bei J. Absil. 1945–61 war er Tonmeister bei der Radiodiffusion Belge (flämische Abteilung) und wurde 1961 Leiter des Instituts für Psychoakustik und elektronische Musik an der Universität Gent. In seiner expressionistisch anmutenden Musik durchdringen sich Ironie, Farce und Tragik, z. B. in seiner burlesken Kantate *Verzoeking van S. Antonius.*

WW: **1) Instr.-WW:** Klv.-Stücke, u. a. eine Sonatine (1964); Sonate für V. u. Klv. (1957); 3 Streichquartette (1947, 1949, 1954); *Warai* (1967) für Kammerorch. – Für Orch.: *Sinfonietta buffa* (1947); Concertino für 2 Streichorch. (1964); 2 Klv.-Konzerte (1952, 1956). – **2) Musique concrète u. elektronische Musik:** *Incantations* (1958); *Poèmes de Paul Van Ostayen* (1962); *Ringvariaties* (1962); *Industrie* (1962); *4 gedichten van Sybren Polet* (1964); *Images* (1964); *Nocturne malgache* (1965); *Organon* (1965); *Environnement* (1967). – **3) Vokal-WW:** Lieder; *La grande tentation de Saint-Antoine* (1957) (auf einen Text v. M. de Ghelderode) für Orch. u. Chöre, UA szenisch: Antwerpen 1960. – **4) Bühnen-WW:** Opern: *2 = te weinig, 3 = te veel* (2 = zu wenig, 3 = zu viel), UA: Flämisches Fernsehen 1966; *Paradijsvogels,* UA: Gent 1967; ferner Film-, Bühnen- u. Rundfunkmusik.

MEFISTOFELE, Oper in einem Vorspiel, 4 Akten und einem Epilog von Arrigo Boito (1842–1918), Text vom Komponisten nach Goethes *Faust.* Ort und Zeit der Handlung: Deutschland, im ausgehenden Mittelalter. UA (1. Fassung): 5. 3. 1868 in Mailand; UA (2. Fassung): 4. 10. 1875 in Bologna; EA in dt. Sprache: 24. 2. 1881 in Köln.
In geschickter Nachdichtung werden der Inhalt von *Faust I* fast vollständig, die Helena-Episode und die Schlußszene von *Faust II* frei umgeformt wiedergegeben; einige Abschnitte des *Prologs im Himmel* und der Gartenszene sind fast wörtlich übersetzt. Musikalische Sprache und dramatische Gestaltung des Werkes erscheinen stilistisch an Verdi orientiert, dem befreundeten Meister, für dessen Opern *Falstaff* und *Otello* Boito die Libretti schrieb. Intensives, besonders in den Chören zu großen Steigerungen aufgebautes Pathos, in allen Stimmen melodiös durchgestalteter homophoner Satz und die Anwendung musikalischer und dramaturgischer Effekte mit dem Ziel eindringlicher Personen- und Situationscharakteristik weisen Boito als feinsinnigen und handwerklich geschickten Komponisten aus. Das kritische Mailänder Publikum lehnte das Werk ab; die überarbeitete Fassung wurde ein großer internationaler Erfolg. W. A. MAKUS

MEGERLE (Mägerle, Magerl), **Abraham,** * 9. 2. 1607 Wasserburg am Inn, † 29. 5. 1680 Altötting; dt. Kirchenmusiker. 1617 stand M. als Chorknabe im Dienst der Erzherzogin Anna Katharina von Österreich in Innsbruck und war 1621–32 Sänger, danach bis 1633 Organist der Hofkapelle Erzherzog Leopolds. 1633 wurde er Domkapellmeister in Konstanz und im selben Jahr dort zum Priester geweiht. Von 1640–50 war er Hofkapellmeister in Salzburg. 1651 kam M. als Kanonikus nach Altötting, wurde 1652 in den Adelsstand erhoben und 1662 zum päpstlichen Protonotar ernannt. M. war der Onkel des Predigers Abraham a Sancta Clara.

WW: *Ara musica,* 3 Bde. (Gradualien, Tractus, Alleluia u. Versus für 1–24 St. mit Instr.) (Salzburg 1647); *Psalmodia Jesu et Mariae sacra* für 2–4 St. mit Instr. (Mn 1657). – Autobiographie *Speculum musico mortuale* (1672), versch. Schriften und weitere Kompositionen hsl. erhalten.

Lit.: F. X. HABERL, Über A. M., in: KmJb 12 (1897); H. ALBERT, Leben und Werke des Komponisten und Dirigenten A. M. (Diss. Mn 1927).

MEHRCHÖRIGKEIT (engl.: polychoral style; frz.: polychoralité), Bz. für eine Kompositions- und Aufführungstechnik für 2, 3 oder mehr Chöre, die eine Aufteilung und getrennte Aufstellung verschiedener (vokaler und instrumentaler) Stimmgruppen vorsieht (↗Doppelchor). – Das Singen bzw. Musizieren „alter ad alterum per choros" hat seine literarische Wurzel in der Bibel und entspringt den prophetischen Visionen (u. a. Jesaias, Ezechiels) vom Lobpreise Gottes durch immerwährendes Zurufen der Engel und Engelchöre. Aus der alttestamentlichen Tradition wurde dieser Topos bereits früh in die Liturgie des christlichen Ritus übernommen und ist zentraler Teil der ↗Präfation mit dem ↗Sanctus. In der musikalischen Praxis schlug sich diese Form des Lobpreises zunächst im ↗antiphonalen Gesang nieder, der das ganze Mittelalter hindurch wesentliche musikalische Ausgestaltungsweise der liturgischen Feier war. Wenn auch Gegenüberstellungen verschiedener Stimmverbände in Motetten- und Meßkompositionen einiger Meister der ↗Franko-flämischen Schule (u. a. Josquin des Prés) als Vorläufer der M. gelten können, so bleibt die räumlich getrennte Aufstellung der musizierenden Gruppen entscheidendes Kriterium für diese Praxis. Die als integraler Bestandteil der Liturgie und als intensivierendes Dekorum zu verstehende Musik konnte erst in einem Raum, der als Abbild des Himmels konzipiert war, eine entsprechende Ausprägung erfahren. Gerade in den sakralen Zentralbauten, die insbesondere in der Renaissance und im Frühbarock entstanden, fand die M. ihren entscheidenden Anfang. Die auf räumliche Gegebenheiten von S. Marco in Venedig bezogene Kompositionstechnik der ↗Venezianischen Schule ist der erste Beleg für diese Entwicklung. So gehen bereits die *Salmi spezzati* (1550) A. Willaerts in ihrer doppelchörigen Anlage von einer auf die Emporen von S. Marco aufgeteilten Aufstellung aus (↗Coro spezzato). An diese Praxis anknüpfend, jedoch kompositionstechnisch weiterführend, schufen A. und G. Gabrieli – später auch Cl. Monteverdi – in zahlreichen ihrer geistlichen Werke klangsteigernde M.: durch Einbeziehung des am Ende des 16. Jh. inzwischen gleichberechtigt neben dem Vokalen stehenden Instrumentalen und die darauf ausgerichtete satztechnische Gestaltung und Disposition in Vokal- und Instrumentalchöre mit zusätzlicher solistischer Aufgruppierung (↗Concerto). Mit dieser Entwicklung und Praxis des Konzertierens hängt auch die Entstehung der Instrumentalgattungen ↗Sonate und ↗Konzert zusammen. – In Deutschland wurde die M. von den (durch die Venezianer geprägten) Komponisten J. Gallus (*Opus musicum,* 1586–87), H. L. Haßler (u. a. *Sacri concentus,* 1612), M. Praetorius (u. a. *Puericinium,* 1621) und insbesondere H. Schütz (zum Beispiel *Psalmen Davids,* 1619) entscheidend weitergetragen. Gerade aus den Vorreden zu einigen Kompositionen von Praetorius und Schütz geht die Praxis der M. mit den jeweiligen Gegenüberstellungen von Vokalchor (Capella oder Chorus vocalis, principalis; bei Schütz Coro favorito), selbständigem Instrumentalchor (Capella oder Chorus instrumentalis) und Solochor (Concerto) hervor. Die zur Vollstimmigkeit zusammengeschlossenen Chöre werden mit Chorus pro (in) Capella, Ripieno oder Tutti bezeichnet. – Die während des 17. Jh. auch in Rom (↗Römische Schule) gepflegte, stärker als ↗Colla parte-Praxis zu verstehende M. blieb eigentlich für die weitere Entwicklung sekundär. Von größerer Bedeutung sind hingegen die in Salzburg am Ende des 17. Jh. entstandenen mehrchörigen Kompositionen, insbesondere H. I. Fr. Bibers, die in ihrer auf den Raum bezogenen (4 Emporen mit Orgeln und Chorraum des Domes) und instrumental verselbständigten Konzeption ganz in der venezianischen Tradition stehen. Hierzu ist vor allem Bibers bisher O. Benevoli zugeschriebene und den sog. römischen Kolossalstil begründende *Missa Salisburgensis* (zu 54 St. und 5 Chören) zu zählen. – Weitere aus dem 17. und 18. Jh. bekannte Beispiele für M. sind u. a. von J.-B. Lully (Te Deum), M.-A. Charpentier, H. Purcell, J. S. Bach (Motetten, *Matthäus-Passion*), G. Fr. Händel *(Israel in Egypt)* und W. A. Mozart (Messe c-moll, KV 427) erhalten, obwohl den meisten dieser Werke eher eine doppelchörige Kompositionsanlage zugrunde liegt. – Die während des 19. Jh. entstandenen mehrchörigen Werke sind entweder durch eigenschöpferische Anlehnung an die M. des 16./17. Jh. (A. Bruckner, Messe e-moll, 1866; G. Verdi, Te Deum, 1898) oder durch Einbeziehung symphonischer Gestaltungselemente geprägt (F. Mendelssohn Bartholdy, *Herr Gott, dich loben wir,* 1843; H. Berlioz, Te Deum für 3 Chöre und Orch., 1855). Letzte Steigerung findet dieses Konzept in G. Mahlers 8. Symphonie (2 4st. Chöre, Knabenchor, 8 Solostimmen und Orch., 1907). Im Zusammenhang mit der Wiederbelebung der a capella-Vokalpolyphonie im 20. Jh. stehen mehrchörige Kompositionen u. a. von H. Distler und Fr. Poulenc.

Lit.: E. HERTZMANN, Zur Frage d. M. in d. 1. Hälfte des 16. Jh., in: ZfMw 12 (1929/30); R. UNGER, Die mehrchörige Aufführungspraxis bei M. Praetorius (Wb 1941); W. GURLITT, Kirchenmusik u. Kirchenraum, in: MuK 19 (1949); W. EHMANN, H. Schütz. Die Psalmen Davids, 1619, in: MuK 26 (1956); R. HAMMERSTEIN, Musik der Engel (Mn 1962); L. FEININGER, Raum u. Architektur, in: Kgr.-Ber. Köln 1958 (Kas 1963); K.-U. DÜWELL, Stud. z. Kompositionstechnik der M. im 16. Jh. (Diss. Kö 1963); P. WINTER, Der mehrchörige Stil (F 1964); W. MASON, The Architecture of St. Mark's Cathedral and the Venetian Polychoral Style, in: Gedenkschrift G. Haydon (Chapel Hill/N.C. 1969); W. MÜLLER-BLATTAU, Tonsatz u. Klanggestaltung bei G. Gabrieli (Kas 1975) (= Saarbrücker Stud. z. Musikwiss. 4); W. JAKSCH, Missa Salisburgensis, in: AfMw 35 (1978).

W. JAKSCH

MEHRSTIMMIGKEIT kennzeichnet grundsätzlich jede vokal oder instrumental ausgeführte Musik, bei der gleichzeitig (und vom Ausführenden beabsichtigt) mehrere Stimmen auf unterschiedlicher Tonhöhe erklingen. Neben ihren kunstvollen Ausprägungen in ↗Polyphonie und ↗Homophonie umfaßt die M. auch primitive Formen, wie sie uns in der europäischen Volksmusik (z. B. Singen in Terzparallelen) sowie in außereuropäischer Musik (Kaukasus, Hinterindien, Indonesien, Melanesien, Polynesien, Afrika) begegnen. – ↗Heterophonie.

Lit.: M. SCHNEIDER, Gesch. der M., 2 Bde. (B 1934–35, Nachdr. Tutzing 1969).

MEHTA, Zubin, * 29. 4. 1936 Bombay; indischer Dirigent. M. studierte 1954–58 Klavier, Komposition, Kontrabaß und Dirigieren (bei H. Swarowsky) an der Wiener Musikakademie. Als Preisträger beim Tanglewood-Wettbewerb in Berkshire (Mass.) wurde er von Ch. Münch entdeckt und gefördert. Seit 1959 ist M. Gastdirigent bei den bedeutendsten Orchestern der Welt (u.a. in Berlin, Wien und New York). 1961–67 leitete er das Montreal Symphony Orchestra, seit 1962 als Chefdirigent außerdem das Los Angeles Philharmonic Orchestra, mit dem er zahlreiche Reisen unternahm. 1965 debütierte M. an der New Yorker Metropolitan Opera mit Verdis *Aida* und ist seither ein begehrter Gast bei internationalen Festspielen. 1970 wurde er musikalischer Berater des Israel Philharmonic Orchestra, das er bereits 1968 auf einer Europatournee dirigierte. 1973 übernahm er Gastverpflichtungen beim New Philharmonia Orchestra in London. Seit 1978 ist M. Chefdirigent des New York Philharmonic Orchestra.

Lit.: R. WAGNER, Interview Z. M., in: fono forum 25 (1980).

MÉHUL, Étienne Nicolas, * 22.6.1763 Givet (Ardennen), † 18. 10. 1817 Paris; frz. Komponist. Schon früh erhielt M. Orgelunterricht und wurde 1778 stellvertretender Organist im Kloster Laval-dieu. Noch im selben Jahr ging er nach Paris, wo er – angeregt durch die Musik Glucks – mit der Komposition von Bühnenwerken begann. Seine Oper *Alonzo et Cora* wurde 1785 von der Opéra angenommen, aber erst 1791 aufgeführt; das Werk wurde wegen seines nicht bühnenwirksamen Librettos ein Mißerfolg. Erfolgreicher war hingegen seine Oper *Euphrosine et Corradin,* die 1790 an der Comédie Italienne gespielt wurde. Ins Bewußtsein der breiten Öffentlichkeit rückte M. jedoch zunächst nicht durch seine Bühnenwerke, sondern durch patriotische Musik für die staatlichen Revolutionsfeiern; sein *Chant du départ* wurde zu einer „zweiten Marseillaise" und fehlte bei keiner Staatszeremonie. Als 1795 das Conservatoire reorganisiert wurde, erhielt M. eine der 4 Inspektorenstellen; im selben Jahr wurde er zum Mitglied der Académie ernannt. In der Folgezeit entstanden so erfolgreiche Opern wie *Le jeune Henri,* die sich 30 Jahre im Programm der Opéra-Comique hielt, *L'Irato, Uthal* und *Joseph,* M.s größter Opernerfolg überhaupt. Ein spürbarer Wandel des Zeitgeschmacks ließ M.s Musik im letzten Jahrzehnt seines Lebens in der Gunst des Publikums sinken; zunehmender Beliebtheit erfreuten sich nun die Kompositionen G. Spontinis. M. war in erster Linie Dramatiker. Er scheute kein Experiment, wenn es darum ging, einer dramatischen Situation musikalisch gerecht zu werden; ungewöhnlich Instrumentationseffekte (z. B. *Uthal*-Partitur ohne Violinen), „gewagte" harmonische und chromatische Wendungen sind Belege dafür. In Symphonien und symphonisch gearbeiteten Ouvertüren bewies M. seine Meisterschaft auch als Schöpfer absolut musikalischer Werke.

WW: **1) Instr.-WW:** 6 Klv.-Sonaten, 2 H.e (P 1783–88); 4 Symphonien (1797–1810); ferner Ouvertüren. – **2) Vokal-WW:** Gelegenheitswerke u. Hymnen, darunter: *Hymne à la raison* (1793); *Le chant du départ* (1794); *Le cri de la patrie contre les Jacobins* (1795); *La naissance d'O. Leclerc* (1799); *Chant national du 14 juillet 1800* (1800); ferner Messen u.a. kirchenmusikal. Werke. – **3) Bühnen-WW:** Opern (UA in Paris): *Euphrosine et Corradin* (Libr.: F. B. Hoffmann), UA: 1790; *Alonzo et Cora* (Libr.: Valadier), UA: 1791; *Stratonice* (Libr.: Hoffmann), UA: 1792; *Le jeune sage et le vieux fou* (Libr.: ders.), UA: 1793; *Horatius Coclès,* UA: 1794; *Le congrès des rois* (zus. mit L. Cherubini, A.-E.-M. Grétry u.a.), UA: 1794; *Phrosine et Mélidore,* UA: 1794; *La caverne,* UA: 1795; *Doria,* UA: 1795; *Le jeune Henri* (Libr.: J.-N. Bouilly), UA: 1797; *La prise du pont de Lodi,* UA: 1797; *Adrien* (nach P. Metastasio), UA: 1799; *Ariodant* (nach dems.), UA: 1799; *Epicure* (zus. mit Cherubini), UA: 1800; *Bion,* UA: 1800; *L'Irato,* UA: 1801; *Une Folie* (Libr.: Bouilly), UA: 1802; *Le trésor supposé,* UA: 1802; *Joanna,* UA: 1802; *L'heureux malgré lui* (Libr.: Saint-Just), UA: 1803; *Héléna* (Libr.: Bouilly), UA: 1803; *Le baiser et la quittance* (zus. mit F. A. Boieldieu u.a.), UA: 1803; *Les deux aveugles de Tolède,* UA: 1806; *Uthal* (Libr.: Saint-Victor), UA: 1807; *Gabrielle d'Estrée* (Libr.: Saint-Just), UA: 1806; *Joseph,* UA: 1807; *Les Amazones,* UA: 1811; *Le prince troubadour,* UA: 1813; *L'oriflamme de Charles Martel* (zus. mit F. Paër u.a.), UA: 1814; *La journée aux aventures,* UA: 1816; *Valentine de Milan* (vervollständigt v. L. J. Daussoigne-Méhul) (Libr.: Bouilly), UA: 1822. – Ballette u.a.: *Le jugement de Pâris,* UA: 1793; *La dansomanie,* UA: 1800; *Ninette à la cour,* UA: 1802; *Daphnis et Pandrose,* UA: 1803; *Persée et Andromède,* UA: 1810; ferner Bühnenmusik.

Lit.: A. POUGIN, M. (P 1889, Nachdr. G 1973); C. PIERRE, Musique des fêtes et cérémonies de la Révolution française (P 1899); DERS., Les hymnes et chansons de la Révolution française (P 1904); A. POUGIN, Notice sur M. par Cherubini, in: RMI 16 (1909); R. BRANCOUR, M. (P 1912); H. STROBEL, Die Opern v. E. N. M., in: ZfMw 6 (1923/24); E. BÜCKEN, Der heroische Stil in der Oper (L 1924) (= Veröff. des Fürstlichen Inst. für musikwiss. Forsch. zu Bückeburg V/1); G. DE SAINT-FOIX, Les six sonates de M., in: RM 6 (1925); P.-M. MASSON, L'œuvre dramatique de M., in: Annales de l'Univ. de Paris 1937; A. L. RINGER, A French Symphonist, in: MQ 37 (1951); W. DEAN, Opera Under the French Revolution, in: Proc. R. Mus. Assoc. 94 (1967/68); DERS., The French Operatic Ouverture from Grétry to Berlioz, in: ebd. 99 (1972/73).

R. QUANDT

MEI, Girolamo, * 27.5.1519 Florenz, † Juli 1594 Rom; it. Humanist und Musiktheoretiker. M. studierte an der Universität Florenz, war kurz im Gefolge des Bischofs von Agen (1546), lebte danach in Lyon, Padua und seit 1559 in Rom, wo er bis 1574 im Dienst des Kardinals Montepulciano stand.

WW: 5 Briefe an V. Galilei über antike Musik, ein Teil des 1. Briefes hrsg. v. P. del Nero als: *Discorso sopra la musica antica e moderna* (V 1602); *De modis musicis antiquorum libri IV* (hsl. ca. 1566–73); *De nomi delle corde del monochordo* (vor 1582); *Trattato di musica.*

M. repräsentiert einen neuen Typ des Musiktheoretikers des 16. Jh.: auf dem quellenkritischen Studium der griechischen Musik fußend, steht er im Gegensatz zu den an der gegenwärtigen Musikpraxis sich orientierenden Autoren seiner Zeit. M.s Schriften – insbesondere der *Discorso,* der die 1565 entdeckten Mesomedes-Hymnen auswertet – wurden bestimmend für die Entwicklung der ↗Monodie in Florenz (↗Camerata Fiorentina). Einfluß hatte M. vor allem auf V. Galilei, mit dem er 1572–81 korrespondierte.

Ausg.: *Discorso sopra la musica...*, Faks.-Ausg. (Bol 1968) (= Bibl. musica Bononiensis II/35).

Lit.: D. P. WALKER, Der musikal. Humanismus im 16. und frühen 17. Jh. (dt. Kas 1949); C. V. PALISCA, G. M. Mentor to the Florentine Camerata, in: MQ 40 (1954); DERS., G. M., Letters on Ancient and Modern Music to V. Galilei and G. Bardi. A Study with Annotated Texts (R 1960) (= MSD 3).

MEICHELBECK (Meichelpeck), **Franz Anton,** ↗Maichelbeck.

MEIER, John, * 14. 6. 1864 Horn bei Bremen, † 3. 5. 1953 Freiburg im Breisgau; dt. Volksliedforscher. Er studierte Germanistik in Tübingen und Freiburg, wo er 1888 promovierte. 1891 habilitierte er sich in Halle/Saale mit *Studien zur Sprach- und Literaturgeschichte der Rheinlande.* 1899–1912 war M. Professor für Germanistik an der Universität Basel, wandte sich dann aber ganz der Volksliedforschung zu. In Freiburg im Breisgau gründete er 1914 das Deutsche Volksliedarchiv, das er bis zu seinem Tod leitete und zu einer für Deutschland zentralen Forschungsstelle ausbaute. M.s Ziel war die Sammlung und wissenschaftliche Edition von Volksliedern. M. rief das *Jahrbuch für Volksliedforschung* ins Leben und war 1911–49 Vorsitzender des „Verbandes deutscher Vereine für Volkskunde". Zum 70. Geburtstag wurde M. durch die FS *Volkskundliche Gaben* (B 1934), zum 85. durch die FS *Angebinde* (Lahr 1949) geehrt.

Schriften: *Untersuchungen über den Dichter und die Sprache der Jolande* (Diss. Fr 1888); *Studien zur Sprach- und Literaturgeschichte der Rheinlande* (Hl 1891) (= Beitr. z. dt. Sprache u. Lit. 16); *Kunstlied und Volkslied in Deutschland* (Hl 1906); *Kunstlieder im Volksmunde* (Hl 1906, Nachdr. Hil 1973); *Volksliedstudien* (Str 1917).

Lit.: E. SEEMANN, J. M., in: Mf 6 (1953); DERS., J. M., Sein Leben, Forschen u. Wirken (Fr 1954) (= Freiburger Universitätsreden N.F. 17); P. ANDRASCHKE, Verz. der Schriften J. M.s, in: Jb. für Volksliedforsch. 14 (1969).

MEILAND (Mayland, Meyland), **Jakob,** * 1542 Senftenberg (Niederlausitz), † 31. 12. 1577 Hechingen; dt. Komponist. M. war Kapellknabe der Hofkapelle zu Dresden unter J. Walter und M. Le Maistre. Seit 1558 studierte er an der Universität Leipzig, reiste 1560 nach Flandern und war 1565–72 Hofkapellmeister in Ansbach. 1573–75 lebte er vorübergehend in Frankfurt am Main und war 1576–77 Organist in Celle. 1577 wurde er Kapellmeister des Grafen Eitel-Friedrich IV. von Hohenzollern in Hechingen. – M. wurde von seinen Zeitgenossen gleich hoch geschätzt wie Clemens non Papa und O. di Lasso, dem er besonders in den deutschen Liedern stilistisch nahesteht. Das zeigt sich u.a. in der Verwendung madrigalesker und villanellenhafter Elemente. M.s Passionen gehören zu den ersten Choralpassionen, die sich in den Turbasätzen von dem Walterschen Vorbild und von der Bindung an den choralen Passionston lösen.

WW: *Cantiones sacrae* für 5–6 St. (Nü 1564 u.ö., erweiterte Aufl. 1572); *Selectae cantiones* für 5–6 St. (Nü 1572); *Sacrae aliquot cantiones latinae et germanicae* für 4–5 St. (F 1575); *Cantiones aliquot novae* für 5 St. (F 1576); *Harmoniae sacrae* für 5 St. (Erfurt 1588); *Cygneae cantiones latinae et germanicae* für 4–5 St. (Wittenberg 1590); *Newe außerlesene Teutsche Liedlin* für 4–5 St. (Nü 1569); *Neuwe außerlesene Teutsche Gesäng* für 4–5 St. (F 1575); je eine Matthäus-, Markus- u. Johannes-Passion hsl.; einige weitere lat. u. dt. Gesänge in Sammeldrucken bis 1622; eine Messe, in: H. Praetorius, *Liber missarum* (H 1622). – Zahlr. Werke auch in Lautentabulaturen veröff.

Ausg.: 6 Motetten für 5 St., in: F. COMMER, Musica sacra 19–20 (Rb 1878–79); *Lobet den Herren in seinem Heiligtum,* hrsg. v. E. ROLLER (St 1964) (= Geistliche Chormusik I/236); Markus-Passion u. Rezitationsmodell der Matthäus-Passion, in: Hdb. der dt. ev. Kirchenmusik I/3 u. 4, hrsg. v. K. AMELN – CH. MAHRENHOLZ – W. THOMAS (Gö 1974).

Lit.: R. OPPEL, J. M. (Diss. Mn 1911); G. SCHMIDT, Die Musik am Hofe der Markgrafen von Brandenburg-Ansbach vom ausgehenden MA bis 1806 (Kas 1956); DERS., Zur Quellenlage der Passionen J. M.s, in: JbLH 3 (1957); R. CASPARI, Liedtradition im Stilwandel um 1600 (Mn 1971) (= Schriften zur Musik 13).

MEILHAC, Henri, * 23. 2. 1831 Paris, † 6. 7. 1897 Paris; frz. Schriftsteller und Librettist. Vor seiner literarischen Laufbahn war M. 1852–55 als Zeichner und Humorist für das *Journal pour rire* und die *Vie parisienne* tätig. 1888 wurde er Mitglied der Académie Française. Neben Vaudevilles und Komödien (*La sarabande du cardinal,* 1856) verfaßte er vor allem Opern- und Operettenlibretti (zusammen mit L. Halévy und anderen Schriftstellern).

WW (Libretti): zu J. Offenbach, *Le Brésilien* (1863), *La belle Hélène* (1864), *Barbe-Bleu* (1866), *La vie parisienne* (1866), *La grande-duchesse de Gérolstein* (1867), *Le château à Toto* (1868), *La Périchole* (1868), *La diva* (1869), *Les brigands* (1869), *La boulangère a des écus* (1875); G. Bizet, *Carmen* (1875); Ch. Lecocq, *Le petit duc* (1878); J. Massenet, *Manon* (1884); L. Delibes, *Kassya* (1893).

Lit.: R. ANGERMÜLLER, Unters. zur Gesch. des Carmen-Stoffes (Diss. Mr 1967) (mit Werk-Verz.).

MEINE SCHWESTER UND ICH, Ein musikalisches Spiel in 2 Akten mit einem Vor- u. Nachspiel von Ralph Benatzky (1884–1957), Text von Berr u. Verneuil. Ort u. Zeit der Handlung: Frankreich, um 1930. UA: 29.3.1930 in Berlin (Komödienhaus). Verfilmt: 1934 (unter dem Titel *Ihre Durchlaucht, die Verkäuferin*) u. 1954.

Vor dem Scheidungsrichter erzählen die Protagonisten die Geschichte ihrer Liebe, die über alle sozialen Unterschiede hinweg den Fortbestand der Ehe garantiert. Benatzky schuf mit dieser Operette eine kammermusikalische Komposition, deren Kennzeichen die sparsam begleitete, dem kabarettistischen Chanson nachempfundene Liedmelodie ist. Die Popularität des Werkes beruht u.a. auf der Verwendung moderner Gesellschaftstänze wie Shimmy *(Ich lade sie ein, Fräulein)*, Slowfox *(Mein Mädel ist nur eine Verkäuferin)*, Tango *(Um ein bißchen Liebe dreht sich die Welt)* oder Walzer *(Freunderl, mir ist heut so gut)*. Die wenig aufwendige, auch für kleinere Theater geeignete Realisierbarkeit ermöglichte eine weite Verbreitung des Werkes.

B. DELCKER

MEISEL, Will (Wilhelm), * 17. 9. 1897 Berlin, † 29. 4. 1967 Müllheim (Baden); dt. Komponist und Musikverleger. Nach seiner ersten Musik- und Ballettausbildung war M. 1907–23 als Tänzer an der Berliner Hofoper tätig. Danach trat er in Varietés und Kabaretts auf, war Leiter eines eigenen Kabaretts und schrieb Operetten und Filmmusiken. Einige Lieder daraus wurden bekannte Schlager, so etwa *Schön ist jeder Tag, den du mir schenkst, Marie Luise* und *Tausend rote Rosen blühn.* 1926 gründete er den Bühnen- und Musikverlag Edition Meisel & Co. GmbH, bei dem er eigene Werke und Werke anderer prominenter Komponisten von Unterhaltungsmusik verlegte. M. lebte bis zu seinem Tod als freischaffender Komponist in Berlin.

WW: 7 Operetten: *Fräulein, Pardon* (1929); *Eine Freundin, so goldig wie du* (1930); *Zehn Minuten Glück* (1932); *Die Frau im Spiegel* (1935); *Mein Herz für Sylvia* (1938); *Königin einer Nacht* (1943); *Was macht eine Frau mit zwei Männern* (1949). – 44 Filmmusiken, u.a. zu: *Die Sonne geht auf* (1934); *Zigeunerblut* (1934); *La Paloma* (1934); *Ein Walzer für dich* (1934); *Alle Tage ist kein Sonntag* (1935). – Ferner Schlager, Chansons und Lieder.

MEISTERSANG, bürgerlicher Abkömmling des ↗Minnesangs, der vom 14. bis ins 19. Jh. im dt. Sprachraum verfolgt werden kann, dessen Blütezeit jedoch im 15./16. Jh. liegt. Seine Träger sind Handwerker („Meister"; unter Einschluß anderer Berufsschichten), die sich in mindestens 25 Städten zu Singschulen mit spezifischem Brauchtum zusammenschlossen. Die Frage nach den Wurzeln des zunft- und schulmäßig organisierten M. ist kontrovers. Einer legendenhaften Tradition zufolge werden immer wieder 12 Minnesänger als Ahnherren genannt (wobei einige Namen wechseln): u.a. Walther von der Vogelweide, Wolfram von Eschenbach, Konrad Marner, Heinrich von Meißen, Bartel Regenbogen, Heinrich von Mügeln. Heinrich von Meißen hat angeblich 1310 in Mainz die erste Singschule gegründet. Weitere Gründungen finden sich zumeist in Süddeutschland und im Elsaß, aber auch in Ostdeutschland, Österreich und Böhmen: Mainz (1310–1600), Augsburg (1449–1772), Nürnberg (1450–1774), Straßburg (1492–1780), Freiburg i. Br. (1513–1672), Ulm (1517–1839), Steyr (1540 bis 1616), Colmar (1546–?), Wels (1549–1601), Iglau (1560–1620), Breslau (1571–1670), Memmingen (1600–1875). Zu den profiliertesten Vertretern des M. zählen M. Behaim, Hans Folz (vor 1479–1515), H. Sachs, Adam Puschmann (1532 bis 1600), Georg Hager (1552–1634) und Ambrosius Metzger (1573–1632).

Der M. ist eine stark traditions- und autoritätsbezogene, lehr- und lernbare Formalkunst. Er basiert auf kanonisierten Regeln, die in sog. Tabulaturen (Tafeln) niedergelegt sind. Diesen Regeln wird die Liedpflege in all ihren Aspekten – vom Verfertigen der Lieder bis zu ihrem Vortrag – unterworfen („Schulkünste"), während die Organisationsformen und Zusammenkünfte der Meistersinger durch sog. Schulordnungen geregelt werden. Die Zusammenkünfte haben im allgemeinen Wettkampfcharakter. Sie finden entweder in kirchlichen Räumen als „Hauptsingen" oder als „Zechsingen" in Gasthäusern statt. Der Vortrag wird von 3 oder 4 besonders qualifizierten Meistersingern, den „Merkern", bewertet, indem jeder von ihnen einen Einzelaspekt verfolgt (sauberer Reim, metrisch-musikalische Genauigkeit, Sprachrichtigkeit, inhaltliche Qualität). – Die Lieder sind unbegleitet und einstimmig. Ihr Autor ist gleichermaßen für die sprachliche und die musikalische Schicht verantwortlich und trägt seine Arbeiten selbst vor. Bleibt es bis ins 16. Jh. strenge Vorschrift, sich an tradierte Muster zu halten – das Kontrafazieren ist also die Norm –, so besteht seither die geforderte Höchstleistung im Erfinden eigener sprachlich-musikalischer Muster, die „Ton" (oder synonym auch „Weise") genannt werden. Stofflich stehen biblisch-theologisch-moralisierende Themen mit lehrhafter Tendenz im Vordergrund; jedoch werden das gesamte Wissen der Zeit, aktuelle Ereignisse, persönliche Erfahrungen, Gelehrtes und Derbes in den M. hineingenommen. – Das Meisterlied heißt ↗Bar und besteht aus 3teilig geformten Strophen. Ihre Verse setzen sich unter Mißachtung des Wortakzents aus silbenzählenden Jamben zusammen. Die Melodik ist linear konzipiert und weist (besonders in der Spätzeit) zahlreiche Melismen auf, die von den Meistersingern „Blumen" genannt werden. Die Tonalität ist ↗modal, neigt aber in zahlreichen Fällen zu Dur und Moll. Über die Rhythmik kann angesichts der Eigenarten der Schrift – die Schreiber bedienen sich vorwiegend der Choralnotation, mit Tendenzen zu einer rudimentären, unsystematischen Mensuralnotation (↗Notenschrift) – und der Mißachtung des Wortakzents kaum Verläßliches ausgesagt werden. Die wichtigsten und reichhaltigsten (Sammel-)Handschriften des frühen M. sind die ↗Jenaer, die Donaueschinger, die Colmarer und die 1558 von Valentin Voigt angefertigte Liederhandschrift der Universitätsbibliothek Jena.

Die lehrhaften Absichten der Meistersinger, die den Stoff zur Rechtfertigung ihrer Existenz vorweisen, die strenge Anlehnung an formale Muster in der Frühzeit und der Zwang zu neuen Formen seit dem 16. Jh., das Messen formaler Qualitäten, die wortakzentfeindliche Metrik – all das geht zu Lasten eines ausgewogenen Wort-Ton-Verhältnisses. Diese Eigenarten sowie das Festhalten an unbegleiteter Einstimmigkeit zu einer Zeit, in der die vokale Mehrstimmigkeit einen Höhepunkt an Raffinement erreicht und die Instrumentalmusik eine erste Emanzipationsphase hinter sich hat, geben dem M. schon im 15./16. Jh. etwas Erstarrtes und Epigonales. Sie sind zugleich eine Erklärung für seine mangelnde ästhetische Strahlkraft. – R. Wagner setzte dem M. ein einzigartiges Denkmal in seiner Oper *Die Meistersinger von Nürnberg* (1868), freilich nicht nur aus Interesse an der deutschen Kulturgeschichte, sondern viel mehr noch als Kulisse für seine eigene Auffassung vom Verhältnis von Regel und Freiheit in der Kunst.

Ausg.: Troubadours, Trouvères, Minne- u. Meistergesang, hrsg. v. F. GENNRICH (Kö 1951, ²1960) (= Das Musikwerk 2); Ausgew. Melodien des Minnesangs, hrsg. v. E. JAMMERS (Tü 1963).

Lit.: A. PUSCHMANN, Gründlicher Ber. des dt. Meistergesangs (Görlitz 1571, NA Hl 1888); C. SPANGENBERG, Von der Musica u. den Meistersängern (Str 1598, Nachdr. Hil 1966); J. CH. WAGENSEIL, Buch v. der Meister-Singer holdseligen Kunst, in: De ... civitate Noribergensi commentatio (Altdorf 1697, Nachdr. Göppingen 1975); Nürnberger Meistersinger-Protokolle v. 1575–1689, 2 Bde., hrsg. v. R. DRESCHER (St 1897, Nachdr. Hil 1963); F. GENNRICH, Grundriß einer Formenlehre des ma. Liedes (Hl 1932, Nachdr. Tü 1970); B. NAGEL, Der Dt. M. (Hei 1952); H. HUSMANN, Meistergesang, in: MGG VIII; B. KIPPENBERG, Der Rhythmus im Minnesang (Mn 1962); B. NAGEL, M. (St 1962, ²1971); Der dt. M., hrsg. v. B. NAGEL (Da 1967) (= Wege der Forsch. 148); E. SCHUMANN, Stilwandel u. Gestaltveränderung im M. (Gö 1972).

J. HUNKEMÖLLER

MEISTERSINGER VON NÜRNBERG, DIE, Oper in 3 Aufzügen von Richard Wagner (1813 bis 1883), Text vom Komponisten. Ort und Zeit der Handlung: Nürnberg, um die Mitte des 16. Jahrhunderts. UA: 21.6.1868 in München.

Die klassische Vereinigung genialer Improvisation und traditionsgebundener Formstrenge ist die in dieser Oper veranschaulichte Leitidee von Wagners Kunst- und Selbstverständnis. Den Figuren lassen sich ästhetische Positionen zuordnen: Der junge fränkische Ritter Walther von Stolzing belebt die überlieferten Formen des Meistersangs durch freischöpferische Gestaltung; dies ruft das Mißtrauen der orthodoxen Regelfanatiker hervor, deren Repräsentant der Stadtschreiber Beckmesser ist; Hans Sachs, Oberhaupt der Meistersingerzunft, favorisiert Walther, ermahnt jedoch zur besonnenen Verbindung von Traditionalismus und Neuerertum. Beim Wettsingen um die Hand der schönen Eva Pogner läßt Wagner das einfache Volk, dessen „Kunstinstinkt" er mehr schätzt als den Sachverstand der Fachkritiker, für Walther entscheiden. – Angeregt zu seinem deutlich autobiographisch motivierten Werk wurde Wagner u. a. durch J. Chr. Wagenseils *Buch von der Meister-Singer holdseligen Kunst* (1697) und A. Lortzings Oper *Hans Sachs* (1840). Als musikalische Keimzelle fungiert das Vorspiel, das nach Art einer symphonischen Dichtung komponiert und bereits 1862 – fünf Jahre vor Abschluß der Textvertonung – in Leipzig uraufgeführt wurde. Charakteristisch für die Leitmotivik der *Meistersinger* ist weniger ihre psychologische denn musikalisch-strukturale Dichte: Die Leitmotive sind vielfach als klassische Motivabspaltungen und Charaktervarianten voneinander ableitbar. Die starke Verflechtung chromatischer Harmonik mit archaisierenden diatonischen Wendungen entspricht dem Streben nach Gestaltung historischen Lokalkolorits, das – im Verein mit den zahlreichen geschlossenen Formen – dieses Werk ungeachtet seiner buffonesken Elemente gattungsmäßig in die Nähe zur Großen Oper rückt.

W. A. MAKUS

MEL, Renatus Del (Rinaldo Del Melle), * um 1554 Ellemelle (Lüttich), † nach Juli 1597; franko-flämischer Komponist. M. war seit 1562 Sänger an St-Rombaut in Mecheln und 1572–80 Hofkapellmeister in Lissabon. Nach einem Aufenthalt in Rom, wo er G. P. da Palestrina kennenlernte, war er 1583–87 in mehreren italienischen Städten tätig, u. a. zuletzt als Kapellmeister an S. Marco in Venedig. 1587–89 stand er im Dienst des Fürstbischofs Ernst von Bayern in Lüttich und Antwerpen. Danach hielt er sich wieder in Italien auf und war 1594–96 Domkapellmeister in Magliano Sabina. 1597 kehrte M. in seine Heimat zurück.

WW: Madrigale *(Madrigaletti)* für 3 St. (V 1586, 1593, 1594); für 4–6 St. (V 1583); für 5 St. (1584, 1587, 1594); für 6 St. (An 1588, V 1593, 1595). – 5 Bücher Motetten, davon erhalten: 1 für 4–8 St. (V 1581), 3 für 5–6 St. (V 1585), 5 für 6–12 St. (V 1595); *Sacrae cantiones* für 5–12 St. (V 1588); geistliche u. weltliche Werke auch in zahlr. Sammeldrucken 1585–1610 u. hsl.

Ausg.: 16 Motetten u. eine Litanei, in: F. COMMER, Musica sacra 16, 20, 21 u. 26 (Rb 1875 ff.); 7 Motetten, eine Litanei u. eine Chanson, in: R. J. VAN MALDEGHEM, Trésor musical 1865, 1873, 1875, 1876; eine Litanei, in: C. PROSKE, Musica divina II/4 (Rb 1869).

Lit.: G. VAN DOORSLAER, R. del M., compositeur du XVIe siècle, in: Annales de l'Acad. Royale d'Archéologie de Belgique 49 (1921).

MELANI, it. Musikerfamilie. – **1) Jacopo,** getauft 6.7.1623 Pistoia, † 19.8.1676 ebd.; Komponist.

Er stand im Dienst des Großherzogs von Toskana in Florenz; 1644 folgte er mit seinem Bruder **Atto** einer Einladung Kardinal Mazarins nach Paris. 1647 wurde er Organist, 1657 Kapellmeister am Dom von Pistoia. M. zählt zu den frühen Vertretern der Oper mit heiterem Text in Italien.

WW: Opern (nur die hsl. erhaltenen) *La Tancia ovvero Il podestà di Colognole*, UA: Florenz 1656; *Ercole in Tebe*, UA: ebd. 1661; *Il Girello*, UA: ebd. 1670.

2) Alessandro, getauft 4. 2. 1639 Pistoia, † Oktober 1703 Rom; Komponist. 1667 folgte er seinem Bruder Jacopo als Domkapellmeister in Pistoia. Seit 1669 war er in Rom an verschiedenen Kirchen tätig.

WW: *Motetti sacri* für 2–5 St. (R 1670); *Delectus sacrorum concentuum* für 2–5 St. u. B.c. (R 1673); *Concerti spirituali* für 2–5 St. u. B.c. (R 1682); einige Motetten in Sammeldrucken 1675 u. 1712. – 6 Oratorien, davon hsl. erhalten: *Il fratricidio di Caino* (auch unter dem Titel *Il Sacrificio di Abele*), UA: Wien 1678; *Santa Rosa di Viterbo*, UA: Modena 1691. – Opern (hsl. erhalten): *L'empio punito*, UA: Rom 1669; *Il carceriere di se medesimo*, UA: Florenz 1681; *Gli amori di Lidia e Clori*, UA: Bologna 1688. – Auch einige Kantaten sind hsl. erhalten.

Ausg.: **Zu 1):** *La Tancia*, in: H. GOLDSCHMIDT, Stud. z. Gesch. der it. Oper im 17. Jh., 2 Bde. (L 1901, Nachdr. Hil – Wie 1967). – **Zu 2):** Aria *Vezzosa Aurora*, hrsg. v. Kn. Jeppesen, in: La Flora 2 (Kop 1949).

Lit.: L.F. TAGLIAVINI, M., in: MGG IX; R.L. WEAVER, Materiali per le biografie dei fratelli M., in: RIMus 12 (1977); DERS., M., in: Grove[6] XII.

MELBA, Nellie (eig. Helen Armstrong), * 19. 5. 1861 Melbourne, † 23. 2. 1932 Sydney; australische Sängerin (Koloratursopran). Nach ihrer Gesangsausbildung in Melbourne und Paris bei M. Marchesi debütierte sie 1887 in Brüssel als Gilda in G. Verdis *Rigoletto*. Im Verlauf ihrer Karriere sang sie an allen großen Opernbühnen Europas und Nordamerikas: u.a. 1889 in Paris an der Grand Opéra, 1890 in St. Petersburg, 1893 an der Mailänder Scala, 1888–1914 regelmäßig am Covent Garden in London und 1893–1911 mit einigen kurzen Unterbrechungen auch an der Metropolitan Opera in New York. Sie beendete ihre Laufbahn 1926 in London, wo sie ihre größten Triumphe feierte. Sie war die überragende Primadonna ihrer Zeit und verfügte über eine virtuose Koloraturstimme von außergewöhnlichem Umfang. Ihre bedeutendsten Opernrollen waren Gilda in *Rigoletto* und Violetta in *La Traviata* von G. Verdi, die Lucia in *Lucia di Lammermoor* von G. Donizetti und Mimi in G. Puccinis *La Bohème*. Ihre Autobiographie erschien unter dem Titel *Melodies and Memoires* (Lo 1925).

Lit.: A. MURPHY, N. M. (Lo 1909); P. COLSON, M. (Lo 1931); J. WECHSBERG, Red Plush and Black Velvet (Boston 1961), dt. Übers.: Roter Plüsch u. schwarzer Samt. Die große M. u. ihre Zeit (Reinbek 1964); G.W. HUTTON, M. (Melbourne 1962); J. HETHERINGTON, M. (Lo 1968).

MELCHIOR, Lauritz (eig. Lebrecht Hommel), * 20. 3. 1890 Kopenhagen, † 18. 3. 1973 Santa Monica (Calif.); dänischer Sänger (Tenor). Er studierte 1908–17 bei Paul Bang in Kopenhagen und debütierte dort 1913 als Bariton in der Partie des Silvio in R. Leoncavallos *Bajazzo* am Königlichen Opernhaus. Nach weiterem Gesangsunterricht bei Vilhelm Herold, Victor Beigel, Ernst Grenzebach und Anna Bahr-Mildenburg gelang ihm 1924 mit sensationellen Erfolgen am Covent Garden in London und in Bayreuth der Wechsel ins Heldentenorfach. 1926–50 war er Mitglied der Metropolitan Opera in New York. Gastspielverträge banden ihn an die Hamburger und Berliner Staatsoper. M. galt als der bedeutendste Wagner-Tenor seiner Generation.

Lit.: H. HANSEN, L. M. A Discography (Kop 1965, [2]1972).

MELICHAR, Alois, * 18. 4. 1896 Wien, † 9. 4. 1976 München; östr. Komponist, Dirigent und Musikschriftsteller. Er studierte 1917–20 an der Wiener Musikakademie (u.a. Theorie bei J. Marx) und 1920–23 an der Berliner Musikhochschule (Komposition bei Fr. Schreker). 1923–26 hielt sich M. in Aserbeidschan auf. 1927–33 war er Dirigent und künstlerischer Produktionsberater der Deutschen Grammophon-Gesellschaft. 1946–49 leitete er am Wiener Sender „Rot-Weiß-Rot" das Studio für moderne Musik. Später lebte er als freischaffender Komponist in Wien und München. Als Komponist war er besonders mit seinen Filmmusiken erfolgreich. In seinen Schriften trat er vor allem für die traditionelle dur-moll-tonale Musiksprache ein und wandte sich rigoros insbesondere gegen die Zwölftontechnik A. Schönbergs und den „Primitivismus" in der Orffschen Musik.

WW: **1) Kompositionen:** Klv.-Stücke; Orch.-Werke; etwa 250 Lieder; Kantate *In tyrannos* (1956); Operette *Der Walzerkrieg*, UA: München 1965; Musik zu zahlr. Filmen (u.a. *Nanon*, darin: *Heut' ist der schönste Tag; Das doppelte Lottchen* und *Ludwig II.*). – **2) Schriften:** *Die unteilbare Musik* (W 1952); *Überwindung des Modernismus* (W – F 1952, [3]1956); *Musik in der Zwangsjacke* (W – St 1958); *Schönberg u. die Folgen* (W 1960).

Lit.: P.J. KORN, Apropos Zwangsjacke. Eine Analyse der Angriffstaktik gegen A. M. (W 1959); H. KAUFMANN, A. M. u. die Ursachen, in: Forum 9 (1962).

MELISMA (griech., = Gesang, Lied), Bz. für einen auf einer einzigen Textsilbe gesungenen ↗Melodie-Abschnitt. Die Melismatik, wie man den melismenreichen Gesang auch nennt, ist charakteristisches Merkmal vor allem der orientalischen Musik. In der abendländischen Musik ist sie wahrscheinlich über die Rezeption jüdisch-synagogaler Gesangspraktiken im frühchristlichen Kult erstmals fester Bestandteil geworden. In der weiteren Entwicklung des ↗Gregorianischen Gesangs gehört gerade sie zu den wesentlichen Ausprägungen und Schöpfungen der mittelalterlichen Einstimmigkeit. Besonders typisch sind hier die Melismen des ↗Alleluja (↗Ju-

bilus). Die Textierung originärer Melismen führte zur Entstehung des ↗Tropus und verwandter Gattungen (↗Sequenz). Melismatik ist charakteristisch auch für die frühe Mehrstimmigkeit, besonders für das ↗Organum. Grundsätzlich lassen sich sodann spätere melodische Erscheinungen wie etwa die ↗Koloratur als M. auffassen.
Den Gegenpol zur Melismatik, d. h. die Zuordnung jeweils eines Tons zu einer Textsilbe, nennt man „Syllabik". Die Spannung zwischen beiden Polen ist bis heute ein elementares Gestaltungsprinzip des Verhältnisses von Wort und Ton in der abendländischen Vokalmusik.

MELKUS, Eduard, * 1. 9. 1928 Baden (Niederösterreich); östr. Violinist. Er studierte 1943–53 Violine an der Musikakademie und Musikwissenschaft an der Universität Wien, später noch Violine u. a. bei A. Schaichet an der Zürcher Musikakademie (1956). 1955–56 war er Solobratscher im Zürcher Tonhalle-Orchester, dann im Stadtorchester Winterthur, 1955–58 1. Violinist im Neuen Zürcher Streichquartett und lehrt seither als Professor für Violine an der Musikhochschule in Wien. Seit 1965 leitet er die von ihm gegründete Capella Academica Wien, ein Ensemble mit historischen Instrumenten, das vor allem Musik der Mozartzeit aufführt. Konzertreisen führten M. durch Europa und in die USA.

Schriften: *Zur Interpretation des Violinkonzertes Opus 61 von L. van Beethoven,* in: ÖMZ 19 (1964); *Zur Ausführung der Stricharten in Mozarts Werken,* in: Mozart-Jb. 1967; *Zur Auszierung der Da-capo-Arien in Mozarts Werken,* in: ebd. 1968/70; *Die Violine. Eine Einführung in die Geschichte der Violine und des Violinspiels* (St 1973) (= Unsere Musikinstr. 3).

MELLERS, Wilfrid, * 26. 4. 1914 Leamington; engl. Komponist und Musikforscher. M. ist Kompositionsschüler von E. Wellesz und E. Rubbra. 1945–48 war er Dozent am Downing College in Cambridge. 1948–59 lehrte er an der Universität Birmingham, 1960–63 an der Universität Pittsburgh (Pa.). 1964 wurde er Professor of Music an der Universität York.

WW: **1) Instr.-WW:** *Natalis invicti* (1968) für Klv.; eine Symphonie (1953); *Noctambule and Sun-Dance* (1962) für Blasorch.; *Alba in Nine Metamorphoses* (1961) für Fl. u. Orch. – **2) Vokal-WW:** *Voices and Creatures* (1962) für Sprecher, Fl. u. Schlagzeug; *Rose of May. A Threnody for Ophelia* (1964) für Sprecher, Sopran, Fl., Klar. u. Streichquartett; *A May Magnificat* (1966) für Mezzosopran u. kleines Orch.; *Canticum resurrectionis* (1969) für 16 St.; *Cloud Canticle* (1970) für Doppelchor; *The World Unborn* (1970) für Doppelchor, Fl., Klar., Vc., Pos. u. 2 Schlagzeuger; *De vegetalibus et animalibus* (1971) für Sopran, Klar., V., Vc. u. Harfe; *Venery for Six Plus* (1972) für „dancing singer", Klar., Fl., Pos., Kb., Schlagzeug u. Tonband; Trilogie *Life Cycle* (1968) für 3 Chöre u. 2 Orch. – **3) Bühnen-WW:** Opern *The Tragical History of Christopher Marlowe,* UA: London 1953; *The Borderline,* UA: ebd. 1959; Kammeroper *The Shepherd's Daughter* (1954); Monodram *The Ancient Wound* (1970) für singende Schauspielerin, 2 Sprecher, 9 Instr. u. Tonbänder. – **4) Schriften:** *F. Couperin* (Lo 1950, Nachdr. Lo 1963, NY 1968); *The Sonata Principle* (Lo 1957, Nachdr. NY 1969) u. *Romanticism and the 20th Century* (Lo 1957, Nachdr. NY 1969), beide dt. als: *Musik u. Gesellschaft,* 2 Bde. (F 1964–65); *Music in a New Found Land, Themes and Developments in the History of American Music* (Lo 1964, NY 1965, Nachdr. 1975); *Harmonious Meeting. A Study of the Relationship Between English Music, Poetry and Theatre, ca. 1600–1900* (Lo 1965); *Caliban Reborn, Renewal in 20th Century Music* (NY 1967, Lo 1968).

Lit.: R. HENDERSON, The Music of W. M., in: MT 104 (1963).

MELLI (Megli), **Domenico Maria,** * 2. Hälfte des 16. Jh. Reggio Emilia; it. Komponist. M., in Padua lebend, Doktor der Rechte und auf musikalischem Gebiet Dilettant, war einer der ersten Vertreter der ↗Monodie. Das 1. Buch seiner *Musiche* erschien einige Monate vor G. Caccinis *Le nuove Musiche* (1602) und enthält monodische Fassungen von Madrigalen anderer Komponisten. Erst im 2. und 3. Buch ist er auch mit eigenen Kompositionen vertreten, die jedoch gegenüber den Werken Caccinis rudimentär anmuten.

WW: *Musiche composte sopra alcuni madrigali ... per cantare nel chitarrone, clavicembalo ed altri istromenti* (V 1602), Nachdr. als: *Le prime musiche ...* (V 1603, 1609), *Le seconde musiche ...* (V 1602) u. *Le terze musiche ...* (V 1609).

MELLOTRON, Bz. für ein in England Ende der 50er Jahre entwickeltes Gerät zur Wiedergabe von Instrumental- und Vokalklängen, das vor allem in der Produktion von Unterhaltungsmusik eingesetzt wird. Hierzu werden die gewünschten Klänge (meist Streicher, Bläser, Chor) als Einzeltöne in temperierter Stimmung auf Tonband aufgenommen (als Bandstücke von etwa 8 Sekunden Länge auf einzelne Spulen gewickelt), die im M. über eine Klaviertastatur abgerufen werden können. Auf diese einfache Weise ersetzt das M. z. B. einen Background-Chor. Das M. ist einzuordnen zwischen den elektrifizierten (z. B. ↗Elektrogitarre) und den elektronischen (z. B. ↗Synthesizer) Instrumenten u. wird von letzteren zunehmend ersetzt.

MELODICA, Bz. für ein von der ↗Mundharmonika abgeleitetes ↗Harmonika-Instrument mit Mundstück zum Anblasen und Klappen- oder Tastenmechanik (unterschiedliche Umfänge: h–c^3; f–g^2, c^1–c^3; f–e^2). Nach ähnlichem Prinzip ist auch die gleichtönige Harmonetta gebaut.

MELODIE. Allgemeines. Von J. G. Walther (*Musicalisches Lexicon,* 1732) schlicht als „Sang-Weise" definiert, ist M. nach dem Verständnis des 18. und 19. Jh., an dem sich noch heutige Vorstellungen orientieren, eine sinnhafte, in sich geschlossene und überschaubare Tonfolge, für die bestimmte Eigenschaften – individuelle Gestalt, faßlicher Bau, Ausdruckshaftigkeit und Sanglichkeit –

maßgeblich sind. Als ihr Gegenstück erscheint die ↗Harmonie: M. und Harmonie gelten seit dem 17. Jh. als die zwei einander ergänzenden und stützenden Träger musikalischer Verläufe – M. steht demnach für horizontale, Harmonie für vertikale Vorgänge (↗Harmonik). Bezeichnend dafür ist der im 18. Jh. ausgetragene Streit, ob der M. oder der Harmonie der Primat gebühre, ob also die Harmonie das Wesen der Musik ausmache (J. Ph. Rameau 1722) oder ob die M. Vorrang besitze (J.-J. Rousseau 1768). Bezeichnend dafür sind auch Typologien, die, ausgehend von melodischen Bildungen der ↗Polyphonie und ↗Homophonie, zwischen „reiner" und harmonisch-metrisch gebundener M. unterscheiden. M.n des ↗Gregorianischen Gesangs und der Renaissancemusik verkörpern danach die „absolute", harmonisch-metrisch nicht gebundene M., während die dreiklangbestimmte M. der dur-moll-tonalen Musik des 17.–19. Jh. deren Gegentypus bezeichne. Für A. Halm, der J. S. Bachs Fugen- und L. van Beethovens Sonatentypus als zwei kontrastierende „Kulturen der Musik" begriff, waren Bachs Fugenthemen der Inbegriff melodischer Kunst; E. Kurth sah in der „energetischen", linear-freien Melodik der Polyphonie (speziell Bachs) die eigentliche Verwirklichung von M., der er einerseits das enge „rhythmische M.-Empfinden" der Wiener Klassik gegenüberstellte und die er andererseits in der „unendlichen M." Wagners wiedergewonnen sah.

Sowohl die Eingrenzung aber auf Vorstellungen des 18. und 19. Jh. wie auch die polare Gegenüberstellung von M. und Harmonie, die aus der Entwicklung zum harmonisch bestimmten Denken seit dem 17. Jh. resultiert, bedeuten eine Einengung des M.-Begriffs. Ähnlich wie ↗Harmonielehre und ↗Kontrapunkt sich nicht auf vertikale bzw. lineare Aspekte beschränken – Harmonielehre lehrt auch Akkordfortschreitungen, Kontrapunkt schließt Fragen des Zusammenklangs ein –, so erschöpft sich auch die M. nicht im Horizontalen. Zur M. als konkreter Gestalt gehört sowohl die Harmonie wie auch, als weiteres Moment, der Rhythmus. Erst der hinzutretende Rhythmus macht aus einer geordneten Tonfolge, deren spezifische Gestalt das „Melos" einer M. ausprägt, eine M.; und der „Harmonie" – als dem im älteren Verständnis „Inbegriff rational regulierter Tonbeziehungen" (C. Dahlhaus) – sind auch M.n verpflichtet, die nicht der Dur-Moll-Tonalität entstammen.

Aussehen und Art von M.n sind sowohl von unterschiedlichen Tonsystemen abhängig – pentatonische, modale und dur-moll-tonale M.n unterscheiden sich grundlegend voneinander – als auch von Funktion, Gattung und kultureller Herkunft. Seit dem späten 16. Jh. kam der M. die Aufgabe zu, in textlicher Ausdeutung Affekte darzustellen (↗Affektenlehre); dazu stand ihr im Barock eine Fülle musikalischer ↗Figuren mit feststehenden Ausdrucksgehalten zur Verfügung. Ab der Mitte des 18. Jh., im Stilumbruch zur Klassik, kristallisierte sich demgegenüber ein anderes Ideal heraus: Was musikalisch gesagt wurde, sollte neu, originell sein, und es sollte dem inneren seelischen Ausdruck entspringen, nicht einem vorgegebenen Formelkanon. Die individuell-ausdruckshafte melodische Gestaltung wurde zum neuen Leitbild.

Instrumentalen M.n können gegenüber vokalen ein größerer ↗Ambitus, ausgreifendere Bewegungen, höhere Beweglichkeit und kompliziertere Rhythmik zugemutet werden. Doch bedeutet diese grundsätzliche Differenz keinen ausschließenden Gegensatz. Zum einen nämlich löste sich die Instrumentalmusik seit dem 17. Jh. erst allmählich aus ihrer Abhängigkeit von der Vokalmusik, ihrer historischen Wurzel neben der Tanzmusik: Bis ins 18. Jh. hinein besaß Vokalmusik den ästhetischen Primat. So ist ein instrumentales ↗Ricercar im Grunde eine ↗Motette ohne Text; und noch manche Themen Bachs – etwa das Thema der E-Dur-Fuge aus dem 2. Teil des *Wohltemperierten Claviers* – sind unverkennbar vokaler Tradition verpflichtet. Zum anderen können instrumentale und vokale Melodik zusammenfallen oder sich gegenseitig befruchten: Bachs Vokalmusik ist überwiegend instrumentaler Natur, ohne daß sie den Charakter und Ausdruck des Sprechenden verleugnen würde; die kantabel-melodische Ausformung instrumentaler Themen bei J. Chr. Bach, das sog. „singende Allegro", wirkte nachhaltig auf W. A. Mozart ein; das seit dem ausgehenden 17. Jh. nachweisbare „instrumentale" ↗Rezitativ überträgt die Eigenarten des vokalen Rezitativs auf das Instrumentale (bei Beethoven etwa im 1. Satz der Klaviersonate op. 31,2, im Finale der 9. Symphonie u. ö.); Fr. Schuberts symphonische Themen zeigen häufig liedhaften Charakter; die auf gespanntesten Ausdruck gerichtete Vokalmelodik des Expressionismus trägt oft instrumentale Züge. Innerhalb der Vokal- bzw. Instrumentalmusik selbst differiert die Melodik je nach Gattung. Die M. eines Liedes, auf adäquate Umsetzung einer dichterischen Vorlage angelegt, unterscheidet sich von der einer ↗Arie, die in den Ablauf des Operngeschehens eingebunden ist; der Refrain eines ↗Rondo beansprucht, wegen seiner steten Wiederkehr, ausgeprägtere melodische Qualitäten als das Thema einer Sonate, das zu thematisch-motivischer Verarbeitung geeignet sein muß.

M.n sind schließlich auch von den Kulturkreisen

geprägt, denen sie entstammen. Von der Sonderrolle des Volksliedes abgesehen, das in der mündlichen Tradierung dem „Zersingen" und „Zurechtsingen" ausgesetzt ist, sind abendländische M.n im allgemeinen fixierte Gebilde. Außereuropäischen Kulturen dagegen sind derart konstante M.n eher fremd, wie z. B. die ↗Heterophonie – der simultane Vortrag verschiedener Ausprägungen derselben M. – belegt.

Geschichtliches. Der Gregorianische Gesang, der sich in seiner einfachsten Form auf einen Rezitationston beschränkt, kennt syllabische (auf jede Silbe entfällt ein Ton) und melismatische Melodik (pro Silbe mehrere Töne).

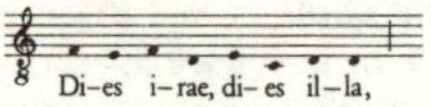

Charakteristisch für diese M.-Gestalt sind: die Sekunde als konstitutives Intervall; der für tonale M.-Bildung insgesamt bestimmende Ausgleich der melodischen Bewegungsrichtung; die stützende Orientierung an zwei Haupttönen: der ↗Finalis als Schlußton der M. und der ↗Repercussa (oder Tenor) als melodischem Zentralton über der Finalis; und bestimmte melodische Formeln (↗Psalmtöne), die den ↗Kirchentönen zugeordnet sind. Der Ambitus der M.n ist in authentischen und plagalen Kirchentönen unterschiedlich: M.n in einem authentischen Modus bewegen sich vorzugsweise oberhalb der Finalis, plagale M.n gleichmäßig über und unter ihr. Die ebenmäßige Ausgewogenheit gregorianischer M.n darf nicht mit starrer Würde oder ausdrucksloser Glätte gleichgestellt werden. Sie sind, durch Wiederholung von Tongruppen, gleichermaßen fähig zu beschwörender Intensität

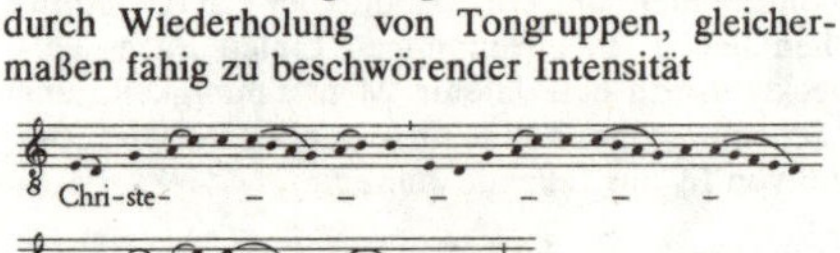

wie zu hymnischem Aufschwung.

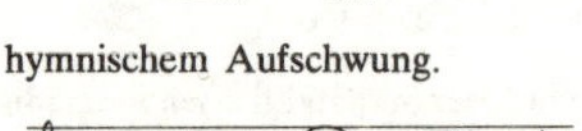

Das Wiederholungsverbot im 15. und 16. Jh. ist dafür ebenso ein mittelbarer Zeuge wie auch etwa G. P. da Palestrinas mäßigende Abänderungen an gregorianischen Vorlagen.

Bis in das 16. Jh. hinein fußte die im Mittelalter aufkommende Mehrstimmigkeit auf dem melodischen Repertoire des Gregorianischen Gesangs. Galten im Mittelalter einerseits melodische Formeln der Kirchentöne als M., so war um 1200 andererseits die Melodik bestimmten rhythmischen Schemata (Modal-↗Notation) und dem Stimmenverband unterworfen: das Ereignis der Mehrstimmigkeit konzentrierte sich primär auf Probleme des Zusammenklangs und der rhythmischen Koordination mehrerer Stimmen. Eine Synthese von Klanglichkeit und „‚kontrapunktischer' Melodik" (H. Besseler) kündigt sich mit den Niederländern an; J. Tinctoris, der bedeutendste Theoretiker des 15. Jh., rühmt in seinem *Liber de arte contrapuncti* (1477) nachdrücklich den Wohlklang der Musik eines G. Dufay, J. Ockeghem u. a. Gleichzeitig formuliert er jenes Verbot, das die Chorpolyphonie des 15. und 16. Jh. – jene Epoche bedeutender melodischer Linienkunst – prägt: das Verbot der „redicta", der unmittelbaren Wiederholung von Tönen, Tongruppen oder rhythmischen Gestalten. Die Verfestigung des Kontrapunkts zu motivischer Prägnanz war also in dieser frei strömenden „Prosamelodik" (H. Besseler) ausgeschlossen; Wiederholungen als Verstoß gegen das Gebot der „varietas" werden damit zu einer bewußten Ausdrucksqualität.

Josquin des Prés, *Missa Pange lingua*, Kyrie

Solches Abweichen von kompositorischen Normen im Dienste eines gesteigerten Ausdrucks bestimmt auch die ↗Seconda pratica Cl. Monteverdis. Sie ist, repräsentiert durch das ↗Madrigal, gerichtet gegen den strengen Stil der ↗Prima pratica Palestrinas, für die Motette und Messe repräsentativ sind. Der neuartige Vorrang affektbetonter Textdarstellung begründet und legitimiert satztechnische Freiheiten, z. B. eine freiere Dissonanzbehandlung

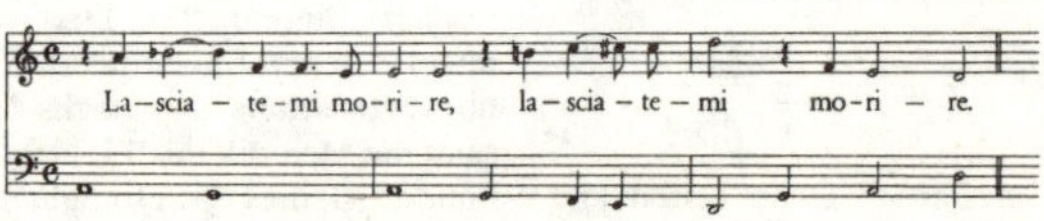

Cl. Monteverdi, *Lamento d'Arianna*

oder im Madrigal der Spätrenaissance textausdeutend-tonmalerische „Madrigalismen“:

C. Gesualdo, Madrigal *Moro lasso*

Der neue monodische Stil um 1600 – G. Caccini überschrieb seine Sammlung von Arien und Madrigalen *Le nuove Musiche* (1601) – machte Front gegen Polyphonie und Kontrapunkt; der stilistische Umbruch markiert, grob formuliert, den Übergang von der musikalischen Linie zur Entdeckung des Klanges: die Musik orientiert sich zunehmend vertikal-akkordisch. Die Melodik der Monodie – des einstimmigen deklamatorischen oder konzertanten Gesanges über einem ↗Generalbaß – ist vom Gedanken der Sprachnähe bestimmt: Die Priorität der Sprache gegenüber dem Gesang, die man durch den Kontrapunkt zerstört sah, sollte im Rückgriff auf vermeintliche antike Vorbilder wiederhergestellt werden, der Gesang habe die Sprache nachzuahmen. Das Streben nach Darstellung von Affekten wird zur Richtschnur.

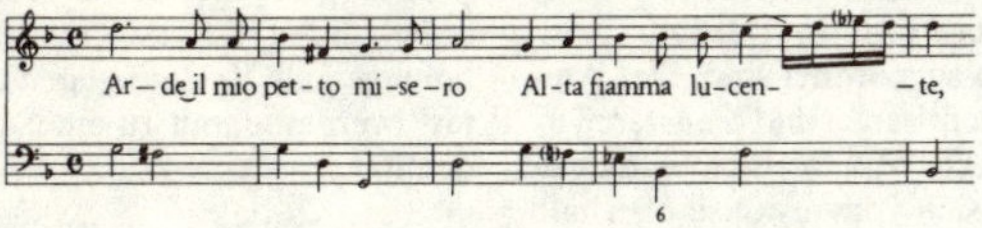

G. Caccini, *Le nuove Musiche*

Die enge Verbindung von Sprache und Musik schlug sich, im Anschluß an die nie erloschene Tradition der grundlegenden antiken Rhetorik (Cicero, Quintilian), in musikalisch-rhetorischen Figuren nieder. Die Figuren, wichtigstes Mittel der Affektdarstellung, sind expressive Abweichungen von den Normen des strengen Satzes, so z.B. die drastisch-bildhaften verminderten Sprünge (Saltus duriusculus) bei *Laß ihn kreuzigen* in Bachs *Matthäuspassion,* die zugleich das Kreuz symbolisieren:

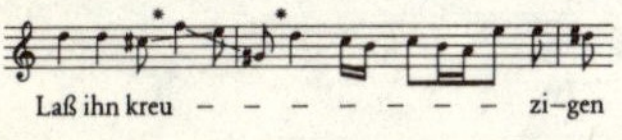

Die Figuren bilden im Barock einen festen und lehrbaren Bestand an musiksprachlichen Formeln, wie die Figurenlehren von J. Burmeisters *Musica poetica* (1606) bis hin zu Chr. Bernhards *Tractatus compositionis* (1650) zeigen. Zu den ausdrucksstärksten Figuren des 17. und 18. Jh. zählt der Passus duriusculus, der chromatische Quartgang; dieser (auch rein instrumental verwendete) ↗Lamento-Baß als Ausdruck von Klage und Schmerz blieb bis ins 19. Jh. erhalten u.a. bei L. van Beethoven, Thema der 32 Klaviervariationen c-moll, in Fr. Schuberts Lied *Litanei* u.v.a.

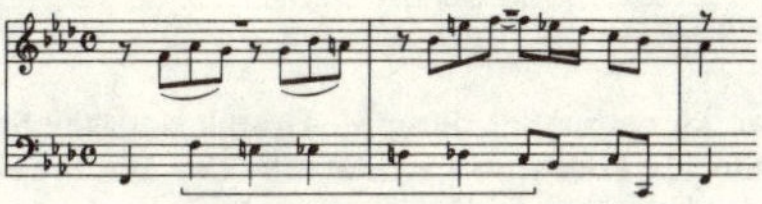

J. S. Bach, *Sinfonia* f-moll

Für J. S. Bachs Melodik sind, neben ihrer Bildhaftigkeit und ihrem Reichtum an Figuren, jener große Zug und ungebunden-weitertreibende Impuls charakteristisch, die E. Kurth vom „linearen Kontrapunkt“ und von „kinetischer Energie“ sprechen ließen. In einstimmigen Linien Bachs entdeckte Kurth eine latente Mehrstimmigkeit, eine „Scheinpolyphonie“; so im folgenden Beispiel etwa die von fis aus fallende Baßlinie:

J. S. Bach, Menuett II aus der Suite Nr. 2 für Vc.-Solo, BWV 1008

(P. Hindemith nennt später die sekundmäßige Verbindung melodischer Hoch- und Tiefpunkte „Sekundgang“ und sieht darin das „Hauptgesetz melodischer Baukunst“.) Der stilistische Eindruck ungemessener Linearität darf aber nicht darüber hinwegtäuschen, daß Bachs Melodik – wie insgesamt die Melodik des 17.–19. Jh. – harmonisch gebunden ist: dies erst ermöglicht ihre z.T. kühne Linienführung. Bezeichnend ist das Maß an harmonischer Aktivität; bei dem folgenden M.-Ausschnitt aus J. S. Bachs *Matthäuspassion* (Arie 26) vollzieht sich auf jedem Achtel der harmonisch gestützten und durch den Baß definierten M. ein harmonischer Wechsel:

Demgegenüber ist die Musik in der Mitte des 18. Jh. von betont harmonischer Simplizität. Bei bevorzugtem Einsatz der Hauptfunktionen wird die Kadenz zum Stimulans thematischer Erfindung; Dreiklangsbrechungen („Mannheimer Raketen") und empfindsame Seufzer und Vorhalte zeigen sich als melodische Manieren; die kleingliedrigen, auf Wiederholung setzenden M.n sind deutlicher Periodik, der Entsprechung von Zwei- und Viertaktgruppen, verpflichtet.

C. Stamitz, Quartett A-Dur

Von dem Prinzip motivisch-metrischer Korrespondenz ist die Melodik der Wiener Klassik geprägt. Ihre syntaktische Grundform ist die Periode, die den ↗Fortspinnungs-Typus (W. Fischer), das melodische Bauprinzip des Spätbarocks, ablöst.

Das Modell der 8taktigen klassischen Periode basiert auf der gleichgewichtigen Entsprechung und Ergänzung eines Vorder- und Nachsatzes. Ihre metrisch einander entsprechenden 4 (= 2 + 2) + 4 (= 2+2) Takte sind motivisch analog, harmonisch aber komplementär angelegt: nach dem harmonisch offenen Vordersatz (Halbschluß auf der Dominante) bewirkt der Nachsatz die harmonisch schließende Rückführung (Ganzschluß auf der Tonika).

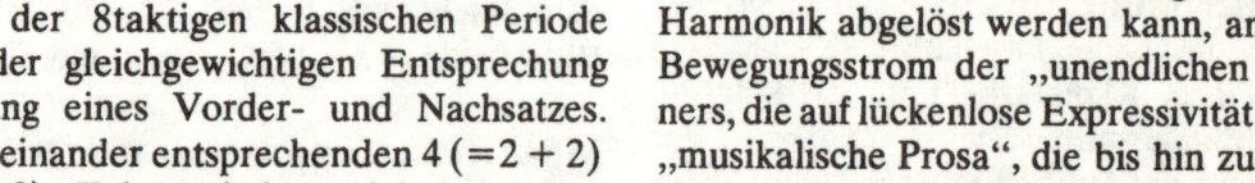

W. A. Mozart, Klaviersonate A-Dur, KV 331

Klassische M.n sind von einer impliziten Harmonik getragen, die keiner weiteren Stütze bedarf: sie bewahren ihren harmonischen Sinn in sich selbst. Bei harmonisch einfachem Grundriß richtet sich das Augenmerk auf melodische Individualität. In der Romantik drängt dagegen die Harmonik zu individueller Ausprägung. Ihre immer stärkere chromatische Durchsetzung – Farb- und Ausdruckswert in einem – führt letztlich zum Zerfall der dur-moll-tonalen Harmonik. Diese zunehmende Sprengung klassischer Balance wirkt ein auf die „subjektivistische M.-Bildung der Romantiker" (E. Kurth). Sie prägt sich technisch aus in gesteigerter Chromatik, ausgreifenden Intervallsprüngen und expressiven Tonrepetitionen. Neben periodisch-geschlossenen M.n finden sich etwa bei Schubert solche, die über klassische Symmetrie hinausdrängen; neben solchen eingängig-liedhafter Diktion stehen rezitativisch-deklamatorische (z. B. in *Der Tod und das Mädchen*) und vorausweisend-expressionistische *(Der Doppelgänger)*. Höhepunkte dieser Entwicklung sind einerseits der ↗Impressionismus, bei dem die M. kaum mehr als selbständiges Gebilde von der Harmonik abgelöst werden kann, andererseits der Bewegungsstrom der „unendlichen M." R. Wagners, die auf lückenlose Expressivität zielt, und eine „musikalische Prosa", die bis hin zu A. Schönberg sich von dem musikalischen Versprinzip der Klassik – der metrischen Korrespondenz von Takten und Satzteilen – lossagt.

Die Preisgabe tonaler Harmonik führte im 20. Jh. einerseits zur melodischen Nutzung modaler oder neuentwickelter Skalen (B. Bartók, O. Messiaen), andererseits zur freien ↗Atonalität und ↗Zwölftonmusik, die innerhalb der chromatischen Skala von 12 gleichberechtigten Tönen ausgeht. Die

Quartenmelodik, mit der Schönbergs *Kammersymphonie* op. 9 (1906) fanfarenartig anhebt,

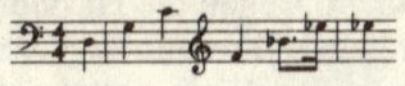

signalisiert gleichsam den Bruch mit herkömmlichen M.-Baugesetzen. Ohne Rückhalt an der Zusammenhang stiftenden Tonalität zu haben, sind Form und melodische Bildungen der frei-atonalen Instrumentalwerke von aphoristischer Kürze und komprimiertestem Ausdruckswillen.

A. Schönberg, *Sechs kleine Klavierstücke,* op. 19

In der Zwölftonmusik soll die zugrunde liegende Reihe die Horizontale (Melodik) und Vertikale (Harmonik) gleichermaßen regulieren. Die Reihe und die aus ihr gewonnenen Formen werden in „entwickelnder Variation" zum Ausgangspunkt verschiedenster thematischer Gestalten. Die Möglichkeit aber, die Reihe immer anders zu rhythmisieren, hebt den traditionellen melodischen Konnex zwischen Tonhöhe und Rhythmus auf; so erfährt etwa im 1. und 3. Satz aus Schönbergs 3. Streichquartett op. 30 (1927) die Reihe eine gänzlich gegensätzliche Gestaltung:

In der ↗seriellen Musik seit 1950, die außer der Tonhöhe auch die Toneigenschaften (Parameter) Dauer, Lautstärke, Klangfarbe und Artikulation reihenmäßig prädeterminiert, wird der Begriff der M. gegenstandslos. Zu Schönbergs Idee einer ↗Klangfarbenmelodie (*Harmonielehre,* 1911) schlagen Klangfarbenkompositionen (G. Ligeti, Krz. Penderecki) seit etwa 1960 eine Brücke, ohne jedoch die von Schönberg postulierte Balance der Klangfarbe zur M. (Tonhöhe) anzustreben. In G. Ligetis Orchesterwerk *Melodien* (1971) sind „polyrhythmische melodische und ornamentale Schichten" (Ligeti) übereinandergelagert: ein ineinander verschlungenes Gewirk wie eine verhangene Erinnerung an Gewesenes und Mögliches.

Lit.: J.-PH. RAMEAU, Traité de l'harmonie (P 1722, Faks.-Ausg. NY 1965) (= MMMLF 2/3); J. MATTHESON, Kern melodischer Wissenschaft (H 1737); DERS., Der vollkommene Capellmeister (H 1739, Nachdr. Kas 1954, ^{2}1969); J.-J. ROUSSEAU, Dictionnaire de Musique (P 1768, Nachdr. Hil 1969); H. CH. KOCH, Versuch einer Anleitung zur Composition (Rudolstadt – L 1782–93, Nachdr. Hil 1969); S. JADASSOHN, Das Wesen der M. in der Tonkunst (L 1899); E. M. VON HORNBOSTEL, M. u. Skala, in: Jb. Peters 19 (1912); A. HALM, Von zwei Kulturen der Musik (Mn 1913, St ^{3}1947); W. FISCHER, Zur Entwicklungsgesch. des Wiener klass. Stils, in: StMw 3 (1915); E. KURTH, Grundlagen des linearen Kontrapunktes (Be 1917, ^{5}1956, Nachdr. Hil 1977); DERS., Romantische Harmonik u. ihre Krise in Wagners „Tristan" (Be 1919, ^{3}1923, Nachdr. Hil 1968); P. WAGNER, Einführung in die gregor. M.n III (L 1921, Nachdr. Hil 1970); E. TOCH, Melodie-Lehre (B 1923); K. JEPPESEN, Der Palestrinastil u. die Dissonanz (L 1925); A. HALM, Einführung in die Musik (B 1926, Nachdr. Da 1966); H. BESSELER, Die Musik des MA u. der Renaissance (P 1931, Nachdr. Laaber 1979); W. DANCKERT, Ursymbole melodischer Gestaltung (Kas 1932); H. VON ZINGERLE, Zur Entwicklung der Melodik v. Bach bis Mozart (L 1936); P. HINDEMITH, Unterweisung im Tonsatz (Mz 1937, ^{2}1940); B. STÄBLEIN, Zur Entwicklung der gregor. M., in: KmJb 35 (1951); H. BESSELER, Singstil u. Instrumentalstil in der europäischen Musik, in: Kgr.-Ber. Bamberg 1953 (Kas 1954); TH. G. GEORGIADES, Musik u. Sprache (B 1954, ^{2}1974) (= Verständliche Wiss. 50); H. CH. WOLF, Zur Melodiebildung J. S. Bachs, in: StMw 25 (1962); L. U. ABRAHAM – C. DAHLHAUS, Melodielehre (Kö 1972); H. DANUSER, Musikal. Prosa (Rb 1975) (= Stud. z. Musikgesch. des 19. Jh. 46); C. DAHLHAUS, Die Idee der absoluten Musik (Kas 1978); D. DE LA MOTTE, Kontrapunkt (Kas 1981).

C. KÜHN

MELODIE DER WELT, dt. Musikverlag. Das Unternehmen wurde 1951 u. a. von Otto Blau, Inhaber des Bühnen- und Musikverlages Josef Weinberger, Wien, gegründet, dessen Geschäftsführer Johann Michel die Geschäftsleitung übernahm. Zunächst auf deutsche Tanzmusik spezialisiert, gehört das Unternehmen heute zu den führenden Musikverlagen auf allen Gebieten der Unterhaltungsmusik (Rock- und Popmusik u. a.). Neben bekannten Komponisten des deutschsprachigen Raumes, wie Will Glahé, Michael Jary, Udo Jürgens und Hans Lang, enthält das Repertoire auch ausländische Namen von internationalem Rang, darunter Burt Bacharach, Gilbert Bécaud, Mike Chapman, Bill Martin, Paul McCartney und Carlos Santana.

MELODIK. Entsprechend dem Begriff ↗Harmonik als Lehre von den Zusammenklängen bedeutet M. eigentlich Lehre von der ↗Melodie. Sprachlich ungenau wird aber M. im 20. Jh. meist synonym für Melodie bzw. für spezifische Prinzipien melodischer Gestaltung etwa eines Komponisten verwandt.

MELODIUM, Bz. für ein erstmals um 1844 von dem französischen Instrumentenbauer J. Alexandre gebautes Klein-↗Harmonium.

MELODRAM, gesprochener Text mit Instrumentalbegleitung, also die Verbindung von literarischem Text und untermalender Musik. Die neuere terminologische Unterscheidung zwischen den Bezeichnungen „Melodrama" (für die literarisch-musikal. Gattung) und „Melodram" (für die Technik dieser Verbindung) hat sich ebensowenig allgemein durchgesetzt wie die Gleichsetzung des Terminus „Melodrama" mit „Bühnenmelodram". – Schon der ↗Camerata Fiorentina galt zu Beginn der Operngeschichte jedes Bühnenwerk mit Musik als „melodramma per musica", und bei diesem Wortgebrauch blieb es bis zur Mitte des 18. Jahrhunderts. Erst J.-J. Rousseaus *Pygmalion,* den er selbst eine „Scène lyrique" nannte, begründete die eigentliche Gattungsgeschichte des M.s: dem 1762–65 entstandenen Text hatte Rousseau ausführliche Instruktionen zur Komposition einer Begleitmusik beigegeben. Hatte er selbst die neue Gattung noch für einen Notbehelf dafür gehalten, die seiner Ansicht nach für den Gesang ungeeignete französische Sprache komponierbar zu machen, so griffen in Frankreich Horace Coignet (1770) und A. L. Baudron (1780) und in Deutschland A. Schweitzer (1772) und G. A. Benda (1779) die Anregung zur Vertonung dieser Dichtung auf. Besonders die ersten Bühnenmelodramen Bendas trugen zur schnellen Verbreitung des M.s als Gattung bei (*Ariadne auf Naxos* und *Medea,* 1795). Bendas Musik stimmt den Hörer nicht, wie Rousseau vorgeschlagen hatte, auf das jeweils Kommende ein, sondern sie illustriert tonmalerisch das gerade Gesprochene dem Inhalt bzw. dem Affekt nach. W. A. Mozart begann unter dem Eindruck der Bendaschen M.en, von deren genauem Studium er am 12. 11. 1778 aus Mannheim dem Vater berichtet, mit der Komposition eines „Duodrams" *Semiramis* (KV 315e, verschollenes Fragment). Auch G. Neefes ↗Monodram *Sophonisbe* (1778), J. F. Reichardts M.en (z.B. *Cephalus und Proteus,* 1778), Fr. W. Rusts Duodram *Inkle und Yarico* (1779) sowie J. Chr. Cannabichs *Elektra* (1780) stehen unter dem Eindruck Bendas.

Ganz dem Mozartschen Einfall entsprechend, „man solle die meisten Recitativ auf solche art in der opera tractiren – und nur bisweilen, wenn die wörter gut in der Musik auszudrücken sind, das Recitativ singen", traten seit Beginn des 19. Jh. M.-Partien in Singspiel und Oper immer häufiger auf; besonders in der französischen Opéra-comique erfreuten sich melodramatische Einschübe großer Beliebtheit. Aber auch in der deutschen Oper wird von ihr, nicht selten an zentralen Stellen der Handlung, Gebrauch gemacht (so in L. van Beethovens *Fidelio* in der Kerkerszene sowie in C. M. von Webers *Freischütz* in der Wolfsschluchtszene). Auch für Schauspielmusik wurde die Technik des M.s häufig angewandt; so von Fr. Schubert (in der Musik zu *Das Teufelsschloß* von Kotzebue D 84 und zu *Die Zauberharfe* D 644), Beethoven (Musik zu Goethes *Egmont,* op. 84) und R. Schumann (Musik zu *Manfred* von Byron, op. 115).

Parallel zu dieser Entwicklung entstand das (epische oder lyrische) sog. Konzert-M.: die Rezitation von Gedichten (meist Balladen) mit Klavierbegleitung. So erfuhren melodramatische Vertonung z. B. Klopstocks *Die Frühlingsfeyer* 1777 durch J. R. Zumsteeg, *Leb' wohl, du schöne Erde* durch Fr. Schubert (D 829), Fr. Hebbels *Schön Hedwig* (1849) sowie dessen *Ballade vom Heideknaben* (1852) durch R. Schumann, G. A. Bürgers *Lenore* (1857) und N. Lenaus *Der traurige Mönch* (1860) durch Fr. Liszt. Diese Art des M.s trug stark zur Popularisierung der Gattung bei; großer Beliebtheit erfreuten sich z. B. J. A. Webers *Der Gang mit dem Eisenhammer* (nach Schiller), *Enoch Arden* (nach Tennyson) von R. Strauss (1897), *Das Hexenlied* (nach E. v. Wildenbruch) von M. von Schillings (1904, auch als Orchester-M.). Auch Dilettanten wie Fr. Nietzsche widmeten sich dieser Form; von ihm stammt (1863) *Das zerbrochene Ringelein* nach Eichendorff.

Mit C. M. von Webers *Preziosa* (1820) und schließlich E. Humperdincks *Die Königskinder* (1. Fassung 1897) entsteht die Technik des „gebundenen" M.s: Humperdinck rhythmisiert nicht nur (wie Weber) die Sprechstimmen, sondern er notiert auch den Tonfall der Stimmhöhe nach durchgängig (↗Sprechgesang). Hieran knüpfen an: A. Schönberg mit dem Monodram *Erwartung* op. 17 (1907), *Pierrot lunaire* op. 21 (1912) und *Kol nidre* op. 39 (1938); A. Berg (M.-Partien in den Opern *Wozzeck* und *Lulu*) und I. Strawinsky (*L'histoire du soldat,* 1918; *Perséphone,* 1933). Die Technik der Einbeziehung von Sprechern in durchkomponierte Werke wird in unserem Jh. nicht selten auch in oratorischen Werken angewandt, z. B. in *Ode an Napoleon* und *Ein Überlebender aus Warschau* (1947) von A. Schönberg, in *La victoire de Guernica* (1954) von L. Nono, in der Lukas-Passion (1956) von Krz. Penderecki, in der „Ekklesiastischen Aktion" *Ich wandte mich und sah alles Unrecht . . .* (1970) von B. A. Zimmermann, in *Magnum Mysterium* (1980) von G. Becker.

Lit.: E. ISTEL, Die Entstehung des dt. Melodramas (B 1906); M. STEINITZER, Zur Entwicklungsgesch. des M.s u. Mimodrams (L 1919) (= Die Musik 35); H. MARTENS, Das M. (B 1932) (= Musikal. Formen in hist. Reihen 11); R. STEPHAN, Zur jüngsten Gesch. des M.s, in: AfMw 17 (1960); F. RABILL, The World of M. (Univ. Park/Pa. 1967); J.D. DRAKE, The 18th Century Melodrama, in: MT 112 (1971); Z. PILKOVA, The Difference in the Relationship between the Music and the Word in Melodrama, Recitative and Aria in the Second Half of the Eighteenth Century, in: Colloquium Music and Word (Brünn 1973); A. D. MCCREDIE, Handlungsballett, Melodrama u. die musikdramatischen Musikformen des Sturm u. Drangs u. des Weimarschen Klassizismus, in: Muzikološki zbornik 15 (1979).

R. CADENBACH

MELOGRAPH, Pianograph, Bz. für eine Vorrichtung an Klavieren zur mechanischen Aufzeichnung der gespielten Töne. – ↗Mechanische Musikwerke.

MELOPÖIE (von griech. melopoiia = das Tonsetzen). – **1)** In der griechischen Antike zunächst Bz. für die Erfindung eines ↗Melos, in der späteren Musiktheorie (u. a. bei Aristoxenos) die Lehre von der Melodiebildung, die in die 3 Bereiche Lēpsis (Auswahl), Mixis (Mischung) und Chrēsis (Anwendung) systematisch aufgegliedert ist. Die Lēpsis legt die Stimmlage eines Gesangs in Hinblick auf seinen Ausdruckscharakter fest (↗Ethos), die Mixis bestimmt von vornherein die Gliederung eines Stükkes, insbesondere den Wechsel der Gattungen und Systeme (metabolē), und die Chrēsis regelt die Melodiebildung im eigentlichen Sinne. Diese wiederum wird unterteilt in: Agōgē, die aufsteigende oder abfallende Melodieführung, Plokē, die schrittweise oder sprungweise ausgeführte Bewegung, und Petteia, die Wiederholung oder Verlängerung eines gleichen Tones. – **2)** Im Zeitalter des ↗Humanismus wurde im Zusammenhang mit der Übernahme rhetorischer Begriffe in die Musiktheorie die Bz. M. insbesondere im Sinne von Kompositionslehre aufgenommen (u. a. bei S. Calvisius und M. Mersenne) und synonym mit ↗Musica poetica gebraucht.

Lit.: **Zu 1):** A. ROSSBOCH – R. WESTPHAL, Theorie der musischen Künste der Hellenen II (L [3]1886, Nachdr. Hil 1966).

MELOS (griech., = Glied, Weise, Lied, Melodie), Bz. für das melodisch und klanglich bestimmende Prinzip der antiken griechischen Musik. Die ursprüngliche Bedeutung von M. als Glied (bei Homer) wurde im Sinne von musikalischem Glied, Phrase oder Einheit erweitert und, daran anknüpfend, als vokal und instrumental vorgetragene Weise verstanden (z. B. bei Alkman, 7. Jh. v. Chr.). Ein enger Zusammenhang besteht insbesondere seit Pindaros (5. Jh. v. Chr.) zur lyrischen Dichtung. M. ist dort gleichbedeutend mit lyrischem Gedicht. Seit Platon wird M. als Verbindung von Logos (Wort), Harmonia (Tonordnung) und Rhythmos (Bewegungsordnung) im Sinne einer Melodie erklärt. Spätestens jedoch seit Aristoxenos' Schrift *Elemente der Harmonik* wird M. in der griechischen Musiktheorie als ein von der Rhythmuslehre unabhängiges, melodisch-musikalisches Phänomen verstanden und der Harmonia (↗Harmonie) und ↗Melopöie zugeordnet. Auf Aristoxenos geht auch die Unterscheidung von musikalischem und sprachlichem Melos zurück. – In der Musiktheorie des Mittelalters entsprechen dem Wort M. Bezeichnungen wie ↗Cantilena, Melodia. Als antiker Terminus blieb M. auch in der Neuzeit bekannt, wurde jedoch erstmals von R. Wagner in der Schrift *Über das Dirigieren* (1869) in neuer, auf die Musik des 19. Jh. übertragener Bedeutung eingeführt. In diesem Sinne ist M. auch in der musiktheoretischen Terminologie des 20. Jh. üblich geworden.

Lit.: W. DANCKERT, Ursymbole melodischer Gestaltung (Kas 1932); H. KOLLER, M., in: Glotta 43 (1965).

MELOS-QUARTETT, dt. Streichquartett. Es wurde 1965 in Stuttgart gegründet, debütierte dort 1966 mit *Wilhelm Melcher* (* 5. 4. 1940 Hamburg), 1. Violine, *Gerhard Voss* (* 17. 12. 1939 Burscheid, Bergisches Land), 2. Violine, *Hermann Voss* (* 9. 7. 1934 Brünen bei Wesel, Bruder von G. Voss), Viola, und *Peter Buch* (* 18. 5. 1937 Stuttgart), Violoncello, und wurde im selben Jahr beim Concours international d'exécution musicale als bestes Streichquartett ausgezeichnet. Seit 1970 konzertiert das Quartett in vielen Teilen der Welt und trat besonders auch mit zyklischen Aufführungen der Streichquartette L. van Beethovens (1970 Barcelona, 1975 Stuttgart, 1977 Bonn), Fr. Schuberts (1978 Stuttgart und München, 1979 New York) und B. Bartóks (1970 Barcelona) hervor. Die Mitglieder des Quartetts wurden 1975 Dozenten (1980 Professoren) für Quartettspiel an der Musikhochschule in Stuttgart. Sie spielen auf Instrumenten von Carlo Bergonzi (1731; 1. Violine), Lorenzo Storioni (1781; 2. Violine), Carlo Ferdinando Landolfi (um 1750; Viola) und Francesco Ruggieri (1682; Violoncello).

Lit.: R. WILKE, Ein Gespräch mit dem M., in: fono forum 23 (1978).

MELUSINE, Oper in 4 Akten von Aribert Reimann (* 1936), Text von Claus H. Henneberg nach dem gleichnamigen Schauspiel (1922) von Yvan Goll. UA: 29. 4. 1971 bei den Schwetzinger Festspielen.

In seiner zweiten Oper hebt der Komponist die Bedeutung dieser Gattung als Singtheater hervor, wie die ruhig fließenden, lyrischen Gesangslinien in den Liebesszenen belegen. Die Partie der Melusine ist dabei äußerst artifiziell, unnatürlich angelegt – im Kontrast zu Melusinens Absicht, die Natur gegen die Technik zu schützen. Diese dramatische Diskrepanz wird erst gemildert, wenn sich Melusine in den baufreudigen Grafen verliebt, der Konflikt also ins Vordergründige gerückt wird. Reimann erzielt dramatische Aussagekraft durch die Bildung musikalischer Leitkomplexe; dabei wirkt seine Musiksprache sehr knapp konzentriert. Nicht zuletzt die komplizierte Rhythmik (Gleichzeitigkeit von Triolen, Quint- und Septolen) läßt eine stilistische Einordnung der Musik zwischen Cl. Debussy und A. Berg zu.

K. LANGROCK

MEMBRAN (von lat. membrana = dünne Haut), Bz. für in gespanntem Zustand Schwingungen erzeugende Materialien wie Leder, Pergament, Kunststoff- und Metallfolien. Im Unterschied zur Saite handelt es sich bei einer M. um ein 2dimensionales Schwingungssystem. Instrumente, deren Ton durch M.en erzeugt wird, heißen ↗Membranophone.

MEMBRANOPHONE (griech.), in der Systematik der Musikinstrumente (bei V.-Ch. Mahillon, E. von Hornbostel und C. Sachs) Bz. für alle Musikinstrumente, deren tonerzeugendes Material eine gespannte ↗Membran ist, die in Schwingung versetzt werden kann, sei es durch Schlagen (Trommel, Pauke), durch Reiben (↗Reibtrommel), seltener durch Zupfen (indische Zupftrommel) oder durch indirekte Erregung über einen Luftstrom beim Ansingen (↗Mirliton). – ↗Instrumentenkunde.

MENÄEN (von griech. mēn = Monat) werden in der orthodoxen Kirche zunächst Handschriften und gedruckte Bücher genannt, welche in erster Linie die Texte der Propriumsgesänge für die unbeweglichen Feste des Kirchenjahres (vom 1. September bis zum 31. August) enthalten. Die M. sind meist (den Monaten entsprechend) in 12 Bände aufgeteilt. Die ältesten neumierten byzantinischen M. stammen aus dem 11. und 12. Jh. und überliefern in der Regel nur Aufzeichnungen der Stichera (↗Sticheron). Einige Handschriften enthalten darüber hinaus auch die Texte der Kanones sowie die für die Lesungen bestimmten Perikopen. Zu den ältesten neumierten M. gehören 5 Codices in Grottaferrata, die aus dem Kloster St. Elias in Carbone stammen. Die M. sind streng von den Menologien zu unterscheiden, die nur Heiligenviten überliefern.

MENANTES (eig. Christian Friedrich Hunold), * 29. 9. 1681 Wandersleben, † 6. 8. 1721 Halle; dt. Dichter. Er studierte Jura an der Universität Jena. 1700 kam M. nach Hamburg, wo er durch die Umdichtung der Oper *Salomon* von G. C. Schürmann bekannt wurde. Aus der Zusammenarbeit mit R. Keiser entstanden hier u. a. das Libretto zu *Nebucadnezar* und der Oratoriumstext zu *Der Blutige und Sterbende Jesus* (beide 1704). Daneben schrieb er dort auch das für die Operntheorie und -poetik wichtige Lehrbuch *Die Allerneueste Art zur Reinen und Galanten Poesie zu gelangen* (H 1707). 1706 mußte M. Hamburg verlassen und hielt seit 1708 an der Universität Halle Vorlesungen in Poetik und Rhetorik, seit 1714 auch in Jurisprudenz. Nach Texten aus seiner 3bändigen Sammlung *Auserlesene und theils noch nie gedruckte Gedichte* (Hl 1718–21) entstanden 5 weltliche Kantaten von J. S. Bach.

Lit.: H. VOGEL, Ch. F. Hunold (Diss L 1897); F. SMEND, Bach in Köthen (B 1951) (darin Hunolds Kantatentexte für Bach); H. CH. WOLFF, Die Barockoper in Hamburg I (Wb 1957).

MENCKIN, Thomas, ↗Mancinus.

MENDELSSOHN, Arnold Ludwig, * 26. 12. 1855 Ratibor, † 19.2.1933 Darmstadt; dt. Komponist. M. war der Sohn eines Vetters von F. Mendelssohn Bartholdy. Er studierte zunächst Jura in Tübingen und dann Musik am Institut für Kirchenmusik in Berlin. 1880 wurde er Musikdirektor und Organist in Bonn, 1882 in Bielefeld, war 1885–90 Kompositionslehrer am Konservatorium in Köln und seit 1891 Gymnasialmusiklehrer und Kirchenmusikmeister in Darmstadt. Daneben lehrte er seit 1912 am Hochschen Konservatorium in Frankfurt am Main. M. hat großen Anteil an der Erneuerung der protestantischen Kirchenmusik in Deutschland. P. Hindemith gehörte zu seinen Schülern.

WW: Vokal-WW: Für Chor: *Die Frühlingsfeier* (1891); *Paria* (1905); *Pandora* (1908); Kantaten *Aus tiefer Not* (1912) u. *Zagen und Zuversicht* (1917) für 3 Solost., gem. Chor u. Orch.; Psalm 137 für Sopran, Chor u. Orch. (1913); *Deutsche Messe* (1923) für 6st. Chor a cap.; *Geistliche Chormusik* (14 Motetten a cap. für das ev. Kirchenjahr) (1926); *Zehn Volkslieder* (1929) für 3–4st. Männerchor a cap. *Die Seligpreisungen* (1933) für Soli, Chor u. Streichquartett. – Opern: *Elsi, die seltsame Magd* (nach J. Gotthelf), UA: Köln 1896; *Der Bärenhäuter,* UA: Berlin 1900. – Schriften: *Gott, Welt und Kunst,* hrsg. v. W. Ewald (Da 1949).

Lit.: W. NAGEL, A. M., in: Die Musik 1 (1907/08); H. HERING, A. M. Die Grundlagen seines Schaffens u. seine Werke (Diss. Marburg 1929); K. HOLZMANN, Pädagogen von einst. M. als Lehrer P. Hindemiths, in: Musik im Unterricht 43 (1952); A. WERNER-JENSEN, A. M. als Liederkomponist (Diss. F 1974); M. BALZ, A. M. und die ev. Kirchenmusik in Darmstadt (1980).

MENDELSSOHN BARTHOLDY, Jakob Ludwig Felix, * 3. 2. 1809 Hamburg, † 4. 11. 1847 Leipzig; dt. Komponist, Dirigent und Pianist jüdischer Abstammung. M. war ein Enkel des Philosophen Moses M. (1729–1786). Sein Vater Abraham M. (1776–1835) ließ sich 1811 in Berlin nieder und gründete das Bankhaus M. mit Filialen in Paris und London, das für den preußischen Staat wichtige Aufgaben durchführte. Abraham M. trat mit seiner Familie zum evangelischen Glauben über und änderte den Namen in Mendelssohn Bartholdy. Der junge F. M. wuchs in einer politisch liberalen, geistig und künstlerisch aufgeschlossenen familiären Atmosphäre auf. Den ersten Klavierunterricht erteilte ihm seine Mutter Lea geborene Salomon. Durch hervorragende Privatlehrer erhielt er einen weitgefächerten Unterricht in mehreren Sprachen, Zeichnen, Violine (seit 1824, E. Rietz), Klavier (Ludwig Berger, zeitweise auch J. N. Hummel und, 1816 in Paris, Marie Bigot de Morogues) und Komposition (C. Fr. Zelter). 1820 trat er in die von Zelter geleitete Singakademie ein, wo er auch Werke J. S. Bachs kennenlernte. Nach dem von Zelter vermittelten ersten Besuch bei J. W. von Goethe 1821, bei dem M. dem Dichter Werke Bachs und eigene Kompositionen vortrug, wurden seit 1822 im Elternhaus regelmäßig Sonntagskonzerte unter Mitwirkung eines kleinen Orchesters veranstaltet. Hier spielten M., seine Schwester Fanny und sein Bruder Paul mit, und in diesen Konzerten wurden auch die Jugendkompositionen der Geschwister aufgeführt. Erlebnisse einer großen Reise der Familie in die Schweiz 1822 fanden Niederschlag in M.s Streichersymphonien Nr. 9 und 11. Von März bis Mai 1825 weilte er mit dem Vater in Paris, wo er sich einer Prüfung durch L. Cherubini unterzog und diesem mit namhaften Musikern des Conservatoire sein Klavierquartett op. 3 vorspielte. 1827 fand die UA seiner Ouvertüre zu Shakespeares *Ein Sommernachtstraum* durch C. Loewe in Stettin statt. Mittlerweile hatte sich sein Elternhaus zum führenden Salon Berlins entwickelt, in dem H. Heine, Bettina von Arnim, G. Fr. W. Hegel, Wilhelm von Humboldt, Rahel Varnhagen, L. Tieck und andere Persönlichkeiten des kulturellen Lebens verkehrten. Seit 1827 hörte er auch Vorlesungen an der Universität, u. a. Ästhetik bei Hegel. Mit der ersten Aufführung der *Matthäuspassion* nach Bachs Tod am 11. März 1829, die die Bach-Renaissance einleitete, wurde M. mit einem Male weithin bekannt. Eine Reise nach England und Schottland (1829), auf der er erstmals Einblick in das Londoner Musikleben erhielt, legte den Grundstein für seine zeitlebens guten Verbindungen nach England. 1830–32 führte ihn eine große Kunstreise über Weimar, wo er mit Goethe zusammentraf, München und Wien nach Venedig, Florenz, Rom, Neapel, Mailand und anschließend in die Schweiz, nach Paris und London. Prädestiniert durch soziale Stellung, Bildung und Begabung, hatte er im Vergleich zu anderen Musikern seines Alters für die Reise außerordentlich günstige Voraussetzungen. Seine Briefe an Zelter enthalten sehr genaue Beobachtungen über das internationale Musikleben und die musikalische Praxis. Während seiner Abwesenheit waren Zelter und Goethe gestorben. M. bewarb sich um die Nachfolge Zelters in Berlin und war enttäuscht, als ihm K. Fr. Rungenhagen vorgezogen wurde. Nach der erfolgreichen Leitung des Niederrheinischen Musikfestes im Sommer 1833 wurde er mit Beginn der Spielzeit 1833/34 Musikdirektor in Düsseldorf, wo er neben seiner Tätigkeit in Theater und Konzert auch einen Kirchenchor zu leiten hatte. Mit Carl Immermann begann er eine Reihe von Opernaufführungen, überwarf sich aber bald mit ihm und gab 1834 die Theatertätigkeit an J. Rietz, den Bruder seines Violinlehrers, ab. Obgleich er in Briefen über die schlechten Arbeitsbedingungen in Düsseldorf klagte, wurde der qualitative Aufschwung des dortigen Musiklebens von den Zeitgenossen bald erkannt. 1835 nahm er die angebotene Stelle als Musikdirektor der Gewandhauskonzerte in Leipzig (bis 1847) an und wirkte später auch als Dirigent der Niederrheinischen Musikfeste. Im Sommer 1837 heiratete er die aus einer Frankfurter Hugenottenfamilie stammende Cécile Jeanrenaud, die ihm in seinem ruhelosen Leben einen sicheren Rückhalt bot. Aus der Ehe gingen 5 Kinder hervor. Dank seiner umfassenden Bildung, seiner Dirigierbegabung und seinem kompositorischen Œuvre wurde M. bald Mittelpunkt des kulturellen Lebens der Stadt Leipzig, die sich durch sein Verdienst in wenigen Jahren zu einem Musikzentrum von internationalem Rang entwickelte – nicht zuletzt durch das von ihm zusammen mit seinem Jugendfreund F. David (1836 als Konzertmeister verpflichtet) vorbildlich geführte Gewandhausorchester. Auch trat er erfolgreich für die sozialen Belange der Musiker ein. Den veränderten gesellschaftlichen Bedingungen suchte er durch systematische Förderung des Nachwuchses zu entsprechen. Nachdem ein Leipziger Jurist eine bedeutende Summe für kulturelle Zwecke hinterlassen hatte, betrieb er seit 1839 die Gründung des Leipziger Konservatoriums, das 1843 als erstes deutsches Institut seiner Art eröffnet wurde. 1840 hatte ihn König Friedrich Wilhelm IV. von Preußen nach Berlin berufen, um das dortige Musikleben und die Musikabteilung der Akademie der Künste zu reorganisieren. Zwischen 1841 und 1844 weilte M. daher oft in Berlin, komponierte auch Schauspielmusik für das dortige Theater (u. a. im Anschluß an die schon bestehende Ouvertüre zu Shakespeares *Ein Sommernachtstraum*) und leitete seit 1843 auch den Domchor. Seine Reformvorschläge wurden jedoch durch Intrigen, Bürokratie und königliche Privilegien blockiert, und resigniert kehrte er Ende 1844 endgültig nach Leipzig zurück.

WW (das Werk M.s ist noch nicht voll überschaubar; etwa 200 Kompositionen, Jugend- u. Studienwerke, aber auch reife Werke sind nie oder erst in jüngster Zeit gedruckt worden u. daher in der GA [1874–77] nicht enthalten. Wegen des Fortgangs der NA an versch. Stellen wird im Folgenden auf die Kennzeichnung als Ms. weitgehend verzichtet): **1) Instr.-WW: a)** Für Klv.: 6 Sonaten, op. 6, 28, 105, 106 sowie 2 ohne Opuszahl; Capriccio, op. 5; Fantasie, op. 15; *Rondo capriccioso*, op. 14; *Variations sérieuses*, op. 54; *Charakteristische Stücke*, op. 7; *Lieder ohne Worte*, op. 19, 30, 38, 53, 62, 67, 85, 102; Fantasien, op. 16; Capricen, op. 33; 6 Präludien u. Fugen, op. 35; *Kinderstücke*, op. 72; Einzelstücke; außerdem zahlr. hsl. erhaltene Stücke. – **b)** Für Org.: 6 Sonaten, op. 65; 3 Präludien u. Fugen, op. 37; Fuge f-moll u.

2 Orgelstücke (Lo 1839, 1844). – **c)** Kammermusik: Streichquartette Es-Dur (1823), op. 12, 13, 44 Nrn. 1–3, 80, 81 (4 nicht zusammengehörige Sätze); Streichquintette, op. 18 u. 87; Oktett, op. 20; Klaviertrios, op. 49 u. 66; Trio für Klv., V. u. Va. (hsl.); Klv.-Quartette, op. 1, 2, 3 u. ein Werk hsl.; Sextett für Klv. u. Str., op. 110; Sonaten für V. u. Klv., op. 4; 2 Sonaten ohne Opuszahl: für Va. u. Klv. (1824); für Vc. u. Klv., op. 45, 58; *Variations concertantes* für Vc. u. Klv., op. 17; Sonate für Klar. u. Klv. (1824); Konzertstücke für Klar., Bassetthorn u. Klv., op. 113, 114. – **d)** Für Orch.: 12 Jugendsymphonien; 2 Symphoniesätze (1821–23); 5 Symphonien: op. 11, 52 *(Lobgesang)*, 56, 90, 105; 7 Ouvertüren; Trauermarsch für Militärmusik auf den Tod N. Burgmüllers; Marsch, op. 108. – **e)** Konzerte: für 2 Klv. u. Orch. E-Dur (1823) u. As-Dur (1824); für Klv.: a-moll (1823/24), g-moll, op. 25, d-moll, op. 40; Konzertstücke für Klv. u. Orch. *Capriccio brillant*, op. 22; Serenade u. *Allegro giocoso*, op. 43; *Rondo brillant* Es-Dur, op. 29; Konzert für Klv., V. u. Str. d-moll (1823); für V. u. Str. d-moll (1822); für V. u. Orch. e-moll, op. 64; *Duo concertant et variations brillantes* für 2 Klv. u. Orch. über ein Thema aus C. M. von Webers *Preziosa* (zus. mit I. Moscheles). – **2) Vokal-WW: a)** Geistliche WW (a cap., teilweise mit Soli): Kyrie; Te Deum; Sätze für die anglikanische Liturgie u. die Agende der altpreußischen Union; Motetten für gem. Chor, Frauenchor, Männerchor. – Für Soli u. Orch., oder Chor u. Orch.: Kantaten; Gloria; Magnificat; Salve Regina; *Tu es Petrus*, op. 111; Vespergesang, op. 121; 7 Choralkantaten für Soli, Chor u. Orch.; symphonische Kantate *Lobgesang*, op. 52; Psalm 115, op. 31; Psalm 42, op. 42; Psalm 95, op. 46; Psalm 114, op. 51; Psalm 98, op. 91; *Lauda Sion*, op. 73; *Laß, o Herr*, op. 96. – Oratorien: *Paulus*, op. 36; *Elias*, op. 70; *Christus*, op. 97 (Fragment). – **b)** Weltliche WW: gem. Chöre, op. 41, 48, 59 (darin *O Täler weit, o Höhen*), 88, 100; Lieder für Männerchor, op. 50 (darin *Wer hat dich, du schöner Wald*), 75, 76, 120 u. weitere ohne Opuszahl; *Festmusik zum Fest der Naturforscher* (1827) (hsl.), *zum Dürerfest* (1828) (hsl.); *Festgesang zum Gutenberg-Fest* ohne Opuszahl; *Die erste Walpurgisnacht*, op. 60. – Lieder mit Klv.-Begleitung: op. 8, 9, 19, 34 (darin *Auf Flügeln des Gesanges*), 47, 57, 71, 84, 86, 99 u. ohne Opuszahl; Duette, op. 63 u. 77. – **3) Bühnen-WW:** 6 Sing- bzw. Liederspiele; Opernfragment *Loreley*; Bühnenmusik zu: Calderón, *Der standhafte Prinz* (1834); Sophokles, *Antigonae*, UA: Potsdam 1841; Shakespeare, *Ein Sommernachtstraum*, UA: ebd. 1843; Racine, *Athalie*, UA: Berlin 1845; Sophokles, *Ödipus in Kolonos*, UA: Potsdam 1845.

Was M. von seiner Reise 1830–32 an negativen (Italien) wie positiven Erfahrungen (Orchestre du Conservatoire in Paris, vielfältiges Konzertangebot in London) mitbrachte, wurde für seine spätere Tätigkeit bestimmend. Er kam schon früh mit den wichtigsten Musikern seiner Zeit zusammen. Der italienischen Oper stand er ebenso ablehnend gegenüber wie der Musik von H. Berlioz, den er jedoch menschlich schätzte und der auf M.s Einladung 1843 seine *Symphonie fantastique* in Leipzig dirigierte. In den Gewandhauskonzerten legte M. den Nachdruck auf die Werke der Wiener Klassik und die ihr verpflichteten zeitgenössischen Komponisten; 1838 brachte er Fr. Schuberts große C-Dur-Symphonie zur Uraufführung. In die Abonnementsreihen nahm er auch historische Konzerte auf, in denen er damals unbekannte Werke von J. S. Bach, G. Fr. Händel, Chr. W. Gluck, J. Haydn, W. A. Mozart u. a. aufführte. Er richtete regelmäßige Kammerkonzerte ein, bei denen er wie bei den Orchesterkonzerten auch als Pianist auftrat. Außerdem spielte er Orgelkonzerte. In London hatte er die Notwendigkeit eines breiten Konzertangebots erkannt, später auf die Leipziger Verhältnisse übertragen und eigene Qualitätsmaßstäbe angelegt. Bald galt er in England und den USA als der erfolgreichste Musiker seiner Zeit. Sein Einfluß war beispiellos. Nach Übernahme der Leipziger Stelle wurden ihm aus ganz Deutschland Kompositionen zur Beurteilung und Aufführung zugeschickt, und was er befürwortete, durfte allgemeiner Anerkennung sicher sein. Die musikalische Publizistik stand ihm unkritisch gegenüber, und sein Geschmack, den er, beseelt von der geradezu missionarischen Absicht, Publikum und Musikleben in Deutschland zu formen, mit wenigen Einschränkungen durchsetzen konnte, zeitigte auch negative Folgen. In den sehr lebhaften Auseinandersetzungen um Virtuosen, Klassiker und italienische Oper bezeichneten etwa Fr. Chopin und R. Schumann die Grenze dessen, was er an Neuem guthieß, und auch die spätere Gegnerschaft zwischen der klassisch-romantischen Tradition und der Neudeutschen Schule hat hier eine ihrer Wurzeln. Es gehört zu M.s Tragik, daß er in der Breite seines Wirkens in keinem Zeitgenossen ein Korrektiv fand. In Leipzig baute er Muster auf, die in großen Zügen bis in die Gegenwart Gültigkeit haben, doch rieb er sich physisch und seelisch dabei auf. Er hatte in einer Zeit der Umwälzungen mit großem Elan neue Ideen entwickelt und durchgeführt, fühlte sich aber am Ende seines kurzen Lebens von sozialen und politischen Veränderungen überrollt, die er nicht mehr verarbeiten konnte.

Das kompositorische Werk M.s ist noch nicht in einem vollständigen Verzeichnis erfaßt. Erst seit 1959 wächst das Interesse an seinem bis dahin fast unbekannten Jugendwerk; das Gesamtwerk wird um etwa ein Viertel umfangreicher sein als die alte Gesamtausgabe (1874–77) und das zugehörige *Verzeichnis der im Druck erschienenen Compositionen* (3., vervollständigte Aufl. 1882). M. veröffentlichte selbst nur die Werke bis op. 72, alle höheren Opuszahlen wurden bei der Veröffentlichung von den Erben zugeteilt; ab op. 81 ist die Chronologie nicht mehr gewahrt. Da M. selbst auch Kompositionen ohne Opuszahl veröffentlichte, sind Rückschlüsse auf seine eigene Einschätzung unveröffentlichter Werke kaum zu ziehen. Er war sich selbst der stilistischen Uneinheitlichkeit seines Werks bewußt, denn vieles entsprang Einsichten in sozialgeschichtliche Zusammenhänge, verbunden mit der Absicht, dem Bürgertum wertvolle Musik im klassischen Sinne anzubieten. Die Lieder ohne Worte, gemischte und Männerchöre, Lieder und Duette, Kirchenmusik (im Gegensatz zu seinen oratorischen Werken) sind als die hierhergehörigen Werkgruppen neben einzelnen Stücken zu nennen. Wenn er auch um den unterschiedlichen musikalischen Anspruch wußte, nahm er die Komposition solcher Stücke ernst, und manches davon steht den für das Konzert bestimmten Werken nicht nach.

Die Jugendwerke bis etwa 1826 zeigen eine Auseinandersetzung mit der Musik Bachs, Händels, Haydns, Mozarts sowie die Einflüsse seiner Zeitgenossen und Lehrer C. M. von Weber, L. Spohr, Ludwig Berger und C. Fr. Zelter. Von 1827 an (Streichquartette op. 13, 12. Klaviersonate op. 106) ist eine Beschäftigung mit dem Spätwerk Beethovens (Quartette, Klaviersonaten) festzustellen. Bis etwa 1829 zeugen seine Werke von großer Aufnahmebereitschaft und kompositionstechnischer Experimentierfreudigkeit. Während der großen Reise wurden außer dem Klavierkonzert g-moll op. 25 größere Werke nur skizziert und erst später ausgearbeitet („Schottische" und „Italienische" Symphonie op. 56 und 90). Um diese Zeit hatte sich sein Stil so weit gefestigt, daß er fremde Einflüsse nicht mehr aufnahm, doch wurde der kompositorische Prozeß zunehmend langwieriger und komplizierter – die Komposition des Violinkonzerts op. 64 zog sich über 6 Jahre hin –, so daß das Bild vom problemlos komponierenden Genie nicht zutrifft. M. korrigierte und änderte an seinen Werken bis in den Druckvorgang hinein. Läßt man Ressentiments (Antisemitismus) unberücksichtigt, gibt es im Werk selbst Gründe für das in der Geschichte schwankende Urteil. Kompositionen gleicher Gattung und gleichen Anspruchs von unterschiedlicher musikalischer Qualität stehen bei etwa gleicher Entstehungszeit vielfach unvermittelt nebeneinander. Das Ringen um Klarheit und Vermeiden musikalischer Konflikte im Werk selbst ist am Entstehungsprozeß der reifen Werke nachvollziehbar, und erst in den letzten Werken (*Elias*, Streichquartett op. 80) zeigt sich die Konfliktbereitschaft im Werk selbst, Zeichen auch für seine Stellung den Zeitverhältnissen gegenüber. Auch ist nicht zu verkennen, daß offenkundige Interpretationsfehler sich – abweichend von den Erstausgaben – bis in die Gesamtausgabe (1874–77) in Dynamik, Phrasierung und Artikulation negativ verändernd ausgewirkt haben. Während er in vielen Gattungen die klassische Tradition fortführte, pflegte er mit den Liedern ohne Worte, Ouvertüren, Scherzi („Elfenscherzo") und Orgelsonaten typisch romantische Formen. Dem entspricht die Entfaltung einer romantisch-ausdruckshaften Tonsprache, in der weiträumige Melodik bei sehr artifizieller Binnenstruktur, oftmals mit kontrapunktischen Einschlüssen oder rezitativischen Teilen, mit subtiler Klanglichkeit verbunden ist. Charaktermotive und deren Entwicklung treten an die Stelle klassisch abgegrenzter Themen (*Sommernachtstraum-* und *Hebriden*-Ouvertüre, Oktett für Streicher), die sich der Tonmalerei gelegentlich bedienen, ohne programmatisch zu sein. Namen bei Werken bezeichnen den Anlaß zu romantischem, „charakteristischem" Ausdruck. Solche Charakteristik herrscht in den Ouvertüren, Symphonien, den besten der *Lieder ohne Worte* vor, wirkt aber auch in anderen Werken (Quartette op. 44, Klaviertrio op. 49, Violinkonzert) fort, ohne eigens benannt zu sein.

Seine Ausgaben von Oratorien Händels – eine geplante Gesamtausgabe kam nicht zustande – und Orgelwerken Bachs nähern sich der seiner Zeit noch fremden Idee einer kritischen Ausgabe im modernen Sinn. – M. war auch ein sehr talentierter Zeichner und Aquarellist; bildnerisch festgehaltene Eindrücke seiner Reisen ergänzen seine Briefe.

Während M.s Werke zu seinen Lebzeiten in Deutschland und England in hohem Ansehen standen und in den USA im 19. Jh. häufiger aufgeführt wurden als Werke Beethovens und M. dort zum Inbegriff des erfolgreichen Musikers wurde, machten sich in Deutschland bald antisemitische Ressentiments bemerkbar. In den Konzerten reduzierte sich die Anzahl der gespielten Werke auf einige Ouvertüren, 2 Symphonien („Schottische" und „Italienische") und das Violinkonzert. Dagegen waren in der Hausmusik die Lieder und *Lieder ohne Worte* sowie Arrangements aus der Kammermusik und die gemischten und Männerchöre in den Chorvereinigungen sehr beliebt. Nachdem mit dem ersten Weltkrieg und seinen gesellschaftlichen Folgen weite Bereiche privaten Musizierens nicht mehr bestanden, wurden mit dem antisemitischen Verdikt des Nationalsozialismus M.s Werke in Deutschland vollends unterdrückt. Auch in den angelsächsischen Ländern hatte das Interesse um die Jahrhundertwende sehr nachgelassen. Seit 1959, M.s 150. Geburtstag, hat in Forschung und Praxis eine M.-Renaissance begonnen. Neben den bekannten Chor-, Kammermusik- und Orchesterwerken sowie den Oratorien haben sich auch einige der erstmals veröffentlichten Werke (u. a. frühe Streichersymphonien, das von Y. Menuhin erstmals veröffentlichte Violinkonzert d-moll, Choralkantaten) nach und nach ihren Platz im Musikleben sichern können.

Ausg.: GA, hrsg. v. J. RIETZ, 19 Bde. (L 1874–77, Nachdr. Farnborough 1967–68), NA, 23 Bde. (1969); Leipziger Ausg. der Werke F. M. B.s (L 1960 ff.); Neu- u. Erstausg. geistlicher Werke (Neuhausen 1977 ff.). – Einzelausg.: Hebriden-Ouvertüre, Faks. der 1. Fassung, hrsg. v. M. F. SCHNEIDER (Bas 1947); *Sechs Lieder im Freien zu singen* u. *Sechs Lieder ohne Worte*, op. 30, Faks. der Autographe, in: F. M. B., Denkmal in Wort u. Bild (Bas

1947); V.-Konzert d-moll, hrsg. v. Y. MENUHIN (NY 1952); V.-Sonate F-Dur, hrsg. v. DEMS. (NY 1953); 2 Konzertstücke op. 113, 114 für 2 Klar. u. Klv., hrsg. v. J. MICHAELS (H 1957); *Auf Wiedersehen*, Faks. aus dem Lied *Es ist bestimmt in Gottes Rat*, hrsg. v. M. F. SCHNEIDER (Ba 1959); Schweizer Sinfonie c-moll, hrsg. v. A. HOFFMANN (Wb 1962) (= Corona 80); *Jesu meine Freude*, Faks. der Autographe, hrsg. v. O. JONAS (Ch 1966); *Kinderstücke*, op. 72, nach der Eigenschrift, hrsg. v. O. HIEKEL (Mn 1968); Choralkantate *O Haupt voll Blut und Wunden*, hrsg. v. TH. MÖLICH (F 1976); Choralkantate *Wer nur den lieben Gott läßt walten*, hrsg. v. O. BILL (Kas 1976).

Lit.: **1) Werkverzeichnisse:** Thematisches Verz. der im Druck erschienenen Compositionen... (L 1846, [3]1882, Nachdr. Lo 1966); G. GROVE, Beethoven, Schubert, Mendelssohn, hrsg. v. E. Blom (Lo 1951); R. ELVERS, Verz. der v. F. M. B. hrsg. Werke J. S. Bachs, in: Gestalt u. Glaube. FS O. Söhngen (Witten 1960); P. KRAUSE, Autographen, Erstausg. u. Frühdrucke der Werke v. F. M. B. in Leipziger Bibliotheken u. Archiven (L 1972); H. CH. WORBS, F. M. B. in Selbstzeugnissen u. Bilddokumenten (Reinbek 1974) (mit Zeichnungen u. Aquarellen M.s). – **2) Briefe, Dokumente u. Erinnerungen der Zeitgenossen:** Briefe aus den Jahren 1830–1847, hrsg. v. P. u. C. MENDELSSOHN BARTHOLDY (L 1861 u. ö., engl. Lo 1864, Nachdr. Freeport/N.Y. 1970); Reisebriefe aus den Jahren 1830–32, hrsg. v. P. MENDELSSOHN BARTHOLDY (L 1861), NA als: Briefe einer Reise durch Deutschland, Italien u. die Schweiz..., hrsg. v. P. Sutermeister (Z 1958) (mit Zeichnungen u. Aquarellen M. B.s); K. MENDELSSOHN BARTHOLDY, Goethe u. F. M. B. (L 1871, erweitert engl. Lo 1874); S. HENSEL, Die Familie M. (B 1879 u. ö.); Briefe v. F. M. B. an I. u. Ch. Moscheles, hrsg. v. F. MOSCHELES (L 1888, Nachdr. Walluf-Nendeln 1976); F. M. B.s Briefwechsel mit Legationsrat K. Klingemann, hrsg. v. K. KLINGEMANN junior (Essen 1909); Letters, hrsg. v. G. SELDEN-GOTH (Lo 1946); Ein tief gegründet Herz. Briefwechsel F. M. B.s mit J. G. Droysen, hrsg. v. C. WEHMER (Hei 1958); Briefe an dt. Verleger, hrsg. v. R. ELVERS (B 1968); Briefe aus Leipziger Archiven, hrsg. v. H. J. ROTHE – R. SZESKUS (L 1972). – E. POLKO, Meine Erinnerungen an F. M. B. (L 1868); E. DEVRIENT, Meine Erinnerungen an F. M. B. u. seine Briefe an mich (L 1869, [2]1872 u. ö., engl. Lo 1869, Nachdr. NY 1972); J. CH. LOBE, Gespräche mit F. M., in: Consonanzen u. Dissonanzen. Gesammelte Schriften (L 1869); F. HILLER, F. M. B. Briefe u. Erinnerungen (Kö 1874); J. ECKARDT, F. David u. die Familie Mendelssohn (L 1888); R. SCHUMANN, Erinnerungen an F. M. B., bearb. u. hrsg. v. G. Eismann (Zwickau 1947); B. ALEXANDER, M. and the Alexanders, in: M.-Stud. 1 (1972). – **3) Biographien u. umfassende Darstellungen, Studien zu Werkgruppen u. einzelnen Werken:** W. A. LAMPADIUS, F. M. B. Ein Denkmal für seine Freunde (L 1848); E. WERNER, M. A New Image of the Composer and His Age (NY–Lo 1963, dt. Fr–Z 1980); K.-H. KÖHLER, F. M. B. (L 1966); M. GECK, Die Wiederentdeckung der Matthäus-Passion im 19. Jh. (Rb 1967) (= Stud. z. Musikgesch. des 19. Jh. 9); S. GROSSMANN-VENDREY, F. M. B. u. die Musik der Vergangenheit (Rb 1969) (= ebd. 19); W. S. NEWMAN, The Sonata Since Beethoven (Chapel Hill 1969, revidiert NY 1972); W. THOMAS, Das Instrumentalwerk F. M. B.s. Eine Systematisch theoretische Unters. unter besonderer Berücksichtigung der zeitgen. Musiktheorie (Gö – Kas 1972) (= Göttinger musikwiss. Arbeiten 4); Das Problem M., hrsg. v. C. DAHLHAUS (Rb 1974) (= Stud. z. Musikgesch. des 19. Jh. 41); R. JACOBS, M. (P 1977); F. KRUMMACHER, M. der Komponist. Stud. z. Kammermusik für Str. (Mn 1978); A. KURZHALS-REUTER, Die Oratorien F. M. B.s (Tutzing 1979); F. M. B., hrsg. v. H. K. METZGER (Mn 1980) (= Musik-Konzepte 14/5); F. M. B., hrsg. v. G. SCHUHMACHER (Da 1981) (= Wege der Forsch. 494) (mit unveröff. Zeichnungen u. Aquarellen).

G. SCHUHMACHER

MENDÈS, Catulle, * 20.5.1841 Bordeaux, † 7.2. 1909 Saint-Germain-en-Laye; frz. Schriftsteller, Theater- und Musikkritiker. Er gründete 1861 *La revue fantaisiste*, die sich für die zeitgenössische Kunst einsetzte, und propagierte als Mitarbeiter der *Revue wagnérienne* (1885–87) sowie des *Journal* (seit 1895) die Musik R. Wagners, den er sehr bewunderte. 1898 organisierte er die „Jeudis populaires de musique de chambre ancienne et moderne", um die Kammermusik bei einem breiten Publikum durchzusetzen. M. schrieb auch Libretti.

WW (Libretti für): A. E. Chabrier, *Gwendoline*, UA: Brüssel 1886; A. Messager, *Isoline*, UA: Paris 1888; R. Hahn, *La Carmélite*, UA: ebd. 1902; C. Erlanger, *Fils de l'étoile*, UA: ebd. 1904; J. Massenet, *Ariane*, UA: ebd. 1906; Cl. Debussy, *Rodrigue et Chimène* (vom Komp. unvollendet).

Lit.: J. F. HERLIHY, C. M., critique dramatique et musical (P 1936); E. BRODY, La famille M. A Literary Link Between Wagner and Debussy, in: MR 33 (1972).

MÉNESTREL (von lat. ministerialis = Beamter, Diener; im 13. Jh. ménestérieus und in Analogie zu anderen Künstlerbezeichnungen ménétrier), im mittelalterlichen Frankreich Bz. für eine besondere Klasse von ↗Jongleurs, die an einen Herrn – häufig selbst ein Trouvère – gebunden war. Sie waren z. T. durchaus angesehen; ihre Rolle beschränkte sich keineswegs immer auf die des Leibdieners und Musikanten: Einige M.s waren Vertraute ihres Herrn und führten auch heikle diplomatische Missionen aus. Sie wurden mit Geld und Naturalien entlohnt; zur Erneuerung ihres Repertoires oder zur Verbesserung ihrer Fähigkeiten hatten sie bestimmte Schulen zu besuchen. Einige M.s stiegen zum Kleinadel auf und erhielten Lehen. Jean Sire de Joinville teilt allerdings auch mit, der hl. Ludwig habe Geld an arme M.s verteilt. Der Idealtyp des M. findet sich in den Zügen des Pinçonnet im *Roman de Cléomadès* und des Helyott l'Envoisié im *Tristan en prose:* Künstler, Freund, Vertrauter und fähiger Bote. In der Realität entsprechen diesem Typ etwa Watriquet de Couvin, Blondel de Nesles oder später Jehan d'Ostende, der am Hofe von Savoyen Harfenist und Kitharaspieler war. – In Deutschland gehörten zur Klasse der Ministerialen die meisten Minnesänger, u. a. Walther von der Vogelweide, Ulrich von Winterstetten und Tannhäuser. Der Titel M. war sehr begehrt und verbreitete sich äußerst schnell über die gesamte Gruppe der Jongleurs. Sie organisierten sich zunftmäßig und hatten ihre Straßen, Häuser, Stadtviertel und Kirchen (St-Julien-des-Ménétriers zu Paris, während der Revolution zerstört; Maison des Musiciens zu Reims, im 1. Weltkrieg zerstört). Der Chef einer solchen Zunft führte bis 1773 den Titel „König", aber die M.s hatten längst ihr Ansehen verloren; die *Fastes* *de la grande et ancienne Ménestrandise* von Fr. Couperin stellen entsprechend den sozialen Niedergang des Standes musikalisch dar. Vom Ende des 18. Jh. an heißen M.s nur noch dörfliche Bierfiedler, die mit bescheidener Technik und Musikalität bei Festen aufspielen.

Lit.: B. BERNHARD, Recherches sur l'histoire de la corporation des ménétriers ou joueurs d'instr. de la ville de Paris, in: Bibl. de l'École des Chartes, Serie A/3 (1841/42); E. VAN DER STRAETEN, Les m.s aux Pays-Bas... (Bru 1878, Nachdr. Hilversum – G 1972); A. VIDAL, La Chapelle St-Julien-des-Ménétriers... (P 1878); E. DUNCAN, The Story of Minstrelsy (Lo 1907); H. ANGLÈS, Cantors u. Ministers in den Diensten der Könige v. Katalonien-Aragonien im 14. Jh., in: Kgr.-Ber. Basel 1924 (L 1925); N. A. SOLAR-QUINTES, Nuevos documentos sobre ministriles..., in: Miscelánea... FS H. Anglès II (Ba 1961); W. SALMEN, Der fahrende Musiker im europäischen MA (Kas 1960) (= Die Musik im alten u. neuen Europa 4).

W.-D. LANGE

MENGELBERG, Josef Willem, * 28. 3. 1871 Utrecht, † 21. 3. 1951 Sent (Unterengadin); ndl. Dirigent. Er war Schüler von Richard Hol in Utrecht sowie von Fr. Wüllner und Gustav Jensen in Köln und debütierte 1890 in Utrecht als Pianist, setzte aber diese Laufbahn nicht fort. 1891 wurde er städtischer Musikdirektor in Luzern und übernahm 1895 die Leitung des Concertgebouworkest in Amsterdam, das er zu Weltruhm führte. Seit 1898 leitete er auch den Chorverein „Toonkunst", mit dem er alljährlich die *Matthäuspassion* von J. S. Bach aufführte. 1907 wurde M. auch Leiter der Museumskonzerte und 1908 des Cäcilienvereins in Frankfurt am Main, unternahm nach 1908 zahlreiche Tourneen und arbeitete 1921–29 mit dem National Symphony Orchestra in New York. Seit 1945 lebte er zurückgezogen in der Schweiz.

M. bevorzugte die deutsche Musik seit J. S. Bach und war auch ein Förderer der zeitgenössischen Musik. Er wurde ein unvergleichlicher Interpret der Werke von G. Mahler und R. Strauss, der ihm sein *Heldenleben* widmete. M. organisierte ein Mahler-Fest (1920), Festspiele niederländischer (1902, 1912, 1935) und französischer Musik (1922). Er lud die bedeutendsten Musiker seiner Zeit in das Concertgebouw ein und überließ häufig den Komponisten die Leitung ihrer eigenen Werke.

Lit.: E. RICHOLSON SOLLIT, W. M. and the Symphonic Epoch (NY 1930); K. PH. BERNET KEMPERS, Mahler u. W. M., in: Kgr.-Ber. Wien 1956 (Gr – Kö 1958); W. PAAP, W. M. (A 1960); DERS., in: Mens en melodie 26 (1971); E. B. HEEMSKERTE, Over W. M., 1871–1951. Illustraties en documentatie uit het arch. van W. M. en persoonlijke herinneringen (A 1971); R. HARDIE, The Recordings of W. M. (Nashville/Tex. 1972).

MENOTTI, Gian Carlo, * 7. 7. 1911 Cadegliano (Lombardei); amerik. Komponist it. Herkunft. Nach Studien am Mailänder Konservatorium (1923–27) wanderte M. 1928 in die USA aus. Er studierte 1928–33 am Curtis Institute of Music in Philadelphia Komposition bei Rosario Scalero und lehrte 1933–55 selbst an diesem Institut. 1958 gründete er das Festival dei Due Mondi in Spoleto.

WW: **1) Instr.-WW:** Für Klv.: *Poemetti* (1937); *Ricercare e toccata* über ein Thema aus *The Old Maid and the Thief* (1953). – Für Orch.: *Pastorale and Dance* (1934) für Klv. u. Str.; Klv.-Konzert (1945); *Apocalypse* (1951); V.-Konzert (1952). – **2) Bühnen-WW:** (Libr. v. Komponisten): *La morte di Piero* (unveröff.); *Amelia al ballo,* UA als: *Amelia Goes to the Ball,* Philadelphia 1937; *The Island God,* UA: New York 1942; *The Medium,* UA: ebd. 1946; *The Telephone,* UA: ebd. 1947; *The Consul,* UA: Philadelphia 1950; *The Saint of Bleeker Street,* UA: New York 1954; *Maria Golovin,* UA: Brüssel 1958; *The Last Savage,* UA: Paris 1963; *Help! Help! The Globolinks,* UA: Hamburg 1968; *The Most Important Man,* UA: New York 1971; *Juana la Loca,* UA: 1979; Funkoper *The Old Maid and the Thief,* UA: National Broadcasting Company (NBC) 1939; die Fernsehopern *Amahl and the Night Visitors,* UA: ebd. 1951, u. *Labyrinth,* UA: ebd. 1963; dramatische Kantate *The Death of the Bishop of Brindisi* (1963); Kirchenoper *Martin's Lie,* UA: Bristol 1964; Ballette *Sebastian,* UA: New York 1944, u. *Errand into the Maze,* UA: ebd. 1947; Madrigalballett *The Unicorn, the Gorgon and the Manticore,* UA: Washington/D.C. 1956.

Mit *Amelia al ballo* gelang M. ein erfolgreiches Debüt als Opernkomponist. Er konzipierte für kleine Bühnen Opern wie *The Medium* und *The Telephone,* die eine kammermusikalische Besetzung, wenige Personen und nur ein einziges Bühnenbild erfordern. Mit seinem ersten Dreiakter *(The Consul)* begründete er 1950 seinen Weltruhm. M. ist Komponist, Librettist und Regisseur in einer Person; er fordert, die Spieltechniken der Oper an diejenigen des modernen Sprechtheaters anzugleichen, ist hingegen in seiner Musik melodisch wie harmonisch konservativ. Eklektizistisch-produktiv vereinigen sich in seinem Schaffen Stilelemente der Musik von M. Mussorgski und G. Puccini bis hin zu I. Strawinsky.

Lit.: M. I. CASMUS, G. C. M. His Dramatic Techniques. A Study Based on Works Written 1937–1954 (Diss. NY 1962); R. TRICOIRE, G. C. M. L'homme et son œuvre (P 1966) (= Musiciens de tous les temps 26); R. LECONTE HOLDEN junior, Part I: The Seattle Production of „The Telephone" by G. C. M. (1970) (= Diss. Seattle Univ.); L. GRIEB, The Operas of G. C. M. 1937–72. A Selective Bibliography (Metuchen/N.J. 1974); J. GRUEN, M. A Biogr. (NY 1978).

R. QUANDT

MENSUR (von lat. mensura = Maß). – **1)** Bei Saiteninstrumenten Bz. für das Verhältnis der Saiten zum Korpus, aber auch sämtlicher Maße der Teile des Instruments zueinander. – **2)** Bei Blasinstrumenten Bz. für die Weite der Schallröhre bzw. Lage der Tonlöcher. – **3)** Bei der Orgel Bz. für die Maßverhältnisse der Pfeifen: Bei den Labialpfeifen sind Durchmesser des Pfeifenkörpers – die M. im engeren Sinne –, Höhe des Aufschnitts, Breite des Labiums und der Kernspalte sowie Größe der Fußöffnung, bei den Zungenpfeifen Länge und Durchmesser des Bechers und der Kehle sowie Größe und Dicke der Zunge von klanglicher Bedeutung. Die

Festlegung dieser M.en im Hinblick auf das gewünschte Klangbild und die raumakustischen Verhältnisse gehört zu den wichtigsten Planungsaufgaben des Orgelbaus. – **4)** In der Mensuralnotation Bz. für das Zeitmaß der Notenwerte, das durch Mensurzeichen (↗Notenschrift) angegeben wird. Die M. von Longa heißt ↗Modus, die von Brevis ↗Tempus, die von Semibrevis-Minima ↗Prolatio.

Lit.: **Zu 3):** CH. MAHRENHOLZ, Die Berechnung der Orgelpfeifenmensuren vom MA bis z. Mitte des 19. Jh. (Kas 1938, Nachdr. 1968).

MENSURALNOTATION ↗Notenschrift.

MENSURZEICHEN ↗Notenschrift.

MENUETT (engl.: minuet; frz.: menuet; it.: minuetto; span.: minuete, minué; oft auch pseudo-italianisierend als Menuetto bezeichnet), Bz. für einen Tanz französischer Herkunft im Dreiertakt. Die Frage, ob das Wort von „menu" (klein, zierlich, mit Bezug auf die Tanzschritte) oder von der Tanzbezeichnung „amener" (= anführen) abstammt, ist noch ungeklärt. Das M. soll nach 1650 am Hofe Ludwigs XIV. eingeführt worden sein, seine Ausbildung als musikalische Form geht vor allem auf J.-B. Lully zurück. Es verbreitete sich bald in ganz Europa und wurde der beliebteste Tanz aristokratischer, später auch großbürgerlicher Kreise. Erst gegen Ende des 18. Jh. wurde es durch die volkstümlicheren Typen des Kontratanzes und des Deutschen Tanzes (Walzer) abgelöst, aber noch in den 1790er Jahren lieferten J. Haydn, W. A. Mozart und L. van Beethoven M.-Serien für die Wiener Redoutenbälle.

Nach ersten vielgestaltigen Erscheinungsformen, bei denen lebhaftes Zeitmaß vorherrschte, vereinheitlichte sich das M. bald zum Typus als Tanz im Tripeltakt in mäßig schneller Bewegung und nahm damit eine Mittelstellung zwischen der langsamen ↗Sarabande und dem lebhaften ↗Passepied ein; J. Mattheson bezeichnet seinen Grundaffekt als „mäßige Lustigkeit". – Der geregelten Schrittordnung des Tanzes entspricht eine streng normierte musikalische Struktur: das ältere M. besteht aus zwei zu wiederholenden Achttaktern, die ihrerseits in je zwei Viertaktgruppen gegliedert sind.

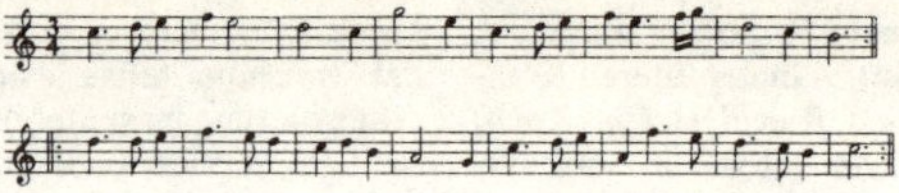

J.-B. Lully, Menuet aus *Le bourgeois gentilhomme*

Über die Klavier- und Orchestersuite des ausgehenden 17. Jh. fand das M. besonders in Frankreich und Deutschland Eingang in die Kunstmusik. Es gehörte nicht zum Kernbestand dieser Folge stilisierter Tanzsätze, wurde aber oft als Auflockerung vor der abschließenden Gigue eingeschoben. Im italienischen Stilbereich erfolgte die Übernahme vorwiegend als Schlußsatz der (Opern-)Sinfonia. Die Verselbständigung als instrumentale Form wirkte sich auf die Struktur aus: Der zweite Teil des M. wurde unter Wahrung der Vierersymmetrie ausgeweitet, häufig durch Anwendung des Da capo-Prinzips:

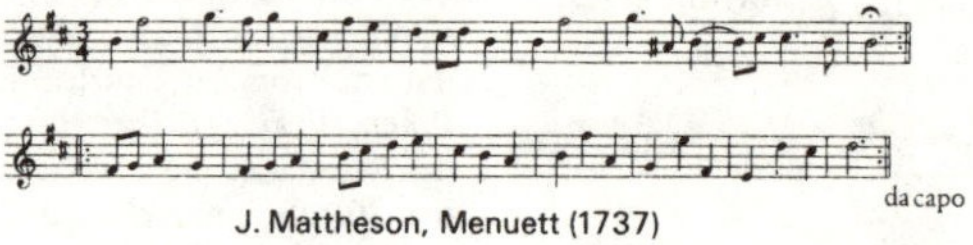

J. Mattheson, Menuett (1737)

Durch Hinzufügen eines zweiten M. (Menuetto alternativo) mit anschließender Wiederholung des ersten ergab sich eine erweiterte Reprisenform A B A, deren Mittelteil in bezug auf Tonart, Satztechnik oder Klangfarbe gegensätzlich gestaltet wurde. Aufgrund seiner häufig 3st. Setzweise (bei Orchesterwerken meist für 2 Ob. und Fag.) bürgerte sich für das zweite M. die Bezeichnung „Trio" ein. Die französischen Clavecinisten erweiterten das M. vereinzelt zur Rondoform (Menuet en rondeau).

Der Normaltypus des M.s zwischen 1680 und 1750 ist volltaktig und im $^3/_4$-Takt (im italienischen Stil auch im $^3/_8$-Takt) notiert. Laut Mattheson soll das M. durch den Grundrhythmus ♩ ♩ | ♩ ♩ charakterisiert sein, doch handelt es sich dabei eher um einen speziellen, allerdings häufig anzutreffenden Typ. Insgesamt bietet die M.-Produktion dieser Zeit eine Fülle unterschiedlicher Gestaltungsformen; was diese miteinander verbindet, ist ihre gemessene, extreme Affekte meidende Haltung, die auch in gelegentlichen Zusätzen wie grazioso, galante, tendre zum Ausdruck kommt. – Als besonderes Genre gilt das gesungene M., das allerdings nur selten als solches bezeichnet ist. Oft handelt es sich dabei um nachträglich textierte Tanzmelodien (so bei Sperontes, *Die singende Muse an der Pleiße*, 1736–45); aber auch größere Formen in Oper oder Kantate sind aufgrund ihrer Struktur- und Ausdrucksmerkmale unschwer als Vokalmenuette zu erkennen (z. B. die Aria *Unter deinem Purpursaum* aus J. S. Bachs Kantate BWV 173a). – In der älteren Kompositionslehre (Mattheson, J. Riepel, H. Chr. Koch) galt das M. als Schulbeispiel für die in Viertaktgruppen symmetrisch gegliederte und als „naturgegeben" empfundene Taktordnung (↗Periode), aus deren Grundsätzen auch die größeren Formen der klassischen Musik abgeleitet wurden.

Seit Mitte des 18. Jh. war das M. fester Bestandteil der verschiedenen Nachfolgeformen der Suite (Divertimento, Kassation, Notturno, Serenade). Die reprisenförmige Anlage mit dem kontrastierenden Trio als Mittelteil wurde nun allgemein verbindlich. Der ursprünglich begrenzte Ausdrucksbereich weitete sich aus und ließ freiere rhythmische Gestaltungsformen zu:

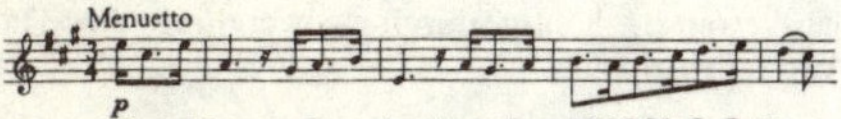

W. A. Mozart, Symphonie A-Dur, KV 201, 3. Satz

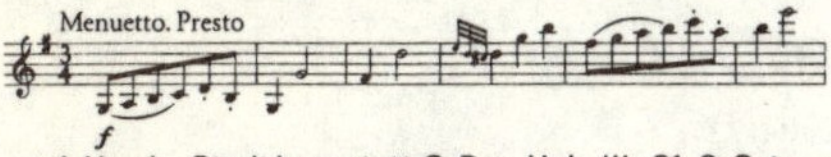

J. Haydn, Streichquartett G-Dur, Hob. III: 81, 3. Satz

Von wesentlicher Bedeutung für die weitere Entwicklung des M.s war seine durch die Mannheimer (J. Stamitz) und Wiener „Vorklassiker" eingeleitete, durch Haydn gefestigte Integration in die zum 4sätzigen Zyklus ausgeweitete symphonische Form. Mit seiner symmetrisch ausgewogenen Gestalt stellt es – in der Regel als vorletzter Satz innerhalb der Gesamtform – eine Phase beschaulicher Entspannung vor dem dynamisch-schwungvollen Finale dar. Unter dem Einfluß der neuen kompositorischen Ideen und Techniken, insbesondere im symphonischen und kammermusikalischen Schaffen Haydns und Mozarts, wandelte sich die Tanzform zum „ausgearbeiteten" Satz, entweder durch Anwendung motivischer Durchführungstechnik bzw. kontrapunktischer Setzweise oder durch Verfeinerung und Komplizierung der metrischen und rhythmischen Struktur. Die Verbindung dieser Stilmerkmale mit einem schnelleren Grundzeitmaß führte schließlich zu einem neuen Satztypus, dem ↗Scherzo. Die bei Haydn und Mozart noch beibehaltene Satzbezeichnung „Menuetto" ist in solchen Fällen nicht mehr auf den Tanzcharakter bezogen. Sie erhält einen strukturellen, auf die formale Funktion zielenden Sinn, der besagt, daß es sich bei diesem Satz um einen Einschub, um einen „Nebensatz" im Rahmen der zyklischen Form handelt. Im Gegensatz zu Haydn, der mit der Überschrift „Scherzo" zu einigen tanzförmig angelegten Sätzen der Streichquartettserie op. 33 offenbar keine Charakterisierung im späteren Sinne des Wortes beabsichtigte, verwenden Beethoven wie auch L. Spohr, C. M. von Weber, Fr. Schubert u. a. diesen Begriff bewußt in der Bedeutung eines pointierten oder motorischen Bewegungstyps, neben dem das „Grazioso-M." als beschauliches, fast ein wenig konventionell anmutendes Gegenbild noch vereinzelt eingesetzt wird (vgl. die entsprechenden Sätze in Beethovens Septett, op. 20, und in Schuberts Oktett, D 803). – Bei den Instrumentalsätzen im Tempo di minuetto verbindet sich der rhythmisch-melodische Gestus des älteren M. mit freierer Formgestaltung (Finalsätze der Konzerte KV 191, 219, 242, 246 von Mozart; Klaviersonaten op. 54, 1. Satz, op. 49 Nr. 2, letzter Satz, von Beethoven). Nach 1830 setzt sich das Scherzo endgültig als Standardform des bewegten Binnensatzes durch (wobei das Trio Merkmale des M.s bewahrt), doch finden sich gelegentlich als „Intermezzo" auch zeit- oder nationaltypische Tanzformen (Walzer, Polonaise, Polka, Furiant). Ein Reservat für das M. bleibt die Serenade, die in markanten Einzelwerken bis ins 20. Jh. immer wieder begegnet (J. Brahms, A. Dvořák, R. Strauss, A. Schönberg). Daneben erscheint das M. im 19. und 20. Jh. öfter als historisierendes Charakterstück (E. Grieg, *Großmutters Menuett* aus *Lyrische Stücke*, op. 68; V. d'Indy in *Suite dans le style ancien*, op. 24; M. Ravel, *Menuet antique;* R. Strauss in der Suite *Bürger als Edelmann;* I. Strawinsky in *Pulcinella*).

Lit.: J. MATTHESON, Der vollkommene Capellmeister (H 1739), Nachdr. hrsg. v. M. Reimann (Kas 1954, ^{2}1969) (= DMl I/5); G. BECKING, Stud. z. Beethovens Personalstil. Das Scherzothema (L 1921); P. NETTL, Die Wiener Tanzkomposition in der 2. Hälfte des 17. Jh., in: StMw 8 (1921); W. DANCKERT, Mozarts Menuettypen, in: Kgr.-Ber. Salzburg 1931 (L 1932); A. ADRIO, M. u. Scherzo, in: Der Musikerzieher 36 (1939/40); M. REIMANN, Unters. z. Formgesch. der frz. Klaviersuite (Rb 1940, Nachdr. 1969) (= Kölner Beitr. z. Musikforsch. 3); E. BLOM, The Minuet-Trio, in: ML 22 (1941); H. ENGEL, Der Tanz in Mozarts Kompositionen, in: Mozart-Jb. 1952 (1953); H. GOLDMANN, Das M. in der dt. Musikgesch. des 17. u. 18. Jh. (Diss. Erl 1956); H. MARTENS, Das M. (Wb ^{2}1958); I. HERMANN-BENGEN, Tempobezeichnungen (Tutzing 1959) (= Münchner Veröff. z. Musikgesch. 1); N. SAUVAGE, Le menuet (P 1960); G. MASSENKEIL, Unters. zum Problem der Symmetrie in der Instrumentalmusik W. A. Mozarts (Wie 1962); K. PADRTA, Die M.-Typen im Werke des Komponisten Kramář-Krommer, in: Sborník prací filosofické fakulty Brnenské Univ. 16 (1967); H. H. EGGEBRECHT, Versuch über die Wiener Klassik. Die Tanzszene in Mozarts „Don Giovanni", (Wie 1972) (= Beih. z. AfMw 12); W. STEINBECK, Das M. in der

Instrumentalmusik J. Haydns (Mn 1973) (= Freiburger Schriften z. Musikwiss. 4); E. APFEL, Ein M. bei J. Mattheson, in: Mf 29 (1976); J. GMEINER, M. u. Scherzo. Ein Beitr. zur Wirkungsgesch. u. Soziologie des Tonsatzes der Wiener Klassik (Diss. W 1977); F. OTTERBACH, Die Gesch. der europäischen Tanzmusik (Wilhelmshaven 1980) (= Taschenbücher z. Musikwiss. 52).

E. PLATEN

MENUHIN, Yehudi, * 22. 4. 1916 New York; amerik. und Schweizer Violinist. Er erhielt mit 5 Jahren ersten Violinunterricht, trat mit 8 Jahren öffentlich auf, war Schüler von G. Enescu in Paris und von A. Busch in Basel, wurde als Wunderkind weltberühmt und gilt bis heute als einer der größten Violinisten des 20. Jahrhunderts. Seine Konzerte mit Werken für Violine allein wie auch die Duokonzerte mit seiner Schwester, der Pianistin **Hephzibah M.** (* 20.5.1920 San Francisco, † 1.1.1981 London), fanden überall begeisterte Resonanz.

M.s Repertoire umfaßt Violinkompositionen seit dem Barock, wie er sich stets auch für die Neue Musik einsetzte. B. Bartók widmete ihm seine Violinsolosonate, ein Kompositionsauftrag M.s, der sie 1944 in New York zur Uraufführung brachte. In den letzten Jahren wandte sich M. auch außereuropäischer, vor allem indischer Musik zu, so im Zusammenspiel mit Ravi Shankar. 1959 gründete M. die Festspiele in Gstaad bzw. Sarnen im Berner Oberland, 1969 die in Windsor; 1959–68 hatte er die künstlerische Leitung des Bath Festival inne. Als Dirigent und Solist des M. Festival Orchestra (des ehemaligen Bath Festival Orchestra) unternahm er zahlreiche Tourneen in alle Welt. 1963 gründete M. die Y. M. School in Stoke d'Abernon (Surrey), in der Kinder frühzeitig an die Musik herangeführt werden sollen. 1969 wurde er Präsident des Internationalen Musikrats der UNESCO, 1972 übernahm er die Leitung des Trinity College in London. M., der sich in aller Welt für Menschlichkeit und Völkerversöhnung einsetzt, erhielt 1979 den Friedenspreis des deutschen Buchhandels.

Schriften: Slg. von Aufsätzen, Vorträgen u. ä.: *Theme and Variations* (Lo–NY 1972), dt. Übers.: *Variationen* (Mn–Z ²1979); *Unvollendete Reise. Lebenserinnerungen* (Mn 1977, ⁴1979); *Die Musik des Menschen* (Ge 1980) (zus. mit C. W. Davis). – M. gibt heraus: *Y. M.s Musikführer* (engl. Lo 1976 ff., dt. Zug 1978 ff.) (darin von ihm, zus. mit W. Primrose: *Violine u. Viola,* 1978).

Lit.: B. GAVOTY – R. HAUERT, Y. M. et G. Enesco (Monaco 1955, dt. G 1955); R. MAGIDOFF, Y. M. (NY 1955, Lo 1956, ²1973, dt. Be – Wie 1958); E. F. JOCELYN, Music Festivals With Y. M. (Lo 1960); N. WYMER, Y. M. (Lo 1961); H. O. SPINGEL, Y. M. (B 1964) (= Rembrandt-Reihe 50); E. FENBY, M.'s House of Music. An Impression of the Y. M. School at Stoke d'Abernon (Lo 1969, NY 1970); R. DANIELS, Conversations with M. (Lo 1979).

MERBECKE (Marbeck, Marbecke, Marbek), **John,** * um 1510 (vielleicht auch 1505 oder 1500) Windsor (?), † um 1585 ebd. (?); engl. Kirchenmusiker. Er ist 1541 als Organist an der St. George's Chapel in Windsor nachweisbar, wo er bis 1585 blieb. 1543 wurde er wegen Ketzerei zum Tode verurteilt, dann aber begnadigt und konnte seine Tätigkeit wiederaufnehmen. Von ihm stammt die Musik der 1. Sammlung englischer Kirchenlieder, *The Booke of Common Praier Noted*, die Bearbeitungen gregorianischer Melodien und eigene Kompositionen M.s enthält. Diese Sammlung, die im 16. Jh. nur vorübergehend in Gebrauch kam, wurde durch die liturgische Reform des 19. Jh. wieder eingeführt und findet heute in der Anglikanischen Kirche Verwendung; zahlreiche Melodien sind auch in methodistische und presbyterianische Gesangbücher aufgenommen. M. ist auch der Autor einer Bibelkonkordanz (*Concordance,* Lo 1550) und einiger weiterer theologischer Werke.

WW: *The Booke of Common Praier Noted* (Lo 1550). – Messe *Per arma justiciae* für 5 St., 2 Motetten für 5 St. u. ein Carol für 3 St. hsl. erhalten.

Ausg.: Messe, 2 Motetten u. ein Carol, in: H. Aston, J. M., O. Parsley, hrsg. v. P. C. BUCK – E. H. FELLOWES – A. RAMSBOTHAM – S. T. WARNER (Lo 1929, Nachdr. NY 1963) (= Tudor Church Music 10); *A Virgin and Mother* für Sopran, Alt u. B., hrsg. v. F. HUDSON (Lo 1960); dass., hrsg. v. C. F. SIMKINS (Lo 1965); Motette *Domine Jesu Christe* für Soli u. 5st. gem. Chor, hrsg. v. F. HUDSON (Lo 1960); *Music for the Congregation at Holy Communion,* hrsg. v. CH. CLEALL (Lo 1963).

Lit.: H. BYARD, Farewell to M.?, in: MT 114 (1973); R. A. LEAVER, The Work of J. M. (Appleford 1978).

MERCADANTE, Giuseppe Saverio Raffaele, getauft 17.9.1795 Altamura (Bari), † 17.12.1870 Neapel; it. Komponist. Er war Schüler von Giovanni Furno, G. Tritto, F. Fenaroli und N. A. Zingarelli am Conservatorio S. Sebastiano in Neapel. Als sein erstes Werk wurde *L'apoteosi d'Ercole* 1819 am Teatro S. Carlo in Neapel aufgeführt. 1833 wurde M. als Nachfolger von P. Generali Domkapellmeister in Novara. Sein Ruf war zu jener Zeit bereits so gefestigt, daß G. Rossini ihn nach Paris einlud. Dort brachte M. *I briganti* am Théâtre-Italien 1836 zur Aufführung. Nach seiner Rückkehr nach Italien übernahm er 1840 als Nachfolger von Zingarelli die Direktion des Konservatoriums von Neapel, das er trotz beginnender, später völliger Blindheit bis zu seinem Tode leitete. Die Musik M.s stand beim Publikum und bei den Musikern in großer Gunst. M. bemühte sich, dem Niedergang der italienischen Oper entgegenzutreten, indem er auf bloße Virtuosität verzichtete und dem Orchesterpart besondere Aufmerksamkeit schenkte. Nicht zuletzt diese Reform, vor allem in *Il giuramento* bezeugt, bahnte den Weg für die Kunst Verdis.

WW: 60 Opern, darunter: *L'apoteosi d'Ercole,* UA: Neapel 1819; *Violenza e costanza,* UA: ebd. 1820; *Elisa e Claudio,* UA: Mailand 1821; *Donna Caritea,* UA: Wien 1826; *Gabriella di Vergy,* UA: Lissabon 1828; *I Normanni a Parigi,* UA: Turin 1832; *I bri-*

ganti, UA: Paris 1836; *Il giuramento*, UA: Mailand 1837; *Le due illustri rivali*, UA: Venedig 1838; *Elena da Feltre*, UA: Rom 1838; *Il bravo*, UA: Mailand 1839; *La vestale*, UA: Bologna 1840; *Leonora*, UA: Neapel 1844; *Gli Orazi e i Curiazi*, UA: ebd. 1846; *Virginia*, UA: ebd. 1866.

Lit.: B. NOTARNICOLA, S. M., biografia critica (R 1945, ²1949, ³1951); F. WALKER, M. and Verdi, in: ML 33 (1952) u. 34 (1953); A. R. SARDONE, M., le due patrie e „La gran madre Italia" (Neapel 1954); F. LIPPMANN, V. Bellini u. die it. Opera seria seiner Zeit (Rb 1969) (= Anal. Mus. 5); A. G. MOONEY, The Operas of S. M. (Diss. Edinburgh 1970); G. C. BALLOLA, Incontro con M., in: Chigiana 6–7 (1971); R. JACKSON, M.'s Résumé of Opera Reform, in: FS H. Hüschen (Kö 1980).

MERIKANTO. – 1) Frans Oskar, * 5.8.1868 Helsinki, † 17.2.1924 Hausjärvi-Oiti bei Helsinki; finnischer Komponist. Er studierte in Helsinki, Leipzig und Berlin, unterrichtete 1889–1914 am Institut für Kirchenmusik und 1907–20 am Musikinstitut von Helsinki. 1911–20 wirkte er auch als Dirigent an der Finnischen Oper. Seine Lieder fanden in Finnland allgemeine Verbreitung.

WW: Konzert für Klar., Horn, V. u. Streichquartett; Stücke für V., Org. u. Klv.; etwa 150 Lieder u. Chöre. – Opern: *Pohjan neiti* (Die Tochter des Pohja), UA: Viipuri 1908; *Elinan surma* (Der Tod des Elinas), UA: Helsinki 1910; *Regina von Emmeritz*, UA: ebd. 1920.

2) Aarre, Sohn von 1), * 29.6.1893 Helsinki, † 28. 9. 1958 ebd.; finnischer Komponist. Er studierte in Helsinki, 1912–14 bei M. Reger und Stephan Krehl am Leipziger Konservatorium sowie 1916–17 in Moskau. Seit 1937 unterrichtete er an der Sibelius-Akademie in Helsinki, wo er 1951 zum Professor für Komposition ernannt wurde. M. gehörte zu den Künstlern, die der Neuen Musik in Finnland Eingang verschafften. Nachdem er anfangs atonal komponiert hatte, wandte er sich seit etwa seinem 50. Lebensjahr einem gemäßigteren Stil zu.

WW: Klv.-Stücke; Kammermusik; 3 Symphonien (1914, 1918, 1952–53); 5 symphonische Dichtungen; Suiten, u. a. *Kyllikin ryöstö* (1935); Konzerte: 3 für Klv., 4 für V. u. 2 für Vc. – Lieder und Chorwerke. – Opern *Helena*, UA: Helsinki 1912, u. *Juha*, UA: ebd. 1967.

Lit.: Y. SUOMALAINEN, O. M. (He 1950); T. TEERISUO, A. M. ooppera Juha (1970) (= Diss. Univ. Helsinki).

MERKLIN, Joseph, * 17.1.1819 Oberhausen (Baden), † 10.6.1905 Nancy; frz. Orgelbauer dt. Herkunft. Einer Orgelbauerfamilie entstammend, wurde er Schüler seines Vaters Franz Josef M. (1788–1857), der 1832 eine Werkstatt in Freiburg i. Br. gründete, die bis 1907 bestand. Die von J. M. 1846 in Brüssel gegründete Firma, in die er 1853 seinen Schwager Friedrich Schütze aufnahm, wurde von außergewöhnlicher Bedeutung für den westeuropäischen Orgelbau des 19. Jahrhunderts. 1855 wurde die Werkstatt Ducroquet in Paris aufgekauft, seit 1858 firmierte der Betrieb als „Société anonyme pour la construction des Grandes Orgues, Paris et Bruxelles". Eine Filiale in Lyon wurde 1894 an die Firma Kuhn verkauft. – Die wichtigsten aus den Werkstätten in Brüssel und Paris hervorgegangenen Orgeln sind: Paris, St-Eugène (1855; 3 Man., 33 Reg.); Murcia (Spanien), Kathedrale (1857; 4 Man., 63 Reg.); Nancy, St-Epvre (1863; 3 Man., 44 Reg.); Paris, St-Ambroise (1870; 3 Man., 32 Reg.). Diese Orgeln sind alle erhalten geblieben, nicht dagegen die größte und bedeutendste M.-Orgel in Paris, St-Eustache (1879; 4 Man., 72 Reg.).

Lit.: B. SULZMANN, Zur Genealogie der Orgelbauerfamilie M., in: Ars organi 26 (1978); K. LUEDERS, Die M.-Orgeln in Paris, St-Eugène und in der Kathedrale von Murcia, in: ebd.

H. J. BUSCH

MERRILL, Bob, * 17. 5. 1922 Atlantic City (New Jersey); amerik. Komponist und Textdichter. Er kam schon früh zum Film, zunächst als Schauspieler und Aufnahmeleiter in Hollywood, begann dann zu komponieren und schrieb in den 40er und zu Anfang der 50er Jahre Text und Musik zu zahlreichen Schlagern (u. a. *My Truly, Truly Fair; Sparrow in the Tree Top; Candy and Cake*). Später wandte er sich ganz dem Musical zu; so brachte er in New York 1957 *New Girls in Town* (nach Eugene O'Neills *Anna Christie*), 1959 *Take me Along* (nach O'Neills *Ah, Wilderness*) und 1961 *Carnival* heraus. Für J. Stynes *Funny Girl* (1964) schrieb M. die Songtexte.

MERRILL, Robert, * 4. 6. 1919 Brooklyn; amerik. Sänger (Bariton). Er erhielt Gesangunterricht zunächst bei seiner Mutter, später bei Samuel Margolis in New York, debütierte 1944 in Trenton (N.Y.) als Amonasro in Verdis *Aida* und wurde bereits im folgenden Jahr an die Metropolitan Opera in New York (Antrittsrolle: Germont in *La Traviata* von G. Verdi) verpflichtet, deren Mitglied er während seiner gesamten Laufbahn blieb. Daneben gastierte er erfolgreich an den großen Opernhäusern Nordamerikas und Europas. Den Schwerpunkt seines Repertoires bilden die Baritonpartien der italienischen und französischen Oper vor allem des 19. Jahrhunderts. Er schrieb eine Autobiographie: *Once More from the Beginning* (NY 1965).

MERSEBURGER, Verlag Merseburger Berlin GmbH, dt. Musikverlag, gegr. 1849 von *Carl Wilhelm M.* (1816–85) in Berlin durch Ankauf des Verlags „Carl Friedrich Meusel" in Weißenfels. In der Folgezeit leiteten die Firma, die 1850 nach Leipzig übersiedelte, Carl Wilhelm M.s Bruder *Otto M.* (1822–98) und Otto M.s Sohn *Max M.* (1853–1935) zusammen mit C. W. M.s Sohn *Georg M.* (1871–1958), der 1904 einen eigenen Verlag in Leipzig gründete. Nach Kriegszerstörung (1944) wurde das Unternehmen 1951 von Georg M.s Sohn

Karl M. (1905–78) mit Sitz in West-Berlin und Darmstadt neu gegründet; das Darmstädter Haus verselbständigte sich 1955 als „Tonkunstverlag Karl Merseburger". 1956 wurde das Berliner Haus von *Adolf Strube* (1894–1973) erworben und 1964 in eine GmbH umgewandelt, 1972 von A. Strubes Sohn *Friedemann Strube* (* 1939), der 1976 ausschied, und *Wolfgang Matthei* (* 1925) übernommen. Zum Verlagsprogramm gehören vor allem musikpädagogische Publikationen und evangelische Kirchenmusik. 1851–94 edierte der Verlag die von Ernest J. Hentschel und L. Chr. Erk gegründete *Euterpe. Eine Musikzeitschrift für Deutschlands Volksschullehrer,* 1857–61 die von K. Fr. Brendel herausgegebene Zeitschrift *Anregungen für Kunst, Leben und Wissenschaft* und gibt seit 1950 die Zeitschrift für evangelische Kirchenmusik *Der Kirchenmusiker* und seit 1952 die Zeitschrift für Orgelwesen *Ars organi* heraus.

Lit.: Hundert Jahre im Dienst der Musik. Aus der Arbeit des Verlags C. M. in Leipzig (L 1949); A. Strube zum 60. Geburtstag (B 1954); H.-M. PLESSKE, Bibliogr. des Schrifttums z. Gesch. dt. u. östr. Musikverlage, in: Beitr. z. Gesch. des Buchwesens 3 (L 1968).

MERSENNE, Marin, * 8. 9. 1588 La Soultière (Maine), † 1. 9. 1648 Paris; frz. Gelehrter. Er stammte aus einer Bauernfamilie und studierte am Collège in Le Mans, danach bei den Jesuiten in La Flèche, wo R. Descartes zu seinen Mitschülern zählte. 1611 trat er in den Orden der Minimen (Paulaner) ein, wurde 1612 Priester, unterrichtete 1614–19 im Konvent von Nevers Philosophie und Theologie und kehrte danach als Mönch in das Kloster an der Place Royale in Paris zurück, das er nur noch für einige kurze Reisen in die Niederlande (1628–30), die französische Provinz und nach Italien (1640–45) verließ. Im Kloster widmete er sich ganz seinen Studien; er stand in Verbindung mit Descartes, G. B. Doni, Pierre de Fermat, Galileo Galilei, Pierre Gassendi, Thomas Hobbes, Constantin Huyghens, J. Titelouze u.a. bedeutenden Musikern, Gelehrten und Philosophen der Zeit; teilweise waren diese Beziehungen von heftigen Polemiken geprägt, wie etwa gegenüber Robert Fludd.

Schriften: *Quaestiones celeberrimae in Genesim* (P 1623); *Les préludes de l'harmonie universelle* (P 1634); *Questions harmoniques* (P 1634); *Harmonicorum libri XII,* 2 Bde. (P 1635–36, erweitert ²1648, ³1652); *Harmonie universelle contenant la théorie et la pratique de la musique* (P 1636–37); ferner weitere mathematisch-physikalische u. theologische Schriften.

M. hat sich fast allen Gebieten zugewandt, die heute zur Musikwissenschaft zählen. Trotz eines Mangels an strenger Systematik und kritischer Schärfe bleibt sein Werk eine unerschöpfliche Quelle für die Kenntnis der Musik des 16. und 17. Jahrhunderts. Ohne die Theorie der gleichschwebenden Temperatur darzulegen, befürwortete M. die Verwendung, wie er sagt, „gleicher Halbtöne" aus einem praktischen Grund: den Instrumentenbauern sollte die Herstellung der Instrumente erleichtert werden. M. beschrieb das Phänomen der Resonanz und versuchte es zu erklären. Als erster definierte er Ton und Klang als Luftschwingung. Er begnügte sich dabei nicht mit theoretischen Spekulationen, sondern nahm die Hilfe von praktischen Musikern in Anspruch: So fügte er seiner *Harmonie universelle* einen Gesangstraktat von Désargues und einen Lautentraktat von J. Basset bei; er bat É. Moulinié um Beispiele für Verzierungen von Airs de cour und einen Dorfmusikanten namens M. Henry um Stücke aus seinem Repertoire; er befragte seine Briefpartner geradezu penetrant über die Musik der Hebräer oder über die Chansons von Thibaut de Champagne. M.s Bücher über Musikinstrumente sind bis heute eine wesentliche Quelle für die gesamte ältere Instrumentenkunde. Seine immens umfangreiche Korrespondenz erlaubt es, seine Arbeitsmethode zu studieren und die Vielfalt seiner Dokumentation zu würdigen. Von neuplatonischem Gedankengut geprägt, war er ein überzeugter Verfechter geistiger Kooperation und akademischer Institutionen (er dachte sogar an eine internationale Akademie). In seinem ganzen Denken tendiert der von ihm vorgeschlagene Kompromiß zwischen Wissenschaft und Glauben zur Wissenschaft. Von dort her gesehen, gehört das Œuvre M.s nicht mehr dem Bereich der Scholastik an, sondern befindet sich wesentlich auf dem Weg zu einer mechanistischen Weltanschauung.

Ausg.: Correspondance du Padre M. M., Religieux minime, hrsg. v. C. DE WAARD, 1–2 (P 1932–35), 3 (P 1946, ²1969), 4–11 (1955–70); *Harmonie universelle.* The Books on Instr., engl. v. R. E. CHAPMAN (Den Haag 1957, Neudr. ebd. 1964); *Harmonie universelle ...,* Faks. hrsg. v. F. LESURE, 3 Bde. (P 1963); *Questions harmoniques,* Faks.-Ausg. (St 1972); *Harmonicorum libri XII,* Nachdr. der Aufl. v. 1648 (G 1973).

Lit.: H. LUDWIG, M. M. u. seine Musiklehre (Hl 1935, Nachdr. Hil 1971) (= Beitr. z. Musikforschung 4); F. B. HYDE, The Position of M. M. in the Hist. of Music (1954) (= Diss. New Haven/Conn.); J. B. EGAN, M. M. „Traité de l'harmonie universelle" (1962) (= Diss. Indiana Univ.); R. VAUGHT, M.'s Unknown English Viol Player, in: GalpinJ 17 (1964); D. T. MACE, M. M. on Language and Music, in: JMTh 14 (1970); A. GRUBER, M. and Evolving Tonal Theory, in: ebd.; T. ROBINSON, A Reconstruction of M.'s Flute, in: GalpinJ 26 (1973); D. P. WALKER, J. A. Ban and M.'s Musical Composition of 1640, in: ML 57 (1976).

F. LESURE

MERSMANN, Hans, * 6. 10. 1891 Potsdam, † 24. 6. 1971 Köln; dt. Musikforscher. Er studierte in München (A. Sandberger), Leipzig (H. Riemann) und Berlin (H. Kretzschmar), wo er 1914 mit einer Dissertation über Chr. L. Boxberg promovierte und sich 1921 habilitierte. Danach lehrte er als Privatdozent an der Technischen Universität in Berlin,

1927–33 als Professor. 1918 wurde er zum Leiter des Melodienarchivs der Preußischen Volkslied-kommission berufen und war 1924–33 Schriftleiter der Zeitschrift *Melos*. Seit 1931 war M. außerdem am Rundfunk als Programmreferent bzw. Leiter der Musikabteilung in Berlin tätig. 1933 aufgrund seiner kulturpolitischen Ansichten und seines Eintretens für die Neue Musik aus allen Ämtern entlassen, konnte er nur noch privat unterrichten. 1946 als Professor an der Münchner Musikhochschule tätig, war M. 1947–57 Direktor der Musikhochschule in Köln. 1953–64 leitete er (als Gründungsmitglied und Initiator) die deutsche Sektion des Int. Musikrates der UNESCO, deren Ehrenpräsident er zuletzt war. M.s Schriften über Neue Musik sind zum Teil von grundlegender Bedeutung.

Schriften: *Ch. L. Boxberg und seine Oper Sardanapalus* (Diss. B 1916), Teildruck als: *Beiträge zur Ansbacher Musikgeschichte* (L 1916); *Kulturgeschichte der Musik in Einzeldarstellungen*, 4 Bde., 1: *Beethoven*, 2: *Das deutsche Volkslied*, 3: *Musik der Gegenwart*, 4: *Mozart* (B 1921–25); *Grundlagen einer musikalischen Volksliedforschung*, in: AfMw 4 (1922) u. 6 (1924), separat (L 1930); *Angewandte Musikästhetik* (B 1926); *Einführung in die Musik* (B 1928); *Die Tonsprache der neuen Musik* (Mz 1928, [2]1930); *Die Kammermusik* (L 1930–33) (= Führer durch den Konzertsaal 3); *Eine deutsche Musikgeschichte* (Pd–B 1934), erweitert als: *Musikgeschichte in der abendländischen Kultur* ([2]1952, [3]1973); *Musikhören* (Pd – B 1938, erweitert F 1952, Kas [2]1973); *Soziologie als Hilfswissenschaft der Musikgeschichte*, in: AfMw 10 (1953), wiederabgedruckt, in: Texte z. Musiksoziologie, hrsg. v. T. Kneif (Kö 1975); *Deutsche Musik des XX. Jh. im Spiegel des Weltgeschehens* (Rodenkirchen 1958) (= Kontrapunkte 1); *Relativität von Fortschritt und Tradition in der Musik*, in: Philharmonische Blätter (1970–71) Nr. 1. – Gesammelte Aufsätze u. Reden als: *Lebensraum der Musik* (Rodenkirchen 1964) (= Kontrapunkte 7).

Lit.: W. WIORA, in: Mf 24 (1971); F. SCHIERI, in: MuA 24 (1972).

MERULA, Tarquinio, * um 1595 wahrscheinlich Cremona, † 10. 10. 1665 ebd.; it. Organist und Komponist. M. wurde 1623 Kapellmeister an Santa Maria Maggiore in Bergamo und 1624 Kirchen- und Kammerorganist König Sigismunds III. von Polen. Nach Italien zurückgekehrt, übernahm er 1628 die Orgel an S. Agata in Cremona und war Regens chori am Dom. 1631–40 war er erneut Kapellmeister an Santa Maria Maggiore in Bergamo. 1643 ging er nach Venedig, wo er mit F. Laurenzi, A. Crivelli und B. Ferrari die Musik zu *La Finta Savia* von G. Strozzi schrieb. 1652 wurde er wieder Domkapellmeister in Cremona.

WW: **1) Instr.-WW:** 4 Bücher *Canzoni* (oder Sonaten) (V 1616, [2]1639, 1637, 1651); Orgelstücke hsl. – **2) Vokal-WW:** 3 Bücher *Motetti concertati* (mit Sonaten) (V 1624, 1628, 1639); 3 Bücher Konzertierende Messen u. Psalmen für 2–12 St. (V 1639, 1640, 1652). – Madrigaletti für 3 St. u. B.c. (V 1624); 2 Bücher *Madrigali concertati* für 1–8 St. u. B.c. (V 1624, 1633); *Satiro e Corisca. Dialogo musicale* für 2 St. (V 1626); *Curtio precipitato et altri capricii a voce sola* (V 1638).

M. gehört zu den frühen Vertretern der Sonata da camera und da chiesa. In der weltlichen Vokalmusik war A. Grandi sein Vorbild, in den konzertierenden Motetten L. da Viadana. M. macht häufig Gebrauch von ostinaten Bässen. Einige seiner einstimmigen Madrigale lassen die für die zeitgenössische Kantate charakteristische Abfolge von Rezitativen und Arien erkennen.

Ausg.: Composizioni per org. e cemb., hrsg. v. A. CURTIS (Brescia 1961) (= Monumenti di musica it. I/1); Opere complete, hrsg. v. A. SUTKOWSKI (Brooklyn/N.Y. 1974ff.).

Lit.: A. CURTIS, L'opera cemb.-organistica di T. M., in: L'organo 1 (1960); J. ROCHE, Music at S. Maria Maggiore (Bergamo 1614–43, in: ML 47 (1966); E. FERRARI BARASSI, T. M. e il dialogo di „Satiro e Corisca", in: Anuario Mus. 27 (1972).

MERULO, Claudio (auch Claudio da Correggio, eig. Merlotti), getauft 8. 4. 1533 Correggio (Reggio Emilia), † 5. 5. 1604 Parma; it. Organist und Komponist. M. war Schüler von Tuttovale Menon und später von Girolamo Donati. 1556 wurde er Organist am Dom zu Brescia, kam 1557 an die 2. Orgel und 1566 als Nachfolger A. Padovanos an die 1. Orgel an S. Marco in Venedig. Mit Fausto Betanio gründete er einen Musikverlag (1566–1571) in dem er eigene Kompositionen sowie Werke von Ph. Verdelot und C. Porta verlegte. 1584 verließ er Venedig und soll sich dann einige Zeit in Mantua aufgehalten haben. 1586 trat er als Hoforganist in den Dienst des Herzogs von Parma, war seit 1587 gleichzeitig Organist am Dom in Parma und seit 1591 Organist der herzoglichen Kirche La Steccata. M. war auch als Orgelbauer tätig. Ein von ihm selbst gebautes Positiv befindet sich heute im Konservatorium von Parma. Zu seinen Schülern gehörten F. Maschera, G. Diruta und sein Neffe **Giacinto,** * 1595 Parma, † um 1650, der seine nachgelassenen Werke verlegte. G. M. war von 1630 bis zu seinem Tode Domorganist in Parma.

WW: **1) Instr.-WW:** Für Org.: *Ricercari* (V 1567); *Messe d'intavolatura d'organo* (V 1568); 3 Bücher *Canzoni alla francese* (V 1592), 1606, 1611); 2 Bücher Toccaten (R 1598, 1604); 3 Bücher *Ricercari da cantare* für 4 St. (1574, 1607, 1608); weitere Stücke in Sammeldrucken u. hsl. erhalten. – **2) Geistliche Vokal-WW:** Messen für 5 St. (V 1573); Messen u. Litaniae ... für 8 u. 12 St. mit Org. (1609); 7 Bücher *Sacrae cantiones* (bzw. Motetten): für 4 St. (V 1584); 2 Bücher für 5 St. (V 1578); 2 Bücher für 6 St. (V 1583, 1605); für 6 u. 7 St. (V 1593); für 8–12 St. (V 1594); zahlr. Stücke in Sammeldrucken u. hsl. erhalten. – **3) Weltliche Vokal-WW:** Madrigale für 3 St. (V 1580); für 4 St. (V 1579); für 5 St. (V 1566, 1604); weitere in Sammeldrucken.

In ihrer Expressivität und klanglichen Farbigkeit nehmen M.s Vokalkompositionen einen hohen Rang innerhalb der Venezianischen Schule ein. Bekannter sind allerdings seine Orgelwerke, ein entscheidender Beitrag zur Ausbildung eines selbständigen Orgelstils und für die Entwicklung der Toccata; durch den Wechsel improvisatorischer, virtuoser Passagen mit fugierten Abschnitten sind die Toccaten auch eine Vorstufe der Satzfolge Praeludium und Fuge.

Ausg.: Canzonen 1592, hrsg. v. P. PIDOUX (Kas 1941); Sei canzoni da sonar für 4 St., hrsg. v. B. DISERTORI (Mi 1950); GA der Toccaten, hrsg. v. S. DALLA LIBERA, 3 Bde. (Mi 1959); Musica sacra, hrsg. v. J. BASTIAN (R 1970ff.) (= CMM 51).

Lit.: Q. BIGI, Di C. M. (Parma 1861); C. M. da Correggio 1533 bis 1604 (ebd. 1904); B. DISERTORI, Le canzoni strumentali di C. M., in: RMI 47 (1943); I. HOLST, Ein Doppelchorwerk mit beziffertem Baß v. C. M., in: Kgr.-Ber. Basel 1949 (Bas 1950); L. H. DEBES, Die musikal. Werke v. C. M. 1533–1604. Quellennachweis u. thematischer Kat. (Diss. Wü 1966); J. G. BASTIAN, The Sacred Music of C. M. (1967) (= Diss. Univ. of Michigan); G. VÖLKL, Die Toccaten C. M.s (Diss. Mn 1969); B. MEIER, Die Modi der Toccaten C. M.s, in: AfMw 34 (1977).

MESĒ ↗Systema teleion.

MESOPOTAMIEN (von griech. Mesopotamia = Zweistromland). Unsere Kenntnis vom Musikleben im Alten Orient – insbesondere im Gebiet Assyrien und Babylonien, den Reichen zwischen Euphrat und Tigris – basiert ausschließlich auf archäologischen Funden von Musikinstrumenten sowie ikonographischen und literarischen Quellen. Obgleich die Aussagefähigkeit der Dokumente infolge eher zufälliger Funde stark eingeschränkt ist, läßt sich aus der Fülle der Objekte immerhin ein recht genaues Bild zumindest des Instrumentariums jenes Gebietes gewinnen. Aussagen über die musikalische Praxis sind naturgemäß nur unter Vorbehalten möglich und überwiegend hypothetisch.

Aerophone. Zu den ältesten erhaltenen Instrumenten überhaupt zählen 2 Silber-Pfeifen aus Ur (etwa 2800 v. Chr.), die gleichzeitig von einem Musiker angeblasen wurden und als getrennt-gedoppeltes Aerophon zum Typus des ↗Aulos zählen. Auf verschiedenen Abbildungen lassen sich lange, gerade Trompeten und gekrümmte Hörner erkennen, die vermutlich als direkte Vorfahren des jüdischen Schofars gewertet werden müssen. Seit dem 14. Jh. v. Chr. spielte man im Gebiet des heutigen Syrien Horninstrumente aus Elfenbein, sog. Olifanten.

Chordophone waren die wichtigsten und bemerkenswertesten Instrumente M.s, sowohl im Hinblick auf ihre technische Entwicklung und die formale Vielfalt als auch auf die Häufigkeit der Darstellung, aus der sich eine besondere Vorliebe für den Klang von Saiteninstrumenten in M. schlie-

MESOPOTAMIEN
Darstellungen von Musikinstrumenten

1. Bogenharfe, Trommel, Trompete. Sumerische Darstellung auf einer Vase aus Bismaja

2. Winkelharfe, Trommel, Hörner. Siegelabdruck aus Elam, Mitte 4. Jt.

3. Bügelsistrum. Tafel aus den Königsgräbern von Ur, 1. Hälfte 3. Jt.

4. Bogenharfe. Babylonische Tontafel, Anfang 2. Jt.

5. Winkelharfe. Babylonische Tontafel, Anfang 2. Jt.

ßen läßt. Bei den Sumerern waren Bogen- und Winkel-↗Harfen in Gebrauch, deren Saiten entweder mit den Fingern gezupft oder mit einem Stäbchen angeschlagen wurden. Besonders kunstvoll gearbeitet und reich verziert waren Instrumente vom ↗Leier-Typus (↗Lyra), bei denen die Saiten an einem quer zum Korpus verlaufenden Joch befestigt waren und parallel zum Resonanzboden lagen. Meist baute man die Leiern in Tierform, nicht selten dienten Tierpanzer als Resonatoren. Die Lautenfamilie ist zweifellos nicht mesopotamischen Ursprungs, erfreute sich jedoch in jenem Gebiet relativ früh großer Beliebtheit. Soweit die Dokumente erkennen lassen, spielte man 2 verschiedene Lauten-Typen: einen mit sehr langem Hals und kleinem, ovalem Korpus und einen anderen mit kürzerem Hals und großem, annähernd rechtwinkligem Resonanzkörper. Abbildungen von Psalterien datieren aus einer sehr späten Zeit (8. Jh. v. Chr.), was den Schluß nahelegt, diese Instrumente seien anderen Kulturen entlehnt worden.

Membranophone. Vielgestaltig waren die zahlreich abgebildeten Trommeln, deren größte einen Durchmesser von mehr als 1,5 m hatte. Alle Membranophone wurden offenbar mit der Hand geschlagen, jedenfalls fehlen Abbildungen von Schlegeln.

Idiophone. Instrumente dieser Gattung dienten ausschließlich der rhythmischen Begleitung, melodiefähige Idiophone waren in M. wahrscheinlich unbekannt. Folgende Typen lassen sich mit Sicherheit nachweisen: Schlagstöcke, von denen sich u.a. zwei kupferne Paare erhalten haben; Gefäß-Rasseln mit meist tierförmigem Korpus, in dessen Innerem sich Kerne, Steine usw. befanden; Sistren (↗Sistrum), deren Metallplättchen beim Schütteln gegeneinanderschlugen; kleine, vermutlich aus Bronze gegossene Zymbeln; Glocken, darunter einige sehr kunstvoll gearbeitete mit reliefartigen Verzierungen. Verhältnismäßig viele Texte enthalten Angaben über die Bezeichnung und Verwendung von Musikinstrumenten sowie in geringem Maße auch allgemein-musikalische Erörterungen. Häufig sind die Instrumenten-Namen nicht mit Sicherheit bestimmten Instrumenten-Typen zuzuordnen, mithin ikonographische und literarische Quellen nur selten in Übereinstimmung zu bringen. Bei den Sumerern diente die Musik vor allem der Begleitung religiöser Zeremonien, die Musiker gehörten dem Tempelpersonal an und bildeten eine feste soziale Hierarchie. Die Assyrer stellten größere Militärkapellen zusammen, denen sie Bedeutung für die Kriegführung beimaßen. Mangels entsprechender Quellen liegt der Bereich des weltlichen Musizierens weitgehend im Dunkel.

Neue Forschungsergebnisse erhärten die Vermutung, daß die Babylonier bereits eine Musiktheorie besaßen; erste Zeugnisse stammen aus dem 18. Jh. v. Chr. und lassen auf ein heptatonisches Tonsystem schließen. Offensichtlich war dieses musiktheoretische Konzept bis in den Mittelmeerraum verbreitet: in Ras Schamra fand man Tafeln, auf denen babylonische Musikzeichen unter einem hymnischen Text notiert sind. Dies gibt Grund zu der Annahme, bereits im 2. Jt. v. Chr. habe man in M. ein System musikalischer Notation entwickelt. Dieses dürfte dem Musiker den Rahmen musikalischer Gestaltung angegeben haben, deren Einzelheiten ihm durch mündliche Tradierung bekannt waren.

Lit.: F. W. GALPIN, The Music of the Sumerians (C 1937); C. SACHS, The History of Musical Instruments (NY 1940); M. WEGNER, Die Musikinstr. des Alten Orients (Mr 1950); H. HARTMANN, Die Musik der sumerischen Kultur (Diss. F 1960); M. DUCHESNE-GUILLEMIN, Découverte d'une gamme babylonienne, in: RMie 49 (1963), 52 (1966), 55 (1969); DIES., Restitution d'une harpe minoenne, in: Antiquité classique 37 (1968); J. RIMMER, Ancient Musical Instruments of Western Asia in the British Museum (Lo 1969); W. STAUDER, Die Musik der Sumerer, Babylonier u. Assyrer, in: Hdb. der Orientalistik I/4 (Lei 1970); DERS., Alte Musikinstrumente in ihrer vieltausendjährigen Entwicklung u. Gesch. (Brau 1972). CH. AHRENS

MESSA DI VOCE (it., = Stimmeinsatz), in der Lehre und Praxis des ↗Gesangs Bz. für den sog. Schwellton, d.h. für einen langen Gesangston, der sich aus dem piano zum vollen forte entwickelt und zum piano zurückgeführt wird. Zum ersten Mal von G. Caccini (*Le nuove Musiche,* 1601) als „crescere e scemare della voce" (Wachsen und Abnehmen der Stimme) beschrieben, wurde M. ein wesentliches Mittel der italienischen ↗Bel canto-Ausbildung und des kantablen Gesangvortrags. Im 18. Jh. ging die Bezeichnung gelegentlich auch auf das Spiel langausgehaltener Töne auf Blas- und Streichinstrumenten über (z. B. bei J. J. Quantz, *Versuch einer Anweisung,* 1789).

MESSAGER, André Charles Prosper, * 30. 12. 1853 Montluçon (Allier), † 24. 2. 1929 Paris; frz. Komponist und Dirigent. Er studierte bei E. Gigout (Harmonielehre) und Cl. Loret (Orgel) an der École Niedermeyer, einige Zeit auch bei C. Saint-Saëns, mit dem er befreundet war. 1874 wurde er Chor-Organist an St-Sulpice, 1882 Kapellmeister an St-Paul und 1884 an Ste-Marie-des-Batignolles. 1898–1903 war er Directeur général der Opéra-Comique, 1901–06 Artistic Director der Londoner Royal Opera (Covent Garden), 1907–13 Kodirektor der Pariser Opéra, seit 1908 Dirigent der Société des Concerts du Conservatoire und 1919–20 Kapellmeister an der Opéra-Comique. M., ein überzeugter Wagnerianer, übte einen bedeutenden Einfluß auf das Pariser Musikleben aus. Cl. Debussy verdankte ihm die Annahme von *Pelléas et Mélisande* an der Opéra-Comique, deren UA M. 1902 dirigierte. In seinem Schaffen bilden die Operetten einen gewichtigen Anteil. Am erfolgreichsten war er mit dem Ballett *Les deux pigeons*, das in Frankreich eines der meistgespielten Repertoirestücke wurde.

WW: Klv.-Werke; Kammermusik; eine Symphonie (1875–76); Kantaten; Chorwerke; zahlr. Klv.-Lieder. – Operetten u. Opéras-comiques (wenn nichts anderes angegeben, UA in Paris): *La fauvette du temple*, UA: 1885; *La Béarnaise*, UA: 1885; *Le bourgeois de Calais*, UA: 1887; *Isoline*, UA: 1887; *Chrysanthème*, UA: 1893; *Miss Dollar*, UA: 1893; *Mirette*, UA: London 1894; *Le chevalier d'Harmental*, UA: 1895; *La fiancée en loterie*, UA: 1896; *Les p'tites Michu*, UA: 1897; *Véronique*, UA: 1898; *Les dragons de l'impératrice*, UA: 1905; *Fortunio*, UA: 1907; *Béatrice*, UA: Monte Carlo 1914; *Monsieur Beaucaire*, UA: Birmingham 1919; *La petite fonctionnaire*, UA: 1921; *L'amour masque*, UA: 1923; *Passionément*, UA: 1926; *Coup de roulis*, UA: 1929. – Ballette, u.a.: *Les vins de France*, UA: 1879; *Mignons et Vilains*, UA: 1879; *Les deux pigeons*, UA: 1886; *Une aventure de la Guimard*, UA: 1900.

Lit.: H. FÉVRIER, A. M., mon maître, mon ami (P 1948); M. AUGÉ-LARIBÉ, A. M. (P 1951); H. BORGEAUD, Lettres d'A. M. à A. Carré, in: RMie 48 (1957).

MESSBUCH ↗Missale.

MESSE (von lat. missa; engl.: mass; frz.: messe; it.: messa; span.: misa), im Sprachgebrauch der römisch-katholischen Kirche zunächst im eigentlichen Wortsinn die Entlassung der Katechumenen nach der frühchristlichen Opferfeier (↗Ite missa est). Etwa seit dem 5. Jh. ist M. auch (und später ausschließlich) der zentrale Gottesdienst selbst (Eucharistie), in dem nach kirchlicher Lehre das Andenken an das letzte Abendmahl gefeiert und das Kreuzesopfer Christi immer wieder vergegenwärtigt wird.

Der Aufbau der römischen Messe. Die M. findet als sog. römische M. im westlichen Europa bereits am Ende des Altertums eine bestimmte äußere Form, die im Prinzip und in ihren wichtigen Teilen bis in unsere Gegenwart unverändert bleibt. Bedeutende Ereignisse in ihrer Geschichte sind: die Einführung des gregorianischen Sakramentars diesseits der Alpen durch Karl den Großen (um 800), vor allem aber die auf dem Konzil von Trient (1545–63) beschlossene und von Papst Pius V. durchgeführte Neuordnung der Liturgie, die in der Fassung des *Missale Romanum* (1570) für das gesamte Abendland offiziell vorgeschrieben wurde. In ihrer feierlichen Normalform hat diese M. folgende Merkmale: lateinische Sprache, Folge von feststehenden Teilen und von solchen Teilen, die sich gemäß der Ordnung des Kirchenjahres (Proprium de tempore, de Sanctis) ändern, der Wechsel von gesungenen und – laut oder leise – gesprochenen Teilen, die Verteilung der Gesänge auf Priester (bzw. Diakon oder andere Assistenten) und Chor, der ursprünglich aus Klerikern gebildet war. Das Volk ist von der aktiven Mitwirkung fast vollständig ausgeschlossen.

Die Reihenfolge der gesungenen Teile der M. verdeutlicht folgendes Schema (vgl. die entsprechenden Artikel):

Feststehende Teile (Ordinarium missae) Chor	Veränderliche Teile (Proprium missae) Chor	Priester oder Assistenz
	Introitus	
Kyrie		
Gloria		
		Oratio
		Epistel
	Graduale + Alleluia (oder Tractus oder Sequenz)	
		Evangelium
Credo		
	Offertorium	
		Präfation
Sanctus + Benedictus		
Agnus Dei		
	Communio	
		Postcommunio

Zum Proprium gehört noch als nicht gesungener Teil die Secreta, während das vom Priester (heute von der Gemeinde) gesungene ↗Pater noster, obwohl feststehend, nicht zum Ordinarium gerechnet wird. An mehreren Stellen der M. gibt es außerdem kurze formelhafte Wechselgesänge zwischen Priester und Chor (z.B. *Dominus vobiscum – Et cum spiritu tuo* oder am Schluß *Ite missa est – Deo gratias*).

Seit dem 2. Vatikanischen Konzil (1963–66) hat die römische M. einige ihrer oben genannten Merkmale wie auch insgesamt ihren formal normativen Charakter verloren. Der pastoraltheologische Aspekt einer stärkeren Beteiligung des Volkes an der Liturgie der M. führte binnen kurzem fast zwangsläufig nicht nur zu einer weitgehenden Preisgabe der Latinität, sondern auch zu einer faktischen Zerstörung einer jahrhundertelang gültigen Form.

Die Messe im Gregorianischen Gesang und in der frühen Mehrstimmigkeit (13.–14. Jh.). Der musikgeschichtliche Ort der M. ist seit ihren Anfängen durch den Umstand bestimmt, daß der Gesang stets ein integrierender Bestandteil ihrer Liturgie ist. Primär in ihrem Rahmen vollzieht sich die Entwicklung des Gregorianischen Gesangs. Dabei stehen die ursprünglich wohl für das Volk bestimmten Teile des Ordinariums zahlenmäßig weit hinter den Propriumsgesängen, deren responsoriale und antiphonale Formen den ganzen Reichtum der mittelalterlichen Einstimmigkeit kundgeben. Aus der Vielzahl mittelalterlicher oder späterer 1st. Meßgesänge sind in die *Editio Vaticana* 18 sog. Choralmessen – sämtlich ohne die separat gruppierten Credo-Melodien – aufgenommen worden. Hierbei ist zu beachten, daß diese M.n in der Regel ursprünglich nicht als jeweils geschlossene Einheiten überliefert sind.

Auch die frühe Mehrstimmigkeit erwächst wesentlich auf dem Boden des Meßgesanges. Das älteste Beispiel ist ein Kyrie-↗Tropus *Cunctipotens genitor Deus* (Mailänder Traktat, um 1100) mit der heute noch gebräuchlichen Kyrie-Melodie *(Missa IV* der *Editio Vaticana)* als Unterstimme und einer neuen Melodie als Oberstimme. Indessen veranlassen aber im 12. und 13. Jh. in erster Linie nicht die Ordinariums-, sondern die Propriumsgesänge (insbesondere Graduale und Alleluia) die Komposition mehrstimmiger Stücke (↗Organum – ↗Discantus, ↗Motette). Die Ordinariumsteile, die in der Epoche der ↗Ars antiqua weitgehend einstimmig gesungen werden, geraten erst im Laufe des 14. Jh. verstärkt in das Blickfeld der Komponisten, und zwar vorab als Einzelsätze oder Satzpaare (meist Kyrie – Gloria, auch Sanctus – Agnus). Gleichzeitig tritt die Tropierung zurück. Nur selten begegnet man in diesem Jahrhundert einer geschlossenen Überlieferung aller 5 Sätze des Ordinariums. Die anonym überlieferten Werke dieser Art (aus Tournai, Barcelona, Toulouse und Besançon, alle 3st.) überragt die 4st. *Messe de Nostre-Dame* von G. de Machaut (komponiert wahrscheinlich 1364 zur Krönung Karls V. in Reims, vielleicht auch schon 1340 entstanden). Terminologisch verdient die Tatsache Beachtung, daß hier zum ersten Mal die Gesamtheit des mehrstimmig vertonten Ordinarium missae ausdrücklich als M. bezeichnet ist. Kompositorisch ist Machauts M. durch das Nebeneinander zweier verschiedener Satzweisen gekennzeichnet: Kyrie, Sanctus, Agnus, Ite missa est (dazu *Amen* von Gloria und Credo) sind isorhythmische Bearbeitungen der entsprechenden Choralmelodien aus der *Missa Cunctipotens genitor Deus,* während Gloria und Credo strikt homophon und syllabisch komponiert sind. In diesem Einsatz verschiedenartiger kompositorischer Mittel, je nachdem, ob die Sätze viel oder wenig Text haben, zeigt sich ein ganz bestimmtes Verhältnis von Wort und Ton, auch eine bestimmte Art von musikalischem Ausdruck, die im Bereich der Vertonung des Ordinariums der M. vordem nicht zu beobachten ist. Terminologischer und kompositorischer Sachverhalt legen es nahe, in Machauts *Messe de Nostre-Dame* den Beginn der Geschichte der M. als einer eigenständigen musikalischen Gattung zu erkennen. Doch bleibt nach Machaut die Komposition des vollständigen Ordinariums zunächst noch die Ausnahme, zahlreicher sind nach wie vor Einzelsätze oder Satzpaare. Erst im 2. Drittel des 15. Jh. wird die „durchkomponierte" M. die Regel.

15.–16. Jahrhundert. Um 1400 lassen sich in den Ordinariumssätzen mehrere Arten der musikalischen Gestaltung feststellen, je nachdem, ob eine vorgegebene chorale Melodie (↗Cantus firmus) in einer oder in mehreren Stimmen in ursprünglicher oder in kolorierter Form verwendet wird oder ob die Stimmen (nach Art des Diskantliedes) gänzlich frei konzipiert sind. In dem gleichen Maße aber, wie die Gesamtheit aller M.-Sätze in das Blickfeld der Komponisten (und ihrer Auftraggeber) tritt, gewinnt auch das Vorhandensein und die Verarbeitung eines C.f. an Bedeutung. Wichtig ist dabei, daß nun nicht – wie bei Machaut – verschiedene Choralmelodien den einzelnen M.-Sätzen zugeordnet werden, sondern daß meist eine und dieselbe Melodie allen Sätzen zugrunde liegt. Und wichtig ist, daß der C.f. nicht mehr – wie bei Machaut – eine entsprechende chorale Ordinariumsmelodie ist, sondern entweder aus anderen choralen Gesängen oder aus weltlichen stammt. Entscheidend jedoch ist, daß die C.f.-Technik nun im Bereich der M.-Komposition eine ganz neue Funktion erhält. Sie dient nämlich dazu, die einzelnen Sätze der M. zu einer musikalischen Einheit zusammenzuschließen, die über den liturgischen Zusammenhalt der Teile des Ordinarium missae hinausführt. Seitdem ist das Bemühen um zyklische Geschlossenheit eines der künstlerischen Hauptprobleme in der M.-Komposition.

Dieses Bemühen kündigt sich schon an der Wende des 14./15. Jh. an im Bereich der über einen gemeinsamen C.f. gestalteten M.-Teile französischer (J. Ciconia, H. und A. de Lantins) und namentlich englischer Komponisten (L. Power, J. Dunstable). Vollends scheint dieses Bemühen später das Hauptanliegen der Meister der ↗Franko-flämischen Schule zu sein, die ja die Entwicklung der europäischen Musik des 15. und frühen 16. Jh. maßgeblich bestimmen und die insgesamt auch die Repräsentanten der M.-Komposition sind. Unter ihren Händen wird die M. zur vornehmsten und beliebtesten Gattung der Kunstmusik schlechthin und entspricht in dieser Wertschätzung der zentralen liturgischen Bedeutung der Eucharistiefeier für den spätmittelalterlichen Menschen. Diese Rolle behält die M. im wesentlichen unangefochten (auch durch die von

der Reformation verursachten Veränderungen des religiösen und kirchlichen Lebens) bis zum Ende des 16. Jahrhunderts.
In der kompositorischen Vielfalt der M.-Komposition von etwa 1450–1600 lassen sich immerhin einige hervorstechende Phänomene beobachten. In der äußeren Disposition der Stimmen ist im 15. Jh. Vierstimmigkeit, im 16. Jh. Fünf- und Sechsstimmigkeit vorherrschend; gleichzeitig entsteht die Satzweise für zwei oder mehr Chöre. Ob die Ausführung der M. in dieser Zeit lediglich vokal a cappella geschah oder ob Instrumente beteiligt waren, läßt sich nicht generell sagen. Haupttypus der M. hinsichtlich der C.f.-Bearbeitung ist seit G. Dufay, dessen Schaffen bereits ein erster Höhepunkt in der Geschichte der Gattung ist, die sog. Tenor-M. (C.f. in breiten Notenwerten in allen Sätzen im Tenor). Aber es gibt auch M.n, in denen der C.f. die Melodik aller Stimmen durchdringt. Bezeichnend ist im musikalischen Satz die immer stärkere Tendenz zu einer Gleichberechtigung aller Stimmen, die zusammenhängt mit der Ausbildung der ↗Imitation als kontrapunktisches Prinzip, von der sich homorhythmische Partien (oft mit der Absicht emphatischer Hervorhebung bestimmter Textstellen) deutlich abheben. Die franko-flämischen Meister machen auch ausgiebig Gebrauch von den mannigfachen Möglichkeiten kanonischer Stimmführung. Ein extremes Beispiel dafür ist die *Missa prolationum* von J. Ockeghem, der neben und nach Dufay als der bedeutendste M.-Komponist des 15. Jh. zu gelten hat. In der 2. Hälfte des 15. Jh. entsteht als neuer Typ die ↗Parodie-Messe.
Die herausragenden M.-Komponisten in der 1. Hälfte des 16. Jh. sind u. a. J. Obrecht, H. Isaac, P. de La Rue, insbesondere Josquin des Prés, dessen Ruhm als Princeps omnium gerade auf seinen mehr als 20 M.n beruht. Seine späten Werke (z. B. *Missa Pange lingua*) zeigen eine hohe Meisterschaft sowohl in der klanglichen Ausgewogenheit aller Stimmen als auch in der für seine Zeit außergewöhnlich intensiven Ausdeutung des Textes, die noch heute den Hörer unmittelbar anspricht. An Josquin schließen sich als weitere franko-flämische Komponisten an: Clemens non Papa, N. Gombert, A. Willaert. Zur Zeit Josquins treten auch Komponisten aus anderen Ländern mit ihren M.n stärker in Erscheinung. Aus Frankreich stammen A. Brumel, J. Mouton, A. Févin, aus Deutschland H. Finck, A. Agricola, Th. Stoltzer, L. Senfl; aus Spanien Cr. Morales, der seine M.n allerdings hauptsächlich für Rom schrieb. In Italien entsteht in dieser Zeit keine nennenswerte eigenständige M.-Produktion. Um so bemerkenswerter ist es, daß in der 2. Hälfte des 16. Jh. auf einmal ein Italiener die Führung auf diesem Gebiet übernimmt: G. P. da Palestrina. Gleichrangig ist ihm zwar O. di Lasso, er überragt jedoch andere beachtenswerte Komponisten wie die Niederländer Jachet von Mantua und Ph. de Monte, die Franzosen Cl. Janequin, P. Certon, Cl. de Sermisy, Cl. Goudimel oder den – in Italien wirkenden – Spanier T. L. da Victoria.
Der Ruhm Palestrinas als M.-Komponist ist nicht leicht zu erklären; er resultiert aus einer Reihe verschiedenartiger äußerer und innerer Umstände; aus der großen Zahl seiner M.n, aus seiner langen verantwortungsvollen Tätigkeit an St. Peter in Rom. Vor allem aber: sein Stil, der gekennzeichnet ist durch die absolute Gleichwertigkeit aller Stimmen, durch eine Zurückhaltung in der rhythmischen Bewegung, im Dissonanzgebrauch und in der Textausdeutung, durch klangliche Fülle und Klarheit der Diktion, bedeutet für seine Zeitgenossen, allen voran für die maßgebenden Kreise der römischen Kurie, ein Ideal kirchlicher Musik schlechthin. Es scheint zudem, daß die Ruhe und Ausgeglichenheit des Palestrinastils nicht zuletzt deshalb attraktiv sind, weil sie damals und später die Sehnsucht einer von Glaubenskrisen geschüttelten Zeit gerade im religiösen Zentrum der M. klanglich verkörpern.
17. Jahrhundert. Der Beginn des 17. Jh. bedeutet eine deutliche Zäsur in der Geschichte der Messe. Sie verliert wie insgesamt die liturgische Musik im allgemeinen Bewußtsein die einstmals zentrale Stellung zugunsten anderer neu aufkommender musikalischer Gattungen, wie der Oper, des Oratoriums, der Kantate. Verdrängt wird sie auch durch das immer stärkere Wachsen einer autonomen Instrumentalmusik. Immerhin bleibt die ↗Kirchenmusik und mit ihr die M. bis zum Ende des 18. Jh. ein wesentlicher Teil der höfisch-kirchlichen Repräsentation.
Aber der Beginn des 17. Jh., der in der Musikgeschichte insgesamt den Beginn einer neuen Zeit markiert, kündigt auch einen tiefgreifenden Wandel in der musikalischen Gestalt der M. an. Entscheidend ist, daß sich die römische Kirche seit dem Trienter Konzil auf den Stil Palestrinas als Vorbild für die liturgische Musik festgelegt hat, auch wenn sie diese Norm nicht mit allen Konsequenzen durchsetzen konnte (oder wollte). Nun entstehen aber um 1600, von Italien ausgehend, musikalische Kräfte, die ihrem Wesen nach mit den Kompositionsprinzipien jenes Stils in Konflikt geraten müssen: ↗Monodie und ↗Generalbaß, damit verbunden ein neues Verhältnis zum Text, eine neue, differenziertere Rhythmik, eine neue Tonalität, die auf die Polarität von Dur und Moll hinsteuert, eine freiere Dissonanzbehandlung im Dienste eines gesteigerten musikalischen Ausdrucks, die Instru-

mentalisierung der musikalischen Sprache. Die Folge dieses Konflikts, in den kompositorische, ästhetische und theologische Fragen hineinspielen, ist, daß die Entwicklung der M. von nun an sozusagen zweigleisig verläuft. Auf der einen Seite entstehen Werke in bewußter Anlehnung an den a cappella-Stil Palestrinas (den sog. Stylus gravis oder ecclesiasticus), und zwar einchörig oder mehrchörig. Dieser Zweig der M.-Komposition, der immer wieder kirchenamtlich favorisiert wird, bleibt im Prinzip, mannigfach aktualisiert oder auch bloß historisierend als Stilkopie, bis in unsere Tage hinein lebendig. Auf der anderen Seite werden seit Beginn des 17. Jahrhunderts M.n im Stile moderno komponiert, in denen sich die jeweilige Weiterentwicklung der musikalischen Sprache widerspiegelt. Der Bedarf an Werken beider Richtungen ist während des 17. und 18. Jh. unverändert groß.

Die wichtigsten Pflegestätten der M.-Komposition des 17. Jh., die insgesamt von der musikwissenschaftlichen Forschung wenig erschlossen ist und die auch in der kirchenmusikalischen Praxis kaum beachtet wird, sind die musikalischen Zentren in Italien, Österreich und im (katholischen) Süddeutschland.

In Rom ist – gewissermaßen unter den Augen der kirchlichen Obrigkeit – der Anteil der M.n im Palestrina-Stil am größten (Werke von Fr. Soriano, G. Fr. Anerio, Gr. Allegri, A. Cifra, B. Gratiani, M. Simonelli u. a.); daneben spielt hier auch die mehrchörige Satzweise eine bedeutende Rolle (↗Mehrchörigkeit). Ein Vertreter dieser Richtung, die häufig als römischer Kolossalbarock bezeichnet wurde, ist neben Fr. Foggia O. Benevoli (die ihm bislang zugeschriebene spektakuläre M. zu 54 Stimmen für den Salzburger Dom ist jedoch nach neuesten Erkenntnissen ein Werk H. I. Fr. Bibers, das erst am Ende des 17. Jh. entstand).

Anders als in Rom zeigen sich die Komponisten in den großen oberitalienischen Städten den neuen stilistischen Errungenschaften gegenüber sehr viel aufgeschlossener. Im Unterschied zur weltlichen Musik mit italienischem Text, in der es im gewissen Sinn zu einer Revolutionierung der musikalischen Sprache kommt (madrigaleske Monodie, Sologesang in der Oper), wird jedoch im Bereich der liturgischen Musik das Neue behutsam rezipiert. Unter dem Einfluß der „motettischen Monodie“ in den *Cento concerti ecclesiastici* des L. Viadana (1602 bis 1609) entsteht hier in den ersten Dezennien des 17. Jh. ein neuer M.-Typ, die Missa concertata, mit folgenden Merkmalen: 4- bis 6st. Satz mit Generalbaß, im musikalischen Ablauf ständiger Wechsel von homorhythmischen und monodisch „aufgelockerten“ Abschnitten, aber keine imitatorische Technik; die Melodik ist von Pausen durchsetzt, kleinere wortgezeugte Abschnitte werden in einer Stimme wiederholt oder alternieren in den verschiedenen Stimmen. Aufgegeben wird vollständig die Bindung an einen C.f., an ein- oder mehrstimmige Modelle. Die Frage der zyklischen Geschlossenheit der M. scheint die Komponisten dieser Missae concertatae viel weniger zu interessieren, als es bis zum Ende des 16. Jh. der Fall war. M.n dieser Art komponieren in Oberitalien u. a. A. Banchieri, A. Grandi, P. Lappi, E. Bianciardi, B. Corsi u. a. Oft ist es so, daß von ein und demselben Komponisten M.n sowohl im alten wie im neuen Stil überliefert sind; bezeichnend etwa eine gedruckte Sammlung von G. Ghizzolo *Messe parte per cappella e parte per concerto* (1625). Merkwürdig bleibt noch die Tatsache, daß gerade der „modernste“ und genialste unter den oberitalienischen Komponisten dieser Generation, Cl. Monteverdi, nur M.n im alten Stil hinterlassen hat.

Die konzertierende M., wie sie oben gekennzeichnet ist, wandelt sich im Laufe des 17. Jh. in verschiedener Weise: durch Aufgliederung der Stimmen in Solo und Tutti, in Concerto- und (oft mit dem Vermerk ad libitum versehene) Ripieno-Chöre, insbesondere aber durch die Einbeziehung von Instrumenten, die entweder obligat (in concerto) oder ebenfalls ad libitum verwendet werden. Charakteristisch für die konzertierende M. dieser Zeit ist ferner, daß die Komponisten bei der Vertonung bestimmter Stellen (z. B. der Schlußpartien von Gloria und Credo) gern auf den kontrapunktischen Stil zurückgreifen, eine Praxis, die auf die häufigen Fugen und Fugati in M.n des 18. Jh. bei den Worten *Cum Sancto Spiritu*... bzw. *Et vitam venturi saeculi* hinweist. Dieses Nebeneinander von Alt und Neu bezeichnet man in der Zeit selbst als Stile misto.

Die Hauptträger dieser Entwicklung im 17. Jh. finden sich wiederum in Oberitalien, und zwar vor allem in Bologna. Dort entsteht unter den 3 Kapellmeistern an San Petronio, M. Cazzati, G. P. Colonna und G. A. Perti – ihr Schaffen erstreckt sich über einen Zeitraum von genau 100 Jahren (1657 bis 1756) –, ein überaus reiches Repertoire an konzertierenden Messen. Es sind übrigens meistens, der örtlichen (auch für Venedig u. a. bei A. Vivaldi bezeugten) Praxis folgend, Kurzmessen alla veneziana, die nur aus Kyrie, Gloria und Credo bestehen, um bei der Meßfeier Platz zu lassen für die Aufführung von Motetten und Instrumentalmusik.

Einen eigenen Aspekt bietet die M. im 17. Jh. in Frankreich. Sämtliche hier gedruckten M.n des 17. und frühen 18. Jh. sind nämlich a capella-M.n (meist 4- bis 5st.), die auch in der Typographie (gemäß dem Privileg Ballards) die Tradition des 16. Jh. geradezu rigoros fortführen. Als Komponisten lassen sich nachweisen: J. de Bournonville, N. Formé, E. Du Caurroy, H. Frémart, Fr. Cosset und, an der Wende 16./17. Jh., A. Campra. Der einzige französische Komponist, der ein nennenswertes Œuvre von konzertierenden M.n verschiedener Besetzung hinterlassen und damit spät erst den Anschluß an die übrige europäische M.-Komposition vollzogen hat, ist M.-A. Charpentier. Charakteristisch für Frankreich ist ferner, daß hier im 17. und 18. Jh. eine Art der M. erstarkt ist, die im 16. Jh. und früher namentlich in Italien gepflegt wird, wenn sie dort auch nur untergeordnete Bedeutung hat: die Orgelmesse. In ihr werden nicht alle Teile der einzelnen M.-Sätze komponiert, sondern die aufgezeichnete Komposition bildet erst zusammen mit (in der Regel nicht eigens notierten) alternierend vorgetragenen Choralweisen ein liturgisch-künstlerisches Ganzes. Orgelmessen schrieben: G. Nivers, N. Lebègue, Fr. Couperin, N. de Grigny. Ihre Werke haben sich über die Jahrhunderte hinweg in der Praxis des liturgischen und konzertanten Orgelspiels lebendig erhalten. Eine französische Besonderheit in der M.-Geschichte des 17. Jh. sind schließlich die choralen Neukompositionen, unter denen die *Messes Royales* von H. Du Mont in Frankreich populär geworden sind.

18. Jahrhundert. Im 18. Jh. kann sich die M. – wie andere Gattungen der katholischen und protestantischen Kirchenmusik – dem Einfluß der Oper nicht entziehen. Dieser Einfluß macht sich am stärksten in einem neuen M.-Typ geltend, den man wegen seiner Nähe zur zeitgenössischen Kirchenkantate als Kantaten-M. bezeichnet. Er ist dadurch charakterisiert, daß die einzelnen M.-Teile gleichsam aufgelöst werden in eine Folge von geschlossenen Arien, Duetten und Chorsätzen, wobei die solistischen Sätze zahlenmäßig das Übergewicht haben. Berühmte Beispiele sind J. S. Bachs Messe h-moll (BWV 232) oder W. A. Mozarts Messe c-moll (KV 427). Indessen ruft schon zu Beginn des 18. Jh. die Annäherung an die Oper und die – von der Zeit selbst als solche empfundene – Gefahr der Verweltlichung der M. starke Gegenkräfte auf den Plan. So kommt es an vielen Orten entweder zu einer Neubelebung der ein- oder mehrchörigen a cappella-M. (z.B. in Rom bei G. A. Pitoni u. a.), oder man versucht in der orchesterbegleitenden M. in vielfältiger Art ein ausgewogeneres Verhältnis von polyphoner, arioser und konzertierender Schreibweise zu realisieren.

Es gibt aber im 18. Jh. in der M. noch andere Probleme zu meistern. Eines von ihnen ist die mancherorts von kirchlichen Autoritäten aufgestellte Forderung nach größtmöglicher Kürze der M.-Komposition. Diese Forderung führt zur Entstehung des Typus der Missa brevis. In ihr verzichtet der Komponist auf jede Textwiederholung, auf ariose Breite und kontrapunktische Dichte zugunsten einer äußerst gedrängten homophonen Deklamation des Textes. Das Gegenstück zur Missa brevis ist die Missa solemnis, in der der Komponist seine Kunst ohne solche Einschränkungen entfalten kann, ohne daß allerdings dieser Terminus an eine bestimmte Satzweise gebunden ist.

Die zahlreichen M.-Komponisten des 18. Jh. gruppieren sich in der Hauptsache um einige politisch-kulturell und religiös wichtige katholische Städte in Italien, Österreich und Deutschland. Die Meister der ↗Neapolitanischen Schule sind zumeist auch fruchtbare Vertreter der M.: A. Scarlatti, L. Leo, Fr. Durante, G. B. Pergolesi, G. Paisiello. Für Venedig ist A. Lotti, für Bologna G. B. Martini zu nennen. In Wien sind bedeutend in der ersten Hälfte des 18. Jh. J. J. Fux (der sich auch als Theoretiker mit vielen Aspekten der M.-Komposition beschäftigt) und Caldara; in der zweiten Hälfte ragt J. Haydn heraus, namentlich mit seinen 6 späten großen M.n, den sog. Hochämtern (1796–99). Sie gelten uns heute als ein letzter Höhepunkt der konzertierenden M. in barocker Tradition. In Salzburg wirken neben M. Haydn, zu Lebzeiten als Kirchenmusiker weit berühmter als sein Bruder Joseph, J. E. Eberlin sowie L. und W. A. Mozart. Dessen M.n – wenn man absieht von den Sonderfällen der fragmentarischen c-moll-Messe und dem Requiem –, von unvergleichlicher Frische und Leichtigkeit der melodischen Erfindung, haben nach zeitweiser Ächtung aufgrund rigoristischer kirchenmusikalischer Auffassungen gerade in unserer Gegenwart ihre Beliebtheit als Gebrauchsmusik neu gewonnen. Ein reiches Repertoire an Orchestermessen entsteht im 18. Jh. ferner in Dresden (mit Werken von J. D. Zelenka, J. A. Hasse, J. G. Naumann u. a.) sowie in München und Mannheim (u. a. I. J. Holzbauer, Fr. X. Richter). Auch abseits vom höfischen und städtischen Glanz sind im 18. Jh. zumal in Süddeutschland und in Österreich Komponisten am Werk und schreiben für ihre Kirchen M.n in kleinster vokaler und instrumentaler Besetzung und oft unter Benutzung volkstümlicher Melodien (Bauernmessen: Missae rurales, Missae pastoritiae).

19.–20. Jahrhundert. Die politischen Ereignisse und die geistigen Strömungen am Ende des 18. Jh. wirken sich entscheidend auf die gesamte katholische Kirchenmusik aus, die ja durch die Säkularisation weithin ihrer materiellen Basis beraubt wird. Das höfische wird durch das bürgerliche Musikleben abgelöst, an die Stelle der Kirche und der aristokratischen Kammer treten das öffentliche Konzert- und Opernwesen und der bürgerliche Salon. Das Interesse des Publikums gilt vorab der Symphonie, der Oper, der Kammermusik. Und nur ganz selten fühlt sich ein Komponist von Rang veranlaßt, sein ganzes künstlerisches Gewicht in eine M. zu legen. Insgesamt scheint um 1800 eine kontinuierliche Entwicklung dieser Gattung aufzuhören. Gleichwohl lassen sich die beiden wesentlichen Traditionslinien des 17./18. Jh. auch in den M.n des 19. Jh. weiterverfolgen, denn ein Bedarf an Werken für den liturgischen Gebrauch besteht nach wie vor, auch wenn dieser in großem Umfang durch den Rückgriff auf M.n der Vergangenheit gedeckt wird. Ein Teil also der Neukompositionen lehnt sich an den a cappella-Stil des 16. Jh. an, aber nun nicht mehr im Sinne einer lebendigen Fortführung des Überkommenen, sondern mit der Absicht einer Wiederbelebung des alten Stils, die auf historisierenden Überlegungen – in den einzelnen europäischen Ländern verschieden akzentuiert – beruht. Am rigorosesten geschieht dies in Deutschland durch die Vertreter des ↗Cäcilianismus um 1870, dem aber ein nachhaltiger Erfolg versagt bleibt. Nur selten gelingt es, diese restaurativen Bestrebungen in künstlerisch überzeugende Schöpfungen umzumünzen, so im 19. Jh. A. Bruckner (e-moll-M.) oder Fr. Liszt *(Missa choralis)*. Für das 20. Jh. sind aus der großen Zahl der in der lebendigen Auseinandersetzung mit dem a cappella-Stil entstandenen Werke zu nennen die vielen M.n von H. Lemacher und H. Schroeder, die in Deutschland auf die Gegebenheiten der gottesdienstlichen Praxis abgestimmt sind, sowie einzelne M.n oder M.-Teile von K. Thomas, E. Pepping, Fr. Martin u. a.

Der andere Teil der seit etwa 1800 komponierten M.n steht in der Tradition der verschiedenen Arten der Orchester-M. des 18. Jahrhunderts. Die wichtigen Einflüsse in der ersten Hälfte des 19. Jh. kommen aus der Oper, jetzt vor allem aus der französischen Großen Oper, aus dem an G. Fr. Händel orientierten Oratorienstil und nicht zuletzt aus der Symphonie mit ihrer motivisch-thematischen Arbeit und der Durchführungstechnik. Eine unterschiedliche Auseinandersetzung mit diesen Einflüssen läßt sich bei L. Cherubini, C. M. von Weber, Fr. Schubert und insbesondere bei L. van Beethoven feststellen. Seine *Missa solemnis* ist das berühmteste, vielleicht aber auch das rätselhafteste Werk der gesamten Gattungsgeschichte. Sie tritt nicht nur aus dem liturgischen Rahmen heraus, für den sie ursprünglich gedacht ist, sondern sie distanziert sich auch deutlich von der symphonischen Gestaltung in den Orchesterwerken Beethovens. In der Kombination von Chor, Orchester und Soli und im musikalischen Ausdruck des Textes zeigt sie einen sakralen Stil, dessen Eigenständigkeit sich Beethoven voll bewußt ist. Etwas Ähnliches strebt später A. Bruckner in seinen Orchester-M.n an. Auch in ihnen ist das Aussparen der sonst gerade von diesem Komponisten verschwenderisch benutzten symphonischen Mittel ein Kennzeichen des sakralen Stils. Inwieweit in diesen Zusammenhang auch die M.n von Fr. Liszt, das Requiem von G. Fauré und andere kirchenmusikalische Werke französischer Komponisten (C. Franck, Ch. Gounod, C. Saint-Saëns) hineingehören, möge dahingestellt bleiben. Vielleicht macht hier eine besondere Art kunstvoller Simplizität als Reaktion auf die harmonische Komplexität der Tonsprache R. Wagners gerade in der M. die Sphäre des Sakralen aus.

Im 20. Jh. lassen sich nur noch vereinzelt Orchester-M.n von einiger künstlerischer Relevanz aufzeigen. Zu ihnen zählen Werke wie die *Glagolská mše* (Glagolitische Messe) von L. Janáček oder die M. für Chor und Bläser von I. Strawinsky, die an Machauts *Messe de Nostre-Dame* orientiert ist.

Es gibt neben der zyklischen Vertonung des Ordinarium missae eine Reihe von Sonderformen: 1. M.n, in denen außer dem Ordinarium auch das Proprium vertont ist (sog. Plenar-M.n, Beispiele bereits bei Dufay). Auch das ↗Requiem ist eine Plenar-M., bei der freilich Gloria und Credo fehlen; 2. M.n, die für den protestantischen Gottesdienst bestimmt sind und die nur aus Kyrie und Gloria bestehen (sog. protestantische Missae, Beispiele von D. Buxtehude, J. S. Bach); 3. Vertonungen des Proprium missae (berühmt der *Choralis Constantinus* von H. Isaac); 4. M.n, in denen die Teile des Ordinariums durch mehrstimmige Bearbeitungen entsprechender protestantischer deutscher M.-Gesänge ersetzt sind (z. B. bei J. Walter, M. Praetorius); 5. katholische Deutsche Lied-M.n, die für den Volksgesang bestimmt sind: den Teilen des Ordinariums entsprechen Lieder in der Volkssprache (wörtliche Übersetzungen oder Paraphrasen), Beispiele von Fr. Schubert *(Deutsche Messe)* und J. Haas; 6. ein neuer Typ der Lied-M. (seit den 60er Jahren des 20. Jh. in sog. Jugend-M.n praktiziert und viel diskutiert), bestehend aus einer Folge von Liedern und Songs in Rhythmen der Tanz- und Popmusik (u. a. von Peter Janssens); 7. ein- und mehrst. M.n in slawischer Sprache.

Ausg. (nur Anthologien): Liber quindecim missarum, Rom 1516, in: EXPERT Maîtres 8–9; The Old Hall Ms., hrsg. v. A. RAMSBOTHAM – H. B. COLLINS – A. HUGHES, 3 Bde. (Burnham – Lo 1933–38); L. FEININGER, Monumenta Polyphoniae Liturgicae Sanctae Ecclesiae Romanae (R 1947); H. STÄBLEIN-HARDER, 14th Century Mass Music in France (1962) (= CMM 29). – Vgl. ferner in den versch. Tondenkmäler-Ausg. sowie praktischen Ausg., u. a.: Extraits des Maîtres musiciens de la Renaissance française, hrsg. v. H. EXPERT; Anthologie des maîtres religieux primitifs, hrsg. v. CH. BORDES; Das Chorwerk (= Chw); Chor-Arch.; Musica divina usw.

Lit.: A. SCHERING, Die ndl. Orgelmesse im Zeitalter des Josquin (L 1912); P. WAGNER, Gesch. der M. (L 1913, Nachdr. Hil 1963, 1972) (= Kleine Hdb. der Musikgesch. nach Gattungen XI/1); G. ADLER, Zur Gesch. der Wiener Messenkomposition in der 2. Hälfte des 17. Jh., in: StMw 4 (1916); R. FICKER, Die frühen Meßkompositionen der Trienter Codices, in: ebd. 11 (1924); J. A. HÜNTEMANN, Die M.n der Santini-Bibl. zu Münster in Westfalen (Diss. Mr 1928); H. A. SANDER, Beitr. zur Gesch. der Barockm., in: KmJb 28 (1933); G. REICHERT, Zur Gesch. der Wiener Messenkomposition in der 1. Hälfte des 18. Jh. (Diss. W 1935); W. SCHULZE, Die mehrst. M. im frühprot. Gottesdienst (Wb 1940) (= Kieler Beitr. z. Musikwiss. 8); W. Vogt, Die M. in der Schweiz im 17. Jh. (Diss. Bas 1940); J. A. JUNGMANN, Missarum sollemnia, 2 Bde. (W 1948, [6]1962); R. B. LENAERTS, The 16th Century Parody Mass, in: MQ 36 (1950); K. G. FELLERER, Die M. (Dortmund 1951); TH. G. GEORGIADES, Musik u. Sprache (Gö–Hei 1954, [2]1974); B. STÄBLEIN–F. ZAGIBA–R. MÉNARD–P. KAST–W. SENN, M., in: MGG IX; H. STÄBLEIN-HARDER, 14th Century Mass Music in France (1962) (= MSD 7); E. SPARKS, C.f. in Mass and Motet 1420–1520 (Berkeley–Los Angeles 1963); PH. GOSSET, Techniques of Unification in Early Cyclic Masses and Mass Pairs, in: JAMS 19 (1966); M. N. SCHNOEBELEN, The Concerted Mass at San Petronio in Bologna ca. 1660–1730 (1966) (= Diss. Univ. of Illinois); J. SCHMIDT-GÖRG, Gesch. der M. (Kö 1967) (= Das Musikwerk 30); M. LÜTOLF, Die mehrst. Ordinarium Missae-Sätze vom ausgehenden 11. bis z. Wende des 13. zum 14. Jh., 2 Bde (Be 1970); N. S. JOSEPHSON, Zur Gesch. der Missa de beata virgine, in: KmJb 57 (1973); G. MASSENKEIL, Die konzertierende Kirchenmusik, in: Gesch. der kath. Kirchenmusik II, hrsg. v. K. G. Fellerer (Kas 1975); PH. CAVANAUGH, Early Sixteenth-Century Cycles of Polyphonic Mass Propers, in: AMl 48 (1976).

G. MASSENKEIL

MESSIAEN, Olivier Eugène Prosper Charles, * 10. 12. 1908 Avignon; frz. Komponist. Sohn der Dichterin Cécile Sauvage und des Shakespeare-Übersetzers Pierre M., begann er bereits im Alter von 8 Jahren zu komponieren. Mit 10 Jahren lernte er Cl. Debussys *Pelléas et Mélisande* kennen. Dieses Werk prägte seine ganze musikalische Entwicklung. Elfjährig wurde er Schüler des Pariser Conservatoire. Dort studierte er bis 1930 u. a. bei P. Dukas und M. Dupré. Schon während seiner Studienzeit trat M. mit Kompositionen hervor, die aufhorchen ließen, darunter *Le Banquet céleste* für Orgel (1928) und 8 Préludes für Klavier (1929). 1931 wurde er Organist an der großen Orgel der Ste-Trinité in Paris. Für dieses Instrument schrieb er, angefangen mit *La Nativité du Seigneur* (1935), alle seine großen Orgelwerke. 1936–39 lehrte er an der École Normale de Musique in Paris und an der Schola Cantorum. Ebenfalls 1936 gründete er mit A. Jolivet, Daniel-Lesur und Y. Baudrier die Gruppe „Jeune France". Diese Gründung hatte für M.s kompositorische Entwicklung zwar keine Folgen, doch kennzeichnet sie seinen musikalischen Standort. Denn „Jeune France" stand dem musikalischen Neoklassizismus der 1930er Jahre fern. Nach Kriegsdienst und Gefangenschaft im 2. Weltkrieg wurde M. 1942 Professor am Pariser Conservatoire, zuerst für Harmonielehre, 1947 für Analyse, Ästhetik und Rhythmik und 1966 für Komposition.

Seit seiner Studienzeit beschäftigen M. Probleme der musikalischen Rhythmik. Deswegen studierte er die Decî-Tâlas des alten Indien und die griechische Metrik. I. Strawinskys *Sacre du Printemps*, das er eingehend analysierte, inspirierte ihn zu seiner Theorie der „Personnages rythmiques". Die Musik der Wiener Klassiker, vor allem W. A. Mozarts, selbst die Neumen des Gregorianischen Chorals sieht er zuerst unter rhythmischem Aspekt. Es nimmt daher nicht wunder, daß viele seiner Werke vom Rhythmischen her konzipiert sind – etwa die *Quatre Études de rythme* für Klavier (1949–50) oder das *Livre d'Orgue* (1951). Als wichtige Inspirationsquelle dienen M. die Gesänge der Vögel, von denen er im Laufe seines Lebens Tausende notiert hat. Die Beschäftigung mit diesem naturgegebenen Material hat fast sein gesamtes Œuvre geprägt. Manche Werke, wie z. B. *Catalogue d'Oiseaux* für Klavier (1956–58), bestehen nahezu völlig aus kunstvollen Adaptionen von Vogelgesängen.

M. ist gläubiger Katholik. Ein großer Teil seines Œuvres, das allerdings kaum Kirchenmusik enthält, kreist um christliche Glaubenswahrheiten – nicht nur seine Orgelmusik, sondern auch Werke wie *Vingt Regards sur l'Enfant Jésus* für Klavier oder *Trois Petites Liturgies de la Présence Divine* für Frauenchor, Klavier, Onde Martenot und Orchester (beide 1944). Bezeichnenderweise bestehen zwischen diesen geistlichen Werken und den weltlichen Werken M.s – etwa der *Turangalîla-Symphonie* (1946–48) – keine erkennbaren stilistischen Unterschiede. Charakteristisch für alle Werke ist eine neue Art der Zeitordnung, die wenig gemein hat mit der der abendländischen Musik der letzten vier Jahrhunderte. Nicht minder charakteristisch für M. ist die Bedeutung, die die Farbe in seiner Musik erhält. Beides hat viele jüngere Komponisten seit den 1940er Jahren fasziniert. Nicht von ungefähr gehörten P. Boulez, K. Stockhausen und I. Xenakis zu seinen Schülern. M. ist verheiratet mit der Pianistin Yvonne Loriod.

WW (außer den bereits genannten): **1) Kompositionen:** *L'Ascension* (1933) für Orch., Orgelfassung mit *Transports de joie* anstelle v. *Alleluia sur la trompette* (1934); *Les corps glorieux* (1939) für Org.; *Quatuor pour la fin du temps* für V., Klar., Vc. u. Klv., geschrieben u. uraufgeführt 1940 im [Kriegsgefangenen-] Stalag 8A bei Görlitz; *7 Visions de l'Amen* (1943) für 2 Klv.; *Harawi* (1944), 12 Gesänge für Sopran u. Klv.; *Cantéyodjaya* (1948) für Klv.; *Cinq rechants* (1949) für 12 gem. St. a cap.; *Messe de la Pentecôte* (1950) für Org.; *Réveil des oiseaux* (1953) für Klv. u. Orch.; *Oiseaux exotiques* (1956) für Klv. u. kleines

Orch.; *Chronochromie* (1960) für Orch.; *Sept Haïkaï* (1962) für Klv., Xylophon, Marimba u. kleines Orch.; *Couleurs de la cité céleste* (1963) für Klv., Bläser u. Schlagzeug; *Et exspecto resurrectionem mortuorum* (1964) für Holzbläser, Blechbläser u. Schlagzeug; *La Transfiguration de N.-S. Jésus Christ* (1965–69), Oratorium für gem. Chor, 7 Instrumentalsolisten u. Orch.; *Méditations sur le mystère de la Ste Trinité* (1969) für Org.; *Des canyons aux étoiles* (1971–74) für Orch. – **2) Schriften:** *Technique de mon langage musical*, 2 Bde. (P 1944, dt. 1966); *Conférence de Bruxelles* (P 1960); *Conférence de Notre Dame* (P 1978).

Lit.: M.-Sonderh. Melos 25 (1958). – C. SAMUEL, Entretiens avec O. M. (P 1967); S. AHRENS – H. D. MÖLLER – A. RÖSSLER, Das Orgelwerk M.s (Duisburg 1969, erweitert ²1976); E. SEIDEL, Bemerkungen zur 2. Pièce en trio des Livre d'Orgue v. O. M., in: MS 93 (1973); K. SCHWEIZER, O. M.s Klavieretüde „Mode de valeurs et d'intensités", in: AfMw 30 (1973); P. BOULEZ, O. M., in: Anhaltspunkte. Essays (St 1975); TH. D. SCHLEE, Hommage à O. M., in: ÖMZ 34 (1979) (mit Werkverz.); H. HALBREICH, O. M. (P 1980). E. SEIDEL

METABOLĒ (griech., = Veränderung), in der griechischen Musiktheorie der Wechsel im Tongeschlecht, in der Tonart, in den Tetrachorden und in der Melopoeia (d.h. vermutlich im Ethos). Die lateinische Übersetzung und die Übertragung dieses Begriffs in das musiktheoretische Vokabular des 17./18. Jh. führte zur Mutatio. Ihre Anwendung macht nach A. Kircher (*Musurgia universalis*, 1650) das Wesen des von ihm so genannten Stylus metabolicus aus. In Anlehnung an den antiken Terminus nannte H. Dutilleux ein 1964 entstandenes Orchesterwerk mit 5 miteinander verknüpften Teilen, deren Elemente ständigen Veränderungen unterworfen sind, *Métaboles*.

METALLOPHON. Im weiteren Sinne versteht man unter M.en ↗Idiophone mit klangerzeugendem Material aus Metall. Zu ihnen gehören Melodie- (Gongspiele, Glocken und Glockenspiele) sowie Geräusch- und Rhythmusinstrumente (Klappern, Becken, Triangel, Gongs). Im engeren Sinne ist M. das Stabglockenspiel des Orchesters mit Resonanzröhren und einem Tonumfang von 3 Oktaven. Beim Orff-Schulwerk heißt M. das diatonische Glockenspiel mit Aluminiumklangstäben.

METASTASIO, Pietro (eig. Pietro Antonio Domenico Bonaventura Trapassi), * 3. 1. 1698 Rom, † 12. 4. 1782 Wien; it. Dichter und Librettist. Bevor er seine schriftstellerische Laufbahn einschlug, studierte M. Jura in Rom, wo er auch die niederen Weihen empfing. In seinem Schaffen wurde er dort vor allem von seinem Lehrer und Erzieher Gian Vincenzo Gravina, einem Gründungsmitglied der römischen Dichtergruppe „Arcadia", beeinflußt, der auch die Graezisierung seines Namens veranlaßte. Die Arcadia strebte die Wiederherstellung von moralischen und ästhetischen Werten im Sinne des Rationalismus in der Literatur an, Fragen des guten Geschmacks und des Hedonismus wurden vornehmlich behandelt; M. folgt Gravina, wenn er die Einheit der Zeit, des Ortes und der Handlung einhält, wenn er Chöre in seine Libretti einführt, die Sprache des Textbuches einfach gestaltet, ein moralisches Theater schafft, das seine Sujets aus der Geschichte schöpft. Die Beschäftigung mit R. Descartes' *Les passions de l'âme* wurde grundlegend für die von M. ausgedrückte fundamentale Leidenschaft des Menschen. 1719 ging M. nach Neapel, schrieb dort einige Serenate und verfertigte elegante festliche Dichtungen, u.a. *Gli orti Esperidi*, 1721 von N. Porpora komponiert, bei dem M. auch eine musikalische Ausbildung erhielt. Besondere Erfolge erzielte er mit *Didone abbandonata*, 1724 von D. Sarri in Musik gesetzt; das Stück erfuhr über 60 Vertonungen. 1730 trat M. auf Geheiß Kaiser Karls VI. seinen Dienst als Poeta cesareo am Wiener Hof als Nachfolger A. Zenos an. In der Donaumetropole wurde M. zum internationalen Dichter geformt, dessen vornehmstes Ziel es war, moralisch-ethisch ein Laudator temporis acti zu sein.

WW (Libretti; mit Angabe der ersten Vertonung u. des Jahres der UA): *Siface* (F. Feo, 1723); *Didone abbandonata* (D. Sarri, 1724); *Siroe, Re di Persia* (L. Vinci, 1726); *Catone in Utica* (ders., 1727); *Ezio* (P. Auletta, 1728); *Semiramide riconosciuta* (L. Vinci, 1729); *Alessandro nell'Indie* (ders., 1729), auch als: *Cleofide* oder *Poro; Artaserse* (ders., 1730); *Demetrio* (A. Caldara, 1731); *Issipile* (F. Conti, 1732); *Adriano in Siria* (A. Caldara, 1732); *Olimpiade* (ders., 1733); *Demofoonte* (ders., 1733); *La clemenza di Tito* (ders., 1734); *Achille in Sciro* (ders., 1736); *Ciro riconosciuto* (ders., 1736); *Temistocle* (ders., 1736); *Zenobia* (L. A. Predieri, 1740); *Antigono* (J. A. Hasse, 1743); *Ipermestra* (ders., 1744); *Attilio Regolo* (ders., 1750); *Il re pastore* (J. Bonno, 1751); *L'eroe cinese* (ders., 1752); *Nitteti* (N. Conforto, 1756); *Il trionfo di Clelia* (J. A. Hasse, 1762); *Romolo ed Ersilia* (ders., 1765); *Ruggiero* (ders., 1771).

Die Grundzüge des metastasianischen Dramas sind aristokratisch, religiös, politisch-ethisch. M. arbeitete in Wien für eine europäisch gebildete Aristokratie, schuf Vorbilder für die Wiener Gesellschaft, war nicht ihr Abbild. Er richtete sich mit seinem moralisch-ethischen Theater an die gesamte Menschheit seiner Zeit. M. war Vertreter einer glücklich schönen Lebensform und entsprach somit der Regierungsart Kaiserin Maria Theresias und dem aufgeklärten Absolutismus. Er erfüllte die Ansprüche des österreichischen Theaters: Maria Theresias Theatermoral „Sittlichkeit und Tugend" und Kaiser Josephs II. „Virtute exemplo" – und wurde damit ein Gegenpol zu den Vertretern der frivolen und liberalen französischen Theaterdichtung. M. bevorzugte den in Vers und gehobener Prosa geschriebenen Dreiakter. Von 27 Dramen weisen 19 sechs Personen auf, 2 fünf, 5 sieben, ein Stück zählt acht Akteure. Das Sechspersonenstück wurde somit zur Norm. Am Ende einer Szene steht im allgemeinen eine Arie. Die Arie, in der Regel zwei Vierzeiler in Kanzonettenform, ist häufig in zwei kontrastierende oder miteinander verbundene Gedanken geteilt; die acht Verse arbeiten vielfach mit Metaphern. Rezitativ und Arie bilden eine höhere Einheit. Die Abgangsarie wird zum Moment der Pause, der Reflexion, summiert Vorhergehendes, ist als Affekt, Emotion oder Kommentar zu betrachten. Symptomatisch für M.s Drama ist das „lieto fine". Fast alle Libretti M.s sind mehrfach von renommierten italienischen und deutschen Komponisten vertont worden (u.a. N. Jommelli, B. Galuppi, N. Piccinni, L. Leo, J. A. Hasse, Chr. W. Gluck und W. A. Mozart). – ↗Libretto.

Ausg.: Opere, hrsg. v. M. FUBINI (Mi 1968), mit Einleitung v. L. Ronga, L'opera metastasiano, u. Anh. L'opera per musica dopo M., hrsg. v. M. Fubini – E. Bonora; Opere scelte, hrsg. v. F. GAVAZZENI (Tn 1968).

Lit.: R. DA CALZABIGI, Diss. sulle poesie drammatiche del Signore Abate P. M., in: P. M. Poesie I (P 1755); CH. BURNEY, Memoirs of the Life and Writings of the Abbate M., 3 Bde. (Lo 1796, Nachdr. NY 1971); STENDHAL (= M.-H. Beyle), Vies de Haydn, de Mozart et de Métastase (P 1817); A. WOTQUENNE, Zeno, M. u. Goldoni. Alphabetisches Verz. der Stücke in Versen aus ihren dramatischen Werken (L 1905); A. EINSTEIN, Calzabigis „Erwiderung" v. 1790. In ihren wichtigsten Teilen übers., in: Gluck-Jb. 2 (1915) u. 3 (1917); G. NATTALI, La vita e le opere di P. M. (Livorno 1923); R. GERBER, Der Operntypus J. A. Hasses u. seine textlichen Grundlagen (L 1925) (= Berliner Beitr. z. Musikwiss. 2); C. CULCASI, M. (Tn 1935); L. RUSSO, M. (Bari ^{2}1945); R. GIAZOTTO, A. Zeno, P. M. e la critica del Settecento, in: RMI 48 (1946) u. 49 (1947); A. A. ABERT, Zum metastasianischen Reformdrama, in: Kgr.-Ber. Lüneburg 1950 (Kas 1952); A. TRIGIANI, Il teatro raciniano e i melodrammi di P. M. (Tn 1951) (= Pubblicazioni della Facoltà di lettere e filosofia. Univ. di Torino III/2); S. ROMAGNOLI, P. M. in: I classici it. nella storia della critica II, hrsg. v. W. Binni (Fi 1955, ^{2}1960); W. VETTER, Deutschland u. das Formgefühl Italiens. Betrachtungen über die Metastasianische Oper, in: DJbMw 4 (1959); A. M. NAGLER, M. Der Hofdichter als Regisseur, in: Maske u. Kothurn 7 (W 1961); H. BOSCH, Die Opernauff.en des Abate P. M. am Wiener Kaiserhof nach Zeugnissen aus seinen Briefen (Diss. W 1967); H. CH. WOLFF, Das Märchen v. der neapolitanischen Oper u. M., in: Anal. Mus. 9 (1970); G. NICASTRO, M. e il teatro del primo settecento (R 1973); H. LÜHNING, „Titus"-Vertonungen im 18. Jh. Unters. z. Tradition der Opera seria v. Hasse bis Mozart (Diss. Erl 1974); W. BINNI, Il settecento letterario, in: Storia della letteratura it. VI (Mi 1976); R. ANGERMÜLLER, Mozart u. M., in: Mitt. der Int. Stiftung Mozarteum 26 (1978).

R. ANGERMÜLLER

METHFESSEL (Methfeßel), **Johann Albert** (Albrecht) **Gottlieb,** * 6.10.1785 Stadtilm (Thüringen), † 23. 3. 1869 Heckenbeck bei Gandersheim; dt. Komponist und Kapellmeister. Er wurde 1810 Kammermusikus in Rudolstadt, 1822 Musikdirektor in Hamburg und war 1832–42 Hofkapellmeister in Braunschweig. M. komponierte zahlreiche Lieder, besonders für Männerchor. Davon wurden besonders bekannt *Der Gott, der Eisen wachsen ließ* und *Stimmt an mit hellem, hohem Klang.*

WW: Klv.- u. Kammermusik; *Allgemeines Commers- und Liederbuch;* ein Oratorium *Das befreite Jerusalem* u. die Oper *Der Prinz von Basra.*

METRIK (von griech. metron = Maß), von der Antike bis ins 18. Jh. Bz. für die Wissenschaft von den poetischen Formen, seit dem 19. Jh. auch für die Lehre vom musikalischen ↗Metrum, im 20. Jh. gelegentlich synonym mit Metrum. – Die antike M. umfaßt die Lehre von den Buchstaben, Silben, den Längen und Kürzen, vom Versfuß, vom Metrum und vom Vers sowie von der Strophe. Im Mittelalter versteht man unter „ars metrica" im Gegensatz zur „ars rhythmica", die die Form der Vulgärpoesie erfaßt, meist die Lehre von den klassischen Metren. An diese Tradition knüpft die ältere Musiktheorie an. J. Mattheson erörtert 1739 unter dem Titel „Metric" die Form der zum Singen bestimmten Poesie. Im 19. Jh. ist die M. die Lehre vom musikalischen Metrum. M. Hauptmann versteht darunter die Lehre von den Maßen, in denen sich die musikalischen Bewegungen zu vollziehen haben. H. Riemann und Theodor Wiehmayer definieren sie als die Lehre vom musikalischen Satzbau (↗Periode). Im 20. Jh. verwendet man das Wort auch synonym mit Metrum, scheint aber eine Verallgemeinerung davon, eben das Metrische schlechthin, im Sinn zu haben (E. Kurth).

Lit.: ↗Metrum.

W. SEIDEL

METRONOM (von griech. metron = Maß und nomos = Gesetz, Regel), Bz. für eine Vorrichtung zur genauen Festlegung des Tempos mit einem in einem pyramidenförmigen, als Resonator dienenden Gehäuse befindlichen und durch Uhrwerk angetriebenen aufrechtstehenden Pendel, das durch ein verschiebbares, an einer Skala vorbeigleitendes Gewicht auf 40–240 Ausschläge pro Minute eingestellt werden kann; die Ausschläge sind sichtbar und hörbar. Es gibt außerdem Ausführungen, bei denen jeder 2., 3., 4., 6. oder 8. Schlag von einem Läutewerk hervorgehoben werden kann. Die Erfindung des M.s wird in der heute verbreiteten Konstruktion dem Wiener Mechaniker J. N. Mälzel, einem Freund L. van Beethovens, zugeschrieben, der es 1816 in Paris patentieren ließ. Dementsprechend geschieht bis heute die Tempoangabe mit Hilfe der Abkürzung M. M. (= Metronom Mälzel) und bezogen auf einen bestimmten Noten-Wert, z. B. M. M. ♩ = 100. Ähnliche Apparate waren vorher schon in Frankreich, so von É. Loulié (Chronomètre, 1696; verbessert 1701 von J. Sauveur), Louis-Léon Pajot (1724) und Henri Louis Choquel (1762), gebaut worden, allein das M. Mälzels konnte sich wie auch dessen Bezeichnung auf die Dauer durchsetzen. Seit den Metronomisierungen Beethovens (seit 1817 für die Symphonien und für andere Werke), deren Verbindlichkeit jedoch teilweise problematisch ist, schrieben zahlreiche Komponisten genaue Tempoangaben mittels M.s vor. Neuere Ausführungen sind das Taschenuhr-M., das Blink-M. und elektrische Metronome.

Lit.: E. BORREL, Les indications métronomiques laissées par les auteurs français du XVIIe et XVIIIe siècle, in: RMie 12 (1928); D. KÄMPER, Zur Frage der Metronombezeichnung R. Schumanns, in: AfMw 21 (1964); H. CH. WOLFF, Das M. des L.-L. Pajot 1735, in: FS J. P. Larsen (Kop 1972); H. LANGE, Das Fadenpendel-M., in: ÖMZ 31 (1976); P. STADLEN, Beethoven und das M., in: Beiträge '76–78. Beethoven-Kolloquium [Wien] 1977 (Kas 1978); H. SEIFERT, Beethovens Metronomisierungen und die Praxis, in: ebd.

METRUM (von griech. metron = Maß), Bz. für das Maß, in dem sich eine poetische oder musikalische Bewegung vollzieht. Da das Wort im Laufe seiner Geschichte auf unterschiedliche Maße und verschiedene Faktoren der Bewegung angewandt worden ist, steht seine Bedeutung nicht fest. Die antike Theorie nennt die gleichmäßigen Abschnitte Metra, durch die der einförmige rhythmische Verlauf der Versfüße zahlhaft gegliedert und begrenzt wird. Im allgemeinen setzt eine metrische Struktur hier Sprache voraus. Die Zahl der Versfüße, die ein M. vereint, geht in seinen Namen ein: Metren, die regelmäßig 6 Versfüße vereinen, heißen beispielsweise Hexametra. In dieser Bedeutung wird der Begriff von der Rhetorik und Poetik bis ins 17. Jh. hinein verwendet. Seit dem 16./17. Jh. werden damit gelegentlich auch musikalische Formationen bezeichnet, etwa die gleichmäßige Abschnittsbildung einer Vokalkomposition (Fr. de Salinas) oder der symmetrische Satzbau eines Tanzes (M. Mersenne). Seit dem Ende des 17. Jh. wird es üblich, mit dem Terminus die Ordnung des Elementaren zu bezeichnen, die Ordnung kleiner, versfußartiger Gebilde oder auch des Taktes (J. G. Walther, J. A. Scheibe, Fr. W. Marpurg). Demnach sind musikalische Metren versfußartige Formeln, und dementsprechend werden sie benannt und klassifiziert. Die Musiktheorie spricht wie die Poetik von Iambus (◡–), Trochäus (–◡), Anapäst (◡◡–), Daktylus (–◡◡), Spondeus (– –), Bacchius oder Baccheus (◡– –), Choriambus (–◡◡–), Dochmius (◡– – ◡–) usw.

Seit der Mitte des 18. Jh. versteht man unter M. die innere Ordnung des neuen Akzentstufentaktes (H. Chr. Koch). Man stellt sie dar, indem man eine einförmige Schlag- oder Tonreihe durch einen oder mehrere Akzente modifiziert. Das M. des $^4/_4$-Taktes, sein inneres Taktgewicht, stellt sich demnach etwa so oder so dar. Kompositorisch tritt es vor allem in den Begleitfiguren des klassischen Instrumentalstils in Erscheinung, in den von Koch so genannten „metrischen Figuren". Ihr Prototyp sind die Albertischen Bässe. Wo sich die Melodie frei darüber erhebt, wie in dem folgenden „singenden Allegro" von W. A. Mozart (KV

545), unterscheidet man den Rhythmus der Melodie vom M. der Begleitung. Das M. formuliert die einförmige Taktbewegung aus, die Melodie setzt sich rhythmisch davon ab und ist doch zugleich darauf bezogen.

Grundsätzlich geht man in der Klassik während eines Tonstücks nicht von einem in ein anderes M. über. Eine Komposition, deren M. anfangs auf Vierteln basiert, bleibt dabei bis zu ihrem Ende. Nur ausnahmsweise setzen Mozart und L. van Beethoven in großen Sätzen verschiedene Metren gegeneinander. So hebt Beethoven beispielsweise im ersten Satz der 3. Symphonie den Hauptsatz metrisch vom Seitensatz ab; der Hauptsatz wird über einem Achtel-, der Seitensatz über einem Viertelmetrum gebildet. Oder Fr. Schubert sondert im ersten Satz der Klaviersonate A-Dur, D 959, die Durchführung von den Rahmenteilen in entsprechender Weise; das M. der Exposition und der Reprise besteht aus Viertel-, das der Durchführung aus Achtelnoten.

Die klassische Balance von M. und Rhythmus wird im 19. Jh. vielfach und auf unterschiedliche Weise gestört. Triviale Musik neigt dazu, das M. hervorzukehren, oft in Gestalt eines groben Tanz-Metrums. Die bedeutenden Komponisten versuchen, das mechanische M. gleichsam in den Griff zu nehmen, es dynamisch abzuschattieren. Gelegentlich wird es gänzlich beseitigt. So tritt in Schuberts Lied *Am Meer* an die Stelle eines deutlichen metrischen Ganges ein unbestimmtes, unfaßliches, ins Ungemessene drängendes Tremolo. In dem Lied *Meeres*

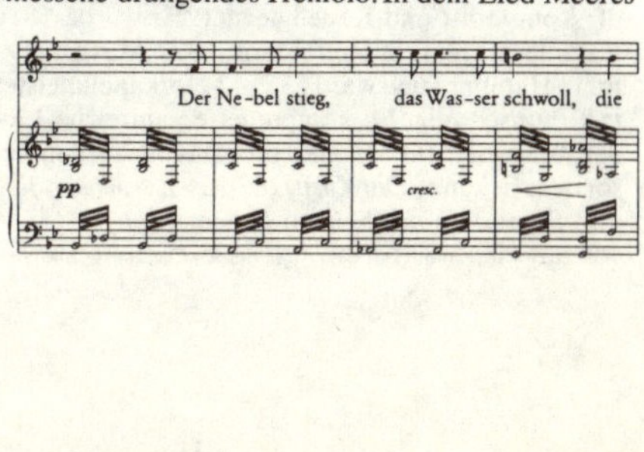

Stille verzichtet Schubert auf metrische Figuren und läßt so Bewegungslosigkeit musikalisch fühlbar werden.

In dem Maße, in dem sich die Komponisten bemühen, die Dynamik der „unendlichen Melodie“ ins Werk zu setzen, verliert das Takt-M. an Bedeutung. Es zieht sich gleichsam auf die Taktschwerpunkte zurück und läßt sich am Ende des 19. Jh. nur mehr als Verhältnis der Taktschwerpunkte zueinander, als äußeres Taktgewicht, begreifen. In diesem Sinne definieren es H. Riemann und nach ihm Theodor Wiehmayer. Das M. bezeichnet hier das Gesetz des musikalischen Satzbaus. Riemann nahm an, die dynamische Entfaltung einer kunstgerechten Melodie konzentriere sich auf ein System von Taktschwerpunkten, in dem die Prinzipien der Polarität und Steigerung zugleich wirksam sind. So entspricht dem ersten Periodenschwerpunkt der zweite, dem zweiten der vierte und dem vierten der achte. Dabei überragt der zweite den ersten, der vierte den zweiten und der achte den vierten an dynamischer Potenz.

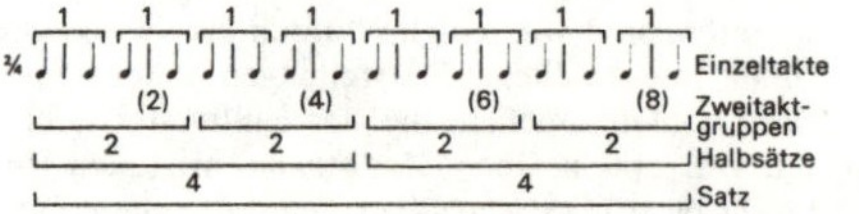

Riemann hat dieses Gesetz metrischer Entwicklung von Beethovens Satzorganisation, etwa von einer Periode wie der folgenden (Klaviersonate op. 22, Schlußsatz), abstrahiert.

Die Musik des 20. Jh. wendet sich nicht nur von den überkommenen tonalen, sondern auch von den metrischen Ordnungsprinzipien ab. Weder der Takt noch die Periode überleben. Der Begriff M. verliert seine Bedeutung gänzlich, er wird zu einer historischen Kategorie.

Lit.: J. MATTHESON, Der vollkommene Capellmeister (H 1739), Nachdr. hrsg. v. M. Reimann (Kas 1954, [2]1969) (= DMl I/5); H. CH. KOCH, Versuch einer Anleitung zur Composition, 3 Bde. (1783–93, Nachdr. Hil 1969); M. HAUPTMANN, Die Natur der Harmonik u. Metrik (L 1853); H. RIEMANN, System der musikal. Rhythmik u. Metrik (L 1903); TH. WIEHMAYER, Musikal. Rhythmik u. Metrik (Magdeburg 1917); F. ROSENTHAL, Probleme der musikal. Metrik, in: ZfMw 8 (1925/26); R. L. CROCKER, Musica rhythmica and Musica metrica in Antique and Medieval Theory, in: JMTh 2 (1958); P. BENARY, Rhythmik u. Metrik. Eine praktische Anleitung (Kö 1967); E. APFEL – C. DAHLHAUS, Stud. z. Theorie u. Gesch. der musikal. Rhythmik u. Metrik, 2 Bde. (Mn 1974) (= Musikwiss. Schriften 1); G. HENNEBERG, Theorien z. Rhythmik u. Metrik (Tutzing 1974) (= Mainzer Stud. z. Musikwiss. 6); W. SEIDEL, Über Rhythmustheorien der Neuzeit (Be – Mn 1975) (= Neue Heidelberger Stud. z. Musikwiss. 7); DERS., Rhythmus. Eine Begriffsbestimmung (Da 1976) (= Erträge der Forsch. 46); M. YESTON, The Stratification of Musical Rhythm (New Haven/Conn. – Lo 1976).

W. SEIDEL

METTERNICH, Josef, * 2. 6. 1915 Hermülheim bei Köln; dt. Sänger (Bariton). Er finanzierte sein Gesangstudium in Köln durch seine Mitwirkung als Geiger in einer Tanzkapelle. Zunächst Chorsänger an den Opernhäusern in Bonn und Köln, erhielt er 1940 einen Anfängervertrag am Deutschen Opernhaus in Berlin, wo er, von M. Bohnen besonders gefördert, seinen eigentlichen Durchbruch als Tonio in R. Leoncavallos *Bajazzo* 1945 erzielte. Nach dem 2. Weltkrieg galt er an den Opernhäusern von Berlin, Hamburg, München und Wien als der führende deutsche Bariton im italienischen Fach. 1953–56 war er an der Metropolitan Opera in New York engagiert (Antrittsrolle: Carlos di Vargas in G. Verdis *La forza del destino*). Gastspiele führten ihn an die Covent Garden Opera in London (als Holländer in R. Wagners Oper *Der Fliegende Holländer*) und an die Mailänder Scala. 1957 sang er an der Staatsoper München, der er bis 1971 angehörte, die Partie des Johannes Kepler in der UA der P. Hindemith-Oper *Die Harmonie der Welt.* Seit 1965 ist M., der mit der Sängerin Liselotte Losch verheiratet ist, Professor an der Musikhochschule Köln.

METZGER, Heinz-Klaus, * 6. 2. 1932 Konstanz; dt. Musiktheoretiker und -schriftsteller. Er studierte 1949–52 an der Freiburger Musikhochschule sowie 1952–54 in Paris bei Max Deutsch und in Tübingen und absolvierte 1956 die Akademie für Tonkunst in Darmstadt. Seit 1957 lebt er abwechselnd in der Bundesrepublik Deutschland, in Italien sowie in Paris und Zürich. Seine vor allem von Karl Marx, G. W. Fr. Hegel und Th. W. Adorno beeinflußten Schriften behandeln neben dem Werk L. van Beethovens vorwiegend Fragen der Neuen bis zur zeitgenössischen Musik.

Schriften: *Webern und Schönberg,* in: A. Webern, hrsg. v. H. Eimert (W 1955) (= die Reihe 2); dass., in: Kommentare z. Neuen Musik 1 (Kö 1961, 1963); *Das Altern der jüngsten Musik,* in: Forum 10 (1963); *Beethoven. Das Problem der Interpretation* (Mn 1979) (= Musik-Konzepte 8). – Er gibt heraus: *Musik-Konzepte. Die Reihe über Komponisten* (Mn 1977ff.) (zus. mit R. Riehn).

METZLER, Metzler Orgelbau AG, Schweizer Orgelbauwerkstatt, gegr. 1890 von **Jakob M.** (1855 bis 1925) in Felsberg. Sie wurde von dessen Sohn **Oskar M.** (1894–1986) 1930 nach Dietikon bei Zürich verlegt. 1968 übernahmen **Oskar M. jun.** (* 1925) und **Hansueli M.** (* 1927), Enkel des Gründers, die Geschäftsleitung. Seit etwa 1950 entwickelte das Unternehmen einen kunsthandwerklichen, an historischen Vorbildern des 18. Jh. orientierten Stil und gehört zu den bedeutendsten Werkstätten in Europa. Von den von M. gebauten Instrumenten sind hervorzuheben: Schaffhausen, Münster (1958; 3 Man., 45 Reg.); Zürich, Großmünster (1960; 4 Man., 68 Reg.); Netstal (1964; 3 Man., 34 Reg.); Genf, Kathedrale (1965; 4 Man., 68 Reg.); Frauenfeld, Stadtkirche (1969; 3 Man., 44 Reg.); Cambridge, King's College (1973; 3 Man., 42 Reg.); St. Pölten, Dom (1974; 3 Man., 36 Reg.). Wichtige Restaurierungen historischer Instrumente sind die Silbermann-Orgel in Arlesheim (Schweiz), die Haupt- und Chororgeln der Klosterkirche Muri sowie die Hinsch-Orgel in Wassenaar (Niederlande).

Lit.: D. KINSELA, A New Direction in Organ Building Reflected in the History of M. u. Söhne, in: OYb 8 (1977).

MEULEMANS, Arthur-Jozef-Ludovicus, * 19. 5. 1884 Aarschot (Brabant), † 29. 6. 1966 Brüssel; belgischer Komponist. Er war Schüler von E. Tinel am Institut Lemmens in Mecheln. 1916 gründete er die Orgel- und Gesangschule in Hasselt, die er bis 1930 leitete. 1930–42 wirkte er als Dirigent in Brüssel. 1954 wurde er Präsident der Koninklijke Vlaamse Academie in Brüssel. Zu seinem 80. Geburtstag wurde ihm die Festschrift *Aan meester A. M.* (An 1964) gewidmet.

WW: **1) Instr.-WW:** Org.- u. Kammermusik, u.a. 5 Streichquartette; je ein Saxophon- u. Pos.-Quartett. – Für Orch.: 15 Symphonien (1931–59); *Middelheim* (1961); *Aforismen* (1961); *Aspecten* (1961); *Cirkus* (1961); *Het zwin* (1963); *Torenhof* (1963); 3 V.- u. 2 Vc.-Konzerte sowie je ein Klv.-, Fl.-, Harfen-, Ob.- u. Trp.-Konzert. – **2) Vokal-WW:** Oratorien: *Sacrum mysterium* (1917); *De zeven weeën* (1920); *De dochter van Jaïrus* (1925); *Kinderen van deze tijd* (1956); 10 Messen; Lieder u. Chöre. – **3) Bühnen-WW:** Opern: *Vikings,* UA: Antwerpen 1937; *Adriaen Brouwer,* UA: ebd. 1947; *Egmont,* UA: ebd. 1960. – **4) Schriften:** *Aspecten van het moderne orkest* (Bru 1953); *E. Tinel* (1954); *P. Gilson* (1955).

M. war einer der ersten „flämischen Impressionisten", die Anregungen Cl. Debussys auf einer schulmäßigen, von C. Franck her geprägten Grundlage aufnahmen. Er wurde der geistige Vater einer zwischen 1880–1900 geborenen belgischen Komponistengeneration. Seine Musik ist farbenreich, suggestiv, zupackend oder zurückhaltend, klar in der Linienführung, effektvoll in der Orchesterbehandlung und reich an Einfällen.

Lit.: T. BOUWS – J. VAN MECHELEN, A. M. (An 1960); W. PAAP, in: Mens en melodie 19 (1964).

MEXIKO. Vorkolumbische Zeit. Über die Musikpraxis der verschiedenen vorkolumbischen Kulturen, die sich über das Gebiet des heutigen M. ausbreiteten, sind wir lediglich durch archäologische Funde und bildliche Darstellungen unterrichtet. Dazu zählen Quellen, die der Kultur der Olmeken (bis 200 n. Chr.), Zapoteken/Mixteken (bis 1200 bzw. 1521), Maya (besonders der klassischen Periode 700–1000 n. Chr.) und der Azteken (1325–1521) entstammen. Aus dem zapotekischen Mitla sind u.a. Tonfiguren erhalten, die 2 Sänger und 6 Musiker (mit Tonpfeife, Rasseln und Schildkrötenpanzer als Schrapinstrument) darstellen. In einem Maya-Tempel in Bonampak (Chiapas) befindet sich ein Fresko, das Würdenträger und Musikanten (u.a. mit Trompeten und verschiedenen Trommeln) bei einer Inthronisationszeremonie zeigt. Spätere Codices, die z.T. nach der Eroberung M.s angelegt wurden (etwa *Codex Mendoza* für den spanischen Hof) und das Brauchtum der Unterworfenen festhalten, vervollständigen das Bild über das verwendete Instrumentarium: senkrecht stehende, fellbespannte Trommeln (huehuetl) sind ebenso häufig vertreten wie verschiedene waagrecht liegende Typen (teponaztli) oder solche, denen ein wassergefüllter Kürbis als Resonator dient. Als Idiophone finden – neben Seemuschel und Schildkrötpanzer – flache Steine, Klappern und Rasseln (matracas) aus Kürbis oder Ton Verwendung. Außerdem sind Tonpfeifen und Flöten (auch gedoppelte) bekannt. – Mit der rigorosen Zerstörung der alten Kulturen M.s durch die Spanier gingen auch die ursprüngliche Musikpraxis und das entsprechende Instrumentarium unter. Selbst die Volksmusik stand fortan unter spanischem Einfluß, wie dies u. a. die bis heute von den ↗Mariachis gepflegten Tanzlieder ↗Corrido, Huapango und ↗Jarabe belegen.

M. nach der Conquista (seit 1519). Zu den ersten Berichten über europäische Musiker in M. gehört die Erwähnung eines Vihuelaspielers – Juan Ortiz – in der Gefolgschaft von Fernando Cortés, dem die Genehmigung erteilt wurde, eine Schule „de danzar y de tañer" zu eröffnen. 1524 gründete Pedro de Gante, ein Franziskaner flämischer Herkunft, in Texcoco eine Schule, an der junge Indios auch im Gesang unterrichtet wurden und die als Vorläufer der späteren Singschule an der Kathedrale von M. City gilt. Dort wurde 1538 der erste Kapellmeister, Juan Xuárez, ernannt. Ihm folgten Lázaro del Álamo, Juan de Victoria und Hernando Franco, deren Werke z. T. überliefert sind.

Von Giovanni Paolo und Pierre Ochatre stammen u. a. die ersten Musikdrucke in M., zu denen z. B. ein *Liber in quo quattuor passiones Christi* (1604) von J. Navarro zählt. Im 17./18. Jh. sind es vor allem Domkapellmeister, die ein bedeutendes kompositorisches Schaffen hinterließen. Dazu gehören u. a. Antonio Salazar († 1715), sein Nachfolger Manuel Zumaya, der auch als Opernkomponist wirkte (1711 wurde seine *Parténope*, die erste mexikanische Oper, im Palast des Vizekönigs aufgeführt), und der Neapolitaner Ignazio Gerusalemme (seit 1764 Kapellmeister). In die Reihe wichtiger Komponisten der Zeit vor der Unabhängigkeit M.s sind insbesondere Manuel Arenzana, Soto Carrillo, Luis Medina und José Aldana einzuordnen, die vor allem durch Vertonungen von Bühnenstoffen, aber auch von Zwischenspielen zu bereits bekannten italienischen Opern hervortraten.

Wie die kulturelle Entwicklung nach der Erlangung der Unabhängigkeit insgesamt ist auch die musikalische Entwicklung von eigenständigen Tendenzen bestimmt. Grundlage dazu schufen Unterrichtsreformen und Umorganisation des Musiklebens. Zu den Wegbereitern der neuen Richtung gehören u. a. José Mariano Elízaga (1786–1842), Joaquín Beristaín und José Antonio Gómez auf dem Gebiet der geistlichen Musik. Ein anderer Impuls ging von der stark italianisierten Oper aus. Einen nicht unbedeutenden Einfluß auf die Pflege italienischer Opern am Teatro Principal nahm der Opernsänger und Komponist M. García, der 1825 mit einer Truppe die USA und M. bereiste und große Erfolge feierte. Ähnliche Bedeutung kommt der mexikanischen Primadonna Angela Peralta (1845–83) zu, für die Aniceto Ortega (1823–75) eine Rolle in der Oper *Guatimotzin* vorsah. Auch Cenobio Paniagua (1812–82) und M. Morales, dessen Werke auch in Europa bekannt wurden, vertonten Opernstoffe in italienischer Sprache. Komponisten wie Gustavo Campa (1863–1934) und Ricardo Castro (1866 bis 1907) wiederum orientierten sich vielfach an französischen oder deutschen Vorbildern (u. a. an R. Wagner).

Der neuen Geisteshaltung nach der Revolution von 1910 verpflichtet waren vor allem M. M. Ponce und C. Chávez, der u. a. auch als Leiter des 1866 als Sociedad Filarmónica Mexicana gegründeten Konservatoriums fungierte. Sie gehören zu den herausragenden Komponisten dieser Zeit und beeinflußten u. a. S. Revueltas, J. Rolón, C. Huízar, Eduardo Hernández Moncada, Luis Sandi und Miguel Bernal Jiménez, z. T. auch noch die Komponisten der 1935 gegründeten „Gruppe der Vier": Daniel Ayala, Blas Galindo, Pablo Moncayo und Salvador Contreras. Zu den Vertretern der zeitgenössischen Musik zählen u. a. Eduardo Mata, Manuel Henríquez und Mario Lavista.

Institutionen. Zentrum des modernen Musiklebens M.s ist der Palacio de Bellas Artes in M. City. Er verfügt über ein ständiges Opern- und Ballettensemble (daneben auch ein folkloristisches). Mit seinen Konzert- und Ausstellungssälen ist er auch Heimstatt für das 1929 von C. Chávez gegründete Nationale Symphonie- und für das städtische Philharmonische Orchester. Das vor allem durch Mosaiken von Diego Rivera bekannte Teatro de los Insurgentes bringt Musicals und Operetten zur Aufführung. – Eine musikwissenschaftliche Abteilung existiert seit 1949 an der 1553 gegründeten Universität. Außerdem ist seit 1973 ein Centro Nacional de Investigación, Documentación e Información Musical am Instituto Nacional de Bellas Artes eingerichtet.

Lit.: **1) Bibliographien:** L. SPIESS – TH. STANFORD, An Introduction to Certain Mexican Musical Archives (Detroit 1969). – **2) Tondenkmäler-Ausg.:** C. MICHEL, Cantos indígenas de M. (Mexico 1951); J. BAL Y GAY, Tesoro de la música polifónica en M., I: El códice del convento del Carmen (ebd. 1952); S. BARWICK, The Franco Codex of the Cathedral of M. (Carbondale 1965). – **3) Studien:** A. HERRERA Y OGAZÓN, El arte musical en M. (Mexico 1917); F. H. MARTENS, Music in the Live of the Aztecs, in: MQ 14 (1928); R. LACH, Die musikal. Konstruktionsprinzipien der altmexikanischen Tempelgesänge, in: FS J. Wolf (B 1929); G. SALDÍVAR – E. OSORIO BOLIO, Historia de la música en M. (épocas pre-cortesiana y colonial) (Mexico 1934); R. GALLOP, The Music of Indian M., in: MQ 25 (1939); O. MAYER SERRA, Panorama de la música mexicana desde la independencia hasta la actualidad (Mexico 1941); R. M. CAMPOS, El folklore literario y musical del M. (ebd. 1946); R. STEVENSON, Music in M., A Historical Survey (NY 1952); V. T. MENDOZA, Panorama de la música tradicional de M. (Mexico 1956); S. MARTI, Canto, danza y música precortesiana (ebd. 1961); DERS., Instr. musicales precortesianos (ebd. 1965); R. STEVENSON, Music in Aztec and Inca Territory (Berkeley – Los Angeles 1968); S. MARTI, La música precortesiana (Mexico 1971); R. STEVENSON, Mexican Colonial Music Manuscripts Abroad, in: Notes 29 (1972/73); J. S. GARRIDO, Historia de la Música popular en M. 1896–1973 (Mexico 1974); G. BÉHAGUE – E. TH. STANFORD, M., in: Grove[6] XII.

L. H. CORRÊA DE AZEVEDO

MEY, Reinhard (Pseudonym: Alfons Yondraschek), * 21. 12. 1942 Berlin; dt. Chansonsänger, Komponist und Texter. Bereits als Schüler und dann als Student sang er seine Lieder in Deutschland und Frankreich und begleitete sich dazu auf der Gitarre. Seine Vertonungen von Balladen von François Villon und Gedichten von Georg von der Vring brachten ihm erste Erfolge. Seit 1965 studierte er in Berlin Betriebswirtschaft an der Technischen Universität und Gitarre am Konservatorium. 1968 gelang ihm in Frankreich der Durchbruch als Chansonsänger (unter dem Pseudonym Frédéric): Als erster Ausländer wurde er mit dem „Prix International de la Chanson Française“ ausgezeichnet. Durch Schallplatten, Fernsehshows und Tourneen wurde er auch in Deutschland bald populär und zählt bis heute zu den besten deutschen Chansonautoren und -interpreten. Szenen aus dem Alltagsleben und Sozialkritik sind die Hauptthemen seiner teilweise auch ironischen und humorvollen Chansons. Zu den bekanntesten Titeln zählen: *Ankomme Freitag den 13.; In meiner Stadt; Diplomatenjagd; Trilogie auf Frau Pohl; Ich bin aus jenem Holz geschnitzt; Über den Wolken.* Seine Chansons veröffentlichte M. unter dem Titel *Ich wollte wie Orpheus singen* (Bad Godesberg 1968, Bonn 1972) und *Alle Lieder von Anfang an bis heute* (Bonn 1977).

MEYER, Ernst Hermann, * 8. 12. 1905 Berlin; dt. Musikforscher und Komponist. Er studierte Musikwissenschaft bei J. Wolf, A. Schering, Fr. Blume und E. M. von Hornbostel in Berlin, später bei H. Besseler in Heidelberg, wo er 1930 mit einer Dissertation über *Die mehrstimmige Spielmusik des 17. Jh.* promovierte, sowie Komposition bei P. Hindemith, M. Butting und H. Eisler. 1933 mußte er emigrieren und lebte bis Kriegsende in Großbritannien. 1948–70 war M. Professor für Musiksoziologie an der Humboldt-Universität Berlin, 1965–71 Präsident des Musikrats der DDR und wurde 1968 Präsident des Verbands der Komponisten und Musikwissenschaftler der DDR. Seit 1967 ist er auch Präsident der G.-F.-Händel-Gesellschaft. Zu seinem 60. Geburtstag wurde er durch eine Festschrift (hrsg. v. G. Knepler) geehrt. – M., der sich in seinem gesamten kompositorischen Schaffen zum Primat des Melodischen bekennt, orientiert sich seit seiner Rückkehr nach Deutschland in der ästhetischen Grundhaltung und in der Verwendung von Satz- und Ausdrucksmitteln prinzipiell an den Gegebenheiten und Erfordernissen der sozialistischen Musikkultur der DDR, für die er auch organisatorisch und schriftstellerisch Bedeutendes geleistet hat. So gründete er 1951 die Zeitschrift *Musik und Gesellschaft.*

WW: **1) Kompositionen:** V.-Sonate (1929); Klar.-Quintett (1944); Klv.-Trio *Reflections and Resolution* (1948); 3 Streichquartette (1956, 1959, 1967); Konzert für Harfe u. Kammerorch. (1969). – Für Orch.: *Sinfonie für Streicher* (1947, revidiert 1957 u. 1958); *Konzertante Symphonie* für Klv. u. Orch. (1961); V.-Konzert (1964); Concerto grosso für 2 Trp., Pos., Pk. u. Streichorch. (1966). – *Mansfelder Oratorium* (1950) für Sprecher, Soli, Chor u. Orch.; Kantaten: *Nun, Steuermann* (1946, revidiert 1955) (nach W. Whitmans *Now Voyager*) für Bar. u. Streichorch.; *Der Flug der Taube* (1952) für Soli, Chor u. Orch.; *Ein Leben wahrhaft lebenswert* (1953) für Solo, Chor u. Orch.; *Gesang von der Jugend* (1957) für Soli, gem. Chor, Kinderchor u. Orch.; *Das Tor von Buchenwald* (1959) für Bar., Chor u. Orch.; *Jahrhundert der Erstgeborenen* (1961); *Der Herr der Erde* (1961) für Tenor, Chor u. Orch.; *Der Staat* (1967) für Chor u. Orch.; *Lenin hat gesprochen* (1970) für Sprecher, Soli, Chor u. Orch. – Oper *Reiter der Nacht*, UA: Berlin 1973. – **2) Schriften:** *Die mehrstimmige Spielmusik des 17. Jh. in Nord- und Mitteleuropa* (Kas 1934) (= Heidelberger Stud. z. Musikwiss. 2); *Die Vorherrschaft der Instrumentalmusik im Niederländischen Barock*, in: TVer 15 (1939); *English Chamber Music* (Lo 1946, ²1951, Nachdr. NY 1971), dt. Übers.: Die Kammermusik Alt-Englands (L 1958); *Musik im Zeitgeschehen* (B 1952); *Aufsätze über Musik* (B 1957); *Händels Oratorienwerk*, in: Händel-Jb. 10 (1958); *Händel u. Purcell*, in: ebd. 11 (1959); *G. Mahler*, in: MuGes 11 (1961); *Tradition und Neuerertum*, in: ebd. 13 (1963); *Zu einigen Fragen der Periodisierung der Musik des 17. und 18. Jh.*, in: Händel-Jb. 17 (1971); *Kontraste – Konflikte. Erinnerungen, Gespräche, Kommentare* (B 1979).

Lit.: W. SIEGMUND-SCHULTZE, Das sinfonische Schaffen E. H. M.s, in: Sammelbde. zur Musikgesch. der DDR 1 (B 1969); G. RIENÄCKER, E. H. M., Sinfonie in B (Versuch einer Analyse), in: Probleme der Realismustheorie (B 1970); H. SCHÄFER, Liebeslieder auf die gute Erde. E. H. M. zum 65. Geburtstag, in: MuGes 20 (1970); K. NIEMANN, E. H. M. Für Sie porträtiert (L 1975); E. H. M. Das kompositorische u. theoretische Werk, hrsg. v. M. HANSEN (L 1976); mehrere Beiträge über M. in: MuGes 30 (1980) H. 12.

MEYER, Friedrich, * 5. 3. 1915 Bremen; dt. Komponist und Arrangeur von Unterhaltungsmusik. Er war 1933–37 Hauskomponist am Bremer Schauspielhaus und danach Arrangeur und Komponist bei verschiedenen Schallplattenfirmen. 1945 gründete er das Tanzorchester von Radio Bremen. Seit 1947 ist er freiberuflich als Komponist und Arrangeur tätig (u. a. 1952–76 beim Orchester Erwin Lehn). 1959 heiratete er die Filmschauspielerin und Sängerin **Margot Hielscher,** * 29. 9. 1919 Berlin, die in zahlreichen Filmen mitwirkte, zu denen er die Musik schrieb (*Hallo, Fräulein!*, 1948; *Liebe auf*

Die Oper MARIA STUART von Gaetano Donizetti folgt dem Trauerspiel von Friedrich Schiller (Foto: Österreichischer Bundestheaterverband / Axel Zeininger).

Verdis DIE MACHT DES SCHICKSALS (oben) und „Der Bajazzo“ von LEONCAVALLO (unten) sind Höhepunkte der italienischen Oper (Fotos: Österreichischer Bundestheaterverband / Axel Zeininger).

DIE LUSTIGE WITWE von Franz Lehár gehört zu den unvergänglichen, klassisch gewordenen Operetten (Foto: Österreichischer Bundestheaterverband / Axel Zeininger).

LULU mit Julia Migenes und Brigitte Fassbaender 1983 an der Wiener Staatsoper (Foto: Österreichischer Bundestheaterverband / Axel Zeininger).

Eis, 1950; *Dämonische Liebe,* 1950; *Die vertagte Hochzeitsnacht,* 1953; *Das ewige Lied der Liebe,* 1954). Produktionen für Funk und Fernsehen ergänzen seine kompositorische Tätigkeit.

WW: Zahlr. Schlager u. Chansons; Filmmusik, u. a. zu: *Illusion in Moll* (1952); *Die süßesten Früchte* (1954); *Die Barrings* (1955); *Friederike von Barring* (1956); *Die Blechtrommel* (1979).

MEYER, Gregor, * um 1510 (?) Säckingen, † Nov. 1576 Basel; dt. Organist und Komponist. Er war 1525–26 an der Universität Basel immatrikuliert. 1535 wurde er Organist an St. Ursus in Solothurn, das er 1558 jedoch verlassen mußte. Er ging nach Basel, wo er, obwohl er „ein gar bäpstischer Mann" war, die Domorganistenstelle erhielt. 1538–40 schrieb er für das *Dodecachordon* von Glareanus 11 Kyrie, 6 Kanons und 3 Motetten.

Ausg.: 8 Stücke aus *Dodecachordon,* hrsg. v. W. MERIAN, in: Musikal. Werke Schweizerischer Komponisten des XVI., XVII. u. XVIII. Jh. 1 (G 1927); 2 Kyrie, hrsg. v. A. SCHERING, in: Alte Meister aus der Frühzeit des Orgelspiels (L 1913); 5 Sätze, in: Bicinien aus Glareans Dodekachordon, hrsg. v. W. FREI (Kas 1965) (= Hortus Mus. 7).

Lit.: W. MERIAN, G. M., in: SJbMw 1 (1924); S. FORNAÇON, G. M., in: MuG 10 (1956).

MEYER, Kerstin Margareta, * 3. 4. 1928 Stockholm; schwedische Sängerin (Mezzosopran). Nach dem Studium an der Stockholmer Musikhochschule debütierte sie 1952 als Carmen in G. Bizets gleichnamiger Oper an der dortigen Königlichen Oper. Gastspiele führten sie an die Staatsopern in Hamburg, München und Wien, an die Deutsche Oper Berlin, die Covent Garden Opera in London, die Metropolitan Opera in New York, zu den Festspielen in Bayreuth, Glyndebourne, Edinburgh und Salzburg, wo sie 1966 in der UA der Oper *Die Bassariden* von H. W. Henze die Agaue sang.

Lit.: B. BERTHELSON, K. M., hemtam i stora världen (K. M., heimisch in der großen Welt), in: Musikrevy 24 (1969).

MEYERBEER, Giacomo (eig. Jakob Liebmann Meyer Beer, Rufname Meyer), * 5. 9. 1791 Vogelsdorf/Tasdorf bei Berlin, † 2. 5. 1864 Paris; dt. Komponist. Er erhielt seinen ersten Klavierunterricht bei Franz Lauska und konnte schon als Zehnjähriger öffentlich konzertieren. Kompositorisch wurde er bei C. Fr. Zelter, B. A. Weber und seit 1810 (gemeinsam mit C. M. von Weber) in Darmstadt bei Abbé G. J. Vogler ausgebildet. Von Anbeginn verfolgte M. konsequent das Ziel, Opernkomponist zu werden, wobei ihm schon seit seiner Jugend die französische Oper zum Vorbild diente. Nach anfänglichen Mißerfolgen in Deutschland wandte er sich 1816 nach Italien, wo er 6 Opern im italienischen Stil schrieb und 1824 mit dem *Crociato* den international beachteten Erfolg errang, der ihm die ersehnte Einladung nach Paris verschaffte. Hier gelang M. 1831 mit *Robert le diable* (nach einem Buch von E. Scribe) der europäische Durchbruch. Seine in enger Zusammenarbeit mit Scribe entstandenen anderen Großen Opern *Les Huguenots* (1836), *Le prophète* (1849) und *L'Africaine* (1865), Prototypen der Großen Oper mit historischem Stoffgerüst, wurden Welterfolge. 1842 wurde M. in der Nachfolge G. Spontinis als GMD nach Berlin berufen, trat aber wegen eines Konflikts mit dem Intendanten von Küstner schon 1846 von der Leitung der Oper zurück und beschränkte seine Tätigkeit auf die Leitung der Hofmusik. In seiner Eigenschaft als Preußischer GMD erfüllte M. zahlreiche offizielle Kompositionsaufträge für festliche Anlässe des preußischen Hofes, förderte die Aufführung von Opern deutscher Komponisten (L. Spohr, R. Wagner) und setzte die soziale Verbesserung der Orchestermusiker durch. Zur Wiedereröffnung des 1843 abgebrannten Berliner Opernhauses am 7. Dez. 1844 entstand das Festspiel *Ein Feldlager in Schlesien* (mit Jenny Lind in der Hauptrolle), dessen Exposé M. heimlich von Scribe arbeiten ließ. Teile der Musik gingen nach Umarbeitung für Wien (*Vielka,* 1847) in die französische Oper *L'étoile du nord* (1854) ein. 13 Jahre nach dem großen Triumph von *Les Huguenots* kehrte M. mit seiner Oper *Le prophète,* die seit 1841 provisorisch beendet war, an die Pariser Opéra zurück. H. Berlioz nannte den Erfolg der gründlich überarbeiteten Partitur bei der UA (1849) mit Pauline Viardot-García in der Rolle der Fides „ungeheuer und ohnegleichen". Aus diesem Anlaß wurde M. als erstem deutschen Komponisten das Komturkreuz der französischen Ehrenlegion verliehen. Die nachfolgenden beiden komischen Opern, *L'étoile du nord* und *Le pardon de Ploërmel,* reichten an diesen Erfolg nicht heran. Mit der postum aufgeführten *L'Africaine* (1865), während deren Proben er starb, konnte M. noch einmal an seine Welterfolge anknüpfen.

WW: **1) Instr.-WW:** Für Orch.: 4 Fackeltänze (1842, 1850, 1853, 1858); *Festmarsch zu Schillers 100jährigem Geburtstag* (1859); *Krönungsmarsch zur Krönung König Wilhelms I. von Preußen* (1861); *Festouvertüre für die Londoner Weltausstellung* (1862). – **2) Vokal-WW:** Zahlr. Chöre, Kantaten; über 60 Lieder, Mélodies, Romanzen usw.; Kantate *Gli amori di Teolinda* für Sopran, Soloklar., Chor u. Orch., UA: Genua 1816; *Ode an Christian Rauch* für Soli, Chor u. Orch. zur Einweihung des Reiterdenkmals Friedrichs des Großen, UA: Berlin 1851. – **3) Bühnen-WW:** Opern: *Romilda e Costanza* (Libr.: G. Rossi), UA: Padua 1817; *Semiramide riconosciuta* (Libr.: ders. nach Metastasio), UA: Turin 1819; *Emma di Resburgo* (Libr.: ders.), UA: Venedig 1819; *Margherita d'Anjou* (Libr.: F. Romani nach G. de Pixérécourt), UA: Mailand 1820; *L'esule di Granata* (Libr.: ders.), UA: Mailand 1822; *Il Crociato in Egitto* (Libr.: G. Rossi), UA: Venedig 1824; *Robert le diable* (Libr.: E. Scribe, G. Delavigne), UA: Paris 1831; *Les Huguenots* (Libr.: ders., E. Deschamps), UA: ebd. 1836; *Ein Feldlager in Schlesien* (Libr.: ders., L. Rellstab), UA: Berlin 1844, neue Fassung *Vielka*, UA: Wien 1847; *Le prophète* (Libr.: E. Scribe), UA: Paris 1849; *L'étoile du nord* (Libr.: ders.), UA: ebd. 1854; *Le pardon de Ploërmel (= Dinorah)* (Libr.: J. Barbier, M. Carrier), UA: ebd. 1859; *L'Africaine* (Libr.: E. Scribe), UA: ebd. 1865. – Ferner Bühnenmusik zu M. Beer, *Struensee*, UA: Berlin 1846, u. R. Raupach, *Das Hoffest von Ferrara*, UA: ebd. 1843.

Unter seinen über 60 Liedern (mélodies) wurden *Le moine* (1834) und *Le poète mourant* (1836), mit denen M. den Typus der modernen Charakterromanze schuf, weltberühmt. M. hat in seinen Großen Opern, die aus der Verbindung von monumentalen Chortableaus und pittoresken Balletten mit charakteristischen Ensembles und virtuosen Soloszenen leben, den Nummerncharakter der traditionellen Oper schrittweise aufgelöst und somit die Möglichkeiten für eine weitere Entwicklung der Oper zum Bühnendrama hin freigelegt. Konventionelles und Progressives verbinden sich bei ihm zu einer Eigenform des Musiktheaters von höchst artifiziell-manieristischem Zuschnitt mit einer zeitbezogenen sozialkritischen Komponente. Szenen wie das Liebesduett im 4. Akt von *Les Huguenots* und der Auftritt der Fides im 4. Akt von *Le prophète* bezeugen, daß M. bei allem Zugeständnis an die Ansprüche des Sängers die dramatische Situation des Bühnengeschehens nicht aus dem Auge verliert. Die experimentelle Verknüpfung italienischer, französischer und deutscher Stilelemente zu eigener Qualität gibt M.s Musik ein unverkennbar persönliches Profil und kennzeichnet ihn als einen Komponisten von universalistischem Kunstanspruch. Obwohl M. zu seiner Zeit als das Haupt der deutschen Schule galt (Fr.-J. Fétis), hat er sich selber stets zum künstlerischen Weltbürgertum bekannt. Der Jubel, der M. aus Frankreich entgegenschlug, und die schroffe Ablehnung, die ihm in seinem Vaterlande widerfuhr, unterstreichen diese Einstellung. Auch die bösartige Verächtlichmachung seines Schaffens, selbst nach seinem Tod noch, die nach 1933 zum totalen Verbot seiner Werke führte, bestätigt letztlich M.s Rang als einer epochalen Gestalt in der Geschichte der Oper. Die Impulse, die von seinem Schaffen ausgingen, das weltweite Gespräch, das um seine Werke geführt wurde, sind noch nicht annähernd erkannt, seine eigentliche Bedeutung im Geschichtsbild seiner Zeit noch längst nicht erschlossen.

Ausg.: G. M. Briefwechsel u. Tagebücher, hrsg. v. H. u. G. BECKER, I: (B 1960), II: (B 1970), III: (B 1975), IV u. V. (in Vorb.); Sizilianische Volkslieder, hrsg. v. F. BOSE (B 1970); *Les Huguenots*, neue dt. Übertragung v. B. BÖHMEL, Klv.-A. hrsg. v. R. ZIMMERMANN (L 1973); Faks.-Nachdr. des venezianischen Ms. v. *Il Crociato in Egitto* sowie sämtlicher originaler Partiturdrucke (NY–Lo 1980), bisher erschienen: *Il Crociato, Robert le diable, Les Huguenots, Le prophète*.

Lit.: H. MENDEL, G. M. (B 1869); J. F. SCHUCHT, M.s Leben u. Bildungsgang (L 1869); Sonderh. RM 14 (1904) Nr. 19; H. DE CURZON, M. (P 1910); H. EYMIEU, L'œuvre de M. (P 1910); L. DAURIAC, M. (P 1913, ^{2}1930); J. KAPP, M. (B 1920, ^{8}1932); H. ABERT, G. M., in: Jb. Peters 25 (1918); W. L. CROSTEN, French Grand Opera. An Art and a Business (NY 1948); H. BEKKER, Der Fall Heine – M. (B 1958); H. FREDERICHS, Das Rezitativ in M.s „Hugenotten", in: Beitr. z. Gesch. der Oper, hrsg. v. H. Becker (Rb 1969); CH. FRESE, Dramaturgie der großen Opern M.s (B 1970); K. PENDLE, E. Scribe and French Opera of 19th Century, in: MQ 57 (1971); R. W. GIBSON, „Le prophète" (1972) (= Diss. Northwestern Univ.); I. L. THOMSON, M. and His Contemporaries (1972) (= Diss. Columbia Univ.); S. DÖHRING, Formgesch. der Opernarie (Itzehoe 1975); DERS., Les œuvres tardives de M., in: SMZ 115 (1975); Die Couleur locale in der Oper des 19. Jh., hrsg. v. H. BECKER (Rb 1976) (= Stud. zur Musikgesch. des 19. Jh. 42); J. H. ROBERTS, The Genesis of M.'s „L'africaine" (Berkeley 1977) (= Diss. Univ. of California); C. DAHLHAUS, Motive der M.-Kritik, in: Jb. des Staatl. Inst. für Musikforsch. 1978 (B 1979); H. BECKER, G. M. in Selbstzeugnissen u. Bilddokumenten (Reinbek 1980); DERS., M. u. seine Vaterstadt Berlin, in: Stud. z. Gesch. Berlins im frühen 19. Jh., hrsg. v. C. Dahlhaus (Rb 1980) (= Stud. zur Musikgesch. des 19. Jh. 56); DERS., „... der Marcel von M.", in: Jb. des Staatl. Inst. für Musikforsch. 1979 (B 1980).

H. BECKER

MEYER VON SCHAUENSEE, Franz Joseph Leonti, * 10.8.1720 Luzern, † 2.1.1789 ebd.; Schweizer Komponist. Er studierte 1739–41 in Mailand Cembalo und Violine. 1742–44 nahm er als Offizier in sardischen Diensten an den italienischen Feldzügen des Österreichischen Erbfolgekrieges teil, ließ sich 1745 in Luzern nieder und wurde Ratsherr, 1752 Priester und Stiftsorganist zu Luzern sowie 1765 Chorherr und Leiter der Kirchenmusik an der Stiftskirche. M. gründete 1760 ein Musikkollegium und, mit dem Ziel der politischen und religiösen Erneuerung der Schweiz, 1768 die Helvetische Konkordiagesellschaft, für deren Tagungen er verschiedentlich kompositorisch tätig war. Stilistisch ist er besonders der Neapolitanischen Schule verpflichtet.

WW: Im Druck erschienen (Unterammergau, Augsburg, Zug 1748–63, als op. 1–7) Arien, Te Deum, Marianische Antiphonen, Messen, Vespergesänge für Singstimmen u. Instr. sowie 4 Konzerte für Org. oder Cemb., op. 8 (Nü 1764). Hsl. erhalten: weitere kirchenmusikal. Werke, darunter eine 3chörige Festmesse (darin ein *Concerto rappresentando una battaglia musicale*); Quodlibet u. *Musikalischer Ehrenstreit* (1780) für 4 SingSt u. Instr.; Singspiele *Hans Hüttenstock* (1769) u. *Die Engelbergische Talhochzeit* (1781).

Lit.: E. KOHLER, F. J. L. M. von Sch., Ein Beitr. z. Musikgesch. der Schweiz im 18. Jh. (Frauenfeld – L 1922) (mit Werkverz.); J. A. SALADIN, Die Musikpflege am Stift St. Leodegar in Luzern (Stans 1948).

MEZZA VOCE (it., = mit halber Stimme; Abk. m.v.), Vortragsanweisung in Vokalpartien, die oft in Beziehung steht zum Inhalt oder zur Stimmung des m.v. zu singenden Textes bzw. zu einer bestimmten dramatischen Situation (z.B. schreibt G. Verdi für den Anfang von *Simone Boccanegra* vor: „tutta questa scena a mezzavoce"). Auch in der Instrumentalmusik wird m.v. verwendet, so etwa von L. van Beethoven in langsamen Sätzen mit kantabler Melodik (z. B. in der Klaviersonate op. 109).

MEZZOFORTE ↗forte.

MEZZOPIANO ↗piano.

MEZZOSOPRAN (von it. mezzo soprano = halber Sopran; engl., frz. und span.: mezzo-soprano; it.: mezzosoprano), in der mehrstimmigen Vokalmusik des 16./17. Jh. vereinzelt Bz. für eine Vokalpartie zwischen Sopran und Alt, die im c-Schlüssel auf der 2. Linie von unten (sog. M.-Schlüssel) notiert ist. – Sonst allgemein gebräuchliche Bz. für eine weibliche Stimmgattung mit dem Tonumfang von etwa a bis a^2. Im Vergleich zum Sopran besitzt der M. in der Höhe weniger Leichtigkeit, in der Tiefe aber einen weitergespannten Bereich des Brustregisters, und sein Timbre ist voller und dunkler. In der Opernpraxis haben sich seit dem 18. Jh. für die M.-Partien verschiedene Fächer ausgeprägt, für die bestimmte Opernrollen als charakteristisch gelten: Koloratur-M. (Rosina in G. Rossinis *Il barbiere di Siviglia*), dramatischer M. (Amneris in G. Verdis *Aida*, Eboli in *Don Carlos*) und lyrischer M. (Maddalena in Verdis *Rigoletto*). Die Grenzen sind jedoch sowohl zum Sopran als auch zum Alt hin fließend. Der M. wird in der Oper auch für Hosenrollen (Octavian in R. Strauss' *Der Rosenkavalier*) herangezogen. Ein reiches Repertoire bietet sich dem M. in den kirchenmusikalischen Werken, z. B. in den Kantaten und Passionen J. S. Bachs sowie im deutschen und französischen Lied.

MEZZROW, Mezz (eig. Milton Mesirow), * 9. 11. 1899 Chicago, † 5. 8. 1972 Neuilly-sur-Seine; amerik. Jazzmusiker (Klarinette, Saxophon). Er spielte in den 20er Jahren in Chicago, u. a. bei der „Austin High School Band", danach vor allem in Klubs, besaß 1945–48 die Schallplattenfirma King Jazz und trat seit 1948 hauptsächlich in Frankreich auf. M. hat in der Jazzwelt vor allem als Manager einen Ruf. Er machte mit vielen Größen des traditionellen Jazz Schallplattenaufnahmen, u. a. mit Louis Armstrong, Fats Waller und Sidney Bechet, war für diese aber kein adäquater Partner. Eine Autobiographie erschien unter dem Titel *Really the Blues* (NY 1946, Lo 1961), dt. Übers.: *Jazz-Fieber* (Z 1946).

Lit.: H. PANASSIÉ, Hist. des disques swing enregistrés à New York par T. Ladnier, M. M., F. Newton, etc. (G 1944), revidiert als: Quand M. enregistre (P 1952) (mit einem Vorwort v. M.).

mf, Abk. für mezzoforte. – ↗forte.

MI, die dritte ↗Solmisations-Silbe, die im mittelalterlichen ↗Hexachord-System je nach Transposition die Töne e, a oder h bezeichnete. In der mittelalterlichen Musiktheorie warnte der Satz „mi contra fa est diabolus in musica" (mi gegen fa ist der Teufel in der Musik) vor dieser doppeldeutigen Intervallbezeichnung, die sich bei Folgen von Tönen aus verschiedenen Hexachorden ergeben konnte: z. B. aus dem Hexachordum durum und Hexachordum naturale (mi = h [♮], fa = f) oder aus dem Hexachordum naturale und Hexachordum molle (mi = e, fa = b [♭]). Das Intervall mi–fa ergab einen ↗Tritonus. Durch Vorzeichnung eines ♭ statt h oder eines ♮ statt ♭ konnte dieser ↗Querstand vermieden werden. – Im Französischen, Italienischen und Spanischen ist Mi der Ton ↗E.

MIČA. – 1) František Václav, * 5. 9. 1694 Třebíč (Mähren), † 15. 2. 1744 Jaroměřice; böhmischer Sänger und Komponist. 1722 bis zu seinem Tode war er Kapellmeister beim Grafen Questenberg in Jaroměřice. Er schrieb als erster 5 tschechischsprachige Opern sowie Kantaten und Oratorien. – **2) František Adam** (eig. Jan Adam Frantisek de Paula M.), Neffe von 1), * 11. 1. 1746 Jaroměřice, † 19. 3. 1811 Lemberg; böhmischer Komponist. Er studierte Jura in Wien und trat in den österreichischen Staatsdienst ein, wurde 1803 Hofrat und 1807 Landespräsident. 1810 wurde er in den Ritterstand erhoben. W. A. Mozart, der seine Werke schätzte, war mit ihm befreundet.

WW: 6 Streichquartette; 4 Harfensonaten (1781); Symphonien; Tänze für Orch.; 4 V.-Konzerte (1777–81); Oratorium *Davidů padesátý žalm*, UA: Leopoldi 1813; Singspiel *Bernardon die Gouvernante*, UA: Prag 1761; komische Oper *Adrast und Isidor oder Die Nachtmusik* (nach Molière), UA: Wien 1780.

Ausg.: **Zu 2):** Symphonie D-Dur, hrsg. v. J. RACEK (Pr 1946); Streichquartett C-Dur, hrsg. v. J. BACHTÍK – A. NĚMEC (1946) (= MAB 6); *Concertino notturno*, hrsg. v. J. RACEK – F. BARTOŠ (1954) (= MAB 19); Ob.-Quartett C-Dur, hrsg. v. H. STEINBECK (W 1967) (= Diletto mus. 258).

Lit.: J. BUŽGA, M., in: MGG IX.

MICHAEL. – 1) Rogier (R. M. von Bergen), * um 1554 Mons (Hennegau), † nach dem 25. 1. 1619 Dresden; franko-flämischer Komponist. Er war Chorknabe der kaiserlichen Kapelle in Wien und seit 1564 der Kapelle Erzherzog Karls II. in Graz, wo er Schüler von A. Padovano wurde. 1572–74 gehörte er als Tenorist der Ansbacher Hofkapelle, seit 1574 der kursächsischen Hofkapelle in Dresden an und erhielt dort 1587 das Amt des Kapellmeisters, das nach seinem Tod H. Schütz übernahm. Seine Söhne **Christian** († 1637) und **Samuel** († 1632) waren Organisten in Leipzig. Zu seinen Schülern gehörte J. H. Schein. Von M. stammen die frühesten Weihnachts-Historien (↗Historia).

WW: *Die Gebräuchlichsten u. vornembsten Gesenge D. M. Luther*, 53 Choräle für 4 St. (Dresden 1593) (= 2. Teil des Dresdener Gesangbuchs); *Introitus Dominicorum dierum* für 5 St. (L 1603); hsl. erhalten: Te Deum für 6 St. (1595) sowie 2 Historien

Die Empfängnis unseres Herrn u. *Die Geburt*... für 1–6 St. (1602).

2) Tobias, Sohn von 1), * 13. 6. 1592 Dresden, † 26. 6. 1657 Leipzig; dt. Komponist. Er wurde 1601 Diskantist der Dresdner Hofkapelle, studierte später an den Universitäten Leipzig und Wittenberg und lebte 1619–30 als Kapellmeister in Sondershausen. 1631 wurde er als Nachfolger J. H. Scheins Thomaskantor in Leipzig.

WW: *Musikalische Seelenlust*, geistliche Konzerte für 1–5 St., Instr. u. B.c., 2 Teile (L 1634, 1637); ferner zahlr. Motetten u. Gelegenheitswerke hsl. erhalten.

Ausg.: **Zu 1):** Die beiden Historien, in: Hdb. der dt. ev. Kirchenmusik I/2–3, hrsg. v. K. AMELN – CH. MAHRENHOLZ – W. THOMAS (Gö 1974). – **Zu 2):** Adventskonzert *Machet die Tore weit* für Tenor, 5st. gem. Chor u. Instr., hrsg. v. A. ADRIO (B 1948, NA 1958).

Lit.: **Zu 1):** O. KADE, R. M., in: MfM 2 (1870); R. KADE, Der Dresdner Kapellmeister R. M., in: VfMw 5 (1889); J. FRANK, Die Introitus-Kompositionen v. R. M. (Diss. Gießen 1937); H. OSTHOFF, Die Historien R. M.s, in: FS A. Schering (B 1937); H. FEDERHOFER, Jugendjahre u. Lehrer R. M.s, in: AfMw 10 (1953). – **Zu 2):** J. K. MUNSON, The „Musikalische Seelenlust" of T. M., 2 Bde. (1953) (= Diss. Univ. of Rochester); E. KAPST, T. M. u. seine „Musikalische Seelenlust" (Diss. Halle 1955); A. ADRIO, T. M.s „Musikalische Seelenlust" (1634/37), in: FS H. Osthoff (B 1961).

MICHAELS, Jost, * 25. 2. 1922 Hamburg; dt. Klarinettist, Pianist und Dirigent. Nach einer Ausbildung bei seiner Mutter, der Komponistin Ilse Fromm-Michaels (1888–1986), studierte er an der Musikhochschule in Hamburg, wurde 1942 1. Klarinettist im Städtischen Orchester Göttingen und war 1945–50 Solo-Klarinettist im Symphonieorchester des NWDR in Hamburg. Seit 1949 lehrt er an der Musikhochschule in Detmold (1957 Professor). Als Solist bereiste M. u. a. auch Südamerika, Südafrika und Asien. Er gründete das Detmolder Bläserquintett und den Detmolder Bläserkreis und tritt daneben seit 1946 auch in einem eigenen Trio auf. M. gab ältere Klarinettenmusik heraus und schrieb einige Aufsätze, u. a. in der Zeitschrift *Das Orchester* (1955–58).

Lit.: G. ALBERT, J. M., in: Tibia 4 (1979).

MICHELI, Romano, * 1575 oder 1578 Rom, † nach 1659 oder nach 1662 ebd.; it. Komponist. M. war Geistlicher und Schüler von Fr. Soriano und G. M. Nanino. 1596–98 war er Musiker des Fürsten Gesualdo da Venosa in Italien, wirkte nach Reisen durch Italien 1609–10 als Kapellmeister in Tivoli, 1616 in Concordia bei Udine, 1618–20 in Aquileia bei Udine und seit 1625 an San Luigi dei Francesi in Rom. Seit 1636 lebte er längere Zeit als Kanonikus in Neapel und zuletzt in Rom. M. verdient vor allem wegen seiner kunstvollen und raffinierten Kanons Erwähnung.

WW: 2 Bücher Psalmen für 3 St. u. B.c. (R 1610, V 1615); *Musica vaga et artificiosa*, Motetten u. Kanons (V 1615); *Compieta* für 6 St. (V 1616); *Madrigali* für 6 St. *in canone* (R 1621); *Dialogus Annuntiationis B. M. Virginis* für 20 St. (R 1625); ferner mehrere Drucke mit Kanons. – Zahlr. Schriften, u. a.: *Certezza d'artificii musicali* (V 1621); *Copia di lettera* (V 1621); *Avviso, invito da me R. M.*... (R 1650).

Lit.: R. CASIMIRI, R. M. e la Cappella Sistina del suo tempo, in: Note d'archivio 3 (1926); C. V. PALISCA, M., in: MGG IX; H. E. SMITHER, R. M.'s „Dialogus annuntiationis" 1625. A Twenty-Voices Canon with „Obblighi", in: Anal. Mus. 5 (1968) (mit Übertragung).

MICHNA Z OTRADOVIC (Michna von Otradovic), **Adam Václav,** * um 1600 Neuhaus (Böhmen; heute Jindřichův Hradec), † zwischen 30. 6. und 16. 10. 1676 ebd.; böhmischer Dichter und Komponist. Seine musikalische Ausbildung erhielt er wahrscheinlich im Jesuitenkolleg seiner Geburtsstadt. 1633 wird er als Organist erwähnt. Neben P. Vejvanovský gehört M. zu den bedeutendsten böhmischen Komponisten des 17. Jahrhunderts. Er schrieb hauptsächlich Kirchenmusik im konzertierenden Stil.

WW: Zahlr. kirchenmusikal. Werke, in: *Sacra et litaniae* (Pr 1654) sowie hsl. – Er gab heraus: *Česká mariánská muzyka* (Tschechische Marienmusik) (Pr 1647); *Loutna česká* (Tschechische Laute) (Pr 1653); *Svatoroční mučeská* (Musik für das hl. Jahr) (Pr 1661).

Ausg.: *Loutna česká*, hrsg. v. E. TROLDA (Pr 1943); Missa S. Wenceslai, hrsg. v. J. SEHNAL (Pr 1966) (= MAB II/1).

Lit.: J. MUK, A. M. z Otradovic (Neuhaus 1941); O. URBAN, Sacra et litaniae A. Michny z Otradovic (Diss. Brünn 1948); J. BUŽGA, Der tschechische Barockkomponist A. M. z Otradovic um 1600–1676, in: FS H. Besseler (L 1961); J. SEHNAL, Renaissanceerbe u. neues Denken in den Kirchenmelodien v. A. M. mit Bezug auf die dichterisch-metrische Vorlage, in: Colloquium Music and Word (Brünn 1973).

MIDSUMMER MARRIAGE, THE, Oper von M. Tippett; dt. Titel: ↗Mittsommer-Hochzeit.

MIDSUMMER NIGHT'S DREAM, A, Oper von B. Britten; dt. Titel: Ein ↗Sommernachtstraum.

MIEG, Peter, * 5. 9. 1906 Lenzburg (Aargau); Schweizer Komponist. Er studierte Kunst- und Musikgeschichte, Deutsche Literatur und Archäologie an den Universitäten Zürich, Basel und Paris und promovierte 1933 an der Universität Zürich zum Dr. phil. im Fach Kunstgeschichte. Daneben nahm er Klavierunterricht bei E. Frey in Zürich und Kompositionsunterricht bei Fr. Martin in Genf. M. war als Kunstkritiker, Maler und Schriftsteller tätig, widmete sich seit 1950 aber vorwiegend der Komposition. In seinen Werken sind besonders Einflüsse von B. Bartók und I. Strawinsky erkennbar.

WW: *Sur les rives du Lac Léman* (1968) für V. u. Klv.; *La passeggiata* (1968) für Klv. zu 4 Händen u. *Lettres à Goldoni* (1971) für Klv.; Quintett für Fl., 2 V., Vc. u. Cemb. (1969); *Morceau élégant* (1969) für Fl. u. Harfe; *Les humeurs des Salis* (1970) für Fl. u. Cemb.; *La sombre* (1970) für V.; *Canto lirico* (1970) für Engl. Horn; *Les jouissances de Mauensee* (1971) für 3 Fl.; *Toccata, Arioso, Gigue* (1959) für Str. – Für Orch.: *Rondeau symphonique*

(1964); *Meilener Ballette* (1966) für Streichorch.; Konzerte für: V. (1949, revidiert 1959); Ob. (1957); Klv. (1961); Fl. u. Streichorch. (1962); Harfe u. Streichorch. (1969); Vc. (1966); 2 Fl. u. Str. (1973); Konzertstück für Klv. zu 4 Händen u. Streichorch. (1969). – Kantate *Der Frühling* (1956); *Mit Nacht und Nacht* (1962) für Tenor u. Orch.; 3 Gesänge für Tenor u. Klv. (1968) (Text: H. von Hofmannsthal).

Lit.: F. MUGGLER, in: SMZ 103 (1963) (mit Werkverz.).

MIELCZEWSKI (Mielcowski, Milchevsky, Milczewski, Milszewski, Myltzewsky), **Marcin,** * 1590, † September 1651 Warschau; poln. Komponist. Er war zunächst Mitglied der Kapelle des Bischofs von Płock und soll sich mehrere Jahre am Hof König Christians IV. von Dänemark aufgehalten haben. 1639 trat er in die Kapelle König Władisławs IV. ein und war 1644–51 Kapellmeister des Kronprinzen Karl Ferdinand von Polen.

WW: Hsl. sind erhalten: Orgelstücke; 14 Motetten für 4–8 St. mit Instr.; einige Messen; Magnificat; 6 Kanzonen für 3 oder 4 Instrumentalst. – Ein Kanon, in: M. Scacchi, *Cribrum musicum* (V 1643); *Deus in nomine tuo* für Baß u. Instr., in: J. Havemann, *Jesu Hilf* (Jena 1659).

Ausg.: *Deus in nomine tuo,* hrsg. v. A. CHYBIŃSKI – K. SIKORSKI (1929, NA 1961) (= WDMP 2); Canzona für 2 V., Fag. (oder Vc.) u. B.c., hrsg. v. A. CHYBIŃSKI – Z. JAHNKE (1930, NA 1961) (=ebd. 6); Concerto *Veni domine,* hrsg. v. Z. M. SZWEYKOWSKI (1956, ²1963) (=ebd. 29); *Canzon prima a 2* u. *Canzon terza a 3,* in: Musica antiqua Polonica. Barok II, hrsg. v. DEMS. (Krakau 1969).

Lit.: J. STĘSZEWSKI, M. M.ego „Canzon prima a 2"..., in: Muzyka 12 (1967).

MIES, Paul, * 22.10.1889 Köln, † 15.5.1976 ebd.; dt. Musikforscher und Musikpädagoge. Er studierte Mathematik, Physik und Musikwissenschaft (L. Wolff) an der Universität Bonn und promovierte 1912. Nach dem 1. Weltkrieg war er 1919–39 Studienrat am Humboldtgymnasium in Köln, nach dem 2. Weltkrieg 1946–54 Professor und Leiter der Abteilung für Schulmusik an der Musikhochschule Köln. M., der sich in seinen überaus zahlreichen Schriften hauptsächlich mit den Werken großer Meister des 18./19. Jh. beschäftigte, hat insbesondere der Beethovenforschung wichtige Impulse gegeben.

Schriften: *Über die Tonmalerei,* in: Zschr. für Ästhetik u. allgemeine Kunstwiss. 7 (1912); *Stilmomente und Ausdrucksformen im Brahmsschen Lied* (L 1923); *Die Bedeutung der Skizzen Beethovens zur Erkenntnis seines Stils* (L 1925, Nachdr. Hil 1974); *Der Charakter der Tonarten* (Kö 1948); *Das kölnische Volks- u. Karnevalslied* (Kö 1951) (= Denkmäler rheinischer Musik 2); *F. Schubert* (L 1954); *Textkritische Untersuchungen bei Beethoven* (Duisburg 1957); *Studien zum Klavierspiel Beethovens u. seiner Zeitgenossen* (Bonn 1966) (zus. mit H. Grundmann); *Das instrumentale Rezitativ* (ebd. 1968); *Das Konzert im 19. Jh. Studien zu Formen u. Kadenzen* (ebd. 1972); ferner zahlreiche Beiträge zu Zschr.en. – Gesammelte Aufsätze erschienen als *Bilder und Buchstaben werden Musik* (Rodenkirchen 1964). – Er gab einzelne Bde. der Haydn- u. Beethoven-GA heraus u. war 1963–72 Mithrsg. des *Beethoven-Jb.*

Lit.: Autobiographie (mit Schriftenverz.), in: Rheinische Musiker 1 (Kö 1960) (= Beitr. z. rheinischen Musikgesch. 43).

MIGNON, Opéra-comique in 3 Akten von Ambroise Thomas (1811–96), Text von Michel Carré und Jules Barbier nach J. W. von Goethes Roman *Wilhelm Meisters Lehrjahre.* Ort und Zeit der Handlung: Deutschland und Italien, um 1790. UA: 17. 11. 1866 in Paris (Opéra-Comique); dt. EA (in dt. Sprache): 13. 4. 1868 in Weimar.

Das Autorenteam bearbeitete die literarische Vorlage sehr frei und schuf eine Liebesgeschichte, deren Hauptfigur die von Wilhelm Meister aus den Händen von Zigeunern befreite Grafentochter Mignon (eig.: Sperata) ist. Sie verliebt sich in ihren Retter und entreißt ihn ihrer Rivalin, der Schauspielerin Philine. Es existieren vier verschiedene Schlußfassungen dieser Oper, vom tragischen bis zum glücklichen Ausgang; in Deutschland hat sich die Version durchgesetzt, in der Mignon ihren Vater wiederfindet und Wilhelm zum Gatten bekommt – ein Dankgebet (Terzett) steht als Finale. – Thomas' Werk bildet einen der Höhepunkte in der Geschichte der lyrischen Oper und setzt die von Ch. Gounod begründete Tradition der Gattung erfolgreich fort. Treffend ist die musikalische Charakterisierung: Der koketten Philine, die sich mit der berühmten Polonaisenarie *Je suis Titania la blonde (Titania ist herabgestiegen)* vorstellt, tritt Mignon mit ihrem schwermütigen *Connais-tu le pays? (Kennst du das Land?)* gegenüber. Durch Tanzstücke wie Zigeuner-Romanze, Styrienne und Forlana schafft Thomas effektvolle Kontraste, die neben Melodienreichtum und rhythmischer Vielfalt das musikalische Bild dieser Oper bestimmen.

R. QUANDT

MIGNON, Jean, * Mitte des 17. Jh., † 1708 Paris (?); frz. Komponist. Er war Chorknabe an Notre-Dame in Paris, später Kapellmeister der Kathedrale in Senlis und 1664–94 an Notre-Dame in Paris. Seine Messen im a cappella-Stil ohne B.c. wurden bis 1744 wiedergedruckt und gehörten lange zum Repertoire der Maîtrise von Notre-Dame.

WW: *Airs de cour et airs à boire* für 2 St. (P 1660); *Airs à 4 parties* (P 1664); 6 Messen für 4–6 St. (P 1676–1707).

Ausg.: Kyrie, Gloria u. Sanctus aus den Messen *Johannes est nomen ejus* u. *Laetitia sempiterna,* hrsg. v. F. L. CHARTIER, in: Histoire de la Maîtrise de Notre-Dame de Paris (P 1897).

Lit.: D. TAITZ-DESOUCHES, J. M. 1640–1710, in: Rech. Mus. 14 (1974).

MIGNONE, Francisco, * 3. 9. 1897 São Paulo, † 18. 2. 1986 Rio de Janeiro; brasilianischer Komponist. Er studierte 1913–17 am Konservatorium in São Paulo und setzte 1920 seine Studien bei Vincenzo Ferroni in Mailand fort. 1929 kehrte er nach Brasilien zurück, lehrte zunächst am Konservatorium von São Paulo und 1932–67 an der Escola nacional de música der Universität in Rio de Janeiro. M. schrieb Opern, Ballette und symphonische Dichtungen, von denen *Festa das Igrejas* am bekanntesten wurde. Seine Autobiographie trägt den Titel *A parte do anjo* (São Paulo 1947).

WW: Klv.-Stücke u. zahlr. Kammermusik, u.a.: 3 V.-Sonaten (1964, 1965, 1966); 2 Streichquartette (1956, 1957); 2 Bläserquintette (1960, 1962); 2 Trios für Ob., Klar. u. Fag. (1967, 1968). – Für Orch.: *Babalorá* (1936); *Sinfonia do trabalho* (1939); *Sinfonia tropical* (1958); 4 *Fantasias brasileiras* (1929, 1931, 1934, 1936); symphonische Dichtungen *Caramerú* (1917), *Festa dionisiáca* (1923) u. *Festa das Igrejas* (1940); Konzerte für: Klv. (1958); V. (1961); V., Klv. u. Orch. (1966). – Lieder u. Chöre; Oratorien *Alegrias de Nossa Senhora* (1948) u. *Santa Clara* (1962) für Soli, Chor u. Orch.; 7 Messen (1962–68) für Chor a cap. – Oper *O contradador dos diamantes*, UA: Rio de Janeiro 1924; Operette *Maracatú de chicorei*, UA: ebd. 1939; Ballette, darunter: *O guarda chuva*, UA: São Paulo 1954, u. *Sugestões sinfónicas* (1969).

Lit.: Werkverz., in: Compositores de América 4 (Washington/D.C. 1958, Nachdr. 1962); M. VERHAALEN, F. M., His Music for Piano, in: Inter-American Music Bulletin (1970/71) Nr. 79 (mit Werkverz.).

MIGOT, Georges Elbert, * 27. 2. 1891 Paris, † 5. 1. 1976 Levallois; frz. Komponist. Ursprünglich zum Arztberuf bestimmt, studierte er seit 1913 am Pariser Conservatoire u.a. bei Ch.-M. Widor (Komposition), V. d'Indy (Orchestration), A. Guilmant und E. Gigout (Orgel). Nach Kriegsdienst und Verwundung setzte er seine Kompositionstätigkeit (bereits 1911 war eine Violinsonate gedruckt worden) fort, widmete sich daneben der Malerei, die er zeit seines Lebens meisterhaft beherrschte, und wandte sich auch ästhetischen Fragen zu (vgl. die *Essais pour une esthétique générale*, 1920). In den Nachkriegsjahren erhielt er für seine Kompositionen mehrere Preise, darunter den angesehenen Prix de la Fondation Blumenthal. Bald wurden zahlreiche Werke M.s in Frankreich und in anderen Ländern von bekannten Dirigenten aufgeführt. Kompositorischer Höhepunkt in den 30er Jahren wurde sein erstes Oratorium *Sermon sur la montagne* (1936), dem mitten im Krieg M.s bedeutendstes Werk, *La passion*, folgte. Beide bilden mit den späteren Werken über die Verkündigung, die Geburt, die Grablegung und die Auferstehung Christi einen großen oratorischen Zyklus. Diese betont christliche Orientierung führte M. freilich in eine bewußte Isolierung von der europäischen Musik der Nachkriegszeit und in eine persönliche Zurückgezogenheit, wobei er der materiellen Sorgen durch die Tätigkeit als Konservator des Instrumentenmuseums des Pariser Conservatoire (1949–61) enthoben war.

WW: **1) Instr.-WW:** Für Klv.: *8 Préludes* (1925); *Le Zodiaque* (1931–32), 12 Konzertetüden; 3 Sonaten; für Org.: 2 *Livres d'orgue* (1937, 1954); *3 Pièces* (1959); Sonaten u. a. Stücke für versch. Instr. allein (V., Va., Vc., Klar., Fag.); für Gitarre: *Hommage à C. Debussy* (1924), danach die *Sonate luthée* (1949) für Harfe; Sonate (1960); *2 Préludes* (1961) u. Sonate (1962) für 2 Gitarren; Sonaten, *Dialogues* u.a. Stücke für V. u. Klv., für Vc. u. Klv., für Fl. u. Klv.; Suiten, Sonaten u.a. Stücke für 2 gleiche oder versch. Instr. ohne Klv.; Trios für versch. Besetzungen mit u. ohne Klv.; 3 Streichquartette u. Quartette für andere Besetzungen. – Für Orch.: 13 Symphonien (1919–67) (teilweise ungedruckt) für Orch., Kammerorch. u. Blasorch., einige von ihnen nach eigenen Klv.- oder Org.-Stücken, einige mit bestimmten Titeln (1: *Les agrestides*, 5: *Sinfonia da chiesa*, 12: *Les nombres*); *Livre de danseries* (1929); Konzerte für Klv. (1962) u. Cemb. (1964); *Dialogues* u. Suiten für V., für Klv., für Harfe, für Vc. u. Orch.; *La jungle* (1928) für Org. u. Orch. – **2) Vokal-WW:** Lieder ohne Begleitung; zahlr. Klv.-Lieder u. -Liederzyklen, u. a. *Poèmes du Brugnon* (1933) (Text: T. Klingsor); Lieder mit versch. Instr., u. a. *6 Tétraphonies* (1945) mit Fl., V. u. Vc.; Chorwerke a cap. u. mit Instr., u. a. Chansons; *Le petit évangéliaire* (1952); weltliche Kantaten, u. a. *Du ciel et de mer* (1961) für Kinderchor, Frauenchor u. Orch.; Kirchenmusikal. Werke: Requiem a cap. (1953); *Liturgie œcuménique* (1958–59) für 3 gleiche St. u. Org.; *5 Cantiques* (1959) u. *Répons et cantiques liturgiques* (1963–65) für gem. Chor oder Gemeindegesang u. Org.; *35 Psaumes nouvellement harmonisés* (1961) für Org. oder gem. Chor. – Oratorien: *Le sermon sur la montagne* (1936); *La passion*, 12 épisodes (1941–42); *L'Annonciation* (1945–46); *Saint Germain d'Auxerre* (1947); *La mise au tombeau* (1949) (unveröff.); *Les nativités* (1951); *La résurrection* (1953) (unveröff.); *La nativité de N.-S.* (1954); *Nuit pascale et résurrection* (1955); *L'ecclésiaste* (1963) für Bar., Chor u. Orch. – **3) Bühnen-WW:** Symphonie lyrique et chorégraphique *Hagoromo* (Libr.: L. Laloy), UA: Monte Carlo 1922; Ballett *La fête de la bergère* (1925); Kammeroper *Le rossignol en amour* (1926) (Libr.: G. M.), UA: Genf 1937. – **4) Schriften:** *Essais pour une esthétique générale* (P 1920, ²1937); *Appogiatures résolues et non résolues*, 3 H.e (P 1922–31); *J.-Ph. Rameau et le génie de la musique française* (P 1930); *Les écrits de G. M.*, gesammelt v. J. Delaye (P 1932); *Lexique de quelques termes utilisés en musique* (P 1947); *Poèmes*, 2 Bde. (Ge 1950–51); *Kaléidoscope et miroirs ou les Images multipliées et contraires* (1956), zus. mit *Matériaux et inscriptions* (Toulouse 1970).

M., der außerhalb seines Landes vergleichsweise unbekannt geblieben ist, nimmt in der französischen Musikgeschichte unseres Jh. gleichwohl eine Sonderstellung ein. Sein Schaffen ist von enormem Umfang und von seltener Vielfalt der Gattungen und Dimensionen. Er verarbeitete im Verlauf seiner künstlerischen Entwicklung mannigfache stilistische und ästhetische Anregungen: aus der Vokalmusik der Renaissance, aus der Kunst der französischen Lautenisten, aus den Werken J.-Ph. Rameaus wie G. Faurés und Cl. Debussys, aber auch aus der fernöstlichen Kultur und dem Gesang der Vögel. So schuf er sich um 1930 eine musikalische Sprache von unverkennbarer Originalität. Wichtigste Kennzeichen sind ihre Verankerung in der Diatonik, ihre lyrische Grundhaltung, ihre Kantabilität im Vokalen und Instrumentalen, das Streben nach Ausgleich und Ausgewogenheit aller satztechnischen und klanglichen Mittel und nach differenziertem Ausdruck. M.s individuellste Leistung war es, die geistliche und weltliche Vokal- und insbesondere die Chormusik seiner Zeit in Frankreich zu gleicher Höhe mit der Instrumentalmusik geführt zu haben. Es scheint, daß er damit einer Erneuerung der Chormusik in diesem Lande die Zukunft gesichert hat. An der wissenschaftlichen und praktischen Erschließung seines Œuvres hat M. Honegger entscheidenden Anteil. Seit 1976 existiert auch eine Vereinigung „Les amis de l'œuvre et de la Pensée de G. M." mit Sitz in Straßburg.

Lit.: Catalogue des œuvres musicales de G. M., hrsg. v. M. HONEGGER (Str 1977). – L. VALLAS, G. M. (P 1923); P. WOLFF, La route d'un musicien. G. M. (P 1933); M. HONEGGER, versch. Art., in: Musica 8 (1954), MuK 31 (1961), Musica 19 (1965); M. PINCHARD, Connaissance de G. M. (P 1959); J. ROY, Présences contemporaines (P 1962); H. MORISSETTE, L'oratorio français des origines à G. M. (Diss. Montreal 1970); L. POIRIER, G. M. et la musique d'orgue (Diss. Str 1972); J. VIRET, Mélodie et polymélodie dans l'œuvre de G. M., in: Chant choral 9 (1976).
G. MASSENKEIL

MIHALOVICH, Ödön (Edmund), * 13. 9. 1842 Feričance (Slawonien), † 22. 4. 1929 Budapest; ung. Komponist. Er war seit 1860 Schüler von M. Mosonyi in Pest, 1865 von M. Hauptmann in Leipzig und 1866 noch von P. Cornelius in München. 1865 lernte er in München R. Wagner kennen, dessen Pester Konzerte 1863 seiner musikalischen Entwicklung die entscheidende Richtung gegeben hatten. Nach Pest zurückgekehrt, setzte er sich für die Gründung eines Wagner-Vereins ein, den er später leitete. In Pest traf er auch mit Fr. Liszt zusammen, der ihn schätzte und förderte. Seit 1881 leitete er die Schauspielschule und nach dem Tod Liszts 1887–1919 die Landesmusikakademie. Während dieser Zeit versammelte er die wichtigsten Persönlichkeiten des ungarischen Musiklebens um sich, darunter B. Bartók und Z. Kodály. M. war als Komponist ein Wagner-Epigone konservativer Prägung, der an der von Liszt und Mosonyi eingeleiteten national-ungarischen Bewegung nicht teilnahm.

WW: Klv.-Stücke; Ouvertüren; symphonische Dichtungen; 4 Symphonien (1879, 1892, 1900, 1902); Klv.-Konzert; Lieder u. Chöre. – Opern: *Toldi*, UA: Budapest 1893; *Hagbart und Signe*, UA: Dresden 1908; *Eliane*, UA: Budapest 1908.

MIHALOVICI, Marcel, * 22. 10. 1898 Bukarest, † 12. 8. 1985 Paris; frz. Komponist rumänischer Herkunft. Ersten Musikunterricht erhielt er in seiner Heimatstadt. 1919 ging er auf Anraten G. Enescus nach Paris u. ließ sich dort bald endgültig nieder. An der Schola Cantorum war er bis 1925 Schüler von V. d'Indy. 1932 gehörte er zu den Gründern der Vereinigung „Triton", die der zeitgenössischen Musik wichtige Impulse gab. Er gehörte auch zu der „École de Paris" genannten Gruppe ausländischer Komponisten, die sich zwischen den beiden Weltkriegen in Frankreich gebildet hatte. 1959–62 war er Professor für Morphologie musicale an der Pariser Schola Cantorum. 1964 wurde er korrespondierendes Mitglied des Institut de France. Seine Musik ist durch eine erweiterte, gelegentlich auch Dodekaphonie einbeziehende Chromatik gekennzeichnet. Seine Rhythmen, Tonarten und Melodien sind häufig von rumänischer Volksmusik geprägt. M. war mit der Pianistin Monique Haas verheiratet.

WW: **1) Instr.-WW:** Klv.-Stücke, u. a.: *Récit* (1973); *Mélopée* (1973) für Ob.; *Textes* (1975) für Va.; 3 Streichquartette (1923, 1931, 1946); Bläsertrio (1955); zahlr. Sonaten (teilweise mit Klv.), u. a. für: Va. (1942); V. u. Vc. (1944); Vc. solo (1949); V. solo (1949); Klar. (1958); Fag. (1958); Tenorsaxophon *Chant premier* (1973); ferner *Périples* (1967) für Kammerorch. – Für Orch.: 5 Symphonien (1951, 1952, 1960, 1963, 1966–69); Toccata für Klv. u. Orch. (1938, revidiert 1940); *Symphonies pour le temps* (1944); *Prétextes* (1968) für Ob., Baßklar., Klv., 4 Schlagzeuger u. Streichorch.; „Action symphonique" *Borne* (1970). – **2) Vokal-WW:** Kantate *La genèse* (1935–40) (Text: Y. Goll) für Bar., Chor u. Orch.; 5 Motetten „sur un mot" *Mémorial* a cappella (1952); *Cantilène* (1972) für Mezzosopran u. Kammerorch. – **3) Bühnen-WW:** Opern: *L'intransigeant Pluton*, UA: ORTF 1939; *Phèdre* (Libr.: Y. Goll), UA: Stuttgart 1951; *Die Heimkehr* (nach G. de Maupassant), UA: Düsseldorf 1954, 2. Fassung Hamburg 1955; *Krapp (ou La dernière bande)* (nach S. Beckett), UA: Bielefeld 1961; Opéra-bouffe *Les jumeaux* (nach Plautus), UA: Braunschweig 1963. – Ballette: *Une vie de Polichinelle*, UA: Paris 1923; *Le postillon du roy* (1924); *Divertimento*, UA: Paris 1925; *Karagueuz*, UA: Chicago 1926; *Thésée au labyrinthe*, UA: Braunschweig 1957, 2. Fassung als: *Scènes de Thésée*, Köln 1958; *Alternamenti*, UA: Braunschweig 1959.

Lit.: Werkverz. (P 1968) (mit einem Vorwort v. C. Rostand). – G. BECK, M. M. (P 1954); C. ROSTAND, in: Melos 25 (1958); C. CHAMFRAY, in: Le courrier musical de France (1966) Nr. 15.

MIKADO, DER, oder Ein Tag in Titipu *(The Mikado or The town of Titipu)*, burleske Operette in 2 Akten von Arthur Seymour Sullivan (1842 bis 1900), Text von William Schwenk Gilbert. Ort und Zeit der Handlung: die japanische Stadt Titipu, im 15. Jahrhundert. UA: 14. 3. 1885 in London (Savoy Theatre); EA in dt. Sprache: 13. 2. 1886 in New York; dt. EA: 6. 12. 1888 in Berlin (Friedrich Wilhelmstädtisches Theater).

Die Begeisterung für Japanisches, die durch eine Japan-Ausstellung in London neu entfacht wurde, war das wichtigste auslösende Moment, das zur Entstehung des *Mikado*, einer Satire auf die viktorianische Gesellschaft in fernöstlicher Verkleidung, führte. Sullivan schuf mit diesem Werk den englischen Typus der Gattung „Operette". Zahlreiche abgegriffene Klischees der musikalischen Unterhaltungsliteratur sind zu einem amüsanten Stilgemisch zusammengestellt. Tanzrhythmen stehen neben Sätzen, die von altenglischen Schiffertänzen beeinflußt sind. Aus der Fülle der sanglichen, von einem Kammerorchester begleiteten Melodien ragen die Kanzonette *Ich zieh umher im Land*, das gemütvolle Lied *Bachstelzchen*, das in Form eines Madrigals komponierte *Lasset singen uns sodann* und das Mikado-Lied *Ich kehr' den Humor auf jeden Fall hervor* heraus. Trotz aller Proteste (z. B. aus Japan) fand drei Jahre nach der UA schon die 9000. Aufführung statt. „Mikado-Truppen“ bereisten die Welt. Neben Shakespeares *Sommernachtstraum* gehört *Der Mikado* zu den meistgespielten englischen Bühnenwerken. B. DELCKER

MIKROPHON. Als erstes Glied in der ↗elektroakustischen Übertragungskette dient das M. der Umwandlung von akustischen in elektrische Signale. Grundsätzlich ist es ebenso aufgebaut wie der ↗Lautsprecher, wobei die jeweiligen physikalischen Prinzipien in ihrer Umkehrung zur Anwendung kommen. Heute sind 3 Grundtypen gebräuchlich: *dynamisches, Kristall-* und *Kondensator-M.:* Die Schallwellen treffen auf eine Membran, die entweder auf eine Spule bzw. einen Kristall (Tauchspul- bzw. Kristall- oder Piezo-M.) wirkt oder Teil eines Kondensators ist, der aus einer dünnen, leitfähigen Folie als Membran sowie einer mit Bohrungen versehenen feststehenden Gegenelektrode gebildet wird und dessen Kapazität sich mit der Membranbewegung ändert (Kondensator- und Elektret-M.); diese Kapazitätsänderungen werden mittels eines im M.-Gehäuse eingebauten Verstärkers in entsprechende Spannungsänderungen umgewandelt. Für die Anwendung eines M. entscheidend ist dessen Richtcharakteristik, d.h. dessen Eigenschaft, Schall aus allen Richtungen („Kugel“), nur von vorne („Niere“) oder nur von vorne und hinten, nicht aber von den Seiten („Acht“) aufzunehmen. Auf diese Weise können unerwünschte Schallanteile (Raumhall, Störgeräusche) weitgehend unterdrückt werden.

MILAN, Don **Luis** (Luys) **de,** * um 1500 wahrscheinlich Valencia, † nach 1561 ebd. (?); span. Vihuelaspieler und Komponist. Er lebte am Hof des Vizekönigs Ferdinand von Aragón in Valencia und vermutlich auch einige Zeit am Hof des Königs João III. von Portugal, dem er sein *Libro de música de vihuela de mano, intitulado El maestro* (Valencia 1535–36) widmete. Dieses Werk ist der früheste spanische Tabulaturdruck und die erste spanische Sammlung mit Werken für ↗Vihuela bzw. ↗Gitarre. Es enthält 50 Instrumentalstücke (Fantasien, Pavanen und Tientos) und 22 Gesänge (spanische und portugiesische Villancicos, italienische Sonette und spanische Romanzen) mit eigens (in roten Tabulaturziffern) notierter Singstimme. Die meisten Stücke besitzen differenzierte Tempoangaben.

Ausg.: *Libro de música,* hrsg. v. L. SCHRADE (L 1927) (= PäM 2); dass., hrsg. v. R. CHIESA, 2 Bde. (Mi 1966); dass. (mit engl. Übers. der Einleitung), hrsg. v. CH. JACOBS (Univ. Park/Pa. 1971).

Lit.: J. B. TREND, L. M. and the Vihuelist (Lo 1925) (= Hispanic Notes and Monographs 11); J. M. WARD, The „Vihuela de mano“ and Its Literature 1536–76 (1953) (= Diss. New York Univ.); J. H. VAN DER MEER, Het „Libro de musica de vihuela de mano“ v. L. M., in: Mens en melodie 14 (1959); CH. JACOBS, An Introduction to L. de M.'s „El Maestro“, in: The Canada Music Book (1970) Nr. 1.

MILANOV (geborene Kunc), **Zinka,** * 17. 5. 1906 Zagreb; jugoslawische Sängerin (Sopran). Nach ihrem Gesangstudium in Zagreb, Mailand und bei Jacques Stückgold in Berlin debütierte sie 1927 am Opernhaus in Ljubljana als Leonore in G. Verdis *Der Troubadour,* die ihre berühmteste Rolle war und mit der sie sich 1938 auch an der Metropolitan Opera in New York vorstellte. 1928–1935 war sie in Zagreb, 1936–37 in Prag und anschließend bis 1966 an der Metropolitan Opera in New York engagiert, wo sie in einer Aufführung des *André Chenier* von U. Giordano ihren Abschied von der Bühne nahm. Gastspiele führten sie außerdem zu den Salzburger Festspielen, an die Wiener Staatsoper, das Teatro Colón in Buenos Aires und an den Covent Garden in London.

Lit.: L. RIEMENS, Z. M., Le grandi voci (R 1964); E. K. EINSTEIN, Z. M. Discography, in: Grand baton V/2 (1968).

MILANUZZI (Milanuzi, Milanuzii), **Carlo,** * um 1590 Esanatoglia bei Camerino, † nach 1647; it. Komponist. Er gehörte dem Augustinerorden an und wurde 1615 vermutlich Organist an S. Stefano in Venedig, 1619 Organist seines Ordens in Perugia und 1622 Kapellmeister an Sant'Eufemia in Verona. 1623 kehrte er nach Venedig zurück, wo er 1623–30 Organist an S. Stefano war. Seit 1636 wirkte er als Kapellmeister an der Kathedrale von Camerino, 1642 erneut an Sant'Eufemia und 1643 bis zu seinem Tod als Kapellmeister und Organist an S. Mauro Martire in Noventa di Piave. M.s *Ariose vaghezze,* eine Sammlung strophisch gebauter Arien, sind für die Kenntnis der Entwicklung der italienischen Kantate interessant.

WW: 9 Bücher *Ariose vaghezze* für SingSt u. Cemb. oder andere Instr., mit Gitarrentabulatur (V 1622–43); *Sacri rosarum flores* für 2–4 St. u. B.c. (V 1619); *Vespertina psalmodia* für 2 St. u. B.c. (V 1619); *Aurea corona di scherzi poetici* für 2–4 St. u. B.c. (V 1620); *Letanie* für 4 St. u. B.c. mit 2. Chor ad lib. (V 1622); *Armonia sacra di concerti, messa e canzoni* für 5 St. u. B.c. (V 1622); *Sacra cetra concertata* für 2–5 St. u. B.c. (V 1625); 2 Bücher *Concerti sacri di salmi* für 2 u. 3 St. u. B.c. (V 1627, 1643); *Messe a tre concertate* für 3 St. mit B.c. mit 2. Chor u. Instr. ad lib. (V 1629); *Hortus sacer deliciarum* für 1–3 St. u. B.c. (V 1636); *Compieta intiera* für 1–4 St. u. Org. (V 1647).

Ausg.: 22 Arien, hrsg. v. G. BENVENUTI (Mi 1923).

Lit.: S. L. ASTENGO, Musici agostiniani anteriori al secolo 19 (Fi 1929); J. L. A. ROCHE, North Italian Liturgical Music in the Early 17th Century (1968) (= Diss. Univ. of Cambridge).

MILDENBURG, Anna, ↗Bahr-Mildenburg.

MILDER-HAUPTMANN, Pauline Anna, * 13. 12. 1785 Konstantinopel, † 29. 5. 1838 Berlin; östr. Sängerin (Sopran). Nach ihrem Studium u. a. bei

A. Salieri debütierte sie 1803 am Theater an der Wien. Dort sang sie 1805 und 1814 die für sie geschriebene Partie der Leonore in den Uraufführungen der 1. und 3. Fassung von L. van Beethovens *Fidelio.* Beethoven schätzte sie hoch, was sich auch in einem Scherzkanon (WoO 169: *Ich küsse Sie, drücke Sie an mein Herz,* 1816) bekundet. 1816–29 war A. M. die Primadonna der Königlichen Oper in Berlin, wo sie vor allem in den Opern von G. Spontini und Chr. W. Gluck großes Aufsehen erregte. Fr. Schubert schrieb für sie 1828 *Der Hirt auf dem Felsen.* In der berühmten Wiederaufführung von J. S. Bachs Matthäus-Passion durch F. Mendelssohn Bartholdy in Berlin 1829 sang sie die Sopranpartie. 1836 nahm sie Abschied von der Bühne. Die Zeitgenossen rühmten ihre große Stimme und ihre außerordentliche darstellerische Ausdruckskraft.

Lit.: TH. FRIMMEL, Beethoven-Hdb. I (L 1926, Nachdr. Hil–Wie 1968).

MILFORD, Robin Humphrey, * 22. 1. 1903 Oxford, † 29.12.1959 Lyme Regis; engl. Komponist. Er war Schüler von G. Holst, R. Vaughan Williams und R. O. Morris am Royal College of Music in London, wurde später aber entscheidend von Balfour Gardiner und G. Finzi beeinflußt. M.s Kompositionen zeigen eine starke Hinwendung zur Volksmusik und bekunden, zumal in den kleinen Formen, eine lyrische Begabung.

WW: Klv.-Stücke u. Kammermusik; Suite (1928) für Ob. u. Streichorch.; *The Darkling Thrush* (1930) für V. u. Orch.; V.-Konzert (1938); *A Festival Suite* (1951) für Str.; *Fishing by Moonlight* (1952) für Klv. u. Str. – Oratorien: *A Prophet of the Land* (1931); *The Pilgrim's Progress* (1933); *La mort d'un tyran* für Chor u. Orch.; Kantate *Days and Moments.* – Kinderoper *The Shoemaker* (1925); Oper *The Scarlett Letter* (1959); Ballette *The Jackdaw of Rheims* (1945) und *The Snow Queen* (1946).

MILHAUD, Darius, * 4. 9. 1892 Aix-en-Provence, † 22. 6. 1974 Genf; frz. Komponist. Er begann seine musikalische Ausbildung als Violinist, schlug nach seinem Examen am Pariser Conservatoire 1911 aber die Komponistenlaufbahn ein und besuchte Kurse von A. Gédalge und Ch.-M. Widor, wobei er G. Auric und A. Honegger kennenlernte. In seinen frühen Werken ließ sich M. von literarischen Vorlagen anregen. Er nahm Kontakt mit dem Dichter Francis Jammes auf, der ein Treffen mit P. Claudel initiierte, eine Begegnung, die für M.s Schaffen von grundlegender Bedeutung wurde. Durch Claudel erhielt er zahlreiche Textvorlagen und Anregungen für seine Kompositionen. Zudem nahm Claudel ihn 1916 als Sekretär mit nach Brasilien, wo M. die lateinamerikanische Folklore kennenlernte. Nach einem kurzen Aufenthalt in den USA kehrte M. 1919 nach Paris zurück und wurde bald der ↗Groupe des Six zugerechnet. Als Kritiker des *Courrier Musical* nutzte er 1920 die Möglichkeit, sich engagiert für die zeitgenössische französische Musik einzusetzen. Seine Werke dirigierte er häufig selbst; für seine Konzerttourneen (u. a. 1922 durch Amerika) schrieb er für sich relativ leicht spielbare, doch effektvolle Klaviermusik. 1940 emigrierte M. in die USA und nahm eine Lehrtätigkeit am Mills College, Oakland (Calif.), auf. 1947 folgte er einem Ruf an das Pariser Conservatoire und unterrichtete seitdem jährlich abwechselnd dort und am Mills College; später übernahm er auch noch die Sommerkurse in Aspen (Colorado). Trotz schwerer Krankheit, die ihn an den Rollstuhl, oft auch ans Bett fesselte, unterrichtete er am Conservatoire bis 1962. 1956 wurde er Präsident der Académie du Disque Français. In hohem Alter erfuhr er viele Ehrungen: Grand Officier der Ehrenlegion, Commandeur des arts et lettres, Mitglied der Akademie der Künste Berlin (1968), Mitglied der Académie des Beaux-Arts (1972).

WW: **1) Instr.-WW:** 2 Sonaten für V. u. Klv. (1911, 1917); 18 Streichquartette (1912–51), davon Nr. 14 u. 15 auch zusammen zu spielen; *Variations sur un thème de Cliquet* (1915) für Klv.; *Saudades do Brazil* (1920/21), Tanzsuite für Klv.; *La cheminée du Roi René* (1939) für Fl., Ob., Klar., Horn u. Fag.; *La muse ménagère* (1944) für Klv.; *Paris* (1948), 6 Stücke für 4 Klv.; Klv.-Quintett (1950); 3 Streichquintette (1952, 1953, 1956); *Duo concertant* (1956) für Klar. u. Klv.; *Segoviana* (1957) für Gitarre; Kammerkonzert (1961) für Klv., Blas- u. Streichquintett; *Hommage à Igor Strawinsky* (1971) für Streichquartett. – Konzerte: 3 für V. (1927, 1946, 1958); 2 für Va. u. Orch. (1929, 1954/55); 2 für Vc. u. Orch. (1934, 1945); 5 für Klv. (1933, 1941, 1946, 1949, 1955); für Schlagzeug und kleines Orch. (1929/30); für Fl., V. u. Orch. (1938/39); 2 für 2 Klv. u. Orch. (1941, 1961); für Klar. (1941); für Marimba (1947); für Harfe (1953); *Concertino de printemps* (1935) für V. u. Orch.; *Concertino d'automne* (1950) für 2 Klv. u. 8 Instr.; *Concertino d'été* (1950) für Va. u. Kammerorch.; *Concerto d'hiver* (1953) für Pos. u. Str.; für Cemb. (1964). – Für Orch.: *Poème sur un cantique de Camargue* (1913) für Klv. u. Orch.; 6 Kammer-Symphonien: 1: *Le printemps* (1917); 2: *Pastorale* (1918); 3: *Sérénade* (1921), alle für kleines Orch.; 4: (1921) für 10 Str.; 5: (1922) für 10 Bläser; 6: (1923) für Vokalquartett, Ob. u. Vc.; *Cinq études* (1920) u. *Le carnaval d'Aix* (1926) für Klv. u. Orch.; *Suite provençale* (1936); *Carnaval de Londres* (1937); *L'oiseau* (1937); *Opus americanum No. 2* (1940); 12 Symphonien (1939–61); *Suite française* (1944); *Le bal martiniquais* (1944); *Sept danses sur des airs palestiniens* (1946/47); *La fin du monde* (1949); *Suite opus 300* (1950); *Ouverture méditerranéenne* (1953); *Suite cisalpine sur des airs populaires piémontaises* (1954); *Aspen Serenade* (1957); *A Frenchman in New York* (1962); *Ode pour les morts des guerres* (1963); *Musique pour San Francisco* (1971) für Orch. „avec participation du public". – **2) Vokal-WW:** Liederzyklen auf Gedichte von F. Jammes, L. Latil, A. Lunel, A. Gide, P. Claudel, R. Tagore u. v. a.; *Agamemnon* (1913) (Text: P. Claudel) für Sopran, Chor u. Orch.; *Les choëphores* (Text: ders.) (1915) für Sopran, Bar., Erzähler, Chor u. Orch.; *Le retour de l'enfant-prodigue* (1917) (Text: A. Gide), Kantate für 5 SingSt u. 21 Instr.; Psalmen 136 u. 129 (1918, 1919) für Bar. u. Orch.; *Machines agricoles* (1919) (Verkaufskatalog) u. *Catalogue de fleurs* (1920) für SingSt u. 7 Instr.; *La mort du tyran* (1932) für Chor, Schlagzeug, Pikkolo, Klar., Tuba; *Pan et Syrinx* (1934) für Sopran, Bar., Vokalquartett u. 5 Instr.; *Cantate nuptiale* (1937) für Gesang u. Orch.; *Cantate* *de l'enfant et de la mère* (1938) für Erzähler, Streichquartett u. Klv.; *Quatrains valaisans* (1939) (Text: R.-M. Rilke) u. *Cantate de la guerre* (1940) (Text: P. Claudel) für Chor a cap.; *Trois psaumes de David* (1954) für gem. Chor a cap.; *Huit poèmes de Jorge Guillén* (1958) für Chor a cap.; *Cantate de la croix de charité* (1959/60) für Soli, Chor, Kinderchor u. Orch.; *Hommage à Comenius* (1966) für Sopran, Bar. u. Orch.; *Cantate de psaumes* (1967) für Bar. u. 20 Instr.; *Ani maamin, un chant perdu et retrouvé* (1972) für Sprecher, gem. Chor u. Orch.; „Symphonie chorale" *Pacem in terris* (1963) für Alt, Bar., Chor u. Orch. – **3) Bühnenwerke:** Opern: *La brebis égarée* (Libr.: F. Jammes), UA: Paris 1923; *Les Euménides* (Libr.: P. Claudel nach Aischylos), UA: Brüssel 1949; *Les malheurs d'Orphée*, UA: ebd. 1925; *Esther de Carpentras*, UA: Paris 1938; *Le pauvre matelot* (Libr.: J. Cocteau), UA: ebd. 1927; 3 Opéras-minutes: *L'enlèvement d'Europe*, UA: Baden-Baden 1927; *L'abandon d'Ariane* u. *La Délivrance de Thésée*, UA: Wiesbaden 1928; *Christophe Colomb* (Libr.: Claudel), UA: Berlin 1930; *Maximilien* (Libr.: F. Werfel, A. Lunel), UA: Paris 1932; *Médée*, UA: Antwerpen 1939; *David* (Libr.: A. Lunel), UA: Mailand 1956; *Fiesta*, UA: Berlin 1958; *La mère coupable*, UA: Genf 1965; *Saint Louis, Roi de France* (Libr.: Claudel u. H. Doublier), UA: Rom 1972; *Les momies d'Égypte* (Libr.: J.-F. Regnard), UA: Graz 1972. – Ballette: *L'homme et son désir* (1918); *Le bœuf sur le toit* (1919); *La création du monde* (1923); *Salade* (1924); *Le train bleu* (1924); *Fête de la musique* (1937); *Jeux de printemps* (1944); *The Bells* (1945); *Adame Miroir* (1948); *La rose des vents* (1957); *La branche des oiseaux* (1958/59). – Zahlr. Film- u. Bühnenmusik. – **4) Schriften:** *Polytonalité et atonalité*, in: RM 4 (1923); *Études* (P 1927); *Notes sur E. Satie* (NY 1946); *Notes sans musique* (P 1949, [2]1963, engl. NY 1953, dt. Mn 1962); *Entretiens avec C. Rostand* (P 1952, dt. H. 1954); *Ma vie heureuse* (P 1973).

M. bezeichnete sich selbst stolz als „Franzose aus der Provence und jüdischen Glaubens"; diese Herkunft fand Niederschlag in seiner Musik: einerseits kraftvolle Melodik und Aufgeschlossenheit gegenüber südländischer Folklore (für ihn erstreckte sich die Provence „von Konstantinopel bis Rio de Janeiro"), zum anderen häufige Verwendung von Textvorlagen mit religiösem Hintergrund. Sein umfangreiches Schaffen, in welchem nahezu jede Musikgattung berücksichtigt ist, läßt sich keiner Schule eindeutig zuordnen, wie auch keine gerichtete Entwicklung in den Kompositionen feststellbar ist. Er ergründete in der Reflexion über seine Musiksprache die Möglichkeiten der Polytonalität, wie er sie in Ansätzen schon bei J. S. Bach nachweist: Ziel ist, mehrere gleichzeitig erklingende Melodien so zu komponieren, daß sie als gleichwertig gehört werden können. Dazu werden die diatonischen Melodien mit verschiedenen tonalen Zentren übereinandergeschichtet. Als ein Schulbeispiel für diese „kontrapunktische Polytonalität" kann wohl die 3. Etüde aus den *Cinq études* für Klavier und Orchester (1920) gelten, die aus 4 gleichzeitig ablaufenden Fugen, je einer bestimmten Instrumentengruppe zugeordnet, besteht. Dabei spielen die Holzbläser in A-Dur, die Blechbläser in Des-Dur, die Streicher in F-Dur, und dem Klavier ist Material aus jeder dieser Skalen zugeordnet. Für die Experimentierfreudigkeit M.s gibt es in seinem Schaffen zahlreiche Belege. In *Les choéphores* (1915) verwendet er als einer der ersten den chorischen Sprechgesang, die in *La création du monde* (1923) verwendeten rhythmischen Formeln beruhen auf afro-amerikanischen Quellen, die Qualität der klaren Darstellung durch ein gering besetztes Musikensemble nutzte er in den 6 kleinen – 3sätzigen – Symphonien (1917–23), deren längste nur 7 Minuten dauert, und traditionelle Formen stellte er in den 3 Opéras-minutes (1927) mit einer Gesamtspieldauer von 25 Minuten in Frage. Die Eigenständigkeit seiner Arbeiten begründete M. wie folgt: „Für mich existieren keine ästhetischen Gesetze, keine Philosophie oder Theorie. Ich schreibe Musik, und ich liebe sie."

Lit.: G. AUGSBOURG, La vie de D. M. en images (P 1935); M. BAUER, D. M., in: MQ 28 (1942); P. COLLAER, D. M. (An – P 1948); G. BECK, D. M. (P 1949, erweitert 1956) (mit Werkverz. u. Diskographie); E. HELM, M., XIV + XV = Oktett, in: Melos 22 (1955); H. H. STUCKENSCHMIDT, Schöpfer der neuen Musik (F 1958); C. CHAMFRAY, Gespräche mit D. M., in: Melos 28 (1961); C. ROSTAND, M. komponiert seit 50 Jahren, in: ebd. 29 (1962); J. ROY, D. M. (P 1968); J. HÄUSLER, Musik im 20. Jh. (Bremen 1969); P. J. MCCARTHY, The Sonatas of D. M. (Washington/D.C. 1972) (= Studies in Music 1); R. J. SWICKARD, The Symphonies of D. M. (Los Angeles 1973) (= Diss. Univ. of California); H. KNOCH, Orpheus u. Eurydike. Der antike Sagenstoff in den Opern v. D. M. u. E. Krenek (Rb 1977) (= Kölner Beitr. z. Musikforsch. 91).

K. LANGROCK

MILITÄRMUSIK, Bz. für Instrumentalmusik (meist Märsche und Signale), die bei den Streitkräften bestimmte Funktionen zu erfüllen hat und von dafür eigens gebildeten Musikensembles (bestehend aus Blas- und Rhythmusinstrumenten) ausgeführt wird; auch allgemein Bz. für Militärkapellen (Musikkorps) und die von ihnen gespielte Musik.

Von den Anfängen bis um 1800. Vorläufer der M. war die im Altertum auf Kriegszügen und in Schlachten gebräuchliche Signalgebung durch Trompeten und hornartige Instrumente, die der Nachrichten- und Befehlsübermittlung diente (z. B. im römischen Heer). So berichtet der Schriftsteller Flavius Vegetius (um 390 n. Chr.) in *Epitoma rei militaris* von Bläsern (tubicines, liticines [bei der Reiterei] und buccinatores), ohne jedoch ihre Instrumente genauer zu beschreiben. Erwähnenswerter hingegen hielt er ihren Status als „Principalsoldaten" (Offiziere). Für die späteren zahlreichen Repräsentations- und Unterhaltungsfunktionen der M. ist ferner die Tätigkeit der im Troß jeder Armee mitziehenden Spielleute Vorbild gewesen.
Einfluß auf die Entwicklung der M. hatten auch die im Mittelalter an allen Höfen angestellten Hoftrompeter und Pauker, die neben dem Hofsignaldienst für musikalische Unterhaltung bei Tisch und anderen Gelegenheiten zu sorgen hatten. Die Zahl dieser Musiker, die nicht obligatorisch zum militäri-

schen Personal eines Fürsten gehörten, hing vom Ansehen und von der Größe eines Hofes ab. Hatte jedoch ein Hoftrompeter einen Feldzug seines Herrn mitgemacht, so durfte er sich Feldtrompeter nennen und als solcher Jugendliche zur Ausbildung annehmen. Trompeter im Felde bekleideten zugleich eine Vertrauensstellung. Als Abgesandter seines Herrn hatte ein Trompeter auch wichtige Botschaften zu überbringen. Daraus ergaben sich die besondere Stellung bei Hofe wie auch die Privilegien der Trompeter- und Paukerzunft.

Zur Unterhaltung der Landsknechte im Felde dienten Spielleute (Trommler und Pfeifer), die mit ihren z.T. zweckgebundenen Musikstücken zum Wekken, Begleiten des Fähnleins (wenn es zum Zeichen des Aufbruchs durch das Lager getragen wurde) sowie auf dem Marsch und zur Bekanntgabe des Zapfenstreiches den Anfang der eigentlichen M. bildeten. Den Spielleuten der Landsknechte sind auch die ersten zweckdienlichen Märsche (↗Marsch) zuzuschreiben. Zu den Trommlern und Pfeifern gesellten sich im 17. Jh. Schalmeibläser (2 Diskantinstrumente, 1 Alt- sowie 1 Baßinstrument), deren Instrumente um 1700 durch die aus Frankreich stammende Oboe ersetzt wurden. Von dieser Zeit an bis zum Anfang des 20. Jh. führten alle Musiksoldaten einer Armee, gleich welches Instrument sie spielten, die Berufsbezeichnung ↗Hautboisten bzw. Stabshautboisten (Leiter eines Hautboistenkorps). Die Oboe blieb fast während des ganzen 18. Jh. das führende Melodieinstrument der Militärkapellen; um 1730 kamen nach und nach auch 2 Hörner und 1 Trompete hinzu. Mit dieser Besetzung erlebte die M. in der ersten Hälfte des 18. Jh. einen ersten Höhepunkt. Sie hatte zu dieser Zeit ihre festen Aufgaben, nicht nur im Felde, sondern auch bei Hofe. In diesem Zusammenhang wurde in der 2. Hälfte des 18. Jh. insbesondere die ↗Harmoniemusik von Bedeutung. Mit der Vergrößerung des Instrumentariums zog die Klarinette in die Militärkapellen ein, verdrängte die Oboe von der führenden Melodiestimme und bildete den Grundstock für eine immer größer werdende Holzblasinstrumentengruppe.

Entscheidende Impulse für die M. gingen an der Wende zum 19. Jh. von den französischen Revolutionsmusiken der Komponisten G. Cambini, Ch. S. Catel, L. Cherubini, Fr. J. Gossec aus. Mit der Zahl der Militärkapellen in Frankeich wuchs auch das Problem des Nachwuchses, das 1792 durch die Gründung der „École gratuite de la Garde Nationale", aus der 1795 das Pariser Conservatoire hervorging, gelöst wurde.

19. Jahrhundert. Zu Beginn des 19. Jh. erfuhr die preußische M. eine Differenzierung in verschiedene instrumentale Besetzungen, die – mit Einschränkungen – auch von anderen europäischen Ländern übernommen wurden. Aus den Hoftrompetern und Paukern, die ihre Privilegien in Preußen 1810 durch Kabinettsordre von Friedrich Wilhelm III., in Dresden 1831 durch Aufhebung des Zunftwesens und in Wien 1878 durch Auflösung des Vereins der Hoftrompeter verloren, entstanden die Trompeterkorps der Kavallerie; aus den Horngruppen, die den Signaldienst versahen, die Waldhornmusik der Jägertruppen. Diesen Gruppierungen war keine weitere Entwicklung beschieden. Die Jägermusikkorps hatten ihren Höhepunkt zur Zeit ihres Gründers und Förderers J. G. Rhode (1797–1857). Trompeter- wie Jägermusikkorps wurden zwar 1936 bei Gründung der Wehrmacht noch einmal aufgestellt, gingen jedoch bald in Umgliederungen auf.

In der 1. Hälfte des 19. Jh. und später behauptete sich vor allem das Infanteriemusikkorps, die sog. ↗Janitscharenmusik. Es bestand 1805 in Preußen aus 2 Flöten, 2 Oboen, 2 Klarinetten, 2 Fagotten, 2 Inventions-Waldhörnern, 2 Inventions-Trompeten und 2 Baßposaunen. Kurz danach kamen die Piccoloflöte, eine hohe Klarinette in Es, Kontrafagott und Serpent sowie die Janitschareninstrumente große Trommel, kleine Trommel, Triangel und Becken hinzu. Das Repertoire der M. umfaßte um 1800 vor allem kleine Märsche (zweiteilig), Menuette, Parthien (mehrteilige Originalkompositionen) sowie „Pièces d'Harmonies" (Bläserbearbeitungen einzelner Stücke aus bekannten Opern und anderen Kompositionen). Mit der instrumentalen Erweiterung der Musikkorps der Infanterie zum symphonischen Blasorchester in der Mitte des 19. Jh. gelangte die M. zu hohem Ansehen. Vor allem Wilhelm Wieprecht (1802 bis 1872), der in Zusammenarbeit mit dem Instrumentenmacher C. Moritz in Berlin die Baßtuba entwickelte und damit das Baßproblem im Blasorchester löste, trug mit seinem persönlichen Einsatz für die M. und seinen zahlreichen Kompositionen und Bearbeitungen großer symphonischer Werke für Blasorchester wesentlich dazu bei. Bedeutende Militärkapellmeister waren auch A. H. Neithardt und C. J. Krause. Die von den Militärkapellen in der 2. Hälfte des 19. Jh. gespielten Stücke waren in erster Linie Bearbeitungen großer symphonischer Werke, daneben Märsche (zum Teil nach Motiven oder Melodien aus Opern und anderen Werken). An großen originalen Werken – namentlich von bedeutenden Komponisten – stammen nur wenige aus dieser Zeit: z.B. L. van Beethoven, Märsche (WoO 18–24, darin der sog. Yorcksche Marsch); L. Spohr, Notturno C-Dur op. 34; C. M. von Weber, Marsch von 1826 (J 307); F. J. Gossec, meh-

rere konzertante Stücke und Märsche; Ch. Gounod, *Petite symphonie* B-Dur; F. Mendelssohn Bartholdy, Ouvertüre für Harmoniemusik op. 24 und Trauermarsch op. 103; R. Wagner, Huldigungsmarsch und Trauermusik. Beliebt waren auch Kompositionen, die der Verwendung marschartiger Rhythmen in den ersten Sätzen wegen Titel wie *Concert militaire* u. a. trugen.
Für den militärischen Bereich schuf Friedrich Wilhelm III. mit Kabinettsordre von 1817 eine *Armeemarschsammlung;* W. Wieprecht wird um die Mitte des 19. Jh. die Zusammenstellung des heutigen Großen ↗Zapfenstreiches zugeschrieben.
20. Jahrhundert, besonders in Deutschland. Während sich im 19. Jh. die Einsätze der M. in Friedens- und Kriegszeiten des hohen Ansehens wegen entsprachen, hatten die Militärmusiker im 1. Weltkrieg häufig die Funktionen von Hilfssanitätern wahrzunehmen. Wo es noch zu Musikaufführungen kam, geschah dies zur Betreuung verwundeter Soldaten oder zur Auffrischung der Moral der Truppe. Die Begrenzung der Reichswehr nach dem 1. Weltkrieg auf 100000 Soldaten bedeutete auch für die M. eine erhebliche Reduzierung sowohl hinsichtlich der Anzahl der Musikkorps als auch ihrer Besetzungsstärke (um 1900 gab es in Deutschland etwa 600 Musikkorps mit je etwa 45 Musikern, nach 1918 waren es nur noch 100 mit je 27–37 Musikern). Erst die Gründung der Wehrmacht und die Wiederaufrüstung Deutschlands verstärkte die Anzahl der Infanterie- und Marinemusikkorps, zu denen ab 1937 Luftwaffenmusikkorps mit 30, 40 oder 54 Musikern hinzukamen.
Die Besetzung der Luftwaffenmusikkorps der Wehrmacht war 1956 Vorbild bei der Aufstellung der Bundeswehrmusikkorps. Die 21 Musikkorps (13 Heeres-, 4 Luftwaffen- und 2 Marinemusikkorps sowie 1 Stabs- und 1 Ausbildungsmusikkorps) mit 60 bzw. 82 Musikern als ständigen Mitgliedern haben die größten Besetzungen, die je deutsche Musikkorps aufwiesen. Als neue Instrumente wurden die bereits in den Luftwaffenmusikkorps der Wehrmacht verwendeten Saxophone eingeführt: (2) Es-Alt-, (2) B-Tenor- sowie (1) Es-Bariton-Saxophone. Daneben wurden wesentlich das Klarinetten- und das Trompeten-(Kornett-)Register verstärkt. Fachlich unterstehen alle Musikkorps der Bundeswehr dem „Leiter des Militärmusikdienstes (Musikinspizient)".

Lit.: Militär-Musiker-Zeitung (B 1879ff.). – J. G. KASTNER, Manuel général de musique militaire (P 1848, Nachdr. G 1973); H. EICHBORN, Militarismus u. Musik (B 1909); F. BEHN, Musik im römischen Heere, in: Mainzer Zschr. 7 (1912); H. G. FARMER, Handel's Kettledrums and Other Papers on Military Music (Lo 1950, [2]1960, Nachdr. 1965); M. CHOP, Gesch. der dt. M. (Hannover 1926); G. KANDLER, Die kulturelle Bedeutung der dt. M. (B 1931); P. PANOFF, M. in Gesch. u. Gegenwart (B 1938); G. KANDLER, M. heute, in: Soldat im Volk 6 (1957); F. DEISENROTH, Deutsche M. in fünf Jhh. (Wie 1961); G. KANDLER – H. HICKMANN, M., in: MGG IX; W. HONIG, Die Musik kommt. Notizen z. Militärmusikgesch., in: NZfM 129 (1968); G. WALSER, Römische u. gallische M., in: FS A. Geering (Be 1972); E. RAMEIS, Die östr. M. Von ihren Anfängen bis zum Jahr 1918 (Tutzing 1976); F. MASUHR, Die M. in der Bundeswehr (Bonn 1977); J. ECKHARDT, Zivil- u. Militärmusiker im Wilhelminischen Reich (Rb 1978) (= Stud. z. Musikgesch. des 19. Jh. 49).

B. HÖFELE

MILLE, Agnes (George) **de,** * 1905; amerik. Choreographin und Regisseurin. M. begann ihre Karriere als Tänzerin 1927 in New York. Mit ihrer Choreographie zu *Oklahoma!* (1943), die Handlung, Musik und Tanz zu einer neuen, übergeordneten Einheit verband, setzte sie einen Markstein in der Geschichte des Musicals. Auch durch die Choreographien zu *One Touch of Venus, Bloomer Girl* („Bürgerkriegs-Ballett"), *Carousel* und *Brigadoon* gab sie dem Tanz einen entscheidenden Anteil am Musical. M., die „große Dame" des amerikanischen Balletts, betrachtet Humor und Vitalität als dessen Wesensmerkmale.

WW: 1) **Choreographien:** *Nymph Errant* (1933); *Why not tonight?* (1934); *Hooray for What!* (1937); *Swingin' the Dream* (1939); *Oklahoma!* (1943); *One Touch of Venus* (1943); *Bloomer Girl* (1944); *Carousel* (1945); *Brigadoon* (1947); *Allegro* (1947); *Gentlemen prefer Blondes* (1949); *Paint your Wagon* (1951); *The Girl in Pink Tights* (1954); *Goldilocks* (1958); *Juno* (1959); *Kwamina* (1961); *110 in the Shade* (1963); *Come Summer* (1969). – 2) **Schriften:** *Dance to the Piper* (Boston 1952), dt. Übers.: Tanz und Theater (W 1957); *And Promenade Home* (Boston 1958); *The Book of the Dance* (NY 1963); *Speak to me, Dance to me* (Boston 1973).

MILLER, Glenn Alton, * 1.3.1904 Clarinda (Iowa), † vermutlich 16.12.1944 (Flugzeug zwischen Twinwood Farm, England, und Paris vermißt); amerik. Jazzmusiker (Bandleader, Posaunist, Komponist, Arrangeur). Nach dem Studium an der University of Colorado in Boulder spielte er u. a. bei Boyd Santer, Ben Pollack und Red Nichols, in dessen Band er bei der UA von G. Gershwins Musical *Girl Crazy* (1930) mitwirkte. 1934 spielte er bei den Dorsey Brothers, 1935 bei Ray Noble und entwickelte hier eine spezielle Art der Phrasierung und Instrumentierung (mit der Klarinette als führender Stimme über 4 Saxophonen), die als „Miller Sound" bekannt geworden ist. 1937 gründete er eine eigene Band, 1939 eine neue Band, mit der er dann der erfolgreichste Bandleader der Swing-Ära wurde. 1942 trat er in die US-Luftwaffe ein, wo unter seiner Leitung die Army-Air-Force-Band entstand. M., der noch 1935 bei J. Schillinger Komposition studiert hatte, erhielt 1942 für *Chattanooga Choo Choo* die erste vergebene „Goldene Schallplatte". Am bekanntesten wurde M.s Arrangement von Joe Garlands *In the Mood* und die auch als Erkennungsmelodie seiner Band gespielte *Moonlight Serenade*. 1954 wurde seine Karriere als *The Glenn Miller Story* verfilmt.

Lit.: S. F. BEDWELL, A G. M. Discography and Biography (Lo 1956); G. T. SIMON, The Big Bands (NY 1971); J. FLOWER, Moonlight Serenade. A Bio-discography of the G. M. Civilian Band (New Rochelle 1972); G. T. SIMON, G. M. and His Orchestra. The Story of America's Most Unforgettable Bandleader (NY 1974).

R.-M. SIMON – S. SIMON

MILLET, Lluis, * 18. 4. 1867 Masnou bei Barcelona, † 7. 12. 1941 ebd.; span. Komponist und Chorleiter. M., ein Schüler von F. Pedrell, gründete zusammen mit Amadeo Vives den gemischten Chor Orféo Català, der unter seiner langjährigen Leitung ein Zentrum des katalanischen Musiklebens wurde. 1930 wurde er Direktor der städtischen Musikschule in Barcelona. Als Komponist schrieb er vor allem Chor- und Vokalmusik. Sein Sohn **Lluis María,** * 21. 6. 1906 Barcelona, übernahm 1945 die Leitung des Orféo Català und unterrichtete Musikgeschichte am Konservatorium von Barcelona.

WW: *Catalanesques* für Klv.; *Egloga* für Klv. u. Orch. – Für Chor: *El cant dels ocells, Cant de la senyera; Pregaria a la Verge del Remei,*

Lit.: B. SAMPER, Ll. M. (Ba 1926); M. GARCÍA VENERO, Ll. M. (Ba 1951); E. VENDRELL, El mestre M. i yo (Ba 1953).

MILLEVILLE. – 1) Alessandro, * um 1521 wahrscheinlich Paris, † 7. (8.?) 9. 1589 Ferrara; it. Komponist frz. Herkunft. Er stand seit 1544 im Dienst des Hofs von Modena, war 1553–58 päpstlicher Kapellsänger in Rom und später 1575–84 Organist des Herzogs von Ferrara.

WW: 2 Bücher Madrigale für 5 St. (V 1575, Ferrara 1584); Madrigale für 6 St. (V 1584); *Sacrae cantiones* für 5 St. (1584); *La vergine, ... stanze spirituali* für 4 St. (V 1584).

2) Francesco, Sohn von 1), * 16. Jh. Ferrara, † nach 1639 Arezzo. Er wurde Olivetanermönch und nahm den Ordensnamen Padre Barnaba an. Zunächst stand er vermutlich im Dienst des Königs von Polen in Warschau, dann Kaiser Rudolfs II. 1614 kehrte er nach Italien zurück und wurde Kapellmeister in Volterra, war 1619–20 Kapellmeister und Organist an der Kathedrale in Chioggia, 1622 an S. Giorgio in Ferrara und 1627 an S. Benedetto in Siena. M.s Werke sind im konzertierenden Stil geschrieben.

WW (alle in Venedig gedruckt): *Messa in concerto* u. a. Gesänge für 8–9 St. u. B.c. (1616); *Concerti* für 2–4 St. u. B.c. (^{2}1617); Messen für 4 u. 8 St. u. B.c. (1617); *Madrigali concertati* für 1–8 St. u. B.c. (1617); *Letanie della B. Vergine* für 8 St. u. B.c. (1619), für 3 St. u. B.c. (1639); Motetten für 1–3 St. u. B.c. (1620); *Pompe funebri...*, Karwochen-Responsorien für 2–4 St. u. B.c. (1627); *Mazzo di armonici fiori* für 2–3 St. u. B.c. (1628).

MILLÖCKER, Karl, * 29. 4. 1842 Wien, † 31. 12. 1899 Baden bei Wien; östr. Komponist. Nach seinem Musikstudium am Konservatorium in Wien 1856–58 wurde Millöcker Flötist am Theater in der Josefstadt und 1864 Kapellmeister am Thalia-Theater in Graz. Hier brachte er 1865 seine ersten beiden Operetten, *Der tote Gast* und *Die beiden Binder*, zur Uraufführung. Über Budapest kehrte er nach Wien zurück, wurde dort 1866 Kapellmeister am Harmonietheater und 1869 am Theater an der Wien. 1878 machte er sich durch die erfolgreiche Premiere der Operette *Das verwunschene Schloß* allgemein bekannt. Mit den folgenden Bühnenwerken, darunter auch der später von Th. Mackeben überarbeiteten *Gräfin Dubarry* (1879), gelang ihm zwar noch nicht der endgültige Durchbruch, doch konnte er 1882 die ihn belastende Kapellmeisterposition aufgeben und widmete sich seither ausschließlich der Komposition. Noch im selben Jahr brachte er seine erfolgreichste Operette, *Der Bettelstudent,* heraus, die ihn neben Fr. von Suppé und J. Strauß (Sohn) als einen der bedeutendsten Vertreter der Wiener Operette in ihrer Glanzzeit ausweist.

WW: *Der tote Gast* (1864); *Die beiden Binder* (1865); *Diana* (1867); *Die Fraueninsel* (1868); *Der Regimentstambour* (1869); *Abenteuer in Wien* (1873); *Das verwunschene Schloß* (1878); *Gräfin Dubarry* (1879), neu bearb. v. Th. Mackeben (1938); *Der Bettelstudent* (1882); *Gasparone* (1884), neu bearb. v. P. Burkhardt (1940); *Der Feldprediger* (1884); *Der arme Jonathan* (1890), neu bearb. v. H. Hentschke u. J. Rixner (1939); *Das Sonntagskind* (1892); *Der Probekuß* (1894); *Nordlicht* (1896).

Lit.: C. PREISS, K. M. (W 1905); F. SCHERBER, K. M. (1935) (= Neue östr. Biogr. I/8); S. CZECH, Das Operettenbuch (St 1960); F. RACEK, Das Tagebuch C. M.s, in: Wiener Schriften 3 (1969).

R.-M. SIMON – S. SIMON

MILLOSS, Aurel von (auch Aurelio M. Milloss, eig. Aurél Milloss de Miholý), * 12. 5. 1906 Újozora (heute Udzin, Serbien); it. Tänzer und Choreograph ung. Herkunft. Er studierte akademischen Tanz bei Victor Gsovsky und E. Cecchetti, freien Tanz bei R. von Laban, außerdem Musik, Malerei und Schauspiel. 1927 debütierte er als Tänzer in Berlin, wurde 1932 Ballettmeister in Augsburg, 1934 in Düsseldorf, war 1938–45 Ballettmeister und Hauptchoreograph an der Königlichen Oper in Rom, 1946–47 sowie 1951–52 an der Mailänder Scala, 1960–63 beim Ballett der Bühnen der Stadt Köln, 1963–66 an der Wiener Staatsoper, 1966–69 am Teatro dell'Opera in Rom und 1971–74 erneut an der Wiener Staatsoper. Daneben wirkte er bei M. Béjarts „Ballet du XXème Siècle" und bei Festspielen mit. M. setzte sich besonders für zeitgenössische Musik und Kunst ein und arbeitete mit namhaften Komponisten und Malern zusammen. Seine Choreographien sind geprägt durch Eigenwilligkeit wie Vielfalt seiner Ausdrucksmöglichkeiten und -formen, von furiosen Ausbrüchen bis hin zu intellektueller Askese.

WW (Choreographien): *Le portrait de Don Quichotte* (G. Petrassi), UA: Paris 1947; *La soglia del tempo* (nach B. Bartóks *Konzert für Orch.*), UA: Rom 1951; *Mystères* (nach Bartóks *Musik für Saiteninstr., Schlagzeug u. Celesta*), UA: Paris 1951; *Hungarica* (nach Bartóks *Tanz-Suite*), UA: Rom 1956; *Gezeiten* (nach I. Strawinskys *Symphony in Three Movements*), UA: Köln 1960; *Wandlungen* (nach A. Schönbergs Variationen für Orch. op. 31), UA: ebd. 1960; *Die Wiederkehr* (R. Vlad), UA: ebd. 1962; *Die Einöde* (nach E. Varèses *Déserts*), UA: Wien 1965; *Estri* (G. Petrassi), UA: Spoleto 1968; *Tautologos* (nach L. Ferraris *Tautologos II*), UA: Rom 1969; *Raramente* (S. Bussotti), UA: Florenz 1971.

Lit.: O. F. REGNER, M. u. die große Synthese, in: Das neue Ballettbuch (F 1962); A. SCHULZE-VELLINGHAUSEN, Der unbequeme Choreograph. M. u. das Gesamtkunstwerk, in: Theater heute (1962); B. DE ZOETE, The Thunder and the Freshness. A. M. (Lo 1963).

MILNER, Anthony Francis Dominic, * 13. 5. 1925 Bristol; engl. Komponist und Cembalist. Er studierte 1945–47 bei R. O. Morris (Musiktheorie) am Royal College of Music in London, 1944–47 auch bei M. Seiber und lehrte anschließend am Morley College sowie am Royal College of Music. 1966 wurde er an der Londoner Universität Lecturer of Music am King's College, 1971 Senior Lecturer in Music am Goldsmith College und 1974 dort Principal Lecturer.

WW: **1) Instr.-WW:** Orgelstücke; Quartett für Ob. u. Str. (1953); Bläserquintett (1964); Streichquartett Nr. 1 (1975). – Für Orch.: Variationen (1959); Ouvertüre *April Prologue* (1961); Symphonie Nr. 1 (1972) u. Nr. 2 (1978) für Sopran, Tenor, Chor u. Orch.; Divertimento für Streichorch. (1961); *Sinfonia pasquale* (1964) für Str. mit Holz- u. Blechbläsern ad lib.; *Chamber Symphony* (1968). – **2) Vokal-WW:** Liederzyklus *Our Lady's Hours* (1957) für Sopran u. Klv.; Oratorium *The Water and the Fire* (1961) für Sopran, Tenor, Bar., Knabenchor, gem. Chor u. Orch.; Kantaten: *Salutatio angelica* (1948) für Alt, Chor u. Streichorch.; *St. Francis* (1957) für Tenor, Chor u. Orch.; *The City of Desolation* (1965) für Sopran, Chor u. Orch.; *Roman Spring* (1969) für Sopran, Tenor, Chor u. Orch.; 2 Motetten (1959); *Midway* (1974) für Mezzosopran u. Kammerorch.; *Festival Anthem* (1976) für Soli, Chor u. Orch.; Kinderchöre. – **3) Schriften:** *Harmony for Class Teaching*, 2 Bde. (Lo 1950); *Schönberg's Variations for Organ*, in: The Organ 43 (1963/64); *The Music of M. Tippett*, in: MQ 50 (1964).

Lit.: A. JACOBS, The Music of A. M., in: MT 99 (1958); D. STEVENS, M.'s „St. Francis", in: MQ 44 (1958); E. BRADBURG, The Progress of A. M., in: MT 104 (1963); F. ROUTH, A. M., in: Contemporary British Music (Lo 1972).

MILNES, Sherrill Eustace, * 10. 1. 1935 Downers Grove (Illinois); amerik. Sänger (Bariton). Nach seinem Gesangstudium debütierte er 1960 in Boston als Masetto in W. A. Mozarts *Don Giovanni*. 1964 wurde er an die New York City Opera, 1965 an die Metropolitan Opera engagiert, der er nach wie vor angehört. 1970 sang er als Macbeth in G. Verdis gleichnamiger Oper zum ersten Mal an der Wiener Staatsoper, 1977 debütierte er als Don Giovanni bei den Salzburger Festspielen. Gastspiele führten ihn an die Opernhäuser von Berlin, Hamburg, London und München. Er gilt als der führende amerikanische Heldenbariton seiner Generation.

MILOJEVIĆ, Miloje, * 27. 10. 1884 Belgrad, † 16. 6. 1946 ebd.; jugoslawischer Komponist und Musikforscher. Er studierte an der Akademie der Tonkunst in München und promovierte 1924 an der Universität Prag mit der Dissertation *Der harmonische Stil Smetanas* (gedruckt als: *Smetanin harmonski stil*, Belgrad 1926). M., der in Belgrad Gymnasiallehrer war und dort an der Universität, der Musikschule und der Musikakademie unterrichtete, war ein bedeutender Kritiker und Essayist. Als Komponist schrieb er vor allem kleine Stücke für Klavier und Chor.

WW: Klv.-Stücke; Kammermusik; Orch.-Suiten; symphonische Dichtung *Smrt majke Jugovića* (Der Tod von Jugovićs Mutter); ferner Lieder u. Chöre.

MILONGA, Tanz argentinischer Herkunft, der gegen Ende des 19. Jh. in den Vorstädten von Buenos Aires und Montevideo sehr verbreitet war. Neben der Habanera ist er einer der wichtigsten Vorgänger des argentinischen Tangos, von dem er nach der Jahrhundertwende völlig verdrängt wurde.

MILSTEIN, Nathan (Natan Mironowitsch), * 18. (31.) 12. 1904 Odessa; amerik. Violinist russ. Herkunft. Er erhielt seit 1912 Unterricht bei P. S. Stoljarski in Odessa und studierte dann bis zur Emigration seines Lehrers (1917) bei L. von Auer am Konservatorium in St. Petersburg. 1922–25 bereiste er auf Konzertreisen zusammen mit Vl. Horowitz Rußland. 1926 erzielte er mit Konzerten in Berlin und Paris seinen künstlerischen Durchbruch in Westeuropa und war dann für kurze Zeit Schüler E. Ysayes in Brüssel. Seit einer Konzertreise mit Horowitz und Gr. Piatigorsky durch Nordamerika (1929/30) lebt M. in den USA. Sein in aller Welt gefeiertes Spiel wurde als eine „Mischung aus teuflischem Können, Versenkung und Temperament" (J. Kaiser) bezeichnet. Grazile Leichtigkeit verbindet sich mit einem großen blühenden Ton. M. schrieb Kadenzen und Bearbeitungen zu großen Konzertwerken. Er spielt zwei Instrumente von Stradivari.

Lit.: B. GAVOTY – R. HAUERT, N. M. (G 1956) (= Les grands interprètes o. Nr.); J. HARTNACK, Große Geiger unserer Zeit (Gütersloh 1968).

MILTON. – 1) John I, * um 1563 Stanton St. John bei Oxford, † März 1647 London; engl. Komponist. Er war zuerst Chorknabe an der Christ Church in Oxford, ging dann nach London und wurde 1600 als Notar Mitglied der Scriveners' Company. Als Komponist ist er in verschiedenen Sammeldrucken der Zeit vertreten.

WW: Ein Madrigal, in: Th. Morley, *The Triumphs of Oriana* (Lo 1601); 4 Sätze, in: W. Leighton, *The Teares or Lamentacions* (Lo 1614); 3 Psalmen, in: J. Ravenscroft, *The Whole Booke of Psalms* (Lo 1621).

2) John II, Sohn von 1), * 9. 12. 1608 London, † 8. 11. 1674 ebd.; engl. Dichter. Er ist eine der herausragenden Gestalten der englischen Literaturgeschichte. Schrieb *Paradise Lost* (Lo 1667).

WW: Vertonte Dichtungen: die Masque *Comus* v. H. Lawes (1634); dass. v. Th. A. Arne (1738); Idyllen *Allegro* u. *Pensieroso*, in: *L'allegro, il pensieroso ed il moderato* v. G. Fr. Händel (1740). – Nach *Samson Agonistes* entstand der Text zu Händels *Samson* (1743) u. nach den Psalmen M.s der Text zu dessen *Occasional Oratorio* sowie nach Teilen aus *Paradise Lost* einige Partien im Text von J. Haydns *Die Schöpfung* (1799).

Ausg.: **Zu 1):** *The Triumphs of Oriana*, hrsg. v. E. H. FELLOWES (Lo 1923), revidiert v. Th. Dart (Lo 1963) (= The Engl. Madrigal School 32); *The Teares or Lamentacions*, hrsg. v. C. HILL (Lo 1970) (= Early Engl. Church Music 11).

Lit.: **Zu 1):** E. BRENNECKE, J. M. the Elder and His Music (NY 1938) (= Columbia Univ. Studies in Musicology 2); D. R. ROBERTS, The Music of M., in: Philological Quarterly 26 (1948). – **Zu 2):** S. G. SPAETH, M.'s Knowledge of Music (1913) (= Diss. Princeton Univ.); dass. (Ann Arbor/Mich. 1963) (= Ann Arbor Paperbacks AA 82); J. B. BROADBENT, M., „Comus" and „Samson Agonistes" (Lo 1961) (= Studies in Engl. Lit. 1); H. u. P. WILLIAMS, M. and Music, in: MT 107 (1966); D. SIEGMUND-SCHULTZE, Die Samson-Gestalt bei M. u. Händel, in: Händel-Jb. 18/19 (1972/73).

MILVA (eig. Maria Ilva Biolcati), * 1939 Goro bei Ferrara; it. Chanson- und Schlagersängerin. Sie feierte ihre ersten großen Erfolge bei den Schlagerfestspielen in San Remo (1961 mit *Il mare nel cassetto;* 1968 mit *Canzone*) und Neapel (1964 mit *Mare verde*). Durch ihren früheren Mann, den Fernsehregisseur Maurizio Corgnati, kam sie zum Chanson und Negro spiritual. Sie produzierte Fernsehshows und unternahm zahlreiche Tourneen, u. a. auch nach Deutschland (1977 zu den Berliner Festwochen und 1980), wo sie vor allem durch ihre eigenwilligen Interpretationen von Brecht-Songs bekannt wurde. Zu ihren erfolgreichsten Liedern zählen: *Surabaya-Johnny, Zusammenleben, Auf den Flügeln bunter Träume, Lili Marleen.*

MINATO, Nicola (Niccolò), Conte, * 1. Hälfte des 17. Jh. Bergamo, † nach 1698 Wien (?); it. Librettist. Er lebte zunächst in Venedig und war 1669–98 am Kaiserhof in Wien tätig, wo er für die von Kaiser Leopold I. oder A. Draghi komponierten und von dem Bühnenbildner Ludovico Burnacini ausgestatteten Feste teatrali, Rappresentazioni sacre, Opern usw. die Texte schuf. Seine Libretti waren äußerst erfolgreich; so wurde sein *Xerse* zuerst von Fr. Cavalli (1654) vertont und mit Abänderungen auch von G. Fr. Händel seinem *Serse* (1738) zugrunde gelegt.

WW: Zahlr. Libretti, u. a. für G. B. Bononcini, F. Cavalli, A. Draghi, G. F. Händel, G. Legrenzi, B. Pasquini, G. A. Perti, A. Scarlatti u. M. A. Ziani.

Ausg.: Libretto *Xerse*, in: Drammi per musica dal Rinuccini allo Zeno I, hrsg. v. A. DELLA CORTE (Tn 1958).

Lit.: F. HADAMOWSKI, Barocktheater am Wiener Kaiserhof, in: Jb. der Ges. für Wiener Theaterforschung (1951/52); N. HILTE, Die Oper am Hofe Kaiser Leopolds I. mit besonderer Berücksichtigung der Tätigkeit von M. u. Draghi (Diss. W 1974).

MINEUR, frz. Bz. für ↗Moll.

MINGOTTI, Angelo, * um 1700 Venedig, und sein Bruder **Pietro,** * 1702 Venedig, † 28. 4. 1759 Kopenhagen; it. Impresari. Sie bereisten mit einer Operntruppe, in der Regel mit 5 Sängerinnen und 3 Sängern, und einem vor allem italienischen Repertoire 1732–64 Österreich mit Brünn und Prag sowie Kopenhagen und Dresden. Häufig von überdurchschnittlichen Kapellmeistern, darunter Chr. W. Gluck und P. Scalabrini, geleitet, hatte sie einen großen Anteil an der Verbreitung italienischer Opernmusik. P. M.s Frau, die Sängerin **Regina M.,** geborene Valentini, * 16. 2. 1722 Neapel, † 1. 10. 1808 Neuburg/Donau, Schülerin von N. Porpora, war eine ebenbürtige Rivalin der Faustina Hasse. Nach einem kurzen Aufenthalt in Neapel kam sie nach Dresden und Paris, ferner 1751–53 unter Farinelli nach Madrid und später nach London, wo sie bis 1763 blieb. Danach lebte sie in München, zuletzt in Neuburg.

Lit.: **Zu 1) u. 2):** E. H. MÜLLER (von Asow), Die Mingottischen Opernunternehmungen 1732–1756 (Diss. L 1915); DERS., A. u. P. M. (Dresden 1917); DERS., Gluck u. die Brüder M., in: Gluck-Jb. 3 (1917); O. WESSELY, Die mingottischen Opernunternehmungen in Östr., in: Theater in Östr. (1965) (= Notring-Jb.). – **Zu 3):** A. J. HEY, Das Mingottische Dezennium in Graz (Diss. Mn 1923); DERS., R. M., in: Aus dem Musikleben des Steirerlandes (1924); E. H. MÜLLER VON ASOW, R. M., in: Musikblätter (1950).

MINGUS, Charlie (Charles), * 22. 4. 1922 Nogales (Arizona), † 5. 1. 1979 Cuernavaca (Mexiko); amerik. Jazzmusiker (Klavier, Kontrabaß; Bandleader). Er begann mit traditionellem Jazz, spielte u. a. 1941–43 bei Louis Armstrong, wechselte im Laufe der 40er Jahre zum Modern Jazz, spielte u. a. 1950–51 im Trio von Red Norvo, kam mit Charlie Parker, Stan Getz, Bud Powell, aber auch mit dem für ihn bedeutsamen Duke Ellington zusammen. 1952 gründete M. die Schallplattenfirma Debut. Seit 1955 trat er als Komponist und Bandleader hervor, 1960 spielte Eric Dolphy bei ihm. In den letzten Monaten vor seinem Tod war M. an den Rollstuhl gebunden, leitete aber noch als Dirigent seine Gruppe weiter. Sein Hauptinstrument war der Kontrabaß, den er dynamisch und expressiv spielte. Bedeutung hat M. jedoch als Komponist und Bandleader, weil er zwischen traditionellem und modernem Jazz vermittelte und dabei Ausdrucksformen des Negro spiritual und des Gospelsong mit einem Jazz verband, der den Free Jazz paraphrasierte. Eine Autobiographie erschien unter dem Titel *Beneath the Underdog. His World as Composed by M.* (NY 1971), dt. Übers.: *Autobiographie. „Beneath the Underdog“* (H 1980).

Lit.: R. G. REISNER, The Jazz Titans (Garden City/N.Y. 1960); B. COSS, Ch. M. (NY 1961); B. MCRAE, The Cataclysm (South Brunswick/N.Y. – Lo 1967); R. J. WILBRAHAM, Ch. M. A Biogr. and Discography (Lo 1967, revidiert 1970); J. E. BERENDT, Ein Fenster aus Jazz (F 1977).

MINIMA (lat., statt Nota minima = die kleinste Note), aus der Unterteilung der Semibrevis hervorgegangener Notenwert, der seit dem 14. Jh. (Ph. de Vitry) in der Mensuralnotation verwendet wird und zunächst tatsächlich der kleinste verwendete Notenwert war. Notenzeichen: ♩; in der „weißen“ Notation seit etwa 1430: 𝅗𝅥. Das letztere Notenzeichen bildet die Vorstufe zur halben Note, die im Englischen noch heute „minim“, im italienischen „minima“ heißt. Die M. wird in 2 Semiminimae unterteilt. Die ihr entsprechende Pause besteht bis zum 17. Jh. aus einem kurzen Strich auf der 3. Notenlinie und bildet die Vorstufe zur ↗halben Pause.

MINNELLI, Liza May, * 12. 3. 1946 Hollywood; amerik. Schauspielerin, Sängerin und Tänzerin. Tochter der Schauspielerin Judy Garland und des Filmregisseurs Vincente M., tanzte sie bereits mit 7 Jahren am New Yorker Palace Theater. Neben Auftritten in Nachtclubs und im Fernsehen übernahm sie mehr und mehr Rollen in Musicals am Broadway (*Flora,* 1965; *The Red Menace,* 1965) und Filmen (*Charlie Bubbles,* 1968; *The Sterile Cukkoo,* 1969; *Tell Me That You Love Me, Junie Moon,* 1970). Der Durchbruch zum Weltruhm gelang ihr in dem Film *Cabaret* (1972; Auszeichnung mit dem *Oscar* 1973). Nach ihrem Auftritt in der Broadway-Musicalrevue *The Act* (1977) unternahm sie 1978 eine erfolgreiche Deutschlandtournee und trat 1979 bei einer Galashow während der Internationalen Funkausstellung in Berlin auf.

MINNESANG, höfisch-aristokratische Gesellschaftslyrik des hohen Mittelalters im gesamten deutschen Sprachraum, die sich des Mittelhochdeutschen bedient und für eine einzelne Singstimme konzipiert ist.

Hauptvertreter und Kennzeichen des Minnesangs. Der M., der den größten Teil der mittelalterlichen Lyrik ausmacht, tritt neben Vagantendichtung und religiöse Produktionen. Seine frühesten Zeugnisse stammen aus der Mitte des 12. Jh., seine spätesten vom Anfang des 14. Jahrhunderts. Eine historische Differenzierung, die stofflichen wie ästhetisch-formalen Unterschieden in der Lyrik gerecht wird, läßt 3 Phasen erkennen: 1. „Minnesangs Frühling“ (so genannt von K. Lachmann; 1150–90 der Kürenberger, Dietmar von Aist, Heinrich von Veldeke und Friedrich von Hausen; 1190–1210 Heinrich von Morungen und Reimar von Hagenau der Alte); 2. Walther von der Vogelweide; 3. „Minnesangs Wende“ (nach H. Kuhn; Neidhart von Reuental, Burkhart von Hohenfels, Reinmar von Zweter, Gottfried von Neifen, Tannhäuser, Ulrich von Lichtenstein, Ulrich von Winterstetten, Johannes Hadlaub, Heinrich von Meißen [Frauenlob], Wizlaw von Rügen sowie der Mönch von Salzburg, Hugo von Montfort und Oswald von Wolkenstein). Der im Mittelalter sporadisch verwendete und seit dem späten 18. Jh. eingebürgerte Terminus M. (J. H. Voß) verweist auf ein thematisches Feld (mhd. minne = „Liebe“ im weitesten Sinn), das im Mittelpunkt dieser Lyrik steht, jedoch keine ausschließliche Geltung besitzt. Es ist die Herrin bei Hofe (mhd. vrouwe), der Zuneigung und Verehrung gilt. Der M. und diese seine idealistisch überhöhte Thematik mit den mittelhochdeutschen Leitbegriffen „mâze“ und „hôher muot“ spiegeln exemplarisch die höfische Kultur der Stauferzeit. Ihrer Pflege widmen sich Hochadel, Ministerialen, Stadtadel, gehobenes Bürgertum und Berufsmusiker. – Das Phänomen M. ist keineswegs auf den deutschen Sprachraum beschränkt. Es erscheint erstmals bei den ↗Troubadours der Provence (frühes 12. Jh.); von dort strahlte es nach Norden und Osten aus. Wieweit in dieser Lyrik spanisch-arabische, mittellateinische, antike und volkstümliche Einflüsse wirksam sind, wird unterschiedlich bewertet, wie überhaupt die Frage nach den Wurzeln des höfischen Frauenkults im allgemeinen und seinen formalen Ausprägungen und musikalischen Erscheinungen im besonderen kontrovers beantwortet wird.

Die Quellen. Die Überlieferung der Texte setzt mit dem 13. Jh. ein. Wichtigste und repräsentativste Quelle ist die Anfang des 14. Jh. geschriebene sog. Manessische Handschrift (↗Heidelberger Liederhandschrift) in der Universitätsbibliothek Heidelberg (im einschlägigen Schrifttum mit dem Sigel C). Mit dem 14. Jh. beginnt die Überlieferung der Handschriften mit Musiknotation. Sie reicht nur bis zu Walther von der Vogelweide und Neidhart von Reuental zurück, läßt also den frühen M. ganz und die Zeit um 1200 weitgehend im dunkeln. Es handelt sich vor allem um die großen Liederhandschriften, die Jenaer (J), die Wiener (W), die Sterzinger (St), die Mondsee-Wiener (W″), die Colmarer/Kolmarer (K), die Donaueschinger (D), sodann um die Frankfurter (O) und die Berliner Neidhart-Handschrift (c), die Wiener (WoA) und die Innsbrucker Wolkenstein-Handschrift (WoB), die Heidelberger Montfort-Handschrift (Cod. Pal. germ. 329) sowie um das Münstersche Fragment (Ms. VII, 51). – Die Quellen bedienen sich vorwiegend der Choralnotation; einige wenige sind neumiert, ein paar späte weisen eine rudimentäre Mensuralnotation auf. Die Schrift gibt also durchweg präzise Auskunft über den Melodieverlauf, läßt aber die rhythmischen Vorstellungen der Autoren im unklaren. Das hat zu kontroversen Deutungen geführt. Die Auswertung von Kontrafakten – zahlreiche Melodien der französischen Troubadours finden sich im deutschen M. wieder – wird dabei in die Diskussion einbezogen. Alle Übertragungsversuche haben sich der Frage zu stellen, wieweit die Melodien des M.s sich mit den Maßstäben des Werkbegriffs werten lassen und in ihrer Konzeption einem neuzeitlichen Originalitätsdenken verpflichtet sind. – Die Melodik steht dem mittelalterlichen Choral nahe. Die sich in ihr manifestierende Tonalität verweist auf modale Ordnungen. Unterschiedliche Deutungen lassen die (nicht wenigen) Melodien zu, die auf einer Skala mit dem Finalton c basieren. Beim Vortrag ist die Begleitung mit einem Instrument wahrscheinlich.

Die Gattungen. Trotz genetischer Fragen lassen sich im M. drei (nicht unbestrittene) Gattungen unterscheiden: Lied, Spruch und Leich. Das ↗*Lied* ist die zentrale und daher vorherrschende Gattung, in der sich die spezifische Thematik des M.s am deutlichsten verwirklicht. Es besteht aus Strophen, deren jede dreiteilig im Sinn der Barform (↗Bar) strukturiert ist. (Für die Frühzeit gilt dieses Strukturgesetz nur bedingt.) Häufige Sonderformen des Liedes, die auch musikalisch eine eigene Physiognomie zeigen, sind Tagelied und Tanzlied. Das Tagelied meint thematisch den Abschied der Liebenden nach gemeinsam verbrachter Nacht; es hat vergleichsweise starke Melismatik. Das Tanzlied enthält einen Kehrreim und ist durch einen prägnanten Rhythmus gekennzeichnet. Wie das Lied ist auch der vielfach einstrophig auftretende *Spruch* der Barform verpflichtet. Der Thematik nach handelt es sich um eine Gattung, bei der starkes (politisches) Engagement sichtbar wird, die aber auch einfach der Information dienen kann. Melodisch weist er rezitativische Strukturen auf. Der *Leich* (↗Lai) ist Reflexionslyrik, häufig mit religiöser Einfärbung. Er geht vermutlich mit der liturgischen Sequenz auf eine gemeinsame Wurzel zurück und steht musikalisch dem Tanz nahe. Wie die Sequenz reiht er unterschiedlich lange Doppelversikel, die hier freilich in mehrfachem Cursus wiederkehren (können), ohne ein erkennbares Schema aneinander. Seine Melodik ist ausgesprochen syllabisch.

Ausg.: Minnesinger, 5 Bde., Textausg., hrsg. v. F. H. VON DEN HAGEN (L 1838–61, Nachdr. Osnabrück 1963); Gesänge v. Frauenlob, Reinmar von Zweter u. Alexander, hrsg. v. H. RIETSCH (W 1913) (= DTÖ 41); M.s Frühling, hrsg. v. C. VON KRAUS (L 1939 u. ö.); Zw. M. u. Volkslied. Die Lieder der Berliner Hs. germ. fol. 922, hrsg. v. M. LANG, die Weisen bearb. v. J. MÜLLER-BLATTAU (B 1941) (= Stud. z. Volksliedforsch. 1); F. GENNRICH, Troubadours, Trouvères, Minne- u. Meistergesang (Kö 1951, [2]1960) (= Das Musikwerk 2); M. des 13. Jh., aus C. von Kraus' „Dt. Liederdichter" ausgew. v. H. KUHN, mit Übertragung der Melodien v. G. REICHERT (Tü 1953); Mhd. Liedkunst, Faks. hrsg. v. F. GENNRICH (Da 1954) (= Musikwiss. Studienbibl. 10); Singweisen z. Liebeslyrik der dt. Frühe, hrsg. v. U. AARBURG, in: H. Brinkmann, Liebeslyrik der dt. Frühe (Düsseldorf [2]1956); Ausgew. Melodien des M.s, hrsg. v. E. JAMMERS (Tü 1963) (= Altdt. Textbibl. Ergänzungsreihe 1); R. TAYLOR, Die Melodien der weltlichen Lieder des MA, 2 Bde. (St 1964) (= Slg. Metzler 34–35).

Lit.: F. GENNRICH, Grundriß einer Formenlehre des ma. Liedes als Grundlage einer musikal. Formenlehre des Liedes (Hl 1932, Nachdr. Tü 1970); E. JAMMERS, Der Vers der Trobadors u. Trouvères u. die dt. Kontrafakten, in: FS W. Bulst (Hei 1960); Der dt. M. Aufsätze zu seiner Erforschung, hrsg. v. H. FROMM (Da 1961, [5]1972) (= Wege der Forschung 15); E. JAMMERS, M. u. Choral, in: FS H. Besseler (L 1961); B. KIPPENBERG, Der Rhythmus im M. Eine Kritik der literar- u. musikhist. Forschung mit einer Übersicht über die musikal. Quellen (Mn 1962) (= Münchner Texte u. Unters. z. dt. Lit. des MA 3); K. H. BERTAU, Sangverslyrik. Über Gestalt u. Geschichtlichkeit mhd. Lyrik am Bsp. des Leichs (Gö 1964); F. GENNRICH, Die Kontrafaktur im Liedschaffen des MA (Langen 1965); E. JAMMERS, Das königliche Liederbuch des dt. M.s. Eine Einführung in die sog. Manessische Hs. (Hei 1965); F. MAURER, Sprachliche u. musikal. Bauformen des dt. M. um 1200, in: Poetica 1 (1967); CH. PETZSCH, Kontrafaktur u. Melodietypus, in: Mf 21 (1968); H. TERVOOREN, Bibliogr. zum M. u. zu den Dichtern aus „Des M.s Frühling" (B 1969) (= Bibliogr. z. dt. Lit. des MA 3); B. KIPPENBERG, Die Melodien des M., in: Musikal. Ed. im Wandel des hist. Bewußtseins, hrsg. v. Th. G. Georgiades (Kas 1971) (= Musikwiss. Arbeiten 3); W. STIEF, Die Melodien des M.s als Spiegel verschollener Volkslieder? (1973) (= Studia musicologica 15); P. GÜLKE, Mönche, Bürger, Minnesänger. Musik in der Ges. des europäischen MA (L – W 1975) (= Wiener musikwiss. Beitr. 4); E. KLEINSCHMIDT, M. als höfisches Zeremonialhandeln, in: Arch. für Kulturgesch. 1 (1976).

J. HUNKEMÖLLER

MINORE (it., = Moll; engl.: minor; frz.: mineur; span.: menor), gelegentlich bei einem in Dur stehenden mehrteiligen Stück (z. B. Marsch, Menuett, Scherzo) Überschrift für das in Moll gesetzte Trio bzw. bei einem in Moll stehenden mehrteiligen Stück für den nach einem Durteil in der Haupttonart wiedereintretenden Mollteil. – Die entsprechende Bezeichnung *Maggiore* (it., = Dur; engl.: major; frz.: majeur; span.: mayor) in einem Mollstück kommt seltener vor.

MINTON, Yvonne Fay, * 4. 12. 1938 Sydney; australische Sängerin (Mezzosopran). Sie studierte am Konservatorium in Sydney, verließ 1961 Australien und gewann im selben Jahr den Internationalen Gesangswettbewerb in 's-Hertogenbosch und debütierte in London in der Oper *One Man Show* von N. Maw. Seit 1965 tritt sie regelmäßig an der Covent Garden Opera in London auf, seit 1969 auch am Kölner Opernhaus. 1970 sang sie erstmals an der Mailänder Scala und am Opernhaus von Chicago. Gastspiele führten sie ferner an die Wiener Staatsoper sowie zu den Bayreuther (Debüt als Brangäne, 1974) und Salzburger Festspielen, wo sie 1978 den Octavian im *Rosenkavalier* von R. Strauss, eine ihrer Glanzrollen, sang. 1980 wurde sie Commander of the Order of the British Empire.

MIREILLE, Oper in 5 Akten von Charles Gounod (1818–93), Text von Michel Carré nach der provenzalischen Dichtung *Mireïo* (1859) von Frédéric Mistral. Ort und Zeit der Handlung: Arles, um 1850. UA: 19.3.1864 in Paris (Théâtre-Lyrique); EA in dt. Sprache: 17. 11. 1864 in Philadelphia (nur 1. und 2. Akt); dt. EA (in frz. Sprache): 5. 2. 1893 in Berlin (Kroll-Oper); 1. vollständige Aufführung in dt. Sprache: 19. 3. 1903 in Bremen.
Bald nach der UA wurde die Oper auf 3 Akte gekürzt; in dieser Version mit gestrafftem Handlungsverlauf setzte sich das Werk durch. Die junge Arlesierin Mireille weigert sich, einen ihr bestimmten reichen Mann zu heiraten und folgt dem Ruf ihres Herzens, um mit ihrem mittellosen Geliebten Vincent zusammenzusein. Nach einem zweitägigen Marsch in sengender Sonne zur Kapelle Haute-des-Saintes-Maries, wo sie Vincent treffen will, stirbt sie an den Folgen eines Hitzschlages. (Eine 2. Version schließt mit der glücklichen Vereinigung des Paares.) Für die Zeit der kompositorischen Arbeit wohnte Gounod in Saint-Rémy-de-Provence, um die Mentalität und die Musik der Menschen zu studieren, in deren Lebensbereich die Oper spielen sollte. Es gelang ihm, insbesondere durch Übernahme folkloristischer Elemente, Stimmungsbilder mit typisch provenzalischer Atmosphäre zu schaffen. Das berühmte Volkslied *Magali* (in der Oper als Duett vertont) und eine auch im Orchestersatz unverkennbar an der folkloristischen Instrumentenkombination Einhandflöte/Trommel orientierte Farandole sind charakteristische Beispiele für das Lokalkolorit der Oper. R. QUANDT

MIRLITON (frz.; engl.: kazoo, bazoo, Tommy talker), Bz. für ein Membranophon, das durch eine beim Sprechen, Singen oder Summen mitschwingende Membran die menschliche Stimme verstärkt und ihr eine scharf näselnde Färbung verleiht. Freie M.s sind ein straff vor den Mund gespanntes Blatt (oder Baumrinde) oder ein Kamm mit einem Stück darübergezogenen Seidenpapiers als Membran. Äußerlich Instrumenten ähnlicher sind M.s, deren Membran über ein Loch in einer Röhre oder in einem Gefäß gespannt ist. Das M. spielte bei vielen Völkern im kultischen Bereich eine bedeutende Rolle. In Frankreich gab es im 16.–17. Jh. die sog. Zwiebelflöte (flûte à l'oignon) oder Eunuchenflöte (chalumeau oder flûte eunique; vgl. M. Mersenne, *Harmonie universelle* III, 1636) mit einer Membran aus Zwiebelhaut oder aus dünnem Leder. Diese M.s glichen oft Flöten, hatten blinde Grifflöcher und einen Kugelaufsatz für die Membran und waren so beliebt, daß sogar 4- bis 5st. Kompositionen mit ihnen aufgeführt wurden. Seit Ende des 19. Jh. werden M.s in Gestalt von Trompeten oder Saxophonen als Kinderinstrumente industriell hergestellt. Es gab zu dieser Zeit sogar Bemühungen, das M. als Musikinstrument einzusetzen (↗Bigophone). In der Jazzmusik wird das M. häufig zur Bluesbegleitung verwendet.

Lit.: C. SACHS, Geist und Werden der Musikinstr. (B 1929, Nachdr. Buren 1975). M. BRÖCKER

MIROGLIO. – 1) Pierre, * 1715 Piemont, † zwischen 1762 und 1764 Paris; it. Violinist und Komponist. Sein Name taucht erstmals 1738 in der Pariser Presse auf. M. war Mitglied des Orchesters des Fürsten von Carignan, gleichzeitig mit J.-P. Guignon, der wie M. selbst Schüler von G. B. Somis gewesen war. 1741 veröffentlichte er 6 Sonaten für Violine in italienischem Stil. Nach dem Tod des Fürsten von Carignan war M. 1741–62 als Generalsteuerpächter in den Diensten von A. de La Pouplinière. – **2) Jean-Baptiste,** Bruder von 1), * um 1725 Piemont, † um 1785 Paris; it. Komponist und Musikverleger. Er war wahrscheinlich Violinschüler seines älteren Bruders und von Guignon und war dann als Komponist und Lehrer für Violine sowie als Violinspieler tätig. Die Mehrzahl seiner Kompositionen erschien überwiegend vor 1765, wo er gemeinsam mit dem flämischen Maler Antoine de Peters ein „Bureau d'Abonnement musical" eröffnete. Dieses erste derartige Unternehmen in Paris lieh gegen Zahlung einer monatlichen Gebühr Musikalien aller Art aus. Trotz Auseinandersetzungen mit einigen Verlegern (besonders L. B. La Chevardière) konnte sich dieses Bureau d'Abonnement musical bis 1783 behaupten und spielte eine bedeutende Rolle für das Pariser Musikleben. M.s 3sätzige Ouvertüren op. 3 und seine 4sätzigen *Symphonies* op. 10 vereinen italienische und französische Züge mit denen der Mannheimer Schule.

WW: 2 Bücher Sonaten für V. u. B. (P 1749, 1750); 6 Bücher Sonaten für 2 V. ohne B. (P 1753); *Première suite de menuets* für 2 V. oder Violen u. B. (P 1763); *6 Ouvertures à quatre parties* (P 1751); 6 Symphonien für Orch. (P 1764).

Lit.: B. S. BROOK, La symphonie française dans la 2de moitié du XVIIIe siècle (P 1962).

MIRSOJAN, Edward Michailowitsch, * 12. 5. 1921 Gori (Georgien); sowjetarmenischer Komponist. Er studierte in der Kompositionsklasse von Wardkes Taljan am Konservatorium in Eriwan, wo er 1948 Lehrer für Komposition wurde. 1957 übernahm er die Leitung des armenischen Komponistenverbandes.

WW: Klv.-Stücke; 2 Streichquartette (1947, 1956); symphonische Dichtungen: *Lorezi Sako* (1941); *Gerojam Welikoj Otetschestwennoj wojny* (Den Helden des großen Vaterländischen Krieges) (1944); *Poema* (Gedicht) (1955); symphonische Tänze (1946); Festouvertüre (1947); Symphonie für Str. u. Pk. (1961); Pos.-Konzert (1965). – Lieder u. Chöre; Kantate *Sowjetskaja Armenija* (Sowjetarmenien) (1948); ferner Filmmusik.

Lit.: M. P. TER-SIMONJAN, E. M. (Mos 1969).

MISCHPULT, Bz. für ein in der Tonübertragung verwendetes Gerät zur Mischung verschiedener Signale von Mikrophonen, elektrischen Musikinstrumenten, Tonbändern und Schallplatten. Deren Mischungsverhältnis untereinander kann mit Dreh- oder Schiebereglern eingestellt und laufend den Erfordernissen angepaßt werden. Ein Summenregler ermöglicht die Regelung des gemischten Signals. Für ↗Stereophonie werden 2 Summenkanäle benötigt, wobei die gewünschte Ortung (z. B. eines Mikrophons) auf der Stereobasis durch einen Panoramaregler eingestellt wird. Der klanglichen Beeinflussung und Verfremdung dient eine Vielzahl von (oft im M. integrierten) Zusatzeinrichtungen wie Filter (Veränderung des Klanges), Begrenzer (Verstärker, der zu laute Signale auf einen Höchstwert „begrenzt") und Kompressoren (zur Verringerung der Originaldynamik), wobei häufig über Buchsen weitere externe Geräte an mehreren Punkten des Signalwegs zwischengeschaltet werden können. Die ankommenden Signale können zudem über weitere Regler auf zusätzliche Summenwege verteilt werden, mit denen z. B. Halleinrichtungen oder Saallautsprecher angesteuert werden. Die vielfältigen technischen Möglichkeiten haben die Tontechnik selbst zum künstlerischen Gestaltungsmittel werden lassen und eine eigene Ästhetik hervorgebracht. U. KRAUS

MISERERE, Miserere mei Deus, secundum magnam misericordiam tuam (lat., = Erbarme dich meiner, Gott, nach deiner großen Barmherzigkeit), der Psalm 50 in der Vulgatazählung. Er gehört zu den sogenannten Bußpsalmen und hat in der römisch-katholischen Liturgie seinen Ort im Totenoffizium und in den Laudes, wo er seit dem frühen Mittelalter als täglicher Akt der Reue gebetet wurde. Seine überragende liturgische und musikalische Bedeutung jedoch verdankt er der vielfachen Verwendung im Offizium der Karwoche (die durch die Liturgiereform 1955 stark eingeschränkt wurde). An den letzten 3 Kartagen war die Aufführung des M. als feierlicher Abschluß des Offiziums der Tenebrae vor allem in Italien ein wichtiges musikalisches Ereignis. Die mehrstimmige Vertonung des M. als Psalmmotette erreichte in der berühmten Komposition Josquin des Prés' (zw. 1501 und 1505) einen ersten Höhepunkt. Für den liturgischen Gebrauch in der Karwoche wurde der Psalm in der Regel nicht motettisch, sondern versweise vertont, oft zusammen mit der Antiphon *Christus factus est pro nobis*. Doppelchörige Besetzung, Falsobordonesätze, der Wechsel von mehrstimmig vertonten mit einstimmig im Gregorianischen Gesang vorgetragenen Versen: diese Eigenarten der Psalmvertonung kennzeichnen zahlreiche M.-Vertonungen bis ins 19. Jahrhundert. Das berühmte, 1638 entstandene M. von G. Allegri blieb bis 1870 im Repertoire der Sixtinischen Kapelle. In Venedig erfreute sich die Komposition J. A. Hasses (1728), in Neapel die L. Leos (1739) anhaltender Beliebtheit. Große Verbreitung fand S. Matteis italienische Paraphrase in der Vertonung durch N. Jommelli (1774). Deutsche Umdichtungen sind die Kirchenlieder *Erbarm' dich mein, o Herre Gott* und *O Herre Gott, begnade mich*.

Lit.: M. MARX-WEBER, Röm. Vertonungen des Ps. M. im 18. u. frühen 19. Jh., in: Hamburger Jb. für Musikwiss. 8 (1985); DIES., Neapolit. M.-Vertonungen des 18. u. frühen 19. Jh., in: AfMw 43 (1986). M. MARX-WEBER

MISÓN, Luis, * Barcelona, † 13. 2. 1766 Madrid; span. Komponist und Flötist. Er trat 1748 als Flötist in die Königliche Kapelle von Madrid ein und war dann am Teatro del Buen Retiro tätig. M. nimmt einen wichtigen Platz als Schöpfer der Tonadilla escénica, einer musikalischen Zwischenaktsmusik, ein, die beim Publikum unmittelbaren und über ein halbes Jahrhundert andauernden Erfolg hatte.

WW: 6 Sonaten für Fl. u. B.c. sind hsl. erhalten. – Komische Opern: *El tutor enamorado; El amor a todos vence; La festa cinese;* ferner Zarzuelas, Sainetes u. etwa 80 Tonadillas.

Lit.: J. SUBIRÁ, Catálogo de la sección de música de la Bibl. Municipal de Madrid I (Ma 1965).

MISSA (lat.), ↗Messe.

MISSALE, Meßbuch, eines der ↗liturgischen Bücher, das die Gebete, Gesangstexte und Lesungen der Messe enthält. Es faßt drei ursprünglich selbständige liturgische Bücher zusammen: das Sakramentar (Gebete), das ↗Graduale (Gesangstexte) und das ↗Lektionar (Lesungen). Das älteste bekannte Zeugnis, das Missale von Bobbio (Paris, Bibl. Nat., Ms. lat. 13 246), ein kleinformatiges Reise-M. eines Wandermönchs, wird um 700 datiert. Eine langsame Entwicklung führte zu den Ende des 14. Jh. entstandenen Voll-(Plenar-)Missalien. Initiiert durch das Konzil von Trient wurde 1570 durch Pius V. das *Missale Romanum* als für alle Kirchen verbindlich eingeführt, die nicht einen wenigstens 200 Jahre alten Sonderritus aufwiesen. Es enthielt: Einleitung, Proprium de tempore, Ordo missae (unveränderliche Teile der Messe), Proprium Sanctorum, Commune Sanctorum, Votivmessen, Totenmessen, verschiedene Orationen, verschiedene Benediktionen und Meßformeln für ortseigene Feste. In der liturgischen Praxis war das M. für den Priester am Altar bestimmt. Deshalb enthielt es Melodien nur für die vom Altar aus zu singenden Teile des Ordinarium missae: Intonationen für Gloria und Credo, Präfationen, Pater noster und Ite missa est; dazu bestimmte charakteristische Gesänge der Kartage. Im Gefolge des 2. Vatikanums erschien 1965 für den deutschen Sprachraum ein 3bändiges lateinisch-deutsches Altarmeßbuch. 1970 wurde das erneuerte *Missale Romanum* verbindlich, das, als Sakramentar angelegt, wie bisher das gesamte Ordinarium missae und vom Proprium die Amtsgebete (Orationen) des Priesters sowie Eröffnungs- und Kommunionvers enthält, jedoch keine Lesungen und sonstigen Propriumsgesänge mehr (Introitus, Graduale usw., Offertorium, Communio), die jetzt nur in den entsprechenden „Rollenbüchern" *Lektionar* und *Graduale* stehen. Im Anschluß an das *Missale* wurde 1974 das *Meßbuch für die Bistümer des deutschen Sprachgebiets* (Fr u. a. 1975) approbiert. Es enthält zusätzliche Gesänge für den Gründonnerstag, den feierlichen Schlußsegen und im Anhang Melodien für Begrüßungsformeln u. a. Anlässe.

MISTINGUETT (eig. Jeanne Florentine Bourgeois), * 5.4.1875 Enghien-les-Bains bei Paris, † 5.1.1956 Bourgival bei Paris; frz. Chansonsängerin und Schauspielerin. Sie debütierte 1895 unter dem Pseudonym „Miss Tinguette" im Casino de Paris mit dem Lied *La môme du Casino*. Danach trat sie in zahlreichen Revuen in den Folies-Bergère auf. Zu ihren Partnern zählte auch M. Chevalier. In den 20er Jahren galt die M. als „Königin der Pariser Revuetheater". Unter dem Titel *Toute ma vie* (P 1954, dt. Z 1954) veröffentlichte sie ihre Erinnerungen. Von ihren bekannten Chansons seien erwähnt: *La vertinguette; Mon homme; En douce; Ça c'est Paris; Je cherche un millionaire; Je suis une midinette; La femme torpille; Valencia; La Java.*

Lit.: J. COCTEAU, Adieu à M. (P 1956).

MISURATO (it., = gemessen), ↗a battuta.

MITRIDATE, RE DI PONTO *(Mithridates, König von Pontus)*, Opera seria in 3 Akten von Wolfgang Amadeus Mozart (1756–91), KV 87 (74a), Text von Vittorio Amadeo Cigna-Santi nach Jean-Baptiste Racines Tragödie *Mithridate* (1673). Ort u. Zeit der Handlung: Ninfea, 63 v. Chr. UA: 26.12.1770 in Mailand (Teatro Regio Ducal); 1. Aufführung in neuerer Zeit (konzertant): Salzburger Festspiele 1970; dt. EA: 23.10.1971 in Düsseldorf.

Die konventionelle Anlage dieses Werkes (langatmige Secco-Rezitative, überdehnte Arien meist in der verkürzten da capo-Form und hochvirtuos gestaltete Partien für die fünf Handlungsträger) ist unmittelbare Folge der äußeren Einflüsse, unter denen Mozart seine erste Oper für eine italienische Bühne schrieb. Der künstlerische Gestaltungsfreiraum war durch den Publikumsgeschmack eng begrenzt; eine intrigante Hofclique wollte sogar sämtliche Arien der Aspasia und das Schlußduett im 2. Akt durch Nummern aus Q. Gasparinis Vertonung desselben Librettos (1767) ersetzen. Mehrere Fassungen nahezu jeder Nummer zeugen von den Sonderwünschen der Sänger und Instrumentalisten, auf die Mozart Rücksicht zu nehmen hatte. So liegen die eigentlichen charakterisierenden Affektdarstellungen eher in den wenigen Accompagnato-Rezitativen als in den schablonenhaften Arien, ausgenommen Mitridates *Se di lauri il crine adorno* und Aspasias *Nel sen mi palpita*. Für zeitgenössische Maßstäbe war die Aufführung ein großer Erfolg.

J. SCHLÄDER

MITROPOULOS, Dimitri, * 18. 2. (1. 3.) 1896 Athen, † 2. 11. 1960 Mailand; griech. Dirigent. Er studierte Klavier und Komposition am Odeion in Athen, bei P. Gilson in Brüssel und bei F. Busoni in Berlin. 1926–30 leitete er das Orchester des Athener Konservatoriums. M. erlangte als Solist und Dirigent internationalen Ruf; er war 1937–39 Dirigent des Minneapolis Symphony Orchestra, 1949–58 des New York Philharmonic Orchestra und trat dann häufig als Operndirigent hervor, u. a. seit 1954 an der Metropolitan Opera, dann an der Wiener Staatsoper und bei den Salzburger Festspielen. M. ist auch als Komponist von Klavierstücken, Kammermusik, Orchesterwerken, Vokalmusik und mit der Oper *Sœur Béatrice* (nach M. Maeterlinck, UA: Athen 1919) hervorgetreten. 1961 wurde in New York ein internationaler M.-Wettbewerb für Dirigenten eingerichtet.

Lit.: R. LEIBOWITZ, L'eredità di D. M., in: L'approdo musicale 3 (1960); R. BREUER, M., Mystiker u. Moralist, in: Melos 28 (1961).

MITTELALTER. Der vom karolingischen Reich im 8./9. Jh. bis zum Aufkommen der modernen Staaten im 14./15. Jh. sich erstreckende Zeitraum wird in Anlehnung an den allgemeinen, aus der Geschichtswissenschaft stammenden Sprachgebrauch als die musikgeschichtliche Epoche des M. bezeichnet. Die Anfänge der Musik des M. sind in der Begegnung zwischen der im Mittelmeerraum beheimateten liturgischen Einstimmigkeit (↗Gregorianischer Gesang) und der auf einer elementaren Klanglichkeit beruhenden Musik der Völker nördlich der Alpen zu suchen. Dabei führt die Aneignung des südlichen Melodieguts durch die neu christianisierten Völker im 9. Jh. zu einschneidenden Neuerungen: Die melismatischen Gesänge, vor allem die Alleluia-Jubilus, werden syllabisch textiert und u. a. durch den St. Galler Mönch Notker Balbulus in die neuen Gattungen der ↗Sequenzen und Tropen (↗Tropus) verwandelt. Die dadurch bewirkte Hervorhebung des silbentragenden Einzeltons erhält eine Verstärkung durch den Zusammenklang im ↗Organum, der ältesten Art von Mehrstimmigkeit, die in der ↗Musica enchiriadis als Verbindung von Stimmen, vornehmlich im Quart- oder Quintabstand, beschrieben wird. Auch die in dieser Zeit entstehende musikalische Schrift der ↗Neumen-Notation ist als eine Aneignungsweise des bis dahin mündlich überlieferten Gregorianischen Gesangs bei den neu missionierten Völkern zu verstehen. Die Entstehung, Aufführung und Weitergabe eines großen Bestandes mittelalterlicher Musik ist jedoch auch in der Folgezeit nicht auf Schriftlichkeit angewiesen. Die vorhandenen Quellen besagen deshalb nur, daß und wie eine musikalische Praxis ihren schriftlichen Niederschlag gefunden hat. Diese selbst ist, ebenso wie die mündlich tradierte Musik, nur hypothetisch zu erschließen.

Auf ursprünglich mündlicher Überlieferung beruhen auch die ersten größeren Sammlungen mehrstimmiger Musik des 11./12. Jh. im sog. Winchester-Tropar, in St-Martial (Limoges) und in Santiago de Compostela (Codex Calixtinus). Die in letzteren Quellen neben zahlreichen Vertonungen versifizierter Texte (Versus, Tropen, ↗Conductus) aufgezeichneten Organa haben die liturgische Melodie als C.f. in der Unterstimme, über der sich eine melismatische Oberstimme erhebt. Im Gegensatz zum älteren Organum, in dem die liturgische Melodie als Oberstimme dominierte, hat sich jetzt die Zusatzstimme nach vorn gedrängt, wobei der C.f., in Einzeltöne zerlegt, die konstruktive Basis bildet. Während das ältere Organum außer in der *Musica enchiriadis* vor allem im *Micrologus* des Guido von Arezzo theoretisch erörtert wird, taucht im 12. Jh. das neuere Organum in dem Traktat *De arte musica* des Johannes Affligemensis (Cotton), in dem anonymen Traktat *Ad organum faciendum* (Mailänder Traktat) sowie im *Vatikanischen Organumtraktat* auf.

Das neue mehrstimmige Konzept bestimmt auch die folgenschwere Entwicklung, die um 1200 von der Pariser ↗Notre-Dame-Schule ausgeht und die mit den Namen der Kantoren Leoninus und Perotinus verbunden ist. Es ist das bleibende Verdienst der Notre-Dame-Musiker, mit der Erweiterung einer geregelten Mehrstimmigkeit über die Zweistimmigkeit hinaus zur Drei- und Vierstimmigkeit erstmals eine klar definierte rhythmische ↗Notenschrift, die sog. Modalnotation, eingeführt und somit die schriftlich-rhythmische Organisation der Stimmen zur Voraussetzung des musikalischen Konzepts gemacht zu haben. Erst jetzt wird die Schriftlichkeit zum wesentlichen Bestandteil der Mehrstimmigkeit.

Die kompositorische Detailarbeit an den Organa führt im Rahmen der sog. ↗Discantus-Partien und Ersatz-↗Klauseln durch Neutextierung der Oberstimmen zur Entstehung der ↗Motette, die seit ihren Anfängen in der ↗Ars antiqua des 13. Jh. zu den zentralen musikalischen Gattungen zählt. Charakteristisch für die in Frankreich verbreitete Motette ist das gleichzeitige Erklingen verschieden-sprachlicher Texte in den zwei Oberstimmen über einem als Tenor verwendeten C.f.-Abschnitt. Zu dem lateinischen sakralen Text im Motetus kann dabei ein französischer weltlicher Text im Triplum treten.

Nach Fortschritten in der Notenschrift, die in der 2. Hälfte des 13. Jh. besonders durch Franco von Köln und Petrus de Cruce von der Modal- zur Mensuralnotation ausgebaut wird, ist die Motette auch in der ↗Ars nova des 14. Jh. bei Ph. de Vitry und G. de Machaut führend, so daß sie die neue Gattung der Vertonung des Meßordinariums nachhaltig prägt (Messen von Tournai, Barcelona, Toulouse; Messe von G. de Machaut). Daneben erfaßt die mehrstimmige Komposition bei Machaut auch das weltliche französische Lied, dessen Wurzeln in der Einstimmigkeit des älteren ↗Troubadour- und ↗Trouvère-Gesangs liegen. Gleichzeitig kommt es in Italien in der Musik des ↗Trecento mit ihrem führenden Vertreter Fr. Landini zu einer weltlichen Mehrstimmigkeit von hohem Rang, die gegenüber der auf Konstruktion und Formalismus beruhenden französischen Musik die Unmittelbarkeit des Gesanges zur Geltung bringt. In Frankreich selbst neigt die zunehmende Intellektualisierung vor allem in rhythmischer Hinsicht (↗Isorhythmie) in der sog. ↗Ars subtilior des späten 14. Jh. zu einer Erstarrung des Motettenschaffens, das erst in der 1. Hälfte des 15. Jh. durch frische Impulse aus außerfranzösischen Bereichen in der ↗Burgundischen Schule und der ↗Franko-flämischen Schule neu belebt wird. Der am Anfang dieser Schule stehende G. Dufay öffnet der bis dahin auf Frankreich zentrierten Entwicklung neue Einflußsphären, wobei neben der italienischen Musik einfachere mehr-

stimmige Praktiken, wie sie sich in England in einer längeren mündlichen Tradition auf der Grundlage von Terz-Sext-Klängen erhalten haben, als ↗Fauxbourdon in die Komposition eindringen.
Die Musiktheorie des M.s ist einerseits eine Fortsetzung der durch Boëthius vermittelten spekulativen Lehre der Antike, in der die Ars musica als eine der sieben Artes liberales erscheint, andererseits versucht die Theorie, die musikalische Praxis ihrer Zeit zu erfassen. Ähnlich wie die musikalische Schrift vermögen aber auch die auf die Praxis ausgerichteten Traktate nur eine bestimmte Seite der Musik herauszustellen (z.B. Tonart, Konsonanzen, Klangfolgen, Rhythmus), diese selbst aber entzieht sich in ihrer tatsächlichen Beschaffenheit der theoretischen Durchdringung. Neben dem beschreibenden Charakter der Lehrschriften steht ihre didaktische Funktion, die sich in Form von Regeln als Anleitung zur Ausführung ausdrückt.
Die zentrale Entwicklungslinie der Musik des M.s ist umgeben von Traditionen, in denen eine frühere geschichtliche Stufe weiterlebt. Unter diesen nehmen neben dem Gregorianischen Gesang die frühe Mehrstimmigkeit, weite Bereiche der weltlichen Musik wie der Instrumentalmusik einen beachtlichen Rang ein. Andererseits ist der Fortschrittsprozeß in der mittelalterlichen Musik nicht isoliert verlaufen, sondern wurde von der Gleichzeitigkeit der älteren Traditionen wesentlich bedingt.

Lit.: H.E. WOOLDRIDGE, The Polyphonic Period (Lo 1901/1905) (= Oxford History of Music 1–2); F. LUDWIG, Die geistliche nichtliturg., weltliche einst. u. die mehrst. Musik des MA bis zum Anfang des 15. Jh., in: Hdb. der Musikgesch., hrsg. v. G. ADLER (B 1924, Nachdr. Tutzing 1961), Taschenbuchausg., 3 Bde. (Mn 1975) (= dtv, Wiss. Reihe 4039–4041); R. VON FICKER, Primäre Klangformen, in: Jb. Peters 36 (1929); H. BESSELER, Die Musik des MA u. der Renaissance (Pd 1931, Nachdr. Laaber 1979); L. SCHRADE, Die hsl. Überlieferung der ältesten Instrumentalmusik (Lahr 1931, Tutzing ²1968); O. URSPRUNG, Die kath. Kirchenmusik (Pd 1931, Nachdr. Laaber 1979); G. REESE, Music in the Middle Ages (NY 1940); J. HANDSCHIN, Musikgesch. im Überblick (Luzern 1948); M. F. BUKOFZER, Studies in Medieval and Renaissance Music (NY 1950); TH. G. GEORGIADES, Musik u. Sprache (B–Gö–Hei 1954, ²1974) (= Verständl. Wiss. 50); K. VON FISCHER, Stud. z. it. Musik des Trecento und frühen Quattrocento (Be 1956); TH. GÖLLNER, Formen früher Mehrstimmigkeit in dt. Hss. des späten MA (Tutzing 1961); W. APEL, Die Notation der polyphonen Musik (L 1962, ²1971); M. L. MARTINEZ, Die Musik des frühen Trecento (Tutzing 1963) (= Münchener Veröff. z. Musikgesch. 9); A. SEAY, Music in the Medieval World (Englewood Cliffs/N.J.); RISM, B IV, 1–2, hrsg. v. G. REANEY (Mn–Duisburg 1966–69); F. RECKOW, Der Musiktraktat des Anonymus 4 (Wie 1967) (= Beih.e z. AfMw 5); J. SMITS VAN WAESBERGHE, Musikerziehung, Lehre u. Theorie der Musik im MA (L 1969) (= Musikgesch. in Bildern 3); H.H. EGGEBRECHT – F. ZAMINER, Ad organum faciendum, Lehrschriften der Mehrstimmigkeit in nachguidonischer Zeit (Mz 1970) (= Neue Stud. z. Musikwiss. 3); Musikal. Edition im Wandel des hist. Bewußtseins, hrsg. v. TH. G. GEORGIADES (Kas 1971) (= Musikwiss. Arbeiten 23); Gesch. der kath. Kirchenmusik I, hrsg. v. K. G. FELLERER (Kas 1972); RISM, B IV, 3–4, hrsg. v. K. VON FISCHER (Mn–Duisburg 1972); H. BESSELER – P. GÜLKE, Das Schriftbild der mehrst. Musik (L 1973) (= Musikgesch. in Bildern 3); Gattungen der Musik in Einzeldarstellungen, Gedenkschrift L. Schrade I, hrsg. v. W. ARLT – E. LICHTENHAHN – H. OESCH (Be 1973); A. HUGHES, Medieval Music. The Sixth Liberal Art (Toronto 1974) (= Toronto Medieval Bibliographies 4); R. HOPPIN, Medieval Music (NY 1978). – Vgl. auch die Lit. zu den einzelnen im Artikel genannten musikal. Gattungen.

TH. GÖLLNER

MITTERER, Ignaz Martin, * 2.2.1850 St. Justina (Tirol), † 18.8.1924 Brixen; östr. Komponist. Er wurde 1874 zum Priester geweiht und begann 1876 ein Musikstudium bei Fr. X. Haberl und M. Haller in Regensburg. Nach einem 2jährigen Romaufenthalt wurde er 1882 als Nachfolger Haberls Kapellmeister am Regensburger Dom, 1885 Domkapellmeister in Brixen. In seinen rund 200 Werken (darunter 45 Messen) verbindet M. einen an G.P. da Palestrina anknüpfenden Stil mit zeitgenössischen Strömungen.

Schriften: *Die wichtigsten kirchlichen Vorschriften für katholische Kirchenmusik* (Rb 1885, ⁴1905, engl. Lo 1901); *Praktische Chorsingschule* (Rb 1894, ⁶1925), dazu Suppl. mit Singübungen (Rb 1904); *Praktischer Leitfaden für den Unterricht im römischen Choralgesang* (Rb 1896, ²1911).

Lit.: P. GRIESBACHER, I. M., in: MS 55 (1925); R. CORAZZA, I. M., der große Kirchenkomponist Südtirols (Brixen 1948) (= An der Etsch und im Gebirge 10).

MITTSOMMER-HOCHZEIT *(Midsummer Marriage),* Oper in 3 Akten von Michael Tippett (* 1905), Text vom Komponisten. Ort und Zeit der Handlung: imaginäre Waldlichtung, 20. Jahrhundert. UA: 27.1.1955 in London (Covent Garden).
Als Hauptmotive des teils phantastisch-surrealen, teils philosophisch-zeitkritisch ausgerichteten Librettos erscheinen die gedanklichen und materiellen Barrieren, denen sich zwei junge Paare auf der Suche nach sexueller und geistiger Erfüllung gegenübersehen: existentiell bedeutsame Konflikte durch unterschiedliche moralische Wertungen, das Generationenproblem und die Abhängigkeit von ökonomischen Machtverhältnissen. Reichhaltig ist das Repertoire literarisch-szenischer Darstellungsformen, die Tippett virtuos miteinander verbindet: Allegorische Tanzriten und Bilder sind neben dem verbalen Dialog gleichrangige Elemente poetischer Metaphorik. Die musikalische Sprache des Werkes ist von gemäßigter Modernität; alle Mittel spätromantisch-impressionistischer Harmonik und Instrumentation werden voll ausgeschöpft. Besonderen Anteil an der durchgängig sensiblen Empfindungs- und Situationsdarstellung hat die geschickte und strukturell enge Verzahnung von Gesangspart und orchestralen Zwischenspielen.

W. A. MAKUS

MIXOLYDISCH, in der altgriechischen Musiktheorie Bz. für die Oktavgattung mit dem Umfang h–H. – Im System der ↗Kirchentöne Bz. für den 7. Modus, der durch die Skala g a h c^1 d^1 e^1 f^1 g^1 charakterisiert ist, während „hypomixolydisch" die Bz. für den 8. Modus ist, dem die Skala d e f g a h c^1 d^1 entspricht. Bekannte Beispiele für m.e Melodien sind im Gregorianischen Gesang die Sequenz *Lauda Sion,* im evangelischen Kirchengesang die Choräle *Gelobet seist du, Jesu Christ* und *Gott sei gelobet und gebenedeiet.* Hypomixolydisch ist der Hymnus *Veni creator spiritus.* Die Harmonisierung von Kadenzen am Schluß m.er Melodien macht wegen des Fehlens eines Leittons (fis) eine besondere Akkordfolge notwendig, die man in der Harmonielehre des 18./19. Jh. als „mixolydischen Schluß" bezeichnet (a) und die sich deutlich von einem Ganzschluß in G-Dur (b) unterscheidet:

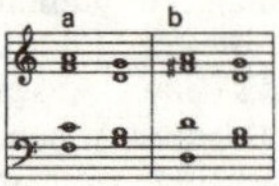

MIXTUR (engl.: mixture; frz.: mixture, fourniture, plein jeu; it.: ripieno; span.: lleno), Bz. für ein Orgelregister, das mehrere Töne je Taste erklingen läßt. Im engeren Sinne bedeuten M.en ↗gemischte Stimmen, die dem ↗Prinzipal-Chor angehören, 3–8- oder 10fach besetzt sind und im ↗Hauptwerk oder Pedal disponiert werden. Der tiefste Chor kann auf C zwischen $2\,^{2}/_{3}'$ und $1'$ liegen, als Obertöne treten Oktaven und Quinten, seltener auch Terzen auf. Sobald eine bestimmte Tonhöhengrenze erreicht ist, repetieren die Chöre um eine Quinte oder Oktave abwärts. Beispiel für die Repetition einer Mixtur 4fach $1\,^{1}/_{3}'$:

C					$1\,^{1}/_{3}'$	$1'$	$^{2}/_{3}'$	$^{1}/_{2}'$
c				$2'$	$1\,^{1}/_{3}'$	$1'$	$^{2}/_{3}'$	
c^1			$2\,^{2}/_{3}'$	$2'$	$1\,^{1}/_{3}'$	$1'$		
c^2		$4'$	$2\,^{2}/_{3}'$	$2'$	$1\,^{1}/_{3}'$			
c^3	$5\,^{1}/_{3}'$	$4'$	$2\,^{2}/_{3}'$	$2'$				

MIZLER (Mizlerus, Mitzler) **VON KOLOF** (de Kolof, Koloff), **Lorenz** (Laurentius, Laurentz) **Christoph** (Christophorus), * 25. 7. 1711 Heidenheim (Mittelfranken), † März 1778 Warschau; dt. Musikschriftsteller. Er erhielt von J. S. Bach Unterricht im Cembalospiel und in der Komposition, studierte Philosophie an der Universität Leipzig, promovierte dort 1734 mit einer *Dissertatio, quod musica ars sit pars eruditionis philosophicae,* habilitierte sich 1737 in Mathematik, Philosophie und Musik und lehrte dort bis 1742/43. 1738 gründete M. die „Korrespondierende Societät der musikalischen Wissenschaften". Ihr 19. Mitglied wurde 1747 Bach, der dafür *Einige canonische Veraenderungen über Vom Himmel hoch* und den Rätselkanon BWV 1076 schrieb, 20. und letztes Mitglied 1755 L. Mozart. Seit 1743 stand M. in Polen zunächst im Dienst des Grafen Malachowski zu Końskie und lebte dann am Hof von Warschau, wo er geadelt und zum königlichen Historiographen und Hofarzt ernannt wurde.

M. verfolgte entschieden das Ziel, alle musikalischen Phänomene mit Hilfe der Mathematik zu bestimmen, und entfernte sich somit von dem in Frankreich seit R. Descartes entwickelten Rationalismus, der weniger positivistisch war als seine eigene Auffassung, die der hundert Jahre vor ihm von M. Mersenne vertretenen Meinung entsprach. Durch die Ablehnung jedes irrationalen Elements und trotz seiner Förderung der praktischen Musik kann M. als einer der Hauptvertreter der traditionellen Strömungen angesehen werden, die von der lebendigen Musik seiner Zeit bereits überwunden waren.

Schriften: *Lusus ingenii de praesenti bello* (Wittenberg 1735); *Musicalischer Starstecher,* 7 H.e (L 1736–40); *Neu eröffnete Musikalische Bibliothek, oder gründliche Nachricht nebst unpartheyischem Urtheil von musikalischen Schriften u. Büchern,* 4 Bde. (L 1736–54, Nachdr. Hil 1966); *Die Anfangsgründe des Generalbasses, nach mathematischer Lehrart abgehandelt* (L 1739, Nachdr. Hil 1972); *Auserlesene moralische Oden* (L 1740); ferner eine Übers. des *Gradus ad Parnassum* v. J. J. Fux ins Deutsche (L 1742).

Lit.: J. MATTHESON, Grundlage einer Ehrenpforte (H 1740, Faks.-Ausg. Kas 1969); F. WÖHLKE, L. Ch. M. (Diss. B 1940); H. FEDERHOFER, J. J. Fux u. J. Mattheson im Urteil L. Ch. M.s, in: FS H. Husmann (Mn 1970).

MJASKOWSKI, Nikolai Jakowlewitsch, * 8. (20.) 4. 1881 Nowo-Georgiewsk (heute Modlin Stary) bei Warschau, † 8. 8. 1950 Moskau; sowjetruss. Komponist und Musikpädagoge. M. studierte 1906–11 Komposition bei A. Ljadow und Instrumentation bei N. Rimski-Korsakow am Konservatorium in St. Petersburg. 1921–50 war er Professor für Komposition am Moskauer Konservatorium. Zu seinen Schülern zählen vor allem Dm. Kabalewski, A. Chatschaturjan und W. Schebalin. M. wurde 1946 mit dem Ehrentitel Volkskünstler der UdSSR, 1941–51 viermal als Staatspreisträger ausgezeichnet. Sein symphonisches Schaffen nimmt – ganz im Sinne des sozialistischen Realismus – starken Bezug auf Ereignisse und Abläufe in der Sowjetunion, wie die Titel einiger seiner Symphonien zeigen. Stilistisch jedoch bleibt M. dem 19. Jh. und der russischen Tradition verbunden.

WW: Symphonien, 1: c-moll (1908, revidiert 1922); 2: cis-moll (1911), 3: a-moll (1914); 4: e-moll (1918); 5: D-Dur (1918); 6: es-moll (1923, revidiert 1948) mit Chor ad lib.; 7: h-moll (1922); 8: A-Dur (1925); 9: e-moll (1926); 10: f-moll (1927); 11: B-Dur (1932); 12: g-moll (1932) (zum 15. Jahrestag der Oktoberrevolution); 13: b-moll (1933); 14: C-Dur (1933); 15: d-moll (1934); 16: F-Dur (1936); 17: gis-moll (1937); 18: C-Dur

(1937) (zum 20. Jahrestag der Oktoberrevolution); 19: Es-Dur (1938) für Blasorch.; 20: E-Dur (1940); 21: fis-moll (1940); 22: *Simfonija-ballada* (1941); 23: a-moll, *Simfonija-sjuita* (Symphonische Suite) (1941) 24: f-moll (1943); 25: Des-Dur (1946); 26: C-Dur (1948); 27: c-moll (1949). – Ferner ein V.- (1938) und Vc.-Konzert (1945), Kammermusikwerke, Lieder und Chöre.

Ausg.: GA, hrsg. v. R. M. GLIER u.a., 12 Bde. (Mos 1953–56).

Lit.: A. A. IKONNIKOW, N. Ja. Mjaskowski (Mos 1944, engl. NY 1946, Nachdr. 1970); D. B. KABALEWSKI, N. Ja. Mjaskowski, in: Sowjetskaja musyka 19 (1951, dt. L 1951); W. S. WINOGRADOW, Sprawotschnik-putewoditel po simfonijam N. Ja. Mjaskowskogo (Mos 1954); K. LAUX, Die Musik in Rußland u. in der Sowjetunion bis 1930 (B 1958); N. Ja. Mjaskowski, Stati, pisma, wospominianija (Aufsätze, Briefe, Erinnerungen), hrsg. v. S. I. Schlifschtein, 2 Bde. (Mos 1959–60, ²1964); Notografitscheski sprawotschnik (Werkverz.), hrsg. v. DEMS. (Mos 1962); D. EBERLEIN, Russ. Musikanschauung um 1900 (Rb 1978) (= Stud. z. Musikgesch. des 19. Jh. 52); D. GOJOWY, Neue sowjetische Musik der 20er Jahre (Laaber 1980).

M.M., MM, Abkürzung für ↗Metronom Mälzel.

MOBERG, Carl-Allan, * 5. 6. 1896 Östersund (Jämtland), † 19. 6. 1978 Uppsala; schwedischer Musikforscher. Er studierte Musikwissenschaft in Uppsala (T. Norlind), Wien (A. Berg) und Freiburg/Schweiz (P. Wagner). 1927 promovierte er in Uppsala, wo er bis 1961 lehrte (1947 Professor). 1934/35 studierte er noch bei J. Handschin in Basel. 1930–39 war er auch Leiter der Musikhistoriska Förening der Universität Uppsala und 1945–61 Präsident der schwedischen Gesellschaft für Musikforschung; seit 1943 war er Mitglied, 1960–63 Präsident der Musikakad. in Stockholm.

Schriften: *Über die schwedischen Sequenzen,* 2 Bde. (Diss. Uppsala 1927) (= Veröff der Gregor. Akad. zu Freiburg in der Schweiz XIII/1–2); *Der gregorianische Gesang in Schweden während der Reformationszeit,* in: KmJb 27 (1932); *J. H. Roman,* in: STMf 26 (1944); *D. Buxtehude* (Hälsingborg 1946); *Die liturgischen Hymnen in Schweden* (Kop 1947); *The Function of Music in Modern Society,* in: STMf 36 (1954); *Das Musikleben in Schweden,* in: Kgr.-Ber. Hamburg 1956 (Kas 1957); *Musikens historia i Västerlandet intill 1600* (Sto 1973). – M. redigierte 1945–61 die STMf und war Mit-Hrsg. von *Sohlmans Musiklexikon,* 4 Bde. (Sto 1948–52).

Lit.: I. BENGTSSON, C.-A. M., in: STMf 60 (1978).

MOECK, dt. Verlag und Musikinstrumentenwerk mit Sitz in Celle. Die Firma wurde 1930 von **Hermann M. sen.** (1896–1982) gegründet und wird seit 1960 von **Hermann M. jun.** (* 16. 9. 1922) Lüneburg) als Alleininhaber geführt (seit 1966 unter der Firmierung: M. Verlag und Musikinstrumentenwerk). Durch die instrumentenbauliche Tätigkeit (Blockflöten u. a. ältere Holzblasinstrumente, Gamben) und durch zahlreiche Veröffentlichungen älterer Musik (z. B. in der auch quellenkundlich verdienstvollen *Zeitschrift für Spielmusik,* 1932ff.) hat der Verlag maßgeblichen Anteil vor allem an der Wiederbelebung des Blockflötenspiels in Schule, Haus und Konzert. Eine eigene Holzbläserzeitschrift *Tibia* erscheint seit 1976. Seit 1958 verlegt M. auch zeitgenössische Werke (u. a. von W. Lutosławski, Krz. Penderecki und weiteren polnischen Komponisten). Die umfangreiche Instrumentensammlung des Verlags befindet sich seit 1963 im Besitz der Universität Göttingen.

MOCQUEREAU, Dom André, OSB, * 6. 6. 1849 La Tessonalle (Maine-et-Loire), † 18. 1. 1930 Solesmes; frz. Choralforscher. Er trat 1875 in Solesmes in den Benediktinerorden ein und wurde 1879 zum Priester geweiht. 1889 wurde M. Nachfolger Dom J. Pothiers als Lehrer für Choralgesang. M.s Verdienst liegt zunächst in der Intensivierung der Erforschung der mittelalterlichen Quellen des ↗Gregorianischen Gesangs, die seit 1889 ihren Niederschlag in der *Paléographie musicale* fand. Für diese monumentale Veröffentlichungsreihe der Benediktiner von Solesmes (2 Reihen mit insgesamt 19 Bänden Faksimile-Ausgaben von Choralhss. des 10.–12. Jh., dazu Abhandlungen) hat M. selbst 7 Bände bearbeitet. Er hatte damit neben J. Pothier einen maßgeblichen Anteil an der Vorbereitung der Choralreform von 1903 (↗Choralausgaben). M.s Hauptinteresse galt daneben der rhythmischen Struktur des Chorals. In seinem *Nombre musical* schuf er eine Theorie von der rhythmischen Gleichwertigkeit aller Noten. Demzufolge ist der Choralrhythmus nicht durch den Wechsel von Länge und Kürze, sondern durch den Wechsel von Arsis und Thesis, von Bewegung und Ruhe (= ↗Iktus 2) bestimmt. Diese Theorie liegt im wesentlichen der von Solesmes entwickelten „äqualistischen" Vortragslehre des Chorals zugrunde und prägt sich z. B. in den „rhythmica signa" aus, mit denen die Solesmesner Choralausgaben versehen sind.

Schriften: *La psalmodie romaine et l'accent tonique latin* (Tou 1895); *L'art grégorien, son but, ses procédés, ses caractères* (Solesmes 1896); *Méthode du chant grégorien* (Tou 1899); *Petit traité de psalmodie* (ebd. 1904); *Le nombre musical grégorien,* 2 Bde. (ebd. 1908/27). – Ferner zahlreiche Abh.en in *Paléographie musicale.*

Lit.: Schriftenverz. v. P. COMBE, in: Études grégoriennes 2 (1957); DERS., Histoire de la restauration du chant grégorien d'après des documents inédits (Solesmes 1969).

MODAL (von lat. modus = Maß). – **1)** Mit m. bezeichnet die Musikwissenschaft die Zugehörigkeit zu den ↗Kirchentönen (Modi; ↗Modus). Die auf ihnen beruhende m.e Musik unterscheidet sich von der dur-moll-tonalen des 17.–19. Jh.s grundlegend. Die allmähliche Ablösung der Kirchentöne durch ↗Dur und ↗Moll markiert einerseits das Ende einer Blütezeit m.er Musik, die sich vom ↗Gregorianischen Gesang über die frühe Mehrstimmigkeit bis zur klassischen Vokalpolyphonie G. P. da Palestrinas entwickelt hatte. Andererseits lebt sie auch nach dem 17. Jh. fort: im Kirchenstil, dessen „strenger“ Satz sich an Palestrina orientiert; in der Lehre vom ↗Kontrapunkt und im bewußten Rückgriff der Komponisten auf m.e Prinzipien, besonders im 20. Jh. nach dem Zerfall des Dur-Moll-Systems. – **2)** Unter M.-Notation versteht man die ↗Notenschrift, die auf bestimmten rhythmischen Schemata (Modi, ↗Modus) der Musik des 12./13. Jh.s beruht.

MODALNOTATION ↗Notenschrift.

MODERATO (it., = gemäßigt), Tempo- bzw. Satz-Bz., die seltener allein, meist als differenzierender Zusatz zu ↗Allegro (gelegentlich auch zu Allegretto) erscheint. Ein *Allegro moderato* ist z. B. der 1. Satz des Klavierkonzertes G-Dur von L. van Beethoven, ein *Moderato cantabile* der 1. Satz von dessen Klaviersonate As-Dur op. 110.

MODERNE, Jacques (genannt „Grand Jacques“), * Pinguento (Istrien), † um 1561 Lyon; frz. Drukker. M. ist seit 1529 in Lyon nachgewiesen. 1532–57 veröffentlichte er neben medizinischen u. a. Werken etwa 50 Individual- und Sammel-Musikdrucke. Ihr Inhalt ist vielfältiger und internationaler als der anderer französischer Drucker des 16. Jh. und umfaßt Vokalwerke von N. Gombert, Cl. Janequin, Fr. Layolle (der M. besonders nahestand), Cr. Morales, L. Paminger und Lautentabulaturen.

WW: Individualdrucke: Werke v. P. Colin, C. Janequin, F. Layolle, Rampollini; etwa 30 Sammeldrucke, darunter 10 Bücher *Le Parangon des chansons* (1538–43); 4 Bücher *Motetti del fiore* (1532–39); Lautentabulaturen v. V. Bakfark, F. Bianchini u. G. P. Paladino.

Lit.: S. F. POGUÉ, J. M., Lyon's Music Printer of the 16th Century (G 1969) (mit Verz. der Editionen); D. CRAWFORD, Reflections on Some Masses from the Press of M., in: MQ 58 (1972); Q. W. QUEREAU, Palestrina and the „Motetti del fiore“ of J. M. (New Haven/Conn. 1974) (= Diss. Yale Univ.).

MODERN JAZZ, Sammel-Bz. für die unter Einbezug und in der Nachfolge des ↗Bebop entstandenen Stile des ↗Jazz der 50er Jahre (↗Cool Jazz, ↗Hardbop, ↗West Coast Jazz). „Modern“ akzentuiert das jeweilig Neue, den experimentellen avantgardistischen Charakter hinsichtlich verschiedener Satztechniken, Klangexperimente, Spielweisen usw. Zu den bedeutenden Bands des M. J. zählen das „Modern Jazz Quartet“, die „Jazz Messengers“ und die verschiedenen Gruppen um Miles Davis.

Lit.: U. KURTH, Als der Jazz „cool“ wurde, in: Musik 50er Jahre, hrsg. v. H.-W. Heister – D. Stern (B 1980).

MODERN JAZZ QUARTET, THE, amerik. Jazzband. 1951 von John Lewis gegründet, spielte das M. bis zur Auflösung 1974 in der Besetzung *J. Lewis,* Klavier, *Milt Jackson,* Vibraphon, *Percy Heath,* Baß, und *Connie Kay* (1952–55: *Kenny Clark*), Schlagzeug. Formal orientierte sich das M. an barocken Vorbildern (z. B. in der Suite *Fontessa*). Ideal der Gruppe war die Durchformung, wobei genau vorgegebene, streng kontrapunktische Strukturen durch Improvisation aufgelockert wurden. Gerade die disziplinierte, der Formidee verpflichtete Spielweise des M. war insbesondere für spätere Bands von Einfluß. Es wurde zum Inbegriff des Cool Jazz.

Lit.: M. T. WILLIAMS, J. Lewis and the M. J. Q., Modern Conservation, in: The Jazz Tradition (NY 1970) (mit Lit.-Verz.); J. E. BERENDT, Ein Fenster aus Jazz (F 1977).

MODINHA (port.), ein volkstümliches portugiesisches und brasilianisches Strophenlied, das heute meist ein- oder 2stimmig zur Gitarren- oder Klavierbegleitung gesungen wird. – Die portugiesische M. des 18./19. Jh. war ursprünglich eine der italienischen Bravourarie nachempfundene Vokalkomposition, die sich auf Volksmelodien stützte. Sie wurde dann im Laufe des 19. Jh. in Brasilien populär, wo sie sich zu einer durch sentimentale Texte und Melodien gekennzeichneten Liedgattung entwickelte. In der Kunstmusik erscheint die M. vor allem in den Opern von A. C. Gomes. Im 20. Jh. schrieb u. a. H. Villa-Lobos mehrere Klavierstücke, die er *Modinhas e canções* nannte.

Lit.: M. DE ANDRADE, M. imperiais (São Paulo 1930); J. B. SIQUEIRA, M. do passado (Rio de Janeiro 1955); M. DE ARAÚJO, A M. e o lundu no século XVIII (São Paulo 1963).

MÖDL, Martha, * 22. 3. 1912 Nürnberg; dt. Sängerin (hochdramatischer Sopran). Sie studierte am Konservatorium in Nürnberg und in Mailand, begann als Altistin und Mezzosopranistin und wechselte später in das dramatische Sopranfach. 1943 debütierte sie als Hänsel in E. Humperdincks *Hänsel und Gretel.* 1945–49 in Düsseldorf und anschließend an der Hamburger Staatsoper engagiert, wurde sie 1953 Mitglied der Stuttgarter Staatsoper. Seit 1952 trat sie außerdem an der Wiener Staatsoper auf, deren Ensemblemitglied sie wurde, 1951–68 regelmäßig in Bayreuth; berühmt war dort ihre Isolde. 1956 sang sie erstmals an der New Yorker Metropolitan Opera und 1964 bei den Salzburger Festspielen. Gastspiele führten sie auch an den Covent Garden in London, zum Maggio Musicale nach Florenz, an die Opéra in Paris und die Mailänder Scala. In der Eröffnungsvorstellung der wiederaufgebauten Wiener Staatsoper am 5.11. 1955 sang sie die Leonore in L. van Beethovens *Fidelio.* Dank ihrer großen schauspielerischen

Ausstrahlung tritt M. M. noch heute in Charakterrollen auf.

Lit.: W. E. SCHÄFER, M. M. (Velber 1967).

MODULATIO, modulari (von lat. modulus, der Diminutivform von Modus = Maß), bezeichnen seit dem Schrifttum der Antike bis ins 18. Jh. das vokale und instrumentale musikalische Gestalten innerhalb eines melodischen und rhythmischen Maßes (↗Modus). Noch 1732 definiert J. G. Walther in seinem *Musicalischen Lexicon* M. in dieser Bedeutung: als „die Führung einer Melodie oder Sang-Weise oder die Manier, womit ein Sänger oder Instrumentist die Melodie herausbringet". Da Modus als Synonym von Tonus und Tropus im gesamten lateinischen Schrifttum des Mittelalters u. a. den Kirchenton (↗Kirchentöne) bezeichnete, konnte M. dementsprechend bis zum 18. Jh. das musikalische Gestalten (componere, ↗Komposition) innerhalb einer Kirchentonart bedeuten. So definiert J. G. Walther: modulieren beinhalte, „den guten Regeln der Modorum" zu folgen. Erst seit der 2. Hälfte des 18. Jh. bezeichnet M. zusätzlich den Vorgang des Tonartenübergangs. So etwa beschreibt H. Ch. Koch (*Musikalisches Lexikon,* 1802) M. bereits zweifach: M. als „schickliche und mannigfaltige Abwechslung der Töne überhaupt" und als „Führung der Töne von der Haupttonart in eine andere und zurück". Nur in der neuen Bedeutung zur Bezeichnung des Tonartenwechsels ist M. als ↗Modulation in die Fachsprache der Gegenwart eingegangen.

Lit.: H. H. EGGEBRECHT, Stud. z. musikal. Terminologie (Wie 1955, ²1968) (= Abh.en der geistes- u. sozialwiss. Klasse der Akad. der Wiss. u. Lit. zu Mainz 10); H. HÜSCHEN, Modus, in: MGG IX.

B. R. SUCHLA

MODULATION (engl. u. frz.: modulation; it.: modulazione; span.: modulación). – **1)** In der tonalen Harmonik Bz. für den – gezielten oder schweifenden – Übergang von einer Tonart in eine andere. Das nur flüchtige Verlassen einer Tonart, die gleich wieder erreicht wird, heißt Ausweichung. Sie hebt die tonale Herrschaft der Ausgangstonart nicht auf:

Fr. Schubert, Klaviersonate op. 122

Es gibt folgende M.s-Möglichkeiten: 1. M. durch Umdeutung eines Akkordes, der sowohl in der Ausgangs- wie in der Zieltonart leitereigen ist und eine Funktion darstellt; sie beruht auf den gemeinsamen Tönen zweier Tonarten:

Modulation von F- nach C-Dur, f, a, d leitereigen in F und C

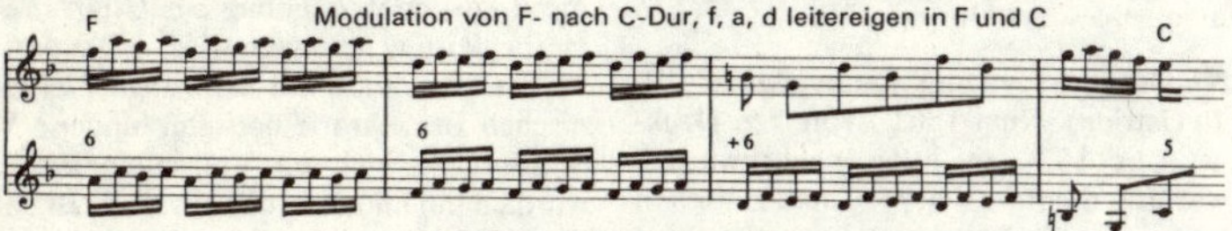

J. S. Bach, 2st. Invention F-Dur

2. M. durch Veränderung eines Akkordes; durch Alteration einzelner Akkordtöne können sich neue Funktionen ergeben (durch Hochalteration des Grundtones wird z. B. aus einem Dominantseptakkord ein verminderter Septakkord):

L. van Beethoven, Klaviersonate op. 22

3. M. durch Wechsel des Tongeschlechts; auf einen Dur-Akkord folgt ein Moll-Akkord oder umgekehrt mit gleichem Grundton:

L. van Beethoven, Klaviersonate op. 2,2

Aufgrund der Dur-Terz als Leitton erhält ein „verdurter" Akkord dominantische Funktion; dies wurde im Barock und in der Wiener Klassik, im Rahmen der Quintschrittsequenz, gern zur M. benutzt:

L. van Beethoven, Chorfantasie op. 80

4. M. durch unvermittelten, klanglich überraschenden Einsatz der neuen Tonart (Rückung), so daß ein eigentlicher M.s-Vorgang ausgespart ist. Bevorzugtes Ziel ist dabei die Unter- oder Oberterz (in Dur oder Moll) einer Tonart, z. B. von C nach E/Es bzw. nach A/As:

L. van Beethoven, Klaviersonate op. 10,2

Diese bei den Wiener Klassikern noch seltene M. wird oft von den Komponisten der Romantik verwendet. Von eben solchem klanglichen Reiz, doch vermittelnder ist die „tonzentrale M." (W. Maler); ein Ton der Ausgangstonart wird Bestandteil der neuen Tonart:

Fr. Schubert, Streichquintett C-Dur, D 956

5. M. durch enharmonische Umdeutung; sie wird gern benutzt, um schnell in eine entfernte Tonart zu gelangen. Sie setzt das temperierte System voraus, in dem ein Ton mehrfach aufgefaßt werden kann (z. B. eis = f = geses). Die am häufigsten verwendeten enharmonischen Akkorde (A. Schönberg: „vagierende Akkorde") sind: der verminderte Septakkord  (er läßt 4 verschiedene Deutungen zu), der übermäßige Dreiklang (z. B. 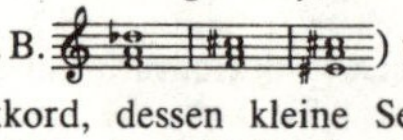) und der Dominantseptakkord, dessen kleine Septime als übermäßige Sexte gedeutet oder dessen Grundton als tiefalterierte Quinte eines verminderten Septakkordes aufgefaßt werden kann: 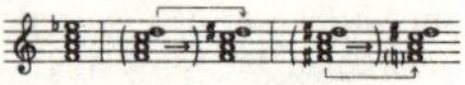

Außer diesen direkten M.en gibt es auch indirekte, in denen man die Zieltonart über mehrere Zwischentonarten erreicht. Denn Gestalt und Einsatz der M.s-Mittel differieren nicht nur aufgrund historischer Gegebenheiten, sondern auch hinsichtlich ihrer formalen Funktion innerhalb eines musikalischen Satzes: die zielstrebige M. zum 2. Thema einer klassischen Sonate etwa unterscheidet sich grundlegend von einer Durchführungs-M., die „einen harmonischen Freiraum von erstaunlicher Weite" (D. de la Motte) eröffnet.
Unabhängig von der M.s-Art ist der Verwandtschaftsgrad der aufeinanderfolgenden Tonarten zu beachten. Benachbarte Tonarten sind jene 5 Tonarten, die sich aus den Hauptfunktionen Tonika, Subdominante, Dominante und deren parallelen Tonarten ergeben.

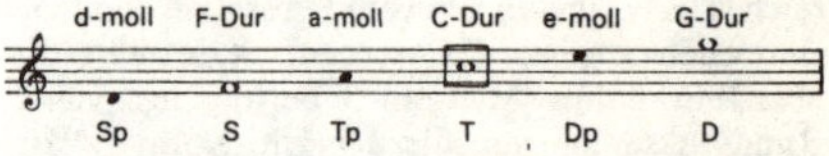

Alle anderen sind entfernte Tonarten. Der Grad ihrer Entfernung ist im ↗Quintenzirkel abzulesen. Hierin sind die einander diametral gegenüberstehenden Tonarten die am weitesten entfernten, z. B. C-Dur und Fis-Dur. Im 18. Jh. modulierte man meist zur Nachbartonart (in Dur vorzugsweise zur Dominante, in Moll zur parallelen Durtonart). In der Romantik bezog man immer stärker chromatische oder enharmonische M.en zu entferntesten Tonarten ein. Der Hang zur zunehmenden Alteration von Akkorden bis hin zu schweifenden, chromatisch ineinander gleitenden Klangfolgen und die damit verbundene Auflösung tonaler Bezugspunkte lassen im späten 19. Jh. den Begriff der M. fragwürdig werden.

2) In der Physik Bz. für die Veränderung der ↗Amplitude, ↗Frequenz oder ↗Phase akustischer und elektromagnetischer Wellen; dabei ist der zeitliche Ablauf der Veränderung langsam im Vergleich zur Dauer einer Schwingung. Das ↗Vibrato ist eine mehr oder weniger periodische M. der Tonhöhe (Frequenz-M., Abk.: FM) und meist auch der Lautstärke (Amplituden-M., Abk.: AM) eines Tones. Im Bereich der ↗elektronischen Musik werden Vorgänge wie An- und Abschwellen eines Tones (Crescendo und Decrescendo) als M. bezeichnet. – M. ist ein wichtiger Begriff der Rundfunktechnik: Eine Rundfunkantenne empfängt hochfrequente elektromagnetische Wellen, die entsprechend dem niederfrequenten Schwingungsverlauf des Programms, also entsprechend den Schwingungen im hörbaren Frequenzbereich, moduliert sind. Im Rundfunkempfänger wird diese M. rückgängig gemacht (Demodulation): Die hochfrequente Welle, auch Trägerwelle genannt, wird unterdrückt; übrig bleiben die niederfrequenten Schwingungen. Im Lang-, Mittel- und Kurzwellenbereich bedient man sich der AM; es ist allerdings ein Nachteil für die Übertragungsqualität, daß sich die Amplitude des Signals und damit die vom Rundfunksender ausgestrahlte Leistung ändert: Störeinflüsse, die bei voller Senderleistung überdeckt werden, können bei geringerer Leistung deutlich hervortreten. Dieser Effekt wird bei der FM vermieden, da hier die ausgestrahlte Leistung konstant bleibt. Ein FM-Sender benötigt eine sehr große Bandbreite, d. h., der Frequenzbereich, der einem Sender zugeteilt ist, muß sehr groß sein, da ja die Senderfrequenz variiert. Ausreichende Bandbreiten für eine FM stehen nur bei hohen Trägerfrequenzen zur Verfügung. Dieses Verfahren kann daher nur im Ultrakurzwellenbereich (UKW) und in den vom Fernsehen benutzten Bereichen angewendet werden, es gewährt dort aber ein hohes Maß an Übertragungsqualität. Rundfunksendungen, die der Hifi-Norm (↗High Fidelity) genügen und besonders Stereosendungen sind nur mit Hilfe der FM möglich.

Lit.: **Zu 1):** H. RIEMANN, Systematische Modulationslehre als Grundlage der musikal. Formenlehre (H 1887); M. REGER, Beitr. z. Modulationslehre (L 1903, ^{24}1952); A. SCHÖNBERG, Harmonielehre (W 1911, ^{7}1966); W. MALER, Beitr. z. durmolltonalen Harmonielehre (L 1931, M – L ^{4}1957); D. DE LA MOTTE, Harmonielehre (Kas 1976, ^{2}1979); CH. MÖLLERS, Vom Unsinn der Modulationslehre, in: Mf 29 (1976).

MODUS (lat., = Art, Maß, Regel, Modell; engl. u. frz.: mode; it.: modo). – **1)** Im Musikschrifttum von Antike, Mittelalter und Renaissance sowie seiner Rezipienten bis ins 18. Jh. bezeichnen M. und seine Synonyme Genus, Species, Maneries und Maneria: 1. die Oktavgattung (Species diapason, z. B. bei Boëthius und Notker Labeo). – 2. die Tonart (↗Kirchentöne), und wird gleichbedeutend gebraucht mit den Begriffen Tonus und Tropus (z. B. bei Guido von Arezzo und Marchettus de Padua). Noch J. G. Walther gibt 1732 im *Musicalischen Lexicon* an: „M. musicus ist die Art, einen Gesang anzufangen, in gewissen Grenzen recht fortzuführen und gebührend zu endigen." Mit Modalität und modal bezeichnet die Musikwissenschaft dementsprechend die Zugehörigkeit zu einem Kirchenton. – 3. die Tonweise (z. B. bei Guido von Arezzo als M. graecus, latinus, hispanus, gallicus und teutonicus). – 4. die Kompositionsgattung (z. B. bei Guilielmus Monachus als M. faulxbourdon [↗Fauxbourdon] und M. gymel [↗Gymel]). – 5. den Tonabstand (↗Intervall) als Synonym der Begriffe Distantia, Diastema, Intervallum, Spatium (z. B. bei Hucbald, Adam von Fulda, M. Agricola). – 6. die 6 verschiedenen rhythmischen Grundschemata der sog. Modalnotation (↗Ars antiqua, ↗Notre-Dame, ↗Ars nova, ↗Notenschrift). Die Musiktheoretiker des 13. Jh., wie z. B. Johannes de Garlandia und Franco von Köln, nennen 6 unterschiedliche Schemata, auf denen die Rhythmik der mittelalterlichen mehrstimmigen Musik beruht. Diese Schemata (Modi) werden durch die Aufeinanderfolge von langen (L = Longa = 𝆷) und kurzen (B = Brevis = 𝆸) Tönen bestimmt:

M. primus (1. M.) = 𝆷 𝆸 𝆷 𝆸 = 𝅗𝅥 ♩ 𝅗𝅥 ♩
M. secundus (2. M.) = 𝆸 𝆷 𝆸 𝆷 = ♩ 𝅗𝅥 ♩ 𝅗𝅥
M. tertius (3. M.) = 𝆷 𝆸 𝆸 𝆷 𝆸 𝆸 = 𝅗𝅥. ♩ 𝅗𝅥 𝅗𝅥. ♩ 𝅗𝅥
M. quartus (4. M.) = 𝆸 𝆸 𝆷 𝆸 𝆸 𝆷 = ♩ 𝅗𝅥 𝅗𝅥. ♩ 𝅗𝅥 𝅗𝅥.
M. quintus (5. M.) = 𝆷 𝆷 𝆷 𝆷 = 𝅗𝅥. 𝅗𝅥. 𝅗𝅥. 𝅗𝅥.
M. sextus (6. M.) = 𝆸 𝆸 𝆸 𝆸 𝆸 𝆸 = ♩ ♩ ♩ ♩ ♩ ♩

Die am häufigsten vorkommende Definition von M. in dieser Bedeutung ist demzufolge: „M. est cognitio soni longis brevibusque temporibus mensurati." Sie findet sich u. a. bei Franco von Köln, Marchettus de Padua und Jacobus Leodiensis. Einige Theoretiker, wie z. B. Johannes de Garlandia und Marchettus de Padua, unterscheiden für den 1., 2., 3. und 4. M. einen perfekten und einen imperfekten M.: der perfekte M. endet mit derselben Quantität, mit der er beginnt, der imperfekte M. endet auf einer anderen Quantität: „M. perfectus est, qui finit per talem quantitatem, per qualem incipit, modus imperfectus est, qui terminatur per aliam quantitatem quam per illam, in qua incipit" (Johannes de Garlandia und Anonymus IV). Für den 1. M. z. B. bedeutet dies, daß er perfekt ist, wenn ein melodischer Abschnitt auf einer langen Note (Longa) endet, daß er aber imperfekt ist, wenn ein melodischer Abschnitt auf einer kurzen Note (Brevis) endet. – 7. im 14., 15. und 16. Jh. den Mensurgrad der Notenwerte Longa und Maxima (↗Tempus; ↗Prolatio) im Rahmen der rhythmischen Moduslehre der Mensuralnotation (↗Notenschrift). Es gibt 4 Modi: den M. major (= M. maximarum) perfectus, in dem eine Maxima 3 Longen enthält, also 𝆶 = 𝆷𝆷𝆷; M. major (= M. maximarum) imperfectus, in dem eine Maxima 2 Longen enthält, also 𝆶 = 𝆷𝆷; M. minor (= M. longarum) perfectus, in dem eine Longa 3 Breven enthält, also 𝆷 = 𝆸𝆸𝆸; M. minor (M. longarum) imperfectus, in dem eine Longa 2 Breven enthält, also 𝆷 = 𝆸𝆸. Die gebräuchlichste Definition von M. in diesem Sinne ist: „M. est mensura longarum in maximis et brevium in longis." Sie findet sich z. B. bei Fr. Gaffori und H. Glareanus. – 8. Das Diminutiv von M., Modulus, bezeichnet in der Spätantike und im Mittelalter den verschiebbaren Steg des ↗Monochords, im Mittelalter allgemein eine Stimme oder einen Stimmabschnitt eines mehrstimmigen Satzes, im besonderen eine Melodieformel oder ein ↗Melisma, noch im 18. Jh. bei J. G. Walther wird darunter eine musikalische Verzierungsfigur verstanden. – **2)** In der Theorie der ↗Zwölftonmusik bezeichnet M. die 4 unterschiedlichen Formen, in denen eine Zwölftonreihe vorkommen kann: die Grundgestalt, die Umkehrung, den Krebs und den Krebs der Umkehrung. Als Synonym für M. wird auch Forme principale oder Erscheinungsform verwendet. – **3)** In der Vergleichenden Musikwissenschaft dient M. als Terminus für 3 verschiedene Phänomene: 1. für bestimmte rhythmische Formeln; 2. für die Tonleiter, wie z. B. die auf Bali und Java (↗Indonesien) vorkommenden Tonskalen Sléndro und Pélog; 3. für die Tonweise, wie z. B. die arabischen und indischen Melodiemodelle ↗Maqām und Rāga (↗Indien).

Lit.: **Zu 1):** W. BRAMBACH, Das Tonsystem u. die Tonarten des christlichen Abendlandes im MA (L 1881); A. M. MICHALITSCHKE, Die Theorie des M. (Rb 1922); U. BOMM, Der Wechsel der Modalitätsbestimmung in der Tradition der Meßgesänge im 9. bis 13. Jh. (Einsiedeln 1929); A. M. MICHALITSCHKE, Stud. z. Entstehung u. Frühentwicklung der Mensuralnotation, in: ZfMw 12 (1929/30); M. APPEL, Terminologie in den ma. Musiktraktaten (Diss. B 1935); F. GENNRICH, Abriß der Mensuralnotation des 14. Jh. (Nieder-Modau 1948); H. HUSMANN, Das System der modalen Rhythmik, in: AfMw 11 (1954); H. HÜSCHEN, Der M.-Begriff in der Musiktheorie des MA u. der Renaissance, in: Mittellat. Jb. 2 (1965); DERS., M., in: MGG IX; J. SMITS VAN WAESBERGHE, Musikerziehung: Lehre u. Theorie der Musik des MA (L 1969); W. FROBENIUS, M. (Rhythmuslehre), in: HMT (1974); M. MARKOVITS, Das Tonsystem der abendländischen Musik im frühen MA (Be 1977); B. MEIER, Zum Gebrauch der Modi bei Marenzio. Tradition u. Neuerung, in: AfMw 38 (1981). – **Zu 2):** H. HEISS, Elemente der musikal. Komposition (Hei 1949); R. LEIBOWITZ, Introduction à la musique de douze sons (P 1949); H. EIMERT, Lehrbuch der Zwölftontechnik (Wie 1950); H. JELINEK, Anleitung z. Zwölftonkomposition (W 1952); J. RUFER, Die Komp. mit zwölf Tönen (B 1952); R. SEMMLER, Vom Eigenklang der Reihen (Z 1954). – **Zu 3):** A. J. ELLIS – E. M. VON HORNBOSTEL, Über die Tonleitern versch. Völker (1922) (= Sammelbde. für vergleichende Musikwiss. 1); H. G. FARMER, A History of Arabian Music to the 13th Century (L 1929); R. LACHMANN, Musik des Orients (Breslau 1929); F. BOSE, Musikal. Völkerkunde (Fr 1953); J. KUNST, Javanische Musik, in: MGG VI; M. SCHNEIDER, Entstehung der Tonsysteme, in: Kgr.-Ber. Hamburg 1956 (Kas 1957).

B. R. SUCHLA

MOERAN, Ernest John, * 31. 12. 1894 Heston (Middlesex), † 1. 12. 1950 Kenmare (County Kerry); engl. Komponist irischer Abstammung. 1913 trat er in das Royal College of Music in London ein, 1920–23 erhielt er Kompositionsunterricht von J. Ireland. Von seinem Schaffen gelten die Lieder als wichtigster Bereich.

WW: Sonate für 2 V. (1930); Streichtrio (1931); Vc.-Sonate (1947). – Für Orch.: 3 Rhapsodien (1922; 1924, Neufassung 1941; 1943); Symphonie g-moll (1937); Sinfonietta (1944); Serenade (1948); je ein V.- u. Vc.-Konzert (1942, 1945). – Chorzyklen a cap. *Songs of Springtime* (1934) u. *Phyllida and Corydon* (1939); Lieder nach J. Joyce (1929) u. W. Shakespeare (1940); *Six Norfolk Folksongs* (1923) für SingSt u. Klv.

Lit.: H. STATHAM, M.'s Symphony in G Minor, in: MR 1 (1940); G. COCKSHOTT, Warlock and M., in: Composer (1969) Nr. 33; V. L. YENNE, Three 20th Century Song Composers. P. Warlock, E. J. M. and J. Ireland (1969) (= Diss. Univ. of Illinois); S. WILD, E. J. M. (Lo 1973).

MOFFO, Anna, * 27. 6. 1932 Wayne (Pennsylvania); amerik. Sängerin (Sopran) it. Abstammung. Sie studierte Philologie und Literaturgeschichte an der University of Pennsylvania in Philadelphia und Gesang am Curtis Institute und debütierte 1955 in Spoleto als Norina in G. Donizettis *Don Pasquale*. Gastspiele führten sie nach Chicago, Mailand, München, Paris, Salzburg (Nanetta in G. Verdis *Falstaff* unter H. von Karajan) und Wien. 1959 debütierte sie in ihrer Glanzrolle, der Traviata in Verdis gleichnamiger Oper, an der Metropolitan Opera in New York. „La Moffa", wie man sie nennt, ist auch als Operettensängerin in Fernsehshows und im Film außerordentlich erfolgreich.

MOHAUPT, Richard, * 14. 9. 1904 Breslau, † 3. 7. 1957 Reichenau (Niederösterreich); dt. Komponist. Nach dem Musikstudium in seiner Heimatstadt wirkte M. u. a. als Opernkapellmeister in Aachen, Breslau und Weimar und als Konzertpianist und Filmkomponist in Berlin. Von 1939–55 lebte er in den USA – wo die meisten seiner Kompositionen entstanden –, danach in Österreich. Größten Erfolg hatte M. als Komponist und Arrangeur für Radio- und Fernsehprogramme in den USA sowie mit seinem noch heute gespielten Werk *Stadtpfeifermusik* und der Oper *Die Bremer Stadtmusikanten*. M.s primär rhythmische und harmonische Phantasie entfaltete sich vor allem in wortgebundener und programmatischer Musik. In geschicktem Eklektizismus assimilierte er Elemente von Gebrauchs- und Kunstmusik und verband sie – stets experimentierend – zu einem homogenen, dem jeweiligen Kompositionsauftrag angemessenen Werkstil.

WW: Klv.-Stücke u. Kammermusik. – Für Orch.: *Stadtpfeifermusik* (1946); *Banchetto musicale* (1955) für 12 Soloinstr. u. Orch. – Lieder u. Chöre. – Opern: *Die Wirtin von Pinsk* (nach Goldoni), UA: Dresden 1938, Neufassung: Berlin 1956; *Die Bremer Stadtmusikanten*, UA: Bremen 1949; *Double-Trouble*, UA: Louisville 1954; *Der grüne Kakadu*, UA: Hamburg 1958; Ballette: *Die Gaunerstreiche der Courasche*, UA: Berlin 1936; *Max und Moritz*, UA: Karlsruhe 1949; ferner Film- und Bühnenmusik.

MOHLER, Philipp, * 26. 11. 1908 Kaiserslautern, † 11. 9. 1982 Frankfurt am Main; dt. Komponist. Er war Schüler von J. Haas. 1940 wurde er Nachfolger H. Distlers an der Musikhochschule in Stuttgart als Lehrer für Komposition und Dirigieren. Außerdem leitete er den Stuttgarter Orchesterverein. 1958–76 war M. Direktor der Musikhochschule in Frankfurt am Main. Sein Schaffen umfaßt Werke für den Konzertsaal und für das Laienmusizieren.

WW: Sinfonische Fantasie (1941); Klv.-Konzert (1937). – *Der Tod von Flandern* (1933) für 4st. Männerchor a cap.; Geistliche Solokantate (1933) für Sopran u. Klv.; Serenade *Nachtmusikanten* (1949) für Tenor, gem. Chor u. kleines Orch.; *Wandspruchkantate* (1956) für gem. Chor, Blechbläser u. Pk.; Kantate *Gott sei gelobt und gebenedeiet* (1952) für Bar., gem. Chor, Streichorch. u. Org.; *Vagabundenlieder* (1956) für Bar. u. Klv.; Festliche Liedkantate (1956) für gem. Chor, Blechbläser u. Pk.; *Laetare* (1968) (nach C. Zuckmayer) für Solost., Männerchor (Knaben- oder Massenchor ad lib.) u. Orch.

Lit.: K. LAUX, M., in: MGG IX; G. SCHWEIZER, in: Das Orchester 17 (1969).

MOHR VON VENEDIG, DER, Ballett mit Prolog, acht Bildern und Epilog von Boris Blacher (1903–75), Libretto, Choreographie und Inszenierung der UA: Erika Hanka (1905–58). UA: 29. 11. 1955 in Wien (Staatsoper).

Im Gegensatz zu Balletten, die in enger Anlehnung an W. Shakespeares Tragödie *Othello* (1604) komponiert worden sind, zeichnet sich dieses Werk durch seine ungewöhnliche dramatische Konzeption aus; die tragische Lösung des Konflikts (Desdemonas Ermordung) wird vorweggenommen: die Katastrophe eröffnet (Prolog) und beendet (Epilog) die Handlung, die als Sequenz von Rückblenden präsentiert wird. In acht Bildern schaut Othello die wichtigsten Stationen seines eigenen Lebens; nach der Erinnerung an den Mord begeht er Selbstmord. – Sieben Ritornelle, epigrammatisch lehrhaft betitelt, begleiten kommentierend den Handlungsverlauf, dessen Kulminationspunkte musikalisch durch den Einsatz von Blechblasinstrumenten und Schlagwerk markiert sind. Ritornelle, Prolog und Epilog werden von drei Paaren dargestellt, die an der szenisch-choreographischen Realisation der Haupthandlung nicht beteiligt sind. – Anläßlich der Wiener Festwochen zur Wiedereröffnung der Staatsoper uraufgeführt, bestätigten – neben der musikalischen Komposition – Choreographie, Bühnenbild, Dekoration und Kostüme den Erfolg des Balletts, in dem sich junge Nachwuchstänzer und -tänzerinnen profilierten. Außergewöhnliche Beachtung erlangte Kurt Steigerwalds Neuinterpretation (Oldenburg, 28. 10. 1970): die Integration der sieben Ritornelle in den gesammelten Handlungsverlauf verstärkte den surrealistischen Charakter des Geschehens, das auf einer Drehbühne dargeboten wurde.

G. LUDIN

MOLIÈRE, Jean-Baptiste (eigentlich J.-B. Poquelin, nannte sich seit 1644 M.), getauft 15. 1. 1622 Paris, † 17. 2. 1673 ebd.; frz. Dichter. Die Beziehungen M.s zur Musik sind durch seine Zusammenarbeit mit P. Beauchamps (*Les fâcheux,* 1661) sowie – nach dem Bruch mit J.-B. Lully 1672 – mit M.-A. Charpentier (u. a. *Le mariage forcé*) geprägt. Gemeinsam mit Lully gestaltete er den umfangreichsten Teil seines mit Musik verbundenen Werkes, u. a. die *Plaisirs de l'île enchantée,* 1664. Mit ihm entwickelte er seit 1661 vor allem jedoch die Gattung der ↗Comédie-ballet. Für den Karneval 1671 wurde der Vorschlag M.s und P. Corneilles, den Amor und Psyche-Stoff im Theater der Tuilerien aufzuführen, den Entwürfen Ph. Quinaults und J. Racines vorgezogen. Das prunkvoll inszenierte Stück *Psyché* gehört mit der Musik Lullys zu den großen Theaterereignissen der Zeit. An ihm wird deutlich, in welchem Umfang die französische Klassik mit Geist und Formenwelt des Barock verbunden war. Ballettkomödie und -tragikomödie, die in gleicher Weise Wort, Gesang, Instrumentalmusik, Tanz, Pantomime und Bühnenmaschinerie verschmelzen und an Oper und Opera buffa gemahnen, scheinen wie Vorentwürfe auf dem Weg zum totalen Kunstwerk, in dem sich zugleich der Glanz des absolutistischen Staates widerspiegelt. In welchem Umfang dabei literarische und musikalische Strukturen zur Deckung gebracht wurden und die zentralen Aussageabsichten wechselseitig betonten, konnte eine neuere Untersuchung zum *Bourgeois gentilhomme* als musikalisch begleitetem und gestaltetem Dialog deutlich machen. Texte M.s wurden im übrigen bis ins 20. Jh. in Musik gesetzt bzw. als Vorlagen für Opern verwandt. H. von Hofmannsthal hat sich intensiv um die Wiederbelebung der Ballettkomödien M.s bemüht; auch der Text der Arie des Sängers, *Di rigori armato il seno,* aus dem *Rosenkavalier* von R. Strauss ist eine M.-Adaptation (aus *Bourgeois gentilhomme*).

WW (in musikal. Bearbeitung): *Les précieuses ridicules* (1659): Oper v. B. Galuppi (1752), Bühnenmusik v. H. Purcell (1693) sowie v. A. Jolivet (1949); *Les fâcheux* (mit Musik v. Ch.-L. Beauchamps u. J.-B. Lully) (1661): Ballett v. G. Auric (1923); *L'école des femmes* (1662): Oper v. R. Liebermann (1955); *Tartuffe* (1664): Bühnenmusik v. H. Sauguet (1950); *Don Juan* (1665): Bühnenmusik v. Sauguet (1947); *L'amour médecin* (Musik v. Lully) (1665): Oper v. E. Wolf-Ferrari (1913); *Le pastorale comique* u. *Le Sicilien ou L'amour peintre* (= Einlagen zum *Ballet des muses* mit Musik v. Lully) (1667): nach *Le Sicilien,* eine Oper v. G. Bizet (1860) u. Musik v. Sauguet (1934); *Amphitryon* (1668): Oper v. A.-E.-M. Grétry (1786), Bühnenmusik v. J. M. Kraus (1787); *Le divertissement de Chambord* (mit M.s *Monsieur de Pourceaugnac,* Musik v. Lully) (1669): danach Intermezzo v. J. A. Hasse (1727) u. Oper v. F. Martin (1963); *Le bourgeois gentilhomme* (Musik v. Lully) (1670): danach Intermezzo *Larinda e Vanesio* v. J. A. Hasse (1726), Bühnenmusik v. Ch. Gounod (1852) u. v. R. Strauss (1912), dann umgearbeitet zu einer Orch.-Suite und der Oper *Ariadne auf Naxos.*

Ausg.: Comédie-ballets v. M. u. Lully, 3 Bde., hrsg. v. H. PRUNIÈRES – G. SAZERAC DE FORGES (P 1931–38) (= Lully-GA III/1–3).

Lit.: J. CASTIL-BLAZE, M. musicien, 2 Bde. (P 1852); M. PELLISSON, Les comédies-ballets de M. (P 1914); J. TIERSOT, La musique dans la comédie de M. (P 1921); F. BÖTTGER, Die „Comédie-ballet" v. M. – Lully (Diss. B 1931); R. BRANCOUR, M. et la musique, in: RMI 41 (1937); R. ALEWYN – K. SÄLZLE,

Das große Welttheater. Die Epoche der höfischen Feste in Dokument u. Dichtung (Reinbek 1959); P. TINEL, M. et la musique, in: Acad. Royale de Belgique, Bull. de la Classe des Beaux-Arts 49 (1967); Sonderh. M. – Lully (1973) (= XVIIe siècle Nr. 98–99); R. M. ISHERWOOD, Music in the Service of the King. France in the Seventeenth Century (Ithaca – Lo 1973); L. M. FIEDLER, H. von Hofmannsthals M.-Bearb. Die Erneuerung der comédie-ballet auf M. Reinhardts Bühnen (Da 1974); E. LANCE, M. the Musician. A Tercentenary View, in: MR 35 (1974); D. FRICKE, M.s „Bourgeois gentilhomme" als „dialogue en musique" (Da 1980) (= Wege der Forsch. 261).

W.-D. LANGE

MOLINARI PRADELLI, Francesco, * 6. 7. 1911 Bologna; it. Dirigent. Er studierte am Conservatorio Statale di Musica G. B. Martini in Bologna Klavier und Komposition sowie bis 1938 Dirigieren (Bernardino Molinari) an der Accademia Nazionale di Santa Cecilia in Rom. Seit 1945 dirigiert er an den großen Opernbühnen Italiens, ist außerdem regelmäßig Gast am Covent Garden in London (seit 1951), an den Staatsopern in Budapest (seit 1951 bzw. 1956) und in Wien (seit 1959). In den letzten Jahren trat er hauptsächlich an der Metropolitan Opera in New York auf.

MOLINARO, Simone, * um 1565 Genua, † um 1615 ebd.; it. Lautenist und Komponist. Er war Schüler seines Onkels Giovanni Battista Dalla Gostena und seit 1602 dessen Nachfolger als Kapellmeister an der Kathedrale von Genua. M. wurde bekannt durch seine Madrigale und eine Lautentabulatur. Sie enthält außer 22 Fantasien von Gostena und Chansons verschiedener Komponisten zahlreiche Tanzsätze und Fantasien von Molinaro. Seine Stücke weisen eine für ihre Zeit weitgehende instrumentale Satzweise auf. Einen Tanz aus dieser Sammlung *(Ballo detto il Conte Orlando)* hat O. Respighi in seinen *Antiche danze ed arie* für Orchester (1917) bearbeitet.

WW: **1) Geistliche WW:** 3 Bücher Motetten, z. T. mit B.c. (V 1597, Mi 1601, V 1609); 2 Slgen. *Concerti ecclesiastici* für 1–4 St. u. B.c. (V 1605, Mi 1612); Magnificat für 4 St. u. B.c. (Mi 1605); 2 Bücher *Fatiche spirituali,* geistliche Madrigale für 6 St. u. B.c.; Eine Passion (Loano 1616). – **2) Weltliche WW:** 2 Bücher Kanzonetten für 3–4 St. (V 1595, 1600); Madrigale für 5 St. (Mi 1599); geistliche u. weltliche Werke auch in (z. T. dt.) Sammeldrucken 1589–1624; *Intavolatura di liuto* (V 1599).

Ausg.: *Intavolatura di liuto,* hrsg. v. G. GULLINO (Fi 1940).

Lit.: G. RONCAGLIA, S. M., in: RMI 19 (1941); TH. DART, S. M.'s Lutebook of 1599, in: ML 28 (1947); R. GIAZOTTO, La musica a Genova (Genua 1951).

MOLINET, Jean (Jehan), * 1435 Desvres (Pas-de-Calais), † 23. 8. 1507 Valenciennes; frz. Dichter. Er war Chronist am burgundischen Hof und stand nacheinander im Dienst Karls des Kühnen, Kaiser Maximilians und schließlich Margarethes von Österreich, deren Bibliothekar er wurde. M. gehörte zur burgundischen Dichterschule der Grands Rhétoriqueurs. Er unterhielt Beziehungen zu Musikern des burgundischen Hofes und trat mit der zu seiner Zeit berühmten 4st. Chanson *Tart ara mon cueur* auch als Komponist hervor. In seinem *Dialogue du gendarme et de l'amoureux* und in der *Oraison à la Vierge Marie* werden zahlr. Liedanfänge zitiert. Mit L. Compère stand er in dichterischem Briefwechsel. Auf den Tod J. Ockeghems schrieb er 2 Klagegesänge (Lamentations), *Qui dulces modulando* und *Nymphes des bois;* der letztere wurde von Josquin vertont.

Lit.: N. DUPIRE, J. M., la vie, les œuvres (P 1932); A. VAN DER LINDEN, La musique dans les chroniques de J. M., in: FS E. Closson (Bru 1948); C. MACCLINTOCK, M., Music and Medieval Rhetoric, in: MD 13 (1959).

MOLIQUE, Wilhelm Bernhard, * 7. 10. 1802 Nürnberg, † 10. 5. 1869 Cannstatt bei Stuttgart; dt. Violinist und Komponist. M. war einige Zeit Schüler von L. Spohr und 1816 von Pietro Rovelli in München. Später spielte er im Orchester des Theaters an der Wien, war 1820–26 Hofkonzertmeister in München und 1826–49 in Stuttgart. 1849 ließ er sich in London nieder und wurde 1861 Professor für Komposition an der Royal Academy of Music in London. Seine Kompositionen zeigen Einflüsse von H. Berlioz, R. Schumann und F. Mendelssohn Bartholdy. Größte Beachtung fanden seinerzeit M.s Violinkonzerte und das Violoncellokonzert.

WW: Zahlr. V.-Stücke; Kammermusik; Symphonie (1842); 6 V.-Konzerte (1827–46); 1 Vc.-Konzert (1853); 2 Messen; Oratorium *Abraham* (1860).

Ausg.: Concerto f-moll für Klar. u. Orch., hrsg. v. J. MICHAELS (Kas 1970) (= Das 19. Jh. o. J.).

Lit.: F. SCHRÖDER, B. M. u. seine Instrumentalkompositionen (St 1923) (mit Werkverz.).

MOLITOR, Alois Franz Simon Joseph, * 3. 11. 1766 Neckarsulm (Württemberg), † 21. 2. 1848 Wien; dt. Komponist, Gitarrist und Musikschriftsteller. M. erhielt den ersten Unterricht von seinem Vater, wirkte dann an verschiedenen Orten in Deutschland und Italien als Musiker und Komponist, so 1796–97 als Orchesterdirektor in Venedig, und war 1798–1831 Verwaltungsbeamter im österreichischen Staatsdienst, wo er zu großem Ansehen gelangte. Durch die musikalischen Veranstaltungen in seinem Wiener Haus, seine Kompositionen (heute meist im Archiv der Gesellschaft der Musikfreunde in Wien) und seinen *Versuch einer vollständigen methodischen Anleitung zum Gitarrespielen* (W 1799; zus. mit W. Klingenbrunner) machte er die Gitarre in der Wiener Gesellschaftsmusik heimisch. Seine Forschungen galten E. d'Astorga und F. Conti; seine Arbeiten zu einer Geschichte der Wiener Hofkapelle und Hofoper blieben unvollendet.

Lit.: J. ZUHT, S. M. u. die Wiener Gitarristik (W o. J. [1920]);

I. KOLLPACHER, M., in: MGG IX; J. POWROŹNIAK, Gitarren-Lexikon (B 1979).

MOLITOR. – **1) Gregor** (eig. Ferdinand), OSB, * 18.7.1867 Sigmaringen, † 28.5.1926 Beuron (Hohenzollern); dt. Kirchenmusiker. Er trat 1887 in die Benediktiner-Abtei Beuron ein, empfing 1892 die Priesterweihe und war 1904–09 Prior des Klosters, daneben auch Organist. 1907 rief er die Beuroner Kirchenmusikalischen Kurse ins Leben. Er schrieb *Die diatonisch-rhythmische Harmonisation der gregorianischen Choralmelodien* (L 1913). Als Komponist trat er mit Orgelstücken, Messen, religiösen Liedern und dem Oratorium *Mariä Heimgang* (1922) hervor. – **2) Raphael** (eig. Fidelis), OSB, Bruder von 1), * 2.2.1873 Sigmaringen, † 14. 10. 1948 Beuron; dt. Choralforscher. Er trat 1890 in die Benediktiner-Abtei Beuron ein und studierte dort, später auch in Rom, Philosophie und Theologie. 1897 zum Priester geweiht, lehrte er 1898–1904 Kirchenrecht und Moraltheologie an der Ordenshochschule in Beuron und war daneben Organist der Abteikirche. 1904 berief ihn Papst Pius X. zum Konsultor der neuen vatikanischen Choralausgabe *(Editio Vaticana)*. 1906 wurde M. Abt von Gerleve. Seine Schriften zur Choralforschung haben noch heute grundlegende Bedeutung.

Schriften: *Die Nach-Tridentinische Choral-Reform zu Rom,* 2 Bde. (L 1901–02, Nachdr. Hil 1967); *Reform-Choral* (Fr 1901); *Deutsche Choral-Wiegendrucke* (Wb – R – NY 1904); *Der gregorianische Choral als Liturgie und Kunst* (Hamm 1904).

MOLL, Tongeschlecht neben ↗Dur, von dem es vor allem durch die kleine Terz im Dreiklang unterschieden ist (M.: c-es-g, Dur: c-e-g). Auf Dur und M., deren grundlegende Bedeutung G. Zarlino (1558) erkannte, beruht die dur-moll-tonale Musik des 17.–19. Jh. (↗Tonalität). Strittig ist die akustische Begründung des Moll. In der ↗Obertonreihe ist der Durdreiklang als 4., 5. und 6. Partialton vorgegeben. Nach Auffassung des ↗Dualismus entstammt der M.-Dreiklang einer zur Obertonreihe spiegelbildlichen Untertonreihe; dem vom Grundton aufsteigenden Durdreiklang entspricht damit spiegelbildlich der von der Quinte absteigende M.-Dreiklang.

Demgegenüber sieht der Monismus M. als von Dur abgeleitet und damit als nicht gleichberechtigt an. Der M.-Dreiklang als „getrübte Konsonanz" (Helmholtz) ergibt sich hier aus Bestandteilen verschiedener Obertonreihen; in c-es-g z.B. treten c-g aus C-Dur, es-g aus Es-Dur (oder auch c-es aus As-Dur) zusammen.

Theoretisch lassen sich drei Arten von M.-Skalen voneinander unterscheiden. Das mit dem gleichnamigen Modus (↗Kirchentöne) identische *äolische M.* (auch reines oder natürliches M. genannt) ist durch das Fehlen des ↗Leittons gekennzeichnet, in a-moll 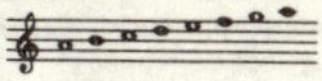. Das *harmonische M.* (Durmoll) weist dagegen, analog der Durskala, den Leitton auf: 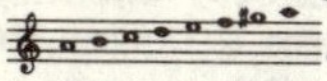. Die übermäßige Sekunde von der 6. zur 7. Stufe wird dabei gern durch Rückkehr zur 5. Stufe 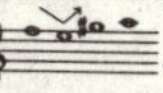, vor allem aber durch den verminderten Septsprung vermieden . Die verminderte Septe wird daher zum charakteristischen Ereignis sehr vieler barocker Fugenthemen in M. (z.B. in einem Chorthema aus G. Fr. Händels *Messiah*):

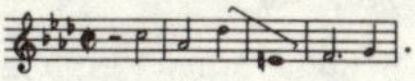.

Erhöhte 6. und 7. Stufe zeigt das *melodische M.*, dessen zweite Hälfte damit genau analog der Durskala gebaut ist. Bei Abwärtsführung der M.-Skala sind diese Erhöhungen gegenstandslos; hier wird daher in der Regel das reine M. eingesetzt:

Die Ambivalenz der 6. und 7. Stufe verbietet es, wie bei Dur von einer verbindlichen M.-Skala zu reden: M. erscheint in der kompositorischen Praxis als ein Bestand von neun Tönen: 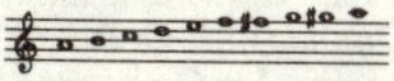.

Diese besondere Struktur des M. begründet zugleich die typische tonale Labilität von M.-Kompositionen; sie tendieren auffällig dazu, den Bereich des M. zugunsten der jeweils parallelen Durtonart zu verlassen, z.B.

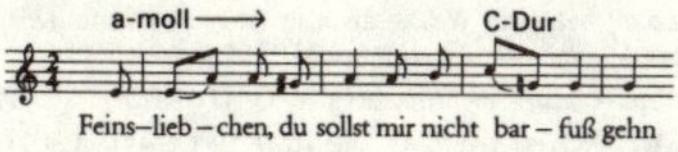

Der Wechsel Dur–M. wurde in der Vokalmusik seit dem 17. Jh. gerne als Ausdrucksmittel (etwa zur Kennzeichnung von Freude–Trauer) verwendet und in der Lehre von den musikalisch-rhetorischen ↗Figuren als Mutatio toni klassifiziert. Dieser Wechsel von Dur und M. als klangliche Abdunklung bzw. Aufhellung wurde zu einem bevorzugten Ausdrucksmittel der Romantik. Derartige text- oder stimmungsbedingte Wechsel (z.B. der Durschluß in Schuberts *Der Tod und das Mädchen*) erscheinen mitunter sogar, wie in Schuberts Streichquintett G-Dur (1. Satz), als thematisches Element:

Lit.: ↗Dur.

MOLL, Kurt, * 11. 4. 1938 Buir bei Köln; dt. Sänger (Baß). Nach seinem Gesangsstudium an der Kölner Musikhochschule kam er über Köln (Opernstudio der Städtischen Bühnen), Aachen und Wuppertal 1969 an die Hamburgische Staatsoper. Gastspiele führten ihn zu den Bayreuther und Salzburger Festspielen und an die führenden Opernhäuser der Welt. Als anerkannter Wagner-Interpret singt er auch die Charakterrollen seines Fachs und beherrscht ein großes Konzertrepertoire.

MOLLER, Joachim, ↗Joachim a Burck.

MOLLO, Tranquillo Maria Laurentio, * 10. 8. 1767 Bellinzona (Tessin), † 21. 3. 1837 ebd.; östr. Musikverleger. Er war 1793–98 Teilhaber der Wiener Firma Artaria und gründete 1798 zusammen mit D. Artaria den Verlag „Tranquillo Mollo & Co.“. 1802–04 fusionierte er vorübergehend mit dem Verlag C. Artaria, den anschließend D. Artaria allein übernahm. Seit 1808 führte M. das Unternehmen nur noch unter seinem Namen. 1832 zog er sich ins Privatleben zurück und überließ seinem Sohn **Eduard,** * 1799 Wien, † 8. 5. 1842 ebd., seit 1818 Mitteilhaber, die Leitung der Firma, die nun mit „Tranquillo Mollos Söhne“ firmierte. Nach Eduard M.s Tod wurden die Stichplatten von A. O. Witzendorf und der Firma Haslinger aufgekauft. Tr. M. verlegte L. van Beethovens op. 11, 14–18, 23 und 24.

Lit.: O. E. DEUTSCH, Music Publisher's Numbers (Lo 1946, dt. B 1961); A. WEINMANN, Verlagsverz. T. M. (mit u. ohne Co.) (W 1964) (= Beitr. z. Gesch. des Alt-Wiener Musikverlages II/9).

MOLNÁR, Antal, * 7. 1. 1890 Budapest, † 7. 12. 1983 ebd.; ung. Komponist u. Musikforscher. Er studierte an der Liszt-Akademie Budapest. 1910–12 sammelte er Volkslieder in Siebenbürgen u. Nordungarn. Als Bratschist spielte er in mehreren ung. Kammermusikensembles u. unterrichtete 1919–59 an der Liszt-Akademie (Musiktheorie, -geschichte, -ästhetik und Kammermusik). M. zählt zu den bedeutendsten Musikforschern Ungarns unserer Zeit. Aufgrund seiner umfangreichen musikwissenschaftlichen Tätigkeit widmete er sich immer seltener der Komposition. Er war der erste Biograph Z. Kodálys. Seine Autobiographie erschien unter dem Titel *Magamról, másokról* (Über mich und andere) (Budapest 1974).

WW: **1) Kompositionen:** Quartett für Fl. u. 3 Str. (1912); Orch.-Variationen über ein ung. Thema (1927); Kuruc-Musik für 4 Tárogatós u. Kammerorch. (1936); über 100 Lieder; *A danaidák* (Die Danaiden) (1926) für 3 Frauenst. u. Orch.; Schauspielmusik *Sävitri* (1913). – **2) Schriften** (alle in Budapest erschienen): *A zenetörténet szociológiája* (Soziologie der Musikgesch.) (1923); *Az uj magyar zene* (Die neue ung. Musik) (1926); *Die Bedeutung der neuen osteuropäischen Musik,* in: Arch. für die gesamte Psychologie 81 (1931); *Zenesztétika I* (Musikästhetik I) (1938); *Bartók müvészete* (Bartóks Kunst) (1948); *J. Brahms* (1959); *Repertórium a barokk zene történetéluz* (Repertorium z. Gesch. der Barockmusik) (1959); *Der gestaltspsychologische Unterschied zw. Haydn u. Mozart,* in: Kgr.-Ber. Budapest 1959; *Die Persönlichkeit Chopins,* in: Kgr.-Ber. Warschau 1960; *Über Transkriptionen u. Paraphrasen v. Liszt* (1963) (= Studia musicologica 5); *Zénéröl míndenkinek, zenei alapismeretek* (Über die Musik für Jedermann) (1968); *A zeneszerzö világa* (Über die Welt des Komponisten) (1969).

Lit.: Beszamoló Molnár Antal müveiröl (Werkverz. M.) (Budapest 1959). – I. VITÁNYI, A Magyar zenetudomány kezdetei (Die Anfänge der ung. Musikwiss.), in: Muzsika 11 (1968).

MOLTER, Johann Melchior, * 10. 2. 1696 Tiefenort/Werra, † 12. 1. 1765 Durlach; dt. Komponist. Er trat 1717 als Musicus in den Dienst des Markgrafen von Baden-Durlach und wurde 1719 für eine Weiterbildung in Venedig und Rom beurlaubt. 1722–33 war er Markgräflich-Badischer Kapellmeister in Durlach, 1733–43 Kapellmeister in Eisenach und seit 1743 erneut in Durlach. Sein außerordentlich umfangreiches Werk umfaßt hauptsächlich Instrumentalmusik und weist französische und italienische Stilelemente auf. M. war von Bedeutung für die charakteristische Verwendung der Klarinette als Orchesterinstrument.

WW: Hsl. sind erhalten: 66 Sonaten; 22 Konzerte für 3, 12 für 4 u. 61 für 5 Instr.; 14 Ouvertüren; 169 Symphonien; 14 Kantaten; eine Passion; 3 Opern. – Gedruckt wurde nur *Esercizio studioso,* Sonaten für V. u. Cemb. (A o. J.).

Ausg.: 4 Klar.-Konzerte, hrsg. v. H. BECKER (Wi 1957) (= EDM 41); Concerto pastorale für Str. u. B.c., hrsg. v. K. SCHULTZ-HAUSER (B 1961, Neudruck 1963); Symphonie C-Dur für 4 Hörner, hrsg. v. K. JANETZKY (Lo 1968); Concerto D-Dur für Trp. u. Orch., Klv.-A. hrsg. v. H. O. KOCH (Hei 1971); Trp.-Konzerte Nrn. 1–3, alle D-Dur, hrsg. v. M. TALBOT (Lo 1971); Trp.-Konzerte Nrn. 1 u. 2, hrsg. v. S. L. GLOVER – J. F. SAWYER (Nashville/Tenn. 1972).

Lit.: F. LÄNGIN, J. M. M., der Markgräflich Baden-Durlachische Kapellmeister u. Hofkompositeur, in: Ekkhart. Jb. für das Badener Land (1965); N. O'LOUGHLIN, in: MT 107 (1966); E. F. LANNING, The Clarinet as the Intended Solo Instr. in J. M. M.'s Concerto 34 (1969) (= Diss. Univ. of Missouri); R. E. MARTIN, Eleven Selected Woodwind Concertos of J. M. M. in Two Volumes (1973) (= Diss. Univ. of Missouri).

MOLTO (it., = viel, sehr), adverbialer Zusatz bei Tempobezeichnungen, der eine Steigerung angibt (z. B. *molto vivace*).

MOMENT (von lat. momentum = Bewegung, Augenblick, Bestandteil), in der mittelalterlichen Musiktheorie bezeichnet der Terminus momentum – neben instans (für die ältere Bz. tempus) – die kleinste Zeiteinheit. Im 18. Jh. bedeutet momentum u. a. bei J. G. Walther (*Musicalisches Lexicon,*

1732) eine Sechzehntel-, momentulum eine Zweiunddreißigstelpause. J. G. Herder (u. a. *Kalligone,* 1800) gebraucht Augenblick, M. und instant für das Element der musikalischen Zeit. Im 19. Jh. erscheint M. in bestimmten Werktiteln (↗Moment musical). R. Wagner spricht von den später so genannten ↗Leitmotiven als von „melodischen Momenten". H. Riemann versteht M. im harmonisch-metrischen Zusammenhang als Bestandteil bzw. Faktor. Im 20. Jh. steht M. dagegen eher für Kürze oder, wie z.B. bei K. Stockhausen, für Formeinheit und „selbständigen Gedanken – in einer Komposition". M. kann dann – formal – eine Gestalt der Struktur (oder beides) oder – zeitlich – ein Zustand oder Prozeß (oder beides) sein. Die „Formbildung durch M.e" – die „Momentform", in der jeder M. als „Konzentration auf das Jetzt" gehört wird, führt zwangsläufig auch zu einem neuen Verständnis von Zeit und Dauer.

Lit..: K. STOCKHAUSEN, Momentform, in: Texte I, hrsg. v. D. Schnebel (Kö 1963) (= DuMont Dokumente o. Nr.); M., in: HMT (1978).

MOMENT MUSICAL (frz., = musikalischer Augenblick), Bz. für ein lyrisches ↗Charakterstück. Erstmals als *Momens musicals* für die Klavierstücke op. 94, D 780 Fr. Schuberts belegt, fanden diese programmfreien Stücke, auch titelmäßig, nur wenige Nachfolger; meist sind es dann liedhaft schlichte Gebilde, so in M. Regers op. 13 *(Lose Blätter)* und 24 *(Six morceaux)*. Dem Titelsinn entsprechen eher Werke wie Th. Kirchners *Nur Tropfen, ganz kurze Stücke* für Streichquartett, Z. Fibichs (352) tagebuchartige *Stimmungen, Eindrücke und Erinnerungen* oder G. Faurés *Huit pièces brèves* op. 84 (u. a. mit 2 Fugen). G. Klebe nannte sein op. 19 *Moments Musicaux.*

MOMIGNY. – 1) Jérôme Joseph de, * 20.1.1762 Philippeville (heute Belgien), † 25.8.1842 Charenton-St-Maurice (Seine); frz. Komponist und Musiktheoretiker. Er war mit 12 Jahren Organist in St-Omer, später in Ste-Colombe und seit 1785 an der Abtei St-Pierre in Lyon. 1793 nahm er an dem Aufstand der Lyoner Bürger gegen die Stadtbehörde teil und mußte 1794 in die Schweiz fliehen, kehrte 1796 nach Lyon zurück. 1800 aber ging er nach Paris und gründete dort eine Musikalienhandlung mit Verlag, in dem er eigene Werke herausgab. Sein Gönner, der Comte de Lacépède, brachte seine Kompositionen zur Aufführung. 1828 mußte M., finanziell ruiniert, den Verlag auflösen, erhielt aber, u.a. durch Vermittlung L. Cherubinis, eine jährliche Pension und widmete sich seitdem philosophischen und politischen Studien. Von H. Riemann, dessen These von der Auftaktigkeit der leichten Taktteile er bereits antizipierte *(Grande Encyclopédie méthodique...)*, wurde M. als „Vater der Phrasierungslehre" bezeichnet. Weitere bemerkenswert neue Ansätze finden sich in seiner Konsonanz- und Dissonanztheorie und in seiner Harmonielehre, die er allerdings wenig glücklich mit dem griech. Tetrachordsystem zu verbinden suchte.

WW: **1) Kompositionen:** 2 Streichquartette; Triosonaten für Klv., V. u. Vc.; Slgen. mit Romanzen; Kantaten mit Klv.-Begleitung; ferner 2 Opern: *Le baron de Felsheim* (vor 1800) u. *La nouvelle laitière* (vor 1811); Operette *Arlequin cendrillon* (P 1811); Pantomime *Musique de l'enfant d'Hercule et d'Hébé* (P 1811). – **2) Schriften:** *Cours complet d'harmonie et de composition d'après une théorie neuve,* 3 Bde. (P 1803–06); *Exposé succinct du seul système musical qui soit vraiment bon et complet* (P 1809); *La seule vraie théorie de la musique* (P 1821, Nachdr. G 1974); *Cours général de musique, de piano, d'harmonie et de composition depuis A jusqu'à Z* (P 1834). – Ferner Bd. II des Musikteils der *Grande Encyclopédie méthodique par ordre des matières* (1818, Nachdr. NY 1971).

2) Georges Joseph, Sohn von 1), * 12. 12. 1812 Vire, † nach 1875 ebd.; frz. Komponist. M. war Schüler von P. Zimmermann und A. Reicha am Pariser Conservatoire und Organist an La Chapelle-St-Denis. Er schrieb Romanzen, Klavierstücke, Cantiques und Motetten.

Ausg.: **Zu 1):** Streichquartett D-Dur op. 1 Nr. 2, hrsg. v. A. PALM (Kas 1969) (= Das 19. Jh. o. Nr.). – *La seule vraie théorie...* 1821, Nachdr. der it. Ausg. 1823 *La sola e vera teoria della musica* (Bol 1969) (= Bibl. musica Bononiensis II/66).

Lit.: W. GERSTENBERG, Ein Dictionnaire M.s u. seine Lehre vom musikal. Vortrag, in: FS K. G. Fellerer (Rb 1962); J. CHAILLEY, Un grand théoricien belge méconnu de la musique, in: Bull. de la Classe des Beaux-Arts de l'Acad. Royale de Belgique 48 (1966); F. RITZEL, Die Entwicklung der „Sonatenform" im musiktheoretischen Schrifttum des 18. u. 19. Jh. (Wie 1968) (= Neue musikgeschichtliche Forsch. 1); M. S. COLE, M.'s Analysis of Haydn's Symphony No. 103, in: MR 30 (1969); A. PALM, J.-J. de M., Leben u. Werk. Ein Beitrag zur Gesch. der Musiktheorie im 19. Jh. (Kö 1969); H. HEUGHEBAERT, Muziekopvatting en muziekanalyse van J.-J. de M., in: Vlaams muziektijdschrift 22 (1970); W. SEIDEL, Über Rhythmustheorien der Neuzeit (Be – Mn 1975).

MOMPELLIO, Federico, * 9. 9. 1908 Genua; it. Musikforscher. Er studierte Komposition und Klavier am Konservatorium in Parma und promovierte 1932 an der Universität Genua mit der Dissertation *Il melodramma di G. Verdi* zum Dottore in lettere. 1933 wurde er Bibliothekar und Professor für Musikgeschichte am Konservatorium in Palermo, 1934 am Konservatorium in Parma, war 1939–68 Bibliotheksdirektor und 1949–68 Professor für Musikgeschichte am Konservatorium in Mailand. 1968 erhielt er den Lehrstuhl für Musikwissenschaft an der Universität in Parma.

Schriften: *P. Vinci madrigalista siciliano* (Mi 1937); *M. E. Bossi* (Mi 1952); *S. d'India, musicista palermitano* (Mi 1956); *L. Viadana. Musicista fra due secoli* (XVI–XVII) (Fi 1967) (= Historiae musicae cultores Bibl. 23); *La musica nel duomo e alla corte sino alla secondo metà del Cinquecento,* in: Storia di Milano 9 (Mi 1961) (zus. mit C. Sartori u. G. Barblan); *La musica a Milano nell'età moderna,* in: ebd. 16 (1962) (zus. mit G. Barblan); *S. F. Neri e la musica „pescatrice di anime"*, in: Chigiana 22, N.S. 2 (1965); *Musica provvissoria nella prima „Forza del destino"*, in: Verdi. Boll. dell'Istituto di studi verdiani (1966); *Valori cromatici nel „Quintetto" di C. Franck,* in: Quadrivium 12 (1971).

MOMPOU, Federico, * 16. 4. 1893 Barcelona; katalanischer Komponist. Er studierte am Conservatorio del Liceo in Barcelona und 1911–13 am Pariser Conservatoire. 1914–21 lebte er in Barcelona, dann erneut in Paris und ließ sich 1941 endgültig in Barcelona nieder. Dort wurde er 1951 Mitglied der Real Academia de Bellas Artes de San Jorge und 1959 auch der Akademie von San Fernando. M. entwickelte im bewußten Gegensatz zum intellektuell ausgerichteten, zeitgenössischen „Cerebralismo" einen ausgesprochen primitiven Stil, den er „Recomienzo" nannte. Seine Kompositionen, überwiegend Klavierstücke und Klavierlieder, sind besonders durch das weitgehende Fehlen harmonischer und thematischer Entwicklung gekennzeichnet. Die Themen sind häufig durch folkloristische und exotische Musik inspiriert.

WW: Für Klv.: *Impresiones intimas* (1911–14); *Pessebres* (1914 bis 1917); *Scènes d'enfants* (1918); *Charmes* (1920–21); 10 Präludien (1927–51); *Canción y danza* Nr. 1–10 (1918–53); 3 *Paisajes* (1942, 1947, 1960); *Música callada,* 4 H.e (1959–67). – Vokal-WW: *Cants magics* (1917–19); *Comptines* (1943) für SingSt u. Klv.; *Cantar del alma* (1960) für Chor u. Org.; Oratorium *Los improperios* (1964) für Soli, Chor u. Orch.; *Vida interior* (1966) für Chor. – Ballett *House of Birds,* UA: London 1955.

Lit.: A. IGLESIAS, F. M., su obra para piano (Ma 1976).

MONACO, Mario del, ↗Del Monaco.

MONA LISA, Oper in 2 Akten von Max von Schillings (1868–1933), op. 39, Text von Beatrice von Vay-Dovsky. Ort der Handlung: Florenz; Zeit: Anfangs- und Schlußszene (Rahmenhandlung): im 20. Jh.; 1. u. 2. Akt (Binnenhandlung): Ende des 15. Jahrhunderts. UA: 26. 9. 1915 in Stuttgart.

Die genüßlich-frivole Lebensart des mediceischen Florenz ist der atmosphärische Hintergrund, vor dem die Legende um Mona Fiordalisa del Gioconda – bekannt als „Mona Lisa" – theatralisch effektvoll ausgebreitet wird: Die junge Mona Lisa läßt ihren erheblich älteren Gatten in seiner Schatzkammer ersticken, nachdem dieser ihren jugendlichen Liebhaber umgebracht hat. Erzähltechnisch eingebettet ist dieses Eifersuchtsdrama in eine Rahmenhandlung: Ein Ehepaar auf der Hochzeitsreise bekommt die Geschichte während einer Führung durch den Palast des Gioconda von einem Laienbruder erzählt. Nach der Anfangsszene verwandeln sich die Hochzeitsreisenden in das Ehepaar Gioconda und der Laienbruder in den jugendlichen Liebhaber. Farblicher Nuancenreichtum mit Hilfe des stark besetzten Orchesters, an R. Wagners und R. Straussens Schreibweise angelehnter Dialogstil und große harmonische Dichte zeichnen das Werk als Meisterstück spätromantischer Musikdramatik aus. Der Stoff war zur Zeit der UA noch aktuell: Leonardo da Vincis „Mona Lisa" war 1911 aus dem Louvre gestohlen und 1913 in Florenz wiedergefunden worden.

W. A. MAKUS

MÖNCH VON SALZBURG, östr. Dichter und Musiker. Die Zeit seines Wirkens deckt sich vermutlich etwa mit der Amtszeit des Salzburger Bischofs Pilgrim II. (1365–96). Von seinen 107 weltlichen und geistlichen Liedern sind die meisten in der Mondsee-Wiener Lieder-Hs. (Östr. Nat.-Bibl. Cod. 2856) und 2 im Lochamer Liederbuch bzw. im *Fundamentum* C. Paumanns überliefert.

Ausg.: F. A. MAYER – H. RIETSCH, Die Mondsee-Wiener Hs. u. der M. von S., in: Acta Germanica 3–4 (1894–96) (darin Abdruck der weltlichen Melodien); 10 Lieder, in: H. MOSER – J. MÜLLER-BLATTAU, Dt. Lieder des MA (St 1968).

Lit.: O. URSPRUNG, Vier Stud. z. Gesch. des Liedes, II: Die Mondseer Lieder-Hs. u. Hermann der M. von S., in: AfMw 5 (1923); F. V. SPECHTLER, Der M. von S., Unters. über Hss., Gesch., Gestalt u. Werk... als Grundlage einer textkritischen Ausg. (Diss. I 1963); DERS., Der M. von S. u. O. von Wolkenstein in den Hss., in: DVfLG 40 (1966); W. RÖLL, Zur Überlieferung der Lieder des M.s von S., in: Zschr. für dt. Altertum u. dt. Lit. 99 (1970).

MOND, DER, ein kleines Welttheater von Carl Orff (1895–1982), Text vom Komponisten. Ort und Zeit der Handlung: in märchenhafter Vergangenheit. UA: 5. 2. 1939 in München.

In Anlehnung an das Märchen der Brüder Grimm entfaltet Orff ein humoreskes Kaleidoskop liebenswürdiger menschlicher Schwächen und hintergründiger Lebensweisheiten. Eine leuchtende Kugel wird von vier Burschen gestohlen, erweckt nach deren Tod das Reich der Entschlafenen zu unsittlich-frohem Leben und wird schließlich von Petrus als Mond am Himmel befestigt. Die Sicht der Welt als kosmische Einheit aller Lebensbereiche und die Zweifelhaftigkeit rigorosen moralischen Dogmatismus sind gedankliche Grundelemente des Werkes – dargestellt in expressiver Anschaulichkeit, zwar mit Hilfe vieler Symbole, jedoch ohne akademische Ästhetisierung. Musikalisch verbirgt sich hinter dem gewollt einfachen Klangbild oft dezente satztechnische Raffinesse. Die Integration von Elementen der Unterhaltungsmusik und von Zitaten aus Werken G. Puccinis und G. Verdis dient sowohl der Gattungsparodie als auch der Intensivierung des musikalischen Ausdrucks. Die Komik von Musik und Text ist nicht artifiziell buffonesk, sondern elementar heiter und komödiantisch, von ironischer Distanz ohne Sarkasmus.

W. A. MAKUS

MONDONVILLE, Jean-Joseph Cassanéa de, getauft 25.12.1711 Narbonne, † 8.10.1772 Belleville bei Paris; frz. Violinist und Komponist. Er kam 1731 nach Paris, wo er 1733 und 1734 seine ersten beiden Bücher Instrumentalkompositionen veröffentlichte. Kurz darauf wurde er 1. Violinist im Concert de Lille und brachte dort mit großem Erfolg seine Motetten zur Aufführung. 1734 spielte er erstmals im Concert spirituel und machte sich dort 4 Jahre später auch als Komponist bekannt. 1739 wurde er Violinist der Chapelle Royale, 1740 Sous-maître und 1744 Surintendant. 1755–62 war er Leiter und Dirigent des Concert spirituel.

WW: V.-Sonaten mit B.c. op. 1 (P 1733); Triosonaten (P 1734); 6 *Pièces de clavecin en sonates* mit V. op. 3 (P um 1734); *Les sons harmoniques* (6 V.-Sonaten) (P 1738); *Pièces de clavecin, avec voix ou violon* (P 1748); ferner Motetten, u. a. Chormotetten *Jubilate* (1734/38) u. *Cantate Domino* (1742). – Bühnenwerke, darunter: *Isbé*, UA: Paris 1742; *Titon et l'Aurore*, UA: ebd. 1753; *Thésée*, UA: ebd. 1765; *Les projets de l'amour*, UA: ebd. 1771.

M. gehörte während des Buffonistenstreits zu den bedeutendsten Parteigängern der französischen Musik. Wichtig sind bis heute vor allem seine Instrumentalkompositionen. In den Sonaten op. 4 für Violine mit B. c. verwendete er als erster Flageoletttöne; die Sonaten op. 3 für Violine und Cembalo markieren in der gleichwertigen Behandlung der beiden Instrumente eine neue Stufe in der Entwicklung der Violinsonate. Als Virtuose wurde M. mit den größten französischen Violinisten der Zeit, J.-P. Guignon und L. G. Guillemain, auf eine Stufe gestellt.

Ausg.: *Pièces de clavecin* 1734, hrsg. v. M. PINCHERLE (P 1935) (= Publications de la Soc. Fr. de Mie I/9); *Pièces de clavecin* 1748, hrsg. v. E. BORROFF (P 1950); dass., Faks.-Ausg. hrsg. v. M. PINCHERLE (Lo 1966); Motetten *Jubilate* u. *Cantate Domino*, hrsg. v. E. BORROFF (Pittsburgh 1961); *Sonates en trio*, hrsg. v. R. BLANCHARD (P 1967) (= Le pupitre 3); Sonaten für V. u. B.c. op. 1 Nr. 3 D-Dur u. Nr. 4 G-Dur, hrsg. v. F. POLNAUER (Mz 1967) (= V.-Bibl. 19); Sonate C-Dur für V. u. B.c. op. 4 Nr. 2, hrsg. v. DEMS. (Wilhelmshaven 1970) (= L'arte del violino o. Nr.).

Lit.: F. HELLOUIN, M., sa vie et son œuvre (P 1903); L. DE LA LAURENCIE, L'école française de violon III (P 1924, Nachdr. G 1971); E. BORROFF, The Instrumental Works of J.-J. de M., 2 Bde. (1959) (= Diss. Univ. of Michigan); DIES., The Instrumental Style of J.-J. de M., in: Rech. Mus. 7 (1967); H. BOL, De triosonates op. 2 van J.-J. C. de M., in: Mens en melodie 23 (1968); G. BECKMANN, Die frz. Violinsonate mit B.c. v. J.-M. Leclair bis P. Gaviniès (H 1975) (= Hamburger Beitrag zur Musikwiss. 15).

MONFERRATO, Natale, * um 1603 Venedig, † 23. 4. 1685 ebd.; it. Komponist. M. war Geistlicher und Schüler von G. Rovetta in Venedig. Dort wurde er 1639 Sänger, 1647 Vizekapellmeister und 1676 als Nachfolger P. Fr. Cavallis Kapellmeister an San Marco. M. reorganisierte die Kapelle und hob ihr Niveau durch Einführung strenger Aufnahmeprüfungen. Daneben war er Chormeister am Conservatorio dei Mendicanti. 1675 gründete er mit G. Sala eine Notendruckerei, in der er nun alle seine Werke veröffentlichte.

WW (meist in Venedig gedruckt): *Missa ad usum cappellarum* für 4–5 St. u. B.c. (1677); *Messe et Magnificat* für 4 St. (1681); *Motetti a voce sola* (1655, 1666); *Motetti* bzw. *Motetti concertati* für 2–3 St. u. B.c. (1655, 1668, 1681); *Salmi concertati* für 5–8 St. (1647); für 3–8 St. (1671, 1678); für 2 St. (1676); doppelchörige Psalmen für 8 St. u. B.c. (1653); *Salmi brevi* für 8 St. (Bol 1675); *Antiphonae* für 1 St. u. B.c. (1678).

Lit.: C. SARTORI, Le origini di una casa editrice veneziana, in: FAM 7 (1960).

MONFERRINA, piemontesischer Volkstanz (aus Monferrato) im schnellen $^{6}/_{8}$-Takt. Die M. weist einen 2teiligen Melodieaufbau mit Ritornell auf, wobei die beiden Teile kontrastierend angelegt sind. In der Kunstmusik findet sich die M. u. a. bei M. Clementi.

MONIKA, Operette in 3 Akten von Nico Dostal (1895–1981), Text von Hermann Hermecke. Ort und Zeit der Handlung: eine Schwarzwaldgegend und eine norddeutsche Stadt, in den 30er Jahren. UA: 3. 10. 1937 in Stuttgart (Staatstheater). Verfilmt: 1939 (als *Heimatland*) und 1956.

Der milieubedingte Konflikt zwischen ländlichem und städtischem Leben wird glücklich gelöst: Das Mädel aus dem Schwarzwalddorf kann trotz aller Schwierigkeiten den aus Norddeutschland stammenden Geliebten heiraten. Dostal knüpft mit *Monika* an den Werkstil F. Lehárs und E. Kálmáns an; mit ihren im Volkston gehaltenen Liedern und vielen Tanzmelodien entspricht die Operette dem Bedürfnis des Publikums, die heimatlichen Landschaften zu idealisieren, insbesondere in dem berühmt gewordenen Lied *Heimatland, Heimatland, dein gedenk' ich immerdar.* Charakteristisch für den singspielhaften Musikstil Dostals sind auch die Duette *Einmal rechts 'rum, einmal links 'rum, Ein Walzer zu zweien,* das Terzett *Mädle, guck nit so dumm* und das Liebeslied *Dein bin ich immerdar.*

B. DELCKER

MONIUSZKO, Stanisław, * 5.5.1819 Ubiel bei Minsk, † 4.6.1872 Warschau; poln. Komponist. Er erhielt seine Ausbildung 1827–30 bei August Freyer in Warschau und 1837–39 bei C. Fr. Rungenhagen in Berlin. 1840 wurde er Organist an der St. Johannes-Kirche in Wilna, wo er außerdem als Musiklehrer und Theaterdirigent tätig war. Nach dem überragenden Erfolg seiner Oper *Halka* in Warschau 1858 wurde er noch im selben Jahr als Direktor an die Warschauer Oper berufen. Auf einer Reise nach Paris 1862 lernte er Fr. D. E. Auber und Ch. Gounod kennen. Seit 1864 unterrichtete er Instrumentation und Komposition am Warschauer Musikalischen Institut. Zu seinen Schülern gehörten Z. Noskowski, H. Jarecki und (in Wilna) C. Cui.

WW: Etwa 300 Lieder; Chorwerke; 6 Messen; ein Requiem sowie 4 Litaneien. – Zahlr. Opern, u.a. *Nocleg w Apeninach* (Das Nachtlager in den Apenninen), UA: Wilna 1839; *Halka*, UA: ebd. 1848, erweitert um 2 Akte, UA: ebd. 1858; *Nowy Don Kiszot* (Der neue Don Quixote), UA: Lemberg 1849; *Loterya* (Die Lotterie), UA: Warschau 1846; *Cyganie* (Die Zigeuner), UA: Wilna 1852, revidiert als: *Jawnuta*, UA: Warschau 1860; *Bettly*, UA: Wilna 1852; *Flis* (Der Flößer), UA: Warschau 1858; *Hrabina* (Die Gräfin), UA: ebd. 1860; *Verbum nobile*, UA: ebd. 1861; *Strazny dwór* (Das Gespensterschloß), UA: ebd. 1865; *Paria*, UA: ebd. 1869; ferner ein Melodram *Beata*, UA: ebd. 1872.

Obwohl M. im Schatten Fr. Chopins stand, übte er einen großen Einfluß auf die zeitgenössischen polnischen Komponisten und auf die Ausprägung eines nationalen Stils in der polnischen Musik aus. Seine Opern sind wegen ihrer teilweise sozialkritischen Akzente und ihres melodischen Reichtums bis heute in Polen lebendig geblieben. Stilistisch verband er die traditionelle polnische Kunstmusik mit Einflüssen der italienischen Musik und der deutschen Romantik; in der melodischen Erfindung wurde er durch die polnische und weißrussische, aber auch durch litauische Volksmusik inspiriert.

Ausg.: Dziela (GA), hrsg. v. W. RUDZIŃSKI (Krakau 1965ff.); Piesni wybrane (Ausgew. Lieder), hrsg. v. E. NOWACZYK (ebd. 1972). – Listy zebrane (Gesammelte Briefe), hrsg. v. W. RUDZINSKI (ebd. 1969).

Lit.: F. KECKI, A Catalogue of Musical Works of M. Karlowicz and S. M., engl. v. C. Szklarska (War 1936). – A. WALICKI, S. M. (Lemberg 1873); Z. JACHIMECKI, S. M. (War 1921), NA hrsg. v. W. Rudziński (Krakau 1961) (= Z pism Zdz. Jachimeckiego 3); DERS., S. M. and Polish Music, in: The Slavonic Rev. 2 (1924); DERS., Die Kirchenmusik M.s (War 1948); S. M. Sammel-Bd., hrsg. v. I. BÉLZA (Mos – Leningrad 1952); W. RUDZIŃSKI, S. M. (Krakau 1954, ⁴1972); T. KACZYŃSKI, Dzie je sceniczne „Halki" (Die Bühnengesch. des „Halka") (Krakau 1969); K. MAZUR, Pierwodruki S. M. (War 1970); W. RUDZIŃSKI, M. a Chopin, in: Chopin a muzyka europejska, hrsg. v. K. Musioł (Kattowitz 1977).

MONK, Thelonious (Sphere), * 10. 10. 1920 Rocky Mount (N.C.), † 17. 2. 1982 Eaglewood (N.Y.); amerik. Jazzmusiker (Klavier). Ende der 30er u. Anfang der 40er Jahre spielte er zunächst Swing und Mainstream, traf aber schon 1941 in New York mit einigen Jazz-Erneuerern zusammen (u.a. mit Kenny Clarke und Charlie Christian) und beteiligte sich aktiv an der Vorbereitung des Modern Jazz (Bebop). Später spielte er auch mit Charlie Parker und Dizzy Gillespie. Seit 1957 rückte M. in den Mittelpunkt des Jazzgeschehens, spielte u.a. mit John Coltrane und Johnny Griffin; seit 1959 gehörte der Tenorsaxophonist Charlie Rouse zu seinem Quartett. Bis in die 70er Jahre hinein trat M. auch als Solist auf. Charakteristisch für seinen Stil war die Auflösung der traditionellen Harmoniebeziehungen und insbesondere die Verwendung von Blueselementen, die er mit komplexen Strukturen verband. Jazzstandards wurden u. a. seine Kompositionen: *Round about Midnight, Epistrophy, Well you needn't, Straight no Chaser, Blue Monk, Misterioso.*

Lit.: M. T. WILLIAMS, Th. M., in: The Jazz Tradition (NY 1970) (mit Bibliogr.); A. POLILLO, Jazz, Gesch. u. Persönlichkeiten der afro-amerik. Musik (Mn 1978).

MONN (Mann). – **1) Matthias** (eig. Johann) **Georg,** * 9. 4. 1717 Wien, † 3. 10. 1750 ebd.; östr. Komponist und Organist. Er ist 1731/32 als Diskantsänger im Stift Klosterneuburg nachweisbar und hatte frühestens seit 1738 an der soeben vollendeten Wiener Karlskirche das Organistenamt inne. Fraglich bleibt, ob er es zeit seines Lebens ausübte; in seinem Testament spricht er nämlich von langwieriger Erkrankung.

WW (fast ausschließlich hsl. erhalten): Etwa 80 Symphonien, Partiten, Divertimenti, Cemb.- u. Vc.-Konzerte, Tänze, Sonaten für Cemb., Praeludien u. Versetten für Org., Messen, Magnificat, Motetten. – Ferner eine *Theorie des Generalbasses in Beispielen ohne Erklärung.*

M. zählt mit G. Chr. Wagenseil und J. Starzer zu den namhaftesten Komponisten der Wiener Vorklassik. In der Tradition verwurzelt, wurde er namentlich in seinen Symphonien zukunftsweisend. Durch Ausbildung eines 2. Themas, einer Durchführung und Hinzufügen des Menuetts zur bisherigen Dreisätzigkeit bereitete er den klassischen Typus der Symphonie entscheidend vor.

2) Johann Christoph, Bruder von 1), * 1726, † 24. 6. 1782 Wien; östr. Komponist und Klavierlehrer. Er lebte laut Testament seines Bruders 1750 als Musiklehrer beim Grafen Kinsky in Prag, seit 1766 als erfolgreicher Klavierpädagoge in Wien, wo er allerdings völlig verarmt starb. M. entspricht in seinen Klavierwerken dem Zeitgeschmack des Publikums, während seine einzige überlieferte Symphonie dem Stil der Mannheimer Schule nahesteht.

WW (hsl.): Divertimenti, Sonaten, Menuette, Cemb.-Konzerte, 1 Symphonie.

Ausg.: **Zu 1):** 3 Symphonien u. 1 Sonata (Partita), in: Wiener Instrumentalmusik vor u. um 1750, 1. Teil, hrsg. v. K. HORWITZ – K. RIEDEL (W 1908) (= DTÖ 31) (die urspr. M. zugeschriebene Symphonie Es-Dur stammt v. F. X. Pokorny); 5 Symphonien u. 2 Konzerte, in: ebd. Teil 2, hrsg. v. W. FISCHER (1912) (= ebd. 39); Klv.-Stücke, in: Klv.-Musik des 17. u. 18. Jh. 1, hrsg. v. K. HERRMANN (L 1934); 2 Deutsche Marienlieder, hrsg. v. R. MODER (W 1955); V.-Konzert B-Dur, hrsg. v. I. SCHUBERT (Gr 1975) (= Musik Alter Meister 39/40). – Ein Cemb.-Konzert M.s bearb. A. Schönberg 1932 als Konzert für Vc. u. Orch. – **Zu 2):** Divertimento D-Dur, hrsg. v. W. FISCHER (= DTÖ 39, s.o.); 3 Klv.-Kompositionen, hrsg. v. K. GEIRINGER, in: Wiener Meister um Mozart u. Beethoven (W 1935).

Lit.: H. RIEMANN, Stamitz oder M.?, in: Blätter für Haus- u. Kirchenmusik 12 (1907/08); W. FISCHER, Zur Entwicklungsgesch. des Wiener klass. Stils, in: StMw 3 (1915); R. PHILIPP, Die Messenkompositionen der Wiener Vorklassiker G. M. M. u. G. Ch. Wagenseil (Diss. W 1938); J. LARUE, Major and Minor Mysteries of Identification in the 18th-Century Symphony, in: JAMS 13 (1960); J. M. BARBOUR, Pokorny Vindicated, in: MQ 49 (1963).

R. FEDERHOFER-KÖNIGS

MONNIKENDAM, Marius, * 28. 5. 1896 Haarlem, † 22. 5. 1977 Heerlen; ndl. Komponist und Musikschriftsteller. Er studierte bei S. Dresden am Konservatorium in Amsterdam und seit 1924 bei V. d'Indy an der Schola Cantorum in Paris. Anschließend unterrichtete er am Konservatorium in Rotterdam und am Muziek-Lyceum in Amsterdam. Hauptsächlich jedoch war M. als Musikkritiker bei verschiedenen katholischen Tageszeitungen tätig und veröffentlichte zahlreiche Beiträge in den Zeitschriften *Mens en melodie* und *Musica sacra* (Niederlande). Architektonisch empfundener Werkaufbau und ein starkes motorisches Element sind kennzeichnend für den kompositorischen Stil M.s, der außer von der byzantinischen Liturgie auch von der Volksmusik und vom Schaffen A. Honeggers beeinflußt ist.

WW: **1) Kompositionen:** Zahlr. Orgelwerke, darunter: Konzert für Org., 20 Bläser u. Schlagzeug (1968); Praeludium *The Bells* (1972); *Toccata concertante* (1976). – Für Orch.: *Arbeid* (1933); *Mouvement symphonique* (1950); Konzert für Trp., Horn u. Orch. (1962); Concertino für Klv. u. Orch. (1974). – Zahlr. geistliche Vokalwerke, u. a.: *Missa nova* (1931) für gem. Chor a cap.; 2 Magnificat (1956, 1966); *Missa solennissima* (1959) für gem. Chor, Org. u. 7 Blechbläser ad lib.; *Missa pro defunctis* (1962) für Alt, Org. u. Schlagzeug; Oratorien: *Jan van Riebeeck* (1951) für Soli, Chor u. Orch.; *Noé ou la déstruction du monde* (1955) für Soli, Chor, Kinderchor, Sprecher und Orch.; *Elckerlijc* (1975) für Kinderst., Chor, Kammerorch. u. Org. – **2) Schriften:** *C. Franck* (A 1949, NA Haarlem 1966); *I. Strawinsky* (Haarlem 1951, 1958, 1966); *De symfonie van C. Franck* (An 1963); *Nederlandse componisten van heden en verleden* (A 1968).

Lit.: H. NOLTHENIUS, Het jongste werk van M. M., in: Mens en melodie 1 (1946); W. PAAP, in: ebd. 21 (1966); DERS., M. M. componist, tachtig jaar (Haarlem 1976).

B. A. KOHL

MONNOT, Marguerite Angèle, * 26. 6. 1903 Decize (Nièvre), † 12. 10. 1961 Paris; frz. Pianistin und Komponistin. Sie studierte Klavier bei A. Cortot sowie Komposition bei Nadia Boulanger und wurde vor allem als Komponistin von Filmmusik und Chansons (u. a. *Milord,* 1959) bekannt. Ihr größter Erfolg, sowohl in Europa als auch am Broadway war das Musical *Irma la Douce* (UA: Paris 1957).

MONOCHORD (griech., = Einsaiter, von monos = allein, einzig und chordē = Saite), Bz. für ein aus der Antike stammendes Instrument, bestehend aus einem rechteckigen Resonanzkasten, über den längs eine an beiden Enden befestigte Saite gezogen ist. Unter der Saite befindet sich ein verschiebbarer Steg, mit dessen Positionsänderungen die Saite in jedem gewünschten Punkte geteilt, d. h. die schwingende Länge einzelner Teilstrecken verändert werden kann, so daß die exakte Darstellung einzelner Tonhöhen möglich ist. Eine auf der Decke des Resonanzkastens aufgetragene Skala erleichtert das Auffinden der Teilungspunkte. – Über das Aussehen (z. B. Größe oder Saitenlänge) des antiken M.s ist kaum etwas bekannt. Seine Bedeutung als das wichtigste Meßinstrument der griechischen antiken Musiktheorie läßt sich dagegen schon aus der griechischen Bezeichnung „kanōn" (lat. regula, norma, = Regel, Norm, Richtschnur) ablesen, die seit Eukleides (*Katatomē kanōnos* = Sectio canonis) überliefert ist. Angeblich soll Pythagoras das M. erfunden haben; sicher ist jedoch nur, daß es zu seinen Lebzeiten benutzt wurde.

Die mittelalterliche Musiktheorie verdankt die Kenntnis der antiken Theorie und des M.s der Überlieferung durch Boëthius. Jedoch erst seit dem 10. Jh. gewann das M. auch eine größere praktische Bedeutung. Ausgehend von den mathematischen Teilungsverhältnissen der Intervalle (Grundintervalle: Oktave 1 : 2, Quinte 2 : 3, Quarte 3 : 4, großer Ganzton 8 : 9) und der genauen Abtrennungsmöglichkeit von Teilabschnitten bei der Streckenteilung, wurde es als Hilfsinstrument zur mathematisch exakten Festlegung von Tonhöhen benutzt: als Demonstrationsinstrument zur optisch-akustischen Darstellung von Intervallen, als Meßinstrument zur Stimmung anderer Instrumente (die Saitenteilung am M. war grundlegend für die Berechnung der Orgelmensuren) und als Lehrinstrument im Gesangsunterricht. Die Bedeutung des Instruments für die Musiktheorie zeigt sich auch in der Vielzahl von M.-Mensuren, die in den Musiktraktaten des Mittelalters mitgeteilt werden.

Obwohl das M. auch als Musikinstrument benutzt wurde, war es für die Musikausübung von nur geringer Bedeutung, führte jedoch im Spätmittelalter zur Erfindung weiterer Instrumente. Bereits für die antiken Autoren lag es nahe, das M. mit mindestens einer weiteren Saite und dazugehörigem Steg auszustatten, um ein simultan erklingendes Intervall erzeugen zu können. So berichten schon Ptolemaios (2. Jh. n. Chr.) und nach ihm Boëthius von Instrumenten mit 8 Saiten. Auch im Mittelalter wurden Polychorde, d. h. M.e mit mehreren Saiten, benutzt; dennoch behielt das Instrument den Namen „M." Im 14. Jh. berichtet S. Tunstede von einem Bichord, bei dem zwei Saiten in der Prim gestimmt waren; im 15. Jh. wurde das einsaitige M. mit Tasten ausgestattet, die mit den notwendigen Lehrinformationen wie Tonbuchstaben und Solmisationssilben beschriftet waren. Dieses Tasten-M. war nach Conrad von Zabern (*Novellus musicae artis tractatus,* um 1460/70; *Opusculum de monochordo,* zw. 1462 und 1474) sehr vielfältig verwendbar. Es handelte sich jedoch wohl nur um eine zu Lehrzwecken entwickelte Sonderform, denn schon vorher wurde das mehrsaitige Polychord mit Tasten verbunden und daraus das ↗Clavichord entwickelt, das erstmals 1404 nachweisbar ist (Eberhard Cersne, *Der Minne*

Regel). Da aber das M. meistens ein Polychord war und als Musikinstrument in Texten des 13. und 14. Jh., auch als „monacorde", „manicorde" oder „manicordion" u. ä., bereits häufiger erscheint, könnte es sich in Wirklichkeit schon um ein Clavichord gehandelt haben.

Lit.: S. WANTZLOEBEN, Das M. als Instr. u. als System (Hl 1911); W. NEF, The Polychord, in: GalpinJ 4 (1951); J. SMITS VAN WAESBERGHE, De musico-paedagogico et theoretico Guidone Aretino (Fi 1953); K.-W. GÜMPEL, Das Tastenmonochord Conrads von Zabern, in: AfMw 12 (1955); J. CHAILLEY, Le monocorde et la théorie musicale, in: FS J. Smits van Waesberghe (A 1963); C. ADKINS, The Technique of the M., in: AMl 39 (1967); A. HUGHES, The M. and musica ficta, in: MD 23 (1969); J. SMITS VAN WAESBERGHE, Musikerziehung (L 1969) (= Musikgesch. in Bildern III/3); B. MÜNXELHAUS, Pythagoras musicus (Bonn 1976); M. MARKOVITS, Das Tonsystem der abendländischen Musik im frühen MA (Be – St 1977).

M. BRÖCKER

MONODIE (griech.; monōdia = Einzel-, Sologesang, von monos = allein und adō = ich singe), in der Antike der Gesang eines einzelnen im Gegensatz zu dem eines Chores. Solistischen Schauspielergesang hat es in der antiken Tragödie immer gegeben; monōdein bedeutete dabei soviel wie thrēnein (= klagen, trauern), also Klagegesang. Dieser nahm gegen Ende des 5. Jh., bei Euripides z. T. unter dem Einfluß des jungen Dithyrambos, überhand, so daß in der „alten" Komödie die M. als eine bewußt spöttisch anspielende Alternative zur M. der Tragödie eingesetzt wurde; in diesem Sinne ist M. in der Komödie zuerst belegt bei Kratin. frg. 10 D (428) und mehrfach bei Aristophanes, der über die „aufgeblasenen" Trauergesänge der Euripideischen Tragödie spottet und diese parodiert (z. B. *Frösche,* 849 ff., 939 ff., 1329 ff. u. a.). Doch kennt die „alte" Komödie auch eigenständige nichtparodierende M.n, was ebenso für die „mittlere" und die „neue" Komödie gilt. Ein Charakteristikum antiker M. war die musikalische Nachahmung (mimēsis) der Affekte, z. B. von Schmerz und leidenschaftlichen Gefühlsausbrüchen. Offenbar waren die M.n von Tragödie und Komödie instrumental begleitet, denn in der Folge nennen Platon (*Gesetze,* 764 d – 765 b) und Aristoteles (*Probleme,* 19,9 und 43) auch die Gesänge von Rhapsoden, Kitharoden, Auloden und die solistischen Gesänge zur Lyra Monodien.

In Rückbesinnung auf die M. der Antike setzte sich in der Renaissance und ihrer Beschäftigung mit antiker Literatur gegen Ende des 16. Jh. als Wiederbelebungsversuch der antiken M. in Italien ein „neuer" Stil (stile nuovo, seconda pratica) durch, der gegenüber dem „alten" kontrapunktischen (stile antico, prima pratica) eine affektbetonte vokale Oberstimme gegen eine homophone instrumentale Baßbegleitung (↗Generalbaß) absetzt. In Anlehnung an die antike M. als Synonym für den affektvollen Klagegesang waren die ersten M.n von 1582 des V. Galilei nach dem Bericht Pietro Bardis Klagegesänge, und Cl. Monteverdis berühmt gewordene Arianna-M. von 1608 trug den Titel *Lamento.* Einen entscheidenden Anteil an der Entwicklung dieses „neuen" begleiteten Sologesanges hatte die ↗Camerata Fiorentina um 1580. Vor allem G. Caccini und Monteverdi haben in Oper, Arie, geistlicher Solokantate, im geringstimmigen Kirchenkonzert und Solomadrigal den Stile recitativo und den Generalbaßsatz voll ausgeprägt. Sie folgten dem Grundsatz, daß im neuen Stil „die Musik die Dienerin des Textes" sein solle, während zuvor im alten Stil umgekehrt der Text der Diener der Musik gewesen sei. Daher bestehe die Aufgabe der Musik nun darin, den Sinn und die Affekte des Textes zu deuten und verständlich wiederzugeben, indem das affektgeladene Sprechen eines in seelischer Erregung befindlichen Menschen musikalisch und rhythmisch nachgeahmt werde (musikalische Mimēsis der Affekte). Die kompositorischen Mittel, mit deren Hilfe die melodietragende (oft auch improvisatorisch ausgezierte) Oberstimme die Affekte zur Darstellung bringt, sind sorgfältige Deklamation des Textes, schneller Wechsel von langen und kurzen Tönen, großer Stimmumfang, dissonante Sprünge und gehäufte Chromatik. Der meistens als liegender Baßton notierte Generalbaß stellt die harmonischen Klänge, d. h. die Akkorde, dar, zu denen die Melodietöne gehören. Das Prinzip der M. hat in der Folge alle Arten und Gattungen der Musik beeinflußt; sie wirkte nachhaltig auf die Entwicklung vor allem von Oper, Oratorium, Kantate, geistlichem Konzert, Arie und (Instrumental-)Sonate. Entsprechend den verschiedenen Arten des Generalbasses gibt es auch verschiedene Arten der Monodie: Zu unterscheiden von den M.n in der Tradition der Camerata Fiorentina und der frühen Oper sind die Sologesänge in der motettischen Tradition L. Viadanas, im geistlichen ↗Concerto und im lateinischen Oratorium.

Lit.: F. BLUME, Das monodische Prinzip in der prot. Kirchenmusik (L 1925); E. KATZ, Die musikal. Stilbegriffe des 17. Jh. (Diss. Fr 1926); W. SCHADEWALDT, Monolog u. Selbstgespräch (B 1926); P. MAAS, M., in: Paulys Real-Encyclopädie der class. Altertumswissenschaft, 31. Halb-Bd., neue Bearb. hrsg. v. W. Kroll (St 1933); F. GHISI, Alle fonti della monodia (Mi 1940); N. FORTUNE, It. Secular Monody from 1600 to 1635. An Introductory Survey, in: MQ 39 (1953); DERS., It. Secular Song from 1600 to 1635. The Origins and Development of Accompanied Monody (1954) (= Diss. Univ. of Cambridge); H. H. EGGEBRECHT, Arten des Gb. im frühen u. mittleren 17. Jh., in: AfMw 14 (1957); TH. G. GEORGIADES, Musik u. Rhythmus bei den Griechen (H 1958) (= rowohlts dt. enzyklopädie 61); H. H. EGGEBRECHT, M., in: MGG IX; W. V. PORTER, The Origins of the Baroque Solo Song, 2 Bde. (1962) (= Diss. Yale Univ./

Conn.); J. RACEK, Stilprobleme der it. M. (Pr 1965); P. C. ALDRICH, Rhythm in the 17th-Century It. Monody (NY 1966); E. APFEL, Zur Frage des Rhythmus in der it. M. des 17. Jh., in: Mf 21 (1968); J. H. BARON, Monody. A Study in Terminology, in: MQ 54 (1968); N. FORTUNE, Solo Song and Cantata, in: The Age of Humanism, 1540–1630 (Lo 1968) (= New Oxford Hist. of Music 4); E. APFEL, Polyphonie u. M. Voraussetzungen u. Folge des Wandels um 1600 (Saarbrücken 1974) (= Grundlagen einer Gesch. der Satztechnik 2); N. FORTUNE, Monody, in: Grove[6] XII.

B. R. SUCHLA

MONODRAM (von griech. monos = allein und drama = Handlung), im 18. Jh. gelegentlich Bz. für ein ↗Melodram mit nur einer sprechenden und handelnden Person, so z. B. bei G. Benda (*Medea*, 1775); ein Melodram mit zwei Personen hieß dementsprechend Duodram. In einem anderen Sinn nennt H. Berlioz seine Symphonie *Lélio, ou le retour à la vie* (mit Chor und Vokalsolisten, aber ohne gesprochene Partien) ein Monodrame lyrique, nicht ohne damit im ästhetischen Anspruch auf den Begriff des ↗Drame lyrique zu zielen. Im 20. Jh. bezeichnet A. Schönberg seine einaktige Oper *Erwartung*, in der nur eine Person auftritt, als M.

Lit.: E. ISTEL, J.-J. Rousseau als Komponist seiner lyrischen Szene Pygmalion (L 1901, Nachdr. Nendeln – Millwood 1974) (= BIMG I, 1); F. BRÜCKNER, G. Benda und das dt. Singspiel, in: SIMG 5 (1903/04).

MONSIGNY, Pierre-Alexandre, * 17. 10. 1729 Fauquembergues (Pas-de-Calais), † 14. 1. 1817 Paris; frz. Komponist. Er besuchte das Jesuitenkolleg in Saint-Omer und erhielt dort Violinunterricht. Mit 18 Jahren trat er in die Verwaltung der Kirchengüter in Paris ein. Eine Aufführung von G. B. Pergolesis *La serva padrona* (1754) begeisterte ihn derart, daß er sich zum Musikstudium entschloß. Er nahm Kompositionsunterricht anhand von J.-Ph. Rameaus Theorie bei Pietro Gianotti, einem Kontrabassisten der Pariser Opéra, und hatte bereits wenig später mit dem Intermedium *Les aveux indiscrets* (1759) und mit der Opéra-bouffe *Le maître en droit* (1760) am Théâtre de la Foire St-Germain einen beachtlichen Erfolg. Daraufhin erhielt er von M. Sedaine das Angebot, mit ihm zusammenzuarbeiten, was für M.s Zukunft entscheidend wurde. Ihr erstes gemeinsames Werk war *On ne s'avise jamais de tout*, dessen Aufführung am Théâtre de la Foire St-Laurent (1761) großen Anklang beim Publikum fand und dem eine Reihe weiterer Stücke folgte. Nach dem triumphalen Erfolg des *Félix* (1777) gab M. das Komponieren völlig auf. Während der Französischen Revolution verlor er seinen Besitz und seine Ämter. Nach dem Tode von N. Piccinni (1800) wurde er zum Inspecteur des études am Pariser Conservatoire ernannt, legte aber 1802 das Amt nieder. 1813 wurde er anstelle A.-E.-M. Grétrys in die Académie des Beaux-Arts gewählt. M. ist mit E. Duni und Fr.-A. Philidor einer der Begründer der Opéra-comique. Charakteristisch für seine Werke sind besonders eine gefühlvolle Melodik und eine dynamisch differenzierte und gleichsam pittoreske Orchesterbehandlung, die in manchen Einzelheiten an die Symphonik der Mannheimer Schule erinnert.

WW: Bühnen-WW (wenn nichts anderes angegeben, UA in Paris): Intermedium *Les aveux indiscrets*, UA: 1759; Opéra-bouffes: *Le maître en droit*, UA: 1760; *Le cadi dupé*, UA: 1761; *On ne s'avise jamais de tout* (Libr.: M. Sedaine), UA: 1761; Comédies: *Le roi et le fermier*, UA: 1764; *Le faucon* (Libr.: Sedaine), UA: Fontainebleau 1771; *La belle Arsène*, UA: ebd. 1773; *Félix ou L'enfant trouvé* (Libr.: Sedaine), UA: ebd. 1777; ferner das Drama *Le déserteur* (Libr.: ders.), UA: 1769, u. ein Ballet-héroïque *Aline, reine de Golconde* (Libr.: ders.), UA: 1766.

Ausg.: Ouvertüre aus *On ne s'avise jamais de tout*, hrsg. v. A. DE ALMEIDA (P 1964) (= L'offrande musicale 16); Arie der Louise aus *Le déserteur*, in: H. CH. WOLFF, Die Oper II (Kö 1971) (= Das Musikwerk 39).

Lit.: A. POUGIN, M. et son temps (P 1908); H. ABERT, W. A. Mozart I (L 1919, [7]1955); P. DRUILHE, M. (P 1955); E. F. SCHMID, Mozart u. M., in: Mozart-Jb. 1957; L. S. FOX, „La belle Arsène" 1773 by P.-A. M., in: Rech. Mus. 9 (1969).

MONTAGE, Bz. für den Zusammenbau vorgefertigter Teile eines technischen Produkts, in der Medientechnik speziell der Schnitt der Aufnahmeträger (z. B. Film- oder Tonbandstreifen). In der elektronischen Musik ist M. ein wesentlicher Teil des Komponierens, da durch sie erst die Anordnung des elektronisch produzierten Klangmaterials fixiert wird. Als kompositorisches Prinzip wurde M. bereits in Musik ohne technische Mittler entwickelt (z. B. E. Satie, *3 Petites pièces montées* für Klv. 4händig, 1919). Charakteristisch ist die Behandlung von rhythmisch-melodischen Einheiten als Bausteine, die in wechselnden Gruppierungen kombiniert werden. M. als Satztechnik verzichtet auf die Funktion des Motivs, dessen Impuls etwas „bewegt", d. h. Entwicklung und Konsequenz fordert, und steht so in Distanz zur Idee des musikalischen Kunstwerks als eines organischen Gebildes. In Analogie zur Schnittechnik des Films wird gelegentlich auch der plötzliche Abbruch organisch sich entwickelnder Partien (G. Mahler, Fr. Schreker) als M. bezeichnet. M., im Unterschied zu ↗Collage ein eher (satz-)technisch als ästhetisch zu bestimmendes Verfahren, eröffnet sehr unterschiedliche Möglichkeiten, von I. Strawinskys Motorik bis zum gleichsam meditativen Kreisen des Materials bei O. Messiaen. In der postseriellen Musik ist sie zum universellen Prinzip der Materialverknüpfung geworden.

Lit.: J. ELSNER, Zur melodischen Gestaltung der Kampflieder H. Eislers, in: Sinn und Form, Sonder-H. H. Eisler (1964); R. OEHLSCHLÄGEL, Mixed Media, Collage u. M., in: Opernwelt (1969); D. SCHNEBEL, M. Kagel. Musik, Theater, Film (Kö 1970); R. STEPHAN, Aus Strawinskys Spielzeugschachtel, in: FS

E. Doflein (Mz 1972); E. BUDDE, Zitat, Collage, M., in: Die Musik der sechziger Jahre, hrsg. v. R. Stephan (Mz 1972) (= Veröff. des Inst. für Neue Musik u. Musikerziehung Darmstadt 12).
H. WEBER

MONTAGNANA, Domenico, * um 1690, † um 1750; it. Geigenbauer. Einzelheiten seiner Biographie sind nicht bekannt; er selbst bezeichnet sich als Schüler von A. Stradivari in Cremona, wo er 1712 tätig war. Seit 1721 ist er in Venedig bezeugt. Seine Instrumente folgen dem Vorbild von Stradivari, neben dem er zusammen mit G. A. Guarneri zu den bedeutendsten Geigenbauern seiner Zeit zählt.

Lit.: W. SENN, M., in: MGG IX. – ↗Geigenbauer.

MONTAND, Yves (eig. Yvo Livi), * 13. 10. 1921 Monsumano (Toskana); frz. Chansonsänger und Schauspieler it. Abstammung. Er kam 1944 nach Paris und sang in kleinen Kabaretts. 1945 entdeckte ihn Edith Piaf und förderte seine weitere Laufbahn. Bald wurde M. zu einem der bekanntesten Chansonsänger in Frankreich. Daneben machte er auch als Filmschauspieler eine internationale Karriere (über 30 Filme, u. a. *Lohn der Angst* und *Z*). 1955 veröffentlichte der auch politisch engagierte Künstler seine Erinnerungen *(Du soleil plein la tête)*. Seine Chansons zu Texten von V. Hugo, Louis Aragon, Guillaume Apollinaire, Paul Éluard, besonders aber von Jacques Prévert (Musik: J. Kosma: *Barbara; Les feuilles mortes*) sind häufig von politischen Themen geprägt *(Actualités; Quand un soldat; Le chant des partisans)*. Zu den bekanntesten Titeln gehören ferner: *Un gamin de Paris; C'est si bon; Une demoiselle sur un balançoire; A Paris; Les grands boulevards; La musique; La Gigolette; La bicyclette; C'est à l'aube; Il n'y a plus d'après.*

Lit.: A. RÉMOND, Y. M. (P 1977).

MONTANOS (Montaños), **Francisco de,** * um 1530 (?), † nach 1592; span. Musiktheoretiker. Er ist 1587 als Kapellmeister an der Kathedrale in Valladolid nachweisbar und bekleidete nach eigener Aussage das Kapellmeisteramt mehr als 35 Jahre. Von ihm stammt ein Traktat *Arte de música theórica y práctica* (Valladolid 1592), der aus 6 separaten Teilen besteht und zahlreiche Musikbeispiele aufweist. Der 1. Teil, *Arte de canto llano,* erschien, mehrfach verändert, bis 1756 in 13 Auflagen und war die bekannteste Chorallehre dieser Zeit in Spanien.

Lit.: D. M. URQUHART, F. de M.' „Arte de música theórica y práctica". A Translation and Commentary, 2 Bde. (1969) (= Diss. Univ. of Rochester).

MONTANUS (Johann van den Berg, Johannes vom Berg), * Gent, † 7. 8. 1563 Nürnberg; flämischer Musikverleger. Er studierte in Paris und ließ sich, nachdem er Protestant geworden war, 1541 in Nürnberg nieder, wo er sich mit Ulrich Neuber assoziierte. Nach seinem Tod heiratete seine Frau den Drucker D. Gerlach, der seit 1567 das Unternehmen allein weiterführte, während Neuber seit 1568 selbständig druckte. M. veröffentlichte vor allem evangelische Kirchenmusik und Gesangbücher, deutsche Lieder, Motetten niederländischer Komponisten und Musiktraktate und festigte damit den Ruf Nürnbergs als eines bedeutenden deutschen bürgerlichen Musikzentrums im 16. Jahrhundert.

WW: Individualdrucke von M. Agricola, Joachim a Burck, A. Petit Coclico, G. Forster, S. Heyden, O. di Lasso, M. Le Maistre, J. Meiland, C. Othmayr, E. Rotenbucher. Zahlr. Sammeldrucke, darunter: Lamentationen (1549); 4 Bücher *Psalmi selecti* (1553–54); 6 Bücher *Evangelia Dominicorum et Festorum Dierum* (1554–56); 3 Bücher *Novum et insigne opus musicum* (Motetten, 1558–59); 3 Bücher *Tricinia* (1560–63); 5 Bücher *Thesaurus musicus* (weltliche Gesänge) (1564). – Musiktraktate von F. Beurhaus, A. Petit Coclico, H. Faber, W. Figulus, N. Listenius, L. Lossius, A. Wilphlingseder.

Lit.: TH. WOHNHAAS, M., in: MGG IX.

MONTE, Philippe de, * 1521 Mecheln, † 4. 7. 1603 Prag; franko-flämischer Komponist. Er kam um 1542 nach Italien und wurde Lehrer der Familie Pinelli in Neapel; 1554 veröffentlichte er in Rom sein 1. Buch 5st. Madrigale. Dann ging er nach Antwerpen und war 1554–55 Kapellsänger am englischen Königshof. Dort lernte er W. Byrd kennen, dem er später die 8st. Motette *Super flumina Babylonis* (1583) schickte; Byrd seinerseits widmete ihm eine Motette auf andere Verse desselben Psalms, *Quomodo cantabimus* (1584). Ein Brief des bayerischen Agenten in Brüssel, Dr. Seld, an Herzog Albrecht V. von Bayern (1555) rühmt M. als den „pest Componisten, der in dem ganzen land ist, fürnemlich auf die new Art und Musica reseruata". Nach dem Scheitern von Verhandlungen mit G. P. da Palestrina wurde M. als Nachfolger von J. Vaet Kapellmeister am kaiserlichen Hof. 1568 begab er sich von Rom aus nach Wien, wo er sein Amt zunächst unter Kaiser Maximilian II., dann unter Kaiser Rudolf II. ausübte, dem er nach Prag folgte, wo er bis zu seinem Tode blieb. 1570 entsandte Maximilian ihn in die Niederlande, Musiker anzuwerben, ernannte ihn 1572, jedoch ohne Residenzpflicht, zum Schatzmeister der Kathedrale von Cambrai, wo er 1577 Kanoniker wurde. M. unterhielt Beziehungen zu O. di Lasso und A. Pevernage sowie zu zahlreichen Mäzenen (Jakob Fugger, Isabella Medici Orsina, Sigismund Bathory). Zu seinen Schülern zählen J. de Macque, K. Luython und L. de Sayve, der sein Nachfolger in der kaiserlichen Kapelle wurde.

WW (fast ausschließlich in Venedig gedruckt; die Individualdrucke teilweise mit zahlr. Nachdr.): **1) Geistliche WW:** 7 Bücher *Cantiones sacrae* (Motetten) für 5 St. (1572–1600), 2 Bücher für 6 St. (1585, 1587); Messen für 5–8 St. (An 1587); zahlr. Motetten

u. Messen in Sammeldrucken 1564–1631 u. hsl.; *Madrigali spirituali* für 5 St. (1581), 3 Bücher für 6 St. (1583, 1589, 1590); *Eccellenze di Maria Vergine* für 5 St. (1593). – **2) Weltliche WW:** 4 Bücher Madrigale für 4 St. (1562–81), 19 Bücher für 5 St. (1554–98), 8 Bücher für 6 St. (1569–94); 2 Bücher *Canzoni et madrigali* für 7 St., 1: *La fiammetta* (1599), 2: *Musica sopra Il pastor fido* (1600); *Sonnetz de P. de Ronsard* für 5–7 St. (Löwen 1575). – Einzelne geistliche und weltliche Werke auch in Lautentabulaturen.

In M.s Werk erscheinen die wichtigsten Vokalformen seiner Zeit (mit Ausnahme der „leichteren" Gattungen wie Kanzonetten, Villanellen u. ä.). Als fruchtbarster Madrigalkomponist seiner Zeit griff er mit Vorliebe auf Texte von Fr. Petrarca, Pietro Bembo und Jacopo Sannazaro zurück. Seine Musik, die Lasso nahesteht, aber etwas weniger profiliert erscheint, zeigt M. auf der Höhe der niederländischen Kontrapunktik, bekundet aber auch die Übernahme typisch italienischer Kunstmittel (weitausholende Melodik, rhythmische Kontraste, alternierende Stimmgruppen, ausdrucksbedingter bewußter Wechsel von Polyphonie und Homophonie). In der Verwendung musikalisch-rhetorischer Figuren ist M. zurückhaltend; sein Ziel ist eher, den Grundaffekt eines Textes zu erfassen als einzelne Worte musikalisch auszudeuten. Extreme Chromatik und Fortschrittlichkeit im Sinne der Entwicklung zu Monodie und konzertierendem Stil, wie sie in der zeitgenössischen italienischen Musik erschienen, sind ihm fremd, was besonders seine späten Madrigale auf Texte von G. B. Guarinis *Pastor fido* bezeugen. Die Motetten M.s erinnern in ihrer satztechnischen und ausdrucksmäßigen Ausgewogenheit an G. P. da Palestrina. Was die Messen angeht, so ist M. durch die Vielfalt der darin verarbeiteten geistlichen und weltlichen Vorlagen und in deren meisterhafter Umgestaltung einer der Hauptvertreter der Parodiemesse des 16. Jahrhunderts. In dem künstlerischen Rang seines Gesamtschaffens und im zeitgenössischen Ruhm läßt sich M. mit Palestrina und O. di Lasso vergleichen.

Ausg.: Opera omnia, 31 Bde., hrsg. v. J. VAN NUFFEL – CH. VAN DEN BORREN – G. VAN DOORSLAER (Bru 1927–39, Nachdr. 1965); Opera, New Complete Edition, hrsg. v. R. B. LENAERTS (Löwen 1975 ff., bisher 7 Bde. erschienen); *Il secondo libro de Madrigali spirituali* für 6 St., Faks.-Ausg. (Bru 1972) (= Corpus of Early Music in Facsimile).

Lit.: G. VAN DOORSLAER, La vie et les œuvres de Ph. de M. (Bru 1921) (mit Werkverz. u. Briefen); P. BERGMANS, Quatorze lettres inédites du compositeur Ph. de M. (Bru 1921); P. NUTEN, De „Madrigali spirituali" v. F. de M., 3 Bde. (Bru 1958) (mit Ausg. der Drucke von 1581 u. 1589); G. A. MICHAEL, The Parody Mass Technique of Ph. de M., 2 Bde. (1959) (= Diss. New York Univ.); P. NUTEN, Enkele stijlkritische beschouwingen over de Franse chansons v. F. de M., in: Renaissance-muziek 1400–1600. FS R. B. Lenaerts (Löwen 1969); W. PASS, Die originelle Ansicht des Unendlichen. Die Madrigali spirituali v. Ph. de M. und der Manierismus, in: Musica Bohemica et Europaea. Kgr.-Ber. Brünn 1970; R. B. LENAERTS, Musik als Ausdruck der Religiosität in Werken v. Ph. de M., in: FS J. Overath (Saarbrücken 1973); R. M. LINDELL, Die sechs- u. siebenst. Madrigale v. F. di M. (Diss. W 1977); I. BOSSUYT, Newly-Discovered Part Books of Early Madrigal Collections of Ph. de M., in: FAM 26 (1979).

I. CAZEAUX

MONTÉCLAIR, Michel Pinolet (Pignolet) **de,** getauft 4. 12. 1667 Andelot (Haute-Marne), † 22. 9. 1737 Aumont (Oise oder Somme?); frz. Komponist. Er trat 1676 in die Maîtrise der Kathedrale von Langres ein, wo er einige Monate lang J.-B. Moreau als Lehrer hatte. 1687 ging er nach Paris in die Dienste des Prinzen von Vaudémont, dem er nach Italien folgte. 1695 lebte er wieder in Paris und war dort als Musiklehrer tätig. 1699 wurde er wahrscheinlich Kontrabassist an der Pariser Opéra, wo 1716 sein Opéra-ballet *Les festes de l'été* und 1732 die Tragédie lyrique *Jephté* aufgeführt wurden; dieses Werk auf ein biblisches Thema war das erste seiner Art, das in der Opéra gegeben wurde, und hatte großen Erfolg. 1735 wurde an St-Sulpice in Paris ein Requiem von M. aufgeführt. M.s Lehrwerke waren weit verbreitet.

WW: **1) Kompositionen:** *Sérénade ou concert,* 3 Suiten für 2 V. od. Fl. od. Ob. mit B.c. (P 1697); 3 Bücher *Cantates françaises et italiennes* (P nach 1709–28); 6 Konzerte für 2 Fl. ohne B.; 6 Konzerte u. *Brunètes anciennes et modernes* für Fl. u. B.c. – Opéra-ballet *Les festes de l'été* (P 1716); biblische Oper *Jephté* (P 1732). – **2) Schriften:** *Méthode pour apprendre la musique* (P 1700), umgearbeitet als: *Nouvelle méthode* (1709); *Méthode facile pour apprendre à jouer du violon* (P 1711 oder 1712, ²1736); *Petite méthode pour apprendre la musique aux enfans* (P um 1730); *Principes de musique, divisez en quatre parties* (P 1736, Nachdr. G 1972).

Ausg.: Konzerte I–III für 2 Fl. ohne B., hrsg. v. R. VIOLLIER (Locarno 1962–63); 6 Konzerte für 2 Fl., hrsg. v. G. FROTSCHER (Hei 1968).

Lit.: E. BORREL, Notes sur l'orchestration de l'opéra „Jephté" de M., in: RM (1955) Nr. 226; M. BRIQUET, Deux motets inédits de M., in: Kgr.-Ber. Köln 1958 (Kas 1959); S. MILLIOT, Le testament de M. P. de M., in: Rech. Mus. 8 (1968); CH. G. PRICE, The Codification and Perseverance of a French National Style of Instrumental Composition Between 1687 and 1737, M.'s Sérénade ou concert 1697 (1973) (= Diss. Stanford Univ.).

MONTEMEZZI, Italo, * 31. 5. 1875 Vigasio (Verona), † 15. 5. 1952 ebd.; it. Komponist. Er studierte am Mailänder Konservatorium und widmete sich vor allem dem Opernschaffen. 1939–49 lebte er in den USA, wo er mit seinen Werken großen Erfolg hatte. M. suchte den veristischen Zeitstil zu überwinden, was besonders in seinem Hauptwerk, der dem Impressionismus nahestehenden Oper *L'amore dei tre re,* zum Ausdruck kommt.

WW: Elegie für Vc. u. Klv. (1932); symphonische Dichtungen; *Paolo e Virginia* (1930) u. *Italia mia, nulla fermerà, il tuo canto!* (1944) für Chor u. Orch.; *Cantico dei cantici* (1900). – Opern: *Giovanni Gallurese,* UA: Turin 1905; *L'amore dei tre re,* UA: Mailand 1913; *La nave,* UA: ebd. 1918; *La notte di Zoraima,* UA: ebd. 1931; *L'incantesimo,* UA: Verona 1952.

Lit.: R. MARIANI, Ricordo di M., in: Verismo in musica e altri studi (Fi 1976); DERS., Congedo veronese di M. Incantesimo, in: ebd.

MONTEUX, Pierre, * 4. 4. 1875 Paris, † 1. 7. 1964 Hancock (Maine); frz. Dirigent. Er studierte am Pariser Conservatoire Violine und Komposition und wurde Bratschist im Orchester der Opéra-Comique in Paris, wo er auch bei der Uraufführung von Cl. Debussys *Pelléas et Mélisande* mitspielte. Dann dirigierte er einige Saisons im Casino von Dieppe. Von S. Diaghilew als Dirigent des Orchesters der Ballets Russes am Théâtre des Champs-Elysées und an der Opéra engagiert, leitete er die ersten Aufführungen von Debussys *Jeux* (1911), I. Strawinskys *Pétrouchka* (1911), *Sacre du printemps* (1914) und *Rossignol* (1914) sowie von M. Ravels *Daphnis et Chloé* (1912). 1914 gründete M. die Société des Concerts Populaires, die sog. „Concerts M." 1916 ging er in die USA, dirigierte 1917–19 an der Metropolitan Opera in New York und 1919–24 das Boston Symphony Orchestra. 1924–34 war er Mitdirigent W. Mengelbergs beim Concertgebouworkest in Amsterdam und leitete 1929–38 das von ihm gegründete Orchestre Symphonique de Paris. Als Dirigent des San Francisco Symphony Orchestra (1936–52) ließ er sich in den USA nieder, wo er 1941 in Hancock eine Schule für Dirigieren gründete. Seit 1961 war er Chefdirigent des London Symphony Orchestra. M., der ein überragender Dirigent ebenso von Werken der Wiener Klassik wie der französischen Musik war, setzte sich intensiv auch für die Neue Musik ein. Präzision, Lebendigkeit und Herausarbeitung der Struktur eines Werkes kennzeichneten seine Interpretation.

Lit.: D. MONTEUX, It's All in the Music (NY 1965).

MONTEVERDI, Claudio Zuan (Giovanni) **Antonio,** getauft 15. 5. 1567 Cremona, † 29. 11. 1643 Venedig; it. Komponist. Er war der Sohn eines Arztes und wurde Schüler von M. A. Ingegneri. Noch während der Lehrjahre erschienen erste Kompositionen, u.a. *Sacrae cantiunculae* und 2 Bücher 5st. Madrigale (1587, 1590). Neben Ausbildung in Komposition und Gesang erhielt M. auch Instrumentalunterricht. Ihm verdankte er 1590 die erste Anstellung als Violaspieler am Hof in Mantua, wo er seit 1594 auch als Sänger auftrat. Reisen im Gefolge des Herzogs führten ihn 1595 nach Ungarn, 1599 nach Flandern. Im selben Jahr heiratete M. Claudia Cattaneo († 1607), die Tochter eines Musikerkollegen; 1602 wurde er Hofkapellmeister. An Drucken erschienen während des Aufenthalts in Mantua neben weiteren Madrigalbüchern 1607 *Scherzi musicali,* kanzonettenartige Stücke mit Instrumenten. Im selben Jahr gelang M. mit *Orfeo* das bedeutendste Werk der frühen Operngeschichte (gedruckt 1609 und 1615). Von der 1608 für die Hochzeit des Thronerben geschriebenen *Arianna* hat sich nur das berühmte *Lamento* erhalten. Damals entstand auch *Il ballo delle ingrate.* Von der in Mantua geschriebenen Kirchenmusik ist mit Ausnahme eines Drucks von 1610 nichts überliefert. Zunehmende Spannungen mit dem Hof veranlaßten M. 1612 zum Rücktritt. 1613 wurde er Kapellmeister an S. Marco in Venedig, was eine der herausragenden Stellungen für einen Musiker im 17. Jh. bedeutete. In ihr verblieb M. bis zu seinem Tod. Das Amt hinderte ihn – seit spätestens 1632 war er Geistlicher – nicht, auch in der Folge weltliche Werke zu schreiben (u. a. weitere Madrigalbücher und *Scherzi musicali*). Das dramatische Werk der venezianischen Zeit ist bis auf *Il ritorno d'Ulisse in patria* (1640) und *L'incoronazione di Poppea* (1642) fast völlig verlorengegangen. Geistliche Musik veröffentlichte M. noch einmal 1641.

WW (wenn nichts anderes angegeben, in Venedig erschienen): **1) Geistliche WW:** *Sacrae cantiunculae* für 3 St. (1582); *Madrigali spirituali* für 4 St. (Brescia 1583) (nur Bassus erhalten); *Sanctissimae Virginis missa 6 v. ... ac vesperae pluribus decantandae cum nonnullis sacris concentibus*... (1610); *Selva morale e spirituale* (1641); *Messa a 4 v. et salmi a 1–8 v., concertati, e parte da cappella & con le litanie della B. V.* (1650). – **2) Weltliche Vokal-WW:** *Canzonette a 3 v.* (1584); 6 Bücher *Madrigali* für 5 St. (mit vielen Neuaufl.), 1 (1587), 2 (1590), 3 (1592), 4 (1603), 5: mit B.c. (1605), 6: mit B.c., ... *con uno dialogo a 7* (1614); *Concerto, 7° libro de madrigali a 1–4 e 6 v. con altri generi de canti* (1619); *Madrigali guerrieri et amorosi ... libro 8°* für 1–8 St. u. B.c. (1638); *Madrigali e canzonette* für 2–3 St. u. B.c. ... *libro 9°* (1651); 2 Bücher *Scherzi musicali,* 1: für 3 St. (1607), 2: ... *cioè arie & madrigali in stil recitativo, con una ciaccona a 1–2 v.* (1632); *Lamento d'Arianna ... et con due lettere amorose in genere rappresentativo* (1623), *Lamento* auch in: G. B. Rocchiami, *Maggio fiorito* (Orvieto 1623), mit lat. geistlichem Text als *Pianto della Madonna,* in: *Selva morale*... (1641). – **3) Bühnen-WW:** *Orfeo* (Libr.: A. Striggio), UA: Mantua 1607 (V 1609, ²1615); *Arianna* (Libr.: O. Rinuccini), UA: ebd. 1608, erhalten nur das *Lamento d'Arianna;* Prolog zu G. B. Guarinis *L'idropica* (Libr.: G. Chiabrera), UA: ebd. 1608 (verschollen); *Il ballo delle ingrate* (Libr. O. Rinuccini), UA: ebd. 1608 (gedruckt im 8. Madrigalbuch); Ballett *Tirsi e Clori* (Libr.: ders.), UA: ebd. 1616 (gedruckt im 7. Madrigalbuch); Prolog zu *La Maddalena* (Libr.: G. B. Andreini), UA: ebd. 1617, in: *Musiche de alcuni eccellentissimi musici composte per la Maddalena*... (1617); Intermedien *Le nozze di Teti e di Peleo* (Libr.: A. Striggio), UA: Mantua 1617 (verschollen); *Andromeda* (Libr.: E. Marigliani), UA: ebd. 1617 (verschollen); *Lamento d'Apollo* (Libr.: A. Striggio), UA: um 1620 (verschollen); *Il combattimento di Tancredi e Clorinda* (Libr.: T. Tasso), UA: Venedig 1624 (gedruckt im 8. Madrigalbuch); *La finta pazza Licori* (Libr.: G. Strozzi), UA: Mantua 1627 (verschollen); *Armida* (Libr.: T. Tasso), UA: 1627 (verschollen); Prolog u. Intermedien, darunter *Gli amori di Diana e di Endimione* (Libr.: A. Pio), UA: Parma 1628 (verschollen); Torneo *Mercurio et Marte* (Libr.: C. Achillini), UA: ebd. 1628 (verschollen); *Proserpina rapita* (Libr.: G. Strozzi), UA: Venedig 1630 (verschollen); *Ballo in onore dell'Imperatore Ferdinando III,* UA: Wien 1637 (gedruckt im 8. Madrigalbuch); *Il ritorno d'Ulisse in patria* (Libr.: G. Badoaro), UA: Venedig 1640, hsl.; *Le nozze d'Enea con Lavinia* (Libr.: ders.), UA: Venedig 1641 (verschollen); Ballett *La vittoria d'amore* (Libr.: B. Morando), UA: Piacenza 1641 (verschollen); *L'incoronazione di Poppea* (Libr.: G. F. Busenello). UA: Venedig 1642, hsl. in 2 Fassungen erhalten.

M. ist der bedeutendste italienische Komponist des 17. Jh., neben H. Schütz, der von M. vielfältig angeregt wurde, der herausragende Meister jener Zeit überhaupt. In einer großartigen Synthese verschmilzt er Züge der vokalen Musik des 16. Jh., der frühen Florentiner Opernversuche und der sich zu Beginn des 17. Jh. in den Vordergrund drängenden Instrumentalmusik mit eigenen Vorstellungen eines am Humanismus und an den aufblühenden Naturwissenschaften orientierten Bildes vom Menschen als einem in seinen Affekten sprechend und agierend sich realisierenden Wesen. M.s Bekenntnis, die menschlichen Affekte auf dem Fundament der Wahrheit darstellen zu wollen (Vorrede zum 5. Madrigalbuch, 1605), verwandelte die Musik von Grund auf und machte sie frei für eine ungeahnte Entfaltung. M. mußte mit seinen Ansichten zwangsläufig in Konflikt mit der Tradition geraten. Scharfe Angriffe in den Schriften G. M. Artusis bezeugen dies. Sie halfen M. freilich auch, die eigenen Ziele klar zu bestimmen, wie er sie in der Vorrede zum 5. Madrigalbuch skizziert. Der als Prima pratica bezeichneten musikalischen Kunst der vorangehenden Zeit setzt er seine Seconda pratica entgegen, deren Maßstab die freie Auseinandersetzung mit den Affekten des Menschen in Sprache und Gestik ist. Dieser Maßstab gab allen Neuerungen Sinn und Legitimation. Sein Bruder **Giulio Cesare M.**, getauft 31. 1. 1573 Cremona, † um 1630 Salò (Lombardei), erläuterte stellvertretend für ihn die Ausführungen von 1605 in einem Nachwort *(Dichiarazione ...)* zu den *Scherzi musicali* von 1607. Mit der hier formulierten programmatischen Forderung, „l'oratione sia padrona dell'armonia e non serva", wird der Mensch als sprechendes Wesen in den Mittelpunkt der musikalischen Auseinandersetzung gestellt.

M.s Experimentierfeld ist das Madrigal, Vorbild in der Frühzeit vor allem L. Marenzio. Schon früh finden sich Tendenzen zur Auflösung des gleichberechtigten Stimmenverbands, wie er in der Vokalpolyphonie des 16. Jh. vorliegt. Rezitation auf Klangflächen ermöglicht ein intensives Hineinhorchen in den Sprachausdruck und sein genaues und eindringliches Nachgestalten. Aus dem homogenen Satzverband löst sich ein Klangfundament heraus, auf dem sich der Mensch musikalisch sprechend profilieren kann. Das Zuweisen dieses Fundaments an Instrumente trennt die Schichten vollends und ermöglicht eine den agierenden Menschen tragende und mit einer eigenständigen musikalischen Gestik zeichnende, aus instrumentalem Geist heraus gestaltete musikalische Gebärdensprache. Dieses Stadium ist als die Geburtsstunde des genuinen musikalischen Theaters anzusehen. Voll ausgebildet erscheint diese Aufteilung im musikalischen Satz zuerst im 5. Madrigalbuch. Die Madrigalbücher 6–9 zeigen dann die verschiedensten Möglichkeiten des neuen Konzepts, so generalbaßgestützte Monodie, das Kammerduett, chorischen oder rein instrumentalen Satz, alles dies entweder eigenständig auftretend oder in Richtung auf die spätere Kantate hin zusammenwirkend. In den späten Madrigalen verschiebt sich das Gewicht hin zu einer zunehmenden Instrumentalisierung der Gesamtfaktur mit einer Vorliebe für Ostinatobildungen.

Die Kenntnis von M.s musikdramatischem Schaffen leidet unter der lückenhaften Überlieferung. Zwischen den Werken von 1607–08 und 1640–42 ist kaum etwas erhalten. Zudem sind die Spätwerke offenbar nur in Fremdbearbeitungen überliefert. Wichtiger Ausgangspunkt sind die Experimente der ↗Camerata Fiorentina um 1600. In gleichem Maße basiert M. aber auch auf den Intermedien und Tanzspielen der italienischen Renaissancehöfe mit dem reichen Anteil an Chören und bunt besetzter Instrumentalmusik. Gegenüber dem stark theoretischen Ansatz in Florenz und dessen Ausfluß, einer meist spröden und trockenen Monodie, erweist sich die Herkunft von M.s Rezitativen aus der geschichtsträchtigen Gattung des Madrigals als äußerst fruchtbar und ermöglicht einen ausdrucksvollen, überzeugend durchgeformten Sprechgesang. Chor, Tanz und instrumentales Spiel verbinden sich damit zu einem musikalisch-dramatisch organischen Ganzen. Von den im mittleren Schaffensabschnitt geschriebenen Opern und Balletten ist vor allem der Verlust von *La finta pazza Licori*, der ersten komischen Oper, schmerzlich. Erhalten hat sich *Il combattimento di Tancredi e Clorinda* (1624), ein zwischen Oper und Oratorium stehendes kleines Bühnenwerk, in dem erstmals eine neue Art musikalischer Darstellung von Aktion, das Genere concitato, realisiert wird. Die Einrichtung des ersten öffentlichen Operntheaters in Venedig (1637) bereitete den Boden für M.s dramatisches Spätwerk. Vor allem *L'incoronazione di Poppea* legte das Fundament für die Weiterentwicklung der Gattung in der 2. Hälfte des 17. Jahrhunderts. Charakteristika der italienischen Oper bis hin zu A. Scarlatti und G. Fr. Händel sind hier vorgeprägt, so die Arienanlage, Ostinatoformen und der geschmeidige Instrumentalsatz über gehenden Bässen. Kennzeichnend für das Spätwerk ist eine stärkere Musikalisierung auch der rezitativischen Abschnitte. In der Ausgewogenheit des Dramatischen und Musikalischen steht M.s Opernschaffen im 17. Jh. einzigartig da.

M.s geschichtlicher Rang, der in erster Linie auf seinem weltlichen Schaffen beruht, läßt sich auch in den geistlichen Werken erkennen. Der Druck von 1610 nimmt mit der Zusammenstellung von a cappella-Musik und von modernsten Kompositionen die fruchtbare Spannung in der Kirchenmusik der nachfolgenden Zeit voraus. Reicher als aus der Mantovaner Zeit ist M.s kirchenmusikalisches Schaffen aus seiner Tätigkeit an S. Marco überliefert. Die Werke zeigen die Buntheit der weltlichen Musik mit starkem instrumentalem Anteil, oft sind sie auch als Monodien gestaltet und wie Opernszenen aufgefaßt. Wie in der weltlichen Musik geht es M. auch in der geistlichen oft um subjektiven Ausdruck, der Mensch steht mit seiner Sprache im Mittelpunkt.

Nach seinem Tod geriet M. rasch in Vergessenheit. Sein Vermächtnis freilich wirkte vor allem bei den nachfolgenden Opernkomponisten fruchtbar fort. Sie trugen, voran Fr. Cavalli und M. A. Cesti, die junge Oper über Italien hinaus. Der gewaltige Aufschwung der italienischen Oper an der Wende vom 17. zum 18. Jh. zehrt noch von dem, was M. einst in Bewegung gebracht hatte. Die eigentliche Wiederentdeckung M.s setzte erst im letzten Viertel des 19. Jh. ein. Seine musikgeschichtlich einzigartige Stellung erweist nicht nur die Fülle der Literatur, die seitdem zu M. entstanden ist, sondern auch die reiche Auseinandersetzung mit M.s Werk in der Musikpraxis und durch namhafte Komponisten des 20. Jh. (u. a. B. Britten, L. Dallapiccola, P. Hindemith, V. d'Indy, E. Krenek, Br. Maderna, C. Orff und O. Respighi).

Ausg.: GA (Tutte le opere di C. M.), hrsg. v. G. F. MALIPIERO, 16 Bde. (Asolo 1926–42), Nachdr. zusätzlich Suppl.-Bd., insgesamt 17 Bde. (W 1966–68), davon Bde. 15–16 revidiert u. hrsg. v. D. ARNOLD (W ²1967–68), dazu An Alphabetical Index to C. M., Tutte le opere (NY 1965) (= Music Library Assoc., Index Series 1); Opera omnia (Cremona 1970ff.). – Einzelausg.: **1) Geistliche WW u. weltliche Vokal-WW:** *Messa a 4,* hrsg. v. A. TIRABASSI (Bru 1914); *Sacrae cantiunculae* u. *Canzonette a 3 v.*, hrsg. v. G. CESARI (1939) (= Istituzioni e monumenti dell'arte musicale it. 6); *Canzonette a 3 v.* sowie *Scherzi musicali a 3 v.*, hrsg. v. H. TREDE (Kas 1940–41); *Messa a 4* 1650, hrsg. v. H. F. REDLICH (Lo 1952); 12 Composizioni vocali profane e sacre (inedite), hrsg. v. W. OSTHOFF (Mi 1958); *Madrigali a 5,* 1. Buch, hrsg. v. B. BAILLY DE SURCY (P–NY 1972) (mit Faks. des Erstdruckes). – **2) Bühnen-WW:** *Lamento d'Arianna,* hrsg. v. E. VOGEL, in: VfMw 3 (1887); dass., hrsg. v. C. GALLICO (Lo 1969); *Il ritorno d'Ulisse in patria,* hrsg. v. R. HAAS (1922, Neudruck 1960) (= DTÖ 57); *L'Orfeo,* Faks. 1609, hrsg. v. A. SANDBERGER (Au 1927); dass., Faks. 1615, hrsg. v. D. STEVENS (Farnborough 1972); *L'incoronazione di Poppea,* Faks. der Hs. Venedig, hrsg. v. G. BENVENUTI (Mi 1938); dass., hrsg. v. S. MARTINOTTI (Bol 1969) (= Bibl. musica Bononiensis IV/81).

Lit.: **1) Briefwechsel u. a. Quellen:** H. PRUNIÈRES, La vie et l'œuvre de C. M. (P 1926, Nachdr. NY 1972) (darin 53 Briefe); G. F. MALIPIERO, C. M. (Mi 1930) (mit Ausg. der Briefe u. Vorreden); Lettere, dediche e prefazioni, edizione critica, hrsg. v. D. DE' PAOLI (R 1973); The Letters of C. M., übers. u. hrsg. v. D. STEVENS (Lo 1980). – **2) Biographien u. umfassende Darstellungen:** L. SCHNEIDER, C. M. (P 1921); H. PRUNIÈRES, M. (P 1924); D. DE' PAOLI, M. (Mi 1945); H. F. REDLICH, C. M. (Olten 1949, engl. Lo 1952, Nachdr. Westport/Conn. 1971); L. SCHRADE, M. Creator of Modern Music (NY 1950, Nachdr. 1969); M. LE ROUX, C. M. (P 1951); C. SARTORI, M. (Brescia 1953); M. ROCHE, M. (P 1960, Nachdr. 1977); L. PASSUTH, M. (W–B–St 1959); G. PANNAIN, Studi monteverdiani, in: Rass. Mus. 28–32 (1958–62); D. ARNOLD, M. (Lo–NY 1963); R. TELLART, C. M. (P 1964); E. SANTORO, La famiglia e la formazione di C. M. (Cremona 1967); G. BARBLAN – C. GALLICO – G. PANNAIN, C. M. nel quarto centenario della nascita (Tn 1967); Atti del Convegno di studi dedicato a C. M., in: RIMus 2 (1968); The M. Companion, hrsg. v. D. ARNOLD – N. FORTUNE (Lo 1968, 1972); C. M. e il suo tempo. Kgr.-Ber. Venedig, Mantua, Cremona 1968 (Verona 1969); D. STEVENS, M. (Lo 1978); D. DE' PAOLI, M. (Mi 1979). – **3) Zu einzelnen Werken und Werkgruppen:** E. VOGEL, C. M., in: VfMw 3 (1887) (mit Verz. der gedruckten Werke); A. A. ABERT, M. u. das musikalische Drama (Lippstadt 1954); W. OSTHOFF, Das dramatische Spätwerk C. M.s (Tutzing 1960); G. WESTERLUND – E. HUGHES, Music of C. M. A Discography (Lo 1972); J. G. KURTZMAN, Essays on the M. Mass and Vespers of 1610 (Houston/Tex. 1979) (= Rice Univ. Studies 64,4); A. A. ABERT, C. M.s Bedeutung für die Entstehung des musikal. Dramas (Da 1979). – **4) Ikonographie:** E. SANTORO, Iconografia monteverdiana (Cremona 1968).

H. HELL

MONTEZUMA, Tragedia per musica in 3 Akten von Carl Heinrich Graun (1704–59), Text (in frz. Sprache) von Friedrich II. von Preußen. Ort und Zeit der Handlung: Mexiko, im 16. Jahrhundert. UA (in it. Sprache): 6. 1. 1755 in Berlin (Königliche Oper); EA in dt. Sprache: 1936 in Saarbrücken. Diese 24. Oper Grauns wurde als Gegenstück zum Normaltypus der vorherrschenden italienischen Oper konzipiert. Zeichen dafür sind die Stoffwahl (Neuzeit statt Altertum oder Mittelalter), die verwendeten Formen (zweiteilige Cavatinen statt der dreiteiligen da capo-Arien) und die Verlagerung der musikalischen Darstellung der dramatischen Entwicklung in die Rezitative. Die zentrale Gestalt dieser Oper ist Montezumas Braut Eupaforice, die nicht verhindern kann, daß ihr Geliebter durch die Heimtücke der spanischen Eroberer vernichtet wird. Bei der UA übernahmen zwei hochdotierte Sänger, der Kastrat Amadori und die Astrua, die Hauptrollen; deren Kunst ließ Graun in wenigen traditionellen „welschen" Arien zur Entfaltung kommen, so in der Arie der Eupaforice *Non àn calma le mie pene* am Ende des 1. Aktes.

K. LANGROCK

MONTSALVATGE, Bassols Xavier, * 11. 3. 1911 Gerona; span. Komponist. Er studierte am Konservatorium in Barcelona bei Ll. Millet, Francisco Costa (Violine), E. Morera und J. Pahissa und arbeitete danach als Musikkritiker bei *La Vanguardia* in Barcelona. M. ist Vorsitzender der spanischen Sektion der IGNM und unterrichtet seit 1960 Harmonielehre und Komposition an der Academia Marshall in Barcelona. Er gehört zu den wichtigsten katalanischen Komponisten. Seine frühen Werke eröffnen neue Möglichkeiten einer katalanischen Nationalmusik („antillanismo"), während seine späteren Kompositionen polytonal gehalten sind.

WW: **1) Instr.-WW:** Für Klv.: 3 Impromptus (1934); 3 Divertimentos (1941); *Sonatine pour Yvette* (1961); *Divagación* (1956); *Quarteto indiano* (1952); Concertino (1946) für Streichquartett u. Klv. – Für Orch.: *Sinfonia mediterranea* (1949); *Calidoscopio* (1954); *Partita 1958; Tres danzas concertantes* (1962) für Streichorch.; *Desintegración morfológica de la chacona de Bach* (1963); *Concerto breve* (1953) für Klv. u. Orch.; *Poema concertante* (1952) für V. u. Orch. – **2) Vokal-WW:** *Colección de Habaneras populares* für Solost.; *Oração* für Gesang u. Klv.; *Canciones para niños; Cinco canciones negras* für Gesang u. Klv. (oder Orch.); *5 Invocaciones al crucificado* (1969) für Sopran u. 12 Instrumentalsolisten. – Für Chor: *Cant espiritual* (1958); *2 Canciones negras* (1960). – **3) Bühnen-WW:** Opern: *El gato con botas* (1945); *Una voz in off* (1962); musikal. Fabel *Viatge a la lluna* (1966) für Sprecher und Orch.; *Babel* (1967).

Lit.: M. VALLS, La música catalana contemporánea (Ba 1960); DERS., La música española después de M. de Falla (Ma 1962); DERS., X. M. (Ba 1969); E. FRANCO, M., in: Artistas españoles contemporáneos (Ma 1975).

MOORE, Gerald, * 30. 7. 1899 Watford (Hertfordshire), † 13. 3. 1987; engl. Pianist. Er lebte 1913–20 in Kanada und erhielt Klavierunterricht, u. a. in London bei John Coates. Schon früh entschied er sich für eine Karriere als Begleiter, in der er weltweite Bedeutung erlangte. M. konzertierte mit den berühmtesten Liedersängern seiner Zeit, u. a. mit Kathleen Ferrier, Elisabeth Schwarzkopf, H. Hotter und D. Fischer-Dieskau, mit dem zusammen er Fr. Schuberts sämtliche Lieder auf Schallplatten aufnahm. 1976 zog er sich vom Konzertpodium zurück. M. war Dr. h.c. der Univ. Brighton und Cambridge.

Schriften: *The Unashamed Accompanist* (Lo 1943, ²1959), dt. Übers.: *Freimütige Bekenntnisse eines Begleiters* (Mn 1961); *Singer and Accompanist* (Lo 1953); *The Schubert Song Cycles* (Lo 1975), dt. Übers.: *Schuberts Liederzyklen* (Tü 1975, NA Kas – Mn 1978). – Autobiographie *Am I Too Loud?* (Lo – NY 1962), dt. Übers.: *Bin ich zu laut?* (Tü 1963, ⁷1977, NA Kas – Mn 1976).

MOORE, Thomas, * 28. 5. 1779 Dublin, † 28. 2. 1852 ebd.; irischer Dichter und Komponist. Er wurde berühmt durch eine *Selection of Irish Melodies* (10 Hefte und ein Supplement, 125 Volksweisen, Lo 1807/08–34), für die er die Texte verfaßt hatte. Die Verserzählung *Lalla Rookh* (1817) wurde u.a. von F. David und R. Schumann (unter dem Titel *Das Paradies und die Peri*) vertont.

WW: Texte für *Selection of Irish Melodies,* 10 H.e (mit 125 Liedern) (Lo 1807/08–34); komische Oper *M. P. or the Blue Stocking* (zus. mit C. E. Horn) (Lo 1811); ferner veröff. M.: *A Collection of the Vocal Music of Th. M.* (Lo 1814); *Sacred Songs* (Lo 1816); *A Selection of Popular National Airs* (ebd. 1818–28).

Ausg.: The Irish Melodies of T. M., hrsg. v. CH. STANFORD (Lo 1895).

Lit.: M. A. DE FORD, Th. M. (NY 1967) (= Twayne's Engl. Authors Series 38).

MOOSER, Robert-Aloys, * 20. 9. 1876 Genf, † 24. 8. 1969 ebd.; Schweizer Musikkritiker und Musikforscher. Er studierte bei O. Barblan (Orgel) in Genf, M. Balakirew und N. Rimski-Korsakow (Komposition) in St. Petersburg und H. Richter (Dirigieren) in Wien. 1897–1909 war er Organist der französischen reformierten Kirche in St. Petersburg und Musikkritiker des französischsprachigen *Journal de St-Pétersbourg.* Außerdem war er 1899–1904 Mitarbeiter in der Direktion der Kaiserlichen Theater. Seither wirkte er vorwiegend in Genf, seit 1909 als Musikkritiker der Tageszeitung *La Suisse.* Als Veranstalter der Konzertreihe Auditions du Jeudi (1915–21) und Gründer und Redakteur der Musikzeitschrift *Dissonances* (1923–44) setzte sich M. nachdrücklich für die zeitgenössische Musik ein. Seine Arbeiten zur russischen Musikgeschichte sind bis heute grundlegend.

Schriften: *L'opéra-comique français en Russie au XVIIIe siècle* (G 1932, ²1954); *Un musicien espagnol en Russie..., V. Martin i Soler,* in: RMI 40 (1936); *Violonistes-compositeurs italiens en Russie,* in: ebd. 42–52 (1938–1950); *Opéras, intermezzos, ballets, cantates, oratorios joués en Russie au XVIIIe siècle* (G 1945, ²1955, revidiert Bas ³1964); *Regards sur la musique contemporaine 1921–46* (Lau 1946); *Annales de la musique et des musiciens en Russie au XVIIIe siècle,* 3 Bde. (G 1948–51); *Panorama de la musique contemporaine 1947–53* (G 1953); *Aspects de la musique contemporaine 1953–57* (G 1957); *Un musicista veneziano in Russia. C. Cavos 1775–1840,* in: NRMI 3 (1969). – Gesammelte Kritiken als: *Visage de la musique contemporaine 1957–61* (P 1962).

Lit.: M. MILA, in: NRMI 3 (1969); A. JACQUIER, in: SMZ 110 (1970).

MORAL, Pablo del, span. Violinist und Komponist des 18./19. Jahrhunderts. M. war Violinist der Kapelle San Cayetano in Madrid und spielte daneben auch an Madrider Theatern. 1778 wurde er städtischer Theaterviolinist und 1790 als Nachfolger von P. Esteve y Grimau Theaterkomponist. M. pflegte besonders die Gattung der Tonadilla escénica.

WW (hsl. erhalten): Zahlr. geistliche Kompositionen, u. a. Messen, Komplets u. ein Salve regina. – 130 Tonadillas, darunter: *La ópera casera* (1799) u. *El presidario;* Oper *La dama inconstante* (nur SingSt u. B. erhalten); ferner Bühnenmusik.

Ausg.: *La ópera casera,* Klv.-A. hrsg. v. J. SUBIRÁ, in: La tonadilla escénica 3 (Ma 1930), separat (Ma 1970).

MORALES, Cristóbal (Cristoval) **de,** * um 1500 Sevilla, † zwischen 4.9. und 7.10.1553 Málaga oder Marchena; span. Komponist. Er war vermutlich Schüler von P. Fernández de Castilleja, Kapellmeister an der Kathedrale von Sevilla, möglicherweise auch von Fr. Peñalosa. 1526 wird er erstmals als Kapellmeister der Kathedrale von Ávila genannt und wirkte 1528–31 in gleicher Funktion an der Kathedrale von Plasencia. 1534 erhielt er von Papst Clemens VII. eine Pfründe an der Kathedrale von Salamanca, wurde 1535 päpstlicher Kapellsänger und 1536 Comes Sacri Palatii et Aulae Lateranensis und Notar und Vertrauter des Papstes. 1545–47 war er Kapellmeister an der Kathedrale von Toledo, trat anschließend in den Dienst des Herzogs von Arco in Marchena und wirkte zuletzt seit 1551 als Kapellmeister an der Kathedrale von Toledo.

WW (in einigen Individual- u. mehr als 50 Sammeldrucken 1539–93 u. hsl.): 21 Messen: 12 für 4 St., 7 für 5 St. u. 2 für 6 St., davon gedruckt 2 Bde. (R 1544); Magnificat für 4 St. (V 1542); 91 Motetten: 51 für 4 St., 25 für 5 St., 11 für 6 St., eine für 8 St. u. 3 für 3 St.; *Lamentationi* für 4–6 St. (V 1564); Madrigal *Ditemi o si o no senza timore* für 4 St., in: J. Arcadelt, *Madrigali* IV (V 1539).

M.' Ruhm als bedeutendster spanischer Komponist seiner Zeit wird u.a. dadurch belegt, daß er mit zahlreichen Werken in deutschen, italienischen, französischen und niederländischen Sammeldrukken vertreten ist. Papst Paul III. und Kardinal Ippolito d'Este beauftragten ihn mit Kompositionen (Motetten *Jubilate Deo* und *Gaude et laetare Ferrariensis civitas*). Die spanischen Theoretiker – so M.' Zeitgenosse J. Bermudo, P. Cerone und Padre Antonio Soler im 18. Jh. – beriefen sich auf seine Autorität. F. Correa de Araujo und A. Kircher zitieren Beispiele aus seinen Kompositionen. Sein Schüler Fr. Guerrero verwendete Motetten von M. als Vorlage für 2 Parodiemessen. – M. schrieb fast ausschließlich geistliche Werke. Durch F. Peñalosa wurde er mit der franko-flämischen Musik vertraut. Seine Beziehungen zu Peñalosa erklären auch, warum seine ersten Werke in Sammeldrucken neben solchen von N. Gombert, J. Mouton, J. Richafort, Ph. Verdelot und Josquin des Prés erschienen. M.' Satztechnik ist stets am liturgischen Text orientiert, und seine Tonsprache bewahrt insgesamt, besonders in den ausdrucksvollen Motetten (z.B. *Lamentabatur Jacob*), einen spezifisch spanischen Charakter. In den Messen verwendet er auch weltliche Melodien, u.a. *L'homme armé*,

Ausg.: Opera omnia, hrsg. v. H. ANGLÉS (1952 ff.), davon erschienen 8 Bde. (75 Motetten, 21 Messen, Magnificat) (= MMEsp 11, 13, 15, 17, 20, 21, 24, 34).

Lit.: Sonderh. M. (1953) (= Anuario Mus. 8). – J. B. TREND, C. M., in: ML 6 (1925); G. A. TRUMPFF, Die Messen des C. M. (Diss. Gö 1939), Teildruck (1953) (= Anuario Mus. 8); R. STEVENSON, C. de M., in: JAMS 6 (1953); H. ANGLÉS, Der sakrale Charakter der Kirchenmusik v. C. de M., in: Musicus-Magister. FS Th. Schrems (Rb 1963); S. RUBIO, C. de M., Estudio crítico de su polifonia (S. Lorenzo de El Escorial 1969); H. LEUCHTMANN, Drei bisher unbekannte Parodiemessen v. M., Lechner u. Lasso, in: Musik in Bayern 20 (1980).

J. SUBIRÁ

MORDENT (engl.: mordent; frz.: mordant; it.: mordente; span.: mordiente), eine ↗Verzierung, die durch ein- oder mehrfachen (mehr oder weniger schnellen) Wechsel zwischen Hauptnote und diatonischer oder chromatischer unterer Nebennote ausgeführt wird. Zeichen: ✢ (gegebenenfalls mit den daruntergesetzten entsprechenden ↗Akzidentien).

Eine als M. bezeichnete Verzierung ist bereits in deutschen Orgeltabulaturen des 15. Jh. belegt und wird dort mit den Zeichen ♪ bzw. ♪ (z.B. im Buxheimer Orgelbuch) oder ♪ bzw. ♪ (z.B. bei H. Kotter und H. Buchner) versehen. Diese Verzierungen wurden in der Art und Weise der ↗Acciaccatura ausgeführt. Nach der Definition E. N. Ammerbachs (1583) wurde der M. auch mit der oberen Nebennote gespielt und entspricht in dieser umgekehrten Form dem Pralltriller und Schneller des 18. Jahrhunderts. Im 17./18. Jh. gehörte der M. zu den am häufigsten verwendeten Verzierungen und wurde je nach der Ausführung u.a. auch ↗Pincé (z.B. bei J.-Ph. Rameau), Martellement (z. B. bei J. G. Walther, etwa für den Doppel-M., ↗Martèlement), im Deutschen auch Beißer genannt.

Lit.: ↗Verzierungen.

MOREL, François, * 14. 3. 1926 Montreal; kanadischer Pianist und Komponist. Er studierte am Quebec Provincial Conservatory Montreal bei Germaine Malepart Klavier und Komposition bei Cl. Champagne. 1953 gründete er das Ensemble Musique de notre temps zur Verbreitung zeitgenössischer Musik in Quebec. Zunächst von Cl. Debussy und M. Ravel beeinflußt, komponiert M. heute in einem freien atonalen Stil unter gelegentlicher Einbeziehung der Zwölftontechnik.

WW: *3 miniatures* (1950) für Fl. u. Klv.; 2 Streichquartette (1948, 1963); Bläserquintett (1962). – Für Jazzorch.: *Beatnik* (1959); *Jazz Baroque Suite* (1960); *Symphonies* (1963); *Spirale* (1956) für Kammerorch.; *Rythmologue* (1957) für Schlagzeugensemble. – Für Orch.: *Esquisses* (1947); Suite (1948); *Antiphonie* (1951); symphonische Dichtungen: *Le rituel de l'espace* (1959); *Boréal* (1959); *Le mythe de la roche percée* (1961); *L'étoile noire* (1962). – *4 chants japonais* (1949) für SingSt u. Klv.; *Les rivages perdus* (1954) u. *Osmonde* (1963) für Frauenchor a cap.

MORENDO (it., = ersterbend, verlöschend), Vortrags-Bz., die ein äußerstes ↗Diminuendo bei gleichzeitigem ↗Ritardando fordert.

MORENO TORROBA, Federico, * 3. 3. 1891 Madrid; span. Komponist. M. war am Madrider Konservatorium Kompositionsschüler von C. del Campo. 1926 wurde er Dirigent des Teatro de la Zarzuela und 1935 Mitglied der Real Academia de Bellas Artes de San Fernando in Madrid. Außerdem war er 10 Jahre lang Musikkritiker der Madrider Tageszeitung *Informaciones*. Durch zahlreiche Kompositionen für Gitarre förderte er die Popularität dieses Instruments in Spanien. Außerdem pflegte er die traditionelle Zarzuela.

WW: Zahlr. Gitarre-Stücke; Orch.-Werke, u. a. 2 Symphonische Dichtungen (1918, 1919). – Zarzuelas: *La marchenera* (1928); *Monte Carmelo* (1939); *Maravilla* (1941); *La caramba* (1942); *Baile de trajes* (1945); *Baile en capitania* (1960); Oper *La virgen de mayo*, UA: Madrid 1926; Ballett *Aventuras y desventuras de Don Quijote* (1964).

MORERA, Viura Enric (Enrique), * 22. 5. 1865 Barcelona, † 11.3.1942 ebd.; span. Komponist. M. studierte in Barcelona (F. Pedrell) und in Brüssel. Er gehört zu den Initiatoren der Wiederbelebung einer katalanischen Musikkultur.

WW: Klv.-Stücke; Vc.-Konzert (1917); zahlr. Lieder u. Chöre; 40 Sardanas für Chor. – Opern, u. a.: *El mestre* (1921); *Don Joan de Serrallonga* (1921).

Lit.: J. PENA, E. M. (Ba 1937); R. PLANES, El mestre M. i e seu món (Ba 1972).

MORESCA (it.; frz.: morisque; span.: morisca), Sammel-Bz. für seit dem 15. Jh. bezeugte, von Männern pantomimisch ausgeführte Tänze, die je nach der Kostümierung als Grotesk-, Narren- oder Mohrentanz (mit geschwärztem Gesicht und Schellenbändern; so bei Th. Arbeau in der *Orchésographie*, 1588, beschrieben) einzuordnen sind. Als Schwert- oder Fechttanz, bei dem 2 Gruppen (ähnlich dem ↗Matassin) einander gegenüberstanden, vollzog die M. die Kämpfe zwischen Christen und Morisken (islamischen Mauren) nach. Ein anderer Ursprung der M. wird in den tradierten Fruchtbarkeitsriten gesehen, wie sie etwa im ↗Morris dance (im Frühjahr zu Querpfeife und Trommel getanzte englische Variante der M.) weiterleben. Auch italienische Narren- und Possentänze des Mittelalters (lat. morio = Narr) können die M. und ihre Namensgebung beeinflußt haben. Jedenfalls verbreitete sich die M. seit dem 14. Jh. über ganz Europa, fand Eingang u. a. am Burgundischen Hof und diente seit dem 16. Jh. und insbesondere im 17. Jh. als Balletteinlage in Intermedium, Masque, Komödie und Oper (u. a. Cl. Monteverdi, *Orfeo*). Obwohl die M. im Laufe des 17. Jh. aus der Kunstmusik verschwand, haben sich verschiedene Ausprägungen in Spanien, Korsika, Mittelamerika und auch in England erhalten.

Lit.: C. SACHS, Eine Weltgesch. des Tanzes (B 1933, Nachdr. Hil 1976); R. WOLFRAM, Neue Funde zu den Morisken u. den Morristänzen, in: Zschr. für Volkskunde 50 (1953); P. NETTL, Die M., in: AfMw 14 (1957); H. ENGEL, M., in: MGG IX; P. P. DOMOKOS, Der Moriskentanz in Europa u. in der ung. Tradition (Budapest 1968) (= Studia musicologica 10); E. FERRARI-BARASSI, La tradizione della m. e uno sconosciuto ballo del Cinque-Seicento, in: RIMus 5 (1970).

MÖRIKE, Eduard Friedrich, * 8. 9. 1804 Ludwigsburg, † 4. 6. 1875 Stuttgart; dt. Dichter. Er studierte 1822–26 Theologie am Tübinger Stift, wurde 1834 Pfarrer in Cleversulzbach, aber schon 1843 auf eigenen Wunsch pensioniert. 1851 erhielt er eine Stelle als Literaturlehrer am Königlichen Katharinen-Stift in Stuttgart und 1856 eine Professur an der Universität Tübingen. 1866 trat er endgültig in den Ruhestand und lebte in Lorch, Nürtingen und zuletzt in Stuttgart. – M. hatte weder eine praktische noch theoretische musikalische Ausbildung erhalten, fühlte sich aber seit seiner Jugend zur Musik, insbesondere der W. A. Mozarts, hingezogen. Seiner tiefen Verehrung für Mozart entsprang die Novelle *Mozart auf der Reise nach Prag* (1855), die auch sein bedeutendstes Prosawerk ist. M. verfaßte auch mehrere Opernlibretti, von denen das Singspiel *Das blinde Mädel* und die Oper *Ahasver* Fragment und das Singspiel *Ein Fest im Gebirge* unvertont blieb. I. Lachner schrieb die Musik zu seiner Zauberoper *Die Regenbrüder*. M.s Gedichte wurden von zahlreichen Komponisten des 19. und 20. Jh. vertont.

Vertonungen von Gedichten M.s: H. Wolf, *Gedichte v. E. M.* (1888); ders., 53 Lieder (davon 13 orchestriert) (1889–91); H. Distler, *M. Chorliederbuch*, op. 19 (48 Lieder); O. Schoeck, in op. 7, 14, 15, 17, 31, 51; ders., *Das holde Bescheiden*, op. 62 (36 Lieder); J. Brahms, in op. 19, 59, 61; M. Bruch, in op. 59, 60; R. Franz, op. 27 Nrn. 1–6; ders., in op. 28 u. *3 Chorlieder*, op. 53; H. Pfitzner, aus *6 Jugendlieder* u. in op. 30; M. Reger, in op. 62 u. 70; ders., *Er ist's*, op. 111 für Frauenchor; R. Schumann, in op. 59, 64, 67, 79, 89, 91, 107, 125.

Lit.: V. O. LUDWIG, E. M. in der Lyrik H. Wolfs (W 1930); A. TAUSCHE, H. Wolfs M.-Lieder (W 1947); H. HOSKAM KNEISEL, M. and Music (1949) (= Diss. Columbia Univ.) (mit Verz. der M.-Vertonungen); R. PIRKEL-LEUWER, M.-Lyrik in ihren Vertonungen (Diss. Bonn 1953); R. B. FARRELL, M., Mozart auf der Reise nach Prag (Lo 1960) (= Studies in German Lit. 3).

MORIN, Jean-Baptiste, * 1677 Orléans, † 1754 Paris; frz. Komponist. Er erhielt seine Ausbildung an der Maîtrise von St-Aignan in Orléans. 1704 ist er als Musiker des Herzogs Philipp von Orléans nachweisbar und wurde später Kapellmeister der Äbtissin von Chelles, einer Tochter Philipps, der er seine Kantate *Esther* widmete. M. schrieb als erster französischer Komponist Kantaten im italienischen Stil. Berühmt wurde sein Divertissement *La chasse au cerf*, das er anläßlich eines Aufenthaltes Ludwigs XIV. in Fontainebleau 1708 komponierte.

WW (alle in Paris gedruckt): 2 Bücher Motetten für 1 u. 2 St. u. B.c. mit u. ohne Instr. (1704, 1709); 3 Bücher *Cantates françoises* für 1–3 St. u. B.c. mit u. ohne Instr. (1706, 1707, 1712); ferner die Divertissements für Soli, Chor u. Instr. *La chasse au cerf* (1709) u. *L'hymen et l'amour* (1714).

Ausg.: 2 Motetten, hrsg. v. R. EWERHART, 2 H.e (Kö 1962) (= Cantio sacra 45 u. 50).

Lit.: M. A. HALL, The Solo Cantatas of J.-B. M. (1967) (= Diss. Univ. of Illinois) (darin 2 Kantaten); D. E. TUNLEY, The 18th Century French Cantata (Lo 1974).

MORITAT ↗Bänkelsang.

MORITZ VON HESSEN, Landgraf, auch M. der Gelehrte, * 25. 5. 1572 Kassel, † 15. 3. 1632 Eschwege. Er war einer der glänzendsten Vertreter fürstlichen Mäzenatentums seiner Zeit in Deutschland und trat auch als Komponist hervor. Während seiner Regierungszeit (1592–1627) gründete er in Kassel das Collegium Mauritianum, eine Ritterschule, in der auch Kapellknaben unterrichtet wurden (unter ihnen H. Schütz), und ließ 1603–06 das Ottoneum errichten, das erste feste Theater in Deutschland. M. erkannte früh die Begabung von Schütz und schickte ihn 1609 zum Studium bei G. Gabrieli nach Venedig. Als Komponist erhielt er Unterricht bei seinem Kapellmeister G. Otto. Seine mehrstimmigen Werke stehen unter dem Einfluß O. di Lassos und weisen nach der Rückkehr Schütz' aus Italien nach Kassel (wo ihn M. 1613 zum Hoforganisten ernannte) auch Merkmale des venezianischen Stils auf. M.' *Psalmen Davids* sind eine Ausgabe der Psalmen von A. Lobwasser (vgl. auch ↗Hugenottenpsalter).

WW: *Christlich Gesangbuch, von allerhand geistlichen Psalmen, Gesängen und Liedern* für 4 St. (Kas 1601) (mit 24 einst. Melodien), erweitert (Kas 1612) (mit 4st. Sätzen); *Psalmen Davids, Nach Frantzösischer Melodey*… für 4 St. (Kas 1607) (mit 31 Melodien u. 4st. Sätzen); 40 Motetten, in: V. Geuck, *Novum et insigne opus,* 3 Bde. (Kas 1603–04) (v. M. postum hrsg.). – Hsl. sind erhalten (z. T. unvollständig): Motetten, Magnificat, Psalmen u. Instr.-Werke (Fugen, Kanzonen, Tanzsätze).

Ausg.: Ausgew. Werke, hrsg. v. W. DANE (Kas 1936) (= EDM, LD 1); 14 Sätze, in: Hdb. der dt. ev. Kirchenmusik, hrsg. v. K. AMELN – CH. MAHRENHOLZ – W. THOMAS, II/2, III/1 und 2 (Gö 1942).

Lit.: W. DANE, M. von H.s Tonwerke (Diss. Marburg 1934); F. BLUME, Geistliche Musik am Hofe des Landgrafen M. von H., in: Zschr. des Vereins für hessische Gesch.- u. Landeskunde 68 (1957); CH. ENGELBRECHT, Die Kasseler Hofkapelle im 17. Jh. … (Kas 1958) (= Musikwiss. Arbeiten 14); DIES. (Bernsdorff-Engelbrecht), Musik zw. den Generationen. Gebrauchs- u. Repräsentationsmusik am Hofe des Landgrafen M. von H., in: Sagittarius 2 (1969); W. BLANKENBURG, Landgraf M. von H.-Kassel, in: MuK 42 (1972).

MORLACCHI, Francesco, * 14. 6. 1784 Perugia, † 28. 10. 1841 Innsbruck; it. Komponist. Er war Schüler von Luigi Caruso in Perugia, N. A. Zingarelli in Loreto und St. Mattei in Bologna. 1807 führte er in Florenz seine erste Oper auf und erhielt, durch weitere Werke rasch bekannt geworden, 1810 ein Engagement als Assistent und 1811 als Kapellmeister der italienischen Oper in Dresden, wo er bis zu seinem Tode wirkte. 1816–26 war C. M. von Weber Kapellmeister der deutschen Oper in Dresden, deren Aufstieg M. zu verhindern suchte. Der Tod M.s und seines Mitarbeiters J. Rastrelli sowie der Sturz G. Spontinis in Berlin brachten das Ende der Vorherrschaft der italienischen Oper in Deutschland.

WW: 10 Messen mit Orch.; eine Messe a cap. (1814); Passionsoratorium (1812); Requiem (1817) (für den König von Sachsen); Oratorien *Isacco* (1817) u. *La morte d'Abele* (1821). – Etwa 20 Opern, u. a.: *Il poeta in campagna,* UA: Florenz 1807; komische Oper *Il ritratto,* UA: Verona 1807; *Le Danaide,* UA: Rom 1810.

Lit.: In memoriam F. M., hrsg. v. W. FISCHER (I 1952); G. RICCI DES FERRES-CANCANI, F. M. (Fi 1958) (= Hist. musicae cultores Bibl. 11); W. BECKER, Die dt. Oper in Dresden unter der Leitung von C. M. von Weber (B 1962).

MORLAYE, Guillaume de, * um 1515, † nach 1560; frz. Lautenist. Er war vermutlich Schüler von A. de Rippe, von dem er zwischen 1552 und 1558 6 Lautenbücher postum herausgab. Von ihm selbst erschienen in Paris 4 Tabulaturen (RISM 1552^{32-34}, 1558^{19}) für Laute und für Gitarre (u. a. mit eigenen Tänzen und Fantasien und mit Chansons und Madrigalen) sowie eine Bearbeitung von Psalmen P. Certons für Singstimme und Laute. An Vokalwerken gab M. zwei Bücher *Psalmes et cantiques en vulgaire francoys* (P 1552, 1553) heraus.

Ausg.: Psaumes de P. Certon…, hrsg. v. R. DE MORCOURT (P 1957).

Lit.: J.-G. PROD'HOMME, G. M., éditeur d'A. de Rippe, in: RMie 9 (1925); P. PIDOUX, Les psaumes d'A. de Mornable, G. M. et P. Certon 1546, 1554, 1555, in: Ann. Mus. 5 (1957).

MORLEY, Thomas, * 1557 London, † 1602 ebd.; engl. Komponist. Schüler von W. Byrd, erlangte er 1588 den Grad eines Bachelor of Music in Oxford. Vom Organisten an der St. Paul's Cathedral in London stieg er auf zum Gentleman der Chapel Royal; dieses Amt übte er von 1592 bis zu seinem Tode aus. Seine Bedeutung nicht nur als Komponist und Theoretiker, sondern auch als Herausgeber und Notendrucker spiegelt sich in der weiten Verbreitung seiner Werke im Druck.

WW (in London gedruckt, teilweise mit mehreren Nachdr.): **1) Weltliche WW:** *Canzonets* für 2 St. (1595), für 3 St. (1593), für 5–6 St. (1597); engl. Madrigale für 4 St. (1594, erweitert ²1600); *Ballets* für 5 St. (1595), dies. mit it. Text (1595), mit dt. Text, hrsg. v. V. Haußmann (Nü 1609); *Ayres* für SingSt u. Laute (1600); Madrigale auch in dem von M. hrsg. *Triumphs of Oriana* (1601) u. a. Sammeldrucken. – **2) Geistliche WW:** Services, Anthems, Psalmen u. lat. Motetten hsl. u. in Sammeldrucken erhalten. – **3) Instr.-WW:** eine Fantasie, Variationen, Tanzsätze für Virginal hsl.; M. gab heraus: *Consort lessons* für 6 Instr. (1599, ²1611). – **4) Schrift:** *A Plaine and Easie Introduction to Practicall Musicke* (1597 u. ö.).

Neben dem heiteren und ansprechenden Charakter seiner Kompositionen hatte insbesondere sein Eintreten für die in England rasch an Bedeutung zunehmende italienische Musik maßgeblichen Anteil an seinem Erfolg. Zwar war er keineswegs der erste, der das italienische Madrigal in England heimisch machte; doch unterschied ihn sein außerordentliches Interesse an dieser Gattung von Vorläufern wie Nicholas Yonge (*Musica transalpina,* 1588) und Thomas Watson (*Italian Madrigals Englished,* 1590). Er veröffentlichte sowohl Originalwerke verschiedener italienischer Komponisten als auch eigene italienisch beeinflußte Werke, in denen er sich als Epigone im besten Sinne erwies. Einem Vergleich mit F. Anerio und G. G. Gastoldi hält er durchaus stand. M. war ein Erneuerer, kein Revolutionär. In seinem Streben nach Expressivität vermied er im Gegensatz zu W. Byrd, Th. Weelkes und G. Farnaby schroffe Kontraste in Harmonik und Kontrapunktik. Besondere Bedeutung gewann er auf dem Gebiet der Komposition für „broken consort" (gemischtes Ensemble). Bei M. umfaßt das ↗Consort 3 Melodieinstrumente (Flöte, Tenor- und Baßgambe) und 3 zum Akkordspiel geeignete Zupfinstrumente (Laute, Cister und Pandora). Die Kombination von Blas- und Saiteninstrumenten in der ersten Gruppe und von Instrumenten mit Darm- und Metallsaiten in der zweiten erlaubte eine Fülle klanglicher Abstufungen. Neu daran war der Gedanke, diese Klangkombinationen genau festzulegen. Zwei von M.s Kompositionen stehen in enger Beziehung zu Werken seines Zeitgenossen W. Shakespeare: *O Mistress mine* (in: *Consort Lessons*) – ein Lied aus *Twelfth Night* – und *It was a lover and his lass* (in den *Ayres*) – aus *As you like it;* es ist nicht unmöglich, daß sie von Shakespeare benutzte Melodien überliefern.

Ausg.: GA der *Canzonets*, engl. Madrigale u. *Ballets*, hrsg. v. E. H. FELLOWES (Lo 1913, ²1921) (= The English Madrigal School 1–4), revidiert v. TH. DART (Lo 1965–66) (= The English Madrigalists 1–4); *Ayres*, hrsg. u. revidiert v. DENS. (Lo 1932 bzw. 1959) (= The English Lute Song 16); *Canzonets* für 2 St. u. für 3 St., Faks.-Ausg. hrsg. v. J. E. UHLER (Baton Rouge/La. 1954, 1957); *The Triumphs of Oriana*, hrsg. v. H. K. ANDREWS (Lo 1963) (= The English Madrigalists 32). – Collected Motets, hrsg. v. TH. DART – H. K. ANDREWS (Lo 1959). – Keyboard Works, hrsg. v. TH. DART, 2 Bde. (Lo 1959) (= English Keyboard Music 12–13); *Consort Lessons*, hrsg. v. S. BECK (NY 1959). – *A Plaine and Easie Introduction*, Faks.-Ausg. hrsg. v. E. H. FELLOWES (Lo 1937), dass., Neudr. hrsg. v. R. A. HARMAN – TH. DART (Lo 1952, 1957); dass., Faks.-Ausg. (Farnborough 1970).

Lit.: E. H. FELLOWES, The English Madrigal Composers (O 1921, ²1948, Nachdr. Lo 1958); DERS., The English Madrigal (Lo 1925, ³1947); R. STEVENSON, Th. M.'s „Plaine and Easie" Introduction to the Modes, in: MD 6 (1952); J. KERMAN, M. and „The Triumphs of Oriana", in: ML 34 (1953); J. E. UHLER, Th. M.'s Madrigals for Four Voices, in: ML 36 (1955); D. BROWN, Th. M. and the Catholics, in: The Monthly Musical Record 89 (1959); F. B. ZIMMERMAN, Italian and English Traits in the Music of Th. M., in: Anuario Mus. 14 (1959); D. BROWN, The Styles and Chronology of Th. M.'s Motets, in: ML 41 (1960); J. KERMAN, The Elizabethan Madrigal (O 1962); C. A. MURPHY, Th. M., Edition of Italian Canzonets and Madrigals 1597 and 1598, 2 Bde. (1963) (= Diss. Florida State Univ.); W. SHAW, Th. M. of Norwich, in: MT 106 (1965); D. GREER, The Lute Songs of Th. M., in: Lute Society Journal 8 (1966); J. R. MCGRADY, Th. M.'s „First Booke of Ayres", in: MR 33 (1972).

G. NITZ

MORO (da Viadana), **Giacomo,** * Viadana (Provinz Mantua), † nach 1610; it. Komponist. M. war Mönch, lebte um 1599 in Bologna und um 1604 in Fivizzano. Er gehört mit seinen späteren Werken zu den ersten Vertretern des konzertanten Stils in der unmittelbaren Nähe von L. Viadana.

WW (in Venedig gedruckt): *Canzonette alla napolitana* für 3 St. (1581); *Gli encomii musicali* für 4–5 St. (1585); *Psalmi ad vespertinas... horas* für 5 St. (1595); *Officium et missa defunctorum* für 8 St. (1599); 4 Bücher *Concerti ecclesiastici*, 1: für 1–8 St. u. B.c., u. a. mit einer Messe für 8 St. u. Instr.-Kanzonen (1604), 2–4: für 1–4 St. u. B.c. (1607–10), Nachdr. der 4 Bde. (An 1613). – Mehrere Motetten in Sammeldrucken (u. a. bei Donfrid) 1616–38.

MOROI. – 1) Saburō, * 3. 8. 1903 Tokio, † 24. 3. 1977 ebd.; japanischer Komponist. Er studierte Harmonielehre und Komposition in Tokio und 1932–34 an der Hochschule für Musik in Berlin. 1946–65 arbeitete er an einer Neuorganisation des Musikunterrichts in Japan. 1965–67 war er Intendant des Städtischen Orchesters Tokio und seit 1967 Leiter der Musikabteilung sowie Lehrer für Komposition und Musikwissenschaft der privaten Senzoku-Gakuen-Universität in Kawasaki. M. veröff. auch mehrere theoretische Schriften.

WW: Klv.-Stücke; Kammermusik; 5 Symphonien (1934, 1938, 1950, 1952, 1970); Klv.-Konzert (1934); Vc.-Konzert (1937); Lieder.

2) Makoto, Sohn von 1), * 17. 12. 1930 Tokio; japanischer Komponist. Er war Kompositionsschüler von Tomojirō Ikenouchi und unterrichtet heute Gregorianik am Musikinstitut Königin Elisabeth in Hiroshima sowie Komposition am Konservatorium Tōhō in Tokio. M. gehört zu den Gründern des Instituts für Musik des 20. Jahrhunderts. Sein Stil ist durch Verwendung serieller Techniken in der Nachfolge A. Weberns gekennzeichnet.

WW: Klv.-Stücke; *Les farces* (1971) für V. solo; Kammermusik, u. a.: *Musica da camera* (1954) für Streichquartett; *Komposition Nr. 5 (Ode an Schönberg)* (1961) für Kammerorch. – Für Orch.: *Komposition Nr. 1* (1953) u. *Nr. 2* (1958); Suite concertante für V. u. Orch. (1962); Klv.-Konzert (1967); Symphonie (1968). – *Komposition Nr. 3* (1958) für Sprecher, Männerchor u. Orch.; *Metamorphosis* (1958) für Sprecher u. Tonband; *Développements raréfiants* (1957) für Frauenst. u. Instr.; *Phaeton* (1965) für Sprecher, St., Orch. u. Tonband; *Izumo, My Home* (1970) für Sopran, Bar., Chor, Orch. u. elektronische Klänge.

MORRIS, Reginald Owen, * 3. 3. 1886 York, † 14. 12. 1948 London; engl. Komponist und Musikpädagoge. Er studierte am New College in Oxford und am Royal College of Music in London, wo er 1920 Professor für Kontrapunkt und Harmonielehre wurde. 1926–28 lehrte er am Curtis Institute of Music in Philadelphia, kehrte dann an das Royal College of Music und nach Oxford zurück, wo er 1939 zum Doctor of Music promovierte. Seine Kontrapunkt-Lehrbücher beruhen weitgehend auf Werken des 16. Jh. und waren von großem Einfluß auf den englischen Kompositionsunterricht in der 1. Hälfte des 20. Jahrhunderts.

WW: **1) Kompositionen:** *Phantasy Quartet* (Lo 1922) u. *Canzoni ricercati* (Lo 1931); V.-Konzert (Lo 1928); *Concerto piccolo* (Lo 1930). – Für Chor a cap.: 6 *English Folk Songs* (1929) u. 5 *English Folk Songs* (Lo 1931); *Corinna's Maying* (1933) für Chor u. Orch. – **2) Schriften:** *Contrapuntal Technique in the 16th Century* (O 1922); *The Structure of Music* (Lo 1935); *Introduction to Counterpoint* (O 1944); *Oxford Harmony* (Lo 1946, Nachdr. 1974).

Lit.: E. RUBBRA, R. O. M. An Appreciation, in: ML 30 (1949).

MORRIS DANCE (engl.), Sammel-Bz. für verschiedene Volkstänze, die heute noch in England anläßlich von Umzügen der Morris-Gilden ausgeführt werden und als Masken-, Fecht- und Schwerttänze auf Frühformen der ↗Moresca zurückgehen. Charakteristisch für den M. d. ist – trotz landschaftlicher Unterschiede in der Ausführung – die Teilnahme von 6–12 Männern, die auf verschiedene Weise kostümiert sind und z. T. auch Frauenmasken tragen. Der M.d. stand ursprünglich im Zusammenhang mit bestimmten Fruchtbarkeitsriten zum Frühlingsanfang. Später fand eine Durchdringung dieser heidnischen Bräuche mit christlichen statt, die sich nicht nur in der formalen, sondern auch in der melodischen Vielfalt der Tänze (mit gerad- und ungeradtaktiger Melodiebildung) widerspiegelt. Parodierende Entlehnungen (z. T. mit obszöner Textierung) und solche aus dem Volksliedbereich sind äußerst häufig praktiziert worden, wie dies etwa die von C. J. Sharp angelegte M. d.-Sammlung belegt. – Gehörten früher Einhandflöten und Trommeln zum verwendeten Instrumentarium, so sind es heute meist auch moderne Instrumente (u. a. Violine).

Ausg. u. Lit.: C. J. SHARP, The Morris Book, 5 Teile (Lo 1907–13) (1–3 zus. mit H. C. Mad-Ilwaine, 5 mit G. Butterworth); C. SACHS, Eine Weltgesch. des Tanzes (B 1933, Nachdr. Hil 1976); R. WOLFRAM, Neue Funde zu den Morisken u. den Moristänzen, in: Zschr. für Volkskunde 1 (1953); W. KIMBER, M. d. Tunes..., in: Journal of the English Folk Dance and Song Society 8 (1959); L. BLAKE, The Morris in Wales, in: ebd. 9 (1960); D. HOWISON – B. BENTLEY, The North-West-Morris, in: ebd.

MORTARI, Virgilio, * 6. 12. 1902 Passirana di Lainate (Provinz Mailand); it. Komponist. Er studierte bei C. A. Bossi und I. Pizzetti am Mailänder Konservatorium. 1933–40 war er Kompositionslehrer am Conservatorio B. Marcello in Venedig, 1940–55 am Conservatorio S. Cecilia in Rom und 1955–59 Soprintendente am Teatro La Fenice in Venedig. 1963 wurde er Vizepräsident der Accademia di S. Cecilia in Rom.

WW: **1) Instr.-WW:** Kammermusik, u. a. *Serenata detta la diavolessa* (1954) für Streichtrio; Streichquartett (1931), Orch.-Fassung als: *Musica per archi* (1939). – Für Orch.: *Rapsodia* (1930); Klv.-Konzert (1960); Allegro (1934) für Vc. u. Orch.; Konzert für Streichquartett u. Orch. (1938). – **2) Vokal-WW:** *Due divertimenti* (1928, 1930) für 4 St. (über lombardische Volksliedthemen); *Missa pro salute innocentium* (1950) für 4 St. a cap.; *Due laude* (1946) für SingSt, Fl., Vc. u. Klv.; *Due salmi funebri* (1947) für SingSt, Fl. u. Klv.-Quartett (zum Gedächtnis A. Casellas); Oratorium *Resurrezione e vita,* UA: Venedig 1954. – **3) Bühnen-WW:** Opern: *Secchi e Sberlecchi,* UA: Udine 1927; *La figlia del diavolo,* UA: Mailand 1954; *La scuola delle mogli* (nach Molière), UA: ebd. 1959; *Il contratto,* UA: RAI 1962, szenisch Rom 1964; Ballett *L'allegra piazetta,* UA: Rom 1945. – **4) Schriften:** *La tecnica dell'orchestra contemporanea* (zus. mit A. Casella) (Mi ^{2}1950), dt. Übers.: *Die Technik des modernen Orchesters* (Mi – F 1961).

Lit.: Werk-Verz., in: Rass. Mus. 23 (1953); R. MARIANI, V. M., in: Verismo in musica e altri studi (Fi 1976).

MORTARO, Antonio, OFM, * Brescia, † 1620 Verona (?); it. Komponist. Er war vermutlich Schüler von C. Antegnati und C. Porta und ist 1598 als Organist an S. Francesco in Mailand und 1602 als Domorganist in Novara nachweisbar. 1606 kehrte er nach Brescia zurück. Seine Werke waren viele Jahrzehnte lang weit verbreitet.

WW: **1) Geistliche Vokal-WW:** *Missae, motecta, cantica BMV* (V 1595); *Sacrae cantiones* für 3 St. (Mi 1598), mit B.c. (V 1610); *Messa, salmi, motetti et Magnificat* für 3 Chöre (Mi 1599); 2 Bücher *Psalmi ad vesperas* für 8 St. (V 1599), mit B.c. (1603); *Sacrae cantiones* für 4 St. (Mi 1602); *Missae atque sacrae cantiones* für 9 St. u. B.c. (V 1606); Psalmen für 5 St. u. B.c. (V 1608). – **2) Weltliche Vokal-WW:** 4 Bücher *Fiammelle amorose* für 3 St. (V 1590–96 u. ö.). – **3) Instr.-WW:** *Canzoni da sonare* für 4 St. (V 1600), für 4 St. u. B.c. (V 1623).

Ausg.: 4 Canzoni für Blockfl., hrsg. v. G. HOULE (NY 1970).

Lit.: F. GUERRINI, Per la storia della musica a Brescia, in: Note d'archivio 11 (1934).

MORTELMANS. – 1) Lodewijk, * 5.2.1868 Antwerpen, † 24.6.1952 ebd.; belgischer Komponist. Er war Schüler von J. Blockx und P. Benoit an der Musikschule von Antwerpen und erhielt 1893 für seine Kantate *Lady Macbeth* den belgischen Prix de Rome. 1901 wurde er Lehrer für Kontrapunkt und Fuge am Konservatorium von Antwerpen, dessen Leitung er 1924–33 innehatte. Daneben unterrichtete er auch an der Kirchenmusikschule Mecheln. Mit P. Gilson und A. de Boeck gehört M. zu den wichtigsten Repräsentanten der flämischen Musik am Anfang des 20. Jahrhunderts. Er wurde vor allem durch Lieder und die Oper *De kinderen der zee* bekannt.

WW: Klv.-Stücke; Orch.-Werke; Lieder, Chöre; ferner die Oper *De kinderen der zee,* UA: Antwerpen 1920.

2) Ivo Oscar, Sohn von 1), * 19. 5. 1901 Antwerpen; belgischer Komponist. Er studierte an den Konservatorien von Antwerpen und Brüssel und war privat Schüler von P. Gilson. 1931–52 lehrte er Musiktheorie am Konservatorium in Antwerpen, außerdem Theorie, Komposition und Musikgeschichte an den Musikakademien in Berchem (1925–66), Deurne (1939–70) und Mortsel (1946–67) und war 1931–36 Operndirigent in Eindhoven.

WW: Kammermusik; Orch.-Werke; Lieder u. Chöre; Oratorien *Lutgart* u. *Eeuwig vlecht de bruid haar kroon* (1964); Liedertriptychon *Drie liefdezangen* (1967); Messen. – Singspiel *De krekel en de mier* (Die Grille u. die Ameise) (1945) (nach La Fontaine).

Lit.: **Zu 1):** J. L. BROECKX, L. M. (An 1945); DERS., Cat. van het werk van L. M. (Bru 1954); H. HEUGHBART, in: Harop 20 (1968).

MORTON, Jelly Roll (eig. Ferdinand Joseph La Menthe), * 20. 9. 1885 Gulfport (Louisiana), † 10. 7. 1941 Los Angeles; amerik. Jazzmusiker (Klavier), Bandleader und Komponist. M. begann 1902 seine Laufbahn als Pianist in New Orleans, war danach ständig auf Tournee, gründete 1926 in Chicago seine für den traditionellen Jazz maßgebende Band „Red Hot Peppers", die mit ungewöhnlichen Arrangements aufwartete. 1938 sprach er seine Lebenserinnerungen auf Schallplatte, veröffentlicht als *The Saga of Mr. Jelly Lord.* Wie Nick La Rocca behauptete auch M., der „Schöpfer des Jazz" zu sein. Das wirkliche Verdienst von M. ist jedoch, den Ragtime mit dem Blues verschmolzen zu haben. Bekannte Kompositionen sind u. a. *Jelly Roll Blues, King Porter Stomp, Frog-I-More-Rag, Wolverine Blues* und *Dr. Jazz.*

Lit.: A. LOMAX, Doctor Jazz. Mister J. Rolls Moritat v. Jazz (Z 1960, 1964) (= Sanssouci Jazz-Bibl. 1); N. SHAPIRO – N. HENTOFF, Jazz erzählt (Mn 1962); M. T. WILLIAMS, J. R. M. (Lo 1962, NY 1963) (= Kings of Jazz 11); DERS., J. R. M. Three Minute Form, in: The Jazz Tradition (NY 1970) (mit Bibliogr.).

MORTON, Robert, * um 1440, † Anfang 1475; engl. Komponist. Er wurde 1457 Sänger der Kapelle des Herzogs von Burgund und erhielt 1470 die Würde eines Chapelain. Von M. sind 10 Rondeaux (eines ohne Text), 2 Balladen (eine ohne Text) und eine Motette überliefert. In seinem Rondeau *Il sera pour vous* erscheint als C.f. zum ersten Mal die in der Folgezeit häufig bearbeitete Chanson *L'homme armé.* Seine Chanson *N'aray ie iamais mieulx* wurde von Josquin des Prés in der *Missa di dadi* parodiert.

Ausg.: 2 Chansons, in: Der Kopenhagener Chansonnier, hrsg. v. K. JEPPESEN (Kop – L 1927, ²1965); 4 Chansons u. 3 textlose Stücke, in: J. MARIX, Les musiciens de la cour de Bourgogne (P 1937); *Princhesse of Youth,* hrsg. v. M. BUKOFZER, in: MQ 20 (1939); The Mellon Chansonnier, hrsg. v. L. L. PERKINS – H. GAREY (New Haven – Lo 1979).

Lit.: J. MARIX, Histoire de la musique et des musiciens de la cour de Bourgogne (Str 1939, Nachdr. G. 1971); D. PLAMENAC, The „second" Chansonnier of the Bibl. Riccardiana (Cos. 2356), in: Ann. Mus. 2 (1954) (darin eine Chanson); H. BESSELER, Dt. Lieder v. R. M. u. Josquin, in: BzMw 13 (1971); D. FALLOWS, R. M.'s Songs. A Study of Styles in the Mid-fifteenth Century (Berkeley 1978) (= Diss. Univ. of California, Berkeley).

MOSCHELES, Ignaz (eig. Isaac), * 23. 5. 1794 Prag, † 10. 3. 1870 Leipzig; dt. Pianist, Dirigent und Komponist. Nach Studien bei Fr. D. Weber am Prager Konservatorium spielte er 14jährig in einem Konzert eigene Kompositionen, setzte seit 1808 seine Studien bei J. G. Albrechtsberger und A. Salieri in Wien fort und wurde dann einer der beliebtesten Klavierlehrer Wiens. Unter L. van Beethovens Anleitung fertigte er 1814 den ersten Klavier-Auszug des *Fidelio* an. Zwischen 1820 und 1825 bereiste er als gefeierter Pianist Deutschland, Paris, London, Prag und Wien. 1824 war er vorübergehend Lehrer F. Mendelssohn Bartholdys, mit dem ihn eine lebenslange Freundschaft verband. 1825 ließ er sich in London nieder, war Professor an der Royal Academy of Music sowie Direktoriumsmitglied und Dirigent der Royal Philharmonic Society, wodurch ihm der Weg in Gesellschaft und Konzerte geöffnet und viele Schüler zugeführt wurden. Als Dirigent setzte er sich für das Werk Beethovens ein und dirigierte 1832 die erste englische Aufführung der *Missa Solemnis.* Als er um 1840 spürte, daß ihm Fr. Liszt als Pianist überlegen war, zog er sich von der solistischen Tätigkeit zurück. Auf Drängen Mendelssohns übersiedelte er 1846 nach Leipzig und übernahm die Leitung der Klavierklasse am Konservatorium, die er bis 1870 innehatte. Hier hatte er als Lehrer einen Einfluß, der den K. Czernys übertraf.

WW: Kammermusik, darunter Klv.-Trio, op. 84; Septett, op. 88. – 8 Klv.-Konzerte; zahlr. Variationen für Klv. mit u. ohne Orch.; Etüden, op. 70; *Charakteristische Studien,* op. 95; *Tägliche Studien,* op. 107; ferner eine Klv.-Schule *Méthode des méthodes* (P 1837, Nachdr. G 1973) (zus. mit Fr.-J. Fétis). – Er gab heraus: *The Life of Beethoven by Anton Schindler* (Lo 1841) (übers. u. mit Zusätzen versehen); *Beethovens Klavierkonzerte* (Nr. 1–4 mit Kadenzen).

Von M.' zahlreichen Kompositionen stehen viele der Wiener Klassik nahe, viele sind als Virtuosenstücke geschrieben; seine Klavierkonzerte gehörten zu seinen Lebzeiten zu den meistgespielten ihrer Art und dienten anderen noch dann als Vorbild, als Paradestücke wie die einstmals berühmten *Alexander-Variationen* schon vergessen waren. Seine Etüden – op. 70 und besonders die *Charakteristischen Studien* op. 95 – gehören zu den besten der Zeit und haben noch heute Bedeutung für die Kenntnis der nachklassischen Klaviertechnik. M. gab auch Klaviersonaten und -konzerte sowie Kammermusik Beethovens, W. A. Mozarts, J. Haydns und G. Fr. Händels heraus.

Lit.: Aus M.' Leben, nach Briefen und Tagebüchern, hrsg. v. CH. MOSCHELES, 2 Bde. (L 1872–73); Thematisches Werk-Verz. (L 1885). – F. MOSCHELES, Fragments of an Autobiography (Lo–NY 1899); H. ENGEL, Die Entwicklung des dt. Klv.-Konzerts von Mozart bis Liszt (L 1927); W. GEORGII, Klv.-Musik (Fr–Z ²1950); I. HEUSSNER, I. M. in seinen Klv.-Sonaten, -Kammermusikwerken u. -Konzerten (Diss. Marburg 1963); K. WOLTERS, Hdb. der Klv.-Lit. zu zwei Händen (Z 1967); W. S. NEWMAN, The Sonata Since Beethoven (Chapel Hill 1969, revidiert NY ²1972); J. ROCHE, J. M., 1754–1870, in: MT 111

(1970); J. FORNER, Mendelssohns Mitstreiter am Leipziger Konservatorium, in: BzMw 14 (1972), wiederabgedruckt in: G. SCHUHMACHER, F. Mendelssohn Bartholdy (Da 1981) (= Wege der Forsch. 494).
G. SCHUHMACHER

MOESCHINGER, Albert, * 10. 1. 1897 Basel; Schweizer Komponist. Er studierte 1917–24 in Bern, Leipzig und bei W. Courvoisier in München und lebte anschließend als Pianist und Pädagoge in Bern, wo er 1937–43 auch am Konservatorium lehrte. Seit 1943 widmete er sich ausschließlich der Komposition. Sein Stil zeigt Einflüsse von Courvoisier sowie von M. Ravel und I. Strawinsky.

WW: 6 Streichquartette (1922–40); 6 Bläsertrios (1950–60). – Für Orch.: *Sarcasmes* (1967); *Erratiques* (1969); *On ne traverse pas la nuit* (1970); *Tres caprichos* (1972) *Blocs sonores* (1977); *Variations mystérieuses* (1977) für Kammerorch.; 5 Symphonien, 1: *Symphonie à gloire de* ... (1945); 2: für 6 Bläser, Pk., Schlagzeug u. Str. (1948); 3, 4 u. 5 (1950, 1957, 1960); 5 Klv.-Konzerte, 1: mit Kammerorch. (1931); 2: mit Streichorch. (1938); 3: mit großem Orch. (1953); 4 u. 5: (1964, 1970); V.-Konzert (1935, revidiert 1949); Trp.-Konzert (1955); *Concerto lyrique* (1958) für Saxophon u. Orch. – *Visions du moyen-âge* (1940) für Tenor, Klar. u. Str.; *Missa in honorem Sancti Theoduli* (1943) für gem. Chor u. Org.; Kantate *Miracles de l'enfance* (1961) für Mezzosopran, 2 Klar., 2 Fl., Ob., Harfe, Kb. u. Schlagzeug; *Labyrinth* (1963) (nach Dante) für 2 Frauenst. u. Orch.

Lit.: J. HANDSCHIN, Neues v. A. M., in: SMZ 85 (1945); H. OESCH, A. M., in: ebd. 97 (1957); W. SCHUH, A. M.s „Sinfonie Nr. 5", in: ebd. 101 (1961); H. OESCH, A. M.s Briefwechsel mit Th. Mann, in: ebd. 112 (1972) (mit Werk-Verz.).

MOSEL, Ignaz Franz de Paula Vinzenz Ferrerius Joseph, Edler **von,** * 1. 4. 1772 Wien, † 8. 4. 1844 ebd.; östr. Komponist und Musikschriftsteller. M. trat 1788 in den Staatsdienst, wurde 1818 geadelt, war seit 1821 Vizedirektor der beiden Hoftheater und seit 1829 1. Kustos der kaiserlich-königlichen Hofbibliothek. In der Musik Autodidakt, übte er doch großen Einfluß auf das Wiener Musikleben aus. Er gehörte zu den maßgeblichen Persönlichkeiten unter den Anhängern der deutschen Musik und war ein entschiedener Gegner des italienischen Geschmacks. M. wurde vor allem durch seine Schriften bekannt.

WW: **1) Kompositionen:** Opern: *Die Feuerprobe* (1811); *Salem* (1813) u. *Cyrus und Astyages* (1818). – **2) Schriften:** *Versuch einer Aesthetik des dramatischen Tonsatzes* (W 1813, ^{2}1910); *Ueber die Oper* (W 1821); *Über das Leben und die Werke des A. Salieri* (W 1827); *Geschichte der K. K. Hofbibliothek zu Wien* (W 1835).

Ausg.: *Versuch einer Aesthetik des dramatischen Tonsatzes,* hrsg. v. E. SCHMITZ (Mn 1910).

Lit.: R. BATKA, Moseliana, in: Musikbuch aus Östr. 8–9 (1911–12); TH. ANTONICEK, I. von M., 2 Bde. (Diss. W 1962); DERS., „Vergangenheit muß unsre Zukunft bilden". Die patriotische Musikbewegung in Wien u. ihr Vorkämpfer I. von M., in: RBMie 26/27 (1972/73); E. TRINKLER, I. F. Edler von M., in: Biblos 22 (1973).

MÖSELER VERLAG, dt. Musikverlag. Er geht zurück auf die 1821 von **C. Ph. H. Hartmann** (1797–1840) in Wolfenbüttel gegründete Kunst- und Musikalienhandlung, seit 1837 von **Louis** (Ludwig) **Holle** (1817–95) weitergeführt und 1850 als Alleininhaber übernommen. 1913 trat **Georg Kallmeyer,** * 15. 9. 1875 Braunschweig, † 27. 5. 1945 Reichenberg, als Teilhaber in das Unternehmen ein, das 1919 in seinen Besitz überging und seit 1926 mit seinem Namen firmierte. An der Jugendbewegung orientiert, erschienen im Verlagsprogramm Werke von Fr. Jöde, praktische Ausgaben, darunter die Reihen *Corona* (früher: *Deutsche Instrumental-Musik für Fest und Feier*) mit Kompositionen des 16.–18. Jh., *Das Chorwerk* (1929 bis 1975 hrsg. von Fr. Blume, seitdem von K. Gudewill; bisher 130 H.e), ferner die M. Praetorius-GA (hrsg. von Fr. Blume, 21 Bde., 1928–40). 1947 übernahm **Karl Heinrich Möseler, * 11. 1. 1912, † 26. 6. 1984,** den nun unter seinem Namen firmierenden Verlag. Der Verlagskatalog umfaßt neben Orchester-, Kammermusik, Chorwerken, Schulmusikbüchern, musikgeschichtlicher Literatur und Zeitschriften die Reihen *Aulos* („Werkreihen für Blasmusik") und *Beiträge zur Schulmusik* (hrsg. von W. Drangmeister und H. Rauhe) mit der Beispielsammlung *Musikalische Formen in historischen Reihen.*

Lit.: H.-M. PLESSKE, Bibliogr. des Schrifttums z. Gesch. dt. u. östr. Musikverlage, in: Beitr. z. Gesch. des Buchwesens 3, hrsg. v. K.-H. Kalhöfer – H. Rötzsch (L 1968).

MOSER. – 1) Andreas, * 29. 11. 1859 Semlin bei Belgrad, † 7. 10. 1925 Berlin; dt. Pädagoge östr. Herkunft. Nach Abschluß seines Ingenieur- und Architekturstudiums wurde er 1878 Violinschüler von J. Joachim in Berlin und anschließend dessen Assistent. 1888–1925 (1900 Professor) lehrte er an der Berliner Musikhochschule.

Schriften: *J. Joachim* (B 1898, erweitert 1908–10); *Violinschule,* 3 Bde. (B 1902–05) (zus. mit J. Joachim); *Methodik des Violinspiels,* 2 Bde. (L 1920); *Geschichte des Violinspiels* (B 1923) (mit einer Einleitung v. H. J. Moser), 2. Aufl. hrsg. v. H.-J. Nösselt, 3 Bde. (Tutzing 1966–67).

2) Hans Joachim, Sohn von 1), * 25. 5. 1889 Berlin, † 14. 8. 1967 ebd.; dt. Musikforscher. Er studierte Musikwissenschaft an den Universitäten Marburg, Leipzig (bei H. Riemann und A. Schering) und Berlin (bei H. Kretzschmar und J. Wolf) und promovierte 1910 in Rostock. 1919 wurde er Dozent in Halle (1922 Professor), lehrte 1925–27 an der Universität Heidelberg und 1927–34 an der Universität Berlin, wo er auch die Staatliche Akademie für Kirchen- und Schulmusik leitete. 1933 in den Ruhestand versetzt, unterrichtete M. nach dem Krieg seit 1947 an der Universität Jena und an der Musikhochschule Weimar und wurde 1950 Direktor des Städtischen Konservatoriums in Berlin.

Schriften: *Die Musikergenossenschaften im deutschen Mittelalter* (Diss. Rostock 1910, Nachdr. Wie 1972); *Geschichte der Musik,* 3 Bde. (St 1920–24), I (^{5}1930), II/1 (^{4}1928), als Bd. II (^{5}1930), II/2 als Bd. III (^{2}1928), NA (Hil 1968); *P. Hofhaimer* (St 1929, Hil ^{2}1966); *Die mehrstimmige Vertonung des Evangeliums* I (L 1931, Nachdr. Hil – Wie ^{2}1968) (= Veröff. der Staatlichen Akad. für Kirchen- u. Schulmusik Berlin 2); *Corydon, das ist: Geschichte des mehrstimmigen Generalbaßliedes,* 2 Bde. (Brau 1933, Nachdr. Hil 1966); *Die Melodien der Lutherlieder* (L 1935) (= Welt des Gesangbuchs 4); *Musik-Lexikon* (B 1935, ^{2}1943, H ^{3}1951), Nachtrag (1953, ^{4}1955), Nachträge (1958), NA mit Nachtrags-Bd. (1963); *H. Schütz* (Kas 1936, ^{2}1954); *Das deutsche Lied seit Mozart,* 2 Bde. (B–Z 1937, revidiert Tutzing ^{2}1966); *Goethe und die Musik* (L 1949); *Die evangelische Kirchenmusik in Deutschland* (B 1954, Nachdr. Hil 1978); *Die Musik im frühevangelischen Österreich* (Kas 1954); *Die Musik der deutschen Stämme* (W 1957); *Musik in Zeit und Raum. Ausgewählte Abhandlungen* (B 1960). – M. war ferner Hrsg. v.: *Gassenhawerlin und Reutterliedlin zu Franckenfort am Meyn. Bei Chr. Egenolf 1535* (Au 1927, Nachdr. Hil 1970) u. v.a. – Er revidierte (Wie – Gr 1957–61) sämliche 65 Bde. der DDT.

M. ist in der deutschen Musikwissenschaft des 20. Jh. nach Umfang, Vielfalt und Originalität seiner Publikationen eine herausragende Persönlichkeit. Viele seiner Arbeiten – vor allem über H. Schütz, die evangelische Kirchenmusik und das deutsche Lied des 15.–19. Jh. – sind grundlegend geblieben; sein Musiklexikon ist als Leistung eines einzelnen Autors bewundernswert. M. trat auch als Sänger (Bariton) hervor und betätigte sich schriftstellerisch.

3) Edda, Tochter von 2), * 27. 10. 1941 Berlin; dt. Sängerin (Sopran). Sie studierte Gesang bei Hermann Weißenborn und Gerty König in Berlin und debütierte 1962 als Kate Linkerton in G. Puccinis *Madame Butterfly* an der Städtischen Oper Berlin. 1963 ging sie als Choristin nach Würzburg, 1964 mit einem Solovertrag nach Hagen, anschließend nach Bielefeld und 1967 an die Deutsche Oper Berlin. 1968–71 war sie Mitglied der Städtischen Bühnen Frankfurt am Main und gehört seit 1971 dem Ensemble der Wiener Staatsoper an. Den Beginn ihrer internationalen Karriere verdankte sie H. W. Henze und H. von Karajan, in dessen *Rheingold*-Aufführung sie 1968 bei den Salzburger Osterfestspielen debütierte. Gastspiele führten sie an die Metropolitan Opera in New York, an die Opernhäuser von Paris, Berlin, Hamburg und München sowie nach Südamerika und in die Sowjetunion. In der Verfilmung des *Don Giovanni* von W. A. Mozart (Regie J. Loosey) übernahm sie die Rolle der Donna Anna.

Lit.: **Zu 1):** D. C. TODD, The Problem of Bowing in the Joachim-M. Ed. of Beethoven's String Quartets (Urbana 1967) (= Diss. Univ. of Illinois). – **Zu 2):** A. A. ABERT, in: AMl 40 (1968).

MOSES IN ÄGYPTEN *(Mosè in Egitto),* Azione tragica sacra in 3 Akten von Gioacchino Rossini (1792–1868), Text von Andrea Leone Tottola nach dem gleichnamigen Bibeldrama des Padre Francesco Ringhieri. Ort und Zeit der Handlung: Ägypten, um 1225 v. Chr. UA: 5. 3. 1818 in Neapel (Teatro San Carlo); für das frz. Theater umgearbeitet als *Moïse et Pharaon ou Le Passage de la Mer Rouge* (Mosè nuovo), Oper in 4 Akten, Text von G. L. Balocchi und V. J. Étienne de Jouy, UA: 26. 3. 1827 in Paris (Académie royale de musique); EA in dt. Sprache: 18. 12. 1820 in Budapest unter dem Titel *Eliza und Osiride;* dt. EA (in dt. Sprache): Frühjahr 1822 in Frankfurt am Main; dt. EA der 2. Fassung: 24. 3. 1831 in Hamburg.

Thema dieser Oper ist die Befreiung der Israeliten aus Ägypten, dargestellt in Anlehnung an die biblische Vorlage. Tottola versuchte, durch Einbeziehung eines zusätzlichen Handlungsstranges (einer Liebesgeschichte zwischen dem Pharaonensohn Amenophis und Anaï, der Nichte des Moses) eine handlungslogische Begründung für die unerbittliche Verfolgung der Juden zu schaffen. Rossinis Werk, vom Komponisten selbst einmal als Oratorium bezeichnet, weist in der ersten Fassung eine flächige Konzeption auf, in der die chorischen Blöcke – die beiden Völker darstellend – und die in ausgedehnten Solopartien gezeichneten Charaktere des Pharao und seines Gegenspielers Moses wirkungsvoll kontrastiert werden. Erst in der französischen Fassung wird der Schritt vom Statuarischen zum bühnenwirksamen Dramatisch-Stringenten vollzogen. Bedeutende Änderungen sind darüber hinaus die Neukonzeption des 1. Aktes und die Einführung eines großen Balletts im 3. Akt. Beiden Fassungen gemeinsam ist die richtungweisende symphonische Anlage großer Abschnitte; besonders bemerkenswert ist der Schluß der Oper: der Zug durchs Rote Meer und die Vernichtung der Ägypter werden in einem differenziert gearbeiteten Tongemälde instrumental gezeichnet. Eine ruhig verklingende Schlußphase in C-Dur signalisiert schließlich den Untergang der Feinde und den sicheren Frieden. Die berühmteste Nummer, das Gebet *Dal tuo stellato soglio (Der du das All umfassest),* schrieb Rossini für die Aufführung in Neapel (1819) nach.

R. QUANDT

MOSES UND ARON, Oper in 3 Akten von Arnold Schönberg (1874–1951), Text vom Komponisten nach der Bibel (2. Buch Moses). Ort und Zeit der Handlung: Wüste um den Berg Sinai, zur Zeit des Exodus (ca. 1200 v. Chr.). UA (konzertant): 12. 3. 1954 in Hamburg, UA (szenisch): 6. 6. 1957 in Zürich.

Schönberg wollte in dieser Bekenntnisdichtung die „Volkwerdung der Juden" darstellen. Drei Handlungsträger verkörpern die „Elemente des mächtigen Stoffes": Moses vertritt den Gedanken des unvorstellbaren Gottes, Aron ist der pragmatisch handelnde Volksführer, und der Chor trägt die Rolle des auserwählten Volkes. Die Auseinandersetzung zwischen den Brüdern Moses und Aron ist nur äußerliche Ausprägung des Zwiespalts zwischen Geist und Materie, Gedanke und Wort oder Ideal und Wirklichkeit. Die aus nur einer Zwölftonreihe entwickelte Komposition, in welcher Moses als dem Träger des Gedankens eine Sprechrolle mit fixierter Tonhöhe, dem Mann der Tat, Aron, eine lyrische Koloratur-Tenorpartie zugewiesen ist, erstreckt sich nur über die ersten beiden Akte. Theatralischer Höhepunkt ist dabei die Szene vom Tanz um das Goldene Kalb. Bei Aufführungen, in denen auf den 3. Akt nicht verzichtet wird, unterlegt man dem gesprochenen Text (Aron stirbt in dem Augenblick, in welchem Moses ihm die Freiheit gibt: der Geist hat gesiegt) meist die Dornbuschmusik (I, 1) oder Schönbergs *Musik zu einer Lichtspielszene*, op. 34. Die beträchtlichen Schwierigkeiten bei der Realisation führten dazu, daß diese Oper erst etwa 20 Jahre nach dem Tode des Komponisten ins Repertoire mehrerer Bühnen gelangte. Sie fand weite Verbreitung in einem Film von Jean-Marie Straub (1974); für die Musik wurden Schallplattenaufnahmen bereitgestellt. K. LANGROCK

MOSONYI, Mihály (eig. Michael Brand), * 2. 9. 1815 Frauenkirchen (heute Österreich), † 31. 10. 1870 Pest; ung. Komponist. Er war Autodidakt und nahm 1834 eine Zeitlang Kompositionsunterricht bei Karl Turányi in Preßburg. Seit 1835 lebte er als Musiklehrer beim Grafen Pejachevich in Rétfalu und ließ sich 1842 endgültig in Pest nieder. Er komponierte zunächst in einem „kosmopolitischen" Stil, gab diesen aber Ende der 1850er Jahre zugunsten der nationalungarischen Bewegung auf und magyarisierte auch seinen Namen. In seinen Kompositionen versuchte er die ungarische Verbunkosmusik mit der Wagnerischen Musiksprache zu verbinden. M. war mit Fr. Liszt befreundet, doch wurden die meisten seiner Kompositionen erst nach seinem Tod aufgeführt. Zu seinen Schülern gehörten K. Ábrányi und Ö. Mihalovich.

WW: **1) Instr.-WW:** Zahlr. Klv.-Stücke; 6 Streichquartette (vor 1845); Streichsextett (1844). – Für Orch.: Ouvertüre (1842); 2 Symphonien (1844, 1856); *Gyász-zene* (Trauermusik für den Grafen I. Széchenyi) (1860); Klv.-Konzert (1844). – **2) Vokal-WW:** Zahlr. kirchenmusikal. Werke, u. a. 5 Messen, 1 (1840–42), 3 (1849), 5 (1866), 2 u. 4 verschollen. – **3) Bühnen-WW:** Opern: *Kaiser Max auf der Martinswand* (1857); *Szép Ilonka* (Die schöne Helena), UA: Pest 1861; *Álmos*, UA: Budapest 1934.

Ausg.: *Gyászhangok Széchenyi I. halálára*, in: B. SZABOLCSI, A magyar zenetörténet kézikönyve (Budapest 1947, ²1955); *Álmos*, hrsg. v. A. FARKAS (ebd. 1965); *Libera me Domine* für gem. Chor u. Str., hrsg. v. F. BÓNIS (ebd. 1971).

Lit.: F. BÓNIS, M. M. (Budapest 1960); DERS., M. M. magyar óperái (M. M.s ung. Opern), in: Az opera történetéből, hrsg. v. B. SZABOLCSI – D. BARTHA (ebd. 1961), dt. Übers., in: Studia musicologica 2 (1962); Magyar zenetörténeti tanulmányok M. M. és Bartók B. emlékére, hrsg. v. F. BÓNIS (ebd. 1973).

MOSSOLOW, Alexander Wassiljewitsch, * 29. 7. (11. 8.) 1900 Kiew, † 12. 7. 1973 Moskau; sowjetruss. Pianist und Komponist. Er war 1921–25 Schüler von R. Glière, N. Mjaskowski (Komposition) und S. Prokofjew (Klavier) am Moskauer Konservatorium. Seine zunächst im Stil der westlichen Avantgarde geschriebenen Werke wurden später als formalistisch verurteilt. Daraufhin wandte sich M. einer gemäßigt modernen Schreibweise zu. Seit 1948 sammelte er kirgisische, turkmenische und tadschikische Volkslieder, die er auch in seinen Kompositionen verwendete.

WW: 5 Klv.-Sonaten; Kammermusik, u. a. 2 Streichquartette (1928, 1942); 6 Symphonien; Harfenkonzert (1939) u. Vc.-Konzert (1946) sowie 2 Klv.-Konzerte (1927, 1932). – *Kirghiz Rhapsody* (1933) für Mezzosopran, Chor u. Orch. – Opern *Geroj* (Der Held), UA: Frankfurt 1927; *Plotina* (Der Damm), UA: Leningrad 1929.

MOTETTE (engl. und frz.: motet; it.: mottetto; lat.: motetus; span.: motete). Die M. ist in der ersten Zeit der abendländischen Mehrstimmigkeit eine bestimmte Art der Choralbearbeitung und hat ihren Ursprung im Bereich der ↗Notre-Dame-Schule des 13. Jahrhunderts. Man kann sich ihre Entstehung am besten an einem Beispiel vorstellen.

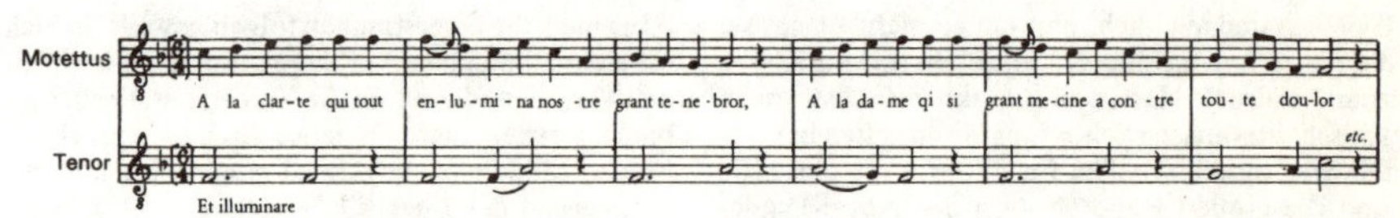

H. Besseler, Die Musik des Mittelalters und der Renaissance, Potsdam 1931, S.121.

Grundlage ist ein Discantusabschnitt (↗Klausel) einer 2- oder 3st. Choralbearbeitung; hier handelt es sich um den Abschnitt *Et illuminare* aus einer größeren 2st. Choralbearbeitung *Surge et illuminare Jerusalem*. Die Choralmelodie liegt, periodisch rhythmisiert, in der Unterstimme (↗Tenor), während die frei kontrapunktierende Oberstimme melismatisch reicher gestaltet ist. Die M. entsteht nun genau dann, wenn zu der Oberstimme ein neuer, poetisch geformter Text gesetzt wird *(A la clarté)*, was dem Verfahren der Tropierung (↗Tropus, ↗Sequenz) entspricht. Wesentliches Kennzeichen der M. ist also ein textlicher, kein musikalischer Sachverhalt; darauf deutet auch der Terminus selbst hin, der von „mot" abgeleitet ist. Die Textierung kann in lateinischer oder (wie in unserem Beispiel) in französischer Sprache erfolgen. Es können in den Oberstimmen 3- oder 4st. M.n auch mehrere Texte in der gleichen oder in verschiedenen Sprachen erklingen. Handelt es sich um zwei verschiedene zusätzliche Texte, so spricht man von einer Doppel-M. (die dann also mit dem Tenor zusammen drei verschiedene Texte aufweist). Wie bei der Tropierung einstimmiger Melodien nehmen die neuen Texte meist Bezug auf den Text des Tenors, indem sie diesen paraphrasieren oder kommentieren. Sie können geistlichen (nicht liturgischen) oder weltlichen Charakter tragen.

Nun lassen sich für die M.n etwa seit Beginn des 13. Jh. kaum mehr solch direkte Zusammenhänge mit ursprünglichen Clausulae nachweisen. Die M. stellt sich nun vielmehr als eine selbständige Gattung dar, in deren Wesen es liegt, daß sie aus dem liturgischen Bereich herausdrängt, während die Clausula darin verbleibt. Je mehr sie sich weltlichen Texten zuwendet, um so mehr repräsentiert die M. auf ihre Weise das mittelalterliche Verhältnis von Geistlich und Weltlich, und um so mehr bringt sie die ganze Lebensfülle des mittelalterlichen Klerus zum Ausdruck, als dessen charakteristischste musikalisch-literarische Schöpfung sie zu gelten hat.

Die wichtigsten Quellen für die M.n bis um 1200 sind die großen Handschriften des Notre-Dame-Repertoires mit seinen Hauptvertretern Leoninus und Perotinus; sie befinden sich u. a. in Wolfenbüttel, Florenz und Madrid. Die M. wird in den Quellen gegenüber den anderen mehrstimmigen Gattungen auf eine eigene Weise notiert, nämlich nicht nach Art einer Partitur, sondern die einzelnen Stimmen je für sich. Der Titel wird heute in der folgenden Weise angegeben: *A la clarté – Et illuminare*.

Die M. von 1200 bis 1450. Auch in dieser Zeit bleibt die M. zunächst eine rein französische Angelegenheit; es bleiben auch die wesentlichen Charakteristika erhalten: einer Unterstimme, die ein liturgisches Melodiefragment vorträgt (Tenor), steht ein 1- bis 3st. unterschiedlich textierter Oberstimmenkomplex gegenüber. Dabei ist anzunehmen, daß der Tenor von nun an mehr und mehr instrumental aufgeführt wird. Aus dem 13. Jh. sind nach Perotinus keine weiteren Namen von M.n-Komponisten bekannt; einzige Ausnahme ist Petrus de Cruce. In seinen M.n ist der Tenor wie am Anfang des 13. Jh. rhythmisch starr gegliedert, die Oberstimmen zeigen jedoch einen neuen, differenzierteren Rhythmus. Damit wird hier der Übergang von der modalen zur mensuralen Ordnung (und auch Notenschrift) deutlich spürbar. Hauptquelle für die M. der 2. Hälfte des 13. Jh. ist eine umfangreiche Handschrift in Montpellier (Bibl. de la Faculté de Médecine, H 196).

Im 14. Jh. wird die Entwicklung der M. nacheinander von zwei bedeutenden französischen Komponisten getragen, von Ph. de Vitry und G. de Machaut. Unter ihren Händen erhält die M. eine geradezu rationalistische Gliederung; man spricht hier vom Typus der „isorhythmischen" M. (↗Isorhythmie). In ihr ist der Tenor so gebaut, daß die Choralmelodie in ihrer Diastematik mehrere Male wiederholt wird (↗Color); unabhängig davon, und nicht „synchron", wird ein dieser Melodie aufgeprägtes rhythmisches Modell wiederholt (↗Talea).

Aber auch die Oberstimmen folgen, jeweils für sich, oft einem ähnlichen Aufbauprinzip. In den einzelnen Perioden, die durch die Taleae des Tenors gebildet werden, wird in jeder Stimme das rhythmische Modell entsprechend wiederholt und nur der Verlauf der Intervalle verändert.

Die M. des 14. Jh. ist drei-, seltener vierstimmig (Stimmenbezeichnung von unten nach oben: Tenor, ↗Contratenor, Motetus, Triplum), ihre musikalische Sprache wird in den Oberstimmen von einem ungemein differenzierten Rhythmus geprägt, sie lehnt sich gelegentlich auch an die Melodik der weltlichen Gattungen, der Ballade und des Virelai, an; charakteristisch sind ↗Hoquetus-Partien.

Eine Sonderform der M. begegnet im 1. Drittel des

15. Jh. bei dem (in Italien wirkenden) J. Ciconia, mit dem die große Reihe franko-flämischer Komponisten beginnt, die sich der Gattung annehmen. Er verzichtet meist darauf, den M.n-Tenor aus dem Choral zu nehmen und bezieht charakteristische Mittel der weltlichen italienischen musikalischen Formen des Trecento in die Gestaltung ein, vor allem die aus der ↗Caccia und dem ↗Madrigal stammende kanonische und imitatorische Technik, während der isorhythmische Aufbau im Grundriß beibehalten wird. Das letztere gilt besonders noch für die M.n J. Dunstables, der auf eine eigentümliche Weise rationalistischen Formenaufbau (z.B. in der M. *Veni Sancte Spiritus – Veni Creator Spiritus,* in Mus. Brit. 8) mit dem charakteristischen, auf Dreiklängen beruhenden englischen Vollklang verbindet. Dunstable steht gegenüber dem Festland jedoch insofern in einer eigenen Tradition, als die M. in England ihren Texten nach stets eine liturgische Gattung geblieben ist. Indem bei Ciconia und Dunstable die Prinzipien der Isorhythmik und Mehrtextigkeit ein letztes Mal ungebrochen zur Geltung kommen, geht mit ihnen die Geschichte der sog. älteren M. zu Ende.

Die M. von 1450 bis 1600. Im Schaffen von G. Dufay und seiner Zeitgenossen sind Begriff und Wesen der M. im 15. Jh. einem tiefgehenden Wandel unterworfen. Zwar gibt es auch bei Dufay mehrtextige isorhythmische M.n, die freilich in der Mehrzahl für besondere repräsentative Anlässe bestimmt sind (z. B. *Nuper rosarum – Terribilis est locus* für die Einweihung des Domes von Florenz 1436). Ihnen steht jedoch eine weitaus größere Zahl von Werken mit nur einem einzigen lateinischen liturgischen oder geistlichen Text und ohne einheitliche Struktur gegenüber, die ebenfalls als M.n bezeichnet werden. Von nun an umfaßt der Begriff der M. alle geistlichen Kompositionen, die nicht Ordinariumssätze sind. Die Gattung kehrt damit wieder in den kirchlichen Raum zurück. Terminologisch ist zu beachten, daß gelegentlich einzelne liturgische Gattungen (Psalmen, Hymnen, Antiphonen, Responsorien) innerhalb oder außerhalb der M. unterschieden werden, ohne daß in den meisten Fällen eine stilistische Abgrenzung möglich ist. Bei jenen neuen M.n Dufays ist häufig eine besondere 3- bis 4st. Satzweise zu beobachten, die man ↗Kantilenensatz (bzw. Diskantliedsatz) nennt.

Obwohl die Gestaltungsweise der älteren M. in der Mitte des 15. Jh. verschwindet, hinterläßt sie doch deutliche Spuren in der weiteren Entwicklung der Gattung. Insbesondere ist dies daran zu erkennen, daß man wie in der Messe auch in der M. des späten 15. und frühen 16. Jh. in vielfältiger Weise vorgegebene Choralmelodien als ↗Cantus firmus verwendet (Tenor-M.). In dieser Zeit spielt auch die kanonische Technik eine große Rolle. Von den meisten Komponisten der damals herrschenden frankoflämischen Schule sind M.n in großer Zahl überliefert. Zu nennen sind für das 15. Jh. J. Ockeghem und J. Obrecht, für die erste Hälfte des 16. Jh. H. Isaac, P. de La Rue, A. Brumel, N. Gombert, J. Clemens non Papa, J. de Kerle und Ph. de Monte. Sie alle überragt in dieser Generation Josquin des Prés, dessen insgesamt über 90 M.n – bei ihm kommen Psalm- und Evangelien-M.n hinzu – zusammen mit den Messen das Zentrum seines Schaffens bilden. Seine Bedeutung in der Geschichte der Gattung liegt einerseits in der großartigen Vollendung der C.f.-Technik, wie sie später nicht mehr erreicht wird, andererseits in seiner Kunst des musikalischen Ausdrucks; wie kein anderer Komponist vor ihm bemüht sich Josquin des Prés um ein enges Verhältnis von Wort und Ton und bereitet damit den Weg für O. di Lasso und H. Schütz.

Das nächste Stadium in der Entwicklung der M. nach Josquin des Prés ist mit dem Schaffen von G. P. da Palestrina und Lasso erreicht (2. und 3. Drittel des 16. Jh.). In der Zwischenzeit hat sich die M. nahezu endgültig vom Choral und von der C.f.-Technik gelöst. Statt dessen sind nun alle Stimmen einheitlich durchgebildet und fügen sich zu einem homogenen Ganzen zusammen. Im Verhältnis der Stimmen zueinander gelten die Gesetze des Kontrapunkts. Dem Gesamtverlauf der M. liegt eine Gliederung in einzelne Abschnitte zugrunde (sog. motettisches Prinzip), die vor allem durch den Wechsel von imitatorischer und homorhythmischer Satzweise und durch die Klauseln verdeutlicht werden. Jeder Abschnitt bringt in der Regel neues melodisches Material zur Geltung, das sozusagen durchgeführt wird. Dies alles dient dem Komponisten dazu, den Text in größere oder kleinere Sinneinheiten zu zerlegen, und ermöglicht ihm einen differenzierten musikalischen Ausdruck von Sätzen, Satzteilen und Worten. Palestrina, mit dem zum erstenmal ein italienischer Komponist entscheidend in die Geschichte der M. eingreift, und Lasso, der letzte große Niederländer, haben ein gleichermaßen reiches Œuvre an M.n geschaffen, das allerdings in wesentlichen Zügen eben dieses musikalischen Ausdrucks differiert. Palestrina: das ist das gleichmäßige melodisch-harmonische Strömen mit sparsamem Dissonanzgebrauch, hier herrscht das rein Musikalische vor dem Wort; die katholische Kirche erklärt diesen Stil später als Ideal kirchlicher Musik. Dagegen geht es Lasso in seinen M.n darum, den Sinn des Textes bildhaft auszudeuten oder den Affekt der Worte musikalisch lebendig zu machen. Damit wird er ein Kronzeuge der Lehre von den musikalisch-rhetorischen Figuren. Namentlich im Bannkreis Palestrinas wächst in der zweiten Hälfte des 16. Jh. eine große Zahl von italienischen Musikern heran, deren M.n stark von seinem Stil beeinflußt sind: u. a. G. Animuccia, L. Marenzio, G. N. Nanino und nicht zuletzt der italienische Spanier T. L. da Victoria. Demgegenüber binden sich die dt. Komponisten stärker an Lasso. Unter ihnen finden sich so respektable Meister wie H. L. Haßler und J. Gallus.

Der Blick auf das Doppelgestirn Palestrina – Lassus darf indes nicht darüber hinwegtäuschen, daß im 16. Jh. noch eine Reihe anderer Erscheinungsweisen der M. entstehen. In Venedig entwickelt sich bei A. Willaert, später bei A. Gabrieli die M. für 2 und mehr Chöre (↗Coro spezzato); ihr kommt eine wichtige Mittlerfunktion bei der Ausprägung des konzertierenden Stils zu. In Deutschland bilden sich auf dem Boden des frühen Protestantismus – vorbereitet durch die Werke von H. Finck und Th. Stoltzer – die Typen der deutschsprachigen Psalm-, Spruch- und Liedmotette. Der letztere Typus erfüllt (z. B. bei J. Walther) die ältere C.f.-Praxis durch die Verwendung von protestantischen Choralmelodien mit neuem und kräftigem Leben, das im letzten noch bis hin zu J. S. Bach spürbar ist. In England ist in der ersten Hälfte des 16. Jh. Th. Tallis die glanzvollste Erscheinung auf dem Gebiet der M., die mit der Aufgabe des Lateinischen als Liturgiesprache des anglik. Ritus gegen Ende des 16. Jh. in die Gattung des ↗Anthems mündet. Jedoch erlangt an der Wende zum 17. Jh. W. Byrd noch einmal große Bedeutung als M.n-Komponist.

Die M. seit dem 17. Jahrhundert. Die Zeit um 1600 bedeutet für die M. eine Wegscheide. Ähnlich wie bei der Messe geht die Entwicklung nun in zwei verschiedene Richtungen, die sich allerdings auch gelegentlich einander annähern. Einerseits komponiert man M.n im a cappella-Stil, andererseits öffnet man die Gattung den neuen Stilmitteln.

Die a cappella-Motette. Die Geschichte der a cappella-M. erstreckt sich im Grunde genommen bis zur Gegenwart, sie vollzieht sich aber im wesentlichen sozusagen in einem Reservat, abseits vom großen Strom der eigentlichen musikalischen Entwicklung. Ihre wichtigsten Stationen sind die umfangreiche liturgische Gebrauchsmusik im Stile antico italienischer und deutscher Komponisten des 17. und 18. Jh., sodann die Werke im 19. Jh., die sich restaurativen Tendenzen verdanken (↗Historismus, ↗Cäcilianismus), aber auch diejenigen M.n, in denen der a cappella-Stil individuell umgeprägt wird, ohne daß die Erfordernisse eines spezifischen Vokalstils vernachlässigt werden. Inmitten einer immer mehr „instrumentalisierten" Tonsprache ist dies nur ganz wenigen Komponisten gelungen; im 17. Jh. einigen deutschen protestantischen Komponisten, die wie Schütz (*Geistliche Chormusik*, 1618) noch unmittelbar in der Tradition des 16. Jh. stehen, im 18. Jh. etwa J. S. Bach, im 19. Jh. so verschiedenartigen Persönlichkeiten wie F. Mendelssohn Bartholdy, Fr. Liszt, J. Brahms auf der einen, A. Bruckner auf der anderen Seite, die sich mit Erfolg gegen die Gefahren eines sterilen Historismus in der M. zur Wehr setzten. Das gleiche gilt am Beginn des 20. Jh. für die M.n M. Regers. Ebenfalls in Deutschland hegt man im 20. Jh. im Gefolge der protestantisch-liturgischen Erneuerungsbewegung eine neue Vorliebe für die a cappella-Motette. Viele Komponisten (z.B. H. Distler, E. Pepping, K. Thomas, S. Reda, J. Driessler und E. Krenek) orientieren sich dabei nicht so sehr an Palestrina als an der Satz- und Ausdruckskunst von Schütz, bedienen sich aber in melodischer und harmonischer Hinsicht moderner Mittel. Auch auf katholischer Seite werden bis heute ähnliche Werke geschrieben (u.a. von J.N. David, J. Ahrens, G. Trexler und H. Schroeder).

Insgesamt sind die M.n dieser Art als primär gottesdienstliche Kunst geradezu programmatisch für die bewußte Abwehr vom Konzertbetrieb der geistlichen Musik im 19. und 20. Jahrhundert.

Die konzertierende M. in Italien und Deutschland. Die andere Art der M. ist im 17. Jh. aufs engste verbunden mit Begriff und Wesen des ↗Concerto in einer doppelten Bedeutung als vielstimmige und als geringstimmige Satzweise bzw. musikalische Gattung. G. Gabrieli und die ↗Mehrchörigkeit auf der einen, L. Grossi da Viadana auf der anderen Seite markieren diese beiden Arten der – wie man sagen kann – Concerto-Motette. Als zukunftsträchtig erweist sich dabei hauptsächlich die gering- (d.h. 1- bis 4-) stimmige, wesenhaft generalbaßbegleitete M. in der Tradition Viadanas. Bei ihm ist die motettische Satzweise des Stile antico noch deutlich präsent, wird aber in einer eigentümlichen Weise umgeformt. Die Melodik beruht nicht mehr auf dem Ideal der Selbständigkeit der einzelnen Stimme; sie ist eher vertikal orientiert, vor allem aber enger an das einzelne Wort gebunden, gleichzeitig ist aber noch sozusagen der Schein der Imitation gewahrt. Das wird unmittelbar ersichtlich, wenn man die Anfänge zweier Motetten mit gleichem Text von Palestrina (a) und Viadana (b) vergleicht (S. 363).

Es ist in erster Linie der Generalbaß, der einen solchermaßen aufgelockerten Satz zusammenhält. Er ermöglicht nun auch eine einstimmige Satzweise, die bei Palestrina schlechterdings undenkbar ist. Diese „motettische Monodie" ist also im Prinzip nur ein – wenn auch extremer – Sonderfall des konzertierenden M.n-Stils und hat in ihren Anfängen nur wenig mit jener anderen aus der Diktion der italienischen Sprache heraus konzipierten ↗Monodie zu tun, die etwa gleichzeitig im Madrigal und in der Oper erscheint (G. Caccini, *Le nuove Musiche; Euridice*). Was die Art der Aufführung dieser Concerti angeht, so hat man wohl eher an solistische als an chorische Besetzung zu denken. Aus der 1. Hälfte des 17. Jh. ist ein reicher Bestand an geringstimmigen Concerto-M.n in der Nachfolge Viadanas überliefert. Die hauptsächlichen Pflegestätten dieses Typus sind Venedig (mit St. Bernardi, I. Donati, A. Grandi u. a.), von wo auch die *Geistlichen Konzerte* H. Schütz' beeinflußt sind, und Rom (mit G. Fr. Anerio, A. Agazzari und A. Cifra). Dort berührt sich die M. mit der lateinischen Dialogkomposition und mit den Anfängen des lateinischen Oratoriums. Das ist besonders bei G. Carissimi, seinen römischen Zeitgenossen um die Jahrhundertmitte (z. B. Fr. Foggia, B. Graziani) und anderen Italienern (wie G. Casati) zu beobachten. Auffallenderweise ist bei den Komponisten dieser Generation der Text zu vielen M.n nicht mehr wie früher nur aus der Liturgie oder der Bibel entnommen, sondern auch aus der Andachts- und Erbauungsliteratur. Dies wirft ein bezeichnendes Licht auf die Frömmigkeit jener Zeit, die unter dem Einfluß der Katholischen Reform steht und starke mystische und subjektivistische Züge trägt. Man wird denn auch annehmen dürfen, daß solche M.n gleichermaßen für den liturgischen Gottesdienst, für die außerliturgischen Andachten und zum häuslichen Musizieren bestimmt sind. Die Komponisten dieser Generation sind die letzten, in deren Schaffen die M. – in welcher Spielart auch immer – eine ausschlaggebende Rolle spielt.

Dafür verlagert sich gegen Ende des 17. Jh. in Italien und in den kirchenmusikalischen Zentren Österreichs und Deutschlands das Schwergewicht in der liturgischen Musik auf die Messen- und auf die Psalmkomposition. Auch die wachsende Attraktivität des italienischen Oratoriums trägt dazu bei, das Interesse an der lateinischen Concerto-M. zu verringern, auch wenn viele führende Komponisten sich dieser Gattung gewidmet haben, so z. B. G. Legrenzi in Venedig, M. Cazzati in Bologna und A. Scarlatti in Neapel.

Die Charakteristika der Concerto-M. der 2. Hälfte des 17. Jh. sind: verstärkte Einbeziehung und Verselbständigung von Instrumentalstimmen (Violinen, Trompeten u. a.), chorisch oder solistisch, obligat oder ad libitum; Gegenüberstellung von vokalen oder instrumentalen Concerto- und Ripieno-Gruppen und damit eine neue Art des Konzertierens (das dem Prinzip des Concerto grosso entspricht); Bevorzugung von Solo-M.n mit und ohne Instrumente, auch mit Chor; zunehmende Ausformung der ariosen Schreibweise, gelegentlich die Abfolge von in sich geschlossenen Rezitativen und Arien. Damit ist eine Annäherung an die italienische Oper (und das Oratorium) erfolgt, was aber starke Gegenkräfte mobilisiert. Denn gleichzeitig besinnt man sich, um der Verweltlichung der kirchlichen Musik entgegenzusteuern, in weitem Maße wieder auf den a cappella-Stil. Dies führt am Anfang des 18. Jh. zu einem Nebeneinander oder zu einer Vermischung von ariosen, konzertierenden und kontrapunktischen Elementen in einem und demselben Werk (stile misto). Die Geschichte der Concerto-M. mündet damit in die Geschichte der geistlichen ↗Kantate. Nachdem der Begriff der M. im Bereich der konzertierenden deutschen protestantischen Kirchenmusik bereits im 17. Jh. dem Begriff des ↗geistlichen Konzerts gewichen ist, taucht von nun an dieser Begriff in der katholischen instrumental begleitenden Kirchenmusik nur noch

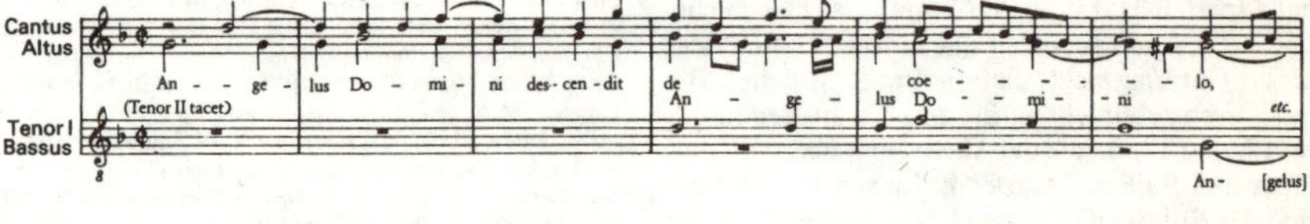

ganz selten auf (z. B. in W. A. Mozarts *Exultate jubilate*). Andererseits lebt der konzertierende M.n-Stil des 17. Jh. abseits des Stile misto weiter, z. B. in vielen Chorsätzen im *Messiah* von Händel.

Die M. des 17.–18. Jh. in Frankreich. Hier stehen der Rezeption des modernen Stils in der Kirchenmusik allgemein und in der M. speziell größere Schwierigkeiten entgegen als in den übrigen europäischen Ländern. Erst nach der Mitte des 17. Jh. setzen sich Generalbaß, das Prinzip des Concerto und Monodie gegen die Vorherrschaft des Stile antico durch, dessen bedeutendster Vertreter mit vorausweisenden Zügen N. Formé ist. Der eigentliche Durchbruch zum Neuen und der Anschluß an die Entwicklung in den anderen Ländern gelingt zuerst und in großem Umfang H. Du Mont. Seine M.n sind einesteils geringstimmig wie bei Viadana und umfassen viele Solomotetten, häufig ↗Élévations, andererseits ist Du Mont der erste prominente Vertreter eines besonderen Motettentypus, des Motet à grand chœur (kurz Grand motet genannt). Das sind großangelegte Werke, die häufig über Psalmtexte geschrieben sind. Ihre Faktur ist gekennzeichnet durch den Wechsel von (meist 1- bis 3st.) solistischen Abschnitten und (homorhythmischen oder kontrapunktisch aufgelockerten) chorischen Partien, ferner durch die (obligate oder verstärkende) Verwendung von Instrumenten. Dieser Typ, der sich in Melodik und Harmonik deutlich von den gleichzeitigen ähnlich besetzten M.n in anderen Ländern unterscheidet, bleibt denn auch zusammen mit den Motets à voix seule die beherrschende Gattung der französischen Kirchenmusik bis ins 18. Jh. hinein. Die Beliebtheit beider basiert wohl auf der Wertschätzung bei Hofe, auch auf der Tatsache, daß sich hier die französische Gesangskunst auf ihrer vollen Höhe zeigen kann. Die führenden M.n-Komponisten neben und nach Du Mont sind M.-A. Charpentier und M. R. Delalande – beides hauptsächlich Kirchenmusiker –, aber auch die großen Meister der Oper, J.-B. Lully, A. Campra, A. Destouches und J.-Ph. Rameau; für sie alle entspricht die Pflege dieser Gattung nicht allein gottesdienstlichen Bedürfnissen. Vielmehr ist die M., die an Bedeutung im 17. und 18. Jh. die der Messe weit übertrifft, wie Oper und Ballett, Teil der höfischen Repräsentation des Roi soleil und seiner Nachfolger. Von hier aus gesehen, ergibt sich ein nicht unwesentlicher Aspekt des Grand motet. Während in Italien die Träger der religiösen Erneuerung im 17. Jh. sich der Musik – und gerade auch der M. – und der ihr innewohnenden ethischen und moralischen Kräfte bedienen und deren Geschichte damit nachhaltig beeinflussen, ist von alldem in Frankreich nicht viel zu spüren (vielleicht mit der Ausnahme Charpentier, der zeitweise die Ziele der Jesuiten musikalisch unterstützt). Man braucht nur an so verschiedenartige Erscheinungen wie Franz von Sales, Vinzenz von Paul oder auch an die Ereignisse von Port-Royal zu denken: Die machtvolle Vertiefung der subjektiven und kollektiven Frömmigkeit vollzieht sich hier nicht nur am Rande des französischen Staatskirchentums, sondern auch ohne jede Berührung mit der Musik – das heißt: mit jenem Grand motet –, die damals in diese Staatskirche integriert ist.

Ausg. (nur Sammel-Ausg.): Recueil de motets français des XIIe et XIIIe siècles, hrsg. v. G. RAYNAUD, 2 Bde. (P 1881–23, Nachdr. Hil 1972); Cent motets du XIIIe siècle publiés d'après le Ms. Ed. IV. 6 de Bamberg, hrsg. v. P. AUBRY, 3 Bde. (P 1908); Treize motets et un prélude réduits en la tablature des orgues, hrsg. v. Y. ROKSETH (P 1930, ²1968); El cod. Musical de Las Huelgas, hrsg. v. H. ANGLÉS (Ba 1931); Treize livres de motets parus chez P. Attaingnant 1534–1535, hrsg. v. A. SMIJERS – A. T. MERRITT (P – Monaco 1934–63); Polyphonies du XIIIe siècle. Le Ms. H 196 de la Faculté de Médecine de Montpellier, hrsg. v. Y. ROKSETH, 4 Bde. (P – Monaco 1935–48); Les „Motets wallons" du Ms. de Turin: Vari 42, hrsg. v. A. AUDA, 2 Bde. (Bru 1953); Anthologie du motet latin polyphonique en France 1609–1661, hrsg. v. D. LAUNAY (P 1963); The Motet of the Mss. Chantilly. Musée Condé … and Modena …, hrsg. v. U. GÜNTHER (1965) (= CMM 39); A Complete Edition of the Earliest Motets, ca. 1190–1270, hrsg. v. H. TISCHLER (R 1966). – Ferner u. a. in: Maitres musiciens de la Renaissance française, hrsg. v. H. EXPERT, 23 Bde. (P 1894 bis 1908); Anth. des maîtres religieux primitifs, hrsg. v. CH. BORDES (P 1893 ff.); Das Chorwerk, hrsg. v. F. BLUME – K. GUDEWILL (Wb 1929 ff.); Chor-Arch. (Kas 1933 ff.); Cantio sacra, hrsg. v. R. EWERHART (Kö 1954 ff.).

Lit.: H. LEICHTENTRITT, Gesch. der M. (L 1908, Nachdr. Hil 1967); F. LUDWIG, Repertorium organorum recentioris et motetorum vetustissimi stili I/1 (Hl 1910), 2. Aufl. mit Erweiterungen u. einer Einleitung v. L. DITTMER (Hil 1964), II, hrsg. v. DEMS. (Hil 1971), I/2 u. II, hrsg. v. F. GENNRICH (Langen 1961–62) (= Summa musicae medii aevi 7–8); F. LUDWIG, Die Quellen der M.n ältesten Stils, in: AfMw 5 (1923), Nachdr., in: Summa musicae medii aevi 7–8 (s. o.); H. BESSELER, Die M. von Franko von Köln bis Ph. von Vitry, in: ebd. 8 (1926); K. G. FELLERER, Der Palestrinastil … (Au 1929); H. J. MOSER, Die mehrst. Vertonung des Evangeliums I (L 1931, Nachdr. Hil 1968); W. STEPHAN, Die burgundisch-ndl. M. z. Zeit Ockeghems (Kas 1937, Nachdr. 1970) (= Heidelberger Stud. z. Musikwiss. 6); G. KUHLMANN, Die zweist. frz. M.n des Kod. Montpellier … (Wü 1938); H. TISCHLER, The Motet in 13th Century France (1942) (= Diss. Yale Univ./Conn.); E. E. LOWINSKY, Secret Chromatic Art in the Netherlands Motet (NY 1946); J. E. RICHARDS, The „Grand Motet" of the Late Baroque as Exemplified by M. R. de Lalande and a Select Group of His Contemporaries, 2 Bde. (1950) (= Diss. Univ. of Southern California); H. HUSMANN, Die ma. Mehrstimmigkeit (Kö 1955) (= Das Musikwerk 9); W. K. MORGAN, The Chorale Motet from 1650 to 1750 (1956) (= Diss. Univ. of Southern California); F. GENNRICH, Bibliogr. der ältesten frz. u. lat. M.n (Da 1957) (= Summa musicae medii aevi 2); D. LAUNAY, Les motets à double chœur en France, dans la 1re moitié du XVIIe siècle, in: RMie 39–40 (1957); U. GÜNTHER, The 14th Century Motet and Its Development, in: MD 12 (1958); R. DAMMANN, Gesch. der Begriffsbestimmung M., in: AfMw 16 (1959); E. H. SPARKS, C.f. in Mass and Motet 1420–1520 (Berkeley – Los Angeles 1963); E. APFEL, Beitr. zu einer Gesch. der Satztechnik v. der frühen M. bis Bach, 2 Bde. (Mn 1964–65); F. MATTHIASSEN, The Style of the Early Motet (Kop 1966); J. R. BRAITHWAITE, The

Introduction of Franco-Netherlandish Mss. to Early Tudor England. The Motet Repertory, 5 Bde. (1967) (= Diss. Boston Univ.); A. DUNNING, Die Staatsmotette 1480–1555 (Utrecht 1970); E. APFEL, Anlage u. Struktur der M. im Cod. Montpellier (Hei 1970); K. HOFMANN, Unters. zur Kompositionstechnik der M. im 13. Jh. (Neuhausen–St 1972) (= Tübinger Beiträge zur Musikwiss. 2); H. HÜSCHEN, Lob- u. Preism.n auf die Musik..., in: Musicae scientiae collectanea. FS K. G. Fellerer (Kö 1973); E. H. SANDERS, The Medieval Motet, in: Gattungen der Musik. Gedenkschrift L. Schrade (Be–Mn 1973); L. FINSCHER, Zum Verhältnis von Text u. Musik in der M. der Josquinzeit, in: Renaissance-Studien. FS H. Osthoff (Tutzing 1977); W. KIRSCH, Zur Funktion der tripeltaktigen Abschnitte in den M.n des Josquin-Zeitalters, in: ebd.; E. NOWIACKI, The Latin Psalm Motet, 1500–1535, in: ebd.; M. BIELITZ, Art. Mot, motet(us), M. (bis um 1600), in: HMT (1978).

G. MASSENKEIL

MOTETUS ↗Duplum, ↗Motette.

MOTIV (von lat. motivus = beweglich), seit dem 19. Jh. (A. B. Marx) Bz. für die kleinsten musikalischen Sinneinheiten. Die ältere Musiktheorie erörtert die elementaren Einheiten in Analogie zur antiken Theorie des Versfußes. J. Mattheson spricht z. B. 1739 von Klangfüßen, Jamben (♩𝅗𝅥), Trochäen (𝅗𝅥♩), Daktylen (𝅗𝅥♩♩), Anapästen (♩♩𝅗𝅥) usw. Im 19. Jh. versucht man, die Dynamik elementarer Ereignisse zu erfassen. Nach J. J. de Momigny (1806) stellen sie regelmäßig eine fallende Kurve, einen Übergang von der Aktion zur Ruhe dar: ♩|♩. Momigny nannte sie deshalb „cadences“ (Fälle), die grundsätzlich den Taktstrich überspielen. Grundlage der neueren M.-Theorie ist die organische Musikanschauung, der zufolge ein Kunstwerk aus kleinen Bewegungselementen herauswächst; diese vielmals so genannten Keime sind die Motive. Marx brachte 1837 diese Theorie zur Geltung. H. Riemann hat sie 1903 im Rahmen seiner Rhythmik ausführlich dargestellt und dem Begriff die Bedeutung gegeben, die er in der allgemeinen Musiklehre seitdem hat. Sein Rang ist an die Prinzipien der Theorie Riemanns gebunden. Im Gegensatz zu Momigny betrachtet Riemann den dynamischen Aufschwung, den Auftakt zum Taktschwerpunkt als das Prinzip des Motivs: ♩♩|♩. Seine ästhetische Attraktivität wächst mit der dynamischen Kraft des Aufschwungs; abtaktige Motive (|♩♩♩) gelten als schwach und uninteressant. Theodor Wiehmayer brachte 1917 im Widerspruch zu Riemanns Theorie die alte Klangfußlehre wieder in Erinnerung. Ein älterer Versuch von J. Chr. Lobe, M. und Takt gleichzusetzen, hat keine Anerkennung gefunden. – Im 18. Jh. heißt in Frankreich gelegentlich der Hauptgedanke, das Thema eines Tonstücks, etwa einer Arie, „motif“ (J.-J. Rousseau).

Lit.: J. MATTHESON, Der vollkommene Capellmeister (H 1739), Faks. hrsg. v. M. Reimann (Kas 1954) (= DMl I/5); J.-J. ROUSSEAU, Dictionnaire de musique (P 1768, Faks. Hil – NY 1969); J.-J. DE MOMIGNY, Cours complet d'harmonie et de composition..., 3 Bde. (P 1806); A. B. MARX, Die Lehre von der musikal. Composition I (L 1837, [9]1887); J. CH. LOBE, Compositionslehre ... (L 1844); H. RIEMANN, Was ist ein M.?, in: Präludien u. Stud. I (Heilbronn 1895, Nachdr. Hil 1967); DERS., System der musikal. Rhythmik u. Metrik (L 1903); TH. WIEHMAYER, Musikal. Rhythmik u. Metrik (Magdeburg 1917); H. KELLER, Phrasierung u. Artikulation (Kas 1955); E. JAMMERS, Takt u. M., in: AfMw 19 (1962) u. 20 (1963); A. PALM, J.-J. de Momigny. Leben u. Werk (Kö 1969); W. SEIDEL, Über Rhythmustheorien der Neuzeit (Be – Mn 1975).

W. SEIDEL

MOTTE. – 1) Diether de la, * 30. 3. 1928 Bonn; dt. Komponist und Musiktheoretiker. Er studierte 1946–50 in Detmold Komposition (W. Maler), Klavier (C. Hansen) und Chorleitung (K. Thomas), war bis 1959 in Düsseldorf Dozent der evangelischen Landeskirchenmusikschule und Musikkritiker, 1959–62 Lektor des Verlages B. Schott's Söhne in Mainz und wurde 1962 an die Hamburger Musikhochschule berufen (1964 Professor). Seit 1972 ist er Vizepräsident der Freien Akademie der Künste in Hamburg. Gleichgewichtig neben seinen Kompositionen stehen seine musiktheoretischen Publikationen.

WW: **1) Kompositionen:** Zahlr. Klv.-, Org.- u. Kammermusikwerke. – Für Orch.: 2 Orch.-Konzerte (1963, 1979); Symphonie (1964); Klv.-Konzert (1965); Symphonische Ouvertüre (1966); Fl.-Konzert (1967); *Concerto avventuroso* (1974); *Echokonzert* (1976) für Vc. u. Orch. – Opern: *Der Aufsichtsrat* (Libr.: R. Schneider), UA: Hannover 1970; *So oder so*, UA: Hamburg 1975; *Hörtheater*, UA: ebd. 1976; *Auch für Erwachsene* (1981). – **2) Schriften:** *H. W. Henze. Der Prinz von Homburg* (Mz 1960); *Musikalische Analyse* (Kas 1968, [2]1972, [3]1978) (mit kritischen Anmerkungen v. C. Dahlhaus); *Harmonielehre* (Kas–Mn 1976, [2]1978, [3]1980) (= dtv, Wiss. Reihe 4183); *Form in der Musik* (Kas 1979); *Kontrapunkt, ein Lese- und Arbeitsbuch* (Kas 1981).

2) Helga de la M.-Haber, * 2.10.1938 Ludwigshafen; dt. Musikforscherin. Sie studierte Psychologie in Mainz, Wien und Hamburg (1961 Diplomhauptprüfung für Psychologie), Musikwissenschaft in Hamburg, wo sie 1967 mit der Dissertation *Ein Beitrag zur Klassifikation musikalischer Rhythmen* promovierte. 1971 habilitierte sie sich an der Technischen Universität Berlin für Systematische Musikwissenschaft, war 1965–72 freie Mitarbeiterin am Staatlichen Institut für Musikforschung Berlin und wurde 1972 Wissenschaftlicher Rat und Professor an der Pädagogischen Hochschule Rheinland, Abteilung Köln, und 1978 Professor für Musikwissenschaft an der Technischen Universität Berlin. H. de la M.-Haber ist mit D. de la Motte verheiratet.

Schriften: *Ein Beitrag zur Klassifikation musikalischer Rhythmen. Eine experimentalpsychologische Untersuchung* (Kö 1968) (= Veröff. des Staatlichen Inst. für Musikforsch. Preußischer Kulturbesitz 2); *Musikpsychologie* (Kö 1972) (= Theoretica 14); *Psy-*

chologie und Musiktheorie (F 1976); *Filmmusik* (Mn 1980) (zus. mit H. Emons). – Ferner war sie Hrsg. v. *Das Triviale in Literatur, Musik und Bildender Kunst* (F 1972).

MOTTL, Felix Josef, * 24. 8. 1856 Unter St. Veit bei Wien, † 2. 7. 1911 München; östr. Dirigent und Komponist. Er war am Wiener Konservatorium Schüler von A. Bruckner. Durch die Vermittlung von H. Richter assistierte er 1876 bei den ersten Bayreuther Festspielen. Die Bekanntschaft mit Fr. Liszt ermöglichte ihm 1880 die Aufführung seiner ersten Oper *Agnes Bernauer* am Weimarer Hoftheater. 1881 wurde er GMD des Hoftheaters in Karlsruhe, das durch ihn europäischen Rang erhielt, u. a. durch deutsche EA französischer Opern (von H. Berlioz, L. Halévy, E. Chabrier) und durch die Aufführungen von Opern R. Wagners. 1903 übernahm M. die musikalische Leitung am Hoftheater in München. M. war einer der überragenden Dirigenten seiner Zeit. Unter seiner Leitung erklang 1886 in Bayreuth zum ersten Mal der *Tristan,* und M. blieb in der Folgezeit der bevorzugte Festspieldirigent Cosima Wagners. Auf ihn gehen auch wichtige Konstanten des Bayreuther Aufführungsstils zurück, so vor allem die langsamen „Bayreuther Tempi", die über R. Strauss bis hin zu H. Knappertsbusch charakteristisch waren. Als Komponist konnte sich M. nicht durchsetzen.

WW: Streichquartett (1904); zahlr. Lieder. – Opern: *Agnes Bernauer,* UA: Weimar 1880; *Rama* u. *Fürst und Sänger;* Festspiel *Eberstein,* UA: Karlsruhe 1881; Tanzspiel *Pan im Busch,* UA: ebd. 1900. – Bearbeitungen: P. Cornelius, *Barbier von Bagdad,* UA: München 1885; V. Bellini, *Norma,* UA: München 1910. – Orch.-Bearbeitungen: Lieder v. Mozart, Schubert u. Wagner; 5 Klv.-Stücke v. Schubert.

Lit.: W. KRIENITZ, F. M.s Tagebuch-Aufzeichnungen 1873–76, in: Neue Wagner-Forsch., hrsg. v. O. Strobel (Karlsruhe 1943) (= Schriften der R. Wagner Forschungsstätte o. Nr.); R. DELAGE, Correspondance inédite entre E. Chabrier et F. M., in: RMie 49 (1963); E. VOSS, Die Dirigenten der Bayreuther Festspiele (Rb 1976) (= Arbeitsgemeinschaft „100 Jahre Bayreuther Festspiele" 6).

MOULAERT, Raymond, * 4. 2. 1875 Brüssel, † 18. 1. 1962 ebd.; belgischer Komponist. Er studierte Klavier, Harmonielehre, Kontrapunkt, Fuge und Instrumentation am Konservatorium in Brüssel, an dem er 1896–1939 Musiktheorie unterrichtete. 1913–39 war er auch Direktor der Musikschule St-Gilles bei Brüssel. 1955 wurde er Mitglied der Académie Royale de Belgique. In seinem Schaffen knüpft er teilweise an die französische Musik des 17./18. Jh. an.

WW: Klv.-Sonate (1917); Orgelstücke; Sextett für Klv., Fl., Ob., Klar., Horn u. Fag. (1925); Bagatellen für 2 V. (1960). – Für Orch.: Passacaille (1931); *Symphonie de valses* (1936); Klv.-Konzert (1938); *Symphonie de fugues* (1944); symphonische Variationen (1952). – 5 Slgen. *Poèmes de la vieille France,* 1–2 (1917–20) für SingSt u. Klv., 3 (1938) für SingSt, Vc. u. Klv., 4 (1939), 5 (1941) für SingSt, Fl. u. Klv.; *Petites légendes I* (1950) für 3st. Frauenchor und *II* (1950) für 3st. Männerchor; 10 Monodien *L'eau passe* (1952) für mittlere St. solo.

Lit.: Werk-Verz., hrsg. v. P. MOULAERT, in: Catalogue des œuvres de compositeurs belges 8 (Bru 1954); P. TINEL, Notice sur R. M., in: Annuaire de l'Acad. royale de Belgique 129 (1963).

MOULINIÉ (Moulinier, Moulinière, Molinier), **Estienne** (Étienne), * um 1600 Carcassonne (?), † um 1669 ebd.; frz. Komponist und Sänger. Er war Chorknabe an der Kathedrale von Narbonne, ging 1624 nach Paris, war 1628–60 Maître de musique bei Gaston d'Orléans und wurde 1661 Maître de la musique des Estats du Languedoc.

WW: 5 Bücher *Airs de cour avec la tablature de luth* für SingSt u. Laute (P 1624–35); 5 Bücher *Airs de cour* für 4–5 St., 1 (P 1625), 3–5 (P 1635, 1637, 1639); *Missa pro defunctis* für 5 St. (P 1636); *Meslanges de sujets chrestiens, cantiques, litanies et motets* für 2–5 St. u. B.c. (P 1658). – Airs auch in Sammeldrucken 1624–32.

M. ist einer der letzten Vertreter des ↗Air de cour. Diese Gattungsbezeichnung umfaßt bei ihm sowohl französische, italienische und spanische Lautenlieder als auch mehrst. Gesänge, die zugleich frühe Belege für die – gegenüber anderen europäischen Ländern späte – Verwendung des Generalbasses in Frankreich sind. Das 5. Buch der Airs enthält auch 3 Fantasien für 3 Violen. M.s *Missa pro defunctis* ist wie alle in Frankreich im 17. Jh. gedruckten Messen im a cappella-Stil ohne B.c. geschrieben. Demgegenüber zeigen die übrigen geistlichen Werke in der satztechnischen Anlage (B.c., Wechsel von Solo und Tutti) und im musikalischen Wortausdruck die wesentlichen Merkmale des konzertierenden Stils.

Ausg.: *Missa pro defunctis,* hrsg. v. D. LAUNAY (P 1952); 7 Airs, in: Airs de cour pour voix et luth 1603–43, hrsg. v. A. VERCHALY (1961) (= Publications de la Soc. Fr. de Mie I/16); 5 Motetten, in: Anthologie du motet latin polyphonique en France 1609–61, hrsg. v. D. LAUNAY (1963) (= ebd. I/17).

Lit.: D. LAUNAY, Notes sur E. M., in: Mélanges ... FS P.-M. Masson II (P 1955); N. DUFOURCQ, Autour des M., Notes bibliogr. sur les associations de violinistes au XVIIe siècle, in: Rech. Mus. 4 (1964).

A. VERCHALY

MOULU (Moullu, Molu), **Pierre,** * um 1480/90, † um 1536; frz. oder franko-flämischer Komponist. M. war vermutlich Mitglied der französischen Hofkapelle. Von seinen Werken verdienen Erwähnung die Motette *Mater floreat,* in deren Text berühmte Komponisten der Vergangenheit und Gegenwart in chronologischer Folge genannt werden (u. a. G. Dufay, A. Busnois, J. Obrecht, P. de La Rue, Josquin, A. Brumel, H. Isaac, Ch. Mouton), und die Messe *Alma redemptoris mater,* ein satztechnisches Kuriosum. Sie kann auf zwei Arten gesungen werden (daher im Titel auch die Angabe *duarum facierum* o. ä.): so wie sie notiert ist oder ohne die größeren Pausen.

WW: 4 Messen, etwa 20 Motetten, 8 Chansons hsl. u. in Sammeldrucken 1522–78; zahlr. Werke auch in Lauten- u. Orgeltabulaturen (u. a. v. H. Kotter).

Ausg.: 3 Motetten, in: P. Attaingnant, Treize livres de motets 1534–35, X u. XII, hrsg. v. A. T. MERRITT (Monaco 1962 u. 1963); 3 weitere Motetten, in: The Medici Cod., hrsg. v. E. E. LOWINSKY (Ch 1968) (= Monuments of Renaissance Music 3–5); 2 Chansons, in: Theatrical Chansons of the 15th and Early 16th Century, hrsg. v. H. M. BROWN (C/M 1963).

Lit.: Y. ROKSETH, Un motet de P. M. et ses divers transcriptions pour orgue, in: Kgr.-Ber. Basel 1924 (L 1925); J. C. CHAPMAN, The Works of P. M. A Stylistic Analysis, 2 Bde. (1964) (= Diss. New York Univ.).

MOURET, Jean-Joseph, * 11. 4. 1682 Avignon, † 22. 12. 1738 Charenton bei Paris; frz. Komponist. Er studierte an der Maîtrise in Avignon und kam 1707 nach Paris, wo er um 1709–36 Surintendant de la musique der Herzogin von Maine, 1714–18 Dirigent an der Opéra war. 1717–37 war er Musikdirektor am Nouveau Théâtre Italien sowie 1728–34 künstlerischer Leiter des Concert spirituel des Tuileries. 1728–30 erreichte M. als Modekomponist den Höhepunkt seines Ruhms.

WW: **1) Instr.-WW:** Sonaten für 2 Fl. (P 1725); 2 Bücher *Concerts de chambre* mit einer *Suite d'airs à danser* für 2 Instr. (V., Fl., Ob.) u. B.c. (P 1718 u. o. J.); *Fanfares* für Trp., Pk., V. u. Ob. mit einer *Suite de symphonies mêlées de cors de chasse* (P 1729). – **2) Vokal-WW:** 3 Bücher *Airs sérieux et à boire* für 1–2 St. u. Instr. (P 1719, 1727); *Cantates françoises* für SingSt u. Instr. (P 1729); 7 *Cantatilles françoises* für SingSt u. Instr. (P o. J.); weitere Cantatilles u. ä. separat u. in mehr als 50 Sammeldrucken des 18. Jh.; *Motets* für 1–2 St. u. Instr. (P 1742). – **3) Bühnen-WW:** *Divertissements du nouveau théâtre italien*, 6 Bde. (P 1718–37), weitere hsl.; Tragédies en musique: *Ariane* (P 1717); *Pirithoüs* (P 1723, ²1734); Opéra-ballet *Les festes ou Le triomphe de Thalie* (P 1714, ²1720 mit mehreren neuen Entrées); Ballets héroïques: *Les amours des dieux* (1727); *Le triomphe des sens* (P 1732); *Les grâces* (P 1735); Comédies: *Ragonde ou La soirée de village* (P 1742); *La métempsicose* (P o. J.); Pastorale héroïque *Pan et Doris* (P 1729).

M. hat viele künstlerische Gemeinsamkeiten mit seinem provenzalischen Landsmann A. Campra. Beide versuchten, nach dem Tod J.-B. Lullys in der Verbindung französischer und italienischer Stilelemente der französischen Musik einen neuen Geist und eine neue Richtung zu geben. Charakteristisch für M. sind eine reiche melodische Erfindungsgabe und sein Sinn für rhythmische Vielfalt und farbige Instrumentierung. Dies kommt besonders in *Les amours des dieux* und in den Suiten zum Tragen, die Marksteine in der Geschichte der Symphonie in Frankreich darstellen. Am originellsten erscheint M. in den etwa 200 Divertissements für die Comédie Italienne mit ihren geistvollen Vaudeville-Couplets und Tänzen, deren Heiterkeit in Frankreich sprichwörtlich geworden ist. Hier erweist sich M. als ein Vorläufer der Opéra-comique Ch. S. Favarts.

Ausg.: 2 Suites de symphonies (P 1937, 1961); 12 Airs à chanter et à danser für 2 Fl., hrsg. v. G. AUBANEL (P 1967); Suite (Fanfare) für Trp., Pk., V. u. Ob., hrsg. v. M. SANVOISIN (P 1970); 6 Sonaten aus *Concert*..., 1738, hrsg. v. R. VIOLLIER (Wilhelmshaven 1975).

Lit.: R. VIOLLIER, Le musicien des grâces (P 1950, Nachdr. G 1976); M. BARTHÉLEMY, Les divertissements de J. J. M. pour les comédies de Dancourt, in: RBMie 7 (1953).

R. VIOLLIER

MOUSKOURI, Nana (Johanna), * 13.10.1936 Athen; griech. Chanson- und Schlagersängerin. Sie studierte Gesang und Klavier in Athen, begeisterte sich schon bald für den Jazz und trat seit 1956 in Radio Athen als Folklore- und Jazzsängerin auf. Bei Chansonwettbewerben (Athen, 1959; Barcelona, 1960) gewann sie mehrere 1. Preise und zählte nach Tourneen durch die USA und Kanada (1964 und 1965, zus. mit Harry Belafonte) zu den weltbesten Folklore- und Chansoninterpretinnen. Seit 1960 arbeitet sie mit dem Komponisten M. Hadjidakis zusammen, mit dessen Liedern N. M. auch in Deutschland sehr populär wurde, u. a. *Weiße Rosen aus Athen* (Goldene Schallplatte 1962) und *Ich schau den weißen Wolken nach*. Weitere bekannte Lieder sind: *Wo ist das Glück vom vergangenen Jahr; Am Horizont irgendwo; Alle Blumen dieser Welt; La Provence; Weil der Sommer ein Winter war; Guten Morgen, Sonnenschein!*

MOUTON, Jean (Jehan; genannt Jean de Holluigue, auch Johannes M. Sameracensis), * um 1459 Holluigue (heute Haut-Wignes) bei Samer (Pas-de-Calais), † 30. 10. 1522 Saint-Quentin; frz. Komponist. Er war 1477–83 Sängerknabe an Notre-Dame in Nesles, 1500 Kapellmeister an der Kathedrale von Amiens und 1501 an St-André in Grenoble, trat 1509 in die Dienste der Königin Anne de Bretagne und war seit etwa 1512 Mitglied der Hofkapelle unter den Königen Ludwig XII. und Franz I. Mehrere seiner Motetten entstanden aus Anlaß wichtiger höfischer und politischer Ereignisse. Zuletzt war M. Kanonikus in Saint-Quentin. Sein Ruhm wird bezeugt durch das Interesse Papst Leos X. an seinen Messen ebenso wie durch die weite und langanhaltende Verbreitung seiner Werke und die zahlreichen Transkriptionen, die die berühmtesten Lautenisten und Organisten der nachfolgenden Generation (unter ihnen A. de Cabezón) von seinen Motetten anfertigten. M. war der Lehrer von A. Willaert.

WW: 14 Messen, gedruckt wurden davon: *Missarum ... liber primus* (Fossombrone 1515); *Missa Joannis Mouton, super Quem dicunt homines* (o. O., o. J.); ein Credo; 10 Magnificat; etwa 110 Motetten; 25 Chansons; ein Carmen für 4 St. (Au 1548); *Selecti aliquot moduli* (P 1555); Werke v. M. erschienen in mehr als 80 Sammeldrucken 1501–89, besonders zahlr. in RISM 1514¹, 1519¹ und 1526².

M. war einer der Hauptmeister der Motette zwischen Josquin des Prés und Willaert. Seine geistlichen Werke zeigen differenzierte Cantus firmus-

Technik und komplizierte Kanonkünste (am dichtesten in der Messe *L'homme armé*), in den späteren Jahren zunehmend Parodieverfahren und Durchimitation sowie Wechsel homorhythmischer und imitatorischer Abschnitte mit reich gestalteten Kadenzen. M.s Chansons, teilweise imitatorisch, teilweise homophon deklamierend, sind Werke des Übergangs zur Pariser Chanson der Mitte des 16. Jahrhunderts. Glareanus, der M. persönlich kannte, rühmt ihn gleichermaßen wegen seiner gelehrten Schreibweise wie wegen seines „fließenden Gesanges" (*Dodecachordon,* 1542).

Ausg.: GA hrsg. v. A. C. MINOR (1967 ff.) (= CMM 43). – 4 Motetten, hrsg. v. J. DE VALOIS (P 1952–55); 3 Motetten, in: Van Ockeghem tot Sweelinck 7, hrsg. v. A. SMIJERS (A 1956); 5 Motetten, hrsg. v. P. KAST (Wb 1959) (= Chw 76); Motetten, in: P. Attaingnant, Treize livres de motets 1534–35, hrsg. v. A. SMIJERS – A. T. MERRITT (Monaco 1934–63); 10 Motetten, in: The Medici Cod. of 1518, hrsg. v. E. E. LOWINSKY, 3 Bde. (Ch 1968) (= Monuments of Renaissance Music 3–5); 2 Chansons, in: Theatrical Chansons of the 15th and the Early 16th Century, hrsg. v. H. M. BROWN (C/M 1963).

Lit.: F. LESURE, Un document sur la jeunesse de J. M., in: RBMie 5 (1951); A. C. MINOR, The Masses of J. M., 2 Bde. (1951) (= Diss. Univ. of Michigan); R. DAMMANN, Stud. zu den Motetten v. J. M. (Diss. Fr 1952); J. M. SHINE, The Motets of J. M. (1953) (= Diss. New York Univ.); P. KAST, Stud. zu den Messen des J. M. (Diss. F 1955); DERS., Zu Biogr. u. Werk J. M.s, in: Kgr.-Ber. Wien 1956 (Gr – Kö 1958); L. LOCKWOOD, J. M. and J. Michel, French Music and Musicians in Italy 1505–1520, in: JAMS 32 (1979).

G. DOTTIN

MOYZES, Alexander, * 4. 9. 1906 Kláštor pod Znievom, † 20. 11. 1984; slowakischer Komponist. Er war der Sohn des Komponisten Mikuláš M. (1872–1944) und studierte bei O. Šín und V. V. Novák am Prager Konservatorium. 1929 wurde er Lehrer für Komposition an der Musikakademie und 1949 an der Musikhochschule in Bratislava, 1969 auch Vorsitzender des slowakischen Komponistenverbandes. Seine zunächst von I. Strawinsky und der Jazzmusik beeinflußten Kompositionen zeigen eine intensive Auseinandersetzung mit der slowakischen Volksmusik.

WW: 2 Streichquartette (1929–42, 1969); Bläserquintett (1933); Sonatine für Fl. u. Gitarre (1975). – Für Orch.: *Sonata giocosa* (1962); Partita (1970); symphonische Suite *Jánošik* (1976); Symphonien, 1 (1929), 2 (1932–41), 3 (1942), 4 (1947), 7 (1955), 8 (1968), 9 (1971); je ein V.- u. Fl.-Konzert (1958, 1967). – Kantate *Svätopluk* (1935), umgearbeitet zur Oper *Udatný král'* (Der heldenmütige König), UA: Bratislava 1967.

Lit.: L. BURLAS, A. M. (Bratislava 1956).

MOZARABISCHER GESANG, die Gesangsüberlieferung der altspanischen Liturgie. – „Mozaraber" wurden die nach dem Untergang des Westgotenreiches (711) unter islamischer Herrschaft in Spanien lebenden Christen genannt. Ihre liturgische Überlieferung wurde in der Reconquista nach Entscheid Papst Gregors VII. (1073–85) durch die römisch-fränkische Liturgie ersetzt. Seit ihrer Wiederentdeckung durch die Humanisten im 16. Jh. wird die altspanische Liturgie insgesamt als „mozarabisch" bezeichnet, obwohl ihre ältesten Zeugnisse in westgotische Zeit zurückgehen und die wichtigsten Quellen erst nach der Befreiung von der islamischen Herrschaft entstanden sind. Der Begriff M. G. wurde analog dazu gebildet.

In den Schriften Isidors von Sevilla erscheint neben Priester, Diakon und Lektor der Kantor als der für den liturgischen Gesang Zuständige. Als Grundformen des Gesangs im Gottesdienst unterscheidet Isidor den ↗ antiphonalen und den ↗responsorialen Gesang. Der Gesang im Gottesdienst ist ein Zugeständnis an die Schwachheit des Fleisches – die ersten Christen haben sich auf schlichten Sprechgesang beschränkt. Das 4. Konzil von Toledo (633) bestimmte unter dem Vorsitz Isidors, daß in ganz Spanien und Gallien die gleiche Ordnung der ↗Messe und des ↗Offiziums gehalten werden solle. Bischof Julian von Toledo († 690) soll die Liturgie der Messe und das Stundengebet neu geordnet haben. Um 700 ist das einzige erhaltene westgotische liturgische Buch, ein heute in Verona aufbewahrtes Orationale, geschrieben worden. Eine Gruppe mehr oder weniger fragmentarisch erhaltener Hss. aus Toledo ist bisher ins 9. Jh. datiert worden, ist möglicherweise aber erst im 13. Jh. anzusetzen. Mehrere liturgische Gesangbücher sind uns aus dem 10./11. Jh. aus den vom Islam befreiten Gebieten Nordspaniens, insbesondere aus León, Silos und San Millán de la Cogolla, erhalten.

Die Messe begann mit einer (Antiphona ad) Praelegendum oder Prolegendum anstelle des römischen Introitus. An hohen Feiertagen folgte das Gloria. Der Eröffnungsteil schloß mit dem Trishagion. Zwischen den Lesungen wurde das (dem römischen Graduale entsprechende) Psallendum, an bestimmten Tagen der Fastenzeit statt dessen der Threnos (auf Texte aus Jeremias oder Hiob) gesungen. An hohen Feiertagen folgte auf das Psallendum der Clamor, an manchen Bußtagen die Preces. Der Alleluiavers hieß in der altspanischen Liturgie Laudes, er wurde aber nicht vor dem Evangelium, sondern im Anschluß daran gesungen. Der Gesang zur Gabenbereitung hieß Sacrificium, das Sanctus hatte griechisch-lateinischen Text: *Hagios, Dominus Deus.* Zum Friedensgruß, zur Brotbrechung und zur Kommunion sang man 3 Antiphonen *ad pacem, ad confractionem* und *ad accedentes.* Das Credo wurde offenbar erst spät in die altspanische Liturgie eingeführt und anstelle der Antiphon zur Brotbrechung gesungen.

Die altspanischen liturgischen Hss. sind in einer eigentümlichen Schrift, der sog. „westgotischen Minuskel", geschrieben. Analog dazu hat man die zugehörige Notenschrift als „westgotische" oder „Wisigotische Neumen" bezeichnet, obwohl sie viel jünger ist. Es handelt sich um 2 verschiedene Typen der Neumenschrift: der eine findet sich in der Hss.-Gruppe aus Toledo („Toledanische Neumen"), der andere in Hss. aus Nordspanien. Beide sind Sonderformen der im 9. Jh. in Frankreich zuerst nachweisbaren abendländischen Neumenschrift. Ein 3. Typus, die „Katalanischen Neumen", überliefert die gregorianischen Melodien; die ältesten Hss. aus Katalonien bezeugen bereits die Ausbreitung der römisch-fränkischen Liturgie. Auch in altspanischen liturgischen Gesangbüchern des späten 11. Jh. sind einzelne gregorianische Melodien in westgotischen Neumen notiert worden. Danach bricht die Überlieferung des M. G. ab. Da die westgotische Neumenschrift sich nicht mehr zu einer Notenschrift auf Linien weiterentwickelt hat, können wir die Melodien nicht lesen. Mit Ausnahme einzelner Stücke, die im 11. Jh. in regionale Überlieferungen des ↗Gregorianischen Gesanges eingegangen sind (z. B. eine 1923 in die römische Liturgie der Karwoche neben dem römischen Tonus lamentationum aufgenommene Melodie der ↗Lamentation und die durch die Liturgiereform des 2. Vatikanischen Konzils ins Meßbuch aufgenommene 2. Singweise des *Pater noster*), sind die Melodien des M. G. verloren. 1508 erhielt Kardinalerzbischof Ximenes de Cisneros von Toledo von Papst Julius II. das Privileg, in der Capilla Mozárabe am Dom in Toledo die Liturgie im mozarabischen Ritus zu feiern. Die musikalische Überlieferung des M. G. war jedoch abgebrochen, und man mußte auf andere Melodien zurückgreifen.

Ausg.: Cantus Lamentationum ... juxta Hispanos Cod., hrsg. v. P. G. PRADO (P – Tournai – R 1934); Antifonario visigótico mozárabe de la catedral de León, 2 Bde., hrsg. v. L. BROU – J. VIVES (Ma – Ba – León 1953–59).

Lit.: P. WAGNER, Der mozarabische Kirchengesang u. seine Überlieferung, in: Gesammelte Aufsätze z. Kulturgesch. Spaniens 1, hrsg. v. H. FINKE u. a. (Mr 1928) (= Span. Forsch. der Görres-Ges. I/1); P. G. ROJO, The Gregorian Antiphonary of Silos and the Spanish Melody of the Lamentations, in: Speculum 5 (1930); M. HUGLO, Mélodie hispanique pour une ancienne hymne à la Croix, in: Rev. grégorienne 28 (1949); DERS., Les preces des graduels aquitains empruntées à la liturgie hispanique, in: Hispania sacra 8 (1955); G. MASSENKEIL, Eine span. Choralmelodie in mehrst. Lamentationskompositionen des 16. Jh., in: AfMw 19/20 (1962/63); A. MUNDÓ, La datación de los códices litúrgicos visigóticos toledanos, in: Hispania sacra 18 (1968); C. W. BROCKETT, Antiphons, Responsories and Other Chants of the Mozarabic Rite (Brooklyn/N. Y. 1968) (= Musicological Studies 15); D. M. RANDEL, The Responsorial Psalm Tones for the Mozarabic Office (Princeton/N.J. 1969) (= Princeton Studies in Music 3); H. ANGLÈS, Span.-mozarabische Liturgie, in: Gesch. der kath. Kirchenmusik 1, hrsg. v. K. G. Fellerer (Kas 1972); Palaeographie der Musik, hrsg. v. W. ARLT (Kö 1979).

H. HUCKE

MOZART, Johann Georg Leopold, getauft 14. 11. 1719 Augsburg, † 28. 5. 1787 Salzburg; dt. Komponist. Er war der älteste Sohn eines Augsburger Buchbindermeisters und besuchte in seiner Vaterstadt zuerst die Jesuitenschule, dann das Gymnasium S. Salvator, wo er eine solide klassische Bildung erhielt. Daneben gehörte er den Kirchenchören von St. Ulrich und des Klosters zum Heiligen Kreuz an. 1737 immatrikulierte er sich an der Universität Salzburg. Ein Jahr später erwarb er dort den Grad eines Baccalaureus der Philosophie, wurde aber 1739 wegen unregelmäßigen Kollegbesuchs relegiert. Er wandte sich definitiv der Musik zu und trat 1740 als Violinist und Kammerdiener in den Dienst des Grafen Thurn-Valsassina und Taxis. 1743 wurde er in Salzburg Mitglied der fürsterzbischöflichen Hofkapelle, zunächst als vierter, dann als zweiter Violinist, stieg 1757 zum Hof- und Kammerkomponisten auf und erhielt 1763 den Posten des Vizekapellmeisters. Neben dem Kapelldienst entfaltete er eine reiche Unterrichts- und Kompositionstätigkeit und genoß bei seinen Mitbürgern hohes Ansehen. 1747 heiratete er die Salzburgerin Anna Maria Pertl; sie schenkte ihm sieben Kinder, von denen aber nur Maria Anna (Nannerl) und Wolfgang Amadeus die Eltern überlebten.

Die Veröffentlichung seiner Violinschule, einer Frucht seiner Lehrtätigkeit, im Jahr von Wolfgangs Geburt 1756 erschienen, machte M.s Namen weithin bekannt. Um jene Zeit wurde er auch Mitglied von Lorenz Mizlers Leipziger „Societät der musikalischen Wissenschaften"; auch forderte ihn Fr. W. Marpurg zur Mitarbeit an den *Historisch-kritischen Beyträgen zur Aufnahme der Musik* auf. Von etwa 1760 an, als er das Genie seines Sohnes Wolfgang voll erkannt hatte, widmete er sich ganz dessen Erziehung und Ausbildung. Seit 1762 folgte eine Reise nach der anderen, zuerst mit Nannerl und Wolfgang, dann mit Wolfgang allein; die Zwischenaufenthalte in Salzburg dienten nur zur Vorbereitung neuer Reisepläne. M. versäumte keine Gelegenheit, um die beiden Wunderkinder, vor allem den Knaben, bekannt zu machen. Dennoch war er sich völlig der Verantwortung gegenüber einem solchen Sohn und gegenüber seiner Kunst bewußt und verwendete die größte Sorgfalt auf dessen künstlerische und geistige Fortbildung. Eine lange Reise führte ihn mit der ganzen Familie 1763–66 durch Westeuropa; drei weitere Reisen gaben ihm zwischen 1769 und 1773 Gelegenheit, Wolfgang mit Italien, dessen Musik und Musikleben bekannt zu machen. Sommer und Herbst 1773 verbrachte er mit ihm in Wien. In der Folgezeit verließ er Salzburg nur noch aus wenigen bestimmten Anlässen. So begab er sich 1774/75 zur Aufführung von Wolfgangs

La finta giardiniera und 1781 zu der des *Idomeneo* nach München. Aber der Briefwechsel mit dem Sohn, wenn dieser auf Reisen war, zeigt nicht nur die engen menschlichen Beziehungen zwischen ihnen, sondern ist vor allem wesentlich wegen der eingehenden fachmännischen Auseinandersetzungen, die das tiefe künstlerische Verständnis von Vater und Sohn füreinander offenbaren. Durch die Heirat Wolfgangs, die der Vater nicht billigte, wurde das Verhältnis zwischen ihnen getrübt, doch zu einem endgültigen Bruch kam es nicht. Nach dem Tod seiner Frau 1778 und der Übersiedelung des Sohnes nach Wien 1781 lebte M. in Salzburg mit der Tochter zusammen und widmete sich ganz seinen beruflichen Aufgaben, vor allem dem großen Kreis seiner Schüler, deren Weiterbildung ihm sehr am Herzen lag; einige von ihnen lebten sogar in seinem Hause. Er fand seine letzte Ruhestätte auf dem Friedhof St. Sebastian in Salzburg.

WW: **1) Instr.-WW:** Klv.- u. Kammermusik: 3 Klv.-Sonaten, in: Œuvres mêlées V, VI u. IX (Nü 1758 – ca. 1763); 6 Stücke, in: *Der Morgen und der Abend oder 12 Musikstücke für das Klavier, deren eines täglich in der Vestung Hohensalzburg auf dem sogenannten Hornwerke Morgens und Abends gespielet wird* (Au 1759); 12 V.-Duette (als Anhang z. frz. Ausg. der V.-Schule) (P 1770); 6 Triosonaten (Salzburg 1740); weitere Kammermusikwerke hsl. – Für Orch. (meist hsl.): Zahlr. Sinfonien, Divertimenti, Serenaden, darunter: *Die Bauernhochzeit* u. *Die Musikalische Schlittenfahrt*, eine *Sinfonia burlesca, Sinfonia pastorale, Sinfonia da caccia* u. die urspr. J. Haydn zugeschriebene *Kindersinfonie*, ferner Tänze u. Märsche sowie Konzerte für Fl., Ob., Fag., Trp. u. 2 Hörner. – **2) Vokal-WW** (hsl.): Messen, Litaneien, Vespern, Oratorien, Kantaten, Schuldramen und kleinere geistliche Gesänge. – **3) Schriften:** *Versuch einer gründlichen Violinschule* (A 1756, ²1769/70, ³1787, ⁴1800, holländisch 1766, frz. 1770, russ. 1804); *Nachricht von dem gegenwärtigen Zustande der Musik Seiner Hochfürstlichen Gnaden des Erzbischoffs zu Salzburg im Jahre 1757*, in: F. W. Marpurg, Hist.-kritische Beytr. zur Aufnahme der Musik (B 1757).

M. war seit seiner Jugend mit eiserner Energie darum bemüht, seinen Horizont zu erweitern, wobei er seiner Umwelt stets kritisch gegenübertrat. Seine Violinschule zeigt deutlich, welche Anforderungen er an einen Künstler stellte. Mit C. Ph. E. Bachs *Versuch über die wahre Art, das Clavier zu spielen* und J. J. Quantz' *Versuch einer Anweisung, die flûte traversière zu spielen* gehört sie zu den fundamentalen musiktheoretischen Schriften der Epoche. Der Autor verbindet darin eine strenge und systematische Unterweisung in der Handhabung des Instruments mit tiefgründigen musikästhetischen Betrachtungen, denn es kommt ihm darauf an, nicht nur gute Geiger, sondern gute Musiker schlechthin heranzubilden und ihnen zur Beherrschung des „guten Geschmacks" zu verhelfen. Er selbst beweist diesen guten Geschmack im Sinne der Zeit in seinen Kompositionen. Sein Werk bezeugt insgesamt eine solide Kenntnis der Kompositionstechnik und steht in der besonders von J. E. Eberlin vertretenen Salzburger Tradition. Man schätzte ihn als Kirchen- wie als Instrumentalkomponisten, wenn auch seine Musik den Durchschnitt der zeitgenössischen Kompositionen nicht überragte. Ein Vergleich zwischen seinen Symphonien und den Jugendwerken seines Sohnes ergibt für diesen einen größeren Einfallsreichtum, für ihn aber eine routiniertere Satztechnik. Trotzdem wurden mehrere seiner Werke lange Zeit als Kompositionen Wolfgangs angesehen.

Ausg.: Ausgew. Werke, hrsg. v. M. SEIFFERT (L 1908) (= DTB IX/2) (mit Werkverz.). – Einzelausg.: *Notenbuch seinem Sohn W. A. zu dessen 7. Namenstag 1762 geschenkt*, hrsg. v. H. ABERT (L 1922); *Nannerls Notenbuch 1759*, hrsg. v. E. VALENTIN (Mn 1956, NA Wilhelmshaven 1969); 12 V.-Duette, hrsg. v. DEMS. (Mz 1950); dass., hrsg. v. A. HOFFMANN (Kas 1951, ²1963) (= Hortus mus. 78); 3 Divertimenti für 2 V. u. Vc., hrsg. v. M. SEIFFERT (L 1930) (= Organum III/30); Divertimento für 2 V. u. Vc., hrsg. v. W. KOLNEDER (Mz 1958); Sonata a tre G-Dur, op. 1/4, hrsg. v. E. SCHENK (W 1955) (= Hausmusik 177); Sinfonie G-Dur, veröff. unter W. A. M.s Namen (KV Anhang 293) (L 1870); Sinfonie G-Dur, hrsg. v. H. C. ROBBINS LANDON (Lo 1946); Sinfonien B-Dur u. G-Dur, hrsg. v. DEMS. (W 1970) (= Diletto mus. 239, 294); Sinfonie Nr. 25 G-Dur, hrsg. v. H. MÖNKEMEYER (Wilhelmshaven 1970); Sinfonie G-Dur (Neue Lambacher), hrsg. v. A. A. ABERT (Kas ²1967) (= Nagels MA 217); *Divertimento militare sive Sinfonia*, hrsg. v. E. KLEIBER (B 1931); *Sinfonia da caccia*, hrsg. v. M. LANGER (W 1935); dass., hrsg. v. G. DARVAS (Mz – Budapest 1967); *Sinfonia burlesca*, hrsg. v. P. ANGERER (W 1970) (= Diletto mus. 83); *Die musikalische Schlittenfahrt*, hrsg. v. W. HÖCKNER (L 1948, ²1953); Trp.-Konzert D-Dur, hrsg. v. M. SEIFFERT (L 1931, ³1960); Hochzeits-Menuette für Orch., hrsg. v. E. F. SCHMID (Au 1941, ²1950); ein Offertorium, unter W. A. M.s Namen veröff. in: Alte Mozart-GA Serie III, Nr. 23; 2 geistliche Gesänge, hrsg. v. J. MESSNER (Au 1927, 1928). – Schriften und Briefe: *Versuch einer gründlichen Violinschule*, Faks.-Ausg. der 1. Aufl., hrsg. v. B. PAUMGARTNER (W 1922); Faks.-Ausg. der 3. Aufl., hrsg. v. H. J. MOSER (L 1956); dass., hrsg. v. H. R. JUNG (L 1968); Die Briefe L. M.s, in: Mozart, Briefe und Aufzeichnungen, GA I–VI, herausgegeben von W. A. BAUER – O. E. DEUTSCH (Kas 1962–71).

Lit.: M. SEIFFERT, Vorwort zu DTB IX/2 (1908); H. ABERT, L. M.s Notenbuch v. 1762, in: Gluck-Jb. 3 (L 1917); A. SCHURIG, L. M.s Reiseaufzeichnungen 1763–1771, Faks.-Ausg. (Dresden 1920); K. GERHARTZ, Die Violinschule v. L. M., in: M.-Jb. 3 (Au 1929); F. POSCH, L. M. als Mensch, Vater u. Erzieher der Aufklärung, in: Neues M.-Jb. 1 (Rb 1941); W. RAUSCHENBERGER, M.s Abstammung u. Ahnenerbe, in: ebd. 2 (Rb 1942); E. F. SCHMID, M. und das geistliche Augsburg, in: Zschr. des Hist. Vereins für Schwaben 55/56 (1942/43); E. VALENTIN, Musikal. Schlittenfahrt, in: ebd.; K. VON FISCHER, Eine Neubearb. v. L. M.s Violinschule aus dem Jahre 1804, in: Mf 2 (1949); E. F. SCHMID, Ein schwäbisches Mozartbuch (Lorch – St 1948); DERS., L. M. u. die Kindersinfonie, in: M.-Jb. 1951/1952; DERS., L. M., in: Lebensbilder aus dem Bayerischen Schwaben 3, hrsg. v. G. von Pölnitz (Mn 1954); A. KOZÁR, W. A. M. 1765–91 im Spiegel der Briefe seines Vaters L. M. (Diss. Gr 1955); H. F. DEININGER, Zur Genealogie W. A. M.s, in: Kgr.-Ber. Wien 1956 (Gr – Kö 1958); E. F. SCHMID, Neues zu L. M.s Bildungsgang, in: Acta Mozartiana 3 (1956); W. EGK, Anmerkungen zur Violinschule v. L. M., in: Gestalt u. Gedanke 4 (1957); W. HUMMEL, Nannerl M.s Tagebuchblätter (Salzburg – St 1958); E. L. THEISS, Die Instrumentalwerke L. M.s (Diss. Gießen 1943), z. T. abgedruckt in: Zschr.

des Hist. Vereins für Schwaben 62/63 (1960); E. VALENTIN, Was der Schüler beobachten muß... Zu L. M.s Lehrtätigkeit, in: ebd.; W. PLATH, Beitr. z. M.-Autographie I: Die Hs. L. M.s, in: M.-Jb. 1960/61; L. F. TAGLIAVINI, Un oratorio sconosciuto di L. M., in: FS O. E. Deutsch (Kas 1963); A. A. ABERT, Stilistischer Befund u. Quellenlage. Zu M.s Lambacher Sinfonie KV Anhang 221 = 45a, in: FS H. Engel (Kas 1964); R. MÜNSTER, Wer ist der Komponist der Kindersinfonie, in: Acta Mozartiana 16 (1969); L. M. 1719–1787. Bild einer Persönlichkeit, hrsg. v. L. WEGELE (Au 1969); W. PLATH, L. M.s Notenbuch für Wolfgang 1762. Eine Fälschung?, in: M.-Jb. 1971/72.

A. A. ABERT

MOZART, Wolfgang Amadeus (Taufnamen: Joannes Chrysostomus Wolfgangus Theophilus [lat. = Amadeus]), * 27. 1. 1756 Salzburg, † 5. 12. 1791 Wien; dt. Komponist. Er war der Sohn des Komponisten Leopold Mozart. Der Knabe wuchs zusammen mit seiner viereinhalb Jahre älteren Schwester Maria Anna (Nannerl) in einer harmonischen Familienatmosphäre auf. Sehr früh schon begann der Vater mit der musikalischen Erziehung der beiden. Er machte aus ihnen kleine Wunderkinder auf dem Piano und hielt Wolfgang, dessen kompositorische Begabung sich schon im Alter von 4 Jahren zu zeigen begann, zu strenger systematischer Arbeit an. Schon 1762 unternahm er mit den Kindern eine erste, kurze Konzertreise nach München, etwas später eine zweite nach Wien, wo sie sich bei Hofe hören ließen. Im folgenden Jahr traten sie die große Reise an, die sie bis Ende 1766 durch ganz Westeuropa führen sollte. Die wichtigsten Stationen waren Paris und London. Hier kam der Knabe mit der Pariser Instrumentalmusik in Berührung und machte sich in London im wesentlichen unter dem Einfluß von J. Chr. Bach mit der italienischen Symphonie und Oper vertraut. Seine Konzerte, in denen er nicht nur als Pianist, sondern mehr und mehr auch als Komponist und Improvisator hervortrat, brachten ihm große Erfolge. Gelegentlich ließ er sich auch auf der Violine und auf der Orgel hören. Während des anschließenden neunmonatigen Aufenthalts in Salzburg schrieb er u.a. die Musik zu dem kleinen Oratorium *Die Schuldigkeit des ersten Gebotes* und zu der Schuloper *Apollo et Hyacinthus*.

Im September 1767 begab sich die Familie M. nach Wien, wo der Knabe gleich anfangs an den Blattern erkrankte. Hier regte ihn der Kaiser selbst zur Komposition seiner ersten Oper an. Die Aufführung dieser Opera buffa, *La finta semplice,* wurde jedoch durch Intrigen verhindert. In Wien schrieb der junge M. ferner die Musik zu dem Singspiel *Bastien und Bastienne* und zahlreiche kleinere Werke. Nach seiner Rückkehr nach Salzburg (Anfang 1769) wurde er im November desselben Jahres zum erzbischöflichen Konzertmeister ernannt, am 13. Dezember aber trat Leopold M. mit ihm die erste der drei großen italienischen Reisen an, die sie bis Neapel führte. Auf dieser Reise konnte der Knabe seine Bekanntschaft mit der italienischen Musik gründlich vertiefen. Sein öffentliches Auftreten in Verona, Mantua, Mailand, Bologna, Florenz und Rom gestaltete sich zu einem wahren Triumphzug. In Bologna genoß er den Unterricht des berühmten Musiktheoretikers Padre Martini und wurde auf der Rückreise in die Accademia Filarmonica aufgenommen. In Rom erhielt er vom Papst den Orden vom Goldenen Sporn, der mit dem Titel „Cavaliere" verbunden war. Trotz unzähliger privater und öffentlicher Konzerte entstanden damals zahlreiche Kompositionen der verschiedensten Art, vor allem seine erste Opera seria, *Mitridate, Rè di Ponto.* Die Aufführung dieses Werkes am 26. Dezember 1770 in Mailand unter seiner Leitung bildete die Krönung dieser ersten Italienreise. Der Erfolg war groß und brachte dem jungen Komponisten gleich einen zweiten Opernauftrag ein. Ende März 1771 kehrten Vater und Sohn nach Salzburg zurück, um sich bereits im August wieder nach Mailand zu begeben. In der kurzen Zwischenzeit war vermutlich u.a. auch das Oratorium *La Betulia liberata* entstanden. In Mailand wurde am 17. Oktober 1771 M.s Serenata teatrale *Ascanio in Alba* mit großem Erfolg aufgeführt. Nach seiner Rückkehr nach Salzburg Mitte Dezember entfaltete der junge Komponist von neuem eine rege Tätigkeit; die Serenata drammatica *Il sogno di Scipione* wurde Anfang Mai 1772 zu Ehren des neuen Erzbischofs Graf Hieronymus von Colloredo aufgeführt. Am 24. Oktober machten sich Vater und Sohn zum dritten Mal auf den Weg nach Italien, um in Mailand die Aufführung der zweiten M. übertragenen Opera seria, *Lucio Silla,* vorzubereiten, die am 26. Dezember stattfand. Auch dieses Werk war erfolgreich, doch zog es keinen weiteren Auftrag nach sich. Die Rückkehr erfolgte am 13. März 1773.

Nun folgten einige ungestörte, arbeitsreiche Jahre im heimischen Salzburg. Aber M. ertrug die Enge des dortigen Lebens immer weniger. Dessen Eintönigkeit wurde durch eine Reise nach Wien von Juli bis Anfang Oktober 1773 und vom 6. Dezember 1774 bis zum 6. März 1775 durch einen Aufenthalt in München unterbrochen. Hier bereitete M. die Aufführung seiner zweiten Opera buffa, *La finta giardiniera,* vor, mit deren Komposition er vom Münchner Hof beauftragt worden war. Die UA fand am 13. Januar 1775 unter seiner Leitung statt. Jene Jahre waren auch an Kirchen- und Instrumentalwerken überreich. Außerdem komponierte M. anläßlich eines Fürstenbesuchs in Salzburg die Oper *Il Rè Pastore,* die am 23. April 1775 aufgeführt wurde. 1777 nahm er seinen Abschied von der Hofkapelle und reiste, dieses Mal in Begleitung seiner

Mutter, am 23. September über München und Augsburg zunächst nach Mannheim, wo er sich vom 30. Oktober bis zum 14. März 1778 aufhielt. Hier wurde er von J. Chr. Cannabich, dem Leiter des berühmten Mannheimer Orchesters, und von zahlreichen Orchestermitgliedern freundschaftlich aufgenommen. Dieser Kontakt mit der hohen Orchesterkultur und mit den Mannheimer Bemühungen um die Schaffung einer deutschen Oper erwies sich für M. als sehr fruchtbar; eigene Werke aber schuf er in jenen Monaten nur wenige. Seine Liebe zu der 15jährigen Sängerin Aloysia Weber veranlaßte ihn, seine Abreise nach Paris immer wieder hinauszuschieben, bis der Vater ihn schließlich brieflich sehr energisch dazu aufforderte. So langten Mutter und Sohn am 23. März 1778 endlich in Paris an, wo M. sich jedoch von Anfang an, trotz der Bemühungen J. M. Grimms, eines alten Bekannten seines Vaters, nicht wohl fühlte. Vor allem lag es seiner gänzlich unspekulativen Natur gar nicht, im Streit zwischen den Anhängern Chr. W. Glucks und denen N. Piccinnis, von dessen Lärm damals ganz Paris widerhallte, Partei zu ergreifen. Die Bekanntschaft mit dem Ballettmeister J.-G. Noverre verhalf ihm auch nur zu dem kleinen Kompositionsauftrag der Musik zur Ballett-Pantomime *Les petits riens,* die am 11. Juni 1778 ohne Erwähnung seines Namens aufgeführt wurde. Des weiteren entstanden damals u.a. für das Concert spirituel eine konzertante Symphonie für Bläser, die jedoch nicht zur Aufführung gelangte, sowie die sogenannte „Pariser" Symphonie und, für einen privaten Auftraggeber, das Konzert für Flöte und Harfe.

Am 3. Juli 1778 starb M.s Mutter. Trotz dieses traurigen Ereignisses und obwohl er sich in der Pariser Atmosphäre unglücklich fühlte, verschob er seine Abreise bis zum 26. September, denn es fiel ihm schwer, in die verhaßte Heimatstadt zurückzukehren, wo sein Vater ihm eine neue Anstellung als Hoforganist verschafft hatte. Mitte Januar 1779 traf er wieder dort ein und entfaltete sogleich eine intensive schöpferische Aktivität. Den Höhepunkt seines Schaffens in dieser Periode bildet die Opera seria *Idomeneo, Rè di Creta.* Den Auftrag zu dieser Komposition hatte der junge Meister im Herbst 1780 vom Münchner Hof erhalten. Im Oktober machte er sich an die Arbeit und begab sich am 5. November nach München, wo er die Komposition fortsetzte und sogleich mit den Proben begann. Die UA am 29. Januar 1781 war ein wirklicher Erfolg, der sich jedoch als nicht sehr nachhaltig erwies.

M.s Hoffnung, in München eine Stellung zu finden, ging nicht in Erfüllung. Auf Befehl des Erzbischofs begab er sich am 12. März nach Wien. Dort reichte er nach einem Zusammenstoß mit dem Erzbischof am 9. Mai seine Entlassung ein. Eine letzte Zusammenkunft mit dem Küchenmeister Graf Arco beendete dieser mit einem Fußtritt für den Unbotmäßigen. Damit hatte M. zum Entsetzen seines Vaters den Zustand der Dienstbarkeit, in dem sich damals noch die meisten Musiker befanden, beendet und war nun darauf angewiesen, seinen Lebensunterhalt als freier Künstler zu verdienen. Er erfreute sich aber in den Kreisen der Wiener Aristokratie eines guten Rufs und rechnete damit, durch Stundengeben, Subskriptionskonzerte und freie Kompositionstätigkeit eine Existenz gründen zu können. Zudem verwirklichte sich seine Hoffnung auf einen Opernauftrag bald nach seiner endgültigen Übersiedlung nach Wien: Schon am 30. Juli erhielt er von dem Regisseur Gottlieb Stephanie d.J. das Libretto zu dem Singspiel *Die Entführung aus dem Serail.* Die neue Oper errang bei ihrer UA am 16. Juli 1782 einen großen Erfolg und erlebte noch zu Lebzeiten ihres Schöpfers zahlreiche Wiederholungen. Am 4. August heiratete M. nach einer langen, von vielen Ränken getrübten Verlobungszeit Konstanze Weber, die jüngere Schwester seiner Jugendliebe Aloysia. Die junge Frau war oberflächlich und lebenslustig und hat bis zum Tode des Gatten dessen Genie nicht erkannt, obwohl sie nicht unmusikalisch war.

Die ersten Wiener Jahre brachten M. neben seiner Oper noch eine Fülle anderer Aufgaben. Er gab Klavierstunden, spielte in Konzerten und veranstaltete eigene „Akademien"; außerdem entstand wieder eine stattliche Reihe der verschiedensten Kompositionen. Im Laufe des Sommers 1783 besuchte das Ehepaar M. den Vater Leopold in Salzburg. M. brachte die ersten Teile der c-moll-Messe mit, und Konstanze sang bei der Aufführung die Sopranpartie. In den folgenden Jahren trat er mehr und mehr als Pianist hervor und komponierte zwischen 1782 und 1786 teils für sich selbst, teils für Schüler oder andere Pianisten 15 bedeutende Klavierkonzerte. Im selben Zeitraum entstanden die vier für den mit M. befreundeten Hornisten Ignaz Leutgeb bestimmten Hornkonzerte und die sechs J. Haydn gewidmeten Streichquartette, die M. als Frucht langer und mühsamer Arbeit bezeichnete, sowie zahlreiche weitere Kompositionen. Seit 1782 gehörte der Meister dem Kreis um den Baron Gottfried van Swieten an, wo er mit dem Werk J. S. Bachs und G. Fr. Händels in nähere Berührung kam. Später (1788–90) instrumentierte er auf Anregung van Swietens die Händelschen Oratorien *Acis und Galathea, Messiah* und *Alexanderfest* sowie die *Cäcilien-Ode* neu. 1784 wurde er in die Wiener Freimaurerloge aufgenommen, für die er mehrere Kompositionen schrieb.

Gelang es ihm also auf verschiedene Weise, seine Stellung in der Wiener Gesellschaft zu festigen, so ließen seine Beziehungen zum Theater sehr zu wünschen übrig. Nach der *Entführung* wartete er vergeblich auf neue Aufträge. Zwei Werke, die er daraufhin ohne Auftrag in Angriff nahm, *L'oca del Cairo* und *Lo sposo deluso,* blieben unvollendet. Erst 1786 beauftragte ihn der Hof mit einem kleinen Gelegenheitswerk, der nur aus Ouvertüre und vier Gesangsnummern bestehenden Bühnenmusik zu der Komödie *Der Schauspieldirektor;* die Aufführung fand am 7. Februar im Schloß Schönbrunn statt. Schon vorher aber war M. mit dem Theaterdichter L. Da Ponte in Verbindung getreten, der, nach eigener Aussage auf Vorschlag M.s, als Stoff für eine neue Oper die Komödie *Le mariage de Figaro ou La folle journée* von C. de Beaumarchais wählte, die 1784 in Paris einen aufsehenerregenden Erfolg errungen hatte. Dem geschickten Librettisten gelang es, die Bedenken des Kaisers gegen den revolutionären Charakter des Werkes zu entkräften, und so konnte sich M. von Ende Oktober 1785 an dieser wichtigen Aufgabe widmen. Die UA der *Nozze di Figaro* am 1. Mai 1786 wurde ein glänzender Erfolg. Besonders begeistert nahm man die Oper in Prag auf, wohin sich M. mit seiner Frau im Januar 1787 zur Teilnahme an einigen Aufführungen des Werkes begeben hatte. Während dieses Aufenthalts schloß er mit dem Prager Impresario einen Vertrag über eine neue Oper, deren Libretto *Il dissoluto punito ossia Il Don Giovanni* wieder Da Ponte zu schreiben übernahm. Im Oktober desselben Jahres kehrte M. nach Prag zurück, um dort die Komposition des *Don Giovanni* zu vollenden. Die UA des Werkes fand hier am 29. Oktober unter seiner Leitung statt – es war ein Erfolg ohnegleichen. Im übrigen erscheint jedoch die Ausbeute an Kompositionen M.s im Jahr 1787, verglichen mit den vorangehenden Jahren, verhältnismäßig gering. Es sind die ersten Zeichen eines Sich-Zurückziehens des Meisters aus dem von der Gesellschaft geprägten Musikleben. Gleichzeitig verschlechterte sich seine wirtschaftliche Lage zusehends. Auch seine am 7. Dezember 1787 erfolgte Ernennung zum kaiserlichen Kammerkompositeur mit 800 Gulden Gehalt konnte den Ruin nicht aufhalten. Obendrein brachte die Wiener Aufführung des *Don Giovanni* am 7. Mai 1788 nicht den erwarteten Erfolg. Die Tatsache, daß die drei großen Symphonien KV 543, 550 u. 551, die im Laufe des Sommers kurz nacheinander entstanden, wahrscheinlich zu M.s Lebzeiten niemals aufgeführt wurden, ist bezeichnend für seine Abkehr vom praktischen Musikbetrieb.

1789 versuchte er, durch eine Reise von neuem seine finanzielle Lage zu verbessern. Über Prag, wo vielleicht schon über die Komposition der Opera seria *La clemenza di Tito* verhandelt wurde, begab er sich nach Dresden, Leipzig und Berlin. Dort gab er überall Konzerte und erhielt von König Friedrich Wilhelm II. einige kleinere Kompositionsaufträge, doch war das Ergebnis der Reise, die vom 8. April bis zum 4. Juni dauerte, pekuniär gänzlich unbedeutend und änderte an der verzweifelten wirtschaftlichen Situation M.s nichts. In dieser Zeit erhielt er vom Hof noch einmal einen neuen Opernauftrag. Es handelte sich um die Komposition der Opera buffa *Così fan tutte,* wieder über ein Libretto von Da Ponte, die er vermutlich in den letzten Monaten des Jahres 1789 ausführte. Die UA am 26. Januar 1790 erreichte nicht mehr als einen Augenblickserfolg.

Um sich einem größeren Publikum auch außerhalb Wiens wieder in Erinnerung zu bringen, unternahm M. im Herbst 1790 anläßlich der Kaiserkrönung Leopolds II. eine letzte Konzertreise, die ihn vom 23. September bis Anfang November außer in die Krönungsstadt Frankfurt am Main noch nach Mainz, Mannheim und München führte. In Frankfurt gab er eine Akademie, in Mainz und München spielte er vor dem Hofe und kehrte sehr angeregt, aber nach wie vor mittellos nach Wien zurück. In seinem letzten Lebensjahr verschlimmerte sich seine pekuniäre Lage immer mehr – eine Tatsache, an deren Gründen die Forschung bis heute herumrätselt. Am 9. Mai 1791 wurde er zum Adjunkt des Domkapellmeisters an St. Stephan ernannt, aber dieser Posten war ehrenamtlich. Dafür häuften sich gerade jetzt noch einmal die Aufträge. Im März 1791 bat der M. bereits von früher bekannte Theaterdirektor E. Schikaneder ihn um eine Zauberoper für sein „Freihaustheater auf der Wieden", im Juli bestellte ein Abgesandter des Grafen Franz Walsegg zu Stuppach bei ihm ein Requiem, und wenig später beauftragten ihn die Stände Böhmens offiziell mit der Komposition der Festoper für die Übertragung der böhmischen Königskrone an Kaiser Leopold II.

Wahrscheinlich hat er mit der Arbeit an der *Zauberflöte* schon bald nach dem März begonnen; der größte Teil des Werkes dürfte am Beginn des Sommers fertig gewesen sein. Dann arbeitete er am Requiem und besonders an der Krönungsoper *La clemenza di Tito.* Er vollendete die Komposition in Prag, wo das Werk bei der UA am 6. September sehr wenig günstig aufgenommen wurde. Mitte des Monats kehrte M. nach Wien zurück und legte nun die letzte Hand an die *Zauberflöte.* Die UA dieses Werkes fand am 30. September statt; der Erfolg war bescheiden, wuchs aber von Wiederholung zu Wiederholung. Letztlich war es diese Oper, die vor andern dazu beigetragen hat, M.s Werk in der ganzen Welt bekannt zu machen. In den letzten Wochen seines Lebens wurden die materiellen Sorgen M.s immer drückender, und sein kranker Zustand, der sich schon eine Zeitlang bemerkbar gemacht hatte, verschlimmerte sich. Trotzdem arbeitete er bis in seine letzten Tage hinein am Requiem weiter. Er starb vermutlich an einem akuten rheumatischen Fieber und wurde zwei Tage später, am 7. Dezember, auf dem St.-Marx-Friedhof in einem Grab mit mehreren anderen Toten und ohne Grabstein, wie in der Zeit vielfach Brauch, beigesetzt, so daß seine letzte Ruhestätte bis heute unauffindbar blieb.

WW (nur Werke mit sicherer Zuschreibung sowie die vollständig erhaltenen; Angabe der KV-Nrn. nach Köchel-Einstein: bei Doppel-Nrn. ist die erste Nr. die der 1.–2. Aufl., die zweite entspricht der revidierten Chronologie Einsteins [3. Aufl.]). – **1) Instr.-WW: a)** Für Klv. zu 2 Händen: 19 Klv.-Sonaten, darunter: a-moll, KV 310 = 300d u. A-Dur, KV 331 = 300i (1778), D-Dur, KV 576 (1789); zahlr. Klv.-Variationen, u. a. *Ah vous dirai-je Maman,* KV 265 = 300e (1778); *Unser dummer Pöbel meint,* KV 455 (1784); mehrere einzelne Klv.-Stücke, u. a. Fantasie u. Fuge C-Dur, KV 394 = 383a u. Suite C-Dur, KV 399 = 385i (1782); Fantasie c-moll, KV 475 (1785); für Klv. zu 4 Händen: 5 Sonaten; Variationen G-Dur, KV 501 (1786); für 2 Klv. zu 4 Händen: Sonate D-Dur, KV 448 = 375a (1781); Fuge c-moll, KV 426 (1783); einige kleine Stücke für eine Orgelwalze u. für Harmonika. – **b)** 33 Sonaten u. kleine Stücke für V. u. Klv., u. a.: e-moll, KV 301 = 293a u. C-Dur, KV 296 (1778); e-moll, KV 304 = 300c (1778); B-Dur, KV 454 (1784); A-Dur, KV 526 (1787); 2 Duos für V. u. Va. G-Dur u. B-Dur, KV 423 u. 424 (1783). – **c)** 6 Trios für V., Vc. u. Klv.: B-Dur, KV 254 (1776), G-Dur, KV 496 u. B-Dur, KV 502 (1786), E-Dur, KV 542, C-Dur, KV 548 u. G-Dur, KV 564 (1788); Trio Es-Dur, KV 498 „Kegelstatt-Trio“ (1786) für Klar., Va. u. Klv. – **d)** 23 Streichquartette, darunter 6 J. Haydn gewidmet: G-Dur, KV 387 (1782), d-moll, KV 421 = 417b u. Es-Dur, KV 428 = 421b (1783), B-Dur „Jagd-Quartett“, KV 458 (1784), A-Dur, KV 464 (1785) u. C-Dur, KV 465 (1785); 3 weitere, Friedrich Wilhelm II., König von Preußen, gewidmet: D-Dur, KV 575 (1789), B-Dur, KV 589 u. F-Dur, KV 590 (1790); 2 Quartette für Fl., V., Va. u. Vc. D-Dur, KV 285 (1777) u. A-Dur KV 298 (1778); Quartett F-Dur für Ob., V., Va. u. Vc., KV 370 = 368b (1781); 2 Quartette für V., Va., Vc. u. Klv. g-moll, KV 478 (1785) u. Es-Dur, KV 493 (1786). – **e)** Quintette: 6 Streichquintette: B-Dur, KV 174 (1773), C-Dur, KV 515 u. g-moll, KV 516 (1787), c-moll, KV 406 = 516b (1787) (Umarbeitung der Serenade für Blasinstr., KV 388), D-Dur KV 593 (1790), Es-Dur, KV 614 (1791); Quintett E-Dur für V., 2 Va., Horn, Vc., KV 407 = 386c (1782); Quintett A-Dur für Klar., 2 V., Va. u. Vc., KV 581 (1789); Es-Dur für Ob., Klar., Horn, Fag. u. Klv., KV 452 (1784); kurze Stücke für Klar. u. Bassetthorn. – **f)** Zahlr. Divertimenti, Serenaden, Kassationen, Nocturnos, u. a.: *Serenata notturna* D-Dur, KV 239 (1776) für 2 Orch. (2 Prinzipal V., Va., Kb. u. 2 V., Va., Vc. u. Pk.); Haffner-Serenade D-Dur, KV 250 = 248b (1776) für 2 V., Va., Baß, 2 Ob. (oder 2 Fl.), 2 Fag., 2 Hörner u. 2 Trp.; Notturno D-Dur, KV 286 = 269a (1776 oder 1777) für 4 Orch., jedes bestehend aus 2 V., Va., Baß u. 2 Hörner; Serenade *(Gran Partita)* B-Dur, KV 361 = 370a (1781) für 2 Ob., 2 Klar., 2 Bassetthörner, 4 Waldhörner, 2 Fag. u. Kb.; Serenade *(Nachtmusik)* c-moll, KV 388 = 384a (1782) für 2 Ob., 2 Klar., 2 Hörner u. 2 Fag.; *Ein musikalischer Spaß,* auch „Dorfmusikanten-Sextett“ genannt, F-Dur, KV 522 (1787) für 2 V., Va., Baß u. 2 Hörner; *Eine kleine Nachtmusik* G-Dur, KV 525 (1787) für 2 V., Va., Vc. u. Kb.; Divertimento Es-Dur, KV 563 (1788) für V., Va. u. Vc.; zahlr. Tänze (Menuette, Kontretänze, Deutsche Tänze) u. Märsche für Orch.; *Maurerische Trauermusik* c-moll, KV 477 = 479a (1785) für 2 V., Va., Baß, 2 Ob., Klar., Bassetthorn, Kontrafag. u. 2 Waldhörner; 17 Kirchensonaten (sog. Epistelsonaten) für 2 V., Org., Vc. u. Baß, aber auch für Blasinstr. (KV 263, 278, 329). – **g)** 49 Symphonien u. konzertante Symphonien, u. a.: g-moll, KV 183 (1773), A-Dur, KV 201 = 186a (1774), D-Dur „Pariser“, KV 297 = 300a (1778), B-Dur, KV 319 (1779), C-Dur, KV 338 (1780), D-Dur „Haffner“, KV 385 (1782), C-Dur „Linzer“, KV 425 (1783), D-Dur „Prager“, KV 504 (1786), Es-Dur, KV 543 (1788), g-moll, KV 550 (1788), C-Dur „Jupiter“, KV 551 (1788); *Symphonie concertante* Es-Dur, KV 364 = 320d (1779) für V. u. Va. – **h)** 5 V.-Konzerte, B-Dur, KV 207 (1775), D-Dur, KV 211 (1775), G-Dur, KV 216 (1775), D-Dur, KV 218 (1775), A-Dur, KV 219 (1775); Fag.-Konzert B-Dur, KV 191 = 186e (1774); 2 Fl.-Konzerte (auch für Ob.) G-Dur, KV 313 = 285c u. D-Dur, KV 314 = 285d (1778); Konzert für Fl. u. Harfe C-Dur, KV 299 = 297c (1778); 4 Hornkonzerte, D-Dur, KV 412 = 386b (1782), Es-Dur, KV 417 (1783), Es-Dur, KV 447 (1783), Es-Dur, KV 495 (1786); Klar.-Konzert A-Dur, KV 622 (1791); 28 Klv.-Konzerte, darunter: D-Dur, KV 175 (1773), B-Dur, KV 238 (1776), F-Dur, für 3 Klv., KV 242 (1776), C-Dur, KV 246 (1776), Es-Dur, KV 271 (1777), Es-Dur, für 2 Klv., KV 365 = 316a (1779); d-moll, KV 466 (1785), A-Dur, KV 488 (1786), c-moll, KV 491 (1786), C-Dur, KV 503 (1786), D-Dur, „Krönungskonzert“, KV 537 (1788), B-Dur, KV 595 (1791). –

2) Vokal-WW: a) 37 Lieder für eine SingSt u. Klv., u. a.: *Das Veilchen,* KV 476 (1785); *Die Verschweigung,* KV 518 (1787), *Abendempfindung,* KV 523 u. *An Chloe,* KV 524 (1787), *Das Traumbild,* KV 530 (1787), *Sehnsucht nach dem Frühlinge,* KV 596 (1791); 55 Arien, meist Konzertarien mit Orch., teilweise mit obligaten Instr.; zahlr. weltliche Werke für Vokalensemble mit oder ohne Instrumentalbegleitung, darunter *Das Bandelterzett,* KV 441 (1783) für Sopran, Tenor u. Baß mit 2 V., Va. u. Baß; ferner zahlr. Kanons. – **b)** 17 Messen, u. a.: C-Dur „Krönungsmesse“, KV 317 (1779) für 4 SingSt, 2 V., 2 Ob., 2 Hörner, 2 Trp., 3 Pos., Pk., Baß u. Org.; *Missa solemnis* C-Dur, KV 337 (1780) für 4 SingSt, 2 V., 2 Ob., 2 Fag., 2 Trp., 3 Pos., Pk., Baß u. Org.; *Missa* c-moll (Fragment), KV 427 = 417a (zw. 1782 u. 1783) für 4–8 SingSt, 2 V., Va., Fl., 2 Ob., 2 Fag., 2 Hörner, 2 Trp., 4 Pos., Pk., Baß u. Org.; Requiem d-moll (Fragment), KV 626 (1791) für 4 SingSt, 2 V., Va., Baß, 2 Bassetthörner, 2 Fag., 3 Pos., 2 Trp., Pk. u. Org.; mehrere Kyrie; 4 Litaneien; Vespern oder Vespernteile: KV 193 = 186g (1774), KV 321 (1779), KV 339 (1780); 3 *Regina coeli:* KV 108 = 74d (1771), KV 127 (1772), KV 276 = 321b (1779); ferner zahlr. geistliche Werke, darunter *Ave verum corpus,* KV 618 (1791) für 4 SingSt, 2 V., Va., Baß u. Org. – **c)** Oratorien u. Kantaten: *Die Schuldigkeit des ersten Gebotes,* KV 35 (1766–67), geistliches Singspiel für 2 Soprane, 2 Tenöre, 2 V., 2 Va., Baß, 2 Fl., 2 Ob., 2 Fag., 2 Hörner u. Pos., UA: Salzburg 1767; *Grabmusik* KV 42 = 35a (1767), Passionskantate für Sopran, Baß, Chor, 2 V., Va., Baß u. 2 Hörner; *La Betulia liberata,* KV 118 = 74c (1771), Azione sacra in 2 Teilen; *Dir, Seele des Weltalls,* KV 429 = 420a (1783) (nach Köchel-Einstein), Kantatenfragment; *Davidde penitente,* KV 469 (1785), Kantate für 3 SingSt, Chor u. Orch., UA: Wien 1785; *Die Maurerfreude,* KV 471 (1785), Kantate für Tenor, Männerchor, u. Orch., UA: ebd. 1785; *Die ihr des unermesslichen Weltalls Schöpfer ehrt,* KV 619 (1791), Kantate für eine SingSt u. Klv.; *Laut verkünde unsre Freude,* KV 623 (1791), kleine Freimaurerkantate für 2 Tenöre, Baß u. Orch., UA: ebd. 1791. – **3) Bühnen-WW:** *Apollo et Hyacinthus seu Hyacinthi Metamorphosis,* KV 38, lat. Komödie, UA: Salzburg 1767; *La finta semplice,* KV 51 = 46a (1768) (Libr.: M. Coltellini nach C. Goldoni), Opera buffa, UA: ebd. 1769 (?); *Bastien und Bastienne,* KV 50 = 46b (1768) (Libr.: F. W. Weiskern u. A. Schachtner), Singspiel, UA: Wien 1768; *Mitridate, Rè di Ponto,* KV 87 = 74a (1770) (Libr.: V. A. Cigna-Santi nach Racine), Opera seria, UA: Mailand 1770; *Ascanio in Alba,* KV 111 (1771) (Libr.: G. Parini), Serenata teatrale, UA: ebd. 1771;

Il sogno di Scipione, KV 126 (1772) (Libr.: Metastasio), Serenata drammatica, UA: Salzburg 1772; *Lucio Silla*, KV 135 (1772) (Libr.: G. de Gamerra u. Metastasio), Dramma per musica, UA: Mailand 1772; *La finta giardiniera*, KV 196 (1774–75) (Libr.: R. Calzabigi?), Opera buffa, UA: München 1775; *Il Rè pastore*, KV 208 (Libr.: Metastasio), Dramma per musica, UA: Salzburg 1775; *Les petits riens*, KV Anhang 10 = 299 b (1778), Ballett; Chöre u. Zwischenaktmusiken zu dem heroischen Drama *Thamos, König in Aegypten*, KV 345 = 336 a (1779) (Libr.: T. Ph. von Gebler) (1. Fassung 1773); *Zaide*, KV 344 = 336 b (1779) (Libr.: A. Schachtner), Singspiel (unvollendet); *Idomeneo, Rè di Creta*, KV 366 (1780–81) (Libr.: G. B. Varesco nach einer frz. Oper), Opera seria, UA: München 1781; *Die Entführung aus dem Serail*, KV 384 (1781–82) (Libr.: G. Stephanie der Jüngere nach Ch. F. Bretzner), Singspiel, UA: Wien 1782; *L'oca del Cairo*, KV 422 (1783) (Libr.: G.B. Varesco), Opera buffa (unvollendet); *Lo sposo deluso*, KV 430 = 424 a (1783) (Libr.: L. Da Ponte?), Opera buffa (unvollendet); *Der Schauspieldirektor*, KV 486 (1786) (Libr.: G. Stephanie der Jüngere), Komödie mit Musik, UA: Schönbrunn 1786; *Le nozze di Figaro*, KV 492 (1785–86) (Libr.: L. Da Ponte nach Beaumarchais), Opera buffa, UA: Wien 1786; *Il dissoluto punito ossia Il Don Giovanni*, KV 527 (1787) (Libr.: Da Ponte), Dramma giocoso, UA: Prag 1787; *Così fan tutte*, KV 588 (1790) (Libr.: ders.), Opera buffa, UA: Wien 1790; *La clemenza di Tito*, KV 621 (1791) (Libr.: C. Mazzolá nach Metastasio), Opera seria, UA: Prag 1791; *Die Zauberflöte*, KV 620 (1791) (Libr.: E. Schikaneder), Singspiel, UA: Wien 1791.

M. begann in einem Alter künstlerisch zu arbeiten, das selbst für ein Wunderkind erstaunlich ist. Das größte Wunder an seiner Erscheinung aber besteht darin, daß seine Leistungen im Pubertätsalter nicht, wie oft bei Wunderkindern, nachließen, sondern daß sich die Schwingen seines Genies gerade in dieser Zeit erst voll entfalteten. Menschlich schien das Kind von seinem Geschick noch nicht gezeichnet zu sein; es war naiv, vergnügt und für alle neuen Eindrücke empfänglich. Der Jüngling und selbst der Mann haben sich eine gewisse Kindlichkeit des Wesens weitgehend bewahrt. Sie wurde allerdings mehr und mehr zu einer bloßen Fassade, hinter der sich der ruhelos schaffende und den Tiefen des menschlichen Lebens zugewandte Genius verbarg. Unter seinen Freunden der Salzburger und ersten Wiener Jahre galt M. als ein lebensfroher Mann von Welt, elegant, ein leidenschaftlicher Tänzer und Liebhaber von allerlei gesellschaftlichen Scherzen. Der Nekrolog auf ihn von F. Schlichtegroll aber charakterisiert die Dualität seiner Persönlichkeit aufs deutlichste mit den Worten: „Aber eben dieser immer zerstreute, immer tändelnde Mensch schien ein ganz anderes, schien ein höheres Wesen zu werden, sobald er sich an das Klavier setzte." Mit Ausnahme von J. Haydn, dem einzigen, den er als ebenbürtig empfand, zeigte M. den Menschen seiner Umgebung stets nur so viel von seinem Wesen, wie sie verstehen konnten, d.h. fast nichts. Zu seinem Vater aber, dem er seit seiner Kindheit engstens verbunden war und der ihn mehr durchschaute als andere, bestand seit seiner Heirat nur noch eine lockere Verbindung. Und wie die Zeitgenossen sein wahres Wesen nicht erkannten, so verstanden sie auch seine Werke je länger, desto weniger. Erst nach seinem Tode begann sich sein Ruhm zu verbreiten. M. wurde zum Idol der jungen Romantiker, und seit jener Zeit ist die Pflege seines Werkes weltweit zum tragenden Pfeiler des allgemeinen Musiklebens geworden.

M.s Schaffen gliedert sich, wie sein Leben, in drei Perioden: die des Wunderkinds bis zur Rückkehr von der letzten Reise nach Italien Anfang 1773, Jünglingsalter und Jugend bis zum Ausscheiden aus dem Salzburger Dienst im Juni 1781 und die Wiener Jahre, die Zeit der reifen Meisterschaft. In der ersten Periode erobert der Knabe das gesamte Reservoire traditioneller Stilmittel, dem er in der zweiten Periode mehr und mehr seinen persönlichen Stempel aufzudrücken beginnt. In der dritten endlich erfolgt die weise, meisterliche Bändigung der zuvor mitunter überquellenden Fülle der Gesichte und das Erwachen des selbstverantwortlichen Musikdramatikers.

1756–1773. Der junge M. wuchs als geistiger Kosmopolit auf. Nicht nur, daß seine Heimatstadt Salzburg über eine solide musikalische Tradition verfügte und im Einflußbereich der großen musikalischen Zentren Italien, Wien und Süddeutschland lag – er kam auf seinen Reisen auch in Berührung mit Werken norddeutscher Meister, mit solchen der Pariser Schule (J. Schobert, J. Eckardt) und J. Chr. Bachs und mit italienischen Opern aller Gattungen. Für ein Genie der Nachahmung, wie es der Knabe war, mußte diese Art der Ausbildung ganz besonders fruchtbringend sein. Die ersten Kompositionen aus seinem fünften bis siebenten Lebensjahr, einzelne kleine Sätzchen für Klavier, sind Nachbildungen von Stücken aus den Übungsbüchern, die der Vater für seine Kinder angelegt hatte. Die folgenden Werke, mehrsätzige Sonaten für Klavier mit Violine ad libitum (eine damals gebräuchliche Form) gehen bereits über jenes Stadium kindlicher Versuche hinaus. Die in Paris entstandenen ersten von ihnen lassen mit ihrer gefälligen Mannigfaltigkeit das Pariser Vorbild deutlich erkennen; in der Melodik der folgenden macht sich der Einfluß J. Chr. Bachs bemerkbar. Mit knapp neun Jahren begann er mit der Komposition von Symphonien, wobei er zunächst im Rahmen der dreisätzigen italienischen Form den Spuren J. Chr. Bachs folgt. Eine dieser frühen, in London geschriebenen Symphonien, KV 19 a, F-Dur, die bislang als verloren galt, wurde erst 1980 wieder aufgefunden (jetzt im Besitz der Bayerischen Staatsbibl. München) und 1981 zum erstenmal wieder aufgeführt.

Zu den fremden Einflüssen gesellten sich, besonders in Gestalt der Symphonien des Wieners

G. Chr. Wagenseil, bald auch heimatliche. Sie äußerten sich im Auftreten des Menuetts an zweiter oder dritter Stelle und in einer vertieften Satztechnik. Ferner schrieb der Knabe damals bereits seine ersten Streichquartette, obwohl sich diese Gattung noch ganz in den Anfängen befand. Diese teilweise als „Divertimenti" überschriebenen Kompositionen bestehen nach dem Vorbild der italienischen Symphonie aus drei Sätzen; ob in dem Versuch einer thematischen Arbeit ein Einfluß Haydns erblickt werden darf, ist umstritten.
Die geistliche Musik dieser ersten Periode, 5 Messen, 2 Regina coeli, 2 Litaneien und eine große Zahl kleinerer Werke sowie 6 Kirchensonaten, steht zunächst mit ihrer soliden Arbeit im Zeichen der Salzburger Tradition und der Wiener Schule von J. J. Fux und A. Caldara. Der Unterricht bei Padre Martini war auf das gleiche Ziel des „stile antico" hin ausgerichtet, während die geistlichen Werke von J. A. Hasse und anderen italienischen Komponisten den Knaben im Gegensatz dazu mit dem mehr der Oper angenäherten „stile moderno" in Berührung brachten. Ebenfalls den geistlichen Werken sind die beiden Oratorien *Die Schuldigkeit des ersten Gebotes* und *La Betulia liberata* zuzurechnen. Das erste läßt mit der sorgfältigen Deklamation seiner Rezitative, der da capo-Form der Arien und vor allem der farbigen Instrumentation die Salzburger Tradition erkennen. Dagegen ist *La Betulia liberata* (über einen Text von P. Metastasio) ein der Oper nahestehendes echtes italienisches Oratorium im Stile J. A. Hasses und seiner Nachfolger.
Vor allem aber wandte sich der junge M. auch der Oper selbst zu und versuchte sich da alsbald auf den Gebieten, die er später mit seinen Meisteropern zur Vollendung führen sollte: denen des deutschen Singspiels, der Opera buffa und der Opera seria. Die kleine Schuloper in lateinischer Sprache, *Apollo et Hyacinthus*, das kleine Singspiel *Bastien und Bastienne* und die Opera buffa *La finta semplice* stellen für ein Kind von 11 bis 12 Jahren beachtliche Talentproben dar. M. handhabt darin Formen wie Stilarten nach Salzburger, Wiener und italienischen Vorbildern sehr geschickt. Seine größten Triumphe aber errang er im Rahmen der Opera seria. Diese textlich wie musikalisch weitgehend im Typenhaft-Schematischen erstarrte Gattung, in der das Drama hinter der Musik zurücktritt, kam einem Anfänger mit dem stilistischen Einfühlungs- und Nachbildungsvermögen und dem musikalischen Einfallsreichtum des jungen M. besonders entgegen. Er schuf, im wesentlichen in den Spuren J. A. Hasses und J. Chr. Bachs, in *Mitridate*, *Ascanio in Alba*, *Il sogno di Scipione* und *Lucio Silla* in den traditionellen Formen und unter genauer Beachtung der feststehenden Arientypen Musik nach dem Geschmack des zeitgenössischen Opernpublikums. Im Chorreichtum des *Ascanio* dokumentiert sich sowohl seine Vertrautheit mit der Wiener Oper als auch seine solide Satztechnik. *Lucio Silla* enthält dagegen Arien, Akkompagnato-Rezitative und dramatische Szenenblöcke, mit denen der Jüngling von knapp 17 Jahren die Konvention weit hinter sich läßt und zu einer intensiveren Textausdeutung gelangt als in den vorangehenden Werken. Hier kündigt sich bereits der Geist der zweiten Periode an. Der Siebzehnjährige hatte den Status des Wunderkinds endgültig überwunden.
1773–1781. Auch die zweite Periode kulminiert wieder in einer Opera seria, *Idomeneo, Rè di Creta*. Sie zeigt M. an der Schwelle der Reife. Die von Einfällen überquellende Melodik, die farbige Harmonik, die Vielfalt der Formen, das Instrumentalkolorit und, an manchen Stellen, die Tiefe der Inhaltsausdeutung lassen den ganzen meisterlichen Reichtum des jungen Musikers erkennen, neben dem der Dramatiker schon, wenn auch jenem noch nicht ebenbürtig, hervorzutreten begann. Das kurz vorher komponierte, unvollendet gebliebene Singspiel *Zaide* ist gleichfalls ein Zeugnis sprudelnder Musizierfreude, während die Opera seria *Il Rè pastore* als konventionelles Auftragswerk keine wesentliche Bedeutung für das weitere Schaffen des jungen Meisters besitzt. Im Gegensatz dazu hat sich M. in *La finta giardiniera* zum ersten Mal selbständig mit den Problemen der Opera buffa auseinandergesetzt. Traditionelle und typische Buffa-Elemente kontrastieren dort seltsam mit neuen; Ernst und Heiterkeit stehen noch unverbunden und oft recht überraschend nebeneinander. Die prächtigen Chöre und Zwischenaktsmusiken zu dem heroischen Drama *Thamos, König in Aegypten* von T. Ph. Freiherrn von Gebler beweisen M.s Kunst der Chorkomposition besonders eindringlich. Über die ganze Periode ist überdies eine Unzahl von Konzertarien verstreut, die durch die Fülle und leidenschaftliche Wiedergabe ihrer Affektgehalte von da an immer mehr an Gewicht gewinnen.
Die geistliche Musik steht noch immer im Zeichen der Konfrontation zwischen dem Stile antico und dem Stile moderno, wobei stets das Bestreben spürbar ist, die verschiedenen stilistischen Elemente dem Textinhalt anzupassen. M. beginnt jetzt auch, die Teile mit langen Texten, Gloria und Credo, in eine musikalische Form, meist die des Rondos, zu fassen. Die Messen KV 317 (die sogenannte Krönungsmesse) und 337 bilden den Höhepunkt aller dieser Bestrebungen. Die gleiche Mannigfaltigkeit in der Einheit findet sich auch in den beiden Lita-

James LEVINE ist seit 1983 künstlerischer Leiter der Metropolitan Opera, New York, und prägte ihren heutigen internationalen Stil (Foto: Sony Classical).

Zubin MEHTA wird vor allem als Interpret der Wiener Klassik und der deutschen Romantik international gefeiert (Foto: Sony Classical).

Lorin MAAZEL hat sein Wirken nach seinen Tätigkeiten in Berlin und Wien auf internationale Ebene verlegt (Foto: Sony Classical).

Riccardo MUTI wurde 1987 zum Chefdirigenten des Orchestra Filarmonica della Scala in Mailand ernannt (Foto: Sony Classical).

neien und den beiden Vespern sowie in andern geistlichen Werken dieser Zeit.
In seinen Symphonien bemüht sich der junge Meister darum, die einzelnen Sätze gleichzeitig stärker zu charakterisieren und gegeneinander abzuwägen. Diese Bestrebungen gipfeln in den glänzend gearbeiteten Symphonien in g-moll (KV 183) und in A-Dur (KV 201 = 186 a). Die unter dem Eindruck der Pariser Orchestermusik komponierte „Pariser" Symphonie wirkt dagegen zwar pompöser, aber auch weniger gehaltvoll. In der B-Dur-Symphonie KV 319 und der in C-Dur KV 338 gelingt M. dann die Synthese zwischen einer fast kammermusikalischen Arbeit und einem neuen orchestralen Glanz, auf die sich die Symphonien des folgenden, letzten Jahrzehnts gründen sollten.
Schon seit dem Ausgang der ersten Periode spielte auch die Komposition von Serenaden und Divertimenti im Schaffen M.s eine nicht geringe Rolle. In diesen unbeschwerten, heiteren Gattungen, in denen Sätze symphonischen Charakters mit volkstümlichen Tänzen, konzertante Sätze mit solchen, die den Geist des Streichquartetts atmen, abwechseln können, entfaltet sich seine sprudelnde Erfindungskraft und seine raffinierte Instrumentationskunst besonders ungehemmt; die „Haffner"-Serenade ist ein beredtes Beispiel hierfür. Endlich brachte die zweite Periode als eines ihrer wichtigsten Ergebnisse M.s Hinwendung zur Gattung des Instrumentalkonzerts, die er als Knabe nur mit Adaptierungen fremder Sonatensätze einmal berührt hatte. In den Klavierkonzerten KV 175, 238, 242 und 246 gelingt es ihm, die Fülle der musikalischen Erscheinungen durch thematisch verwandte Tutti-Einwürfe zur Einheit zusammenzuzwingen. In den Konzerten KV 271 und 365 = 316 a für zwei Klaviere ist dann die Vereinigung des Sonaten- und des Konzertprinzips, der thematischen Arbeit und des Klangkontrastes, der symphonischen Behandlung des Orchesters und der virtuosen Rolle des Klaviers vollkommener verwirklicht als je zuvor. Auch die fünf Violinkonzerte, die M. kurz nacheinander wahrscheinlich für seinen eigenen Gebrauch geschrieben hat, zeigen mit der organischen Einbeziehung des virtuosen Elementes in die Komposition und engen thematischen Beziehungen zwischen den verschiedenen Klanggruppen eine stetige Entwicklung vom locker geformten Virtuosenstück zur vollkommenen Beherrschung der Form. Die Echtheit der Konzerte KV 271 = 271 i und 268 = 365 b ist umstritten. Die Konzerte für Fagott, für Flöte und für Oboe gehören in das Gebiet konventionellerer Gesellschaftsmusik.
Dagegen hat M. zu der damals beliebten Gattung der konzertanten Symphonie bemerkenswerte Beiträge geleistet, so vor allem mit dem Konzert für Flöte und Harfe, der konzertanten Symphonie für Bläser und der konzertanten Symphonie für Violine und Viola, in denen M.s Sinn für raffinierte Klangwirkungen in seiner ganzen Stärke zur Geltung kommt. Die zahlreichen Klaviersonaten dieser Periode stimmen in der Gesamtanlage wie in der Formung der einzelnen Sätze weitgehend überein, doch weitet sich ihr Umfang mehr und mehr, ihre technischen Anforderungen nehmen zu, und die Erfindung wird persönlicher und mannigfaltiger. Dies ist vor allem in der a-moll-Sonate KV 310 = 300 d und in derjenigen in A-Dur KV 331 = 300 i der Fall. Die Violinsonaten stellen ausgewogene Dialoge der beiden Instrumente dar und stehen, wie beispielsweise die e-moll-Sonate KV 304 = 300 c zeigt, in ihrer Haltung den Klaviersonaten nahe. Die innerhalb dieser Periode entstandenen Streichquartette lassen mit der vervollkommneten Technik der einzelnen Sätze und mit der Abkehr vom italianisierenden „Quatuor" der vorangehenden Jahre das Vorbild der Haydnschen Quartette deutlich erkennen, während die Flötenquartette KV 285 und 298 mit ihrer Brillanz und unbeschwerten Heiterkeit mehr auf die Nähe der Serenade hinweisen.
1781–1791. In M.s dritter Schaffensperiode treten geistliche Werke aus Mangel an Aufführungsmöglichkeiten, später vielleicht auch wegen M.s Hinwendung zur Freimaurerei, in den Hintergrund. Auch die Serenadenkomposition versiegt mehr und mehr – selbst Symphonien entstehen nur noch in geringer Zahl. Aber die wenigen Werke, die M. in dieser Zeit zu jenen Gattungen beisteuerte, bringen auf allen Gebieten die Vollendung. Als Gesellschaftsmusik übernimmt das Klavierkonzert die Rolle der Serenaden und Divertimenti; gleichzeitig gewinnen Oper und Kammermusik an Bedeutung, während Gelegenheitskompositionen der verschiedensten Art, Arien, Chöre, Lieder und Kanons, sich auch jetzt in bunter Folge durch das Schaffen ziehen. Die markantesten geistigen Begegnungen in dieser Lebensphase M.s sind zum einen die Freundschaft mit J. Haydn und das tiefe Eindringen in dessen Werk, zum andern die Bekanntschaft mit den Werken Bachs und Händels. Weit davon entfernt, sich, wie früher, seinen Vorbildern ganz hinzugeben, verwandelte er sie vielmehr so, daß etwas ganz Eigenes dabei herauskam. Die Assimilation von Haydns Werk verwirklichte sich in den 6 dem Meister gewidmeten Streichquartetten. Hier verschmilzt die Haydnsche Kunst der thematischen Arbeit mit der spezifisch Mozartschen der Themenkontraste, der farbigen Harmonik und des klar gegliederten Aufbaus. Der Beschäftigung mit den Werken Bachs und Händels verdanken zahlreiche

Fugen und Fantasien sowie die Bearbeitungen der Händelschen Oratorien ihre Entstehung; sie hat zweifellos auch die c-moll-Messe und das Requiem, die beiden einzigen großen geistlichen Werke dieser Jahre, beeinflußt. Die Messe übertrifft, obwohl sie unvollendet geblieben ist – vom Credo existieren nur Bruchstücke, das Agnus Dei fehlt ganz –, alle entsprechenden Werke M.s durch ihre Dimensionen, vor allem aber durch die Intensität der Inhaltswiedergabe. Die polyphone Behandlung von Chor und Orchester, die Verwendung ostinater Rhythmen und Motive sind sicherlich Ergebnisse der Bach-Studien, doch werden sie von da an auch charakteristische Elemente des Mozartschen Stils und erscheinen, wie alle anderen Kompositionsmittel, stets im Dienst einer vertieften Textausdeutung. Zwei Jahre später arbeitete M. das Kyrie und Gloria dieser Messe für das Oratorium *Davidde penitente* um.

Das letzte Werk M.s, das Requiem, blieb gleichfalls unvollendet. An seiner Vollendung haben verschiedene Hände mitgearbeitet, die Frage aber, was echt, was von anderer Hand hinzugesetzt ist, gehört zu den prekärsten der Forschung. Der Großteil der Komposition stammt jedoch, von Fragen der Instrumentation abgesehen, eindeutig von M. selbst. In der Gewalt des Ausdrucks steht sie der c-moll-Messe nahe, doch verleiht ihr die ganz verinnerlichte Wortwiedergabe in Verbindung mit der Knappheit, Prägnanz und Einheit der Ausdrucksmittel und der Durchsichtigkeit der Form unverkennbar den Charakter des Spätwerks, der auch der *Zauberflöte* eigen ist. Auch das kleine *Ave verum corpus*, das ebenfalls aus den letzten Jahren stammt, läßt deren hymnischen Ton in geistlichem Gewand erklingen. M.s speziell für freimaurerische Zirkel geschriebene Kompositionen (Lieder, Chöre, kleine Kantaten) sind im wesentlichen Gelegenheitswerke, wie so manche andere derselben Art. Nur die rein instrumentale *Maurerische Trauermusik* geht an Bedeutung weit darüber hinaus und ist darin den letzten Serenaden an die Seite zu stellen.

Die Vergeistigung der Kammermusik, die schon in den drei großen Serenaden KV 361 = 370a, 375 und 388 = 384a verwirklicht worden war, findet nun ihren Widerhall in dem geistreichen *Musikalischen Spaß* und in höchster Verfeinerung in der *Kleinen Nachtmusik*. Die 6 Symphonien der letzten 10 Jahre lassen M.s Interesse für das symphonische Werk Haydns und schließlich seine souveräne Auseinandersetzung damit erkennen. Die aus einer Serenade hervorgegangene „Haffner"-Symphonie, die „Linzer" und die „Prager" Symphonie setzen die am Ende der vorangehenden Periode erreichte Entwicklung fort, indem sie einerseits die kontrapunktische und thematische Arbeit verstärken, andererseits die symphonische Klangfülle erweitern und vertiefen. In den 3 letzten, voneinander grundverschiedenen Symphonien – der prächtigen in Es-Dur, der an kühnen Kontrasten reichen, düsteren in g-moll und der abgeklärt-heiteren „Jupiter"-Symphonie in C-Dur – hat M. die Gattung zum Echo tiefster menschlicher Empfindungen gemacht.

Auf dem Gebiet der Konzertkomposition war seine Tätigkeit in dieser dritten Periode weit umfangreicher als früher. Von den 17 Klavierkonzerten stehen die 3 ersten, KV 413–415, mit der zurückhaltenden Verwendung der Bläser, dem durchsichtigen Aufbau und ihrer spielerischen Haltung den früheren Werken noch nahe. Das letzte, KV 595, läßt dagegen mit seiner Zurückhaltung und dem Verzicht auf besondere Virtuosität und klanglichen Aufwand die Abkehr vom gesellschaftlichen Ideal erkennen. Die in der Zwischenzeit entstandenen Konzerte sind sämtlich, trotz formaler und technischer Übereinstimmungen besonders in der bemerkenswerten Verwendung der Bläser als eines dritten, selbständigen Partners neben Klavier und Streichern, Werke von ganz eigenem Charakter, anfangs mehr auf quasi-kammermusikalische Wirkungen hin ausgerichtet, dann klanglich zunehmend farbenprächtiger und von einem dichteren musikalischen Geflecht erfüllt. Daneben entstanden in jener Zeit noch die glänzenden, einfallsreichen Konzerte für Horn sowie als letztes das Klarinettenkonzert, dessen vergeistigte Haltung an das letzte Klavierkonzert gemahnt.

Die Klavier- wie die Violinsonaten der Wiener Jahre zeigen gleichermaßen eine fortschreitende Verfeinerung der melodischen und harmonischen Erfindung und der Technik und eine Vertiefung der Ausdruckskraft; Höhepunkte dieser Gruppe sind die jeweils letzten Sonaten KV 576 und 526. Eine wichtige Rolle spielt in dieser Schaffensphase auch die Kammermusik mit Klavier. In allen diesen Werken – den 5 Trios, dem „Kegelstatt"-Trio mit Klarinette statt Violine (KV 498), den beiden Quartetten (KV 478 und 493) und dem Quintett für 4 Blasinstrumente und Klavier KV 452 – dominiert das Klavier, aber die anderen Instrumente sind ihm selbständige Partner, und auch das Cello geht meist seinen eigenen, vom Klavierbaß unabhängigen Weg. Die Streichquartette KV 499, 575, 589 und 590 verkörpern mit ihrer aufs höchste verfeinerten und durchsichtigen Schreibweise und ihrer einfachen, ausdrucksgesättigten Thematik in steigendem Maße den schlichten, verinnerlichten Stil der letzten Werke. Das gleiche gilt für das Divertimento für Streichtrio KV 563, das Klarinettenquintett und die vier letzten Streichquintette. Die Abgeklärtheit des Mozartschen Stils jener letzten Jahre, in dem sich höchste Kunst mit äußerster Schlichtheit verbindet, herrscht auch in den zahlreichen Konzertarien und Liedern dieser Periode, wofür *Das Veilchen* und *Sehnsucht nach dem Frühlinge* beredtes Zeugnis ablegen.

Das Opernschaffen M.s umfaßt in jener Wiener Zeit wieder die drei Gattungen des deutschen Singspiels, der Opera buffa und der Opera seria, die der Meister sich schon in seiner Jugend erobert hatte. Mit dem Singspiel *Die Entführung aus dem Serail* trug er Entscheidendes zur Konsolidierung der Gattung bei. Hier hat er die ihr seit ihren Anfängen eigene stilistische Mannigfaltigkeit dadurch zur Einheit zusammengezwungen, daß er sie in den Dienst des Textinhalts stellte. Zudem ist dies die erste Oper, an deren Textgestaltung er wesentlichen Anteil nahm. Aus seinen Briefen darüber geht deutlich hervor, daß der Dramatiker in ihm nunmehr im Begriffe war, den Vorsprung des Musikers einzuholen. Bezaubernde, schwärmerische Melodien charakterisieren die Gesänge des hohen, eine sprudelnde Heiterkeit die des niederen Liebespaares, während Osmin als erste echt Mozartsche Charakterfigur mit der treffenden Drastik seiner Ausdrucksweise weit über den Gattungstyp hinausgeht, dem er angehört. Die Kunst der musikalischen Charakterisierung, die sich hier herausbildet, entfaltet sich, nach vorangehenden Proben in den Opernfragmenten *L'oca del Cairo* und *Lo sposo deluso,* in der Opera buffa *Le nozze di Figaro* zu voller Meisterschaft. Mit diesem Werk hat M. ein Charakterdrama geschaffen, das innerhalb der Gattung nicht seinesgleichen findet. Die Figuren lassen textlich stellenweise noch die Nähe der Buffatypen erkennen, werden aber durch die Komposition als lebendige Charaktere in den Bereich reiner Menschlichkeit erhoben. In den zahlreichen, mannigfaltigen Ensembles kulminiert M.s Kunst einer großartigen Simultancharakteristik. Im Dramma giocoso *Don Giovanni* wird das menschlich-allzumenschliche Treiben, das den Inhalt der *Nozze di Figaro* bildet, mit dem des Verächters aller menschlicher Bindungen konfrontiert und dadurch in Frage gestellt. Beim Zusammenprall der beiden Übermächte, um den es letztlich geht, enthüllen nicht nur diese selbst, der Frevler in seiner vibrierenden Lebensgier und der rächende „steinerne Gast" in seiner ehernen Unerbittlichkeit, sondern auch alle mit einbezogenen Figuren musikalisch ihr eigenstes Wesen. Das letzte Finale stellt eine großartige Synthese dieser Vorgänge dar. Zu diesen beiden Opern der gleichen Gattung, die aber geistig meilenweit voneinander entfernt sind, gesellt sich als dritte, wieder eine ganz andere Welt verkörpernd, *Così fan tutte.* Hier entrückt M. den handfesten Buffatext in die Sphäre des reinen Spiels. Die Liebespaare der Komödie agieren wie Marionetten, aber ihre Gesänge und die besonders zahlreich eingestreuten Ensembles übertreffen an Wohlklang alles, was Mozart bis dahin geschrieben hatte. In dieser Wendung von der realistischen Charakterisierungskunst zum Unwirklichen verinnerlichter Schönheit offenbart sich M.s Spätstil auf der Opernbühne. Die Opera seria *La clemenza di Tito* wirkt in diesen letzten Jahren des Komponisten zwar wie ein Anachronismus, doch entledigte er sich dieses Auftrags meisterhaft, indem er die typenhaften Personen und Situationen in die Musik eben jenes Spätstils einhüllte. Mit dem Singspiel *Die Zauberflöte* schuf M. dann am Ende seines Lebens zum ersten Male eine Zauberoper, allerdings auch sie in vergeistigtem Gewand. Bei der Deutung des märchenhaften Textes in freimaurerischem Sinne dürfte er sicher die Hand im Spiele gehabt haben. Im Gegensatz zu den früheren Opern geht es hier nicht mehr um Menschen, sondern um die Idee der Menschlichkeit, an der sich die getrennten Sphären scheiden. Diese, nicht einzelne Personen, sind es dann auch, deren Verschiedenheit durch die dem Singspiel zur Verfügung stehende stilistische Buntheit musikalisch aufs anschaulichste wiedergegeben wird. Allen Gesängen aber liegt die bis zu letzter Einfachheit abgeklärte Musiksprache des späten M. zugrunde, die im „Zauberflötenton" ihre sublimste Verwirklichung gefunden hat.

Ausg.: **1) Gesamtausgaben:** W. A. M.s Werke. Kritisch durchgesehene GA, hrsg. v. J. BRAHMS – F. ESPAGNE – O. GOLDSCHMIDT – J. JOACHIM – L. RITTER VON KÖCHEL – G. NOTTEBOHM – C. REINECKE – E. RUDORFF – PH. SPITTA – P. GRAF VON WALDERSEE – V. WILDER – F. WÜLLNER, 69 Bde. (L 1876–1905), dazu Revisionsber. (1877–89), Nachdr., 40 Bde. (Ann Arbor/Mich. 1951–56), Nachdr. der Revisionsber., hrsg. v. B. E. WILSON (1956); NA sämtlicher WW, hrsg. v. der Int. Stiftung Mozarteum unter Leitung von W. PLATH – W. REHM, 10 Reihen mit 35 Werkgruppen, bisher 92 Bde. (Kas 1955 ff.) (je Bd. ein Kritischer Bericht). – **2) Einzelausg. der frühen Quellen u. Faks.-Ausg.:** Ein Notenbuch Wolfgangs, hrsg. v. G. SCHÜNEMANN (L 1909); *Requiem,* Faks.-Ausg. hrsg. v. A. SCHNERICH (W 1913); *Jupiter-Symphonie,* Faks.-Ausg. (W 1923) (= Philharmonia-Facsimiledrucke 2); *Deutsche Tänze* für Orch., KV 509, Faks.-Ausg. hrsg. v. W. VIRNEISEL (L 1955); *Eine kleine Nachtmusik,* Faks.-Ausg. hrsg. v. M. GORKE (Kas 1955); *Leopold Mozart, Nannerl-Notenbuch,* hrsg. v. E. VALENTIN (Mn 1956, NA Wilhelmshaven 1969); E. J. DENT – E. VALENTIN – H. J. LAUFER, Der früheste M. (Mn 1956); *Der Schauspieldirektor,* Faks. des Autographs, hrsg. v. CH. RYSKAMP (Lo – NY 1976). – **3) Briefe, Aufzeichnungen u. Dokumente:** Die Briefe W. A. M.s u. seiner Familie, hrsg. v. L. SCHIEDERMAIR, 5 Bde. (Mn – L 1914); W. A. M.s Hss. in zeitlich geordneten Nachbildungen, hrsg. v. DEMS. (Bückeburg – L 1919); A. LEITZMANN, W. A. M. Ber. der Zeitgenossen u. Briefe (L 1926); J.-G. PROD'HOMME, M. raconté par ceux qui l'ont vu. Lettres, mémoires, etc., réunies et traduites (P 1928); E. ANDERSON, The Letters of M. and His Family, 3 Bde. (Lo 1938); E. H. MÜLLER VON ASOW, GA der Briefe u. Aufzeichnungen der Familie M., 2 Bde. (B 1942); O. E. DEUTSCH, M. Die Dokumente seines Lebens (Kas 1961); GA der Briefe u. Aufzeichnungen, 7 Bde., hrsg. v. der Int. Stiftung Mozarteum, gesammelt u. erläutert v. W. A. BAUER – O. E. DEUTSCH (Kas 1962–75); J. H. EIBL, W. A. M. Chronik seines Lebens (Kas 1965, revidiert Kas–Mn ²1977); W. A. M. Briefe, ausgew. v. W. HILDESHEIMER (F 1975); J. H. EIBL, W. A. M. Die Dokumente seines Lebens. Addenda u. Corrigenda (Kas 1978); M.s Bäsle-Briefe, hrsg. v. J. BIBL – W. SENN (Kas ²1980).

Lit.: **1) Werkverzeichnisse:** L. RITTER VON KÖCHEL, Chronologisch-thematisches Verz. sämtlicher Tonwerke W. A. M.s (L 1862), bearb. v. G. Graf Waldersee (²1905), bearb. v. A. Einstein (³1937), Nachdr. mit Ergänzungen (Ann Arbor/Mich. 1947, L ⁴1958), 6. Aufl. bearb. v. F. Giegling – A. Weinmann – G. Sievers (Wie 1964); W. A. M., Verzeichnis aller meiner Werke vom Monath Febrario 1784 bis Monath..., Faks.-Ausg. hrsg. v. O. E. DEUTSCH (W 1938, NY ²1956); dass., hrsg. v. E. H. MÜLLER VON ASOW (W – L 1943), erweitert um Leopold M.s Verz. der Jugendwerke (Wie – W ²1956); H. VON HASE, Der kleine Köchel (Wie 1951, ²1956, ⁹1977); L. MOZART, Verz. v. W. A. M.s Kompositionen bis 1768, hrsg. v. K. F. MÜLLER (Salzburg 1955). – **2) Periodica u. Bibliographien:** Jahresber. der Int. Stiftung Mozarteum in Salzburg, 1–39 (Salzburg 1880–1918), 40: W. HUMMEL, Marksteine der Gesch. der Int. Stiftung Mozarteum ... (1936), 41 (1950); Mitt. für die M.-Gemeinde in Berlin, hrsg. v. R. GENÉE (B 1895–1914); Mozarteums-Mitt., hrsg. v. R. LEWICKI – E. K. BLÜMML (Salzburg 1918–21); M.-Jb., hrsg. v. H. ABERT (Mn – Au 1923–29); Mitt. der Wiener akad. M.-Gemeinde, ab 1939 als: Wiener Figaro (W 1931 ff.); M.-Almanach, hrsg. v. H. DAMISCH (W 1931); Ber. über die musikwiss. Tagung der Int. Stiftung Mozarteum in Salzburg 1931, hrsg. v. E. SCHENK (L 1932); Bull. de la Soc. d'Études Mozartiennes 1 (P 1933); Neues M.-Jb., hrsg. v. E. VALENTIN, 3 Bde. (Rb 1941–43); M.-Jb., hrsg. v. der Int. Stiftung Mozarteum (Salzburg 1950 ff.); Mitt. der Int. Stiftung Mozarteum, hrsg. v. G. RECH (1952 ff.); Acta Mozartiana (Au 1954 ff.); Int. Konferenz über das Leben u. Werk W. A. M.s Prag 1956 (Pr o. J.). – H. DE CURZON, Essai de bibliographie mozartine (P 1906); vgl. ferner Mozart-Jb. I–III (1923, 1924, 1929) u. ebd. (1951 ff.); O. KELLER, W. A. M. Bibliogr. u. Ikonographie (B – L 1927); L. BIANCOLLI, The M. Handbook. A Guide to the Man and His Music (Cleveland – NY 1954); M.-Hdb. Chronik, Werk, Bibliogr., hrsg. v. O. SCHNEIDER – A. ALGATZY (W 1962); M.-Jb. ... 1973/74 u. 1975, darin Bibliogr. bis 1970 v. R. ANGERMÜLLER – O. SCHNEIDER, fortgesetzt für 1971–75 mit Nachträgen (Kas 1978). – **3) Biographien u. umfassende Darstellungen, Werke über biographische Details:** F. VON SCHLICHTEGROLL, J. Ch. W. G. M., Nekrolog auf das Jahr 1791 (Gotha 1793), NA v. L. Landshoff (Mn 1924), weitere Neudrucke, in: ders., Musiker-Nekrologe, hrsg. v. R. Schaal (Kas 1954); F. NIEMETSCHEK, Leben des k.k. Kapellmeisters W. A. M. (Pr 1798, erweitert ²1808), Faks. der 1. u. Zusätze der 2. Aufl. hrsg. v. E. Rychnowsky (Pr 1905), Neudruck der 1. Aufl. (L 1942); G. N. VON NISSEN, Biogr. W. A. M.s, hrsg. v. C. Wittwe von Nissen (ehemals Wittwe M.) (L 1828, Suppl. 1829, ²1849, Nachdr. Hil 1964); A. ULIBICHEV, Nouvelle biogr. de M., 3 Bde (Mos 1843, dt. St 1847, ²1859); E. HOLMES, The Life of M. Including his Correspondence (Lo 1845, ²1878, ³1921); O. JAHN, W. A. M., 4 Teile (L 1856–59, ²1867), 2 Teile, 3. u. 4. Aufl., hrsg. v. H. DEITERS (1889–91, 1905–07); TH. DE WYZÉWA – G. DE SAINT-FOIX, W. A. M. Sa vie musicale et son œuvre de l'enfance à pleine maturité (1756–1777) I–II (P 1912), I–IV (1936–46); A. SCHURIG, W. A. M., 2 Bde. (L 1913, ²1923); H. ABERT, W. A. M., 2 Bde., zunächst als 5. Aufl. v. O. Jahns „M." (L 1919–21, ⁶1923/24, ⁷1955/56, ⁸1973), dazu ein Register-Bd. v. E. KAPST (1966); L. SCHIEDERMAIR, M. (Mn 1922, revidiert Bonn ²1948); B. PAUMGARTNER, M. (B 1927, Z ²1958, ⁶1967, revidiert ⁷1973); O. E. DEUTSCH, Mozart und die Wiener Logen (W 1932); P. NETTL, Mozart und die königliche Kunst (B 1932), 2. Aufl. als: Musik u. Freimaurerei (Esslingen ²1956, engl. NY 1957, Nachdr. 1970); R. HAAS, W. A. M. (Pd 1933, ²1950); F. BLUME, W. A. M. (Wb 1942, ²1948); A. EINSTEIN, M. His Character, His Work (NY 1945, ⁴1959, 1962, 1966), dt. Übers. als: M. Sein Charakter, sein Werk (Gö 1978); E. VALENTIN, M. (Hameln 1946, Salzburg ²1953); E. F. SCHMID, Ein schwäbisches M.-Buch (Lorch 1948); R. TENSCHERT, M. (Salzburg 1951, engl. Lo 1952); P. NETTL, W. A. M. 1756–1956 (F 1955); E. SCHENK, W. A. M. (Z 1955, neu bearb. W ²1975); A. H. KING, M. in Retrospect (Lo 1955, revidiert ³1970); J. V. HOCQUARD, M. (P 1958); DERS., La pensée de M. (P 1958); G. GUGITZ, Mozartiana (W 1963); L. SCHRADE, W. A. M. (Be 1964); S. J. SADIE, M. (Lo 1966, NY 1970); F. W. KÜMMEL, Aus der Frühzeit der M.-Pflege in Italien (1969) (= Anal. Mus. 7); A. H. KING, M. A Biogr. (Lo 1970); U. DIBELIUS, M.-Aspekte (Mn 1972, ²1973); W. A. M., hrsg. v. G. CROLL (Da 1977) (= Wege der Forsch. 233); Colloquium „M. u. Italien" Rom 1974, hrsg. v. F. LIPPMANN (1978) (= Anal. Mus. 18); W. HILDESHEIMER, M. (F 1980); K. HÖCKER, Das Leben des W. A. M. (Mn 1980); G. RECH – E. LESSING, W. A. M. (Fr 1980). – **4) Zu einzelnen Werkgruppen u. Werken** (vgl. hierzu die Behandlung der versch. Werkgruppen, in: H. C. ROBBINS LANDON – D. MITCHELL, The M. Companion, Lo 1956, u. in: H. KÜHNER, M.-Aspekte, Olten–Fr 1956): **a)** Instr.-WW: Kammermusik: TH. F. DUNHILL, M.'s String Quartets (Lo 1927, ²1948, Nachdr. Westport/Conn. 1970); L. FINSCHER, M.s „Mailänder" Streichquartette, in: Mf 19 (1966); W. HÜMMEKE, Versuch einer strukturwiss. Darstellung der ersten u. vierten Sätze der zehn letzten Streichquartette v. W. A. M. (Mr 1970) (= Veröff. z. theoretischen Musikwiss. 2); J. HUNKEMÖLLER, W. A. M.s frühe Sonaten für V. u. Klv. (Be 1970) (= Neue Heidelberger Stud. z. Musikwiss. 3). – Orch.-WW: G. DE SAINT-FOIX, Les symphonies de M. (P 1932, engl. Lo 1947, NY 1949, Nachdr. 1968); C. M. GIRDLESTONE, M. et ses concertos pour piano, 2 Bde. (P 1939), 2. Aufl. 1 Bd. (1953, engl. Lo 1948, NA Lo 1958, Nachdr. NY 1964); G. HAUSSWALD, M.s Serenaden (L 1951, Nachdr. Wilhelmshaven 1973); J. N. DAVID, Die Jupiter-Symphonie (Gö 1953, ⁴1960); A. A. ABERT, Stilistischer Befund u. Quellenlage. Zu M.s Lambacher Sinfonie KV Anh. 221 = 45a, in: FS H. Engel (Kas 1964); H. TISCHLER, A Structural Analysis of M.'s Piano Concertos (Brooklyn/N.Y. 1966) (= Musicological Studies 10); M. MILAN, Le sinfonie di M. (Tn 1967); S. KUNZE, W. A. M., Sinfonie g-moll KV 550 (Mn 1968) (= Meisterwerke der Musik 6); K. WEISING, Die Sonatenform in den langsamen Konzertsätzen M.s (H 1970) (= Hamburger Beitr. z. Musikwiss. 3); D. FORMAN, M.'s Concerto Form. The First Movements of the Piano Concertos (Lo – NY 1971); E. BADURA-SKODA, M., Klavierkonzert c-moll KV 491 (Mn 1972) (= Meisterwerke der Musik 10); J. DRONKE, Ritornell u. Solo in M.s Klavierkonzerten (Diss. Mn 1972). – **b)** Geistliche u. Vokal-WW: K. G. FELLERER, M.s Kirchenmusik (Salzburg 1955); F. BLUME, Requiem but no Peace, in: MQ 47 (1961), dt. Übers.: Requiem u. kein Ende, in: Syntagma musicologicum (Kas 1963); J. KECSKEMÉTI, Beitr. z. Gesch. v. M.s Requiem, in: Studia musicologica 1 (1961); L. NOWAK, Das Requiem v. W. A. M., in: ÖMZ 20 (1965); W. A. BRIGGS, The Choral Church Music of W. A. M. (NY 1966) (= Diss. Columbia Univ.); E. WERBA, Das M.-Lied in der Aufführungspraxis der Gegenwart, in: ÖMZ 22 (1967); D. KERNER, Das Requiem-Problem, in: NZfM 135 (1974). – **c)** Bühnen-WW: E. J. DENT, M.'s Operas (Lo 1913, ²1955, dt. B 1922); E. LERT, M. auf dem Theater (B 1918, ²1921); H. GOERGES, Das Klangsymbol des Todes im dramatischen Werk M.s (Wb 1937, Nachdr. Mn 1969) (= Kieler Beitr. z. Musikwiss. 5); K. JUNGK, Tonbildliches u. Tonsymbolisches in M.s Opern (Diss.

B 1938); L. CONRAD, M.s Dramaturgie der Oper (Wü 1943); L. LEVARIE, M.'s Le Nozze di Figaro (Ch 1952); A. GREITHER, Die sieben großen Opern M.s. Versuch über das Verhältnis der Texte zur Musik (Hei 1956, NA 1970); D. MANICKE, Die Sprache als musikal. Gestaltträger in M.s Zauberflöte (1956) (= Diss. Freie Univ. Berlin); A. DELLA CORTE, Tutto il teatro di M. (Tn 1957); CH. BITTER, Wandlungen in den Inszenierungsformen des „Don Giovanni" v. 1787 bis 1928 (Rb 1961) (= Forschungsbeitr. z. Musikwiss. 10); C. FLOROS, Das Programm in M.s Meisterouvertüren, in: StMw 26 (1964); A. ROSENBERG, Die Zauberflöte. Gesch. u. Deutung v. M.s Oper (Mn 1964, ²1972); DERS., Don Giovanni, Don Juans Gestalt. M.s Opern (Mn 1968); J. CHAILLEY, „La flûte enchantée", opéra maçonnique (P 1968, engl. NY 1971, Lo 1972); F. R. NOSKE, Musical Quotation as a Dramatic Device. The Fourth Act of „Le Nozze di Figaro", in: MQ 54 (1968); H. WEBER, Stud. zu M.s Musiktheater (Diss. W 1968); D. HEARTZ, The Genesis of M.'s „Idomeneo", in: MQ 55 (1969); R. LEIBOWITZ, Tempo e senso drammatico nel „Don Giovanni" di M., in: NRMI 3 (1969); J. MÜLLER-BLATTAU, Goethe, M. u. die Zauberflöte, in: Goethe und der Meister der Musik (St 1969); W. OSTHOFF, M.s Cavatinen und ihre Tradition, in: FS H. Osthoff (Tutzing 1969) (= Frankfurter musikhist. Stud. o. Nr.); A. A. ABERT, Die Opern M.s (Wb 1970); F. R. NOSKE, Don Giovanni. Musical Affinities and Dramatic Structure, in: Studia musicologica 12 (1970); B. GALLOB, M.s „Figaro" und Grundformen menschlichen Verhaltens (Diss. W 1970); K. G. FELLERER, M.s „Zauberflöte" als Elfenoper, in: Symbolae historiae musicae. FS H. Federhofer (Mz 1971); H. H. EGGEBRECHT, Versuch über die Wiener Klassik. Die Tanzszene in M.s „Don Giovanni" (Wie 1972) (= Beiheft zum AfMw 12); D. J. GROUT, M. in the History of Opera (Washington/D.C. 1972); S. KUNZE, Don Giovanni vor M. (Mn 1972) (= Münchener Univ.-Schriften 10); H. GOLDSCHMIDT, Die Cavatina des Figaro. Eine semantische Analyse, in: BzMw 15 (1973); R. B. MOBERLY, M. and His Librettists, in: ML 54 (1973); CH.-H. MAHLING, Die Gestalt des Osmin in M.s „Entführung". Vom Typus zur Individualität, in: AfMw 30 (1973); H. LÜHNING, Zur Entstehungsgesch. v. M.s „Titus", in: Mf 27 (1974); R. DAMMANN, Die „Register-Arie" in M.s „Don Giovanni", in: AfMw 33 (1976) bis 34 (1977); TH. G. GEORGIADES, Aus der Musiksprache des M.-Theaters; M. u. das Theater; Das musikal. Theater u. Der Chor „Triumph, Triumph, du edles Paar" aus dem 2. Finale der Zauberflöte, in: Kleine Schriften (Tutzing 1977) (= Münchner Veröff. z. Musikgesch. 26); W. RUF, Die Rezeption v. M.s „Le nozze di Figaro" bei den Zeitgenossen (Wie 1977) (= Beih. zum AfMw 16); J. V. HOCQUARD, Don Giovanni (P 1978); DERS., Così fan tutte (P 1978); DERS., Le Nozze di Figaro (P 1979); DERS., La Flûte Enchantée (P 1979); DERS., L'Enlèvement du Serail (P 1980); A. FORTE, Generative Chromatism in: M.'s Music. The Rondo in A Minor, KV 511, in: MQ 66 (1980); Don Giovanni. Texte, Materialien, Kommentare, hrsg. v. A. CSAMPAI – D. HOLLAND (Reinbek 1981). – **5) Zu Stil, Form und Interpretation:** W. LÜTHY, M. u. die Tonartencharakteristik (Str 1931, Nachdr. Baden-Baden 1974) (= Slg. musikwiss. Abh. 3); H. DENNERLEIN, Der unbekannte M. (L 1951, ²1955); E. u. P. BADURA-SKODA, M.-Interpretation (W 1957), revidiert als: Interpreting M. in the Keyboard (Lo – NY 1962, NY ²1965, Paperback 1971); R. HAMMERSTEIN, Der Gesang der geharnischten Männer. Eine Stud. zu M.s Bachbild, in: AfMw 13 (1956); W. SIEGMUND-SCHULTZE, M.s Melodik u. Stil (L 1957); M. TALING-HAJNALI, Der fugierte Stil bei M. (Be 1959) (= Publikationen der Schweizerischen musikforsch. Ges. II/7); G. MASSENKEIL, Unters. zum Problem der Symmetrie in der Instrumentalmusik W. A. M.s (Wie 1962); M. MILA, La musica pianistica di W. A. M. (Tn 1963); W. KIRKENDALE, Fuge u. Fugato in der Kammermusik des Rokoko u. der Klassik (Tutzing 1966); E. HERTTRICH, Stud. zum Ausdruck des Melancholischen u. seiner kompositionstechnischen Mittel in der Musik W. A. M.s (Diss. Wü 1969); W. BURDA, Stud. zu M.s Klaviersonaten. Formungsprinzipien u. Formtypen (Mn 1969) (= Schriften z. Musik 1); H. C. R. LANDON, Essays on the Viennese Classical Style (Lo – NY 1970); K. MARX, Zur Einheit der zyklischen Form bei M. (St 1971); R. ROSENBERG, Die Klaviersonaten M.s. Gestalt- u. Stilanalyse (Hofheim 1972); P. SCHLEUNING, Die freie Fantasie. Ein Beitr. z. Erforsch. der klass. Klaviermusik (Gö 1973) (= Göttinger akad. Beitr. 86); M. H. SCHMID, M. u. die Salzburger Tradition, 2 Bde. (Tutzing 1976) (= Münchner Veröff. z. Musikgesch. 24); M. DANKWART, Die langsame Einleitung. Ihre Herkunft u. ihr Bau bei Haydn u. M. (ebd. 1977) (= ebd. 28). – **6) Zur Ikonographie:** G. RECH, W. A. M. Lebensweg in Bildern (Mn 1955); E. VALENTIN, M. Eine Bildbiogr. (Mn 1959); M. u. seine Welt in zeitgen. Bildern, hrsg. v. M. ZENGER – O. E. DEUTSCH (Kas 1961); A. GREITHER, W. A. M. in Selbstzeugnissen u. Bilddokumenten (Reinbek 1962); W. A. M., Chronik eines Lebens, zusammengestellt v. J. H. EIBL (Kas 1965, Kas–Mn ²1977). A. A. ABERT

mp, Abk. für mezzopiano. – ↗piano.

MUCK, Karl, * 22. 10. 1859 Darmstadt, † 3. 3. 1940 Stuttgart; dt. Dirigent. Nach dem Studium der klassischen Philologie in Heidelberg und Leipzig (1880 Promotion zum Dr. phil.) und Besuch des Leipziger Konservatoriums trat M. zunächst als Pianist auf und wirkte dann als Kapellmeister u. a. in Zürich, Salzburg, Brünn und Prag, 1892–1912 an der Berliner Hofoper, 1906–08 und 1912–18 als Dirigent des Boston Symphony Orchestra in Boston und 1922–33 als Leiter der Philharmonischen Konzerte in Hamburg. 1901–30 dirigierte er bei den Bayreuther Festspielen sämtliche *Parsifal*-Aufführungen. Er war dort neben und nach F. Mottl die führende Dirigentenpersönlichkeit und erfreute sich der besonderen Wertschätzung Cosima und Siegfried Wagners, weil er sich konzessionslos für Bayreuth einsetzte. M.s *Parsifal*-Aufführungen waren durch die auch für Mottl charakteristischen breiten „Bayreuther Tempi" gekennzeichnet.

Lit.: W. ZINNE, K. M., in: Mk 17 (1924/25); N. STÜCKER, K. M. (Gr 1939); H. C. SCHONBERG, Die großen Dirigenten (Be 1970, Mn 1973); E. VOSS, Die Dirigenten der Bayreuther Festspiele (Rb 1976).

MUDARRA, Alonso de, * um 1508, † 1.4.1580 Sevilla; span. Vihuelaspieler und Komponist. Er verbrachte seine Jugend am Hof der Fürsten von Mendoza in Guadalajara und ist 1547 als Kanonikus der Kathedrale von Sevilla nachweisbar. Von ihm stammt eine umfangreiche Vihuela-Tabulatur *Tres libros de música en cifras para vihuela* (Sevilla 1546). Sie enthält in den Büchern 1 und 2 Fantasien, Tientos sowie u. a. Glosas zu Messesätzen von Josquin für Vihuela, in Buch 3 Intavolierungen von geistlichen und weltlichen Gesängen für Singstimme und Vihuela.

Ausg.: *Tres libros* ..., hrsg. v. E. PUJOL (1949) (= MMEsp 7);

Fantasien u. Pavanen daraus, hrsg. v. O. NEUDERT (Mn 1973) (= Die Gitarre 2); 20 Stücke daraus in der Bearb. für Tasteninstr. v. L. Venegas de Henestrosa (*Libro de cifra nueva* 1557) in der NA dieser Tabulatur (1944) (= MMEsp 2).

Lit.: J. M. WARD, The „vihuela de mano" and Its Music 1536–76 (1953) (= Diss. New York Univ.); M. SCHNEIDER, Un villancico de A. de M. procedente de la música popular granadina, in: Anuario Mus. 10 (1955).

MUETTE DE PORTICI, LA, Oper von D. Fr. E. Auber; dt. Titel: Die ↗Stumme von Portici.

MUFFAT. – 1) Georg, getauft 1.6.1653 Megève (Savoyen), † 23.2.1704 Passau; dt. Komponist frz. Herkunft. 6 Jahre verbrachte er in Paris, wo vor allem J.-B. Lully seine musikalische Entwicklung beeinflußte. 1674 ist er an der Universität Ingolstadt, später in Wien und Prag nachweisbar. 1678 wurde er Hoforganist des Erzbischofs von Salzburg, der ihn 1682 zu B. Pasquini und A. Corelli nach Rom schickte. 1690 nahm er an der Königskrönung Josephs I. in Augsburg teil und widmete zu diesem Anlaß Kaiser Leopold I. seinen *Apparatus musico-organisticus*. Von 1690 bis zu seinem Tode leitete er die Hofkapelle des Fürstbischofs in Passau.

WW: *Armonico tributo cioè sonate di camera* für 5 Instr. u. B.c. (Salzburg 1682); *Apparatus musico-organisticus* (12 Toccaten, je eine Chaconne u. Passacaglia für Org.) (ebd. 1690); *Suavioris harmoniae instrumentalis hyporchematicae Florilegium* I u. II (7 u. 8 Orch.-Ouvertüren für 4–5 Instr. u. B.c.) (Au 1695, Passau 1698); *Exquisitioris harmoniae instrumentalis gravijucundae selectus* (Passau 1701); weitere Werke für Tasteninstr. u. V. sowie *Regulae concentuum partiturae* (1699) (hsl.).

In M.s Ballettsuiten, Sonaten und Concerti grossi ist die Synthese von französischem, italienischem und deutschem Stil verwirklicht. Deshalb bedeuten seine Werke einen der wesentlichsten Beiträge zur Entwicklung der Orchestermusik des Spätbarocks in Deutschland. Auch im *Apparatus musico-organisticus,* dem bedeutendsten süddeutschen Orgelwerk des 17. Jh., ist die von Frescobaldi über J. J. Froberger, J. K. von Kerll, A. Poglietti und Pasquini tradierte Kunst der großen, virtuosen Toccata mit französischen Stilelementen vereinigt.

2) Gottlieb (Theophil, eig. Liebgott), Sohn von 1), getauft 25.4.1690 Passau, † 9.12.1770 Wien; dt. Komponist. Nach dem Tod seines Vaters wurde er in Wien Schüler von J. J. Fux. Von 1717 bis zu seinem Tod wirkte er als kaiserlicher Hoforganist. Kaiser Franz I., Kaiserin Maria Theresia und G. Chr. Wagenseil zählten zu seinen Schülern.

WW: *72 Versetl sammt 12 Toccaten* für Org. (W 1726); *Componimenti musicali* für Cemb. (Au 1726); *XII Kleine Fugen sammt 2 Toccaten* (W o.J.); ferner zahlr. Toccaten, Praeludien, Capricci, Ricercari, Canzoni u.a. Kompositionen für Tasten-Instr. (hsl.).

Neben J. S. Bach, G. Fr. Händel und Fr. Couperin gehört M. zu den großen Klavierkomponisten am Ende der Barockzeit. Während seine großen Toccaten und Capricci ganz im fantastischen Stil des Barocks geschrieben sind und in den zahlreichen Ricercari und Canzoni die Tradition des strengen Stils parallel zu Bachs späten Fugenzyklen fortgeführt wird, ist in den *Componimenti musicali* der Geist des Rokokos durch zahlreiche „galante" Wendungen spürbar.

Ausg.: **Zu 1):** *Apparatus musico-organisticus,* hrsg. v. S. DE LANGE (L 1888); dass., hrsg. v. R. WALTER (Altötting 1957); dass., Faks.-Ausg., hrsg. v. K. F. WAGNER (I 1979); *Florilegium* I u. II, hrsg. v. H. RIETSCH (1894, 1895) (= DTÖ 2 u. 4); Instrumentalmusik, hrsg. v. E. LUNTZ (1904) (= DTÖ 23); *Armonico tributo*... u. *Exquisitioris harmoniae*..., hrsg. v. E. SCHENK (1953) (= DTÖ 89). – **Zu 2):** *Componimenti musicali,* hrsg. v. G. ADLER (1896) (= DTÖ 7); 12 Toccaten u. 72 Fugen, hrsg. v. DEMS. (1922) (= DTÖ 58); Partiten u. Stücke für Klv., hrsg. v. W. GEORGII (Mz 1939); *72 Versetl sammt 12 Toccaten,* hrsg. v. W. Upmeyer (Kas 1952).

Lit.: **Zu 1):** L. STOLLBROCK, Die Komponisten G. u. Gottlieb M. (Rostock 1888); DERS., G. M. u. sein Florilegium, in: MfM 22 (1890); E. VON WERRA, G. M. u. Gottlieb M., in: KmJb 8 (1893); C. SCHNEIDER, Gesch. der Musik in Salzburg (Salzburg 1935); E. SCHENK, Muffatiana, in: Anzeiger der phil.-hist. Klasse der Östr. Akad. der Wiss. 15 (1954); A. GOEHLINGER, G. M., in: Caecilia 62 (Str 1954); H. FEDERHOFER, Biogr. Beitr. zu G. M. u. J. J. Fux, in: Mf 13 (1960); A. LAYER, G. M.s Ausbildungsjahre bei den Jesuiten, in: Mf 15 (1962); vgl. dazu: H. FEDERHOFER, in: ebd.; W. KOLNEDER, G. M. z. Aufführungspraxis (Str – Baden-Baden 1970); K. SCHÜTZ, Die Toccaten des Apparatus musico-organisticus v. G. M. Struktur u. Interpretation, in: FS E. Schenk (Kas – Bas 1972); M. RADULESCU, Die 12 Toccaten v. G. M., in: Die süddt.-östr. Orgelmusik im 17. u. 18. Jh. (I 1980); K. F. WAGNER, Die Originalnotation des Apparatus musico-organisticus v. G. M. u. ihr aufführungspraktischer Informationswert, in: ebd. – **Zu 2):** J. H. KNÖLL, Die Klv.- u. Orgelwerke Theophil M.s (Diss. W 1916); S. T. MORRIS, G. M.s Clavier Suites (Diss. Boston 1959); F. W. RIEDEL, Die zyklische Fugen-Komposition v. Froberger bis Albrechtsberger, in: Die süddt.-östr. Orgelmusik im 17. u. 18. Jh. (I 1980).

F. W. RIEDEL

MÜHLEISEN, Soc. de Construction d'Orgues Muhleisen; frz. Orgelbaufirma mit Sitz in Straßburg. Das Unternehmen wurde 1941 von **Ernst M.** (* 1897 Echterdingen, Württ., † 1981 Straßburg) in Straßburg gegründet, einem Schüler der Orgelwerkstatt Weigle in Echterdingen, der nach seiner Übersiedelung nach Straßburg bis 1939 bei der Orgelbaufirma Roethinger gearbeitet hatte. 1960 trat M.s Schwiegersohn, **Georges Walther,** als Teilhaber in das Unternehmen ein, der es seit 1975 allein leitet. In dem kurzen Zeitraum ihres Bestehens hat die Werkstatt zahlreiche Neubauten und Restaurierungen in Frankreich, Deutschland, Holland und der Schweiz zu verzeichnen. Wichtige Restaurierungen: u.a. die Silbermann-Orgeln in Straßburg Ste-Aurélie (1952; 3 Man., 54 Reg.) und St-Pierre-le-Jeune (1950; 3 Man., 41 Reg.), in Marmoutier (1955; 3 Man., 28 Reg.) und Ettenheimmünster (1964; 2 Man., 20 Reg.).

MUL, Jan (Johannes) **Nicolaas,** * 20. 9. 1911

Haarlem, † 30. 12. 1971 ebd.; ndl. Komponist. Er war Schüler von H. Andriessen und S. Dresden, wirkte 1931–60 als Organist und Chorleiter in Overveen und anschließend als Lehrer für Komposition und Musiktheorie am Konservatorium in Maastricht. Außerdem lehrte er am Kinematographischen Institut in Amsterdam und war als Musikkritiker tätig. In seinem Schaffen nimmt die Kirchenmusik einen bedeutenden Platz ein. Seine Schreibweise ist tonal, gelegentlich auch modal, und stilistisch an Fr. Poulenc und E. Satie orientiert.

WW: 2 Streichtrios (1957, 1969). – Für Orch.: *Intervallen* (1954); *Ik, Jan Mul* (1965); *Confetti musicali* (1965); Klv.-Konzert (1936); Konzert für Klv. zu 4 Händen (1962); Divertimento für Klv. u. Orch. (1967); *Balladino* (1968) für Vc. u. Orch. – Lieder u. Gesänge; 14 Messen, darunter *L'homme armé* (1942) für 5st. Chor u. Org.; *The Old Familiar Faces* (1968) für Bar. u. Orch. – Oper *De Avonturen van Bill Clifford,* UA: Enschede 1964.

Lit.: H. ANDRIESSEN, J. M., in: Sonorum speculum 8 (1961); G. WERKER, Bill Clifford, een komische opera van Godfried Bomans en J. M., in: Mens en melodie 19 (1964); H. L. PRENEN, In memoriam J. M. Composeren in vriendschap, in: ebd. 27 (1972).

MULE, Marcel, * 24. 6. 1901 Aube (Orne), frz. Saxophonist. Er studierte Klarinette und Saxophon bei seinem Vater, später Violine bei Willaume und Satztechnik bei G. Caussade. 1923–36 war er Mitglied der Musique de la Garde Républicaine, gründete 1929 dort ein Saxophonquartett, dann das Quatuor de saxophones de Paris, das 1952 die Bezeichnung Quatuor de saxophones M. Mule erhielt. Seit 1942 leitete er die neueingerichtete Saxophonklasse am Pariser Conservatoire. M. ist Begründer einer modernen französischen Saxophonschule.

MÜLLER. – 1) Adolf der Ältere (eig. Matthias Schmid), * 7. 10. 1801 Tolna (Ungarn), † 29. 7. 1886 Wien; östr. Komponist, Sänger und Schauspieler. Er erhielt seine Ausbildung als Schauspieler und in der Musik in Brünn, kam nach Engagements in Prag, Lemberg und Brünn 1823 nach Wien und wurde dort Sänger am Kärntnerthortheater. Der große Erfolg seines Singspiels *Die erste Zusammenkunft,* brachte ihm 1827 die Ernennung zum Kapellmeister; am Tag der UA trug er mit 11 anderen Musikern den Sarg L. van Beethovens zum Währinger Friedhof. Seit 1828 wirkte er als Kapellmeister und Hauskomponist am Theater an der Wien, später (bis 1847) am Theater in der Leopoldstadt und dann erneut am Theater an der Wien. M. schrieb zahlreiche Opern, Lokalparodien, Possen mit Gesang und Vaudevilles, u. a. auf Texte von J. Nestroy und Ludwig Anzengruber, die viele Jahre lang auf dem Spielplan Wiener Theater standen. – **2) Adolf** der Jüngere, Sohn von 1), * 15. 10. 1839 Wien, † 14. 12. 1901 ebd.; östr. Komponist und Kapellmeister. Er war Schüler seines Vaters und Opernkapellmeister in Posen (1864), Magdeburg (1865–67), Düsseldorf sowie an der dt. Oper in Rotterdam, zuletzt am Theater an der Wien.

Ausg.: **Zu 1):** Wiener Comödienlieder aus 3 Jhh., hrsg. v. B. GLOSSY – R. HAAS (W 1924).

Lit.: **Zu 1):** A. BAUER, Die Musik A. M.s in den Theaterstücken J. Nestroys (Diss. W 1935) (mit Biogr. u. Werk-Verz.); DERS., Die Musik in den Theaterstücken J. Nestroys, in: Jb. der Ges. für Wiener Theaterforsch. 1944, wiederabgedruckt in: ÖMZ 23 (1968); E. HILMAR, Die Nestroy-Vertonungen in den Wiener Slgen., in: Maske u. Kothurn 18 (1972).

MÜLLER, August Eberhard, * 31. 12. 1767 Northeim (Niedersachsen), † 3. 12. 1817 Weimar; dt. Pianist, Flötist, Organist und Komponist. Zunächst Schüler seines Vaters im Orgel- und Klavierspiel, dann in Bückeburg bei J. Chr. Fr. Bach in Harmonielehre und Komposition, wurde er 1789 Organist an der Ulrichskirche in Magdeburg und wenig später Städtischer Musikdirektor. Seit 1792 leitete er auch die Logen- und Privatkonzerte des Adels. 1794 wurde er in Leipzig Organist an der Nikolaikirche und 1. Flötist am Gewandhausorchester (bis 1802). Seit 1800 Adjunkt und seit 1804 Nachfolger von J. A. Hiller als Thomaskantor, versah er auch das Amt des Städtischen Musikdirektors in Leipzig. Streitigkeiten führten zum Rücktritt aus seinen Ämtern. 1810 wurde er Hofkapellmeister in Weimar. M., der anders als seine Vorgänger im Thomaskantorat planmäßig Werke von J. S. Bach aufführte, hatte große Verdienste ebenfalls um die Verbreitung der Werke von J. Haydn und W. A. Mozart, auch als Mitarbeiter des Verlags Breitkopf & Härtel. Seine Kompositionen waren bis zur Mitte des 19. Jh. sehr beliebt.

WW: **1) Kompositionen:** Orgelwerke; WW für Klv., u. a.: 14 Sonaten, 17 Capricen, 2 Konzerte u. Variationen; 7 Fl.-Konzerte; Kammermusik. – **2) Schriften:** *Kleines Elementarbuch für Klavierspieler* (L o. J.); *Anweisung zum Vortrag der Mozartschen Klavier-Konzerte* (L 1795); *Klavier- und Forte-piano Schule* (Jena 1804, mit mehreren Aufl., u. a. von K. Czerny, 1825).

Lit.: W. NAGEL, Zur Lebensgesch. A. E. M.s, in: Mk 9 (1909 bis 1910); G. HAUPT, A. E. M.s Leben u. Klavierwerke (Diss. L 1926); H. ENGEL, Die Entwicklung des dt. Klavierkonzerts v. Mozart bis Liszt (L 1927, Nachdr. Hil 1971).

MÜLLER, Franz Xaver, * 10. 5. 1870 Dimbach (Oberösterreich), † 3. 2. 1948 Linz; östr. Komponist und Kirchenmusiker. Er war seit 1880 Sängerknabe im Augustiner-Chorherrenstift St. Florian, wurde selbst Chorherr und 1895 zum Priester geweiht. Danach war er Schüler J. E. Haberts in Gmunden und 1898–99 bei J. V. von Wöß in Wien. 1904–06 wirkte er als Stiftsorganist, dann bis 1924 als Regens chori an St. Florian und war 1924–43 Domkapellmeister in Linz, wo er am Bischöflichen Lehrerseminar unterrichtete.

WW (meist hsl. erhalten): **1) Geistliche WW:** Motetten für gem. Chor a cap.; *Regnum mundi* 8st. (1894); *Vexilla regis; Hymnus* 7st.; *Gebet; Christus factus est; Ich will dich lieben* u. *Ave Maria* (1947) für 4- bzw. 3st. Frauenchor a cap. bzw. mit Harmonium; Kantaten: *Die Geburt Christi* (1910) für Frauenchor, Streichquintett u. Klv.; *Herr, Du bist groß* (1919) für Frauenchor, Klv. u. Harmonium; 40 Gradualien, 23 Offertorien, 21 Proprien, 13 Tantum ergo a cap., mit Org. oder Orch.; 4 dt. Messen, darunter *Franz-Salesius-Messe* (1948) für SingSt u. Org.; 7 lat. Messen, u. a.: *Missa in honorem St. Augustini* (1911) mit Org. u. Orch.; *Missa diatonica in honorem S. Caeciliae* (1940) für 6st. Chor a cap.; *St.-Josephs-Messe* (1944) mit Soli, Org. u. Bläsern; Requiem (1947) für 4st. Chor a cap.; 2 Te Deum (1929) mit Org. u. Bläsern bzw. mit Orch.; Stabat mater mit Org. u. Orch.; Litaneien, Asperges, Veni Creator, Psalmen Nr. 129 und 150; Oratorium *Der heilige Augustinus* (1913–15) für Soli, gem. Chor, Orch. u. Org. – **2) Weltliche WW:** Zahlr. Klv.-Lieder; *In memoriam A. Bruckner* (1930) für Org.; Trio für Klv., V. u. Vc.; 2 Streichquartette e-moll u. D-Dur. – Für Orch.: Rondo, Scherzo, Menuett, *Thema con variazioni* (alle 1899); Symphonie D-Dur (1909–10); *Schubert in Steyr* (1920).

M. stand zeit seines Lebens stark unter dem Einfluß A. Bruckners, den er in St. Florian noch persönlich kennengelernt hatte. Sein fast alle Musikgattungen umfassendes musikalisches Schaffen belegt deutlich die Auseinandersetzungen zwischen Neoklassizisten und Cäcilianern. Die Messe-Kompositionen sind für Österreich stilistisch maßgebend geworden und gehören dort zum ständigen Repertoire der Kirchenchöre.

Lit.: J. MAYR-KERN, F. X. M. Ein oberöstr. Komponist zw. A. Bruckner u. J. N. David (Linz 1970).

B. A. KOHL

MÜLLER, Maria, * 29. 1. 1898 Theresienstadt (Böhmen), † 15. 3. 1958 Bayreuth; dt. Sängerin (Sopran). Sie studierte am Prager Konservatorium und bei Erik Schmedes in Wien und debütierte 1919 als Elsa in R. Wagners *Lohengrin* am Linzer Stadttheater. Nach Engagements in Brünn (1920/21), am Deutschen Theater in Prag (1921–23) und an der Münchner Staatsoper (1924/1925) kam sie 1926 an die Städtische Oper und 1927 an die Staatsoper in Berlin, der sie bis Ende des Zweiten Weltkriegs angehörte. 1925–35 war sie gleichzeitig an der Metropolitan Opera in New York, wo sie auch im italienischen Fach gefeiert wurde. 1930 trat sie erstmalig bei den Bayreuther Festspielen auf. Weitere Gastspiele führten sie nach Salzburg, London, Mailand, Paris, Wien und Hamburg. Nach dem Zweiten Weltkrieg ist sie noch gelegentlich an der Städtischen Oper in Berlin aufgetreten. M. M. beherrschte ein vielfältiges Repertoire, war aber bes. als Wagner-Sängerin berühmt.

MÜLLER, Rolf-Hans, * 10. 4. 1928 Dresden; dt. Orchesterleiter, Arrangeur und Komponist. Er sang als Schüler im Dresdener Kreuzchor, studierte dann Musik in Heidelberg und war 1949–58 Hauspianist und Komponist beim SWF Baden-Baden. Seit 1958 ist er Leiter des SWF-Tanzorchesters. M. schrieb zahlreiche Hörspiel- und Fernsehmusiken und Unterhaltungsmusik. Bekannte Titel sind *Broadway-Melodie, Trumpet Rhapsody, Mister Lucky* und *Samba baroque*.

MÜLLER, Wenzel, * 26. 9. 1767 Türnau (Mähren), † 3. 8. 1835 Baden bei Wien; östr. Komponist. Er war Schüler von Karl Ditters von Dittersdorf, wurde 1782 Violinist und 1785 Kapellmeister am Theater in Brünn. 1786 wurde er Kapellmeister und Komponist am Leopoldstädter Theater in Wien, war 1807–13 Operndirektor in Prag und kehrte dann wieder an das Leopoldstädter Theater zurück, für das er etwa 250 Zauberopern, Singspiele, Ballette und Gesangseinlagen zu Possen schrieb. M.s Werke verkörpern das Wiener Singspiel in der Zeit seiner größten Beliebtheit. Die Popularität vieler seiner Melodien spiegelt sich auch in ihrer Verwendung als Variationsthemen; L. v. Beethoven schrieb über das Lied *Ich bin der Schneider Kakadu* aus M.s *Die Schwestern von Prag* seine Variationen für Klaviertrio op. 121a. – M.s Tochter **Therese Grünbaum,** * 24. 8. 1791 Wien, † 30. 1. 1876 Berlin, war eine angesehene Sängerin (dramatischer Sopran). Sie begleitete ihren Vater nach Prag und war 1818–28 Primadonna der Wiener Hofoper.

WW: Singspiele (UA in Wien): *Das Sonnenfest der Braminen*, UA: 1790; *Kaspar der Fagottist oder Die Zauberzither*, UA: 1791, 2. Teil als: *Pizzichi*, UA: 1792; *Die Schwestern von Prag*, UA: 1794; *Die Teufelsmühle am Wiener Berg*, UA: 1799, 2. Teil als: *Otto von Löwenstein*, UA: 1815; *Die travestierte Zauberflöte*, UA: 1818; *Der Alpenkönig und der Menschenfeind*, UA: 1828.

Lit.: W. KRONE, W. M. (Diss. B 1906) (mit Werk-Verz.); L. RAAB, W. M. (Baden 1928); R. HAAS, W. M., in: Mozart-Jb. 1953.

MÜLLER, Werner, * 2. 8. 1920 Berlin; dt. Orchesterleiter, Arrangeur und Komponist. Er studierte 1937–39 Musik am Städtischen Konservatorium in Hannover und 1939–42 an der Musikhochschule Berlin. 1948 gründete er das RIAS-Tanzorchester, mit dem er zahlreiche Tourneen durch die ganze Welt unternahm. Seit 1967 ist er Leiter des WDR-Tanzorchesters in Köln. Er komponierte Unterhaltungsmusik, Schlager und Filmmusiken und produzierte zahlreiche Schallplatten.

MÜLLER, Wilhelm, * 7. 10. 1794 Dessau, † 30. 9. 1827 ebd.; dt. Dichter. Er studierte 1812–16 an der Universität Berlin, nahm 1813 an den Befreiungskriegen teil und reiste 1817–18 durch Italien. 1819 wurde er Gymnasiallehrer in Dessau und 1820 dort auch herzoglicher Bibliothekar. Bekannt wurde M. durch romantisch-volkstümliche Gedichte, die häufig auch phantastische Elemente enthalten. Seine Gedichte zum griechisch-türkischen Krieg trugen ihm den Beinamen „Griechen-Müller" ein. Daneben war er als Herausgeber und Übersetzer (*Doktor Faustus* von Marlowe, Berlin 1818) tätig. M.s Namen und Werk sind bis heute vor allem durch Fr. Schubert lebendig geblieben, der die Zyklen *Die schöne Müllerin* und *Winterreise* und das Gedicht *Der Hirt auf dem Felsen* vertonte.

Lit.: GA, hrsg. v. C. MÜLLER (L 1894). – C. WERNER, W. M. (Dessau 1884); M. FRIEDLAENDER, Die Entstehung der Müllerlieder, in: Dt. Rundschau 82 (1892); M. A. SOUCHAY, Zu Schuberts „Winterreise", in: ZfMw 13 (1930/31); H. BRANDENBURG, Die „Winterreise" als Dichtung, in: Aurora 18 (1958); K. G. JUST, W. M.s Liederzyklen „Die schöne Müllerin" und „Die Winterreise", in: Zschr. für dt. Philologie 83 (1964); TH. G. GEORGIADES, Schubert. Musik und Lyrik (Gö 1967); E. SCHWARMATH, Musik, Bau und Sprachvertonung in Schuberts Liedern (Tutzing 1969) (= Münchner Veröff. z. Musikgesch. 17); P. COTTRELLI, W. M.'s Lyrical Song-Cycles. Interpretations and Texts (Chapel Hill/North Carolina 1970); D. B. GREENE, Schubert's „Winterreise". A Study in the Aesthetics of Mixed Media, in: The Journal of Aesthetics and Art Criticism 29 (1970/71); D. FISCHER-DIESKAU, Auf den Spuren der Schubert-Lieder (Wie 1971); R. VOLKMANN, W. M. u. die Romantik, in: A. Feil, F. Schubert (St 1975); G. HARTUNG, W. M. u. das dt. Volkslied, in: Weimarer Beitr. 23 (1977).

MÜLLER-BLATTAU. – 1) Joseph Maria, * 21. 5. 1895 Colmar, † 21. 10. 1976 Saarbrücken; dt. Musikforscher. Er studierte an den Universitäten Straßburg und Freiburg i. Br. sowie am Straßburger Konservatorium bei H. Pfitzner und promovierte 1920 bei W. Gurlitt in Freiburg, dessen Assistent er wurde. 1922 habilitierte er sich an der Universität Königsberg, wurde dort Direktor des Musikwissenschaftl. Seminars und akademischer MD sowie 1924 Leiter des Instituts für Schul- und Kirchenmusik. Seit 1928 außerordentlicher Professor, wurde er 1930 in die „Königsberger Gelehrte Gesellschaft" aufgenommen. Seit 1935 bzw. 1937 lehrte er an den Universitäten Frankfurt am Main und Freiburg i. Br., bis er 1939 zum Kriegsdienst verpflichtet wurde. Nach 1945 wirkte er interimistisch als Musikpädagoge (u. a. an der Pädagogischen Akademie Kusel). 1952–58 war er Leiter der Staatlichen Hochschule für Musik in Saarbrücken und lehrte an der dortigen Universität. 1964 emeritiert, hielt er noch bis 1966 theaterwissenschaftliche Vorlesungen, bevor er endgültig in den Ruhestand trat. Zu seinem 65. und 70. Geburtstag wurde er mit Festschriften geehrt (hrsg. v. W. Salmen, = Annales Universitatis Saraviensis, Saarbrücken 1960, und hrsg. v. Chr.-H. Mahling, = Saarbrücker Stud. zur Musikwiss. I, Kas 1966). Seine Schriften umfassen alle wesentlichen Epochen der abendländischen Musikgeschichte von der altgermanischen Zeit bis zur frühen Moderne; sie setzen Schwerpunkte im elsässischen und ostpreußischen Volkslied sowie in Barock und Klassik.

Schriften: *Grundzüge einer Geschichte der Fuge* (Königsberg 1923, Kas ²1931), erweitert als: *Geschichte der Fuge* (³1963); *Die Kompositionslehre H. Schützens in der Fassung seines Schülers Ch. Bernhard* (L 1926, Kas ²1963); *Geschichte der Musik in Ost- und Westpreußen von der Ordenszeit bis zur Gegenwart* (Königsberg 1931, Wb ²1968); *Einführung in die Musikgesch.* (B 1932, ²1941); *G. F. Händel* (B 1933, Mn ²1954); *J. S. Bach* (L 1935, St ²1950); *Geschichte der deutschen Musik* (B 1938, ³1942); *W. A. Mozart* (Königstein 1957); *L. van Beethoven* (ebd. 1958); *F. Schubert* (ebd. 1959); *R. Wagner* (ebd. 1962); *Kontrafakturen im älteren geistlichen Volkslied,* in: FS K. G. Fellerer (Rb 1962); *Goethe und die Meister der Musik* (St 1969); *Aus der Gesch. des elsässischen Volksliedes,* in: FS K. G. Fellerer (Kö 1973); *Größe und Glanz der Barockoper,* in: FS E. H. Meyer (L 1973). – Schriftenslg. als: *Von der Vielfalt der Musik. Musikgeschichte, Musikerziehung, Musikpflege* (Fr 1966).

2) Wendelin, Sohn von 1), * 16. 9. 1922 Freiburg i. Br.; dt. Musikforscher. Er studierte an der Musikhochschule Stuttgart sowie an den Universitäten Heidelberg und Saarbrücken. Nach seiner Promotion 1956 an der Universität Saarbrücken wurde er dort Universitätsmusiklehrer, 1965 Universitäts-MD und habilitierte sich 1966 (1971 Professor).

Schriften: *Trouvères und Minnesänger* (Diss. Saarbrücken 1955); *Untersuchungen zur Kompositionstechnik in den Oratorien G. Carissimis* (Kas 1963); *Tonsatz und Klanggestaltung bei G. Gabrieli* (Kas 1966) (= Saarbrücker Stud. z. Musikwiss. 4); *Das deutsche Volkslied im 19. Jh.,* in: Jb. des Östr. Volksliedwerkes 20 (W 1971); *Versuche zur musikalischen Gestaltung des mittelalterlichen Liedes,* in: Zschr. für dt. Philologie 90 (1971).

J. DORFMÜLLER

MÜLLER-SIEMENS, Detlev, * 30. 7. 1957 Hamburg; dt. Komponist. Er studierte an der Musikhochschule in Hamburg 1970–74 Theorie und Komposition bei Günter Friedrichs und Klavier bei Anthony Besch, außerdem seit 1973 Komposition bei Gy. Ligeti. Während eines Studienaufenthaltes in Paris 1977 wurde er noch Schüler von O. Messiaen am Conservatoire. 1980 war er Stipendiat der Deutschen Akademie in der Villa Massimo in Rom. Sein Schaffen ist von einer Klangsinnlichkeit und phantasievollen musikalischen Satzkunst geprägt, wie sie für einen Komponisten seiner Generation ungewöhnlich ist. Dabei versteht M. sein Denken gleichzeitig als Sehnsucht nach und Geborgenheit durch Tonalität, als „das unmöglich zu Realisierende".

WW: *Nocturne* (1975) für V. u. Klv.; *Les sanglots longs des violins de l'automne* (1975) für Bläserquintett; 2 Stücke für Kammerorch. (1977); *Variationen über einen Ländler von Schubert* (1977/78) für Bläser- u. Streichquintett; Klv.-Trio (1981). – Konzert für 19 Instrumentalisten (1975); *Under Neonlight* (1981) für 15 Spieler; für Orch.: *Scherzo und Adagio patetico* (1976); *Passacaglia* (1978); 1. Sinfonie (1978/80); Klv.-Konzert (1981). – Oper *Genoveva oder Die weiße Hirschkuh* (Libr.: J. Schrader), UA: ZDF 1978.

B. A. KOHL

MÜLLER-ZÜRICH, Paul, * 19. 6. 1898 Zürich; Schweizer Komponist. Nach seinem Musikstudium in Zürich und Paris war er 1927–69 Professor für Theorie, Komposition und Dirigieren am Zürcher

Konservatorium, außerdem 1960–63 Präsident des Schweizerischen Tonkünstlervereins. M. genoß als Chorleiter und Dirigent großes Ansehen. Sein kompositorisches Schaffen, vielfältig und in seiner Grundhaltung konservativ, zeigt auch eine lebendige Auseinandersetzung mit den modernen Strömungen unserer Zeit.

WW: Klv.-Stücke u. Orgelwerke; Kammermusik, u.a.: *Elegie* (1955) für Vc. u. Klv.; Capriccio für Fl. u. Klv. (1973); Streichquintett (1919); 2 Streichquartette (1921, 1961). – Für Orch.: 2 Symphonien (1944, 1953) (die 2. für Streichorch.); Konzerte: für Va. (1934); 2 für V. (1935, 1957); für Vc. (1954); für 2 V., Streichorch. und Cemb. (1959); *Sinfonietta I* und *II* (1964); Sonata für Streichorch. (1968). – Lieder und Chöre; 2 Te Deum (1924, 1933); Kantaten: *Von Werktag und Sonntag* (1946); *Aus Knechtschaft zur Freiheit* (1952); *Wasser-Kantate* (1964); Psalm 148 (1964) u. 103 (1969) für gem. Chor u. Orch.; *Osternachtfeier* (1971) für gem. Chor, Org. und Bläser.

Lit.: Werk-Verz. (Z 1968) (= Schweizerisches Musik-Arch. o. Nr.). – E. DE STOUTZ, P. M. in: SMZ 98 (1958); H. FUNK, P. M.s choralgebundene Orgelmusik, in: ebd. 101 (1961); F. JAKOB, P. M., Biogr. u. Werk-Verz. (Z 1963) (= Neujahrsblatt der Allgemeinen Musikges. Zürich 147); R. WITTELSBACH, in: SMZ 108 (1968).

MULLIGAN, Gerry (Gerald Joseph), * 6.4.1927 New York; amerik. Jazzmusiker (Baritonsaxophon, Klarinette), Arrangeur und Bandleader. Er war 1949–50 maßgebender Arrangeur und Saxophonist im „Capitol Orchestra" von Miles Davis und hatte 1952 mit seinem ersten eigenen Quartett, das ohne Klavier besetzt war, einen sensationellen Erfolg. Seither spielte er immer wieder mit dem Trompeter Chet Baker und seit 1953 mit dem Posaunisten Bob Broockmeyer und seit 1968 als Gast in den Gruppen von Dave Brubeck. M., dessen Hauptinstrument das Baritonsaxophon ist, gilt als überragender, ideenreicher Improvisator.

Lit.: J. GOLDBERG, Jazz Masters of the Fifties (Lo – NY 1965) (= Jazz Masters 1); A. POLILLO, Jazz. Gesch. u. Persönlichkeiten der afro-amerik. Musik (Mn 1978); G. ENDRESS, Jazz Podium. Musiker über sich selbst (St 1980).

MULLINER, Thomas, engl. Organist des 16. Jahrhunderts. M., seit 1563 als Organist des Corpus Christi College in Oxford nachweisbar, ist der Kompilator des nach ihm benannten *Mulliner Book* (London, British Museum, Ms. Add. 30 513), einer wichtigen Quelle für die liturgische Orgelmusik des 16. Jahrhunderts. Sie enthält 131 Stücke für Orgel, Virginal und Cister und nennt als Komponisten u. a. J. Redford, Th. Tallis, W. Blitheman, R. Farrant, J. Taverner und Chr. Tye. Die Bearbeitungen der Kompositionen, von denen 2 M.s Initialen tragen, stammen vermutlich von M. selbst.

Ausg.: The M. Book, hrsg. v. D. STEVENS (Lo 1951, revidiert [2]1954) (= Mus. Brit. 1).

Lit.: D. STEVENS, The M. Book. A Commentary (Lo 1952); J. WARD, Les sources de la musique pour le clavier en Angleterre, in: La musique instr. de la Renaissance, hrsg. v. J. Jacquot (P 1955); D. STEVENS, in: MGG IX; W. APEL, Gesch. der Orgel- u. Klaviermusik bis 1700 (Kas 1967), engl. übers. u. revidiert v. H. Tischler (Bloomington/Ind. 1972).

MULTIMEDIA, Bz. für eine künstlerische Aktion, in der verschiedene Sinne – vor allem Ohr und Auge (Audiovision) – angesprochen werden. Mit Musik können Projektionen von Dias und Filmen (J. Cage, *HPSCHD* [Harpsichord], 1967–69), schauspielerische Aktionen einschließlich Rezitation und Pantomime (M. Kagel, *Sur scène,* 1959/60), Lichtregie (N. Schiffer u. a., *Kyldex I,* 1973), Düfte (J. A. Riedl, *Musik-Duft-Licht-Straße,* zur Olympiade München 1972) u. a. verbunden werden. In multimedialen Veranstaltungen werden die technischen Medien nicht bloß als Übertragungsmechanismen für herkömmliche Inhalte benutzt, sondern in ihren neuen Möglichkeiten als ästhetisches Objekt entdeckt. Historische Wurzeln der M. sind die Synästhesie der Jahrhundertwende (A. Skrjabin), die Collagierung optischer und akustischer Elemente im Dadaismus (K. Schwitters, *Merz-Bühne,* 1921) und Tendenzen zur Verräumlichung von Musik (u. a. schon bei G. Mahler, Ch. Ives; dann E. Varèse, K. Stockhausen). In M.-Aufführungen kann Musik sowohl live von Spielern produziert als auch über Tonband eingespielt werden. Für die M. ist die Vermittlung beider Arten der Klangrealisation in der ↗Live Elektronik besonders wichtig geworden: die live produzierten Klänge werden während der Aufführung mittels ↗Synthesizers transformiert und mit gespeichertem Material überlagert (↗elektronische Musik). Die fortgeschrittene Technik der elektronischen Schallübertragung ermöglicht es seit den 60er Jahren, das Publikum mit beliebig vielen Schallquellen zu umgeben und durch den Richtungswechsel des Klanges Raum in neuartiger Weise als eine Dimension von Musik erfahrbar zu machen. Die Bewegung des Klangs, der schließlich als Environment ins Freie drängt und Gebäude oder ganze Straßen erfüllt (L. Kupković, *Klanginvasion,* Bonn 1970), und – konsequent folgend – die Bewegung des Publikums, das sich im Wandelkonzert Musikangeboten an wechselnden Orten zuwendet (Stockhausen, *Musik für die Beethovenhalle,* Bonn 1969), sprengen nicht nur den Rahmen des Konzertsaals, sondern auch den Begriff des Kunst-Werkes. Im Anschluß an J. Cage (vor allem Klavierkonzert, 1957) wurde anstelle des klanglichen Resultats der Prozeß einer Hervorbringung (Gestik usw.) Gegenstand von „Aktionskompositionen" (D. Schnebel, *visible music I* und *II* [*nostalgie* für 1 Dirigenten], 1960–62). Die Visualisierung der Produktion von Klängen hat vor allem M. Kagel in seinem „instrumentalen Theater" vorangetrieben, in dem er „das Spiel von Instrumenten mit einer schauspielerischen Aktion auf der Bühne eins werden zu lassen“ beabsichtigt (*Match*, 1964, auch als Fernsehfilm, 1965/66). Nachdem die M.-Kunst in ihren Anfängen Elemente des Happening, auch dessen Dramaturgie der Destruktion, aufgenommen hatte (N. J. Paik), wurden in den 70er Jahren, u. a. angeregt durch La M. Youngs *Dreamhouse* (Kassel 1972), neuere Techniken wie Lichtkinetik und Video vor allem als Mittel meditativer Versenkung verwendet. In der Rückwendung zu den mystischen Wurzeln der Synästhesie liegt die Gefahr von kunstgewerblichem Spiel mit der Technik beschlossen.

Lit.: M. KAGEL, Über das instr. Theater, in: Nutida Musik 5 (1961/62); K. STOCKHAUSEN, Texte, 4 Bde. (Kö 1963–78); M. KAGEL, Über das Schauen des Zuhörers, in: Dansk Musiktidskrift 39 (1964); R. KOSTELANETZ, The Theatre of Mixed Means (NY 1968); DERS., J. Cage (NY 1968, dt. Kö 1973); M. BORTOLOTTO, Fase seconda (Tn 1969); M. KESTING, Musikalisierung des Theaters – Theatralisierung der Musik, in: Melos 36 (1969); R. OEHLSCHLÄGEL, Mixed Media, Collage und Montage, in: Opernwelt 10 (1969); N. SCHIFFER, Das arme Theater (Velber 1969); Happening & Fluxus. Ausstellungskat. Kölnischer Kunstverein (Kö 1970); R. HEINEMANN, Das neue Musiktheater zw. Absurdität u. Engagement, in: Melos 37 (1970); D. H. COPE, New Directions in Music (Dubuque/Ia. 1971, [2]1976); L. KUPKOVIČ, Makrokomposition, in: feedback papers 2 (1971); D. SCHÖNBACH, Neue Aspekte für das totale Theater, in: Melos 38 (1971); TH. LENK, Projekt einer Phonoskulptur, in: Melos 39 (1972); D. SCHNEBEL, Denkbare Musik (Kö 1972); D. DAVIS, Art and Future (NY 1973), dt. Übers.: Vom Experiment zur Idee ... (Kö 1975); C. GOTTWALD – G. LIGETI, G. Mahler u. die musikal. Utopie, I: Musik u. Raum, in: NZfM 135 (1974); P. GRANZOW, Eine Synthese von Bild u. Klang, in: ebd.; M. NYMAN, Experimental Music (Lo 1974); G. WEHMEYER, Satie u. das Werden der Multimedia-Idee, in: ÖMZ 30 (1975); Sehen um zu hören. Objekte u. Konzerte z. visuellen Musik der 60er Jahre. Ausstellungskat. (Düsseldorf 1975).

H. WEBER

MÜNCH. – 1) Ernst, * 31.12.1859 Niederbronn-les-Bains (Bas-Rhin), † 11.4.1928 Straßburg; elsässischer Organist. Er war seit 1882 Organist an St. Wilhelm in Straßburg und gründete dort den von ihm bis 1924 geleiteten Wilhelmer Chor, der sich, unter Mitwirkung A. Schweitzers, mit regelmäßigen Aufführungen der Pflege Bachscher Kantaten und Passionen widmete. Außerdem lehrte er seit 1910 Orgel und Evangelische Kirchenmusik am Straßburger Konservatorium, das er seit 1918 leitete. – **2) Fritz,** Sohn von 1), * 2. 6. 1890 Straßburg, † 10. 3. 1970 Niederbronn; elsässischer Chordirigent und Theologe. Er studierte protestantische Theologie sowie Musik und Musikwissenschaft in Straßburg (F. Spitta, H. Pfitzner), Leipzig (K. Straube, A. Schering) und Berlin. 1919 übernahm er die Leitung des Theologischen Studienstifts in Straßburg, leitete als Nachfolger seines Vaters 1924–61 den Wilhelmer Chor, war 1921–61 Direktor des Straßburger Konservatoriums und 1949–58 des Musikwissenschaftlichen Instituts der Universität. M. war mit A. Honegger befreundet, dessen Oratorien er aufführte. – **3) Charles,** Bruder von 2), * 26. 9. 1891 Straßburg, † 6. 11. 1968 Richmond (Virginia); amerik. Dirigent elsässischer Herkunft. Er studierte bis 1920 Musikwissenschaft an den Universitäten Straßburg, Leipzig und Paris und Violine bei L. Capet in Paris und C. Flesch in Berlin. 1920–25 war er Konzertmeister im Städtischen Orchester in Straßburg und Violinlehrer am Konservatorium und seit 1923 Konzertmeister am Gewandhausorchester in Leipzig. 1932 begann er in Paris seine Dirigentenlaufbahn, leitete dort 1935 bis 1938 das neugegründete Philharmonische Orchester und 1938–46 das Orchester der Société des Concerts du Conservatoire. 1949–63 war er Dirigent des Boston Symphony Orchestra und übernahm 1967 das neugegründete Orchestre de Paris. Außerdem leitete er seit 1951 das Berkshire Music Center in Tanglewood (Mass.). M. machte sich einen Namen besonders als Dirigent von Werken H. Berlioz', A. Roussels und A. Honeggers, dessen *Chant de libération* und *Symphonie liturgique* er uraufführte. Er schrieb *Je suis chef d'orchestre* (P 1954), dt. Übers.: *Ich bin Dirigent* (Z 1956). – **4) Hans** (Johann) **Sebastian,** Neffe von 1), * 9. 3. 1893 Mülhausen; Schweizer Dirigent und Komponist. Er studierte seit 1912 Orgel bei Adolf Hamm, Klavier und Komposition bei H. Huber und Violoncello bei Emil Braun am Konservatorium der Stadt Basel, an dem er 1918–32 Lehrer und 1935–47 Direktor war. Außerdem leitete er 1921–26 den Basler Bach-Chor, dann den Basler Gesangverein und die Basler Liedertafel sowie 1933–65 als Nachfolger F. Weingartners die Symphoniekonzerte. 1939 erhielt er die Ehrendoktorwürde der Universität Basel.

WW: Org.- u. Klv.-Stücke; Kammermusik; eine Symphonie (1951) u. *Symphonische Improvisationen* (1971) für Orch.; Lieder u. Chöre; 2 Kantaten (1949) für Sopran, Bar., gem. Chor u. Orch. u. (1952) für Bar., Männerchor u. Orch.

Lit.: **Zu 3):** H. STODDART, Symphony Conductors of the USA (NY 1957). – **Zu 4):** A. MÜRY, in: SMZ 113 (1973).

MÜNCHINGER, Karl Wilhelm, * 29. 5. 1915 Stuttgart; dt. Dirigent. Er studierte in Stuttgart und Leipzig (H. Abendroth), war zunächst als Repetitor, Organist und Chorleiter tätig und seit 1941 als Kapellmeister beim Niedersächsischen Landesorchester Hannover. 1945 gründete er das Stuttgarter Kammerorchester, das – auch dank der Mitwirkung namhafter französischer Instrumentalsolisten (Monique Haas, Monique de la Bruchollerie und P. Fournier) – rasch über die Grenzen Deutschlands hinaus bekannt wurde. Von 1950 an war das Orchester mit Werken des 18. Jh. in aller Welt zu hören. Gastspielreisen führten zunächst durch Europa, seit 1953 nach Süd-, Nord- und Mittelamerika, 1959 in die Sowjetunion und danach in den Fernen Osten. 1965 gründete M. die Klassische Philharmonie Stuttgart, bestehend aus dem auf 46 Mitglieder erweiterten Kammerorchester, um auch Werke aus der Zeit bis zum frühen 19. Jh. darbieten zu können.

Lit.: R. HAUERT – B. GAVOTY, K. M. (Monaco 1959, dt. G 1959).

MÜNCHNER PHILHARMONIKER. Sie wurden 1893 auf private Initiative des Hofrates Franz Kaim gegründet und sind seit 1928 das offizielle Orchester der bayerischen Landeshauptstadt. Nach Hans Winderstein, Hermann Zumpe und F. Löwe brachte F. Weingartner das Orchester in den Jahren 1898–1905 zu internationalem Ansehen. Als Gastdirigenten dieser Zeit ragen R. Strauss, M. Reger und H. Pfitzner hervor. 1906 gab der 20jährige W. Furtwängler am Pult des Orchesters sein Debüt. Georg Schnéevoigt, erneut Löwe und Pfitzner sowie H. Abendroth und Br. Walter gehörten zu den großen Dirigenten. Die sich anschließende Ära (bis 1938) unter S. von Hausegger ist durch erstmalige Aufführungen von Originalfassungen mehrerer Bruckner-Symphonien sowie durch die Einrichtung von Sonntagnachmittagskonzerten mit Programmen populärer Musik gekennzeichnet. Unter den nachfolgenden Dirigenten O. Kabasta (1938–45), H. Rosbaud (1946–48), Fr. Rieger (1949–66) und R. Kempe (1967–76) entwickelte sich das Orchester schließlich zu einem der führenden Klangkörper Deutschlands. Gastdirigenten waren H. Knappertsbusch, C. Schuricht, E. Kleiber, Cl. Krauss, G. Szell, J. Keilberth und G. Solti. Seit 1979 ist S. Celibidache Chefdirigent der Münchner Philharmoniker.

Lit.: Werden u. Wirken der M. Ph. u. des Konzertvereins München e. V. (Mn 1934); W. EICHNER, Münchens Entwicklung als Musikstadt (Diss. Mn 1951); W. ZENTNER, Sechzig Jahre M. Ph. (Mn 1953); Die M. Ph. 1893–1968, hrsg. v. A. OTT (Mn 1968); K.-R. DANLER, Musik in München 1945–1972 (Mn 1972).

MUNDHARMONIKA (engl.: mouth organ, harmonica; frz.: harmonica à bouche; it.: armonica a bocca; span.: armónica), Bz. für das mit dem Mund angeblasene ↗Harmonika-Instrument, dessen durchschlagende, aus dünnen Metallplättchen bestehende Zungen auf zwei entsprechend ausgeschnittene Stimmplatten genietet sind. Die Zungen werden durch Ein- oder Ausatmen zum Schwingen gebracht, wobei die Atemluft durch ausgeschnittene Luftkanäle zu den Zungen geleitet wird. Viele M.s haben zwei auf verschiedene Töne gestimmte Zungen in jedem Tonkanal, von denen jeweils eine auf Ausatmen und eine auf Einatmen reagiert. Die Geschichte der M. beginnt mit der Mundäoline von Chr. Fr. L. Buschmann, die vor allem von M. Hohner übernommen und ständig verbessert wurde. Heute unterscheidet man diatonische und chromatische M.s: bei den diatonischen gibt es neben der sog. Richter-M. mit einer Zunge für jeden Ton die Knittlinger-M. mit 2 im Oktav- oder Doppeloktavabstand erklingenden Zungen für jeden Ton; außerdem die Wiener M. entweder mit 2 Zungen im Oktavabstand für jeden Ton oder als sog. Tremolo-M. mit 2 leicht gegeneinander verstimmten Zungen. Alle diatonischen M.s lassen sich nur in der Tonart spielen, auf die sie eingestimmt wurden. Weiterentwicklungen sind die chromatischen Educator-Modelle, die auf Ausatmen die diatonischen und auf Einatmen die klaviaturmäßig darüber angeordneten chromatischen Halbtöne hervorbringen. Da die Töne temperiert gestimmt sind, kann in allen Tonarten musiziert werden. Eine andere chromatische M. ist die ↗Chromonica. Alle M.s sind zum Einzelspiel, zum virtuosen Solospiel und zum Gruppenmusizieren geeignet. Für das Musizieren in größeren Gruppen wurden Baß- und Begleit-M.s entwickelt. Die M. ist heute eines der weltweit verbreitetsten Musikinstrumente.

Lit.: H. BUSCHMANN, Ch. F. L. Buschmann, der Erfinder der Mund- u. der Handharmonika (Trossingen 1938); R. SONNER, Die M. (ebd. 1952); A. RAISNER, Le livre de l'harmonica (P 1961); A. FETT, Harmonika, in: MGG IX; T. GLOVER, Blues Harp (NY 1965); E. FEIL, Die M. Kleine Instrumentenkunde (Trossingen 1966) (= Kleine Bücherei des Harmonika-Freundes 4); M. S. LICHT, Harmonica Magic. Virtuoso Display in American Folk Music, in: Ethnomusicology 24 (1980).

M. BRÖCKER

MUNDORGEL, ein in Asien weit verbreitetes Blasinstrument mit durchschlagenden Zungen. In eine aus einer Kalebasse oder aus Holz bestehende Windkammer sind senkrecht 1 bis 36 Bambus- oder Holzpfeifen gesteckt, die direkt über der Windkammer je ein Griffloch haben. Unterhalb dieses Grifflochs im Bereich der Windkapsel sitzen in den Pfeifen dünne, freischwingende Metallzungen, die nur bei geschlossenen Grifflöchern in Schwingung versetzt werden. Zum Anblasen der M. ist seitlich an der Windkammer ein kurzes, gerades oder aufwärts geschweiftes Mundstück (Gänsehals) angesetzt. Die M. ist vermutlich im hinterindisch-chinesischen Grenzgebiet entstanden. Die erste bekannte Darstellung findet sich auf einem nordvietnamesischen Kesselgong der Dongson-Kultur (4.–3. Jh. v. Chr.) und wenig später in China (Han-Zeit 206 v. Chr. bis 220 n. Chr.). Von China aus kam sie spätestens im 9. Jh. nach Japan (↗Shō) und ist auch in Korea (Saing), Vietnam und Laos (Ken), Burma (Fulu) und auf Borneo (Kledi) verbreitet. Anzahl und Anordnung der Pfeifen (darunter häufig auch stumme) sind unterschiedlich. Wegen der symmetrischen Anordnung (es gibt nur bis zu 5 verschiedene Pfeifenlängen, aber weit mehr Tonhöhen) wird die gewünschte schwingende Länge der einzelnen Pfeifen dadurch erreicht, daß das Rohr an der inneren, nicht sichtbaren Seite entsprechend weit aufgeschnitten ist. Eine kreisförmige Anordnung der Pfeifen über der Windkapsel findet sich vor allem bei M.n in China, Japan, Korea, Burma und auf Borneo, während die Pfeifen in Vietnam und in Laos überwiegend in zwei parallelen Reihen angelegt sind und die einzelnen Rohre, durch die Kalebasse gesteckt, nach unten herausragen. Dieser M.-Typ wird in sehr unterschiedlichen Größen gebaut, darunter auch Baßinstrumente, deren Rohre eine Gesamtlänge von bis zu 6 m haben können. Die M. wird allein oder mit anderen Instrumenten zusammen gespielt, oder mehrere verschieden große M.n werden zu einem Ensemble zusammengefaßt. Neben einstimmigem Spiel kann die M. mehrstimmig mit bis zu 6 Tönen gleichzeitig erklingen. Diese werden oft auch lange ausgehalten, was der Spieler durch abwechselndes Blasen und Ziehen erreicht. Die M. gilt als Vorbild für die Entwicklung der europäischen ↗Harmonika-Instrumente mit durchschlagenden Zungen. Bereits im 17. Jh. war sie in Europa bekannt und wurde beschrieben und abgebildet u.a. von M. Mersenne in *Harmonicarum libri XII,* 1635, und in *Harmonie universelle* III, 1636.

Lit.: L. C. GOODRICH, The Chinese Sheng and Western Music Instr., in: China Magazine 17 (1941); K. REINHARD, Chinesische Musik (Kas ^{2}1956); K. FINSTERBUSCH, Die M. des Museums für Völkerkunde zu Leipzig u. die Darstellung des Instr. in Ost- u. Südostasien, in: FS H. Damm (L 1961) (= Beitr. z. Völkerforsch. 11); W. P. MALM, Japanese Music and Musical Instr. (Rutland/Vt. – Tokio 1965).

M. BRÖCKER

MUNDSTÜCK (engl.: mouthpiece; frz.: embouchure; it.: bocchino; span.: boquilla, embocadura), Bz. für die Anblasvorrichtung bei Holz- und Blechblasinstrumenten. Blockflöten und Klarinette haben ein M. in Schnabelform, die Querflöte hingegen besitzt kein eigentliches M., sondern ein Mundloch. Bei den Doppelrohrblattinstrumenten (u.a. Oboe) besteht das eigentliche M. nur aus den Rohrblättern. Bei einfachen Horninstrumenten diente die obere Öffnung gleichzeitig als M.; da diese Öffnung meist sehr eng war und den schwingenden Lippen wenig Platz bot, konnten nur wenige Töne gespielt werden. Dieser Umstand bedingte in der Entwicklung dieser Instrumente eine wesentliche Verbesserung: das nach oben hin sich weitende, aufzusteckende Mundstück. – Seit dem Altertum ist bei Blechblasinstrumenten die Verwendung eines M.s bekannt. Form und Größe sind dabei für den Klang und die Klangfarbe der Instrumente entscheidend. Man unterscheidet trichterförmige (Horn, Kontrabaßtuba) oder kessel- (schalen-)förmige M.e (Trompete, Posaune, Tuba), die einen ringförmigen Rand aufweisen. Besonders enge M.e mit scharfem Rand haben Zinken. Die Größe und Tiefe der M.-Bohrung hängt ab von der Tonlage des jeweiligen Instruments. Für die tiefen Töne benötigt der Spieler einen größeren Teil seiner Lippen, so daß tiefe Instrumente weite und tiefgebohrte M.e haben, während kleine, flach ausgebohrte M.e die Ansprache der höheren Teiltöne erleichtern.

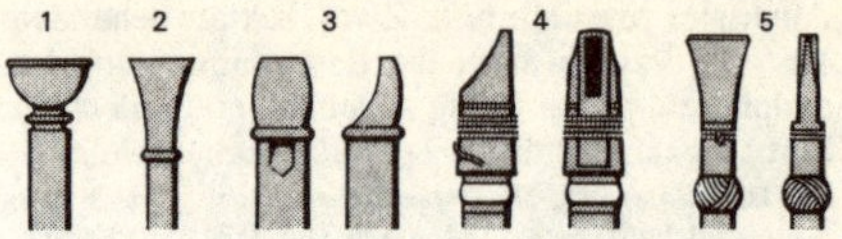

1 Kessel-M. der Trompete; 2 Trichter-M. des Horns; 3 M. der Blockflöte; 4 M. der Klarinette (mit einfachem Rohrblatt); 5 M. des Fagotts, entspricht dem M. der Oboe (beides sogenannte Doppelrohrblatt-M.e)

M. BRÖCKER

MUNDY (Munday, Mundie). – **1) William,** * um 1529, † 1591 (?); engl. Komponist. M. war Sängerknabe an der Westminster Abbey, später Vicar-choral an der St. Paul's Cathedral und seit 1564 Gentleman der Chapel Royal.

WW: 2 4st. Messen sowie Services, Anthems u. lat. Motetten hsl. u. in späteren Sammeldrucken (RISM 1641^5 u. W. Boyce, *Cathedral Music* II, Lo 1772).

2) John, Sohn von 1), * um 1550/54, † 29. 6. 1630 Eton. Er war seit 1580 Organist an der St. George's Chapel in Windsor und möglicherweise auch am Eton College. 1586 wurde er Bachelor of Music und 1624 Doctor in Music der Universität Oxford.

WW: *Songs and psalmes* für 3–5 St. (Lo 1594) (enthält auch Instrumentalstücke); Anthems u. Services hsl.; ein Madrigal in Th. Morley, *The Triumphs of Oriana* (Lo 1601); einige Stücke hsl. u.a. im ↗Fitzwilliam Virginal Book und im ↗Mulliner Book.

Ausg.: **Zu 1):** Anthem *O Lord, the Maker of all Thing,* hrsg. v. P. LE HURAY (Lo 1970). – **Zu 2):** Siehe die NA der genannten Hss. u. der Slg. v. Morley.

Lit.: **Zu 1):** H. BAILLIE, A London Church in Early Tudor Times, in: ML 36 (1955). – **Zu 2):** P. LE HURAY, Music and the Reformation in England 1594–1660 (Lo – NY 1967); G. L. BLOUNT, The Sacred Vocal Music of W. M. (Los Angeles 1974) (= Diss. Univ. of California).

MUÑEIRA (span.; galizisch: muíneira = Müllerin), spanischer Volkstanz aus Galicien und Asturien, im $^6/_8$-Takt und in mäßig bewegtem Tempo. Er wird gesungen oder von einer Gaita, einem Pandero und einem Tamboril begleitet.

MURIS, Johannes de, ↗Johannes de Muris.

MŪRISṬUS (Mūrṭus; griech.: Muristos), Autorenname oder Widmungsträger dreier aus dem Griechischen ins Arabische übersetzter Traktate des 9.–10. Jh., denen vielleicht als griechischer Name

Ameristos zugrunde liegt. Zwei Traktate behandeln die ↗Hydraulis (darin die Beschreibung von Labialpfeifen, deren Klang angeblich 60 Meilen weit hörbar war), der dritte Traktat Glockenspiele.

Lit.: H. G. FARMER, The Organ of the Ancients. From Eastern Sources, Hebrew, Syriac and Arabic (Lo 1931); J. PERROT, L'orgue de ses origines hellénistiques à la fin du XIIIe siècle (P 1965, engl. 1971).

MURKY (Murki), im 18. Jh. in Deutschland Bz. für ein Instrumental- oder Vokalstück, in dem die Baßfiguration durchgehend aus gebrochenen Oktaven besteht. Die Bezeichnung ist nach einer von Fr. W. Marpurg (*Kritische Briefe…*, 1760ff., 36. Stück) überlieferten Anekdote ein scherzhaft ersonnenes Wort (vielleicht im Anklang an englisch murky = dunkel, trübe). M.-Bässe waren seit etwa 1730 ein beliebtes Mittel, eine starre Baßbegleitung sozusagen mechanisch zu figurieren, und wurden häufig auch als „abgeschmackt" verurteilt. Beispiele finden sich sowohl in anspruchsvoller Unterhaltungsmusik (z. B. bei G. Ph. Telemann, M. in der Orchestersuite in g) als auch in einfachen Strophenliedern. Hauptquelle ist Sperontes' *Singende Muse an der Pleiße* (1736ff.). Wie die Übertragung von Nr. 33 daraus zeigt, können die M.-Bässe auch als Abbreviaturen notiert werden (*), die man ihrer graphischen Gestalt gemäß als *Brillenbässe* bezeichnet.

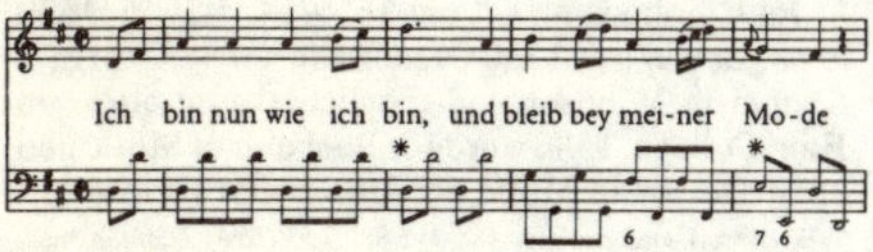

MURSCHHAUSER, Franz Xaver Anton, getauft 1. 7. 1663 Zabern, † 6. 1. 1738 München; dt. Komponist. Er war Schüler von J. K. Kerll und wirkte in München zunächst als Instrumentist und Sänger an St. Peter, seit 1691 als Chorregent an der Liebfrauenkirche. Von seinen Kirchenkompositionen erschien lediglich eine Sammlung von Vesperpsalmen im konzertierenden und a cappella-Stil im Druck. Weite Verbreitung fanden dagegen seine Versettensammlungen *Octi-tonium* und *Prototypon,* die für den liturgischen Gebrauch bestimmt waren und nach dem Vorbild der Orgelversetten von Kerll Zyklen von Miniaturfugen enthalten, die von toccatenhaften Vor- und Nachspielen eingerahmt sind. M.s musiktheoretischer Traktat *Academia musico-poetica* forderte durch seine konservative Haltung J. Mattheson in seiner *Critica musica* zu heftiger Polemik heraus.

WW: *Octi-tonium novum organicum* (Au 1696); *Vespertinus latriae cultus* (10 Psalmen) (Ulm 1700); *Prototypon longo-breve organicum* (Nü 1703); *Fundamentalische kurz- und bequeme Handleitung sowohl zur Figural als Choral Music* (Mn 1707); *Academia musico-poetica bipartita* I (Au 1721).

Ausg.: Orgelwerke v. J. u. J. Ph. Krieger sowie F. X. A. M., hrsg. v. M. SEIFFERT (1917) (= DTB 18); Orgelwerke, hrsg. v. R. WALTER (Altötting 1962, NA 1970).

Lit.: M. VOGELEIS, F. X. A. M., in: KmJb 16 (1901); G. FROTSCHER, Gesch. des Orgelspiels u. der Orgelkomposition I (B 1935, ³1966); W. APEL, Gesch. der Orgel- u. Klv.-Musik bis 1700 (Kas 1967).

F. W. RIEDEL

MUSARD, Philippe, * 8. 11. 1792 Tours, † 31. 3. 1859 Auteuil (Paris); frz. Dirigent und Komponist. Er hatte nach der Revolution von 1830 vor allem als Tanzmusikkomponist mit seinen z.T. auf Opernmelodien geschriebenen Walzern und Quadrillen solchen Erfolg bei den Bällen der Varietés, der Salle Ventadour, der Opéra-Comique und der Opéra, daß er unter König Louis-Philippe geradezu als „Quadrillenkönig" galt.

WW: 3 Streichquartette; 150 Quadrillen u. zahlr. Walzer. – *Nouvelle méthode de composition musicale* (P 1832).

MUSCHELHORN, Schneckentrompete (engl.: conch trumpet, marine-shell trumpet; frz.: conque; it.: tromba a conchiglia; span.: caracola, concha marina), Bz. für ein Blasinstrument mit einem Korpus aus dem Gehäuse einer großen Meeresschnecke, deren Form auch bei Instrumenten aus Ton nachgeahmt wurde (Peru). Die spiralförmig gewundene Muschel hat an einer Seite eine weite Öffnung, das andere spitz zulaufende, geschlossene Ende ist abgeschnitten. Die so entstandene Öffnung benutzt der Spieler unmittelbar als Mundstück (Altamerika, Malaysia, Iran, Tibet), er kann auch ein gesondertes Mundstück (Indien, Japan, Laos) oder ein kleines Bambus- oder Metallröhrchen (Fidschi, Tahiti) einsetzen. Es gibt auch seitlich angeblasene Muschelhörner, bei denen in die Seitenwand der Schnecke ein Loch gebohrt wird (Polynesien, Mikronesien). Das M. ist eine primitive Form des ↗Horns, auf dem, außer dem Grundton, die ersten 6–7 Teiltöne erklingen können. Sein Klang ist laut, aber dumpf und hohl. Es gehört zu den weltweit verbreiteten Instrumenten und ist nicht nur, wie anzunehmen wäre, in den jeweiligen Küstengebieten, sondern überall, auch im Landesinnern, zu finden. In der griechischen Mythologie war es das Attribut der Tritonen, in den Legenden der Hindu ein heiliges, von Göttern oder Dämonen gespieltes Instrument, aber auch seit dem 12. Jh. ein buddhistisches Tempelinstrument. Vielerorts diente es als Signalinstrument im Krieg oder bei anderen Gefahren, aber auch als Instrument der Schäfer und Fischer oder als königliches Instrument. In vielen Kulturen wurde das M. bei Ernte-, Hochzeits- und Totenfeiern oder bei Initiationsriten, beim Regenzauber und bei magischen Ritualen verwendet.

Lit.: W. JACKSON, Shell-Trumpets and Their Distribution in the Old and New World, in: Memoirs of the Manchester Literary Soc. 8 (1916); C. SACHS, Geist u. Werden der Musikinstr. (B 1929, Nachdr. Buren 1975); K. G. IZIKOWITZ, Musical and Other Sound Instr.s of the South American Indians (Göteborg 1935); A. SCHAEFFNER, Origine des instr.s de musique (P 1936, P–Den Haag ²1968). M. BRÖCKER

MUSEN. In der Vorstellung der klassischen Antike Töchter des Zeus und der Mnemosyne (Göttin des Gedächtnisses), stellen sie die Synthese des Göttlichen und der Erinnerung dar, nämlich die Inspiration. Zusammen mit Apollon erheitern sie durch Musik die Göttermahle des Zeus. Musische, d. h. auf die M. bezogene Betätigung, ausgedrückt durch den Begriff Musikē, war für die Griechen gleichbedeutend mit Ordnung und Harmonie und umfaßte in einem die Künste und die Wissenschaften, was in Platons Dialog *Alkibiadēs* belegt wird: „Welches ist die Disziplin, zu der die Dichtung, der Gesang und der Tanz gehören ... Ist es nicht die Musikē?“ Die ursprüngliche Idee einer einzigen Muse scheint manchmal in der Überlegenheit der Kalliope über die anderen M. durch. Doch die schon bei Homer und Hesiod bekannte Zahl von 9 M. entspricht dem gesamten Bereich der von den Griechen als musisch angesehenen Künste. Jeder von ihnen wurde ein bestimmtes Attribut zugesprochen: Kleio oder Klio (Muse der Geschichtsschreibung) erhielt Griffel und Schriftrolle, Kalliope (epische Dichtung und Wissenschaft) Griffel mit Tafel oder Schriftrolle, Polyhymnia (instrumental begleiteter Gesang) gelegentlich eine Schriftrolle, Euterpe (lyrische Dichtung) Aulos, Terpsichore (Tanz) Lyra mit Plektrum, Erato (Lyrik, besonders Liebesdichtung) Kithara, Melpomene (Gesang und Tragödie) tragische Maske, Keule und Weinlaub, Thalia (Komödie) komische Maske sowie Urania (Astronomie) Himmelsglobus und Zeigestab.

Die M. in ihrer Gesamtheit oder einzeln werden im 16./17. Jh. gelegentlich auch im Titel musikalischer Drucke genannt. Beispiele sind u. a. die verschiedenen Sammeldrucke *Primo* (usw.) *libro delle muse* (etwa RISM 1555 $^{25-27}$), ferner von M. Praetorius die Tanzsammlung *Terpsichore* (1612) und die – auch in der Neunteiligkeit der Zahl der M. entsprechende – Sammlung geistlicher Gesänge *Musae Sioniae* (1605–10).

Lit.: W. F. OTTO, Die M. u. der göttliche Ursprung des Singens u. Sagens (Düsseldorf 1954, Da ²1956); E. KOLLER, Muse u. musische Paideia (Z 1956) (= Museum Helveticum 13); K. M. KLIER, Musizierende M., in: OMZ 21 (1966); K. MEYER-BAER, Music of the Spheres and the Dance of Death. Studies in Musical Iconology (Princeton/N.J. 1970); M. WEGNER, Kalliope, in: Musa, Mens, Musici. Gedenkschrift W. Vetter (L 1970).

MUSETTE. – 1) Seit dem Spätmittelalter Bz. für eine Sackpfeife oder eine Schalmei ohne Windsack, später auch M. de Poitou oder Hautbois de Poitou genannt. – **2)** Bz. für eine im 17. Jh. entwickelte Sonderform der französischen ↗Sackpfeife mit Doppelrohrblättern in allen zylindrisch gebohrten Pfeifen. Zuerst hatte das Instrument nur eine Melodiepfeife mit 7 offenen und 4, später 6 Grifflöchern mit geschlossenen Klappen. Um 1650 erweiterte J. Hotteterre den Tonumfang durch Hinzufügen einer zweiten kleinen Spielpfeife mit 6 Grifflöchern mit geschlossenen Klappen. Die M. hatte statt der langen Bordunpfeifen 4 oder 5 Bordunpfeifen in einem mehrfach gebohrten ↗Rankett, das außen Schieber hatte, um die Tonhöhen einzelner Borduntöne zu verändern. Die M. wurde mit einem Blasebalg gespielt. Sie war, oft in kostbarer Ausführung, zusammen mit der ↗Drehleier, im 17. und 18. Jh. im Zusammenhang mit der Schäfermode das Modeinstrument des französischen Adels. In dieser Zeit entstanden auch zahlreiche Kompositionen für die Musette. Berühmte Spieler waren u. a. die Brüder Chédeville, H. Baton, J. Aubert sowie Angehörige der Familien Philidor und Hotteterre. – **3)** Bz. für einen besonders in Frankreich im 17. und in der 1. Hälfte des 18. Jh. sehr beliebten Tanzsatz, für den der auf den Klang der M. hinweisende Bordunton im Baß charakteristisch ist. Solche Sätze schrieben u. a. J.-Fr. d'Andrieu *(Pièces d'orgue)*, Fr. Couperin (*Pièces de clavecin*, 15. Ordre), J.-Ph. Rameau (*Pièce de clavecin*, 1. Buch), J. S. Bach (3. Englische Suite, als Gavotte), G. Fr. Händel (Concerto grosso op. 6, Nr. 6). M.s finden sich in dieser Zeit auch in Opern, z. B. bei Händel (Ouvertüre zu *Alcina*), A. C. Destouches *(Callirhoé)*, N. Dalayrac *(Nina)* und W. A. Mozart *(Bastien und Bastienne)*. Eine M. enthält die Suite für Klavier op. 25 von A. Schönberg.

J. S. Bach, Gavotte II aus der 3. Englischen Suite

4) Im 19. Jh. werden in Frankreich die beliebten städtischen Tanzvergnügen, die Bals champêtres, als Bals musettes bezeichnet, weil in ihnen die von den ländlichen Musikanten ursprünglich gespielten Sackpfeifen charakteristisch waren. An ihre Stelle trat später das sog. Accordéon musette, und es entstand die bis heute typische, auf diesem Instrument gespielte Valse musette mit ihrer melodischen Eigenart und ihrem schnellen Tempo. – **5)** Bz. für ein 8′- oder 4′-Zungenregister der Orgel mit zylindrischem oder in Form eines Doppelkonus gestaltetem Schallbecher.

Theoretische Quellen u. Lit.: CH. E. BORJON DE SCELLERY,

Traité de la m. (Ly 1672); J. HOTTETERRE, Méthode pour la m. (P 1737); E. DE BRICQUEVILLE, Les m.s (P 1894); E. THOINAN, Les Hotteterre et les Chédeville (P 1894); Amusements des musiciens français du XVIIIe siècle, hrsg. v. H. EXPERT (P o. J.); C. SACHS, Eine Weltgesch. des Tanzes (B 1933, Nachdr. Hil 1976); J. EPPELSHEIM, Das Orch. in den Werken J.-B. Lullys (Tutzing 1961) (= Münchner Veröff. z. Musikgesch. 7).

M. BRÖCKER

MUSGRAVE, Thea, * 27. 5. 1928 Edinburgh; schottische Komponistin. Sie studierte an der Universität Edinburgh und bei Nadia Boulanger am Pariser Conservatoire. Ihre in Paris komponierte *Cantata for a Summer's Day* wurde 1955 bei den Edinburgher Festspielen uraufgeführt. Seit 1955 lebt Th. M. in London; sie unterrichtete dort 1958–64 an der Universität und war mehrere Jahre lang Leiterin und Begleiterin der Saltire Singers. 1970 lehrte sie an der University of California in Santa Barbara. In ihren 5 *Love Songs* (1955) zeigen sich erste Einflüsse der seriellen Musik, während Werke wie *Obliques* (1958) und *A Song for Christmas* (1958) ganz der seriellen Technik verpflichtet sind. Seit ihrer Oper *The Decision* (1964) schrieb sie eine Reihe von Werken wie die *Chamber Concertos* Nr. 2 (1966) und Nr. 3 (1967), die eine Technik asynchroner Ausführung, vergleichbar der „Kontrollierten Aleatorik" W. Lutosławskis, in ihrer harmonischen Organisation aufweisen. Neben theatralischen Elementen benützt Th. M. auch präformierte Tonband-Materialien, z. B. in *Orfeo I* für Flöte und Tonband (1975).

WW: **1) Instr.-WW:** Klv.-Stücke; Kammermusik, u. a.: Streichquartett (1958); 4 Kammerkonzerte, 1: für 9 Instr. (1962), 2: für 5 Instr. (1966), 3: für 8 Instr. (1966), 4: *Space Play* für 9 Instr. (1974); Impromptu Nr. 1 für Fl. u. Ob. (1967) u. Nr. 2 für Fl., Ob. u. Klar. (1970); Elegie für Va. u. Vc. (1970); *Night Music* (1969) für Kammerorch. – *For One to Another* (1970) für Va. u. Tonband. – Für Orch.: Divertimento für Streichorch. (1957); *Obliques* (1958); *Scottish Dance Suite* (1959); *Perspectives* (1961); *Themes and Interludes* (1963); Symphonie (1963); *Festival Overture* (1965); *Nocturnes and Arias* (1966); *Memento vitae* (1970); *Orfeo II* für Fl. u. 15 Str. (1975); Konzerte für: Klar. (1969); Horn (1971); Va. (1973). – **2) Vokal-WW:** *Cantata for a Summer's Day* (1954) für Vokalquartett, Sprecher, Fl., Klar., Streichquartett u. Kb.; *5 Love Songs* (1955) für Tenor u. Gitarre; *A Song for Christmas* (1958) für Sopran u. Klar.; *Triptych* (1959) für Tenor u. Orch.; *The Phoenix and the Turtle* (1962) u. *The Five Ages of Man* (1964) für Chor u. Orch.; ferner a cap.-Chöre. – **3) Bühnen-WW:** Kammeroper *The Abbot of Drimock*, UA: London 1962; Opern: *The Decision*, UA: ebd. 1967; *The Voice of Ariadne*, UA: Aldeburgh 1974; *Mary, Queen of Scots*, UA: Edinburgh 1977. – Ballette: *A Tale for Thieves* (1953); *Beauty and the Beast*, UA: London 1969.

Lit.: S. BRADSHAW, Th. M., in: MT 104 (1963); A. PAYNE, Th. M.'s Clarinet Concerto, in: Tempo (1969) Nr. 88; N. KAY, Th. M., in: Music and Musicians 18 (1969/70); S. WALSH, M.'s „The Voice of Ariadne", in: MT 115 (1974).

MUSICA (lat., von griech. musa = Muse; musikē, die weibliche Form des Adjektivs musikos, bezieht sich ursprünglich auf technē, d. h. musische Kunst, erhält später aber substantivische Bedeutung; ebenso das lat. musica als substantivische Verkürzung von ars m. oder scientia m.), die ↗Musik, ein Terminus der Antike, der bis in das 18. Jh. hinein in Gebrauch war. Die bedeutendsten Musikdefinitionen der griechischen Antike waren diejenigen des Ptolemaios (2. Jh. n. Chr.) und des Aristides Quintilianus (3. Jh. n. Chr.). In der Spätantike definiert Augustinus in Anlehnung an Aristides Quintilianus: „Musica est scientia bene modulandi" (↗Modus, ↗Modulatio), d. h., Musik ist die Wissenschaft, im Rahmen eines melodischen und rhythmischen Maßes vokal und instrumental gut zu gestalten. Boëthius hingegen greift die Definition des Ptolemaios auf: „Musica est facultas differentias acutorum et gravium sonorum sensu ac ratione perpendens", d. h., Musik ist die Fähigkeit, die die Unterschiede zwischen hohen und tiefen Tönen sowohl durch Sinneswahrnehmung als auch durch Vernunfterkenntnis genau erwägt. Beide Definitionen erlangten im Mittelalter Modellgeltung und wurden im musiktheoretischen Schrifttum bis in das 18. Jh. hinein rezipiert.

Wie die Musikdefinitionen wurden auch die aus diesen abgeleiteten Musikklassifikationen der griechischen Antike im lateinischen Schrifttum von der Spätantike und dem Mittelalter übernommen. Aristoxenos z. B., ein Aristoteles-Schüler, hatte zwischen theoretischer Musiklehre und praktischer Musikübung unterschieden, Plutarchos hingegen hatte die Musik in Melodik, Rhythmik und Metrik eingeteilt. Die Klassifikation des Plutarchos blieb bis ins 16. Jh. hinein in Gebrauch; so beschäftigt sich z. B. Augustinus in seiner Schrift *De musica* mit der Metrik, und noch 1392 differenziert Eustache Deschamps in *L'art de dictier* zwischen „musique naturelle" und „musique artificielle" und versteht darunter die Dichtkunst einerseits und die Musik andererseits. Die Klassifikation des Aristoxenos hat eine besonders nachhaltige Wirkung erfahren und bis in die heutige Zeit ihre Geltung bewahrt. Die Doppelfunktion der Musik als Wissenschaftslehre (M. theorica, theoretica und speculativa) und als Kunstübung (M. practica und activa) wurde zu allen Zeiten diskutiert, und noch im 18. Jh. begründet Fr. W. Marpurg diese Zweiteilung folgendermaßen: „Das Wort Musik bezeichnet die Wissenschaft oder die Kunst der Töne; sie ist eine Wissenschaft, insofern ihre Regeln aus gewissen Gründen erwiesen werden können, eine Kunst, insofern die erwiesenen Regeln zur Wirklichkeit gebracht werden können."

Die *M. theorica* umfaßte die gesamte spekulative Musiklehre. Diese stellt nach Boëthius das uneingeschränkt geltende Ordnungsprinzip der Sphären,

Elemente und Menschen dar. Sie beruht auf den Zahlenproportionen der Klänge und unterteilt sich wiederum in die M. mundana, d.h. die ↗Sphärenharmonie, die M. humana, d.h. die Harmonie zwischen Seele und Leib (↗Ethos), und die M. instrumentalis, d.h. jede klingende, also sowohl die vokal als auch die instrumental ertönende Musik. Zu den „causae et fundamenta" der M. theorica gehörten die Lehre von den mathematisch-physikalischen Gesetzen der Töne und deren Folgen und Verbindungen (mathematica), die historischen Grundlagen der Musik (historica), seit L. Fogliano (*Musica theorica,* 1529) zusätzlich die Frage der musikalischen Temperierung und seit dem 17. Jh. Betrachtungen zur Zahlensymbolik. Da die M. theorica im gesamten Mittelalter das universale Ordnungsprinzip darstellt, ist sie der M. practica übergeordnet. Diese tritt indessen seit dem 15. Jh. immer mehr in den Vordergrund. So verzichten z.B. Engelbert von Admont und Johannes de Grocheo in ihren Schriften unter ironischer Begründung bewußt auf die Behandlung der M. theorica. Damit leiten sie eine Entwicklung ein, die in der Höherbewertung der M. practica gegenüber der M. theorica endet. Bereits in der Mitte des 16. Jh. stellt für G. Zarlino die Beschäftigung mit der M. theorica nur noch eine „speculazione senza frutto" dar. Dagegen klagt J. G. Walther noch 1708 in den *Praecepta der musicalischen Composition* über die Überbewertung der M. practica: „Nun wäre zu wünschen, daß die heutigen *Componisten* alle des *Ptolemaei* Schüler wären, und beyde *musical.* Richter, nemlich *ton logon,* als den höhern, und *tēn akoēn,* als den niederern zusammen setzeten, und mit einander vereinigten; so würde man auch so wohl *à priori* als *posteriori* in musical. Dingen vernünftig *judiciren* können."

Die *M. practica* umfaßte die Gesanglehre (M. modulatoria und signatoria, ars canendi) und die Kompositionslehre (M. poetica). Bereits im Mittelalter hatte Odo die M. einseitig als „scientia veraciter canendi", d.h. als Wissenschaft vom aufrichtig-wahrhaftigen Singen, definiert, und der Anonymus II hatte sie sogar lediglich als „ars recte canendi", d.h. als Kunst, richtig zu singen, bezeichnet und die M. somit als ausschließlich handwerkliche Fertigkeit (ars) abgewertet. Die Definition des Anonymus II wird von den Gelehrten des Humanismus wieder aufgegriffen. Im Zuge ihrer Darlegungen gelangt die Gesanglehre, die den Choralgesang (M. choralis) und den Figuralgesang (M. figuralis), d.h. den mehrstimmigen Gesang, umfaßte, vom 16. bis zum 18. Jh. in den elementaren Schulunterricht, für den zahlreiche Lehrbücher unter dem Titel *Musica id est ars canendi* u.ä. verfaßt wurden. Die Kompositionslehre, zunächst der 2. Teil der M. practica, erhielt speziell in Deutschland seit dem 16. Jh. bis zum Beginn des 18. Jh. die Bezeichnung *M. poetica* (Synonyme waren Melopoetica und Melopoiia, von griech Melos = Lied und poiein = machen). Dieser Terminus entstand in Anlehnung an den aristotelischen Begriff der Poiēsis, d.h. der Tätigkeit, die etwas Schöpferisches hervorbringt. Da Aristoteles das Tun in 3 Bereiche gegliedert hat, nämlich die „dianoia theōretikē", das geistige Betrachten, die „dianoia praktikē", die praktische Überlegung, und die „dianoia poiētikē", das schöpferische Hervorbringen, wurde die Tätigkeit im Bereich der Musik analog in 3 Bereiche gegliedert, nämlich die M. theoretica, practica und poetica. Neben dieser Dreiteilung hielt sich weiter die Zweiteilung der M., in der die M. poetica ein Teil der M. practica war. Gegenstand der M. poetica war das, was die Ars canendi klanglich realisieren sollte, nämlich die Vokalmusik. Erst J. G. Walther schließt 1708 in den *Praecepta der musicalischen Composition* die Instrumentalmusik mit ein. Die Kompositionslehre vermittelte den Kontrapunkt, d.h. die Lehre von den Tönen und Intervallen, den Intervallverbindungen, der Dissonanzbehandlung und den Klauseln, die Lehre von den Kirchentonarten sowie die Mensuraltheorie. Seit dem späten 16. Jh. kommt die Lehre von der Explicatio textus hinzu, d.h. die Lehre von der musikalischen Ausschmückung, Textausdeutung und Affektdarstellung, außerdem tritt zu diesem Zeitpunkt statt des Kontrapunkts immer mehr die Akkordlehre in den Vordergrund (z.B. bei J. Burmeister, Johann Lippius und J. Crüger). Als Mittel der musikalischen Ausschmückung wurden während des 16. Jh. die Klauseln, Synkopen und Imitationen genannt, als Mittel der Textausdeutung und Affektdarstellung gegen Ende des 16. Jh. Stimmführungs- und satztechnisch-formale Möglichkeiten, die im Rahmen einer ad hoc erfundenen ↗Figuren-Lehre durch rhetorische Termini klassifiziert wurden.

Gelegentlich erscheint seit dem späten Mittelalter die M. personifiziert in der bildenden Kunst und in der dichterischen Sprache als „Frau Musica". Nach einem Text von M. Luther schrieb P. Hindemith 1928 eine Kantate *Frau Musika.*

Lit.: G. PIETZSCH, Die Klassifikation der Musik von Boetius bis Ugolino v. Orvieto (Hl 1929, Nachdr. Da 1969) (= Stud. z. Gesch. der Musiktheorie im MA 1); DERS., Die Musik im Erziehungs- u. Bildungsideal des ausgehenden Altertums u. frühen MA (Hl 1932, Nachdr. Da 1969) (= ebd. 2); R. SCHÄFKE, Aristeides Quintilianus. Von der Musik (B 1937); H. H. UNGER, Die Beziehungen zw. Musik u. Rhetorik im 16. bis 18. Jh. (Wü 1941); M. F. BUKOFZER, Speculative Thinking in Medieval Music, in: Speculum 17 (1942); H. ZENCK, Grundformen dt. Musikanschauung, in: Jb. der Akad. der Wiss. in Göttingen (1941/42), Neudr., in: Numerus und Affectus, hrsg. v. W. GERSTENBERG (Kas 1959) (=Musikwiss. Arbeiten 16); H. HÜSCHEN, Ars musica, in: MGG I; M. RUHNKE, J. Burmeister (Kas 1955); K. W. NIEMÖLLER, Ars musica, ars poetica, musica poetica, in: Kgr.-Ber. Hamburg 1956 (Kas 1957); R. L. CROCKER, Musica rhythmica and Musica metrica in Antique and Medieval Theory, in: JMTh 2 (1958); H. H. EGGEBRECHT, Zum Figur-Begriff der M. poetica, in: AfMw 16 (1959); J. HAAR, Musica mundana. Variations on a Pythagorean Theme (C/M 1961) (= Diss. Harvard Univ.); M. RUHNKE, Musica theorica (theoretica), practica, poetica, in: MGG IX; R. HAMMERSTEIN, Die Musik der Engel. Unters. z. Musikanschauung des MA (Be–Mn 1962); W. WIORA, M. poetica und musikal. Kunstwerk, in: FS K. G. FELLERER (Rb 1962); C. DAHLHAUS, M. poetica und musikal. Poesie, in: AfMw 23 (1966); R. HAMMERSTEIN, Diabolus in musica. Stud. z. Ikonographie der Musik im MA (Be–Mn 1974) (= Neue Heidelberger Stud. z. Musikwiss. 6).

B. R. SUCHLA

MUSICA ENCHIRIADIS. Eine Schrift mit diesem Titel und die in den Quellen fast immer anschließende *Scolica enchiriadis de musica* sind die ersten Traktate des Mittelalters, die sich auch eingehend mit mehrstimmigem Musizieren (↗Organum) befassen. Aus diesem Grunde, aber auch wegen ihres ungewöhnlichen Tonsystems ($4^1/_2$ durch je einen Ganzton getrennte Tetrachorde mit jeweils in deren Mitte liegendem Halbton), ihrer auffallenden Notationsweise (von einem F-ähnlichen Grundzeichen abgeleitete sog. Dasia-Notation [↗Notenschrift];

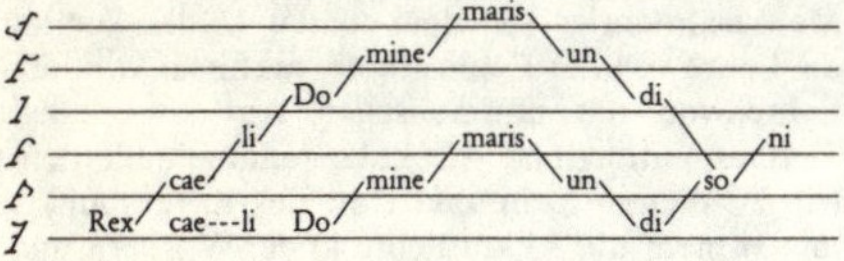

Schreibung von Textsilben auf Linien) und der Beschreibung nichtdiatonischer Fortschreitungen u. a. erregten sie seit jeher besonderes Interesse. Mit rund 50 großenteils vollständigen Handschriften übertrifft die Überlieferung der beiden Traktate bei weitem die anderer Musiktheoretiker, ausgenommen lediglich Boëthius, (Pseudo-)Odo und Guido von Arezzo. Der Verfasser der nach der Mitte des 9. Jh. im nordfranzösisch-niederrheinischen Raum entstandenen und von Anfang an anonym tradierten Traktate konnte trotz mehrfacher Versuche bisher nicht ermittelt werden. Die Zuschreibung an Hucbald wird nicht mehr aufrechterhalten.

Ausg. in: GERBERT Scr. I; H. SCHMID, Musica et scolica enchiriadis (1981) (= Veröff. der Musikhist. Kommission der Bayerischen Akad. der Wiss. 3). – Kommentierte Übersetzungen: R. SCHLECHT, Hucbald, M. e., in: MfM 6 (1874) bis 7 (1875); R. L. HOLLADAY, The M. E. and Scholia Enchiriadis (1977) (= Diss. Ohio State Univ.).

Lit.: H. MÜLLER, Hucbalds echte u. unechte Schriften über Musik (L 1884); PH. SPITTA, Die M. e. u. ihr Zeitalter, in: VfMw 5 (1889); G. MORIN, L'auteur de la M. E., in: Rev. bénédictine 8 (1891); G. JACOBSTHAL, Die chromatische Alteration im liturg. Gesang der abendländischen Kirchen (B 1897, Nachdr. Hil 1970); H. RIEMANN, Gesch. der Musiktheorie (L [2]1921, Hil [3]1961, Nachdr. 1971); H. SOWA, Textvariationen z. M. E. in: ZfMw 17 (1935); E. L. WAELTNER, Das Organum bis zur Mitte des 11. Jh. (Diss. Hei 1953), Neufassung als: Die Lehre vom Organum..., Teil 1 (Tutzing 1975) (= Münchner Veröff. z. Musikgesch. 13).

H. SCHMID

MUSICA FALSA ↗Musica ficta.

MUSICA FICTA (lat., = künstlich gebildete Musik), auch **Musica falsa** (= falsche Musik), im 13.–16. Jh. gebräuchliche Bz. für die Verwendung von Tönen, die nicht den diatonischen ↗Hexachorden und den Modi dieser Zeit angehören, sondern mittels ↗Akzidentien gebildet werden, gelegentlich Bz. auch für die Akzidentien selbst. Die Lehre von der M.f. findet sich u. a. in den Traktaten von Johannes de Garlandia, Jacobus von Lüttich, Philipp de Vitry, Prosdocimus de Beldemandis, J. Tinctoris und J. Hothby. Sie erklärt und diskutiert in unterschiedlicher Weise die Akzidentiensetzung zur Vermeidung von Dissonanzen (vor allem des ↗Tritonus) im melodischen Verlauf einer Stimme und im Zusammenklang mehrerer Stimmen (etwa zur Vermeidung des ↗Mi contra fa). Aus der Lehre lassen sich jedoch keine festen und eindeutigen Regeln für die tatsächliche Verwendung von Akzidentien in den überlieferten musikalischen Quellen des 13.–16. Jh. gewinnen. Die Ergänzung von – in den Quellen als stillschweigend vorausgesetzten – Akzidentien bleibt auch vor dem Hintergrund der M.f. eines der schwierigsten Probleme der Edition und Aufführungspraxis älterer Musik.

Lit.: H. RIEMANN, Verloren gegangene Selbstverständlichkeiten in der Musik des 15. u. 16. Jh. (Langensalza 1907); R. VON FICKER, Beitr. z. Chromatik des 14.–16. Jh., in: StMw 2 (1914); W. APEL, Accidentien u. Tonalität in den Musikdenkmälern des 15. u. 16. Jh. (B 1936); L. HIBBERD, M.f. and Instrumental Music ca. 1250 – ca. 1350, in: MQ 28 (1942); E. E. LOWINSKY, Secret Chromatic Art in the Netherlands Motet (NY 1946, Nachdr. NY 1967) (= Columbia Univ. Studies in Musicology 6); G. REANEY, 14th Century Harmony, in: MD 6 (1953); E. E. LOWINSKY, M. Greiter's „Fortuna". An Experiment in Chromaticism and in Musical Iconography, in: MQ 42 (1956) u. 43 (1957); C. DAHLHAUS, Die Termini Dur u. Moll, in: AfMw 12 (1955); G. REANEY, Modes in the 14th Century, in Particular in the Music of G. de Machaut, in: Organicae voces. FS J. Smits van Waesberghe (A 1963); L. LOCKWOOD, A Sample Problem of „M.f.", Willaert's „Pater noster", in: FS O. Strunk (Princeton/N.J. 1968); A. HUGHES, Ugolino. The Monochord and m. f., in: MD 23 (1969); H. TISCHLER, M.f. in the 13th Century, in: ML 54 (1973); M. HONEGGER, La tablature de D. Pisador et le problème des altérations au XVIe siècle, in: RMie 59/60 (1973/74); K. PAULSMEIER, Akzidentien im Cod. Bamberg, in: Schweizer Beitr. z. Musikwiss. 2 (Be 1974) (= Publikationen der Schweizerischen Musikforschenden Ges. III/2); D. HARRÁN, New Evidence for M.f., the Cautionary Sign, in: JAMS 29 (1976); I. GODT, A Lesson in M. f. from G. Costeley and Le Roy & Ballard, 1570–1579, in: MR 38 (1977); M. BENT – L. LOCKWOOD – R. DONINGTON, M. f., in: Grove[6] XII.

MUSICAL (Kurzform für angloamerik. musical comedy bzw. musical play), genuin amerikanische Gattung des Musiktheaters im 20. Jh., die im Idealfall Musik, Handlung und Tanz zu einer übergeordneten Einheit unter Verwendung von Stilmitteln der Oper und der Operette, der Revue, Burleske und Show sowie des Varietés zusammenschließt. Der Inhalt trägt vielfach aktuell-zeitbezogene, auch zeitkritische Züge oder basiert oft auf literarischen bzw. dramatischen Vorlagen, auch ernsteren Charakters. – Das M. besteht in der Regel aus 2 Akten; bedingt durch die Experimentierfreudigkeit der Autoren, hat es sich weitestgehende Unabhängigkeit von allen Handlung und Besetzung betreffenden Schemata erhalten. Entstanden ist das M. am Broadway in New York, wo der typisch amerikanische Theaterbetrieb mit seiner scharfen Trennung zwischen Inszenierung und Produktion (ein M. wird „produziert", d.h., ein Werk wird für eine ganz bestimmte Aufführung in einem ganz bestimmten Theater für ein ganz bestimmtes Ensemble geschrieben, das den Anforderungen an einen „singing and dancing actor" entsprechen muß) die Bedingungen stellt für einen außerordentlich hohen künstlerischen Anspruch einer Produktion, die unter Umständen mehrere Jahre en suite laufen kann. Zuvor jedoch geht die Produktion durch die „tryouts", Probevorstellungen in der „Provinz", bei denen das Werk noch durchgreifende Änderungen erfahren kann. Erst die „opening night" in einem Broadway-Theater markiert das Datum einer Uraufführung.

Das M. hat Elemente aus zwei Kulturbereichen integriert, aus dem europäischen die Ballad opera, die Oper, Operette, Ballett und Revue, aus dem amerikanischen die Minstrel-show und den Jazz. Als Ausgangspunkt für die Entwicklung der Gattung wird von amerikanischen Musikhistorikern wie David Ewen oder Cecil Smith die musikalische „Extravaganza" *The Black Crook* (1866) gesetzt. Der gattungstypologische Begriff „musical comedy" wurde allerdings erst 1874 auf das Bühnenstück *Evangeline* von Edward E. Rice angewandt. Noch bis zur Jahrhundertwende blieb der Broadway von amerikanischen Bühnenstücken in der Nachfolge von *The Black Crook* und der europäischen Operette bestimmt. Der erste, der mit dieser Tradition brach, war G. M. Cohan mit *Little Johnny Jones* (1904), einem von amerikanischem Optimismus, Verve, aber auch Chauvinismus getragenen Werk. Die zweite, entscheidende Entwicklungsrichtung initiierte zu Beginn des 20. Jh. Florenz Ziegfeld, der aus Paris die Idee der großen Ausstattungsrevue importierte und mit den *Ziegfeld Follies* am Broadway realisierte. Den noch jungen Jazz stellte der gebürtige Russe I. Berlin 1911 mit *Alexander's Ragtime Band* heraus. Zu den erfolgreichsten Komponisten dieser von Jazz und Revue beeinflußten Frühform des M.s gehören G. Gershwin, der junge R. Rodgers und J. Kern, der 1927 zusammen mit O. Hammerstein II das Werk schrieb, das als Ausgangspunkt des modernen M.s gilt, nämlich *Show Boat.*

Entscheidend für die weitere Entwicklung des M.s, das sich nun auch ernstere Stoffe erschloß, war die Weltwirtschaftskrise um 1930. Gershwin initiierte in ihrer Folge die politische Satire mit *Of Thee I Sing* (1930), das als erstes M. mit dem Pulitzer-Preis für Drama ausgezeichnet wurde; zeitkritische und hochpolitische Themen brachten u. a. H. Rome mit *Pins and Needles* (1937) und M. Blitzstein mit *The Cradle Will Rock* (1938) auf die Bühne; dennoch gilt Gershwins *Porgy and Bess* (1935) in Realismus von Thematik und Darstellung und im Lokalkolorit, was Sprache und Musik betrifft, als Höhepunkt der 30er Jahre. In dieser Zeit wurde mit der Einbeziehung des Tanzes noch ein wesentlicher Faktor dem Musical hinzugefügt. Rodgers' und Harts' *On Your Toes* (Choreographie G. Balanchine) begründete eine Tradition, die in Rodgers/Hammersteins *Oklahoma!* (Choreographie Agnes de Mille) weiterentwickelt wurde und in L. Bernsteins *West Side Story* (Choreographie J. Robbins) einen künstlerischen Höhepunkt erfuhr. Die 40er Jahre waren bestimmt durch eine Erweiterung der Thematik, wie Psychoanalyse (*Lady in the Dark* von K. Weill), negativer Titelheld (*Pal Joey* von Rodgers), Auseinandersetzung mit Krieg (*South Pacific* von R. Rodgers) und Rassenproblemen (*Finian's Rainbow* von B. Lane). In den 50er Jahren wurde die Motivation des Geschehens durch eine literarisch anspruchsvolle Vorlage oberstes Prinzip. Profilierte Literaten wie Truman Capote oder Clifford Odets schrieben M.-Libretti. 1956 kam mit Fr. Loewes *My Fair Lady* das international erfolgreichste Werk der Gattung heraus, ein Jahr darauf folgte *West Side Story* – zwei Werke, die beispielhaft für die Vielseitigkeit und Vielschichtigkeit des Musicals stehen. Neue Dimensionen erfuhr das Musical in den 60er und 70er Jahren: Jugendliche Protestbewegung und Vietnam-Krieg (*Hair* von G. McDermot), Weiterentwicklung und Stilisierung der Rockmusik (*Tommy* von Pete Townshend), nostalgischer Rückgriff auf Musik und gesellschaftliche Dimensionen der 50er Jahre (*Grease* von Jim Jacobs / Warren Casey) sowie historische Auseinandersetzung (*Cabaret* von J. Kander) bestimmten die Thematik. Die vielbeschworene „Krise" am Broadway scheint seit Mitte der 70er Jahre behoben zu sein, ein neuer Aufschwung des M.s am Broadway bahnt sich an, wie nicht zuletzt die vielen höchst erfolgreichen Neuproduktionen, aber auch „Remakes" älterer M.s beweisen.

Außerhalb der USA hat das M. nur in England eine vitale Position erlangen und behaupten können, wo vergleichbare Bedingungen herrschen und mit den Operetten von Gilbert & Sullivan eine lebendige Tradition vorgefunden wurde. Komponisten wie Lionel Bart, D. Heneker oder Cyril Ornadel waren mit ihren Werken auch am Broadway erfolgreich. Eigenständige Versuche in Frankreich und Italien konnten keine Tradition begründen. Obwohl in Deutschland schon vor dem 2. Weltkrieg mit V. Youmans *No, No Nanette* ein M. sehr bekannt wurde, dauerte es sehr lange, bis die Gattung nach dem Krieg Fuß fassen konnte. Zwar kam schon 1948 die deutsche Erstaufführung von K. Weills *Knickerbocker Holiday* (1938) als *Knickerbockers* in Essen heraus, aber bekannt wurde das amerikanische M. eigentlich erst nach der Erstaufführung von C. Porters *Kiss me Kate*. Beliebt auf deutschen Bühnen wurden vor allem Werke, die entweder in der Art einer Operette inszeniert werden können *(Annie Get Your Gun* von Berlin, *Kiss me Kate, My Fair Lady)* oder mehr zum Schauspiel tendieren *(Cabaret)*. Daß sich das M. letztlich in Deutschland noch nicht hat durchsetzen können – auch eigene deutschsprachige Werke blieben bislang gering an Zahl und Bedeutung –, dürfte auf die Schwierigkeiten der Besetzung und die besonderen Gegebenheiten des deutschen Repertoiretheaterbetriebs zurückzuführen sein.

Lit.: C. SMITH, Musical Comedy in America (NY 1950); M. VON HEINLEIN, Das junge M. in Amerika, in: Maske u. Kothurn 4 (1958); E. HELM, Vom Wesen des amerik. M., in: NZfM 120 (1959); K. R. DANLER, M. contra Operette, in: Musica 13 (1959); E. G. BINDER, Zur Entwicklung des amerik. M.s, in: Maske u. Kothurn 6 (1960); S. GREEN, The World of Musical Comedy (NY 1960); S. SCHMIDT-JOOS, Das M. (Mn 1965) (mit Lit.-Verz.); DERS., Was ist ein M.?, in: Der Volksmusiklehrer 16 (1967); H.-G. OTTO, Broadway-Import? Streiflichter zum Thema M., in: MuGes 17 (1967); W. GIELOW, M., Notizen z. Gesch. des USA-Show-Business (Mn 1968); J. LAHR, The American M. The Slavery of Escape, in: Evergreen Rev. 12 (1968); U. GATZKE, Das amerik. M. Vorgesch., Gesch. u. Wesenszüge eines kulturellen Phänomens (Mn 1969); D. EWEN, New Complete Book of the American M. Theater (NY 1970); J. R. TAYLOR – A. JACKSON, The Hollywood M. (Lo 1971); J. LOSKILL, Ist ein dt. M. überhaupt möglich?, in: Orch. 23 (1975); S. PFLICHT, M.-Führer (Mn 1980).

R.-M. SIMON – S. SIMON

MUSICA MENSURABILIS (lat., = meßbare Musik; häufig vorkommende Synonyme sind: **Cantus mensurabilis, Musica mensurata, Cantus mensuratus** und seit dem 15. Jh. **Cantus figuratus**), Bz. für die rhythmisch geregelte mehrstimmige Musik, die etwa 1260–1600 in der sog. Mensuralnotation (↗Notenschrift) aufgezeichnet worden ist, im Unterschied zu dem nichtgemessenen einstimmigen Kirchengesang, der sog. Musica plana (↗Cantus planus). Die Theorie der Mensuralnotation hat erstmalig Franco von Köln in lückenloser und leicht verständlicher Form dargelegt. Auf ihn geht die in den folgenden Jahrhunderten allgemeinverbindliche Definition zurück: „Mensurabilis musica est cantus longis brevibusque temporibus mensuratus" (M. m. ist ein Gesang, der durch lange und kurze Zeitwerte gemessen wird). Das ↗Organum duplum mit dem Wechsel von rhythmisch strengen und freien Abschnitten nennt Franco daher folgerichtig „musica partim mensurabilis" (Musik, die nur zum Teil gemessen ist). Der Begriff der Mensura (↗Mensur) beruhte auf den rhythmischen Erfahrungen der ↗Notre-Dame-Zeit, erhielt aber seine für die Folgezeit gültige Definition wiederum erst durch Franco: „Mensura est habitudo quantitatem, longitudinem et brevitatem cuiuslibet cantus mensurabilis manifestans" (Mensur ist das Äußere, das die Quantität, und zwar die Länge und die Kürze, eines jeden beliebigen meßbaren Gesanges deutlich macht).

Ausg. u. Lit.: G. REANEY – A. GILLES, Franco de Colonia, Ars cantus mensurabilis (R 1974) (= CSM 18).

B. R. SUCHLA

MUSICA PLANA ↗Cantus planus.

MUSICA POETICA ↗Musica.

MUSICA RESERVATA begegnet neben den Bezeichnungen „Reservata", „espèce réservée" und „Musico riservato" in 15 Drucken, Briefen und Aktenstücken zwischen 1552–1625 mit Bezug auf besondere Merkmale der so bezeichneten Musik und Musiker, aber auch ohne nähere Erklärung. Der älteste Beleg findet sich bei A. P. Coclico als Drucktitel seiner Motettensammlung *Musica reservata, Consolationes piae ex psalmis Davidicis* und im Vorwort seines *Compendium musices* (beide 1552), der späteste im *Opusculum bipartitum* (1625) von J. Thuringus, der sie von E. Hoffmanns *Doctrina de tonis* (1582) übernommen hat. – Der rätselhafte Begriff wird zwar verschiedentlich erklärt, aber nirgends eindeutig definiert. Offenbar wohnen ihm verschiedene Bedeutungen inne, die einerseits Satztechnik und Charakter der so bezeichneten Musik, andererseits deren gesellschaftlichen Ort innerhalb eines sozial gehobenen, hochgebildeten Hörerkreises betreffen. M. r. wird sowohl auf fortschrittliche Musik der Zeit um 1560 insgesamt als auch speziell auf die bildhafte und ausdrucksstarke Textausdeutung von O. di Lassos Bußpsalmen (1584) sowie auf das Vermeiden von Kadenzen (fuggir la cadenza), die Verwendung von Chromatik, Enharmonik und kunstvollen Satztechniken bezogen. Coclicos Absicht, jene Kunst wiederzubeleben, „quam vulgo reservatam iactitant", gilt dem Bestreben, die Wirkungen antiker Musik entsprechend den humanistischen Anschauungen des 16. Jh. hervorzurufen. Auf das Vorbild der Antike beruft sich auch N. Vicentino in seinem Traktat *L'antica musica ridotta alla moderna prattica* (1555), der den kammermusikalischen Charakter der für vornehme Kreise reservierten chromatischen und enharmonischen Musik im Gegensatz zu der „à uso delle vulgari orecchie" bestimmten diatonischen Musik betont. Da noch 1611 kommentarlos von „Etlicher reservata" gesprochen wird, war der mehrdeutige Begriff entgegen älterer Meinung auch noch zu Beginn des 17. Jh. gebräuchlich, ohne sich jedoch mit der Monodie zu decken. Bedeutungsähnliche Bezeichnungen wie „reconditus", „reculé", „secretus", „osservato" und „observé" lassen sich nach rückwärts bis in das 2. Jahrzehnt des 16. und nach vorwärts bis in das 7. Jahrzehnt des 17. Jh. verfolgen.

Lit.: M. VAN CREVEL, A.P. Coclico (Den Haag 1940); H. FEDERHOFER, Eine neue Quelle der m. r., in: AMl 24 (1952); W. CLARK, A Contribution to Sources of M. R., in: RBMie 11 (1957); B. MEIER, Reservata-Probleme, in: AMl 30 (1958); C. V. PALISCA, A Clarification of M. R. in J. Taisnier's „Astrologiae" 1559, in: ebd. 31 (1959); B. MEIER, M. r., in: HMT (1976).

H. FEDERHOFER

MUSIC BOX (engl.), **Musikbox,** im deutschen Sprachgebrauch Bz. für einen vorwiegend in Gaststätten und anderen öffentlichen Lokalen aufgestellten Schallplattenapparat, der gegen Geldeinwurf nach freier Wahl Musikstücke (in der Regel Schlager) abspielt. Die englische Bz. dafür ist juke box. Die M. b. kam um 1935 in den USA auf und ist heute weltweit bekannt. Im englischen Sprachgebrauch ist M. b. die Spieldose bzw. ein Musikautomat mit Walze.

MUSIC BOX REVUE, THE, amerik. Revuen, die zwischen 1921 und 1924 in dem eigens dafür gebauten Music Box Theater liefen. Das Theater wurde von Broadway-Produzent Sam Harris und dem Komponisten Irving Berlin geführt, der sämtliche Musiknummern für die verschiedenen Produktionen schrieb.

Als Konkurrenz zu den ↗George White's Scandals und den Ziegfeld Follies gedacht, zeichneten sich die Music Box Revues durch aufwendige Ausstattung und geistreiche Produktion aus. Aus der ersten Revue stammte der Song *Say it with Music,* der zum Motto der folgenden Music Box Revuen wurde. Andere bekannte Nummern waren *Lady of the Evening* (1922) und *All Alone* (1924), zu den bekanntesten Stars gehörten Grace Moore, Fanny Brice, Harry Ruby und Bert Kalmar. Die erfolgreichste Produktion war die erste mit 440 Vorstellungen en suite.

R.-M. SIMON – S. SIMON

MUSICI DI ROMA, I Musici di Roma, it. Kammerorchester. Es wurde 1952 von 12 Studenten der Accademia Nazionale di S. Cecilia in Rom gegründet. Besetzung: 6 Violinen, 2 Bratschen, 2 Violoncelli, 1 Kontrabaß und Cembalo; die Musiker spielen ohne Dirigenten. Konzertmeister waren (bzw. sind) nacheinander *Felix Ayo, Roberto Michelucchi, Salvatore Accardo* und heute *Pina Carmirelli* (1. Violine) sowie *Enzo Altobelli,* heute *Mario Centurione* (Violoncello); Cembalo spielt *Maria Teresa Garatti.* Das Repertoire der M. umfaßt hauptsächlich Werke italienischer Komponisten des 17.–18. Jh. (T. Albinoni, Fr. A. Bonporti, A. Corelli, Fr. Geminiani und A. und D. Scarlatti) und zeitgenössische Kompositionen, u.a. von B. Bartók, Fr. Martin und B. Britten. Im Mittelpunkt der Arbeit steht das gesamte orchestrale Schaffen von A. Vivaldi, für dessen Verbreitung sich die M. in hohem Maße verdient gemacht haben.

MUSIC MAN, THE, amerik. Musical in 2 Akten von Meredith Willson (1902–84), der Musik, Buch und Song-Texte schrieb. Ort und Zeit der Handlung: River City (Iowa, USA), im Jahre 1912. UA: 19. 12. 1957 in New York (Majestic Theater). Verfilmt 1962. Das Stück, in dessen Mittelpunkt der angebliche Handlungsreisende in Sachen Musikinstrumente Harold Hill – eben der *Music Man* – steht, stellt eine Satire auf das typische amerikanische Kleinstadtleben dar. Dramaturgisch knüpfte Willson in diesem seinem ersten Musical an den Stil der „musical comedy" eines George M. Cohan an. Zu den bekanntesten Musiknummern des Werkes gehören der zündende Marsch *Seventy-Six Trombones,* dessen Thema leitmotivisch auch in dem verträumten Song *Goodnight, My Someone* anklingt, sowie das Duett *Till There Was You,* das Jahre später als Song der Beatles eine zweite Karriere machte. Mit 1375 Aufführungen en suite war *The Music Man* ein außerordentlich erfolgreiches Werk, dem die Kritiker den New York Drama Critics Circle Award sowie den Antoinette Perry Award für das beste Musical der Saison verliehen.

R.-M. SIMON – S. SIMON

MUSICUS (latinisierte Form des griech. musikos; urspr. adjektivische, später substantivische Bedeutung; it.: musico; dt.: Musicus, Musiker; frz.: musicien; engl.: musician), Wissender im Bereich der ↗Musica. M. bezeichnet zunächst den Dichtermusiker, schließlich den musikalischen Fachmann allgemein, d.h. sowohl den Instrumentalisten und Sänger als auch den Musikgelehrten, erhält aber in der Spätantike eine Eingrenzung: Nach Boëthius ist nur derjenige ein M., der die Einsicht in die Musica theorica besitzt, nicht aber derjenige, der die Musica practica beherrscht, weil diese im Gegensatz zu jener lediglich einem Handwerk, nicht aber einer Wissenschaft gleiche. Der M. ist demnach dem Musikpraktiker, dem Cantor, übergeordnet. Bereits seit dem 10. Jh. hatte sich für diesen, sofern er dem geistlichen Stand angehörte, die Tätigkeit an Kathedral- und Domkirchen zu einem eigenständigen kirchlichen Beruf herausgebildet, der kirchliche Pfründen, repräsentative Würde u.v.a. mit sich brachte (↗Kantor). Nachdem das frühe und hohe Mittelalter die Auffassung des Boëthius rezipiert hatte, wird mit der Aufwertung der Musica practica im Spätmittelalter der Terminus M. zunehmend auch zur generalisierenden Bezeichnung desjenigen verwendet, der sich ernsthaft mit der gesamten oder mit einem Gebiet der Musica practica auseinandersetzt. Der M. ist vom Ende des 15. Jh. bis zum 18. Jh. nun derjenige, der die Musica, d.h. sowohl die Musica theorica als auch die Musica practica, versteht (J. A. Scheibe, *Der Critische M.*, 1737 bis 1740). Zur näheren Spezifizierung kann er kennzeichnende Beiwörter erhalten, wie z.B. in Deutschland „theoreticus" (theoricus, speculativus, artificialis), „practicus" (naturalis), „poeticus", als Mitglied einer höfischen oder städtischen Kapelle „Hof-M.", „Cammer-M." (↗Kammermusiker), „Rats-M." oder „Stadt-Musicus". Im 18. Jh. bezeichnet M. (Musikus) im deutschen Sprachgebrauch ähnlich wie „Musikant" vorherrschend nur noch den ausübenden Musiker. Im 19. Jh. setzt eine Bedeutungsverflachung beider Begriffe ein. M. bezeichnet seitdem abwertend einen berufsmäßigen Sänger oder Instrumentalisten auf musikalisch niedrigem Niveau (vgl. den Schlager der 20er Jahre *Es war einmal ein Musikus, der spielte im Café*), Musikant den Gelegenheitsspieler, während mit der Bezeichnung „Musiker" derjenige angesprochen wird, der die Musik berufsmäßig ausübt.

Lit.: G. PIETZSCH, Die Klassifikation der Musik v. Boethius bis Ugolino von Orvieto (Hl 1929, Nachdr. Da 1968); DERS., Die Musik im Erziehungs- u. Bildungsideal des ausgehenden Altertums u. frühen MA (Hl 1932, Nachdr. Da 1969); W. GURLITT, Zur Bedeutungsgesch. v. m. u. cantor bei Isidor von Sevilla (Mz 1950) (= Akad. der Wiss. u. der Lit. Mainz, Abh. der geistes- u. sozialwiss. Klasse, Nr. 7), Neudruck, in: Musikgesch. u. Gegenwart 1 (Wie 1966) (= Beih.e z. AfMw 1); W. SALMEN, Musiker. B. Der Musiker im MA u. in der Renaissancezeit, in: MGG IX; H. HÜSCHEN, Antike Einflüsse in der ma. Musikanschauung, in: Antike u. Orient im MA, hrsg. v. P. Wilpert (B 1962) (= Miscellanea mediaevalia 1); M. RUHNKE, Beitr. z. einer Gesch. der dt. Hofmusikkollegien im 16. Jh. (B 1963); H. HÜSCHEN, Berufsbewußtsein u. Selbstverständnis v. M. u. Cantor im MA, in: Beitr. z. Berufsbewußtsein des ma. Menschen (B 1964) (= Miscellanea mediaevalia 3); E. REIMER, M. – Cantor, in: HMT (1978); DERS., M. u. Cantor. Zur Sozialgesch. eines musikal. Lehrstücks, in: AfMw 35 (1978). B. R. SUCHLA

MUSIK. Richtet sich die Frage nach dem Wesen der M. als solcher nicht auf die Etymologie des Wortes oder auf Theorie und Mythos ihres Ursprungs (↗Musica), so wird die Gegenständlichkeit zum Thema, die als M. bezeichnet wurde und wird. Da es von Vorteil ist, dem damit angesprochenen Doppelaspekt dieses Artikels (historisch/systematisch) aus dem Verständnis der Problemlage gerecht zu werden, wurde eine Gliederung gewählt, die sich im Anschluß an eine einleitende Problematisierung auf den historischen Aspekt konzentriert. So ergibt sich eine für einen Lexikonartikel sonst unübliche Anordnung, die den Definitionsvorschlag des Stichworts an den Schluß stellt.

Probleme einer allgemeinen Begriffsbestimmung. Einen historisch und systematisch gleich befriedigenden M.-Begriff zu definieren scheitert an der Geschichtlichkeit der M. selbst; als geistesgeschichtliches Faktum entzieht sich „die" M. jeglicher abschließenden Rubrizierung. Schon die Versuche, den Gesamtbereich des Musikalischen (in diesem Zusammenhang sinnvollerweise meist auf die M. Europas und ihre Folgen eingeschränkt) nach den unterschiedlichsten Kriterien einzuteilen, erweisen sich für ein so verstandenes systematisches Interesse zumeist als nicht befriedigend. Überschneidungen und der Mangel nicht vollständiger Einteilungen ergeben sich bei der Unterscheidung nach Funktionen (weltlich/geistlich), Organen der Ausführung (instrumental/vokal), Gattungen (symphonische/Kammer-M.), nach Ort bzw. Rahmen der Ausführung (Konzert-/Theater-/Kirchen-M.), Kulturkreisen (europäische/außereuropäische M.), Form-Inhalt-Kriterien (absolute/Programm-M.), satztechnischen Details (homophone/polyphone M.), sozial motivierten Gewichtungen (Kunst-/Volks-/Kitsch- oder Schund-M.) oder auch bei der Unterscheidung nach Kriterien der Intention von Komponist, Interpret oder Hörer (E-/U-M.). Die aus der Tatsache einer reichen und kontinuierlichen Musiktradition, einer lebendigen und hochentwickelten musikalischen Kunstgeschichte und auch einer schließlich wissenschaftlichen M.-Rezeption resultierende Vielfalt musikalischer Erscheinungsformen macht gleichwohl die Frage nach einem prinzipientheoretisch gesicherten M.-Begriff nicht überflüssig; im Laufe der relativ kurzen Geschichte der ↗Musikästhetik wurde sie auch immer wieder thematisiert.

Schon aus dem Gefüge der Disziplinen der ↗Musikwissenschaft stellt sich die Frage nach einer zureichenden Definition des M.-Begriffs immer wieder auf andere Weise, denn jede einzelne sieht die M. als ihren Gegenstand anders. Schon der systematischen Musikwissenschaft erscheint das Forschungsobjekt M. anders als der historischen. So verstehen und definieren die positiv-wissenschaftlichen Disziplinen der systematischen Musikwissenschaft (z.B. physikalische Akustik, Gehörphysiologie, Musikpsychologie oder -soziologie) ihren Forschungsgegenstand anders als etwa die Musikästhetik (die einzige prinzipientheoretische, d.h. philosophische Disziplin). Für jede dieser Disziplinen gilt, daß sie gemäß des ihnen jeweils eigentümlichen Forschungsinteresses einen je eigenen Begriff ihres Gegenstands – der M. – zugrunde legen. Daraus ergibt sich dann auch die historische Auffächerung gegeneinander methodisch inkommensurabler M.-Begriffe in jeder einzelnen dieser – systematischen – Disziplinen. – Neben diese treten Teilgebiete der historischen Musikwissenschaft wie die spezielle Musiktheorie (als Wissenschaft von den in verschiedenen Zeiten und Kulturkreisen verwendeten und kompositorisch geformten Materialen), Kompositions- oder Satzlehre mit ihren Unterdisziplinen sowie Musikethnologie und musikalische Kunstgeschichte samt ihren Teilgebieten (wie Formenlehre, Satzlehre, Instrumentationskunde u.ä.). Schließlich fügen noch diejenigen Wissenschaften ihren M.-Begriff an, die die M. unter praktischem Aspekt betrachten, wie z.B. Musiktherapie oder Musikpädagogik.

Somit beruht die Vielzahl von Definitionen, Charakterisierungen und Beschreibungen des Phänomens M. auf der Differenzierbarkeit der auf dieses sich beziehenden Interessen und der auf dieses anwendbaren Methoden der Erforschung. Dieser Sachverhalt trifft auch auf das nicht aus primär musikwissenschaftlichem Interesse entstandene theoretische und technisch-instruktive Schrifttum über das Wesen, die Elemente, die Aufgabe und die Wirkung der M. zu. Zusammenfassend läßt sich also sagen, daß die verschiedenen Begriffe von M. als solcher, wie sie uns aus der Geschichte des Denkens über M. entgegentreten, den Wandel von jeweils zeit- und traditionsgebundenen M.-Auffassungen widerspiegeln: eine Geschichte des M.-Begriffs kommt einer Geschichte der M.-Auffassungen gleich.

Musikbegriffe und -auffassungen. Unter diesem Aspekt betrachtet, treten die seit dem Mittelalter in Europa erarbeiteten M.-Begriffe gar nicht in theoretischen Widerspruch zueinander; denn sowohl mögen Theoretiker des Humanismus und der Renaissance, die den praktisch-pädagogischen Aspekt der M. ebenso unterstreichen wollen wie ihre geistlich-vokale Funktion, auf die alte Bestimmung des Augustinus „musica est scientia (ars) bene modulandi (canendi)“ (M. ist die rechte Singekunst) zurückgreifen als auch andere auf die des Boëthius, der im Musikalischen die Fähigkeit sah, auf rationale Weise in den auditiven Wahrnehmungen nach Tonhöhe zu differenzieren. Erst G.W. Leibniz dachte diesen Gedanken so weit, daß er in der berühmten Formulierung, M. sei eine verborgene Rechenkunst des Gemüts, das sich seines Zählens dabei nicht bewußt sei, Rationalismus und Aufklärung überdauerte. Zum ersten Mal wird hier M. nicht als dem Menschen gegenüberstehender Naturkosmos, sondern vielmehr als durch den Menschen selbst konstituiert gesehen. Es ist die menschliche „anima“, die durch ihre Fähigkeit eines „exercitium arithmeticae occultum“ unbewußt und ohne es zu wollen („nesciens se numerare“) die periodische Ordnung musikalischen Materials bedingt. Diesen Gedanken greift ein Jahrhundert später I. Kant ebenso auf wie das „cogito ergo sum“ des Rationalisten R. Descartes: M. ist ihm – nicht anders als mutatis mutandis die anderen Künste – ein Medium, in dem sich ein Schönheit bedingendes „künstliches Spiel der Empfindungen des Gehörs“ ergeben kann. Dies bedeutet nun sicher nicht, daß sie um ihres Kunstcharakters, ihrer Schönheit willen notwendig jeden Inhalts zu entbehren habe. Als Tonsprache, als „Zaubersprache der Empfindungen“ (J.G. Herder) oder „Empfindungsrede“ (J.N. Forkel) wird sie durchaus im Einklang mit der kantischen Bestimmung gesehen; und wenn E. Hanslick die M. als „tönend bewegte Form“ in „geistfähigem Material“ definiert, so leugnet auch er keineswegs ihre literarisch-poetische Nutzbarkeit. Nur daß ihre Schönheit, ihre ästhetische Qualität und Dignität nicht auf dem außermusikalischen Inhalt – einer Idee, einer Weltanschauung oder einem poetischen Programm – beruht, ist seine Hauptthese. Demgegenüber faßten Fr. Liszt, R. Wagner und auch der ebenfalls auf A. Schopenhauer fußende Fr. Nietzsche die Musik als Medium einer geheiligten Klangrede auf, in der sich, vermittelt durch den Genius des schöpferischen Tonkünstlers, das Wesen der Welt und der Grund aller Dinge regelrecht offenbare. Während G.W.Fr. Hegel in der M. eine der „romantischen“ Kunstgattungen sieht, die nur zum Ausdruck subjektiver Innerlichkeit und nicht zur Darstellung vorgestellter Tatsächlichkeit geeignet ist, betont Schopenhauer ihre metaphysisch begründete Vorordnung vor die anderen Kunstgattungen: diese nämlich „reden nur vom Schatten, sie aber vom Wesen“. Fr.W.J. von Schelling faßt diesen Gedanken so: die M. ist „nichts anderes als der vernommene Rhythmus und die Harmonie des sichtbaren Universums selbst“. Hanslick war es, der in der Mitte des 19. Jh. den Blick auf die „Idee der absoluten M.“ und ihren vom Menschen geschaffenen Kunstcharakter zurücklenkte; damit beförderte er die Besinnung auf kompositionstechnische Details und satztechnisches Können eines Komponisten, die die Qualität des Musikwerks eher verbürgen können als übernatürlich-überdurchschnittliche „geniale" Intuition. Wenn M. überhaupt von sich aus einen Zweck, eine Bestimmung hat, wie sie sich aus ihrem prinzipiellen Wesen ableiten ließe, so den, Medium von Verständigung sui generis zu sein, indem sie „eine Ordnung zwischen den Dingen herzustellen vermag" (I. Strawinsky), die vom Komponisten – nach einer Formulierung E. Kreneks „dem Denker musikalischer Gedanken" – intendiert und in ein hörend erfahrbares Material hineingeformt und die vom Hörer wahrgenommen und, ebenfalls intentional, „verstehend" nachvollzogen wird.

Definitionsvorschlag. Eine M.-Definition, die so prinzipiell angelegt ist, daß sie nichts mehr aus dem denkbaren Inbegriff geschichtlicher Erscheinungsformen von M. (bis hin zur ↗Musique concrète oder der Werkleugnung spontanen Nicht-Musizierens wie etwa in einigen „Nicht-Kompositionen" von J. Cage) ausgrenzt, die also die Elimination auch noch des letzten Rests von Kunstdogmatik für sich in Anspruch nehmen darf, hat zu berücksichtigen, daß die Gegenständlichkeit, die wir musikalisch nennen, als solche weder schon Werkcharakter noch auch notwendig ästhetischen Wert hat. Musikwerke sind nicht M., sondern sie fordern oder ermöglichen musikalische Ausführung, und bei weitem nicht alle M. hat auch schon die Dignität musikalischer Kunst.

Was bleibt, ist als erstes die Bestimmung der Sinnessphäre, der das Musikalische ausschließlich zugehört: M. ist hörbar, ihr Material wird primär weder haptisch noch optisch vorgestellt oder produziert, sondern eben akustisch. Unbeschadet etwaiger synästhetischer Phänomene, deren Subjektivität sogar eine physikalisch-physiologisch objektive Entsprechung zugedacht werden kann, gibt es mithin keinen ursprünglichen „Anteil des Visuellen" an „der" M., sondern allenfalls an Mischformen von Gattungen mit musikalischem Anteil oder aber an lesbaren Fixierungen musikalischer Gedanken. Noch ein Weiteres folgt aus der Charakterisierung des Musikalischen als prinzipiell hörbar: M. ist Erfahrungsgegenstand, und als solcher ereignet sie sich in Raum und Zeit. Mit der Vorordnung der Kategorie der Zeit, wie sie uns in Formulierungen wie „M. ist die Zeitkunst par excellence" begegnet, ist keine ihrer prinzipiellen Bestimmtheiten getroffen, die sie nicht mit anderen Gattungen teilte: auch Pantomime, Tanz oder gesprochene Rede sind – nach einem Ausdruck Kants – „transitorischen" Charakters.

Die pure Hörbarkeit teilt die M. mit dem Naturlaut. Daher ist als nächste Begriffsdifferenzierung das Moment ihrer Gestaltetheit einzuführen: M. ist Artefakt, vom Menschen hergestellter „objektivierter Geist" (Nicolai Hartmann). Dies ist zwar eine unerläßliche Präzisierung, jedoch impliziert sie noch keine zureichende Spezifikation des Musikalischen. Bis ins 20. Jh. hinein hat man versucht, dieses musikalische Spezifikum in einem ausgezeichneten Teilbereich innerhalb des Hörbaren zu sehen: M. beruhe, so sagte man, auf dem „Naturklang" mit seinen physikalisch-akustischen Gesetzlichkeiten. Diesen faßte Leibniz als terminus ad quem jener „verborgenen Rechenkunst" auf (durchaus im Anschluß an die spekulative Musiktheorie der Pythagoreer), diesen nannte Hanslick „geistfähiges Material", und aus diesem – dem „schwingenden Zittern des Tons" – leitete Hegel die subjektive Ausdrucksinnerlichkeit und den „romantischen" Charakter der ganzen Gattung ab. Die alte Idee, aus den physikalischen Bestimmtheiten des Naturklangs, aus den einfachen Proportionen natürlicher Zahlen bezüglich der „wichtigsten" Intervalle und den daraus sich ergebenden Parallelitäten zwischen naturklanggebundener M. und z.B. der Geometrie auf eine Apriorität von sinnlich Erfahrbarem zu schließen, führte wenn schon nicht zur Erhebung der M. in das Reich der Offenbarung höherer Wahrheiten (Schopenhauer, Nietzsche), so doch zumindest zu der Lehre, daß aus der physikalischen Analyse des Naturklangs und später auch der physiologischen seiner Wahrnehmung Prinzipien des Musikalischen sich zu ergeben hätten – geschichtsenthoben und normativen Charakters. Erst die Einsicht, daß ein Diktat eines wie auch immer gearteten Materials, sobald es zum dogmatischen Zwang wird, mit dem Gedanken notwendiger Freiheit der künstlerischen Gestaltung nicht in Einklang zu bringen ist, relativierte die bis dahin beherrschende Rolle musikalischen Naturklang-Materials und eröffnete in unserem Jh. völlig neue Bereiche ebenfalls musikalischer Gestaltung.

Aus dem Gedanken, daß M. hörbares Artefakt sei, ergibt sich die Folgerung, daß sie keinesfalls als objektive Gegebenheit, wie ein naturwissenschaftlich beschreibbarer Tatbestand dem Menschen gegenübersteht: schon Begriffe wie die von Klang, Akkord, Dissonanz und Rhythmus implizieren die konstitutive Funktion des Hörenden für die Beschaffenheit einer M.: im musikalischen Phänomen fallen Gegenstands- und Erlebnisbestimmtheit zusammen (Richard Hönigswald). Erst der sich nun anschließende letzte Definitionsschritt trennt das Spezifische der M. von anderem Hörbaren, das ebenfalls als „objektivierter Geist" bezeichnet werden kann (↗Musik und Sprache): musikalischer Sinn ist nicht zeichenhaft wie sprachlicher, sondern ergibt sich aus der hörbaren Konstellation der materiellen Momente einer Musik. Er ist, wie man das auch ausgedrückt hat, nicht (von außen) definiert, sondern er wird im Erleben und nachvollziehenden Beziehen immer wieder aufs neue „produziert“: das Medium M. kann zwar dem Ausdruck und der Darstellung von Nichtmusikalischem dienen, sein Spezifikum allerdings besteht darin, daß hier jedweder musikalische Inhalt mit seinem hörbaren Substrat koinzidiert.

Zusammenfassend lassen sich die Schritte der hier vorgeschlagenen M.-Definition so aufreihen: Die Bestimmung dessen, was wir unter dem Begriff M. denken, geht aus von der realen Gegebenheit von M. überhaupt und setzt sich dann in schrittweiser Einengung des Begriffsumfangs bei Ausdifferenzierung seines Inhalts folgendermaßen fort: M. ist Realität – hörbare Realität – geistbestimmte Hörbarkeit – hörbarer Bedeutungsträger – Träger nicht-zeichenhafter oder „definierter“ Bedeutung – akustisches Medium, das mit seinem hörbaren Substrat koinzidiert.

Lit.: TH. BILLROTH, Wer ist musikalisch? Nachgelassene Schrift, hrsg. v. E. Hanslick (B 1885, ^{4}1912, ^{5}1946); M. WEBER, Die rationalen u. soziologischen Grundlagen der M. (Mn 1921, NA Tü 1972); E. DOFLEIN, Über Gestalt u. Stil in der M. Ein Beitr. z. Relationspsychologie der Produktion (Diss. Breslau o. J., 1924); H. MERSMANN, Zur Phänomenologie der M., in: Zschr. für Ästhetik u. allgemeine Kunstwiss. 19 (1925); R. HÖNIGSWALD, Vom Problem des Rhythmus. Eine analytische Betrachtung über den Begriff der Psychologie (L – B 1926) (= Wiss. Grundfragen 5); F. DIETRICH, M. und Zeit (Kas 1933); N. HARTMANN, Das Problem des geistigen Seins (B 1933, ^{3}1962); I. STRAWINSKY, Poétique musicale (P – NY 1942, dt. Mz 1949, ^{2}1960, ^{3}1966); H. SCHERCHEN, Vom Wesen der M. (Winterthur 1946); K. G. FELLERER, Die M. im Wandel der Zeiten u. Kulturen (Mr 1948); TH. W. ADORNO, Philosophie der Neuen M. (Tü 1949, NA F 1958, ^{3}1967); H. ENGEL, Sinn u. Wesen der M., in: Mf 3 (1950); H. PFROGNER, M., Gesch. ihrer Deutung (Fr 1954); Z. LISSA, Über das Spezifische der M. (B 1957); E. KRENEK, Grundideen einer neuen Musikästhetik, in: Zur Sprache gebracht. Essays über M. (Mn 1958); F. BLUME, Was ist M.? (Kas 1959) (= Musikal. Zeitfragen 5); J. LOHMANN, Über den Ursprung der M., in: AfMw 16 (1959); E. ANSERMET, Les fondements de la musique dans la conscience humaine (Neuchâtel 1961, dt. Mn 1965, ^{2}1973); H. HÜSCHEN, M., in: MGG IX; DERS., Frühere u. heutige Begriffe v. Wesen u. Grenzen der M., in: Kgr.-Ber. New York 1961 (Kas 1961); H. OBERER, Vom Problem des objektivierten Geistes (Kö 1965) (= Kantstudien. Ergänzungshefte 90); W. F. KORTE, De Musica. Monolog über die heutige Situation der M. (Tutzing 1966); R. HAMMERSTEIN, M. als Komposition u. Interpretation, in: DVfLG 40 (1966); C. DAHLHAUS, Musikästhetik (Kö 1967); M. auf der Flucht vor sich selbst, hrsg. v. U. DIBELIUS (Mn 1969); TH. W. ADORNO, Ästhetische Theorie (F 1970); T. KNEIF, Musikästhetik, in: Einführung in die systematische Musikwiss., hrsg. v. C. Dahlhaus u. a. (Kö 1971); D. SCHNEBEL, Denkbare M., Schriften 1952–72, hrsg. v. H. R. Zeller (Kö 1972); Z. LISSA, Über das Wesen des Musikwerks, in: Neue Aufsätze z. Musikästhetik (Wilhelmshaven 1975) (= Taschenbücher z. Musikwiss. 28); H. PFROGNER, Lebendige Tonwelt. Zum Phänomen der M. (Mn 1976); H. H. EGGEBRECHT, Musikal. Denken. Aufsätze zu Theorie u. Ästhetik der M. (Wilhelmshaven 1977) (= Taschenbücher zur Musikwiss. 46); R. CADENBACH, Das musikal. Kunstwerk. Grundbegriffe einer undogmatischen Musiktheorie (Rb 1978); S. NACHTSHEIM, Die musikal. Reproduktion. Ein Beitrag zur Philosophie der Musik (Diss. Bonn 1979).

R. CADENBACH

MUSIKALIENHANDEL ↗Musikverlag.

MUSIKALISCHE GRAPHIK ↗Notenschrift.

MUSIKALISCHE HIMMELBETT, DAS *(I do! I do!)*, amerik. Musical in 2 Akten von Harvey Schmidt (* 1929), Buch und Song-Texte von Tom Jones nach dem Bühnenstück *The Fourposter* von Jan de Hartog, dt. von Peter Goldbaum (Buch) und Walter Brandin (Gesangstexte). Ort und Zeit der Handlung: ein Schlafzimmer, zwischen 1910 und 1950. UA: 5.12.1966 in New York (46th Street Theater); dt. EA (in dt. Sprache): 24. 8. 1968 in Düsseldorf (Schauspielhaus).

I do! I do! war bereits die dritte Musical-Version von de Hartogs Bühnenstück, aber bei weitem die erfolgreichste (560 Aufführungen en suite). Das Zwei-Personen-Stück schildert auf unterhaltsame Weise 50 Jahre eines Ehelebens mit allen Höhen und Tiefen. Manche Kritiker warfen den Autoren vor, sie hätten die charakteristischen Tiefen der literarischen Vorlage zugunsten reinen Entertainments vernachlässigt. Zu den erfolgreichsten Musik-Nummern gehört das Walzer-Duett *My Cup runneth over.*

R.-M. SIMON – S. SIMON

MUSIKALISCHE ZEIT. Musik läuft in der Zeit ab und gestaltet Zeit: im kleinen durch ↗Metrum und ↗Rhythmus, im großen durch die ↗Form. Im Unterschied zu Musik von Naturvölkern und außereuropäischen Hochkulturen hat sich im Abendland eine regelmäßig pulsierende Zeitfolge als Element herausgehoben, welche auf den Tanz zurückführbar ist und die allgemeinste Art musikalischer Zeitgestaltung darstellt. Das Zeitmaß wird durch die Taktangabe fixiert, seit dem 17. Jh. auch durch die Bezeichnung des ↗Tempos. Dabei war Bezugspunkt zunächst der Pulsschlag, später die Uhrzeit (↗Metronom). Über die Verräumlichung der Zeit in den großen musikalischen Formen (Sonatenform, musikdramatische Vokalform) im Sinne einer Vorstellung des Ganzen im jeweiligen Moment des Zeitflusses ist im 19. Jh. nachgedacht worden, während das Experimentieren mit Zeitgestalten ein prinzipielles Verfahren der ↗seriellen Musik in den 50er Jahren war (K. Stockhausen, B. A. Zimmermann). – In der Musikästhetik ist das Wesen der Musik aus der Zeit konstruiert worden (Schelling, Hegel, auf der Grundlage von Kant). „Wo auf die Zeitstruktur der Musik hingewiesen wird, ergibt sich, daß die jeweilige Konzeption von Zeit sich in der Auffassung der musikalischen Zeitlichkeit niederschlägt" (Nowak).

Lit.: G. BRELET, Le temps musical (P 1949); M. ROTHÄRMEL, Der musikal. Zeitbegriff seit M. Hauptmann (Rb 1963) (= Kölner Beitr. z. Musikforsch. 25); Z. LISSA, Aufsätze z. Musikästhetik (B 1969); K. STOCKHAUSEN, ... wie die Zeit vergeht, in: Texte, I: Texte z. elektronischen u. instr. Musik (Kö 1963); K.-E. BEHNE, Der Einfluß des Tempos auf die Beurteilung v. Musik (Kö 1972) (= Veröff. des Staatlichen Inst. für Musikforsch. Preußischer Kulturbesitz 7); A. NOWAK, Hegels Musikästhetik (Rb 1971) (= Stud. z. Musikgesch. des 19. Jh. 25).

H. KÜHN

MUSIKALITÄT. Definition. Ob sich Individuen hinsichtlich des Ausmaßes an M. unterscheiden, gehört zu den wichtigsten Fragen der differentiellen Musikpsychologie. Ähnlich wie bei anderen Persönlichkeitseigenschaften ist allerdings eine globale, allgemeinverbindliche Bestimmung von M. nicht möglich. Lediglich der Vergleich einzelner Aspekte erlaubt eine Differenzierung von Personen. Dazu kann das Niveau einer Leistung (z. B. die Unterscheidungsfähigkeit des Ohres, Gedächtnisleistungen) und die Schnelligkeit eines Handlungsvollzuges (Virtuosität beim Instrumentalspiel) herangezogen werden. Bei Kindern ermöglicht zusätzlich das frühe Auftreten von Fertigkeiten einen Indikator der M. zu bilden.

Anlage und Umwelt. Hält man jemanden für musikalisch, so werden oft genetische Aspekte betont. Durch Stammbäume (z. B. der Bachfamilie), Ähnlichkeiten innerhalb einer Familie und Zwillingsforschung versuchte man, zu zeigen, daß musikalische Begabung angeboren ist. Die dabei gewonnenen Daten sind jedoch kaum einwandfrei im Hinblick auf Erblichkeit zu interpretieren. Bei berühmten Musikerfamilien ist oft nicht sehr viel über die weiblichen Vorfahren bekannt. Ähnlichkeiten innerhalb einer Familie können durch die Diskrepanz zwischen Phänotypus und Genotypus verwischt sein. Eine Zusammenfassung zeigt folgendes: Sind beide Elternteile musikalisch, so wirken Kinder in 70–85 % der Fälle musikalisch; der M. bei einem Elternteil korrespondieren 60 % musikalische Kinder; unmusikalische Eltern haben immerhin bis 20 % musikalisch begabte Nachkommen. Ähnlichkeit zwischen Familienmitgliedern kann auch milieutheoretisch durch die gleiche Umwelt interpretiert werden. Die Ergebnisse der Zwillingsforschung weisen darauf hin, daß sich das Milieu fördernd oder hemmend auswirken kann. Ohne Lernen entfaltet sich keine Begabung, und eine frühe Übung durch Musikunterricht führt zu Leistungen, die sich nur als Erfahrung erklären lassen.

Messung. Sowohl bei den Begabungs- als auch bei den Leistungstests wird in der Regel das Niveau gemessen. Leistungstests prüfen gelerntes Wissen; sie setzen die Kenntnis eines musikalischen Übungsprogramms voraus. Begabungstests versuchen, M. als überdauerndes Merkmal einer Person festzustellen. Meistens gehen sie dabei von der Prüfung der sensorischen Leistung aus, indem sie die Unterscheidungsfähigkeit für Tonhöhen, Dauern, Lautstärken, Klangfarben bestimmen. Sie enthalten, wie der Seashore- (1919, Revision 1939, 1960) und der Bentley-Test (1968), auch Aufgaben, die die Merkfähigkeit für Rhythmen und Tonfolgen betreffen. Neuere Tests (von Wing 1948, 1961 und Gordon 1965) verlangen auch die Bewertung besserer und schlechterer harmonischer Wendungen, die Einschätzung von Phrasierungen und Tempi. Dieser Typus von Aufgaben leidet daran, daß er weniger gut objektiviert werden kann, so daß die Gültigkeit und Zuverlässigkeit der Messung leicht beeinträchtigt werden kann. Und wer mehr über Musik gelernt hat, wird zudem besser den Normen entsprechen, die die Testkonstrukteure als richtig ansehen.

Bildungspolitische Implikationen. Ob an der M. der Einfluß der Anlage oder der Umwelt betont wird, hängt vom Menschenbild einer Gesellschaft ab. Gesellschaften, die sich im Umbruch befinden, führen Persönlichkeitsmerkmale eher auf Lernprozesse, erworbenes Wissen und Einstellungen zurück, um durch eine mögliche Bildbarkeit die Chancengleichheit zu erhöhen, wohingegen dann, wenn es um die Wahrung von Gütern geht, der Faktor der Anlage betont wird. Wenn sie diskutiert wird, ist auch die M. von diesen wechselnden Interpretationen betroffen.

Lit.: O. E. SEASHORE, The Psychology of Musical Talent (NY 1919); R. SHUTER, The Psychology of Musical Ability (Lo 1968); A. BENTLEY, Musikal. Begabung bei Kindern u. ihre Meßbarkeit (F 1968); K. FÜLLER, Standardisierte Musiktests (F 1974).

H. DE LA MOTTE-HABER

MUSIKÄSTHETIK ist, sofern sie nicht Musikpsychologie ist, Philosophie der Musik, und die Philosophie der Musik, die wiederum nur einen (geringen) Teil des Denkens über Musik darstellt, ist das Resultat eines wechselnd motivierten philosophischen Interesses an Musik, für das Musik zwar den Ausgangspunkt der Betrachtung, aber keineswegs immer deren eigentliches Ziel bildet. Sowohl für Platon oder Augustinus als auch für A. Schopenhauer oder E. Bloch war die Musik weniger ein – um seiner selbst willen gewähltes – Thema als vielmehr ein Vehikel der Ontologie, der Metaphysik oder der Geschichtsphilosophie.

Erstens unterscheidet sich also die Philosophie der Musik durch die primäre Richtung ihres Interesses von der „Musikanschauung", deren Gegenstand die Musik als solche oder in ihren sozialen Funktio-

nen ist. Die Philosophie der Musik greift manchmal, aber nicht immer, in die „Musikanschauung“ ein: Erst im späteren 19. Jh., nicht bereits 1819, prägte Schopenhauers Metaphysik der Musik – und zwar durch R. Wagners Vermittlung – die „Musikanschauung“.
Zweitens ist die Philosophie der Musik, da sie primär philosophisch, nicht musikalisch motiviert ist (H. Kretzschmar mißtraute darum der „Philosophenästhetik“ und ihrem Einfluß auf das Denken über Musik), aus der Problemgeschichte der Philosophie und erst sekundär aus der Entwicklung der Musik zu verstehen. Die Epochen der Philosophiegeschichte – der Zerfall der Scholastik im 15. Jh., die Wendung von der Ontologie zur Transzendentalphilosophie bei Kant oder der Sturz des Hegelianismus um 1850 –, die mit denen der Musikgeschichte nicht zusammenzufallen brauchen, sind in der Entwicklung der Musikphilosophie die entscheidenden Zäsuren.
Drittens ist die Philosophie der Musik keine fest umrissene Disziplin mit einer kontinuierlichen Geschichte, sondern eher das sporadische Ergebnis eines philosophischen Interesses, das immer wieder mit Desinteresse abwechselte. Die Musik war nicht zu allen Zeiten philosophisch von Bedeutung; als Organon der Philosophie erscheint sie beim späten Platon, bei Schelling, Schopenhauer und Nietzsche, aber weder bei Aristoteles oder bei Thomas von Aquin noch bei Descartes oder bei Leibniz. (Daß sie für Aristoteles ein peripherer Gegenstand war, schmälert nicht die fundamentale Bedeutung aristotelischer Kategorien für die Theorie der Kunst.)
Viertens verringerte sich in den $2^1/_2$ Jahrtausenden der europäischen Philosophiegeschichte (die Musikphilosophie Chinas und Indiens muß, so bedeutend sie zu sein scheint, unberücksichtigt bleiben, da eine kurze Charakteristik unzulänglich geraten würde) der Umfang dessen, was zur Philosophie der Musik gezählt wurde, durch die Schrumpfung des Philosophiebegriffs. Disziplinen, deren Thematik in der Antike und im Mittelalter zur Philosophie gehört hatte, spalteten sich in den letzten Jahrhunderten in veränderter Gestalt – als pragmatische Theorie der Kunst, als physikalische Akustik, als psychologische M. oder als empirische Musiktherapeutik – von der Philosophie ab. Und die Reflexion über ethische Momente der Musik hat sich in der Neuzeit, anders als in der Antike und im Mittelalter, nahezu unabhängig von der philosophischen Ethik (außer bei Schopenhauer und Nietzsche) entwickelt.
Fünftens veränderte sich in der (immer wieder unterbrochenen) Geschichte der Musikphilosophie außer den philosophischen Voraussetzungen und Erkenntnisinteressen auch der Inhalt des Begriffs Musik. Die pythagoreische Spekulation über das Tonsystem als Gefüge harmonischer Tonrelationen ist mit einer ästhetischen Theorie des musikalischen Kunstwerks kaum vergleichbar, und der Unterschied, ob man mit Platon unter Musik die Einheit von Harmonia (Tonbeziehungen), Rhythmos und Logos (Sprache) versteht oder aber mit E. Th. A. Hoffmann und E. Hanslick einzig die „absolute“ Instrumentalmusik als „eigentliche“ Musik gelten läßt, greift tief in die M. ein.
Sechstens beeinflussen die Institutionen, von denen eine Philosophie der Musik getragen wird, deren Ausbreitung. Das spätantik-mittelalterliche pädagogische System der Septem artes liberales (↗Quadrivium, ↗Trivium) und die Universitätsphilosophie seit dem 18. Jh. begünstigten eine philosophische Prägung der „Musikanschauung“, während der humanistisch-rhetorische Stil, der (wenn auch vermischt mit scholastischen Traditionsbeständen) für das Musikdenken der Renaissance (B. Castiglione, Glareanus, G. Zarlino, V. Galilei) charakteristisch war, kaum als philosophisch im engeren Sinne bezeichnet werden kann.
Das Verhältnis der M. zur Philosophie der Musik, die umgangssprachlich oft identifiziert werden, ist in Wahrheit ziemlich verwickelt. Die Ästhetik, ursprünglich Theorie der Wahrnehmung als des „niederen Erkenntnisvermögens“ (gnoseologia inferior), ist sowohl terminologisch (A. Baumgarten, *Aesthetica*, 1750) als auch sachlich eine im 18. Jh., dem Zeitalter der „Geschmackskritik“, entstandene Disziplin. (Weder Platons noch Plotins Metaphysik des Schönen ist eine „Ästhetik“.) Sie repräsentiert einerseits die Philosophie der Kunst in einer Epoche, in der die Philosophie primär als Erkenntnistheorie (und nicht als Metaphysik) begriffen wurde: Von I. Kants Transzendentalphilosophie bis zum Neukantianismus E. Cassirers und (in der M.) S. Langers oder zur Phänomenologie E. Husserls und R. Ingardens war die Ästhetik in ihren Prinzipien, Kategorien und Problemstellungen von der Erkenntnistheorie und deren Veränderungen abhängig. Andererseits griff die Ästhetik insofern über die Philosophie der Kunst hinaus, als erstens von der philosophischen Ästhetik eine psychologische abgespalten wurde (Th. Fechner, Th. Lipps) und zweitens neben der Kunst (oder sogar vor ihr) die Natur den Gegenstand der Ästhetik bildete. (Daß ästhetische Behauptungen, die entweder primär auf die Natur zielen oder gegenüber dem Unterschied zwischen Natur und Kunst indifferent sind, umstandslos als Theorie der Kunst aufgefaßt werden, ist ein Interpretationsirrtum, der vor allem

in der Kant-Auslegung häufig begegnet.) Die Ästhetik ist also weder immer *Philosophie* der Kunst noch immer Philosophie der *Kunst*. Dennoch ist es im 19. und 20. Jh. zur wissenschaftlichen Gewohnheit geworden, die Philosophie der Kunst insgesamt als „Ästhetik" zu etikettieren, obwohl es strenggenommen sprachlich widersinnig ist, eine Metaphysik der Musik (Schelling, Schopenhauer, Nietzsche) als „Ästhetik", als Theorie der Wahrnehmung, zu bezeichnen. (Allerdings besteht zwischen Kants Erkenntnistheorie einerseits und der Metaphysik Schellings und Schopenhauers andererseits ein enger geschichtlicher Zusammenhang.) In der Geschichte der (europäischen) Philosophie der Musik kann man (mindestens) 6 Traditionen unterscheiden, die zwar miteinander zusammenhängen – sei es ursprünglich (wie die antike Ethoslehre und die Zahlenmetaphysik) oder auf einer späteren Entwicklungsstufe (wie der Pythagoreismus und der Neuplatonismus bei Thomas von Aquin) –, die sich aber ohne Gewaltsamkeit getrennt darstellen lassen (die Entgegensetzung eines Form- und eines Ausdrucksprinzips, die durch Simplizität bestechen mag, ist als Gliederungsschema zu grob und krankt außerdem an einem äquivoken Gebrauch der Termini „Form" und „Ausdruck": die Interpretation des Pythagoreismus als „Formästhetik" ist eine rohe, geschichtsblinde Verzerrung): 1. die pythagoreisch-platonische Metaphysik oder Ontologie von Zahl und Maß, die einerseits in altorientalischen Überlieferungen wurzelt und deren Rezeptionsgeschichte andererseits bis ins 19. und 20. Jh. reicht (Schelling, A. von Thimus, W. Harburger, H. Kayser); 2. die in der Antike begründete und über das Mittelalter hinaus bis in die Barockzeit tradierte Ethik der Musik, die deren Affektwirkungen zu erklären und zu regulieren versucht; 3. die aristotelische „Poetik" (deren Begriff keineswegs auf die Dichtungslehre eingeschränkt war) als Theorie des „Machens" und „Herstellens" von Werken der „Kunst" (zu der auch das Handwerk, die ars mechanica, gezählt wurde, und zwar noch bei Kant); 4. die spätantike, neuplatonische (plotinische) Metaphysik des Schönen als des „sinnlichen Scheinens" – des Hervorleuchtens – „der Idee" (Hegel); 5. die Ästhetik des 18. bis 20. Jh. als Theorie der Wahrnehmung und als eine an der Erkenntniskritik orientierte Philosophie der Kunst; 6. eine philosophische Theorie der Musik als eines Inbegriffs musikalischer Kunstwerke – eine Theorie, die dem emphatischen (nicht mehr nüchtern aristotelischen) Kunstbegriff der Klassik und Romantik durch eine Vermittlung zwischen ästhetischen und geschichtsphilosophischen Kategorien gerecht zu werden versucht (die also der Herausforderung der Kunstphilosophie durch den Historismus standhält).

Die pythagoreisch-platonische Metaphysik. Daß den einfachsten Zahlenverhältnissen (2:1, 3:2, 4:3) hervorstechende, besonders einleuchtende Tonbeziehungen oder Zusammenklänge (Oktave, Quinte, Quarte) entsprechen, ist eine Tatsache, die seit der Antike immer wieder „philosophisches Staunen" erregte (denn schließlich ist es durchaus denkbar, daß der Konsonanzeindruck an komplizierte Proportionen geknüpft wäre) und eine Stütze für die metaphysische Überzeugung bildete, daß mathematische Strukturen, die hinter den Erscheinungen stehen, das „eigentlich Seiende" darstellen. Für Platon, in dessen späten Dialogen *(Nomoi, Timaios)* die Lehre der pythagoreischen Sekte philosophische Gestalt erhielt, sind die Zahlen nicht ein von außen angelegtes Maß der Dinge, sondern deren Wesen und Substanz. Sowohl der Zahl- als auch der Musikbegriff der pythagoreisch-platonischen Tradition sind für das neuzeitliche Denken befremdend (und schwärmerisch-poetische Rückgriffe auf pythagoreische Gedankenmotive, sei es bei Dalberg, Novalis und Schelling oder bei Hindemith, bedeuten fast immer ein Mißverständnis, da die metaphysischen Prämissen ausgehöhlt sind). Die Zahl soll als begründendes, von innen heraus wirkendes Prinzip begriffen werden; und unter „Musik" wird im Pythagoreismus weniger der tönende Vorgang als vielmehr die mathematische Struktur verstanden, die er exemplifiziert und sinnfällig macht. Es war also durchaus sekundär, ob die „Sphärenharmonie" (das System der Abstände zwischen den „Sphären": den kreisenden Kugeln, an die man sich die Planeten geheftet dachte) real „tönt" oder nicht. Die „musica mundana" (Weltenharmonie), wie Boëthius sie nannte, konnte ebenso unsinnlich sein wie die „musica humana" (die Harmonie zwischen Leib und Seele des Menschen); erst die „musica instrumentalis" (die praktizierte und nicht lediglich durch Kontemplation erfaßte Musik) ist ein klingendes Phänomen. Der pythagoreisch-platonische Musikbegriff, bereits in der Antike dem Zweifel der Aristoxenos-Anhänger ausgesetzt, herrschte, durch Boëthius vermittelt, in der Musikphilosophie (musica theorica) des Mittelalters vor, wurde jedoch im 15. Jh. preisgegeben (J. Tinctoris). Die Auffassung der Zahl als metaphysische Wesenheit wurde von Aristoteles nicht geteilt, aber dennoch im Mittelalter tradiert und erst durch die neuzeitliche Naturwissenschaft (oder deren antimetaphysische Interpretation) aus dem allgemeinen Bewußtsein verdrängt.

Ethik der Musik. Die antike Ethoslehre, während des Mittelalters als „moralitas musicae" tradiert und partiell christlich umgeformt, ist weniger eine geschlossene Theorie als ein schwer entwirrbarer Komplex aus heterogenen Teilen: Pädagogische Normen und ästhetische Kriterien, Anweisungen für eine philosophische Lebensform, metaphysische und medizinisch-psychologische Lehrmeinungen sowie Ansätze zu einer musikalischen Rhetorik greifen ineinander oder durchkreuzen sich (und gehören sämtlich zur „Philosophie" im umfassend antiken Sinne des Wortes). Die Charaktere der Tonarten und Rhythmen (bei deren Bestimmung man „objektive" und „subjektive" Momente: die Musik selbst und deren Wirkungen, zunächst kaum unterschied) wurden entweder mit rigorosem pädagogischem Eifer in nützliche und schädliche klassifiziert (Platon) oder aber als Unterhaltung für Erwachsene unter ästhetischen Gesichtspunkten betrachtet (Aristoteles). Metaphysisch wurde die Struktur der Seele als Abbild eines mathematisch-musikalischen Proportionengefüges gedeutet (Platon, *Timaios*); und den Grund für das Ethos musikalischer „Weisen" (nomoi) suchte man in einer Analogie zwischen den (nach Zahlen geordneten) Bewegungen der Töne und denen der Seele. (Die metaphysische Erklärung war allerdings in der späteren Antike der Konkurrenz einer medizinisch-psychologischen Theorie ausgesetzt: der Lehre von den 4 Temperamenten, die man physiologisch auf wechselnde Mischungen der Körpersäfte, der „humores", zurückführte.) Mit der pythagoreischen Zahlenmetaphysik war die Ethoslehre insofern eng verbunden, als man Theorie nicht als bloße geistige Tätigkeit, sondern als Lebensform (bios theoretikos, vita contemplativa) auffaßte: als Existenzweise, die dadurch geprägt ist, daß Einsicht in die Gründe der Dinge um der Einsicht und nicht um eines praktischen Interesses willen gesucht wird. Indem der Philosoph das Proportionengefüge, das der Musik zugrunde liegt, betrachtet, gleicht er sich selbst der angeschauten Harmonie an: Er macht sich die Ordnung der Töne, in die er sich versenkt, als Seelenverfassung, als Ethos zu eigen. Vom Ethos als (beständigem, von innen heraus konstituiertem) Charakter ist das Pathos als (wechselnder und gleichsam von außen über die Seele hereinbrechender) Affekt zu unterscheiden; eine musikalische Affektenlehre als Theorie der Gefühlswirkungen von Musik wurde in Anlehnung an die Rhetorik entworfen (Aristeides Quintilianus).

Die aristotelische „Poetik". Aristoteles hat in das Musikdenken zwar auch unmittelbar, durch Äußerungen über Musik, vor allem aber indirekt, durch Begründung einer allgemeinen Kunsttheorie, eingegriffen. Die fundamentalen Kategorien der Reflexion über Musik zwischen der Aristoteles-Renaissance seit dem 12. Jh. und der Destruktion der Metaphysik durch Kant – der Kunstbegriff, die Unterscheidung zwischen theoria, praxis und poiesis, die Korrelation von Form und Materie sowie das Nachahmungsprinzip – sind durch Aristoteles geprägt worden. – Der Begriff der Kunst (technē, ars) umfaßt außer der Ausübung auch das die Ausübung begründende Wissen: Ars musica ist eine Kunstlehre im Hinblick auf Praxis oder sogar (pythagoreisch umgedeutet) eine von der Praxis abgekehrte Kontemplation. Die „artes liberales" waren wissenschaftlich-pädagogische Disziplinen, nicht „freie Künste". Andererseits erstreckte sich der Begriff der Kunst bis zum 18. Jh. auch auf das Handwerk (ars mechanica). – Der Platz der Musik in der aristotelischen Gliederung der menschlichen Tätigkeiten in Betrachtung (theoria), Handeln (praxis) und Herstellen (poiesis) stand nicht fest. In der pythagoreisch-platonischen Tradition war die Musik ein Gegenstand der Kontemplation. Der Rhetor Quintilian zählte sie zu den Künsten, die „in agendo" (als bloße Praxis) existieren; erst seit dem 16. Jh. (N. Listenius) ist artifizielle Musik als „Werk" (opus perfectum et absolutum), die Kunstlehre der Musik also als „musica poetica" aufgefaßt worden. – Form (eidos) ist in der aristotelischen Ontologie das gestaltende Prinzip, durch das eine „unbestimmte" Materie (hylē) „Bestimmtheit" erhält: Sie ist „Formung" von innen heraus, nicht ein von außen auferlegtes „Schema", als das sie in der Inhaltsästhetik erscheint. (Man kann behaupten, daß die Kunsttheorie immer dann Schaden genommen hat, wenn die aristotelischen Kategorien durch die Antithese von Form und Inhalt verdrängt worden sind.) – Das Prinzip der Nachahmung (mimēsis) der Natur (physis), zentral in der Musikanschauung des 16.–18. Jh., ist verschieden gedeutet worden: Nachahmung ist entweder „Nachmachen" (imitatio) oder „Nacheifern" (aemulatio), Natur entweder „hervorbringend" (natura naturans) oder „hervorgebracht" (natura naturata). Der natura naturans „nacheifern" bedeutet in der Musik: Nicht Sprechtonfälle oder Affektbewegungen kopieren, sondern durch tönende Formen das Innere der menschlichen Natur ausdrücken.

Metaphysik des Schönen. Der „Neuplatoniker" Plotin begründete, anders als Aristoteles, nicht eine Theorie der Kunst als Praxis oder Poiesis, sondern eine Metaphysik des Schönen, das sich primär in der Natur und erst sekundär in der Kunst (als „zweiter Natur") manifestiert. (Die Entwicklung der Kunstphilosophie besteht zu einem nicht geringen Teil aus der Aneignung von Theoremen, die ursprünglich nicht oder nur peripher auf die Kunst zielten.) Plotin bestimmte das Schöne, in expliziter Polemik gegen die pythagoreisch-platonische Tradition, nicht als Zahl, Maß und Symmetrie, sondern als „Hervorleuchten" der Idee aus der Erscheinung. „Innere Form" (endon eidos, forma intrinseca), ein Begriff, in dem der aristotelische der Form und der platonische der Idee ineinanderfließen, ist eine zentrale Kategorie des Neuplatonismus. Die plotinische Tradition war im Mittelalter keineswegs erloschen – wenn Thomas von Aquin die „claritas" (das Hervorleuchten) neben der „debita proportio sive consonantia" (der Symmetrie und Übereinstimmung der Teile) zu den Definitionsmerkmalen der Schönheit zählt, verknüpft er einen neuplatonischen Begriff mit einem pythagoreischen –, gewann jedoch erst im 15. Jh., im neuzeitlichen Neuplatonismus (der sich als Platonismus mißverstand), bestimmenden Einfluß auf die Kunstanschauung (in wechselnden und verwickelten Relationen zum Aristotelismus). Hegels Definition des Schönen als „sinnliches Scheinen der Idee" ist nahezu ein Plotin-Zitat; und in der Popularphilosophie des 19. Jh. ist ein Stück Neuplatonismus überall dort wirksam, wo die Reflexion über Musik von einer „Idee" ausgeht, die aus dem tönenden Phänomen „hervorleuchtet" (statt von einem Werk, das hergestellt wird, oder von einer spezifischen Wahrnehmungsweise, für die sich ein tönender Vorgang als ästhetischer Gegenstand konstituiert). – Schopenhauers Metaphysik der Musik kann als „bestimmte Negation" (als abhängige Umkehrung) sowohl des Platonismus als auch des Neuplatonismus verstanden werden: Zwar wird das hinter den Erscheinungen verborgene Wesen der Dinge nicht als Idee oder mathematische Struktur, sondern als blinder Drang und „Wille" bestimmt, den die Musik unmittelbar (nicht mittelbar wie die anderen Künste) abbildet; „platonisierende" Momente aber sind die schroffe Dichotomie von Wesen und Erscheinung und die Erhebung der Musik zu einem Organon der Metaphysik.

Theorie der Wahrnehmung und Philosophie der Kunst. Kants „Kritik der Urteilskraft" ist primär eine Theorie der ästhetischen Erfahrung, als deren Prototyp die Wahrnehmung des Naturschönen erscheint, und erst sekundär eine Philosophie der Kunst. Weder der Kunstcharakter von Werken noch die „Idee", die aus einer Erscheinung „hervorleuchtet", ist Kants Thema, sondern die Struktur einer Wahrnehmung, aus der das Urteil, etwas sei „schön", resultiert. Ästhetische Erfahrung besteht in einer „proportionierten Stimmung der Erkenntnisvermögen" (Sinnlichkeit, Einbildungskraft, Verstand): einem ästhetischen Zustand, in dem das Subjekt verharrt, statt zur Erkenntnis durch Begriffe fortzuschreiten. – In der Geschichte der Musikphilosophie hat Kant Epoche gemacht, aber nicht durch seine Äußerungen über Musik (die er, in Verkennung ihres Formprinzips, als bloßes „Spiel der Empfindungen" beschrieb, das „mehr Genuß als Kultur" sei), sondern dadurch, daß man seine Bestimmung der „rein" ästhetischen Erfahrung, aus der er begriffliche Urteile, moralische „Interessen" und praktische Zwecke und Funktionen ausschloß, als Theorie der Kunst auffaßte und zur Rechtfertigung des Autonomieprinzips benutzte. (Daß Kant die begrifflichen und moralischen Momente, die er aus dem „rein" ästhetischen Urteil verbannt hatte, in das Kunsturteil, das sich nicht im ästhetischen Urteil erschöpft, wieder aufnahm, wurde ignoriert.) – Im 19. Jh. wurde die philosophische Ästhetik analog zur Erkenntnistheorie, an der sie sich orientierte, allmählich in eine psychologische Ästhetik umgeformt, die sich als Ablösung von Spekulation durch empirische Wissenschaft empfand. Im Gegenzug zum „Psychologismus" – sowohl in der Ästhetik wie in der Logik – konzipierte im 20. Jh. E. Husserl seine Phänomenologie. Gestützt auf deren Prämissen (unter der Voraussetzung also, daß sich „Wesenheiten" in einer Subjekt-Objekt-Korrelation zeigen, die der Phänomenologe zwischen einer platonischen und einer kantianischen Interpretation in der Schwebe hält), entwickelte R. Ingarden eine Ontologie der Musik, in der er das musikalische Werk als „intentionalen Gegenstand" bestimmte, dessen „Identität" nicht transzendent begründet zu sein braucht und dennoch durch den zufälligen Wechsel der Rezeptionen nicht aufgehoben wird.

Philosophische Theorie der Musik. In Hegels Denken, von dem die Kunstphilosophie des 20. Jh. (nach einer Zwischenzeit der Hegel-Verachtung im späteren 19. Jh.) zu einem nicht geringen Teil abhängig ist, bildet die Kunst eine „Vorform" der Philosophie: Sie repräsentiert das „Absolute" auf der Entwicklungsstufe der Anschauung, der „sinnlichen Gestaltung". Die Kunst rückt also einerseits, als Erscheinungsform der Wahrheit, in die Nähe der Philosophie, von der sie aber andererseits, als „vergangene" Ausprägung des „Absoluten", schroff getrennt bleibt. Die Kunstphilosophie des 20. Jh. ist (insofern sie sich nicht auf die durch Kant geprägte Tradition der Ästhetik stützt) dadurch gekennzeichnet, daß sie einerseits, durch Betonung des „Erkenntnischarakters" von Kunst (Th. W. Adorno), von der Hegel-Tradition zehrt, sich aber andererseits über Hegels These, daß die Kunst substantiell „vergangen" sei (und lediglich als vom „Weltgeist" verlassene Hülse fortexistiere), hinwegsetzt, um in der Kunst nach gegenwärtiger Wahrheit zu suchen. Sobald jedoch die philosophische Interpretation von Kunst nicht mehr an deren schließlicher Aufhebung in Philosophie ihren Ziel- und Fixpunkt findet, muß sie an anderer Stelle, und zwar am Wahrheitsgehalt des einzelnen Werkes im Sinne des romantisch-emphatischen Begriffs vom Kunstwerk, festgemacht werden. „Das höchste Wirkliche der Kunst ist isoliertes, geschlossenes Werk" (W. Benjamin). Hegel zweifelte am Werkcharakter der Musik, die er primär als tönenden Vorgang, nicht als gegenständliches Gebilde auffaßte. Im 20. Jh. aber haftet die philosophische Hermeneutik von Musik am Werkbegriff, obwohl er, wie Adorno erkannte, in der kompositorischen Praxis der Neuen Musik zu zerfallen beginnt. Die Philosophie der Musik, in der Kant-Tradition eine Theorie der ästhetischen Wahrnehmung (aus der eine philosophische Interpretation musikalischer Hervorbringungen, die aus dem Bereich des Werk- und Kunstbegriffs ausbrechen, ableitbar ist), erscheint in der Hegel-Tradition als Auslegung des Wahrheitsgehalts musikalischer Werke. (Und die Abhängigkeit von Hegel wird dadurch, daß man, in marxistischer Wendung, den Wahrheitsgehalt als gesellschaftlichen Sinn „dechiffriert", nicht ausgelöscht.)

Lit.: H. ABERT, Die Lehre vom Ethos in der griech. Musik (L 1899, Nachdr. Tutzing 1968); DERS., Die Musikanschauung des MA (Hl 1905, Nachdr. Tutzing 1964); H. GOLDSCHMIDT, Die M. des 18. Jh. (Z – L 1915, Nachdr. Hil 1968); P. MOOS, Die Philosophie der Musik (St 1922); W. SERAUKY, Die musikal. Nachahmungsästhetik im Zeitraum v. 1700 bis 1850 (Mr 1929); R. SCHÄFKE, Gesch. der M. in Umrissen (B 1934, Tutzing [2]1964); S. A. MARKUS, M., 2 Bde. (dt. L o. J. u. 1976); L. RICHTER, Zur Wissenschaftslehre v. der Musik bei Platon u. Aristoteles (B 1961); A. WELLEK, Musikpsychologie u. M. (F 1963); E. A. LIPPMANN, Musical Thought in Ancient Greece (NY 1964); C. DAHLHAUS, M. (Kö 1967); A. NOWAK, Hegels M. (Rb 1971); DERS., Geschichtsbewußtsein als Problem neuer M., in: Zw. Tradition u. Fortschritt, hrsg. v. R. Stephan (Mz 1973); M., hrsg. v. G. SCHUHMACHER (Da 1973); DERS., Einführung in die M. (Wilhelmshaven 1975); Z. LISSA, Neue Aufsätze z. M. (ebd. 1975); W. GRAMER, Musik u. Verstehen. Eine Stud. z. M. Th. W. Adornos (Mz 1976); G. KNEPLER, Versuch einer hist. Grundlegung der M., in: BzMw 21 (1979).

C. DAHLHAUS

MUSIKAUTOMAT ↗Mechanische Musikwerke.

MUSIKBIBLIOGRAPHIE, spezieller Zweig der Schrifttumsverzeichnung (Bibliographie); auch Bz. für Verzeichnis von Büchern oder gedruckten Musikwerken mit Angabe von Verfasser, Titel, Seiten- und Bandzahl, Erscheinungsort und -jahr. Die Ordnung kann alphabetisch, chronologisch, topographisch, systematisch oder nach Schlagworten angelegt sein. – Vorläufer der modernen Bibliographie sind die seit dem 16. Jh. belegten und als Index, Wörterbuch, Lexikon, Bücherei, (Messe-)Katalog und Inventar benannten Verzeichnisse. Die ersten als M.n zu verstehenden Verzeichnisse erschienen seit dem 16. Jh. vereinzelt in den großen humanistischen Bibliographien. 1548 widmet C. Gesner ein wichtiges Kapitel seiner *Pandectae* der Musik (Nachdr. von L. F. Bernstein, in: AMl 45, 1973). Auch der 1595 von A. Maunsell in England verfaßte *Catalogue of English Printed Books* führt Musikwerke an, und die in Deutschland von P. Bolduanus 1616 herausgegebene *Bibliotheca philosophica* enthält 1299 Titel musikalischer Werke und Musiktraktate (Nachdruck von D. W. Krummel, Detroit 1972). Seit den Buchmessen in Frankfurt am Main (1564–1749) und Leipzig (1594–1860) wurden für den Handel Jahreskataloge erstellt, die u. a. auch neue Kompositionen und Musikschriften aus allen Ländern, vornehmlich aber aus Deutschland, erfaßten. Sie wurden später nachgedruckt. Am bekanntesten sind die Musikverzeichnisse G. Draudius' von 1610 (*Bibliotheca exotica*) und 1611 (*Bibliotheca classica*, Nachdr. 1625; *Bibliotheca librorum germanicorum classica*, Nachdr. 1625, Faks.-Nachdr. v. K. Ameln, Bonn 1957) und A. Göhlers (*Verzeichnis der in den Frankfurter und Leipziger Messkatalogen der Jahre 1564 bis 1759 angezeigten Musikalien*, L 1902, Faks.-Nachdr. Hilversum 1965).

Im 18. Jh. erschienen die ersten eigentlichen M.n, meist mit vielen Texten und Kommentaren versehen: J. Adlung, *Anleitung zu der musikalischen Gelahrtheit* (Erfurt 1758), und die erste universelle M. von J. N. Forkel, *Allgemeine Litteratur der Musik* (L 1792, bis 1826 als *Dizionario bibliografico de musica* vervollständigte it. Übersetzung von N. Lichtenthal, Mil 1836). In Frankreich gab es zu dieser Zeit nur Buchhandelskataloge wie die von Boivin (1729), Boivin und Ballard (1731) usw. Daneben erschienen jedoch periodische Veröffentlichungen, u. a. *Mercure de France* (vor allem seit der Mitte des 18. Jh.) und *Annonces, affiches et avis divers* (seit 1751). In Deutschland sind die *Critica musica* von J. Mattheson (1722, 1725), die *Neu eröffnete Musikalische Bibliothek* (1736–1754) und *Musikalischer Starstecher* (1736–1740) von L. Chr. Mizler zu nennen.

Im 19. Jh. entsteht in Frankreich die *Bibliographie musicale de la France et de l'étranger* (P 1822) von C. Gardeton, die neben französischen auch ausländische Musikschriften und Kompositionen erfaßt. Das wachsende historische Interesse führt bis um die Jahrhundertmitte zur Entstehung dreier retrospektiver übernationaler M.n: C. F. Becker, *Systematisch-chronologische Darstellung der Musikliteratur* (L 1836–39, 1839–46 fortgesetzt als *Bücherverzeichnis der Musikliteratur* von R. Eitner, L 1885) und *Die Tonwerke des XVI. und XVII. Jh.* (L 1847, [2]1855); Fr.-J. Fétis' *Biographie univer-*

selle des musiciens et bibliographie générale de la musique (Bru 1837–44, ²1860–65, ergänzt durch A. Pougin, 1878–80) enthält auch biographische Angaben. Der letzte Versuch einer universellen M. im Sinne des 19. Jh. (mit zu dieser Zeit im Handel befindlichen Musikwerken) wurde zu Beginn des 20. Jh. von Fr. Pázdirek (*Universalhandbuch der Musikliteratur*, P–W 1904–11) unternommen. Der durch den wachsenden Umfang musikwissenschaftlicher Forschungen bedingte erhebliche Aufwand bibliographischer Arbeit führte indes zur Entstehung streng wissenschaftlich orientierter M.n, die auf der Grundlage des gesamten Quellenbestands auch schwer zugängliche oder nicht mehr erhaltene Werke erfassen. Die Grundidee zu solchen Verzeichnissen erscheint bereits 1703 bei S. de Brossard (der 1724 in einem hsl. *Catalogue des livres* seine monumentale Musiksammlung bibliographisch mustergültig erschloß), wurde von Ch. de Courselles 1846 wiederaufgegriffen, doch erstmals durch das *Biographisch-bibliographische Quellen-Lexikon der Musiker und Musikgelehrten* (L 1900–04) von R. Eitner verwirklicht, der sich im Aufbau an die M. von Fétis anlehnt, doch zu den zitierten Werken auch den Aufbewahrungsort nennt. Von Eitner stammt auch eine *Bibliographie der Musiksammelwerke des 16. und 17. Jh.* (B 1877, Nachdr. Hil 1963). Sein *Quellen-Lexikon* ist grundlegend und vorbildlich für die meisten modernen M.n, die im folgenden in einer Auswahl genannt werden:

1. Topographisch begrenzte Bibliographien. a) Abgeschlossene M.n: FRANKREICH: C. Johansson, *French Music Publishers' Catalogue of the 2ᵈ Half of the 18th Century* (Sto 1955). – GROSSBRITANNIEN: Ch. Humphries – W. C. Smith, *Music Publishing in the British Isles from the Beginning until the Middle of the 19ᵗʰ Century* (Oxford 1954, ²1970). – ITALIEN: C. Sartori, *Bibliografia della musica strumentale italiana stampata in Italia fino al 1700* (Fi 1952–68; gleichzeitig Quellensammlung). – POLEN: K. Michalowski, *Bibliografia polskiego pismiennictwa muzycznego* (Krakau 1955). – SCHWEDEN: S. Broman, *Den svenska musikforskningen, 1750–1900* (Lund 1927). – SÜD-AFRIKA: F. Z. van der Merwe, *Suid-Afrikaanse muziekbibliografie, 1787–1952* (Pretoria 1958). – UDSSR: B. L. Wolman, *Russkije notnyje isdanija XIX-natschala XX weka* (Leningrad 1970). – USA: O. G. Sonneck, *Bibliography of Early Secular American Music* (Washington 1905, ²1945); R. J. Wolfe, *Secular Music in America, 1801–1825, A Bibliography*, 3 Bde. (NY 1964). – **b)** Fortlaufende M.n der Gegenwart: DÄNEMARK: *Dansk musikfortengnelse* (seit 1931). – DEUTSCHLAND: Das 1815 durch A. Meysel begonnene *Handbuch der musikalischen Literatur* (L 1817) erschien – durch F. Hofmeister fortgesetzt – als *Hofmeisters Handbuch der Musikliteratur* (bis 1940) neben *Hofmeisters musikalisch-literarischem Monatsbericht* (1829–1942), der seit 1943 von der Deutschen Bücherei als *Deutsche Musikbibliographie* mit überarbeitetem jährlichem Nachdruck herausgebracht wurde. Die Deutsche Bibliothek (Abt. Dt. Musikarchiv) gibt seit 1976 ein *Musikalien-Verzeichnis* aller in der Bundesrepublik Deutschland und deutschsprachigen Ländern erschienenen Notenveröffentlichungen heraus. – FRANKREICH: Seit 1751 erschienen die *Annonces, affiches et avis divers* (wöchentlich bis 1814), daneben auch ein *Catalogue des livres nouveaux* (später *Journal de la librairie* 1763–1789) im *Journal typographique et bibliographique* von P. Roux (1797/98–1810). Über verschiedene Zwischenstadien ging daraus die heutige *Bibliographie de la France* hervor. – GROSSBRITANNIEN: *British Catalogue of Music* (seit 1957; 3mal jährlich). – ÖSTERREICH: *Österreichische Musikbibliographie*, dann *Österreichische Bibliographie... praktische Musik. Auswahl* (seit 1949). – RUMÄNIEN: *Bibliografia republicii româna* (seit 1968). – SCHWEDEN: *Svensk musikförteckning* (seit 1956). – TSCHECHOSLOWAKEI: *Bibliografický katalog Československé republiky. Část C: Hudební* (seit 1933; seit 1955 Trennung in tschechische M. und slowakische M.) und (für das Schrifttum): *Novinsky hudební literatury*. – UDSSR: *Letopis Musikalnoi literatury* (seit 1946 *Notnaja letopis*). – USA: *Catalogue of Copyright Entries* (seit 1906) und *Library of Congress Catalogues Books on Music and Sound Recordings* (seit 1953).

2. Bibliographien von Periodica. a) Zeitschriften: I. Fellinger, *Verzeichnis der Musikzeitschriften des 19. Jh.* (Rb 1968); J. A. Thoumin, *Bibliographie rétrospective des périodiques Français de littérature musicale, 1870–1954* (P 1957); W. Freystätter, *Die musikalischen Zeitschriften* (Mn 1884; Faks.-Nachdr. Hilversum 1965); I. Fellinger, Art. *Zeitschriften*, in: MGG XIV; A. Riedel, *Répertoire des périodiques musicaux belges* (Bru 1954); E. Rohlfs, *Die deutschsprachigen Musikperiodica, 1945–1957* (Rb 1961). – **b)** Internationale Zeitschriftenaufsätze: 1885–94 in: VfMw (zum Teil), 1899–1914 in: ZIMG, 1918–33 in: ZfMw, 1936–39, 1950–67 in: *Bibliographie des Musikschrifttums*, seit 1967 in: *Répertoire International de Littérature Musicale* (RILM); seit 1949 auch im *Music Index*. – **c)** Kongreßberichte: M. Briquet, *La musique dans les congrès internationaux, 1855–1939* (Paris 1961). – **d)** Festschriften: W. Gerboth, *An Index to Musical Festschriften and Similar Publications* (NY 1969). – **e)** Reihen: H. Heyer: *Historical Sets, Collected Editions and Monuments of Music* (Chicago 1957, ²1967); S. R. Charles, *A Handbook of Music and Music Literature in Sets and Series* (1972).

3. Allgemeine internationale Musikbibliographien. Neben den obigen Zeitschriften sind vor allem die 1936–39 erschienene und seit 1950 fortgesetzte *Bibliographie des Musikschrifttums* (hrsg. v. K. Taut) und die seit 1967 erscheinenden *RILM Abstracts* für die internationale M. von Bedeutung; außerdem Zusammenstellungen in AMl (1930–50) und seit 1954 in FAM. Wichtige Hilfsmittel sind darüber hinaus auch Spezialbibliographien wie z. B. die Lexikonbibliographien von J. B. Coover (*Music Lexicography*, Carlisle/Pa ²1971), die thematischen Kataloge von B. S. Brook (*Thematic Catalogues in Music*, Hillsdale/NY 1972), Bibliothekskataloge von R. Benton (*Directory of Music Research Libraries*, Iowa City 1967ff.), die Bibliographien von Dissertationen von R. Schaal (*Verzeichnis deutschsprachiger musikwissenschaftlicher Dissertationen*, 1861–1960 u. 1961–70, Kas 1963 u. 1974), C. Adkins (*Doctoral Dissertations in Musicology*, Philadelphia ⁵1971), Editionsbibliographien von O. E. Deutsch (*Music Publishers' Numbers... 1700–1900*, Lo 1946; dt. Ausg. *Musikverlags-Nummern...*, B 1961), A. Devriès (*Les éditions musicales Sieber*, in: RMie 55, 1969), C. Hopkinson (*A Dictionary of Parisian Music Publishers, 1700–1950*, Lo 1954), O. W. Neighbour – A. Tyson (*English Music Publishers' Plate Numbers in the 1. Half of the 19th Century*, Lo 1965), C. Sartori (*Dizionario degli editori musicali italiani, tipografi, incisori*, Fi 1958), W. C. Smith – Ch. Humphries (*A Bibliography of the Musical Works Published by J. Walsh, 1695–1766*, Lo 1948, 1968), A. Weinmann (*Beiträge zur Geschichte des Alt-Wiener Musikverlags*, W 1948ff.) oder die M. der Instrumentalmusik von H. M. Brown (*Instrumental Music Printed before 1600*, C/M 1965).

4. Quellenbibliographien sind die Nachfolger der Universal-Bibliographien des 19. Jh. und gleichzeitig M. und Sammelkataloge. Das jetzige *Répertoire International des Sources Musicales* (RISM) strebt die Erfassung der gesamten Musikproduktion (Musikschriften und Kompositionen) bis 1800 an. Es erscheinen zwei laufende Serien (in Klammer die Namen der Herausgeber): A (alphabetisch): I (bisher 1–8): *Einzeldrucke vor 1800* (K. Schlager); B (systematisch): I: *Recueils imprimés XVIe–XVIIe siècles* (F. Lesure), II: *Recueils imprimés XVIIIe siècle* (F. Lesure), III/1–2: *The Theory of Music from the Carolingian Era up to 1400* (J. Smits van Waesberghe – P. Fischer), IV/1: *Manuscripts of Polyphonic Music 11th – Early 14th Century* (G. Reaney), IV/2: *Manuscripts of Polyphonic Music ca 1320–1400* (G. Reaney), IV/3–4: *Hss. mit mehrst. Musik des 14., 15. und 16. Jh.* (K. von Fischer – M. Lütolf), V/1: *Tropen- und Sequenzhandschriften* (H. Husmann), VI/1–2: *Écrits imprimés concernant la musique* A–L bzw. M–Z (F. Lesure), VII: *Hsl. überlieferte Lauten- und Gitarrentabulaturen des 15. bis 16. Jh.* (W. Boetticher), VIII/1–2: *Das Deutsche Kirchenlied. Kritische GA der Melodien* (K. Ameln – M. Jenny – W. Lipphard), IX: *Hebrew Writings concerning Music* (I. Adler), X: *The Theory of Music in Arabic Writings ca 900–1900* (A. Shiloah).

5. **Bibliographien** der Musikbibliographien. W. Kahl – W. M. Luther, *Repertorium der Musikwissenschaft* (Kas 1953, auch dt. Sammelkatalog); H. Gleason, *Music Literature Outlines* (Rochester 1954–55); *Précis de musicologie*, hrsg. von J. Chailley (P 1958); L. B. Spiess, *Historical Musicology* (NY 1963); V. Duckles, *Music Reference and Research Materials* (NY ³1974); J. H. Davies, *Musicalia, Sources of Information in Music* (Oxford ²1969).

Lit.: G. SCHULZ, M. u. Musikbibl., in: FS A. Sandberger (Mn 1918); H. SPRINGER, Wiss. u. produktive M., in: Kgr.-Ber. Leipzig 1925 (L 1926); K. MEYER, Über M., in: Musikwiss. Beitr. FS G. Wolf (B 1929); L. N. MALCLÈS, Les sources du travail bibliographique, 3 Bde. (G 1950–52); W. SCHMIEDER, M., Probleme, in: Kgr.-Ber. Bamberg 1953 (Kas 1954); DERS., M., in: AfMw 12 (1955); K. DREIMÜLLER, Gedanken u. Anregungen z. musikal. Bibliogr. u. Quellenkunde, in: Kgr.-Ber. Wien 1956 (Gr–Kö 1958); H.-M. PLESSKE, Zur Gesch. der dt. M., in: BzMw 5 (1963); V. DUCKLES, Music Reference and Research Materials (NY–Lo 1964); B. S. BROOK, Utilization of Data Processing Techniques in Music Documentation, in: FAM 7 (1965); R. T. WATANABE, Introduction to Music Research (Eaglewood Cliffs/N.J. 1967); F. BLUME, 20 Jahre RISM, in: AMl 44 (1972); B. S. BROOK – E. O. D. DOWNES – S. VAN SOLKEMA, Perspectives in Musicology (NY 1972); R. SAJAK, S. de Brossard als Lexikograph, Bibliograph und Bearbeiter (Diss. Bonn 1974); Music and Bibliography. FS A. H. King, hrsg. v. O. NEIGHBOUR (Lo 1979).

S. WALLON

MUSIKBIBLIOTHEKEN bilden einen Teil des allgemeinen Bibliothekswesens. Sie haben als Grundfunktionen mit den anderen Bibliotheken gemeinsam, daß sie die ihrem Auftragsbereich zuzuordnenden Medien sammeln, erschließen und dem Benutzerkreis ihres jeweiligen Bestimmungsbereiches zugänglich machen. In der Regel sind die M. keine selbständigen Institute, sondern Abteilungen wissenschaftlicher oder allgemein zugänglicher Bibliotheken in öffentlicher oder privater Trägerschaft.

Zu dem Bibliotheksgut, das die M. zu sammeln, in Katalogen zu erfassen und den Benutzern zu vermitteln haben, zählen hsl. überlieferte Musikalien und Hss. aus dem Bereich der Musica theoretica, gedruckte Musikalien, Musikschrifttum (Bücher und Zeitschriften) und in neuerer Zeit in zunehmendem Maße auch konservierte Musik (Schallplatten, Tonbänder und Tonbandkassetten). Gelegentlich wird daher mit Rücksicht auf die Erweiterung der Bestandskategorien der Ausdruck „Bibliothek" durch „Mediothek" ersetzt.

Für die musikwissenschaftliche Forschung (oder ein entsprechendes Studium) sind M. eine unentbehrliche Arbeitsgrundlage. Nur ein Bruchteil der forschungsrelevanten Musik ist auf dem Musikalienmarkt verfügbar, und viele einschlägigen Forschungsgegenstände liegen nur in den Originalhandschriften oder in wenigen Abschriften vor.

Darüber hinaus aber haben die Öffentlichen M. die Aufgabe, durch ein breites Angebot an Gebrauchsmusikalien für häusliches Musizieren und durch das Bereitstellen von Fachliteratur – die auch den Laien zu einem tieferen Verständnis musikalischer Werke führen kann – einen allgemeinen Beitrag zur Musikpflege in unserer Gesellschaft zu leisten. In diesen Zusammenhang gehören auch die Tonträgersammlungen, die dem Benutzer eine Erweiterung seiner Hörpraxis und durch Interpretationsvergleiche eine Differenzierung seiner Erlebnisfähigkeit im Musikhören ermöglichen. Die mit diesem Zweig der Bibliotheksarbeit zusammenhängenden urheberrechtlichen Fragen sind in fast allen Ländern, die über ein Netz von M. verfügen, gesetzlich geregelt, so daß in der Regel alle vervielfältigten Medien nicht nur in der Bibliothek benutzt, sondern auch ausgeliehen werden können.

Die Breite des skizzierten Aufgabenfeldes macht es erforderlich, daß sich Institute unterschiedlichen Charakters in diese Funktionen teilen. Man unterscheidet *Wissenschaftliche M.* (mit z. T. höchst bedeutenden Altbeständen), die ihre Hauptfunktion in der Unterstützung der Musikforschung und des musikwissenschaftlichen Studiums haben, von meist in kommunaler Trägerschaft stehenden *Öffentlichen M.*, die sich an alle Schichten der aktiv oder passiv an der Musikkultur beteiligten Bevölkerung wenden. Die hier verwendeten Bezeichnungen sind gebräuchlich, wenn auch etwas unkorrekt, da der Öffentlichkeitsbegriff, sowohl wenn man ihn auf die allgemeine Zugänglichkeit bezieht (Gebrauchsöffentlichkeit) als auch wenn man ihn von der Trägerschaft durch die öffentliche Hand her begründet, auch auf viele Wissenschaftlichen Bibliotheken uneingeschränkt zutrifft.

Die Wissenschaftlichen M. haben im deutschsprachigen Raum eine bedeutende Tradition, die hinsichtlich des verwalteten Bibliotheksguts oft weit ins Mittelalter zurückreicht. Die Bestände vieler mittelalterlicher Klosterbibliotheken wurden in die älteren Landes- und Universitätsbibliotheken

übernommen. Einige Bibliotheken verdanken auch dem Sammeleifer von Landesfürsten wertvolle Schätze an Musikalien-Hss. und musiktheoretischem Schrifttum.
Der größte und bedeutendste Bestand an Musikalien und Musikschrifttum in Deutschland, über den die ehemalige Preußische Staatsbibliothek in Berlin verfügte, wurde durch die Kriegsereignisse getrennt und ist heute z. T. in der Staatsbibliothek Preußischer Kulturbesitz in Berlin (West), z. T. in der Musikabteilung der Deutschen Staatsbibliothek in Ost-Berlin zugänglich.
Im wesentlichen erhalten blieb auch der an Umfang und Kostbarkeit der verwalteten Hss. vergleichbare Musikbestand der Bayerischen Staatsbibliothek in München. Viele Landes- und Universitätsbibliotheken in der Bundesrepublik Deutschland mit weniger umfassenden Altbeständen verfügen (meist im Bereich der örtlichen Musikgeschichte) über Teilbestände von unvergleichlichem Wert.
Auch für die anderen Länder des deutschsprachigen Raums und für die Mehrzahl aller übrigen Länder mit entwickeltem Bibliothekswesen trifft zu, daß in der Regel die Nationalbibliotheken über die bedeutendsten Gesamtbestände an Musikalien und Musikschrifttum verfügen, daß aber auch kleinere Sammlungen, meist in regional oder zeitlich begrenzten Bereichen, über eine partielle, oft mit Unikaten angereicherte Bestandsdichte verfügen, die sie zu einem nicht ersetzbaren Instrumentarium musikwissenschaftlicher Forschung machen.
Aus der Verwaltung alter Bestände, aber auch aus der auf Schallplatten und andere Tonträger gerichteten Sammeltätigkeit ergeben sich mannigfache Berührungspunkte zwischen den M. und Einrichtungen, die mindestens in Teilfunktionen vergleichbar sind, so mit Musikarchiven, den Schallarchiven der Rundfunksender, Musiksammlungen der Kirchen u. ä.
In allen Ländern des deutschsprachigen Raums werden auf der Basis eines gesetzlichen Auftrags alle im betreffenden Sprachbereich neu erscheinenden Musikalien und Bücher über Musik und Tonträger möglichst umfassend gesammelt, zentral verwahrt und bibliographisch verzeichnet. In der Bundesrepublik Deutschland sammelt die Deutsche Bibliothek in Frankfurt am Main die einschlägigen Bücher seit 1945, das Deutsche Musikarchiv, eine in Berlin (West) ansässige Abteilung der Deutschen Bibliothek, sammelt und verzeichnet Musikalien und Tonträger mit dem Ziel, für den deutschsprachigen Raum möglichst Vollständigkeit zu erzielen (Musiktonträger-Verzeichnis seit 1974, Musikalienverzeichnis seit 1976). In der DDR erfüllt eine Abteilung der Deutschen Bücherei in Leipzig (in Fortführung eines seit 1829 vom Verlag Friedrich Hofmeister in Leipzig betreuten bibliographischen Unternehmens) entsprechende Aufgaben (↗Musikbibliographie).
Die Sammlungen, die auf diese Weise entstehen, werden für eine künftige Musikgeschichtsschreibung von großer Bedeutung sein. Ihr Gebrauchswert in der Gegenwart liegt vor allem auf dem Gebiet der bibliographischen Erfassung, wobei die zentrale Funktion für das gesamte Bibliothekswesen dadurch unvermeidliche Einschränkungen erfährt, daß Altbestände oft gar nicht oder nur z. T. erfaßt sind, daß der Sammelauftrag durch sprachliche Grenzen, die auf dem Gebiet der Musik von geringer Bedeutung sind, begrenzt wird und daß oft auch die in Massen erscheinende, einem sehr schnellen Verbrauch unterliegende populäre Musik möglichst vollständig mit erfaßt werden muß.
Öffentliche M. (früher auch Musikabteilungen der Volksbüchereien, Musikalische Volksbibliotheken u. ä. genannt) sind heute in der Regel Abteilungen kommunaler Allgemeinbibliotheken. In der Bundesrepublik Deutschland gibt es etwa 50 Einrichtungen dieser Art (die größten mit z. T. überregional bedeutenden Sammelschwerpunkten in München und in Hamburg); auch in der DDR (besonders in Ost-Berlin und in Leipzig), in Österreich (Wien, Linz) und in der Schweiz wird dieser Bereich in zunehmendem Maße gepflegt. England, Holland, die skandinavischen Länder und die Vereinigten Staaten weisen in diesem Bereich – auf vergleichbarem Niveau – einen hohen Entwicklungsstand auf, während in den romanischsprachigen Ländern Europas im allgemeinen dieser Zweig hinter der Rolle, die dort die wissenschaftlichen Bibliotheken spielen, noch deutlich zurücksteht. In den Ländern Osteuropas und des Fernen Ostens (vor allem Japan) sind häufig Organisationsformen anzutreffen, die – mindestens was die Verfügbarkeit statistischer Angaben angeht – eine eindeutige Trennung der hier gesondert behandelten Sparten nicht möglich machen.
Die Einrichtung öffentlicher M. wurde im 1. Jahrzehnt des 20. Jh. vor allem durch Paul Marsop (1856–1925), einen in München und Florenz lebenden Musikschriftsteller, angeregt. Er verfolgte den Gedanken, daß für die Verbreitung der Musikkultur in weiten Kreisen der Bevölkerung Leistungen zu erbringen seien, die den Bemühungen der Volksbüchereien um die Pflege allgemeiner literarischer Bildung oder dem Werben der Kunsthallenbewegung um ein vertieftes Verständnis moderner bildender Kunst entsprächen. Er warb in Deutschland, Holland und den skandinavischen Ländern für die Gründung „volkstümlicher Musikbibliothe-

ken". Der Städtischen Musikbibliothek in München, die auf Marsops Anregung 1904 – etwa zeitgleich mit der Frankfurter Öffentlichen Musikbibliothek – die Reihe der Gründungen eröffnete, stellte er seine Privatbibliothek als Grundstock zur Verfügung.
Die M. verfügen seit 1951 (Gründung in Paris) über eine internationale Vereinigung, die „Association Internationale des Bibliothèques Musicales", die in Ländergruppen und in Fachkommissionen (Katalogisierungs-, Ausbildungskommission, Kommission für Wissenschaftliche und für Öffentliche M.) gegliedert ist. 1980 wurde mit Rücksicht auf erweiterte Aufgabenstellungen der Verbandsname geändert in: „Association Internationale des Bibliothèques, Archives et Centres de Documentation Musicaux" (AIBM), „Internationale Vereinigung der M., Musikarchive und Musikdokumentationszentren" (IVMB) bzw. „International Association of Music Libraries, Archives and Documentation Centres" (IAML). Publikationsorgan der Vereinigung ist seit 1954 die Zeitschrift *Fontes artis musicae* (FAM). Zu den wesentlichen Leistungen der Vereinigung gehört das seit 1960 erscheinende, auf viele Bände veranschlagte Internationale Quellenlexikon der Musik *Répertoire International des Sources Musicales* (RISM), das in Zusammenarbeit mit der Internationalen Gesellschaft für Musikwissenschaft (IGMW) entsteht und künftig das *Biographisch-bibliographische Quellen-Lexikon* R. Eitners ersetzen wird. Durch die verstärkte Zusammenarbeit der M. auf internationaler Ebene wurde es möglich, zahlreiche Quellen zu erschließen, die bisher für die Musikwissenschaft nicht allgemein zugänglich waren. Während dieses bibliographische Unternehmen zunächst nur bis in das frühe 19. Jh. reicht, setzt eine weitere Initiative der Vereinigung der M. bei der Literatur über Musik in der Gegenwart an. Mit dem *Répertoire International de la Littérature Musicale* (RILM) wird ein Instrumentarium geschaffen, das auf Computerbasis mit Hilfe von Abstracts einen möglichst kompletten fortlaufenden Überblick über die neu erscheinende musikwissenschaftliche Literatur der beteiligten Länder bieten soll. Wesentliche Bestrebungen der Vereinigung sind auf die Vereinheitlichung der Katalogisierungspraxis gerichtet *(Code International de Catalogage de la Musique)*. Auch eine umfängliche Erfassung musikwissenschaftlich relevanter Abbildungen im *Répertoire International d'Iconographie Musicale* (RIDIM) ist in Arbeit. Die alljährlich stattfindenden internationalen Arbeitskongresse der Vereinigung werden in der Regel gemeinsam mit der „International Association of Sound Archives (IASA)" durchgeführt.

Lit.: G. KINSKY, M., in: Philobiblon 6 (1933); L. NOWAK, Östr. Nationalbibl. Der Wiederaufbau der Musikslg., in: FAM 2 (1955); H. RUPPE, Das volkstümliche Musikbüchereiwesen in Östr., in: Die Musikbücherei 2 (1955); V. FÉDOROV, Les grandes bibl. publiques de musique, in: La musique dans l'éducation (P 1955); H. ZEHNTNER, M. in der Schweiz (Bas 1960); M. PROKOPOWICZ, Les bibl. de musique en Pologne, in: FAM 7 (1960); P. SALVAN, Les bibl. publiques et la musique en France, in: ebd. 8 (1961); R. BENTON, An Introduction to American Music Libraries, in: ebd. 9 (1962); M. SVOBODOVÁ, Tschechoslowakische M. u. Arch., in: Musiknachrichten aus Prag 10 (1965); B. HUYS, Belg. en buitenlandse muziekbibl. Archif- en Bibliotheekwezen in Belgie 37 (1966); B. REDFERN, Organizing Music in Libraries (Lo 1966); Associazione Italiane Biblioteche. Boll. d'informazioni, N. S. 6 (1966); S. WEI-LIANG, Die Musikbibl. in Taipei, Republik China, in: Das Orch. 14 (1966); K. E. MIXTER, A Visit to Some Music Libraries in Eastern Europe. College and Research Libraries 28 (1967); I. PETHES, M. in Ungarn, in: FAM 15 (1968); H. ZENKER, M. in der DDR, in: Bull. Musikrat DDR 6 (1969); B. CARLSSON, Rapport fra Sverige, in: Bogens Verden 51 (1969); Dt. Bibliotheksverband Sektion M. Int. Vereinigung der M. Ländergruppe Dt. Demokratische Republik. M. u. Musikalienslg. in der Dt. Demokratischen Republik. (B 1969); R. SCHAAL, Führer durch dt. M. (Wilhelmshaven 1971); Ber. musikwiss. Institutionen. Schweden, Norwegen u. Dänemark, in: BzMw 14 (1972); Gids voor muziekbibliotheken en fonotheken in Nederland ('s-Gravenhage 1972); B. BULLING – H. RÖSNER, Die Öffentliche Musikbibl. Materialien zu einem Modell (B 1974) (mit Bibliogr.); M. Sonderverz., in: Hdb. der Öffentlichen Bibl. (B 1977); Jb. der Dt. Bibl. 48 (Wie 1979ff.); Forum Musikbibl. Beitr. u. Informationen aus der musikbibliothekarischen Praxis (B 1980ff.).

H. WASSNER

MUSIKBOGEN (engl.: musical bow; frz.: arc musical, arc sonore; it.: arco musicale, arco sonoro; span.: arco musical), das einfachste Saiteninstrument mit nur einer, seltener 2 oder 3 Saiten, die an den Enden eines biegsamen, gekrümmten Stabes befestigt sind. Die Saite wird mit den Fingern angezupft, mit einem Stäbchen geschlagen oder mit einem angerauhten kleinen Stock gestrichen. Verschiedene Tonhöhen lassen sich entweder durch Abgreifen der Saite oder durch Veränderung der Saitenspannung erzielen. Dazu kann eine Stimmschlinge verwendet werden, die vom Bogen aus über die Saite gelegt wird, so daß sich die Saite an den Bogen heranziehen läßt. Zur Verstärkung der sehr leisen Töne wird die Mundhöhle benutzt, in oder vor die der Spieler die Saite hält. Durch Veränderung des Mundraumes lassen sich (wie bei der ↗Maultrommel) verschiedene Obertöne des gespielten Tones verstärken. Als Resonator dient oft auch eine Kalebasse, die am Bogen befestigt wird und vom Spieler zur zusätzlichen Verstärkung der Resonanz gegen den Körper gehalten werden kann. Der M. ist weit verbreitet und läßt sich bis heute in Indien, Lateinamerika, Ozeanien, vor allem aber im südlichen Afrika nachweisen. Er wird immer solistisch, manchmal auch zur Gesangsbegleitung gespielt.

Lit.: H. BALFOUR, The Natural History of the Musical Bow (O

1899); A. SCHAEFFNER, Origine des instr. de musique (P 1936); H. H. WÄNGLER, Über südwestafrikanische Bogenlieder, in: Afrika u. Übersee 39 (1955) u. 50 (1956); R. BRANDEL, The Music of Central Africa (Den Haag 1961); G. LIST, The Playing of the Musical Bow in Palenque, Columbia, in: Journal of the Int. Folk Music Council 18 (1966).

M. BRÖCKER

MUSIKDIDAKTIK (von griech. didaskein = lehren, unterrichten) ist die Wissenschaft vom Musiklehren und -lernen im Musikunterricht. Sie wird vereinfacht als Lehre vom Lehren, von den Inhalten und Verfahren des Unterrichts verstanden. Doch kommen einer M., die lediglich Lektionen und Rezepte zur Weitergabe musikalischen Könnens und Wissens verschreibt (Beibring-Didaktik), schwerlich die Handlungszusammenhänge und -abhängigkeiten, in denen Lehrer und Schüler stehen, in den Blick. Dem vieldimensionalen Bedingungs- und Begründungsgefüge des Musikunterrichts wird auch nicht gerecht, wer im Schulfach Musik nur eine Widerspiegelung vorgegebener wissenschaftlicher und künstlerischer Systeme und Bestände sieht (Abbild-Didaktik) und meint, vor den Strom wissenschaftlicher Erkenntnisse und künstlerischer Kreationen nur noch einen Resultat- und Relevanzfilter schieben zu brauchen. Begreift sich M. als bloße Verlängerung der Musikwissenschaft, läuft sie infolge Vorrangs der Sachwelt vor der Ichwelt Gefahr, die musikalische Lernbiographie und -situation des Schülers, seine Lernmöglichkeiten und -grenzen nicht in Unterrichtstheorie und -planung einzubeziehen. Versteht sich M. einfach als verlängerte Erziehungswissenschaft, unterläuft es ihr, Musik nicht als ein Phänomen sui generis in Unterricht und Erziehung einzubringen. Als verlängerter Arm einer Kunstrichtung ist sie versucht, dem Musikunterricht Aufgaben einer Werbeagentur anzudienen. Vermittlung ist der M. daher in mehrfacher Weise aufgegeben: zwischen Anspruch der Sache und Ansprechen des Selbst; zwischen Musik als Kunst und Wissenschaft; zwischen sog. Geistes- und Gesellschaftswissenschaften, die auf dem Feld des Musiklernens zusammenzuführen sind; zw. musikalischen Genres im vielfältigen und zwiespältigen Musikleben der Gegenwart; nicht zuletzt zw. Theoriebildung und Praxisorientierung.

Die geschichtlich und gesellschaftlich bestimmte Praxis des Musikunterrichts ist das hermeneutische und empirische Feld der M.: Als Theorie des Musiklehrens und -lernens analysiert und interpretiert sie überlieferte Unterrichtskonzeptionen und -dokumente (Fachgeschichte des Musikunterrichts), reflektiert sie die Ortsbestimmung der Musik im Fächerkanon der Schule (Bildungs- und Ausbildungstheorie), beobachtet und analysiert sie musikalische Lernprozesse (Unterrichtsforschung), entwickelt und erprobt sie Unterrichtsmodelle (Curriculumforschung) und bringt ihre Erkenntnisse in Richtlinien, Lehrpläne und Schulbücher, in akademische Lehre und Lehrerfortbildung ein (Öffentlichkeitsarbeit, Musiklehrerausbildung), um dem Unterricht vor Ort Handlungs- und Entscheidungshilfen zu geben. M. ist Theorie vom Musikunterricht und für ihn auf seinen verschiedenen Stufen und in seinen Formen staatlicher und semistaatlicher Institutionalisierung: vom Elementarbereich (Früherziehung in Kindergarten, Vorschule, Musikschule) über den Primarbereich (musikalische Grundausbildung) bis zum Sekundarbereich (Haupt- und Realschule, Gymnasium, Gesamtschule). Erst in jüngster Zeit hat sich M. auch außerschulischen Lernangeboten und Einrichtungen mit vereinzelten Beiträgen zu ihrer Theorie zugewandt, z.B. Privatunterricht, Laienmusikpflege, Sozialpädagogik, Erwachsenenbildung. Jedenfalls ist sie in Forschung und Lehre nicht auf die allgemeinbildende Pflichtschule eingeschränkt. Die anthropogenen, sozio-kulturellen und lernpsychologischen Bedingungslagen des Musikunterrichts, die Erfahrungs-, Bedürfnis-, Einstellungs- und Interessenhorizonte der Schüler, mithin außerschulische Einfluß- und Wirkungsfaktoren des Musiklernens sind in didaktische Untersuchungen, Unterrichtskonzeptionen und -beispiele einzubeziehen. Diese Weitung des Gegenstandsbereichs erfolgte in den 60er Jahren besonders aufgrund eines neuen Verständnisses von Curriculum. Es fixiert nicht bloß Stoff- und Lehrplan, sondern „durchläuft" den ganzen Lernprozeß von der Untersuchung seiner Eingangsvoraussetzungen und der Bestimmung der Lernziele über die Auswahl und Anordnung der Inhalte sowie den Einsatz von Methoden und Medien bis zur Lernkontrolle und Leistungsprüfung. Angesichts solchen begründeten Handlungszusammenhangs musikalischen Lehrens und Lernens ist eine scharfe Trennung der Gegenstandsbereiche von Musikpädagogik und M. schwierig, aber auch nicht geboten, zumal beide zumeist in Personalunion vertreten werden. Auch läßt sich eine Unterscheidung von Musikpädagogik als wissenschaftlicher Grundlagen- und Tatsachenforschung und M. als nichtwissenschaftlicher, weil Normen setzender Lehre schwerlich durchhalten, da Theorie und Praxis des Musiklernens nicht im Nachfolge-, sondern im Zirkelverhältnis stehen.

Der Handlungs- und Entscheidungszusammenhang des Musikunterrichts stellt sich nicht als Folge linearer Abhängigkeiten dar. Eine verbindliche, allein von der Sache Musik hergeleitete Progression von Lernsequenzen ist nicht zu begründen. Aus übergeordneten allgemeinen, fachindifferenten Richtzie-

len (z. B. Emanzipation) lassen sich fachspezifische Grob- und Feinziele sowie Lerninhalte (z. B. Kreativität durch Improvisation experimenteller Musik) nicht logisch ableiten. Warum und wozu Schüler welche Musik und was an ihr wie und wann lernen sollen, ist ein wechselseitiges Begründungsverhältnis. So verändern sich etwa Aspekte des Unterrichtsgegenstandes und damit dieser selbst je nach den Methoden, d. h. nach den Fragestellungen und Verfahren seiner Behandlung. Auch die Zuordnung von musikalischem Bildungsgut und musikalischer Ausbildungsstufe (z. B. Kinderlied – Grundausbildung, Symphonie – Studienstufe) ist keineswegs programmiert. Vielmehr bestimmen erst Ziele und Organisationsformen des Lernens (wozu und wie ein Kinderlied oder eine Symphonie in den Interessen- und Verständnishorizont des Schülers gerückt werden) Alters- und Stufengemäßheit. Methodik hat daher keine nur nachgeordnete und subsidiäre Funktion, wenn sich M. an einem operativen Musik- und Unterrichtsbegriff orientiert. Musikunterricht ist Lernen des Musiklernens selbst aufgegeben, und Organisation von Lernhilfe mittels differenzieller, musikgemäßer Methoden erschließt Weisen des Umgangs mit Musik, sei es in künstlerischer Selbsterfahrung, sei es in wissenschaftsorientierter Erkenntnis.
Es gibt nicht *die* Musikdidaktik. Sie stellt sich in einem Spannungsfeld dar zwischen normativ-kritischer Bildungsdidaktik, die das Fach mit seinen Zielen und Gehalten je neu zur kritischen Disposition stellt, und empirischer Unterrichtsdidaktik, die die Lernprozesse wirksamst steuern will. M. kann auf konkurrierende Konzeptionen und ihre gegenseitigen Korrektiven nicht verzichten. Die jüngste Fachgeschichte zeigt die Gefahren einseitigen Reformeifers. Unter ständigem Ausweisungsdruck (Musiklernen als innocent luxury?) dürfen nicht scheinbar polare Legitimationsmomente hervorgekehrt werden, etwa kognitiv-aufklärerische Lernziele gegen emotional-sinnenhafte und umgekehrt. Und wenn allein lerntechnologische Verfügbarkeit (meßbare Leistungszugewinne) Musikunterricht steuert, drohen Musik und Musikverhalten in kausalanalytischer Erklärbarkeit aufzugehen.

Lit.: Grundfragen der M., hrsg. v. J. DERBOLAV (Ratingen 1967); M. ALT, Didaktik der Musik (Düsseldorf 1968, [5]1980); D. VENUS, Unterweisung im Musikhören (Wuppertal 1969); S. VOGELSÄNGER, Musik als Unterrichtsgegenstand (Mz 1970); Musikhören u. Werkbetrachtung, hrsg. v. K. SYDOW (Wb – Z 1970); S. ABEL-STRUTH, Musikal. Beginn in Kindergarten u. Vorschule 1–3 (Kas 1970, 1972); H. ANTHOLZ, Unterricht in Musik. Ein hist. u. systematischer Aufriß seiner Didaktik (Düsseldorf 1970, erweitert [3]1976); K. H. EHRENFORTH, Verstehen u. Auslegen. Die hermeneutischen Grundlagen einer Lehre v. der didaktischen Interpretation v. Musik (F 1971); W. GUNDLACH – TH. OTT, Musikunterricht an Gesamtschulen (St 1971); G. MEYER-DENKMANN, Struktur u. Praxis neuer Musik im Unterricht (W 1972); Musik u. Musikunterricht in der Gesamtschule, hrsg. v. H. SEGLER (Weinheim 1972); Musikunterricht auf der Grundstufe, hrsg. v. U. GÜNTHER – W. GUNDLACH (F 1974); K. FÜLLER, Lernzielklassifikation u. Leistungsmessung im Musikunterricht (Weinheim – Bas 1974); Perspektiven Neuer Musik. Material u. didaktische Information, hrsg. v. D. ZIMMERSCHIED (Mz 1974); D. WIECHELL, Didaktik u. Methodik der Popmusik (F 1975); Neues Hdb. der Schulmusik, hrsg. v. E. VALENTIN – H. HOPF (Rb 1975); H. RAUHE – H.-P. REINECKE – W. RIBKE, Hören u. Verstehen. Theorie u. Praxis handlungsorientierten Musikunterrichts (Mn 1975); C. RICHTER, Musik als Spiel. Ein didaktisches Modell (Wb – Z 1975); C. RICHTER, Theorie u. Praxis der didaktischen Interpretation v. Musik (F 1976); Polyästhetische Erziehung, hrsg. v. W. ROSCHER (Kö 1976); Hörererziehung, hrsg. v. B. DOPHEIDE (Da 1977); Praxis des Musikunterrichts. Unterrichtseinheiten, hrsg. von W. GUNDLACH – W. SCHMIDT-BRUNNER (Mz 1977); K. HÖRMANN, Studie z. Motivation im Musikunterricht (Rb 1977); H. LEMMERMANN, Musikunterricht (Heilbrunn 1977); H. MEYER, Musik als Lehrfach (Wie 1978); R. NYKRIN, Erfahrungserschließende Musikerziehung (Rb 1978); B. GRASSMANN, Schöpferisches Reihendenken v. Guido d'Arezzo bis F. Zappa. Materialien für den Unterricht in Musik der Sekundarstufe 2 (Düsseldorf 1978); Kritische Stichwörter z. Musikunterricht, hrsg. v. W. GIESELER (Mn 1978); K. FÜLLER, Modellorientierter Musikunterricht (Mn 1978); L. AUERBACH u. a., Musikal. Grundausbildung in der Musikschule 1–2 (Mz 1979, 1980). – Schriftenreihen: Didaktik der Musik, hrsg. v. W. KRÜTZFELD (H – Wb 1967 ff.); Materialien z. Didaktik u. Methodik des Musikunterrichts, hrsg. v. S. HELMS – N. LINKE – G. REBSCHER (Wie 1973 ff.).

H. ANTHOLZ

MUSIKDIKTAT, eine der Übungsmethoden der ↗Gehörbildung, durch die das musikalische Auffassungsvermögen geschult werden soll. Dabei werden meist kurze Tonfolgen vorgespielt oder -gesungen, die notenschriftlich wiederzugeben sind.

MUSIKDIREKTOR, Abk.: MD, heute von städtischen, staatlichen und von Kirchenbehörden als Städtischer M. – in der gehobenen Position als ↗Generalmusikdirektor –, Universitäts-M. und Kirchen-M. (Abk.: KMD) verliehener Titel für den musikalischen Leiter eines Orchesters, Opernensembles oder Chores. Der M. (lat. director musices) war ursprünglich die Amtsbezeichnung für den festbesoldeten musikalischen Leiter einer Stadt (z. B. G. Ph. Telemann in Frankfurt am Main und Hamburg), dessen Aufgaben mit denen eines höfischen ↗Kapellmeisters vergleichbar waren, durch die Veranstaltung öffentlicher Konzerte jedoch darüber hinausgingen. Im 19. Jh. bürgerte sich dieser Titel u. a. auch für den Dirigenten von Chorvereinigungen, z. T. auch für den Konzertmeister ein. Daneben waren auch von Regierungen verliehene Titel wie Fürstlicher, Herzoglicher oder Königlicher M. üblich.

MUSIKDRAMA, Bz. für die als Gesamtkunstwerk konzipierte Oper. Der Terminus geht auf Theodor Mundt zurück, der – im Unterschied zum „musikalischen Drama, in welchem die Musik nur als Intermezzo mitspielte" – die Oper als „Einheit von Dichtkunst und Tonkunst" sah. In diesem Sinne wurden bes. die Opern R. Wagners seit dem *Ring* als Musikdramen bezeichnet; Wagner selbst lehnte diese Bezeichnung jedoch ausdrücklich ab.

Lit.: TH. MUNDT, Kritische Wälder (L 1833); R. WAGNER, Über die Benennung „M.", in: Sämtliche Schriften und Dichtungen IX (L [5]1911).

MUSIKĒ ↗Griechenland.

MUSIKERZIEHUNG ↗Musikpädagogik.

MUSIKETHNOLOGIE (engl.: ethnomusicology; frz.: ethno-musicologie; it.: etnologia musicale; span.: etnomusicología; daher auch dt. gelegentlich Ethnomusikologie), Bz. für den Zweig der Musikwissenschaft, der auf alle Musik nichteuropäischen Ursprungs sowie auf die europäische Volksmusik ausgerichtet ist. Erst um 1940 wurde der Ausdruck geprägt. Seitdem hat er, besonders im Bereich der englischen Sprache, die ältere Bezeichnung „Vergleichende Musikwissenschaft" (engl.: comparative musicology) weitgehend zurückgedrängt, doch erhält diese gegenwärtig erneut Bedeutung.

Forschungsgebiete. Der Fachzweig beschäftigt sich mit folgenden Teilgebieten:

1. Die Musik älterer Zeit, vor allem die Musikgeschichte vergangener Hochkulturen Ägyptens, Mesopotamiens und Mittelamerikas. Als Quellen dienen Bodenfunde von Musikinstrumenten, Wandmalereien und plastische Bildwerke in Gräbern, Tempeln und Wohngebäuden, ferner Schrifttafeln und Beischriften zu Abbildungen. Eine Deutung dieser Quellen erfordert zum Teil Methoden spezieller Wissenschaftszweige, so der Archäologie, Kunstwissenschaft, Ägyptologie, Assyriologie und Altamerikanistik.

2. Die Musik der rezenten Hochkulturen Asiens (auf dem indo-pakistanischen Subkontinent, im Vorderen Orient, in Südost- und Ostasien). Wichtigste Quellen zur älteren, heute verklungenen Musik dieser Länder sind auch hier Musikinstrumente, Abbildungen und Inschriften; für die spätere Zeit kommen Bemerkungen zur Musik in Dichtungen und Annalen sowie musiktheoretische Abhandlungen hinzu. Die Musik der Gegenwart kann dank der Möglichkeiten elektro-akustischer Tonaufzeichnung in ihrer klingenden Fassung festgehalten werden. Über Mitschnitte von Konzerten hinaus ist der Forscher auch an Studioaufnahmen und an Erläuterungen zur praktischen Verfahrensweise der Musiker interessiert. Diese Dokumente, anhand der einheimischen Musiktheorie untersucht, sollen die melodische, rhythmische und klangliche Eigenart des betreffenden Musikstils erkennen lassen. Auf ältere Berichte bezogen, können sie den Verlauf der jüngeren Musikgeschichte des Landes erhellen. Bei Vergleichen über die Grenzen eines bestimmten Landes hinaus kann man entweder zur schärferen Abgrenzung oder zur Darstellung von Parallelen auf diese Dokumente zurückgreifen.

3. Von der musikalischen Hochkunst ist die regional oder örtlich begrenzte Volksmusik zu unterscheiden. Sie umfaßt einerseits den auf breite Hörerkreise zugeschnittenen Solo- und Ensemblegesang samt dem begleitenden wie auch dem solistischen Instrumentalspiel, andererseits das jedermann ohne Üben zugängliche Liedgut. Diese volkshafte oder volkstümliche Musik ist meist nicht in einer Musiktheorie reflektiert, doch befindet sie sich häufig in lockerem Kontakt mit der sie umgebenden Hochkunst. Untersuchungen – die stets mit einem Blick auf die Kunstmusik vorzunehmen sind – konzentrieren sich daher auf klingende Beispiele, die Gelegenheiten ihrer Darbietung und Bemerkungen der Ausführenden zur Musik und ihrem Kontext. Verständnis ist dabei nicht nur für den Stil, sondern auch für die Bedeutung der Musik im Leben des Einzelnen und der Gemeinschaft zu gewinnen. Erklingen kann die Volksmusik zur Entspannung im Alltag, weit mehr noch bei Feiern zur Geburt, zur Hochzeit und zum Tode des Menschen, bei Festen für Gottheiten und Heilige sowie bei bestimmten kosmischen Konstellationen, bei Feierlichkeiten im Jahreskreis, so zu Aussaat und Ernte, für Weidegang und Rückkehr der Haustiere. Die Frage ist jedesmal, welche Musik in welchem Augenblick geboten wird.

4. Die Stammesmusik im Bereich von Hochkulturen bleibt ihrer Umgebung, also auch anderen Stämmen gegenüber, weitgehend eigenständig. Sie verhält sich damit ähnlich wie die Musik jener zahlreichen Völkerschaften Afrikas, Amerikas und Australiens, die in der ethnologischen Literatur als „Naturvölker" oder „schriftlose Kulturen" bezeichnet werden und bisher außerhalb des abendländischen Einflusses geblieben sind. Oft durchzieht die Musik das gesamte Leben eines solchen Stammes, und deshalb zielen Untersuchungen nicht nur auf ihren Stil und ihre Funktion im Gemeinschaftsleben, sondern auch auf ihre Bedeutung für das Selbstverständnis des Stammes, das in Gesängen mit mythischem oder erzählendem Inhalt, in der Bindung von Musikinstrumenten an bestimmte Personen (Gottheiten, Häuptlinge, Würdenträger), ja sogar in der Furcht vor dem Erklingen einer Musik außerhalb ihres regulären Kontexts zum Ausdruck gelangt.

5. Das Volkslied und die instrumentale Volksmusik, vor allem das Liedgut europäischer Länder,

verlangen eine gesonderte Betrachtung. Dichter wie J. G. Herder und J. W. von Goethe hatten dem Volkslied große Bedeutung zugemessen und damit unter anderem Sammeltätigkeit und Forschung angeregt. Zahlreiche Sammlungen entstanden seit Beginn des 19. Jh. und wurden vorwiegend von Literaturwissenschaftlern und Volkskundlern eingebracht. Die musikalische Volksliedforschung richtet sich vor allem auf die Melodien und ihre Varianten. Gegenwärtig fragt man verstärkt nach der Funktion des Volksliedes, den im Text gespiegelten psychologischen und sozialen Fakten sowie der stimulierenden Wirkung der Musik. Letzteres gilt auch für die instrumentale Volksmusik, doch verlangt diese spezielle Untersuchungen, die das Instrument und seine Spielweise sowie die Fähigkeit des Spielers mit einbeziehen.
Die bisher skizzierten Teilbereiche erfordern eine Konzentration der musikethnologischen Forschung auf einzelne Kulturen oder Regionen. Andere Themen können im Querschnitt behandelt werden, und hierzu gehören:
1. Die Tonsysteme in den verschiedenen Kulturen der Erde. Man vergleicht sie einerseits nach physikalischen Gesichtspunkten, d.h. nach den tatsächlich erklingenden Tonhöhen oder den intendierten Tonstufen, andererseits nach musikalischen Fakten, d. h. nach der Anordnung des Tonmaterials bei der Melodiebildung und bei Zusammenklängen. Im ersten Fall stehen die Materialleitern, im zweiten Fall die Gebrauchsleitern zur Diskussion.
2. Musik und Mythologie. Zu fragen ist, wie sich die Musik in die Mythologie einfügt, wie sich mythische Sachverhalte, auch Zahlensymbole oder die Symbolik von Jahres- und Tageszeiten u. a. in der Musik widerspiegeln und wie musikalische Phänomene, z.B. Töne durch Symboltiere, mythisiert werden.
3. Die Systematik der Musikinstrumente. Nur für die Instrumente, den allein greifbaren Bestandteil des musikalischen Menschheitsbesitzes, hat man bisher global anwendbare Klassifikationssysteme entwickelt. Bekannt und leicht überschaubar ist das von V.-Ch. Mahillon 1880 entworfene, von C. Sachs und E. M. von Hornbostel 1914 durchgebildete System (↗Instrumentenkunde). An der Gestalt, der Nomenklatur und der Spieltechnik einzelner Instrumente lassen sich manchmal Kontakte zwischen verschiedenen, auch voneinander entfernten Musikkulturen aufzeigen.

Geschichte. Dem gegenwärtigen Stand der M. ist eine wissenschaftsgeschichtliche Entwicklung voraufgegangen, die um 1900 eine feste Basis fand, doch schon im Zeitalter der Entdeckungen begann. Der Reiz des Andersartigen oder auch die Ablehnung als „böse" verstandener Bräuche haben die ersten Berichte diktiert, die von Seefahrern und Missionaren – auch über Musik und Tanz – nach Europa gelangten. Umfangreiche Monographien entstanden nach längeren Landesaufenthalten der Autoren oder durch eingehende Studien älterer einheimischer Schriftwerke seit dem Ende des 18. Jh., so die Beiträge *De la musique des Chinois tant anciens que modernes* von Padre Amiot (1780), *On the musical modes of the Hindus* von William Jones (1792) oder *Die Musik der Araber nach Originalquellen dargestellt* von R. G. Kiesewetter (1842). Eine vergleichende Durchdringung der angesammelten Kenntnisse begann mit der Abhandlung *On the musical scales of various nations* von A. J. Ellis (1885). Diesem auf Messungen an außereuropäischen Musikinstrumenten und auf Intervallberechnungen orientalischer Musiktheoretiker beruhenden Ansatz folgten bald erste Bemühungen um ein Verständnis der klingenden Musik selbst. Ermöglicht wurden sie durch den 1877 von Thomas A. Edison erfundenen Phonographen, mit welchem der amerikanische Ethnologe J. W. Fewkes 1890 die ersten Gesänge nordamerikanischer Indianer aufnahm. In den folgenden Jahren brachten Ethnologen zahlreiche Wachswalzen mit Musikeinspielungen nach Europa. Ihre Sammlung führte u. a. zur Gründung der Phonogrammarchive an der Kaiserlichen Akademie der Wissenschaften in Wien (1899) und am Psychologischen Institut der Humboldt-Universität Berlin (1900).
Die in Berlin tätigen Forscher C. Stumpf und E. M. von Hornbostel bemühten sich nicht nur um eine Methodik der Niederschrift und Analyse phonographierter Musikstücke, sondern auch um die Erfassung der Tonreihen, der Melodiebildung und Ornamentierung, der Metrik und Rhythmik eines jeden Repertoires. Im Sinne der vergleichenden Methode stellten sie zuweilen musikalische Fakten aus weit voneinander entfernten Ländern zusammen. Das Ziel umriß Hornbostel 1905 mit der Formulierung: „Wir wollen die entwicklungsgeschichtlichen und allgemein-aesthetischen Grundlagen der Tonkunst kennenlernen." Inzwischen hat man eingesehen, daß ein solch kulturell wie psychologisch umfassendes Weltbild der Musik wohl kaum zu erreichen ist, da schon die einfachsten Bausteine – Zusammenklänge wie Oktav und Quint, metrische Einheiten, ja sogar der einzelne Ton – nach Kulturen verschiedene Hör- und Behandlungsweisen zulassen.
Dem Ursprung der Musik spürten um 1900 auch die Forscher in Österreich nach. So beobachtete Richard Wallaschek, der Begründer der Vergleichenden Musikwissenschaft in Wien, nicht nur „primitive" Musik, sondern das allgemeine Musikleben

des Menschen, so wie es in den tieferen Schichten seiner Natur verankert ist. Wallascheks Nachfolger R. Lach nahm einen „Urschrei" – nicht aus Angst, sondern aus Freude am Klang – als Entstehung der Musik an und leitete alle höheren Formen aus diesem Urschrei ab. Anhand der Ideen Darwins und Spencers von der Evolution des Lebens auf der Erde ergab sich für Lach eine „Biologie der Musik" als Ziel der Vergleichenden Musikwissenschaft. Diese Vorstellung aus der Zeit um 1920 hat Walter Graf nach 1950 nur bedingt wieder aufgenommen. Viel wichtiger wurde für ihn die Klangforschung und ihre Rückbeziehung auf das biologische und das kulturelle Verhalten der Menschen.

In Amerika faßte die vergleichende Musikforschung schon zu Anfang des 20. Jh. Fuß. Intensiver wurde sie nach 1933 von emigrierten Schülern E. M. von Hornbostels betrieben. Später schien den amerikanischen Wissenschaftlern der Vergleich von Einzelheiten aus verschiedenen Musikkulturen unfruchtbar. Neue Wege beschritt man seit 1940, und diese schienen mit der neuen Bezeichnung M. besser beschrieben als mit der bisherigen. So schlossen sich 1953 einige Gelehrte zusammen und gründeten bald darauf die „Society for Ethnomusicology", die sich inzwischen zur größten Organisation des gesamten Fachgebiets entwickelte. Mögen sich die Akzente gegenüber der Berliner Schule vor 1933 verschoben haben, so bleibt das Forschungsgebiet doch unverändert: Nach wie vor umfaßt es alle Musik außerhalb der Musikkultur, welcher der Betrachter selbst angehört.

Starke Impulse wurden der amerikanischen M. um 1960 aus der „Anthropology" (= Ethnologie) zugetragen. Nach Alan P. Merriam (1964) soll sich die M. auf „the study of music in culture" konzentrieren, da klingende Musik einerseits auf menschlichen Verhaltensweisen resultiert, andererseits durch Musik soziales, politisches, ökonomisches, sprachliches und religiöses Verhalten gestaltet, betont und gelenkt wird. Reduziert Merriam damit die Aufgabe des Musikethnologen auf eine Funktionsbeschreibung der Musik in jeder Kultur, so hebt Mantle Hood (1971) die gegenteilige Ansicht hervor: Voraussetzung für das Verständnis fremder Musik sei praktisches Musizieren, und verbale Darstellungen wären erst möglich, nachdem man die Grundlagen durch eigene Praxis erfaßt habe. Dies ist sicher richtig, solange das Streben nach Perfektion dem Musikethnologen Zeit läßt für seine eigentliche Aufgabe: die Eigenart der einen Kultur im Bewußtsein einer anderen Kultur verständlich zu machen. Vergleiche mögen dabei helfen, Kriterien zu finden, und diese sind um so wichtiger, je mehr Musikkulturen „synoptisch" erfaßt werden sollen. Durch Vergleich gewonnene Kriterien dienen in unserer Zeit auch dazu, Wechselwirkungen zwischen abendländischer und nichtabendländischer Musik zu erkennen.

Lit.: Vgl. die Länderartikel in: LAVIGNAC Hist.; A. J. ELLIS – J. P. N. LAND, Abh.en z. vergleichenden Musikwiss., in: Sammelbde. für vergleichende Musikwiss. 1, hrsg. v. C. Stumpf – E. M. von Hornbostel (Mn 1922, Nachdr. Hil 1975); C. SACHS, Geist u. Werden der Musikinstr. (B 1929); DERS., Vergleichende Musikwiss. in ihren Grundzügen (L 1930), 2. Aufl. als: Vergleichende Musikwiss. Musik der Fremdkulturen (Hei 1959) (= Musikpädagogische Bibl. 2); M. SCHNEIDER, Gesch. der Mehrstimmigkeit. Hist. u. phänomenologische Stud., 2 Bde. (B 1934/35); C. SACHS, The Rise of Music in the Ancient World, East and West (NY 1943), dt. Übers.: Die Musik der Alten Welt in Ost und West. Aufstieg und Entwicklung, hrsg. v. J. Elsner (B 1968); Journal of the Int. Folk Music Council, seit 1969: YbIFMC (1949ff.); F. BOSE, Musikal. Völkerkunde (Fr – Z 1953); Ethnomusicology. Journal of the Society for Ethnomusicology (Middletown 1953ff.); J. KUNST, Ethnomusicology. A Study of Its Nature, Its Problems, Methods and Representativs to Which is Added a Bibliogr. (Den Haag [3]1959, Suppl. 1960); A. P. MERRIAM, The Anthropology of Music (Evanston/Ill. 1964); Jb. für musikal. Volks- u. Völkerkunde (B 1963–73, Kö 1977/78, Wie 1980ff.); B. NETTL, Theory and Method in Ethnomusicology (Lo 1964); K. REINHARD, Einführung in die M. (Wb 1968) (= Beitr. z. Schulmusik 21); M. HOOD, The Ethnomusicologist (NY 1971); F. L. HARRISON, Time, Place and Music. An Anthology of Ethnomusicological Observations ca. 1550 to ca. 1880 (A 1973); Hdb. des Volksliedes, hrsg. v. R. W. BREDNICH – L. RÖHRICH – W. SUPPAN, 2 Bde. (Mn 1973–75); W. GRAF, Die Vergleichende Musikwiss. in Östr., in: YbIFMC 6 (1974); W. WIORA, Ergebnisse u. Aufgaben vergleichender Musikforsch. (Da 1975) (= Erträge der Forsch. 44); A. SIMON, Probleme, Methoden u. Ziele der Ethnomusikologie, in: Jb. für musikal. Volks- u. Völkerkunde 9 (1978); F. BOSE, Akkulturation u. Innovation als stilbildende Faktoren in der Musik der Fremdkulturen, in: Kgr.-Ber. Berlin 1974 (Kas 1980).

J. KUCKERTZ

MUSIKFESTE ↗Festspiele

MUSIKGESCHICHTE. Begriff. Der Begriff „Geschichte" ist doppeldeutig. Er meint sowohl das Geschehene als auch den Bericht über das Geschehene. M. als das Geschehene ist Gegenstand der meisten Artikel dieses Lexikons. Gegenstand dieses Artikels ist M. im Sinne von Musikgeschichtsschreibung und Musikgeschichtsforschung.

Die Musik ist nach Kulturen verschieden und wandelt sich mit der Zeit. Die M. beschreibt diesen Wandel, und zwar in bezug auf unsere eigene – die abendländische – Kultur. Gegen diese Beschränkung und Bevorzugung haben sich Stimmen erhoben, die eine universale M. verlangen. Für jede Musikgeschichtsschreibung gelten jedoch bestimmte Voraussetzungen.

Voraussetzungen. 1. Die M. fordert ein hinreichendes Vorverständnis der Musik, wie es durch das Aufwachsen in einer bestimmten musikalischen Tradition gebildet wird. Dem adäquaten Verständnis der Musik anderer Kulturen sind daher Grenzen gezogen.

2. Nur wo die Musik und das Musikleben der Vergangenheit sich bleibend bezeugt haben, wird Musikgeschichtsschreibung möglich. Über die mehrstimmige abendländische Musik gibt es nicht nur Berichte, es gibt etwa seit 1200 vor allem schriftliche Aufzeichnungen der Werke. So sind wir heute in der Lage, auch Werke solcher Perioden, Gattungen und Stile, deren lebendige Tradition nicht bis in die Gegenwart reicht, methodisch zu untersuchen. Die Formen der Aufzeichnung wandelten sich und wurden präziser. Schon sehr früh gehen sie von einer präskriptiven (die Ausführung im wesentlichen vorschreibenden) Aufzeichnung durch den – zuerst oft noch anonymen – Komponisten aus. Dies war eine wichtige Voraussetzung für das Zustandekommen und die Entwicklung der europäischen Tonkunst. Die Musik keiner anderen Kultur ist so notwendig mit der Schriftlichkeit verbunden, obwohl z.B. auch einige orientalische Hochkulturen über Musiknotationen verfügen. Im Unterschied dazu wird die Musik primitiver Kulturen allein mündlich, durch Übung und Gehör, tradiert und allenfalls von westlichen Musikforschern aufgeschrieben, in deskriptiver (eine bestimmte Ausführung beschreibender) Notation. Auch deshalb – und nicht nur aus „Eurozentrismus" – ist die abendländische Tonkunst das Feld der Musikgeschichtsschreibung und das Hauptthema der ↗Musikwissenschaft.

3. Die Musikgeschichtsschreibung setzt eine Musik voraus, die sich im Laufe der Zeit merkbar geändert hat, weil sie von Musikern gemacht und von Hörern gehört wurde, denen in gewissen Grenzen an Neuerungen gelegen war. Diese Voraussetzung trifft für die westliche Tonkunst zu. In ihr spielt die hohe individuelle Leistung die ausschlaggebende Rolle. Die Werke von Josquin des Prés, G. P. da Palestrina, Cl. Monteverdi, J. S. Bach, G. Fr. Händel, J. Haydn, W. A. Mozart, L. van Beethoven, Fr. Schubert und den anderen großen, in der europäischen Tradition verwurzelten Komponisten sind in ihrem geistigen Rang und weitreichenden Einfluß den Spitzenleistungen in der Dichtung und Kunst vergleichbar. So ist es ganz natürlich, daß sich die M. ebenso wie die Musikpraxis an diesen Meistern orientiert. Das darf nicht als „Heroenkult" diffamiert werden, weder in pseudo-demokratischer Gleichmacherei noch aus kosmopolitischem Snobismus. Die Musikgeschichtsschreibung übersieht die „Kleinmeister" keineswegs. Ebensowenig wird die Würdigung der Volksmusik übergangen; sie ist Aufgabe der musikalischen Volkskunde, so wie es Aufgabe der ↗Musikethnologie ist, die M. anderer Kulturen zu schreiben, soweit dafür die Voraussetzungen bestehen. Die Zuständigkeit für die Geschichtsschreibung der westlichen Jazz-, Rock-, Pop-, Schlager-, Tanzmusik usw. im Zeitalter der Medien ist noch unklar.

Gegenstand der Musikgeschichte. Die M. als Geschichte der abendländischen Tonkunst ist sehr komplex. Auf den einfachsten Nenner gebracht, ist sie zunächst die Geschichte musikalischer oder musikbezogener Personen, Tätigkeiten, Werke und Dinge, sodann die Summe, im höheren Sinne die Synthese dieser einzelnen Geschichten. Die bisher geschriebenen M.n – deren eigene Geschichte ein Thema für sich ist – stellen oft eine Mischung u.a. von Gattungs- und Stilgeschichte, Komponistenbiographie, Werkanalyse dar und sind von dem Ideal der umfassenden Synthese bruchstückhafter einzelner Geschichten meist mehr oder weniger weit entfernt, sei es aus Mangel an leitenden Ideen oder am Überblick der Einzeltatsachen. Dieser Überblick ist angesichts der ständig wachsenden Spezialforschung immer schwieriger zu gewinnen. So wird es auch immer schwerer, eine umfassende M. wie A. W. Ambros (1862–1882, unvollendet) zu schreiben, und deshalb präsentieren sich die *Oxford History of Music* (1901 ff.) und die musikgeschichtlichen Handbücher von A. Lavignac (1913 ff.), G. Adler (1924), E. Bücken (1927 ff.) und C. Dahlhaus (1980 ff.) als Gemeinschaftswerke mehrerer Autoren. Noch charakteristischer für die heutige Darstellung der M. sind vielbändige enzyklopädische Lexika, die aus zahllosen, von sehr vielen Autoren verfaßten Einzelartikeln in alphabetischer Ordnung bestehen, wie *Die Musik in Geschichte und Gegenwart* (MGG, 1949 ff.) und *The New Grove Dictionary of Music and Musicians* (1980).

Im Mittelpunkt der musikalischen Tätigkeit steht das Komponieren. Demgemäß ist die M. zentral Kompositionsgeschichte, dargestellt anhand der uns überlieferten Werke. Die vom heutigen Avantgardismus ausgehende Kritik am musikalischen Werkbegriff hat dieser zentralen Orientierung nichts anhaben können. Im Gegenteil: Je mehr das historische Werk in seine Fassungen und Bearbeitungen scheinbar aufgelöst wird, um so stärker kommt uns seine Entstehungs-, Aufführungs- und Rezeptionsgeschichte und damit ein wesentlicher Aspekt seines Seins in den Blick.

Hinter jeder musikalischen Komposition steht das, was man das musikalische Denken genannt hat („La musique est l'art de penser avec des sons", J. Combarieu, 1916). Deshalb wäre die fundamentale M. eine Geschichte des musikalischen Denkens. Davon sind wir aber noch weit entfernt. Theoretische Modelle wie die Fortschrittsidee, die biologische Evolution, der Rhythmus der Generationen, die Erweiterung der Tonalität gemäß der Naturtonreihe, die ständige Ausweitung der mu-

sikalischen Formen usw. sind zu schematisch, um den historischen Tatsachen gerecht zu werden.
Am besten überschaubar wird die Kompositionsgeschichte – und an ihrem Rande die Geschichte der Improvisation – als Gattungsgeschichte (z.B. des Liedes, der Messe, der Motette, des Oratoriums, Madrigals, der Oper, Symphonie und Sonate). Mit dieser überschneidet sich die Geschichte der musikalischen Formen und die musikalische Stilgeschichte. Andere Teilaspekte sind z. B. die Geschichte der Notation, Stimmung, Harmonik, Melodik, Instrumentation, des Tonsatzes, Wort-Ton-Verhältnisses, Instrumentalspiels, der Gesangskunst, Aufführungspraxis und des Musikunterrichts. Innerhalb dieser Teilaspekte gibt es wieder spezielle Gesichtspunkte.
Eng verflochten mit der Geschichte der Komposition ist die der Musiktheorie, Kompositionslehre, musikalischer Fachausdrücke (Musikterminologie), Musikauffassung und Musikkritik, auch die des Instrumentenbaus, die sich verzweigt bis in solche Spezialisierungen wie die Geschichte des Violinbogens. Dazu kommen die dem Musikleben zugehörigen Aspekte, namentlich die Lebensgeschichte der Personen, die das Musikleben tragen (Komponisten, Musiktheoretiker, Virtuosen, Musikverleger usw.), und die Geschichte der Musikorganisationen, z.B. der kirchlichen Kantoreien, der Hofmusikkapellen, der Operntheater, der Konzertgesellschaften, der Chorvereinigungen usw. Auch von der Geschichte des Notendrucks und des Kopierwesens fließen Erkenntnisse, die die Musik selbst erhellen.
Dokumentation. Im Kern ist jede Geschichte eine Chronik geschichtlicher Tatsachen. Insofern kommt es zunächst auf die Ermittlung der Tatsachen und ihrer richtigen Reihenfolge sowie auf ihre genaue Datierung an. Die historische Methode der Tatsachenermittlung bleibt im Grunde dieselbe, gleich welcher Aspekt der Musik auch immer behandelt wird. Den Anfang macht die Quellenkunde mit der Quellen- und Textkritik. Es müssen die Quellen, d.h. die Denkmäler, Überreste und Traditionen, speziell auch die Texte und Dokumente, ausfindig gemacht werden, aus denen sich die geschichtlichen Tatsachen, darunter die textliche Originalgestalt der Kompositionen, ermitteln lassen. Sie müssen auf ihre quellenmäßige Echtheit, ihre textliche Richtigkeit und ihre inhaltliche Glaubwürdigkeit kritisch geprüft werden. In dokumentierten Biographien – z.B. von O. Jahn (Mozart), A. W. Thayer (Beethoven), O. E. Deutsch (Händel, Mozart, Schubert), H. Leuchtmann (Lasso) und H. Ch. R. Landon (Haydn) –, in Repertoire-Katalogen (z.B. R. Eitner, Quellenlexikon; Fr. Ludwig, *Repertorium organorum; Répertoire International des Sources Musicales* [RISM]), chronologischen und systematischen Werkverzeichnissen – z.B. von L. von Köchel u.a. (Mozart), O. E. Deutsch (Schubert), G. Kinsky – H. Halm (Beethoven), A. van Hoboken (Haydn) –, kritischen Werkeditionen (Gesamtausgaben der Werke von Bach, Gluck, Haydn, Mozart, Beethoven, Schubert, Berlioz, Wagner, Schönberg, Hindemith u.a. sowie nationalen und regionalen Denkmälerausgaben der Musik), kommentierten Regesten- und Briefsammlungen (z.B. H. Becker [Meyerbeer], O. E. Deutsch – W. A. Bauer [Mozart]) sowie Ikonographien (z.B. H. Besseler – M. Schneider: *M. in Bildern*) werden die Ergebnisse gesammelt und vorgelegt.
Wenngleich es scheinen mag, als ob es sich bei solchen Untersuchungen und Publikationen nur um Vorstufen der eigentlichen Geschichtsschreibung handle, so bilden sie doch deren Kern, ohne den die Musikforschung (Musikologie) oft nicht von Musikschriftstellerei (Musikographie) zu unterscheiden wäre.
Interpretation. Die musikgeschichtliche Forschung bleibt aber bei der historisch-philologischen Kritik nicht stehen. Sie will fortschreiten zu einer mit dieser in dialektischem Verhältnis stehenden Hermeneutik, will die Tatsachen deuten, interpretieren, ihre Ursachen und Folgen aufzeigen, ihre inneren Beziehungen ans Licht bringen, ihren musikhistorischen Rang ermitteln. Das geschieht etwa in der Gattungsgeschichte, wenn der Einfluß der Werke älterer Meister auf die eines jüngeren oder die Reaktion des jüngeren Komponisten auf das Schaffen der älteren zum Thema wird. So strebt schon die Geschichte eines einzelnen musikalischen Aspektes, sobald sie über die Chronik hinausgeht, nach der Synthese.
Wenn die Darstellung mehrere Aspekte zusammenfassen will, geht es um die Verknüpfung solcher historischer Tatsachen, die in verschiedenen Bereichen, sei es der Musik selbst, sei es des Musiklebens, auftauchen. Die Musikerbiographie sucht die Tatsachen der Lebens- mit denen der Schaffensgeschichte zu verbinden. Ähnlich will die Geschichte der Klangstile Tatsachen aus derjenigen des Instrumentenbaus und solche aus der des Tonsatzes verknüpfen. Die Geschichte des Oratoriums kommt nicht umhin, außer der Geschichte der musikalischen Komposition etwa auch die der Musikorganisationen zu berücksichtigen.
Höher greift die Synthese, wenn die Geschichte anderer Künste oder die allgemeine Geistesgeschichte herangezogen wird, wie dies bei der Vokalmusik schon der Texte wegen, aber z.B. auch bei der Periodisierung der M. geschieht. Während H. Rie-

mann rein musikalisch vom Generalbaßzeitalter sprach, wurde seit C. Sachs für denselben Zeitraum der kunstgeschichtliche Begriff des Barocks vorgezogen. Ob freilich ein Zeitgeist, ein Epochengeist, alle Kulturleistungen eines Zeitraums in derselben Weise durchdringt, ist eine offene Frage. Trotzdem rechnen Epochendarstellungen (z. B. von H. Besseler, M. Bukofzer und G. Reese) neben Biographien und Gattungsgeschichten zu den wichtigsten musikgeschichtlichen Überblicken großer oder zentraler Gebiete.
Ein verführerischer Ausblick eröffnet sich der Musikgeschichtsschreibung, wenn sie die innere Synthese – nicht nur die äußere wie z. B. in der musikalischen Lokalgeschichte – mit musikfernen Aspekten wie politischen, sozialen und wirtschaftlichen sucht. Die marxistische Theorie der „Widerspiegelung der Wirklichkeit" in der Musik, vor allem der gesellschaftlich-ökonomischen Prozesse, verlockt mehr zu Spekulationen als zu wissenschaftlichen Beweisen. Richtig ist demgegenüber die von der literarkritischen Schule des russischen Formalismus vertretene Ansicht, daß die einzelnen historischen „Reihen" (Ordnungen, Systeme, Strukturen) zunächst für sich zu verfolgen und Übergriffe von der einen „Reihe" auf die andere, besonders auf entferntere, nicht ohne weiteres zulässig sind. Auch hier gilt also der historische Grundsatz, die nächsten, nicht die fernsten Ursachen in Betracht zu ziehen: Nur über eine Verkettung der jeweils nächsten Ursachen sind weitreichende Folgen historisch nachweisbar.
In der ästhetischen Wertung geht die M. über die Hermeneutik noch hinaus, wird sie scheinbar subjektiv. „Wertfrei" bei der Beschreibung der geschichtlichen Entwicklung der Musik als Kunst verfahren zu wollen, wäre jedoch ihrem Wesen zuwider. Sofern die Wertung mit historisch richtigen (nicht anachronistischen) Begriffen und unter Heranziehung angemessenen und ausreichenden Vergleichsmaterials erfolgt, kann im Rahmen der M. auch die Musikkritik wissenschaftlichen Rang erreichen.
Indem die M. die Kenntnis und das Verständnis der Musik der Vergangenheit kritisch und hermeneutisch fördert, dient sie der Musikpraxis, -pädagogik, -kritik, der musikalischen Allgemeinbildung und mit all dem unserer musikalischen Kultur.

Lit.: G. ADLER, Methode der M. (L 1919); W. D. ALLEN, Philosophies of Music History (NY 1939) (mit Verz. der M.n); H. MERSMANN, Schau u. Ordnungen der M., in: Der Musik-Almanach, hrsg. v. V. Schwarz (Mn o. J.); G. KNEPLER, Gesch. als Weg zum Musikverständnis. Zur Theorie, Methode u. Gesch. der Musikgeschichtsschreibung (L 1977); C. DAHLHAUS, Grundlagen der M. (Kö 1977); W. WIORA, Ideen zur Gesch. der Musik (Da 1980).

G. FEDER

MUSIKGESELLSCHAFTEN ↗Musikorganisationen.

MUSIKHOCHSCHULE ↗Konservatorium – Musikhochschule.

MUSIKINSTRUMENTENKUNDE ↗Instrumentenkunde.

MUSIKKORPS ↗Militärmusik.

MUSIKKRITIK (von griech. krinein = unterscheiden, auswählen, erklären; Ende des 17. Jh. aus frz. critique als Kennwort für Kunstrichtertum übernommen), fachbezogener Teilbereich der allgemeinen Kunst- und Kulturkritik mit dem Ziel des Setzens und Formulierens von Werturteilen in Hinsicht auf musikalische Kompositionen und deren Wiedergabe. In der Praxis hat sich M. im Laufe der Jahrhunderte als ein wesentlicher Bestandteil des öffentlichen Musiklebens wie der allgemeinen Rezeption von Musik etabliert; in der theoretischen Grundlegung ihres Vorgehens bewegt sich M. heute wie seit jeher auf dem schwankenden Boden einer Ästhetik, deren Normen eine spezifische M. im Grunde für unmöglich halten: der Gegenstand von M. erfordert eine Umschreibung von Sachverhalten, die mit Worten nicht eigentlich zu fassen sind. Diesem Widerspruch aus der Natur der Sache und der latenten Gefahr, in der sprachlichen Übersetzung bedeutende Musik in schlechte Literatur zu verwandeln, verdankt die M. allerdings auch eine andauernde selbstkritische Reflexion auf Sinn und Möglichkeiten ihres Tuns ebenso wie die Betonung der freien, subjektiven Verantwortung des Musikkritikers. In den modernen Begriffsbestimmungen von M. spielen diese Momente daher eine hervorragende Rolle, von F. Mahling („... die auswählende oder die beurteilende Tätigkeit eines Subjekts mit Beziehung auf ein oder mehrere Objekte", 1929) bis H. H. Stuckenschmidt („... freie, von Vergleich und Analyse getragene Urteilsäußerung", 1957). Ferner lagerten sich dem Instrumentarium der M. dabei wie selbstverständlich die Argumente und Findungen jener Spezialbereiche musikwissenschaftlicher Forschung (Musikpsychologie, Musiksoziologie, Wertungsforschung u. a.) an, die sich im weitesten Sinne mit der Wirkung und Rezeption von Musik im gesellschaftlichen Umfeld befassen. Insofern liefert M. das vielleicht umfassendste und exakteste Spiegelbild der Wandlungen in der gesellschaftlichen Funktion von Musik.
Da bis weit ins 19. Jh. hinein das jeweils aktuelle Musikleben ausschließlich mit „neuer" Musik betrieben wurde, war M. zunächst fast ausschließlich

Kompositionskritik. Als früheste Beispiele gelten in Deutschland Teile des *Dodekachordon* (1547) von Glareanus mit kritischen Betrachtungen über Werke von J. Ockeghem, Josquin des Prés, H. Isaac u.a. sowie J. Matthesons *Critica musica* (1722) und J. A. Scheibes *Critischer Musicus* (1737/40), dessen teilweise scharfe Bach-Kritik sicherlich auch Reflex der unter den Zeitgenossen weitverbreiteten Einschätzung der Werke J. S. Bachs ist. Als nennenswert aus der Frühzeit der deutschen M. gelten weiterhin L. Chr. Mizlers *Musicalische Bibliothek* (1736), Fr. W. Marpurgs *Kritischer Musicus an der Spree* (1749) sowie die musikkritischen Äußerungen von J. A. Hiller, dessen *Wöchentliche Nachrichten* (1766) die erste regelmäßig erscheinende musikkritische Publikation waren, der J. Fr. Reichardts *Musikalisches Kunstmagazin* (1782–91) folgte. In England war es Ch. Burney, der zunächst in Reiseberichten, später in seiner großangelegten *General History of Music* (1776–89) als erster musikalische Werkkritik mit Betrachtungen zum sozio-kulturellen Umfeld der Produktion und Wiedergabe von Musik eng verband. In Frankreich gilt der Streit zwischen Chr. W. Gluck und N. Piccinni (1752) als der Auslöser einer spezifischen Musikkritik, der sich dann Geister wie D. Diderot, J.-J. Rousseau und J. le R. d'Alembert widmeten, die nicht von Haus aus musikalische Fachleute waren. Dem wesentlich dialektisch bestimmten Menschenbild der Romantik erschien es nur natürlich, daß das schöpferische Genie auf seinem Feld gleichzeitig auch der bestdenkbare kritische Geist sein könne. H. Berlioz, E. Th. A. Hoffmann und R. Schumann (der sich mit der *Neuen Zeitschrift für Musik* 1834 sein eigenes musikkritisches Forum schuf) waren als Musikkritiker die Vorbilder, denen bis hin zu R. Wagner und H. Wolf zahlreiche Komponisten jener Epoche nacheiferten. Der Typus des Autoritätskritikers, der seine Richtersprüche meist aus der angesehenen Position eines akademischen Amtes heraus öffentlich verkündete und als verbindliche Instanz weithin anerkannt wurde, ist eine Erscheinung des späteren 19. Jh. und hat vielleicht in E. Hanslick seine prominenteste Ausprägung erfahren.

Dem pluralistischen Erscheinungsbild des modernen Musiklebens entspricht die unendliche Vielfalt der Arten und Weisen, in denen heute M. öffentlich praktiziert wird. In der überwiegenden Mehrheit findet M. gegenwärtig in der Tages- und Wochenpresse statt, wo sie sich in Sprache und Vermittlungsform (Umfang, Aufmachung) weitgehend typisch journalistischen Gegebenheiten und Zwängen angepaßt hat (Musikjournalismus). Solche Zwänge, zu denen die ökonomischen Verhältnisse des Pressewesens ebenso zu rechnen sind wie etwa die wechselnden „Zielgruppen", die eine Publikation ansprechen möchte, sind auch in der musikalischen Fachpresse (Musikzeitschriften) durchaus spürbar, in deren musikkritischen Teilen dem Informationsbedürfnis und der Sachkenntnis eines fachlich vorgebildeten Leserpublikums in Sprachjargon wie Umfang der Artikel allenfalls Rechnung getragen wird. Dem Bedürfnis nach „Fachkritik" kommt die dauernd fortschreitende Unterteilung der M. in Sparten entgegen (Konzert, Musiktheater, Ballett, Pop und Jazz, Filmmusik), teilweise so weit spezialisiert, daß sie ihre jeweils eigene Fachsprache entwickelt haben. Eine hervorragende Bedeutung hat neuerdings die Schallplattenkritik gewonnen (und sich längst ihre eigenen Fachzeitschriften geschaffen), während eine entsprechende M. der übrigen Medien (Hörfunk, Fernsehen) noch in den Anfängen steckt. Soweit M. in anderen als den Medien des geschriebenen Worts praktiziert wird, hat sie oft mit Erfolg eigene („funkgerechte", „fernsehgerechte") Formen der Vermittlung entwickeln können.

Dem Angebot des modernen Musiklebens entsprechend, ist M. heute überwiegend Aufführungs- und Interpretationskritik, was sie folgerichtig auch zur kritischen Reflexion der Marktgesetze zwingt, die Künstler zu „Stars" machen und in der Programmgestaltung musikalischer Veranstaltungen die Beschränkung auf ein enges Repertoire erzwingen: „Musikpolitik" als Spezialfall allgemeiner Kulturpolitik ist als Gegenstand von M. allgemein anerkannt. Für genuine Werk- und Kompositionskritik verbleibt das weite Feld jeder neuen Musik, auf dem sich die ideale Begriffsbestimmung von M. noch am ehesten verwirklicht und zur überzeugenden Begründung eines Urteils sowohl die Technik des Vergleichs (T. S. Eliot) wie der Auffindung eines werkimmanenten eigenen Gesetzes oder Wertes anwendbar ist. Wie allerdings künstlerische Produktion nicht mehr als außerhalb aller Gesellschaft sich vollziehend vorgestellt werden kann, fühlt sich M. heute dauernd in den sozio-kulturellen Prozeß eingebunden, den sie im Dilemma zwischen ihrer herkömmlichen eigentlichen Aufgabe (der ästhetischen Urteilsfindung) und ihrer tatsächlichen praktischen Funktion (der Vermittlung zwischen Produzierenden und Rezipierenden) ebenfalls kritisch zu reflektieren hat.

Als Berufsstand hat der Musikkritiker in Deutschland wie anderswo keine Tradition. Neuerdings sind Versuche im Gange, ihn als solchen zu etablieren und ihm ein festes „Berufsbild" zu geben. Entsprechende Lehrpläne für die Oberstufen der Schulen wurden entworfen und Lehraufträge an Universitäten und Musikhochschulen erteilt. In der Praxis bleibt die Möglichkeit der Ausübung von M. vorerst noch vornehmlich vom Nachweis journalistischer Fähigkeiten abhängig, während musikalische Fachkenntnisse ungeprüft vorausgesetzt werden.

Lit.: F. MAHLING, M. (Mr 1929); H. SPRINGER, M., in: G. Adler, Hdb. der Musikgesch. II/2 (B 1930, Nachdr. Tutzing 1961); H. H. STUCKENSCHMIDT, Glanz u. Elend der M. (B 1957); Beitr. z. Gesch. der M., hrsg. v. H. BECKER (Rb 1965) (= Stud. z. Musikgesch. des 19. Jh. 5); Kritik v. wem, für wen, wie. Eine Selbstdarstellung der Kritik, hrsg. v. P. HAMM (Mn 1968); Symposion für M. (Gr 1968) (= Stud. z. Wertungsforsch. 1); H. H. STUCKENSCHMIDT, Was ist M.? (Gr 1969) (= ebd. 2); C. DAHLHAUS, Kann M. objektiv sein?, in: NZfM 130 (1969); R. U. RINGGER, M. heute, in: ebd. 132 (1971); W. BRAUN, M. (Kö 1972) (= Theoretica 12); M. WAGNER, Gesch. der östr. M. in Beispielen (Tutzing 1979).

H. G. SCHÜRMANN

MUSIKLEXIKA im heutigen Sinne sind Nachschlagewerke, die in alphabetisch angeordneten Artikeln Auskunft über das Leben und Schaffen von Komponisten, Interpreten, Musikforschern, Musikpädagogen usw. sowie über musikbezogene Begriffe (z.B. Kompositionsgattungen, aufführungspraktische Fachausdrücke, Epochen, Instrumente u.a.) geben. Es wird somit unterschieden zwischen biographischen Lexika, Sachlexika und Universallexika, wobei letztere eine Kombination der beiden erstgenannten Typen darstellen. Dazu kommen noch Speziallexika, die sich besonderen Teilbereichen der Musik und Musikwissenschaft widmen (z.B. musikalischen Quellen, Instrumenten, Kirchenmusik oder Musikpädagogik). – Das Bestreben, das jeweilige Gesamtwissen der Zeit enzyklopädisch bzw. lexikographisch zu erfassen, setzte im Hellenismus ein; im 3. Jh. v. Chr. begegnen daher auch die ersten musikalischen Begriffsdefinitionen. Von großer Bedeutung für das Musikschrifttum des Mittelalters wurden die der Musik gewidmeten Abschnitte (vor allem das Buch III) in den *Etymologiarum sive Originum libri XX* des Isidorus von Sevilla († 636 n. Chr.); ein anonymes Exzerpt daraus entstand im 11. Jh. unter dem Titel *Vocabularium musicum*. An weiteren M. des Mittelalters sind zu nennen der *Dictionarius* des Johannes de Garlandia (1280) und vor allem das grundlegende, um 1475 geschriebene *Terminorum musicae diffinitorium* von J. Tinctoris. Für das Verständnis der Musik des frühen Barocks, ihrer Gattungen und der Arten ihrer praktischen Ausführung enthält das *Syntagma musicum* von M. Praetorius (Bd. III: *Termini musici*, Wb 1619) wertvolle Hinweise. Was die 1. Hälfte des 18. Jh. angeht, so gilt ähnliches für S. de Brossard, *Dictionnaire de musique* (P 1703); J. G. Walther, *Musicalisches Lexicon* (L 1732); J. Mattheson, *Grundlage einer Ehren-Pforte* (H 1740); J.-J. Rousseau, *Dictionnaire de musique* (G um 1767, P 1768). Das für die Ästhetik des empfindsamen Stils um 1770 charakteristische Bestreben, die einzelnen Künste einander in terminologischer Hinsicht anzunähern, fand seinen lexikographischen Niederschlag in J. G. Sulzers *Allgemeiner Theorie der Schönen Künste* (2 Bde., L 1771–74). Ein Sachlexikon von hohem Rang ist das *Musikalische Lexikon* von H. Chr. Koch (2 Bde., F 1802). Ferner ist für diese Zeit das *Historisch-biographische Lexikon der Tonkünstler* von E. L. Gerber zu nennen (2 Bde., L 1792; 4 Ergänzungs-Bde. erschienen 1812/14). – Unter den zahlreichen M. des 19./20. Jh. sind hervorzuheben die von Fr.-J. Fétis verfaßte *Biographie universelle des musiciens et bibliographie générale de la musique* (8 Bde., Bru 1835–44), ferner das von G. Grove herausgegebene *Dictionary of Music and Musicians* (4 Bde., Lo 1879–89; 5. Aufl., 9 Bde., hrsg. v. E. Blom, 1954; 6. Aufl., hrsg. v. St. Sadie, als *The New Grove Dictionary*..., 20 Bde., 1980) und das *Musik-Lexikon* von H. Riemann (L 1882; 12. Aufl., 3 Bde. u. 2 Supplement-Bde., hrsg. v. W. Gurlitt, H. H. Eggebrecht u. C. Dahlhaus, Mz 1959–75; gekürzte u. revidierte NA als *Brockhaus Riemann Musiklexikon*, 2 Bde., Wie – Mz 1978–79) sowie *Encyclopédie de la musique et dictionnaire du Conservatoire* (hrsg. v. A. Lavignac, fortgesetzt v. L. de La Laurencie, *Histoire de la musique*, 5 Bde., P 1913–22, *Technique de la musique*, 6 Bde. 1925–31). Im 20. Jh. fand das *Musik-Lexikon* von H. J. Moser (B 1934; 4. Aufl., 2 Bde., H 1955) zeitweilig weite Verbreitung. Bedeutende M. der neueren Zeit sind u. a. die Enzyklopädie *Die Musik in Geschichte und Gegenwart* (16 Bde., hrsg. v. Fr. Blume, Kas 1949–79), *Sohlmans Musiklexikon* (4 Bde., hrsg. v. G. Morin, Sto 1948–52, 2. Aufl., 5 Bde., hrsg. v. H. Åstrand u. a., 1975–79), *Enciclopedia della musica* (4 Bde., hrsg. v. Cl. Sartori, Mi 1963–64; NA, hrsg. v. A. Solmi, als *Rizzoli Ricordi Enciclopedia*..., 6 Bde., Mi 1972), *La musica* (6 Bde., hrsg. v. G. M. Gatti: *Enciclopedia storica*, 4 Bde., Tn 1966, u. *Dizionario*, 2 Bde., 1968–71), *Dictionnaire de la musique* (4 Bde., hrsg. v. M. Honegger, P 1970–76, ²1979 ff.) und im Anschluß daran *Das Große Lexikon der Musik* (8 Bde., hrsg. v. M. Honegger – G. Massenkeil, Fr 1979 ff.) sowie die sowjetische Musikenzyklopädie *Musykalnaja enziklopedija* (hrsg. v. Ju. W. Keldysch u. a., Mos 1973 ff.). – Von den größeren deutschsprachigen Speziallexika sind im besonderen zu nennen: R. Eitner, *Biographisch-bibliographisches Quellenlexikon* (10 Bde., L 1900–04; 11 Bde., Wie – Gr ²1959–60); C. Sachs, *Real-Lexikon der Musikinstrumente* (B 1913); *Handwörterbuch der musikalischen Terminologie* (hrsg.

v. H. H. Eggebrecht, Mz 1950ff.); die alphabetisch angeordneten Bände des *Répertoire International des Sources Musicales* (RISM, Mn – Duisburg – Kas 1960ff.).

Lit.: J. B. COOVER, Bibliogr. of Music Dictionaries (Denver/Col. 1952, [2]1958); H. H. EGGEBRECHT, Lexika der Musik, in: MGG VII (dort umfangreiche Bibliogr. der Lexika).

H. WOHLFARTH

MUSIKORGANISATIONEN, Musikgesellschaften und -vereinigungen verfolgen Ziele und Aufgaben gesellschaftlicher, musikalisch-künstlerischer, wissenschaftlicher, wirtschaftlicher, standesrechtlicher oder allgemein kulturpolitischer Art. Zunehmende Technisierung, Kommerzialisierung und Verwaltung des Musiklebens führten im Zusammenhang mit dem gesellschaftlichen Strukturwandel seit dem 19. Jh. zu immer größerer Interessenvielfalt und dadurch zu differenzierterer Musikorganisation in Verbänden und Vereinigungen regionaler wie überregionaler, ja internationaler Verzweigung. Berufliche Zusammenschlüsse sind seit dem Altertum vor allem in den Bereichen der ritualen und kultischen Musik, in der höfischen Kunstmusik oder in der Popularmusik bekannt. Die Entwicklung zum „bediensteten Musiker“ und die Bildung von Zünften zum Schutze unlauterer Konkurrenz, des Leistungsniveaus und einer geordneteren Ausbildung vollzog sich besonders im 16. und 17. Jahrhundert.

Für die Regelung von Dienstverhältnissen und Rechtsproblemen im Theater- und Orchesterbereich besteht der Deutsche Bühnenverein, Zusammenschluß der Theaterträger, zugleich als Arbeitgeberorganisation seit 1846. Auf Arbeitnehmerseite gibt es die Genossenschaft Deutscher Bühnen-Angehöriger (seit 1871) und den Deutschen Musikerverband (seit 1872), aus dem heraus 1952 die Deutsche Orchestervereinigung gegründet wurde. Ähnlich zweigte sich die Gewerkschaft Deutscher Musikerzieher und konzertierender Künstler (GDMK) 1975 aus dem Verband Deutscher Musikerzieher und konzertierender Künstler (VDMK) ab, gegründet 1964 als Nachfolger des 1922 gegründeten Reichsverbands Deutscher Tonkünstler und Musiklehrer. Auch die Berufsorganisation der an allgemeinbildenden Schulen tätigen Musikerzieher, jetzt Verband Deutscher Schulmusikerzieher und Arbeitskreis für Schulmusik und allgemeine Musikpädagogik, hat viele Vorgänger. Führend sind ferner der Schweizer Musikpädagogische Verband (gegr. 1893) und die Arbeitsgemeinschaft der Musikerzieher Österreichs (gegr. 1947). In der Kirchenmusik beider Konfessionen gibt es Zusammenschlüsse sowohl für Kirchenmusiker wie auch für die kirchenmusikalischen Ämter, die für Praxis und Fortbildung zuständig sind. Die Ausbildungsstätten für Musikberufe (Musikhochschulen, Konservatorien) bzw. ihre Leitungen sind auf Bundes- und europäischer Ebene in Arbeitsgemeinschaften zusammengeschlossen, ebenso die Musikschulen (Verband deutscher Musikschulen, Österreichische Musikschulwerke, Verband der Musikschulen der Schweiz; Europäische Musikschul-Union/EMU). Ähnliche Verbände bestehen in vielen Ländern für Komponisten, für Musikwissenschaftler (Gesellschaft für Musikforschung, Internationale Gesellschaft für Musikwissenschaft, Verband der Komponisten und Musikwissenschaftler der DDR), für Instrumentenhersteller, Musikverleger, Musikhandel, Konzertdirektionen, Musikbibliotheken, ebenso Gesellschaften zur Wahrnehmung der Urheber- und Leistungsschutzrechte. Ähnlich strukturiert ist das Organisationswesen in den meisten Kulturstaaten.

Die heutigen Organisationen im Laienmusizieren gehen weitgehend auf das 19. Jh. zurück, z. B. der Eidgenössische Musik-Verein (gegr. 1862; 1980: 70000 Mitgl.), der Allgemeine Cäcilienverband für Deutschland, Österreich und die Schweiz (ACV, gegr. 1868), der Deutsche Sängerbund (DSB; gegr. 1862), der Verband der Kirchenchöre Deutschlands (gegr. 1883). Heute sind die verschiedenen regionalen Laienvereinigungen zusammengeschlossen in der Arbeitsgemeinschaft deutscher Chorverbände (1,2 Mio. Mitglieder) bzw. in der Schweizerischen Chorvereinigung und im Österreichischen Sängerbund (gegr. 1863), diese wiederum in der Arbeitsgemeinschaft Europäischer Chorverbände. Die instrumentalen Verbände (Blas- u. Zupfinstrumente, Akkordeon) mit etwa 500000 Mitgliedern bilden die Arbeitsgemeinschaft der Volksmusikverbände, die symphonischen Laienorchester gehören dem Bund deutscher Liebhaberorchester (gegr. 1924) an. Auf Entwicklungen der Jugendbewegung gehen zurück der Arbeitskreis Musik in der Jugend (gegr. 1921 als Musikantengilde) und der Internationale Arbeitskreis für Musik (gegr. 1923 als Finkensteiner Bund). Neue Initiativen im Hinblick auf Jugendkonzerte und musikalische Nachwuchsförderung gingen aus von den international ausgerichteten Jeunesses Musicales (gegr. 1946 in Belgien und Frankreich, in Deutschland 1950 als Musikalische Jugend Deutschlands). Aufführungen musikalischer Werke oder Besuchsorganisation musikalischer Veranstaltungen stehen im Vordergrund vieler gemeinnütziger Konzertgesellschaften, die z.T. selbst Eigentümer von Sälen und Konzerthäusern sind und eigene Chöre, Orchester und Kammermusikensembles unterhalten oder gegründet haben, z. B. noch heute bestehend Musikkollegium Winterthur (gegr. 1629), Gewandhaus-Konzert-Gesellschaft Leipzig (gegr. 1781), Berliner Singakademie (gegr. 1791 von C. Fr. Fasch), Museums-Gesellschaft Frankfurt am Main (gegr. 1808), Musikalische Akademie München (gegr. 1811), Gesellschaft der Musikfreunde Wien (gegr. 1812), Berliner Philharmonische Gesellschaft (gegr. 1826) oder Wiener Konzerthausgesellschaft (gegr. 1900). Was sich der 1861 in Weimar gegründete Allgemeine Deutsche Musikverein (1937 in München aufgelöst) zur idealistischen Aufgabe machte (Förderung und Pflege der Tonkunst, der Berufs- und Standesinteressen der Tonkünstler und ihrer sozialen Hilfe), verteilt sich heute auf eine Vielzahl von Organisationen musikpflegerischer und musikberuflicher Art.

Zahlreich und teilweise bis ins 19. Jh. zurückreichend sind internationale, nationale und regionale Vereinigungen, Gesellschaften und Stiftungen, die sich der Pflege spezieller Musikgattungen, der Forschung und Verehrung bestimmter Musiker und Komponisten widmen, etwa durch Aufführungen, Kongresse, Betreuung von Editionen, Schallplatten, Unterhalt von Gedenkstätten, Archive, z. B. Jazz-Föderation, Gesellschaft für Neue Musik, International String Teacher-Association, Gesellschaft für Orff-Schulwerk, die Vereinigungen betreffend J. S. Bach, L. van Beethoven, J. Brahms, A. Bruckner, G. Fr. Händel, Fr. Liszt, G. Mahler, W. A. Mozart, M. Reger, A. Schönberg, R. Strauss, R. Wagner, H. Wolf und andere, auch weniger bekannte Komponisten.

In der Bundesrepublik Deutschland haben sich nahezu alle überregionalen Musikorganisationen (1980: 66) im ↗Deutschen Musikrat (gegr. 1953), der Dachorganisation des deutschen Musiklebens, zusammengeschlossen. Je nach Zuständigkeit wirken diese innerhalb von Arbeitsgemeinschaften für Musikerziehung und Musikpflege, für Musikberufe, für Musikwirtschaft zusammen. Seit 1979 bestehen auch in den deutschen Bundesländern Landesmusikräte mit ähnlichen Zusammenschlüssen, vor allem unter kulturpolitischer Zielsetzung.

Im Internationalen Musikrat (Sitz Paris, gegr. 1949) erfolgt die Zusammenarbeit der Nationalen Musikräte (1980: 59) und der internationalen Musikorganisationen (1980: 18), z. B. Internationale Gesellschaft für Musikwissenschaft, für Musikerziehung, Internationale Musiker-Föderation, Jeunesses Musicales, Internationale Vereinigung der Musikfestivals, der Musikwettbewerbe, der Konzertmanager, der Musikverleger usw. – 1977 faßte der Internationale Musikrat den 1980 auf der Belgrader UNESCO-Konferenz angenommenen Plan zur Erstellung eines „World Inventary of Sources of Music Information" (WISMI), das alle Daten über Musikorganisationen und -institutionen mit ihren Aktivitäten und Publikationen einer zentralen Datenbank zuführen soll.

Lit.: Bühnen-Jb. (H 1889ff.); Jb. der Musikwelt, hrsg. v. H. BARTH (Bayreuth 1949); Ges. u. Vereine, in: MGG V; Organisationen der Musik, in: ebd. IX; Dt. Musikrat. Referate, Informationen (Bonn 1965ff.); Musisch-kulturelle Bildung. Ergänzungsplan zum Bildungsgesamtplan I–II (St 1977); Musikgesch. der Dt. Demokratischen Republik 1945–1976, hrsg. v. H. A. BROCKHAUS – K. NIEMANN (B 1979); Institutionen des Musiklebens in Europa. Konzertwesen u. Musiktheater, hrsg. v. I. BONTINCK – J. BREUER (W – Mn 1979). – ↗Musikwettbewerbe.

E. ROHLFS

MUSIKPÄDAGOGIK, ein Ausschnitt erzieherisch begründeter und künstlerisch bestimmter Kulturwirklichkeit, bezeichnet wie Musikerziehung sowohl die praktische Aktion, z. B. des Gesangspädagogen, als auch die theoretische Reflexion, z. B. über Methodik des Gesangsunterrichts. M. und Musikerziehung, umgangssprachlich austauschbare Bezeichnungen, eröffnen ein Handlungs- und Wirkungsfeld, auf dem sich reine praktische und theoretische Parzellen schwerlich ausmachen lassen. Beide Oberbegriffe, unter denen andere Fachbezeichnungen wie ↗Musikdidaktik und ↗Musikunterricht stehen, erfahren in der informellen Fachsprache Bedeutungsdifferenzierungen. Mit Musikerziehung, einem erst jungen Wortzeichen, verbinden sich Reformen in der 1. Hälfte des 20. Jh. (Reformpädagogik, Jugendmusikbewegung, musische Bewegung). Neben dieser engeren, fachgeschichtlichen Bedeutung ist in Entsprechung zu einem umfassenden Begriff von Erziehung eine weitere, systematische zu bedenken: Musikerziehung als das Insgesamt von quasi naturwüchsigen, theoretischer Reflexion vorgegebenen Lebenspraktiken, die es gibt, seit und wo sich Menschen zu Musik verhalten und durch und über sie kommunizieren (z. B. die Mutter, die ein Kinderlied tradiert). Diese Lebenspraxis mit ihren erzieherischen Innenbezügen und sozialisatorischen Funktionen ist schon in einem nicht von Mensch und Gesellschaft abzulösenden ↗Musik-Begriff angelegt. Mit M. dagegen verbinden sich im deutschen Sprachraum seit langem und verstärkt in den letzten beiden Jahrzehnten die theoretische Bemühung um Praxis und die Entwicklung von Wissenschaft. Diese Reflexionsstufe schien in den 60er Jahren gefordert, als sich der Rückhalt musischer Musikerziehung infolge ideologischer Belastung als brüchig erwies (1965 Gründung eines Arbeitskreises „Forschung in der Musikerziehung").

Wenn Erziehung begrifflich alle intentionalen und funktionalen, bewußten und unbewußten, fördernden und hemmenden Einwirkungen auf Menschen umspannt, dann ist Musikerziehung das Gesamt aller musikkulturellen Erfahrungs- und Prägungsprozesse im „Musikleben", zumal heute in einer „Musikgesellschaft" mit „Musikzwang" (L. Rössner). Dieser weite Begriff von Musikerziehung fällt nahezu mit Sozialisation und Enkulturation als „Lernen der Kultur" (H. Fend) und ihrer Normen und Werte, also mit Musiklernen im weitesten Sinn, zusammen. M. ist dann Theorie *von* der Musikerziehung: Musikerzieherische Praxis in Vergangenheit und Gegenwart ist die „tatsächliche" Vorgabe historischer und systematischer musikpädagogischer Forschung und Lehre. M. ist sodann Theorie *für* Musikerziehung: Ihre Erkenntnisse sind, wenngleich nicht unmittelbare Praxisanweisungen, Orientierungs- und Planungshilfen für Musikerziehung; M. wirkt als „geistige Unruhe des Musiklebens" (M. Alt) auf sie zurück. Der Gegenstandsbereich der M. ist mithin nicht auf schulische Institutionen begrenzt. Schule hat kein Monopol auf Musikerziehung, die von Kindergärten und Spielstuben über Privatunterricht und Hausmusik, Singschulen und Musikkurse, Bands, Orchester und Chöre, Diskotheken und Bibliotheken und andere musikkulturelle Lebensbereiche und Einrichtungen bis zu Fernstudien und zu Volkshochschulen und Altenheimen reicht. Zudem ist jede Musikerziehung in Schulen „als Teil eines Gesamtsozialisierungsprozesses zu begreifen, auf den in ergänzender, verstärkender, substituierender, aber auch blockierender Weise viele außerschulische Faktoren ihren Einfluß ausüben" (A. Silbermann). Musikunterricht ist ferner durch die Vorgeschichte seiner Institution und Instruktion (Geschichte der Schule und sog. Schulmusik) sowie seines Fachgebietes (↗Musikgeschichte) bestimmt. M. ist daher besonders auf das Umfeld und Vorfeld musikerzieherischer Praxis verwiesen. Sie untersucht die Voraussetzungen, Bedingungen und Begründungen der aspektreichen und vielfältigen Beziehungen zwischen Mensch und Musik. Sich überschneidende Themenkomplexe sind in diesem Bezugsfeld: Musikerziehung als menschliche, soziale und politische Tatsache; Musikerziehung in der Kultur- und Bildungsgeschichte; Musikerziehung und Theorien der Musik in Vergangenheit und Gegenwart; Musikerziehung und Theorien der Bildung und Ausbildung; Musikerziehung in anderen Ländern und Kulturen; Musikerziehung und Berufsausbildung. Freilich: Wenn M. „den gesamten Bereich der Relationen zwischen Menschen und ihren Musiken zum Gegenstand hat" (S. Abel-Struth), ist sie in Forschung und Lehre auf enge Zusammenarbeit mit anderen Wissenschaften verwiesen und angewiesen: Anthropologie, Psychologie, Soziologie, Politologie; Erziehungswissenschaften; Musikwissenschaft; Ethnologie; Vergleichende Musikwissenschaft. Ob M. nur eine Teilwissenschaft abgibt oder eine (relativ) autonome Wissenschaft darstellt, ob sie unter bestimmten Fragestellungen (z.B. im Themenbereich Kind und Musik oder im Problemfeld sozio-musikalischer Ungleichheitslagen) als Integrations- oder Hilfswissenschaft fungiert oder, da ohne eigenen Methodenbestand, keinen Wissenschaftsanspruch erfüllt, findet je nach wissenschaftstheoretischer Position andere Antworten. Jedenfalls ist M., zwischen Erziehungs- und Sozialwissenschaften auf der einen Seite und Musikwissenschaft auf der anderen, nicht deren bloße Anwendung und Synopse. Sie hat eigene Fragestellungen und Hypothesen zu entwickeln und vorzutragen. Daß sie in der Positivität bloßer Adaption an andere Disziplinen steckenbleibt, ohne den Verweisungszusammenhang von Musik und Erziehung als eine eigene Wirklichkeit zu beachten, ist wohl die größte Gefahr für eine junge, noch wenig entwickelte Wissenschaft mit Theorie- und Forschungsdefiziten.

Lit.: Schriftenreihen: Vorträge der Bundesschulmusikwochen, hrsg. v. E. KRAUS (Mz 1956ff.); Schriftenreihe z. M., hrsg. v. R. JAKOBY (F 1968ff.); Forsch. in der Musikerziehung, hrsg. v. M. ALT – H. ANTHOLZ – E. KRAUS (Mz 1969ff.), als Beih. zu Musik u. Bildung (1969–73), als Jb., hrsg. v. E. KRAUS – G. NOLL (1974ff.); M., Forsch. u. Lehre, hrsg. v. S. ABEL-STRUTH (Mz 1970ff.); Schriften z. M., hrsg. v. H. HOPF – H. RAUHE (Wb 1975ff.). – Zschr.en: Musik u. Bildung (Mz 1969ff.) (mit zahlr. Bibliogr.); Zschr. für M. (Rb 1976ff.). – G. SCHÜNEMANN, Gesch. der dt. Schulmusik (L 1928, Kö [3]1968); G. BRAUN, Die Schulmusikerziehung in Preußen v. den Falkschen Bestimmungen bis z. Kestenberg-Reform (Kas 1957); U. GÜNTHER, Die Schulmusikerziehung v. der Kestenberg-Reform bis z. Ende des Dritten Reiches (Neuwied – B 1967); H. MOOG, Das Musikerleben des vorschulpflichtigen Kindes (Mz 1968); F. KLAUSMEIER, Jugend u. Musik im technischen Zeitalter (Bonn 1968); TH. WARNER, Das Undurchhörbare. Beitr. z. Hörpsychologie u. Didaktik der Moderne (St 1969); H. CH. SCHMIDT, Jugend u. Neue Musik (Kö o.J.); J. SMITS VAN WAESBERGHE, Musikerziehung. Lehre u. Theorie der Musik im MA (L 1969) (= Musikgesch. in Bildern III/3); K. W. NIEMÖLLER, Unters. z. Musikpflege u. Musikunterricht an den Lateinschulen v. ausgehenden MA bis um 1600 (Rb 1969) (= Kölner Beitr. z. Musikforsch. 54); Empirische Forsch. in der M., hrsg. v. M. ALT (Mz 1970); S. ABEL-STRUTH, Materialien z. Entwicklung der M. als Wiss. (Mz 1970); E. KLUSEN, Bevorzugte Liedtypen Zehn- bis Vierzehnjähriger (Kö 1971); P. BRÖMSE – E. KÖTTER, Zur Musikrezeption Jugendlicher. Eine psychometrische Untersuchung (Mz 1971); Quellentexte z. M., hrsg. v. W. HEISE – H. HOPF – H. SEGLER (Rb 1973); S. ABEL-STRUTH u. a., Aktualität u. Geschichtsbewußtsein in der M. (Mz 1973); G. SOWA, Anfänge institutioneller Musikerziehung in Deutschl. 1800–1843 (Rb 1973); F. HOFFMANN, Musiklehrbücher in den Schulen der BRD (Neuwied – B 1974); W. PAPE, Musikkonsum u. Musikunterricht (Düsseldorf 1974); K. FÜLLER, Standardisierte Musiktests (F 1974); Lehrpläne u. Richtlinien für den schulischen Musikunterricht in Deutschland v. Beginn des 19. Jh. bis in die Gegenwart, hrsg. v. E. NOLTE (Mz

1975); M. heute, hrsg. v. H. ANTHOLZ – W. GUNDLACH (Düsseldorf 1975); A. SILBERMANN, Der musikal. Sozialisationsprozeß. Eine Unters. bei Schülern, Eltern, Lehrern (Kö 1976); E. KOKEMOHR, Dogmatismus als Problem der Schulbuchrezeption. Bsp.: Schulmusikbücher (Wb – Z 1976); Wissenschaftlichkeit in der M., hrsg. v. H.-J. IRMEN (Steinfeld 1977); G. HENNEBERG, Das musikpädagogische Schrifttum in der Bundesrepublik Deutschland v. 1945–1976 (Tutzing 1977) (= Mainzer Stud. z. Musikwiss. 10); E. RIEGER, Schulmusikerziehung in der DDR (F 1977); M. JENNE, Musik, Kommunikation, Ideologie. Ein Beitr. z. Kritik der M. (St 1977); G. HODEK, Musikal.-pädagog. Bewegung zw. Demokratie u. Faschismus (Weinheim – Bas 1977); S. ABEL-STRUTH, Ziele des Musik-Lernens I: Beitr. z. Entwicklung ihrer Theorie (Mz 1978), II: Dokumentation (Mz 1979); Musikwiss. und Musiklehrerausbildung, hrsg. v. W. GIESELER – W. KLINKHAMMER (Mz 1978); E. HALMOS, Die musikpädagogische Konzeption Z. Kodálys (Wb 1978); F. KLAUSMEIER, Die Lust, sich musikalisch auszudrücken. Eine Einführung in soziomusikalisches Verhalten (Reinbek 1978); M. ROSKE, Stud. zur Entwicklungsgeschichte des privaten Musikunterrichts (Wb – Z 1978); M. L. SCHULTEN, Das Berufsbild des Musiklehrers (H 1979); L. SZIBORSKY, Adornos Musikphilosophie. Genese, Konstitution, pädagogische Perspektiven (Mn 1979); H. ANTHOLZ, Zur Aktualitätsproblematik in der M. (Wie – Mn 1979); S. VOLLMER, Die Rezeption des Kreativitätsbegriffs durch die M. (Mz 1980); H. G. BASTIAN, Neue Musik im Schülerurteil (Mz 1980); G. ENGEL, Musik u. Wiss. Zur Wissenschaftslehre, ... der Musik aus der Sicht des Neueren Kritizismus (F 1980); Musikpädagogische Forsch. I: Einzelunters., hrsg. v. K.-E. BEHNE (Laaber 1980).

H. ANTHOLZ

MUSIKPREISE (engl.: price, prize; frz.: prix; it. und span.: premio) sind einmalig oder in regelmäßiger oder unregelmäßiger Wiederkehr vergebene Auszeichnungen, die als Ehrung oder in Anerkennung eines künstlerischen Lebenswerkes oder für eine besondere Leistung an Einzelne oder Gruppen vergeben werden, teilweise als Stipendium zur Weiterbildung oder für einen künstlerischen Auftrag (Projektförderung). Die Preisvergabe erfolgt durch den Stifter teils mit, teils ohne Bewerbungsmöglichkeit (↗Musikwettbewerbe). Unter den Kulturpreisen (Ehrensolde, Künstlerhilfe) sind solche, die gelegentlich oder regelmäßig auch an Musiker vergeben werden (Orden „Pour le Mérite" für Wissenschaften und Künste, seit 1842; Pulitzer Award, New York; Fulbright Awards, New York) oder die ausschließlich für Komposition (↗Prix de Rome, Paris seit 1803; Beethoven-Preis der Stadt Bonn, seit 1959 alle 3 Jahre), für Interpretation, für Schallplatten- oder Rundfunkproduktionen (verschiedene Grands Prix du Disque, Paris; Premio d'Italia, Rom 1949; Karl-Sczuka-Preis des Südwestfunks, Baden-Baden 1955) bestimmt sind. Stifter von Preisen sind die öffentliche Hand (z. B. Nationalpreise der Regierungen, Staatliche Kunstpreise der Länder, Preise der Städte und Gebietskörperschaften, z. B. Berliner Kunstpreis seit 1956 jährlich, Kulturpreis der Stadt München seit 1927 jährlich) oder private Mäzene, Stiftungen, Akademien, Vereinigungen, Wirtschaftsunternehmungen (z. B. Herbert-von-Karajan-Stiftung, 1969; Jürgen-Ponto-Stiftung zur Förderung junger Künstler, 1977; Deutsche Stiftung Musikleben, 1962; Bayerische Akademie der Schönen Künste München, 1948; Kulturkreis im Bundesverband der Deutschen Industrie, 1952; Theodor-Körner-Stiftungsfonds für Wissenschaft und Kunst, Wien, 1955). Zu den im 19. Jh. aufkommenden zahlreichen Stiftungen, die aus Kapitalerträgnissen Ehrengaben und Stipendien vergaben, gehören die Mozart-Stiftung des Frankfurter Liederkranzes (gegr. 1838), das Mendelssohn Scholarship, London (1847), die Mendelssohn-Stiftung Leipzig (1861), die vom Allgemeinen Deutschen Musikverein in Berlin betreute Beethoven-Stiftung (1871) und die Franz-Liszt-Stiftung (1887) sowie die J. S. Guggenheim-Memory-Fellowships, New York (1925). Die Namensgebung von Preisen bezieht sich oft auf den Stifter selbst oder auf einen traditionsreichen Namen als Vorbild, zur Erinnerung und Würdigung (z. B. Bach-Preis Hamburg seit 1951, alle 4 Jahre; Mendelssohn-Stipendium Berlin, seit 1878; Koussevitzky-Memorial-Prize, New York). Der Preis kann bestehen aus einer Medaille (z. B. Richard-Strauss-Medaille der GEMA; Brahms-Medaille Hamburg; Mozart-Medaille Salzburg), einem künstlerischen Gegenstand (Mozart-Ring Wien; Orfeo d'Oro der Stadt Mantua), einer Würdigung (Schallplattenpreise; Kritikerpreis Berlin; Zelter-Plakette bzw. Pro Musica-Plakette des Bundespräsidenten für deutsche Chor- bzw. Instrumentalvereinigungen, seit 1956 bzw. 1968) oder einem Geldbetrag (meist zwischen DM 5000,– und DM 20000,–; höchster Betrag sfrs. 150000,– für Musikpreis der Ernst-von-Siemens-Stiftung seit 1973; DM 25000,– für Märkisches Stipendium Iserlohn seit 1978; dkr. 100000,– für Leonie-Sonning-Musikpreis, Kopenhagen; hfl. 150000,– für den Erasmus-Preis Amsterdam).

Lit.: ↗Musikwettbewerbe. E. ROHLFS

MUSIKPSYCHOLOGIE ist eine zwischen der Musikwissenschaft und der Psychologie verankerte Disziplin; ihr obliegt die Untersuchung des musikalischen Hörens, Erlebens, Denkens, Urteilens, d. h. aller mit Musik verbundener Erfahrungen, die sich beobachtbar äußern.

Geschichte. Seit es Betrachtungen über Musik gibt, existieren auch Reflexionen über ihre Wirkungen. Beispielhaft erwähnt seien die Platonische Ethoslehre, die Zuschreibung einer emotionalen Wirkung zu verschiedenen Tonarten und die Konstruktion einer Analogie zwischen musikalischen Figuren und Affekten im Barockzeitalter. Erst C.

Stumpf erhob mit seiner *Tonpsychologie* (1883 bis 1890) die Untersuchung psychischer Reaktionen auf Musik regelrecht zum wissenschaftlichen Programm. Er verstand die Psychologie noch als Tochter der Philosophie und wollte Erhellung des Bewußtseins leisten, indem er den Aufbau und die Zusammensetzung von Tonurteilen aus einzelnen Empfindungen nachzuweisen versuchte. Den Namen M. prägte 1931 E. Kurth, der zugleich damit keine erkenntnistheoretische Zielsetzung verfocht, sondern das Erleben der der Musik innewohnenden Kraft und Energie zum Zentrum seiner Gedanken machte. Seine Methode war daher nicht mehr die experimentelle Beobachtung, sondern die intuitive Wesensschau einer erlebten Ganzheit, die mehr als die Summe der Empfindungen darstellte. Der Begriff M. enthielt im Unterschied zum angelsächsischen und französischen Sprachgebrauch in den Anfängen im Deutschen einen polemischen Unterton. Indem allerdings Kurth mit dem Begriff M. seine Position als ganzheitspsychologisch auswies, entsprach er den damals geltenden neuen Auffassungen der Psychologie, die sich gegen die atomistische Anschauung eines aus Elementen zusammengesetzten Bewußtseins richteten.

Eine streng behavioristische Position, die die Reduktion wissenschaftlicher Betrachtung auf motorische und viszerale Reaktionen bedeutet hätte, hat die M. nicht gekannt. Wohl orientiert sich aber die Forschung in den USA schon in den 1930er Jahren an einem gemilderten Verhaltensbegriff, der in den letzten 20 Jahren auch die Psychologie in Europa bestimmte. Er umfaßt auch komplexeres Verhalten, vor allem geäußertes Erleben. Das heute neue Modell der kognitiven Psychologie mit dem Bild eines aktiv handelnden, möglicherweise die Welt verändernden Menschen hat sich noch nicht allgemein durchgesetzt. Für die M. sind die mit diesem Modell verbundenen Probleme nicht allzu gravierend, weil die Kategorie des rezipierend reagierenden, d.h. die Musik wahrnehmenden, beurteilenden, erlebenden und erlernenden Individuums ein hinreichend weites und wichtiges Forschungsprogramm gewährt, das auch leicht neuen Konzeptionen der Psychologie anzupassen ist.

Einteilung. Die Begriffe Ton- und Musikpsychologie wurden von A. Wellek zur Systematisierung benutzt. Der Ton-(auch Gehör-)Psychologie rechnete er die Untersuchung simultaner musikalischer Ereignisse (Töne, Akkorde), der M. die sukzessiver Abfolgen (so auch Rhythmen) zu. Besser erscheint jedoch eine Einteilung, die nicht nach musikalischen, sondern psychologischen Gegebenheiten vorgeht. Als allgemeinpsychologisch sind Untersuchungen zu bezeichnen, die von einzelnen Personen abstrahieren und zu allgemeinen Aussagen über die menschliche Wahrnehmung, das Denken, Urteilen und Fühlen gelangen wollen. Stehen die Differenzen zwischen Individuen zur Diskussion, so ist von differentieller Psychologie zu sprechen. Forschung, die Reifung und Lernen betrifft, gehört zur Entwicklungspsychologie, die Abhängigkeit von gesellschaftlichen Bedingungen betreffen sozialpsychologische Studien. Und wird musikpsychologisches Wissen in die Praxis umgesetzt, so gelangen Aspekte der angewandten Psychologie zum Tragen. Tiefenpsychologische Untersuchungen sind wegen des eingeschränkten Symbolcharakters der Musik nur begrenzt möglich.

Überblick. Ursprünglich galten allgemeinpsychologische Fragestellungen der Begründung des Konsonanzeindrucks und psychophysischen Problemen (↗Gehör). Zu physikalischen und mathematischen Erklärungen (Schwebungen, einfache Proportionen) fügte Stumpf eine psychologische Interpretation, die den Eindruck der Konsonanz begründete mit der Schwierigkeit, zwei gleichzeitig erklingende Töne als verschieden zu identifizieren (Verschmelzung). Später wurde diese Auffassung um das Zusammenpassen durch die Tonigkeit (↗Gehör) ergänzt. Während die Aktualität psychophysischer Probleme weiterhin gegeben ist, ist die Bedeutung psychologischer Begründungen der Konsonanz durch die Entwicklung der Neuen Musik weniger wichtig geworden. Da zugleich auch musikästhetische Normen historische Züge angenommen haben, sind neue Probleme in den Vordergrund getreten, die die musikalische Urteilsbildung betreffen. Die Vielfalt musikalischer Phänomene schrumpft in sprachlichen Formulierungen auf Worte, die sich ihrerseits verselbständigen. Hypostasierendes, verdinglichendes Denken läßt sich an Beschreibungen des musikalischen Raumes (Kurth, Wellek) oder der musikalischen Energien zeigen. Urteile über Musik sind oft von Teilmomenten geprägt. Nicht alle musikalischen Merkmale werden gleichermaßen in Rechnung gestellt, sondern manche (z.B. schnelles Tempo) als dominanter empfunden. Eine Tendenz zur guten Gestalt kann beim sog. logischen Fehler vorliegen. Halten ausgebildete Musikwissenschaftler im Unterschied zu Jazzexperten ein Beispiel langsamer Jazzmusik für wenig dynamisch, so erliegen sie einer vereinfachenden Verallgemeinerung, die Dynamik mit Tempo gleichsetzt. Der sog. Halo-Effekt besagt Gleiches für das Werturteil. Auch hier können vorgeformte Merkmalsassoziationen Urteile prägen, so wenn ein unbekanntes Stück, das einem bedeutenden Komponisten zugeschrieben wird, für wertvoller befunden wird, als wenn diese Zuschreibung fehlt. Werturteile hängen weiterhin von der Komplexität eines Stückes und von der Vertrautheit mit ihm ab. Allzu große Bekanntheit kann bei einfachen Stücken einen Sättigungseffekt bewirken, der als Wertminderung empfunden wird. Aus der Diskussion um Inhalt und Form sind im ausgehenden 19. Jh. Untersuchungen hervorgegangen, die sich mit emotionalen Qualitäten der Musik beschäftigen. Unterschiedliche Methoden verbaler Beschreibung eines erlebten affektiven Ausdrucks haben dabei keine spezifisch nur mit Musik assoziierten Emotionen erkennen lassen. Vielmehr fügt sich, was in Töne gefügt, in die Dimensionen „Aktivität", „positive Zuwendung", „Trauer", „Triebhaftigkeit", die den semantischen Raum unsrer durch das Sprachbewußtsein gefilterten emotionalen Bedeutung ausmachen. Warum allerdings die Intensität der durch Musik ausgelösten Gefühle besonders stark ist, läßt sich im Moment nicht hinreichend erklären.

Kritik an den der allgemeinen Psychologie verpflichteten Untersuchungen hat Wellek geübt, als er Kurth vorwarf, lediglich Idealsubjekte zum Gegenstand seiner Betrachtungen gemacht zu haben. Aspekte der differentiellen Psychologie berücksichtigen die zahlreichen Typen des Musikhörens, wie auch die Messungen musikalischer Begabung. Wellek selbst hat mit der Gegenüberstellung eines polaren (zu Quintverwechselungen neigenden, am Klang orientierten) Hörers und eines linearen (zu Fehlern beim Vergleich von kleinen Sekunden neigenden, kontrapunktische Linien präferierenden) Hörers einen Beitrag zur Hörertypologie geleistet und sich mit dem „gestaltungskräftigen Typus", der die beiden genannten in spannungsvoller Synthese überragt, des oft zur Typenbildung benutzten Dreierschemas bedient. Andere Ordnungsversuche begnügen sich mit der Aufzählung von Hörkategorien wie motorisch, sensibel, ästhetisch. Eine umfassende Typologie aus jüngerer Zeit fehlt. Zur differentiellen M. zu rechnen sind weiterhin Deutungen von musikalischen Vorlieben und Abneigungen auf Grund von Persönlichkeitseigenschaften. Da die gefundenen Zusammenhänge stark variieren, läßt sich vorläufig nur darüber spekulieren, ob dogmatische Personen Neue Musik ablehnen, ob Extravertierte Einfachheit lieben und sich darin von Nervös-Feinfühligen unterscheiden. Weitaus zahlreicher sind Untersuchungen, die Menschen gemäß ihrer Musikalität differenzieren wollen. Der erste Test zur Messung der musikalischen Begabung wurde 1919 von C. E. Seashore konstruiert. Mit diesem Test läßt sich das Differenzierungsvermögen für Tonhöhen, Klangfarben, Dauern und das Gedächtnis für einfache rhythmische und melodische Folgen feststellen. Spätere Konstruktionen (Wing, Gordon) enthalten auch komplexere Aufgaben, wie z. B. die Einschätzung harmonischer Wendungen oder die verschiedener Phrasierungen. Alle diese Tests sind eher als Forschungsprogramme aufzufassen denn als Instrument zur Auswahl von Musikern. Zu der ausgedehnten Diskussion darüber, ob Musikalität vererbt wird oder ob Lernprozesse eine Rolle spielen, tragen diese Tests wenig bei. Das höchst komplizierte Wechselspiel von Anlage und Umwelt wird daher leicht je nach ideologischer Richtung einseitig erklärt.

Musikalische Fähigkeiten unterliegen auch entwicklungspsychologischen Einflüssen, die auf Reifung basieren. Am absoluten Gehör läßt sich sehr gut demonstrieren, daß die Chancen, es vor dem 4. Lebensjahr zu erwerben, sehr viel größer sind als nach dem 14. Lebensjahr. Das Wahrnehmungslernen des Kindes folgt den Prinzipien der Differenzierung und der Integration. Da sich bei Kindern das Zeitbewußtsein langsam entwickelt, entwickelt sich auch die Fähigkeit, Rhythmen nachzuahmen und zu unterscheiden, langsam; bis in das Schulalter hinein bietet der Dreiertakt Schwierigkeiten. Daß die melodische Entwicklung ihren Ausgang von der kleinen Terz nehme, ist eine nicht widerlegte, aber umstrittene These. Es wird vermutet, daß die Strukturierung des Wahrgenommenen im wesentlichen an Melodien orientiert ist. Noch 7- bis 12jährige lehnen bei der Darbietung von drei harmonischen Versionen einer gleichen Melodie die kompliziertere Harmonisierung ab, weil sie eine bequeme Wahrnehmungsstruktur verhindert. Die Fähigkeit zu harmonischem Hören tritt allerdings früher auf, als oft in der Literatur vermutet wird. 84% der Kinder können im 1. Schuljahr Akkorde gut unterscheiden. Das Bewußtsein für die Tonalität setzt mit dem 7.–8. Lebensjahr ein. In diesem Alter erkennen Kinder bei der Wiedergabe eines tonalen Modells falsche Töne. Erst ab dem 12. Jahr halten sie jedoch die Rückkehr zum Hauptton nach einer harmonischen Ausweichung für notwendig. Zugleich bilden sich in diesem Alter Vorlieben und Abneigungen aus, die durch die prägenden Einflüsse der Umwelt determiniert werden. Obwohl sich eine Differenzierung des Entwicklungsgeschehens gemäß dem Lebensalter vornehmen läßt, existiert keine starre Gliederung in Stufen oder Phasen; Entwicklung ist vielmehr ein dynamisches Geschehen.

Zu ergründen, inwieweit Präferenzen schichtspezifisch bedingt sind, ist Anliegen der jüngsten musikpsychologischen Teildisziplin, nämlich der Sozialpsychologie. Das Interesse gilt vor allem dem Pop- und Rockmusikkonsum durch Jugendliche der Unterschicht und den Vorlieben für Schlager. Da Bildungsfaktoren eine große Rolle spielen, verbinden sich diese Forschungen oft mit pädagogischen Bemühungen.

Musikpsychologisches Wissen kommt zur Anwendung, wenn Menschen durch Musik beeinflußt werden sollen. Durch Musikberieselung am Arbeitsplatz eine Steigerung der Produktivität zu erzielen ist heute, wo eine weitgehende Gewöhnung an die Allgegenwart von Musik stattgefunden hat, kaum noch möglich. Die funktionelle Musik dient aber dazu, Monotonie zu überspielen, das Bewußtsein zu stopfen. Sie soll ein angenehmes Betriebsklima erzeugen. Mehr atmosphärische Zutat und weniger ein Mittel zur Stimulierung des Kaufverhaltens ist sie auch in Kaufhäusern. In der Fernsehwerbung erfüllt Musik die Aufgabe, die Gedächtnisleistung zu erhöhen; der gesungene Slogan, Kennmotive und Kennmelodien für Produkte, d. h. deren Ankündigung mit immer der gleichen Musik, sollen die Aufmerksamkeit wecken und sich einprägen. Auch falsche Versprechungen werden mit Musik geleistet, wenn Verbindungen (Assoziationen) zwischen Artikeln und einer tönenden Kulisse gestiftet werden, die ganz bestimmte fest umrissene Vorstellungen auslöst. So suggeriert Musik des Barocks das Besondere für „Elite-Desserts“ oder eine Flötenmelodie die Reinheit der Natur.

Der gefühlsauslösenden Wirkung der Musik, die von körperlich nachweisbaren Reaktionen begleitet sein kann, bedient sich die ↗Musiktherapie.

Lit.: C. STUMPF, Tonpsychologie, 2 Bde. (L 1883–90, Nachdr. Hilversum 1965); E. KURTH, M. (B 1931, [2]1947, Nachdr. Hil 1969); R. FRANCÈS, La perception de la musique (P – Bru 1958); A. WELLEK, M. u. Musikästhetik (F 1963, erweitert Bonn [2]1975); R. W. LUNDIN, An Objective Psychology of Music (NY 1967); H. DE LA MOTTE-HABER, M. (Kö 1972); P. R. FARNSWORTH, Sozialpsychologie der Musik (St 1976); E. JOST, Sozialpsychologische Faktoren der Popmusik-Rezeption (Mz 1976).

H. DE LA MOTTE-HABER

MUSIKSCHULE, eine spezielle pädagogische Einrichtung neben Kindergarten, allgemeinbildender Schule und Volkshochschule, mit denen eine vielfältige Zusammenarbeit gepflegt wird. Sie hat diesen gegenüber eine eigene Aufgabenstellung. Während z. B. am Musikunterricht der allgemeinbildenden Schule grundsätzlich im Rahmen des von ihnen zu besuchenden Pflichtunterrichts alle Schüler teilnehmen, bieten die M.n zusätzlich Unterricht für jenen Teil der Schüler an, die besonders interessiert sind. Ziel der M.n ist es, Kinder, Jugendliche und Erwachsene zur Teilnahme am Laien- und Liebhabermusizieren anzuregen und zu befähigen sowie gegebenenfalls die Voraussetzungen für ein Musikstudium zu schaffen. Daraus ergibt sich als Aufgabenschwerpunkt der M. das breitgefächerte Angebot an Instrumental- und Vokalunterricht, zu dem als Ergänzung Ensemblemusizieren (z. B. Chor, Orchester, Kammermusik, Jazz, Percussionsensembles) und musiktheoretische Fächer (Musiklehre) zählen. Der Vorbereitung dienen die von den M.n angebotenen Kurse „Musikalische Früherziehung“, die in der Regel 2 Jahre dauern und an denen 4- bis 6jährige Kinder wöchentlich in einer Doppelstunde teilnehmen, oder alternativ 2jährige Kurse „Musikalische Grundausbildung“ für 6- bis 9jährige Kinder.

Die M.n (z. Z. 622 in der Bundesrepublik Deutschland) befinden sich zu 70% in der Trägerschaft von Städten, Gemeinden und Landkreisen, die übrigen von eingetragenen Vereinen. In begrenztem Umfang und in unterschiedlicher Höhe werden die M.n auch von den Ländern gefördert. Die Idee der M. als pädagogische Einrichtung wurde 1924 von Fr. Jöde erstmals verwirklicht. Nach 1933 wurden die M.n wie andere Einrichtungen der Jugendbewegung in die politischen und kulturpolitischen Bestrebungen des „Dritten Reiches“ eingebunden. Das Kriegsende bedeutete auch das Ende fast aller Musikschulen. 1952 gründeten auf Initiative von Wilhelm Twittenhoff 12 M.n den Verband der Jugend- und Volksmusikschulen mit neuen Zielsetzungen über die früheren Bindungen an die Jugendmusikbewegung hinaus, der 1966 in „Verband deutscher Musikschulen“ (VdM) umbenannt wurde. Weitere Wandlungsprozesse wurden Anfang der 60er Jahre eingeleitet bis hin zu Strukturplan, Lehrplänen und Mitträgerschaft beim Bundeswettbewerb „Jugend musiziert“. Seit der Wahl von Diethard Wucher zum Verbandsvorsitzenden (1969) traten neben die inhaltlichen auch bildungs- und kulturpolitische Fragen mit dem Ziel der Integration der M.n in das Bildungswesen der Bundesrepublik Deutschland. Neue fachliche Akzente wurden gesetzt, so das im Teamwork erarbeitete Curriculum „Musikalische Früherziehung“ für Kinder im Vorschulalter, der Modellversuch „Instrumentaler Gruppenunterricht“, die Erprobung der Suzuki-Methode in Deutschland, die Erweiterung des Percussionsangebots, die Förderung des Tanzes und des Jazz oder des „Instrumentalspiels mit Behinderten“. Eine Verbesserung ihrer Standortbestimmung im Bildungswesen erfolgte Ende der 70er Jahre durch die Einbeziehung der M.n in den Ergänzungsplan zum Bildungsgesamtplan „Musisch-kulturelle Bildung“ der Bund-Länder-Kommission für Bildungsplanung und Forschungsförderung und in das Gutachten „Musikschule“ der Kommunalen Gemeinschaftsstelle für Verwaltungsvereinfachung (KGSt). Die Ähnlichkeit der Situation und Probleme der

Musikschuleinrichtungen in den Nachbarländern führte auf Initiative des VdM 1973 zur Gründung der „Europäischen Musikschul-Union" (EMU), der heute neben der Bundesrepublik Deutschland 13 weitere europäische Länder angehören.

Lit.: Die Musikschule. Dokumentation – Materialien, hrsg. v. D. WUCHER (Mz 1974); Schulische u. außerschulische Musikerziehung, hrsg. v. Dt. Musikrat (Bonn 1976); Musisch-kulturelle Bildung. Ergänzungsplan z. Bildungsgesamtplan, hrsg. v. der Bund-Länder-Kommission für Bildungsplanung u. Forschungsförderung (St 1977); Dokumente z. Gesch. der Musikschule, hrsg. v. D. HEMMING (Rb 1977); Gutachten Musikschule, hrsg. v. der Kommunalen Gemeinschaftsstelle für Verwaltungsvereinfachung (KGSt) (Kö 1978); Hdb. des Musikschul-Unterrichts, hrsg. v. D. WUCHER (Rb 1979).

D. WUCHER

MUSIKSOZIOLOGIE ist eine recht junge Wissenschaft. Infolgedessen werden die Diskussionen um ihre Aufgaben, Ziele und Methoden noch immer kontrovers geführt. Dennoch zeichnen sich inzwischen deutliche Grundlinien ab. M. kann demnach ganz allgemein als eine Wissenschaft definiert werden, die Phänomene im Bereich der Musik (Komponisten, Interpreten, Virtuosen, Musiker, Orchester, Chor, Theoretiker, Publikum, Gemeinde, Werke, Instrumente, Verlage, Noten usw.) gesellschaftlich interpretiert, d.h. auf dem Hintergrund der Gesamtgesellschaft beschreibt und wertet.

Gemäß der Wortzusammensetzung „Musik" und „Soziologie" kann die M. sowohl von der Musikwissenschaft wie auch von der Soziologie her begriffen werden. Die Soziologie kennt die Sparte der „Kultursoziologie". Diese wiederum hat in der Kunstsoziologie ihre Untergliederung, unter der dann auch die M. ihren Platz hat. Hier sind vor allem Autoren zu Wort gekommen, die an erster Stelle Kultursoziologen (oder -ethnologen) und erst in zweiter Linie Fachleute im Bereich der Musik sind (wie umgekehrt innerhalb der Musikwissenschaft Musiksoziologen in erster Linie Musiker sind und auf dem Gebiet der Fachsoziologie meist dilettieren). Als Autoren aus dem kultursoziologischen Bereich mit „musikalischen Neigungen" seien hier vor allem Max Weber und Paul Honigsheim genannt. Weber wird mit seiner Abhandlung *Über die rationalen und soziologischen Grundlagen der Musik* (1921), die eher eine Materialsammlung zu einem Werk als ein solches selbst darstellt, meist überhaupt als der Initiator der M. angeführt; allerdings erschienen schon 1895 Musik und Soziologie zum ersten Mal zusammen auf einem Buchtitel: G. Cappuccio, *L'arte della musica e la sociologia*. Honigsheim hat das Verdienst, in mehreren enzyklopädischen Artikeln einschlägiger Lexika weite Kreise auf die Bedeutung des Sozialgeschichtlichen in der Musik hingewiesen zu haben.

Im Rahmen des Universitätsfaches Musikwissenschaft, das sich gegenwärtig oft in eine historische und systematische Disziplin teilt, ist die M. ein Bestandteil der Systematischen Musikwissenschaft (zusammen mit der Musikpsychologie, der Musikästhetik, der Akustik u.a.). Wie unsinnig solche Unterteilung ist, geht schon daraus hervor, daß die M., wollte sie auch nur die Sozialgeschichte des Musikers erhellen (eine ihrer wesentlichen Aufgaben), selbstverständlich auf historische Kategorien zurückgreifen muß. Die Trennung historisch – systematisch ist damit für die M. irrelevant.

Auf beiden Gebieten Fachmann war Th. W. Adorno, der zugleich ausgebildeter Musiker (als Komponist Schüler von A. Berg) wie Kulturphilosoph und Soziologe war. Er hat auch die eigentlich „musikalische" M. begründet. Neben ihm haben Musikforscher wie H. Engel, H. Mersmann, W. Serauky, W. Salmen und T. Kneif den Gedanken des Gesellschaftlichen in der Musik aufgegriffen.

Beim Versuch, die gegenwärtige M. zu kennzeichnen, ist es instruktiv, ihre extremen Positionen zu beschreiben. Auf der einen Seite steht die Meinung, die M. habe sich lediglich mit den Personen, deren Beziehungen untereinander und den Wirkungen der Musik auf sie zu befassen, keinesfalls jedoch mit der Musik selbst (A. Silbermann), die vielmehr Sache der Musikgeschichte, Musiktheorie, Interpretation etc. sei (die „Gegenseite", z.B. Adorno, verhöhnte dies als „M. ohne Musik"). Auf der andern Seite steht die Auffassung, das musikalische Werk, ja selbst ein Detail davon, eine melodische Wendung, ein Akkord etc. sei Gegenstand der Musiksoziologie. Da der Komponist ein Teil der Gesellschaft, die Komposition eine Äußerung des Komponisten sei, so müsse also auch die Komposition bis in ihre Bestandteile hinein als gesellschaftsbedingt nachweisbar, gesellschaftlich „dechiffrierbar" sein (Adorno).

Zwischen diesen extremen Positionen gibt es eine Fülle von Zwischengraden, z.B. die Meinung, zwar könne das einzelne Werk nicht Gegenstand der M. sein, wohl aber die „Gattung", also nicht z.B. eine einzelne Oper wie *Die Zauberflöte,* wohl aber die Gattung der Oper schlechthin (Kneif). Wird das Resümee aus dem Gesagten gezogen, so bleibt, daß beide extremen Positionen etwas Richtiges festgestellt haben. Der krasse Unterschied zwischen beiden ist vielmehr auf ein grundverschiedenes Wissenschaftsverständnis zurückzuführen. Auf der einen Seite kommt es der Tendenz zu einer „reinen" Wissenschaftlichkeit entgegen, wenn möglichst viele Faktoren unwägbarer und unkalkulierbarer Art, wie z.B. ästhetische oder psychologische, ausgeschlossen werden. Danach sind gesellschaftliche Gruppen, die mit Musik befaßt sind, um so leichter wissenschaftlich zu beschreiben, je weniger von Musik selbst die Rede ist. – Auf der anderen Seite steht ein Wissenschaftsbegriff, der mit diesem den Naturwissenschaften entlehnten nichts zu schaffen haben will. Indem seine Intention dahin geht, noch im Detail des Musikwerks die Gesellschaft auffinden zu wollen, stellt sich ihm das Problem der Beziehung vom Einzelnen zum Ganzen. Wenn angenommen wird, daß die Gesellschaft auf die Musik bis in deren kleinste Zellen hineinwirkt, andererseits diese Einwirkung auch wiederum Rückschlüsse auf die Gesellschaft durch musikalische Analyse zuläßt, so ist dies ein Vorgang, der nicht der „linearen" Verfahrensweise der Naturwissenschaften, sondern der „dialektischen" entspricht. Erst in der Dynamik der Bewegung des Begriffs (G. W. Fr. Hegel) enthüllt in dieser Sicht das Kunstwerk seinen gesellschaftlichen Gehalt.

Aufgaben und Methoden. K. Blaukopf postulierte für die M., daß diese sich als Einzelwissenschaft überflüssig machen könne, wenn sie ihre wirkliche Aufgabe erfülle, „die soziologische Basierung der Musikgeschichte". Diese sah Blaukopf vor allem darin, einer jeden Gesellschaftsformation ein bestimmtes Tonsystem zuzuordnen. – Im Umfeld heutigen Wissenschaftsverständnisses ist es verständlich, daß auch die M. sich nicht von den herrschenden Verfahrensweisen ausschließen will: daher hat die Sparte der „Empirischen M." (Vl. Karbusický) nicht lange auf sich warten lassen. Research-Techniken mögen zur Erforschung von Musikrezeption sinnvoll sein, zur gesellschaftlichen Bedeutung von Musik sagen sie kaum etwas aus. Dagegen scheint es, daß detaillierte musiktheoretische und -historische Analyse von Werken, zusammengesehen auf geistesgeschichtlichem und kulturpsychologischem Hintergrund, wesentliche musiksoziologische Erkenntnis zutage fördert (P. Rummenhöller). Im Bereich der Musikpädagogik und -didaktik, der Medien- und Rezeptionsforschung, vor allem im Zusammenhang mit der „Popularmusik" (Rock, Pop etc.) hat die M. noch eine Fülle von Aufgaben.

Lit.: G. SIMMEL, Psychologische u. ethnologische Stud. über Musik, in: Zschr. für Völkerpsychologie 13 (1882); M. WEBER, Die rationalen u. soziologischen Grundlagen der Musik (Mn 1921, [2]1924); TH. W. ADORNO, Zur gesellschaftlichen Lage der Musik, in: Zschr. für Sozialforsch. 1 (1932); W. SERAUKY, Wesen u. Aufgabe der M., in: ZfMw 16 (1934); E. PREUSSNER, Die bürgerliche Musikkultur (H 1935, Kas [2]1950); L. BALET, Die Verbürgerlichung der dt. Kunst, Lit. u. Musik im 18. Jh. (Str – L – Z 1936, Nachdr. 1973); E. SIEGMEISTER, Musik u. Ges. (B 1948); E. BELVIANES, Sociologie de la musique (P 1950); K. BLAUKOPF, M. (Kö – B 1950); H. MERSMANN, Soziologie als Hilfswiss. der Musikgesch., in: AfMw 10 (1953); A. SILBERMANN, Introduction à une sociologie de la musique (P 1955); TH. W. ADORNO, Dissonanzen. Musik in der verwalteten Welt (Gö 1956, [4]1969); A. SILBERMANN, Wovon lebt die Musik (Rb 1957); TH. W. ADORNO, Ideen z. M. Klangfiguren (F 1959) (= Musikal. Schriften 1); H. ENGEL, Musik u. Ges. (B 1960); W. SALMEN, Der fahrende Musiker im europäischen MA (Kas 1960) (= Die Musik im alten u. neuen Europa 4); TH. W. ADORNO, Einleitung in die M. (F 1962, NA Reinbek 1968, F 1975); A. LUNAČARSKI, Über die soziologische Methode in der Musiktheorie u. Musikgesch., in: Die Revolution u. die Kunst (Dresden 1962); H. CH. WORBS, Musik als Ware. Die Salonmusik des 19. Jh., in: NZfM 124 (1963); T. KNEIF, Der Gegenstand musiksoziologischer Erkenntnis, in: AfMw 23 (1966); DERS., Gegenwartsfragen der M., in: AMl 38 (1966); TH. W. ADORNO, Anmerkungen zum dt. Musikleben (F 1968); H. EISLER, Musik u. Politik (L – Mn 1973); P. HONIGSHEIM, Music and Society (NY 1973); V. KARBUSICKÝ, Empirische M. (Wie 1975); P. R. FARNSWORTH, Sozialpsychologie der Musik (St 1976); P. RUMMENHÖLLER, Einführung in die M. (Wilhelmshaven 1978).

P. RUMMENHÖLLER

MUSIKTHEATER, Bz. für eine Entwicklungsstufe szenisch-musikalischen Komponierens und Reproduzierens im 20. Jh., in der das theatralische Element gleichberechtigt neben das musikalische tritt. Die Verwendung des Begriffes M. geschieht zumeist, um eine nach 1918 entstandene szenisch-musikalische Komposition von der Gattung der ↗Oper abzuheben – oder um die veränderte Konzeption von Opernregie nach 1950 zu benennen. Die Ausdehnung des Begriffes auf die Bereiche musikalischer Produktion und szenischer Reproduktion spiegelt einen beiden Sphären gemeinsamen Sachverhalt: Wie die Literaturoper seit Beginn des 20. Jh. notwendigerweise zu extrem individualisierten musikalischen Lösungen führen mußte, da die Vertonung sich den dramaturgischen Gegebenheiten des Textes anzuschmiegen hatte, so tendiert die Regie des „realistischen Musiktheaters" dazu, die Werke der Vergangenheit aus dem durch die Operntradition gestifteten Horizont von Selbstverständlichkeit herauszulösen und als individualisiertes Theater zu präsentieren.

Während sich in der Bundesrepublik Deutschland im Lauf der 50er Jahre schrittweise der Regiestil Wieland Wagners durchsetzte, in dem die Szene als Ort symbolischer Interpretation des inszenierten Werkes aufgefaßt wurde, entstanden in der DDR in B. Brechts „Berliner Ensemble" und besonders in der Komischen Oper W. Felsensteins Regiekonzepte, die die Opernregie an die durch das Sprechtheater gesetzten Normen szenischer Logik anzunähern suchten. Im Musiktheater Felsensteins und seiner Schüler und Nachfolger (G. Friedrich, J. Herz; Ruth Berghaus, H. Kupfer) wird das Singen auf der Bühne als durch Regie zu legitimierender Ausnahmezustand menschlichen Verhaltens aufgefaßt; die durch die Partitur gegebenen Zeitabläufe werden auch innerhalb der szenischen Aktion – als autonome „Handlungszeit" – realisiert.

Das M. der 70er Jahre zog aus der Verschmelzung abstrakter Interpretation und konkreter Handlungsregie die Konsequenz, verfremdende Elemente in das Miteinander von Musik, Aktion, Bühnenbild und Kostümen einzuführen; häufig bilden einzelne dieser Komponenten in sich abgeschlossene Systeme, die sich aber nicht parallel entwikkeln. Die Verschiebung der fiktiven Handlungszeit bildet im System zeitgenössischer Musiktheater-Regie einen wichtigen Faktor; an Patrice Chéreaus Inszenierung des „Rings des Nibelungen" (Bayreuther Festspiele 1976–80) wäre darzutun, daß die Überblendung verschiedener Zeitebenen in Musik, Aktion und Dekor interpretative Funktion für das Werk gewinnt.

Lit.: A. APPIA, La mise en scène du drame Wagnérien (P 1895, NA Be 1963); DERS., Die Musik u. die Inszenierung (Mn 1899); O. ERHARDT, Die Inszenierung v. H. Pfitzners musikal. Legende „Palestrina" (B 1922); A. BAHR-MILDENBURG, Tristan und Isolde. Darstellung des Werkes aus dem Geiste der Musik (L–W 1936); H. LINDLAR, Oper im 20. Jh. (Bonn 1954); CH. BITTER, Wandlungen in den Inszenierungsformen des „Don Giovanni" v. 1787 bis 1928. Zur Problematik des musikal. Theaters in Deutschland (Rb 1961); W. FELSENSTEIN – S. MELCHINGER, M. (Bremen 1961); Jb. der Komischen Oper Berlin, hrsg. v. H. SEEGER (B 1960 ff.); H. H. STUCKENSCHMIDT, Oper in dieser Zeit (Velber 1964); D. STEINBECK, Inszenierungsformen des „Tannhäuser" 1845–1904 (Rb 1964); R. ROZINEK, Der Einbruch des Epischen in das moderne M. (Diss. W 1965); W. PANOFSKY, Protest in der Oper (Mn 1966); H. SÄUBERLICH, R. Wagner u. die Probleme des Bühnenbildes seiner Werke im 19. Jh. (Diss. Kiel 1967); D. STEINBECK, Die Oper als theatralische Form, in: Mf 20 (1967); D. KREIDT, Kunsttheorie der Inszenierung. Zur Kritik der ästhetischen Konzeptionen A. Appias u. E. G. Craigs (Diss. B 1968); K. D. GRÄWE, Sprache, Musik u. Szene in „Ariadne auf Naxos" von H. v. Hofmannsthal u. R. Strauss (Diss. Mn 1969); W. FELSENSTEIN – G. FRIEDRICH – J. HERZ, M. (L 1970); V. SCHMID, Stud. zu W. Wagners Inszenierungskonzeption u. zu seiner Regiepraxis (Diss. Mn 1972); H. CURJEL, Experiment Krolloper (Mn 1975); G. GIERTZ, Kultus ohne Götter. E. Jaques-Dalcroze u. A. Appia. Der Versuch einer Theaterreform auf der Grundlage der Rhythmischen Gymnastik (Mn 1975); G. SCHAUENBERG, Stereotype Bauformen u. stoffliche Schemata der Oper (Diss. Mn 1975); W. FELSENSTEIN – H. HERZ, M. (L 1976); Strukturprobleme des M.s in der Bundesrepublik Deutschland, hrsg. v. D. GLATT (Thurnau 1978); Theaterarbeit an Wagners Ring, hrsg. v. D. MACK (Mn 1978); S. VILL, Così fan tutte. Beitr. z. Wirkungsgesch. v. Mozarts Oper (Bayreuth 1978); J. MAEHDER, Intellektualisierung des M.s. Selbstreflexion der Oper, in: NZfM 140 (1979); Zur Lage der M. in Europa, hrsg. v. CH. ZENTGRAF (Thurnau 1979); V. KLOTZ, Bürgerliches Lachtheater. Komödie, Posse, Schwank, Operette (Mn 1980); Werk und Wiedergabe, hrsg. v. S. WIESMANN (Bayreuth 1980); Literaturoper, hrsg. v. D. MACK (Bayreuth 1981).

J. MAEHDER

MUSIKTHEORIE (von griech. theōria = Betrachtung, Untersuchung, Erkenntnis) versucht, Grundlagen, Erscheinungsformen und Gesetzmäßigkeiten der Musik zu erkennen, begrifflich-systematisch zu erfassen und zu lehren. Selbstverständnis und Inhalte der M. sind von der Antike bis zur heutigen Zeit gravierenden Wandlungen unterworfen. Verstand sich M. in der Antike und im Mittelalter primär als zweckfreie, wirkliche Theorie der Musik, die dem Wesen der musikalischen Erscheinungen nachspürte, so rückte seit dem 18. Jh. immer stärker der Aspekt des Handwerklichen in den Vordergrund: Seitdem stellt sich M. vorrangig dar als praktische, historisch differenzierende Satzlehre vergangener oder gegenwärtiger Musik, kaum aber als grundlegendes theoretisch-philosophisches Fach. Zur Berufungsinstanz wurde gleichzeitig die Historie: Die Bezugnahme der M. im 20. Jh. auf die Geschichte löste die Berufung auf die Mathematik (Antike und Mittelalter) und die Physik (18. Jh.) ab, die an das Aufkommen der modernen Naturwissenschaften gekoppelt war. Dieser historischen Orientierung liegt auch die Erkenntnis zugrunde, daß allumfassende musiktheoretische Systeme (z. B. die H. Schenkers oder P. Hindemiths), die eine durch alle Zeiten gleichbleibende Natur der Musik nachweisen wollen, an geschichtlichen Gegebenheiten scheitern: M. ist allein als begrenzte Theorie, als „Dogmatik von Epochenstilen" (C. Dahlhaus) sinnvoll und nützlich.

Zu den – ineinandergreifenden – Disziplinen der M. zählen: die mit J.-Ph. Rameaus *Traité de l'harmonie* (1722) begründete moderne ↗Harmonielehre, der ↗Kontrapunkt, der – wie aus J. J. Fux berühmtem Lehrbuch *Gradus ad Parnassum* (1725) hervorgeht – bis ins 18. Jh. als eigentliche Kompositionslehre galt; die von A. B. Marx mit seiner Kompositionslehre (1837–47) im eigentlichen Sinne begründete ↗Formenlehre; die – nur in Ansätzen ausgebildete – Melodielehre (J. Mattheson, H. Chr. Koch, E. Kurth u. a.); die Lehre von der Rhythmik und ↗Metrik, deren bedeutendste Vertreter im 19. Jh. M. Hauptmann und H. Riemann waren; die Lehre von der ↗Instrumentation, für die H. Berlioz 1844 das klassische Lehrbuch schuf.

Die Behauptung, musikalische Praxis könne stets erst nachträglich der M. den Anschauungsstoff liefern, würde deren wechselseitige Befruchtung außer acht lassen. So reagierte Ph. de Vitrys Traktat *Ars nova* (1320), der notationstechnische Neuerungen beschrieb, auf kompositorische Praktiken und wirkte zugleich entscheidend auf sie ein; und Reflexionen über kompositorische Probleme der ↗seriellen Musik z. B. begleiteten und forcierten deren Umschlag in die ↗Aleatorik. Im Zeichen kompositorisch-pluralistischer Vielfalt muß heutige M., so gesehen, einerseits historische Bestandsaufnahme leisten, andererseits durch die theoretische Beschreibung des Gegenwärtigen Impulse für die Zukunft geben.

Lit.: H. RIEMANN, Gesch. der M. im IX.–XIX. Jh. (L 1898, B

[2]1921, Hil [3]1961, Nachdr. 1971); Beitr. z. M. des 19. Jh., hrsg. v. M. VOGEL (Rb 1966) (= Stud. z. Musikgesch. des 19. Jh. 4); Über M. Referate der Arbeitstagung 1970 Berlin, hrsg. v. F. ZAMINER (Kö 1970); Einführung in die systematische Musikwiss., hrsg. v. C. DAHLHAUS (Kö 1971); D. DE LA MOTTE, M., in: Kritische Stichwörter zum Musikunterricht, hrsg. v. W. Gieseler (Mn 1978).

C. KÜHN

MUSIKTHERAPIE ist die bewußte Anwendung von Musik und musikalischen Mitteln zur Erreichung therapeutischer Ziele. Das Wissen um die therapeutischen Wirkungsmöglichkeiten mittels der Musik ist uralt und hat sich bis in die Neuzeit hinein erhalten. Bei den Kulturvölkern des Altertums und bei den Naturvölkern gilt es als vornehmste Aufgabe der Musik, unheilbringende Kräfte abzuwehren und heilbringende herbeizurufen. Von den Pythagoreern wird berichtet, daß sie sich der Musik als eines natürlichen Heilmittels ständig bedienten. In der musiktherapeutischen Praxis, Forschung und Lehre der Gegenwart wird intensiv daran gearbeitet, die M. zu einem allgemein anerkannten Beruf zu entwickeln. Zu den derzeitigen Aufgabenfeldern der M. gehört die Behandlung von funktionalen, psychosomatischen und zerebralen Störungen, von Neurosen, Psychosen und Suchtkrankheiten und die Arbeit mit körperlich, geistig und mehrfach behinderten Menschen in Einrichtungen der Psychiatrie, Psychosomatik, Geriatrie, Sonderschulpädagogik, Rehabilitation, Gesundheitsfürsorge und -vorsorge, Gefängnisfürsorge und in Privatpraxen. Formen der M. sind die rezeptiven und aktiven Verfahren in der Einzel- und Gruppenmusiktherapie mit Kindern, Jugendlichen und Erwachsenen. In der rezeptiven M. steht das Anhören von Musik im Mittelpunkt, sei es nun zur psychophysischen Selbstregulierung oder zum Kommunizieren durch gemeinsames Musikhören oder zum Hervorrufen und nachträglichen Verarbeiten psycho-dynamischer Reaktionen. In der aktiven M. ist der Patient produktiv am Musikgeschehen beteiligt. Er singt, musiziert und improvisiert in der Gruppe oder allein mit dem Therapeuten auf Rhythmusinstrumenten, Klangstäben, Xylophon, Metallophon, Blas-, Zupf-, Streich- und Tasteninstrumenten (Orffsches Instrumentarium). Der Therapeut bedient sich hierbei bewußt des Mediums der Musik, z.B. um im Patienten die Fähigkeit zu wecken, die äußere Wirklichkeit wahrzunehmen und in sein Leben einzubeziehen, um auf musikalischem Wege mitmenschliche Beziehungen aufzubauen, um Gefühle und Emotionen in wechselseitigen Handlungen auszuagieren und um die eigene Individualität im Zusammenspiel mit den anderen zu erfahren und einzubringen in die Gemeinschaft.

Für diese Vielfalt musiktherapeutischer Tätigkeiten braucht der Musiktherapeut ein fundiertes und differenziertes Können, vermittelt durch eine Ausbildung, in der die Fachbereiche M. und Musik ebenso enthalten sind wie die in die M. zu integrierenden Fachbereiche Psychologie, Tiefenpsychologie und Medizin. In den USA, in England, in den Niederlanden, Österreich und Schweden bestehen anerkannte Studiengänge für M. schon seit Jahren. In Deutschland gibt es seit 1975 ein studienbegleitendes Zusatzstudium M. für sog. Sonderpädagogik / Musik in Hamburg. Würzburg bot 1976–81 ein Zusatzstudium M. für Mediziner, Psychologen und Sonderpädagogen an. In Aachen gibt es seit 1978 ein Kombinationsstudium (Staatliche Musiklehrerprüfung und M.). 1978–80 wurde in Herdecke (Westf.) ein Aufbaustudium M. als Pilotprojekt für Absolventen verschiedener Musikstudiengänge als Mentorenkurs durchgeführt. In Heidelberg begann 1979 ein vierjähriges grundständiges Studium der Fachrichtung M. auf Fachhochschulebene. Gestützt werden diese Projekte durch die seit 1972 bestehende Deutsche Gesellschaft für M. (DGMT) und durch den 1978 gegründeten Deutschen Berufsverband der Musiktherapeuten (DBVMT).

Lit.: A. PONTVIK, Heilen durch Musik (Z 1955); Musik in den Medizinischen Beitr. zur M., hrsg. v. H. R. TEIRICH (St 1958); G. R. HEYER, Musisches, speziell M., in: Hdb. der Neurosenlehre u. Psychotherapie 4 (Mn 1959); E. T. GASTON, Music in Therapy (NY 1968); C. HOLTHAUS, Muziektherapie (A – Bru 1970); M., Theorie u. Methodik, hrsg. v. CH. KOHLER (Jena 1971); J. u. M. GUILHOT – J. JOST – E. LECOURT, La musicothérapie et les méthodes nouvelles d'association des techniques (P 1973); M. GECK, M. als Problem der Ges. (St 1973); M., hrsg. v. K. PAHLEN (Mn 1973); Neue Wege der M., hrsg. v. W. J. REVERS – G. HARRER – W. C. M. SIMON (Düsseldorf – W 1974); G. ORFF, Die Orff-M. (Mn 1974); Grundlagen der M. u. Musikpsychologie, hrsg. v. G. HARRER (St 1975); M. PRIESTLEY, Music Therapy in Action (Lo 1975); F. K. KUMMEL, Musik u. Medizin (Fr – Mn 1975); H. REMMLER, M., in: Die Psychologie des 20. Jh. 3 (Z 1977); P. NORDOFF – C. ROBBINS, Musik als Therapie für behinderte Kinder (Gö 1978); W. STROBEL – G. HUPPMANN, M. Grundlagen, Formen, Möglichkeiten (Gö 1978); J. ALVIN, Music Therapy for the Autistic Child (Lo 1978); J. ESCHEN, Studium der M., in: Musica 6 (1979); CH. SCHWABE, Regulative M. (St 1979).

H. STREICH

MUSIK UND SPRACHE. Etwa bis zum Ende des 5. Jh. v. Chr. bilden Wort und Klang, „das autonome Element der Musik" und das „bedeutungsbedingte Element der Sprache" (Th. G. Georgiades), im Griechischen eine Einheit. Der Begriff Musikē bezeichnet entsprechend die umfassende Verschmelzung von Tönen und Rhythmen aus allen Bereichen künstlerischer Äußerung, die durch sie charakterisiert werden.

In dieser Ganzheit ist die Musikē nicht nur von entscheidender Bedeutung für Erweiterung und Bildung des einzelnen, sondern nach Ausweis des Gesprächs zwischen Sokrates und Glaukon in Platons

Staat auch für Bestand und Funktion des Gemeinwesens. Aber bereits bei Aristoteles wird die Trennung zwischen Sprache und Musik deutlich. In der Regel steht das griechische Wort musikē bei ihm bereits für „Musik" oder „Tonkunst". Aus dieser begrifflichen Eigenständigkeit heraus entwickelt sich konsequent die inhaltliche Lösung vom platonischen Logos; für den Stagiriten sind „in den Melodien selbst... Darstellungen von sittlichen Haltungen bereits enthalten" (*Politik,* Buch VIII). Bei Aristoxenos von Tarent ist der Verlust der ursprünglichen Einheit vollzogen, den auch Entwicklung und Ausbreitung der Psalmodie belegen, bei der sich „die Gesangsmelodie und die metrische bzw. rhythmische Gliederung der Musik ... aus der Abhängigkeit von der Sprachmelodie des Wortes und dem Rhythmus der Dichtung" lösen; Dichtung verwandelt sich „nicht mehr unmittelbar in tönendes Melos" (H. Petri). In den folgenden Jahrhunderten erscheinen die musik- und die dichtungstheoretischen Reflexionen im Bemühen um die Wiedererlangung der ursprünglichen Einheit stets in enger Verbindung. Das gilt beispielhaft für den Traktat *De compositione verborum* des Dionysios von Halikarnassos oder *De sublimitate* des Pseudo-Longinus, an dessen Ausführungen zur Wortharmonie sich der Franzose Eustache Deschamps in seinem *Art de dictier* (1392) anschließt.

Aus ihrer Verknüpfung mit den Zahlen – etwa deutlich in der Intervall- und Tonreihenbildung – wird die Musik bei den Kirchenvätern und durch sie und Boëthius für das Mittelalter Abbild kosmischer Harmonien. Sie ist wie die Dichtung Symbol der Transzendenz. In Maß und Zahl der Tonfolgen findet ein jeweils zugehöriger Text Funktion, Ort und Ordnung im Universum. So entwirft der mittelalterliche Künstler, systematisch orientiert seit Guido von Arezzos *Micrologus de disciplina artis musicae* (1026), vor dem Hintergrund von Zeit und Ewigkeit die Einheit von „Wort und Weise".

Im Zusammenhang mit der humanistischen Gelehrsamkeit der Renaissance wird die theoretische Entwicklung der Beziehungen zwischen musikalischen und rhetorischen Strukturen, die z.B. bei Dionysios von Halikarnassos anzutreffen waren, weiter gefördert. Die Werke Josquin des Prés', O. di Lassos oder G. Carissimis belegen dies ebenso wie die Dichtungen Louise Labés, Joachim du Bellays, P. de Ronsards oder des deutschen Meistersangs um die herausragenden Persönlichkeiten von Hans Folz und H. Sachs. Die Versuche, die Ordnungsvorstellungen der Rhetorik auf die Musik zu übertragen (↗Figuren, ↗Hypotyposis), werden durch solche ergänzt, musikalisch-kompositorische Systematik und Begrifflichkeit für andere Künste nützlich zu machen. So spricht T. Tasso etwa dem Gegenstand seiner Untersuchungen in den *Discorsi del poema heroico* (1593) die Qualität des dorischen Modus zu, und der Maler Nicolas Poussin entwirft in einem Brief an Paul Fréart Sieur de Chantelou (1647) eine Begründung seines künstlerischen Vorgehens, die ebenfalls auf der Anschauung von der modalen Differenzierung, die die Griechen entwickelt hatten, beruht.

Auch die deutsche Kompositionslehre des 17. und 18. Jh. nutzt die Möglichkeiten der Verknüpfung mit den Stilebenentheorien der Rhetorik so konsequent, daß sie den systematischen Entwürfen der Redekunst in keiner Weise nachsteht, bis sie von dem neuen Musikverständnis der ↗Empfindsamkeit, die die Musik im wesentlichen gefühlsgebunden begreift, in Frage gestellt wird. Manifest wird dieser Ablösungsprozeß an der Verwendung des Harmoniebegriffs in der Kunsttheorie der Aufklärung, in dem die Bindung an die Rhetorik aufgehoben und scheinbar der Versuch der Restituierung der Einheit von Wort und Musik begonnen wird. Überlegungen D. Diderots zur literarischen und musikalischen Harmonie finden sich dabei im Tenor unmittelbar fortgeführt bei J. G. Herder, W. Tieck, Novalis und E. Th. A. Hoffmann, in den Theorien zu und Reflexionen über das romantische Lied (auch als Teil einer Gegenkultur im Sinne Roland Barthes') und gehen durch die Vermittlung der französischen Romantiker und Realisten, der Vertreter des „l'art pour l'art" und Ch. Baudelaires in die Literaturtheorie des Symbolismus ein. Diese aber ist wesentlich gespeist von den kunsttheoretischen Anschauungen R. Wagners (*Oper und Drama. Dichtkunst und Tonkunst im Drama der Zukunft,* 1851; vgl. dazu auch Fr. Nietzsches *Über Wort und Musik,* Fragment 1871), die über die Musikalität von vorsprachlicher und sprachlicher Artikulation zu einer absoluten, Welt und Wirklichkeit symbolisch erfassenden Melodie vorzustoßen versuchen. Die Namen Théodore de Banvilles, René Ghils, Joris-Karl Huysmans', Jules Laforgues, St. Mallarmés und Paul Verlaines mögen beispielhaft für diese Rezeption stehen. Ihre Anregungen wiederum nehmen künstlerische Avantgardebewegungen im europäischen 20. Jh. (Futuristen, Expressionisten, Dadaisten, Surrealisten, „konkrete" und „absurde" Autoren), aber auch Dichter wie H. von Hofmannsthal, Th. Mann oder Rainer Maria Rilke auf, wie auf der Suche nach einer Urkunst, die in bewegten Zeiten Bezugspunkte höchster Vollkommenheit entwirft und in der Konkretisierung als totales Kunstwerk gegen die rational begründeten Beschädigungen des Individuums ebenso protestiert wie gegen den banalen alltäglichen

Mißbrauch von Worten und Klängen. „Gegenüber der meinenden Sprache ist Musik eine von ganz anderem Typus. In ihm liegt ihr theologischer Aspekt. Was sie sagt, ist als Erscheinendes bestimmt zugleich und verborgen. Ihre Idee ist die Gestalt des göttlichen Namens. Sie ist entmythologisiertes Gebet, befreit von der Magie des Einwirkens; der wie immer auch vergebliche menschliche Versuch, den Namen selber zu nennen, nicht Bedeutungen mitzuteilen" (Th. W. Adorno).

Lit.: G. MASSENKEIL, Die oratorische Kunst in den lat. Historien u. Oratorien G. Carissimis (Diss. Mz 1952); TH. G. GEORGIADES, M. u. S. Das Werden der abendländischen Musik, dargestellt an der Vertonung der Messe (B 1954, ²1974) (= Verständliche Wiss. 50); G. MASSENKEIL, Die Wiederholungsfiguren in den Oratorien G. Carissimis, in: AfMw 13 (1956); TH. G. GEORGIADES, Musik u. Rhythmus bei den Griechen. Zum Ursprung der abendländischen Musik (H 1958); CH. BAUDELAIRE, Critique littéraire et musicale, hrsg. v. C. Pichois (P 1961); A. WELLEK, Über das Verhältnis v. Musik u. Poesie, in: StMw 25 (1962); H. PETRI, Lit. u. Musik. Form- u. Strukturparallelen (Gö 1964); H. SCHMIDT-GARRE, Rimbaud, Mallarmé, Debussy. Parallelen zw. Dichtung u. Musik, in: NZfM 129 (1968); E. JAMMERS, Die Rolle der Musik im Rahmen der romanischen Dichtung des XII. u. XIII. Jh., in: Grundriß der romanischen Literaturen des MA, I: Généralités, hrsg. v. M. Delbouille (Hei 1972); Sprache, Dichtung, Musik. Texte zu ihrem gegenseitigen Verständnis v. R. Wagner bis Th. W. Adorno, hrsg. v. J. KNAUS (Tü 1973); E. KOPPEN, Dekadenter Wagnerismus. Stud. zur europäischen Lit. des Fin de Siècle (B 1973); TH. HIRSBRUNNER, Der frz. Wagnerismus und die Musique du silence, in: Schweizer Beiträge zur Musikwiss. 2 (1974); W. BÖRSCH, Die Bedeutung der Musik in der Poetik Verlaines u. der dt. Romantik, in: Arch. für das Studium der neueren Sprachen u. Literaturen 213 (1976); M. BIERWISCH, M. u. S. Überlegungen zu ihrer Struktur und Funktionsweise, in: Jb. Peters 1978; W. GRUHN, Musiksprache, Sprachmusik, Textvertonung, Aspekte des Verhältnisses v. Musik, Sprache u. Text (F–B–Mn 1978); TH. G. GEORGIADES, Schubert, Musik u. Lyrik (Gö ²1979); H. SCHMIDT-GARRE, Von Shakespeare bis Brecht. Dichter u. ihre Beziehungen z. Musik (Wilhelmshaven 1979); Dichtung u. Musik. Kaleidoskop ihrer Beziehungen, hrsg. v. G. SCHNITZLER (St 1979); D. FRICKE, Molières „Bourgeois gentilhomme" als „dialogue en musique", in: Molière, hrsg. v. R. Bader (Da 1980); K. HÖLZ, Destruktion u. Konstruktion (F 1980).

W.-D. LANGE

MUSIKUNTERRICHT, wissenschaftlicher Gegenstand der ↗Musikdidaktik, ist der Ort veranstalteten Musiklehrens und -lernens. Jemanden *über* Musik, etwa über ein Ereignis in der Musikszene, unterrichten bedeutet eine kurze, meist situativ-zufällige Mitteilung im zwanglosen Gespräch als natürlicher zwischenmenschlicher Lebens- und Umgangsform. Unterricht *in* Musik aber ist die zumeist mit öffentlichen Mitteln institutionalisierte, auf Dauer und zielgerichtet angelegte und in Lerneinheiten disponierte Folge durchgeführter und kontrollierter Lernprozesse, und zwar in der Erwartung überdauernder Zugewinne an musikalischen Fertigkeiten und Fähigkeiten, Kenntnissen und Erkenntnissen im erzieherisch verantworteten Vorgriff auf Lebensanforderungen und -gestaltungen. Dabei ist die Verbindung von Grund- und Bestimmungswort im Begriff „M." angesichts verwalteter Schule nicht fraglos. Auf der Rationalisierungsstufe von Bildungspolitik und -planung und auf der Rationalitätsstufe von Lernorganisation und -zwang angelegt, entzieht sich der M., zumal im zerklingelten Schulvormittag, natürlichen Formen primärer musikalischer Lebenspraxis; zudem sind ihm künftige Handlungs- und Entscheidungssituationen des Menschen im Musikleben vorweg nicht verfügbar. Diese Differenz zwischen Lehre und Leben bzw. Ausbildung und Bewährung ist schwerlich aufzuheben. Theorien des M.s sind immer wieder bemüht, „Musik im Leben" in eine „Erlebnisschule" einzulassen (Fr. Jöde), Musikkultur in einer „Erfahrungsschule lebbar zu machen" (H. von Hentig), den Lernort Schule zum Lebensraum eigener Art zu gestalten, um Musik nicht zu verschulen („Schulmusik") und zu verunterrichten („Pädagogische Musik"). Musikerziehung in der Schule ist mehr als verbindlicher Klassen- oder Kursunterricht. Doch auch dieser kann Einstiege in die musikalische Umwelt thematisieren, hat Vorerfahrungen von Schülern einzubringen, um seiner Selbstverschließung durch Konfrontation mit möglichst unverstelltem Musikleben zu wehren. Auch im M. ist „Lernen vergnüglich zu machen" (B. Brecht). Die Alternative von Musik als Lust- oder als Lernfach ist allerdings gefährlich. Denn auch Musiklernen „vollzieht sich nicht ohne Mühe" (Aristoteles), nicht ohne Erfahrung von Lernwiderständen in Musik als Gegenstand. Solche Lernerfahrung erst übersteigt eigene Vorerfahrungen und Vorurteile, läßt den Schüler nicht bei sich und „seiner" Musik, eröffnet Ausbildung an unerhörter und fremder Musik, stellt Musiklernen unter den Anspruch von Bildung als Offenheit und kritischer Sympathie für andere Musik und Musikerfahrung. M. ist musikalische Lernhilfe ohne Kulturappell mit Wertbeschwörung. Er ist nicht nur Belehrung, wie es sich mit Musik verhält (Sachverhalte), sondern eröffnet auch Erfahrungen, wie verschieden man mit Musik verfahren und wie unterschiedlich man sich zu ihr verhalten kann (Sachverhältnisse). M. hat gegenstandsbezogene und verfahrens- und verhaltensorientierte Ziele und Inhalte (Musikkultur als objektiver und subjektiver Anspruch). Er gibt nicht bloß Systeme (z. B. Notation mit 5 Linien) als Gegebenes weiter und Musikwerke als Gemachtes, er ist mehr als Daten- und Faktenunterricht. Vielmehr aktualisiert er Musik, nimmt sie in Begründungs- und Werdenszusammenhänge zurück, ermöglicht „originale Begegnung" (H. Roth) mit ihr. Variationsbreiten im inhaltlichen, methodischen und medialen Angebot sind eine Bedingung für mögliche Abwechslung im Unterrichtsgeschehen und für Motivations- und Interessenlagen der Schüler. Das differenzierte Potential sinnlicher und affektiver, psycho-motorischer und kognitiver Dispositionen und Aktivitäten bestimmt Musiklernen stufendurchgängig. Reproduktion, Produktion, Rezeption und Transposition von Musik (z. B. in Bewegung, Sprache, Schrift) sowie ständige Reflexion über Musik und Musikerfahrung (Analyse und Interpretation von Musikwerken; Funktionen und Wirkungen von Musik) wechseln und durchdringen sich als „Funktionsfelder" (M. Alt) des Musikunterrichts. Musiklernen als Kunstlernen ist an eigene Hör- und Spielerfahrungen gebunden, um operatives Funktions- und Leistungswissen verfügbar zu machen und zum kritischen, d.h. unterscheidenden, wählenden und urteilenden Hören zu erziehen. Dabei kann der Frontalunterricht (Lehrer als Dirigent oder Dozent) nicht die einzige Aktions- und Sozialform des Musiklernens abgeben. War M. bis ins 20. Jh. meist nur Singunterricht mit Gehör- und Stimmbildung als Hilfsdisziplinen, steht er heute vor vielfachen neuen Aufgaben: Zur vokalen Übung tritt instrumentale und apparative hinzu, zu Volkslied und Kunstwerk Musik der Avantgarde, fremder Kulturen und neue Popularmusik; Kommunikation und Integration der Künste verweisen auf interdisziplinäre Öffnung des Fachunterrichts. Um so schmerzlicher ist das Dilemma von verfügbarer Lernzeit und verantwortbarem Leistungsstand im Musikunterricht.

Lit.: ↗Musikpädagogik, ↗Musikdidaktik. H. ANTHOLZ

MUSIKVEREINIGUNGEN ↗Musikorganisationen.

MUSIKVERLAG (engl.: music publishing firm; frz.: maison d'édition musicale; it.: casa editrice di musica; span.: editorial de música, editora musical oder casa editora de música). Seit Musikwerke gedruckt werden, haben die Musikverleger eine entscheidende Rolle bei der Verbreitung und selbst bei der Entwicklung der Musik gespielt. Der erste von ihnen, O. Petrucci, der Erfinder des Notendrucks, verkörpert den Musikverleger der Renaissance schlechthin: Er war zugleich Drucker, Verleger und Musiker. Dank seiner verlegerischen Aktivitäten (1501–11 in Venedig, danach in Fossombrone) besitzen wir heute einen wichtigen Bestand französischer, niederländischer und italienischer Musik seiner Zeit. In Frankreich begründete P. Attaingnant eine lange Reihe von Drucker-Verlegern von Musik (seine Tätigkeit liegt zw. 1527–49). In Deutschland veröffentlichte P. Schöffer seit 1512 Musiksammeldrucke; in den Niederlanden begannen T. Susato 1543 und P. Phalèse 1545 zu drucken. In ganz Europa spiegelt sich das stetig wachsende Interesse an gedruckten Veröffentlichungen sowohl von geistlicher als auch weltlicher Musik und von Instrumentalmusik in der wachsenden Zahl französischer u. a. Musikverleger. Dank königlicher Privilegien, die ihnen exklusive Druck- und Verkaufsrechte sicherten (ein System, das erst 1790 aufgegeben wurde), und dank der graphischen Überlegenheit ihrer Erzeugnisse besaßen diese Verlagshäuser das Monopol in ihrem Wirtschaftszweig. Der weitgesteckte Aufgabenbereich der Unternehmen erforderte bald eine Trennung zwischen Drucker und Verleger. 1551 wurde das berühmte Haus von A. le Roy und R. Ballard gegründet: Hunderte von Publikationen kamen seit dem 16. Jh. aus dieser Druckerei. Die Ballards, ohne Zweifel die bedeutendste Musikverlegerdynastie, die es je gegeben hat, behielten ihre Vorrangstellung das ganze 17. Jh. hindurch bis zur 1. Hälfte des 18. Jahrhunderts.

Die neuen Techniken – wie Stich, typographische Verfahren, Lithographie – hatten entscheidenden Einfluß auf die Verlagserzeugnisse; sie erlaubten im übrigen eine erheblich größere Produktion, die den Erfordernissen einer immer komplizierter werdenden musikalischen Schreibweise angepaßt werden mußte. Während die Verlagserzeugnisse des 17. Jh. in erster Linie Vokalmusik betrafen – man denke an die Sammlungen von Airs und Chansons, Madrigalen und Motetten, die sorgfältig gearbeiteten Partituren der Opern von J.-B. Lully –, spiegeln diejenigen des 18. Jh. die Vorliebe der Zeit für Instrumentalmusik, insbesondere für Kammermusik, wider. Der Stich, ein zugleich ökonomisch wie technisch befriedigendes Verfahren, wurde allgemein gebräuchlich und üblich; er erreichte in Frankreich eine unvergleichliche Perfektion. Nach dem Beispiel der großen Verlagshäuser von É. Roger in Amsterdam und von J. Walsh, dem berühmten Verleger in London, ließen die Musikverleger ihre Erzeugnisse ohne Datierung erscheinen: Dieser Mangel, der seit etwa 1710 bis in unsere Tage andauert, bringt häufig schwer zu lösende Probleme für die ↗Musikbibliographie mit sich. Im 18. Jh. kamen Vereinbarungen für die Zusammenarbeit der Musikverleger zustande: Es gab gemeinsam herausgebrachte Werke von mehreren Verlegern und auf internationaler Ebene eine Organisation von Niederlassungen, einen Austausch von Druckplatten zwischen französischen, niederländischen und englischen Verlagshäusern. Eine Reihe von Komponisten veröffentlichte ihre Werke selbst, so L.-N. Clérambault, Fr. Couperin, J.-Ph. Rameau u. a.

Gegen Ende des 18. Jh. gewannen deutsche und österreichische Verlagshäuser immer mehr an Bedeutung: Von den vor allem dank ihrer Beziehungen zu den großen Komponisten der Klassik und Romantik zu Ansehen gekommenen Verlagen sind in erster Linie J. André in Offenbach (gegr. 1784), Artaria in Wien (1770–1856), C. F. Peters in Leipzig (gegr. 1814), Schlesinger in Berlin (gegr. 1795), B. Schott's Söhne in Mainz (gegr. um 1770) und Simrock in Bonn (gegr. um 1790) zu nennen. Der Verlag Breitkopf & Härtel in Leipzig (gegr. 1719) wurde im 19. Jh. der bedeutendste der Welt, berühmt wegen seiner Gesamtausgaben sowie wegen der Publikation von Zeitschriften und musikwissenschaftlichen Werken. In England besaß zu dieser Zeit der Verlag Novello & Co. (gegr. 1811) eine beherrschende Stellung; in Italien erwarb G. Ricordi & Co. (gegr. 1807) einen weltweiten Ruf durch die Veröffentlichung italienischer Opern; in der Schweiz spielten Naegeli in Zürich (gegr. 1792) und Rieter-Biedermann in Winterthur (gegr. 1834) eine wichtige Rolle; in den USA gab es um 1785 schon einige Verlagshäuser: das erste mit einer gewissen Bedeutung war Ditson in Boston (gegr. 1835). Zu nennen sind noch ferner einige französische Musikverleger des 18. und 19. Jh. (mit ihren jeweiligen Wirkungsdaten): Ballard (1551–1763); Boivin (1722–54); Choron (1805–52); Cousineau (1767–1823); Des Lauriers (um 1765–99); Mlles Érard (um 1798–1840); Farrenc (1819–44); Foucault (1692–1720); Gaveaux (1793–1832); Imbault (um 1785–1814); Janet et Cotelle (1810–92); Leclair (1732–67); Le Clerc (1713–74); Magasin de musique (1794–1825); Meissonier (1812–60); Nadermann (1777–1835); Pleyel (1795–1834); Richault (1805–98); Schlesinger (1822–56); Sieber (1763–1844); Mlle Vendôme (1744–86). Von Verlegern der Gegenwart seien hier exemplarisch genannt: in Deutschland die Verlage Bärenreiter, Breitkopf & Härtel, Moeck, Möseler, C. F. Peters, Ries & Erler, B. Schott's Söhne, Schwann, Sikorski und Zimmermann sowie als Neugründung in der DDR der Deutsche Verlag für Musik; in Frankreich Choudens, Durand, Édition Max Eschig S. A. R. L., Heugel & Cie., Leduc & Cie., Édition Henry Lemoine und Salabert; in Großbritannien Boosey & Hawkes Ltd.; in Italien G. Ricordi & C.; in Österreich die Universal Edition; in den USA G. Schirmer.

Das Studium der Beziehungen zwischen den Komponisten und den Verlegern des 16.–20. Jh. ist eine ergiebige Quelle für die Musiksoziologie. Während die Komponisten zunächst unter Leitung und Unterstützung von Kirche und Adel arbeiteten, suchten sie später mehr und mehr die Protektion und die Gunst der großen Verleger, die ihrerseits die populärsten oder am meisten in Mode befindlichen Komponisten an sich zu ziehen versuchten. Die Beziehungen G. Fr. Händels, J. Haydns, W. A. Mozarts, L. van Beethovens und Fr. Schuberts zu ihren Verlegern sind dokumentarisch überliefert; sie sind Gegenstand zahlreicher Spezialstudien geworden. In späteren Zeiten zeigen die Biographien und der Briefwechsel von Fr. Chopin, H. Berlioz, Fr. Liszt, R. Wagner, J. Brahms, Cl. Debussy u. a., bis zu welchem Grade ihr Leben durch ihre Beziehungen zu Verlegern beeinflußt und häufig auch beeinträchtigt wurde. Die Archive, Kataloge u. a. Veröffentlichungen von Musikverlagen aller Zeiten sind wichtige Quellen für die Musikbibliographie und die Musikwissenschaft. Ihres publizistischen Wertes wohl bewußt, gründeten mehrere Firmen Zeitschriften, die bis heute ständig Beiträge zur Musikkritik und Musikforschung geleistet haben. – Seit den Ursprüngen des Musikhandels waren die Verleger auch Musikalien- und häufig auch Instrumentenhändler. Mehrere Jahrhunderte hindurch war die Frankfurter Messe alljährlich das große internationale Wirtschaftszentrum für die Produktion von Musikverlagen; die Kataloge dieser Messe stellen eine wertvolle Dokumentation für die Geschichte dieses speziellen Zweiges des Druckgewerbes dar. Der moderne Musikbuchhandel entwickelte sich im 19. Jh. ebenso wie das Musikantiquariat, das ein spezieller Zweig des ersteren geworden ist. Als ein Abkömmling einer nostalgischen Suche nach den Schätzen und dem Geist vergangener Zeiten wurde das Musikantiquariat im 20. Jh. ein nicht unwichtiger Helfer für wissenschaftliche Forschung, indem es seltene Ausgaben in sorgfältig erarbeiteten Katalogen anzeigt. Die Bildung zahlreicher öffentlicher, universitärer und privater Bibliotheken in der ganzen Welt seit etwa hundert Jahren hat dem Musikalienhandel eine wichtige Funktion verliehen. Zu den ältesten Häusern gehören das von Robert Legouix in Paris (gegr. 1839) und das Musikantiquariat von Leo Liepmannssohn (gegr. 1869 in Paris, verlegt 1874 nach Berlin und 1936 von Otto Haas nach London); in der Bundesrepublik Deutschland ist vor allem Hans Schneider, Tutzing (gegr. 1949), zu nennen. Ein Verzeichnis von Musikantiquariaten findet sich im *Répertoire international de la librairie ancienne.* Die Musikalienhändler sind häufig in Verbänden oder anderen Organisationen zusammengeschlossen.

Lit.: R. EITNER, Buch- u. Musikalienhändler, Buch- u. Musikaliendrucker nebst Notenstechern (1904–05) (= Beilage zu MfM 36 u. 37); O. E. DEUTSCH, Music Publisher's Numbers (Lo 1946), dt. Übers.: Musikverlags-Nummern (B 1961), Nachtrag, in: Mf 15 (1962); C. HOPKINSON, A Dictionary of Parisian Music Publishers 1700–1950 (Lo 1950); A. WEINMANN, Beitr. z. Gesch. der Alt-Wiener M.e, Reihe 1: Komponisten, Reihe 2: Verleger (W 1950ff.); C. SARTORI, Dizionario degli editori musicali italiani (Fi 1958); H. HEINSHEIMER, Gestaltwandel des amerik. M.s, in: FS L. Strecker (Mz 1973); H. RÖSNER, Nachdruckverz. des Musikschrifttums (Wilhelmshaven 1970, 1972) (= Taschenbücher z. Musikwiss. 5 u. 13); R. SCHAAL, Musiktitel aus fünf Jhh. Eine Dokumentation z. typographischen u. künstlerischen Gestaltung u. Entwicklung der Musikalien (ebd. 1972) (= Quellenkat.e z. Musikgesch. 5); H. SCHÄFER, Die Notendrucker u. Musikverleger in Frankfurt am Main v. 1630 bis 1720. Eine bibliogr.-drucktechnische Unters. (Kas 1975); A. DEVRIÈS – F. LESURE, Dictionnaire des éditeurs de musique français, 2 Bde. (G 1979); R. ELVERS, Die Berliner Musikverlage im 19. Jh., in: Kgr.-Ber. Berlin 1974 (Kas 1980).

A. ROSENTHAL

MUSIKWETTBEWERBE (engl.: competition, contest; frz.: concours; it.: concorso; span.: concurso) sind musikalische Wettspiele, bei denen interpretatorische, kompositorische oder andere künstlerische Leistungen von einem Fachgremium, manchmal auch vom Publikum, in offener oder geheimer Abstimmung oder nach festgelegtem Punktesystem hinsichtlich musikalisch-künstlerischer und technischer Qualität bewertet werden, sei es zum Leistungsvergleich, sei es zur Ermittlung einer oder mehrerer Bestleistungen. Dies wird meist verbunden mit der Zuerkennung von Preisen, Titeln oder anderen Würdigungen oder Auszeichnungen (↗Musikpreise). In Regularien festgelegt werden Teilnehmerkreis, Teilnahmebedingungen und die zur Ausschreibung gelangenden Kategorien. Musikwettbewerbe dienen, besonders im Amateurbereich, dem Leistungsvergleich, der Leistungssteigerung, der Begabtensuche und -auslese als Voraussetzung zur Förderung von Nachwuchskräften, im professionellen Bereich vor allem auch als Hilfe beim Übergang in die künstlerische Berufspraxis. So reicht z.B. das mehrstufige Begabtenförderungsprogramm des Deutschen Musikrats vom Laienwettbewerb „Jugend musiziert" über die nach dem Musikstudium einsetzende Bundesauswahl der Konzerte junger Künstler bis zum Deutschen Musikwettbewerb, der den Anschluß zum internationalen Vergleich herstellen soll. – Teilnahme an wettbewerbsartigen Veranstaltungen ist mitunter Voraussetzung für Aufnahme und Abschluß von Ausbildungsgängen (z.B. an Konservatorien in Frankreich) oder zur Erlangung ausgeschriebener Positionen (z.B. Orchester, Theater, Kirchenmusik, Professur, Konzertengagement). – Neben künstlerischen und pädagogischen Zielvorstellungen kann die Wettbewerbsausschreibung auch von gesellschaftlichen, kulturpolitischen, touristischen und kommerziellen Interessen bestimmt sein. – Manche Wettbewerbe widmen sich bestimmten Werkgattungen, dem Opus einzelner Komponisten oder bestimmten Epochen (zeitgenössische Musik, u.a.: Kranichsteiner Musikpreis, Darmstadt seit 1952; Stiftung Gaudeamus, Bilthoven seit 1963; Musique expérimentale, Bourges seit 1973).

In den sportlichen Wettstreiten der Antike (Olympische Spiele 776 v.Chr. – 264 n.Chr.) waren musische Disziplinen gleichwertig beteiligt. Im angelsächsischen Raum gehen die heute noch lebendigen Chor-, Instrumental- und folkloristischen Wettbewerbe auf eine Tradition bis ins 7. Jh. zurück (↗Eisteddfod); sie haben sich im 19. Jh. als Wettbewerbsfestival in England und Nordamerika in großer Vielfalt entwickelt. In den romanischen Ländern hatte die ↗Troubadour-Kunst im 12. und 13. Jh. Wettbewerbscharakter. In deutschen Ländern entwickelte sich unter diesem Einfluß im 14.–16. Jh. die Zunft der Meistersinger (↗Meistersang). Chorisches Wettsingen in den deutschen Sängerbünden ist seit 1827 (Plochingen) bekannt, M. der Blasmusikkorps seit 1864 in der Schweiz. Die stärkere Institutionalisierung des Musiklebens und der Musikerziehung brachte im 19. Jh. zunehmend Stipendien- und Preisausschreibungen, vor allem für Komponisten (z.B. ↗Prix de Rome, Paris seit 1803), für Interpreten zunächst für Klavier (St. Petersburg 1890), als Chopin-Wettbewerb in Warschau (seit 1927), erst später auch für andere Kategorien in Wien (seit 1932), als Violinwettbewerb in Warschau, jetzt in Posen („H. Wieniawski", seit 1935) und Brüssel („E. Ysaye", 1937), für Klavier, Gesang u.a. Instrumente in Genf (seit 1939). 1957 schlossen sich 12 inzwischen führende internationale Musikwettbewerbe professionellen Charakters zu einer Fédération des Concours Internationaux de Musique mit Sitz in Genf zusammen, der 1980 bereits 59 Mitglieder angehören, die weltweit und eigenständig jährlich oder in Mehrjahresabstand Wettbewerbe mit gleichen oder wechselnden Kategorien durchführen. Daneben gibt es zunehmend weitere nationale und internationale Musikwettbewerbe, die regelmäßig oder einmalig ausgeschrieben sind, u.a. für Dirigenten, Chöre, Orchester, Instrumentenbauer und Klavierstimmer.

Wichtige internationale Wettbewerbe (soweit nichts anderes angegeben, jährlich; 2-, 3jährlich usw. wird im folgenden durch 2j., 3j. usw. wiedergegeben):

BARCELONA: „M. Canals", für Klv., V. u. Gesang. – BERLIN: „H. von Karajan", für Dirigieren, 2j. – BESANÇON: für Dirigieren, 3j. – BOZEN: für Klv. u. Komp. – BRÜSSEL: „Reine Élisabeth de Belgique", wechselnd für Klv., V. oder Komp. – BUDAPEST: „Liszt-Bartók", für Klv., unregelmäßig. – BUKAREST: „G. Enescu", für Klv., V. u. Gesang, 3j.

GENF: für Komp. (Oper u. Ballett), 2j. – GENUA: „N. Paganini", für V.

'S-HERTOGENBOSCH: für Gesang (Lied, Oratorium, Oper).

INNSBRUCK: „P. Hofhaimer", für Org.

LEIPZIG: „J. S. Bach", für Klv., V., Org. u. Gesang, 4j.
MAILAND: „G. Cantelli", für Dirigieren; „G. Valcarenghi", für Komp. – MOSKAU: „P. I. Tschaikowsky", für Klv., V., Vc. u. Gesang, 4j. – MÜNCHEN: „Arbeitsgemeinschaft der Rundfunkanstalten Deutschlands", für Klv., Org., Streich- u. Blasinstr. u. Gesang.
NEW YORK: „D. Mitropoulos", für Dirigieren. – NÜRNBERG: „Musica sacra", für Org.
PARIS: „M. Long – J. Thibaut", für Klv. u. V., 2j. – POSEN: „H. Wieniawski", für V., 5j. – PRAG: „Prager Frühling", für Klv. oder V.
ROM: „S. Cecilia", für Dirigieren, 3j.
TOULOUSE: für Gesang. – TRIEST: „Premio Città", für Komp.
VERCELLI: „G. B. Viotti", für Klv., Gesang u. Komp. – VEVEY – MONTREUX: „Cl. Haskil", für Klv.
WARSCHAU: „Fr. Chopin", für Klv., 5j. – WASHINGTON: „J. S. Bach", für Klv. – WIEN: „H. Swarowsky", für Dirigieren.
ZÜRICH: „G. Anda", für Klv., 3j. – ZWICKAU: „R. Schumann", für Klv. u. Gesang, unregelmäßig.

Lit.: Hesses Musiker-Kalender (L 1893ff., B 1934ff.); Jb. der Dt. Musikorganisation, hrsg. v. L. KESTENBERG (B 1931); Musikpreise, in: Der Fischer Weltalmanach, hrsg. v. G. FOCHLER-HAUKE (F 1963ff.); H. GOERTZ, Östr. Musikhdb. (W 1971); H. SITTNER, Musikerziehung zw. Theorie u. Therapie (W 1974); Kulturförderung u. Kulturpflege in der Bundesrepublik Deutschland (Kö–Pullach 1974); Musical America. Directory of the Performing Arts (Great Barrington/Mass. 1974); A. JACOBS, British Music Yearbook (Lo 1975ff.); K. FOHRBECK – A. J. WIESAND, Hdb. der Kulturpreise u. der individuellen Künstlerförderung in der BRD 1978 (Kö 1978); E. ROHLFS, Wettbewerbe u. Preise, in: MGG XVI; Schweizer Musik-Hdb., hrsg. v. TH. ABDANK – H. STEINBECK (Z 1979); Fédération des Concours int. de Musique. Calendrier des Concours (G 1980); Int. Who's who in Music and Musicians Directory (C 1980)

E. ROHLFS

MUSIKWISSENSCHAFT. Geschichte. Während des Mittelalters zählte die Musik als Musica theorica mit der Arithmetik, Geometrie und Astronomie zu den Wissenschaften des ↗Quadriviums im Rahmen der Septem artes liberales und damit zu den mathematischen Wissenschaften. Sie handelte in der Nachfolge der antiken Musiktheorie von den Zahlenproportionen, der Berechnung der ↗Intervalle und ihrer Klassifizierung als ↗Konsonanz und Dissonanz. Seit dem 14. Jh. hatte sie jedoch immer stärkeren Bezug zur Musikpraxis und orientierte sich schließlich als Musica poetica (↗Musica) eher an den Artes des ↗Triviums. Damit verschwand sie etwa seit dem 16. Jh. aus dem Fächerkanon, obwohl der quadriviale Aspekt im Schrifttum weiter tradiert wurde.

M. als eigenes Fach wurde im 19. Jh. u.a. von Fr. Chrysander, Ph. Spitta, G. Adler begründet und faßte nach und nach an den Universitäten Fuß. Dabei knüpfte sie weniger an ihre quadriviale Tradition als vielmehr an die Musica poetica und die Geschichtswissenschaften an. Sie versteht sich also als Geisteswissenschaft. Indem sie sich historisch-philologischer Methoden bedient und diese auf ein besonderes Stoffgebiet anwendet, ist sie ein eigenständiges Fach.

Naturwissenschaftliche Aspekte. Die quadriviale Tradition wurde von der Physik und anderen naturwissenschaftlichen Fächern weitergeführt mit einer von der ursprünglichen Proportionenlehre weitab führenden Ausdehnung der Fragestellungen und Untersuchungsmethoden. Dies ist heute Sache vieler Disziplinen. So befaßt sich z.B. die Physik als Akustik mit dem physikalischen Substrat klingender Musik: den Schallwellen; die Physiologie mit denjenigen Vorgängen im menschlichen Körper, die mit dem Hören (Gehör-) und Singen (Stimmphysiologie) einhergehen; die Psychologie als Musikpsychologie mit denjenigen Erscheinungen des Seelenlebens, die beim Musizieren und Musikhören eine Rolle spielen; die Soziologie als Musiksoziologie mit denjenigen Tatsachen, die in der menschlichen Gesellschaft mit dem Musikerlebnis verknüpft sind.

Als die Summe aller dieser Disziplinen möchte sich die Systematische M. verstehen. Sie beruft sich auf H. von Helmholtz und C. Stumpf und auf die quadriviale Tradition. Aber trotz jahrzehntelanger Institutionalisierung sind die Beiträge der Systematischen M. zu den empirisch-experimentellen Untersuchungen der naturwissenschaftlichen Aspekte der Musik zahlenmäßig und in ihrer Bedeutung gegenüber den Leistungen der dafür primär zuständigen Disziplinen geringfügig geblieben.

Systematische Musikwissenschaft als Geisteswissenschaft. So könnte es scheinen, als ob der Begriff M. in bezug auf die meisten und wichtigsten Forschungen, Veröffentlichungen und Lehrveranstaltungen des Fachs besser durch den Begriff ↗Musikgeschichte ersetzt würde. Der Begriff M. behält jedoch auch in geisteswissenschaftlicher Bedeutung seine Berechtigung insofern, als geschichtliche Befassung mit Musik nicht nur die „diachrone", erzählende Darstellung nach dem Leitfaden einer Chronik (Ereignisgeschichte), sondern auch die „synchrone", systematische Ordnung gestattet (Strukturgeschichte). „Synchrone" musikhistorische Forschung vollzieht sich folgendermaßen:

1. Die einschlägige historische Untersuchung kann das Pendant zu den empirisch-experimentellen Untersuchungen der naturwissenschaftlich verfahrenden Disziplinen darstellen. Während der Psycho-Akustiker z.B. die Konsonanzgrade verschiedener Intervalle durch Befragung von Versuchspersonen zu bestimmen sucht, prüft der Historiker diese Frage durch Studium der Kompositionen und Kompositionstheorien.

2. Ähnlich ist es bei den psychologischen und soziologischen Problemen. Während der Psychologe z.B. den musikalischen Schaffensprozeß durch Befragung von Komponisten der Gegenwart unter-

sucht oder der Soziologe durch Befragung einer repräsentativen Auswahl von Personen z.B. feststellt, welche Komponisten oder welche Kompositionen am beliebtesten sind, verschafft sich der Historiker einschlägige Erkenntnisse anhand von Quellen.

3. „Synchrone" musikhistorische Forschung wendet sich auch Fragen zu, die der empirisch-experimentellen Methode unerreichbar, dennoch für unser geistiges Selbstverständnis von großer Bedeutung sind: Gab es das musikalische Kunstwerk nur in bestimmten Epochen? Ist Musikgeschichte ein Prozeß zunehmender Individualisierung der Werke? Die Parallele zu solchen Fragestellungen sind in der allgemeinen Geistesgeschichte zu suchen. Während der Philosoph über diese oder ähnliche Fragen nachdenkt aufgrund eines ungeklärten musikalischen Vorverständnisses, zieht der Musikwissenschaftler historisches Quellenmaterial heran, das er auf Echtheit, Entstehungszeit und hinreichende Vollständigkeit kritisch geprüft hat.

4. Die immanent musikalische Art musikwissenschaftlicher Fragestellung ist im Zusammenhang mit der traditionellen Musiktheorie zu sehen und stellt deren wissenschaftliche Erweiterung dar. So wie die philologische Kritik und Hermeneutik der klassischen Texte aus der Grammatik erwachsen ist und diese andererseits wieder bereichert, so ist die M. zu einem wesentlichen Teil aus der Tonsatzlehre entstanden. Sie stellt diese in einer Geschichte der Musiktheorie dar (H. Riemann) und ergänzt sie zunehmend durch die Untersuchung der Musik selbst, z.B. wenn sie die traditionelle Lehre des ↗Palestrina-Stils (J. J. Fux) durch vergleichendes Studium der Werke G. P. da Palestrinas auf eine wissenschaftliche Basis stellt (K. Jeppesen), die Lehre von der symmetrischen Periodenstruktur der Wiener Klassik am Werk W. A. Mozarts systematisch prüft (G. Massenkeil), die Hermeneutik ausdruckshafter Motive bei J. S. Bach mit Hilfe der historischen Figurenlehre untermauert (A. Schmitz) oder die Interpretation der mehrstimmigen Musik des 16. Jh. mittels der Lehre von den Kirchentonarten zu objektivieren sucht (B. Meier). Idealziel solcher Untersuchungen ist eine umfassende Stillehre der Musik, wie sie G. Adler vorschwebte.

Musikalische Analyse. Die häufigste Form systematischer musikhistorischer Interpretation gilt jedoch der einzelnen Komposition. Kompositionsanalysen wollen entweder die Mannigfaltigkeit oder die Einheit des musikalischen Kunstwerks aufzeigen (oder beides). So dient die Zergliederung einer Komposition in Themen und Abschnitte oder die Charakterisierung des verschiedenen – bei der Vokalmusik auch textgebundenen – Ausdrucks der einzelnen Teile vor allem der Beschreibung ihrer formalen und inhaltlichen Mannigfaltigkeit, während die Zurückführung der Komposition auf einen „Ursatz", eine „Urlinie" (H. Schenker), auf eine gestalthafte, spannungsvolle Verlaufskurve (E. Kurth, K. Westphal) oder der Nachweis der „Substanzgemeinschaft" der in einer Komposition vorkommenden Motive (H. Mersmann, R. Réti u.a.) vornehmlich dem Nachweis ihrer Einheit dient.

Die musikalische Analyse untersteht noch einer zweiten Polarität: derjenigen von „syntagmatischer" und „paradigmatischer" Perspektive. Während die „syntagmatische" Untersuchung sich auf das vorliegende Werk beschränkt und den prozessualen Ablauf seiner Teile aus dem Werk selbst zu erklären sucht, stellt die „paradigmatische" Betrachtung sein „historisches Gefüge" (E. Schenk) in den Mittelpunkt, hebt die aktuelle musikalische Gestaltung von dem historischen Hintergrund der Gattung, des Stils, bestimmter „Intonationen" (B. Assafjew) und Modelle ab. Der Hermeneut ordnet so das einzelne Werk in seinen Entstehungs- und Wirkungszusammenhang ein.

Dieser Zusammenhang beschränkt sich nicht auf den rein musikalischen Bereich. Die musikalische Analyse untersteht insofern noch einer dritten Polarität: der von musikalisch autonomer und heteronomer Verfahrensweise. Die autonome Analyse beschreibt und erklärt Musik immer nur mit musikalischen Begriffen, reduziert das eine musikalische Phänomen auf das andere. Die heteronome Analyse sucht musikalische durch außermusikalische Phänomene zu erklären. Wo es sich dabei um Wort-Ton-Beziehungen handelt, gehört eine solche Erklärung bei der Vokalmusik zum Wesen der Sache. Auch wo eine kausale Beziehung zwischen der Musik und dem Musikleben besteht und ein Kompositionsanlaß bzw. Aufführungsumstand die Beschaffenheit der Komposition mitbestimmt hat, ist die heteronome Analyse ein Bestandteil musikhistorischer Forschung. Wo jedoch die Verbindung von Tatsachen aus dem Lebensschicksal des Komponisten und von künstlerischen „Aussagen" in seinem Werk kurzschlüssig nur vermutet wird, gerät die Interpretation oft ins Fabulieren. Auch die „soziologische Dechiffrierung" des musikalischen Kunstwerks (Th. W. Adorno) wird leicht zu reiner Spekulation.

Vergleichende Musikwissenschaft. Die Musik fremder Kulturen ist Gegenstand eines besonderen Zweiges der M.: der ↗Musikethnologie (ursprünglich Vergleichende M. genannt). Durch den Vergleich mit der Musik unterschiedlich primitiver Kulturen sollte die Entwicklungsgeschichte unserer eigenen Musik von ihren Anfängen her rekonstruiert werden können. Aber die universale Bedeutung musikalisch scheinbar ähnlicher Phänomene wird heute bezweifelt, so daß die Vergleichende M. im ursprünglichen Sinne (wie u. a. bei A. J. Ellis, E. M. von Hornbostel) einer vorurteilslosen Erforschung und Beschreibung der Musik fremder Kulturen weichen mußte. Die vergleichende Methode hat in gewissen Grenzen jedoch nach wie vor ihre Berechtigung, etwa bei der „Strukturgeschichte" (s. o.) oder bei dem systematischen Vergleich deutscher und europäischer Volksweisen (in ihren verschiedenen Fassungen), mit dem Ziel, Melodietypen und ihre Wandlungen zu erkennen (W. Wiora). Das ist eine Aufgabe der musikalischen Volkskunde, die hierzu – zwischen Musikgeschichte und Musikethnologie vermittelnd – sowohl die schriftlichen Denkmäler als auch die mündliche Tradition heranzieht.

Organisation. Die M. ist in ihrem Ursprungsland Deutschland an fast allen Universitäten und vielen Hochschulen etabliert und wird daneben an außeruniversitären Forschungseinrichtungen betrieben. Auch im europäischen und nordamerikanischen Ausland hat sie ihre Stützen, vor allem in den USA. Die Veröffentlichung musikwissenschaftlicher Forschungen erfolgt in Fachzeitschriften, Jahrbüchern, musikalischen Enzyklopädien und Lexika, Handbüchern, Katalogen, in Berichten über Kongresse der Internationalen Gesellschaft für M. und der Gesellschaft für Musikforschung, in sonstigen musikwissenschaftlichen Tagungsberichten, in Dissertationen, Habilitationsschriften und akademischen Abhandlungen sowie in Bio- und Monographien und Sammelwerken (z. B. in Fest- und Gedenkschriften). Fortlaufenden Überblick geben die Bibliographie des Musikschrifttums, das Répertoire International de Littérature Musicale (RILM) und mehrere thematisch gebundene Bibliographien.

Lit.: Précis de musicologie, hrsg. v. J. CHAILLEY (P 1958); A. MACHABEY, La musicologie (P 1962); Historical Musicology. A Reference Manual for Research in Music, hrsg. v. L. B. SPIESS (Brooklyn/N.Y. 1963) (mit Bibliogr.); F. L. HARRISON – M. HOOD – C. V. PALISCA, Musicology (Princeton/N.J. 1963, Nachdr. Westport/Conn. 1974); W. WIORA, Methodik der M., in: Enzyklopädie der geisteswiss. Arbeitsmethoden, 6. Lieferung (Mn 1970); Einführung in die Systematische M., hrsg. v. C. DAHLHAUS (Kö 1971); A. WELLEK, Musikpsychologie u. Musikästhetik. Grundriß der Systematischen M. (Bonn 1975); H. HUSMANN, Einführung in die M. (Wilhelmshaven ²1975); Memorandum über die Lage der M. in der Bundesrepublik Deutschland, in: Mf 29 (1976), Ergänzung dazu, in: ebd. 30 (1977); R. KLUGE, Auf dem Wege zu einer Systematischen M., in: BzMw 19 (1977); G. FEDER, Zur Situation der Musikforsch., in: Geisteswiss. als Aufgabe, hrsg. v. H. Flashar – N. Lobkowicz – O. Pöggeler (B 1978); H.-W. BUROW, Beiträge z. Theorie u. Methode der M. (H 1979); G. FEDER, Empirisch-experimentelle Methoden in der Musikforsch., in: Mf 33 (1980).

G. FEDER

MUSIKZUG ↗Spielmannszug.

MUSIQUE CONCRÈTE (frz.), auf P. Schaeffer zurückgehende Bz. für ein Kompositionsverfahren, das sich konkreter, aber auch elektronisch produzierter (↗elektronische Musik) Geräusche, Töne und Klänge bedient, die wiederum durch Auswahl und Mischung, Montage (Collage) und Manipulation über Tonbänder organisiert und reproduziert werden. Ausgang nahm die M. c. von den 1948 in den Studios des französischen Rundfunks (ORTF) von P. Schaeffer durchgeführten Experimenten. Entscheidend dabei war zunächst die Verwendung konkreten Klangmaterials – im Unterschied zur rein elektronischen Musik, die jedoch das Muster zur Organisation und Umwandlung des Materials lieferte. 1949 schloß sich Pierre Henry P. Schaeffer an. In Zusammenarbeit entstanden zahlreiche Werke: u. a. *Symphonie pour un homme seul, Le Voile Orphée.* 1952 gehörten der in Paris von P. Schaeffer geleiteten „Groupe de recherches de M. c." u. a. P. Boulez, M. Philippot, J. Barraqué, O. Messiaen, Yvette Grimaut, A. Hodeir an. Insbesondere auf Boulez und Barraqué gehen Einflüsse in der M. c. zurück, die sich auf die strenge, serielle Kompositionstechnik gründen (Barraqué, *Étude;* Boulez, *Études;* Henry, *Antiphonie;* Messiaen, *Timbres-Durées*). A. Hodeir versuchte Elemente des Jazz einzubeziehen (*Jazz et Jazz* für Tonband und Klv.). Seit 1953 findet die M. c. internationale Beachtung: u. a. durch K. Stockhausen *(Gesang der Jünglinge),* E. Varèse *(Déserts),* ferner durch P. Haubenstock-Ramati, I. Malec und I. Xenakis, die der nach 1958 von Schaeffer gegründeten „Groupe de recherches musicales de l'ORTF" angehörten. Zur jüngeren Generation zählen u. a. L. Ferrari, François-Bernard Mâche, B. Parmegiani, François Bayle.

Lit.: P. SCHAEFFER, La m. c. (P 1967, ²1973), dt. Übers.: M. c., Von den Pariser Anfängen um 1948 bis zur elektroakustischen Musik heute (St 1974); J. POULIN, M. c., in: Klangstruktur der Musik, hrsg. v. F. Winckel (B 1955); F. C. JUDD, Electronic Music and M. C. (Lo 1961); K. STOCKHAUSEN, Texte ..., 4 Bde. (Kö 1963–78) (= DuMont Dokumente o. Nr.); I. MALEC, M. C. 1948–68, in: Melos 36 (1969); D. KAUFMANN, Konkrete Musik. Phänomen und Bewältigung, in: ÖMZ 26 (1971); T. DWYER, Composing With Tape Recorders, M. C. for Beginners (Lo 1971); P. BOULEZ, M. c. aus dem Jahre 1958, in: Werkstatt-Texte (F–B 1972).

MUSIQUE MESURÉE À L'ANTIQUE (frz., = nach Art der Antike gemessene Musik), Bz. für eine nach der Quantitätsmessung von Silben ausgerichtete Musik, die insbesondere im Umkreis der 1570 durch J. A. de Baïf gegründeten Académie de Poésie et de Musique (↗Akademie) entstand. Auf Baïf gehen jene quantitierenden Versbildungen (Vers mesurés) zurück, die die antike Metrik zum Muster nahmen und von den Komponisten in homorhythmischer Satzweise so vertont wurden, daß konsequent einer metrischen Länge (–) ein langer (meist ♩), einer Kürze (◡) ein kurzer Notenwert (meist ♪) entspricht, so z. B. in der 4st. Vertonung des Baïf-Textes *Vous me tuez si doucement* von J. Mauduit:

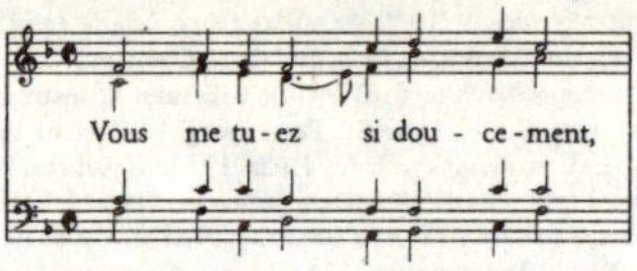

Kompositionen dieser Art (Psalmen, Chansons, Chansonettes) stammen u. a. von Cl. Le Jeune, E. Du Caurroy, auch von O. di Lasso. Die M. hatte zwar keinen langen Fortbestand, doch blieb sie nicht ohne Einfluß auf spätere Komponisten (u. a. J. de Bournonville) und auf die Gattungen des Air de cour und des Ballet de cour, aber auch auf das französische Opernrezitativ des 17. bis 18. Jahrhunderts. – Der M. vergleichbare Bemühungen sind die Vertonungen von Oden (↗Odenkomposition), Hymnen u. ä., die vor allem im Umfeld deutscher Humanisten (u. a. K. Celtis) entstanden.

Lit.: D. P. WALKER, The Influence of „M. m. ...", in: MD 2 (1948); DERS.–F. LESURE, C. Le Jeune and „M. m.", in: MD 3 (1949); D. P. WALKER, Some Aspects and Problems of M. m., in: MD 4 (1950); K. J. LEVY, Vaudeville, vers mesurés et airs de cour, in: Musique et poésie au XVIe siècle (P 1954) (= Colloques internationaux du CNRS, Sciences humaines 5); A. VERCHALY, Le tempo dans la m. m., in: FAM 12 (1965); É. WEBER, Musique et théâtre dans les pays rhénans au XVIe siècle, I: La m. m. (P 1974).

MUSIQUETTE (frz.), im Französischen Bz. für leichte, unterhaltende Musik; seit A. Pougin auch für singspiel- oder operettenartige Theaterstücke.

MUSSET, Alfred de, * 11. 12. 1810 Paris, † 2. 5. 1857 ebd.; frz. Dichter. Er gehörte mit 18 Jahren bereits dem romantischen „Cénacle" um V. Hugo an, löste sich aber 1831 von diesem Kreis, entwickelte stilistische Eigenständigkeit und war lange umschwärmter Mittelpunkt der Pariser Salons. Seine Liebesbeziehung zu George Sand, die 1835 endgültig scheiterte, hatte starken Einfluß auf sein dichterisches Schaffen, das ihn als einen der bedeutendsten Literaten der französischen Romantik ausweist. Es ist geprägt von virtuoser Verskunst, nihilistischer „Mal-du-siècle"-Stimmung (Weltschmerz) und ironisch-sarkastischem Geist, wie er für das 18. Jh. charakteristisch war. Die Musik, in mehreren Essays kritisch abgehandelt, taucht als Thema auch in mehreren seiner Gedichte auf (u. a. *La saule, Lucie, À la Malibran*). M. war ein Verehrer der italienischen Oper und mit zahlreichen Musikern seiner Zeit persönlich bekannt (u. a. Maria Malibran, H. Berlioz, Fr. Chopin, N. Paganini, Fr. Liszt).

Kompositionen nach WW von M.: Operetten: J. Offenbach, *La chanson de Fortunio* (1861); ders., *Fantasio* (1872). – Opern: G. Bizet, *Djamileh* (1872); E. A. Chausson, *Les caprices de Marianne* (1880); G. Puccini, *Edgar* (1889); G. Pierné, *On ne badine pas avec l'amour* (1910). – Ballett: É. Lalo, *Namouna* (1822) (vollendet v. Ch. Gounod). – Bühnenmusik: J. Huré u. A. Honegger, *Fantasio* (1913, 1922); C. Saint-Saëns u. A. Honegger, *On ne badine pas avec l'amour* (1917, 1951).

Lit.: P. WACHTER, A. de M. u. die Musik (Greifswald 1920); J.-G. PROD'HOMME, Berlioz, M. and Th. de Quincey, in: MQ 32 (1946); PH. VAN TIEGHEM, M. (P 1947, ²1963); J. POMMIER, Variétés sur A. de M. et son théâtre (P 1947, NA 1966) (mit Verz. v. Vertonungen nach M.); L. MAURICE-AMOUR, M., la musique et les musiciens, in: Rev. des sciences humaines (1958) H. 1; A. LEBOIS, Vues sur le théâtre de M. (Avignon 1966); H. S. GOCHBERG, The Dramatic Art of A. de M. (G 1967).

M. HERBSTMEIER

MUSSORGSKI, Modest Petrowitsch, * 9. (21.) 3. 1839 Karewo (Gouvernement Pskow), † 16. (28.) 3. 1881 St. Petersburg; russ. Komponist. Seine Kindheit verlebte er auf dem elterlichen Landgut. 1849 siedelte die Familie nach St. Petersburg über, wo M. zunächst die deutsche Petri-Schule besuchte und dann in die Kadettenschule des Gardekorps eintrat. Bei A. Herke, einem Schüler von A. von Henselt, nahm M. Klavierunterricht; seine Hauptinteressen waren jedoch Geschichte und Philosophie. Als 1857 die Bekanntschaft mit A. Dargomyschski den endgültigen Wechsel zur Musik initiierte, hatte sich M. schon zu einem glänzenden Pianisten entwickelt. Er improvisierte viel, spielte ausgezeichnet vom Blatt und versuchte sich gelegentlich als Komponist (*Porte-Enseigne-Polka* f. Klv.). Durch Dargomyschskis Vermittlung wurde M. mit Dimitri und Wladimir Stassow, C. Cui, M. Balakirew und schließlich mit A. Borodin bekannt. Balakirew war es vor allem, der sich darum bemühte, das junge Talent zu fördern und musikalisch weiterzubilden; er erkannte bald, daß es unmöglich war, M. die akademischen Regeln von Harmonielehre und Komposition zu vermitteln, und so beschränkte sich der Mentor darauf, „ihm die Form einer Komposition zu erklären". M. blieb so weitgehend unbeeinflußt durch die westliche Musik und fand in autodidaktischem Bemühen zu einer eigenständigen musikalischen Sprache. Obwohl ihm seine Freunde von einem Schritt ins Ungewisse abrieten, nahm M. seinen Abschied als Offizier, um sich ganz der Musik zu widmen. Als nach Auflösung des Landguts in Karewo die Einkünfte ausblieben, nahm M. eine Stelle als Kanzleibeamter an und gründete mit Freunden eine Wohngemeinschaft (von ihm selbst als „Kommune" bezeichnet). Während dieser Zeit wurden erstmalig Werke des jungen Komponisten öffentlich gespielt (Scherzo für Orch., 1860, unter A. Rubinstein; Chor aus *Oedipus Rex*, 1861, unter A. Ljadow), und es entstand das *Intermezzo symphonique in modo classico*. 1863 begann M. mit der Arbeit an seiner ersten Oper, *Salammbô* (nach Flaubert), und schrieb Lieder, die weit über den Rahmen des Traditionellen hinausgingen, darunter: *Die Nacht, Kallistrat* (1864), *Die Verstoßene* (1865) und *Hopak* (1865). Begeistert von der Idee der russischen Realisten, in ihrer Musik ein getreues Abbild der Sprache zu schaffen, begann M., Nikolai Gogols *Heirat* als „opéra dialogué" zu vertonen; er schrieb jedoch nur den 1. Akt und widmete sich dann mit großer Energie einem neuen Stoff: Alexander Puschkins *Boris Godunow*. Aus dieser Arbeit resultiert die einzige Oper, die M. selbst vollendete. Das Werk wurde 1871 vom Kaiserlichen Theater in St. Petersburg abgelehnt, erfuhr eine Umarbeitung (bis 1872), und nachdem 1873 einige Szenen erfolgreich aufgeführt worden waren, fand 1874 die Premiere statt. Inzwischen hatte M. bereits mit einer neuen Oper begonnen *(Chowanschtschina)* und arbeitete zusammen mit N. Rimski-Korsakow, Cui und Borodin an der Ballett-Oper *Mlada*. Wie fruchtbar diese Jahre für den Komponisten waren, zeigen zudem die Liederzyklen *Ohne Sonne* und *Lieder und Tänze des Todes*, die – wie die Balladen *Der Vergessene* und *Vision* – auf Texten des befreundeten Dichters Golenischtschew-Kutusow basieren. Ins Jahr 1874 fielen auch die Komposition des Klavierzyklus *Bilder einer Ausstellung* und der Beginn der Arbeit am *Jahrmarkt von Sorotschinzy*. Immer spürbarer wurden in dieser Zeit aber auch die Zeichen des Alkoholismus, nicht nur in bezug auf seine Gesundheit: M. begann ein unstetes Leben, wechselte häufig die Wohnungen, und seine Freunde (Stassow) fanden ihn oft erst nach langem Suchen in irgendeinem Petersburger Lokal wieder. Eine erfolgreiche Konzertreise mit der Sängerin Daria Leonowa nach Südrußland (1879) ordnete noch einmal sein Leben. Den Sommer 1880 verbrachte er in deren Landhaus. Dort erlitt er im Frühjahr 1881 einen epileptischen Anfall; wenig später starb er im Nicolai-Militärhospital.

WW: **1) Instr.-WW:** Für Klv.: 2 Scherzi (1858, 1859); *Kartinski s wystawki* (Bilder einer Ausstellung) (1874) (nach Bildern v. V. Hartmann), orchestriert v. M. Ravel (1922); Intermezzo (1867); *Na juznom beregu Kryma* (Am südlichen Ufer der Krim) (1879); *Une larme* (1800). – Für Orch.: Scherzo B-Dur (1858); *Intermezzo symphonique in modo classico* (1867); *Nocna Lysoj gore* (Eine Nacht auf dem kahlen Berge) (1867), neu bearb. v. N. Rimski-Korsakow (1886); Triumphmarsch *Wsjatje Karsa* (Die Eroberung von Kars) (1872) (aus *Mlada*, ergänzt 1800). – **2) Vokal-WW:** Klv.-Lieder: Slg. mit 16 Liedern *Junyje gody* (Jugendjahre) (1857–66); Zyklen: *Detskaja* (Kinderstube) (1868–72); *Bes solnza* (Ohne Sonne) (1874); *Pesni i pljaski smerti* (Lieder u. Tänze des Todes) (1874–77); *Pesnja Mefistoflja* (Lied des Mephisto, oder auch „Flohlied" genannt, nach Goethe) (1879), instrumentiert v. Rimski-Korsakow (1883). – **3) Bühnen-WW:** Opern: *Zar Edip* (Oedipus) (1858–60), unvollendet; *Salammbô* (1863–66) (nach G. Flaubert), unvollendet; *Schenitba* (Die Heirat) (1868) (nach N. W. Gogol), UA des 1. Aktes: St. Petersburg 1909; *Boris Godunow* (1868/69) (nach A. Puschkin), UA der 1. Fassung: Leningrad 1928; 2. Fassung (1871/72), UA: St. Petersburg 1874; neu bearb. v. Rimski-Korsakow (1896) u. v. Dm. Schostakowitsch (1940); Ballett-Oper *Mlada* (1872) (zus. mit Rimski-Korsakow, A. Borodin u. C. Cui); musikal. Volksdrama *Chowanschtschina* (1873–80), vollendet u. instrumentiert v. Rimski-Korsakow, UA: St. Petersburg 1880; neu bearb. v. M. Ravel u. I. Strawinsky, UA: Paris 1913. Bruchstücke einer komischen Oper *Sorotschinskaja jamarka* (Der Jahrmarkt v. Sorotschinzy) (1876–81), neu bearb. v.: C. Cui, UA: Petrograd 1917; v. N. N. Tscherepnin, UA: Monte Carlo 1923; v. W. J. Schebalin, UA: Leningrad 1931.

Die Kunst M.s schöpft ihre Mittel aus dem russischen Volkslied. Sie soll, wie der Komponist in seiner Autobiographie (1880) forderte, Kommunikationsmittel sein, da sie den gleichen Gesetzen gehorche wie die Sprache. Kunst um ihrer selbst willen hält M. für „grobe Kinderei", die „ins Kindesalter der Kunst" gehöre. Bearbeiter und Herausgeber seiner Werke, insbesondere Rimski-Korsakow, haben sich große Verdienste um den Fortbestand der eigenwilligen Musik M.s erworben, sind jedoch dem Fehler verfallen, Orchestrierung, Harmonik, Rhythmik und Metrik den Schulregeln gemäß zu „verbessern", mit dem Resultat, daß die Musik ihren charakteristischen Ausdruck verlor. Vergleiche mit der Harmonik russischer Volkslieder, der dort festzustellenden unregelmäßigen Metrik und der oft zu beobachtenden tonalen Ambiguität beweisen, daß der „Lehrer" M.s jenes Volk gewesen ist, dem er in *Boris Godunow* ein Denkmal gesetzt hat. Für M. ging die schöpferische Tätigkeit meist von einem außermusikalischen Impuls aus (deshalb auch programmatische Titel für Klv.-Werke). Aus der treffenden Feststellung, er sei als Ausdeuter der menschlichen Rede unübertroffen, leitet sich die ebenso verbreitete wie falsche Ansicht her, seine Fähigkeit, absolute Musik zu schreiben, sei nur gering gewesen.

Ausg.: GA, hrsg. v. P. A. LAMM – A. ALEKSANDROW – N. MJASSKOWSKI (Mos–W–L 1918–39); *Detskaja / The Nursery*, hrsg. v. R. SCHTSCHEDRIN (Mos 1976). – Pisma i dokumenty (Briefe u. Dokumente), hrsg. v. A. N. RIMSKI-KORSAKOW (Mos – Leningrad 1932) (mit Autobiographie); Bilder einer Ausstellung, hrsg. v. A. FRANKENSTEIN (NY 1951).

Lit.: W. STASSOW, M. (St. Petersburg 1881); M. D. CALVOCORESSI, M. (P 1908, NA Lo 1946, Fair Lawn/N.J. 1956, dt. W 1922); W. STASSOW, Statjo M. P. Mussorgskom (Mos 1922, NA 1952); I. GLEBOW, M. P. M. (Petrograd 1923); R. GODET, En marge de Boris Godounow (P 1926); O. VON RIESEMANN, Monographien z. russ. Musik, II: M. (Mn 1926, Nachdr. Hil 1971); K. VON WOLFURT, M. (B–L 1927); V. FÉDOROV, M. (P 1935); K. NILSSON, Die Rimskij-Korsakoffsche Bearb. des „Boris Godunoff" v. M. als Objekt der vergleichenden Musikwiss. (Mr 1937); A. FRANKENSTEIN, V. Hartmann and M. M., in:

MQ 25 (1939); G. TROEGER, M. u. Rimski-Korsakow (Breslau 1941); The M.-Reader, hrsg. v. J. LEYDA – S. BERTENSSOHN (NY 1947, Nachdr. 1970); V. I. SEROFF, The Mighty Five (NY 1948), dt. Übers.: Das mächtige Häuflein (Z 1963, ²1967); L. HOFFMANN-ERBRECHT, Grundlagen der Melodiebildung bei M., in: Kgr.-Ber. Bamberg 1953 (Kas 1954); P. SOUVTSCHINSKI, Der Fall M., in: NZfM 123 (1962); D. LEHMANN, Charakter u. Bedeutung der „Promenaden" in M.s „Bilder einer Ausstellung", in: Studia musicologica 4 (1963); E. L. FRID, M. P. M. (Leningrad 1963, NA 1968); L. HOFFMANN-ERBRECHT, Die russ. Volkslieder in M.s „Boris Godunow", in: FS W. Wiora (Kas 1967); D. LEHMANN, Satire u. Parodie in den Liedern M. M.s, in: BzMw 9 (1967); CH. HELLMUNDT, Unters. z. Aufnahme der Werke M.s in Deutschland (Diss. Hl 1973); B. SYDOW, Unters. über die Klv.-Lieder M. P. M.s (Diss. Gö 1973); G. FULLE, M. M.s „Boris Godunow". Gesch. u. Werk, Fassungen u. Theaterpraxis (Wie 1974); S. I. SCHLIFSTEIN, M. (Mos 1975); H. C. WORBS, M. in Selbstzeugnissen u. Bilddokumenten (Reinbek 1976); L. HÜBSCH, M. M. Bilder einer Ausstellung (Mn 1978) (= Meisterwerke der Musik 15); R. W. OLDANI, Boris Godunow and the Censor, in: 19th Century Music 2 (1978/79); E. R. REILLY, A Guide to M. A Scorography (NY 1980).

R. QUANDT

MUSTEL, Victor, * 3.6.1815 Le Havre, † 26.1. 1890 Paris; frz. Instrumentenbauer. M. gründete 1853 in Paris eine Harmoniumfabrik. Er verbesserte die von A. Fr. Debain erfundene Orgue expressif; ließ 1854 die Double expression patentieren und 1886 die zusammen mit seinem Sohn **Auguste** (* 1842 Sauvic, † 1919 Paris) konstruierte ↗Celesta, ein Stahlplattenklavier. Das Unternehmen, das seit 1866 als „M. et ses fils" firmierte, wurde von Auguste M., einem weiteren Sohn M.s, **Charles** (* 1840 Sauvic, † 20.5.1890 Paris), und M.s Enkel **Alphonse** (* 1873 Paris, † 1937 ebd.) fortgeführt und 1922 in eine Aktiengesellschaft umgewandelt. Alphonse M. veröffentlichte *L'orgue expressif ou Harmonium* (2 Bde., P 1903).

MUSULIN, Branka, * 6. 8. 1920 Zagreb, † 1. 1. 1975 Schmallenberg (Sauerland); dt. Pianistin jugoslawischer Herkunft. Sie studierte Klavier bei Svetislav Stancić in Zagreb, Yvonne Lefébure und A. Cortot in Paris, bei A. Casella in Siena und bei M. von Pauer in Stuttgart. Seit 1958 lehrte sie an der Musikhochschule in Frankfurt am Main (1963 Professor). Ausgedehnte Konzertreisen führten sie u.a. nach Nordamerika und mehrmals nach Japan.

MUTATION (von lat. mutatio = Veränderung; engl. u. frz.: mutation; it.: mutazione; span.: mutación). – **1)** In der ↗Solmisation Bz. für den Übergang von einem ↗Hexachord in ein anderes und für den damit verbundenen Tonsilbenwechsel, z.B. wenn die Melodie den Ambitus eines Hexachords überschreitet (mutatio ratione vocum) oder durch die aufeinanderfolgende Verwendung von „b molle" (♭) und „b durum" (♮ = h) (mutatio ratione signi), die verschiedenen Hexachorden angehören. – **2)** In der Kompositionslehre des 16./18. Jh. bezeichnete Mutatio – wie die gleichbedeutende ↗Metabolē – den Wechsel des Tongeschlechts, der -lage oder der -art (Mutatio per genus, per systema, per tonum). Die Mutatio toni, der Wechsel von Dur zu gleichnamigem Moll oder die Modulation in entfernte Tonarten, wurde auch als musikalisch-rhetorische Figur klassifiziert (u.a. von A. Kircher) und zum Ausdruck des abrupten oder allmählichen Affektwechsels verwendet. – **3)** Die Angabe „muta in..." in Instrumentalstimmen im Verlauf eines Stückes bedeutet „verändere..." und fordert den Wechsel der Stimmung (bei Pauken) bzw. des Instruments, z.B. „Flauto muta in Piccolo". – **4)** Gleichbedeutend mit Mutierung (↗Stimmbruch).

MÜTHEL, Johann Gottfried, * 17. 1. 1728 Mölln, † 14. 7. 1788 Bienenhof bei Riga; dt. Komponist. Er wurde von seinem Vater und P. Kunzen in Lübeck ausgebildet. 1750 war er J.S. Bachs letzter Schüler. Zunächst Organist und Kammermusiker des Herzogs von Mecklenburg-Schwerin, leitete er seit 1753 die kleine Kapelle des russischen Geheimen Rats O. H. von Vietinghoff in Riga, wo er auch das Organistenamt an der Hauptkirche versah. M. veröffentlichte nur wenige Klaviersonaten und -variationen, einige Konzerte sowie Oden und Lieder. Er gilt als einer der profiliertesten Vertreter des frühen Sturm und Drangs in der Musik, komponierte sehr langsam und in einer übersteigerten, rhythmisch hochkomplizierten, ich-bezogenen Tonsprache, die nicht frei von barocken Elementen ist. Sie sollte nach seiner Vorstellung immer neu und unverwechselbar sein, wirkt aber gelegentlich manieriert. Ch. Burney, der M.s Klavierkompositionen zu den bedeutendsten seiner Zeit rechnete, rühmte besonders die eigenwillige und schwierige Passagentechnik. Seine Klaviervariationen gehören zu den wichtigsten zwischen Barock und Klassik entstandenen Werken; sie bereiten in vielen Einzelheiten die späteren Charaktervariationen L. van Beethovens vor.

Ausg.: 12 Menuette für Klv., hrsg. v. J. PH. HINNENTHAL (Kas 1951); Sonate (Duetto) für 2 Klv., hrsg. v. A. KREUTZ (Kas 1954) (= Nagels MA 176); 3 Sonaten u. 2 Ariosi mit 12 Variationen für Klv., hrsg. v. L. HOFFMANN-ERBRECHT (L – Wie 1955) (= Mitteldt. Musikarch. I/6–7); Sonate B-Dur mit 6 Variationen für Klv., hrsg. v. DEMS. (1961) (= Organum V/29); Klv.-Sonate C-Dur, hrsg. v. DEMS. (1964) (= ebd. V/33); Sonate D-Dur für Fl. u. Clavichord, hrsg. v. J. PH. HINNENTHAL (Kas 1959); Concerto C-Dur für Fag. u. Orch., hrsg. v. H. WOLLHEIM (B 1963); Klavierkonzerte, hrsg. v. W. BRAUN (Mn – Salzburg 1979) (= Denkmäler norddt. Musik III/IV).

Lit.: R. SIETZ, Die Orgelkompositionen des Schülerkreises um J. S. Bach, in: Bach-Jb. 32 (1935); L. HOFFMANN-ERBRECHT, Dt. u. it. Klaviermusik z. Bachzeit (L – Wie 1954); DERS., Sturm u. Drang in der dt. Klaviermusik v. 1753–63, in:

Mf 10 (1957); W. REICH, J. S. Bach u. J. G. M. Zwei unbekannte Kanons, in: Mf 13 (1960); W. SALMEN, J. G. M., der letzte Schüler Bachs, in: FS H. Besseler (L 1961); E. KEMMLER, Zur Biogr. J. G. M.s, in: Musik des Ostens 2 (1963); R. G. CAMPBELL, J. G. M., 2 Bde. (1966) (= Diss. Indiana Univ.); E. KEMMLER, J. G. M. u. das nordostdt. Musikleben seiner Zeit (Marburg 1970) (= Wiss. Beitr. z. Gesch. u. Landeskunde Ost-Mitteleuropas 83).

L. HOFFMANN-ERBRECHT

MUTI, Riccardo, * 28. 7. 1941 Neapel; it. Dirigent. Er wurde mit 19 Jahren Schüler von Antonino Votto (Dirigieren) und Bruno Bettinelli (Komposition) am Conservatorio di Musica G. Verdi in Mailand und absolvierte das 10jährige Studium in 5 Jahren. 1967 begann er seine Karriere als Preisträger im Dirigenten-Wettbewerb Guido Cantelli. 1970 wurde er musikalischer Oberleiter des Teatro Comunale in Florenz und Direktor des Maggio Musicale Fiorentino und 1973 als Nachfolger O. Klemperers Chefdirigent des New Philharmonia Orchestra London. Außerdem dirigierte er bei den Festspielen in Salzburg und Edinburgh. Seit der Saison 1980/81 ist er Chefdirigent des Philadelphia Orchestra. Als Operndirigent widmet sich M. besonders G. Verdi, als Konzertdirigent vor allem slawischen Komponisten.

Lit.: R. WAGNER, Wechselbad der Emotionen. R. Muti, in: fono forum 25 (1980).

MUTIERUNG, Mutation, ↗Stimmbruch.

MUTIN, Charles, * 1861 St-Julien-sur-Sevran (Jura), † 1931 Paris; frz. Orgelbauer. M. arbeitete 1875–87 in der Werkstatt A. Cavaillé-Colls in Paris, machte sich dann in Caen selbständig, bis ihm Cavaillé-Coll 1898 die Leitung seiner Firma übertrug, die er bis 1924 innehatte. Wichtige Instrumente aus dieser Zeit: Neuilly (1899; 3 Man., 52 Reg.); Gebweiler/Elsaß (1908; 3 Man., 46 Reg.), Douai, St-Pierre (1923; 4 Man., 68 Reg.).

Lit.: E. RUPP, Die Entwicklungsgesch. der Orgelbaukunst (Einsiedeln 1929).

MUTTER, Anne-Sophie, * 29. 6. 1963 Rheinfelden (Baden); dt. Violinistin. Sie erhielt zunächst eine pianistische Ausbildung, wechselte danach zur Violine über und wurde 1970 und 1974 Bundessiegerin für Violine im Wettbewerb „Jugend musiziert“ (zusammen mit ihrem Bruder Christoph, * 1961). In Rheinfelden von Erna Honigberger, einer ehemaligen Schülerin C. Fleschs, ausgebildet, studiert sie seit 1974 bei Aida Stucki am Konservatorium in Winterthur. Nach einem Konzert in Luzern 1976 wurde sie von H. von Karajan zum Vorspiel eingeladen und debütierte 1977 mit den Berliner Philharmonikern. Seither musiziert die Künstlerin mit den bedeutendsten Orchestern und Dirigenten, u. a. 1978 in München (W. Sawallisch), Zürich, Wien und Madrid, 1979 in Israel, Japan, Salzburg, Paris (D. Barenboim) und Athen und 1980 in New York (Philharmonic Orchestra unter Z. Mehta). A.-S. M. spielt eine Nicola Gagliano-Violine.

Lit.: J. RENTSCH, Vielleicht eine Jahrhundertbegabung. Die Traumkarriere der A.-S. M., in: fono forum 24 (1979).

MY FAIR LADY, amerik. Musical in 2 Akten von Frederick Loewe (* 1904), Buch und Song-Texte von Alan Jay Lerner nach George Bernard Shaws *Pygmalion*. Ort und Zeit der Handlung: London, im Jahre 1912. UA: 15.3.1956 in New York (Mark Hellinger Theater); dt. EA (in dt. Sprache): 25.10. 1961 in Berlin (Theater des Westens). Verfilmt 1964.

Obwohl der „long run“-Rekord von *My Fair Lady* (2717 Aufführungen en suite am Broadway, 2281 in London, EA: 30.4.1958, Drury Lane Theatre) inzwischen von mehreren Werken übertroffen wurde, gilt dieses Musical nach wie vor als das international erfolgreichste. Dazu trägt neben Loewes Musik, die vollendet in das London vor dem 1. Weltkrieg paßt und dennoch echte „Hit“-Qualitäten hat, die Grundidee des Stückes – und seiner Vorlage – bei: Die Sprache der Eliza Doolittle kann ohne weiteres jedem lokalen Dialekt angepaßt werden.

Shaw selber hatte sich zeit seines Lebens einer Musical-Adaption von *Pygmalion* widersetzt. Nach seinem Tod 1950 erwarb Filmproduzent Gabriel Pascal die Rechte und trat an mehrere Komponisten bzw. Autorenteams heran, darunter Rodgers & Hammerstein, Cole Porter, Giancarlo Menotti und auch Lerner & Loewe. Alle lehnten zunächst ab. Lerner & Loewe entschlossen sich vier Jahre später doch zur Adaption für die Musical-Bühne. Lerner hielt sich sehr eng an Shaws Dialoge, änderte jedoch den Schluß gänzlich ab: Eliza und Higgins werden ein Paar. Loewe schrieb ein Musical voller Weltschlager, von denen Elizas *I could have danced all night*, Freddies *On the Street where you live* sowie die beiden Songs von Alfred Doolittle *With a little bit of Luck* und *Get me to the Church on Time* außergewöhnlich populär wurden. *My Fair Lady* ging um die ganze Welt, wurde in über 20 Ländern inszeniert, u. a. in der UdSSR, in Japan und in Israel. Die Bühnenfassung gewann über ein Drittel der 17 jährlich vergebenen Antoinette Perry Awards, darunter den für das beste Musical der Saison, in der gleichen Kategorie auch den New York Drama Critics Circle Award; die Filmversion wurde mit insgesamt acht „Oscars“ ausgezeichnet, ebenfalls mit dem für den besten Film des Jahres.

R.-M. SIMON – S. SIMON

MYSLIVEČEK (Mysliweczek, Misliweszek), **Jo-**

seph (auch Giuseppe Venatorini), * 9. 3. 1737 Prag, † 4. 2. 1781 Rom; böhmischer Komponist. Er studierte bei Franz Habermann und Josef Seger und setzte seine Ausbildung 1763 bei G. B. Pescetti in Venedig fort. Seine ersten Opern (seit 1764) machten ihn schnell berühmt, und er wußte auch mit seinen weiteren (etwa 30) Opere serie, geschrieben für viele italienische Bühnen (vor allem für Neapel) und für München (1773 *Erifile*, nicht erhalten), den Zeitgeschmack vollendet zu treffen. Sein Beiname „Il divino Boemo" bezeugt seinen Ruhm. W. A. Mozart, der M. 1770 in Bologna kennengelernt hatte und ihm 1777 in München wieder begegnete, schätzte auch seine Instrumentalwerke sehr.

WW: Im Druck erschienen Divertimentos u. Lessons für Cemb. oder Klv.; Sonaten für Klv. u. V., für 2 V. u. B. bzw. Vc.; *Sonates en trio* für 2 V. u. B. chorisch oder solistisch; Orchestertrios; Streichquartette; *Overtures*, Sinfonien u. *Sinfonie concertanti* für Orch. – Hsl. erhalten sind: 14 Opern, darunter *Ezio*, UA: Neapel 1775; 4 Oratorien, darunter *Abramo ed Isacco*, UA: Florenz 1776 (bei der Wiederaufführung der beiden Werke in München 1777 war Mozart anwesend); einige kirchenmusikal. Werke.

Ausg.: 4 Rondos, 2 Menuette u. eine Sonate für Klv., in: Sonaten alter tschechischer Meister, hrsg. v. J. RACEK u. a. (Pr 1954) (= MAB 17); Ouvertüre zur Oper *Ezio* 1775, hrsg. v. R. MÜNSTER (F 1962); Konzert D-Dur für Fl. u. Orch., hrsg. v. M. MUNCLINGER (Pr 1969) (= Musica viva hist. 23).

Lit.: G. DE SAINT-FOIX, Un ami de Mozart, in: RM 9 (1928); R. PEČMAN, J. M. u. sein Opernepilog (Brünn 1970); M. FLOTHUIS, Ridente la calma, Mozart oder M.?, in: Mozart-Jb. 1971/72.

MYSTÈRE (frz., zu mittellat. mysterium = Gottesdienst, Zeremonie, statt ministerium), als französische Weiterentwicklung der Gattung liturgischer und halbliturgischer Dramen das geistliche Schauspiel, dessen Blütezeit in das 14.–16. Jh. fällt. Im Rahmen der M.s nimmt die Gruppe der Osterspiele, besonders um die Leidensgeschichte Christi, einen zentralen Platz ein. Im Jahre 1402 institutionalisierte der französische König die Pariser Passionsbruderschaft und betraute sie mit der Aufgabe, Passions- und Auferstehungsspiele sowie Stücke aus dem Bereich der Heiligenlegenden zu spielen. Aus dem 15. und 16. Jh. sind etwa 400 M.s unterschiedlicher Länge überliefert. Die geistlichen Spiele, die auszurichten sich jeder größere Ort zur Ehre anrechnete, wurden gewöhnlich in zeitlichem Zusammenhang mit den Jahrmärkten, oft über mehrere Tage hin, auf einer in Paradies, Erde und Hölle gegliederten Simultanbühne vor Kathedralen oder in Schloßhöfen aufgeführt. Die musikalische Begleitung der Aufführungen versah im allgemeinen eine Gruppe von 12 Musikern. In die rezitierten oder dialogisch dramatisierten Verse konnten gregorianische Gesänge, Rondeaux, Estampies, Serventois oder Planctus eingeschoben werden; das „silete" genannte musikalische Zwischenspiel diente nicht nur dem Publikum, sondern oft auch allen Sprechern bzw. Schauspielern als Hinweis zu schweigen. Bei Arnoul Gréban findet man darüber hinaus als musikalisches Kuriosum die Ausgestaltung des dreifaltigen Gottes in einem 3st. polyphonen Satz. Am Ende eines Stückes sang man lange Zeit hindurch ein Te Deum; im Anschluß daran spielten die Musikanten zum Tanz für das Publikum auf. 1548 verbot das Pariser Parlament aus Gründen der gefährdeten öffentlichen Ordnung die Aufführung der M.s, unter denen *Le vray mystère de la Passion* von A. Gréban (um 1450), eines Organisten an Notre-Dame, zweifellos am bekanntesten geworden ist – dies nicht zuletzt auch im 20. Jh. durch die Neuinszenierung von Gailly de Taurines und J. Chailley anläßlich der 500. Wiederkehr des Entstehungsdatums. Grébans Text verwendet später F. Martin für sein *Mystère de la Nativité*, das 1960 bei den Salzburger Festspielen szenisch uraufgeführt wurde.

Indes war es in Frankreich bereits im 19. Jh. zu einer Wiederbelebung des M. im Rahmen der Gattung des Oratoriums gekommen. Teilweise szenische Aufführung, gelegentlich lateinischer Text und Gestaltungselemente des liturgischen Dramas sind für viele französische Oratorien des 19. und frühen 20. Jh. charakteristisch. Einige von ihnen sind als M.s bezeichnet (F. David, *Eden*, 1848; J. Massenet, *Ève*, 1875; F. Thomé, *L'enfant Jésus*, 1891; A. Bertelin, *Sub umbra crucis*, „M. dans le style ancien", 1917). Jedoch ist von ihrer textlichen und musikalischen Gestaltung aus eine klare Abgrenzung gegen Oratorien mit anderer Bezeichnung (u. a. drame sacré, scène biblique, légende musicale) nicht möglich.

Lit.: M. SEPET, Le drame chrétien au Moyen Age (P 1878); L. PETIT DE JULEVILLE, Les m.s, 2 Bde. (P 1880); J. COMBARIEU, Histoire de la musique I (P 1913, [2]1960); G. COHEN, Le livre de conduite du régisseur et le compte des dépenses pour le m. de la Passion joué à Mons en 1501, in: Publications de la Faculté des Lettres de Strasbourg 23 (1925); O. JODOGNE, La structure des m.s français, in: Rev. Belge de Philologie et d'Histoire 11 (1940); G. COHEN, Histoire de la mise en scène dans le théâtre religieux français du Moyen Age (P 1951); J. JACQUOT – E. KONIGSON – M. ODDON, Le lieu théâtral à la Renaissance (P 1963); O. JODOGNE, Le plus ancien m. de la Passion, in: Acad. Royale de Belgique, Classe Lettres et Sciences Morales 50 (1964); DERS., La tonalité des m.s français, in: Studi I. Siciliano (Fi 1965); DERS., Recherches sur les débuts du théâtre religieux en France, in: Cahiers de Civilisation Médiévale 8 (1965); Le m. de la Passion d'Arnoul Gréban, 2 Bde., hrsg. v. DEMS. (Bru 1965–71); G. FRANK, The Medieval French Drama (O [3]1967); J. LEWANSKI, Le drame et la dramatisation dans la Pologne médiévale (Krakau 1969) (= Musica Medii Aevi 1); F. COLLINS, The Production of Medieval Church Music Drama (Charlotteville 1972); P. AEBISCHER, Neuf études sur le théâtre médiéval (G 1972); H. REY-FLAUD, Le cercle magique, essai sur le théâtre en rond à la fin du Moyen Age (P 1973); H. WARNING, Funktion u. Struktur, Die Ambivalenzen des geistlichen Spiels (Mn 1974); S. CORBIN, Le drame liturgique du Moyen Age, in: Gattungen der Musik II (Be–Mn 1975); K. SCHOELL, Das komische Theater des frz. MA (Mn 1975); W. HELMICH, Die Allegorie im frz. Theater des 15. u. 16. Jh. I (Tü 1976); R. LEBÈGUE, Études sur le théâtre français I (P 1977); K. G. FELLERER, Oratorium u. geistliche Musik in Frankreich, in: Religiöse Musik in nicht-liturg. Werken v. Beethoven bis Reger (Rb 1978) (= Stud. z. Musikgesch. des 19. Jh. 51).

W.-D. LANGE

MYSTERIENSPIEL, deutsche Bz. für das aus dem ↗liturgischen Drama entstandene geistliche Spiel in der Volkssprache (gelegentlich auch gleichbedeutend mit liturgischem Drama), in England Mystery play, in Frankreich ↗Mystère genannt.

MYSTISCHER AKKORD, auf L. Sabanejew zurückgehende Bz. für den Quartenakkord

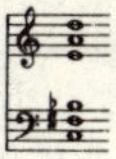

wie er bei A. Skrjabin u. a. im *Prometej. Poèma ognja* op. 60, aber auch schon in op. 30 und 46 vorkommt. Skrjabin verstand diesen „synthetischen Akkord" als – der gleichschwebend-temperierten Stimmung wegen unvollkommene – Widerspiegelung der Teiltöne 8 – 14 (c d e $^{-}$fis [g] $^{+}$as $^{-}$b). Der m. A. läßt sich funktionsharmonisch auffassen als Dominantseptnonakkord auf c mit tiefalterierter Quinte ges und hinzugefügter (harmoniefremder) Sexte a bzw. mit doppeltem Leitton (fis und a).

Lit.: P. DICKENMANN, Die Entwicklung der Harmonik bei A. Skrjabin (Be 1935) (= Berner Veröff. der Musikforsch. 4); Z. LISSA, Gesch. der Vorform der Zwölftontechnik, in: AMl 7 (1935); DIES., Zur Genesis des „Prometheischen Akkords" bei A. Skrjabin, in: Musik des Ostens 2 (Kas 1963); L. HOFFMANN-ERBRECHT, Skrjabins „Klangzentrenharmonik" und die Atonalität, in: Kgr.-Ber. Bonn 1970 (Kas 1973); D. W. SHITOMIRSKIJ, Die Harmonik A. Skrjabins, in: Convivium musicorum. FS W. Boetticher (B 1974); G. EBERLE, Zw. Tonalität und Atonalität. Stud. z. Harmonik A. Skrjabins (Mn 1978) (= Berliner musikwiss. Arbeiten 14).

DAS GROSSE LEXIKON DER MUSIK

6

DAS GROSSE LEXIKON DER MUSIK

in acht Bänden

herausgegeben von
Marc Honegger und Günther Massenkeil

Sechster Band

Nabokov – Rampal

Herder
Freiburg · Basel · Wien

DAS GROSSE LEXIKON DER MUSIK
herausgegeben von Günther Massenkeil, Bonn

auf der Grundlage des
DICTIONNAIRE DE LA MUSIQUE
herausgegeben von Marc Honegger, Straßburg,
Verlag Bordas, Paris

Redaktionelle Bearbeitung der deutschen Ausgabe:
Karin Andrae, Hamburg; Christian Berger, Kiel; Charles Biegala, Baden-Baden; Marianne Bröcker, Bonn; Marie-Agnes Dittrich, Hamburg; Ursula Eckart-Bäcker, Aachen; Ingela Flotzinger, Graz; Maria Franke, Au bei Freiburg i. Br.; Maximilian Herbstmeier, München; Thomas B. H. Knospe, Kiel; Dieter Kroll, Oststeinbek bei Hamburg; Ulrich Kurth, Kiel; Dieter Möller, Hamburg; Ulrike Patow, Hamburg; Friedemann Pods, Kiel; Barbara Progscha-Weiner, Hamburg; Gertrud Rinderle, Kirchzarten; Peter Ruschenburg, Hamburg; Roswitha Schlager, Erlangen; Angelus Seipt, Köln; Jerg Trescher, Freiburg i. Br.; Petra Weber-Bockholdt, München; Elisabeth Winkler, Graz; Wolfgang Winkler, Graz

sowie die Lexikonredaktion des Verlages Herder

Sonderausgabe für den
Zweiburgen Verlag

Herstellung: Freiburger Graphische Betriebe 1992
ISBN 3-451-22921-8

Allgemeine Abkürzungen

Abb.	Abbildung
Abh.	Abhandlung
Abk.	Abkürzung
Abt.	Abteilung
Acad., Accad.	Academia, Académie, Accademia
a cap., a capp.	a cappella
ad lib.	ad libitum
AG.	Aktien-Gesellschaft
ahd.	althochdeutsch
Akad.	Akademie
amerik.	amerikanisch
anglik.	anglikanisch
Anh.	Anhang
Anm.	Anmerkung
Anon.	Anonymus
anon.	anonym
Ant., Anth.	Antologia, Anthologie
Arch.	Archiv
Art.	Artikel
Assoc., assoc.	Association, associé, associated
AT	Altes Testament
Auff.	Aufführung
Aufl.	Auflage
Ausg.	Ausgabe
ausgew.	ausgewählt
Ausw.	Auswahl
Bar.	Bariton
B.c.	Basso continuo
Bd., Bde.	Band, Bände
bearb., Bearb.	bearbeitet, Bearbeitung
Beitr.	Beitrag, Beiträge
Ber.	Bericht
bes.	besonders
Bibl.	Bibliothek
Bibliogr., bibliogr.	Bibliographie, bibliographisch
Bol., Boll.	Boletin, Bolletino
Br.	Bratsche
Bsp.	Beispiel
Bull.	Bulletin
Bz.	Bezeichnung
bzw.	beziehungsweise
C.	Cantus
ca.	circa
Cat.	Catalog
Cemb.	Cembalo
C.f.	Cantus firmus
Ch.	Chor
Cie.	Compagnie
Co.	Compagnie
Cod.	Codex
dB	Dezibel
ders., dies., dass.	derselbe, dieselbe, dasselbe
d. h.	das heißt
d. i.	das ist
Diss.	Dissertation
Diss. masch.	Dissertation maschinengeschrieben
Doz.	Dozent
dt.	deutsch
EA	Erstaufführung
ebd.	ebenda
ed., Ed.	edidit, Edition
eig.	eigentlich
engl.	englisch
Enz.	Enzyklopädie
etc.	et cetera (= und so weiter)
ev.	evangelisch
f.	für
f., ff.	folgend, folgende
f., fol.	Folio
Fag.	Fagott
Faks.	Faksimile
Fl.	Flöte
folkl.	folkloristisch
Forsch.	Forschungen
frz.	französisch
FS	Festschrift
GA	Gesamtausgabe
Gb.	Generalbaß
gegr.	gegründet
gem.	gemischt

Ges.	Gesellschaft
Gesch.	Geschichte
Ggs.	Gegensatz
GmbH.	Gesellschaft mit beschränkter Haftung
GMD	Generalmusikdirektor
gregor.	gregorianisch
griech.	griechisch
H.	Heft
Hdb.	Handbuch
Hist., hist.	Historia, historisch
hl.	heilig
Hrsg., hrsg.	Herausgeber, herausgegeben
Hs(s)., hsl.	Handschrift(en), handschriftlich
Hz	Hertz
Inc.	Incorporated
Inst.	Institut
Instr., instr.	Instrument, instrumental
int.	international, internazionale
it.	italienisch
Jb., Jbb.	Jahrbuch, Jahrbücher
Jg.	Jahrgang
Jh(h).	Jahrhundert(e)
Jt.	Jahrtausend
Kap.	Kapitel
Kat.	Katalog
kath.	katholisch
Kb.	Kontrabaß
KG.	Kommandit-Gesellschaft
Kgr.-Ber.	Kongreß-Bericht
Klar.	Klarinette
klass.	klassisch
Klv.	Klavier
Klv.-A.	Klavier-Auszug
KMD	Kirchenmusikdirektor
Kod.	Kodex
Komp.	Komponist, Komposition
Kons.	Konservatorium
Kpm.	Kapellmeister
lat.	lateinisch
Libr.	Libretto
Lit.	Literatur
liturg.	liturgisch
LP	Longplay, Long Player, Langspielplatte
Ltd.	Limited
lyr.	lyrisch
MA, ma.	Mittelalter, mittelalterlich
Man.	Manuale
MD	Musikdirektor
MH	Musikhochschule
mhd.	mittelhochdeutsch
Mitt.	Mitteilung(en)
Ms(s).	Manuskript(e)
musikal.	musikalisch
Musikwiss., musikwiss.	Musikwissenschaft, musikwissenschaftlich
NA	Neuausgabe
Nachdr.	Nachdruck
nat.	national
ndl.	niederländisch
N.F.	Neue Folge
nhd.	neuhochdeutsch
Nr(n).	Nummer(n)
N.S.	Neue Serie
NT	Neues Testament
Ob.	Oboe
OFM	Ordo Fratrum Minorum (Franziskaner)
OHG	Offene Handelsgesellschaft
o.J.	ohne Jahr
o.Nr.	ohne Nummer
o.O.	ohne Ort
op.	opus
Orch.	Orchester
Org.	Orgel
OSB	Ordo Sancti Benedicti (Benediktiner)
Östr., östr.	Österreich, österreichisch
Philos., philos.	Philosophie, philosophisch
Pk.	Pauke
Plur.	Plural
poln.	polnisch
port.	portugiesisch
Pos.	Posaune
Präs.	Präsident
Prof.	Professor
prot.	protestantisch
Prov.	Provinz
Ps(s).	Psalm(en)
pseud.	pseudonym
Reg.	Register
rel.	religiös
Rev.	Revue, Revista
Riv.	Rivista
russ.	russisch
S.	Seite(n)
SA	Société Anonyme
Sb.	Sitzungsbericht(e)
Sing.	Singular
SingSt	Singstimme
SJ	Societas Jesu (Jesuiten)
Slg(en).	Sammlung(en)
s.o.	siehe oben
Soc.	Societá, Société
SOCist	Sacer Ordo Cisterciensis (Zisterzienser)
sog.	sogenannt
span.	spanisch
St., st.	Stimme(en), stimmig
staatl.	staatlich
städt.	städtisch
Str.	Streicher
Stud.	Studien
s.u.	siehe unten
Suppl.	Supplement
Syn., syn.	Synonym, synonym
Trp.	Trompete
TU	Technische Universität
u.	und
UA	Uraufführung
u.a.	und andere, unter anderem

u.ä.	und ähnliches
Übers.	Übersetzung
ung.	ungarisch
Univ.	Universität
Unters.	Untersuchung(en)
unveröff.	unveröffentlicht
u.ö.	und öfter
urspr.	ursprünglich
usf., usw.	und so fort, und so weiter
u.v.a.	und viele andere, unter vielen anderen
V.	Violine
v.	von
v.	voce, voice, voix (Sing. u. Plur.)
Va.	Viola
Var.	Variation
Vc.	Violoncello
Ver.	Verein
Veröff.	Veröffentlichung(en)
veröff.	veröffentlicht
versch.	verschiedene
Verz.	Verzeichnis
vgl.	vergleiche
Vorb.	Vorbereitung
Vorw.	Vorwort
wahrsch.	wahrscheinlich
Wiss., wiss.	Wissenschaft, wissenschaftlich
WW	Werke (meist Auswahl)
z.	zu, zum, zur
zahlr.	zahlreich(e)
z.B.	zum Beispiel
zeitgen.	zeitgenössisch
Zschr.	Zeitschrift
z.T.	zum Teil
zus.	zusammen
zw.	zwischen
z.Z.	zur Zeit

Abkürzungen oft verwendeter Verlagsorte

A	Amsterdam
An	Anvers (Antwerpen)
Au	Augsburg
B	Berlin
Ba	Barcelona
Bas	Basel
Be	Bern
Bol	Bologna
Brau	Braunschweig
Bru	Bruxelles (Brüssel)
C	Cambridge
C/M	Cambridge/Mass.
Ch	Chicago
Da	Darmstadt
E	Edinburgh
Erl	Erlangen
F	Frankfurt am Main
Fi	Firenze (Florenz)
Fr	Freiburg im Breisgau
G	Genf
Gö	Göttingen
Gr	Graz
H	Hamburg
He	Helsinki
Hei	Heidelberg
Hil	Hildesheim
Hl	Halle/Saale
I	Innsbruck
Kas	Kassel
Kö	Köln
Kop	Kopenhagen
L	Leipzig
Lau	Lausanne
Lei	Leiden
Lis	Lisboa (Lissabon)
Lo	London
Ly	Lyon
Ma	Madrid
Mi	Milano (Mailand)
Mn	München
Mos	Moskau
Mr	Münster
Mz	Mainz
Nü	Nürnberg
NY	New York
O	Oxford
P	Paris
Pa	Palermo
Pd	Potsdam
Pr	Prag
R	Roma (Rom)
Rb	Regensburg
St	Stuttgart
Sto	Stockholm
Str	Strasbourg (Straßburg)
Tn	Torino (Turin)
Tou	Tournai
Tü	Tübingen
V	Venezia (Venedig)
W	Wien
War	Warschau
Wb	Wolfenbüttel
Wie	Wiesbaden
Wr	Weimar
Wü	Würzburg
Z	Zürich

N

NABOKOV, Nicolai (Nicolas), * 17. 4. 1903 Lubcza (Gouvernement Minsk), † 6. 4. 1978 New York; amerik. Komponist russ. Herkunft. Er studierte Musik seit 1917 bei Wl. Rebikow in Jalta, 1920–22 am Konservatorium in Stuttgart, 1922–23 bei F. Busoni in Berlin, dann in Straßburg und seit 1924 an der Sorbonne in Paris. 1933 emigrierte er von Paris in die USA und unterrichtete dort an mehreren Colleges. 1952–63 war er Generalsekretär des Congress for Cultural Freedom und 1963–68 künstlerischer Leiter der Berliner Festwochen. N.s Kompositionen spiegeln seine kosmopolitische Bildung wie auch das Erbe der russischen Musik.

WW: Klv.-Stücke, u.a. *3 Danses* (1928); Kammermusik. – Vokalwerke, darunter *Collectionneur d'échos* (1932) für Sopran, Baß u. 9 Instr. – Opern: *The Holy Devil*, UA: Louisville 1958, dt. als: *Der Tod des Grigori Rasputin*, Köln 1959; *Love's Labour's Lost* (Libr.: W. H. Auden nach Shakespeare), UA: Brüssel 1973. – Ballette: *Ode, or Meditation at Night on the Majesty of God, as Revealed by the Aurora Borealis*, UA: Paris 1928; *La vie de Polichinelle*, UA: ebd. 1934; *Union Pacific*, UA: Philadelphia 1934; *Don Quichotte*, UA: New York 1966. – Schriften: *Old Friends and New Music* (Boston 1951); *I. Strawinsky* (B 1964); *Bagázk. Memoirs of a Russian Cosmopolitan* (NY 1975, dt. Mn 1975).

NABUCCO *(Nabucodonosor; Nebukadnezar)*, Oper in 4 Akten von Giuseppe Verdi (1813–1901), Text von Temistocle Solera. Ort u. Zeit der Handlung: Jerusalem u. Babylon, 6. Jh. v. Chr.; Originaltitel der 4 Akte: Jerusalem; Der Gottlose; Die Prophezeiung; Das zerstörte Götzenbild. UA: 9. 3. 1842 in Mailand (Teatro alla Scala); dt. EA: 21. 9. 1844 in Berlin (Königstädtisches Theater); EA in dt. Sprache: 27. 9. 1844 in Stuttgart.

O. Nicolai hatte das Libretto Soleras abgelehnt; Verdi begründete mit *Nabucco* seine Weltkarriere. „Dies ist die Oper", bekannte er später, „mit der in Wahrheit meine künstlerische Laufbahn begann." Verdi sprach mit dieser Oper die Gefühle seiner italienischen Landsleute an, die sich von der bedrückenden Fremdherrschaft durch die Habsburger-Monarchie zu befreien suchten. Der zündende Gefangenenchor *Va, pensiero, sull'ali dorate (Zieht, Gedanken, auf goldenen Flügeln)* am Ende des 3. Aktes erregte mit seiner intensiven Unisono-Führung schon bei der Premiere wilde Begeisterung. – Im Vordergrund der Handlung steht die Liebe zwischen zwei jungen Menschen (Fenena, Ismael), die sich zu unterschiedlichen Religionen bekennen. Die heimliche Hauptrolle ist der rachsüchtigen Abigail, einer natürlichen Tochter Nabuccos und Sklavin, zugewiesen, deren Partie musikalisch am reichsten ausgestattet wurde. Nebukadnezars Verzweiflungsmonolog zu Beginn des 4. Aktes ist ebenfalls von hoher dramatischer Wirkung. Verdi arbeitet mit unkomplizierten Melodien und durchschaubaren Harmonieverbindungen, worin sich die italienische Tradition vermittelt. Der Einfluß der französischen Grand Opéra wird vor allem in der Bevorzugung plakativer Unisono-Chöre und dem auffälligen Gebrauch punktierter Rhythmen erkennbar. – Für Verdi brachte *Nabucco* auch eine Wende in seinem privaten Schicksal: Die Primadonna des Abends, Giuseppa Strepponi, die die Rolle der Abigail sang, wurde seine Lebensgefährtin. H. BECKER

NACAIRES (altfrz.; engl.: nakers; it.: nacherone), paarig gebrauchte kleine Pauken orientalischer Herkunft (↗ Naqqāra) von 20–30 cm Durchmesser mit fellbespanntem, meist halbkugeligem Korpus. Durch Kreuzzugteilnehmer während des 13. Jh. in Europa eingeführt, läßt sich ihre weite Verbreitung durch zahlreiche schriftliche und ikonographische Quellen bis gegen Ende des Mittelalters belegen. Vereinzelt waren sie noch um 1700 in Gebrauch.

Lit.: H. G. FARMER, Crusading Martial Music, in: ML 30 (1949); J. BLADES, Percussion Instr. of the Middle Ages and Renaissance. Their History in Lit. and Painting, in: Early Music 1 (1973); DERS. – J. MONTAGU, Early Percussion Instr. from the Middle Ages to the Baroque (Lo 1976). M. BRÖCKER

NACHAHMUNG ↗ Imitation.

NACHHALL, Bz. für jene in einem geschlossenen

Raum an dessen Begrenzungsflächen entstehenden Schallreflexionen, deren zeitlicher Abstand kürzer als 35 m/sec ist, so daß das Ohr sie nicht mehr voneinander zu unterscheiden vermag und als kontinuierlich abnehmende Schallenergie wahrnimmt. Reflexionen mit größerem zeitlichem Abstand als 35 m/sec (Schall-Umweg > 12 m) werden als ↗Echo wahrgenommen. Am Ohr eines Zuhörers trifft zunächst der Direktschall ein, danach die (von den Raumbegrenzungsflächen, die der Schallquelle am nächsten liegen, herrührende) 1. und 2. Reflexion. Schließlich verdichten sich die reflektierten Schallanteile zum N. durch Mehrfachreflexion. Die N.-Zeit ist definiert als die Zeit, in der der Schalldruck auf den tausendsten Teil (entsprechend 60 dB) abgefallen ist. Sie ist abhängig vom Raumvolumen und den Reflexionseigenschaften der Raumbegrenzungsflächen, wobei letztere stark frequenzabhängig sein können. – ↗Raumakustik.

NACHSATZ ↗Periode, ↗Satz.

NACHSCHLAG, die aus 2 Noten (einer unteren Nebennote und der Hauptnote) bestehende Schlußformel eines ↗Trillers, wie sie seit dem 18. Jh. in Gebrauch gekommen ist. Es gibt den N. in ausgeschriebener Form, und zwar entweder exakt rhythmisiert (a) oder mit kleinen Noten, die rhythmisch im Wert der Hauptnote enthalten sind (b). Es gibt aber auch Fälle, wo der N. nicht notiert wird (c). Beispiele aus Klaviersonaten von W. A. Mozart (jeweils 1. Satz):

Bsp. a

KV 280 = 189e

Bsp. b

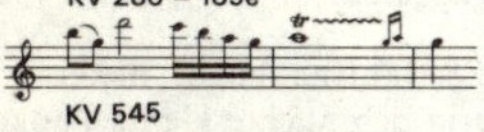

KV 545

Bsp. c

wie bei a)

NACHTANZ, als Gegensatz zum (Vor-)Tanz Bz. für den ungeradtaktigen gesprungenen Teil von paarig zusammengestellten Gesellschaftstänzen, in deutschen Quellen bis ins 17. Jh. u.a. „Dantz-Nachdantz"; „ein ander teuttscher Tanntz – der sprungkh drauff" genannt. Diese beliebten Schreit- und Springtanzpaare, deren Usus schon im Hochmittelalter durch das mittelhochdeutsche „tanzen und springen" belegt ist, bilden im 16. Jh. den Kern für die ↗Suite als Gattung. Nachtänze werden im Sinn der Proportio tripla (↗Proportion) und der entsprechenden Mensurzeichen als tripeltaktige Variante mittels „Reduktion" aus dem Voraufgegangenen gewonnen (z.B. Attaingnant, 1529). Bezeichnungen für diese Springtänze sind Saltarello, Rotta, Romanesca in Italien, Galliarde, Tourdion in Frankreich, Alta danza in Spanien und Hupfauf, Proportz, Sprung oder Tripla in Deutschland. Sie schließen sich vornehmlich an Estampie, Basse danse, Pavane u. Passamezzo an.

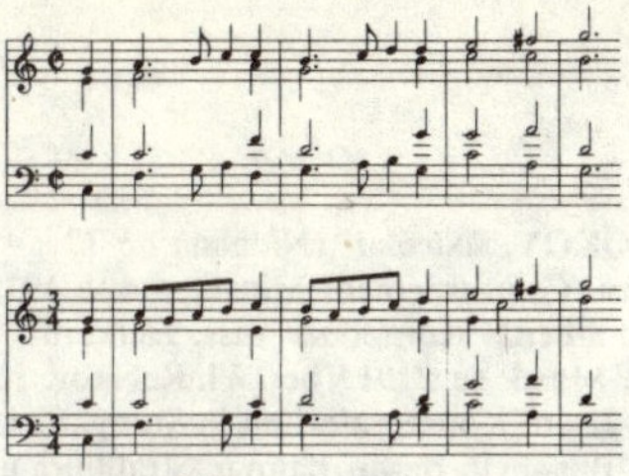

J. Schultz, Tantz und Proportio aus *Musikalischer Lüstgarte* (Lüneburg 1622)

Lit.: H. RIEMANN, Tänze des 16. Jh. à double emploi, in: Mk 6 (1906/07); G. REICHERT, Der Tanz (Kö 1965).

NACHTFLUG *(Volo di notte)*, Oper in einem Akt von Luigi Dallapiccola (1904–1975), Text vom Komponisten nach dem gleichnamigen Roman (1931) von Antoine de Saint-Exupéry. Ort und Zeit der Handlung: auf einem Flughafen bei Buenos Aires, um 1930. UA: 18. 5. 1940 in Florenz (Teatro della Pergola); dt. EA (in dt. Sprache): 2. 12. 1952 in Freiburg.

Dallapiccola fand in der Textvorlage „den lyrischen Ausdruck unseres Zeitalters ...: Technik und Poesie schließen einander nicht aus." In der Vertonung seiner ersten Oper griff er dieses Nebeneinander auf: Die Musik erzielt realistische Effekte (Wettermeldungen des Funkers) und dient auch höchst subtil der Ausdeutung von Gefühlen (Erzählung des gelandeten Piloten). Zur Differenzierung des dramatischen Ausdrucks schreibt der Komponist neben dem Gesang vier Arten deklamatorischer Ausdrucksweise mit unterschiedlichen rhythmischen und melischen Qualitäten vor. Die Einheitlichkeit des durchkomponierten Werkes ist durch zwei Grundrhythmen und mehrere, auch aus Zwölftonreihen abgeleitete Melodien gewahrt. „Held" der Oper ist nicht der verlorene Pilot, der nur durch den Funker als sein sprachliches Medium um Hilfe rufen kann, sondern der bedingungslos dem Fortschritt dienende Flugleiter Rivière: Die anklagenden *Rivière*-Rufe des Chores klingen wie Lobeshymnen nach dessen Selbstrechtfertigung: „Verluste sind der Preis, der den schließlichen Sieger herbeiführt." K. LANGROCK

NACHTHORN, ein labiales, zylindrisch offenes Orgelregister sehr weiter Mensur in 2'-, seltener in 1'- oder 4'-Lage. Sein Klang ist weich und flötenartig, gelegentlich auch hornähnlich.

NACHTIGALL, DIE *(Solowei;* frz. Titel: *Le Rossignol),* Lyrisches Märchen in 3 Akten von Igor Strawinsky (1882–1971), Text von Stepan Mitusow und dem Komp. nach Hans Christian Andersens gleichnamigem Märchen. UA: 26. 5. 1914 in Paris (Opéra); dt. EA (in dt. Sprache): 5. 5. 1923 in Mannheim.

Die Entstehungsgeschichte dieser konzentriert-kurzen Oper hat in deren stilistischer Disposition deutliche Spuren hinterlassen. Der erste, 1909 vollendete Akt – hier wird die Welt der Nachtigall geschildert, die der Kaiser von China an seinen Hof bitten läßt – ist noch den künstlerischen Prinzipien eines konventionellen Impressionismus verpflichtet. Die beiden anderen Handlungssegmente – die Konfrontation des schlichten Naturwesens mit dessen künstlich-mechanischer Imitation und die Errettung des vom Tode bedrohten Herrschers durch den wahren, lebendigen Gesang – vertonte Strawinsky vier Jahre später, mithin nach den Schöpfungen seiner drei großen Vorkriegsballette: Die dort erprobten harmonischen und instrumentatorischen Ausdrucksmittel dienen dem Entwurf der ebenso exotischen wie artifiziellen Bilder im Kaiserpalast, und neben dem melodisch-kantablen tritt nun das rhythmische Element in den Vordergrund. Die Komposition des zweiten und dritten Akts erscheint insgesamt stärker von den Vorstellungen mimisch-tänzerischer Bewegung geprägt; so war es auch hauptsächlich diese Musik der Oper, die Strawinsky zu einer Symphonischen Dichtung *(Le Chant du Rossignol)* umarbeitete und die in dieser Form von L. Massine mit einer Choreographie versehen wurde (UA des Balletts: 2. 2. 1920 in Paris). E. FISCHER

NACHTIGALLENRUF, Hilfsregister der Orgel zur Nachahmung von Vogelstimmen. Es besteht aus 3 bis 6 Pfeifchen, die mit ihrem offenen Ende in einen mit Wasser gefüllten Behälter ragen. Beim Erklingen der Pfeifen wird gleichzeitig das Wasser durch den Orgelwind über ein Röhrchen in Bewegung gesetzt, so daß ein Geräusch entsteht, das einem Vogelgezwitscher ähnelt. Der N. findet sich in älteren Barockorgeln, u.a. in der Gabler-Orgel der Klosterkirche zu Weingarten, wurde später aber, wie ähnliche Spielereien (z. B. ↗Kuckucksruf), von den Orgelbauern abgelehnt.

NACHT IN VENEDIG, EINE, Operette in 3 Akten von Johann Strauß (1825–99), Text von Friedrich Zell u. Richard Genée. Ort u. Zeit der Handlung: Venedig, um die Mitte des 18. Jahrhunderts. UA: 3. 10. 1883 in Berlin (Neues Friedrich-Wilhelmstädtisches Theater). Verfilmt 1934 u. 1938 mit freier Handlung, 1953 getreu der Handlung.

Der Karneval in Venedig bietet den bunten Hintergrund zu dieser Verwechslungskomödie, in deren Mittelpunkt der Herzog von Urbino und sein Leibbarbier stehen. Bei der UA sah sich Strauß einem feindseligen Publikum gegenüber, das ihn, ausgelöst durch den Urtext des Lagunenwalzers *(Nachts tönt es zärtlich Miau),* mit Miau-Rufen auspfiff. Das Wiener Publikum bekundete eine Woche später, daß man zu Strauß halte, was der wenig effektvollen Operette zu einem gewissen Erfolg verhalf. Erst durch die musikalische Bearbeitung E. W. Korngolds (Oktober 1924, 2 Akte in 5 Bildern) mit der Starbesetzung R. Tauber (als Herzog) und mit Korngold selbst (als Leibbarbier Caramello) konnte sich *Eine Nacht in Venedig* durchsetzen und eroberte sich von da an einen Platz im Repertoire. Melodien wie die Serenade *Komm in die Gondel, mein Liebchen,* das Lied *Sei mir gegrüßt, du holdes Venezia* und der Lagunen-, Masken- und Delaqua-Walzer geben in neuem Gepräge die Stimmung der Commedia dell'arte wieder. In der Bearbeitung von W. Felsenstein (1954) ist das Werk auch im zeitgenössischen Operetten-Repertoire häufig zu finden. B. DELCKER

NACHTLAGER IN (VON) GRANADA, DAS, Romantische Oper in 2 Akten von Konradin Kreutzer (1780–1849), Text von Karl Johann Braun v. Braunthal nach dem gleichnamigen Schauspiel von Johann Friedrich Kind. Ort u. Zeit der Handlung: Spanien, um 1550. UA: 13. 1. 1834 in Wien (Josephstädter Theater); dt. EA: 5. 4. 1834 in Dresden.

Die Handlung (einer Begebenheit nachgestaltet, die Kaiser Maximilian II. während seiner Statthalterschaft 1548–50 in Spanien zugestoßen sein soll) entbehrt des dramatischen Konflikts, da die glückliche Lösung durch den vorausdeutenden, symbolhaften Auftritt des als Jäger getarnten Prinzregenten vorweggenommen ist. Auch die dem Effektarsenal der Schauerromantik entsprechenden Szenen wie der nächtliche Überfall auf den Prinzen im verfallenen Maurenschloß, nach denen das Werk Titel und Gattungsbezeichnung erhielt, bilden eine nur sehr äußerliche Bühnendramatik. Kreutzer nutzt die im Sujet angelegten Möglichkeiten zur Gestaltung ausgedehnter lyrisch-kontemplativer Szenen mit rührseligem Einschlag. Er bedient sich der stilistischen Mittel der deutschen Spieloper (vor allem des Konversationsstils, in dem die ursprünglich gesprochenen Dialoge nachträglich vertont wurden, und des Einlageliedes), angereichert mit exotisch wirkenden spanischen Rhythmen und kolorierender Instrumentierung. Die thematische Erfindung ist ganz auf volkstümliche Wirkung abgestellt. Die bekannteste Nummer ist das Chorfinale im 1. Akt *Schon die Abendglokken klangen.* – Die Oper ist die bei weitem erfolgreichste und einzige heute noch gespielte Bühnenkomposition Kreutzers. J. SCHLÄDER

NACHTWANDLERIN, DIE *(La Sonnambula)*, Melodramma in 2 Akten von Vincenzo Bellini (1801–35), Text von Felice Romani nach einem Vaudeville von Eugène Scribe. Ort u. Zeit der Handlung: ein Dorf in der Schweiz, um 1830. UA: 6. 3. 1831 in Mailand (Teatro alla Scala); EA in dt. Sprache: 5. 12. 1832 in Budapest; dt. EA: 27. 9. 1834 in Dresden.
Die ländlich-idyllische Dichtung inspirierte Bellini zu einem Bühnenwerk, in dem der Effekt in höchstem Maße auf den Gesang der Solisten abgestellt ist. In der musikalischen Gestaltung der zum schablonenhaften Lustspiel tendierenden Handlung sind die komischen Elemente bewußt unterdrückt, die lyrisch-pastoralen hingegen als Träger des musikalischen Ausdrucks hervorgekehrt. Innerhalb dieser „Opera di mezzo carattere" entwarf Bellini in dem Mädchen Amina eine vollendete romantische Frauengestalt; nicht die schauererregende Sensation der Schlafwandlerin, nicht der vermeintliche Bruch zwischen Schlafen und Wachen, sondern die von leiser Melancholie getrübte Psyche des Mädchens wird in ausdrucksstarken, technisch und interpretatorisch an die Sängerin höchste Anforderungen stellenden Kantilenen eingefangen. Dagegen wirken die ungewöhnlich zahlreichen Chorsätze und die satztechnisch konventionellen Ensembles wie musikdramatische Staffage. – *Die Nachtwandlerin* entstand in unmittelbarer Konkurrenz zu Donizettis *Anna Bolena*; Giuditta Pasta feierte in der Rolle der Amina überwältigende Triumphe, die sie in einer eigens für sie komponierten neuen Oper von Bellini *(Norma)* fortzusetzen wünschte. J. SCHLÄDER

NADERMANN. – 1) Jean Henri, * 1735 Fribourg, † 4. 2. 1799 Paris; frz. Harfenbauer und Verleger. Er war Harfenbauer der Königin Marie-Antoinette, für die er um 1780 eine Hakenharfe baute (heute im Besitz des Pariser Conservatoire, Instrumentenmuseum). Er erfand auch ein „Bissex" genanntes Gitarreninstrument mit einem in 20 Bünde unterteilten Griffbrett. In seinem Verlag, der nach seinem Tode von den Söhnen weitergeführt wurde, erschienen hauptsächlich Werke für und mit Harfe, daneben auch Partituren von Opern (u. a. von L. Cherubini und J.-Fr. Le Sueur). – **2) François Joseph**, Sohn von 1), * 1781 Paris, † 3. 4. 1835 ebd.; frz. Harfenist und Komponist. N. war Schüler von J. B. Krumpholtz, seit 1818 Harfenist der Königlichen Kapelle und seit 1825 Lehrer der neugegründeten Harfenklasse am Pariser Conservatoire. Er schrieb zahlreiche Werke für sein Instrument und eine Harfenschule (P um 1835). Einige seiner Werke werden noch heute im Harfenunterricht verwendet. – **3) Henri**, Bruder von 2), * 1782 Paris, † nach 1835 ebd.; frz. Harfenist. Er war wie sein Bruder Mitglied der Königlichen Kapelle. Bekannt wurde sein Name besonders durch eine Auseinandersetzung mit Fr.-J. Fétis, in der er das veraltete Pedalsystem gegenüber den Neuerungen Érards zu verteidigen suchte.

NAGELGEIGE, Nagel-, Stiftspiel, Eisenvioline (engl.: nail violin; frz.: harmonie à clous de fer, violon de fer; it.: violino di ferro), ein Streichidiophon, das um 1740 von Johann Wilde (in St. Petersburg) erfunden wurde. Es besteht aus einem halbkreisförmigen Resonanzkasten, in dessen Seitenwänden (ursprünglich 12–24, später 37) gebogene, klammerartige Metallstifte mit beiden Enden stecken, die mit einem Bogen angestrichen wurden. Die verschiedenen Tonhöhen ergeben sich aus der unterschiedlichen Länge der Metallstifte, die man durch mehr oder weniger tiefes Einstecken in die Seitenwand stimmte. Der Klang der N. war fein, aber durchdringend und hatte Ähnlichkeit mit den Flageolettönen der Violine. Um die Klangqualität zu verbessern, stattete der Böhme Senal um 1780 die Violino harmonico oder Violinoharmonika genannte N. mit 15 Aliquotsaiten aus. Die N. war fast ausschließlich in Deutschland und Schweden verbreitet und wurde vereinzelt noch Anfang des 19. Jh. gespielt. M. BRÖCKER

NÄGELI, Hans Georg, * 26. 5. 1773 Wetzikon, † 26. 12. 1836 Zürich; Schweizer Musikpädagoge, Musikverleger und Komponist. Schon frühzeitig musikalisch tätig, gründete er 1791 eine Musikalienhandlung in Zürich, 1794 auch einen Musikverlag, der nach seinem Tod vom Sohn weitergeführt wurde. Die Musikalienhandlung ging 1807 teilweise, 1817 ganz in das Eigentum der Gebrüder Hug über (↗Hug & Co.), während N. 1819 noch einmal ein eigenes Geschäft errichtete. 1805 hatte er das Zürcherische Singinstitut, 1810 in dessen Rahmen einen Männerchor gegründet und wurde 1815 Gesanglehrer an der Zürcher Bürgerschule. In den 20er Jahren unternahm er, inzwischen dank seiner vielseitigen Tätigkeit eine europäische Berühmtheit, zahlreiche Reisen, auf denen er auch Vorträge („Vorlesungen") über musikalische Themen hielt. Die Philosophische Fakultät der Universität Bonn ehrte N. 1833 durch die Verleihung der Ehrendoktorwürde.

WW: **1) Kompositionen:** Gedruckt wurden zahlreiche Slgn. von unbegleiteten 1- u. 2st. Liedern, 4st. Schulliedern u. Chorliedern (teilweise unter dem Titel *Gesangbuch*); ferner Lieder für 1 u. mehr St. u. Klv.; *Toccates* für Klv. – Hsl. sind neben vielen weiteren Liedern erhalten: Kantaten, Te Deum u. Messe mit Orch.; Stücke für Klv. u.a. Instr. Das Lied *Freut euch des Lebens*, das lange N. zugeschrieben wurde, stammt in Wirklichkeit von Martin Osteri und wurde von N. 1794 veröffentlicht. – **2) Lehrwerke u. Schriften:** *Die Pestalozzische Gesangsbildungslehre* (Z 1809); *Vollständige und ausführliche Gesangschule*, I: *Gesangbildungslehre nach Pestalozzischen Grundsätzen pädagogisch begründet von M. T. Pfeiffer, methodisch bearbeitet von H. G. N.* (Z 1810) (mit 3 Beih.en mit Gesängen für 1–3 St.), II: *Chorgesangschule* (Z – L 1821); *Vorlesungen über Musik* (St – Tü 1826); zahlreiche Aufsätze, u.a. in AmZ. – **3) Verlags-WW:** Einzelausg. von WW von B. Asioli, Fr. Danzi, L. Spohr, R. Kreutzer, C. Fr. Zelter, J. S. Bach, G. Fr. Händel u.a.; zahlreiche Slgen., darunter *Répertoire des Clavecinistes* (1803 ff.); *Werke der strengen Schreibart* (1802 ff.); *Die Kontrapunktisten des 19. Jh.* (um 1827); *Bibliothek des Männerchorgesangs* (1838).

N. war eine der bedeutendsten Persönlichkeiten des Schweizer Kulturlebens im 1. Viertel des 19. Jahrhunderts. Früh machte er sich einen Namen als Verleger zeitgen. Komponisten. Für das von N. herausgegebene *Répertoire des Clavecinistes* schrieb Beethoven seine Sonaten op. 31, Nr. 1–3, deren Erscheinen aber auch wegen eigenmächtiger Zusätze N.s und vieler Druckfehler den Unmut des Komponisten erregte. Eine verlegerische Leistung von großer Tragweite war N.s Erstdruck des 1. Teils der h-moll-Messe von J. S. Bach, deren autographe Partitur sich in seinem Besitz befand. Eine Schlüsselfigur ist N. in der Geschichte der Musikerziehung der Neuzeit und des deutschen Volksgesangs. Zum einen hat seine *Gesangbildungslehre* (1810) den Musikunterricht des 19. Jh. inhaltlich und methodisch als Gehörbildung mit musikalischer Elementarlehre und dem Ziel der „Kunstanschauung" in die Wege geleitet und gerichtet (H. Antholz, *Unterricht in Musik*, 1970). Zum anderen war N. einer der Initiatoren des ↗Männerchor-Gesangs. Hier und im Bereich des volkstümlich-eingängigen Liedes lag auch sein Hauptinteresse als Komponist. Besonders bekannt wurden von ihm die Melodien zu *Gold'ne Abendsonne* und *Lobt froh den Herrn* (das letztere Lied steht auch im *Evangelischen Kirchengesangbuch*).

Ausg.: Männerchöre, hrsg. v. P. MÜLLER-ZÜRICH, 7 H.e (Z 1936); Lieder, Faks. der Erstausg., hrsg. v. R. HUNZIKER (1943) (= 131. Neujahrsblatt der Allgem. Musikges. Zürich); X. Schnyder von Wartensee u. H. G. N., Briefe aus den Jahren 1811–21, hrsg. v. P. O. SCHNEIDER (1955) (= 143. Neujahrsblatt der Allgem. Musikges. Zürich); *Die Individual-Bildung. Sieben Aufsätze über Solo-Gesangsbildung*, hrsg. v. A. GEERING (Z 1978); *Vorlesungen über Musik* (Kas 1980).

Lit.: R. HUNZIKER, H. G. N. (Winterthur 1924); G. WALTER, Der musikal. Nachlaß H. G. N.s, in: SMZ 76 (1936); I. HASSAN, Die Welt- u. Kunstanschauung H. G. N.s (Z 1947); K. G. FELLERER, Mozart in der Betrachtung H. G. N.s, in: Mozart-Jb. 1957; H. J. SCHATTNER, Volksbildung durch Musikerziehung. Leben u. Wirken H. G. N.s (Otterbach 1960); D. GOJOWY, Wie entstand H. G. N.s Bach-Slg.?, in: Bach-Jb. 56 (1970); H.-A. GIRARD, H. G. N. u. der schweizerische Kirchengesang, in: MuG 27 (1973); P. GRADENWITZ, „Nie bloßes Raisonnement!" H. G. N. über Kritik (1803), in: Musica 32 (1978).

NAGELS VERLAG, dt. Musikverlag. Er wurde 1819 von Johann **Georg Christian Bachmann** (1787–1860) in Hannover gegründet und ging 1830 an Bachmanns Mitarbeiter **Georg Wilhelm Adolph Nagel** (1800–1873) über. Unter **Alfred Grensser** (1884–1950), der die Firma 1913 übernommen hatte, gab der Verlag seit 1927 die Reihe *Nagels Musik-Archiv* (NMA) mit quellenkritisch edierten Instrumental- und Vokalwerken des 16. bis frühen 19. Jh. heraus. Nach dem Krieg ließ sich das Unternehmen in Celle nieder; seit 1952 gehört es zum Bärenreiter-Verlag, Kassel.

NÄNIE (von lat. naenia und nenia = Leichengesang), die Totenklage der römischen Antike, über deren Herkunft und Form nur wenig überliefert ist. Offenbar handelt es sich um traditionsgebundene feststehende Text- und Melodieformeln, die bei Begräbnisfeierlichkeiten durch Klageweiber vorgetragen wurden. Instrumentale Begleitung durch Flöte oder Leier oder ähnliche Instrumente scheint möglich gewesen zu sein. Eine N. für Augustus nennt Sueton, eine parodierte N. für Claudius erwähnt Seneca minor. N. ist auch in den Bedeutungen Kinderlied und Zauberlied z.B. durch Horaz und Ovid überliefert.
Im Zuge des Humanismus wurde in Rückbesinnung auf die Antike die N. als Totenklage wiederbelebt. Erasmus von Rotterdam z.B. schrieb anläßlich des Todes von J. Ockeghem eine *Naenia in Johannem Ockeghem musicorum principem*, die durch J. Lupi vertont wurde. – Fr. Schillers N. *Auch das Schöne muß sterben!* ist eine allgemeine Klage und nicht einer einzelnen Person gewidmet. Sie wurde u. a. als Chorwerk von H. Goetz (op. 10, 1874), J. Brahms (op. 82, 1881, die bekannteste Vertonung) und C. Orff (1956) komponiert.

Lit.: G. FLEISCHHAUER, Etrurien u. Rom (L 1964) (= Musikgesch. in Bildern II/5); G. WILLE, Musica romana (A 1967); G. RADKE, N., in: Der kleine Pauly IV (Mn 1975, Nachdr. 1979); G. CHEW, Nenia, in: Grove[6] XIII.
B. R. SUCHLA

NANINO (Nanini). – **1) Giovanni Maria,** * 1545 Tivoli, † 11. 3. 1607 Rom; it. Komponist. Er war zunächst Chorknabe am Dom von Vallerano bei

Viterbo, wurde später in Rom Schüler von Palestrina, 1571 dessen Nachfolger als Kapellmeister an S. Maria Maggiore und 1575 auch Kapellmeister an S. Luigi dei Francesi. 1577 gab er beide Ämter auf und trat in die Sixtinische Kapelle ein, die er seit 1604 leitete. Gr. Allegri, F. Anerio und R. Micheli waren seine Schüler. Seine kirchenmusikalischen Werke weisen ihn durch kunstvolle Kontrapunktik und ausgewogene klangliche Anlage als einen der besten Vertreter der Palestrina-Schule aus.

WW: 3 Bücher Madrigale für 5 St. (V 1579, 1581, 1586); Motetten für 3–5 St. (V 1586); Canzonette für 3 St. (V 1593); weitere Stücke in Sammeldrucken u. hsl. erhalten; gleichfalls hsl.: *157 Contrappunti e canoni a 2–8 e 11 v.* zu einem C.f. v. C. Festa sowie die Abh. *Regole di Giovanni Maria e di Bernardo Nanini per fare contrappunto a mente sopra il canto fermo.*

2) Giovanni Bernardino, Bruder von 1), * um 1560 Vallerano bei Viterbo, † 1623 Rom. Er war Schüler seines Bruders und Chorknabe am Dom von Vallerano, dann Kapellmeister an S. Maria dei Monti, 1591–1608 an S. Luigi dei Francesi in Rom und später an S. Lorenzo in Damaso. N. pflegte als einer der ersten Komponisten der Römischen Schule den monodischen und konzertanten Stil auch in der Kirchenmusik. Zu seinen Schülern gehörten D. Allegri und P. Agostini.

WW: 3 Bücher Madrigale für 5 St. (V 1588, 1599, R 1612); 4 Bücher Motetten für 1–5 St. mit Org., 1 u. 2 (R 1610, 1611), 3 (R 1612), 4 (R 1618); *Salmi vespertini* für 4 St. u. B.c. (R 1620); Psalm *Venite exultemus* für 3 St. u. B.c. (Assisi 1620); weitere Werke in Sammeldrucken u. hsl.; *Regole ...* s.o.

Ausg.: **Zu 1):** 4 Motetten u. ein Miserere, hrsg. v. C. PROSKE (Rb 1855, 1863) (= Musica Divina I/2 u. 4); 4 Motetten für 3 u. 8 St. sowie 2 Madrigale, in: TORCHI Arte Mus. II; *Il primo libro delle canzonette ...*, hrsg. v. A. SCHINELLI – B. SOMMA (R 1941) (= Polifonia sacra e profana ... 2); 14 Liturgical Works, hrsg. R. J. SCHULER (Madison/Wis. 1969) (= RRMRen 5). – **Zu 2):** 4 Psalmen u. eine Motette, hrsg. v. C. PROSKE (Rb 1860, 1784) (= Musica Divina I/3 u. II/2).

Lit.: **Zu 1):** F. X. HABERL, G. M. N., in: KmJb 6 (1891); A. CAMETTI, Due canoni commemorativi di G. M. N., in: RMI 35 (1928); R. J. SCHULER, The Life and Liturgical Works of G.M. N., 2 Bde. (1963) (= Diss. Univ. of Minnesota); C. A. GARNER, Representative Madrigals of G. M. N. 1545–1607 (1971) (= Diss. Univ. of Oklahoma).

NAPOLI. – 1) Gennaro, * 19. 5. 1881 Neapel, † 28. 6. 1943 ebd.; it. Komponist. Er studierte bei Camillo De Nardis und Nicola d'Arienzo am Konservatorium in Neapel. 1912 wurde er Kompositionslehrer am Liceo musicale in Neapel und 1915 am Konservatorium (1916 Professor), das er seit 1926 leitete. Außerdem war er Chefredakteur der Zeitschrift *L'Arte pianistica.*

WW: Klv.-Stücke; Symphonie c-moll; Orch.-Suite *In montagna* (1906). – *Il sole risorto* (1909) für Soli, Chor u. Orch.; Kantate *Il convegno degli spiriti.* – Opern *Armida abbandonata* u. *Jacopo Ortis.*

2) Jacopo, Sohn von 1), * 26. 8. 1911 Neapel; Komponist. Er war Schüler seines Vaters und später Lehrer für Harmonielehre und Kontrapunkt am Konservatorium in Cagliari. 1955–62 leitete er das Konservatorium in Neapel, 1962–72 das Konservatorium in Mailand und wurde 1972 Direktor einer neugegründeten Musikschule für Pianisten, Violinisten und Bläser in Cremona. N. schrieb vorwiegend Bühnenwerke, in denen er moderne Kompositionstechniken nur zurückhaltend verwendete.

WW: Streichquartett; Orch.-Werke. – Chöre; *Preludio, canzone e ballata* (1949) für Alt u. Orch.; Oratorium *Il passione di Cristo* (1951) für Chor u. Orch.; Kantaten *Piccola cantata per il Venerdì Santo* (1962) für gem. Chor u. Orch. sowie *Munasterio* (1969) für Männerchor u. Orch. – 8 Opern, darunter: *Il malato immaginario*, UA: Neapel 1939; *I pescatori*, UA: ebd. 1954; *Il rosario*, UA: Brescia 1962; *Il barone avaro*, UA: Neapel 1970. – Schrift *Educazione musicale per la scuola media* (Mi 1966).

NAQQĀRA (arabisch; Plur.: Naqqārāt), Bz. für ein sehr altes orientalisches Membranophon, eine fellbespannte Kesselpauke, mit einem halbkugeligen oder oval geformten Korpus aus Ton, Holz oder Kupfer. Sie ist vom Vorderen Orient bis nach Indien verbreitet, sehr häufig mit abgeleiteten Namen bezeichnet. Obwohl unterschiedlich in Material und Größe, handelt es sich stets um Kesselpauken, die auch meist nur paarig verwendet werden. Neben kleinen Pauken finden sich schon früh sehr große Instrumente, die auf Reittieren gespielt wurden und fast immer zum Gefolge eines Fürsten gehörten. In Europa fanden die kleinen Naqqārāt durch die Kreuzzüge als ↗Nacaires Eingang. Die große Ausführung kam im 15. Jh. als Kesselpauke (↗Pauke) der berittenen Soldaten im fürstlichen Gefolge über Ungarn nach Westeuropa.

NARDINI, Pietro, * 12. 4. 1722 Livorno, † 7. 5. 1793 Florenz; it. Violinist und Komponist. Er war 1734–40 Schüler von G. Tartini in Padua und lebte dann bis 1760 als angesehener Virtuose und Violinlehrer in Livorno. 1760 wurde er anläßlich der Hochzeit des österreichischen Kronprinzen nach Wien eingeladen und kehrte über Dresden, Padua und Mailand nach Livorno zurück. 1762 wurde er Kammervirtuose und 1763 Konzertmeister der Stuttgarter Hofkapelle, die unter der Leitung N. Jommellis zu den berühmtesten Orchestern seiner Zeit gehörte. Nach seinem Abschied von Stuttgart (1765) und einem kurzen Aufenthalt in Braunschweig lebte er seit 1766 wieder in Livorno, das er nur zu kürzeren Konzertreisen nach Rom und Neapel verließ. 1769 pflegte er den schwer erkrankten Tartini in Padua. Im selben Jahr wurde er Konzertmeister der großherzoglichen Kapelle in Florenz, wo er bis zum Lebensende blieb.

WW: Sonaten für V. u. B., op. 2 (B – A um 1770); op. 5 (Lo o.J.); *Sonates* für V. u. B. *avec les adagios brodés*, hrsg. v. J.B. Cartier bzw. *dernière édition* (beide P um 1800); *Sonatas or Duets* für 2 V., op. 2 (Lo 1765) (nur die beiden ersten v. N.); Sonaten für 2 Violen (Lo um 1775); *New Italian minuets* für 2 V. u. B. (Lo um 1750); 6 Streichquartette (Fi 1782); 6 V.-Konzerte, op. 1 (A vor 1776); weitere Werke für V. hsl., darunter 110 Capricen mit zweifelhafter Autorschaft.

Von Ch. Burney als bester Violinist seiner Zeit gewürdigt, war N. der bedeutendste Vertreter der Tartini-Schule. L. Mozart, der ihn 1763 hörte, schätzte die „Schönheit, Reinigkeit und Gleichheit des Tones". Auch als Komponist folgte N. in den 3sätzigen Violinsonaten mit Generalbaßbegleitung der Tradition seines Lehrers. Die graziöse Melodik der langsamen Sätze weist auf W. A. Mozart hin.

Ausg.: 6 Streichquartette, hrsg. v. H. RIEMANN (L o.J.), NA v. W. ALTMANN (1937, Neudruck Wie 1966); 30 Capricen, hrsg. v. A. MOSER (B 1926); V.-Sonate D-Dur, hrsg. v. C. FLESCH (L 1930); V.-Konzerte, op. 1 Nr. 1, hrsg. v. G. KEHR (Mz 1968) (= Concertino 109), Nr. 3, hrsg. v. W. LEBERMANN (Mz 1968) (= ebd. 110); Nr. 2, hrsg. v. O. NAGY – T. NEY (Budapest – Z 1973).

Lit.: W. ALTMANN, N.s angebliches Violinkonzert in e, in: FS H. Kretzschmar (L 1918); F. VON REUTER, Zur Frage der angeblichen 110 Capricen v. N., in: Signale für die musikal. Welt 25 (1925); C. PFÄFFLIN, P. N. (Wb 1936) (mit thematischem Kat.); C. SARTORI, P. N. „Violinista dell'amore", in: Chigiana 19 (1962).

NARVÁEZ (Narbáez, Narbais), **Luys** (Luis) **de**, * um 1500, † nach 1550 (?); span. Vihuelist. N. stand im Dienst von D. Francisco de los Cobos, Komtur von León, dem er *Los seys libros del Delphín de música de cifra para tañer vihuela* (Valladolid 1538) widmete. Seit 1548 stand er im Dienst des Prinzen und nachmaligen Königs Philipp (II.), den er 1549–50 auf Reisen durch Italien, Deutschland und die Niederlande begleitete. Er genoß zu Lebzeiten einen bedeutenden Ruf und wurde u.a. von J. Bermudo *(Declaración de instrumentos musicales)* lobend erwähnt. Sein *Delphín de música* enthält die ersten in Spanien veröffentlichten „Diferencias" (Variationen) über geistliche und weltliche Lieder, außerdem Fantasien sowie Transskriptionen von Werken Josquins (*Mille regretz* u.a.), N. Gomberts und J. Richaforts. N. ist möglicherweise identisch mit Ludovicus Narbays, der mit je einer 4- und 5st. Motette in 2 Motettenbüchern von J. Moderne vertreten ist (RISM 1539^{11} und 1542^{5}).

Ausg.: Colección de vihuelistas españoles del siglo XVI, hrsg. v. E. M. TORNER, 2 H.e (Ma 1923, Nachdr. Ba 1965); *Los seys libros del Delphín*, hrsg. v. E. PUJOL (Ba 1945, Nachdr. 1971) (= MMEsp 3).

Lit.: H. ANGLÈS, La música en la corte de Carlos V (Ba 1944, NA ebd. 1965) (= MMEsp 2); K. G. FELLERER, Josquins Missa „Faisant regretz", in der Vihuela-Transkription v. Mudarra u. N., in: Span. Forsch. der Görres-Ges. I/16 (1960).

NASARD, Nasat (wohl von ndl. nazaat = Nachsatz; frz.: nazard), eine labiale Aliquotstimme der Orgel unterschiedlicher Bauart in der Quintlage zu 2⅔′ oder 1⅓′ und von charakteristisch näselndem Klang (schon bei M. Praetorius, *Syntagma musicum*, beschrieben). Die 5⅓′-Lage, auch Großnasard genannt, ist nur im Pedalwerk oder bei sehr großen Instrumenten im Hauptwerk disponiert.

NASCO, Giovanni, ↗Lecocq, Jean.

NASE, DIE *(Nos)*, Oper in 3 Akten und einem Epilog von Dmitri Schostakowitsch (1906–75), op. 15, Text von Je. Samjatin, G. Ionin, A. Preis und dem Komp. nach Nikolai Gogols gleichnamiger Novelle (1836). Ort und Zeit der Handlung: St. Petersburg, um 1870. UA (konzertant): 16. 6. 1929 in Leningrad (Kleines Akad. Operntheater); szenische UA: 18. 1. 1930 ebd.; dt. EA (in dt. Sprache): 27. 6. 1963 in Düsseldorf.
In der literarischen Vorlage ist es die Funktion des „unwissend-allwissenden" Erzählers, die Diskrepanz zwischen Phantastischem und Realem beständig zuzuschärfen und den Leser schließlich desorientiert zurückzulassen. Diese wirkungsästhetische Grundintention von Gogols Groteske erscheint in der musiktheatralischen Bearbeitung durchaus bewahrt: die Absurdität der Erlebnisse von Platon Kusmitsch Kowaljow, der seine Nase „verliert", die zum Staatsrat gewandelte ergebnislos durch Petersburg verfolgt und sie plötzlich mitten in seinem Gesicht wiederfindet, wird durch die szenische Präsentation und vor allem durch die kompositorische Ausgestaltung gänzlich enthüllt. Daß Schostakowitsch die beiden „Antagonisten" näselnd singen läßt, gehört dabei ebenso zu den parodistischen Kunstgriffen des musikalischen Satirikers wie das verfremdende Einsprengen von traditionellen satztechnischen Modellen und von stilistischen Allusionen. Nicht zuletzt die bizarren, unkonventionellen Klangkombinationen des Orchesterparts und der futuristisch-extensive Einsatz der Schlaginstrumente begründen die ungebrochene Vitalität und Modernität dieser Jugendoper, die seit 1974 – nach der Inszenierung des Moskauer Künstlertheaters – auch in der UdSSR wieder gespielt werden darf. E. FISCHER

NASENFLÖTE, eine Längs-, Quer- oder Gefäßflöte, die mit der Nase (statt mit dem Munde) angeblasen wird. Die N. unterscheidet sich von anderen Flöten nicht in der Konstruktion, sondern nur durch die – außerhalb Europas weit verbreitete – Anblasart.

NAT, Yves, * 28. 12. 1890 Béziers, † 31. 8. 1956 Paris; frz. Pianist und Komponist. Er studierte Klavier bei L. Diémer am Pariser Conservatoire und Komposition bei J. Huré. 1909 ging er mit Cl. Debussy nach London und begann von hier aus seine internationale Virtuosenlaufbahn. Mit E. Ysaye trat er u. a. in den berühmten Kammerkonzerten des belgischen Hofes auf. Weitere Partner in kammermusikalischen Aufführungen waren G. Enesco und J. Thibaud. 1934 wurde N. Klavierlehrer am Pariser Conservatoire und widmete sich seitdem vorwiegend der Komposition. Sein wichtigstes Werk ist das Klavierkonzert von 1954.

WW: 6 Praeludien für Klv. (P 1921); Klv.-Konzert (1954); Lieder; *L'enfer* (1930–40) für Chor u. Orch.

NATIONALHYMNE (engl.: national anthem; frz.: hymne national; it.: inno nazionale; span.: himno nacional), Bz. für ein Musikstück (meist mit Gesang), das bei offiziellen Anlässen (z. B. Staatsempfängen, Begrüßung eines Staatsoberhaupts, Siegerehrung bei internationalen Sportveranstaltungen wie den Olympischen Spielen), einen bestimmten Staat symbolisierend, gespielt oder gesungen wird. Ein früher Vorläufer der N.n ist das ↗Hussitenlied *Kdož ste Boží bojovníci* des 15. Jh. (das in die Teile *Tábor* und *Blaník* der symphonischen Dichtung *Má vlast [Mein Vaterland]* von Fr. Smetana eingearbeitet ist). Als erste eigentliche N. ist die von Großbritannien, nämlich das Lied *God save the King*, anzusehen, das 1745 mehrere Tage hintereinander im Drury Lane Theatre und im Covent Garden Theatre als Siegeshymne gesungen wurde. Seine Melodie wurde im 19. Jh. von mehreren Ländern (u. a. Dänemark, Schweden, Schweiz, Rußland, USA und mehreren deutschen Staaten und vom Deutschen Reich 1871 mit dem Text *Heil dir im Siegerkranz*) als N. übernommen; heute ist es noch die N. Großbritanniens *(God save the Queen)*, und seine Melodie liegt der N. von Liechtenstein *(Oben am deutschen Rhein)* zugrunde. Gegen Ende des 18. Jh. entstanden N.n in Spanien (*Marcha real*, 1770), Frankreich (*Marseillaise* von Cl.-J. Rouget de Lisle, 1792) u. Östr. (Kaiserhymne *Gott erhalte Franz den Kaiser* von Lorenz Leopold Haschka, Musik von J. Haydn, 1797; Melodie später dem Deutschlandlied zugrunde gelegt), jedoch die Mehrzahl der N.n kam erst seit dem 19. Jh. allgemein in Gebrauch.

Nur in seltenen Fällen entstammen die N.n der Folklore ihres Landes wie die auf Pentatonik beruhende japanische N. oder die ein moldauisches Volkslied verarbeitende N. Israels. Meist sind es eigens geschaffene patriotische Gesänge, manchmal auch durch einen Wettbewerb ermittelte Stücke, die offiziell zu N.n erklärt wurden. – Gelegentlich werden N.n in andere Kompositionen eingebaut, um bestimmte Länder zu charakterisieren. Bekannte Beispiele hierfür sind die *Marseillaise* in der Ouvertüre *1812* von P. Tschaikowsky und im *Faschingsschwank aus Wien* und in dem Lied *Die beiden Grenadiere* von R. Schumann, das *God save the king* in G. Fr. Händels *Occasional Oratorio* und in L. van Beethovens *Wellingtons Sieg* (bzw. als sächsische N. in C.M. von Webers *Jubel-Ouvertüre*) sowie die N. der USA in G. Puccinis Oper *Madame Butterfly* (allerdings bevor sie zur offiziellen N. erklärt wurde).

Wichtige Nationalhymnen:

BELGIEN. *La Brabançonne*
Text: Charles Rogier. Musik: François van Campenhout

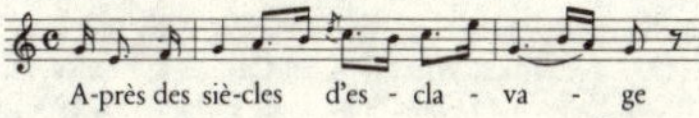

BUNDESREPUBLIK DEUTSCHLAND. *Deutschlandlied* (3. Strophe)
Text: Heinrich Hoffmann von Fallersleben. Musik: Joseph Haydn

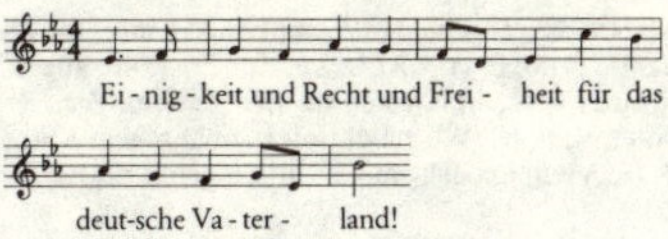

DEUTSCHE DEMOKRATISCHE REPUBLIK
Text: Johannes R. Becher. Musik: Hanns Eisler

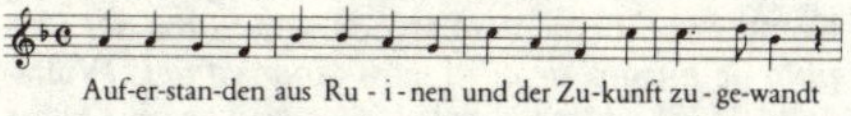

FRANKREICH. *La Marseillaise*
Text und Musik: Claude-Joseph Rouget de Lisle

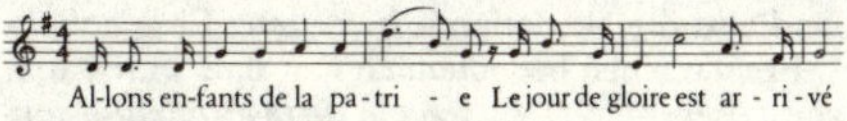

GROSSBRITANNIEN. *God save the king/queen*
Text und Musik: anonym

ISRAEL. *Hatiqvah*
Text: Naftali Herz Imber. Musik: Samuel Cohen

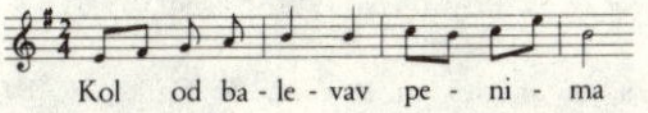

ITALIEN. *Inno di Mameli*
Text: Goffredo Mameli. Musik: Michele Novaro

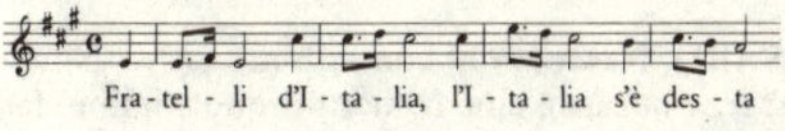

JAPAN. *Kimi-ga-yo*
Text: 9. Jahrhundert. Musik: Hiromori Hayashi

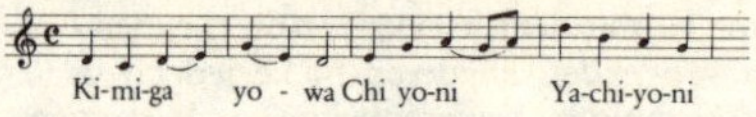

NIEDERLANDE
Text: Philip Marnix van St. Aldegonde. Musik: anonym

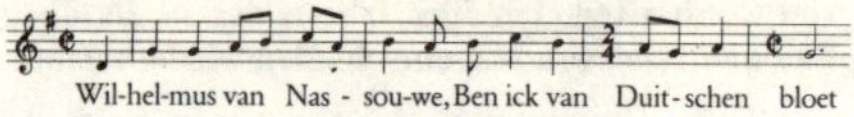

ÖSTERREICH
Text: Paula Preradović. Musik: anonym

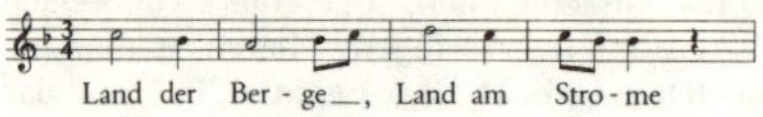

SCHWEIZ. *Schweizerpsalm*
Text: Leonhard Widmer. Musik: Alberik Zwyssig

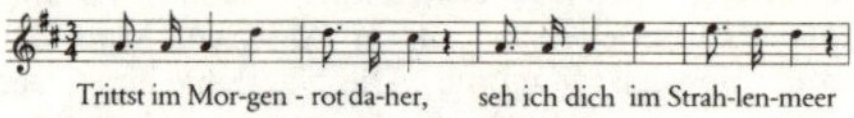

SPANIEN. *Marcha real*
Ohne Text. Musik: anonym

USA. *The Star-Spangled Banner*
Text: Francis Scott Key. Musik: John Stafford Smith

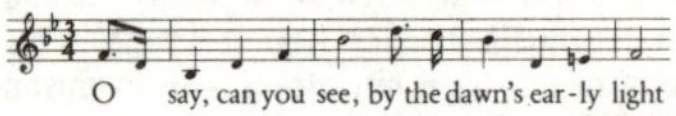

UDSSR
Text: Sergei Michalkow – El-Registan. Musik: Alexandr Alexandrow

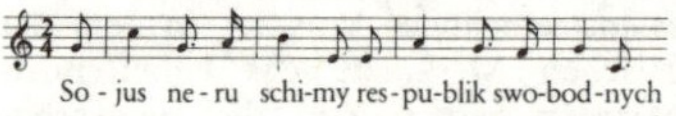

Ausg.: 57 Hymnen der Völker, hrsg. v. L. WENIGER (L 1936); Die N.n der Erde, hrsg. v. Inst. für Auslandsbeziehungen (Mn 1958, Suppl. 1965); M. SHAW – H. COLEMAN, National Anthems of the World (Lo 1960).

Lit.: C. PIERRE, La Marseillaise, comparaison des différentes versions … (P 1887); A. D. LOMAN, De melodie van het Wilhelmus, in: TVer 5 (1897); O. BOEHM, Die Volks-Hymnen aller Staaten des dt. Reiches (Wismar 1901); W. H. CUMMINGS, God Save the King (Lo 1902); J. W. ENSCHEDE, Is Philips von Marnix de dichter van het Wilhelmus?, in: TVer 7 (1904); E. BOHN, Die N.n der europäischen Völker (Breslau 1908); O. SONNECK, Report on „The Star-Spangled Banner" … (Washington/D.C. 1909, ²1914, Nachdr. NY 1969); L. FIAUX, La Marseillaise. Son histoire dans l'histoire des Français depuis 1792 (P 1918); A. SCHNERICH, Zur Vorgesch. v. Haydns Kaiserhymne, in: ZfMw 1 (1918/19); A. HEUSS, Haydns Kaiserhymne, in: ebd.; R. MICHELS, Die Soziologie des Nationalliedes, in: Arch. für Sozialwiss. u. Sozialpolitik 55 (1926); V. HELFERT, Contributo alla storia della Marseillaise (Z 1936); P. GRADENWITZ, The Music of Israel (NY 1949); P. NETTL, National Anthems (NY 1952, erweitert ²1967); P. A. SCHOLES, God Save the Queen (Lo – NY – Toronto 1954); J. KLINGENBECK, I. Pleyel u. die Marseillaise, in: StMw 24 (1960); H. FREUDENTHAL, Volkskundliche Streiflichter, N.n, in: Beitr. z. dt. Volks- u. Altertumskunde 10 (1966); F. GRASBERGER, Die Hymnen Östr.s (Tutzing 1968); M. MAURON, La Marseillaise (P 1968); U. GÜNTHER, … über alles in der Welt? Stud. z. Gesch. der dt. N. (Neuwied 1966); L. S. LEVY – J. J. FULD, Unrecorded Early Printings of „The Star Spangled Banner", in: Notes 27 (1970); L. U. ABRAHAM, Haben N.n keine Bedeutung mehr? Anregungen z. vergleichenden Analyse v. N.n, in: Beitr. z. Konfliktforsch. 2 (1972); W. LICHTENWANGER, The Music of „The Star-Spangled Banner", in: Quarterly Journal of the Library of Congress 34 (1977); M. BOYD, National Anthems, in: Grove⁶ XIII.

NATSCHINSKI, Gerd Joachim, * 23. 8. 1928 Chemnitz (heute Karl-Marx-Stadt); dt. Komponist. Er studierte 1945–48 u. a. bei Werner Hübschmann und Fritz Just in Chemnitz und Dresden und 1951–52 bei H. Eisler an der Akademie der Künste in Berlin. 1949 leitete er in Leipzig ein großes Unterhaltungsorchester und 1952–54 das Große Tanz- und Unterhaltungsorchester des Berliner Rundfunks. Danach war er vorwiegend als freischaffender Komponist tätig. 1978 wurde er Intendant des Ost-Berliner Metropoltheaters. N. gilt vor allem auf Grund seiner Filmmusiken und Bühnenwerke als der erfolgreichste Komponist von Tanz- und Unterhaltungsmusik in der DDR.

WW: Schlager u. Chansons. – Vaudeville *Der Soldat der Königin von Madagaskar* (1959); Operette *Messeschlager Gisela* (1960); musikal. Lustspiel *Servus Peter* (1961); Musicals: *Die Frau des Jahres* (1963); *Mein Freund Bunbury* (1964); *Terzett* (1974); *Casanova* (1976).

Lit.: H. P. HOFMANN, G. N., in: Sammelbde. z. Musikgesch. der DDR II, hrsg. v. H. A. Brockhaus – K. Niemann (B 1970).

NATURHORN, Bz. für ein Horninstrument ohne Klappen und Ventile, das ausschließlich über einen Tonbereich der Naturtonreihe verfügt. Hierzu zählen das Tier-, Hift-, Jagd- und Posthorn, der Olifant und die Lure. – ↗Naturtoninstrumente.

NATURKLANGTHEORIE. Die N. versucht, die Tonbeziehungen von Intervallen, Akkorden und harmonischen Abläufen aus der Struktur der Naturtonreihe (↗Naturtöne, ↗Obertöne) abzuleiten bzw. zu erklären. Die Begründung dieser musikalischen Grundstrukturen durch physikalische Prinzipien soll deren Geschichtlichkeit aufheben oder zumindest die Vollkommenheit bestimmter Musikstile erklären oder sogar beweisen. Die N. ist bereits in der pythagoreischen Musikanschauung angelegt und historisch wirksam geworden. Im engeren Sinne konnte die N. erst nach der Entdeckung der Naturtonreihe durch M. Mersenne (1636) und ihrer wissenschaftlichen Darstellung durch J. Sauveur (1700) formuliert werden. J.-Ph. Rameau hat sich in seinem *Traité de l'harmonie* (1722) als erster Musiktheoretiker umfassend auf die N. gestützt. Ähnliche Bedeutung hat die N. erst wieder bei P. Hindemith erlangt. Während Rameau insbesondere den Durdreiklang auf die Naturtonreihe zurückführt, leitet Hindemith die gesamte chromatische Tonleiter daraus ab. Ein Grundproblem der N. ist der Molldreiklang, der nicht überzeugend aus der Naturtonreihe zu entwickeln ist. A. Schönberg, der mit seiner Zwölftonlehre denkbar gegensätzlich zu Rameaus Vorstellungen zu sehen ist, begründet aber ebenfalls mit der N. „die Emanzipation der Dissonanz". Das heute gebräuchliche Tonsystem mit 12 gleichschwebend temperierten Halbtönen kann nur indirekt mit der N. begründet werden. Demgegenüber zeigen sich aber zunehmend Tendenzen im Sinne der N., einmal durch den Rückgriff auf historische Stimmungen bei der historischen Aufführungspraxis, zum anderen durch eine erweiterte N., die neben reinen Intervallen eine Fülle von Dissonanzen differenzierter Schärfe bietet (Martin Vogel).

Lit.: J. ACHTÉLIK, Der Naturklang als Wurzel aller Harmonien, 2 Teile (L 1922–28); J. HANDSCHIN, Der Toncharakter (Z 1948); E. BINDEL, Die Zahlengrundlagen der Musik im Wandel der Zeiten, 3 Bde. (St 1950–53); M. VOGEL, Die Zukunft der Musik (Düsseldorf 1968).

NATURTÖNE, Bz. für die bei Blasinstrumenten durch sog. Überblasen über dem Grundton (= 1. Naturton) erzeugten Obertöne (Obertonreihe). Die Tonhöhe richtet sich stets nach der ganzen Länge der schwingenden Luftsäule, die als Ganzes, in 2 Halblängen, 3 Drittellängen schwingen kann. Die verschiedenen Töne ergeben eine Naturtonreihe. Instrumente, auf denen ausschließlich N. gespielt werden können, heißen ↗Naturtoninstrumente.

NATURTONINSTRUMENTE, Bz. für Blas-, speziell Blechblasinstrumente ohne Grifflöcher, Klappen oder Ventile (↗Naturhorn, ↗Naturtrompete), die nur die ↗Naturtöne (↗Obertöne) spielen können. Diese bringen einen der Rohrlänge entsprechenden Grundton mit den gleichzeitig erklingenden Obertönen hervor. Durch Veränderung der Lippenspannung, d.h. durch ↗Überblasen, können auch die einzelnen Obertöne selbst hervorgebracht werden. Während für tiefere N. (z.B. Jagdhorn) der aus Quinten, Quarten und Dreiklängen bestehende Naturtonbereich typisch ist, können in höheren Tonbereichen blasende N. (z.B. Clarino) in der Höhe nahezu vollständige Tonleitern spielen. Die Erzeugung der tiefsten Töne bei den N. ist von deren Mensur abhängig: bei engmensurierten N. (z.B. bei Naturtrompeten in Bügelform) spricht meist der 1. und 2. Naturton nicht an. Sie werden deshalb zu den sog. Halbinstrumenten gezählt. In der musikalischen Praxis wurden bis zum frühen 19. Jh. als Trompeten und Hörner nur N. mit dem jeweils entsprechenden Tonvorrat verwendet, an deren Stelle jedoch in der Folge technisch weiterentwickelte Instrumente (mit Klappen und Ventilen) traten. Erst im Zuge der Wiederentdeckung alter Aufführungspraktiken werden seit den 50er Jahren des 20. Jh. auch Bau und Spiel von N.n entschieden wiederbelebt.

NATURTROMPETE, Bz. für verschiedene Typen der Trompetenfamilie ohne Klappen, Ventile oder Züge, die ausschließlich über einen Tonbereich der Naturtonreihe verfügen. Hierzu zählen die Trompeten in C, B, D, Es (↗Fanfare), E, F und das ↗Alphorn. – ↗Naturtoninstrumente.

NAUBA, Nūba (arabisch; Plur.: Naubāt), Gattung der traditionellen Musik in Algerien, Marokko und Tunesien (Maghreb). Die N. erlebte eine erste Blüte vor rund 1000 Jahren im maurischen Spanien: in ihr mischen sich andalusische und arabische Elemente. Sie vereint verschieden strukturierte, sowohl instrumental als auch vokal vorgetragene Stücke zu einem Zyklus, die melodisch auf einer bestimmten ↗Maqām-Reihe basieren; von dieser erhält die betreffende N. ihren Namen (z.B. *Nauba ed Dhil*). Ursprünglich gab es 24 Naubāt, doch sind kaum mehr als 10 vollständig überliefert; heute gehören nur noch wenige zum festen Bestandteil des musikalischen Repertoires. Die N., deren Gliederung in den einzelnen Musikzentren Nordafrikas leicht differiert, umfaßt meist wenigstens 5 „Sätze" (Maṣdar, Baṭēḥ, Darǧ, Inṣirāf, Ḫalāṣ) sowie eine „Ouvertüre" (Taūšiya) und ein vorangestelltes instrumentales Vorspiel, in dem die charakteristischen Merkmale des betreffenden Maqām exponiert werden. Zusätzlich eingeschobene Stücke erweitern die Zahl der „Sätze" in der Regel auf 8–10. Das N.-Ensemble besteht aus einem Chor, oftmals auch Gesangssolisten, sowie je einem Spieler der Kurzhalslaute ʿŪd, der Fiedel Rabāb, der Längsflöte Nāy, der Zither Qānūn, der Schellentrommel Ṭār und der Bechertrommel Darabukka. Die Vokalteile der N. trägt man, entsprechend der allgemeinen orientalischen Musizierpraxis, solistisch oder im Chor einstimmig vor. Auch die Instrumentalbegleitung bzw. die solistischen Instrumentalpassagen dienen nicht der Erzielung polyphoner Strukturen, gelegentliche Zusammenklänge (↗Heterophonie) durchbrechen das Prinzip der Einstimmigkeit nicht. CH. AHRENS

NAUDOT, Jacques Christophe (irrtümlich auch Jean-Jacques genannt), † 25. 11. 1762 Paris; frz.

Flötist und Komponist. N. gehörte zu den berühmtesten Virtuosen seiner Zeit und war einer der ersten, die die Blockflöte in Frankreich einführten. Zwischen 1726 und 1749 veröffentlichte er in Paris Bücher mit Sonaten, *Fêtes rustiques, Babioles* und Instrumentalkonzerten.

WW (in Paris gedruckt): Sonaten für 2 Fl., op. 3 (1727); Sonaten u.a. Stücke für Fl. u. B., op. 1, 4, 9, 12, 13, 16 (1726–40), für 2 Fl. u. B., op. 2, 5, 7, 15 (1726–50), für Vielle u. B., op. 14 (o.J.); *Fêtes rustique*, op. 8, u. *Babioles*, op. 10, für 2 Musetten, Viellen o.a. Instr. mit bzw. ohne B. (o.J.); *Divertissement champêtre* (1748) u. Suite *Les plaisirs de Champigny* (o.J.) für Musette (oder Vielle), Fl. u. V.; Konzerte für Fl. u. Str., op. 11 (um 1735); Stücke für Bläser (1733); *Menuets* für Bläser u. Str. (1748).

Ausg.: *Ière fête rustique*, hrsg. v. G. MIGOT – G. FAVRE (G 1949); Konzert G-Dur, hrsg. v. H. RUF (Kas 1958) (= Hortus Mus. 153); Sonate für Fl. u. B. c., hrsg. v. DEMS. (Kas 1963) (= ebd. 182); Trio I C-Dur für Blockfl., Ob. (oder Querfl.) u. B. c., hrsg. v. DEMS. (Mz 1965) (= Antiqua 82); Trio III C-Dur für Blockfl., Ob. (oder Querfl., V.) u. B. c., hrsg. v. DEMS. (Mz 1965) (= ebd. 83); Concerto C-Dur für Blockfl., 2 V. u. B. c., hrsg. v. DEMS. (Mz 1967) (= ebd. 81); 6 Duette *Babioles* für Alt-Blockfl. (oder Querfl., Ob., V.), hrsg. v. DEMS., 2 H.e (Mz 1968) (= Originalmusik für die Blockfl. Nr. 86–87); 6 Sonaten für Querfl. u. B. c., op. 1, hrsg. v. A. M. GURGEL (L 1972).

Lit.: T. J. UNDERWOOD, The Life and Music of J.-Ch. N. (1970) (= Diss. North Texas State Univ.); J. M. BOWERS, The French Flute School from 1700 to 1760 (1971) (= Diss. Univ. of Calif.)

NAUGHTY MARIETTA, amerik. Operette von Victor Herbert (1859–1924), Libretto von Rida Johnson Young. Ort und Zeit der Handlung: New Orleans, um 1780. UA: 7. 11. 1910 in New York (New York Theater) mit Emma Trentini in der Titelrolle. Verfilmt 1935.

Naughty Marietta stellt das Paradebeispiel der europäisch beeinflußten Operette am Broadway zu Beginn des 20. Jh. dar und ist das erfolgreichste Bühnenwerk Herberts. Dieser schrieb für die Opernstars Emma Trentini und Orville Harrold seine anspruchsvollste Operetten-Partitur, die drei der bekanntesten Herbert-Melodien präsentiert: *Ah? Sweet Mystery of Life, I'm falling in Love with Someone* und *Tramp! Tramp! Tramp!*

R.-M. SIMON – S. SIMON

NAUMANN, Johann Gottlieb, * 17. 4. 1741 Blasewitz bei Dresden, † 23. 10. 1801 ebd.; dt. Komponist. N. besuchte die Dresdner Kreuzschule und ging 1757 mit dem schwedischen Violinisten Anders Wesström nach Italien. Er studierte bei G. Tartini in Padua, seit 1762 bei Padre Martini in Bologna und bei J. A. Hasse in Venedig, wo 1762 seine erste (nicht erhaltene) Oper *Il tesoro insidiato* aufgeführt wurde. Auf Empfehlung von Hasse und G. Ferrandini wurde er 1764 am kurfürstlichen Hof in Dresden 2. Kirchenkompositeur, 1765 Kammerkompositeur, 1776 schließlich Kapellmeister. Vom Hof beurlaubt, hielt er sich 1765–68 und 1772–74 erneut in Italien auf, wo er mit mehreren Opern große Erfolge errang und seinen europäischen Ruf festigte. In der Zwischenzeit hatte er 1769 mit *La clemenza di Tito* die Reihe der (insgesamt 11) für Dresden geschriebenen Opern begonnen. 1777 wurde N. zur Reorganisation der königlichen Kapelle an den Hof nach Stockholm berufen, wo König Gustav III. sich selbst mit Opernplänen beschäftigte. Hier entstanden zur Einweihung des neuen Opernhauses (1782) *Cora och Alonzo* und später, nach einer Idee des Königs, *Gustaf Wasa* (UA: 1786), ein Werk, das bis ins 19. Jh. als die schwedische Nationaloper galt. Nach einer kurzen Tätigkeit am dänischen Hof in Kopenhagen, für den er *Orpheus og Eurydike* (UA: 1786) schrieb, folgte N. 1786 einem ehrenvollen Ruf zurück an den Dresdner Hof als „Oberkapellmeister". Mehr und mehr wurde er – ähnlich wie vorher Hasse und später C. M. von Weber – die beherrschende Persönlichkeit im Musikleben der ganzen Stadt. 1788 und 1789 hielt sich N. in Berlin auf und schrieb im Auftrag König Friedrich Wilhelms II. die Opern *Medea* und *Protesilao*.

WW: **1) Instr.-WW:** Sonaten für Glasharmonika od. Klv., 2 Tle. (Dresden 1786, 1792), eine weitere Slg. (B – A o.J.); *Marches militaires* für Cemb. (Dresden o.J.); *Duos faciles* für 2 V. (L o.J.); Sonaten für Cemb. u. V. (P bzw. B – A o.J.); 6 Quartette für Klv., Fl., V. u. B. (B – A 1786); Konzert für Cemb. oder Klv. u. Orch. (Da 1793–94); *Ouvertures italiennes* für Orch. (P o.J.). – **2) Vokal-WW:** Klv.-Lieder: *Elisens geistliche Lieder* (Dresden 1787); *Freymäurerlieder mit neuen Melodien* (L 1775); *Vierzig Freymäurerlieder* (B 1782); *Sammlung von deutschen, französischen u. italienischen Liedern* (L 1784); *Neue Lieder verschiedenen Inhalts von Elisa* (Dresden o.J.); *Neue Lieder* (B o.J.); frz. u. it. Arietten; zahlreiche einzelne Lieder; *12 Canons* für 3 St. (Oranienburg o.J.). – Geistliche WW: *Missa solenne* (W 1804 u.ö.); *Lauda Sion* (W o.J.); weitere Messen u.a. lat. Kirchenmusik mit Orch. hsl.; deutsche Psalmen u. Kantaten, darunter *Vater unser von Klopstock*. – 12 Oratorien (hsl. erhalten, Text meist v. P. Metastasio), darunter *La passione di Gesù Cristo* (UA: Padua 1767), *I pellegrini al sepolcro* (UA: Dresden 1798). – **3) Opern:** Erhalten sind hsl. 20 Opern (Serie, Buffe, Feste teatrali; von einigen erschienen auch Klv.-A. u. einzelne Arien im Druck), davon für Dresden (außer dem genannten Werk): *Il villano geloso* (1770); *Le nozze disturbate* (1774); *L'ipocondriaco* (1776); *Elisa* u. *Osiride* (1781); *Tutto per amore* (1785); *La reggia d'Imeneo* (1787); *La dama soldato* (1791); *Amore giustificato* (1792); *Aci e Galatea* (1801).

N.s reiches und vielseitiges Schaffen ist in mancher Hinsicht bemerkenswert. Seine Opern wurzeln in der neapolitanischen Schule, wie sie in dieser Spätphase durch die Namen Metastasio und Hasse repräsentiert wird. Zunehmend macht sich in ihnen seit der Stockholmer Zeit der Einfluß der französischen Oper und Chr. W. Glucks bemerkbar; manche Ausdrucks- und Gestaltungselemente (u.a. Verwendung von Erinnerungsmotiven) weisen voraus auf die deutsche Romantik. Das Vorbild Hasse, gleichzeitig aber eine Tendenz zur Empfindsamkeit prägen auch die Oratorien und die Kirchenmusik N.s. *I Pellegrini* galten neben C. H. Grauns *Der Tod Jesu* und J. Haydns *Die Schöpfung* bis in die 30er Jahre des 19. Jh. hinein in Mitteldeutschland als Inbegriff des Oratoriums. Das Werk war zudem gewissermaßen der Abgesang des italienischen Oratoriums auf deutschem Boden. In der Folgezeit ließ das Interesse an N.s Musik schnell nach. Eine Wiederbelebung haben in der Gegenwart lediglich seine Werke für und mit ↗Glasharmonika erfahren.

Ausg.: 3 Sonaten für Glasharmonika, hrsg. v. H. EPPSTEIN (Sto 1970); 6 V.-Duos, hrsg. v. P. BORMANN (1951) (= Hortus Mus. 90); Duetto für Ob. u. Fag., Divertimento für 2 V. u. Va. u. Quartett für Fl., V., Vc. u. Klv., hrsg. v. DEMS. (H 1953–54).

Lit.: A. G. MEISSNER, Bruchstücke z. Biographie J. G. N.s (Pr 1803–04, W [2]1814); H. F. MANNSTEIN, Vollständiges Verz. aller Kompositionen des... Kapellmeisters N. (Dresden 1841); R. ENGLÄNDER, J. G. N. als Opernkomponist (Diss. B 1916); O. SCHMID, Die Kirchenmusik in der Katholischen (Hof-)Kirche zu Dresden (Dresden 1921); R. ENGLÄNDER, J. G. N. als Opernkomponist. Mit neuen Beitr. z. Musikgesch. Dresdens u. Stockholms (L 1922, Nachdr. Farnborough 1970); DERS., J. G. N.s Instrumentalmusik, in STMf 27 (1945); DERS., Die Gustavianische Oper, in: AfMw 16 (1959); D. HÄRTWIG, N., in: Grove[6] XIII.

NAUMANN, Siegfried, * 27. 11. 1919 Malmö; schwedischer Komponist und Dirigent. Nach Violin- und Theorieunterricht bei seinem Vater studierte er 1942–45 am Konservatorium in Stockholm, 1950–51 bei I. Pizzetti an der Accademia di S. Cecilia in Rom, außerdem bei G. Fr. Malipiero, C. Orff und W. Furtwängler. Seit 1962 ist er Dozent für Dirigieren am Stockholmer Konservatorium und leitet das von ihm gegründete Instrumentalensemble Musica nova.

WW: *Riposte I* (1963) für Fl. u. Schlagzeug, u. ... *II* (1963) für Klv., Hammondorg., Gitarre, Pos. u. Schlagzeug; *Cadence* (1964) für 9 Instr.; *Massa vibrante* (1969) für einen Schlagzeuger; *Bombarda* (1973) für Org. u. Schlagzeug. – Für Orch.: *Trasformazioni* (1962) u. *Suoni esposti (Ljudposter)* (1970); *Ungdom* (1975). – *Il cantico del sole* (1963) für Soli, Chor u. Orch.; *Missa in onore della Madonna di Loreto* (1965) für Chor, Org. u. Schlagzeug; *Spettacolo Nr. 1* (1967) für Sopran u. Orch. u. ... *Nr. 2* (1969) für Sopran, Alt, Bar., gem. Chor u. Orch.; *Il cieco del Ponte a Moriano* (1972) für Tenor, Chor u. Instr.; *Pastorale* (1973) für Chor a cap.; *3 Canti da cabaret* (1973) für Soli, Klv. u. Schlagzeug.

Lit.: B. WALLNER, Vår tids musik i Norden (Die Musik unserer Zeit im Norden) (Sto 1968); G. BERGENDAL, 33 svenska kompositer (33 schwedische Komponisten) (Sto 1972).

NAURA, Michael, * 19. 8. 1934 Memel; dt. Jazzmusiker (Klavier) und Bandleader. Er gründete 1953 ein Quintett und tritt seitdem ständig mit dem Vibraphonisten Wolfgang Schlüter auf. Im Genre „Lyrik und Jazz" arbeitet er regelmäßig mit dem Schriftsteller Peter Rühmkorf zusammen und ist außerdem Jazzredakteur beim NDR Hamburg. Als Pianist kam N. vom Swing, spielte mit seiner Gruppe in den 50er Jahren Bebop und Cool Jazz und verarbeitet diese Stile heute in einem harmonisch erweiterten New Jazz.

Lit.: J.-E. BERENDT, Ein Fenster aus Jazz (F 1977).

NAUWACH, Johann, * um 1595 Brandenburg, † um 1630 Dresden(?); dt. Komponist. Er war von 1607–12 Chorknabe der Dresdner Hofkapelle und ging dann auf Wunsch des Kurfürsten zur weiteren Ausbildung zunächst nach Turin, dann nach Florenz, wo er Schüler des Lautenisten Lorenzino war. 1618 nach Dresden zurückgekehrt, wurde er dort 1623 Hoflautenist unter H. Schütz. N. übernahm als einer der ersten deutschen Komponisten die generalbaßbegleitete Monodie G. Caccinis, dessen *Nuove Musiche* für seine *Arie passeggiate* Vorbild waren. Die *Teutschen Villanellen* gehören zu den ersten deutschen Generalbaßliedern.

WW: *Arie passeggiate* für eine St. u. B. c. (Dresden 1623); *Teutsche Villanellen* für 1–3 St. u. B. c. (ebd. 1627).

Ausg.: *Ach Liebste, laß uns eilen,* in: H. J. MOSER, Das dt. Sololied u. die Ballade (Kö 1957) (= Das Musikwerk 14).

Lit.: A. EINSTEIN, Ein unbekannter Druck aus der Frühzeit der dt. Monodie, in: SIMG 13 (1911–12); H. VOLKMANN, J. N.s Leben, in: ZfMw 4 (1921/22); C. ENGELBRECHT, J. N., in: MGG IX; F. BLUME, Die Handschrift T 131 der New York Public Library, in: FS K. G. Fellerer (Rb 1962); R. H. THOMAS, Poetry and Songs in the German Baroque (O 1963) (mit 2 Liedern N.s); J. H. BARON, Foreign Influences on the German Secular Solo Continuo Lied in the Mid-seventeenth Century (1967) (= Diss. Brandeis Univ., Waltham/Mass.).

NAVARRA, André, * 13. 10. 1911 Biarritz; frz. Cellist. Er studierte an den Konservatorien in Toulouse und Paris und tritt seit 1931 öffentlich auf. 1948–58 lehrte er am Pariser Conservatoire und anschließend als Professor an der Nordwestdeutschen Musikakademie (heute Musikhochschule) in Detmold. Außerdem leitet er seit 1954 Sommerkurse der Accademia musicale Chigiana in Siena. Als Solist konzertiert er in europäischen Ländern, in den USA, Kanada, Australien, Japan und in der UdSSR und widmet sich vorwiegend Werken zeitgenössischer französischer Musik; u.a. spielte er 1962 bei der Uraufführung des 1. Cellokonzerts von A. Jolivet.

Lit.: C. CHAMFRAY, in: Le courrier musical de France (1966) Nr. 14.

NAVARRO, Fats (eig. Theodore), * 14. 9. 1923 Key West (Florida), † 7. 7. 1950 New York; amerik. Jazzmusiker (Trompete, Klavier, Tenorsaxophon). Seit 1943 spielte N. in bedeutenden Bands, u.a. mit Andy Kirk, Billy Eckstine, Lionel Hampton und Coleman Hawkins. Drogenmißbrauch führte 1949 zu einem raschen gesundheitlichen Verfall; vor seinem Tod machte er noch Aufnahmen mit Charlie Parker. N. ist neben Dizzy Gillespie der maßgebende Trompeter des Bebop. Seine Attacken waren zupackend, sein Timing zeugte von überragendem Gestaltungsvermögen. Besonders kennzeichnend war eine oft düstere Tonbildung. N. beeinflußte bedeutende Trompeter wie Clifford Brown und Lee Morgan.

Lit.: R. Atkins, F. N. Modern Jazz. The Essential Records, hrsg. v. M. Harrison (Lo 1975; L. Feather, Be-Bop, Cool-Jazz, Hard-Bop, in: Die Story des Jazz, hrsg. v. J.-E. Berendt (St 1975).

NAVARRO, Juan (Johannes Navarrus Hispalensis), * um 1530 Sevilla oder Marchena, † 25. 9. 1580 Palencia; span. Komponist. Er war Schüler von Cr. de Morales und seit 1553 Sänger an der Kathedrale von Málaga. 1565–66 wirkte er als Kapellmeister in Avila, 1566–74 in Salamanca, 1674–78 in Ciudad Rodrigo und von 1578 bis zu seinem Tod in Palencia. Seine in einem sehr persönlichen Stil gehaltenen Werke waren in Spanien, Portugal und Mexiko lange Zeit beliebt.

Ausg.: Weltliche Sätze, in: Cancionero mus. de la Casa de Medinaceli, 2 Bde., hrsg. v. M. Querol (Ba 1949–50) (= MMEsp 8–9); *Ave maris stella* u. *Ave virgo sanctissima*, in: Proprium Sanctorum, hrsg. v. S. Rubio (Ma 1957) (= Antologia polifónica sacra 2).

Lit.: G. Chase, J. N. „Hispalensis", and J. N. „Gaditanus", in: MQ 31 (1945); R. Stevenson, Spanish Cathedral Music in the Golden Age (Berkeley/Calif. 1961).

NAVARRO, Juan (Johannes Navarrus Gaditanus), * um 1560 Cádiz, † nach 1604 Mexiko; span. Komponist. Er war Franziskanermönch und ging als Missionar nach Mexiko, wo er 1604 ein *Liber in quo quatuor Passiones Christi Domini continentur...* veröffentlichte, das auch Lamentationen enthält.

Lit.: G. Chase, J. N. „Hispalensis" and J. N. „Gaditanus", in: MQ 31 (1945); R. Stevenson, Music in Mexico (NY 1952, ^{2}1971); ders., Music in Aztec and Inca Territory (Berkeley/Calif. 1968).

NAVOIGILLE, frz. Violinisten und Komponisten. – **1) Guillaume,** genannt „l'aîné", * um 1745 Givet (Ardennen), † November 1811 Paris. N. stand im Dienst des Herzogs von Orléans bis zu dessen Tode. Um 1783 leitete er das Concert de la Loge Olympique und 1792 das Orchester des Théâtre du Palais. Von etwa 1805–10 spielte er in der königlichen Kapelle von Louis Bonaparte in Holland.

WW (in Paris gedruckt): Sonaten bzw. Duette für 2 V., op. 1 u. 2 (1760, um 1765), für V. u. B., op. 4 (1765); Sonaten bzw. Trios für 2 V. u. B., op. 3 u. 10 (1765, um 1777), für Harfe, Klv. (oder 2. Harfe) u. V., op. 9 (um 1777) (unvollständig); Symphonien, op. 5 u. 8 (1774, um 1776).

2) Julien, Bruder von 1), genannt „le cadet", * um 1749 Givet, † nach 1811 Paris (?). Er war 2. Konzertmeister, später Dirigent am Théâtre de Monsieur und 1792–98 am Théâtre de la Pantomime (des späteren Théâtre de la Cité). Von etwa 1805–10 stand er wie sein Bruder im Dienst von Louis Bonaparte. Er schrieb 2 Bücher Streichquartette (Lo o.J. bzw. P um 1771) sowie Romanzen und Rondeaux für Klv. oder Harfe u. 2 V. ad lib. (P o.J.). – **3) Joseph,** Neffe von 1) und 2), * Mitte 18. Jh., † Anfang 19. Jahrhundert. Von ihm sind *Sei alletamenti da camera* für 2 Violinen oder Querflöten und Baß (P o.J.) erhalten.

NĀY, Ney (arabisch, persisch, türkisch), ursprünglich und im weitesten Sinn Bz. für Holzblasinstrument, im engeren Sinn eine randgeblasene zylindrische Längsflöte aus Rohr oder aus Holz, die vom Spieler schräg nach unten an die Lippen gesetzt und gegen die leicht zugespitzte Kante der oberen Öffnung angeblasen wird. Die sehr schwer zu spielende N. hat meist eine Länge von 60–70, oft auch bis 100 cm. Eines der 5–8 Grifflöcher dient als hinterständiges Daumenloch, das das Überblasen in höhere Tonbereiche erleichtert. Der Tonumfang, durch die beachtliche Länge von einem entsprechend tiefen Grundton ausgehend, beträgt häufig 3 Oktaven und mehr. Bereits im alten Ägypten bekannt, ist die N. heute im ganzen Vorderen Orient verbreitet. Als einziges Blasinstrument gehört sie auch zum Ensemble der arabischen Kunstmusik. – ↗Iran.

Lit.: H. G. Farmer, Studies in Oriental Musical Instr. I (Lo 1931); A. Berner, Stud. z. arabischen Musik auf Grund gegenwärtiger Theorie u. Praxis in Ägypten (Bottrop 1937); H. Hickmann, Terminologie arabe des instr. de musique (Kairo 1947); H. Hickmann, Ägypten (L 1961) (= Musikgesch. in Bildern II/1); H. G. Farmer, Islam (L 1966) (= Musikgesch. in Bildern III/2). M. BRÖCKER

NEAPOLITANISCHER SEXTAKKORD, Bz. für die Moll-↗Subdominante mit tiefalterierter Sexte statt Quinte (in a-moll: d f b; in C-Dur: f as des), entstanden durch einen ursprünglichen, dann aber nicht mehr aufgelösten ↗Vorhalt der Sexte vor der Quinte (*); bei unmittelbarer Weiterführung zur ↗Dominante ergibt sich ein klanglich auffälliger ↗Querstand:

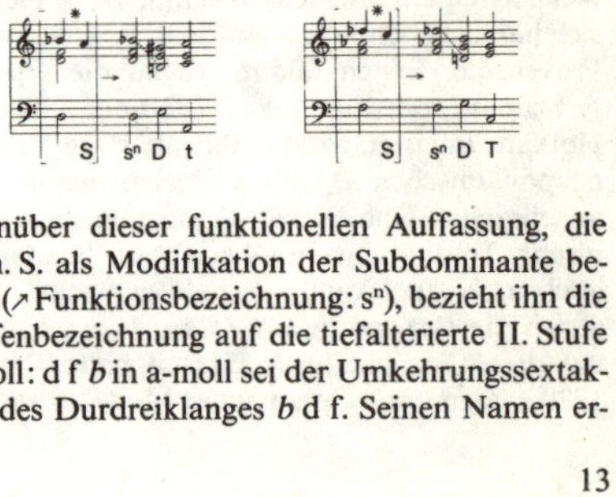

Gegenüber dieser funktionellen Auffassung, die den n. S. als Modifikation der Subdominante begreift (↗Funktionsbezeichnung: s^n), bezieht ihn die ↗Stufenbezeichnung auf die tiefalterierte II. Stufe in Moll: d f *b* in a-moll sei der Umkehrungssextakkord des Durdreiklanges *b* d f. Seinen Namen er-

Fr. Schubert, *Der Müller und der Bach* aus *Die schöne Müllerin*

hielt der n. S., der häufig bereits bei G. Carissimi erscheint (auch kurz *Neapolitaner* genannt), von der Neapolitanischen Schule des 18. Jh., wo er bevorzugt zur Darstellung von Leid, Klage, Schmerz eingesetzt wird. Diesen spezifischen Ausdrucksgehalt hat der n. S. in der Vokalmusik auch später vielfach bewahrt, während er in Instrumentalmusik, stets als besondere Farbe hervortretend, oft Höhepunkte markiert. Unabhängig davon wurde der n. S. in klassisch-romantischer Musik einerseits als Mittel der ↗Modulation genutzt (z.B. kann der s^n von C-Dur – f as des – zur ↗Tonika von Des-Dur umgedeutet werden); andererseits wurden mitunter Tonarten im „neapolitanischen" Verhältnis nebeneinandergestellt (z.B. E-Dur und sein „neapolitanisches" F-Dur in den Hiller-Variationen op. 100 von M. Reger).

NEAPOLITANISCHE SCHULE, Begriff für die Musikgeschichte Neapels im 17. und 18. Jh., im engeren Sinn für die hier ausgebildeten und in ganz Europa erfolgreichen Opernkomponisten des 18. Jahrhunderts. Die Behauptung einer besonderen Eigenständigkeit der neapolitanischen Oper harrt kritischer Überprüfung. Der Begriff Schule ist für Neapel insofern berechtigt, als es hier in den 4 Ende des 16. Jh. als Waisenhäuser gegründeten Konservatorien früh geordnete Musikausbildung gab. Für deren Finanzierung spielte Musikpraxis eine wichtige Rolle. An dem dazu nötigen Unterrichtswesen nahmen bald auch Externe teil. Schüler aus dem In- und Ausland wurden angezogen. Neapels Operngeschichte beginnt 1651. Der erste sich heraushebende einheimische Vertreter war Fr. Provenzale. Ersten Glanz erlebte die Oper mit A. Scarlatti, der hier 1684–1702 und 1708–17 als Hofkapellmeister wirkte. Ihn aber als Vater der neapolitanischen Oper zu bezeichnen, ist wenig angebracht. Seine Einbettung in römisch-venezianische Tradition ist unübersehbar. Scarlatti hat auch in Neapel kaum „Schule gemacht", wenngleich die Begegnung mit G. Fr. Händel in Rom auf diesen nachhaltigen Einfluß hatte. Ab etwa 1720 kamen seine Opern außer Mode als Folge eines Bruchs in der Opernästhetik und nicht lediglich des Generationenwechsels. Äußerlich werden zwar verschiedene Muster in der weiterhin repräsentativen Opera seria übernommen, so die Da capo-Anlage, die Trennung von Rezitativ und Arie und die 3sätzige Ouvertüre (schnell – langsam – schnell), die Ausfüllung dieser Muster jedoch zeigt einen tiefen Wandel unter Aufgeben des Concerto-Prinzips und Hinwenden zu einer harmonisch konzipierten, in mosaikartiger Reihung gebauten Satzanlage.

Bezeichnend für die Entwicklung seit etwa 1720 ist eine Schematisierung des Opernaufbaus mit einem Übergewicht der Da capo-Arie bei rigorosem Zurückdrängen der Ensembles. Es bilden sich Arientypen heraus, in denen Belcanto und Koloratur zum Selbstzweck werden. Mit zu dieser Typisierung beigetragen hat die Libretto-Reform P. Metastasios. Das Dramatische wird zurückgedrängt zugunsten musikalischer Affektdarstellung in den Arien.

Kennzeichnend für die Seria der Zeit ist das Isolieren des Buffo-Anteils, der sich nun in den Intermezzi (↗Intermezzo) selbständig entwickelte und gegen 1740 in die Opera buffa einmündete. Daneben entstand eine musikalische Dialektkomödie mit neuen musikdramatischen Ansätzen. In ihr und den Intermezzi liegt wohl die eigentliche Leistung Neapels in der Operngeschichte des 18. Jahrhunderts.

Führend als Kompositionslehrer waren bis etwa 1750 Fr. Durante und L. Leo. Aus ihrem Umfeld gingen u.a. hervor: E. R. Duni, G. B. Pergolesi, D. Perez, D. Terradellas, N. Jommelli, T. Traëtta, P. Guglielmi, N. Piccinni, A. Sacchini, G. Fr. De Majo. Zeitgenossen Leos waren D. Sarri, N. Porpora, Fr. Feo, L. Vinci und J. A. Hasse (1722–1727 in Neapel). Die Buffa empfing starke Impulse von G. B. Pergolesi. Führend sind hier ferner N. Logroscino, Rinaldo da Capua, G. Paisiello und D. Cimarosa. In der Dialektkomödie taten sich neben Pergolesi Leo, Vinci, N. Logroscino, G. Sellitto und G. Latilla hervor. Jommelli und Traetta versuchten nach 1750 eine Erneuerung der Opera seria unter starker Verwendung von Chören und Ausbau des Orchesteranteils. Chr. W. Glucks Reform wurzelt auch in diesen Bestrebungen. Jommelli beeinflußte mit seinen Opernouvertüren die Symphonie der Mannheimer Schule nachhaltig.

Oratorium und Kirchenmusik Neapels sind im 18. Jh. stark von der Oper abhängig und werden theaterhaft aufgefaßt. Besonders von Durante und Leo wird auch der A cappella-Stil weitergepflegt.

Lit.: F. FLORIMO, La scuola musicale di Napoli e i suoi conservatori, 4 Bde. (Neapel 1880–82, Nachdr. Bol 1969) (= Bibl. musica

Bononiensis III/9); M. SCHERILLO, L'opera buffa napoletana durante il Settecento (Palermo [2]1917); A. DELLA CORTE, L'opera comica italiana del Settecento, 2 Bde. (Bari 1923); U. PROTA-GIURLEO, La musica a Napoli nel Seicento, in: Samnium 1–2 (Benevent 1928–29); B. CROCE, I teatri di Napoli dal Rinascimento alla fine del secolo XVIII (Bari [4]1947); G. TINTORI, L'opera napoletana (Mi 1958); H. HUCKE, Die neapolitanische Tradition in der Oper des 18. Jh., in: Kgr.-Ber. New York 1961 (Kas 1961); H. HELL, Die neapolitanische Opernsinfonie in der 1. Hälfte des 18. Jh. (Tutzing 1971); M. F. ROBINSON, Naples and Neapolitan Opera (O 1972); F. DEGRADA, L'opera a Napoli nel Settecento, in: Storia dell'opera (Tn 1975). H. HELL

NEBEL, Newel (hebräisch, Plur.: nebalim), ein mehrmals im AT genanntes Instrument, dessen Konstruktion jedoch nicht genau bekannt ist. Einige Quellen deuten darauf hin, daß es sich um ein Blasinstrument handelte, die Mehrzahl der Quellen erklärt es jedoch als ein mit den Fingern gezupftes Saiteninstrument mit 10 oder 12 Saiten, vermutlich eine kleine Harfe oder ein Psalterium (in der Vulgata-Übersetzung). Wahrscheinlich asiatischen Ursprungs, wurde das Instrument von den Hebräern übernommen und spielte eine bedeutende Rolle besonders im Tempeldienst. Das semitische Wort N. wurde in der griechisch-römischen Antike als Nabla, Nablion, Naula und Nablium übernommen.

NEBENDREIKLÄNGE ↗Dreiklang.

NEBENNOTEN, Nebentöne, Bz. für Verzierungsnoten, die bei verschiedenen Verzierungen (z.B. Praller, Mordent, Triller) die Hauptnote im (kleinen oder großen) Sekundabstand von oben oder unten umspielen. In der Harmonielehre werden bei ↗Antizipation, ↗Durchgang, ↗Vorhalt und ↗Wechselnote auch harmoniefremde Töne als (chromatische und diatonische) N. bezeichnet.

NEBRA, José de, * 6. 1. 1702 Catalayud (Saragossa), † 11. 7. 1768 Madrid; span. Organist und Komponist. Er wurde 1724 Organist des Klosters der Descalzas Reales und der königlichen Kapelle in Madrid und 1751 deren Vizekapellmeister. Seit 1761 war er außerdem Clavichordlehrer des Infanten Don Gabriel. Nach dem Brand des königlichen Schlosses in Madrid vom 24. 12. 1734 stellte N. mit A. Literes ein neues kirchenmusikalisches Repertoire zusammen, zu dem er u.a. Messen, Litaneien, Psalmen und ein Requiem beitrug. Mit seinen Bühnenwerken in spanischer Tradition (Autos sacramentales) konnte er sich gegenüber den einflußreichen italienischen Musikern am Madrider Hof behaupten. A. Soler war sein Schüler.

WW: Zahlr. geistliche Werke, u.a. Messen, Psalmen, ein Salve, ein Requiem, Responsorien, Litaneien, Hymnen u. Lamentationen; ferner Villancicos, Zarzuelas u. Bühnenmusik.

Lit.: N. A. SOLAR-QUINTES, El compositor español J. de N. Nuevas aportaciones para su biografia, in: Anuario Mus. 9 (1954).

NEDBAL, Oskar, * 26. 3. 1874 Tábor (Böhmen), † 24. 12. 1930 Agram; tschechischer Komponist und Dirigent. Er studierte 1885–92 Violine und Komposition (A. Dvořák) am Konservatorium in Prag, spielte 1891–1906 als Bratschist in dem von ihm mitgegründeten Böhmischen Streichquartett und dirigierte 1896–1906 die Böhmische Philharmonie. Anschließend leitete er in Wien bis 1919 das Tonkünstlerorchester, zeitweise auch Aufführungen der Volksoper, und war seit 1923 Direktor des slowakischen Nationaltheaters in Preßburg. Daneben trat er auch als Gastdirigent auf. N. wurde hauptsächlich durch seine Operette *Polenblut* bekannt (Libr.: L. Stein, UA: Wien 1913). Neben weiteren Operetten schrieb er Ballette, ein *Scherzo caprice* op. 5 für Orchester (1892) und Kammermusik.

Lit.: L. NOVÁK, O. N. v mých vzpomínkách (Pr 1939); J. KVĚT, O. N. (Pr 1947); M. ŠULC, O. N. (Pr 1959); A. BUCHNER, O. N., život a dílo (Pr 1976).

NEEFE, Christian Gottlob, * 5. 2. 1748 Chemnitz, † 26. 1. 1798 Dessau; dt. Komponist. Er begann in Leipzig 1769 mit dem Jurastudium, das er 1771 zugunsten der Musik aufgab. Seine Ausbildung übernahm J. A. Hiller, der ihn an der Komposition des Singspiels *Der Dorfbarbier* (1771) beteiligte und die ersten eigenen Arbeiten N.s, *Die Apotheke, Amors Guckkasten, Die Einsprüche* und 12 C. Ph. E. Bach gewidmete Klaviersonaten, überwachte. Nach Hillers Verzicht wurde N. 1776 Musikdirektor der Theatertruppe Seyler, nach deren Auflösung seit 1779 bei der Kompagnie Grossmann-Hellmut und gelangte so in die kurkölnische Residenzstadt Bonn. 1782 erhielt er dort die Stelle eines Hoforganisten, ließ sich wegen seiner Verpflichtungen beim Theater jedoch häufig durch den jungen L. van Beethoven vertreten, den er in Klavierspiel und Komposition unterrichtete. Als bei Regierungswechsel 1784 der Theaterbetrieb eingestellt wurde, erlitt N. erhebliche finanzielle Einbußen. Noch schwieriger wurde seine Lage 1794 nach der französischen Besetzung des Kurstaates. N. harrte in Bonn aus und wurde mit verschiedenen Verwaltungsaufgaben betraut. 1796 ging er als Musikdirektor nach Dessau, wo er jedoch kurz darauf schwer erkrankte.

WW: **1) Instr.-WW:** Für Klv.: 12 Sonaten (L 1773); 6 neue Sonaten (L 1774); Variationen (Bonn 1793); Fantasie (ebd. 1797); 6 Sonaten mit V. (Glogau 1776); Klv.-Konzert (Mannheim 1782). – **2) Vokal-WW:** Lieder mit Klv.: *Freimaurerlieder* (L 1774); *Lieder mit Klaviermelodien* (Glogau 1776); *Oden von Klopstock* (Flensburg – L 1776 u.ö.); *Vademecum für Liebhaber des Gesangs* (L

1780); *Serenaten* (L 1777); *Lieder ... nebst einer Ballade* (L o.J.); *Bilder und Träume, von Herder* (L o.J.); Motette *Dem Unendlichen* für 4 St. u. Klv. (hsl.). – **3) Bühnen-WW:** Opern: *Die Apotheke*, UA: Berlin 1771; *Amors Guckkasten*, UA: Leipzig 1772; *Die Einsprüche*, UA: ebd. 1772; *Zemire und Azor*, UA: ebd. 1776 (nur die Ouvertüre erhalten); *Heinrich und Lydia*, UA: Berlin 1776; *Die Zigeuner*, UA: Frankfurt 1777; *Adelheit von Veltheim*, UA: ebd. 1780; *Der neue Gutsherr* (L 1783–84); Monodram *Sophonisbe*, UA: Mannheim 1778.

N. war ein hervorragender Lehrer und Literat mit umfassender Bildung und großer geistiger Flexibilität. Seine schriftstellerischen Arbeiten erschienen vorwiegend in Zeitschriften und Almanachen. Als Komponist betätigte er sich auf allen Gebieten, widmete sich aber besonders dem Singspiel. Hier pflegte er einen einfachen gesanglichen Stil, der J. A. Hiller verpflichtet ist. Das Monodram *Sophonisbe* (1778) setzt die Bemühungen G. Bendas fort, zu dem er auch familiäre Beziehungen unterhielt. N.s erfolgreichstes Werk ist die Oper *Adelheit von Veltheim* (1780). Seine Klavierlieder sind gekennzeichnet durch Sinn für dramatische Wirkung und zeigen beachtlichen Formenreichtum. Mit Klavierauszügen und Übersetzungen trug N. als einer der ersten zur Verbreitung der Opern Mozarts bei.

Ausg.: Partita in Es, in: Sinfonien um Beethoven, hrsg. v. L. SCHIEDERMAIR (Düsseldorf 1951) (= Denkmäler rheinischer Musik 1); 12 Klv.-Sonaten, hrsg. v. W. THOENE (1961–64) (= ebd. 10–11); *Das große Hallelujah*, hrsg. v. W. ENGELHARDT (1965) (= ebd. 12).

Lit.: Autobiographie, hrsg. v. W. ENGELHARDT (Kö 1957) (= Beitr. z. rheinischen Musikgesch. 21); M. STÖPGESHOFF, N. als Liederkomponist (Diss. Bonn 1925); A. HENSELER, A. Luchesi, in: Bonner Geschichtsblätter 1 (1937); A. BECKER, Ch. G. N. u. die Bonner Illuminaten (Bonn 1969).

S. BRANDENBURG

NEF. – 1) Karl, * 22. 8. 1873 St. Gallen, † 9. 2. 1935 Basel; Schweizer Musikforscher. Er studierte Musik am Konservatorium und Musikwissenschaft (H. Kretzschmar) an der Universität in Leipzig und promovierte 1896. 1900 habilitierte er sich an der Universität Basel und lehrte dort 1909–28 (seit 1923 als Ordinarius). Außerdem war er 1897–1925 Musikkritiker bei den *Basler Nachrichten* und 1898–1909 Herausgeber der *Schweizerischen Musikzeitung*. N. gehörte zu den Gründern der Schweizerischen Musikforschenden Gesellschaft und war 1932–35 deren Präsident. Er schrieb grundlegende Arbeiten zur Geschichte der Instrumentalmusik und zur Schweizer Musikgeschichte.

Schriften: *Zur Geschichte der deutschen Instrumentalmusik in der 2. Hälfte des 17. Jh.*, in: BIMG I/5 (L 1902); *Einführung in die Musikgeschichte* (Bas 1920, ³1945); *Geschichte der Sinfonie und Suite* (L 1921, Nachdr. Wie 1970); *Geschichte unserer Musikinstrumente* (L 1926, Bas ²1949); *Die neun Sinfonien Beethovens* (L 1928, Nachdr. Wie 1970).

2) Albert, Bruder von 1), * 30. 10. 1882 St. Gallen, † 6. 12. 1966 Bern; Schweizer Dirigent und Komponist. Er studierte Musik und Musikwissenschaft (H. Kretzschmar) in Leipzig und in Berlin und promovierte dort 1906. Anschließend wirkte er als Kapellmeister in Lübeck, Neustrelitz und Rostock, 1913–35 am Stadttheater in Bern, dessen stellvertretender Direktor er 1935–58 war.

WW: Klv.-Stücke; *Appenzeller Volkstänze* (1927) für Orch.; Lieder; Chöre; Zyklus *Wanderschaft* (1925) für Tenor, Chor u. Orch.; Singspiel *Graf Strapinski*, UA: Bern 1928.

3) Walter, Neffe von 1) und 2), * 8. 4. 1910 St. Gallen; Schweizer Musikforscher. Er promovierte 1934 in Basel. Anschließend lehrte er dort an der Schola Cantorum Basiliensis, die er seit 1954 als stellvertretender Direktor und 1964–70 als Direktor leitete. Außerdem lehrte er seit 1955 am Konservatorium, war 1960–68 Leiter für Instrumentenkunde an der Universität und übernahm 1960 die Leitung der Sammlung alter Musikinstrumente des Historischen Museums Basel.

Schriften: *Vom Musiktraktate des Notker Labeo*, in: SMZ 87 (1947); *Der sogenannte Berner Orgeltraktat*, in: AMl 20 (1948) u. 21 (1949); ferner Aufsätze zur Instrumentenkunde.

Lit.: **Zu 1):** W. MERIAN, K. N., in: ZfMw 17 (1935); DERS., K. N. u. die Entstehung der Musikwiss. in Basel, in: Basler Jb. 1939; K. N., in: Gedenkschrift J. Handschin (Be – St 1957).

NEGRI, Cesare, genannt Il Trombone, * um 1536 Mailand, † nach 1604 ebd.; it. Tänzer, Tanzlehrer und Tanztheoretiker. Die Erfindung von Tänzen und Tanzschritten sowie die theoretische Schrift *Le Gratie d'Amore* (Mi 1602, Neudr. als *Nuove inventioni di balli*, Mi 1604) begründeten seinen Ruhm. Ungewöhnliche Anerkennung fand seine Beschreibung der Choreographie verschiedener Hoftänze mittels einer stenographischen Notation.

Ausg.: *Nuove inventioni di balli* 1604, GA der 43 Balli übertragen aus einer it. Tabulatur für Gitarre, hrsg. v. H. MÖNKEMEYER (Rodenkirchen 1967); *Le Gratie d'Amore* 1602, Faks.-Ausg. (Bol 1969) (= Bibl. musica Bononiensis II/104).

Lit.: C. COLOMBO, La danza nel Seicento (Bellinzona 1962) (mit Ausw. aus „Le Gratie d'Amore").

NEGRI, Gino, * 25. 5. 1919 Mailand; it. Komponist. Er studierte bei Giulio Cesare Paribeni und R. Bossi am Conservatorio di Musica G. Verdi in Mailand, wo er 1959 künstlerischer Leiter des Teatro del Popolo wurde. Er schrieb vorwiegend Bühnenwerke, die eine Vorliebe für Komik und Satire erkennen lassen, sowie mehrere Fernsehopern.

WW: Klv.-Stücke, darunter *Diario e dedica* (1949); Kammermusik u. Lieder. – Opern: *Divertimenti di Palazzeschi*, UA: Mailand 1948; *Antologia di Spoon River*, UA: Florenz 1949; *Vieni qui Carla*, UA: Mailand 1956; *Massimo*, UA: ebd. 1958; *Il thè delle tre*, UA: Como 1958; *L'armonium è utile* u. *Gli inconvenienti regali* (1958); *Giorna di nozze*, UA: Mailand 1959; *Il circo Max*, UA: Venedig 1959; *Il teste indesirato*, UA: RAI 1960; *Giovanni Sebastiano*, UA: ebd. 1967, szenisch Turin 1970; *Sirene* u. *Fragile*,

UA: ebd. 1961; *La fine del mondo* (1969); ferner Bühnen- u. Filmmusik.

NEGRO SPIRITUAL, eig. Negro Spiritual Song (engl.-amerik., = geistliches Lied der Neger), auch **Spiritual** bzw. **Spirichil** (afroamerik.), Teil der religiösen Musik (Sacred Singing) der Afroamerikaner in den USA. Die Benennung lehnt sich an die bei den angelsächsischen Siedlern seit dem 18. Jh. übliche Wendung „Spiritual Song" für Kirchenlied, Choral, Hymne u. ä. an. – Das N. entstand im Zusammenhang mit den Missionsaktivitäten protestantischer Sekten (Methodisten, Baptisten), die diese im 18., vor allem aber im 19. Jh. entfalteten (Great Awakening, Camp Meeting). Es ist also ein Ergebnis kultureller Vermischungsprozesse, d. h. eine Symbiose aus angelsächsisch-protestantisch geprägtem Kirchenlied, afrikanischer Musik und religiösen Elementen Afrikas unter den Bedingungen der amerikanischen Sklaverei. Die Akkulturationsvorgänge führten einerseits zu „schwarzer" Aneignung „weißer" Vorlagen, andererseits zu afroamerikanischen Neuschöpfungen. – Auf diesem Hintergrund lassen sich die Eigenarten des N. erklären: in seiner Existenzweise offen; dem Strukturgesetz des ↗Call-and-Response-Pattern verpflichtet; melodisch vom ↗Shouting beeinflußt; ↗off-beat-rhythmisiert; stofflich auf einer gezielten Auswahl biblischer, insbesondere alttestamentlicher Themen basierend, die afrikanischen Vorstellungen gerecht werden und zugleich die Situation des Sklaven berücksichtigen; afrikanisch bedingte Bilder, Begriffe und Sprachwendungen. (Der Gospelsong ist ein Derivat und unterscheidet sich vor allem durch kommerzielle Aspekte vom N.) – Erstmals in der Zeit des Sezessionskriegs und der Emanzipationsproklamation wurden von Weißen Versuche unternommen, N. zu notieren und zu veröffentlichen (1861). Sie verzeichneten freilich das Phänomen in europäisierender Umdeutung. Gleichzeitig wurden N. von Chören der neugegründeten Negeruniversitäten sowie von kleineren Ensembles kompositorisch gefaßt und in europäisierten, mehrstimmigen Sätzen konzertant dargeboten (Fisk Jubilee Singers, Konzertreisen ab 1871; später Golden Gate Quartet). In diesen verfremdeten Versionen wurde die Gattung weltweit bekannt; doch lebt bis heute auch die originäre Tradition. – Der Gesamtkomplex des afroamerikanischen Sacred Singing – Anthem, Jubilee, Ring-shout, Gospelsong, Sermon, Prayer u. a. – ist kaum erforscht. Das gilt in gleicher Weise für das N. in bezug auf Herkunft, Funktion, Vielfalt und Stellenwert.

Ausg.: Slave Songs of the United States, hrsg. v. W. F. ALLEN u. A. (NY 1867); Spiritual Folk-Songs of Early America, hrsg. v. G. P. JACKSON (Locust Valley 1937); Folk Songs, U.S.A., hrsg. v. J. A. u. A. LOMAX (NY 1947); Negro Spirituals, hrsg. v. J. JAHN – A. M. DAUER (F–H 1962).

Lit.: A. M. DAUER, Der Jazz. Seine Ursprünge u. seine Entwicklung (Kas–Eisenach 1958, ³1977); DERS., Jazz – die magische Musik (Bremen 1961); L. ZENETTI, Peitsche u. Psalm. Gesch. u. Glaube, Spirituals u. Gospelsongs der Neger Nordamerikas (Mn 1963, ²1967); TH. LEHMANN, N. Gesch. u. Theologie (Witten 1965); A. M. DAUER, Die Posaunen Gottes. Über Erregungs- u. Ergriffenheitstechniken in religiöser Dichtung u. Musik der Afro-Amerikaner, in: FS W. Graf (W 1970); D. J. EPSTEIN, Sinful Tunes and Spirituals. Black Folk Music to the Civil War (Urbana 1977).

J. HUNKEMÖLLER

NEIDHARDT, Johann Georg, * um 1685 Bernstadt (Schlesien), † 1. 1. 1739 Königsberg; dt. Musikschriftsteller und Komponist. Er studierte seit 1706 Theologie in Wittenberg und Jena. Daneben beschäftigte er sich theoretisch und praktisch mit Fragen der musikalischen Temperatur, wodurch er zu seiner Zeit sehr bekannt wurde. J. N. Bach, Organist an der Universität Jena, gab N. die Gelegenheit, die von ihm vertretene gleichschwebende Temperatur an der neuen Orgel der Stadtkirche zu erproben. Sie konnte sich aber gegenüber der von Bach nach dem Gehör vorgenommenen Stimmung nicht behaupten. 1720 wurde er Hofkapellmeister und Lehrer für Orgel an der Universität in Königsberg. Seine Temperaturen beruhen auf der Verteilung des pythagoreischen Kommas auf die 12 Quinten eines geschlossenen Quintenzirkels. Aus dem Sonderfall der gleichmäßigen Verteilung des Kommas, dem N. selbst später kaum mehr praktische Bedeutung beimaß, resultiert die heute gebräuchliche gleichschwebende Temperatur.

WW: **1) Kompositionen:** *Sieben Buß-Psalmen Davids ... in Teutsche Oden gebracht* (Königsberg 1715). – **2) Schriften:** *Beste und leichteste Temperatur des Monochordi* (Jena 1706); *Sectio canonis harmonici zur völligen Richtigkeit der Generum Modulandi* (Königsberg 1724); *Gänzlich erschöpfte mathematische Abtheilungen des diatonisch chromatischen temperirten Canonis monochordi* (ebd. – L 1732, ²1734).

NEIDHARDT (Neidhart) **VON REUENTHAL** (Nithart von Riuwental), * um 1180, † um 1240; bayrisch-östr. Minnesänger. N.s Werk repräsentiert den Übergang zum spätmittelalterlichen Minnesang. Obgleich auch er noch für ein höfisches Publikum arbeitet, ironisiert und verfremdet er die traditionelle Thematik durch ihre parodistische Übertragung in das Bauernmilieu. Dabei bevorzugt er Tanzliedmodelle („Winter-" und „Sommerlieder"). – Handschriften, die seine Lieder enthalten, stammen aus dem 14. und bes. aus dem 15. Jh.; neben Walther von der Vogelweide ist N. der älteste auch in seinen (etwa 17) Melodien überlieferte Minnesänger. Zahlreiche Imitationen zeugen von seiner lang anhaltenden Beliebtheit.

Ausg.: Lieder v. N. (von R.), hrsg. v. W. SCHMIEDER (W 1930) (= DTÖ 71) (GA der Melodien, Faks. u. Übertragung); N.-Lieder. Kritische Ausg. der N. von R. zugeschriebenen Melodien, hrsg. v. F. GENNRICH (Langen 1962) (= Summa musicae medii aevi 9); N.s Sangweisen, hrsg. v. E. ROHLOFF, 2 Bde. (B 1962) (= Abh. der Sächsischen Akad. der Wiss. zu Leipzig, Phil.-hist. Klasse 52); 38 N. zugeschriebene Lieder, in: R. J. TAYLOR, The Art of the Minnesinger, 2 Bde. (Cardiff 1968); Die Lieder N.s. Der Textbestand der Pergament-Hss. u. der Melodien, hrsg. v. S. BEYSCHLAG (Da 1975).

Lit.: W. SCHMIEDER, Zur Melodiebildung in Liedern v. N. (von R.), in: StMw 17 (1930); W. MÜLLER-BLATTAU, Melodietypen bei N. von R., in: Annales Univ. Saraviensis, Philos. Fakultät 9 (1960); E. SIMON, N. von R., Gesch. der Forsch. u. Bibliogr. (Den Haag 1968) (= Harvard Germanic Studies 4); K. H. KOHRS, Zum Verhältnis v. Sprache u. Musik in den Liedern N.s von R., in: DVfLG 43 (1969); DERS., Neidhardte and Neidhardtianer. Notes on the History of a Song Corpus, in: Beitr. z. Gesch. der dt. Sprache u. Lit. 94 (Tü 1972); E. ROHLOFF, Gedanken zu „N.s Sangweisen“, in: Wiss. Zschr. der M.-Luther-Univ. Halle-Wittenberg, Ges.- u. sprachwiss. Reihe 22 (1973). J. HUNKEMÖLLER

NEIDLINGER, Gustav, * 21. 3. 1910 Mainz; dt. Sänger (Baß-Bariton). Er erhielt seine Gesangsausbildung am Konservatorium in Frankfurt am Main, debütierte 1931 am Stadttheater in Mainz und erhielt danach Engagements in Plauen (1934–35) und an der Hamburger Staatsoper (bis 1950). 1950 kam er an die Staatsoper in Stuttgart und wurde 1956 auch Mitglied der Wiener Staatsoper. Außerdem gastierte er in Berlin, Paris, Neapel, Lissabon und an der Mailänder Scala. Seit 1952 sang er regelmäßig bei den Bayreuther Festspielen. In der Partie des Alberich in R. Wagners *Ring des Nibelungen,* einer seiner Glanzrollen, gastierte er 1972 erstmals an der Metropolitan Opera in New York. N. gilt als einer der bedeutendsten Wagner-Sänger seiner Generation.

NEJEDLÝ, Zdeněk, * 10. 2. 1878 Leitomischl (Litomyšl) (Böhmen), † 9. 3. 1962 Prag; tschechischer Musikforscher und Politiker. Er studierte Ästhetik und Geschichte an der Karls-Universität in Prag, promovierte dort 1900 und habilitierte sich 1905 für das Fach Musikwissenschaft. 1909 wurde er außerordentlicher und 1919 ordentlicher Professor. 1939 emigrierte er in die UdSSR, wo er bis 1945 an der Universität Moskau und am Historischen Institut der Sowjetischen Akademie der Wissenschaften tätig war. Nach 1945 war er in der ČSR (seit 1960: ČSSR) u.a. Kultus- (1945–46 und 1948–53) und Sozialminister (1946–48) und blieb bis zu seinem Tod Mitglied der Regierung. 1952 wurde er Präsident der Tschechischen Akademie der Wissenschaften, der er seit 1907 angehörte, und Ehrendoktor der Universität Jena. Zum 60. und 75. Geburtstag wurde er mit Festschriften geehrt. Als Begründer der tschechischen Musikwissenschaft und Beobachter und Kritiker des kulturellen Geschehens spielte N. auch eine wichtige Rolle im Musikleben der ČSSR. Er setzte sich besonders für die Weiterführung der Tradition Fr. Smetanas ein.

Schriften (alle in Prag erschienen): *Z. Fibich* (1901); *Dějiny předhusitského zpěvu v Čechách* (Gesch. des vorhussitischen Gesanges in Böhmen) (1904), dt. Auszug als: Magister Záviše u. seine Schule, in: SIMG 7 (1905/06); *J. B. Foerster* (1910); *Česká moderní zpěvohra pro Smetanovi* (Die moderne tschech. Oper nach Smetana) (1911); *V. Novák* (1921); *B. Smetana* (1924, ²1962, dt. Pr 1924); *B. Smetana,* 4 Bde. (1924–33), dass., 7 Bde., in: *Segrané spisy* (Gesammelte Schriften) (Pr 1948ff.); *O. Ostrčil* (1935, ²1949); *Sovětská hudba* (Sowjetische Musik) (1936).

Lit.: J. JIRÁNEK, Z. N. (Pr 1952); DERS., Der Beitr. Z. N.s zur Erforsch. des hussitischen Gesanges, in: Kgr.-Ber. Köln 1958 (Kas 1959); S. JONÁŠOVÁ, Bibliogr. díla Z. Nejedlého (Bibliogr. der Werke Z. N.s) (Pr 1959); F. ČERVINKA, Z. N. (Pr 1969).

NELSON, Oliver (Edward), * 4. 6. 1932 St. Louis (Missouri), † 27. 10. 1975 Los Angeles; amerik. Jazzmusiker (Saxophon, Flöte), Bandleader und Arrangeur. N. trat seit 1950 auf, spielte zuerst bei Louis Jordan und studierte daneben seit 1954 Musiktheorie. Als Saxophonist zeigte er deutliche Einflüsse von Johnny Hodges und Ben Webster; als Arrangeur für Big Bands war er eigenständiger und zeichnete sich besonders durch die harmonisch-originelle Bearbeitung von Standardstücken wie z.B. *Down by the riverside* aus. 1970 übernahm er die musikalische Leitung für die Aufnahmen der LP *Louis Armstrong and his friends;* besonders gelungen ist hier die Version von *We shall overcome.*

NENNA, Pomponio, * um 1550 Bari, † vor Oktober 1613 Neapel oder Rom; it. Komponist. N. war möglicherweise Schüler von St. Felis. Um 1582 stand er als Gouverneur von Andria (bei Bari) im Dienst des Fürsten Fabrizio Carafa, der 1590 von C. Gesualdo ermordet wurde, lebte dann in Neapel (vermutlich 1594–99 im Dienst Gesualdos), wo er 1603 zum Ritter vom Goldenen Sporn geschlagen wurde. Seit 1608 ist er in Rom nachweisbar.

WW: 8 Bücher Madrigale für 5 St., davon erhalten 1 (V 1582), 4 (V ²1609), 5–7 (Neapel 1603, 1607, 1608), 8 (R 1618); Madrigale für 4 St. (Neapel 1613), vollständig erhalten nur mit von C. Milanuzzi hinzugefügtem B. c. (V 1621); Responsorien für Weihnachten u. die Karwoche für 4 St. (Neapel 1607, unvollständig), NA mit B. c. (ebd. 1622); Karwochen-Responsorien für 5 St. u. B. c. (postum R 1622); einige Werke in Sammeldrucken der Zeit.

N. gehört zu den bedeutenderen neapolitanischen Komponisten im unmittelbaren Umkreis von Gesualdo. Dies bezeugen auch viele gemeinsame stilistische Züge in den Madrigalen. Insgesamt sind aber N.s Werke in satztechnischer Hinsicht weniger kühn als die Gesualdos. Entgegen der früheren Annahme, dieser sei N.s Schüler gewesen, ist es heute wahrscheinlicher, daß das Lehrer-Schüler-Verhältnis umgekehrt war.

Ausg.: 4 Villanellen, hrsg. v. S. A. LUCIANI (R 1941) (= Istituto italiano per la storia della musica, Antologia I); die Bücher 1 u. 4 der *Madrigali a 5 v.*, hrsg. v. E. DAGNINO (R 1942) (= ebd. II/1).

Lit.: G. WATKINS, A Madrigal in Four Voices ... by P. N., in: Notations and Editions. FS L. Cuyler (Dubuque/Iowa 1973, Nachdr. 1977); K. A. LARSON, N., in: Grove[6] XIII.

NEO-BECHSTEIN-FLÜGEL, ein elektromechanisches Klavier ohne eigenen Resonanzboden, das, von dem Physiker Walther Nernst um 1930 konstruiert, zum ersten Mal auf der Funk- und Phonoschau 1931 in Berlin vorgeführt wurde. Die mechanische Ausrüstung stammte von der Klavierbaufirma Bechstein, die elektroakustische von der Siemens AG. Der Saitenbezug ist im mittleren Tonbereich zweichörig. Anschlaggeräusche und Verzerrungen wurden durch Mikrohämmer ausgeschaltet. Elektromagnetische Mikrophone nehmen die Saitenschwingungen ab, jedes von ihnen ist 5 Saiten (bzw. -paaren) zugeordnet. Der Verstärker wird vom linken Pedal aus bedient. Die Abklingzeit der Saiten ist veränderbar, die Schallabstrahlung geschieht über Lautsprecher. 1932 verwendete Wilhelm Grosz den N. in seiner Funkoperette *Kleine Melodie.*

NEOKLASSIZISMUS, Bz. für eine allgemein kulturhistorische Strömung der 1. Hälfte des 20. Jh.; in der Musik zwischen 1900 und 1920 hauptsächlich als Gegenbewegung entstanden: einerseits zur Spätromantik und deren Monumentalität, ihrer Chromatik und Alterationsharmonik als Merkmale einer übersteigerten, komplexen und ausdrucksüberladenen Musiksprache; andererseits zum Expressionismus (später auch zur Zwölftontechnik) der 2. Wiener Schule, der man gleichermaßen Überspitzung des Subjektivistischen und Konstruktivismus vorwarf.
N. ist in bezug auf Musik ein sehr weitgefaßter Sammelbegriff, der zur Kennzeichnung von Werken unterschiedlichster Ausprägung verwendet wird, so daß eine Beschreibung seiner Merkmale notwendig nur sehr allgemein gefaßt werden kann. Die Übergänge und Grenzen zu anderen Stilen sind fließend. Darüber hinaus finden sich stilistische Ähnlichkeiten zu ausgesprochenen Vertretern des N. auch bei Komponisten mit gänzlich andersartigen Ausgangspositionen. Allen gemeinsam ist noch am ehesten: der Versuch, durch bewußten Rückgriff (auf eine „Klassik") gewonnene formale, satztechnische und ausdrucksmäßige Elemente mit einer gemäßigten, meist frei tonalen Harmonik sowie einer durchaus traditionellen, schwerpunktsbezogenen Rhythmik (oft mit motorischen Zügen) zu verbinden, wobei durch Zurücknahme des subjektiv-expressionistischen Moments die quasi „objektive" Seite der Musik und ihr Spielerisches betont wird. Der Begriff der „Klassik" ist dabei sehr weit gefaßt und bezieht sich auf die Vokalpolyphonie der franko-flämischen Schule ebenso wie auf die Musik des Barocks, der Vorklassik und der Wiener Klassik (Motette, Fuge, Suite, Concerto grosso und Sonate werden wiederbelebt). Andererseits steht „Klassik" dabei etwas einseitig als ästhetisches Vorbild für Einfachheit, Leichtigkeit und Natürlichkeit. Zu den wichtigsten Vertretern des N. zählen die Komponisten der ↗Groupe des Six, P. Hindemith, E. Pepping, H. Distler, J. N. David. Charakteristische Werke dieser Stilrichtung schufen u. a. Cl. Debussy *(Pour le piano),* M. Ravel (*Le tombeau de Couperin;* Sonatine), I. Strawinsky *(Pulcinella* [nach G. B. Pergolesi]; *Symphony in C),* S. Prokofjew *(Symphonie classique)* und B. Bartók *(Musik für Saiteninstrumente, Schlagzeug und Celesta).* Neoklassizistische Elemente (in Rhythmus und Form) finden sich jedoch auch in A. Schönbergs späterer zwölftöniger Schaffensphase, z. B. in den Streichquartetten op. 30 und 37 und im Violin- und Klavierkonzert. Ein Zusammenhang von N. und sozialistischem Realismus besteht auch bei den russischen Komponisten A. Chatschaturjan und Dm. Schostakowitsch.

Lit.: TH. W. ADORNO, Philosophie der Neuen Musik (Tü 1949, NA F 1958, [3]1967), wiederabgedruckt in: Gesammelte Schriften XII, hrsg. v. R. Tiedemann (F 1975); F. KRUMMACHER, Klassizismus als musikgesch. Problem, in: Kgr.-Ber. Kopenhagen 1972 (Kop 1972); P. BOULEZ, Anhaltspunkte. Essays (St – Z 1975).

E. KIEM

NERI, Filippo, * 21. 7. 1515 Florenz, † 26. 5. 1595 Rom; it. Priester, 1612 heiliggesprochen, eine bedeutende Gestalt der katholischen Frömmigkeitsgeschichte der Neuzeit. N. war der Sohn eines florentinischen Notars und studierte in Rom an der Università de la Sapienza sowie bei Augustinermönchen. 1551 wurde er zum Priester geweiht und schloß sich mit einigen anderen Weltpriestern zusammen, deren geistlicher Führer er wurde. Diese Gemeinschaft traf sich im Oratorium (Betsaal) von S. Girolamo della Carità in Rom zu neuartigen seelsorglichen Veranstaltungen, die man Essercizi spirituali (= geistliche Übungen) nannte. Aus der Gemeinschaft um N. – sie versammelte sich seit 1575 an S. Maria in Vallicella – erwuchs die geistliche Institution des Oratoriums (auch Oratorianer oder Filippiner genannt, 1575 von Papst Gregor XIII. als Kongregation bestätigt). Die Essercizi spirituali hatten in Ergänzung der offiziellen Liturgie eine religiöse und sittliche Erneuerung und eine Vertiefung der Frömmigkeit im Sinn der Katholischen Reform zum Ziel. Neben Predigt und Gebet kam dabei auch dem volkssprachlichen Gesang eine besondere Bedeutung zu. Seine charakteristische Ausprägung war zu N.s Lebzeiten vor allem die ein- und mehrstimmige ↗Lauda. Diese „filippinische" Lauda wurde textlich um 1600 zu einer Wurzel des ↗Oratoriums, das in seiner Frühzeit räumlich und geistig eng mit den von N. eingeleiteten Bestrebungen verbunden war und in dem in einzigartiger Weise das Erbe N.s Musikgeschichte wurde.

Lit.: ↗Lauda, ↗Oratorium.

NERI, Massimiliano, * Anfang 17. Jh. Brescia (?), † nach 1666 Bonn (?); it. Organist und Komponist. Er wurde 1644 1. Organist an S. Marco in Venedig und blieb 20 Jahre in dieser Stellung. 1651 wurde er von Kaiser Ferdinand II. geadelt. 1664 kam er als Organist und Kapellmeister an den kurkölnischen Hof nach Bonn, wo er 1666 letztmals bezeugt ist. Neben G. Legrenzi war N. einer der Komponisten, die für die Entwicklung der italienischen Violinmusik bedeutend waren.

WW (alle nur unvollständig erhalten): *Sonate e canzone a quatro da sonarsi con diversi stromenti in chiesa, in camera* (V 1644); *Sonate da sonarsi con varii stromenti a tre sino a dodeci* (V 1651); Motetten für 2 u. 3 St. u. B.c. (V 1664).

Lit.: W. S. NEWMAN, The Sonata in the Baroque Era (Chapel Hill/N.C. 1959, revidiert 1966, NY – Lo 1972); S. DALLA LIBERA, Cronologia musicale della Basilica di S. Marco in Venezia, in: MS 3 (1961).

NERUDA. – 1) Johann Baptist Georg, * 1706 Rositz bei Pardubitz, † 1780 Dresden; böhmischer Violinist und Komponist. Er gehörte dem Orchester des Prager Theaters an und wurde 1750 Mitglied der Dresdner Hofkapelle, die er bis 1772 leitete. Von seinen zahlreichen Werken wurden nur Triosonaten gedruckt (L 1764); u.a. 3 Violinkonzerte, 4 Symphonien und eine Oper sind hsl. erhalten. – **2) Wilma** (Vilemína) **Maria Franziska,** * 21. 3. 1839 Brünn, † 15. 4. 1911 Berlin; böhmische Violinistin. Sie begann ihre Laufbahn in Wien, unternahm danach mit ihrer Familie eine Konzerttournee durch Deutschland, spielte bis 1895 auch in England, Rußland, Australien und Südamerika. Seit 1900 lebte sie in Berlin, wo sie Professor am Sternschen Konservatorium war. – **3) Franz** (František) **Xaver Viktor,** Bruder von 2), * 3. 12. 1843 Brünn, † 20. 3. 1915 Kopenhagen; böhmischer Violoncellist. Er spielte zunächst mit seiner Familie in Skandinavien und ließ sich danach in Kopenhagen nieder. Dort wurde er Mitglied der Königlichen Kapelle und Gründungsmitglied der Kammermusikforeningen. Nach einem Aufenthalt in England gründete er in Kopenhagen das N.-Quartett, wurde 1889 Professor am Konservatorium in St. Petersburg und 1892 Nachfolger von N. Gade als Leiter der Musikforeningen in Kopenhagen. N. schrieb Werke für Orgel, Klavier und Violoncello, Streichquartette, Orchesterstücke u. 5 Violoncellokonzerte.

NESSLER (eig. Neßler), **Viktor Ernst,** * 28. 1. 1841 Baldenheim (Elsaß), † 28. 4. 1890 Straßburg; elsässischer Komponist. Er studierte protestantische Theologie und Komposition in Straßburg. Aufgrund seiner ersten musikalischen Werke aus der theologischen Fakultät ausgeschlossen, ging er 1878 nach Leipzig als Dirigent des dortigen Carola-Theaters. Seit 1880 widmete er sich ganz der Komposition. N. blieb weit über seine Lebenszeit hinaus als Schöpfer idyllisch-beschaulicher Opern und eingängiger Vokalwerke bekannt. Am erfolgreichsten wurde der *Trompeter von Säckingen,* aus dem gelegentlich heute noch das Lied mit dem zum Motto gewordenen Text *Behüt' dich Gott, es wär' zu schön gewesen* zu Gehör kommt.

WW: Zahlreiche Opern, darunter: *Der Rattenfänger von Hameln,* UA: Leipzig 1879; *Der wilde Jäger,* UA: ebd. 1881; *Der Trompeter von Säckingen,* UA: ebd. 1884. – Viele Chorwerke, meist für Männerstimmen, und Klv.-Lieder.

Lit.: C. SCHNEIDER, V. N., compositeur alsacien du „Trompette de Säkkingen", in: La musique en Alsace hier et aujourd'hui (Str 1970) (= Publications de la Soc. savante d'Alsace et des régions de l'Est 10).

NESTROY, Johann Nepomuk Eduard Ambrosius, * 7. 12. 1801 Wien, † 25. 5. 1862 Graz; östr. Schauspieler und Dramatiker. Er wirkte zuerst als Sänger in verschiedenen musikalischen Akademien und Konzerten in Wien, u.a. in Quartetten für Männerstimmen von Fr. Schubert, mit, debütierte als Opernsänger (Sarastro) in Wien und war Sänger und Schauspieler in Amsterdam, Brünn, Graz, Preßburg und Lemberg. Mit seinem Engagement an das Theater an der Wien begann 1831 seine Laufbahn als Komiker und Bühnenschriftsteller. Seit 1845 gehörte er dem Ensemble des Leopoldstädter Theaters (Carltheater) an, dessen Direktion er 1854–60 innehatte. Seine letzten Lebensjahre verbrachte er in Graz und gab dort wie in Wien Gastspiele (früher auch in Brünn, Prag, Berlin, Breslau, Hamburg und München).
N. führte als Dramatiker zunächst die Alt-Wiener Volkskomödie mit Zauberstücken fort und schrieb später Parodien (auch Ballett- und Opernparodien) sowie satirische Stücke, die er Possen mit Gesang nannte. Darin beleuchtete er die sozialen Zustände im Wien seiner Zeit kritisch und entwikkelte sich zum größten Charakterkomiker und Satiriker des österreichischen Theaters. Bühnenmu-

sik dazu (meist mit ausgedehnten Instrumentalstücken wie Ouvertüren und Finali) schrieben u.a. Carl Binder, M. Hebenstreit, Georg Ott und A. Müller. Große Popularität erlangten die Couplets mit ihren pointierten Refrains wie *Ja, die Männers haben's gut (Talisman)* und *Die Welt steht auf kein' Fall mehr lang (Lumpazivagabundus).*

WW: Possen mit Gesang (UA in Wien): *Der böse Geist Lumpazivagabundus*, UA: 1833; *Der Talisman*, UA: 1840; *Das Mädl aus der Vorstadt*, UA: 1841; *Einen Jux will er sich machen*, UA: 1842; *Der Zerrissene*, UA: 1844; *Frühere Verhältnisse*, UA: 1862; *Häuptling Abendwind*, UA: 1862 (nach J. Offenbachs *Vent du soir*). – Ballett- u. Opernparodien (UA in Wien): *Zampa der Tagdieb*, UA: 1832 (nach F. Hérold); *Robert der Teufel*, UA: 1833 (nach G. Meyerbeers *Robert le diable*); *Martha oder die Mischmonder Magd-Mägde-Mietung*, UA: 1848 (nach Fr. von Flotow); *Tannhäuser*, UA: 1857; *Lohengrin*, UA: 1859. – Bühnen-WW nach N.: H. Sutermeister, *Titus Feuerfuchs* (nach *Der Talisman*), UA: Basel 1958; G. von Einem, *Der Zerrissene*, UA: Hamburg 1964; ferner eine Operette v. R. Stolz, *Drei von der Donau* (nach *Lumpazivagabundus*), UA: Wien 1947.

Lit.: O. ROMMEL, Die Alt-Wiener Volkskomödie (W 1952); A. BAUER, Die Musik A. Müllers in den Theaterstücken J.N.s. Ein Beitr. z. Musikgesch. des volkstümlichen Theaters in Wien (Diss. W 1935); DERS., Die Musik in den Theaterstücken J. N.s, in: Jb. der Ges. für Wiener Theaterforsch. 1944, wiederabgedruckt in: ÖMZ 23 (1968); A. OREL, Opernsänger J. N., in: Jb. des Vereins für Gesch. der Stadt Wien 14 (1958); O.E. DEUTSCH, N.s erstes Auftreten, in: ÖMZ 18 (1963); E. HILMAR, Die N.-Vertonungen in den Wiener Slg.en, in: Maske u. Kothurn 18 (1972); G. PICHLER, N. als Opernsänger, in: ÖMZ 31 (1976).

A. K. GOTTWALD

NĒTĒ ↗Systema teleion.

NETTL. – 1) Paul, * 10. 1. 1889 Hohenelbe (Ostböhmen; heute Vrchlabí), † 8. 1. 1972 Bloomington (Indiana); amerik. Musikforscher tschechischer Herkunft. Er studierte Jura, Musikwissenschaft und Komposition in Prag und in Wien, promovierte 1915 in Prag und habilitierte sich dort 1920. 1919–33 unterrichtete er in Prag, leitete dann das Musikwissenschaftliche Institut an der Karls-Universität und war 1937–39 Leiter der Musikabteilung des Deutschen Rundfunks in Prag. Danach emigrierte er in die USA, wo er am Westminster Choir College in Princeton (N.J.) lehrte und 1946–53 Professor für Musikwissenschaft an der University of Indiana in Bloomington war. N.s zahlreiche Arbeiten haben vor allem die Musik des 17. und 18. Jh. sowie die Musikgeschichte Österreichs und Böhmens zum Gegenstand.

Schriften: *Studien zur Spielarie nebst einem Beitrag zur Geschichte der österreichischen Suitenkomposition im 17. Jh.* (Diss. Pr 1915); *Die Wiener Tanzkomposition in der 2. Hälfte des 17. Jh.*, in: StMw 8 (1921); *Alte jüdische Spielleute und Musiker* (Pr 1923); *Musik-Barock in Böhmen und Mähren* (Brünn 1927); *Mozart und die königliche Kunst* (B 1923), revidiert als: *Musik und Freimaurerei* (Esslingen 1956, engl. NY 1957, Nachdr. 1970); *Das Wiener Lied im Zeitalter des Barock* (W – L 1934); *Mozart in Böhmen* (Pr 1938); *The Story of Dance Music* (NY 1947, Nachdr. 1970); *Luther and Music* (Philadelphia 1948, Nachdr. NY 1967); *Goethe und Mozart* (Esslingen 1949); *Mozart* (F – H 1955); *Beethoven Encyclopedia* (NY 1956), NA als: *Beethoven Handbook* (NY 1967); *G. F. Händel* (B 1958); *Mozart und der Tanz* (Z 1960); *The Dance in Classical Music* (NY 1963, Lo 1964). – Er edierte: *Wiener Tanzmusik in der zweiten Hälfte des 17. Jh.* (1921) (= DTÖ 56).

2) Bruno, Sohn von 1), * 14. 3. 1930 Prag; Musikforscher. Er studierte bei seinem Vater und bei W. Apel an der University of Indiana, promovierte dort 1953 mit einer Dissertation über *North American Indian Musical Styles* und spezialisierte sich auf dem Gebiet der Musikethnologie. 1953–56 war er Musiklehrer an der Wayne State University in Detroit, wo er 1960–64 als Musikbibliothekar und Assistant Professor tätig war. 1964 wurde er Professor of Musicology and Anthropology an der University of Illinois in Urbana. 1956–58 lehrte er auch Musikethnologie an der Universität Kiel.

Schriften: *North American Indian Musical Styles* (Philadelphia 1954); *Music in Primitive Culture* (C/M 1956); *An Introduction to Folk Music in the United States* (Detroit 1960, ²1962), erweitert v. H. Myers (³1976); *Reference Materials in Ethnomusicology. A Bibliographical Essay* (Detroit 1961, ²1967); *Theory and Method in Ethnomusicology* (NY – Lo 1964); *Folk and Traditional Music of the Western Continents* (Englewood Cliffs/N.J. – Lo 1965, ²1973); *Daramad of Chahargah. A Study in the Performance Practice of Persian Music* (Detroit 1972) (zus. mit B. Foltin junior).

Lit.: **Zu 1):** T. ATCHERSON, Ein Musikwissenschaftler in zwei Welten (W 1962).

NEUBAUER (Neubaur, Neupauer), **Franz Christoph** (František Kryštof), * 21. 3. 1750 Melník (Böhmen), † 11. 10. 1795 Bückeburg; böhmischer Violinist und Komponist. Er war Violinist in Wien, wo er J. Haydn und W. A. Mozart kennenlernte, und wirkte später in München und Winterthur sowie seit 1790 als Kapellmeister am Hof in Weilburg. Nach der Auflösung dieser Kapelle ging er nach Minden und kurz darauf nach Bückeburg; dort ließ die Prinzessin von Schaumburg-Lippe seine Werke unter der Leitung von J. Chr.F. Bach aufführen. Nach dessen Tod wurde N. Hofkapellmeister.

WW (gedruckt meist in Offenbach 1791 – um 1808): einige Werke für Klv. (auch mit V.); zahlr. Sonaten, Duos, Duos concertants u.a. meist für 2 V. u. für V. u. Va., auch für 2 Fl., V. u. Vc., Fl. u. Vc., 2 Vc.: einzelne Trios für 1–2 Fl. u. Str. sowie mit Klv.; Streichquartette u. Fl.-Quartett; je ein Konzert für Fl., Vc., Klv.; ca. 10 Symphonien. – 2 Kantaten; *Gesänge mit Begleitung des Claviers* (Z 1788); Oper *Fernando und Yariko*, UA: Wien 1788.

Ausg.: 3 Duos für V. u. Va., op. 10, hrsg. v. W. ALTMANN (1932) (= Nagels MA 83); Sonatine für 2 V., op. 35/1, hrsg. v. P. BORMANN (Mz 1953); Trio C-Dur für Fl., V. u. Va., op. 3/3, hrsg. v. DEMS. (H 1954).

Lit.: R. D. SJOERDSMA, The Instrumental Works of F. Ch. N., 2 Bde. (1970) (= Diss. Ohio State Univ.) (mit Werk-Verz. u. thematischem Kat.).

NEUDEUTSCHE SCHULE, Bz. einer musikalischen „Fortschrittspartei“ im 19. Jahrhundert. Sie wählte diese Bz. 1859 auf der „Ersten Tonkünstlerversammlung“, die Franz Brendel und Louis Köhler in Leipzig initiierten anläßlich des 25jährigen Jubiläums der ehemals von R. Schumann gegründeten und geleiteten, seit 1844 aber von Brendel redaktionell geführten *Neuen Zeitschrift für Musik*. Kennzeichnend für das Bestreben der N. war ein intensives Schaffen in den Bereichen des Musikdramas, in dem die Gleichberechtigung von Wort und Musik betont wird (z. B. *Der Ring des Nibelungen* von R. Wagner), der symphonischen Dichtung, die eine rein musikalische Bearbeitung einer meist literarischen Vorlage darstellt (z. B. *Mazeppa* von Fr. Liszt nach einer Dichtung von V. Hugo), und der Programmusik, bei der ein „Programm“ der Komposition vorangestellt ist (z. B. *Symphonie fantastique* von H. Berlioz). Als die führende Gestalt dieses Kreises vermochte es Liszt, insbesondere während seiner Weimarer Zeit (1849–61), bedeutende Persönlichkeiten, u. a. H. von Bülow, P. Cornelius, J. Raff, H. Porges und K. Tausig, für die Bestrebungen der N. zu gewinnen. 1861 gründeten die Vertreter der N. den bereits 1859 konzipierten „Allgemeinen deutschen Musikverein“, als dessen Vereinsorgan die *Neue Zeitschrift für Musik* fungierte. Durch Aufführungen der Werke von Berlioz, Wagner wie auch eigener Kompositionen verhalf Liszt dem musikalischen Schaffen der Neudeutschen zu Verbreitung und Erfolg. Hieran hatte aber auch die publizistische Tätigkeit von Brendel und den Musikschriftstellern R. Pohl und K. Fr. Weitzmann ihren Anteil, die wie die Komponisten J. Raff und F. Draeseke in der *Neuen Zeitschrift für Musik* für die Sache der N. eintraten und sich dabei besonders gegen die sich dem Geist und Stil der Wiener Klassik verpflichtet fühlenden, durch F. Mendelssohn Bartholdy, R. Schumann und J. Brahms repräsentierten Konservativen und ihre Vorstellungen wandten. Seitens der Konservativen, deren Wortführer E. Hanslick war, fehlte es nicht an Gegenwehr, doch war der Argumentation die nötige Stoßkraft versagt, um den von ihnen als „Zukunftsmusiker“ bespöttelten Neudeutschen wirkungsvoll entgegentreten zu können. Der Parteiengegensatz schwächte sich gegen Ende des 19. Jh. so weit ab, daß sich in Musiker- und Publikumskreisen ehemalige Gegner und Anhänger in Anerkennung der Leistung der N. wie auch des konservativ geprägten Musikschaffens zusammenfanden.

Lit.: A. W. AMBROS, Die musikal. Reformbewegung der Neuzeit, II: Die N., in: Cultur-hist. Bilder aus dem Musikleben der Gegenwart (L 1860, [2]1865); L. RAMANN, F. Liszt als Künstler u. Mensch II (L 1887); H. RIEMANN, Die N., in: Gesch. der Musik seit Beethoven 1800–1900 (B 1901); M. KALBECK, J. Brahms I–II (B [3]1912, Nachdr. Tutzing 1976); A. EINSTEIN, Die Romantik in der Musik (Mn 1950); W. KONOLD, P. Cornelius u. die Liedästhetik der N., in: IRASM 1 (1970); C. DAHLHAUS, Zw. Romantik u. Moderne (Mn 1974) (= Musikwiss. Arbeiten 7).

I. VON KEMPSKI-RACOSZYNA-GANDER

NEUE MUSIK, Name der Periode der jüngsten Musikgeschichte, die von etwa 1905–60 währte. „Neue Musik“ war nicht der Gegenbegriff zu einer „Alten Musik“ – dieser ist viel jünger –, sondern zu dem der Musik schlechthin. N. galt als Unmusik, ganz so wie der Begriff „Atonalität“ nicht Tonartfreiheit meinte, sondern naturwidrige, unmögliche Tonverbindung. Der erste, der den Begriff N. folgenreich positiv verwendet, war P. Bekker, der betonte, daß es sich primär nicht nur um eine Kategorie der Chronologie handele. In diesem Sinn wurde der Begriff besonders von A. Schönberg und Th. W. Adorno, in dessen Ästhetik die Kategorie des Neuen eine zentrale Stelle einnimmt, übernommen. N. bezeichnet also nicht alle Musik der genannten Zeitspanne, sondern nur eine bestimmte: Musik eines höheren Rationalitätsgrades, Musik, die die klassisch-romantische als lebendig voraussetzt. Die mächtige Tradition wurde jedoch nicht einfach fortgesetzt, sondern gereinigt. Alle bloß dekorativen Elemente, die für die pittoreske Opern- und Programmusik bezeichnend geworden waren, wurden verpönt, die Reinheit des (musikalischen) Gedankens gewahrt, selbst um den Preis, das breitere Publikum zu verlieren. Dieses Publikum kannte denn auch gar kein Bedürfnis nach neuen Werken, es war, wie die Musiker, noch ganz mit der Rezeption der Musik R. Wagners und der Spätromantiker J. Brahms, A. Bruckner, H. Wolf, G. Mahler, R. Strauss usf. befaßt. Der in expressionistischem Überschwang aufs höchste gesteigerte Kunstanspruch etwa A. Schönbergs oder A. Skrjabins gab der Vorstellung der Kunstreligion neuen Auftrieb. Der Künstler wurde als Führer und Erretter der Menschheit, als Vollzugsinstanz des Weltenplans gesehen. Musik solchen Anspruchs hatte Trivialität und Popularität zu meiden. Es war exklusive Ewigkeitsmusik. Schönbergs 2. Streichquartett op. 10 (mit der Vertonung von St. Georges *Entrückung* als Finale), Skrjabins *Prometheus*, I. Strawinskys mythologisch-symbolistisches Ballett *Le sacre du printemps* waren die ersten großen Dokumente. ↗Atonalität, die um 1909 durchbrach, war wohl wichtig, aber kein allgemeines Merkmal der N., denn stets steht neben Atonalem auch Tonales, auch bei Schönberg. Die Tonalität selbst wird von den Meistern der 2. Generation (S. Prokofjew, P. Hindemith, E. Krenek, K. Weill, A. Honegger u. a.), denen die Kunst nichts mehr so Wichtiges war, neu gefaßt. Manch ein Komponist suchte, wie A. Berg, eine Versöhnung. Atonalität und eine Neue Tonalität – Schönberg nannte sie erweiterte – waren die neuen Kunstmittel. Um wieder unbeschwerter schaffen zu können (und nicht über jedem Ton tüfteln zu müssen), entwickelte Schönberg die Methode der Komposition mit 12 nur aufeinander bezogenen Tönen, Strawinsky sein Verfahren neoklassizistischer Verfremdung, B. Bartók seinen Folklorismus (auf der Basis der Bimodalität), D. Milhaud die Bi- und Polytonalität. Andere Komponisten schrieben „linear", d.h., sie kontrapunktierten ohne Rücksicht auf den Zusammenklang (der junge E. Krenek) oder bedienten sich vorhandener Formen, Satztechniken oder rhythmischer Muster als „Außenhalt" (Hindemith). Die Fugentechnik konnte ebenso als solcher dienen wie das Muster des Foxtrotts oder der Gavotte. Auch Sonate, Passacaglia, Konzertform waren gut geeignet. Das „Natürliche" (Konventionelle, Naheliegende) wurde gemieden. Zunächst waren die Verfahren des ↗Neoklassizismus erfolgreich (1924–50); die des Folklorismus ermöglichten es einem jeden Land, eine eigene Note zu entwickeln; nur zögernd und erst spät verbreitete sich die als Technik mißverstandene Zwölftonmethode. Organisierte Schönberg mit Hilfe seiner Methode lediglich die Tonqualitäten (nicht die Tonhöhen!), so begannen in den 40er Jahren die Versuche, auch den Rhythmus zu organisieren. Hier war O. Messiaen Pionier und, neben A. Webern, Anreger der ↗seriellen Musik. So betrachtet, stellt die serielle Musik die Konsequenz der ↗Zwölftonmusik dar. Mit ihrem Verzicht auf Thematik und Taktrhythmik brachte sie jedoch abermals Neues. Und im Bereich der ↗elektronischen Musik war es sogar möglich, die kompliziertesten Relationen zu realisieren, die ein Mensch als Intepret niemals realisieren kann.

Im Bereich der N. sind mehrere Entwicklungen auseinanderzuhalten: Der Neoklassizismus verflachte vielfach zu bloßer Nachahmung oder gar Bearbeitung (Modernisierung) älterer Muster, der Folklorismus endete im Provinzialismus, die Zwölftonmethode wurde tatsächlich zu einer bloßen Technik (H. Jelinek); als serielle wurde sie esoterisch. Ob der Begriff der N. als Epochenbegriff Bestand haben wird, weiß niemand, als Zentralbegriff der Musikästhetik Th. W. Adornos jedoch wird er weiterleben.

Lit.: P. BEKKER, N. (B 1919) (= Tribüne der Kunst u. Zeit 6), dass., in: N. (St 1923) (= Gesammelte Schriften 3); H. MERSMANN, Die Tonsprachen der N. (Mz 1928, [2]1930) (= Melos-Bücherei 1); Th. W. ADORNO, Philosophie der N. (Tü 1949, NA F 1958, [3]1967, Neudruck F 1975) (= Gesammelte Schriften 12); R. STEPHAN, N. Versuch einer kritischen Einführung (Gö 1958, [2]1973); Th. W. ADORNO, Musikal. Schriften, I: Klangfiguren, II: Quasi una fantasia (F 1959–63, Neudruck F 1978) (= Gesammelte Schriften 16); P. GRADENWITZ, Wege z. Musik der Gegenwart (St 1963), erweiterte NA als: Wege z. Musik der Zeit (Wilhelmshaven 1974) (= Taschenbücher z. Musikwiss. 26); Das musikal. Neue u. die N., hrsg. v. H.-P. REINECKE (Mz 1969); H. VOGT, N. seit 1945 (St 1972, [2]1975); Zur Terminologie der Musik des 20. Jh., hrsg. v. H. H. EGGEBRECHT (St 1974); Ch. M. SCHMIDT, Brennpunkte der N. (Kö 1977) (= Theoretica 16); C. DAHLHAUS, Schönberg u.a., Gesammelte Aufsätze z. N. (Mz 1978); W. W. AUSTIN, N., in: MGG XVI. R. STEPHAN

NEUFERT, Verlag Kurt Neufert in Heidelberg, gegr. 1949 als Verlag für neue Operettenformen, hat im Verlagsprogramm seit Mitte der 50er Jahre die Schwerpunkte zeitgenössisches Musiktheater, Wiederentdeckung vergessener Opern in Neufassungen (z.B. *Hamlet* von A. Thomas, *Jean de Paris* von Fr. A. Boieldieu, *Alceste* von J.-B. Lully) und deutsches Musical. Zu den vom Verlag entdeckten Komponisten gehört V. D. Kirchner. Inhaber Kurt N. ist selbst als Librettist und Übersetzer für Oper und Musical tätig.

NEUGIERIGEN FRAUEN, DIE *(Le donne curiose)*, Musikalische Komödie in 3 Akten von Ermanno Wolf-Ferrari (1876–1948), Text von Luigi Sugana nach Carlo Goldoni. Ort und Zeit der Handlung: Venedig, Mitte des 18. Jahrhunderts. UA (in dt. Sprache): 27. 11. 1903 in München (Hoftheater).

Den Frauen, deren Männer sich regelmäßig unter dem Motto „Verbannt sind die Weiber!" zusammenfinden, gelingt es mit viel List und Ränken, eine dieser Zusammenkünfte zu belauschen. Ihre Enttäuschung, daß die Männer nur gemeinsam essen und sich unterhalten, weicht bald dem Neid auf deren Fröhlichkeit: Jede möchte am genauesten beobachten, und so fallen sie schließlich im wahrsten Sinne des Wortes ihren Männern mit der Tür ins Haus. Nach kurzem Ärger vereinen sich alle zum Lob der „Amicizia". – Dieses heitere Sujet vertonte Wolf-Ferrari in einer Musiksprache, in welcher er der Wagner-Nachfolge durch den bewußten Rückgriff auf Stilelemente aus Werken von W. A. Mozart und G. Rossini entging. Venezianische Volkslieder und verschiedene Tanzrhythmen prägen den beschwingten Charakter dieses Werkes, mit welchem dem Komponisten sein erster großer Erfolg gelang. K. LANGROCK

NEUHAUS, Heinrich (eig. Genrich Gustawowitsch Nejgaus), * 31. 3. (12. 4.) 1888 Jelisawetgrad (heute Kirowograd), † 10. 10. 1964 Moskau; sowjetruss. Pianist und Pädagoge dt. Abstammung. Er studierte 1912–14 Klavier bei L. Godowsky an der Wiener Musikakademie, außerdem Komposition bei P. Juon an der Berliner Musikhochschule und schloß 1915 seine Ausbildung in Petrograd am Konservatorium ab. 1919–22 lehrte er als Professor am Konservatorium in Kiew; seither (mit Unterbrechung 1941–44) wirkte er am Moskauer Konservatorium, dessen Direktor er 1935–37 war. Sein künstlerisches Debüt gab er 1904 in Dortmund, wo ihn R. Strauss hörte und daraufhin wesentlich gefördert hat. N. ist der Begründer der eigentlichen „russischen Pianistenschule". Seine Methodik des Klavierspiels zielt besonders auf die Einheit von Musikalischem und Technischem und damit auch auf die Heranbildung einer gefestigten künstlerischen Persönlichkeit. N.' berühmteste Schüler sind E. Gilels und Sw. Richter.

Schriften: *Ob iskusstwe fortepjannoj igry* (Mos 1958, [2]1961), dt. Übers. v. D. Nitsche: *Die Kunst des Klavierspiels* (Kö 1967), sowie übers. v. L. Fahlbusch (L 1970); *Awtobiografitscheskije sapiski* (Autobiographische Notizen) (Mos 1974).

Lit.: W. JU. DELSON, G. Nejgaus (Mos 1966); Rasmyschlenija, wospominanija, dnewniki. Isbrannye statji. Pismak roditeljam, hrsg. v. S. G. NEJGAUS – D. W. SCHITOMIRSKIJ – J. J. MILSCHTEIN (Mos 1975).

NEUKOMM, Sigismund Ritter **von,** * 10. 7. 1778 Salzburg, † 3. 4. 1858 Paris; östr. Dirigent und Komponist. Schon in jungen Jahren in Salzburg als Organist tätig und dort von M. Haydn musiktheoretisch ausgebildet, ging er 1797 nach Wien und wurde dort Schüler von J. Haydn, mit dem ihn bis zu dessen Tod ein enges Vertrauensverhältnis verband. Nach jeweils kürzeren Aufenthalten als Kapellmeister u.a. in St. Petersburg, Stockholm und seit 1808 wieder in Wien ließ er sich 1810 in Paris nieder. Er stand dort in Verbindung mit den führenden französischen Komponisten der Zeit und war Pianist im Hause Talleyrands, den er 1814 zum Wiener Kongreß begleitete. 1816–21 wirkte er als Lehrer und Dirigent am Hofe des Vizekönigs von Brasilien in Rio de Janeiro. Nach seiner Rückkehr nach Paris unternahm er zahlreiche Konzertreisen in viele europäische Länder und nach Nordafrika, einer der populärsten Musiker seiner Zeit. – N.s kompositorisches Schaffen, in der Hauptsache Vokalmusik, blieb stilistisch nach rückwärts gewandt und ohne Berührung mit der Romantik. Größere Wirkungskraft hatte sein Einsatz für die Verbreitung der Werke besonders J. Haydns und W. A. Mozarts in Europa und Südamerika.

WW (autographes Verz. in Paris, Bibl. Nat., mit insgesamt über 2000 Nrn.): **1) Instr.-WW:** Orgelstücke; Klv.-Sonaten; Klv.-Quintett (1809); Streichquintette; für Orch.: 3 Fantasien (1809, 1810, 1821); Symphonie Es-Dur (1822); Ouvertüren. – **2) Vokal-WW:** Lieder u. Chöre; Kantaten; Praeludium u. Chöre zu F. von Schillers *Braut von Messina* (1805); Oratorien: *Christi Grablegung* (1827); *Christi Auferstehung* (1841); *Christi Himmelfahrt* (1842). – **3) Bühnen-WW:** *Die neue Oper oder Der Schauspieldirektor,* UA: Wien 1804; *Alexander am Indus,* UA: St. Petersburg 1804; *Karl XII. bei Bender,* UA: Moskau 1810. – N. war an der Bearb. der *Schottischen Lieder* J. Haydns beteiligt und fertigte unter Haydns Zustimmung Klv.-A.e u.a. von dessen Oratorien.

Ausg.: S. N., Lieder, in: Das Wiener Lied v. 1795 bis 1815, hrsg. v. H. MASCHEK – H. KRAUS (W 1935) (= DTÖ 79); Tantum ergo D-Dur, in: 20 Tantum ergo v. Haydn bis Bruckner I, hrsg. v. K. PFANNHAUSER (W 1947) (= Östr. Kirchenmusik III/1); Quintett D-Dur für Klar., 2 V., Va. u. Vc., op. 8, hrsg. v. A. HEINE (H 1966).

Lit.: L. H. CORRÊA DE AZEVEDO, S. N., an Austrian Composer in the New World, in: MQ 45 (1959); H. P. SCHANZLIN, Briefe des Haydn-Schülers N. an den Schweizer Komponisten Schnyder von Wartensee, in: FS A. von Hoboken (Mz 1962); A. SEEBOHM, Das dt. Klavierlied S. N.s (Diss. W 1968); G. PELLEGRINI-BRANDACKER, Ritter S. von N. u. seine Oratorien, 2 Teile (Salzburg 1973); R. ANGERMÜLLER, S. N. Werkverz., Autobiogr., Beziehung zu seinen Zeitgenossen (Mn – Salzburg 1977) (= Musikwiss. Schriften 4).

NEUMANN, Klemens, * 26. 11. 1873 Tütz (Westpreußen), † 5. 7. 1928 Neisse (Oberschlesien). Er studierte nach Gymnasialinternatsjahren in Belgien und Frankreich – mit musikalischer Ausbildung in Violine, Klavier und Gesang – Theologie in Breslau. 1899 zum Priester geweiht, wurde er 1903 Gymnasiallehrer in Neisse, promovierte 1910 zum Dr. theol. und wurde 1913 zum Professor ernannt. Als Mitbegründer des katholischen Jugendbunds „Quickborn" gab er 1914 eine Sammlung *Quickborn-Lieder* heraus, die seit ihrer 3. Auflage (1920) als *Der Spielmann* zum wichtigsten Liederbuch der katholischen Jugend wurde. Besondere Verdienste errang N. ferner als „Vater des Heimgartens", einer von ihm mitbegründeten, sehr aktiven Volksbildungsstätte in Neisse mit stark musikalisch geprägten Jugend- und Volksbildungskursen und „Ostdeutschen Hochschulwochen" (seit 1923), sowie als Gründer der durch Schauspiel, Tanz und Lied bald weitbekannten „Heimgartenspielschar" (seit 1924) und als Träger des Ausbaus von Burg Rothenfels (seit 1919) zum Zentrum der Jugend-, Musik- und Kulturarbeit des „Quickborn". Mit seiner Arbeit beeinflußte er sowohl die Musikalische Jugendbewegung als auch die Jugend- und Laienmusikbewegung wie die Liturgische Bewegung.

Schriften: *Eduard von Hartmanns Erlösungslehre* (Diss. Breslau 1910); *Eine ostdeutsche Bildungsstätte* (Neisse 1925) (= Heimgarten-Bücher 2) (zus. mit E. Laslowski u. E. Reisch); *Das dritte Jahr. Aus der Arbeit des Heimgartens* 1926 (ebd. 1926) (= ebd. 3) (zus. mit dems.). – N. gab heraus: *Quickborn-Lieder* (Heidhausen 1914), 3. Aufl. als: *Der Spielmann* (Burg Rothenfels 1920, [10]1947).

Lit.: K. SCHODROK, Professor Dr. K. N. zum Gedächtnis, in: Der Oberschlesier 10 (1928/29); B. HOFFMANN-BRESLAU, Der Spielmann Gottes (Breslau 1939, [2]1953) (= Heimgartenbrief 6/7); L. FISCHER, K. N. Schöpfer der Quickbornburg, Spielmann Gottes, in: Werkblätter, Bundesrundbrief des Quickborn 1 (1948); Große Schlesier, hrsg. v. A. HAYDUK (Mn 1957); Sie machten von sich reden, hrsg. v. DEMS. (Mn 1958); H. FUH-

RICH, Der Heimgarten. Stud. u. Quellen z. kath. Volksbildungsarbeit (Dülmen o. J. [1973]). W. SCHEPPING

NEUMANN, Václav, * 29. 9. 1920 Prag; tschechischer Dirigent. Er studierte 1940–45 am Prager Konservatorium Violine (Josef Micka) und Dirigieren (Pavel Dědeček und M. Doležil), war danach 1. Violinist, später Bratschist in dem von ihm mitbegründeten Smetana-Quartett und wirkte als Bratschist außerdem in der Tschechischen Philharmonie, bei der er 1948 sein Debüt als Dirigent gab. 1950–52 lehrte er an der Akademie der Musischen Künste in Prag, leitete 1951–54 das Symphonieorchester in Karlovy Vary, bis 1956 die Brünner Philharmonie und bis 1963 das Prager Symphonieorchester. Daneben war N. 1956–64 musikalischer Oberleiter der Komischen Oper in Berlin und 1963–64 Dirigent der Prager Philharmonie. 1964–68 wirkte N. als Gewandhauskapellmeister und GMD der Städtischen Bühnen in Leipzig und gastierte regelmäßig auch an der Dresdner Staatsoper. Neben K. Ančerl seit 1964 2. Dirigent der Tschechischen Philharmonie, wurde N. 1968 deren Chefdirigent. 1970–73 war er gleichzeitig GMD an der Württembergischen Staatsoper in Stuttgart. Ausgedehnte Gastspielreisen führten ihn bis nach Japan und in die USA. N. ist weltweit angesehen, besonders als Dirigent der tschechischen Musik (A. Dvořák, Fr. Smetana, L. Janáček) sowie der deutschen (Spät-)Romantik (G. Mahler).

NEUMANN, Werner, * 21. 1. 1905 Königstein (Sachsen); dt. Musikforscher. Er studierte am Konservatorium und an der Universität in Leipzig, an der er 1938 mit einer Dissertation über *J. S. Bachs Chorfuge* promovierte. 1950 gründete er das Bach-Archiv Leipzig, das er seither leitete und das zusammen mit dem Johann-Sebastian-Bach-Institut Göttingen die Neue Bach-Ausgabe herausgibt. Die Arbeiten N.s, der 1954 zum Professor ernannt wurde, haben sich als unentbehrlich für die Bach-Forschung erwiesen.

Schriften: *J. S. Bachs Chorfuge* (L 1938) (= Schriftenreihe des Staatlichen Inst. für Dt. Musikforsch. 4); dass. (²1950, ³1953) (= Bach-Studien 3); *Handbuch der Kantaten J. S. Bachs* (L 1947, ²1953, revidiert ³1967, Wie ⁴1971); *Auf den Lebenswegen J. S. Bachs* (B 1953, ⁴1962); *J. S. Bach. Sämtliche Kantatentexte* (L 1956); *Bach, eine Bildbiographie* (Mn 1960), engl. Übers.: *Bach, A Pictorial Biography* (Lo – NY 1961), auch als: *Bach and His World* (Lo 1969). N. gehört zum Hrsg.-Kollegium der *Neuen Bach-Ausg.*, in deren Rahmen er 9 Bde. edierte; als Suppl. dazu gab er ferner heraus (teilweise zus. mit H.-J. Schulze) *Bach-Dokumente*, 4 Bde. (Kas usw. 1963–79); N. war 1953–73 auch (zus. mit A. Dürr) Hrsg. des *Bach-Jb.*

NEUMARK, Georg, getauft 7. 3. 1621 Langensalza, † 8. 7. 1681 Weimar; dt. Dichter. Seit 1643 studierte er Jura in Königsberg und gehörte dort vermutlich zum Dichterkreis um H. Albert und Simon Dach. Nach Aufenthalten in Danzig (1648), Thorn (1649–50) und Hamburg erhielt er 1656 eine Stelle als Kanzleiregistrator und Hofbibliothekar in Weimar, wo er auch als Hofdichter fungierte. N. spielte Viola da gamba und vertonte mehrere eigene Gedichte (z. T. auch mit Instrumentalbegleitung). Am bekanntesten wurde *Wer nur den lieben Gott läßt walten.*

WW (nur diejenigen mit Musik): *Betrübt-Verliebter... Filamon...* (Königsberg 1648); *Poetisch- und Musikalisches Lustwäldchen* (H 1652), erweitert als: *Fortgepflantzter musikalischer-poetischer Lustwald* (Jena 1657); gedruckt wurden ferner mehrere Gelegenheitsgesänge.

Ausg.: 10 Lieder, in: J. ZAHN, Die Melodien der dt. ev. Kirchenlieder, 6 Bde. (Gütersloh 1888–93, Nachdr. Hil 1963).

Lit.: C. VON WINTERFELD, Der ev. Kirchengesang II (L 1845, Nachdr. Hil 1963); H. KRETZSCHMAR, Gesch. des neuen dt. Liedes I (L 1911, Nachdr. Hil 1963); W. LUEKEN, Lebensbilder der Liederdichter..., in: Hdb. zum ev. Kirchengesangbuch II/1 (Gö 1957).

NEUMEIER, John, * 24. 2. 1942 Milwaukee (Wisconsin); amerik. Tänzer und Choreograph. Er erhielt seine Ausbildung bei Sheila Reilly in Milwaukee, bei Bentley Stone und Walter Camryn in Chicago, bei Vera Volkova in Kopenhagen sowie an der Royal Ballet School in London, wo 1963 M. Haydée auf ihn aufmerksam wurde; J. Cranko engagierte ihn daraufhin an das Ballett der Württembergischen Staatsoper in Stuttgart. 1969–73 war N. Ballettdirektor der Städtischen Bühnen in Frankfurt am Main und wirkt seither in gleicher Eigenschaft sowie als Chefchoreograph an der Hamburgischen Staatsoper, wo er auch die neu gegründete Staatliche Ballettschule leitet. Als Gastchoreograph war N. bisher tätig in London, München, Kopenhagen, in Kanada und beim American Ballet Theater in New York. In Hamburg rief er die jährlich stattfindenden „Ballett-Tage" ins Leben, die – ähnlich den „Ballett-Werkstatt-Matineen" – weite Beachtung gefunden haben.

Ausgehend vom Typ des Handlungsballetts, wie ihn J. Cranko geschaffen hatte, zeichnen sich N.s Choreographien durch eine neue Logik und neue Ideen aus. Sie stehen dabei in der Spannung von Inspiration und Form, wobei stets der Mensch das Thema darstellt, indem N. häufig das Mittel einer doppelten Handlung (Theater auf der Bühne) heranzieht. Gelegentlich bedient er sich auch der Schrittformen des Modern dance.

WW (Choreographien): F. Poulenc, *Aria da capo*, Sextuor für Klv. u. Holzbläser, UA: Stuttgart 1966; C. Debussy, *Haiku*, Danse sacrée et profane, UA: ebd. 1966; A. Honegger, *Von Unschuld und Erfahrung*, UA: ebd. 1967; S. Barber, *Separate Journeys*, Capricorn concerto op. 21, UA: Schwetzingen 1968; B. Britten, *Stages and Reflections*, Variations on a Theme of F. Bridge, UA: Monte Carlo 1968; A. Bliss, *Frontier*, Quintett for Oboe and

Strings, UA: London 1969; J. S. Bach, *Brandenburg 3*, Brandenburgisches Konzert Nr. 3, UA: Frankfurt 1970; I. Strawinsky, *Feuervogel*, UA: ebd. 1970; S. Prokofjew, *Romeo und Julia*, UA: ebd. 1971; P. Tschaikowsky, *Der Nußknacker*, UA: ebd. 1971; M. Ravel, *Daphnis und Chloe*, UA: ebd. 1972; A. Skrjabin, *Dämmern*, Klavierwerke, UA: ebd. 1972; I. Strawinsky, *Le sacre*, Le sacre du printemps, UA: ebd. 1972; G. Meyerbeer, G. Bialas, R. Schumann, W. Killmayer, *Meyerbeer-Schumann*, UA: Hamburg 1974; *Dritte Sinfonie von G. Mahler*, UA: ebd. 1975; G. Mahler, *Epilog*, Adagietto der 5. Symphonie, UA: New York 1975; A. Copland, *Hamlet-Connotations*, UA: ebd. 1976, Neufassung als: *Der Fall Hamlet*, UA: Stuttgart 1976; P. Tschaikowsky, *Illusionen, wie Schwanensee*, UA: Hamburg 1976; R. Strauss, *Josephs Legende*, UA: Wien 1977; *Vierte Sinfonie von G. Mahler*, UA: London 1977; F. Mendelssohn Bartholdy u. G. Ligeti, *Ein Sommernachtstraum*, UA: Hamburg 1977; P. Tschaikowsky, *Dornröschen*, UA: ebd. 1978; F. Chopin, *Die Kameliendame*, UA: Stuttgart 1978; R. Strauss, *Don Quixote (Träumer)*, UA: Hamburg 1979; L. Bernstein, *The Age of Anxiety*, UA: ebd. 1979; G. Mahler, *Lieb' und Leid und Welt und Traum*, 1. Symphonie u. Adagio der 10. Symphonie, UA: Brüssel 1980; J. S. Bach, *Matthäus-Passion*, UA: Hamburg 1981. – N. schrieb *Traumwege* (H 1981).

Lit.: J. N. unterwegs, hrsg. v. M. SCHLÖSSER (Da 1972); H. KOEGLER, in: Theater heute 13 (1972); Ich muß Respekt vor einer Musik haben. J. N. im Gespräch mit H. Regitz, in: Ballett 1978 (Seelze 1978).

B. A. KOHL

NEUMEISTER, Erdmann, * 12. 5. 1671 Üchtritz bei Weißenfels/Saale, † 18. 8. 1756 Hamburg; dt. Theologe und Dichter. Er studierte Theologie an der Universität Leipzig und erwarb 1695 den Grad eines Magister legens. 1704 wurde er Hofdiakon beim Fürsten Johann Georg von Weißenfels, 1706 Hofprediger in Sorau, wo er gegen den Pietismus und den Calvinismus kämpfte, und 1715 Hauptpastor an der Jacobikirche in Hamburg. N., der ein umfangreiches dichterisches, literarhistorisches und theologisches Œuvre hinterlassen hat, war mit seinen Kantatendichtungen von maßgeblichem Einfluß auf die Entwicklung der deutschen evangelischen Kirchenkantate (↗Kantate) des 18. Jahrhunderts. Neu und konstituierend in dem von ihm geschaffenen Kantatentypus ist – in Anlehnung an die zeitgenössische italienische Oper und Kantate – der Wechsel von Rezitativ und Arie mit gereimtem, sog. madrigalischem geistlichem Text. Einzelne Kantatenjahrgänge N.s waren bestimmt für J. Ph. Krieger, Ph. H. Erlebach und G. Ph. Telemann. Auch J. S. Bach vertonte mehrere Dichtungen von N. (Kantaten Nr. 18, 24, 28, 59 und 61).

WW (nur die zur Vertonung bestimmten): 4 Kantatenjahrgänge unter versch. Titeln (1: *Geistliche Cantaten statt einer Kirchen-Music*) erschienen an versch. Orten 1700–14 u. ö. u. wurden zus. mit einem weiteren Jg. neu hrsg. als *Fünffache Kirchen-Andachten* (L 1616–17); *Fortgesetzte fünffache Kirchen-Andachten* (H 1726); *Dritter Theil der fünffachen Kirchen-Andachten* (H 1752). Ferner mehrere Kirchenliedslgen. sowie 2 Oratorienlibretti (für J. Mattheson).

Lit. u. Ausg. (die von Bach verwendeten Texte betreffend): R. WUSTMANN, J. S. Bachs Kantatentexte (L 1913); W. NEUMANN, J. S. Bach. Sämtliche Kantatentexte (L 1956); L. F. TAGLIAVINI, Studi sui testi delle cantate sacre di J. S. Bach (Padua 1956, Kas 1956); H. STRECK, Die Verskunst in den poetischen Texten zu den Kantaten J. S. Bachs (H 1971) (= Hamburger Beitr. z. Musikwiss. 5); W. DÜRR, Die Kantaten v. J. S. Bach, 2 Bde. (Kas 1971).

NEUMEN (von griech. neuma = Wink, Gebärde), im musikwissenschaftlichen Sprachgebrauch allgemein die Bz. für die Notenzeichen, mit denen die einstimmige Musik des christlichen Mittelalters etwa seit dem 8. Jh. aufgezeichnet wurde. In erster Linie wird der Terminus für eine Stufe in der Notation des ↗Gregorianischen Gesangs (sog. lateinische N.) verwendet. Die N. in diesem Sinn sind Gegenstand des entsprechenden Abschnitts im Artikel ↗Notenschrift.

Seit langem hat sich indes in der Forschung eingebürgert, auch die verschiedenen Notationen einstimmiger liturgischer Musik im Osten gleichfalls als N. zu bezeichnen. Die N. haben von allen Notationen der älteren Musikgeschichte die größte geographische Verbreitung erfahren. Ihr Territorium erstreckt sich nicht nur über ganz Europa, sondern umfaßt noch den Nahen Osten (Palästina, Libanon, Syrien) und das Gebiet bis zum Kaukasus (Armenien, Georgien). Dieser enormen Verbreitung entsprechend setzt sich die weitverzweigte „N.-Sippe" aus mehreren Komplexen zusammen. Zu den lateinischen (west- und zentraleuropäischen) N. treten die byzantinischen, slawischen, armenischen und georgischen hinzu. Die byzantinischen N. sind ebenfalls Gegenstand eines Abschnitts im Artikel ↗Notenschrift.

In mittellateinischen Texten des 9.–12. Jh. bezeichnet das Wort neuma (fast synonym mit nota) sowohl die graphischen Zeichen der Notation als auch die melodischen Figuren der Intonationsformeln und die Vokalisen der Alleluia sowie mancher Responsorien, z. B. deren chorisch gesungener Schlußteile. Der erstgenannten Bedeutung entsprechend verwendet man bis heute in Praxis und Lehre des Gregorianischen Gesangs (so auch in der *Editio Vaticana*) die lateinische bzw. deutsche Bezeichnung neuma/Neume im weiteren Sinn für alle Notenzeichen, im engeren Sinn für die Gruppen von 2 und mehr Noten (aus denen historisch die ↗Ligaturen in der Modal- und Mensuralnotation entstanden sind).

Lit.: O. FLEISCHER, Neumenstudien, 3 Bde. (L 1895–1904); P. WAGNER, Neumenkunde. Paläographie des liturg. Gesanges (L [2]1912, Nachdr. Hil – Wie 1962) (= Einführung in die gregor. Melodien II); G. SUÑOL, Introduction à la paléographie musicale grégorienne (P – Tou – R 1935); C. FLOROS, Universale Neumenkunde, 3 Bde. (Kas 1970); B. STÄBLEIN, Schriftbild der einst. Musik (L 1975) (= Musikgesch. in Bildern III/4); S. CORBIN, Die N. (Kö 1977) (= Palaeographie der Musik I/3); C. FLOROS, Einführung in die Neumenkunde (Wilhelmshaven 1980).

C. FLOROS

NEUMEYER, Fritz, * 2. 7. 1900 Saarbrücken, † 16. 1. 1983 Freiburg im Breisgau; dt. Cembalist. Er studierte 1919–21 in Köln Musiktheorie und Klavier, 1921–24 in Berlin Klavier (J. Kwast) und Dirigieren (Alexander von Fielitz), war dann bis 1927 am Stadttheater in Saarbrücken Chordirektor, Solorepetitor und Kapellmeister und leitete 1927–35 die von ihm gegründete „Vereinigung für alte Musik". N. kam 1935 als Cembalist zum Kammermusikkreis Scheck-Wenzinger hinzu, in dem vor allem Musik des 16.–18. Jh. musiziert wurde. Bis 1963 bestand dann das Kammertrio für alte Musik. 1939–44 lehrte N. daneben als Dozent für historische Tasteninstrumente, Generalbaß und Aufführungspraxis an der Berliner Musikhochschule, 1946–69 als Professor für historische Tasteninstrumente und Generalbaß an der Musikhochschule in Freiburg im Breisgau; seit 1954 wirkte er auch in der Capella Coloniensis des WDR mit, 1960–65 bei den Wiener Solisten, mit denen er Welttourneen unternahm. N. galt als außergewöhnlicher Kenner älterer Klaviermusik. Seine aus (spielbar restaurierten) Originalen und historisch getreuen Kopien bestehende Instrumentensammlung (mit mehr als 50 Tasteninstrumenten) ist seit 1974 im Schloß Bad Krozingen (Breisgau) untergebracht, wo seither regelmäßig Schloßkonzerte veranstaltet werden. N. ist auch als Komponist von Liedern, Chören und Liedsätzen in verschiedensten Besetzungen hervorgetreten.

Lit.: R. JUNGHANNS, Hist. Tasteninstr. Kat. der Slg. F. N. (Bad Krozingen o. J.).

NEUPERT, J. C. Neupert, Werkstätten für historische Tasteninstrumente, gegr. 1868 von **Johann Christoph N.** (1842–1921) in Münchberg (Oberfranken). 1874 übersiedelte das Unternehmen, das ursprünglich mit Klavierbau befaßt war, nach Bamberg. Der zunächst im handwerklichen Rahmen arbeitende Betrieb entwickelte sich rasch, als die 3 Söhne des Gründers in die Firma eintraten und sich die Aufgaben teilten: **Fritz N.** (1872–1952) übernahm die technische Leitung, **Reinhold N.** (1874–1955) die kaufmännische Führung und **Julius N.** (1877–1970) die musikalische Beratung und Künstlerwerbung. Der Betrieb nahm 1898 den Flügelbau auf; Filialen in Nürnberg (1900), später eine Zeitlang in München und Berlin kamen hinzu. Eine Pioniertat vollbrachte die Firma, als sie 1906 ihr erstes rekonstruiertes Cembalo der Öffentlichkeit vorstellte. Grundlage hierfür war die schon von J. Chr. N. begonnene und im Laufe der Jahre auf etwa 250 Originale anwachsende Sammlung historischer Tasteninstrumente (seit 1968 im Germanischen Nationalmuseum Nürnberg). – Die einsetzende Wiedererwekkung historischer Tasteninstrumente (↗Clavichord, ↗Cembalo, Hammerflügel) wurde vor allem in der 3. Generation gefördert, als aus jedem Familienzweig ein Sohn (Firmeneintritt in den 20er Jahren, Alleinverantwortung nach kriegsbedingter Pause seit 1949) die Aufgaben der Väter weiterführte: **Hanns N.** (1902–80) wurde in Bamberg für Entwicklung und Bau der Instrumente zuständig, **Alfred N.** (1900–70) und **Arnulf N.** (* 1904) teilten sich in Nürnberg kaufmännische und künstlerische Arbeitsbereiche. Das Unternehmen orientierte sich immer mehr am Bau von Cembali, Spinetten, Clavichorden und Hammerflügeln und erlangte auf diesem Gebiet Weltruf. 1975 ging die Leitung des Unternehmens in 4. Generation auf den Sohn Hanns N.s, **Wolf Dieter N.** (* 1937) über.

Schriften (v. H. N.): *Vom Musikstab z. modernen Klavier* (Bamberg 1925, [5]1979); *Das Cembalo* (Kas 1933, [4]1966); *Das Klavichord* (Kas 1948, [3]1977); *Harpsichord Manual* (Kas 1960, [2]1968).

Lit.: H. WIENKÖTTER, Die Bamberger Industrie (Bamberg 1950); H. NEUPERT, FS 100 Jahre N. (Bamberg 1968); J. H. VAN DER MEER, Die Klavierhist. Slg. N., in: Anzeiger des Germanisch-Naturwissenschaftlichen Museums Nürnberg (1969); W. D. NEUPERT, Bambergs Klänge in aller Welt, in: Bamberg heute (1980) H. 2.

W. D. NEUPERT

NEUSIDLER (Newsidler, Neysidler), dt. Lautenistenfamilie ungarischer Herkunft. – **1) Hans,** * 1508 Preßburg, † 2. 2. 1563 Nürnberg. Er lebte seit 1530 in Nürnberg. Seine Lautenbücher stellen die wichtigste Quelle für die deutsche Lautenmusik der 1. Hälfte des 16. Jh. dar. Sie enthalten (meist 3st.) Bearbeitungen von deutschen Liedern, französischen Chansons, it. Madrigalen, Motetten, Psalmen sowie Tänze und Praeambeln.

WW: *Ein neugeordent künstlich Lautenbuch,* 2 Teile (Nü 1536); *Ein neues Lautenbüchlein* (Nü 1540); *Das erst Buch. Ein neues Lautenbüchlein* (Nü 1544); *Das ander Buch. Ein neu künstlich Lautten Buch* (Nü 1544); *Das dritt Buch. Ein neu künstlich Lauten Buch* (Nü 1544); *Das erst Buch. Ein neues Lautenbüchlein* (Nü 1547); *Das ander Buch. Ein neu künstlich Lauten Buch* (Nü 1549).

2) Melchior, Sohn von 1), * 1531 Nürnberg, † 1591 oder 1592 Augsburg. 1551 oder 1552 ließ er sich in Augsburg nieder, wo ihm die Patrizierfamilien, vor allem die Fugger, ihre Pforten öffneten. 1565 ging er nach Venedig; 1574 hielt er sich in Straßburg auf, 1580–81 in Innsbruck am Hof des Erzherzogs Ferdinand II. Seine italienischen Sammlungen umfassen Intavolierungen von Madrigalen, Motetten, Chansons, italienische Tänze und eigene Ricercari, während der deutsche Druck auch deutsche Lieder (u. a. von L. Senfl) und Tänze sowie eigene, meist imitatorisch gearbeitete Fantasien enthält.

WW: 2 Bücher *Intabolatura di liuto* (V 1566), dass., in einem Bd. (F 1573); *Teütsch Lautenbuch* (Str 1574).

3) Conrad, Sohn von 1), * 1541 Nürnberg, † nach 1604 Augsburg, wo er seit 1562 lebte. Von ihm sind überliefert 14 Intavolierungen deutscher Lieder und einige weitere Stücke (hsl. Lautenbuch des Ph. Haindorfer in Wolfenbüttel, Herzog August-Bibl.)

Ausg.: **Zu 1):** *Ein neugeordent künstlich Lautenbuch*, 2 H.e (Hofheim 1965–66) (= Die Tabulatur 1 u. 9); dass., Faks.-Ausg. mit einem Vorwort v. P. PÄFFGEN (Neuss 1974) (= Institutio pro arte testudinis A, 1); einzelne Stücke in: Östr. Lautenmusik im 16. Jh., hrsg. v. A. KOCZIRZ (1911) (= DTÖ 37); detailliertes Verz. davon sowie von den weiteren zahlreichen Einzelausg. auch von M.N. siehe bei H. M. BROWN, Instrumental Music Printed Before 1600 (C/M 1965).

Lit.: K. DORFMÜLLER, Stud. z. Lautenmusik in der ersten Hälfte des 16. Jh. (Tutzing 1967) (= Münchner Veröff. z. Musikgesch. 11). – **Zu 1):** M. PODOLSKI, Le Juden Tantz, in: RBMie 17 (1963). – **Zu 2):** A. LAYER, in: Lebensbilder aus dem bayerischen Schwaben 5 (1956).

NEVEU, Ginette, * 11. 8. 1919 Paris, † 28. 10. 1949 auf den Azoren (bei einem Flugzeugunglück); frz. Violinistin. Sie war eine Großnichte von Ch.-M. Widor, wurde von ihrer Mutter sowie von Line Talluel, Jules-Eugène Boucherit, G. Enesco und C. Flesch ausgebildet, debütierte mit 7 Jahren und gewann 15jährig (u.a. mit M. Ravels *Tzigane*) den 1. Preis des Wieniawski-Wettbewerbs von Warschau. 1950 erhielt sie postum einen Grand Prix du disque. G. N. gehörte zu den größten instrumentalen Begabungen der 1. Hälfte des 20. Jahrhunderts. Berühmt waren ihre Interpretationen der Violinkonzerte L. van Beethovens u. J. Brahms'.

Lit.: M. J. RONZE-NEVEU, G. N. (P 1952, engl. Lo 1957).

NEWEL ↗ Nebel.

NEWMAN, Alfred, * 17. 3. 1901 New Haven (Connecticut), † 17. 2. 1970 Hollywood; amerik. Komponist und Dirigent. Nach seinem Studium, u.a. bei Sigismond Stojowski (Klavier), W. Daly (Dirigieren), R. Goldmark und A. Schönberg (Komposition), war er in New York als Pianist und Dirigent tätig. Am Broadway leitete er eine Reihe von Musical-Produktionen. 1930 ging er nach Hollywood, arbeitete zunächst weiterhin für das Musiktheater, wandte sich jedoch mehr und mehr der Komposition von Filmmusik zu. Seinen ersten großen Erfolg hatte er mit der Musik zu *Street Scene* (1931). Im selben Jahr arrangierte und dirigierte er die Musik von Charlie Chaplin zu dessen Film *City Lights*. 1939–60 war N. Leiter der Musikabteilung der 20th Century Fox. N.s Musik wurde achtmal mit dem „Oscar" ausgezeichnet. Zu seinen erfolgreichsten Songs zählen *The Moon of Manakoora, Adventures in Paradise* und *How Green was My Valley*.

WW: Filmmusik, u.a. zu: *The Devil to Pay; Wuthering Heights; The Hunchback of Notre Dame; The Song of Bernadette; Captain from Castile; The Snows of Kilimanjaro; The Robe; Désirée; The Diary of Anne Frank; Airport.*

NEWMAN, Ernest (eig. William Roberts), * 30. 11. 1868 Liverpool, † 7. 7. 1959 Tadworth (Surrey); engl. Musikkritiker und -forscher. Nach Universitätsstudium in Liverpool und Tätigkeit an der Bank of Liverpool (1889–1903) war er 1903–05 Dozent am Konservatorium in Birmingham. Er ging dann ganz zum Journalismus und zur privaten Forschung über und schrieb Beiträge 1905–06 für den *Manchester Guardian*, 1906–19 für *The Birmingham Post*, seither für die Londoner Zeitungen *Observer* und *Sunday Times*. N. war einer der angesehensten und fruchtbarsten englischen Musikkritiker (fast 2000 Artikel), der sich stets um Objektivität bemühte. Seine Wagner-Monographie gehört zu den englischsprachigen Standardwerken.

Schriften: *Gluck and the Opera* (Lo 1895, ³1967); *E. Elgar* (Lo 1906, ²1920); *H. Wolf* (Lo 1907, ³1967); *R. Strauss* (Lo 1904, 1908, Nachdr. Freeport/N.Y. 1969); *Stories of Great Operas*, 3 Bde. (NY 1929–31); *Fact and Fiction about Wagner* (Lo – Toronto 1931); *Life of R. Wagner*, 4 Bde. (Lo 1933–47, NY ²1960); *The Man Liszt* (Lo 1934, ²1969); *Opera Nights* (Lo 1943); *More Opera Nights* (Lo 1954); *From the World of Music*, hrsg. v. F. Aprahamian (Lo 1957); *More Essays from the World of Music*, hrsg. v. dems. (Lo 1958); *The Testament of Music*, hrsg. v. H. van Thal (Lo 1962).

Lit.: W. BLASSETT, E. N. and Engl. Wagnerism, in: ML 40 (1959); H. RAYNOR, E. N. and the Science of Criticism, in: Monthly Musical Record 90 (1960); V. NEWMAN, E. N. (Lo 1963).

NEWMAN, William Stein, * 6. 4. 1912 Cleveland (Ohio); amerik. Musikforscher und Pianist. Er promovierte 1939 an der Western Reserve University in Cleveland und arbeitete 1940–41 bei P. H. Lang und Erich Hertzmann an der Columbia University in New York. 1945–77 lehrte er, seit 1962 als Professor, an der University of North Carolina in Chapel Hill. In seinen Forschungen wie in seinen Konzerten als Pianist widmet er sich vorwiegend der Gattung Sonate; seine Sonatensammlung gilt als eine der größten der Welt.

Schriften: *The Present Trend of the Sonata Idea* (Cleveland 1939) (= Diss. Western Reserve Univ.); *The Pianist's Problems* (NY 1950, ³1974); *Understanding Music* (NY 1953, ³1967); *A History of Sonata Idea*, 3 Bde., I: *The Sonata in the Baroque Era* (Chapel Hill/N.C. 1959, ²1966), II: *The Sonata in the Classic Era* (ebd. 1963), III: *The Sonata since Beethoven* (ebd. 1969), revidierte Paperbackausg. der 3 Bde. (NY – Lo 1972); *Sonate*, in: MGG XII; *Wagner's Sonatas*, in: Studies in Romanticism 7 (1968); *Beethoven's Pianos Versus his Piano Ideals*, in: JAMS 23 (1970); *Performance Practices in Beethoven's Piano Sonatas* (NY 1971); *A Chronological Checklist of Collected Editions of Beethoven's*

Solo Piano Sonatas since his Own Day, in: Notes 33 (1976–77); *Musicology in the United States in 1976*, in: AMl 49 (1977).

NEW ORLEANS JAZZ, umgangssprachliche Bz. für den sozusagen klassischen Jazz zwischen etwa 1890 und 1928, dessen wichtiges Zentrum die Stadt New Orleans war. Der authentische N., den die frühen Schallplattenaufnahmen der Bands um Kid Ory, King Oliver und Louis Armstrong dokumentieren, ist der afroamerikanischen Tradition noch stark verbunden. Die Standardbesetzung läßt sich mit ihrer Trennung zwischen Melodie (Trompete oder Kornett, Posaune, Klarinette) und Rhythmusgruppe (Schlagzeug, Banjo, Klavier, Tuba oder Kontrabaß) als Verkleinerung der Marching-Band deuten. Das Spiel entspricht üblicher Praxis unter Verwendung von Head-Arrangements, wobei der Bluesstimmenablauf entscheidendes Strukturprinzip der Stimmerfindung wird. ↗Call-and-Response-Patterns bestimmen das Verhältnis der meist führenden Trompetenstimme zu den begleitenden anderen Blasinstrumenten. Der N. kennt kaum Soli, die Kollektivimprovisation steht im Vordergrund. Off-beat-Technik, Dirty tones und die Mittel der Hot-Intonation bestimmen das rhythmische und klangliche Geschehen. Das Repertoire des frühen Jazz besteht zum großen Teil aus vom Ragtime beeinflußten Stücken sowie aus Bluesnummern, die verschiedene Bluesformeln aufweisen, darunter bereits die 12taktige. Häufig gespielte Stücke sind der *St. Louis Blues*, der *Royal Garden Blues* und *I Ain't Gonna Play No Second Fiddle*. – Der N. findet seinen weißen Widerpart im ↗Dixieland-Jazz. Wie dieser erlebte er seit den 40er Jahren mehrere Revivals.
Eine Richtung innerhalb des N. bildet der von den Kreolen im French Quarter von New Orleans gepflegte *Creole Jazz*, der von spanischer, französischer und lateinamerikanischer Volks- und Tanzmusik beeinflußt ist und die Entwicklung des N. entscheidend mitprägte. U. KURTH

NEW PHILHARMONIA ORCHESTRA ↗Philharmonia Orchestra.

NEWSIDLER ↗Neusidler.

NEW YORK PHILHARMONIC ist das älteste bestehende Orchester der USA. Es wurde 1842 durch eine Initiative des Violinisten U. C. Hill als Philharmonic Symphony Society of New York ins Leben gerufen und gab am 7. 12. 1842 in den Apollo Rooms des Hauses Nr. 410 am Broadway mit Werken von L. van Beethoven (5. Symphonie), C. M. von Weber, J. N. Hummel, G. Rossini, W. A. Mozart und J. Kalliwoda unter Leitung von Hill, D. G. Etienne und H. C. Timm sein erstes Konzert. Das Orchester, das heute zu den führenden internationalen Klangkörpern gehört, wurde im 19. Jh. zeitweise von anderen Orchestern in den Schatten gestellt, u. a. von der von L. Damrosch gegründeten Symphony Society, mit der es 1928 zur New York Philharmonic-Symphony Society fusionierte. Die Zahl seiner Mitglieder wuchs von 63 (1842) bis heute auf 105 an. 1910 ging das Orchester (unter G. Mahler) erstmals auf eine Inlandgastspielreise, 1930 konzertierte es (unter A. Toscanini) zum erstenmal in Europa. Im selben Jahr hatte es auch seine erste CBS-Rundfunksendung. Dirigenten des Orchesters waren u. a. Hill (1842–48), Th. Eisfeld (1852–58), C. Bergmann (1855–59 und 1865–76), Th. Thomas (1877–91), A. Seidl (1891–98), E. Paur (1898–1902), W. Damrosch (1902–03), G. Mahler (1909–11), J. Stransky (1911–23), W. Mengelberg (1922–30), W. van Hoogstraten (1923–25), W. Furtwängler (1925–27), A. Toscanini (1927–36; 1933–36 als GMD), E. Kleiber (1930–32), Br. Walter (1931–33 und 1947–49), J. Barbirolli (1936–43), A. Rodzinski (1944–47), L. Stokowski (1949–50), D. Mitropoulos (1949–58), L. Bernstein (1958–70), G. Szell (1969–70, interimistischer Music adviser) und P. Boulez (1971–78). Seit 1978/79 ist Z. Mehta Chefdirigent des Orchesters.

Lit.: J. G. HUNEKER, The Philharmonic Soc. of New York and Its 75th Anniversary (NY 1917); The Philharmonic-Symphony Soc. of New York, 1917–42 (NY 1943).

NEY, Elly, * 27. 9. 1882 Düsseldorf, † 31. 3. 1968 Tutzing; dt. Pianistin. Sie begann ihre Ausbildung mit 10 Jahren am Kölner Konservatorium und wurde Schülerin von Isidor Seiss, später von Th. Leschetitzky und E. von Sauer in Wien. 1906–08 lehrte sie am Konservatorium in Köln. In diesen Jahren begann sie auch ihre weltweite Konzerttätigkeit, die bis in ihre letzten Lebensjahre andauerte. 1939–45 lehrte sie am Mozarteum in Salzburg. – E.N. verkörperte als Pianistin einen eigenen Typus. Sie errang sich schnell internationales Ansehen vor allem als Beethoven-Interpretin von suggestiver Darstellungskraft. Später diente sie mehr und mehr in ihrem geradezu priesterhaften Auftreten einem Beethoven-Kult, der typische Züge des romantischen Beethovenverständnisses trug. – E.N. war in erster Ehe (1911–27) verheiratet mit W. van Hoogstraten, mit dem sie auch kammermusikalisch konzertierte. Ein E.N.-Trio spielte seit 1914 in unterschiedlichen Besetzungen, zuletzt mit M. Strub (Violine) und L. Hoelscher (Violoncello). E.N. schrieb eine Autobiographie *Ein Leben für die Musik* (Da 1952, 2. Aufl.: *Erinnerungen und Betrachtungen*, Aschaffenburg 1957).

Lit.: Briefwechsel mit W. van Hoogstraten I, hrsg. v. E. VAN HOOGSTRATEN (Tutzing 1970). – C. VON PIDOLI, E. N. (L 1942); Z. MAURINA, Begegnung mit E.N. (Memmingen 1956); H. SCHINDLER, E.N. (Mn 1957); F. HERZFELD, E.N. (G 1962); E. VALENTIN, E.N. Symbol einer Generation (Mn 1962); H.-P. RANGE, Die Konzertpianisten der Gegenwart (Lahr 1966); J. KAISER, Große Pianisten unserer Zeit (Mn ³1977).

NEZERITIS, Andreas, * 30. 11. (12. 12.) 1897 Patras; griech. Komponist. Er studierte 1917–22 Klavier in Patras und in Athen und war um 1926–33 Schüler von D. Lavrangas (Harmonielehre, Kontrapunkt und Komposition). 1957 wurde er Vizepräsident und 1967 als Nachfolger von M. Varvoglis Präsident des griechischen Komponistenverbands. N. gehört zu einer Gruppe griechischer Musiker, die eine nationale Richtung vertreten.

WW: Kammermusik; 2 griech. Rhapsodien (1938, 1939); 3 Symphonien (1948, 1955, 1957); je ein Klv.- u. V.-Konzert (beide 1945). – Lieder; 5 Psalmen Davids (1945–46) für Soli, Chor u. Orch. – Oper *O wasilefs Aniliagos*, UA: Athen 1948.

NICHELMANN, Christoph, * 13. 8. 1717 Treuenbrietzen, † 20. 7. 1762 Berlin; dt. Komponist. Er besuchte 1730–33 die Thomasschule in Leipzig unter J. S. Bach, war 1733–37 Schüler von G. Ph. Telemann und J. Mattheson in Hamburg und nahm dann Kontrapunktunterricht bei J. J. Quantz in Berlin, wo er 1744–56 gleichzeitig mit C. Ph. E. Bach als Cembalist der Königlichen Kapelle tätig war.

WW: Klv.-Stücke; je 6 Klv.-Sonaten, op. 1 (Nü 1749) u. op. 2 (Nü vor 1760); Klv.-Konzerte; N. beteiligte sich an der Vertonung der Opern: *Il sogno di Scipione*, UA: Berlin 1746; *Il rè pastore*, UA: ebd. 1747; *Galatea ed Alcide*, UA: ebd. 1748 (zus. mit J. J. Quantz, C. H. Graun u. Friedrich II.). – N.s Schrift *Die Melodie, nach ihrem Wesen sowohl, als nach ihren Eigenschaften* (Danzig 1755) provozierte eine unter dem Pseudonym Caspar Dünckelfeind veröffentlichte scharfe Entgegnung *Gedanken eines Liebhabers der Tonkunst* (Nordhausen 1755), auf die N. in einer weiteren Schrift antwortete: *Die Vortrefflichkeit der Gedanken ... C. Dünckelfeindes* (o. O. o. J.).

N. hebt sich aus dem Kreis der Berliner Musiker seiner Zeit durch seine Klavierkonzerte heraus, die in spieltechnischer Hinsicht und im Verhältnis von Soloinstrument und Orchestersatz viele originelle Züge aufweisen. N.s Vorliebe für kontrapunktisch dichten Satz in den Soloklavierwerken und für empfindsame Melodik in den Liedern lassen ihn als einen typischen Meister des Übergangs zwischen Barock und Vorklassik erscheinen. Dies bekundet auch seine Abhandlung von 1755 mit ihrem Hauptanliegen, dem organischen Zusammenwirken von Melodie und Harmonie.

Ausg.: Konzert für Cemb. u. Streichorch., hrsg. v. C. BITTNER (Hannover 1938) (= Nagels MA 145); Sinfonie aus *Il sogno di Scipione*, hrsg. v. M. SCHNEIDER (L 1956); Klv.-Konzerte Es-Dur u. As-Dur, hrsg. v. D. A. LEE (Madison/Wis. 1977) (= RRMPre 6).

Lit.: H. DÖLLMANN, Ch. N. (Diss. Mr 1938); D. A. LEE, The Instrumental Works of Ch. N., 2 Bde. (1968) (= Diss. Univ. of Michigan); DERS., The Works of Ch. N. A Thematic Index (Detroit 1971) (= Detroit Studies in Music Bibliogr. 19).

NICHOLS, Red (Ernest Loring), * 8. 5. 1905 Ogden (Utah), † 28. 6. 1965 Las Vegas (Nevada); amerik. Jazzmusiker (Kornett, Trompete, Bandleader). Er ging 1923 nach New York, spielte in verschiedenen Bands, u. a. 1927 im Orchester Paul Whiteman. 1926 stellte er für Schallplattenaufnahmen die aus einer stets wechselnden Besetzung bestehende Band „Red Nichols and His Five Pennies" zusammen, der zeitweise u. a. Benny Goodman, Jimmy Dorsey, Joe Venuti, Gene Krupa und Glenn Miller angehörten. Während der 30er Jahre leitete N. Orchester mit oft kommerziellem Charakter, kehrte seit Ende der 30er Jahre wieder zur kleinen Besetzung und zum Dixieland-Jazz zurück. Der Spielfilm *The Five Pennies* verhalf ihm nochmals zum Erfolg.

Lit.: H. H. LANGE, R. N. (Wetzlar 1960).

NICK, Edmund Josef, * 22. 9. 1891 Reichenberg (Böhmen), † 11. 4. 1974 Geretsried (Oberbayern); dt. Komponist, Dirigent und Musikkritiker. Er studierte Jura in Wien und Graz (1918 Dr. jur.) sowie Musik an der Wiener Musikakademie und am Dresdener Konservatorium. 1919 kam er als Konzertbegleiter und Musikkritiker nach Breslau, wurde dort 1921 Theaterkapellmeister und 1924 Leiter der Musikabteilung des schlesischen Rundfunks. 1933 ging er nach Berlin, war dort 1936–40 musikalischer Leiter am „Theater des Volkes". Nach 1945 war N. in München als Musikkritiker und Komponist des Kabaretts „Die Schaubude" tätig, wurde 1947 Chefdirigent der Bayerischen Staatsoperette und erhielt 1949 eine Professur an der Musikhochschule. 1952–57 leitete er die Hauptabteilung Musik beim Westdeutschen Rundfunk in Köln. Er gründete dort auch die Capella Coloniensis zur Aufführung älterer Musik. N. war eine vielseitige und anregende künstlerische Persönlichkeit. Aus seinem fast ausschließlich der leichten Muse gewidmeten kompositorischen Schaffen ragt *Das kleine Hofkonzert* heraus, ein reizvolles und apartes Werk von hohem Rang in der neueren Geschichte der musikal. Komödie.

WW: Lieder u. Chansons; Ode *An die Heimat* für Bar. u. Orch.; *Die dreizehn Monate* für Sprecher u. Orch. – Operetten: *Über alles siegt die Liebe*, UA: Berlin 1940; *Das Halsband der Königin*, UA: München 1948; musikal. Lustspiele: *Das kleine Hofkonzert*, UA: ebd. 1935; *Die glücklichen Tage*, UA: Bremen 1937; *Xantippe*, UA: Frankfurt 1938; *Titus macht Karriere*, UA: Berlin 1939; *Karussell! – Karussell!*, UA: Darmstadt 1941. – Ferner die Revue *Freut euch des Lebens!*, UA: Berlin 1936, u. mehrere Filmmusiken. – Schriften: *P. Lincke* (H 1953); *Vom Wiener Walzer zur Wiener Operette* (H 1954); *Münchner Musikberichte* (Tutzing 1971); Artikel in MGG.

Lit.: R. QUOIKA, in: Sudetenland 3 (1961); autobiogr. Beitr. in: Rheinische Musiker 2 (Kö 1962) (= Beitr. z. rheinischen Musikgesch. 53); K. R. BRACHTEL, in: Sudetenland 8 (1966).

NICODÉ, Jean Louis, * 12. 8. 1853 Jersitz bei Posen, † 5. 10. 1919 Langebrück bei Dresden; dt. Pianist und Komponist. Er studierte bei Fr. Kiel an der Berliner Musikhochschule und unterrichtete 1878–85 am Konservatorium in Dresden. 1885–88 leitete er die Philharmonischen Konzerte und organisierte 1893–1900 eigene Konzerte, in denen er sich für die Musik seiner Zeit einsetzte. Als Komponist wurde er vor allem durch großangelegte Kompositionen wie die Ode *Das Meer* und die etwa 2½ Stunden dauernde symphonische Dichtung *Gloria* bekannt, die auf dem Gebiet der Symphonik, höchstens vergleichbar mit der 8. Symphonie von G. Mahler, eine Besonderheit im Streben nach dem Überdimensional-Monumentalen darstellt.

WW: 2 Orch.-Suiten; symphonische Dichtungen: *Maria Stuart* (1881); *Die Jagd nach dem Glücke* (1882); *Gloria* (1904); *Symphonische Variationen* (1883); *Das Meer* (1888) für Chor; *Morgenwanderung im Gebirge* u. Requiem für Männerchor a cap.

Lit.: TH. SCHÄFER, J. L. N. (B 1907); A. OTT, R. Strauss u. J. L. N. im Briefwechsel, in: Quellenstud. z. Musik. FS W. Schmieder (F 1972).

NICOLAI, Otto Carl Ehrenfried, * 9. 6. 1810 Königsberg, † 11. 5. 1849 Berlin; dt. Komponist und Dirigent. Die Jugend N.s war überschattet von dem ehrgeizigen Plan des Vaters, des Musikdirektors Carl Ernst Daniel Nicolai, aus ihm ein Wunderkind zu machen. Der harten Erziehung entfloh der 16jährige und kam 1827 nach Berlin, wo er Schüler C. Fr. Zelters wurde, 1828–30 am Königlichen Institut für Kirchenmusik unter B. Klein studierte und 1830 in die Singakademie eintrat. Durch den preußischen Gesandten J. von Bunsen war er 1834–36 Organist an der Gesandtschaftskapelle in Rom. Hier beschäftigte er sich intensiv mit der Musik G. P. da Palestrinas und nahm 1835 Unterricht bei G. Baini. Daneben trat er auch als Pianist auf und verschaffte sich als gesuchter Lehrer Zugang zur römischen Gesellschaft. N.s Bemühungen galten bald der Oper, doch seine ersten Kontakte mit dem Theater (u.a. Trauermusik auf den Tod V. Bellinis, Rom 1835) blieben erfolglos. 1837 wurde er Kapellmeister am Kärntnerthortheater in Wien, mußte den Posten jedoch schon 1838 wieder aufgeben und kehrte nach Italien zurück. 1839 erlebte die in Wien komponierte Oper *Rosmonda* unter dem Titel *Enrico II.* ihre Uraufführung in Triest, 1840 folgte *Il templario* in Turin. N. erhielt jetzt zahlreiche Auszeichnungen (u.a. wurde er Mitglied der Accademia Filarmonica in Bologna), und es gelang ihm, als Maestro der italienischen Oper ähnliche Wertschätzung zu erlangen wie G. Rossini, G. Donizetti und G. Verdi. Als 1. Kapellmeister am Hofoperntheater kam N. 1841 wiederum nach Wien. Die Einrichtung und Organisation der „Philharmonischen Konzerte“, auf denen die Konzerttradition der Wiener Philharmoniker fußt und deren erstes er am 28. 3. 1841 dirigierte, zeigen N. als einen der ersten „modernen“ Dirigenten. Gezielte Programmauswahl und durchdachte Orchestererziehung und -leitung begründeten den Erfolg seiner Arbeit. Als er die Aufführung seiner *Lustigen Weiber von Windsor* nicht durchsetzen konnte, verließ er Wien abermals. 1848 wurde er schließlich Kapellmeister an der Königlichen Oper Berlin und als Nachfolger F. Mendelssohn Bartholdys Leiter des dortigen Domchores.

WW: **1) Instr.-WW:** *Trois études*, op. 40 für Klv.; Klv.-Sonate d-moll, op. 27; Sonate für Klv. u. Vc.; Streichquartett B-Dur. – *Weihnachts-Ouvertüre über den Choral „Vom Himmel hoch“; Kirchliche Fest-Ouvertüre über den Choral „Ein feste Burg“*, op. 31; Ouvertüre c-moll; Symphonien c-moll (1831) u. D-Dur (1835, revidiert 1845); *Trauermarsch auf den Tod Bellinis*; *Fantasie mit brillanten Variationen* (über Motive aus Bellinis Norma) für Klv. u. Orch. (oder Streichquartett). – **2) Vokal-WW:** Te Deum (1832); Salve regina, op. 39; Messe D-Dur (1832); Psalmen, Lieder u. Duette. – **3) Bühnen-WW:** Opern: *Rosmonda d'Inghilterra* (Libr.: F. Romani), umgearbeitet als: *Enrico II.*, UA: Triest 1839; *Il templario*, UA: Turin 1840; *Il proscritto* (Libr.: G. Rossi), UA: Mailand 1841, als *Die Heimkehr des Verbannten*, Wien 1844; *Die lustigen Weiber von Windsor* (Libr.: H. S. Mosenthal), UA: Berlin 1849.

1830 erschienen die ersten Werke (Lieder und Duette) N.s im Druck. Zeit seines Lebens pflegte er vor allem die Gattungen der Vokalmusik und strebte namentlich auf dem Gebiet der Oper die Verbindung des italienischen und deutschen Stils an, weshalb er in einer vielbeachteten Zeitschriftenfehde von R. Schumann heftig kritisiert wurde. Sein künstlerisches Ziel formulierte N. so: „Deutsche Schule muß es sein, das ist die erste Bedingung, aber italienische Leichtigkeit muß dazukommen. So ist Mozart entstanden, und wenn ich seinen Geist hätte, so könnte ich auch was Gutes machen.“ *Die lustigen Weiber von Windsor* stellen in ihrer Vereinigung italienischer Einflüsse (besonders hinsichtlich der Melodiebildung und Ensemblegestaltung) mit deutscher Tradition die charakteristische Erfüllung diese Anspruchs dar. Starkes Interesse hegte N. auch an der Neugestaltung der evangelischen Kirchenmusik, zu der er im Rahmen der preußischen Agendenreform mehrere Werke lieferte. Hier bestimmten die Studien der klassischen Vokalpolyphonie des 16. Jh. (Palestrina) die stilistische Ausrichtung. Seine Lieder enthalten Elemente des berlinischen Volksliedtons (J. A. Schulz) und der italienischen Kanzonette, bleiben aber im allgemeinen dem Stimmungslied der Zeit verhaftet. Die Instrumentalkompositionen N.s, eine geschickte Behandlung des Orchesters aufweisend, stehen im Zeichen W. A. Mozarts, L. van Beethovens und C. M. von Webers. Die Briefe, Tagebuchaufzeichnungen und Aufsätze des Komponisten, stilistisch gewandt und treffend geschrieben, bestätigen die angedeutete ästhetische Haltung mit ihrer Idealisierung Mozarts, sind aber zugleich eine kritische Quelle für das Musikleben seiner Zeit. Wenn auch der Großteil seiner Kompositionen heute vergessen ist, bleibt N. als einer der prägnantesten Gestalter der komischen Oper zur Zeit der deutschen Romantik im Bewußtsein.

Ausg.: *Pater noster*, op. 33, für 8st. gem. Doppelchor, hrsg. v. R. EWERHART (Kö 1964) (= Die Motette 5).

Lit.: H. MENDEL, O. N. (B 1866, ²1868); Tagebücher, hrsg. v. B. SCHRÖDER (L 1892); dass., hrsg. v. W. ALTMANN (Rb 1937); G. R. KRUSE, O. N.s it. Opern, in: SIMG 12 (1910/11); DERS., O. N. (B 1911) (mit Werk-Verz.); Musikal. Aufsätze, hrsg. v. DEMS. (Rb 1913); Briefe an seinen Vater, hrsg. v. W. ALTMANN (Rb 1924); G. R. KRUSE, O. N.s „Lustige Weiber"... mit unbekannt gebliebenen Nrn., in: Mk 28 (1936); E. SCHLIEPE, Das wiederentdeckte „Tedeum" v. O. N., in: Mk 31 (1939); W. VIRNEISEL, O. N. als Musiksammler, in: FS M. Schneider (L 1955); I. SAMSON, O. N. als Mitarbeiter Schumanns, in: NZfM 121 (1960); J. W. KLEIN, Verdi and N., A Strange Rivalry, in: MR 32 (1971); A. GOEBEL, Die dt. Spieloper bei Lortzing, N. u. Flotow (Kö 1975); U. KONRAD, O. N. Stud. zu Leben u. Werk (Baden-Baden 1986) (= Slg. musikwiss. Abh.n 73). U. KONRAD

NICOLAI, Philipp, * 10. 8. 1556 Mengeringhausen (Waldeck), † 26. 10. 1608 Hamburg; dt. Theologe und Dichter. Er studierte 1578–79 Theologie in Erfurt und Wittenberg, war Hofprediger in Wildungen (Waldeck) und Pfarrer in Unna sowie seit 1601 Hauptpastor an St. Katharinen in Hamburg. Er veröffentlichte zahlreiche theologische Schriften und ist Textdichter und Komponist der Choräle *Wachet auf, ruft uns die Stimme* und *Wie schön leuchtet der Morgenstern* (veröff. in: *Freudenspiegel des ewigen Lebens,* F 1599 u. ö.).

Lit.: W. BLANKENBURG, Neue Forsch. über Ph. N. Ein Lit.-Ber., in: JbLH 4 (1958/59).

NICOLAUS DE PERUGIA (Magister Ser Nicolaus prepositi, Ser Nicholo del Proposto), it. Komponist des 14. Jahrhunderts. Er war vielleicht Sohn eines „proposto" in der Verwaltung von Perugia und lebte wahrscheinlich zwischen 1360–75 in Florenz. Anhaltspunkt für einen Aufenthalt in Mailand bietet der Text zu dem Madrigal *La fiera testa* (in Form einer Caccia), der auch von Bartolino da Padova vertont wurde: Das Motto des Bernabò Visconti († 1385) wird dort im Refrain zitiert. Der Stil der Kompositionen von N. und die Stelle, an der seine Werke im Codex Squarcialupi aufgezeichnet sind, weisen ihn als einen etwas älteren Zeitgenossen von Fr. Landini aus. Seine Ballate gehören zu den ältesten mehrstimmigen Beispielen dieser Gattung.

WW: 16 Madrigale (15 für 2 u. eines für 3 St.); 4 Cacce für 3 St.; 20 Ballate für 2 St.; eine Ballata mit zweifelhafter Zuschreibung.

Ausg.: GA in: Italian Secular Music, hrsg. v. W. T. MARROCCO (Monaco 1972) (= Polyphonic Music of the Fourteenth Century 8); der Großteil der WW auch in: Der Squarcialupi-Codex ..., hrsg. v. J. WOLF (Lippstadt 1955).

Lit.: N. PIRROTTA – E. LIGOTTI, Il Sacchetti e la tecnica musicale del Trecento it. (Fi 1935) (mit Übertragungen); A. VON KÖNIGSLÖW, Die it. Madrigalisten des Trecento (Wü 1940); N. PIRROTTA – E. LIGOTTI, Il codice di Lucca, in: MD 3 (1949) u. 5 (1951); K. VON FISCHER, Stud. z. it. Musik des Trecento u. frühen Quattrocento (Be 1956) (= Publikationen der Schweizerischen Musikforsch. Ges. II/5); G. REANEY, The Ms. Paris, Bibl. Nat., fonds it. 568, in: MD 14 (1960); DERS., The Ms. London, BrM Additional 29987 (R 1965) (= MSD 13); U. GÜNTHER, Zwei Balladen auf Bertrand u. Olivier du Guesclin, in: MD 22 (1968).

NICOLET, Aurèle, * 22. 1. 1926 Neuchâtel; Schweizer Flötist. Er studierte Flöte bei André Jaunet und Komposition bei W. Burkhard in Zürich und war Schüler des Pariser Conservatoire. 12jährig gab er seine ersten Konzerte, war 1945–47 Mitglied des Tonhalle-Orchesters Zürich, 1948–50 des Stadtorchesters Winterthur und 1950–59 Soloflötist im Berliner Philharmonischen Orchester. 1953–65 unterrichtete er als Dozent an der Berliner Musikhochschule und lehrt gegenwärtig als Professor an der Musikhochschule in Freiburg im Breisgau. Renommiert als Solist und in kammermusikalischen Ensembles sowohl in Europa wie in Übersee, setzt er sich besonders auch für die zeitgenössische Musik ein.

Schriften: *A. N., Flöte. C. Debussy, Syrinx* (Z 1967, engl. Z 1968) (= Wie Meister üben 4) (mit Biogr. u. Diskographie); *Pro musica. Studien zum Spielen Neuer Musik* (Kö 1974) (zus. mit P. Reidermeister).

NICOLINI, Giuseppe, * 29. 1. 1762 Piacenza, † 18. 12. 1842 ebd.; it. Komponist. Er war Schüler von Padre Omobono und studierte 1778–84 zusammen mit Giacomo Insanguine und D. Cimarosa am Conservatorio S. Onofrio in Neapel. Nach der Aufführung seines Oratoriums *Daniele nel lago dei leoni* (1781) widmete er sich der Oper und debütierte 1793 in Parma mit *La famiglia stravagante;* es folgten etwa 70 Opere serie und buffe, die in Mailand, Venedig, Genua, Livorno, Bologna, Neapel, Rom, Wien, Piacenza, Padua und Verona aufgeführt wurden, aber schnell aus der Mode kamen. 1816 ging er ans Theater in Parma, 1819 wurde er Domkapellmeister in Piacenza.

WW: Cemb.-Stücke; Kammermusik; Symphonien. – Etwa 40 Messen; 100 Psalmen; 2 Requiem; Arien, Kantaten u. Kanzonetten. – Ca. 70 Opern, u.a. *La famiglia stravagante*, UA: Parma 1793; *Il principe spazzacamino*, UA: Genua 1794; *Alzira*, UA: ebd. 1797; *Gli Sciti*, UA: Mailand 1799; *I baccanali di Roma*, UA: ebd. 1801; *Coriolano*, UA: ebd. 1808; *Il trionfo di Manlio*, UA: Piacenza 1833.

Lit.: E. DE GIOVANNI, G. N. e S. Nasolini (Piacenza 1927); A. RAPETTI – C. CENSI, Un maestro di musica piacentino, G. N. (ebd. 1944).

NIEDERLANDE. Das Königreich der N. mit den heutigen Grenzen von 1830 wird häufig „Holland" genannt, obwohl die im 12. Jh. gegründete Grafschaft dieses Namens nur zwei Provinzen umfaßt. Vorliegender Artikel befaßt sich mit der Musikgeschichte der nördlichen Niederlande; eine solche Einschränkung, die die Musik der ↗franko-flämischen Schule und der ↗Burgundischen Schule ausschließt, liefert allerdings nur ein unvollständiges Bild, da während der vergangenen Jahrhunderte die nördlichen und südlichen Provinzen, besonders das Herzogtum Burgund und das Gebiet, das den Habsburgern gehörte, eine kulturelle und politische Einheit gebildet hatten.

Bis zum 16. Jahrhundert. Die, wenn auch spärlichen literarischen Quellen und Archive bezeugen eine eifrige Pflege der geistlichen und weltlichen Musik im Mittelalter. Der Hauptmittelpunkt der geistlichen Musik war Utrecht, dessen Diözese vom 9. bis zur Mitte des 16. Jh. einen Großteil der heutigen Niederlande umfaßte. Die Missalien und Antiphonarien der Utrechter Marienkirche weisen auf ein umfangreiches Repertoire hin, das neben Ordinariumsgesängen zahlreiche Sequenzen und einige liturgische Dramen umfaßt. Von der weltlichen Einstimmigkeit sind nur einige Kontrafakturen des Limburger Minnesängers Hendrik van Veldeke (um 1200) erhalten. Im 14. Jh. verraten die wenigen in ausländischen Handschriften sowie in den Fragmenten von Utrecht und Leiden überlieferten mehrstimmigen Stücke den Einfluß der französischen Ars nova und des italienischen Trecento und eine enge Bindung an das Bürgertum (vgl. die unvollständige Motette der „Marktschreie", Utrecht, Bibl. der Rijksuniv., Ms. 1846). Nach 1400 nahm die volkstümliche und besonders die geistliche Chanson einen immer größeren Rang ein. 's-Hertogenbosch wurde der Mittelpunkt der geistlichen Mehrstimmigkeit. Die 1318 gegründete Bruderschaft „Unserer Lieben Frau", deren Rechnungsbücher seit 1330 fast vollständig erhalten sind, räumte der Musik einen immer größeren Platz ein. Schon 1358 wurde dort ein Motettenbuch zusammengestellt, und das mehrstimmige Repertoire erweiterte sich später ständig. Trotz des Verlustes zahlreicher Dokumente, besonders aus der Reformationszeit, sind noch 6 Chorbücher aus der 1. Hälfte des 16. Jh. im Besitz der Archive der Bruderschaft. In den städtischen Archiven in Leiden sind 6 Chorbücher aus der Kirche St. Peter aus der Mitte des 16. Jh. aufbewahrt. Mit Ausnahme von J. Obrecht und Clemens non Papa stammen die großen Komponisten der franko-flämischen Schule aus dem Süden des Landes. Ebenso hatten die bedeutendsten Musikverleger ihre Niederlassungen in Antwerpen und Löwen; zu ihren Publikationen gehören die typisch niederländischen Souterliedekens. Im Norden finden sich Verleger in Utrecht, Kampen und Deventer.

17. Jahrhundert. Während der Übergangszeit vom 16. zum 17. Jh. erfuhr die Musik in den nördlichen Niederlanden eine Hochblüte. Die strengen Beschränkungen durch die protestantische Kirche und die Unterdrückung des Katholizismus begünstigten die fortschreitende Musikausübung in den Gesellschaften und im Familienkreis. In den Vordergrund rückte dabei die Instrumentalmusik. Während die Vokalwerke von J. P. Sweelinck, J. Tollius und C. Schuyt die Tradition der Vokalpolyphonie fortführten, erschien eine neue Richtung in Sweelincks Instrumentalwerken, die auf die englischen Virginalisten, vor allem auf J. Bull, zurückweist. Durch die Vermittlung seiner zahlreichen deutschen Schüler übte Sweelinck einen entscheidenden Einfluß auf die norddeutschen Orgelkomponisten vor J. S. Bach aus. In den Städten waren die Stadtmusikanten (besonders die Stadtpfeifer) und Glockenspieler städtische Angestellte, traten aber seit Ende des 17. Jh. den Collegia musica gegenüber mehr und mehr in den Hintergrund. Diese zunächst geschlossenen Gesellschaften vereinigten anfangs hauptsächlich Liebhaber. Komponisten und Verleger produzierten ihre Werke in Abstimmung mit deren Repertoire. In Arnheim, Amsterdam, Leiden, Deventer, Utrecht, Leeuwarden und Nimwegen waren die Collegia musica sehr aktiv. Während diese Gruppen sich dem Instrumentalspiel widmeten, war das Lied eine bevorzugte Gattung des Musizierens innerhalb der Familie. Unzählige Liederbücher erschienen (viele außerhalb der N.), oft mit dem Namen ihrer Herkunftstadt im Titel. Zu diesem Hausmusikrepertoire traten Sammlungen für Tasteninstrumente, Laute und Blockflöte. Von dem blühenden Musikleben profitierte neben dem Verlagswesen (Paulus Matthijs in Amsterdam) der Instrumentenbau. Die Familien Duysschot und Hagerbeer schufen einen eigenen niederländischen Orgeltyp, die Brüder Hemony ließen sich in den N.n nieder und bauten mehr als 40 Glockenspiele, Hendrik Jacobsz baute Geigen, vergleichbar mit denen von Amati, und Richard Hacka sowie Jan van Heerde erwarben sich einen guten Ruf mit ihren Blasinstrumenten. In mancher Hinsicht kann das Musikleben in den N.n des 17. Jh. mit dem in Italien, Frankreich und Deutschland auf eine Stufe gestellt werden. Das beweist etwa der umfangreiche Briefwechsel des Komponisten, Diplomaten und Gelehrten C. Huygens mit M. Mersenne und R. Descartes oder die Tatsache, daß die ältesten bekannten Klaviersonaten wahrscheinlich die *Sonate per il cimbalo* (um 1688) von S. van Noordt darstellen. Auf dem Gebiet der dramatischen Musik dagegen haben die N. praktisch keinen Beitrag geleistet. Die Musik von C. Hacquart zu einem Spiel, das anläßlich des Friedens von Nimwegen (1678) aufgeführt wurde, ist nur teilweise erhalten. Eine eigene Oper in der Landessprache konnte sich in den N.n nicht entwickeln.

18. Jahrhundert. Die Bindung an die norddeutsche Orgelkunst dauerte an. Neben niederländischen Organisten wie Dirk Scholl (Amsterdam und Delft), Johan Fischer (Utrecht) und Gerard Jacob (Alkmaar) wirkten C. Hurlebusch aus Braunschweig und J. Lustig aus Hamburg in Amsterdam und Groningen. Die Collegia musica wurden zu öffentlichen Gesellschaften, die Konzerte entfalteten sich und ließen die Hausmusik mehr und mehr unter dem Einfluß des Auslands in den Hintergrund treten. Bedeutende Musiker wie J.-M. Leclair und die Familie Mozart besuchten die N., andere blieben dort, z.B. P. Locatelli und Chr. Graf, der die Leitung der Stadhouderlijke Kapel übernahm. Zahlreiche Operntruppen gaben während der 2. Hälfte des 18. Jh. Vorstellungen; schon 1738 hatte A. Vivaldi anläßlich der Hundertjahrfeier des Amsterdamer Theaters dort dirigiert. Umgekehrt gingen niederländische Musiker ins Ausland: W. de Fesch und P. Hellendaal wandten sich z.B. nach England. Im Verlagswesen nahm ein Franzose einen wichtigen Platz ein: E. Roger, seit 1697 in Amsterdam, gab Werke nicht nur niederländischer, sondern auch englischer, deutscher, französischer und italienischer Autoren heraus, u.a. die Concerti grossi von A. Corelli. Rogers Nachfolger war sein Schwiegersohn M.-Ch. Le Cène. Wegen des zunehmenden Interesses an Konzert und Oper bemühte man sich, die besten Stücke des internationalen Repertoires vorzustellen. So führte Bartholomeus Ruloffs in Amsterdam mehrere Opern W. A. Mozarts auf. Das Musikleben profitierte zwar davon, aber eine eigenständige Kultur wurde dadurch nicht gefördert.

19. Jahrhundert. Während der 1. Hälfte des 19. Jh. richtete sich das niederländische Musikleben nach Deutschland aus. Die Komponisten widmeten sich einer einfachen homophonen Schreibweise; die Lieder waren durch das Volkslied beeinflußt, die melodische Erfindungskraft blieb schwach. Einen bevorzugten Platz nahm die Volksmusik (Chanson, Lied, Chor) ein. Die Bildung von Chören wurde angeregt durch die 1829 gegründete „Maatschappij tot Bevordering der Toonkunst", nachdem einige Jahre vorher in Dordrecht und Delft Liedertafeln gegründet worden waren. Diese Gesellschaft veranstaltete Kompositionswettbewerbe, wobei sich die Jury oft aus ausländischen, besonders deutschen Komponisten zusammensetzte; sie organisierte Musikfeste und bemühte sich um eine Verbesserung der musikalischen Ausbildung. So wurde 1826 das Koninklijke Conservatorium voor Muziek in Den Haag gegründet, dann die Musikschulen in Rotterdam (1844) und Amsterdam (1853). Auf dem Gebiet des Konzertwesens ist J. Verhulst zu nennen, ein Schüler F. Mendelssohn Bartholdys und Freund R. Schumanns, der sich heftig dem Vordringen der neuen Werke von H. Berlioz, Fr. Liszt und R. Wagner entgegenstellte, Schumann und später J. Brahms dagegen sehr schätzte. Opern kamen weiterhin aus dem Ausland; Amsterdam hatte ein italienisches, ein deutsches und ein französisches Opernhaus, in Den Haag, wo sich das in Napoleonischer Zeit gegründete Theater bis 1919 hielt, wurde vor allem die französische Oper gepflegt. In Rotterdam hatte 1860–90 die deutsche Oper viel Erfolg; mehrere Werke Wagners erfuhren hier ihre erste Aufführung außerhalb Deutschlands. Das Verlangen nach einer nationalen Musik ließ auch die Erinnerung an die reiche Vergangenheit des Landes wieder wach werden. Die Maatschappij tot Bevordering der Toonkunst ermöglichte dem deutschen Musikforscher Fr. Commer die Veröffentlichung einer *Collectio operum musicorum Batavorum saeculi XVI* (1844–59). 1868 wurde die Vereniging voor Nederlandse Muziekgeschiedenis gegründet, deren erste Veröffentlichung ein Werk Sweelincks war. Betont patriotische Einstellung prägte vor allem das Schaffen von B. Zweers, einer markanten Persönlichkeit der Wende des 19. zum 20. Jh., der mit Vorliebe niederländische Texte vertonte und seine 3. Symphonie *An mein Vaterland* betitelte. 1886 wurde die „Hollandsche Opera" gegründet, die Aufführungen in niederländischer Sprache und mit heimischen Interpreten förderte; sie konnte sich allerdings nicht halten. Besser verlief die Entwicklung der in Amsterdam (1888), Utrecht (1894), Den Haag (1903) und Rotterdam (1917) gegründeten Orchester. Besonders das ↗Concertgebouworkest Amsterdam, seit 1895 von W. Mengelberg geleitet, nahm einen solchen Aufschwung, daß Amsterdam ein europäisches Musikzentrum wurde, wo zahlreiche internationale Dirigenten wirkten und Komponisten wie G. Mahler, R. Strauss, M. Reger, Cl. Debussy, M. Ravel, I. Strawinsky und P. Hindemith am Pult standen. Der renommierteste niederländische Komponist dieser Zeit war A. Diepenbrock. Sein stark kontrapunktisch bestimmter Stil wirkte maßgeblich auf die Werke der niederländischen Komponisten zu Beginn des 20. Jh. weiter. Die meisten von ihnen tendierten zur französischen Musik, einige zeigten auch Einflüsse von G. Mahler.

20. Jahrhundert. Wie in anderen europäischen Ländern kam es auch in den N.n zu einer Reaktion auf die Musik des 19. Jh. und zu einem teilweise radikalen Bruch mit der Tradition. 1920–40 beherrschte die Persönlichkeit W. Pijpers das Musikleben. Extreme Spannung, Polytonalität und große rhythmische Komplexität charakterisieren sein Schaffen, wobei jedes Werk aus einer einzigen Zelle erwächst. Als hervorragender Pädagoge bildete er eine Gruppe junger Musiker aus, die nach neuen Richtungen suchte. Unter seinen Zeitgenossen ist, hauptsächlich im Hinblick auf das geistliche Schaffen, H. Andriessen zu nennen, dessen zahlreiche Messen kontemplative Meditationen über den liturgischen Text darstellen, dem jede Emphase genommen ist. Melodischer Reichtum, häufig modale Schreibweise und farbige Instrumentation sind die Wesenszüge seines symphonischen Œuvres und seiner Kammermusik. Der zur selben Generation gehörige M. Vermeulen wirkte dagegen geradezu revolutionär mit seinen auf Polymelodik fußenden Kompositionen, die alles Konventionelle und Formelhafte vermeiden, zugleich aber ein sehr großes Orchester erfordern. Neben ihm erarbeitete vor dem 2. Weltkrieg D. Ruyneman bis dahin unbekannte instrumentale und vokale Ausdrucksmittel. Nach dem Krieg traten vor allem die Schüler W. Pijpers in den Vordergrund, unter ihnen O. van Hemel, G. Landré, R. Escher und H. Henkemans. H. Badings, der häufig 8tönige Leitern verwendet, ist vor allem auch mit elektronischer Musik hervorgetreten. Verallgemeinernd läßt sich feststellen, daß die zeitgenössische niederländische Musik nur selten das tonale Zentrum völlig verläßt. Die Komponisten verdanken ihre Stellung nicht revolutionären Ideen, und ihre Ästhetik wendet sich gegen eine aggressive Übertreibung auf dem Gebiet der experimentellen Musik. Neue Kompositionstechniken wurden in den N.n hauptsächlich von K. van Baaren, einem Schüler W. Pijpers, eingeführt. Sein auf der Dodekaphonie und seriellen Technik basierendes Werk öffnete der niederländischen Musik einen neuen Weg. Van Baaren versammelte um sich eine Gruppe junger Musiker, die die Avantgarde der 50er und 60er Jahre bilden sollte, u. a. P. Schat, J. van Vlijmen und Louis Andriessen. Zu erwähnen ist noch das pädagogische Wirken von T. de Leeuw, dessen eigenes Schaffen von der orientalischen Philosophie bestimmt ist, und J. van Vlijmen für die Heranbildung einer neuen Generation. Seit 1947 wird die zeitgenössische niederländische Musik umfassend von der Stiftung Donemus gefördert: Ursprünglich ein Dokumentationszentrum (Bibliothek und Diskothek), dehnte das Institut seine Tätigkeit auch auf die Edition aus und veröffentlicht rund 90% der neuen Kompositionen; es gibt auch Schallplatten und eine Vierteljahresschrift *Sonorum speculum* heraus, die 1976 durch die Zeitschrift *Key Notes* ersetzt wurde. Neben Donemus bildet die Stichting ↗Gaudeamus in Bilthoven ein wichtiges internationales Zentrum für zeitgenössische Musik.

Lit.: **1) Bibliographien:** J. W. ENSCHEDE, Nederlandsche musicalia, alphabetische titellijst 1908–11 (A 1909–11, Zwolle 1912); D. F. SCHEURLEER, Nederlandsche liedboeken (Den Haag 1912, Ergänzungs-Bd. 1923); A. LOEWENBERG, Early Dutch Librettos and Plays with Music in the BrM (Lo 1947); Cat. van Werken van Nederlandse componisten (A 1950ff.); J. DE VUYST, Het Nederlandse volkslied. Bibliogr. 1800–1965 (Bru 1967). – **2) Denkmälerausg.:** Uitgave van oudere Noord-Nederlandsche meesterwerken, puis Uitgave der Vereniging voor Nederlandse Muziekgeschiedenis, 47 Bde. (Utrecht – A – L 1869–1958); Monumenta musica Neerlandica (A 1959ff.); Exempla musica Neerlandica (A 1964ff.); Muziekhistorische Monographieën (A 1966ff.); Donemus Audio Visual Series (mit Schallplatten) (A 1961ff.). – **3) Studien z. Musik u. umfassende Darstellungen:** E. VAN DER STRAETEN, La musique aux Pays-Bas avant le XIXe siècle (Bru 1867–88); A. GOOVAERTS, Histoire et bibliogr. de la typographie musicale dans les Pays-Bas (An 1880, Nachdr. A 1963); D. F. SCHEURLEER, Het muziekleven in Nederland in de tweede helft der 18e eeuw (Den Haag 1909); H. F. WIRTH, Der Untergang des ndl. Volksliedes (ebd. 1911); A. SCHERING, Die ndl. Orgelmesse im Zeitalter des Josquin (L 1912, Nachdr. A – Wie 1971); J. VAN DOKKUM, Nederlandsche muziek in de 19^{e} eeuw (A 1913); S. DRESDEN, Het muziekleven in Nederland sinds 1880 (A 1923); R. B. LENAERTS, Het Nederlands polifonies lied in de 16^{e} eeuw (Mecheln – A 1933); D. J. BALFOORT, Het muziekleven in Nederland in de 17^{e} en 18^{e} eeuw (A 1938); A. J. M. KAT, Geschiedenis van de kerkmuziek in Nederland sedert de Hervorming (Hilversum 1939); S. A. M. BOTTENHEIM, De opera in Nederland (A 1946); W. H. THIJSSE, Zeven eeuwen Nederlandse muziek (Rijswijck 1949); CH. VAN DEN BORREN, Geschiedenis van de muziek in de Nederlanden, 2 Bde. (A – An 1949–51); E. REBLING, Den lustelycken Mey. Muziek en maatschappij in de 17^{e} eeuw in Nederland (A – An 1950); E. REESER, Een eeuw Nederlandse muziek (A 1950); J. SMITS VAN WAESBERGHE, Muziek en drama in de Middeleeuwen (A ^{2}1954); W. PAAP u.a., Music in Holland. A Review of Contemporary Music in the Netherlands (A 1959); R. B. LENAERTS, De Nederlandse muziek uit de 15e eeuw (Löwen 1959); H. WAGENAAR-NOLTHENIUS, Nederlands muziekleven in de Middeleeuwen (Utrecht 1958); G. LANDRÉ, Neue Musik in den N.n, in: Melos 30 (1963); G. REANEY, New Sources of Ars Nova Music, in: MD 19 (1965); C. C. VLAM – M. A. VENTE, Bouwsteenen voor een geschiedenis der toonkunst in de Nederlanden (Utrecht 1965ff.); J. WOUTERS, Dutch Music in the 20th Century, in: MQ 51 (1965); W. ELDERS,

Stud. z. Symbolik in der Musik der alten Niederländer (Bilthoven 1968); H. WAGENAAR-NOLTHENIUS, De Leidse fragmenten. Nederlandse polifonie uit het einde der 14de eeuw, in: FS R. B. Lenaerts (Löwen 1969); A. CURTIS, Sweelinck's Keyboard Music. A Study of Engl. Elements in Seventeenth Century Dutch Composition (Leiden – Lo 1969); J. WOUTERS, Dutch Composers's Gallery I (A 1971); R. A. RASCH, Some Mid-Seventeenth Century Dutch Collections of Instrumental Ensemble Music, in: TVer 22 (1971/72); E. R. SOLLITT, Dufay to Sweelinck. Netherlands Masters of Music (Westport/Conn. 1971); K. G. FELLERER, Musikbeziehungen zw. den nördlichen N.n u. dem Reich im 18. Jh., in: TVer 30 (1980). C. MAAS

NIEDERLÄNDISCHE MUSIK ↗Franko-flämische Schule.

NIEDERMEYER, Louis Abraham, * 27. 4. 1802 Nyon, † 13. 3. 1861 Paris; frz. Komponist Schweizer Herkunft. Er war zunächst Schüler seines Vaters, kam mit 15 Jahren nach Wien, wo er bei I. Moscheles (Klavier) und E. A. Förster (Komposition) studierte, und ging später zu V. Fioravanti nach Rom sowie zu N. A. Zingarelli nach Neapel, wo seine erste Oper *Il reo per amore* (1820) aufgeführt wurde. 1823 ließ er sich in Paris nieder. Nach geringen Erfolgen mit einigen Opern an der Opéra wandte sich N. vom Theater ab und schrieb nur noch Kirchenmusik. Größere Bedeutung erlangte er jedoch durch die Reorganisation des 1818 von A.-É. Choron gegründeten Institut de Musique Religieuse als École Niedermeyer, die sich rasch zu einer der führenden musikalischen Ausbildungsstätten in Frankreich entwickelte. Zahlreiche bekannte Komponisten gingen aus ihr hervor, darunter G. Fauré und A. Messager.

WW: Klv.- u. Orgelstücke; Lieder; Messen u. zahlr. Motetten. – Opern: *Il reo per amore,* UA: Neapel 1820; *Stradella,* UA: Paris 1837; *Maria Stuart,* UA: ebd. 1844; *La Fronde,* UA: ebd. 1853. N. ist, neueren Erkenntnissen zufolge, auch der Komponist der berühmten geistlichen Arie *Pietà Signore,* die lange A. Stradella zugeschrieben wurde. – Lehrwerke: *Traité théorique et pratique de l'accompagnement du plaint-chant* (P 1857, [2]1903) (zus. mit J. d'Ortigue); *Accompagnement pour orgue des offices de l'église* (P 1861). N. gab 1857–61 die kirchenmusikal. Zschr. *La Maîtrise* (mit Notenbeilagen) heraus.

Lit.: L. A. NIEDERMEYER, L. N. Son œuvre et son école (P o.J.); DERS., Vie d'un compositeur moderne, ... L. N. (P 1893) (mit einem Vorwort v. C. Saint-Saëns); M. GALERNE, L'école N. (P 1928).

NIEDT, Friedrich Erhardt (Erhard), getauft 31. 5. 1674 Jena, † April 1708 Kopenhagen; dt. Komponist und Musiktheoretiker. Er studierte Jura an der Universität Jena und Musik bei J. N. Bach, wurde Notar und um 1700 Organist an der Nikolaikirche in Kopenhagen. Von ihm sind außer einer Motette (mit zweifelhafter Zuschreibung) nur theoretische Werke erhalten. *Die Handleitung* ist sowohl eine Anweisung zum Generalbaßspiel als auch eine Kompositionslehre auf der Grundlage des Generalbasses. J. S. Bach hat das Werk in seinem Unterricht verwendet, wie durch Abschriften von N.s Generalbaßregeln durch J. P. Kellner bezeugt wird.

WW: *Musicalische Handleitung,* 3 Teile, 1: *handelt vom General-Bass, denselben schlechtweg zu spielen* (H 1700, [2]1710), 2: *Handleitung zur Variation* (H 1706, 2. vermehrte Aufl., hrsg. v. J. Mattheson, 1721), 3: *handelnd vom Contra-Punct, Canon, Motetten, Choral, Recitativ-Stylo und Cavaten,* postum hrsg. v. J. Mattheson (H 1717); *Musikalisches A, B, C* (H 1708).

Ausg.: Motette *Ich will aufstehen ...,* in: Thüringische Motetten der ersten Hälfte des 18. Jh., hrsg. v. M. SEIFFERT (L 1915) (= DDT 49/50).

Lit.: W. GERSTENBERG, Generalbaßlehre u. Kompositionstechnik in N.s „Musicalischer Handleitung", in: Kgr.-Ber. Bamberg 1953 (Kas 1954); A. FEIL, Satztechnische Fragen in den Kompositionslehren v. F. E. N., J. Riepel u. H. Ch. Koch (Diss. Hei 1955).

NIEHAUS, Manfred, * 18. 9. 1933 Köln; dt. Komponist. Er studierte 1954–57 an der Rheinischen Musikschule Violine (Heinz Schkommodau), dann bis 1961 Schulmusik und Komposition (B. A. Zimmermann) an der Musikhochschule in Köln sowie 1954–61 Germanistik an der dortigen Universität. 1963–65 war er Dramaturg und Spielleiter an der Württembergischen Landesbühne in Esslingen am Neckar, dann bis 1967 freischaffender Komponist und Regisseur. 1967 wurde er Musikredakteur am WDR in Köln. N. ist Mitglied der „Gruppe 8 Köln" und war maßgeblich an der Organisation der sog. „offenen Konzerte" beteiligt.

WW: Für Orch.: V.-Konzert (1965); *Sinfonia I–III* (1970); Kammersinfonie (1974); *4 Waldstücke* (1975) für Va. u. Orch.; *3 Tänze aus dem 14. Jh.* (1977). – Kammeroper *Bartleby,* UA: Berlin 1967; musikal. Farce *Die Pataphysiker* (nach A. Jarry), UA: Kiel 1969; szenische Komposition *Maldoror* (Libr.: A. Feußner u. M. N. nach Lautréamont), UA: ebd. 1970; radiophonisches Lustspiel *Sylvester,* UA: Stuttgart 1973; Kinderoper *Tartarin von Tarascon* (nach A. Daudet) für 9 Sänger u. 8 Instrumentalisten, UA: Hamburg 1977. – *Ritornell und andere Stadtmusiken. Überlegungen zu kommenden Musikaktionen,* in: Plädoyers für eine neue Kulturpolitik, hrsg. v. O. Schwencke – K. H. Revermann – A. Spielhoff (Mn 1974).

NIEHOFF (Nijhoff), **Hendrik,** * um 1495 Leeuwarden(?), † 1560 's-Hertogenbosch; ndl. Orgelbauer. Er schuf einen eigenen niederländischen Orgeltyp, der einen überragenden Einfluß besonders auf den Orgelbau in Norddeutschland hatte. Spuren einiger Instrumente und Prospekte finden sich heute noch in Rotterdam (1540; früher Schoonhoven), Enkhuizen (1547), Schiedam (um 1550), Lüneburg (1552), Abcoude (1556; früher Gouda) und Brouwershaven (1557); beide Orgeln der Oude Kerk zu Amsterdam (1545) sowie die der Nieuwe und Oude Kerk in Delft sind verloren. Sein Sohn **Nicolas N.,** * um 1525 Amsterdam, † um 1604 's-Hertogenbosch, baute die Orgeln im Kölner Dom (1573) und im Mainzer Dom

(1584/85) sowie die im Aachener Münster, sein Enkel **Jacob N.,** * um 1565 's-Hertogenbosch, † 1626 Köln(?), die des Würzburger Doms (1616).

Lit.: M. A. VENTE, Die Org. des 16. Jh. in Nordbrabant u. am Niederrhein, in: Beitr. z. Musik im Rhein-Maas-Raum (Kö 1957) (= Beitr. z. rheinischen Musikgesch. 19); DERS., N., in: MGG IX.

NIELSEN, Carl August, * 9. 6. 1865 Nørre Lyndelse bei Odense (Insel Fünen), † 3. 10. 1931 Kopenhagen; dänischer Komponist. Er studierte seit 1884 bei N. Gade am Konservatorium in Kopenhagen und unternahm dann Studienreisen nach Deutschland, Österreich, wo er J. Brahms traf, Frankreich und Italien. Nach seiner Rückkehr nach Kopenhagen war er 1886–1905 Violinist am Königlichen Theater, 1908–14 als Nachfolger von J. Svendsen Hofkapellmeister; 1916 wurde er Professor am Konservatorium, dessen Leitung er 1931 übernahm. 1915–27 war er Dirigent des Musikforeningen, mit dem er die meisten seiner großen Werke aufführte.

WW: **1) Instr.-WW:** 1. V.-Sonate A-Dur (1895); *Preludio e presto* (1923) für V. solo; 29 Praeludien für Org. oder Harmonium (1929); 3. Streichquartett Es-Dur (1898). – Für Orch.: 6 Symphonien, 1: g-moll (1892); 2: *De fire temperamenter* (1902); 3: *Sinfonia espansiva* (1911); 4: *Det uudslukkelige* (Das Unauslöschliche) (1916); 5 (1922); 6: *Sinfonia semplice* (1925); *Lille suite* a-moll (1881) für Streichorch.; Ouvertüre *Helios* (1903); je ein V.- u. Klar.-Konzert (1911, 1928). – **2) Vokal-WW:** *Hymnus amoris* (1896) für Chor; *Søvnen* (An den Schlaf) (1904); 3 Psalmmotetten a cap. (1929). – **3) Bühnen-WW:** Biblische Oper *Saul og David,* UA: Kopenhagen 1902; komische Oper *Maskarade,* UA: ebd. 1905. – **4) Schriften:** *Levende musik* (Kop 1925, NA 1957, [12]1963); Erinnerungen *Min fynske barndom* (Meine Kindheit in Fünen) (Kop 1927, NA 1954, [15]1976).

N.s Entwicklung spiegelt sich am deutlichsten in seinen 6 Symphonien wider. In den beiden ersten lehnt er sich an klassische Formen an, während Themencharakter und Rhythmus schon recht persönliche Züge zeigen. In der 3. Symphonie bleibt noch immer die klassische Form erkennbar, das thematische Material jedoch zeigt eine Vielfalt rhythmischer Kräfte, besonders im 1. Satz *Allegro espansivo.* Die 4. Symphonie ist durch Einfallsreichtum und die Dynamik ihrer Rhythmen geprägt. Die 4. und 5. Symphonie beherrscht das Prinzip einer organischen Entwicklung von einem motivischen Kern über die Durchführung bis zur Schlußapotheose. Obwohl nur 2sätzig, ist die 5. Symphonie die längste, während die 6. kammermusikalisch gehalten ist. Die Oper *Saul og David* hat durch ihre mächtigen polyphonen Chöre und die markante Hauptfigur Saul oratorische Monumentalität. In der komischen Oper *Maskarade* setzt N. in tänzerisch-leichtem Stil den Akzent auf die Intrigen und burlesken Szenen. N. trug auch wesentlich zur Entwicklung des dänischen Liedes bei. Seine beiden Sammlungen *En snes danske viser* (20 dänische Lieder) sind als Schul- und Hausmusik gedacht; ihr Stil ist bewußt einfach gehalten, nach dem Vorbild der *Lieder im Volkston* von J. A. P. Schulz. Sie wurden in Dänemark zu klassischen Werken des geselligen Singens.

Lit.: T. MEYER – F. SCHANDORF PETERSEN, C. N., 2 Bde. (Kop 1947–48) (mit Werk-Verz.); L. DOLLERIS, C. N. (Odense 1949) (mit Werk-Verz.); R. W. SIMPSON, C. N., Symphonist (Lo 1952, NA 1964); C. N.s breve, hrsg. v. I. EGGERT MØLLER – T. MEYER (Kop 1954); C. N. i hundredaret for hans fødsel, hrsg. v. J. BALZER (Kop 1965), engl. Übers.: C. N., Centenary Essays (Lo 1966); C. FABRICIUS-BJERRE, C. N. discography (Kop 1965, [2]1968); D. FOG, C. N. kompositioner. En bibliogr. (Kop 1965); N. SCHIØRRING, C. N. i sin samtids danske musik, in: Dansk aarbog for musikforskning 6 (1968–72); DERS., in: Musicalia 1 (1970) Nr. 3 (mit Werk-Verz. u. Diskographie); B. WALLNER, C. N., romantiserad, in: STMf 53 (1971); W. I. JONES junior, A Study of Tonality in the Symphonies of C. N. (1973) (= Diss. Florida State Univ.).

S. SØRENSEN

NIEMANN, Albert, * 15. 1. 1831 Erxleben bei Magdeburg, † 13. 1. 1917 Berlin; dt. Sänger (Heldentenor). N. begann im Alter von 22 Jahren seine Bühnenlaufbahn zunächst als Schauspieler in Dessau, studierte dort und besonders in Paris bei Gilbert Duprez Gesang und sang 1866–87 mit wenigen Unterbrechungen an der Berliner Hofoper. R. Wagner gewann ihn für Bayreuth, wo er als Tannhäuser, den er auch bei der Pariser Erstaufführung der Oper (1861) sang, und als Siegmund besonders hervortrat. Nach einem Engagement 1886–88 an der Metropolitan Opera in New York beendete er 1889 seine Bühnenlaufbahn.

Lit.: Briefwechsel v. A. N. mit R. Wagner, hrsg. v. W. ALTMANN (B 1924); R. STERNFELD, A. N. (B 1904); K. WAGNER, A. N. als Wagner-Darsteller (Diss. Mn 1954).

NIEMANN. – 1) Rudolph, * 4. 12. 1838 Wesselburen (Holstein), † 14. 5. 1898 Wiesbaden; dt. Pianist und Komponist. Er studierte in Leipzig und Paris und war Schüler von I. Moscheles, A. Fr. Marmontel, Th. Kullak sowie H. von Bülow. Sein Schaffen umfaßt vor allem Salonstücke für Klavier. – **2) Gustav Adolph,** Bruder von 1), * 6. 12. 1841 Wesselburen, † 5. 12. 1881 Helsinki; dt. Violinist. Er war Schüler von Ferdinand David. 1865 ließ er sich in Helsinki nieder, wo er einen großen Anteil an der Entwicklung des finnischen Musiklebens hatte. – **3) Walter,** Sohn von 1), * 10. 10. 1876 Hamburg, † 17. 6. 1953 Leipzig; dt. Komponist, Pianist und Musikkritiker. Er komponierte 189 Opera (fast ausschließlich für Klavier) „in enger Verbundenheit mit Natur, Volkslied, Volkstanz, mit Dichtung, Sage, Märchen des Vaterlandes, und alles auf einer neuromantischen, modernen, klangschönen, vor allem aber geistigen und phantasievollen Grundlage" (N. in seiner Selbstbiographie). Vorbilder für einige seiner Stücke, die dem Genre der Hausmusik zuzurechnen sind, waren R. Schumann, J. Brahms sowie französische und spanische Komponisten. Seine Sonaten, Balladen und Variationen wurden auch in Konzerten aufgeführt. Gegen Ende seines Lebens bemühte sich N., ältere Formen der Musik wiederzubeleben.

Schriften: *Über die abweichende Bedeutung der Ligaturen* (L 1902, Nachdr. Niederwalluf 1971) (= BIMG I/6); *Die Musik Skandinaviens* (L 1906); *Das Klavierbuch* (L 1907, [5]1920); *E. Grieg* (L 1908); *Taschen-Lexikon für Klavierspieler* (L 1912); *Die Musik seit R. Wagner* (B – L 1913); *Die nordische Klaviermusik* (L 1918); *Meister des Klaviers* (B 1919); *Brahms* (B 1920, [14]1933, engl. NY 1929, Nachdr. 1969).

NIEMÖLLER, Klaus Wolfgang, * 21. 7. 1929 Gelsenkirchen; dt. Musikforscher. Er studierte seit 1950 an der Universität Köln bei K. G. Fellerer, W. Kahl und Marius Schneider und promovierte 1955 mit einer Dissertation über N. Wollick. 1956 wurde er Assistent von W. Wiora in Freiburg im Breisgau, 1958 an der Universität Köln, wo er sich 1964 habilitierte und 1969 zum Professor ernannt wurde. 1975–83 war er Ordinarius an der Universität Münster (Westf.); seitdem hat er dieses Amt an der Universität Köln inne. N. wurde 1971 durch die Dent Medal der Royal Music Association geehrt und 1976 zum ordentlichen Mitglied der Rheinisch-Westfälischen Akademie der Wissenschaften gewählt. Er ist auch Vorsitzer des J.-Haydn-Instituts in Köln und leitet die R.-Schumann-Forschungsstelle in Düsseldorf.

WW: **1) Schriften:** *N. Wollick u. sein Musiktraktat* (Kö 1956) (= Beitr. z. rheinischen Musikgesch. 13); *Zur tonus-Lehre der it. Musiktheorie des ausgehenden MA*, in: KmJb 40 (1956); *Die Musik im Bildungsideal der allgemeinen Pädagogik des 16. Jh.*, in: AfMw 17 (1960); *Kirchenmusik u. reichsstädtische Musikpflege im Köln des 18. Jh.* (Kö 1960) (= Beitr. z. rheinischen Musikgesch. 39); *F. Mendelssohn-Bartholdy u. das Niederrheinische Musikfest 1835 in Köln*, in: Stud. z. Musikgesch. des Rheinlandes 3. FS H. Hüschen (Kö 1965) (= ebd. 62); *Unters. zu Musikpflege u. Musikunterricht an den dt. Lateinschulen vom ausgehenden MA bis um 1600* (Rb 1969) (= Kölner Beitr. z. Musikforsch. 54); *Zur Situation der Cäcilienvereine in Westfalen um 1887*, in: KmJb 60 (1976); *Zur Qualifizierung u. Differenzierung der Intervalle im 16. Jh.*, in: FS H. Hüschen (Kö 1980); *Der sprachhafte Charakter der Musik* (Opladen 1980). – **2) Editionen:** *Die „Musica gregoriana“ des N. Wollick* (Kö 1955); *Die „Musica figurativa“ des M. Schanppecher* (Kö 1961); *S. Virdung, Musica getutscht* (Kas 1970).
Lit.: Rheinische Musiker 9 (Kö 1981) (mit Schriften-Verz.).

NIESSEN, Charly (Carl), * 22. 8. 1923 Dresden; dt. Komponist, Arrangeur und Texter. Nach seinem Studium (Musik und Theaterwissenschaft) in Weimar, Wien und Jena war er für verschiedene Rundfunkanstalten und vor allem als Komponist für das Kabarett tätig (1953 für „Die Stachelschweine“ in Berlin). Seit 1962 schreibt er Texte und Musik für Hildegard Knef (u. a. die Chansons *Er war nie ein Kavalier, In dieser Stadt* und *Eins und eins, das macht zwei*). Bekannt wurden auch seine Lieder *Banjo Boy* (Goldene Schallplatte 1960) und *Der Mann im Mond.*

WW: Musicals: *Wonderful Chicago*, UA: Wiesbaden 1965; *Kiek mol wedder in*, UA: Hamburg 1968; *Der schönste Mann von der Reeperbahn*, UA: Hamburg 1974; *Poker mit Dame*, UA: München 1974; ferner Filmmusik.

NIETZSCHE, Friedrich, * 15. 10. 1844 Röcken bei Weißenfels, † 25. 8. 1900 Weimar; dt. Philosoph und Dichter. Kurz vor seinem geistigen Zusammenbruch (Januar 1889 in Turin) schreibt N. an den Kapellmeister H. Levi anläßlich der Übersendung seines *Hymnus an das Leben* (instrumentiert von seinem Musikerfreund Peter Gast): „Vielleicht hat es nie einen Philosophen gegeben, der in dem Grade am Grunde so sehr Musiker war, wie ich es bin. Deshalb könnte ich natürlich immer noch ein gründlich verunglückter Musiker sein.“ Sowohl in theoretisch-philosophischer Hinsicht wie in musikhistorisch-kompositorischer erscheint N.s Verhältnis zur Musik widersprüchlich. Zwar zeigt sich schon früh ein ausgeprägtes Interesse für Konzerte, Klavierspiel und Improvisation; das kompositorische Gesamtwerk weist jedoch neben Anzeichen stärkster Eigenwilligkeit bis zu den letzten Fragmenten hin immer wieder Dilettantismen und satztechnische Unzulänglichkeiten auf. Die meisten der knapp 40 abgeschlossenen Lieder und Klavierstücke stammen aus N.s Schulzeit in Schulpforta bei Naumburg (1858–64). Hier gründete er den künstlerischen Verein *Germania*, dessen Mitglieder monatliche Kunstproduktionen vorzulegen hatten. Von den Klavierstücken meist programmatischen Inhalts sandte N. die längere *Manfred-Meditation* 1872 an H. von Bülow und erntete vernichtende Kritik.
Die musikgeschichtliche Bedeutung N.s reduziert sich aus heutiger Sicht weitgehend auf sein Verhältnis zu R. Wagner und seinen Einfluß auf die Wagner-Rezeption. Mit seiner ersten Schrift *Die Geburt der Tragödie aus dem Geiste der Musik* (1872) zieht sich der in Basel ohne Promotion seit 1869 als Professor (1870 Ordinarius) für griechische Sprache und Literatur lehrende N. heftige Fachkritik zu. Hier entwickelt er eine auf zwei elementaren Lebenserfahrungen basierende Theorie der Kunst. Aus der einen, der erschreckenden Einsicht in die Unveränderlichkeit, Widersprüchlichkeit und Entsetzlichkeit des Daseins, entspringe in der Kunst das „Dionysische“, die Befähigung zur „Daseinslust“ unter Aufhebung leidvoller „Individuation“. Den Gegenpol dazu bilde das „Apollinische“, erwachsend aus der Lebenserfahrung von Traum, Schein und Schönheit und eine Vergöttli-

chung der „Individuation" bewirkend. N. widmete diese Schrift R. Wagner, in dessen Musikdramen er (unter dem Eindruck von *Tristan und Isolde*) die ersehnte Synthese dieses Dualismus verwirklicht sah. Auch noch in der *4. Unzeitgemäßen Betrachtung: Richard Wagner in Bayreuth* (1876) wird dieser als der Künder einer deutschen Kunst- und Kultureinheit gepriesen. Die „Sternenfreundschaft" zwischen N. und Wagner, die sich bei N.s zahlreichen Besuchen in Tribschen bei Luzern (bis 1872) und anläßlich der ersten Bayreuther Festspiele (1876) vertieft hatte, kühlte jedoch nach 1878 stark ab und wich schließlich, verursacht durch den Aufeinanderprall der letzten wechselseitigen Übersendung von Entwürfen zum Bühnenweihfestspiel *Parsifal* und von N.s *Menschliches Allzumenschliches* (1. Teil), einer heftigen Kontroverse: Während sich Wagner der musikdramatischen Gestaltung eines christlichen Stoffes widmet, kommt N. zur Leugnung jeglicher moralischer Wertvorstellung überhaupt: „Der moralische Mensch steht der intelligiblen Welt nicht näher als der physische – denn es gibt keine intelligible Welt." Polemischer Höhepunkt sind schließlich die Streitschriften von 1888: *Der Fall Wagner. Ein Musikanten-Problem* (dem „Bayreuther Cretinismus" wird ironischerweise die „afrikanische Heiterkeit" von G. Bizets *Carmen* entgegengestellt), *Götzendämmerung* und *Nietzsche contra Wagner. Aktenstücke eines Psychologen* (erschienen nach dem Zusammenbruch).

Ausg.: The N.-Wagner Correspondence, hrsg. v. E. FÖRSTER-NIETZSCHE (NY 1921, NA 1970, Lo 1922); P. Gast, Die Briefe an F. N., 2 Bde., hrsg. v. A. MENDT (Mn 1923–24); Die Briefe Cosima Wagners an F. N., hrsg. v. E. THIERBACH, 2 Bde. (Mn 1938–42) (= Jahresgabe der Ges. der Freunde des N.-Arch. 12 u. 16); R. Wagner, F. N., Briefwechsel während des Tribschener Idylls (Be 1951) (= Parnass Bücherei 89); Werke, 3 Bde., hrsg. v. K. SCHLECHTA (Mn [2]1960); Werke. Kritische GA, hrsg. v. G. COLLI – M. MONTINARI (B 1967ff.) (bisher 30 Bde.); J. BERGFELD, Sieben unbekannte Briefe F. N.s an R. Wagner, in: AfMw 27 (1970); Briefwechsel. Kritische GA, hrsg. v. G. COLLI – M. MONTINARI (B 1975ff.) (bisher 8 Bde.); Der musikal. Nachlaß, hrsg. v. C. P. JANZ (Bas 1976).

Lit.: P. LASERRE, Les idées de N. sur la musique (P 1907, [2]1930); H. DAFFNER, F. N.s Randglossen zu Bizets Carmen (Rb 1912) (= Dt. Musikbücherei 1); K. HILDEBRANDT, Wagner u. N. (Breslau 1924); E. GÜRSTER, N. u. die Musik (Mn 1929); C. VON WESTERNHAGEN, R. Wagner (Z 1956); W. KLEIN, N.'s Attitude to Bizet, in: MR 21 (1960); W. VETTER, F. N.s musikal. Geistesrichtung, in: Mythos, Melos, Musica II (L 1961); A. BRINER, F. N. der Musiker, in: SMZ 102 (1962); J. MITTENZWEI, N.s Leiden am Schicksal der Musik, in: Das Musikal. in der Lit. (Hl 1962); M. VOGEL, N.s Wettkampf mit Wagner, in: Beitr. z. Gesch. der Musikanschauung im 19. Jh., hrsg. v. W. Salmen (Rb 1965) (= Stud. z. Musikgesch. des 19. Jh. 1); DERS., N. u. die Bayreuther Blätter, in: Beitr. z. Gesch. der Musikkritik, hrsg. v. H. Becker (Rb 1965) (= ebd. 5); DERS., Apollinisch u. Dionysisch. Gesch. eines genialen Irrtums (Rb 1966) (= ebd. 6); L. GAŁECKI, N. u. Bizets Carmen, in: Wiss. u. Weltbild 21 (1968); Der Streit um N.s „Geburt der Tragödie". Schriften v. E. Rohde, R. Wagner u. U. von Wilamowitz-Moellendorff, hrsg. v. K. GRUNDER (Hil 1969) (= Olms Paperback 40); P. R. FRANKLIN, Strauss and N., A Revaluation of „Zarathustra", in: MR 32 (1971); N.-Stud. (Int. Jb. für die N.-Forsch.), hrsg. v. M. MONTINARI u.a. (B 1972ff.); D. S. THATCHER, N. and Brahms. A Forgotten Relationship, in: ML 54 (1973); E. KROHER, „Hörte jemand ihr zu?" Erinnerungen an den Komponisten F. N. u. seine Musik, in: Musica 31 (1977); D. FISCHER-DIESKAU, Wagner u. N. (St 1978); F. R. LOVE, N., Music and Madness, in: ML 60 (1979). R. CADENBACH

NIGG, Serge, * 6. 6. 1924 Paris; frz. Komponist. N. war Schüler von Simone Plé-Caussade (Kontrapunkt und Fuge) und O. Messiaen (Harmonielehre) am Pariser Conservatoire. Nachdem er 1947–50 bei R. Leibowitz studiert hatte, bemühte er sich um eine Synthese zwischen dodekaphoner Strenge und Klangschönheit. So schuf er sich einen atonalen Stil voll Ausdrucksreichtum, indifferent gegenüber allem, was man als Mode bezeichnen kann.

WW: **1) Instr.-WW:** 2 Klv.-Sonaten (1943, 1965). – Für Orch.: symphonische Dichtung *Pour un poète captif* (1951); *Musique funèbre* (1957) für Streichorch.; *Le combat des Amazones* (1958); *Jérôme Bosch-Symphonie* (1960); *Sève* (1965); *Visages d'Axël* (1967); *Fulgur* (1969); Konzerte: 2 für Klv. (1954, 1971); für V. (1957) u. für Fl. (1961). – **2) Vokal-WW:** *Petite cantate des couleurs* (1950) für Kinderst. a cap.; Kantate *Prière pour le premier jour d'été* (1955); *La croisette des enfants* (1959) für Bar., gem. Chor, Kinderchor u. Instrumentalensemble; *Le chant du dépossédé* (1964) (nach S. Mallarmés *Notes poétiques*) für Bar., Sprecher u. Orch. – **3) Bühnen-WW:** Ballett *Billard*, UA: Amsterdam 1951; „Ballet radiophonique" *L'étrange aventure de Gulliver à Lilliput* (1958).

Lit.: J. ROY, Présences contemporaines (P 1962); Biographie, in: Le courrier musical de France (1966) Nr. 13.

NIJINSKI, Bronislava und **Vaclav,** ↗Nischinski.

NIKIPROWETZKY, Tolja, * 12. (25.) 9. 1916 Feodossija (Krim); frz. Komponist und Musikethnologe russ. Herkunft. Er studierte 1935–37 am Konservatorium in Marseille, dann am Pariser Conservatoire bei Simone Plé-Caussade (Kontrapunkt und Fuge) und L. Laloy (Musikgeschichte) und nach dem Krieg noch bei R. Leibowitz. 1947–50 war er Musikberichterstatter für die *Cahiers du Sud* und 1950–55 Vorstandsmitglied der Musikabteilung von Radio Marokko. Nach Frankreich zurückgekehrt, arbeitete er seit 1956 bei der Radiodiffusion Outre-Mer SORAFOM (später Office de Coopération Radiophonique: OCORA) und 1969–75 beim ORTF. Seit 1960 unternahm er musikethnologische Forschungsreisen in die französischsprachigen Gebiete Schwarzafrikas.

WW: **1) Kompositionen:** Klv.-Stücke, u.a. eine Sonate (1960); Streichquartett (1961). – Für Orch.: Sinfonietta (1954); Symphonie *Logos 5* (1964); *Hommage à Antonio Gaudi* (1965); *Naturae divisio* (1973); *Tetraktys* (1975); *Adagio* (1955) u. *Diptyque* (1963) für Streichorch.; *Symphonie concertante* (1956) für Bläserquintett u. Streichorch. – Chöre; Lieder; *Cantate en trois pseaumes*

(1958) für Vokalensemble u. 4 Instr. – Tragédie chorégraphique *Macbeth en sa nuit* (1953); Conte lyrique *Les noces d'ombre* (1957); *La fête et les masques*, UA: Paris 1973. – **2) Schriften:** *La musique de la Mauritanie* (P 1961); *Les griots du Sénégal et leurs instruments* (P 1962); *Les instruments de musique au Niger* (P 1963); *Trois aspects de la musique africaine. Mauritanie, Sénégal, Niger* (P 1965). – Er war Hrsg. v.: *La musique dans la vie*, 2 Bde. (P 1967–69).

N. schrieb zunächst modal, übernahm später serielle Techniken und entwickelte schließlich einen sehr freien Kompositionsstil, in den er auch Elemente der Musique concrète und der elektronischen Musik einbezog. Rhythmik und Klanglichkeit seiner Werke lassen Einflüsse außereuropäischer Musik, bes. der Schwarzafrikas, erkennen.

NIKISCH, Arthur, * 12. 10. 1855 Lébényi Szent Miklos (Ungarn), † 23. 1. 1922 Leipzig; dt. Dirigent. Nach seinem Studium am Wiener Konservatorium spielte er zunächst als Violinist im Wiener Hoforchester, wurde 1878 von Angelo Neumann als 2. Kapellmeister an das Stadttheater von Leipzig verpflichtet, wo er 1882–88 als 1. Kapellmeister wirkte. Danach ging er nach Amerika, dirigierte 1889–93 in Boston und wurde 1893 1. Kapellmeister und Operndirektor in Budapest. 1895 übernahm er die Leitung des Leipziger Gewandhausorchesters. Daneben war er ständiger Gastdirigent in Hamburg, St. Petersburg und Berlin, wo er eine Zeitlang die Nachfolge H. von Bülows bei den Philharmonikern wahrnahm, und gab Konzerte in den Musikmetropolen Europas und der Vereinigten Staaten. 1902–07 lehrte er am Leipziger Konservatorium.

N. gehörte zu den eindrucksvollsten und bestimmenden Dirigentenpersönlichkeiten seiner Zeit. Neben L. van Beethoven widmete er sich fast ausschließlich der Musik R. Schumanns, J. Brahms', A. Bruckners, R. Wagners und P. Tschaikowskys. Seine glänzende UA der 7. Symphonie Bruckners 1884 brachte dem Komponisten einen durchschlagenden Erfolg. Er setzte sich außerdem für G. Mahler, M. Reger und R. Strauss ein.

Lit.: E. PFOHL, A. N. (L 1900, ²1925); I. LIPAJEW, A. N. (Mos 1904); E. SEGNITZ, A. N. (L 1920); A. DETTE, N. (L 1922); A. N. Leben u. Wirken, hrsg. v. H. CHEVALLEY (B 1922, ²1925); F. HERZFELD, Magie des Taktstocks (B 1953 u. ö.).

NIKOLAUS VON KRAKAU (Mikołaj z Krakowa, Nicolaus Cracoviensis), poln. Komponist der 1. Hälfte des 16. Jahrhunderts. Er wirkte als Organist und Komponist am polnischen Königshof. Seine Werke, ausschließlich für Orgel, sind in 2 Hss. überliefert: in der Tabulatur des Johannes von Lublin (zw. 1537 und 1548) und in der des Heilig-Geist-Klosters in Krakau (1548). N.' Tänze sind die ältesten bekannten ihrer Art.

WW: 4 Praeludien; 18 Tänze; Offizien; 2 Introitus; Messenfragmente; Motetten.

Ausg.: Tänze, hrsg. v. A. CHYBIŃSKI, in: 36 Tänze aus der Orgeltabulatur des J. de Lublin (Krakau 1948) (= WDMP 20).

Lit.: Z. LISSA – J. CHOMIŃSKI, Music of Polish Renaissance (Krakau 1953, ²1955).

NIKOLAUS VON RADOM (Mikołaj z Radomia, Nicolaus Radomski), poln. Komponist der 1. Hälfte des 15. Jahrhunderts. N., der älteste bekannte polnische Komponist, ist wahrscheinlich entweder mit Nicolaus clavicembalista dominae reginae Poloniae, mit Nicolaus Andreae de Radom oder mit Nicolaus Johannis de Radom identisch, die in zeitgenössischen Quellen erwähnt werden. Seine Kompositionen sind 3st. mit instrumentalem Tenor und Contratenor; Fauxbourdon-Technik und imitatorische Passagen lassen eine Nähe zu G. Dufay erkennen.

WW: Motette *Historiographi aciem mentis*; ein Magnificat; 3 *Gloria*; 3 *Credo*.

Ausg.: 4 Sätze, in: Muzyka w dawnym Krakowie, hrsg. v. Z. M. SZWEYKOWSKI (Krakau 1964); 2 Sätze; in: Muzyka staropolska, hrsg. v. H. FEICHT (ebd. 1966); Magnificat, hrsg. v. J. CHOMIŃSKI (ebd. 1967) (= Florilegium musicae antiquae 18); Les œuvres complètes, hrsg. v. A. SUTKOWSKI (Brooklyn/N.Y. 1969).

Lit.: M. SZCEPAŃSKA, Studia o utworach M. Radomego, in: Kwart. Muz. 7 (1949) – 8 (1950); H. MUSIELAK, W postzukiwaniu materialow do biografii M. z R., in: Muzyka 18 (1973).

NIKOMACHOS VON GERASA, syrischer Gelehrter des 2. Jahrhunderts. N. ist Verfasser einer Arithmetik und der Schrift *Encheiridion harmonikon*. Sie enthält eine Darstellung der pythagoreischen Musiktheorie und die Theorie der Sphärenharmonie. Auf ihn geht auch die Legende zurück, wonach Pythagoras in einer Schmiede durch die von verschieden schweren Hämmern auf dem Amboß erzeugten Töne die arithmetischen Verhältnisse von Quarte, Quinte und Oktave erkannt haben soll (↗Hammer). Boëthius' *De Institutione Musicae* beruht teilweise auf einer Schrift des N., bei der es sich möglicherweise um den ins Arabische übersetzten Traktat *Kitāb al-Mūsīqī al kabīr* (Großes Buch über Musik) handelt.

Ausg.: Der Musiktraktat, in: Antiquae musicae auctores septem 1, hrsg. v. M. MEIBOM (A 1652) (mit lat. Übers.); *Musici scriptores graeci*, hrsg. v. K. VON JAN (L 1895, Nachdr. Hil 1962).

Lit.: L. SCHRADE, Das propädeutische Ethos in der Musikanschauung des Boethius, in: Zschr. für Gesch. der Erziehung u. des Unterrichts 20 (1930), wiederabgedruckt in: De scientia musicae studia atque orationes (Be 1967); F. R. LEVIN, Nicomachus of Gerasa's „Manual of Harmonics" (1967) (= Diss. Columbia Univ.) (Übers. u. Kommentar); J. CHAILLEY, Nicomaque, Aristote et Terpandre devant la transformation de l'heptacorde grec en octocorde, in: Yuval 1 (1968).

NILSSON, Bo, * 1. 5. 1937 Skellefteå (Västerbottens län); schwedischer Komponist. N., im wesentlichen Autodidakt, machte seit Mitte der 50er Jahre mit mehreren avantgardistischen Kammermusikwerken auf sich aufmerksam *(Frequenzen)*. Seine kompositorische Entwicklung führte über serielle und postserielle Musik zur Ausbildung eines eigenständigen, freitonalen Stils von knapper Form und aphoristischer Aussagekraft. N. gehört zu den wichtigsten Komponisten der Neuen Musik in Schweden.

WW: **1) Instr.-WW:** 2 Stücke für Fl., Baßklar., Klv. u. Schlagwerk (1956); *Doppelspiel* (1956) für 36 Schlaginstr. (9 Spieler); *Frequenzen* (1957) für Piccolofl., Fl., Schlagzeug, Gitarre, Xylophon, Vibraphon u. Kb.; elektronische Komposition *Audiogramme* (1957); *Zwanzig Gruppen* (1958) für 3 Holzbläser; *Quantitäten* (1958) für Klv.; *Reaktionen* (1960) für Schlagquartett; *Szene I* (1960) für Kammerensemble, ... *II* u. ... *III* (1960–61) für Instrumentalensemble; *Vieles kann ersetzt werden* (1964) für Ob. u. 5 Schlagzeuger; *Déjà-vu* (1968) für Bläserquartett; Caprice (1970) für Bläser, Schlagzeug (5 Spieler), Str. u. Tonband; *Lisa* (1976) für Bläserquintett. – Für Orch.: *Buch der Veränderungen* (1957); *Versuchungen* (1958–61); *Der Weg* (1962); *Séance* (1964); *Revue* (1967); *Fatumeh* (1973); *Taksim, Caprice, Makuam* (1974); *Entrée* (1960) für Orch. u. mehrere Lautsprecher. – **2) Vokal-WW:** *Und die Zeiger seiner Augen wurden langsam zugedreht* (1959) für Sopran, Alt, Frauenchor, 4 Lautsprecher u. großes Orch.; *La Bran* (1961) für Frauenchor u. Orch., Neufassung für Saxophon u. Orch. (1975); *Om kanalerna pa Mars* bzw. *Dödens ö* (Über die Marskanäle bzw. Die Toteninsel) (1970) für Mezzosopran u. Tonband; *Nazm* (1973) für Rezitation, Soli, Chor u. Orch. sowie Elektronik; *Madonna* (1977) für Mezzosopran u. Instr.-Ensemble.

Lit.: G. M. KOENIG, B. N., in: Junge Komponisten, hrsg. v. H. Eimert – K. Stockhausen (W 1958) (= die Reihe 4); B. E. JOHNSON, Elektronische Musik in Schweden, in: Melos 39 (1972); S. SYLVANDER, Electronic Musical Composition in Sweden 1952–1970 (1974) (= Diss. Univ. of Wisconsin); H. KRELLMANN, Unmögliches als Höchstmaß des Möglichen. Der vergessene Avantgardist B. N., in: Musica 28 (1974).

NILSSON, Märta Birgit, * 17. 5. 1918 auf einem Hof bei Karup; schwedische Sängerin (Sopran). Sie studierte 1941–46 Gesang an der Königlichen Musikakademie in Stockholm bei Joseph Hislop und A. Sunegaardh, debütierte 1944 und hatte 1946 als Agathe in C. M. von Webers *Freischütz* an der Königlichen Oper von Stockholm ihren ersten großen Erfolg. Ihre internationale Karriere führte sie nach Bayreuth (seit 1953), an die Wiener Staatsoper, an den Covent Garden in London (seit 1957), an die Mailänder Scala und an die Metropolitan Opera in New York (seit 1959). Sie gilt in ihrem Fach (in den Rollen der Brünnhilde und der Isolde) als die bedeutendste Wagner-Interpretin ihrer Generation. Zu ihren großen Partien zählen im übrigen auch die Elektra (R. Strauss) und Turandot (G. Puccini).

Lit.: W. JEFFERIES, B. N., in: Opera 11 (1960); W. WEAVER, The Prima Donna at Work. Die Nilsson and La Nilsson, in: High Fidelity 15 (1965); A. BLYTH, B. N. Talks, in: Gramophone 47 (1970).

NIMSGERN, Siegmund, * 14. 1. 1940 St. Wendel (Saarland); dt. Sänger (Bariton). Nach seiner Gesangsausbildung an der Musikhochschule Saarbrücken gewann er verschiedene Gesangswettbewerbe, u. a. den Mendelssohn-Wettbewerb in Berlin, debütierte 1965 zunächst als Konzertsänger und trat 1967 in Saarbrücken erstmals auch als Bühnensänger auf. 1971–74 war er Mitglied der Deutschen Oper am Rhein in Düsseldorf-Duisburg, danach ging er an die Wiener Staatsoper. Operngastspiele führten ihn vor allem nach Mailand, Paris, San Francisco und London. Sein künstlerisches Interesse gilt jedoch von Anfang an gleichermaßen dem Gebiet des Konzert- und Oratoriengesangs, mit Schwerpunkt auf den Werken von J. S. Bach.

NINA oder Die Liebesnärrin *(Nina ossia la pazza per amore)*, Commedia in einem Akt („in prosa ed in verso e per musica") von Giovanni Paisiello (1740–1816); Text von Giuseppe Carpani als Übersetzung eines frz. Librettos von Benoît-Joseph Marsollier des Vivetières nach einer Novelle aus d'Arnauds *Délassements de l'Homme sensible*. Ort und Zeit der Handlung: Italien, im 18. Jahrhundert. UA: 25. 6. 1789 in Caserta (Belvedere des königlichen Palastes); EA der zweiaktigen Fassung (mit Hinzufügungen von G. B. Lorenzi): 1790 in Neapel (Teatro dei Fiorentini); dt. EA: 7. 1. 1792 in Dresden; EA in dt. Sprache: 29. 10. 1793 in Mannheim.

Die Gattungsbezeichnung „commedia" ist irreführend, denn es werden die inneren Konflikte der realistisch gezeichneten weiblichen Hauptfigur sichtbar gemacht, die aus Liebe zu ihrem vermeintlich im Duell getöteten Verlobten wahnsinnig wird und erst durch die Begegnung mit dem Totgeglaubten ihre Vernunft zurückgewinnt. Der melancholischen Grundstimmung der Oper, die durch pastorale Idyllen und Elegien noch verstärkt wird, entspricht die für die zweiaktige Fassung gewählte Bezeichnung „melodramma semiserio" besser. In diesem Werk zeigt sich der als Buffo-Komponist gerühmte Paisiello als Meister der Figurencharakterisierung und beweist seine Fähigkeit zur glaubhaften Darstellung wechselnder Stimmungen, wobei er keineswegs neuartige Techniken einsetzt, sondern vielmehr im traditionellen Rahmen durch Verzicht auf Formelhaftigkeit eine präzise Anpassung der musikalischen Mittel an dramatische Notwendigkeiten vollzieht. Mit *Nina* erreichte der Komponist den Gipfel seines Ruhmes und erzielte einen triumphalen Erfolg.

TH. MENGER

NIN Y CASTELLANOS. – 1) Joaquín, * 29. 9. 1879 Havanna (Cuba), † 24. 10. 1949 ebd.; span.

Komponist und Pianist. Er kam 1902 nach Paris, studierte Klavier bei M. Moszkowsky und Komposition bei V. d'Indy an der Schola Cantorum und war 1905–08 dort Klavierlehrer. 1908–10 lebte er in Berlin, kürzere Zeit in Brüssel und Havanna und dann wieder in Paris. 1939 kehrte er endgültig nach Havanna zurück. Als Interpret pflegte N. besonders die Klavierwerke J. S. Bachs und älterer spanischer Meister, deren Einfluß auch in seinen eigenen Kompositionen spürbar ist. Er widmete sich auch der Edition spanischer Klaviermusik.

WW: **1) Kompositionen:** *Au jardin de Lindaraja* (1927) für V. u. Klv.; *Suite espagnole* (1930) für V. u. Klv.; Mimodram *L'autre* (1913). – **2) Schriften:** *Pour l'art* (P 1909), engl. Übers.: *In the Service of Art* (Lo 1915); *Huit années d'action musicale* (Bru 1911); *Idées et commentaires* (P 1912); *Las tres grandes escuelas musicales del siglo XVIII* (Bilbao 1913); *Clavecin ou piano* (P 1921). – N. war Hrsg. v.: *Seize sonates anciennes d'auteurs espagnols* (P 1925); *Dix-sept sonates et pièces anciennes d'auteurs espagnols* (P 1929).

2) Joaquín María Nin-Culmell, Sohn von 1), * 5. 9. 1908 Berlin; kubanischer Komponist und Pianist. Er studierte in Paris an der Schola Cantorum und am Conservatoire (Komposition bei P. Dukas) und war 1930–34 privat noch Kompositionsschüler von M. de Falla in Granada. 1940–50 lehrte er am Williams College in Williamstown (Mass.) und war 1950–54 Chairman und dann Professor of Music am Music Department an der University of California in Berkeley. N. schrieb Klavierstücke, Kammermusik und symphonische Werke im impressionistischen Stil.

NISCHINSKI (Nijinski). – **1) Wazlaw Fomitsch,** * 17. (29.) 12. 1889 Kiew, † 8. 4. 1950 London; russ. Tänzer, Ballettmeister und Choreograph. Er war Schüler von E. Cecchetti und M. Fokin, studierte 1898–1907 auch an der kaiserlichen Ballettschule in St. Petersburg und war 1908–11 Mitglied des Balletts am Marientheater. Die Begegnung mit S. Diaghilew ermöglichte ihm eine außergewöhnliche Karriere als Tänzer: Als Star der Ballets Russes emphatisch gefeiert, schuf er für dieses Ensemble Choreographien, die wegen ihres avantgardistischen Charakters Aufsehen erregten: *Prélude à l'après-midi d'un faune* (Paris 1912), *Jeux* (Paris 1913) und *Le sacre du printemps* (Paris 1913). Nachdem Diaghilew ihn wegen persönlicher Differenzen entlassen hatte, gründete N. 1914 eine eigene Compagnie, mit der er ausgedehnte Tourneen nach England, Nord- und Südamerika unternahm. Als sich 1916/17 erste Symptome einer Geisteskrankheit gezeigt hatten, nahm er 1919 mit einer Solovorstellung in St. Moritz Abschied von der Bühne. Während langjähriger Aufenthalte in Schweizer Sanatorien entwickelte er eine eigene Tanzschrift, entwarf Konzepte für eine Ballettschule und schuf neue Choreographien. Seine Tagebücher und Erinnerungen wurden 1936 von seiner Frau Romola in New York unter dem Titel *The Diary of N.N.* (dt. Übers.: *Der Clown Gottes*, St 1955) veröffentlicht. – **2) Bronislawa Fominitschna,** russ. Form des Nachnamens: **Nischinska** (Nijinska), Schwester von 1), * 8. 1. 1891 Minsk, † 21. 12. 1972 Pacific Palisades (California); russ. Tänzerin, Choreographin, Ballettmeisterin und Ballettpädagogin. Von E. Cecchetti ausgebildet, war sie zunächst Schülerin der St. Petersburger Ballettschule und Mitglied des Balletts am Marientheater. Nachdem sie von S. Diaghilew als Solotänzerin für die Ballets Russes verpflichtet worden war, folgten weitere Engagements bei anderen international anerkannten Compagnien (Pariser Opéra, Teatro Colón in Buenos Aires, Opéra Russe à Paris, Ballets Russes de Monte Carlo, Ballet Polonais, Ballet du Marquis de Cuevas und Niagara Frontier Ballet), für die sie als Ballettmeisterin und Choreographin aufsehenerregende Inszenierungen von großer künstlerischer Originalität schuf. Die Gründung eines eigenen Theaters (Théâtre de Danse, seit 1934 Ballets Russes de Mme. Nijinska) wie auch die zweier Ballettschulen in Kiew und Kalifornien bestätigten ihren Erfolg als Ballettpädagogin.

Lit.: **Zu 1):** R. NIJINSKY, Nijinsky (Lo 1933, NY 1934, ²1941), dt. Übers.: Nijinsky. Der Gott des Tanzes (F 1974, NA 1981); C. W. BEAUMONT, V. Nijinsky (Lo 1935, ²1943); A. BOURMAN – D. LYMAN, The Tragedy of N. (Lo 1936); Nijinsky, Pavlova, Duncan. Three Lives in Dance, hrsg. v. P. MAGRIEL (NY 1946, Nachdr. 1977); R. NIJINSKY, The Last Years of Nijinsky (Lo 1952); F. REISS, Nijinsky, 2 Bde. (P 1957); M. NIEHAUS, Nijinsky, Gast aus einer anderen Welt (Mn 1961); R. BUCKLE, Nijinsky (Lo 1971); Nijinsky on Stage, hrsg. v. DEMS. (Lo 1971).

G. LUDIN

NISSEN, Georg Nikolaus, * 22. 1. 1761 Hadersleben (Schleswig), † 24. 3. 1826 Salzburg; dänischer Diplomat. Er kam 1793 nach Wien, wo er 1809 Konstanze, die Witwe W. A. Mozarts, heiratete. 1820 zog er sich nach Salzburg zurück und begann 1823/24 mit einer Mozartbiographie, die nach seinem Tod von dem Dresdner Arzt Johann Heinrich Feuerstein vollendet und von seiner Frau 1828 veröffentlicht wurde *(Biographie W. A. Mozarts. Nach Originalbriefen, Sammlung alles über ihn Geschriebenen, mit vielen neuen Beylagen, Steindrucken, Musikblättern und einem Fac-simile).* N.s Werk ist bis heute eine grundlegende Quelle für die Mozart-Forschung geblieben.

Lit.: R. MÜNSTER, N.s „Biographie W. A. Mozarts", in: Acta Mozartiana 9 (1962); W. A. BAUER, N.s „Einband", in: Musik u. Verlag. FS K. Vötterle (Kas 1968); R. ANGERMÜLLER, N.s Kollektaneen für seine Mozartbiographie, in: Mozart-Jb. 1971/72; J. H. EIBL, Die früheste Mozart-Briefausg., in: ÖMZ 28 (1973).

NIVERS, Guillaume Gabriel, * 1632 wahrscheinlich bei Paris, † 30. 11. 1714 ebd.; frz. Komponist, Organist und Musiktheoretiker. Er studierte an der Pariser Universität und wurde 1661 Maître ès Arts. Zu seinen Lehrern gehörte J. Champion de Chambonnières. 1654 bis zu seinem Tod war er Organist an St-Sulpice, außerdem 1678–1708 einer der 4 Organisten der Chapelle Royale. 1681 wurde er als Nachfolger H. Du Monts Maître de la Musique der Königin und nach der Gründung der Maison Royale St-Louis in St-Cyr 1686 dort Organist und Gesanglehrer und wirkte als Cembalist neben J.-B. Moreau bei den Aufführungen von *Esther* und *Athalie* von J. Racine mit.

WW: **1) Instr.- u. Vokal-WW:** *Livre d'orgue contenant cent pièces de tous les tons de l'église* (P 1665); *2e livre d'orgue contenant la messe et les hymnes de l'église* (P 1667); *3e livre d'orgue des huit tons de l'église* (P 1675); *Motets à voix seule et quelques autres motets à 2 voix* mit B.c. (P 1689); *Chants et motets à l'usage ... des dames de St-Louis à St-Cyr* für 1–2 St. u. B.c. (P 1692) (zus. mit Clérambault); weitere Werke in Sammeldrucken u. hsl. erhalten. – **2) Liturgische Bücher:** *Graduale romanum juxta missale* u. *Antiphonarium romanum juxta breviarium* (1658); *Passiones D.N.J.C. cum benedictione cerei paschalis* (1670); *Graduale romanum ... in usum monialum ordinis sancti Augustini* (P 1687); *Lamentationes Jeremiae Prophetae* (P 1689); *Graduale monasticum juxta missale ... in usum ... monialum ordinis sancti Benedicti* (P 1696); *Le Processional avec les saluts suivant l'antiphonaire des religieuses* (P 1706). – **3) Schriften u. Lehrwerke:** *Traité de la composition de musique* (P 1667); *Méthode certaine pour apprendre le plain-chant de l'église* (P 1699); *Dissertation sur le chant grégorien* (P 1683).

N. gehörte zu den bedeutendsten Organisten seiner Zeit. In seinen 3 Orgelbüchern eröffnete er neue Spiel- und Klangmöglichkeiten dieses Instruments. Sie sind darüber hinaus eine wichtige Quelle für die verschiedenen Stile und Formen der französischen Orgelmusik des späten 17. und frühen 18. Jahrhunderts. N. war offiziell mit der Vereinheitlichung des Gregorianischen Gesangs in Frankreich beauftragt worden. Die von ihm veröffentlichten Antiphonarien und Gradualien enthalten neben z. T. gekürzten und veränderten traditionellen Gesängen auch eigene einstimmige Gesänge (↗ Plain-chant musical). Zahlreiche Neuauflagen belegen Erfolg und Bedeutung dieser Ausgaben, die erst Anfang des 19. Jh. kritisiert und schließlich verworfen wurden. Als Komponist mehrstimmiger Musik pflegte N. besonders die geringstimmige Motette und die typisch französische Motet à voix seule, die dann später unter den Einfluß des mehr auf Virtuosität ausgerichteten italienischen Stils geriet. Der *Traité d'accompagnement* am Schluß der *Motets* von 1689 gehört zu den ersten seiner Art in Frankreich. In den zu seiner Zeit vielbeachteten theoretischen Schriften wandte sich N. gegen die Solmisation und setzte sich für die Einführung der modernen Tonalität ein.

Ausg.: *2e livre d'orgue,* hrsg. v. N. DUFOURCQ – R. HUGON (P – St-Leu-la-Forêt 1956) (mit einer Biographie v. M. Garros); *3e livre d'orgue,* hrsg. v. DEMS. (P 1958) (= Publications de la Soc. Fr. de Mie I/14); *Premier livre d'orgue* 1665, 2 Bde., hrsg. v. DEMS. (P 1963). – Treatise on the Composition of Music, hrsg. v. A. COHEN (Brooklyn/N.Y. 1961) (= Music Theorists in Translation 3).

Lit.: M. GARROS, L'art d'accompagner sur la b.c., d'après G.-G. N., in: Mélanges ..., FS P.-M. Masson (P 1955); DIES., Les motets à voix seule de G.-G. N., in: Kgr.-Ber. Köln 1958 (Kas 1959); G. BEECHEY, G.-G. N. 1632–1714, His Organ Music and His „Traité de la composition", in: The Consort 25 (1968/69); W. PRUITT, The Organ Works of G.G.N. (1969) (= Diss. Univ. of Pittsburgh); DERS., Bibliogr. des œuvres de G.-G. N., in: Rech. Mus. 13 (1973); DERS., The Organ Works of G.-G. N. 1632–1714. An Analysis of N.'s Organ Music, in: ebd. 14 (1974) u. 15 (1975); G. BEECHEY, G.-G. N. 1632–1714 and His „Litanies de la Sainte Vierge", in: ebd. 15 (1975).

NŌ (japanisch, = Kunst). Vermutlich bereits im 14. Jh. entstand in Japan das N.-Spiel, eine Synthese aus Tanz, Musik, Theater und Literatur. Es ist der für die japanische Kultur charakteristischen Ästhetik verpflichtet, die Schönheit durch Stilisierung und Einfachheit anstrebt. Als Gründer des N. gelten Kan'ami Kiyotsugu (1333–84) und sein Sohn Zeami Motokiyo (1363–1443) unter der Schirmherrschaft des Ashikaga Yoshimitsu, des Oberlehnsherrn der Muromachi-Epoche. Im Laufe der Zeit vielfach verändert, wurde es im 19. Jh. restauriert und hat sich in dieser Form bis heute erhalten.

Das Theater besteht aus einer überdachten Hauptbühne (5,70 m im Quadrat), einer Seitenbühne für den Chor, einer Hinterbühne für die Musiker und einem langen Gang. Das agierende Ensemble befindet sich erhöht über den Zuschauern, die es von 2 Seiten sehen können. Es gibt weder Vorhang noch Dekorationen, lediglich einfache Requisiten dienen zur Stilisierung einer bestimmten Umgebung. Die Schauspieler werden 3 Kategorien zugeordnet: Shite (1. Schauspieler), Waki (2. Schauspieler) und Kyōgen (Komiker in den Zwischenspielen). Die Schauspieler jedes Typs repräsentieren eine besondere „Schule", die sie nicht wechseln können: 5 für den Shite, je 2 für den Waki und den Kyōgen. Der Shite ist der Hauptdarsteller; er spielt, singt und tanzt.

Das Schauspiel umfaßt 1 oder 2 Akte. Im letzteren Fall verkörpert der Hauptdarsteller in beiden Akten verschiedene Rollen; er kann z. B. im 1. Akt eine junge Frau darstellen, im 2. Akt einen Soldaten. Die Musik besteht aus gesungenen Partien der Schauspieler, Unisono-Chören und der Instrumentalbegleitung. Obwohl die Musik vom Inhalt abhängt, gründet sie sich auf eine feste Form. Die Gesangpartien setzen sich aus stereotypen Einheiten zusammen (Sage, Haru, Uki, Mawashi, Irikuri u. a.). Die streng syllabische Melodieführung erleichtert dem Publikum das Textverständnis; ihre strenge Abfolge wird durch gelegentliche Melismen aufgelockert. In ihrer Funktion ähnelt diese Gesangform dem abendländischen Opernrezitativ. Das Tonsystem beruht auf 3 Haupttönen: einem hohen, einem mittleren und einem tiefen, die jeweils eine Quarte auseinanderliegen. Ihr Außenintervall umfaßt also eine kleine Septime, im Gegensatz zur sonst üblichen Oktavleiter. Der tiefste Ton dient als Schlußton, der oberste nur gelegentlich. Zwei wichtige Töne sind die Quinte über dem obersten Ton und die Quarte (oder Quinte) unter dem tiefsten Ton. Unter den anderen verwendeten Tönen ist der wichtigste derjenige, der eine Sekunde über dem Hochton liegt.

Die Verwendung dieser Töne unterliegt strengen Regeln. So darf der Sänger niemals direkt vom höchsten in den mittleren Ton übergehen, ohne zuvor den Ton über dem Hochton gesungen zu haben. Es gibt zwei Gesangsarten: eine weiche, lyrische (Yowa-gin) und eine starke, dramatische (Tsuyo-gin). Für die erste verwendet man das oben beschriebene System; in der zweiten kommen nur 2 Haupttöne im Abstand einer kleinen Terz vor:

Die Melodiephrasen, die hier viel weniger bewegt sind, können direkt auf einem Hauptton enden. – Ein charakteristisches Element des N. ist der meist freie Rhythmus, der auf einer Einheit aus 8 Zählzeiten basiert. Der gesungene Text besteht aus Phrasen zu 5 oder 7 Silben mit gelegentlichen Varianten, die durch 3 Regeln (Hira-nori, Chū-nori und Ō-nori) an die 8 Zählzeiten angepaßt werden. Dieser mensurierte Rhythmus ist jedoch nicht metronomisch exakt, sondern entsteht durch geschmeidiges, verfeinertes Spiel.
Obwohl das Instrumentalensemble Hayashi nur aus 4 Instrumenten besteht, ergeben die feinen Klangfarben eine eindrucksvolle Intensität. Die Querflöte Nō-kan ist das einzige Melodieinstrument; ihre Melodie weicht von der Gesangstimme völlig ab. Hinzu kommen 2 kleinere Trommeln Ko-tsuzumi und Ō-tsuzumi sowie die hängende Trommel Taiko, die auf einem Sockel direkt auf dem Boden steht und mit 2 Schlegeln angeschlagen wird. Die rhythmischen Motive beruhen auf den Phrasen zu 8 Zählzeiten; für jede Trommel gibt es etwa 200 solcher Motivformeln, deren Kombinationen sich zu einem rhythmischen Mosaik zusammenfügen. Das Wesentliche des Spiels liegt in der kunstvollen Verbindung freier und gebundener Rhythmen der verschiedenen Instrumente, des Instrumentalensembles und der Vokalstimmen untereinander.

Lit.: R. Lachmann, Musik u. Tonschrift des N., in: Kgr.-Ber. Leipzig 1925 (L 1926); H. Eckardt, Das N. Vom lyrischen Chordrama der Japaner, in: Musica 6 (1952); T. Miagawa, Japanese „Noh" Music, in: JAMS 10 (1957); K. Fukushima, N.-Theater u. japanische Musik, in: Darmstädter Beitr. z. Neuen Musik 4 (Mz 1962); Y. Inoura, Noh and Kyōgen I (Tokio 1971); Y. Nakamura, Noh (NY – Tokio 1971).

S. KISHIBE

NOBILISSIMA VISIONE, Choreographische Legende in einem Akt mit 5 Bildern von Paul Hindemith (1895–1963), Libretto und Choreographie von Léonide Massine (1896–1979). UA: 21. 7. 1938 in London (Drury Lane Theatre); dt. EA: 20. 11. 1946 in Hamburg (Staatsoper).
Obwohl anglikanische Kleriker vorgreifende, auf Spekulationen beruhende Kritiken geäußert hatten, wurde dieses Ballett, das anläßlich der Londoner Saison der Ballets Russes uraufgeführt worden war, vom Publikum wohlwollend aufgenommen. Massine, der mit der tänzerischen Gestaltung der Hauptrolle zu überzeugen vermochte, hatte die Handlung des Librettos entworfen, die einem religiösen Sujet folgt: Er schildert fünf wichtige Stationen aus dem Leben des heiligen Franz von Assisi in diesem Mysterienspiel, zu dem Hindemith eine konzertante, kammermusikalisch-transparente Ballettmusik (1. Einleitung und Rondo, 2. Marsch und Pastorale, 3. Passacaglia) schrieb. Den Zeitstil des Giovanni da Cascia (1329–51) imitierend, zitiert der Komponist wiederholt das altfranzösische Troubadour-Lied *Ce funt en mai*, das – einer melodischen Formel gleich – den Spannungshöhepunkten der Handlung zugeordnet ist. Eine Apotheose *(Incipiunt laudes creaturarum)* auf die humanistische Idee der Entsagung und Selbstverleugnung beschließt die getanzte Legendenbiographie, die als „diatonisches Ergänzungswerk zu *Mathis der Maler*" (I. Kemp) zutreffend gewürdigt ist. – Auch von dieser Ballettmusik schuf Hindemith eine gekürzte Fassung, die als Konzertsuite am 13. 9. 1938 in Venedig uraufgeführt wurde.

G. LUDIN

NOCES, LES (russ.: *Swadjebka*; dt.: *Die Hochzeit*), 4 russ. Tanzszenen mit Gesang und Musik von Igor Strawinsky (1882–1971), Choreographie von Bronislawa Nischinska (1890–1972). UA: 14. 6. 1923 in Paris (Théâtre Gaîte-Lyrique); dt. EA: 10. 3. 1929 in Königsberg.

Die intensive Beschäftigung mit russischen Volksliedern inspirierte Strawinsky, diese Ballettkantate zu komponieren, die er als „Divertissement vom Typus einer masquerade" charakterisiert. Der Komponist selbst bezeichnet das szenische Geschehen als „eine Folge typischer Hochzeitsepisoden": die Hochzeitsvorbereitungen des Brautpaares sowie seiner Eltern, die anschließende Feier, der Festschmaus, sodann die Unterrichtung von Braut und Bräutigam in ihren Pflichten und das Wärmen des Hochzeitsbettes durch ein älteres Paar bilden die Handlung, die von Strawinsky nicht als realistische Darstellung einer Bauernhochzeit, sondern als künstlerische Abstraktion, als fiktives Ritual gedacht ist. In dieser Richtung wirkt auch die bewußte Distanz zum traditionellen Illusionstheater: an der imaginären Zeremonie sind nur die Tänzer beteiligt, während die auf der Bühne postierten Sänger keine Figuren der szenischen Handlung verkörpern. – Wiederholt mit Strawinskys *Le sacre du printemps* (1913) verglichen, dominiert auch in der Musik zu *Les noces* die rhythmische Komponente über die melodische; Ausnahmen bilden wenige folkloristische Zitate und a cappella gesetzte altslawische Sakralgesänge. – Neben Br. Nischinskas UA-Choreographie, die vom Komponisten zwar als „extrem modern" abgelehnt worden war, aber 1966 vom Royal Ballet wiederaufgenommen wurde, erlangten zwei weitere Inszenierungen berühmter Choreographen weltweite Beachtung: M. Béjarts Interpretation, die er 1962 für seine eigene Compagnie schuf, und J. Robbins' Version *A Dance Cantata*, die am 30. 3. 1965 vom American Ballet Theatre in New York (State Theatre) vorgestellt wurde. G. LUDIN

NOCTURNE (frz., = zur Nacht gehörig), als musikalische Gattungs-Bz. erstmals von J. Field für lyrische Klavierstücke mittleren Schwierigkeitsgrads gebraucht, die aber nicht im direkten Zusammenhang mit der Gattung des älteren ↗Notturno stehen. Charakteristisch für Fields N.s, die ihrerseits in der Nähe der Klavier-↗Romanze stehen, ist eine kantable Melodik in der Oberstimme – gelegentlich figurativ aufgelockert – über einer Begleitung in verschiedenartig gebrochenen Akkorden. Diese Satzweise war abgestimmt auf die sich zu Fields Zeit entwickelnden klanglich-technischen Möglichkeiten der englischen Klaviere, so auch auf den reichen Gebrauch des Pedals. Unmittelbar an Field sind dann vor allem die N.s von Fr. Chopin orientiert, die bis heute als Inbegriff der Gattung gelten. In dieser Tradition stehen später z.T. äußerst virtuos gestaltete N.s für Klavier von G. Fauré, A. Skrjabin und Fr. Poulenc. Daneben gibt es N.s, die anders als diese genannten deutlich die Vorstellung der Nacht musikalisch ausdrücken, wie etwa Cl. Debussys *Trois nocturnes* für Orchester (mit den Teilen *Nuages, Fêtes* und *Sirènes*, das letzte mit Frauenchor) und B. Brittens N. in der *Serenade* op. 31 sowie dessen Liederzyklus *Nocturne* op. 60. Etwas Ähnliches gilt bereits für die *Nachtstücke* op. 23 für Klavier von R. Schumann, die unbeschadet der sprachlichen Entsprechung zum N. eine eigene Tradition begründeten. So etwa schrieben später u.a. M. Reger, P. Hindemith (in der *Suite 1922*) und H. W. Henze instrumentale und vokale Stücke mit dieser Bezeichnung.

Lit.: V. JANKELEVITCH, Le n. (P 1957); W. KRUEGER, Das Nachtstück. Ein Beitr. z. Entwicklung des einsätzigen Pianofortestückes im 19. Jh. (Mn 1971) (= Schriften z. Musik 9); P. PIGGOTT, The Life and Music of J. Field 1782–1837. Creator of the N. (Lo 1973); M. J. E. BROWN, N., in: Grove[6] XIII.

NOËL (von altfrz. nau, naulet, nouel; provenzalisch: nadal; nach lat. natalis = auf die Geburt [Christi] bezogen), in Frankreich Bz. für ein volkstümliches geistliches oder weltliches Strophenlied mit einem Refrain, der auf Weihnachten bezogen ist, bzw. für ein Kirchenlied, dessen Text insgesamt die Geburt Christi feiert. Frühestens um die Mitte des 15. Jh. entstanden, fanden solche Lieder Eingang in die Schäfer-Divertissements und -Farcen und in die Weihnachts-↗Mystères und zeigen hier im Text eine merkwürdige Mischung aus biblischer Hirtenthematik und frommen Sujets von volkstümlicher Derbheit. Überliefert sind diese N.s in verschiedenen Pariser Hss. (Bibl. de l'Arsénal, Ms. 3653; Bibl. Nat., Mss. fr. 2368 und 2506) als halb lateinische, halb französische Lieder *(Noël, Noël iterumque Noël)*, als Trinklieder oder sogar als Parodien im Dialekt von Poitou. Viele davon waren dank ihrer Naivität und Komik überaus beliebt (z.B. *Au sainct Nau, Noël nouvelet, Entre l'âne et le bouvelet, À la venue de Noël)*, was ihnen auch einen festen Platz in Sammeldrucken seit 1520 sicherte. Das N. wurde nun, wenn auch auf niedrigem poetologischem Niveau, eine eigene literarische Gattung mit einigen bekannten Autoren wie Lucas Le Moigne (*Chansons de nouel,* P 1520) und dem Organisten Jean Daniel, genannt Maître Mitou (um 1524–30, NA hrsg. v. H. Chardon, Le Mans 1874). Ihre Stücke sind in Text und Melodie Nachbildungen von beliebten weltlichen Chansons. Die Reformation führte im Bereich des N.s zu einer Rückbesinnung auf das Evangelium und den religiösen Kern ([Mathieu Malingre], *Noelz nouveaulx* [Neuchâtel 1533]; Barthélemy Aneau, *Chant royal contenant 7 noëls*, Ly 1539; *Genethliac*…, Ly 1559); in dieser Weise wird das N.

auch von katholischen Autoren gepflegt, so etwa von Nicolas Denisot, genannt Conte d'Alsinois (*Noelz nouveaux,* Le Mans 1545; *Cantique du premier advenement de Jesus Christ,* P 1553), dessen Lieder lange sogar bei den Protestanten beliebt waren. Um 1554 erschien in Lyon die *Grande Bible des Noëls … sur le chant de plusieures belles chansons nouvelles*), die noch bis ins 19. Jh. hinein zahlreiche Nachdrucke erfuhr. Im 17./18. Jh. entstanden in fast allen Provinzen Frankreichs eigene N.-Sammlungen, teilweise in Dialekt.

Seit der 2. Hälfte des 16. Jh. gab es auch mehrstimmige N.s in der Art der Chansons der Zeit. Die Ausgaben reichen von G. Costeley (*Musique,* 1570) über E. Du Caurroy (*Meslanges,* 1610) und A. Auxcousteaux (*Noëls et cantiques spirituels,* 1644) bis zu den anonymen *Cantiques spirituels et noels* für Singstimme und B.c., die 1699 und 1701 bei Ballard erschienen. Von der Mitte des 17. bis zum 19. Jh. gehörten die bekanntesten N.s zum festen Bestand besonders auch der französischen Orgelmusik, sei es in kontrapunktischer Verarbeitung oder in Form von Variationen. Als Komponisten seien genannt: N. Lebègue, N. Gigault, J. N. Geoffroy, A. Raison, P. d'Andrieu, L. Cl. Daquin, Cl. Balbastre, J. M. Beauvarlet-Charpentier und A. Boëly. M.-A. Charpentier und M. R. Delalande schrieben auch N.s für instrumentales Ensemble (*Noëls sur les instruments* bzw. *Symphonie des Noëls*); von Charpentier stammt eine heute auch über die Grenzen Frankreichs hinaus bekannte *Messe de minuit,* die in der Melodik ihrer vokalen und instrumentalen Oberstimme ausschließlich auf volkstümlichen N.s beruht.

Im 19. Jh. wurden N.s sowohl nach Art von Romanzen (z.B. von A. Holmès) als auch in mehr arioser Weise komponiert (berühmt in Frankreich wurde besonders *Minuit, chrétiens* von A. Adam). Für das 20. Jh. ist zu nennen das in seiner Art singuläre *Noël des enfants qui n'ont plus de maison* für Gesang und Klavier von Cl. Debussy (1915). Aus der großen Zahl modernerer Bearbeitungen bekannter N.s ragen in den letzten Dezennien heraus die entsprechenden Partien in A. Honeggers *Cantate de Noël* (1953) – sie enthält auch Weihnachtslieder anderer Länder – und die neuartig polyphonen *10 Noëls anciens* von G. Migot (1952). – ↗Weihnachtsmusik.

Lit.: A. GASTOUÉ, Le cantique populaire en France (Ly 1924); H. BACHELIN, Les n.s français (P 1927); J. R. H. DE SMIDT, Les n.s et la tradition populaire (A 1932); H. POULAILLE, Bible des n.s anciens, des origines au XVIᵉ siècle (P 1958); S. WALLON, N., in: MGG IX.

M. HONEGGER

NOËMA (griech., = Gedanke), in der musikalischen Figurenlehre des 17. Jh. (J. Burmeister; ↗Figuren) Bz. für einen strikt homorhythmischen Abschnitt, der sich deutlich von einer nichthomorhythmischen Umgebung abhebt. Das N., das oft auch durch Mensurwechsel und/oder langsamere Bewegung gekennzeichnet ist, führt dazu, daß der Text an dieser Stelle bes. hervorgehoben wird.

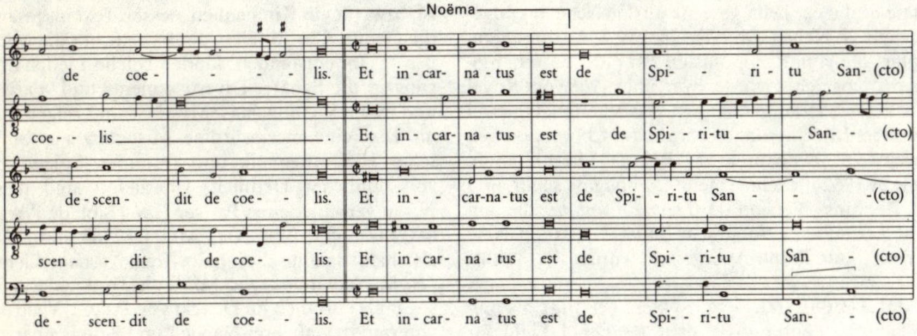

O. di Lasso, Teil des Credo aus der *Missa super Scarco di doglia*

Das N. ist eines der wichtigsten Satz- und Ausdrucksmittel in der Epoche der klassischen Vokalpolyphonie des 16. Jh. und der ihr verpflichteten Vokalmusik der späteren Zeit, findet sich aber in ähnlicher Weise bereits im 14. Jh., so z.B. in G. de Machauts *Messe de Nostre-Dame* (extrem breite Notenwerte in allen Stimmen bei den Worten *Jesu Christe* im Gloria und bei *ex Maria Virgine* im Credo, beide Male kontrastierend zu der rascher deklamierten, aber ebenfalls homorhythmischen Umgebung).

Lit.: J. BURMEISTER, Musica poetica (Rostock 1606), Faks.-Ausg. hrsg. v. M. Ruhnke (Kas – Bas 1955) (= DMl I/10); H. BRANDES, Stud. z. musikal. Figurenlehre im 16. Jh. (Diss. B 1935); H.-H. UNGER, Die Beziehungen zw. Musik u. Rhetorik im 16. bis 18. Jh. (Wü 1941, Nachdr. 1969); G. J. BUELOW, Music, Rhetoric and the Concept of the Affections. A Selective Bibliography, in: Notes 30 (1973/74); G. G. BUTLER, Music and Rhetoric in Early Seventeenth-Century English Sources, in: MQ 66 (1980).

B. R. SUCHLA

NOLA, da N., ↗Del Giovane, Giovan Domenico.

NOMOS (griech., = das jedem Zugeteilte, Gesetz, Sitte, Weise), bei den Griechen allgemein das „Wesensgemäße“ im Verhalten von Tieren, Menschen, Stämmen, Völkern; ähnlich in musikalischer Bedeutung die Weise, die dem Singenden oder dem Besungenen wesensmäßig eignet. Daher konnte der Vogelgesang ebenso N. heißen wie eine für Böoter typische Volksweise oder die „Viele-Häupter“-Weise, die den Kampf Athenes mit dem Drachen darstellt (vgl. Pindaros' 12. Pythische Ode). – Der musikalische N. im engeren Sinne, zunächst nur im Apollonkult bezeugt und dort angeblich aus dem chorisch gesungenen Päan hervorgegangen, hat sich offenbar sehr früh als solistische Gattung etabliert. Zu den auffälligen Besonderheiten gehört, daß er auch rein instrumental ausgeführt werden konnte. Die poetische Seite stand in archaischer Zeit dem homerischen Epos nahe, wurde aber wohl anders vorgetragen. Soweit die musikalische Seite überhaupt kenntlich ist, läßt sie keine sicheren Schlüsse über die melodische Beschaffenheit zu; ihre moderne Kennzeichnung als Melodietyp, Melodiemodell (im Sinne von Rāga, Maqām, Paṭeṭ) ist daher hypothetisch. Für den N. scheint eine gewisse inhaltliche und formale Gliederung kennzeichnend gewesen zu sein. Den (wenig zuverlässigen) antiken Quellen zufolge wurden vor allem 3 Arten unterschieden: 1. Der auf Terpandros (7. Jh. v. Chr.), den Erfinder der 7saitigen Leier, zurückgeführte *kitharodische N.* (Gesang zur Kithara) mit 7teiligem Aufbau, darunter Anfang, „Nabel“ (Mittelteil mit der Erzählung), „Siegel“ (mit persönlichen Äußerungen des Sängers) und Schluß. 2. Der etwas später von Klonas und Polymnestos eingeführte *aulodische N.* (Gesang zum Aulos), der in der Überlieferung aber auch mit der legendären Gestalt des Phrygers Olympos in Verbindung gebracht wird. 3. Der Pythische N., mit dem der berühmte Aulosspieler Sakadas 586 v. Chr. bei den Wettspielen in Delphi siegte; das Stück für Aulos allein, auch *auletischer N.* genannt, stellte in 5 Teilen den Kampf Apollons mit dem Drachen Python dar. Ob hier wirklich schon Programmusik vorliegt, scheint fraglich. – Im 5. Jh. v. Chr. haben Phrynis und sein Schüler Timotheos den kitharodischen N. offenbar unter dem Einfluß des neuen Dithyrambos tiefgreifend verändert (vgl. Platon, *Gesetze* 700). Einen Eindruck von der poetischen Seite vermitteln die erhaltenen Teile des N. *Die Perser* von Timotheos (u. a. ist die Bindung an ein festes Versmaß preisgegeben). Chorische Besetzung scheint nun wieder vorzukommen. Von jüngeren Nomoi auf Athena, Zeus u. a. ist nichts weiter bekannt.

Lit.: H. GUHRAUER, Der Pythische N., in: Jb. für klass. Philologie, Suppl. 8 (1875/76); O. CRUSIUS, Zur N.-Frage, in: Verhandlungen der 39. Versammlung dt. Philologen u. Schulmänner in Zürich (L 1888); J. JÜTHNER, Terpanders Nomengliederung, in: Wiener Stud. 14 (1892); Timotheos, Die Perser, hrsg. v. U. VON WILAMOWITZ-MOELLENDORFF (L 1903); F. DORNSEIFF, Archaische Mythenerzählung (B 1933); H. FÄRBER, Die Lyrik in der Kunsttheorie der Antike (Mn 1936); H. GRIESER, N., Ein Beitr. z. griech. Musikgesch. (Hei 1937) (= Quellen u. Stud. z. Gesch. u. Kultur des Altertums u. des MA 5); W. VETTER, Musikal. Sinndeutung des antiken N., in: Mythos, Melos, Musica 1 (L 1957); D. KOLK, Der pythische Apollonhymnus als aitiologische Dichtung (Meisenheim 1963); Th. G. GEORGIADES, Musik u. N., in: Kleine Schriften (Tutzing 1977) (= Münchner Veröff. z. Musikgesch. 26).

F. ZAMINER

NON (lat.), ursprünglich die 4. der ↗Horen im ↗Offizium der römisch-kath. Kirche. Mit Terz und Sext ist sie heute zu den sog. kleinen Horen zusammengefaßt.

NONE (von lat. nona = die Neunte), Bz. für das Intervall, das aus einer Oktav plus einer Sekunde besteht. Man unterscheidet *große* N. (z. B. c – d¹), *kleine* N. (c – des¹), *übermäßige* N. (c – dis¹) und *verminderte* N. (c – deses¹).

NONETT (von lat. nonus = der neunte), analog zu Quartett, Quintett usw. eine kammermusikalische Komposition für 9 Instrumente, im allgemeinen in gemischter Bläser- und Streicherbesetzung, am häufigsten für Flöte, Oboe, Klarinette, Fagott, Horn sowie Violine, Viola, Violoncello und Kontrabaß (oder Streichquartett). Zahlreiche Kompositionen dieser Art entstanden bereits im 18. Jh. im Bereich von ↗Serenade und ↗Divertimento. Als eigene Werkbezeichnung wird N. seit dem op. 31 (1813) von L. Spohr verwendet. Weitere N.e stammen von J. Rheinberger, A. Hába und B. Martinů.

NONNENGEIGE ↗Trumscheit.

NONO, Luigi, * 29. 1. 1924 Venedig; it. Komponist. N. studierte zunächst Jura an der Universität Padua, daneben Musik bei G. Fr. Malipiero am Konservatorium in Venedig und setzte seine Studien bei Br. Maderna und H. Scherchen fort, der N.s erstes Werk *(Variazioni ...)* 1950 bei den Darmstädter Ferienkursen uraufführte. 1950–60 nahm N. regelmäßig, zuletzt auch als Dozent, an den Ferienkursen teil, bis es 1961 zum Bruch kam. 1952 trat er der Kommunistischen Partei Italiens bei. In den Jahren 1959–62 unterrichtete er in verschiedenen europäischen Ländern (England, Finnland, UdSSR). Zwischen 1967 und 1971 unternahm er Reisen nach Lateinamerika, auf denen er entscheidende Anregungen für sein Werk erhielt. 2 weitere Reisen führten ihn im Zusammenhang mit der Arbeit an seiner 2. Oper (1972–74) in die UdSSR, wo er mit dem Leiter des Taganka-Theaters, Juri Ljubimow, zusammenarbeitete. 1975 begegnete er dem Philosophen Massimo Cacciari, der ihn nachhaltig beeinflußte. Seit 1979 ist er Herausgeber der Zeitschrift *Laboratorio Musica.* N. heiratete 1955 Nuria Schönberg, die Tochter A. Schönbergs.

WW: **1) Instr.-WW:** *Variazioni canoniche sulla serie dell'op. 41 di A. Schönberg* (1950) für Orch.; *Polifonica – Monodia – Ritmica* (1951) für 6 Instr. u. Schlagzeug; *Varianti* (1957) für V., Str. u. Schlagzeug; *Composizione per Orchestra N. 2: Diario Polacco' 58* (1958), Neufassung mit Tonband (1965); *Contrappunto dialettico alla mente* (1968) für Tonband; *... sofferte onde serrene ...* (1976) für Klv. u. Tonband; *Fragmente-Stille an Diotima* (1979/80) für Streichquartett. – **2) Vokal-WW:** *Epitaph auf F. García Lorca* (1952/53) für Solost.n, Sprecherin, Fl. u. Orch.; *Il canto sospeso* (1955/56) für Solost.n, Chor u. Orch.; *Canti di vita e d'amore* (1962) für Solost.n u. Orch.; *La fabbrica illuminata* (1964) für Solost.n u. Tonband; *A floresta è jovem e cheja de vida* (1966) für St.n, Sopran, Klar., Kupferplatten u. Tonband; *Musica manifesto n. 1: Un volto e del mare – Non consumiamo Marx* (1968/69) für St.n u. Tonband; *Como una ola fuerza y luz* (1971/72) für Sopran, Klv., Orch. u. Tonband; *Das atmende Klarsein* (1981) für Baßflöte u. kleinen Chor. – **3) Bühnen-WW:** Opern: *Intolleranza 1960,* UA: Venedig 1961; *Al gran sole carico d'amore,* UA: Mailand 1975, dt. EA: Frankfurt 1978; Ballett *Der Rote Mantel,* UA: Berlin 1954. – **4) Schriften:** *Die Entwicklung der Reihentechnik* (1958); *Geschichte und Gegenwart in der Musik von heute* (1960); *Text, Musik, Gesang* (1960); *Möglichkeit und Notwendigkeit eines neuen Musiktheaters* (1963); *Musik und Revolution* (1969).

N. zählte zu den führenden Repräsentanten des Darmstädter Kreises, in dem die serielle Musik entwickelt wurde. Doch zeugten schon seine frühen Stücke, in denen vor allem seine Studien der Musik der Niederländer fruchtbar wurden, von einer eigenwilligen Handhabung des seriellen Prinzips. Beeinflußt durch die Philosophie A. Gramscis, wuchs in diesen Jahren seine Überzeugung vom gesellschaftlichen und politischen Auftrag der Musik, aber auch vom kritischen Umgang mit Geschichte. Nach dem *Canto sospeso* (1956) auf Briefe zum Tode verurteilter Widerstandskämpfer und seiner Oper *Intolleranza 1960,* die auf aktuelle Entwicklungen Bezug nimmt, wurde N.s Auffassung radikaler. Die in den 60er Jahren entstandenen elektronischen Stücke kennzeichnen sein Bemühen um eine Musik, die zur „Bewußtwerdung, Diskussion und zur Teilnahme" anregen soll. Dabei gibt N. nie den hohen Stand seiner Kompositionstechnik auf, die in der Konzeption sogenannter „harmonischer Felder" die strenge Satztechnik der fünfziger Jahre fortführt. Nach seiner 2. Oper erfolgt mit der zunehmenden Fragmentierung des Satzes eine ästhetische Neuorientierung, die im Streichquartett einen ersten Höhepunkt findet. N. beruft sich bewußt auf die Vielschichtigkeit, aber auch die Widersprüchlichkeit seiner Texturen.

Lit.: L. N. Texte. Stud. zu seiner Musik, hrsg. v. J. STENZL (Z 1975) (mit Werk-Verz. u. Bibliogr. sowie zahlr. Aufsätzen von u. über N.). – R. KOLISCH, N.s Varianti, in: Melos 24 (1957); U. UNGER, L. N., Polifonica, Monodia, Ritmica. Il canto sospeso (1958) (= die Reihe 4); K. STOCKHAUSEN, Sprache u. Musik (1958) (= Darmstädter Beitr. z. Neuen Musik 1), wiederabgedruckt in: Texte II (Kö 1964); U. DIBELIUS, L. N., in: Moderne Musik 1945–1965 (Mn 1966); K. BOEHMER, Zw. Reihe u. Pop (W 1970); H. PAULI, L. N., Für wen komponieren Sie eigentlich? (F 1971); J. STENZL, L. N. u. C. Pavese, in: Über Musik u. Sprache, hrsg. v. R. Stephan (Mz 1974) (= Veröff. des Inst. für Neue Musik u. Musikerziehung Darmstadt 14); C. HENIUS, Erfahrungen mit L. N.s „La fabbrica illuminata". Dokumente, Arbeitsnotizen u. Berichte, in: Melos/NZ 1 (1975); A. ANDERSCH, Zeichensysteme, in: Merkur 30 (1976); B. HOPKINS, L. N. The Individuation of Power and Light, in: MT 5 (1978); L. N., hrsg. v. H.-K. METZGER – R. RIEHN (1981) (= Musik-Konzepte 20).

F. SPANGEMACHER

NO, NO, NANETTE, amerik. Musical in 2 Akten von Vincent Youmans (1898–1946), Song-Texte von Otto Harbach und Irving Caesar, Buch von Harbach und Frank Mandel nach dem Bühnenstück *My Lady Friends* von Mandel und Emile Nyitray, einer Adaption des Romans *Oh, James!* von May Eddington. Ort und Zeit der Handlung: eine Großstadt und ein Seebad Mitte der 20er Jahre. UA: 11. 3. 1925 in London (Palace Theatre); EA in dt. Sprache: 7. 11. 1925 in Berlin (Metropol-Theater). Filmfassungen: 1930, 1940 und 1950, letztere unter dem Titel *Tea for Two* unter Einbeziehung von Songs anderer Komponisten.

No, No, Nanette gilt als das erfolgreichste Musical der 20er Jahre, das die Reputation des amerikanischen Musicals in Europa und speziell in Deutschland mitbegründete. Die banale Story gewann ihren Glanz durch die Musik von Youmans, der für dieses Werk zwei seiner erfolgreichsten Songs schrieb: *Tea for Two* und *I want to be happy.* Das Musical brauchte ungewöhnlich lange, bis es nach den „tryouts" an den Broadway kam. Die „tryouts" begannen bereits im April 1924 in Detroit, allerdings wurde *No, No, Nanette* mehrfach umgeschrieben und ging mit verschiedenen Kompanien auf Tournee, so daß die englische Premiere vor der eigentlichen Broadway-UA am 16. 9. 1925 im Globe Theater lag. 1971 kam eine außergewöhnlich erfolgreiche Neuproduktion heraus (EA: 19. 1. 1971, 46th Street Theatre), die fast dreimal so lange en suite am Broadway blieb wie die Erstproduktion. R.-M. SIMON – S. SIMON

NON TROPPO (it., = nicht zu sehr), Bz., in der

Regel verbunden mit verschiedenen Tempovorschriften (z. B. *allegro non troppo*), die auf eine dem Wortsinn entsprechende Modifizierung hinweist.

NOONE, Jimmy, * 23. 4. 1895 bei New Orleans (Louisiana), † 19. 4. 1944 Los Angeles; amerik. Jazzmusiker (Klarinette). N. hatte schon früh (zusammen mit Buddy Petit) ein eigenes Orchester, spielte dann seit 1918 u. a. mit King Oliver und Freddie Keppard in Chicago und trat dort seit 1926 mit einer eigenen Band im „Apex Club" auf. 1940 ging er zu Kid Ory nach Los Angeles. N. zählt zu den einflußreichen New-Orleans-Klarinettisten, hatte einen schönen und weichen Ton und beeinflußte Swingklarinettisten wie Benny Goodman und Jimmy Dorsey. Berühmt ist sein aus der 2. Hälfte der 20er Jahre stammender *Apex Blues*.

Lit.: N. SHAPIRO – N. HENTOFF, Jazz erzählt (Mn 1962); A. MCCARTHY, J. N., in: Jazz Monthly 10 (1964) Juni-H.

NOORDT, van N. – 1) Jacobus, * 1619 Amsterdam, † Dezember 1680 ebd.; ndl. Organist und Glockenspieler. Er war 1648–73 Organist an der Oude Kerk und Glockenspieler des Börsenturms in Amsterdam. Von ihm sind 7 Instrumentalkompositionen in dem Sammeldruck *'t Uytnemend Kabinet* (A 1649) überliefert. – **2) Anthoni,** vielleicht Bruder von 1), * um 1620, begraben 23. 3. 1675 Amsterdam; ndl. Organist. Er ist das bekannteste Mitglied der Familie und der bedeutendste niederländische Meister aus der Schule J. P. Sweelincks. 1638 bis um 1664 war er Organist an der Nieuwe Zijds Kapel und anschließend bis 1673 an der Nieuwe Kerk in Amsterdam. Von ihm ist ein *Tabulatuur-boek van psalmen en fantasien* überliefert, das beispielhaft die kunstvolle Kontrapunktik der Orgelmusik des 17. Jh. präsentiert. Notationsgeschichtlich ist dieses Werk wegen der Verbindung des englischen 6-Linien-Systems (Oberstimmen) mit der Buchstabennotation (Baßstimme) der deutschen Orgeltabulatur interessant. – **3) Sybrandt,** der Jüngere, wahrscheinlich Sohn von 2), * 1659, † Februar 1705; ndl. Organist und Glockenspieler. Er war 1679–92 Organist an der Oude Kerk in Amsterdam und 1692–95 an der Groote Kerk in Haarlem. Er veröffentlichte *Sonate per il cembalo appropriate al flauto e violino* (A 1688).

Ausg.: **Zu 2):** *Tabulatuur-boek ...*, hrsg. v. M. SEIFFERT (A 1896, ³1976) (= Uitgave van oudere Noord-Nederlandsche Meesterwerken 19); Psalmbearb. für Org., hrsg. v. P. PIDOUX (Kas 1954); eine Fantasia, in: P. SCHLEUNING, Die Fantasie I (Kö 1971) (= Das Musikwerk 42).

Lit.: M. SEIFFERT, A. van N., in: TVer 5 (1895); P. M. FISCHER, Rond en thema v. A. van N., in: Organicae voces. FS J. Smits van Waesberghe (A 1963); M. FALK, in: MuG 23 (1969).

NOORT, Henk, * 6. 10. 1899 Oegstgeest bei Leiden; ndl. Sänger (Tenor). Er war Schüler von Cornelie van Zanten in Den Haag und debütierte dort 1926 als Nando in E. d'Alberts *Tiefland*. 1931 wurde er an die Städtische Oper Berlin, 1933 an das Düsseldorfer Opernhaus als führender Heldentenor verpflichtet. International bekannt wurde er durch seine Mitwirkung als Walther von Stoltzing in den von A. Toscanini geleiteten Aufführungen von R. Wagners *Meistersinger von Nürnberg* bei den Salzburger Festspielen 1937. 1937–39 gastierte er mit Wagnerkonzerten in Nordamerika. Nach dem 2. Weltkrieg gab er Konzerte in Holland, Belgien, Deutschland und der Schweiz. Anfang der 50er Jahre gab er seine Sängerlaufbahn auf und ging wieder nach Holland. Er lebt heute in Schiedam. Stimmlich als lyrischer Tenor und Heldentenor gleichermaßen disponiert, war N. einer der bedeutendsten Wagner- und Verdi-Interpreten seiner Generation. Zu seinen großen Rollen gehörten Verdis Othello und Wagners Lohengrin, den er auch in einem gleichnamigen UFA-Film der 40er Jahre darstellte.

NORDRAAK (Nordraach), **Rikard,** * 12. 6. 1842 Christiania (heute Oslo), † 20. 3. 1866 Berlin; norwegischer Komponist. N. studierte 1859 und 1861–63 Klavier bei Th. Kullak und Komposition bei Fr. Kiel in Berlin. 1864 kam er nach Kopenhagen und gründete dort mit E. Grieg, Emil Hornemann und Gottfried Matthison Hansen die Musikvereinigung Euterpe zur Aufführung von Werken junger skandinavischer Komponisten. 1865 kehrte er nach Berlin zurück. Grieg schrieb zu seinem Gedächtnis einen Trauermarsch. N. übte zusammen mit Grieg einen großen Einfluß auf die norwegische Musik des 19. Jh. aus. Seine Idee, eine in der norwegischen Volksmusik verankerte, eigenständige nationale Musik zu entwickeln, konnte er allerdings nicht mehr verwirklichen. Er komponierte die norwegische Nationalhymne *Ja, vi elsker dette landet* (1864).

WW: *Scherzo-caprice* für Klv.; *Valse caprice* für Klv.; Lieder: 6 *Romancer og sange* (1861); *Fem sange* (1865) für Männerchor; *Norsk Faedrelandssang* (1864); *Norges natur; Olav Trygvason; Nordmanssang* (1863); Bühnenmusik zu: B. Björnson, *Maria Stuart i Skotland* (um 1865) und *Sigurd Slembe* (1865).

Lit.: A. VAN ERPEKUM SEM, R. N. (Oslo 1942); L. GRENI, R. N. (ebd. 1942); O. GURVIN, „Ja, vi elsker dette landet". Et essay om unførelsen, in: STMf 43 (1961); D. SCHJELDERUP-EBBE, Et nyfunnet orkesterpart. med. R. N.s musikk til B. Bjørnsons drama „Maria Stuart i Skotland", in: Studia musicologica Norvegica 1, hrsg. v. O. Gurvin (Oslo 1968) (= Inst. for Musikkvitenskap, Univ. i Oslo Skrifter 7).

NORLIND, Johan Henrik Tobias, * 6. 5. 1879 Hvellinge (Schweden), † 13. 8. 1947 Stockholm;

schwedischer Musikforscher. Er studierte Musikwissenschaft bei A. Sandberger in München, bei M. Friedländer, O. Fleischer und J. Wolf in Berlin. 1909 promovierte er an der Universität Lund und wurde Dozent für Literatur- und Musikgeschichte. 1918 erhielt er die Leitung des Musikhistorischen Museums in Stockholm und lehrte 1919–45 Musikgeschichte am Konservatorium. 1919 gehörte er zu den Gründern der schwedischen Gesellschaft für Musikwissenschaft, deren Zeitschrift *Svensk Tidskrift for Musikforskning* er 1919–26 und 1943–44 redigierte. N. widmete seine Forschungen hauptsächlich der Musikgeschichte Schwedens.

Schriften (wenn nichts anderes angegeben, in Stockholm erschienen): *Lat. skolsånger i Sverige och Finnland* (Diss. Lund 1909); *Svensk musikhistoria* (ebd. 1901, Sto ²1918); *Allmänt musiklexikon* (1912–16, ²1927); *J. Lind* (1919); *Kungliga Mus. Akademien 1771–1921* (1921) (zus. mit O. Morales); *Kungliga hovkapellets historia* (1926) (zus. mit E. Trobäck); *Svensk folkmusik och folkdans* (1930); *Handbok is svenska musikens historia* (1932); *Systematik der Saiteninstrumente*, I: *Geschichte der Zither* (1936), II: *Geschichte des Klaviers* (1939, Hannover ²1941); *Musikinstrumentens historia i ord och bild* (1941); *Fran Tyska kyrkans glansdagar*, 3 Bde. (1944–45); *Dirigeringskonstens historia* (1948).

Lit.: C. A. MOBERG, T. N. och svensk musikhist. forskning, in: STMf 11 (1929); Å. DAVIDSSON, Bibliogr. över svensk musiklitteratur (Uppsala 1948) (mit Schriften-Verz.).

NORMA, Tragedia lirica in 2 Akten von Vincenzo Bellini (1801–35), Text von Felice Romani nach der gleichnamigen Verstragödie (UA: 16. 4. 1831) von Alexandre Soumet. Ort u. Zeit der Handlung: Gallien, im 1. Jh. v. Chr. UA: 26. 12. 1831 in Mailand (Teatro alla Scala); EA in dt. Sprache: 11. 5. 1833 in Wien (Kärntnerthor-Theater); dt. EA: 26. 3. 1834 in Berlin (Königstädtisches Theater). Romani faßte die Eifersuchtstragödie um die gallische Seherin Norma, die Priesterin Adalgisa und den römischen Feldherrn Sever (ursprünglich Pollione) in einigen wenigen Szenen zusammen, in welchen die psychischen Spannungen, denen die Handelnden unterliegen, sublim nachgezeichnet werden. Vor allem die zwischen hingebender Liebe und grenzenlosem Haß wechselnden Gefühle Normas hat Bellini in Gesangsmelodien gestaltet, die von leidenschaftlichem Pathos erfüllt sind. Aufbau des Konflikts, scheinbare Lösung und Katastrophe sind in vier großen Duetten konzentriert, die in ihrer je verschiedenen formalen Gestaltung den Dialogverlauf widerspiegeln. Die Einbeziehung des orchesterbegleiteten Rezitativs verleiht den abgeschlossenen Nummern Szenengepräge. Das gewaltige Chorfinale mit Führungssopran empfanden Bellinis Zeitgenossen als nachahmenswerte künstlerische Novität. – *Norma* entstand auf Wunsch der berühmten Sopranistin Giuditta Pasta, die sich nach ihrem Triumph in *La Sonnambula* einen vergleichbaren Erfolg wünschte. Bis zu Verdis Meisteropern war das Werk der Inbegriff einer musikalischen Tragödie. Normas Kavatine *Keusche Göttin (Casta diva)*, für deren endgültige Fassung Bellini neun Entwürfe schrieb, gilt noch heute als sängerisches Glanzstück aller Primadonnen. J. SCHLÄDER

NORMAN, Jessye, * 15. 9. 1945 Augusta (Georgia); amerik. Sängerin (Sopran). Nach ihrer Ausbildung 1963–68 an der Howard University in Washington, am Peabody Conservatory in Baltimore und an der University of Michigan in Ann Arbor erhielt sie 1968 den 1. Preis beim Internationalen Musikwettbewerb der deutschen Rundfunkanstalten in München. 1969 debütierte sie als Elisabeth in R. Wagners *Tannhäuser* an der Deutschen Oper Berlin und wurde deren Mitglied. In den 70er Jahren gelang ihr der Durchbruch zu einer internationalen Karriere, die sie an die großen Opernbühnen Europas und Nordamerikas führte. J. N. fand auch als Lied- und Konzertsängerin u. a. mit Werken von Fr. Schubert, H. Berlioz, G. Mahler und A. Berg große Anerkennung.

NÖRMIGER (Nöringer, Noringer), **Augustus,** * um 1560 Dresden, † 22. 7. 1613 ebd.; dt. Organist. Er war von 1581 bis zu seinem Tod Organist am sächsischen Hof. Sein hsl. *Tabulaturbuch auff dem Instrumente* (um 1598, heute Universitätsbibliothek Tübingen), für die Tochter Herzog Friedrich Wilhelms von Weimar verfaßt, enthält mehr als 200 Intavolaturen von Werken unbekannter Komponisten, davon 77 Lutherische Choräle, 39 geistliche und weltliche Lieder, 93 Aufzüge, Intraden und Tänze. Das Buch ist eine wichtige Quelle für die Klaviermusik und das höfische Musikleben seiner Zeit.

Ausg.: 3 Stücke, in: Gesch. der Musik in Bsp.en, hrsg. v. A. SCHERING (L 1931, Nachdr. 1954); 4 Stücke, in: Musik aus früher Zeit, hrsg. v. W. APEL (Mz 1934); 12 Tänze, in: Altdt. Tanzmusik aus N.s Tabulatur 1598, hrsg. v. F. DIETRICH (Kas 1937); 3 Stücke, in: Alte Liedsätze für Org. oder Klv., hrsg. v. W. EHMANN (Mz 1939).

Lit.: W. MERIAN, Der Tanz in den dt. Tabulaturbüchern (L 1927, Nachdr. Hil – Wie 1968); G. KITTLER, Gesch. des prot. Orgelchorals von seinen Anfängen bis zu den Lüneburger Orgeltabulaturbüchern (Diss. Greifswald 1931); L. SCHIERNING, Die Überlieferung der dt. Org.- u. Klaviermusik aus der ersten Hälfte des 17. Jh. (Kas 1961) (= Schriften des Landesinst. für Musikforsch. Kiel 12); W. APEL, Gesch. der Org.- u. Klaviermusik bis 1700 (Kas 1967, engl. Bloomington/Ind. 1972).

NORVO, Red (eig. Kenneth Norville), * 31. 3. 1908 Beardstown (Illinois); amerik. Jazzmusiker (Xylophon, Vibraphon) und Bandleader. Er leitete 1925 in Chicago eine Marimba-Band, beteiligte sich dann an musikalischen Unternehmungen mit mehr kommerziellem Charakter und trat Anfang der 30er Jahre u.a. mit Paul Whiteman und seit 1934 in New York mit seiner Frau, der Sängerin Mildred Bailey, auf. 1943 hatte N. eine All Star Band, spielte 1945 bei Benny Goodman und 1946 bei Woody Herman und ließ sich 1947 in Hollywood nieder. Von den seither gegründeten Gruppen wurde besonders sein 1950 mit Tal Farlow und Charlie Mingus zusammengestelltes Trio bekannt. Seit den 60er Jahren tritt N. lediglich mit Frank Sinatra in Las Vegas auf. Gelegentlich arbeitet er noch mit Goodman zusammen.

Lit.: R. STEWART, R. N. A Tale of a Pioneer, in: Jazz Masters of the Thirties (NY 1972).

NORWEGEN. Frühgeschichte und Mittelalter. Erste Zeugnisse musikalischer Praxis in N. sind die paarweise aufgefundenen ↗Luren. Als spätere Quellen gelten die Sagas aus der *Edda*, lateinische Chroniken, Holzplastiken in mittelalterlichen Kirchen und einige Instrumente aus Ausgrabungen. Die Sagas berichten z.B., daß Holzluren bei gerichtlichen und militärischen Versammlungen verwendet wurden. Eine besondere Art dieser Instrumente wurde im Wikingerschiff von Oseberg (um 850 n.Chr.) gefunden. Die Sagas erwähnen auch Schalmeien und Hörner. Die bei Hofe gebräuchlichen Saiteninstrumente waren Harfe, Fiedel und „Geige", die wahrscheinlich fahrende Spielleute nach N. brachten. Die Musik stand in hohem Ansehen, und einige Könige wie Olav Haraldsson und Harald Hardraade waren angesehene Skalden. Allerdings weiß man nichts über den Vortrag der Kvad-Dichtungen, die möglicherweise von Instrumenten begleitet wurden. – Der Gregorianische Gesang wurde in N. um das Jahr 1000 im Zusammenhang mit der Christianisierung eingeführt. Der Kult des hl. Olav, des in N. besonders verehrten Heiligen, war in ganz Nordeuropa verbreitet. Ein Text des Olav-Offiziums, der in England gefunden wurde, stammt etwa aus der Zeit um 1050. Ein vollständiges *Missale Nidrosiense* (Kopenhagen 1519) und ein *Breviarium Nidrosiense* (P 1519) enthalten den Text des norwegischen Gottesdienstes an der Kathedrale von Trondheim. Überliefert sind auch u.a. eine Sequenz *Lux illuxit*, die stilistische Ähnlichkeit zu Sequenzen Adams von St-Victor aufweist. Das älteste mehrst. Beispiel, ein Organum in parallelen Terzen, ist ein 2st. Magnus-Hymnus, der von den Orkneyinseln aus dem 12. oder 13. Jh. stammt. Beziehungen zur Notre-Dame-Schule sind anzunehmen, denn im 13. Jh. studierten etwa 20 Norweger an der Univ. von Paris und trugen zum kulturellen Austausch bei.

16.–18. Jahrhundert. Während des ganzen Mittelalters blieb die musikalische Entwicklung auf die geistlichen Schulen konzentriert. Die Reformation brachte keineswegs einen plötzlichen Traditionsbruch, so daß auch die lateinische Messe weiterhin verbindlich blieb. Erst gegen Ende des 16. Jh. wurden die Grundlagen zu einer protestantischen Kirchenmusik in Dänemark und N. durch das *Psalmebog* (1569) von Hans Thomissøn und das *Gradual* (1573) von Niels Jespersen geschaffen. Außerdem sind zahlreiche Motetten überliefert, die gegen 1600 im polyphonen Vokalstil von Komponisten wie Caspar Ecchienus und Johann Nesenus geschrieben wurden. Nesenus stammte aus Bergen, war 1598–1604 Kantor in Göttingen und veröffentlichte Villanellen (*Liebgärtlein*, 1598). Bedeutung kommt seit dem frühen 17. Jh. vor allem den ausländischen Stadtmusikern zu, die neben den Organisten eine wichtige Rolle im damaligen Musikleben N.s spielten und mit besonderen Privilegien ausgestattet wurden (erstmals 1620 in Bergen). So war z.B. Heinrich Meyer von 1715–58 als „Stadtmusikant" in Oslo mit der Musikpflege betraut. Er wurde gefördert von Georg von Bertuch (1668–1743), der 1719 das Amt eines Schloßkommandanten in Oslo übernahm. Mit anderen Musikern deutscher Herkunft trug er dazu bei, mit den damaligen musikalischen (insbesondere deutschen) Strömungen bekannt zu machen. Von ihm sind u.a. *XXIV Sonates composées par les canons, fugues, contrepoints et parties ... avec la basse continue* (1738, verloren) sowie einige Kantaten bezeugt. Er schickte J. Mattheson einen Bericht über die Musik für Hardingfele (↗Hardanger Fiedel). In Trondheim schrieb Johann Daniel Berlin (1714–87), ein anderer Musikdirektor deutscher Herkunft, den ersten norwegischen Musiktraktat, *Musikaliske Elementer* (Trondheim 1744). Außerdem konstruierte er 1751 ein Pianoforte mit Pedalen. Von seinen Werken sind ein Violinkonzert, 3 Orchesterouvertüren, eine Sonatine und Tänze für Klavier erhalten. – 1765 wurde in Bergen das Orchester „Det harmoniske Selskab", 1768 in Trondheim die Musikgesellschaft „Sælskab af Musique-Liebhabere" gegründet, die insbesondere in Johann Heinrich Berlin (1741–1807), dem Komponisten zweier Symphonien, einer Triosonate, einer Kantate und von Klaviermusik, einen wichtigen Förderer fand.

19. Jahrhundert. Seit 1840 ist in der norwegischen Musik ein Verschmelzen nationaler Strömungen, die aus der politischen Befreiungsbewegung hervorgingen, mit solchen der europäischen Romantik nachvollziehbar. Die Zeit von 1840–60 kennzeichnet eine allgemeine Suche nach einer Nationalkultur. Die erste Veröffentlichung norwegischer Volkslieder wurde 1840 von Jørgen Moe vorgelegt. L. M. Lindeman bereicherte diese Sammlung durch 19 Melodien. Im folgenden Jahr publizierte er eine eigene Sammlung mit 68 Melodien (für Klavier arrangiert). Sein bekanntestes Werk, *Ældre og nyere norske Fjeldmelodier* (3 Bde., Oslo 1853–67, ^{2}1963), enthält 592 Melodien. Diese Sammlung wurde zu einer wichtigen Quelle für spätere Komponisten. – 1840 übernahm der Deutsche Fr. A. Reissiger den Posten des Orchesterleiters am Theater in Christiania. Er wurde später Direktor der 1846 gegründeten „Philharmoniske Selskab". Die Kontakte zur europäischen, insbesondere zur deutschen Musikszene wurden seitdem von Bedeutung: Seit 1850 wurde die 1843 gegründete Musikakademie in Leipzig die wichtigste Ausbildungsstätte norwegischer Komponisten und Musiker wie etwa O. Bull (1810–80), R. Nordraak (1842–66) und vor allem H. Kjerulf (1815–68). Während Kjerulf als Wegbereiter einer nationalromantischen Musik N.s gesehen wird, gilt E. Grieg (1843–1907) als deren Hauptvertreter. Zusammen mit J. Svendsen (1840–1911) bestimmte Grieg am Ausgang des 19. Jh. die Musikentwicklung N.s nachhaltig. Ihre Werke beschließen die lange Entwicklung, die auf Schaffung einer sowohl typisch nationalen wie universellen Musiksprache hinzielte.

Die späten Werke Griegs weisen eine neue Konzeption musikalischer Struktur auf, die u. a. von einigen französischen Komponisten mit Interesse aufgenommen wurde. Seine norwegischen Zeitgenossen hingegen zeigten für den „neuen" Grieg nur geringes Verständnis: J. Selmer (1844–1910) entfernte sich mit seiner Pflege der Programmusik grundlegend von der durch Grieg vorgezeichneten Entwicklung, während gerade G. Schjelderup (1859–1933) und H. Borgstrøm (1864–1925), deren kritische Schriften das Musikdenken der Epoche bestimmten, das wagnerianische Ideal in die norwegische Musik übertrugen. Auf Schjelderup geht auch die Festlegung der hermeneutischen Richtung in der norwegischen Musikwissenschaft und Musikkritik zurück. Als eigentlicher Erbe Griegs gilt Chr. Sinding (1856–1941), ohne neue Wege beschritten zu haben.

20. Jahrhundert. Erst 1920 erreichten N. Einflüsse des französischen Impressionismus. Dies bezeugen u. a. die Werke von Alf Hurum (1882–1972), Bj. Brustad (* 1895), Arvid Kleven (1899–1929) und F. Valen (1887–1952). Seit 1925 ist auch wieder ein verstärktes nationales Interesse spürbar, aus dem die Publikation neuer Sammlungen – u. a. von Catharinus Elling (1858–1942) und Ole Sandvik (1875–1976) – resultiert. – Die wichtigsten Komponisten dieser Epoche sind Eivind Groven (* 1901), D. M. Johansen (1888–1974) und L. I. Jensen (1894–1969). Während F. Valen zu einem stark persönlich geprägten atonalen Stil gelangte, bestimmen das Werk von Pauline Hall (1890–1969) impressionistische und neoklassizistische Merkmale. E. H. Bull (* 1922) ist ebenfalls durch französische Komponisten beeinflußt. Neoklassizistische Tendenzen charakterisieren das Schaffen von Kl. Egge (* 1906) und H. Saeverud (* 1897). – Nach 1945 wurden Kontakte zu Zentren Neuer Musik (Darmstadt, Köln, Warschau) geknüpft. Finn Mortensen (* 1922) ist der wichtigste norwegische Vertreter der seriellen und aleatorischen Musik, während Arne Nordheim (* 1931) als Komponist elektronischer Musik bekannt wurde. Auf dem Gebiet der Kirchenmusik stehen Knut Nystedt (* 1915) und Egil Hovland (* 1924) an der Spitze einer Reformbewegung. Für die Oper, das Ballett und die Massenmedien arbeiteten u. a. Antonio Bibalo (* 1922) und Alfred Janson (* 1937). Seit 1960 sind Bestrebungen im Gange, eine neue Einfachheit zu finden und der Musik eine soziale Rolle zuzuweisen (u. a. Kare Kolberg, * 1936).

Musikalische Institutionen. Die Philharmonische Gesellschaft in Oslo ist aus der von Grieg 1871 gegründeten Musikgesellschaft („Musikforening") hervorgegangen. Die Oper („Den Norske Opera") wurde 1958 gegründet. Sie ist im ehemaligen „Folketeatret" untergebracht. 1967 wurde eine nationale Konzertvereinigung („Rikskonsertene") ins Leben gerufen. Die norwegische Sektion der SIMC ist zusammen mit dem Museum für moderne Kunst um eine Förderung zeitgenössischer Musik bemüht. Das Institut für Musikwissenschaft an der Universität Oslo gibt die *Studia musicologica Norwegica* und die Grieg-Gesamtausgabe heraus. Ein Institut für norwegische Volksmusik, das 1971 das Nationalarchiv für Volksmusik wurde, gibt den *Hardingfeleslåttar* heraus. Die 1953 gegründeten Musikfestspiele von Bergen sind – neben Kongsberg, Molde und Harstad – in N. die wichtigsten Festspiele. Die Stadtbibliothek von Bergen besitzt die Grieg-Sammlung (Manuskripte und Dokumente), die Universitätsbibliothek verwahrt die Sammlung Bjørndal für Volksmusik. Musikwissenschaftliche Institute befinden sich auch an den Universitäten Bergen und Trondheim. Das Ringve-Museum in Trondheim beherbergt die wichtigste Sammlung historischer Musikinstrumente.

Volksmusik. Die vokale Volksmusik N.s umfaßt: 1. Hirtenrufe. 2. Wiegenlieder, die in verschiedenen Landschaften heute noch verbreitet sind und nach typischen Melodieformeln improvisiert werden. 3. Stev. Seine Tradition blieb in den Regionen Setesdal und Telemark bis heute lebendig. Es ist ein kurzes Gedicht über Liebe, Natur u.ä., das meist nach einer bestimmten Anzahl von tradierten Melodien gesungen wird. Ursprünglich wurde der Stev bei Gesangswettbewerben anläßlich einer örtlichen Festlichkeit (stevjing) gepflegt und der Situation und den Personen entsprechend improvisiert. 4. Balladen. Nach N. gelangten sie über Dänemark im Mittelalter. Die literarischen Themen (z.B. Tristan oder Roland) wurden angepaßt und verändert, die Musik aber scheint norwegischer Herkunft zu sein. 5. Religiöse Volkslieder. Dabei handelt es sich meist um Melodievarianten protestantischer Choräle. 6. Joik. Er entstammt der musikalischen Tradition der Lappen.

Folgende Volksmusikinstrumente finden dabei Verwendung: 1. Der Lur, der norwegische Typ des Holzhorns der Senner (↗Alphorn), ist seit dem Mittelalter in Gebrauch. 2. Das Widderhorn, meist mit 3 oder 4 Grifflöchern und manchmal mit einem einfachen Mundstück versehen, diente einst als primitive Klarinette. 3. Die Weidenflöte ohne Grifflöcher. 4. Die Tusselfløyte ist eine Art Schnabelflöte. 5. Die ↗Maultrommel ist noch heute weit verbreitet. 6. Die Langleik, die norwegische Griffbrettzither (↗Hummel). 7. Die Hardingfele (↗Hardanger Fiedel) ist bis heute das verbreitetste Volksinstrument. Charakteristisch sind ihre Resonanzsaiten und 20–25 verschiedene Stimmungen. – Der wichtigste Typ der instrumentalen Volksmusik ist der Slått; er umfaßt die Tänze Halling im 2/4-, Springar im 3/4- und Gangar im 6/8-Takt.

Lit.: **1) Bibliographien:** Ø. ANKER, En liten Nordraakbibliogr., in: Norsk Musikkgranskning Årbok 1940 (Oslo 1941); Ø. GAUKSTAD, Norsk folkemusikk. En bibliogr. (ebd. 1951). – **2) Ausg. von Volksmusik:** L. M. LINDEMAN, Ældre og nyere Norske Fjeldmelodier, 3 Bde. (Oslo 1853–67, Nachdr. 1963); O. M. SANDVIK, Kingo-tona (ebd. 1941); DERS., Osterdalsmusikken (ebd. 1943); DERS., Folkemusikk i Gudbrandsdalen (ebd. 1948); DERS., Setesdalsmelodier (ebd. 1952); Norsk Folkemusikk, Reihe I, 8 Bde. (ebd. 1958ff.); O. M. SANDVIK, Norske religiøse folketoner, 2 Bde. (ebd. 1960–64); DERS., Springleider i norske bygder (ebd. 1967). – **3) Studien zur Musik u. umfassende Darstellungen:** D. SCHJELDERUP-EBBE, A Study of Grieg's Harmony (Oslo 1953); L. GRENI, Über die Vokaltradition in norwegischer Volksmusik (P 1956); Modern nordisk musik. An Anthology (Sto 1957); K. LANGE – A. ØSTVEDT, Norwegian Music (Lo 1958); K. DAHLBACK, New Methods in Vocal Folk Music Research (Oslo 1958); B. WALLNER, Scandinavian Music after the 2d World War, in: MQ 51 (1965); H. H. NYSTRØM, Det Nasjonale tonefall (Oslo 1966); B. WALLNER, Var tids musik i Norden (Sto 1968); H. H. NYSTRØM, Fra Munkekor, til symfoniorkester (Oslo 1969); J. DORFMÜLLER, Stud. z. norwegischen Klaviermusik der ersten Hälfte des zwanzigsten Jh. (Kas 1969) (= Marburger Beitr. z. Musikforsch. 4); B. KORTSEN, Tonal and Formal Structure of Norwegian Religious Folk Tunes (Bergen 1969); N. GRINDE, Norsk Musikkhistorie (Oslo 1971); K. LANGE, Norwegian Music. A Survey (ebd. 1971); Contemporary Norwegian Orchestral and Chamber Music, Compiled by the Soc. of Norwegian Composers, Suppl.-Bd. I (ebd. 1972); R. LOWE-DUGMORE, F. Delius and Norway, in: Studies in Music 6 (1972); B. KORTSEN, Contemporary Norwegian Piano Music. A Cat. (Bergen 1973); R. W. OLSON, A Comparative Study of Selected Norwegian Romances by H. Kjerulf, E. Grieg, and E. Alnaes (Diss. Urbana 1973); M. LEVY, Den staerke slått. Om magisk musik fra sagatiden og dens genklang hos norske spillemaend (Århus 1974); E. BAKKA – K. OVERSAND, Musikk og dans i et Rystområde i Trøndelag, in: STMf 57 (1975); Geige u. Geigenmusik in N., in: Die Geiger der europäischen Volksmusik, hrsg. v. W. DEUTSCH (W 1975).

K. SKYLLSTAD

NOSKE, Frits Rudolf, * 13. 12. 1920 Den Haag; ndl. Musikforscher. Er war seit 1945 Schüler von K. Ph. Bernet Kempers an der Universität in Amsterdam und 1949–50 von P.-M. Masson an der Sorbonne in Paris. 1950 wurde er Dozent für Musikgeschichte am Amsterdamer Konservatorium (1953 Professor) und promovierte 1954 an der Universität mit einer Dissertation über das französische Lied des 19. Jahrhunderts. 1951–54 war er Bibliothekar und dann bis 1968 Direktor der Toonkunst-Bibliotheek in Amsterdam, außerdem 1955 bis 1959 Generalsekretär und 1959–65 Vizepräsident der Internationalen Gesellschaft der Musikbibliotheken (AIBM). 1950–65 lehrte er Musikgeschichte am Konservatorium in Amsterdam, 1965–68 Musikwissenschaft in Leiden und wurde 1968 Professor an der Univ. in Amsterdam.

WW: **1) Schriften:** *La mélodie française de Berlioz à Duparc* (A – P 1954, engl. NY 1970); *Das außerdeutsche Sololied* (Kö 1958, engl. 1958) (= Das Musikwerk 16); *Quelques remarques sur les luthistes aux Pays-Bas,* in: Le luth et sa musique, Kgr.-Ber. Paris 1958; *Bemerkungen zur Fermate,* in: Mf 17 (1963); *Early Sources of the Dutch National Anthems 1574–1626,* in: FAM 13 (1966); *Cantiones Natalitae,* in: Essays in Musicology. FS W. Apel (Bloomington/Ind. 1968); *Forma formans. Een structuuranalytische methode, toegepast op de instrumentale muziek van J. P. Sweelinck* (A 1969); *„Don Giovanni". Musical Affinities and Dramatic Structure,* in: Studia Musicologica 12 (1970); *Zum Strukturverfahren in den Sinfonien v. J. Stamitz,* in: FS K. G. Fellerer (Kö 1973); *The Signifier and the Signified. Studies in the Operas of Mozart and Verdi* (Den Haag 1977). – **2) Editionen:** *C. Th. Padbrué, Nederlandse madrigalen* (A 1962) (= Monumenta Musica Neerlandica 5); *Six 17th Century Carols from the Netherlands* für 3–4 SingSt (Lo 1965); Sweelinck-GA 1: *The Instrumental Works* (A 1968); *H. Hollanders, Concerti ecclesiastici* (1976) (= Monumenta Musica Neerlandica 12); ferner ist N. Hrsg. v. *Early Music Theory in the Low Countries* (A 1969ff.).

NOSKOWSKI, Zygmunt, * 2. 5. 1846 Warschau, † 23. 7. 1909 ebd.; poln. Komponist. Er studierte 1864–67 Komposition bei St. Moniuszko am Musikinstitut in Warschau und 1872–74 bei Fr. Kiel in Berlin. 1876–81 leitete er den Gesangverein Bodan in Konstanz, 1881–1902 die Warschauer Musikgesellschaft, 1905–08 die Warschauer Philharmonie und seit 1907 die Warschauer Oper. Außerdem war er von 1888 bis zu seinem Tod Kompositionslehrer am Warschauer Konservatorium. N. gilt als der bedeutendste Symphoniker des 19. Jh. in Polen. Er schrieb als erster polnischer Komponist symphonische Dichtungen (*Step,* 1897). Auch als Pädagoge genoß er einen hervorragenden Ruf. Zu seinen Schülern gehörten K. Szymanowski, L. Różycki und M. Karlowicz.

WW: Klv.-Stücke; 3 Streichquartette; Klv.-Quartett d-moll. – Für Orch.: Konzertouvertüre *Morskie oko* (Meeresauge) (1875); 3 Symphonien (1875, 1880, 1903); symphonische Dichtung *Step* (Die Steppe) (1897). – Opern: *Livia Quintilla,* UA: Lemberg 1898; *Wyrok* (Das Urteil), UA: Warschau 1906; *Zemsta* (Die Rache), UA: ebd. 1926; Ballett *Święto ognia* (Das Fest des Feuers), UA: ebd. 1902.

Lit.: A. Sutkowski, Z. N. (Krakau 1957); W. Wroński, Z. N. (ebd. 1960); A. Kaczmarek, Nieznany utwór Z. N.ego (Ein unbekanntes Werk v. Z. N.), in: Muzyka 13 (1967).

NOTATION ↗Notenschrift.

NOTE GEGEN NOTE ↗Homophonie, ↗Kontrapunkt.

NOTEN (von lat. nota = Zeichen; engl. und frz.: note; it. und span.: nota), Bz. für Zeichen zur graphischen Wiedergabe von Tönen, wobei die Tonhöhe durch ihre jeweilige Lage im ↗Liniensystem und der Wert durch ihre Form bestimmt wird. Die obenstehende Tabelle zeigt, wie die N. und Pausen der „modernen" Notenschrift aus den Zeichen der Mensuralnotation (↗Notenschrift) hervorgegangen sind und wie sich der N.-Bestand in Richtung auf die kleineren Werte erweitert hat.

Mensuralnotation des 15. Jh.		Heutige Notation	
Note	Pause	Note	Pause
Maxima			
Longa			
Brevis		oder Doppelganze	
Semibrevis		Ganze	
Minima		Halbe	
Semiminima		Viertel	
Fusa		Achtel	
Semifusa		Sechzehntel	
		Zweiunddreißigstel	
		Vierundsechzigstel	

Die dargestellten Werte können durch Beifügung eines ↗Punktes um die Hälfte, durch 2 Punkte nacheinander um ¾ ihres Wertes verlängert werden, jedoch seit der 1. Hälfte des 19. Jh. nicht über den Taktstrich hinaus. In diesem Falle werden die Notenwerte durch Haltebögen (↗Bogen 1) verbunden. Die einzelnen Teile einer Note heißen Notenkopf, Notenhals und Notenfahne (-fähnchen). Der Notenhals hatte in den älteren Notenschriften als ↗Cauda eine bestimmende Funktion, vor allem bei den verschiedenen Typen der ↗Ligatur. Bei

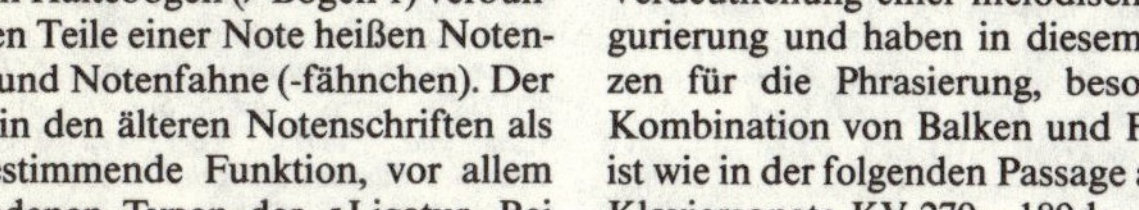

Einzelnoten war er bis zum Ende des 15. Jh. in der Regel nach oben gerichtet; erst durch die normierende Kraft des ↗Notendrucks entstand die Gewohnheit, N. auf und oberhalb der 3. Notenlinie nach unten zu „halsen" und umgekehrt. Neben den Notenfahnen – die bis zum 17. Jh. gleichermaßen für Einzelnoten wie für N.-Gruppen verwendet wurden – kamen mit dem Aufblühen des Notenstichs die Notenbalken in Gebrauch. In der Instrumentalmusik werden seitdem Achtel- und kleinere Notenwerte gruppenweise „gebalkt", etwa im ¼-Takt meist bis zur Länge einer halben Note, und in der Regel nicht über den Taktstrich hinweg; jedoch variiert die Balkensetzung stark. Einige Beispiele:

Balken dienen gelegentlich auch der graphischen Verdeutlichung einer melodisch-rhythmischen Figurierung und haben in diesem Fall Konsequenzen für die Phrasierung, besonders wenn eine Kombination von Balken und Fähnchen gegeben ist wie in der folgenden Passage aus W. A. Mozarts Klaviersonate KV 279 = 189d:

Ähnlich wie für die Einzelnoten haben sich im Laufe der letzten Jahrhunderte für den Notenstich detaillierte (wenn auch nicht einheitliche) Orthographie-Regeln hinsichtlich der jeweiligen Richtung der Hälse in gebalkten Notengruppen entwikkelt:

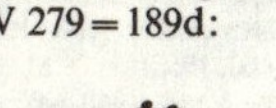

In der Vokalmusik richtet sich seit der Einführung der Notenbalken deren Setzung und die von Notenfahnen nach dem zugeordneten Text: Balken bei melismatischer, Fähnchen bei syllabischer Textierung, z. B. (aus der h-moll-Messe von J. S. Bach):

In der Gegenwart findet man seit einiger Zeit zunehmend eine weitgehende Balkensetzung auch bei syllabischer Textierung, z. B. (aus den *Jedermann-Monologen* von Fr. Martin):

NOTENDRUCK. Mit der Erfindung des Buchdrucks mittels beweglicher Lettern lag der Gedanke nahe, auch Noten – die bisher in Klöstern von Hand geschrieben wurden – durch Drucke zu vervielfältigen. Die Schwierigkeit bestand darin, Noten und Linien zu ganzen Seiten zusammenzusetzen. Einen Fortschritt erzielte man, indem die Notenzeichen gedruckt, die Linien aber von Hand eingezogen wurden. Der Holztafeldruck – in Lindenholz geschnittene Notenbeispiele – fand bei musiktheoretischen Büchern Anwendung. Ulrich Han druckte 1476 in Rom als erster ein Meßbuch mit Linien, Noten und Texten. Jörg Reyser, zum Druck des „Würzburger Missale" 1479 von Rom nach Würzburg berufen, führte diesen verbesserten Notendruck in Deutschland ein (Bsp. 1). Der

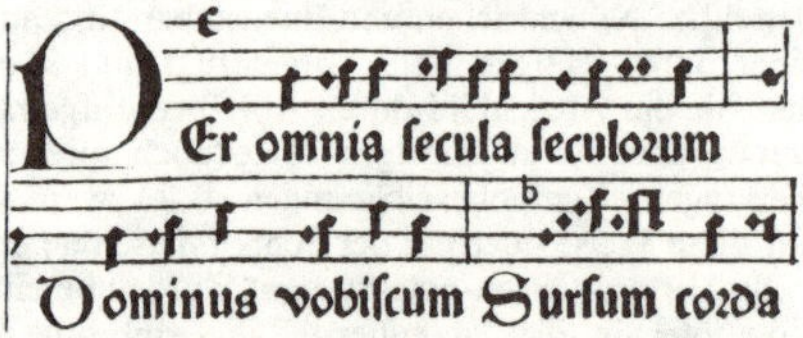

Bsp. 1: *Missale Herbipolense* (Würzburg 1481)

Italiener O. Petrucci entwickelte das Setzen von Musiknoten weiter (Bsp. 2). Bei allen Frühdrucken mußten Notenlinien, Notenzeichen und Texte jeweils separat gedruckt werden. Dieses zeitraubende Verfahren brachte 1525 den Kupferstecher Pierre Haultin aus Paris auf den Gedanken, Notenköpfe und Linien in einem Stück herzustellen. Mit diesen Typen wurden Zeilen und Seiten zusammengesetzt und im Buchdruck vervielfältigt

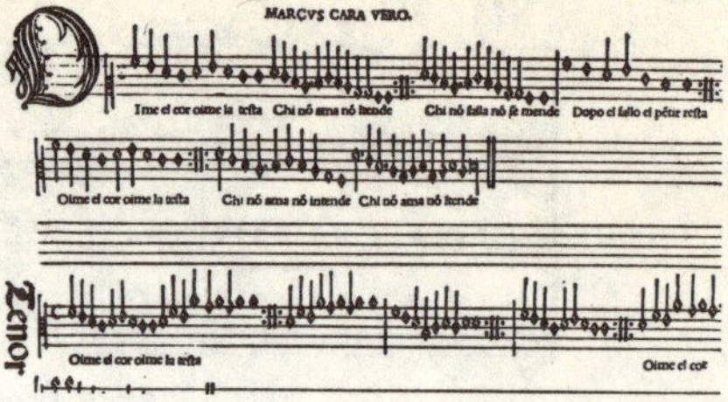

Bsp. 2: Frottoledruck von O. Petrucci, V 1504

(Bsp. 3). Die Weiterentwicklung mehrstimmiger Musik machte den Druck mit Einzeltypen immer schwieriger, und bereits Ende des 16. Jh. hat der Venezianer S. Verovio Noten in Kupferplatten gestochen (Bsp. 4). Einen bedeutenden Fortschritt erfuhr der Notenstich durch die Engländer J. Cluer, R. Mearer und J. Walsh 1720 in London. Sie verwendeten eine Weichbleilegierung, die

Bsp. 3: Druck mit Einzeltypen 1585

leichter zu bearbeiten war. Walsh hatte 1730 die Idee, alle Notenzeichen mit harten Stahlstempeln in die (mit Linien versehenen) weichen Platten einzuschlagen. Für die eigentliche Sticharbeit blieb nur noch das Hinzufügen der Notenhälse, Hilfslinien, Balken und Bogen übrig (Bsp. 5). Mitte des 18. Jh. wurde die Technik des Notensatzes durch J. G. I. Breitkopf nochmals aufgegriffen und weiterentwickelt. Breitkopf zerlegte die Typen in etwa 400 Einzelteile und erreichte damit ein einheitlicheres und schöneres Notenbild (Bsp. 6). Durch

Bsp. 4: Notenstich, J. G. Walther, *Musicalisches Lexicon* (L 1732)

Bsp. 5: Notenstich um 1795

weiter verbesserte Stahlstempel setzte sich jedoch der Notenstich immer stärker durch.
Bis in unsere Zeit hat sich die Arbeitsweise des Notenstechers nicht grundlegend geändert, nur die Werkzeuge wurden den heutigen Qualitätsansprüchen angepaßt. Für jede Druckseite wird eine Weichbleiplatte von 1,1 mm Stärke verwendet. Sämtliche Arbeiten auf der Stichplatte werden seitenverkehrt ausgeführt, also von rechts nach links. Die 5 Notenlinien werden mit einem 5zähnigen Ziehgerät, dem Rastral, an einem Stahllineal in die Bleiplatte eingezogen. Anschließend überträgt der

Bsp. 6: Notensatz

Notenstecher vom Manuskript das Notenbild handschriftlich mit einer Zeichennadel auf die vorgerichtete Stichplatte. Mit Stahlstempeln werden Notenschlüssel, Vorzeichen, Notenköpfe und mit Einzelbuchstaben auch Worte in die Stichplatte eingeschlagen. Anschließend erfolgt aus freier Hand die Gravierarbeit (Notenhälse, Hilfslinien, Balken, Bogen). Zum Schluß säubert man mit einem Dreikantschaber die Platte. Das Ergebnis ist eine „gestochen" scharfe Wiedergabe (Bsp. 7).

Auf der Andruckpresse wird von der Stichplatte ein Negativabzug und davon durch Filmkontakt der Positivfilm hergestellt. Der Auflagendruck der gestochenen und geschlagenen Originalplatten wurde bis ins 19. Jh. auf Kupferdruckhandpressen abgezogen. Später verwendete man auch den von A. Senefelder erfundenen Steindruck (Lithographie) zum Vervielfältigen von Noten. Ende des 19. Jh. wurde der Rotationsdruck auf Zinkblech üblich, und heute ist für den N. der Offsetdruck das modernste Herstellungsverfahren.
Die Reproduktionskamera eröffnete unter dem Sammelbegriff „Notengraphik" neue Wege, Noten auf Papier zu bringen, Filme anzufertigen und dann zu drucken. Damit scheint der Notenstich an Bedeutung zu verlieren. Hauptsächlich kommen folgende Verfahren zur Anwendung: Mit dem „Stempelverfahren" besteht die Möglichkeit, in vorgezogene Notenlinien alle unveränderlichen Zeichen von Hand mit eingefärbten Metallstempeln auf Papier einzudrücken. Alle übrigen Zeichen werden handschriftlich eingetragen. Im „Notaset-Verfahren" werden Notenlinien auf Papier eingezogen, eventuell das Notenbild vorskizziert. Sämtliche Notenzeichen und Buchstaben sind auf einer durchsichtigen Folie vorgefertigt und können wie ein Abziehbild durch Abreiben aufgetragen werden. Die zugehörigen Texte (auch Spielanweisungen, Tempobezeichnungen u.ä.) werden auf diese Weise oder mit der Schreibmaschine erstellt. Mit dem „Scan-note-System" wurden bereits Computer in die Notenherstellung einbezogen. Auf einer Klaviatur wird Note für Note eingespielt

Bsp. 7: Notenstich 1981

und elektronisch gespeichert. Mit einer Tastatur ist außerdem noch die Texteingabe möglich. Ein Computer läßt sich mit diesen eingegebenen Werten so steuern, daß er die Informationen in ein Notenbild umsetzt und auf Papier ausschreibt. Der Vielzahl der musikalischen Zeichen wegen können jedoch – noch – nicht alle Informationen auf diese Weise erfaßt werden, so daß manuelle Einfügungen unerläßlich sind.
Die im Zusammenhang mit dem Notenstich im Laufe der Zeit entwickelten Regeln führten zu einer regelrechten Orthographie. Deren Normen sind jedoch für die neuen Notationsweisen des 20. Jh. (↗Notenschrift) kaum noch von Bedeutung.

Lit.: P. S. FOURNIER LE JEUNE, Traité historique et critique sur l'origine et le progrès de caractères de fonte pour l'impression de la musique ... (P 1765–66, Nachdr. G 1972); J. G. MEUSEL, Beytrag z. Litterargesch. der ersten Drukke mit musikal. Noten, in: Hist.-litterarisch-bibliogr. Magazin 2, hrsg. v. dems. (Z 1790); F. CHRYSANDER, Abriß einer Gesch. des Musikdrucks vom 15. bis zum 19. Jh., in: AmZ 14 (1879); H. RIEMANN, U. Hahn, der Erfinder des Notentypendruckes, in: Musikal. Wochenblatt 32 (1901); R. STEELE, The Earliest Engl. Music Printing (Lo 1903, Nachdr. 1965) (= Illustrated Monographs Issued by the Bibliographical Soc. 40); R. MOLITOR, Der Werdegang der Musiknoten (L 1928); K. MEYER – E. J. O'MEARA, The Printing of Music 1473–1934, in: The Dolphin 2 (1935); K. HADER, Aus der Werkstatt eines Notenstechers (W 1954); L. A. HILLER – R. A. BAKER, Automated Music Printing, in: JMTh 9 (1965); H. SCHAEFER, Die Notendrucker u. Musikverleger in Frankfurt v. 1630 bis um 1720, 2 Bde. (Kas 1975).

O. RÜGER

NOTENFAHNE ↗Noten.

NOTENHALS ↗Noten.

NOTENKOPF ↗Noten.

NOTENSCHLÜSSEL, auch einfach **Schlüssel** (engl. und frz.: clef; it.: chiave; span.: clave; alle von lat. clavis = Schlüssel abgeleitet), Zeichen, das am Anfang des ↗Liniensystems auf einer der 5 Linien steht und die Höhe der Noten in diesem System anzeigt. Seit es eine abendländische ↗Notenschrift gibt, sind drei N. in Gebrauch, die heute so aussehen:  = G-Schlüssel (g^1 anzeigend),  = C-Schlüssel (c^1 anzeigend),  = F-Schlüssel (f anzeigend). Sie sind aus den entsprechenden Tonbuchstaben entstanden (↗G, ↗C, ↗F), die man also als früheste Form der N. bezeichnen kann.

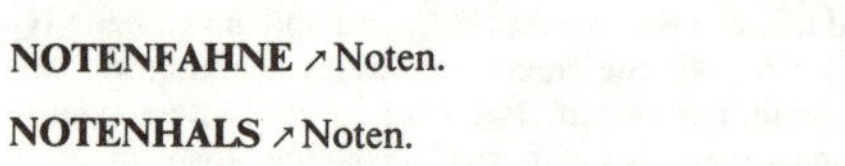

In der (römischen) Choralnotation (Quadratnotation) ist bis heute die ursprüngliche Form des C-Schlüssels in Gebrauch; für den F-Schlüssel gibt es hier eine Sonderform, die aus der Verbindung von C-Schlüssel und gestielter Quadratnote besteht. Im Notendruck des 16.–17. Jh. wurde daraus unter Verwendung der Notentypen Longa und Semibrevis ein ähnliches Zeichen: 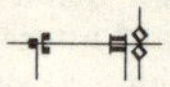

Im Prinzip können alle N. auf verschiedene Linien gesetzt werden. Es zeigt sich jedoch in der Geschichte der Notenschrift für die einzelnen N. ein unterschiedlicher Sachverhalt.
1. Der G-Schlüssel kam am spätesten in festen Gebrauch (17. Jh.) und steht seitdem fast ausschließlich auf der 2. Linie. Er heißt Violinschlüssel, wohl weil er seit dem 17. Jh. zunächst nur für die Notierung von Violinstimmen (aber auch der Stimmen von nahezu allen Instrumenten der Diskantlage) üblich war. In Frankreich, und nur dort, wurde er auf die 1. Linie gesetzt (sog. französischer Violinschlüssel). Die Entwicklung der Notenschrift ging dahin, daß heute der Violinschlüssel (auf der 2. Linie) nicht nur für alle Instrumente der Diskantlage, sondern auch für die Singstimmen der Sopran-, Alt- und Tenorlage verwendet wird. Für den Tenor gibt es den oktavierenden Violinschlüssel, der anzeigt, daß die Stimme eine Oktave tiefer gesungen wird als notiert. 

2. Der C-Schlüssel ist heute nur noch in der Notierung für bestimmte Instrumente üblich: auf der 3. Linie für die Bratsche (daher auch die Bezeichnung Bratschenschlüssel) und die Altposaune, auf der 4. Linie für die Tenorposaune und für die hohen Töne (soweit nicht ein Violinschlüssel zweckmäßiger ist) beim Violoncello und Fagott. Bis zum Ende des 18. Jh. waren die C-Schlüssel in unterschiedlicher Position den verschiedenen Stimmen im Vokalsatz fest zugeordnet. Seit etwa 1500 existierte eine Art Normalschlüsselung (Chiavi naturali; abweichende Schlüsselung hieß ↗Chiavette). Sie markierte mit der jeweils unteren und oberen Notenlinie zugleich den natürlichen Umfang (↗Ambitus) der einzelnen Stimme, wie er damals gegeben war.

Aufgrund dieser Zuordnung spricht man im einzelnen auch von Sopran- (bzw. Diskant-), Alt- und Tenorschlüssel. Diese wurden zur Notation chorischer und solistischer Vokalpartien generell bis um 1900 verwendet (sog. alte Schlüssel). Die Vertrautheit mit ihnen gehört daher zum Rüstzeug jedes Dirigenten und Musikhistorikers.

3. Der F-Schlüssel wurde in der mehrstimmigen Musik mit der Entstehung der ↗Baß-Stimme üblich, und zwar meist auf der 4. Linie (daher die Bezeichnung Baßschlüssel), sehr viel seltener auf der 3. Linie (sog. Baritonschlüssel) oder auf der 5. Linie (sog. Subbaßschlüssel).

NOTENSCHRIFT, Notation. Unter N. im Sinne von musikalischer Notation versteht man die Gesamtheit der Zeichensysteme, die der visuellen Darstellung und Fixierung musikalischer Phänomene dienen. Die Kunde und Wissenschaft von den älteren N.en wird auch als musikalische Paläographie bezeichnet.

Musik, die schriftlich erfaßt ist, kann Zeit und Raum überbrücken, sie kann aufbewahrt und reproduziert, vervielfältigt und verbreitet werden. Musikalische Notation ermöglicht das Anhalten oder Rückverfolgen eines musikalischen Verlaufs beim Schaffensvorgang und erlaubt dadurch die sukzessive Erfindung und Zusammensetzung (compositio) einer komplexen Struktur; sie verschafft aber auch dem Rezipienten die Möglichkeit des Überblicks oder des Eindringens in einen realiter rasch verklingenden Ablauf. Das Vermögen, Musik zu fixieren, schafft somit erst die Voraussetzungen für die „Komposition" sowie für deren „Reproduktion".

Eine N. kann ihrer Intention entsprechend vorhandenes Musikgut aufzeichnen, gleichsam „nach-schreiben" (Resultatschrift) oder neu erfundenes festhalten und anderen „vor-schreiben" (Konzeptionsschrift). Die Umsetzung akustischer Phänomene in visuelle Signale kann auf verschiedene Weise erfolgen. Man unterscheidet in bezug auf das Schriftsystem Notationen mit phonischen und mit graphischen Zeichen. Zu den ersteren gehören die Tonschriften, die die Ordnungssysteme von Silben, Buchstaben oder Ziffern verwenden; sie sind äußerlich der Sprachschrift vergleichbar. Die graphische Notation versucht, die musikalischen Parameter (Tonhöhe, Tondauer, Lautstärke und – soweit möglich – Klangfarbe) in verschiedenem Grade von Genauigkeit durch ein analoges System von Zeichen wiederzugeben. Auf die dabei in der abendländischen Musik verwendeten charakteristischen ↗Noten-Zeichen geht der spezielle Begriff der „Notenschrift" zurück.

Neben der analogen Darstellung von Musik durch besondere Zeichensysteme kennt die Notationsgeschichte auch das Verfahren, die Handhabung der Instrumente für die schriftliche Fixierung heranzuziehen, indem statt der Angabe des intendierten Klangphänomens entsprechende spieltechnische Anweisungen erteilt werden; statt des Ziels wird also der Weg beschrieben, der dorthin führt. Nach diesem Prinzip sind die Griffschriften oder ↗Tabulaturen angelegt; auch die heutige N. enthält vereinzelt Elemente einer solchen „Aktionsschrift".

Eine N. kann ein musikalisches Werk niemals in all seinen Parametern voll erfassen. Es bleiben auch bei noch so ausführlicher Fixierung stets Fragen offen, die durch Konventionen der musikalischen Praxis geregelt werden müssen. Je geringer der Informationsgehalt eines Notentextes, desto größer ist bei seiner klanglichen Realisierung der Anteil der ↗Aufführungspraxis. Das Spannungsverhältnis zwischen diesen polaren Bereichen bestimmt die Geschichte der musikalischen Notation von der Antike bis in unsere Gegenwart. E. PLATEN

Die Notenschrift der griechischen Antike. Versuche, Gesang- und Spielanweisungen, Vortragsbezeichnungen oder Wiederholungszeichen in einer Art N. festzuhalten, sind bereits aus einigen antiken Quellen (Ägypten) bekannt. Die griechische N., eine Buchstabentonschrift, ist im Unterschied dazu die erste systematisch und voll entwickelte N. der Antike. Sie taucht im Zusammenhang mit der Musiktheorie auf und wird in eine ältere (wahrscheinlich als Griffschrift gedachte) Instrumental- und eine jüngere Vokal-N. untergliedert. Die Instrumental-N. beruht auf 3 Gruppen von Zeichen, die als Normalbuchstaben, als seitlich und spiegelbildlich gedrehte Buchstaben und Zeichen (die z.T. wohl phönikischen Ursprungs sind) notiert werden:

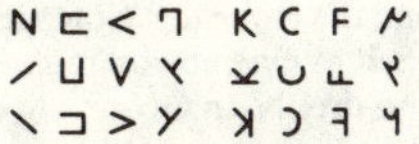

Die jeweils untereinander stehenden 3 Zeichen entsprechen einem enharmonischen ↗Pyknon. In dieser N. aufgezeichnet ist u.a. die 2. der beiden aus dem 2. Jh. v. Chr. erhaltenen Delphischen Hymnen (↗Griechenland).

Der griechischen Vokal-N. liegt ein ähnliches Prinzip zugrunde wie der Instrumental-Notenschrift. Als Zeichen dienen die Buchstaben des ionischen Alphabets, die der Reihe nach von A bis Ω so gruppiert werden, daß jeweils 3 Buchstaben der Reihe nach untereinanderstehen. Die Buchstaben der obersten Reihe repräsentieren dann die Töne der diatonischen Grundskala f¹ – f, die jeweils darunter stehenden Buchstaben der 2. und 3. Reihe die erhöhten Töne innerhalb eines Pyknons: z.B. A den Grundton f, B den einfach erhöhten chromatischen Ton fis und Γ die doppelt erhöhte enharmonische Stufe (↗Systema teleion). Erst bei der Erweiterung dieser Grundoktave nach oben und unten werden die Grundzeichen in gedrehter und sonst abgewandelter Form verwendet.

In dieser N. ist z.B. das Grablied des Seikilos aufgezeichnet (↗Griechenland).

Die Notenschrift des Byzantinischen Gesangs. Entsprechend der Einteilung der byzantinischen Kirchenmusik in die beiden Grundformen des liturgischen Rezitativs und des reinen Gesangs sind 2 Arten der N. zu unterscheiden: die Lektionsschrift und die Gesangschrift. Die Lektionsschrift, im modernen Schrifttum ekphonetische Notation genannt, dient der feierlichen Lesung der Perikopen aus dem *Euangelion,* dem *Apostolos* und dem *Prophetologion.* Sie hat sich vermutlich im 5. oder 6. Jh. aus dem alexandrinischen Akzentuationssystem entwickelt und ist in zahlreichen Handschriften überliefert, die aus der Zeit zwischen dem 9. und dem 15. Jh. stammen. Die älteste datierte Quelle ist das *Tetraevangelium Uspenskianum* (= Codex Petropolitanus gr. 219) aus dem Jahre 835. Die ekphonetischen Zeichen deuten verschiedene Lektionsformeln an, die im Codex Sinai 8 in „Chartres-Neumen" transkribiert sind und sich teilweise entschlüsseln lassen.

Die Gesangschrift in ↗Neumen dient der Aufzeichnung der Melodien. Sie stammt wahrscheinlich von der ekphonetischen Notation ab und hat bis zum 19. Jh. eine bestimmte Entwicklung durchlaufen. Es lassen sich 4 Perioden unterscheiden:

a) In der *ältesten Periode* (von den Anfängen bis zum ausgehenden 12. Jh.) bestehen mehrere Notationssysteme nebeneinander. Anzuführen sind zunächst die sog. Chartres- und die Coislin-Notation (so genannt nach dem Chartres-Fragment Nr. 1754 und nach dem Codex Paris, Coislin 220).

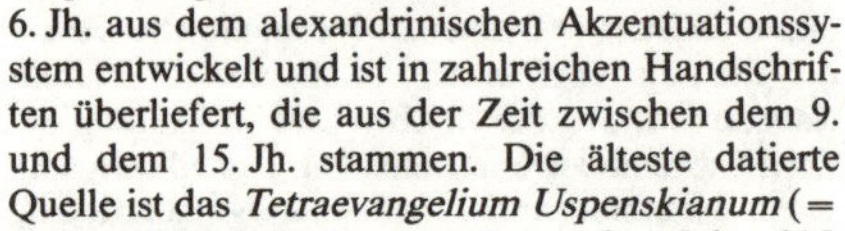

Ausschnitt aus dem Chartres-Fragment

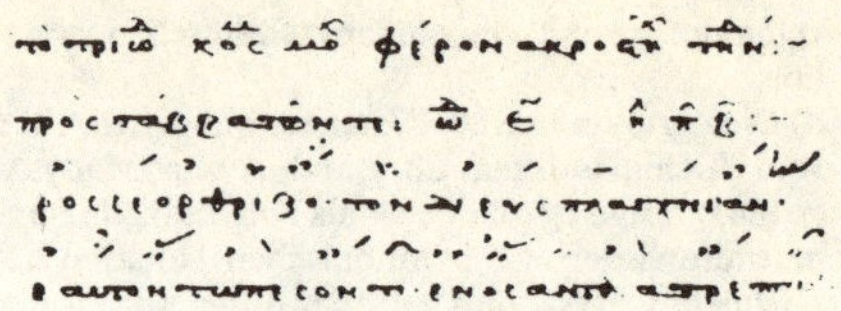

Ausschnitt aus dem Codex Paris

Beide sind adiastematisch (d.h., sie fixieren die Intervalle nicht genau), und beide verwenden auch stenographische Symbole, die zwei- und mehrtönige Figuren aufzeichnen. Sie unterscheiden sich jedoch in der Gestalt des Isons (des Zeichens für die Tonwiederholung), in dem Bestand an „großen Zeichen" und in der Anzahl der gebräuchlichen Buchstabenneumen. Die sog. Chartres-Notation durchlief vier Entwicklungsstadien, die Coislin-Notation sechs. Ein drittes System bildet in dieser Periode die Notation des paläobyzantinischen Asmatikon bzw. ihr paläoslawisches Analogon, die Kondakarien-Notation, die in 6 russischen Hss. des 11.–13. Jh. tradiert ist.

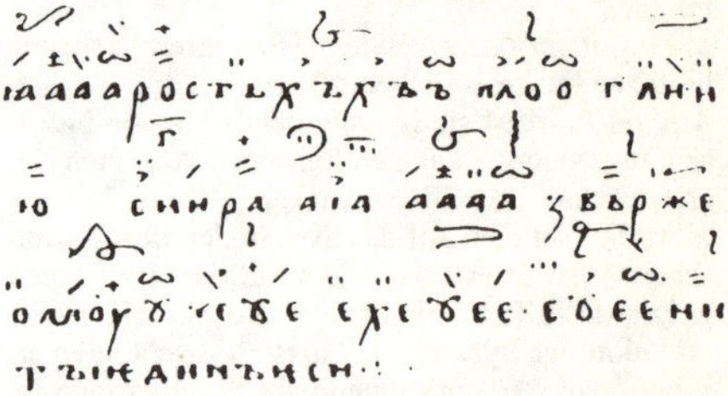

Das auffälligste Merkmal dieser Notation ist die Anordnung der Zeichen in 2 Reihen (die großen Zeichen oben, die kleinen unten).

b) Die *sog. mittelbyzantinische Notation* (etwa 1150–1400), aus der Coislin-Notation hervorgegangen, ist eindeutig lesbar. Die eintönigen Zeichen haben jetzt eine präzise diastematische Bedeutung. Überdies werden die stenographischen Symbole in Gruppen eintöniger Zeichen aufgelöst. Mehrere stenographische Symbole bleiben weiterhin in Gebrauch; sie sind aber jetzt „Aphona" (stimmlos) und fungieren als große „Hypostasen" (Unterlagen), d.h., sie stehen teils über und teils unter den kleinen Zeichen.

c) Für die *spät- und nachbyzantinische Notation* (1400–1818) ist es dann charakteristisch, daß sie die diastematischen Errungenschaften der mittelbyzantinischen Notation beibehält, aber über eine größere Anzahl großer „Hypostasen" verfügt. Das verbindet sie mit der paläobyzantinischen Notation.

d) Die *chrysanthinische Notation* schließlich, 1818 vom Archimandriten Chrysanthos von Madytos († 1843) festgelegt, läßt sich als eine radikale Simplifizierung der nachbyzantinischen Notation bezeichnen. Chrysanthos reduzierte die Anzahl der nachbyzantinischen Intervallzeichen und der großen „Hypostasen". Zugleich führte er neue, sehr differenzierende rhythmische Zeichen ein, die der Mensurierung der Gesänge dienen. Die chrysanthinische Notation findet bis heute in der griechischen Kirche und in den sonstigen orthodoxen Kirchen des Balkans Verwendung. C. FLOROS

Die Notenschrift des Gregorianischen Gesangs (man spricht hier auch von der – lateinischen – Choralnotation im weitesten Sinn). Ihre Entwicklung vollzog sich im wesentlichen in drei Perioden. Die erste und zweite Periode wird von den lateinischen Neumen (a) gebildet (zur Terminologie: ↗Neumen), die dritte von der Choralnotation im engeren Sinn, d. h. in erster Linie von der Quadratnotation (b). Einen Sonderfall der Choralnotation bilden die mittelalterlichen Buchstaben-Tonschriften (c).

a) *Die lateinischen Neumen.* Über ihren Ursprung bestehen im wesentlichen 4 Theorien, die verschieden gut fundiert sind. Nach der 1. Theorie haben sich die Neumen aus den tonischen Akzenten der griechischen Schrift entwickelt; die 2. Theorie führt die Neumen auf das System der alexandrinischen Prosodien zurück, die 3. auf die hebräischen Lektionsschriften, die 4. auf die ekphonetische Notation der Byzantiner. Jüngste Forschungen ergaben, daß der Zusammenhang zwischen den lateinischen und den altbyzantinischen Neumen tatsächlich überaus eng ist.

Auch die Frage nach dem Alter der lateinischen Neumen ist umstritten. Während einige Forscher sie für eine „Erfindung" des 9. Jh. halten, vertreten andere die Ansicht, sie hätten bereits zur Zeit Papst Gregors I. des Großen (590–604) oder sogar schon in der Spätantike existiert. Nach neuesten Forschungen stammen die ältesten durchgehend neumierten lateinischen Gesangbücher aus dem Anfang des 10. Jh.; entsprechende Handschriften des 9. Jh. sind nicht erhalten; dafür finden sich jedoch in recht vielen Codices vereinzelte neumierte Aufzeichnungen.

Die Überlieferung des Gregorianischen Gesanges ist im ganzen Verbreitungsgebiet der sog. neurömischen Liturgie als einheitlich und universal anzusehen; d. h., die erhaltenen Neumen-Denkmäler aus Italien, Frankreich, England, Deutschland, Österreich und aus der Schweiz tradieren, von Varianten abgesehen, im wesentlichen die gleichen Melodien. Demgegenüber ist die Neumenschrift, die zur Aufzeichnung der Gesänge verwendet wurde, nicht überall genau die gleiche; sie differiert von Land zu Land, von Region zu Region, ja oft von Ort zu Ort. Die lateinische Choralnotation ist also seit dem beginnenden 9. Jh. über West- und Zentraleuropa in einer ganzen Reihe von „Regionalschriften" verbreitet, von denen die meisten dieselben Melodien aufzeichnen, deren jede jedoch charakteristische Eigenheiten aufweist. Die wichtigsten dieser „Regionalschriften" sind die deutsch-alemannischen, die paläofränkischen, die bretonischen, die aquitanischen (südfranzösischen), die lothringischen („Metzer"), die zentralfranzösischen, die englischen, die spanischen und die italienischen Neumen.

Die beiden Perioden der lateinischen Neumenschrift sind zum einen die Zeit der linienlosen Neumen (800–1050) und zum anderen die Zeit (1050–1200), in der die Neumen in der Regel (mit Ausnahme bestimmter Gegenden) auf Linien geschrieben und damit eindeutig lesbar sind. Die 3. Epoche (seit 1200) ist die Periode der Quadratnotation und der gotischen Notation. Diese Notationen sind alle aus den liniierten Aufzeichnungen der 2. Epoche hervorgegangen.

In der 1. Periode existieren adiastematische und diastematische (↗Diastema) Neumen nebeneinander, die sich voneinander vor allem in der räumlichen Anordnung der Zeichen und im Umfang des Zeichenbestandes unterscheiden. Die adiastematischen Neumen sind intervallmäßig mehrdeutig, die diastematischen Neumen bezeichnen hingegen – freilich nur wenn die Diastematie stark ausgeprägt ist – die Intervalle genau oder ziemlich genau. Von den adiastematischen Neumenschriften (u. a. die alemannisch-deutschen, die zentralfranzösischen, die englischen und die mozarabischen Neumen sowie die Neumen aus Bologna und Novalesa) läßt sich sagen, daß sie den Duktus der Melodie angeben und vielfach über Zeichen verfügen, die den Rhythmus, die Ornamentik und den Vor-

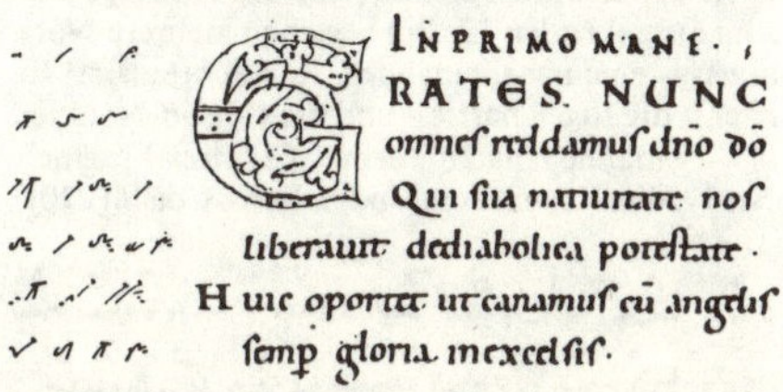

Beginn einer Sequenz in adiastematischen Neumen (12./13. Jh.)

trag regeln. Was sie nicht genau bezeichnen, sind die Tonhöhen. Insofern erfüllten die adiastematischen Neumenschriften in erster Linie eine gedächtnisstützende Funktion. Sie halfen den Sängern, die zum Teil sehr komplizierten Melodien, die sie auswendig kannten und täglich übten, vorzutragen. Die adiastematischen Neumen sind im Gegensatz zu den diastematischen horizontal angeordnet, d.h., die einfachen und die zusammengesetzten Zeichen werden nebeneinander etwa auf einer und derselben Höhe geschrieben, ohne daß der Versuch unternommen worden wäre, durch Notierung der Neumen höher oder tiefer einen anschaulichen Eindruck vom Steigen oder Fallen der Melodie zu vermitteln.

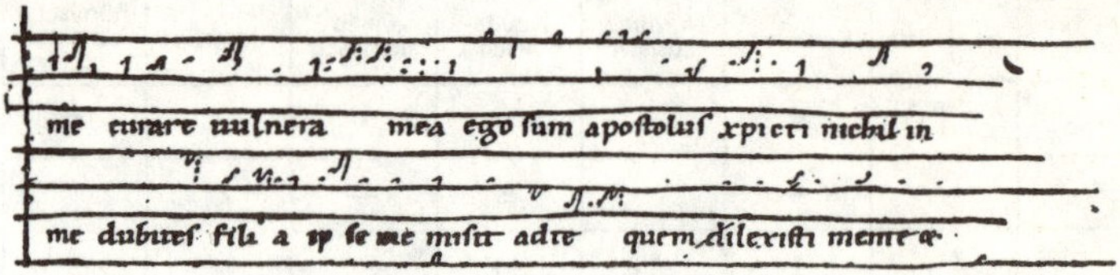

Ausschnitt aus einem Antiphonar des 13. Jh. in diastematischen Neumen mit Linien

Die diastematischen Neumenschriften suchen dagegen, durch entsprechende zickzackähnliche Anordnung der Zeichen auf der Schreibfläche die einzelnen Tonorte andeutend, annähernd oder exakt zu fixieren und die Intervallverhältnisse auf diese Weise anschaulich zu machen. Eine „primitive" Diastematik lassen die paläofränkischen, die lothringischen, die bretonischen und die nonantolanischen Neumierungen des 10. und beginnenden 11. Jh. erkennen. Eine konsequent entwickelte, exakte Diastematie begegnet erst im 11./12. Jh. in den jüngeren aquitanischen und süditalienisch-beneventanischen Handschriften.

Die lateinischen Neumen lassen sich in Übereinstimmung mit den Angaben mittelalterlicher Theoretiker in 5 Klassen einteilen: 1. die Neumae simplices; 2. die Neumae compositae; 3. die Zierneumen; 4. die Notae semivocales oder Voces liquescentes; 5. die Litterae significativae (vgl. die Tabelle auf Seite 62). – 1) Unter *Neumae simplices* (einfache Neumen) sind die graphisch nicht weiter zerlegbaren Zeichen zu verstehen. Es handelt sich vor allem um Virga (Stab), Punctum (Stich), Tractulus (Virga jacens = liegende Virga) und Apostropha (von griech. apostrophos = abgewandt). – 2) Die *Neumae compositae* (zusammengesetzte Neumen) entstehen aus den einfachen und sind in Konjunkturen und Ligaturen zu scheiden, je nachdem, ob ihre Bestandteile voneinander getrennt notiert oder in einem Zuge geschrieben werden. Die Konjunkturen entstehen durch Verdoppelung oder Verdreifachung der „Grund-Neumen" Virga, Punctum und Apostropha oder durch verschiedene Konstellationen ungleichartiger Grundzeichen. Bivirga, Trivirga, Distropha und Tristropha sind Mittel zur Bezeichnung einer Verlängerung der Tondauer. 2tönig sind Pes (= Fuß) und Flexa (= die Gebogene), 3tönig Scandicus (= der Aufsteigende), Climacus (von griech. klimax = Leiter), Torculus (der Gewundene) und der Porrectus (von lat. porrigere = wieder aufrichten). – 3) *Zierneumen* sind das Quilisma (von griech. kylindein oder kyliein = wälzen), der Oriscus und mehrere zusammengesetzte Zeichen, die den Oriscus als charakteristische Note aufweisen. – 4) Die *Notae semivocales* (liqueszierende Neumen) bezeichnen ein fließendes Gleiten von einem Ton zum anderen. Die gebräuchlichsten sind Epiphonus, Cephalicus und Ancus. – 5) Die *Litterae significativae* (= bezeichnende Buchstaben) schließlich sind Abbreviaturen bestimmter Wörter, die die melodischen, rhythmischen und vortragstechnischen Angaben der Neumen präzisieren. Am häufigsten sind: a (für altius = höher), c (für cito vel celeriter = eilig oder schnell), e (für equaliter = gleich), i (für iusum vel inferius = tief oder tiefer), l (für levare = heben), m (für mediocriter = mittlere Stufe, ein wenig), s (für sursum = hoch) und t (für trahere vel tenere = ziehen oder halten). C. FLOROS

b) *Die Choralnotation im engeren Sinne, speziell die Quadratnotation.* Mit der Einführung des ↗Liniensystems wurden die bis dahin mehrdeutigen Neumen hinsichtlich der Diastematie eindeutig lesbar. Gleichzeitig entwickelten sich die einzelnen Zeichen in zwei Richtungen, wobei die jeweiligen Bezeichnungen die gleichen blieben (siehe die Ta-

Ausschnitt aus einem Graduale des 14. Jh. in Hufnagelschrift

belle auf S. 62). Es entstand einerseits im Zusammenhang mit der Ausprägung des ↗Germanischen Choraldialekts eine sog. deutsche Choralnotation, wegen ihrer charakteristischen Zeichen auch Hufnagelnotation genannt. Sie entspricht schrifttypologisch der gotischen Minuskel und hat eine eigene, wenngleich eng begrenzte Tradition bis zur Gegenwart.

Andererseits entstand um 1200 die sog. römische Choralnotation, wegen ihrer charakteristischen Zeichen auch Quadratnotation genannt. Sie ist es, auf der unsere abendländische N. beruht. Grundsätzlich sind in ihr von Anfang an die Tonhöhen und deren Relation durch das Liniensystem samt ↗Notenschlüssel exakt festgelegt, wobei das Liniensystem mit seinen Linien und Zwischenräumen dem grundsätzlich diatonischen Tonvorrat des Gregorianischen Gesanges entspricht. Nicht festgelegt ist in der Choralnotation wie in den älteren N.en ein meßbarer Rhythmus. Dies gilt auch für die deutsche Choralnotation. Beide verwenden übrigens als Hilfszeichen am Ende jeder Notenzeile den ↗Custos.

Die Quadratnotation findet sich in der Mehrzahl der erhaltenen Choralhandschriften bis zum 14. Jh. (soweit sie nicht in der Hufnagelschrift notiert sind) und vielfach noch in der folgenden Zeit, auch in Musiktraktaten. Im 16. Jh. schlug sich die

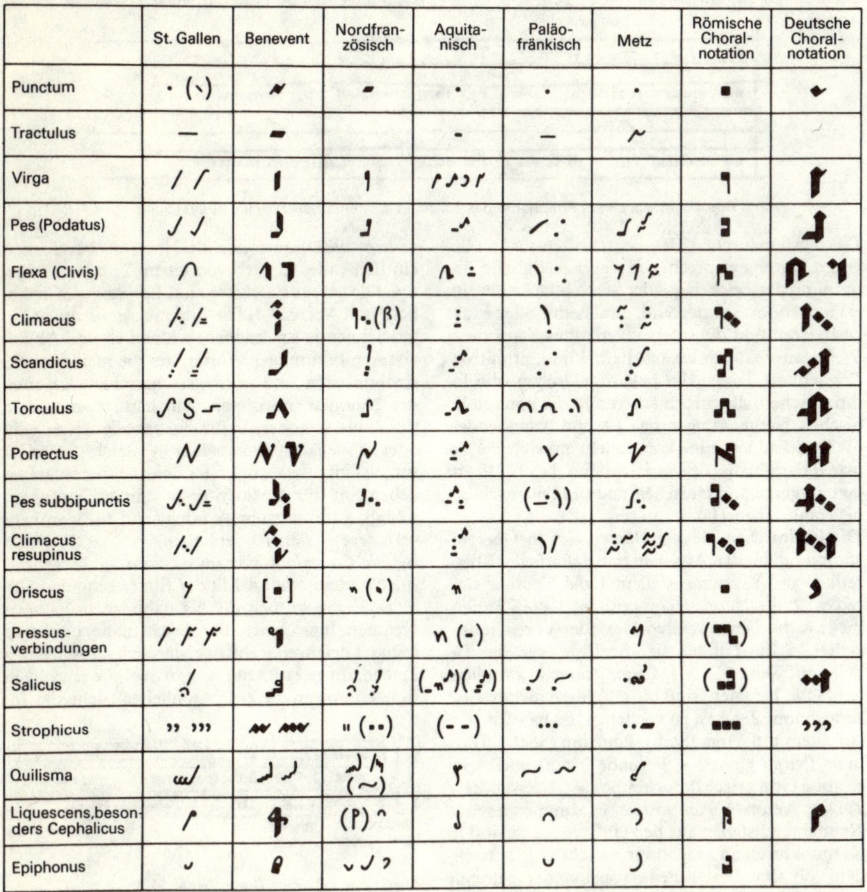

Quelle: Riemann Musiklexikon, Sachteil (B. Schott's Söhne, Mainz 1967)

Ausschnitt aus einem Antiphonar des 15. Jh. in Quadratnotation

durch das Konzil von Trient veranlaßte Reform des Choralgesangs auch in der -notation nieder. Ein repräsentatives Ergebnis dieses Prozesses war die *Editio Medicaea,* die insbesondere den Choralnotendruck (↗Choralausgaben) lange Zeit bestimmte. Erst im 19. Jh. kam es zu einer Rückbesinnung auf die mittelalterlichen Quellen und damit auch auf die Quadratnotation. Dank der *Editio Vaticana* wurde sie und ist bis heute die offizielle N. des Gregorianischen Gesangs, vorbildlich auch für die Notierung der modernen liturgischen Gesänge in der jeweiligen Landessprache.

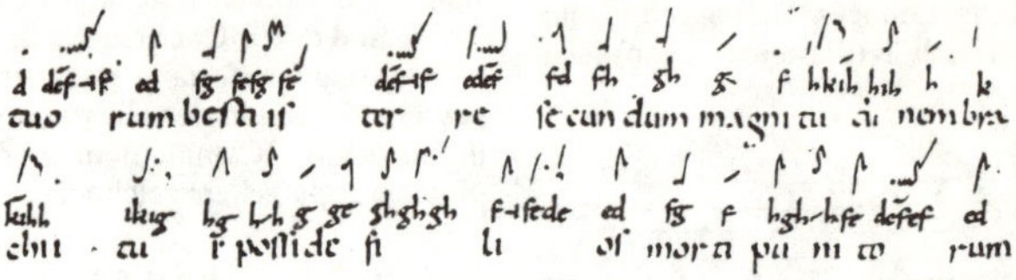

Ausschnitt aus einem Tonar-Graduale des 11. Jh. in Akzentneumen mit Tonbuchstaben

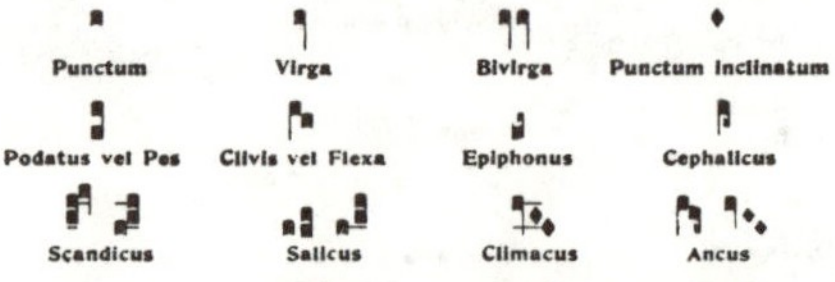

Notentabelle der *Editio Vaticana*

Die *Editio Vaticana* enthält außer den genannten Notenzeichen auch nicht in den mittelalterlichen Quellen belegte Zeichen, die den praktischen Zwecken des Choralvortrags dienen. So gibt es verschiedene Interpunktionszeichen, die die Bedeutung von kürzeren oder längeren Pausen haben:

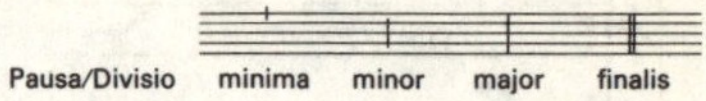

Es gibt ferner Punkte nach einzelnen Noten und kleine waagrechte und senkrechte Striche (Episemata) unter oder über den Noten. Sie hängen zusammen mit der von den Benediktinern von Solesmes entwickelten Auffassung des Choralrhythmus (↗Iktus) (detaillierte Angaben hierüber im Prooemium des *Liber usualis,* 1964 u. ö.).

c) *Andere Notationen (Buchstaben-Tonschriften).* Um der melodischen Ungenauigkeit der Neumen abzuhelfen, wurden im Mittelalter zur Notation von Choralgesängen und in den ersten Zeugnissen der Mehrstimmigkeit vereinzelt andere Systeme benutzt. Eines bestand darin, daß man Tonbuchstaben, wie sie im ganzen Mittelalter gebräuchlich waren, über einen neumierten oder nicht neumierten Text schrieb. In der Theorie hatte schon um 900 Hucbald etwas Ähnliches vorgeschlagen, in der Praxis kam dies erst ein Jh. später zur Auswirkung, und zwar in einem Tonar-Graduale des 11. Jh. aus St-Bénigne in Dijon (Codex Montpellier H 159, Faks.-Ausg. als Paléogr. Mus. 8).

Ein anderes System war die sog. Dasia-Notation. Sie findet sich in der ↗Musica Enchiriadis und in den anderen frühesten ↗Organum-Traktaten. Aus einem Ausgangszeichen, das anscheinend in Anlehnung an den griechischen Spiritus asper (griech.: prosōdeia daseia) gebildet ist, werden 4 Grundzeichen für die Töne D, E, F, G entwickelt, aus denen durch Umkehrung oder Umlegung weitere 14 diatonische Zeichen entstehen. Diese werden Ton für Ton von unten nach oben geschrieben und bilden so die senkrechte Achse einer Art Koordinatensystems, in das der Text Silbe für Silbe so eingetragen wird, daß er graphisch den Melodieverlauf darstellt (vgl. auch das Beispiel im Artikel ↗Musica Enchiriadis):

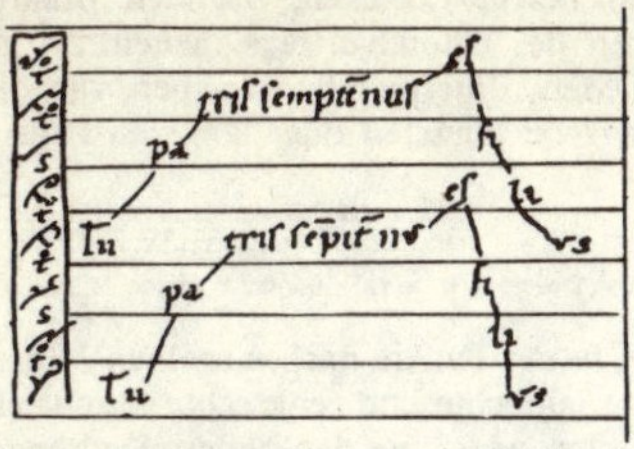

Beginn eines Parallelorganums
in Dasia-Notation

Die Modalnotation. Die Entwicklung der Neumen von den Anfängen bis zur Quadratnotation geschah zur gleichen Zeit wie die der frühen Mehrstimmigkeit, die ja aufs engste mit dem Gregorianischen Gesang verbunden war (↗Organum). Die die verschiedenen Stufen der frühen Mehrstimmigkeit repräsentierenden Gesänge (aus Winchester, Saint-Martial in Limoges, Santiago de Compostela) sind denn auch in (diastematischen) Neumen aufgezeichnet.

Beginn des 2st. Organums *Viderunt Hemanuel* (Saint-Martial) in diastematischen Neumen

Die endgültige Ausprägung der Quadratnotation fällt zeitlich zusammen mit dem Beginn der Notre-Dame-Epoche (2. Hälfte 12. Jh.). Deren N., die Modalnotation, beruht in ihren wesentlichen Zeichen auf der Quadratnotation.
Es ist aber das entscheidend Neue der Modalnotation, daß sie zum ersten Mal in der Geschichte der N. auch die Tondauer exakt darzustellen vermag. Auf der Grundlage der rhythmischen Modi (↗Modus 1) benutzt diese N. die ↗Ligatur als graphische Einheit. Einzelnoten kommen nur selten vor. Form und Stellung der Ligaturen und Einzelnoten am Anfang eines musikalischen Abschnittes bestimmen die einzelnen rhythmischen Modi.

2st. Notre-Dame-Organum *(Benedicamus domino)* in Modalnotation

In der folgenden Tabelle werden angegeben für jeden Modus die charakteristische Notenfolge, die Zahl der in den betreffenden Ligaturen enthaltenen Töne sowie die rhythmische Bedeutung in Gestalt der entsprechenden Einzelnoten Longa und Brevis und deren Übertragung in moderne Notenwerte (Longa perfecta = punktierte Halbe; die Ligaturen werden in der Übertragung üblicherweise durch eckige Klammern unter der betreffenden Notengruppe gekennzeichnet).

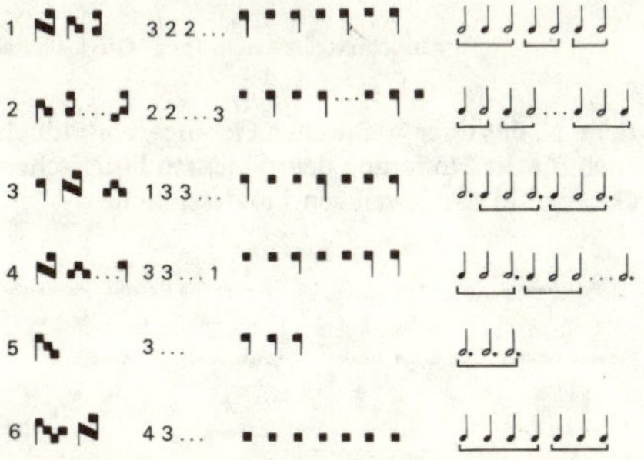

1	322...
2	22...3
3	133...
4	33...1
5	3...
6	43...

Zur rhythmischen Gliederung der Ligaturenfolge bedient sich die Modalnotation kleiner senkrechter Striche, die die Bedeutung von Pausen haben. Die Anzahl der zwischen den Strichen stehenden Ligaturen bestimmt den ↗Ordo des betreffenden Modus. In den Quellen weicht das Notenbild oft von der in der Tabelle wiedergegebenen regulären Form ab, u.a. wenn Tonwiederholungen vorkommen (die sich naturgemäß der Ligaturenschreibung entziehen) und wenn kürzere Notenwerte in längere zusammengefaßt (extensio) bzw. wenn längere in kürzere aufgespalten werden (fractio). Ins-

Eine frühe ORGEL um 1500 wird von der „Dame von Rohan“ zur Begleitung eines Sängers gespielt; Ausschnitt aus einer Mille-fleurs-Tapisserie aus dem Loiregebiet.

Ph. Klaus Broszat, Munich © Photeb

Ph. © Hubert Josse

ÖSTERREICH, 18. Jahrhundert: Opernaufführung im Schloß Esterház mit Joseph Haydn am Cembalo (oben); Konzert vor der kaiserlichen Familie im Wiener Schloß Schönbrunn (unten).

Ph. © Elfriede Hanack, Vienne - Polydor International, Hambourg

ÖSTERREICH, 20. Jahrhundert: Die Wiener Philharmoniker unter der Leitung von Karl Böhm im großen Saal des Musikvereins.

ÖSTERREICH, 20. Jahrhundert: Bei den Bregenzer Festspielen 1987/88 wurde „Hoffmanns Erzählungen“ von J. Offenbach gezeigt (Foto: Bregenzer Festspiele).

gesamt ist die Modalnotation nicht immer eindeutig zu entziffern und zu übertragen.

Die Mensuralnotation. a) *13. Jahrhundert.* Seit etwa 1225 tendiert die musikalische N. dazu, die Länge der Töne an die Form der Einzelnoten zu binden, während ja das Prinzip der Modalnotation auf der Beziehung einer bestimmten Ligaturenfolge und einem rhythmischen Modell basierte. Diese Beziehung verschwindet mit der Verwendung einer syllabischen Textdisposition, da es dem Wesen der Ligaturen widerspricht, in ihrem Inneren mehrere Silben unterzubringen. Diese Entwicklung zeichnet sich ab in der Notation des Conductus, der Oberstimmen der frühesten Motetten und bestimmter einstimmiger weltlicher Lieder. Das neue Prinzip, das auf einem geregelten System der Dreizeitigkeit als beherrschendem Maß (lat.: mensura, daher die Bezeichnung Mensuralnotation) beruht, ist vor allem mit dem Namen Francos von Köln verbunden, der die neuen Tendenzen in seiner *Ars cantus mensurabilis* (um 1280) kodifizierte. Ein Teil seiner Regeln war allerdings schon von Johannes de Garlandia und Magister Lambertus vorweggenommen; in der Praxis zeichnen sie sich bereits ab in den großen Motetten-Hss. Bamberg Ed. IV. 6 und Montpellier H 196 (Faks. bzw. Übertragungen: ↗Motette, Ausg.); vgl. den folgenden Ausschnitt aus der Hs. Montpellier:

Beginn der 3st. Motette *Huic ut – Huic magi* (die Oberstimmen in den Längsspalten, der Tenor im untersten System nach dem Doppelstrich)

Die benutzten Notenzeichen sind: ↗Maxima (Duplex Longa) ▬, ↗Longa (L) ▪, ↗Brevis (B) ▪ und ↗Semibrevis (S) ⬩. Die wichtigsten Regeln sind: 1. Eine L ist dreizeitig (L perfecta; ↗Perfektion), d. h., sie gilt 3 B, wenn ihr eine weitere L (oder eine L-Pause) oder 2 oder 3 B folgen. 2. Eine L ist zweizeitig (L imperfecta), d. h., sie gilt 2 B, wenn ihr eine einzelne B folgt bzw. (seltener) vorangeht, durch die sie „imperfiziert" wird (↗Imperfektion): ▪ ▪ = 𝅗𝅥 ♩ . 3. Wenn 2 B zwischen 2 L stehen, bleibt die 1. B unverändert (B recta), die 2. wird verdoppelt (B altera; ↗Alteration): ▪ ▪ ▪ ▪ = 𝅗𝅥. | ♩ 𝅗𝅥 | 𝅗𝅥. . 4. 3 B zwischen 2 L bilden eine Perfectio (die dem Wert einer L perfecta entspricht): ▪ ▪ ▪ ▪ ▪ = 𝅗𝅥. | ♩ ♩ ♩ | 𝅗𝅥. . 5. Abweichende rhythmische Strukturen werden durch einen Punkt (seltener durch einen kleinen Strich) bewerkstelligt, der anzeigt, wann eine Perfectio zu Ende ist. Die Theoretiker unterscheiden das Punctum divisionis (Divisionspunkt) ▪ ▪ · ▪ ▪ = 𝅗𝅥 ♩ | ♩ 𝅗𝅥 (vgl. dazu das Beispiel bei Regel 3) und das Punctum perfectionis ▪ ▪ · ▪ ▪ ▪ = 𝅗𝅥 ♩ | ♩ 𝅗𝅥 | 𝅗𝅥. (vgl. Regel 4). Franco kodifizierte ebenfalls die rhythmische Geltung der ↗Ligaturen, was maßgeblich blieb, solange sie in Gebrauch waren. Er bestimmte ferner den Wert der Pausen, der in der Modalnotation weitgehend vom Kontext abhing. Ihre Gestalt entspricht ihrem Wert: ═ = L perfecta, ═ = L imperfecta oder B altera, ═ = B recta, ═ = S.

Die Anerkennung der S als des kleinsten unabhängigen Notenwerts ist ebenfalls eine Neuerung Francos. Das Verhältnis zwischen S und B beruht auf denselben Regeln wie das zwischen L und B: es gibt eine S minor und eine S major, die der B recta und B altera entsprechen. In dieser Hinsicht war Franco sozusagen avantgardistisch, denn in der Musik seiner Zeit wird kaum von der S Gebrauch gemacht. Das Bemühen um die eindeutige Mensurierung der kleinen Notenwerte stammt in der Tat aus dem 13. und beginnenden 14. Jh. und spiegelt die Unsicherheit der Zeit in dieser Beziehung wider. Nach einem Traktat von 1279 (Anonymus von St. Emmeram; vgl. H. Sowa, Ein anonymer glossierter Mensuraltraktat, Kas 1930) kann die Folge von 2 S sowohl ♪♩ (also im Sinne der Regel 2) als auch ♩♪ gelesen werden. Etwa zur selben Zeit klärte Petrus de Cruce dieses Problem dadurch, daß er mehrere S mit Hilfe des Divisionspunktes (s. o. Regel 5) in Gruppen einteilte, die jeweils den Wert einer B haben und 2–7 S enthalten konnten (vgl. seine Motette *Aucun – Lonctans – Annuntiantes* im Codex Montpellier, Faks. in W. Apel, *Die Notation der polyphonen Musik,* L

1962). Die rhythmische Aufteilung innerhalb dieser Gruppen bleibt strittig, aber das Auftreten zahlreicher S ist als solches ein Zeichen für die Beschleunigung des Tempos und für die Wahl der B als der natürlichen „Takt"-Einheit anstelle der L, die in der Musik und in der N. des 12. Jh. diese Bedeutung hatte.

b) *Die französische Notation des 14. Jahrhunderts.* Zu Anfang des 14. Jh. wurde das Problem des Wertes der S geklärt, indem drei verschiedene Notenformen mit unterschiedlicher Geltung verwendet wurden: S major ↑, S minor ♦, S minima ↓. Diese wird bei einigen französischen Theoretikern der 1. Hälfte des 14. Jh. (Johannes de Muris und Ph. de Vitry) als ↗Minima (M) ein eigener Notenwert. Das Verhältnis der M zur S wird nach denselben Regeln bestimmt, wie sie Franco für die größeren Notenwerte eingeführt hatte. In seinem Traktat *Ars nova* – dessen Titel einer eigenen musikgeschichtlichen Epoche (↗Ars nova) den Namen gegeben hat – beschreibt Ph. de Vitry erstmals die Gleichwertigkeit auch der zweizeitigen Notenwerte, die seitdem eine elementare Voraussetzung unserer abendländischen Musik ist.

G. de Machaut, Oberstimme 2st. Ballade *Ne pensez pas*

Um das System der Mensurierung konsequent und rational zu bestimmen, führt Vitry den Begriff der „quatre prolacions" (↗Prolatio) ein, der die 4 Möglichkeiten der Gruppierung von S in der Geltungsdauer einer B (↗Tempus) bezeichnet. Die Gleichwertigkeit von drei- und zweizeitiger Mensur machte nun auch die Mensurzeichen (⊙, ⋶, ○, C) notwendig, die als Vorstufen der späteren Taktvorzeichnung zu gelten haben. Die N., wie sie so festgelegt ist, wurde seitdem für die europäische Musik – mit Ausnahme Italiens am Anfang des 14. Jh. – verbindlich.

c) *Die italienische Notation des 14. Jahrhunderts.* Während der 1. Hälfte des 14. Jh. entwickelten sich in Italien und Frankreich stark unterschiedliche N.en und Kompositionsstile. Wie sehr man sich in der Zeit selbst dessen bewußt war, bezeugt etwa Marchettus de Padua (um 1320). Ein G (= Gallice) am Anfang eines Stückes sollte für den französischen, ein Y (= Ytalice) für den italienischen Stil stehen, eine Unterscheidung übrigens, die ganz erstaunlich derjenigen ähnelt, die man (z. B. Fr. Couperin) im Barock traf. Das in Italien entwickelte Notationssystem ist eng gebunden an den Parlandostil der charakteristischen italienischen Gattungen dieser Zeit (Madrigal, Caccia, Ballata). Es basiert auf der Verwendung des Petronischen Divisionspunktes (oder -strichs; s. o.): die Gesamtheit der Noten zwischen 2 Punkten gilt eine B. Die Ordnung innerhalb der einzelnen Gruppen oder ↗Divisiones ist in 4 Fällen dieselbe wie die der „quatre prolacions". Sie wird angezeigt durch den Anfangsbuchstaben der zu bezeichnenden Divisio. Das jeweilige Wort gibt die größte Zahl der M an, die durch die rhythmische Unterteilung möglich ist. In der folgenden Übersicht steht in Klammern jeweils das Mensurzeichen, das den einzelnen Divisiones in der französischen Notation der Zeit entspricht; vor und hinter dem Divisionszeichen steht in der Regel ein Punkt:

.q. = quaternaria; 4 M (C)
.i. = senaria imperfecta: 2 + 2 + 2 = 6 M (○)
.p. = senaria perfecta: 3 + 3 = 6 M (⋶)
.n. = novenaria: 9 M (⊙)
.o. = octonaria: 8 M
.d. = duodenaria: 12 M

In der Praxis ist jedoch eine reine Folge von M in einer Divisio selten; wenn der Rhythmus differenziert ist, sind es auch die Notenwerte. Dies führt dazu, daß im Unterschied zur M die S keinen festen Wert hat, sie sich vielmehr – in der Terminologie der Zeit – entweder auf „natürlichem Weg" (via naturae) oder auf „künstlichem Weg" (via artis) exakt bestimmen läßt. Die erste Art kommt vor, wenn es nicht genügend S gibt, um die Divisio zu vervollständigen, und sie besteht darin, die Schlußnote(n) zu verlängern (ähnlich wie das durch die Alteration in der französischen Notation geschieht): .p. .♦♦♦♦.= ♫♩ ♩ .i. .♦♦♦. = ♪♩ ♩. .o. .♦♦♦♦♦.= ♫♩ ♩♩

Die Via artis benutzt verschiedene Zeichen zur Darstellung solcher Rhythmen, die via naturae nicht zu notieren sind, d. h. die S major und minima (s. o.). Die theoretisch möglichen Kombinationen für jeden Typ der Divisio sind zahlreich, so daß hier einige Beispiele genügen mögen: .p. ↓ ♦. = 𝅗𝅥 ♩ .i. .↓♦♦. = ♩. ♪♩ .i. .♦↓♦. = ♪♩‿♪♩

Augmentationspunkte können in dieser Notation natürlich nicht benutzt werden. Deshalb wird ein punktierter Rhythmus durch eine Abwandlung des S-Notenzeichens (↗ : 3 M) dargestellt: .n. ↗ ♦ ♦ ↓ = ♩. ♫♫ .q. ↗ ↓ = ♩. ♪.

Die italienische Notation in ihrer reinen Form ist charakteristisch für die 1. Hälfte des 14. Jahrhunderts. Der überwiegende Teil der Musik des Trecento, u.a. die Werke von Fr. Landino, ist jedoch in einer späteren Notationsart geschrieben (sog. Mischnotation), die eine Kombination italienischer und französischer Charakteristika darstellt. Die Noten sind zwar in Divisiones unterteilt, aber der Divisionspunkt wird nicht mehr verwendet. Manchmal erscheint sogar der französische Augmentationspunkt.

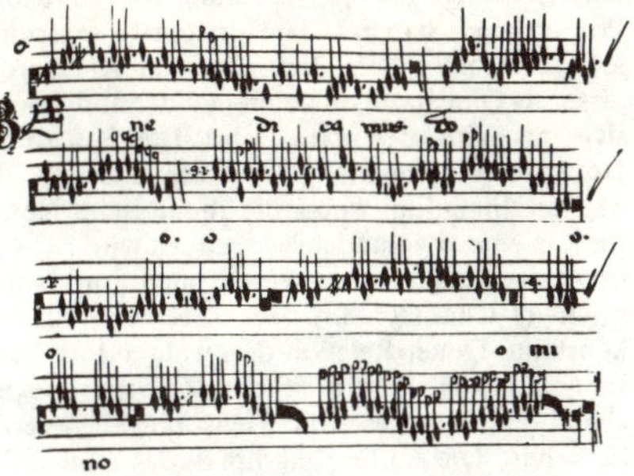

Anfang der Oberstimme eines 3st. *Benedicamus Domino* (um 1400)

d) *Die „manieristische" Notation im 14. Jahrhundert.* Verschiedene Elemente der französischen und italienischen Notation erhalten im späten 14. Jh. besondere Bedeutung, vor allem das Prinzip der ↗Proportio, der Divisionspunkt und der Gebrauch der Kolorierung (↗Color) zur Modifizierung der Notenwerte. Diese Mittel ermöglichen die Darstellung einer großen rhythmischen Kompliziertheit, die man gern als Symptom eines manieristischen Stils versteht (↗Manierismus). Bereits Ph. de Vitry und Johannes de Muris hatten die Verwendung des Punktes zur Darstellung eines synkopierten Rhythmus erwähnt, vor allem in der Prolatio major. Vitry gibt dafür das folgende Beispiel:

Die Punkte links und rechts der M verhindern es, daß diese eine Perfectio mit der vorangehenden B bzw. der nachfolgenden S bilden, so daß es zu einem synkopierten Rhythmus kommt. Dieses System bildet dann die notationsgeschichtliche Entsprechung eines als ↗Ars subtilior bezeichneten Kompositionsstils im späten 14. Jahrhundert.

e) *Die weiße Mensuralnotation.* Seit etwa 1400 stützt sich die N. in allen europäischen Ländern weiterhin im wesentlichen auf die Gegebenheiten, die seit dem Ende des 13. Jh. existieren. Die sichtbarste Neuerung des 15. Jh. ist die Einführung der sog. weißen Notation (hohle Noten) anstelle der bis dahin verwendeten schwarzen (gefüllte Noten). Aus dieser neuen hat sich unsere „moderne" N. (s.u.) entwickelt. Die Hss. der Werke G. Dufays spiegeln den Übergang von der schwarzen zur weißen Notation überaus deutlich, der sich im übrigen zur selben Zeit vollzieht, als wesentliche Neuerungen auch im musikalischen Satz zutage traten, besonders die erste Ausprägung der dominantischen Tonalität, die ihrerseits verbunden ist mit einer Neuordnung der den musikalischen Satz tragenden Stimmen (↗Contratenor, ↗Baß). In der gleichen Zeit tendiert man ferner dazu, immer kleinere Notenwerte zu schreiben (↗Semiminima und ↗Fusa), eine Tendenz, die sich im Prinzip bis etwa zum 19. Jh. fortsetzte. Und schließlich war neu ein rhythmischer Sachverhalt, der sich im Bereich der Mensur bekundet: Während im 14. Jh. die Prolatio major (also die Dreizeitigkeit) vorherrschte, tritt diese nun zugunsten der Prolatio minor (also der Zweizeitigkeit) zurück, und zwar zunächst noch bei übergeordneter Dreizeitigkeit (Tempus perfectum ○), dann bei Zweizeitigkeit (Tempus imperfectum C). Diese Tatsache scheint ein Indiz dafür zu sein, daß die schnelle Grundbewegung – eine Art Grundschlag der rhythmischen Bewegung – der M in der Mensur ⊙ oder Ͼ durch einen gemäßigteren Schlag der S in der Mensur ○ oder C abgelöst wird. Solche Mensurzeichen können sogar gleichzeitig in verschiedenen Stimmen bzw. als Kanon in derselben Stimme (Mensur-↗ Kanon) erscheinen (das berühmteste Beispiel ist J. Ockeghems *Missa prolationum*). Im übrigen ver-

J. Ockeghem, Kyrie der *Missa prolationum*

wendet man sie am häufigsten nacheinander, um subtile Tempoänderungen anzuzeigen.
Die weiße Mensuralnotation blieb bis zum 17. Jh. nahezu unverändert in Gebrauch, bis sie in die „moderne“ N. überging. Die Noten- und Pausenzeichen wandelten sich kaum. Auch der kurz nach 1500 beginnende und schnell aufblühende ↗Notendruck bewirkte lediglich eine Stilisierung und Normierung. Neu war im 17. Jh. vor allem die allmähliche Einführung des Taktstriches und die gelegentliche Verwendung dynamischer Zeichen.

D. CHADD – G. MASSENKEIL

Die „moderne“ Notation seit dem 17. Jahrhundert. Die heute vorherrschende Notation, auch Standard-N. genannt, wird in bezug auf die älteren Tonschriften als „modern“ bezeichnet, im Blick auf die Verwendung neuer Notationsverfahren nach 1950 aber auch „traditionell“ oder „konventionell“ genannt. Sie entwickelte sich unter Benutzung von Elementen der Mensuralnotation vom 17. Jh. an und erreichte etwa zu Beginn des 18. Jh. ihre in den Grundzügen definitive, in ganz Europa gültige Form. Sie ist in erster Linie eine Konzeptschrift zur Darstellung von Klangereignissen (nicht Spielanweisung wie die Tabulaturen) und in ihrer Anlage der dur-moll-tonalen Musik besonders angemessen.
Die Primärkategorien der Komposition, die Tonhöhen- und Tondauerbeziehungen, werden im Rahmen des auch in älteren Tonschriften verwendeten fünfzeiligen Liniensystems annähernd analog aufgezeichnet, wobei die Senkrechte den Tonhöhenrelationen und die Waagerechte der zeitlichen Folge der Klangereignisse entspricht. Die Linien und Zwischenräume des Systems repräsentieren die Stufen der aus den Stammtönen (C D E F G A H) gebildeten diatonischen Skala. Die Zuordnung der Tonstufen zu bestimmten Positionen im Liniensystem ist jedoch nicht von vornherein festgelegt, sie wird erst durch vorangesetzte ↗Notenschlüssel bestimmt. Je nach Art und Plazierung des Schlüssels stellt das Liniensystem jeweils einen bestimmten Ausschnitt des Tonraums dar.

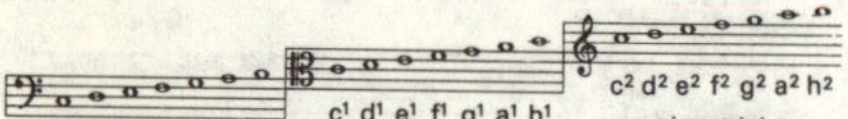

Tonhöhen, die von den Stammtönen abgeleitet sind (↗Alteration), werden durch ↗Akzidentien (♭, ♯, ×, 𝄫) gekennzeichnet, ihre Rückführung auf den jeweiligen Stammton durch das Auflösungszeichen ♮ angezeigt. Abgeleitete Töne, die zum Grundbestand einer transponierten Tonart gehören (sog. leitereigene Töne), werden in der Tonart-Vorzeichnung zusammengefaßt.

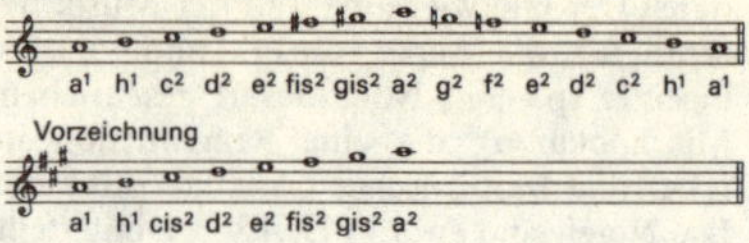

Die Darstellung der Tondauern und Pausen erfolgt nicht analog durch Abtragen von Zeiteinheiten auf der waagerechten Zeitachse, sondern durch ↗Noten, die die Bedeutung von Tondauer-Proportionen haben. Die Horizontale entspricht jedoch insofern dem Zeitablauf der Klangereignisse, als Gleichzeitiges untereinander und Sukzessives nacheinander notiert wird. Das System der Notenwerte bedient sich gewisser Elemente der Mensuralnotation, wobei die rhombische Notenform in eine abgerundete verwandelt wird (◊ → ♩ usw.), ist aber seinem Wesen nach „orthochronisch“ (J. Chailley), d.h., jedes Zeichen stellt eine konstante Dauer-Relation dar, während im Mensursystem die Wertigkeit der Zeichen entsprechend den vorangesetzten Mensurangaben veränderlich ist. Die Aufführungspraxis des 17. und frühen 18. Jh. kennt allerdings Ausnahmen von dieser orthochronischen Regel (↗Notes inégales). Das Teilungssystem ist binär, die Folge der Werte ergibt sich durch Halbierung: 1, ½, ¼, ⅛ usw.; Abweichungen von der Zweiteilung der Werte müssen besonders gekennzeichnet werden (z.B. Triolen ♪♪♪ (3), Quintolen ♪♪♪♪♪ (5)). Neben dieser proportionalen Notierung der Tondauer besteht die Möglichkeit einer additiven Darstellung durch Haltebögen, z.B. ♩‿♪ = ⅝, oder einer speziellen Form der Addition, durch einen Verlängerungspunkt, z.B. ♩. = ⅜.
Das für die dur-moll-tonale Musik bedeutsame zeitliche Gliederungsmoment und Betonungssystem, der ↗Takt, wird durch die Taktangabe am Anfang des Musikstücks angezeigt. Sie gibt in Form eines Zahlenbruches ohne Bruchstrich $\frac{2}{4}$, $\frac{3}{2}$, $\frac{6}{8}$ u. ä. (außerhalb der N. dann auch als 2/4, 3/2, 6/8 usw. geschrieben) oder auch mit alten Mensurzeichen (𝄴 = 4/4, 𝄵 = 2/2) im Nenner die Anzahl und im Zähler den Wert der Zähleinheiten an. Die Taktstriche sind Gliederungszeichen und markieren zugleich den jeweiligen Betonungsschwerpunkt.
Im Gegensatz zur Mensuralnotation, die einen einheitlichen Bezugswert, den ↗integer valor, hat, besagt der Zeitwert einer Note hier nichts über ihre absolute Dauer; eine Achtelnote ist unter Umständen länger auszuhalten als eine halbe. Dies hängt vom Zeitmaß des jeweiligen Stückes ab, welches in

der N. durch die ebenfalls vorangestellte verbale ↗Tempo-Bezeichnung angegeben wird. Seit Einführung des ↗Metronoms (1816) haben viele Komponisten die Grundtempi ihrer Werke mit Metronomangaben zu präzisieren versucht.

Anders als bei den voraufgehenden Stadien der Notationsgeschichte zeigt sich seit dem 18. Jh. eine Tendenz, die erklingende Musik in allen Eigenschaften immer genauer zu fixieren. Die Lautstärke (↗Dynamik) wird angegeben 1. durch hinzugefügte Buchstaben, die ursprünglich Abkürzungen waren (*p* = piano, *f* = forte), dann aber Zeichencharakter annahmen (etwa *pp* = pianissimo), 2. durch entsprechende, meist italienische Spielanweisungen (↗crescendo, decrescendo) oder 3. durch anschauliche graphische Zeichen (< = crescendo, > = decrescendo). Mit einer Fülle weiterer Vortragszeichen oder verbaler Anmerkungen werden Anweisungen für die ↗Artikulation, ↗Bogenführung, ↗Phrasierung, besondere Spieltechniken, Tempoänderungen (↗Agogik), ↗Verzierungen und besondere Formen des ↗Ausdrucks gegeben. ↗Abbreviaturen kürzen und erleichtern den Schreibvorgang. Für Blinde läßt sich die heutige N. vollständig in das Braille-Blindenschrift-System übertragen (↗Blindennotenschrift).

Notationsformen im 20. Jahrhundert. Die orthochronische N. erwies sich für die taktgebundene, auf diatonischer Skala und terzgeschichteten Akkorden basierende Musik vom 17. bis ins 20. Jh. als adäquat. Für eine übersichtliche Darstellung wesentlicher Gestaltungsprinzipien der ↗Neuen Musik (Chromatisierung des Tonmaterials, vieltönige Zusammenklänge in Sekundschichtungen, asymmetrische Tondauerverhältnisse) ist sie jedoch wenig geeignet, so daß man versuchte, neue Formen der Notation zu finden. Grundsätzlich lassen sich dabei zwei Richtungen unterscheiden: Verfahren, die die traditionelle Notation durch Zusätze oder Abwandlungen zu verbessern suchen, und völlig neu konzipierte Methoden. Allerdings befindet sich das gesamte Notierungswesen der Neuen Musik noch in einer Phase des Experiments und ist von den wesentlichen Voraussetzungen eines Kommunikationssystems, einem in seiner Bedeutung festliegenden und allgemein bekannten Zeichenvorrat, noch weit entfernt.

Die Erweiterung des Tonmaterials durch Mikrointervalle (Viertel-, Sechsteltöne usw.) machte die Einführung neuer Akzidentien erforderlich, die jedoch – wie das Beispiel zeigt – keineswegs einheitlich angewendet werden:

	Bartók	Hába	Penderecki	Kagel
Erhöhung um einen Viertelton	↑	♭	+	♮♯♭
Erniedrigung um einen Viertelton	↓	♭	▸	♮♯♭

Auch die Zeichen für die neuartigen Zusammenklänge eng benachbarter Töne (↗Cluster) differieren bei verschiedenen Komponisten erheblich:

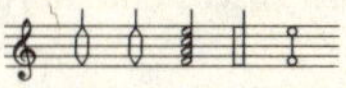

Cluster aus weißen Tasten

Die zwölfstufige temperierte Skala, der Tonhöhen-Grundbestand der Musik des 20. Jh., läßt sich im traditionellen Fünfliniensystem nur unzureichend darstellen. Zahlreiche Verbesserungsversuche – die bis ins 19. Jh. zurückreichen – bemühen sich, den temperierten Halbton als Maßeinheit zugrunde zu legen und die Oktavidentität der Tonqualitäten anschaulich wiederzugeben.

Als Prototypen dieser Art haben J. M. Hauers Zwölftonschrift (1920) und das Klavarskribo-System (C. Pot, 1931) die meiste Beachtung gefunden. Beide orientieren sich an der Klaviertastatur, wobei die 5 Linien den 5 schwarzen Tasten entsprechen.

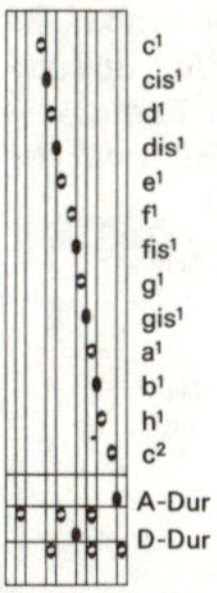

C. Pot, Klavarskribo

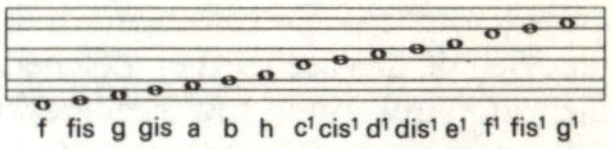

J. M. Hauer, Zwölftonschrift

Die Equiton-Notation (R. Fawcett, 1958) versucht, durch Reduktion und Vereinfachung eine möglichst vielseitige Verwendungsfähigkeit zu erreichen:

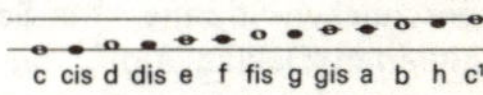

Zur Darstellung von Tondauern werden vorwiegend Strecken auf der horizontalen Zeitachse abgetragen, zwecks Verdeutlichung oft in Form von „Dauerstrichen". An die Stelle der Takte tritt ein Raster von Zeitabschnitten, die meist auf die Sekunde als Maßeinheit bezogen sind. Das Lesen und Abspielen solcher Streckenverhältnisse ist eher ein Schätzen als ein Abmessen, doch ist dieser Ungenauigkeitseffekt der aufgezeichneten Musik in der Regel angemessen, da sie rhythmisches Gleichmaß und einfache Tondauerproportionen genauso vermeidet wie konsonante Dreiklänge.

Ein neues Prinzip der Lautstärke-Notierung beruht auf unterschiedlicher Ausdehnung der Noten-Zeichen (oder der Dauerstriche) in individuell unterschiedlichen Erscheinungsformen.

K. Stockhausen, *Zyklus*

M. Kopelent, *Canto Intimo*

Dabei setzt K. Stockhausen die Lautstärke in Beziehung zur Dauer aufgrund der Tatsache, daß ein stark angeschlagenes Klangwerkzeug ungedämpft länger schwingt als ein nur leicht berührtes.

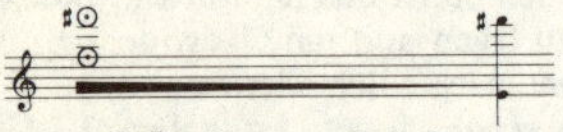

K. Stockhausen, *Refrain*

Ins Ungemessene gestiegen ist die Zahl der neuen Spieltechniken und Klangeffekte, die alle bei einem Instrument gegebenen Möglichkeiten zur Erzeugung von Tönen und Geräuschen ausnutzen, auch wenn sie dessen ursprünglicher Bestimmung entgegenstehen. Entsprechend unübersehbar ist die Vielfalt diesbezüglicher Zeichen. Als Beispiel diene die Anweisung Krz. Pendereckis für die Ausführung seiner *Dimensionen der Zeit und der Stille:*

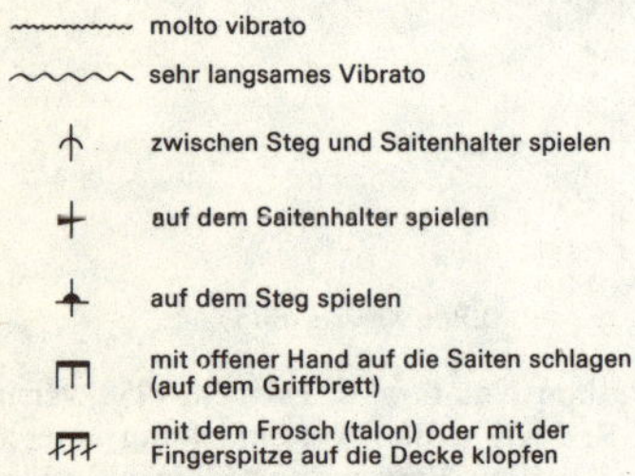

Ebenso hat die Differenzierung in der Verwendung der menschlichen Stimme, vom Schnalzlaut bis zur artikulierten Deklamation, vom Flüstern bis zum Schrei, von der „Sprechstimme mit fixierter Tonhöhe" (↗Sprechgesang) bis zum Belcanto eine Fülle von neuartigen Notationsformen hervorgebracht (vgl. das folgende Beispiel).

geführt, deren Verwendung man als Klangfarbennotation bezeichnen kann:

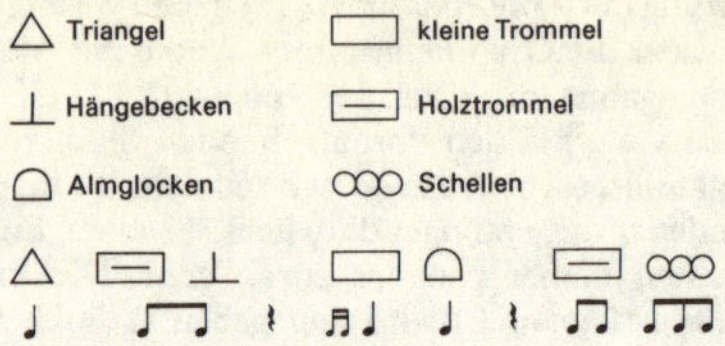

Die schriftliche Fixierung der ↗elektronischen Musik erfolgt in technischen Daten, in Form von Zahlenreihen oder Diagrammen. Für das unmittelbare Zusammenwirken von Sängern oder Instrumentalisten mit Tonbandklängen bedient man sich einer andeutenden „Orientierungsnotation".
Es ist offensichtlich, daß in der neueren Notation, entsprechend dem Wesen der Musik, die sie repräsentiert, die unbestimmten Angaben überwiegen. In weiten Bereichen ist die moderne Notierungsform weniger Klangdarstellung als Aktionsschrift, die bestimmte Manipulationen anordnet (oder vorschlägt), deren klangliche Ergebnisse unterschiedlich ausfallen. E. PLATEN

Musikalische Graphik oder graphische Notation ist die folgerichtige Endstufe einer beliebigen, unbestimmten Notierungsweise, die dem Interpreten keine präzisen Anweisungen mehr erteilt, sondern nur noch Aktionen veranlaßt oder Wahlmöglichkeiten anbietet. Musikalische Graphik ist keine N., sie bezeichnet keine musikalischen Beziehungen. Zwar enthält sie oft noch Elemente der traditionellen Notation: parallele Linien, Punkte, Striche, Bögen, Kurven u. a., doch werden diese aus ihrem ursprünglichen Bedeutungszusammenhang gelöst, verändert oder verfremdet und in ungewohnter Anordnung kombiniert. Sie sollen auf assoziative Weise musikalische Reaktionen des Interpreten auslösen, der hier eigentlich zum Komponisten wird. Die ersten Versuche einer Verbildlichung der musikalischen Information stammen von E. Brown (*Folio* und *Twenty Five Pages*, 1952–53). Partituren wie *Four Visions* von Robert Moran, *Paintings* von Louis Andriessen, *Five Piano Pieces* von H. Chr. Wolff, *MO-NO, Musik zum Lesen*

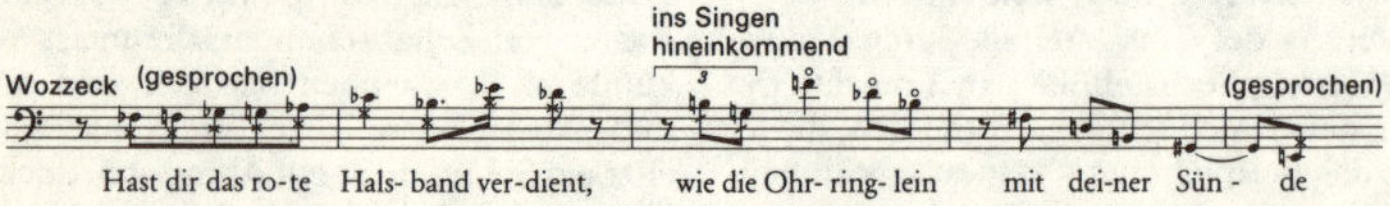

A. Berg, *Wozzeck*, 3. Akt

Für das außergewöhnlich vermehrte Schlagzeuginstrumentarium wurden abbildhafte Zeichen ein- von D. Schnebel oder *Mäandros* von A. Logothetis scheinen zunächst keinerlei Zusammenhang

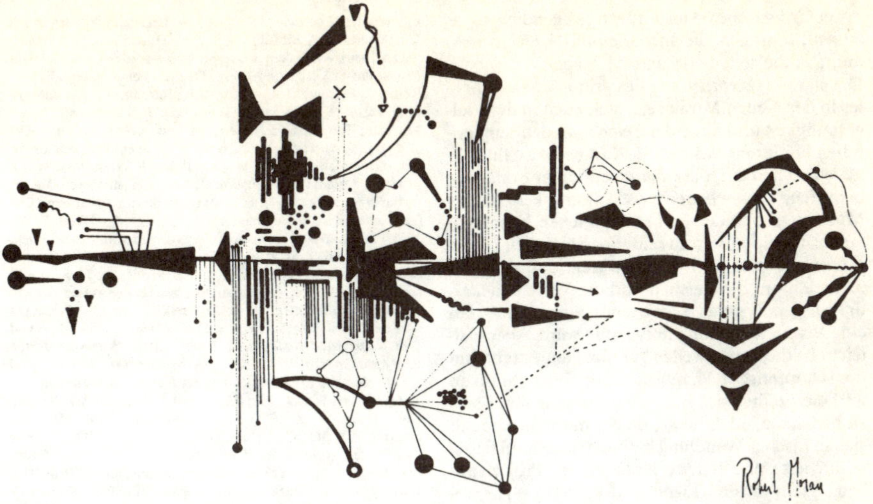

Robert Moran, *Four Visions*, Nr. 4

mit klanglichen Phänomenen zu haben. Jedoch ist eine Graphik wie die von Moran für den Experten nicht unverständlich, da die Notation zum Teil von einer Darstellung von Klangbündeln ausgeht, die sich beständig verdichten. Daß die Cluster beliebig von links nach rechts oder umgekehrt gelesen werden können ist nur eine zusätzliche Deutungsmöglichkeit des angewandten Prinzips. In Graphiken wie E. Browns *December 1952* aus *Folio* verfließt die Grenze zwischen Musiknotation und autonomer Zeichnung, andere Objekte (etwa von S. Bussotti oder J. Cage) machen den Eindruck, sie seien in erster Linie nach ihrem visuellen Aspekt konzipiert. Die Einführung eines gänzlich andersartigen Typus der Darstellung hat eine tiefergreifende Bedeutung als der einfache Wechsel eines Notationssystems. Es geht um eine neue Bewertung des Verhältnisses zwischen Visuellem und Auditivem. Der ästhetische Wert einer Notation, den wir als Nebenwirkung auch in der traditionellen N. schätzen (man denke an J. S. Bachs kalligraphische Partituren) und der in der neueren Notation von großer Bedeutung ist, wird hier zur Hauptsache. Die Dominanz des Visuellen in der

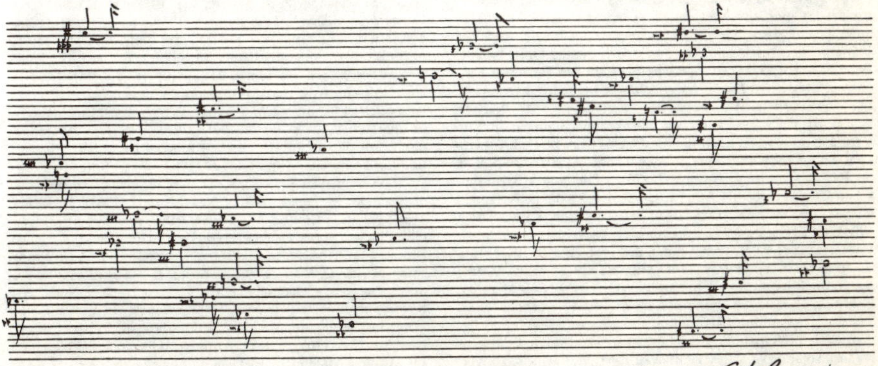

E. Brown, *December 1952*

Earle Brown (nov. '52)

avantgardistischen Musik führt gelegentlich sogar zu Aufführungen, die auch die optische Wahrnehmung einbeziehen (J. Cage, M. Kagel).

Die starke Hervorhebung des graphischen Aspektes in der Neuen Musik zeigt sich auch in der Vielgestaltigkeit und Fülle der Zeichen in den semantischen Notierungsformen. E. Karkoschka zählt 721 neue Zeichen auf, die einer detaillierten Erklärung bedürfen, dementsprechend kommt kein neues Musikwerk ohne einen umfangreichen Kommentar des Komponisten zu seiner persönlichen Notierungsweise aus. Es ist unbestritten, daß der Formenreichtum der Zeichen und die Verschiedenartigkeit der Systeme verwirrend wirken und daß eine Vereinheitlichung notwendig wäre. Aber vielleicht ist diese einstweilen gar nicht angestrebt, um die schöpferische Phantasie nicht einzuschränken und die Freiheit des Interpreten zu erhalten. Es ist zu bedenken, „daß heute, da der musikalische Stil sich in rascher Wandlung befindet, jede unifizierte, kodifizierte und fixierte Notation ein Prokrustesbett ... sein würde" (Ligeti). M. KELKEL – E. PLATEN

Ausg. (Beispiel-Slgen.): J. WOLF, Musikal. Schrifttafeln (L 1922–23, ²1927); E. JAMMERS, Tafeln z. Neumenschrift (Tutzing 1965); H. BESSELER – P. GÜLKE, Schriftbild der mehrst. Musik (L 1973) (= Musikgesch. in Bildern III/5); B. STÄBLEIN, Schriftbild der einst. Musik (L 1975) (= ebd. III/4).

Lit.: **Allgemeine WW u. umfassendere Stud. z. älteren N.:** H. RIEMANN, Stud. z. Gesch. der N. (L 1878, Nachdr. Hil 1970); J. WOLF, Hdb. der Notationskunde, 2 Bde. (L 1913–19, Nachdr. Hil – Wie 1963); W. APEL, The Notation of Polyphonic Music 900–1600 (C/M 1942, ⁵1961), dt. Übers.: Die Notation der polyphonen Musik ... (L 1962); C. PARRISH, The Notation of Medieval Music (NY 1957, ²1978); TH. G. GEORGIADES, Sprache, Musik, schriftliche Musikdarstellung, in: AfMw 14 (1957), wiederabgedruckt in: Kleine Schriften (Tutzing 1977) (= Münchner Veröff. z. Musikgesch. 26); G. VON DADELSEN, Über das Wechselspiel v. Musik u. Notation, in: FS W. Gerstenberg (Wb 1964); J. CHAILLEY, La musique et le signe (Lau 1967); W. TAPPOLET, N. u. Musizieren. Das Problem ihrer Beziehungen vom Frühmittelalter bis ins 20. Jh. (B 1967); E. JAMMERS, Gedanken u. Beobachtungen z. Gesch. der N.en, in: FS W. Wiora (Kas 1967). – Siehe auch die einzelnen Bde. der Palaeographie der Musik, nach den Plänen v. L. Schrade hrsg. im Musikwiss. Inst. der Univ. Basel v. W. ARLT (Kö 1973 ff.). – **Spezielle Stud. zu den einzelnen Epochen u. Bereichen: Die N. der griech. Antike:** F. BELLERMANN, Die Tonleitern u. Musiknoten der Griechen (B 1847, Nachdr. Wie 1969); F. ZAMINER, Griech. Musikaufzeichnungen, in: Musikal. Ed. im Wandel des hist. Bewußtseins (Kas 1971); J. CHAILLEY, La notation archaïque grecque d'après Aristide Quintilien, in: Rev. des études grecques 86 (1973). – **Die N. des Byzantinischen Gesangs** (für die Ausg. v. Quellen siehe die betreffenden Reihen v. MMB): O. FLEISCHER, Die spätgriech. Tonschrift (B 1904); H. RIEMANN, Die byzantinische N. im 10. bis 15. Jh. (L 1909), dazu: Neue Beitr. z. Lösung der Probleme der Byzantinischen N. (L 1915); H. J. W. TILLYARD, Handbook of the Middle Byzantine Musical Notation (Kop 1935) (= MMB Subsidia I/1); C. HØEG, La notation ekphonétique (Kop 1935) (= ebd. I/2); O. STRUNK, Specimina notationum antiquiorum (Kop 1965) (= ebd., Série principale 7); J. VAN BIEZEN, The Middle Byzantine Kanon-Notation of Ms. H. (Bilthoven 1968); C. FLOROS, Universale Neumenkunde, 3 Bde. (Kas 1970); M. HAAS, Byzantinische u. slavische Notationen (Kö 1973) (= Palaeographie der Musik I/2); C. FLOROS, Einführung in die Neumenkunde (Wilhelmshaven 1980). – **Die N. des Gregor. Gesangs u. der einstimmigen Musik des MA** (für die Ausg. v. Quellen siehe die betreffenden Reihen v. Paléogr. Mus.): G. SUNYOL, Introduction à la paléographie musicale grégorienne (Tou 1935); J. SMITS VAN WAESBERGHE, The Musical Notation of Guido d'Arezzo, in: MD 5 (1951); L. AGUSTONI, Notation neumatique et interprétation, in: Rev. Grégorienne 30 (1951) – 31 (1952); J. SMITS VAN WAESBERGHE, Origine de la notation alphabétique au Moyen Age, in: Anuario Mus. 12 (1957); E. JAMMERS, Stud. zu Neumenschriften, Neumenhss. u. neumierter Musik, in: Bibl. u. Wiss. 2 (Wie 1965); E. CARDINE, Sémiologie grégorienne, in: Études grégoriennes 11 (1970); M. HUGLO, Tradition orale et tradition écrite dans la transmission des mélodies grégoriennes, in: FS K. von Fischer (Mn 1973); E. JAMMERS, Aufzeichnungsweisen der einstimmigen außerliturg. Musik des MA (Kö 1975) (= Palaeographie der Musik I/4); S. CORBIN, Die Neumen (Kö 1976) (= ebd. I/3). – **Die Modalnotation:** J. HANDSCHIN, Zur Notre-Dame-Rhythmik, in: StMw 7 (1924/25); A. M. MICHALITSCHKE, Stud. z. Entstehung u. Frühentwicklung der Mensuralnotation, in: ebd. 12 (1930); W. WAITE, The Rhythm of 12th Century Polyphony (New Haven – Lo 1954). – ↗Notre-Dame. – **Die Mensuralnotation:** J. WOLF, Gesch. der Mensuralnotation, 3 Bde. (L 1904), Nachdr. in 1 Bd. (Hil–Wie 1965); A. TIRABASSI, Grammaire et transcription de la notation proportionnelle (Bru 1930); C. SARTORI, La notazione it. del Trecento (Fi 1938); K. VON FISCHER, Zur Entwicklung der it. Trecento-Notation, in: AfMw 16 (1959); A. HUGHES, Mensuration and Proportion, in: AMl 37 (1965); A. MENDEL, Some Ambiguities of the Mensural System, in: Studies in Music History. FS O. Strunk (Princeton/N.J. 1968); J. A. BANK, Tactus, Tempo and Notation in Mensural Music from the 13th to the 17th Century (A 1972); CH. WOLFF, Arten der Mensuralnotation im 15. Jh. u. die Anfänge der Orgeltabulatur, in: Kgr.-Ber. Bonn 1970 (Kas 1973); F. A. GALLO, Figura and regula. Notation and Theory in the Tradition of Musica mensurabilis, in: FS K. von Fischer (Mn 1973). – Siehe auch bei den im Text genannten Theoretikern. – **Zur N. des 20. Jh.:** F. BUSONI, Versuch einer organischen Klaviernotenschrift (L 1909); W. GRAAF, Einzeichen-N. (Kö 1913); H. EIMERT, Atonale Musiklehre (L 1924); E. HYARD, Essai d'une notation chromatique basée sur le tempérament égal (P 1925); P. ROUGNON, Origines de la notation musicale moderne, in: LAVIGNAC Techn. I; M. A. SOUCHAY, Für u. Wider in der Musikentwicklung, in: ZfMw 12 (1929/30); J. CHAILLEY, Notations musicales nouvelles (P 1950); E. SOURIAU, Le problème de la notation mathématique de la musique, in: Mélanges P.-M. Masson I (P 1955); M. KAGEL, Ton-Cluster, Anschläge, in: die Reihe 5 (1959); K. STOCKHAUSEN, Musik u. Grafik (1960) (= Darmstädter Beitr. z. Neuen Musik 3); E. BRENN, Equiton, in: SMZ 101 (1961); C. CARDEW, Notation-Interpretation, in: Tempo 23 (Lo 1961); C. JOHANNIS, Notenschriftreform (St 1961); W. STEFFENS, Entwurf einer abstrakt temperierten N., in: NZfM 9 (1961); R. STEPHAN, Eine neue N. ist unerläßlich, in: Melos 28 (1961); DERS., Notation. Abendländische Musik, in: MGG IX; E. KARKOSCHKA, Ich habe mit Equiton komponiert, in: Melos 29 (1962); R. ERICKSON, Time-Relation, in: JMTh 7 (1963); K. STONE, Problems and Methods of Notation, in: Perspectives of New Music 2 (1963); G. READ, Music Notation (Boston/Mass. 1964, ²1969, revidiert ³1971); Notation Neuer Musik (Mz 1965) (= Darmstädter Beitr. z. Neuen Musik) (darin besonders: E. BROWN, Notation u. Ausführung neuer Musik; C. DAHLHAUS, N. heute; R. HAUBENSTOCK-RAMATI, Notation – Material u. Form; G. LIGETI, Neue Notation – Kommunikationsmittel oder Selbstzweck?); D. BEHRMANN, What Indeterminate Notation Determines, in: Perspectives of New Music 4 (1965); TH. W. ADORNO, Über einige Relationen zw. Musik u. Malerei, in: FS D. H. Kahnweiler (St 1966); E. KARKOSCHKA, Das Schriftbild der neuen Musik (Celle 1966); J.

CAGE – A. KNOWLES, Notations (NY 1969); F. GOEBELS, Gestalt u. Gestaltung musikal. Grafik, in: Melos 39 (1972); H. VOGT, Neue Musik seit 1945 (St 1972); H. COLE, Sounds and Signs. Aspects of Musical Notation (Lo 1974); H. RISATI, New Music Vocabulary. A Guide to Notational Sign for Contemporary Music (Urbana 1975); M. KELKEL, Tabula Smaragdina (P 1976); G. READ, Modern Rhythmic Notation (Bloomington/Ind. – Lo 1978).

NOTENSTICH ↗Notendruck.

NOTES INÉGALES (frz., = ungleiche Notenwerte), Bz. für eine besondere Art der rhythmischen Abwandlung kurzer, regelmäßig aufeinanderfolgender Tondauern. Bei paarweise zusammengehörigen Notenwerten wird die erste, betonte Note länger ausgehalten, während die folgende, unbetonte entsprechend verkürzt wird; dabei bleibt der Gesamtwert des Notenpaars erhalten. (Das umgekehrte Verfahren, Verkürzung der ersten und Verlängerung der zweiten Note wird als ↗Lombardischer Rhythmus bezeichnet.) Diese Spielmanier ist in der Regel nicht aus der Notation ersichtlich, sie ist als Verzierung zu verstehen, die der Ausführung eines Musikstücks „mehr Anmut“ verleihen soll, und gehört somit in den Bereich der aufführungspraktischen Konventionen. – Die Inegalisierung gilt als besonderes Kennzeichen der französischen Musik des 17. und 18. Jh.; innerhalb dieses Stilbereichs war ihre Anwendung durch die Faktoren Ausdruck, Artikulation, Bewegungsform und Taktart bestimmt. In der Regel wurde die Inegalisierung bei den Zeitwerten angewandt, die innerhalb des Metrums eine lebhaft fließende Bewegungsform darstellen:

Taktart	Inegalisierte Notenwerte
¢, 3/4, 6/4, 9/4, 12/4	Achtelnoten
C, 2/4; 3/8, 4/8, 6/8, 9/8, 12/8	Sechzehntelnoten
3/2	Viertelnoten

Das Verhältnis zwischen den ungleichen Notenwerten war nicht genau festgelegt. Der Grad der Schärfung des Rhythmus (etwa einer Figur ♫ ♫) richtete sich nach dem Affekt der Musik und umfaßte Proportionen von 5 : 3 (♪. ♪ ♪. ♪ [5, 5]) über 2 : 1 (♩ ♪ ♩ ♪ [3, 3]) bis zu 7 : 1 (♪.. ♬ ♪.. ♬) mit weiteren dazwischenliegenden Werten. Die nur mittels einfacher Punktierung angegebene Proportion 3 : 1 (♪. ♬ ♪. ♬) wurde üblicherweise vermieden.

Die Anwendung der N. verstand sich – sobald nur die erwähnten stilistischen Voraussetzungen gegeben waren – von selbst, sie wurde nur in Ausnahme- oder Zweifelsfällen eigens vorgeschrieben, etwa durch den Zusatz „pointé“ oder durch punktierte Notation. Gleichmäßige Wiedergabe mußte dagegen durch die Vorschrift „notes égales“ oder durch Artikulationspunkte bzw. -striche über den Noten gefordert werden. – Die theoretischen Belege für die Spielweise der N. stammen überwiegend aus Frankreich, zuerst bei L. Bourgeois, *Le droict chemin de musique* (1550), in dichter Folge dann vor allem von der Mitte des 17. bis zum Ende des 18. Jahrhunderts. Als geläufige Praxis ist die Inegalisierung auch in Spanien, England und den Niederlanden nachgewiesen. In der italienischen Musik spielte sie keine vergleichbare Rolle (Fr. Couperin [1716]: „... die Italiener notieren ihre Musik so, wie sie sich deren Ausführung gedacht haben“). In Deutschland war der französische Geschmack bekannt und wurde bei entsprechenden Werken angewandt (Belege bei: J. C. Horn, 1664; G. Muffat, 1698). Zweifellos kennt und verwendet auch J. S. Bach die Inegalisierung als Kunstmittel, namentlich als punktierte Notation (Contrapunctus 6 aus der *Kunst der Fuge:* in *Stylo francese*), doch ist die Frage, ob auch gleichmäßig notierte Tonfolgen seiner Musik im gleichen Ausmaß wie im französischen Stil als N. aufzufassen seien, umstritten. Aus einer musikwissenschaftlichen Kontroverse darüber (S. Babitz, M. Collins u.a. contra Fr. Neumann; vgl. Lit.) läßt sich schließen, daß Inegalisierung bei der Ausführung Bachscher Musik sicherlich grundsätzlich möglich, aber kaum zwingend erforderlich ist. – In einem erweiterten Sinne kann man jede Art ungleicher Ausführung gleichmäßig notierter Tondauern als Inegalisierung verstehen. In dieser allgemeinen Form des Tempo rubato sind die N. ein Merkmal vieler Stilarten (umgangsmäßiges Singen, „romantischer Stil“, Jazz), bei denen instinktiv die Neigung besteht, betonte Notenwerte zu verlängern. Den Gegensatz dazu bildet die texttreue Interpretation, die als oberstes Gebot die exakte Realisierung des vorliegenden Notentextes ansieht.

Lit.: E. BORRELL, Contribution à l'interprétation de la musique française au 18e siècle (P 1914); A. DOLMETSCH, The Interpretation of the Music of the 17th and 18th Centuries (Lo 1915, 21944, Nachdr. 1969); E. BORREL, Les n. dans l'ancienne musique française, in: RMie 20 (1913); DERS., L'interprétation de la musique française de Lully à la Révolution (P 1934); S. BABITZ, A Problem of Rhythm in Baroque Music, in: MQ 28 (1952), dt. Zusammenfassung, in: Musica 16 (1962); H. P. SCHMITZ, Die Tontechnik des Père Engramelle (Kas 1953); E. BORREL, À propos des n., in: RMie 41/42 (1958), vgl. dazu: J. CHAILLEY, À propos des n., in: RMie 45 (1960); R. DONINGTON, The Interpretation of Early Music (Lo 1963, erweitert 21965); F. NEUMANN, La note pointée et la soi-disant „manière française“, in: RMie 51 (1965); DERS., The French Inégales, Quantz, and Bach, in: JAMS 18 (1965), vgl. dazu: S. BABITZ – J. BYRT – M. COLLINS, Three Further Views on N.I., in: JAMS 20 (1967); S. BABITZ, External Evidence and

Uneven Notes, in: MQ 52 (1966); DERS., Concerning the Length of Time That Every Note Must Be Held, in: MR 28 (1967); DERS., Restoring Baroque Inequality, in: American Recorder 9 (1968); M. COLLINS, A Reconsideration of French Overdotting, in: ML 50 (1969); W. KOLNEDER, G. Muffat z. Aufführungspraxis (Str 1970); B. B. MATHER, Interpretation of French Music from 1675 to 1775 (NY 1973); J. SAINT-ARROMAN, Les inégalités, L'interprétation de la musique française aux 17ᵉ et 18ᵉ siècles, hrsg. v. E. Weber (P 1974); D. FULLER, Dotting, the „French Style" and F. Neumann's Counter-Reformation, in: Early Music 5 (1977); F. NEUMANN, Ornamentation in Baroque and Post-Baroque Music, with Special Emphasis on J. S. Bach (Princeton/N. J. 1978).

E. PLATEN

NOTKER BALBULUS (eig. Notker I. Balbulus), OSB, * um 840 vermutlich Jonschwil (Thurgau), † 6. 4. 912 St. Gallen; Schweizer Gelehrter, Geschichtsschreiber, Dichter und Musiker. Er wirkte am Kloster St. Gallen, wo er zeitweise Lehrer und Leiter der Klosterschule war. N. ist einer der frühesten Verfasser von Sequenztexten und -melodien (↗Prosa; ↗Sequenz). Seine Sequenzsammlung, der *Liber hymnorum* (860–887), enthält einen mit Weihnachten beginnenden Jahreszyklus von 40 Dichtungen in De tempore-Ordnung; dazu sind 33 Melodieschemata erhalten, von denen N. einen Teil selbst komponiert haben dürfte. Das Prooemium zum *Liber hymnorum* enthüllt, daß er die Anregung zu seinem Sequenzschaffen aus französischen Vorbildern bezogen hat. N. ist vielleicht auch der Verfasser der erhaltenen *Versiculi de septem liberalibus artibus,* außerdem nennen einige mittelalterliche Autoren die verlorene Abhandlung *Liber de musicis notis et symphoniarum modis.* Zugeschrieben wird ihm ferner eine kurze *Epistola de musica,* die die sog. ↗Romanus-Buchstaben erklärt. Mit der Schöpfung seiner Sequenzen hat N. nachhaltig die Ausbildung neuer metrischer Formen bewirkt, vor allem aber hat er jene Sequenzentwicklung eingeleitet, die in den Sequenzen des Thomas a Celano und des Jacopone da Todi ihren Höhepunkt erreichte.

Ausg.: *Liber hymnorum,* Melodie-Ausg. bei: P. A. SCHUBIGER, Die Sängerschule St. Gallens vom 8. bis 12. Jh. (Einsiedeln – NY 1858, Nachdr. Hil 1966); O. DRINKWELDER, Ein dt. Sequentiar aus dem Ende des 12. Jh. (Gr – W 1913) (= Veröff. der Gregor. Akad. 8); W. VON DEN STEINEN, N. der Dichter u. seine geistige Welt, 2 Bde. (Be 1948), NA des Textbd. mit dt. Übers. (Be – Mn 1960) (darin 5 Melodien, hrsg. v. G. Birkner).

Lit.: S. SINGER, Die Dichterschule St. Gallens (Frauenfeld 1922); A. K. HENSCHEL, Zehn Sequenzen des N. B. (Diss. Erl 1924); P. LEHMANN, Erforsch. des MA (Mn 1941); G. REICHERT, Strukturprobleme der älteren Sequenz, in: DVfLG 23 (1949); H. HUSMANN, Die St. Galler Sequenzentradition, in: AMl 26 (1954); H. HÜSCHEN, N. B., in: MGG IX; B. STÄBLEIN, Zur Frühgesch. der Sequenz, in: AfMw 18 (1961); DERS., Probleme der Sequenzen N.s, in: ebd.; DERS., Notkeriana, in: AfMw 19/20 (1962/63); J. FROGER, L'épître de N. sur les „lettres significatives", in: Études grégoriennes 5 (1962); H. HAEFELE, N. der Stammler (B 1962) (= Monumenta Germaniae hist. 12); R. L. CROCKER, The Early Medieval Sequence (Berkeley – Los Angeles – Lo 1977).

B. R. SUCHLA

NOTKER LABEO (eig. Notker III. Labeo), OSB, * 950, † 29. 6. 1022 St. Gallen; Schweizer Gelehrter. Er wirkte am Kloster St. Gallen, wo er jahrzehntelang Lehrer und Leiter der Klosterschule war. Als einer der bedeutendsten Schriftsteller in althochdeutscher Sprache erhielt er den Beinamen „Teutonicus". Neben Übersetzungen antiker Dichtungen aus dem Lateinischen und je einer Abhandlung über Rhetorik und Arithmetik stammt vermutlich von ihm auch ein in althochdeutscher Sprache anonym überlieferter Musiktraktat. Dieser umfaßt 5 kurze Kapitel, die die Tonskala (Kap. 1), die Tetrachorde (2), die Tonarten (3), das Monochord (4) und die Mensur der Orgelpfeifen (5) behandeln und als fragmentarische Einführungen in die genannte Thematik entweder Bruchstücke eines größeren verlorenen Werkes oder voneinander unabhängige Fragmente verschiedener einzelner, ebenfalls verlorener Werke darstellen. Dessenungeachtet bewahren sie als älteste Musikabhandlungen in deutscher Sprache einen hohen musikhistorischen Wert.

Ausg.: H. RIEMANN, Stud. z. Gesch. der Notenschrift (L 1878) (enthält 3 Ausschnitte aus dem Musiktraktat); GA, hrsg. v. P. PIPER, 3 Bde. (L 1882–83, NA L 1895) (= Germanistische Bibl. 8–10); GA, hrsg. v. E. H. SEHRT – L. STARCK (Hl 1933–54) (= Altdt. Textbibl., 32–34, 37, 40, 42, 43), NA fortgeführt v. J. C. KING – P. W. TAX (Tü 1972ff.).

Lit.: P. A. SCHUBIGER, Die Sängerschule St. Gallens vom 8. bis 12. Jh. (Einsiedeln – NY 1858, Nachdr. Hil 1966); U. KORNMÜLLER, Die alten Musiktheoretiker, in: KmJb 1 (1886); S. SINGER, Die Dichterschule St. Gallens (Frauenfeld 1922); J. M. CLARK, The Abbey of St. Gall as a Centre of Literature and Art (C 1926); N. NEF, Vom Musiktraktate des N. L., in: SMZ 87 (1947); H. HÜSCHEN, N. L., in: MGG IX; E. S. COLEMAN, Bibliogr. zu N. III. v. St. Gallen, in: Germanic Studies. FS E. H. Sehrt (Coral Gables/Fla. 1968).

B. R. SUCHLA

NOTRE DAME, Romantische Oper in 2 Aufzügen von Franz Schmidt (1874–1939), Text vom Komponisten und Leopold Wilk nach dem Roman *Notre-Dame de Paris* (1831) von Victor Hugo. Ort und Zeit der Handlung: Paris, im Mittelalter. UA: 1. 4. 1914 in Wien (Hofoper); dt. EA (in dt. Sprache): 8. 5. 1918 in Berlin.

Individuelle Konflikte, vorurteilshaft-dogmatisches Denken und hysterische Blutrünstigkeit der Masse besiegeln das Schicksal von Hugos wohl berühmtesten Romanfiguren: von Quasimodo, dem mißgestalteten Glöckner von Notre-Dame, und Esmeralda, der schönen Zigeunerin. In der Detailgestaltung des Librettos wird die Drastik realistisch-plakativer Darstellung gemildert zugunsten einfühlsamer Psychologisierung. Dem entspricht der musikalische Werkstil: lyrische Stimmungsmalerei und minutiöse Gefühlsschilderung werden gegenüber dramatischer Spannungsbildung zu bestimmenden Elementen. Leit- und Erinnerungsmotive gehören zwar zur spätromantischen Klangsprache der Oper, fungieren hier jedoch weniger als Teile eines dichten Beziehungsgeflechts denn als thematische Fixpunkte musikantisch geprägter Fortspinnungstechnik. Dezent stilisierte Verwendung findet zigeunerisches Kolorit – so auch in dem berühmten, in konzertanter Fassung noch heute oft gespielten symphonischen Zwischenspiel zwischen der zweiten und dritten Szene des ersten Aufzugs. W. A. MAKUS

NOTRE-DAME, die Kathedralkirche Beatae Mariae Virginis zu Paris, im hohen Mittelalter ein Zentrum mehrstimmiger Musikpflege, die die europäische Musikentwicklung entscheidend geprägt hat und deren Höhepunkt zwischen etwa 1180 und 1280 und somit zeitlich zwischen dem Musikschaffen am Kloster ↗St-Martial zu Limoges und dem Repertoire der ↗Ars antiqua lag. Die Termini „N.-D.-Schule", „N.-D.-Epoche" und „N.-D.-Zeit" (H. Husmann) beziehen sich summarisch auf den genannten Zeitraum in Paris (z. B. an N.-D., aber auch an den Kirchen Ste-Geneviève-du-Mont und St-Germain-l'Auxerrois, an der Abtei von St-Victor) und der näheren Umgebung (wie z. B. in Beauvais nördlich und in Sens südlich von Paris). Gepflegt wurden hier vor allem der ↗Conductus, das ↗Organum in seiner Spätblüte mit ↗Discantus und ↗Klausel sowie die ↗Motette als charakteristische Neuschöpfung der N.-D.-Zeit. Ein Teil des Repertoires, dem die Gradualien, Alleluia und Responsorien des ↗Gregorianischen Gesangs in der jeweils tiefsten Stimme, d. h. im Tenor, zugrunde liegen, weist einige für die Liturgie an N.-D. kennzeichnende Eigenheiten auf, wie z. B. eine charakteristische Auswahl und Reihenfolge der Alleluia der Messe, besonders an Festtagen wie Ostern, Himmelfahrt und Pfingsten, Anordnung der Responsorien der Matutin und Wahl des Responsoriums der Vesper im ↗Offizium. Die wichtigsten Quellen sind die 3 Hss. F (= Florenz, Bibl. Laurenziana, plut. 29.1), W_1 (= Wolfenbüttel, Herzog-August-Bibl., Hs. 677 [Helmst. 628]) und W_2 (= ebd., Hs. 1206 [Helmst. 1099]). Alle 3 Hss. überliefern ein gemeinsames Repertoire, das für N.-D. komponiert wurde. Hinzu treten Ergänzungen, die in F und W_2 gemeinsam stehen, ferner solche, die sich nur in F finden; außerdem überliefern F und W_1 Kompositionen, deren Texte in der jeweiligen Liturgie von N.-D. keine Verwendung gefunden haben und somit auf die Übernahme eines „fremden" Repertoires hinweisen. Das allen 3 Hss. gemeinsame Repertoire ist der sog. *Magnus liber*, das bedeutendste Werk dieser Zeit, das von dem Musiktheoretiker Anonymus IV (nach 1279) dem Komponisten ↗Leoninus zugeschrieben wird. Anonymus IV berichtet auch, daß ↗Perotinus, der Nachfolger des Leoninus, den *Magnus liber* revidiert habe. Die größte Bedeutung von Perotinus liegt indessen darin, daß er 3- und 4st. Kompositionen geschrieben hat: Die Schaffung eines 3- und 4st. Organums und somit die Erweiterung der Zwei- zur Drei- und Vierstimmigkeit im N.-D.-Repertoire stellen nämlich den wichtigsten Schritt zur Entwicklung der europäischen Mehrstimmigkeit dar. Eine wesentliche Voraussetzung für diesen Schritt war die Ausbildung des sog. modalen Rhythmus (↗Modus), der es ermöglichte, den Zusammenklang von mehr als 2 Stimmen rhythmisch zu reglementieren, und die Entwicklung der Modalnotation (↗Notenschrift), die es möglich machte, die Stimmen auch im Schriftbild rhythmisch festzulegen.

Ausg.: H. HUSMANN, Die drei- u. vierst. N.-D.-Organa (L 1940, Nachdr. 1967) (= PäM 11); L. DITTMER, A Central Source of N.-D.-Polyphony. Facsimile, Reconstruction, Cat. raisonné, Discussion and Transcriptions (Brooklyn/N.Y. 1959) (= Publications of Mediaeval Musical Mss. 3); DERS., Facsimile, Introduction, Index and Transcriptions from the Mss. Paris, Bibl. Nat., nouv. acq. fr. 13521 (La Clayette) and lat. 11411 (ebd. 1959) (= ebd. 4); DERS., Facsimile Reproduction of the Ms. Wolfenbüttel 1099 (1206) (ebd. 1960) (= ebd. 2); J. KNAPP, Thirty-Five Conductus for Two and Three Voices (New Haven/Conn. 1965) (= Coll. Mus. 6); L. DITTMER, Facsimile Reproduction of the Ms. Firenze, Bibl.-Mediceo-Laurenziana, Pluteo 29/1 (Brooklyn/N.Y. 1966, 1967) (= Publications of Mediaeval Musical Mss. 10 u. 11); E. THURSTON, The Works of Perotin (NY 1970).

Lit.: F. LUDWIG, Perotinus Magnus, in: AfMw 3 (1921); J. HANDSCHIN, Was brachte die N.-D.-Schule Neues?. in: ZfMw 6 (1923/24); DERS., Zur Leonin-Perotin-Frage, in: ebd. 14 (1931/32); DERS., Zur Gesch. v. N. D., in: AMl 4 (1932); F. GENNRICH, Perotinus Magnus. Das Organum Alleluja Nativitas gloriose virginis Maria u. seine Sippe (Da 1955) (= Musikwiss. Studienbibl. 12); L. DITTMER, Eine zentrale Quelle der N.-D.-Musik (NY 1957); E. F. FLINDELL, The Achievements of the N.D. School (1959) (= Diss. Univ. of Pennsylvania); H. HUSMANN, Leoninus, in: MGG VIII; DERS., N.-D.-Epoche, in: ebd. IX; DERS., Perotinus, in: ebd. X; G. BIRKNER, N.-D.-Cantoren u. -Succentoren v. Ende des 10. bis zum Beginn des 14. Jh., in: In memoriam J. Handschin (Str 1962); H. HUSMANN, The Origin and Destination of the Magnus liber organi, in: MQ 49 (1963); H. TISCHLER, The Dates of Perotin, in: JAMS 16 (1963); DERS., Perotinus Revisited, in: Aspects of Medieval and Renaissance Music. FS G. Reese (NY 1966); F. RECKOW, Der Musiktraktat des Anon. IV, 2 Bde. (Wie 1967) (= Beih.e zum AfMw 4 u. 5); E. H. SANDERS, The Question of Perotin's Œuvre and Dates, in: FS W. Wiora (Kas 1967); W. FROBENIUS, Zur Datierung v. Francos Ars cantus mensurabilis, in: AfMw 27 (1970); E. H. SANDERS, N.-D.-Probleme, in: Mf 25 (1972); E. H. ROESNER, The Ms. Wolfenbüttel, Herzog-August-Bibl., 628 Helmstadiensis. A Study of Its Origins and Its Eleventh Fasc. (1974) (= Diss. Univ. of New York); DERS., The Origins of W_1, in: JAMS 29 (1976); H. TISCHLER, The Structure of N.-D. Organa, in: AMl 49 (1977); E. H. SANDERS, Consonance and Rhythm in the Organum of the 12th and 13th Centuries, in: JAMS 33 (1980). B. R. SUCHLA

NOTTEBOHM, Martin Gustav, * 12. 11. 1817 Lüdenscheid, † 29. 10.1882 Graz; dt. Musikforscher. Er studierte bei L. Berger und S. Dehn in Berlin, bei F. Mendelssohn Bartholdy, R. Schumann und M. Hauptmann am Leipziger Konservatorium sowie bei S. Sechter in Wien. 1858 wurde er in die Direktion der Gesellschaft der Musikfreunde in Wien berufen, 1863 zum Archivar des evangelischen Chorvereins ernannt. N.s Arbeiten wurden wegweisend für die musikalische Textkritik vor allem der Werke L. van Beethovens.

Schriften: *Ein Skizzenbuch von Beethoven* (L 1865) u. *Ein Skizzenbuch von Beethoven aus dem Jahre 1803* (L 1880), NA beider Werke hrsg. v. P. Mies, als: Zwei Skizzenbücher von Beethoven aus den Jahren 1801–03 (L 1924, Nachdr. Wie 1970); *Beethoveniana* (L 1872, ²1925, Nachdr. 1970); *Beethoven's Studien, I: Beethoven's Unterricht bei J. Haydn, Albrechtsberger u. Salieri* (L – Winterthur 1873, Nachdr. Niederwalluf 1971); *Thematisches Verzeichnis der im Druck erschienenen Werke F. Schuberts* (W 1874); *Zweite Beethoveniana*, hrsg. v. E. Mandyczewski (L 1887, Neudr. 1925); *Mozartiana* (L 1880). – N. war Hrsg. von Bd. IV v. *A. W. Ambros, Geschichte der Musik* (L 1878, Nachdr. Hil 1968) u. arbeitete an den GA der WW Beethovens u. Mozarts mit.

Lit.: E. MANDYCZEWSKI, Namen- u. Sachregister zu N.s Beethoveniana u. Zweite Beethoveniana (L 1888, Nachdr. 1970); G. N.s Briefe an R. Volkmann, hrsg. v. H. CLAUSS (Lüdenscheid 1967); L. LOCKWOOD, N. Revisited, in: Current Thoughts in Musicology, hrsg. v. W. Grubbs – L. Perkins (Austin 1976).

NOTTURNO (it., = zur Nacht gehörig), im 18. Jh. Bz. für meist mehrsätzige Instrumentalwerke, die sich in ihrer Faktur nicht von Serenaden, Kassationen und Divertimenti unterscheiden. Es sind Werke von W. A. Mozart (KV 286 = 269a und *Serenata notturna,* KV 239), J. Haydn (Hob. II: 25–32), M. Haydn und vielen anderen Komponisten der Zeit; synonym erscheint gelegentlich die entsprechende deutsche Bz. Nachtmusik (vgl. Mozarts *Eine kleine Nachtmusik*). Der Titel N. begegnet aber auch bei Vokalwerken für 2 und mehr (Solo-)Stimmen (z. B. von Mozart, F. Blangini, A. Asioli). Die Benennung gilt also zunächst nicht einer bestimmten Form, sondern – vergleichbar etwa mit Bezeichnungen wie *Feuerwerksmusik, Wassermusik, Hochzeitsmarsch* – der Zweckbestimmung, d. h. der Aufführung zu nächtlicher Stunde. Im 19. Jh., wohl beeinflußt von den in der romantischen Literatur mit der Nacht verbundenen Vorstellungen, wird das N. (und bleibt dies auch weiterhin) zu einer musikalischen Ausdeutung der Nacht oder nächtlichen Geschehens (z. B. bei F. Mendelssohn Bartholdy, Musik zum *Sommernachtstraum,* 7. Satz). Diese Art des N. entspricht in etwa dem deutschen Nachtstück und der französischen ↗Nocturne, soweit damit nicht das lyrische Klavierstück in der Tradition J. Fields bezeichnet wird.

Lit.: R. HESS, Serenade, Cassation, N. u. Divertimento bei M. Haydn (Diss. Mz 1963); H. UNVERRICHT, N., in: Grove⁶ XIII.

NOURRIT, Louis Adolphe, * 3. 3. 1802 Montpellier, † 8. 3. 1839 Neapel; frz. Sänger (Tenor). Er studierte in Paris bei M. García und debütierte dort 1821 als Pylades in *Iphigénie en Tauride* von Chr. W. Gluck. 1825–37 war er – als Nachfolger seines Vaters, Louis N. (1780–1831) – 1. Tenor der Pariser Grand Opéra, wurde danach durch Gilbert-Louis Duprez aus dieser Position verdrängt und sang in den beiden letzten Jahren seiner Laufbahn nur noch in Italien. Die Tenorpartien vieler Opern der Zeit wurden für ihn geschrieben, u. a. Robert in *Robert le diable* und Raoul in *Les Huguenots* von G. Meyerbeer, Eléazar in Fr. Halévys *La Juive* und Arnold von Melchthal in *Guillaume Tell* von G. Rossini. Außerdem wirkte er seit 1827 als Gesangslehrer am Pariser Conservatoire. N. setzte sich für die Verbreitung von Fr. Schuberts Liedern in Frankreich ein.

Lit.: F. ROGERS, A. N., in: MQ 25 (1939); R. SIETZ, A. N. u. F. Hiller, in: Mf 21 (1968).

NOUVELLES AVENTURES, Musikalisch-dramatische Aktion von G. Ligeti; meist zusammen mit den *Aventures* aufgeführt als ↗Aventures & Nouvelles Aventures.

NOVÁK, Vítězslav, * 5. 12. 1870 Kamenice nad Lipou (Böhmen), † 18. 7. 1949 Skuteč (Slowakei); tschechischer Komponist. Er studierte gleichzeitig Jura, Philosophie und Musik in Prag, wo er 1909–20 am utraquistischen Konservatorium und 1918–39 an der Meisterschule des Tschechischen Konservatoriums Komposition lehrte. Er stand zeitweise stark unter dem Einfluß der mährischen und slowakischen Volksmusik, deren Melodien und Rhythmen er auf originelle Weise zu verwenden verstand. Nach 1918 trat N.s Schaffen aufgrund des neuerwachten Interesses für die westliche Musik etwas in den Hintergrund, fand aber seit 1930 mit den national gefärbten Spätwerken wieder größere Beachtung. Sehr nachhaltig für die folgende Generation war N.s Wirken als Pädagoge.

WW: **1) Instr.-WW:** Für Klv.: *Ballade* (1893); *Eklogy* (1896); *Sonata eroica* (1900); *Exotikon suita* (1911); 2 Klv.-Trios, g-moll (1892) u. *Quasi una ballata* d-moll (1902); Klv.-Quartett c-moll (1894); Klv.-Quintett a-moll (1897); 3 Streichquartette: G-Dur (1899), D-Dur (1908) u. G-Dur (1938). – Für Orch.: Symphonische Dichtungen: *V Tatráde* (In der Tatra) (1902); *O věčné touze* (Von ewiger Sehnsucht) (1905); *Toman a lesní panna* (Toman u. die Waldfee) (1907); Suite *Slovácká* (Slowakische) (1903); Tondichtung *Pan* (1910); *De profundis* (1941); *Májová* (Maisymphonie) (1943). – **2) Vokal-WW:** *Cigánské melodie* (Zigeunerlieder) (1897) für SingSt u. Klv.; Liederzyklen *Melancholie* (1901) u. *Erotikon* (1912); 6 Männerchöre (1906); Chorkantaten *Bouře* (Der

Sturm) (1910) u. *Svatební košile* (Die Totenbraut) (1913); 20 Chöre *Ze života* (Aus dem Leben) u. *Dvanáct ukolébavek* (12 Wiegenlieder) (1932); Symphonie mit Chor *Podzimní* (Herbst) (1934); *Dvě romance* (Zwei Romanzen) (1933) für SingSt u. Orch.; *Máj* (1942) für Chor. – **3) Bühnen-WW:** Opern: *Zvíkovský rarášek* (Der Burgkobold), UA: Prag 1915; *Karlštejn*, UA: ebd. 1916; *Lucerna* (Die Laterne), UA: ebd. 1923; *Dědův odkaz* (Das Vermächtnis des Großvaters), UA: Brünn 1926. – Ballette: *Signorina Gioventù* u. *Nikotina*, UA: Prag 1929. – Ferner Memoiren als: *O sebé a o jiných* (Über mich u. andere) (Pr 1942, ²1970).

Lit.: H. HOLLÄNDER, V.N., in: SMZ 71 (1931); A. HÁBA, V.N. (Pr 1940) (= Pro život 17); V. STEPÁN, V.N. (Pr 1946); G. CARRITT, V.N., in: Monthly Musical Record 80 (1950); V. LÉBL, V.N. Život a dílo (Pr 1964, 1967) (auch dt., engl. u. frz.); M. SCHNEIDER, Tvůrčí cesta umění V.N.a (Diss. Pr 1968); J. MATĚJČEK, V.N., ein Spätromantiker aus der Tschechoslowakei, in: NZfM 130 (1969); J. KŘÍSTKOVÁ, V.N. Bibliogr. (Ostrau 1970); Aufsatzfolge in: Hudební věda 8 (1971); Narodní umělec V. N., hrsg. v. K. PADRÍTA – B. ŠTĚDROŇ (Budweis 1972).

NOVALIS (eig. Friedrich Leopold von Hardenberg), * 2. 5. 1772 Oberwiederstedt bei Mansfeld, † 25. 3. 1801 Weißenfels/Saale; dt. Dichter. Er studierte 1790–93 Jura und Philosophie in Jena, Leipzig und Wittenberg, u.a. bei Johann Gottlieb Fichte, Fr. von Schiller, Friedrich von Schlegel und Karl Leonhard Reinhold. Hauptberuflich als Verwaltungsbeamter zunächst in Tennstedt (Thüringen) und seit 1800 als Salinenassessor und Berghauptmann tätig, widmete er sich, veranlaßt durch eine Vision nach dem Tode seiner Verlobten Sophie von Kühn (1797), einer „progressiven Universalpoesie"; er erlebte die Nacht als Raum der Transzendenz und suchte die kosmische und geistige Einheit des Alls schrittweise zu erfassen (Einführung des Symbols der „blauen Blume" im Romanfragment *Heinrich von Ofterdingen*). Seinen Ideen verlieh er Ausdruck in den von Friedrich Schleiermacher angeregten, pietistischen *Geistlichen Liedern* (1799), die teilweise auch in Kirchengesangbücher aufgenommen wurden. N.-Texte vertonten u.a. C. Loewe, Fr. Schubert, A. Mendelssohn, M. Reger, O. Schoeck, Max Zehnder und G. Becker.

Ausg.: Werke, Briefe, Dokumente, hrsg. v. E. WASMUTH, 4 Bde. (Hei ³1975).

Lit.: W. FLÖRCK, N. u. die Musik. Mit besonderer Berücksichtigung des Musikal. in N.' „Hymnen an die Nacht" (Diss. Marburg 1927); A. HENKEL, Die spekulative Musikanschauung des N. (Diss. Gr 1941); A. J. BUS, Der Mythus der Musik in N.' „Heinrich von Ofterdingen" (Alkmaar 1947); J. MITTENZWEI, Die Identität v. Poesie u. Musik in der Vorstellung des N., in: Das Musikal. in der Lit. (Hl 1962); M. SEIDEL, Die Geistlichen Lieder des N. u. ihre Stellung z. Kirchenlied (Diss. Bonn 1973).

J. DORFMÜLLER

NOVELLETTE (von it. novelletta = kleine Erzählung, Diminutivform von novella), von R. Schumann (8 N.n für Klv., op. 21, 1838) wohl im Anschluß an die gleichnamige literarische Gattung, möglicherweise auch aus Verehrung für Clara Novello geprägte Bz. für ein ↗Charakterstück meist heiterer Stimmung in rhapsodischer Rondoform mit kantablen Zwischensätzen. Später schrieben N.n u.a. N. Gade (für Klv.-Trio, op. 25, für Str.-Orch., op. 53, und für Klv., op. 58), J. P. E. Hartmann (für Klv., op. 55 und op. 65), Th. Kirchner (für Klv.-Trio, op. 59), C. Reinecke (für Klv., op. 226), M. Balakirew (für Klv.), A. Glasunow (für Streichquartett, op. 15), A. Ljadow (N. *Nowinka* für Klv., op. 20), Zd. Fibich (für Klv., op. 44), Fr. Bridge (für Streichquartett, 1904), G. Martucci (für Klv., op. 82, 1905; bearb. für Orch., 1908), Fr. Poulenc (für Klv.) und A. Tscherepnin (für Klv.).

NOVELLO, engl. Musikerfamilie it. Herkunft. – **1) Vincent,** * 6. 9. 1781 London, † 9. 8. 1861 Nizza. Er bekleidete verschiedene Organistenstellen, u.a. 1797–1822 an der Kapelle der portugiesischen Gesandtschaft und 1840–43 an der katholischen Kapelle in Moorfields, und war auch als Pianist und Dirigent bekannt. N. gab seit 1811 auf eigene Kosten mehrere Sammlungen älterer Kirchenmusik heraus, darunter *A Collection of Sacred Music Performed at the Royal Portuguese Chapel* (2 Bde., 1811), *Mozart's Masses* (18 Bde., 1819–40), *Haydn's Masses* (16 Bde., 1823–25), *The Fitzwilliam Music* (5 Bde., 1825) und *Purcell's Sacred Music* (1828–32) und legte damit den Grund für den Verlag ↗Novello & Co. – **2) Mary Victoria,** Tochter von 1), * 22. 6. 1809 London, † 12. 1. 1898 Genf; Musikschriftstellerin. Sie war 1853–56 Redakteurin der *Musical Times* und übersetzte H. Berlioz' *Traité d'instrumentation*, Ch. S. Catels *Traité d'harmonie* und L. Cherubinis *Cours de contrepoint et de fugue* ins Englische. – **3) Joseph Alfred,** Bruder von 2), * 12. 8. 1810 London, † 16. 7. 1896 Genf; Sänger, Chorleiter und Komponist. Er widmete sich seit 1829 ebenfalls der Editionstätigkeit, die er bis 1856 erfolgreich ausübte. Dann übersiedelte er nach Nizza, später nach Genf, und überließ dem Teilhaber (seit 1861 Alfred Henry Littleton) das Verlagshaus, das nunmehr als „Novello & Co." firmierte. N. gründete die Zeitschriften *The Musical World* (1836) und *The Musical Times and Singing Class Circular* (1844). – **4) Clara Anastasia,** Schwester von 2) und 3), * 10. 6. 1818 London, † 12. 3. 1908 Rom; Sängerin. Sie debütierte 1833 neben Maria Malibran beim Festival von Worcester und gab dann Liederabende in Leipzig, Wien, Dresden, Berlin und St. Petersburg. 1839 begegnete sie in Bologna G. Rossini, der sie zu einer Bühnenlaufbahn überredete. Ihre erste Partie sang sie 1841 in Padua in Rossinis *Semiramis.* 1842 wirkte sie in Bologna bei der ersten Aufführung von Rossinis *Stabat mater* mit. Ein überragender Erfolg war 1843 ihr Auftritt in G. Bellinis *Norma* im Covent Garden in London. Kurz darauf heiratete sie den Grafen Paolo Gigliucci und verließ die Bühne, kehrte jedoch nach den Ereignissen von 1848 zum Theater zurück und erzielte wieder triumphale Erfolge, u.a. 1849 in Rom in G. Donizettis *Poliuto*, 1850 in Florenz in G. Bellinis *I Puritani* und 1851–52 in Lissabon in Bellinis *Beatrice di Tenda* sowie 1853–54 an der Scala in G. Verdis *Rigoletto* und Rossinis *Semiramis*. Seit 1855 widmete sie sich wieder dem Konzertgesang, bis sie sich 1860 ins Privatleben zurückzog.

Lit.: N. COWDEN-CLARKE, Life and Labours of V. N. (Lo 1862); The N. Centenary, in: MT 52 (1911); W. B. SQUIRE, Some N. Correspondence, in: MQ 3 (1917); A Mozart Pilgrimage, Being the Travel Diaries of V. & M. N. in the Year 1829, hrsg. v. R. HUGHES (Lo 1955), dt. Übers.: Eine Wallfahrt zu Mozart (Bonn 1959).

NOVELLO & CO., engl. Musikverlag, hervorgegangen aus dem von V. Novello gegründeten und 1857 von **Alfred Henry Littleton,** * 2. 1. 1823 London, † 11. 5. 1888 ebd., als Manager übernommenen Verlagshaus. Unter Littleton, der 1861 Teilhaber und 1866 Alleineigentümer wurde, nahm das Unternehmen, das 1867 auch die Firma Ewer erwarb, einen großen Aufschwung. Er erweiterte das Verlagsprogramm, das bis dahin fast ausschließlich auf geistliche Musik spezialisiert war, auf weltliche Musik, vor allem Orchesterwerke und, 1870 beginnend mit L. van Beethovens *Fidelio,* auf Opern. Ein zentraler Bereich des Katalogs der Firma, die selbst große Chorkonzerte veranstaltete (z.B. dirigierte G. Verdi 1875 viermal sein Requiem), wurde die Gattung des Oratoriums, ferner Taschenpartituren und die Editionen der Purcell Society. Nachfolger von Littleton waren 1887 seine Söhne **Alfred Littleton,** * 15. 2. 1845 London, † 8. 11. 1914 ebd., und **Augustus Littleton,** * 8. 11. 1854 London, † 22. 9. 1942 ebd., die die Schulmusik in das Verlagsprogramm aufnahmen. Seit 1898 firmiert der Verlag als *Novello & Co., Ltd.* 1940 übernahm der Sohn von Augustus, **Walter Littleton,** * 11. 12. 1878 (London-)Sydenham, † 11. 4. 1963 Brighton, die Geschäftsleitung, dem dann dessen Sohn **Henry Littleton** folgte. 1960 erwarb N. das Haus Elkon & Co., 1971 die Häuser Goodwin & Tabb und Paxton. Seit 1970 gehört die Firma zur Granada Group. Zu den Komponisten, die der Verlag vertritt, gehören E. Elgar, seit Ende des 1. Weltkriegs auch Gr. Bantock, G. Holst und A. Bliss, seit Ende des 2. Weltkriegs J. Joubert, K. Leighton, R. R. Bennett, Thea Musgrave und D. Blake.

Lit.: The N. Centenary, in: MT 52 (1911); A Century and a Half in Soho. A Short History of the Firm of N., Publishers and Printers of Music, 1811–1961 (Lo 1961); O. NEIGHBOUR – A. TYSON, Engl. Music Publishers' Plate Numbers in the First Half of the Nineteenth Century (Lo 1965); N. TEMPERLEY, The Musical Times and Journalism, 1844, in: MT 110 (1969); N.-Auktionskataloge 1852 u. 1862 (Nachdr. A 1975).

NOVERRE, Jean Georges, * 29. 4. 1727 Paris, † 19. 10. 1810 ebd.; frz. Tänzer und Choreograph. Er war Schüler von L. Dupré, debütierte 1743 in Paris, ging 1744 (1745?) an die Hofoper Berlin und arbeitete 1747–50 in Straßburg (?) sowie in Marseille und Lyon und 1750–52 in Lyon. 1753–55 war er als Ballettmeister an der Opéra-Comique in Paris, 1755–57 am Drury Lane Theatre in London tätig. 1757–60 lebte er wieder in Lyon und schrieb hier seine berühmtgewordenen *Lettres sur la danse.* 1760–67 war N. Hofballettmeister in Stuttgart und 1767–74 als Nachfolger G. Angiolinis Ballettmeister am Burgtheater und am Kärntnerthor-Theater in Wien. In Stuttgart arbeitete er mit Fl. Deller und J. J. Rudolph als Ballettkomponisten, in Wien mit Fr. Aspelmayr und J. Starzer zusammen. 1774–75 war er Ballettmeister am Teatro Regio Ducale in Mailand, 1775–76 wieder in Wien, 1776–81 an der Pariser Opéra, 1781–82 und 1787–89 am King's Theatre in London. 1789–92 lebte er in Triel (Seine-et-Oise), 1794–95 in England und anschließend verarmt in St-Germain-en-Laye, wo er seine Schriften redigierte. N. war der große Ballettreformator des 18. Jh., dessen Ziel das Ballet d'action war, das er als musikalisch-choreographisches Drama verstand und als ein solches streng vom figuralen Divertissement unterschied (↗ Ballett). Er verfaßte mindestens 85 einaktige Werke (davon 6 unsicher; 15 als Opéra-ballets für N. Jommelli in Stuttgart), außerdem in Wien 7 mehraktige Tanzdramen, komponiert von Aspelmayr (*L'Agamemnon vengée, Acis et Galathée,* 1772; *Iphigénie en Tauride,* 1772/73; *Apelles et Campaspe,* 1774) und J. Starzer (*Adèle de Ponthieu,* 1773; *Les Horaces et les Curiaces,* 1774; *Didon abandonnée,* UA: Lyon 1781). Ch.-L. Didelot, die Brüder Gardel und S. Viganò gehörten zu seinen Schülern, S. Diaghilew und M. Fokin waren seine geistigen Erben.

Schriften: *Lettres sur la danse, et sur les ballets* (Ly 1760, W 1767, P 21783), dt. Teilübers. v. G. E. Lessing (H 1769); dass., 4 Bde. (St. Petersburg 1803/04); *Recueil des programmes de ballets de M. Noverre* (W 1776); *Lettres sur les arts imitateurs en général et sur la danse en particulier* ... I–II (P 1807).

Ausg.: *Lettres sur la danse,* hrsg. v. A. LEVINSON (P 1927); dass., engl. Übers. hrsg. v. C. W. BEAUMONT (Lo 1930, NA Brooklyn/N. Y. 1966); *Lettres sur la danse et les arts imitateurs* (P 1952) (= Les classiques de la danse 1).

Lit.: C. E. NOVERRE, Life and Works of the Chevalier N. (Lo 1882); H. ABERT, J. G. N. u. sein Einfluß auf die dramat. Ballettkunst, in: Jb. Peters 15 (1908); H. NIEDECKEN, J. G. N. (Hl 1919); T. KRATZ, J. G. N.'s Lettres sur la danse (Diss. Wü 1923); M. SCHULZ, J. G. N. in Wien (Diss. W 1927); D. LYNHAM, The Chevalier N. (Lo 1950); P. TUGAL, J. G. N. (B 1959); W. PFANNKUCH, J. G. N., in: MGG IX.; M. KRÜGER, J. G. N. u. sein Einfluß auf die Ballettgestaltung (Emsdetten 1963).

W. PFANNKUCH

NOWAK, Leopold, * 17. 8. 1904 Wien; östr. Musikforscher. Er studierte in Wien bei Fr. Schmidt an der Musikakademie, promovierte 1927 und habilitierte sich 1932 an der Universität, an der er bis 1939 Assistent am Musikwissenschaftlichen Seminar war, 1932 Privatdozent und 1939 außerordentlicher Professor wurde (1946 erneuert). 1946–69 war er Direktor der Musiksammlung der Österreichischen Nationalbibliothek in Wien. 1930 wurde er wirkendes Mitglied der Gesellschaft zur Herausgabe der DTÖ und 1945 Leiter der Sektion Musikwissenschaft der Wiener Katholischen Akademie, 1946 Mitglied der Kommission für Musikwissenschaft der Österreichischen Akademie der Wissenschaften sowie wissenschaftlicher Leiter der Anton-Bruckner-Gesamtausgabe. Zu seinem 60. Geburtstag erschien die Festschrift *Bruckner-Studien* (hrsg. v. Fr. Grasberger, W 1964).

Schriften: *Das deutsche Gesellschaftslied bei H. Finck, P. Hofhaymer und H. Isaac* (Diss. W 1927), erweitert als: *Das deutsche Gesellschaftslied in Österreich von 1480 bis 1550,* in: StMw 17 (1930); *Grundzüge einer Geschichte des Basso ostinato* (W 1932); *Te Deum laudamus. Gedanken zur Musik A. Bruckners* (W 1947); *J. Haydn* (W 1951, ³1965); *A. Bruckner, Musik und Leben* (W 1964, Linz ²1973); *Form und Rhythmus im ersten Satz des Streichquintetts von A. Bruckner,* in: FS H. Engel (Kas 1964), Nachdr. in: Zur musikal. Analyse, hrsg. v. G. Schuhmacher (Da 1974); *Reden und Ansprachen* (W 1964); *Metrische Studien von A. Bruckner an Beethovens III. und IX. Symphonie,* in: Beethoven-Stud., hrsg. v. E. Schenk (W 1970); *Studien zu den Formverhältnissen in der e-moll-Messe von A. Bruckner,* in: Bruckner-Stud., hrsg. v. O. Wessely (W 1975). – Editionen: *Das dt. Gesellschaftslied in Österreich von 1480 bis 1550* (zus. mit A. Koczirz u. A. Pfalz) (1930) (= DTÖ 72); *A. Bruckner, GA,* Neue Reihe (1951 ff.) mit bisher 22 Bdn.; *W. A. Mozart, Requiem,* 2 Bde. (1965) (= Neue Mozart-Ausg. I/1, Abt. 2/1–2).

Lit.: H. HASCHECK, in: ÖMZ 29 (1974).

NOWAKOWSKI, Anton Alfons, * 10. 2. 1897 Langenau bei Danzig, † 3. 1. 1969 Stuttgart; dt. Organist, Dirigent und Komponist. Er war Schüler von A. von Zemlinsky und F. F. Finke in Prag (Komposition), Max Springer in Wien (Kontrapunkt) sowie in Orgel von K. Straube in Leipzig und Fr. Heitmann in Berlin. 1921–27 wirkte er als Organist der Emmauskirche, Lehrer der Deutschen Akademie für Musik und Dirigent des Akademischen Gesangvereins der deutschen Universität in Prag, dann bis 1934 an der Folkwangschule in Essen. Seit 1936 war er Kapellmeister in Berlin und Danzig sowie zeitweise Assistent W. Furtwänglers bei den Bayreuther Festspielen. 1941–45 lehrte N. als Professor an der Deutschen Hochschule für Musik in Prag, kam 1947 als Theorielehrer an das Duisburger Konservatorium und schließlich 1948 als Professor für Orgelspiel und Leiter der Abteilung für Katholische Kirchenmusik an die Stuttgarter Musikhochschule. 1963–66 leitete er auch Meisterkurse der Internationalen Sommerakademie des Salzburger Mozarteums. N. gastierte als Organist wie als Dirigent in zahlreichen Ländern Europas und bei berühmten Orchestern. Er war ein vielseitiger Künstler. Sein Orgelspiel, vor allem sein Bach-Spiel, war von einem meditativen Grundzug gekennzeichnet. Weitere Schwerpunkte seines Repertoires waren die Werke frz. Romantik, M. Regers sowie der Neuen Musik (Uraufführungen von Werken von J. N. David u.a.).

WW: Orgelstücke; Kammermusik; Orch.-Werke. – *Das künstlerische Orgelspiel,* in: Hdb. der kath. Kirchenmusik, hrsg. v. H. Lemacher – K. G. Fellerer (Essen 1949); *Erinnerungen aus Konzertsaal und Oper,* in: W. Furtwängler im Urteil seiner Zeit (Z – Fr 1955); *Die Orgel verlangt das konzentrierteste Publikum,* in: E. Schwaiger, Warum der Applaus (Mn 1968).

B. A. KOHL

NOZZE DI FIGARO, LE, Opera buffa von W. A. Mozart; dt. Titel: Die ↗Hochzeit des Figaro.

NUCIUS (Nux, Nucis), Johannes, * wahrscheinlich zwischen 1560 und 1563 Görlitz (Oberlausitz), † 25. 3. 1620 Himmelwitz (Oberschlesien); dt. Musiktheoretiker und Komponist. Er trat um 1586 in die Zisterzienserabtei Randen ein und wurde 1591 Abt des Klosters Himmelwitz. Sein Traktat *Musices poeticae ...* ist eine der Hauptquellen der musikalischen Figurenlehre.

WW: Theoretisches Werk: *Musices poeticae sive de compositione cantus praeceptiones* (Neisse 1613). – Kompositionen: *Modulationes sacrae* für 5–6 St. (Pr 1591), Nachdr. als: *Cantiones sacrae ...,* 2 Bde. (Liegnitz 1609). – 2 Messen für 5 St. u. 2 Motetten für 4 St. sind hsl. erhalten.

Ausg.: 4 Motetten, hrsg. v. B. WIDMANN (Rb 1920); 2 Motetten für 5–8 St. u. 3 Motetten für 4–5 St., hrsg. v. J. GÜLDENMEISTER (Fr 1956); Ausgew. Motetten, hrsg. v. J. KINDERMANN (Wie 1968) (= EDM 5); 4 Motetten für 5 u. 6 St., hrsg. v. DEMS. (Wb 1969) (= Chw 110).

Lit.: R. STARKE, J. Nux, in: MfM 36 (1904); E. KIRSCH, Von der Persönlichkeit u. dem Stil des ... J. N. (Breslau 1926) (mit 3 Stükken aus „Modulationes sacrae ..."); F. FELDMANN, Musiktheoretiker in eigenen Kompositionen, in: DJbMw (1956); H. UNVERRICHT, in: Schlesische Lebensbilder 5 (1968); DERS., Das Motettenwerk des J. N., in: Schöpferisches Schlesien (Nü 1970).

NUFFEL, Jules (Julius) Joseph Paul Maria van, * 21. 3. 1883 Hemiksem bei Antwerpen, † 29. 6. 1953 Wilrijk bei Antwerpen; belgischer Kirchenmusiker. Er studierte neben Theologie Orgel, Harmonielehre und Komposition (E. Tinel). 1916 gründete er in Mecheln den Chor von St. Rombaut und wurde 1918 zum Direktor des Lemmens-Instituts ernannt. Mit seiner pädagogischen Tätigkeit und seinen Kompositionen (Messen, Motetten, Psalmen, ein Te Deum, meist für 4- bis 6st. Chor mit Orgelbegleitung), die Wesenszüge der Neuen Musik aufnahmen, gab N. der Erneuerung der geistlichen Musik in Belgien starke Impulse. Zusammen mit Ch. van den Borren und G. van Doorslaer besorgte er auch die (erste) GA der Werke von Ph. de Monte (31 Bde., Brügge – Düsseldorf 1927–39).

Lit.: J. VIJVERMAN, Monsignore J. van N., in: Vereeniging voor Muziekgeschiedenis, Jaarboek (An 1959); E. N. VAN NUFFEL, Monsignore J. van N.... Herinneringen ... en dokumenten (Courtrai 1967); Sonder-H. van N. (1973) (= Gamma 25).

NUITTER (eig. Truinet), **Charles-Louis-Étienne**, * 24. 4. 1828 Paris, † 23. 2. 1899 ebd.; frz. Musikschriftsteller und Librettist. N. war seit 1849 Advokat am Pariser Appellationshof und seit 1866 Archivar an der Pariser Opéra. Neben der Inventarisierung und Katalogisierung der Archive ist ihm auch die Gründung der Bibliothek der Opéra zu verdanken. Außerdem schrieb N. etwa 50 Libretti (Opern, Operetten, Ballette), insbesondere für J. Offenbach, L. Delibes und É. Lalo, und übersetzte mehrere fremdsprachige Opern ins Französische, darunter Werke R. Wagners, der während seines Paris-Aufenthaltes 1859–61 die Textfassungen von *Rienzi, Tannhäuser* und *Lohengrin* selbst überwachte.

WW: Etwa 50 Libretti, u.a. für: F. Barbier, *Une nuit à Séville*, UA: Paris 1855; J. Offenbach, *Les bavards*, UA: ebd. 1863; ders., *Vert-Vert*, UA: ebd. 1869; C. A. Lecocq, *Le cœur et la main*, UA: ebd. 1882. – Schriften: *Le nouvel Opéra* (P 1875); *Les origines de l'opéra français* (P 1886, Nachdr. G 1972).

NULL. – **1)** In der Notierung von Musik für Streichinstrumente gibt das Zeichen 0 (oder o) über einer Note an, daß die ↗leere Saite gespielt werden soll. Mit einem Kreis (○) über einer Note wird dagegen deren Ausführung als ↗Flageolett-Ton gefordert. – **2)** In der ↗Generalbaß-Bezifferung wird durch die über der Note notierte N. ↗tasto solo verlangt. – **3)** In der funktionalen Harmonielehre Chiffre für Molldreiklänge (z.B. ^{0}T, ^{0}S, ^{0}D).

NUNES GARCIA, José Maurício, * 29. 9. 1767 Rio de Janeiro, † 18. 4. 1830 ebd.; brasilianischer Komponist. N. studierte Theologie, wurde 1792 zum Priester geweiht und 1798 als Kapellmeister an die Kathedrale von Rio de Janeiro berufen. 1810 wurde er Inspektor und Hofprediger der Kapelle von König João VI. von Portugal, der sich auf der Flucht vor den Truppen Napoleons in Rio de Janeiro niedergelassen hatte. Intrigen seines Rivalen M. Portugal führten jedoch schon 1816 zu N.' Entlassung. N. schrieb vorwiegend geistliche Musik. Zunächst schlicht und mit sparsamen Mitteln gestaltet, neigen seine Kompositionen seit etwa 1810/11 zu prunkvoller, manchmal überladener Klanglichkeit, worin sich auch die größeren aufführungspraktischen Möglichkeiten der königlichen Kapelle spiegeln. Als charakteristisches Werk dieser Art gilt die *Missa de Requiem* (1816).

WW: **1) Geistliche WW:** 11 Antiphonen; 2 Magnificat; 28 Litaneien; 7 Motetten; 7 Te Deum; 5 Psalmen; 11 Tantum ergo; 27 Graduale; 4 Offertorien; 4 Stabat mater; 21 Messen. – **2) Weltliche WW:** Oper *Le due gemelle*, UA: Rio de Janeiro 1813; Bühnenmusik zu *O triumpho da América* (1809) u. *Ulissea* (1809).

Lit.: R. TAVARES DE LIMA, Vida e epoca de J. M. (São Paulo 1941); L. H. CORRÊA DE AZEVEDO, Música e músicos do Brasil (Rio de Janeiro 1950); C. P. DE MATTOS, Catálogo temático dos obras do padre J. M. N. G. (ebd. 1970).

NUREJEW, Rudolf, * 17. 3. 1938 auf einer Eisenbahnfahrt am Baikalsee in der Nähe von Irkutsk (Sibirien); britischer Tänzer und Choreograph russ. Herkunft. 1955–58 in der Leningrader Opern-Ballettschule ausgebildet, gehörte er zunächst dem Leningrader Ballett an und wurde dann Mitglied des Kirow-Ensembles. Bei einem Gastspiel in Paris verließ er das Ensemble, emigrierte nach London und bat dort um politisches Asyl. Seitdem gastierte er bei zahlreichen europäischen Compagnien, tanzte aber als „guest artist" und Partner von Margot Fonteyn vor allem beim Royal Ballet in London. Als virtuoser, expressiver Tänzer enthusiastisch gefeiert, machte er durch die Aktualisierung von Originalchoreographien M. Petipas und Lew Iwanows auch als Choreograph auf sich aufmerksam. Ebenso fand sein 1972 uraufgeführter Film *I Am a Dancer* Anerkennung. Seine Autobiographie erschien 1962 in London unter dem Titel *Nurejew – An Autobiography with Pictures.*

Lit.: K. GEITEL, Der Tänzer R. N. (B 1967); A. BLAND, The N. Image (Lo 1976).
G. LUDIN

NUSSKNACKER, DER *(Schtschelkuntschik)*, Ballett in 2 Akten mit 3 Bildern von Peter I. Tschaikowsky (1840–93), Libretto von Marius Petipa, Choreographie von M. Petipa u. Lew Iwanow. UA: 6. (18.) 12.1892 in St. Petersburg (Marientheater); dt. EA (des gesamten Werkes): 1960 in Berlin (Festwochen).

Als Inkarnation der klassischen russischen Ballettkunst apostrophiert, erweist sich der Nußknacker auch heute noch als Repertoireballett ohnegleichen. Die märchenhaft phantastische Handlung, die sich E. T. A. Hoffmanns Erzählung *Der Nußknacker und der Mäusekönig* (1816) anschließt, präsentiert die Wunsch-Traum-Welt eines zwölfjährigen Mädchens, das von seinem Weihnachtsgeschenk, einem Nußknacker, träumt; die Verwandlung des Nußknackers zum Prinzen beschließt die Phantasieerlebnisse des Kindes. – Ursprünglich von Tschaikowsky als Kinderzimmerspiel für seine Nichten und Neffen arrangiert, entstand diese Ballett-Féerie als Auftragskomposition für das Marientheater. Nach Petipas choreographischen wie auch musikalisch detaillierten Vorstellungen komponierte Tschaikowsky minutiös die sechs Danses caractéristiques des 2. Bildes *(Marsch, Tanz der Zuckerfee, Russischer Tanz, Arabischer Tanz, Chinesischer Tanz, Pfeifertanz),* die durch eingängig-melodiöse, bisweilen fernöstlich kolorierte Themen gekennzeichnet sind. Die sinfonisch durchgestaltete Komposition weist eine originelle Instrumentierung auf: z. B. mechanische Klangeffekte *(Ouverture miniature – Spieldosenmusik);* zudem wurde hier erstmals die Celesta als Orchesterinstrument vorgestellt. – Petipas Originalchoreographie war bei der UA äußerst erfolgreich und bewahrte ihre Gültigkeit für Jahrzehnte; allerdings werden in neuerer Zeit moderne, höchst eigenwillige Interpretationen des Balletts versucht, in denen dessen als antiquiert empfundener Märchencharakter stark zurückgenommen erscheint (J. Cranko, Stuttgart 1966, und J. Neumeier, Frankfurt am Main 1971). G. LUDIN

NYCKELHARPA (schwed., = Schlüsselharfe, Schlüsselfiedel), Bz. für ein mit kurzem Bogen gespieltes Streichinstrument, das aus einem schmalen, länglichen Resonanzkörper mit Hals, Wirbelbrett mit hinterständigen Wirbeln besteht und waagrecht vor dem Körper an einem Gurt gehalten wird. Die Anzahl der Saiten wechselt, doch waren es immer je 1–2 Melodie- und Bordunsaiten. Hinzu kommen seit dem 18. Jh. 2–19 Aliquotsaiten. Die Melodietöne werden durch Tasten mit kleinen Holzpflöckchen (Tangenten; durch diese Mechanik ist die N. mit der ↗Drehleier verwandt) abgegriffen. Zunächst nur diatonisch, wurde der Tonumfang der N. durch chromatische Zwischentöne erweitert; seit 1926 ist sie über zwei Oktaven voll chromatisch. Die N. war in Norddeutschland und Dänemark bis ins 17. Jh. bekannt, seitdem ist ihre Verbreitung auf Schweden beschränkt, wo sie noch heute als Volksinstrument besonders zum Tanz gespielt wird.

Lit.: J. LING, N.n. Studier i ett folkligt musikinstrument (Uppsala 1979) (= Musikhistoriska museets skrifter 2).

NYERT (Niert, Niel), **Pierre de,** * um 1597 Bayonne, † 12. 2. 1682 Paris; frz. Sänger. N. entstammte einer Adelsfamilie und studierte als Autodidakt Gesang, Laute und Theorbe. Er stand zunächst im Dienst von M. de Mortemart, wurde 1638 „premier valet de la garde-robe“ König Ludwigs XIII. und später „premier valet du chambre“ König Ludwigs XIV. und wirkte daneben als Sänger bei zahlreichen Ballets de cour mit. 1633–35 hielt er sich in Rom auf, wo er in den Opernaufführungen der Barberini den neuen italienischen Gesangstil kennenlernte. Nach Frankreich zurückgekehrt, setzte er sich mit großem Erfolg für eine Reform der Gesangstechnik ein. Sein Einfluß auf zeitgenössische Komponisten, u. a. A. Boësset, B. de Bacilly und J. Sicard, war beträchtlich und führte kurz nach 1640 zu einer Wandlung des Air de cour in Richtung auf ein engeres Verhältnis von Wort und Ton. La Fontaine schrieb 1677 eine *Épître à M. de Nyert.*

NYSTROEM, Gösta, * 13. 10. 1890 Silvberg, † 9. 8. 1966 Särö; schwedischer Komponist und Maler. Er studierte zunächst privat bei Lennart Arvid Lundberg und Bergonson und später an den Konservatorien in Stockholm (1913–14) und Kopenhagen (1915–19). Anschließend ging er nach Paris, wo er seine Ausbildung bei V. d'Indy, L. Sabanejew und P. A. Chevillard vervollständigte. Nach Schweden zurückgekehrt, lebte er 1932–47 als Musikkritiker in Göteborg. In seinen Kompositionen verbinden sich expressionistische Züge mit Elementen des frz. Impressionismus.

WW: **1) Instr.-WW:** 2 Streichquartette (1956, 1961); für Orch.: *Sinfonia breve* (1929–31); *Sinfonia espressiva* (1932–37); *Sinfonia del mare* (1946–47); *Sinfonia shakespeariana* (1951–52); *Sinfonia sacra* (1963); *Sinfonia tramontana* (1965); *Hommage à la France* (1940) für Va. u. Orch.; *Sinfonia concertante* (1945) für Vc. u. Orch.; V.-Konzert (1954); *Concerto ricercante* (1959) für Klv. u. Orch. – **2) Vokal-WW:** Für SingSt u. Klv.: *Ångest* (Angst) (1927); *På reveln* (Auf der Düne) (1949); *Summer Music* (1964) für Sopran u. Orch. – **3) Bühnen-WW:** *Herr Arnes penningar* (Das Geld des Herrn Arne), UA: Göteborg 1961.

Lit.: M. PERGAMENT, G. N. Swedish Composer, in: ML 27 (1946); A. THOOR, G. N. as a Symphonist, in: MR 7 (1950); L. K. CHRISTENSEN, The Orchestral Works of G. N. (Washington 1961).

O

O, als Zeichen 0 (oder o), ↗Null; als Mensurzeichen ○, ↗Notenschrift.

OBEREK (poln.), ↗Mazur.

OBERLINGER, Gebr. Oberlinger OHG Orgelbau, dt. Orgelbauwerkstatt. Sie wurde 1860 von **Jakob O.** (1842–1916) in Windesheim bei Bad Kreuznach gegründet. Jakob O., der die Firma zusammen mit seinem Bruder **Karl O.** (1840–1919) führte, übergab sie später seinem Sohn **Karl O.** (1879–1962), dieser nach dem 2. Weltkrieg seinen Söhnen **Hermann O.** (* 1908) und **Ernst O.** (* 1915). An der Geschäftsleitung sind heute auch **Helmut O.** (* 1942), Sohn von Hermann O., und **Wolfgang O.** (* 1943), Sohn von Ernst O., beteiligt. Die konsequent im Sinn der Orgelbewegung vollzogene Umstellung auf den Bau von mechanischen Instrumenten mit barock-orientierten Dispositionen führte zu einer Reihe beachtlicher Neubauten, u.a. in Bad Kreuznach, Pauluskirche (1957; 3 Man., 45 Reg.); Kaiserslautern, Stiftskirche (1970; 4 Man., 64 Reg.); Erkelenz, St. Lambertus (1979; 3 Man., 53 Reg.); Berlin, St. Paulus (1975; 3 Man., 48 Reg.); Bonn-Beuel, St. Joseph (1981; 3 Man., 60 Reg.).
Wichtige Restaurierungen sind die älteste spielbare deutsche Orgel in St. Valentinus zu Kiedrich, die Stumm-Orgeln in St. Paulus zu Kirchheimbolanden und in der Schloßkirche Meisenheim sowie die Teschemacher-Orgel in St. Laurentius zu Wuppertal-Elberfeld.

J. DORFMÜLLER

OBERON, Romantische Oper in 3 Akten von Carl Maria von Weber (1786–1826), Text von James Robinson Planché nach W. Sothebys engl. Übersetzung von Christoph Martin Wielands gleichnamigem Versepos (1780). Ort und Zeit der Handlung: Franken, Bagdad u. Tunis, im Jahre 806. UA: 12.4. 1826 in London (Covent Garden); dt. EA (in dt. Sprache): 23. 12. 1826 in Leipzig.
Planché reduzierte die phantastisch-satirische Vorlage auf ein banales Handlungsklischee im zeitgenössisch-publikumswirksamen türkischen Kolorit. Die Handlung, deren Konfliktspannung erst durch den Eingriff der überirdischen Macht Oberons entsteht, erhält durch die Einbettung in den zauberisch-phantastischen Rahmen Gleichnischarakter: Treue wird als menschliche Tugend erwiesen. Langatmige gesprochene Dialoge und eine Vielzahl reiner Sprechrollen weisen eher auf die englische Tradition des Schauspiels mit Gesang denn auf eine Oper. Weber durchbricht die singspielartige Anlage des Librettos durch gattungsuntypische, formal wie im musikalischen Ausdruck sehr abwechslungsreich gearbeitete Nummern und die Zuweisung der beiden Hauptfiguren zu den Rollenfächern Heldentenor und dramatischer Koloratursopran. Das Einschieben melodramatischer Abschnitte, der charakteristische Hornruf als dramaturgisches Mittel, das Geschehen voranzutreiben, und ein reich differenzierter, oftmals koloristisch gehaltener Orchesterklang dienen der subtilen musikdramatischen Ausdeutung der einzelnen Handlungsstationen. – In London war *Oberon* ein unerwartet großer Erfolg. Im deutschsprachigen Raum stand das unter musikalisch-dramatischen Aspekten wenig schlüssige Libretto dauerhaftem Erfolg entgegen und gab so Anlaß zu zahllosen Umarbeitungsversuchen.

J. SCHLÄDER

OBERTÖNE, Obertonreihe. Die Tonhöhe eines musikalischen Tons leitet das Gehör aus der periodischen Gliederung des wahrgenommenen Schwingungsverlaufs ab. Jeder periodische Schwingungsverlauf kann in eine Reihe elementarer Sinusschwingungen (↗Sinustöne) zerlegt werden, deren ↗Frequenzen ganzzahlige Vielfache einer Grundfrequenz sind; ein musikalischer Ton – in der Physik ↗Klang genannt – besteht also aus einem Grundton und den zugehörigen O.n (Aliquottönen). Wird in diese Reihe der O., der sog. Obertonreihe, der Grundton eingeschlossen, spricht man von der Teiltonreihe, Partialtonreihe oder von

Harmonischen. Die Obertonreihe kann in dem heute üblichen ↗Tonsystem mit gleichschwebend temperierten Quinten nur annähernd dargestellt werden. Die Intervalle zwischen den O.n sind reine ↗Intervalle. Die physikalische Darstellung reihe. Diese sind bei Blechblasinstrumenten mit ihrer langen Schallröhre geringer als bei den Holzblasinstrumenten. Meist benutzen die Blechbläser die Naturtonreihe vom 2. Naturton (1. Oberton) an aufwärts.

M. DICKREITER

Teiltöne, Harmonische, Partialtöne:	1.	2.	3.	4.	5.	6.	7.	8.	9.	10.	11.	12.	13.	14.	15.	16.
Obertöne:	Grundton	1.	2.	3.	4.	5.	6.	7.	8.	9.	10.	11.	12.	13.	14.	15.
Frequenz:	f	2f	3f	4f	5f	6f	7f	8f	9f	10f	11f	12f	13f	14f	15f	16f
in Hz:	65	130	195	260	325	390	455	520	585	650	715	780	845	910	975	1040

Obertonreihe des Tons C. Der 7., 11. und 14. Teilton liegt etwas tiefer, der 13. etwas höher als notiert.

der Teiltonreihe heißt ↗Spektrum, ihre meßtechnische Ermittlung ↗Spektralanalyse. Die Eigenschaften der Obertonreihe eines Tons bestimmen neben dem ↗Einschwingvorgang die Klangfarbe des Tons: mit zunehmender Stärke und Anzahl der O. wird der Ton heller, das Fehlen der ungeradzahligen O. (geradzahligen Teiltöne) macht einen Ton „hohl“ (z.B. Klarinette, gedackte Labialpfeifen der Orgel), die Verstärkung aller O. innerhalb eines fest umgrenzten Frequenzgebiets erzeugt ↗Formanten, die dem Klang Vokalfarben verleihen. Die ↗Aliquotstimmen der Orgel sind Register, die einzelne O. künstlich der Grundstimme hinzufügen; sie werden durch ihre Fußtonlagen (↗Fuß) gekennzeichnet (8′ = Grundton, 4′ = 1. Oberton, 2 ⅔′ = 2. Oberton usw.). Die ↗Gemischten Stimmen sind Register, die mehrere Aliquotstimmen vereinen (Mixtur, Scharf, Zimbel u.a.). – Die Obertonreihe wurde 1701 von J. Sauveur wissenschaftlich erklärt, nachdem sie u.a. von M. Mersenne Anfang des 17. Jh. beschrieben worden war. Jean-Baptiste Fourier (1768–1830) hat die Zerlegbarkeit einer beliebigen periodischen Schwingung in die Teiltöne mathematisch bewiesen und Analyseverfahren (↗Fourieranalyse) angegeben. Die von H. Riemann postulierte Untertonreihe, die spiegelbildlich zur Obertonreihe liegen und damit den Dur-Moll-Dualismus erklären sollte, ist physikalisch und hörpsychologisch nicht existent. Die sich beim Überblasen der Blasinstrumente ergebende Naturtonreihe (↗Naturtöne) stimmt mit der Obertonreihe nur idealtypisch überein. Real ergeben sich je nach Form der schwingenden Luftsäule (↗Mensur), Lufttemperatur und -dichte Abweichungen von der Oberton-

OBLIGAT, auch italianisierend **obligato** (vom lat. obligatus = verbindlich, unerläßlich; engl. und it.: obbligato; frz.: obligé; span.: obligado), eine seit dem 16. Jh. in unterschiedlicher Bedeutung auf satztechnische Sachverhalte angewandte Bz.: 1. In der älteren Kontrapunktlehre bedeutet o. soviel wie strikt gesetzmäßig. So bezeichnet man mit Fuga obligata (gleichbedeutend mit Fuga legata) die strenge kanonische Imitation (↗Fuga), mit Contrapunto obligato eine konsequent beibehaltene Gegenstimme zum Thema einer Fuge (↗Kontrasubjekt) und mit Basso (continuo) obligato eine mehrfach notengetreu wiederholte Baßmelodie (↗Ostinato). J. S. Bachs Hinweis in seinen *15 Sinfoniae tribus vocibus obligatis* will dagegen besagen, daß es sich hier um Stücke mit 3 selbständig durchgeführten Stimmen handelt. – 2. Im Zusammenhang mit Besetzungsfragen mehrstimmiger Kompositionen kennzeichnet der Zusatz o. ursprünglich eine Partie, die für das Satzgefüge unentbehrlich ist, also nicht wie eine ↗ad libitum-Stimme nach Belieben weggelassen werden kann. In der Fachsprache des 18. Jh. bezeichnet der Begriff je nach dem Sinnzusammenhang sehr spezielle Sachverhalte: a) eine vom Komponisten ausgearbeitete und nicht in Generalbaßmanier zu improvisierende Partie für ein Tasteninstrument (so das Cembalo obligato der Flötensonate h-moll, BWV 1030 von J. S. Bach), b) ein konzertierend herausgestelltes Instrument (etwa im *Concerto con Violino solo obligato,* op. 3 Nr. 3 von A. Vivaldi), c) in Vokalkompositionen eine neben der Gesangsstimme bedeutsam hervortretende Instrumentalpartie (so in W. A. Mozarts Vermerk: *Eine Baß-Aria mit obligatem Contrabaß* KV 612), d) in der Kammermusik das neben dem Basso continuo selbständig geführte Violoncello obligato, e) im Streichersatz eine von der Bindung (etwa durch bloße Oktavierung) an die Baßstimme gelöste, unabhängige Bratschenpartie (Viola obligata).

OBLIGATES AKKOMPAGNEMENT, Bz. für ein satztechnisches Prinzip in der Instrumentalmusik des späten 18. Jh., bei dem die Begleitstimmen über die Funktion harmonischer Ausfüllung hinaus größere rhythmisch-melodische Selbständigkeit entfalten. Die „obligate“ Setzweise, die sich vom Generalbaß und vom rein homophonen Tonsatz durch differenziertere Ausarbeitung der Binnenstruktur unterscheidet, bildete sich vor allem im Quartettsatz J. Haydns und W. A. Mozarts aus. Durch Auflösung der stereotypen Einteilung des Satzgefüges in melodieführende Oberstimme, Baßfundament und begleitende Mittelstimmen und mit Einbeziehung traditioneller Satztechniken (Stimmtausch, Registerwechsel, Imitation, dialogische Sequenzierung, komplementäre Rhythmik) entwickelte sich dieser für die Wiener Klassik charakteristische Tonsatztypus, der eine Mittelstellung zwischen rein akkordischem Satz und strenger Polyphonie einnimmt. Seine wesentlichen Merkmale sind zum einen die Verwendung akkordisch fundierter, rhythmisch gestalthafter Begleitfiguren, zum anderen die abwechselnde Einbeziehung aller Stimmen in das thematisch-motivische Geschehen („durchbrochene Arbeit“):

W. A. Mozart, Streichquartett d-moll, KV 428, 1. Satz

In einem speziellen Sinn ist o. A. ein Satzmodell, bei dem die Nebenstimmen durchaus Begleitfunktion haben. Dabei ist ihre Gestalt jedoch deutlich von der satzbestimmenden Thematik abgeleitet, ein Kompositionsverfahren, das als konsequente Weiterentwicklung der Durchführungstechnik vor allem in L. van Beethovens Spätwerk, aber auch bei bedeutenden Komponisten im 19. und 20. Jh. (namentlich bei J. Brahms) zu sublimster Satzkunst ausgebildet wurde.

L. van Beethoven, Streichquartett B-Dur, op. 130, 1. Satz

Lit.: G. ADLER, Der Stil in der Musik I (L 1911, Nachdr. 1973); DERS., Hdb. der Musikgesch. (F 1924, B ²1930, Nachdr. 1961); C. E. HAITING, Obligater Satz versus Gb.-Satz, in: FS J. P. Larsen (Kop 1972).

E. PLATEN

OBOE (engl., it., span.: oboe; frz.: hautbois). – **1)** Doppelrohrblattinstrument mit konischer Bohrung. Tonumfang:

Von den 16–22 Löchern (davon 1–3 Oktavlöchern) der modernen O. werden 6 mit den Fingern gedeckt, die übrigen mit Klappen. Die O. entwickelte sich aus dem Diskant-↗Bomhart, der ↗Schalmei des 15./16. Jahrhunderts. Der wichtigste Unterschied zur Schalmei lag zunächst nicht in der verschiedenen Bauart beider Instrumente, sondern in der veränderten Anblastechnik. Der O.n-Spieler nahm das Rohrblatt nicht wie beim Bomhart ganz in die Mundhöhle, sondern zwischen seine Lippen. So konnte er nicht nur den Klang der Töne beeinflussen, sondern auch überblasen. Nach den Beschreibungen von M. Praetorius (als Schalmei) und M. Mersenne (als Hautbois) war die Schalmei aus einem einzigen Stück Holz gefertigt und hatte einen sehr lauten Klang. Um 1660 entwickelten in Frankreich J. Hotteterre und J. Philidor, Mitglieder der Grande Écurie du Roi, ein weicher klingendes und leichter zu handhabendes Instrument, das sogar mit Streichinstrumenten zusammen gespielt werden konnte und das noch vor dem Ende des 17. Jh. in vielen anderen Ländern bekannt war. Diese erste Form der heutigen O. bestand aus 3 zu einer Röhre zusammengesteckten Einzelstücken (dem Ober- und Unterstück und dem Schallbecher) und hatte 2 Klappen für c¹ und es¹, vor allem aber kleinere Grifflöcher als die Schalmei und eine konisch allmählich sich erweiternde Röhre. Das Doppelrohrblatt war erheblich kleiner als zuvor, aber größer als heute. Der Klang war dichter und weniger scharf. Durch eine engere Bohrung erhielt man im 18. Jh. ein weiter verbessertes Instrument, dessen Tonumfang zur Zeit W. A. Mozarts bis zum

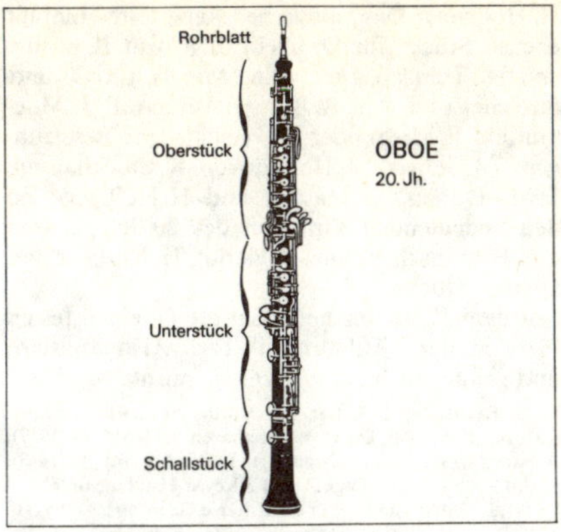

f³ erweitert werden konnte, ohne daß weitere Klappen hinzuzufügen waren. Heute gibt es wieder zahlreiche Instrumentenbauer, die für Aufführungen der Musik dieser Zeit Kopien von O.n des 18. Jh. anfertigen. Ende des 18. Jh. setzten in Deutschland und Frankreich erste Versuche ein, die O. zu verändern, ihren Tonumfang zu erweitern und die Intonation einzelner Töne zu verbessern. Bereits A. Sallantin, der erste Professor für O. am 1793 gegründeten Konservatorium in Paris, und sein Schüler und Nachfolger A. G. Vogt benutzten Instrumente mit 4 Klappen und einem Doppelrohrblatt moderner Größe (wiedergegeben in der *Méthode raisonnée pour le hautbois* von Fr. J. Garnier, um 1800). Nachdem die Anzahl der Klappen auf der Klarinette vergrößert worden war, statteten die Hersteller in Dresden (A. Grenser und J. F. Grundmann) und in Wien (J. Sellner und St. Koch) ihre O.n in den 1820er Jahren ebenfalls mit 10 und mehr Klappen aus. In der gleichen Zeit ließ sich der aus Deutschland stammende Guillaume Triébert in Paris nieder, wo er in Zusammenarbeit mit dem Oboisten Henri Brod und später mit seinen Söhnen Charles-Louis und vor allem Frédéric zahlreiche Verbesserungen an der O. vornahm. Sie veränderten u.a. die Bohrung, die Lage der Tonlöcher und versahen das Instrument mit neuen Klappen (6 verschiedene Systeme). Mit den von François Lorée noch hinzugefügten Verbesserungen wurde die O. von Triébert 1882 das später sog. „Konservatoriumsmodell“. Die letzte bedeutende Veränderung nahmen 1906 Adolphe Lucien Lorée und Georges Gillet vor. Sie verwendeten statt der Ringklappen durchbrochene Deckelklappen, die die Ausführung bestimmter Triller erleichterten. Die O. von Lorée und Triébert wurde inzwischen in fast allen Ländern der Welt übernommen, außer in Österreich, wo man die O. von Hermann Zuleger benutzt. Dieses Instrument ist das Ergebnis einer anderen Entwicklung und weist stärker Merkmale der O. aus der Zeit der Wiener Klassik auf: z.B. in der Höhe eine große, den Ausdruck fördernde Klangfülle, die auf französischen O.n schwer zu erreichen ist. 1844 übertrug Louis Auguste Buffet in Paris das komplette Böhm-System auf die Oboe. Sie wurde auch von Triébert gebaut, hatte jedoch nur einen begrenzten Erfolg. Besondere Arten der O. sind ↗Englisch Horn bzw. O. da caccia, ↗Heckelphon und ↗Oboe d'amore.

M. BRÖCKER

2) Orgelregister des ↗Zungenchors, meist in 8′-Lage, seltener als 4′, in der Regel im Schwellwerk disponiert. Die französische O. mit doppelt trichterförmigem Becher weist einen obertönig-scharfen Klang auf, der dem gleichnamigen Blasinstrument nahekommt, die deutsche O. mit einfachem Trichter und Drehdeckel klingt obertonarm. Die beiden tiefen Oktaven der O. werden häufig als Fagott-Register gebaut.

Musik für Oboe. Der um 1660 in Frankreich entwickelte Prototyp der heutigen O. wurde wahrscheinlich zum ersten Mal als Orchesterinstrument in *L'Amour malade* von J.-B. Lully (mit Fagott in Triobesetzung) eingesetzt. Vom Ende des 17. Jh. an behielt sie fortan diese Funktion und wurde zunächst meist obligatorisch in colla parte-Führung den Violinen zugeordnet. Die solistische Kammermusik, die in dieser Zeit entstand, sah meist eine alternative Verwendung von O., Flöte oder Violine vor; daneben gab es jedoch bereits speziell für O. bestimmte Werke, u.a. von J. Hotteterre, J. Philidor und E. Ph. Chédeville. Auch M. R. Delalande setzte sie häufig als Soloinstrument ein, ebenso Fr. Couperin in seinen *Concerts royaux* und den Konzerten *Goûts réunis.* Die Konzerte op. 21, 24 und 30 ebenso wie die 6 Triosonaten op. 28 von J. Bodin de Boismortier sind wiederum für O., wahlweise für Flöte oder Violine komponiert. In den Konzerten von M. Corrette und J. Chr. Naudot wird auch die O. neben anderen Soloinstrumenten eingesetzt. In Italien waren es zunächst Oboisten (wie z.B. A. und B. Besozzi, die an den Höfen von Turin, Neapel, Dresden und Versailles wirkten), die Kompositionen für ihr Instrument schrieben. Von T. Albinoni stammen mehrere Konzerte (aus op. 7 und 9); von A. Marcello die 6 Konzerte *La Cetra.* Aus dem reichen Instrumentalschaffen A. Vivaldis heben sich die 11 Konzerte für O. solo, 2 für 2 O.n und ein Konzert für 2 O.n und 2 Klarinetten (?) nahezu als Besonderheiten heraus. J. S. Bach setzte die O. häufig in seinen

Kantaten ein (ebenso die O. d'amore und die O. da caccia), außerdem im Brandenburgischen Konzert Nr. 2 und in der d-moll-Fassung (für O. und Violine) des Konzertes in c-moll für 2 Cembali. G. Fr. Händel schrieb mehrere Triosonaten und Concerti grossi mit obligater Oboe. Von G. Ph. Telemann sind mehrere Konzerte und Suiten (z.T. mit O. d'amore bzw. mit O. und verschiedenen Instrumenten) bekannt.

Mit der baulichen Vervollkommnung entstanden in der Vorklassik zahlreiche technisch anspruchsvolle Kompositionen für und mit O.: u.a. von J. Chr. Bach, J. Chr. Fischer und C. Stamitz (z.B. Quartett F-Dur für V., O., Horn und Vc.), von K. Ditters von Dittersdorf, E. Eichner, D. Cimarosa und G. Sammartini (5 Konzerte op. 2). Eine wichtige Funktion hat das Instrument seit dieser Zeit besonders auch als Träger der Oberstimme im reinen Bläserensemble (meist mit einfach oder doppelt besetzter Klarinette, Horn, Fagott). Verschiedenartig verwenden die Wiener Klassiker die Oboe. Sie tritt solistisch hervor bei J. Haydn z.B. in der konzertanten Symphonie B-Dur für O., Fag., V., Vc. und Orchester, bei W. A. Mozart im Klavierquintett Es-Dur, KV 452 (mit O., Klar., Horn, Fag.) sowie im Quartett F-Dur für O. und Streicher, KV 370; bei L. van Beethoven in folgenden Kammermusikwerken: Oktett op. 103, Rondino op. 146, Quintett op. 16 (für O., Klar., Horn, Fag. und Klv.) und im Trio für 2 O.n und Englisch Horn (Variationen über *Là ci darem la mano*). Im 19. Jh. ging die Bedeutung der O. als Soloinstrument zurück, obwohl gerade in dieser Zeit entscheidende technische Verbesserungen vorgenommen wurden. Wenn auch die meisten Komponisten die O. in ihren Orchester- oder Opernwerken auch solistisch hervorhoben, galt das eigentliche klangliche Interesse dieser Zeit den Instrumenten Klarinette und Horn.

Die Sonate op. 166 für O. und Klavier (1921) von C. Saint-Saëns bezeichnet den Beginn einer Wiederbelebung der O. als Soloinstrument. Zahlreiche Konzerte, Concertinos und andere Werke für O. und Orchester entstanden im 20. Jh. u.a. von R. Vaughan Williams, G. Jacob, Rutland Boughton, M. Arnold, L. Goossens, William Alwyn, R. Strauss, B. Martinů, M. Castelnuovo-Tedesco, E. Wolf-Ferrari, D. Milhaud, H. Tomasi, Jacques Murgier, J. Ibert, B. A. Zimmermann und Br. Maderna. Sonaten, Sonatinen, Suiten und andere Kammermusikwerke für O. und Klavier komponierten u.a. Marcel Bitsch, Roger Boutry, P. de Briville, J. Castérède, Y. Desportes, P. M. Dubois, H. Dutilleux, P. Hindemith, A. Jolivet, Ch. Koechlin, H. Martelli, G. Migot, Fr. Poulenc und H. Holliger. Das moderne Repertoire umfaßt ebenso Stücke für O. allein (u. a. von B. Britten und H. Tomasi), für 2 O.n (Migot), für O. und Streicher (u.a. von A. Bliss, B. Britten, E. J. Moerau und P. Mieg) oder für verschiedene Besetzungen (A. Jolivet, J. Holbrooke, K. Stockhausen, P. M. Dubois, G. Massias und H. Holliger). Zu den bedeutenden Virtuosen des 20. Jh. gehören u.a. H. Winschermann, P. Pierlot, H. Holliger und Helmut Hucke.

Seit dem 17. Jh. bis heute hat die O. einen festen Platz in der ↗Militärmusik (vgl. ↗Hautboisten) und gehört auch zur ↗Harmoniemusik.

Lit.: L. BECHLER – B. RAHM, Die O. u. die ihr verwandten Instr. (L 1914); J. WLACH, Die O. bei Beethoven, in: StMw 14 (1927); A. BAINES, J. Talbot's Manuscript 1, in: GalpinJ 1 (1948); E. HALFPENNY, The Engl. 2- and 3-Keyed Hautboy, in: ebd. 2 (1949); J. MARX, The Tone of the Baroque O., in: ebd. 4 (1951) u. 5 (1952); E. HALFPENNY, The Tenor Hoboy, in: ebd. 5; DERS., The French Hautboy, in: ebd. 6 (1953) u. 8 (1955); PH. BATE, The O. (Lo 1956, [2]1962); K. VENTZKE, Boehm-O. u. die neueren frz. O.-Systeme (F 1969) (= Das Musikinstr. 10); M. HOSEK, O.-Bibliogr. (Wilhelmshaven 1975); B. HAYNES, Making Reeds for the Baroque O., in: Early Music 4 (1976); E. R. ELIASON, O.s, Bassoons, and Bass Clarinets, Made by Hardford Connecticut, Makers before 1815, in: GalpinJ 30 (1977); D. JONES, A Three-Keyed O. by Th. Collier, in: ebd. 31 (1978); B. HAYNES, O. Fingering Charts 1695–1816, in: ebd. 31; DERS., Tonality and the Baroque O., in: Early Music 7 (1979); M. KIRKPATRICK, Another O. by J. Bradbury, Restoration and Comparison, in: GalpinJ 33 (1980).

A. BAINES

OBOE DA CACCIA ↗Englisch Horn.

OBOE D'AMORE (it.), **Liebesoboe** (frz.: hautbois d'amour), eine vermutlich um 1720 entwickelte Altoboe in A mit einem Tonumfang von gis–cis^3 (d^3). Die deutschen Instrumente hatten einen ↗Liebesfuß, die französischen oft ein Oboenschallstück. Die O. d'a. wurden ganz besonders von G. Ph. Telemann und J. S. Bach geschätzt, der sie – einzeln oder paarig – häufig verwendet, so etwa konzertierend in zahlreichen Arien, z.B. im *Weihnachtsoratorium,* dort auch als Träger pastoralen Kolorits (in Kombination mit Oboen da caccia in der Sinfonia am Anfang des 2. Teils). In der 2. Hälfte des 18. Jh. geriet das Instrument fast vollständig in Vergessenheit und wurde erst wieder im 19. Jh. für die Aufführung Bachscher Werke nachgebaut, u.a. von Fr. Lorée in Paris (nach französischen Museumsinstrumenten) ohne Liebesfuß und von A. Morton in London (nach deutschen Vorbildern) mit Liebesfuß und kompletter Klappenmechanik. Als Orchesterinstrument ist die O. d'a. erforderlich z.B. in Werken von R. Strauss *(Sinfonia domestica)*, Cl. Debussy *(Gigues)* und M. Ravel *(Boléro)*.

M. BRÖCKER

OBORIN, Lew Nikolajewitsch, * 29. 8. (11. 9.) 1907

Moskau, † 5. 1. 1974 ebd.; sowjetruss. Pianist. Er studierte bei Konstantin Igumnow am Konservatorium in Moskau, errang 1927 den 1. Preis im Internationalen Chopin-Wettbewerb in Warschau, unterrichtete seit 1928 (mit Unterbrechungen) bis zuletzt am Moskauer Konservatorium und trat international als Solist auf. 1940–63 bildete er mit D. Oistrach und Swjatoslaw Knuschewizki ein Klaviertrio und spielte mit D. Oistrach im Duo. Überragenden Ruf genoß O. besonders als Beethoven-Interpret. Daneben widmete er sich Werken P. Tschaikowskys, Fr. Chopins und R. Schumanns. Wl. Ashkenazy ist sein berühmtester Schüler.

Lit.: S. CHENTOVA, L. O. (Leningrad 1964).

OBRECHT (Hobrecht), **Jacob,** * 22. 11. 1450 (1451?) Bergen-op-Zoom (Nordbrabant) oder auf Sizilien oder Bavai (Hennegau), † 1505 Ferrara; franko-flämischer Komponist. Seine musikalische Ausbildung erhielt O. vermutlich in seiner Heimatstadt. Um 1476 ist er als Sangmeister in Utrecht nachweisbar, wo Glareanus zufolge Erasmus von Rotterdam sein Schüler gewesen sein soll. 1479–84 war er Sangmeister an St. Gertrautis und bei der Marienbruderschaft dieser Kirche in Bergen-op-Zoom. Dort erhielt er 1480 die Priesterweihe. 1484–85 versah er die bedeutende Kantorenstelle an der Kathedrale von Cambrai, wurde aber dann wegen schlechter Amtsführung und Vernachlässigung der Chorknaben entlassen. 1486–91 wirkte er als Kantor und Succentor an St. Donatianus in Brügge. 1487 reiste er auf Einladung von Herzog Ercole I. für ein halbes Jahr nach Ferrara. In dieser Zeit entstand vermutlich die Messe *O beate pater Donatiane.* 1491 wurde er als Nachfolger von J. Barbireau Sangmeister an Notre-Dame in Antwerpen und blieb dort bis 1496. In Antwerpen entstanden wahrscheinlich seine bedeutendsten Werke: die Messen *Maria zart* und *Sub tuum praesidium* sowie die 6st. Motette *Salve Regina.* 1498–1500 war er erneut Succentor in Brügge, mußte dann aus Gesundheitsgründen sein Amt aufgeben und kehrte nach Antwerpen zurück. 1504 unternahm er eine 2. Reise nach Ferrara, wo er wenige Monate später an der Pest starb. Gaspare Sardi, ein Dichter aus Ferrara, widmete ihm ein Epitaph.

WW (hauptsächlich hsl. überliefert): 27 Messen für 3–7 St., davon 8 gedruckt als: *Misse obreht* (V 1503) u. *Concentus harmonici quattuor missarum* (Bas o. J.); 26 Motetten für 3–6 St.; 32 weltliche Gesänge für 4 (seltener 2 u. 3) St., meist nur mit Textincipits, einige ohne Text, also wohl Instr.-WW, drei nur in Lauten- bzw. Org.-Intavolierung überliefert (bei H. Neusidler u. F. Sicher). Ferner mehrere WW mit zweifelhafter Autorschaft O.s, darunter eine *Passio Domini nostri Jesu Christi* (eine sog. Passionsharmonie), die vermutlich von A. de Longaval stammt (und daher in der musikwiss. Literatur oft als „O.-Longaval-Passion" bezeichnet wird).

Von den Musiktheoretikern wurde O. übereinstimmend zu den großen Meistern seiner Zeit gerechnet. Man rühmte seine „subtilitas", seinen Sinn für Ausgewogenheit und Klarheit, seine Produktivität und die überlegene Beherrschung der musikalischen Techniken. Glareanus berichtet, daß O. in einer einzigen Nacht eine ganze Messe zu Papier gebracht haben soll. Uneinigkeit herrschte dagegen über O.s geschichtlichen Ort in der künstlerisch so fruchtbaren Komponistengeneration zwischen 1480 und 1520. P. Aaron zählte ihn zu den „antichi", A. Coclico zu den „musicae inventores". Trotz unbestreitbarer Originalität weist sein Werk – etwa im Vergleich zu Josquin des Prés – eine deutliche Verwandtschaft zu J. Ockeghem und zum späten G. Dufay auf, dessen Werke er in Cambrai kennengelernt hatte. Insgesamt ist seine Grundhaltung eher konservativ. Italienische Einflüsse treten gegenüber solchen des flämischen und deutschen Volksliedes und dem Festhalten an einer ausgeprägt kontrapunktischen Schreibweise zurück, wodurch O. im Gegensatz zu seinen mehr italienisch orientierten Landsleuten und Josquin des Prés, G. van Weerbeke und L. Compère als tief in der niederländischen Tradition verwurzelt erscheint. Seine Werke bezeugen rationale Ordnung und einen Sinn für sozusagen musikalische Architektonik. Seine Melodik entwickelt sich oft aus aneinandergereihten, meist sequenzierten oder ostinat wiederholten Floskeln und Motiven. In der Harmonik sind das Vorherrschen klarer Konsonanzen und die deutliche Gliederung des klanglichen Geschehens durch die Kadenzen kennzeichnend. Der Cantus firmus, häufig flämischen und deutschen Volksliedern *(Scoen lief, Pfauenschwantz)* entlehnt, bildet in O.s Messen und Motetten die satztechnische Grundlage. Seiner Neigung zum Konstruktivistischen folgend, kombiniert er in den Messen gelegentlich auch mehrere Cantus firmi *(Missa diversorum tenorum).* Imitatorik, klare Textdeklamation (außer in den häufigen kürzeren, homorhythmischen Partien) und Einsatz expressiver Gestaltungsmittel zur musikalischen Ausdeutung des Textes sind selten – ein Zeichen seiner konservativen Grundhaltung. Neuere Forschungen (M. van Crevel u. a.) haben ergeben, daß die Strukturen seiner Messen und Motetten auf numerischen Relationen beruhen. Daraus resultiert sowohl die strenge Symmetrie der Einzelabschnitte wie die formale Ausgewogenheit der ganzen Komposition. Oft scheinen solche Zahlenverhältnisse auf eine tiefere Symbolik hinzudeuten. Unter den Messen bilden die 3st. Werke vermutlich die älteste Gruppe *(Fors seulement).* Fast durchgehend werden gregorianische Tenores verwendet (*Beata viscera, Salve diva parens, Sicut spina, O quam suavis est* und *Sub tuum praesidium,* 3- bis 7st.). Zu den späten Messen zählen *Caput, L'homme armé, Malheur me bat* und *Maria zart.* Insgesamt moderner als die Messen wirken die Motetten, von denen die meisten in italienischen Quellen überliefert und z.T. wohl auch in Italien entstanden sind *(Homo quidam, Laudes Christo Redemptori).* – O. gehört außerdem zu den Hauptvertretern der mehrstimmigen flämischen Chanson; zahlreiche seiner Werke erscheinen auch in den früher gedruckten Lautentabulaturen.

Ausg.: GA: Werken van J. O., 30 Lieferungen, hrsg. v. J. WOLF (A – L 1912–21, Nachdr. Farnborough 1968); Opera omnia, Ed. altera, hrsg. v. A. SMIJERS – M. VAN CREVEL (A 1953 ff.), bisher erschienen 7 Bde. Messen u. 2 Bde. Motetten; 10 nicht in diesen Ausg. enthaltene flämische Chansons, in: Van Ockeghem tot Sweelinck, hrsg. v. A. SMIJERS (A [2]1946–59).

Lit.: O. J. GOMBOSI, J. O. (L 1925, Nachdr. Walluf 1972) (= Slg. musikwiss. Einzeldarstellungen 4); M. VAN CREVEL, Verwante sequensmodulaties bij O., Josquin en Colico, in: TVer 16 (1941); M. KYRIAZIS, Die C.-f.-Technik in den Messen O.s (Diss. Be 1952); B. MEIER, Zyklische Gesamtstruktur u. Tonalität in den Messen J. O.s, in: AfMw 10 (1953); M. ANTONOWYTSCH, Renaissance-Tendenzen in den Fortuna-desperata-Messen v. Josquin u. O., in: Mf 9 (1956); B. MURRAY, New Light on J. O.'s Development. A Biographical Study, in: MQ 43 (1957); A. SALOP, The Masses of J. O., 2 Bde. (1959) (= Diss. Indiana Univ.); M. VAN CREVEL, Structuurgeheimen bij O., in: TVer 19 (1960/61), dt. Übers. in: Musica (1961); L. LOCKWOOD, A Note on O.'s Mass „Sub tuum praesidium", in: RBMie 14 (1960); E. H. SPARKS, C.f. in Mass and Motet 1420–1520 (Berkeley/Calif. 1963); K. VELLEKOOP, Zusammenhänge zw. Text u. Zahl in der Kompositionsart J. O.s. Analyse der Motette „Parce Domine", in: TVer 20 (1966); R. NOWOTNY, Mensur, C.f., Satz in den Caput-Messen v. Dufay, Ockeghem u. O. (Diss. Mn 1970); M. E. NAGLE, The Structural Role of the C.f. in the Motets of J. O. (Ann Arbor 1972) (= Diss. Univ. of Michigan); R. D. ROSS, The Motets of J. O. A Stylistic Analysis, 2 Bde. (1973) (= Diss. Univ. of Cincinnati); M. STAEHELIN, Obrechtiana, in: TVer 25 (1975) u. 26 (1976); CH. MAAS, Towards a New O. Ed. A Preliminary Worklist, in: TVer 26 (1976); R. B. LENAERTS, Musical Structure and Performance Practice in Masses and Motets of Josquin and O., in: Proceedings of the Int. Josquin Festival-Conference New York 1971 (Lo 1976); T. NOBLITT, Problems of Transmission in O.'s „Missa Je ne demande", in: MQ 63 (1977); R. L. TODD, Retrograde, Inversion, Retrograde-Inversion, and Related Techniques in the Masses of J. O., in: MQ 64 (1978); R. R. ROSS, Toward a Theory of Tonal Coherence: The Motets of J. O., in: MQ 67 (1981). R. B. LENAERTS

OCHMAN, Wiesław, * 6. 2. 1937 Warschau; poln. Sänger (Tenor). Er studierte in seiner Heimatstadt und debütierte 1959 in Beuthen (Bytom) als Edgardo in *Lucia di Lammermoor* von G. Donizetti. 1964 ging er an die Warschauer Staatsoper, trat 1966 zum 1. Mal auch im europäischen Ausland auf und erhielt 1967 ein Engagement an die Hamburgische Staatsoper; 1966–68 gehörte er außerdem der Deutschen Oper Berlin an. 1969 debütierte er beim Glyndebourne Festival und 1973 bei den Salzburger Festspielen als Idomeneo in W. A. Mozarts gleichnamiger Oper. Seither ist er ein international bekannter Sänger und gastiert regelmäßig in den Musikzentren Europas und Nordamerikas. Den Schwerpunkt seines Repertoires bilden die lyrischen und lyrisch-dramatischen Partien der italienischen und französischen Oper des 19. Jh.; daneben singt er auch Werke der zeitgenössischen Musik, z. B. die des polnischen Komponisten Krz. Penderecki.

OCHS, Siegfried, * 19. 4. 1858 Frankfurt am Main, † 5. 2. 1929 Berlin; dt. Dirigent und Komponist. Er studierte zunächst Chemie in Darmstadt und Heidelberg, begann 1877 ein Musikstudium an der Berliner Musikhochschule (bei Fr. Kiel, J. Joachim, Adolf Schulze und E. Rudorff) und nahm danach Privatunterricht bei Kiel und Heinrich Urban. 1882 gründete er in Berlin den „Siegfried Ochs'schen Gesangverein" mit 11 Mitgliedern, der 1888 in „Philharmonischer Chor" umbenannt wurde und zuletzt über 400 Mitglieder zählte. Zu seinen Freunden und Förderern zählte H. von Bülow, der 1889–92 den Chor in verschiedenen Konzerten dirigierte. Finanzielle Schwierigkeiten zwangen O. 1920, den Chor aufzulösen, doch übernahm er einen Teil davon in den der Berliner Musikhochschule, wo er selbst Leiter der Oratorienabteilung war. In seinen Konzerten pflegte O. besonders die ältere Musik, vor allem H. Schütz, G. Fr. Händel und J. S. Bach, dessen Matthäuspassion er zum erstenmal ohne Kürzungen dirigierte. O. war bekannt für seine überaus genaue Probenarbeit und sein sicheres Stilgefühl. Von seinen Kompositionen werden heute noch die humorvollen Klaviervariationen über das Volkslied *'s kommt ein Vogerl geflogen* (im Stile alter Meister) gespielt.

WW: **1) Kompositionen:** Klv.-Stücke, Lieder, Duette u. Chorwerke; komische Oper *Im Namen des Gesetzes,* UA: Hamburg 1888. – **2) Schriften:** *Der deutsche Gesangverein,* 4 Bde. (B 1923–29); *Über die Art, Musik zu hören* (B 1926, [2]1928). – Ferner die Autobiographie *Geschehenes, Gesehenes* (L – Z 1922).

Lit.: R. STERNFELD, Chronik des Philharmonischen Chors in Berlin (B 1907); M. SCHNEIDER, Zur Aufführung der Bach'schen Matthäuspassion durch den Berliner Philharmonischen Chor, in: ZIMG 14 (1912/13); M. STAPPENBECK, Chronik des Philharmonischen Chors in Berlin 1882–1932 (B 1932); K. SINGER, S. O., der Begründer des Philharmonischen Chors (B 1933) (= Schriften z. Musik 3); M. G. SARNECK, in: Musica 12 (1958).

OCHSENKHUN (Ochsenkuhn, Ochsenkun), **Sebastian,** * 6. 2. 1521 Nürnberg, † 20. 8. 1574 Heidelberg; dt. Lautenist. Er stand in Heidelberg im

Dienst des Pfalzgrafen Ottheinrich; ihm widmete er sein *Tabulaturbuch auff die Lauten* (Hei 1558). Es enthält neben einigen französischen und italienischen Stücken Intavolierungen mit Text von (29) lateinischen Motetten (von Josquin des Prés u.a. niederländischen Autoren) und (38) deutschen Liedern, u. a. von L. Senfl und weniger bekannten deutschen Komponisten (wie Gr. Peschin), die sonst kaum in Tabulaturen begegnen.

Ausg.: 7 Lieder v. P. Hofhaimer, S. Mahu, G. Peschin u. Th. Stoltzer, in: Östr. Lautenmusik im 16. Jh., hrsg. v. A. KOCZIRZ (1911) (= DTÖ 37); die Lieder v. Senfl in der Senfl-GA 7, hrsg. v. A. GEERING – W. ALTWEGG (1960).

Lit.: W. BOETTICHER, Stud. z. solistischen Lautenpraxis des 16. u. 17. Jh. (B 1943); H. M. BROWN, Instrumental Music Printed before 1600 (C/M 1965); K. DORFMÜLLER, Stud. z. Lauten-Musik in der ersten Hälfte des 16. Jh. (Tutzing 1967) (= Münchner Veröff. z. Musikgesch. 11).

OCKEGHEM (Okeghem, Ockenheim), **Johannes,** * um 1425 wahrscheinlich Dendermonde (Ostflandern), † 6. 2. 1496 (1497 nach neuer Zeitrechnung) Tours; franko-flämischer Komponist. Er war vermutlich Schüler von G. Binchois, den er 1460 in einer Motette betrauert. Den größten Teil seines Lebens verbrachte O. am französischen Hof im Dienste der Könige Karl VII., Ludwig XI. und Karl VIII., die ihn außerordentlich schätzten. 1443–44 wird er als Sänger an der Liebfrauenkirche in Antwerpen erwähnt; 1446–48 gehörte er der Kapelle Karls von Bourbon in Moulins an, von wo aus er in die Kapelle der französischen Könige gelangte, in der er bis zu seinem Tode blieb. Seit 1452 wird er als 1. Kapellsänger, seit 1465 als „maître de la chapelle de chant du roy" bezeichnet. Zwischen 1456 und 1459 ernannte ihn Karl VII. zum Trésorier der Abtei St-Martin in Tours. Diese Würde war mit zahlreichen einträglichen Privilegien verbunden; zugleich war O. von seiner Residenzpflicht in Tours entbunden, wenn seine Dienste bei Hofe erwünscht waren. Sein Tod fand ein großes Echo in französischen und lateinischen Trauerkompositionen und Nekrologen, darunter in der mehrere hundert Verse umfassenden *Déploration* von Guillaume Crétin, in der einige Werke von O. erwähnt werden, die auch überliefert sind, und Komponisten der jüngeren Generation aufgefordert werden, dem Andenken ihres „maistre et bon père" Klagegesänge *(Lamentations)* zu widmen. Auch der Dichter Jean Molinet schrieb zwei solcher Lamentations, von denen *Nymphes des bois* O.s berühmtester Schüler, Josquin des Prés, vertonte. Auch Erasmus von Rotterdam schrieb ein lat. Trauergedicht, das von J. Lupi vertont wurde.

WW: 10 (vollständig erhaltene) Messen: *Au travail suis, Caput, Cuiusvis toni, De plus en plus, Ecce ancilla Domini, L'homme armé, Mi-mi, Prolationum* für 4 St. sowie *Quinti toni* u. *Sine nomine* für 3 St.; 3 (nur in einzelnen Sätzen erhaltene) Messen: *Fors seulement* u. *Sine nomine* für 5 St. sowie *Ma maistresse* für 4 St.; ein Requiem für 2–4 St.; ein Credo für 4 St.; 10 Motetten u. 21 Chansons.

Von O.s Messen sind 5 über weltliche Chansons als C.f. gearbeitet, 2 über liturgische Melodien. Am berühmtesten wurden wegen ihrer besonders kunstvollen kontrapunktischen Konstruktion die *Missa cuiusvis toni*, deren Notentext mit unterschiedlichen Schlüsselkombinationen in vier verschiedenen Tonarten gesungen werden kann, und die 4st. *Missa prolationum*, die als doppelter Proportionskanon zweistimmig so notiert ist, daß eine Stimme jeweils in 2 (der möglichen 4) Prolationen mensuriert wird (○ und ⊂ bzw. ⊙ und ⋐ ; ↗Prolatio). O.s Requiem ist die erste vollständige Vertonung der Totenmesse. Von den Motetten O.s verdienen die genannte *Déploration (Mort, tu as navré – Miserere)* auf den Tod von Binchois und das eindrucksvolle *Gaude, Maria* besondere Beachtung. Bekannt war im 16. Jh. ein 36st. Kanon O.s *Deo gratia(s)*, der allerdings bisher noch nicht überzeugend identifiziert werden konnte. O.s weltliche Werke sind in der Mehrzahl Rondeaux, zum kleineren Teil Virelais. O. galt im 19. Jh. als Prototyp eines Komponisten, der alle Kräfte darauf verwandte, in seinen Werken die subtilsten Kunststücke der kanonischen Schreibweise zur Geltung zu bringen. In der Tat unterscheidet sich seine Musik von der seines älteren Zeitgenossen G. Dufay dadurch, daß wir bei ihm weniger das Bemühen um musikalische Architektonik finden, dafür aber eine viel ausgedehntere und freiere Entfaltung der melodischen Linienführung, die Kadenzen und sonstige Zäsuren vermeidet. Indessen erschöpft sich die historische Bedeutung O.s nicht in der besonderen Anwendung satztechnischer Mittel, sondern sie liegt vor allem in der Tatsache, daß er den polyphonen Stil der franko-flämischen Schule nach allen Richtungen hin entwickelte und damit den nachfolgenden Generationen den Weg bereitete. Die Musik O.s führte zu jener klassischen Vokalpolyphonie, die mehr als ein Jahrhundert die europäische Musik prägte.

Ausg.: J. O. Sämtliche Werke (Messen I–VIII), hrsg. v. D. PLAMENAC (L 1927, Nachdr. Hil – Wie 1968) (= PäM I/2), revidiert als: Masses I–VIII, (= Collected Works 1) (NY ²1959); Masses and Mass Sections IX–XVI, hrsg. v. DEMS. (= dass. 2) (NY 1947, ²1966); *Missa Mi-mi*, hrsg. v. H. BESSELER (Wb 1930) (= Chw 4); Motette *Alma Redemptoris*, in: Altndl. Motetten, hrsg. v. H. BESSELER (Kas 1929, ²1942); Motette *Mort, tu as navré*, in: Les musiciens de la cour de Bourgogne, hrsg. v. J. MARIX (P 1939, Nachdr. G 1972); Motette *(O) intermerata Dei mater*, in: Van O. tot Sweelinck, hrsg. v. A. SMIJERS (A 1949); Chansons, in: Trois chansonniers français du XVe siècle, hrsg. v. E. DROZ – G. THIBAULT – Y. ROKSETH (P 1927).

Lit.: D. PLAMENAC, J. O. als Motetten- u. Chansonkomponist

(Diss. W 1925); W. STEPHAN, Die burgundisch-ndl. Motette z. Zeit O.s (Kas 1937, Nachdr. 1973) (= Heidelberger Stud. z. Musikwiss. 6); D. PLAMENAC, A Postscript to Volume II of the „Collected Works" of J. O., in: JAMS 3 (1950); M. BUKOFZER, Studies in Medieval and Renaissance Music (Lo – NY 1950, Nachdr. NY 1964); A. KRINGS, Die Bearb. der gregor. Melodien in der Meßkomposition v. O. bis Josquin des Prez, in: KmJb 25 (1951); E. KRENEK, J. O. (NY – Lo 1953); B. MEIER, Caput, ... zur Messe Dufays u. O.s, in: Mf 7 (1954); E. KRENEK, Ein „moderner" Meister des XV. Jh., Schöpferische Begegnung mit J. O., in: NZfM 119 (1958); F. BRENN, O.s spiritueller Rhythmus, in: Kgr.-Ber. Köln 1958 (Kas 1959); C. DAHLHAUS, O.s „Fuga trium v.", in: Mf 13 (1960); E. H. SPARKS, C. f. in Mass and Motet 1420–1520 (Berkeley/Calif. 1963); R. ZIMMERMANN, Stilkritische Anmerkungen zum Werk O.s, in: AfMw 22 (1965); M. HENZE, Stud. zu den Messenkompositionen J. O.s (B 1968) (= Berliner Stud. z. Musikwiss. 12); F. LESURE, O. à Notre-Dame de Paris 1463–70, in: Essays in Musicology, FS D. Plamenac (Pittsburgh 1969); R. NOWOTNY, Mensur, C. f., Satz in den Caput-Messen v. Dufay, O. u. Obrecht (Diss. Mn 1970); E. F. HOUGHTON, Rhythmic Structure in the Masses and Motets of J. O. (1971) (= Diss. Univ. of California); K. M. SORENSON, Derivation Techniques in the Chanson-Mass „Au travail" of J. O. (1973) (= Diss. Eastman School of Music); R. B. LENAERTS, Bemerkungen über J. O. u. seinen Kompositionsstil, in: FS W. Boetticher (B 1974); E. RUSSELL, The „Missa in Agendis mortuorum" of J.G. de Basurto: J. O., A. Brumel, and an Early Span. Polyphonic Requiem Mass, in: TVer 29 (1979); C. DAHLHAUS, Miszellen zu einigen ndl. Messen, in: KmJb 63/64 (1979/80). D. PLAMENAC

OCTOBASSE (frz.), ein Kontrabaß von 4 m Höhe mit 3 in C_1, G_1 und C gestimmten Saiten. Diese werden mit gewölbten Holzleisten abgegriffen, die durch ein Hebelsystem mit 7 Pedalen verbunden sind. Ein solches Instrument befindet sich im Instrumentenmuseum des Pariser Conservatoire. Erfunden wurde der O. von J.-B. Vuillaume 1849 in Paris. Unmittelbare Vorläufer sind ein 1830 in Wien und ein 1834 von einem Kontrabassisten namens Dubois gebauter Riesenbaß. Übergroße Kontrabässe gab es bereits im 17. Jh., z.B. die „Groß Contra-Bas-Geig" mit einer Gesamthöhe von 2,28 m, die bei M. Praetorius abgebildet ist (*Syntagma musicum* II, 1619), und ein italienischer Kontrabaß von 2,47 m im Besitz des Victoria and Albert Museum, London.

Lit.: A. BAINES, Non-Keyboard Instr. Victoria and Albert Museum, Cat. of Musical Instr. II (Lo 1968); W. STAUDER, Alte Musikinstr. (Brau 1973). M. BRÖCKER

ODAK, Krsto, * 20. 3. 1888 Siverić (Kroatien), † 4. 11. 1965 Zagreb; jugoslawischer Komponist. Er studierte 1911–13 bei P. Hartmann in München sowie 1919–22 bei V. Novák in Prag und war 1922–61 Professor an der Musikakademie in Zagreb. O. ist in seinen Werken von der Volksmusik seines Landes beeinflußt, verarbeitet aber auch zeitgenössische Kompositionstechniken. Kennzeichen seiner Musik ist eine gemäßigt moderne Harmonik, eine Tendenz zur Linearität und reiche melodische Erfindung.

WW: 4 Streichquartette (1925, 1927, 1934, 1957). – Für Orch.: 4 Symphonien, 1: *Simfonija Jadrana* (Adria-Symphonie) (1940), 2: *Symphonia brevis* (1953), 3 u. 4 (1961, 1965); *Passacaglia I* (1938) u. *II* (1955); Klv.-Konzert (1963). – Lieder; Chöre; Kantate *Radost* (Freude) (1959) für Bar., gem. Chor u. Orch. – Operette *Dorica pleše* (Doritzas Tanz), UA: Zagreb 1934; Funkoper *Majka Margarita* (Mutter Margarita), UA: ebd. 1955. – Ferner eine Modulationslehre (Zagreb 1954) u. eine Instrumentationslehre (ebd. 1956).

ODE (von griech. ōdē oder aoidē = der Gesang, das Lied), in der griechischen Antike generell Bz. für jede lyrische Dichtung. Diese war fest an den musikalischen Vortrag, die ōdē, durch einen Sänger oder Chor gebunden. Allein aus dieser Bestimmung des Textes für die ōdē, nicht aufgrund von festen formalen Kriterien also ergibt sich die Bezeichnung Ode. Da offenbar die musikalische Wiedergabe in engem Zusammenhang mit der Struktur, dem Klang und dem Rhythmus des Textes gestanden hat, stellt die antike O. in weiterem Sinne eine „Wort-Ton-Komposition" (W. Vetter) dar. Bereits die antiken griechischen Philologen differenzierten scharf zwischen der sog. Chorlyrik, d.h. der für den Vortrag durch einen Chor bestimmten, und der monodischen, d.h. der für den Vortrag durch einen Solisten bestimmten Lyrik (↗Monodie). Für beide scheint, wie z.B. Pindaros bezeugt, instrumentale Begleitung durch die Kithara und/oder den Aulos die Regel gewesen zu sein. In der Chor- und der monodischen Lyrik setzt sich eine Dreiteilung des Gedichtes, der sog. triadische Bau, in Strophe, Antistrophe und Epode (aab/aab usw.) durch. Dichter sind für die Chorlyrik u.a. Alkman, Simonides, Bakchylides und Pindaros, ferner die Tragödien- und Komödiendichter wie Aischylos, Sophokles, Euripides und Aristophanes, für die monodische Lyrik u.a. Sappho, Alkaios und Anakreon. – In der Folge wurde von den Römern nicht nur der Terminus als Fremdwort übernommen (ode und oda; Synonym ist carmen), sondern auch Dichter wie Horaz, Catull, Tibull und Properz rezipierten die Dichtungen z.B. von Sappho und Anakreon. Auch hier ist die Lyrik für den musikalischen Vortrag bestimmt, was Horaz, Plinius u.v.a. bezeugen. Durch die Vermittlung patristischer Texte findet der Terminus O. Eingang in die Musik und Liturgie des byzantinischen Ritus und ist dort ein Synonym für ↗Canticum.

Die humanistische Odenkomposition. Um 1500 kam es im Zuge der Renaissance und des Humanismus auch zu einer Wiedergeburt der antiken O., indem antike oder nach ihrem Vorbild neugedichtete lateinische oder griechische Gesänge vertont wurden. Dies geschah in strophischer Form und in strikt homorhythmischer Satzweise (↗Homophonie) und im rhythmischen Ablauf so, daß das Textmetrum getreu dargestellt wird (sog. metrische Odenkomposition). Die frühesten gedruckten Beispiele sind in Italien einige Melodien in der lateinischen *Grammatica brevis* des Franciscus Niger (V 1480) und in Deutschland die beiden 3st. Sätze des Celtis-Schülers Jakob Locher in der *Historia de rege Francie* (aufgeführt Freiburg im Breisgau 1495). K. Celtis hatte die besondere Eignung der metrischen O. für pädagogische Zwecke erkannt. Als er 1492–95 an der Universität Ingolstadt Poetikvorlesungen hielt, forderte er daher seinen Schüler P. Tritonius auf, 4st. Sätze zu allen Strophenformen der Gedichte des Horaz zu komponieren: Der gesungene Vortrag sollte es den Schülern erleichtern, sich die komplizierten Schemata einzuprägen. Die O.n des Tritonius erschienen im Druck als *Melopoiae sive harmoniae tetracenticae super XXII. genera carminum* (Au 1507). Darin überträgt Celtis das Prinzip dieser O.n auch auf christliche Texte, indem er dem Druck ein Verzeichnis all der geistlichen Hymnen hinzufügte, die auf die Kompositionen des Tritonius gesungen werden konnten. In der Folge vertonten so L. Senfl, P. Hofhaimer, M. Agricola, L. Lossius, Joachim a Burck und S. Calvisius sowohl heidnisch-antike als auch christliche Oden. Diese sind in der Regel 4st., der Satz ist infolge der Beachtung des Metrums in allen Stimmen im einfachsten Stil homorhythmisch Note gegen Note gesetzt. Im folgenden Beispiel (Vers 1 von Horaz, Carm. I, 1, in der Vertonung durch Tritonius, *Melopoiae,* Nr. 1) ist das Metrum – – – ∪ ∪ – – ∪ ∪ – ∪ – (hier im Verhältnis 2 : 1 gekürzt):

Auch deutsche evangelische Kirchenlieder wurden metrisch ins Lateinische übersetzt (z. B. durch Wolfgang Ammon, *Libri tres odarum ecclesiasticarum,* F 1578) und danach vertont, bis schließlich L. Osiander (*50 Geistliche Lieder und Psalmen,* 1586) die metrische Odenkomposition mit dem Lutherischen Choral verbindet.

In Frankreich wurzeln in metrischen Odenkompositionen die Bestrebungen der Pléiade, die zur ↗Musique mesurée à l'antique führten.

Die Ode in England. Die Pflege der humanistischen O. blieb im wesentlichen auf Deutschland beschränkt. In England war die O. seit dem 17. Jh. in einer anderen Weise weit verbreitet. Hinsichtlich ihrer Funktion lassen sich hier zwei Kategorien unterscheiden: die höfische O. und die O. zur Feier des Caecilienfestes (22. November). Die höfischen O.n dienten der Huldigung des Königs oder seiner Angehörigen, z. B. anläßlich der Geburtstage, und waren lange in Gebrauch (etwa 1670–1820). Seit 1715 oblagen Dichtung und Komposition den Poetae laureatae und den Masters of the King's Music. Als Komponisten sind bis 1715 zu nennen: M. Locke, P. Humfrey, W. Turner, J. Blow, D. und H. Purcell, J. Clarke, W. Croft, G. Fr. Händel (*Ode for the Birthday of Queen Anne,* 1713). Aus der Zeit nach 1715 sind nur wenige Werke erhalten, darunter O.n von M. Greene und W. Boyce sowie eine Geburtstags-O. für die Königin Sophie Charlotte von J. Chr. Bach (1761). O.n zum Caecilienfest, deren Aufführungen stets ein nationales und religiöses Ereignis waren, gab es 1683–1703 fast jährlich, dann bis ins 20. Jh. hinein nur noch vereinzelt. Mitbegründer dieser Tradition war H. Purcell (4 Caecilien-O.n 1683–92), der bedeutendste Dichter John Dryden. Sein *Alexander's Feast,* ein Preislied auf die Macht der Musik, vertonten J. Clarke, B. Marcello und Händel (1736), durch den die Gattung der Caecilien-O. auch auf dem Festland weiten Kreisen bekannt wurde. Späte Werke dieser Art stammen von H. Parry (1889), E. Elgar (*Coronation Ode,* 1902) und G. Finzi (1947).

Die Ode im 18. Jh. in Deutschland. Ohne unmittelbare Beziehung zu antiken Vorbildern und anders als in England wurde die O. im 18. Jh. auch in Deutschland als literarisch-musikalische Gattung heimisch, und zwar in der allgemeinen Bedeutung von Lied oder Singstück. Seit Sperontes (*Singende Muse an der Pleiße,* 1736 ff., mit dem Untertitel *in 2 mahl 50 Oden … mit den dazu gehörigen Melodien*) war die O. bis ins beginnende 19. Jh. hinein aufs engste mit der Entwicklung des deutschen Klavierlieds (↗Lied) verbunden: bei nahezu allen wichtigen Sammlungen erscheint die Bezeichnung O. im Titel, ohne daß eine genaue Begriffsbestimmung und eine Abgrenzung gegenüber den Termini „Lied“ und „Gesang“ gegeben wäre. Zu nennen sind hier namentlich die Sammlungen von L. Mizler (1740), G. Ph. Telemann (1741), J. V. Görner (1742), die *Oden und Melodien* (1753–55), mit denen die Berliner Liederschule zum ersten Mal in Erscheinung trat. Als Mutter der O. als eines erhabenen Genres wurden musikgeschichtlich bedeutsam dann die geistlichen O.n von Chr. F. Gellert in den Vertonungen von C. Ph. E. Bach (1758) und Chr. G. Neefe (1776) und die O.n von Fr. G. Klopstock, besonders in der Vertonung von Chr. W. Gluck (1780). Auch L. van Beethoven hat O.n komponiert, ohne sie freilich als solche eigens zu bezeichnen (*Gellert-Lieder,* 1812), und er hat andererseits Fr. Schillers Gedicht *An die Freude* im Titel der 9. Symphonie als O. bezeichnet, ohne daß der Dichter sie so klassifiziert hat.

Oden im 19. und 20. Jahrhundert. Groß ist seitdem die Zahl der Kompositionen, denen literarische O.n, welcher Art auch immer, zugrundeliegen, oder die als O. bezeichnet sind. Sie gehören musikalisch meistens in den Umkreis der ↗Kantate, so etwa *Vasco da Gama* von G. Bizet (1859–60), *Ode à la France* von Cl. Debussy (1916), *Ode to Napoleon* von A. Schönberg (1942, Text von G. G. Byron), *Ode à la Musique* von Fr. Martin (1961, Text von G. de Machaut). F. David nannte seine Oratorien *Le désert* (1844) und *Christoph Colomb* (1847) „Odes-symphonies".

Lit.: R. VON LILIENCRON, Die Horazischen Metren in dt. Kompositionen des 16. Jh., in: VfMw 3 (1887), separat (L 1887); H. KRETZSCHMAR, Gesch. des Neuen dt. Liedes I (L 1911); W. VETTER – K.-G. HARTMANN – R. C. MCGUINNES, O., in: MGG IX; R. MCGUINNESS, English Court O.s 1660–1820 (O 1971); K.-G. HARTMANN, Die humanistische Odenkomposition in Deutschland. Vorgesch. u. Voraussetzungen (Erl 1976). – ↗Humanismus, ↗Musique mesurée à l'antique. B. R. SUCHLA

ODINGTON, Walter (Walter Evesham), OSB, * um 1278; engl. Musiktheoretiker und Astronom. Er war Mönch im Kloster Evesham, dann in Oxford. Neben Traktaten über Astronomie schrieb er eine *Summa de speculatione musicae,* in der er die große und kleine Terz wegen ihrer Proportionen 4:5 bzw. 5:6 als Konsonanzen ansieht; außerdem gibt er eine kurze Beschreibung des Organums, des Conductus, des Rondeaus und des Hoquetus. Der Traktat wurde in der Übergangszeit zwischen der Ars antiqua und Ars nova geschrieben und ist auch wegen der Informationen über Eigentümlichkeiten der englischen Musik dieser Zeit von Interesse.

Ausg.: *Summa de speculatione musicae,* hrsg. v. F. F. HAMMOND (R 1970) (= CSM 14).

Lit.: G. REESE, Music in the Middle Ages (NY 1940); F. F. HAMMOND, The „Summa de speculatione musicae" of W. O. (C/M 1965) (= Diss. Yale Univ.) (mit Anmerkungen u. Kommentar); F. RECKOW, Proprietas u. perfectio, in: AMl 39 (1967).

OEDIPUS DER TYRANN, ein Trauerspiel des Sophokles von Friedrich Hölderlin, Musik von Carl Orff (1895–1982). Ort und Zeit der Handlung: Theben, in mythischer Vergangenheit. UA: 11. 12. 1959 in Stuttgart.

Oedipus, König von Theben, wurde unwissentlich zum Vatermörder und Blutschänder; nach Jahren erfährt er von seiner Schuld und beugt sich der Strafe der Götter. Hölderlins kongeniale Sophokles-Übertragung wie auch Orffs Vertonung zeichnen die Düsterkeit grausamer Konsequenz atmosphärisch nach: Hölderlin mit klassizistisch gebundener und schnörkellos-bedeutungsschwerer Sprache, Orff durch asketische Sparsamkeit beim Einsatz musikalischer Mittel. Die Verbindung von motorischer Rhythmik und harmonischer Schlichtheit steigert die Eindringlichkeit des Wortes und entspricht dem Spannungsverhältnis von Vitalität und Vergeistigung in der Figurenkonzeption. Die Musik dient dem Wort und verstärkt dessen Ausdruckskraft; Klarheit erhält Vorrang vor psychologischer Verfeinerung. Der Anteil traditionellen Operngesangs an den Mitteln künstlerischen Ausdrucks ist reduziert; das erhöht die ästhetische Wirkung und Bedeutsamkeit des Singens: gezielt an Spannungshöhepunkten unterbrechen Solo- und Chorpartien den litaneimäßig deklamierenden, zumeist um einen Rezitationston kreisenden Sprechgesang. Illusionshafte Versenkung wird nicht intendiert; Orff verzichtet daher auf das großbesetzte „romantische" Orchester. Abgesehen von lokalkoloristischen und klangmagischen Effekten wird das reichhaltige Schlagwerk zur bevorzugten instrumentatorischen Basis der für das Werk charakteristischen Vereinigung von Expressivität und Nüchternheit. W. A. MAKUS

OEDIPUS REX, Opern-Oratorium von I. Strawinsky; dt. Titel: ↗König Ödipus.

ODNOPOSOFF, Ricardo, * 24. 2. 1914 Buenos Aires; amerik. Violinist russ. Herkunft. Er war Schüler von L. Auer in Buenos Aires und seit 1928 von C. Flesch in Berlin. 1937 Preisträger beim E. Ysaye-Wettbewerb, wurde er Konzertmeister der Wiener Philharmoniker. Zwischen 1944–56 unternahm er von New York aus ausgedehnte Konzertreisen und kehrte 1956 nach Wien zurück, wo er Lehrer an der Musikakademie wurde. 1964 übernahm er außerdem eine Dozentur an der Musikhochschule Stuttgart. O. spielt auf einer Guarneri del Gesù von 1755.

ODOJEWSKI, Wladimir Fjodorowitsch, Fürst, * 1. 8. (13. 8.) 1804 Moskau, † 27. 2. (11. 3.) 1869 ebd.; russ. Schriftsteller und Musikkritiker. Er erhielt an der Adelspension der Moskauer Universität 1816–22 auch eine musikalische Ausbildung (u. a. bei D. I. Sprewitz), studierte später Komposition bei Johann Heinrich Müller. Seit 1826 bekleidete er hohe Staatsämter in St. Petersburg (seit 1846 stellvertretender Direktor der Öffentlichen Bibliothek und Direktor des Rumjanzew-Museums). Sein Haus war Treffpunkt namhafter Persönlichkeiten (M. Glinka, A. Puschkin, M. Lermontow, W. Belinski, N. Gogol). 1862 kehrte er als

Senator nach Moskau zurück. O. unterstützte das Wirken der „St. Petersburger Philharmonischen Gesellschaft", war Mitbegründer der „Kaiserlichen Russischen Musikgesellschaft" sowie der Konservatorien in St. Petersburg (1862) und Moskau (1866) und war Mitarbeiter mehrerer Zeitschriften.

WW: **1) Kompositionen:** Orgelstücke; Lieder; Kanons u. zahlr. Volksliedbearb.; Bühnenmusik zu *Schisn cholostowo* (Das Leben eines Junggesellen) (1825). – **2) Schriften:** *Posledni kwartet Betchowena* (Beethovens letztes Quartett) (St. Petersburg 1831); *S. Bach* (Moskau 1835).

Als einer der ersten russischen Schriftsteller behandelte O. musikalische Themen und wurde einer der Initiatoren der russischen Musikwissenschaft. Zusammen mit Alexander Ostrowski und N. Rubinstein begründete O. 1865 den „Künstlerkreis", der das Interesse für das Volkslied weckte, und befaßte sich mit dem Studium des russischen Volks- und Kirchengesangs. Er trat für A. Werstowski und A. Aljabjew ein, würdigte als erster die Bedeutung der Musik Glinkas, propagierte das Schaffen A. Dargomyschskis, M. Balakirews und A. Serows und begrüßte die Frühwerke P. Tschaikowskys und N. Rimski-Korsakows. Seine slawophile Grundhaltung verleitete ihn zu teilweise überspitzten Urteilen (Überbewertung der Werke Serows, Kritik an G. Bellini, G. Rossini und G. Verdi).

Ausg.: *Musykalno-literaturnoje nasledije,* hrsg. v. G. BERNANDT (Mos 1956) (Musikkritische Aufsätze).

Lit.: B. GRANOWSKI, W. F. O. – musykalny kritik (Diss. Mos 1952); JU. A. KREMLJOW, Russkaja mysl o musyke, 2 Bde. (Leningrad 1954, 1958); T. N. LIWANOWA – W. W. PROTOPOPOW, Opernaja kritika w Rossii, 2 Bde. (Mos 1966–67); W. S. WIRGINSKI, W. F. O. Jestestwennonautschnyje wsgljady. 1804–69 (Mos 1975). E. STÖCKL

ODO VON CLUNY (Od[d]o Cluniacensis), OSB, * 879 bei Le Mans, † 18. 11. 942 Tours; frz. Musiktheoretiker. Er war seit 899 Kantor der Kirche St-Martin von Tours, wurde 924 zum Abt des Klosters von Beaume in der Franche-Comté ernannt und wurde 927 Abt von Cluny. Er ist Autor einiger theologischer Schriften sowie von 3 Hymnen und 12 Antiphonen an den hl. Martin. Ein unter dem Namen „Abbot Odo" überlieferter Traktat mit einem Tonar wurde von einem Benediktinerabt Odo in Arezzo, ein früher ihm ebenfalls zugeschriebener *Dialogus de musica* nach 1026 von einem norditalienischen Magister Odo verfaßt.

Lit.: M. HUGLO, L'auteur du „Dialogue sur la musique" attribué à Odon, in: RMie 55 (1969); DERS., Der Prolog des O. zugeschriebenen „Dialogus de musica", in: AfMw 28 (1971).

OFF-BEAT (engl., = weg vom Schlag), in der afroamerikanischen Musik und im Jazz eine rhythmische Verschiebung, genetisch aus afrikanischen Ursprüngen erklärbar. Eine regelmäßige rhythmische Impulsfolge in gleichen Zeitintervallen (↗Beat) wird durch antizipierende oder retardierende Nuancen ständig verlagert, sei es in einzelnen Tönen (O.-Akzentuierung) oder in Tonfolgen (O.-Phrasierung). Das Ineinander von metronomischem Gleichmaß und Abweichung wird aber nicht als Addition, sondern als neue Qualität mit ekstatisch-emotionaler Wirkung wahrgenommen (↗Swing). – Der O. gleicht nur vordergründig der ↗Synkope: Als das für den Swing unabdingbare Korrelat des Beat ist er etwas Normales, abnorm hingegen – als Abweichung von einer normierten Zählzeitenfolge (↗Takt) – ist die Synkope. Läßt sich die Synkope messen, so entzieht sich der O., der schon mit dynamischen und intonationsmäßigen Mitteln verwirklicht werden kann, der notationstechnischen Faßbarkeit.

Lit.: A. M. DAUER, Jazz – die magische Musik (Bremen 1961); E. L. WAELTNER, Metrik u. Rhythmik im Jazz, in: Terminologie der Neuen Musik (B 1965) (= Veröff. des Inst. für Neue Musik u. Musikerziehung Darmstadt 5); D. J. NOLL, Zur Improvisation im dt. Free Jazz. Unters. z. Ästhetik frei improvisierter Klangflächen (H 1977). J. HUNKEMÖLLER

OFFENBACH, Jacques (Jacob), * 20. 6. 1819 Köln, † 5. 10. 1880 Paris; frz. Komponist dt. Abstammung. Er war der Sohn eines jüdischen Kantors, der ihn im Alter von 14 Jahren (1833) nach Paris schickte, um ihm dort eine bessere Ausbildung und Karriere zu ermöglichen, als sie in jener Zeit für einen jüdischen Musiker in Deutschland möglich war. O. ließ sich in Paris nieder, wurde von Fr. von Flotow, mit dem er zusammenarbeitete, in die Pariser Salons eingeführt, heiratete 1844 und erhielt 1860 die französische Staatsbürgerschaft. Seit 1834 als Violoncellist tätig, zunächst am Theater Ambigu Comique, dann an der Opéra-Comique, übernahm er 1850 die Leitung des Théâtre-Français, die er bis 1855 beibehielt. Rasch wurde er eine Pariser Berühmtheit und erlangte seit 1860 Weltruhm. Er konnte von seinen Kompositionen leben und war nacheinander Dirigent und Direktor zahlreicher Theater.

Sieht man von seinen Jugendwerken ab, so können in O.s Schaffen 5 verschiedene Perioden unterschieden werden, die O.s Anpassungsfähigkeit gegenüber immer wieder wechselnden Herrschaftssystemen – denen er manchmal auch sehr kritisch gegenüberstand –, von der Regierungszeit des Bürgerkönigs Louis-Philippe bis zur 3. Republik, erkennen lassen. Zu Beginn seiner Pariser Zeit schrieb er virtuose Stücke, die er selbst in den Salons spielte, sentimentale Romanzen, Walzer und verschiedene andere Tänze für die Bälle und Konzerte im Freien sowie Arrangements von Opern-

arien und die Musik zu einem kleinen Theaterstück. Darüber hinaus war er zur Komposition von Bühnenmusik verpflichtet.
Die Operette *Pépito* (1853) steht am Beginn von O.s 2. Periode. Dies fällt mit der Eröffnung eines kleinen Theaters an den Champs-Élysées (1855) zusammen, das O. „Bouffes-Parisiens" nannte und das noch im Gründungsjahr in die Passage Choiseul zog. Innerhalb von 3 Jahren schrieb O. dafür nicht weniger als 24 Stücke, Buffonerien, Sainetes, Operettes-bouffes und märchenhafte Stücke, die sowohl der Gattung der Opéra-comique wie der echt pariserischen, halb improvisierten Musikkomödie nahestehen. In ihnen erscheinen groteske Personen der Hauptstadt *(Les deux aveugles)*, Parodien der Großen Oper *(Tromb-al-Cazar)*, ein in kräftigen Farben gezeichnetes ländliches Paar *(Le violoneux)* und listige Schankwirte *(Pépito)*. Jedes dieser Werke hat eine Ouvertüre, 6–8 kleine Stücke (Couplets, Romanzen, Duos oder Trinklieder) und 2 umfangreichere Szenen. Die Melodien zeigen schon die typisch Offenbachsche Leichtigkeit und Eleganz. Aber auch ein lyrischer Unterton (Gebetsläutenquartett in *Mariages aux lanternes*), Sentimentalität (Romanze in *Le violoneux*) und sogar Wunderbares *(Les trois baisers au diable)* kommen zu Wort und Ton.
Die 3. Periode, die von *Orphée aux enfers* (1858) bis zu *La belle Hélène* (1864) reicht, zeigt ein Zurücktreten der einaktigen Stücke gegenüber 3aktigen Kompositionen, in der Regel Opéras bouffes. Neben H. Crémieux und L. Halévy nahm O. nun zum ersten Mal auch H. Meilhac als Librettisten, dessen Texte voll von satirischen Anspielungen sind. Auf Wahrscheinlichkeit wird verzichtet: Je unwahrscheinlicher und unlogischer die Geschehnisse erscheinen, um so mehr können sie die Wirklichkeit der bürgerlichen Gesellschaft widerspiegeln. So können innerhalb dieser Perspektive der Humor und der parodistische Witz O.s am besten zur Geltung kommen. Das Sentimentale tritt fast völlig in den Hintergrund; dafür erscheint als neues Element der Cancan (in *Orphée*), der mit seiner aufreizenden Vitalität geradezu als Signal gegen die Autorität des 2. Empire empfunden werden sollte. Aus dieser Zeit stammt auch O.s erste Opéra-comique *Barkouf*, sein erstes Stück auf der Bühne der Opéra-Comique, und die romantische Oper *Die Rheinnixen*, beides Werke, die nur einen mäßigen Erfolg erzielen konnten.
Zwischen 1866–70 entstanden O.s Meisterwerke: *Barbe-Bleue, La vie parisienne, La grande-duchesse de Gérolstein, La Périchole, La princesse de Trébizonde* und *Les brigands*. O. knüpft hier an die alten Darstellungen der Unterschiede zwischen dem „Erhabenen" und dem „Niedrigen" an, die er nunmehr popularisiert, und paßt sie den politischen Verhältnissen an: Die Großen (Könige, Generale, Adelige) werden mit scharfer Feder, die kleinen Leute (Bauernmädchen, Diener, Soldaten, Straßensänger) auf die anmutigste Weise gezeichnet, wie er in seinen früheren Werken Liebespaare charakterisierte, alles dies sehr kunstvoll und geistreich. Der Deutsch-Französische Krieg und die Herrschaft der Kommune setzten alledem ein Ende; in der 3. Republik hat dann die Bourgeoisie es verlernt, über ihre Fehler zu lachen.
Die 5. Periode zeigt einen O., der seiner selbst weniger sicher ist. Andere Komponisten wie Ch. Lecocq übernahmen mit ihren jeglicher Satire entkleideten Operetten die Unterhaltung des Publikums; die Librettisten Meilhac und Halévy ihrerseits arbeiteten nunmehr für andere Komponisten, so für G. Bizet. O. versuchte sich jetzt mit großen, aufwendigen Stücken wie der Opéra bouffe féerie *Le roi carotte* und mit für die Zeit utopischen Sujets wie der Opéra féerie *Le voyage dans la lune*; er schrieb auch wieder anspruchsvollere Stücke in der Art seiner früheren Werke wie *Madame l'Archiduc* und ließ frühere Stücke, z.B. *Orphée aux enfers* (1874), im neuen Revuestil zur Aufführung bringen. Jedoch merkte er, daß die Zeit der Opéra bouffe vorbei war. So widmete er sich am Ende seines Lebens einem ganz andersartigen Werk und schrieb mit der Oper *Les contes d'Hoffmann* eines der Meisterwerke des 19. Jh., in dem er eine neue Stufe eines phantastischen Realismus erreichte. Die Musik kann Todesangst ausdrücken, die Personen sind von dämonischen Mächten bedroht, die Intimität, die Freuden der Salons sind verschwunden. O. starb kurz vor Vollendung der Oper. Heute findet sein Schaffen in Ost und West immer mehr Anerkennung: als das eines Klassikers der Operette von geschichtlichem Rang.

WW: Etwa 102 Bühnen-Werke, darunter (wenn nichts anderes angegeben, UA in Paris): *Pépito*, UA: 1853; *Les deux aveugles*, UA: 1855; *Le violoneux*, UA: 1855; *Tromb-al-Cazar*, UA: 1856; *Croquefer*, UA: 1857; *Mariages aux lanternes*, UA: 1857; *Les trois baisers au diable*, UA: 1857; *Mesdames de la Halle*, UA: 1858; *Orphée aux enfers* (Libr.: H. Crémieux – L. Halévy), UA: 1858; *Barkouf*, UA: 1860; *Die Rheinnixen*, UA: Wien 1869; *La chanson de Fortunio* (Libr.: Crémieux – Halévy), UA: 1861; *Les bavards* (Libr.: Ch. Nuitter), UA: Bad Ems 1862; *Le fifre enchanté ou Le soldat magicien* (Libr.: ders., E. Tréfeu), UA: 1864; *La belle Hélène* (Libr.: Halévy – H. Meilhac), UA: 1864; *Barbe-Bleue* (Libr.: dies.), UA: 1866; *La vie parisienne* (Libr.: dies.), UA: 1866; *La grande-duchesse de Gérolstein* (Libr.: dies.), UA: 1867; *La Périchole* (Libr.: dies.), UA: 1868; *Vert-vert* (Libr.: Meilhac – Nuitter), UA: 1869; *Les brigands* (Libr.: Meilhac – Halévy), UA: 1869; *La princesse de Trébizonde* (Libr.: Nuitter – Tréfeu); UA: Baden-Baden 1869; *Le roi carotte*, UA: 1872; *Madame l'Archiduc*, UA: 1874; *Le voyage dans la lune*, UA: 1875; *Les contes d'Hoffmann* (Libr.: J. Barbier), UA: 1881. – Ballette: *Arlequin barbier*, UA: 1855; *Pierrot clown*, UA: 1855; *Polichinelle dans le monde*, UA: 1855; *Les bergers de Watteau*, UA: 1856; *Le papillon*, UA: 1860. – Ferner eine Reisebeschreibung *Offenbach en Amérique. Notes d'un musicien en voyage* (P 1877, dt. B 1937).

Lit.: E. de MIRECOURT, O. (P 1869); A. MARTINET, J. O. (P 1887, [2]1892); P. BEKKER, J. O. (B 1909) (= Die Musik 31/32); E. RIEGER, O. u. seine Wiener Schule (W 1920) (= Theater u. Kultur 4); L. SCHNEIDER, O. (P 1922); J. O., Beitr. z. seinem Leben u. seinen Werken, hrsg. v. K. SOLDAN (B 1924); A. HENSELER, Der junge O. (Diss. Bonn 1929); DERS., J. O. (B 1930) (= Slg. Klassiker der Musik o. Nr.); S. KRACAUER, J. O. u. das Paris seiner Zeit (A 1937, engl. Lo 1937, NY 1938, Nachdr. NY 1972), dt. NA als: Pariser Leben. J. O. u. seine Zeit. Eine Gesellschaftsbiographie (Mn 1962, B 1964); S. DÖRFFELDT, Die musikal. Parodie bei O. (Diss. F 1954); A. DECAUX, O., roi du second Empire (P 1958, [3]1975, dt. Mn 1960, W 1962); O. E. DEUTSCH, „Hoffmann" in Wien, in: ÖMZ 13 (1958); H. SCHMIDT-GARRE, O.s zeitloses Zeittheater, in: NZfM 120 (1959); M. JOHANNSEN, J. O., Inszenierungsgesch. im dt. Sprachraum (Diss. W 1961); A. SILBERMANN, Die Stützpunkte der Offenbachschen Dramaturgie, in: Theater u. Zeit 10 (1962/63); Th. W. ADORNO, Hoffmanns Erzählungen in O.s Motiven, in: Moments musicaux (F 1964); H.-J. IRMER, J. O., K. Kraus u. die Operette, in: Theater der Zeit 20 (1965); DERS., J.O.s Werke in Wien u. Berlin, in: ebd. 24 (1969); J.O. Ausstellungskat. des Hist. Arch. der Stadt Köln, bearb. v. A.-D. VON DEN BRINCKEN (Kö 1969); P. W. JACOB, J. O. in Selbstzeugnissen u. Bilddokumenten (Reinbek 1969); D. REXROTH, Zur Vorgesch. der Offenbachschen Operetten, in: HiFi-Stereophonie 12 (1973); A.-D. VON DEN BRINCKEN, J. O., in: Rheinische Lebensbilder 5 (1973); J. O., hrsg. v. H.-K. METZGER – R. RIEHN (Mn 1980) (= Musik-Konzepte 13); J. HEINZELMANN, O.-Irrtümer, in: ÖMZ 35 (1980).

OFFERTORIUM (lat., von offerre = darbringen, in mittelalterlichen Handschriften auch Offerenda), in der Meßliturgie des römischen und des mailändischen Ritus Bz. für den Gesang zur Gabenbereitung; er ist ein Teil des ↗ Proprium missae. Anfang des 9. Jh. spricht Amalar von Metz (*Liber officialis* III, 18) von einer „Antiphona ad offerenda". Im Anschluß daran hat P. Wagner den Terminus „Antiphona ad offertorium" geprägt und die Vermutung geäußert, das O. sei ursprünglich eine Antiphon zu einem Psalm gewesen, aus der sich – vergleichbar der Entwicklung des schlichten Psalmus responsorius zum musikalisch anspruchsvollen Graduale – die überlieferte Form des O.s entwickelt habe. Die Offertorien lassen aber keinerlei Spuren einer solchen Entwicklung erkennen. Sie sind seit den ältesten Handschriften des 8./9. Jh. als Responsorien mit 1–4 Soloversen überliefert. Die Texte sind meist den Psalmen entnommen. Seit dem 11. Jh. enthalten die Handschriften immer häufiger die O.s-Verse nicht mehr. Auch im *Graduale Romanum* ist das O. auf das Chorstück verkürzt, und seit der Neuordnung der Karwochenliturgie (1955) wird dafür gelegentlich die Bezeichnung „Antiphona ad offertorium" verwendet. Die Melodien der Verse liegen lediglich in einer privaten, unzulänglichen Neuausgabe vor (K. Ott; s.u. Lit.).

Es ist fraglich, ob das O. ursprünglich als Begleitgesang zum Opfergang der Gläubigen und nicht vielmehr, wie der Gesang zum großen Einzug in den orientalischen Liturgien, in der Tradition eines „Somus" genannten Gesanges der altgallikanischen Liturgie an der gleichen Stelle des Meßritus, als Gesang zur feierlichen Prozession mit Kelch, Brot und Wein zum Altar zu verstehen ist. Aber auch darüber hinaus gibt das O. mancherlei Rätsel auf: Mit ihren Versen sind die Offertorien die längsten Stücke des Gregorianischen Gesangs, sie wurden überdies durch Tropen erweitert. Einige Offertorien und O.s-Verse enthalten Textwiederholungen, deren Sinn und Bedeutung ungeklärt ist (z.B. der 4. Vers des O.s *Vir erat: Quoniam, quoniam, quoniam non revertetur oculus meus, ut videat bona, ut videat bona, ut videat bona, ut videat bona, ut videat bona, ut videat bona*).
Die Melodien weisen gelegentlich melodische Wendungen und Fortschreitungen auf, die aus dem Melodiestil der Gregorianik herauszufallen scheinen. Typische Formeln und melodische Gemeinsamkeiten spielen eine geringere Rolle als in anderen gregorianischen Gattungen, melodische Phantasie und Virtuosität entfalten sich freier. Die im 11. Jh. aufgezeichnete römische Melodieüberlieferung weicht von der gregorianisch-fränkischen bei den Offertorien in ungewohnter Weise ab: Die römischen O.s-Melodien lassen sich auf Rezitationstöne zurückführen. Die Rezitation folgt nicht, wie etwa bei einem Psalmton, einem bestimmten Schema, sondern gliedert nach Syntax und Sinneinheiten, wobei der Kantor große Freiheit bei der Verwendung typischer Formeln und der melodischen Auszierung seiner Rezitation hat. Vermutlich liegt das gleiche Prinzip verzierten Rezitativs den melodisch weit reicher und kunstvoller gestalteten gregorianisch-fränkischen O.s-Melodien zugrunde, und in Rom wurde der fränkische O.s-Vortrag in vereinfachter Form übernommen. Die mailändische Liturgie scheint das O. erst im 12. Jh. aus dem fränkisch-gregorianischen Gesang übernommen zu haben, dabei werden Offertorien und zugehörige Verse getrennt und auf verschiedene Tage verteilt. Das alles scheint darauf hinzudeuten, daß das O. nicht römischen, sondern gallikanischen Ursprungs ist. Mancherorts wurde bis ins 16. Jh. an den O.s-Versen und -Tropen festgehalten. In der tridentinischen Reform behielt nur das O. der Totenmesse *Domine Jesu Christe* seinen Vers *Hostias et preces.* In der päpstlichen Kapelle läßt sich zuerst Ende des 15. Jh. der Brauch nachweisen, nach der Absolvierung des O.s (ohne Verse) eine O.s-Motette zu singen. Es bildete sich dort geradezu eine liturgische Ordnung von O.s-

Motetten im Kirchenjahr heraus, die sich nicht an den Texten der Offertorien, sondern an den Lesungen von Messe und Offizium orientierte. Als O.s-Motette der Mitternachtsmesse an Weihnachten z. B. wurde noch im 18. Jh. T. L. da Victorias *Quem vidistis, pastores*, am Palmsonntag G. P. da Palestrinas *Stabat mater*, an Ostern *Christus resurgens* von F. Anerio und an Pfingsten *Dum complerentur* von Palestrina gesungen. Diese Tradition behauptete sich auch über Palestrinas 1593 im Druck erschienene Vertonung sämtlicher Offertorien hinweg. Papst Benedikt XIV. (1740–58) ließ die Ordnung der O.s-Motetten der päpstlichen Kapelle revidieren und neu festlegen. L. Ratti ersetzte in seinen *Sacrae Modulationes* (V 1628) die Offertorien z. T. durch Vertonungen des Tagesevangeliums in Form von dramatischen Dialogen. In der Tradition des mehrstimmigen Meßordinariums erübrigte sich der Gesang des O.s bis zum 2. Vatikanischen Konzil weithin dadurch, daß der Priester die Riten der Gabenbereitung bereits vollzog, während der Chor noch das Credo sang.

Lit.: P. WAGNER, Einführung in die gregor. Melodien I (L [3]1911, Nachdr. Hil – Wie 1962); P. FERRETTI, Estetica Gregoriana (R 1934); K. OTT, Offertoriale seu versus ad o. (Tou 1935); H. SIDLER, Studien zu den alten Offertorien mit ihren Versen (Fribourg 1939); J. FROGER, Les chants de la messe aux VIIIe – IXe siècle (Tou 1950); J. A. JUNGMANN, Missarum sollemnia II (W 1952, Fr – Bas [5]1962); A. SCHARNAGL, O., in: MGG IX; W. APEL, Gregorian Chant (Bloomington/Ind. 1958); R. J. HESBERT, Un antique offertoire de la Pentecôte „Factus est repente" in: Organicae voces. FS J. Smits van Waesberghe (A 1963); G. BAROFFIO, Die Offertorien der ambrosianischen Kirche. Vorstud. z. kritischen Ausg. der mailändischen Gesänge (Kö 1964); R. STEINER, Some Questions about the Gregorian Offertories, in: JAMS 19 (1966); R. CHAUVIN, Six Gospel Dialogues for the Offertory by L. Ratti, in: Anal. Mus. 9 (1970); H. HUCKE, Die Texte der Offertorien, in: Speculum musicae artis. FS H. Husmann (Mn 1970); J. J. DYER, The Offertories of the Old Roman Chant (1971) (= Diss. Boston Univ.); H. HUCKE, Zur Aufzeichnung der altrömischen Offertorien, in: Ut mens concordet voci. FS E. Cardine (St. Ottilien 1980); A. M. CUMMINGS, Toward an Interpretation of the Sixteenth-Century Motet, in: JAMS 34 (1981).

H. HUCKE

OFFIZIUM (von lat. officium = Dienst, Amt, Verpflichtung), im weitesten Sinn Bz. für den amtlich geregelten, liturgischen Gottesdienst der katholischen Kirche, meist aber Kennzeichnung des Stundengebets der Gemeinde und klösterlicher Gemeinschaften zu bestimmten Tages- und Nachtzeiten (officium divinum, horae; preces horarum; ↗Horen). Die Entstehung des O.s vollzog sich in einem langwierigen, bis heute noch nicht ganz geklärten Prozeß, bestimmt vor allem von einer gegenseitigen Durchdringung von Gemeinde- und Mönchsliturgie. Die schon im frühen Christentum geübte Praxis der geistlichen Lebens- und Tagesformung durch Lob- und Bittgebet (vgl. Lk 18,1; Apg 2,42) führt die Tradition des jüdischen Gebetsgottesdienstes fort. Bestand das zunächst privat, später öffentlich gehaltene Stundengebet der Christen anfänglich vor allem aus dem Morgen- und Abendlob (Laudes, Vesper) sowie gelegentlichen Nachtgottesdiensten (Vigilien), so wurden ihm seit dem 4. Jh. unter Einfluß der Asketen und Mönche (besonders des hl. Benedikt) 3 weitere, schon im Urchristentum gehaltene Gebetszeiten (Terz, Sext, Non) sowie das nächtliche Gebet (Matutin) hinzugefügt. Erweitert wurde das O. schließlich durch ein Gebet zur 1. Stunde (Prim) sowie zum Tagesabschluß (Komplet). Die Gebets- und Gesangstexte des O.s sind zum größeren Teil der Bibel entnommen. In ihrem Aufbau gleichen die Horen Wortgottesdiensten mit vorausgehender Psalmodie: Eröffnung mit Hymnus – Psalmengebet – Lesung – Gesang – Gebet – Entlassung. In dem Maße, wie das O. seit dem 11. Jh. auch dem Weltgeistlichen als verpflichtendes Standesgebet vorgeschrieben wurde (↗Brevier), wurde das Volk vom tätigen Mitvollzug mehr und mehr ausgeschlossen. Mit der Veröffentlichung des *Breviarium Romanum* (1568) fanden die zahlreichen Reformen, die das Stundengebet in den vergangenen Jahrhunderten erfahren hatte (Sonder-O., Officium parvum, Kurial-, Kreuzbrevier), ein vorläufiges Ende. In der Folgezeit haben die katholische Aufklärung wie auch die Liturgische Bewegung des 20. Jh. (Papst Pius X., Pius Parsch) sich für eine Erneuerung des O.s eingesetzt, wobei es ihnen besonders um die Wiedereinbeziehung der Gemeinde in das Stundengebet ging. Diese Bemühungen, aufgegriffen vom 2. Vatikanischen Konzil, parallel dazu auch im evangelischen Raum, fanden 1971 ihren Niederschlag in der Herausgabe der *Liturgia horarum* (bisher 4 Bde. mit einer umfangreichen theologisch-spirituellen Einführung).

Die Ordnung des neuen monastischen O.s ist noch nicht fertiggestellt. Seit Ende 1978 erschienen mit Ergänzungen und kleinen Varianten die approbierten Texte in der offiziellen deutschsprachigen Übersetzung als *Die Feier des Stundengebetes* (3 Bde, 16 Lesungsfaszikel, Fr 1978 ff.). Besonders für den Gebrauch durch Laien wurde als *Kleines Stundenbuch* (Fr 1981) ein Auszug aus der authentischen Ausgabe herausgebracht. Die Revisionsarbeit am O. ließ sich vor allem von zwei wiedergewonnenen Einsichten leiten, zum einen, daß das Stundengebet nicht nur von den Klerikern, sondern auch von Ordensleuten und Laien mitvollzogen werden kann, zum anderen, daß die Feier in Gemeinschaft immer den Vorrang verdient. Laudes und Vesper haben als Angelpunkte des O.s größte Bedeutung erhalten. Die Prim wurde abgeschafft. Von den 3 kleinen Horen ist (außerhalb des Chores) nur mehr eine verpflichtend, und zwar jene, die der betreffenden Tageszeit am besten entspricht. Die geistliche Schriftlesung (mit 2jähriger Leseordnung) kann zu jeder Tageszeit gehalten werden. Mit Rücksicht auf die veränderten Lebensbedingungen wurde das tägliche Gebetspensum vermindert, das Textrepertoire (besonders der Lesehore) dagegen beträchtlich vergrößert. Laudes und Vesper wurden durch neue alt- und neutestamentliche Cantica sowie durch zeitgemäße Bitt- bzw. Fürbittgebete bereichert. Der Psalter wurde entgegen dem früheren Wochenzyklus (unter Weglassung der sog. Fluchverse) auf 4 Wochen verteilt. Die Gestaltungsmöglichkeiten des O.s wurden durch die Bereitstellung eines größeren Formenreichtums (besonders bei der Vortragsweise der Psalmen) sowie durch eine Flexibilität bei der Textauswahl erheblich erweitert. Aus der Erkenntnis, daß alles Stundengebet von seinem Wesen her auf Gesang hin angelegt ist, wurden in jüngster Zeit beachtenswerte Versuche unternommen, das neue O. in der Muttersprache singbar zu machen. Es erschien das *Antiphonale zum Stundengebet* (hrsg. von den Liturgischen Instituten Trier-Salzburg-Zürich, Fr 1979); anknüpfend an die Tradition der Gregorianik, wurde vor allem Wert auf freie rhythmische Vertonung gelegt, wobei dem Wortakzent Vorrang eingeräumt wurde. Dann folgte die 5. Fassung des *Christuslobs* (Fr 1980), gedacht als „Volksbrevier" für tätige Schwesterngemeinschaften. Einen anderen Ansatz versuchte das *Vesperbuch zum Gotteslob* (Paderborn 1979), das eine Verbindung zwischen dem *Stundenbuch* und dem *Gotteslob* herstellen will, indem es den für das Stundengebet nutzbaren Inhalt des Gesangbuchs für dessen Feier aufschlüsselt.

Lit.: S. BÄUMER, Gesch. des Breviers (Fr 1895, Nachdr. 1967); H. GOLTZEN, Der tägl. Gottesdienst, in: Leiturgia 3 (Kas 1956); P. SALMON, Das Stundengebet, in: Hdb. der Liturgiewiss. II, hrsg. v. A.-G. Martimort (Fr 1965); W. ARLT, Ein Festoffizium des MA aus Beauvais in seiner liturg. u. musikal. Bedeutung, 2 Bde. (Kö 1970); TH. SCHNITZLER, Was das Stundengebet bedeutet (Fr 1980); M. KLÖCKNER, Bibliogr. z. erneuerten „Liturgia Horarum", in: Liturg. Jb. 3 (1981). W. BRETSCHNEIDER

OF THEE I SING, amerik. Musical von George Gershwin (1898–1937), Buch von George S. Kaufman und Morrie Ryskind, Songtexte von Ira Gershwin. Ort und Zeit der Handlung: Amerika der 20er Jahre. UA: 26. 12. 1931 in New York (Music Box Theater).
Ein witzig-ironischer Blick auf die politischen und kulturellen Institutionen Amerikas wie Außenpolitik, Kongreßdebatten, die Rolle des Vizepräsidenten und Schönheitswettbewerbe um den Preis der „Miss Amerika". Handlung und Musik um den Präsidentschaftskandidaten Wintergreen, der seine Wahlkampagne unter das Motto „Liebe" stellt, hatten mehr Anklänge an die Operetten von W. Schw. Gilbert und A. Sullivan als an das Broadway-Musical üblicher Machart. Die Autoren Kaufman, Ryskind und Ira Gershwin erhielten dafür, zu ihrer Überraschung, den erstmals für ein Musicalbuch vergebenen Pulitzer-Preis. Bekannte Songs sind: *Wintergreen for President, Of Thee I Sing Baby, Who Cares, Hello, Good Morning* und *Love Is Sweeping The Country.* R. WALLRAF

OGDON, John Andrew Howard, * 27. 1. 1937 Mansfield Woodhouse (Nottinghamshire); engl. Pianist und Komponist. Er studierte 1945–47 und 1953–58 am Royal Manchester College of Music und schlug zunächst die Pianistenlaufbahn ein. 1962 teilte er sich mit Wl. Ashkenazy den 1. Preis beim Tschaikowsky-Klavier-Wettbewerb in Moskau und wurde seitdem u. a. für die Festspiele von Edinburgh, Prag und Luzern verpflichtet. Sein Spiel zeichnet sich manchmal durch unkonventionelle Darstellungsweise aus. Als Komponist ist O. vor allem mit Klavier- und Kammermusik hervorgetreten. Das Cardiff-Festival wählte ihn zu seinem künstlerischen Leiter.

OGIŃSKI, Fürst **Michał Kleofas,** * 25. 9. 1765 Guzów bei Warschau, † 15. 10. 1833 Florenz; poln. Komponist. O. erhielt seinen ersten Klavier- und Violinunterricht 1773–78 bei Józef Kozłowski in Guzów und bildete sich auf der Violine später noch bei G. B. Viotti, Campanelli, Lafon und Fr. Baillot fort. Als Diplomat war er in verschiedenen europäischen Ländern tätig. Nach der 3. Teilung Polens und Beschlagnahmung seiner Güter hielt er sich vorwiegend in Italien auf. Von Zar Alexander I. begnadigt, lebte er 1802–07 und 1810–15 wieder in Polen, kehrte aber dann nach Italien zurück. O. ist vor allem als Klavierkomponist hervorgetreten. In ganz Europa verbreitet waren seine dem Zeitgeschmack entsprechenden eleganten, romantisch-sentimentalen Polonaisen, die z.T. noch heute in Polen populär sind. O. ist der wichtigste Vertreter dieser Gattung vor Fr. Chopin und gilt als Wegbereiter einer nationalen polnischen Musik.

WW: Etwa 20 Klv.-Polonaisen; Mazurkas; Walzer; Orch.-Märsche; Romanzen; Oper *Zélis et Valcour ou Bonaparte au Caire* (1799). – Schriften: *Mémoires de M. K. O. sur la Pologne et les Polonais depuis 1780 jusqu'à la fin de 1815* (P–G 1826–27); *Lettres sur la musique adressées à un de ses amis de Florence en 1825.*

Ausg.: Romanzen für SingSt u. Klv., hrsg. v. W. POŹNIAK (Krakau 1962). – *Lettres sur la musique*..., hrsg. v. T. STRUMIŁŁO als: Listy o muzyce (Briefe über Musik) (ebd. 1956).

Lit.: I. F. BELSA, M. K. O. (Mos 1965, poln. Krakau 1967).

ÖGLIN (Oglin, Ocellus), **Erhard,** * Reutlingen, † Augsburg(?); dt. Drucker um 1500. Ö. ist 1491 als Druckerlehrling in Basel, 1498 als Student in Tübingen und seit 1502 in Augsburg nachweisbar, wo er, z.T. in Zusammenarbeit mit Johann Otmar und J. Nadler, neben Zeitungen, volkstümlichen Schriften und gelehrten Büchern auch Musikdrucke veröffentlichte, die zu den frühesten in Deutschland gehören und in denen Ö. als erster außerhalb Italiens die von Petrucci erfundenen beweglichen Typen verwendete. Ö.s Liederbuch von 1512 enthält 42 deutsche weltliche und geistliche Lieder und 6 lateinische Gesänge, alle 4st. und ohne Komponistennamen. Jedoch lassen sich einige Stücke als Werke von L. Compère, P. Hofhaimer, H. Isaac, Machinger, A. Rener und L. Senfl identifizieren.

WW: P. Tritonius, *Melopoiae sive harmonicae tetracenticae* (Au 1507); *Aus sonderer künstlicher Art... Gesangkbücher mit Tenor Discant Bas und Alt* (Au 1512) (= RISM 1512[1]); von einem weiteren Liederbuch (RISM [ca. 1513][2]) ist nur die Discantus-Stimme erhalten; ferner der Traktat *Stellae musicae invenibus* des Astronomen Vitus Bild (Au 1508) (zusammen mit J. Nadler).

Ausg.: E. Oe.'s Liederbuch, hrsg. v. R. EITNER – J. J. MAIER (L 1880) (= PGfM 9); die Lieder v. Hofhaimer u. weitere Gesänge in: H. J. Moser, P. Hofhaimer (St 1929, Hil [2]1966).

Lit.: R. EITNER, Ein Liederbuch von Oe., in: MfM 22 (1890).

OHANA, Maurice, * 12. 6. 1914 Casablanca; frz. Pianist und Komponist spanischer Herkunft. Er studierte Klavier in Paris und Barcelona, seit 1937 Kontrapunkt bei Daniel-Lesur an der Schola Cantorum in Paris und setzte seine pianistische Ausbildung nach dem 2. Weltkrieg noch bei A. Casella an der Accademia di S. Cecilia in Rom fort. Nach Paris zurückgekehrt, gründete er dort die Gruppe „Zodiaque", die sich für eine künstlerische Freiheit ohne Bindungen an etablierte künstlerische Richtungen einsetzte. Als Komponist beschäftigte sich O. intensiv mit der mediterranen (speziell der andalusischen) und afrikanischen Musik. Stilistisch zeigen sich Einflüsse von M. de Falla und Cl. Debussy.

WW: 24 Praeludien für Klv. (1973); *Cinq séquences* (1964) für Streichquartett; *Chiffre de clavecin* (1968) für Cemb. u. 21 Instr.; Chöre; Oratorien. – Opern: *Chanson de toile*, UA: Paris 1960; *Syllabaire pour Phèdre*, UA: Paris 1968; *Autodafé*, UA: Lyon 1972; ferner Ballette u. Filmmusik.

Lit.: J. ROY, Présences contemporaines (P 1962); P. VIDAL, in: Musica (Disques) (1966) Nr. 147; N. QUIST, M. O. (Diss. Hei 1973).

OH, KAY!, amerik. Musical von George Gershwin (1898–1937), Buch von Guy Bolton und Pelham Grenville Wodehouse, Songtexte von Ira Gershwin und Howard Dietz. Ort und Zeit der Handlung: Easthampton an der amerik. Atlantikküste, zur Zeit des Alkoholverbotes. UA: 8. 11. 1926 in New York (Imperial Theater), dt. EA (in dt. Sprache): 31. 5. 1978 in Dortmund (Städt. Bühnen).
Das Musical spielt in der Villa des Playboys Jimmy Winters, in deren Keller der verarmte englische Herzog von Blanders mit Hilfe seiner Schwester Kay ein Lager mit geschmuggeltem Alkohol angelegt hat. Als sich aber Kay in den Hausherrn verliebt, droht das Geheimnis entdeckt zu werden. Nur der irrealen Logik einer Broadway-Komödie gelingt es, ein Happy-End herbeizuzaubern. Eine später oft zitierte Zeile aus dem Musical lautet: „Don't criticize a bootlegger's English, if his Scotch is alright!" Die englische Schauspielerin Gertrude Lawrence debütierte in diesem Musical am Broadway, bevor sie die Titelrolle der englischen West-End-Produktion übernahm (London, His Majesty's Theatre, 21. 9. 1927; 214 Vorstellungen). Der größte Erfolg waren die Songs von G. Gershwin, darunter: *Dear Little Girl, Maybe, Clap Yo' Hands, Someone to Watch Over Me, Fidgety Feet, Oh, Kay, Heaven on Earth.*

R. WALLRAF

OHLSSON, Garrick, * 3. 4. 1948 White Plains (New York); amerik. Pianist. Er studierte zuerst bei Thomas Lishman am Westchester Conservatory, gab mit 12 Jahren sein Konzertdebüt, wurde mit 14 Jahren Schüler von Sascha Gorodnitzki und später von Rosina Lhévinne an der Juilliard School of Music in New York. Außerdem nahm er Privatunterricht bei Olga Barabini. Erste Preise errang er im Busoni-Wettbewerb in Bozen (1966), im Klavierwettbewerb in Montreal (1968) und – als erster Amerikaner – im Internationalen Chopin-Wettbewerb in Warschau (1970). In den 70er Jahren trat O. auch in Deutschland auf. Sein Repertoire umfaßt überwiegend virtuose Werke; zu den bevorzugten Komponisten gehört A. Skrjabin.

OISEAU DE FEU, L', Ballett von I. Strawinsky; dt. Titel: Der ↗Feuervogel.

OISTRACH. – 1) David Fjodorowitsch, * 17. (30.) 9. 1908 Odessa, † 24. 10. 1974 Amsterdam (begraben in Moskau); sowjet. Violinist und Dirigent. O. absolvierte 1926 die Violinklasse von Pjotr Stoljarski am Musikdramatischen Institut in Odessa. 1928 ging er nach Moskau, wo er 1932–34 und erneut seit 1941 Solist der Moskauer Philharmonie war. 1934 wurde er Dozent am Moskauer Konservatorium (1939 Professor). Seit 1935 konzertierte er im Duo mit L. Oborin und im Klaviertrio mit Oborin und Swjatoslaw Knuschewizki. 1937 errang er den 1. Preis beim Ysaye-Wettbewerb in Brüssel, wurde rasch international bekannt und trat mit den großen Orchestern der Welt auf. Sein Repertoire umfaßte die Violinliteratur von J. S. Bach, W. A. Mozart, L. van Beethoven und R. Schumann bis B. Bartók, P. Hindemith, S. Prokofjew und Dm. Schostakowitsch. Die ihm gewidmeten Violinkonzerte von N. Mjaskowski, A. Chatschaturjan, Nikolai Rakow und Dm. Schostakowitsch hat er wie auch die 1. Violinsonate von Prokofjew und die Violinsonate von Schostakowitsch uraufgeführt. Seine langjährige Begleiterin bei Duo-Abenden war Frieda Bauer. Seit 1961 trat O. erfolgreich auch als Dirigent auf. In seinem Spiel vereinigte er brillante Technik und sinnliche Schönheit des Geigentons mit vergeistigter, ganz im Dienste des Werks stehender Interpretation. Aus seiner Schule gingen berühmte Violinisten hervor. – O. wurden zahlreiche Ehrungen zuteil. Er war Volkskünstler der UdSSR (1953), Staatspreisträger (1943) und Leninpreisträger (1960). 1959 wurde er Ehrenmitglied der Royal Academy of Music in London, 1961 der Academy of Sciences and Arts in Boston und der Accademia nazionale di S. Cecilia in Rom und ebenfalls 1961 korrespondierendes Mitglied der Deutschen Akademie der Künste in Ost-Berlin. Die Universität Cambridge verlieh ihm 1969 die Ehrendoktorwürde.

WW: *Stati, awtobiografitscheski otscherk* (Aufsätze, autobiographische Skizze), hrsg. v. M. A. Grjunberg (Mos 1962).

2) Igor Davidowitsch, Sohn von 1), * 27. 4. 1931 Odessa; sowjet. Violinist. Er absolvierte 1955 die Violinklasse seines Vaters, konzertierte schon seit 1948 und war 1952 1. Preisträger beim Wieniawski-Wettbewerb in Posen. Konzertreisen führten ihn auch nach Westeuropa und seit 1955 in die USA. Mit seinem Vater spielte er u. a. die Doppelkonzerte von J. S. Bach und A. Vivaldi. Seit 1958 lehrt O. am Moskauer Konservatorium.

Lit.: **Zu 1):** V. BRONIN, D. O. (Mos 1954); I. M. JAMPOLSKIJ, D. O. (Mos 1964, 1968) (mit Ausg.-Verz., Bibliogr. u. Diskographie), Auszüge engl. in: Lenin Prize Winners. Soviet Stars in the World of Music, hrsg. v. A. Pipovski (Mos 1967); M. GOLDSTEIN, D. O. als Pädagoge, in: Musik in der Schule 18 (1967); D. NABERING, D. u. I. O. (B 1968) (= Rembrandt-Reihe 58); G. RICHTER, D. O., Ein Arbeitsportrait mit einem Essay v. E. Krause (B 1973) (mit Diskographie); V. JUSEFOWITSCH, D. O., Gespräche mit I. O. (St 1977) (mit Diskographie).

E. STÖCKL

OKARINA (aus it. oca = Gans), ↗Gefäßflöte aus Ton, die zwischen 1860 und 1880 von Giuseppe Donati aus Budrio (Italien) entwickelt wurde. Die O. hat meist länglich-ovale, manchmal spitz zulaufende Form, einen Schnabel zum Anblasen mit eingebautem Kern und 6–10 Grifflöcher, die einen diatonischen Tonumfang von 1–1½ Oktaven ergeben (z. B. c^1 – c^2, c^2 – f^3). Manche Halbtöne sind durch Gabelgriffe zu erreichen. Die O. wird heute in verschiedenen Größen gebaut und gelegentlich sogar mit Klappen oder Stimmzügen ausgestattet. Das Instrument hat einen sanften, obertonarmen, etwas dumpfen Klang. Gefäßflöten aus Ton, Kalebasse oder Porzellan, darunter auch melodiefähige wie die O., reichen bis in vorgeschichtliche Zeiten zurück und haben noch heute eine weite Verbreitung, in Europa häufig nur noch als Kinderinstrument, aber auch als Volksmusikinstrument, besonders in Italien. M. BRÖCKER

O'KELLY, Michael, ↗Kelly.

OKLAHOMA, amerik. Musical von Richard Rodgers (1902–79), Buch und Gesangstexte von Oscar Hammerstein II nach Lynn Riggs *Green Grow The Lilacs.* Ort und Zeit der Handlung: indianisches Territorium, das gerade zum US-Staat „Oklahoma" erklärt wird, kurz nach der Jahrhundertwende. UA: 31. 3. 1943 in New York (St. James Theater); dt. EA (in dt. Sprache): 24. 8. 1973 in Münster (Halle Münsterland). Verfilmt 1955.
Durch die erstmalige enge Verflechtung von Handlung, Musik und Tanz wurde *Oklahoma* zu einem Meilenstein in der Geschichte des Broadway-Musicals, eine dramatische Geschichte um Cowboys und Farmer, um Liebe, Leid, Glück und Eifersucht. 15 Jahre lang, von 1946 bis 1961, hielt *Oklahoma* den Laufzeitrekord am Broadway (2212 Vorstellungen). Publikum und Kritik begeisterte vor allem die Choreographie von Agnes de Mille und die zündende Partitur von R. Rodgers. Zu Evergreens wurden *Oh, What a Beautiful Mornin', People Will Say We're in Love, Kansas City, I Cain't Say No, Pore Jud is Daid, Out Of My Dreams, The Farmer and the Cowman, All or Nothin'* und *Oklahoma.* R. WALLRAF

OKTAVE (von lat. octava = die achte). – **1)** Bz. für die 8. Stufe der diatonischen ↗Tonleiter. Seit dem 10. Jh. wird sie in der Buchstaben-Tonschrift (↗Notenschrift) mit demselben Tonbuchstaben bezeichnet wie der Ausgangston. – **2)** Bz. für das Intervall mit dem – nächst der Prime – einfachsten Frequenzverhältnis (1 : 2). In der griechischen und mittelalterlichen Musiktheorie wurde die O. diesem Zahlenverhältnis und der Klangqualität entsprechend als ↗Diaphonia, ↗Concordantia bzw. Consonantia perfecta (↗Konsonanz und Dissonanz) und Symphonia bezeichnet und galt (auch in späterer Zeit) als das Intervall mit dem größten Verschmelzungsgrad. Dabei ist es im Phänomen der ↗Tonigkeit begründet, daß z. B. zwei verschieden hohe c als „der" Ton c erkannt werden (Oktavidentität). In der abendländischen Musik schlägt sich dies darin nieder, daß die Parallelführung mehrerer Stimmen keine regelrechte Mehrstimmigkeit ergibt, sondern seit der klassischen Vokalpolyphonie im strengen Kontrapunkt sogar als Fehler gilt (ähnlich wie Quinten-↗Parallelen). Im konzertierenden Stil mit Instrumenten des 17. Jh. und in seiner Tradition (etwa bei J. S. Bach) begegnet dagegen häufig die Parallelführung von Instrumenten in der oberen Oktave. Das Oktavieren nach unten bestimmt die Verwendung des ↗Kontrabasses (u. a. Instrumente der 16'-Lage) im orchestralen Streichersatz des 17.–19. Jh., ferner bei der Orgel die Wirkungsweise der O.-↗Koppeln (s. u. 4; ↗Oktavierungszeichen). Physikalisch bildet die O. den 1. Oberton. In der Lehre von den Intervallen unterscheidet man die *reine O.* (z. B. c – c^1) von der *übermäßigen O.* (c – cis^1) und der *verminderten O.* (c – ces^1). – **3)** Bz. für die Gesamtheit aller innerhalb des Intervalls O. liegenden Töne. Zur Unterscheidung der absoluten Tonhöhe wird das diatonische Tonsystem in folgende Oktavbereiche unterteilt: Subkontra-O. (C_2 – H_2), Kontra-O. (C_1 – H_1), große O. (C – H), kleine O. (c – h), eingestrichene O. (c^1 – h^1), zweigestrichene O. (c^2–h^2) usw. (mit c^5, dem höchsten Klavierton, beginnt die fünfgestrichene O.). – **4)** Bei der Orgel Bz. für ein Prinzipalregister, das oktavierend bestimmte Grundregister verstärkt: z. B. als O. 4' den 1. Oberton des Prinzipals 8'.

OKTAVGATTUNGEN ↗Systema teleion.

OKTAVIERUNGSZEICHEN gehören zu den ↗Abbreviaturen und werden gebraucht, um Hilfslinien bei besonders hohen oder tiefen Tönen oder Tonfolgen zu vermeiden: z. B. steht 

für ,  für . –

Gelegentlich findet sich in der Klaviermusik auch die Angabe *coll'ottava bassa* oder *coll 8va bassa,* wenn bei einem Ton oder einer Tonfolge die untere Oktave mitgespielt werden soll.

OKTETT (von lat. octo = acht; engl.: octet; frz.: octuor oder octette; it.: ottetto; span.: octeto), analog zu Quartett, Quintett usw. eine Komposition für 8 solistische Instrumente (meist gemischte Bläser- und Streicherbesetzung: z. B. Klar., Fag., Horn und Streichquintett) sowie auch Bz. für das Ensemble aus 8 Instrumentalisten. Bereits im 18. Jh. entstanden zahlreiche Kompositionen für eine solche Besetzung im Bereich von ↗Divertimento und ↗Serenade (W. A. Mozart, Serenaden KV 375 und 388) und ↗ Harmoniemusik. Das *Gran octuor* op. 103 von L. van Beethoven und das *Octuor* von I. Strawinsky gehören mit ihrer Besetzung für 8 Bläser in diese Tradition. O.e in gemischter Besetzung für Streicher und Bläser gibt es von Fr. Schubert (op. 166), P. Hindemith und E. Varèse (*Octandre* für Fl., Klar., Ob., Fag., Horn, Trp., Pos., Kb.), Werke ausschließlich für Streicher von F. Mendelssohn Bartholdy (op. 20), in neuerer Zeit von G. Enesco, D. Milhaud (14. und 15. Streichquartett können als O. gespielt werden) und Dm. Schostakowitsch (op. 11).

OKTOECHOS (von griech. oktō = acht und ēchos = Klang, Ton, Modus). In der Musikwissenschaft im allgemeinen Bz. für das modale System der byzantinischen Kirchenmusik, gelegentlich im weiteren Sinne auch des Gregorianischen Gesangs (↗Byzantinischer Gesang). Nach neueren Forschungen läßt sich der O. nicht von den Tonarten der altgriechischen Musik ableiten. Bei seiner Ausbildung haben vielmehr liturgische, kalendarische und zahlensymbolische Gegebenheiten des Christentums eine entscheidende Rolle gespielt. Der O. umfaßt 4 authentische (*kyrioi* = herrschende) und 4 plagale (*plagioi* = seitliche) Tonarten. Sie unterscheiden sich voneinander hinsichtlich des Ambitus (die plagalen Echoi „liegen" tiefer) und hinsichtlich der bevorzugten Haupt- und Kadenztöne. Jeder Echos hat seinen eigenen Charakter und seine eigene „Farbe". Die modalanalytische Untersuchung der byzantinischen Melodien ergab, daß die Finaltöne der acht Echoi die folgenden sind:

Echos	Finaltöne
plagios Protos	d
plagios Deuteros	e
plagios Tritos	f
plagios Tetartos	g
(kyrios) Protos	d und a
(kyrios) Deuteros	e und h
(kyrios) Tritos	f und c^1
(kyrios) Tetartos	g und d^1

Die 8 byzantinischen Echoi stimmen in ihren Eigenschaften mit den 8 Modi (↗Modus) des Gregorianischen Gesangs überein, die von ihnen abhängig sind.
Der Terminus O. bezeichnet ferner eines der wichtigsten liturgischen Bücher der byzantinischen Kir-

che. Die O. (die Vokabel ist ein Femininum) bildet einen Teil des Sticherarion. Sie enthält in der Reihenfolge der 8 Echoi zahlreiche Stichera (↗Sticheron), die in einer Periode von 8 Wochen gesungen werden. Jeder Woche ist ein Echos vorbehalten. Zentralthemen der oktoechischen Hymnen sind die Auferstehung des Herrn und die Verehrung der Theotokos. Das Korpus der oktoechischen Hymnen entstand nach und nach zwischen dem 8. und 10. Jahrhundert. Eine Sammlung liturgischer Gesänge für die Hauptfeste des Kirchenjahres mit dem Namen O. verfaßte in griechischer Sprache bereits der monophysitische Patriarch Severus von Antiochien (512–518). Von ihr hat sich nur eine syrische Übersetzung erhalten.

Ausg.: The Hymns of the O., hrsg. v. H. J. W. TILLYARD (Kop 1940–49) (= MMB, Transcripta 3 u. 5.).

Lit.: H. J. W. TILLYARD, The Modes in Byzantine Music, in: Annual of the British School at Athens 22 (1916–18); E. WELLESZ, Die Struktur der serbischen O., in: ZfMw 2 (1919/20); C. HØEG, La théorie de la musique byzantine, in: Rev. des études grecques 35 (1922); O. GOMBOSI, Studien zur Tonartenlehre des frühen MA, in: AMl 10 (1938) – 12 (1940); O. STRUNK, The Tonal System of Byzantine Music, in: MQ 28 (1942); E. WERNER, The Sacred Bridge (Lo – NY 1959); H. HUSMANN, Die oktomodalen Stichera u. die Entwicklung des byzantinischen Oktoëchos, in: AfMw 27 (1970); B. OUTTIER, Recherches sur la genèse de l'octoéchos arménien, in: Études grégoriennes 14 (1973). C. FLOROS

OLD HALL MANUSCRIPT, eine nach ihrem jetzigen Aufbewahrungsort – St. Edmund's College, Old Hall bei Ware (England) – benannte Repertoiresammlung (Messesätze, Antiphonen, Motetten), die für den Gebrauch der Königlichen Kapelle angefertigt wurde. Die Niederschrift erfolgte wohl im 1. Viertel des 15. Jh., die Sammlung enthält aber Sätze von mindestens 2 Generationen englischer Komponisten vor J. Dunstable. Nach den Forschungen von A. Hughes und M. Bent handelt es sich um Kompositionen des Zeitraumes von 1350–1430, u.a. von Aleyn, J. Cooke, Th. Damett, J. Dunstable, L. Power, N. Sturgeon und „Roy Henry" (wahrscheinlich König Heinrich IV., aber möglicherweise dessen Sohn, König Heinrich V.).

Ausg.: The O. H. M., hrsg. v. A. RAMSBOTHAM – H. B. COLLINS – A. HUGHES (Burnham 1933–38); dass., hrsg. v. A. HUGHES – M. BENT, 3 Bde. (1969–73) (= CMM 46).

Lit.: M. BENT, The O. H. M. A Paleographical Study (Diss. C 1969); DIES., The O. H. M., in: Early Music 2 (1974). G. NITZ

OLIAS, Lotar, * 23. 12. 1913 Königsberg; dt. Komponist von Unterhaltungsmusik. Er studierte am Klindworth-Scharwenka-Konservatorium in Berlin und begann seine Karriere als Alleinunterhalter und Pianist in Berlin. Vor dem Krieg schrieb er erste Lieder für Mimi Thoma, Lucien Boyer, Greta Keller u.a. 1946 gründete er das Hamburger Kabarett „Bonbonniere", das er bis 1950 leitete. O. schrieb zahlreiche Musicals und Musik zu über 35 Filmen (u.a. *Artistenblut, Alles für Papa, Bonsoir Paris – Bonjour Paris*). Ein Welterfolg wurde 1953 sein Schlager *You, you, you / Du, du, du,* den M. Dietrich in Amerika auf Platten sang. Weitere Lieder wurden in Deutschland populär: *Junge, komm bald wieder, Ich hab' Heimweh nach St. Pauli, So ein Tag, so wunderschön wie heute, Irgendwann gibt's ein Wiedersehen* und *Die Gitarre und das Meer.* O. lebt heute in Ascona (Tessin).

WW: Musicals: *Wenn die Großstadt schläft,* UA: Hamburg 1949; *Gib acht auf Amelie,* UA: Schleswig 1957; *Prairie-Saloon,* UA: Hamburg 1958; *Heimweh nach St. Pauli,* UA: ebd. 1962; *Charley's neue Tante,* UA: ebd. 1966; *Millionen für Penny,* UA: München 1967; *Der Geldschrank steht im Fenster,* UA: Bremen 1971.

OLIFANT (etymologisch von Elefant), Signalhorn aus Elfenbein orientalischer Herkunft, das seit dem 10./11. Jh. im Abendland übernommen wurde. Die z.T. reich verzierten Instrumente waren als Kostbarkeit sehr geschätzt. Erstmals literarisch bezeugt wird der O. in der *Chanson de Roland (Rolandslied).*

OLIVER!, engl. Musical mit Musik, Buch und Songtexten von Lionel Bart (* 1930) nach Charles Dickens' Roman *Oliver Twist.* Ort und Zeit der Handlung: London, in den 30er Jahren des 19. Jahrhunderts. UA: 30. 6. 1960 in London (New Theatre). Verfilmt 1968.

Das Musical um das Waisenkind Oliver Twist und dessen Abenteuer in einer Bande von Taschendieben schlug alle vorherigen Laufzeitrekorde in der Geschichte des Londoner Musiktheaters (2618 Vorstellungen) und wurde auch in New York zum meistgespielten englischen Musical. „Selbst die striktesten Ästheten unter den Kritikern mußten zugeben", berichtete der Journalist Robert Lucas nach der Premiere, „daß es hier gelungen war, nicht nur die wesentlichen Grundzüge der Romanhandlung mit ihrem sozialkritischen Gehalt, ihrer Galerie von Exzentrikern und allen melodramatischen Unwahrscheinlichkeiten, sondern, trotz aller Modernität, auch den Geist und die Atmosphäre des Buches zu bewahren." Der notenunkundige L. Bart, der seine Melodien einem Mitarbeiter vorsummte, erfand für dieses Musical die Schlager *Where Is Love, As Long As He Needs Me, I'd Do Anything, Who Will Buy This Wonderful Morning, Boy For Sale* und *Oliver.* R. WALLRAF

OLIVER, „King" Joe (eig. Joseph), * 11. 5. 1885 Saulsburg Plantage bei Abend (Louisiana), † 8. 4. 1938 Savannah (Georgia); amerik. Jazzmusiker

(Kornett), Bandleader und Komponist. Er spielte zunächst in verschiedenen Brass Bands in New Orleans und gründete 1915 seine erste eigene Band. 1918 übersiedelte er nach Chicago, wo er 1920 die Band von Lawrence Dewey übernahm und sie in „King Oliver's Creole Jazzband" umbenannte. Diese seine erfolgreichste Band galt als einzigartig in der Kunst der Kollektivimprovisation. 1922 kam Louis Armstrong als zweiter Kornettist in die Band, dessen Duette mit O. in die Jazzgeschichte eingingen. 1925–27 trat O. auch mit den von ihm gegründeten „Dixie Syncopators" auf, zuletzt in New York, und verwirklichte mit ihnen das Ideal bruchlos eingefügter Soli. Nach Auflösung der Band (1928) versuchte er mit verschiedenen anderen Ensembles vergeblich ein Comeback. In den frühen 20er Jahren galt O. als „König des Kornetts". Er hatte einen sicheren und strahlenden Ton, spielte aber auch schon mit Dämpfern. Bekannte Kompositionen sind u.a. *Camp Meeting Blues, Canal Streets Blues, Chimes Blues* und *West End Blues.*

Lit.: E. WILLIAMS, K. O. (NY 1946); W. C. ALLEN – B. A. L. RUST, K. J. O. (Belleville/N. J. 1955) (= Jazz Monographs 1); L. GUSHEE, K. O.'s Creole Jazz Band, in: The Art of Jazz, hrsg. v. M. T. Williams (NY 1959, Paperback-Ausg. 1960); M. T. WILLIAMS, K. O. (Lo 1960, NY 1961, dt. St 1961); W. F. VAN EYLE, Discography of K. O. (Zaandam 1966); M. T. WILLIAMS, Jazz Masters of New Orleans (NY 1967); A. POLILLO, Jazz. Gesch. u. Persönlichkeiten der afroamerik. Musik (Mn 1978).

OLLENDORF, Fritz, * 29. 3. 1912 Darmstadt, † 29. 3. 1977 Zürich; dt. Sänger (Baß). Nach dem Studium am Mozarteum in Salzburg und in Mailand debütierte er 1937 am Stadttheater in Basel, dem er bis 1951 angehörte. Anschließend ging er als 1. Baßbuffo an die Deutsche Oper am Rhein in Düsseldorf-Duisburg, war 1956–58 außerdem Mitglied der Württembergischen Staatsoper in Stuttgart und gastierte wiederholt an der Mailänder Scala, an der Wiener Staatsoper, in Amsterdam sowie bei den Festspielen in Glyndebourne, Florenz und Aix-en-Provence. Seine größten Erfolge feierte er in den Bufforollen in Opern W. A. Mozarts, G. Rossinis und A. Lortzings.

OLMEDA DE SAN JOSÉ, Federico, * 1865 Burgo de Osma, † 11. 2. 1909 Madrid; span. Komponist und Musikforscher. Er war zunächst Chorknabe an der Kathedrale in Burgo de Osma, seit 1887 Organist an der Stiftskirche in Tudela und seit 1888 an der Kathedrale in Burgos. Dort übernahm er 1893 die Leitung der städtischen Musikakademie, wurde 1894 künstlerischer Leiter der Liedertafel Orfeón Burgalés und Direktor des Orfeón de Santa Cecilia. 1903–07 wirkte er als Kapellmeister an der Kathedrale in Burgos, dann als Chorleiter und Kapellmeister am Kloster der Descalzas Reales in Madrid. Als Organisator, Publizist und Dirigent setzte sich O. tatkräftig für die Erneuerung der Kirchenmusik ein. Er widmete sich auch der Erforschung des kastilischen Volkslieds.

WW: **1) Kompositionen:** Klv.-Sonate; Orgelfugen; Streichquartett; 4 Symphonien; eine Messe u. ein Salve regina. – **2) Schriften:** *Memoria de un viaje a Santiago da Galicia* (Burgos 1895); *Discursos sobre la orquesta religiosa* (ebd. 1896); *El folklore de Castilla* (ebd. 1902); *Pio X y el canto romano* (ebd. 1904).

OLSCHKI, Leo S. Olschki, it. Verlag. Er wurde 1886 von **Leo Samuel O.** (* 2. 1. 1861 Johannisburg [Ostpreußen], † 6. 10. 1940 Montreux) in Verona gegründet, 1890 nach Venedig, 1897 nach Florenz verlegt und wird heute unter der Firmierung „Antiquaria ed Editores Leo S. Olschki" von **Alessandro O.** (* 12. 2. 1925 Florenz), einem Großneffen des Gründers, geleitet. Das Unternehmen gibt neben sonstiger geisteswissenschaftlicher Literatur auch musikwissenschaftliche Werke heraus, u.a. die Reihen *Quaderni rossiniani, Rivista italiana di musicologia, „Historiae Musicae Cultores" Biblioteca* und *Biblioteca di bibliografia della musica instrumentale italiana.*

OLSEN, Carl Gustav Sparre, * 25. 4. 1903 Stavanger; norwegischer Komponist. Er studierte Komposition bei F. Valen in Oslo, bei M. Butting an der Musikhochschule in Berlin und P. Grainger in London. 1923–33 war er Orchestergeiger in Oslo, dann bis 1940 Lehrer, Chorleiter und Kritiker in Bergen. Außerdem wirkte er 1950–59 bei der Programmgestaltung des Norwegischen Rundfunks mit. Bereits 1936 erhielt er eine staatliche Pension; 1953 wurde er mit einer Festschrift geehrt (Oslo 1953). O. steht in der Tradition E. Griegs, schreibt jedoch einen sehr eigenwilligen Stil und ist harmonisch von modernen Strömungen beeinflußt.

WW: **1) Kompositionen:** Klv.-Stücke; Kammermusik, u.a.: Bläserquintett (1952); Streichquartett (1972); Nocturno für Fl. u. Horn (1976). – Für Orch.: Kleine Ouvertüre (1932); Serenade für Fl. u. Str. (1957); 3 symphonische Fantasien (1939, 1960, 1974). – Zahlr. Lieder u. Chorwerke mit Orch. – **2) Schriften:** *P. Grainger* (Oslo 1963); *T. Jonsson-Minne* (1968); *Sparre-tonar* (1973).

Lit.: K. BAEKKELUND, in: Musikrevy 17 (1962).

OLSZEWSKA, Maria (eig. Berchtenbreiter), * 12. 8. 1892 Ludwigsschwaige (Bayern), † 17. 5. 1969 Klagenfurt; dt. Sängerin (Mezzosopran, Alt). Sie studierte in München, trat zunächst als Operettensängerin auf und wechselte 1915 ins Opernfach. Nach 2 Spielzeiten in Krefeld und Leipzig wurde sie 1917 an die Hamburger Staatsoper verpflichtet. 1920 sang sie die Brigitte bei der UA der Oper *Die tote Stadt* von E. W. Korngold. 1921–23 war sie an der Wiener Staatsoper, 1923–25 in München an der Bayerischen Staatsoper und dann erneut an der Staatsoper in Wien engagiert, wo sie den Höhepunkt ihrer Laufbahn erlebte. 1928 ging sie nach Amerika, war bis 1932 Mitglied der Chicago Civic Opera Association und 1932–35 der Metropolitan Opera in New York. In den 20er und 30er Jahren gastierte sie häufig in London, Paris und Mailand. Seit 1947 wirkte sie als Gesangspädagogin an der Wiener Staatsakademie für Musik. M. O. war mit dem Bariton Emil Schipper verheiratet.

OLYMPIA *(Olympie)*, Tragédie lyrique in 3 Akten von Gasparo Spontini (1774–1851), Text von Michel Dieulafoy und Charles Brifaut nach Fr.-M. Voltaires gleichnamiger Tragödie. Ort und Zeit der Handlung: Griechenland, um 320 v. Chr. UA: 22. 12. 1819 in Paris; dt. EA (in dt. Sprache): 14. 5. 1821 in Berlin (Umarbeitung durch den Komponisten, Übers.: E. T. A. Hoffmann).

Der Kampf um die Nachfolge des ermordeten Alexander des Großen und um die Hand seiner Tochter Olympia, in dem letztlich der Mörder Alexanders, Antigonos, seiner Strafe zugeführt wird und Kassander Olympia heiratet, bildet den Handlungsrahmen der Oper. Aktionsreichtum, große Leidenschaften der lebensnah gezeichneten Figuren, Kampfszenen, Feierlichkeiten und religiöse Zeremonien boten dem Komponisten reichlich Gelegenheit zu heroisch-pathetischer Charakterisierung und dekorativer Prachtentfaltung. Die Gestaltung der beiden im 2. Akt aufeinanderfolgenden Arien Statiras, der Witwe Alexanders, zeigt die Fähigkeit Spontinis, gerade durch scharfe Kontraste auf engem Raum ein Höchstmaß an realistischer Charakterzeichnung zu erreichen. Trotz der Genauigkeit der dramatischen Akzente, der flexiblen Instrumentationstechnik und der prachtvollen Ausstattung fiel das Werk in Paris bei Publikum und Kritik durch. Erst mit der umgearbeiteten Fassung, mit welcher Spontini in Berlin als Preußischer Generalmusikdirektor debütierte und für die die UA von C. M. von Webers *Freischütz* aus dem Programm gestrichen wurde, gelang der Durchbruch. TH. MENGER

OMBRA-SZENE (von it. ombra = Schatten), nur im deutschen Schrifttum in Anlehnung an H. Abert Bz. für eine in sich geschlossene dramatische Szene, in der eine Geister- oder Schattenbeschwörung dargestellt wird. Musikalische Charakteristika sind häufig Dreiklangsmelodik (meist Es-Dur), Pausen und oft tiefe Streichertremoli. Die Medea-Szene in Cavallis *Il Giasone* gilt als erste Szene dieses Typs. Aus dem französischen Ballett und der Oper (J.-B. Lully, *La naissance de Vénus,* mit der Szenenanweisung *Huit ombres enlevant Euridice*) ist die Personifizierung der Schatten sowie die Ombra-Arie (J.-B. Lully, *Amadis: Bois épais, redouble ton ombre*) wie in der Folge u.a. bei G. Fr. Händel (z.B. *Radamisto: Ombra cara*) bekannt. Ein Musterbeispiel für die O. schuf Chr. W. Gluck im 3. Akt seines *Orfeo* mit *Si aspetta, o cara ombra.* O.n und Ombra-Arien gibt es noch bei W. A. Mozart im *Mitridate, Lucio Silla* und *Idomeneo.*

Lit.: H. ABERT, N. Jommelli als Opernkomponist (Hl 1908, Nachdr. Tutzing 1969); H. GOERGES, Das Klangsymbol des Todes im dramatischen Werk Mozarts (Wb 1937) (= Kieler Beitr. z. Musikwiss. 5); CH. ZIMMERMANN, Die Geisterdarstellung in der Oper des 19. Jh., in: Die „Couleur locale" in der Oper des 19. Jh., hrsg. v. H. Becker (Rb 1976) (= Stud. z. Musikgesch. des 19. Jh. 42); H. SCHNEIDER, Chronologisch-thematisches Verz. sämtlicher Werke v. J.-B. Lully (Tutzing 1981) (= Mainzer Stud. z. Musikwiss. 14). H. SCHNEIDER

OMPHALE, Tragédie en musique in einem Prolog und 5 Akten von André Cardinal Destouches (1672–1749), Text von Antoine Houdar de La Motte. Ort und Zeit der Handlung: Lydien, in mythischer Vergangenheit. UA: 10. 11. 1700 in Paris (Grand Opéra); dt. EA (in dt. Sprache): 24. 4. 1724 in Hamburg (Bearb. und Übers.: G. Ph. Telemann).

Der griechische Sagenheld Herkules hofft, durch die Befreiung Lydiens von einem Ungeheuer und die Niederschlagung eines Aufstands gegen die Königin Omphale deren Liebe zu erringen. Diese ihrerseits liebt Iphis, der davon nichts bemerkt. Das Eingreifen der auf Herkules eifersüchtigen Zauberin Argine hat einige Verwicklungen zur Folge, die mit dem großzügigen Verzicht Herkules' auf Omphale ihr Ende finden. Wie weit Destouches über J.-B. Lullys Stil hinausgeht, auf den die formale Strenge und die zahlreichen „ballets" verweisen, zeigt sich in der variablen Gestaltung der mit Ariosi durchsetzten Rezitative und einigen harmonischen, rhythmischen und melodischen Freiheiten, wie sie später auch von J.-Ph. Rameau verwendet wurden. Die Wiederaufnahme des Werkes am 14. 1. 1752 in Paris veranlaßte Baron Fr. M. de Grimm zu seiner *Lettre sur Omphale,* in der er die Oper stellvertretend für die Tragédie lyrique angriff und so den Buffonistenstreit eröffnete, noch bevor italienische Buffo-Truppen mit der *Serva Padrona* in Paris eingetroffen waren.

TH. MENGER

OMPHALE, Oper in 3 Akten von Siegfried Matthus (* 1934), Text von Peter Hacks. Ort u. Zeit der Handlung: Gärten der Omphale (Lydien), Land des Lityerses, mythologische Vergangenheit. UA: 7. 9. 1976 in Weimar.

Die (vom Hörer kaum nachzuvollziehende) musikalische Konzeption als Paraphrase auf die barocke Heldenoper entspricht der Anlage des Librettos als ironischer Paraphrase der Sage. Der Komponist ordnet den Rollen Leitklangfarben zu (Herakles: 4 Celli; Omphale: 3 Flöten); bei allgemeinverständlichen Handlungskonstellationen wird die Verstehbarkeit des Textes durch dynamisch forcierte musikalische Stimmungsbilder überlagert. Die Handlung ist dialektisch angelegt: Erst nach dem Rollentausch von Herakles und Omphale (= Antithese zur Ausgangskonstellation) ergibt sich als Synthese die „Erweiterung menschlicher Möglichkeiten" (der Held ist bezwingbar; die Königin gebiert noch auf dem Schlachtfeld 3 ausgewachsene Helden). Im musikalischen Bereich schuf Matthus eine Synthese aus Kontrapunktik und Harmonik: Nicht funktional gebundene Akkorde ergeben sich aus der Führung einzelner Stimmen. – Eine Neufassung der Oper mit geringfügigen Änderungen (die Ensemble-Szenen im Finale des 3. Aktes werden nun simultan gespielt) gelangte am 31. 1. 1979 in Köln zur Uraufführung. K. LANGROCK

ONDEGGIANDO, ondeggiamento (von it. ondeggiare = wogen, schwanken), bei Streichinstrumenten Vortrags-Bz. für das An- und Abschwellen von Tönen durch Druckverstärkung und -verminderung mit dem Bogen, und zwar auf einen Strich. Angezeigt wird das O. durch eine waagrechte Wellenlinie über oder unter den Noten, wobei die Tonwiederholungen den Rhythmus der Tonverstärkungen angeben (♩♩♩), oder durch Punkte und Bogen (wie beim ↗Portato). Beschrieben wird diese Bogentechnik in den theoretischen Schriften des 18. Jh. z. T. als Tremolo (u. a. S. de Brossard, *Dictionnaire de musique,* und H. Chr. Koch, *Musicalisches Lexikon*). J. G. Walther *(Musicalisches Lexicon)* gebraucht die Bezeichnung „ondeggiare" für eine bestimmte Art des Taktierens.

ONDES MARTENOT, ein von M. Martenot seit 1917 entwickeltes, am 20. 4. 1928 in der Pariser Oper vorgestelltes elektronisches Musikinstrument mit variabler Dynamik und zahlreichen Klangfarbenkombinationen. Ursprünglich wurde es mit einem Seilzugmanual bedient, das Vibrato- und Glissandoeffekte und das Spiel von Mikrointervallen ermöglichte. Später kam eine Klaviatur hinzu; sie gestattet virtuoses Spiel und mannigfache Anschlagsarten. Die Tonbildung beruht auf der Erzeugung zweier Differenzschwingungen. Der zugehörige Schallstrahler („Palme") ist mit Aliquotsaiten ausgestattet. Martenot beschrieb das Gerät in der *Méthode pour l'enseignement des Ondes Musicales* (P 1931) und zog seit 1947 als Lehrer am Pariser Conservatoire Interpreten und Komponisten heran. – Hauptzweck der O. M. ist nicht die Imitation herkömmlicher Instrumente, sondern die Erschließung neuer Klänge. Zu den Wegbahnern zählt D. Levidis mit *Poème symphonique* (1928). Die O. M. wurden eingesetzt in zahlreichen Filmen, in den Opern *L'Atlantide* von H. Tomasi, *Vercingétorix* von J. Canteloube und *Le Fou* von M. Landowski, in D. Milhauds Musik zu Claudels *L'Annonce faite à Marie,* in O. Messiaens *Fêtes des belles eaux* (für 6 O. M.), *Trois petites liturgies de la Présence Divine* und *Turangalîla-Symphonie.* Besonders eindrucksvoll ist die Verwendung in A. Honeggers *Jeanne d'Arc au bûcher* (1938) (Höllenhund, Eselsschrei). Solokonzerte für O. M. mit Orchester komponierten K. Trow (1930), A. Jolivet (1947), J. Bizet (1952), J. Dupont (1952), R. Depraz (1953) und M. Landowski (1954). Weitere Originalwerke schufen G. Auric, J. Charpentier, J. Cl. Éloy, J. Ibert, Ch. Koechlin, J. Rivier, Fl. Schmitt und E. Varèse.

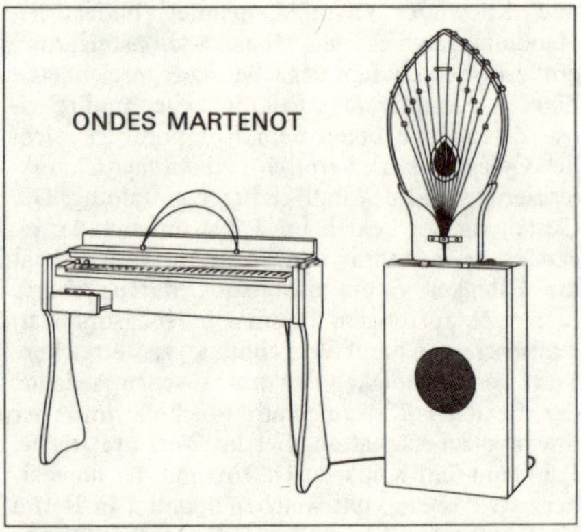

Lit.: B. DISERTORI, Le O. M., in: RMI 43 (1939); M. MARTENOT, Luthérie électronique (P 1954) (= Cahiers de la Compagnie M. Renaud – J.-L. Barrault 3), wiederabgedruckt in: La musique et ses problèmes contemporains 1953–63 (P 1963) (= ebd. 4).
S. GOSLICH

ONDŘÍČEK, František, * 29. 4. 1857 Prag, † 12. 4. 1922 Mailand; tschechischer Violinist. Er studierte 1873–76 Violine am Konservatorium in Prag und vervollkomnete sich 1877–79 noch bei L.-J. Massart am Pariser Conservatoire. Anschließend spielte er als Solist 2 Jahre in den Concerts Pasdeloup und konzertierte mit großem Erfolg in den europäischen Musikzentren sowie in Rußland und in den USA. In Prag spielte er 1883 den Solopart in der UA von A. Dvořáks Violinkonzert. Seit 1905 wirkte er vorwiegend als Violinpädagoge, gründete 1909 das Neue Wiener Konservatorium, dessen Direktor er 1912–19 war, und übernahm 1919 die Meisterklasse für Violine am Prager Konservatorium. Das 1908 von ihm gegründete O.-Streichquartett löste sich bereits 1911 wieder auf. O. gehörte zu den größten Violinisten seiner Zeit. Neben Werken von J. S. Bach, L. van Beethoven und J. Brahms widmete er sich besonders zeitgenössischen tschechischen Komponisten.

Schriften: *Neue Methode zur Erlangung der Meistertechnik des Violinspiels auf anatomisch-physiologischer Grundlage* (L o.J.), Neudruck als: *Violin-Methode auf anatomisch-physiologischer Grundlage*, I: *Elementarschule des Violinspiels*, 6 H.e, hrsg. v. F. S. Schmidtner (L 1959), dazu separat 15 *Künstler-Etüden*, hrsg. v. dems. (L 1958).

Lit.: B. ŠICH, F. O. (Pr 1970).

ONEGIN, Elisabeth Elfriede Sigrid Emilie, * 1. 6. 1889 Stockholm, † 16. 6. 1943 Magliaso (Schweiz); dt. Sängerin (Alt, Mezzosopran). Sie erhielt ihre Gesangsausbildung in Frankfurt a.M., München und Mailand und trat zunächst als Konzertsängerin unter dem Namen Lilly Hoffmann auf. 1912 debütierte sie als Carmen in G. Bizets gleichnamiger Oper in Stuttgart und sang im selben Jahr die Dryade in der UA der *Ariadne auf Naxos* von R. Strauss. 1919–22 war sie Mitglied der Bayerischen Staatsoper in München, 1922–24 der Metropolitan Opera in New York und 1926–31 der Berliner Städtischen Oper. Zuletzt sang sie 1931–35 als Gast am Opernhaus in Zürich. In den 20er und 30er Jahren gastierte sie regelmäßig an der Grand Opéra in Paris, am Covent Garden in London und an der Berliner und Wiener Staatsoper. 1931–32 sang sie bei den Salzburger und 1933–34 bei den Bayreuther Festspielen. Seit 1913 war sie mit dem Pianisten und Komponisten Eugen B. Onegin und seit 1920 in 2. Ehe mit dem Schriftsteller Fritz Penzoldt verheiratet. S. O. besaß eine der technisch perfektesten und zugleich schönsten Altstimmen unseres Jahrhunderts.

Lit.: F. PENZOLDT, S. O. (Magdeburg 1939), 3. Aufl. als: Alt-Rhapsodie ... (Neustadt/Aisch 1953).

ONESTEP (engl., = Einschritt), Gesellschaftstanz amerikanischen Ursprungs im 2/4-, gelegentlich auch im 6/8-Takt. Bei schnellem Tempo (MM ♩ = 138) wird jeweils ein Schritt auf eine Zählzeit ausgeführt (daher auch der Name). Der in den USA und seit 1910 auch in Europa beliebte O. wurde 1924 Vorbild für die Schrittfolge und das Tempo des ↗Foxtrott.

ONSLOW, André Georges Louis, * 27. 7. 1784 Clermont-Ferrand (Auvergne), † 3. 10. 1853 ebd.; frz. Komponist engl. Abstammung. In London war er Klavierschüler von Johann Baptist Cramer, J. L. Dussek und N. J. Hüllmandel. Nach Frankreich zurückgekehrt, wandte er sich der Kammermusik zu, erlernte das Cellospiel und begann erst während eines 2jährigen Aufenthaltes in Deutschland und Österreich auch zu komponieren. 1808 nahm er noch Kompositions- und Theorieunterricht bei A. Reicha in Paris. 1842 wurde er als Nachfolger L. Cherubinis Mitglied der Académie des Beaux-Arts. Seine vorwiegend an der Wiener Klassik orientierten Werke trugen viel zur Entwicklung der Kammermusik in Frankreich bei und erfreuen sich heute zunehmender Wertschätzung.

WW: **1) Instr.-WW:** Im Druck erschienen: Sonaten bzw. Duos für Klv. u. für V. bzw. Vc. u. Klv.; 10 Klv.-Trios; 34 Streichquartette u. 35 -quintette; 2 Klv.-Quintette; Sextett u. Septett für Klv., Bläser u. Kb.; Nonett für Streicher u. Bläser; 4 Symphonien. – **2) Bühnen-WW:** Opern: *L'alcade de la Véga*, UA: Paris 1824; *Le colporteur*, UA: ebd. 1827; *Le Duc de Guise*, UA: ebd. 1837.

Ausg.: Sonate A-Dur für Va. u. Klv., op. 16 Nr. 3, hrsg. v. W. HÖCKNER (H 1963); Grand sextuor für Klv., Fl., Klar., Fag., Horn u. Kb., hrsg. v. J. S. SCHMIDT (P 1972) (= Le pupitre 43); Sonate d-moll für Va. (oder Vc.) u. Klv., op. 16 Nr. 2, hrsg. v. U. WEGNER (Kas 1972) (= Das 19. Jh. o. Nr.).

Lit.: C. E. VULLIAMY, The O. Family 1528–1874 (Lo 1953).

ON YOUR TOES, amerik. Musical von Richard Rodgers (1902–79), Buch von George Abbott, Lorenz Hart und Richard Rodgers. Ort und Zeit der Handlung: New York der 30er Jahre. UA: 11. 4. 1936 in New York (Imperial Theater). Verfilmt 1939.

Phil Dolan, Sohn einer alten Vaudeville-Familie, erkennt, daß das Varieté keine Zukunft mehr habe, und beginnt eine „seriöse" Musikerkarriere. Er schließt sich einer russischen Balletttruppe an und überredet sie, ein modernes Jazzballett aufzuführen. Phil übernimmt die Hauptrolle und wird während der Vorstellung von zwei Gangstern bedroht, die ihn irrtümlich für einen Spielschuldner halten. *On Your Toes* wurde zum Musical-Ereignis, weil hier zum erstenmal das Ballett ein integraler Bestandteil der Handlung war. G. Balanchine arbeitete zum erstenmal als Choreograph am Broadway, und dem Team Rodgers & Hart gelangen mit *There's A Small Hotel* und *Slaughter On Tenth Avenue* zwei Evergreens. Mit *Princesse Zenobia* bot das Musical eine exzellente Parodie auf das klassische Ballett und mit *Slaughter On Tenth Avenue* eine Satire auf Hollywoods Gangsterstories.

R. WALLRAF

OPER (engl., it. u. span.: opera; frz.: opéra). **Allgemeines zum Begriff.** O. ist der seit 1639 nachweisliche Sammelname für eine profane dramatische Handlung, die sich im Zusammenwirken von Sprache, Szene und (im Unterschied zu den verschiedenen Formen des Schauspiels mit Musikeinlagen) durch die Musik konstituiert. Am genauesten trifft diesen Sachverhalt der Allgemeinbegriff „Dramma per musica", der neben anderen, z.T. gattungsspezifischen Bezeichnungen (z.B. Commedia in musica, Dramma giocoso per musica, Tragédie lyrique, Opera seria, Opera buffa, Singspiel, Opéra-comique, Ballad opera u.a.) in Gebrauch war. Die Autoren der Oper, Textdichter und Komponist, arbeiteten von Anfang an meist eng zusammen, richteten sich jedoch wesentlich am Geschmack des Publikums, an bestimmten Traditionen sowie an den konkreten szenischen und gesellschaftlichen Gegebenheiten aus. Gemäß der Grundbestimmung der O. behielt im Zusammenspiel der Elemente (Musik, Sprache, Szene) stets die Musik den Vorrang. Mehr oder minder galt von Anfang an W. A. Mozarts Grundsatz, daß „die Poesie der Musick gehorsame Tochter" zu sein habe, doch nicht weniger seine Forderung, es sei am besten, „wenn ein guter komponist der das Theater versteht, und selbst etwas anzugeben im stande ist, und ein gescheidter Poet, als ein wahrer Phönix, zusammen kommen" (Brief an den Vater vom 13.10. 1781). Formen, Inhalte und Diktion des Librettos sind daher niemals nach rein literarischen Gesichtspunkten, bzw. nach den Kriterien des Sprechtheaters, denn als Bestandteil eines primär musikorientierten Theaters zu beurteilen. Dieser Aspekt droht in dem modernen Sammelnamen ↗„Musiktheater", der zwar ein Programm (Primat der Szene), aber keinerlei historische Legitimation besitzt, zu verschwimmen. Gegenstandslos ist auch im Blick auf das prinzipielle Gewicht der Musik der Gegensatz zwischen den Begriffen „Oper" und ↗„Musikdrama", wie er im Zusammenhang mit dem Schaffen R. Wagners diskutiert wurde. Hingegen war das Verhältnis von Musik, Sprache und Szene im Verlauf der Operngeschichte einem steten Wandel unterworfen.

Während der längsten Zeit ihrer Geschichte bis um 1800 wurde die O. allenfalls in den einzelnen Musikstücken, aus denen sie sich zusammensetzte, keinesfalls aber als dramatisches Ganzes werkhaft im Sinne der einmalig-unveränderlichen Gestalt konzipiert. So sind bei Wiederaufführungen von O.n aufgrund der wechselnden Aufführungsbedingungen (vor allem der Sängerbesetzungen) auch Musik und Libretto verändert worden. Insbesondere in der italienischen O. des 18. Jh. waren die ↗Pasticcio-Praxis (Beteiligung mehrerer Komponisten) bzw. das nachträgliche Einlegen fremder Kompositionen, Umstellung und Streichung der ursprünglichen sowie die Umtextierung gegebener Musikstücke (↗Parodie) üblich. Erst in Mozarts reifen Opernwerken erfaßt der musikalisch begründete Werkcharakter auch das Gesamtgefüge des Dramas. Die den damaligen Gepflogenheiten entsprechenden und daher zu ihrer Zeit legitimen Veränderungen, die man bei Wiederaufführung auch an Mozarts O.n vornahm, erscheinen nun als Verfälschungen des Komponistenwillens.

Die O. wurde bald nach ihrem Erscheinen um 1600 die repräsentativste Gattung des europäischen Theaters. Die Geschichte des Theaterbaus und der Inszenierung ist daher engstens mit der Geschichte der O. verknüpft. Mit ihr tritt erstmals ein radikal vom antiken Theater unterschiedener Typus des Theaterbaus auf den Plan. Er ist u.a. gekennzeichnet durch die perspektivisch gegliederte Raumbühne (Guckkastenbühne). – Neben den Dramengattungen Tragödie, Komödie und Historie behauptete sich die O. als eigengesetzliche Gattung des Theaters, die sich nur in einem ihrer Zweige, der Musikkomödie, dem triadischen Schema fügte. Die vereinzelten Versuche der Angleichung an die Tragödie konnten sich vor 1800 nicht durchsetzen. – Die O.ngeschichte kennt nur zwei vielfach widerstreitende Grundformen, die allerdings eine Fülle von Möglichkeiten und Zwischenstufen zuließen: 1. die durchkomponierte Handlung mit mehr oder weniger hervorgehobenen musikalisch-dramatischen Schwerpunkten, 2. den Wechsel von geschlossenen Musikstücken mit musikalisch dem Sprechfall angeglichenen (Rezitativ) bzw. gesprochenen Dialogpartien.

Anfänge um 1600. Die O. entstand um 1600 in Italien und ging vornehmlich aus drei Quellen hervor: aus dem Pastoraldrama (A. Poliziano, *Fabula di Orfeo,* 1480), aus den Festveranstaltungen an den oberitalienischen Fürstenhöfen im 16. Jh. (vorab Florenz) und aus dem neuerwachten Willen, die Wirkungen der antiken Tragödie wiederzugewinnen. Niveau und Physiognomie der O. resultierten aus der Begegnung einer humanistisch-idealen Geisteshaltung, die sich in tätiger Rückbesinnung der Antike und des antiken Mythos annahm, mit der gleichfalls aus antiker Mythologie geschöpften allegorischen Bildersprache der höfischen Feste. Sie kulminierten seit dem Ende des 15. Jh. in den Intermedien (↗Intermedium). Diese bestanden musikalisch aus Chören, Tänzen und Instrumentalstücken in reicher Besetzung, die sich mit pantomimischem Spiel zu szenisch illusionistischer Prachtentfaltung verbanden. Aus den künstlerischen Bestrebungen der ↗Camerata fiorentina gingen um 1580 die ersten O.nversuche hervor:

Dafne (1598, die Musik von J. Peri und J. Corsi nur in wenigen Bruchstücken erhalten, Dichtung von O. Rinuccini) und *Euridice* (1600) von Peri, G. Caccini und Rinuccini (aufgeführt am Hof der Medici in Florenz). Hier wurde nach nicht erhaltenen Ansätzen V. Galileis die neue, von der Antike inspirierte Art des Einzelgesangs (↗Monodie) über einem instrumentalen Stützbaß in meist langen Notenwerten (Basso continuo, ↗Generalbaß), der Stile recitativo bzw. rappresentativo, praktisch erprobt. Ziel war die musikalisch-gestische Vergegenwärtigung der Sprache („imitar col canto, chi parla" bzw. „parlar cantando" und „scolpir le sillabe") und der von ihr indizierten Gemütsbewegungen („cantar con affetto"). Dadurch vermochte sich die sprechend handelnde Person auf der Bühne in Monolog und Dialog zu bekunden. Schon früh kam es allerdings stellenweise zu melodischen Verdichtungen des deklamatorischen Gesangs in arioser Form (↗Arie) mit der Tendenz zur geschlossenen Fügung. Die Entstehung eines genuin musikalischen Theaters wurde begleitet von heftiger Polemik gegen die sprachzerstückelnde Polyphonie und den Kontrapunkt (V. Galilei, *Dialogo della musica antica et della moderna,* 1581). In der Tat hat der monodische Gesang, der erstmals eine Funktionstrennung und eine an sich schon dramatische Dialektik zwischen tragendem instrumentalem Gerüst und freier melodischer Deklamation mit sich brachte, und dem bald auch andere Bereiche der Musik erschlossen wurden, einen Umbruch bewirkt, der die gesamte Musik erfaßte. Mit der O. begann ein neues musikalisches Zeitalter. Doch erst durch die überragende Persönlichkeit Cl. Monteverdis (1567–1643) und mit seiner am Hof von Mantua aufgeführten Favola in musica *Orfeo* (1607) sowie mit der O. *Arianna* (1608, nur das seinerzeit berühmte *Lamento* erhalten) gelang künstlerisch der entscheidende Durchbruch, obwohl der *Orfeo* noch Züge des Pastoraldramas zeigt und durch die reiche Besetzung (Instrumente, Chor) die Herkunft vom Intermedium nicht verleugnet. Monteverdi indessen, der sich mit dem Begriff der „Seconda pratica" (Forderung: L'oratione sia padrona dell'armonia e non serva = Die Rede sei Herrin über die Musik, nicht deren Dienerin) der Florentiner Linie anschloß, löste den Widerspruch eines musikalischen Theaters, in dem die Musik zum bloß dienenden Medium erklärt worden war, dadurch, daß er neben der bedeutsam behandelten Monodie auch musikalisch geschlossene Gesänge, vorab aber reichlich Instrumentalmusik (Sinfonien, Ritornelle) einführte. Mit der hier ausdrücklich realisierten konstruktiven, den Dramenverlauf zusammenhaltenden Funktion des instrumentalen Elements war die Voraussetzung für ein aus musikalischem Eigenrecht im weitesten Sinne choreographisch disponiertes Theater gegeben.

Oper im 17. Jh. (Rom, Venedig). Im ersten Drittel des 17. Jh. verlagerte sich das Zentrum der O.nproduktion zusehends nach Rom, wo die neue Gattung mit gesteigertem szenischem Aufwand gepflegt wurde und auch ein geistlicher Zweig der O. zur Entfaltung kam, der mit E. de' Cavalieris *Rappresentazione di Anima e di Corpo* (Rom 1600) bereits vorgeformt war und sich später mit der szenisch aufgeführten Spielart des ↗Oratoriums verschränkte. Eines der Hauptwerke des opernhaften Oratoriums war der *Sant'Alessio* (1632) von St. Landi. Als Meister der O. traten A. Agazzari (*Eumelio,* 1606), St. Landi (*La morte d'Orfeo,* 1619), M. Rossi (*Erminia sul Giordano,* 1637), F. Vitali (*L'Aretusa,* 1620), D. Mazzocchi (*La catena d'Adone,* 1626), L. Rossi (*Il palazzo incantato,* 1642; *Orfeo,* 1647) hervor. Gegenüber der chorischen Prachtentfaltung, die häufig als Charakteristikum für den musikalischen ↗Barock angesehen wird, dem konzertierenden Stil und den arios-geschlossenen Gesangsformen trat die monodische Deklamation zurück. Die bewegliche Handhabung des Gesangs führte in der Spätphase der römischen O. auch zur Entstehung von musikalischen Komödien (*Chi soffre speri* von V. Mazzocchi und M. Marazzoli, 1639; *Dal male il bene* von M. Marazzoli und A. M. Abbatini, 1654), die jedoch mit der späteren Musikkomödie (Opera buffa) keinerlei Verbindung haben. Rom, wo seit 1652 öffentliche O.naufführungen stattfanden, wurde als Zentrum der O. bald durch Venedig überflügelt. An der Ausbildung der venezianischen O., die bis um 1700 herrschend blieb, war Monteverdi (seit 1612 in Venedig wirkend) durch sein Spätwerk maßgeblich beteiligt. Erhalten blieben jedoch nur die O.n *Il ritorno d'Ulisse in patria* (1640) und *L'incoronazione di Poppea* (1642). Mit Entschiedenheit rückte er ab von dem langatmigen Stile recitativo der Monodie und gelangte zu einer gestisch eindringlichen und von instrumental-plastischer Rhythmik und Melodik durchwirkten Musiksprache, die sich in nunmehr auch profiliert geführtem Baß (Continuo) und Singstimme(n) verkörperte. Ohne daß die Sprache ihre dramatische Macht einbüßte, erfaßte die Instrumentalisierung den ganzen Satz. Erst jetzt vermochte die musikalische Konstruktion auch das Drama vollständig in sich aufzunehmen. Auf das Rückgrat rein instrumentaler Stücke konnte weitgehend verzichtet werden. Zugleich nahmen in der venezianischen O. die geschlossenen Formen (ariose Gesänge, Ensembles), die Monteverdi mit größter Beweglichkeit und dramatischer Eindringlichkeit (Ostinato-Stücke!) einzusetzen wußte, an Zahl und Gewicht zu. Aber erst in der spätvenezianischen O. sank das Rezitativ zum bloßen Sprechgesang (recitativo secco) ab. Es vollzog sich die bis zu Beginn des 19. Jh. maßgebliche Aufspaltung in den dramatischen Dialog des formelhaften Secco-Rezitativs, in das orchesterbegleitete pathetische Rezitativ (Accompagnato) und in monologische Arien. Auf diesen drei Ebenen spielte sich nunmehr das Drama vornehmlich ab. Der Gebrauch von Chören ging dagegen in der italienischen O. zurück. Die Eröffnung des ersten öffentlichen Opernhauses in Venedig (Teatro di San Cassiano) durch B. Ferrari (Dichter und Komponist) und Fr. Manelli 1637 mit deren *Andromeda* stellte die O. auf die Basis eines geschäftlichen Unternehmens, für dessen Erfolg ein im Pachtvertrag stehender Impresario zu sorgen hatte. Die O. entwuchs der höfischen Sphäre, ohne aber bis zum Ende des höfischen Zeitalters den Ursprung vom Hoffest zu verleugnen. Auch weiterhin blieb sie als vornehmste und repräsentative Theatergattung den europäischen Höfen verbunden. Doch Mythos und Pastorale wurden nun fast gänzlich verdrängt durch Stoffe aus der griechisch-römischen Geschichte bzw. Heldensage oder aus der mittelalterlich-ritterlichen Welt. Ernstes und Komisches griff ineinander und wurde miteinander verwoben durch den spezifisch venezianischen Geist des karnevalesken Maskenspiels. Wesentliche Impulse empfing die Dramaturgie der venezianischen O. außerdem vom spanischen Drama. Von Venedig aus und durch Komponisten wie Fr. Cavalli (z.B. *Giasone,* 1649), M. A. Cesti (z.B. *Orontea,* 1649), C. Pallavicino (z.B. *La Gerusalemme liberata,* 1687), A. Sartorio, G. Legrenzi (z.B. *Totila,* 1677), G. B. und A. M. Bononcini, A. Caldara, T. Albinoni, A. Lotti, A. Vivaldi, A. Pollarolo, Fr. Gasparini u.a. verbreitete sich die venezianische O. in Italien und im nördlichen Europa.

Französische Oper. Aus spätrömischen und venezianischen Impulsen ging in der 2. Hälfte des 17. Jh. die bald eigenständige höfische französische O. (Tragédie lyrique) hervor. Sie wurde durch das Wirken des gebürtigen Italieners J.-B. Lully und des Textdichters Ph. Quinault im Dienst Ludwigs XIV. begründet. Unter dem formalen Einfluß der klassischen französischen Tragödie (J. Racine, P. Corneille) entstanden zwischen 1673 und 1686 die 5aktigen O.n *Cadmus et Hermione, Alceste, Thésée, Roland, Armide et Renaud* u.a. Charakteristisch sind das rhetorisch geprägte und dem vorherrschenden Alexandriner-Vers angepaßte „Récitatif“, das von nur kurzen, musikalisch eher schlichten „Airs“ unterbrochen wird, schließlich die großen Chor- und Ballettsätze, die das Drama in die höfische Festveranstaltung hinüberspielen ließen und die Brücke zum zeremoniellen Tanzdrama schlugen (Opéra-ballet: z.B. Lullys *Les fêtes de l'Amour et de Bacchus,* 1672, und Comédie-ballet seit 1664 in Zusammenarbeit mit Molière, z.B. *Le bourgeois gentilhomme,* 1670). Als Bestandteil einer festlichen Ballett-Aufführung wurde die neue Gattung der französischen Ouverture (gravitätisch-feierliche Einleitung, schneller, später fugierter Teil) auch in die O. übernommen und breitete sich als Eröffnung einer Folge von Tänzen (Suite) als eine der führenden instrumentalen Formen des 17./18. Jh. vor allem in Deutschland aus. Die Tradition der französischen O. wurde nach Lully weitergeführt von M.-A. Charpentier, A. Campra, A. C. Destouches u.a. und kulminierte zuletzt nochmals in den O.n von J.-Ph. Rameau (*Hippolyte et Aricie,* 1733; *Castor et Pollux,* 1737; *Dardanus,* 1739; *Zoroastre,* 1749; *Abaris ou les Boréades,* 1764). Im Rahmen der Tradition gab Rameau der Kantabilität mehr Raum, gewann auch dem Orchester und der szenenbezogenen, tonmalerischen Musik neues Interesse ab. Seine O.nkonzeption vermochte somit auf die verschiedenen Reformbestrebungen innerhalb der italienischen O. zurückzuwirken, die mit dem Wirken T. Traëttas am Hof in Parma um 1760 einsetzten. Auch Chr. W. Gluck stützte seine Erneuerungsabsichten in den französischsprachigen O.n (*Iphigénie en Aulide,* 1774; *Armide,* 1777; *Iphigénie en Tauride,* 1779) auf die französische O.ntradition, deren Begrenzungen er jedoch überschritt. Die Rückkehr zum Mythos, die ein Kernstück nicht nur der Gluckschen Reformideen darstellte, mag von der französischen O. mit ihren vorwiegend mythischen Stoffen angeregt worden sein. Die Geschichte der Tragédie lyrique ist indessen bereits mit Rameau abgeschlossen. Mit Gluck und seinen Nachfolgern mündete sie in die allgemeine Geschichte der O., in der bis zum Ende des Ancien régime der italienische Typus dominierte.

Italienische Oper im 18. Jh. (Opera seria, Opera buffa). Die venezianische O. in ihrer Spätphase um 1690 bis 1700 hatte bereits den auch weiterhin normativen dramatischen Aufbau aus Secco-Rezitativ und Da capo-Arie als affektsammelnden Szenenabschluß ausgebildet, als auch Neapel in den Vordergrund der Operngeschichte rückte und bedeutende, in den berühmten Konservatorien dieser Stadt geschulte Komponisten den Ton anzugeben begannen. Neben anderen ragten um 1700 vor allem A. Scarlatti mit etwa 115 O.n (davon nur 36 vollständig erhalten) hervor, doch ist zweifelhaft, ob er und die führenden Opernkomponisten nach ihm unter dem bisher gängigen Begriff der „Neapolitanischen Opern-Schule" (↗Neapolitanische Schule) zusammengefaßt werden können. Die neuen Züge im Bereich der repräsentativen Opera seria sind nicht ausgeprägt genug, um sich von der spätvenezianischen O. eindeutig abzuheben, der Wandel in der Musik aber, der sich um 1700 anbahnte und der Opera seria („Arien-Oper") bis um 1750 das Gesicht verlieh, ist allgemein und nicht speziell neapolitanisch. Einen besonderen und höchst bedeutsamen Weg, der aus allen Traditionen schöpfte, geleitet war durch eine überragende Phantasie, durch eigene dramatische Vorstellungen und durch die Bedingungen, die er vorfand, verfolgte in London G. Fr. Händel (40 Opern von 1711 bis 1728). Den dramatischen Grundriß der stets dreiaktigen Opera seria im 18. Jh. haben die Reformen der Dichter A. Zeno und P. Metastasio festgelegt. Sie betrafen die Stoffe (Ausschaltung der komischen Szenen) und die Dramaturgie (Plazierung der Arie ans Szenenende und strikte Trennung zwischen handlungstragendem Rezitativ und Arie, in der Affektbekundung mit Stillstand der Handlung einherging). Dies war der Typus der Opera seria, der trotz mancher Reformversuche und Kritik bis gegen Ende des 18. Jh. in ganz Europa maßgeblich blieb. Die musikalische Hauptform der Da capo- bzw. Dal segno-Arie (als Abgangs-, seltener als Auftrittsarie), die meist mit virtuosen Koloraturen ausgestattet wurde, gab der Opera seria den Charakter des Statuarischen und Festlich-Zeremoniellen, der vom Kastratengesang, von einem festen Rollen- und Situationsschema und von der obligatorischen Versöhnung am Schluß (lieto fine) noch unterstrichen wurde. Der Da capo-Anlage liegt ein 5teiliges Schema zugrunde: aa' b aa' (a und b Vertonung der ersten und zweiten Textstrophe) mit Orchesterzwischenspielen. In der Dal segno-Arie wurde der erste Teil (aa') nicht vollständig wiederaufgenommen. Das Da capo hatte den Sinn, dem Sänger Gelegenheit zur freien Verzierung seiner Gesangspartie zu geben, erschien also nicht als bloße Wiederholung. Trotzdem konzentrierte sich die Kritik an der Opera seria vor allem auf die Überlänge der Arien. Die Opera seria, die zu Recht auch als die „metastasianische O." bezeichnet werden könnte, war ein extrem unnaturalistisches Fest-Theater, in dem das Regelhaft-Ornamentale und Stilisierte auch des Affektausdrucks im Vordergrund stand und die Handlung als exemplarische (allegorische) und idealisierende Darstellung menschlicher Konflikte und ihrer Lösung verstanden wurde. Sollte nicht Wesentliches aufgegeben werden, waren ihrer Reform enge Grenzen gesetzt. Zum Grundbestand der Seria gehörten außer der Arie das Accompagnato-Rezitativ als pathoserfüllter Anstieg zur Arie, die nur spärlich verwendeten Chöre und Ensembles (Schluß-Duette und -Terzette), seit Scarlatti auch der Typus der dreisätzigen O.nsinfonia (schnell–langsam–schnell; ↗Ouvertüre). Als Hauptmeister sind u.a. zu nennen: L. Vinci, L. Leo, G. B. Pergolesi, J. A. Hasse, Fr. de Majo, K. H. Graun, sodann B. Galuppi, N. Jommelli, D. Terradellas, T. Traëtta, J. Chr. Bach, P. Anfossi, G. Paisiello, G. Sarti und D. Cimarosa.

Als nach 1730 sich auch die Fundamente der musikalischen Sprache zu wandeln begannen, das Generalbaß-Prinzip abgelöst wurde vom kadenz-metrischen, in überschaubarer Rationalität gegliederten Satz, setzten um 1750 generelle Kritik und Reformversuche ein, die in einzelnen O.n Jommellis und Traëttas beachtliche Resultate zeitigten und durch die „Reformopern" von Gluck weitreichende Wirkung hatten (*Orfeo ed Euridice,* 1762, frz. Bearbeitung 1774; *Alceste,* 1767; *Paride ed Elena,* 1770; und die 3 schon genannten frz. O.n). Zusammen mit den Textdichtern R. de' Calzabigi und Le Blanc Du Roullet und in Anlehnung an den französischen O.ntypus sowie an die Azione bzw. Festa teatrale, einer Spielart der Opera seria, griff Gluck wieder auf den antiken Mythos zurück, konzentrierte die Handlung, erstrebte eine Belebung des Ausdrucks und musikdramatische Verdichtung (vor allem durch Beschneidung des Secco-Rezitativs, Ausbau der Accompagnato-Partien, Heranziehung von Chören und orchestrales Gewicht), ohne jedoch die Voraussetzungen des höfischen Festtheaters in Frage zu stellen. Mit der italienischen und französischen Gluck-Nachfolge trat die Opera seria seit etwa 1780 in ihre klassizistische Phase ein (A. Salieri, G. Sarti, J. Chr. Vogel, J. G. Naumann, A. Sacchini u.a.).

Die Ausschaltung der komischen Szenen in der ernsten O. durch Zeno und Metastasio bot die Voraussetzung zur Verselbständigung der Musikkomödie (Opera buffa). Ein erster Schritt war, daß sich die komischen Intermezzi (komische Szenen zwischen den Akten einer Opera seria), die seit etwa 1710 in Venedig und Neapel aus kurzen, in sich geschlossenen und zusammenhängenden Diener-Handlungen bestanden, von der Seria gänzlich ablösten und vor allem seit Pergolesis durchschlagender *Serva padrona* (1733) gelegentlich auch für sich aufgeführt wurden. Daneben entstand ebenfalls um 1710 in Neapel die meist im Dialekt gehaltene Commedia per musica. Als Komponisten traten vor allem A. Scarlatti (*Il trionfo dell'onore,*

1718), L. Vinci, L. Leo, N. Logroscino und Pergolesi hervor. Zu europäischer Geltung gelangte die Opera buffa jedoch erst durch den immensen Erfolg der Aufführung von Pergolesis *Serva padrona* 1752 in Paris, der den Streit der „Buffonisten" (mit J.-J. Rousseau) und „Antibuffonisten" auslöste (↗Buffonistenstreit), sowie durch die Verschränkung des neapolitanischen Zweiges der Musikkomödie mit der um 1745 ausgeformten venezianischen Opera buffa (Dramma giocoso per musica), die sich durch die langjährige Zusammenarbeit C. Goldonis und B. Galuppis konsolidierte. Nach 1750 erwies sich die Musikkomödie als die zentrale Gattung in der Musik des 18. Jh., die die Opera seria an Bedeutung immer mehr in den Schatten stellte, zumal die Abkehr vom Generalbaßsatz, die sich um 1730 abzeichnete, und der Übergang zum kadenzmetrischen Satz engstens mit Intermezzo (Pergolesi!) und Musikkomödie verknüpft erscheinen. Der musikalische Spielraum reichte von empfindsamem Ernst bis zur derben Komik und Parodie (vorzugsweise der ernsten O.) und umfaßte einen geradezu unbegrenzten Kreis von Stoffen und Situationen, vermittelte niedrige, dem Volkstümlichen angenäherte, realistische Diktion mit unverstellter Kantabilität, spiegelte (häufig in den Rollentypen der Commedia dell'arte) treffsicher, witzig und oft satirisch die gesellschaftliche Wirklichkeit (z. B. das Verhältnis der Stände zueinander) und vergegenwärtigte Aktion und Personenkonstellationen durch eine neuartig bewegliche, aktionshaltige Tonsprache. Die starre Dramaturgie der Opera seria wurde durch eine Vielzahl situationsbedingter Arienformen und insbesondere durch Ensembles aufgebrochen. Das Zusammenspiel im Ensemble ist die Signatur der Opera buffa, und nach 1750 nahmen in erster Linie die mehrgliedrigen Finales (umfangreiche Ensembles an Aktschlüssen) eine Schlüsselfunktion ein. Erstmals wurde die genuine Möglichkeit mehrstimmiger Musik, verschiedene Vorgänge gleichzeitig vorzuführen, dramatisch fruchtbar gemacht. Neue Kantabilität auf der einen, unverblümtes Parlando auf der anderen Seite sowie der Abbau der ornamentalen Gesangsvirtuosität (↗Belcanto) prägten der Buffa, die Stendhal „la perfection idéale de la comédie" nannte, den Ton des Unvermittelten auf. Die Mischung von ernsten und komischen Rollen (parti serie, parti buffe) ermöglichte das Eindringen von Elementen des ↗Rührstücks, aber auch das Aufgreifen von Märchenstoffen. Die bedeutendsten Komponisten des 18. Jh., B. Galuppi, N. Piccinni, P. Anfossi, G. Paisiello, P. A. Guglielmi, D. Cimarosa und viele andere, vertraten die reife und späte Phase der Opera buffa (1760–1800), die G. Rossini noch einmal in einen virtuos-komödiantischen Wirbel zog. Die O.n der vornehmlich italienischen Buffakomponisten überzogen alle europäischen Bühnen und setzten die Maßstäbe. Einige Hauptwerke: Piccinni, *La Cecchina ossia La buona figliuola* (1760); Galuppi, *Il filosofo di campagna* (1754); Anfossi, *L'incognita perseguitata,* (1773); Paisiello, *Il barbiere di Siviglia* (1782); Cimarosa, *Il matrimonio segreto* (1792).

Oper in England, Frankreich und Deutschland. In England verbanden sich seit dem 17. Jh. die vielfältigen Formen des heimischen Schauspiels mit Musik (z. B. die höfische ↗Masque) mit Elementen der italienischen Oper. Vorübergehend kam es in der „English opera" zu einer eigenartigen Angleichung an die italienische und französische O. (bedeutend in H. Purcells *Dido and Aeneas,* 1689). Das Wirken G. B. Bononcinis (seit 1720) und vor allem Händels in London (1719 erfolgte die Berufung durch König Georg I. zur Begründung und Leitung der „Royal Academy of Music") bezeichnet die italienische Epoche der O. in England. Daneben aber entstand das volkstümliche Komödiengenre der ↗Ballad opera, dessen Charakter satirisch war. Sie bestand aus gesprochenen Dialogen mit Liedeinlagen (ballad-tunes). Berühmt wurde wegen ihrer ätzenden Zeit- und Gesellschaftskritik die *Beggar's Opera* (1728) von J. Gay und J. Chr. Pepusch (Ouvertüre und Generalbaß zu den Songs).

Während die Ballad opera den Charakter eines musikalisch eher schlichten Genres nie abstreifte, kam es in Frankreich in Anlehnung an volkstümliche Sprechkomödien mit untermischten Liedern (die Comédie en vaudevilles und Comédie mêlée d'ariettes) und an die italienische Buffa zur Ausbildung einer bürgerlich geprägten, eigenständigen Gattung, der Opéra-comique, an deren Begründung der Italiener E. R. Duni, Fr.-A. Philidor und P.-A. Monsigny wesentlich beteiligt waren. In vielfach satirischer und karikierender Absicht werden die Stände, ihre Gegensätze und die Welt des Alltäglichen geschildert unter Einschluß von rührselig-sentimentalen und märchenhaften Elementen. Unter dem Einfluß der Buffa nahmen Umfang und Gewicht der ursprünglich nur kurzen und in den gesprochenen Dialog eingeschobenen Musikstücke (Airs, Chansons, Chöre u.ä.) zu. Dies gilt besonders für die Ensembles. Doch blieb eine spezifische Form des Schlußgesangs, das ↗Vaudeville (Solocouplets mit Tutti-Refrain), erhalten und drang auch ins deutsche Singspiel ein (z. B. Vaudeville am Schluß von Mozarts *Entführung*). Die spätere Opéra-comique (z. B. A.-E.-M. Grétry, *Ri-*

chard Cœur de Lion, 1784) mündet gegen Ende des 18. Jh. in den Typus der französischen sog. Revolutions-, Schreckens- und Rettungsoper, für die J.-Fr. Le Sueurs *La caverne* (1793), L. Cherubinis *Lodoïska* (1791) und *Les deux journées* (1801) beispielhaft sind. In diesen Umkreis gehört typologisch auch Beethovens *Fidelio* (1805, 1806 und 1814). In ihrer formal-dramatischen Anlage hält sich die Opéra-comique bis ins späte 19. Jahrhundert.

Englische und französische Anregungen (Ballad opera und Opéra-comique) führten um 1750 zur Entstehung des deutschen Singspiels als eines zur Komödie neigenden Theaters mit Sprechdialog und zunächst anspruchslos liedartigen Einlagen. Den Anstoß gab 1743 in Berlin die deutsche Aufführung der Ballad opera *The Devil to Pay (Der Teufel ist los)* von Charles Coffey, die aber erst in der Bearbeitung von Chr. F. Weiße mit Musikstükken von J. G. Standfuß (1752) und J. A. Hiller (1766) weitere Kreise zog. Die Geschichte des von Hiller unter Mitwirkung von Weiße begründeten Singspiel-Typus ist dadurch gekennzeichnet, daß bei zunehmendem Einfluß der Buffa die Musikstücke, die zunächst vornehmlich aus eher liedhaften Arietten bestanden, immer mehr Gewicht erhielten (Arien, Ensembles). Da man aber weiterhin die Idee eines in bescheidenem Rahmen durch Sänger-Schauspieler ausführbaren und bürgernahen Theaters nicht fallen ließ, behielt das Singspiel (der Nebensinn des Wortes „kleine Oper" kam auch in der Bezeichnung „Operette" zum Ausdruck) in Stoffwahl, Dramaturgie und im musikalischen Tonfall eine gewisse Eigenart, wenngleich es bis zuletzt von französischen und italienischen Vorbildern abhängig blieb. Die Welt der Handwerker, Bauern und Bürger, der Gegensatz Stadt – Land, die sich im Singspiel vornehmlich spiegelten, erschienen vielfach in naiver Idealisierung; Komik und Satire waren in der Regel versetzt mit hausbackenem Humor, die Elemente des Rührstücks nahmen überhand. Die Versuche J. W. von Goethes, das Singspiel auf textlich höheres, poetisches Niveau zu heben (1773–85), fanden in den Vertonungen nicht den nötigen Halt und drangen daher nicht durch: „Alles unser Bemühen ... ging verloren, als Mozart auftrat. Die Entführung aus dem Serail schlug alles nieder ..." (*Italienische Reise,* November 1787). Obwohl das von Kaiser Joseph II. ins Leben gerufene und mit I. Umlauffs *Bergknappen* 1778 eröffnete Wiener „National-Singspiel", in dem Ansätze zu einem süddeutsch-österreichischen Singspieltypus sich abzeichneten, nicht lange Bestand hatte, wurden doch allenthalben populäre Singspiele von musikalisch z. T. beachtlichem Rang komponiert (z. B. G. Benda, *Der Dorfjahrmarkt,* 1775; Chr. G. Neefe, *Adelheit von Veltheim,* 1780; K. Ditters von Dittersdorf, *Doktor und Apotheker,* 1786; Johann Schenk, *Der Dorfbarbier,* 1796; u. a.). In Wien verband sich das Singspiel mit den verschiedensten Formen des bodenständigen volkstümlichen Theaters (Posse, Märchen- bzw. Zauberstück). Auf das Genre der „Maschinen-Komödie" etwa geht Mozarts *Zauberflöte* zurück. In den Stücken von P. Wranitzky, Wenzel Müller († 1835) und F. Kauer (*Donauweibchen,* 1798) und von der Spätphase des Singspiels überhaupt zweigen einerseits die deutsche (romantische) O. bzw. die „Spielopern" (A. Lortzing), andererseits das Schauspiel mit Musikeinlagen (F. Raimund, J. Nestroy), aber auch die Operette ab.

Ebensowenig wie das Singspiel sich als Gattung zu konsolidieren vermochte, fanden trotz kurzzeitiger Erfolge und z. T. bedeutender Leistungen auch die vereinzelt schon im 17. Jh. einsetzenden Bemühungen um eine deutschsprachige O. weitere Verbreitung. Die Ära der „Hamburger Oper" um 1700 blieb vorwiegend an die Aktivität von R. Keiser, G. Ph. Telemann und J. Mattheson geknüpft. – Die Weimarer „teutschen" O.n von Christoph Martin Wieland und A. Schweitzer (*Alceste,* 1773; *Rosamunde,* 1780) sowie I. Holzbauers *Günther von Schwarzburg* (1776) blieben dagegen zu sehr in italienischen Vorbildern befangen, um Widerhall auszulösen. – Mozarts große italienisch- und deutschsprachige O.n leiten weder eine neue Epoche der Operngeschichte ein, noch schließen sie eine solche ab: sie blieben Ausnahmewerke, deren europäische Wirkung erst nach seinem Tode einsetzte. Ohne Reformabsichten ergriff Mozart in der Jugend zunächst die etablierten, schon ausgereiften Traditionen der Buffa (*Finta semplice,* 1768) und Seria (*Mitridate,* 1770; *Lucio Silla,* 1772). Bereits in den Frühwerken zeigt sich aber ein unüberhörbar neuer Ton des Ursprünglichen und eine bezwingende Phantasie, die im musikalischen Bau und in einer ungewöhnlichen instrumentalen Durcharbeitung zur Geltung kommt. Die Auseinandersetzung mit der Seria findet ihre jeweils unvergleichbare Fortsetzung im *Idomeneo* (1781) und in *La clemenza di Tito* (1791): das eine Mal auf der Basis eines singulären Reichtums der orchestralen Sprache, das andere Mal mit den Mitteln des musikalischen Reifestils und aufgrund wesentlicher Eingriffe in den dramaturgischen Organismus der Vorlage (das vielvertonte Drama Metastasios). In den drei großen Buffa-Opern *Le nozze di Figaro* (1786), *Don Giovanni* (1787) und *Così fan tutte* (1790), die in Zusammenarbeit mit L. Da

Ponte entstanden, vollendet sich die Wiener Klassik als Theater. Gleiches gilt für *Die Entführung aus dem Serail* (1782) und für die *Zauberflöte* (1791). In Mozarts O.n gingen die allgemeinen Gattungseigentümlichkeiten im Besonderen der musikalisch-dramatischen Aussage auf. Doch dieses Besondere bleibt inkommensurabel. Die Mozartschen O.n „vollenden" daher nicht die Gattungen, denen sie angehören. Andererseits setzen sie die Erfahrung voll ausgereifter O.nkunst voraus, und ihr historischer Ort wäre kaum anders situiert vorstellbar als am Ende einer großen Epoche des O.ntheaters. S. KUNZE

19. Jahrhundert. Die O. des 19. Jh., das sich als musikhistorische Epoche von der Französischen Revolution bis zum Ausbruch des 1. Weltkriegs erstreckt, ist institutions- und sozialgeschichtlich durch den Prozeß der Verbürgerlichung und formgeschichtlich durch die Auflösung oder Differenzierung des überlieferten, aus dem 18. Jh. stammenden Systems der Gattungen – von der Tragédie lyrique bis zur Opéra-comique und von der Opera seria bis zur Opera buffa – charakterisiert. Die Verbürgerlichung, die ein langsamer, das ganze Zeitalter umfassender Prozeß war, bedeutete negativ ein Zerbröckeln des Systems italienischer Hofopern, das im 18. Jh. – außer Frankreich – ganz Europa, von Neapel bis St. Petersburg und von Wien bis London, gleich einem Netzwerk überzog und als ostentativer Luxus, als Mittel aristokratischer Unterhaltung und Repräsentation, ein Gegenstand bürgerlich-republikanischer Empörung war, den man entweder abzuschaffen (in Wien wurde die italienische Hofoper ein Opfer der Revolution von 1848/49) oder sich anzueignen trachtete (die „Große Oper" der Julimonarchie, der Operntypus G. Meyerbeers, war die Form, in der sich die herrschende Finanzbourgeoisie der „großen Oper" des Empire, die in der Ausprägung durch G. Spontini ein musikalisch-szenischer Ausdruck napoleonischer Machtdemonstration gewesen war, bemächtigte). Die Hofoper, die R. Leoncavallo, der durch die veristischen *Pagliacci* (1892) berühmt geworden war, noch zu Anfang des 20. Jh. für den deutschen Kaiser schrieb (*Der Roland von Berlin,* 1904), erscheint als späteste, ein wenig groteske Ausprägung einer längst abgestorbenen Gattung.

War demnach der Sozialcharakter der O. im 18. Jh. primär aristokratisch bestimmt – bürgerliches Leben wurde in der Opera buffa, der Opéra-comique und dem Singspiel zwar gezeigt, aber als Objekt von Komik, also aus der Perspektive „von oben" –, so kann die Revolutions-, Schreckens- oder Rettungsoper der Zeit um 1800 (J.-Fr. Le Sueur, *La caverne,* 1793; L. Cherubini, *Lodoïska,* 1791, und *Les deux journées,* 1801; L. van Beethoven, *Fidelio,* 1805, 1806 und 1814) als O.nvariante des bürgerlichen Trauerspiels aufgefaßt werden, durch das die „Stilhöhenregel" – die ästhetisch-soziale Norm, daß die Würde des Tragischen den „Königen und großen Herren" (H. von Hofmannsthal) vorbehalten sei – durchbrochen wurde. Als bürgerlicher Zug in der O. des 19. Jh. erscheint ferner, außer dem Griff der Librettistik zum bürgerlichen Trauerspiel (G. Verdis *La Traviata* spielt, im Widerspruch zu den Konventionen der Opera seria und mit offenkundig „realistischer" Tendenz in der unmittelbaren Gegenwart) und zur „Dorftragödie" (St. Moniuszko, *Halka,* 1848 und 1858; L. Janáček, *Jenufa,* 1904), vor allem der Hang zur Couleur locale, zum Lokalkolorit. Die Lust an der musikalisch-szenischen Ausmalung von Einzelheiten, an den „kleinen wahren Details" (D. Diderot), ist ein gemeinsames Merkmal, durch das auseinanderstrebende Tendenzen des Zeitalters zusammengehalten werden: Die Bemühung von Meyerbeer und E. Scribe, Geschichte musikalisch-szenisch sinnfällig zu machen (*Les Huguenots,* 1836; *Le prophète,* 1849), statt sie lediglich als Stoffarsenal für Liebesintrigen auszuplündern (wie es im 18. Jh. geschah), hängt ebenso mit der bürgerlichen Neigung zur Couleur locale zusammen wie die Anstrengung, auch „periphere" Musikländer, die ins „Zentrum" drängten, durch Nationalopern zu repräsentieren, die unverkennbar eine spezifisch russische, tschechische oder ungarische Farbe tragen (M. Glinka, *Iwan Sussanin,* 1836; F. Erkel, *Bánk bán,* 1861; Fr. Smetana, *Dalibor,* 1868), oder die Exotismusmode, die in Anlehnung an literarische Vorbilder seit 1870 die Opernlibrettistik ergriff (Verdi, *Aida,* 1871; K. Goldmark, *Die Königin von Saba,* 1875; J. Massenet, *Thaïs,* 1894; G. Puccini, *Madama Butterfly,* 1904). (↗Exotismus und Folklorismus oder Nationalismus sind substantiell nicht so verschieden, wie die „Volksgeist"-Hypothese, die vom Komponisten „nationale Authentizität" fordert, glauben machen möchte.) Die Neigung zur Couleur locale begünstigte die Wahl „romantischer" statt „klassizistischer" Sujets; und als „romantisch" empfand man, jedenfalls in Italien und Frankreich, außer W. Scott und V. Hugo auch Shakespeare, Goethe und Schiller, so daß im Hinblick auf die Librettistik die Gewohnheit italienischer Musikhistoriker, die O.n von G. Bellini, G. Donizetti und dem frühen Verdi als „romanticismo" zu charakterisieren, einigermaßen gerechtfertigt erscheint. (Außerdem war in Frankreich und in Italien, im Unterschied zu Deutschland, der Romantikbegriff mit politischem Liberalismus ver-

quickt: Verdi galt als musikalischer Repräsentant des Risorgimento.) Man mag einen Romantikbegriff, der E. Th. A. Hoffmanns *Undine* (1816), L. Spohrs *Faust* (1816), C. M. von Webers *Freischütz* (1821) und H. Marschners *Hans Heiling* (1831) – O.n, in denen das „Wunderbare" eine Herausforderung und dramaturgische Rechtfertigung musikalischer Entfaltung darstellt – ebenso umfaßt wie Meyerbeers *Robert le diable* (1831), Bellinis *Sonnambula* (1831), Donizettis *Lucia di Lammermoor* (1835) und Verdis *Ernani* (1844) oder *Macbeth* (1847), als allzu weitgespannt und darum inhaltsarm empfinden, kann jedoch schwerlich leugnen, daß er die Idee bildete, durch die das Zeitalter sich selbst interpretierte.
Die Entwicklung der Librettistik, die literaturgeschichtlichen Einflüssen unterworfen war, hing wiederum mit kompositionstechnischen Veränderungen, die für das 19. Jh. charakteristisch sind, eng zusammen, ohne daß es lohnend wäre, den eher ideologisch als sachlich motivierten Streit über die Priorität sozial-, ideen- oder kompositionsgeschichtlicher Momente auszutragen. Die Differenzierung der Harmonik und der Instrumentation (das eine Moment darf, wie Wagner betonte, vom anderen nicht getrennt werden) tendierte gleichfalls, formelhaft gesprochen, vom „Strukturellen" zum „Koloristischen": Die Harmonik erfüllte weniger eine formbildende als eine charakterisierende Funktion (die Ästhetik des 19. Jh. setzte dem „Schönen" das „Charakteristische" entgegen); und die Instrumentation „emanzipierte" sich, bei Weber ebenso wie bei H. Berlioz und Wagner, zu selbständigen Wirkungen, statt lediglich die Satzstruktur zu verdeutlichen. Mit der Harmonik aber war die musikalische Syntax durch Wechselwirkung verbunden, und daß sich die Periodenstruktur, der „Rhythmus im Großen" (E. Hanslick), in „musikalische Prosa" (A. Schönberg) auflöste, und zwar bei Wagner (*Rheingold*, komponiert 1854) ebenso wie bei M. Mussorgski (Fragment *Die Heirat*, 1868; *Boris Godunow*, 1874), darf zu den tiefgreifenden Veränderungen in den kompositionstechnischen Fundamenten der O. gezählt werden. (Die „systematisierte" Leitmotivtechnik [↗Leitmotiv] seit *Rheingold* kann als Ausgleich für den Zerfall der traditionellen Periodenstruktur, als Konstruktion musikalischen Zusammenhangs in der Form des motivischen „Netzwerks" statt des syntaktischen „Gerüsts", interpretiert werden – der populäre Melodiebegriff des 19. Jh. haftete an der regelmäßigen Periode, die Wagner als „Quadratur" verhöhnte.) Die Veränderungen in der musikalischen Syntax bedeuteten formgeschichtlich, daß die Dichotomie zwischen „geschlossenen" Formtypen, die ohne funktionale Harmonik und regelmäßige Periodenstruktur nicht zu bestehen vermögen, und den „offenen" Formen des Rezitativs und des Arioso allmählich durch vermittelnde Strukturen aufgehoben oder zumindest differenziert wurde. Die Tendenz zur „musikalischen Kontinuität", die für das Jahrhundert insgesamt charakteristisch ist, zeigt sich erstens in der – in der Opera buffa des 18. Jh. angebahnten – Herausbildung von Ensemblesätzen, in denen szenische Aktion und lyrische Kontemplation (die ursprünglichen Merkmale des Rezitativs einerseits und der Arie andererseits) ins Gleichgewicht gebracht werden, zweitens in der Überbrükkung der Grenzen zwischen Rezitativ und Arie (oder Duett) und drittens in der Akzentuierung eines Orchesterparts, der auch dann noch musikalischen Zusammenhang verbürgt, wenn die Gesangstimmen um der dramatischen Charakteristik willen in rascher Folge zwischen rezitativischen, ariosen und kantablen Teilen wechseln. Daß bestimmte Tendenzen für das Jahrhundert insgesamt charakteristisch sind, besagt allerdings nicht, daß sie sich überall gleichmäßig durchzusetzen vermochten. Gerade der O.ntypus, der gewissermaßen die „Oper schlechthin" repräsentiert, die italienische Opera seria, erwies sich im 19. Jh., von Rossinis *Otello* (1816) bis zu Verdis *Otello* (1887) in den musikalisch-dramaturgischen Grundzügen als erstaunlich fest fundiert. Rossini, der in der Opera buffa (*Il barbiere di Siviglia*, 1816), aber ebenso – was außerhalb Italiens nicht selten vergessen wurde – auch in der Opera seria (*Tancredi*, 1813; *Semiramide*, 1823) für ein ganzes Jahrhundert die Fundamente legte, stellte durch ein Kantabilitätsideal, das den Melodiebegriff des Zeitalters prägte, durch eine Ensembletechnik, die zwischen bewegter Aktion und lyrischer Kontemplation ein genau kalkuliertes Gleichgewicht wahrte, und durch eine zwischen solistischem Kolorit und brutaler Massierung effektvoll wechselnde Instrumentation ein Vorbild dar, an dem sich die O.nkomponisten, explizit oder unausgesprochen, jahrzehntelang orientierten, und zwar deutsche (Fr. Schubert, Meyerbeer, O. Nicolai) ebenso wie italienische (S. Mercadante, G. Pacini). Das zweiteilige Formschema der italienischen O.nnummer – der Übergang von einem langsameren Cantabile zu einer rascheren Cabaletta (mit einer dem Ende entgegenstürzenden Stretta): ein Übergang, der in der Regel durch einen szenischen Eklat dramaturgisch motiviert wurde – ist sogar von Verdi nur zögernd modifiziert worden. Verdi neigte zwar dazu, in Ensemblesätzen (besonders in Duetten) kontrastierende Affekte in raschem Wechsel dialogisch

aufeinanderprallen zu lassen, also Kantilenen nicht so lang auszuspinnen wie Bellini, dessen „melodie lunghe, lunghe, lunghe“ er gleichwohl bewunderte, doch vermied er als Komponist, der sich von einem genauen Gefühl für Popularität leiten ließ, die Auflösung der Periodenstruktur in eine „musikalische Prosa“, deren Zusammensetzung aus Phrasen von unregelmäßiger Länge ein Publikum, das unter einer „Melodie“ eine rhythmisch prägnante Gestalt verstand, irritieren mußte. Eine andere Lösung des Problems, „musikalische Kontinuität“ zu wahren – und zwar in den eigentlich dialogischen, das dramaturgische Gerüst bildenden Szenen –, ohne andererseits auf die melodisch-rhythmische Attraktivität geschlossener Formen zu verzichten, bestand in dem aus der Opéra-comique stammenden Kunstgriff, eine O. in reichem Maße mit Musiknummern auszustatten, die, „realistisch“ begründet, auch in einem Schauspiel als Bühnenmusik Platz finden würden (G. Bizet, *Carmen,* 1875; P. Mascagni, *Cavalleria rusticana,* 1890). (Insgesamt kann man O.n des 19. Jh. als wechselnde Mischung der erwähnten Tendenzen und Verfahrensweisen beschreiben; und eine Geschichtsschreibung, die Wirklichkeitsnähe erstrebt, sollte weniger von dem Drang, zu klassifizieren und Gruppen zu bilden, als von der Methode ausgehen, die Möglichkeiten, über die ein Komponist prinzipiell verfügte, also das „Grundmuster“ der institutions-, ideen- und formgeschichtlichen Momente, zu rekonstruieren, um dann die spezifische Lösung, die er fand, in ihrer Individualität, auf die es ästhetisch ankommt, interpretierend zu erfassen.) Versucht man das Werk Wagners im Geiste des Jahrhunderts zu begreifen, aus dem es stammt, es andererseits jedoch als die Ausnahme zu verstehen, die es zweifellos darstellt (trotz der Versuche eifernder Adepten, von dem „Werk von Bayreuth“ eine Norm des musikalischen Dramas und einen Maßstab der gesamten O.ngeschichte zu abstrahieren), so liegt es nahe, von den Ambivalenzen auszugehen, durch die das „Musikdrama“ charakterisiert ist. (An der Unterscheidung zwischen „Romantischen Opern“ – bis *Lohengrin* – und „Musikdramen“ – seit *Rheingold* – festzuhalten, ist terminologisch insofern zweckmäßig, als die Differenz zwischen einer dramaturgisch motivierten, aber in die Tonsatzkonstruktion gewissermaßen interpolierten „Erinnerungsmotivik“ und einer die gesamte Satzstruktur durchdringenden „Leitmotivik“ fundamental ist und eine tiefgreifende geschichtliche Zäsur bedeutet.) Daß Wagner mythologische Stoffe wählte – Germanisches durchsetzt mit Antik-Griechischem –, schließt nicht aus, daß das „Allgemein-Menschliche“, das er zeigen wollte, nicht selten Züge eines modernen „Realismus“ trägt, der an Henrik Ibsen erinnert. Daß er die harmonischen und instrumentationstechnischen Wagnisse, zu denen er sich vortastete, ausschließlich durch das „Drama“ gerechtfertigt glaubte, verhinderte nicht, daß *Tristan und Isolde* (1865) zur „Ursprungsurkunde“ einer Moderne wurde, in der – ohne dramaturgische Legitimation – aus den Prämissen des chromatisch-polyphonen Tonsatzes Konsequenzen gezogen wurden, die schließlich zur Neuen Musik A. Schönbergs führten. Und daß Wagner für das musikalische Drama dichterische Ansprüche erhob, die er zwar in den dramaturgischen Entwürfen, aber schwerlich in sämtlichen sprachlichen Details erfüllte, sollte nicht den Blick dafür verstellen, daß es Wagners literarischer Ehrgeiz war, der im 20. Jh. den Typus der „Literaturoper“, des Wort für Wort in Töne gefaßten Schauspieltextes, begünstigte, eines Typus, für den andererseits die von Wagner (und Mussorgski) begründete „musikalische Prosa“ das Mittel musikalischer Realisierung darstellte. Lag demnach Wagners Geschichtswirkung keineswegs in dem Epigonentum, das er in Deutschland wie in Frankreich hervorbrachte, so bestand die nach Bayreuther Maß „offizielle“ Wagner-Nachfolge gerade im Ausweichen vor der Gattung der mythologischen Tragödie, in der durch den „Meister“ ein „Ende der Geschichte“ erreicht worden war. Nicht zufällig waren es geschworene Wagnerianer, die sich der Märchenoper (E. Humperdinck, *Hänsel und Gretel,* 1893), der Volksoper (W. Kienzl, *Der Evangelimann,* 1895) oder der komischen O. (H. Wolf, *Der Corregidor,* 1896) zuwandten. Gerade die musikalische Komödie war allerdings im 19. Jh., einem Zeitalter, das einen leichten Stil ohne kompositionstechnischen Substanzverlust kaum zuließ, in eine heikle Situation geraten. Und es kam, anders als im 18. Jh., kaum zu einer kontinuierlichen Gattungstradition. Rossinis *Barbiere di Siviglia* (1816), Donizettis *Don Pasquale* (1843) und Verdis *Falstaff* (1893) sind ebenso isolierte Einzel- und Ausnahmewerke wie Smetanas *Verkaufte Braut* (1866), Wagners *Meistersinger* (1868) oder R. Strauss' *Rosenkavalier* (1911). Und sogar in Frankreich, wo durch Fr. A. Boieldieu (*La dame blanche,* 1825) und vor allem D. Fr. E. Auber (*Fra Diavolo,* 1830) die Tradition der Opéra-comique triumphal fortgesetzt wurde, brach um die Jahrhundertmitte die Kontinuität der Gattung ab, und die Opéra-comique machte der Offenbachschen Opéra bouffe Platz, die man – mit Recht – aus der O.n- in eine spezifische Operettengeschichte verlagert, weil sie – im Gegensatz zur Opera buffa des

18. Jh. – weder musikalisch noch dramaturgisch mehr in die O.ngeschichte einzugreifen vermochte. Daß sich – im Zeichen einer um 1850 sich festigenden Repertoirebildung im O.nbetrieb – sowohl die O.n von Auber als auch die Singspiele von A. Lortzing (*Der Wildschütz,* 1842) im Spielplan zu behaupten vermochten, verdeckte lediglich – ohne ihn aufzuhalten – den Zerfall der Gattung, die dann im 20. Jh. ein Gegenstand zahlreicher – und fast immer mißlingender – Restitutionsversuche war: von E. d'Albert und E. Wolf-Ferrari bis zu F. Busoni und P. Hindemith.

20. Jahrhundert. Die O. des 20. Jh. ist institutionsgeschichtlich durch die Verfestigung eines stehenden Repertoires älterer Werke, neben denen sich eine moderne O. behaupten muß, kompositionsgeschichtlich durch ein prekäres Verhältnis der Neuen Musik zur Gattung O. und literatur- sowie theatergeschichtlich dadurch charakterisiert, daß Schauspieltexte unverändert (wenn auch gekürzt) als Libretti übernommen werden und die durch Konventionen und Stereotype geregelte Mise-en-scène allmählich einer von individuellen Regiekonzeptionen getragenen Inszenierung Platz machte. Das feste Repertoire, das sich im wesentlichen aus Werken von Mozart, Wagner, Verdi, Puccini und Strauss – sowie aus einigen Einzelwerken wie *Fidelio, Carmen* und *Cavalleria rusticana* – zusammensetzt, diktiert die Vorstellung davon, was eine O. überhaupt ist, und zwingt die Komponisten, sofern sie nicht an die Peripherie von Studioaufführungen gedrängt werden möchten, zu schwierigen Kompromissen zwischen der Gattungskonvention einerseits und den ästhetisch-kompositionstechnischen Postulaten, die ein immer rigoroserer Begriff von Neuer Musik impliziert, andererseits. Wer sich, wie B. Britten (*Peter Grimes,* 1945; *A Midsummer Night's Dream,* 1960) oder H. W. Henze (*Der Prinz von Homburg,* 1960; *The Bassarids,* 1966), dem Druck der These, daß Musik neu sein müsse, um ästhetisch und geschichtlich „authentisch" zu sein, zu entziehen versucht, muß um des Theatererfolgs willen den Vorwurf des musikalischen Eklektizismus ertragen. Versuche, aus der Gattungskonvention auszubrechen, sind unter dem Sammelnamen „Musiktheater" zusammengefaßt worden (der aber außerdem als Oberbegriff für O., Operette, Musical, Ballett und außereuropäische Formen des mit Musik ausgestatteten Theaters dient). Man kann demnach O.n des 20. Jh., statt sie nach „Richtungen" zu bündeln, was kaum gelingt, unter dem Gesichtspunkt betrachten, in welchem Ausmaß sie sich Gattungstraditionen anpassen, wie sie sich mit den ästhetisch-kompositionstechnischen Postulaten und den stilistischen Bestrebungen der Neuen Musik auseinandersetzen, ob sie Ideen des „Musiktheaters" aufgreifen und an welchen literatur- und theatergeschichtlichen Tendenzen sie partizipieren. So führen etwa die O.n von A. Berg (*Wozzeck,* 1925; *Lulu,* 1937) durch die Leitmotivtechnik und das Verhältnis zwischen Gesangstimmen und Orchestersatz die Tradition des Musikdramas weiter, gehören aber, als Vertonungen von Büchner- oder Wedekind-Texten, zu den „Literaturopern", unterwerfen sich andererseits – da der Orchestersatz, der durch musikalische Kontinuität den Gesangstimmen die in der Literaturoper notwendige Möglichkeit eines ständigen Wechsels der musikalischen Stillage offenläßt, in strengen Formen instrumentaler Herkunft auskomponiert ist – den Schönbergschen Anforderungen an Neue Musik im emphatischen Sinne des Wortes, setzen sich jedoch, als Objekte des modernen „Regietheaters", der Gefahr eines Erfolgs aus Mißverständnis aus: der Gefahr nämlich, als akustische Illustration mit tiefenpsychologischem Einschlag wahrgenommen zu werden. Die O.ngeschichte des 20. Jh. muß also primär als Problemgeschichte – als Darstellung wechselnder Formen der Auseinandersetzung mit einem „Grundmuster" von Widersprüchen – geschrieben werden; und das Prinzip, sie nach nationalen Entwicklungen zu gliedern, ist zwar partiell durchaus aufschlußreich – und zwar auch dort, wo das Aufklaffen unüberbrückbarer Gegensätze die Situation charakterisiert –, darf jedoch nicht darüber hinwegtäuschen, daß der Kontext, in dem Neue Musik entsteht, prinzipiell international ist. Zwischen Strauss und Schönberg bestand, obwohl sie zu Anfang des Jahrhunderts im Zeichen der „Moderne" noch nebeneinandergerückt werden konnten (*Elektra,* 1909; *Erwartung,* komponiert 1909), seit der Spaltung der Moderne des Fin de siècle in eine sich geradezu überstürzende Neue Musik einerseits und eine klassizistische Suche nach Rückhalt am Vergangenen andererseits kaum mehr ein Konnex; der Komponist des *Rosenkavaliers* (1911) und der *Frau ohne Schatten* (1919), der einen von Mozarts *Figaro* und *Zauberflöte* geprägten O.nbegriff im 20. Jh. zu restituieren versuchte, und der Komponist der *Glücklichen Hand* (komponiert 1913) und des Fragments *Moses und Aron* (komponiert 1932), für den Neue Musik aus einer ins Extrem getriebenen Dialektik zwischen rückhaltloser Expressivität und rigoroser Konstruktivität resultierte, sind durch eine Kluft voneinander getrennt, wie sie tiefer kaum denkbar ist, obwohl gerade darin, und nicht in einer durch Parteinahme diktierten Entscheidung, das besteht, was „die Musik des 20. Jh." ausmacht. In Italien ließ der durch Puccini – in Anlehnung an Verdi, A. Ponchielli und Mascagni – geprägte O.ntypus, der sich in den Grundzügen von *Manon Lescaut* (1893) bis *Turandot* (1926) kaum veränderte, zwar Platz für Neuerungen in der Librettistik und in der Orchestertechnik – und Puccini war ein die Entwicklung von Zeitgenossen ungewöhnlich aufmerksam beobachtender Komponist –, aber schwerlich für tiefgehende Eingriffe in das überkommene Kantabilitätsideal. (Man kann darum den Italoamerikaner G. C. Menotti, trotz der Neigung zu aktuellen Sujets, durchaus als Puccini-Erben betrachten.) Sofern also eine italienische O.ntradition des 20. Jh. überhaupt existiert, besteht sie darin, Modernität – sogar radikale Modernität – in der Stoffwahl und in der Orchestertechnik zu tolerieren, auf eine Zerstörung dessen, was als gesanglich gilt, jedoch empfindlich zu reagieren; und es fällt nicht schwer, aus den geschilderten Prämissen den relativen Mißerfolg von G. Fr. Malipiero und den relativen Erfolg von L. Dallapiccola (*Volo di notte*, 1940; *Il prigioniero*, 1950) oder L. Nono (*Intolleranza 1960*, 1961; *Al gran sole carico d'amore*, 1975) zu erklären (der also nicht einfach auf den – bei Malipiero geringeren, bei Dallapiccola und Nono höheren – Grad von „Modernität" zurückzuführen ist). Die englische O.nproduktion von Rang, repräsentiert durch Britten und M. Tippett (*King Priam*, 1962), trägt die Züge einer nationalen Tradition, die durch eine übermächtige Überlieferung des Sprechtheaters, eine diskontinuierliche Musikgeschichte und eine reich entwikkelte, zu Experimenten wenig geneigte vokale Aufführungspraxis charakterisiert ist: Sie ist theaterwirksam und musikalisch eklektisch. (Und man kann durchaus der Meinung sein, daß in der O., anders als in der Kammermusik, der Eklektizismus eine vernünftige Philosophie sei.) Die Einzelwerke, die in Frankreich – oder genauer: in Paris, zu dessen Musikgeschichte dann auch I. Strawinsky zu zählen wäre – aus der Menge des Produzierten herausragen – Cl. Debussys *Pelléas et Mélisande* (1902), M. Ravels *L'heure espagnole* (1911), A. Honeggers *Antigone* (1927), D. Milhauds *Christophe Colombe* (1930) und Fr. Poulencs *Le dialogue des Carmélites* (1952) –, wirken zwar sämtlich durch die Empfindlichkeit, mit der sie dem Sprachtonfall gerecht zu werden versuchen, und zwar, im Unterschied zu L. Janáček, einem an der Bühnentradition, nicht an der Alltagsrede orientierten Sprachtonfall, „spezifisch französisch", sind jedoch stilistisch kaum vergleichbar. (Die Groupe des Six, zu der auch Honegger, Milhaud und Poulenc gezählt wurden, beruhte eher auf dem Fundament einer ästhetischen Ideologie J. Cocteaus, als daß sie eine kompositionsgeschichtliche Realität darstellte.) Die russische O. hielt, auch in der sowjetischen Zeit, an den traditionell russischen, von Glinka und Mussorgski in Anlehnung an die russische Literatur begründeten Tendenzen zum Realismus, zur Groteske und zum Märchen fest: Tendenzen, in denen sich sogar Komponisten begegnen, die stilistisch so grundverschieden sind wie S. Prokofjew einerseits (*Die Liebe zu den drei Orangen*, 1921; *Krieg und Frieden*, 1946) und Dm. Schostakowitsch andererseits (*Die Nase*, 1928; *Lady Macbeth von Mzensk*, 1932). In der tschechischen O. schließlich besteht zwischen Janáček, der das Problem zu lösen versuchte, von innen heraus zwischen der Motivik des Orchestersatzes und einer vom Sprachtonfall inspirierten Vokalmelodik zu vermitteln (*Katja Kabanowa*, 1921; *Das schlaue Füchslein*, 1924), dem ingeniösen Theaterexperimentator E. Burian und einem Avantgardisten wie A. Hába, der das Risiko einer Vierteltonoper nicht scheute (*Die Mutter*, 1931), kaum ein innerer Zusammenhang, es sei denn, daß man die Zähigkeit, an einem Prinzip festzuhalten, als spezifisch tschechisch empfindet. Insgesamt aber sollte nicht vergessen werden, daß, über Landesgrenzen hinweg, zwischen Rußland und Paris oder zwischen deutscher und tschechischer Moderne, Zusammenhänge bestanden, deren musikgeschichtliche Tragweite vielleicht größer ist als die Bedeutung des nationalen Moments, das zunächst, wegen der Sprachgebundenheit der O., in den Vordergrund rückt. Das moderne Musiktheater, das aus wechselnd motivierter Opposition gegen O. und Musikdrama entstanden ist, kann – bei großzügigem Kategoriengebrauch – als „episches Theater" charakterisiert werden, weil der – auch für die moderne Dramentheorie grundlegende – Begriff des Epischen sich als geeignet erweist, Zusammenhänge zwischen Tendenzen sichtbar zu machen, die zunächst beziehungslos nebeneinander zu stehen scheinen. Daß die Einführung eines Erzählers (Strawinsky, *L'histoire du soldat*, 1918; *The Flood*, 1962; Milhaud, *Christophe Colombe*, 1930), die Versuche, zwischen O. und Oratorium zu vermitteln (Strawinsky, *Oedipus Rex*, 1928; Honegger, *Jeanne d'Arc au bûcher*, 1950) – das Oratorium wurde von der Ästhetik des 19. Jh. als epische Gattung klassifiziert –, sowie die Auflösung der „geschlossenen Form" des klassischen Dramas in die „offene Form" einer Reihung szenischer Bilder (K. Weill, *Aufstieg und Fall der Stadt Mahagonny*, 1930; Z. Kodály, *Háry János*, 1926) epische Züge sind, die mit analogen Entwicklungen im Sprechtheater des 20. Jh. eng zusammenhängen, ist unverkennbar. Zu einer mit musikalischen Mitteln erzählenden Darstellungsweise neigt auch die Funkoper, deren Konzentration auf das Akustische die Wahl phantastischer Sujets begünstigt (Henze, *Ein Landarzt,* 1951), obwohl andererseits bei manchen Werken eine Übertragung auf die Bühne nicht ausgeschlossen war (Egk, *Columbus,* 1933). Epischen Ursprungs – durch Romantechniken angeregt – ist ferner auch die Bestrebung, die Zeitstruktur der O. tiefgreifend zu verändern, sei es durch Gleichzeitigkeit des Ungleichzeitigen (B. A. Zimmermann, *Die Soldaten,* 1965) oder dadurch, daß weite Zeitstrecken eng zusammengedrängt werden (Hindemith, *The Long Christmas Dinner,* 1961). Und als „episch" bezeichnete andererseits B. Brecht eine Dramaturgie, in der sich die Musik zum Text oder zum szenischen Vorgang nicht „tautologisch", sondern „kontrapunktisch" verhält: Daß Musik die Sprache nicht unterstreicht, sondern gewissermaßen „dazwischenfährt", indem sie ausspricht, was die Sprache verschweigt, oder umgekehrt: daß Musik, wenn sie einen täuschend verklärenden Schimmer über die Vorgänge legt, von der Sprache „Lügen gestraft" wird, ist eine Methode, durch die das Musiktheater in den späten 20er Jahren – im Zeichen der „Neuen Sachlichkeit" – geeignet erschien, sozialkritische „Zeitoper" zu werden. Komponisten, die zunächst noch glaubten, der Gegenwart mit den Mitteln der Satire beikommen zu können (Hindemith, *Neues vom Tage,* 1929; E. Krenek, *Jonny spielt auf,* 1927), suchten allerdings wenige Jahre später, in einer Zeit politischer Verdüsterung, Zuflucht beim Pathos der politischen Bekenntnisoper (Hindemith, *Mathis der Maler,* 1938; Krenek, *Karl V.,* 1938). Und Hindemith zog sich schließlich in eine Kunstmetaphysik zurück (*Die Harmonie der Welt,* 1957), durch die der musikalische Revolutionär der frühen 20er Jahre in die Nähe der „Neuromantik" eines H. Pfitzner (*Palestrina,* 1917) geriet. Nach dem 2. Weltkrieg rückte das Musiktheater zunächst, im Jahrzehnt der seriellen Musik, an die Peripherie der Entwicklung und wurde zum Reservat von Komponisten, die ein gebrochenes Verhältnis zur Avantgarde unterhielten (Henze, *Boulevard Solitude,* 1952; W. Fortner, *Bluthochzeit,* 1957) oder Sonderwege einschlugen, auf denen die Musik als Mittel diente, Sprache „szenisch wirksam" zu machen (C. Orff, *Oedipus der Tyrann,* 1959), oder umgekehrt Sprache, ihrer semantischen Funktion beraubt, sich in „Klangkomposition" verwandelte (G. Ligeti, *Aventures,* 1962). In den Jahrzehnten der postseriellen Musik aber sind, außer „Anti-Opern" (M. Kagel, *Staatstheater,* 1971), wiederum Werke entstanden, die man, ohne daß von einer Regression ins Vorvergangene die Rede sein könnte, durchaus zu den O.n zählen kann (A. Reimann, *Lear,* 1978; Ligeti, *Le grand macabre,* 1978), auch wenn die Komponisten selbst es vorziehen, von „Anti-Anti-Opern" zu sprechen. Ein Absterben der Gattung ist jedenfalls nicht absehbar.

C. DAHLHAUS

Ausg.: Italian Opera, 1640–1770. Major Unpublished Works in a Central Baroque Tradition. Faks.-Ausg., hrsg. v. H. M. BROWN, 50 Bde. (NY 1977–79).

Lit. (im folgenden steht die Abkürzung O. für sämtliche fremdsprachlichen Formen des Stichwortes Oper): **1) Kataloge, Verzeichnisse, Handbücher, Opernführer usw.:** T. DE LAJARTE, Bibl. Musicale du Théâtre de l'O. Cat. historique, chronologique, 2 Bde. (P 1878, Nachdr. Hil 1969); W. ALTMANN, Ur- u. Erstaufführungen v. Opernwerken auf dt. Bühnen … 1899/1900–1924/25, in: Jb. Universal Edition (W 1926); F. J. CARMODY, Le répertoire de l'o.-comique en vaudevilles de 1708 à 1764 (Berkeley/Calif. 1933); W. ALTMANN, Kat. der seit 1861 in den Handel gekommenen theatralischen Musik, 5 H.e (Wb 1935–39); M. S. TEASDALE, Handbook of 20th Century O. (NY 1938, Nachdr. 1976); A. LOEWENBERG, Annals of O. 1597–1940, 2 Bde. (C – NY 1943, revidiert G ^{2}1955, Lo ^{3}1978); J. JIROUSCHEK, Int. Opernlexikon (W 1948); Hdb. des O.-Repertoires, hrsg. v. G. E. LESSING (Bonn – Lo 1952); U. MANFERRARI, Dizionario universale delle o. melodrammatiche, 3 Bde. (Fi 1954–55); R. SCHAAL, Die vor 1801 gedruckten Libretti des Theatermuseums München (Kas 1957–61); R. BROCKPÄHLER, Hdb. z. Gesch. der Barockoper in Deutschland (1964) (= Die Schaubühne 62); A. JACOBS – S. SADIE, O., a Modern Guide (Newton Abbot 1971); L'o. classique français, 17e et 18e siècles. Reproduction de documents iconographiques recueillis par F. LESURE (G 1972) (= Iconographie musicale 1); R. KLOIBER, Hdb. der O., 2 Bde. (Kas – Mn ^{8}1973); D. EWEN, The New Encyclopedia of the O. (Lo 1973); G. WESTERMANN – K. SCHUMANN, Knaurs Opernführer (Mn 1975); F. STIEGER, Opernlexikon, Teil I: Titelkat., 3 Bde.; Teil II: Komponisten, 3 Bde.; Teil III: Librettisten, 3 Bde.; Teil IV: Nachträge (Tutzing 1975–81); Who's Who in O., An Int. Biographical Directory of Singers, Conductors, Directors, Designers and Administrators, hrsg. v. M. F. RICH (NY 1976); E. KRAUSE, Oper A – Z. Ein Opernführer (L 1976, ^{3}1978); R. MAY, A Companion to the O. (Guildford 1977); O. SCHUMANN, Hdb. der O.n (Wie ^{11}1977); C. M. GRUBER, O.n-Uraufführungen. Ein internationales Verz. von der Renaissance bis z. Gegenwart (W 1978 ff.); H. ROSENTHAL, The Concise Oxford Dictionary of O. (Lo ^{3}1978); H. SEEGER, Opern-Lexikon (B 1978, NA Wilhelmshaven 1979); H. RENNER, Führer durch O., Operette, Musical (Mn 1979); Hdb. des Musiktheaters, hrsg. v. Forschungsinstitut für Musiktheater der Univ. Bayreuth, 4 Bde. (in Vorb.). – **2) Gesamtdarstellungen:** H. KRETZSCHMAR, Gesch. der O. (L 1919, Nachdr. Wie 1970) (= Kleine Hdb. der Musikgesch. nach Gattungen 6); D. J. GROUT, A Short History of O., 2 Bde. (NY – Lo ^{2}1965); L. SCHIEDERMAIR, Die dt. O. (L 1930, Bonn ^{3}1943); J. GREGOR, Kulturgesch. der O. (W 1941, Z ^{2}1950); J. SUBIRÁ, Historia de la música teatral en España (Ba 1945); R. DUMESNIL, L'o. et l'o.-comique (P 1947); J. C. ROBERTSON, O. in Italy (Lo 1948); M. COOPER, Russian O. (Lo 1951); R. DUMESNIL, Histoire illustrée du théâtre lyrique (P 1953); A. A. ABERT, Die O. von den Anfängen bis zum Beginn des 19. Jh. (Kö 1953) (= Das Musikwerk 5); D. DE PAOLI, L'o. italiana dalle origini all'o. verista (R 1954); N. DEMUTH, French O., Its Development to the Revolution (Horsham/Sussex 1963); TH. G. GEORGIADES, Das musikal. Theater (Mn 1965), wiederabgedruckt in: Kleine Schriften (Tutzing 1977) (= Münchner Veröff. z. Musikgesch. 26); R. M. HOFMAN, Histoire de l'o. (P 1967); H. CH. WOLFF, O. Szene u. Darstellung v. 1600–1900 (L 1968) (= Musikgesch. in Bildern IV/1); Beitr. z. Gesch. der O., hrsg. v. H. BECKER (Rb 1969) (= Stud. z. Musikgesch. des 19. Jh. 15); E. BRODY, Music in O., A Historical Anthology (Englewood Cliffs/N. J. 1970); R. G. PAULY, Music and the Theatre. An Introduction to O. (ebd. 1970); H. CH. WOLFF, Die O., 3 Bde. (1971) (= Das Musikwerk 38–40); J. WECHSBERG, The O. (Lo 1972); K. PAHLEN, O.n der Welt (Z 1974ff.); The New Oxford History of Music, V: O. and Church Music 1630–1750, hrsg. v. A. LEWIS – N. FORTUNE (Lo 1975); G. BARBLAN, Storia dell'o., 6 Bde. (Tn 1977); R. DONINGTON, The O. (NY 1978); Eine illustrierte Darstellung der O. von 1597 bis z. Gegenwart (Laaber 1981); H. MAYER, Versuche über die O. (F 1981); L. GERHARTZ, Einführung in die Gesch. der O. (Laaber 1981). – **3) Einzelstudien:** H. BULTHAUPT, Dramaturgie der O. (L 1887), 2 Bde. (³1905); L. SCHMIDT, Zur Gesch. der Märchen-O. (Hl 1895); H. KRETZSCHMAR, Für u. gegen die O., in: Jb. Peters 20 (1913); R. HAAS, Geschichtliche O.nbezeichnungen, in: FS H. Kretzschmar (L 1918); E. BÜCKEN, Der heroische Stil in der O. (L 1924) (= Veröff. des Fürstlichen Inst. für musikwiss. Forsch. zu Bückeburg V/1); H. ABERT, Grundprobleme der O.ngesch. (L 1926); P. BEKKER, Wandlungen der O. (Z – L 1934); S. SKRAUP, Die O. als lebendiges Theater (Wü 1942, Emsdetten ²1951) (= Die Schaubühne 39); E. WELLESZ, Essays on O. (Lo 1950); A. HERIOT, The Castrati in O. (Lo 1956, Nachdr. NY 1975); J. N. MCKEE, The Symphonic Element in O., in: MR 21 (1960); L. SCHRADE, Tragedy in the Art of Music (C/M 1964); E. KRAUSE, Die großen O.nbühnen Europas (B – Kas – L 1966); Music Theatre in a Changing Society. The Influence of the Technical Media, hrsg. v. J. BORNOFF (P 1968); H. KRAUSE-GRAUMNITZ, Vom Wesen der O. O.nkomponisten in Autobiographien, Vorreden u. Briefen, Werkerläuterungen u. a. Dokumenten über die O. (B 1969); R. ZINAR, The Use of Greek Tragedy in the History of O., in: Current Musicology 12 (1971); S. GALATOPOULOS, Italian O. (Lo 1971); A. GISHFORD, Grand O. The Story of the World's Leading O. Houses and Personalities (Lo 1972); W. KIRSCH, Zur musikal. Konzeption u. dramaturgischen Stellung des O.nquartetts im 18. u. 19. Jh., in: Mf 27 (1974); E. FISCHER, Die Texte der O. Stud. z. Struktur einer Gattung (Diss. Bochum 1974); L. M. KANTNER, Der Symbolwert v. Archaismen, untersucht an O.n der Klassik u. Romantik, in: FS E. Schenk (Kas 1975); H. F. G. SWENSTON, In Defence of O. (NY 1978); E. VOSS, Verismo in der O., in: Mf 31 (1978); G. FLAHERTY, O. in the Development of German Critical Thought (Princeton/N.J. 1978); K. HONOLKA, O.nübersetzungen. Zur Gesch. u. Kritik der Verdeutschung musiktheatralischer Texte (Wilhelmshaven 1978) (= Taschenbücher z. Musikwiss. 20); B. R. HANNING, The Influence of Humanist Thought and Italian Renaissance Poetry on the Formation of O. (Ann Arbor 1980); H. BECKER, Das Duett in der O., in: Musik, Ed., Interpretation. Gedenkschrift G. Henle (Mn 1980). – **4) Bis 1750:** H. GOLDSCHMIDT, Stud. z. Gesch. der it. O. im 17. Jh., 2 Bde. (L 1901–04, Nachdr. Hil – Wie 1967); A. SOLERTI, Le origini del melodramma (Tn 1903, Nachdr. Bol 1969) (= Bibl. musica Bononiensis III/3), auch (Hil 1969); DERS., Gli albori del melodramma, 3 Bde. (Mi 1904–05, Nachdr. Hil 1969); DERS., Musica, ballo e drammatica alla corte medicea dal 1600 al 1637 (Fi 1905, NA NY 1968, Nachdr. Bol 1969) (= Bibl. musica Bononiensis III/4); M. SCHERILLO, L'o. buffa napoletana durante il settecento. Storia letteraria (Palermo ²1918); A. SANDBERGER, Zur venezianischen O., in: Jb. Peters 31 (1924) u. 32 (1925); E. J. DENT, Foundations of Engl. O. (C 1928, NY 1965); L. DE LA LAURENCIE, Les créateurs de l'o. français (P 1930, Nachdr. 1975); I. SCHREIBER, Dichtung u. Musik der dt. O.narien 1680–1700 (Wb 1935); H. CH. WOLFF, Die venezianische O. in der 2. Hälfte des 17. Jh. (B 1937) (= Theater u. Drama 7); DERS., Die Barockoper in Hamburg 1678–1738, 2 Bde. (Wb 1957); A. A. ABERT, Die Barockoper. Ein Ber. über die Forsch. seit 1945, in: AMl 41 (1969); H. CH. WOLFF, Bühnenbild u. Inszenierung der it. O. 1600–1700, in: C. Monteverdi e il suo tempo (Verona 1969); R. L. WEAVER, O. in Florence, 1646–1731, in: FS G. Haydon (Chapel Hill 1969); E. HEISCH, The Problem of Prosody in the Early Engl. O., 1660–1700. A Study of the Setting of Words to Music (1971) (= Diss. Univ. of California); L. DE RIDDER, Der Anteil der Commedia dell'arte an der Entstehungs- u. Entwicklungsgesch. der komischen O. Stud. zum Libretto der O. im 17. Jh. (Diss. Kö 1971); R. STROHM, It. Opernarien des frühen Settecento 1720–1730, 2 Bde. (Kö 1976); R. L. u. N. W. WEAVER, A Chronology of Music in the Florentine Theater 1590–1750 (Detroit 1978) (= Detroit Studies in Music Bibliography 38); M. F. ROBINSON, O. Before Mozart (Lo ³1978); M. T. MURARO, Venezia e il melodramma nel settecento (Fi 1978) (= Studi di musica veneta 6). – **5) 18. Jh.:** R.-A. MOOSER, Contribution à l'histoire de la musique russe. L'o.-comique français en Russie au XVIIIᵉ siècle (G 1932, ²1954); W. BOLLERT, Die Buffoopern B. Galuppis. Ein Beitr. z. Gesch. der it. komischen O. im 18. Jh. (Bottrop 1935); TH. G. GEORGIADES, Aus der Musiksprache des Mozart-Theaters, in: Mozart-Jb. 1950; DERS., Mozart u. das Theater, in: Mozart, seine Welt u. seine Wirkung. Vortragsreihe, hrsg. v. N. Lieb (Au 1956), beide wiederabgedruckt, in: Kleine Schriften (Tutzing 1977) (= Münchner Veröff. z. Musikgesch. 26); R. ENGLÄNDER, Die Gustavianische O., in: AfMw 16 (1959); W. VETTER, Deutschland u. das Formgefühl Italiens. Betrachtungen über die Metastasianische O., in: DJbMw 4 (1959); W. DEAN, O. Under the French Revolution, in: Proc. R. Mus. Assoc. 94 (1967/68); D. HEARTZ, From Garrick to Gluck. The Reform of Theatre and O. in the Mid-Eighteenth Century, in: ebd.; J. RUSHTON, Music and Drama at the Acad. Royale de Musique (Paris) 1774–88 (Diss. O 1969); DERS., The Theory and Practice of Piccinism, in: Proc. R. Mus. Assoc. 98 (1971/72); W. OSTHOFF, Die O. buffa, in: Gattungen der Musik. Gedenkschrift L. Schrade I (Be 1973); R. STEVENSON, Foundations of New World O. (Lima 1973); J. F. REICHARDT, Über die dt. comische O. Nebst einem Anhang eines freundschaftlichen Briefes über die musikal. Poesie, Faks.-Ausg. hrsg. v. W. Salmen (Mn 1973) (= Schriften z. Musik. Facsimilia 2); O. LANDMANN, Die Dresdner it. O. zw. Hasse u. Weber. Ein Daten- u. Quellenverz. für die Jahre 1765–1817 (Dresden 1976); A. A. ABERT, Die O. zw. Barock u. Romantik. Ein Ber. über die Forsch. seit dem Zweiten Weltkrieg, in: AMl 59 (1977); C. E. TROY, The Comic Intermezzo. A Study in the History of Eighteenth Century O. (Ann Arbor 1979); R. STROHM, Die it. O. im 18. Jh. (Wilhelmshaven 1979) (= Taschenbücher z. Musikwiss. 25). – **6) 19. Jh.:** J. MATTFELD, A Hundred Years of Grand O. in New York 1825–1925. A Record of Performances (NY 1927, Nachdr. NY 1976); G. BECKING, Zur musikal. Romantik, in: DVfLG 2 (1924); S. GOSLICH, Beitr. z. Gesch. der dt. romantischen O. (L 1937) (= Schriftenreihe des Staatl. Inst. für Musikforsch. 1), erweitert als: Die dt. romantische O. (Tutzing 1975); W. L. CROSTEN, French Grand O. (NY 1948, Nachdr. 1972); H. BECKER, Der Fall Heine – Meyerbeer (B 1958); J. M. STEIN, R. Wagner and the Synthesis of the Arts (Detroit 1960); H. VON STEIN, Dichtung u. Musik im Werk R. Wagners (B 1962); H. WEINSTOCK, Donizetti and the World of O. in Italy, Paris and Vienna in the First Half of the 19th Century (NY 1963, Lo 1964); B. SZABOLCSI, Die Anfänge der nationalen O. im 19. Jh., in: Kgr.-Ber. Salzburg 1964; H. BECKER, Die hist. Bedeutung der Grand O., in: Beitr. z. Gesch. der Musikanschauung im 19. Jh., hrsg. v. W. Salmen (Rb 1965) (= Stud. z. Musikgesch. des 19. Jh. 1); L. DALLAPICCOLA, Words and Music in Nineteenth Century Italian O., in: Perspectives of New Music 5 (1966); H. BECKER, Zur Frage des Stilverfalls, dargestellt an der frz. O., in: Stud. z. Trivialmusik des 19. Jh., hrsg. v. C. Dahlhaus (Rb 1967) (= Stud. z. Musikgesch. des 19. Jh. 8); Beitr. z. Gesch. der O., hrsg. v. DEMS. (Rb 1969) (= ebd. 15); F. LIPPMANN, V. Bellini u. die it. O. seria seiner Zeit (1969) (= Anal. Mus. 6); Das Drama R. Wagners als musikal. Kunstwerk, hrsg. v. C. DAHLHAUS (Rb 1970) (= Stud. z. Musikgesch. des 19. Jh. 23); R. Wagner. Werk u. Wirkung, hrsg. v. DEMS. (1971) (= ebd. 26); DERS., Wagners Konzeption des musikal. Dramas (Rb 1971) (= Arbeitsgemeinschaft „100 Jahre Bayreuther Festspiele" 5); S. KUNZE, Don Giovanni vor Mozart. Die Tradition der Don-Giovanni-O.n im it. Buffa-Theater des 18. Jh. (Mn 1972); F. LIPPMANN, Der it. Vers u. der musikal. Rhythmus. Zum Verhältnis v. Vers u. Musik in der it. O. des 19. Jh., in: Anal. Mus. 12 (1973) u. 15 (1975); A. GÖBEL, Die dt. Spieloper bei Lortzing, Nicolai u. Flotow. Ein Beitr. z. Gesch. u. Ästhetik der Gattung im Zeitraum von 1835 bis 1850 (Diss. Kö 1974); S. KUNZE, Sprache in der O. des 19. Jh., in: Melos/NZ 1 (1975); E. J. DENT, The Rise of Romantic O. (C 1976); Z. HELMAN, Le romantisme et l'o. italien de la première moitié du XIXe siècle, in: Quadrivium 17 (1976); P. CONRAD, Romantic O. and Literary Form (Berkeley/Calif. – Lo 1977); A. S. GARLINGTON, German Romantic O. and the Problem of Origins, in: MQ 63 (1977); B. GÖPFERT, Stimmtypen u. Rollencharaktere in der dt. O. von 1815 bis 1848 (Wie 1977); Il melodramma italiano dell'ottocento, hrsg. v. M. MILA (Tn 1977); R. SCHLÄDER, Undine auf dem Musiktheater. Zur Entwicklungsgesch. der dt. Spieloper (Bonn 1979) (= Orpheus Schriftenreihe zu Grundfragen der Musik 28); N. MILLER, Hoffmann u. Spontini. Vorüberlegungen zu einer Ästhetik der romantischen O., in: Stud. z. Musikgesch. Berlins im frühen 19. Jh. (Rb 1980). – **7) Seit Mitte des 19. Jh.:** E. ISTEL, Die Moderne O. 1883–1923 (L [2]1923); A. DANDELOT, L'évolution de la musique de théâtre depuis Meyerbeer jusqu'à nos jours (P 1927); R. HOFMANN, Un siècle d'o. russe. De Glinka à Strawinsky (P 1946); H. C. WORBS, Welterfolge der modernen O. (B 1967); E. PADMORE, German Expressionist O., 1910–1935, in: Proc. R. Mus. Assoc. 95 (1968/69); H. TENNER-TEICHNER, Griech. u. römische Mythologie im Musiktheater des 20. Jh. (Diss. W 1971); G. NEUWIRTH, Die Harmonik in der O. „Der ferne Klang" v. F. Schreker (Rb 1972) (= Stud. z. Musikgesch. des 19. Jh. 27); G.-A. MIES, Die Kurzoper. Materialien z. Gesch. u. Ästhetik der experimentellen musikdramatischen Kleinform im 1. Drittel des 20. Jh. (Diss. B 1972); C. NORTHOUSE, Twentieth-Century O. in England and the United States (Boston 1976); H. KRELLMANN, Moderne O., zeitgen. O., zeitgerechte O., in: Musica 31 (1977); M. VOGEL, Musiktheater. Die Krise des Theaters u. ihre Überwindung, 2 Bde. (Bonn 1980–81) (= Orpheus Schriftenreihe zu Grundfragen der Musik 30–31); W. WEBER, Zeitgen. O., wo ist ihr Publikum?, in: ÖMZ 35 (1980); P. VUJICA, Von der Möglichkeit des Unmöglichen. Bemerkungen über die zeitgen. O., in: ebd.

OPÉRA-BALLET (frz.), gegen Ende des 17. Jh. entstandenes, prunkvoll ausgestattetes musikalisches Bühnenwerk mit Gesang und Tanz. Es ging hervor aus den Tanz- und Gesangseinlagen der Tragédie lyrique. Dabei wurde ein Divertissement mit eigenem Sujet jeweils 2 oder 3 Akten (gleichbedeutend mit Entrée) zugeordnet. Die einzelnen, in der Regel nur durch eine Rahmenidee miteinander verbundenen Divertissements konnten beliebig ausgetauscht, verändert oder gar neu komponiert werden. Das O., erstmals um 1750 von Louis Cahusac als Gattung definiert, galt als Inbegriff zeitgenössischer Unterhaltungskunst. Zu den bedeutendsten Werken dieser Gattung zählen *L'Europe galante* (1697) von A. Houdar de la Motte und A. Campra, *Le triomphe des arts* (1700) von M. de La Barre, *Les muses* (1703), *Les fêtes vénitiennes* (1710) und *Les amours de Vénus et de Mars* (1712) von A. Campra, *Les fêtes ou Le triomphe de Thalie* (1714) von J.-J. Mouret, *Les fêtes de l'été* (1716) von M.-P. Montéclair sowie *Les éléments* (1721) von M.-R. Delalande und A. C. Destouches. J.-Ph. Rameaus *Les fetes d'Hébé ou Les talents lyriques* (1739), *Le temple de la gloire* (1745) und besonders *Les Indes galantes* (1735) gelten als die hervorragendsten Werke.

Lit.: L. DE CAHUSAC, La danse ancienne et moderne (Den Haag 1754); J. G. NOVERRE, Lettres sur la danse, et sur les ballets (St – Ly 1760, W 1767, Lo – P 1783), dt. z.T. übers. v. G. E. Lessing als: Briefe über die Tanzkunst ... (H – Bremen 1769); E. BÜCKEN, Die Musik des Rokokos und der Klassik, in: Hdb. der Musikwiss. (Pd 1927); J. GREGOR, Kulturgesch. des Balletts (W 1944, Z [2]1946); J. R. ANTHONY, The French O. in the Early 18th Century, in: JAMS 18 (1965); H. CH. WOLFF, Oper. Szene u. Darstellung v. 1600–1900 (L 1968) (= Musikgesch. in Bildern IV/1); H. KOEGLER, Friedrichs Ballettlexikon (Velber 1972). G. LUDIN

OPÉRA BOUFFE (frz. Analogiebildung zu it. Opera buffa), in Frankreich seit der Mitte des 19. Jh. ähnlich wie Opérette, Opéra-bouffon, Opéra-comique (und ohne klare Abgrenzung dazu) Bz. für ein musikalisches Bühnenwerk mit heiterem, oft parodistischem bzw. exzentrischem Sujet. Die Benennung erscheint bei J. Offenbach *(Orphée aux enfers, La vie parisienne, La grande-duchesse de Gérolstein)* sowie bei Ch. Lecoq, Fl. Hervé und Cl. Terrasse. – ↗Operette.

OPERA BUFFA (it., = heitere Oper), die aus den zwischen die Akte einer ernsten Oper eingeschobenen komischen Intermezzi (↗Intermedium, ↗Intermezzo) hervorgegangene und von der Commedia dell'arte beeinflußte, bis Anfang des 19. Jh. gepflegte spezifische Gattung der italienischen ↗Oper. Sie bildet das Gegenstück zur Opera seria.

Lit.: ↗Oper.

OPÉRA-COMIQUE (frz., = komische Oper), seit dem 17. Jh. entstandene und bis ins 19. Jh. gepflegte Gattung der französischen ↗Oper. Entgegen der wörtlichen Bedeutung und ihrer Entstehung aus der italienischen Opera buffa ist die O. keine komische Oper im eigentlichen Sinn. Vom Sujet her kann sie auch Tragisches, Heroisches, Idyllisches usw. enthalten. Musikalisch wurde sie wesentlich durch die älteren Gattungen der „Comédie en vaudevilles" und der „Comédie mêlée d'ariettes" beeinflußt. Charakteristisch ist ähnlich wie beim Singspiel die Aufteilung in gesprochene Dialoge und einzelne Musiknummern. – Opéra-Comique heißt seit dem 19. Jh. auch die Institution bzw. das spezielle Theater in Paris, das sich den Aufführungen von Opéras-comiques widmet.

Lit.: ↗Oper.

OPERA SERIA (it., = ernste Oper), die im 17. Jh. entwickelte und vor allem im 18. Jh. gepflegte, auf einer antik-mythologischen oder historischen Handlung basierende spezifische Gattung der italienischen ↗Oper. Sie bildet das Gegenstück zur Opera buffa.

OPERETTE, Bz. für ein Bühnenstück vorwiegend heiteren Charakters mit gesprochenen Dialogen, Gesang und Tanz, ein- bis dreiaktig, wobei die Szenenfolge zumeist von populären musikalischen Formen einschließlich moderner Tänze und Märsche bestimmt wird. Im Aufbau größerer Ensembles und in durchkomponierten Finali sind Gestaltungsprinzipien aus verschiedenen Typen der komischen Oper übernommen. Seit dem 17. Jh. wird O. als Bezeichnung für Bühnenwerke kleineren Umfangs benutzt; im 18. Jh. ist der Terminus gebräuchlich für deutsche Übersetzungen und Bearbeitungen italienischer Opere buffe und Intermezzi, seit der Mitte des 18. Jh. auch für französische Vaudevilles und Opéras-comiques. Von diesen Gattungen wird er gleichbedeutend auf das deutsche Singspiel übertragen. Seit der Mitte des 19. Jh. hat der Begriff nur noch Gültigkeit für das Bühnenwerk, das die Bedingungen der eingangs gegebenen Definition erfüllt.
In Frankreich, dem Ursprungsland des Genres, setzte sich die Bz. O. im Sinne des heutigen Sprachgebrauchs nur langsam durch. Hier hielten sich zunächst noch die Benennungen, die für die verschiedenen Typen dieses aus der Opéra-comique erwachsenen Genres üblich waren: von Opéra bouffe (-bouffon) über Vaudeville, Farce und Saynète bis Musiquette, eine Terminologie, welche die Wurzeln der O. noch klar zu erkennen gibt: das Vaudeville-Theater, das Théâtre de la Foire, die Commedia dell'arte, die Opéra-comique. J. Offenbach verwendete erstmals 1856, in dem Jahr, in welchem sich seine Werke in Wien durchsetzten, die Bezeichnung O. für *La rose de St-Flour* und übernahm damit vermutlich den in der Donaumetropole bereits eingebürgerten Terminus.
Die Geschichte der O. beginnt in Paris, wo seit 1854 Hervé in einem eigenen Theater, den Folies-Concertants, witzige, frivol-spöttische Einakter aufführte. Offenbach fand hier ein Vorbild, das seinen Ideen entsprach; er gründete ebenfalls ein kleines Theater, die Bouffes-Parisiens, dessen Eröffnung am 5. 7. 1855 allgemein als die Geburtsstunde der O. bezeichnet wird. Hervé, A. Grisar und L. Clapisson hatten den Weg für den burlesken Einakter geebnet, A. Piron hatte die Göttersiflage und A. R. Lesage die Opernparodie in Frankreich hoffähig gemacht; vor diesem Hintergrund gelang es Offenbach, den populären Sondertypus der komischen Oper zu verselbständigen. Unkomplizierte musikalische Formen (Chanson, Couplet), volkstümliche Melodik und vor allem (aktuell-moderne) Tänze (Cancan, Galopp, Bolero, Fandango, Tyrolienne und Walzer) verdrängten das Hochartifizielle des Musiktheaters, machten es sogar lächerlich und kamen dem Streben des Publikums nach anspruchsloser Unterhaltung dezidiert entgegen. Offenbach postulierte 1856, den letztgenannten Aspekt betonend, ausdrücklich eine Förderung des „genre primitif et gai". In engster Zusammenarbeit mit seinen Librettisten (besonders zu nennen sind H. Meilhac, L. Halévy und H. Crémieux) schuf Offenbach die französischen O.n schlechthin, deren Erfolg Werken späterer O.n-Komponisten wie A.-Ch. Lecocq und E. Audran nicht beschieden war. Der Erfolg von *Orphée aux enfers* oder *La belle Hélène* belegt Beginn und Kulminationspunkt der französischen O. mit Werken Offenbachs, mit Werken, die weltweit zum Vorbild wurden, die sich humorvoll, witzig und oft beißend ironisch der Aufgabe entledigten, gesellschaftliche und politische Auswüchse der Lächerlichkeit preiszugeben, die sich aber auch schon in der Stoffwahl und ihrer engagierten Zeitbezogenheit vom Typus der deutschen (Berlin) oder der österreichischen (Wien) O. unterscheiden. – Die Tradition der Wiener Posse mit Gesang und eine intensive Rezeption von Offenbachs Werken begründen die Genese des Wiener Gattungstypus. Soziologisch ist die Stellung der O. im Kulturleben Wiens fest umrissen: Mit dem Theater an der Wien und dem Carltheater bilden sich zwei typische Vorstadttheater als Stätten der O.n-Pflege heraus. Die erste Wiener O. (Fr. von Suppès *Das Pensionat*, 1860) ist ein Einakter in der Offenbach-Nachfolge; das abendfüllende dreiaktige Werk wird erst in den 1870er Jahren üblich. Neben typischen Wiener Melodien und Sujets prägen musikalische Elemente aus anderen Typen von Bühnenwerken die Gattung: wirkungssichere Ensembles, ausgedehnte mehrteilige Finali (wie etwa in Suppès *Boccaccio* oder *Die Fledermaus* und *Der Zigeunerbaron* von J. Strauß) und die dominierende Rolle des Balletts, meist getanzt zu Walzermelodien. In Konkurrenz zum Musikdrama im Stile R. Wagners wird die Wiener O. als Ersatz für die nur selten komponierte (vor allem deutsche) komische Oper angesehen. In diesem Sinne bilden *Die Fledermaus, Boccaccio* und *Der Bettelstudent* (oft als Volksoper charakterisierte O. von K. Millöcker) Kulminationspunkte der Kunstform. Eine Neubelebung erfuhr die in schablonenhafter Gestaltung erstarrte Wiener O. durch Fr. Lehár, der den Weg der Gattung vom opulent zu inszenierenden Salonstück *(Die lustige Witwe)* zur romantisch-sentimentalen O. *(Paganini, Das Land des Lächelns)* wies und in Anlehnung an den Typus der Spiel-

oper sowohl thematisch wie in der kompositorischen Faktur den Anschluß an die zeitgenössische Opernkomposition erreichte. Mit der Uraufführung der „musikalischen Komödie" *Giuditta* (1934) an der Wiener Staatsoper wurde dieser Entwicklung auch äußerlich Ausdruck verliehen. Die wichtigsten Vertreter der Wiener O. neben und nach Lehár bis hin zur Gegenwart waren L. Fall, R. Stolz, E. Kálmán (dessen *Csárdásfürstin* eine eigene Tradition des ungarischen O.n-Kolorits begründete) und N. Dostal.
Die Wiener O. fand insbesondere in Berlin begeisterte Aufnahme. Während der wirtschaftlichen Blütezeit der Gründerjahre entwickelte sich hier ein neuer O.n-Typus, der dem Unterhaltungsbedürfnis des einheimischen Publikums in noch höherem Maße entsprach: Elemente von Singspiel, Lokalposse, Revue und sonstigen Gattungen der leichten Muse wurden assimiliert und prägten – je nach Vorliebe und Auftrag der Librettisten und Komponisten – formale Anlage und Klangbild der Werke. Neben Bevorzugung lokal gebundener Stoffe wurden unsentimentale, bisweilen ironisch-kritische Derbheit, draufgängerische Vitalität und zumeist gewollte Einfachheit zu wesentlichen Charakteristika der Berliner Operette. Reißerische Marsch- und Tanzrhythmen sowie oft an den Gassenhauerstil angelehnte Melodik waren zentrale Stützen des offen angestrebten kommerziellen Erfolges; handlungslogische Stringenz war demgegenüber von nur sekundärer Bedeutung. P. Linckes *Frau Luna* (1899) gilt als erste in allen Merkmalen echt berlinerische Operette. Namhafte in Berlin wirkende O.n-Komponisten waren nach Lincke: V. Holländer, L. Jessel, Walter Kollo, J. Gilbert, E. Künnecke und P. Abraham. Die größte kompositorische Begabung unter ihnen war zweifellos Künnecke, der die Elemente des für die O. typischen Eklektizismus, wie spätromantische Harmonik, Idiome aus Salonmusik und z. T. auch Jazz, virtuos miteinander verband.
In den letzten zwei Dekaden des 19. Jh. konnte die O. auch in England Fuß fassen. Erfolgreichster Komponist englischer Comic operas war A. Sullivan (sein Librettist: W. S. Gilbert), der mit Werken wie *Trial by Jury* und *The Mikado* an französische Vorbilder anknüpfte, es aber auch verstand, dem Genre eine neue – die exotische – Dimension hinzuzufügen. Als einzigem englischen O.n-Komponisten gelang es Sullivan, bleibende internationale Erfolge zu erzielen; Triumphe feierte er vor allem in den USA, wo er großen Einfluß auf Komponisten wie G. M. Cohan, R. de Koven und J. Ph. Sousa gewann. Daneben entwickelte sich in den 20er Jahren des 20. Jh. eine neue Strömung, aus der das ↗Musical hervorging; I. Berlin und G. Gershwin waren die prominentesten Begründer dieses neuen Genres.

Lit.: **1) Schriften über die O.:** E. RIEGER, Offenbach u. seine Wiener Schule (W 1920); M. S. MACKINLEY, The Origin and Development of Light Opera (Lo 1927); K. WESTERMEYER, Die O. im Wandel des Zeitgeistes (Mn 1931); F. HADAMOWSKY – H. OTTE, Die Wiener O. (W 1947); R. HOLZER, Die Wiener Vorstadtbühnen (W 1951); E. NICK, Vom Wiener Walzer z. Wiener O. (H 1954); A. BAUER, 150 Jahre Theater an der Wien (W 1952); H. KAUBISCH, O. (B 1955); P. MARKUS, Und der Himmel hängt voller Geigen (B 1955); B. GRUN, Kulturgesch. der O. (Mn 1961, ^{2}1967); J. BRUYR, L'opérette (P 1962, ^{2}1974); G. HUGHES, Composers of Operetta (Lo 1962); O. SCHNEIDEREIT, Berlin, wie es weint und lacht. Spaziergänge durch Berlins Operettengesch. (B 1968); H. J. IRMER, J. Offenbachs Werke in Wien u. Berlin. Zum 150. Geburtstag des Komponisten am 20. Juli 1969, in: Wiss. Zschr. der Humboldt-Univ. zu Berlin 18 (1969); G. M. LONEY, Operetta, Readers Encyclopedia of World Drama (NY 1969); R. L. FOLSTEIN – S. WILLIS, A Bibliography on J. Offenbach, in: Current Musicology 12 (1971); J. DRINKROW, The Vintage Operetta Book (Osprey 1972); L. BAILY, Gilbert and Sullivan and Their World (Lo 1973); F. BRUYAS, Histoire de l'opérette en France 1855–1965 (Ly 1974); J. HARDING, Folies de Paris. The Rise and Fall of French Operetta (Lo 1979). – **2) Operettenführer:** J. SCHOLTZE, Vollständiger Operettenführer (B 1906); L. MELITZ, Führer durch die O.n (B 1911, revidiert ^{2}1933); J. W. MCSPADDEN, Operas and Musical Comedies (NY 1946, revidiert ^{2}1951); L. OSTER, Les opérettes du répertoire courant (P 1953); O. SCHNEIDEREIT, Operettenbuch (B 1955); H. STEGER – K. HOWE, Operettenführer (F 1958); A. WÜRZ, Reclams Operettenführer (St ^{8}1958); O. SCHUMANN, Ich weiß mehr über die O. u. das Musical (St 1961); D. EWEN, European Light Opera (NY 1962); M. LUBBOCK – D. EWEN, The Complete Book of Light Opera (Lo 1962); O. SCHNEIDEREIT, O. v. Abraham bis Ziehrer (B 1966).

OPERNBALL, DER, Operette in 3 Akten von Richard Heuberger (1850–1914), Text von Victor Léon u. Heinrich von Waldberg nach dem Lustspiel *Die rosa Dominos* von Alfred Ch. Delacour u. Alfred Hennequin. Ort u. Zeit der Handlung: Paris, um 1900, zur Karnevalszeit. UA: 5. 1. 1898 in Wien (Theater an der Wien). Verfilmt 1939 u. 1956.
Die turbulente Verwechslungskomödie, die von zwei verheirateten Frauen inszeniert wird, um die Treue ihrer Ehemänner zu erproben, ist reich an komischen Szenen. Das Handlungsambiente bildet der Opernball; demzufolge durchzieht die volkstümliche Walzermelodie *Heute abend in der Oper* in zahlreichen Variationen leitmotivartig das Werk. Heuberger verzichtet auf großangelegte Chorszenen und musikdramatische Verdichtung; statt dessen schrieb er Melodien, die schnell populär wurden. Berühmtheit erlangte das Lied *Komm mit mir ins Chambre séparée.* Der *Opernball* ist Heubergers erste Operette; sie blieb sein einziger Erfolg in diesem Genre. B. DELCKER

OPERNPROBE, DIE, Die vornehmen Dilettanten oder Die Opernprobe, Komische Oper in einem

Akt von Albert Lortzing (1801–51), Text vom Komponisten nach Johann Friedrich Jüngers Lustspiel *Die Komödie aus dem Stegreif.* Ort u. Zeit der Handlung: das Schloß des Grafen, um 1800. UA: 20. 1. 1851 in Frankfurt am Main.
In diesem musikalischen Kammerspiel wird die ins Närrische übersteigerte Musikpflege eines deutschen Grafen, der etwas auf Standestraditionen gibt, milde verspottet. Die Verbindung von Satire und schablonenhafter Lustspielhandlung eröffnet die reizvolle Möglichkeit, durch das „Spiel im Spiel" die musikalisch-stilistischen Ebenen der Kunstform „Oper" und der Persiflage identisch zu setzen: Die zehn Nummern der Partitur, die durch gesprochenen Dialog verbunden werden, sind wechselweise den beiden Spielebenen zugeordnet. Kompositorisch sind die Anklänge an Mozarts Singspiele noch deutlicher als im *Wildschütz.*

J. SCHLÄDER

OPERNREGIE, Bz. für die Arbeit des für eine Operninszenierung verantwortlichen Regisseurs, der die szenischen Inhalte und Deutungsmöglichkeiten einer Opernpartitur, also eines Librettotextes und der musikalischen Komposition, in Bühnengeschehen umsetzt. Der Regisseur legt in Übereinstimmung mit dem Bühnen- und dem Kostümbildner ein Handlungskonzept fest, das vom Publikum gemäß den interpretatorischen Absichten der Inszenierung nachzuvollziehen ist. O. entsteht in engem Zusammenhang mit mehreren korrespondierenden Arbeitsvorgängen, z. B. der Konzeption und Entwicklung von Bühnenbild, Beleuchtung, Kostüm und Maske. Der Opernregisseur legt Bewegungsstil und Aktionen der Gesangssolisten, des Chores, gegebenenfalls des Balletts und der Komparserie fest, zum einen in Absprache mit dem musikalischen Leiter der Neuinszenierung, zum anderen in Zusammenarbeit mit Regieassistenten, Inspizienten, Bühnentechnik und Beleuchtung. O. unterscheidet sich von Schauspielregie vor allem durch die unverrückbare Bindung an die von der Musik vorherbestimmten Zeitabläufe, an Tempi und Rhythmus sowie an musikspezifische Formtypen.
Der Bewegungsstil der Gesangssolisten und des Chores blieb bis zur Mitte des 18. Jh. in traditionsgebundenen, von der Choreographie und der eigenwertigen Bühnenarchitektur (↗Szenographie) mitgeprägten Arrangements befangen, sofern es nicht die Kraft eines Einzeldarstellers vermochte, einer Vorstellung seinen Stil aufzuprägen. Mit der Überwindung der Schemata der Opera seria befreite sich der Bewegungsstil der Bühne zunehmend zu einer Szenenkunst, die seit der Mitte des 19. Jh., seit R. Wagner und G. Verdi und vollends im 20. Jh., künstlerische Autonomie gewann. Theorie und Praxis der O., wie sie sich in den Operninszenierungen von M. Reinhardt, Gustaf Gründgens, C. Ebert, Wieland Wagner, W. Felsenstein, G. Rennert, G. Friedrich, P. Chéreau, J.-P. Ponnelle u. a. manifestierte, hat der besonderen Aufgabe der szenischen Interpretation, Vergegenwärtigung und Aktualisierung von Opern zu eigenständiger Geltung verholfen. ↗Musiktheater.

Lit.: A. APPIA, La mise en scène du drame wagnérien (P 1895), dt. Übers.: Die Musik u. die Inscenierung (Mn 1899); C. HAGEMANN, Moderne Bühnenkunst, I: Regie, Kunst der szenischen Darstellung (B 1902, 51918–19), II: Der Mime, Kunst des Schauspielers u. Opernsängers (B 1902, 61921); E. LERT, Mozart auf dem Theater (B 1918, 41921); H. GRAF, O. als Wiss., in: Mk 18 (1925/26); P. BEKKER, Die Opernszene, in: Klang u. Eros (St – B 1922) (= Gesammelte Schriften 2); DERS., Das Operntheater (L 1931) (= Musikpädagogische Bibl. 9); G. HELLBERG-KUPFER, R. Wagner als Regisseur (B 1942) (= Schriften der Ges. für Theatergesch. 54); K. R. PIETSCHMANN, H. Gregor als Opernregisseur (Diss. Gö 1958); W. FELSENSTEIN – S. MELCHINGER, Musiktheater (Bremen 1961); W. E. SCHÄFER, G. Rennert, Regisseur in dieser Zeit (ebd. 1962); W. PANOFSKY, W. Wagner (ebd. 1964); D. STEINBECK, Inszenierungsformen des „Tannhäuser" (Rb 1964) (= Forschungsbeitr. z. Musikwiss. 14); G. RENNERT, Opernarbeit, Inszenierungen 1963–1973 (Mn 1974); D. KRANZ, Gespräche mit Felsenstein (B 1977); A. WERNER-JENSEN, Oper intern (Mz – Mn 1981).

K. D. GRÄWE

OPHIKLEÏDE, nach frz. Ophicléide (von griech. ophis = Schlange und kleis, kleidos = Schlüssel, Klappe [bei Holzblasinstrumenten]; engl. und span.: ophicleide, span. auch figle; it.: oficleide), ein tiefes Blechblasinstrument mit Klappen (↗Klappenhorn, ↗Bügelhorn), das von Jean-Hilaire Asté (genannt Halary) 1817 in Paris entwikkelt wurde (patentiert 1821). Das konisch gebohrte Instrument besteht aus einem S-förmigen Rohr (daher die Anspielung auf die Schlange) mit aufgesetztem Kesselmundstück und der einmal geknickten, ab- und wieder aufwärts geführten Röhre mit konisch sich erweiterndem Schallstück. Zuerst nur mit 7, dann mit 9 und schließlich mit 11–12 Klappen ausgestattet, ermöglichte die O. ein chromatisches Spiel in den unteren Oktaven. Die O. wurde vor allem in C, B und As gebaut mit einem Tonumfang von 2 Oktaven und einem Halbton. Halary entwickelte auch die eine Quarte höher stehende Alt-O. in F oder Es. Ebenso konstruierte er eine Kontrabaß-O. in F oder Es (eine Oktave tiefer als die Alt-O.), die jedoch keine weitere Verbreitung fand. Das etwa 1 m lange Instrument wird beim Spielen wie ein Fagott gehalten. Aus den für O. geschriebenen Schulwerken (F. Berr-Caussinus, *Méthode complète d'Ophicléide*, P 1837) geht hervor, daß (mit entsprechendem Fingersatz) besonders auch schnelle Notenfolgen auf der O. gespielt wer-

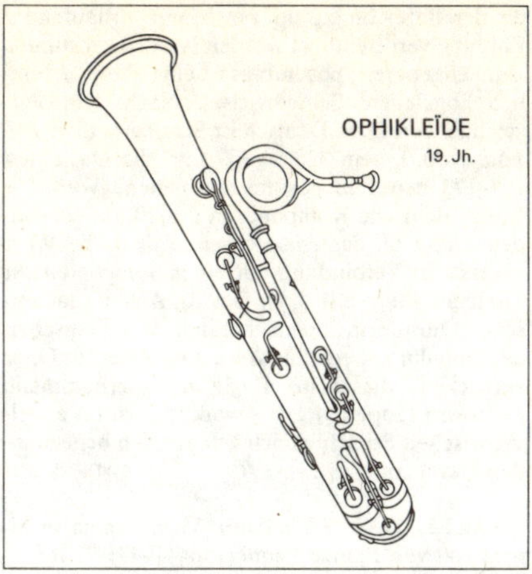

den konnten. Ursprünglich für Militärkapellen entwickelt (in denen sie noch bis Anfang des 20. Jh. gebraucht wurde), wurde die O. das erste Mal als Orchesterinstrument in der Oper *Olympie* von G. Spontini (1819) eingeführt. In der Folgezeit setzte sie sich in den meisten europäischen Orchestern durch, wurde jedoch später durch die ↗Tuba verdrängt.

Lit.: A. BAINES, Brass Instr.s. Their History and Development (Lo ²1978); K. H. GOTTFRIED, Die O., in: Das Orch. 26 (1978); R. MORLEY-PEGGE – PH. BATE, O., in: Grove⁶ XIII.

M. BRÖCKER

OPIEŃSKI, Henryk, * 13. 1. 1870 Krakau, † 21. 1. 1942 Lausanne; poln. Musikforscher, Dirigent und Komponist. Er studierte Komposition bei Wł. Żeleński in Warschau, bei H. Urban in Berlin und bei V. d'Indy an der Schola Cantorum in Paris, Violine bei Lechner in Prag und Klavier bei I. Paderewski in Paris, außerdem 1904–06 Dirigieren bei A. Nikisch und Musikwissenschaft bei H. Riemann in Leipzig, wo er 1914 mit einer Dissertation über V. Bakfark promovierte. 1901–02 war er Dirigent des Chors der Philharmonie und seit 1908 der Oper in Warschau und gründete 1911 die Zeitschrift *Kwartalnik Muzyczny,* die erste periodisch erscheinende musikwissenschaftliche Zeitschrift in Polen, die er bis 1914 redigierte. 1914–19 lebte er in der Schweiz und hielt in Lausanne Vorlesungen über polnische Musikgeschichte. Nach Polen zurückgekehrt, leitete er 1920–26 das neugegründete Konservatorium in Posen und gab seit 1923 die Zeitschrift *Przegląd muzyczny* heraus. Anschließend lebte er wieder in der Schweiz und gründete 1926 in Lausanne das Vokalensemble „Motet et Madrigal", mit dem er in ganz Europa konzertierte.

WW: **1) Kompositionen:** Klv.- u. V.-Stücke; symphonische Dichtungen: *Lilla weneda* (1908); *Zygmunt August i Barbara* (1912); *Medytacji na temat Kaszubiski* (Meditationen über ein kaschubisches Thema); Lieder u. Chorwerke; Opern: *Maria,* UA: Posen 1923; *Jakub lutnista,* UA: ebd. 1927; Bühnenmusik. – **2) Schriften:** *F. Chopin* (Lemberg 1909, ²1925); *Jacob Polonais et Jacobus Reys,* in: FS H. Riemann (L 1909); *I. J. Paderewski* (ebd. 1911, War ²1928, NA Krakau 1960); *La musique polonaise* (Lau 1918, P ²1929); *S. Moniuszko* (War 1924); *Le style polonais ancien et moderne,* in: Le monde slave (1926) Nr. 7. – O. war ferner Hrsg. v. Chopins gesammelten Briefen (War ²1937, engl. NY 1931, Nachdr. NY 1972, dt. Mn o.J.).

OPITZ, O. von Boberfeld, Martin, * 23. 12. 1597 Bunzlau (Schlesien), † 20. 8. 1639 Danzig; dt. Dichter. Er studierte in Frankfurt an der Oder und Heidelberg, wurde 1622 Lehrer in Weißenburg (Siebenbürgen), hielt sich seit 1623 meist am Hof in Liegnitz auf und kam 1625 nach Wien, wo er von Kaiser Ferdinand II. zum Dichter gekrönt wurde. 1626 ging er als Leiter der Geheimen Kanzlei nach Breslau. Vor seiner Ernennung zum Hofhistoriographen des Königs von Polen 1636 unternahm er zahlreiche Reisen, u.a. nach Paris. O.' dichterisches Schaffen umfaßt Liebeslyrik, religiöse und Lehrgedichte, Übersetzungen antiker Dramen und zeitgenössischer Schäferpoesie.
Mit seinem *Buch von der deutschen Poeterey* (1624) begründete O. eine neue deutsche Verslehre. Sie beruht nicht mehr auf dem silbenzählenden und quantitierenden Prinzip der romanischen Sprachen, sondern auf dem regelmäßigen Wechsel betonter und unbetonter Silben. O. wurde maßgebend für die gesamte deutsche Barockdichtung und damit auch für das deutsche Lied des 17. Jahrhunderts. Er schrieb auch das Libretto der (verschollenen) ersten deutschen Oper (*Daphne* von H. Schütz, 1627). Dichtungen von O. vertonten u.a. E. Kindermann (*Opitianischer Orpheus,* 1642), A. Hammerschmidt (in: *Dialogi,* 1645), C. Chr. Dedekind (in: *Aelbianische Musenlust,* 1657).

Ausg.: Kritische Ausg. der gesammelten Werke, hrsg. v. G. SCHULZ-BEHREND, 3 Bde. (St 1968–70); *Buch von der deutschen Poeterey* 1624, NA hrsg. v. R. ALEWYN (Hameln ²1966).

Lit.: R. H. THOMAS, The Creation of the Continuo Lied. M. O. and J. Nauwach, in: Poetry and Song in the German Baroque. A Study of the Continuo Lied (O 1963).

OPPITZ, Gerhard, * 5. 2. 1953 München; dt. Pianist. Er gab als 11jähriger sein erstes Konzert, studierte seit 1966 in Stuttgart bei Buck und in München bei Steurer und nahm 1973 an Interpretationskursen bei W. Kempff teil. 1976 gewann er den Casella-Wettbewerb in Neapel, 1977 den Artur-Rubinstein-Preis in Tel Aviv. In den letzten

Jahren wurde er durch Konzerte beim Beethoven-Fest in Bonn, bei den Wiener und Berliner Festwochen sowie durch Gastkonzerte in europäischen und nordamerikanischen Musikmetropolen international bekannt. O. verfügt über eine kraftvolle, rhythmisch pointierte Spielweise.

OPUS (lat., = Werk; frz.: œuvre; it.: opera; Abk.: op.). Das zuerst von humanistischen Musiktheoretikern aus dem Lateinischen übernommene Wort diente zunächst sowohl der Bezeichnung von theoretischen Werken (vgl. die beiden Abhandlungen von Fr. Gaffori *Theoricum opus musicae disciplinae,* Neapel 1480, und *De harmonia musicorum instrumentorum opus,* Mi 1518) als auch von Kompositionen (z.B. bei J. Tinctoris 1477 oder N. Listenius 1537). In der letzteren Bedeutung wurde O. sogleich von verschiedenen Musikverlegern zur Betitelung größerer Sammlungen von Musikwerken übernommen (z.B. in den beiden Motettenbänden *Novum et insigne opus musicum,* Nü 1537; in der Sammlung der Motetten von O. di Lasso *Magnum opus musicum,* Mn 1604, oder in M. Francks *Opusculum etlicher neuer geistlicher Gesäng,* Coburg 1611). Gleichzeitig wurde es in Italien schnell allgemein üblich, die Werke einzelner Komponisten zum Zeitpunkt ihrer Drucklegung zu numerieren. Erste Beispiele solcher O.-Zahlen, wie sie noch heute gebräuchlich sind, finden sich bei L. Viadana (op. 12, 1604), C. Antegnati (op. 16, 1608) und E. Porta (op. 3, 1613). Ein frühes Beispiel für einen Komponisten, der seine Werke auch unabhängig von ihrem Erscheinungsdatum numerierte, war B. Marini (op. 1, 1617); jedoch gilt generell, daß die O.-Zahlen nur eine ungefähre chronologische Orientierung ermöglichen: z.B. bei A. Vivaldi, A. Corelli und M. Clementi benutzten verschiedene Verleger identische O.-Zahlen für verschiedene Werke, bei G. Fr. Händel tragen nur die Instrumentalwerke O.-Nummern, und bei H. Schütz stellt die (nachträglich selbst vorgenommene) Durchnumerierung zugleich eine Auswahl dar.

Die Bezeichnung einer Komposition mit einer O.-Zahl bedeutet, zumal wenn sie vom Komponisten selbst vorgenommen wird, auch eine Wertung, denn in der Regel ist sie an deren Veröffentlichung gebunden. J. S. Bach und W. A. Mozart verwendeten keine O.-Zahlen; L. van Beethoven, Fr. Schubert und F. Mendelssohn Bartholdy veröffentlichten zahlreiche Werke ohne O.-Zahlen. Im Beethoven-Werkverzeichnis gibt es deshalb eine eigene Rubrik „Werke ohne Opuszahl" (WoO 1–205). Bei Schubert und Mendelssohn Bartholdy ist eine große Zahl von nachgelassenen Werken später unter der Bezeichnung op. posth. mit fortlaufender Zählung veröffentlicht worden (von lat. postumus = nachgeboren; posthumus ist eine ältere, irrtümlich abgeleitete Schreibweise). Nach dem Verzeichnis von O. E. Deutsch ist Schuberts Lied *Erlkönig,* op. 1, sein 328. Werk, und die O.-Zahlen 107–173 betreffen postum erschienene Werke. – Einige deutsche Komponisten des 20. Jh. verwendeten statt O. das entsprechende deutsche Wort „Werk" in Verbindung mit einer numerierenden Titelbeifügung (z.B. J. N. David). Aus der lateinischen Pluralform „opera" hat sich im Italienischen der Singular „opera" für Werk und später für Oper entwickelt; dieses ins Englische übernommene Lehnwort („opera") gab Anlaß zu dem im angelsächsischen Sprachbereich gelegentlich begegnenden Plural „opuses". R. CADENBACH

ORAKEL, DAS *(L'Oracolo),* Musikdrama in einem Akt von Franco Leoni (1864–1949), Text von Camillo Zanoni nach C. B. Fernalds *The Cat and the Cherub.* Ort und Zeit der Handlung: Chinatown (San Francisco), an einem chinesischen Neujahrstag. UA: 28. 6. 1905 in London (Covent Garden).

Chinatown in San Francisco ist nicht nur der Handlungsschauplatz, an dem sich innerhalb eines Tages Kindesentführung, Erpressung, Mord und eine unglücklich endende Liebe abspielen, sondern dient dem Komponisten auch zur Entfaltung fernöstlichen Kolorits. Die Schwarzweißzeichnung im Libretto läßt Leoni nur geringen Spielraum zur Figurencharakterisierung; einzig der Bösewicht Chim-Fen und sein weiser Gegenspieler Win-Shee werden musikalisch schärfer konturiert. Um die an Puccini orientierte veristische Intention auszudrücken, bedient sich der Komponist theatralischer Effekte wie Uhrenläuten, Schiffssirenen und Hahnenschrei, mit dem die Oper beginnt und endet. Erst mit der Wiederaufführung am 4. 2. 1915 in New York (Metropolitan Opera) begann der Erfolg des Werks, der wesentlich an die Person des Darstellers Chim-Fens, Antonio Scotti, gebunden war. TH. MENGER

ORATION, Oratio (von lat. oratio = Gebet), in der römischen Liturgie im weiteren Sinne das Amtsgebet des Priesters in Messe und Offizium. Im engeren Sinne sind die Orationen bestimmte Gebete der Messe. Sie hießen vor der Neuordnung der Liturgie nach dem 2. Vatikanischen Konzil *Oratio* (*Kirchengebet,* nach dem Gloria), *Secreta* (*Stillgebet,* vor der Präfation) und *Postcommunio* (*Schlußgebet,* vor dem Segen) und werden heute als *Collecta (Kollekte), [Oratio] super oblata (Ga-*

bengebet) und *[Oratio] super communionem (Schlußgebet)* bezeichnet. Gesungen wurde und wird nur die ↗Kollekte. Die dafür vorgesehenen Singweisen, die in der Chorallehre zum ↗Accentus ecclesiasticus gehören, heißen Toni Orationum (Orationstöne).

ORATORIUM (lat.; it., frz. und engl.: oratorio). **Zur Terminologie und Frühgeschichte.** Als musikalischer Gattungsbegriff ist die Bz. O. von dem ursprünglichen Wortsinn Bethaus oder -saal abgeleitet worden; es wurde damit die spezifische Musik benannt, die man in den (größeren Kirchen angegliederten) geweihten Betsälen im Unterschied zur streng liturgischen Musik pflegte. Solche Oratorien waren nach dem Vorbild des römischen, von F. Neri gegründeten O.s von S. Girolamo della Carità entstanden; in ihnen veranstalteten Bruderschaften geistliche Exerzitien, bei denen die seelsorgerliche Wirkung der Musik dienstbar gemacht wurde.

Entstanden ist das O. als musikalische Gattung in der ersten Hälfte des 17. Jh. in Italien, ohne daß damit von vornherein eine bestimmte Werkform gemeint war; diese ist erst allmählich aus der Lauda und den Dialogkompositionen des frühen 17. Jh. durch zunehmende Ausdehnung der betreffenden Kompositionen hervorgegangen. Der musikalische Begriff Oratorio wird erst um 1640 nach dem Zeugnis von A. Spagna (*Discorso intorno a gl'Oratorii,* Vorwort zu seinen *Oratorii overo melodrammi sacri I,* R 1706) von dem römischen Dichter Fr. Balducci in den Libretti *Il trionfo* und *La fede* (postum R 1646) im Untertitel zuerst gebraucht. Jedoch fand die Bezeichnung nur nach und nach allgemeine Anwendung; so nennt z.B. P. della Valle ein für das Oratorio von S. Maria in Vallicella bestimmtes Werk in einem Brief an G. B. Doni zwar „oratorio“, im Titel wird es jedoch *dialogo* genannt. Andere Bezeichnungen waren Dramma oder Melodramma sacra bzw. spirituale, Componimento sacro, Historia usw. Allgemein handelte es sich um Werke mit geistlichem Text und dramatischer Gliederung bei aufgeteilten Rollen, aber ohne szenische Aufführung.

17. Jahrhundert. Von Anbeginn gibt es 2 Typen des O.s: das aus dem liturgischen Dialog hervorgegangene Oratorio latino und das aus dem geistlichen Madrigal und der Lauda entwickelte Oratorio volgare mit italienischem Text. Die Frühzeit des lateinischen O.s ist in erster Linie durch G. Carissimis für S. Marcello in Rom geschaffene Oratorien, die dort an den Sonntagen der Fastenzeit aufgeführt wurden, gekennzeichnet. Die Stoffe seiner 15 erhaltenen Werke dieser Gattung sind in erster Linie dem AT, einige aber auch dem NT und dem Bereich der christlichen Legende entnommen. Dabei ist der Text in der Regel nicht im strikt biblischen Wortlaut beibehalten, sondern diesem frei nachgestaltet. Auch textliche Interpolationen kommen vor. Bei aller Mannigfaltigkeit der Formen ist das dramatische Element mit dem ↗Historicus, den Soliloquenten und den Turbae wie in den gleichzeitigen Historienkompositionen grundlegend. An Werktiteln Carissimis seien genannt *Baltazar, Ezechia* und *Jephte,* sodann *Dives malus* und *Judicium Extremum.* Carissimis lateinische Oratorien beeinflußten nicht nur seine römischen Zeitgenossen B. Graziani sowie Fr. und A. Foggia, sondern vor allem auch das Schaffen M.-A. Charpentiers, der in seinen 24 Historiae sacrae das Vorbild seines römischen Lehrers mit Elementen der französischen Oper verband. Er war vor dem 19. Jh. der namhafteste Vertreter des O.s in Frankreich; daneben ist lediglich J.-Fr. Lochon mit seinem lateinischen *Oratorio de Noël* (1701) zu nennen. Bedeutungsvoller war die Entwicklung des Oratorio volgare, die ebenfalls von Rom ausging, später jedoch in Bologna und Florenz, sodann auch in Wien Schwerpunkte fand. Nach den Vorformen in Werken von M. Marazzoli und L. Rossi in der 1. Hälfte des 17. Jh. ist danach für Rom vor allem B. Pasquini zu nennen. Allgemein nimmt auch in diesem Bereich der Erzähler, hier zumeist Testo genannt, einen breiten Raum ein, während sich in den übrigen solistischen Partien rezitativische und ariose Melodik mehr und mehr voneinander abheben, auch darin in paralleler Entwicklung zum lateinischen Oratorium. Am stärksten unterscheidet sich von diesem das italienische durch die Behandlung der Chöre, deren zunehmendes Gewicht sich sowohl bei den dramatischen wie auch bei den betrachtenden Partien erweist. Vom Blickpunkt der Oper her setzte sich später A. Spagna in seiner erwähnten Librettosammlung von 1706 für die Abschaffung des Testo ein; auch die scharfe Abgrenzung von Secco- und Accompagnato-Rezitativ sowie beider Formen von der Arie wird von der Oper her betrieben. Allgemein ist in den römischen Oratorien die Zweiteiligkeit vorherrschend und wird weithin zum Vorbild für die Weiterentwicklung der gesamten Gattung. In Bologna widmeten sich dem O.: M. Cazzati, G. P. Colonna und G. A. Perti, P. d'Albergati, G. B. Bononcini und G. B. Vitali. Aus Florenz sind nur Textbücher bekannt, die jedoch auf zahlreiche Oratorienaufführungen deuten. Demgegenüber trug Venedig zur Geschichte des O.s zunächst nichts bei. Unter venezianischem Einfluß stand jedoch A. Stradella, in dessen zuerst in Rom aufgeführtem O. *S. Giovanni Battista* zum ersten Mal die Orchesterbesetzung in der Art des Concerto grosso verwendet worden ist. In Wien gewann das O. während der Regierungszeit des selbst komponierenden Kaisers Leopold I. große Bedeutung. Unter den damals dort wirkenden Italienern war das Oratorienschaffen A. Draghis am ergiebigsten. In Wien wurden Oratorien lediglich in der Fastenzeit und nur am kaiserlichen Hof aufgeführt; dabei erlangte das „Sepolcro"-O. für die Feier des Santo Sepolcro eine besondere Stellung. In textlicher Hinsicht berührten sich das lateinische und italienische O. weitgehend; Titel wie vor allem *Isaaks Opferung, David, Jephtha, Samson, Esther* und *Judith* finden sich hier wie dort. Mit der Zeit gewinnen für das italienische O. jedoch auch die Heiligenlegende und besonders die Passionsgeschichte, wie das Wiener Beispiel zeigt, größere Bedeutung. Mit dieser Entwicklung geht zugleich der nunmehr fast ausschließliche Verzicht auf Übernahme des biblischen Wortlautes zugunsten der O.-Dichtung Hand in Hand.

Das italienische O. im 18. Jahrhundert. Um die Wende vom 17. zum 18. Jh. übernahm in Italien wie bei der Oper die Neapolitanische Schule auch bei dem jetzt zumeist dreiteiligen O. die Führung. Hier zumal wird die Kontrastierung von Secco-Rezitativ und Arie, diese überwiegend in Gestalt der Da capo-Arie, endgültig durchgeführt, und auch beim O. gibt wie bei der Oper A. Scarlatti das Vorbild. Nach G. Massenkeil lassen sich die Komponisten des italienischen O.s im neapolitanischen Stil während des 18. und beginnenden 19. Jh. in 3 Gruppen einteilen: Zur ersten Gruppe von etwa 1700–58 gehören u.a. L. Vinci, L. Leo, G. B. Pergolesi, N. Jommelli, N. Porpora und G. B. Martini, ferner auch der junge G. Fr. Händel mit u.a. *La resurrezione* und *Il trionfo del tempo e del disinganno* (beide 1708) sowie J. A. Hasse mit seinen zahlreichen, für den Dresdner Hof komponierten italienischen Oratorien und schließlich A. Caldara, J. J. Fux und A. Lotti in Wien. In unmittelbarer Berührung mit den Wiener Meistern entstanden die Salzburger deutschen Oratorien von J. E. Eberlin. Von Neapel aus gewannen die O.-Dichtungen von A. Zeno und P. Metastasio, in denen die biblischen Stoffe gegenüber den Heiligenlegenden wieder in den Vordergrund rückten, besonderen Einfluß auf die weitere Entwicklung. Zur 2. (etwa die Zeit von 1740–80 umfassenden) Gruppe gehören vor allem N. Piccinni, B. Galuppi, A. Sacchini und F. G. Bertoni und zur 3. (bis ins frühe 19. Jh. hineinreichenden) Gruppe u.a. D. Cimarosa, G. Paisiello und K. Ditters von Dittersdorf. Mit diesen schließt die rund 200jährige Geschichte des italienischen O.s zunächst ab.

Das deutsche O. in der 1. Hälfte des 18. Jahrhunderts. Die Geschichte des eigenständigen deutschen O.s im Sinne des italienischen Oratorio volgare beginnt um 1700 mit dem Libretto *Der Blutige und Sterbende Jesus* von Menantes, das 1704 von R. Keiser vertont wurde. Menantes selbst begründet die Anlage seiner Passionsdichtung mit der Überzeugung, das Leiden Jesu „bey dieser heiligen Zeit nachdrücklicher vorzustellen, wenn man es durchaus in Versen und sonder (d.h. ohne) Evangelisten gleich wie die Italiänische so genannte Oratorien, abfasste". Charakteristisch ist nach dem Vorbild der Oper die Einführung allegorischer Personen (z.B. der Tochter Zion), die der Betrachtung dienen. Anknüpfen konnte das deutsche O. einerseits an die deutschen Dialogkompositionen des 17. Jh. und zum andern an die zumeist nicht mehr nur auf den Bibeltext beschränkte Generalbaßpassion. Als direkte Vorstufen können eine textlich frei gestaltete, dramatische Vertonung des Evangeliums *Vom reichen Manne und Lazaro* von A. Fromm (1649) und vor allem das *Jüngste Gericht... gesprächsweise in 5 Vorstellungen auff der Operen Art mit vielen Arien und Ritternellen... gezeiget* (Lübeck 1683; die bisher angenommene Autorschaft von D. Buxtehude ist ungewiß) angesehen werden. Darin treten, abgesehen von der „Göttlichen Stimme", ausschließlich allegorische Gestalten, zumeist Personifizierungen menschlicher Eigenschaften, auf. Menantes' Libretto fand zahlreiche Nachahmungen; die wichtigste ist die Dichtung *Der für die Sünden dieser Welt gemarterte und sterbende Jesus* (1712) von B. H. Brockes, die u.a. von R. Keiser, G. Fr. Händel, G. Ph. Telemann, J. Mattheson und H. G. Stölzel vertont worden ist. So groß die Zahl sowohl der deutschen Passionsdichtungen wie auch entsprechender anderer Werke aus dem frühen 18. Jh. ist, so ist doch für die deutsche Entwicklung charakteristisch, daß daneben auch zahlreiche Oratorien mit der Beibehaltung des biblischen Wortlautes entstanden. In diesen sind die älteren Historienkompositionen durch Einfügen von betrachtenden Texten und von Chorälen zum O. weiterentwickelt. J. G. Walther definiert im *Musicalischen Lexicon* (1732) daher im Vergleich zu Menantes allgemeiner: „Oratorio... eine geistliche Opera, oder musicalische Vorstellung einer geistlichen Historie in den Capellen und Cammern großer Herrn, aus Gesprächen, Soli, Duo und Trio, Ritornellen, starcken Chören etc. bestehend..." Im heutigen deutschen Sprachgebrauch wird daher für die Geschichte der Passion zwischen Passions-O. im Sinne Menantes' und oratorischer Passion in Verbindung mit dem traditionelleren Typus unterschieden. Unterschiedlich war auch deren praktische Verwendung: Während die letztere ausschließlich im Gottesdienst (zumeist in der Vesper an verschiedenen Tagen der Karwoche) aufgeführt wurde, sind mit der ersteren die Anfänge kirchenmusikalischer Sonderveranstaltungen innerhalb oder auch außerhalb gottesdienstlicher Räume verbunden; an der Entstehung derartiger ↗Concert spirituel, wie sie in Frankreich genannt wurden, hatte G. Ph. Telemann zuerst in Frankfurt am Main, danach aber vor allem in Hamburg besonderen Anteil.

In der Frühgeschichte des deutschen O.s lag das Schwergewicht zwar auf den Passionsvertonungen, sie blieb aber nicht darauf beschränkt. J. S. Bach schrieb über seine (ausschließlich oratorischen) Passionen lediglich *Passio…*, nannte aber seine 3 übrigen Oratorien (für Weihnachten, Ostern und Himmelfahrt, BWV 248, 249 und 11) ausdrücklich *Oratorium* (beim *Osteroratorium* ist auch die biblische Erzählung in die Dichtung einbezogen). Die 6 Teile des *Weihnachtsoratoriums* bezeichnet er mit *Pars prima, Pars secunda* usw. und nicht etwa als Kantaten, bei denen das dramatische Element fehlt.

An der frühesten Entwicklung des liturgisch nicht gebundenen deutschen O.s war besonders Telemann, vor allem mit seinen verschollenen *Davidischen Oratorien* (1718) aus seiner Frankfurter Zeit und mit den *Kapitänsmusiken* (1723) sowie dem *Tag des Gerichts* (1762), beteiligt. Auch das zu Unrecht gewöhnlich als Kantate bezeichnete weltliche O. gewinnt in der 1. Hälfte des 18. Jh. bereits erhebliche Bedeutung, ist jedoch noch nicht systematisch erfaßt worden. Es handelt sich u.a. um jene Werke, für die Bach die Bezeichnung Dramma per musica verwendet hat. Konstitutiv ist für diese die Beteiligung von mythologischen und allegorischen Gestalten, bei den letzteren Personifizierungen z.B. von Tugenden und Lastern, aber auch von Landschaften und Flüssen (so in den heute als „weltliche Kantaten" bezeichneten Werken BWV 201, 205–207, 213–215). Bachs Zeitgenosse Chr. G. Krause definiert daher, daß man unter „Drama solche Singgedichte verstehe, die zwar theatralisch eingerichtet sind, die aber außerhalb des Theaters aufgeführt werden. Man nennt sie auch weltliche Oratorien, und sie können Aubaden oder Morgenmusiken, und Serenaten seyn" (*Von der musikalischen Poesie*, B 1752). Zu nennen sind als Komponisten von (verschiedenartigen) Oratorien dieser Zeit G. H. Stölzel und J. P. Kuntzen.

In der 1. Hälfte des 18. Jh. hat auch England mit den nach neapolitanischem Vorbild dreiteiligen Oratorien von G. Fr. Händel seinen eigentümlichsten Beitrag zum Oratorio volgare geliefert. Bei den 26 von ihm selbst mit O. bezeichneten Werken, deren hochbedeutsame Reihe von *Esther* bis *Jephtha* reicht, ist mit einer Ausnahme (*Theodora*, das auf einer Heiligenlegende beruht) der Stoff der Bibel, vorzugsweise dem AT, entnommen. Abgesehen vom *Messiah* liegen den für die Wiedergabe in Konzerten vorgesehenen Werken Dichtungen ohne liturgischen Bezug zugrunde; diese meinen zumeist auch gar nicht die biblische Heilsgeschichte, sondern einen aktuellen, das Volk der Briten betreffenden politischen Zweck. Lediglich der von Händel als „A sacred Oratorio" bezeichnete *Messiah* (1741) nimmt eine Sonderstellung ein, ist jedoch mit seiner eine Handlung implizierenden Aneinanderreihung von Bibelstellen ohne dramatische Anlage kein O. im eigentlichen Wortsinn. Unter der vielfachen geschichtlichen Nachwirkung von Händels Oratorien ist die herausragende Stellung und durchschlagende Kraft der Chöre besonders hervorzuheben. Auch auf dem Gebiete des weltlichen O.s betätigte sich Händel höchst erfolgreich mit *Acis and Galathea, Semele, Hercules* und dem *Alexander's Feast.*

Das deutsche O. in der 2. Hälfte des 18. und im 19. Jahrhundert. In Deutschland kommt mit der Vertonung von C. W. Ramlers *Der Tod Jesu* durch C. H. Graun – wenn auch nicht völlig unvorbereitet – ein neuer Typus des O.s auf, der als „lyrisches Drama" bezeichnet worden ist. J. G. Sulzer charakterisiert dieses in seiner *Allgemeinen Theorie der schönen Künste* III (L [2]1792–94) als ein Werk, in dem „keine allmählich sich entwickelnde Handlung … statthabe" und der Stoff „durchaus lyrisch behandelt werden (kann), weil hier weder Dialog, noch Erzählungen, noch Nachrichten von dem, was vorgeht, nöthig sind". Demzufolge setzt sich das lyrische Drama aus dramatisch verbrämten Stimmungsbildern, die von Reflexionen begleitet werden, zusammen. Damit nähert sich das O. der Kantate, wie C. H. Graun den *Tod Jesu* ja auch tatsächlich als „Cantata" bezeichnet hat, bleibt aber doch von dieser durch seine wenigstens halb dramatischen Bilder charakteristisch unterschieden. Obwohl auch Telemann und J. Chr. Fr. Bach Ramlers Dichtung vertont haben, so ist doch kein O. im gesamten deutschen Sprachbereich während der folgenden etwa 130 Jahre auch nur annähernd so häufig aufgeführt worden wie dieses; dessen lyrischer Charakter entsprach sowohl dem Zeitalter der Empfindsamkeit in der 2. Hälfte des 18. wie auch noch der Romantik im 19. Jahrhundert.

Das O. blieb bei dem allgemeinen Niedergang der liturgischen Musik in der Epoche der Aufklärung weithin der einzige Rest von Kirchenmusik, der jedoch nahezu ausschließlich in Konzerten, innerhalb oder außerhalb von gottesdienstlichen Räumen, aufgeführt wurde. Seine völlige Vorherrschaft, vornehmlich im protestantischen Bereich etwa zwischen 1770 und 1830, führte zu einer erheblichen Ausweitung der Sujets, zugleich aber auch zu einer Verwischung der konfessionellen Grenzen. Noch immer behielten zwar Passionsvertonungen eine besondere Bedeutung, so neben Grauns *Der Tod Jesu* J. H. Rolles *Der leidende Jesus* und *Die Leiden Jesu* (Rolle schuf insgesamt 21 „musikalische Dramen", vor allem unter dem Einfluß von F. G. Klopstock), ferner C. Ph. E. Bachs *Die letzten Leiden des Erlösers* (1770), J. M. Kraus' *Der Tod Jesu* (1776), L. van Beethovens *Christus am Ölberge* (1803), J. G. Schichts *Die letzten Stunden des Erlösers* (1821) und L. Spohrs *Des Heilands letzte Stunden* (1835). Allein diese Titel zeigen, daß sich der Typus des lyrischen O.s völlig durchgesetzt hat. Bedeutungsvoll war die Zusammenarbeit von J. Chr. Fr. Bach in Bückeburg mit J. G. Herder, der die Texte für mehrere seiner Oratorien dichtete. Ein weiterer häufig bearbeiteter Stoff war das Weltgericht. Fr. Schneiders gleichnamiges O. von 1820 gehört im 19. Jh. zu den am meisten aufgeführten Werken dieser Gattung, auch L. Spohrs *Das jüngste Gericht* (1812) und, stärker noch, *Die letzten Dinge* (1826) erlebten zahlreiche Wiedergaben. Welche Menge von deutschen Oratorien über die mannigfaltigsten Stoffe es gab und welche erhebliche Anzahl von O.-Aufführungen im deutschen Sprachgebiet und darüber hinaus in Amsterdam, Den Haag, Kopenhagen, London, Liverpool, Paris, Prag, Petersburg und Moskau allein zwischen 1800–40 stattfanden, davon vermittelt M. Gecks Zusammenstellung ein anschauliches Bild. Die meisten O.-Kompositionen dieser Zeit werden jedoch künstlerisch weit überragt von J. Haydns Oratorien *Die Schöpfung* (1798) und *Die Jahreszeiten* (1801). So überraschend es ist, daß in der *Schöpfung* weithin der biblische Wortlaut in den Secco-Rezitativen verwandt ist, so sind doch beide Werke nicht nur durch ihren lyrischen Charakter, sondern vor allem durch das in ihnen zum Ausdruck kommende, für das Zeitalter der Aufklärung kennzeichnende unrealistische, optimistische Weltbild, das sich von der traditionellen Lehre der Kirche weit entfernt, charakteristisch. An liturgischer Bindung ist in ihnen nichts vorhanden. Ihre unzerstörbare Lebensdauer verdanken sie nicht ihren Sujets, sondern ihrer über alle Kritik erhabenen Musik.

Auf ganz anderer inhaltlicher Linie liegen demgegenüber F. Mendelssohn Bartholdys *Paulus* (1836) und *Elias* (1846) mit dem Text jeweils „nach Worten der Heiligen Schrift". Sie atmen den Geist der Restauration, die nach der Epoche der Aufklärung mit dem Zerfall jedweder kirchlichen Überlieferung nun wieder auf den Ursprung des Christentums und seine ältere Geschichte zurückführte. Freilich vermochte Mendelssohn Bartholdy seine Oratorien ebensowenig wie J. S. Bachs *Matthäuspassion* in den Gottesdienst zurückzuführen. Hier standen vor allem die einseitig auf den a cappella-Chor begrenzten liturgischen Vorstellungen der Restauration im Wege, während sich Mendelssohn Bartholdy an der Schlagkraft der Chor- und Orchesterbehandlung Händels orientiert hatte.

So blieb auch im 19. Jh. das O. konzertante Kirchenmusik ohne liturgische Bindung. Von den sehr verschiedenartigen, in diesem Zeitabschnitt sonst noch entstandenen Werken seien genannt: *Die Auferstehung und Himmelfahrt Jesu* von C. Zelter (1807) und A. E. Grell (1823), *Die Himmelfahrt Christi* von A. Lortzing (1829), *Die Zerstörung Jerusalems* von C. Loewe (1830), *Jephta* von K. M. Reinthaler (1856) und *Moses* von M. Bruch (1894), sodann an weltlichen Oratorien, denen die mannigfaltigsten Stoffe zugrunde liegen, Loewes *Gutenberg* (1837), vor allem aber R. Schumanns Oratorien mit Märchenstoffen *Das Paradies und die Peri* (1843) und *Der Rose Pilgerfahrt*, schließlich M. Bruchs *Odysseus* (1872) und *Gustav Adolf* (1898). Eine Sonderstellung nehmen in der 2. Hälfte des 19. Jh. Fr. Liszts künstlerisch bedeutsame Oratorien *Die Legende von der heiligen Elisabeth* (1862) und *Christus* (1872) ein. Bei letzterem (ausschließlich über lateinische Texte „aus der Heiligen Schrift und der katholischen Liturgie") trägt Liszt durch a cappella-Satzweise auch den liturgischen Bestrebungen des ↗Cäcilianismus bis zu einem gewissen Grade Rechnung, fügt daneben aber sehr charakteristische Instrumentalstücke in der Art symphonischer Dichtungen ein.

Das französische O. im 19. Jahrhundert. Neue Bedeutung gewann das O. im 19. Jh. in Frankreich, nachdem aus der Zeit nach Charpentiers und Lochons Schaffen um 1700 lediglich Fr.-J. Gossecs *La Nativité* (1774) zu nennen ist. Am Anfang der neuen Epoche stehen die durchweg lateinischen, musikalisch jedoch bis zu einem gewissen Grade der Revolutionsmusik nahestehenden Werke von J.-Fr. Le Sueur, die wahrscheinlich im gottesdienstlichen Rahmen erklungen sind (u.a. *Deborah, Ruth et Noëmi, Ruth et Booz, L'Oratorio de Noël*). Von der Jahrhundertmitte an tritt das O. jedoch in größerer Anzahl, das französische Musikleben stark bestimmend, in Erscheinung. Die Mannigfaltigkeit der dabei angewandten Gestaltungsformen kommt allein schon in der Vielfalt der Bezeichnungen der einzelnen Werke zum Ausdruck. Sie umfassen zudem sehr verschiedenartige Stoffe und umspannen einen weiten Bogen vom weltlichen über das konzertante geistliche bis hin zum liturgisch gebundenen lateinischen Oratorium. Der Vielzahl wegen ist hier nur eine Aufzählung der wichtigsten Komponisten und ihrer Werke möglich (mit Angabe der originalen Gattungsbezeichnung): F. David, *Le Désert* (Odesymphonie, 1844), *Moïse au Sinaï* (1846), *Christoph Colomb* (Ode-symphonie, 1847) und *L'Eden* (Mystère, 1848); H. Berlioz, *La Damnation de Faust* (Légende dramatique, 1847) und *L'Enfance du Christ* (Trilogie sacrée, 1854); C. Franck, *Ruth* (Églogue biblique, 1846), *Rédemption* (Poèmesymphonie, 1871 und 1874), *Les Béatitudes* (1869–79) und *Rébecca* (Scène biblique, 1881); Ch. Gounod, *Tobie* (Petit oratorio, 1886), *Mors et Vita* (lat., Trilogie sacrée, 1881) und *La rédemption* (Trilogie sacrée, 1882); Th. Dubois, *Les sept paroles du Christ* (lat., 1867), *Le paradis perdu* (1878), *Notre-Dame de la mer* (1897) und *Le baptême de Clovis* (1899); C. Saint-Saëns, *Oratorio de Noël* (lat., 1869) und *Le déluge* (1878); J. Massenet, *Marie-Magdeleine* (Drame sacré, 1873), *Ève* (Mystère, 1875) und *La terre promise* (1900); schließlich G. Fauré, *La naissance de Vénus* (Scène mythologique, 1882), und Fr. Thomé, *L'Enfant Jésus* (Mystère, 1891).

Das O. in anderen Ländern. Gegenüber sowohl dem französischen wie dem deutschen Sprachbereich haben die übrigen europäischen Länder für die Geschichte des O.s im 19. Jh. kaum Bedeutung. Zu erwähnen sind für Italien die Werke von L. Perosi (1898ff.), deren Schlichtheit von der kirchenmusikalischen Restauration geprägt ist. In England entstanden folgende, heute weithin vergessene Oratorien: *Jerusalem* von H. H. Pierson (1852), *St. Peter* von J. Benedict (1870), *St. John the Baptist* von A. Macfarren (1873), *The Rose of Sharon* von A. Mackenzie (1884), *The Revenge* von C. V. Stanford (1886) und *Judith* von H. Parry (1888). Größere Nachwirkung hatte lediglich *The Dream of Gerontius* von E. Elgar (1900). In Osteuropa entstanden als einzige Oratorien von Rang A. Dvořáks eine Heiligenlegende behandelnde *Die heilige Ludmila* (1886) und in jüngster Zeit P. Ebens *Apologia Socrates* (1967).

20. Jahrhundert. Das 20. Jh. hat dem O. seit etwa 1920 sowohl auf großer geographischer Breite wie in stofflicher und formaler Vielseitigkeit neuen Aufschwung gebracht. Kaum ein Komponist von Rang, der sich nicht auf diesem Gebiet betätigt hätte! Am Anfang stehen das in viele Sprachen übersetzte O. *Le Roi David* von A. Honegger sowie das Mysterium *La cena* von G. Fr. Malipiero (beide 1921). Malipiero schuf 1935 noch *La Passione* und Honegger 1938 das dramatische O. *Jeanne d'Arc au bûcher*, das 1942 auch als Oper aufgeführt wurde. Das gleiche trifft auch auf I. Strawinskys *Oedipus Rex* (1927) zu, und auch A. Schönbergs *Moses und Aron* wurde 1954 in Hamburg zuerst als O. und danach 1957 in Zürich als Oper aufgeführt. Im innerdeutschen Bereich sind J. Haas' *Die heilige Elisabeth* (1931) und *Das Jahr im Lied* (1952) volkstümlicher Melodik verpflichtet, womit im Vergleich zu den vorgenannten avantgardistischen Werken ein völlig anderer Typus des O.s in Erscheinung trat. Unter dem Einfluß der kirchenmusikalischen Erneuerung entstanden um 1930 nach dem Vorbild der altprotestantischen Historienkompositionen das *Weihnachts-O.* a cappella sowie ein Oster-O. von K. Thomas. In einem weiteren Sinne gehören in diesen Zusammenhang die Oratorien von J. Driessler (*Dein Reich komme*, 1950; *Gaudia Mundana*, 1952; *De Profundis*, 1951; *Der Lebendige*, 1956), ferner die Werke der beachtlichen Reihe protestantischer Schweizer, wie W. Burkhards *Das Gesicht Jesajas* (1935), C. Becks *Oratorium nach Angelus Silesius* (1936) sowie *Der Tod zu Basel* (1952) und Fr. Martins *Le vin herbé* (1941), *In terra pax* (1944), *Golgotha* (1948) und *Le Mystère de la Nativité* (1959). Nahe steht diesen Meistern auch der gleichfalls protestantische Franzose G. Migot mit einem Zyklus von Evangelien-Oratorien mit originalem Bibeltext und sehr verschiedenartigen Besetzungen, die wie die vorher genannten Werke vor allem Zeugnisse einer neuen, z. T. mystischen Frömmigkeit sind (u. a. *Le sermon sur la montagne*, 1936, und *Nuit pascale et résurrection*, 1955). Aus dem katholischen Bereich Frankreichs ging *L'Apocalypse de saint Jean* von J.-R. Françaix (1939) hervor. Auch Italien hat mit der Rappresentazione sacra *Job* von L. Dallapiccola (1950) und L. Nonos *Il canto sospeso* an der jüngsten Entwicklung des O.s gewichtigen Anteil, und aus den USA kam, wenn auch in Verbindung mit den Vorgängen in Europa, das Pfingst-O. *Spiritus Intelligentiae Sanctus* von E. Krenek (1956). In Deutschland entstanden im 20. Jh. folgende, auf keinen einheitlichen Nenner zu bringenden Werke: *Das Unaufhörliche* von P. Hindemith (1931), *Christus* von W. Kraft, *Der Großinquisitor* von B. Blacher (1948), die Oratorische Szene *Isaaks Opferung* sowie die *Pfingstgeschichte* von W. Fortner (1952 und 1964), die *Comoedia de Christi Resurrectione* von C. Orff (1957), *Die Flut* von R. Kelterborn (1964), *Die Seligpreisungen* von

H. G. Bertram (1979) und die *Historien* von W. Stockmeier (1980). Eine Sondergruppe bilden folgende an die Schrecken des 2. Weltkrieges anknüpfenden Werke: P. Dessaus *Deutsches Miserere* (nach B. Brecht, 1944–47; bereits 1936 war in der Emigration dessen *Haggada* nach M. Brod entstanden), A. Schönbergs *Ein Überlebender aus Warschau* (1947), B. Brittens *A War Requiem* (1962) und Krz. Pendereckis „Oratorium zum Gedächtnis der Ermordeten in Auschwitz" *Dies Irae* (1967). Schließlich ist in der DDR die Form des O.s, z. B. in E. H. Meyers *Mansfelder Oratorium* (1950), auch für das Bekenntnis zum Sozialismus und zur politischen Agitation mit bewußter Anknüpfung an die Schlagkraft Händelscher Oratorienchöre verwandt worden.

Lit.: E. T. A. HOFFMANN, Beethovens O. „Christus am Ölberg", in: Betrachtungen über Musik (St 1847); C. H. BITTER, Beitr. z. Gesch. des O. (B 1872, Nachdr. 1975); O. WANGEMANN, Gesch. des O. v. den ersten Anfängen bis z. Gegenwart (L ^{3}1882, Nachdr. Walluf 1973); F. M. BÖHME, Gesch. des O. (Gütersloh ^{2}1887, Nachdr. 1973); H. KRETZSCHMAR, Führer durch den Konzertsaal, II/2: Oratorien u. weltliche Chorwerke (L 1890), neu bearb. v. H. Schnoor (^{5}1939); F. CHRYSANDER, Händels O. in geschichtlicher Betrachtung (H 1896, ^{3}1922); D. ALALEONA, Studi su la storia dell'oratorio musicale in Italia (Tn 1908, Nachdr. Mi 1945); A. SCHERING, Gesch. des O. (L 1911, Nachdr. Hil 1966) (= Kleine Hdb. der Musikgesch. nach Gattungen 3); E. WELLESZ, Die Opern u. Oratorien in Wien v. 1660–1708, in: StMw 6 (1919); H. SCHNOOR, Das O. bis z. Ende des 17. Jh., in: Hdb. der Musikgesch., hrsg. v. G. Adler (F 1924, ^{2}1930, Nachdr. Tutzing 1961); DERS., Das O. im 18. Jh. u. O. vom Ende des 18. Jh. bis 1880, in: ebd.; H. H. VOGL, Z. Gesch. des O. in Wien, in: StMw 14 (1927); F. VATIELLI, L'oratorio a Bologna (R 1938); Das ist die Zeitenwende. O.- u. Kantatentexte, hrsg. v. H. SCHULZE (L 1959); O., in: MGG X; PH. HOFMEISTER, O., in: Lexikon für Theologie u. Kirche VII (Fr ^{2}1962); K. E. MILLER, A Study of Selected German Baroque Oratorios (Evanston/Ill. 1963) (= Diss. Northwestern Univ.); O. MISCHIATI, Per la storia dell'oratorio a Bologna (Fi 1963) (= Collectanea Historiae Musicae 3); A. BERTINI, La musica all'oratorio dalle origini ad oggi, in: Quaderni dell'oratorio 11 (1966); U. KIRKENDALE, A. Caldara. Sein Leben u. seine venezianisch-römischen O. (Gr 1966) (= Wiener musikwiss. Beitr. 6); M. STERN, Haydns „Schöpfung". Geist u. Herkunft des van Swietenschen Librettos. Ein Beitr. z. Thema „Säkularisation"im Zeitalter der Aufklärung, in: Haydn-Stud. I/3 (Mn 1966); P. H. LANG, G. F. Handel (NY 1966, dt. Kas 1979); G. MASSENKEIL, O., in: RIEMANN ML, Sachteil (Mz ^{12}1967); DERS., Das O. (Kö 1970) (= Das Musikwerk 37); M. GECK, Dt. O. 1800–1840, Verz. der Quellen u. Aufführungen (Wilhelmshaven 1971) (= Quellenkat. z. Musikgesch. 4); E. REIMER, O., in: HMT (1972); I. KÖNIG, Stud. z. Libretto des „Tod Jesu" v. K. W. Ramler u. K. H. Graun (Mz 1972); D. H. FOSTER, The Oratory in Paris in the 18th Century, in: AMl 47 (1975); H. E. SMITHER, A History of the Oratorio, bisher 2 Bde. (Chapel Hill 1977); J. W. HILL, Oratory Music in Florence, I–III, in: AMl 51 (1979) u. 58 (1986); Oratorios of the Italian Baroque I. Antecedents of the Oratorio: Sacred Dramatic Dialogues, 1600–1630, hrsg. v. H. SMITHER (Laaber 1985); D. ARNOLD, The Oratorio in Venice (Lo 1986); Beitr. zur Gesch. des O. seit Händel. FS G. Massenkeil (Bonn 1986).

W. BLANKENBURG

ORBÓN, Julián, * 7. 8. 1925 Avilés (Spanien); kubanischer Komponist. Er erhielt zunächst Unterricht bei seinem Vater, dem Pianisten Benjamin O., studierte 1935 am Konservatorium in Oviedo und anschließend in Havanna bei Oscar Lorié und José Ardévol. 1942–49 war er Mitglied des von Ardévol gegründeten „Grupo Renovación Musical" und 1946 noch Schüler von A. Copland am Berkshire Music Center in Tanglewood. 1946–60 leitete er das von seinem Vater gegründete O.-Konservatorium in Havanna und lehrte 1960–63 Komposition am Konservatorium in Mexico City. 1964 ließ er sich in New York nieder, wo er an mehreren Colleges unterrichtete. In seinen zunächst neoklassizistischen, später romantisierenden Kompositionen verwendet O. auch Rhythmen der afro-kubanischen Musik.

WW: Klv.- u. Cemb.-Stücke; Klv.-Quintett (1944); Streichquartett (1951). – Für Orch.: Symphonie (1946); *Homenaje a la tonadilla* (1947); *3 Versiones sinfónicas* (1953); *Concerto grosso* (1958); *Partita no. 3* (1966). – *Himnus ad Galli cantum* (1956) für Sopran, Fl., Ob., Klar., Harfe u. Streichquartett; *Monte Gelboe* (1962) für Tenor u. Orch.; *Oficios de 3 días* (1970) für gem. Chor u. Orch; *Liturgia de 3 días* (1975) für SingSt u. Orch.

ORCHESTER. Allgemeines. In der griechischen Antike bedeutet das Wort orchestra (von orchesis = Tanz, Reigen) einen kreisrunden Platz für lyrische Choraufführungen oder den meist hufeisenförmigen Platz vor der Theaterbühne. Im Schrifttum des 17. und 18. Jh. findet die Vokabel als Bezeichnung sowohl für den Platz vor der Bühne in der Oper als auch für ein Instrumentalistenensemble Verwendung. Während die französische *Encyclopédie* 1765 unter „orchestre" eine „kleine und dürftige Versenkung vor dem Theater" versteht, in der die Symphonisten plaziert sind, definiert J.-J. Rousseau 1754 in seinem *Dictionnaire* den Begriff im modernen Sinn als „Vereinigung aller Symphonisten" (collection de tous les Symphonistes). Eine präzise Definition des Begriffs, die allen O.-Formen in der europäischen und in der außereuropäischen Musik gerecht würde, ist kaum möglich. In der außereuropäischen Musik verdanken viele O. ihre Existenz dem Bestreben nach Repräsentation der Macht. Einen besonders hohen Rang nehmen hier das chinesische und japanische Palast-O. und das sehr differenzierte ↗Gamelan-O. ein. Aber auch die O., die viele europäische Könige und Fürsten an ihren Höfen hielten, waren Statussymbole. Die Aufgabe afrikanischer O. besteht vielfach darin, dem Häuptling zu Ehren zu spielen, bei Feindseligkeiten die Krieger zu ermuntern und bei Siegesfeierlichkeiten mitzuwirken.

In der europäischen Musik versteht man unter O. gemeinhin ein Instrumentalensemble, in dem bestimmte Instrumentengruppen chorisch besetzt sind und das von einem Dirigenten geleitet wird.

Die heute in Europa und in den USA gebräuchlichen O.-Typen sind die folgenden: 1. das große Symphonie-O., das rund 60 bis 150 Musiker zählt, Instrumente aller Gattungen (Streicher, Holz- und Blechbläser, Harfe, Schlagzeug) umfaßt und auch in den Opernhäusern zu finden ist; 2. das Kammer-O., das nichts anderes als ein Symphonie-O. mit reduzierter Besetzung ist (25–40 Mitglieder); dieses O. war der im 18. Jh. übliche Typ, für den nicht nur die Komponisten der sog. Vorklassik, sondern auch J. Haydn, W. A. Mozart und selbst L. van Beethoven ihre symphonischen Werke schrieben (Haydns O. beim Fürsten Esterházy verfügte anfangs nur über 23 Instrumentalisten); 3. das Streich-O. mit etwa 24 Musikern, das an ein speziell für diese Besetzung geschaffenes Repertoire gebunden ist; 4. das Blas-O. (z. B. die Militärkapelle), das speziell für Aufführungen im Freien geeignet ist und Holz- und Blechbläser und Schlagzeug umfaßt (rund 35–85 Ausführende); 5. die Jazz-Band, die in bestimmten Fällen viele Musiker vereinigen kann.

Geschichte. Die mannigfachen Veränderungen, denen die O.-Besetzung in der europäischen Musik seit dem 16. Jh. unterliegt, spiegeln tiefgreifende Wandlungen des Klangideals wider. In Übereinstimmung mit den Epochenbezeichnungen der neueren Musikgeschichte spricht man von Renaissance-, Barock-, klassischem, romantischem und modernem Orchester. Für die Ensembles der Renaissance sind Buntheit und Variabilität der Besetzungen charakteristisch. Im 16. Jh. gelangte in Venedig die Technik des ↗Coro spezzato zu hohem Ansehen. Ursprünglich für die Vokalmusik entwickelt, wurde sie auf die Instrumentalmusik übertragen. Die Instrumentalisten wurden in 2 oder 3 Gruppen geteilt, die – getrennt aufgestellt – miteinander alternierten und besonders an den Schlüssen sich vereinten. Das O. in der 1. Hälfte des 17. Jh. weist neben zahlreichen ↗Fundamentinstrumenten (Cembalo, Theorbe, Laute, Chitarrone) alle Gattungen der Violen und viele Blasinstrumente (Flöten, Hörner, Zinken und Trompeten) auf (präzise Angaben sind z. B. für Cl. Monteverdis *Orfeo* erhalten). Die römische Oper mit St. Landi und L. Rossi gab jedoch den Streichern die Vorherrschaft, Cl. Monteverdi begnügte sich in seinem *Ritorno d'Ulisse in patria* (1641) mit Cembalo, Theorben und Baßgamben für den Generalbaß und mit Violinen für die Symphonien. Seit 1650 setzen sich normierte Besetzungen durch. So besteht das O. J.-B. Lullys aus einem 5st. Streicherensemble und einem Bläsertrio (2 Oboen und Fagott). Das neapolitanische Opern-O. setzt sich aus einem Streicherensemble und in der Regel aus je 2 Oboen und Hörnern zusammen. In der 2. Hälfte des 18. Jh. hat sich gleichzeitig mit der Form der viersätzigen Symphonie das „klassische" O. herausgebildet. Es gründet auf die Streicher, denen das meist zweifach besetzte Holz gegenübersteht. Das O. Haydns und Mozarts umfaßt neben dem chorisch besetzten Streichquintett im Normalfall je 2 Flöten, Oboen, Fagotte und Hörner. Hinzu kommen in einzelnen Werken Klarinetten, Trompeten, Posaunen und Pauken. Mozart und Beethoven verwenden in einigen Werken (*Die Entführung aus dem Serail* bzw. 9. Symphonie) auch Instrumente der ↗Janitscharenmusik (Piccoloflöte, Triangel, Becken und große Trommel).

Im 19. Jh. wird der O.-Apparat zunehmend vergrößert: von Mozart bis zu R. Strauss wird die Besetzungsstärke durch Vervielfachung der bestehenden Holzblas- und Blechinstrumente sowie durch Einführung neuer Instrumente mehr als verdoppelt. Damit geht häufiger eine Teilung der Streichinstrumente Hand in Hand. Vor allem H. Berlioz, R. Wagner, R. Strauss und G. Mahler haben ins O. neue Instrumente eingeführt (Es-Klarinette, Harfe, Tuba, Baßklarinette, Wagner-Tuben, Heckelphon, Celesta, Tamtam, Herdenglocken, Hammer u. a.). Seit etwa 1830 nahm auch die Verwendung von Blechblasinstrumenten zu, die durch die Einführung von Ventilen (bei Hörnern, Trompeten und Kornetten) nunmehr den gesteigerten spieltechnischen Forderungen (chromatische Töne) genügen konnten. 1842 bereicherte A. Sax das O. durch die Instrumente der Saxophonfamilie. Er verbesserte die Bügelhörner, die den Namen Saxhörner erhielten, und erfand die Saxtromba. Durch das Aufspüren neuer Klangfarben und durch Erprobung neuer Instrumentenkonstellationen erfuhr die Kunst der ↗Instrumentation eine unvorstellbare Verfeinerung. Bezeichnenderweise entstanden im 19. und im beginnenden 20. Jh. die berühmtesten Lehrbücher der Instrumentation (H. Berlioz, N. Rimski-Korsakow, R. Strauss).

Die Erweiterung des Klangapparates geradezu ins Riesenhafte gehorcht seit dem späten 19. Jh. vielfach außermusikalischen Intentionen (in der Oper, im Musikdrama und in der symphonischen Programmusik) und erfolgt nicht bloß, um Massenwirkungen zu erzielen, sondern auch um homogene Klangfarben zu realisieren. Höhepunkte dieser Entwicklung stellen Mahlers 8. Symphonie, die sog. „Symphonie der Tausend" (1907), und A. Schönbergs *Gurrelieder* (1900/1911) dar. Danach läßt sich des öfteren eine kammermusikalische Reduzierung des O.-Apparates beobachten, so in Schönbergs *Kammersymphonie* op. 9 (1906) und in I. Strawinskys *Histoire du soldat* (1918). In

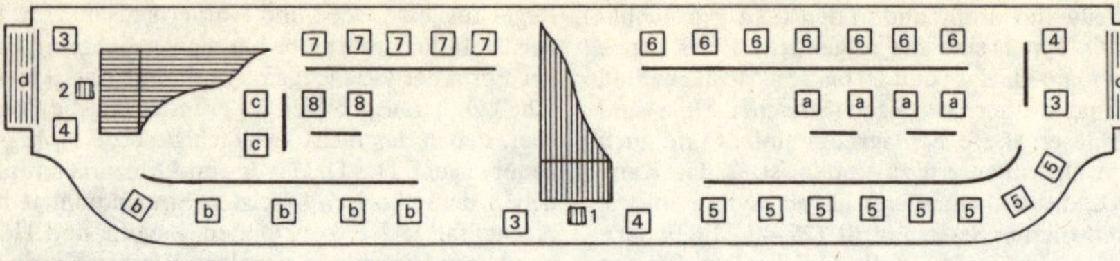

Sitzordnung in der Dresdner Oper unter J. A. Hasse:
1 Cembalo des Kapellmeisters, 2 2. Cembalo, 3 Violoncelli, 4 Kontrabässe, 5 1. Violinen, 6 2. Violinen, 7 Oboen, 8 Flöten, a Bratschen, b Fagotte, c Hörner, d Trompeten u. Pauken

der Musik der Gegenwart sind – wie am Anfang der Entwicklung – wieder variable O.-Besetzungen gebräuchlich. Orchestraler und kammermusikalischer Stil stellen satztechnisch und klanglich Gegenpole dar.

Sitzordnungen. Das Problem der sinnvollen Aufstellung der Instrumentalisten hat spätestens seit der Renaissance Kapellmeister und Dirigenten immer wieder beschäftigt und zu den verschiedensten Lösungen geführt. Charakteristisch für das ganze Generalbaßzeitalter (von 1600 bis etwa 1750) ist die Gruppierung der Musiker um das in der Mitte stehende Cembalo, den Konzertmeister und die Fundamentinstrumente. Im übrigen gab es ein festes Schema für die Postierung der einzelnen Instrumente nicht. Ausnahmen bilden hier lediglich die Aufstellungsordnungen im kirchenmusikalischen Rahmen, wie sie etwa aus Salzburg bekannt sind. J.-J. Rousseau teilt in seinem *Dictionnaire de musique* die Aufstellung und Besetzung des Dresdner O.s unter J. A. Hasse nach den Angaben des Barons Grimm aus dem Jahre 1754/55 mit. Danach verfügte das O. über 2 Cembali, ein in der Mitte stehendes für den Kapellmeister und ein zweites, links stehendes für einen anderen Musiker. Beiden Cembali (1 und 2) waren Celli (3) und Kontrabässe (4) zugeordnet. Rechts neben dem zentralen Cembalo waren plaziert die 1. und 2. Violinen (5 und 6) und Bratschen (a), links neben diesem die Oboen (7), Flöten (8), Hörner (c) und Fagotte (b). Links und rechts außen auf 2 Tribünen die Trompeten und die Pauken (d). Die seit dem 19. Jh. allgemein übliche fächerartige Aufstellung des Symphonie-O.s geht auf J. Fr. Reichardt, den Hofkapellmeister Friedrichs II., zurück. Bei ihm saßen die 1. Violinen rechts und die 2. Violinen links vom Dirigenten; die Bratschen wurden geteilt und rechts und links neben die Violinen plaziert, dahinter bzw. seitlich die Violoncelli und Kontrabässe. Links hinter den Streichern waren die Holzbläser und die Hörner angeordnet; rechts daran schlossen sich die Posaunen, die Trompeten und die Pauken an. Mit einigen Modifikationen, vor allem einer umgekehrten Anordnung der Violinen (1. links, 2. rechts), setzte sich diese Aufstellung in Deutschland durch und bildete die sog. deutsche Sitzordnung.

An der in Deutschland üblichen separaten Aufstellung der Saiten- und der Blasinstrumente hat R. Wagner herbe Kritik geübt. 1876 bei der Uraufführung des *Ring des Nibelungen* realisierte er in Bayreuth seine Ideen vom versenkten und teilweise verdeckten Orchester. Im Festspielhaus in Bayreuth „versinken" die Instrumente von den Streichern bis zum Blech nach und nach unter den 2 Schalldeckeln des O.-Grabens und unter der Bühne, und zwar im Maße ihrer zunehmenden Lautstärke. Auf der höchsten Terrasse des O.-Grabens befinden sich der Dirigent und die 1. Violinen (1). Es folgen terrassenweise 2. Violinen und Brat-

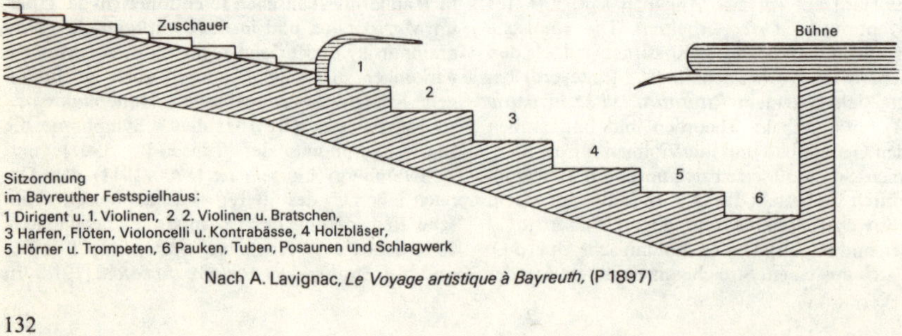

Sitzordnung im Bayreuther Festspielhaus:
1 Dirigent u. 1. Violinen, 2 2. Violinen u. Bratschen, 3 Harfen, Flöten, Violoncelli u. Kontrabässe, 4 Holzbläser, 5 Hörner u. Trompeten, 6 Pauken, Tuben, Posaunen und Schlagwerk

Nach A. Lavignac, *Le Voyage artistique à Bayreuth,* (P 1897)

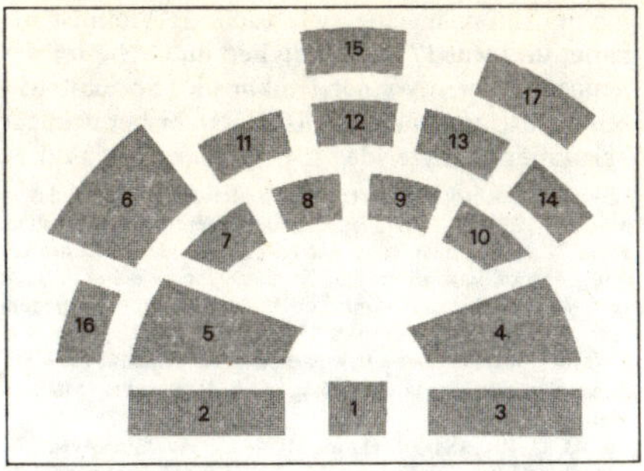

Deutsche Sitzordnung:

1 Dirigent, 2 1. Violinen, 3 2. Violinen, 4 Bratschen, 5 Violoncelli, 6 Kontrabässe, 7 Flöten, 8 Oboen, 9 Klarinetten, 10 Fagotte, 11 Trompeten, 12 Hörner, 13 Posaunen, 14 Tuben, 15 Schlagwerke, 16 Harfen, 17 Pauken

schen (2), dann Harfen, Flöten, Celli und Kontrabässe (3), dann die Holzbläser (4), ferner Hörner und Trompeten (5), schließlich Pauken, Tuben, Posaunen und Schlagwerk (6). Seit 1945 setzte sich auch in Europa vielfach die sog. amerikanische, auf L. Stokowski zurückgehende Sitzordnung durch: die 2. Violinen sitzen neben den 1. links vom Dirigenten und die Celli vor den Kontrabässen rechts neben ihm. Die Bratschen sind in der Mitte, dahinter Holz- und Blechbläser und das Schlagzeug postiert:

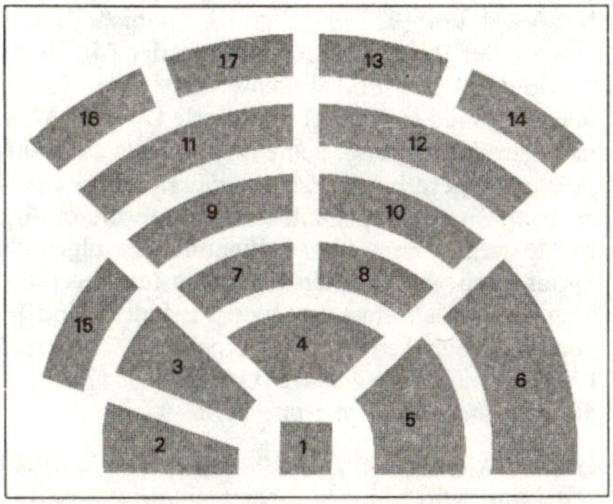

Amerikanische Sitzordnung:

1 Dirigent, 2 1. Violinen, 3 2. Violinen, 4 Bratschen, 5 Violoncelli, 6 Kontrabässe, 7 Flöten, 8 Oboen, 9 Klarinetten, 10 Fagotte, 11 Trompeten, 12 Hörner, 13 Posaunen, 14 Tuben, 15 Harfen, 16 Schlagwerke, 17 Pauken

Lit.: H. Becker, O., in: MGG X; B. Paumgartner, Das instr. Ensemble (Z 1966); H. Rösing, Zum Begriff „O." in europäischer u. außereuropäischer Musik, in: AMl 47 (1975).

C. FLOROS

ORCHESTERGESANG, Orchesterlied, in der musikwissenschaftlichen Literatur Bz. für den solistischen Gesang mit Orchesterbegleitung, wie er etwa seit 1850 aus der Orchesterbearbeitung von Klavierliedern entstanden ist (bei H. Berlioz, Fr. Liszt, J. Brahms, H. Wolf, A. Dvořák), und der seit dem Beginn der musikalischen Moderne um 1890 (mit R. Strauss, G. Mahler, Fr. Delius) außerdem eine originäre Kompositionsgattung darstellt. Um die Jahrhundertwende erfuhr der O. eine Beliebtheit, der sich kaum ein Komponist verschloß, weder M. Ravel noch I. Strawinsky, weder H. Pfitzner noch A. Webern. Sie erwuchs aus der Überzeugung, eine musikalische Lyrik von Rang sei erstmals für den großen Konzertsaal möglich geworden, wenn die (der Klavierbegleitung überlegene) Differenzierungsfähigkeit der Orchestersprache zur Ausdrucksvertiefung und Formgestaltung genutzt würde. Besondere Geschichtswirksamkeit erlangten Strauss und Mahler: Von Strauss' teils reflektierend-naturlyrischen (op. 33), teils dramatischen (op. 44), teils hymnischen (op. 71) Orchestergesängen, zumal von der großorchestralen Mischklangpolyphonie, nahmen A. Schönberg (Lieder op. 8 u. 22), P. Hindemith, S. von Hausegger, M. von Schillings und wohl auch der späte M. Reger (*An die Hoffnung* op. 124; *Hymnus der Liebe,* op. 136) ihren Ausgang; Mahler andererseits war mit den „Wunderhorn"-Gesängen für die musikalische Gestaltung einer erzählenden Volkslyrik einflußreich, mit den Liedern nach Rückert für den kammermusikalisch völlig individuierten Orchestersatz des O.s der Neuen Musik (A. Webern, u. a. Lieder op. 13) und schuf mit dem *Lied von der Erde* eine Einheit von Symphonie und Orchesterliederzyklus, die A. von Zemlinskys *Lyrischer Symphonie* zum Vorbild wurde. Nach 1925, als der Neoklassizismus aufkam, wurde der O. allmählich unzeitgemäß, und nur wenigen Nachromantikern – zumal O. Schoeck – gelang es, sich der Gefahr der Epigonalität zu entziehen. Die Monodien mit Begleitung individuell besetzter Ensembles, die seit der Jahrhundertmitte in der Avantgardemusik (z. B. bei P. Boulez oder H. W. Henze) beliebt wurden, stehen in keinem Traditionszusammenhang mehr mit dem Orchestergesang.

Lit.: S. von Hausegger, Ueber den O., in: Betrachtungen z. Kunst. Gesammelte Aufsätze (L o. J.); E. F. Kravitt, The Orchestral Lied. An Inquiry into Its Style and Unexpected Flowering Around 1900, in: MR 37 (1976); H. Danuser, Der O. des Fin de siècle. Eine hist. u. ästhetische Skizze, in: Mf 30 (1977).

H. DANUSER

ORCHESTRATION, Bz. für die Verteilung der Stimmen eines musikalischen Satzgefüges auf die

Instrumente des Orchesters. Eine genaue terminologische Abgrenzung zu ↗Instrumentation ist nicht möglich. Der Begriff O. wird auch für meist zweckgebundene Bearbeitung bzw. Umbesetzung von Stimmen (z. B. Instrumentierung einer Vokalkomposition) gebraucht.

Lit. (zur Problematik der Abgrenzung zu Instrumentation): G. SCHUBERT, Schönbergs frühe Instrumentation (Baden-Baden 1975) (= Slg. musikwiss. Abh.en 59).

ORCHESTRION ↗mechanische Musikwerke.

ORDINARIUM MISSAE (lat.), Bz. für die – im Unterschied zum ↗Proprium – textlich feststehenden, ursprünglich von der Gemeinde, später vom Chor gesungenen Teile der Messe: ↗Kyrie, ↗Gloria, ↗Credo, ↗Sanctus (mit ↗Benedictus) und ↗Agnus Dei. In der mehrstimmigen Musik bilden diese Teile die Gattung ↗Messe. Im *Graduale Romanum* bildeten ursprünglich die Choralgesänge für die feststehenden Ordinariumsteile (und ↗Ite missa est) und für die Totenmesse (↗Requiem) sowie die Orations- und Lektionstöne und andere Töne den als ↗Kyriale *(Kyriale seu Ordinarium Missae)* bezeichneten Anhang. Das *Graduale Romanum* nach dem 2. Vatikanischen Konzil verwendet statt dessen die Bezeichnung: *Cantus in ordine missae occurrentes.* Diese enthalten im 1. Teil *(Kyriale)* nur die Gesänge der 5 Ordinariumsteile, im 2. Teil die Toni communes und die Singweisen des Alleluia.

ORDO (lat., = Ordnung), Grundbegriff der Theorie der Modalnotation (↗Notenschrift). Der jeweilige O. legt die Abfolge der modalen Grundformeln zwischen 2 Pausen fest (L = Longa, B = Brevis):

	1. Ordo	2. Ordo	3. Ordo	
1. Modus	| L B L |	| L B L B L |	| L B L B L B L |	
2. Modus	| B L B |	| B L B L B |	| B L B L B L B |	usw.

Die Länge dieser Pausen hängt von dem rhythmischen Schema des betreffenden Modus ab: Im 1. Modus entspricht sie einer B, im 2. einer imperfekten L, so daß jeder O. mit dem gleichen Notenwert schließt, mit dem er beginnt. Theoretiker des 13. Jh. (Johannes de Garlandia, Anonymus IV) nannten dergestalt geordnete Modi „modi perfecti" im Unterschied zu den „modi imperfecti", die jedoch für die Praxis ohne Bedeutung blieben.

ORDOÑEZ (Ordonitz, Ordonetz), **Carlos d',** * 19. 4. 1734 Wien, † 6. 9. 1786 ebd.; östr. Violinist und Komponist span. Herkunft. O. trat in jungen Jahren in den Staatsdienst ein und blieb zeitlebens Beamter. Daneben widmete er sich der Komposition, machte sich auch als Violinist bekannt und war 1771–84 Mitglied im Orchester der neugegründeten Wiener Tonkünstler-Societät. Mit seiner Instrumentalmusik ist O. ein bisher weniger bekannter Vertreter der sog. Wiener Vorklassik.

WW: 21 Streichtrios hsl. erhalten; 36 Streichquartette, 6 davon gedruckt als op. 1 (Ly 1777); einzelne weitere kammermusikal. WW; 74 Symphonien, einige davon einzeln oder in Sammlungen gedruckt; V.-Konzert; eine Serenade für 31 Bläser. – Singspiel *Diesmal hat der Mann den Willen* (1778); Marionettenoper *Alceste,* UA: Esterház 1775 (unter der Leitung von J. Haydn); Kantate *Der alte wienerische Tandelmarkt* für 4 St.

Ausg.: Streichquartette op. 1, hrsg. v. A. P. BROWN (Madison 1980).

Lit.: H. C. R. LANDON, O., in: MGG IX; A. P. BROWN, The Chamber Music with Strings of C. d'O. A Bibliographic and Stilistic Survey, in: AMl 46 (1974); DERS., C. d'O. 1734–1786. A Thematic Cat. (Detroit 1978) (= Detroit Studies in Music Bibliography 39); DERS., An Introduction to the Life and Works of C. d'O., in: Music East and West. FS W. Kaufmann (NY 1980); DERS., The Symphonies of C. d'O., in: Haydn Yearbook 12 (1981).

ORDRE (frz., = Ordnung, Reihe), im 18. Jh. insbesondere von Fr. Couperin gebrauchte Bezeichnung für die suitenähnliche Abfolge verschiedenartigster Stücke (auch Tanzstücke). Seine 4 Bücher *Pièces de clavecin* (P 1713, 1717, 1722, 1730) fassen 240 Cembalostücke in 27 O.s zusammen. Neuerdings wird O. u. a. von P. Boulez in seiner 3. Klaviersonate benutzt.

Lit.: M. REIMANN, Unters. z. Formgesch. der frz. Klv.-Suite (Rb 1940) (= Kölner Beitr. z. Musikforsch. 3).

OREFICE (Orefici, Arefece), **Antonio,** * um 1685 Neapel, † um 1727 ebd.; it. Komponist. Er war Doktor der Rechte, bildete sich in der Musik als Autodidakt aus und brachte 1708 am Teatro S. Bartolomeo in Neapel seine erste Oper, *Il Maurizio,* zur Aufführung. Seine im nächsten Jahr aufgeführte Opera buffa *Patrò Calienno della Costa* im neapolitanischen Dialekt, die erste dieser Art, wurde wegen ihres überwältigenden Erfolges als Typus auch von anderen Komponisten übernommen. O. schrieb etwa 10 Opern. Erhalten sind jedoch lediglich Teile aus *Engelberta* (UA: Neapel 1709) und *Le finte zingare* (UA: ebd. 1717) sowie die Kantate *Sopra un verde colle.*

OREL, Alfred, * 3. 7. 1889 Wien, † 11. 4. 1967 ebd.; östr. Musikforscher. Nach seiner Promotion zum Dr. jur 1912 an der Universität Wien studierte er 1917–19 Musikwissenschaft bei G. Adler, promovierte dort 1919 und habilitierte sich 1922. 1929–45 lehrte er als Professor an der Universität. Außerdem leitete er 1918–40 die Musiksammlung der Wiener Staatsbibliothek und 1940–45 das von ihm eingerichtete Institut für Wiener Musikforschung. Zu seinem 70. Geburtstag wurde er mit einer Festschrift geehrt (hrsg. von H. Federhofer, W 1960, mit Schriftenverz.).

Schriften: *Die Hauptstimmen in den Salve Regina der Trienter Codices* (Diss. W 1919, Tutzing 1977) (= Wiener Veröff. z. Musikwiss. II/4); *Unbekannte Frühwerke A. Bruckners* (W 1921); *Über rhythmische Qualität in mehrstimmigen Tonsätzen aus dem 15. Jh.* (Habil.-Schrift W 1922), Teildruck, in: ZfMw 6 (1923/24); *Die mehrstimmige geistliche (katholische) Musik von 1430–1600* sowie *Die katholische Kirchenmusik von 1600–1750, Die katholische Kirchenmusik seit 1750* u. *Wiener Tanzmusik und Operette*, in: Hdb. der Musikgesch., hrsg. v. G. Adler (F 1924, B ²1930, Nachdr. Tutzing 1961, NA Mn 1975); *A. Bruckner* (W 1925); *Aufsätze und Vorträge* (W 1939); *Mozarts deutscher Weg* (W 1941, ²1943); *J. Brahms* (Olten 1948); *Musikstadt Wien* (W 1953); *Bruckner-Brevier* (W 1953).

Lit.: H. FEDERHOFER, A. O. zum Gedächtnis, in: Mf 20 (1967).

ORFEO, L', Favola in musica in einem Prolog und 5 Akten von Claudio Monteverdi (1567–1643), Text von Alessandro Striggio nach der antiken Sage. UA: wahrscheinlich am 22. 2. 1607 in Mantua (Accademia degl'Invaghiti); erste datierbare Aufführung am 24. 2. 1607 in Mantua; dt. EA (in dt. Sprache): 8. 6. 1913 in Breslau.

Der Orpheus-Mythos ist in Striggios Fassung in die Form des Schäferspiels (Favola pastorale) gekleidet, in dem über diese stilistische Eigentümlichkeit hinaus die Regeln der fünfaktigen klassisch-antiken Dramaturgie gültig bleiben. In der Schlußapotheose wird Orpheus als Urbild des musizierenden Menschen in den Parnaß erhoben, womit die Korrespondenz zum Prolog der allegorischen Figur Musica hergestellt ist. – Monteverdi vollzog mit seiner Komposition den Schritt zum Dramma per musica, indem er eine erste Zusammenfassung aller damals gebräuchlichen Formen monodischen Musizierens und musikalisch-dramatischen Ausdrucks bot. Instrumentale Ritornelle und Sinfonien, liedhafte Ariosi (auffälligstes Beispiel ist der in 5 variierten Strophen vorgetragene Klagegesang *Possente spirto* des Orpheus vor Charon) und (zumeist im Madrigalstil gesetzte) Chöre unterbrechen und gliedern das musikalische Continuum des stile rappresentativo, der bevorzugten deklamatorischen Vortragsweise in der frühen Oper. Sowohl die 5 Akte als auch einzelne Szenen sind musikalisch-formal geschlossene Einheiten. Die instrumentalen Zwischenspiele dienen der Affektdarstellung ebenso wie der Gliederung der Handlung in Sinnabschnitte. Dramaturgisch begründete Instrumentation im Sinne kontrastierender Klangcharakteristik verdeutlicht den Gegensatz von Ober- und Unterwelt. Harmonisch kühne Passagen werden zur Textausdeutung, vor allem für die Affekte des Schmerzes und der Trauer, eingesetzt. – Schon Monteverdis Zeitgenossen empfanden *L'Orfeo* als Sensation im Bereich musikdramatischer Gestaltung; auch der Hörer von heute kann sich diesem Eindruck kaum entziehen, wie zuletzt erst die Züricher Aufführungen dieses Werkes in der Realisation von J.-P. Ponnelle und N. Harnoncourt bezeugten. J. SCHLÄDER

ORFF, Carl, * 10. 7. 1895 München, † 29. 3. 1982 ebd.; dt. Komponist. Bereits als 5jähriger erhielt O. Klavierunterricht und war imstande, selbsterfundene Geschichten musikalisch zu untermalen; seine kindlichen Kompositionsversuche zielten auf Begleitmusiken für das eigene Puppentheater. Um 1910 schrieb er mehrere Liederzyklen, von denen *Eliland* 1911 veröffentlicht wurde. Seit 1913 studierte O. an der Münchner Akademie der Tonkunst bei A. Beer-Walbrunn Komposition, doch nahm er abseits der konventionellen Ausbildung Anregungen aus dem Werk Cl. Debussys auf und schrieb ein Orchesterspiel *Tanzende Faune.* Klangspiele erschienen ihm aber bald als dekadent; als Ausweg suchte er die Lösung von absoluter Musik und strebte eine Theaterlaufbahn an, wozu er bei H. Zilcher die für einen Korrepetitor nötigen pianistischen Fähigkeiten erwarb. 1915–17 war O. Kapellmeister an den Münchener Kammerspielen, wirkte nach kurzer Verpflichtung zum Kriegsdienst 1918 am Nationaltheater Mannheim und wechselte im Herbst dieses Jahres an das Hoftheater Darmstadt. Neben seiner praktischen Tätigkeit widmete O. sich der Liedkomposition. 1919 kehrte er wieder nach München zurück und beriet erstmals junge Komponisten wie K. Marx und W. Egk. Er selbst nahm 1920 Unterricht bei H. Kaminski, doch folgte er nicht dessen spätromantischem Stil, sondern begann mit dem Studium der Partituren alter Meister und richtete u. a. den *Orfeo* von Cl. Monteverdi neu ein.

Bei der Textneugestaltung arbeitete O. mit der Malerin und Schriftstellerin Dorothee Günther zusammen, die 1924 eine Schule für Bewegungserziehung gründete. O. übernahm die Musikausbildung und stellte elementare Übungen als Grundlagen zur Improvisation zusammen, die seit 1931 als *O.-Schulwerk* veröffentlicht wurden.

Seiner Neigung zum Musiktheater widmete sich O. als Dirigent des Bachvereins mit szenischen Aufführungen der Lukaspassion aus Bachs Hs. und der Auferstehungshistorie von H. Schütz. 1937 gelangte O.s später erfolgreichstes Werk, *Carmina Burana*, zur UA; anläßlich der Generalprobe distanzierte er sich seinem Verleger gegenüber von allen bisherigen Kompositionen. 1950–60 leitete O. eine Meisterklasse für Komposition an der Staatlichen Hochschule für Musik in München. 1961 wurde am Mozarteum Salzburg eine Zentralstelle und ein Seminar für das O.-Schulwerk eröffnet und 1963 in O.-Institut umbenannt. 1963–75 erschien eine Schallplattenserie mit Beispielen aus dem Schulwerk; die Gründung des Instituts für musikalische Heil- und Sozialpädagogik am O.-Institut (1973) ist Beleg für die vielfältigen Möglichkeiten, die sich aus der Weiterentwicklung von O.s musikpädagogischem Ansatz ergeben. Für seine Verdienste um die Musikerziehung erhielt O. viele politische und künstlerische Auszeichnungen.

WW: **1) Instr.-WW:** Orch.-Spiel *Tanzende Faune* (1914) (auch für 2 Klv.); kleines Konzert (1927) (nach Lautensätzen aus dem 16. Jh.) für Cemb., Fl., Ob., Fag., Trp., Pos. u. Schlagwerk; *Entrata* (1928, Neufassung 1940) für 5chöriges Orch. u. Org. – **2) Vokal-WW:** 13 Liederzyklen (1910/11); *Zarathustra* (1911/12) für Bar., 3 Männerchöre u. Orch.; zweimal 5 Lieder u. Gesänge nach Texten v. F. Werfel (1920); Kantaten *Werkbuch I* (1930, Neufassung 1968) (nach F. Werfel) für gem. Chor, Klv. u. Schlagwerk; Chorsätze *Werkbuch II* (1930/31) (nach B. Brecht); *Catulli Carmina I/II* (1930/31) für Chor a cap.; Elegische Hymne *Die Sänger der Vorwelt* (nach F. Schiller) für 6st. gem. Chor u. Instr.; *Nänie und Dithyrambe* (1956) (nach dems.) für 4st. gem. Chor u. Instr. – **3) Bühnen-WW:** *Gisei „Das Opfer“* (1913) (nach dem japanischen *Terakoya*); „Cantiones profanae“ *Carmina Burana* (1935–36) für Sopran-, Bar.- u. Tenorsolo, Chor u. Orch.; „Ludi scaenici“ *Catulli Carmina* (1942) für Sopran- u. Tenorsolo, Chor, 4 Klv., Pk. u. Schlagwerk (10–12 Spieler); „Concerto scenico“ *Trionfo di Afrodite* (1950–51); die 3 letztgenannten Werke zusammengefaßt als: „Trittico teatrale“ *Trionfi.* UA: Mailand 1953; *Der Mond.* Ein kleines Welttheater, UA: München 1939; *Die Kluge.* Die Gesch. v. dem König u. der klugen Frau, UA: Frankfurt 1943; *Die Bernauerin.* Ein bairisches Stück, UA: Stuttgart 1947; *Antigonae* (nach Sophokles, übers. v. F. Hölderlin), UA: Salzburg 1949; *Astutuli.* Eine bairische Komödie, UA: München 1953; *Oedipus der Tyrann* (nach Sophokles, übers. v. F. Hölderlin), UA: Stuttgart 1959; Osterspiel *Comoedia de Christi Resurrectione,* UA: Fernsehfassung 1956, szenisch Stuttgart 1957; Weihnachtsspiel *Ludus de Nato Infante Mirificus,* UA: Stuttgart 1960; beide vorgenannten Stücke als *Diptychon* zus. aufführbar; *Prometheus* (nach Aischylos), UA: ebd. 1968; *De temporum fine comoedia.* Das Spiel vom Ende der Zeiten, UA: Salzburg 1973, Neufassung 1980. – Bearbeitungen nach C. Monteverdi: *Orpheus* (1923, Neufassung 1939); *Klage der Ariadne* (1925, Neufassung 1940). – **4) Lehrwerke:** *Orff-Schulwerk* (1930 ff.) (zus. mit G. Keetman u. H. Bergese), Neufassung als: *Musik für Kinder,* 5 Bde. (1950–54).

Nachdem O. kompositorische Erfahrungen in den verschiedenen von Debussy, A. Schönberg und H. Pfitzner repräsentierten Musikstilen gesammelt hatte, fand er seinen Personalstil mit der engen Verbindung von Sprache, Musik und Bewegung. Grundlage ist dabei das im *Schulwerk* zusammengestellte Material: rhythmische Übungen für Schlagwerk (auch zur Textausdeutung), Bordunklänge und Ostinati als Fundament für Melodieimprovisationen im Organalstil. Die bei Anwendung dieser Prinzipien dissonanten, doch nicht auflösungsbedürftig erscheinenden „Personanz-Klänge“ ersetzen die funktionale Harmonik. Gleich mit seinem ersten in diesem Personalstil geschriebenen Werk, *Carmina Burana,* gelang O. nach 1945 ein weltweiter Erfolg als Komponist, den er mit der Vertonung der *Geschichte von dem König und der klugen Frau* (*Die ↗Kluge;* in 18 Sprachen übertragen) bestätigen konnte. O. vertraute der Aussagekraft seiner auf Elementarem beruhenden Musik und vertonte daher auch Texte aus archaischen Sprachen (lat., griech., mhd., altfrz.), wie besonders die *Carmina Burana* bezeugen. Aus dem Dialekt seiner Heimat schuf er ein eigenes „bairisches“ Idiom; verschiedene Sprachen werden als Symbolträger (bairisch = offen, derb; griech. = lyrisch; lat. = wuchtig) häufig nebeneinandergestellt. Eine große Bedeutung O.s liegt auch auf musikpädagogischem Gebiet; das von ihm in Zusammenarbeit mit Karl Maendler entwickelte Instrumentarium (Stabspiele) wird in der Musikerziehung allgemein verwendet.

Lit.: C. O. u. sein Werk. Dokumentation, 8 Bde. (Tutzing 1975 ff.); C. O. Ein Bericht in Wort u. Bild (Mz 1955, [2]1960). – W. TWITTENHOFF, O.-Schulwerk. Einführung (Mz 1930); E. DOFLEIN, Das Musiktheater C. O.s, in: Der Musikalalmanach, hrsg. v. V. Schwarz (Mn 1948); K. LAUX, Musik u. Musiker der Gegenwart (Essen 1949); W. KELLER, Einführung in „Musik für Kinder“ (Mz 1954, [2]1963); H. J. MOSER, Musikgesch. in 100 Lebensbildern (St 1952); E. HELM, C. O., in: MQ 41 (1955); A. LIESS, C. O., Idee u. Werk (Z 1955, NA Mn 1980); S. MELCHINGER, Modernes Welttheater (Bremen 1956); I. KIEKERT, Die musikal. Form in den Werken C. O.s (Rb 1957) (= Forschungsbeitr. z. Musikgesch. 5); U. KLEMENT, Vom Wesen des Alten in den Bühnenwerken C. O.s (L 1958); W. ZILLIG, Variationen über neue Musik (Mn 1959); W. SCHADEWALDT, Hellas u. Hesperien (Z 1960); G. KEETMAN, Elementaria. Erster Umgang mit dem O.-Schulwerk (St 1970); L. WHEELER – L. RAEBECK, O. and Kodaly Adapted for the Elementary School (Dubuque 1972); W. THOMAS, De temporum fine comoedia. Eine Interpretation (Tutzing 1973); S. BÖHM – P. KEETMAN, Spiele mit dem O.-Schulwerk (St 1975); C. O. und sein Werk. Dokumentation, 3 Bde. (Tutzing 1975–76); W. THOMAS, Musica poetica. Gestalt u. Funktion des O.-Schulwerks (ebd. 1977); A. LIESS, C. O., der große Unverstandene, in ÖMZ 35 (1980). K. LANGROCK

ORFF-INSTRUMENTARIUM, von C. Orff in Zusammenarbeit mit Karl Maendler zur Verwirklichung der im *Orff-Schulwerk* (Mz 1930–35) niedergelegten musikpädagogischen Ideen und Versuche entwickelt. Es besteht aus folgenden Instrumenten: Glockenspiele, diatonisch und chromatisch (Sopran und Alt), Xylophone, diatonisch und chromatisch (Sopran, Alt, Baß), Metallophone, diatonisch und chromatisch (Sopran, Alt, Baß), Zylinderpauken, Drehpauken, Kesselpauken, Doppelfell-Handtrommel, Große Trommel, Bongos, Kleine Trommel, Rahmentrommel, Rahmen-Schellentrommeln, Triangel, hängende Becken, Cymbeln, Finger-Cymbeln, Kastagnetten, Holzbocktrommel, Holzröhrentrommel, Blockrassel, Rohrrassel, Kugelrassel, Schellenrassel, Schellenkranz, Glockenkranz, Schellenbänder.

Lit.: I. RATHMANN, Orff-Instr. u. wie man sie spielt (Z 1979).

OPERNHÄUSER DER WELT: Das Große Bolschoitheater in Moskau ist das Zentrum des russischen Musiktheaters (Foto: Michael Bamse, Wien).

OPERNHÄUSER DER WELT: Die Wiener Staatsoper wurde 1955 wiedereröffnet, alle Stars der internationalen Szene treten hier auf (Foto: Michael Bamse, Wien).

OPERNHÄUSER DER WELT: Die Metropolitan Opera in New York (oben) und das Sydney Opera House (unten). (Fotos: Michael Bamse, Wien).

ORGANISTRUM ↗Drehleier.

ORGANOLOGIE ↗Instrumentenkunde.

ORGANO PLENO (lat., = mit vollem Werk; engl.: full organ; frz.: plein jeu; it.: ripieno), **Plenum** (für Organum plenum), Registrierungsvorschrift in der Orgelmusik; im 17. und 18. Jh. für die Kombination aller ↗Prinzipale und ↗Mixturen, meist verstärkt durch Register des ↗Weitchors zu 16′, 8′ und 4′. Zungenregister traten vor allem im Pedal hinzu. Im O. wurden vor allem Praeludien und Fugen gespielt. Im 19. Jh. wurde das Plenum durch das ↗Tutti abgelöst.

ORGANUM (lat., von griech. organon = das Werkzeug) hat seit dem spätantiken und mittelalterlichen Fachschrifttum mehrere musikologische Bedeutungen: 1. Klangwerkzeug, d.h. Musikinstrument allgemein; 2. Klangwerkzeug speziell, und zwar sowohl die menschliche Stimme als auch die Orgel (oft auch im Plural: organa); 3. mittelalterliche Mehrstimmigkeit allgemein (Synonyme sind: organicum melos und cantus organicus); 4. früher mittelalterlicher mehrstimmiger Kirchengesang in Parallelbewegung (heute als das *Alte O.* bezeichnet); 5. mehrstimmige Vertonung responsorialer gregorianischer Gesänge der ↗St-Martial- und der ↗Notre-Dame-Zeit (das *Neue O.*). Das Alte und das diesem folgende Neue O. stellen „eine neue Stufe in der Geschichte der mehrstimmigen Musik" (H. H. Eggebrecht, *Ad organum faciendum*) dar. Diese gliedert sich in ihrer Frühzeit in das Alte O. vom späteren 9. bis ins 11. Jh., das frühe Neue O. vom späteren 11. bis ins 12. Jh. sowie das spätere Neue O. von etwa der Mitte des 12. Jh. an. Satzgrundlage ist im Alten und Neuen O. (im Gegensatz zum ↗Conductus) der Choral.
Das älteste Zeugnis für das Alte O. ist die ↗*Musica enchiriadis* (9. Jh.). In ihr werden ein O. in parallelen Quinten und ein O. in nicht durchgehend parallelen Quarten (beide auch als ↗Diaphonia bezeichnet) erläutert: Die Vox organalis erklingt stets unter der Vox principalis (dem Cantus) im Abstand einer Quinte bzw. Quarte, Text- und Melodiezeile entsprechen sich. Im Quarten-O. kommen beide Stimmen am Schluß, eventuell auch am Beginn einer Melodiezeile im Einklang zusammen; im Verlauf der Zeile darf die Vox organalis zur Vermeidung des Tritonus den jeweiligen ↗Hexachord-Grenzton C, G oder F nicht unterschreiten. Vgl. das obenstehende Beispiel eines Quarten-O. aus der *Musica enchiriadis* (nach Gerbert Scr. I). Im Unterschied zur *Musica enchiriadis* postuliert Guido von Arezzo in seiner Schrift *Micrologus*

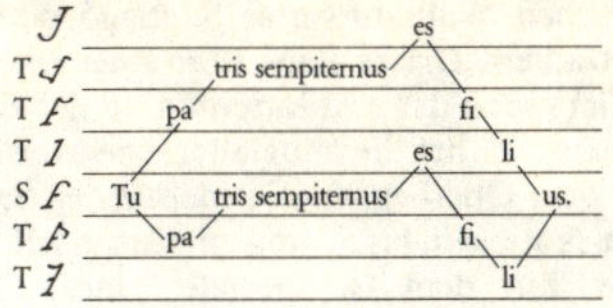

Die Übertragung in moderne Notenschrift lautet (o = Vox principalis; • = Vox organalis):

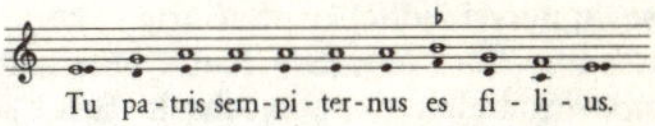

(um 1025) neben dem Quinten- nicht ein Quarten-, sondern ein Oktaven-O.; das Zusammenkommen der Stimmen am Ende einer Zeile reglementiert er durch Schlußbildungsregeln, d.h. durch die sog. Occursus-Lehre (occursus = Gegenlauf der Vox organalis). Neben den genannten theoretischen Schriften überliefert als einzige praktische Quelle der ↗Winchester-Tropar (vor 1050) mehr als 150 2st. Organa über Kyrie-, Gloria- und Introitustropen und Sequenzen sowie über Offiziums- und Meßresponsorien.
Das Neue O. aus dem Ende des 11. Jh. verwendet zunächst wie das Alte O. die Klänge Einklang, Quarte, Quinte und Oktave. Doch während im Alten O. das Zusammenklingen der beiden Stimmen eine bloße Verdoppelung einer gegebenen Stimme darstellt, erscheint im Neuen O. die zweite Stimme als eigenständige formbildende Kraft, die den Cantus im Wechsel von Einklang, Quarte, Quinte und Oktave begleitet; Gegenbewegung mit Stimmkreuzung ist daher erlaubt. Der Kompositionsverlauf ist wiederum abhängig von der Textgliederung, die Ausführung ist solistisch. Die früheste Quelle ist der anonyme O.-Traktat der Hs. Mailand (Bibl. Ambr., M. 17. sup.), aus dem das folgende Beispiel stammt (in der Übertragung o = Vox principalis, • = Vox organalis):

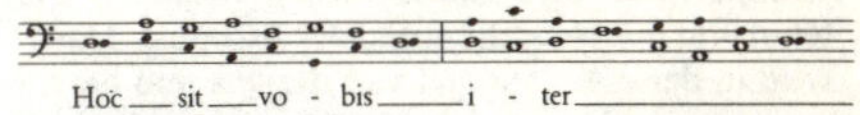

(übertragen nach fol. 56v, in Faks. hrsg. von Eggebrecht - Zaminer, Anhang; s. u. Lit.)

Bereits hier liegt die Vox organalis teilweise über der Vox principalis, d.h. in der Oberstimme. Endgültig als Oberstimme über der Vox principalis steht sie in den Hss. aus dem späten 11. bis zum frühen 13. Jh.: Von diesen überliefern einige 94 2st. O.-Sätze, vor allem Benedicamus Domino-Tropen, die vorwiegend im Kloster St-Martial zu Limoges gepflegt wurden, während der sog. Calixtinus-Kodex, der um 1170 kompiliert wurde, 20 Organa des spanischen Wallfahrtsortes Santiago de Compostela tradiert. Dieses Repertoire zeigt einen häufigen Gebrauch der ↗Kolorierung. In der Folge unterscheidet daher die mittelalterliche Musiktheorie unter dem Oberbegriff O. generale den Satz Note gegen Note syllabisch und melismatisch als Discantus von dem O. speciale, einem Satz mit rhythmisch offenbar freien Melismen der Oberüber jeweils gedehnter Note der Unterstimme. Diese unterschiedlichen Satzarten können als ↗Discantus- und organale Partie innerhalb einer Komposition einander abwechseln. Seit der Mitte des 12. Jh. wird das O. vor allem an Notre-Dame in Paris gepflegt und weiterentwickelt. Bedeutendster Komponist ist zunächst Leoninus, dem der Musiktheoretiker Anonymus IV (nach 1279) den *Magnus liber organi de gradali et antiphonario* zuweist, eine Sammlung 2st. Organa. Theoretische Zeugnisse der organalen Kunst dieser Zeit sind neben Anonymus IV der O.-Traktat der Vatikanischen Bibliothek zu Rom (Anfang des 13. Jh.) und die *De musica mensurabili positio* des Johannes de Garlandia (um 1240). Das O. ist noch auf die Zweistimmigkeit beschränkt (O. duplum, in duplo, purum, per se), die Discantus-Partien werden rhythmisch-modal gemessen (↗Modus). In der nachfolgenden Generation wird das O. von der Zwei- zur Drei- und Vierstimmigkeit (Organa tripla und quadrupla) erweitert. Diese Organa stellen den wichtigsten Schritt der Musikgeschichte in der Entwicklung zur europäischen Mehrstimmigkeit dar. Eine wesentliche Voraussetzung für diesen Schritt war die Ausbildung des modalen Rhythmus und der Modalnotation. Bedeutendster Komponist dieser Zeit ist Perotinus, dem der Theoretiker Anonymus IV u.a. das 4st. O. *Viderunt omnes* zuweist (↗Harmonik, 1. Bsp.). Perotinus wird auch die Umarbeitung und die Erweiterung des *Magnus liber* zugeschrieben, d.h. u.a. das Hinzukomponieren von 3- und 4st. Organa, die Komposition von Ersatzklauseln (↗Klausel; ↗Motette) und die Neuschöpfung der ↗Copula. Das O. wird in der ↗Ars antiqua von der aus ihm hervorgegangenen Motette abgelöst und verschwindet gegen Ende des 13. Jh. allmählich. Das dem frühen Parallel-O. zugrunde liegende Kompositionsprinzip findet sich vereinzelt freilich noch sehr viel später, so etwa in den Turbasätzen der frühesten mehrstimmigen ↗Passion (15. Jh., Füssener Traktat). Man spricht hier gelegentlich von „spätorganaler" Satzweise.

Lit. sowie Ausg. von Organa u. O.-Traktaten: J. HANDSCHIN, Choralbearbeitungen u. Kompositionen mit rhythmischem Text in der mehrst. Musik des XIII. Jh. (Diss. Bas 1921); DERS., Über die mehrst. Musik der St-Martial-Epoche sowie die Zusammenhänge zw. Notre Dame u. St-Martial u. die Zusammenhänge zw. einem dritten Stil u. Notre Dame und St-Martial (Habil.-Schrift Bas 1924); P. WAGNER, Zu den liturg. Organa, in: AfMw 6 (1924); J. HANDSCHIN, Z. Gesch. der Lehre vom O., in: ZfMw 8 (1925/26); DERS., Der O.-Traktat von Montpellier, in: FS G. Adler (W – L 1930, Nachdr. 1971); R. VON FICKER, Der Organumtraktat der Vatikanischen Bibl. (Ottob. 3025), in: KmJb 27 (1932); H. HUSMANN, Die dreist. Organa der Notre-Dame-Schule, mit besonderer Berücksichtigung der Hss. Wolfenbüttel u. Montpellier (L 1935); DERS., Die drei- u. vierst. Notre-Dame-Organa (1940) (= PäM 11); W. APEL, From St. Martial to Notre-Dame, in: JAMS 2 (1949); H. TISCHLER, New Historical Aspects of the Parisian Organa, in: Speculum 25 (1950); F. SPREITZER, Stud. zum Formaufbau der dreist. Organumkompositionen des sog. Notre Dame-Repertoires (Diss. Fr 1951); F. ZAMINER, Der Vatikanische O.-Traktat (Ottob. lat. 3025) (Tutzing 1959) (= Münchner Veröff. z. Musikgesch. 2); H. ANGLÈS, Die Mehrstimmigkeit des Calixtinus von Compostela u. seine Rhythmik, in: FS H. Besseler (L 1961); F. RECKOW, Der Musiktraktat des Anonymus 4 (Wie 1967) (= Beih.e zum AfMw 4); A. HOLSCHNEIDER, Die Organa v. Winchester. Stud. zum ältesten Repertoire polyphoner Musik (Hil 1968); S. FULLER, Aquitanian Polyphony of the Eleventh and Twelfth Centuries (1969) (= Diss. Univ. of California); H. H. EGGEBRECHT – F. ZAMINER, Ad organum faciendum. Lehrschriften der Mehrstimmigkeit in nachguidonischer Zeit (Mz 1970) (= Neue Stud. z. Musikwiss. 3); R. ERICKSON, Rhythmic Problems and Melodic Structure in O. Purum. A Computer-Assisted Study (1970) (= Diss. Yale Univ.); F. RECKOW, O., in: HMT (1971); DERS., Das O., in: Gedenkschrift L. Schrade (Be – Mn 1973); K. LEVY, A Dominican O. Duplum, in: JAMS 27 (1974); F. RECKOW, O.-Begriff u. frühe Mehrstimmigkeit, in: Forum musicologicum. Basler Stud. z. Musikgesch. 1 (1975); E. L. WAELTNER, Die Lehre vom O. bis zur Mitte des 11. Jh. I (Tutzing 1975) (= Münchner Veröff. zur Musikgesch. 13); H. TISCHLER, The Structure of Notre-Dame Organa, in: AMl 49 (1977); B. BARCLAY, Organa Letitie, in: MD 32 (1978); F. RECKOW – R. FLOTZINGER, O., in: Grove[6] XIII; E. H. SANDERS, Consonance and Rhythm in the O. of the 12th and 13th Centuries, in: JAMS 33 (1980); S. FULLER, Theoretical Foundations of Early O. Theory, in: AMl 53 (1981).

B. R. SUCHLA

ORGEL (von griech. organon = Werkzeug; engl.: organ; frz.: orgue; it. und span.: organo), gemäß der instrumentenkundlichen Systematik ein ↗Aerophon, dessen Klangerzeuger ausschließlich oder zum weit überwiegenden Teil aus Pfeifen bestehen, die durch Bälge mit Wind versorgt und mittels Klaviatur angespielt werden. Diese Definition schließt auch die Unterbegriffe ↗Positiv, ↗Portativ und ↗Regal ein. Andere Instrumente, die dieser Definition nur teilweise entsprechen, führen die Bezeichnung O. mit einem Zusatz, so die Mundorgel, das Claviorganum (eine Kombination von O. und Cembalo), die ↗Drehorgel, in einigen Sprachen auch das ↗Harmonium (frz.: orgue expressif; engl.: reed organ). Umstritten ist, ob auch Instrumente, die keine Pfeifen aufweisen, die Bz. O. zu Recht führen (↗elektronische O.).

Bau und Funktion. *1. Windanlage.* Der zur Tonbildung, bei manchen Systemen auch zur Übertragung der Spielbewegung, erforderliche Wind wird durch die Komprimierung von Luft in einem oder mehreren Bälgen (↗Balg) erzeugt. Die dazu benö-

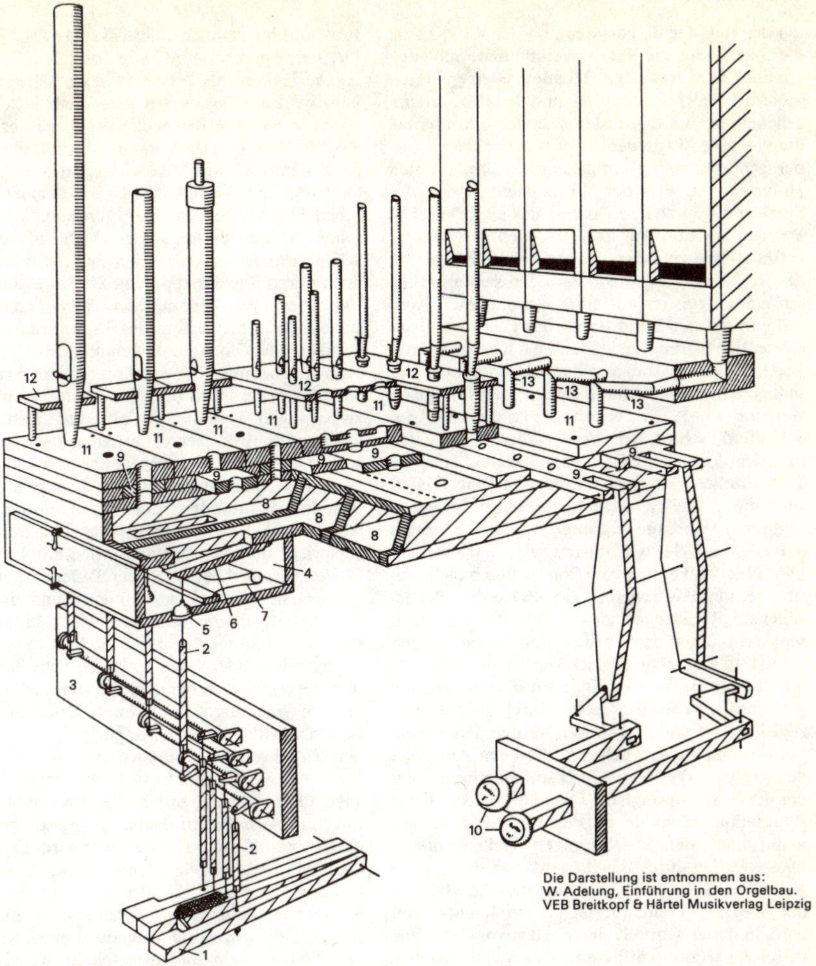

Schleiflade mit mechanischer Traktur:

1 Taste, 2 Abstrakte, 3 Wellenbrett, 4 Windkasten, 5 Pulpete, 6 Tonventil, 7 Ventilfeder, 8 Tonkanzelle, 9 Schleifen, 10 Registerzüge, 11 Pfeifenstöcke, 12 Pfeifenbänke, 13 Kondukten

tigte Kraft lieferte bis um 1900 (durch Treten) der ↗Kalkant, danach immer mehr und heute ausschließlich ein elektrisch betriebenes Gebläse. Von den Bälgen, die sich meist außerhalb der O. befinden, wird der Wind durch hölzerne Kanäle zu den Windladen geleitet. Auf diesem Wege sind gegebenenfalls auch die ↗Tremulanten angebracht.

2. Windladen. Die Kanäle leiten den Wind in die Laden, rechteckige flache Kästen aus Holz, auf denen die Pfeifen stehen und in denen sich die Vorrichtungen befinden, durch die der Spieler die gewünschten Pfeifen erklingen lassen kann. Da ihm die verschiedenen Töne jeweils in verschiedenen Registern zur Verfügung stehen, enthält jede Windlade zwei voneinander unabhängige Systeme der Windsteuerung: die von den Tasten bedienten Spielventile und die mit den Registerzügen verbundenen Einrichtungen zum Ein- und Ausschalten der Register. Je nachdem, ob der Wind zuerst die Spiel- oder die Registerventile bzw. Schleifen passiert, wird zwischen 2 Ladensystemen unterschieden, den Tonkanzellen- und den Registerkanzellenladen. Bei den ersteren stehen alle Pfeifen, die von einer Taste bedient werden sollen, auf einer gemeinsamen Kanzelle, einem abgetrennten Hohlraum, in den der Wind nach Öffnen des Spielventils durch den Tastendruck einströmt. Die Vorrichtung zum An- und Abstellen der Register befindet sich zwischen Kanzelle und Pfeife. Bei der Registerkanzellenlade befinden sich alle Pfeifen eines Registers auf einer gemeinsamen Kanzelle, in die der Wind durch das geöffnete Registerventil einströmt. Jede Pfeife hat hier ihr eigenes Spielventil. Die Tonkanzellenlade wird fast ausschließlich als Schleiflade gebaut, die Springlade war im 17.–19. Jh. vereinzelt üblich. Bei der Schleiflade strömt der Wind in den Windkasten und von dort nach Öffnen des Spielventils in die Tonkanzelle. Zwischen dieser und den Pfeifen sind die Schleifen angebracht, über die ganze Länge der Windlade reichende bewegliche Leisten mit ebenso vielen Öffnungen wie Tonkanzellen. Die Schleifen können vom Spieler durch die Registerzüge in 2 Positionen eingestellt werden. Bei gezogenem Register stehen die Schleifenöffnungen senkrecht unter den Pfeifen und geben so den Wind frei. Bei der Springlade werden die Schleifen durch einzelne Ventile für jeden Ton ersetzt, die gemeinsam für je ein Register durch die Registerzüge geöffnet und geschlossen werden. Diese Ventile sind auf Federn gelagert, die beim Abstoßen des Registers die Ventile hochspringen lassen, daher der Name Springlade. Die häufigste Form der Registerkanzellenlade ist die Kegellade, so genannt nach den kegelförmigen Pfeifenventilen. Diese werden durch den Tastendruck für alle Register einer Lade gemeinsam angehoben, wodurch der Weg zur Pfeife für diejenigen Register frei wird, in deren Kanzelle der Wind zuvor durch das vom Registerzug geöffnete Registerventil eingelassen wurde. Anstelle der Kegel können bei diesem Ladentyp als Spielventile auch aufblasbare Elemente wie Bälgchen, Taschen oder Membranen treten. In diese wird durch die Tastenbewegung Spielwind eingeleitet und so das Öffnen bzw. Schließen der Ventile bewirkt. Bei der Tonkanzellenlade wird die klangliche Verschmelzung der Einzelregister begünstigt, bei der Registerkanzelle dagegen die Verschmelzung der jeweils zusammen erklingenden Töne.

In der Regel ist jeder der Klaviaturen (Manuale und Pedale) einer O. eine Windlade zugeordnet, doch können auch die Laden ein und derselben Klaviatur bis zu 4fach unterteilt sein oder 2 Klaviaturen eine gemeinsame Lade anspielen.

3. Die Traktur. Als Traktur (von lat. trahere = ziehen) wird die Gesamtheit jener Teile bezeichnet, durch welche die Bewegung der Tasten bzw. der Registerzüge in den Vorgang des Öffnens oder Schließens der Spiel- bzw. Registerventile oder Schleifen umgesetzt wird. Es ist demnach zwischen Spieltraktur und Registertraktur zu unterscheiden. Die Übertragung geschieht auf mechanischem, pneumatischem oder elektrischem Wege, auch durch Kombination von zwei oder aller drei Verfahren. Bei der mechanischen Traktur geschieht die Übertragung des Tastendrucks durch vertikal oder horizontal verlaufende Abstrakten (von lat. abstrahere = wegführen), dünne Holzleisten, die an der Ober- oder Unterseite des ein- oder zweiarmigen Tastenhebels ansetzen. Den Übergang von horizontaler zu vertikaler Bewegung besorgen Winkel. Meist muß die Bewegung mit Hilfe eines sog. Wellenbretts auch zur Seite geführt werden, da die Anordnung der Pfeifen auf der Windlade nur selten der chromatischen Tastenordnung entspricht und der Abstand der Kanzellen bzw. Pfeifen meist größer ist als der Tastenabstand. Bei der mechanischen Registertraktur sind die vom Spieler vertikal oder horizontal in 2 Positionen verstellbaren Registerzüge durch ein System von Wellen aus Holz oder Metall mit den Schleifen bzw. Registerventilen verbunden. Bei den nichtmechanischen Trakturen übernimmt Druckluft bzw. Elektrizität die Kraftübertragung. Dadurch wird der Tastendruck gegenüber der mechanischen Traktur erleichtert, und es können Vorrichtungen angebracht werden, durch die das unmittelbare Ein- und Ausschalten mehrerer Register zugleich durch einen Handgriff ermöglicht wird. Zu diesen Spielhilfen gehören vor allem die festen und freien Kombinationen, ein für allemal fixierte oder vom Spieler nach Belieben zusammengestellte Registergruppen, die durch die Bedienung eines Knopfes oder Fußtrittes ein- und ausgeschaltet werden können. Spiel- und Registertraktur können unabhängig voneinander nach verschiedenen Systemen arbeiten, meist als mechanische Spiel- und elektrische Registertraktur.

4. Die Spielanlage. Die Klaviaturen sind bei mechanischer Spieltraktur zur Vermeidung langer Trakturwege entweder schrankförmig in das O.-Gehäuse eingebaut (Spielschrank) oder in einem angebauten oder freistehenden Spieltisch untergebracht. Bei der elektrischen Traktur kann der Spieltisch auch fahrbar sein. Eine O. mit nur einem Manual heißt ↗Positiv; der Regelfall ist heute die zwei- oder dreimanualige O.; große Kirchen- und

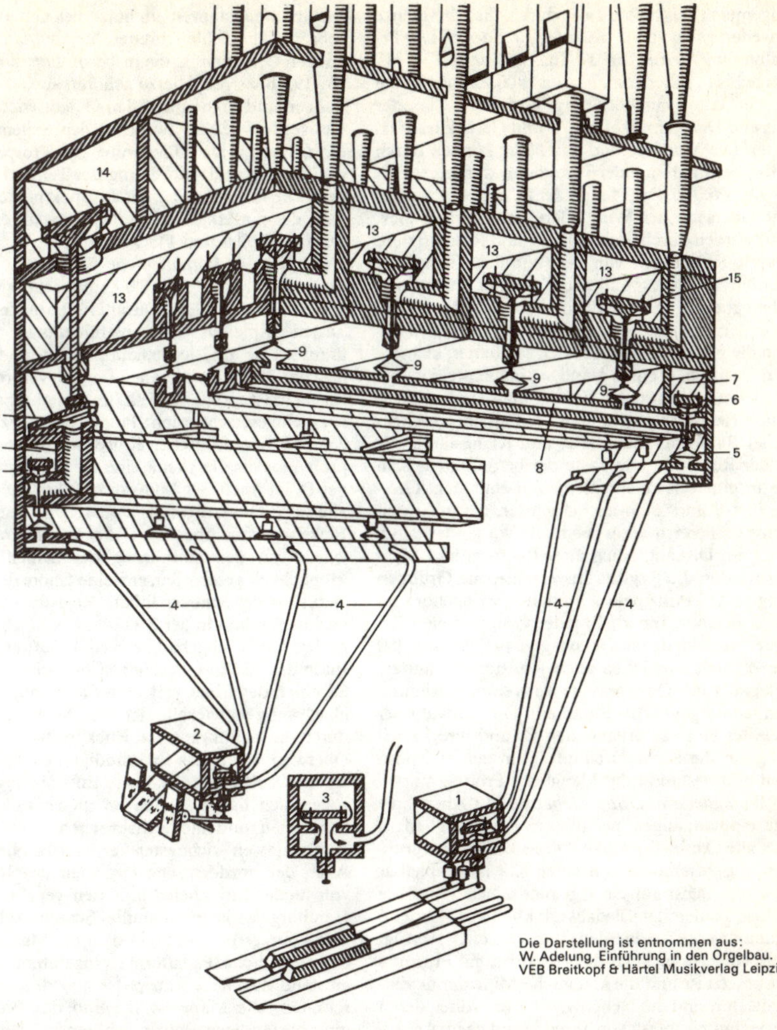

Kegellade mit pneumatischer Traktur:

1 Tastenventilkasten (Ausgangspunkt des Spielwinds), 2 Registerventilkasten (im Spieltisch), 3 Schnitt durch 1 und 2, 4 Kondukten, 5 Relais mit Arbeitsbälgchen, 6 Tonventil im Relais, 7 Windkanal im Relais, 8 Bälgchenleiste, 9 Bälgchen auf Bälgchenleiste, 10 Ventilrelais, 11 Registerbälgchen, 12 Registerventil (geöffnet), 13 Registerkanzelle, 14 Windkasten (Ausgangspunkt des Pfeifenwinds), 15 Pfeifenventil (geöffnet)

Konzert-O.n verfügen über 4 oder 5, vereinzelt sogar 6 Manuale (z. B. in Philadelphia/Pa., Wanamaker Store: 6 Man., 400 Reg.). Das Pedal ist bei Positiven und kleinen O.n oft „angehängt", d. h., es verfügt über keine eigenen Pfeifen, sondern zieht die Tasten des Manuals mit. Der Umfang der Manuale wechselte im Lauf der Zeit. Bis zum 16. Jh. umfaßte er meist die Töne F – a², ab 1600 setzt sich allgemein C als tiefste Taste durch, die Obergrenze erweiterte sich von c^3 bis auf g^3, a^3 oder c^4. Der Pedalumfang betrug im 18. Jh. höchstens C – d^1, heute bis f^1, seltener g^1. Bis um 1800 war häufig die große Oktave unvollständig, es fehlten Cis oder Cis und Dis oder Cis, Dis, Fis und Gis (↗kurze Oktave). Die Manuale und das Pedal können durch ↗Koppeln miteinander verbunden werden.

5. Die Pfeifen. Die Pfeifen der O. stehen meist auf der Oberseite der Windladen, dem Pfeifenstock, und werden durch Pfeifenbänke und Raster fixiert. Durch Kondukten von der Windlade abgeführt werden aus Platzgründen oft größere Pfeifen, vor allem aber die Pfeifen, die im Prospekt, der Schauseite der O., sichtbar sind. Die ↗Labialpfeifen bilden die große Mehrzahl der Orgelpfeifen; kleinere O.n besitzen oft gar keine ↗Lingualpfeifen, bei mittleren und größeren beträgt ihr Anteil 10–20%. Unter Register versteht man Pfeifenreihen einheitlicher Bauform, Klangfarbe und Klangstärke, die in der Regel für jede Taste der betreffenden Klaviatur eine oder mehrere Pfeifen enthalten. Gelegentlich finden sich auch Register, die nur in einem Teilbereich eines Manuals vorhanden sind, meist im Diskant. Nach ihrer Bauform und Mensur werden die Register in verschiedene Gruppen eingeteilt: ↗Prinzipale, ↗Weitchor, ↗Engchor und ↗Zungenchor. Innerhalb jeder Gruppe treten Register verschiedener Oktavlagen (↗Fuß) auf, bei den Labialen daneben auch Register, die andere Intervalle der Obertonreihe aufweisen (↗Aliquotstimmen, ↗gemischte Stimmen). Die Auswahl der Register einer zu erbauenden O. und ihre Verteilung auf die Klaviaturen erfolgt in der ↗Disposition und bestimmt das klangliche Profil.

6. Werkgliederung und Gehäuse. Mit Ausnahme der einmanualigen pedallosen Positive gliedern sich alle O.n in Teilwerke. Dies sind Registergruppen, die zusammen von einer Klaviatur spielbar sind und meist auf einer gemeinsamen Windlade stehen. Neben dem Pedalwerk können 1–5 oder 6 Manualwerke vorhanden sein. Jede O. verfügt über ein ↗Hauptwerk, das vor allem mit Prinzipalen besetzt ist und die klangliche Mitte der O. darstellt. Ihm sind die Nebenwerke zugeordnet, deren Bezeichnung meist von ihrer räumlichen Anordnung abgeleitet ist: Oberwerk, ↗Rückpositiv, ↗Kronwerk, ↗Brustwerk, auch Unter-, Hinter- oder Seitenwerk. Das ↗Schwellwerk steht in einem allseits geschlossenen Holzkasten, der mit Jalousien versehen ist, die vom Spieler durch ein Pedal geöffnet oder geschlossen werden können. Auch die anderen Teilwerke sind meist in Gehäusekästen untergebracht, an deren offener Vorderseite die Prospektpfeifen stehen. Über den Prospektpfeifen ist meist ein hölzernes Gitterwerk angebracht, die Schleierbretter. Sie sind ein Teil der reichen Ornamentik, die insbesondere die O.n des 15.–19. Jh. zeigen. Hierzu gehören auch die Bekrönungen und Figuren auf den Gehäusedecken und das vertikale Schnitzwerk an den Seitenwänden, die „Ohren". Die Gliederung des Prospekts läßt oft die Zahl und Anordnung der Teilwerke erkennen. Die Gruppierung der Prospektpfeifen innerhalb der einzelnen Teilwerksprospekte erfolgt in Türmen, Spitz- und Flachfeldern.

Geschichte. *1. Vorchristliche Zeit und Mittelalter.* Vorformen der O. sind die chinesische ↗Mundorgel und die ↗Panflöte. Die älteste Form des mittels Tasten gespielten Pfeifeninstruments ist die ↗Hydraulis. Das in Griechenland, im ost- und weströmischen Reich im profanen Bereich verbreitete Instrument ist zuerst im 8. Jh. in Westeuropa in Kirchen eingesetzt worden; Pippin der Kurze erhielt 757 vom byzantinischen Kaiser Konstantin V. Kopronymos als Geschenk eine O., 824 wird von einer O. im Aachener Münster berichtet. Die mittelalterliche O. verfügte bis zum 15. Jh. anstelle von Einzelregistern über ein ↗Blockwerk. Im 15. Jh. wurde mit der Einführung der Schleiflade die Möglichkeit geschaffen, einzelne Chöre des Blockwerks als getrennt schaltbare Register anzulegen, nachdem schon in der 2. Hälfte des 14. Jh. das zunächst noch angehängte Pedal auftrat. Gegen Ende des 15. Jh. traten neben die prinzipalischen Stimmen des Blockwerks die Flöten und Zungen, gleichzeitig entwickelte sich die „Mehrwerkigkeit" durch die Einführung von Rückpositiv, Brust- und Oberwerk sowie das selbständige Pedal.

2. 16.–18. Jahrhundert. Diese Entwicklungen vollzogen sich hauptsächlich im niederländisch-brabantischen und niederrheinischen Orgelbau des 16. Jh., dessen wichtigster Vertreter H. Niehoff ist. Auch der norddeutsche Orgelbau des 16. Jh. ist von niederländischen Einflüssen geprägt. Die in Hamburg wirkende Familie Scherer schuf den „Hamburger Prospekt", in dem die Manualwerke durch seitliche Pedaltürme eingerahmt sind. So entstand das Werkprinzip der norddeutschen Barock-O.: Alle Manualwerke und das Pedal sind mit vollständigen Prinzipalchören auf jeweils unterschiedlicher Prinzipalbasis sowie mit Weitchor und Zungenstimmen besetzt. Diese Werkgliederung wird sichtbar in der Struktur des Prospekts. Niederländische Einflüsse sind im 16. Jh. auch in anderen europäischen Ländern wirksam geworden und haben sich mit nationalen Besonderheiten bis zum frühen 17. Jh. zu einer Vielfalt charakteristischer „Orgellandschaften" entwickelt, die durch unterschiedliche architektonische, aufführungs-

praktische und liturgische Voraussetzungen geprägt wurden.
Die *norddeutsche* Barock-O. wird in ihrem Höhepunkt repräsentiert in den Instrumenten A. Schnitgers und seiner Schule in den Hauptkirchen der hanseatischen Küstenstädte. Hier ist das Werkprinzip voll entwickelt: Das Hauptwerk stellt mit einem reich ausgebauten Prinzipalchor von 16′ bis zum Scharff das klangliche Zentrum dar, ihm steht gegenüber das Rückpositiv mit höher liegenden Prinzipalen, Soloaliquoten und -zungen. Das Brustwerk ist mit hochliegenden Prinzipalen und Zimbeln sowie kurzbecherigen Zungen besetzt, das Pedal ist mit voll ausgebautem Prinzipal-, Weit- und Zungenchor völlig selbständig und enthält besonders auch solche Register, die sich zum C.f.-Spiel in allen Lagen eignen.
Der *mitteldeutsche* Orgelbau des Barock geht nicht von diesem Prinzip der Reihung gleichberechtigter Teilwerke aus, sondern von einer reich besetzten einmanualigen O., der bei größeren Dimensionen ein Pedal mit 16′-, 8′- und 4′-Registern sowie dynamisch abgestufte Nebenwerke zuwachsen, wobei das Rückpositiv bald vom Oberwerk abgelöst wird. Der bedeutendste mitteldeutsche Orgelbauer des 18. Jh. ist G. Silbermann, der aus seiner Lehrzeit in der Straßburger Werkstatt seines Bruders Andreas französische Anregungen mitbrachte, im Bestand der Register vor allem das ↗Kornett. Die mittleren und späten Kompositionen J. S. Bachs für O. sind von den O.n Silbermanns und seines Schülers Z. Hildebrand beeinflußt.
Die *süddeutsche* Barock-O. konzentriert sich auf den Prinzipalklang, demgegenüber der Weitchor und vor allem die Zungen stark zurücktreten; nach 1700 werden hier besonders die streichenden Register kultiviert. Der Orgelbau West- und Südwestdeutschlands ist deutlich von der *französischen* Barock-O. beeinflußt, die zwischen 1650 und 1750 vor allem im Schaffen der Familien Clicquot und Thierry eine gewisse Standardisierung erfährt: Hauptwerk und Rückpositiv sind mit einem vollständigen Prinzipalplenum auf 16′- und 8′- bzw. 8′- und 4′-Basis versehen, daneben mit vollständigem Weitchor vom 16′ bzw. 8′ bis zum Kornett. Das Hauptwerk weist an Zungen Trompeten 8′ und 4′, das Rückpositiv Krummhorn 8′ auf. Zu diesen voll ausgebauten Manualwerken treten die Solowerke Récit und Echo, beide nur ab c^1 mit Solokornett und -zunge besetzt. Das Pedal kennt nur Labiale und Zungen zu 8′ und 4′.
Die *italienische* O. des Barock ist in der Regel einmanualig und vom Ripieno der einzeln registrierbaren Prinzipalreihen vom 16′ bis zum ½′ bestimmt, Weitchor und Zungen sind selten vertreten, das Pedal hat nur eine Oktave Umfang.
Die *englische* O. kennt das Pedal vor 1800 gar nicht und besteht meist aus Hauptwerk und Rückpositiv, im frühen 18. Jh. tritt ein kleines Diskantschwellwerk hinzu, das wahrscheinlich auf spanische Einflüsse zurückgeht.
Die *spanische* Barock-O. ist vor allem durch ihren Zungenreichtum geprägt. Sie steht meist auf den seitlichen Chorschranken und zeigt zwei Prospekte mit den charakteristischen horizontalen sog. Spanischen Trompeten.
3. 19. und frühes 20. Jahrhundert. In der 2. Hälfte des 18. Jh. trat die O. in den Hintergrund, die Entwicklung des Orgelbaus stagnierte. Versuche, die O. der Expressivität von Orchester u. Klavier anzupassen, scheiterten zunächst (G. J. Vogler). Erst im 2. Drittel des 19. Jh. traten Orgelbauer auf, die ihre Instrumente der Entwicklung der Orchester- und Klaviermusik entsprechend technisch vervollkommneten. Dies ermöglichte größere dynamische Flexibilität durch Schwellwerke und Erleichterung des Registerwechsels, größere klangliche Differenzierung durch Charakterstimmen, die sich an den Klangfarben des Orchesters orientieren, eine stabile Windversorgung und eine leichte Spielart für eine vollgriffige, virtuose Technik. In diesem Sinne führte ab etwa 1840 A. Cavaillé-Coll den ↗Barkerhebel zur Erleichterung des Spiels, das große Schwellwerk, orchestrale Zungen und überblasende Flöten sowie ein differenziertes Windsystem ein und schuf damit die Voraussetzungen für den oft als symphonisch bezeichneten Orgelstil C. Francks und seiner Nachfolger. Etwa gleichzeitig entwickelte in Deutschland E. F. Walcker die Kegellade, wodurch rasche Registerwechsel möglich wurden. Die bedeutendsten deutschen Orgelbauer der 2. Hälfte des 19. Jh. waren F. Ladegast und W. Sauer, die durch ihre Instrumente Kompositionen Fr. Liszts und M. Regers beeinflußt haben. Seit etwa 1890 wurde die Entwicklung der O. ganz von der Einführung der Pneumatik und Elektrizität bestimmt, wodurch sich neue Möglichkeiten der Anordnung und Aufstellung der O., einzelner Teilwerke und des Spieltisches ergaben. Die Erfindungen neuer Laden- und Traktursysteme überstürzten sich, die industrielle Fertigung trat an die Stelle des Kunsthandwerks, das Interesse vieler Orgelbauer und Organisten konzentrierte sich auf die neugewonnenen technischen Möglichkeiten, wobei die klanglichen Qualitäten oft vernachlässigt wurden oder sich in dynamischen Extremen und Effekthaschereien erschöpften, wie sie besonders charakteristisch für die Kino-O. der 20er Jahre des 20. Jh. waren. Eine

erste Gegenbewegung wurde nach 1900 durch E. Rupp und A. Schweitzer angeregt und schlug sich im „Wiener Regulativ“ von 1909 nieder, das eine Synthese des spätromantisch-orchestralen und barocken Klangstils anstrebte. Im Sinne dieser „elsässischen Orgelreform“ entstanden vor dem 1. Weltkrieg die Groß-O.n der Firmen Walcker und Sauer, die das Spätwerk Regers und die Kompositionen von S. Karg-Elert u. a. angeregt haben.

4. 20. Jahrhundert. 1921 baute O. Walcker auf Anregung W. Gurlitts im Musikwissenschaftlichen Institut der Universität Freiburg i. Br. eine O. nach den Angaben von M. Praetorius (*Syntagma musicum* III, 1619), die als „Praetorius-O.“ berühmt wurde. 1925 fand in Hamburg und Lübeck eine Organistentagung statt, in deren Mittelpunkt die Schnitger-O. der Hamburger Jakobikirche und die kleine O. der Lübecker Jakobikirche standen. Damit setzte die deutsche ↗Orgelbewegung ein, die einen Stilwandel des Orgelbaus und -spiels in Anlehnung an den norddeutschen Barock anstrebte. Diese Neuorientierung vollzog sich zunächst vor allem in der Disposition und im klanglichen Bereich, während die technischen Grundlagen der Jahrhundertwende beibehalten wurden und nur zögernd der Wiederaufnahme auch der handwerklichen Prinzipien Platz machten, die sich erst seit etwa 1950 endgültig mit der Rückkehr zur mechanischen Schleiflade durchsetzten. Die Orgelbewegung hat damit für den Orgelbau weit über Deutschland hinaus wichtige Erkenntnisse wiederbelebt, die ihre Bedeutung unabhängig von gewissen dogmatischen Einengungen behalten, wie sie die pauschale Abwertung der Orgelkunst des 19. Jh. und die Verabsolutierung einiger Stilprinzipien der Schnitger-Schule und deren Übertragung auch auf die Grundsätze der Restaurierung historischer Instrumente anderer Provenienz bedeuten; Fehlentwicklungen, die seit etwa 1960 überwunden wurden. Im zeitgenössischen Orgelbau lassen sich mehrere Richtungen beobachten: Eine Schule betrachtet die O. als historisches Instrument und orientiert sich auch bei Neubauten konsequent an einem bestimmten historischen Baustil (Ahrend, Flentrop, Kern, Metzler); andere Orgelbauer sehen zeitgemäßen Orgelstil in der Synthese verschiedenster Stilmerkmale unter Einbeziehung moderner Technologien, wobei sich in den letzten Jahren zunehmend neoromantische Tendenzen bemerkbar machen (Klais, Marcussen, Rieger). Neben diesen Schulen des historischen Purismus und Eklektizismus haben sich Versuche zur Gewinnung eines eigenständigen Orgelbaustils des 20. Jh. auf Ansätze beschränkt, die sich angesichts des musikalischen Stilpluralismus eng an die ästhetischen Positionen einzelner Organisten und Komponisten anlehnen (H. Bornefeld, E. K. Rößler, P. Bares). H. J. BUSCH

Musik für Orgel. Während sich aus ikonographischen, musiktheoretischen und literarischen Zeugnissen seit der Antike und dem frühen Mittelalter auf eine weite Verbreitung der O. schließen läßt, ergeben sich bei dem Versuch, das eigentlich für sie bestimmte Repertoire gegenüber dem anderer Tasteninstrumente abzugrenzen, erhebliche Schwierigkeiten – bezeichnet doch noch bis ins 18. Jh. hinein „Ars organica“ Instrumentalmusik schlechthin (↗Cembalo, ↗Clavichord). Vor diesem Zeitpunkt gibt es im wesentlichen zwei Indizien für die ausschließliche oder überwiegende Verwendung der O.: zum einen die liturgische Funktion der aufgezeichneten Musik, die den Gebrauch anderer Tasteninstrumente ausschloß, zum anderen Vorschriften über den Einsatz des ansonsten weitgehend ungebräuchlichen Pedals. Das zweifellos umfangreiche weltliche Repertoire für O., mit dem z. B. der auch als Organist gefeierte Fr. Landino im 14. Jh. hervortrat, dürfte in erster Linie aus intavolierter Vokalmusik und aus Improvisationen bestanden haben; Umfang und Zusammensetzung lassen sich nicht mit Sicherheit ermitteln.

15.–16. Jahrhundert. Nach den genannte Kriterien eindeutig der O. zuzuordnende Musik findet sich erstmals in deutschen Quellen des 15. Jh.: in der Praeludien und Liedbearbeitungen enthaltenden Tabulatur A. Ileborghs (1448) und im ↗Buxheimer Orgelbuch (zw. 1450 und 1470), das vor allem in den aufgezeichneten Anleitungen (↗Fundamentum), die den Einfluß C. Paumanns erkennen lassen, einen hohen Entwicklungsstand des mehrstimmigen Orgelsatzes zeigt, der mit wesentlichen Neuerungen im Orgelbau des 15. Jh. korrespondiert (etwa mit der Ablösung des Blockwerks durch die Registerorgel, s. o.). In den 1512 in Mainz erschienenen *Tabulaturen etlicher lobgesang vun lidlein uff die orgeln vnd lauten* A. Schlicks treten erstmalig kontrapunktische Techniken in den Vordergrund des musikalischen Geschehens. – Parallel zur deutschen Entwicklung, für die weitere Tabulaturen stehen (u. a. von Fr. Sicher, H. und L. Kotter, H. Bucher), zeichnet sich auch in anderen europäischen Ländern im 16. Jh. ein rascher Aufschwung einer speziellen Musik für O. ab, der in engem Zusammenhang mit der Differenzierung nationaler Orgelbaustile zu sehen ist. Als besonders bedeutsam erweist sich die Musik für O. dieses Zeitraums in Italien, als deren wichtigste Vertreter M. A. und G. Cavazzoni, Cl. Merulo, A. Banchieri sowie A. und G. Gabrieli zu nennen sind. In den zum großen Teil im Druck überlieferten Werken dieser Komponisten kristallisieren sich musikalische Gattungen heraus, die bis ins 18. Jh. hinein die Musik für Tasteninstrumente bestimmen: Toccata, Ricercare, Fantasia und Canzona, wobei auch hier vielfach die Zuweisung an die O. nicht eindeutig vorgenommen werden kann, sieht man von Titeln wie *Toccata sopra i pedali* oder *Toccata per l'elevazione* ab. – Ebenfalls ins frühe 16. Jh. fällt der Beginn einer eigenständigen Musik für O. in Frankreich, wie sie u.a. in Sammeldrucken P. Attaingnants 1530–31 überliefert ist; freilich lassen die hier in Orgeltabulatur notierten Sätze (Messensätze, Motetten, Magnificat, Chansons sowie Tänze und Praeludien) ausdrücklich auch andere Tasteninstrumente zu, wie es etwa im Titel von RISM 1531[7] heißt: *en la tabulature des orgues espinettes manicordions & telz semblables instrumentz musicaulx.* – In Spanien verläuft die Entwicklung der Musik für O. im 16. Jh. in enger Bindung an die Vokalpolyphonie. Im Werk des bedeutendsten spanischen O.-Komponisten dieser Zeit, A. de Cabezón, stehen Bearbeitungen liturgischer Cantus firmi im Vordergrund (Versos); mit seinen in etwa dem italienischen Ricercare entsprechenden Tientos vertritt er einen streng imitierenden Stil.

17. Jahrhundert. Um die Wende zum 17. Jh. vollzieht sich der für den Barock typische Übergang zur „Idiomatik der Instrumente", die schließlich zur strikteren Trennung von O.- und Cembalo- bzw. Clavichordmusik führt. In den Anfang des 17. Jh. fällt auch das Entstehen des ↗Generalbasses, dem eine neue, in der Kirchenmusik bis ins 19. Jh. in lebendiger Tradition fortwirkende, fundamentale Aufgabe zukommt. Ungeachtet dessen entsteht weiterhin ein reiches Repertoire solistischer O.-Musik. Im frühen 17. Jh. entwickeln vor allem die Schüler J. P. Sweelincks, die als Vertreter einer „Norddeutschen Schule" gelten, im Zusammenhang mit Besonderheiten des lokalen Orgelbaus (Reichtum an Charakterstimmen, Differenzierung der Werke, selbständige Pedaldisposition) eine spezifische Schreibweise für O., die zunächst in erster Linie die ↗Choralbearbeitungen (Orgelchoral mit koloriertem, auf gesondertem Manual zu spielendem C.f. und Choralfantasie mit häufigen Echoeffekten) von Komponisten wie H. Scheidemann, M. Schildt, Fr. Tunder und S. Scheidt prägt. Auf dem Gebiet der großen C.f.-freien Kompositionen (Toccata, Praeludium), das besonders von N. Bruhns, V. Lübeck, G. Böhm und D. Buxtehude gepflegt wurde, zeigt sich über den auf italienischen Einfluß zurückgehenden kleingliedrigen Aufbau hinaus die Neigung zu virtuosem Ausschöpfen der technischen Möglichkeiten des Instruments und zu expressiver, oft bizarrer Linienführung; typisch sind ferner der oft solistische Einsatz des Pedals mit der charakteristischen „Gravität" seiner Zungenstimmen und Mixturen und der kontrastierende Manualwechsel. Ein in vielen Zügen gegensätzliches Bild zeigt sich bei dem an Bedeutung mit Sweelinck vergleichbaren G. Frescobaldi und den von ihm beeinflußten, vor allem italienischen und süddeutschen Komponisten. Hier bleibt dank der auf den niederländischen und norddeutschen „Spaltklang" und vielfach auch auf den Ausbau des Pedals verzichtenden, grundtöniger und weicher intonierten italienischen und süddeutschen O. die Grenze zwischen O. und Cembalomusik fließend. Der liturgischen Funktion der Musik für O. innerhalb der Messe entsprechend sind neben den Kompositionen im freien Stil, wie z.B. Toccata, Ricercare, Capriccio und Canzona (die in der bei Frescobaldi und seinem Schüler J. J. Froberger erreichten Vielgestaltigkeit und Expressivität für eine große Anzahl von Komponisten vorbildlich werden), auch solche vertreten, die an einen C.f. gebunden sind, wie z.B. Magnificat und einzelne Messensätze. Zu den bedeutendsten Komponisten dieser Richtung zählen in Italien T. Merula und G. Salvatore, in Süddeutschland H. L. Haßler, U. Steigleder und J. K. von Kerll. In Frankreich dagegen führt die Entwicklung eines spezifischen französischen Orgeltyps, der durch die Ausbildung deutlich dynamisch und farblich gegeneinander abgestufter Manuale und eines selbständigen, reich mit Zungenstimmen ausgestatteten Pedals gekennzeichnet ist, zur klaren Differenzierung zwischen Musik für O. und andere Tasteninstrumente und zur Ausbildung von festumrissenen Typen gottesdienstlicher Gebrauchsmusik, in deren feststehenden Registermischungen (Plein jeu, Récit de Cromorne oder Basse de Trompette z.B.) kurze Abschnitte der Messe verarbeitet werden. Die enge Verknüpfung dieser oft kurzen und prägnanten Stücke mit der Gottesdienstordnung und ihre praktische Verwendbarkeit werden deutlich an der Gruppierung nach Tonarten wie im *Livre d'orgue* von G. Nivers; weitere Sammlungen liturgisch gebundener Werke, meist in ↗Alternatim-Gestaltung (Messensätze, Magnificat, Te Deum; typisch besonders das ↗Noël), finden sich in den gedruckten *Livres d'orgue* von N. Lebègue, N. Gigault, A. Raison sowie in den – 2 vollständige O.-Messen enthaltenden – *Pièces d'orgue* von Fr. Couperin (↗Orgelmesse).

18. Jahrhundert. Diese Tradition setzt sich in Frankreich im 18. Jh. fort bei Komponisten wie

N. de Grigny, J.-F. d'Andrieu, L. Marchand, L.-N. Clérambault und M. Corrette, bei denen eine Annäherung an den „style galant" zu beobachten ist, dessen wachsende Bedeutung im 18. Jh. zu einem auch andere Länder erfassenden Bedeutungsverlust der O. zugunsten dynamisch differenzierungsfähigerer Instrumente führt. Die Tendenz zur Rezeption dieses Stils zeigt sich besonders deutlich in den z. T. tonmalerisch motivierten Kompositionen für O. von Corrette, unter denen Titel wie *Musette, Tambourin, Carillon* und *Noël* überwiegen.
Eine vergleichbare Entwicklung zeichnet sich im ausgehenden 17. und beginnenden 18. Jh. in Italien ab, wo die O. in ihrer liturgischen Bedeutung zurückgedrängt und oft auf eine reine Begleitfunktion beschränkt wird, während der auch die Kirchenmusik erfassende Stilwandel zur Bevorzugung anderer Instrumente führt. Als Komponisten solistischer O.-Musik dieser Epoche sind zu nennen M. A. Rossi sowie B. Pasquini, A. Scarlatti, D. Zipoli und G. B. Martini. Im Unterschied zu der in ihren Werken vorherrschenden, auch dem Cembalo angemessenen Satztechnik findet sich bei A. B. della Ciaja ein eher orgelmäßiges Festhalten am „grave stile Ecclesiastico per grandi organi".
Vor dem Hintergrund der allgemeinen musikgeschichtlichen Entwicklung des 18. Jh. erscheint das quantitativ und qualitativ herausragende Orgelwerk J. S. Bachs in vielen Zügen fast retrospektiv. Vertreten sind in ihm alle wesentlichen Gattungstypen der choralgebundenen und C.f.-freien Orgelmusik. Charakteristisch für die Gestaltung der freien Formen, in denen Bach deutlich an Vorbilder der Norddeutschen Schule anknüpft, ist die Reduktion der formalen Buntheit der Toccata auf das Satzpaar Praeludium (bzw. Fantasie oder Toccata) und (gleichgewichtige) Fuge; darüber hinaus gewinnen Einflüsse aus anderen Bereichen der Instrumental- und Vokalmusik an Bedeutung (Konzert, Triosonate). In seinen Choralbearbeitungen, die z. T. zyklisch zusammengefaßt erscheinen (*Orgelbüchlein,* 6 „Schübler-Choräle", 21 Choräle im *III. Teil der Clavier Übung*), zeigt sich Bach vor allem der mitteldeutschen Tradition verpflichtet (Vorbild der Choralfuge J. Pachelbels); hinzu treten norddeutsche Einflüsse, etwa in der Behandlung des kolorierten Cantus firmus.
Seit der 2. Hälfte des 18. Jahrhunderts. Abgesehen von den Werken der Bach-Söhne und -Schüler sowie zahlreicher Kleinmeister (etwa J. Agricola, G. A. Homilius und J. L. Krebs) und von Komponisten, die sich um eine Anpassung des in erster Linie improvisatorisch gepflegten Orgelspiels an den Zeitgeschmack bemühen, sinkt die O. im Laufe des 18. und beginnenden 19. Jh. im Zuge des neuen Klangideals, dem sie sich in ihrer dynamischen Starrheit widersetzt, und im Zuge einer Säkularisierung des Musiklebens zu weitgehender Bedeutungslosigkeit herab. Neue Impulse erwachsen im 19. Jh. aus der im Zusammenhang mit dem Historismus beginnenden intensiven Auseinandersetzung mit älterer Musik; Beispiele dafür sind in Deutschland die *6 Fugen über den Namen BACH* von R. Schumann, die O.-Sonaten von F. Mendelssohn Bartholdy, in denen z. T. alte Techniken der Choralvariation wiederaufgegriffen werden, die kontrapunktisch gearbeiteten Sonaten J. G. Rheinbergers und die Choralvorspiele J. Brahms'. Einem anderen Entwicklungsstrang verpflichtet sind Fr. Liszt und sein Schüler J. Reubke in ihren monumentalen, konzertant-virtuosen Kompositionen für Orgel.
Die Fortsetzung der durch die beiden zuletzt genannten Komponisten vertretenen Linien, deren Bedeutung darin liegt, die O. über historisierende Tendenzen hinaus für die Musik des 19. Jh. zu erschließen, steht in engem Zusammenhang mit einer technischen Umgestaltung des Instruments, die eine virtuosere Spielweise ermöglicht (Abkehr von der mechanischen Traktur; Spielhilfen) und zu einer Homogenisierung der Klangfarben führt (Reduktion der Charakterstimmen und Aliquoten; Einführung von Hochdruck- und Säuselregistern). In Zusammenarbeit mit A. Cavaillé-Coll, der eine Umgestaltung der französischen O. anstrebte, vollzieht sich bei C. Franck die Wendung zu einem neuartigen Stil, für den besonders die *Trois Chorales* (1890) mit ihrer orchestralen Behandlung des Instruments, der polyphonen Dichte des Satzes und der farbigen Harmonik charakteristisch sind. Die Weiterführung dieser stilistischen Entwicklung im späten 19. und 20. Jh. bei Komponisten wie Ch.-M. Widor, C. Saint-Saëns, L. Vierne, J. Alain und Ch. Tournemire zeigt im Gegensatz zur deutschen Entwicklung ein fast bruchloses Einmünden in die musikalische Moderne, deren bedeutendster Vertreter auf dem Gebiet der Orgelmusik, O. Messiaen, den Farbenreichtum des Instruments zur Gestaltung harmonisch und rhythmisch komplexer Strukturen nutzt.
Die zentrale Gestalt in der deutschen O.-Musik des ausgehenden 19. und beginnenden 20. Jh. ist M. Reger, dessen umfangreiches Schaffen für O. sich bewußt mit dem Vorbild Bachs auseinandersetzt, dabei jedoch sowohl die technischen Errungenschaften Liszts aufgreift als auch die spätromantische, oft die Grenzen der Tonalität streifende Reizharmonik entfaltet. Neben den großen freien Formen (Praeludien, Fugen, Variationen,

Passacaglia) stehen zahlreiche, z.T. zyklisch zusammengefaßte choralgebundene Werke, unter denen die protestantische Kirchenlieder verarbeitenden Fantasien op. 40 und 52 hervorzuheben sind. Von der Orientierung an Bach zeugen besonders *Phantasie und Fuge über B–A–C–H* op. 46. Für die Entwicklung in Deutschland nach Reger charakteristisch ist der mit der Orgelbewegung beginnende Gegensatz zwischen 2 Strömungen: Die erste hängt mit der Rückbesinnung auf den Orgelbau des 17. Jh. zusammen (s.o.) und bemüht sich um die Wiederbelebung liturgischer Musik. Zu ihren wesentlichsten Merkmalen gehört das Festhalten an der erweiterten Dur-Moll-Tonalität, die Einbindung in den gottesdienstlichen Ablauf und die Orientierung an historischen Kompositionstechniken. Anliegen der zweiten Richtung ist es vor allem, die O. für die Entwicklungen der modernen Musik zu erschließen, woran in erster Linie der Kirchenmusik ferner stehende Komponisten wie A. Schönberg (mit seinen *Variationen über ein Rezitativ* op. 40) und P. Hindemith (mit seinen Orgelsonaten) interessiert sind, während zu den wichtigsten Vertretern der ersten Gruppe H. Distler, H. F. Micheelsen, J. N. David, E. Pepping, H. Schroeder und H. Bornefeld zählen. Seit den 50er Jahren liegt eine Anzahl von Versuchen vor, auch in der Musik für O. den Anschluß an die Strömungen der seriellen und postseriellen Musik zu finden. Zu nennen sind hier neben Werken von J. Ahrens vor allem die *Music for organ* (1950), *Constellationen* (mit Tonband) und *Interférences* von B. Hambraeus, die *Improvisation ajoutée* (1961) von M. Kagel und die mit Clusters arbeitende Klangfarbenkomposition *Volumina* von G. Ligeti. Seitdem ist die O., zumal in Deutschland, in die Entwicklung der modernen Musik fest einbezogen. Hierfür stehen besonders die Namen der Komponisten und Organisten J. Allende-Blin, O. G. Blarr, T. Medek, Zs. Szathmáry und G. Zacher.

Neben der für O. allein bestimmten Literatur sind einige Konzerte für O. und Orch. zu erwähnen, darunter besonders die *6 Concertos for the Harpsichord or Organ,* op. 4 (1738, Second Set 1740) von G. Fr. Händel, das *Konzert für O. und Kammerorchester,* op. 46, Nr. 2 (1928) von P. Hindemith, das *Orgelkonzert* op. 74 und die *Hymne* für O. und Orch. von W. Burkhard (1945) sowie das *Konzert für O. und Orch.* von H. Genzmer (1971). Konzertierend wird die O. in einigen Kantaten von J. S. Bach eingesetzt (BWV 29, 35, 47, 73, 146, 169, 170, 172 und 188), in der „Großen“ und in der „Kleinen Orgelsolomesse“ von J. Haydn, in der Orgelsolo-Messe von W. A. Mozart (KV 259) und in der 3. Sinfonie in c-moll, op. 78, von C. Saint-Saëns. Mitunter dient die O. auch als Begleitinstrument, z.B. in der *Sonata da chiesa* für Viola d'amore (oder Flöte) und O. von Fr. Martin (1938), in *Quatri inni sacri* für Tenor und Bariton und O. von G. Petrassi (1942), in *Der 70. und 86. Psalm* für tiefe St. und O. von H. Sutermeister (1947) sowie in *Introduzione, aria e finale* für Violine und O. von H. Genzmer (1968). B. SYDOW-SAAK

Ausg. (nur Sammelausg.): **1) Reihen:** Arch. des maîtres de l'orgue des XVIe, XVIIe et XVIIIe siècles, hrsg. v. A. GUILMANT – A. PIRRO, 10 Bde. (P – Mz 1898–1914, Nachdr. NY 1972); Liber Organi, hrsg. v. E. KALLER, 12 Bde. (Mz 1931–38, 1954ff.); Südd. Orgelmeister des Barock, hrsg. v. R. WALTER (Altötting 1956ff.); Die Orgel, Reihe 1: Werke des 20. Jh., Reihe 2: Werke alter Meister (Lippstadt 1957ff.); Cantantibus organis, hrsg. v. E. KRAUS (Rb 1958ff.); für die frühe Musik für O. u.a. Tasteninstr. siehe besonders: Corpus of Early Keyboard Music (R 1963ff.) (bisher etwa 70 Bde.). – **2) Sonstige Ausg.:** Deux livres d'orgue parus chez P. Attaingnant en 1531, hrsg. v. Y. ROKSETH (1925, [2]1965) (= Publications de la Soc. Fr. de Mie I/1); Alte Meister des Orgelspiels, hrsg. v. K. STRAUBE (L 1929, Nachdr. F 1965, engl. NY 1975); Frühmeister der dt. Orgelkunst, hrsg. v. H. J. MOSER (Wie 1930); Treize motets et un prélude pour orgue parus chez P. Attaingnant, hrsg. v. Y. ROKSETH (P 1930) (= Publications de la Soc. Fr. de Mie I/5); Orgelchoräle um J. S. Bach, hrsg. v. G. FROTSCHER (1937) (= EDM 8); Oud-nederlandse Meesters voor het orgel, hrsg. v. F. PEETERS, 3 Bde. (Bru 1938–48); Orgelbuch des Adam Ileborgh, hrsg. v. G. MOST, in: Altmärkisches Museum, Jahresgabe 8 (Stendal 1954); Choralbearb. u. freie Orgelstücke der dt. Sweelinck-Schule, hrsg. v. H. J. MOSER – T. FEDTKE, 2 Bde. (Kas 1954–55); Buxheimer Orgelbuch, hrsg. v. B. A. WALLNER (Kas – Bas 1955) (= DMI II/1); 46 Choräle für O. v. J. Sweelinck u. seinen dt. Schülern, hrsg. v. G. GERDES (1957) (= Musikal. Denkmäler 3); Die Lüneburger Orgeltabulatur, hrsg. v. M. REIMANN (1957) (= EDM 36); Alte span. Orgelmusik (Kop – F 1960); Alte it. Meister, hrsg. v. C. BOSSI (F – NY 1960ff.); Historical Organ Recitals, hrsg. v. J. BONNET, 6 Bde. (NY – Lo 1960–70); Tallis to Wesley. A New Series of Original Engl. Organ Music, hrsg. v. P. F. WILLIAMS – G. PHILLIPS (Lo 1962); Tabulatura organowa Jana z Lublina 1537–48, hrsg. v. K. WILKOWSKA-CHOMIŃSKA (War 1964) (= Monumenta Musicae in Polonia B/1); Antologia de organistas españoles de siglo XVII, hrsg. v. H. ANGLÈS, 2 Bde. (Ba 1965–67); Nuove composizioni per organo (Pr – Bratislava 1966); Meesters der Romantick (Hilversum 1970 ff.); Europäische Orgelmusik, hrsg. v. J. PIERSIG (L – F 1971); Orgelwerke sowjetischer Komponisten, hrsg. v. L. REISMAN (L 1973); Varhanki fugy ceskeho baroka a klasiký, hrsg. v. J. SMOLKA (Pr 1975); Anthologia organi, hrsg. v. S. MARGITTAY (Mz – Budapest 1976 ff.).

Lit.: **1) Periodica u. Schriftenreihe:** L'orgue. Bull. ... des Amis de l'orgue (P 1929–40, 1947 ff.); Ars organi (B 1952 ff.); L'organo (Brescia 1960 ff.); Acta organologica (B 1967 ff.); The Organ Yearbook (Hilversum 1970ff.). – Bibliotheca organologica (Neudrucke wichtiger Quellen u. Lit. zu O.-Bau u. O.-Spiel) (Hilversum 1962 ff.), bisher ca. 55 Bde. – **2) Quellen u. Lit. zu Bau, Funktion u. Geschichte:** A. SCHLICK, Spiegel der Orgelmacher u. Organisten (Speyer 1511), Faks.-Nachdr., hrsg. v. P. Smets (Mz 1959); C. ANTEGNATI, L'arte organica (Brescia 1608), NA, hrsg. v. R. Lunelli – P. Smets (Mz 1938, [2]1958); M. PRAETORIUS, Syntagma musicum, II: De organographia (Wb 1618, [2]1619), Faks.-Nachdr., hrsg. v. W. Gurlitt (Kas 1958); F. BEDOS DE CELLES, L'art du facteur d'orgues, 4 Bde. (O 1766–78), Faks.-Nachdr., hrsg. v. Ch. Mahrenholz (Kas 1963), dt. Übers.: Die Kunst des Orgelbauers, 2 Bde., hrsg. v. R. Rensch (Lauffen 1977); J. ADLUNG,

Musica mechanica organoedi (B 1768), Faks.-Nachdr., hrsg. v. Ch. Mahrenholz (Kas 1953, ²1961); J. G. TÖPFER, Lehrbuch der Orgelbaukunst, 5 Bde. (Wr 1855, Mz ⁵1955); A. SCHWEITZER, Dt. u. frz. Orgelbaukunst u. Orgelkunst (L 1906, Wie ²1962); Ber. über die Freiburger Tagung für dt. Orgelkunst 1926, hrsg. v. W. Gurlitt (Au 1926, Nachdr. Kas 1971); E. RUPP, Entwicklungsgesch. der Orgelbaukunst (Einsiedeln 1929), Nachdr. mit einem Vorwort v. J. Dorfmüller (Hil 1981); CH. MAHRENHOLZ, Die Orgelregister (Kas 1930, ³1968); H. KLOTZ, Über die Orgelkunst der Gotik, der Renaissance u. des Barock (Kas 1934, ²1975); DERS., Das Buch v. der O. (Kas 1938, ⁸1970); U. DÄHNERT, Die O.n G. Silbermanns in Mitteldeutschland (L 1953); W. ADELUNG, Einführung in den Orgelbau (L 1954, ³1974); N. DUFOURCQ, Le livre d'orgue français, 4 Bde. (P 1971–75); F. PEETERS – M. A. VENTE, De Orgelkunst in de Nederlanden (An 1971); W. ADELUNG, O.n der Gegenwart (Kas 1972); G. FOCK, A. Schnitger u. seine Schule (Kas 1974); W. HAACKE, O.n in aller Welt (Königstein 1975); L'orgue français. Études et documents (P 1977); G. BRENNINGER, O.n in Altbayern (Mn 1978); H. J. BUSCH, Zw. Tradition u. Fortschritt. Zu Orgelbau, Orgelspiel u. Orgelkomposition in Deutschland im 19. Jh., in: Mundus Organorum. FS W. Supper (B 1978); M. I. WILSON, Organ Cases of Western Europe (Lo 1979); U. PAPE, Die Orgelbewegung in Amerika (B 1979); B. SULZMANN, Hist. O.n in Baden (Mn – Z 1980); U. DÄHNERT, Hist. O.n in Sachsen (F 1980). – **3) Zur Orgelmusik** (vgl. auch die Lit. zu den genannten Komponisten): A. G. RITTER, Zur Gesch. des Orgelspiels, vornehmlich des dt. im 14. bis zum Anfange des 18. Jh., 2 Bde. (L 1884, Nachdr. Hil 1969); C. F. A. WILLIAMS, The Story of Organ Music (Lo 1905); O. KINKELDEY, Org. u. Klv. in der Musik des 16. Jh. (L 1910, Nachdr. Hil 1968); F. DIETRICH, Gesch. des dt. Orgelchorals im 17. Jh. (Kas 1932, Nachdr. 1970) (= Heidelberger Stud. z. Musikwiss. 1); K. G. FELLERER, Stud. z. Orgelmusik des ausgehenden 18. u. frühen 19. Jh. (Kas 1932) (= Münsterische Beitr. z. Musikwiss. 3); H. KLOTZ, Über die Orgelkunst der Gotik, der Renaissance und des Barock (Kas 1934, ²1975); G. FROTSCHER, Gesch. des Orgelspiels u. der Orgelkomposition, 2 Bde. (B 1935–36, ³1966); R. SIETZ, Die Orgelkompositionen des Schülerkreises um J. S. Bach, in: Bach-Jb. 32 (1935); N. DUFOURCQ, La musique d'orgue française de J. Titelouze à J. Alain (P 1941, ²1949); K. JEPPESEN, Die it. Orgelmusik am Anfang des Cinquecento (Kop 1943, ²1960); C. BRUGGAIER, Stud. z. Gesch. des Orgelpedalspiels bis zur Zeit J. S. Bachs (Diss. F 1959); F. W. RIEDEL, Quellenkundliche Beitr. z. Gesch. der Musik für Tasteninstr. in der 2. Hälfte des 17. Jh. (Kas – Bas 1960) (= Schriften des Landesinst. für Musikforsch. Kiel 10); L. SCHIERNING, Die Überlieferung der dt. Orgel- u. Klaviermusik aus der 1. Hälfte des 17. Jh. (ebd. 1961) (= ebd. 12); W. APEL, Gesch. der Org.- u. Klaviermusik bis 1700 (Kas 1967); M. KUGLER, Die Musik für Tasteninstr. im 15. u. 16. Jh. (Wilhelmshaven 1975) (= Taschenbücher z. Musikwiss. 41); J. DORFMÜLLER, Neue Tendenzen in der Orgelmusik, in: MuK 45 (1975); DERS., Orgelsonate zw. Historismus u. Avantgarde, in: Ars Musica, Musica Scientia. FS H. Hüschen (Kö 1980), auch in: MuK 2 (1981); DERS., Unters. z. Tradition barocker Formen in der Orgelmusik nach 1960 (Duisburg 1982). – **4) Unterrichtswerke für Orgel:** P. SMETS, Elementarlehre des Orgelspiels. Liturg. Orgelspiel (Mz 1938); H. KELLER, Die Kunst des Orgelspiels (F – Lo – NY 1941); E. KALLER, Orgelschule, 2 Bde. (Mz – L o.J.); M. DUPRÉ, Méthode d'orgue, 2 Bde. (P o.J.); F. GERMANI, Metodo per organo, 4 Bde. (R 1953); A. G. RITTER, Praktische Orgelschule. Kunst des Orgelspiels, 2 Bde. (L 1954); J. SCHILDKNECHT, Orgelschule, neu bearb. v. H. Schroeder (Altötting ²²1968); F. DEIS, Orgelschule, 2 Bde. (F 1971); F. PEETERS, Ars organi, 3 Bde. (Bru – P o.J.); W. TELL, Schule des gottesdienstlichen Orgelspiels (B ⁶1976); R. SUTHOFF-GROSS, Orgelschule (Wb – Z 1978).

H. J. BUSCH – B. SYDOW-SAAK

ORGELBEWEGUNG, Bz. für die um 1900 eingeleitete Rückbesinnung auf den vom Werkprinzip (mit ausgewogenem Verhältnis zwischen Grundton- und Obertonregistern) und von mechanischer Traktur (Schleiflade) geprägten Orgelbau des Barocks (↗Orgel). Seit etwa 1870 wurden pneumatische „Fortschrittsorgeln" produziert, deren Dispositionen von Terrassendynamik, Streicherstimmen, Hochdruck- und Säuselregistern, Grundtönigkeit und damit Aliquot- bzw. Mixturenarmut sowie von Spielhilfen wie vorprogrammierten Lautstärkeabstufungen, Super- bzw. Suboktavkoppeln und Walze gekennzeichnet waren. Mit E. Rupps Aufsatz *Hochdruck!* (1899) nahm die O. erstmals konkrete Gestalt an; diesem Affront schlossen sich bald A. Schweitzer und Fr.-X. Mathias an („Elsässische Orgelreform"). Wegweisend war die von W. Gurlitt angeregte und 1921 von O. Walcker vollendete Freiburger Praetorius-Orgel (nach einer Musterdisposition aus M. Praetorius' *Syntagma musicum* II, 1619; zerstört 1944 und neu erbaut 1955), deren Signalwirkung die Orgelbautagungen in Hamburg (1925), Freiburg i. Br. (1926) und Freiberg/Sachsen (1927) fortsetzten. Mit einem Umbauplan der Orgel der Marienkirche in Göttingen (1926) machte Chr. Mahrenholz die Prinzipien der O. für die Praxis des deutschen Orgelbaus bekannt. Einer der ersten Organisten im Sinne der O. war K. Matthaei. Weitreichende Konsequenzen zogen deutsche und ausländische Orgelbauer allerdings erst nach 1950 (Gründung der Gesellschaft der Orgelfreunde 1951 durch W. Supper; Weilheimer Regulativ im Sinne der O., neu gefaßt 1970 in Zürich). Spätestens seit H. H. Eggebrecht 1967 den Respekt auch vor dem Orgelbau der Romantik und darüber hinaus die Offenheit gegenüber (gegebenenfalls sinnerhaltend umzudeutenden) Klangvorstellungen jeglicher Orgeltradition forderte, gilt der normative Absolutheitsanspruch der O. nicht mehr; er wird modifiziert sogar durch das Postulat nach der experimentellen Orgel, wie sie erstmals 1972 von Walcker in St. Peter zu Sinzig gebaut wurde.

Lit.: E. RUPP, Hochdruck!, in: ZfIb 15 (1899); W. GURLITT, Zur gegenwärtigen Lage der Orgelerneuerungsbewegung in Deutschland, in: MuK 1 (1929), Neudruck in: Musikgesch. u. Gegenwart I, hrsg. v. H. H. Eggebrecht (Wie 1966) (= Beih.e z. AfMw 2); DERS., K. Straube als Vorläufer der neueren O., in: FS K. Straube (L 1943); W. KWASNIK, E. Rupp als Orgelreformer (F 1966); H. H. EGGEBRECHT, Die O. (St 1967); A. REICHLING, Probleme der Orgeldenkmalpflege, in: Orgelwiss. u. Orgelpraxis (Murrhardt 1980); A. RIETHMÜLLER, Die Praetorius-Orgel, in: ebd.

J. DORFMÜLLER

ORGELCHORAL ↗Choralbearbeitung.

ORGELLEIER (engl.: organ hurdy-gurdy; frz.: vielle organisée; it.: lira organizzata), Bezeichnung für eine im 18. Jh. in Frankreich entwickelte ↗Drehleier, auf deren Decke eine oder zwei übereinander angeordnete Reihen von Orgelpfeifen angebracht wurden; die Orgelpfeifen in der einen Reihe ergaben die gleichen Töne wie die Melodiesaiten, und die in der 2. Reihe klangen eine Oktave höher. Die Windzufuhr für die Pfeifen erfolgte durch einen in dem – zu diesem Zweck sehr vertieften – Korpus eingebauten Blasebalg, der entweder beim Drehen der Radkurbel oder getrennt davon mit Hilfe eines Fußriemens betätigt wurde. Die Tangenten zur Verkürzung der Melodiesaiten öffneten beim Andrücken an die Saiten die Ventile der entsprechenden Pfeifen. Saiten und Orgelpfeifen konnten zusammen oder getrennt voneinander erklingen. Als O.-Spieler ist auch König Ferdinand IV. von Neapel bekannt, in dessen Auftrag A. Gyrowetz, I. Pleyel, J. Fr. X. Sterkel und J. Haydn Werke für O. schrieben.

Lit.: M. BRÖCKER, Die Drehleier. Ihr Bau u. ihre Gesch., 2 Bde. (Bonn ²1977) (= Orpheus-Schriftenreihe zu Grundfragen der Musik 11/12).
M. BRÖCKER

ORGELMESSE. – 1) Die Folge von nur für Orgel geschriebenen Messesätzen, die wesentlich auf choralen Ordinariumsgesängen beruhen und für einen mit Choralgesang alternierenden Vortrag bestimmt sind (↗Alternatim-Praxis). Nach vereinzelten Beispielen im 15. und in der 1. Hälfte des 16. Jh. (Codex Faenza, um 1420; ↗Buxheimer Orgelbuch; H. Buchner, *Fundamentum*) kommt es im weiteren Verlauf des 16. Jh. zu einer intensiveren Pflege dieses Messentyps. Möglicherweise beruht er ursprünglich auf der Übertragung vokaler Vorlagen (vgl. dazu A. Schering, s. u. Lit.). Die O. umfaßt meist alle Teile des Ordinarium missae (in der Regel ohne Credo) unter Einbeziehung des *Ite missa est.* In den Quellen erscheinen fast ausnahmslos nur die komponierten Sätze – sie werden seit dem 17. Jh. als Versetten bezeichnet – mit Angabe der jeweiligen Textincipits. So ergibt sich die folgende Abfolge, die weithin gebräuchlich ist (choral vorzutragende Sätze in Klammern): *Kyrie (Kyrie) Kyrie – (Christe) Christe (Christe) – Kyrie (Kyrie) Kyrie; (Gloria) Et in terra (Laudamus te) Benedicimus te (Adoramus te) Glorificamus te* usw.; *Sanctus (Sanctus) Sanctus Dominus Deus (Pleni sunt caeli)* usw.; *Agnus (Agnus) Agnus; (Ite missa est) Deo gratias.* Gelegentlich enthalten O.n auch Versetten zu bestimmten choralen Offertorien, häufiger freie Kompositionen (Toccaten u. a.) zu einzelnen oder mehreren Propriumsteilen und zur Wandlung (in Italien mit der Bezeichnung *per l'elevazione,* in Frankreich unter der Bezeichnung ↗Élévation). Chorale Vorlage zu den Ordinariumssätzen sind in der Regel die Messen *Cunctipotens Genitor* (Nr. IV der *Editio Vaticana*), *Cum jubilo* (IX) und *Orbis factor* (XI). Als Komponisten kommen im 16. und in der 1. Hälfte des 17. Jh. in erster Linie Italiener in Betracht, wenn man von P. Attaingnants Sammeldruck *Tabulature pour le jeu d'orgue,* 1531 (NA in: Deux livres d'orgue ..., hrsg. v. Y. Rokseth, 1925 [= Publ. de la Soc. de Mie. I/1]), einzelnen Werken von H. L. Haßler, S. Scheidt, Th. Preston und in polnischen Quellen absieht: G. Cavazzoni (1543), Cl. Merula (1568), G. Frescobaldi (*Fiori musicali,* 1635: nur Kyrie, dazu Toccaten u. a. freie Stücke zu den Propriumsteilen), G. Salvatore (1641).

In der 2. Hälfte des 17. Jh. erlebt die O. ihre eigentliche Blüte und wird zu einem überaus charakteristischen Bestandteil der französischen Orgelmusik. Zu nennen sind hier G. G. Nivers (1667), N. Lebègue (1678), N. Gigault (1685), A. Raison (1688), Fr. Couperin le Grand (1690), dessen beide O.n *(à l'usage ordinaire des paroisses* und *pour les convents de religieux et religieuses)* bis heute als Inbegriff der Gattung gelten, N. Grigny (1699) und G. Corrette (1703). Einen singulären Fall in dieser Tradition stellt M.-A. Charpentiers *Messe pour plusieurs instruments* dar, in der das Formprinzip der O. auf ein reich besetztes Instrumentalensemble übertragen wird. In der Folgezeit gab man in der O. die Bindung an chorale Vorlagen mehr und mehr auf. Beliebt wurde in Frankreich jetzt die Verarbeitung von ↗Noëls zu eigenen *Messes de noël* oder *Messes en noëls* (P. d'Andrieu, 1710; L.-Cl. Daquin, 1740; Cl. Balbastre, 1770), für die es noch aus dem 19. Jh. Beispiele gibt (A. P. Fr. Boëly, 1842).

Eine Sonderentwicklung der O. um 1600 in Italien besteht bei G. M. Asola und A. Banchieri darin, daß die zum Alternatim-Vortrag bestimmten Versetten nicht komponiert, sondern improvisiert wurden. Asola (*Canto fermo sopra messe* ..., 1592 u. ö.) veröffentlichte individuell rhythmisierte chorale Messenmelodien, die als Tenor-C.f. eines zu improvisierenden mehrstimmigen Orgelsatzes dienten und auch gesungen werden konnten. Demgegenüber gestaltet Banchieri solche Melodien zu regelrechten Generalbässen um, wie das folgende Beispiel eines *Kyrie Cunctipotens* aus dem *L'organo suonarino* (1605) zeigt.

2) Die Bezeichnung O. wird in einem weiteren Sinn auch für freie Orgelkompositionen verwendet, die den einzelnen Messeteilen zugeordnet sind. In diesen Bereich gehören Werke von

Fr. Liszt (*Missa pro organo,* 1879; *Requiem für die Orgel,* 1883), M. Reger (*Kyrie, Gloria* und *Benedictus* aus den Orgelstücken op. 59), J. Weyrauch (*Missa per organum,* 1948, revidiert 1952; *Missa parvula* für Positiv, 1962), O. Messiaen (*Messe de la Pentecôte,* 1950) und G. Litaize (u. a. *Grand-Messe pour tous les temps,* 1957). – **3)** In einem anderen Sinn gilt die Bezeichnung O. für bestimmte Orchestermessen des 18. Jh., in denen die Orgel solistische Aufgaben hat und die auch „Orgelsolo-Messen" heißen. Die berühmtesten Beispiele sind J. Haydns *Missa solemnis in honorem B. M. V.* („Große Orgelmesse", um 1768/69) und *Missa brevis Sancti Joannis de Deo* („Kleine Orgelmesse", um 1775). – **4)** Eine eigene Bewandtnis hat es mit J. S. Bachs *Drittem Theil der Clavier Übung* (L 1739). Darin hat Bach in der entsprechenden Reihenfolge Orgelbearbeitungen von Chorälen zusammengestellt, die den einzelnen Teilen der (evangelischen) Messe zugeordnet sind (Kyrie – Christe – Kyrie – Gloria – Credo – Vater unser). Sie werden gelegentlich umgangssprachlich ebenfalls als O. bezeichnet.

Ausg. u. Lit.: ↗Orgel sowie die Verz. bei den genannten Komponisten. – A. SCHERING, Die ndl. O. im Zeitalter des Josquin (L 1912); H. J. WILBERT, Die Messen des A. Banchieri (Diss. Mz 1969).
G. HARTMANN

ORGELPUNKT (engl.: pedal point; frz.: pédale; it.: pedale d'armonia; span.: nota de pedal), im eigentlichen Sinn Bz. für einen lang ausgehaltenen Ton in der Baßstimme, über dem sich die anderen Stimmen mehr oder weniger frei bewegen. Der deutsche Terminus ist wohl eine Übertragung des mittelalterlichen Begriffs „organicus punctus", der bei Franco von Köln einen Abschnitt kurz vor Ende einer Discantuspartie im ↗Organum bezeichnet. Der Terminus – mehr noch seine nichtdeutschen Entsprechungen – weist aber auch darauf hin, daß solche Haltetöne in der Frühzeit der eigenständigen Orgelmusik oft dem Pedal zugewiesen wurden, das ja gegenüber den Manualen naturgemäß schwerfälliger zu traktieren war. Bis zur Gegenwart gibt es denn auch viele Orgelwerke mit strukturell wesentlichen Orgelpunkten. Charakteristische Beispiele sind die *Toccata sopra li pedali* von G. Frescobaldi und die Pastorale BWV 590 von J. S. Bach. Seit dem 18. Jh. ist der O. auch außerhalb der Orgelmusik ein satztechnisches Mittel, das vielfältig verwendet wird. Beliebt ist es in der Fuge kurz vor Schluß auf der Dominante, um das kontrapunktische Geschehen zu konzentrieren und auf das Ziel der Tonika auszurichten. Häufig findet sich auch der in Tonrepetitionen aufgelöste O., wie er etwa zum Ausdruck geradezu monumentalen Pathos' am Beginn von Bachs Johannespassion (31 Takte g), in geringerer Ausdehnung auch am Beginn der Matthäuspassion erscheint. In J. Brahms' *Deutschem Requiem* unterstützen O.e oft die musikalische Steigerung, gelegentlich vielleicht auch anspielend auf den Textsinn, wenn die ganze Fuge *Der Gerechten Seelen sind in Gottes Hand* (36 Takte) sozusagen auf einem O. D ruht. Eindeutig sinngebend und programmatisch ist demgegenüber der O. in Vorspiel und beginnender 1. Szene („Auf dem Grunde des Rheins") von R. Wagners *Rheingold:* 157 Takte lang „grundiert" das tiefe Es das wogende Umspielen des Es-Dur-Akkords.
In einem weiteren Sinne wird die Bz. O. gelegentlich auch für lang ausgehaltene Töne in anderen Stimmen eines mehrstimmigen Satzes verwendet.

ORGELTABULATUR ↗Tabulatur.

ORIENT, orientalische Musik, ↗Arabisch-islamische Musik.

ORISCUS, Neume, ↗Notenschrift.

ORLANDINI, Giuseppe Maria, * 2. Hälfte des 17. Jh., † 24. 10. 1760 Florenz; it. Komponist. Er wurde 1719 Mitglied der Accademia Filarmonica in Bologna, 1723 Hofkapellmeister des Großherzogs von Toskana und 1732 Domkapellmeister in Florenz. 1708–45 schrieb er etwa 50 in Venedig, Bologna und Florenz aufgeführte Opern sowie Oratorien (u. a. *Il martirio di S. Sebastiano,* 1694) und Kantaten.

Lit.: A. LOEWENBERG, Annals of Opera (C 1943, G ²1955) (mit Lit.-Verz.).

ORLANDO PALADINO, Dramma eroicomico in 3 Akten von Joseph Haydn (1732–1809), Text von Nunziato Porta nach *Orlando furioso* (1516) von L. Ariosto. UA: 6. 12. 1782 in Esterháza; EA in dt. Sprache (als *Roland der Pfalzgraf*): 22. 5. 1786 in Preßburg; dt. EA (in der Originalsprache): 28. 11. 1792 in Dresden.
In dieser Oper wird der Gefolgsmann Karls des Großen nicht als Heros, sondern als unglücklich Liebender gezeigt, der aus Liebeskummer dem Wahnsinn verfällt und nur durch das Eingreifen höherer Mächte wieder zur Besinnung kommt. Die Textfassung von Porta geht auf C. F. Badinis Libretto zurück, der erstmals die humoristischen Züge der Vorlage herausstellte (*Le pazzie d'Orlando,* Komponist: P. A. Guglielmi, UA: London 1771). Der Vorzug von Haydns Vertonung gegenüber Guglielmis Fassung liegt in der durch Melodiebildung und Instrumentation deutlichen musi-

kalischen Charakterisierung der Handlungsträger: die umworbene Königin, die sich nach ihrem eher schwächlichen Geliebten sehnt; der in seinen Wahnsinnsszenen teils pathetische, teils nur komische Orlando; dessen Gegner Rodomonte, voll roher Brutalität; und der stets hungrige, feige Prahlhans Pasquale, Orlandos Knappe. – Mit 13 Wiederholungen noch im Jahre 1783 und zahlreichen Aufführungen in mehreren Städten war *Orlando Paladino* eine von Haydns schon zu seinen Lebzeiten erfolgreichsten Opern. K. LANGROCK

ORMANDY, Eugene (eig. Jenő Blau), * 18. 11. 1899 Budapest, † 12. 3. 1985 Philadelphia; amerik. Dirigent ung. Herkunft. Er erhielt mit 5 Jahren Violinunterricht an der Akademie in Budapest, wo er später bei J. Hubay studierte und Kompositionsschüler von Z. Kodály war. Seit 1913 reiste er als Violinvirtuose und war bereits 1919 Professor für Violine in Budapest. 1917 wurde O. Konzertmeister im Blüthner-Orchester in Berlin, ging 1921 in die USA und debütierte dort 1924 als Dirigent beim Capitol-Orchester in New York und beim Minneapolis Symphony Orchestra. Seit 1929 dirigierte O. bei der Columbia Broadcasting und kam 1931 an das Philadelphia Orchestra, bei dem er bis 1936 neben A. Toscanini und L. Stokowski wirkte und das er dann 1938–80 selbst leitete. Unter ihm konzertierte das Philadelphia Orchestra 1973 auch als erstes amerikanisches Orchester in China. O.s Interpretationen zeichnen sich durch hohe klangliche Brillanz und Virtuosität aus. Er bevorzugte die Werke des späten 19. Jh. und der frühen Moderne (R. Strauss, Cl. Debussy, Dm. Schostakowitsch); Werke von B. Bartók (3. Klavierkonzert), S. Rachmaninow *(Symphonische Tänze)* und B. Britten *(Diversions)* brachte er zur Uraufführung.

Lit.: H. KUPFERBERG, Those Fabulous Philadelphians (NY 1969); H. C. SCHONBERG, Die großen Dirigenten (Be – Mn 1970).

ORNADEL, Cyril, * 2. 12. 1924 London; engl. Komponist und Dirigent. Er studierte am Royal College of Music in London und war 1957–59 musikalischer Leiter zahlreicher West End-Produktionen, dirigierte 1957–61 das Orchester des London Palladium sowie 1960–68 das Starlight Symphony Orchestra. O. ist vor allem durch Fernsehshows und Schallplatteneinspielungen (goldene Schallplatte für *The Strauss Family* mit dem London Symphony Orchestra) bekannt geworden. Von seinen Kompositionen hatte das Musical *Pickwick* großen Erfolg. O., seit 1973 Ehrenmitglied der Johann Strauss Society of Great Britain, wurde 1961 mit dem Ivor Novello Award ausgezeichnet.

WW: Musicals, u. a.: *Pickwick* (nach Ch. Dickens), UA: London 1963; *Ann Veronica; Starmaker; Treasure Island* (Preis für das beste engl. Musical 1975); *Pied Piper; Great Expectations.*

ORNAMENTE ↗ Verzierungen.

ORNITOPARCHUS (gräzisierte Form für Vogelhofer, Vogelhuber oder Vogelsang), **Andreas,** † um 1490 Meiningen; dt. Musiktheoretiker. Nach mehreren Studienreisen durch Deutschland, Österreich, Böhmen und Ungarn immatrikulierte er sich 1512 an der Universität Rostock. Dann lehrte er an den Universitäten Tübingen (1515), Heidelberg, Mainz, Wittenberg, Leipzig (1516) und Greifswald (1518). O.' *Musice active micrologus* ist in seiner stofflichen Breite der bedeutendste deutsche Musiktraktat der 1. Hälfte des 16. Jahrhunderts. Die einzelnen Bücher behandeln, z. T. in originärer Weise, die *Musica plana* (I), die *Musica mensurabilis* (II, mit ungewöhnlich zahlreichen Notenbeispielen), den *Accentus,* d. h. den choralen Vortrag der Lektionen und Orationen (III, die früheste und wichtigste Erörterung dieses Gegenstands überhaupt) und den *Contrapunctus* (IV).

WW: *Musice active micrologus* (L 1517 u. ö.), auch als: *De arte cantandi micrologus* (Kö 1533, ²1535), engl. Übers. v. J. Dowland (Lo 1609).

Ausg.: A. O., His Micrologus, or Introduction Containing the Art of Singing... Also the Dimension and Perfect Use of the Monochord, According to Guido Aretinus, Faks. der engl. Ausg. v. J. Dowland 1609 (NY – A 1969) (= The Engl. Experience 160); dass., Faks.-Ausg. zus. mit der Ausg. Leipzig 1517 (NY 1973).

Lit.: J. W. LYRA, A. O. u. dessen Lehre v. den Kirchenaccenten (Gütersloh 1877).

OROLOGIO (Horologius), **Alessandro,** * um 1550, † 1633 Wien (?); it. Komponist und Instrumentalist. Er stand vor 1580 im Dienst Kaiser Rudolphs II. in Prag und war dann als Instrumentalist in Kassel (1594–95), Dresden und Wolfenbüttel tätig. 1603 kehrte er nach Prag zurück, wo er bis 1613 Vizehofkapellmeister war. Nach einem Aufenthalt als Gast beim Burggrafen in Steyr (1618) wurde er Chorregent im Kloster Garsten (Oberösterreich). Seine *Intradae* zählen zu den ersten gedruckten Stücken dieser Gattung.

WW: 4 Bücher Madrigale für 4–6 St. (V 1586, Dresden 1589, V 1595, V 1616); *Canzonette* für 3 St. (V 1593), für 3 St. *intavolate per sonar di liuto* (1594); *Intradae 5 et 6 v. quarum in omni genere instrumentorum musicorum usu esse potest* (Helmstedt 1597); *Cantica Sion* für 8 St. u. B. c. (V 1627).

Ausg.: Miserere für 5 St., in: F. COMMER, Musica sacra 24 (Rb 1883); Madrigal *Occhi miei, che vedeste,* in: It. Musiker u. das Kaiserhaus 1567–1625, hrsg. v. A. EINSTEIN (W 1934) (= DTÖ 77).

Lit.: R. EITNER, A. O., in: MfM 30 (1898); DERS., Drei Briefe v. A. O., in: ebd. 31 (1899); K. NEF, Die Intraden v. A. O., in: FS F. Scheurleer (Den Haag 1925) (mit Ausg. einer Intrada); A. EINSTEIN, It. Musik u. it. Musiker am Kaiserhof u. an den erzherzoglichen Höfen in Innsbruck u. Graz, in: StMw 21 (1934); M.

REIMANN, Materialien zu einer Definition der Intrade, in: Mf 10 (1957).

ORPHÉON (frz., von Orphée = Orpheus), Bz. für eine im 19. Jh. in Frankreich entstandene musikalische Laienbewegung bzw. einen Männerchor aus Laien der mittleren oder unteren Bevölkerungsschicht, häufig unterstützt von privaten oder städtischen Institutionen. Das Repertoire der O.s ebenso wie ihr künstlerisches Niveau war im allgemeinen trotz des Ansporns, der von sängerischen Wettbewerben oder regionalen Festivals ausging, ziemlich anspruchslos. 1819 führte G. L. Wilhem die Unterweisung im Chorsingen in den öffentlichen Schulen ein. 1835 wurden Arbeitergesangvereine geschaffen, die zunehmend erfolgreich waren. Anfänglich wurde ihr Niveau von ihren Leitern bestimmt, unter ihnen auch Ch. Gounod, der 1852–60 alle Gesangvereine in Paris leitete. Eine gleiche Funktion übten später Fr. Bazin, J. Pasdeloup und Adolphe Danhauser aus. Während es zu Beginn des 20. Jh. in Frankreich mehr als 1000 O.s gab, reduzierte sich ihre Zahl seither beträchtlich.

Lit.: H. MARÉCHAL – J. PARÈS, Monographie universelle de l'O. (P 1910); J. FULCHER, The O. Societies. „Music for the Workers" in Second Empire France, in: IRASM 10 (1979).

ORPHEOREON (engl.: orpharion, orphereon; frz.: orpharion, orphéor[e]on; it.: orfereon; span.: orfereón), Bz. für ein Zupfinstrument mit flachem, mehrfach geschweiftem Zargenkorpus, das zu den ↗Pandora oder Bandora genannten Instrumenten gehört. Es hat 6 bis 9 von einem schräg auf die Decke geleimten Querriegel über ein Griffbrett mit 15 Bünden zu den Wirbeln gezogene Saitenchöre (Doppelsaiten) aus Metall. Das O. wurde wie die Laute gestimmt und auch oft für Lautenstücke verwendet. Es war vom Ende des 16. bis zum Ende des 17. Jh. vor allem in England beliebt. W. Barley druckte (Lo 1596) *A new Book of Tabliture for the Orpharion* (als Teil von RISM 1596^{20}).

Lit.: M. PRAETORIUS, Syntagma musicum II (Wb 1619, Faks.-Nachdr. Kas 1958) (= DMI I/15); D. GILL, The Orpharion and Bandora, in: GalpinJ 13 (1960); R. HADAWAY, An Instrument-Maker's Report on the Repair and Restoration of an Orpharion, in: ebd. 28 (1975). M. BRÖCKER

ORPHEUS, in der griechischen Mythologie ein aus Thrakien stammender Sänger, der um seiner kitharodischen Kunst (↗Kithara) willen, mit der er die belebte und unbelebte Natur beherrscht und bezaubert, göttliche Eltern hat: die Muse der Dichtung und Wissenschaft Kalliope und den Flußgott Oiagros (bei Pindaros den Sonnengott Apollon). O. nimmt am Argonautenzug teil, gibt den Ruderern den Takt, besänftigt den Sturm und beschützt vor den Sirenen. Als seine geliebte Eurydike an einem Schlangenbiß stirbt, begibt sich O. in die Unterwelt und bewegt mit der Macht seines Gesangs Hades (Pluto) und Persephone (Proserpina), ihm Eurydike wiederzugeben. Sie darf ihm in die Oberwelt folgen, solange sich O. auf dem Weg dorthin nicht nach ihr umblickt. Als er aber dieses Verbot übertritt, verliert er sie auf immer. Der in seiner Heimat trauernde O. wird schließlich von den thrakischen Mänaden zerrissen, weil er zum Frauenfeind wurde (nach Pseudo-Eratosthenes auf Befehl des Dionysos, weil er nur noch dem Apollon huldigte); die Musen bestatten seine Körperstücke, während sein Haupt nach Lesbos, der Insel der Dichtkunst, treibt.

Seit den antiken Bearbeitungen des O.-Stoffs (z. B. durch Aischylos, Vergil und Ovid) existiert eine reiche Tradition seiner literarischen Verwendung, wobei neben die eigentliche O.-Sage auch philosophisch-religiöses Gedankengut der sog. Orphik (Dionysos-Kult, O. als Präfiguration Christi, Seelenwanderung) tritt. In der Musikgeschichte knüpfen seit dem 16. Jh. viele O.-Opern an die erste nachmittelalterliche dramatische Bearbeitung von A. Poliziano (*Favola di Orfeo*, 1480) an. Das Libretto *Euridice* von O. Rinuccini, das in der Vertonung von J. Peri 1600 und 2 Jahre später in der von G. Caccini in Florenz uraufgeführt wurde, ließ allerdings die Liebenden zum Schluß doch wieder zusammenkommen, während A. Striggio in Cl. Monteverdis *Orfeo* eine Apotheose der Hauptfigur an das Ende stellte, ähnlich wie in St. Landis *La morte d'Orfeo* (1619); diese Handlungsvarianten finden sich auch in anderen Opernvertonungen, von denen die von Chr. W. Gluck am berühmtesten wurde. Weltbekannt wurde auch J. Offenbachs parodistische Opéra bouffe *Orphée aux enfers*. – Im übertragenen Sinn erscheint O. auch als Ehrentitel („Orpheus Britannicus" für H. Purcell) sowie im Titel musikal. Sammelwerke (z. B. E. Kindermann, *Opitianischer Orpheus*, 1642).

Vertonungen: Opern: C. Monteverdi, *Orfeo* (1607); D. Belli, *Orfeo dolente* (1616); S. Landi, *La morte d'Orfeo* (1619); L. Rossi, *Orfeo* (1647); J. J. Löwe, *O.* (1702); C. H. Graun, *L'Orfeo* (1752); Ch. W. Gluck, *Orfeo ed Euridice* (1762), *Orphée* (1774); F. G. Bertoni, *Orfeo* (1776); J. G. Naumann, *O. og Eurydike* (1786); E. Krenek, *O. und Eurydice* (1926). – Kantate: H. Berlioz, *La mort d'Orphée. Monologue et bacchanale* (1827); symphonische Dichtung: F. Liszt (1854); Operette: J. Offenbach, *Orphée aux enfers* (1858); Mimodrame v. J. Roger-Ducasse (1926); Ballette v. I. Strawinsky (1947) u. H. W. Henze (1979); Filmmusik v. G. Auric (1951); Kammerensemblestück v. Th. Musgrave (1975) für Fl. u. 15 Str.; dramatische Szenen für großes Orch. v. G. Klebe (1976); R. Kelterborn, *Erinnerungen an O.* für Orch. (1977/78).

Lit.: H. CH. WOLFF, O. als Opernthema, in: Musica 15 (1961); J. BUDDEN, O., or the Sound of Music, in: Opera 18 (1967); E. WINTERNITZ, O. Before Opera, in: Opera News 32 (1968); J. BELLAS, „Orphée" au XIXe et au XXe siècle, in: Interférences littéraires et musicales, Cahiers de l'Association Internationale des Études Françaises 22 (1970); R. BÖHME, O., Der Sänger u. seine Zeit (Mn 1970); K. MEYER-BAER, Music of the Spheres and the Dance of Death. Studies in Iconology (Princeton/N. J. 1970).

R. CADENBACH

ORPHEUS, Ballett in 6 Szenen von Hans Werner Henze (* 1926), Libretto und Text von Edward Bond (* 1934), Choreographie von William Forsythe. UA: 17. 3. 1979 in Stuttgart (Württembergische Staatstheater).

Henzes Tanzdrama, dessen Libretto E. Bond als „visionäres Gedicht in Prosa" interpretiert, unterscheidet sich deutlich von anderen kompositorischen Gestaltungen der bekannten mythologischen Sage. Die komplexe Neuinterpretation des antiken Mythos präsentiert sich als tänzerisch-szenische Darstellung der Menschheitsgeschichte: Orpheus und Eurydike leben als einfache Landleute in einer archaischen Gesellschaft, die von den Göttern die Kunst der Musik als Geschenk erhielt. Allein die Musik vermag die Menschen zu humanisieren. Dennoch entstehen Krieg, Haß und Gewalttätigkeit; Arme und Reiche kämpfen gegeneinander, bevor Eurydike im Klassenkampf getötet wird. Mit dem Spiel auf seiner Leier gewinnt Orpheus Macht über den Hades und vermag Eurydike zu befreien, die er jedoch erneut an das Totenreich verliert, als er sich trotz Verbots umwendet. Verzweifelt zertrümmert Orpheus seine Leier. Als er zufällig das zerbrochene Instrument berührt, ertönt eine neue Musik, die bewirkt, daß die Toten gemeinsam mit Eurydike auferstehen. „Ruhiges Glück und freudiger Friede" verwandeln alle Menschen.

Die Polarität zwischen Chaos und paradiesischer Ordnung, Gottheit und Menschheit, Lebenden und Toten sucht Henze musikalisch zu zeichnen; dabei ermöglicht ihm die nuancenreiche, farbige Instrumentierung, in der ein umfassender Schlagzeugapparat (49 verschiedene Schlaginstrumente) dominiert, differenzierte Charakterisierungen. Einzelne Instrumente wie auch Instrumentengruppen sind den Figuren zugeordnet: die Klänge der Gitarre und Harfe kennzeichnen Orpheus, die des Cembalos Eurydike, die Klänge der Streicher symbolisieren die Lebenden, die der Blasinstrumente das Totenreich. – Schon unmittelbar nach der erfolgreichen UA durch das Stuttgarter Ensemble galt das Werk als zukunftsweisende Komposition. Auch die konzertanten Fassungen der Ballettmusik *(Apollo Trionfante* und *Arien des Orpheus)* erlangten außergewöhnliche Anerkennung. G. LUDIN

ORPHEUS IN DER UNTERWELT *(Orphée aux enfers),* Opéra bouffe in 2 Akten (4 Bildern) von Jacques Offenbach (1819–80), Text von Hector Crémieux und Ludovic Halévy. Ort und Zeit der Handlung: Griechenland, Olymp und Hölle, in mythischer Vorzeit. UA: 21. 10. 1858 in Paris (Bouffes-Parisiens); dt. EA (in dt. Sprache): 17. 11. 1859 in Breslau.

Unter den – nach eigener Zählung des Komponisten – 102 Bühnenwerken Offenbachs errang das 33. die größte Popularität; bereits 1874 fand in Paris die 800. Vorstellung statt. Die Travestie der griechischen Orpheus-Sage nimmt nicht nur in grotesker Verzerrung einen der beliebtesten Opernstoffe aller Zeiten persiflierend ins Visier (wodurch gleichzeitig eine Parodie der Gattung „Oper" von den Zeiten Glucks bis in die Tage der Grand Opéra möglich wurde), sondern bietet auch eine Karikatur der neuen Epoche des Zweiten Kaiserreichs unter Louis-Napoléon (Der Aufstand im Olymp wird begleitet von den Klängen der verpönten *Marseillaise*). Im zeitgenössischen Paris gilt die – im Werk personifizierte – öffentliche Meinung, die gegen den Willen der „Helden" die Handlung vorantreibt; hier sind die typischen Verhaltensweisen zu finden, für welche die auf irdisches Amüsement ausgerichteten Untugenden der griechischen Götter stehen. Menschliche Schwächen werden durch die Kontrastierung von Erhabenem und Lächerlichem, insbesondere mit musikalischen Mitteln, verspottet. Dies geschieht auf eindrucksvolle Weise in den Nummern, die zu Welterfolgen wurden: im *Can-Can,* der die Götter ohne alle Würde zeigt, im *Höllischen Galopp* als Kulminationspunkt des Bacchanales, in dem es keinen Unterschied zwischen Göttern und Menschen gibt (diese Szene parodiert die typische Orgie der Grand Opéra) und schließlich auch im Couplet des Trinkers Hans Styx *Als ich ein Prinz war von Arcadien (Quand j'étais roi de Béotie).* Die packenden Rhythmen des Werkes und seine eingängigen Melodien vermochten schon seit der UA jedes Publikum zu faszinieren. R. QUANDT

ORPHEUS UND EURYDIKE, Azione teatrale per musica in 3 Akten von Christoph Willibald Gluck (1714–87), Text von Ranieri de' Calzabigi nach der Fabel in Ovids *Metamorphosen.* UA: 5. 10. 1762 in Wien (Hofburgtheater); dt. EA: 1773 in München; EA in dt. Sprache: 12. 12. 1779 in Brünn.

Die auf den Handlungskern konzentrierte Fassung des Orpheus-Mythos, die mit Orpheus' Klage am Grab seiner Gattin Eurydike beginnt und mit einem der metastasianischen Konvention verpflichteten „lieto fine" endet, in dem Gott Amor die Liebenden erneut und für immer zusammenführt, gab

Gluck Gelegenheit, zu einer neuen musikalischen Sprache und musikdramatischen Konzeption zu finden. Die Abkehr vom neapolitanischen Operntyp wird in zweierlei Hinsicht deutlich: Die Streicherbegleitung der Rezitative anstelle der Cembalobegleitung eröffnet die Möglichkeit des fließenden Übergangs zwischen Secco und Accompagnato; damit ist ein wesentlicher Schritt in Richtung der szenischen Durchkomposition vollzogen. Von vergleichbarer Bedeutung erscheint die symmetrische Gesamtanlage der beiden ersten Akte, in welcher die Abfolge von Rezitativ und Arie zugunsten großer Szenenblöcke aufgehoben ist und dem Chor als selbständigem Partner des Protagonisten eine wichtige dramatische Funktion zukommt. Die eigentliche zweite Hauptfigur Eurydike tritt erst zu Beginn des dritten Aktes auf. In ausgedehnten, variabel geformten Rezitativen und wenigen charakteristischen Arien (berühmtestes Beispiel: *Ach, ich habe sie verloren*) gelingt es Gluck, die menschlichen Eigenschaften der Figuren musikalisch zu erfassen. In dem unvermittelten Aufeinandertreffen von monumentaler Gestaltungsweise und realistischem Stil sowie einigen der Konvention entnommenen musikalischen Elementen äußert sich die Initialstellung der Oper in Glucks Reformwerk. Nach dem mäßigen Erfolg der UA wurde der Ruhm des Werks durch die spätere Umarbeitung endgültig gefestigt, in der besonders die Umgestaltung der Altkastratenrolle des Orpheus in eine Tenorpartie hervorzuheben ist. 1859 richtete Berlioz die Rolle des Orpheus für eine weibliche Altstimme ein; in dieser Fassung wird die Oper auch heute noch vielfach aufgeführt. TH. MENGER

ORREGO SALAS, Juan Antonio, * 18. 1. 1919 Santiago de Chile; chilenischer Komponist und Musikforscher. Er studierte 1936–41 Komposition am Konservatorium von Santiago, 1944–46 an der Princeton University (N. J.) und am Berkshire Music Center in Tanglewood (Mass.) sowie 1944–46 Musikwissenschaft an der Columbia University in New York. 1947–61 lehrte er an der Universidad de Chile, 1959–61 auch an der Universidad Católica in Santiago; 1949–56 Hrsg. der *Revista musical chilena.* Seit 1961 an der Indiana Univ. in Bloomington, wurde er dort 1962 Prof. für Komposition u. Leiter des Latin America Music Center.

WW: **1) Instr.-WW:** Zahlr. Klv.-Stücke; Streichquartett (1957); Klv.-Trio (1966); Serenata (1972) für Fl. u. Vc.; *Sonata de estío* (1972) für Fl. u. Klv. – Für Orch.: 4 Symphonien (1949, 1954, 1961, 1966); *Jubilaeus musicus* (1957); Klv.-Konzert (1950); *Concerto a tre* (1962) für V., Vc., Klv. u. Orch.; *Variaciones serenas* (1971) für Streichorch. – **2) Vokal-WW:** *Cantata de navidad* (1945) für Sopran u. 8 Instr.; Kantate *América, no en vano invocamos tu nombre* (1966) für Sopran, Bar., Männerchor u. Orch.; *Missa in tempora discordiae* (1969) für Tenor, Chor u. Orch.: *Palabras de Don Quijote* (1971) für Bar. u. Kammerensemble; Oratorium *The Days of God* (nach der Genesis) (1975). – **3) Bühnen-WW:** Opernoratorium *El retablo del rey pobre* (1952) für 3 Soprane, Mezzosopran, Alt, 2 Tenöre, Bar., gem. Chor u. Orch.; Ballette: *Juventud,* UA: Santiago 1948 (nach G. F. Händels Oratorium *Salomon*); *Umbral del sueño,* UA: ebd. 1951; *El saltimbanqui,* UA: ebd. 1960; Oper *Dead End Street.* – **4) Schriften:** *Strawinsky's Ballet „Orpheus“,* in: Rev. musical chilena 2 (1949); *Araucanian Indian Instruments,* in: Ethnomusicology 10 (1966).

Lit.: L. MERINO, Visión del compositor J. O.-S., in: Rev. musical chilena (1978) Nrn. 142–144.

ÖRSTED-PEDERSEN, Nils-Henning, * 27. 5. 1946 Örsted; dänischer Jazzmusiker (Kontrabaß). Er begleitete schon in den frühen 60er Jahren amerikanische Jazzstars wie Bud Powell, Bill Evans, Dexter Gordon und Sonny Rollins und wird seither von amerikanischen und europäischen Musikern der verschiedensten Stilrichtungen als Begleiter bevorzugt. Ö. ist ein Virtuose, der das kontrapunktierend fließende Melodiespiel auf dem Kontrabaß vervollkommnet hat. Besonders stark kam das während der 70er Jahre in Duoauftritten mit dem Pianisten Oscar Peterson zum Ausdruck. Die Eigenheiten seines Spiels zeigen sich ebenfalls in der Schallplatteneinspielung *Windows* mit George Shearing (1977).

ORTHEL, Léon, * 4. 10. 1905 Roosendaal (Brabant); ndl. Komponist und Pianist. Er studierte 1921–26 bei E. van Beinum (Klavier) und J. Wagenaar (Komposition) am Konservatorium in Den Haag sowie 1928–29 bei P. Juon und C. Sachs in Berlin. 1941–71 war er Professor für Klavier am Konservatorium in Den Haag und lehrte 1949–71 als Professor für Komposition am Konservatorium in Amsterdam. 1947–70 war er Vorsitzender des Königlich Niederländischen Tonkünstlervereins.

WW: Klv.-Stücke; Streichquartett (1964); Va.-Sonate (1965); *Otto abbozzi* (1971) für Fl., Vc. u. Klv. – Für Orch.: 6 Symphonien (1931–33, 1940, 1943, 1949, 1960, 1961); Kleine Ballettsuite (1947); 2 Scherzi (1955, 1957); 3 *Movimenti ostinati* (1972); Vc.-Konzert (1929); Trp.-Konzert (1974). – *Un martyre* (1974–75) für Sopran, Tenor u. Orch.

Lit.: J. GERAEDTS, in: Sonorum speculum (1965) Nr. 25.

ORTIZ, Diego, * um 1525 Toledo, † nach 1570; span. Komponist und Musiktheoretiker. Sein Name erscheint zum ersten Mal 1547 in der Lautentabulatur von Enríquez de Valderrabano (RISM 1547^{25}), in der auch einige Motetten und Villancicos u.a. von Josquin des Prés, Cr. Morales, Ph. Verdelot und A. Willaert abgedruckt sind. Aus der Widmung seines *Tratado de glosas* geht hervor, daß O. sich 1553 in Neapel aufhielt. 1555 wurde er dort vom Vizekönig von Neapel, Pedro de Toledo, mit der Leitung der Hofkapelle beauftragt. Er verblieb in dieser Stellung bis 1570. Die musikgeschichtliche Bedeutung von O. beruht vor allem auf dem *Tratado,* der einen wichtigen Einblick in die instrumentale Aufführungspraxis des 16. Jh. erlaubt. In diesem Werk ist die Verzierungstechnik, die S. Ganassi in Italien (1535 und 1543) und L. de Narváez in Spanien (1538) bekannt machten, erstmals auf die Viola da gamba und auf Tasteninstrumente übertragen worden.

WW: *Tratado de glosas sobre cláusulas y otros géneros depuntos en la música de violones* (R 1553); *Musices liber primus, hymnos, magnificats, salves, motecta, psalmos, aliaque diversa cantica complectens* (V 1565); weitere geistliche u. weltliche Werke in Sammeldrucken der Zeit.

Ausg.: *Tratado de glosas…*, Faks. u. Übers. v. M. SCHNEIDER (B 1913, Kas ²1936, ³1967); 4 Recercate über *O felici occhi miei,* in: E. T. FERAND, Die Improvisation (Kö 1956, revidiert 1961) (= Das Musikwerk 15); Psalm 117 (St 1960) (= Geistliche Chormusik I/111).

Lit.: R. J. BORROWDALE, The „Musices liber primus" of D. O., Spanish Musician, 3 Bde. (Los Angeles 1952) (= Diss. Univ. of Southern Calif.) (mit Edition der Slg.); G. REESE, The Repertoire of Book II of O.'s Tratado, in: The Commonwealth of Music. Gedenkschrift C. Sachs (NY 1965); P. G. STRASSLER, Hymns for the Church Year, Magnificat, and Other Sacred Choral Works of D. O. (1966) (= Diss. Univ. of North Carolina).

M. GUTIÉRREZ

ORTO, Marbrianus de (latinisiert für M. Dujardin), * um 1460 in der Diözese Tournai, † spätestens Februar 1529 Nivelles (Brabant); franko-flämischer Komponist. Seit 1484 bis mindestens 1494 gehörte er der päpstlichen Kapelle in Rom an (also fast gleichzeitig wie Josquin des Prés); seine Messe *L'homme armé* stammt aus dieser Zeit. 1486 gewährte ihm Papst Innozenz VIII. eine jährliche Pension, 1487 wurde er Kanoniker in Comines und 1489 zum Dekan von Ste-Gudule in Nivelles ernannt, wo er sich 1489 und 1494 aufhielt. 1505 ist er als Sänger und 1. Kaplan der Kapelle König Philipps des Schönen nachweisbar, den er 1506 nach Spanien begleitete. 1515 wurde O. 1. Kaplan in der Kapelle Erzherzog Karls, des späteren Kaisers Karl V. Sein zeitgenössischer Ruhm bekundet sich in der weiten Verbreitung seiner Werke, die auch in frühesten Petrucci-Drucken erscheinen.

WW: 6 Messen für 4 St., 4 davon gedruckt als *Misse de Orto* (V 1505), einzelne Messesätze; hsl. u. in Sammeldrucken der Zeit: 6 Motetten für 4–5 St.; 2 Hymnen; Lamentationen; lat. Klagegesang *Dulces exuviae* nach Vergil; 7 Chansons.

Ausg.: *Missa „L'homme armé"*, in: Monumenta Polyphoniae Liturgicae, hrsg. v. L. FEININGER, I/1 (R 1947); die Lamentationen, in: Mehrst. Lamentationen aus der ersten Hälfte des 16. Jh., hrsg. v. G. MASSENKEIL (Mz 1965) (= Musikal. Denkmäler 6); *Ave Maria* u. Chanson *Venus tu m'a pris,* in: O. Petrucci, Harmonice musices odhecaton A (1501), hrsg. v. H. HEWITT (C/M ²1946); 2 weitere Chansons, in: Petrucci, Canti B (1502), hrsg. v. DERS. (Ch 1967) (= Monuments of Renaissance Music 2); *Les trois filles de Paris,* hrsg. v. G. DOTTIN (P 1967) (= Chansons françaises o. Nr.).

Lit.: H. OSTHOFF, M. d'O., in: MGG X; R. GERBER, Zur Gesch. des mehrst. Hymnus, hrsg. v. G. Croll (Kas 1965) (= Musikwiss. Arbeiten 21); R. L. MILLER, The Musical Works of M. de O. Transcription and Commentary, 2 Bde. (1974) (= Diss. Indiana Univ.); M. PICKER, O., in: Grove⁶ XIII.

ORY, Kid (Edward), * 25. 12. 1889 La Place (Louisiana), † 23. 1. 1973 Honolulu (Hawaii); amerik. Jazzmusiker (Posaune) und Bandleader. Er spielte nach 1905 u.a. bei Buddy Bolden, hatte 1911 die erste eigene Band, zu der zeitweise auch King Oliver und Louis Armstrong gehörten. 1925–27 wirkte O. bei dessen „Hot Five" und „Hot Seven" mit und spielte in verschiedenen Bands in Chicago und Los Angeles. 1940 trat er nach längerer Pause wieder auf, hatte in der Folgezeit starke Resonanz in Kalifornien, beteiligte sich 1957 beim Newport-Festival und zog sich in den 60er Jahren allmählich ganz zurück. O. war der klassische Vertreter der Tailgate-Posaune, für die der Glissandostil charakteristisch ist; sein Spiel war robust und etwas schwerfällig. Bekannte Kompositionen sind *Muskrat Ramble* und *Savoy Blues.*

Lit.: J. G. JEPSEN, K. O. (Kop 1957); R. M. W. DIXON, K. O. (Lo 1958); W. F. VON EYLE, Discography of K. O. (Zaandam 1966); A. MICHAELIS, Still Music on the Western Air, in: Black Perspectives 3 (1975).

OESCH, Hans, * 10. 9. 1926 Wolfhalden (Schweiz); Schweizer Musikforscher. Er studierte seit 1946 bei J. Handschin an der Universität Basel, an der er 1951 mit einer Dissertation über *Guido von Arezzo* promovierte. 1959 habilitierte er sich an der Universität Zürich und wurde 1967 als Ordinarius für Musikwissenschaft an die Universität Basel berufen. 1963, 1969 und 1974 unternahm er Forschungsreisen nach Süd- und Südostasien. 1968 wurde er Präsident des Kuratoriums der Heinrich-Strobel-Stiftung des SWF Baden-Baden; von 1972 bis zu ihrer Einstellung 1978 war er Mitherausgeber der Zeitschrift *Melos.*

Schriften: *Guido von Arezzo* (Be 1954) (= Publikationen der Schweizerischen Musikforsch. Ges. II/4); *Gedenkschrift für J. Handschin* (Be – St 1957); *Berno und Hermann von Reichenau als Musiktheoretiker* (Be – St 1961) (= Publikationen der Schweizerischen Musikforsch. Ges. II/9); *K. Huber,* in: SMZ 101 (1961); *W. Vogel* (Be 1967); *Die ars nova des 10. Jh.,* in: Universitas 26 (1971); *Zwischen Komposition und Improvisation,* in: Die Musik der 60er Jahre, hrsg. v. C. Dahlhaus (Mz 1972); *Ethnomusikologische Arbeit bei den Bergstämmen Thailands,* in: Musik fremder Kulturen (Mz 1977); *Methoden der Musikethnologie,* in: Funkkolleg Musik (Bas – Mz 1978). – O. ist Hrsg. v.: *A. Corelli, GA* (Kö 1976ff.); *Forum musicologicum* (Be – Winterthur 1975ff.); *Forum ethnomusicologicum* (Be 1976ff.).

J. DORFMÜLLER

OSIANDER, Lucas, * 16. 12. 1534 Nürnberg, † 17. 9. 1604 Stuttgart; dt. Theologe und Musiker. Sohn des bekannten Nürnberger Reformators Andreas O., wurde er selbst ein sehr eifriger Theologe in Württemberg. Seit 1563 lebte er in Stuttgart, seit 1569 als Hofprediger, seit 1594 als Stiftsprediger; 1596 wurde er Prälat in Adelberg; O.s musikgeschichtliche Bedeutung gründet in den *Geistlichen Liedern und Psalmen* von 1586, mit denen er den 4stimmig-polyphonen Kirchenliedsatz mit der Melodie in der Oberstimme, den ↗Kantionalsatz, in den evangelischen Gemeindegesang einführte.

WW: *Fünfftzig Geistliche Lieder und Psalmen. Mit vier Stimmen, auff Contrapunctsweiste (für die Schulen und Kirchen im löblichen Fürstenthumb Würtenberg) also gesetzt, das ein gantze Christliche Gemein durchauß mit singen kan* (Nü 1586). Schrieb auch (zus. mit Balthasar Bidenbach) die Vorrede zu: S. Hemmel, Der gantz Psalter Davids (Tü 1569).

Ausg.: *Fünffzig geistliche Lieder,* als: Das erste ev. Choralbuch, hrsg. v. F. ZELLE, in: Wiss. Beilage zum Jahresber. der Zehnten Realschule (B 1903); 3 Sätze, in: Hdb. der dt. ev. Kirchenmusik II/2, hrsg. v. K. AMELN – CH. MAHRENHOLZ – W. THOMAS – C. GERHARDT (Gö 1942); weitere Sätze in praktischen Ausg.

Lit.: O. ZUR NEDDEN, Zur Frühgesch. der prot. Kirchenmusik in Württemberg, in: ZfMw 13 (1930/31); E. EMSHEIMER, L. O. als Orgelbauer, in: MuK 3 (1931). – ↗Kantionalsatz.

OSSIA (it., = oder), Hinweis auf eine andere eigens wiedergegebene Fassung oder Lesart eines Notentextes.

OSTEN, Eva von der, * 19. 8. 1881 Helgoland, † 10. 5. 1936 Dresden; dt. Sängerin (Sopran). Sie war Schülerin von August Iffert in Dresden und debütierte dort 1902 als Page in Meyerbeers *Les Huguenots;* bis 1930, dem Ende ihrer Laufbahn, blieb sie Mitglied der Dresdener Staatsoper. 1911 sang sie dort den Octavian bei der Uraufführung des *Rosenkavalier* von R. Strauss. Gastspiele führten sie u.a. nach Berlin, München, London und Mailand sowie 1923/24 als Mitglied der German Opera Company zusammen mit ihrem Gatten, dem Bariton Friedrich Plaschke, in die USA.

OSTERC, Slavko, * 17. 6. 1895 Verzej, † 23. 5. 1941 Ljubljana; jugoslawischer Komponist. Er studierte 1925–27 am Konservatorium in Prag bei K. B. Jirák, V. Novák und A. Hába und danach am Konservatorium in Ljubljana, lehrte dort bis 1939 am Konservatorium und dann bis 1941 an der Musikakademie. Mit seiner großen schöpferischen Kraft und außerordentlichen Energie trat er mit voller Überzeugung für neue Ideen ein und spielte eine entscheidende Rolle bei der Entwicklung der slowenischen Musik. Sein Stil ist atonal und athematisch, bezieht sehr frei gehandhabte Polyphonie mit ein und verwendet eine eigenartige Instrumentation; O. schrieb auch Vierteltonstücke.

WW: **1) Instr.-WW:** Klv.- u. Orgelstücke; 2 Streichquartette (1927, 1934); Streichtrio (1934); Sonaten mit Klv. für: Va. (1930), Saxophon (1935), Vc. (1941); Suite für V. u. Klv. (1933). – Für Orch.: Symphonie C-Dur (1922); Bagatelle (1922); symphonische Dichtung *Prodni mož* (Der Wassermann) (1924); Suite (1929); *Ouverture classique* (1932); *Mouvement symphonique* (1936); 4 *Pièces symphoniques* (1939). – **2) Vokal-WW:** *Ave Maria* (1930) für Sopran, Alt, Ob., Klar. u. Saxophon; Magnificat (1934) für gem. Chor u. Klv. zu 4 Händen; ferner zahlr. Lieder u. Chöre. – **3) Bühnen-WW:** Opern: *Krst pri Savici* (Die Taufe bei Savica) (1921); *Iz komične opere* (Aus der komischen Oper), UA: Ljubljana 1925; *Krog s kredo* (Der Kreidekreis) (1929); *Salome* (1929); *Medea,* UA: Ljubljana 1931; *Dandin v vicah* (Dandin im Fegefeuer), UA: ebd. 1932. – Ballette: *Iz Satanovega dnevnika* (Aus dem Tagebuch des Teufels) (1924); *Maska rdeče smrti* (Die Maske des roten Todes), UA: Ljubljana 1932; *Illusions* (1938–41); *Plus fort que la mort* (1939); *La fille-mère* (1940).

Lit.: A. RIJAVEC, S. O.'s First and Second String Quartets (Zagreb 1969) (= Arti musices 1); D. POKORNI, Bibliografski pregled kompozicij S. Osterca, in: Muzikološki zbornik 6 (1970); A. RIJAVEC, S. O. u. die stilistische Situation seiner Zeit, in: Kgr.-Ber. Brünn 1970 (Kas 1973); D. CVETKO, Aus H. Scherchens u. K. A. Hartmanns Korrespondenz an S. O., in: FS K. G. Fellerer (Kö 1973).

ÖSTERREICH. Unter Ö. wird hier das Gebiet der heutigen Republik Ö. verstanden, das (mit Ausnahme Salzburgs und des Burgenlands) in etwa den Kernlanden der Habsburger und auch bereits der römischen Provinz Noricum (mit Teilen Rätiens und Pannoniens) entspricht.

Frühzeit. Instrumentenfunde reichen bis ins Paläolithikum zurück. Die Vielfalt der Musikübung in Noricum ist durch Funde belegt, unterscheidet sich jedoch nicht wesentlich von der anderer römischer Provinzen. Schallgeräte wie Glocken und diverse Schlaginstrumente, aber auch ihre Verwendung mögen aus ältesten Zeiten in heute noch geübten alpenländischen Bräuchen lebendig geblieben sein; im einzelnen lassen sich diese Traditionswege kaum verfolgen; noch mehr Vorsicht ist bei ähnlichen Rückschlüssen im Rahmen des österreichischen Volkslieds geboten.

Mittelalter. Das Christentum – und damit auch ein christlicher Kultgesang – ist für die Zeit seit etwa 300 nachweisbar (Lauriacum/Lorch). Für die vorkarolingische Zeit ist eine relativ hohe Eigenständigkeit anzunehmen, innerhalb der eine Orientierung nach dem oberitalienischen Süden hin (Aquileia) auch während der Völkerwanderung und einschließlich der ersten Klostergründungen um 700 (St. Peter und Nonnberg in Salzburg, Mondsee) erhalten blieb. Die Umorientierung nach dem Westen hin erfolgte endgültig um 800 durch die Errichtung der „marchia orientalis" und deren Eingliederung ins fränkische Reich. Für die liturgische Entwicklung vorweggenommen hat sie die iroschottische Missionierung im 7./8. Jahrhundert. Mit Karl dem Großen setzten Vereinheitlichungsbestrebungen im Sinne der römischen Tradition ein, die jedoch während des Mittelalters die liturgische und musikalische Vielfalt nie aufzulösen vermochten. Die unterschiedliche Prägung des Choralgesangs ergab sich aus Missionierung, Ordensangehörigkeit und Klosterbesiedlung. Eine auffällige Vorbildrolle nahm Salzburg ein (Bistumsgründung 739). Die Frage nach Besonderheiten in der musikalischen Substanz ist kaum zu beantworten. Ein germanischer Choraldialekt läßt sich schwer bestimmen; die Berechtigung, gar von einem „Salzburger Choraldialekt" zu sprechen, ist umstritten. Wie überall wurde auch in Ö. der liturgische Kernbestand an Gesängen ausgeschmückt und erweitert. Die Pflege der Sequenz basierte auf dem St. Gallener Repertoire; ein Zentrum eigenschöpferischer Aktivität scheint das Augustiner-Chorherrenstift Seckau um 1140 gewesen zu sein. Zugleich bemühte sich dieser Orden (besonders in der Passauer Diözese) um die Verbreitung und Weiterentwicklung des Osterspiels. Die Augustiner-Chorherren machten sich aber auch um den deutschen Volksgesang in der Kirche verdient. Vermutlich von einem Passauer Augustiner stammt die Adaptierung der Ostersequenz *Victimae Paschali laudes* zum ältesten noch lebendigen geistlichen Lied *Christ ist erstanden* (um 1160). In späterer Zeit mehrten sich die Quellen; Hinweise auf geistlichen Volksgesang enthält aber bereits die *Vita Severini* (um 511). Weitgestreut trat im klösterlichen Bereich seit etwa 1300 notierte mehrstimmige Musik auf, die eng mit dem Choral verbunden war und als überwiegend „archaisch" zu bezeichnen ist. Unter den musiktheoretischen Schriften ist der konservativ-spekulative *Tractatus de musica* des vielseitigen Gelehrtenabtes Engelbert von Admont († um 1331) erwähnenswert.

Der Gebrauch weltlicher Musik in Ö. entsprach dem auch in anderen Ländern Üblichen. Für deutsche Verhältnisse früh (um die Mitte des 12. Jh.) griffen Dietmar von Aist und der Kürnberger in Oberösterreich den Minnesang auf. Das Schwergewicht verlagerte sich aber rasch auf die Hofhaltung der letzten Babenberger-Herzöge im Wien der Jahrzehnte um 1200. Walther von der Vogelweide (in Wien Schüler Reinmar von Hagenaus) ist nicht der einzige, der das Lob „des fürsten milte zu Osterriche am wünneclîchen hove ze Wiene' sang. Auch andere bekannte Minnesänger wie Neidhardt von Reuenthal oder der Tannhäuser wirkten länger an diesem Hof. Später bildete sich um Ulrich von Lichtenstein als geistiges Haupt eine Gruppe steirischer Minnesänger. Im 14. und frühen 15. Jh. beleuchteten einige Künstlerpersönlichkeiten wie Hugo von Montfort, der Mönch von Salzburg und ganz besonders Oswald von Wolkenstein die noch lebendigen ritterlichen Lebensformen und ihren Übergang in neue Lebensbereiche. Im vielfältigen Werk Oswalds tauchen bereits mehrstimmige weltliche Kompositionen auf. Eine besondere Farbe des höfischen Lebens brachten die geistlichen Hofhaltungen, besonders die im selbständigen Salzburg (z. B. der sog. „Musenhof" Erzbischof Pilgrims II. im späten 14. Jh.); in der Umgebung einer derartigen Hofhaltung, der der Bischöfe von Seckau in der Steiermark, ist auch der berühmte *Codex Buranus* (↗Carmina Burana) entstanden, die bedeutendste Überlieferung der Vagantenpoesie auf deutschem Boden.

Beginn der Neuzeit. Für die Kontinuität der neuzeitlichen österreichischen Musikkultur ist die Tatsache von entscheidender Bedeutung, daß die Habsburger Mitte des 15. Jh. die deutsche Königswürde wiedererlangten und mit geringfügigen Unterbrechungen und einer Umwandlung in ein österreichisches (bzw. österreichisch-ungarisches) Kaisertum bis 1918 beibehalten konnten. Zur tatsächlichen Hauptstadt des Habsburgerreiches ist Wien allerdings erst unter Ferdinand I. seit 1520 geworden. Für den längst gegebenen Rang des Musiklebens in Wien spricht die spätestens 1288 erfolgte berufsständische Vereinigung der Musiker in der „Nicolai-Bruderschaft". Niederländische Musik und eine gewisse Orientierung nach dem Westen hin konnten Albrecht II. und Friedrich III. vom letzten Luxemburger-Kaiser Sigismund übernehmen. Eine kulturelle Blüte europäischen Rangs brachte dann die Regentschaft Maximilians I. um 1500. Die reiche Pflege von Kunst und Wissenschaft – in einer Vereinigung von alten ritterlichen Idealen und dem neuen Geist des Humanismus – diente der Stilisierung des Kaisertums. Hervorragende niederländische Musiker wie H. Isaac oder deutsche wie P. Hofhaymer und L. Senfl wirkten an seinem Hofe. Im musikalischen Repertoire standen neben der niederländischen Musik das deutsche Gesellschaftslied und die deutsche Orgelkunst, die von K. Celtis inspirierte Humanistenode u. ä., neue Lautenmusik (H. Judenkünig) und alte Spielmannskunst. Die nachfolgende Zeit tiefgreifender Wirren (Reformation, Bauernkriege, nationale Aufstände) war dem Musikleben in den Erblanden der deutschen Habsburger entschieden abträglich. So konnte sich eine unmittelbare Kontinuität noch am besten in Salzburg unter Erzbischof Matthäus Lang erhalten. Die religiösen Kämpfe schlugen sich auch deutlich im geistlichen Lied und in Rivalitäten bei der Pflege der Kunstmusik (Graz, Linz usw.) nieder. Bezeichnend für den lange unentschiedenen religiösen Konflikt ist, daß zwei der bekanntesten Gesangbücher (Josef Piernsiders *Hymnarius*, Schwaz/Tirol 1524, und Andreas Giglers *Gesang Postill*, Gr 1574) konfessionell neutral blieben. Dementsprechend zeigte erst das 1602 in Graz gedruckte Gesangbuch Nikolaus Beuttners eine militante Abgrenzung zum evangelischen Liedgut. Eine musiksoziologisch ähnliche Entwicklung ist auch an einzelnen Habsburgerhöfen erkennbar.

Das Musikleben am kaiserlichen Hof in Wien und Prag von Ferdinand I. bis Matthias setzte wohl als institutioneller Neubeginn an, knüpfte aber in Grundvorstellungen und im Ideal niederländischer Polyphonie an Vertrautes an. Unter den Musikern am Kaiserhof (H. Finck, Arnold von Bruck, Pieter Maessins, J. Vaet, A. de Gaucquier, J. Regnart usw.) ist besonders der Hofkapellmeister Maximilians II. und Rudolfs II., Ph. de Monte, zu nennen, der zu den bedeutendsten und produktivsten Musikern seiner Zeit zählt. Mehr und mehr aber nahm diese Musikkultur den Charakter konservierender Verfeinerung an, da die Neuerungen der italienischen Musik von den niederländischen und deutschen Musikern nur zögernd aufgegriffen wurden. Demgegenüber fortschrittlicher erwiesen sich die erzherzoglichen Hofhaltungen in Graz (S. Gatto, Pietro Antonio Bianco, G. Priuli, Fr. Stivori usw.) und Innsbruck (Anton Stadlmayr, Vincenzo Scapitta usw.) sowie der erzbischöfliche Hof in Salzburg (T. Massaini, Fabricio Mordente, L. Zanchi, Camillo Orlandi usw.). Seit etwa 1570 (Annibale Padovano wurde Hofkapellmeister in Graz) nahm die Zahl italienischer Musiker, die auch als konfessionell verläßlich galten, beständig zu. Venezianische Mehrchörigkeit, neue Instrumentalmusik und die Monodie kamen auf diesem Wege sehr früh in den deutschen Raum. Seit 1604 wirkte Bartolomeo Mutis als erster außerhalb Italiens tätiger Meister des Stile nuovo am Grazer Hof. Erzbischof Markus Sitticus ließ in Salzburg eine Bühne nach italienischem Vorbild errichten, auf der am 10. 12. 1614 als erste Opernaufführung außerhalb Italiens ein *Orfeo* (von D. Belli?) aufgeführt wurde.

Barock. Von den Beschränkungen, die der 30jährige Krieg mit sich brachte, führte die Entwicklung zu einer Barockkultur, die sich nach der abgewehrten Türkenbelagerung Wiens 1683 im sog. „Heldenzeitalter" Ö.s voll entfalten konnte. So augenfällig wie in der Baukunst wirkte auch in der Musik diese Barockkultur zunehmend in die Breite und erreichte eine Einheitlichkeit, die von der Spitze des Kaiserhauses über Adelshöfe, die als Kulturträger wiederum bedeutsamen Klöster, über die in Ö. wenig Selbständigkeit erlangenden Städte bis in die Märkte und Dörfer hinab erkennbar bleibt. Besonders für das 18. Jh. kann mit Recht von einem musikalischen „Volksbarock" gesprochen werden, der alle Lebensbereiche erfüllte, seine nachhaltigste Prägung aber im kirchlichen und geistlichen Bereich (Wallfahrten, Prozessionen, geistliche Spiele, Bruderschaften, Andachten usw.) erfuhr. Dem absolutistischen Weltbild entsprechend richtete sich die Aufmerksamkeit auf das Kaiserhaus und seine Residenzstadt Wien, von deren Musikleben die Gesamtentwicklung bestimmt und in dem allein künstlerische Spitzenleistungen erbracht wurden. Die hervorragende Rolle des Kaiserhauses bestätigte sich auch darin, daß in der Barockzeit die Habsburger nicht nur musik- und theaterliebend waren, sondern durch teilweise professionelle musikalische Fähigkeiten (besonders Leopolds I.) tatsächlich geschmackbildend wirken konnten. Die Musikübung am Kaiserhof war, den geltenden zeremoniellen Vorstellungen entsprechend, auf südliche Vorbilder in Italien und Spanien hin ausgerichtet. Der enge Anschluß vor allem an die italienische Musikentwicklung ergab sich schon dadurch, daß Ferdinand II. 1619/20 die italienischen Musiker seiner Grazer Kapelle in den kaiserlichen Hofstaat übernahm. Erscheint so das Musikleben unter Ferdinand II. und Ferdinand III. neuerungsfreudig, wenn auch im Aufwand beschränkt, vermittelt es dagegen unter Joseph I. das Bild höchsten Prunks und während des letzten Habsburgers der Barockzeit, Karls VI., das einer stark retrospektiven Ausrichtung, wobei allerdings der selbstverständliche Umgang mit italienischer Musik auch neuesten Stils problemlos nebenherlief. Eine insgesamt zentrale, die historischen Extreme ausgleichende Position nahm die Musikpflege unter Leopold I. in der 2. Hälfte des 17. Jh. ein. Kontinuität zeigt sich in der Reihe überwiegend italienischer Hofkapellmeister (G. Valentini, 1629–49; A. Bertali, 1659–69; G. F. Sances, 1669–79; J. H. Schmelzer, 1679–80; A. Draghi, 1682–1700; Antonio Pancotti, 1700–09; M. A. Ziani, 1711–15), deren berühmtester allerdings der Steirer J. J. Fux war (1715–41; neben dem Lieblingskomponisten und Vizekapellmeister Karls VI., A. Caldara, und Musikern wie Fr. Conti und G. Porsile); dagegen enthält die Reihe der Hoforganisten überwiegend deutsche Musiker (unter ihnen so namhafte wie J. J. Froberger, J. K. Kerll, Wolfgang und Marcus Ebner, G. Reutter usw.).

Neben Kirche und Kammer erreichte vor allem die Musik für das Theater eine nach außen dringende Faszination und erfüllte eine wichtige repräsentative Funktion. Seit den 30er Jahren des 17. Jh. gab es am Kaiserhof musiktheatralische Aufführungen; die erste große Oper in Wien war wohl der *Egisto, re di Cipro* Fr. Cavallis; zu unvergleichlichen Höhepunkten repräsentativer Theatralik zählen die beiden zur ersten Hochzeit Leopolds I. 1667/68 aufgeführten Werke, das Roßballett *La contesa dell'aria e dell'acqua* von Bertali und Schmelzer sowie die Oper *Il pomo d'oro* von M. A. Cesti oder die zur Krönung Karls VI. zum böhmischen König 1723 in Prag aufgeführte Oper *Costanza e fortezza* von Fux. Die Vielfalt reichte von der Oper als Staatsaktion bis hin zu intimen, akademieartigen Serenate, von Sepolcro-Aufführungen in der Karwoche, die im elitären Rahmen der kaiserlichen Privatkapellen erfolgten, bis zu großangelegten Jesuitendramen („Ludi Caesarei"). Einer bei den Habsburgern des Barock ausgeprägten Neigung zum Volkstümlichen, die den absolutistischen Anspruch ergänzte, entsprachen deutsche Liedkompositionen von Schmelzer und Leopold I., „teutsche Comoedien" (auch in Innsbruck) und ein volkstümlicher Ton etwa in den Tänzen der bei Hof beliebten „Wirtschaften".

Aus der anwachsenden Breite kunstmusikalischer Aktivitäten außerhalb des Kaiserhofs und Wiens sind erwähnenswert eine beachtliche Opernpflege am erzherzoglichen Hof in Innsbruck nach der Mitte des 17. Jh. (Cesti) und ein wohl insgesamt hohes Niveau der Musik am erzbischöflichen Hof in Salzburg, für das Namen wie H. I. Fr. Biber oder Georg Muffat sprechen. Salzburg ist auch der Ort, an dem eine teilweise eigenständige musiktheoretische Tradition entstand (Muffat, Johann Baptist Samber); eine weit über den Barock hinausweisende Bedeutung erlangte aber einzig Fux' *Gradus ad Parnassum* (1725).

Einen internationalen Rang im florierenden Instrumentenbau nahm der Absamer Geigenbauer J. Stainer ein, dessen Instrumente im 18. Jh. sogar höher als die der oberitalienischen Geigenbauer geschätzt wurden.

Die Zeit des aufgeklärten Absolutismus. Der Regierungsantritt Maria Theresias (1740) brachte einen bedeutsamen Einschnitt. Sparmaßnahmen und die Aufgabe des span. Hofzeremoniells bewirkten, daß die Hofkapelle ihre zentrale Rolle im Musikleben für alle Zukunft verlor. Mit diesem Abrücken von der dominierenden Repräsentationsfunktion wurde Platz geschaffen für die Pflege einer neuen Instrumentalmusik „im Divertimentogeist" (J. P. Larsen) durch zahllose Adelskapellen und später durch bürgerliche Musizierkreise. Sie erreichte in der sog. Wiener Vorklassik wohl nicht die Orchesterkultur wie in Mannheim, Mailand oder Paris, bildete aber für den Weg zur ↗ Klassik – wie dies in den Jugendwerken J. Haydns gut verfolgbar ist – eine selbstverständliche Basis (G. Chr. Wagenseil, M. G. Monn, Fr. Tuma, Wenzel Raimund Birck usw.). Dem gesellschaftlichen Wandel entsprechend verringerte sich zeitweise der Niveauabstand zwischen Wien und der Provinz; Salzburg (J. E. Eberlin, A. C. Adlgasser, L. Mozart u. a.) oder Eisenstadt (Gr. J. Werner, dann J. Haydn) standen kaum zurück. Diesem Phänomen der Breite gesellte sich das einer jahrzehntelangen Kontinuität hinzu. Eine besondere erzieherische Bedeutung kam dabei der Kirchenmusik (Instrumentalmesse) zu. Ein öffentliches Konzertwesen entwickelte sich in Österreich erst relativ spät (in Wien seit etwa 1770). Dementsprechend setzte auch erst in den späteren 70er Jahren des 18. Jh. der Aufschwung des Musikalienhandels und Notendrucks (Artaria, Mollo, Cappi, Hoffmeister, Haslinger, Diabelli usw.) ein, dem der – allerdings traditionsreiche – Instrumentenbau mit hervorragenden Klaviermarken wie Stein, Streicher und Walter um und nach der Jahrhundertwende folgte. Zur selben Zeit erreichte Wien den ersten Höhepunkt an Anziehungskraft für auswärtige Musiker und machte Paris den Rang einer „Hauptstadt der Musik" streitig.

Trotz dieser Breitenentwicklung behielt Wien nicht nur als Kumulationspunkt, sondern auch in der Eigenart des Musiklebens seine Prägung als kaiserliche Residenzstadt bei. Bezeichnend dafür ist die Position des Musiktheaters. Die strenge Bindung an den Kaiserhof wurde von diesem selbst gelockert. Im neugeschaffenen „Theater nächst dem Kärntner Thor" (1708/09) war neben Hof und Adel auch dem Bürgertum der Zutritt gewährt. Entsprechend volkstümliche Tendenzen fanden auf der Bühne Eingang. Von der Altwiener Volkskomödie (Anton Stranitzky, Gottfried Prehauser, Felix von Kurz genannt Barnardon) führte über manche Unterbrechungen und verschlungene Wege (Wanderbühnen usw.) der Weg zum „deutschen Nationalsingspiel" im Burgtheater. In Zusammenhang mit diesen Bestrebungen Josephs II. erfolgte die Gründung dreier Wiener Volkstheater (in der Leopoldstadt, an der Wien, in der Josefsstadt) während der 80er Jahre des 18. Jh.; Ansätze zu einer deutschen Oper fanden aber erst in den von Chr. W. Gluck angeregten Übersetzungen Johann Baptist von Alxingers und vor allem durch W. A. Mozart eine Erfüllung. Parallel und auch in gewisser Spannung dazu dominierte in dem 1742 errichteten Burgtheater die (zeitweise ins Kärntnerthortheater abgedrängte) italienische Oper, deren Rang durch den seit 1729 in Wien lebenden, führenden Librettisten der Epoche, P. Metastasio, getragen wurde. Der frankophilen Mode (Fürst Kaunitz) folgend, trat seit 1752 eine französische Truppe auf und kreierte Gluck eine neue französische komische Oper. Das Burgtheater war dann auch der Ort der Gluckschen Opernreform (mit R. de' Calzabigi) und der parallelen Versuche um eine neue Art von Ballettpantomime (Fr. Hilverding, G. Angiolini, Calzabigi und Gluck).

Aus der Fülle der Namen, die das Musikleben bis hin zum Abschluß des Wiener Kongresses repräsentierten, seien genannt: für das Singspiel I. Umlauf (*Die Bergknappen,* 1778, als erstes Nationalsingspiel in Wien), G. Pasterwitz, C. D. von Dittersdorf, Wenzel Müller, J. B. Schenk, J. Weigl, Fr. X. Süßmayer und P. Wranitzky; für Kammermusik und Symphonik Dittersdorf, J. G. Albrechtsberger, A. Gyrowetz, J. N. Hummel, L. A. Koželuch, L. Tomasini und J. B. Vanhal; für die Klaviermusik und das Klavierlied M. Clementi, J. B. Cramer, C. Czerny, A. Diabelli, J. L. Dussek, J. Eybler und S. Neukomm; für die Kirchenmusik neben den bereits genannten M. Haydn, Tobias Gsur, Johann Georg Lickl, J. Preindl, Ambros Rieder, A. Salieri und M. Stadler. Sie alle geben jenes Milieu ab, in dem der Sonderfall der ↗Klassik J. Haydns, W. A. Mozarts und L. van Beethovens entstehen konnte, die deshalb gemeinhin Wiener Klassik genannt wird. Dagegen scheint das Werk M. Haydns wie ein Symbol für ein Charakteristikum der österreichischen Geistesgeschichte dieser Zeit, nämlich das einer Kontinuität, die das Konservative schließlich zum Fortschrittlichen wandelt: Haydn reichte die a cappella-Tradition von Fux an die Romantik und den Cäcilianismus weiter; er übertrug den alten „Divertimentogeist" unbeschwerter Geselligkeit auf den vokalen Bereich und wurde so zum Vater des 4st. Männerchors, der dann im 19. Jh. so „typisch deutsch" werden sollte. Als ausgesprochen „österreichischer Klassiker" wurde Fr. Schubert – allerdings erst etwa um die Mitte des 19. Jh. – verehrt. Nicht nur für das Sololied und den Chorgesang, sondern auch für die Instrumentalmusik („österreichische Symphonie") erschloß sich Schuberts Werk in seinem Rang und seiner zukunftsweisenden Kraft.

Vormärz. Der auffälligste Wandel im österreichischen Musikleben des frühen 19. Jh. besteht darin, daß die zunächst wenig begriffene Musik der Klassik zum zentralen Ansatzpunkt für die Musikpflege, -anschauung und -komposition wurde. Das Konzertwesen und die Vorliebe für häusliches Musizieren gelangten zu einer dominierenden Stellung. Zur tragenden Institution wurden die Musikvereine, die in großer Zahl gegründet wurden (der älteste in Laibach, 1794; als bedeutendster die ↗Gesellschaft der Musikfreunde in Wien, 1812); im gemeinsamen Musizieren und in der gemeinsamen musikalischen Kennerschaft von Adel und Bürgertum verwirklichten sich die Ideale einer Art „höheren Demokratie" innerhalb der Restauration. Das kunstfördernde Anliegen dieser Musikvereine führte zu Lehranstalten, die nach dem Vorbild von Paris und Prag vielerorts eingerichtet wurden. Die Hebung des aufführungspraktischen Standards vor allem im Orchesterspiel diente der steigenden Bedeutung von Musikfesten und der beginnenden Klassikerverehrung. Haydns *Schöpfung* bildete gleichsam ein Schlüsselwerk dieser Bestrebungen und ihrer österreichisch-vaterländischen Grundierung.

Weder Beethovens Spätwerk noch Schuberts Kompositionen außerhalb seines Liedschaffens repräsentieren das Musikleben des Vormärz, sondern eher jene bereits genannten Komponisten aus der Umgebung der Klassiker, ihre Schüler bzw. zahlreiche Schüler des Hofkapellmeisters und Gluck-Schülers Salieri sowie die zahllosen Kleinmeister aus diesem Umkreis. Sie komponierten in einer Atmosphäre, in der sich die altvertraute unkomplizierte Spielfreude mit der neuen Bewunderung für bestimmte klassische Meisterwerke paarte, ohne je deren Niveau zu erreichen. Sie alle hatten einen sehr angewachsenen Musikbedarf zu decken. Viel größere Faszination erzeugten Virtuosen. Nach den Pianisten Hummel, Czerny und I. Moscheles waren es in der Folge von N. Paganinis Auftritt in Wien 1828 vor allem europäische Zelebritäten wie Fr. Liszt, S. Thalberg usw., die in Wien, aber auch in anderen Städten brillierten. Einen ähnlichen Reiz übten italienische Primadonnen auf der Bühne aus; weniger sensationshafter Art war die Bewunderung für einheimische Sänger wie J. M. Vogl oder Wilhelmine Schröder-Devrient. In diesem Unterschied spiegelt sich ein Gegensatz in der Operndiskussion zwischen den Anhängern der italienischen Oper im Stile G. Rossinis und der deutschen Oper, die sich an den Forderungen Glucks orientierte. Daneben lebte das musikalisch anspruchslose Singspiel weiter, das durch die beliebten Parodien großer Opern eine besondere Farbe erhielt (J. Nestroy). Zur Drehscheibe gesellschaftlicher Unterschiede wie auseinanderstrebender musikalischer Ansprüche sind die um 1800 beginnenden enormen Erfolge des Wiener Walzers (J. Lanner, J. Strauß Sohn) geworden, in dem Kunstform wie gesellschaftliche Funktion ineinander aufgehen.

Die gestiegenen Bedürfnisse schlagen sich im Musikverlagswesen (auch Musikzeitschriften entstehen) und Instrumentenbau nieder. Eine führende Rolle nahm unter den zahlreichen Verlegern T. Haslinger ein; zu bereits genannten Klavierbaufirmen kamen die Firmen Bösendorfer und Schweighofer hinzu. Wie sehr auch kuriose musik-

mechanische Experimente faszinieren konnten, zeigte sich an denen J. N. Mälzels. Eine stark patriotische Motivierung stand hinter den musikhistorischen Unternehmungen in Konzert und Schrifttum (G. van Swieten, J. Sonnleithner, R. G. Kiesewetter, S. Molitor usw.).
Gründerzeit. Die Revolution von 1848 markierte auch für das Musikleben einen Einschnitt. Sosehr der höfische Argwohn gegen alle musikalischen Institutionen (mit Ausnahme solcher wie die Hofoper) eine Aufwärtsentwicklung durch viele Jahre behinderte, erfolgte sie, einmal in Gang gebracht, unter neuen Gesichtspunkten. Um selbst in Wien einer Provinzialität zu entgehen, wurden den Liebhaberorchestern der Musikvereine Berufsorchester übergeordnet. Die schon vor der Revolution eingerichteten, jetzt erst mehr und mehr erfolgreichen „Philharmonischen Konzerte" in Wien wurden beispielgebend. Die Werke R. Schumanns und F. Mendelssohn Bartholdys konnten sich nunmehr in Wiener Konzertsälen durchsetzen, die Liszts und H. Berlioz' fanden Interesse. Die Opern R. Wagners wurden nach Aufführungen in Graz, Linz usw. erst Ende der 50er Jahre in das Repertoire der Hofoper aufgenommen. Unmittelbar nach 1848 jedoch machte das Männerchorwesen eine sprunghafte Entwicklung durch und verbreitete sich über die deutschen Länder der Monarchie – und dies trotz einer überwiegend „großdeutschen" Geisteshaltung dieser Vereine, die von der Regierung wiederholt in den Bereich des „Österreichisch-Vaterländischen" zu ziehen versucht wurde. – „Eine sichtbare Palingenesis" des Wiener Musiklebens nannte E. Hanslick die Saison 1869/70 mit der neuen Hofoper am Ring und dem Neubau des Musikvereins. Damit war nach außen hin der wiedererlangte Glanz Wiens als „Hauptstadt der Musik" repräsentiert. 1868 z. B. wurden J. Brahms' *Deutsches Requiem,* A. Bruckners 1. Symphonie und Wagners *Meistersinger* ur- bzw. erstaufgeführt. Universal tätige Musikerpersönlichkeiten wie J. Hellmesberger, J. Ritter von Herbeck oder dann H. Richter bestimmten Niveau und Linie im Musikverein, in den Philharmonischen Konzerten, in der Hofoper und in der Hofkapelle. In der Oper bildete sich eine Gleichgewichtigkeit zwischen italienischem, leichterem deutschem und französischem Genre auf der einen und vor allem der Wagnerschen Musikdramatik auf der anderen Seite aus. Die Wiener Hofoper stellte den Grundstock im Personal der ersten Bayreuther Festspiele und fand unter Richter in den 80er Jahren zu einer authentischen Wagnerpflege (Amalie Materna, Emil Scaria, Hermann Winkelmann usw.). Das Wiener Konzertleben festigte nicht nur durch das Niveau von Orchester- und Kammermusikvereinigungen seine europäische Bedeutung, sondern ebenso durch den Umstand, daß Komponisten vom Range Brahms' und Bruckners in Wien lebten; dadurch und durch den gebotenen Anreiz für auswärtige Musiker (z. B. Liszt und Wagner), in Wien zu reüssieren, wurde der Einfluß einheimischer Komponisten relativiert (J. N. und R. Fuchs, Hermann Grädener, K. Goldmark, Josef Labor, Stefan Stocker usw.). Nicht zu übersehen ist dabei auch, daß in der Gründerzeit wie nie zuvor die Musik der Vergangenheit zur Konkurrenz der Gegenwart wurde (wobei die Musik der „österreichischen Klassiker" einschließlich Schuberts bevorzugt wurde).
Eine allumfassende Tendenz zur Monumentalisierung zeigte sich ebenso in Wiener Musikfesten (Zentenarfeiern für Klassiker, „Musik- und Theaterausstellung" 1892, Sängerfeste usw.) wie in denen der Provinz; z. B. suchte sich Graz als Wagner-Stadt zu profilieren – in Salzburg fand nach dem Bayreuther Vorbild 1877 das erste von der Mozart-Stiftung veranstaltete „Mozart-Fest" statt, in dem schon das internationale Flair der späteren Salzburger Festspiele spürbar wurde. Mehr und mehr in Spannung zu dieser Entwicklung geriet die „heitere Muse", in der sich lange die alte Einheit von Kunst und Divertissement erhielt. Die Wiener Operette, die Fr. von Suppé aus der anfänglichen Kopie Offenbachscher Bouffons herauskristallisierte, wurde in den schönsten Werken J. Strauß' Sohn hofopernfähig, sie glitt aber auch in den Stücken K. Millöckers, K. Zellers, R. Heubergers und C. M. Ziehrers nicht ins bloß Sentimentale und Geistlose ab. Vielleicht noch besser glückte Johann und Joseph Strauß in ihren Walzern, Polkas u. ä. eine Musik voll Vitalität und wie selbstverständlicher Noblesse, deren Einzigartigkeit sie zum weltweiten Erfolg machte und bis heute den Begriff vom „Musikland Ö." stark bestimmt. Hoch zu schätzen, sowohl in der Wirkung nach außen wie in der Breitenwirkung im Innern, ist auch die Militärmusik (A. Czibulka, Josef Franz Wagner, Karl Komzák jun., Ziehrer usw.).
In der österreichischen Musiktheorie wurde die Generalbaßlehre nur langsam abgelöst; ihre prägende Kraft blieb auch in der Stufentheorie S. Sechters – der als Lehrer Bruckners eine bevorzugte Stellung einnahm – und selbst noch in der Harmonielehre A. Schönbergs (1911) erkennbar. – Im Instrumentenbau überwiegt die Quantität die Qualität, ausgenommen die Klavierfirma Bösendorfer, die seit damals einen internationalen Ruf genießt.
Vom Fin de siècle zur Zwischenkriegszeit. Die kul-

turelle Anspannung wie die „fröhliche Apokalypse“ (Hermann Broch) des Fin de siècle erhellt bereits die Aufzählung des Neben- und Nacheinanders von H. Wolfs extremer Ausdruckssensibilität, der modischen Welle veristischer Opern, der Dekade von G. Mahlers Wiener Tätigkeit, dem Phänomen einer Sezession auch auf dem Gebiet der Musik und dem gesellschaftlichen Ereignis einer „silbernen Ära“ der Operette. In ihr (Fr. Lehár, L. und R. Fall, E. Kálmán usw.) wie im Wiener Lied und der zunächst feinsinnigen Schrammelmusik wurde der Blick zurück auf die „gute alte Zeit“ immer wieder vordergründig. Wie bei der Operette, so reichte auch in der Oper die Tradition über den 1. Weltkrieg hinweg in die Zwischenkriegszeit (R. Strauss, Fr. Schalk, Cl. Krauss u.a. als Direktoren). Eine ähnliche Kontinuität ließ sich sogar in dem immer schon angefeindeten avantgardistischen Komponieren von Schönberg und seinen Schülern (↗Wiener Schule) durchsetzen. Gerade das politische Ende der Monarchie (1918) motivierte das kulturelle Nationalbewußtsein, das in den Programmideen für die Salzburger Festspiele sich zur alten europäischen Gesinnung weitete (H. von Hofmannsthal). In diesen Zusammenhang gehört auch die zunehmende Betonung einer retrospektiven Musikpflege, die sich im Gewicht sog. spätromantischer Musiker äußerte. Der nachlassenden Beachtung für die Musik der Wiener Schule, E. Kreneks, Fr. Schrekers, A. von Zemlinskys, J. M. Hauers u.a., entsprach der steigende Rang von Komponisten wie Fr. Schmidt, J. Marx, J. Bittner, E. W. Korngold, E. N. von Reznicek usw. Eine ähnlich retrospektive Grundströmung wurde auch in der Musiktheorie (besonders H. Schenker) und in der Musikwissenschaft (G. Adler, R. Lach; nach 1945 E. Schenk, Walter Graf und ihre Schüler) deutlich. Der 1938 erfolgte „Anschluß“ der „Ostmark“ an das Deutsche Reich und dann der 2. Weltkrieg beeinträchtigten zunehmend das Musikleben. Dabei erhielt sich aber eine Atmosphäre relativer Toleranz (Jazz-Bands, Hindemith-Zyklus an der Wiener „Reichsmusikhochschule“). Kurz vor der Eroberung Wiens konzertierten die Philharmoniker am 1. und 2. 4. 1945 ein letztes Mal – und drei Wochen später auf Befehl des sowjetischen Militärkommandanten bereits wieder.

Nach 1945. Das Wiedererstehen der Eigenstaatlichkeit Ö.s löste eine Aufbruchsstimmung aus, die im Musikleben ein Wiedererlangen des alten Niveaus anstrebte. Die aus dem 19. Jh. stammenden Wiener Musikinstitutionen erlebten Schritt für Schritt (Wiedereröffnung der Staatsoper 1955) eine Renaissance; die Salzburger Festspiele nahmen ihren Platz unter den führenden Musikfestspielen der Welt wieder ein. Im Unterschied zur Vergangenheit dominieren als international anerkannte Leistungen in den letzten Jahrzehnten die der Interpreten. Neben den Wiener Philharmonikern, einigen Dirigenten (K. Böhm, H. von Karajan u.a.), zahlreichen Sängern kamen auch Wiener Pianisten aus der ersten Nachkriegsgenereation (Fr. Gulda, A. Brendel u.a.) zu Weltruf. Es mag an der allgemeinen Zeitsituation liegen, daß demgegenüber die Komponisten sich nicht in gleichem Maße zu profilieren vermochten. Die Träger des „Großen österreichischen Staatspreises“ seit 1950 sind: Marx, E. Kornauth, J. N. David, Hauer, H. E. Apostel, O. Siegl, H. Gal, Th. Berger, A. Uhl, E. Wellesz, Krenek, M. Rubin und C. Bresgen. Überregionale Beachtung fanden außerdem vor allem die Werke von G. von Einem, K. Schiske, Fr. Cerha, R. Haubenstock-Ramati, Kurt Schwertsik, H. Eder und G. Wimberger.

Institutionen. Die bedeutendsten Festspielstätten sind Salzburg, Wien, Bregenz, Ossiach und Graz (↗Festspiele). Neben der Staatsoper und der Volksoper in Wien gibt es in Graz, Innsbruck, Klagenfurt, Linz und Salzburg ständig bespielte Opernhäuser. Die großen Wiener Konzertveranstalter sind die Gesellschaft der Musikfreunde in Wien und die Konzerthausgesellschaft; vergleichbare Institutionen gibt es in den Hauptstädten der einzelnen Bundesländer. Zu den führenden Berufsorchestern zählen neben den Wiener Philharmonikern die Wiener Symphoniker und das ORF-Symphonieorchester (überwiegend für moderne Musik); das bekannteste Ensemble für ältere Musik ist der Concentus musicus von N. Harnoncourt. Ö. hat 3 Musikhochschulen (Wien, Salzburg, Graz) und ein breitgestreutes Musikschulwesen. Die wichtigsten Musikaliensammlungen befinden sich in der Österreichischen Nationalbibliothek, der Wiener Stadtbibliothek und der Bibliothek der Gesellschaft der Musikfreunde in Wien; darüber hinaus ist der Reichtum an musikalischen Quellen in Bibliotheken weltlicher und geistlicher Institutionen groß. Musikwissenschaftliche Forschungseinrichtungen besitzen die Österreichische Akademie der Wissenschaften, die Universitäten in Wien, Innsbruck, Graz und Salzburg sowie die Musikhochschulen.

Lit.: **1) Tondenkmäler-Ausg. u. Periodika:** Denkmäler der Tonkunst in Ö. (= DTÖ), hrsg. v. G. ADLER – E. SCHENK – O. WESSELY (W 1894 ff.), bisher 133 Bände; Jb. des Östr. Volksliedwerkes (W 1952 ff.); Musik alter Meister. Beitr. z. Musik- u. Kulturgesch. Innerösterreichs, hrsg. v. H. FEDERHOFER (Gr 1960 ff.); Musicologica Austriaca (Mn – Salzburg 1977 ff.). – Studien zur Musikwissenschaft (StMw) (L 1913–34, W 1955 ff.); Österreichische Musikzeitung (ÖMZ) (W 1953 ff.). – **2) Studien:** L. RITTER von Köchel, Die kaiserliche Hof-Musikkapelle in Wien von 1543 bis 1867 (W 1869); E. Hanslick, Gesch. des Concertwesens in Wien (W 1869); J. Mantuani, Gesch. der Musik in Wien, I: Von der Römerzeit bis zum Tode des Kaisers Max I. (W 1904); P. Stefan, Neue Musik u. Wien (W 1921); R. Haas, Wiener Musiker vor u. um Beethoven (W 1927); G. Adler, Musik in Ö., in: StMw 16 (1929); C. Schneider, Gesch. der Musik in Salzburg v. der ältesten Zeit bis z. Gegenwart (Salzburg 1935); A. Witeschnik, Musik aus Wien (W 1943); E. Schenk, 950 Jahre Musik in Ö. (W 1946); ders., Kleine Wiener Musikgesch. (W 1946); K. u. M. Blaukopf, Von östr. Musik. Eine kurze Gesch. der östr. Musik (W 1947); W. Wiora, Zur Frühgesch. der Musik in den Alpenländern (Bas 1949); O. Wessely, Linz u. die Musik. Von den Anfängen bis zum Beginn des 19. Jh., in: Jb. der Stadt Linz 1950 (1950); O. Wessely, Musik in Oberösterreich (Linz 1951); R. Wolfram, Die Volkstänze in Ö. u. verwandte Tänze in Europa (Salzburg 1951); F. Hadamowsky, Barocktheater am Wiener Kaiserhof, in: Jb. der Ges. für Wiener Theaterforsch. (1951/52); A. Orel, Musikstadt Wien (W 1953); A. Witeschnik, 300 Jahre Wiener Operntheater. Werk u. Werden (W 1953); W. Senn, Musik u. Theater am Theater am Hof zu Innsbruck (I 1954); H. J. Moser, Die Musik im frühen Ö. (Kas 1954); O. Eberstaller, Orgeln u. Orgelbauer in Ö. (W 1955); H. Federhofer, Beitr. z. älteren Musikgesch. Kärntens, in: Carinthia 1/145 (1955); A. Kellner, Musikgesch. des Stiftes Kremsmünster (Kas 1956); E. Schenk, Die östr. Barockmusik als Ausdruck europäischer Kultur, in: Ö. u. die Welt (W 1956); H. Federhofer, Die Niederländer an den Habsburgerhöfen in Ö., in: Mitt. der Kommission für Musikforsch. 6 (1959); E. Tittel, Östr. Kirchenmusik (W 1961); H. Federhofer, Musikpflege u. Musiker am Grazer Habsburgerhof ... 1564–1619 (Mz 1967); J. Kaut, Festspiele in Salzburg (Salzburg 1969); H. Kaufmann, Versuch über das Österreichische in der Musik, in: ÖMZ 25 (1970); H. Federhofer, Musikleben in der Steiermark, in: Die Steiermark. Land, Leute, Leistung (Gr [2]1971); H. Goertz, Östr. Musikhdb. (W 1971); E. Schneider, Vorarlberg in der östr. Musikgesch., in: Montfort 25 (1973); F. Zagiba, Musikgesch. Mitteleuropas von den Anfängen bis zum Ende des 10. Jh. I (W 1976); W. Lipphardt, Musik in den östr. Klöstern der Babenberger Zeit, in: Musicologica Austriaca 2 (1977); R. Schollum, Das östr. Lied des 20. Jh. (Tutzing 1977); Musikgesch. Ö.s, hrsg. v. R. Flotzinger – G. Gruber, 2 Bde. (Gr 1977–79).

G. GRUBER

OSTERWALD, Hazy (eig. Rolf Osterwälder), * 18. 2. 1922 Bern; Schweizer Trompeter und Bandleader. O. studierte am Konservatorium in Bern und spielte seit 1941 im Orchester von T. Stauffer; 1944 gründete er seine erste eigene Band. Berühmt wurde O. in den 50er Jahren mit seinem Hazy-Osterwald-Sextett, das effektvolle Showmusik darbot und zahlreiche Tourneen unternahm, u.a. in die UdSSR. Besonderen Erfolg hatte um 1960 der von ihm produzierte *Kriminal-Tango.*

OSTHOFF. – 1) Helmuth, * 13. 8. 1896 Bielefeld, † 9. 2. 1983 Würzburg; dt. Musikforscher. Nach Studien am Sternschen Konservatorium Berlin und dann bei J. Wolf, H. Kretzschmar und G. Schünemann an der Universität Berlin promovierte er dort 1922. Er wurde 1923 Korrepetitor an der Leipziger Oper und 1926 Assistent A. Scherings an der Universität Halle/Saale. 1928 folgte er Schering nach Berlin, habilitierte sich dort 1932 und wurde 1938 außerordentlicher Professor, Universitätsmusikdirektor und Direktor des Musikwissenschaftlichen Instituts der Universität Frankfurt am Main, wo er bis zu seiner Emeritierung (1964) wirkte.

Schriften: *Der Lautenist S. Garsi da Parma* (L 1926) (= Slg. musikwiss. Einzeldarstellungen 6); *A. Krieger* (L 1929, Nachdr. Wie 1970); *Die Anfänge der Musikgeschichtsschreibung in Deutschland,* in: AMl 5 (1933); *Die Niederländer u. das dt. Lied von 1400 bis 1640* (B 1938, Nachdr. Tutzing 1967) (= Neue dt. Forsch. 197, Abt. Musikwiss. 7); *Deutsche Liedweisen und Wechselgesänge im mittelalterlichen Drama,* in: AfMw 7 (1942); *Goethes Lyrik in der Musik,* in: Das Musikleben 5 (Mz 1952); *Mozarts Einfluß auf R. Strauss,* in: SMZ 98 (1958); *Der Durchbruch zum musikal. Humanismus,* in: Kgr.-Ber. New York 1961; *Josquin Desprez,* 2 Bde. (Tutzing 1962–65); *Zu G. Mahlers 1. Symphonie,* in: AfMw 28 (1971).

2) Wolfgang, Sohn von 1), * 17. 3. 1927 Halle/Saale; dt. Musikforscher. Er studierte an der Universität Frankfurt am Main bei seinem Vater und bei Thr. G. Georgiades, promovierte bei Georgiades 1954 an der Universität Heidelberg mit einer Dissertation über *Das dramatische Spätwerk C. Monteverdis* und setzte bis 1957 seine Studien in Italien fort. 1957–64 war er Assistent von Georgiades an der Universität München, habilitierte sich dort 1965, verblieb bis 1968 in München als Dozent und wurde dann Ordinarius an der Universität Würzburg.

WW: **1) Schriften:** *Das dramatische Spätwerk C. Monteverdis* (Tutzing 1960) (= Münchner Veröff. z. Musikgesch. 3); *Die Conductus des Codex Calixtinus,* in: FS B. Stäblein (Kas 1967); *Theatergesang und darstellende Musik in der italienischen Renaissance (15. und 16. Jh.),* 2 Bde. (Tutzing 1969) (= Münchner Veröff. z. Musikgesch. 14); *Beethovens „Leonoren"-Arie,* in: Kgr.-Ber. Bonn 1970 (Kas 1973); *H. Schütz, L'incontro storico fra lingua tedesca e poetica musicale italiana* (V 1975), erweiterte dt. Fassung, in: Schütz-Jb. 2 (1980); *Jugendwerk, Früh-, Reife- und Altersstil. Zum langsamen Satz des Cellokonzerts op. 52 von H. Pfitzner,* in: AfMw 33 (1976); *Pfitzner in der aktuellen Musikliteratur,* in: Mitteilungen der H.-Pfitzner-Ges. 38–43 (Mn 1978–81). – **2) Editionen:** *C. Monteverdi, 12 Composizioni vocali profane e sacre (inedite)* (Mi 1958); *H. Pfitzner, Konzert für Vc. u. Orch. 1898* (Mz 1978).

J. DORFMÜLLER

OSTINATO (it.; von lat. obstinatus = hartnäckig; als Substantiv: das hartnäckig Beibehaltene; engl.: obstinate; frz.: obstiné, contraint, auch basse contrainte; span.: obstinado), um 1700 aufkommender Begriff (A. Berardi, *Documenti armonici,* 1687), beinhaltet nach J. G. Walther (*Musicalisches Lexicon,* 1732) „dasjenige, so man einmahl angefangen hat, beständig fortsetzen und nicht davon ablassen". Das „beständig fortgesetzte", d.h. ununterbrochen wiederholte Strukturelement – ob harmonische Folge, Melodie- oder Baßformel – wird als unveränderlicher Kernpunkt wahrgenommen, der von variablen Elementen umspielt wird. Ehemals synonyme Bezeichnungen wie Passo forçado (M. de Fuenllana, *Libro de musica ...,* 1554),

Pertinacia (G. Zarlino, *Le istitutioni harmoniche,* 1558) oder Perfidia (S. de Brossard, *Dictionnaire,* 1703) umschreiben ebenfalls den Sachverhalt der beständigen Wiederholung eines melodischen oder rhythmischen Gebildes; die Beispiele hierfür lassen aber nicht immer jene Durchstrukturierung erkennen, die nach dem heutigen Verständnis das Wesen des O.s ausmacht.

Das O.-Verfahren reicht viel weiter zurück als die terminologische Auseinandersetzung und Festlegung. Die straffen Gruppierungen der Modalrhythmik in den Notre-Dame-Organa und den Motetten der Ars antiqua haben ostinaten Charakter; zum echten O. als Struktur kommt es in einigen Motetten der Codices Montpellier und Bamberg wie in den englischen Stimmtauschsätzen des Worcester-Repertoires. Bei dem Unterstimmenpaar (↗Pes) der bekannten Rota *Sumer is icumen in* liegt ein einfacher Wechselbordun zugrunde, der in 2st. Stimmtausch rhythmisiert wird. Wechselbordunostinati, die eine starke tonale Zentrierung mit sich bringen, sind in England noch im 16. und frühen 17. Jh. als Strukturelement beliebt.

In der vokalen Kunstmusik des 15. und 16. Jh. werden verschiedene Verfahren angewandt: Manchmal wird der C.f. als O. behandelt, manchmal von ostinaten Gebilden begleitet. – Ostinati von primär klanglicher Haltung begegnen als nachgeahmte Fanfarenfloskeln (vgl. das festliche Trompetenmotiv, das G. Dufays *Gloria ad modum tubae* durchzieht, oder die „Tuba-Messen" der Trienter Codices) und Glockengeläute (L. Senfl, *Das Gläut zu Speyer,* oder zahlreiche englische ↗Grounds mit Glockenmotiv für Zupf- und Tasteninstrument um 1600). Rhythmische Ostinati, die lautmalerisch Trommeln und Paukenschläge wiedergeben sollen, sind eine typische Erscheinung der Battaglia-Kompositionen der Renaissance. Ein wirkungsvolles Beispiel der Neuzeit ist der Satz *Mars* der Suite *The Planets* G. Holsts. Bei Sätzen der Art, wo das ostinate Grundelement sehr exponiert hervortritt, kommt die eigenartige Suggestivkraft des O.s deutlich zum Vorschein. Die unablässig wiederholte Formel hat etwas Magisch-Bezwingendes, d.h. etwas, das in den Bereich des Irrationalen führt. Zugleich wird sie als festgefügtes Bauelement, d.h. als rationale Struktur, wahrgenommen. Der spezifische Reiz des O.s liegt in dem schwebenden Gleichgewicht zwischen diesen beiden Extremen der Wahrnehmung. Daraus ergeben sich expressive Möglichkeiten, die in der Neuzeit u.a. von M. Ravel, A. Honegger, I. Strawinsky und B. Britten bewußt eingesetzt worden sind, die aber wesenseigen der dramatischen und zugleich tektonischen Haltung der Barockzeit entsprechen. In der Marienvesper (1610) verwendet Cl. Monteverdi den C.f.-O. als beschwörende Gebetsformel (Litaneirufe der *Sonata sopra Sancta Maria ora pro nobis*); in seinen dramatischen Werken wie in den Opern H. Purcells stützen ostinate Baßformeln freie, ausdrucksstarke Oberstimmen. Metrische Verschiebungen zwischen dem starren Gerüst eines ↗Basso ostinato und der freien Oberpartie dienen im Solosatz Purcells der Deklamation; in den Chor- und Instrumentalsätzen, die oft als ↗Chaconne oder ↗Passacaglia konzipiert sind und beträchtliche Ausmaße erreichen, verschleiert der gleiche Kunstgriff die Kleinteiligkeit der meist 4- oder 8taktigen Ostinati und gewährleistet damit einen flexiblen, fließenden Satz.

Die strenge Periodizität der geläufigsten ostinaten Baßformeln bezeugt den entscheidenden Impuls, den die Tanzmusik für das O.-Verfahren im 16. und 17. Jh. brachte. Zu den Tanzbässen im eigentlichen Sinne sind der ↗Passamezzo antico, der Passamezzo moderno und die ↗Folia zu zählen, während die ↗Romanesca und der ↗Ruggiero auf bekannte Liedmelodien zurückgehen. Die fallende Quart begegnet als einfacher stufenweiser Gang oder, chromatisch ausgeschmückt, als affektvolles Lamento. – Die Musik der 2. Hälfte des 18. Jh. löste sich vom Generalbaßprinzip und damit auch weitgehend von Formen, die auf den alten Baßformeln beruhten. Während die Komponisten der Romantik nur selten auf Ostinati zurückgriffen (Fr. Chopin, *Berceuse;* J. Brahms, Finale der 4. Symphonie), konnten Komponisten des späten 19. Jh. ihren Reiz als konstruktives Verfahren wiederentdecken (M. Reger, A. Bruckner, G. Mahler). Für den O. im 20. Jh. (P. Hindemith, B. Bartók, I. Strawinsky u.a.) sind charakteristisch sowohl die konstruktiv-rationalen als auch die magisch-ekstatischen Züge, wie sie C. Orff in einer besonderen Vordergründigkeit *(Carmina Burana)* und M. Ravel *(Boléro)* in dem von der Trommel konsequent durchgehaltenem Rhythmus exemplarisch realisiert haben.

Lit.: L. PROPPER, Der basso o. als technisches u. formbildendes Prinzip (Diss. B 1926); R. LITTERSCHEID, Zur Gesch. des basso o. (Diss. Marburg 1927); L. NOWAK, Grundzüge einer Gesch. des Basso o. in der abendländischen Musik (W 1932); L. WALTHER, Die O.-Technik in den Chaconne- u. Arienformen des 17. u. 18. Jh. (Wü 1940); R. NELSON, The Technique of Variation (Berkeley/Calif. 1948); A. ELSTON, Some Rhythmic Practices in Contemporary Music, in: MQ 42 (1956); E. APFEL, O. u. Kompositionstechnik bei den engl. Virginalisten ..., in: AfMw 19/20 (1962/63); G. BERGER, O., Chaconne, Passacaglia (Wb 1968) (= Musikal. Formen in hist. Reihen o. Nr.); E. APFEL, Untersuchungen z. Entstehung u. Frühgesch. des O. in der komponierten Mehrstimmigkeit (Saarbrücken 1976) (= Grundlagen einer Gesch. der Satztechnik 3), dazu: DERS., Entwurf eines Verzeichnisses aller O.-Stücke (ebd. 1977). – ↗Basso ostinato.

G. NITZ

OSTRČIL, Otakar, * 25. 2. 1879 Prag(-Smíchov), † 20. 8. 1935 Prag; tschechischer Komponist und Dirigent. Er studierte Philosophie und Musikwissenschaft und wurde 1895 Klavier-, später auch Kompositionsschüler von Zd. Fibich. O. leitete seit 1912 die Tschechische Philharmonie und war seit 1919 künstlerischer Rat sowie 1920–35 Operndirektor des Prager Nationaltheaters. Er dirigierte auch im Ausland und war 1926–29 Professor für Dirigieren am Prager Konservatorium. O. schrieb seit 1911 in einer persönlich geprägten Sprache.

WW: Streichquartett H-Dur (1899); Symphonie A-Dur (1905). – Melodramen: *Kamenný mnich* (Der steinerne Mönch) (1893); *Lilie* (Lilien) (1895); *Balada o mrtvém ševci a maldé tanečnici* (Ballade vom toten Schuster u. der jungen Tänzerin) (1904); *Balada česká* (Tschechische Ballade) (1905); *Skřivan* (Die Lerche) (1934). – Opern: *Jan Zhořelecký* (1896–98); *Vlasty skon* (Vlastas Tod), UA: Prag 1904; *Kumálovy oči* (Kumáls Augen), UA: ebd. 1908; *Poupě* (Die Knospe), UA: ebd. 1912; *Legenda z Erim* (Die Legende v. Erin), UA: Brünn 1921; *Honzovo království* (Hansens Königreich), UA: ebd. 1934.

Ausg.: Korrespondence L. Janáčka s O. Ostrčilem, hrsg. v. A. REKTORYS (Pr 1948); Korrespondence O. Ostrčila s V. Zítkem, hrsg. v. DEMS. (Pr 1951).

Lit.: Gedenkschrift, hrsg. v. A. J. PATZAKOVÁ (Pr 1935); Z. NEJEDLÝ, O. O., Vzrůst a uzrani (Pr 1935, [2]1939); J. VALEK, Technické prostředky hudební mluvy O. Ostrčila, in: Hudební věda 2 (1965) – 3 (1966) (mit engl., dt. u. russ. Zusammenfassung); B. ČERVINKOVÁ, O. O., Bibliogr. (Pr 1971); V. KARBUSICKY, „Der Kreuzweg“ O. O.s. Ein soziologischer Beleg z. Wozzeck-Rezeption?, in: Zur Musik des 20. Jh. (H 1980) (= HJbMw 4).

OSWALD VON WOLKENSTEIN, * um 1377 auf Schloß Schöneck, † 2. 8. 1445 Meran; aus dem Tiroler Adelsgeschlecht der Vilander stammender Dichter-Sänger. Er führte ein bewegtes Leben, das autobiographisch – dichterisch und wahrheitsschildernd – in seine Gesänge eingegangen ist. Als erster repräsentiert er die höfische und bürgerliche, ein- wie mehrstimmige Gesangskunst mit Instrumentalbegleitung, die schrittweise nach italienischem oder französischem Vorbild in die Praxis Mitteleuropas eingegangen ist. Die Kenntnisse der musikalischen Gepflogenheiten anderer Länder, die er mit heimischer usueller Tradition zu verbinden wußte, erwarb er sich als Knappe auf ausgedehnten ritterlichen Lehrfahrten quer durch Europa, ins Heilige Land (1409) sowie in der Gefolgschaft König Sigismunds (1415) zum Konstanzer und später Baseler Konzil. Derb, temperamentvoll war er in jedem Milieu mit „toben, wüten, tichten, singen mangerlai“ tätig, obgleich er in erster Linie, durch Erbteilung in den teilweisen Besitz der Burg Hauenstein gelangt und Lehensträger des Bischofs von Brixen, als „Gotshausmann“ an der Landespolitik Tirols aktiven Anteil hatte. Sein Werk liegt in 2 Pergament-Hss. mit 126 Liedern und einem Porträt vor, das ihn als Ritter zeigt (sog. Hs. A – Wien, Östr. Nationalbibl. 2777, 1425 abgeschlossen; Hs. B = Innsbruck, Univ.-Bibl., Nachträge bis 1438). 29 dieser Stücke – mehrheitlich Liebeslieder, aber auch religiöse und didaktische Gesänge, Tanz-, Trink- und Spottlieder – bedienen sich der Melodien anderer Texte; 35 sind mehrstimmig gesetzt und entsprechen den üblichen Praktiken, aber auch der Kunstmusik der Ars nova und des Trecentos, wie einige Kontrafakturen, u. a. die der Ballata *Questa fanciulla* von Fr. Landini, veranschaulichen. – Texte wie Kompositionen des Wolkensteiners stehen seit langem im Mittelpunkt eines unterschiedlichen Interesses. Namentlich seit dem 2. Weltkrieg schlägt sich dieses aber in vielfältigen Textbearbeitungen in Oratorien (H. Genzmer), Kantaten (C. Bresgen) und Liedsätzen nieder, in literarischen Annäherungsversuchen (Dieter Kühn, Anton Schwob) und in populären wie wissenschaftlichen Neuausgaben. Nahezu kein Ensemble für mittelalterliche Musik verzichtet heute auf Darbietungen aus seinem Œuvre.

Ausg.: Geistliche u. weltliche Lieder, hrsg. v. J. SCHATZ – O. KOLLER (W 1902) (= DTÖ 18); Die Lieder O.s von W., hrsg. v. K. K. KLEIN (Tü 1962) (zus. mit W. Weiß u. N. Wolf, mit einem Musikanhang v. W. Salmen), 2. Aufl. bearb. v. H. MOSER, N. R. u. N. WOLF (1975); O. von W. Abbildungen zur Überlieferung, I: Die Innsbrucker W.-Hs. B, hrsg. v. H. MOSER – U. MÜLLER (Göppingen 1972), II: Die Innsbrucker W.-Hs. C, hrsg. v. DENS. – F. V. SPECHTLER (ebd. 1974) (= Litterae. Göppinger Beitr. z. Textgesch. 12 u. 16); O. von W.-Liederbuch. Eine Ausw. v. Melodien, hrsg. v. H. GANSER – R. HERPICHBÖHM (Gö 1978) (= Göppinger Ausg. z. Germanistik 240); Die Lieder ..., neu übertragen u. kommentiert v. K. J. SCHÖNMETZLER (Mn 1979); I. PELNAR, Die mehrst. Lieder O.s von W. Edition (Tutzing 1981) (= Münchner Editionen z. Musikgesch. 2).

Lit.: F. GENNRICH, Liedkontrafaktur in mhd. u. ahd. Zeit, in: Zschr. für dt. Altertum u. dt. Lit. 82 (1948/50), überarbeitet in: Der dt. Minnesang, hrsg. v. H. Fromm (Da 1961, [5]1972) (= Wege der Forsch. 15); W. SALMEN, Werdegang u. Lebensfülle des O. von W., in: MD 7 (1953); J. WENDLER, Stud. z. Melodiebildung bei O. von W. (Tutzing 1963); TH. GÖLLNER, Landinis „Questa fanciulla“ bei O. von W., in: Mf 17 (1964); CH. PETZSCH, Text- u. Melodietypenveränderung bei O. von W., in: DVfLG 38 (1964); DERS., Zum Freidank-Cento O.s von W., in: AfMw 26 (1969); B. STÄBLEIN, Das Verhältnis v. textlich-musikal. Gestalt zum Inhalt bei O. von W., in: Formen ma. Lit. FS S. Beyschlag (Göppingen 1970) (= Göppinger Arbeiten z. Germanistik 25); E. TIMM, Die Überlieferung der Lieder O.s von W. (Lübeck 1972) (= Germanische Stud. 242); O. von W. Beitr. der ... Tagung in Neustift bei Brixen 1973, hrsg. v. E KÜHEBACHER (I 1974); A. SCHWOB, O. von W. (Bozen 1977, [3]1979); D. KÜHN, Ich Wolkenstein. Eine Biographie (F 1977); W. SALMEN, O. von W. als Komponist?, in: Literaturwiss. Jb. N.F. 19 (1978); O. von W., hrsg. v. U. MÜLLER (Da 1980); I. PELNAR, Die mehrst. Lieder O.s von W. Textband (Mn 1981) (= Münchner Veröff. z. Musikgesch. 32).

G. BUSCH-SALMEN

OSZILLOGRAPH (von lat. oscillare = schaukeln und griech. graphein = schreiben), Bz. für ein Gerät, das mittels Elektronenstrahlröhre periodische und kurzzeitig auftretende Vorgänge als konstantes Bild („Oszillogramm“) darstellt. Hierzu wird der Elektronenstrahl in horizontaler Richtung mit konstanter Geschwindigkeit bewegt, während seine vertikale Auslenkung von dem zu untersuchenden Signal hervorgerufen wird. Die so gewonnenen Bilder ermöglichen die Analyse eines Schwingungsverlaufs, z.B. von Instrumentalklängen, dienen aber auch der Untersuchung von Mikrophonen, Verstärkern oder Lautsprechern. Zur Analyse kurzzeitiger, nicht-periodischer Vorgänge (z. B. Einschwingvorgänge von Instrumenten) wird der Elektronenstrahl nicht periodisch, sondern nur einmal in horizontaler Richtung abgelenkt, die geschriebene Kurve kann dann nach Speicherung in einem digitalen Speicher beliebig lange sichtbar gemacht werden („Speicher-O.").

Lit.: J. CZECH, Oszillographenmeßtechnik (B 1959).

OTELLO, Dramma lirico in 4 Akten von Giuseppe Verdi (1813–1901), Text von Arrigo Boito nach dem gleichnamigen Drama Shakespeares. Ort u. Zeit der Handlung: Herrscherpalast auf Zypern, Ende des 15. Jahrhunderts. UA: 5. 2. 1887 in Mailand (Teatro alla Scala); dt. EA (in dt. Sprache): 31. 1. 1888 in Hamburg.

Otello gilt als Kulminationspunkt in Verdis Opernschaffen und bezeichnet, 15 Jahre nach *Aida* entstanden, das Ergebnis eines langwährenden Prozesses innerer Altersreife. Daß Verdi die geschlossenen Formen nicht mehr numerierte, feierte man als sein spätes Bekenntnis zu R. Wagners Stilrichtung. In Wahrheit führt Verdi, die Stilgesetze der französischen Grand Opéra weiterentwickelnd, mit *Otello* die italienische Oper zu eigenständiger Reife. Die Traditionslinien der älteren französischen und italienischen Oper kehren sich noch unverhüllt hervor: unbegleitetes und instrumentiertes Secco, streichergrundiertes Accompagnato. Selbst der klassische italienische Parlandostil wird eingesetzt (Jagos *Questa è una ragna*). Der ganze 1. Akt ist nach Muster eines französischen Tableaus arrangiert: Tempesta-Szene (= Ouvertüre) mit Teichoskopie – große Tumultszene (Chor *Fuoco di gioa;* Trinklied *Chi all'esca ha morso*) mit integrierter Solistenaktion (Duell) – dynamischer Kontrastumschlag zur intimen „Scène à deux" (Liebesduett Othello–Desdemona). Auch die klassischen Arien-Topoi der französischen Oper, z. T. von Boito gegen die literarische Vorlage aus Gründen opernhafter Wirkung eingeführt, werden nicht verschmäht: Einlagearie (Jagos *Era la notte*); Schwurduett (Finale 2. Akt); Beteuerungsarie (Desdemonas *Esterrefatta fisso*); Verzweiflungsmonolog (Jagos *Credo in un Dio crudel*); Lied und Gebet (Desdemona, letzter Akt). Die unverkennbare Verselbständigung des Orchesterparts bedeutet nicht so sehr Verdis Hinwendung zu Wagner, von dem er lediglich einige Sprachformeln übernimmt, als vielmehr die Weiterentwicklung jener Ansätze, wie sie schon ein halbes Jahrhundert zuvor in Paris in bewußter Abgrenzung gegen die italienische Oper entwickelt worden waren. – Das für die Pariser Aufführung (1894) nachkomponierte Ballett wird in die Auftrittsszene des venezianischen Gesandten (III, 7) eingeschoben. H. BECKER

OTHEGRAVEN, August von, * 2. 6. 1864 Köln, † 11. 3. 1946 Wermelskirchen (Bergisches Land); dt. Chorkomponist. Er studierte seit 1881 am Kölner Konservatorium (u. a. bei F. Hiller) sowie 1884–89 privat bei J. Rheinberger in München. Seither wirkte er wieder in Köln, zunächst bis 1925 am Konservatorium (1917 Professor), dann bis zu seiner Emeritierung 1931 an der Musikhochschule. Von der Universität Bonn wurde O. 1926 zum Dr. phil. h.c. ernannt; eine O.-Medaille für besondere Verdienste um den Chorgesang stiftete 1939 die Kölner Kreissängervereinigung. Geprägt von der Spätromantik, widmete sich O. vornehmlich dem deutschen und ausländischen Volkslied; er schuf eine Fülle schlichter Sätze und distanzierte sich damit vom häufig allzu sentimentalen Zeitstil in diesem Bereich.

WW: Klv.-Stücke u. Kammermusik. – Für Chor: *Der Rhein und die Reben* für 8st. Männerchor (L 1902); *Rheinsage;* etwa 350 Volksliedbearb. in: *Kaiserliederbuch* (1906), *Schauertes Cantual* (München-Gladbach 1928), in Chorbüchern des Dt. Sängerbundes sowie des dt. u. schweizerischen Arbeitersängerbundes; Oratorium *Marienleben* (Kö 1916); Kantaten: *Lob Gottes* für Männerchor u. Org. (L 1911); *Die Königskinder* (nach Volksliedern) (Breslau 1925) u. *Advent* (nach Volksliedern) für Sopran, Männerchor u. Orch. (L 1927).

Lit.: B. VOSS, A. von O. (Diss. Kö 1961) (= Beitr. z. rheinischen Musikgesch. 49); D. MÖLLER, A. von O., in: Rheinische Musiker 9, hrsg. v. D. Kämper (Kö 1981) (= ebd. 129). J. DORFMÜLLER

OTHMAYR, Caspar, * 12. 3. 1515 Amberg, † 4. 2. 1563 Nürnberg; dt. Komponist. Er gehörte der von L. Lemlin geleiteten kurpfälzischen Hofkapelle an und studierte 1533–36 an der Universität Heidelberg. Mit seinen Studienkollegen G. Forster, J. vom Brandt und St. Zirler begründete er die sog. Heidelberger Schule. 1545 wurde er zum Rektor des Kollegs am Konvent in Heilsbronn, 1547 zum Kanoniker an St. Gumbert in Ansbach und 1548 dort zum Propst ernannt.

WW: *Epitaphium D. M. Lutheri* für 5 St. (Nü 1546); *Cantilenae aliquot elegantes ac piae* (Nü 1546); *Symbola illustrissimorum principum* für 5 St. (Nü 1547); *Bicinia sacra* (Nü 1547); *Tricinia* (Nü 1549); *Reutterische und jegerische Liedlein* für 4 St. (Nü 1549); 30 weitere Lieder u. Motetten in Sammeldrucken 1546–1568 u. hsl. erhalten.

O. ist einer der letzten Meister der Komposition

über einen vorgegebenen Tenor (z.B. Tenorlied), einer Gattung, der er einerseits in dem Sinn verbunden blieb, den ihm die Generation um L. Senfl gegeben hatte, die O. aber andererseits zu einer Form entwickelte, in der Sprache und Ausdruck von größerem Gewicht waren. Durch die Ausdehnung, die O. verschiedenen geistlichen Gesängen der *Cantilenae aliquot* verlieh, bereitete er den Weg zur Choralmotette vor. Die Gesamtheit seiner geistlichen Werke zeigt ihn als einen überzeugten Anhänger der Reformation.

Ausg.: 14 Sätze, in: Das Chorbuch 3–4, hrsg. v. F. JÖDE (Wb 1927–31); *Reutterische u. jegerische Liedlein*, hrsg. v. F. PIERSIG (Wb 1928); Ausgew. Werke, hrsg. v. H. ALBRECHT, I: *Symbola* (1941, ²1962), II: *Cantilenae …, Epitaphium Lutheri, Bicinia, Tricinia* u.a. (1956) (= EDM 26).

Lit.: H. ALBRECHT, C. O. (Kas 1950); H.-J. ROTHE, Alte dt. Volkslieder u. ihre Bearb. durch Isaac, Senfl u. O. (Diss. L 1957); W. BRENNECKE, Zu C. O.s Epitaph, in: Mf 14 (1961); F. KRAUTWURST, O., in: Grove⁶ XIV.

OTT (Ottl, Otto), **Hans,** * um 1500 Rain am Lech, † 1546 Nürnberg; dt. Musikverleger. O. studierte seit 1516 an der Universität Wien, lebte später in Regensburg und erhielt 1531 das Bürgerrecht der Stadt Nürnberg. Seine Witwe wird später unter den Buchdruckern dieser Stadt genannt, doch scheint O. keine eigene Werkstatt besessen zu haben. Er ließ fast ausschließlich bei H. Formschneider drucken. In sämtlichen Ausgaben ist L. Senfl am stärksten vertreten. Die Drucke mit weltlicher Musik enthalten besonders zahlreich Werke auch von Arnold von Bruck, W. Breitengraser und Josquin des Prés, die mit geistlicher Musik auch von Josquin, A. Willaert und N. Gombert.

WW: *Hundert und ainundzweinztig newe Lieder* für 5 St. (Nü 1534); 2 Bücher Motetten *Novum et insigne opus musicum* für 4–6 St. (Nü 1537, 1538); *Missae tredecim* für 4 St. (Mü 1539); *Hundert und fünfftzehen guter newer Liedlein* (Nü 1544).

Ausg.: Liederbuch v. 1544, hrsg. v. R. EITNER – L. ERK – O. KADE (1873–76) (= PGfM 1–4); 82 Lieder v. L. Senfl aus dem Liederbuch v. 1534, als: Senfl, Dt. Lieder II, hrsg. v. A. GEERING – W. ALTWEGG (1940) (= EDM 15); einzelne Lieder auch in: Das dt. Gesellschaftslied in Östr. v. 1480 bis 1550, hrsg. v. L. NOWAK U.A. (1930) (= DTÖ 72).

Lit.: P. COHEN, Musikdruck u. Musikdrucker zu Nürnberg … (Diss. Erl 1927); H.J. MOSER, H. O.s erstes Liederbuch, in: AMl 7 (1935); T. WOHNHAAS, H. O., in: MGG X.

OTT, Paul, * 28. 8. 1903 Oberteuringen (Württemberg); dt. Orgelbauer. Er gründete 1932 in Göttingen einen noch heute dort ansässigen Betrieb, der die Ideen der Orgelbewegung – teilweise in Zusammenarbeit mit H. Distler und H. Bornefeld – konsequent verfolgte (Positiv mit mechanischer Traktur 1932 für Leipzig-Gohlis; bis 1939 Restaurationen von Schnitger-Orgeln in Cappel, Norden und Stade). Die seit 1956 von Sohn **Dieter O.** (* 1934) mitgetragene Nachkriegstradition führte zu bedeutenden Neubauten, so u.a. in Göttingen, Johanniskirche (1955; 4 Man., 53 Reg.) und Jakobikirche (1967; 4 Man., 58 Reg. mit Trompeteria), Bonn, Kreuzkirche (1956; 4 Man., 65 Reg.) und in München, Markuskirche (1967; 3 Man., 30 Reg.). O. exportierte seit 1961 zunehmend in den skandinavischen Raum (u.a. Oslo, Konzerthaus, 1978; 5 Man., 90 Reg.) sowie nach Japan, Südafrika und in die USA (u.a. Berkeley, Congregational Church, 1976; 3 Man., 44 Reg.). J. DORFMÜLLER

OTTE, Hans Günther Franz, * 3. 12. 1926 Plauen (Vogtland); dt. Komponist und Pianist. Er studierte Klavier bei Bronislaw von Pozniak und W. Gieseking, Orgel bei F. Germani, Dirigieren bei H. Abendroth und Komposition bei J. N. David und P. Hindemith und konzertierte anschließend als Pianist. 1959 wurde er Leiter der Musikabteilung von Radio Bremen und war im selben Jahr Gast der Deutschen Akademie in der Villa Massimo in Rom. 1961 gründete er die Biennale „pro musica nova" bei Radio Bremen, später die Reihe „Pro Musica Antiqua". Sein frühes kompositorisches Schaffen stand in der Auseinandersetzung mit Hindemith, David und Schönberg. Ab 1962 wandte sich O. dem musikalischen Theater zu; Einflüsse von J. Cages aleatorischen Verfahren und der Multimedia-Kunst wurden für ihn wegweisend. Heute vertritt er eine amerikanisch orientierte Happening-, Minimal- und Monotonie-Ästhetik.

WW: **1) Kompositionen:** Für Klv.: *Tropismen I* (1959); *Buch* (1968); *Interplay* (1962) für 2 Pianisten; *touches* (1965) für Org.; *minimum: maximum* (1973) für 2 Organisten in 2 Räumen; *text* (1972) für einen Schlagzeuger; dass. (1973) für einen Bläser; 5 strukturelle Spiele *folie et sens* (1956) für Klv.-Trio; „ein Streichquartett in aktion" *drama* (1971); *montaru* (1955) für 2 Klv., Blechbläser u. Schlagzeug; *daidalos* (1960) für 2 Klv., Harfe, Gitarre u. 2 Schlagzeuger; *tropismen II* (1960) für Klv., Blechbläser, Schlagzeug u. Str.; *Einklang* (1979) für Str. („akustisch" u. elektronisch). – Für Orch.: *momente* (1958); *Buch* (1968); *terrains* (1974); *ensemble* (1961) für Streichorch.; *passages* (1966) für Klv. u. Orch. – *modell – eine probe aufs exempel* (1963–65) für 2 Sänger u. 2 Pianisten. – *nolimetangere* (1967) für eine Schauspielerin, einen Pianisten, Film u. Ton; *live* (1969) für Klv., Tagesschau u. Bühne; *alpha omega* (1962) für 12 Tänzer, 12 Männerst., 2 Schlagzeuger u. einen Organisten, umgearbeitet (1965) für 2 Tänzer, 12 Männerst., Schlagzeug u. Orgeln, UA: Utrecht 1968; „ein Lernprozeß" *nature morte* (1970) für 4 Schauspielerinnen, 2 elektronische Orgeln u. Objekte; „ein Theater in 5 Szenen" *déjà vu* (1971) für einen Sänger, Lichtbilder u. Lautsprecher; *Warum ist etwas und nicht nichts* (1979), Straßenaktion; *Vox* (1979), Hörspiel. – **2) Schriften:** *Musikalische Tropismen*, in: *bBlätter u. bBilder* (1961) Nr. 12; *Alte Klänge in neuen Kompositionen*, in: Melos 33 (1966); *Der Komponist und sein Modell*, in: ebd. 37 (1970). B. A. KOHL

OTTERLOO, Jan Willem van, * 27. 12. 1907 Winterswijk (Geldern), † 28. 7. 1978 Melbourne; ndl.

Dirigent und Komponist. Er studierte zunächst Medizin, dann am Konservatorium in Amsterdam Violoncello (Orobio da Castro) und Komposition (S. Dresden). Zunächst Cellist im Utrechtsch Stedelijk Orkest, wurde er nach seinem ersten Konzert als Dirigent beim Concertgebouworkest in Amsterdam (1932) dort 1933 2. Kapellmeister und 1937 neben C. Schuricht 1. Kapellmeister. 1949–73 wirkte er als Chefdirigent des Residentie Orkest in Den Haag, das er zu großem internationalem Ansehen führte, 1972 wurde er Leiter des Sydney Symphony Orchestra, 1974 GMD in Düsseldorf.

OETTINGEN, Arthur Joachim von, * 28. 3. 1836 Dorpat, † 6. 9. 1920 Leipzig; dt. Physiker und Musiktheoretiker. Er studierte Physik und Astronomie an den Universitäten Dorpat, Berlin und Paris, lehrte 1863–94 (1866 Professor) Physik an der Universität Dorpat und später an der Universität Leipzig. Seit 1877 war er korrespondierendes Mitglied der Akademie der Wissenschaften in St. Petersburg. In der Musikwissenschaft wurde O. durch sein Konzept eines dualen Harmoniesystems bekannt (↗ Dualismus), das insbesondere die Harmonielehre H. Riemanns beeinflußt hat.

Schriften: *Harmoniesystem in dualer Entwicklung. Studien zur Theorie der Musik* (Dorpat – L 1866), 2. Aufl. als: *Das duale Harmoniesystem* (L 1913); *Die Grundlagen der Musikwissenschaft,* in: Abh.en der königlichen sächsischen Akad. der Wiss. XXXIV/2 (L 1916).

Lit.: M. VOGEL, A. von O. u. der harmonische Dualismus, in: Beitr. z. Musiktheorie des 19. Jh. (Rb 1966) (= Stud. z. Musikgesch. des 19. Jh. 4); P. RUMMENHÖLLER, Musiktheoretisches Denken im 19. Jh. (Rb 1967) (= ebd. 12); G. SCHUBERT, Zur Kritik der Musiktheorie, in: ZfMth 2 (1971).

OTTO, Georg, * um 1550 vermutlich Weimar, beerdigt 30. 11. 1618 Kassel; dt. Komponist. Er wurde 1561 Sänger der Dresdner Hofkapelle, studierte 1568 an der Universität Leipzig und ging 1569 als Kantor nach Langensalza. 1586 übernahm er die Leitung der Hofkapelle in Kassel, in die 1599 der junge H. Schütz eintrat. Außerdem war er Musiklehrer des Landgrafen Moritz von Hessen. Als Komponist blieb O. trotz gelegentlicher Einbeziehung venezianischer Stilelemente in den Spätwerken insgesamt der Polyphonie des 16. Jh. verpflichtet.

WW: *Melodiae continentes Introitus totius anni* für 5 St. (Erfurt 1574); *Geistliche deutsche Gesenge D. M. Lutheri...* für 5–6 St. (ebd. 1588); 3 Bücher *Opus musicum novum continens textus evangelicos...* für 5–8 St. (Kas 1604); ein *Opusculum* mit 65 Bicinien (1601) u. eine Ausg. der Psalmen v. A. Lobwasser (Hugenottenpsalter) sind hsl. erhalten.

Ausg.: 3 Introitus, 4 Bicinien u. ein Ave Maria, in: Geistliche Musik am Hofe des Landgrafen Moritz von Hessen, hrsg. v. F. BLUME (Kas 1931).

Lit.: E. ZULAUF, Beitr. z. Gesch. der Landgräflich-hessischen Hofkapelle zu Cassel (Kas 1902); CH. ENGELBRECHT, Die Kasseler Hofkapelle im 17. Jh. (Kas 1958); H. GRÖSSEL, G. O., Torgensis?, in: Mf 23 (1970).

OTTO, Lisa, * 14. 11. 1919 Dresden; dt. Sängerin (Sopran). Nach ihrem Studium bei Susanne Steinmetz-Prée in Dresden debütierte sie 1941 in Beuthen als Sophie im *Rosenkavalier* von R. Strauss und wurde nach einer Spielzeit (1945/46) in Nürnberg 1946 Mitglied der Dresdner Staatsoper. Seit 1951 gehörte sie zum Ensemble der Städtischen Oper Berlin und gastierte mit großem Erfolg u.a. an der Mailänder Scala, in London, an der Wiener Staatsoper und beim Glyndebourne Festival. Als Mozart-Interpretin von bedeutendem Ruf wirkte sie seit 1953 bei den Salzburger Festspielen mit. 1963 wurde sie Kammersängerin.

OTTO, Stephan, getauft 28. 3. 1603 Freiberg (Sachsen), beerdigt 2. 10. 1656 Schandau/Elbe; dt. Komponist. Er war Schüler von Chr. Demantius in Freiberg, ging später nach Augsburg, wurde dort 1625 Succentor an St. Anna, 1633 Kantor in Weesenstein bei Pirna und 1639 in Schandau. 1643 bewarb er sich vergeblich um die Nachfolge von Demantius als Kantor in Freiberg. Sein wichtigstes Werk, das *Kronen-Krönlein,* enthält genaue Bezeichnungen für jede einzelne Komposition und ist damit eine wichtige Quelle für die Terminologie der musikalischen Gattungen seiner Zeit.

WW: *Kronen-Krönlein oder musicalischer Vorläuffer, auf geistliche Concert-Madrigal-Dialog-Melod-Symphon-Motetische Manier* für 3–8 St. u. B.c. (Freiberg 1648).

Ausg.: *Kronen-Krönlein,* hrsg. v. H. MÖNKEMEYER (Hannover 1937).

Lit.: G. SCHÜNEMANN, Die Bewerber um das Freiberger Kantorat, in: AfMw 1 (1918/19); E. MÜLLER, Musikgesch. v. Freiberg, in: Mitteilungen des Freiberger Altertumsvereins 68 (Freiberg 1939).

OTTOBONI, Pietro, * 2. 7. 1667 Venedig, † 28. 2. 1740 Rom; it. Musikmäzen und Librettist. O. entstammte einer alten venezianischen Adelsfamilie. Sein Großonkel, Pietro der Ältere, holte ihn frühzeitig nach Rom, wo er eine ausgezeichnete Bildung genoß. Die Wahl Pietros 1689 zum Papst (Alexander VIII.) hatte die Erhebung des Neffen zum Kardinal und seine Ernennung zum Vizekanzler der Hl. Kirche zur Folge. In seiner Residenz (Palazzo della Cancelleria) veranstaltete er regelmäßig Akademien, Oratorien- und Opernaufführungen, zu denen er die besten Sänger und Instrumentalisten Roms heranzog, die seit 1690 unter der Leitung A. Corellis musizierten. Als Kardinalprotektor der Päpstlichen Kapelle und der Congregazione di S. Cecilia kam er mit den meisten Musikern Roms in engen Kontakt. Sein generöses

Mäzenatentum wurzelte in einer künstlerischen Grundhaltung, die auch in einer Anzahl von Opern- und Oratorienlibretti ihren literarischen Ausdruck fand.

WW (Libretti): Oratorien: A. Scarlatti, *Cantata dell'Assunta* (1694); ders., *Il martirio di S. Cecilia* (1708). – Opern: A. Scarlatti, *La statira* (1690); F. C. Lanciani, *Amore e gratitudine* (1690); A. Scarlatti, *La pastorella* (1705); G. B. Costanzi, *Carlo Magno* (1729).

Lit.: A. CAMETTI, I cembali del cardinale O., in: Musica d'oggi 8 (1926); A. DE ANGELIS, Il cardinale P. O., in: S. Cecilia 5 (1952); H. J. MARX, Die Musik am Hofe P. Kardinal O.s unter A. Corelli, in: Anal. Mus. 5 (1968). H. J. MARX

OUBRADOUS, Fernand, * 19. 2. 1903 Paris; frz. Fagottist und Komponist. Nach seinem Studium am Pariser Conservatoire spielte er zunächst in Pariser Orchestern. 1927 gründete er das „Trio d'Anches" (Oboe, Klarinette, Fagott), für das bekannte französische Komponisten, u.a. J. Ibert, D. Milhaud und A. Roussel, Werke schrieben, und 1939 ein eigenes Kammerorchester. 1940 wurde er Professor für Kammermusik am Pariser Conservatoire, lehrte 1954–58 an der Sommerakademie des Mozarteums in Salzburg und gründete 1959 die Internationale Sommerakademie in Nizza, die er seitdem leitet. 1961 wurde er Präsident der Association française de musique de chambre. O. schrieb vorwiegend Kammermusik, daneben auch Orchesterwerke. Außerdem gab er zahlreiche Werke des 18. Jh. neu heraus, u.a. in der in Paris erscheinenden Reihe *Collection F. O.,* und veröffentlichte eine Fagottschule (*Enseignement complet du basson,* P 1938–39).

OUSELEY, Sir **Frederick Arthur Gore,** * 12. 8. 1825 London, † 6. 4. 1889 Hereford; engl. Musikforscher und Komponist. Er wurde 1850 Bachelor of Music, 1854 Doctor of Music und gründete im selben Jahr das St. Michael's College in Tenbury, das er bis zu seinem Tode leitete und dem er später seine wertvolle, 2000 Bände umfassende Bibliothek mit z.T. seltenen Hss. hinterließ. O. war außerdem seit 1855 Praecentor der Kathedrale von Hereford und als Nachfolger von H. R. Bishop Professor of Music in Oxford, wo er das Musikleben der Stadt maßgeblich beeinflußte. Mehrere englische Universitäten verliehen ihm die Ehrendoktorwürde.

WW: Orgelstücke; Kammermusik u. Orch.-Werke; kirchenmusikal. Werke, u.a. 11 Services u. 70 Anthems; ferner Chorwerke u. 2 Oratorien.

Lit.: F. W. JOYCE, Life of Reverend Sir F. A. G. O. (Lo 1892) (mit Werk-Verz.); E. H. FELLOWES, The Catalogue of Manuscripts in the Library of St. Michael's College Tenbury (P 1934); M. F. ALDERSON – H. C. COLLES, History of St. Michael's College, Tenbury (Lo 1943); E. R. JACOBI, Die Entwicklung der Musiktheorie in England nach der Zeit v. J.-Ph. Rameau II (Str 1960) (= Slg. musikwiss. Abh.en 39).

OUVERT ET CLOS (frz., = offen und geschlossen; lat.: apertum et clausum), im Liedschaffen der Troubadours und Trouvères (z.B. in der ↗Estampie) bestimmte melodische ↗Klauseln in aufeinanderfolgenden musikal. Abschnitten, die etwa dem entsprechen, was wir als melodischen Halb- und Ganzschluß bezeichnen. Das Beispiel stammt aus einer Canso von Gaucelm Faidit.

OUVERTÜRE, Ouverture (frz., = Eröffnung; engl.: overture; it.: ouverture; span.: obertura), zuerst im französischen Sprachgebrauch erscheinende Bz. für die instrumentale Einleitung zu Oper, Oratorium, Ballett und Schauspiel, zu einer größeren Kantate, einer Orchestersuite; seit dem Ende des 17. und im 18. Jh. auch Bz. für die Orchestersuite selbst. In England ist Overture im 18. Jh. auch Synonym für Symphony. Der Terminus O. ist jünger als der damit allgemein bezeichnete musikalische Sachverhalt.

Die O. wurzelt in der Gepflogenheit, festlichen Veranstaltungen einen repräsentativen musikalischen Rahmen zu geben. Seit dem 2. Viertel des 17. Jh. wird die instrumentale Einleitung im Zusammenhang des konkreten musikdramatischen Werks mitkomponiert, z. B. in St. Landis *San Alessio* (1632). Ihren Platz hat die O. unmittelbar nach der dreimaligen von den Hoftrompetern geblasenen Eröffnungsfanfare, die ein einziges Mal in der Operngeschichte von Cl. Monteverdi mit der Toccata des *Orfeo* in die Komposition miteinbezogen wurde, sonst aber neben der O. als Stegreifspiel erklang (der *Orfeo* besitzt keine O. im späteren Sinn). Dem Charakter der repräsentativen Eröffnungsmusik, eher dem gesellschaftlichen Ereignis der feierlichen Staatsaktion an den adeligen Höfen zugewandt als dem nachfolgenden musik-dramatischen Werk, entspricht die stets enge Verbindung der O. mit der jeweils zeitgenössischen instrumentalen Ensemblemusik im 17. und 18. Jh., wie Kanzone, Sonate, Tänze, später Konzert und Symphonie. Die lockere Bindung an das konkrete musikdramatische Werk zeigt sich auch darin, daß die gleiche O. bis in die Zeit G. Rossinis mehrfach verwendet werden konnte, für verschiedene, ernste wie heitere Opern. So diente etwa die O. zu Rossinis *Il barbiere di Siviglia* vorher schon als Einleitung für die Opera seria *Elisabetta, regina d'Inghilterra.*

Den Boden für die beiden Haupttypen der O. im 17. und 18. Jh. bereitet die instrumentale Operneinleitung der Venezianer seit der Mitte des 17. Jh. (P. Fr. Cavalli, M. A. Cesti u. a.). In Frankreich verfestigt sich diese Eröffnungsmusik nach der Mitte des 17. Jh. unter dem Einfluß der Ballett-Entrées zum Typus der französischen O. mit einem langsamen, pathetischen Teil in geraden Taktarten und meist punktierten Rhythmen, der offen in einen raschen, häufig imitatorisch, später fugiert gearbeiteten und gern im ungeraden Takt stehenden 2. Teil übergeht. Dieser wird oft durch Abschnitte in Triobesetzung mit zwei Oboen und Fagott aufgelokkert. Am Ende kann das langsame Tempo, auch unter Zurückgreifen auf die Substanz des 1. Teils, wiederaufgenommen werden. Erste Beispiele für diese Art der O. finden sich in den Opern und Balletten J.-B. Lullys und seiner Zeitgenossen.

Seit Ende des 17. Jh. wurde die französische O. zusammen mit weiteren Instrumentalstücken aus Opern und Balletten auch zu Orchestersuiten zusammengestellt und selbständig aufgeführt. Hiervon leitet sich die in der 1. Hälfte des 18. Jh. wichtige Gattung der von vornherein selbständig komponierten O.-Suite ab (J. Kusser, G. Muffat, J. C. F. Fischer, G. Ph. Telemann), die in den berühmten Kompositionen von G. Fr. Händel *(Wassermusik, Feuerwerksmusik)* und J. S. Bach (*Ouvertüren* BWV 1066–1069) ihren Höhepunkt erreichte. Sie wurde auch auf das Tasteninstrument übertragen.

In Italien, wo die O. meist als Sinfonia bezeichnet wurde, verfestigt sich die instrumentale Eröffnungsmusik in Oper und Oratorium erst seit Ende des 17. Jh. zum Typus der italienischen Ouvertüre. Vorbildlich wurden die 3sätzigen O.n der späteren Werke A. Scarlattis in der Tempofolge schnell – langsam – schnell. Danach wird dieser Typus auch als neapolitanische O. bezeichnet. Der erste Satz zeigt Verwandtschaft mit dem Konzert, an zweiter Stelle stehen kurze Überleitungsabschnitte oder Satztypen kantablen Charakters, der Schlußsatz ist meist einem Tanz, bevorzugt Menuett und Gigue, nachgebildet.

In der Generation nach A. Scarlatti werden die italienischen Opernsinfonien auch losgelöst vom dramatischen Zusammenhang aufgeführt und bilden eine wichtige Wurzel für die Entwicklung der vorklassischen ↗Symphonie und den neuen Orchestersatz in der 2. Hälfte des 18. Jahrhunderts. N. Jommellis O.n beeinflußten direkt die Mannheimer Symphonie um J. Stamitz.

Die im 18. Jh. von der Musiktheorie aufgestellte Forderung, die O. in ein musikdramatisches Gesamtkonzept einzubetten (u. a. J. Mattheson, J. A. Scheibe, J. J. Quantz, J.-J. Rousseau), wird von den Komponisten zunächst nur wenig befolgt. Beispiele finden sich bei Chr. W. Gluck in dessen „Reformopern“, bei J.-Ph. Rameau, vereinzelt bei Jommelli und T. Traëtta. Doch scheint das Hinwenden zur einsätzigen O. am Ende des 18. Jh., die aus dem dramatischen Geist der Sonatenhauptsatzform heraus gestaltet wird und mitunter offen in die erste Szene übergeht, mit diesen Bestrebungen zusammenzuhängen (neben Gluck u. a. die O.n von W. A. Mozarts Opern der Wiener Zeit). Züge der französischen O., die in der 2. Hälfte des 18. Jh. außer Gebrauch kommt, werden vor allem in der langsamen Einleitung miteinbezogen. Einen Gipfelpunkt der Synthese stellt Mozarts O. zur *Zauberflöte* dar.

Im 19. Jh. wird der Forderung, die O. auf das zugehörige musikdramatische Werk zu beziehen, vor allem auf zweierlei Weise Rechnung getragen. Einerseits wird der dramatische Gehalt des Bühnenwerks mit rein instrumentalen Mitteln einzufangen versucht, wobei zentrale Stellen der Oper Material für die instrumentale Einleitung abgeben können (L. Cherubini, É. N. Méhul, J. S. Mayr). L. van Beethovens 3 *Leonoren*-O.n sind Musterbeispiele für die Auseinandersetzung mit dem O.-Problem. Erst mit der substantiell völlig selbständigen O. zu *Fidelio* gelingt Beethoven eine für ihn endgültige Fassung. Eindrucksvolle Gattungsbeispiele stellen auch Beethovens Schauspiel-O.n dar, so diejenigen zu *Coriolan* und zu *Egmont.* Diese Art der musikalisch in sich geschlossenen O. verselbständigt sich dann auch zur aus dramatischem Geist heraus konzipierten Konzert-O., die im Titel oft einen literarischen oder sonstigen geistigen Bezug erkennen läßt. Eines der frühesten Beispiele ist F. Mendelssohn Bartholdys O. zum *Sommernachtstraum,* die zunächst ein Einzelstück war und dann in die später komponierte Bühnenmusik eingefügt wurde. Diese selbständige Konzert-O. bereitet den Boden für die Symphonische Dichtung des 19. Jh. und besteht bis heute vor allem in der Unterhaltungsmusik fort.

Andererseits werden in der Potpourri-O., die bevorzugt in der komischen Oper, im Singspiel und in der Operette anzutreffen ist, in naiv unterhaltender Weise Zugnummern des musikdramatischen Werks zusammengefaßt (z. B. J. Strauß, O. zur *Fledermaus* und zum *Zigeunerbaron*). Auch diese Art der im wesentlichen aus locker aneinandergereihten eingängigen Melodien bestehenden O., die auf das nachfolgende Bühnenwerk „Appetit machen“

soll, findet Eingang in den Konzertsaal und mündet ebenfalls in die Unterhaltungsmusik ein.
In der 2. Hälfte des 19. Jh. ist häufig, etwa bei R. Wagner und G. Verdi, eine Abkehr von der in sich geschlossenen, eigenständigen O. und ein Hinwenden zum gefühlvoll einstimmenden, auf die Oper oder deren Beginn direkt hinweisenden instrumentalen Vorspiel festzustellen (Wagner, *Tristan* und *Parsifal*). Bisweilen fehlt die instrumentale Einleitung auch völlig (Verdi, *Otello* und *Falstaff;* auch bei G. Puccini).

Lit.: R. WAGNER, Über die O., in: Gesammelte Schriften u. Dichtungen I (L 1871 u. ö.); H. BOTSTIBER, Gesch. der O. u. der freien Orchesterformen (L 1913, Nachdr. Wie 1969); R. TENSCHERT, Die O.n Mozarts, in: Mozart-Jb. 2 (1924); P.-M. MASSON, L'opéra de Rameau (P 1930, Nachdr. NY 1972); G. D. DURHAM, The Development of the German Concert O. (Washington 1957); G. Th. SANDFORD, The O.s of H. Berlioz (Toronto 1964); H. HELL, Die neapolitanische Opernsinfonie in der 1. Hälfte des 18. Jh. (Tutzing 1971); (= Münchner Veröff. z. Musikgesch. 19); S. STEINBECK, Die O. in der Zeit von Beethoven bis Wagner (Mn 1973) (= Freiburger Schriften z. Musikwiss. 3). H. HELL

OVERATH, Johannes, * 15. 4. 1913 Sieglar bei Siegburg; dt. Theologe und Musikforscher. Er studierte an den Universitäten Bonn und Tübingen und am Priesterseminar Bensberg. 1938 zum Priester geweiht und bis 1946 in der Seelsorge tätig, wurde er 1948 Professor für Kirchenmusik und Homiletik am Priesterseminar in Köln. Mit *Untersuchungen über die Melodien des Liedpsalters von K. Ulenberg* promovierte er 1952 zum Dr. phil. 1953 mit der R.-Strauss-Medaille für seine Verdienste um das Urheberrecht ausgezeichnet, gehörte er 1954 zu den Gründern der Internationalen Gesellschaft für Urheberrecht (INTERGU). 1954–64 war er Generalpräses des Allgemeinen Cäcilienverbandes (ACV) für die Länder der deutschen Sprache, 1962 Liturgie-Peritus des Vaticanum II und 1964 Konsultor des Consilium ad Exsequendam Constitutionem. 1964 und 1974 wurde er zum Präsidenten der Consociatio Internationalis Musicae Sacrae (CIMS) in Rom gewählt; 1977 gründete er das Institut für hymnologische und musikethnologische Studien in Maria Laach. Seit 1982 ist O. Präsident des Pontificio Istituto di Musica Sacra in Rom. Zum 60. Geburtstag erschien eine FS *In caritate et veritate* (Saarbrücken 1973).

Schriften: *Untersuchung über die Melodien des Liedpsalters von K. Ulenberg (Köln 1582)* (Kö 1960) (= Beitr. z. rheinischen Musikgesch. 33); *Kirchenmusik und Seelsorge,* in: Hdb. der kath. Kirchenmusik, hrsg. v. K. G. Fellerer – H. Lemacher (Essen 1949); *Das deutsche Kirchenlied,* in: ebd.; *Komponist und Interpret* (B 1959) (= Arch. für Urheber-, Film-, Funk- u. Theaterrecht 29); *Der Allgemeine Cäcilien-Verband für die Länder der deutschen Sprache. Gestalt und Aufgabe* (Kö 1961) (= Schriftenreihe des Allgem. Cäcilien-Verbandes 3). – O. war Hrsg. v.: *C. Hagius Rinteleus, Die Psalmen Davids nach K. Ulenberg* (Düsseldorf 1955) (= Denkmäler rheinischer Musik 3); *Graduale Romanum* (ebd. 1953) (zus. mit U. Bomm u. K. G. Fellerer); *Kult und Urheberrecht* (Altötting 1980).

OXFORD UNIVERSITY PRESS, Verlagsunternehmen der Universität Oxford. Der seit 1478 bestehende Universitätsverlag eröffnete neben der Clarendon Press in Oxford 1880 die O. in London, der 1924 ein eigenes Music Department angegliedert wurde. Seit 1977 befindet sich der Gesamtverlag mit Ausnahme des Music Department wieder in Oxford. Neben Werken zeitgenössischer Komponisten (u. a. R. Vaughan Williams und W. Walton) gab die O. zunehmend Anthologien heraus: *The Oxford Book of Carols, The Oxford Song Books, The Church Anthem Book* und die 10bändige *Tudor Church Music* (1922–29). Außer einer vollständigen Chopin-Ausgabe (hrsg. v. Edouard Ganche, 1932) verlegte die O. keine Werke des Standard-Repertoires. Seit den 60er Jahren erschienen dagegen Werke zeitgenössischer amerikanischer Komponisten auf dem Programm der New Yorker Abteilung der O. *(Oxford University Press Inc.).* Zu den wichtigsten musikwissenschaftlichen Werken gehören *The Oxford History of Music* (6 Bde., 1901–05, 7 Bde. u. ein *Introductory Volume,* ²1929–34), *The New Oxford History of Music* (1954 ff.), die Monographienreihe *Oxford Studies of Composers* (1965 ff.) und *Musica da camera* (1973 ff.), eine Editionsreihe älterer Orchester- und Kammermusik. Darüber hinaus gehört die O. zu den wichtigsten Schulmusik- und Unterrichtsverlagen in der englisch-sprachigen Welt. O. veröffentlicht die Zeitschriften *Music & Letters* (1955 ff.) und *Early Music* (1973 ff.).

Lit.: Oxford Music. The First Fifty Years 23–73 (Lo 1973).

OZAWA, Seiji, * 1. 9. 1935 Hoten (Mandschurei, damals Mandschukuo); japanischer Dirigent. Er studierte Komposition und Dirigieren (Hideo Saitō) an der Toho-Schule in Tokio, gewann 1959 den Internationalen Dirigenten-Wettbewerb in Besançon und 1960 den Kussewitzky-Preis des Berkshire Music Center in Tanglewood (Mass.) unter Ch. Münch. 1961/62 war er Assistent L. Bernsteins beim New York Philharmonic Orchestra, vervollkommnete seine Ausbildung außerdem noch bei Eugène Bigot in Paris und H. von Karajan in Berlin. Seit 1962 war O. Leiter des Tokyo Philharmonic Orchestra, 1964–68 des Ravinia-Festivals des Chicago Symphony Orchestra und 1965–70 des Toronto Symphony Orchestra. 1970 wurde er an das San Francisco Symphony Orchestra berufen und übernahm 1973 außerdem das Boston Symphony Orchestra. Mit W. A. Mozarts *Così fan tutte* trat er 1969 erstmals als Operndirigent in Erscheinung; seither ist er Gastdirigent bei den großen Orchestern und fast allen internationalen Festspielen. Prädestiniert durch ausgeprägte rhythmische Sensibilität, widmet er sich besonders der zeitgenössischen Musik.

OZI (Ozy). – **1) Pierre,** * 1715, † nach 1773; frz. Violinist und Komponist. Er war Violinist an der Académie de Musique in Moulins, wo er 1736 und 1741 nachweisbar ist. Nach einem mutmaßlichen Aufenthalt in Montpellier ist er seit 1752 in Paris zu finden. 1753 griff er mit der Schrift *Lettre sur celle de M. J.-J. Rousseau* (o. O., P ²1754) in den ↗Buffonistenstreit ein. 1759 brachte die Académie Royale de Musique seine beiden Ballettakte *Phaétuse* und *Zémide* zur Aufführung. Nach 1773 finden sich keine weiteren Nachrichten über ihn. – **2) Étienne,** Sohn von 1), * 9. 12. 1754 Nîmes, † 5. 8. 1813 Paris; frz. Fagottist. Er kam 1777 nach Paris, trat 1779 mit eigenen Kompositionen erstmals im Concert spirituel auf und wurde in der Folge rasch bekannt. 1783 wurde er Fagottist der Kapelle und der Chambre du roi, 1793 Mitglied des Orchesters der Garde Nationale. 1794 übernahm er die Fagott-Klasse am Institut National de la Musique, dem späteren Conservatoire. Außerdem führte er eine 1794 von ihm gegründete Musikalienhandlung für den Bedarf des Conservatoire. O. gilt als Begründer der französischen Fagott-Schule.

WW: Im Druck erschienen: Duos, *Airs variés* u. a. für 2 Fl., für 2 Vc., für 2 Fag.; Sonaten für Fag. u. B.c.; 8 Fag.-Konzerte (1780–1801); 5 *Symphonies concertantes* für Klar. u. Fag., für Ob. u. Fag., für 2 Fag. (P 1795–97); WW für Harmoniemusik; Kantate *La Grèce* für 3 St. u. Chor. Ferner Lehrwerke, darunter mehrere Fag.-Schulen, die letzte als *Nouvelle méthode de basson adopté par le Conservatoire* (P 1803 u. ö., auch dt. u. it.), dazu 42 *Caprices pour la flûte* (L o. J.).

Ausg.: *3 Sonates faciles* für Fag. (L 1935); *Adagio et rondo,* hrsg. v. G. Favre (G 1949).

Lit.: M. Briquet, O., in: MGG X; H. E. Griswold, E. O. (1754–1813); Bassoonist, Teacher, and Composer (1979) (= Diss. Peabody Conservatory of Music, Baltimore/Md.).

P

P, p. – Abk. **1)** für ↗piano, pp für pianissimo. – **2)** gelegentlich für ↗più, ↗poco, gelegentlich auch für Pedal (häufiger: Ped.), pars bzw. parte (= Teil).

PÄAN (von griech. paian), ursprünglich Beiname der Götter Asklepios und Apollon, dann auch ein an Apollon in seiner Eigenschaft als Gott der Heilkunst gerichteter chorischer Hymnus, später allgemein ein instrumental (von Kithara, Aulos) begleiteter Lobgesang. Als Siegesgesang ist der P. in Homers *Ilias* belegt. Als Kultgesang, der sich auch an andere Götter richten konnte, begann der P. mit der Anrufungsformel *Io Paian* (Heil, du heilender Gott!) – z. B. im Delphischen P. des Philodamos an Dionysos. Teile eines P. von Pindaros sind auf einem Papyrus erhalten. Ein vollständiger P. aus 12 Versen ist auf einem Papyrus in Berlin, ein weiterer P. – die sog. 2. Delphische Hymne – in Steinschrift überliefert (↗Griechenland).

Lit.: L. DEUBNER, Der P., in: Neues Jb. für das klass. Altertum 22 (1919); E. PÖHLMANN, Denkmäler altgriech. Musik (Nü 1970) (= Erlanger Beitr. z. Sprach- u. Kunstwiss. 31).

PABLO COSTALES, Luis Alfonso de, * 28. 1. 1930 Bilbao; span. Komponist. Nach einem 1952 abgeschlossenen Jurastudium in Madrid wandte er sich der Musik zu, blieb als Komponist aber Autodidakt. 1957 gründete er mit anderen Madrider Komponisten die Gruppe Nueva Música und rief 1958 die Konzertreihe „Tiempo y Música" ins Leben, die bis 1965 bestand. 1964 wurde er künstlerischer Leiter der Bienal de Música Contemporánea de Madrid, 1965 gründete er „Alea" als Nachfolger von „Tiempo y Música" und ein kleines elektronisches Studio. 1967 studierte er in Berlin als Stipendiat des Deutschen Akademischen Austauschdienstes. Mehrere seiner Kompositionen wurden in Frankreich ausgezeichnet. Von der französischen Regierung erhielt er 1973 den Orden Officier des Arts et des Lettres.

WW: **1) Instr.-WW:** *Libro para el pianista* (1961) für Klv.; *Módulos V* (1967) für Org.; *Móvil I* u. *II* (1958, 1968) sowie *Progressus* (1959) für 2 Klv.; *Occulto* (1977) für Baßklar. oder Klar.; Trio (1978) für V., Va. Vc. – 2 Streichquartette (1955, 1957); *Módulos IV (Ejercicio)* (1967) für Streichquartett; *Polar* (1962) für V., Sopransaxophon, Baßklar. u. Schlagzeug; *Dibujos* (1979) für Fl., Klar., V. u. Vc.; *Prosodia* (1962) für Piccolofl., Klar., Xylophon u. Schlagzeug; *Recíproco* (1963) für 4 Fl., Klv. u. Schlagzeug; *Cesuras* (1963) für Fl., Ob., Klar., V., Va. u. Vc.; *Módulos* (1965) für 3 Klar., 2 Xylophone, 2 Klv. u. Streichquartett; *Imaginario I* (1967) für Cemb. u. 3 Schlagzeuger. – Elektronische Musik: *Mitología I* (1965); *We* (1970) u. *Tamaño natural* (1970) (mit versch. Texten). – Für Orch.: 4 Inventionen (1955–62); *Tombeau-Testimonio* (1963); *Iniciativas* (1966); *Imaginario II* (1967); *Éléphants ivres I–IV* (1972–73); Cemb.-Konzert (1956); *Sinfonías* (1954–67) für 17 Blechbläser; *Radial* (1960) für 24 Instr.; *Módulos III* (1967) für 17 Instr.; *Módulos VI (Paráfrasis)* (1968) für 24 Instr.; *Módulos II* (1966) für 2 Orch.; *Quasi una fantasia* (1969) für Streichsextett u. Orch.; *Concerto* (1978/79) für Klv. u. Orch.; *Latidos* (1974/80). – **2) Vokal-WW:** Messe *Pax humilium* (1956) für Vokalquartett u. Org.; *Comentarios sobre un texto de Gerardo Diego* (1958) für SingSt u. 3 Instr.; *Glosa* (1961) für Sopran, 2 Hörner, Vibraphon u. Klv.; *Escena* (1964) für Vokalquartett, gem. Chor, Str. u. Schlagzeug; *Ein Wort* (1965) (Text: G. Benn) für SingSt, Klar., V. u. Klv.; *Yo lo vi* (1970) für 12 Vokalsolisten; *Bajo el sol* (1977) für 49 SingSt; *Retratos de la conquista* (1980) für 4 Choral-Gruppen. – Spiel *Protocolo* (versch. Texte), UA: Paris 1972. – Schrift *Aproximación a una estética de la música contemporánea* (Ma 1968).

Lit.: A. CUSTER, Contemporary Music in Spain, in: MQ 48 (1962); T. MARCO, L. de P. (Ma 1971) (= Artistas españoles contemporáneos, Serie músicos 6).

PACCHIONI, Antonio Maria, getauft 5. 7. 1654 Modena, † 15. 7. 1738 ebd.; it. Komponist. Er studierte in Modena Gesang bei Marzio Ercole und Komposition bei G. M. Bononcini. 1677 erhielt er die Priesterweihe, 1694 wurde er als Nachfolger von G. Colombi in Modena Domkapellmeister, außerdem 1699 2. und 1722 1. Kapellmeister am Hof der Este. 1732–33 war er zusammen mit G. O. Pitoni Schiedsrichter im Streit zwischen Padre Martini und T. Redi um die Lösung eines Rätselkanons von G. Animuccia. Er schrieb fast ausschließlich geistliche Musik, darunter 3 Oratorien. Vor allem die konzertanten Werke sind von großer stilistischer Vielfalt. P. wurde von Padre Martini sehr geschätzt.

WW: Oratorien: *S. Antonio abbate, l'eroe trionfator dell'inferno* (1677); *Le porpore trionfali di S. Ignatio il patriarca antiocheno*

(1678); *La gran Matilde d'Este* (1682); zahlr. kirchenmusikal. Werke, u. a. *Laudate Dominum* für 8 St.; *Dominus Deus* für 4 St. u. B.c.; *De profundis; Stabat Mater* u. Requiem für 8 St. u. Org.

Lit.: G. RONCAGLIA, A.M. P., in: Studi e documenti della R. Deputazione per l'Emilia e la Romagna (1942); DERS., La cappella musicale del Duomo di Modena (Fi 1957); O. MISCHIATI, P., in: MGG X.

PACE, Pietro, * 1559 Loreto, † 11. 4. 1622 ebd.; it. Organist und Komponist. Er war 1591–92 und 1611–22 Organist der Santa Casa von Loreto, stand auch eine Zeitlang (1597–1602) im Dienst von Giuliano della Rovere in Urbino und ist 1597 als Organist am Dom von Pesaro nachweisbar. Anläßlich der Hochzeit von Federico della Rovere mit Claudia de' Medici (1621) schrieb er das Intermezzo *L'ilarocosmo o Il mondo lieto.* Von der Vokalpolyphonie des 16. Jh. ausgehend, übernahm P. später Elemente des konzertierenden Stils.

WW (meist in Venedig gedruckt): **1) Weltliche WW:** Madrigale: 2 Bücher für 5 St. (1617, 1612); je ein Buch für eine St. u. B.c. (1613); für 4 St. u. B.c. (R 1614); für 4–5 St. u. B.c. (1617); *Scherzi, arie, et madrigali* für 1–4 St. u. B.c. (1616); Intermezzo *Ilarocosmo* (hsl.). – **2) Geistliche WW:** 11 Bücher Motetten für 1–6 St. u. B.c. (1613–25) (Bücher 2 u. 10 nicht erhalten); Psalmen für 8 St. (1619) (unvollständig erhalten); 2 Bücher *Scherzi et arie spirituali* für 1–6 St. u. B.c. (1615, 1617) (unvollständig).

Ausg.: 2 Motetten, in: A. ADRIO, Die Anfänge des geistlichen Konzerts (B 1935).

Lit.: A. SOLERTI, Musica, ballo e drammatica alla corte medicea 1600–1637 (Fi 1905, NA NY 1968, Nachdr. Bol 1969) (= Bibl. musica Bononiensis III/4).

PACELLI (Pecelli), **Asprilio,** * um 1570 Vasciano di Stroncone (Umbrien), † 4. 5. 1623 Warschau; it. Komponist. P. war 1589–93 Kapellmeister in S. Maria di Monserrato, 1594 an Ss. Trinità dei Pellegrini in Rom und 1595–97 vermutlich am Collegium Germanicum. 1602 wurde er Kapellmeister an St. Peter in Rom, folgte aber 1603 einem Ruf als Nachfolger L. Marenzios und Leiter der Königlichen Kapelle Sigismunds III. in Warschau, die während der 20 Jahre seines Wirkens eine Blütezeit erlebte.

WW: Madrigale für 4 St. (V 1601); Motetten u. Psalmen für 8 St. (R 1597); *Chorici psalmi et motecta* für 4 St. (R 1599); *Sacrae cantiones* für 5–20 St. u. B.c. (V 1608). – Motetten u. Canzonetti spirituali in Sammeldrucken 1604–21 u. hsl. erhalten.

Ausg.: GA, hrsg. v. M. GLIŃSKI (R 1946); 8 Stücke, in: The Pelplin Tabulature, hrsg. v. A. SUTKOWSKI – A. OSOSTOWICZ-SUTKOWSKA, 6 Bde. (War 1963–65) (= Antiquitates musicae in Polonia 1–6); 4 Madrigale für gem. Chor a cap. (Krakau 1967) (= Florilegium musicae antiquae 22).

Lit.: M. GLIŃSKI, A. P. (R 1941); M. SZWEYKOWSKI, Unikalne druki utworów A. Pacelliego, in: Muzyka 17 (1972).

PACHELBEL. – 1) Johann, getauft 1. 9. 1653 Nürnberg, † 3. 3. 1706 ebd.; dt. Organist und Komponist. Seine musikalische Ausbildung erhielt er in Nürnberg bei Heinrich Schwemmer und wohl bei G. K. Wecker. Seit 1669 studierte er an der Universität Altdorf und versah in der dortigen Pfarrkirche den Organistendienst. 1670–73 besuchte er das Gymnasium in Regensburg und war dort Schüler von K. Prentz. Danach war er Hilfsorganist an St. Stephan in Wien, vielleicht unter J. K. von Kerll (1673), 1677 Hoforganist in Eisenach, wo er mit J. S. Bachs Vater Johann Ambrosius befreundet und Lehrer seines ältesten Bruders Johann Christoph war. Besonders bedeutsam war P.s Wirksamkeit 1678–90 an der Predigerkirche in Erfurt, wo J. H. Buttstedt, A. N. Vetter und Andreas Armsdorff seine Schüler waren. 1690 ging er als Hoforganist nach Stuttgart,1692 als Stadtorganist nach Gotha und schließlich 1695 als Organist an St. Sebaldus wieder nach Nürnberg.

WW: **1) Instr.-WW:** *Musicalische Sterbens-Gedancken* (Erfurt 1683[?]) (Choralvariationen, verschollen); *Musicalische Ergötzung... in Sechs... Partien* für 2 V. u. B.c. (Nü o.J.); *Erster Theil etlicher Choräle ... Zum praeambuliren* (Nü 1693); *Hexachordum Apollinis, sex arias exhibens organo... vel cymbalo... variationes* (Nü 1699). – Hsl.: je 20 große Orgelwerke u. Choralvorspiele, 8 Choralfantasien, zahlr. nur z.T. gedruckte Vorspielfugen über die jeweils erste Zeile eines Kirchenliedes; über 100 Magnificatfugen; 3 Klv.-Suiten: *Canon à 3 v.* con suo basso (u.) Gique, hsl. – **2) Vokal-WW:** Hsl. sind erhalten: 26 Vokalmotetten mit B.c. über Psalmtexte; mehrere Kantaten; Arien; 21 Ingressus- u. 13 Magnificat-Vertonungen für die Vesper.

In den freien wie in den choralgebundenen Orgelwerken vereinigt P. süddeutsche und mitteldeutsche Tradition, wodurch er in der Generation vor Bach weithin schulbildend wurde, vor allem im Bereich des Orgelchorals. Besonders charakteristisch war seine Verbindung von Vorspiel-Fughetten mit durchgeführten Choralbearbeitungen. Insgesamt zeichnen sich P.s Orgelwerke weniger durch Genialität als durch beste handwerkliche Arbeit, einfache Harmonik und vielseitige Variationstechnik aus. Seine berühmten Kanon-Variationen über einen Basso ostinato stellen daneben „ein Stück später Stadtpfeiferkunst höchsten Ranges" (W. Gurlitt) dar. – Sah man bisher P.s Bedeutung überwiegend auf dem Gebiet der Orgelmusik, so ist dieses Bild in jüngster Zeit durch H. H. Eggebrecht, H. L. Woodward und besonders Fr. Krummacher korrigiert worden. Hatte Eggebrecht 70 Vokalwerke ermittelt, so konnte Krummacher diese Zahl auf annähernd 90 erhöhen, so daß sich nahezu ein Gleichgewicht von Vokal- und Instrumentalwerken ergibt. Die Vielfalt der geistlichen Vokalwerke spiegelt sicherlich die verschiedenen Wirkungsstätten P.s wider, so die altertümlichen Vokalmotetten eine speziell thüringische Praxis und die lateinischen Werke die Nürnberger liturgische Form der Vesper; auch die große Zahl der Magnificatfugen ist von daher zu verstehen. Unter den deutschen Kantaten befinden sich drei Typen: Choralkantaten, vereinzelt gemischte Kantaten und solche mit Prosa, Reimprosa und Dichtung. Eine zusammenfassende Würdigung von P.s Vokalwerk steht noch aus.

2) Wilhelm Hieronymus, Sohn von 1), getauft 29. 8. 1686 Erfurt, † 1764 Nürnberg; dt. Organist und Komponist. Er war Schüler seines Vaters und später Organist an St. Sebaldus in Nürnberg. Neben Einflüssen seines Vaters zeigen seine Kompositionen auch Abhängigkeit von Werken D. Scarlattis.

WW: *Musicalisches Vergnügen... in einem Praeludio, Fuga und Fantasia* (Nü o.J.); *Praeludium und fuga* (Nü o.J.). – Hsl. sind erhalten: versch. Kompositionen für Tasteninstr., darunter eine *Fantasia super „Meine Seele, laß es gehen"* u. Variationen über *O Lamm Gottes unschuldig.*

Ausg.: **Zu 1):** Instr.-WW: 94 Kompositionen: Fugen über das Magnificat für Org. oder Klv., hrsg. v. H. BOTSTIBER – M. SEIFFERT (W 1901) (= DTÖ 17); Klv.-Werke, hrsg. v. M. SEIFFERT (L 1901) (= DTB 2/1); Orgelkompositionen, hrsg. v. DEMS. (1903) (= ebd. 4/1); Orgelwerke, hrsg. v. T. FEDTKE (F 1972 ff.); Ausgew. Orgelwerke, I–IV, hrsg. v. K. MATTHAEI (Kas 1928–36, Nachdr. 1959), V–VI, hrsg. v. W. STOCKMEIER (Kas 1972–74). – Kanon u. Gigue für 3 V. u. Gb., hrsg. v. M. SEIFFERT (L 1929, [6]1962) (= Organum III/24); 6 Triosuiten, hrsg. v. F. ZOBELEY (Kas 1937, Neudruck 1960–66) (= Hortus Mus. 54–56). – Vokal-WW: 2 Kantaten, in: Nürnberger Meister der zweiten Hälfte des 17. Jh., hrsg. v. M. SEIFFERT (1905) (= DTB 6/1); 7 Motetten u. Kantaten, hrsg. v. H. H. EGGEBRECHT (Bas – St. Louis 1955 ff.); 6 Motetten, hrsg. v. D. KRÜGER (St 1960) (= Geistl. Chormusik I/131–135 u. 137); Kantate *Jauchzet dem Herrn* für 5st. gem. Chor, Orch. u. Org., hrsg. v. DEMS. (St 1963) (= ebd. X/157). – **Zu 2):** GA, hrsg. v. H. J. MOSER – T. FEDTKE (Kas 1957), vgl. dazu Rezension v. F. W. RIEDEL, in: Mf 12 (1959).

Lit.: **Zu 1):** J. MATTHESON, Grundlage einer Ehren-Pforte (H 1740, Nachdr. B 1910, Faks.-Ausg. Kas 1969); F. DIETRICH, Gesch. des deutschen Orgelchorals im 17. Jh. (Kas 1932); G. FROTSCHER, Gesch. des Orgelspiels u. der Orgelkomposition II (B 1936, [3]1966); E. BORN, Die Variation ... im musikal. Schaffen P.s (B 1941); H. J. MOSER, J. P., in: MuK 23 (1953); H. L. WOODWARD, A Study of the Tenbury Mss. of J. P., 2 Bde. (1953) (= Diss. Harvard Univ.); H. H. EGGEBRECHT, J. P. als Vokalkomponist, in: AfMw 11 (1954); E. V. NOLTE, The Instr. Works of J. P. (Diss. Evanston/Ill. 1956); S. ORTH, J. P. in Erfurt, in: Aus der Vergangenheit der Stadt Erfurt 4 (1957); F. KRUMMACHER, Kantate u. Konzert im Werk J. P.s, in: Mf 22 (1957); F. W. RIEDEL, Quellenkundliche Beitr. z. Gesch. der Musik für Tasteninstr.... (Kas 1960); F. KRUMMACHER, Die Choralbearb. in der prot. Figuralmusik zw. Praetorius u. Bach (Kas 1978); E. V. NOLTE, P., in: Grove[6] XIV. W. BLANKENBURG

PACHMANN, Wladimir von, * 15. (27.) 7. 1848 Odessa, † 6. 1. 1933 Rom; russ. Pianist. Er studierte am Wiener Konservatorium und bei Joseph Dachs, debütierte 1869 mit großem Erfolg in Odessa, zog sich mehrere Jahre zu weiteren intensiven Studien zurück und begann dann eine glänzende Laufbahn, die ihn in die großen Musikzentren Europas und Amerikas führte. 1884 heiratete er eine seiner Schülerinnen, die Pianistin Maggie Oakey. P. hatte einen außerordentlich subtilen Anschlag und wurde vor allem als Chopin-Interpret gefeiert. Mit zunehmendem Alter neigte er zu Extravaganzen und Allüren, die ihm allerdings eine gewisse Publicity sicherten.

Lit.: K. SORABIJ, Around Music (Lo 1932); H. C. SCHONBERG, The Great Pianists (NY 1963), dt. Übers.: Die großen Pianisten (Be 1965).

PACHYMERES, Georgios, * 1242 Nikaia, † um 1310 Konstantinopel; byzantinischer Gelehrter. Er ist Verfasser einer Abhandlung über das Quadrivium *Syntagma tōn tessarōn mathēmatōn,* deren 2. Buch *Peri musikēs (Von der Musik)* die Musik behandelt. P. beschreibt darin das Tonsystem auf mathematischer Grundlage, wobei er auch die Musikpraxis seiner Zeit einbezieht. Seine Gewährsmänner der Antike sind u.a. Nikomachos, Ptolemaios und Porphyrios.

Ausg. der Abh., hrsg. v. P. TANNÉRY (R 1940) (= Studi e testi 94).

Lit.: C. HØEG, La théorie de la musique byzantine, in: Rev. des études grecques 35 (1922); L. RICHTER, Antike Überlieferungen in der byzantinischen Musiktheorie, in: DJbMw 6 (1961).

PACINI, Giovanni, * 17. 2. 1796 Catania, † 6. 12. 1867 Pescia bei Pistoia; it. Komponist. Er studierte Gesang am Konservatorium in Bologna, später Komposition bei Padre Mattei und in Venedig bei Bonaventura Furlanetto. Seine erste Oper, *Annetta e Lucindo,* wurde 1813 in Mailand uraufgeführt und öffnete ihm die großen Bühnen Italiens, für die er eine Reihe sehr erfolgreicher Opern schrieb. 1822 ließ er sich in Lucca nieder, wurde 1837 Hofkapellmeister und übernahm 1842 die Leitung des Istituto musicale. Außerdem gründete er 1834 das Liceo musicale in Viareggio.

WW: **1) Kompositionen:** Kammermusik; Oratorien: *Il trionfo della religione; Il trionfo di Giuditta; Sant'Agnese* (1857); *La distruzione di Gerusalemme,* UA: Florenz 1858; *Il carcere Mamertino,* UA: Rom 1867; ferner zahlr. Messen sowie kirchenmusikal. Werke; etwa 15 weltliche Kantaten. – Etwa 90 Bühnenwerke, darunter: *Annetta e Lucindo,* UA: Mailand 1813; *Adelaide e Comingio,* UA: ebd. 1817; *Federico II o Il barone di Dolsheim,* UA: ebd. 1818; *La gioventù di Enrico V,* UA: Rom 1820; *Alessandro nelle Indie,* UA: Neapel 1824; *L'ultimo giorno di Pompei,* UA: Neapel 1825; *Gli Arabi nelle Gallie,* UA: Mailand 1827; *Il corsaro,* UA: Rom 1831; *Saffo,* UA: Neapel 1840; *La fidanzata corsa,* UA: ebd. 1842; *Medea di Corinto,* UA: Palermo 1843; *Buondelmonte,* UA: Florenz 1945; *Il saltimbanco,* UA: Rom 1858; *Niccolò de' Lapi,* UA: Florenz 1873. – **2) Schriften:** *Sulla originalità della musica melodrammatica italiana del secolo XVIII, ragionamento* (Lucca 1841); *Principi elementari col metodo del meloplasto* (ebd. 1849); *Cenni storici sulla musica e trattato di contrappunto* (ebd. 1864); *Le mie memorie artistiche* (Fi 1865) (vervollständigt v. F. Magnani).

P. war ein außerordentlich fruchtbarer und mit großer Leichtigkeit komponierender Komponist. Seine melodische Erfindungsgabe trug ihm den Namen „il maestro delle cabalette" ein, doch konnten sich seine Werke gegenüber den Opern G. Rossinis, V. Bellinis, G. Donizettis oder G. Verdis nicht durchsetzen. Verdienstvoll bleibt dagegen sein Anteil an der Ausprägung der lyrisch-dramatischen Szene mit ihrer Verbindung von Soli, Chor und Ensembles, die G. Verdi weiterentwickelte.

Lit.: M. DAVINI, Il maestro G. P. (Palermo 1927); U. MANFERRARI, Dizionario universale delle opere melodrammatiche III (Fi 1955) (= Contributi alla bibl. bibliogr. it. 10) (mit Werk-Verz.); F. LIPPMANN, G. P., Bemerkungen zum Stil seiner Opern, in: Chigiana 24, N.S. 4 (1967); DERS., V. Bellini u. die it. Opera seria seiner Zeit (1969) (= Anal. Mus. 6); G. UGOLINO, G. P. alle origini del melodramma ottocentesco, in: L'Opera 3 (1967).

PACIUS, Friedrich (Fredrik), * 19. 3. 1809 Hamburg, † 8. 1. 1891 Helsinki; finnischer Komponist dt. Herkunft. Er studierte in Kassel Violine bei L. Spohr und Komposition bei M. Hauptmann. 1828 wurde er 1. Violinist der königlichen Hofkapelle in Stockholm, 1835 Musikdirektor an der Universität in Helsinki, 1860 dort Professor; 1877 erhielt er die Ehrendoktorwürde. P. war eine maßgebende Persönlichkeit im Musikleben Finnlands. Er veranstaltete regelmäßige symphonische Konzerte und rief mehrere Chorvereinigungen ins Leben. Als Komponist vertrat er einen von der finnischen Volksmusik geprägten spätromantischen Stil und gilt als Schöpfer einer eigenständigen finnischen Kunstmusik. P. schrieb auch die finnische Nationalhymne.

WW: Orch.-Werke; Fantasie für V. u. Orch. (1842); V.-Konzert (1845); zahlr. Lieder; *Maamme* (1843) (finnische Nationalhymne). – Opern: *Kung Karls jakt*, UA: Helsinki 1852; *Die Loreley*, UA: ebd. 1887.

Lit.: M. COLLAN-BEAURAIN, F. P. (He 1921); O. E. ANDERSSON, Den unge P. (He 1938); J. ROSAS, F. P. som tonsättare, in: Acta Acad. Aboensis, Humaniora 19 (1953); DERS., Till frågan om P.' körstil, in: ebd.

PADBRUÉ, Cornelis Tymenszoon, * um 1591 Haarlem, † Januar 1670 ebd.; ndl. Komponist. P. war seit 1610 Stadtmusikus, seit 1629 1. Schalmeispieler in Haarlem und wurde 1635 seines Amtes enthoben. Fast alle seine Werke wurden nach diesem Zeitpunkt veröffentlicht. P. pflegte einen konservativen Stil mit zahlreichen Madrigalismen. Er stand mit dem bedeutendsten niederländischen Dramatiker seiner Zeit, Joost van den Vondel, in Verbindung.

WW: *Vondels Kruisbergh* (ndl. u. lat. geistliche Gesänge) für 3–8 St. u. B.c. (A 1640); *De Tranen Petri ende Pauli* für 2–5 St. u. B.c. (A 1646) (unvollständig erhalten); ndl. Madrigale *Kusies* (Haarlem 1641).

Ausg.: *Vondels Kruisbergh*, hrsg. v. A. SMIJERS (A 1931) (= Uitgaven der Vereniging voor Nederlandse Muziekgeschiedenis 42); Nederlandse madrigalen, hrsg. v. F. NOSKE (1962) (= Monumenta Musica Neerlandica 5).

Lit.: J. H. SCHELTEMA DE HEERE, in: TVer 8 (1908); F. NOSKE, P. en Vondel, in: Organicae Voces. FS J. Smits van Waesberghe (A 1963).

PADEREWSKI, Ignacy Jan, * 6. (18.) 11. 1860 Kuryłówka (Gouvernement Podolien), † 29. 6. 1941 New York; poln. Pianist, Komponist und Politiker. Er studierte 1872–78 Klavier am Konservatorium in Warschau, 1881–84 Komposition zunächst bei Fr. Kiel, dann bei Heinrich Urban in Berlin, wo er auch von A. Rubinstein gefördert wurde, und war 1884–87 Meisterschüler von Th. Leschetitzky in Wien. Von Wien aus begann er 1887 seine Konzertlaufbahn und galt bald als einer der besten Pianisten seiner Zeit. In der Nähe von Morges (Schweiz) erwarb er 1899 das Landgut Riond-Bosson, das sein fester Wohnsitz blieb. 1909–13 leitete er das Warschauer Konservatorium. 1913 ging er in die USA, gab 1915 seine Konzerttätigkeit auf und setzte sich in einer großen öffentlichen Kampagne für den Wiederaufbau eines unabhängigen Polen ein. 1918–19 war er polnischer Botschafter in Washington und 1919–20 Ministerpräsident und Außenminister des neugegründeten polnischen Staates. 1922 nahm er seine Konzertreisen wieder auf. 1940 wurde er Präsident der polnischen Exilregierung. Seine Autobiographie veröffentlichte er 1939 in London unter dem Titel *The Paderewski Memoirs* (mit M. Lawton). 1977 wurde in Morges eine P.-Gesellschaft gegründet.

WW: **1) Kompositionen:** Zahlr. Klv.-Stücke, u.a. *6 Humoresques de concert;* Klv.-Konzert a-moll (1888); Symphonie h-moll (1908); ferner Lieder. – Oper *Manru*, UA: Dresden 1901. – **2) Schriften:** *Tempo rubato*, in: H. Th. Finck, Success in Music (Lo 1909); *Chopin, a Discourse* (Lo 1911); Autobiographie *The P. Memoirs* (Lo 1939, Nachdr. NY 1973) (zus. mit M. Lawton). – P. war auch Mit-Hrsg. der GA v. F. Chopin, 21 Bde. (War – Krakau 1949–61).

Durch seine vielseitige künstlerische und geistige Wirksamkeit wie durch seine außerordentliche persönliche Ausstrahlung war P. eine Sondererscheinung im Musikleben seiner Zeit. Als Pianist stand er in der Tradition Fr. Liszts. Charakteristisch für sein Spiel waren ein ungemein weicher Anschlag, häufiges Rubato und große Unabhängigkeit der Hände. Als Komponist von konservativer Grundhaltung, knüpfte er an Fr. Chopin und P. Tschaikowsky, in seiner Oper *Manru* auch an R. Wagner an. Viele seiner Werke verarbeiten polnische Volkslieder; als einer der ersten verwendete er auch Volksmusik der Tatra.

Lit.: H. TH. FINCK, P. and His Art (NY 1895); A. E. CHYBIŃSKI, P. (War 1910); H. OPIEŃSKI, I. J. P. (Lemberg 1911, ³1933, NA Krakau 1960); J. F. COOKE, I. J. P. (Philadelphia 1928); R. LANDAU, P. (NY 1934, Nachdr. 1976); A. STRAKACZ, P. as I Knew Him (New Brunswick/N.J. 1949, Birmingham 1951); A. M. HENDERSON, P. as Artist and Teacher, in: MT 97 (1956); C. KELLOGG, P. (NY 1956); W. DULEBA – Z. SOKOLOWSKA, I. J. P. (Krakau 1960); C. R. HALSKI, I. J. P. (Lo 1964); M. PERKOWSKA, Data urodzin Paderewskiego, in: Muzyka 20 (1975).

PADOANA ↗ Pavane.

PADOVANO (Padoano), **Annibale,** ↗Annibale Padovano.

PAËR (Paer), **Ferdinando,** * 1. 6. 1771 Parma, † 3. 5. 1839 Paris; it. Komponist. Er war Schüler des Cellisten Gaspare Ghiretti in Parma. 1791 brachte er dort die französische Oper *Orphée et Euridice* zur Aufführung und 1792 in Venedig seine erste italienische Oper, *Circe.* Sein Ruhm verbreitete sich rasch und wurde mit *Le astuzie amorose* (1792) und *I pretendenti burlati* (1793) weiter gefestigt. 1792 erhielt er vom Hof zu Parma den offiziellen Titel eines Maestro di cappella, nachdem er 1791 zum Kapellmeister an einem der Theater Venedigs ernannt worden war. 1798 folgte er zusammen mit seiner Frau, der Sängerin Francesca Riccardi, die vom italienischen Opernhaus engagiert wurde, einer Einladung nach Wien. 1803–07 wirkte er als Nachfolger J. G. Naumanns als Hofkapellmeister in Dresden, wo er 1804 die Oper *Leonora ossia L'amore conjugale,* Text nach Jean Nicolas Bouilly, dessen Libretto auch L. van Beethovens *Fidelio* zugrunde liegt, herausbrachte. 1806 kam er im Gefolge Napoleons nach Warschau, Posen und Paris. Hier übernahm er 1807 die Leitung der Kaiserlichen Kapelle und wurde 1812 als Nachfolger G. Spontinis Kapellmeister am Théâtre-Italien. 1823–26 teilte er sein Amt mit G. Rossini, mußte es aber 1827 abtreten, weil ihm u.a. Intrigen gegen Rossini vorgeworfen wurden. 1831 wurde er als Nachfolger Ch. S. Catels Mitglied der Académie des Beaux-Arts, 1832 Leiter der Musique de la Chambre du roi.

WW: **1) Instr.-WW:** Walzer für Klv.; Sonaten für Klv. u. V. u. für Klv., V. u. Vc.; Stücke für Harmoniemusik; mehrere Symphonien; Konzerte für Harfe u. Org. – **2) Vokal-WW:** It. Kantaten u.a. Gesänge für 1 u. mehr St. mit Klv. u. mit anderen Instr.; Oratorien: *Il trionfo della chiesa,* UA: Parma 1804; *La passione di Gesù Cristo,* UA: ebd. 1810; *Il sepolcro,* UA: Dresden 1818; einige kirchenmusikal. WW; Vokalisen u.a. Studienwerke für Gesang. – **3) Bühnen-WW:** Erhalten sind (hsl. bzw. meist als Klv.-A. gedruckt) ca. 40 Opern u. Pasticci ernsten u. heiteren Genres, überwiegend it., einige frz., darunter quellenmäßig besonders verbreitet bzw. von nachhaltigem Erfolg im 19. Jh.: *Griselda,* UA: Padua 1798; *Camilla,* UA: Venedig 1799; *Achille,* UA: ebd. 1801; *I fuorusciti di Firenze,* UA: Dresden 1802; *Sargino,* UA: ebd. 1803; *Leonora ossia L'amore coniugale,* UA: ebd. 1804; *Sofonisba,* UA: Bologna 1805; *Agnese,* UA: Parma 1809; *La Didone,* UA: Paris 1810; *Le maître de chapelle,* UA: ebd. 1821.

P. war zu seiner Zeit das Musterbeispiel eines erfolgreichen Opernkomponisten und -kapellmeisters, weil er leicht und schnell schrieb und einen sicheren Sinn für den jeweils modischen Geschmack seines Publikums und seiner Gönner hatte. Gleichwohl sind manche Stellen in seinen Opern über ihre Zeit hinaus von großem Reiz. Dies hat die kürzliche Wiederaufführung der *Leonora* (1980 bei den Schwetzinger Festspielen) bezeugt, die nicht nur wegen des durch Beethovens *Fidelio* bekannten Textes Erfolg hatte.

Ausg.: Sinfonia zu *Il maestro di cappella,* hrsg. v. A. TONI (Mi 1958).

Lit.: R. ENGLÄNDER, F. P. als sächsischer Hofkapellmeister, in: Neues Arch. für sächsische Gesch. 50 (1929); DERS., P.s „Leonora" u. Beethovens „Fidelio", in: Neues Beethoven-Jb. 4 (1930); G. TEBALDINI, F. P., in: Aurea Parma 20 (1939); R. CELETTI, La Leonora e lo stile vocale di P., in: NRMI 7 (1972).

PAESIELLO, Giovanni, ↗Paisiello.

PAGANELLI, Giuseppe Antonio, * 6. 3. 1710 Padua, † nach 1762 (?) Madrid; it. Komponist. Er war Mitglied der Accademia dei Geniali von Padua, die 1731–32 ein Oratorium und 2 Kantaten von ihm zur Aufführung brachte. Nachdem er 1732–33 mit 2 Opern, *La caduta di Leone, imperator d'Oriente* und *Tigrane,* in Neapel debütiert hatte, wurde er Cembalist der Operntruppe von Antonio Maria Peruzzi in Augsburg. 1736 ist er in Rheinsberg, dann in Braunschweig nachweisbar, wo 1737–39 mehrere seiner Opern aufgeführt wurden. 1737–39 wirkte er als Kammerkomponist der Markgräfin Wilhelmine in Bayreuth. Sein späterer Lebenslauf ist nicht mehr eindeutig festzustellen. 1742–43 wurden von ihm weitere Opern in Venedig aufgeführt; der Titel eines königlich spanischen Kammermusikdirektors, der seit 1756 bei seinen Werken erschien, läßt darauf schließen, daß P. später in Madrid lebte.

WW: **1) Instr.-WW:** *Ariae ... sub elevatione* für Org. oder Cemb. (Au 1756); *Divertissement de le beau sexe* (Sonatinen für Cemb.) (Au 1752); Sonaten für Fl. u. B.c. (P o.J.); mehrere Slgen. Duos u. Sonaten für 2 V. oder Fl. u. Triosonaten (P o.J.); *6 Sinfonie* für Orch. (Nü o.J.); V.- u. Fl.-Konzerte hsl. erhalten. – **2) Vokal-WW:** *Q: Horatii Flacci odae* für SingSt, 2 V. u. B.c. u. *Ariettes italiennes et françoises* (P o.J.). – Von P.s Opern sind nur einzelne Arien hsl. erhalten.

Ausg.: *Divertissement de le beau sexe,* hrsg. v. G. TAGLIAPIETRA (Mi 1936).

Lit.: E. SCHENK, G. A. P. (Salzburg 1928).

PAGANINI, Niccolò, * 27. 10. 1782 Genua, † 27. 5. 1840 Nizza; it. Violinist und Komponist. P., aus einfachen Verhältnissen stammend, erhielt in seiner Jugend Unterricht im Mandolinenspiel und erarbeitete sich – nur zeitweilig unterwiesen von den Genueser Violinisten Antonio Cervetto und Giacomo Costa – halb autodidaktisch eine Fertigkeit im Violinspiel, die 1795 A. Rolla, bei dem er in Parma studieren sollte, zu der Feststellung veranlaßte, daß er „als Geiger nichts mehr zu lernen" habe. Statt dessen erwarb sich P. gründliche Kenntnisse in der Komposition bei Gaspare Ghiretti und dessen Schüler F. Paër. Bis 1800 verbrachte P. noch 3 Jahre in Genua und Livorno mit privaten Studien (u.a. von P. A. Locatellis *L'arte del violino*), ehe er Stellungen in der Cappella Nazionale della Repubblica di Lucca und nach deren Auflösung (1805) am Hofe der Fürstin von Piombino und Lucca, Elisa Baciocchi, einer Schwester Napoleons, annahm. 1809 begann er ein Leben als reisender Virtuose, das ihn unter zunehmender Berühmtheit zunächst durch ganz Italien führte. 1828 trat er eine triumphale Konzertreise durch Österreich, Deutschland, Frankreich, Belgien und Großbritannien an, die ihm außer einer schier besinnungslosen Publikumsgunst auch die rückhaltlose Bewunderung der bekanntesten Musiker einbrachte. Berühmt und reich, aber mit gebrochener Gesundheit kehrte P. 1834 nach Italien zurück. Er mußte sein Konzertieren und seine Reisen einschränken. 1839 übersiedelte er in der Hoffnung auf Genesung nach Nizza, wo er ein Jahr später starb. Mißverständnisse und Fehleinschätzungen verhinderten ein kirchliches Begräbnis; sein Leichnam wurde erst nach mehrmaliger Umbettung endgültig in Parma beigesetzt.

WW: **1) Instr.-WW: a)** für V. solo: *24 Capricci per violino solo*, op. 1 (Mi 1818); *Duo merveille* (Mz 1830); *Caprice d'adieu* (Mz 1833); *20 Variazioni sull'aria „Oh, mamma, mamma cara!" dal „Carnevale de Venezia"*, op. 10. – **b)** Für V. u.a. Instr.: *60 Variazioni sul tema „Baracubà"* für V. u. Gitarre, op. 19 (P – Mz 1851); *Duetto amoroso* für V. u. Gitarre; 6 Sonaten für V. u. Gitarre, op. 2 (Mi 1820); 6 Sonaten für V. u. Gitarre, op. 3 (Mi 1820); 3 Duette für V. u. Vc.; *Gran sonata in A* für V. u. Gitarre; *Sonata concertante* für V. u. Gitarre; je 3 Quartette für V., Va., Gitarre u. Vc., op. 4 u. 5 (Mi 1820). – **c)** Für V. u. Orch.: V.-Konzerte: Nr. 1 D-Dur, op. 6 (P – Mz 1851); Nr. 2 h-moll, op. 7 (P – Mz 1851); Nr. 3 E-Dur (unveröff.); Nr. 4 d-moll (unveröff.); Nr. 5 a-moll (unveröff.); *Variazioni sull'aria „Deh cari venite", „Nel cor più me sento" e „Di certi gioranti"* (Mz 1830) (nur Nr. 2); *Le streghe*, op. 8 (P – Mz 1851); *Variazioni sull'inno „Heil dir im Siegerkranz"*, op. 9 (P – Mz 1851); *Moto perpetuo*, op. 11 (P – Mz 1851); *Introduzione e variazioni sull'aria „Non più mesta accanto al fuoco" dalla „Cenerentola" di Rossini*, op. 12 (P – Mz 1851); *I palpiti. Introduzione e variazioni sull'aria „Di tanti palpiti" da „Tancredi" di Rossini*, op. 13 (P – Mz 1851); *Introduzione e variazioni sulla preghiera „Dal tuo stellato soglio" dal „Mosè" di Rossini* (H 1855); ferner zahlr. unveröff. Werke für u. mit V. sowie für Gitarre. – **2) Vokal-WW:** *Quel jour heureux* für Solost., Chor u. Klv. (Hannover 1830) u. einige andere Gesänge.

R. Schumanns Wort, „P. ist der Wendepunkt der Virtuosität", beschreibt nüchtern die epochemachende Wirkung dieses Mannes. Die selbstverständliche und gehäufte Anwendung von Kunstgriffen höchster Schwierigkeit bewirkte über die Violinisten hinaus eine Sublimierung des Instrumentalspiels, das an keine instrumental gegebene Beschränktheit mehr gebunden schien und der musikalischen Phantasie schier unbegrenzte Möglichkeiten eröffnete. In diesem Sinne ist durch P. die Klaviertechnik Fr. Liszts angeregt worden. Von einem klanglich wandlungsfähigen, nicht übermäßig vollen Ton ausgehend, umfaßte P.s Technik von virtuosem Doppelgriff-, Flageolett-, Staccato- und Pizzicatospiel bis hin zur Scordatura und dem spektakulären Spiel auf einer Saite alle nur erdenkbaren Möglichkeiten. Sein Auftreten gestaltete P. so effektvoll, daß ihm binnen kürzester Zeit der Ruf eines „Magiers" und „Teufelsgeigers" anhaftete. Da er zunächst nichts gegen diesen Ruf unternahm, sondern ihn durch sein skurriles Gebaren noch verstärkte, bildeten sich zahlreiche Legenden um seine Person, die mit der Zahl seiner Neider auch gehässigen Charakter annahmen und bis heute seine Biographie durchziehen. – Die Kompositionen, die P. weitgehend zum eigenen Gebrauch geschrieben hat, geben nur einen unvollständigen Eindruck von seiner Virtuosität, da das Geheimnis seines Spiels großenteils außerhalb der wiedergegebenen Noten zu suchen ist. Sie als reine Bravourstücke eines Virtuosen abzuwerten, erscheint unangebracht, haben sie doch zahlreiche Komponisten zu Bearbeitungen angeregt (u.a. R. Schumann, Fr. Liszt, J. Brahms, S. Rachmaninow, A. Casella, L. Dallapiccola, B. Blacher und W. Lutosławski).

Lit.: Bibliografia paganiniana (1935–1970), hrsg. v. P. BERRI, in: Musicalia 1 (1970); Discografia paganiniana, hrsg. v. P. M. CASARETTO, in: ebd. – J. KAPP, N. P. (B 1913); A. CODIGNOLA, P. intimo (Genua 1935); R. DE SAUSSINE, P. le magicien (P 1938); I. PIZZETTI, N. P. (Tn 1940); M. TIBALDI CHIESA, P. (Mi 1940); G. WEIDMANN, Die Violintechnik P.s (Diss. B 1950); T. VALENSI, P. (Nizza 1950); W. G. ARMANDO, P., eine Biographie (H 1960); Z. VÝBORNÝ, P. as Music Critic, in: MQ 46 (1960); DERS., P. u. Beethoven, in: Mf 13 (1960); DERS., The Real P., in: ML 42 (1961); P. BERRI, P., Documenti e testimonianze (Genua 1962); Z. VÝBORNÝ, Der Fall „P.", in: Mf 17 (1964); I. ORMAY, Wenn P. ein Tagebuch geführt hätte … (Budapest 1967); H. HEINE, P. Dokumente z. Musikgesch., in: Musik im Unterricht 59 (1968); F. FARGA, N. P. (Pr 1969); J. PULVER, P., the Romantic Virtuoso (NY 1971); DIES., P. in the Goethe-Zelter Correspondence, in: The Strad 89 (1978/79); L. NITSCHKOVA-GOLEMINOVA, Schumann-Moscheles-P. Berichtigungen z. Biographie R. Schumanns, in: Mf 31 (1978); L. SHEPPARD, P., Background to a Biography, in: The Strad 90 (1979/80); L. SHEPPARD, P. and the Guitar, in: ebd. 91 (1980/81).

H. LOOS

PAGANINI, Operette in 3 Akten von Franz Lehár (1870–1948), Text von Paul Knepler und Béla Jenbach. Ort u. Zeit der Handlung: Lucca, zu Beginn des 19. Jahrhunderts. UA: 30. 10. 1925 in Wien (Johann-Strauß-Theater), dt. EA: 30. 1. 1926 in Berlin (Deutsches Künstlertheater). Verfilmt 1926 als Stumm-, 1934 als Tonfilm.

Thema der sentimental verbrämten Handlung ist die Unbeständigkeit eines künstlerischen Genies in persönlichen Beziehungen: Paganinis Verhältnis zu Elisa, der Schwester Napoleons, endet unglücklich. Der „Teufelsgeiger" gelangt zu der Erkenntnis, daß ein Genius wie er der ganzen Welt gehört. – Stilistisch markiert *Paganini* den Beginn von Lehárs zweiter Schaffensperiode. An Stilmitteln der Spieloper orientiert, durchbrechen die musikalischen Gestaltungsmittel dieses Werkes den tradierten Rahmen der Wiener Operettenmusik. Der UA-Erfolg war demzufolge wenig überzeugend; erst mit R. Tauber in der Titelrolle und Vera Schwarz als Elisa feierte Lehár bei der Berliner Premiere zuvor nicht gekannte Triumphe. *Gern hab' ich die Frau'n geküßt* und das Liebesduett *Niemand liebt dich so wie ich* sind die bekanntesten Nummern; sie haben auch als selbständige Konzertstücke Bestand. B. DELCKER

PAHISSA, Jaime, * 7. 10. 1880 Barcelona, † 27. 10. 1969 Buenos Aires; spanischer Komponist und Dirigent. Er studierte Architektur an der Universität von Barcelona und Musik bei E. Morera. Seit 1937 lebte er in Buenos Aires. 1951 wurde er Mitglied der Real Academia de Bellas Artes de San Fernando in Madrid. P. war einer der prominentesten Vertreter der neueren Musik in Spanien und Südamerika.

WW: **1) Instr.-WW:** Zahlr. Klv.-Stücke; Sonate für V. u. Klv. (1906). – Für Orch.: *El combat* (1900); *El camí* (1909); *Nit de somnis* (1921); *Estudio sinfónico* (1926); *Suite intertonal* (1926). – **2) Vokal-WW:** *El vent de la Tardor, Per un bes, Canço de lladre* für SingSt u. Klv. – **3) Bühnen-WW:** Opern: *La presó de Lleida* (1906), revidiert als: *La princesa Margarida,* UA: Barcelona 1928; *Cañigó* (1916); *Galla Placidia* (1918); *La Morisca* (1919) u. *Marianela* (1928). – **4) Schriften:** *Los grandes problemas de la música* (Buenos Aires 1945, ²1954); *Espíritu y cuerpo de la música* (1945); *Vida y obra de M. de Falla* (ebd. 1947, ²1958); *Sendas y cumbres de la música española* (ebd. 1955).

PAHLEN, Kurt, * 26. 5. 1907 Wien; argentinischer Dirigent und Musikschriftsteller östr. Herkunft. Er studierte Musikwissenschaft an der Universität Wien (G. Adler, R. Lach, A. Orel), wo er 1929 promovierte; anschließend absolvierte er die Kapellmeisterklasse am Neuen Wiener Konservatorium und war in den 30er Jahren als Dirigent an der Volksoper und bei Radio Wien tätig, außerdem als Gast bei anderen europäischen Orchestern. 1939 emigrierte er nach Buenos Aires und wurde dort Chefdirigent der Filarmónica Metropolitana sowie der Philharmonie von Rosario (Argentinien) und 1949 Dozent für Musikwissenschaft an der Universität von Montevideo (Uruguay). Seit 1957 war P. Direktor des Teatro Colón in Buenos Aires. Als Gastdirigent und zu Vorträgen bereiste er regelmäßig Südamerika und Europa. Zu Beginn der 70er Jahre wurde P. Professor am Internationalen Opernstudio des Opernhauses in Zürich.

Schriften: *Das Rezitativ bei Mozart* (Diss. W 1929); *Historia gráfica universal de la música* (Buenos Aires 1944), dt. Übers.: *Musikgesch. der Welt* (Z 1947, ²1950); *Síntesis del saber musical* (Buenos Aires 1948); dt. Übers.: *Musik. Eine Einführung* (Olten 1956); *M. de Falla und die Musik in Spanien* (Olten 1954) (= Musikerreihe 14); *Tschaikowsky* (Buenos Aires 1957, dt. St 1959); *Oper der Welt* (Z 1963); *Das Mozart-Buch* (St 1969); *Große Sänger unserer Zeit* (Gütersloh 1971). – P. ist ferner Hrsg. v. *Opern der Welt* (Mn 1978 ff.).

PAIK, Nam June, * 20. 7. 1932 Seoul (Korea); koreanischer Komponist. Er studierte zunächst privat in Korea, dann an der Universität in Tokio und 1956–57 bei Thr. G. Georgiades (Musikwissenschaft) an der Universität in München. Kompositionsstudien folgten bei W. Fortner an der Musikhochschule in Freiburg im Breisgau (1957–58) sowie bei den Darmstädter Ferienkursen 1957 (K. Stockhausen, L. Nono) und 1958 (J. Cage). P. lebt seit 1964 in New York als Vertreter der sog. Fluxus-Bewegung, die außer musikalischen auch choreographische und akustische Ausdrucksmittel einsetzt.

WW: *Hommage à J. Cage* (1959) für Tonbänder u. Klv.; Aktionsmusik *One for Violin Solo* (1962); *Variations on a Theme by Saint-Saëns* (1964) für Vc.; *Read Music* (1961); *Danger Music for Dick Higgins* (1962); *Playable Music No. 4* (1965); 5 Symphonien; *Electronic Television,* UA: Wuppertal 1963; *Robot Opera* (1964–65); *Electronic Video Recorder,* UA: New York 1965; *Electronic Opera No. 1* (1969) u. *No. 2* (1970); *Global Groove* (1973); *Video Buddha* (1974). – Er schrieb ferner *Essay,* in: An Anthology ..., hrsg. v. L. Young (NY 1963, ²1970).

Lit.: Kat. Kölnischer Kunstverein (Kö 1976).

PAILLARD, Jean-François, * 18. 4. 1928 Vitry-le-François (Marne); frz. Dirigent. Er erwarb an der Sorbonne in Paris den akademischen Grad eines Licencié ès sciences mathématiques, studierte am Mozarteum in Salzburg sowie bei I. Markevitch und erhielt am Pariser Conservatoire einen 1. Preis. 1953 gründete er das Ensemble Instrumental Jean-Marie Leclair, das er 1959 in Orchestre Jean-François Paillard umbenannte. Mit ihm gibt P. jährlich etwa 120 Konzerte; beim Musiksommer in den Schlössern von Blois und Chambord tritt er als Veranstalter auf. Vorrang in den Programmen hat die Musik des 18. Jh., deren spezielle Pflege durch rund 200 Schallplattenaufnahmen (viele Auszeichnungen mit dem Grand Prix du Disque) belegt wird. 1962 wurde P. Leiter des Kirchenmusikarchivs des Verlags Costallat und 1969 Mitglied der Commission Musique et Enseignement beim frz. Erziehungsministerium.

Schriften: *Les six concertos brandenbourgeois de J. S. Bach* (P 1956); *La musique française classique* (P 1960); *Les concertos de J.-M. Leclair,* in: Chigiana 21, N.S. 1 (1964).

PAINE, John Knowles, * 9. 1. 1839 Portland (Maine), † 25. 4. 1906 Cambridge (Massachusetts); amerik. Organist und Komponist. Er studierte bei einem deutschen Organisten in Portland und ging dann nach Berlin, um seine Kenntnisse zu vertiefen. Nach Rückkehr in die USA wurde er Organist an der West Church in Boston. 1862 wurde er zum Instructor of Music an der Harvard University in Cambridge (Mass.) ernannt, wo er 1875–1905 den ersten, eigens für ihn eingerichteten Lehrstuhl für Musik in den USA innehatte. Sein Schaffen ist im wesentlichen von der deutschen Musik der 1. Hälfte des 19. Jh. beeinflußt.

WW: **1) Instr.-WW:** Klv.-Stücke; Kammermusik, darunter ein Streichquartett (NY 1940); 2 Symphonien, op. 23 c-moll u. op. 34 A-Dur; 2 symphonische Dichtungen *The Tempest* u. *Poseidon and Amphitrite* (L 1907); Ouvertüre *Was ihr wollt* (L 1907). – **2) Vokal- u. Bühnen-WW:** Messe D-Dur (NY 1866); Oratorium *St. Peter* (Boston 1872); Kantate *The Nativity* (ebd. 1883); Oper *Azara* (L 1901). – **3) Schriften:** *The History of Music to the Death of Schubert* (Boston 1907, Nachdr. NY 1971).

Lit.: G. T. EDWARDS, Music and Musicians of Maine (Portland 1928); M. A. HOWE, J. K. P., in: MQ 25 (1939); K. C. ROBERTS, J.K.P. (1962) (= Diss. Univ. of Michigan, Ann Arbor); J. CH. SCHMIDT, The Life and Works of J.K.P. (1979) (= Diss. New York Univ.)

PAINT YOUR WAGON, amerik. Musical von Frederick Loewe (* 1904), Buch und Songtexte von Alan Jay Lerner. Ort und Zeit der Handlung: Kalifornien, 1853. UA: 12. 11. 1951 in New York (Shubert Theater).

Ein Goldrausch-Musical über Aufstieg und Fall einer typischen Western-Stadt des vergangenen Jahrhunderts, mit Cowboy-, Sheriff- und Saloon-Kolorit, mit Humor und Rührseligkeit. Ben Rumson und seine Tochter Jennifer finden Gold auf ihrem Ackerland. Der plötzliche Reichtum veranlaßt den Vater, seine Tochter auf eine vornehme Schule im Osten zu schicken. Bald aber ist es aus mit dem Gold. Jennifer kehrt heim und verwandelt die Stadt mit Hilfe ihres Freundes Julio in eine ertragreiche Bauerngemeinde. Daß der Erfolg des Musicals ausblieb, lag am Buch. Es konnte sich nicht zwischen Parodie, Satire und Märchen entscheiden. Besser erging es der Filmversion (Paramount, 1969). Mit einem Drehbuch von Paddy Chayefsky und dem Musikarrangement von Nelson Riddle inszenierte Joshua Logan die Starbesetzung: Jean Seberg, Clint Eastwood und Lee Marvin. Die Songs *They Call The Wind Maria* und *Wanderin' Star* erreichten die Hitparaden. R. WALLRAF

PAISIBLE, Jacques, * um 1650(?), † August 1721(?) London; engl. Komponist wahrscheinlich frz. Herkunft. Er trat 1674 in den Dienst König Karls II. von England und nahm 1675 als Oboist an der Aufführung einer Masque von John Crowne in Whitehall teil. Unter der Regierung König Jakobs II. (1685–88) war er auch Countertenor der Königlichen Kapelle. Nachdem er zunächst dem König ins Exil gefolgt war, kehrte er schließlich doch nach London zurück, wo sein Name oft in Konzerten auftaucht und er als Blockflötenspieler und Oboist im Orchester des Drury Lane Theatre mitwirkte, für das er Musik zu zahlreichen Stücken komponierte.

WW: 6 Sonaten für 2 Blockfl. (Lo 1702); Airs für Trp. u. Str. (Lo 1704, 1717); *Six setts of aires* für 2 Blockfl. (Lo 1720). – Weitere Stücke für V., Ob. oder Blockfl. in Sammeldrucken seiner Zeit.

Ausg.: 5 Sonaten für 2 Blockfl. u. B.c., hrsg. v. W. FRIEDRICH (Celle 1939); 5 Sonaten für 2 Blockfl., hrsg. v. E. HUNT – L. RING (Lo 1940–55).

PAISIBLE, Louis Henri, * um 1745 Paris (?), † 30. 3. (10. 4.) 1782 St. Petersburg; frz. Violinist. Er war Schüler von P. Gaviniès, trat im Concert spirituel auf und wurde von der Herzogin von Bourbon-Conti engagiert. 1776 verließ er Frankreich und unternahm eine lange Tournee in die Niederlande, nach Deutschland und nach Rußland. Aus Enttäuschung über seine schlechte Aufnahme in Moskau und St. Petersburg und mittellos geworden, beging er Selbstmord.

WW: 3 V.-Konzerte (P 1771 u. 1776); 6 Streichquartette (Lo 1776).

Lit.: L. DE LA LAURENCIE, L'école française de violon II (P 1923, Nachdr. G 1971); R.-A. MOOSER, Annales de la musique et des musiciens en Russie au XVIIIe siècle (G 1951); M. ANTOINE, De quelques musiciens nommés P., in: Rech. Mus. 15 (1975).

PAISIELLO (Paesiello), **Giovanni,** * 9. 5. 1740 Tarent, † 5. 6. 1816 Neapel; it. Komponist. Er studierte am Conservatorio di Musica S. Onofrio in Neapel bei Fr. Durante sowie bei C. Contumacci und Giuseppe Abos. Während seiner ersten Schaffenszeit komponierte er viel und schrieb sowohl Opere serie als auch Opere buffe, die in verschiedenen Städten Italiens mit Beifall aufgenommen wurden. 1776 wurde er an den russischen Hof in St. Petersburg eingeladen, wo Kaiserin Katharina II. auf ihn aufmerksam wurde und ihm den Posten des Hofkapellmeisters und die Leitung des italienischen Theaters übertrug. Über Wien, wo er u.a. für Kaiser Joseph II. 12 Symphonien schrieb, kehrte er 1784 nach Neapel zurück. Dort hatte er dann bis 1799 den Posten eines Kapellmeisters König Ferdinands IV. inne. P., der sich vor allem seit dem Erfolg seines *Antigono* eines großen Rufs erfreute, wurde mit der Komposition der Eröffnungsoper (*I giuochi d'Agrigento,* 1792) für das Teatro la Fenice in Venedig betraut. Daneben erhielt er für London den Auftrag für eine Oper (*La locanda,* 1791) und von Napoleon Bonaparte für eine *Musica funebre per la morte del generale Hoche* (1797). 1799 zwangen ihn die Verhältnisse in Neapel, sich auf die Seite der Revolutionsregierung zu stellen. Dadurch zog er sich für zwei Jahre die Ungnade der Bourbonen zu. 1802 wurde er zum Leiter der persönlichen Kapelle Napoleons berufen. Nach seiner Rückkehr nach Neapel wurde P. Kapellmeister des Erzbischofs und der Cappella S. Gennaro. Die Rückkehr der Bourbonen auf den französischen Thron (1815) zwang ihn, sich endgültig vom Musikleben zurückzuziehen.

WW: **1) Bühnen-WW:** Die 80 Opern P.s sind fast vollständig hsl. (teilweise autograph) erhalten; von einigen existieren gedruckte Klv.-A., von vielen erschienen einzelne Arien im Druck. Zu nennen sind: *Il Marchese Tulissano,* UA: Rom 1767, als *Il matrimonio inaspettato:* St. Petersburg 1779; *Don Chisciotte della Mancia,* UA: Neapel 1769; *La frascatana,* UA: Venedig 1774; *Gli astrologi immaginari,* UA: St. Petersburg 1779, als *Le philosophe imaginaire:* Paris 1780; *La serva padrona,* UA: St. Petersburg 1781; *Il barbiere di Siviglia, ovvero La precauzione inutile,* UA: ebd. 1782; *Il re Teodoro in Venezia,* UA: Wien 1784; *Olimpiade* u. *Le gare generose,* UA: Neapel 1786; *L'amor contrastato,* UA: Neapel 1789, als *La molinara:* Wien 1790; *Nina o sia La pazza per amore,* UA: Caserta 1789; *Proserpine,* UA: Paris 1803. – **2) Vokal-WW:** Zahlreiche Messen, eine davon zur Kaiserproklamation Napoleons 1804, eine für König Ludwig XVIII. (1814); *Missa defunctorum* (1789); viele lat. Motetten, auch für offizielle Anlässe am frz. Hof; Oratorien: *La passione di Gesù Cristo,* UA: St. Petersburg 1783; *Baldassare; La concezione di Maria vergine; Susanna;* weltliche it. Kantaten (einige davon gedruckt) u. Gelegenheitswerke. – **3) Instr.-WW:** *Capriccios and rondos* für Klv. oder Cemb. (Lo o.J.); Streichquartette, op. 1 (Offenbach o.J., P um 1780 u.ö.); Quartette für Fl., V., Va. u. Vc., op. 23 (Brau o.J.); hsl. sind erhalten weitere Werke für Cemb., ferner für Orch., darunter ein Cemb.-Konzert. – **4) Das theoretische Werk:** *Regole per bene accompagnare il partimento, o sia Il basso fondamentale sopra il cembalo* 1782 (autograph).

P.s enormer zeitgenössischer Ruhm beruht fast ausschließlich auf seinen Opern, die gleichermaßen dem Typus der Seria wie der Buffa angehören. Sie wurzeln zunächst in der neapolitanischen Schule, gewinnen aber im Laufe der Jahre durch die Anforderungen und Bedingungen der wechselnden Wirkungsstätten P.s neue und persönliche Facetten. Insgesamt ist sein Stil charakterisiert durch eine blühende Kantabilität der vokalen Partien, durch eine pointierte Rhythmik der Begleitung, durch die Fähigkeit, die Charaktere der handelnden Personen, besonders im Bereich der Buffa, musikalisch treffend zu zeichnen, auch mit Hilfe einer differenzierten Instrumentation. Inbegriff von P.s Buffostil ist der *Barbiere di Siviglia,* der nachweisbar auch auf W. A. Mozarts *Figaro* und G. Rossinis *Barbiere* ausgestrahlt hat, von beiden Werken aber auf die Dauer in den Schatten gestellt wurde. P.s *Nina* ist bemerkenswert wegen der auf L. Cherubinis und É. Méhuls Opéra-comique vorausweisenden Züge einer naiven Sentimentalität. Ein Zeichen für P.s Popularität war es, daß zahlreiche seiner Melodien bearbeitet und variiert wurden, so auch von L. van Beethoven (Variationen für Klavier über *Quant'è più bello* und *Nel cor più non mi sento* aus *La molinara* (1795, WoO 69 und 70). In unserer Gegenwart werden einige Opern P.s gelegentlich wiederaufgeführt. Von H. W. Henze stammt eine Neubearbeitung des *Don Chisciotte* (1979).

Ausg.: Cemb.-Konzert C-Dur, hrsg. v. A. LUALDI (Mi 1959); Cemb.-Konzert F-Dur, hrsg. v. G. TINTORI (Mi 1964); *Missa defunctorum,* hrsg. v. G. PICCIOLI (Mi 1960); *Il barbiere di Siviglia,* Klv.-A. hrsg. v. M. PARENTI (Mi 1960); K. B. MOHR, G. P.'s *Gli astrologi immaginari.* An Urtext Ed. (1969) (= Diss. Florida State Univ.) (mit Kommentar u. Verz. v. 27 erhaltenen Part.); W. P. PRIESTLY, A Performance Ed. and Critical Commentary of the Festival „Te Deum" 1791 by G. P., 2 Bde. (1969) (= Diss. Univ. of Southern California); Divertimenti für Fl., V., Va. u. Vc., nach dem Erstdruck hrsg. v. B. PÄULER (Z 1972).

Lit.: H. ABERT, P.s Buffokunst u. ihre Beziehungen zu Mozart, in: AfMw 1 (1918/19), wiederabgedruckt in: Gesammelte Schriften, hrsg. v. F. Blume (Hl 1929, Tutzing [2]1968); A. DELLA CORTE, P. (Tn 1922); U. PROTA-GIURLEO, P. ed i suoi primi trionfi a Napoli (Neapel 1925); A. CAMETTI, P. e la corte di Vienna (R 1929); N. CORTESE, Un'autobiogr. ined. di G. P., in: Rass. Mus. 3 (1930); H. V. F. SOMERSET, G.P., in: ML 18 (1937); A. LOEWENBERG, P.'s and Rossini's „Barbiere di Siviglia", in: ML 20 (1939); E. FAUSTINI-FASINI, Opere teatrali, oratori e cantate di G. P. (Bari 1940) (mit Werk-Verz.); G. PANNAIN, „Don Chisciotte della Mancia" di G. B. Lorenzi e G. P., in: RMI 56 (1954); A. EINSTEIN, A „King Theodore" Opera, in: JAMS 14 (1961); A. DELLA CORTE, Un'opera di P. per Caterina II di Pietroburgo „Gli astrologi immaginari" 1779, in: Chigiana 23, N.S. 3 (1966); M. FARKAS, P., „I filosofi immaginari", in: Studia musicologica 9 (1967); A. GHISLANZONI, G. P., valutazione, critiche, rettificate (R 1969) (= Contributi di musicologia 3); M. TARTAK, The Two „Barbieri", in: ML 50 (1969); I. L. HUNT, The Life and Keyboard Works of G. P. 1740–1816 (1973) (= Diss. Univ. of Michigan); DERS., G. P. His Life as an Opera Composer (NY 1975).

M.-C. PATIER

PAIX, Jakob, * 1556 Augsburg, † nach 1623; dt. Organist und Komponist. Er studierte bei seinem Vater Peter P. († 1567), einem Augsburger Organisten, und war 1576–1601 Organist in Lauingen, 1601–17 in Neuburg an der Donau, wo er auch gelegentlich die Aufgaben eines Kapellmeisters am Hof der Wittelsbacher erfüllte. Im Zuge der Gegenreformation verlor er sein Amt. P.' Hauptwerk ist die Orgeltabulatur von 1583, die reich kolorierte Transkriptionen von Motetten, Liedern und Chansons sowie deutsche, französische und italienische Tänze und 2 Fantasien enthält. Als Komponisten sind zahlenmäßig am stärksten G. P. da Palestrina und O. di Lasso vertreten; 9 Stücke stammen von P. selbst.

WW: *Ein schön nutz- unnd gebreüchlich Orgel Tabulaturbuch* (Lauingen 1583); *Thesaurus motetarum* für Org. (Str 1589); *Selectae, artificiosae et elegantes fugae* für 2–4 u. mehr St. (Lauingen [2]1590, [3]1594) (41 Kanons ohne Text, teilweise aus H. Glareanus, *Dodekachordon,* teilweise auch v. P. selbst). – *Zway Neue Teutsche Liedlen* für 4 St. (Lauingen 1581); *Missa ad imitationem ... In illo tempore I. Moutonis* für 4 St. (ebd. 1584); *Parodia ... Domine da nobis auxilium, Th. Crequilonis* für 6 St. (ebd. 1587).

Ausg.: 5 Motetten für Org., hrsg. v. E. KRAUS, in: Cantantibus organis 1–2 u. 6 (Rb 1958–61).

Lit.: A. G. RITTER, Zur Gesch. des Orgelspiels II (L 1884, Nachdr. Hil 1969) (mit einem geistlichen dt. Lied); A. EINSTEIN, It. Musiker am Hofe der Neuburger Wittelsbacher, in: SIMG 9

(1907–08); W. MERIAN, Der Tanz in den dt. Tabulaturbüchern (L 1927, Nachdr. Hil – Wie 1968) (mit 20 Stücken); P. WINTER, Musikpflege am Pfalz-Neuburger Hof, in: Neuburg, die junge Pfalz u. ihre Fürsten (Neuburg 1955); M. SCHULER, Das Orgeltabulaturbuch v. J. P. (Diss. Fr 1958).

PAJAMA GAME, THE, amerik. Musical von Richard Adler (* 1921), Songtexte von Jerry Ross, Buch von George Abbott und Richard Bissell, nach Richard Bissells Roman *7½ Cents.* Ort und Zeit der Handlung: Eine Pyjamafabrik im amerik. Mittelwesten, Gegenwart. UA: 13. 5. 1954 in New York (St. James Theater).
Die ungewöhnliche musikalische Komödie um einen angedrohten Streik in einer Pyjamafabrik wurde zu einem der größten Broadwayerfolge der 50er Jahre. Bob Fosse schuf seine erste Broadwaychoreographie auf das erste „book-musical" von Adler und Ross, für Harold S. Prince war es die erste Broadway-Produktion. Der Direktor der Pyjamafabrik verliebt sich in die Vorsitzende des Gewerkschaftskomitees. Eine Forderung auf Stundenlohnerhöhung um 7½ Cents bringt die beiden in gewisse Konflikte, die aber mit List und Tücke überwunden werden, und es kommt zum Happy-End im Arbeitskampf und in der Liebe. Die Filmversion (Warner, 1957) brachte eine Paraderolle für Doris Day. Die Songs *Steam Heat* und *Hernando's Hideaway* wurden zu Schlagern.

R. WALLRAF

PALADILHE, Émile, * 3. 6. 1844 Montpellier, † 6. 1. 1926 Paris; frz. Komponist. Er studierte am Pariser Conservatoire bei A. Fr. Marmontel, Fr. Halévy und Fr. Benoist und erhielt mit 16 Jahren mit der Kantate *Ivan IV* einen Prix de Rome. Lebhaften Beifall erzielte seine Opéra-comique *Le passant* nach einem Einakter von François Coppée (1872), in der Célestine Galli-Marié die in Frankreich berühmt gewordene *Mandolinata* sang. Seit 1892 lehrte P. am Pariser Conservatoire und komponierte nur mehr selten für die Bühne.

WW: Klv.-Stücke; 2 Symphonien; geistliche Werke; Lieder. – Opéras-comiques (UA in Paris): *Le passant,* UA: 1872; *L'amour africain,* UA: 1875; *Suzanne,* UA: 1878; *Diana,* UA: 1885; ferner die Oper *Patrie,* UA: 1886.

Lit.: H. BUSSER, E. P., in: Le Ménestrel (1926) Januar-H.

PALADINO, Giovanni Paolo (Jean Paul Paladin), * Mailand, † vor September 1566 Lyon; it. Lautenist. Er ist vielleicht identisch mit dem Lautenisten Jean Paulle, der 1516–22 im Dienste König Franz' I. stand, oder mit einem Jean Paul, der sich 1544 am Hofe des Herzogs von Lothringen aufhielt. Vor 1549 ließ er sich in Lyon nieder und veröffentlichte dort 2 Lautentabulaturen (RISM [um 1549][40] und 1560[27]), die Fantasien und Tänze sowie Bearbeitungen von Chansons, Madrigalen und Motetten u.a. von J. Arcadelt, P. Certon, Jacotin, Cl. Janequin *(La bataille),* C. de Rore, P. Sandrin und Cl. de Sermisy enthalten.

Lit.: F. LESURE – R. DE MORCOURT, G.P. P. et son „Premier Livre" de luth 1560, in: RMie 42 (1958).

PALÄOGRAPHIE, Musikalische P., Bz. für Kunde und Wissenschaft von der ↗Notenschrift.

PALAU BOIX, Manuel, * 4. 1. 1893 Alfar del Patriarca (Valencia), † 18. 2. 1967 Valencia; span. Komponist. Er studierte am Konservatorium in Valencia sowie in Paris bei Ch. Koechlin (1924–26), A. Bertelin und M. Ravel (1928–29). Neben seiner Tätigkeit als Pianist und Dirigent lehrte er Komposition am Konservatorium in Valencia, dessen Leitung er seit 1952 innehatte. Seine ersten Kompositionen sind von lyrischem Charakter und von der Volksmusik seiner Heimat beeinflußt. Später entfaltete er eine mehr impressionistische und symphonische Schreibweise.

WW: Klv.- u. Gitarrenstücke; für Orch.: *Gongoriana* (1927); *Homenaje a Debussy* (1929) u. *Marcha burlesca* (1936); 2 Symphonien (1939, 1944); *Triptico catedrálico* (1955–56); *Concierto levantino* (1947) für Gitarre u. Orch.; *Atardecer* (1945) für SingSt u. Orch.; *Liricas lucentinas* (1952) für Sopran u. Orch.; Oper *Maror* (1953–56); Ballette *Lliri Blau* (1938) u. *Sino* (1939).

Lit.: A. MINGOTE, M. P. (Valencia 1946); F.-J. L. TELLO, La obra pianistica de M. P. (ebd. 1956); M. VALLS, La música española después de M. de Falla (Ma 1962).

PALESTER, Roman, * 28. 12. 1907 Śniatyń (heute Snjatin, Ukraine); poln. Komponist. Nach dem Klavier- und Kompositionsstudium an den Konservatorien in Lemberg und Warschau und einem gleichzeitigen Studium der Kunstgeschichte an der Warschauer Universität hielt er sich 1931–39 mehrmals in Paris auf, wo er auch mit der Groupe des Six in Verbindung trat. P. war Generalsekretär, dann Vizepräsident des polnischen Komponistenverbands und Vorsitzender der polnischen Sektion der IGNM. 1945–47 unterrichtete er am Konservatorium in Krakau; 1948 ließ er sich in Paris nieder. Anfangs von I. Strawinsky beeinflußt, wandte er sich nach 1950 der seriellen Musik zu.

WW: Klv.-Stücke; Trio für Fl., Va. u. Harfe (1969); Duette für 2 V. (1972); *Suite à quatre* (1973) für Ob. u. Streichtrio. – Für Orch.: 4 Symphonien (1936, 1942, 1947, 1950), Neufassung der 4. (1972); Sinfonietta (1948); Variationen (1963); *Metamorphosen* (1968); Musik für Orch. (1972); Symphonie für 2 Streichorch. (1949); V.-Konzert (1965). – *3 Sonette an Orpheus* (1959) (nach R. M. Rilke) für Sopran u. Kammerorch.; Te Deum für 2 gem. Chöre u. Kammerorch. (1966). – Musikal. Handlung *La mort de Don Juan,* UA: Radio Brüssel 1965.

PALESTRINA, Giovanni (Giannetto, Gianetto, Zanetto) **Pierluigi da,** * 1525 oder Anfang 1526 Palestrina oder Rom, † 2. 2. 1594 ebd.; it. Komponist. Seine Eltern (mit dem Familiennamen Pierluigi; P. wird im allgemeinen nach seinem mutmaßlichen Geburtsort Palestrina, dem alten Praeneste, benannt und hieß auch Prenestino, lat. Joannes-Petrus-Aloysius Praenestinus) stammten aus Palestrina, waren aber um 1525 anscheinend in Rom ansässig. 1537 ist P. als Sängerknabe an S. Maria Maggiore bezeugt. Für die musikalische Ausbildung der Sängerknaben war der Kapellmeister zuständig (1538–39 Rubino Mallapart, seit 1540 Firmin Le Bel). 1544 wurde P. Organist und Sänger am Dom von Palestrina. 1547 heiratete er die Tochter eines wohlhabenden Bürgers von Palestrina; aus der Ehe gingen drei Söhne hervor. Nach der Wahl des Kardinalbischofs von Palestrina, Giovanni Maria del Monte, zum Papst Julius III. (1550) wurde P. am 1. 9. 1551 Kapellmeister an der Peterskirche in Rom. 1554 veröffentlichte er sein 1. Messenbuch und widmete es dem Papst. Als Titelblatt wurde das des 2. Messenbuchs von Cr. Morales (1544) wiederverwendet, auf dem dieser Komponist sein Messenbuch Papst Paul III. überreicht. Am 15. 1. 1555 wurde P., unter Umgehung des Mitspracherechts der Sänger und obwohl er verheiratet war, in die Sixtinische Kapelle aufgenommen. Der Nachfolger von Julius III., Marcellus II. (10. 4.–1. 5. 1555), ermahnte die Sänger nach der Karfreitagsliturgie 1555, daß die Musik an einem solchen Tag nicht freudig, sondern der Feier des Leidens und Sterbens des Herrn angemessen und daß die Worte verständlich sein sollten. Dessen Nachfolger, Papst Paul IV., entließ P. im September 1555 und zwei ebenfalls verheiratete Kollegen aus der päpstlichen Kapelle und gewährte ihnen eine Pension. P. wurde im Oktober 1555 als Nachfolger von O. di Lasso Kapellmeister an S. Giovanni in Laterano. Sein Verhältnis zum Kapitel dieser Kirche wurde aber durch wachsende Spannungen und Sparmaßnahmen getrübt. Im August 1560 quittierte er den Dienst, und am 1. 3. 1561 wurde er Kapellmeister an S. Maria Maggiore. Am 17. 9. 1562 beendete das Konzil von Trient seine Beratungen über die Kirchenmusik mit dem Beschluß, die Musik in der Kirche dürfe nichts „Laszives und Unreines" enthalten, d.h., es verbot die Verwendung weltlicher, insbesondere anstößiger Melodievorlagen. Die Kardinäle Carlo Borromeo und Vitelli wurden mit der Durchführung der Reformen am päpstlichen Hof beauftragt. Den Sommer 1564 verbrachte P. in der Villa des prunkliebenden Kardinals Ippolito d'Este in Tivoli und war dort für die musikalischen Darbietungen verantwortlich. Im März 1565 erbat Kardinal Borromeo von seinem Domkapellmeister V. Ruffo in Mailand und von N. Vicentino Messen, bei denen die Worte so gut verständlich seien als möglich. Am 28. 4. 1565 sang die päpstliche Kapelle im Hause des Kardinals Vitelli eine Reihe von Messen vor, damit die Kardinäle feststellen könnten, ob die Worte zu verstehen seien. Vermutlich ist auch P.s *Missa Papae Marcelli* aus diesem Anlaß komponiert worden; der Titel der Messe soll wohl auf die Tradition der Reformbestrebungen verweisen. Gedruckt wurde die Messe im 2. Messenbuch Palestrinas von 1567, das König Philipp II. von Spanien gewidmet ist. Das Amt an S. Maria Maggiore gab P. 1566 auf. 1566–71 war er mit der Kirchenmusik und dem kirchenmusikalischen Unterricht an dem in Ausführung der tridentinischen Reform errichteten Seminario Romano betraut, daneben stand er 1567–71 im Dienst des Kardinals d'Este. Die Berufung P.s als Hofkapellmeister nach Wien (1567) scheiterte an seinen Gehaltsforderungen; an seiner Stelle wurde Ph. de Monte engagiert. Nach dem Tode seines Nachfolgers an der Peterskirche, G. Animuccia, kehrte P. 1571 in das Amt des dortigen Kapellmeisters zurück. Durch ein Breve Papst Gregors XIII. vom 25. 10. 1577 wurde P. gemeinsam mit A. Zoilo beauftragt, den Gregorianischen Gesang von „Fehlern und Barbarismen" zu reinigen; das Unternehmen kam jedoch nicht zum Abschluß. 1580 starb P.s erste Frau, 1572 und 1575 waren zwei seiner drei Söhne gestorben, von denen er Kompositionen in sein 1572 gedrucktes Motettenbuch aufgenommen hatte. P. wollte damals Priester werden, heiratete dann aber 1581 die Witwe des päpstlichen Pelzlieferanten und wurde so Inhaber eines Pelzgeschäfts, dessen Erträge er umsichtig in Immobilien anlegte. Eine Berufung als Hofkapellmeister nach Mantua (1583) kam wiederum wegen P.s Gehaltsforderungen nicht zustande. Der Plan, seine letzten Jahre in Palestrina zu verbringen und dort das Amt des Domkapellmeisters zu übernehmen, kam nicht mehr zur Ausführung; P. starb vor der Unterzeichnung des Vertrags mit dem Domkapitel von Palestrina. Er wurde in St. Peter beigesetzt.

WW (vollständiges Werk-Verz. bei K. Jeppesen, in: MGG X): 13 Messenbücher: 1–4 (R 1554, 1567, 1570, V 1582); 5: für 4 St. (Mi – V 1590); 6: für 4, 5, 6 St. (R 1590); 7–13: (R 1594, 1594, V 1599, 1599, 1599, 1600, 1601). – 4 Madrigalbücher: 2 geistliche Bücher für 5 St. (V 1581, R 1594) u. 2 Bücher für 4 St. (R 1555, V 1586). – 7 Motettenbücher: 1: für 4 St. (R 1563?); 2: für 5–7 St. (R 1569); 3 u. 4: für 5, 6 u. 8 St. (V 1572, 1575); 5: für 4 St. (V 1581); 6 u. 7: für 5 St. (R 1583, 1584). – *Lamentationes Hieremiae* (R 1588); *Hymni totius anni* (R – V 1589); *Magnificat* (R – V 1591); *Offertoria totius anni* (R – B 1593); Messen für 4 u. 8 St. (V 1601). – Weitere Werke in Sammeldrucken der Zeit u. hsl. erhalten.

Kein anderer Komponist hat in der abendländi-

schen Musikgeschichte auf solche Weise nachgewirkt wie Palestrina. Aber diese Nachwirkung stellt keine einheitliche und ungebrochene Tradition dar. P. war zunächst der erste große einheimische Komponist in Rom. Mit ihm ging die Vorherrschaft niederländischer, französischer und spanischer Komponisten am päpstlichen Hof zu Ende. Und mit seinen Kompositionen verbreitete sich der Ruhm der ↗Römischen Schule über die ganze musikalische Welt, parallel zur Tridentinischen Reform. 1607 berichtet A. Agazzari als erster, daß P. auf dem Konzil von Trient die Kirchenmusik gerettet habe. Bezeichnenderweise nimmt er ihn als Vorläufer des neuen Stils der Musik des Barock und als Autorität gegen die Polyphonie in Anspruch, die den Text unverständlich mache. In den folgenden italienischen Zeugnissen wird P. sowohl dem kontrapunktischen wie dem neuen Stil, der die Mitwirkung des Generalbasses erfordert, als Schöpfer eines kantablen, akkordischen, ohne Instrumente ausführbaren Kirchenstils entgegengestellt. Als Autorität des Kontrapunkts scheint P. zuerst in der evangelischen deutschen Kirchenmusik betrachtet worden zu sein; H. Schütz wünschte sich eine Begräbnismotette „nach dem praenestinischen Contrapunctstyl".
J. S. Bach hat Werke von P. studiert und für seinen Gebrauch in Leipzig bearbeitet. Um die Wende zum 18. Jh. ist im Repertoire der Sixtinischen Kapelle eine P.-Renaissance zu beobachten, die anscheinend mit den Bestrebungen der gelehrten römischen Akademien um eine Erneuerung von Literatur und Musik zusammenhängt. A. Scarlatti hat wohl als erster Kirchenmusik „alla P." komponiert. Auch die P.-Kenntnis des Wiener Hofkapellmeisters J. J. Fux geht auf seinen römischen Aufenthalt zurück. Sein Kontrapunktlehrbuch *Gradus ad Parnassum* (1725) ist in Form eines Dialogs zwischen einem Lehrer Aloysius (P.) und einem Schüler Joseph (Fux) abgefaßt. Anhand des *Gradus ad Parnassum* haben Generationen von Musikern den Kontrapunkt studiert, bis Kn. Jeppesen in seinem *Kontrapunkt* (1935) aufgrund der Analyse von P.s Werken den historisch richtigen Kontrapunkt P.s rekonstruierte. Mit der Begeisterung der deutschen Frühromantik für P. dagegen ist wiederum nicht der Kontrapunkt, sondern eine „in feierlichen Akkorden einherschreitende" Musik gemeint.

P.s Stil erweist sich als Synthese zwischen den kontrapunktischen Künsten der Niederländer und italienischem Klangsinn. Dazu kommt ein ausgeprägter Sinn für Ausgewogenheit, das Streben nach musikalischer Glätte und Eleganz. Der Ausdruck wird gedämpft und durch satztechnische Kunst sublimiert. Über den Versuchen zur Erfassung des ↗Palestrina-Stils ist die Untersuchung seiner stilistischen Entwicklung vernachlässigt worden: die Chronologie seiner Messen ist fast völlig ungeklärt. Die Textverständlichkeit war für P. auch nach dem Konzil von Trient keine Voraussetzung der Kirchenmusik, sondern nur eine satztechnische Möglichkeit; auf den Auftrag des Herzogs von Mantua zur Komposition einiger Messen erkundigte er sich 1568, ob der Text verständlich sein solle. Den Bemühungen des hl. F. Neri, die Musik in den Dienst der katholischen Reform zu stellen, hat P. sich entgegen früherer Vermutungen und im Unterschied zu anderen römischen Musikern versagt. Zwar zielen gerade die letzten Publikationen, die er selbst zum Druck gab, die Lamentationen, Magnificat und Hymnen, auf einen ganz spezifischen liturgischen Gebrauch; aber den Bestrebungen von Kollegen wie V. Ruffo und G. M. Asola zur Ausbildung eines kirchenmusikalischen Reformstils hat sich P. nicht angeschlossen.

Ausg.: Erste kritische durchgesehene GA, hrsg. v. TH. DE WITT – J. N. RAUCH – F. ESPAGNE – F. COMMER – F. X. HABERL, 33 Bde. (L 1862–1907, Nachdr. Ridgewood 1968) (die 27 Responsorien in Bd. 32 stammen v. Ingegneri); Le opere complete, begonnen v. R. CASIMIRI, fortgesetzt v. L. VIRGILI – K. JEPPESEN – L. BIANCHI (R 1939ff.).

Lit.: G. BAINI, Memorie storico-critiche della vita e delle opere di G. P. da P. (R 1828); F. S. KANDLER, Über das Leben u. die Werke des G. P. P. ... nach den Memorie storico-critiche des Abbate G. Baini (L 1834); R. MOLITOR, Die nach-tridentinische Choral-Reform zu Rom, 2 Bde. (L 1901–02, Nachdr. Hil 1967); P. WAGNER, Gesch. der Messe I (L 1913, Nachdr. Hil – Wie 1967) (= Kleine Hdb. der Musikgesch. nach Gattungen XI/1); K. JEPPESEN, Der Palestrinastil u. die Dissonanz (L 1925); K. G. FELLERER, Der Palestrinastil u. seine Bedeutung in der vokalen Kirchenmusik des 18. Jh. (Au 1929, Nachdr. Walluf 1972); DERS., P. (Rb 1930, Düsseldorf [2]1960); K. JEPPESEN, Kontrapunkt (L 1935, [2]1956, Wie [8]1978); DERS., Marcellus-Probleme, in: AMl 16 (1944) u. 17 (1945); DERS., P., Herzog G. Gonzaga u. die neugefundenen Mantovaner Messen P.s, in: AMl 25 (1953); J. KLASSEN, Unters. z. Parodiemesse P.s, in: KmJb 37 (1953); DERS., Das Parodieverfahren in der Messe P.s, in: ebd. 38 (1954); E. APFEL, Zur Entstehungsgesch. des Palestrinasatzes, in: AfMw 14 (1957); K. JEPPESEN, P., in: MGG X; R. SCHLÖTTERER, Struktur u. Kompositionsverfahren in der Musik P.s, in: AfMw 17 (1960); R. L. MARSHALL, The Paraphrase Technique of P. in His Masses Based on Hymns, in: JAMS 16 (1963); J. HAAR, „Pace non trovo". A Study in Literary and Musical Parody, in: MD 20 (1966); H. HUCKE, P. als Autorität u. Vorbild im 17. Jh., in: Congresso internazionale C. Monteverdi e il suo tempo (V 1968); L. LOCKWOOD, The Counter-Reformation and the Masses of V. Ruffo (V 1970); H. FEDERHOFER, Ist P. ein Manierist?, in: Convivium musicorum. FS W. Boetticher (B 1974); H. S. POWERS, The Modality of „Vestiva i colli", in: Studies in Renaissance and Baroque Music in Honor of A. Mendel (Kas – Hackensack 1974); L. LOCKWOOD, Einleitung u. Kommentar zu G. P. da P., Pope Marcellus Mass (NY 1975); Atti del Convegno di Studi Palestriniani 1975 (Palestrina 1977); N. SCHALZ, Stud. z. Komposition des Gloria (Tutzing 1980) (= Frankfurter Beitr. z. Musikwiss. 3).

H. HUCKE

PALESTRINA, Musikalische Legende in 3 Akten

von Hans Pfitzner (1869–1949), Text vom Komponisten. Ort u. Zeit der Handlung: Rom u. das Konzil von Trient, November/Dezember 1563. UA: 12. 6. 1917 in München.

Pfitzner schuf seine Dichtung um den „Retter der Kirchenmusik" als bekenntnishaftes Ideendrama, da er sich mit Palestrinas musikalischem Konservativismus identifizierte. In seine Partitur nahm er zahlreiche Eigen- u. Fremdzitate auf (insbesondere auch aus dem Werk Palestrinas), die – eingewoben in den spätromantischen Duktus der Komposition – häufig leitmotivisch verwendet werden. – Heute wird nicht selten nur der 1. Akt der Oper, der mit der legendenumwobenen Fertigstellung der *Missa Papae Marcelli* endet, szenisch aufgeführt, weil dieser „eigentlich die ganze Oper in sich" fasse. Doch nicht die Darstellung dieser (in freier dichterischer Paraphrase der historischen Wirklichkeit erfundenen) Episode aus dem Leben Palestrinas ist das Hauptanliegen Pfitzners; Thema der Oper ist vielmehr die Stellung des nur seinem Werk verpflichteten Komponisten gegenüber der Welt. Daher ist der 2. Akt, in dem die Konzilsteilnehmer mit ihrer bornierten Gleichgültigkeit der Kirchenmusik gegenüber entlarvt werden, für den Aufbau des Gesamtwerkes von großer Wichtigkeit. Das nahezu völlige Fehlen einer äußerlichen Handlung (mit Ausnahme der 5. Szene, in der die Konzilsväter einander beschimpfen und deren Diener miteinander handgemein werden) kann als Ursache dafür angesehen werden, daß diese Oper Pfitzners seltener aufgeführt wird, als es ihrem musikalischen Rang zukäme. K. LANGROCK

PALESTRINASTIL, eine nach G.P. da Palestrina benannte, recht singuläre Erscheinungsform der klassischen Vokalpolyphonie, die dem Ideal des „schwebenden Klanges" und der vorsichtigen Dissonanzbehandlung unter strikter Beachtung der Textverständlichkeit verhaftet ist. Das Wort P. findet sich in der musiktheoretischen Literatur wohl zuerst bei E. Kurth (1917) und wird bei Kn. Jeppesen Titelbegriff (*Der Palestrinastil und die Dissonanz,* 1925) und Ausgangspunkt für sein *Lehrbuch der klassischen Vokalpolyphonie* (*Kontrapunkt* I, 1935). Der Inhalt des Begriffs P. ist allerdings wesentlich älter und gründet in dem schon zu Lebzeiten legendären Ruf Palestrinas im Zusammenhang mit den kirchenmusikalischen Reformforderungen des Konzils von Trient (1545–63). Durch J. J. Fux (*Gradus ad Parnassum,* 1725) wird eine Technik der Kontrapunktlehre begründet, die als Ideal kontrapunktischen Satzes den P. mit orthodoxer Strenge verkündet. Diese Tradition – im 19. Jh. unterstützt durch A. Fr. J. Thibauts Schrift *Über die Reinheit der Tonkunst* (1825) und die Bewegung des ↗Cäcilianismus (seit 1868) – findet ihre didaktische Fortsetzung insbesondere bei H. Bellermann (*Der Contrapunkt,* 1862) und schließlich bei Jeppesen.

Quellen u. Lit.: J. J. FUX, Gradus ad Parnassum (W 1725, Faks.-Ausg. NY 1966) (= MMMLF II/24); H. BELLERMANN, Der Contrapunkt (B 1862, NA 1978); K. JEPPESEN, Der P. u. die Dissonanz (L 1925, engl. Kop – Lo 1927, Nachdr. NY – Lo 1971); K. G. FELLERER, Der P. u. seine Bedeutung in der vokalen Kirchenmusik des 18. Jh. (Au 1930); DERS., Palestrina (Rb 1930, 1960); C. URSPRUNG, Die kath. Kirchenmusik (Pd 1931) (= Bücken-Hdb. 10); K. JEPPESEN, Kontrapunkt (L 1935, ³1962, ⁸1978); E. KURTH, Grundlagen des linearen Kontrapunkts (Be 1917, ²1956, Nachdr. Hil 1977). W. KRÜTZFELDT

PALIASCHWILI, Sachari Petrowitsch, * 4. (16.) 8. 1871 Kutaissi, † 6. 10. 1933 Tiflis; sowjetgeorgischer Komponist, Dirigent und Pädagoge. Er studierte 1895–99 an der Musikfachschule in Tiflis und 1900–03 bei S. Tanejew am Moskauer Konservatorium. Seit 1903 war er Theorielehrer (seit 1919 Professor) an der Musikfachschule (seit 1917 Konservatorium) in Tiflis, wo er 1919, 1923 und 1929–32 die Direktion innehatte. P. war Mitgründer der Georgischen Philharmonischen Gesellschaft (1905), arbeitete in der Gesellschaft für die Aufführung von Opern in georgischer Sprache mit und dirigierte Chor und Orchester der Musikfachschule und des Georgischen Gymnasiums. Zusammen mit Dimitri Arakischwili und Meliton Balantschiwadse zählt P. zu den Begründern der georgischen Kunstmusik. Unter besonderer Berücksichtigung des Liedguts von Kartli und Kacheti vereinigte er die verschiedenen musikalischen Dialekte Georgiens zu einem einheitlichen Idiom, das er in seinen Opern organisch mit Stilelementen der europäischen Tonkunst seiner Zeit verband. Mit der Herausgabe von Volksliedern, die er seit 1896 gesammelt hatte, leistete er einen wichtigen Beitrag zur georgischen Volkskunde.

WW: Georgische Suite auf Volksliedthemen für Orch. (1928). – Klv.-Lieder; Volksliedaufzeichnungen; Chöre; feierliche Kantate für Soli, Chor u. Orch. (1927). – Opern: *Abessalom da Eteri,* UA: Tiflis 1919; *Daissi* (Abenddämmerung), UA: ebd. 1923; *Latawra,* UA: ebd. 1928.

Lit.: W. DONADSE, S. P. (Mos 1958, ²1971); P. CHUTSCHUA, S. P. (Tbilissi 1974). E. STÖCKL

PALISCA, Claude Victor, * 24. 11. 1921 Fiume (heute Rijeka); amerik. Musikforscher it. Herkunft. Nach Auswanderung in die USA (1930) studierte er am Queen's College in New York und an der Harvard University in Cambridge (Mass.), wo er 1954 bei O. Kinkeldey mit einer Dissertation über *The Beginnings of Baroque Music* promovierte. 1954–69 wirkte er als Associated Professor an der University of Illinois in Urbana, 1959–64 an der Yale University in New Haven (Conn.), an der er sich seitdem als Professor of the History of Music besonders der Musiktheorie und -ästhetik der Renaissance und des Barock widmet. 1967–69 war P. Präsident des National Council of the Arts in Education, 1969–75 Direktor des Musikwissenschaftlichen Instituts der Yale University, 1970–72 Präsident der American Musicology Society, seither deren Vizepräsident; 1972–77 Direktoriumsmitglied der Int. Musicological Society.

Schriften: *The Beginnings of Baroque Music. Its Roots in 16th Century Theory and Polemics* (C/M 1954) (= Diss. Harvard Univ.); *Kontrapunkt*, in: MGG VII; *G. Mei, Letters on Ancient and Modern Music to V. Galilei and G. Bardi* (R 1960, St [2]1977) (= MSD 3); *American Scholarship in Western Music* (Englewood Cliffs/N. J. 1963); *Baroque Music* (ebd. 1968, [2]1981); *The Alterati of Florence. Pioneers in the Theory of Dramatic Music*, in: FS D. J. Grout (Ithaka/N.Y. 1968); *The Artusi-Monteverdi Controversy*, in: The Monteverdi Companion, hrsg. v. D. Arnold – N. Fortune (Lo 1968); *V. Galilei's Arrangements for Voice and Lute*, in: FS D. Plamenac (Pittsburgh/Pa. 1969); *Norton Anthology of Western Music* (NY 1980). J. DORFMÜLLER

PAL JOEY, amerik. Musical von Richard Rodgers (1902–79), Buch von John O'Hara, Songtexte von Lorenz Hart. Ort und Zeit der Handlung: Chicago, in den 30er Jahren. UA: 25. 12. 1940 in New York (Ethel Barrymore Theater).

Das Musical basiert auf den in der Zeitschrift *New Yorker* erschienenen Kurzgeschichten von John O'Hara, einer Serie von Briefen, unterschrieben „Your Pal Joey", gerichtet an einen befreundeten Bandleader. Das witzig-sozialkritische Musical gilt als das erste, dessen Hauptfigur ein „negativer Held" ist. Joey ist ein Nachtclub-Conférencier, der die arme Tänzerin Linda zugunsten der reichen alternden Millionärin Vera verläßt. Diese richtet ihm einen eigenen Club ein, verlangt aber absolute Treue. Joey ist dazu nicht fähig, er umwirbt wieder seine ehemalige Freundin Linda. Beide Frauen verlassen ihn schließlich, und er steht wieder als Habenichts auf der Straße. Publikum und Presse wußten mit der wenig erheiternden Geschichte nicht viel anzufangen. Erst eine Wiederaufführung im Jahr 1952 brachte dem Musical den großen Erfolg mit 542 Vorstellungen. In der Filmversion (Columbia, 1957) spielte Frank Sinatra die von Gene Kelly im Broadway-Original kreierte Rolle des Joey Evans. Erfolgreiche Songs: *I Could Write A Book, Bewitched, Zip.* R. WALLRAF

PALLAVICINO, Benedetto, * 1551 (?) Cremona, † 6. 5. 1601 Mantua; it. Komponist. Er ist 1581 in Sabbionetta (Mantua) im Dienste einer jüngeren Linie der Familie Gonzaga bezeugt und 1583 als Sänger in der herzoglichen Hofkapelle von Mantua. Nach dem Tode von G. de Wert (1596) wurde er dort dessen Nachfolger als Kapellmeister; Cl. Monteverdi folgte ihm 1602 in diesem Amt nach. P. war einer der populärsten Madrigal-Komponisten seiner Zeit.

WW (teilweise mit mehreren Nachdr.): Madrigale: 1 Buch für 4 St. (V 1579), 8 Bücher für 5 St. (V 1581–1611), 1 Buch für 6 St. (V 1587); Messen für 4–6 St. (V 1603); *Sacrae Dei laudes* für 8, 12 u. 16 St. u. B.c. (V 1605); WW auch in zahlreichen Sammeldrucken 1583–1624 erhalten.

Ausg.: Ein Madrigal, in: Vier Madrigale v. Mantuaner Komponisten, hrsg. v. D. ARNOLD (Wb 1961) (= Chw 80).

Lit.: D. ARNOLD, Seconda Pratica. A Background to Monteverdi's Madrigals, in: ML 38 (1957); P. FLANDERS, The Madrigals of B. P., 2 Bde. (1971) (= Diss. New York Univ.); DERS., A Thematic Index to the Works of B. P. (Hackensack/N. J. 1974).

PALLAVICINO (Pallavicini). – **1) Carlo,** * um 1630 Salò, † 29. 1. 1688 Dresden; it. Komponist. Er war 1665–66 Organist an S. Antonio in Padua und wurde 1666 als Vizekapellmeister an die von H. Schütz geleitete Dresdener Hofkapelle berufen, wo er neben G. A. Bontempi, V. Albrici und M. G. Peranda bis 1673, nach dem Tode von Schütz (1672) als Kapellmeister, tätig war. Nach seiner Rückkehr nach Italien war er 1674 ein halbes Jahr Organist an S. Antonio in Padua und dann bis 1685 Kapellmeister am Ospedale degli Incurabili in Venedig. 1686 wurde er als Hofkapellmeister nach Dresden zurückgerufen. Hier starb er während der Arbeit an der Oper *Antiope.* P. gehört zusammen mit G. Legrenzi zu den Vertretern der venezianischen Oper (↗Venezianische Schule) zwischen Fr. Cavalli, M. A. Cesti und A. Scarlatti.

WW: Oratorium *Il trionfo della castità*, UA: Modena 1688; ferner einige Messen u. Motetten für SingSt u. Instr. – Opern (nur die erhaltenen; UA in Venedig): *Demetrio*, UA: 1666; *Diocleziano*, UA: 1674; *Enea in Italie*, UA: 1675; *Galieno*, UA: 1675; *Vespasiano*, UA: 1678; *Le amazzoni nell'isole fortunate*, UA: Piazzola 1679; *Messalina*, UA: 1680; *Carlo re d'Italia*, UA: 1682; *Bassiano ovver Il maggior responsabile*, UA: 1682; *Il re infante*, UA: 1683; *L'amazzone corsara ovvero L'Alvilda regina de' Goti*, UA: 1686; *Elmiro re di Corinto*, UA: 1686; *La Gierusalemme liberata*, UA: Venedig u. Dresden (dt. als: *Armida*) 1687; *Antiope* (vollendet v. N. A. Strungk), UA: Dresden 1689.

2) Stefano Benedetto, Sohn von 1), * 31. 3. 1672 Padua, † 16. 4. 1742 Dresden. Er kam 1686 zusammen mit seinem Vater nach Dresden, wo er 1689 zum Hofdichter ernannt wurde. Das gleiche Amt übte er 1695–1716 in Düsseldorf aus und kehrte 1718 nach Dresden zurück. Er ist der Verfasser zahlreicher Opern- und Oratorienlibretti, u.a. für J. A. Hasse. Am bekanntesten wurde dessen Vertonung von P.s *I pellegrini al sepolcro* (1742).

Ausg.: **Zu 1):** Sinfonia aus *Diocleziano* in: A. SCHERING, Gesch. der Musik in Beispielen (L 1931); 2 Arien aus *Messalina* in H. CH. WOLFF, Die Oper I (Kö 1971) (= Das Musikwerk 38).

Lit.: **Zu 1):** J. SMITH, in: Proc. R. Mus. Assoc. 96 (1969/70).

PALM, Siegfried, * 25. 4. 1927 Barmen (heute

Wuppertal); dt. Violoncellist. Er wurde durch seinen Vater und in Sommerkursen durch E. Mainardi ausgebildet. Mit 16 Jahren spielte er im Städtischen Orchester Wuppertal, mit 18 Jahren war er im Städtischen Orchester Lübeck und mit 20 Jahren im Sinfonieorchester des NWDR Solocellist; 1950–62 gehörte er dem Hamann-Quartett an. Seit 1962 bis heute Professor und Leiter einer Meisterklasse an der Musikhochschule Köln, spielte er bis 1967 auch als 1. Solocellist im Kölner Rundfunk-Sinfonie-Orchester. 1972–76 war er Direktor der genannten Hochschule, 1976–81 Generalintendant der Deutschen Oper Berlin. P. ist seit 1962 ständiger Dozent der Internationalen Ferienkurse für Neue Musik in Darmstadt und Gastdozent u.a. am Königlichen Konservatorium Stockholm, am Dartmouth College in Hanover (N. H.), an der Musik-Akademie der Stadt Basel und an der Musikhochschule Helsinki. Seit 1966 tritt er als Solist in aller Welt auf und fördert dabei besonders das zeitgenössische Musikschaffen. B. Blacher, M. Feldman, R. Halffter, M. Kagel, M. Kelemen, Gy. Ligeti, Krz. Penderecki, A. Reimann, G. Sinopoli, I. Xenakis und I. Yun haben für P. Werke geschrieben bzw. ihm gewidmet, mit denen er z. T. neue Maßstäbe für virtuoses Cellospiel gesetzt hat.

PALMGREN, Selim, * 16. 2. 1878 Pori/Björneborg, † 13. 2. 1951 Helsinki; finnischer Pianist und Komponist. Er studierte 1895–99 am Konservatorium von Helsinki und war 1899–1901 Schüler von C. Ansorge und F. Busoni in Berlin; 1906–09 setzte er seine Studien in Italien fort. 1909–12 war er als Dirigent in Åbo tätig, trat als Konzertpianist auf und lehrte 1923–26 Musiktheorie und Komposition an der Eastman School of Music der University of Rochester (N. Y.), seit 1927 Klavier und Komposition am Konservatorium in Helsinki sowie seit 1939 Komposition an der dortigen Sibelius-Akademie. 1945–51 war er Vorsitzender des Finnischen Komponistenverbandes. P.s Klavierkompositionen sind vor allem durch melodischen Reiz und klangliche Farbigkeit gekennzeichnet.

WW: Etwa 150 Klv.-Stücke; 5 Klv.-Konzerte (1904, 1913, 1916, 1928, 1940); ferner Lieder, Chöre u. Kantaten. – Oper *Daniel Hjort,* UA: Åbo 1910; Autobiographie *Minusta tuli muusikko* (Porvoo 1948).

Lit.: T. MÄKINEN – S. NUMMI, Musica Fennica (He 1965, dt. 1972).

PALOTÁS (ung., von palota = Palast), Bz. für einen mäßig langsamen, mehrsätzigen, geradtaktigen (2/4, 4/8) ungarischen Tanz, für den eine verzierte Coda charakteristisch ist. Der P., dessen Ursprung im 15. Jh. liegt, war besonders seit dem 18. Jh. ein beliebter Tanz der Oberschicht.

PALUCCA, Gret, * 8. 1. 1902 München; dt. Tänzerin und Tanzpädagogin. Nach einem Studium bei Heinrich Kröller in München nahm sie in Dresden Unterricht bei Mary Wigman und gehörte 1920–23 dem Ensemble ihrer Lehrerin an. Anschließend war sie als Konzerttänzerin tätig und errang mit ihren über 200 Tänzen international hohes Ansehen. 1939 erhielt sie zunächst Unterrichts-, dann auch Auftrittsverbot. 1945–50 unternahm sie wiederum als Solotänzerin Tourneen im In- und Ausland. Die von ihr 1925 in Dresden gegründete P.-Schule, 1939–45 geschlossen, wurde 1949 staatliche Fachschule für Künstlerischen Tanz, in der G. P. die Abteilung „Neuer Künstlerischer Tanz“ leitete. Für ihre erfolgreiche Tätigkeit als Tanzpädagogin wurde sie in der DDR wiederholt ausgezeichnet.

Lit.: O. RYDBERG, Die Tänzerin P. (Dresden 1935); E. KRULL – W. GOMMLICH, P. (B 1965); G. SCHUMANN, P. (B 1972).

G. LUDIN

PAMINGER (Päminger), **Leonhard,** * 29. 3. 1495 Aschach (Oberösterreich), † 3. 5. 1567 Passau; östr. Komponist. Er kam um 1505 nach Wien, wo er – unterbrochen durch einen kurzen Aufenthalt in Passau – seine Ausbildung erhielt, ließ sich 1516 endgültig in Passau nieder und lehrte an der Klosterschule von St. Nikola, deren Rektor er 1529 wurde. Sein Übertritt zum Protestantismus (spätestens 1538) kostete ihn 1557/58 diese Stellung; Sekretär blieb er aber wahrscheinlich bis zu seinem Tode. P., ein wichtiger Komponist des frühen Protestantismus, steht in der Tradition Josquins des Prés und der deutschen C.f.-Kunst. Als erster legte er einer Messe einen evangelischen Choral zugrunde *(Bewahr mich Herr).* Den Hauptbestand seiner Werke bilden die lateinischen Motetten in dem monumentalen Sammeldruck der *Ecclesiasticae cantiones.*

WW: *Ecclesiasticae cantiones* für 4–6 u. mehr St., 4 Bde. (postum), I u. II (Nü 1573), III (1576), IV (1580) mit 680 Motetten u.a. lat. Gesängen, nach dem Kirchenjahr geordnet; etwa 30 WW davon stammen von P.s Söhnen Balthasar, Sigismund und Sophonias. Motetten auch in Sammeldrucken 1537–68 erhalten, u.a. 12 Tricinien in RISM 1560².

Ausg.: Quodlibet *Resonet in laudibus,* in: Geistliche Chorwerke dt. Meister, hrsg. v. H. MÖNKEMEYER (Mz 1951) (= Antiqua Chorbuch I/1).

Lit.: K. WEINMANN, L. P., in: KmJb 20 (1907); I. ROTH, L. P. (Diss. Mn 1935); H. FEDERHOFER, P., in: MGG X.

PANDERO (span. und port.: pandeiro), Bz. für die auf der Iberischen Halbinsel verbreitete Rahmentrommel mit und ohne Schellen. In Spanien ist der P. überwiegend eine runde, einfellige Schellentrommel, die vor allem zum Tanzen gespielt wird. In Portugal wird ein derartiges Instrument jedoch selten als P. bezeichnet; häufiger dagegen eine viereckige (meist quadratische) zweifellige Rahmentrommel mit und ohne Schellen. In dieser Form ist der P. in vielen Provinzen Portugals ein Instrument der Frauen, die es allein oder zu mehreren als einziges Musikinstrument zur Begleitung ihres Gesanges bei der Arbeit, zum Vergnügen und auch bei Prozessionen benutzen.

Lit.: E. VEIGA DE OLIVEIRA, Instrumentos musicais populares portugueses (Lis 1966). M. BRÖCKER

PANDORA, historisches Zupfinstrument mit flachem, mehrfach geschweiftem Zargenkorpus und 5–9 Saitenchören (Doppelsaiten) aus Metall. Die Saiten wurden von einem Querriegel auf der Decke über das Griffbrett mit 15 eingelegten Metallbünden zu den hinterständigen Wirbeln des Wirbelkastens gezogen. Der Querriegel konnte senkrecht zum Saitenverlauf, nach M. Mersenne (*Harmonie universelle,* 1636) und M. Praetorius (*Syntagma musicum* II, 1619) aber auch schräg aufgeleimt werden, so daß die Baßsaiten länger waren als die Melodiesaiten. Praetorius kannte die P. als Pandorra oder Bandeor; ähnliche Instrumente wurden als ↗Orpheoreon und Penocorn bezeichnet. Wegen ihrer Größe (137–140 cm) und Stimmung ihrer Saiten gehört die P. zu den ↗Erzcistern. Nach Praetorius waren je 2 Saiten in G_1 C D G c e a oder in C D G c f a d[1] gestimmt. Vermutlich von dem englischen Geigenbauer John Rose (London) um 1562 entwickelt, wird die P. erstmals 1566 erwähnt (Gascoigne, Jocasta). Bereits in der 1. Hälfte des 17. Jh. wurde sie nur noch selten benutzt, findet sich jedoch noch 1667 im Inventar der Berliner Hofkapelle.

Lit.: M. PRAETORIUS, Syntagma musicum, II: De organographia (Wb 1618, [2]1619, Faks.-Ausg. Kas 1958–59); M. MERSENNE, Harmonie universelle, 3 Bde. (P 1636–37, Faks.-Ausg. 1963); D. GILL, The Orpharion and Bandora, in: GalpinJ 13 (1960); F. JAHNEL, Die Gitarre u. ihr Bau (F [2]1973). M. BRÖCKER

PANDULA, Dušan, * 19. 7. 1923 Kaschau (Košice; ČSSR); slowakischer Violinist, Dirigent und Komponist. Er studierte an den Konservatorien Brünn und Prag sowie bei Jaroslav Kocián. Als Violinist spielte er 1943–45 an der Oper in Brünn, 1945–48 an der Großen Oper in Prag und 1948–68 an der Oper des Nationaltheaters in Prag. 1945 gründete er ein Streichquartett, 1950 das Prager Kammerorchester und 1965 das Ensemble Virtuosi di Praga, das er auch leitete. 1968 übersiedelte er in die Bundesrepublik Deutschland und bildete 1969 in Stuttgart mit *Christo Draganov* (Violine), *Johannes Trieb* (Bratsche) und *Petr Simek* (Violoncello) das P.-Quartett. Seit 1970 spielte er mit dem Pianisten Luciano Ortis auch im Klavier-Duo. Außerdem publizierte er in mehreren Fachzeitschriften, gab Werke tschechischer Komponisten heraus und ist auch mit eigenen, meist kammermusikalischen Werken hervorgetreten.

PANDŪR ↗Tanbūr.

PANDURINA, bei M. Praetorius Bz. für die ↗Mandora.

PANE (Da'l Pane, Da'lpane), **Domenico dal,** * um 1630 Rom, † 10. 12. 1694 ebd.; it. Sänger (Kastrat) und Komponist. Er war Schüler von A. M. Abbatini in Rom, seit 1650 Sopranist der kaiserlichen Kapelle in Wien und anschließend 1654–79 der Cappella Sistina in Rom, deren Kapellmeister er 1669 wurde. In seinen Werken bekundet sich neben der Palestrinaverehrung satztechnisch das späte Nachleben des Palestrinastils und der Madrigalkunst des 16. Jh. ebenso wie die Beherrschung des konzertierenden Vokalstils nach der Art anderer römischer Meister seiner Zeit.

WW: 2 Bücher Madrigale für 5 St. u. B.c. (R 1652, 1678); 2 Bücher Motetten bzw. *Sagri concerti* für 2–5 St. u. B.c. (1675); Messen für 4–8 St. u. B.c. *estratte da ... mottetti del Palestrina* (R 1687); einige weitere geistliche Werke hsl. überliefert.

Lit.: G. ROSE, Polyphonic Italian Madrigals of the Seventeenth Century, in: ML 47 (1966); W. WITZENMANN, P., in: Grove[6] XIV.

PANERAI, Rolando, * 17. 10. 1924 Campi Bisenzio bei Florenz; it. Sänger (Bariton). Er war Schüler von Frazzi in Florenz und später von Armani und Giulia Tess in Mailand. 1947 debütierte er am Teatro San Carlo in Neapel und ist seit 1951 Mitglied der Mailänder Scala. Seit den 50er Jahren gastierte er in London, Wien, Paris, Brüssel, beim Edinburgh und Glyndebourne Festival, 1955 an der Metropolitan Opera in New York und seit 1957 regelmäßig und mit wachsendem Erfolg bei den Salzburger Festspielen. 1958 sang er die Titelpartie in P. Hindemiths Oper *Mathis der Maler* bei deren Mailänder Erstaufführung. P. zählt zu den führenden Sängern seines Fachs. Zu seinen großen Partien gehören die Verdi-Rollen Ford *(Falstaff),* Graf Luna *(Il Trovatore)* und Giorgio Germont *(La Traviata)* sowie der Figaro in G. Rossinis *Barbiere di Siviglia.*

PANFLÖTE, Panpfeife (engl.: panpipe, pandean pipe, Pan flute; frz.: flûte de Pan; it.: flauto di Pan; span.: flauta de Pan), nach dem griechischen Gott Pan benanntes Blasinstrument (↗Syrinx). Die P. besteht aus mehreren aneinandergereihten, grifflochlosen, gewöhnlich unten geschlossenen Einzelflöten, die (da jedes Rohr nur einen Ton erzeugt) verschieden lang sein müssen. Die äußere

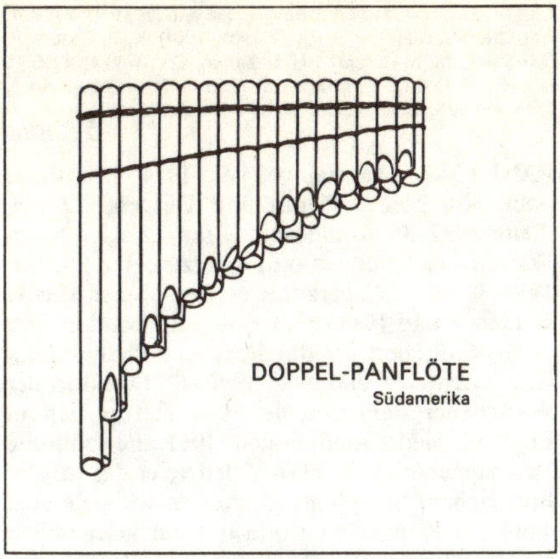

Länge entspricht dabei nicht immer der inneren Rohrlänge. Die P. ist oben offen und wird am glatten, seltener gekerbten Rand angeblasen. Vereinzelt gibt es auch P.n mit Schnabel. Je nach Herkunftsgebiet verschieden, können 3 bis über 20 Einzelflöten aus Bambus, Schilf, Holz, Ton, Bronze oder Stein zusammengefaßt sein. Unterschiedlich ist auch die Reihung der Röhren: flügelförmig von der kleinsten zur größten, treppenförmig mit den tiefsten in der Mitte und den höchsten außen oder gebündelt. Seltener sind P.n mit 2 Reihen hintereinander und Instrumente, die aus einem Stück gearbeitet sind. Die einzelnen Röhren werden aneinandergebunden oder mit Wachs verklebt. Die P. ist vor allem in Ostasien, in Ozeanien (Melanesien, Polynesien), in Zentral- und Lateinamerika sowie im Mittelmeergebiet und in Osteuropa verbreitet. Sie war im alten Ägypten ebenso bekannt wie im antiken Griechenland und in Mitteleuropa (Hallstatt-, La-Tène-Zeit), wo sie auch während des Mittelalters häufig nachzuweisen ist. Das hohe Alter und die weite Verbreitung der P., die als ältestes Blasinstrument mit fester, genau meßbarer Skala gilt, führten zu bestimmten, inzwischen überholten Theorien über die Entstehung von Tonsystemen und deren Verbreitung (Blasquintentheorie). Im 20. Jh. wurde die P. in Europa fast nur noch in Osteuropa (vor allem Rumänien) und in Norditalien (im 19. Jh. erst eingeführt) gespielt. In jüngster Zeit fand sie wieder größeres Interesse und wird sogar in der Unterhaltungsmusik verwendet (Gh. Zamfir).

Lit.: J. TREGENNA, The Pipes of Pan (Lo 1926); A. H. FOX STRANGWAYS, The Pipes of Pan, in: ML 10 (1929); C. SACHS, Geist u. Werden der Musikinstr. (B 1929, Nachdr. Buren 1975); M. SCHNEIDER, Bemerkungen über südamerik. Panpfeifen, in: AfMf 2 (1937); P. H. BUCK, Panpipes in Polynesia, in: Journal of the Polynesian Soc. 50 (1941); W. MARSCHALL, Die Verbreitung der Panpfeife im circumpazifischen Raum, in: Abh.en u. Ber.e des Staatlichen Museums für Völkerkunde Dresden 25 (B 1965); T. ALEXANDRU, Die rumänische P., in: Studia instrumentorum musicae popularis 3. FS E. Emsheimer (Sto 1974) (= Musikhistoriska museets skrifter 5); R. TEKINER, The Evidence of the Panpipe for Prehistoric Trans-Pacific Contact, in: Arch. für Völkerkunde 31 (1977).

M. BRÖCKER

PANGE LINGUA (lat., = Preise, Zunge), die Anfangsworte des von Venantius Fortunatus um 569 gedichteten und komponierten (?) Kreuzeshymnus *Pange lingua gloriosi proelium certaminis (Preise, Zunge, und verkünde den erhabnen Waffengang).* Er entstand im Auftrag der fränkischen Königin Radegunde zur Begrüßung einer Kreuzreliquie, die der byzantinische Kaiser Justinos II. ihrem Kloster in Poitiers geschenkt hatte. Der Text, 10 Strophen mit je 3 Versen, findet vom 9. Jh. an Eingang in die Liturgie (Passionszeit, Fest Kreuzerhöhung).

Auf etwa 100 spätere Hymnen hat dieser Gesang formgestaltend gewirkt. Am bekanntesten wurde der eucharistische Hymnus *Pange lingua gloriosi corporis mysterium (Preise, Zunge, das Geheimnis dieses Leibs voll Herrlichkeit)* des Thomas von Aquin (?), geschaffen um 1264 für das Fest Fronleichnam, dessen beide letzte Strophen *(Tantum ergo Sacramentum* und *Genitori Genitoque)* seit dem 15. Jh. vor dem sakramentalen Segen gesungen werden und in der mehrstimmigen Vertonung eine eigene Tradition haben (↗Tantum ergo). Für das eucharistische P. sind aus dem Mittelalter mindestens 10 Melodien überliefert. 2 davon sind in die *Editio Vaticana* aufgenommen; am bekanntesten ist die Melodie im 2. Ton (e e f e d g g a c^1 c^1). Das letztgenannte P. wird heute gesungen am Gründonnerstag zur Übertragung des Allerheiligsten und in der 2. Vesper von Fronleichnam, mancherorts auch bei der Fronleichnamsprozession. Die Beliebtheit dieses Hymnus wird bezeugt durch schon aus dem 15. Jh. bekannte deutschsprachige Übertragungen wie besonders auch durch die zahlreichen mehrstimmigen Vertonungen (u.a. von G. Dufay, Josquin des Prés, G. P. da Palestrina, in neuerer Zeit von Z. Kodály) und durch Orgelwerke über die chorale P.-Melodie (u.a. von N. de Grigny, J. Titelouze, in neuerer Zeit von J. N. David). Einen hohen Rang in der Geschichte ihrer Gattung nimmt Josquins *Missa Pange lingua* (über die bekannte Melodie im 2. Ton) ein.

Ausg.: Texte in: Analecta hymnica medii aevi, hrsg. v. G. M. DREVES – C. BLUME, 55 Bde. (L 1886–1922, Nachdr. F 1961, NY 1969); Melodien in: Monumenta monodica medii aevi I, hrsg. v. B. STÄBLEIN (Kas 1956).

Lit.: B. STÄBLEIN, Zur Gesch. der choralen P.-Melodie, in: Der

kultische Gesang der abendländischen Kirche. FS D. Johner (Kö 1950); C.-A. MOBERG, Zur Melodiegesch. des P.-Hymnus, in: JbLH 5 (1960).
W. BRETSCHNEIDER

PANTALEON, Pantalon, ↗Hackbrett; P. ↗Hebenstreit.

PANTOMIME (vom griech. pantomimos = alles nachahmend). – **1)** *Der* P. ist ein Darsteller (Mime), der eine Rolle stumm spielt, die Handlungen, Empfindungen und Gedanken der verkörperten Person ausschließlich durch Tanz, Gestik und Mimik auszudrücken sucht. – **2)** *Die* P. ist das Spiel des P.n im obigen Sinn und, im weiteren Verständnis, eine Darstellungsform, in der Mimik, Gestik, Tanz und Akrobatik zu einer ausdruckintensiven, von konventionell-tänzerischen Komponenten freien Kunst verschmelzen. Die historische Entwicklung der P. vollzieht sich einerseits in den antiken klassischen Tragödien und Dramen, andrerseits in den mittelalterlichen Mysterienspielen, in der Commedia dell'arte, in den Darbietungen der Wanderbühnen und des Jahrmarkttheaters, in zirzensischen Vorstellungen, in Filmen und auch im Varieté. – Im hellenistischen Griechenland, in Kleinasien und in Ägypten war die P. ebenso beliebt wie im antiken Rom, wo sie von Pylades (Tragödien-P.) und Bathyllus (Komödien-P.) kultiviert wurde: ein maskierter Schauspieler präsentierte die von Chor- und Instrumentalmusik begleitete Pantomime. In Byzanz existierte eine Sonderform der P., die sogar in das Kaiserzeremoniell aufgenommen wurde. Seit der Renaissance sind P.n allegorischen Inhalts bekannt, die in Trionfi (Umzügen) und Intermedien integriert waren, außerdem in Oper und Ballett Eingang fanden. Im 17. Jh. in Frankreich zum Ballet d'action ausgestaltet, erlangte die P. im 18. Jh. als bevorzugte Kunstform des Théâtre de la foire internationale Beachtung. Gegen Ende des 18. Jh. erregte J. G. Noverre mit seinen Ballett-P.n Aufsehen, in denen er seine theoretischen Reformideen realisierte. Seine neue Konzeption erwies sich als sehr fruchtbar, da in Österreich G. Angiolini, in Deutschland Henriette Hendel-Schütz, in England Garrick und Lady Hamilton und in Rußland M. Petipa mit ihren Werken auf die Anregungen des Tanz-Theoretikers reagierten. Auch das moderne Ballett des 20. Jh. erhielt durch die P. neue Impulse; Darsteller wie Étienne Decroux, Jean-Louis Barrault und Marcel Marceau inspirierten Komponisten: G. F. Malipiero (*Pantea,* 1932), B. Bartók (*Der wunderbare Mandarin,* 1926), A. Honegger (*La danse des morts,* 1940), R. Strauss (*Josephslegende,* 1914, und *Schlagobers,* 1924), A. Chatschaturjan (*Spartakus,* 1954) und H. W. Henze (*Der Idiot,* 1952).

Lit.: M. EMMANUEL, La danse grecque antique (P 1896); R. J. BROADBENT, A History of P. (NY 1901, [2]1964); K. G. SIMON, P. (Mn 1960); M. MARCEAU – H. IHERING, Die Weltkunst der P. (Z 1961); J. DORCY – M. JACOT, P. (Lau 1963); J. SOUBEYRAN, Die wortlose Sprache (Velber 1963) (= Theater heute 4).
G. LUDIN

PANUFNIK, Andrzej, * 24. 9. 1914 Warschau; poln. Komponist, Pianist und Dirigent. Er studierte 1932–36 Komposition und Dirigieren am Warschauer Konservatorium, setzte seine Studien 1937–38 bei F. Weingartner an der Wiener Musikakademie und 1938–39 in Paris und London fort. 1945–46 dirigierte er das Krakauer Philharmonische Orchester und war 1946–47 Direktor der Warschauer Philharmonie. 1954 ließ er sich in England nieder und erhielt 1961 die britische Staatsangehörigkeit. 1957–59 leitete er das City of Birmingham Symphony Orchestra, widmete sich dann der Komposition und trat nur gelegentlich als Gastdirigent auf. P. gehörte vor allem in den 40er Jahren zu den interessantesten und experimentierfreudigsten Komponisten innerhalb der modernen polnischen Musik. An keine Richtung gebunden, erinnert seine Schreibweise noch am ehesten an O. Messiaen, bezieht aber auch Vierteltöne mit ein.

WW: **1) Instr.-WW:** Für Klv.: 12 kleine Etüden (1947, revidiert 1955–64) u. *Reflections* (1968). – Für Orch.: *Tragic Overture* (1942, revidiert 1955); *Nocturne* (1947, revidiert 1955); *Sinfonia rustica* (1948, revidiert 1955); *Heroic Overture* (1952, revidiert 1955); *Rhapsody* (1956); *Sinfonia elegiaca* (1957, revidiert 1966); *Autumn Music* (1966); *Epitaph for the Victims of Katyn* (1967, revidiert 1969); *Concertino festivo* (1978). – Konzerte für Klv. (1962) u. V. u. Streichorch. (1972); *Sinfonia concertante* (1973) für Fl., Harfen u. Str.; *Metasinfonia* (1978) für Org., Str. u. Pk.; Concertino für Schlagzeug u. Str. (1980). – **2) Vokal-WW:** Kantaten: *Universal Prayer* (1969) für Sopran, Alt, Tenor, Baß, 3 Harfen, Org. u. Chor; *Thames Pageant* (1969) für junge Sänger u. Spieler, Schulchor u. 2 Diskantchöre; *Winter Solstice* (1972) für Sopran, Baß, 3 Trp., 3 Pos., Pk., Glockenspiel u. Chor; *Dreamscape* (1977) für Mezzosopran u. Klv. – **3) Bühnen-WW:** Ballette: *Elegy,* UA: New York 1967; *Cain and Abel,* UA: Berlin 1968; *Miss Julie,* UA: Stuttgart 1970.

Lit.: S. WALSH, The Music of A. P., in: Tempo (1974) Nr. 111.

PAENULTIMA (lat., Abk. von vox paenultima = vorletzter Ton), seit der mittelalterlichen Musiktheorie Bz. für den vorletzten Ton einer Ligatur oder einer Klausel. Die Klausel als melodische Schlußformel eines musikalischen Abschnitts besteht aus 2 oder 3 Tönen, und zwar aus Antepaenultima, P. und Ultima (so z. B. bei A. Ornitoparchus, 1517, definiert). Bereits seit den frühesten Quellen der Mehrstimmigkeit wird für die P. innerhalb der Schlußbildung eine besondere Ausgestaltung bezeugt, im Mailänder Organum-Traktat z. B. als Kolorierung, in der Mehrstimmigkeit des 13. Jh. als Punctus organicus (↗Punctus, ↗Organum, ↗Orgelpunkt).

Lit.: E. FERAND, Die Improvisation in der Musik (Z 1939); H. BECKER, Zur Problemgesch. u. Technik der musikal. Schlußgestaltung, in: Wiss. Zschr. der Humboldt-Univ. Berlin II/1 (1952/53).
B. R. SUCHLA

PANZÉRA, Charles, * 16. 2. 1896 Genf, † 6. 6. 1976 Paris; frz. Sänger (Bariton). P. studierte am Pariser Conservatoire, debütierte 1919 an der Opéra-Comique, deren Mitglied er wurde, trat daneben im Konzertsaal auf und machte sich rasch als hervorragender Interpret des französischen Liedes international bekannt. Er setzte sich vor allem für zeitgenössische Komponisten ein, insbesondere für H. Duparc und G. Fauré, dessen letzten, ihm gewidmeten Liederzyklus, *L'horizon chimérique,* er 1923 uraufführte. Seine Frau, die Pianistin Madeleine Baillot, begleitete ihn am Klavier. Anfang der 50er Jahre zog sich P. aus dem Konzertleben zurück und wurde 1951 Lehrer am Pariser Conservatoire.

Schriften: *L'art de chanter* (P 1945); *L'amour de chanter* (P 1957); *L'art vocal. 30 leçons de chant* (P 1959); *Votre voix. Directives générales* (P 1967).

PAOLO ARETINO (eig. Paolo Antonio Bivi), getauft 1. 3. 1507 Arezzo, † 10. 7. 1584 ebd.; it. Komponist. P. wurde 1530 Gesanglehrer an S. Maria della Pieve in Arezzo, erhielt 1533 ein Kanonikat am Dom, wo er 1538–44 ebenfalls Gesanglehrer sowie Maestro di cappella war, und kehrte 1545 als Kanonikus an S. Maria della Pieve zurück. Briefen und Widmungstexten zufolge stand P. bei den Medici in Florenz in großem Ansehen. Von P.s Werken verdient insbesondere die Passion Erwähnung. Sie gehört zum Typus der responsorialen Passion (alle direkten Reden mehrstimmig) und ist bedeutend durch die Art und Weise, wie hier der italienische Falsobordone-Stil vielfältig und ausdrucksstark abgewandelt und differenziert wird.

WW: *Sacra responsoria* für 4 St. (V 1544 u. ö.); *Piae ac devotissimae lamentationes* für 4 St. (V 1563); 2 Bücher *Responsorium hebdomadae sanctae* für 4 St. (V 1564); *Musica ... super hymnos totius anni* für 4–6 St. (Mi 1565); Magnificat für 5 St. (V 1569); 2 Bücher Madrigale für 4 u. für 5–8 St. (V 1549, 1558). – Johannespassion (hsl. erhalten).

Ausg.: Johannespassion, hrsg. v. K. VON FISCHER (Cincinnati 1958) (= Musica Liturgica I/6).

Lit.: F. CORADINI, P. A., in: Note d'archivio 1 (1924) u. 3 (1926); K. VON FISCHER, Zur Gesch. der Passionskomposition des 16. Jh. in Italien, in: AfMw 11 (1954).

PAPAIOANNOU, Yannis Andreou, * 24. 12. 1910 (6. 1. 1911) Kawalla; griech. Komponist. P. studierte 1922–34 am Hellenikon Odeion in Athen Klavier (Marika Laspopoulou) und Komposition (Alekos Kondis) und 1949 bei A. Honegger in Paris. 1953 wurde er Professor für Theorie und Komposition am Hellenikon Odeion, 1965–75 Präsident der griechischen Gesellschaft für Neue Musik. P.s Kompositionen lassen eine Entwicklung vom Impressionismus über Neoklassizismus hin zur Zwölftontechnik und seriellen Musik erkennen; in neuerer Zeit wendet er auch Clustertechniken sowie andere Klangfarben-Effekte an.

WW: Für Klv.: 24 Praeludien (1938); 2 Suiten (1959, 1960); 12 Inventionen u. Sonate (1958); Sonate für V. u. Klv. (1947); Trios: für Ob., Klar. u. Fag. (1962); V., Va. u. Vc. (1963); Fl., Va. u. Gitarre (1967); V., Vc. u. Klv. (1977); Streichquartett (1959); je ein Quartett für Fl., Klar., Gitarre u. Vc. (1968) sowie für Ob., Klar., Va. u. Klv. (1968). – Für Orch.: *Choreographic Prelude* (1939); *Poiema tou dhassous* (Gedicht vom Wald) (1942); Symphonische Legende (1945); 5 Symphonien (1946, 1951, 1953, 1963, 1964); symphonische Dichtungen *Orthros tōn psychōn* (Die Frühmette der Seelen) (1947) u. *Hellas* (1956); Konzerte für: Klv. (1950); V. (1971); V. u. Klv. (1973). – Kantate *I kidhia tou Sarpedhonos* (Sarpedons Begräbnis) (1965) (Text: K. Kawafis) für Sopran, gem. Chor, Sprecher u. Kammerorch.; *Vimata* (Die Schritte) (1969) (Text: ders.) für gem. Chor u. Instrumentalensemble; *Orphei hymni* (Orphische Hymnen) (1971) für Sprecher u. Instrumentalensemble; ferner Bühnenmusik zu: *Antigone* (1956) (nach Sophokles); *Die Perser* (1961) (nach Aischylos); *Yerma* (1961) (nach García Lorca).

Lit.: N. SLOMINSKY, New Music in Greece, in: MQ 51 (1965); B. SCHIFFER, Neue griech. Musik, in: Orbis musicae 1 (Tel Aviv 1972).
B. A. KOHL

PAPANDOPULO, Boris, * 25. 2. 1906 (Bad) Honnef; kroatischer Komponist und Dirigent. P. studierte Komposition an der Musikakademie in Zagreb und Dirigieren am Wiener Konservatorium, war zunächst Dirigent in Zagreb und Split, 1946–48 und 1953–59 Opernkapellmeister in Rijeka und 1948–53 in Sarajewo. 1959 wurde er 1. Kapellmeister und 1963 Chefdirigent am Nationaltheater in Zagreb und war 1964–68 in gleicher Stellung erneut in Split und Rijeka tätig. Seitdem trat er als Gastdirigent auf und widmete sich vornehmlich der Komposition. Zunächst von einer betont nationalen Haltung geprägt, zeigen seine Werke zunehmend kosmopolitischen Charakter. Sie gehören einer neoklassizistischen Richtung an.

WW: **1) Instr.-WW:** *Dodekafonski koncert* (1960) für 2 Klv.; 5 Streichquartette (1927, 1933, 1945, 1950, 1970). – Für Orch.: *Boje i kontrasti* (Farben u. Kontraste) (1963); *Divertimento alla pasticcio* Nr. 1 (1971) u. Nr. 2 für Blechbläser (1972); *Hommage à Bach* (1972); 4 Klv.-Konzerte (1938, 1942, 1947, 1958); Konzert für 4 Pk. u. Orch. (1969); Concerto grosso für Bläserquintett, Schlagzeug u. Steichorch. (1971); Konzerte mit Streichorch. für Cemb. (1962) u. Kb. (1968). – **2) Vokal-WW:** Kantaten: *Legende o drugu Titu* (Titos Legende) (1960); *Srce od ognja* (Das glühende Herz) (1965); Erdbebenkantate für Skopje *Ruke prema noći* (Hände gegen den Himmel) (1968) für Soli, Chor u. Orch. – **3) Bühnen-WW:** Opern: *Amphitrion,* UA: Zagreb 1940; *Sunčanica* (Sonnenblume), UA: ebd. 1942; *Rona,* UA: Rijeka 1956; *Dentlmen i lopov* (Gentleman u. Dieb) (1964); *Marulova pisan* (Marulos Lied), UA: Split 1970; *Madame Buffault* (1972). – Ballette: *Zlato* (Das Gold), UA: Zagreb 1931; *Žetva* (Das Erntefest), UA: Sarajewo 1950; *Intermezzo,* UA: ebd. 1953; *Beatrice Cenci,* UA: Gelsenkirchen 1959; 5 Ballettszenen, 1: *Veze* (Beziehungen) (1964), 2: *Gitanella* (1965), 3: *Dr. Atom* $(Qu + H^3 + H^2 = He^4 + n + q)$, UA: Rijeka 1966, 4: *Ljindi u hotelu*, UA als: *Menschen im Hotel*, Wien 1967, 5: *Tenta* (1973).

PAPAVOINE, Vorname unbekannt, * um 1720 in der Normandie, † nach 1790; frz. Violinist und Komponist. Er ist um 1750 als Violinist in Rouen nachweisbar, lebte seit 1752 in Paris und heiratete 1754 die Komponistin Mlle. Pellecier, die bereits 6 Cantatilles veröffentlicht hatte. 1760–62 spielte er im Orchester der Comédie Italienne, wo er 2 Bühnenwerke zur Aufführung brachte. Als Instrumentalkomponist war er bereits 1752 im Concert spirituel hervorgetreten. P. hat als einer der ersten Einflüsse G. B. Sammartinis und der Mannheimer Schule aufgenommen und spielte eine wichtige Rolle für die Entwicklung der Symphonie in Frankreich. Von seinen Werken sind nur die 6 Symphonien, op. 1 (P 1752) erhalten.

Lit.: B. S. BROOK, P., in: MGG X; DERS., La symphonie française dans la seconde moitié du XVIIIe siècle (P 1962).

PAPE, Heinrich, * 27. 6. 1609 Ratzeburg, † 25. 4. 1663 Stockholm. Er war 1625–28 Schüler von Jacob Praetorius in Hamburg, 1628–30 Organist in Mittelnkirchen bei Stade, 1630–62 in Altona und zuletzt 1662–63 an St. Jakob in Stockholm. P. ist vor allem durch Vertonungen von Gedichten seines Schwagers J. Rist bekannt geworden, die dieser in einige seiner 1642–52 veröffentlichten Liedersammlungen aufgenommen hat. In der Liedsammlung *Liebes-Grillen* von Jacob Schwieger werden unter den Komponisten ein H. P. „der Ältere“ und ein H. P. „der Jüngere“ unterschieden. Ob es sich bei H. P. dem Jüngeren um einen Sohn P.s handelt, ist ungeklärt.

WW (nach Texten v. J. Rist): *Des Daphnis aus Cimbrien Galathee* (H 1642); *Der ... an das Kreuz gehefftete Jesus Christus* (19 geistliche Lieder) (H 1648); weitere Lieder in Sammeldrucken der Zeit v. J. Rist u. J. Schwieger.

Ausg.: 6 Lieder, hrsg. v. J. ZAHN, in: Die Melodien der dt. ev. Kirchenlieder I, II u. IV (Gütersloh 1889–91).

Lit.: W. KRABBE, J. Rist. u. das dt. Lied (Diss. B 1910); H. KRETZSCHMAR, Gesch. des neuen dt. Liedes I (L 1911, Nachdr. Hil 1966) (= Kleine Hdb. der Musikgesch. nach Gattungen 4); W. VETTER, Das frühdt. Lied I (Mr 1928).

PAPE, Jean Henri (Johann Heinrich), * 1. 7. 1789 Sarstedt bei Hannover, † 2. 2. 1875 Asnières bei Paris; frz. Klavierbauer dt. Herkunft. Er ließ sich 1811 in Paris nieder, arbeitete zunächst bei Pleyel und eröffnete 1815 seine eigene Werkstatt. Er führte zahlreiche Neuerungen (137 Patente) in den Klavierbau ein, von denen die Befilzung der Hammerköpfe (1826) und das Überkreuzen der Saiten (1828) allgemein übernommen wurden. Sein „Piano console“ (1828), ein nur 1 m hohes Pianino in Konsolentischform, wurde das Vorbild des modernen Kleinklaviers. P. gehört neben Érard und Pleyel zu den bedeutendsten frz. Klavierbauern der 1. Hälfte des 19. Jahrhunderts. C. Bechstein war sein Schüler. Die Firma wurde 1885 aufgelöst.

Lit.: F. J. HIRT, Meisterwerke des Klavierbaus (Olten 1955), engl. revidiert als: Stringed Keyboard Instr. 1440–1880 (Boston 1968); C. EHRLICH, The Piano. A History (Lo 1976).

PAPINEAU-COUTURE, Jean, * 12. 11. 1916 Outremont bei Montreal; kanadischer Komponist. P. ist ein Enkel des Komponisten, Dirigenten und Pädagogen Guillaume Couture (1851–1915). Er studierte zunächst bei Gabriel Cusson (Harmonielehre und Kontrapunkt) und Léo-Pol Morin (Klavier) in Montreal, dann am New England Conservatory of Music in Boston, wo er 1941 zum Bachelor of Music graduierte, und 1941–43 an der Longy School of Music in Cambridge (Mass.) bei Nadia Boulanger, der er an die University of Wisconsin in Madison und nach Montecito in Kalifornien folgte. 1946 wurde er Professor am Conservatoire de Musique et d'Art Dramatique de la Province de Québec und 1951 an der Fakultät für Musik an der Universität (1968–73 Dekan). P. spielt eine wichtige Rolle im kanadischen Musikleben, war u. a. 1956–70 Präsident der Montrealer Sektion der Jeunesses Musicales du Canada, 1957–59 und 1963–66 der Canadian League of Composers, 1966–73 der Société de Musique Contemporaine de Québec, 1967–68 des Canadian Music Council und 1973–74 des Canadian Music Centre. Als Komponist vom Neoklassizismus ausgehend und insbesondere von I. Strawinsky, S. Prokofjew und P. Hindemith beeinflußt, entwickelte P. einen sehr persönlichen, von ihm selbst als „Konstruktivismus“ bezeichneten Stil.

WW: Zahlr. Klv.-Stücke; Kammermusik, u. a.: 2 Streichquartette (1953, 1967); *Dialogues* (1967) für V. u. Klv.; Sextett für Ob., Klar., Fag., V., Va. u. Vc. (1967); *Trio à quatre mouvements* (1974) für Va., Klar. u. Klv.; *Slano* (1976) für V., Va. u. Vc; *Le débat du cœur et du corps, narrator* (1977) für Vc. u. Schlagzeug; Concerto grosso u. *Oscillations* (1969) für Kammer-Orch. – Für Orch.: Symphonie C-Dur (1948, Neufassung 1956); *Papotages* (1949); *Suite Lapitsky* (1965); *Pièces concertantes*, 1: *Repliement* (1956) für Klv. u. Streichorch., 2: *Éventails* (1959) für Vc. u. Kammerorch., 3: Variationen für Fl., Klar., V., Vc., Harfe u. Streichorch. (1958), 4: *Additions* (1959) für Ob. u. Str., 5: *Miroirs* (1963) für Orch.; ferner ein Klv.-Konzert (1965). – *Viole d'amour* (1966) für gem. Chor a cap.; *Contraste* (1970) für SingSt u. Orch.; *Chanson de Rahit* (1972) für SingSt, Klar. u. Klv.

Lit.: R. DUGUAY, J. P.-C., in: Musique du Kébèk (Montreal 1971).

PAPST, Eugen, * 24. 12. 1886 Oberammergau, † 2. 1. 1956 ebd.; dt. Dirigent. Er studierte seit 1907 Dirigieren bei F. Mottl an der Akademie der Tonkunst in München. 1910 ging er an das Theater in Allenstein (Ostpreußen), leitete 1911–22 das Städtische Orchester Bern und den dortigen Orchesterverein, seit 1922 in Hamburg die Philharmonischen Konzerte (zusammen mit K. Muck) und die Singakademie. 1934 wurde er als Nachfolger von G. L. Jochum GMD in Münster (Westfalen), war außerdem seit 1935 Dirigent des Kölner Männer-Gesangvereins und 1936–44 GMD der Stadt Köln sowie Leiter der Gürzenich-Konzerte. 1952 übernahm er die Meisterklasse für Dirigieren an der Musikakademie und die Leitung der Nordwestdeutschen Philharmonie in Detmold. P. schrieb Orchesterwerke, Kammermusik und Lieder.

PARABOSCO, Girolamo, * 1520 oder 1524 Piacenza, † 21. 4. 1557 Venedig; it. Komponist, Organist und Dichter. Er wurde 1541 Schüler A. Willaerts in Venedig, hielt sich zwischen 1546 und 1551 in mehreren italienischen Städten auf und ließ sich dann in Venedig nieder, wo er als Literat und Musiker bald großes Ansehen genoß und 1551–56 als 1. Organist an San Marco wirkte. Von P. sind überliefert: Madrigale für 5 St. (V 1546 und in Sammeldrucken 1541 und 1544) und einige Instrumentalsätze.

Ausg.: Madrigal *Anima bella*, in: A. EINSTEIN, The It. Madrigal (Princeton/ N. J. 1949, Nachdr. 1970, dt. Z 1953); dass., in: 5 Madrigale venezianischer Komponisten um A. Willaert, hrsg. v. B. MEIER (Wb 1969) (= Chw 105); Composizioni vocali e strumentali a 2, 3, 4, 5, 6 v., hrsg. v. F. BUSSI (Piacenza 1962); 2 Ricercari, in: Musica nova 1540, hrsg. v. H. C. SLIM (Ch 1964) (= Monuments of Renaissance Music 1).

Lit.: A. EINSTEIN, s. o.; F. BUSSI, Umanità e arte di G. P., madrigalista, organista e poligrafo (Piacenza 1962).

PARADE, Ballett in einem Akt von Erik Satie (1866–1925), Libretto von Jean Cocteau (1889–1963). UA: 18. 5. 1917 in Paris (Théâtre du Châtelet); Choreographie: Léonide Massine (1896–1979); dt. EA: 1929 in Darmstadt.
Von Literaten und Kunstschriftstellern der zeitgenössischen Avantgarde als balletthistorisch bedeutendes Werk interpretiert, präsentiert sich diese Komposition als systematische, experimentelle Gestaltung eines neuartigen Kunstwerks, in dem Szenerie, Choreographie, Tanz und Musik als gleichwertige Komponenten zu einer eindrucksvollen künstlerischen Synthese zusammengefügt sind: Cocteau entwarf – von Georges Seurats Gemälde *La Parade* (1887) inspiriert – eine handlungsfreie Szenenfolge, in der die Fragwürdigkeit der zeitgenössischen Werbung im Rahmen einer grotesken Parade von einem Akrobatenpaar, einem chinesischen Zauberkünstler, einem kleinen amerikanischen Mädchen und zwei exzentrischen Managern persifliert wird. Die revuehafte Abfolge der skurrilen Darbietungen inszenierte Massine als choreographischen Gag mit originellen Schrittkombinationen (so wird z. B. der Galopp eines Pferdes von zwei verkleideten Tänzern imitiert). – In der von Satie komponierten, exzeptionell instrumentierten Musik ist der surrealistische Charakter des Balletts eingefangen; neben rhythmischen und melodischen Elementen des Jazz sind auch alltägliche Geräusche wie z. B. das Klappern einer Schreibmaschine, das Heulen von Sirenen, das Brummen eines Dynamos, das Dröhnen von Flugzeugmotoren und das Pfeifen einer Lokomotive in die Partitur integriert. Auch die von P. Picasso entworfenen kubistischen Dekorationen und Kostüme prägten wesentlich die künstlerische Gesamtkonzeption; das Bühnenbild des Malers fungierte als „pikturales Transparent, das vom Zuschauer gelesen werden soll" (W. Spies). – Die von E. Ansermet dirigierte UA des Werks erlangte trotz der nachhaltigen szenischen Präsentation durch die Ballets Russes nur geringen Erfolg. G. LUDIN

PARADIES (Paradisi), **Pietro Domenico,** * 1707 Neapel, † 25. 8. 1791 Venedig; it. Komponist. P. war möglicherweise Schüler von N. Porpora, trat in Italien mit mehreren Opern hervor, ging später nach London und brachte dort, ohne nennenswerten Erfolg, 1747 seine Oper *Fetonte* zur Aufführung. Zwischen 1751 und 1756 schrieb er zahlreiche Gesangseinlagen für das Haymarket Theatre, wurde aber namentlich als Gesang- und Cembalolehrer bekannt. Zuletzt lebte er wieder in Italien.

WW: *12 Sonate di gravicembalo* (Lo 1754) (mit zahlr. Nachdrukken); Konzert für Orgel oder Cemb. (Lo o.J.). – Opern: *Alessandro in Persia*, UA: Lucca 1738; *Il decreto del fato*, UA: Venedig 1740; *Fetonte*, UA: London 1747; *La forza d'amore*, UA: ebd. 1751.

Ausg.: Cemb.-Konzert B-Dur, hrsg. v. V. VITALE (Mi 1960); dass., hrsg. v. H. RUF (Mz 1965) (= Antiqua 86); *Sonate di gravicembalo*, hrsg. v. DEMS. – H. BEMMANN, 2 Bde. (Mz 1971) (= Klaviermusik der Vorklassik o. Nr.).

Lit.: F. TORREFRANCA, Le origini it. del romanticismo musicale (Tn 1930, Nachdr. Bol 1969) (= Bibl. musica Bononiensis III/18); W. S. NEWMAN, The Sonata in the Classic Era (Chapel Hill/N.C. 1963, NY [2]1972); G. GIACHIN, Contributo alla conoscenza di P., in: NRMI 9 (1975).

PARADIS, Maria Theresia von, * 15. 5. 1759 Wien, † 1. 2. 1824 ebd.; östr. Pianistin und Komponistin. In frühester Kindheit erblindet, erhielt sie eine sorgfältige musikalische Ausbildung. Ihre Lehrer waren G. F. Richter und L. Koželuch (Klavier), V. Righini und A. Salieri (Gesang) und Abbé Vogler (Komposition). 1783–86 unternahm sie eine erfolgreiche Konzertreise (nach Deutschland, Frankreich, England und Belgien), während der sie auch die Familie Mozart in Salzburg besuchte. Nach Wien zurückgekehrt, gründete sie dort eine Musikschule für junge Mädchen und blieb als

Pädagogin zeitlebens sehr angesehen. W. A. Mozart schrieb für sie ein Klavierkonzert, vermutlich KV 456. Für das Komponieren verwendete sie ein von J. Riedinger erfundenes Notensetzbrett.

WW: *Zwölf Lieder auf ihrer Reise* (L 1786); weitere einzelne Lieder gedruckt u. hsl. erhalten; Singspiel *Der Schulkandidat*, UA: Wien 1792 (hsl.); Fantasie für Klv. (W o.J.).

Lit.: H. ULLRICH, M. Th. P.' große Kunstreise, in: ÖMZ 15 (1960) u. 17 (1962) – 20 (1965); DERS., M. Th. P., Werk-Verz., in: BzMw 5 (1963).

PARADISE LOST, Oper von Krz. Penderecki; dt. Titel: Das ↗verlorene Paradies.

PARADISI, Pietro Domenico, ↗Paradies.

PARAKATALOGĒ (von griech. parakatalegein = daneben erzählen), in der griech. Antike Bz. für das Rezitieren mit Instrumentalbegleitung. Nach Plutarchos' Zeugnis (*Peri musikēs* 28) soll die P. von Archilochos eingeführt worden sein. Zwischen dem Gesang und der unbegleiteten Deklamation angesiedelt, bietet sie ein spezielle Möglichkeit, Sprache und Musik miteinander zu verknüpfen, die auch in neuerer Zeit wieder genutzt worden ist (Melodram, Musiktheater des 20. Jh.).

PARALLELBEWEGUNG, Bz. für das Fortschreiten von zwei oder mehreren Stimmen in gleicher Richtung (auch „gerade Bewegung" genannt); die Beibehaltung gleicher Abstände zwischen den Stimmen ist dabei nicht erforderlich (↗Parallelen). Die P. unterscheidet sich sowohl von der Gegenbewegung, bei der die Stimmen sich in entgegengesetzter Richtung fortbewegen, als auch von der Seitenbewegung, bei der sich nur eine Stimme fortbewegt, während die andere ihre Lage unverändert beibehält.

PARALLELEN, in der Tonsatzlehre Bz. für die gleichgerichtete auf- oder absteigende Fortbewegung zweier oder mehrerer Stimmen bei gleichbleibendem Abstand voneinander. Die Praxis, eine gesungene oder instrumental vorgetragene Stimme mit einer oder mehreren parallel verlaufenden Zusatzstimmen zu kombinieren, begegnet in vielerlei Gestalt: Im volkstümlichen Singen im Terz- oder Sextabstand (sog. „Dienstmädchen-Kontrapunkt"), im Quinten-, Quarten- und gelegentlich auch Sekunden-Parallelgesang (↗Quintieren) afrikanischer und orientalischer Primitivstämme; Oktavparallelen schließlich entstehen zwangsläufig beim gemeinsamen Singen von Männern und Frauen bzw. Männern und Knaben. Die für die römische Schola cantorum und den byzantinischen Hof des 7./8. Jh. bezeugte Gesangpraxis der Paraphonisten (↗Paraphonia) äußerte sich wahrscheinlich auch im Singen parallel geführter Partien im Quint- und Quartabstand. In den frühesten Formen einer theoretisch formulierten Mehrstimmigkeit (↗Musica enchiriadis, 9. Jh.) spielte das im Quartabstand ausgeführte ↗Organum (auch ↗Diaphonia genannt) eine herausragende Rolle. Erst um 1100 (sog. Mailänder Organum-Traktat) tritt die Gegenbewegung der bis dahin vorherrschenden Parallelbewegung konkurrierend zur Seite, um später als die bevorzugte Art der Stimmführung an deren Stelle zu treten. Vom 14. Jh. an werden Quinten-, Oktaven- und Einklangsparallelen (d.h. das Fortschreiten in „vollkommenen" Konsonanzen) in den Tonsatzlehren untersagt, vermutlich weil die dadurch bewirkte, akustisch bedingte Klangverschmelzung eine klare Unterscheidung der parallel geführten Stimmen erschwert. Während dieses Verbot anfangs nur das Verhältnis der Zusatzstimmen (Cantus, Contratenor) zum Tenor betraf, wurde es vom 15. Jh. an auf das Verhältnis aller Stimmen zueinander erweitert. In dieser Form hatte es Gültigkeit bis zum ausgehenden 19. Jh. – im Tonsatzunterricht der Musikhochschulen und Konservatorien gelegentlich noch heute! Mit Hilfe einer Stimmkreuzung lassen sich, wenngleich nur optisch, verbotene P. vermeiden:

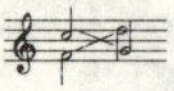

Neben den „offenen" P. wurden im strengen Satz auch die sog. „verdeckten" P. untersagt, vor allem in den Satzlehren des 17. und 18. Jh.; darunter sind die Fortschreitungen zweier Stimmen zu verstehen, die in gleicher Richtung in eine Quinte oder Oktave münden:

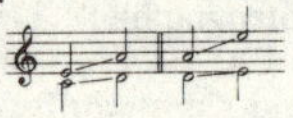

Geduldet wurden einzelne P. jedoch in schneller Bewegung (z.B. Quinten-P. in der Kompositionslehre von M.-A. Charpentier) als Licentia (↗Licenza) mit der Absicht besonderen Ausdrucks im musikalisch-rhetorischen Sinn. So etwa in der 12. der sog. Mysterien-Sonaten von H. I. Fr. Biber, wo der Schluß der Ostinatovariationen über *Surrexit Christus hodie* in doppelten Oktav-P. ausläuft, gewissermaßen als „locus testimoniorum" für den in den 3 gleichen Stimmen symbolisierten (aufgefahrenen) Christus in der göttlichen Dreieinigkeit.
Zu den traditionell erlaubten P. gehören die ↗Hornquinten; die hier entstehenden verdeckten Quinten-P. sind in der Naturtonskala angelegt.

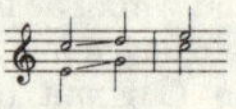

Ebenfalls erlaubt sind die sog. „Mozart-Quinten":

wie sie z. B. in W. A. Mozarts Symphonie g-moll, KV 550, im ersten Satz vorkommen. Mozart verwendet offene Quinten-P. vereinzelt in parodistischer Absicht (*Ein musikalischer Spaß*, KV 522, langsamer Satz). – Vermutlich auf volkstümliche Einflüsse gehen die häufigen Quinten-P. in den ↗Canti carnascialeschi um 1500 zurück.

PARALLELKLÄNGE, Bz. für Akkorde, die zu den Hauptfunktionen – Tonika, Subdominante, Dominante – einer Tonart in Terzbeziehung stehen und entsprechend als Tonika-, Subdominant- und Dominantparallele in Dur- oder Mollfunktion bezeichnet werden. – ↗Funktionsbezeichnung.

PARALLELTONARTEN ↗Tonarten.

PARAMESĒ ↗Systema teleion.

PARAMETER (von griech. parametrein = an etwas messen), in der Mathematik u.a. Bz. für meßbare Größen, durch die einzelne Elemente einer größeren Gesamtheit miteinander vergleichbar sind. In Zusammenhang mit Musik taucht der Begriff erstmals in den 40er Jahren des 20. Jh. auf und bezeichnet in übertragener Bedeutung zunächst die verschiedenen exakt meßbaren Teilmomente Frequenz, Obertonspektrum und Amplitude.

Das überaus häufige Auftreten dieses Begriffes in musiktheoretischen und wissenschaftlichen Schriften der jüngsten Vergangenheit steht in engem Zusammenhang mit bestimmten seriellen Kompositions- und Betrachtungsweisen in den frühen 50er Jahren. In inhaltlicher Erweiterung steht P. hierbei für alle isolierbaren und komponierbaren musikalischen Einzelbereiche, wie Tonhöhe, Tondauer, Artikulation und Klangfarbe. Darüber hinaus dient der Ausdruck P. zur Beschreibung von Gruppen- und Strukturmerkmalen auf den verschiedensten Ebenen: z.B. statischer oder entwickelnder Typus, unterschiedliche Dichte, Kontinuität oder Diskontinuität, kompositorische Fixierung oder Offenheit.

Die kompositorische Einzelverfügbarkeit und Verselbständigung dieser Teilbestandteile wird von den wichtigsten Vertretern der seriellen Musik (z.B. K. Stockhausen, P. Boulez) meist – wenn auch nicht ohne eine gewisse Einseitigkeit des Blickwinkels – aus dem Spätwerk A. Weberns hergeleitet. Die heute manchmal übliche unhistorische Übertragung des P.-Denkens auf vorserielle Musik ist problematisch.

Lit.: K. STOCKHAUSEN, in: Texte z. elektronischen u. instr. Musik, hrsg. v. D. Schnebel (Kö 1963) (= DuMont Dokumente o. Nr.); P. BOULEZ, Musikdenken heute (Mz 1963) (= Darmstädter Beitr. z. Neuen Musik 5). E. KIEM

PARANĒTĒ ↗Systema teleion.

PARAPHONIA (griech., = Nebeneinanderklingen), eine mittelalterliche Bz., die im musikwissenschaftlichen Schrifttum unterschiedlich interpretiert wird. Den *Ordines Romani* des 7./8. Jh. entsprechend – in denen 4 von den 7 Sängern der Schola cantorum Paraphonistae genannt werden – deutete A. Gastoué diese Benennung im Hinblick auf die beschriebene Aufstellung, J. Handschin im Sinne von „untergeordnet" als Chorsänger.

Der Klassifizierung der Konsonanzen (symphoniai) innerhalb der spätantiken und byzantinischen Musiktheorie entsprechend (u.a. Thrasyllus, M. Psellos) – Quarte und Quinte galten als paraphōn (= nebengeordnet), die Oktave als antiphōn (= [dem Grundton] gegenklingend) – wurde P. von C.-A. Moberg und P. Wagner als paralleles Singen in den paraphonen Intervallen Quarte und Quinte bezeichnet. H. H. Eggebrecht sieht in dieser Praxis einen „gleichzeitigen Cantusvortrag auf verschiedenen Tonstufen", der jedoch noch nicht als Beginn der mittelalterlichen Mehrstimmigkeit zu werten ist.

Lit.: P. WAGNER, Über die Anfänge des mehrst. Gesanges, in: ZfMw 9 (1926/27); DERS., La paraphonie, in: RMie 12 (1928); A. GASTOUÉ, P. et paraphonistes, in: ebd.; C.-A. MOBERG, Eine vergessene Pseudo-Longinus-Stelle über die Musik, in: ZfMw 12 (1929/30); J. HANDSCHIN, Musikgesch. im Überblick (Luzern 1948, [2]1964).

PARAPHRASE, literarisch Bz. für die Umschreibung eines vorgegebenen Textes zum Zwecke weiterer Erläuterung oder besserer Verständlichkeit. Die Texte protestantischer Kirchenlieder sind nach dem Vorbild M. Luthers häufig P.n von Bibelabschnitten. Bibel-P.n liegen insbesondere auch den meisten Oratorien seit der Entstehung dieser Gattung (↗Oratorium) zugrunde. Aus der Musikkritik des 19. Jh. ist die „poetisierende P." (C. Dahlhaus) bekannt als Umsetzung des musikalischen Gehalts in Worte (z.B. bei E. Th. A. Hoffmann und R. Schumann). In der Musik wird der Terminus P. für die Ausgestaltung von Melodien verwendet, etwa im Zusammenhang mit Tropus, Kolorierung oder Parodie (J. Handschin). P. im engeren Sinne heißt seit Fr. Liszt eine besondere Art der freien Bearbeitung. Ähnlich Illustrationen und Reminiszenzen sind solche Konzertfantasien eine neuartige formale und instrumentale Darstellung bekannter Melodien aus einer Oper, eines Liedes u.ä., die durch größere Besetzung (Liszt, *Totentanz*) oder – häufiger – durch virtuose Instrumentaltechnik (Liszt, Verdi-P. über *Ernani*) ausgeschmückt wurden. Geschah dies bei Liszt noch mit großer künstlerischer Sorgfalt, indem er wie bei Transkription und Klavierpartitur (Klavierauszug) die angemessene Darstellung des Originals anstrebte, so werden die Arbeiten der Folgezeit im allgemeinen zur Salonmusik gezählt, da in ihnen meist die instrumentale Virtuosität zum Selbstzweck wurde.

Lit.: J. HANDSCHIN, Zur Frage der melodischen Paraphrasierung im MA, in: ZfMw 10 (1927/28); R. KÖPPEL, Die P. (Diss. W 1936); R. L. MARSHALL, The P. Technique of Palestrina in his Masses based on Hymns, in: JAMS 16 (1963); R. KÖHLER, Die biblischen Quellen der Lieder (Gö 1965) (= Hdb. zum Ev. Kirchengesangbuch I, 2); K. BLAUKOPF, Werktreue u. Bearbeitung (Karlsruhe 1968); C. DAHLHAUS, Analyse u. Werturteil (Mz 1970). H. LOOS

PARAY, Paul Charles, * 24. 5. 1886 Le Tréport-sur-Mer (Seine-Maritime), † 10. 10. 1979 Monte Carlo; frz. Komponist und Dirigent. P. wurde zunächst an der Maîtrise der Kathedrale von Rouen ausgebildet, später am Pariser Conservatoire bei G. Caussade und Xavier Leroux und erhielt 1911 für seine Kantate *Yanitza* den Prix de Rome. Seit 1921 war er 2. und 1923–28 1. Dirigent der Concerts Lamoureux. Anschließend wirkte er als Dirigent in mehreren französischen Städten, seit 1944 als Leiter der Concerts Colonne erneut in Paris. 1952–63 war er Chefdirigent des Detroit Symphony Orchestra.

WW: Oratorium *Jeanne d'Arc*, UA: Rouen 1913; eine Messe (1931) (zum 500. Todestag v. Jeanne d'Arc); Lieder. – Ballett *Artémis troublée*, UA: Paris 1922.

Lit.: W. L. LANDOWSKI, P. P. (Ly 1956).

PARENT. – 1) Charlotte France Hortense, * 22. 3. 1837 London, † 12. 1. 1929 Paris; frz. Pianistin. H. P. studierte 1853–57 am Pariser Conservatoire Klavier bei Louise Farrenc, widmete sich dann dem Unterricht und gründete 1882 ein Musikinstitut, in dem auch Musiklehrer ausgebildet wurden. Sie veröffentlichte mehrere Lehrwerke für Klavier. – **2) Armand,** Sohn von 1), * 5. 2. 1863 Lüttich, † 19. 1. 1934 Paris; belgischer Violinist. Er studierte am Lütticher Conservatoire, war 1882–83 Konzertmeister des Bilseschen Orchesters in Berlin, dann 1883–89 bei den Concerts Colonne in Paris. 1892 gründete er ein Quartett, das sich vor allem Werken von J. Brahms und zeitgenössischer französischer Komponisten widmete und u. a. M. Ravels Streichquartett 1909 zur Uraufführung brachte. P. rief außerdem einen Mozartverein ins Leben. 1900 wurde er Violinlehrer an der Schola Cantorum. Neben eigenen Kompositionen gab er Violinwerke u. a. von J. S. Bach, R. Kreutzer, P. Rode und N. Paganini heraus.

PARHYPATĒ ↗Systema teleion.

PARIATI, Pietro, * 26. oder 27. 3. 1665 Reggio Emilia, † 1733 Wien; it. Dichter und Librettist. Er wurde 1695 Sekretär beim Gouverneur von Modena und reiste 1696 in diplomatischer Mission nach Madrid. Nach Italien zurückgekehrt, fiel er in Ungnade und war 3 Jahre inhaftiert. Nach seiner Entlassung 1699 ging er nach Venedig und lernte dort den Dichter Apostolo Zeno kennen. Mit ihm verfaßte er zahlreiche Textbücher. 1714 folgte er einem Ruf als Kaiserlicher Hofpoet Karls VI. nach Wien; Zeno wurde 1718 sein Nachfolger. Auch in Wien arbeiteten beide bis 1729 (als P. Metastasio Hofdichter wurde) eng zusammen. P. zählt zu den bedeutendsten Librettisten vor Metastasio. Er schrieb neben eigenen Opern- und Oratorienlibretti auch Texte zu Serenaden, „Favole“, Kantaten und anderen geistlichen und weltlichen Kompositionen. Zu seinen bekanntesten Libretti zählen *Ambleto* und *Don Chisciotte in Sierra Morena* (beide zusammen mit Zeno). Texte von P. vertonten u. a.: T. Albinoni, A. M. und G. B. Bononcini, Fr. Conti, J. J. Fux, B. Galuppi, Fr. Gasparini, J. A. Hasse, N. Jommelli, A. Lotti, N. Porpora, D. Scarlatti, G. Ph. Telemann und P. Winter.

Lit.: M. FEHR, A. Zeno u. seine Reform des Operntextes (Z 1912); O. G. SONNECK, Catalogue of Opera Librettos Printed before 1800 (Washington 1914); R. GIAZOTTO, A. Zeno, P. Metastasio e la critica del '700, in: RMI 48 (1946) – 49 (1947); A. BAUER, Opern u. Operetten in Wien (Gr 1955); F. HADAMOWSKY, Barocktheater am Wiener Kaiserhof (W 1955); O. WESSELY, P. P.s Libretto zu J. J. Fuxens „Costanza e fortezza“ (Gr 1969).

PARISER LEBEN *(La vie parisienne),* Pièce mêlée de chant in 5 Akten von Jacques Offenbach (1819–80), Text von Henri Meilhac und Ludovic Halévy. Ort und Zeit der Handlung: Paris, um 1860. UA: 31. 10. 1866 in Paris (Palais-Royal); EA in dt. Sprache: 31. 1. 1867 in Wien (Carltheater); dt. EA: 22. 5. 1867 in Berlin (Friedrich-Wilhelmstädtisches Theater).

„Bilder aus dem Leben der Gegenwart“ nannte der Übersetzer der Wiener Erstaufführung, Carl Treumann, dieses Stück, das sich so sensationell erfolgreich mit dem Paris der Gegenwart auseinandersetzte. Nicht die Travestie mythologischer Stoffe, nicht die Parodie dienen wie in früheren Werken Offenbachs als Unterhaltungstechniken, sondern die Schilderung des Lebens in Paris, oder präziser: der Legende vom Leben in einer Stadt, die (nicht zuletzt durch zwei Weltausstellungen kurz nacheinander) zum Nabel der Welt, zum Mekka der Künstler, zum Wallfahrtsort der Liebenden, aber auch der Demimonde geworden war. Bei allem Realismus ist doch die ironische Distanz stets erkennbar, Zweifel und Reflexion unterbrechen, wie in Metellas großem Rondeau *C'est ici l'endroit redouté des mères (Dies ist der Ort, den alle Mütter fürchten),* den Fluß des heiteren Geschehens. So entlarvt diese „erste Operette im zeitgenössischen Gewand", die auf den ersten Blick wie eine bloße Verherrlichung des zweiten Kaiserreiches und seiner Hauptstadt wirkt, schließlich (und möglicherweise in dieser Deutlichkeit unbeabsichtigt) den hohen Grad der Dekadenz einer Gesellschaftsstruktur, die wenig später unter dem andauernden Druck der industriellen Revolution endgültig zerbrechen sollte. Auf paradoxe Weise – in Tanz und Orgie – findet hier das Fin de siècle bereits statt, bevor „ernste" Künstler es zur Weltanschauung stilisieren konnten. *Pariser Leben* ist eine der erfolgreichsten Operetten aller Zeiten. Ihr Komponist erweist sich als ein Meister in der Beschränkung: Harmonische Kompliziertheit wird vermieden, Chöre und Ensembles homorhythmisch gestaltet, Melodien so schlicht und einprägsam wie möglich gesetzt. Die musikalisch-szenische Gestaltung des Festes im Hause der Madame Quimper-Karadec, eines Gelages, das im Wirbel mitreißender Tänze und schwindelerregender Heiterkeit *(tout tourne, ... tout danse)* die Illusion einer intakten Welt aufscheinen läßt, wurde zum Vorbild für ähnliche Szenen in zahllosen Operetten.

R. QUANDT

PARISH-ALVARS, Elias, * 28. 2. 1808 Teignmouth (Devonshire), † 25. 1. 1849 Wien; engl. Harfenist und Komponist. Er war in London Schüler von François Dizi und in Frankreich von Théodore Labarre und Robert Nicolas Charles Bochsa. Seit 1834 lebte er vorwiegend in Wien, konzertierte 1831–36 in Deutschland und hielt sich 1838–42 im Mittleren Orient auf. 1847 ließ er sich endgültig in Wien nieder, wo er zum kaiserlichen Kammervirtuosen ernannt wurde. P., den H. Berlioz als den „Liszt de la harpe" bezeichnete, hat in seinen Kompositionen für Harfe zahlreiche technische Neuerungen eingeführt, die für die spätere Harfenliteratur grundlegend wurden. Einige seiner Werke werden noch heute gespielt. Sie weisen vor allem Einflüsse F. Mendelssohn Bartholdys auf, den er 1846 in Leipzig kennengelernt hatte.

Lit.: H. J. ZINGEL, in: Das Orch. 6 (1958).

PARKER, Charlie (Charles) **Christopher,** genannt Bird oder Yardbird, * 29. 8. 1920 Kansas City (Kansas), † 12. 3. 1955 New York; amerik. Jazzmusiker (Altsaxophon) und Komponist. 1937 wurde er Berufsmusiker und spielte in den Big Bands seiner Heimatstadt den vom Blues geprägten Kansas City Jazz. Zu Anfang der 40er Jahre ging er nach New York, wo er sich rasch zum bedeutendsten Vertreter des Bebop entwickelte. P. gilt als einer der kreativsten Musiker des Jazz, dem er richtungweisende Impulse gab. Durch Auflösung und Fragmentierung der im Swing erstarrten Parameter erschloß er neue Ausdrucksmöglichkeiten und setzte dabei den ↗Blues als zentrales Moment des Espressivo wieder ein, freilich nicht mehr in der traditionellen Art. Bei den von ihm komponierten Themen handelt es sich überwiegend um frei erfundene Melodien über dem Harmoniegerüst einer Bluesformel oder eines Swing-Schlagers. Die auf alle Instrumente der Band ausgedehnte Off-Beat-Phrasierung führt zu einer komplexen polyrhythmischen Gestaltung. In der Tongebung verzichtete P. weitgehend auf die traditionellen Mittel der Hot-Intonation, ferner auf komplizierte Arrangements. Seine wichtigsten Schallplattenaufnahmen hat er in Quintettbesetzung eingespielt, u. a. mit Dizzy Gillespie, Miles Davis, Charlie Mingus, Max Roach und Bud Powell.

Lit.: J. G. JEPSEN, A Discography of C. P. (Brande/Dänemark 1959, revidiert 1968); M. HARRISON, C. P. (Lo 1960) (= Kings of Jazz 6); R. G. REISNER, Bird. The Legend of C. P. (NY 1962); R. RUSSELL, Bird Lives! The High Life and Hard Times of C. Yardbird P. (NY 1973, ²1976); T. OWENS, C. P. Techniques of Improvisation (1974) (= Diss. Univ. of Los Angeles); L. JONES, Blues People (dt. Da 1975); C. G. HERZOG ZU MECKLENBURG, Stilformen des modernen Jazz. Vom Swing zum Free Jazz. Mit einer Diskographie v. M. Scheffner (Baden-Baden 1979) (= Slg. musikwiss. Abh.en 63).

U. KURTH

PARKER, Horatio William, * 15. 9. 1863 Auburndale (Massachusetts), † 18. 12. 1919 Cedarhurst (New York); amerik. Komponist. Er studierte Harmonielehre und Komposition bei G. Chadwick in Boston und setzte seine Ausbildung 1882–85 bei J. Rheinberger in München fort. Nach Amerika zurückgekehrt, lehrte er am National Conservatory in New York, wo sein Oratorium *Hora novissima* 1892 zur UA gelangte und seinen Ruf als Komponist begründete. 1894 wurde er als Professor für Musik an die Yale University in New Haven (Conn.) berufen. Außerdem dirigierte er 1895–1918 das von ihm gegründete New Haven Symphonic Orchestra. Seine Oper *Mona* wurde von der Metropolitan Opera mit einem Preis ausgezeichnet und 1912 aufgeführt. P.s Werke sind stilistisch von konservativer Grundhaltung und repräsentativ für die Entwicklung der Musik in den USA zu Beginn des 20. Jahrhunderts.

WW: **1) Instr.-WW:** Klv.- u. Orgelstücke; Kammermusik; für Orch.: Scherzo (1884); Symphonie c-moll (1855). – **2) Vokal-WW:** Zahlr. Chorwerke mit Orch., darunter: *The Lord is My Shepherd* (1883) mit Org. u. Harfe; *King Trojan* (1885) mit Soli u. Harfe; *The Dream-King and His Love* (1893); *The Norsemen's Raid* (1911). – Oratorien: *Hora novissima* (1892); *The Legend of*

St. Christopher (1898); *A Wanderer's Psalm* (1900); *A Star Song* (1901); *Morven and the Grail* (1918); *The Dream of Mary* (1918). – **3) Bühnen-WW:** Opern: *Mona*, UA: New York 1912; *Fairyland*, UA: Los Angeles 1915; ferner Bühnenmusik. – **4) Schriften:** *Music and Public Entertainment* (Boston 1911); *The Progressive Music Series*, 8 Bde. (Boston – NY 1915ff.).

Ausg.: *Hora novissima* für Soli, Chor u. Orch., hrsg. v. H. W. HITCHCOCK (NY 1972) (= Earlier American Music 2); Introduction u. Fuge e-moll für Org., hrsg. v. W. OSBORNE (Minneapolis 1974).

Lit.: G. W. CHADWICK, H. P. (New Haven/Conn. 1921, Nachdr. NY 1972); D. S. SMITH, A Study of H. P., in: MQ 16 (1930); W. K. KEARNS, H. P. A Study of His Life and Music (1965) (= Diss. Univ. of Illinois); W. C. RORICK, The H. P. Arch. in the Yale Univ. Music Library, in: FAM 26 (1979).

PARLANDO (it., = sprechend), Bz. für eine ans schnelle Sprechen sich anlehnende Kompositionsweise, die mit einem syllabischen Gesangsvortrag im schnellen Zeitmaß verbunden ist. Das P. findet sich hauptsächlich in Arien und Ensemblepartien der italienischen Opera buffa des 18. und 19. Jh.; ein spezieller Arientypus dieser Art ist die Aria parlante oder agitata (rasches Tempo, erregter Sprechgesang). – Im 20. Jh. gebraucht R. Strauss die Bz. „Lustspiel-P." für den neuen Dialogstil seiner Werke *Intermezzo* (1924) und *Capriccio* (1942). Das P. ist in jeweils unterschiedlicher Weise charakteristisch etwa für *Boris Godunow* von M. Mussorgski, *Falstaff* von G. Verdi, *Gianni Schicchi* von G. Puccini und *Pelléas et Mélisande* von Cl. Debussy sowie für die meisten Werke des modernen Musiktheaters.

PARMEGIANI, Bernard, * 27. 10. 1927 Paris; frz. Komponist. Er studierte Klavier und Fernseh-Tontechnik und war 1954–59 beim französischen Fernsehen als Toningenieur tätig. Seit 1960 ist er Mitglied der Groupe de Recherches musicales, einer Forschungsgruppe der ORTF, die von P. Schaeffer geleitet wird. In seinen Kompositionen sind elektroakustische und audiovisuelle Experimente von großer Bedeutung.

WW: *Jazzex* (1966) u. *Outremer* (1969) für Tonband u. Ondes Martenot; *Le diable à quatre* (1971) für Tonband u. Jazzquartett (1971). – Ballettoper *L'œil écoute*, UA: Zürich 1970; Ballette: *Violostries*, UA: Royan 1965; *Plein souffle*, UA: Avignon 1972; *Enfer* (1972) (nach Dantes *Divina commedia*).

PARODIE (von griech. parōdia = Gegen-, Nebengesang). – **1)** Bz. für eine besondere Form der Bearbeitung (↗Kontrafaktur, ↗Paraphrase, ↗Arrangement u. ä.). Die ästhetische Absicht des Parodierens kann auf das Ernsthafte wie auf das Satirische und Komische gerichtet sein. Die historische Verwendung des Begriffs (seit dem späten 16. Jh.) ist wenig einheitlich. Der Sprachgebrauch der Musikwissenschaft richtet sich zentral auf eine vor allem in der Meßkomposition der Vokalpolyphonie (15. und besonders 16. Jh.) angewandte Technik. Im Gegensatz zur Kontrafaktur versteht man hier unter P. einen Vorgang, der neben der Umtextierung auch eine Zerlegung und Umkomposition eines alten in ein neues mehrstimmiges, meist vokales Musikstück beinhaltet. Einen Höhepunkt an variativem Raffinement und an Breite der Anwendung erreichte die P. in Messen G. P. da Palestrinas, O. di Lassos (auch Magnificat) und ihrer Umgebung. Als Vorlagekompositionen dienten Motetten, Madrigale, Villanellen, Chansons usw.; bewußt sind häufig sehr bekannte Kompositionen parodiert worden. Durch die Technik der P. entsteht eine ästhetische Spannung zwischen alter und neuer Komposition in Text, musikalischem Stil, Ausdruck und gesellschaftlicher Funktion (z. B. in Form einer Sakralisierung beliebter weltlicher Vokalstücke). Im 17. Jh. wurden Terminus und Technik der P. vor allem im Bereich der protestantischen Kirchenmusik verwendet. Insgesamt ist eine Tendenz zur Vereinfachung der Vorgangsweise aus arbeitsökonomischen Gründen festzustellen, die im 18. Jh. in der Bevorzugung von Selbstparodien und in einer wenig tiefgreifenden Verarbeitungstechnik mündete. Dieser Art P. bedienten sich auch Komponisten vom Range eines J. S. Bach, G. Fr. Händel und Chr. W. Gluck in reichem Maße und gerade auch in sehr berühmten Werken (z. B. *Weihnachts-Oratorium;* h-moll-Messe; *Iphigénie en Tauride*). Für Bachs P.-Technik läßt sich dabei oft die Gemeinsamkeit von Affekt und/oder Topos im jeweils ursprünglichen und neuen Text beobachten (z. B. der Topos Herrscherlob in einigen P.n des *Weihnachts-Oratoriums*). Erst ein Originalitätsstreben, das den musikalischen Einfall gegenüber der Verarbeitung aufwertete, ließ die ernsthafte P. in ein ästhetisches Abseits geraten. Bezeichnenderweise tritt sie in Kompositionen des 20. Jh., die eine deutlich antiromantische Richtung verfolgen, wieder bedeutungsstiftend auf (I. Strawinskys Ballett *Pulcinella*, seine Gesualdo-Bearbeitungen; Berios *Sinfonia*, 3. Satz als P. des Scherzos aus der 2. Symphonie von G. Mahler). G. GRUBER

2) Wird mit P. ein Musikstück bezeichnet, das in der Absicht ironisch-witziger Verfremdung komponiert wurde, so entspricht dies nicht der eigentlich musikwissenschaftlichen Terminologie. Nicht immer klar ist hier die Grenze zwischen parodierender Behandlung von Formen, Gattungen und Stilen (z. B. in Opern-P.n des 18. Jh.) und Kompositionen humoristischer Intention, deren Komik aber nicht primär auf der verzerrenden Darstellung einer gegebenen Vorlage beruht. So mischen sich diese beiden P.-Typen etwa in G. Ph. Telemanns Ouvertüre F-Dur für 4 Hörner, 2 Oboen, Fagott und Streicher: neben reine Programmusik *(Die Hamburgischen Glockenspiele)* treten auch gesellschaftliche P.n *(Der Alster Schäffer-Dorff Music)* und parodistische Klangmalerei *(Die concertierenden Frösche und Krähen).* Auch J. S. Bachs „Bauernkantate" (BWV 212), das *Hochzeits-Quodlibet*-Fragment (BWV 524) oder seine Aria *Sooft ich meine Tabakspfeife* (BWV 515) weisen – neben aller textbedingten Komik – Züge stilistischer P.n auf. Für Telemann wären noch viele Beispiele zu nennen, etwa die Trauerkantate auf den Tod eines Kanarienvogels, die „Schulmeisterkantate" oder auch Teile aus seiner *Singenden* und der *Klingenden Geographie,* in denen Nationalstile kopiert und auch parodiert werden. W. A. Mozarts berühmter *Musikalischer Spaß* (KV 522) parodiert primär Kompositionsdilettantismen und musikalische Einfallslosigkeit, aber auch instrumentales Unvermögen (Kadenz des Violinsolos, Horn-„Patzer"). Repräsentiert J. Offenbachs Travestie *Orpheus in der Unterwelt* (1858) den Typ der vertonten Literatur-P., so sind die auf einen bestimmten Komponisten bezogenen parodierenden Stilkopien vergleichsweise häufiger; es ergibt sich hier eine durchgängige Tradition bis in die neueste Zeit: z.B. M. Regers Klavierimprovisationen über den Walzer *An der schönen blauen Donau* von J. Strauß (Sohn) und die Variationen über *'s kommt ein Vogerl geflogen* von S. Ochs oder die parodierende *K-Rhapsodie* von L. Kupkovič über Offenbachs *Barcarole* und über P. Sarasates Violinkompositionen. Eine Zwischenstellung von musikalischer und literarischer P. im ironisch-witzigen Sinne stellen die Ballett- und Opern-P.n (*Tannhäuser* und *Lohengrin,* die Text und Musik R. Wagners parodieren) von J. Nestroy dar. – Meist hat der demonstrative Bezug auf andere Komponisten einen parodistischen Anflug, auch wenn er nicht primär humoristisch gemeint ist, wie z.B. in *Jeux des cartes* oder *Pulcinella* von I. Strawinsky, *À la manière de...* von A. Casella, in Regers *Studie* (in *Träume am Kamin* op. 143) über Fr. Chopins *Berceuse,* in den *Baroque variations* (1967) von L. Voss oder auch in der von B. A. Zimmermann als „Collage" und „Ballet noir" bezeichneten *Musique pour les soupers du roi Ubu* (1966), in der der Komponist über die bloße P. antiquarischer Stile und Werke hinaus zu ihrer Adaption im Sinne eines stilistischen Pluralismus gelangt. R. CADENBACH

Lit.: **Zu 1):** P. PISK, Das Parodieverfahren in den Messen des Jacobus Gallus, in: StMw 5 (1918); A. SCHERING, Über Bachs Parodieverfahren, in: Bach-Jb. 18 (1921); W. STEINECKE, Das Parodieverfahren in der Musik (Wb 1934) (= Kieler Beitr. z. Musikwiss. 1); R. B. LENAERTS, The 16th Century Parody Mass in the Netherlands, in: MQ 36 (1950); M. ANTONOWYTSCH, Die Motette Benedicta es v. Josquin des Prés u. die Messen Super Benedicta es v. Willaert, Palestrina, de la Hèle u. de Monte (Utrecht 1951); J. KLASSEN, Das Parodieverfahren in der Messe Palestrinas, in: KmJb 38 (1954); DERS., Zur Modellbehandlung in Palestrinas Parodiemessen, in: ebd. 39 (1955); M. HEISE, Zum Wesen u. Begriff der Parodiemesse des 16. Jh. (Diss. I 1956); W. BRAUN, Zur P. im 17. Jh., in: Kgr.-Ber. Kassel 1962 (Kas 1963); H. Ch. WOLFF, Die ästhetische Auffassung der Parodiemesse des 16. Jh., in: FS H. Anglès II (Ba 1961); W. BOETTICHER, Zum Parodieproblem bei Orlando di Lasso, in: Kgr.-Ber. New York 1961, 2 Bde (Kas 1961–62); G. GRUBER, Magnificatkompositionen in Parodietechnik aus dem Umkreis der Hofkapellen der Herzöge Karl II. u. Ferdinand v. Innerösterreich, in: KmJb 51 (1967); L. LOCKWOOD, On „Parody" as Term and Concept in the 16th Century Music, in: FS G. Reese (NY 1966); K. HORTSCHANSKY, P. u. Entlehnung im Schaffen Ch. W. Glucks (Kiel 1966); L. FINSCHER, Zum Parodieproblem bei Bach, in: Bach-Interpretationen (Gö 1969).

PARRENIN, Jacques, * 24. 12. 1919 Ferryville (heute Menzel Boûrguiba, Tunesien); frz. Violinist. P. studierte in Lorient und 1937–42 bei J. Calvet am Pariser Conservatoire und gründete 1942 ein Streichquartett, das seit 1949 seinen Namen trägt und international bekannt wurde. Mitglieder des Quatuor P. sind neben P., 1. Violine, *Jacques Ghestem* (* 26. 6. 1948 Paris), 2. Violine (bis 1970 Marcel Charpentier, * 31. 12. 1924 Montreuil), *Gérard Caussé* (* 5. 2. 1933 Toulouse), Viola (bis 1958 Serge Collot, bis 1964 Michel Gaston Louis Wales, * 8. 4. 1931 Calais, † 15. 12. 1967 Nova Iguaçu, Brasilien, und bis 1970 Dénes Marton), und *Pierre Penassou* (* 24. 6. 1924 Paris), Violoncello. P., der als Professor eine Meisterklasse an der Musikhochschule Karlsruhe leitet, hat das klassische Repertoire des Quartetts inzwischen durch zeitgenössische Literatur erweitert.

PARROTT, Horace Ian, * 5. 3. 1916 London; engl. Komponist und Musikschriftsteller. Er studierte 1932–34 am Royal College of Music und 1934–37 am New College in Oxford, wo er 1937 zum Bachelor of Arts und Bachelor of Music graduiert wurde. 1940 wurde er Doctor of Music. 1946–47 unterrichtete er am Trinity College of Music in London und war 1947–50 Lecturer in Music an der Universität in Birmingham. Seit 1950 ist er Inhaber des Gregynog Chair of Music am University College of Wales in Aberystwyth. Von Geburt Engländer, hat sich P. in hohem Maße mit der walisischen Kultur identifiziert und pflegt als Komponist einen betont national orientierten Stil.

WW: **1) Instr.-WW:** Org.-Fantasie (1974); *Aspects* (1975) für Klv.; 4 Streichquartette (1946, 1956, 1957, 1963); 2 Bläserquintette (1948, 1970); *Fanfare and March* (1973) für Bläserquintett; *Devils Bridge Jaunt* (1974) für Vc. u. Klv. – Für Orch.: 3 Symphonien (1946, 1960, 1966); Konzerte für: Klv. (1948); Pos. (1967); 2 Gitarren (1973). – **2) Vokal-WW:** *Song for Dyfed* (1973) für 2 Sprecher, SingSt u. Klv.; *Master Hugues of Saxe-Gotha* (1975) u. *Cymru Fach* (1967) für Männerchor. – **3) Bühnen-WW:** Opern *The Sergeant-Major's Daughter,* UA: Kairo 1943; *The Black Ram,* UA: Aberystwyth 1966; Ballett *Maid in Birmingham* (1949). – **4) Schriften:** *A Guide to Musical Thought* (1955); *Method in Orchestration* (1957); *A Musician Looks at R. Brown* (Lo 1978).

Lit.: H. F. REDLICH, in: ML 37 (1956); A. F. L. THOMAS, in: MT 107 (1966); DERS., in: Welsh Music 3 (1968).

PARRY, Sir **Charles Hubert Hastings,** * 27. 2. 1848 Bournemouth, † 7. 10. 1918 Rustington (Oxfordshire); engl. Musikforscher und Komponist. Er studierte in Oxford, London und Stuttgart, wurde 1883 Choragus und war 1900–08 als Nachfolger J. Stainers Professor of Music an der Universität Oxford. Außerdem leitete er seit 1894 als Nachfolger von G. Grove das Royal College of Music in London. 1898 wurde er in den Adelsstand erhoben und erhielt 1903 den Titel Baronet. Mehrere englische Universitäten verliehen ihm die Ehrendoktorwürde. P. hat als Komponist, Musikhistoriker und Pädagoge das Musikleben und die Entwicklung der modernen Musik in England Anfang des 20. Jh. nachhaltig beeinflußt.

WW: **1) Instr.-WW:** Klv.-Stücke, u.a.: 2 Sonaten (1877, 1878); 2 Klv.-Trios u. ein Klv.-Quartett. – Für Orch.: *Guillem de Cabestanh* (1878–79); 4 Symphonien, 1: G-Dur (1878–82), 2: F-Dur *Cambridge* (1883), 3: C-Dur *English* (1889), 4: e-moll (1889). – **2) Vokal-WW:** Lieder, Chöre, Kantaten, Motetten, Oden u. Oratorien, u.a.: *Prometheus Unbound* (Lo 1880); *Ode at a Solemn Music „Blest Pair of Sirens"* (Lo 1891); *Job* (Lo 1892); *King Saul* (Lo 1894). – **3) Schriften:** *Studies of the Great Composers* (Lo 1887); *The Art of Music* (Lo 1893), erweitert als: *The Evolution of the Art of Music* (Lo 1896, [2]1934, Nachdr. 1968); *Summary of the History and Development of Mediaeval and Modern European Music* (Lo 1893); *The Music of the 17th Century,* in: Oxford History of Music III (O 1902), revidiert v. E. J. Dent ([2]1938); *J. S. Bach. The Story of the Development of a Great Personality* (Lo 1909, [2]1934, Nachdr. 1968); *Style in Musical Art* (Lo 1911, Nachdr. St. Clairs Shores/Mich. 1972).

Lit.: R. O. MORRIS, H. P., in: ML 1 (1920); A. E. BRENT-SMITH, Ch. H. H. P., in: ML 7 (1926); CH. L. GRAVES, H. P., 2 Bde. (Lo 1926); J. A. FULLER-MAITLAND, The Music of P. and Stanford (C 1934); E. BARSHAM, P.'s Mss., A Rediscovery, in: MT 101 (1960); G. BEECHEY, P. and His Organ Music, in: MT 109 (1968).

PARSIFAL, Bühnenweihfestspiel in 3 Akten von Richard Wagner (1813–83), Text vom Komponisten. Ort und Zeit der Handlung: Auf dem Gebiet und in der Burg der Gralshüter „Monsalvat" und Klingsors Zauberschloß, Spanien in mythischer Vergangenheit. UA: 26. 7. 1882 in Bayreuth.

Mythische Bereiche repräsentieren in diesem Werk moralische Prinzipien: so stehen die Burg des heiligen Grals für das Gute und das Zauberreich des Klingsor für das Böse. Beiden Bereichen sind musikalische Ausdrucksmittel schwerpunktmäßig zugeordnet: oratorisch-sakrale, primär diatonisch harmonisierte Werkphasen der Gralswelt und exzessiv chromatische, dramatisch-affektbewegte Phasen dem Klingsor-Reich. Wagners wichtigste literarische Quelle war Wolfram von Eschenbachs Dichtung *Parzival* (1210); dem Umkreis der bretonischen Artus-Sagen entstammen die Grundelemente der Handlung: Der jugendliche Parsifal erweist sich als verheißener Erlöser, der durch seelische Reinheit und Mitleidsfähigkeit berufen ist, den lebensmüden Amfortas von den Qualen einer offenen, einst von Klingsor zugefügten Wunde zu heilen und dessen Amt als Gralskönig zu übernehmen. Durch das dichte Symbolgeflecht, zu dem Wagner gedankliche Elemente christlicher und nicht-christlicher Weltanschauungen verwob, wird das Bühnengeschehen als eine Kette von Gleichnissen semantisiert – ohne Aufgabe der erlebnishaften Kontinuität einer „Geschichte". In der poetischen und musikalischen Konturierung der Figuren ergibt sich dadurch eine ständige Ambivalenz zwischen zwei dramaturgischen Funktionen der Figur: Individualcharakter einerseits und Repräsentant einer Idee andererseits. Meisterhaft gelang Wagner in diesem seinem letzten Bühnenwerk die musikalische Integration dieser beiden Faktoren: gleichgewichtig bestimmen sie Gestalt und Grundaffekt der Leitmotive; d. h., bereits das thematische Material wird zum semantischen Bindeglied von seelischen Grundeigenschaften und ideologischem Kontext; somit finden gedankliche Beziehungssysteme ihre bruchlose musikalische Entsprechung. Der Konflikt ethischer Prinzipien wird gleichermaßen verschlüsselt und erhellt: die musikdramatische Symbolisierung ermöglicht Vermittlung des Abstrakten in emotionaler Eindringlichkeit. – Wagner betrachtete das Werk – dessen Entstehung einen Zeitraum von über drei Jahrzehnten umspannte – als persönlichstes Vermächtnis und ließ die Aufführungsrechte auf Bayreuth beschränken – ohne Erfolg: bereits am 10. 11. 1884 wurde P. in London aufgeführt. W. A. MAKUS

PARTCH, Harry, * 24. 6. 1901 Oakland (California), † 3. 9. 1976 San Diego (California); amerik. Komponist. P. war vorwiegend Autodidakt, vernichtete mit 28 Jahren seine Jugendwerke und zog als Tramper durch das Land. Von amerikanischer Folklore sowie afrikanischer und orientalischer Literatur beeinflußt, entwickelte P., der das abendländische Tonsystem ablehnte, experimentell eine 43tönige Oktavskala, für die er auch Instrumente konstruierte. Seine Kompositionen führte er mit dem eigens auf solche Instrumente spezialisierten „Gate 5 Ensemble" auf. P. neigte stark zu mystisch-magischem, vorchristlichem Gedankengut. Er gewann erst in neuester Zeit einen, dann allerdings um so bedeutenderen Einfluß auf die jungen amerikanischen Komponisten, obwohl er keine eigenen Schüler unterrichtet hat.

WW: 1) **Instr.-WW:** *17 Lyrics by Li Po* (1931) für SingSt u. Va.; Psalm 137 *By the Rivers of Babylon* (1931) u. *Dark Brother, The Letter* sowie *San Francisco* (1943) für St. u. Originalinstr.; *Ulysses at the Edge of the World* (1955) für St., Tenorsaxophon, Trp. u. Originalinstr. – Zyklus *Plectra and Percussion Dances* (1949–52), Tanzstück für St. u. Originalinstr.; *And on the Seventh Day Petals Fell in Petaluma* (1963/64, revidiert 1966). – 2) **Bühnen-WW:** *Oedipus* (nach Sophokles) für Solisten, Chor, Originalinstr., Klar., Vc. u. Schlagzeug, UA: Oakland 1952; *The Bewitched,* UA: Urbana 1957; *Water! Water! An American Ritual,* UA: ebd. 1962; *Delusion of the Fury. A Ritual of Dream and Delusion,* UA: Los Angeles 1969; Filmmusik *The Dreamer that Remains. A Portrait of H. P.* (1972). – 3) **Schriften:** *A New Instrument,* in: MQ 58 (1934/35); *Genesis of a Music* (Madison/Wis. 1949, Nachdr. 1974); *Lecture,* in: Source 1 (1967).

Lit.: J. FRITSCH, Die Tonalität des H. P., in: Avantgarde, Jazz, Pop, hrsg. v. R. Brinkmann (Mz 1978) (= Veröff. des Inst. für Neue Musik u. Musikerziehung Darmstadt 18); D. SCH. AUGUSTINE, Four Theories of Music in the United States, 1900–1950: Cowell, Yasser, P., Schillinger (1979) (= Diss. Univ. of Texas).

PART DU DIABLE, LE, Komische Oper von D. F. E. Auber; dt. Titel: Des ↗Teufels Anteil.

PARTHENEION (griech., von parthenos = Jungfrau), ein von jungen Mädchen gesungener kultischer Prozessionsgesang der griechischen Antike.

PARTIALTÖNE, Teiltöne, Bz. für den Tonvorrat einer Obertonreihe (↗Obertöne) unter Einbeziehung des Grundtons; dieser ist der 1. Partialton.

PARTICELL, Particella (von it. particella = Teilchen), eine Stimmenanordnung auf 2 oder mehr Liniensystemen, wie sie oft beim Komponieren als Vorstufe der endgültigen Partitur eines Orchester- bzw. Chorsatzes dient. Im Unterschied zur ↗Partitur, in der jedem Stimmträger ein eigenes System zugeordnet ist, werden im P., ähnlich wie im ↗Klavierauszug, mehrere Instrumente oder Vokalstimmen in einem System notiert. Viele Komponisten entwerfen ihre Werke als P.: Beispiele sind u.a. von Fr. Schubert (Symphonie Nr. 8, h-moll) und R. Wagner erhalten. Die P.-Notierung kann auch in musikwissenschaftlichen Arbeiten etwa zur Exemplifizierung von Analysen zweckmäßig sein (wenn die Wiedergabe einer regelrechten Partitur zu unübersichtlich ist).

Fr. Liszt, *Missa solemnis* (1855), Beginn des Gloria

PARTIMEN ↗Jeu-parti.

PARTIMENTO (it., = Teilung), Bz. für eine besonders in Italien seit Beginn des 18. Jh. von Cembalisten gepflegte Form der Improvisation bzw. Generalbaßpraxis anhand von Kompositionsskizzen. Diese gaben z.T. den melodischen Verlauf und die Bezifferung an. Die P.-Ausführung bestand in der akkordischen Generalbaßaussetzung oder in der kontrapunktischen Erfindung verschiedener Stimmen. Das P. hatte vor allem einen didaktischen Zweck und diente der Ausbildung improvisatorischer Spieltechniken. Partimenti sind u.a. von B. Pasquini, Fr. Durante, F. Fenaroli, G. Greco, G. Tritto überliefert.

Lit.: K. G. FELLERER, Der Partimentospieler (L 1940).

PARTITA (von it. partire = teilen), seit dem 16. Jh. Bz. für eine suitenartige Aufeinanderfolge verschiedener Sätze oder Teile, auch für Variationsreihen und ebenso für die einzelne Variation innerhalb einer Anzahl von Variationen, wobei gelegentlich auch der Plural (partite), z. B. *Partite sopra l'Aria della Romanesca,* in den Quellen nachweisbar ist. Zu den frühesten Belegen für Partite (als Stimme) gehören die „Partite strumentali" C. Gesualdos (um 1590), während nahezu um die gleiche Zeit in ersten Tanztraktaten P., mit „Teil" übersetzt, einen Tanzablauf zu meinen scheint, etwa bei Prospero Luzi, 1589: *Partite et passeggi de Gagliarda.* Inwieweit sich etymologisch die musikalische Bezeichnung aus dem Sprachgebrauch der Choreographen, synonym mit Parte, Modo, Mutanza, als Wort für die Solotour der Dame oder des Herrn herausgelöst hat, ist noch nicht erforscht. Jedenfalls ist P. weder eine Form- noch eine Gattungsbezeichnung.

Zu den charakteristischen Besonderheiten der frühesten mit P. bezeichneten Stücke, etwa derjenigen G. M. Trabacis von 1603 und 1615 oder G. Frescobaldis (*Toccate e partite d'intavolatura di cimbalo,* 1615), gehört, daß einer der geläufigen Folia- oder Ruggierobässe im Sinne einer Ostinatovariation die Grundlage bildet für die Kolorierung, Diminuierung oder Variierung der Oberstimme. Diese Veränderungen wurden vom ersten Stück als selbständigem Teil gezählt, im Gegensatz zur Praxis der nicht an ein Modell gebundenen Themen und Variationsfolgen des 18. Jahrhunderts. Seit dem späten 17. Jh. ist die Bezeichnung P. an keinen bestimmten musikalischen Ablauf gebunden, da sie mit Divertimento, Sonate, Suite häufig synonym gebraucht wird als Vokabel für diverse Instrumentalstücke (Partie, Partien, Partyen). So etwa bei J. Froberger, *Diverse... partite, di toccate, canzone...* (1693); J. Kuhnau, *Neue Clavier Übung Erster Theil, Bestehend in Sieben Partien* (1689); in J. S. Bachs Werken für Solovioline BWV 1002, 1004, 1006, aber auch in diversen Werken des 20. Jh., wo die P. bald Suiten (B. Martinů), Variationen (W. Burkhard), bald freien Formen (A. Honegger) vorangestellt ist.

Lit.: F. Torrefranca, Origine e significato di repicco, p., ricercare, sprezzatura, in: Kgr.-Ber. Utrecht 1952; ders., Documenti definitivi sulla P., in: Kgr.-Ber. Bamberg 1953 (Kas 1954); H. Spohr, Stud. z. it. Tanzkomposition um 1600 (Diss. Fr 1956).

G. BUSCH-SALMEN

PARTITUR (von lat. und it. partitura; frz.: partition; engl.: score), Bz. für die Notierungsweise einer mehrstimmigen und im Regelfall für mehr als einen Stimmträger (Instrument, menschliche Stimme) bestimmten Komposition, wobei die Notenzeilen der einzelnen Stimmen dergestalt vertikal übereinander angeordnet sind, daß auch eine metrisch und rhythmisch genaue Koordinierung der notierten Töne und Pausen erzielt wird. Diese Art der Aufzeichnung ermöglicht es dem Leser, nicht nur den Verlauf der einzelnen Stimmen, sondern auch die entstehenden Zusammenklänge optisch zu erfassen. Für den Komponisten einer mehrstimmigen Komposition ist die partiturgemäße Aufzeichnung des im Entstehen begriffenen Werkes ein nahezu unentbehrliches Arbeitsmittel, und auch für den Interpreten einer solchen Komposition, im besonderen für den Dirigenten, aber auch für den analysierenden Betrachter und den Tontechniker (Rundfunkaufnahme, Schallplatteneinspielung) erweist sich die P. im Vergleich zu anderen Notierungsverfahren als die weitaus beste Art notenschriftlicher Aufzeichnung. So ist es zu erklären, daß heute die meisten Kompositionen für ein Ensemble (Orchester, Chor, Kammermusik) auch dann in Form einer P. publiziert werden, wenn die Originalquellen dieser Werke in anderer Form überliefert sind (Chorbuch, Stimmbuch u.a.). Eine Ausnahme bildet noch immer die Publizierung der Musik für vierhändiges Klavierspiel, bei der aus spielpraktischen Erwägungen heraus eine räumliche Trennung in einen „Primo-" (rechts) und einen „Secondo"-Part (links) beibehalten wird.

Das Verfahren, gleichzeitig erklingende Stimmen bei ihrer schriftlichen Fixierung vertikal zu koordinieren, ist so alt wie die Praxis einer kunstvoll ausgeführten Mehrstimmigkeit selbst (↗Polyphonie). Bereits die uns im Traktat *Musica enchiriadis* (9. Jh.) begegnenden 2st. Organa sind nach dem P.-Prinzip aufgezeichnet, indem hier die gleichzeitig gesungenen Textsilben übereinander notiert sind (↗Organum), und auch in Neumen aufgezeichnete mehrst. Musik (↗Saint-Martial, 12. Jh.; ↗Notre-Dame-Schule, 12./13. Jh.) läßt eine vertikal koordinierte Anordnung der Stimmen erkennen. Während der Zeit vom 13. bis zum frühen 16. Jh. sind uns zwar keine in P.en aufgezeichneten Kompositionen überliefert, doch muß angenommen werden, daß die Komponisten auch in diesem Zeitraum beim Komponieren eine der P. entsprechende Notationshilfe benutzten, da die sofortige Aufzeichnung eines komplizierten motettischen Satzes in Einzelstimmen schlechterdings unvorstellbar ist. Für die Zeit seit etwa 1500 ist uns z.B. bekannt, daß die Komponisten sich einer mit Tierhaut überzogenen Tafel aus Holz oder Stein bedienten, auf die sie ihre Kompositionen abschnittweise nach dem P.-Prinzip notierten und sie wieder löschten, sobald die Einzelstimmen, räumlich getrennt, in ein Chor- oder Stimmbuch (dieses sind die Überlieferungsarten der polyphonen Musik des 13.–16. Jh.) übertragen worden waren (↗Tabula compositoria). Das durch den Theoretiker A. Lampadius (im *Compendium musices,* Be 1537) beschriebene Verfahren einer vertikal koordinierten Notation gleichzeitig erklingender Stimmen war im übrigen ausschlaggebend für das Entstehen des Terminus Partitur. Nach Lampadius begann die Aufzeichnung einer polyphonen Komposition mit dem Einteilen (partire) des Notenblattes in Taktfächer bzw. in feste metrische Abschnitte (cancelli; it.: caselle), in die dann die einzelnen Notenzeichen eingetragen wurden. Die Wortbildung „partitura cancellata" führte im deutschen Sprachgebrauch zum Terminus P., im italienischen zu partitura; ähnlich auch die entsprechenden Bezeichnungen in den übrigen romanischen sowie den meisten nord- und osteuropäischen Sprachen. Nur die angelsächsischen Länder verwenden statt P. den aus dem altnordischen skör (= Kerbe) abgeleiteten Terminus score.

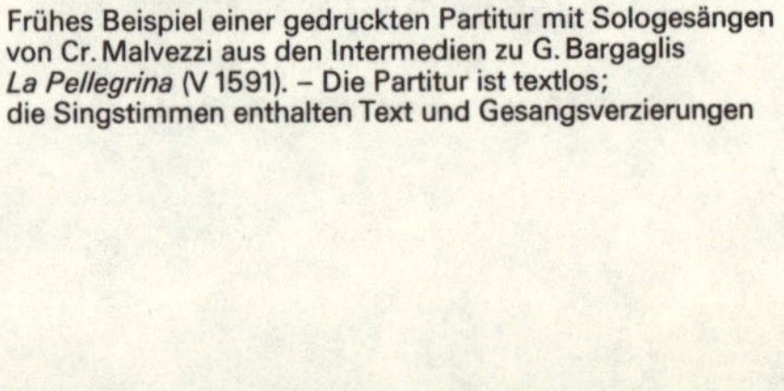

Frühes Beispiel einer gedruckten Partitur mit Sologesängen von Cr. Malvezzi aus den Intermedien zu G. Bargaglis *La Pellegrina* (V 1591). – Die Partitur ist textlos; die Singstimmen enthalten Text und Gesangsverzierungen

Waren die bei Lampadius mitgeteilten P.-Beispiele noch für den theoretischen Unterricht bestimmt, so begegnen seit dem letzten Drittel des 16. Jh. die ersten für die künstlerische Praxis hergestellten P.en (C. de Rore, *Tutti i madrigali,* V 1577; *Musica di diversi autori,* V 1577; A. Valente, *Versi spirituali,* Neapel 1580). Diese frühen P.-Drucke sind fast immer für den Spieler eines Tasteninstruments (Orgel, Cembalo) bestimmt, was bereits durch entsprechende Hinweise auf den Titelseiten unterstrichen wird („... partite in caselle per sonar d'instromento perfetto"; „... spartiti per sonar negli organi"; „... partiti in gratiam organistarum"). Hieraus wird deutlich, daß dem Spieler des Tasteninstruments schon damals eine dem späteren Generalbaßspieler und Kapellmeister vergleichbare Funktion zuerkannt wurde. – Darüber hinaus ist anzunehmen, daß bis ins 17. Jh. die P. als Spielvorlage für solistisches Spiel am Klavier diente, vergleichbar der ↗Tabulatur, wobei ihr gegenüber letzterer der Vorzug gebührte, den polyphonen Bau der Komposition auch optisch klarer wiederzugeben. S. Scheidts epochales Orgelwerk *Tabulatura nova* (Görlitz 1624) stellt eine solche Klavier-P. dar, was der Komponist durch das Adjektiv „nova" im Werktitel hervorhebt, zur Unterscheidung von der normalen Tabulatur. Und noch J. S. Bach läßt in seinem Spätwerk eine Vorliebe für die partiturgemäße Darstellung von Klaviermusik erkennen (6st. Ricercar im *Musicalischen Opfer; Einige canonische Veraenderungen; Die Kunst der Fuge*). Die Reduzierung einer polyphonen Komposition auf den bezifferten Baß (↗Generalbaß) ist für die Geschichte der P. nur von sekundärer Bedeutung, da die Notierung des bezifferten Basses alsbald in der Orchester-P. aufgehen wird als eine Stimme unter anderen. Aus dem 17. Jh. sind zahlreiche große P.en von Opern, Balletten, Messen (u.a. der 54st. *Missa Salisburgensis* von H. I. Fr. Biber) und Oratorien überliefert, wenngleich freilich nur wenige zu ihrer Zeit gedruckt wurden – eine Folge der Tatsache, daß damals der Komponist im Regelfall noch sein eigener Interpret war, was eine Drucklegung der P. unnötig machte.

Noch bis ins 19. Jh. hinein gab es keine allgemein verbindliche Regel bezüglich der Reihenfolge, in der die Instrumente in der P. angeordnet wurden; einig war man sich nur in dem Grundsatz, hochklingende Instrumente (bzw. Singstimmen) auch in der P. über den tiefklingenden zu plazieren. Im übrigen aber war es dem einzelnen Komponisten anheimgestellt, sein eigenes P.-Schema zu verwenden. Seit dem späten 19. Jh. aber hat sich die folgende, noch heute gültige Anordnung durchgesetzt: die Holzblasinstrumente stehen zuoberst, ge-

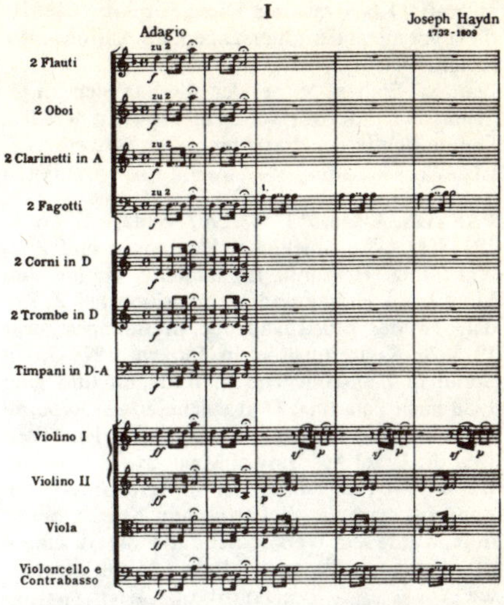

Joseph Haydn, gedruckte Partiturseite der Symphonie Nr. 104

folgt von den Blechblasinstrumenten und den Streichinstrumenten. Innerhalb dieser Gruppen gilt folgende Norm: Flöte, Oboe, Klarinette, Fagott; Horn, Trompete, Posaune; Violine 1 und 2, Viola, Violoncello und Kontrabaß. Sind Schlaginstrumente vorgesehen, so erscheinen diese zwischen den Blechblasinstrumenten und den Streichinstrumenten. Harfe und Celesta werden den Schlaginstrumenten zugeordnet. In Solokonzerten erscheint das konzertierende Instrument oberhalb der Streicher. Bei Kammermusik-P.en steht das Klavier zuunterst. Um der optischen Deutlichkeit willen können innerhalb einer P. mehrere Systeme (z.B. die der Posaunen oder der Streichinstrumente) durch eine ↗Akkolade zusammengefaßt werden.

Die Edition von Vokalkompositionen des 13.–16. Jh. in P.-Form (Chor-P.) stellt den Herausgeber aus aufführungspraktischen Erwägungen heraus vor die Notwendigkeit, Taktstriche in Kompositionen einzufügen, denen ein Taktmetrum wesensmäßig fremd ist und deren originale Aufzeichnungen deshalb Ordnungsstriche dieser Art nicht ausweisen. Oft behilft sich der Herausgeber damit, daß er anstelle stilfremder, senkrecht durchlaufender Taktstriche sog. Mensurstriche einzeichnet, die am Verlauf der Einzelstimme orientiert sind. – Als Chor-P. bezeichnet man auch jene Art notenschriftlicher Aufzeichnung, bei der die Chorpartie als P. wiedergegeben ist, das begleitende Orchester

aber als ↗Klavierauszug. Diese Form der Chor-P. dient vor allem den Chorsängern als Aufführungsmaterial.
Die sog. Einheits-P., bei der alle Stimmen im G-Schlüssel (und Oktavversetzung) notiert werden, konnte sich in der Praxis nicht durchsetzen.

Lit.: ↗Aufführungspraxis, ↗Notenschrift. H. WOHLFARTH

PARTOS, Ödön, * 1. 10. 1907 Budapest, † 6. 7. 1977 Tel Aviv; israelischer Komponist und Bratschist ung. Herkunft. Er studierte Violine und Viola bei J. Hubay und Komposition bei Z. Kodály an der Musikakademie in Budapest, war 1925–26 Konzertmeister in Luzern, 1928–33 in Berlin und anschließend in Budapest und ging 1938 nach Palästina. Dort spielte er als Solobratschist im Israel Philharmonic Orchestra, leitete seit 1951 die Israel Academy of Music in Tel Aviv und wurde 1961 Professor an der dortigen Universität. Zunächst stark von B. Bartók und Kodály beeinflußt, wurde sein Werk später durch die Auseinandersetzung mit der orientalischen Musik geprägt.

WW: *Metamorphosen* für Klv. (1973); *Mizmor* (1975) für Harfe; Concertino für Fl. u. Klv. (1969); Fantasie für Klv.-Trio (1977); Trio für Fl., Va. u. Harfe (1977); 2 Streichquartette (1932, revidiert 1939, 1960); *Maqammat* (1959) für Fl. u. Streichquartett; *Iltur* (1961) für 12 Harfen; *Nebulae* (1966) für Bläserquintett; *Rondo on a Sephardic Theme* (1965) für Kammerorch.; *Fusions/Shiluvim* (1970) für Va. u. Kammerorch.; *Arabesque* (1975) für Ob. u. Kammerorch. – Für Orch.: *Dmuyot* (1960); *Symphonic Mouvements* (1965); symphonische Elegie *Paths/Netivim* (1969); 3 Va.-Konzerte (1949, 1957, 1967); V.-Konzert (1958). – Kantate *The Daughter of Israel/Bialik* (1960) für Sopran, Chor u. Orch.; Psalm *Rabat Tzaruni* (1965) für Chor u. Kammerorch.; *Vocalise* (1976) für Sopran u. Vc.

Lit.: Y. W. COHEN, Werden u. Entwicklung der Musik in Israel, in: M. Brod, Die Musik Israels (revidierte Ausg. Kas 1976); W. Y. ELIAS, Ö. P. (Tel Aviv 1978).

PASCAL, Claude René Georges, * 19. 2. 1921 Paris; frz. Komponist. Mit 10 Jahren trat P. in das Pariser Conservatoire ein und sang mit 12 Jahren die Partie des Yniold in Cl. Debussys *Pelléas et Mélisande*. 1945 erhielt er für seine lyrische Szene *La Farce du Contrebandier* den Prix de Rome. 1944–45 und erneut seit 1952 war er Chef de chant an der Opéra und seit 1952 auch Professor am Conservatoire. Seine Kompositionen sind in einer erweiterten Tonalität, manchmal auch polytonal gehalten, mit gelegentlichen Anklängen an M. Ravel und Cl. Debussy.

WW: *Le cahier du lecteur ou la récréation pianistique*, 3 Bde. (1956, 1958, 1961); Klv.-Suite (1972); 2 Sonaten für V. u. Klv.; Sonatine für Saxophon u. Klv. (1947); Sonate für Horn u. Klv. (1963); *Triptyque* (1971) für Vc. u. Klv.; Streichquartett (1942); Saxophonquartett (1961); Bläseroktett (1944); Konzerte für: Klv. (1958); Vc. (1959); Harfe (1967); ferner eine Orch.-Bearb. v. J. S. Bachs *Kunst der Fuge* (1966) (zus. mit M. Bitsch). – Volksliedbearb. u. Stücke für Kinderchor.

PASCAL, Léon, * 18. 1. 1899 Montpellier (Languedoc), † 15. 9. 1969 Clichy la Garenne (Hauts-de-Seine); frz. Bratschist. Er studierte bis 1918 am Pariser Conservatoire. 1942 gründete er in Marseille mit *Jacques Dumont* (* 1913), 1. Violine, *Maurice Crut* (* 1. 3. 1915 Paris, seit 1962 Professor für Violine am Pariser Conservatoire), 2. Violine, und *Robert Salles* (* 3. 6. 1901 Caudérau, bis 1966 Mitglied des Ensembles), Violoncello, das Quatuor de la Radiodiffusion française. 1950–69 (1956 Professor) lehrte er am Pariser Conservatoire und schied 1956 aus dem Ensemble aus, das seitdem unter dem Namen Quatuor de l'ORTF weitergeführt wurde. P. schrieb eine Bratschenschule und einen Band mit 25 Divertissements für Viola solo.

PASCHKEWITSCH, Wassili Alexejewitsch, * um 1742, † 9. (20.) 3. 1797 St. Petersburg; russ. Komponist. P. war seit 1756 Sänger in der Hofsängerkapelle des Zaren und erhielt dort vermutlich auch seine musikalische Ausbildung. 1763–89 spielte er als Violinist im Hoforchester (1783 Kammermusikus), wurde 1789 dessen Konzertmeister und Leiter des Hofballorchesters. Außerdem war er 1773–74 Gesanglehrer an der Akademie der Künste und dirigierte 1780–83 das Orchester des „Freien russischen Theaters" von K. Knipper. 1796 wurde er ohne Pension in den Ruhestand versetzt. Zusammen mit J. Fomin und Michail Matinski begründete P. die russische komische Oper. Seine Bühnenwerke, realistisch geschilderte Szenen aus dem Volksleben, sind durch ausdrucksvolle Ensembleszenen und einen dem Tonfall der Alltagssprache abgelauschten melodischen Duktus charakterisiert. Damit nahm P. in gewisser Weise ein später von A. S. Dargomyschski und M. Mussorgski verwendetes Gestaltungsprinzip vorweg. Mit *Fewej* schuf er die erste russische Märchenoper. Im Chor der Kalmücken (3. Akt) wird erstmals in der russischen Operngeschichte ein orientalisches Kolorit gezeichnet.

WW: Komische Opern: *Neschtschastije ot karety* (Die unheilvolle Kalesche), UA: St. Petersburg 1779; *Skupoj* (Der Geizhals), UA: ebd. 1782; *Tunisski pascha* (Der Pascha von Tunis), UA: ebd. 1782; *Fewej*, UA: ebd. 1786; Neufassung von *Sanktpeterburgski gostiny dwor ili Kak poschiwjosch, tak i proslywjosch* (Der Petersburger Kaufhof, oder Wie du lebst, ist auch dein Ruf), UA: ebd. 1792 (M. A. Matinski schrieb das Libretto für beide Fassungen; es gibt keine hinlänglichen Beweise, daß er auch der Komponist der – bisher verschollenen – Musik der 1. Fassung, UA 1782, war). – Pasticcio-Opern: *Natschalnoje uprawlenije Olega* (Der Beginn der Herrschaft Olegs) (zus. mit G. Sarti u. C. Cannobio), UA: ebd. 1790; *Fedul s detmi* (Fedul u. seine Kinder) (zus. mit V. Martín y Soler), UA: ebd. 1791.

Lit.: D. LEHMANN, Rußlands Oper u. Singspiel in der zweiten Hälfte des 18. Jh. (L 1958); JU. W. KELDYSCH, Russkaja musyka XVIII weka (Mos 1965). E. STÖCKL

PASCHTSCHENKO, Andrei Filippowitsch, * 3. (15.) 8. 1883 Rostow am Don, † 16. 11. 1972 Moskau; sowjetischer Komponist. Er studierte 1901–03 Klavier bei E. Iwanski in Rostow und 1914–17 Komposition bei Maximilian Steinberg am Petrograder Konservatorium. 1911–17 war er Direktor der Musikbibliothek des Hoforchesters, 1917–21 des Staatlichen Orchesters und 1921–31 der Leningrader Philharmonie und widmete sich dann ausschließlich der Komposition. Seit 1961 lebte P. in Moskau. – Mit der Oper *Der Adleraufstand,* deren Sujet dem Pugatschowaufstand (1773) gewidmet ist, leistete er einen wichtigen Beitrag zur Entwicklung der sowjetischen historischen Oper, mit *Die Pompadours* schuf er eine der ersten sowjetischen komischen Opern. P. knüpfte an die russische Musik des 19. Jh. an und verarbeitete in späteren Werken Stilmittel des französischen Impressionismus.

WW: **1) Instr.-WW:** 9 Streichquartette (1915–71). – Für Orch.: 16 Symphonien (1916–72); 8 symphonische Dichtungen; 5 symphonische Bilder; 5 Ouvertüren; Suite im klass. Stil (1927); Ukrainische Rhapsodie (1937); 4 Sinfonietten (1943–64); je ein V.- u. Vc.-Konzert (1944, 1964). – **2) Vokal-WW:** Lieder, Volksliedbearb. u. Chorwerke. – Für Soli, Chor u. Orch.: *Oswoboshdjonny Prometei* (Der befreite Prometheus) (1931); *Skify* (Die Skythen) (1933); *Golos mira* (Die Stimme des Friedens) (1952); *Lenin* (1960). – **3) Bühnen-WW:** 12 Opern, u.a.: *Orliny bunt* (Der Adleraufstand), UA: Leningrad 1925; *Zar Maximilian,* UA: ebd. 1929; *Tschorny Jar* (Der schwarze Steilhang), UA: ebd. 1931; *Pompadury* (Die Pompadours), UA: ebd. 1939; *Swadba Kretschinskowo* (Kretschinskis Hochzeit), UA: ebd. 1949; *Schut Balakirew* (Der Narr Balakirew) (1949); *Gorjatschije serdza* (Flammende Herzen), UA: Moskau 1954; *Portret* (Das Bildnis) (1968).

Lit.: J. MEJLICH, A. F. P. (Leningrad 1960). E. STÖCKL

PASDELOUP, Jules Étienne, * 15. 9. 1819 Paris, † 13. 8. 1887 Fontainebleau; frz. Dirigent. Er studierte am Pariser Conservatoire bei Fr.-E.-J. Bazin, M. Carafa de Colobrano und P. Zimmermann. Seit 1841 war er Korrepetitor einer Solfègeklasse, 1847–50 einer Klavierklasse und leitete 1855–68 eine Gesangensembleklasse. Zur Förderung junger Komponisten und Virtuosen rief er 1851 die Société des Jeunes Artistes du Conservatoire ins Leben, die aber im Lauf der Zeit in finanzielle Schwierigkeiten geriet. 1861 begann er im Cirque d'Hiver in Paris mit den Concerts Populaires de musique classique, die durch erschwingliche Preise auch ärmeren Bevölkerungsschichten den Zugang zu den Werken der großen Meister, insbesondere von J. Haydn, W. A. Mozart, L. van Beethoven, C. M. von Weber und F. Mendelssohn Bartholdy, ermöglichen sollte. Später nahm er auch Werke zeitgenössischer Komponisten, darunter C. Saint-Saëns, G. Bizet, J. Brahms, M. Glinka und P. Tschaikowsky, in sein Programm auf. Obwohl P. musikalisch nicht das Niveau von Ch. Lamoureux oder E. Colonne erreichte, deren Konkurrenz später seinen Abstieg besiegelte, so verdankte ihm doch eine ganze Generation von Musikliebhabern ihre musikalische Bildung. 1868/69 war P. Direktor des Théâtre-Lyrique, konnte sich aber trotz achtenswerter Aufführungen, u.a. von R. Wagners *Rienzi,* nicht durchsetzen und mußte sich, finanziell völlig ruiniert, zurückziehen. Im Lauf der 70er Jahre verloren auch seine Concerts Populaires zunehmend an Attraktivität, und 1884 gab er die Organisation von Konzerten endgültig auf. Unter der Bezeichnung Concerts Pasdeloup wurden die Concerts Populaires 1916 durch Rhené-Baton wiederaufgenommen und bestanden bis 1961.

Lit.: A. A. E. ELWART, Histoire des concerts populaires (P 1864); A. JULLIEN, Musique. Mélanges d'histoire et de critique (P 1896); E. BERNARD, J. P. et les Concerts populaires, in: RMie 57 (1971).

PASERO, Tancredi, * 11. 1. 1893 Turin, † 17. 2. 1983 Mailand; it. Sänger (Baß). Nach seiner Ausbildung debütierte er 1917 in Vicenza als Conte Rodolfo in V. Bellinis *La sonnambula* und wurde 1918 an die Mailänder Scala engagiert, der er fast ununterbrochen bis 1942 angehörte. P. gastierte an den großen italienischen Bühnen sowie am Covent Garden in London, in Paris, Brüssel und Barcelona. 1929–30 und 1932–33 sang er an der Metropolitan Opera in New York. 1953 zog er sich von der Bühne zurück. Seine größten Erfolge feierte er in den Verdi-Partien seines Fachs, in denen er neben E. Pinza als der bedeutendste Interpret seiner Generation galt.

PASINI, Laura, * 28. 1. 1894 Gallarate bei Varese, † 30. 6. 1942 Rom; it. Sängerin (Sopran). Nach ihrem Musikstudium am Mailänder Konservatorium strebte sie zunächst eine Laufbahn als Pianistin an, ließ aber dann an der Accademia di S. Cecilia in Rom bei di Pietro ihre Stimme ausbilden und debütierte 1921 am Teatro Eden als Zerline in D. Fr. E. Aubers *Fra Diavolo.* Über Rom und Parma kam sie 1923 an die Mailänder Scala, wo sie unter A. Toscanini ein aufsehenerregendes Debüt als Königin der Nacht in Mozarts *Zauberflöte* gab. Unter der Leitung des Komponisten sang sie 1926 ebenfalls an der Mailänder Scala die Titelpartie von I. Strawinskys *Le Rossignol* bei deren Uraufführung. Gastspiele führten sie in den ersten Jahren ihrer Karriere besonders nach Turin und Florenz, später auch nach Süd- und Nordamerika und an die großen Bühnen Europas. 1931 sang sie bei den Salzburger Festspielen. Auch als Konzertsängerin gehörte L. P. zu den führenden italienischen Koloratursopranistinnen ihrer Zeit.

PASO DOBLE (span., = Doppelschritt). – **1)** Spanischer Volkstanz im ²⁄₄- oder ¾-Takt und gemäßigten Tempo. Formal besteht der P. aus einer Einleitung und 2 Hauptteilen. Steht der erste in Dur, so bewegt sich der (Trio genannte) zweite Teil im Bereich der Subdominante; steht der erste in Moll, so weist der zweite die gleichnamige Durtonart auf. Wie viele spanische Volkstänze erfreute sich auch der P. großer Beliebtheit in den Zarzuelas. Anfang des 20. Jh. wurde er als Gesellschaftstanz gebräuchlich und gehört im weltweiten Turniertanz zur Gruppe der lateinamerikanischen Tänze. Hier steht er im geraden Takt und hat das Tempo M.M. ♩ = ca. 120. – **2)** Schneller Infanteriemarsch im ⁶⁄₈-Takt, der in Frankreich seit der 2. Hälfte des 18. Jh. als Pas redoublé bekannt ist. Sein Tempo entspricht ca. 120 Schritten je Minute.

PASQUALI, Nicolò, * um 1713, † 13. 10. 1757 Edinburgh; it. Violinist und Komponist. P. kam 1743 nach England und ließ sich in London nieder, wo er 1745 Konzertmeister des Opera-Orchesters wurde. 1748–49 hielt er sich in Dublin auf, 1750 erneut in London, 1751 wieder in Dublin und lebte zuletzt seit 1752 in Edinburgh. Dort war er 1. Violinist der Musical Society und leitete das Orchester des Conongate Theatre. P. genoß als Violinist, Konzertveranstalter, Gesanglehrer und durch seine weitverbreiteten Schriften über Generalbaß- und Cembalotechnik hohes Ansehen.

WW: *English songs … from several masques* (Lo 1750) u. a. Gesänge; Sonaten für V. u. B.c. u. für 2 Vc. (Lo o.J.); Sonaten für 2 V., Va. u. B.c. (Lo um 1750); 12 Ouvertüren u. Symphonien für Str., Blasinstr. u. Pk. (Lo 1751); ferner die Lehrwerke *Thorough bass made easy* (Edinburgh 1757) u. *The art of fingering the Harpsichord* (ebd. 1760).

PASQUALINI, Marc'Antonio, * 25. 4. 1614 Rom, † 1. 7. 1691 ebd.; it. Sänger (Kastrat) und Komponist. Er wurde an der Gesangschule der Kirche S. Luigi dei Francesi ausgebildet, wo er unter der Leitung von Vincenzo Ugolini 1623–24 und 1627 Kapellknabe war. Anschließend trat er in den Dienst des Kardinals Antonio Barberini, auf dessen Veranlassung er 1630 als Sopranist in die Päpstliche Kapelle aufgenommen wurde. 1647 sang er in Paris den Aristeo in Luigi Rossis *Orfeo.* P. blieb bis 1659 Mitglied der Päpstlichen Kapelle und trat dann in den Ruhestand. Von ihm sind hsl. etwa 50 Kantaten überliefert.

Ausg.: Kantate *Che ci trovi in quegli occhi* für SingSt u. B.c., in: F. VATIELLI, Antiche cantate d'amore (Bol 1920).

Lit.: A. CAMETTI, M. A. P., in: Musica d'oggi 3 (1921) (darin eine Arie für 3 St. u. B.c.); G. ROSE, P. as Copyist, in: Anal. Mus. 14 (1974); M. MURATA, Further Remarks on P. and the Music of M. A. P., in: ebd. 19 (1979).

PASQUINI, Bernardo, * 7. 12. 1637 Massa di Valdinievole (heute Massa di Cozzile), † 21. 11. 1710 Rom; it. Komponist und Organist. P. studierte bei Loreto Vittori und M. A. Cesti in Rom, war 1661–63 Organist an der Chiesa Nuova, 1664 an S. Maria in Aracoeli, 1665–67 an S. Maria Maggiore und 1673–75 an S. Luigi dei Francesi. Außerdem wirkte er 1664–83 als 1. Organist am Oratorio del SS. Crocifisso. P. gehörte zu den begehrtesten Musikern Roms, war seit etwa 1669 Cembalist des Fürsten Giambattista Borghese, in dessen Palazzo Nuovo er bis zu seinem Tode wohnte, und wirkte als Kapellmeister und Orgelvirtuose in den Konzerten der Königin Christine von Schweden, des Fürsten Colonna und der Kardinäle Pamphili und Ottoboni mit. Außerdem war er seit 1679 Cembalist am Teatro Capranica und inszenierte zahlreiche Stücke für Ferdinando de' Medici. Reisen führten ihn außerdem an den Hof König Ludwigs XIV. in Paris und Kaiser Leopolds I. in Wien. Zu seinen Schülern gehörten J. K. von Kerll, J. A. Krieger, G. Muffat, G. M. Casini, Fr. Gasparini, A. Della Ciaja und möglicherweise A. Scarlatti.

WW (fast ausschließlich hsl. erhalten): **1) Instr.-WW:** Für Tasteninstr.: 17 Suiten, einzelne Tanzsätze; 22 Arien; je 14 Sonaten für Cemb. und für 2 Cemb. (nur bezifferter Baß; ↗Partimento); 23 Toccaten, 11 Tastatas; Variationen u. Partiten; einzelne Praeludien, Canzone, Ricercare, Capricci, Fantasien. – **2) Vokal-WW:** Mehr als 50 Solokantaten, -arien u. -motetten; Oratorien: *Sant'Agnese* (1677); *I fatti di Mosè in deserto* (1687); *Il martirio dei santi* (1687); *Sant'Alessio* (1687); *La sete di Christo* (1689). – **3) Bühnen-WW:** Opern (UA meist in Rom): *La sincerità con la sincerità,* UA: Ariccia 1672; *L'amor per vendetta,* UA: 1673; *La donna ancora fedele,* UA: 1676; *Con la forza d'amore si vince amore,* UA: Florenz 1679; *L'Idalma,* UA: 1680; *Il Lisimaco,* UA: 1681; *La Tessalonica,* UA: 1683; *Arianna,* UA: 1685; *La caduta del regno delle Amazzoni,* UA: 1690; *L'Artide,* UA: 1690. Von weiteren Opern sind einzelne Arien erhalten. – **4) Schriften:** *Saggi di contrappunto* (hsl. 1695); *Regole per ben sonare il cembalo o organo* (hsl., nur teilweise erhalten).

Als Bühnenkomponist setzte P. mit seiner Vorliebe für prunkvolle Ausstattung und reich mit Koloraturen versehene Arien die Tradition M. A. Cestis fort. P.s eigentliche Domäne ist jedoch die Instrumentalmusik, die er, D. Scarlatti vorwegnehmend, durch das virtuose Element zum Mittel größtmöglicher Ausdrucksfreiheit macht. Seine 2sätzigen Sonaten und die Sonaten für 2 Tasteninstrumente gehören zu den ersten ihrer Art. Auch pflegte er als einer der ersten italienischen Komponisten die Gattung der Klaviersuite. Seine Toccaten sind meist einsätzig; darunter sind solche mit toccatenartigem und fugiertem Teil, die bereits die Trennung in das Satzpaar Toccata–Fuge ankündigen.

Ausg.: Collected Works for Keyboard, hrsg. v. M. B. HAYNES, 5 Bde. (R 1964–67) (= Corpus of Early Keyboard Music 5); Opere per cembalo e organo I, hrsg. v. H. ILLY (R 1971) (= Musiche vocali e strumentali sacre e profane … 38); *L'Idalma,* hrsg. v. H. M. BROWN (NY 1977) (= Italian Opera 1640–1770 51).

Lit.: A. BONAVENTURA, B. P. (R 1923); G. RONCAGLIA, „Il Tirinto“ di B. P. e i suoi intermessi, in: Rass. mus. 4 (1931); B. BECHERINI, Le partite diverse di follia di B. P., in: ebd. 11 (1938); A. DAMERINI, „L'aplauso musicale“ di B. P., in: Musicisti toscani, hrsg. v. DEMS. – F. SCHLITZER (Siena 1955) (= Accad. musicale Chigiana 12); W. HEIMRICH, Die Orgel- u. Cembalowerke B. P.s (Diss. B 1958); M. B. HAYNES, The Keyboard Works of B. P., 5 Bde. (1960) (= Diss. Indiana Univ.); F. HELLER, Die Variationswerke B. P.s (Diss. W 1964); G. F. CRAIN junior, The Operas of B. P., 2 Bde. (1965) (= Diss. Yale Univ.). C. SARTORI

PASSACAGLIA (it.; von span. pasacalle, aus pasar = gehen und calle = Straße; engl.: passacaglia; frz.: passacaille, passecaille; it. auch: passacaglio), ein musikalischer Formbegriff, dessen Bedeutung sich im Verlaufe seiner geschichtlichen Entwicklung wandelte. Gemeinsam ist den so bezeichneten Formen das Prinzip einer variierenden Reihung gleichartiger Abschnitte.

Frühformen. Der Wortursprung weist auf ein Musizieren im Freien, wohl bei Umzügen oder als Ständchen, hin. Der musikalische Terminus stammt aus der spanischen Gitarrenmusik des ausgehenden 16. Jh., die im 17. Jh. in Italien übernommen und weiterentwickelt wurde. Er bezeichnet hier ein zwei- bis viertaktiges, harmonisch bestimmtes Satzmodell, das als Vor-, Zwischen- und Nachspiel (Ritornello) strophischer Lieder oder Instrumentalformen auf der Gitarre ausgeführt wurde. Ein solches Ritornell besteht aus 2 oder mehr Satzmodellen, die in der Abfolge gewöhnlich improvisierend abgewandelt wurden. Als erster schriftlicher Nachweis gilt die *Nuova inventione d'intavolatura* für Gitarre von G. Montesardo (Fi 1606); in Frankreich findet sich ein früher Beleg bei Henri de Bailly (*Airs de differens auteurs,* P 1614). Für die Frühform der P. gelten als Charakteristika neben der Reihung der Abschnitte das Dreiermetrum in ruhigem Zeitmaß und ein konstantes harmonisches Gerüst, das auf der Kadenz I – IV – V – (I) beruht. Im Gegensatz dazu soll nach neueren Forschungen die schon früh als Parallelform auftretende ↗Chaconne bei sonst gleichen Merkmalen vorwiegend durch die harmonische Folge I – VI – V – (I) gekennzeichnet sein. Vom 2. Viertel des 17. Jh. an wird die P. auch in andere Gattungen übernommen. Damit verbindet sich gleichzeitig ihre Umgestaltung vom untergeordneten Formteil zur formalen Ganzheit.

Das Formprinzip der Passacaglia. Die selbständige P. stellt, in Ausweitung des Prinzips des Ritornell-Typus, eine vielmalige Reihung meist viertaktiger Abschnitte oder Sektionen dar. Die Einheitlichkeit der Form beruht neben der metrischen Kongruenz der Teile vor allem auf ihrer gleichartigen Formfunktion. Jede Sektion endet mit einem Halbschluß auf der Dominante, hat also den „fragenden“ Charakter eines Halbschlusses. Der sich anschließende Abschnitt greift die „Frage“ auf, beantwortet sie aber nicht, sondern gibt sie „umformuliert“ an seinen Nachfolger weiter. So entsteht der für die P. charakteristische permanente Rundlauf, der erst im Schlußakkord zur Ruhe kommt. In den frühen Formen sind die Abschnitte einer P. in bezug auf die Harmoniefolge und die melodische Gestaltung unterschiedlich, eine enge Verbindung der Teile ergibt sich jedoch durch die Kadenzschritte (S) D – T, die den Schluß jeder Taktgruppe mit dem Anfang der folgenden verketten. Ganz allgemein läßt sich die P.-Form somit als unablässige Abwandlung einer erweiterten Kadenz (mit variablen Zwischenakkorden) bezeichnen. Ein weiteres Gestaltungsprinzip der frühen P.-Form ist die paarweise Gliederung der Abschnitte. Durch Gemeinsamkeit der rhythmischen Gestaltung, der Harmonik, der Stimmführung o.ä. werden je 2 Taktgruppen zusammengefaßt, wodurch sich übergeordnete Sektionen ergeben (a a' b b' c c' usw.).

Bei der weiteren Entwicklung der P.-Form ist das Bestreben, die Substanz zu verdichten, deutlich erkennbar. Durch Wiederaufnahme der ersten Taktgruppe am Schluß (Reprisenprinzip) oder darüber hinaus inmitten des Ablaufs (Rondoprinzip) wird eine stärkere Strukturierung der Gesamtform erreicht. Bei einem besonderen Typus, der heute allgemein als Prototyp der P. gilt, wird durch konsequente Wiederholung einer melodischen Floskel im Baß ein Höchstmaß an Substanzeinheit erreicht (Basso ostinato-Prinzip). Die unablässige, oft unerbittlich wirkende Wiederkehr der Baßformel in gemessenem Zeitmaß verleiht der Basso ostinato-P. ihren gravitätisch-emphatischen Charakter. Ein P.-Baß ist in der Regel kein gegliedertes „Thema“, sondern eine formelhafte, objektivierte Tonfolge, deren Ableitung aus der Kadenz deutlich erkennbar ist. Eine besondere Stellung nehmen das absteigende Tetrachord und seine Varianten ein:

J. K. Kerll, Passacaglia d-moll

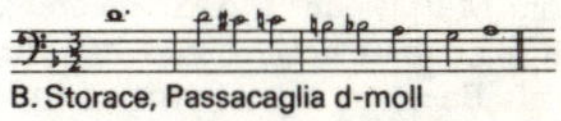
B. Storace, Passacaglia d-moll

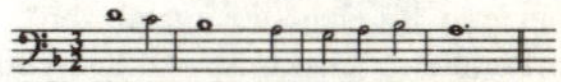
J. Ph. Krieger, Passacaglia d-moll

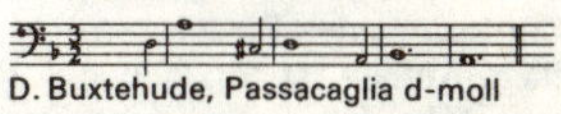
D. Buxtehude, Passacaglia d-moll

In den großen P.-Formen des 18. und 20. Jh. tritt der Ostinato-Baß gelegentlich als relativ geschlossenes, motivisch differenziertes Thema auf (vgl. nachfolgende Beispiele), wodurch sich der Charakter der Gesamtform leicht verändert: aus der verzahnten Kette der Abschnitte wird eine lockerer gefügte Reihe (Prinzip der Strophenbaß-Variation).

Die angeführten Merkmale der P. treffen in gleicher Weise auch auf ihre Schwesterform, die Chaconne, zu. Die ursprünglich wohl relevante Unterschiedlichkeit des harmonischen Gerüstes ist in den späteren Formen generell nicht mehr gegeben. Beide existieren als wesensgleiche Parallelformen nebeneinander, was sich in Einzelfällen an der Austauschbarkeit der Bezeichnungen zeigt (so überschreibt Fr. Couperin einen Satz seines Zyklus *Les Nations* mit *Chaconne ou Passacaille*).

Geschichtliche Entwicklung. In der italienischen Musik des 17. Jh. findet sich die P. als Einzelsatz oder als Bestandteil zyklischer Formen in der Musik für Laute (Fr. Corbetta, L. Roncalli), Cembalo oder Orgel (G. Frescobaldi, B. Storace, B. Pasquini) und für Kammerensemble (B. Marini, G. B. Vitali, E. F. Dall'Abaco). In der Vokalmusik wird die Bezeichnung P. selten verwendet, obwohl Kompositionen gleicher Struktur auch dort auftreten. In bezug auf die Kompositionstechnik überwiegen die variativen Formen; Beispiele mit konsequent beibehaltenem Baß sind selten (M. Cazzati, B. G. Laurenti).

In Frankreich wurde die P. im 17. Jh. vorwiegend als Tanzform angesehen; in Ballettfolgen und Klaviersuiten (Ordres) bildete sie häufig den ausgedehnten und gewichtigen vorletzten oder letzten Satz. J.-B. Lully hat in seiner Oper *Armide et Renaud* (1686) eine ganze Szene mit Ballett und Chor als P. gestaltet. Strukturell dominiert das Prinzip der paarweisen, periodischen Gliederung, das man aufgrund seines häufigen Vorkommens geradezu als nationales Stilmerkmal bezeichnen kann. Eine Besonderheit der französischen Musik ist ferner die Anwendung des Rondoprinzips mit Refrain und Couplets auf die P. (*Passecaille en Rondeau* u.a. von L. und Fr. Couperin).

Die deutschen Komponisten, sofern sie nicht wie etwa Georg Muffat oder J. A. Schmierer zur französischen Schreibart neigen, gestalten die P. vorwiegend als Basso ostinato-Form und rücken sie zugleich in den Bereich der „gelehrten", rational durchgearbeiteten Satzkunst (J. K. von Kerll, J. Krieger, J. C. F. Fischer). Hervorzuheben sind die großdimensionierten Einzelsätze mit kunstvoll tektonischem Aufbau (D. Buxtehude, J. Ph. Krieger; H. I. Fr. Biber für Violine solo). Den absoluten Höhepunkt der Gattungsgeschichte bildet J. S. Bachs Orgel-P. c-moll (BWV 582) mit 20 Variationen und einer abschließenden Fuge über ein achttaktiges, motivisch differenziertes Baßthema:

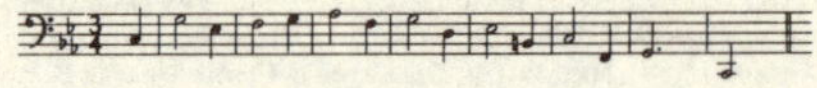

Von der 2. Hälfte des 18. Jh. an verliert die P. gänzlich an Bedeutung. W. A. Mozarts Schlußstück der Ballettmusik zu *Idomeneo* (1781) hat mit der P. außer dem Namen nur noch den Dreiertakt und die Andeutung einer periodischen Reihung gemein. Im 19. Jh. wird die Ostinato-Technik vereinzelt angewandt (L. van Beethoven, Variationen c-moll, WoO 80; Fr. Liszt, Präludium nach J. S. Bachs *Weinen, Klagen*...; J. Brahms, Schlußsatz der 4. Symphonie), doch wird die Bezeichnung P. dabei nicht verwendet. Von der Jahrhundertwende an wurde die P. als gewichtige und ehrwürdige Form vor allem von M. Reger in seiner Orgel- und Klaviermusik (op. 16, 63, 96, 127) wieder aufgegriffen. In den meisten der im 20. Jh. geschaffenen P.en (u.a. A. von Webern, op. 1; M. Ravel, Klv.-Trio a-moll; K. Höller, op. 25; E. Bloch, 2. Str.quartett; B. Britten, *Peter Grimes;* Fr. Martin, P. für Org.) ist das Vorbild des durch Bach geprägten Formtyps mit ostinatem Baßthema offensichtlich. Dies gilt in besonderem Maße für P. Hindemith, der die P. sehr häufig als repräsentative Ostinato-Form eingesetzt hat (4. Streichquartett, *Marienleben* Nr. 2,

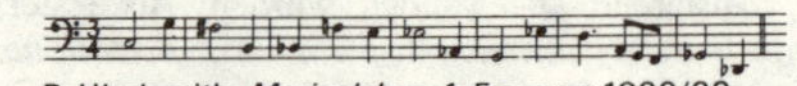

P. Hindemith, *Marienleben*, 1. Fassung 1922/23

Nobilissima Visione, Harmonie der Welt, Sonate für Vc. und Klv., 1948). Während der größte Teil der Komponisten die historische Form gleichsam restaurierte, bemühten sich andere, sie dem „aktuellen Stand des Komponierens" anzupassen (A. Schönberg, *Pierrot Lunaire,* Nr. 8; A. Berg, Doktor-Szene aus *Wozzeck;* I. Strawinsky, Septett; H. W. Henze, Finale aus *Die Bassariden* u.a.). Dies bedeutete einerseits ein Aufgreifen und Weiterentwickeln der konstruktiven Züge der alten Technik, andererseits, durch den Verzicht auf die charakteristische „hartnäckige" Wiederkehr des Ostinato, eine Ablösung vom ursprünglichen Formbegriff.

Lit.: P. MIES, Die Chaconne (Passacaille) bei Händel, in: Händel-Jb. 2 (L 1929, Nachdr. NY 1969); A. MACHABEY, Les origines de la chaconne et de la passacaille, in: RMie 25 (1946); K. VON FISCHER, Die Variation (Kö 1956, ²1961) (= Das Musikwerk 11); L. STEIN, The P. in the Twentieth Century, in: ML 40 (1959); K. VON FISCHER, Chaconne u. P., in: RBMie 12 (1958); M. SCHULER, Zur Frühgesch. der P., in: Mf 16 (1963); S. VOGELSÄNGER, P. u. Chaconne in der Orgelmusik v. Frescobaldi bis Bach, in: MuK 37 (1967); W. APEL, Gesch. der Orgel- u. Klaviermusik bis 1700 (Kas 1967); G. BERGER, Ostinato, Chaconne, P. (Wb 1968)

(= Musikal. Formen in hist. Reihen o. Nr.); T. WALKER, Ciaccona and P. Remarks on Their Origin and Early History, in: JAMS 21 (1968); R. HUDSON, Further Remarks on the P. and Ciaccona, in: JAMS 23 (1970); DERS., The Ripresa, The Ritornello and the P., in: ebd. 24 (1971); G. BERGER, Der Ostinato als formbildendes Prinzip (Wb 1971) (= Beitr. z. Schulmusik 24).

E. PLATEN

PASSAGE (frz., = Durchgang), im deutschen Sprachgebrauch seit dem 18. Jh. Bz. für rasche, rhythmisch gleichförmige Läufe und Akkordbrechungen, wie sie für Bravourstücke und Etüden charakteristisch sind und auch wesentlich in Solokonzerten vorkommen. Im französischen Sprachgebrauch ist P. meist gleichbedeutend mit ↗Passaggio.

PASSAGGIO (it., = Durchgang) hieß im Rahmen des vokalen und instrumentalen Verzierungswesens des 16.–18. Jh. auch im außeritalienischen Sprachgebrauch eine bestimmte Art, melodische Schritte und Sprünge nicht wie geschrieben auszuführen, sondern sie improvisatorisch durch schnellere Tonfolgen zu „diminuieren“, miteinander zu verbinden. Beispiel für Passaggi über eine Quarte (nach Chr. Bernhard; dort auch als Variatio bezeichnet):

Im 17. Jh. verwendete man häufig auch in diesem Sinn das Partizip passeggiato. So etwa enthalten L. Viadanas berühmte *Cento concerti ecclesiastici* (1602) eine Reihe von *Falsobordoni passeggiati* für die einzelnen Stimmlagen.

PASSAMEZZO (aus it. pass' e mezzo, passo e mezzo = ein Schritt und ein halber), Bz. für einen italienischen Tanz im Zweiertakt (alla breve) des 16./17. Jh., der – schneller als die ↗Pavane – zunächst mit dieser häufig gleichgesetzt wurde (z.B. bei Cl. Gervaise, *Sixième livre de danceries* [1555]: pavane passemaize; Fr. Salinas, *De musica libri septem* [1577]: Pauana Milanese, siue Passoemezo vulgò vocatur). Die Herkunft der Bezeichnung als Schrittanweisung der Choreographen ist umstritten. Relativ späte Quellen, in denen sich Tanzanweisungen finden – etwa M. F. Caroso, *Ballarino* (1581), und Th. Arbeau, *Orchésographie* (1588) –, bieten nur ungenaue Beschreibungen. Außerhalb Italiens war der P. schon 1536 bekannt durch H. Neusidlers *Ein neugeordent künstlich Lautenbuch* („Hie folget ein welscher tantz Wascha meza“). Bis 1588 als Gebrauchstanz beschrieben, bezeichnet P. gleichzeitig stilisierte Instrumentalkompositionen. Diesen variationsartigen Stücken wurden seit etwa 1540 verschiedene P.-Satzmodelle zugrunde gelegt, aus denen sich um 1600 zwei aus 8 Breven gebildete Typen herausgelöst haben, die fortan nahezu ausschließlich vorherrschten: *P. antico* (engl.: Passy' oder Passing Measures Pavan) – in Moll –, der mit der ↗Folia verwandt ist, und der *P. moderno*, nuove, comune (engl.: Quadran Pavan) – in Dur:

Beide Akkordschemata wurden oft virtuos figurenreich ausgefüllt und haben in ihrer Verwendung als Variationssuiten (z.B. Passamezzo-Saltarello) zu einigen der umfangreichsten Instrumentalstücken des 16. und frühen 17. Jh. geführt, etwa dem *Pass' e mezzo antico di sei parti* in Picchis *Intavolatura di balli* (1621). Die Mehrzahl dieser Partite (↗Partita) über einen P. sind für Laute, später auch für Chitarra und diverse Tasteninstrumente bestimmt; in Sammlungen von Fr. Bendusi (1553) und G. Mainerio (1578, *Balli ... accommodati per cantar et sonar d'ogni sorte de istromenti*) begegnen auch vokale Fassungen mit beliebiger Instrumentalbegleitung. Passamezzi wurden vereinzelt auch über andere Vorlagen als über den P. antico und P. moderno geschrieben. Bekanntes Beispiel sind die 5 Lautenbücher von G. Gorzanis (1561–67), der unter seinen 56 Passamezzi 23 über den P. antico, 15 über den P. moderno, 4 über ein Modell eigener Erfindung, 2 über eine Abart der ↗Romanesca sowie einige über volkstümliche Lieder verfaßt hat. Zu den letzten Belegen gehören die *Varie partite del passemezo* für 2 Violinen und B.c. von G. B. Vitali von 1682.

Lit.: J. DIECKMANN, Die in dt. Lautentabulatur überlieferten Tänze des 16. Jh. (Kas 1931); G. REICHERT, Der P., in: Kgr.-Ber. Lüneburg 1950 (Kas 1952); H. SPOHR, Stud. z. it. Tanzkomposition um 1600 (Diss. Fr 1956); W. APEL, Tänze u. Arien für Klv. aus dem Jahre 1588, in: AfMw 17 (1960); R. HUDSON, The Concept of Mode in Italian Guitar Music During the 1st Half of the 17th Century, in: AMl 42 (1970); J. EL-MALLAH, Die Pass' e mezzi u. Saltarelli aus der Münchener Lautenhs. v. J. Gorzanis (Bayerische Staatsbibl. Mus. Mss. 1511a) (Tutzing 1979) (= Münchner Veröff. z. Musikgesch. 31).

G. BUSCH-SALMEN

PASSARINI (Passerini), **Francesco** (Camillo), OFM, * 10. 11. 1636 Bologna, † 23. 9. 1694 ebd.; it. Komponist. 1652 trat er in den Franziskanerorden in Bologna ein. 1662–63 war er Organist in Ferrara, 1666–72 Kapellmeister an S. Francesco in Bologna, 1672 an S. Giovanni in Persiceto und 1673–80 an S. Maria Gloriosa dei Frari in Venedig. Seit 1680 bis zu seinem Tod wirkte er wieder an S. Francesco in Bologna.

WW: *Salmi concertati* für 3–5 St. u. B.c. (Bol 1671); *Antifonie della Beata Vergine* für SingSt u. B.c. (Bol 1671); *Compieta concertata* für 5 St., 2 V. u. B.c. (Bol 1672); *Messe brevi* für 8 St. u. B.c. (Bol 1690); 2 Oratorien, Messesätze u.a. kirchenmusikal. WW sind hsl. erhalten.

Lit.: O. MISCHIATI, P., in: MGG X.

PASSEPIED, ein französischer Hoftanz im 3/8- oder 6/8-Takt. Ursprünglich als geradtaktiger Rundtanz in der nördlichen Bretagne bekannt, wo er noch heute üblich ist, fand der P. im 17. Jh. Eingang in das Repertoire höfischer Tänze. Der P. ist die schnellere Version des Menuetts, dessen Name dadurch entstanden ist, daß „man in solchem Dantz einen Fuß vber den anderen schlagen vnd setzten muß“ (M. Praetorius, *Terpsichore,* 1612). Der um die Mitte des 18. Jh. aus der Tanzpraxis verschwundene Tanz wurde stilisiert in die Instrumentalsuite integriert und gehörte zu den Intermezzi, die zwischen Sarabande und Gigue – als nicht zu der kanonisierten Tanzfolge gehörig – eingeschoben wurden: so z.B. bei J. C. F. Fischer, Fr. Couperin, G. Ph. Telemann oder J. S. Bach. In den Opern von A. Campra, A. C. Destouches, J.-Ph. Rameau und Chr. W. Gluck war er neben anderen Hoftänzen seiner Sprünge und Kreuzschritte wegen wichtiger Bestandteil. Die folgenden Notenbeispiele veranschaulichen den Wandel von einem mäßigen P. im Zweiertakt zu einem belebten P. im 3/8-Takt:

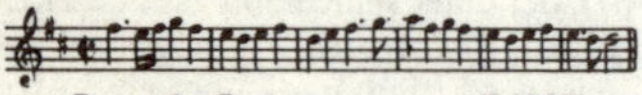

P. aus der Bretagne, anonym (P 1636)

L. Pécourt, *Recueil de dances* (P 1700)

In neuerer Zeit knüpfte u.a. Cl. Debussy mit einem P. in der *Suite bergamasque* an die barocke Tradition an.

Lit.: E. GALBRUN, La danse bretonne (Carhaix 1936); J. BARIL, Dictionnaire de danse (P 1964); G. REICHERT, Der Tanz (Kö 1965) (= Das Musikwerk 27). G. BUSCH-SALMEN

PASSEREAU, Pierre, frz. Komponist der 1. Hälfte des 16. Jahrhunderts. P. war nach Fr.-J. Fétis seit 1509 Kapellsänger des Herzogs von Angoulême und von etwa 1525 bis 1530 auch Sänger an Notre-Dame in Cambrai. Gesichert ist jedoch lediglich, daß er 1536 noch lebte. P. gehörte zu den populärsten Chansonkomponisten seiner Zeit. Besonders bekannt war *Il est bel et bon* mit der Nachahmung von Hennengeschrei; zeitgenössischen Berichten zufolge soll diese Chanson sogar auf den Straßen Venedigs gesungen worden sein.

WW: 26 Chansons für 4 St. sowie eine Motette in mehr als 30 Sammeldrucken 1528–55, auch in Lautentabulaturen.

Ausg.: Opera omnia, hrsg. v. G. DOTTIN (R 1967) (= CMM 45).

PASSION. Die Berichte vom Leiden Jesu Christi in den 4 Evangelien, die seit alters her im Gottesdienst auf Lektionstönen vorgetragen wurden, haben wahrscheinlich schon in der frühchristlichen Zeit eine besondere musikalische Ausgestaltung erfahren (Augustinus spricht von „solenniter legere“). In das 1. christliche Jt. reicht wohl auch die bis in unsere Zeit gebräuchliche Ordnung zurück, den Bericht nach Matthäus am Palmsonntag, den nach Markus und den nach Lukas am Dienstag bzw. Mittwoch der Karwoche und den nach Johannes am Karfreitag zu lesen. (Aufgrund der Liturgiereform nach dem II. Vaticanum wird heute im katholischen Gottesdienst je nach Lesejahr die Matthäus-, Markus- oder Lukas-P. am Palmsonntag als Meßevangelium gelesen; die Johannes-P. blieb im Karfreitagsgottesdienst.) Seit dem 9. Jh. zeigen die Evangeliare, daß der Bericht des Evangelisten, die Worte Jesu und die der „personae alienae“ auf verschiedenen Rezitationsebenen vorgetragen wurden. Dabei wurde den Jesusworten der tiefste, dem Evangelisten der mittlere und den übrigen Reden der höchste Rezitationston zugewiesen. Bestimmte Tonhöhen werden seit dem Übergang zur Neumennotation erkennbar und zugleich eine Vielzahl von Gepflogenheiten in den einzelnen süd- und westeuropäischen Ländern. Die größte Bedeutung für die spätere Entwicklung erlangte der P.s-Ton im lydischen F-Modus mit den Rezitationstönen f (Jesusworte), c′ (Evangelist) und f′ (personae alienae). Die weite Spanne dieser Töne schließt eine Rollenverteilung auf verschiedene Sänger ein, die zuerst in England nachweisbar ist und wohl bereits auf das 13. Jh. zurückgeht. Häufig sang der Priester die Jesusworte, der Diakon den Evangelistenpart und der Subdiakon die übrigen Reden. Als nächste Entwicklungsstufe ergab sich das Zusammensingen aller 3 Sänger, und zwar jeder auf seiner Rezitationsebene, bei den Worten von Menschengruppen (Jünger, Hohepriester, Volk), den Turbae. Die früheste Aufzeichnung hierfür liegt in dem um 1450 geschriebenen Traktat der Füssener Pfarrkirche (von O. Kade irrtümlich als „Maihinger Hs." bezeichnet) vor. Die angewandte Satzweise des hochmittelalterlichen Organum läßt jedoch auf einen älteren Brauch schließen. Bemerkenswert ist die im Füssener Traktat gegebene Begründung für die Dreistimmigkeit der Turbae als „commemoracio infidelium... Judaeorum"; darum erscheinen die Jüngerworte hier einstimmig.

Aus diesen Anfängen der mehrstimmigen P., die die einstimmige jedoch nicht verdrängt hat, gehen 2 Entwicklungslinien hervor, die responsoriale P. (früher Choral- oder dramatische P. genannt) und die durchkomponierte (figurale oder motettische) Passion. Dazwischen steht eine dritte, jedoch der responsorialen P. zuzurechnende Form, bei der nur der Evangelist und zuweilen noch die Jesusworte einstimmig, die der übrigen Soliloquenten jedoch wie die der Turbae mehrstimmig, wenn auch zumeist geringstimmiger, gesetzt sind.

Aus der Frühzeit der mehrstimmigen P. sind folgende Werke überliefert: Vom ersteren Typus je eine Matthäus- und Johannes-P. des Ms. Modena Est. M 1.12 (um 1480) mit 3st. Fauxbourdonsätzen; in der Matthäus-P. sind die Jüngerworte 6- und 8st. gesetzt. Der Komponist beider Werke ist (nach K. von Fischer) möglicherweise G. Binchois, dessen *Passions en nouvelle manière* bisher nicht ermittelt sind. – Dem Zwischentypus gehören die Lukas-P. und das Fragment einer Matthäus-P. des Ms. London Egerton (um 1450) an, deren Exordium, Turbae und Soliloquenten im 3st. englischen Diskantstil sowie im G-Modus und damit außerhalb der kontinentalen Entwicklung stehen. – Zum 2. Typus gehört die früher J. Obrecht zugeschriebene, heute aber als ein Werk von A. de Longaval angesehene *Summa passionis* (kurz nach 1500) mit den Hauptpassagen der Leidensgeschichte und den „Sieben Worten", in der bei strenger Bindung an den P.s-Ton Vollstimmigkeit mit vorzugsweise Bicinien bei den Soliloquenten abwechselt.

16. und 17. Jahrhundert. Aus Italien sind folgende responsorialen P.en bekannt: Je eine nach Markus und Lukas von Paulus Ferrarensis (1565), je eine nach Matthäus und Lukas von V. Ruffo (um 1575), eine nach Johannes von D. P. Giacobetti (1601). P.en mit mehrstimmigen Soliloquenten (neben den Turbae) mit Ausnahme der Jesusworte bei gleichbleibender Stimmenzahl schufen G. Contino (1561), M. Barberini Lupus (1562ff.), P. Isnardi (vor 1570), G. M. Asola (3 P.en nach Matthäus, Markus und Lukas, um 1580), ferner, jedoch mit wechselnder Stimmenzahl, F. Canali (1579) und F. Rovigo (um 1580) sowie der aus Frankreich stammende Jachet von Mantua (um 1540) sowie der Niederländer J. de Wert (um 1580). Auch die 5 P.en des Franzosen Ch. d'Argentil sind wohl vor 1543 in Florenz entstanden. P.en mit lediglich einstimmigem Evangelistenpart liegen vor von G. de Albertis (vor 1541, eine nach Matthäus, 2 nach Johannes), Paulus Ferrarensis (1565, je eine nach Matthäus und Johannes), Paolo Aretino (zwischen 1550 und 1570, nach Johannes), weitere von D. P. Falconio (1580), G. M. Asola (1583), T. Clinio (1595), C. D. Serafino (1604) und F. Soriano (1619). An durchkomponierten P.en entstanden je eine nach Matthäus und Johannes von V. Ruffo, eine nach Matthäus von J. Nasco (zwischen 1547 und 1561) und eine nach Johannes von C. de Rore (um 1550). – Dem spanischen und portugiesischen Umkreis entstammen: 5 responsoriale P.en von F. Guerrero (um 1580); 2 von T. L. da Vittoria (1585) mit besonders strengem Festhalten am P.s-Ton, eine anonyme P. aus Coimbra (Portugal), 2 im Codex Carmen (Mexiko) und eine nach Matthäus von J. Gutiérrez de Padilla (Puebla/Mexiko, um 1630), sämtlich vom responsorialen Typus. – Abgesehen von den in Italien entstandenen Werken französischer Meister sind aus Frankreich nur 2 responsoriale P.en im *Liber X: Passiones dominice* (P 1535; P. Attaingnant), eine nach Matthäus von Cl. de Sermisy und eine anonyme nach Johannes, bekannt. – In England entstanden: eine responsoriale P. nach Matthäus von R. Davey (um 1490), eine anonyme aus dem Zeitalter der Reformation (British Museum) und die 3st. Turbae einer Johannes-P. von W. Byrd (1607). – In Deutschland entstammen folgende P.en diesem Zeitraum: 4 P.en von O. di Lasso, die nach Matthäus (1575) und nach Johannes (1580) mit einstimmigen Evangelisten- und Jesusworten, die nach Markus und Lukas (1582) mit lediglich mehrstimmigen Turbae. Aus der Schule Lassos kamen die P.en von R. Reiner, die anonyme P. nach Matthäus des Münchener Ms. mus. 76 und vielleicht auch die nach Matthäus aus dem Kloster Rein (Österreich, wohl nach 1600) mit lediglich schlichten Turbasätzen. – In Böhmen hat die durchkomponierte Longaval-P. in 3 entsprechenden Werken von J. Gallus, einer 6st. nach Matthäus (um 1580) und je einer 4- bzw. 8st. nach Johannes, sowie in einer 8st. Matthäus-P. von J. Regnart (um 1590) besonders nachgewirkt. In allen diesen, sicherlich für die Prager Hofkapelle geschaffenen Werken sind die Rahmenchöre und Turbae vollstimmig, während im Evangelistenpart, bei den Jesusworten und den übrigen Soliloquenten die Vier- und Dreistimmigkeit vorherrscht. – In Polen entstanden 1553 die *Exclamationes passionum* von Wacław z Szamotuł, worin nur der Evangelistenpart einstimmig ist.

In den lutherischen Gebieten blieb im 16. Jh. die einstimmige lateinische P. (wenn auch nicht völlig unverändert) erhalten, wie die *Psalmodia* von L. Lossius (1553) mit einer Matthäus-P. und das *Missale* des Ludecus (1589) mit 4 P.en belegen. Wesentlich größere Bedeutung hatte freilich von der reformatorischen Frühzeit an die deutschsprachige responsoriale P. durch die beiden in den Torgauer Walter-Hss. (zw. 1539 u. 1545) überlieferten anonymen P.en, deren Schöpfer jedoch mit Sicherheit J. Walter selbst ist und die infolge ihrer Herkunft aus dem Umkreis M. Luthers für lange Zeit und ein weites Gebiet richtungweisend wurden. Überliefert sind in den Torgauer Hss. lediglich die Turbae je einer Matthäus- und Johannes-P., während die früheste Aufzeichnung der einstimmigen Partien erst aus einer Grimmaer Hs. aus der Mitte des 16. Jh. bekannt ist. Da sie im vorreformatorischen P.s-Ton vertont ist, nehmen heute die meisten Forscher dessen Übernahme bereits durch J. Walter an. Die Turbae sind streng homophone Falsobordone-Sätze in Gestalt mehrstimmiger Rezitation, die sich von denen des Füssener Traktats wesentlich nur durch eine für die gemischtstimmigen lutherischen Kantoreien hinzugefügte Diskantstimme unterscheiden.
Die deutschsprachige responsoriale P. verbreitete sich schnell über fast sämtliche lutherische Gebiete. Dabei blieben einesteils die schlichten Urfassungen vielerorts bis in das 18., vereinzelt sogar 19. Jh. nahezu unverändert (nur durch Orgelbegleitung und eingefügte Liedstrophen ergänzt) im Gebrauch, andererseits aber begannen bereits vom ausgehenden 16. Jh. an namhafte Komponisten mit der Schöpfung polyphoner und dramatisierter Turbae, was zu einer allmählichen Aufgabe des P.s-Tons führte. Nicht selten wurde dabei auch die Vierstimmigkeit, besonders beim *Kreuzige*-Chor und bei der als „Gratiarum actio" gestalteten Conclusio, zur Fünf- und Sechsstimmigkeit erweitert. Im Laufe des 17. Jh. wurde dann auch die liturgische Rezitation zugunsten affektvoller Monodie, so vor allem bei H. Schütz, verlassen.
Folgende Werke sind hier zu nennen: eine P. nach Matthäus von J. Haupt (wohl um 1560); 3 P.en von J. Meiland, je eine nach Matthäus (1567), Markus (1568) und Johannes (1570); eine 6st. nach Johannes von G. Sulcius (um 1600); je eine nach Matthäus und Johannes von Th. Mancinus (1602); je eine nach Matthäus von M. Vulpius (1613) und O. S. Harnisch (1621); eine nach Lukas von Chr. Schultze (1653); eine nach Markus von M. G. Peranda aus der Grundigschen Hs. (etwa 1668, der Komponist wurde erst jüngst ermittelt); die anonyme Glashütter P. (um 1700, mit B.c.). Dazu kommen die 3 P.en von H. Schütz (nach Matthäus, Lukas und Johannes), deren Einzigartigkeit neben der Aufnahme monodischer Elemente in der konzentrierten dramatischen Schlagkraft der Turbae besteht. Nur in der Lukas-P. nach 1653 hat sich Schütz noch an den lydischen F-Modus gehalten, während die nach Matthäus im dorischen und die nach Johannes im phrygischen Ton stehen (alle 3 sind in der Grundigschen Hs. überliefert). – Auch im lutherischen Bereich fand vereinzelt die Zwischenform mit Beschränkung der einstimmigen Rezitation auf den Evangelistenpart Verwendung, so zuerst bei dem Dresdner Hofkapellmeister A. Scandello (1568) nach dem italienischen Vorbild von G. de Albertis. Scandello schlossen sich B. Gesius mit einer Johannes-P. (1588) und A. Beber mit einer nach Markus an (um 1610; in dieser ist zum ersten Mal das Dorische an die Stelle des herkömmlichen P.s-Tons getreten).
Da die Longaval-P. von manchen lutherischen Kantoreien aufgegriffen wurde, gelangte auch hier die durchkomponierte P. zu einer gewissen Bedeutung, bezeichnenderweise jedoch zunächst mit lateinischem Text, so die Markus-P. von J. Galliculus (1538) und die *Summa Passionis Christi* von B. Resinarius (1543), beide in enger Anlehnung an Longaval. Später folgten noch die musikalisch von Lasso beeinflußte Johannes-P. von L. Daser (1578) und die nach Matthäus von P. Bucenus (1578, 6st.), schließlich 2 P.en von B. Gesius (4- bzw. 6st., letztere 1613).
Die Reihe der deutschsprachigen durchkomponierten P.en beginnt mit der Johannes-P. von Joachim a Burck (1568; von einer weiteren nach Lukas ist nur der Tenor erhalten). Es folgen die Johannes-P. von J. Steuerlein (1576), eine nur nachrichtlich bekannte 8st. von G. Forster (1586/87), die Matthäus-P.en von J. Machold (1593, 5st.) und von J. Herold (1594, 6st.) und schließlich die Johannes-P.en von L. Lechner (1593, 4st.) und Chr. Demantius (1631, 6st.), die einen Höhepunkt in der Geschichte der evangelischen Kirchenmusik darstellen. Die ständig zunehmend ausdruckshafte motettische Entfaltung in dieser Werkreihe hat auch hier zu einer allmählichen Lösung vom P.s-Ton geführt; trotzdem heißt es noch bei Lechner „nach dem alten lateinischen Kirchen-Choral".
Das Generalbaßzeitalter beeinflußte nachhaltig wie die gesamte musikalische Entwicklung auch die Geschichte der Passion. Zu ihrer bisherigen rein vokalen Gestalt kommen nun, ohne daß die streng liturgische Tradition aufgegeben wurde, mancherorts außer dem B.c. begleitende Instrumente, gliedernde Instrumentalritornelle, Einlagen von betrachtenden Texten u.a. hinzu. Vorort für

die neue Entwicklung war Hamburg mit 2 P.en nach Johannes und einer nach Matthäus von Th. Selle (um 1640 und 1643). Es folgen u.a. die Matthäus-P.en von J. Sebastiani und J. Theile (beide 1673), die von F. Funccius (vor 1680) und J. G. Kühnhausen (um 1700), sämtlich aus dem norddeutschen Raum. Man bezeichnet diese Werke am besten mit Generalbaß-P.en und nicht als oratorische P.en; denn die letzteren setzen eine P.s-Dichtung (zumeist in Verbindung mit dem Druck von Textbüchern, die der „explicatio et applicatio textus" dienen) voraus. Rezitativ, Arioso und Arie werden zu diesem Zweck als neue, zusätzliche Formen aus der Oper übernommen; sie sind das eigentliche Kennzeichen des Oratoriums bzw. der oratorischen Passion.

18. Jahrhundert. Diese neue Entwicklung begann um 1700 und führte im frühen 18. Jh. zu einer Vielzahl solcher Werke, von denen die meisten – da ungedruckt – verloren sind. In manchen Städten gehörte die jährliche Aufführung mindestens einer oratorischen P. zur festen Einrichtung, so vor allem in Hamburg und Leipzig, aber auch in kleineren Residenzen wie Darmstadt, Gotha und Rudolstadt. Aus der großen Zahl betreffender Werke (allein G. Ph. Telemann schuf von 1716–65 46 P.en) seien nur die zugänglichen aufgeführt:

Die Johannes-P. G. Fr. Händels mit Text von C. H. Postel (1704), die Markus-P. von R. Keiser (um 1717), die P.en von J. S. Bach nach Johannes (1724), Matthäus (1727) und Markus (1731, nur teilweise erhalten), ferner die unechte Lukas-P. (BWV 246) sowie die P.en nach Lukas und Markus von G. Ph. Telemann (1728 bzw. 1759). P.en schufen auch G. Böhm, J. F. Doles, J. Ph. Krieger (13 zwischen 1685 und 1722), V. Lübeck, G. H. Stölzel, sodann die Rudolstädter Hofkapellmeister Ph. H. Erlebach, J. Graf und G. Gebel d.J. (alle nicht erhalten). – Als eine Sonderform der oratorischen P. ist die musikalische Bearbeitung der *Sieben Worte Jesu am Kreuz* anzusehen, wie solche von H. Schütz (um 1645), A. Pfleger (um 1670) und Chr. Graupner (1743) vorliegen. Eine andere Sonderform ist die Aufteilung der Leidensgeschichte in eine Reihe von „Actus", die entweder auf die Sonntage der Fastenzeit oder die einzelnen Tage der Karwoche verteilt wurden. Das früheste bekannte Werk dieser Gattung entstand 1707 in Rudolstadt und stammt sicher von Ph. H. Erlebach (nur das Textbuch ist erhalten). Verwandt damit sind Reihen von P.s-Kantaten, die seit 1699 in Gotha (wo damals W. C. Briegel Hofkapellmeister war) und später auch in Darmstadt mit einem Zyklus von 10 Kantaten Chr. Graupners (1741) nachweisbar sind (ebenfalls nur Textbücher erhalten). Besondere Beachtung erlangten G. Ph. Telemanns *Seliges Erwägen des Leidens ... Christi* (1728) und vor allem C. H. Grauns „Cantate" *Der Tod Jesu* (1755, Text von C. W. Ramler), die bis 1884 fast alljährlich in Berlin am Karfreitag aufgeführt wurde. – Von der oratorischen P. ist das P.s-Oratorium zu unterscheiden, in dem auch der biblische Text, wie auch z.T. in den genannten Kantaten, poetisiert ist. Die früheste Dichtung dieser Art ist Chr. F. Hunolds (Menantes), 1704 von R. Keiser vertonte *Der Blutende und Sterbende Jesus.* Besondere Bedeutung erhielt B. H. Brockes' *Der für die Sünde der Welt gemarterte und sterbende Jesus,* von R. Keiser 1712, von G. Fr. Händel und G. Ph. Telemann 1716, von J. Mattheson 1718, von G. H. Stölzel 1727 u.a. (von dem Schweizer J. C. Bachofen 3st.) vertont. Spätere P.s-Oratorien sind z.B. die von J. E. Doles (nach 1750), je eins von C. Ph. E. Bach und J. E. Bach (beide 1769). Als Nachzügler erscheint L. Spohrs *Des Heilands letzte Stunden* (1835, Text von F. Rochlitz). Bereits um 1770 war jedoch die Zeit regelmäßiger gottesdienstlicher P.s-Aufführungen allgemein vorbei, wurde doch das P.s-Oratorium, im Gegensatz zur oratorischen P., von Anbeginn an schon nicht mehr im eigentlichen Sinne als liturgische Musik verstanden und daher in Sonderveranstaltungen innerhalb oder sogar außerhalb des gottesdienstlichen Raumes musiziert.

In der katholischen Kirche gewannen infolge der Reform von Trient oratorische P. und P.s-Oratorium nicht annähernd die gleiche Bedeutung wie in der evangelischen. Von den älteren Werken blieben jedoch die P.en von Lasso und da Vittoria über Jahrhunderte im Gebrauch (die von da Vittoria u.a. in der Sixtinischen Kapelle). Zahlreiche Kleinmeister schufen jedoch, vornehmlich in Italien, im 17. und 18. Jh. 2- bis 4st. Turbae. Im Zeitalter der Restauration komponierte G. Baini neue Turba-Sätze nach altem Vorbild (1815). Aus der geringen Zahl oratorischer P.en ragt in diesem Zeitabschnitt A. Scarlattis Johannes-P. (um 1700) hervor. P.s-Oratorien entstanden im Zusammenhang mit den in Italien und Wien begangenen „Sepolcri" (Heiliggrabfeiern), als frühestes das *Oratorio per la Settimana santa* von L. Rossi (um 1643). In Wien schufen J. J. Fux das Oratorium *Jesu Cristo nell'orto* (1718) und A. Caldara *La morte e sepoltura di Cristo* (1723). Wesentliche Anregungen gingen von P. Metastasios Dichtung *La passione di Jesu Cristo* aus; sie wurde 1730 von Caldara und 1742 von N. Jommelli sowie von zahlreichen weiteren Komponisten vertont, noch 1777 von A. Salieri, 1784 von G. Paisiello und sogar von J. Fr. Reichardt. Ein Werk eigener Art war J. E.

Eberlins *Der blutschwitzende Jesus* (um 1750). Am katholischen Dresdner Hof entstanden J. A. Hasses *I pellegrini al sepolcro* (1742) und ein dem P.s-Oratorium verwandtes Werk wie *La deposizione della croce* (1744). Zu erwähnen sind ferner F. A. Rößlers *Der sterbende Jesus* (1786) und *Jesus in Gethsemane* sowie vor allem J. Haydns *Die sieben Worte des Erlösers am Kreuz* und L. van Beethovens *Christus am Ölberge.* Die Volkssprachigkeit aller dieser Werke ist zugleich ein Zeichen für ihren geringen liturgischen Charakter.

19. und 20. Jahrhundert. Das 19. Jh. war für beide Konfessionen in erster Linie eine Zeit der Forschung und Wiederbelebung. Die erste Wiederaufführung von J. S. Bachs Matthäus-P. durch F. Mendelssohn Bartholdy in Berlin (1829) und deren allmähliche Aufnahme in das Repertoire aller namhaften Oratorienvereine war symptomatisch. Gegen Ende des 19. Jh. wandten sich Ph. und H. Spitta auch den Schützschen P.en unter Respektierung ihres liturgischen Charakters zu. Neu aus diesem Geist entstand H. von Herzogenbergs *Passion,* op. 93, 1896. Das 20. Jh. hat dann im Zuge der kirchenmusikalischen Erneuerung nicht nur zu einer intensiven Wiederaufnahme von P.en früherer Epochen, sondern zugleich zu einer Fülle neuer, z.T. hochbedeutender Kompositionen geführt. Geschah dies zwar zumeist aus einer wieder lebendig gewordenen Tradition heraus, so zeigten doch die eingesetzten musikalischen Mittel, daß dies nicht im Geiste eines restaurativen Historismus erfolgte. Responsoriale P.en schufen seit etwa 1930 H. Distler und H. Fr. Micheelsen, durchkomponierte u. a. K. Thomas, E. Pepping, S. Reda und R. Mauersberger, schließlich oratorische H. Collum, Felicitas Kukuck, K. Hessenberg und in besonders künstlerischer Ausprägung der reformierte Franzose G. Migot mit *La Passion* (1942) und der Schweizer Fr. Martin mit *Golgatha* (1945–48). Avantgardistische musikalische Mittel sind in Krz. Pendereckis *Passio et mors Domini nostri Iesu Christi secundum Lucam* (1962–65) in G. Zachers *700000 Tage später* (1970) und in O. G. Blarrs *Jesus-Passion* (1985) wirkungsvoll eingesetzt, im zuletzt genannten Werk außerdem Elemente aus der jüdischen Musik und in Verbindung mit fast ausschließlich hebräischem Text als bewußten Brückenschlag zwischen Christen und Juden. – Restaurative Züge und nur geringe Wirkung über die Entstehungsländer hinaus zeigen in Italien etwa *La passione di Cristo* von L. Perosi (1905), in England *The Passion* von B. Rogers (1940–41). Eine liturgische Rückbesinnung erfolgte dagegen in Frankreich mit den Turbae von E. Damais (1948) und von Joseph Gelineau (1949).

Ausg. (Sammelpublikationen): O. KADE, Die ältere Passionskomposition bis zum Jahre 1631 (Gütersloh 1893, Nachdr. 1971); Hdb. der dt. ev. Kirchenmusik, hrsg. v. K. AMELN – CH. MAHRENHOLZ – W. THOMAS I/3 u. I/4 (Gö 1974); Oberit. Figuralpassionen des 16. Jh., hrsg. v. A. SCHMITZ (Mz 1955) (= Musikal. Denkmäler 1).

Lit.: Hsl. Kat. der P.s-Kompositionen in der Univ.-Bibl. Basel; PH. SPITTA, J. S. Bach II (L 1887, ²1916); W. LOTT, Z. Gesch. der Passionskomposition v. 1650 bis 1800, in: AfMw 3 (1921); P. EPSTEIN, Z. Gesch. der dt. Choralpassion, in: Jb. Peters 36 (1929); R. GERBER, Das Passionsrezitativ bei H. Schütz u. seine stilgeschichtl. Grundlagen (Gütersloh 1929); K. NEF, Schweizerische Passionsmusiken, in: SJbMw 5 (1931); DERS., Beitr. z. Gesch. der P. in Italien, in: ZfMw 17 (1935); A. SMIJERS, De Matthäus-Passie van J. Obrecht, in: TVer 14 (1935); H. HÖRNER, Telemanns Passionsmusiken (L 1933); K. AMELN – C. GERHARDT, Die ältesten dt. Passionskompositionen, in: MGkK 44 (1939); M. COOPER, Jommelli's Passions-Oratorio, in: The Listener (1950) Nr. 1136; E. HANLEY, Scarlattis P., in: MQ 39 (1953); K. VON FISCHER, Z. Gesch. der Passionskomposition des 16. Jh. in Italien, in: AfMw 11 (1954); B. SMALLMAN, The Background of P. Music. J. S. Bach and His Predecessors (Lo ²1957); W. BRAUN, Die mitteldt. Choralp. im 18. Jh. (B 1960); J. BIRKE, Z. Gesch. der Passionsaufführungen in Hamburg bis zum Tode des Kantors Th. Selle (1663), in: Zschr. für Hamburgische Gesch. 44 (1958); B. STÄBLEIN – K. VON FISCHER – W. BLANKENBURG, P., in: MGG X; H. J. MOSER, Die P. v. Schütz bis F. Martin (Wb 1967) (= Musikal. Formen in hist. Reihen); TH. GÖLLNER, Die mehrst. liturg. Lesungen II (Tutzing 1969); W. STEUDE, Die Markusp. in der Leipziger P.en-Hs. des J. Z. Grundig, in: DJbMw 14 (1969); W. BLANKENBURG, Zu den Johannespassionen v. L. Daser (1578) u. L. Lechner (1593), in: Musa Mens Musici. Gedenkschrift W. Vetter (L 1969); J. PEYRIN, Passions, lamentations, déplorations, in: Encyclopédie des musiques sacrées III (P 1970); I. KÖNIG, Stud. z. Libretto des „Tod Jesu" von K. W. Ramler u. K. H. Graun (Mn 1972); K. VON FISCHER, Die P. von ihren Anfängen bis ins 16. Jh., in: Gattungen der Musik in Einzeldarstellungen. Gedenkschrift L. Schrade (Be – Mn 1973); K.-J. MÜLLER, Informationen zu Pendereckis Lukas-P. (F 1973) (= Schriftenreihe z. Musikpädagogik o. Nr.); G. MASSENKEIL, Eine unbekannte Quelle z. lat. P. in Frankreich, in: Musicae scientiae collectanea. FS K. G. Fellerer (Kö 1973); H. FREDERICHS, Das Verhältnis v. Text u. Musik in den Brockespassionen Keisers, Händels, Telemanns u. Matthesons (Mn 1975); K. VON FISCHER – W. BRAUN, P., in: Grove⁶ XIV.

W. BLANKENBURG

PASSUS DURIUSCULUS (lat., = etwas zu harter Gang), in der musikalischen Figurenlehre des 17. Jh. (Chr. Bernhard) Bz. für den chromatischen Gang abwärts oder aufwärts, wie er seit dem 16. Jh. (↗Chromatik) nahezu als musikalischer Allgemeinplatz bei Texten mit den Affekten der Klage (vgl. ↗Lamento), der Trauer, des Schmerzes erscheint. Bei anderen Theoretikern heißt diese Figur Pathopoeia. P. ist bei Bernhard auch der Gang zur übermäßigen Sekunde, zur verminderten Terz und zur verminderten oder übermäßigen Quarte und Quinte, in der Praxis wohl auch die Folge von kleinen Terzen. Vgl. dazu den Anfang von J. S. Bachs Kantate 159 *Sehet, wir gehen hinauf nach*

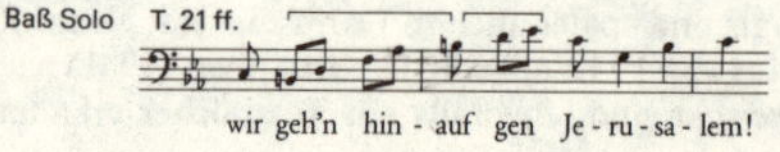

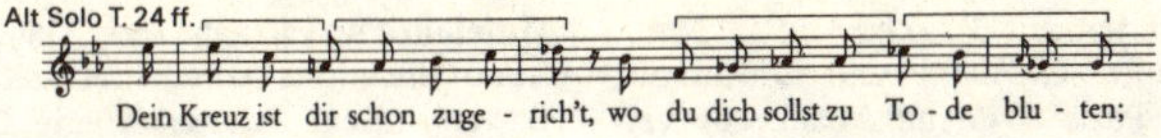

Jerusalem, wo die Folge von mehreren Passus duriusculi unmittelbar auf den *harten Gang* nach Jerusalem (bei diesen Worten T. 10 steht ein ↗Saltus duriusculus) Bezug nimmt.

PASTA (geborene Negri), **Giuditta Maria Costanza,** * 28. 10. 1797 Saronno bei Mailand, † 1. 4. 1865 Blavio bei Como; it. Sängerin (Sopran). Sie studierte am Konservatorium in Mailand, debütierte ohne nennenswerten Erfolg und setzte ihre Ausbildung bei Giuseppe Scappa fort. 1815 machte sie bei der (später von H. Stendhal in *Vie de Rossini* beschriebenen) UA von Scappas Oper *Le tre Eleonore* am Teatro degli Accademici Filodrammatici erstmals auf sich aufmerksam und wurde 1821 durch sensationelle Erfolge am Théâtre-Italien in Paris, vor allem in den Rollen der Desdemona (in G. Rossinis *Otello*) und der Donna Anna (in W. A. Mozarts *Don Giovanni*), weltberühmt. Bis 1837 sang sie in Paris, London, Wien und Mailand, 1840/41 auch in St. Petersburg und zog sich dann allmählich von der Bühne zurück. V. Bellini schrieb für sie die Titelpartien von *La sonnambula* und *Norma,* G. Donizetti die von *Anna Bolena.*

Lit.: L. BOSSINI, G. P. (Neapel 1833); M. FERRANTI-GIULINI, G. P. e i suoi tempi (Mi 1935); K. HONOLKA, Die großen Primadonnen (St 1960).

PASTERWITZ (Pasterwiz), **Georg** (Robert) **von,** OSB, * 7. 6. 1730 Bierhütten bei Passau, † 26. 1. 1803 Kremsmünster; dt. Kirchenmusiker und Gelehrter. Er trat 1749 in das Benediktinerkloster Kremsmünster ein, studierte anschließend Theologie, Rechtswissenschaft, Mathematik und Musik in Salzburg und empfing 1755 die Priesterweihe. Später unterrichtete er in Kremsmünster Philosophie und Mathematik an der Ritterakademie und war 1767–83 Regens chori. Dort ließ er italienische Opern aufführen, komponierte aber auch eigene Dramen und Singspiele mit geistlichem Sujet. 1785–95 vertrat er als „Hofmeister" die Interessen des Stiftes in Wien, kehrte dann nach Kremsmünster zurück und wirkte dort 1795–1801 als Dekan der höheren Schule. P. gehörte zu den fruchtbarsten Komponisten Ende des 18. Jahrhunderts.

WW: Im Druck erschienen je 8 Org.- u. Klv.-Fugen (W 1791, 1792) sowie *Dreyhundert Themata und Versetten* für Org. (W 1803). – Hsl. erhalten: Cemb.-Stücke; 22 Orch.-Menuette; 10 Messen, ein Requiem u. zahlr. andere kirchenmusikal. Werke; einige Schulopern.

Ausg.: 5 Sätze, in: Orgelmusik in Benediktinerklöstern, hrsg. v. E. KRAUS (Rb 1959).

Lit.: W. KAAS-CORNELIUS, G. von P. als Kirchenkomponist (Diss. W 1925); A. KELLNER, Musikgesch. des Stiftes Kremsmünster (Kas – Bas 1956).

PASTICCIO (it., = Pastete), Bz. für ein Werk, das vorwiegend oder vollständig aus bereits vorhandener Musik kompiliert ist. Dabei kann es sich um Instrumental- sowie um geistliche oder dramatische Vokalmusik handeln. Der Terminus ist erstmals in J. J. Quantz' Autobiographie (1754) nachzuweisen, und zwar in Zusammenhang mit der italienischen Oper des 18. Jahrhunderts. Seit etwa 1700 war die P.-Praxis hier in der Opera seria wie im Intermezzo und in der Opera buffa sehr beliebt und entsprechend stark verbreitet. Dies ist einerseits in der Ästhetik jener Gattungen, andererseits in der Organisation des damaligen Opernbetriebs begründet. Die Trennung von Aktion und Musik in Rezitativ und affekttypisierte Nummer erlaubte die Entlehnung von Arien entweder aus anderen Werken eines einzigen oder aber aus Werken verschiedener Komponisten. Je nachdem welches Verfahren gewählt wurde, vorhandene Arien (unter Veränderung des Textes) in ein fixiertes Libretto zu integrieren oder aber (unter Beibehaltung des Textes) aus einzelnen Arien einen neuen dramatischen Kontext zu erstellen, ist von ↗Parodie bzw. von Entlehnung zu sprechen. Die ästhetischen Prinzipien der Gattungen, die in der Opera seria z. B. die Abfolge der Arien weitgehend festlegen, wurden bei der Kompilation berücksichtigt. P.s stellten u. a. zusammen J. Chr. Pepusch, L. Leo, Fr. Feo und J. Haydn *(La Circe).* Ein P., bei dem mehrere Komponisten zusammenwirkten und einzelne Teile schrieben, ist *Muzio Scevola* von F. Amadei, G. Bononcini und G. Fr. Händel.

Die Praxis, in jeder Saison für jede Bühne stets neue, zumindest grundlegend bearbeitete Werke zur Aufführung zu bringen, ist einer der gesellschaftlichen Gründe für die Verbreitung der Pasticcios. Die Opernhäuser in Italien waren Wirtschaftsunternehmen. Erfolgreiche Musik berühmter Komponisten unter der Hand zu einem neuen Werk zu verbinden, war weniger risikoreich, als zweitrangige Komponisten mit einer „Scrittura" zu beauftragen. Als Ergebnis der fortschreitenden Dramatisierung der Gattung, die den individuellen Charakter des Werkes zunehmend hervortreten ließ, verlor die P.-Praxis allmählich an Bedeutung. Vereinzelt blieb sie jedoch noch bis weit ins 19. Jh. erhalten (z. B. eine Aufführung von G. Meyerbeers *Crociato in Egitto* in Reggio 1826 mit musikalischen Interpolationen aus Werken von G. Donizetti, S. Mercadante, G. Pacini und G. Rossini; *Robert Bruce* in Paris 1846 mit Musik aus verschiedenen Opern G. Rossinis).

Lit.: O. G. SONNECK, Ciampis „Bertoldo", „Bertoldino e Cacasenno" and Favart's „Ninette à la cour". A Contribution to the History of „P.", in: SIMG 12 (1910/11), wiederabgedruckt, in: DERS., Miscellaneous Studies (NY 1921); D. J. GROUT, A Short History of Opera (NY 1947, ²1965); F. WALKER, „Orazio". The History of a P., in: MQ 38 (1952); M. REIMANN, P.s u. Parodien in norddt. Klaviertabulaturen, in: Mf 8 (1955); J. W. GRUBBS, Ein Passions-P. des 18. Jh., in: Bach-Jb. 51 (1965); M. REIMANN, Ein it. P. v. 1609, in: Mf 19 (1966); K. HORTSCHANSKY, Gluck u. Lampugnani in Italien. Zum P. „Arsace", in: Anal. Mus. 3 (1966); G. THOMAS, Zu „Il mondo della luna" u. „La fedeltà premiata". Fassungen u. P.s, in: Haydn-Stud. II/2 (1969); K. HORTSCHANSKY, „Arianna", ein P. v. Gluck, in: Mf 24 (1971); H. BEKKER, Opern-P. u. Parodie-Oper, in: Musicae scientiae collectanea. FS K. G. Fellerer (Kö 1973); R. STROHM, Händels Pasticci, in: StidMg 9 (1974) (= Anal. Mus. 14); DERS., It. Opernarien des frühen Settecento (Kö 1976) (= ebd. 16); G. LAZAREVICH, Eighteenth-Century P. The Historian's Gordian Knot, in: StidMg 11 (1976) (= ebd. 17).

S. DÖHRING

PASTORALE (it. von pastore = Hirte; im Deutschen als Substantiv oder Adjektiv verwendet), bezeichnet Werke der Literatur, Kunst und Musik, die sich mit einer meist idealisierten Natur, mit Nymphen, Hirten, Schäfern und Bauern beschäftigen. Die P. als bedeutsames Phänomen europäischer Kunstäußerung wurzelt mit ihren sprachlichen, bildnerischen und musikalischen Ausdrucksformen in den Besonderheiten der mediterranen Landschaft und ihrer Bewohner.

Antike. Das Hirtenleben der Antike, in der Dichtung als gespiegelte Realität bzw. künstlerische Überhöhung greifbar, war vielfach mit Musik verbunden. Musizieren zur Unterhaltung, oft die Klang- und Geräuschwelt der Weidelandschaft nachahmend, beschreibt schon Homer *(Ilias)*. Hesiod *(Schild des Herakles)* nennt die Syrinx als Fest- und Hochzeitsinstrument, die zum typischen Attribut von Hermes, Pan und den Hirten wird. Theokrit weist in den *Bucolica* der Musik die Aufgabe zu, zwischen ursprünglicher Freude an Klangerscheinungen und künstlerischer Betätigung zu vermitteln. Die römische Antike baut die Natur- und Musikverbundenheit des Hirtenstandes weiter aus (Lukrez, *De rerum natura*). Vergils Eklogen transponieren das Hirtendasein zu einer ins Geistige gewandten Idealvorstellung. Das Goldene Zeitalter, das Sehnsuchtsland Arkadien, der „locus amoenus" als ewig blühende Frühlingslandschaft mit Singen und Musizieren gehören zu den Urbildern der Idyllik (↗Idylle), wirken auf spätere Prägungen in Lyrik, Drama und Oper und werden ab dem 17. Jh. mit dem Bild des musizierenden Hirten zu einem ↗Topos in Literatur und Musik.

Mittelalter und Renaissance. Das Mittelalter übernimmt die antike Arkadienvorstellung und die mit ihr verbundene Schäferszenerie. Ob sich die ↗Pastourelle der französischen Troubadour- und Trouvère-Lyrik direkt aus der europäischen Hirtendichtung ableitet, ist nicht geklärt. Den Typus als Dialog zwischen Ritter und Hirtin verwendet Adam de la Halle im *Jeu de Robin et de Marion* (1283/84), parodiert gleichzeitig die bäuerliche Derbheit und fügt Tanzlieder mit kurzgliedriger Melodik und lebhafter Rhythmik ein.

Die Christianisierung der P. vollzieht sich in der Sinnfigur des „Guten Hirten" (mit der Syrinx als Attribut) und in der Parallelisierung von Arkadien, Goldenem Zeitalter, Elysium und Paradies in Literatur und Bildkunst (zur Verbindung von P. und Weihnachten s. u.).

Die Tradition des musisch gebildeten, des singenden und musizierenden Hirten nehmen die Renaissance-Dichter wieder auf. G. Boccaccio (*Ninfale d'ameto,* um 1340), später J. Sannazaro (*Arcadia,* 1502) begründen den Schäferroman der Zeit mit seiner typischen Mischung von Prosa und Lyrik, die zusammen mit den Schäferspielen in Italien zum auslösenden Moment von Lied- und Tanzeinlagen wird. A. Poliziano (*Orfeo,* 1480), Beccari (Dramma pastorale *Il sacrificio,* 1554), später vor allem T. Tasso (*Aminta,* 1573) und B. Guarini (*Il pastor fido,* 1585) übernehmen Staffage und Musikbezogenheit des Hirtenstandes in ihre Dramen und regen erstmals Komponisten zur Vertonung pastoraler Texte als Einlagen an (B. Tromboncino, A. della Viola). Im ↗Intermedium sind Hirtenszenen in Verbindung mit Musik auf der Bühne sowie Mitteilungen über Instrumente und Instrumentation sehr beliebt.

Zum bevorzugten Ausdrucksträger des Pastoralen im 16. Jh. wird das ↗Madrigal, unterstützt durch die vorausgehenden bzw. gleichzeitigen Formen der Villanella, Giustiniane, Kanzonette und des Balletto. Die Textvorlage (Fr. Petrarca, Sannazaro, L. Ariost, Tasso, Guarini), in der die Natur in ihrer Idealität beschrieben, der Mensch in eine arkadisch verklärte Landschaft einbezogen wird, gibt jetzt Anstöße zur Charakterisierung und zur allmählichen Verfestigung bestimmter musikalischer Elemente im Sinne von Topoi: malende Figurik, homophone Partien im polyphonen Satz, Terz- und Sextgänge, eingeschobene Dreiertakte, Nachahmung der Hirteninstrumente Schalmei und Sackpfeife, homophone Dreistimmigkeit und Anklänge an den späteren Sicilianorhythmus finden sich vor allem bei G. de Wert, L. Marenzio und Cl. Monteverdi. Das pastorale Madrigal verbreitet sich rasch auch in England (W. Byrd, Th. Morley) und Deutschland (J. H. Schein; auch Generalbaßlieder).

17. und 18. Jahrhundert. Was im 16. Jh. in Italien an Topoi der musikalischen P. aufgekommen war, wird im 17. und 18. Jh. weiter gefestigt und ausgebaut und greift auf andere europäische Länder über. Nahezu jede Gattung ist davon erfaßt. Die theoretische Auseinandersetzung um die frühe Oper (V. Galilei, später G. B. Doni), in der es um Wechselbeziehungen von antiker Pastoraldichtung, modernem Hirtendrama und der entsprechenden Musikalisierung geht, gipfelt in den ersten Opern, die P.n sind: J. Peris *Favola di Dafne* (1598) und *Euridice* (1600), G. Caccinis *Euridice* (1602; alle mit Texten von O. Rinuccini), A. Agazzaris *Eumelio* (1606), Cl. Monteverdis *Orfeo* (1607). Der Daphne- und der Orpheus-Stoff werden mit Guarinis *Il pastor fido* zu den bevorzugten Opernlibretti bis ins 20. Jahrhundert. In Italien gewinnt die Pastoraloper bis 1650 allmählich Charakter und Geist der Opera seria (St. Landi, *La morte d'Orfeo,* 1619; L. Rossi, *L'Orfeo,* 1647; J. Melani, *La Tancia,* 1656). Ein wichtiges Bindeglied zum Spätbarock auch hinsichtlich des Pastoralen bildet das Opernwerk von A. Caldara und A. Scarlatti.

Ausgehend von der Chanson und dem Ballett, hat auch in Frankreich die Pastoraloper ab der Mitte des 17. Jh. Fuß gefaßt. 1650 schreibt Michel de La Guerre die Musik zu *Le triomphe de l'Amour,* gefolgt von R. Camberts *La Pastorale d'Issy* (1659) und *Pomone* (1671; Texte von P. Perrin) sowie *Les peines et les plaisirs de l'Amour* (1672, Text von G. Gilbert). Höhepunkt der Entwicklung sind Werke von J.-B. Lully (*Les fêtes de l'Amour et de Bacchus,* 1672; *Acis et Galatée,* 1686), A. Destouches (*Issé,* 1697) und J.-Ph. Rameau (*Zaïs,* 1748; *Daphnis et Eglé,* 1753). Die später durch die Französische Revolution weitgehend gebrochene Tradition der ungezwungenen Schäfereien als Gegenpol zu der Etikette des Hoflebens ist vor 1789 auch im Singspiel beliebt, so in J.-J. Rousseaus *Le devin du village* (1752), das W. A. Mozart 1768 als Vorlage zu *Bastien und Bastienne* diente. G. Fr. Händel faßt die pastoralen Elemente in Italien, Deutschland, England (dort dienen vor allem die Masques zum Ausdruck des Pastoralen) und Frankreich in seinem Opernwerk zusammen und wendet sich zwischen 1732 und 1738 ausschließlich der Pastoraloper zu *(Acis and Galatea, Il pastor fido, Orlando, Ariodante, Alcina).* Bekannte pastorale Sujets greifen auch Chr. W. Gluck (*Il re pastore,* 1756; *Orfeo ed Euridice,* 1762) und W. A. Mozart (*Il re pastore,* 1775) auf.

Im Bereich der geistlichen Musik werden Kantate, Oratorium und Messe von pastoralen Elementen durchdrungen. Hauptsächlich in Verbindung mit dem Weihnachtsfest, aber auch zur Charakterisierung mythologischer oder allegorischer Gestalten komponieren A. und D. Scarlatti sowie A. Caldara Pastoralkantaten, schreibt Fr. Durante ein *Gloria in pastorale.* In den Pastoralmessen, als deren Begründer Fr. Sales (*Missa,* 1589) gilt und die in gewisser Weise die geistlichen Hirtenspiele des Mittelalters fortsetzen, werden besonders das *Et incarnatus est* im Credo und das Benedictus mit typischen Merkmalen versehen. Nach Werken von Fr. Durante und O. Pitoni erreicht diese Sonderform um 1800 ihren Höhepunkt (G. J. Vogler, P. von Winter, M. Haydn, A. Diabelli). In den Kantaten J. S. Bachs liegen die Schwerpunkte auf einer konsequenten musikalisch-topischen Deutung des Gleichnisses vom „Guten Hirten" (BWV 85, 104, 175, 184) und auf der gezielt eingesetzten Instrumentation (Holzbläser). Auch in G. Fr. Händels Oratorien wird neben der antiken Bukolik und dem Naturidyll die geistliche P. zur Auslegung des Guten Hirten Christus (*Israel in Egypt,* 1739) und der Weihnachtsbotschaft (*Messiah,* 1742) eingesetzt. Die P. als Naturidyll erscheint schließlich in J. Haydns Oratorien (*Die Schöpfung,* 1796/98; *Die Jahreszeiten,* 1798/1801). Die Verbindung von Weihnachtsliedern mit Pastoralwerken, wohl erstmals bei D. Bollius (vor 1628) anzutreffen, wird in Frankreich in Meßkompositionen und in den beliebten ↗Noëls gepflegt (M.-A. Charpentier, M. R. Delalande, Fr. J. Gossec).

Die P. in ihrer instrumentalen Formung basiert einmal auf dem ↗Siciliano, zum anderen auf dem musikalischen Brauchtum zum Weihnachtsfest in Verbindung mit der realen Hirtenmusik. Stehen bei dem Siciliano ein ausgewogenes Modell in Melodik, Harmonik, Rhythmik, Tempo und Tonalität sowie eine gewisse Tanzhaltung im Vordergrund, so werden aus dem volkstümlichen Bereich das Kindelwiegen (it.: ninna) oder das Musizieren der italienischen Hirten (Pifferari; ↗Piffero) auf römischen Straßen und Plätzen zur Weihnachtszeit für viele Komponisten zum Vorbild genommen. Eine ganze Reihe von Orgel- bzw. Cembalowerken ahmen das Instrumentarium der Hirten (Schalmei, Sackpfeife) nach in einem Orgelpunktsatz, in Echowirkungen, im harmonisch pendelnden Spannungsverhältnis von Subdominante, Dominante (als Quartsextakkord) und Tonika, durch einen geringen Ambitus der Einzelstimmen und ihre Parallelführung in Terzen, Sexten oder Akkordfolgen. Bevorzugt werden die Durtonarten in C, F und G. Diese Merkmale bilden die Grundlage der P. als musikalischer Topos für die folgenden Jahr-

hunderte. Beliebt sind auch Variationssätze über Weihnachtslieder. Zu den wichtigen Komponisten zählen G. Frescobaldi, B. Storace, B. Pasquini, G. Strozzi, G. Aldrovandini und D. Zipoli.
Dem italienischen Pastoraltyp tritt im süddeutsch-österreichischen Raum ein alpenländischer zur Seite, der nach den auf dem Alphorn spielbaren Tonfolgen den Quart-, Quint- oder Sextsprung bevorzugt. Diese Stücke sind kaum für Weihnachten bestimmt (J. K. von Kerll, A. Poglietti), es sei denn durch eine eindeutige liturgische Zuordnung (Fr. X. Murschhauser, G. Muffat). J. S. Bachs Orgelpastorale BWV 590 mischt süddeutsch-alpenländische und italienische Stileinflüsse. Fr. Fiamengos *Sonata pastorale* (1637), auf diesem Gebiet wohl das früheste Beispiel für Instrumentalensemble, verweist durch ihre Ansätze zu einer instrumentalen Idiomatik der P. und durch ihre aufführungspraktische Funktion innerhalb der Weihnachtsfestlichkeiten eines Adelshauses ohne kirchlich-liturgische Bindung auf die ein halbes Jahrhundert später aufkommenden P.n für Streicher von G. Valentini, G. Torelli, Fr. Manfredini, A. Corelli, P. Locatelli und G. M. Schiassi. Sie werden unter der Bezeichnung Pastorella instrumental und vokal als Weihnachtsmusik volkstümlichen Charakters von Gr. J. Werner und J. Haydn weitergeführt. Pastorale Formen des Balletts, der Suite und des Konzertes bilden sich im alpenländischen Raum und in Wien heraus (J. H. Schmelzer, J. Chr. Pez). Einflüsse des alpenländischen und italienischen Stils sind bei H. Schütz (Sinfonia aus der „Weihnachtshistorie") und bei J. D. Heinichen zu spüren. Dazu gehört auch die Sinfonia am Anfang des 2. Teils von Bachs *Weihnachts-Oratorium.* A. Vivaldi faßt in den Violinkonzerten op. 8 *Le quattro stagioni* und in den Sonaten *Il pastor fido* die heterogenen Elemente der Instrumental-P. am Ende des Barock noch einmal zusammen. Er liefert zugleich Bausteine für die nach der Stilwende um 1750 einsetzenden Pastoralsinfonien (K. Friberth, J. Chr. Cannabich, Fr. A. Rößler, C. Th. Beecke, J. H. Knecht) und deren im 19. Jh. relevant werdenden programmatischen Charakter.

19. und 20. Jahrhundert. Hier herrscht die ausdrucks- und empfindungsbezogene Darstellung der Natur in Pastoralwerken vor. Die Weihnachts-P. ist im Rückgang begriffen. Die musikalischen Topoi werden in wechselnder Zusammenstellung und Gewichtung oft in der Art von Charakterstücken bzw. -szenen eingesetzt oder auch als Typen eines Satzes verwendet, wobei die nähere Kennzeichnung mit „pastorale" auch wegfallen kann. L. van Beethoven nennt seine 6. Symphonie *Sinfonia pastorale* (auch *Sinfonia caratteristica oder eine Erinnerung an das Landleben*) und zeigt darin „mehr Ausdruck der Empfindung als Malerei". Er steht hier in der Tradition einer bei Vivaldi, Haydn und J. H. Knecht (*Tongemälde der Natur,* um 1784) anzutreffenden Kontrastierung der P. mit den Topoi von Gewitter- und Sturmszenen. Die Alphornmelodik nimmt H. Berlioz in der *Scène aux champs* aus der *Symphonie fantastique* (1830) wieder auf und gibt in *L'Enfance du Christ* (1854) eines der seltenen Beispiele einer Weihnachts-P. mit archaisierenden Elementen. R. Strauss (*Eine Alpensymphonie,* 1915), R. Vaughan Williams (*Pastoral Symphony,* 1922), A. Honegger (*Pastorale d'été,* 1920) führen die Tradition weiter. Die Orgelpastorale vertritt u.a. Ch. Blanchet. Eine direkte Verbindung zur Antike sucht Cl. Debussy mit *Prélude à l'après-midi d'un faune* (1892/94) herzustellen. In seinem Gefolge befinden sich A. Roussel (*Le poème de la forêt,* 1906), M. Ravel (*Daphnis et Chloé,* 1906/11), P. Dukas (*La plainte au loin du faune,* 1920) oder auch C. Orff (*Tanzende Faune,* 1914). Natur- und Hirtenszenen lassen sich in zahlreichen Opern nachweisen, u.a. bei R. Wagner („Waldweben" aus *Siegfried,* 1876; Hirtenreigen aus *Tristan und Isolde,* 1865). Parodien auf pastorale Stoffe schreiben J. Offenbach (*Orpheus in der Unterwelt,* 1858; *Les bergers,* 1865) und A. Sullivan (*Iolanthe,* 1882). Den Orpheus-Stoff nehmen A. Casella in seiner einaktigen Kammeroper *La favola d'Orfeo* (1932) und I. Strawinsky im Ballett *Orpheus* (1948) wieder auf. G. Auric vertritt die P. auf dem Gebiet der Filmmusik (*Symphonie pastorale,* 1946).

Lit.: W. W. GREG, Pastoral Poetry and Pastoral Drama (Lo 1906); A. SANDBERGER, Zu den gesch. Voraussetzungen der Pastoralsinfonie, in: Ausgew. Aufsätze z. Musikgesch. II (Mn 1924, Nachdr. Hil 1973); E. G. CARNAP, Das Schäferwesen in der dt. Lit. des 17. Jh. u. die Hirtendichtung Europas (Wü 1939); A. A. DIMPFL, Die Pastoralmesse (Diss. Erl 1945); E. R. CURTIUS, Europäische Lit. u. lat. MA (Be 1948); U. CHRISTOFFEL, It. Kunst. Die P. (W 1952); N. BURT, Opera in Arcadia, in: MQ 41 (1955); A. HOLSCHNEIDER, Musik in Arkadien, in: FS W. Gerstenberg (Wb – Z 1964); W. OSTHOFF, Theatergesang u. darstellende Musik in der it. Renaissance (Tutzing 1969) (= Münchner Veröff. z. Musikgesch. 14); N. PIRROTTA, Li due Orfei. Da Poliziano a Monteverdi (Tn 1969, NA 1975); E. HARRIS, Handel and the Pastoral Tradition (Lo 1980); H. JUNG, Die P. Stud. z. Gesch. eines musikal. Topos (Be – Mn 1980); G. MASSENKEIL, Die Idylle in der Musik, in: Jahres- u. Tagungsbericht der Görres-Ges. ... 1979 (Kö 1980).
H. JUNG

PASTOURELLE (frz.; provenzalisch: pastorela; span.: serranilla; port.: cantiga de serrana, serranilha), Gattung innerhalb der romanischen Lyrik des Mittelalters, die formal die schlichtesten Chansonformen der Troubadour- bzw. Trouvèredichtung aufnimmt. Ihre häufig mit Binnenrefrain versehenen Strophen ahmen im Rahmen dieser Struktur lautmalerisch ländliche Instrumente wie Flöte oder Dudelsack nach. Thema der P. ist das Liebesbegehren, das ein Ritter einer Schäferin („pastoure“, „pastora“) gegenüber ausspricht. Der darauffolgende, anspielungsreiche Dialog endet mit Sieg oder Niederlage des aristokratischen Verführers, der die Begebenheit auch selbst – gewöhnlich heiter und ironisch – erzählt. Neben antiken Vorläufern des Genres bei Theokrit, Vergil und Ovid finden sich mittellateinische Beispiele in den *Carmina Cantabrigensia (Iam, dulcis amica, venito)*, bei Walther von Châtillon *(Declinante frigore; Sole regente lora)*, in den *Carmina Burana* und der Liedersammlung von Ripoll. Die älteste datierbare P. stammt von Marcabru (*L'autr'ier jost' una sebissa*, um 1140); weitere Texte von Guiraut de Bornelh, Gavaudan, Cadenet und Gui d'Ussel sind am Ende des 12. oder zu Beginn des 13. Jh. entstanden. Die älteste nordfranzösische P. schrieb Jehan Bodel um 1190. Während die P. in der Provence nur geringen Erfolg hatte – es gibt etwa 24 Pastorelas –, ist ihr in Nordfrankreich eine umfassende literarische Blüte beschert, wie die ungefähr 120 größtenteils mit musikalischer Notierung erhaltenen, im wesentlichen anonymen, aber auch von Autoren wie Ernoul de Gastinois, Jehan Erart und Thibaut de Champagne verfaßten Belege bestätigen. Vom Ende des 13. Jh. an pflegen auch galego-portugiesische und kastilische Autoren die Gattung. In Deutschland findet man P.n und pastourellenähnliche Texte u.a. bei Albrecht von Johansdorf, Gottfried von Neifen, Walther von der Vogelweide, Neidhardt von Reuenthal und Oswald von Wolkenstein; auch hier ist dem Genre nur geringer literarischer Erfolg beschieden. Die Ursprünge dieser Liedform sind mit einiger Sicherheit in der mündlichen Überlieferung – möglicherweise im Zusammenhang mit besonderen Jahresfesten – zu suchen. Ihre Einfachheit schien offensichtlich in besonderer Weise geeignet, auf bestimmte Brüche in Selbstverständnis und historischer Praxis aristokratischer Gesellschaften unterhaltsam hinzuweisen. Wie wandlungsfähig der literarische Entwurf dabei ist, zeigen Beispiele wie der *Jeu de Robin et de Marion* des Adam de la Halle, ein größerer Dialog mit Liedern, Instrumentalsätzen und volkstümlichen Tänzen, oder die Verführungsszene Don Giovanni – Zerlina in W. A. Mozarts *Don Giovanni.*

Lit.: K. BARTSCH, Altfrz. Romanzen u. P.n (L 1870, Nachdr. Da 1967); O. SCHULTZ, Das Verhältnis der provenzalischen P. z. altfrz., in: Zschr. für romanische Philologie 8 (1884); J. W. POWELL, The P., a Study of the Origins and Traditions of a Lyric Type (C/M 1931); W. ENGLER, Beitr. z. Pastourellenforsch. Literaturber. u. ergänzende Deutungen, in: Zschr. für frz. Sprache u. Lit. 74 (1964); W. D. PADEN, The Medieval P. A Critical and Textual Revaluation (1971) (= Diss. Yale Univ.); M. ZINK, La p., poésie et folklore au Moyen Age (P 1972); J. RIVIÈRE, P.s des 12e et 13e siècles, 3 Bde. (G 1974–76); S. BRINKMANN, Die deutschsprachige P., 13. bis 16. Jh. (Diss. Bonn 1976); TH. M. SCHEERER, Thibaut de Champagne, L'autrier par la matinée, in: Einführung in das Studium frz. Literaturwiss., hrsg. v. W.-D. Lange (Hei 1979); E. KÖHLER, Pastorela, in: Grundriß der romanischen Lit.en des MA, II: Les genres lyriques (Hei 1979).

W.-D. LANGE

PÁSZTHORY, Casimir von, * 1. 4. 1886 Budapest, † 18. 2. 1966 Wermelskirchen (Rheinland); östr. Komponist ung. Herkunft. P. erhielt den ersten musikalischen Unterricht von seiner Mutter, die eine Schülerin Fr. Liszts und in zweiter Ehe mit dem Bruckner-Biographen August Göllerich verheiratet war, und studierte Komposition und Violoncello (P. Grümmer) in Wien, Paris und Brüssel. 1927–34 lehrte er am Volkskonservatorium Wien Violoncello und lebte danach als freischaffender Künstler, seit 1950 in Salzburg. Sein Schaffen, elegant in der melodischen Erfindung, apart in der Harmonik, wurzelt in der österreichischen Musik des späten 19. Jahrhunderts. Manche seiner Werke, für die sich bedeutende Interpreten (L. Wüllner, H. Güden u. a.) einsetzten, hatten seinerzeit großen Erfolg und verdienen auch heute noch Interesse.

WW: **1) Instr.-WW:** Sonate für Vc. u. Klv. (1936); Klv.-Trio; Streichquartett; symphonische Suite *Thuyl Uilenspiegel* für Orch. – **2) Vokal-WW:** Liederzyklen mit Klv. nach R. M. Rilke, H. Hesse, Th. Storm; mit Orch.: *Das Jahr* (J. Weinheber); *Chansons d'automne* (P. Verlaine); Melodramen: *Cornet Rilke* mit Klv., UA: Linz 1914; *Die wilden Schwäne* mit Orch. – **3) Bühnen-WW:** Opern *Die drei gerechten Kammacher,* UA: Graz 1932; *Die Prinzessin und der Schweinehirt,* UA: Weimar 1937; *Tilman Riemenschneider,* UA: Basel 1957. – Tanzspiele *Der Erlenhügel,* UA: Karlsruhe 1936; *Arvalany,* UA: Dresden 1939; *Isbrand,* UA: Weimar 1943.

PATANÈ, Giuseppe, * 1. 1. 1932 Neapel; it. Dirigent. Einer Musikerfamilie entstammend – sein Vater, Franco P. (1908–68), war ebenfalls Dirigent –, studierte er am Conservatorio di Musica S. Pietro a Majella in Neapel und debütierte 1951 am dortigen Teatro Mercadante mit G. Verdis Oper *La Traviata.* 1951–56 war P. Korrepetitor und Kapellmeister am Teatro S. Carlo in Neapel, ging 1961 als Chefdirigent an das Landestheater Linz und wurde 1962 von der Deutschen Oper Berlin als ständiger Dirigent engagiert. Außerdem ist er durch Gastverträge an europäische und überseeische Opernhäuser gebunden und ist auch als Konzertdirigent führender Orchester tätig.

PATER NOSTER (lat., = Vater unser), das Gebet des Herrn (oratio dominica), das jeweils im Rahmen einer Gebetsunterweisung bei Mt 6,9–13 und Lk 11,2–4 überliefert ist. Der textliche Aufbau der heute bei uns gebräuchlichen Fassung läßt sich in folgende Abschnitte gliedern: Anrede, 7 Bitten und abschließende Doxologie *Denn dein ist das Reich und die Kraft und die Herrlichkeit in Ewigkeit. Amen.*

Seinen späteren liturgischen Ort in der Messe – zwischen dem Canon missae und der Kommunion – scheint das P. schon bei Ambrosius von Mailand einzunehmen. Gesichert ist er bei Augustinus als Bischofsgebet zur Vorbereitung – wegen der 5. Bitte *Unser tägliches Brot gib uns heute* – auf die Kommunion; das nach Gregor dem Großen benannte Meßformular konnte auf nicht-römische Vorbilder zurückgreifen. In der Mailändischen Messe aus dem 8. Jh. (Hs. Montpellier Nr. 76) ist der heute noch gültige Rahmen für das P. erreicht: *Oremus,* Invitatorium, P., Embolismus *(Libera nos, quaesumus, Domine).*

Im evangelischen Gottesdienst steht das P. entsprechend M. Luthers *Deutscher Messe* (1526) im Sakramentsteil; wird kein Abendmahl gefeiert, wandert es aus dem Sakraments- in den Wortteil: das P. schließt nun das „Allgemeine Kirchengebet" nach Predigt und Predigtlied ab. In den übrigen protestantischen Kirchenordnungen ist der Ort für das P. äußerst variabel.

Als älteste Quelle für chorale P.-Melodien gilt ein Sakramentar von Monte Cassino. Die Vielfalt von P.-Melodien läßt sich nach 4 Modellen ordnen. 1. Das *mozarabische Modell* ist nach einer dem 4. Psalmton ähnlichen Vorlage gebildet. Die Bitten 1–3, 5 und 6 des Liturgen bekräftigt das Volk akklamatorisch mit *Amen,* die 4. Bitte mit *Quia Deus es,* die 7. Bitte singen alle zusammen. Diese Singweise wurde bei der Neuordnung der Meßliturgie in etwas abgewandelter Form – *Amen*-Ruf auch nach der Anrede und nach der 4. Bitte – als Alternative in das *Missale* (in deutscher Fassung auch in das *Meßbuch*) aufgenommen, sie wird aber selten verwendet. – 2. Das *ambrosianische Modell,* ähnlich dem 1. Psalmton, kennt keine Akklamationen des Volkes. – 3. Das *römische Modell (Missale Romanum)* bildet 2 Melodien – beide mit 2 verschiedenen Tubae – aus: den Tonus ferialis (die wohl ältere und einfachere Form) und den daraus abgeleiteten Tonus solemnis mit reicheren Kadenzen. Aus dem Tonus ferialis wurde für den deutschen Sprachraum eine Fassung geschaffen, die heute meist gesungen wird. Das P. war bis zum 2. Vatikanischen Konzil Priestergebet (ausgenommen – seit der Karwochenreform 1955 – am Karfreitag), die 7. Bitte dem Volk zugewiesen; das *Amen* sprach wiederum der Priester. Heute wird es gemeinsam von Priester und Gemeinde gesungen oder gebetet, wie es im orientalischen und im gallikanischen Ritus stets üblich war. – 4. Das *fränkische Modell* kennt unter dem Terminus *Francigena* verschiedene Varianten: eingedeutschte reformatorische Vaterunser-Melodien sind von diesen abhängig (z.B. Braunschweig, 1528). In den letzten Jahren drang in Deutschland für das P. besonders in Jugendgottesdiensten aller Konfessionen eine nach einem südamerikanischen Calypso geformte Melodie ein.

Die mehrstimmige Vertonung des P. beginnt im 16. Jahrhundert. Kompositionen für Chor schufen: Josquin des Prés (4- bis 6st.), A. Willaert (4st.), Cr. Morales (4st.), N. Gombert (5st.), J. Arcadelt (8st.), G. P. da Palestrina (2 5- bis 8st. Vertonungen sowie *Missa Pater noster*), O. di Lasso (3 4- bis 6st. Vertonungen), J. Gallus (8st.), H. Schütz (4st., in *12 geistliche Gesänge*), O. Nicolai (8st., op. 33), Fr. Liszt (für 4st. Männerchor), G. Verdi (5st., nach Dante), M. Reger (12st.), I. Strawinsky (4st.) und G. Raphael (16st.). Für Singstimmen mit Instrumenten schrieben: H. Schütz (8st., in *Symphoniae sacrae* III), Fr. Liszt (1846 für Männerchor und Org., 1848 für Chor und Org., 1860 für Chor und Org., [1872 in *Christus*], 1869 für 5st. Chor und Org.), L. Janáček (*Otče náš* für Tenor, Chor, Harfe und Org.), Fr. Martin (in *In terra pax*) und H. W. Zimmermann (für 7 St. und Kontrabaß).

Reformatorische Dichter schufen Liedfassungen des P.; die bedeutendste gelang Luther mit der Paraphrase in 9 Strophen *Vater unser im Himmelreich.* Dieser Choral bezieht sich auf das 3. Hauptstück von Luthers Katechismus unter Verarbeitung der Litanei (*Evangelisches Kirchengesangbuch* [EKG] Nr. 138); nach Einzelblattdrucken erschien es zuerst in Valentin Schumanns Gesangbuch (L 1539); die Melodie dient als Lehnweise den Liedern EKG 119 *(Nimm von uns, Herr),* 169, 286 und 314. Das katholische *Gotteslob* (1975) hat kein deutsches Vaterunser-Lied im Stammteil; für die französisch-reformierte Kirche schuf Cl. Marot das Lied *Père de nous qui es là haut ès cieux.* Luthers *Vater unser* liegt zahlreichen Werken zugrunde. Es findet sich in Chorwerken u.a. von S. Dietrich (3- bis 5st. in 6 Sätzen), O. di Lasso (5st., in *Newe Teütsche Liedlein*), J. Eccard (5st.), L. Haßler (4- und 5st.), M. Praetorius (mehrere 2- bis 18st. Vertonungen), S. Scheidt (3- bis 8st.). Für Singstimmen mit Instrumenten wird das Lutherlied verwendet bei D. Buxtehude (Kantate BuxWV 78), J. S. Bach (Kantaten BWV 101, 90, 102 und 245) und G. Raphael (Kantate op. 58). Orgelmusik unter Verwendung des Lutherchorals schrieben S. Scheidt (*Partita in 9 Versus,* in: *Tabulatura nova*), J. U. Steigleder (*Tabulatur-Buch, Darinnen dass Vatter unser auff 2, 3 und 4 Stimmen componirt und viertzig mal varirt würdt*), J. S. Bach (BWV

636, 682 und 683), F. Mendelssohn Bartholdy (Sonate op. 65, 6). J. Driessler verarbeitete P. und Lutherlied im Oratorium *Dein Reich komme.* Einzig in seiner Art ist P. Cornelius' *Vater unser,* op. 2 (1854), ein Zyklus von 9 Sololiedern auf Gedichte von Cornelius selbst, die die einzelnen Bitten paraphrasieren. In jedem Lied ist der entsprechende Melodieabschnitt des gregorianischen P. verarbeitet.

Lit.: P. WAGNER, Einführung in die gregor. Melodien III (L 1921, Nachdr. Hil – Wie 1962); J. A. JUNGMANN, Missarum sollemnia II (Fr – Bas 1948, [5]1962); DERS., Beitr. z. Struktur des Stundengebets, in: Liturg. Erbe u. pastorale Gegenwart (I – W – Mn 1960); B. STÄBLEIN, P., in: MGG X; W. ARLT, Ein Festoffizium des MA aus Beauvais (Kö 1970); A. W. MARKS, Parodies of Liturgical and Theological Texts in Germany in the 16th and 17th Centuries (Diss. C 1970). G. HARTMANN

PAṬET, Bz. für Modi der javanischen und sundanesischen Musik (↗Indonesien), die vielleicht ursprünglich bestimmten Tagesstunden zugeordnet waren und im Schattentheater Wayang kulit einem der 3 Abschnitte der Nacht entsprechen. Es handelt sich bei ihnen um Modi des ↗Pélog- und des ↗Sléndro-Systems, die sich hinsichtlich ihrer Lage durch einen in der Melodie (genḍing) am häufigsten auftretenden Grundton, im Sundanesischen Dasar genannt, unterscheiden. Im Pélog-System werden die P. Lima, Nem (unter dem Begriff Pélog bem oder Karawitan zusammengefaßt und zu Anfang jedes Abschnitts des Wayang kulit verwendet) und Barang unterschieden. J. Kunst weist auf Ähnlichkeit von Pélog bem mit B-Dur- bzw. d-moll hin, während Pélog barang F-Dur bzw. a-moll nahekomme. Im Sléndro-System werden die P. Nem, Sanga und Manjuro unterschieden. Da die Intervalle der Sléndro-Skala je nach ihrer Verwendung in den ↗Gamelan-Ensembles sehr differieren, lassen sich für die verschiedenen P. keine bestimmten Tonarten feststellen.

PATHÉTIQUE (frz., = pathetisch, erhaben), Bz., in der Regel im Zusammenhang mit einem Titel, die auf einen dem Wortsinn entsprechenden Charakter bzw. Vortrag eines Stückes hinweist. Bekannte Beispiele sind L. van Beethovens Klaviersonate c-moll, op. 13 *(Grande sonate pathétique),* Fr. Lizsts Großes Konzertsolo in der Fassung für 2 Klv. *(Concerto pathétique)* und P. Tschaikowskys 6. Symphonie, op. 74 *(Symphonie pathétique).*

PATHOPOEIA (von griech. pathos = Gemütsbewegung und poiein = machen, verursachen), im 17. Jh. Bz. für eine musikalisch-rhetorische Figur, gleichbedeutend mit ↗Passus duriusculus.

PATIÑO, Carlos, * S. Maria del Campo (Cuenca), † 5. 9. 1675 Madrid; span. Komponist. Er wurde 1628 Kaplan und Kapellmeister am Monasterio de la Encarnación in Madrid und 1633 Nachfolger von M. Romero als Kapellmeister der Königlichen Kapelle. Seine Werke – Kirchenmusik, Villancicos, Bühnenmusik (sog. Cuatros de empezar) – sind hsl. in vielen spanischen und lateinamerikanischen Bibliotheken vorhanden und bezeugen seinen Rang in der spanischen Musikgeschichte.

Ausg.: *Missa „In devotione"*, in: Lira Sacro-Hispana II/1, hrsg. v. H. ESLAVA (Ma 1867); Bühnenmusik, in: Teatro Lirico Español III–IV, hrsg. v. F. PEDRELL (La Coruña 1897–98); 4st. Romance *Labradora de Loeches*, in: Música barroca española I, hrsg. v. M. QUEROL GAVALDA (1970) (= MMEsp 32).

Lit.: J. SUBIRÁ, El „cuatro" escénico español, in: Miscelánea... FS H. Anglès II (Ba 1961).

PATTA, Serafino, OSB, * 2. Hälfte 16. Jh. Mailand, † nach 1619; it. Komponist. Er war Benediktiner aus Monte Cassino und war als Organist in Cesena (1606), Reggio Emilia (1609–11), Pavia (1613–14) und wieder in Cesena (1619) tätig. P. ist einer der ersten Repräsentanten der geistlichen Monodie und des geringstimmigen Concerto mit Basso continuo. Seine 2st. Instrumentalkanzonen sind frühe Beispiele ihrer Art.

WW: *Missa, psalmi, motectae ac litaniae* für 5 St. u. B. c. (V 1606); 2 Bücher *Sacra cantica*, I: für 1–3 St. u. B. c. (V 1609), II: für 1–5 St. u. B. c. mit *Cantiones quaedam instrumentis tantum accommodatae* (V 1613); *Motetti et madrigali... da le poesie sacre* für 1 St. u. B. c. (V 1614); *Psalmi integri* für 5 St. u. B. c. (V 1619).

PATTI, Adelina (Adela) **Juana Maria,** * 10. 2. 1843 Madrid, † 27. 9. 1919 Brecknock (Wales); it. Sängerin (Sopran). Sie kam 1847 als Tochter eines italienischen Sängerehepaars in die USA, trat als Achtjährige erstmals öffentlich auf und debütierte 1859 in New York in der Titelpartie von Donizettis *Lucia di Lammermoor.* Seit 1861 gastierte sie Jahr für Jahr in Europa, zunächst an der Covent Garden Opera in London, dem Zentrum ihrer europäischen Erfolge, später auch an den Opernbühnen von Lissabon, Mailand, Paris, St. Petersburg, Moskau, Wien und Berlin. Um die Jahrhundertwende beendete sie ihre Bühnenlaufbahn, trat allerdings noch bis 1914 bei Konzertveranstaltungen auf. 1899 hatte sie den schwedischen Baron Cederström geheiratet, mit dem sie das selbst erbaute Schloß Craig-y-Nos in Wales bewohnte. A. P. gilt als die letzte große Primadonna des 19. Jh.; ihr umfangreiches Repertoire gipfelte in den Koloraturpartien der italienischen Oper des frühen 19. Jh. Ihre beiden Schwestern, **Amalia P.** (1831–1915) und **Carlotta P.** (1835–89), waren ebenfalls angesehene Opernsängerinnen.

Lit.: E. HANSLICK, A. P., in: Musikal. Stationen (B 1880, Nachdr. Farnborough 1971); J. A. CABEZAS, A. P. (Ma 1956); K. HONOLKA, Die großen Primadonnen (St 1960); R. CELLETTI, Le grandi voci (R 1964); The Mapleson Memoirs, hrsg. v. H. ROSENTHAL (NY 1966).

PATZAK, Julius, * 9. 4. 1898 Wien, † 26. 1. 1974 Rottach-Egern; östr. Sänger (Tenor). Er studierte Musik und Dirigieren in Wien bei E. Mandyczewski und Fr. Schmidt, bildete sich selbst zum Sänger aus und debütierte 1923 in Reichenberg (Sudetenland) als Radames in G. Verdis *Aida*. Nach Lehrjahren in der „Provinz" wurde er 1928 Mitglied der Bayerischen Staatsoper in München und ging von dort 1945–59 an die Wiener Staatsoper. Als führender Mozart-Interpret seiner Generation sang er außerdem regelmäßig bei den Salzburger Festspielen und gastierte in vielen Städten Europas, u. a. an der Mailänder Scala sowie an der Covent Garden Opera in London. Außer in Mozart-Partien war er als Florestan in L. van Beethovens *Fidelio* geschätzt und galt lange Zeit als der beste Interpret des Palestrina in H. Pfitzners gleichnamiger Oper. P. war außerdem ein hervorragender Oratorien- und Konzertsänger. Er ist auch als Dirigent hervorgetreten.

Lit.: E. WERBA, in: ÖMZ 13 (1958).

PAUER. – 1) Ernst, * 21. 12. 1826 Wien, † 9. 5. 1905 Jugenheim (Bergstraße); östr. Pianist und Musikforscher. Hauptsächlich von Fr. Lachner in München ausgebildet, wurde er 1847 Musikdirektor in Mainz und trat 1851 in London erstmals als Pianist in Erscheinung. Er ließ sich in London nieder, übte 1859–64 dort eine Lehrtätigkeit an der Royal Academy of Music aus und veranstaltete in den 60er Jahren sog. historische Klavierabende. Von London aus gab er Konzerte in den Niederlanden, in Deutschland und Österreich, wurde 1866 als Hofpianist nach Wien berufen, führte jedoch in den 70er Jahren seine früheren Aktivitäten in London fort und wirkte 1876–96 als erster Klavierlehrer an der Londoner National Training School for Music. P. edierte Klavierausgaben, schrieb Lehrwerke, bearbeitete die Symphonien L. van Beethovens, R. Schumanns und F. Mendelssohn Bartholdys für Klavier und schuf eigene Kompositionen (Klaviersonaten, Kammermusik, Orchesterwerke, Opern).

Schriften: *The Birthday Book of Musicians and Composers* (Lo 1881, erweitert 1903); *The Art of Pianoforte* (Lo 1877); *Musical Forms* (Lo 1878); *The Elements of the Beautiful in Music* (Lo 1877); *A Dictionary of Pianists and Composers for Pianoforte* (Lo 1895). – Lehrwerke: *The New Gradus ad Parnassum*; *Classical Companion*; *Celebrated Concertstudies*; *Culture of the Left Hand*. – Ferner war P. Hrsg. v.: *Alte Claviermusik*, 12 H.e (L 1900), u. *Alte Meister* (L 1910).

2) Max (von), Sohn von 1), * 31. 10. 1866 London, † 12. 5. 1945 Jugenheim (Bergstraße); dt. Pianist. Vom Vater und von V. Lachner ausgebildet, begann er 1885 in England zu konzertieren, nahm 1887 einen Ruf als Klavierpädagoge an das Kölner Konservatorium an und wurde 1897 Leiter der Meisterklasse für Klavier am Konservatorium in Stuttgart. 1908–23 leitete er dieses Konservatorium, 1924–32 das Konservatorium in Leipzig und 1933–34 die Musikhochschule in Mannheim. Neben Bearbeitungen der Symphonien J. Haydns und W. A. Mozarts gab er das Klavierwerk von R. Schumann neu heraus, revidierte die Klavierschule von Lebert-Stark und veröffentlichte unter dem Titel *Unser seltsames Ich. Lebensschau eines Künstlers* (St 1942) eine Autobiographie.

H. THIELEN

PAUER, Jiří, * 22. 9. 1919 Libušin bei Kladno (Böhmen); tschechischer Komponist. Er studierte privat bei Otokar Šin sowie 1943–46 bei A. Hába am Konservatorium und 1946–50 bei P. Bořkovec an der Musikakademie in Prag und war 1953–55 Opernchef des Prager Nationaltheaters. 1958 wurde er künstlerischer Leiter der Tschechischen Philharmonie und 1963 Generalsekretär des tschechischen Komponistenverbandes. In seinen Werken versucht er eine Synthese von tschechischer Volksmusik und modernen Ausdrucksmitteln.

WW: 3 Streichquartette (1960, 1969, 1970). – Für Orch.: Symphonie (1963); *Panychida* (Trauerfeier) (1969); *Canto festivo* (1972); *Iniciály* (1974); je ein Ob.- u. Fag.-Konzert (1954, 1958). – *Tragedie o vose a nose* (Tragödie vom Wagen und von der Nase) (1976) für SingSt u. Orch.; *Madrigaly* (1977) für gem. Chor. – Opern: *Žvanivý slimejš* (Der Schneckendiplomat), UA: Prag 1958; *Zuzana Vojířová*, UA: ebd. 1958; Kinderoper *Červená karkulka* (Rotkäppchen), UA: Olmütz 1960; *Manželské kontrapunkty* (Ehekontrapunkte), 1. Fassung (3 Grotesken), UA: Ostrau 1962, 2. Fassung (5 Grotesken), UA: Reichenberg 1967; *Zdravý nemocný* (Der eingebildete Kranke; nach Molière), UA: Prag 1970.

Lit.: M. KUNA, Š. Jiřim Pauerem nejubilejně, in: Hudební rozhledy 27 (1974).

PAUKE, Kesselpauke (engl.: timpano, kettledrum; frz.: timbale; it.: timpano; span.: timbal, atabal), Bz. für ein paarweise gespieltes Membranophon mit einem oben offenen Kessel (daher die Bz. Kessel-P.) und einer darüber gespannten Membran mit Spannvorrichtung. Der halbkugel- oder schalenförmige, heute eher parabolisch geformte Kessel der europäischen P. ist meist aus Kupferblech, gelegentlich auch aus Aluminium, Messing, Stahl oder Plexiglas, und hat in der Regel unten ein kleines Schalloch von 3–4 cm Durchmesser zum Druckausgleich. Die über den Kessel gespannte Membran besteht aus gegerbter Kalbs- oder Eselshaut, heute manchmal aus Kunststoff. Bei außereuropäischen und frühen europäischen P.n dienten meist Schnüre zum Spannen der Membran, die jedoch bald durch eine wirkungsvollere Spannvorrichtung mit Schrauben ersetzt wurden. Hierbei ist die Membran an einem Fellwickelreifen mit einem darüber gelegten Felldruck- oder Spannreifen befestigt, der mit Hilfe von 6–8 Spannschrauben die Membran gleichmäßig straffen oder lockern kann. Die Spannschrauben wurden zuerst mit einem Stimmschlüssel (noch bei M. Praetorius, *Syntagma musicum* II, 1619), später mit Flügelschrauben oder -muttern gedreht. Die Schrauben-P. läßt sich in Westeuropa seit Beginn des 16. Jh. (S. Virdung, *Musica getutscht*, 1511) nachweisen. Ein P.n-Paar war gewöhnlich im Quart- und Quintabstand gestimmt; wurde umgestimmt, so mußte der Spieler jede Schraube einzeln drehen. Ein schnelles Umstimmen ermöglichten erst die verschiedenen, während des 19. Jh. entwickelten Arten von sog. Maschinen-P.n, deren Mechanik auf alle Spannschrauben zugleich einwirkt. Die wichtigsten, nach der Art ihrer Mechanik zu unterscheidenden Systeme sind die Dreh-P., die Kurbel- oder Hebel-P. und die Pedalpauke. Bei der von J. C. N. Stumpff in Amsterdam 1821 erfundenen Dreh-P. sind die langen, innen oder außen am Kessel befestigten Spannschrauben mit einer zentralen Hauptschraube im Fußgestell verbunden. Bei Drehung des Kessels überträgt ein Gestänge die Kraft der Hauptschraube auf den Felldruckreifen. Die 1812 von G. Kramer in München konstruierte Kurbel- oder Hebel-P. hat lange, in einer unter dem Kessel senkrecht nach oben oder unten beweglichen Scheibe endende Spannschrauben. Die Scheibe ist über eine zentrale Zugstange mit einem unterhalb von ihr befestigten Hebel verbunden, in dem, seitlich neben dem Kessel

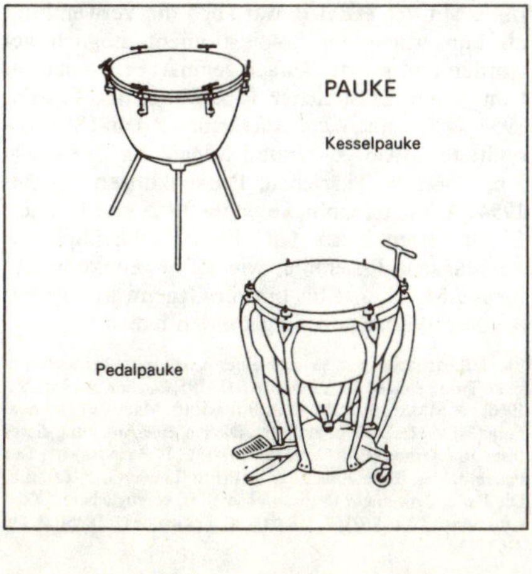

hochragend, eine mit Gewinde versehene Hauptstimmspindel steckt. Diese wird vom Spieler gedreht und bewirkt so das Heben oder Senken des Hebels und damit der Scheibe. Die gleiche Spannvorrichtung hat auch die zuerst von Gautrot 1855 in Paris und dann von C. Pittrich um 1872 in Dresden konstruierte Pedal-P., bei der neben der Hauptspindel, die nur noch zur Feinabstimmung benutzt wird, der Hebel durch ein am Fußgestell angebrachtes, feststellbares Pedal betätigt wird. Bereits 1830 hatte Henri Brod in Paris eine chromatische P. erfunden (timbale chromatique), deren Kessel er auf einen mit 7 Harfenpedalen ausgestatteten Holzkasten setzte.

Die einzelne P. hat im allgemeinen einen Tonumfang von einer Sexte. Durch die Zusammenstellung verschieden großer Instrumente mit Felldurchmessern von 20–80 cm kann ein Tonumfang von insgesamt über 3 Oktaven, gewöhnlich von D bis e^2, erreicht werden. Die heute im Orchester mit leicht variierenden Stimmungen benutzten P.n sind: Baß- oder D-P. (Durchmesser: 75–80 cm, Umfang: D–H); Große oder G-P. (65–70 cm, E [F] – c[d]); Kleine oder C-P. (60–65 cm, A–fis); Hohe oder F-P. (55–60 cm, c–gis); H-P. (45–50 cm, g–c^1); Sopran-P. (20–30 cm, a^1–d^2). Die mit einem Tonbuchstaben bezeichneten P.n geben den mittleren Ton ihres Umfangs an. Bis etwa 1800 war die Notierung der P.n-Stimmen nicht real (transponierend), außer wenn mehr als 2 P.n vorgeschrieben waren. Seitdem werden die P.n klangreal im Baßschlüssel notiert.

Die P. wird mit 1 oder 2 Schlägeln geschlagen; die Anschlagstelle (der Schlagfleck) liegt, je nach Größe, ungefähr eine Handbreit vom Fellrand entfernt. Mit der Änderung des Schlagflecks ändert sich auch der Klang des geschlagenen Tones, dessen Klangfarbe aber vor allem von der Art der verwendeten Schlägel bestimmt wird. Der P.n-Schlägel hat einen Stiel aus hartem Holz und einen Kopf aus Holz, Flanell, Filz oder Hartfilz, Leder, Schwamm oder Schaumgummi. Bis ins 19. Jh. wurden P.n mit großer, oft vor allem optisch beeindruckender Virtuosität gehandhabt. Heute spielt der Orchester-Pauker im wesentlichen Einzelschläge, seltener Kreuzschläge, dafür aber viele verschiedene Arten von dumpfen oder harten Wirbeln und die nur auf Pedal-P.n möglichen Glissandi, die entweder durch ein Umstimmen direkt nach dem Anschlag (Nachklangglissando) oder während eines Wirbels (Wirbelglissando) entstehen. Üblich sind auch das Abdämpfen mit der Hand nach einem Schlag sowie das ↗Coperto.

Die Geschichte der P. in Europa begann mit den aus dem Vorderen Orient eingeführten kleinen

P.n, den ↗Nacaires (↗Naqqāra), die mit schalen-, halbkugel- oder kegelförmigem Resonanzkörper paarweise gespielt wurden und in Europa schnell weite Verbreitung fanden. Die großen Kessel-P.n wurden anscheinend nicht in Europa aus den kleineren Instrumenten entwickelt, sondern wohl aus dem Orient direkt übernommen, wo sie paarweise rechts und links vor dem Sattel, auf Pferden oder Kamelen befestigt, gespielt wurden. Sie waren vermutlich in Osteuropa schon länger bekannt und kamen 1457 erstmals mit ungarischen Gesandten des Königs Ladislaus nach Frankreich an den Hof König Karls VII. Zu Beginn des 16. Jh. waren große Kessel-P.n auch in Deutschland bekannt (vgl. die Darstellungen im Triumphzug Kaiser Maximilians I., 1516–18, oder bei S. Virdung, *Musica getutscht*, 1511), und in England wurden sie 1542 von König Heinrich VIII. eingeführt. Auch in Westeuropa blieben die großen Kessel-P.n zunächst Instrumente der berittenen Soldaten und wurden zusammen mit den Trompeten bald zu Symbolen aristokratischer Macht. Die Pauker waren den Fürsten direkt unterstellt, hatten also einen hohen sozialen Rang. Sie genossen zahlreiche Privilegien und bildeten zusammen mit den Trompetern eine Zunft. Eingesetzt wurden sie bei festlichen Aufzügen und ähnlichen repräsentativen Gelegenheiten bei Hofe. Satztechnisch war die P. in der Regel das Baßinstrument zu den Trompeten, die gespielten Töne waren ausschließlich Grundton und Quinte der betreffenden Tonart. In der ↗Militärmusik blieb die P. generell auf die Musikkorps der Kavallerie beschränkt (vgl. dazu heute die Verwendung von Kessel-P.n im Rahmen berittener Blaskapellen großer Fastnachtsumzüge). Seit dem frühen 20. Jh. gehören P.n zur Militärmusik, sobald sie stationär fungiert, also bei Konzerten sowie beim Großen ↗Zapfenstreich.

Im 17. Jh. fand die P. auch Eingang in das Orchester, und zwar vor allem in der Kirchen- und Opernmusik und zunächst immer nur in Verbindung mit Trompeten. So wurde diese Instrumentenkombination zum bevorzugten Träger festlichen Lobpreises; neben Te Deum-Kompositionen (z. B. von M.-A. Charpentier), Messen u. ä. enthält vereinzelt auch ein Requiem P.n und Trompeten. Die ersten Angaben zur Verwendung von P.n im Orchester beschränken sich auf kurze allgemeine Hinweise. In der 54st. *Missa Salisburgensis* von H. I. Fr. Biber (wahrscheinlich 1682) sind jedoch bereits 2 P.n-Stimmen festgelegt. Bald wurde die P. im Orchester aber auch solistisch eingesetzt, u. a. von H. Purcell (*Fairy Queen*, 1692), G. Fr. Händel (*Semele*, 1744) oder J. S. Bach (*Weihnachts-Oratorium*). Seit dieser Zeit wird im Orchestersatz exponierter P.n-Klang mit und ohne Trompetensignale gelegentlich benützt, um die Vorstellung von Krieg u. ä. musikalisch auszudrücken. Berühmte Beispiele finden sich im Agnus Dei der (deshalb auch so genannten) „Pauken-"Messe *(Missa in tempore belli)* von J. Haydn und der *Missa solemnis* von L. van Beethoven. Wenn auch der paarige Einsatz von P.n lange die Regel blieb, findet sich eine frühe Verwendung von mehr als 2 P.n schon in den Werken Chr. Graupners (z. B. Sinfonia mit 6 obligaten P.n) und zur Verstärkung in G. Fr. Händels *Feuerwerksmusik* mit 6 P.n auf 2 Tonhöhen (A und d). Erst seit dem 19. Jh. wurden häufiger 3 (G. Meyerbeer, *Robert le diable*; P. Tschaikowsky, *Romeo und Julia*) oder 4 P.n (H. Berlioz, *Symphonie fantastique*; R. Wagner, *Der Ring des Nibelungen*) vorgeschrieben. Ein Einzelfall blieb die von Berlioz vorgesehene Anzahl von 16 P.n im *Tuba mirum* der *Grande messe des morts*. Beethoven setzte die P. in seinen ersten Symphonien noch in Verbindung mit Trompeten ein, später dann häufig solistisch (5. und 6. Symphonie). Erstmals in der 7. Symphonie veränderte er die Quint- oder Quartgrundstimmung und schrieb im 3. Satz P.n in A und f vor, in der 8. Symphonie in F und f und im *Fidelio* in A und es. Fast alle späteren Komponisten folgten ihm darin und forderten ebenfalls verschiedene Stimmungen, u. a. C. M. von Weber *(Freischütz)* und R. Wagner *(Siegfried)*. Erst mit der Erfindung der Maschinen-P., vor allem der Pedal-P., konnten für P.n auch schwierigere Passagen oder sogar melodische Motive geschrieben werden (R. Strauss, *Salome*; G. Mahler, 7. Symphonie; M. Ravel, *Rapsodie espagnole*; E. Wellesz, *Alkestis*; B. Bartók, *Musik für Saiteninstrumente, Schlagzeug und Celesta*; C. Orff, *Trionfo di Afrodite*). Mit der Pedal-P. war auch die Verwendung als konzertierendes Soloinstrument möglich geworden und wurde vielfach genutzt: Fr. Donatoni, Concertino für Streicher, Blechbläser und P. solo, 1952; O. Gerster, *Capricciettio* für 4 P.n und Streichorchester, 1936; D. Jones, Sonate für 3 Kessel-P.n, 1947; W. Thärichen, Paukenkonzert op. 34, 1954; A. Tscherepnin, Sonatina für P. und Klavier. Einen festen Platz hat die P. schließlich im ↗Schlagzeug-Ensemble, wie es im Umkreis der Neuen Musik und bis hin zur Gegenwart eine besondere Wertschätzung gefunden hat.

Lit.: J. E. ALTENBURG, Versuch einer Anleitung z. heroisch-musikal. Trompeter- u. Pauker-Kunst (Hl 1795, Nachdr. A 1966, NY 1966) (= MMMLF II/36); C. A. BORACCHI, Manuale del timpanista (Mi 1842); E. G. B. PFUNDT, Die P.n, eine Anleitung dieses Instr. zu erlernen (L 1849, [2]1880, [3]1894); C. F. REINHARDT, Der Paukenschlag. Eine Anleitung... (Erfurt 1849); G. FECHNER, Die P.n u. Trommeln in ihren neueren u. vorzüglicheren Konstruktionen (Wr 1862); A. DEUTSCH, P.n-Schule (L 1895); P. Th.

WILLE, Lehrgang des Paukenschlagens (Au – W 1930); H. G. FARMER, Handel's Kettledrums and Other Papers on Military Music (Lo 1950, Nachdr. 1965); C. TITCOMB, The Kettledrums in Western Europe. Their Hist. Outside the Orch. (1952) (= Diss. Harvard Univ.); DERS., Baroque Court and Military Trumpets and Kettledrums. Technique and Music, in: GalpinJ 9 (1956); J. MONTAGU, Wooden Timpani, in: ebd. 12 (1959); J. EPPELSHEIM, Das Orch. in den Werken J.-B. Lullys (Tutzing 1961); V. FIRTH, The Solo Timpanist (NY 1963); G. AVGERINOS, Lexikon der P. (F 1964) (= Das Musikinstr. 12); H. TOBISCHEK, Die P. Ihre spiel- und bautechnische Entwicklung in der Neuzeit (Tutzing 1977) (= Wiener Veröff. z. Musikwiss. 1). – ↗Schlagzeug.
M. BRÖCKER

PAULMÜLLER, Alexander, * 4. 3. 1912 Innsbruck; östr. Dirigent. Er studierte in Wien Musikwissenschaft und Kunstgeschichte an der Universität sowie Klavier, Komposition und Dirigieren an der Musikakademie. Nach kurzer Tätigkeit an der Wiener Staatsoper als Korrepetitor hatte P. nacheinander Bindungen an Graz, Nürnberg, Breslau, Kaiserslautern (Chefdirigent am Pfalztheater), Regensburg (Oper und Symphoniekonzerte), Linz (Landestheater) und Frankfurt am Main (1. Kapellmeister). 1964–72 war P. Chefdirigent der Stuttgarter Philharmoniker und leitet seit 1967 die Opernausbildung am Mozarteum in Salzburg. Außerdem ist er als Gastdirigent tätig.

PAULUS DE FLORENTIA (Paolo da Firenze, Don Paolo Tenorista da Firenze, Magister Dominus Paulus Abbas de Florentia), † September 1419 Arezzo; it. Komponist. Er stammte wahrscheinlich aus der Florentiner Familie Leoni, da ihr Wappen im Codex Squarcialupi auf der ersten von 17 Seiten steht, die ausdrücklich für seine Kompositionen vorgesehen waren, aber schließlich unbeschrieben blieben. P. hielt sich während seiner letzten 10 Lebensjahre offenbar nicht in Florenz auf, da seine Werke in den wichtigsten Florentiner Trecento-Quellen fehlen. 1404 war er im Gefolge des Florentiner Kardinals Angelo Acciaiuoli in Rom. Sein damaliger Titel „abbas Pozzoli" läßt den Schluß zu, daß er Titularabt am Kamaldulenserkloster Pozzoveri in der Diözese Pisa und Lucca war. Die italienisch-französische Ballata *Souffrir m'estuet*, die mit der Devise von Bernabò Visconti († 1385) beginnt, bezeugt P.' Beziehungen zum Mailänder Hof. P. starb als Abt des Kamaldulenserklosters S. Viti in Arezzo.

WW (Hauptquelle: Paris, Bibl. Nat., fonds it. 568): 11 Madrigale für 2–3 St.; 23 Ballate für 2–3 St., dazu 14 mit unsicherer Autorschaft P.'; *Benedicamus* für 2 St.; *Gaudeamus omnes* für 3 St.; ferner der Traktat *Ars ad adiscendum contrapunctum*.

In der Geschichte der italienischen Musik um 1400 nimmt P. einen wichtigen Platz ein. Seine Werke bekunden einen wachsenden französischen Einfluß, deutlicher in den Ballate als in den Madrigalen. Die ersten Madrigale stehen in italienischer Notation und zeigen die für den Florentiner Stil charakteristischen Triolen, die letzten dagegen verwenden teilweise französische Notation, punktierte Rhythmik und Synkopen. P.' Madrigale weisen zahlreiche Imitationen, Stimmtausch, melodische Sequenzen sowie Halb- und Ganzschlüsse am Ende der Ritornelle und einmal sogar am Strophenende auf. Unter seinen frühesten Ballate finden sich noch einige 2st. Stücke mit gleichzeitiger Textdeklamation und einfacher Rhythmik. Die 3st. Ballate zeigen demgegenüber im Hinblick auf die Textgliederung größere Freiheit, kompliziertere Rhythmik und Notation sowie zahlreiche kurze Imitationen. Seine Stücke in typisch französischer $^6/_8$-Bewegung sind oft nur im Cantus textiert.

Ausg.: Sämtliche Madrigale u. Ballate, in: Italian Secular Music, hrsg. v. W. T. MARROCCO (1975) (= Polyphonic Music of the Fourteenth Century 9); Benedicamus u. Introitus, in: Italian Sacred Music, hrsg. v. K. VON FISCHER – F. A. GALLO (1976) (= ebd. 12).

Lit. (z.T. mit einzelnen Gesängen von P.): J. WOLF, Florenz in der Musikgesch. des 14. Jh., in: SIMG 3 (1901/02); DERS., Gesch. der Mensuralnotation (L 1904, Nachdr. Hil – Wie 1965) (mit 2 Stücken); N. PIRROTTA – E. LI GOTTI, P. Tenorista, Fiorentino „extra moenia", in: Estudios dedicados a M. Pidal (Ma 1952) (mit Ausg. der Texte); N. PIRROTTA, P. da F. in un nuovo frammento dell'Ars nova, in: MD 10 (1956); K. VON FISCHER, Stud. z. it. Musik des Trecento u. frühen Quattrocento (Be 1956); DERS., Trecentomusik. Trecentoprobleme, in: AMl 30 (1958); G. REANEY, The Ms. Paris, Bibl. Nat. fonds it. 568, in: MD 14 (1960); N. PIRROTTA, P. Tenorista in a New Fragment of the Italian Ars Nova (Palm Springs 1961); K. VON FISCHER, P. de F., in: MGG X; R. MONTEROSSO, Un „auctoritas" Dantesca in un madrigale dell'Ars nova, in: Collectanea historiae musicae 4 (Fi 1966); U. GÜNTHER, Zur Datierung des Madrigals Godi, Firenze u. der Hs. Paris, Bibl. Nat. fonds it. 568, in: AfMw 24 (1967); K. VON FISCHER, P. da F. u. der Cod. Squarcialupi, in: Quadrivium 9 (1969).
U. GÜNTHER

PAUMANN, Konrad (Conrad), * zwischen 1410 und 1415 Nürnberg, † 24. 1. 1473 München; dt. Organist. P., von Geburt an blind, wurde 1446 Organist an der St.-Sebaldus-Kirche in Nürnberg und 1447 Stadtorganist. 1450 gab er seine Stelle auf und ging nach München, wo er von 1451 bis zu seinem Tod als Hoforganist tätig war. 1454 spielte er vor Philipp dem Guten, Herzog von Burgund, in Landshut. 1470 reiste er nach Italien; bei einem Aufenthalt am Hof in Mantua erregte sein Spiel allgemeine Bewunderung. Er wurde „il cieco miracoloso" genannt und zum Ritter geschlagen. Herzog Galeazzo Maria Sforza von Mailand und König Ferdinand von Aragón in Neapel versuchten vergebens, P. an ihre Höfe zu ziehen. 1471 spielte P. beim Reichstag in Regensburg vor Kaiser Friedrich III. Nach seinen erhaltenen, primär pädagogischen Werken zu urteilen, muß P. zahlreiche Schüler gehabt haben; allerdings sind nur zwei bekannt: P.s Sohn **Paul P.**, * zwischen 1447 und 1450 Nürnberg, † 1517 München, der sein Nachfolger am Bayerischen Hof wurde, und Sebald Grave, der 1466–97 Organist an St. Georg in Nördlingen war. P. wurde in der Frauenkirche in München bestattet, wo sein Grabstein noch heute zu sehen ist.

WW: 4 *Fundamenta organisandi*, 1 (vor 1451) in Erlangen, Univ.-Bibl., Ms. 554, 2 (1452) in Berlin, Staats.-Bibl., Ms. 40613 (↗Lochamer Liederbuch), 3 u. 4 in München, Staats-Bibl., Ms. Cim. 352b (↗Buxheimer Orgelbuch); 3 Bearbeitungen v. Vokalwerken für 3 St. ebd.; *Wiplich figur* für 3 St. in München, Staats.-Bibl., Ms. 351 (= Schedel-Liederbuch).

Obwohl von seinem Schaffen erstaunlich wenig überliefert ist, muß P. als der berühmteste deutsche Musiker seiner Zeit angesehen werden. Er verdankte seinen Ruf seiner Virtuosität auf der Orgel und verschiedenen anderen Instrumenten – S. Virdung schreibt ihm die Erfindung der deutschen Lautentabulatur zu –, aber auch seiner Improvisationskunst. Seine *Fundamenta* bestehen aus kurzen Modellen zum Auswendiglernen und stellen praktisch-handwerkliche Methoden (↗Fundamentum) zur Improvisation eines 2- oder 3st. Stückes über einen C.f. dar. Die beiden ältesten sind zweistimmig; in den beiden anderen, meist dreistimmigen, wendet er die Neuerungen der Burgundischen Schule (z.B. Einführung des Contratenors) auf das Orgelspiel an. Den bedeutendsten Niederschlag von P.s Technik und Unterricht bei der Übertragung geistlicher oder weltlicher Vokalstücke bildet das ↗Buxheimer Orgelbuch. Es finden sich hier verschiedene Verfahren der Kolorierung und Verzierung der Oberstimme, deren originäre Gestalt manchmal kaum mehr erkennbar ist.

Ausg.: Das Locheimer Liederbuch u. *Fundamentum organisandi* des C. P., Faks.-Ausg. hrsg. v. K. AMELN (B 1925, Nachdr. Kas 1972) (= DMl II/3); Das Buxheimer Orgelbuch, Faks.-Ausg. hrsg. v. B. A. WALLNER (Kas 1955) (= ebd. II/1), Übertragung, hrsg. v. DERS., 3 Bde. (Kas 1958–59) (= EDM 37–39, Abt. VII/7–9); *Fundamentum organisandi* 1452, in: Keyboard Music of the 14th and 15th Century, hrsg. v. W. APEL (R 1963) (= Corpus of Early Keyboard Music 1).

Lit.: F. KRAUTWURST, K. P. in Nördlingen, in: FS H. Besseler (L 1961); DERS., Neues z. Biographie K. P.s, in: Jb. für fränkische Landesforsch. 22 (1962); H. R. ZÖBELEY, Die Musik des Buxheimer Orgelbuches. Spielvorgang, Niederschrift, Herkunft, Faktur (Tutzing 1964) (= Münchner Veröff. z. Musikgesch. 10); Ch. WOLFF, C. P.s Fundamentum organisandi u. seine versch. Fassungen, in: AfMw 25 (1968); M. STAEHELIN, K. P. u. die Orgelgesch. des Klosters Salem im 15. u. 16. Jh., in: Mf 25 (1972); M. KUGLER, Die Musik für Tasteninstr. im 15. u. 16. Jh. (Wilhelmshaven 1975) (= Taschenbücher z. Musikwiss. 41); F. KRAUTWURST, K. P., in: Fränkische Lebensbilder 7, hrsg. v. G. Pfeiffer – A. Wendehorst (Neustadt an der Aisch 1977) (= Veröff. der Ges. für Fränkische Gesch. VII A/7). M. HONEGGER

PAUMGARTNER, Bernhard, * 14. 11. 1887 Wien, † 27. 7. 1971 Salzburg; östr. Dirigent, Komponist und Musikforscher. Er promovierte 1911 in Wien zum Dr. jur. und studierte Dirigieren bei Br. Walter, Klavier bei R. Dienzl sowie Horn bei Karl Stiegler. 1911–12 war er Solokorrepetitor an der Wiener Hofoper, 1914–17 Dirigent des Tonkünstlerorchesters sowie 1917–38 und 1945–53 Direktor, 1953–59 Präsident des Mozarteums in Salzburg. P. gründete 1929 die Camerata Academica, bestehend aus Lehrern und Schülern des Mozarteums, mit der er internationale Konzertreisen unternahm. Er ist auch einer der Gründer der Salzburger Festspiele, deren Präsident er seit 1960 war und die durch ihn mannigfache und originelle Impulse erhielten, so auch durch die erfolgreiche Wiederbelebung älterer Musik (z. B. E. de' Cavalieris *Rappresentazione*, 1968). In seinen Forschungen widmete er sich besonders W. A. Mozart und der Musik des Barocks. Die Universität Salzburg verlieh P. 1967 die Ehrendoktorwürde.

WW: **1) Kompositionen:** Opern: *Das heiße Eisen*, UA: Salzburg 1922; *Die Höhle von Salamanca* (nach Cervantes), UA: Dresden 1923; *Rossini in Neapel*, UA: Zürich 1936. – Ballette: *Pagoden*, UA: München 1927; *Ballo mediceo*, UA: Wien 1943; *Salzburger Divertimento* (nach W. A. Mozart), UA: Salzburg 1955. – **2) Schriften:** *Mozart* (B 1940, revidiert Z [7]1973); *Schubert* (Z 1943, [4]1974); *J. S. Bach I* (Fr 1950); *Das instrumentale Ensemble von der Antike bis zur Gegenwart* (Z 1966); *Erinnerungen* (Salzburg 1969) (mit Schriften-Verz.). – Ferner war P. Hrsg. v.: *L. Mozart, Versuch einer gründlichen Violinschule*, Faks. der 1. Aufl. 1756 (W 1922), u. *Dr. Ch. Burneys musikalische Reise durch das alte Österreich* (W 1948); Gesammelte Schriften als *Vorträge u. Essays*, hrsg. v. G. CROLL (Kas 1973) (= Publikationen des Inst. für Musikwiss. der Univ. Salzburg 6).

Lit.: B. P., Künstler u. Forscher, hrsg. v. G. CROLL (Salzburg 1971) (= Salzburger Universitätsreden 39) (mit Schriften-Verz.).

PAUSE. – **1)** (engl.: silence; frz.: repos; it.: pausa; span.: silencio), das zeitweilige Aussetzen einer, mehrerer oder aller (↗Generalpause) Stimmen eines Musikstücks. – **2)** (lat.: pausa, suspirium; engl.: rest; frz.: silence; it. und span.: pausa), in der Notenschrift Zeichen für Pause 1). Systematisch erfaßt wurden die P.n erstmals in der Mensuralnotation, in der sie durch einen senkrechten Strich im Liniensystem angegeben werden; je nach Dauer einer P. nimmt dieser einen halben (↗Semibrevis-P., ↗Minima-P.), einen ganzen (↗Brevis-P.) oder mehrere (↗Longa-P., ↗Maxima-P.) Zwischenräume ein. Seitdem entspricht in der Notenschrift bis heute jedem Notenwert eine bestimmte P.: der ganzen Note die ↗ganze Pause, der halben Note die ↗halbe Pause, der Viertelnote die ↗Viertelpause, der Achtelnote die ↗Achtelpause, der Sechzehntelnote die ↗Sechzehntelpause, der Zweiunddreißigstelnote die ↗Zweiunddreißigstelpause, der Vierundsechzigstelnote die ↗Vierundsechzigstelpause. Für 2 Takte wird die alte Brevis-P., für 4 Takte die Longa-P. gebraucht. Für eine größere

Anzahl von P.n-Takten wird manchmal eine Folge dieser Zeichen, meist aber werden Ziffern über Quer- oder Schrägbalken verwendet:

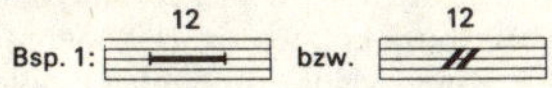

Sie werden entsprechend gegliedert, wenn Taktart oder Tempo wechseln:

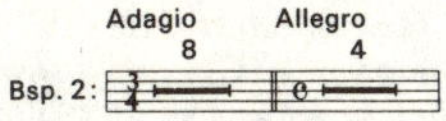

Die P., in der älteren Musik lediglich ein Mittel der musikalischen Gliederung, dient seit dem 17. Jh. in der Vokalmusik auch als Ausdruck von Sinn und Affekt des Textes, namentlich dort, wo musikalisch die Vorstellung des Abbrechens, Abschneidens, Atemlosen, der Stille vermittelt werden soll. In der Lehre von den musikalischen ↗Figuren gibt es dafür eine ganze Gruppe von Figuren, z. B. Aposiopesis (↗Generalpause), Tmesis oder ↗Suspiratio. In der späteren Zeit bis heute sind P.n gerade auch in der Instrumentalmusik oft wesentliche Elemente musikalischer Gestalten und Entwicklungen. Sie können gleichermaßen Ruhe wie Spannung bewirken und sind seit H. Riemann häufig Gegenstand formgeschichtlicher und ästhetischer Reflexion.

Lit.: H. RIEMANN, System der musikal. Rhythmik u. Metrik (L 1903, Nachdr. Niederwalluf 1971); Z. LISSA, Die ästhetischen Funktionen der Stille u. P. in der Musik, in: StMw 25 (1962).

PAUSPERTL VON DRACHENTHAL, Karl, * 18. 10. 1897 Plevlje (Bosnien), † 6. 4. 1963 Wien; östr. Dirigent und Komponist. Er studierte an der Wiener Musikakademie Komposition bei Fr. Schmidt und Dirigieren bei Cl. Krauss. Danach wirkte P. als Theaterkapellmeister in Wien, Troppau und Berlin, dann als Assistent des Chordirektors an der Staatsoper und 1. Kapellmeister am Burgtheater in Wien. 1934–38 war er Kapellmeister des Nachfolgeregiments der „Hoch- und Deutschmeister Nr. 4" und bei mehreren Orchestern von Radio Wien. P. schrieb die Musik zu zahlreichen Filmen sowie Orchesterwerke. Er trat auch als Bearbeiter von Operetten Fr. von Suppés, J. Strauß' und J. Offenbachs hervor.

PAUVRE MATELOT, LE, Klagelied von D. Milhaud; dt. Titel: Der ↗arme Matrose.

PAVANE (engl.: pavan, pavane, paven, pavin; frz.: pavane, pavenne; it.: pavana, padovana, padoana, paduana, padouana), Bz. für einen in Paaren ausgeführten, vorwiegend geradtaktigen Hoftanz des 16. und frühen 17. Jh., der die ↗Basse danse abgelöst hat. Etymologisch hatten etwa M. Praetorius (*Syntagma musicum* III, 1619) oder J. G. Walther (1732) die Tanzbezeichnung als aus Spanien kommend von pavó = Pfau abgeleitet und den Ablauf „mit sonderlichen, langsamen, zierlichen Tritten und Spanischer gravitet" (Praetorius) beschrieben, was in jüngster Zeit durch die Annahme, P. sei von Padova abzuleiten (alla pavana = in der Art von Padova), abgelöst wurde. Die Gleichsetzung der Tanzbezeichnungen Padovana mit P. bis zur Mitte des 16. Jh. scheint diese Hypothese zu erhärten.

A. Rotta, *Padovana,* aus: *Intabolatura de lauto* I (1546)

Als gravitätischer Prunktanz, seit 1530 auch „Le grand bal" genannt und gelegentlich Gegenstand höfischer Malerei des 16. Jh., eröffnete die P. zum Klang von Posaunen und Oboen königliche Tanzfeste. Der Bewegungsablauf von zwei Nachsetzschritten (pas simples) und einem Doppelschritt mit Ansetzen (pas double) vorwärts wie rückwärts (M. F. Caroso, Th. Arbeau) folgt dem musikalischen Schema aa bb cc. Erste Belege finden sich in der Lautentabulatur des G. A. Dalza (1508), auf deren Titelblatt *Padoane diverse* angekündigt werden. Es folgen P.n in Hss. von Capirola (um 1517) sowie in den Drucken von P. Attaingnant seit 1529, z. B.

P. Attaingnant, *Pavane,* aus: *Neuf basses dances* (1530)

H. Judenkünig (1523) und L. Milán (1535) sind weitere Autoren. In zahlreichen Quellen werden P.n auch als Passamezzi (↗Passamezzo) bezeichnet,

Cl. Gervaise, *Pavane Passamaize* (1555)

meist gefolgt von Saltarelli, die um die Mitte des 16. Jh. von der ↗Galliarde abgelöst wurden. Dieses Satzpaar wird als Bestandteil der Suite im Verlauf des 17. Jh. von der Folge Allemande-Courante verdrängt. Erst im späten 19. Jh. wurde die Satzbezeichnung P. durch Autoren wie C. Saint-Saëns, G. Fauré oder M. Ravel wieder aufgegriffen, dessen *Pavane pour une Infante défunte* viele Bearbeitungen erfuhr. Historistisch gemeint sind auch die P.n in A. Schönbergs Suite op. 29 und R. Vaughan Williams *Job* von 1930.

Lit.: T. NORLIND, Zur Gesch. der Suite, in: SIMG 7 (1905/06); C. SACHS, Eine Weltgesch. des Tanzes (B 1933, Nachdr. Hil 1976); A. MICHEL, Origin of the Gagliarda and the P., in: Dance Observer 13 (1946); L. H. MOE, Dance Music in Printed Italian Lute Tabulature from 1507 to 1611 (1956) (= Diss. Harvard Univ.); H. SPOHR, Stud. z. it. Tanzkomposition um 1600 (Diss. Fr 1956); B. DELLI, P. u. Galliarde (Diss. B 1957); G. REICHERT, Der Tanz (Kö 1965) (= Das Musikwerk 27); K.-H. TAUBERT, Höfische Tänze (Mz 1968); W. SALMEN, Musikleben im 16. Jh. (L 1976) (= Musikgesch. in Bildern III/9). G. BUSCH-SALMEN

PAVANIGLIA (it.; vermutlich Diminutiv von Pavana), Bz. für einen italienischen geradtaktigen Tanz des 16.–17. Jh., dem oft ein der ↗Folia-Formel ähnliches Baßmodell zugrunde liegt. Frühe Beispiele einer P. findet man bei F. Caroso (1581 und 1600), C. Negri (1602 und 1604) und G. Montesardo (1606). Bezeichnungen wie *P. di Spagna* oder *P., balletto spagnole* lassen auf spanische Herkunft des Tanzes schließen.

Lit.: H. SPOHR, Studien z. it. Tanzkomp. um 1600 (Diss. Fr 1956); D. POULTON, Notes on the Span. Pavan, in: The Lute Soc. Journal 3 (1961); G. REESE, An Early Seventeenth-Century Italian Lute Ms. at San Francisco, in: Essays in Musicology. FS D. Plamenac (Pittsburgh 1969).

PAVAROTTI, Luciano, * 12. 10. 1935 Modena; it. Sänger (Tenor). Er studierte bei Arrigo Pola und Ettore Campogalliani, debütierte 1961 in Reggio Emilia als Rodolfo in *La Bohème* von G. Puccini und gastierte bereits ein Jahr später an der Covent Garden Opera in London. Seine steile Karriere führte ihn in den folgenden Jahren an die großen Opernbühnen Europas und Amerikas. P. zählt derzeit mit Pl. Domingo zu den führenden Vertretern seines Fachs. Im Zentrum seines Repertoires stehen die lyrischen und lyrisch-dramatischen Partien der italienischen Opern.

PAVESI, Stefano, * 22. 1. 1779 Casaletto Vaprio bei Cremona, † 28. 7. 1850 Crema; it. Komponist. Er studierte bei F. Fenaroli am Conservatorio della Pietà dei Turchini in Neapel und war von 1818 bis zu seinem Tode Domkapellmeister in Crema. 1826–30 hatte er außerdem jeweils ein halbes Jahr lang die Leitung der Wiener Hofoper inne. Sein Schaffen umfaßt für die Zeit von 1803 bis 1831 etwa 60 Opern, von denen eine Reihe mit großem Erfolg aufgeführt wurde und auch die Anerkennung G. Rossinis erfuhr.

WW: Etwa 60 Opern, u.a.: *Un avvertimento ai gelosi,* UA: Venedig 1803; *Ser Marcantonio,* UA: Mailand 1810; *La muta di Portici,* UA: Venedig 1831.

PAWLOWA, Anna Pawlowna (eig. Matwejewna), * 31. 1. (12. 2.) 1881 St. Petersburg, † 23. 1. 1931 Den Haag; russ. Tänzerin. Sie trat 1892 als Schülerin von E. Cecchetti in die kaiserliche Ballettschule von St. Petersburg ein, wo sie 1899 debütierte und 1906 zur Première danseuse étoile (1. Solotänzerin der Schule) avancierte. Große Erfolge erlangte sie in *Giselle* von A. Adam, den von M. Petipa choreographierten Balletten *Don Quixote* von L. Minkus, *Dornröschen* von P. Tschaikowsky und *Raimonda* von A. Glasunow sowie vor allem in *Der sterbende Schwan* von C. Saint-Saëns, den M. Fokin 1905 eigens für sie choreographierte. 1903–13 gehörte sie zur Compagnie S. Diaghilews und trat gemeinsam mit W. Nischinski, Tamawina Karsawina und Ida Rubinstein auf. Mit ihrem eigenen, 1919 gegründeten Ensemble unternahm sie zahlreiche Tourneen und gab Gastspiele in der ganzen Welt. Ihre Erinnerungen veröffentlichte sie unter dem Titel *Tanzende Füße* (Dresden 1928). A. P., die als Primaballerina assoluta der russischen Ballettkunst galt, setzte mit ihrer überragenden Verkörperung des „sterbenden Schwans" Maßstäbe für einen neuen Ballettstil.

Lit.: C. W. BEAUMONT, A. P. (Lo 1932); P. MAGRIEL, P. (NY 1947); P., hrsg. v. P. H. FRANKS (Lo 1956); V. KRASOWSKAJA, A. P. (Leningrad – Mos 1964). G. LUDIN

PAZ, Juan Carlos, * 5. 8. 1901 Buenos Aires, † 25. (26.?) 8. 1972 Buenos Aires; argentinischer Komponist. Nach Studien in Buenos Aires bei Constantino Gaito gründete er 1930 mit anderen Komponisten seiner Generation den „Grupo Renovación". 1937 trennte er sich von ihm und rief die „Conciertos de la Nueva Música" ins Leben, die eine stilistisch noch radikalere Richtung vertraten. Er erzielte einen beträchtlichen Einfluß auf die jüngeren Musiker, die sich durch die Unabhängigkeit und Originalität seiner Ansichten besonders angezogen fühlten, unter ihnen M. Gielen und M. Kagel. P., der 1934 die Zwölftontechnik übernahm und sich seit 1956 freieren Kompositionstechniken zuwandte, gehört neben E. Varèse zu den bedeutenden Vertretern der Musik der frühen Avantgarde.

WW: **1) Kompositionen:** 3 Streichquartette (1938, 1940–43, 1961); 2 Konzerte mit Klv. für Fl., Ob., Klar., Fag. u. Trp. (1932) sowie für Ob., Trp., 2 Hörner u. Fag. (1935); *Composición dodecafónica,* 1: für Fl., Engl. Horn u. Vc. (1934), 2: für Fl. u. Klv. (1935), 3: für Klar. u. Klv. (1937), 4: für V. solo (1938); *Concreción* (1964) für 7 Bläser; *Estructuras* (1962) für Kammerorch. – Für Orch.: *Movimiento sinfónico* (1930); Passacaglia (1936), 2. Fassung (1953); *Rítmica constante* (1952); *6 Superposiciones* (1954); *Transformaciones canónicas* (1955); *Continuidad 1960* (1960); Musik für Klv. u. Orch. (1962). – **2) Schriften:** *La música en los Estados Unidos* (México City 1952); *Introducción a la música de nuestro tiempo* (Buenos Aires 1955); *A. Schönberg* (ebd. 1958);

ferner die Autobiographie *Alturas, tensiones, ataques, intensidades* I (ebd. 1972).

Lit.: Werk-Verz., in: Compositores de América II (Washington/D.C. 1956, Nachdr. 1962); J. C. PESCHINSKY, J. C. P. (Buenos Aires 1964); J. ALLENDE-BLIN, in: Melos 39 (1972); O. H. SARGENT, J.C. P. (1975) (= Diss. Univ. of Illinois).

PAZDÍREK, Bohumil (Pseud. Johann Peter Gotthard), * 19. 1. 1839 Drahanovice (Mähren), † 17. 5. 1919 Vöslau bei Wien; östr. Musikverleger und Komponist. Nachdem er bei mehreren Wiener Verlagen gearbeitet hatte, gründete er 1868 einen eigenen Verlag und publizierte u.a. Werke von Fr. Schubert. Als 1880 seine Firma von Doblinger aufgekauft wurde, lebte P. in Wien als Musiklehrer, Dirigent und Komponist. 1904–10 veröffentlichte er in Wien zusammen mit seinem Bruder **Franz** (František) **P.**, * 18. 12. 1848 Citov (Böhmen), † 14. 2. 1915 Wien, das *Universal-Handbuch der Musik-Literatur aller Zeiten und Völker,* eine bibliographische Arbeit von großer praktischer Bedeutung.

WW: 6 Streichquartette; ein Klv.-Quintett; Orch.-Suite; Lieder u. Chöre. – Oper *Iduna,* UA: Gotha 1889. – *Universal-Handbuch der Musik-Literatur,* 24 Bde. (W 1904–10), Nachdr. in 12 Bde.n (Hilversum 1967).

PEARS, Peter Neville Luard, * 22. 6. 1910 Farnham (Surrey), † 3. 4. 1986 Aldeburgh; engl. Sänger (Tenor). Er studierte am Royal College of Music in London, wurde zunächst Organist und sang in verschiedenen Chören, u. a. 1935–37 bei den BBC Singers und 1936–39 bei den New English Singers. Nach einem Aufenthalt in den USA (1939 bis 1942) debütierte er 1943 am Sadler's Wells Theatre in London, wo er 1945 bei der Uraufführung des *Peter Grimes* von B. Britten die Titelpartie sang. Seither gastierte er als Opern- und Konzertsänger in allen Musikmetropolen Europas und Nordamerikas. Aufgrund seiner Freundschaft mit Britten war er bei den Uraufführungen nahezu aller Vokalwerke von ihm beteiligt. Zusammen mit Britten gründete P. das Aldeburgh-Festival und trat seit 1938 mit Britten als Klavierpartner in zahlreichen Konzerten auf. P. galt besonders als hervorragender Liedgestalter und bevorzugte in seinen Konzerten neben der engl. Vokalmusik die Liedkompositionen Fr. Schuberts und R. Schumanns.

Lit.: H. KELLER, P. P., in: Opera 2 (1950/51); T. HEINITZ, The Art of P. P., in: Records and Recording 16 (1973) (mit Diskographie).

PEARSON, Martin, ↗Peerson.

PEARSON, William, * 10. 9. 1934 Tennessee; amerik. Sänger (Baßbariton). Nach einem Gesangstudium an der University of Louisville School of Music (Ky.) begann er seine Laufbahn zunächst als Konzertsänger. Mit einem Fulbright-Stipendium kam er 1956 nach Deutschland, wo er an der Kölner Musikhochschule seine musikalische Ausbildung abschloß. P.s überragende darstellerische Begabung in Verbindung mit einer eindrucksvollen Stimme machten ihn zu einem bedeutenden Interpreten der Werke von W. Fortner (z. B. *The Creation*), H. W. Henze *(El Cimarrón),* M. Kagel, S. Bussotti, K. Stockhausen und G. Ligeti. Vielen Werken der Avantgarde verhalf er mit seiner Interpretation zum Erfolg. P. war ständiger Gast der Darmstädter Musiktage und bei den Festivals von Avignon, Royan und Aix-en-Provence; er gastierte in vielen europäischen Ländern und in den USA. Als Opernsänger wurde P. durch seine Darstellung des Porgy in G. Gershwins *Porgy and Bess* weltweit bekannt. 1963–70 leitete er eine Sologesangsklasse am Konservatorium Düsseldorf. Er gibt Kurse in Berlin, in Frankreich und in Schweden.

PÉCOURT, Louis, * 10. 8. 1653 Paris, † 22. 4. 1729 ebd.; frz. Tänzer und Choreograph. Er war Schüler von P. Beauchamp, debütierte 1674 in St-Germain-en-Laye in *Cadmus et Hermione* von J.-B. Lully und trat vor allem in Opern von Lully auf. Seit 1687 war er als Nachfolger seines Lehrers Beauchamps Maître de danse an der Pariser Opéra. Seine zahlreichen Schöpfungen wurden in einer eigenen Ballettnotenschrift von R. A. Feuillet veröffentlicht (*Recueil de dances,* P 1709), die in der Gesch. der ↗Choreographie bedeutsam ist.

Lit.: A. LEVINSON, Les danseurs de Lully, in: RM 6 (1925).

PEDAL (von lat. pes = Fuß; engl. und span.: pedal; frz.: pédal; it.: pedale; Abk. P., Ped.). – **1)** Im Unterschied zum ↗Manual Bz. für eine bei Tasteninstrumenten vom Spieler mit dem Fuß zu bedienende ↗Klaviatur. – Entwicklungsgeschichtlich entstand das P. im Zusammenhang mit der Erweiterung des ↗Glockenspiels im 14./15. Jh. und bestand bei der ↗Orgel zunächst aus 3–5 Tasten, die mit den tiefsten Manualtasten durch Seile verbunden waren. Im 16. Jh. scheint die Entwicklung des P.s als ↗kurze Oktave, aber bereits auch als vollständiges P. mit dem Umfang von F–c^1 und damit als Grundlage für ein selbständiges P.-Spiel – ein wesentliches Charakteristikum der deutschen Orgelmusik bis zum Ende des 18. Jh. –, zu einem gewissen Abschluß gekommen zu sein. Das P. der Orgel dient seitdem dem Spiel des P.-Werks (Baßregister und bei entsprechender Disposition auch in höhereren Fußtonlagen zur Darstellung des C.f.; heutiger Umfang: C–f^1). – In Entsprechung zur Orgel wurden seit dem 16. Jh. auch andere Tasteninstrumente wie ↗Cembalo (= P.-Cembalo) und ↗Clavichord (= P.-Clavichord), später auch Klaviere (↗Pedalklavier) mit P.en ausgestattet. Die P.-Klaviatur dieser Instrumente ist entweder mit den tiefsten Manualtasten oder mit einer besonderen, unter dem eigentlichen Resonanzkörper angebrachten Besaitung verbunden. Beim ↗Harmonium wurde das gelegentlich gebaute P. jedoch häufiger durch den sog. P.-Baß (Manualbaßstimme bzw. Hilfszug) ersetzt. – **2)** Bz. für einen Fußhebel, der bei ↗Harfe und ↗Pauke der Umstimmung dient. Bei der Harfe (seit 1720 mit P.en) sind alle C-, D-, E- (usw.) Saiten mit den P.en durch einen Abstrakten- und Winkelhakenmechanismus verbunden, der ein gleichzeitiges Umstimmen um einen Halbton ermöglicht. Bei der Pauke betätigt das P. einen Hebelmechanismus, der zentral auf alle Spannschrauben wirkt. – **3)** Bz. für den Fußhebel am ↗Pedalbecken. – **4)** Beim Cembalo, Clavichord und Pianoforte (etwa bis 1830) Bz. für einen Fußhebel zur Bedienung verschiedener Registerzüge und Koppeln; moderne Cembali werden meist mit 5 P.en ausgestattet. – **5)** Beim moderneren Klavier Bz. für einen Fußhebel zur Bedienung der Dämpfer: als sog. Halte-P. (früher auch Fortezug, Groß-P.; oft schlechthin als P. bezeichnet) dient das rechte P. zur Aufhebung der Dämpfungsbefilzung und das linke als sog. Dämpfungs-P. (früher auch Pianozug) zur Verringerung des Tonvolumens und „Abschattierung" des Klanges. Dies geschieht beim Flügel durch Verschiebung von Klaviatur und Mechanik, wodurch die Hämmer jeweils eine Saite des Chores weniger treffen, beim Klavier (Pianino) durch Verminderung des Neigungswinkels und damit der Anschlagskraft der Hämmer. Während der Gebrauch des linken P.s nur selten eigens vorgeschrieben wird (durch *una corda* oder *due corde* gegenüber *tre corde* als Rücknahme dieser Vorschrift), ist der Gebrauch des rechten P.s seit dem frühen 19. Jh. als elementares spieltechnisches Mittel zur Differenzierung des Anschlages oft von den Komponisten gefordert (üblicherweise durch *Ped.*, gelegentlich *P.*, Rücknahme durch ✻, früher ⊕). Größere Flügel verfügen über ein zusätzliches (mittleres) 3. P., das sog. Tonhaltungs-P., mit dem die Dämpfung nur eines einzigen Tones oder Akkords aufgehoben wird. Bei neueren Klavieren dient ein 3. P., ein sog. Moderator, der verstärkten Dämpfung.

Lit.: **Zu 5):** A. J. A. LAVIGNAC, École de la pédale (P 1889, Neudruck 1927); A. RUBINSTEIN, Leitfaden zum richtigen Gebrauch des Pianoforte-P.s (L 1896); F. BOGHEN, Appunti ed esempi per l'uso dei pedali del pianoforte (Mi 1915, Neudruck 1941) (zus. mit G. Sgambati); L. KREUTZER, Das normale Klavier-P. (L 1915, [2]1928); Y. BOWEN, Pedalling the Modern Pianoforte (Lo 1936); K. LEIMER, Rhythmik, Dynamik, P. (Mz 1938, Neudruck 1965) (zus. mit W. Gieseking); W. GIESEKING, Mozart auf dem Klv., mit oder ohne P., in: Das Musikleben 1 (1948).

PEDALBECKEN, Beckenmaschine, eine mit dem Fuß bediente Hebelvorrichtung, die zwei kleine ↗Becken gegeneinanderschlägt. Aus der im Jazz verwendeten, in den 20er Jahren entstandenen ↗Charleston-Maschine ist das heute in der Jazz-, Rock- und Unterhaltungsmusik allgemein gebräuchliche ↗Hi-hat hervorgegangen.

PEDALITER (lat., = zum ↗Pedal gehörig; Abk.: P. oder Ped.), Anweisung in der Orgelliteratur, eine Passage oder ein Stück ausschließlich auf dem Pedal zu spielen.

PEDALKLAVIER, Pedalflügel, Bz. für ein Klavier (bzw. einen Flügel), das neben dem Manual eine Pedalklaviatur mit eigener Besaitung aufweist. Das Instrument, das als Pedalclavichord bereits im 15. Jh. bekannt war, wurde vor allem im 18. Jh. von Organisten zu Übungszwecken verwendet. Im 18. und 19. Jh. wurden auch Hammerklaviere mit Pedalklaviatur hergestellt. Kompositionen für P. schrieben u.a. Ch. Alkan, Ch. Gounod und R. Schumann (*6 kanonische Studien,* op. 56, *4 Skizzen,* op. 58, und *6 Fugen über den Namen BACH,* op. 60, dies ad libitum auch für Orgel).

Lit.: J. HANDSCHIN, Das P., in: ZfMw 17 (1935).

PEDALKOPPEL ↗Koppel.

PEDERSØN (Pedersen, Petreo), **Mogens** (Magno), * um 1585, † 1623 (?) Kopenhagen; dänischer Komponist. Er war Schüler von M. Borchgrevinck und studierte 1505–09 bei G. Gabrieli in Venedig. Seit 1603 gehörte er der Königlichen Kapelle in Kopenhagen an, deren Vizekapellmeister er 1618 wurde. Von seinen beiden Madrigalbüchern bezeugt das zweite eine freiere Dissonanzbehandlung und engere Beziehung zwischen Text und Musik im Sinne der Seconda pratica. Das *Pratum spirituale* (Kop 1620), das neben 5st. Choralbearbeitungen im Stil H. L. Haßlers und J. Eccards geistliche Gesänge in lateinischer und dänischer Sprache enthält, läßt P. als den bedeutendsten dänischen Komponisten der Zeit vor D. Buxtehude erkennen.

WW: 2 Bücher Madrigale für 5 St. (V 1608, o.O. 1611) (verschollen, teilweise in Abschrift in London, British Museum, Ms. Egerton 3665); *Pratum musicale* für 5 St. (Kop 1620); 2 Madrigaletti in RISM 1619[3]; 2 Pavanen hsl. erhalten.

Ausg.: *Pratum spirituale* u. Madrigale v. 1608 als Vaerker af M. P., hrsg. v. K. JEPPESEN (1933) (= Dania sonans 1); die Madrigaletti, die Madrigale 1608 (revidiert) u. 1611, in: Madrigaler fra Christian IV's tid I u. II, hrsg. v. J. P. JACOBSEN (1966–67) (=

ebd. 2 und 3); 3 Madrigale auch in: It. Madrigale nordischer Gabrieli-Schüler, hrsg. v. R. GERBER (Wb 1935, ²1954) (= Chw 35).

Lit.: TH. DART, Tregian's Anthology, in: ML 31 (1951); J. P. JACOBSEN, in: Dansk kirkesangs årsskrift (1961); S. SCHMALZRIEDT, H. Schütz u. andere zeitgen. Musiker in der Lehre G. Gabrielis. Stud. zu ihren Madrigalen (Diss. Tü 1969); D. ARNOLD, Gli allievi di G. Gabrieli, in: NRMI 5 (1971).

PEDRELL, Felipe, * 19. 2. 1841 Tortosa, † 19. 8. 1922 Barcelona; span. Komponist und Musikforscher. Er war Chorknabe an der Kathedrale seiner Heimatstadt und wurde Schüler von Juan Mir, bildete sich aber im wesentlichen autodidaktisch aus. 1873 wurde er Kapellmeister am Circo Barcelonés in Barcelona. 1876 reiste er nach Italien und kam im folgenden Jahr nach Paris. 1882 kehrte er wieder nach Barcelona zurück, wo er die Musikzeitschriften *Notas musicales y literarias* (1882/83) und *Ilustración musical hispano-americana* (1882–87) sowie die Publikationsreihe mit zeitgenössischer geistlicher Musik *Salterio sacro-hispano* (1882–1905) gründete. 1894–1903 lehrte er Musikästhetik und -geschichte am Konservatorium in Madrid, wo er 1895–1903 auch einen Lehrauftrag an der Escuela de Estudios Superiores innehatte und bis 1904 Mitglied der Real Academia de Bellas Artes de S. Fernando war; 1896–99 gab er auch die Zeitschrift *La música religiosa en España* heraus. 1904 übernahm P. in Barcelona die künstlerische Leitung des Verlages Vidal y Llimano. P. ist zum einen der Begründer der spanischen Musikforschung; viele seiner breitgefächerten Schriften und Ausgaben sind bis heute grundlegend (weitergeführt wurden seine Arbeiten in ebenfalls umfassender Weise durch seinen Schüler H. Anglés). Zum anderen übte P., dessen eigene Kompositionen ihn freilich nicht lange überlebt haben, auf die Entwicklung der spanischen Musik einen entscheidenden Einfluß aus: I. Albéniz, E. Granados u. M. de Falla waren seine Schüler.

WW: **1) Kompositionen:** Klv.-Werke; Orch.-Werke, u. a.: *Elegía a Romea* (1875); *La veu de las montanyas* (1877); *Otger* (1885); Kirchenmusik; Chöre; Lieder. – Zarzuelas; Opern, u. a.: *El último Abencerraje* (1868), revidiert als *L'ultimo Abenzerraggio*, UA: Barcelona 1875; *Quasimodo*, UA: ebd. 1875; *Cleopatra*, UA: Madrid 1881; *Los Pireneos/Els Pireneus*, UA: Barcelona 1902; *Matinada*, UA: ebd. 1905. – **2) Schriften:** *Los músicos españoles… I* (Ba 1881); *Por nuestra música* (Ba 1891); *Diccionario técnico de la música* (Ba 1894); *Diccionario biográfico y bibliográfico de músicos y escritores de música españoles, portugueses y hispano-americanos antiguos y modernos*, I: A–G (Ba 1894–97); *La cançó popular catalana* (Ba 1906); *Musicalerías cançó popular catalana* (Ba 1906); *Musicalerías* (Valencia 1906) (gesammelte Aufsätze); *Catàlech de la Biblioteca musicale de Diputació de Barcelona*, 2 Bde. (Ba 1908–09); *Músicos contemporáneos y de otros tiempos* (P 1910); *Jornadas de arte* (P 1911) (Erinnerungen u. Aufsätze) sowie die Fortsetzung *Orientaciones* (P 1911); *Lírica nacionalizada* (P 1913) (gesammelte Aufsätze). – **3) Editionen:** *Hispaniae schola musica sacra*, 8 Bde. (Ba – L 1894–98, Nachdr. NY 1970); *Teatro lírico español anterior al siglo XIX*, 5 Bde. (La Coruña 1897–98); *T. L. Victoria, Opera omnia*, 8 Bde. (L 1902–13, Nachdr. Farnborough 1965–66), Biographie Victorias aus Bd. 8 separat (Valencia 1918); *Antología de organistas clásicos españoles*, 2 Bde. (Ma 1905–08, Nachdr. 1968); *Cancionero musical popular español*, 4 Bde. (Valls 1918–22, Neudruck 1936).

Lit.: R. MITJANA, La música contemporánea en España y F. P. (Málaga 1901); A. REIFF, F. P., in: ZfMw 3 (1920/21); DERS., Ein Kat. zu den Werken v. F. P., in: AfMw 3 (1921); M. DE FALLA, F. P., in: RM 4 (1923); E. ISTEL, F. P., in: MQ 11 (1925); … F. P. …, en el quincuagésimo aniversario de su morte, in: Anuario Mus. 27 (1972); M. JOVER I FLIX, F. P. … Vida y obra (Tortosa 1972); F. BONASTRE, F. P. Acotaciones a una idea (Tarragona 1977).

PEER GYNT, Oper in 3 Akten von Werner Egk (1901–83), Text frei neugestaltet nach H. Ibsen vom Komponisten. Ort u. Zeit der Handlung: im Reich der Trolle, Norwegen u. Mittelamerika, um die Mitte des 19. Jahrhunderts. UA: 24. 11. 1938 in Berlin (Staatsoper).

In der Operndichtung wird der Titelheld als Opfer der von Trollen gesponnenen Intrigen dargestellt, nicht als ein selbstsüchtiger, unentschlossener Schwächling wie in der literarischen Vorlage. Die Handlung ist unter Beibehaltung entscheidender psychologischer Elemente zugunsten der dramatischen Stringenz gestrafft; dargestellt wird der Sieg des Guten über alles Niedere, Triebhafte. Demgemäß bietet die Musik nicht wie in der bekannten Version E. Griegs eine romantische Verklärung des Stoffes, sondern eine musikdramatische Charakterisierung mit unterschiedlichen Stilmitteln. Dem ständigen Wechsel der Stimmungen, Gefühle, Farben und Valeurs folgt Egks Vertonung mit harmonisch reizvollen Klängen in farbiger Instrumentation. Größte Theaterwirksamkeit erzielt der Komponist in den Tanzszenen, wie etwa bei der grotesken Vorstellung des als Ziegenbock verkleideten Clowns, der die Kuh Kitty in allen Gangarten der Hohen Schule vorführt, begleitet von parodistisch verfremdeten Zitaten bekannter Tänze (Wiener Walzer *Wiener Blut* und der Cancan aus *Orpheus in der Unterwelt*). K. LANGROCK

PEERSON (Pearson), **Martin,** * zwischen 1571–73 wahrscheinlich March (Cambridgeshire), begraben 15. 1. 1651 London; engl. Organist, Virginalist und Komponist. Er erhielt 1613 in Oxford den Grad eines Bachelor of Music und wurde um 1624/25 Chormeister und Organist an der Londoner St. Paul's Cathedral.

WW: *Private musicke … ayres and dialogues* für 4–6 St. mit Instr. (Lo 1620); *Mottects or grave chamber musique* (Anthems) für 5 St. u. B. c. (Lo 1630); 3 weitere Anthems in: W. Leighton, The Teares or Lamentacions (= RISM 1614⁷); hsl. erhalten: weitere Anthems u. lat. Motetten; 3 Stücke für Virginal (im ↗Fitzwilliam Virginal Book); Fantasien u. Tanzsätze für Consort.

Ausg.: 4 Gesänge aus *Private musicke*, in: English Ayres. Elizabethan an Jacobean, hrsg. v. P. WARLOCK – P. WILSON, IV u. VI (Lo 1927 ff.); *Fantazia Beauty* sowie *Almaine* Nr. 2 u. 5 für Str., hrsg. v. M. WAILES (Lo 1954); *Blow out the Trumpet* u. *Selfe Pitties Teares* für 5st. Chor u. Klv. ad lib., hrsg. v. DERS. (Lo 1957); *See, O See Who is Here Come* für Frauenchor u. Klv. (oder Str.), hrsg. v. DERS. (Lo 1959); die Sätze aus RISM 1614⁷ in der NA dieser Quelle hrsg. v. C. HILL (Lo 1970) (= Early English Church Music 11); 2 Stücke, in: Early English Keyboard Music 1, hrsg. v. H. FERGUSON (Lo 1971).

Lit.: E. H. FELLOWES, Engl. Madrigal Verse 1588–1632 (Lo 1920, [2]1929), 3. Aufl. revidiert v. F. W. Sternfeld – D. Greer (O 1967); R. M. BAXTER, M. P.'s „Mottects or Grave Chamber Music" 1630 (1970) (= Diss. Catholic Univ. of America, Washington/D. C.).

PEETERS, Flor, * 4. 7. 1903 Tielen bei Turnhout, † 4. 7. 1986 Mecheln; belgischer Organist und Komponist. Er studierte bei J. van Nuffel (Gregorianik u. Analyse), L. Mortelmans (Kontrapunkt) und Oscar Depuydt (Orgel) am Lemmens-Institut in Mecheln, an dem er 1923–52 Professor für Orgel war. 1931–48 lehrte er auch am Konservatorium in Gent und 1935–48 am Konservatorium in Tilburg. 1923 wurde er Organist an der Kathedrale von Mecheln, 1948 Professor für Orgel am Konservatorium in Antwerpen, dessen Leitung er 1952–58 innehatte. Er trat international als Solist auf, ist aber auch als Komponist von Orgel- und vokalen Kirchenmusikwerken bekannt geworden, die Einflüsse des Gregorianischen Gesangs und der franko-flämischen Schule bekunden.

WW: 20 Divertimenti für Klv. (1974); etwa 450 Orgelwerke, u. a.: *60 Short Pieces* (1955); *30 Short Choralpreludes* (1959); *213 Hymn Preludes for the Liturgical Year,* 24 Bde. (1955–67); 30 Miniaturen (1975); Choralfantasie *Christ the Lord Has Risen* (1960) für Org., 2 Trp. u. 2 Pos. – Ferner zahlr. Chorwerke, darunter 8 Messen (1928–60).

Lit.: P. VISSER, F. P. (Turnhout 1950); H. LEMACHER, F. P., in: MS 77 (1957); F. SODDEMANN, Die Orgelwerke v. F. P., in: ebd. 79 (1959); J. LADE, The Organ Music of F. P., in: MT 109 (1968); M.-TH. BUYSSENS, Bibliogr., Meester F. P., 2 Bde. (An 1972); J. TH. HOFMANN, A Study of Pedagogical Values Found in Selected Organ Works of F. P. (1973) (= Diss. Univ. of Rochester); DERS., F. P. His Life and His Organ Works (Fredonia 1978).

PEINEMANN, Edith, * 3. 3. 1937 Mainz; dt. Violinistin. Den ersten Unterricht bekam sie von ihrem Vater Robert P., 1. Konzertmeister des Städtischen Orchesters Mainz; seit 1951 studierte sie bei Heinz Stanske in Heidelberg und 1953–56 bei M. Rostal in London. Nach einer Deutschlandtournee mit den Wiener Symphonikern unter W. Sawallisch begann ihre internationale Karriere mit dem ersten Auftreten in den USA (1962/63). Weitere Tourneen führten sie nach Südamerika und Afrika. P. konzertierte mit zahlreichen bedeutenden Orchestern und unter namhaften Dirigenten sowie u. a. bei den Festspielen in Salzburg, Wien und Luzern. 1960 bildete sie mit J. Demus ein Klavierduo. E. P., die eine Guarnerius del Gesù spielt, ist – wie D. Oistrach, A. Grumiaux und L. Kogan – Inhaberin der Plaquette Eugène Ysaye 1858–1958. Ihr Repertoire umfaßt sowohl klassische und romantische als auch zeitgenössische Werke. 1978 übernahm sie als Professor eine Meisterklasse für Violine an der Musikhochschule in Frankfurt am Main.

PEIRE CARDENAL, * Ende 12. Jh. Veillac (Le Puy, Haute-Loire), † um 1275; provenzalischer Troubadour. Unter seinen etwa 100 überlieferten Dichtungen nehmen die Liebeslieder (Cansos) gegenüber den satirischen, moralisch-didaktischen und religiösen Texten (Tenso, Sirventès, Planh, Descort, Cobla, Estribot, Sermo, Crida, Faula) einen für die Zeit überraschend geringen Raum ein. Dies könnte seine relativ schwache zeitgenössische Wirkung begründen, die seiner Würdigung durch die heutige Literaturwissenschaft als „okzitanischer Juvenal" (J. Salvat) jedoch keinen Abbruch tut. Durch die Biographie des Michel de la Tour (um 1300) sind seine Lebensumstände und seine von den Grafen von Toulouse, Raymond VI. und Raymond VII., geförderte literarische Tätigkeit bekannt. P.s Texte belegen die hohe Kunstfertigkeit, die ihn auszeichnete, und die Außerordentlichkeit seines künstlerischen Bewußtseins; die wenigen zu seinem Werk überlieferten Melodien gestatten leider keine genauere Beurteilung seiner musikalischen Begabung.

Lit.: F. MAUS, P. C.s Strophenbau in seinem Verhältnis zu dem anderer Trobadors ... (Marburg 1884); K. VOSSLER, P. C. (Mn 1916); G. CONTINI, Quelques sirventès de P. C. (P 1955); R. LAVAUD, Poésies complètes du troubadour P. C. (Toulouse 1957) (mit den Melodien); L. COCITO, Aspetti e motivi della poesia di P. C. (Genua 1958); F. GENNRICH, Der musikal. Nachlaß der Troubadours (Da 1958) (mit den Melodien); A. ZERBY-CROS, Discographie occitane générale (Béziers 1979). W.-D. LANGE

PEIRE VIDAL, * um 1160 Toulouse, † um 1205 Saloniki (?); provenzalischer Troubadour. Sein Wirken ist besonders um die Wende vom 12. zum 13. Jh. anzusetzen. Als Schützling Raymonds V. von Toulouse, Alfons' II. von Aragón, Alfons' VIII. von Kastilien und des Bonifacio I. von Monferrat führte er ein bewegtes Leben als Sänger und Soldat, das ihn über die Provence, Spanien und Italien hinaus bis nach Ungarn führte. Seine Fähigkeit, auch traditionellen Themen durch Kunstfertigkeit, Ironie und Phantasie neuen Glanz zu verleihen, und seine Verwicklung in die Auseinandersetzungen der Zeit, die sich in politisch engagierten Sirventès niederschlug, begründeten seinen Ruhm ebenso wie die geschmückten und erfindungsreichen Melodien zu seinen Cansos. Von den 49 von ihm überlieferten Liedern sind 16 mit Melodien erhalten.

Lit.: A. SMIRNOV, Contribution à l'étude de la vie provençale de P. V., in: Romania 54 (1928); N. ZINGARELLI, P. V. e le cose d'Italia, in: Studi medievali, N. S. 1 (1928); S. BATTAGLIA, La poesia di P. V., in: Studi romanzi 23 (1933, Neudruck 1965); U. SESINI, P. V. e la sua opera musicale (Fi 1943); K. HEISIG, Zur Biographie v. P. V., in: Romanistisches Jb. 3 (1952); E. HOEPFFNER, Le troubadour P. V., sa vie et son œuvre (P 1961); A. ZERBY-CROS, Discographie occitane générale (Béziers 1979).

W.-D. LANGE

PEITSCHE (engl.: whip, slapstick; frz.: fouet; it.: frusta; span.: zurriaga, látigo), Bz. für ein Geräuschinstrument im Orchester zur Imitation des Peitschenknalls, bestehend aus zwei an einem Ende durch ein Scharnier verbundenen Holzbrettchen, die gegeneinandergeschlagen werden und einen trockenen scharfen Knall erzeugen. Es wird u. a. von A. Adam *(Le postillon de Lonjumeau)*, R. Leoncavallo *(Cavalleria rusticana)* und M. Ravel (Klavierkonzert in G) vorgeschrieben.

PĘKIEL (Peckel, Pekel, Pechel), **Bartłomiej**, † um 1670 Krakau; poln. Komponist. Er wurde unter der Regierung König Wladisławs IV. (d.h. frühestens 1633) Mitglied der Warschauer Hofkapelle, 1649 als Nachfolger von Marco Scacchi 1. Kapellmeister. 1658 übernahm er die Leitung der Kathedralkapelle auf der Königsburg Wawel in Krakau. P. ist der führende polnische Komponist seiner Zeit. In seinen kirchenmusikalischen Werken benutzt er auch polnische Liedweisen.

WW (fast ausschließlich hsl. erhalten): 12 4-, 6- und 8st. Messen u. 16 3- bis 6st. Motetten, teilweise a capp., teilweise konzertierend mit B.c. u. Instr.; 40 Tänze für Laute (Autorschaft nicht gesichert); 2 weitere Instr.-WW.

Ausg.: *Audite mortales*, hrsg. v. H. FEICHT – K. SIKORSKI (Krakau 1929, ²1968); *Missa pulcherrima* 1669, hrsg. v. H. FEICHT – W. GIEBUROWSKI (ebd. 1938, NA 1961, ³1972); 2 lat. Lieder *Magnum nomen domini* u. *Resonet in laudibus* 1680, hrsg. v. H. FEICHT (ebd. 1948, ²1964, ³1971); 40 Lautenstücke, hrsg. v. M. SZCZEPAŃSKA (ebd. 1955) (= WDMP 30), 2. Aufl. revidiert v. Z. STESZEWSKA (ebd. 1965); 2 Patrem für 4 St., hrsg. v. H. FEICHT – Z. M. SZWEYKOWSKI (ebd. 1965) (= WDMP 58); 4 Sätze, in: Muzyka staropolska, hrsg. v. H. FEICHT (ebd. 1966); *Missa a 14* für 2 Chöre, 2 V., 3 Violette u. B.c., hrsg. v. Z. M. SZWEYKOWSKI (ebd. 1971) (= WDMP 69).

Lit.: H. FEICHT, P., in: MGG X; M. PERZ, P., in: Grove⁶ XIV (mit ausführlichem Lit.-Verz.).

PELLEAS UND MELISANDE, Drame lyrique in 5 Akten von Claude Debussy (1862–1918), Text: das geringfügig gekürzte Drama (1892) von Maurice Maeterlinck. Ort und Zeit der Handlung: das Phantasiekönigreich Allemonde, Mittelalter. UA: 30. 4. 1902 in Paris (Opéra-Comique) unter der Leitung des Komponisten; dt. EA (in dt. Sprache): 19. 4. 1907 in Frankfurt am Main.

Zwei Hauptintentionen leiteten den Komponisten bei der Konzeption dieses Werkes: die Schaffung einer bühnenmusikalischen Gegenposition zum Musikdrama R. Wagners und das Bemühen um mehr Natürlichkeit auf der Opernbühne. Die erste Absicht schloß zwar die Verwendung von Leitmotiven keineswegs aus (obwohl Debussy die Technik theoretisch ablehnte), doch sind diese Motive nicht konsequent symphonisch verflechtend eingesetzt wie bei Wagner. Mit seiner zweiten Absicht zielte Debussy auf Beseitigung eines Mißstandes genereller Art ab, den er mit dem Satz beschrieb: „In der Oper wird zu viel gesungen." Streng natürlicher Sprachfluß, engstmögliches Nachzeichnen der französischen Prosodie, Schaffung einer neuartigen „dramatischen Melodie", so lautete die selbstgestellte Aufgabe. Das symbolistische Drama Maeterlincks kam Debussys Plänen sehr entgegen: Nichts wird darin explizit ausgesprochen; Symbolik und Andeutung schaffen eine „traumhafte Atmosphäre", die dem Musiker großen Freiraum läßt, in welchem er – ohne eigentlich originell zu sein – eine im Grunde vorhandene, aber noch nicht fixierte Dimension des Dramas gestalten kann. So gelingt es Debussy häufig, durch sensible Nuancierung des orchestralen Klangkolorits und unter Vermeidung einer ausschließlich auf die Melodik beschränkten Gefühlszeichnung eine zu tieferem Verständnis des Werkes führende Synthese aus Text und Musik zu schaffen. R. QUANDT

PELLEGRIN, Simon-Joseph, Abbé, * 1663 Marseille, † 5. 9. 1745 Paris; frz. Schriftsteller und Librettist. Er trat in den Servitenorden ein, unternahm zwei Reisen in den Orient und widmete sich nach seiner Rückkehr nach Paris vorwiegend einer literarischen Tätigkeit; 1704 gewann er den Prix de poésie der Académie Française. Eine Reihe seiner Werke erschien unter dem Pseudonym Mlle. Bastien, dem Namen seiner Schülerin. P., der sich der besonderen Gunst der Madame de Maintenon erfreute, entschied sich, 1732 vom Pariser Erzbischof, Kardinal de Noailles, vor die Wahl zwischen geistlichem Amt oder schriftstellerischer Betätigung gestellt, für letztere. Sein Libretto zu J.-Ph. Rameaus *Hippolyte et Aricie* ist eine der frühesten Opernbearbeitungen einer klassischen französischen Tragödie (*Phèdre* von J. Racine).

WW (Libretti): *Télémaque et Calypso*, Musik v. A. C. Destouches, UA: Paris 1714; *Renaud, suite d'Armide*, Musik v. H. Desmarest, UA: ebd. 1722; *Jephté*, Musik v. M. P. de Montéclair, UA: ebd. 1732; *Hippolyte et Aricie*, Musik v. J.-Ph. Rameau, UA: ebd. 1733.

Lit.: M. BRIQUET, P., in: MGG X.

PELLEGRINI, Vincenzo, * 2. Hälfte 16. Jh. Pesaro, † 23. 8. 1630 Mailand; it. Komponist. Er war Priester und wurde 1594 Kanoniker am Dom zu

Pesaro. 1611 wurde er als Nachfolger G. C. Gabussis Domkapellmeister in Mailand.

WW: *Canzoni de intavolatura d'organo fatte alla francese* (V 1599); *Messen* für 4–5 St. (V 1603); *Magnificat decem* für 5 u. 9 St. u. B.c. (V 1613); *Sacri concentus* für 1–6 St. u. B.c. (V 1619). – Sammelbände mit eigenen Werken und Stücken anderer Komponisten: 2 Bücher *Pontificalia Ambrosianae Ecclesiae ad vesperas musicali concentui accomodata* für 2 Chöre (Mi 1619); *Litaniae Ambrosianae et Romanae* für 4 u. 8 St. (Mi 1623).

Ausg.: 2 Stücke, in: TORCHI Arte Mus. III; *Canzoni de intavolatura d'organo*, hrsg. v. P. BERALDO (Mi 1968) (= Antiquae musicae It. bibl., Monumenta organica B III); dass., hrsg. v. LYNN (1972) (= Corpus of Early Keyboard Music 35).

Lit.: G. TEBALDINI, L'archivio musicale della Cappella Lauretana (Loreto 1921); C. SARTORI, Monteverdiana, in: MQ 38 (1952).

PÉLOG, Bz. für die neben ↗Sléndro gebräuchliche 7tönige Tonskala der javanischen und sundanesischen Musik (↗Indonesien), auf der die Modi Paṭet Lima, Nem und Barang (↗Paṭet) beruhen. Das P.-System gilt bei den Javanern als ruhig, ehrerbietig, melancholisch und weiblich.

PEMBAUR. – 1) Josef (I), * 23. 5. 1848 Innsbruck, † 19. 2. 1923 ebd.; östr. Komponist. Er studierte bei A. Bruckner am Wiener Konservatorium und bei J. Rheinberger und J. Hey an der Königlichen Musikschule in München. 1875–1918 leitete er die Musikschule des Musikvereins in Innsbruck. P. hat als Dirigent, Komponist, Pädagoge und Organisator dem Musikleben Innsbrucks wesentliche Impulse gegeben. Er schrieb vor allem Messen, Lieder und Chorwerke. – **2) Josef** (II), Sohn von 1), * 20. 4. 1875 Innsbruck, † 12. 10. 1950 München; östr. Pianist. Er war Schüler seines Vaters und 1893–96 an der Königlichen Musikschule in München bei L. Thuille und J. Rheinberger. 1901–02 studierte er noch bei Alfred Reisenauer am Konservatorium in Leipzig und wurde dort 1912 Professor. Seit 1921 leitete er die Meisterklasse für Klavier an der Akademie der Tonkunst in München. P. war einer der bedeutendsten Liszt-Interpreten seiner Zeit.

Schriften: *Von der Poesie des Klavierspiels* (Mn 1910, ²1911); *Über L. van Beethovens Sonaten op. 31/2 u. op. 57* (Mn 1915).

3) Karl Maria, Sohn von 1), * 24. 8. 1876 Innsbruck, † 6. 3. 1939 Dresden; dt. Komponist, Organist und Dirigent. Er war Schüler seines Vaters in Innsbruck und 1896–98 von J. Rheinberger an der Akademie der Tonkunst in München. 1901 wurde er Solorepetitor an der Dresdner Hofoper und Hoforganist, 1903 Dirigent der Dresdner Liedertafel, 1913 der Hofkapelle und war somit auch für die musikalischen Aufführungen an der katholischen Hofkirche verantwortlich. 1915 gründete er den (noch heute bestehenden) Sinfoniechor und 1924 eine Vocalcapelle. P. wurde als Opernchordirigent bedeutsam für die Chorgeschichte der Oper wie für das Chorwesen Dresdens. Als Leiter der Kirchenmusik an der Hofkirche, deren Fortbestehen nach Auflösung des sächsischen Hofes 1918 wesentlich ihm zu danken ist, erfuhr er überkonfessionelle Wertschätzung. Aus seinem umfangreichen Schaffen ragen vor allem die Messen hervor.

WW: **1) Weltliche WW:** Bläserquintett. – Lieder u. Kantaten; Männerchöre, u.a.: *Ständchen*, op. 11 (L 1903); *3 Männerchöre*, op. 2 (Z 1904); *Humoristische Männerchöre*, op. 15 u. 16 (L 1906); *3 Goethelieder* (L 1932); Oratorium *Ein deutsches Bekenntnis;* Singspiel *Seien Sie vorsichtig.* – **2) Geistliche WW:** *Missa (brevis)* F-Dur, op. 10 (Au 1902); *Missa (solemnis)* G-Dur, op. 14 (Au 1909); *Weihnachtsmesse*, op. 18 (Au 1914); *Missa angelica*, op. 35 (Au 1926); *Missa Sanctae Familiae*, op. 46 (Mn 1930). – **3) Schriften:** *Drei Jahrhunderte Kirchenmusik am sächsischen Hofe* (Dresden 1920).

Lit.: **Zu 2):** W. ZENTNER, Dem 75jährigen J. P., in: NMZ 4 (1950); H. GIES, J. P. der Jüngere 1875–1950 (I 1976) (Werk-Verz.); U. STROHAL, J. P., 1875–1950 (I 1976). – **Zu 3):** A. PELLEGRINI, in: ZfM 106 (1939).

PEÑALOSA, Francisco de, * um 1470 Talavera de la Reina bei Toledo, † 1. 4. 1528 Sevilla; span. Komponist. Er wurde 1498 Sänger der Kapelle König Ferdinands V. (des Katholischen), 1506 Kanonikus der Kathedrale von Sevilla, später aber zeitweilig dieses Amtes enthoben, da er nicht in Sevilla lebte. 1511 trat er als Kapellmeister in den Dienst des Infanten Don Fernando de Aragón und war seit 1517 Kapellsänger Papst Leos X. Nach dessen Tod kehrte P. 1521 nach Sevilla zurück. P. ist der bedeutendste spanische Komponist polyphoner Musik vor Cr. Morales. Für sein hohes technisches Können und seine Vertrautheit mit der Kunst der Niederländer zeugt u.a. die Tatsache, daß seine Motette *Sancta mater istud agas* lange als Werk Josquins des Prés galt.

WW: Hsl. erhalten sind zahlr. kirchenmusikal. Werke, u. a. 6 Messen für 4 St., 1: *Ave Maria*, 2: *Por la mar*, 3: *Del ojo*, 4: *Nunca fué pena mayor*, 5: *L'homme armé*, 6: *Adieu mes amours;* Magnificat, Hymnen u. Motetten; 41 Villancicos u.a. weltliche Werke.

Ausg.: 4 Gesänge in: Span. Hymnar, um 1500, hrsg. v. R. GERBER (1957) (= Chw 60); Messen *Nunca fué pena mayor* u. *Ave Maria peregrina*, hrsg. v. H. ANGLÉS, in: La música en la corte de los Reyes católicos (Ma 1941, Ba ²1960) (= MMEsp 1); 10 Villancicos, hrsg. v. DEMS., in: Cancionero musical de Palacio, 2 Bde. (Ba 1947–51) (= ebd. 5 u. 10).

Lit.: R. GERBER, Span. Hymnensätze um 1500, in: AfMw 10 (1953), wiederabgedruckt, in: Zur Gesch. des mehrst. Hymnus, hrsg. v. G. Croll (Kas 1965) (= Musikwiss. Arbeiten 21); R. STEVENSON, Spanish Music in the Age of Columbus (Den Haag 1960).

PENDERECKI, Krzysztof, * 23. 11. 1933 Dębica bei Krakau; poln. Komponist. Er studierte privat bei Fr. Skołyszewski und an der Krakauer Musikhochschule bei A. Malawski, wo er 1958 Kompositionslehrer wurde. 1959 wurde P. bei einem vom polnischen Komponistenverband ausgeschriebenen Wettbewerb für die Werke *Strofy, Psalmy Dawida* und *Emanacje* dreifach prämiiert. Dieser Erfolg und die Uraufführung dieser Werke beim „Warschauer Herbst" und in Donaueschingen machten P. schnell international bekannt. Die enthusiastische Aufnahme seiner Lukaspassion, die 1962–65 im Auftrag des Westdeutschen Rundfunks entstanden war und für die P. nach deren Uraufführung 1966 im Dom von Münster (Westf.) den Kunstpreis von Nordrhein-Westfalen und ein Jahr später den Prix Italia erhielt, begründete seine für einen zeitgenössischen Komponisten der Avantgarde selten hohe Popularität. 1966–68 war er Dozent der Folkwang-Hochschule in Essen, danach Stipendiat des Deutschen Akademischen Austauschdienstes in Berlin, wo er 1969 seine erste Oper *Die Teufel von Loudun* vorlegte. Seit 1972 ist P. Direktor der Krakauer Musikhochschule. Besonders seine großen geistlichen oratorischen Werke nach der Lukaspassion, wie das Magnificat (1974), die „Sacra rappresentazione" *Paradise Lost* (1978) oder das Papst Johannes Paul II. gewidmete Te Deum (dessen amerikanische Erstaufführung 1981 Mst. Rostropowitsch leitete) begründeten und sichern das hohe Ansehen dieses Komponisten in aller Welt.

WW: **1) Instr.-WW: a)** Kammermusik u. elektronische Musik: *Miniatury* (3 Miniaturen) (1959) für V. u. Klv.; *Quartetto per archi* (No. 1) (1960), No. 2 (1968); *Psalmus 1961* (1961) für Tonband; *Brygada śmierci* (Todesbrigade) (1963) (elektronische Musik zu dem Rundfunkstück gleichen Titels); *Capriccio per Siegfried Palm* (1968) für Vc. solo; *Ekecheireia* (1972) für Tonband. – **b)** Für Orch.: *Epitafium Artur Malawski in memoriam* (1958) für Streichorch. u. Pauken; *Emanacje* (Emanationen) (1959) für 2 Streichorch.; *Anaklasis* (1960) für Schlagzeug u. Streichorch.; *Ofiarum Hiroszimy tren* (Threnos. Den Opfern v. Hiroshima) (1960) für 52 Str.; *Fonogrammi per flauto e orchestra da camera* (1961); *Polymorphia* (1961) für 48 Str.; *Fluorescences* (1961/62); *Kanon* (1962) für Streichorch. u. 2 Tonbandgeräte; *Sonata per violoncello e orchestra* (1964); *Capriccio per oboe e 11 archi* (1965); *De natura sonoris* (Nr. 1) (1966) u. Nr. 2 (1970); *Concerto per violino grande e orchestra* (1967), Neufassung als: Konzert für Vc. u. Orch. (1972); *Capriccio per violino e orchestra* (1967); *Pittsburgh Ouverture* (1967) für großes Blasorch., Schlagzeug, Harfe u. Klv.; *Prélude* (1971) für Bläser, Schlagzeug, Tasteninstr. u. Kb.; *Actions for Free Jazz Orchestra* (1971); Partita für konzertierendes Cemb., Gitarre, E-Baßgitarre, Harfe, Kb. (alle elektronisch verstärkt) u. Orch. (1972); 2 Symphonien (1973, 1980); Intermezzo für 24 Str. (1973); *Als Jakob erwachte*... (1974); V.-Konzert (1977); Adagietto aus *Paradise Lost* (1980) für Streichorch. – **2) Vokal-WW:** *Psalmy Dawida* (Aus den Psalmen Davids) (1958) für gem. Chor, Schlagzeug, Celesta, 2 Klv., Harfe u. 4 Kb.; *Strofy* (1959) (nach Texten v. Menander, Sophokles, Jesaias, Jeremias u. Omar-el-Khayam) für Sopran, Sprecher u. 10 Instr.; *Wymiary czasu i ciszy* (Dimensionen der Zeit u. der Stille) (1960, 2. Fassung 1961) für gem. Chor, Schlagzeug u. Str.; Stabat mater (1963) für 3 gem. Chöre a cap.; *Cantata in honorem Almae Matris Universitatis Iagiellonicae sescentos adhinc annos fundatae* (1964) für gem. Chor u. Orch.; *Passio et mors Domini nostri Iesu Christi secundum Lucam* (1966) für 3 Soli, Sprecher, 3 gem. Chöre, Knabenchor u. Orch.; *Dies irae. Oratorium ob memoriam in perniciei castris in Oświęcim necatorum inexstinguibilem reddendam* (1967) für 3 Soli, gem. Chor u. Orch.; *Utrenja I* (Grablegung Christi) (1970) sowie ... *II* (Auferstehung Christi) (1970, 1971) für 5 Soli, 2 gem. Chöre (... *II* auch für Knabenchor) u. Orch.; *Kosmogonia* (1970) (zum 25jährigen Bestehen der UNO) für 3 Soli, gem. Chor u. Orch.; *Ecloga VIII* (1972) (nach Vergils *Bucolica*) für 6 Männerst. a cap.; *Canticum canticorum Salomonis* (1973) für 16st. gem. Chor u. Orch.; Magnificat für Baß solo, 7 Männerst., 2 gem. Chöre, Knabenchor u. Orch. (1974); Te Deum für 4 Soli, gem. Chor u. Orch. (1980) (Papst Johannes Paul II. gewidmet); *Lacrymosa* (1980) für Sopran, gem. Chor u. Orch. – **3) Bühnen-WW:** Oper *Die Teufel von Loudun* (Libr.: K. P. nach A. Huxleys *The Devils of Loudun*), UA: Hamburg 1969; Sacra rappresentazione *Paradise Lost* (Das verlorene Paradies) (Libr.: Ch. Fry nach J. Milton), UA: Chicago 1978.

Schon in seinen frühen Werken eröffnet P. immer neue Bereiche der musikalischen Gestaltung von Klangfarben und Geräuschen mit traditionellem Instrumentarium. Ist z. B. *Anaklasis* noch weitgehend konventionell notiert, so entwickelt P. in den folgenden Werken den neuen Spiel- und Satztechniken gemäße neue Notationsformen (insbesondere für die Perkussions-, Cluster- und Glissandonotation bei Streichinstrumenten), die der konstitutiven Rolle von Klang und Geräusch auch noch bei Vokalkompositionen gerecht werden. Das in der Lukaspassion erprobte Stilmittel der Durchsetzung solcher Klangkomposition mit dur-moll-tonalen Elementen und Partien wendet P. vor allem in seinen großen oratorischen Werken seither gern an. Dies mag, neben der effektvollen Instrumentation und der plakativen Anlage dieser Werke, verbunden mit der geschickten Wahl von Themen und Texten, zum außergewöhnlich großen internationalen Erfolg von P.s Großkompositionen beigetragen haben.

Lit.: T. A. ZIELIŃSKI, Der einsame Weg des K. P., in: Melos 29 (1962); P. FUHRMANN, Unters. z. Klangdifferenzierung im modernen Orch. (Rb 1966) (= Kölner Beitr. z. Musikforsch. 40); D. H. LINTHICUM, P.'s Notation (1972) (= Diss. Univ. of Illinois); K.-J. MÜLLER, Traditionelles bei P., in: Musik u. Bildung 4 (1972); DERS., Informationen zu P.s Lukas-Passion (F 1973); K. LISICKI, Szkice o K. P.m (War 1973); M. SCHULER, Tonale Phänomene in P.s „Lukas-Passion", in: Melos/NZ 2 (1976); W. SCHWINGER, P., Begegnungen, Lebensdaten, Werkkommentare (St 1979). R. CADENBACH

PENNA, Lorenzo, * 1613 Bologna, † 31. 10. 1693 ebd.; it. Komponist. P. ist 1656 als Kapellmeister an S. Ilario in Casale Monferrato nachweisbar, studierte seit 1660 an der Universität von Ferrara und promovierte 1665 zum Dr. der Theologie. 1667–69 war er Kapellmeister an S. Cassiano in Imola. 1669 trat er in Mantua in den Karmeliterorden ein, wirkte 1672–73 als Kapellmeister an der Ordenskirche in Parma und später als Domkapellmeister in Imola. 1676 wurde er Mitglied der Accademia dei Filarmonici in Bologna, wo er vermutlich zuletzt lebte. P. wurde vor allem durch den Traktat *Li primi albori musicali* bekannt, der die Grundlagen der Notenschrift, Kontrapunktlehre und des Generalbaßspiels behandelt.

WW: *Messe e salmi concertati* für 5 St., 2 V. ad lib. u B.c. (Mi 1656); *Psalmorum totius anni modulatio* für 4–5 St. (Mi 1669); *Correnti francesi a 4* (Bol 1674); *Il sacro Parnaso* für 4–8 St. (Bol 1677); *Galeria del sacro Parnaso* mit Instr. ad lib. (Bol 1678); *Li primi albori musicali per li principianti della musica figurata*, 3 Bde. (Bol 1672 u. ö.); *Direttorio del canto fermo* (Modena 1689).

Ausg.: *Li primi albori musicali*, Faks.-Ausg. der 4. Aufl. 1684 (Bol 1969) (= Bibl. musica Bononiensis II/38).

Lit.: F. TH. ARNOLD, The Art of Accompaniment from a Thorough-Bass (Lo 1931, Nachdr. 1961); J.-H. LEDERER, L. P. u. seine Kontrapunkttheorie (Diss. Gr 1970); DERS., Zur Lebensgesch. L. P.s, in: KmJb 55 (1971); DERS., Zur Kontrapunkttheorie L. P.s, in: StMw 28 (1977).

PENTATONIK (von griech. pente = fünf), Bz. für ein Tonsystem, das aus 5 Tönen besteht. Die natürliche pentatonische Skala erhält man durch stufenweise Aneinanderreihung der 5 ersten Quinten des Quintenzirkels:

Innerhalb der Dur-Moll-Tonalität kann P. als Ergänzung der Intervalle des Dur-Dreiklangs verstanden werden:

Wesentliches Merkmal der P. ist eine Skalenbildung mit dem ↗Ganzton als kleinstem Intervall. Dieser wurde mit der Verwendung dreitöniger Skalen konstituiert; seit dem Gebrauch sechstöniger Skalen ist der ↗Halbton das kleinste Intervall. Die pentatonische Skala stellt somit den Endpunkt einer Entwicklung dar, ebenso wie die ↗Heptatonik. Dies erklärt zweifellos ihre außergewöhnliche Beliebtheit sowie ihre weite Verbreitung. Da die Skala keine Halbtöne aufweist (anhemitonische P.) besitzt sie auch keine ↗Leittöne. Dieser Mangel an innerer Spannung verleiht den pentatonischen Skalen einen statischen, schwebenden Charakter. In solchen Skalen hat der Begriff Tonalität kaum Sinn; es handelt sich viel eher um Tonsysteme als um ↗Tonarten.

Historisch gesehen, stellt die P. eine Vorstufe zur Heptatonik dar. Sie kommt in alten Zivilisationen (China, Indonesien), aber auch in primitiven Kulturen (Ureinwohner von Ozeanien und Afrika) vor. In prähistorischen Zeiten scheint sie über weite Teile der Erde verbreitet gewesen zu sein. China und Tibet einerseits und die Mittelmeergegend andererseits gelten als die beiden Ausgangszentren für die P., doch ist sie auch bei den Lappen und den Indianern Amerikas nachweisbar. In Europa werden in bestimmten Gebieten, die ihre musikalische Eigenständigkeit z.T. wahren konnten, neben entsprechend gestimmten Instrumenten (Panflöte, Harfe, Sackpfeife und Schalmei) pentatonische Melodien auch heute noch verwendet: auf dem Balkan, in der Bretagne, in England, Schottland, auf Sardinien und im Baskenland. – Die einstimmige mittelalterliche Musik bewahrte unter einer siebentönigen Erscheinungsweise eine ursprüngliche P., die zahlreichen Melodien als Grundgerüst diente. Mit dem Aufkommen der Mehrstimmigkeit wurden pentatonische Melismen seltener (13. und 14. Jh.) und verschwanden schließlich im Laufe des 15. Jh. gänzlich. Erst um die Mitte des 19. Jh. erscheinen in der Kunstmusik erneut pentatonische Wendungen. Als erstes charakteristisches Beispiel gilt der *Krakowiak* (1828) von Fr. Chopin, der wohl von der polnischen Folklore beeinflußt wurde. Bei Fr. Liszt, R. Wagner und E. Grieg erhält die P. ländlich-bukolischen Charakter. M. Mussorgski fügt pentatonische Wendungen in seine an sich heptatonische Musik ein *(Boris Godunow)*. Nach 1880 entdeckt man das exotisch-fernöstliche Kolorit der P.; im Französischen leitet sich davon die Bezeichnung „gamme chinoise" für die pentatonische Skala ab (G. Puccini, *Turandot;* M. Ravel, *Laideronnette*). Parallel dazu entwickelt sich eine eigenständige P. bei A. E. Chabrier, Cl. Debussy und M. Ravel; eine mehr von der Volksmusik beeinflußte P. erscheint bei I. Strawinsky, B. Bartók und C. Orff.

Zahlreiche europäische Kinderlieder sind pentatonisch. Man kann darüber hinaus feststellen, daß musikalisch begabte Kinder zwischen 5 und 6 Jahren instinktiv über pentatonische Skalen improvisieren; aus dieser Tatsache versucht man die naturhaften Ursprünge dieser Skalen und ihre Verbindung zu einem sehr frühen Stadium der psychischen und geistigen Entwicklung des Menschen zu begründen. Neben der natürlichen pentatonischen Skala gibt es auch pentatonische Skalen mit Halbtönen (hemitonische P.), etwa die japanische Kumoi-Leiter mit der absteigenden Tonfolge: e – c – h – a – g – e. Mit dem Halbton erscheint hier auch die Leittonhaftigkeit, so daß diese Skalen nicht mehr das Gefühl der Ruhe und des Schwebens (wie bei der natürlichen P.) vermitteln.

Lit.: H. RIEMANN, Folkloristische Tonalitätsstud., I: P. u. tetrachordale Melodik (L 1916) (= Abh.en der Königlich Sächsischen Forschungsinst. zu Leipzig A, 1); W. DANCKERT, Grundriß der Volksliedkunde (B 1939); B. SZABOLCSI, Five-Tone Scales and Civilization, in: AMI (1943); DERS., About Five-Tone Scales in the Early Hebrew Pentatonic Tuning of the Greek Lyre ..., in: Classical Quarterly 50, N.S. 6 (1956); W. DANCKERT, Hirtenmusik, in: AfMw 13 (1956); W. WIORA, Älter als die P., in: Studia ...

sacra. Gedenkschrift B. Bartók (Budapest 1956, ²1957); K. REINHARD, On the Problem of Pre-Pentatonic Scales..., in: Journal of the Int. Folk Music Council 10 (1958); YANGYIN-LIU, Zur gleichzeitigen Existenz pentatonischer u. heptatonischer Leitern in der chinesischen Musik, in: BzMw 6 (1964); TRAN VAN KHÊ, Is the Pentatonic Universal? A Few Reflections on Pentatonism, in: The World of Music 19/1–2 (1977). S. GUT

PENTHESILEA, nach dem Trauerspiel von H. v. Kleist in einem Akt mit Musik von Othmar Schoeck (1886–1957), Text vom Komponisten. Ort u. Zeit der Handlung: Schlachtfeld im Trojanischen Krieg. UA: 8. 1. 1927 in Dresden.

Schoeck wollte mit seiner Musik der „Melodie der Verse Kleists" nur Harmonie und Rhythmus hinzufügen. Deshalb verzichtet er an dramatischen Höhepunkten auf Gesangsmelik und erreicht durch den Deklamationsstil höchste Verständlichkeit des Wortes. Das Libretto ist auf den Konflikt zwischen den Liebenden konzentriert, der sich aus dem Gegensatz ihrer Gefühls- zur realen Welt ergibt: Achill hat die von ihm geliebte Penthesilea im Kampf überwunden; die Amazonenkönigin darf sich ihm jedoch erst in Liebe verbinden, nachdem sie ihn auf dem Schlachtfeld besiegt hat. Als der Grieche das ermöglichen will und ihr unbewaffnet entgegentritt, fühlt sie sich verhöhnt, verfällt in Raserei und tötet den Geliebten. Die Unversöhnbarkeit charakterlicher Gegensätze faßt Schoeck in einer Tonartensymbolik: Achill und seiner Welt ist C-Dur zugeordnet, derjenigen Penthesileas Fis-Dur. Mit leitmotivischer Arbeit, Polytonalität und einer Instrumentation, welche die Mittellagen heraushebt, erreicht Schoeck seine künstlerische Intention: „Die Tragödie muß vorüberrauschen wie ein Sturmwind, so daß der Hörer gar nicht zum Aufatmen kommt." Das Fehlen lyrischer Elemente schien dem Komponisten nach der UA als Mangel; deshalb fügte er als musikalischen Gipfelpunkt des Werkes das Duett der Liebenden nachträglich (Februar 1927) der Partitur ein.

K. LANGROCK

PÉPIN, Clermont (Jean-Josephat), * 15. 5. 1926 Saint-Georges-de-Beauce (Provinz Quebec); kanadischer Pianist und Komponist. P. studierte bei Cl. Champagne und Arthur Letondal am Conservatoire in Montreal, dann am Curtis Institute of Music in Philadelphia bei Rosario Scalero und Jeanne Behrend, schließlich am Royal Conservatory in Toronto bei Arnold Walther und Lubka Kolessa. 1949 erhielt er den Prix d'Europe der Académie de Musique de Québec und setzte seine Ausbildung bis 1951 bei A. Honegger, A. Jolivet und O. Messiaen am Pariser Conservatoire fort. Dort lernte er als Studienkollegen P. Boulez, K. Stockhausen und Guido Alberto Fano kennen und machte sich mit den Werken A. Schönbergs und A. Bergs vertraut. 1955–64 war er Professor für Komposition am Conservatoire in Montreal und 1967–72 dessen Direktor. 1965 gründete er das Centre d'Études Prospectives du Québec. Zu seinen Schülern gehörte A. Prévoist.

WW: Zahlr. Klv.-Stücke; 4 Streichquartette (1948, 1955, 1959, 1960); *Séquences* (1972) für Fl., Ob., V., Va. u. Vc.; *Monologue* (1961) für Kammerorch. – Für Orch.: *Variations symphoniques* (1947); 4 Symphonien (1948, 1957, 1967, 1975) (die 3. u. 4. mit Chor); symphonische Dichtungen *Guernica* (1952) u. *Le rite du soleil* (1955); *Chroma* (1973); *Prismes et cristaux* (1974); 2 Klv.-Konzerte (1946, 1949); *Nombres* (1962) für 2 Klv. u. Orch. – Ballette: *Les portes de l'enfer* für 2 Klv., UA: Paris 1953; *L'oiseau phénix*, UA: Montreal 1956; *Le porte-rêve* (1957).

Lit.: Contemporary Canadian Composers, hrsg. v. K. MACMILLAN – J. BECKWITH (Toronto 1975).

PEPPING, Ernst, * 12. 9. 1901 Duisburg, † 1. 2. 1981 Berlin; dt. Komponist. Er studierte 1922–26 an der Hochschule für Musik Berlin bei W. Gmeindl und lebte danach als freischaffender Komponist in Mülheim an der Ruhr und Essen. 1934 wurde er auf eine Lehrstelle für Musiktheorie und Komposition an die Evangelische Kirchenmusikschule Berlin-Spandau (1947 Professor) berufen, die er bis zu seiner Emeritierung innehatte, und war seit 1953 auch Professor für Komposition an der Berliner Hochschule für Musik. P. wurden zahlreiche Ehrungen zuteil: er erhielt u. a. den Berliner Kunstpreis für Musik (1948), den Buxtehude-Preis der Hansestadt Lübeck (1951) und den Robert Schumann-Preis der Stadt Düsseldorf (1956). Die Freie Universität Berlin ernannte ihn 1961 zum Ehrendoktor.

WW: **1) Instr.-WW:** Für Org.: Partita *Wer nur den lieben Gott läßt walten* (1932) u. *Wie schön leuchtet der Morgenstern* (1933); *Großes Orgelbuch* (1939); *Kleines Orgelbuch* (1940); 2 Concerti (1941); Fugen (1942–43); 3 Partiten (1953); *Böhmisches Orgelbuch* (1953); Hymnen (1954); 12 Choralvorspiele (1958); Sonate (1958); 25 Orgelchoräle (1960); *Präludia/Postludia* (1969). – Für Klv.: Sonatine (1931); 2 Romanzen (1935); 4 Sonaten (1937–45); *Tanzweisen und Rundgesang* (1938); 3 Fugen über BACH (1943); Phantasien (1945); Variationen I u. II (1948); *Zuhause* (1950). – Variationen u. Suite für 2 V. (1932); Streichquartett (1943); Sonate für Fl. u. Klv. (1958). – Für Orch.: Praeludium (1929); Invention (1930); Partita (1934); Variationen über *Lust hab ich g'habt zur Musica* (1937); 3 Symphonien (1932, 1942, 1944); Serenade (1944–45); Variationen (1949); Klv.-Konzert (1950); 2 Orchesterstücke über eine Chanson des Binchois (1958). – **2) Geistliche Vokal-WW:** Choralsuite (1928); *Deutsche Choralmesse* (1928); Kanonische Suite für Männerchor (1928); Hymnen (1929); *Kleine Messe* (1929); Choralbuch (1931); 90. Psalm (1934); *Spandauer Chorbuch* (1934–38); Motette *Uns ist ein Kind geboren* (1936); 6 kleine Motetten (1937–38); Motette *Ein jegliches hat seine Zeit* (1937); 3 Evangelien-Motetten (1937–38); *Deutsche Messe* (1938); *Missa Dona nobis pacem* (1948); *Missa brevis* (1950); *Passionsbericht des Matthäus* (1950); Liedmotetten nach Weisen der Böhmischen Brüder (1951–53); Bicinien für gleiche St. (1954–55); Tedeum für Chor, 2 Solost. u. Orch. (1956); Evangelienmotette *Das Weltgericht* (1958); *Die Weihnachtsgeschichte des Lukas*

(1959); Vesper *Johannes der Täufer* (1961) für Chor; *Lobgesang der Böhmischen Brüder* (1961); 8. Psalm (1962); 23. Psalm (1962); *Gesänge der Böhmischen Brüder in Variationen* (1963); *Aus hartem Weh die Menschheit klagt* (1964); 139. Psalm für Alt solo, Chor u. Orch. (1964); Motette *Deines Lichtes Glanz* (1967). – **3) Weltliche Vokal-WW:** Für Chor a cap.: *Sprüche und Lieder nach Goethe, Rilke und Eichendorff* (1930); *Das gute Leben* (1936); *Lob der Träne* (1940); *Das Jahr* (1940); *Der Wagen* (1940/41); *Der Morgen* (1942); *Bei Tag und Nacht* (1942); 33 Volkslieder (1943); *Heut und ewig* (1948–49) (nach Goethe); *Die wandelnde Glocke* (1952); Volkslieder (1957–58). – Für SingSt u. Klv.: *Liederbuch nach Gedichten v. P. Gerhardt* (1945/46); *As ik hier dit Jaar weer* (1946) (nach K. Groth); *Haus- und Trostbuch* (1946); *Vaterland* (1956) (nach F. G. Jünger). – **4) Schriften:** *Stilwende der Musik* (Mz 1934); *Der polyphone Satz*, I: *Der C. f.-Satz* (B 1943, ²1950), II: *Übungen im doppelten Kontrapunkt und im Kanon* (B 1957).

P.s kompositorisches Gesamtwerk ist gekennzeichnet durch stilistische Kontinuität im Sinne einer eigenschöpferischen Auseinandersetzung mit der Tradition. Nach experimentierfreudigen Anfängen entstand 1928 mit der artistisch-konzertanten Choralsuite für großen und kleinen Chor ein für sein weiteres Schaffen richtungweisendes Werk. Zentrum seines kompositorischen Denkens waren von nun an der protestantische Choral und eine am Vokalstil des 16./17. Jh. orientierte polyphone Setzweise, eingebettet in eine auf das Material der Kirchentonarten zurückgreifende, durch Quartschichtungen (und gelegentliche Chromatizismen) erweiterte Tonalität. P. wurde damit einer der wesentlichen Vertreter der Erneuerung der evangelischen Kirchenmusik. Die Höhepunkte seines Schaffens liegen im Bereich der Chormusik a capp. *(Missa Dona nobis pacem, Passionsbericht des Matthäus, Weihnachtsgeschichte des Lukas);* große Auswirkung hatten aber auch seine Kompositionen für den gottesdienstlichen Gebrauch (u. a. das *Spandauer Chorbuch* oder die Evangelienmotetten, hier besonders *Jesus und Nikodemus*) und die weltlichen Chorzyklen (z. B. *Das Jahr* und *Der Wagen*). Dagegen hat – mit Ausnahme der Orgelwerke – P.s Instrumentalschaffen mit 3 Symphonien, Orchesterwerken, Kammer- und Klaviermusik weniger Beachtung gefunden. Besonderen Raum nehmen in seinem Schaffen die in der Nachkriegszeit 1945/46 aus der Besinnung auf das Wesentliche und Einfache entstandenen rund 70 Lieder mit Klavierbegleitung ein. Zu seinem 70. Geburtstag wurde P. mit einer Festschrift geehrt (hrsg. v. H. Poos, B 1972; mit ausführlichem Werk- und Literaturverzeichnis).

Lit.: W. HAMM, Stud. über E. P.s drei Klaviersonaten 1937 (Wü 1955) (= Literar-hist. musikwiss. Abh. 12); H. POOS, E. P.s Liederkreis für Chor nach Gedichten v. Goethe „Heut und ewig". Stud. zum Personalstil des Komponisten (B 1965) (= Berliner Stud. z. Musikwiss. 9); DERS., E. P.s Chorlied „Anakreons Grab". In memoriam, in: NZfM 3 (1981); H. W. ZIMMERMANN, E. P. u. die Deutsche Ev. Kirchenmusik des XX. Jh., in: MuK 51 (1981); H. POOS, E. P.s Liedmotetten nach Weisen der Böhmischen Brüder, in: ebd.

E. PLATEN

PEPUSCH, John Christopher (Johann Christoph), * 1667 Berlin, † 20. 7. 1752 London; engl. Komponist dt. Herkunft. Er war Sohn eines Geistlichen und trat mit 14 Jahren in den Dienst des preußischen Hofes. 1698 ging er nach Holland und ließ sich um 1700 in London nieder, wo er zunächst im Orchester des Drury Lane Theatre spielte. 1712 wurde er Organist und Komponist der Kapelle des Duke of Chandos in Cannons, 1713 Doctor of Music der Universität in Oxford, kurz darauf Musikdirektor am Lincoln's Inn Fields Theatre in London und 1737 Organist an Charter House. 1710 war er an der Gründung der Academy of Ancient Music und 1741 der Madrigal Society beteiligt.

WW: **1) Instr.-WW:** Zahlreiche Drucke mit Sonaten u. a. Stücken für 2 V., für V. u. B. c., für Fl. u. B. c., Triosonaten; Konzerte für 2 Blockfl., 2 Querfl. (od. Ob. oder V.) u. B. c.; weitere WW hsl. erhalten. – **2) Vokal-WW:** 2 Bücher *English Cantatas* für SingSt u. B. c., teilweise mit obligaten Instr. (Lo 1720); weitere Kantaten, Oden, Catches u. Songs hsl. erhalten; 10 Anthems; einige lat. Motetten. – **3) Bühnen-WW** (hsl., einige auch vollständig oder in Einzelstükken gedruckt): Masques: *Myrtillo* (1715); *Apollo and Daphne* (1716); *The Death of Dido* (1716); *The Union of the Three Sister Arts* (1723); Ballad operas: *The Beggar's Opera*, UA: London 1728; *The Wedding* (nur die Ouvertüre v. P.) u. *Polly*, UA: ebd. 1729. – **4) Schriften:** *A Short Treatise on Harmony* (Lo 1730, erweitert ²1731); *Of the Various Genera and Species of Music among the Ancients*, in: The Philosophical Transactions of the Royal Soc. 44 (1746). Möglicherweise ist P. auch der Autor der anonym erschienenen Generalbaßlehre *Rules, or A Short and Complete Method … to Play a Thorough Bass* (Lo um 1730). – P. gab auch eine GA der WW v. A. Corelli heraus (Lo 1732).

Für die berühmt gewordene *Beggar's Opera* (↗Bettleroper, ↗Ballad opera) schrieb P. den Generalbaß für die Songs und die Ouvertüre. Der enorme Erfolg dieser kritischen Satire auf die mondäne englische Gesellschaft und die italienische Oper trug wesentlich zu seinem Ruhm bei. Eine Fortsetzung dieses Werkes, *Polly*, wurde von P. 1729 veröffentlicht, erhielt aber ein Aufführungsverbot. Zu einer weiteren Ballad opera, *The Wedding* (1729), schrieb P. die Ouvertüre, außerdem Bearbeitungen italienischer Opern, für die er zusätzliche Rezitative und Arien komponierte. Insgesamt gelten jedoch die Instrumentalwerke als seine besten Kompositionen. P. war auch ein berühmter Lehrer, der viele der namhaftesten englischen Komponisten seiner Zeit zu Freunden und Schülern zählte. Darüber hinaus verfügte er als einer der ersten englischen Musikforscher über umfangreiche Kenntnisse besonders der älteren Musikgeschichte, und es ist im wesentlichen ihm zu verdanken, daß das Interesse an alter Musik in England schon sehr früh geweckt wurde.

Ausg.: *The Beggar's Opera*, Faks.-Ausg. (Lo 1922, Nachdr. 1973), für die zahlreichen Bearbeitungen s. MGG X; die Ouvertüre dazu, hrsg. v. J. HORTON (Lo 1960); 6 Sonaten für Blockfl., Va. u. Cemb., hrsg. v. F. J. GIESBERT (Mz 1939); Kantate *Corydon* für Sopran, Fl. u. B.c., hrsg. v. M. WAILES (Lo 1957); Quintett für 2 Blockfl., 2 V. u. B.c., hrsg. v. TH. DART (Lo 1959); *A Treatise on Harmony*, Faks.-Ausg. 1731 (NY 1966) (= MMMLF II/28); dass. (Hil 1976).

Lit.: W. H. G. GRATTAN FLOOD, The Beggar's Opera and Its Composers, in: ML 3 (1922); A. V. BERGER, The Beggar's Opera, in: ML 17 (1937); C. W. HUGHES, J. C. P., in: MQ 31 (1945); A. J. E. LELLO, Dr. P., in: MT 93 (1952); H. W. FRED, The Instr. Music of J. Ch. P., 2 Bde. (1961) (= Diss. Univ. of North Carolina); J. G. WILLIAMS, The Life, Work and Influence of J. C. P. (1976) (= Diss. Univ. of York).

PEPYS, Samuel, * 23. 2. 1633 London, † 25. 5. 1703 London; engl. Musikliebhaber. P. stand im Staatsdienst, seit 1673 als Sekretär der Admiralität. Er war musikalisch gebildet, spielte mehrere Instrumente und versuchte sich auch als Komponist. Sein berühmt gewordenes Tagebuch *(Diary)*, das er 1660–69 führte, zeichnet ein lebendiges Bild vom Musikleben Englands in der Zeit nach der Restauration. P.' Bibliothek befindet sich als eigener Bestand (P. Library) im Magdalen College Oxford. Von besonderer Bedeutung ist daraus das sog. P. Choirbook (Ms 1236) aus den 60er Jahren des 15. Jh. mit spätmittelalterlicher englischer geistlicher Musik.

Ausg.: The Diary of S. P., 9 Bde. u. Suppl.-Bd., hrsg. v. H. B. WHEATLEY (Lo 1893–1904); dass., NA hrsg. v. R. LATHAM – W. MATTHEWS, 11 Bde. (Lo 1970ff.), bisher 7 Bde.; The Music of P. Ms 1236, hrsg. v. S. R. CHARLES (R 1967) (= CMM 40).

Lit.: S. R. CHARLES, The Music of the P. Ms 1236, 2 Bde. (1959) (= Diss. Univ. of California); DERS., The Provenance and Date of the P. Ms 1236, in: MD 16 (1962); F. L. HARRISON, Faburden in Practice, in: ebd.; J. E. TAYLOR, S. P. (NY 1967); A. A. HUFSTADER, S. P., Inquisitive Amateur, in: MQ 54 (1968).

PERAGALLO, Mario, * 25. 3. 1910 Rom; it. Komponist. Er war Kompositionsschüler von A. Casella und 1950–54 künstlerischer Direktor der Accademia Filarmonica Romana. 1956–60 und erneut seit 1963 war er Präsident der italienischen Sektion der Internationalen Gesellschaft für Neue Musik. P. schrieb 2 veristische Opern. Seit 1945 verwendete er in freier Form auch Techniken der zeitgenössischen Musik, insbesondere Elemente der Zwölftonmusik.

WW: **1) Instr.-WW:** Klv.- u. Orgelstücke; 3 Streichquartette (1933, 1934, 1937); ein Konzert für Klv.-Quartett (1935); *Musica per doppio quartetto d'archi* (1948); Orch.-Konzert (1938); Fantasia für Orch. (1952); 3 Klv.-Konzerte (1926, 1949, 1951); V.-Konzert (1954). – **2) Vokal- u. Bühnen-WW:** Lieder; *De profundis* (1952) für 8 St. a cap.; szenisches Madrigal *La collina* für Soli, Chor u. Orch., UA: Venedig 1947; *In memoriam, aria e corale* (1955) für gem. Chor u. Orch. – *Ginevra degli Almieri*, UA: Rom 1937; *Lo stendardo di S. Giorgio*, UA: Genua 1941; *La gita in campagna*, UA: Mailand 1954; *La parrucca dell'imperatore*, UA: Spoleto 1959.

PERAHIA, Murray, * 19. 4. 1947 New York; amerik. Pianist span. Abstammung. Er erhielt ersten Klavierunterricht bei Jeanette Haien, studierte seit 1964 Klavier, Dirigieren und Komposition am Mannes College (High School of the Performing Arts) in New York, war 1965–66 Assistent von R. Serkin am Curtis Institute of Music in Philadelphia und trat mehrmals beim Marlboro Musikfestival auf. Als Sieger beim internationalen Klavierwettbewerb in Leeds (England) 1972 begann er seine internationale Karriere als Konzertpianist. Seither gehört P. zu den bevorzugten Klavierinterpreten der jüngeren Generation.

PERANDA (Perandi, Perande), **Marco Giuseppe,** * um 1625 Rom, † 12. 1. 1675 Dresden; it. Komponist. Zwischen 1651 und 1656 holte ihn Chr. Bernhard als Altist an die Dresdner Hofkapelle, wo P. 1661 als Vizekapellmeister und 1663 als 3. Kapellmeister nachweisbar ist. 1672, nach dem Tod von H. Schütz, mit dem er 20 Jahre eng zusammenarbeitete, wurde er Hofkapellmeister. P. repräsentiert in seinen geistlichen Werken mit lateinischem Text am Dresdner Hof die italienische Tradition nach der Art G. Carissimis und seiner römischen Zeitgenossen und war in dieser Hinsicht eine Art Gegenpol zu Schütz. Um so auffälliger ist es, daß er auch der Komponist eines ganz andersartigen Werkes in deutscher Tradition ist, nämlich einer Markus-Passion, die bis vor kurzem Schütz zugeschrieben wurde.

WW (ausschließlich hsl. erhalten, hauptsächlich in Berlin, Deutsche Staatsbibl., Sammlung Bokemeyer, u. Uppsala, Univ.-Bibl., Dübensche Slg.): 3 Messen für 9, 20 u. 21 St., ein Kyrie für 13 St.; mehr als 50 lat. Motetten u. Concerti für unterschiedliche vokale u. instr. Besetzungen; 1 dt. geistl. Konzert; Markus-Passion (responsoriale Passion ohne B.c.); Oper *Dafne* (zusammen mit G. A. Bontempi), UA: Dresden 1671.

Lit.: R. ENGLÄNDER, Zur Frage der „Dafne" 1671 v. G. A. Bontempi u. M. G. P., in: AMl 13 (1941); I. BECKER-GLAUCH, Die Bedeutung der Musik für die Dresdener Hoffeste (Kas – Bas 1951); W. STEUDE, Die Markuspassion in der Leipziger Passionen-Hs. des J. Z. Grundig, in: DJbMw 14 (1969).

PERCUSSIONS DE STRASBOURG, LES, frz. Schlagzeugensemble. Es wurde 1962 von 6 Absolventen des Pariser Conservatoire gegründet: *Jean Batigne* (* 31. 12. 1933), *Gabriel Bouchet* (* 7. 7. 1937), *Jean-Paul Finkbeiner* (* 3. 11. 1928), *Detlef Kieffer* (* 30. 9. 1944), *Claude Ricou* (* 6. 3. 1933) und *Georges Van Gucht* (* 23. 4. 1934). Kompositionen von G. Amy, J. Cage, A. Jolivet, K. Serocki, E. Varèse und I. Xenakis gehören zum Repertoire des Ensembles, auf dessen Anregung hin zahlreiche neue und spieltechnisch neuartige Kompositionen entstanden sind. Die Musiker gastierten, z. T. auch mit Solisten, Orchestern und Ballett-

Compagnien, in Ost- und Westeuropa sowie Lateinamerika und im Iran.

Lit.: C. CHAMFRAY, in: Le courrier mus. de France (1972) Nr. 38.

PERDENDOSI (it., = sich verlierend), dem Wortsinn entsprechende Vortrags-Bz. für ständiges Decrescendo bis zum völligen Ausklingen.

PEREZ, Davide (David), * 1711 Neapel, † 30. 10. 1778 Lissabon; it. Komponist. Er studierte 1723–33 bei Fr. Mancini am Conservatorio di S. Maria di Loreto in Neapel und brachte dort 1735 seine erste Oper, *La nemica amante,* zur Aufführung. Seit etwa 1740 bis 1748 leitete er die Real Cappella Palatina in Palermo, reiste 1749 nach Neapel und Wien und folgte 1753 einer Einladung von König José I. von Portugal nach Lissabon, wo er als Hofkapellmeister und Musiklehrer der Prinzessinnen bis zu seinem Tode wirkte. Mit seinen erfolgreich aufgeführten Opern verhalf P. der Neapolitanischen Schule in Portugal zum Durchbruch.

WW (meist hsl. erhalten): **1) Vokal-WW:** It. Kantaten u. Serenaden; zahlr. kirchenmusikal. WW (Messen, Motetten, Lamentationen, Responsorien für die Karwoche); Oratorium *Il martirio di San Bartolomeo,* UA: Padua 1779. – **2) Bühnen-WW:** Von den etwa 35 Opern, deren Aufführung nachgewiesen ist, sind erhalten: *Li travestimenti amorosi* und *Siroe,* UA: Neapel 1740; *Demetrio,* UA: Palermo 1741; *Alessandro nell'Indie,* UA: Genua 1744; *Artaserse,* UA: Florenz 1748; *Vologeso* u. *Andromaca,* UA: Wien 1750; *Il Farnace,* UA: Rom 1750; *La Didone,* UA: Genua 1751; UA in Lissabon: *Adriano in Sirio* (1752); *L'eroe cinese* u. *Olimpiade* (1753); *L'Ipermestra* (1754); *Solimano* (1757); *L'isola disabitata* (1767); *Leucippo* (?).

Lit.: E. SOARES, D. P., Subsidios para a biogr. do celébre mestre (Lis 1935); P. J. JACKSON, The Operas of D. P. 1711–78 (1967) (= Diss. Stanford Univ.).

PERFEKTION, Perfectio (von lat. perfectus = vollendet, vollkommen), seit dem 13. Jh. in der ↗Musica mensurabilis als Gegensatz zu ↗Imperfektion gebraucht. – **1)** Bz. für eine rhythmische Eigenschaft der Ligaturen (↗Ligatur): Bei Johannes de Garlandia (um 1240) besitzt eine Ligatur P., wenn sie vollständig ist, Imperfektion, wenn ihre letzte Note abgetrennt ist, weil eine Tonwiederholung oder ein Silbenwechsel oder statt der letzten Note eine Pause auftritt (also z. B.  = imperfekte Ligatur, statt  = perfekte Ligatur). Bei Lambertus (vor 1279) und dem Anonymus St. Emmeram (1279) ist eine Ligatur indessen dann perfekt, wenn sie eine Longa enthält, imperfekt hingegen, wenn anstelle der Longa eine Brevis notiert wird. Seit Franco von Köln (um 1280) und der vollen Ausprägung der mensuralen ↗Notenschrift besitzt eine Ligatur dann P., wenn ihre letzte Note eine Longa ist (ligatura cum perfectione). P. und ihr Gegenteil, die Imperfektion, bestimmen hier also die Quantität des Ligaturenendes. Die Quantität der ersten Note der Ligatur heißt ↗Proprietas. – **2)** Bz. für die Dreiteiligkeit der Mensuren (↗Mensur) und der einzelnen Notenwerte: Seit Franco wird die Dauer der dreiteiligen, d. h. perfekten Longa als P. verstanden (↗Punctus perfectionis). Diese füllt die Mensureneinheit von 3 Tempora (↗Tempus) aus, und alle anderen vorkommenden Notenwerte werden auf sie bezogen. Im 14. Jh. werden die Begriffe P. und Imperfektion auch für die Mensuren ↗Modus und ↗Prolatio verwendet, und dementsprechend gebraucht Johannes de Muris (um 1322) P. generalisierend für die Dreiteiligkeit jedes einzelnen Notenzeichens. Der Begriff der P. in diesem Sinne und die ihr innewohnende Zahl 3 werden im Mittelalter häufig auch in Beziehung gesetzt zur göttlichen Dreieinigkeit.

Lit.: F. RECKOW, Proprietas u. Perfectio. Zur Gesch. des Rhythmus, seiner Aufzeichnung u. Terminologie im 13. Jh., in: AMl 39 (1967); E. REIMER, Johannes de Garlandia. De mensurabili musica (Wie 1972) (= Beih.e zum AfMw 10 u. 11); W. FROBENIUS, P., in: HMT (1973).

B. R. SUCHLA

PERGOLESI (Pergolese), **Giovanni Battista** (Giambattista), * 4. 1. 1710 Jesi (Ancona), beerdigt 17. 3. 1736 Pozzuoli bei Neapel; it. Komponist. P. war vermutlich schon als Kind von schwächlicher Konstitution und hatte ein verkürztes Bein. Aufgrund der Beziehungen seines Vaters, eines Landvermessers, zu den Jesiner Feudalherren kam P. wohl 1723 in das Konservatorium dei Poveri di Gesù Cristo in Neapel. Den Abschluß seiner Studien dort markiert seine geistliche Oper *La conversione di S. Guglielmo,* die das Konservatorium im Sommer 1731 im Hof des Klosters S. Agnello in Neapel aufführte; sie ist nach dem Tode P.s als Oratorium bearbeitet worden. Bereits für die Winterspielzeit 1731/32 des neapolitanischen Operntheaters S. Bartolomeo erhielt der 21jährige P. seinen ersten Opernauftrag. Da der Hauptdarsteller kurz vor der Uraufführung starb, mußte P. seine *Salustia* umarbeiten, und es kam nur zu einigen Aufführungen im Januar 1732. Die dazugehörigen Intermezzi, *Nerina e Nibbio,* sind verloren. Im September 1732 hatte P. mit der Musikkomödie *Lo frate 'nnamorato* im Teatro dei Fiorentini in Neapel großen und nachhaltigen Erfolg. Im November/Dezember 1732 wurde Süditalien von schweren Erdbeben heimgesucht. P. erhielt den Auftrag, Kirchenmusik für die Bittgottesdienste (Messe und Vesper) zu komponieren, die die Stadt Neapel am 31. 12. 1732 und künftig alljährlich in der Kirche S. Maria della Stella abhalten ließ. Vermutlich hat er seine Vespereröffnung *Domine in adjutorium* und seine Vesperpsalmen *(Dixit Dominus, Confitebor, Laudate pueri)* im

Laufe der Jahre für diese Gottesdienste geschrieben. Wahrscheinlich 1733 hat er dafür seine zweichörige Messe F-Dur komponiert. Im August 1733 wurde P.s 2. Oper, *Il prigioniero superbo,* mit dem Intermezzo *La serva padrona* im Teatro S. Bartolomeo gegeben. Zum Karneval 1734 brachte das Teatro dei Fiorentini eine Neubearbeitung des *Frate 'nnamorato* heraus. Im Mai 1734 ließ ein neapolitanischer Gönner P.s, der Herzog Carafa Maddaloni, P. seine Messe F-Dur in S. Lorenzo in Lucina in Rom aufführen; die Aufführung erregte großes Aufsehen. Die Oper *Adriano in Siria* mit den Intermezzi *Livietta e Tracollo* im November 1734 im Teatro S. Bartolomeo in Neapel hingegen war ein Mißerfolg. Im Januar 1735 kam im Teatro Tordinona in Rom die Oper *Olimpiade,* im Herbst 1735 im Teatro Nuovo in Neapel die Musikkomödie *Flaminio* heraus. Einen Kompositionsauftrag zur Hochzeit des Principe Sangro di San Severo im Dezember 1735 brachte P. wegen fortschreitender Krankheit (wahrscheinlich Tuberkulose) nicht mehr zu Ende. Als sein letztes Werk gilt das für eine adelige Bruderschaft in Neapel als Ersatzstück für die Vertonung A. Scarlattis komponierte Stabat mater. Er starb in dem von der Familie Carafa Maddaloni gestifteten Franziskanerkloster in Pozzuoli.

WW: 3 Klv.-Sonaten; eine Vc.-Sonate; ein V.-Konzert. – Messe D-Dur, Messe F-Dur (1733?); Stabat mater; Oratorium *La morte di S. Giuseppe;* Vesperantiphon *In coelestibus regnis;* 2 Salve regina; Motette *In hac die quam decora;* ferner Duette u. Arien u. 5 Kammerkantaten. – Geistliche Oper *La conversione di S. Guglielmo,* UA: Neapel 1731; Opera seria *Salustia* (Libr.: nach A. Zeno), UA: ebd. 1731; Komödie *Lo frate 'nnamorato* (Libr.: G. A. Federico), UA: ebd. 1732; Opera seria *Il prigioniero superbo,* UA: ebd. 1733, mit dem Buffo-Intermezzo *La serva padrona* (Libr.: Federico); Opera seria *Adriano in Siria* (Libr.: P. Metastasio), UA: ebd. 1734, mit dem Intermezzo *Livietta e Tracollo* (Libr.: T. Mariani); Oper *L'Olimpiade* (Libr.: Metastasio), UA: Rom 1735; Komödie *Flaminio* (Libr.: Federico), UA: Neapel 1735. Die früher gelegentlich P. (später C. Ricciotti) zugeschriebenen *Concertini* stammen neueren Forschungen zufolge von Wilhelm von Wassenaer, die Triosonaten von Domenico Gallo.

1738 gab Königin Maria Amalia von Neapel den Befehl, P.s *Serva padrona* wiederaufzuführen, und begründete ihn: „Der Komponist ist zwar schon tot, aber er war ein großer Mann." Die Bemerkung zeigt den Beginn des Verständnisses von Musik als einem einmaligen und unwiederholbaren Opus. Die *Serva padrona,* von vornherein als ein unabhängig von der zugehörigen Opera seria aufführbares Stück geschrieben, wurde von reisenden Operntruppen durch ganz Europa getragen und zum ersten Repertoirestück in der Geschichte des Musiktheaters. Bereits 1739 wurde das Werk in Graz als *Die Magd als Herrin* in deutscher Sprache gegeben, J.-J. Rousseau sah in ihr sein Ideal „natürlicher" Musik verwirklicht. Kaum weniger bedeutsam wurde, trotz der unglücklichen Textvorlage, *Livietta e Tracollo.* Goldoni hat in zwei Bearbeitungen versucht, eine glaubhaftere Handlung zu P.s Musik zu dichten. Rousseau wurde durch das Stück zu Text und Musik seines *Devin du village* (1752) angeregt, der dann die Vorlage zu W. A. Mozarts *Bastien und Bastienne* wurde. P.s Stabat mater ist das im 18. Jh. am häufigsten gedruckte Musikstück. J. S. Bach hat es mit dem Text *Tilge, Höchster, meine Sünden* für den evangelischen Gottesdienst bearbeitet; die aufsteigende bürgerliche Musikkultur fand in dem Werk ihr kirchenmusikalisches Stilideal. Die Oper *Olimpiade* galt der folgenden Generation als Exempel der Oper in der goldenen Zeit der italienischen Musik. Der rührend-empfindsame Ton, den P. insbesondere in *Olimpiade,* im Stabat mater und in seiner Kantate *Orfeo* ausprägte, hat stilbildend gewirkt. In seinen Intermezzi und Musikkomödien wird die traditionelle Buffomelodik zum Mittel psychologischer Darstellung umgeformt. P. legte damit das Fundament für die Schöpfung der Opera buffa durch Goldoni (in Zusammenarbeit mit B. Galuppi). Seine Psalmen und Messen für Soli, Chor und Orchester zeichnen sich durch blühende Melodik und sorgsame Textbehandlung aus; die Messen umfassen nur Kyrie und Gloria und wurden wahrscheinlich zur „stillen Messe" musiziert. In seiner F-Dur-Messe schrieb P. breit angelegte kontrapunktische Sätze abseits der Palestrina-Tradition, die in Neapel erst nach seinem Tod eine Renaissance erlebte. Seine eigene Einschätzung dieses Werks wird daran deutlich, daß er es, anstatt neue Messen zu komponieren, zu anderen Anlässen für einen Chor und für 4 Chöre bearbeitete. Der frühvollendete P. erscheint nicht zu Unrecht als das erste „Originalgenie" der Musikgeschichte.

Ausg.: Sonate G-Dur für V. u. B.c., hrsg. v. PH. OBOUSSIER (Lo 1956); *Lo frate 'nnamorato,* hrsg. v. E. GERELLI (Mi 1961); Kantate *Chi non ode* für SingSt u. Streichorch., hrsg. v. V. MORTARI (Mi 1966); Concerto B-Dur für V. u. Streichorch., hrsg. v. W. LEBERMANN (Mz 1968) (= Concertino 113); Cantata IV (aus Quattro cantate da camera), in: R. JAKOBY, Die Kantate (Kö 1968) (= Das Musikwerk 32); Psalm 112 *Laudate pueri* für Sopran, Chor u. Orch., hrsg. v. R. RÜEGGE (Z 1975).

Lit.: MARCHESE DI VILLAROSA, Lettera biografica intorno alla vita e patria di G. B. P. (Neapel 1831); G. RADICIOTTI, G. P. (R 1910, NA Mi 1935), dt. Übers.: G. B. P., Leben und Werk, hrsg. v. A. E. Cherbuliez (Z – St 1954); H. HUCKE, P., in: MGG X; E. PLATEN, Eine P.-Bearb. Bachs, in: Bach-Jb. 48 (1961); F. DEGRADA, Falsi pergolesiani, in: Il Covegno musicale 1 (1964); A. DÜRR, Neues über Bachs P.-Bearb., in: Bach-Jb. 54 (1968); H. HUCKE, Die musikal. Vorlagen zu I. Strawinskys „Pulcinella", in: Frankfurter Musikhist. Stud. FS H. Osthoff (Tutzing 1969); C. JOHANSSON, From P. to Gallo by the Numericode System, in: STMf 57 (1975); M. E. PAYMER, The Instr. Music Attributed to G. B. P. A Study in Authenticity (1977) (= Diss. Univ. of New

York); DERS., G. B. P. A Thematic Catalogue of the Opera Omnia with an Appendix Listing Omitted Compositions (NY 1977); A. DUNNING, Count Unico Wilhelm van Wassenaer. A Master Unmasked or the P.-Ricciotti Puzzle Solved (Buren 1980); H. HUCKE, P. Probleme eines Werk-Verz., in: AMl 52 (1980).

H. HUCKE

PERI, Jacopo, auch Il Zazzerino (der Zottelkopf) genannt, * 20. 8. 1561 Rom, † 12. 8. 1633 Florenz; it. Sänger und Komponist. P. war Schüler von Cr. Malvezzi, wurde schnell als Organist und Sänger bekannt und ist seit 1588 als Sänger des Großherzogs Ferdinando de' Medici nachweisbar (u.a. 1589 bei den Festlichkeiten anläßlich der Hochzeit Ferdinands mit Christine von Lothringen, wobei das Intermedium *La pellegrina* von G. Bargagli aufgeführt wurde). 1591 erhielt er den Titel eines „principale direttore della musica e dei musici" und 1618 eines „camerlingo generale dell'Arte della Lana". Er gehörte zum Kreis der ↗Camerata Fiorentina und vertonte zusammen mit J. Corsi die 1598 aufgeführte Pastorale *Dafne* (Text O. Rinuccini), die als erste Oper überhaupt gilt, von der aber nur einige Stücke erhalten sind. Seine zweite Oper, *Euridice,* ebenfalls auf ein Libretto von Rinuccini, wurde 1600 anläßlich der Hochzeit von Maria de' Medici mit Heinrich IV. in Florenz unter seiner Mitwirkung aufgeführt. Die gedruckte Partitur enthält auch einige Arien von G. Caccini, der noch vor P. eine eigene *Euridice* (ebenfalls mit dem Text von Rinuccini) vertont und veröffentlicht hatte. Im Vergleich zu Caccini, dem es vor allem auf die Schönheit der reich verzierten melodischen Linie ankommt, sucht P. den Text in seinem dramatischen Gehalt durch ausdrucksvolle Deklamation und große harmonische und rhythmische Freiheit musikalisch umzusetzen. So gehört P. zusammen mit Caccini und E. de' Cavalieri zu den Schöpfern der ↗Monodie. Offen bleiben muß dabei die Frage, um die diese Komponisten selbst heftige Kontroversen führten, wem von ihnen hier der Primat gebührt.

WW: Opern: *Euridice,* gedruckt als *Le musiche ... sopra l'Euridice* (Fi 1600, V ²1608); *La Flora,* UA: Florenz 1628 (zus. mit M. da Gagliano) (Fi 1628). Weitere Opern, Intermedien, Ballette, deren Aufführung nachgewiesen ist, sind nicht erhalten. P.s Beitrag zu *La pellegrina* von Bargagli, eine Echo-Arie, ist gedruckt in RISM 1591⁷. – *Le varie musiche* für 1–3 St. u. B.c. *con alcuni spirituali* (Fi 1609); weitere it. Gesänge in Sammeldrucken der Zeit u. hsl. erhalten.

Ausg.: *Euridice,* Faks.-Ausg. (Mi 1934), dies. (Bol 1969) (= Bibl. musica Bononiensis IV/2); *La Flora,* Faks.-Ausg. (Bol 1970) (= ebd. IV/4); 3 Arien aus *Le varie musiche,* in: La Flora 2, hrsg. v. K. JEPPESEN (Kop 1949).

Lit.: O. G. SONNECK, „Dafne", the First Opera, in: SIMG 15 (1913/14); M. MILA, J. P., in: Rass. Mus. 4 (1933); F. GHISI, Alle fonti della monodia (Mi 1940); C. V. PALISCA, The First Performance of „Euridice", in: Queen's College 25th Anniversary (NY 1964); W. V. PORTER, P.'s and Corsi's „Dafne", in: JAMS 18 (1965); N. PIRROTTA, Early Opera and Aria, in: New Looks at It. Opera. FS D. J. Grout (Ithaca/N.Y. 1968); A. M. VACCHELLI, Elementi stilistici nell'„Euridice" di J. P. in rapporto all' „Orfeo" di Monteverdi, in: C. Monteverdi e il suo tempo. Kgr.-Ber. Venedig u.a. 1968 (Verona 1969); T. CARTER, J. P. 1561–1633. His Life and Works (Diss. Birmingham 1980).

C. SARTORI

PERIODE (von griech. periodos = Umlauf, Kreislauf), seit dem 18. Jh. Bz. für eine aus mehreren musikalischen Sätzen gebildete Ereigniseinheit. Der Terminus stammt aus der Sprachwissenschaft und bezeichnet dort den Satz und das Satzgefüge. In diesem Sinne wird das Wort P. bereits von der älteren, durch die Rhetorik beeinflußten Musiktheorie verwandt (J. Burmeister, 1606, und J. Mattheson, 1739). Zu einem zentralen Begriff der Musiktheorie wird die P. in der Satzlehre des 18. und 19. Jahrhunderts. Hier versteht man darunter die kunstgerechte Zusammenstellung mehrerer, vorzugsweise von 2 oder 4 musikalischen Sätzen. H. Chr. Koch hat dementsprechend 1793 die Sonatensatzform als einen Komplex von 3 Hauptperioden beschrieben. Inbegriff der rhythmisch organisierten P. ist die symmetrische Gegenüberstellung zweier Halbsätze von jeweils 4 Takten. Meist

L. van Beethoven, Klaviersonate op. 28, 2. Satz

hat der erste davon die formale Qualität des Anfangs, der zweite die des Schlusses. H. Riemann nannte den ersten Satz deshalb Vordersatz, den zweiten Nachsatz. Diese „Norm" kann abgewandelt, vor allem in vielfältiger Weise erweitert werden. Das 18. Jh. nahm an, die Einheit und Wirkung einer P. setze das Gleichmaß oder wenigstens das Gleichgewicht der Sätze voraus, aus denen sie besteht. Das 19. Jh., namentlich H. Riemann, behauptet dagegen, das Gleichmaß müsse mit einer Steigerung der Bewegung einhergehen, so daß der Nachsatz den Vordersatz an dynamischer Potenz übertrifft (↗Metrum, ↗Rhythmus). R. Wagner und vollends die Theorie der Neuen Musik lösen den Begriff P. von der Vorstellung des rhythmisch-metrischen Gleichmaßes.

Lit.: ↗Metrum, ↗Rhythmus. W. SEIDEL

PERKUSSIONSINSTRUMENTE ↗Schlaginstrumente.

PERLE, George, * 6. 5. 1915; amerik. Komponist

und Musikforscher. P. studierte 1934–38 an der DePaul-University (Komposition bei Wesley La Violette) und 1941/42 am American Conservatory of Music in Chicago, außerdem 1939–41 privat bei E. Krenek. 1956 promovierte er an der New York University mit einer Dissertation über *Serial Composition and Atonality* zum Dr. phil. und lehrte 1957–61 an der University of California in Davis, seither als Professor of Music am Queen's College der City University of New York. Gastvorlesungen hielt er an der Yale University (1965/66), der University of Southern California (1965), der State University of New York in Buffalo (1971/72) und der Columbia University (1979).

WW: **1) Kompositionen:** Klv.-Stücke; Kammermusik, u.a.: Streichquartett *Triolet* (1938), Nr. 3 (1947), Nr. 5 (1967); Bläserquintett Nr. 1 (1959), Nr. 2 (1940), Nr. 3 (1967). – Für Orch.: Symphonie Nr. 2 (1950); Rhapsodie (1953); *Three Movements* (1960); 6 Bagatellen (1965); Vc.-Konzert (1966); Concertino für Klv., Bläser u. Schlagzeug. – **2) Schriften:** *Integrative Devices in the Music of Machaut,* in: MQ 24 (1948); *The Chansons of A. Busnois,* in: MR 11 (1950); *Symmetrical Formations in the String Quartets of B. Bartók,* in: MR 16 (1955); *The Music of „Lulu"…,* in: JAMS 12 (1959); *Serial Composition and Atonality* (Berkeley – Lo 1962, ²1968, ³1972); *„Lulu". Thematic Material and Pitch Organization,* in: MR 26 (1965); *„Pierrot lunaire",* in: The Commonwealth of Music. FS C. Sachs (NY – Lo 1965); *Die Personen in Bergs „Lulu",* in: AfMw 24 (1967); *Die Reihe als Symbol in Bergs „Lulu",* in: ÖMZ 22 (1967); *The String Quartets of B. Bartók,* in: A Musical Offering. FS M. Bernstein (NY 1977); *Twelve-Tone Tonality* (Berkeley 1978); *The Complete „Lulu",* in: MT 120 (1979).

Lit.: L. KRAFT, The Music of G. P., in: MQ 57 (1971); P. LANSKY, Affine Music (1973) (= Diss. Princeton Univ.); B. SAYLOR, A New Work by G. P., in: MQ 61 (1975).

PERLENFISCHER, DIE *(Les pêcheurs de perles),* Oper in 3 Akten von Georges Bizet (1838–75), Text von Michel Carré und Eugène Cormon. Ort und Zeit der Handlung: Ceylon, 19. Jahrhundert. UA: 30. 9. 1863 in Paris (Théâtre-Lyrique); dt. EA (in dt. Sprache): 14. 11. 1886 in Coburg.

Bereits ein Jahr nach der erfolgreichen Uraufführung von F. Davids erster „exotischer" Oper *Lalla Rookh* ging in Paris mit den *Perlenfischern* ein weiteres Drama mit einem fernöstlichen Stoff in Szene. Das große Interesse an Sujets dieser Art läßt sich daran ablesen, daß Bizet den Auftrag zur Komposition dieses Werkes vom Théâtre-Lyrique erhalten hatte. Mit Davids *Lalla Rookh* und Bizets *Perlenfischern* wurde das Genre der „Exotenoper" populär gemacht; eine Modeerscheinung, die in Werken wie *Lakmé* und *Madame Butterfly* Kulminationspunkte fand und schließlich auch einen festen Platz im Bereich der Operette zugewiesen bekam. In der Handlung wird eine Dreiecks-Liebesgeschichte verknüpft mit dem Motiv der aufopfernden Freundschaft zweier Männer und dem Vestalinnenmotiv. Bizet setzte bei der Vertonung vor allem rhythmisch und harmonisch Akzente, die fernöstliches Kolorit suggerieren, während seine Melodik deutlich italienische Stileinflüsse erkennen läßt. Berühmt wurden das Duett Nadir–Zurga *Der Tempel Brahmas strahlt,* Nadirs Romanze *Wie dieser Stimme Klang / Ich höre wie im Traum* und Zurgas Arie *Das Wetter ist vorbei / O Nadir, du mein Freund seit Jugendtagen.*

R. QUANDT

PERLMAN, Itzhak, * 31. 8. 1945 Tel Aviv; israelisch-amerik. Violinist. Er begann seine Ausbildung mit 5 Jahren an der Academy of Music in Tel Aviv, trat als Neunjähriger bereits mit israelischen Orchestern auf und gab mit 10 Jahren sein erstes Solokonzert. 1958 übersiedelte er in die USA und setzte seine Studien bei Iwan Galamian und Dorothy Delay an der Juilliard School of Music in New York fort. 1963 spielte er erstmals in der Carnegie Hall in New York, erhielt 1964 den Leventritt-Preis und konzertiert seit 1965 mit den großen amerikanischen Orchestern. In Europa trat er erstmals 1968 bei den Wiener Festwochen auf. 1972 spielte er bei den Salzburger Festspielen.

PERMUTATION, in der Fugenkomposition Bz. für den mehrmaligen Stimmtausch von Thema und beibehaltenen Kontrasubjekten, der alle (durch die Stimmenanzahl festgelegten) möglichen Kombinationen durchspielt; man spricht hier von einer Permutationsfuge (↗Fuge). – In der Zwölftonkomposition Bz. für den Positionswechsel von Tönen in der Reihe, durch den neue Reihengestalten gewonnen werden. Besonders A. Berg hat von P. Gebrauch gemacht und als erster numerische Auswahlmodi zur Ableitung neuer Reihen in seiner Oper *Lulu* (ob diese auf einer einzigen Urreihe basiert, ist jedoch umstritten) benutzt (Rotation):

Grundreihe

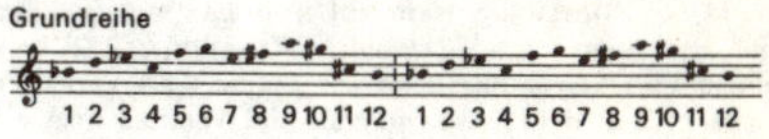

Auswahlmodus: 7

b – – – – – – fis – – – – – – es – – – – – – gis – ↩
– – – – f – – – – – – – h – – – – – – – e – – – – ↩
– d – – – – – – a – – – – – – – c – – – – – – cis ↩
– – – – – g – – – – – – b…

„Alwa"-Reihe

In der seriellen Musik wurden als permutative Verfahren auch Prozesse der mathematischen Kombinatorik (z. B. „magisches“ Quadrat u. ä.) angewendet, die zur Differenzierung, aber auch zur allmählichen Auflösung der seriellen Technik beitrugen.

Lit.: C. DAHLHAUS, Zur Gesch. der Permutationsfuge, in: Bach-Jb. 36 (1959); E. KLEMM, Stud. z. Theorie der musikal. P. (Diss. L 1966); D. JARMAN, The Music of A. Berg (Lo 1979). H. WEBER

PEROSI. – 1) Pier Luigi Lorenzo, * 21. 12. 1872 Tortona, † 12. 10. 1956 Rom; it. Komponist. Er war zunächst Schüler seines Vaters, des Domkapellmeisters Giuseppe P., dann an der Accademia di S. Cecilia in Rom und am Mailänder Konservatorium. 1890 wurde er Musiklehrer an der Abtei von Montecassino und bildete sich im Gregorianischen Gesang aus. 1893 studierte er bei Fr. X. Haberl und M. Haller an der Kirchenmusikschule in Regensburg. Nach Italien zurückgekehrt, wurde er 1894 Kapellmeister an San Marco in Venedig, empfing 1895 die Priesterweihe und war von 1898 bis zu seinem Tod ständiger Kapellmeister der Cappella Sistina in Rom. P. schrieb Messen und Motetten im Sinne der cäcilianischen Reformbestrebungen und löste damit die italienische Kirchenmusik aus ihrer engen Verbindung zur Oper. Seine Oratorien weisen dagegen eine oft unausgewogene Mischung älterer und neuerer Stilelemente auf.

WW: Etwa 40 Messen; ein Requiem; Te Deum; Stabat mater für Soli u. Orch. (1901); *Vespertina oratio* (1912) für Soli, Chor u. Orch.; etwa 150 Psalmen für 1–4 St.; Motetten; 13 Oratorien; zahlr. Instr.-WW (unveröff.).

2) Marziano, Bruder von 1), * 20. 10. 1875 Tortona, † 21. 2. 1959 Rom; it. Komponist. Er war 1906–08 Kapellmeister an der Liebfrauenkirche, 1908–12 an der Minoritenkirche in Wien, nach dem 1. Weltkrieg bis 1921 Kapellmeister an der Basilica di Valle in Pompeji, 1930–49 am Mailänder Dom.

Lit.: **Zu 1):** A. DELLA CORTE, L. P. (Tn 1936); A. PAGLIALUNGA, L. P. (R 1952); M. DE FIORI, L. P. (Pa 1953); M. GLIŃSKI, L. P. (Mi 1953); E. DEL CONTE – A. BARATTI, L. P., gloria vivente della musica sacra (Tn 1954); P.-Sonder-H. (Mi 1957) (= Musica sacra 81); G. RONCAGLIA, L'arte di L. P. e „La strage degli innocenti“, in: Chigiana 22, N.S. 2 (1965); M. RINALDI, L. P. (R 1967); Aufsatzfolge in: Gregoriusblad 96 (1972) (mit Werk-Verz.); Cat. dei mss. musicali di L. P. esistenti nella Bibl. Vaticana, hrsg. v. V. ZACCARIA, in: NRMI 6 (1972); M. BRUNI, L. P., il cantore evangelico (Tn 1972); F. HABERL, in: MS 42 (1972); M. RINALDI, Un singolare schema per la riforma della liturgia della messa di L. P., in: FS G.M. Gatti (Bol 1973); R. MARIANI, L. P. nel primo centenario della nascita, in: Verismo in musica e altri studi (Fi 1976).

PEROTINUS (Diminutiv von Petrus oder Pierre), auch P. magnus oder Magister P., * zwischen 1155 und 1165, † zwischen 1200 und 1225; frz. Komponist. P. war vermutlich ein Schüler von Leoninus. Beider Namen sind durch die Musiktheoretiker Johannes de Garlandia (um 1240) und Anonymus IV (nach 1279) bezeugt. Anonymus IV bezeichnet Leoninus als den besten Komponisten von Organa (optimus organista; ↗Organum), P. hingegen als den besten Komponisten von Discantus-Partien (optimus discantor; ↗Discantus). Außerdem berichtet Anonymus IV, P. habe den *Magnus liber organi de gradali et antiphonario* des Leoninus revidiert (abbreviavit, d. h. „gekürzt“). Die Revision des *Magnus liber* durch P. umfaßte u. a. die Kürzung der melismatischen organalen Partien sowie deren Ersatz durch Discantus-Partien, die sog. Ersatzklauseln (↗Klausel 1). Ferner erweiterte P. die Stimmenanzahl der Kompositionen des *Magnus liber,* indem er jeweils eine 3. und/oder 4. Stimme hinzukomponierte. Neben der Revision des *Magnus liber* hat P. auch eigenständige Gesänge geschaffen, hauptsächlich 1-, 2- und 3st. ↗Conductus sowie 3- und 4st. Organa.

WW (alle anonym überliefert, daher exakte Zuweisung problematisch; im folgenden sind nur diejenigen genannt, die Anonymus IV als Kompositionen von P. bezeugt): Hauptquellen sind die großen Notre-Dame-Hss. F = Florenz, Bibl. Laurenziana, plut. 29.1; W_1 = Wolfenbüttel, Herzog-August-Bibl., Hs. 677 (Helmst. 628); W_2 = ebd., Hs. 1206 (Helmst. 1099); hinzu kommen einige weniger bedeutende Quellen, wie z. B. die Hs. Ma = Madrid, Biblioteca Nacional, 20486. – 1. Conductus: *Salvatoris hodie,* 3st.; *Dum sigillum summi patris,* 2st.; *Beata viscera,* 1st.; Text von Philippe le Chancelier; 2. Organa: *Viderunt omnes* mit Versus *Notum fecit,* 4st. (Anfang in Übertragung ↗Harmonik); *Sederunt principes* mit Versus *Adiuva,* 4st.; *Alleluia, Nativitas,* 3st.; *Alleluia, Posui adiutorium,* 3st.; aufgrund von zwei Erlassen des Bischofs von Paris, Eudes de Sully (Odo von Sully), jeweils im Jahr 1198 und 1199 ist anzunehmen, daß *Viderunt omnes* 1198 und *Sederunt principes* 1199 entstanden sind.

P. gilt als die bedeutendste Musikerpersönlichkeit der ↗Notre-Dame-Zeit. Es ist daher wahrscheinlich, daß er an der Entwicklung und Ausprägung des modalen Rhythmus (↗Modus) und der Modalnotation (↗Notenschrift) als der wesentlichen Errungenschaften seiner Zeit mitgewirkt hat. Da uns ferner viele Ersatzklauseln des Notre-Dame-Repertoires als selbständige Kompositionen mit syllabischer Textierung der Oberstimmen (↗Tropus) überliefert sind, müssen wir P. auch einen gewichtigen Anteil an der Neubildung und Weiterentwicklung der ↗Motette zuschreiben. Die größte Bedeutung hat P. indessen durch die Erweiterung der Stimmenzahl des mehrstimmigen Satzes sowohl in übernommenen als auch in eigenen Kompositionen erlangt. Denn die Schöpfung des 3- und 4st. Organums, d. h. die Erweiterung des musikalischen Satzes von 2 auf 3 und 4 Stimmen, markiert den ersten Höhepunkt in der Geschichte der europäischen Mehrstimmigkeit.

Ausg. und Lit.: ↗Notre-Dame, ↗Organum. B. R. SUCHLA

PEROTTI. – 1) Giovanni Domenico, * 1750 Vercelli, † 1824 ebd.; it. Komponist. Er studierte bei

Padre Martini und St. Mattei in Bologna, wurde 1779 Domkapellmeister in Vercelli und 1781 Mitglied der Accademia Filarmonica in Bologna. – **2) Giovanni Agostino,** Bruder von 1), * 12. 4. 1769 Vercelli, † 28. 6. 1855 Venedig; it. Cembalist, Komponist und Musikschriftsteller. Auch er war Schüler von St. Mattei in Bologna, ging 1795 als Cembalist an den Hof in Wien und 1798 an den Hof in London. 1801 kehrte er nach Italien zurück und ließ sich in Venedig nieder, wo er 1811–17 Kapellmeister an San Marco war. Seine glänzenden, vielbeachteten Schriften zur Musik trugen ihm die Mitgliedschaft der berühmtesten Akademien Venedigs ein. P. war mit G. Donizetti befreundet, der ihm seinen *Belisario* widmete.

WW: **1) Kompositionen:** Klv.-Stücke; Messen; Motetten; Oratorium *Abele* (1794) (Text: P. Metastasio); 2 Opern: *La contadina nobile,* UA: Pisa 1795; *Alessandro e Timoteo,* UA: London 1800. – **2) Schriften:** *Il buon gusto della musica* (V 1808); *Dissertazione sullo stato attuale della musica italiana* (V 1811); *Sugli studi e sulle opere di B. Marcello* (Mi 1843); *Guida per lo studio del canto figurato* (V 1845).

PERPETUUM MOBILE (lat., = ständig beweglich; frz.: mouvement perpétuel; it.: moto perpetuo), seit dem 19. Jh. Titel virtuoser Instrumentalstücke, deren Melodiestimme in ununterbrochen raschen Notenwerten abläuft. Beispiele sind von F. Mendelssohn Bartholdy (op. 119 für Klv.), N. Paganini (op. 11 für V. und Orchester), C. M. von Weber (Schlußrondo *L'infatigable* der Klaviersonate op. 24; spätere Einzelausgaben tragen den Titel P.), M. Reger und Fr. Poulenc *(Mouvements perpétuels)* bekannt. Es gibt jedoch auch Stücke dieser Art, die nicht eigens so bezeichnet sind.

PERRICHON, Julien (Jean), * 6. 11. 1566 Paris, † um 1600 vermutlich ebd.; frz. Lautenist und Komponist. Er war ein Sohn von Jehan P., Violinist und Oboist des Königs, trat früh in den Dienst des Hofes und wurde vermutlich von G. Le Boulanger Vaumesnil ausgebildet. 1595 erhielt er die Stellung eines „valet de chambre et joueur de luth". P.s Kompositionen (Galliarden, Couranten, Volten, Praeludien) sind 1600–15 in mehreren Sammeldrucken vertreten, ein Zeichen für die große Wertschätzung, die er noch nach seinem Tod genoß. Er wird u.a. von M. Praetorius lobend erwähnt, der auch 3 4st. Couranten von ihm in seiner *Terpsichore* veröffentlicht.

Ausg.: Die genannten Couranten in: Praetorius-GA 15; Lautenstücke in: Œuvres de Vaumesnil, Edinthon, P., ..., hrsg. v. A. SOURIS – M. ROLLIN – J. M. VACCARO (P 1974) (= Corpus des luthistes français o. Nr.).

PERRIN, Pierre, * um 1620 Lyon, † 25. 4. 1675 Paris; frz. Dichter und Librettist. Er war „maître d'hôtel" der Herzogin von Orléans, seit 1653 „introducteur des ambassadeurs" von Gaston d'Orléans und bekleidete damit eine angesehene Stellung am Hofe. Durch seine Bekanntschaft mit den Kardinälen Barberini, Bichi und della Rovere wurde er mit der italienischen Oper vertraut, der er allerdings kritisch gegenüberstand, und er faßte den Entschluß, eine eigenständige französische Oper zu gründen. Um 1659 begann er seine Zusammenarbeit mit R. Cambert und brachte im selben Jahr dessen *Pastorale d'Issy,* für die er das Libretto verfaßt hatte, zur Aufführung. 1669 erhielt er das Privileg zur Veranstaltung von „Académies d'Opéra", d.h. von ständigen Opernaufführungen, die den Beginn der Pariser Opéra bedeuten. 1671 wurden sie mit der Pastorale *Pomone* (Musik von Cambert) eröffnet. Obwohl das Werk großen Erfolg hatte, geriet P. durch 2 skrupellose Geschäftspartner, die er schuldenhalber an dem Unternehmen beteiligt hatte, in eine finanziell hoffnungslose Lage und wurde inhaftiert. J.-B. Lully kaufte sein Privileg und befreite ihn damit von den Schulden, gründete aber ein eigenes Unternehmen, die Académie Royale de Musique, so daß P. auf die Verwirklichung seiner ursprünglichen Pläne verzichten mußte.

WW: Libretti (außer den genannten) für: R. Cambert: *Ariane ou le mariage de Bacchus* (1659); für J.-B. Boësset: *La mort d'Adonis* (1659).

Lit.: R. ROLLAND, Hist. de l'opéra en Europe ... (P 1895, Nachdr. G 1971); PH. H. KENNEDY, The First French Opera. The Literary Standpoint, in: Rech. Mus. 8 (1968); C. GIRDLESTONE, La tragédie en musique (1673–1750) considérée comme genre littéraire (G 1972).

PERRINE, Vorname unbekannt, † um 1698; frz. Lautenist. P. veröffentlichte in Paris mehrere Lautenbücher, in denen er als erster nicht die übliche Tabulatur, sondern die normale Notation verwendete. Diese Methode stellte er in seinem *Livre de musique pour le lut* dar, dessen 2. Teil, *Table,* eine Anleitung zum Generalbaßspiel auf der Laute bietet. Die *Pièces de luth* enthalten ausschließlich Stücke von E. und D. Gaultier in üblicher Notenschrift. P.s Versuch, das Lautenspiel auf diese Weise wieder zu fördern, blieb allerdings vergeblich.

WW: *Pièces de luth en musique avec des règles pour les toucher parfaitement sur le luth et sur le clavessin* (P 1680); *Livre de musique pour le lut, contenant une méthode nouvelle et facile pour apprendre à toucher le lut sur les notes de la musique* (P 1680); *Table pour apprendre à toucher le lut sur les notes chiffrées de la basse continue* (P 1682).

Ausg.: *Livre de musique,* Faks.-Ausg. (P 1973).

PERROT, Jules Joseph, * 18. 8. 1810 Lyon, † 24. 8. 1892 Paramé (Ille-et-Vilaine); frz. Tänzer, Choreograph und Ballettmeister. Bevor P. sein Studium bei Gaetan Vestris begann, war er bereits als Zirkusartist und Clown bekannt. 1830 debütierte er an der Pariser Opéra und avancierte zum Partner Maria Taglionis, die jedoch aus Mißgunst schließlich seine Entlassung herbeiführte. Nach seiner Verabschiedung gastierte er als Choreograph und Tänzer in London (1833–36), Neapel (1834), München (1836), Wien (1836) und Mailand. Auf seiner Italien-Tournee begegnete er in Neapel Carlotta Grisi, deren Partner und Ballettmeister er wurde. 1840 ging er gemeinsam mit ihr nach Paris und kreierte dort für sie die Titelrolle in A. Adams Ballett *Giselle* (1841). Spätere Engagements führten ihn nach London, Mailand und 1848 nach St. Petersburg, wo er als künstlerischer Direktor des Kaiserlichen Theaters 20 Ballette schuf. 1859 kehrte er nach Frankreich zurück. P. gilt neben M. Petipa als der bedeutendste Choreograph des romantischen Balletts im 19. Jahrhundert.

Lit.: J. SLONIMSKY, J. P., in: Dance Index 4 (1945). G. LUDIN

PERSEUS *(Persée),* Tragédie lyrique in 5 Akten und einem Prolog von Jean-Baptiste Lully (1632–87); Text von Philippe Quinault. Ort und Zeit der Handlung: Äthiopien, in mythischer Vergangenheit. UA: 18. 4. 1682 in Paris.
Der an dramatischen Konflikten reiche Stoff war in Frankreich durch die Fassung Pierre Corneilles *(L'Andromède)* gut bekannt; beschrieben wird das Verhältnis von Perseus und Andromeda, der der Medusa geopferten Tochter des äthiopischen Königs Zepheus, die von Perseus mit Hilfe der Götter errettet wird. Lully gelang durch die bereits mehrfach erprobten Mittel der Tragédie lyrique eine psychologische Intensivierung, besonders mit Hilfe der kraftvollen und selbständigen Gestaltung des Orchesterparts, was die Partitur zu einer der interessantesten des Komponisten macht. Nicht nur die musikalische und textliche Gestaltung fanden den Beifall des Publikums, sondern auch die Bühnenbilder, in denen zahlreiche Theatermaschinen eingesetzt werden konnten, riefen Erstaunen und Bewunderung hervor. Die Bedeutung des Werks für die Zeitgenossen läßt sich an den zahlreichen Parodien und den sechs weiteren Aufführungen bis 1746 allein in Paris ablesen. TH. MENGER

PERSIANI, Fanny Félicité, * 4. 10. 1812 Rom, † 3. 5. 1867 Neuilly-sur-Seine; it. Sängerin (Sopran). Sie studierte bei ihrem Vater, dem Tenor Niccolò Tacchinardi, heiratete 1830 den Komponisten Giuseppe P. und debütierte 1832 in Livorno. 1833 feierte sie in G. Donizettis *L'Elisir d'amore* am Teatro Fenice in Venedig ihren ersten großen Erfolg und machte sich bald als glänzende Interpretin W. A. Mozarts, D. Cimarosas, G. Rossinis, V. Bellinis, besonders aber G. Donizettis einen Namen. 1835 sang sie im Teatro San Carlo in Neapel die für sie geschriebene Titelrolle in der UA von Donizettis *Lucia di Lammermoor.* 1837 ging sie an das Théâtre-Italien nach Paris, 1838 an das King's Theatre nach London, sang bis 1849 an beiden Theatern und dann als Gast an den großen europäischen Opernhäusern. 1858 übernahm sie die Leitung des Théâtre-Italien in Paris, hatte aber keinen Erfolg und zog sich 1859 von der Bühne zurück.

Lit.: A. SOUBIÈS, Le Théâtre Italien (P 1913); G. MONALDI, Cantanti celebri (R 1929); A. DELLA CORTE, L'interpretazione musicale e gli interpreti (Tn 1951).

PERSICHETTI, Vincent, * 6. 6. 1915 Philadelphia (Pennsylvania); amerik. Komponist. Er studierte am Combs College, am Philadelphia Conservatory of Music und am Curtis Institute (bei Fritz Reiner, Dirigieren, und Olga Samaroff, Klavier). 1942–62 leitete er die Kompositionsabteilung des Philadelphia Conservatory und lehrte seit 1947 auch an der Juilliard School of Music in New York. Als Komponist blieb P. an die traditionelle Musik gebunden, verwendete gelegentlich aber auch polytonale und atonale Strukturen. Er machte sich auch als Musikschriftsteller, Kritiker, Pianist und Dirigent einen Namen.

WW: Klv.-Stücke; 4 Streichquartette (1939, 1944, 1959, 1973); 2 Klv.-Quintette (1940, 1954). – Für Orch.: 8 Symphonien (1942–70); *Dance Overture* (1942); *Serenade no. 5* (1950); *Fairy Tale* (1950); Konzert für Klv. zu 4 Händen (1952); 2 Klv.-Konzerte (1956, 1962). – Zahlr. Chorwerke, u. a.: *Song of Peace* (1959); *Spring Cantata* (1963); *Winter Cantata* (1964); *The Creation* (1970); *A Lincoln Address* (1973). – Schriften: *W. Schuman* (NY 1954); *Twentieth Century Harmony* (NY 1961) (zus. mit F. R. Schreiber).

Lit.: W. SCHUMAN, V. P., in: MQ 47 (1961); TH. F. ASHIZAWA, The Choral Music of V. P. (1977) (= Diss. Univ. of Washington).

PERSIEN ↗ Iran.

PERTI, Giacomo Antonio (Jacopo Antonio), * 6. 6. 1661 Crevalcore bei Bologna, † 10. 4. 1756 Bologna; it. Komponist. Er studierte an der Universität in Bologna und wurde in der Musik durch seinen Onkel, Lorenzo P., später durch P. Franceschini ausgebildet. 1680 dirigierte er an S. Petronio in Bologna die Aufführung einer eigenen Messe und wurde ein Jahr später in die Accademia Filarmonica aufgenommen, deren Principe er dann 5mal war. 1681–90 lebte er in Parma, wo er mehrere Opern für Venedig, Bologna, Mailand und Rom schrieb, ging dann erneut nach Bologna, wurde 1690 Kapellmeister an S. Pietro und 1696 an S. Petronio. Wie u. a. aus seiner erhaltenen Korrespondenz hervorgeht, genoß P. hohes Ansehen bei seinen Musikerkollegen (J. J. Fux, A. Caldara, Padre Martini) und das Wohlwollen des östr. Kaiserhofes. Fr. und V. Manfredini, Martini und G. Torelli gehörten zu seinen Schülern.

WW: **1) Vokal-WW** (im Druck erschienen): *Cantate morali e spirituali* für 1–2 St., V. u. B.c. (Bol 1688); *Messa, salmi concertati* für 4 St. u. B.c. mit Instr. u. Ripienochor (Bol 1735); *Canzonette in aria marinaresca sopra li principali feste di Nostra Signora* (Bol 1780) (Zuweisung zweifelhaft). – Hsl. sind erhalten: 28 Messen (nur Kyrie u. Gloria); 11 Credo; zahlreiche *Versetti* als Einlagen zu Messen sowie 15 instrumentale *Sinfonie avanti la messa;* 120 Psalmen; 54 Motetten; weitere liturgische Werke. – 20 Oratorien, darunter: *Oratorio della passione di Cristo* (1685); *San Petronio* (1720). – Etwa 140 it. Kantaten mit B.c., teilweise auch mit Instr. – **2) Bühnen-WW**: Von den 26 nachweislich aufgeführten Opern sind hsl. erhalten: *Oreste in Argo,* UA: Modena 1685; *La Flavia,* UA: ebd. 1686; *La Rosaura,* UA: Venedig 1689; *L'inganno scoperto per vendetta,* UA: ebd. 1690/91; *Furio Camillo,* UA: ebd. 1692; *Nerone fatto Cesare,* UA: ebd. 1693; *Rosinde ed Ermineo.* – Ferner sind eine V.-Sonate u. eine Sonata a 4 in Sammeldruck u. hsl. erhalten.

In P.s überliefertem Schaffen nehmen die Oratorien und die kirchenmusikalischen Werke den breitesten Raum ein. Die Oratorien zeigen alle wesentlichen Merkmale des neapolitanischen Stils in seiner Frühzeit. P.s Kirchenmusik umfaßt sowohl a cappella-Werke mit und ohne B.c. als auch solche im konzertierenden Stil mit und ohne Instrumente (Streicher, gelegentlich obligate Trompeten u.a.) und mit der Gegenüberstellung von Solo- und Tutti-Vokalstimmen. Mit diesem Œuvre markiert P. eine lange Periode in der mehr als hundertjährigen Glanzzeit der Bologneser Musik an und um S. Petronio, die vor ihm von M. Cazzati und G. P. Colonna, nach ihm von Padre Martini repräsentiert wird.

Ausg.: Solokantate *Laudate pueri* für mittlere St., V., Va., obligates Vc. u. B.c., hrsg. v. J. BERGER (University Park/Pa. 1966) (= The Penn State Music Series 10); *Cantate morali e spirituali,* Faks.-Ausg. (Bol 1969) (= Bibl. musica Bononiensis IV/85); *La Passione di Cristo,* hrsg. v. V. GIBELLI (Bol 1970) (= Antiquae musicae Italianae bibl., Monumenta Bononensia 14); eine Arie aus *San Petronio,* in G. MASSENKEIL, Das Oratorium (Kö 1970) (= Das Musikwerk 37).

Lit.: L. BUSI, Il Padre G. B. Martini (Bol 1891, Nachdr. 1969) (= Bibl. musica Bononiensis III/2); G. VECCHI, in: Atti e memorie della Deputazione de storia patria per le provincie di Romagna, N. S. 7 (1955/56); La musica barocca a Bologna. Manifestazioni ... G.A. P., hrsg. v. DEMS. (Bol 1961); M. FABBRI, in: Musicisti lombardi ed emiliani, hrsg. v. A. Damerini – G. Roncaglia (Siena 1958); S. MARTINOTTI, Ricognizione di G.A. P. compositore emiliano del barocco, in: Rass. Mus. 32 (1962); J. BERGER, The Sacred Works of G.A. P., in: JAMS 17 (1964); A. SCHNOEBELEN, The Concerted Mass at San Petronio in Bologna ... (1966) (= Diss. Univ. of Illinois); DIES., Performance Practices at San Petronio in the Baroque, in: AMl 51 (1969); DIES., P., in: Grove[6] XIV.

PERTILE, Aureliano, *9. 11. 1885 Montagnana (Venezien), † 11. 1. 1952 Rom; it. Sänger (Tenor). Er studierte seit 1906 bei Vittorio Orefice in Padua, später bei Bavagnoli in Mailand und debütierte 1911 in Vicenza als Lyonel in *Martha* von Fr. von Flotow. Anschließend sang er an verschiedenen italienischen Bühnen, u.a. 1916 an der Mailänder Scala, außerdem 1918 im Teatro Colón in Buenos Aires und in der Spielzeit 1921/22 an der Metropolitan Opera in New York. 1922 holte ihn A. Toscanini an die Mailänder Scala, der er als 1. Tenor bis zum Ende seiner Bühnenlaufbahn 1940 angehörte. Daneben gastierte er in den europäischen Musikzentren und zählte zu den herausragenden Sängern der Festspiele in der Arena von Verona. P. sang die dramatischen Tenorpartien der italienischen Oper des 19. Jh. einschließlich des Verismo, aber auch Wagner-Partien wie Lohengrin und Walther von Stolzing *(Meistersinger).*

Lit.: D. SILVESTRINI, Tenori celebri. A. P. e il suo metodo di canto (Bol 1932); R. CELLETTI, Le grandi voci (R 1964).

PERU. Die heutige Musikpraxis P.s ist zugleich Spiegelbild der Bevölkerungsvielfalt auf dem Gebiet der einstigen Inka-Kultur. Sie ist bestimmt von spanischen und kreolischen Einflüssen, aber auch von einer lebendig gebliebenen indianischen Tradition. Dazu zählen u.a. eine Melodiebildung aus absteigenden pentatonischen Skalen, das Vorherrschen einer binären rhythmischen Unterteilung – die gelegentlich durch Akzentverschiebung und Triolen in eine ternäre umgedeutet wird – sowie die Verwendung der typischen Blasinstrumente Quena (Längsflöte), Sicu (Panflöte) und Ayariche (Gefäßflöte). Charakteristisch sind insbesondere der Nationaltanz Huayno oder Huaynito und das Tanzlied Yaraví (auf lyrische spanische Texte), die auf indianische Vorbilder zurückgehen. Kreolische Einflüsse werden insbesondere deutlich in den Tänzen Marinera, Tondero und Resbalosa, die sich aus verschiedenen spanischen Tänzen – die vor allem von den als Sklaven nach P. gebrachten Negern übernommen wurden – entwickelten. Über die Bedeutung der Musik im kultischen und privaten Bereich des ehemaligen Inka-Reiches sind wir durch Quellen (vor allem Instrumentenfunde und Darstellungen), aber auch durch Augenzeugenberichte unterrichtet. So schilderten u.a. Guamán Poma und Martín de Morua, daß bei Vergnügungen und großen Festen des Hofes vor dem Inka und seinen Würdenträgern Gruppen von Musikerinnen und Sängerinnen auftraten.

Mit der Christianisierung wurde die als heidnisch angesehene bodenständige Musikkultur durch die spanische Kirche zurückgedrängt. Dies hinderte jedoch den Domkapellmeister in Cuzco, Juan de Fentes, nicht, 1551 für das Fronleichnamsfest ein auf indianischen Melodien beruhendes Werk zu komponieren. Die spanischen Domkapellmeister in Lima, Arequipa, Ayacucho, Cuzco und Trujillo konnten auch nicht auf die Mitwirkung indianischer Sänger und Instrumentalisten verzichten. Tomás de Torrejón y Velasco, der 1676–1728 in Lima als Domkapellmeister tätig war, ist auch der Schöpfer der ersten Oper, *La púrpura de la rosa* (nach P. Calderón de la Barca), die auf dem amerikanischen Kontinent komponiert wurde. Sie wurde am 19. 10. 1701 im Palast des Vizekönigs aufgeführt. Lima zählte im 17. Jh. zu den reichsten Städten Amerikas und unterhielt bereits kurz nach 1600 eine eigene Bühne, den „Corral de Santo Domingo". Dort wurden u.a. auch Komödien von Calderón aufgeführt, zu denen José Diaz die Musik schrieb. Die Theatertradition erhielt vor allem durch den Italiener Roque Ceruti, der zunächst in Diensten des Vizekönigs stand und 1728–60 als Kapellmeister an der Kathedrale von Lima wirkte, neue Impulse, so etwa mit der Oper *El mejor escudo de Perseo* (1708). Ein weiterer bedeutender Komponist dieser Zeit war José de Orejón y Aparicio, ein Schüler von Tomás de Torrejón y Velasco, der Ceruti als Kapellmeister der Kathedrale von Lima folgte (1760–64), nachdem er dort bereits seit 1742 als Organist tätig war. Er schrieb zahlreiche geistliche Werke, darunter eine Johannespassion für 3 Chöre und Orchester.

In der Zeit der Befreiungskriege (1820–80), die einen starken Rückgang in der Musikpflege mit sich brachten, trat José Bernardo Alzedo y Larraín – ein ehemaliger Augustinermönch, der sich in der Befreiungsarmee Chiles hervortat – als Komponist geistlicher Musik hervor; von ihm stammt auch die peruanische Nationalhymne, die – von General San Martín ausgewählt – anläßlich einer Galasoirée am 24. 9. 1821 erstmals erklang. Nach Erlangung der Unabhängigkeit übernahmen europäische Emigranten, insbesondere Italiener, die Führung im Konzert- und Opernleben. Dazu zählen u.a. Claudio Rebagliati, Carlos Enrique Pasta und Carmelo Grajales. Als Vertreter der Romantik wandten sie sich bereits peruanischen Themen zu. Als eigentlicher Schöpfer eines Nationalstils gilt jedoch José María Valle Riestra (1858–1925). Er komponierte die erste Nationaloper, die Zarzuela *Ollanta* (auf einem Drama von Pater Antonio Váldez basierend). 1900 wurde sie mit großem Erfolg uraufgeführt. Daniel Alomía Robles (1871–1942) machte sich als Sammler traditioneller Musik verdient; der Einfluß der indianischen Musik bestimmte gleichfalls wesentlich sein kompositorisches Schaffen, aber auch das von Pablo Chávez Aguilar, des Domkapellmeisters in Lima, und Ernesto López Mindreau. Entscheidende Impulse gingen im 20. Jh. von Teodoro Valcárcel, Raul de Verneuil, Roberto Carpio und Carlos Sánchez Málaga aus. Zu den wichtigsten Vertretern der neueren Musik und der Avantgarde zählen Enrique Iturriaga (* 1918), Celso Garrido Lecca (* 1926), Enrique Pinilla (* 1927), Cesar Bolaños (* 1931), Charlotte Pozzi Escot (* 1931) und Edgar Valcárcel Arze (* 1932). Bedeutende Institutionen in P. sind das Orquestra Sinfónica Nacional (1938 gegründet), das Conservatorio Nacional de Música (1946 gegründet) und verschiedene Museen mit Slgen. vorspanischer Musikinstrumente.

Lit.: R. u. M. D'HARCOURT, La musique des Incas et des survivances (P 1925); C. RAYGADA, Historia crítica del himno nacional (Lima 1954); R. STEVENSON, The Music of P. Aboriginal and Viceroyal Epochs (Washington/D.C. 1960); A. JIMÉNEZ BORJA, Instr. musicales de P. (ebd. 1961); R. HOLZMANN, Panorama de la música tradicional del P. (ebd. 1966); DERS., De la trifonía a la heptafonía en la música tradicional peruana (ebd. 1968); Mapa de los instrumentos musicales de uso popular en el P., hrsg. v. J. R. PIDELA (ebd. 1978).
L. H. CORRÊA DE AZEVEDO

PES (lat., = Fuß). – **1)** Eine Bz. für eine zweitönige Neume (↗Neumen), gleichbedeutend mit Podatus (↗Notenschrift). – **2)** In einigen englischen Quellen des 13. und 14. Jh. Bz. der nicht textierten Fundamentstimme, also des ↗Tenors, in Motetten. Die Wortbedeutung spielt dabei an auf die Stützfunktion dieser Stimme innerhalb des mehrstimmigen Satzverbunds und zugleich auf die formstiftende Funktion, die diese Stimme als (nur aus wenigen Tönen bestehende) ostinate Tonfolge hat. Solche kurzen melodischen Ostinati sind u.a. in Motetten der Worcester-Fragmente mit mehreren textierten Oberstimmen in Stimmtausch-Technik wie auch in dem berühmten Sommerkanon *Sumer is icumen in* nachweisbar. In anderen Quellen wiederum wird nur die Oberstimme textiert und von einem primus und einem secundus P. getragen.

Lit.: M. BUKOFZER, „Sumer is icumen in". A Revision (Berkeley – Los Angeles 1944); J. HANDSCHIN, The Summer Canon and its Background, in: MD 3 (1949) u. 5 (1951); L. DITTMER, The Worcester Fragments (1957) (= MSD 2); E. APFEL, Stud. z. Satztechnik der ma. engl. Musik, 2 Bde. (Hei 1959); E. H. SANDERS, Medieval Engl. Polyphony and its Significance for the Continent (1963) (= Diss. Columbia Univ.); E. APFEL, Grundlagen einer Gesch. der Satztechnik vom 13. bis zum 16. Jh. (Saarbrücken 1974); Engl. Music of the 13th and Early 14th Centuries, hrsg. v. E. H. SANDERS (1979) (= Polyphonic Music of the Fourteenth Century 14).

PESANTE (it., = schwer, wuchtig), eine dem Wortsinn entsprechende Vortragsbezeichnung.

PESCETTI, Giovanni Battista, * um 1704 Venedig, † 20. 3. 1766 ebd.; it. Komponist, Cembalist und Organist. P. war Sohn eines Orgelbauers und Schüler von A. Lotti. 1725 brachte er in Venedig seine 1. Oper, *Nerone detronato,* zur Aufführung.

1737 wurde er als Nachfolger N. Porporas Direktor der mit G. Fr. Händel konkurrierenden Opera of Nobility in London, übernahm die Leitung des Covent Garden und 1738 die des King's Theatre. Nach der Auflösung der Gesellschaft blieb er als Komponist von Opern und Pasticcio-Einlagen weiterhin in London und kehrte erst um 1747 nach Italien zurück. Seine letzte Oper, *Zenobia*, kam 1761 in Padua zur Aufführung. 1762 wurde P. 2. Organist an San Marco in Venedig.

WW: Sonaten für Cemb. (Lo 1739); hsl. erhalten sind einige weitere Cemb.- u. Orgel-WW sowie das Oratorium *Gionata* u. 4 Messesätze. Von den 28 Opern u. Pasticci P.s, deren Aufführung nachgewiesen ist u. von denen Libretti im Druck erschienen, sind erhalten (meist in Form von „Favourite songs" in London gedruckt): *Nerone detronato*, UA: Venedig 1725; *Demetrio*, UA: Florenz 1732; *Sabrina*, UA: London 1737; *La conquista del velo d'oro*, UA: ebd. 1738; *Angelica e Medoro* u. *Diana e Endimione*, UA: ebd. 1739; *Alessandro in Persia*, UA: ebd. 1741; *Ezio*, UA: Venedig 1747; *Artaserse*, UA: Mailand 1751; *Solimano*, UA: Reggio Emilia 1756.

Ausg.: 4 Cemb.-Stücke, hrsg. v. L. FARRENC, in: Le trésor des pianistes 9 (1872); eine Sonate, hrsg. v. G. BENVENUTI, in: Cembalisti italiani del Settecento (Mi 1926); eine Sonate, hrsg. v. G. TAGLIAPIETRA, in: Antologia di musica antica e moderna per il pianoforte (Mi 1931–32).

Lit.: F. DEGRADA, Le sonate per cembalo e per organo di G. B. P., in: Chigiana 23, N. S. 3 (1966); M. FABBRI, G. B. P. e un concorso per „Maestro di Cappella" a Firenze, in: RIMus 1 (1966).

PESCHIN (Pechin, Pečin, Pesch, Petschin, Posthinus u. ä.), **Gregor**, * um 1500 in Böhmen, † nach 1547 Heidelberg (?); dt. Komponist. Seine musikalische Ausbildung erhielt P. wahrscheinlich am Hofe König Ludwigs II. von Böhmen und Ungarn in Prag. 1527 wurde er Organist der Hofkapelle des Kardinals Matthäus Lang in Salzburg. 1543 ist er im Dienst des Pfalzgrafen Ottheinrich in Neuburg an der Donau nachweisbar, dem er 1544 nach Heidelberg folgte. Die letzte Nachricht über P. stammt aus dem Jahr 1547.

WW (hsl. u. in Sammeldrucken 1539–58): 1 Messe; 9 Motetten u. a. lat. Gesänge; etwa 30 dt. Lieder, 10 davon in Bearb. für Laute, in: S. Ochsenkhun, Tabulaturbuch (Hei 1558).

Ausg.: 9 dt. Lieder, 3 davon intavoliert für Laute, in: Das dt. Gesellschaftslied in Östr. v. 1480 bis 1550, hrsg. v. L. NOWAK – A. KOCZIRZ (1930) (= DTÖ 72).

Lit.: H. J. MOSER, P. Hofhaimer (St – B 1929, Hil ²1966); S. HERMELINK, Ein Musikalienverz. der Heidelberger Hofkapelle aus dem Jahre 1544, in: Ottheinrich. Gedenkschrift ..., hrsg. v. G. Poensgen (Hei 1956); A. LAYER, Pfalzgraf Ottheinrich u. die Musik, in: AfMw 15 (1958); DERS., P., in: MGG X.

PESENTI, Martino, * um 1600 Venedig, † zwischen 1647 und März 1648 ebd.; it. Komponist. P. war von Geburt an blind, erhielt seine musikalische Ausbildung bei Giovanni Battista Grillo in Venedig und stand im Dienst verschiedener venezianischer Adliger. P. ist ein bisher weniger bekannter Vertreter des geringstimmigen konzertierenden Stils, der bei ihm gleichermaßen in weltlichen wie geistlichen Werken in Erscheinung tritt. Beachtung fanden lediglich die Tänze im 4. Buch der *Correnti* deshalb, weil sie in jeweils 2 Fassungen gedruckt sind: in normalen Tonarten *(diatonici)* und in Tonarten mit vielen Akzidentien *(parte cromatici, e parte henarmonici)*. Sie waren bestimmt für ein Tasteninstrument mit verschiedenen Tasten für enharmonische Töne.

WW (sämtlich in Venedig gedruckt): **1) Instr.-WW:** 4 Bücher *Correnti alla francese* u. a. Tänze für Cemb. oder andere Instr. (V 1630, ²1635, 1641, 1645). – **2) Vokal-WW:** 5 Bücher Madrigale mit B.c., davon erhalten: 1: für 2–4 St. (1621), 3: für 2–5 St. (1628), 4: für 2–6 St., teilweise mit V., 5: *Madrigali concertati* für 2–3 St. (1641); *Capricci stravaganti* für 2–3 St. u. B.c. (1647); *Ultime musicali e canori* für 2–3 St. u. B.c. (1648); 3 Bücher *Arie a voce sola* mit B.c. (1633, 1635, 1638); *Missae* für 3 St. *cum sacris cantionibus* für 1–3 St. u. B.c. (1643).

Ausg.: 2 Arien in: La Flora, hrsg. v. K. JEPPESEN (Kop 1949); Tänze für Oberst. u. Baß (oder V., Cemb. u. Baß), hrsg. v. F. CERHA (W 1964) (= Diletto musicale 36); 3 Correnti, in: G. REICHERT, Der Tanz (Kö 1965) (= Das Musikwerk 27).

Lit.: C. MOREY, The Diatonic, Chromatic and Enharmonic Dances by M. P., in: AMl 38 (1966).

PESENTI, Michele (Michele Vicentino), * um 1475 Verona, † nach 1521; it. Komponist. P. war Priester und schrieb fast ausschließlich Frottole, zu denen er teilweise auch die Texte verfaßte. Er gehört zu den ersten italienischen Komponisten, in deren Werken alle Stimmen sangbar und vom Text her konzipiert sind.

WW (in Sammeldrucken 1504–21): 36 Frottole, die meisten davon in den Frottoledrucken von O. Petrucci; 2 4st. Motetten.

Ausg.: 23 Frottole, in: O. Petrucci, Frottole, Buch I u. IV, hrsg. v. R. SCHWARTZ (L 1935, Nachdr. Hil 1967) (= PäM 8); ein Gesang, in: Karnevalslieder der Renaissance, hrsg. v. K. WESTPHAL (Wb 1936) (= Chw 43).

Lit.: K. JEPPESEN, Die it. Orgelmusik am Anfang des Cinquecento (Kop 1943, ²1960); W. H. RUBSAMEN, P., in: MGG X; E. PAGANEZZI, Notizie veronesi su M. Cara e M. P., in: RIMus 11 (1976).

PETER GRIMES, Oper in 3 Akten und einem Prolog von Benjamin Britten (1913–1976), op. 33, Text von Montagu Slater nach der Dichtung *The Borough* (1810) von George Crabbe. Ort und Zeit der Handlung: ein Fischerstädtchen an der Ostküste Englands, um 1830. UA: 7. 6. 1945 in London (Sadler's Wells Theatre); dt. EA (in dt. Sprache): 22. 3. 1947 in Hamburg.

Der Fischer Peter Grimes, ein unbeliebter Außenseiter, gerät in Verdacht, seinen Lehrjungen aus persönlichem Ehrgeiz überfordert und dessen Tod verschuldet zu haben; voreilige moralische Verurteilung durch die selbstgerecht-sittenstrenge Kleinstadtgemeinschaft treibt Grimes zum Selbstmord.

Crabbes überwiegend pessimistisches Gesellschafts- und Menschenbild bestimmt zwar die Grundstimmungen vieler Szenen, jedoch zeichneten Britten und sein Librettist auch kontradiktorische Charaktereigenschaften differenziert nach: die Hauptfigur ist weder Held noch Bösewicht; ihr handlungsdramatischer Widerpart – das Volk und die Honoratioren des Ortes – engstirnig, indes nicht ohne sympathische Züge. In der musikalischen Affektdarstellung halten sich leitmotivische Konstanz und situativ variable Gefühlsschilderung die Waage – beide organisch verbunden durch konzentrierte thematische Arbeit in häufig geschlossenen absolut-musikalischen Formen. Gleich in dieser seiner Erstlingsoper gelingt Britten eine Vereinigung von formalen Gestaltungsprinzipien der traditionellen Nummernoper mit klanglichen Mitteln der Spätromantik und gemäßigten Moderne, von konstruktivistisch-subtiler Virtuosität musikalischer Satztechnik mit distanzlos-warmherziger Nachzeichnung seelischer Konflikte. Von besonderer Eindringlichkeit sind die melodramatischen Passagen, in denen gesprochener Text und auf minimales Klangvolumen reduzierte Instrumentalbegleitung sensible Mixturen von Grundstimmung und situativ gebundenem Affekt ermöglichen. *Peter Grimes* begründete die internationale Berühmtheit des Komponisten.

W. A. MAKUS

PETERS, C. F. Peters, Musikverlag. Er wurde 1800 als „Bureau de Musique" von den Musikern **Fr. A. Hoffmeister** und **Ambrosius Kühnel** in Leipzig gegründet. Der Verlag, der eine eigene Notenstecherei und Druckerei besaß, veröffentlichte u. a. neben Kammermusik von J. Haydn und W. A. Mozart 10 Werke L. van Beethovens (op. 19–22, 39–44) sowie die *Œuvres complètes* der Klavier- und Orgelwerke J. S. Bachs. 1814 ging der Verlag in den Besitz des Buchhändlers **Carl Friedrich P.** (* 30. 3. 1779 Leipzig, † 20. 11. 1827 auf dem Sonnenstein) über, dessen Erben ihn 1828 an **Carl Gotthelf Böhme** verkauften. Unter seiner Leitung erschien die noch heute bekannte 9bändige Ausgabe der Orgelwerke J. S. Bachs von Griepenkerl-Roitzsch. Internationale Geltung erlangte der Verlag seit 1860 unter **Julius Friedländer,** der 1880 ausschied, und **Max Abraham** (* 3. 7. 1831 Danzig, † 8. 12. 1900 Leipzig), vor allem durch die wohlfeilen Klassiker-Ausgaben in der Reihe *Edition Peters,* die 1867 erstmals unter Mitwirkung bedeutender Musiker und Pädagogen herauskamen (Nr. 1: J. S. Bach, Wohltemperiertes Klavier). Komponisten wie Fr. Liszt, R. Wagner und J. Brahms wurden Autoren des Verlags. 1894 gründete Abraham in Leipzig die Musikbibliothek Peters, eine einzigartige musikwissenschaftliche Präsenzbibliothek; sie wurde 1901 mit einem Barvermögen von 400000 Goldmark ausgestattet und zusammen mit einem eigenen Gebäude der Stadt als Stiftung übereignet. 1895–1941 und fortgesetzt seit 1978 gab diese Institution das wissenschaftliche *Jahrbuch der Musikbibliothek Peters* (Jb. Peters) heraus. Nach dem Tode des Firmeninhabers führte seit 1900 Abrahams Neffe **Henri Hinrichsen** (* 5. 2. 1868 Hamburg, † 30. 9. 1942 Auschwitz) die Geschäfte erfolgreich weiter und konnte nach dem Ersten Weltkrieg die Verlagsrechte für Werke von H. Wolf, M. Reger, R. Strauss und anderen erwerben. Um 1930 wurden die ersten Urtextausgaben ediert. Die nationalsozialistischen Zwangsmaßnahmen trafen das Unternehmen seit 1934 schwer. Henri Hinrichsen und sein Sohn Hans-Joachim Hinrichsen starben in deutschen Konzentrationslagern. Die Geschäfte führte seit 1939 der Teilhaber **Johannes Petschull** (* 8. 5. 1901 Diez an der Lahn), der 1940 noch den Verlag Henry Litolff hinzuerwerben konnte. Kriegseinwirkungen zerstörten den größten Teil der Leipziger Produktionsstätten und Lager. 1949 wurde der Leipziger Verlag enteignet und als „Volkseigener Betrieb Edition Peters" weitergeführt. 1950 verlegte Petschull den Sitz des Stammhauses nach Frankfurt a. M. und konnte dem Verlag durch die Publikation von Orchesterpartituren, Opern, Klavierauszügen und Urtextausgaben neue Geltung verschaffen. Die Verlagskataloge der Gegenwart umfassen wieder mehrere tausend Nummern. Heute firmiert das Unternehmen als Verlagsgruppe C. F. Peters Musikverlag – Henry Litolff's Verlag – Edition Schwann Musikverlag – M. P. Belaieff Musikverlag. – Die Söhne und Töchter des früheren Besitzers Henri Hinrichsen emigrierten. **Max Hinrichsen** (* 6. 7. 1901 Leipzig, † 17. 12. 1965 London) gründete 1938 die Hinrichsen Edition Ltd., London, **Walter Hinrichsen** (* 23. 9. 1907 Leipzig, † 21. 7. 1969 New York) 1948 die C. F. Peters Corporation, New York. Beide Verlage sind Schwesterfirmen des C. F. P.-Verlags in Frankfurt am Main, traten aber auch mit einer Reihe eigener Veröffentlichungen älterer und zeitgenössischer Musik hervor.

Lit.: P. OLLENDORF, Max Abraham, in: Jb. Peters 38 (1931); G. KINSKY, Aus Forkels Briefen an Hoffmeister u. Kühnel, in: ebd. 39 (1932); R. S. HILL, The Plate Numbers of C. F. P.' Predecessors, in: Papers Read by Members of the American Musicological Society (Washington 1940); H. LINDLAR, C. F. P. Musikverlag. Zeittafeln z. Verlagsgeschichte 1800 – 1867 – 1967 (F 1967); H. M. PLESSKE, Bibliogr. des Schrifttums z. Gesch. dt. u. östr. Musikverlage, in: Beitr. zur Gesch. des Buchwesens 3, hrsg. v. K.-H. Kalhöfer – H. Rötzsch (L 1968); DERS., Der Bestand Musikverlag

C. F. P. im Staatsarch. Leipzig (L 1970); H. LINDLAR, Zur Gesch. der Musikbibl. P., in: Quellenstudien zur Musik. FS W. Schmieder (F 1972); Daten z. Gesch. des Musikverlages P., hrsg. v. B. PACHNICKE (L 1975). L. HOFFMANN-ERBRECHT

PETERS, Roberta, * 4. 5. 1930 New York; amerik. Sängerin (Koloratursopran). Nach ihrem Gesangstudium bei William Pierce Herman in New York debütierte sie 1950 als Zerline in W. A. Mozarts *Don Giovanni* an der Metropolitan Opera in New York, die sie als 1. Koloratursopran verpflichtete. 1951 sang sie erstmals am Covent Garden in London, 1963 bei den Salzburger Festspielen als Königin der Nacht in Mozarts *Zauberflöte.* Zu ihren großen Rollen gehörten auch Rosina (*Il barbiere di Siviglia,* G. Rossini), Gilda (*Rigoletto,* G. Verdi) und Lucia (*Lucia di Lammermoor,* G. Donizetti). P. war eine der ersten amerikanischen Sängerinnen, die auch in der UdSSR aufgetreten sind. Autobiographische Skizzen ihrer Karriere veröffentlichte sie unter dem Titel *A Debut at the Met* (NY 1967).

PETERSEN, Wilhelm, * 15. 3. 1890 Athen, † 18. 12. 1957 Darmstadt; dt. Komponist. P. studierte 1908–10 Komposition bei Fr. Klose und Dirigieren bei F. Mottl an der Akademie für Tonkunst in München und bis 1912 noch privat bei R. Louis. 1913/14 war er Assistent W Furtwänglers am Stadttheater Lübeck, lebte dann als freischaffender Komponist u.a. in München (1921 UA der 1. Symphonie op. 3 unter R. Heger) und nahm 1922 eine Dozentur an der Akademie für Tonkunst in Darmstadt an (1930 UA der *Großen Messe* op. 27 unter K. Böhm). Mit kriegsbedingten Unterbrechungen lehrte er 1935–55 an der Musikhochschule in Mannheim. 1972 wurde in Mannheim eine W.-P.-Gesellschaft gegründet; ein W.-P.-Archiv besteht in Mainz. – Als Komponist war P. an der Spätromantik orientiert; die Avantgarde lehnte er strikt ab.

WW: 3 Streichquartette; Klv.-Quartett; 5 Symphonien (1921, 1923, 1934, 1941, postum 1959); Sinfonietta für Str. (1934). – Lieder u. Chöre a cap.; *Große Messe* (1930). – Oper *Der goldene Topf* (1941) (nach E. Th. A. Hoffmann).

Lit.: L. NÖLL, W. P., in: Musik in Darmstadt zw. den beiden Weltkriegen (Mz 1980) (= Beitr. z. mittelrheinischen Musikgesch. 18).

PETERSON, Oscar (Emmanuel), * 15. 8. 1925 Montreal; kanadischer Jazzpianist. Er spielte zunächst in Kanada, schloß sich dann 1949 der Tourneeproduktion „Jazz at the Philharmonic" an und gehört seitdem zur US-Szene. Berühmt sind seine Trios der 50er Jahre, u.a. 1951 mit Ray Brown (Baß) und Irving Ashby (Gitarre). In Combobesetzung mit Schlagzeug wurde P. der ideale Begleiter vieler Jazzmusiker, u.a. von Ella Fitzgerald. Seit den 70er Jahren tritt er aber auch als Solist ohne Rhythmusgruppe auf. An Virtuosen wie Art Tatum und Nat „King" Cole orientiert, besitzt P. eine perfekte Technik, was ihm den Ehrentitel „Paganini des Jazzpianos" eintrug.

Lit.: B. JAMES, in: Essays on Jazz (Lo 1961); J. MEHEGAN, Contemporary Styles for the Jazz Pianist (NY 1970).

PETERSON-BERGER, Wilhelm Olaf, * 27. 2. 1867 Ullånger, † 3. 12. 1942 Östersund (Jämtland); schwedischer Komponist und Musikkritiker. P. studierte am königlichen Konservatorium in Stockholm und bei Edmund Kretschmer in Dresden, wo er 1892–94 an der Musikschule Klavier unterrichtete. 1896–1930 war er Musikkritiker an *Dagens Nyheter* mit Ausnahme der Jahre 1908–10, in denen er als Regisseur an der Königlichen Oper wirkte, und eines Italien-Besuchs 1920–21. P. war ein begeisterter Anhänger R. Wagners. Er komponierte mehrere Opern auf eigene Texte, von denen *Arnljot* eine schwedische Nationaloper geworden ist. Seine Musik ist stark durch die nordische Folklore inspiriert, doch entlehnte er ihr nur selten melodisches Material. Besondere Wertschätzung fanden in Schweden seine Klavierstücke und Lieder.

WW: **1) Instr.-WW:** Für Klv.: 3 H.e *Frösöblomster* (1896, 1900, 1914); Suiten *Earina* (1917); *Italiana* (1922); *Anakreontika* (1923, 1935); 5 Symphonien, 1: *Das Banner* (1903, revidiert 1933), 2: *Südlandfahrt* (1910), 3: *Same Ätnam* (1915), 4: *Holmia* (1929), 5: *Solitudo* (1933). – **2) Vokal-WW:** Etwa 100 Lieder für SingSt u. Klv., u.a.: *Til Majdag* u. *Irmelin Rose* (1887); *Dichtungen von F. Nietzsche* (1901); ferner Stücke für Chor a cap. – **3) Bühnen-WW:** Opern: *Ran* (1900); *Arnljot* (1909); *Domedagsprofeterna* (1917); *Adils och Elisiv* (1926).

Lit.: S. BEITE, W. P.-B. (Östersund 1965) (mit Werk-Verz., Bibliogr. u. Diskographie); F. BOHLIN, En aspekt på P.-B., in: Musikrevy 22 (1967); DERS., P.-B., och skolans musikundervisning, in: Musikkultur 31 (1967); L. HEDWALL, Anteckningar kring W. P.-B.s pianosviter, in: STMf 49 (1967); G. PERCY, P.-B. och hans tid, in: Musikrevy 22 (1967); L. HEDWALL, in: Schwedische Musik einst u. heute (1970) (= Musikrevy international).

PETIPA, Marius Iwanowitsch, * 11. 3. 1818 Marseille, † 2. (14.) 7. 1910 Gursuf bei St. Petersburg; frz. Tänzer. Er trat als Primoballerino zunächst in Bordeaux, später in Nantes (1838), Madrid (1845) und schließlich in St. Petersburg (1847) auf, wo er in *Paquita, Giselle, La Péri, Armida, Catarina, Le Délire d'un peintre, Esmeralda, Le Corsaire* und *Faust* – zum Teil gemeinsam mit Fanny Elßler – große Erfolge errang und seit 1858 auch als Ballettmeister, Choreograph und Pädagoge tätig war. Mehr als 50 Jahre bestimmte er die Geschichte der klassischen russischen Ballettkunst und beeinflußte entscheidend die Entwicklung des europäischen Balletts in der 2. Hälfte des 19. Jahrhunderts. Zu seinen berühmtesten Choreographien, von denen einige in enger Zusammenarbeit mit P. Tschaikowsky entstanden sind, gehören insbesondere *Don Quixote, Dornröschen* und *Schwanensee*. 1906 veröffentlichte er in St. Petersburg seine Autobiographie (engl. als *Russian Ballet Master. The Memoirs of M. P.*, hrsg. v. L. Moore, Lo–NY 1958).

WW (Choreographien): *Don Quixote* (1869); *La Camargo* (1872); *Bajaderka* (1877); *Der Talisman* (1889); *Dornröschen* (1890); *Kalkabrino* (1892); *Aschenbrödel* (1893) (zus. mit E. Cecchetti u. L. Iwanow); *Der Nußknacker* (1892) (zus. mit L. Iwanow); *Schwanensee* (1895) (zus. mit dems.); *Halte de Cavallerie* (1896); *Raymonda* (1898); *Ruses d'amour* (1900); *Die Jahreszeiten* (1900); *Les millions d'Arlequin* (1900); *Der Zauberspiegel* (1903).

Lit.: L. MOORE, The P. Family in Europa and America, in: Dance Index 1 (1942); H. KOEGLER, P. u. die zaristische Petersburger Ballettkultur des 19. Jh., in: Maske und Kothurn 13 (1967); Verz. der Werke P.s, in: Les saisons de la danse 1 (1968); H. KOEGLER, Friedrichs Ballettlexikon (Velber 1972); M. P., Meister des klass. Balletts. Selbstzeugnisse, Dokumente, Erinnerungen, hrsg. v. E. REBLING (B 1975). G. LUDIN

PETIT, Adrianus, ↗Coclico.

PETIT (Pierre-Petit), **Pierre Yves Marie Camille,** * 21. 4. 1922 Poitiers; frz. Komponist. P. erhielt 1946 für die Scène lyrique *Le jeu de l'amour et du hasard* den Prix de Rome am Pariser Conservatoire, wo er bei Nadia Boulanger (Harmonielehre), N. Gallon (Fuge) und H. Busser (Komposition) studiert hatte. Seit 1951 lehrte er Kulturgeschichte am Conservatoire und gründete die *Revue du Conservatoire*. 1960 wurde er Leiter des Service de musique légère bei der ORTF, 1963 Leiter der École Normale de Musique und 1965 Leiter der Musikproduktion bei der ORTF. Seine besondere Begabung liegt auf dem Gebiet der Bühnenmusik, in der er, unabhängig von zeitgenössischen Strömungen, die Tradition der Opéra-comique und des französischen Balletts fortsetzt.

WW: **1) Instr.-WW:** Zahlr. Klv.-Stücke; Kammermusik. – Für Orch.: *Aricana* (1948); *Garden-Party* (1958); *Tarentelle* (1965); Klv.-Konzert (1954); Konzert für 2 Gitarren (1964). – **2) Vokal-WW:** Für SingSt u. Klv.: 5 Lieder (1941–46); 2 Lieder über Gedichte v. Ch. Oulmont (1949); 4 Gedichte v. P. Gilson (1965). – **3) Bühnen-WW:** Scène lyrique *Le jeu de l'amour et du hasard*, UA: Poitiers 1946; *La Maréchale Sans-Gêne*, UA: Paris 1948; Opérasbouffes: *Furia italiana*, UA: ORTF 1958, szenisch: Paris 1964; *Concerto pour tête-à-tête* (zus. mit F. Billetdoux), UA: ORTF 1960. – Ballette: *Zadig*, UA: Paris 1948; *Romanza romana*, UA: ebd. 1951; *Ciné-Bijou*, UA: ebd. 1953; *Feu rouge, feu vert*, UA: ebd. 1953.

PETIT, Roland, * 13. 1. 1924 Villemomble (Seine); frz. Tänzer und Choreograph. Nach seinem Studium bei S. Lifar an der Ballettschule der Pariser Opéra war er dort zunächst Mitglied des Ensembles. 1945 gründete er gemeinsam mit Boris Kochno die Ballets des Champs-Élysées und 3 Jahre später eine eigene Compagnie, die Ballets de Paris, für die er seine erfolgreichsten Choreographien entwarf: *Les Demoiselles de la nuit* (1948), *Carmen* (1949), *La Croqueuse de diamants* (1950), *Le Loup* (1953) und *Deuil en 24 heures* (1953). Seit 1972 ist er Ballettdirektor am Opernhaus in Marseille. P. gilt als Schöpfer außergewöhnlich origineller Choreographien, in denen er wirkungsvoll stilistische Komponenten der klassischen Ballettkunst mit Darstellungsmitteln des modernen Ausdruckstanzes zu verbinden wußte. Auch die von ihm inszenierten Filme (*Hans Christian Andersen*, 1951; *Daddy Long Legs*, 1954; *Folies Bergères*, 1956; *Cyrano de Bergerac*, 1959) und die Revuen, die er in Hollywood choreographierte, erlangten internationale Beachtung.

Lit.: I. LIDOVA, R. P., in: Les saisons de la danse (1968) Sommer-H. (mit Werk-Verz.). G. LUDIN

PETÖFI (eig. Petrovics, 1843 in P. ungarisiert), **Sándor** (Alexander), * 1. 1. 1823 Kiskőrös (Ungarn), † (gefallen) 31. 7. 1849 bei Schäßburg (Siebenbürgen; heute Sighisoara, Rumänien); ung. Dichter. Er veröffentlichte seit 1844 Sammlungen lyrischer Gedichte, darunter *A szerelem gyöngyei* (Liebesperlen) und *Felhök* (Wolken), ferner 1845 das epische Märchengedicht *János vitéz* (Janos, der Held) und 1848 und 1849 patriotische Lieder. P. gilt als der größte ungarische Lyriker. Seine Gedichte wurden (z. T. in dt. Umdichtung) u. a. von Fr. Erkel, Fr. Liszt, J. Hubay, Z. Kodály, P. Kadosa, M. Seiber, R. Franz, Fr. Nietzsche, J. Brahms und L. Delibes vertont. *János vitéz* (UA: Budapest 1904) von Pongrác Kacsóh (1873–1924) wurde in Ungarn ein Operettenerfolg. Liszt widmete ihm Klavierstücke (*Dem Andenken P.s*, 1877, und *Alexander P.*, 1885) und J. Hubay eine P.-Symphonie (1925).

Ausg. u. Lit.: P. dalok, hrsg. v. K. ISOZ (Budapest 1931) (= Magyar zenemüvek könyvészete o. Nr.; bibliogr. Verz. der im Originaltext in Musik gesetzten Gedichte P.s mit einem Verz. der durch P.-Lieder angeregten Klv.-Werke, Melodramen u. Theaterstücke sowie eine Liste v. Kompositionen, deren Sujet die Gestalt P.s bildet). – E. HARASZTI, P. a zenében, in: P.-Almanach 1923; J. WAGNER, P. és a zene, in: Zenei szemle (1923); R. BOROS, P.-Lieder in der romantischen Musik Deutschlands (1959) (= Acta litteraria Acad. scientiarum Hungaricae 2).

PETRARCA, Francesco, * 20. 7. 1304 Arezzo, † 19. (18.?, um Mitternacht) 7. 1374 Arquà bei Padua; it. Dichter. Er kam 1311 mit seinem Vater nach Avignon und studierte in Carpentras sowie an den Universitäten von Montpellier und Bologna. Nach dem Tod seines Vaters gab er sein Jurastudium auf und kehrte 1326 nach Avignon zurück, wo er die niederen Weihen erhielt und sich seinem dichterischen Schaffen widmen konnte. 1327 lernte er dort Laura kennen († 1348), die ihn zu seinen Liebesgedichten inspirierte. Nachdem er einige Zeit im Dienst des Kardinals Giacomo Colonna gestanden hatte und durch Frankreich, Flandern, das Rheinland sowie nach Rom gereist war, ließ er sich in Vaucluse (Avignon) nieder. Mehrfach hielt er sich in Italien auf und kehrte dorthin 1353 endgültig zurück, wo er nacheinander in Mailand, Padua, Venedig und Arquà lebte.

P. verfaßte neben lateinischen literarischen und philosophischen Werken die volkssprachliche lyrische Sammlung *Rerum vulgarium fragmenta* (von späteren Herausgebern *Il canzoniere* betitelt), die 317 Sonette, 29 Kanzonen, 9 Sestinen, 7 Ballate und 4 Madrigale enthält. Ferner schrieb er *Rime disperse* und das kleine allegorische Gedicht *I trionfi.* Als ein Vorläufer des Humanismus, als Sammler und Erforscher alter Texte seiner Zeit und als Freund von Giovanni Boccaccio und Robert d'Anjou war er in mancher Hinsicht seiner Zeit voraus. Erst in der Renaissance kamen seine Gedichte – auch bei den Musikern – voll zur Geltung. P.s Liebe zur Musik – P. sang gern, spielte die Laute und pflegte Umgang mit Musikern – ist spürbar sowohl in der anmutigen Harmonie seiner Verse als auch im formalen Gleichgewicht seiner Dichtungen und in der erregten Verhaltenheit seiner Lyrik. In der Zeit der italienischen Ars nova vertonten Texte von ihm lediglich Jacopo da Bologna, Francesco di Vannozzo (14. Jh.) und Ludovico da Rimini (15. Jh.). Aus dem 15. Jh. stammt ebenfalls ein anonymes Stück, *Pace non trovo,* und das berühmte *Vergine bella* von G. Dufay. Ende des 15. Jh. wurde P. von zahlreichen Dichtern nachgeahmt, unter ihnen Pietro Bembo, der *Il canzoniere* 1501 drucken ließ und einen wahrhaften Kult des Dichters begründete – man spricht hier vom „Petrarcismus" –, der mehr als ein Jahrhundert währte. Seither entstanden zahlreiche Gedichte im Stil P.s und mehrstimmige Madrigale auf seine Gedichte, u.a. von A. (I) Ferrabosco, C. de Rore, G. P. da Palestrina, O. di Lasso, Cl. Merulo, L. Marenzio, M. da Gagliano, O. Vecchi, J. Peri, Cl. Monteverdi und H. L. Haßler. In neuerer Zeit vertonten Dichtungen von P. u.a. J. Haydn, Fr. Schubert, Fr. Liszt, H. Pfitzner, I. Pizzetti, A. Schönberg und A. E. Lutyens.

Ausg.: Rime, canzoniere, trionfi, estravaganti, hrsg. v. S. NULLI (Mi 1956); 5 Madrigale auf Texte v. F. P., hrsg. v. B. MEIER (Wb 1962) (= Chw 88).

Lit.: C. CULCASI, P. e la musica (Fi 1911); W. RUBSAMEN, Literary Sources of Secular Music in Italy (ca. 1500) (Berkeley – Los Angeles 1943); W. OSTHOFF, P. in der Musik des Abendlandes, in: Castrum peregrini 20 (A 1954); L. BALDACCI, Il petrarchismo nel cinquecento (Mi 1957); F. A. D'ACCONE, M. Rampollini and His Petrarchan Canzoni Cycles, in: MD 27 (1973); W. T. MARROCCO, A Checklist of Musical Settings on the Poems of F. P., in: Quadrivium 15 (1974); H. CH. WOLFF, Die Madrigale des C. de Rore auf Texte des F. P. u. ihre Gesangsverzierungen, in: ebd.

PETRASSI, Goffredo, * 16. 7. 1904 Zagarola bei Rom; it. Komponist. Er trat 1911 in die Schola Cantorum an S. Salvatore in Laude zu Rom ein und arbeitete 1918–30 in einer Musikalienhandlung, wo er Partituren auch zeitgenössischer Musik einsehen konnte. Als Komponist war er zunächst Autodidakt, nahm dann Privatunterricht bei Alessandro Bustini und V. di Donato und studierte 1930–33 am Conservatorio di S. Cecilia in Rom mit Diplomen in Komposition (Bustini) und Orgel (F. Germani). 1936 wurde er Mitglied der Accademia Nazionale di S. Cecilia, 1939 Lehrer für Komposition am Conservatorio di Musica S. Cecilia, wo er 1960 eine Meisterklasse für Komposition übernahm. P. war auch 1937–40 Generalintendant des Teatro La Fenice in Venedig, 1947–50 künstlerischer Direktor der Accademia Filarmonica Romana und 1954–56 Präsident der IGNM.

WW: **1) Instr.-WW:** Klv.-Stücke; Kammermusik, darunter: *Preludio, aria e finale* (1933) für Vc. u. Klv., *Dialogo angelico* (1948) für 2 Fl.; *Sonata da camera* für Cemb. u. 11 Instr. (1948); Streichquartett (1958); Serenade für Cemb., Fl., Va., Kb. u. Schlagzeug (1958); Streichtrio (1959); Trioserenade für Harfe, Gitarre u. Mandoline (1962); *Musica di ottoni* (1963) für Blechbläser u. Pk.; *Tre per sette* (1964) für 7 Blasinstr. u. 3 Spieler; *Ottetto di ottoni* (1968) für 4 Trp. u. 4 Pos.; *Souffle* (1969) für 3 Fl. (1 Spieler); *Nunc* (1971) für Gitarre; *Elogio per un' ombra* (1971) für V. solo; *ALA* (1972) für Fl. oder Ottavino u. Cemb.; *Grand Septuor* (1978) für Klar., Trp., Pos., V., Vc., Gitarre u. Schlagzeug. – Für Orch.: 8 *Concerti per orchestra,* 1 (1934), 2 (1951), 3: *Récréation concertante* (1953), 4 (1954), 5 (1955), 6: *Invenzione concertata* (1957), 7 (1964), 8 (1972); *Ouvertura da concerto* (1931); *Partita* (1932); je ein Klv.- u. Fl.-Konzert (1936–39, 1960). – **2) Vokal-WW:** Für SingSt u. Klv.: *Colori del tempo* (1931); *Vocalizzo per addornamentare una bambina* (1934); *Lamento di Arianna* (1936) u. *Due liriche di Saffo* (1941) für SingSt u. Klv. (oder 11 Instr.); *Quattro inni sacri* (1942) für SingSt u. Org. (oder Orch.); *Propos d'Alain „L'homme de dieu"* (1960) für Bar. u. 12 Instr. – Für Chor: *Salmo IX* (1934–36) für gem. Chor u. Orch.; Magnificat (1939–40) für Sopran, Chor u. Orch.; *Coro di morti* (1940–41) (Text: L. Leopardi) für Männerchor u. Instr.; Kantate *Noche oscura* (1950) für gem. Chor u. Orch.; *Nonsense* (1952) u. *Sesto non-senso* sowie *Motetti per la passione* (1965) für gem. Chor. – **3) Bühnen-WW:** Opern: *Il cordovano,* UA: Mailand 1949, revidierte Fassung: ebd. 1959; *Morte dell'aria,* UA: Rom 1950; Ballette: *La follia di Orlando* (mit Rezitativen für Bar.), UA: Mailand 1947; *Ritratto di Don Chisciotte,* UA: Paris 1947. – Filmmusiken.

P. gehört mit L. Dallapiccola zu den bedeutendsten italienischen Komponisten seiner Generation. Großen Einfluß auf sein Schaffen hatte A. Casella, andere musikalische Entwicklungen lernte P. durch Werke I. Strawinskys und P. Hindemiths kennen und hat sich daraus Kontrapunktik und rhythmische Prägnanz zu eigen gemacht. Mit *Ouvertura da concerto, Partita* und dem 1. *Concerto per orchestra* zeigt sich P.s Stil in einer von der

Übermacht der Operndramatik freien, aber sehr kantablen, rhythmisch betonten Instrumentalkunst. Eigene Erfahrungen als Sänger, die Vokalpolyphonie und Madrigalkunst des 16. Jh. haben anregend gewirkt. So ist sein Neoklassizismus wesentlich italienisch geprägt. Nach der ersten, im wesentlichen durch Orchesterwerke geprägten Phase entstand seit 1940 (*Coro di morti*, Magnificat) eine Reihe religiöser, im Sinn des Barock prunkvoller Kompositionen. In den Bühnenwerken wurde dieser Stil überwunden. Allmählich löste sich P. von den Vorbildern Hindemith und Strawinsky und kam zu einer sehr persönlichen Anwendung der chromatischen Skala, ohne die Dodekaphonie konsequent zu übernehmen. Seit den 50er Jahren sind auch bedeutende Kammermusikwerke entstanden.

Lit.: F. D'AMICO, G. P. (R 1942); J. S. WEISSMANN, G. P. (Mi 1957); M. MILA, Italien löst sich vom 19. Jh., in: Melos 25 (1958); R. VLAD, G. P.s Orchester-Konzerte, in: ebd. 26 (1959); Sonderbd. G. P. (1964) (= Quaderni della Rass. Mus. 1); J. S. WEISSMANN, G. P. and His Music, in: MR 22 (1961); B. PORENA, I concerti di P. e la crisi della musica come linguaggio, in: NRMI 1 (1967); O. STONE, The Style of G. P. as Seen in His Writings for Keyboard (1967) (= Diss. Boston Univ.); A. E. BONELLI, Serial Techniques of G. P. A Study of His Compositions from 1950 to 1959 (1970) (= Diss. Univ. of Rochester); C. ANNIBALDI, G. P. Catalogo delle opere e bibliografia (Mi 1971); DERS., A. Casella a G. P. 23 lettere inedite, in: NRMI 6 (1972); O. STONE, G. P.'s Inventions for Pianoforte, in: MR 33 (1972); G. ZOSI, Ricerca e sintesi nell'opera di G. P. (R 1978). G. SCHUHMACHER

PETREJUS (Petreus, Petri), **Johannes**, * 1497 Langendorf (Franken), † 18. 3. 1550 Nürnberg; dt. Drucker. Er studierte an der Universität Basel, arbeitete bei dem Drucker Petri und ließ sich dann in Nürnberg nieder, wo er um 1525 eine eigene Werkstatt eröffnete. Seit 1536 druckte er auch Noten. Aus seiner Offizin stammen einige der bedeutenden Sammlungen von deutschen Liedern der ersten Hälfte des 16. Jahrhunderts.

WW: 14 Sammeldrucke 1536–44, darunter: H. Neusidler, *Lautenbuch* (1536); G. Forster, *Frische teutsche Liedlein* I u. II (1539–40); *Selectissimae mutetae* (1540) u. *Psalmi selecti* (1538–42); P. Hofhaimer – L. Senfl, *Harmoniae poeticae* (1539); W. Schmeltzl, *Guter ... Gesang, sonderlich künstlich Quodlibet* (1544). Musiktraktate v. S. Heyden (1537, 1540) u. N. Listenius (1548–50).

Ausg.: Bei den Art. über die genannten Autoren.

Lit.: P. COHEN, Die Nürnberger Musikdrucker im 16. Jh. (Diss. Erl 1927); R. L. WYNN, The French and German Songs from „Trium vocum cantiones centum", 2 Bde. (1969) (= Diss. Univ. of Colorado).

PETRELLA, Errico (Enrico), * 10. 12. 1813 Palermo, † 7. 4. 1877 Genua; it. Komponist. Er trat 1821 in das Real Collegio di Musica in Neapel ein, war seit 1825 Schüler von V. Bellini und später von N. A. Zingarelli und brachte mit 16 Jahren seine erste Oper *(Il diavolo color di rosa)* zur Aufführung. 1839–51 widmete er sich dem Studium und Unterricht. Als später Nachfahre der neapolitanischen Tradition blieb P. konventionell, wurde aber vom Publikum seiner Zeit gefeiert. Zu seinen bedeutendsten Opern zählen *I promessi sposi* und *Jone*.

WW: Opern: *Il diavolo color di rosa*, UA: Neapel 1829; *Precauzioni*, UA: ebd. 1851; *Marco Visconti*, UA: ebd. 1851; *L'assedio di Leyda*, UA: Mailand 1856; *Jone*, UA: ebd. 1858; *Il duca di Scilla*, UA: ebd. 1859; *La contessa d'Amalfi*, UA: Turin 1864; *Catarina Howard*, UA: Rom 1866; *Giovanna II di Napoli*, UA: Neapel 1869; *I promessi sposi* (nach A. Manzoni), UA: Lucca 1869; *Bianca Orsini*, UA: Neapel 1874.

Lit.: G. PANNAIN, Ottocento musicale italiane (Mi 1952); F. SCHLITZER, Mondo teatrale dell'Ottocento (Neapel 1954); O. TIBY, Il Real Teatro Carolino e l'Ottocento musicale palermitano (Fi 1957) (= Historiae musicae cultores. Bibl. 9).

PETRI. – 1) Georg Gottfried, * 9. 12. 1715 Sorau, † 6. 7. 1795 Görlitz; dt. Kantor und Komponist. Er studierte an der Universität Halle/Saale Jura, übte aber seit 1748 in Guben (Niederlausitz) das Amt eines Musikdirektors aus. Nachdem er sich vergebens um das Leipziger Thomaskantorat beworben hatte, wurde er 1764 Kantor am Lyzeum und an der Kirche St. Peter und Paul in Görlitz.

WW: Zahlr. Kantaten u. versch. Gelegenheitswerke; *Musikalische Gemüths-Belustigungen II* (Pförten 1761–62) (darin V.- u. Klv.- Stücke sowie Lieder).

2) Johann Samuel, Neffe von 1), * 1. 11. 1738 Sorau, † 12. 4. 1808 Bautzen; dt. Kantor, Komponist und Musiktheoretiker. Er studierte Cembalo-, Violin-, Violoncello- und Harfenspiel sowie Komposition als Autodidakt. 1762 wurde er Musiklehrer in Halle/Saale, wo er W. Fr. Bach kennenlernte. 1760–70 war er Kantor in Lauban und Bautzen.

WW: *Anleitung zur praktischen Musik* (Lauban 1767), 2. Aufl. erweitert: *Einleitung in die historische Musik* (L 1782).

Ausg.: **Zu 2)**: *Anleitung zur praktischen Musik*, Faks. der Ausg. 1782 (Giebing 1969).

Lit.: **Zu 1)**: M. FRIEDLAENDER, Das dt. Lied im 18. Jh. I (St – B 1902, Nachdr. Hil 1962); M. GONDOLATSCH, G. G. P., in: ZfMw 3 (1920/21). – **Zu 2)**: H. BIEHLE, Musikgesch. v. Bautzen (L 1924); V. SCHWARZ, J. S. P.s Anweisung zum Beziehen, Bekielen u. Stimmen besaiteter Tasteninstr., in: Der klangliche Aspekt beim Restaurieren v. Saitenklavieren (Gr 1971).

PETRIDIS, Petro Jean, * 23. 7. 1892 Niğde (Kleinasien), † 20. 8. 1978 Athen; griech. Komponist und Dirigent. Er studierte in Paris Jura sowie bei A. Wolff und A. Roussel Musik. Seit 1915 war er als Musikkritiker in Paris und London tätig, wo er auch Presseattaché an der griechischen Botschaft war. 1919–21 unterrichtete er Neugriechisch an der Sorbonne. Seit 1922 lebte er in Athen. 1959 wurde er Mitglied der Akademie der Wissenschaften und

Künste in Athen und korrespondierendes Mitglied der Académie des Beaux-Arts in Paris. Sowohl der Polyphonie als auch der Modalität verpflichtet, entwickelte er einen sehr persönlichen Stil, der in westliche Harmonik östliche Melismatik einfließen läßt.

WW: 5 Symphonien (1928, 1940, 1941, 1943, 1951); Orch.-Suite *Panigluri*; Klv.-Konzert; Konzert für 2 Klv. (1972); V.-Konzert (1972). – Lieder; Oratorium *St. Paul*, UA: Athen 1951; *A Byzantine Requiem* (1952). – Oper *Zephyra* (1923–25).

PETROBELLI, Pierluigi, * 18. 10. 1932 Padua; it. Musikforscher. Er studierte 1952–56 Komposition bei Arrigo Pedrollo, promovierte 1957 an der Universität Rom und setzte 1959–61 seine Studien an der Princeton University (N.J.) fort. 1964–69 wirkte er als Bibliothekar am Istituto di Studi Verdiani in Parma sowie 1969–73 in gleicher Funktion am Conservatorio di Musica G. Rossini in Pesaro. Seit 1970 lehrte er als Professor an der Universität Parma (Sektion Cremona), wechselte 1973 an die Universität London (1973 Lecturer, 1977 Reader) und erhielt 1980 den Lehrstuhl für Musikwissenschaft der Universität Perugia; gleichzeitig wurde er Direktor des Istituto di Studi Verdiani in Parma. P. ist Mitherausgeber der *Rivista italiana di musicologia* (RIMus).

Schriften: *Contributi alla conoscenza della personalità e dell'opera di G. Tartini* (Diss. R 1957); *A Thematic Catalogue of a Collection of 18th Century Italian Instrumental Music in the University of California* (Los Angeles 1963) (zus. mit V. Duckles u. M. Elmar); *G. Tartini, Le fonti biografiche* (W – Lo – Mi 1967); *La scuola di Tartini in Germania e la sua influenza*, in: Anal. Mus. 5 (1968); *Verdi e il „Don Giovanni"*, in: Kgr.-Ber. Parma 1969; *Osservazioni sul processo compositivo in Verdi*, in: AMl 43 (1972); *Bellini e Paisiello. Altri documenti sulla nascità dei „Puritani"*, in: Il melodramma it. dell'ottocento (Tn 1977); *Dallapiccola's Last Orchestral Piece*, in: Tempo 123 (1978); *„Don Giovanni" in Italia. La fortuna dell'opera e il suo influsso*, in: Anal. Mus. 18 (1974); *Music in the Theatre. A Propos of Aida, Act II*, in: Thames in Drama 3 (C 1980). J. DORFMÜLLER

PETROWSKY, Ernst-Ludwig, * 10. 12. 1933 Güstrow (Mecklenburg); dt. Jazzmusiker (Saxophon, Klarinette, Baßklarinette, Flöte) und Bandleader. Er spielte in den 50er Jahren vor allem Bebop und Hardbop, hatte eigene Gruppen und wirkte in Big Bands der DDR mit. Sein Auftritt Ende der 60er Jahre beim Montreux-Festival erregte großes Aufsehen. In den 70er Jahren spielte er häufig mit westlichen Musikern, u.a. mit A. Mangelsdorff, P. Brötzmann und A. von Schlippenbach. P. hatte inzwischen zu einem eigenständig ausgeprägten Free Jazz gefunden. 1979 nahm er zusammen mit dem Ostberliner Schlagzeuger Günter Sommer am „Clarinet Summit" beim SWF Baden-Baden teil, trat erfolgreich beim Festival in Moers auf und stellte auf Tourneen zusammen mit dem Posaunisten Conrad Bauer und dem Pianisten Ulrich Gumpert die Elite des DDR-Jazz vor. Als Schallplatteneinspielung ist *Clarinet Summit Live – You Better Fly Away* (1980) zu nennen.

PETRUCCI, Ottaviano (dei), * 18. 6. 1466 Fossombrone (Pesaro e Urbino), † 7. 5. 1539 Venedig; it. Musikverleger und -drucker. Am Hof des Herzogs Guidobaldo I. Malatesta von Urbino lernte er die frühen Erzeugnisse des deutschen und italienischen Buchdrucks kennen und faßte den Plan, das Verfahren des Drucks mit beweglichen Lettern in umfassender Weise auch für die Herstellung von ↗Notendrucken nutzbar zu machen. Um 1490 ließ er sich in Venedig nieder und vervollkommnete das bis dahin nur für kurze Notenbeispiele in liturgischen Büchern verwendete System, so daß nun alle für den Druck von vokaler und instrumentaler mehrstimmiger Musik erforderlichen Notentypen verfügbar waren. Am 25. 5. 1498 erhielt er für das Gebiet der Republik Venedig für 20 Jahre das Privileg zum Druck und Vertrieb von Mensuralmusik und von Lauten- und Orgeltabulaturen. Am 15. 5. 1501 erschien dann sein erster Druck, das *Harmonice musicae odhecaton A*, eine Sammlung von 3- und 4st. Chansons vor allem niederländischer Komponisten (= RISM 1501). Dieses Werk bekundet eine noch heute imponierende Perfektion und Präzision im Zusammenspiel der drei Druckvorgänge: zuerst wurden die Linien, dann die Noten, zuletzt Text, Initialen, Seitenzahlen usw. gedruckt. In gleicher Vollkommenheit produzierte P. in den folgenden Jahren weiter und blieb bis 1510 der einzige Musikdrucker in Europa. 1511, nach dem Krieg Venedigs gegen die Liga von Cambrai, kehrte P. in seine Heimatstadt Fossombrone zurück, eröffnete dort 1511 eine Druckerei und veröffentlichte literarische und musikalische Werke, deren Druck weniger sorgfältig als der der in Venedig entstandenen Werke erscheint. Dies dürfte auf das Bestreben zurückzuführen sein, die Druckkosten zu verringern und damit die Verbreitung von Büchern zu fördern. Die musikalische Produktion P.s erlosch 1520. Sie war auf Vokalmusik beschränkt geblieben. Von seinem Privileg auf den Druck von Orgeltabulaturen hatte P. keinen Gebrauch gemacht; Papst Leo X. entzog es ihm daher 1516 und verlieh es A. Antico. Nach 1520 betrieb P. in Fossombrone auch eine Papiermühle und veröffentlichte nur mehr literarische Werke. 1536 wurde er nach Venedig zurückberufen, um seine Tätigkeit als Verleger wieder aufzunehmen. Er druckte jetzt Ausgaben lateinischer und italienischer Klassiker.

WW: 16 Individualdrucke: Messen von Josquin des Prés (1502,

1505, 1514, 1515, 1516), J. Obrecht (1503), A. Brumel (1503), J. Ghiselin, P. de la Rue (sämtlich 1503), A. Agricola (1504), M. de Orto (1505), H. Isaac (1506), Gaspar van Weerbeke (1507), J. Mouton u. F. Fevin (1515), B. Pisano (*Musica ... sopra le canzone del Petrarcha*, 1520); 45 Sammeldrucke (Messen, Motetten, Lamentationen, Lautentabulaturen, u. a. v. F. Bossinensis).

Ausg. (nur Sammeldrucke): *Harmonice musices odhecaton A* (= RISM 1501), Faks.-Ausg. (1973) (= MMMLF 10), dass., hrsg. v. H. HEWITT (C/M ²1946); *Canti B* (= RISM 1502²), hrsg. v. DERS. (1967) (= Monuments of Renaissance Music 2); *Frottole* I–III (= RISM 1504⁴, 1505³·⁴), in: Le frottole nell'edizione principe di O. P., hrsg. v. G. CESARI – R. MONTEROSSO – B. DISERTORI (Cremona 1954) (= Istituta e Monumenta I/1); *Frottole* I u. IV, hrsg. v. R. SCHWARTZ (1935, Nachdr. 1967) (= PäM 8); *Lamentationes Jeremie* (= RISM 1506¹·²), teilweise hrsg. in: Mehrst. Lamentationen aus der ersten Hälfte des 16. Jh., hrsg. v. G. MASSENKEIL (Mz 1965) (= Musikal. Denkmäler 6); *Laude* II (=RISM 1508³), in: Die mehrst. it. Laude um 1500: Das 2. Laudenbuch des O. dei P., hrsg. v. K. JEPPESEN (L – Kop 1935); *Tenori e contrabassi* ... F. Bossinensis (= RISM 1509³ u. 1511), in: Le frottole per canto e liuto da F. Bossinensis, hrsg. v. B. DISERTORI (1964) (= Istituzioni e Monumenti dell'arte musicale italiana NF 3).

Lit.: C. SARTORI, Bibliogr. delle opere musicale stampate da O.P. (Fi 1948) (= Bibl. di bibliogr. italiana 18; mit Lit.-Verz.); DERS., Nuove conclusive aggiunte alla „Bibliogr. del P.“, in: Collectanea historiae musicae 1 (1953); H. FEDERHOFER, Musikdrucke v. O. P. in der Bibl. des Franziskanerklosters Güssing (Burgenland), in: Mf 16 (1963); C. SARTORI, Commemorazione di O. de P. (Fossombrone 1968); K. JEPPESEN, La frottola. Bemerkungen z. Bibliogr. der ältesten weltlichen Notendrucke in Italien (Kop 1968) (= Acta Jutlandica 40/2, Humanities Series 48); G. W. J. DRAKE, The First Printed Books of Motets P.'s „Motetti A numero trentatre A“ (Venice, 1502) ..., 2 Teile (1972) (= Diss. Univ. of Illinois); P. BOORMAN, P. at Fossombrone. The „Motetti de la Corona“, in: Kgr.-Ber. Kopenhagen 1972 (Kop 1974); DERS., The „First“ Edition of the Odhecaton A, in: JAMS 30 (1977).

PETRUSCHKA *(Petrouchka)*, Ballett in einem Akt mit vier Szenen von Igor Strawinsky (1882–1971). Libretto von Alexandre Benois (1870–1969) und I. Strawinsky. UA: 13. 6. 1911 in Paris (Théâtre du Châtelet) mit den Ballets Russes; Choreographie: Michail Fokin (1880–1942); dt. EA: 7. 6. 1925 in Berlin (Staatsoper).
Die Geschichte des Harlekins Petruschka, der von einem alten Zauberer zum Leben erweckt wird, sich anschließend in die anmutige, schöne Ballerina verliebt und von seinem Rivalen, dem Mohren, erstochen wird, disponiert die Handlung dieses Balletts. Im dramaturgischen Raffinement manifestiert sich die künstlerische Originalität des Werkes: Die Illustration der Jahrmarktatmosphäre mit dem Zauber eines Marionettentheaters stimmen den Zuschauer auf das Bühnengeschehen ein. Die Beseelung des leblosen Hampelmanns, der an seinen Konflikten zerbricht, markiert den Kulminationspunkt der Handlung. Als sich Petruschka nach seiner Ermordung dennoch auf dem Dach des Marionettentheaters triumphierend zeigt, ist die Irritation des Zuschauers intendiert, der nicht mehr zwischen Realität und Vision zu unterscheiden vermag. – Effektvoll instrumentierte, prägnante Zitate von eingängigen Volkslied-, Volkstanz- und Walzerthemen weisen die polyrhythmische, bitonale Komposition als auditive Parallele zur visuellen, choreographisch-tänzerischen Realisation aus. G. LUDIN

PETRUS DE CRUCE (Pierre de la Croix), * Mitte des 13. Jh. Amiens; frz. Komponist und Musiktheoretiker. Er lebte in Paris; 1298 erhielt er von König Philipp IV. den Auftrag für eine Komposition eines Offiziums auf Ludwig den Heiligen. Seine Neuerungen auf dem Gebiet der Notation sind überliefert durch die *Regulae* des R. de Handlo und durch die *Summa* von John Hanboys, in denen ihm die Einführung des Punctus divisionis in die Mensuralnotation zugeschrieben wird. Im *Speculum musicae* gibt Jacobus Leodiensis zwei Beispiele für die Unterteilung der Brevis perfecta in mehr als 3 Semibreves bei P., eine Neuheit, die bei Ph. de Vitry zur Entstehung der Minima führen sollte. Dem angeführten Text zufolge lassen sich P. die beiden 3st. Motetten *Aucun ont trouvé chant – Lonc tans – Annunciavit* und *S'amour eust point de poer – Au renouveler – Ecce* zuschreiben, die in den Hss. Montpellier, H 196 und Turin, Vari 42 überliefert sind. Einige andere Stücke des Codex Montpellier sind charakteristisch für den Stil von P., ohne daß P. mit Sicherheit als Autor zu identifizieren ist. In ihnen zeigt sich die Auflösung der Modalrhythmik; die vorherrschende Rolle der rhythmischen Bewegung in kleinen Notenwerten im Triplum weist voraus auf die Bedeutung, die der Superius als führende Stimme in der Chanson des 14. Jh. erlangen sollte. – ↗Motette.

Ausg.: Polyphonies du XIIIᵉ siècle, 4 Bde., hrsg. v. Y. ROKSETH (P 1935–39); Les „Motets wallons“ du ms. de Turin ..., 2 Bde., hrsg. v. A. AUDA (Bru 1953).

Lit.: W. APEL, Die Notation der polyphonen Musik, 900–1600 (dt. L 1962); B. PATRICK, The Definition. Dissemination and Description of Petronian Notation (1971) (= Diss. [M.A.-Thesis] Univ. of North Carolina).

PETTERSSON, Gustaf Allan, * 19. 9. 1911 Västra Ryd (Uppland), † 20. 6. 1980 Stockholm; schwedischer Komponist. Er studierte an der Stockholmer Musikhochschule, war dann Schüler von K.-B. Blomdahl, später von R. Leibowitz und anläßlich eines Aufenthaltes in Paris von A. Honegger. 1939–51 spielte er als Bratschist in Stockholms Konsertförening und lebte seitdem freischaffend in Stockholm. Er ist vor allem durch seine großangelegten Symphonien bekannt geworden. Im ganzen blieb er unter den schwedischen Musikern seiner Generation ein Einzelgänger.

DER NUSSKNACKER von Peter I. Tschaikowsky mit Roswita Over und Ludwig Karl (Foto: Österreichischer Bundestheaterverband / Axel Zeininger).

PARSIFAL von Richard Wagner mit Peter Hofmann in der Titelrolle (Foto: Österreichischer Bundestheaterverband / Axel Zeininger).

OTELLO von Giuseppe Verdi mit Anna Tomowa-Sintow und Plácido Domingo (Foto: Österreichischer Bundestheaterverband / Axel Zeininger).

WW: Konzert für V. u. Streichquartett (1949); 7 Sonaten für 2 V. (1951); 15 Symphonien (o. J. 1953, 1955, 1959, 1962, 1966, 1967, 1969, 1970, 1972, 1973, 1974, 1976, 1978, 1978); 3 Konzerte für Streichorch. (1950, 1956, 1957); V.-Konzert (1979).

Lit.: R. DAVIDSON, in: Nutida musik 17 (1973/74); P. RAPOPORT, Opus est. Six Composers from Northern Europe (Lo 1979).

PETTIFORD, Oscar, * 30. 9. 1922 Okmulgee (Oklahoma), † 8. 9. 1960 Kopenhagen; amerik. Jazzmusiker (Kontrabaß, Violoncello). Er spielte Anfang der 40er Jahre zunächst Swing und Mainstream, stieß dann bald zum Modern Jazz, leitete mit Dizzy Gillespie eine Bebop-Band und hatte 1944 eine eigene Gruppe. 1950 übertrug er (in der Band von Duke Ellington, der er seit 1945 angehörte) – gewissermaßen als Besonderheit – das solistische Pizzicato auf das Violoncello, was als eines seiner besonderen Verdienste gilt. In den 50er Jahren wandte sich P., der dem Mainstream treu geblieben war, verstärkt dem Modern Jazz zu; er kam 1958 nach Europa, lebte in der Bundesrepublik Deutschland und in Dänemark, trat u. a. mit Attila Zoller und H. Koller auf und beeinflußte die mitteleuropäische Jazzszene sehr stark. In der Nachfolge Jimmy Blantons hob P. den Kontrabaß als Solo- und Melodieinstrument hervor. Zu seinen bekanntesten Stücken gehören *Blues in the Closet* und *Swingin' till the Girls Come Home.*

Lit.: P. HARRIS, O. P. Now on Cello Kick, in: Down beat 17 (1950).

PETYREK, Felix, * 14. 5. 1892 Brünn, † 1. 12. 1951 Wien; östr. Pianist und Komponist. Er studierte in Wien Klavier bei E. von Sauer und L. Godowsky sowie Komposition bei Fr. Schreker. 1919 übernahm er eine Klavierklasse an der Wiener Musikakademie und unterrichtete gleichzeitig am Mozarteum in Salzburg und in Berlin. 1926–30 war er Professor für Klavier und Lektor für Musikwissenschaft am Odeon in Athen, anschließend an der Stuttgarter Musikhochschule und seit 1949 an der Wiener Musikakademie.

WW: Klv.-Trio (1921); Sextett für Klar., Streichquartett u. Klv. (1922). – Für Orch.: Symphonie b-moll (1919); Sinfonietta (1921); 2 Klv.-Konzerte (1931, 1949). – Opern: *Die arme Mutter und der Tod,* UA: Winterthur 1923; *Der Garten des Paradieses,* UA: Leipzig 1942; Pantomimen: *Komödie* (1922); *Tahi,* UA: Hannover 1928.

Lit.: F. SCHWEBSCH, F. P., in: ZfM 105 (1938); K. M. KOMMA, Schicksal u. Schaffen sudetendt. Komponisten, in: Stifter-Jb. 3 (1953) (mit Werk-Verz.).

PETZ (Pez, Betz), **Johann Christoph,** * 9. 9. 1664 München, † 25. 9. 1716 Stuttgart; dt. Komponist. Er war wahrscheinlich Schüler von J. K. von Kerll und gehörte 1678–86 der Kantorei von St. Peter in München an, wo er 1687 Chorregent wurde. 1688 ernannte ihn Kurfürst Max Emanuel von Bayern zum Hof- und Kammermusiker. Nach einem Studienaufenthalt in Rom (1689–92) übernahm er 1694 in Bonn die Leitung der Kapelle des Kölner Kurfürsten Joseph Clemens. 1701 kehrte er nach München zurück, wo er sich um die musikalische Ausbildung der Söhne von Kurfürst Max Emanuel kümmerte; 1706 wurde er Oberkapellmeister in Stuttgart.

WW: *Duplex genius, sive Gallo-Italus instrumentorum concentus* (12 Sonaten) (Au 1696, A 1701); *Prodromus optatae pacis* (Psalm für 4 St. u. B.c. mit 4 Ripieno-St. u. 3 Instr.) (Au 1703); *Jubilum missale sextuplex* für 4 St. mit 4 Ripieno-St. u. doppeltem B.c. (Au 1706); *Corona stellarum,* Solomotetten mit 2 V. u. B.c. (St 1710, Au ²1720); *Sonate da camera or Chamber Musick, consisting of Several Suites of Overtures and Aires* für 2 Fl. u. B.c. (Lo o.J.). – Oper *Trajano imperator Romano,* UA: Bonn 1699 (hsl. erhalten).

Ausg.: Ausgew. Werke, hrsg. v. B. A. WALLNER (1928) (= DTB 35); *Missa Sancti Josephi* für 4 St., Str. u. B.c., hrsg. v. F. SCHROEDER (Düsseldorf 1957, Neudruck 1966); Ouvertürensuite a-moll für Streichorch., Bläser ad lib. u. B.c., hrsg. v. DEMS. (Mz 1963) (= Concertino 114); Kantate *Mentre fra mille fiori* für Sopran, Fl. u. B.c., hrsg. v. H. WINTER (H 1965).

Lit.: B. A. WALLNER, J. Ch. Pez, in: Zschr. für Kirchenmusik 71 (1951).

PETZOLD (Pezold), **Christian,** * 1677 Königstein (Sachsen), † 2. 7. 1733 Dresden; dt. Komponist. Er ist 1697 als Hoforganist in Dresden nachweisbar; 1703 wurde er Organist an der Sophienkirche (sein Nachfolger war W. Fr. Bach). 1709 wurde P. zum Kammerkomponisten und -organisten ernannt. Konzertreisen führten ihn 1714 nach Paris, 1716 nach Venedig. Zu seinen Schülern gehört C. H. Graun. Nach dem Zeugnis J. Matthesons war P. ein ausgezeichneter Organist. Von ihm sind 25 *Concerts pour le clavecin* (1729), 11 *Fugues pour l'orgue ou le clavecin* (1729) und weitere Cembalo-, Orgel- sowie Kammermusikwerke hsl. überliefert. Eine Fuge C-Dur wurde irrtümlich J. S. Bach zugeschrieben (BWV Anh. 88)

Lit.: G. HEMPEL, J. S. Bach u. der Dresdner Hoforganist Ch. P., in: Bach-Jb. 43 (1956).

PETZOLD, Rudolf, * 17. 7. 1908 Liverpool; dt. Komponist. Er studierte 1930–33 an der Musikhochschule Köln Komposition bei Ph. Jarnach und Klavier bei P. Dahm. Zunächst primär als freischaffender Komponist in Köln tätig, war er 1937–38 an der dortigen und 1941–42 an der Musikhochschule Frankfurt am Main als Dozent für Tonsatz und Gehörbildung tätig. 1946 wurde er von Jarnach wieder nach Köln berufen und 1949 dessen Nachfolger in der Leitung der Hauptfachklasse Komposition (1955 Professor). Seit 1958 bis zu seiner Emeritierung (1970) leitete P. die Abteilung Komposition und Theorie und war gleichzeitig stellvertretender Direktor der Kölner Hochschule. Stilistisch entwickelte sich P. von der erweiterten Tonalität bis hin zur freien Atonalität und zur gelegentlich unorthodox praktizierten Reihentechnik.

WW: **1) Instr.-WW:** Klv.-Stücke; 2 V.-Sonaten (1936, 1969); 4 Streichquartette (1932, 1948, 1954, 1972); Streichsextett (1976). – Für Orch.: Sinfonietta (1940); 3 Symphonien (1942, 1953, 1956); Kammersymphonie (1955); Konzert für V. u. Streichorch. (1960); *Prélude* (1978). – **2) Vokal-WW:** *Incarnatus est homo* (1962), imaginäres Ballett für gem. Chor u. Orch.; *Voces humanae* (1971), Ausdrucksstudien für gem. Chor a cap.; Kantaten: *Komm, heiliger Geist, du schöpferisch* (1957) (nach F. Werfel); *Die Lerche* (1962); *Consolatio* (1967); *Contemplatio* (1975).

Lit.: H. LEMACHER, R. P., in: ZfM (1951); R. LÜCK, R. P., in: Das Komponisten-Porträt (Kö 1971); J. SCHWERMER, Das Chorschaffen R. P.s, in: Lied u. Chor 63 (1971).

J. DORFMÜLLER

PETZOLDT, Richard Johannes, * 2. 11. 1907 Plauen (Vogtland), † 14. 1. 1974 Leipzig; dt. Musikforscher. Er studierte an der Universität Berlin und promovierte dort 1933. 1934 wurde er in Leipzig Mitarbeiter der *Allgemeinen Musikzeitung* (1939 Chefredakteur) und war dort nach dem Krieg Kritiker bei Tageszeitungen, Leiter der Städtischen Musikbibliothek und Mitarbeiter des Städtischen Kulturamtes; er reorganisierte das stark zerstörte Musikwissenschaftliche Institut der Universität sowie das Instrumentenmuseum (1967 Museumsdirektor). Seit 1946 war er als Dozent für Musikgeschichte an der Musikhochschule, 1949–53 als Dramaturg der Städtischen Oper und 1949–59 als Chefredakteur der Zeitschrift *Musik in der Schule* tätig. 1952 wurde er Professor mit Lehrauftrag (1969 ordentlicher Professor) am Institut (später Abteilung) für Musikerziehung und stellvertretender Direktor des Instituts für Musikwissenschaft (1974 emeritiert). P. hat sich als Musikforscher, Pädagoge und Publizist in gleicher Weise verdient gemacht. Seine Musikerbiographien haben zur Popularisierung musikhistorischer Kenntnisse nicht unwesentlich beigetragen.

WW: **1) Schriften:** *Die Kirchenkompositionen und weltlichen Kantaten R. Keisers* (Düsseldorf 1935); *Beethoven* (L 1938, Wie ²1947); *Schubert* (L 1940, Wie ²1947); *Schumann* (L 1941, Wie ²1947); *Mozart* (Wie 1948, ²1968); *Die Oper in ihrer Zeit* (L 1956); *Wegweiser zur Musik* (B 1961); *Der Leipziger Thomanerchor* (L 1962); *Telemann und seine Zeitgenossen* (Magdeburg 1966); *G. Ph. Telemann* (L 1967, engl. Lo – NY 1974). – **2) Bildbiographien:** *Bach* (L 1950, ²1970); *Beethoven* (L 1952, ⁷1968); *Verdi* (L 1952); *Schubert* (L 1953); *Tschaikowsky* (L 1953); *Händel* (L 1954, ²1960); *Glinka* (L 1954); *Mozart* (L 1956, ³1961); *Bartók* (L 1958); *Haydn* (L 1959); *Chopin* (L 1960); *R. Strauss* (L 1960); *L. van Beethoven* (L 1970, ²1973); *H. Schütz und seine Zeit in Bildern* (L 1972, engl. Kas 1972). – P. war ferner Hrsg. u. a. v.: *P. I. Tschaikowsky, Erinnerungen und Musikkritiken* (L 1961, ²1974).

Lit.: P. WILLERT, in: Musik in der Schule 19 (1968); H.-J. KÖHLER, in: ebd. 23 (1972); W. WOLF, in: MuGes 24 (1974).

E. STÖCKL

PEU D'ARGENT (Peudargent), **Martin,** * um 1525/30 Huy, † nach 1585; franko-flämischer Komponist. Er nennt sich in Musikaliendrucken „musicus" (1555) und „magister musicus" (1561) des Herzogs Wilhelm V. von Jülich, Kleve und Berg am Düsseldorfer Hofe, in dessen Diensten er noch 1585 nachgewiesen ist. Wie andere Sammlungen von Cantiones sacrae jener Zeit sollten die beiden Bücher von 1555 eine besonders geartete örtliche und eigenständige Musikpflege, auch unter Einschluß der Gelegenheitswerke, dokumentieren. Beide Drucke, denen häufig die eindeutige Lesbarkeit abgeht, entstanden am Ort der Hofhaltung und unter den Augen des Komponisten. Wenn Texte nicht unterlegbar und die Tonalität gelegentlich nicht bestimmbar erscheinen, läßt dies auf Bereitschaft und Vergnügen der Lesenden am vielfältig möglichen Spekulieren und Deuten schließen.

WW: 2 Bücher *Sacrae cantiones* für 5–6 St. (Düsseldorf 1555); einige weitere Motetten u. eine Chanson sind in Sammeldrucken 1553–56 erhalten.

Ausg.: *Cantiones sacrae* I 1555, hrsg. v. H. KÜMMERLING (F 1979) (= Denkmäler rheinischer Musik 20).

H. KÜMMERLING

PEUERL (Bäwerl, Beurlin), **Paul,** getauft 13. 6. 1570 Stuttgart, † nach 1625 vermutlich Steyr (Oberösterreich); östr. Komponist, Organist und Orgelbauer. Er war seit 1601 als Organist in Horn (Niederösterreich), seit 1609 an der evangelischen Schulkirche in Steyr tätig. 1625 wurde er als Protestant entlassen, scheint jedoch nicht ausgewandert zu sein. Als Orgelbauer ist er in Steyr (1613), Horn (1606 und 1615) und Wilhering (1619; dem Typ der Praetorius-Orgel entsprechende 2manualige Chororgel) nachweisbar, wenn auch keines dieser Instrumente erhalten ist.

WW: *Newe Padouan, Intrada, Däntz unnd Galliarda* für Str. (Nü 1611) (unvollständig erhalten); *Weltspiegel, das ist Neue teutsche Gesänger* für 5 St. (ebd. 1613); *Ettliche lustige Padouanen* für 4 St. (ebd. 1620); *Gantz Neue Padouanen* für 3 Str. mit einfachem oder doppeltem B.c. (ebd. 1625).

P.s einzige Liedsammlung *Weltspiegel* enthält 12 teils kontrapunktisch aufgelockerte, überwiegend aber akkordisch konzipierte 5st. Gesänge, die der zeitgenössischen Dichtung nahestehen und die Tradition der deutsch-protestantischen Liedmotette fortsetzen; die abschließenden beiden Kanzonen für 5 Instr. bilden Variationsricercare. In seinen 3 Instrumentalsammlungen erweist sich P. als Mitbegründer der Variationssuite. Das Erstlingswerk *Newe Padouan* mit 10 4sätzigen Suiten (Padouan – Intrada – Dantz – Galliarda) war wohl das Vorbild für J. H. Scheins *Banchetto musicale* (1617). Hier wie in den *Ettlichen lustigen Padouanen* ist ausschließlich Streicherbesetzung vorgesehen. Die *Gantz Neuen Padouanen* weisen neben Lockerung der formalen Geschlossenheit bereits auch Triobesetzung von 2 Melodieinstrumenten mit B.c. auf.

Ausg.: GA, in: P. P. u. I. Posch, Instr.- u. Vokalwerke, hrsg. v. K. GEIRINGER (1929) (= DTÖ 70); 5 Suiten u. 2 Canzonen, hrsg. v. DEMS. (Wb 1931).

Lit.: K. GEIRINGER, P. P., in: StMw 16 (W 1929); O. WESSELY, Neues z. Lebensgesch. P. P.s, in: Jb. des Oberöstr. Musealvereins 95 (Linz 1950); R. FLOTZINGER, Nachforsch. zu P. P., in: Veröff. des Kulturamtes der Stadt Steyr 34 (Steyr 1978).

R. FEDERHOFER-KÖNIGS

PEVERNAGE, Andries, * 1543 Harelbeke bei Courtrai, † 30. 7. 1591 Antwerpen; franko-flämischer Komponist. Nach seiner Ausbildung an der Maîtrise de Notre-Dame in Courtrai wurde er Chormeister an St. Salvator in Brügge, anschließend an Notre-Dame in Courtrai, wo er bis 1585 tätig war, zuletzt an Notre-Dame in Antwerpen.

WW: *Cantiones aliquot sacrae* für 6–8 St. (Douai 1578, ²1602); 4 Bücher Chansons für 5–8 St. (An 1589–91), 2 weitere Bücher (An 1606, 1607); Messen für 5–7 St. (An 1602); er gab heraus die Madrigal-Slg. *Harmonia celeste* (An 1583) (mit 6 eigenen WW); mehrere Gesänge auch in Sammeldrucken 1568–1648, besonders in RISM 1629². 4 Motetten erscheinen auf Bildern des Antwerpener Kupferstechers Philipp Galle (um 1590).

Ausg.: 5 Motetten, in: Ndl. Bildmotetten vom Ende des 16. Jh., hrsg. v. M. SEIFFERT (L 1929) (= Organum I/19–20); *Harmonia celeste*, hrsg. v. B. HUYS (Bru 1970) (= Corpus of Early Music in Facs. I/20).

Lit.: J. A. STELLFELD, A. P. (Löwen 1943); G. R. HOEKSTRA, An Eight-Voice Parody of Lassus. A. P.'s „Bon jour mon coeur", in: Early Music 7 (1979).

PEZ, Johann Christoph, ↗Petz.

PEZEL (Petzel, Petzold, Pezelius, Betzel, Bezeld, Bässel), **Johann Christoph,** * 5. 12. 1639 Glatz (Schlesien), † 13. 10. 1694 Bautzen; dt. Komponist. Er war 1664 in Leipzig als Violinist in der Ratsmusik tätig, erlangte dort um 1669/70 seine Zulassung zur Stadtpfeiferzunft und übernahm 1672 die Leitung des Collegium musicum. Nachdem er sich ohne Erfolg 1675 und 1679 um die Position eines Ratsmusicus in Dresden und nach dem Tod von S. Knüpfer (1676) um das Thomaskantorat in Leipzig beworben hatte, ging er 1681 als Stadtmusicus nach Bautzen, wo zu seinen neuen Aufgaben auch das Komponieren von Kirchenmusik gehörte, von der sich aber kaum etwas erhalten hat. So wie es überliefert ist, bedeutet P.s Schaffen einen Höhepunkt in der Entwicklung der deutschen Instrumentalmusik des späten 17. Jh. im Bereich von Sonate und Suite für Bläser und Streicher-Ensemble. Die deutsche Stadtpfeifer- und Ratsmusiktradition verbindet sich hier mit Elementen der französischen und italienischen Tanzmusik.

WW: *Musica vespertina Lipsiaca*, 100 Stücke in 12 Suiten für Str. u. B.c. (L 1669); *Hora decima musicorum Lipsiensium, oder Musicalische Arbeit zum Ab-blasen*, 40 Sonaten für 2 Kornette (Trp.) u. 3 Pos. oder für Str. (L 1670); *Musicalische Gemüts-Ergetzung*, 90 Stücke in 10 Suiten für Str. u. B.c. (L 1672); *Supellex sonatarum selectarum* für 5 Instr. u. B.c. (Dresden 1674); 111 *Bicinia variorum instrumentorum* mit B.c. (L 1675); *Delitiae musicales*, 63 Stücke in 7 Suiten für Str. u. B.c. (F 1678); *Fünff-stimmigte blasende Music*, 76 Stücke für 2 Kornette u. 3 Pos. (F 1685); *Opus musicum sonatarum*, 25 Sonaten für Str. u. B.c. (F 1686); Lieder für SingSt u. B.c. (zus. mit J. Schelle), in: J. Feller, Devotus studiosus oder Der Andächtige Student (L 1682); 2 Gelegenheitskanons (L 1672 u. 1673); einige Messen u. dt. u. lat. geistliche Gesänge (hsl. erhalten).

Ausg.: Turmmusiken u. Suiten, hrsg. v. A. SCHERING (L 1928) (= DDT 63); *Fünff-stimmigte blasende Music*, hrsg. v. K. SCHLEGEL (B 1960); dass., hrsg. v. A. LUMSDEN, 3 Bde. (Lo 1960–66); *Hora decima* für 2 Trp. u. 3 Pos., hrsg. v. H. J. LANGE – F. LANGHANS (B 1968); Sonatinas Nr. 61, 62, 65 u. 66 für 2 Trp. u. B.c., hrsg. v. P. BLOCK (Lo 1971); *Sonata abella* für 6 St. u. B.c. 1686, hrsg. v. H. MÖNKEMEYER (Celle 1975).

Lit.: A. SCHERING, Die Leipziger Ratsmusik, in: AfMw 3 (1921) (mit Werk-Verz.); DERS., Musikgesch. Leipzigs 2 (L 1926); J. A. WATTENBARGER, The „Turmmusik" of J. P. (1957) (= Diss. Northwestern Univ.); A. L. MURPHY, The „Bicinia variorum instrumentorum" of J. Ch. P., 2 Bde. (1969) (= Diss. Florida State Univ.); A. DOWNS, The Tower Music of a 17th Century Stadtpfeifer. J. P.'s „Hora decima" and „Fünff-stimmigte blasende Music", in: Brass Quarterly 7 (1963/64).

PEZOLD, Christian, ↗Petzold.

pf ↗forte.

PFANNKUCH, Wilhelm, * 12. 11. 1926 Kiel; dt. Musikforscher. Parallel zu privater praktisch-musikalischer Ausbildung studierte er 1946–52 an der Universität Kiel Musikwissenschaft (bei Fr. Blume und A. A. Abert), neuere deutsche Literaturgeschichte und Psychologie und promovierte 1953. 1952 gründete er das seither von ihm geleitete Kieler Kammerorchester. 1955–64 war er Assistent an der Universität Kiel (seit 1960 mit Lehraufgaben). 1960 übernahm er die Leitung des Collegium musicum der Universität Kiel, das er zum großbesetzten Symphonieorchester ausbaute. 1964 wurde er zum Wissenschaftlichen Rat, 1972 zum Wissenschaftlichen Direktor ernannt. Seit 1978 ist er Vorsitzender des Landesmusikrates Schleswig-Holstein.

WW: **1) Schriften:** *Das Opernschaffen E. Wolf-Ferraris* (Diss. Kiel 1953); *J. S. Bachs „Musikalisches Opfer"*, in: Mf 7 (1954); *Sonatenform und Sonatenzyklus in den Streichquartetten von J. M. Kraus*, in: Kgr.-Ber. Kassel 1962 (Kas 1963); *Zu Thematik und Form in Schönbergs Streichsextett*, in: FS F. Blume (Kas 1963); *Opernaufführungen in Kiel 1780–1798*, in: Opernstudien. FS A. A. Abert (Tutzing 1975); *Das Collegium musicum der Christian-Albrechts-Universität*, in: Christiana Albertina N.F. 6 (Kiel 1977); *70 Jahre Philharmonisches Orchester der Stadt Kiel*, in: Das Orch. 25 (1977); *Von den Konzerten „zum Besten der Armen" in Kiel 1795–1798*, in: Beitr. z. Musikgesch. Nordeuropas. FS K. Gudewill (Wb 1978). P. schrieb mehr als 60 Artikel für MGG u. andere Fachlexika. – **2) Editionen:** *G. F. Händel, Concerti grossi* (Wie 1959 ff.); *J. Haydn, Armida* (1965) (= Haydn-

GA XXV/12); *G. F. Händel, Wassermusik* u. *Feuerwerksmusik* (Wie 1968, 1969).

PFEIFE (engl.: pipe, fife; frz.: sifflet; it.: fischio, fischietto; span.: silbato), im weiteren Sinn Bz. für ein Blasinstrument, dessen Röhre – mit oder ohne Grifflöcher bzw. Klappen – aus beliebigem Material (Holz, Metall, Rohr usw.) bestehen und gedackt (am unteren Ende geschlossen) oder offen sein kann. Zu den P.n gehören alle ↗Flöten-Instrumente und alle Rohrblattinstrumente (↗Fagott, ↗Klarinette, ↗Oboe, ↗Schalmei). Im engeren Sinne bezeichnet P. eine Eintonflöte (Hundepfeife, Signalpfeife, Trillerpfeife). Auch bei der ↗Orgel spricht man von P.n (↗Labialpfeifen, ↗Lingualpfeifen).

PFITZNER, Hans Erich, * 5. 5. (23. 4.) 1869 Moskau, † 22. 5. 1949 Salzburg; dt. Komponist. Seit 1872 lebte die Familie in Frankfurt am Main, wo P. 1886–90 am Hochschen Konservatorium Klavier bei James Kwast und Theorie bei Iwan Knorr studierte. 1892/93 lehrte P. am Konservatorium in Koblenz; 1894 trat er den unbezahlten Posten eines Kapellmeistervolontärs am Mainzer Stadttheater an und konnte dort im folgenden Jahr (als besoldeter 2. Kapellmeister) seine erste Oper *Der arme Heinrich* zur Uraufführung bringen. Neben der Tätigkeit in Mainz bildete sich P. bei H. Riemann in Wiesbaden weiter. 1897 wurde er als Lehrer für Komposition und Dirigieren an das Sternsche Konservatorium nach Berlin berufen und übernahm zusätzlich 1903–06 die Stelle des 1. Kapellmeisters am Theater des Westens. 1907 leitete P. in München die Abonnementskonzerte des Kaim-Orchesters und folgte nach dessen Auflösung 1908 einem Ruf als Direktor des Konservatoriums und Städtischer Musikdirektor nach Straßburg, wo er 1910–16 auch Operndirektor war. Bei Kriegsende kehrte P. nach Deutschland zurück und übernahm nach kurzer Dirigententätigkeit in München (wo 1918 der H.P.-Verein für Deutsche Tonkunst gegründet wurde) 1920 die Leitung einer Meisterklasse an der Berliner Akademie der Künste. 1929 wechselte er an die Akademie der Tonkunst in München. Nach Versetzung in den Ruhestand gab P. Gastspiele als Dirigent und Opernregisseur, 1936 wurde er zum Reichskultursenator ernannt; 1939 erhielt er die Beethoven-Medaille und die Goethe-Plakette. 1943 verlor er bei einem Bombenangriff alles. Nach Unterbringung in einem Altersheim verbrachte P. seine letzten Lebensmonate in Wien.

WW: **1) Instr.-WW:** Sonate für Vc. u. Klv., op. 1 (1890); Klv.-Trio, op. 8 (1896); 4 Streichquartette, 1 (1886), 2: op. 13 (1902), 3: op. 36 (1925), umgearbeitet zur Symphonie in cis (1932), 4: op. 50 (1942); Klv.-Quintett, op. 23 (1908); Sonate für V. u. Klv., op. 27 (1918); 5 Klv.-Stücke, op. 47 (1941); *6 Studien für das Pianoforte,* op. 51 (1942); Sextett, op. 55 (1945) für Klv., V., Va., Vc., Kb. u. Klar.; Konzerte für: Klv., op. 31 (1922); V., op. 34 (1925); 2 für Vc., op. 42 (1935) u. op. 52 (1943); Duo für V. u. Vc. mit Begleitung eines kleinen Orch. oder Klv., op. 43 (1937); Kleine Sinfonie in G, op. 44 (1939); Symphonie in C, op. 46 (1940). – **2) Vokal-WW:** Zahlr. Liederzyklen für SingSt u. Klv., u.a.: *4 Lieder* (1888/89) (Text: H. Heine); *5 Lieder nach Gedichten v. J. Eichendorff* (1888/89); *6 Liebeslieder* (1925) (nach R. Huch); *Die Heinzelmännchen* (1902–03) (Text: A. Kopisch) für tiefen Baß u. Orch.; Ballade *Der Blumen Rache* (1888) (Text: F. Freiligrath) für Frauenchor, Alt u. Orch.; Romantische Kantate *Von deutscher Seele* (1921) (nach J. von Eichendorff) für 4 Soli, Chor, Orch. u. Org.; Chorfantasie *Das dunkle Reich* (1929) (nach Michelangelo) mit Orch., Org., Sopran- u. Bar.-Solo; Kantate *Urworte, orphisch* (1948–49) (nach Goethe), unvollendet, revidiert u. nach vorhandenen Skizzen ergänzt v. R. Rehan, für 4 Soli, Ch., Org. u. Orch. – **3) Bühnenwerke:** Opern: *Der arme Heinrich,* UA: Mainz 1895; *Die Rose vom Liebesgarten,* UA: Elberfeld 1901; *Das Christelflein,* UA: München 1906, Neufassung: Dresden 1918; *Palestrina,* UA: München 1917; *Das Herz,* UA: Berlin u. München 1931. – Bühnenmusik zu: H. v. Kleist, *Käthchen von Heilbronn* (1905); H. Ibsen, *Das Fest auf Solhaug* (1889–90). – **4) Schriften:** *Gesammelte Schriften,* 3 Bde. (Au 1926–29, Tutzing ²1969), darin u.a. die Streitschriften *Futuristengefahr* gegen F. Busoni u. *Die neue Ästhetik der musikalischen Impotenz* gegen P. Bekker; *Meine Beziehungen zu M. Bruch* (Mn 1937); *Über musikalische Inspiration* (B 1940); *Reden, Schriften u. Briefe,* hrsg. von W. Abendroth (B 1955).

Bei seinem Versuch, eine Synthese von musikalischer Tradition und moderner Musiksprache zu schaffen, geriet P. in den Ruf eines Epigonen, denn obwohl er in seinen Werken bis etwa 1925 in steigendem Maße die Tonalität ausweitete, blieben R. Wagner und – deutlicher noch – R. Schumann seine Vorbilder. Belege für P.s Rückwendung zum 19. Jh. und zur Romantik sind das Aufgreifen der Erlösungsidee in seinen Opern, die Auswahl der Liedvorlagen (J. von Eichendorff) und die Bearbeitungen von Opern H. Marschners und E. Th. A. Hoffmanns. Seine zahlenmäßig relativ geringen Kompositionen entstanden aus dem Einfall heraus; P. hielt die Inspiration für das „Wesen der schöpferischen Kunst“ und wandte sich daher entschieden gegen den „Geist der musikalischen Impotenz“, der z.B. aus P. Bekkers hermeneutischer Deutung der Werke L. van Beethovens spreche. Die Allgemeingültigkeit der klassisch-romantischen Tradition verteidigte er in seinen Schriften engagiert gegen den „Fortschritt um jeden Preis“, insbesondere gegen F. Busonis Ideen von der Aufhebung des abendländischen Tonsystems. P.s Wesen war das eines ekstatischen Grüblers. Selbst seinen Freunden gegenüber war er manchmal „mißtrauisch bis zur Hysterie, taktlos bis zur Unerträglichkeit“ (Br. Walter). Sein – ihm wohl aufgrund früherer rassistischer Äußerungen zugesprochenes – hohes Amt als Musikfunktionär des Dritten Reiches hat P. kaum voll ausgefüllt, er verlangte nur nach Anerkennung für sein Schaffen; bei diesbezüglichen Auseinandersetzungen mit den nationalsozialistischen Machthabern unterstrich er naiv das Zeugnis von Alma Mahler: „Irgendwo ist er beschränkt."

Lit.: Mitteilungen der H.-P.-Ges. (1954 ff.); Verz. der bisher erschienenen Werke H. P.s (Mn 1926); H. GROHE, Verz. sämtlicher im Druck erschienenen Werke (L 1960); Sonder-H. Vierteljahreshefte des Bühnenvolksbundes H. 3/4 (Mn 1921); Sonder-H. der ÖMZ 24 (1969). – P. N. COSSMANN, H. P. (Mn – L 1904); R. LOUIS, H. P. (L 1909); W. RIEZLER, H. P. u. die dt. Bühne (Mn 1917); C. WANDREY, H. P. Seine geistige Persönlichkeit u. das Ende der Romantik (L 1922); E. KROLL, H. P. (Mn 1924); W. ABENDROTH, H. P. (Mn 1935, L ²1941); E. VALENTIN, H. P., Werk u. Gestalt eines Deutschen (Rb 1939); H. LINDLAR, H. P.s Klavierlied (Wü 1940); J. MÜLLER-BLATTAU, H. P. (Pd 1940, Neufassung F 1969); A. BERRSCHE, Trösterin Musica (Mn 1942); H. RUTZ, H. P., Musik zw. den Zeiten (W 1949) (mit Werk-Verz.); J. BAHLE, H. P. u. der geniale Mensch. Eine psycholog. Kulturkritik (Konstanz 1949, ²1974); L. HÜBSCH-PFLEGER, H. P. als Interpret u. Ästhetiker, in: NMZ 3 (1949); K. F. MÜLLER, In memoriam H. P. (W 1950) (mit Werk-Verz.); L. SCHROTT, Die Persönlichkeit H. P.s (Z – Fr 1959); J. WULF, Musik im 3. Reich (Gütersloh 1963); H. RECTANUS, Leitmotivik u. Form in den musikdramatischen Werken H. P.s (Rb 1967); DERS., Ein wiederaufgefundenes Streichquartett H. P.s, in: Mf 22 (1969). J.-H. LEDERER, P. – Schönberg, Theorie der Gegensätze, in: AfMw 35 (1978); B. ADAMY, H. P., Literatur, Philosophie u. Zeitgeschehen in seinem Weltbild u. Werk (Tutzing 1980) (= Veröff. der H. P.-Ges. 1). K. LANGROCK

PFLEGER, Augustin, * um 1635 Schlackenwerth (Böhmen), † nach 1686; dt. Komponist. Er nannte sich 1661 Kapellmeister des Herzogs Julius Heinrich von Sachsen-Lauenburg. 1662–65 stand er im Dienste des herzoglichen Hofes zu Güstrow und versah dann bis 1673 in Gottorf das Amt eines Kapellmeisters, in welcher Eigenschaft er 1665 die musikalische Ausgestaltung der Feierlichkeiten anläßlich der Gründung der Kieler Universität betreute und selbst 6 Oden komponierte. 1686 übernahm er wieder das Kapellmeisteramt am Hofe des Herzogs von Sachsen-Lauenburg.

WW: *Psalmi, dialogi et motettae* für 2–5 St. u. B. c. (H 1661); *6 Odae concertantes* (4 lat. u. 2 dt. Oden), in: A. J. Torquato, *Inaugurationis panegyrica descriptio* (Kiel 1666); ein vollständiger Jahrgang von Evangelienmusiken ist (anonym) hsl. erhalten (Uppsala, Univ.-Bibl., Slg. Düben), darin auch eine *Passio sive Septem verba Christi.*

P.s Hauptwerk sind die Evangelien-Kantaten. Ihnen liegt eine Kombination von biblischen und neugedichteten Texten mit teilweise pietistischem Einschlag zugrunde. Musikalisch markieren sie den Übergang vom ↗geistlichen Konzert zur deutschen evangelischen Kirchen-↗Kantate. Von P. stammt auch eine Sieben Worte-Komposition, die zu den frühesten ihrer Art gehört.

Ausg.: Passionsmusik über die Sieben Worte ..., hrsg. v. F. STEIN (Wb 1938) (= Chw 52); Geistliche Konzerte Nr. 1–11 u. 12–23 aus dem Evangelien-Zyklus, hrsg. v. DEMS. (Kas 1961, 1964) (= EDM 50 u. 64).

Lit.: F. STEIN, Ein unbekannter Evangelien-Jahrgang v. A. P., in: FS M. Schneider (Hl 1935); F. BLUME, Zu P.s Univ.-Kantaten, in: AfMw 8 (1944), wiederabgedruckt in: Syntagma musicologicum 1 (Kas 1963); A. NAUSCH, A. P., Leben u. Werke (Kas 1955).

PFLÜGER, Hans Georg, * 26. 8. 1944 Schwäbisch Gmünd; dt. Komponist und Organist. Er studierte Komposition 1965–71 bei H. Badings in Stuttgart und 1967 bei W. Fortner in Köln, Liedgestaltung 1966 bei H. Giesen in Salzburg sowie Orgel 1969 bei K. Richter in München und 1972 bei F. Germani in Siena. 1970 wurde er Organist an der Liebfrauenkirche in Stuttgart. P. gründete 1975 die „Cannstatter Kirchenmusiktage" und war 1977 Stipendiat der Deutschen Akademie Rom an der Villa Massimo. Gegenwärtig ist er als Lehrer für Theorie, Gehörbildung, Improvisation, Orgel und Klavier an der Kirchenmusikschule Rottenburg tätig. Sein kompositorisches Schaffen wurde mehrfach ausgezeichnet.

WW: **1) Instr.-WW:** *Metabole* (1971) für Klv.-Trio; Sextett für 2 V., 2 Va., 2 Vc. (1974); *Klangfiguren* (1975) für Horn u. Org.; *Veränderungen über „Wie schön leuchtet der Morgenstern"* (1976) für Altblockfl. solo; *Choraliter über „Ein feste Burg"* (1978) für Querfl. solo; Skizzen (1980) für 8 Hörner. – **2) Vokal-WW:** 5 Choralkantaten für 4st. gem. Chor u. Org. (1972); Weihnachtslieder *Stille Nacht* (1976) für SingSt, Instr. u. Tasteninstr. (mit Holzschnitten v. HAP Grieshaber); *Fragment* (1978) (nach F. Hölderlin) für Bar. u. Klv.; *Sprachgitter* (1981) (Text: P. Celan) für gem. Chor u. Instr. – **3) Bühnen-WW:** Oper *Leonce und Lena* (1981) (nach G. Büchner).

PHAGOTUM (it.: fagotto), Bz. für eine von Afranio degli Albonesi aus Pavia um 1515 konstruierte ↗Sackpfeife, deren Windsack mit einem Blasebalg aufgeblasen wurde. Das Ph. hatte zwei Melodiepfeifen mit aufschlagenden ↗Zungen aus Metall (Silber). Von Interesse ist das Instrument vor allem wegen der Bohrung seiner Pfeifen, da jede Pfeife zwei zylindrische, oben miteinander verbundene Windkanäle enthält. Diese Tatsache und der ursprünglich italienische Name „fagotto" weisen auf einen Zusammenhang mit dem ↗Fagott hin.

Lit.: F. W. GALPIN, The Romance of the Ph., in: Proc. Mus. Assoc. 67 (1941/42); A. REIMANN, Stud. z. Gesch. des Fagottes, I: Das „Ph." des Afranius Albonesii (Diss. Fr 1956). M. BRÖCKER

PHALÈSE (Phalesius; eig. van der Phaliesen), **Pierre** (I.) (Petrus), * um 1510 Löwen, † 1573 (?) ebd.; belgischer Musikverleger. Er erhielt eine ausgezeichnete Erziehung und wurde 1542 Mitglied der Universität Löwen. Von Haus aus Buchhändler, spezialisierte er sich zunehmend auf die Musik. Sein erstes Druckprivileg stammt aus dem Jahr 1547. 1551 erhielt Ph. die Erlaubnis, eine eigene Druckerei zu eröffnen; 1570 assoziierte er sich mit Jean Bellère (Bellerus). Nach seinem Tode übernahm sein Sohn **Pierre** (II.), * um 1550 Löwen,

† 13. 3. 1629 Antwerpen, das Geschäft und verlegte es nach Antwerpen; dessen Töchter **Magdalena,** getauft 25. 7. 1586 Antwerpen, † 30. 5. 1652 ebd., und **Maria,** getauft 10. 12. 1589 Antwerpen, † um 1674 ebd., führten den Verlag bis 1674 weiter. Nach Umfang, Vielfalt und Qualität ihrer Drucke war die Offizin Ph. mehr als 130 Jahre der führende Musikverlag der Niederlande und einer der bedeutendsten Europas.

WW: Etwa 190 Individual- und 170 Sammeldrucke 1545–1674, davon zahlreiche Lautentabulaturen. Vertreten sind alle ndl. Komponisten von Rang u. (namentlich im 17. Jh.) viele it. Autoren, darunter besonders repräsentativ Clemens non Papa, O. di Lasso, C. de Rore.

Ausg.: *Een duytsch Musyck Boeck* (= RISM 1572[11]), hrsg. v. F. VAN DUYSE (A 1903) (= Uitgaven der Vereniging voor Nederlandse muziekgeschiedenis 26); *Musica divina* (= RISM 1583[15]), *Harmonia celeste* (= RISM 1583[14]) u. *Melodia Olympica* (RISM 1591[10]), hrsg. v. B. HUYS (Bru 1970) (= Corpus of Early Music in Facs. I/19, 20 u. 22).

Lit.: A. GOOVAERTS, Histoire et bibliographie de la typographie musicale dans les Pays-Bas (An – Bru 1880, Nachdr. Hilversum 1963); G. ROBIJNS, Les livres de luth de P. Ph., Étude et transcription de l'„Hortus musarum" 1552–53 (Diss. Löwen 1956); S. BAIN, Music Printing in the Low Countries in the Sixteenth Century (1974) (= Diss. Univ. of Cambridge); S. BAIN, Ph., in: Grove[6] XIV (mit detailliertem Verz. der Drucke).

PHASE, in der Physik Bz. für den augenblicklichen Bewegungszustand eines schwingenden Teilchens innerhalb einer ganzen ↗Sinusschwingung oder Schwingungsperiode. Diese reicht (abgeleitet von der Kreisbewegung) von 0 bis 360 Grad, der augenblickliche Bewegungszustand wird daher in einer zwischen diesen Eckwerten liegenden Gradzahl angegeben. Zwei mit gleicher Frequenz schwingende Teilchen können beliebige Ph.n-Lagen zueinander haben, bei 0 Grad Ph.n-Differenz bezeichnet man ihre Schwingung als „gleichphasig", bei 180 Grad Ph.n-Differenz als „gegenphasig". Man kann Signale übertragen, indem man die Ph.n-Lage im Rhythmus des zu übertragenden Signals verändert (Ph.n-Modulation).

PHILADELPHIA ORCHESTRA. Es wurde 1900 (erstes Konzert am 16. 12.) u.a. aus Musikern des 1856 gegründeten Germania Orchestra gebildet, nachdem es bereits 1893 zur Gründung der Philadelphia Symphony Society (Leitung William Wallace Gilchrist) gekommen war. Fritz Scheel (* 1852 Lübeck, † 1907 Philadelphia) wurde 1893 Gilchrists Nachfolger. Auf Scheel, der das aus 85 Mitgliedern bestehende Ph. O. schnell zu landesweitem Ansehen geführt hatte, folgte 1907–12 die weniger glückliche Ära unter Carl Pohlig (* 1858 Teplitz, † 1928 Braunschweig) vom Königlichen Orchester Stuttgart. Unter der langen Direktion von L. Stokowski (1912–38) erreichte das nun auf 104 Musiker erweiterte Orchester Weltgeltung. Diesen Ruf baute Stokowskis Nachfolger, E. Ormandy, aus, der dem Orchester einen unverwechselbaren Klang verlieh. Höhepunkte der Auslandsauftritte waren die Gastspiele in der UdSSR (1958) und in der Volksrepublik China (1973). Chefdirigent seit 1980/81 ist R. Muti.

Lit.: F. A. WISTER, 25 Years of the Ph. O. (Philadelphia 1925); R. A. GERSON, Music in Philadelphia (ebd. 1940); H. KUPFERBERG, Those Fabulous Philadelphians. The Life and Times of a Great Orchestra (NY 1969).

PHILHARMONIA ORCHESTRA LONDON. 1945 von Walter Legge in London gegründet, debütierte es im selben Jahr unter der Stabführung von Sir Th. Beecham und erlangte durch seine Konzerttätigkeit und Schallplattenproduktion (Konzert und Oper) unter namhaften Dirigenten wie H. von Karajan, O. Klemperer, C. M. Giulini, L. Maazel und Z. Mehta Weltruf. Auch Persönlichkeiten wie R. Strauss und A. Toscanini dirigierten bei ihrem letzten Besuch in London (1947 bzw. 1952) das Orchester. 1959 wurde Klemperer Chefdirigent, der die Leitung bis zu seinem Tode (1973) beibehielt. Als Legge 1964 beabsichtigte, das Ph. O. aus wirtschaftlichen Gründen aufzulösen, übernahmen Orchestermitglieder unter der Bezeichnung *New Philharmonia Orchestra* das Instrumentalensemble in Selbstverwaltung, das unter diesem Status im selben Jahr in der Royal Festival Hall in London debütierte. 1965 übernahm der Earl of Harewood dessen künstlerische Leitung. 1973 wurde R. Muti Chefdirigent des Orchesters, das seit 1977 wieder die ursprüngliche Bezeichnung „Philharmonia Orchestra" führt.

PHILHARMONISCHES STAATSORCHESTER HAMBURG ↗Hamburger Philharmonie.

PHILIDOR, angenommener Name einer frz. Musikerfamilie, deren ursprünglicher Name Danican in dem Doppelnamen Danican-Ph. erhalten geblieben ist. Einer Legende zufolge soll Ludwig XIII. beim Anhören des Oboisten Michel D. († Ende August 1659 Paris) ausgerufen haben: „Voilà Filidori retrouvé!" – **1) Jean,** Verwandter von Michel D., * um 1620, † 8. 9. 1679 Versailles. Ph., Virtuose auf der Oboe, dem Diskantkrummhorn und dem Trumscheit, wurde 1659 Phiphre de la Grande Écurie. Er komponierte Airs de danse. – **2) André,** Sohn von 1), genannt l'Aîné, * um 1647 Versailles, † 11. 8. 1730 Dreux. Er wurde 1659 Trommler der Grande Écurie, anschließend Oboist der Chambre und später Musiker der Chapelle. Ph. war das erste Familienmitglied, dem es gelang, sich von der Routinearbeit eines königlichen Instrumentalisten zu befreien und sich dem Komponieren zu widmen. An der Gründung der Königlichen Musikbibliothek in Versailles (1684) war er beteiligt. Er ordnete die Sammlung von Instrumental- und Kirchenmusik, die am Hofe seit 1515 aufgeführt worden war. Diese Sammlung (Collection Ph.) ist teils in der Bibliothèque du Conservatoire, teils in der Bibliothèque Municipale de Versailles, teils in der Library of St. Michael's College in Tenbury/Worcestershire (Toulouse-Ph. Mss.) aufbewahrt.

WW: *Pièces à 2 basses de viole, basse de violon et basson* (P 1700); *Suite de danses pour les violons et les hautbois*... (P 1699); *Marches pour l'armée* (hsl.); 11 Opéras-ballets, u.a.: *Le canal de Versailles*, UA: Paris 1687; *La princesse de Crète*, UA: ebd. 1700; Divertissement *Le mariage de la Couture avec la grosse Cathos*, UA: ebd. 1788; Maskenspiele *Mascarade du roy de la Chine*, UA: ebd. 1700, und *Mascarade du Vaisseau marchand*, UA: ebd. 1700.

3) Jacques, Bruder von 2), genannt le Cadet, * 5. 5. 1657 Paris, † 27. 5. 1708 Versailles. Er trat als Pfeifer, später als Spieler von Diskantkrummhorn und Trumscheit (1679) in die Grande Écurie ein; 1683 ist er als „musicien ordinaire de la Chapelle" nachweisbar, 1690 als Violinist der Chambre. Ph. widmete sich ausschließlich den Instrumenten, mit denen er berühmt geworden ist. Er schrieb Marches de tambour und sonstige Militärmusik sowie Tänze. – **4) Alexandre,** Bruder von 2), * 1660 Paris. Er war als Baßkrummhorn- und Trumscheitspieler Mitglied der Grande Écurie.

Der dritten Generation der Familie gehören vier als Musiker namhafte Söhne von André l'Aîné und vier von Jacques le Cadet an. – **5) Anne,** Sohn von 2), * 11. 4. 1681 Paris, † 8. 10. 1728 ebd. Ph., Patensohn des Herzogs von Noailles, wurde 1698 Flötist der Grande Écurie, 1704 der Chapelle und 1712 der Chambre. Er bekleidete auch das Amt des Superintendanten beim Prince de Conti und des Directeur des concerts bei der Herzogin von Maine. 1725 gründete er das in der Folgezeit berühmt gewordene ↗Concert spirituel und war dort 2 Jahre lang als Dirigent tätig.

WW: *Ier livre de pièces pour la flûte traversière, flûte à bec, violon et basse* (P 1712); Pastoralen *L'amour vainqueur* (A 1697); *Diane et Endymion* (1698) (hsl. erhalten); ferner eine Messe, Te Deum u. Motetten.

6) Michel, Bruder von 5), * 2. 9. 1683 Versailles, † nach 1722. Er hatte die Stellung eines Paukers der Gardes du Corps und Trommlers der Chambre inne. – **7) François,** Bruder von 5), * 17. 3. 1689 Versailles, † um 1717. Er spielte seit 1708 in der Chapelle Baßkrummhorn und Trumscheit und in der Chambre Oboe. Von ihm sind 2 Bücher *Pièces pour la flûte traversière* (P 1716, 1718) erhalten. – **8) François-André,** Bruder von 5), * 7. 9. 1726 Dreux, † 31. 8. 1795 London, das berühmteste Mitglied der Familie Ph.; er studierte bei A. Campra und trat in sehr jungen Jahren in die Chapelle ein, wo er mehrere Motetten aufführen ließ. In dieser Institution war in jener Zeit das Schachspiel Mode. Ph. wurde bald sozusagen professioneller Schachspieler und erhielt eine Pension vom englischen Saint James' Chess Club. 1749 veröffentlichte er in London eine *Analyse des échecs*. 1744 arbeitete er an J.-J. Rousseaus *Les muses galantes* mit und wandte sich dem Theater zu. Die der Französischen Revolution vorausgehenden politischen Unruhen wirkten sich jedoch zunehmend ungünstig auf seine Laufbahn als Musiker aus, so daß er sich wieder dem Schachspiel widmete, das ihm die notwendigsten Einkünfte zu sichern vermochte. Während der Revolution persönlich gefährdet, starb er als Emigrant in England, ohne in den Genuß der Amnestie gekommen zu sein.

WW: *L'art de la modulation* (P 1755); Motetten; ein Requiem (1766); Te Deum (1786); weltliches Oratorium *Carmen saeculare*, UA: London 1779. – Opéras-comiques (UA in Paris): *Le diable à quatre* (Libr.: Sedaine), UA: 1759; *Blaise le savetier* (Libr.: ders.), UA: 1759; *Le soldat magicien*, UA: 1760; *Le maréchal ferrant*, UA: 1761; *Le sorcier*, UA: 1764; *Tom Jones*, UA: 1765; *Ernelinde, princesse de Norvège*, UA: 1767, überarbeitet als: *Sandomir, prince de Danemark* (1769); *La nouvelle école des femmes*, UA: 1770; *Persée* (Libr.: J. F. Marmontel nach Ph. Quinault), UA: 1780; *L'amitié au village* (Libr.: Desforges), UA: 1785; *La belle esclave*, UA: 1787; *Le mari comme il les faudrait tous ou La nouvelle école des maris*, UA: 1788.

Das Bühnenwerk von Ph. spiegelt in großen Zügen die Entwicklung der Opèra-comique im 18. Jahrhundert. Während er anfangs Stücke mit Vaudevillecharakter schrieb, zeigte er sich danach bürgerlich engagiert in *La nouvelle école des femmes*, philosophisch in *L'amitié au village*, phantastisch in *La belle esclave ou Valcour et Zélia* und erinnert gelegentlich an die traditionelle Große Oper *(Persée)*. Hier entfalten sich seine musikalischen Fähigkeiten am deutlichsten: in der sorgfältig geplanten Gesamtanlage, der Beherrschung des oft tonmalerisch eingesetzten Orchesterapparats (Sturmszene im *Sorcier*), der flüssigen, bei aller oft ans Parodistische *(Sorcier)* streifenden Leichtigkeit durchaus dramatischen Gestaltung der Vokalpartien (*Tom Jones*, 3. Akt) und in der harmonischen Kühnheit der großen Chöre.

9) Pierre, Sohn von 3), * 22. 8. 1681 Paris, † 1. 9. 1731 ebd. Er spielte Oboe und Kornett in der Grande Écurie und Flöte in der Chambre. 1697 führte er in Versailles eine Pastorale auf. Sein Werk besteht hauptsächlich aus 2 Sammlungen von Suiten für 2 Querflöten (1717 und 1718) und 6 Suiten für Flötentrio (1718). – **10) Jacques,** Bruder von 9), * 7. 9. 1686 Versailles, † 25. 6. 1709 Pamplona. Er wurde 1696 Musiker in der Grande Écurie und 1708 Nachfolger seines Vaters in der

Chambre. Im Gefolge des Herzogs von Orléans gelangte er nach Spanien. – **11) François,** Bruder von 9), * 12. 1. 1695 Paris, † 24. 6. 1726 ebd. Er spielte in der Grande Écurie und in der Chambre Oboe und Baßviola. – **12) Nicolas,** Bruder von 9), * 3. 11. 1699 Versailles, † um 1769. Er trat 1731 als Violist in die Chambre ein; 1747 spielte er in der Chapelle Serpent.

Lit.: **Zu 2):** E. H. FELLOWES, The Ph. Mss., in: ML 12 (1931); O. E. THOMAS, Music for Double-Reed Ensembles from the Seventeenth and Eighteenth Century, „Collection Ph." (1973) (= Diss. Univ. of Rochester/N.Y.); S. M. G. SANDMAN, Wind Band Music under Louis XIV. The [A.D.] Ph. Collection. Music for the Military and the Court (1974) (= Diss. Stanford Univ.); F. WAGNER, Ph. l'ainé, ordinaire de la Musique du Roy et garde ... de sa Bibliothèque de Musique, in: RMie 66 (1980). – **Zu 5):** D. TUNLEY, Ph.'s „Concerts français", in: ML 47 (1966). – **Zu 8):** G. ALLEN, The Life of Ph., Musician and Chess-Player (Philadelphia 1858, [2]1863, Nachdr. NY 1971); G. E. BONNET, Ph. et l'évolution de la musique française au XVIIIe siècle (P 1921); DERS., L'œuvre de Ph., in: RM 2 (1921); B. HARLEY, Music and Chess, in: ML 12 (1931); CH. M. CARROLL, F.-A. Danican-Ph., His Life and Dramatic Art, 2 Bde. (1960) (= Diss. Florida State Univ.); DERS., The History of „Berthe". A Comedy of Errors, in: ML 44 (1963); J. G. RUSHTON, Ph. and the Tragédie lyrique, in: MT 117 (1976); CH. M. CARROLL, A Classical Setting for a Classical Poem. Ph.'s Carmen Saeculare, in: Studies in Eighteenth-Century Culture 6 (1977). M.-C. PATIER

PHILIPP, Franz, * 24. 8. 1890 Freiburg im Breisgau, † 2. 6. 1972 ebd.; dt. Komponist, Organist und Dirigent. Ph. studierte seit 1908 Musik am Konservatorium und 1911–12 Philosophie an der Universität in Freiburg sowie 1912–13 Orgel bei Adolf Hamm am Konservatorium in Basel. Nach dem 1. Weltkrieg war Ph. 1921 Organist und Chorleiter an St. Martin in Freiburg. 1924–41 leitete er das Badische Konservatorium in Karlsruhe (1932 Professor), das 1929 in den Rang einer Musikhochschule erhoben wurde. Ph. gründete dort ein damals weithin beachtetes Institut für katholische Kirchenmusik, die Badische Orgelschule (1925) und einen Kammerchor (1926). Außerdem leitete er den Bachverein. Aus gesundheitlichen Gründen lebte er nach 1942 als freischaffender Komponist wieder in Freiburg. 1960–79 bestand in Freiburg eine Fr.-Ph.-Gesellschaft, die das Mitteilungsblatt *Vox* herausgab.

WW: **1) Instr.-WW:** Klv.-Stücke; Orgel- u. Kammermusik. – *Symphonische Musik*, op. 35 für Orch.; Symphonie d-moll, op. 97 (1964). – **2) Vokal-WW:** *Friedensmesse*, op. 12 (1920) für Sopran, gem. Chor u. großes Orch.; 7 Gesänge *Unserer Lieben Frau*, op. 15 (1922) für gem. Chor a cap.; *Weihnachtsevangelium (nach Lukas)*, op. 22 für Sopran, Bar., gem. Chor u. Org.; *Sancta Elisabeth*, op. 24 (1930) für Kinder- u. gem. Chor, Sopran- u. V.-Solo u. Org. oder Orch.; *Gottes Lob*, op. 25 (1931); *Missa Laudate Dominum*, op. 28 für gem. Chor a cap.; Hymnen, op. 29 für gem. Chor a cap. (1930); *Freiburger Psalter*, op. 57 (1944), 60 neue Choräle u. Papsthymne für 1st. Volksgesang u. Org.; *Missa Pax vobis*, op. 59 (1944) für gem. Chor a cap.; symphonische Kantaten *Zwischen Zeit und Ewigkeit*, op. 65 (1950) (Text: H. Thoma) u. *De profundis*, op. 83 (1954); *Adventkantate*, op. 81 (1953); *Missa Symphonica „Credo in unum Deum"*, op. 85 (1961); 3 Motetten *Cantica nova*, op. 98 (1962) für gem. Chor a cap.; *Eichendorff-Zyklus*, op. 16 (1922) für Männerchor, Horn, Org. u. Pos.

Ph.s Œuvre ist stark von der Musik A. Bruckners und M. Regers geprägt. Weitere Wurzeln liegen in der Gregorianik und im bewußten Bezug auf das deutsche Volkslied. Ph. leistete einen entscheidenden Beitrag zur Erneuerung der katholischen Kirchenmusik besonders der 30er Jahre, indem er eine klare Melodik seiner kontrapunktischen und tonal-harmonischen Schreibweise zugrunde legte. Als einer der ersten verwendete er wieder deutsche Texte auch für liturgische Kompositionen. Dem Gemeindegesang galt seine besondere Zuneigung.

Lit.: F. GRÜNINGER, in: ZfM 100 (1933); H. LEMACHER, in: MS 85 (1965); H. E. RAHNER, in: MS 90 (1970); F. J. WEHINGER, Gotteslob aus Alemannenmund (Karlsruhe 1973). B. A. KOHL

PHILIPP, Isidore, * 2. 9. 1863 Budapest, † 20. 2. 1958 Paris; frz. Pianist und Komponist ung. Herkunft. Er studierte am Pariser Conservatoire bei C. Saint-Saëns und St. Heller. 1890 gründete er mit Berthelier und Loeb eine Kammermusikvereinigung und reorganisierte 1896 die Société des Instruments à Vent in Paris. 1903–34 lehrte er Klavier am Conservatoire und war Mitarbeiter des *Ménestrel*. 1941 ließ er sich in den USA nieder. Ph. war ein international anerkannter Pianist. Er veröffentlichte eine Reihe in Frankreich viel verwendeter Lehrwerke, gab außerdem die Sammlung *Clavecinistes allemands* und zahlreiche Klaviertranskriptionen von Orgel- und Orchesterwerken heraus.

Schriften: *Exercices journaliers* (P 1894); *École du mécanisme* (Ly 1900); *Exercices de tenues* (P 1904); *Gradus ad Parnassum* (P 1911–14); *Petit Gradus ad Parnassum* (P 1913–14); *École moderne du piano*, 4 Bde. (1926); *Technique journalière du pianiste* (P 1929); *Exercices pour l'enseignement moderne du piano* (P 1933); *Exercices sur les touches noires* (P 1942).

PHILIPPE DE MONTE ↗ Monte.

PHILIPPE DE VITRY ↗ Vitry.

PHILIPPI, Maria Cäcilia, * 26. 7. 1875 Basel, † 16. 6. 1944 Zürich; Schweizer Sängerin (Alt). Sie studierte seit 1895 bei Emil Hegar am Basler Konservatorium und vervollkommnete sich später bei J. Stockhausen in Frankfurt a. M., bei dem sie ihren eigenen Stil entwickelte, der jeden äußerlichen Effekt vermied, um nur das darzustellende Werk zu vermitteln. Bei P. Viardot-García in Paris widmete sie sich vor allem dem Studium der Physiologie und Funktion der menschlichen Stimme. Dieses Wissen machte sie später zu einer berühmten Gesangpädagogin, die 1925–39 eine Klasse für Sologesang an der Musikhochschule Köln leitete und bis 1944 ihre pädagogische Tätigkeit in Zürich ausübte. M. Ph.s Karriere als Konzertsängerin begann 1901. Sie war eine gesuchte Oratorien- und Liedsängerin und galt als überragende Bach- und Händel-Interpretin.

PHILIPPINEN. Entsprechend der Geschichte dieses südostasiatischen Kulturraumes lassen sich mehrere unterschiedliche Musiktraditionen feststellen. Die älteste, charakteristisch südostasiatische Tradition ist heute noch vor allem im Norden bei den Igorot und Negrito anzutreffen. Im islamischen Süden hat sich ein islamisch-südostasiatischer Musikstil entwickelt, der dort neben alten vorislamischen Formen existiert. Die Mehrheit der Filipinos identifiziert sich jedoch mit einer Volksmusik, die sich im Laufe der spanischen Fremdherrschaft (1521–1896) gebildet hat. Diese besitzt zwar typische eigenständige Merkmale, ist jedoch stark europäisch beeinflußt, mit überwiegend iberischen wie spanisch-mexikanischen Elementen. Das gleiche gilt für die Tanzformen. Auch die anschließende Herrschaft der USA (1898–1946) hat eindeutige Spuren hinterlassen. Der Einfluß der durch die modernen Massenmedien verbreiteten euroamerikanischen Popularmusik wird auf den Ph. besonders spürbar, so daß das Musikleben als westlich geprägt gelten kann.

Die Musik des Nordens. Wie überall in Südostasien ist die traditionelle Musik besonders reich an Musikinstrumenten. Als wichtigstes Material dient Bambus. Unter den Idiophonen sind neben kleinen Aufschlagröhren, Klappern, Xylophonen, Maultrommeln aus Bambus die meistens paarweise gespielten Schlagbäume zu nennen. Auf dem langen Baum spielen 5 Spieler mit jeweils 2 Stöcken unterschiedliche Rhythmen, während dazu ein weiterer Spieler auf dem kleineren einen gleichbleibenden Begleitrhythmus schlägt. Diese Musik erklingt zu Krankenheilungszeremonien (anito = Geist), bei denen der Kranke von bösen Geistern befreit werden soll. Unter den Chordophonen sind vor allem die Röhrenzither zu nennen mit 2 Saiten, die mit Stöcken angeschlagen, oder die mit 5–11 Saiten, die angezupft werden. Brettzithern, Musikbogen und eine dreisaitige Fiedel sind neben der europäischen Violine und Gitarre weitere Saiteninstrumente. Man spielt außerdem Flöten unterschiedlicher Typen, u.a. die Nasenflöte, Panflöten mit 5 Röhren und eine schmale Bambusklarinette. Ein größeres Sozialprestige als diese Instrumente genießen Gongs (Gangsa) und Gongensembles, die z.T. von Trommeln begleitet werden und die bei bedeutenden Festen und Zeremonien erklingen. Während der Zeremonien die Gangsa zu spielen ist eine besondere Ehre, die nur bedeutenden Mitgliedern der Gemeinschaft vorbehalten ist. Gongs können Bestandteil der Mitgift sein oder gegen Tiere und Land getauscht werden. Die Gangsa werden gespielt bei Versöhnungsfesten, der Einweihung eines Hauses oder Reisfeldes oder den Familienfesten der Reichen. Im Itundakgangsa-Ensemble der Karao z.B. werden 5 flache Gongs unterschiedlicher Tonhöhe mit verschiedenen Rhythmen angeschlagen. Diese Rhythmen bilden einen eigenartigen Gesamtklang und lassen sich folgendermaßen notieren:

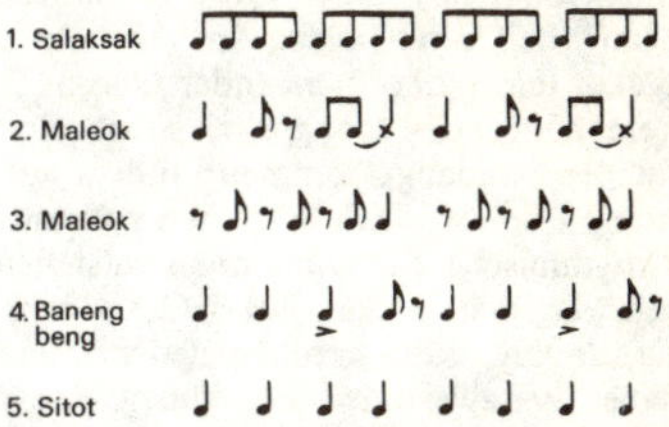

Bestandteil der Zeremonien sind außerdem Solo- und Chorgesänge, die bei jeder ethnischen Gruppe andere charakteristische Merkmale besitzen. Die Kalinga kennen einen rhythmisch freien Sologesang (dango) mit zahlreichen Tremoli, die Töne verlängern, die durch Glissando, Parlando und Pausen unterbrochen werden.

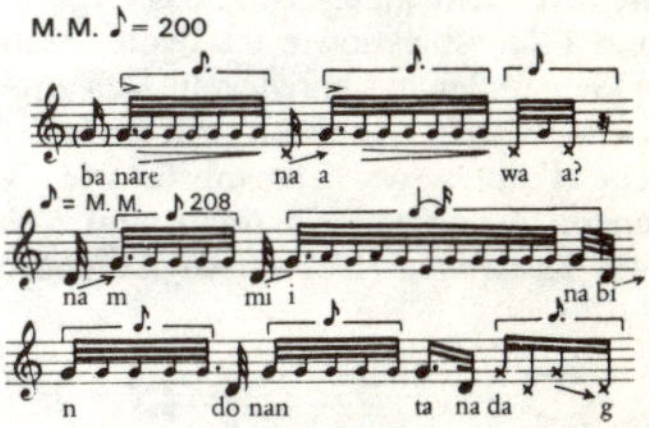

Die Musik des Südens. Die Musik ist hier wichtiger Teil bei der Behauptung der kulturellen islamischen Identität. Bei den Tausug werden zu islamischen Festen (z.B. Geburtstag des Propheten) und Familienfeiern von speziell ausgebildeten Frauen stark melismatische Sologesänge (lugu) in arabischer Sprache vorgetragen. Andere, von Männern wie Frauen gesungene Sologesänge sind Liebeslieder und gesungene Erzählungen oder Epen, die bei Hochzeiten oder geselligen Treffen im Dorf eine ganze Nacht und länger dauern können. Begleitinstrumente können das Xylophon Gabbang mit 16–19 heptatonisch gestimmten Platten und das Streichinstrument Biola sein. Andere Soloinstrumente sind u. a. die Maultrommel (Kubing), die Laute Kudyapi mit 2 Saiten, Röhrenzithern ähnlich denen im Norden, Quer- und Längsflöten (u. a. vom indonesischen Suling-Typ), Trompeten und Klarinetten aus Bambus sowie zylindrische Trommeln mit einem oder 2 Fellen. Das populärste Ensemble ist das sog. Kulintang(an), benannt nach einem Gongspiel aus 8 oder 11 Buckelgongs, die in einer Reihe auf einem Gestell liegen. Die Stimmung ist heptatonisch. Hinzu kommen bei den Magindanao: Babandil (ein größerer Gong), Agung (ein hängendes Gongpaar), Gandingan (ein weiteres Gongpaar) sowie die Zylindertrommel Dabakan; bei den Tausug im Sulu-Archipel: Tunggulan (ein großer hängender Gong), Duwahan (ein hängendes Gongpaar) sowie ein Paar zweifelliger Gandang-Trommeln. Indem auf dem Kulintang 2 Spieler spielen, können virtuose komplexe rhythmische Kombinationen entstehen, die bei den Magindanao z. B. auf 3 Grundrhythmen (duyug, sinulug, tidtu) beruhen. Jeder Spieler bildet dabei aus zwei oder drei Tönen eine melodisch-rhythmische Kernzelle, die im Laufe des Spiels leicht verändert wird. Das Ensemble dient der Tanzbegleitung auf Festen und Familienfeiern. **Europhilippinische Musik.** Die Jahrhunderte spanischer Herrschaft sind auch in der Musik des Landes unüberhörbar. In weiten Gebieten haben sie zu einer völligen Verdrängung südostasiatischer Traditionen geführt. Die ersten Missionare unterrichteten den Meßgesang, das Orgel-, Gitarren- und Flötenspiel sowie das Notenlesen. Von diesen Gemeinden aus entwickelte sich eine halbliturgische Musik. Daneben entstanden freiere weltliche Formen der Tanzmusik wie Balitao, Fandango, Carinosa, Paso doble und Vokalformen wie Kundiman (Liebeslied), Composo, Harana.

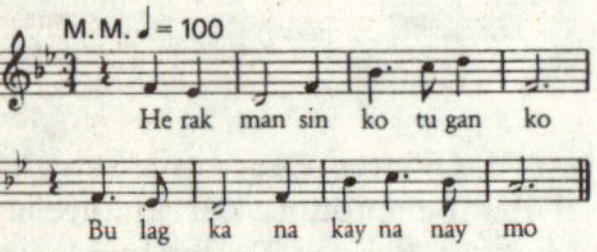

Anfang eines Kundiman

Bei den städtischen Fiestas spielen die Rondalla genannten Ensembles populäre Lieder des Landes oder europäischer Herkunft, mit Vorliebe jedoch italienische Opernarien. Die Instrumente des Rondalla, eines Orchesters aus gezupften Saiteninstrumenten, wie Banduria, Laud, Octavina, Guitara und Bajo sind Adaptionen europäischer und mexikanischer Saiteninstrumente. Gegen Ende des 19. Jh. kam es zur Gründung von europäisch ausgerichteten Musikschulen, Symphonieorchestern, Chören, Kammermusikgruppen und Operntruppen. Die Beschäftigung mit den eigenständigen Traditionen begann erst 1924 durch Bildung eines Forschungskomitees, das Volkslieder und -tänze sammelte.

Lit.: R. BAÑAS, The Music and Theatre of the Filipino People (Manila 1924); N. ROMUALDEZ, Filipino Musical Instr. and Airs of Long Ago (ebd. 1932); M. SCHNEIDER, Música filipina, in: Anuario Mus. 6 (1951); E. RONQUILLO, Tagalog Awits and Corridos (1953) (= Diss. Univ. of the Philippines, Quezon City); F. MAGDAMO, Folk Songs. Songs of the Visayas, 6 Bde. (Dumaguete City 1957); J. MACEDA, The Music of Magindanao in the Ph. (1963) (= Diss. Univ. of California); J. MACEDA, Classification and Distribution of Musical Instr. in the Philippines. A Preliminary Report, in: The Musics of Asia (Manila 1971); R. TRIMILLOS, Tradition and Repertoire in the Cultivated Music of the Tausug of Sulu, Philippines (1972) (= Diss. Univ. of California); DERS., The Setting of Vocal Music among the Tausug, in: Sulu Studies 1 (1972); J. MACEDA, Music in the Philippines, in: Hdb. der Orientalistik III/6 (Leiden – Kö 1972); DERS., Music in the Philippines in the Nineteenth Century, in: Musikkulturen Asiens, Afrikas u. Ozeaniens im 19. Jh., hrsg. v. R. Günther (Rb 1973); DERS., Drone and Melody in Philippine Musical Instr., in: Traditional Drama and Music of Southeast Asia, hrsg. v. M. R. Osman (Kuala Lumpur 1974); J. TAKÁCS, A Dictionary of Philippine Musical Instr., in: Arch. für Völkerkunde 29 (W 1975); H. SAMSON, Contemporary Filipino Composers. Biographical Interviews (Quezon City 1976). J. MACEDA – A. SIMON

PHILIPPOT, Michel Paul, * 2. 2. 1925 Verzy (Marne); frz. Komponist. Er studierte zunächst am Conservatoire in Reims, 1946–48 am Pariser Conservatoire und 1948–50 privat noch bei R. Leibowitz. Seit 1949 ist Ph. als Mitarbeiter beim französischen Rundfunk tätig, seit 1959 als Leiter der Groupe de Recherches Musicales und 1964 als Leiter der Musikabteilung. 1970 wurde er Professor für Komposition am Conservatoire und ging später als Dekan der Universität von São Bernardo do Campo nach Brasilien. Ph., der auch serielle Techniken einbezieht, entwickelt seine Schreibweise mit geradezu wissenschaftlicher Exaktheit und glaubt, den sehr komplexen Vorgang einer Komposition auf eine einfache, wiederholbare Operation reduzieren zu können.

WW: **1) Kompositionen:** Klv.-Sonate (1946); *Trois compositions pour piano* (1958); *Pièces* (1967) für V. solo; Orgelsonate (1972); Scherzo für Akkordeon (1972); Klv.-Trio (1953); Ouvertüre für Kammerorch. (1948); Variationen für 10 Instr. (1957); *Transformations triangulaires* (1962) für Instrumentalensemble. – *Composition* (1959) für Streichorch.; dass. für Doppelorch. (1959). – Musique concrète: *Étude n⁰ 1* (1952), *n⁰ 2* (1958) u. *n⁰ 3* (1962); *Ambiance n⁰ 1 pour les Floralies de Paris 1959*, u. *n⁰ 2 pour accompagner la récitation d'un poème de St. Mallarmé pour récitant et musique concrète* (1959); *Maldoror, musique pour accompagner un choix de textes de Lautréamont* (1961); ferner Bühnen-, Film- u. Funkmusik. – *Quatre mélodies sur des poèmes de G. Apollinaire* (1949) u. *Trois mélodies sur des poèmes d'E. Looten* (1959) für SingSt u. Klv. – **2) Schriften:** *Musique et acoustique ou A propos de l'art de combiner les sons ...*, in: Cahiers de la Compagnie M. Renaud – J.-L. Barrault (1954) Nr. 3, wiederabgedruckt in: La musique et ses problèmes contemporains 1953–63

(P 1963) Nr. 41; *Stéréophonie et „haute-fidélité"*, in: Cahiers d'études de radio-télévision (1959) Nr. 22; *La musique et les machines*, in: ebd. (1960) Nr. 27/28; *I. Strawinsky* (P 1965) (= Musiciens de tous les temps 18); *Vingt ans de musique*, in: Rev. d'esthétique 20 (1967); *Musik u. Technik*, in: 50 Jahre Musik im Hörfunk, hrsg. v. K. Blaukopf – S. Goslich – W. Scheib (Mn 1973).

Lit.: Werk-Verz., in: Le courrier musical de France (1969) Nr. 25.

PHILIPPUS DE CASERTA (Philipoctus, Filipoctus), it. Komponist des ausgehenden 14. Jahrhunderts. Ph.' Anwesenheit in Avignon um 1380 ist durch seine Balladen über Papst Clemens VII. (1378–94) und Ludwig I. von Anjou († 1384), der als Retter von Königin Johanna I. von Neapel gerühmt wird, belegt. Da fast alle Werke französisch textiert sind, dürfte Ph. hauptsächlich in Frankreich gewirkt haben. Seine Werke weisen eine außerordentlich komplizierte rhythmische Struktur auf und haben vermutlich wesentlich zur Ausbildung der ↗Ars subtilior beigetragen.

WW: 6 3st. Balladen; 1 3st. Rondeau; 1 3st. *Patrem*; Traktat *Regule contrapuncti*.

Ausg.: 3 Sätze, in: French Secular Music of the Late Fourteenth Century, hrsg. v. W. APEL (C/M 1950) (= The Mediaeval Acad. of America, Publications 55); 6 Stücke, in: French Secular Compositions of the 14th Century I, hrsg. v. DEMS. (R 1970) (= CMM 53/1).

Lit.: J. WOLF, Gesch. der Mensuralnotation v. 1250 bis 1460, 3 Bde. (L 1904, Nachdr. Hil – Wie 1965); G. REANEY, The Ms. Chantilly, Musée Condé 1047, in: MD 8 (1954); U. GÜNTHER, Datierbare Balladen des späten 14. Jh., in: MD 16 (1962); N. WILKINS, Some Notes on Philipoctus de Caserta, in: Nottingham Mediaeval Studies 8 (1964) (darin Ausg. der „Regule contrapuncti"); K. VON FISCHER, Eine wiederaufgefundene Theoretikerhs. des späten 14. Jh., in: Schweizerische Beitr. z. Musikwiss. 1 (1972).

PHILIPS (Phillipps, Philippe, Philippi, Philippus), **Peter**, * 1560 oder 1561 London (?), † 1628 Brüssel; engl. Komponist und Organist. Er ist erstmals 1574 als Chorknabe an der St. Paul's Cathedral in London nachweisbar. 1582 verließ er England wegen der Katholikenverfolgung unter Elisabeth I. und stand in Rom bis 1585 im Dienst von Kardinal Alessandro Farnese. 1585–90 bereiste er im Gefolge von Lord Thomas Paget Spanien, Frankreich und die Niederlande. 1590 ließ er sich in Antwerpen nieder und wirkte von 1597 bis zu seinem Tod als Hoforganist in Brüssel. Fast alle seine Vokalwerke wurden bei Phalèse in Antwerpen gedruckt und erschienen bis zur Mitte des 17. Jh. in mehreren Auflagen.

WW: 2 Bücher Madrigale für 6 St. (An 1596, 1603); Madrigale für 8 St. (An 1598); *Cantiones sacrae* für 5 St. (An 1612) sowie für 8st. Doppelchor (An 1613); *Gemmulae sacrae* u. *Deliciae sacrae*, Motetten für 2–3 St. u. B.c. (An 1613, 1616); *Paradisus sacris cantionibus consitus* für 1–3 St. u. B.c. (An 1628); *Litaniae Beatae Mariae Virginis* für 4–9 St. u. B.c. (An 1623); *Les rossignols spirituels* (Valenciennes 1616); weitere Werke in Sammeldrucken der Zeit (u.a. in *Melodia Olympica* = RISM 1591[10]) und hsl. (u.a. 19 Stücke im ↗Fitzwilliam Virginal Book) erhalten.

Während seiner Ausbildung an der St. Paul's Cathedral wurde Ph. mit der englischen Musiktradition vertraut. Diese spiegelt sich noch deutlich in seinem ersten datierten Stück, einer Pavane für Virginal (1580), die den Pavanen W. Byrds nahesteht. Auch nachdem Ph. England verlassen hatte, betonte er stets seine Herkunft durch den Zusatz „Inglese" bzw. „Anglo" auf den Titelblättern seiner gedruckten Werke. Dennoch muß die Zeit in Rom als diejenige Periode gelten, die neue Impulse brachte und seinen Stil im Sinn der römischen Madrigal- und Motettenkomposition entscheidend prägte.

Ausg.: 14 Stücke, in: Liber Fratrum Cruciferorum Leodiensium (P 1910) (= Guilmant-Pirro 10); 3 Motetten für 5 St., hrsg. v. A. G. PETTI (Lo 1963–67); 4 Madrigale, in: *Melodia Olympica*, hrsg. v. B. HUYS (Bru 1970) (= Corpus of Early Music in Facsimile I/22); Selected Italian Madrigals, hrsg. v. J. STEELE (Lo 1970) (= Mus. Brit. 29).

Lit.: A. G. PETTI, P. Ph., Composer and Organist 1561–1628, in: Recusant History 4 (1957–58); L. PIKE, P. Ph. Les rossignols spirituels, in: The Consort 27 (1971); DERS., The First Engl. „Basso Continuo" Publication, in: ML 54 (1973); J. STEELE, P. Ph., in: Grove[6] XIV. G. NITZ

PHILOSOPHIE DER MUSIK ↗Musikästhetik.

PHINOT (Finot, Finotto), **Dominique** (Dominico), * um 1510, † 1555; franko-flämischer Komponist. Ph. hat vermutlich hauptsächlich in Italien gewirkt, da die meisten seiner Werke in Italien gedruckt wurden. Widmungen seiner 1547 und 1548 in Lyon veröffentlichten Motettenbücher und Chansons lassen darauf schließen, daß Ph. während dieser Zeit in Lyon gelebt hat. Später lebte er in Pesaro. Besonders bemerkenswert sind Ph.s doppelchörige Motetten, darunter Verse aus den Lamentationen, in der Sammlung Pesaro 1548, da sie 2 Jahre vor den *Salmi spezzati* A. Willaerts erschienen, die gemeinhin als der Beginn der ↗Mehrchörigkeit gelten. Ph.s Ruhm wird noch durch den italienischen Theoretiker P. Cerone bezeugt (*El Melopeo*, Neapel 1613).

WW: 2 Bücher Motetten für 5 St. (Ly 1547, 1554); ein Buch Motetten für 6–8 St. (Pesaro 1548); 2 Bücher Chansons für 4 St. (Ly 1548); Messe *Si bona suscepimus* für 4 St. (P 1557); Psalmen für 4 St. u. 2 Magnificat (P 1555).

Ausg.: Opera omnia, hrsg. v. J. HÖFLER (1972ff.) (= CMM 59), bisher 5 Bde. (Motetten, Messen, Magnificat) erschienen. – *Recordare Domine* für Doppelchor, aus *Lamentationes Jeremiae*, hrsg. v. M. MARTENS (NY 1959) (= Brooklyn College Choral Series 5).

Lit.: P. S. HANSEN, The Life and Works of D. Ph. (1939) (= Diss. Univ. of North Carolina); DERS., The Double-Chorus Motets of D. Ph., in: Renaissance News 3 (1950); V. L. SAULNIER, D. Ph. et D. Lupi, musiciens de C. Marot et des marotiques, in: RMie 43 u. 44 (1959); F. LESURE, Ph., in: MGG X; C. A. MILLER, J. Cardan on Gombert, Ph., and Carpentras, in: MQ 58 (1972); R. JACOB, D. Ph. Cultural Aspects of the Renaissance, in: FS O. Kristeller (Manchester 1976).

PHON (griech., = Ton, Laut), Maß für die ↗Lautstärke eines Schallereignisses, also eine subjektive Größe gegenüber der physikalischen Größe ↗Schalldruck.

PHONASCUS (lat., von griech. phōnaskos = Gesanglehrer oder Fachmann auf dem Gebiet der Stimmbildung), ↗Praecentor.

PHONOGRAPH (griech., = Tonschreiber), ein von Thomas Alva Edison 1877 erfundenes mechanisch-akustisches Gerät zur ↗Schallaufzeichnung und -wiedergabe. Der Ph. besteht aus einer drehbaren stanniolbelegten Walze, in die Schwingungsvorgänge mittels eines Stiftes – der mit einer Membran zur Aufnahme dieser Vorgänge verbunden ist – eingeritzt werden. Unabhängig von Edison erfand Charles Cros 1877 ein ähnliches Gerät, das *Parléphon,* bei dem jedoch statt einer Walze eine Platte verwendet wurde.

PHONOLOGIE, in der Sprachwissenschaft eine Disziplin, die zwischen dem System und dem Sprechen einer Sprache unterscheidet. Im System der Ph. gilt der Laut als kleinste Einheit (sog. Phonem), das Wort wiederum als übergeordnete Einheit. Die Realisierung (d.h. das Hervorbringen) dieser Phoneme beschreibt die Phonetik. Im musikalischen Zusammenhang ist der häufige Gebrauch von Phonemen statt Silben bzw. Wörtern Charakteristikum der Neuen Musik.

PHONOTHEK, die in Analogie zu Bibliothek gebildete Bz. für eine Sammlung von Tonträgern, nämlich Schallplatten (daher früher auch: Diskothek), Musikkassetten, Tonbändern, Walzen und anderen für die Schallaufzeichnung verwendbaren Materialien. Das Sammeln und Bereitstellen von Tonträgern neben Büchern und Musikalien zählt heute zu den Regelaufgaben der wissenschaftlichen und der öffentlichen ↗Musikbibliotheken, in denen die Ph. eine besondere Abteilung bildet. Daneben gibt es an Universitäten und sonstigen Forschungsstätten Ph.en, die unmittelbar einem besonderen Forschungsbereich dienen (z.B. das Deutsche Volksliedarchiv in Freiburg im Breisgau). Von hohem Dokumentationswert für die Arbeit der einzelnen Rundfunksender sind die Schallarchive dieser Anstalten. Eine zentrale Ph. für den Deutschen Rundfunk wurde 1929 als „Schallarchiv der Reichs-Rundfunk-Gesellschaft" in Berlin gegründet und 1952 als „Lautarchiv des Deutschen Rundfunks" in Frankfurt am Main weitergeführt; es arbeitet seit 1963 in Frankfurt als „Deutsches Rundfunkarchiv". In vielen Ländern mit entwickeltem Bibliothekswesen gibt es zentrale Ph.en, die den Auftrag haben, alle öffentlich angebotenen Tonträger ihres Bestimmungsbereichs möglichst vollständig zu sammeln und bibliographisch zu verzeichnen (London: British Institute of Recorded Sound; Paris: Phonothèque Nationale; Rom: Discoteca di Stato; Stockholm: National-Fonothek; Brüssel: Discothèque Nationale de Belgique; in Washington übt eine Abteilung der Library of Congress entsprechende Funktionen aus). Die zuständigen Institutionen im deutschen Sprachraum: für Österreich die „Österreichische Ph." (Wien); für die Schweiz das „Schweizerische Musikarchiv" (Zürich); in der DDR hat die Deutsche Bücherei in Leipzig vergleichbare Aufgaben. In der Bundesrepublik Deutschland führt eine Abteilung der nationalen Zentralbibliothek, der „Deutschen Bibliothek" in Frankfurt am Main, das „Deutsche Musikarchiv" (DMA) in Berlin seit 1970 die Aktivitäten der 1961 gegründeten „Deutschen Musik-Ph." weiter. Seit 1974 werden die Ergebnisse der auf den deutschen Sprachraum beschränkten Sammeltätigkeit in der „Deutschen Bibliographie. Musiktonträgerverzeichnis" regelmäßig veröffentlicht.

Lit.: G. SOFFKE, Anlage u. Verwaltung v. Schallplattenslg.en in wiss. Bibl.en (Kö 1961) (= Veröff. des Bibliothekar-Lehrinst. des Landes Nordrhein-Westfalen 19); L. UNGER, Zur Bibliotheksarbeit mit audiovisuellen Materialien (B 1971) (= Beitr. zu Theorie u. Praxis der Bibliotheksarbeit 7); H. RÖSNER, Audiovisuelle Medien (B 1972) (= Bibliotheksdienst, Beih. 74); H. LANZKE, Nationalbibliographisches Zentrum für Musik u. nationale Musikphonothek. Das Dt. Musikarch., in: Forum Musikbibliothek 1 (1980).
H. WASSNER

PHORBEIA (griech.), eine Mundbinde aus Leder oder Stoff, die, einen Spalt für die Lippenöffnung freilassend, vom Mund über die Wangen zum Hinterkopf gezogen und dort befestigt wurde. Die Ph. ist seit etwa 700 v.Chr. für die Doppelaulosspieler (↗Aulos) der griechischen Antike nachgewiesen. Ihre genaue Funktion ist seit langem Gegenstand wissenschaftlicher Diskussion. Vermutlich diente sie nicht so sehr dazu, das starke Aufblasen der Wangen zu verhindern, als vielmehr dazu, den Lippendruck zu unterstützen, d.h., die Ermüdung der Lippenmuskulatur zu verhindern.

Lit.: H. BECKER, Zur Entwicklungsgesch. der antiken u. ma. Rohrblattinstr. (H 1966).
M. BRÖCKER

PHORMINX (griech.), eine ↗Leier der griechischen Antike mit einem Resonanzkörper in Form eines Halbkreises oder einer Sichel, an dem 2 gerade oder gebogene, oben mit einem Querholz (Joch) verbundene Jocharme senkrecht befestigt waren. 2–6, in der Regel 4 Saiten waren über die Decke gezogen und um das Joch gewickelt. Das Instrument konnte mit und ohne Plektrum gespielt werden. Darstellungen auf Vasen zeigen, daß die Ph. seit dem 9. Jh. v. Chr. in Griechenland bekannt war. Erwähnt wird sie u. a. bei Homer *(Ilias, Odyssee)*, die literarischen Quellen lassen jedoch eine genaue Unterscheidung von Ph., ↗Kithara und ↗Lyra nicht immer zu. Sicher scheint zu sein, daß die Ph. seit dem 6. Jh. v. Chr. von Kithara und Lyra verdrängt wurde, denn seit dem 5. Jh. ist sie namentlich nicht mehr nachzuweisen.

Lit.: M. WEGNER, Das Musikleben der Griechen (B 1949); B. AIGN, Die Gesch. der Musikinstr. des ägäischen Raumes bis um 700 vor Christus (Diss. F 1963); A. J. NEUBECKER, Altgriech. Musik (Da 1977).

M. BRÖCKER

PHRASE ↗Satz.

PHRASIERUNG (von griech. phrasein = anzeigen, erkennen; engl.: phrasing; frz.: phrasé; it.: fraseggio; span.: fraseo), die sinnvolle Gliederung eines musikalischen Ablaufs in Perioden, Taktgruppen und Motive. Die Ph. ist Teil der formalen Analyse und – der Interpunktion der Sprache vergleichbar – Voraussetzung für eine sinngemäße und deutliche Interpretation. Im Gegensatz zur ↗Artikulation, die sich auf die differenzierte Verbindung zwischen den Einzeltönen (als legato oder staccato) bezieht, behandelt die Ph. die Einteilung der Binnenstrukturen (vom weiträumigen Zusammenhang bis zum kurzen Motiv), die sich aus den metrisch-rhythmischen, aber auch aus den melodischen und harmonischen Merkmalen der Komposition ergeben. Eine spezielle Ph.s-Lehre wurde von H. Riemann aufgestellt. Er gründete sein System vorwiegend auf das Formprinzip der ↗Periode, das durch eine konsequent symmetrische, auf dem Multiplikator 2 basierende Gliederung gekennzeichnet ist: zwei Taktmotive bilden eine Phrase, zwei Phrasen schließen sich zum viertaktigen „Halbsatz" zusammen, einem „Vordersatz" folgt ein entsprechend gestalteter „Nachsatz". Dieser Typus musikalischer Entwicklung in proportional wachsenden Phasen: 1+1+2+4 (oder 2+2+4) stellt tatsächlich von der Mitte des 18. bis weit ins 19. Jh. hinein das bestimmende – wenn auch nicht das alleingültige – Prinzip des kompositorischen Denkens dar. In zahlreichen „natürlich gewachsenen" Formen sind seine Grenzen durch Einschnitte – Pausen, weite Abstände oder Haltetöne – eindeutig markiert.

W. A. Mozart, Klaviersonate C-Dur, KV 545, 3. Satz

Artikulationszeichen können die normgerechte Gliederung verdeutlichen, aber auch verschleiern, wenn etwa eine formale Zäsur durch einen Legatobogen überdeckt wird:

W. A. Mozart, Rondo für Klavier F-Dur, KV 494, 3. Satz

Typische Erscheinungsformen einer solchen Vermeidung von Einschnitten sind: 1. die Phrasenverschränkung oder -verkettung (der Schluß der voraufgehenden ist der Anfang der folgenden Phrase)

W. A. Mozart, Streichquintett g-moll, KV 516, 1. Satz

und 2. die Phrasenüberschneidung, die vor allem bei mehrstimmiger, imitierender Setzweise vorkommt, sich aber gelegentlich auch in einer einzelnen melodischen Linie findet.

J. S. Bach, Fuge c-moll aus dem *Wohltemperierten Clavier* I

In vielen Fällen bereitet vor allem die Abgrenzung der kleinsten Abschnitte, der Motive, Schwierigkeiten. Die „richtige" Lösung kann oft aus Gestaltungsformen, die im weiteren Verlauf des musikalischen Geschehens isoliert auftreten, erschlossen werden. Viele musikalische Abläufe sind jedoch in ihrer Gliederung nicht eindeutig. In seinen *Mozart-Variationen* phrasiert M. Reger das im Original fast unbezeichnete Thema (a) durch unterschiedliche Artikulationszeichen in Bläsern (b, Takt 1 ff.) und Streichern (c, Takt 9 ff.) auf gegensätzliche Art und demonstriert damit die Ambivalenz der Binnenstruktur:

In der Vokalmusik deckt sich die Ph. üblicherweise mit der Textgliederung, doch ergeben sich auch hier gelegentlich Konflikte, etwa bei strophischen Vertonungen oder aus Gründen emphatischer Betonung.

J. S. Bach, *Jesu meine Freude,* BWV 227, Satz 9

Das Bestreben, formale Abläufe zu gliedern, zeigt sich schon in der späten Choralnotation, die bei melismatischen Gesängen zur Markierung von Abschnitten kleine Teilungsstriche verwendet. Eigene Zeichen zur Andeutung kurzer Einschnitte benutzten auch E. de' Cavalieri (*Rappresentazione*, um 1600) und H. Schütz (*Beckerscher Psalter*, 1628). Für die Instrumentalmusik hat Fr. Couperin im 3. Buch seiner *Pièces de clavecin* (1722) Ph.s-Zeichen eingeführt; wohl unabhängig davon waren didaktisch gemeinte Hinweise bei J. Mattheson (1737) und in D. G. Türks Klavierschule (1789). Allgemeine Verbreitung fanden diese Ansätze nicht. Die Komponisten des 18. Jh. vertrauten offensichtlich auf die normative Kraft des Periodensystems und auf das Einfühlungsvermögen der Ausführenden. Vom frühen 19. Jh. an finden sich immer häufiger Bögen, die nicht ausschließlich als Legatoanweisung zu verstehen sind, sondern offensichtlich einen größeren Zusammenhang anzeigen sollen (bei L. van Beethoven, C. M. von Weber, Fr. Schubert u. a.). Zur Verdeutlichung der Detailstruktur wird das Mittel der Balkensetzung genutzt:

J. Brahms, Symphonie e-moll, op. 98, 2. Satz

Von 1882 an entwickelte H. Riemann seine systematische Ph.s-Lehre. Als „ältere Bestrebungen in dieser Richtung" bezeichnet er selbst die Veröffentlichungen von J. A. P. Schulz (1774), H. Chr. Koch (1793), J. J. de Momigny (1806), M. Lussy (1873) und R. Westphal (1880). Riemann gab mit seiner Theorie und ihrer praktischen Anwendung in sog. „Phrasierungsausgaben" von Werken der Wiener Klassik einen wichtigen Anstoß zur Erkenntnis des Problems und eine notwendige Korrektur des damals übertriebenen Taktakzentuierens. Er verabsolutierte jedoch seine nur in bestimmten Grenzen gültigen Erkenntnisse, vor allem mit der These vom generell auftaktigen Charakter aller Musik, und löste damit zunehmend berechtigte Kritik aus. In einer Zeit, die den eigentlichen Ausgangspunkt der Interpretation im – zuweilen nur spärlich bezeichneten, aber unverfälschten – „Urtext" sah, mußten subjektiv bearbeitete Ph.s-Ausgaben als abwegig erscheinen. Dennoch bleibt es Riemanns Verdienst, die Wichtigkeit der Ph. für den Vortrag ins Bewußtsein gebracht zu haben, wobei seine übertrieben aufs Detail gerichtete Methode heute einer mehr ganzheitlichen Auffassung Platz gemacht hat.

Lit.: J. MATTHESON, Kern Melodischer Wiss. (H 1737, Faks.-Ausg. Hil 1976); J. A. P. SCHULZ, Art. Vortrag, in: J. G. Sulzer, Allgemeine Theorie der Schönen Künste II (L 1774, Nachdr. Hil 1967); H. Ch. KOCH, Versuch einer Anleitung zur Composition III (L 1793, Nachdr. Hil 1969); J. J. DE MOMIGNY, Cours complet d'harmonie et de composition, 3 Bde. (P 1803–06); M. LUSSY, Traité de l'expression (P 1873, ^{8}1904), dt. Übers. v. F. Vogt als: Die Kunst des musikal. Vortrags (L 1885); DERS., L'anacrouse dans la musique moderne (P 1903, ^{2}1928); R. WESTPHAL, Allgem. Theorie der musikal. Rhythmik seit J. S. Bach (L 1880, Nachdr. Wie 1968); H. RIEMANN, Art. Ph., in: Musik-Lexikon (L 1882, B ^{8}1916); DERS. – C. FUCHS, Praktische Anleitung zum Phrasieren (L 1886), NA als: Katechismus der Ph. (L 1890); H. RIEMANN, Präludien u. Stud. Gesammelte Aufsätze, 3 Bde., I (F 1895), II–III (L 1900–01), Nachdr. in einem Bd. (Hil 1967); DERS., Vademecum der Ph. (L 1900), 3. Aufl. als: Hdb. der Ph. (1912); F. KULLAK, Der Vortrag in der Musik am Ende des 19. Jh. (L 1898); TH. WIEHMAYER, Musikal. Rhythmik u. Metrik (Magdeburg 1971); H. SCHENKER, Weg mit dem Ph.s-Bogen, in: Das Meisterwerk in der Musik I (Mn 1925, Nachdr. Hil 1974); A. H. FOX STRANGWAYS, Phrasing, in: ML 9 (1928); H. KELLER, Ph. u. Artikulation (Kas 1955), engl. NA v. L. Gerdine als: Phrasing and Articulation. A Contribution to a Rhetoric of Music (NY 1973); H. HAACK, Das Ph.s-Problem, in: Kgr.-Ber. Bonn 1970 (Kas 1971).

E. PLATEN

PHRYGISCH, in der altgriechischen Musiktheorie Bz. für die Oktavgattung mit dem Umfang d^1–d. – Im System der ↗Kirchentöne Bz. für den 3. Modus der durch die Skala e f g a h c^1 d^1 e^1 charakterisiert ist, während „hypophrygisch" die Bz. für den 4. Modus bildet, der durch die Skala H c d e f g a h gebildet wird. Bekannte Beispiele für ph.e Melodien sind u. a. *O Haupt voll Blut und Wunden* (Melodie von H. L. Haßler zu *Herzlich tut mich verlangen*) und *Ach Gott vom Himmel sieh darein* (Melodie verwendet als C. f. im Gesang der Geharnischten in W. A. Mozarts *Zauberflöte*). Weitgehend in Ph. sind auch die einstimmigen Partien in der Johannes-Passion von H. Schütz. Die Harmonisierung von Kadenzen zum Grundton ph.er Melodien ist durch einen Halbtonschritt abwärts zum Grundton (Leitton von oben) in der untersten Stimme und eine entsprechende Akkordfolge charakterisiert, die in der Harmonielehre als ph.er Schluß bezeichnet wird:

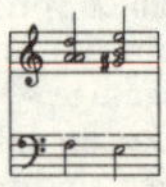

In dieser Form ist der ph.e Schluß identisch mit einem Halbschluß auf der Dominante von a-moll.

PHYSHARMONIKA ↗Harmonium.

PIAF, Edith (eig. Edith Giovanna Gassion), * 19. 12. 1915 Paris, † 11. 10. 1963 ebd.; frz. Chansonsängerin. E. P. verdiente schon 15jährig ihren Lebensunterhalt als Straßensängerin, wurde 1935 von dem Cabaret-Direktor Louis Leplé in Paris entdeckt, der sie „La môme Piaf" (dt. häufig „Der Spatz von Paris") nannte, und fand nach wenigen Auftritten auch die Aufmerksamkeit M. Chevaliers, der sie förderte. Ihre ersten großen Erfolge hatte sie mit *Mon légionnaire* und *L'accordéoniste* im Théâtre de l'ABC (1937), im Pariser „Bobino" (1939) und in J. Cocteaus Stück *Le bel indifférent* (1940). E. P., die bald zu den bedeutendsten Chansonsängerinnen Frankreichs zählte, wirkte auch in mehreren Filmen mit (u. a. *Montmartre-sur-Seine, Étoile sans lumière, Paris chante toujours*) und unternahm zahlreiche Tourneen, u. a. in die USA. Sie besaß eine unverwechselbare faszinierende, sehr charaktervolle Stimme. Ihre Chansons spiegeln ihr eigenes bewegtes Leben, Träume, Sehnsüchte und Enttäuschungen des Alltags und über allem den Glauben an die Macht der Liebe. Es erschienen 2 autobiographische Bücher: *Au bal de la chance* (P 1958; engl. Lo u. Philadelphia 1965, Paperback: Lo 1968) und *Ma vie* (hrsg. von J. Noli, P 1964, dt. H 1966). Zu den bekanntesten Liedern, die sie zum Teil selbst geschrieben hat, gehören *Le voyage du pauvre négro, La vie en rose, Je ne regrette rien, C'est l'amour, Milord, Les trois cloches, Cri du cœur, Le vagabond, Hymne à l'amour, Padam ... Padam, Jérusalem, Les yeux de ma mère* und *Exodus.*

Lit.: P. HIEGEL, E. P. (Monte Carlo 1962); S. BERTEAUT, P. (P 1969), dt. Übers.: Ich hab' gelebt, Mylord (Mn 1970); D. SCHULZ-KOEHN, Vive la chanson (Gütersloh 1969); J. NOLI, Edith (P 1973); G. COSTAZ, E. P. Choix de chansons, discographie, portrait (P 1974); D. GASSION, P. ma sœur (P 1977); M. LANGE, Histoire de P. (P 1979).

PIANET, ein von Werner Zacharias für die Firma Hohner entwickeltes elektro-mechanisches Tasteninstrument, dessen Metallzungen durch auf ihnen haftende Anheber in Schwingung versetzt werden. Wird eine Taste niedergedrückt, so zieht der auf dem hinteren Ende des Tastenhebels sitzende Anheber die Zunge zunächst mit sich. Dann wird die Haftung aufgehoben, so daß die Zunge frei schwingen kann. Die Zungen sind magnetisiert und erzeugen in vor ihnen angebrachten Spulen elektrische Spannungen, die durch einen Verstärker auf Lautsprecher oder Kopfhörer übertragen werden. Wie beim ↗Clavinet, das sich mit dem P. koppeln läßt, sind durch den Anschlag dynamische Nuancen möglich.

PIANINO (Diminutiv von it. piano), auf C. Pleyel zurückgehende Bz. für ein Pianoforte mit rechteckigem, aufrecht stehendem Gehäuse. Von den früheren vertikalen Instrumenten (↗Giraffenklavier, Lyraflügel, ↗Pyramidenklavier) unterscheidet sich das P. vor allem dadurch, daß der Resonanzkasten mit dem vertikalen, schrägen oder kreuzsaitig angeordneten Saitenbezug nicht in Tastaturhöhe, sondern direkt über dem Boden beginnt. Die ersten P.s wurden 1800 in Wien (H. Müller) und in Philadelphia (J. I. Hawkins) entwickelt, in Deutschland setzte der Bau erst um die Mitte des 19. Jh. ein. Heute werden die aufrecht stehenden Hammerklaviere im Unterschied zum ↗Flügel gewöhnlich als ↗Klavier bezeichnet.

Lit.: O. HILDEBRAND, Das P. (Donauwörth 1905).

PIANISSIMO ↗piano.

PIANO ↗Klavier.

PIANO (it., = leise, sanft), Abk.: *p,* Vortrags-Bz., die sich auf die Tonstärke (↗Dynamik) bei der Interpretation eines Musikwerks bezieht. Gegensatz: ↗forte. Die Bezeichnung p. in diesem Sinn erscheint erstmals am Ende des 16. Jh. (z. B. in der *Sonata pian' e forte* von G. Gabrieli, 1597) und wurde im Laufe der folgenden Jahrhunderte immer mehr gebräuchlich. Es kommt dann auch zu einer Kennzeichnung der Differenzierung von Lautstärke: *pianissimo,* Abk.: *pp* (sehr leise), *pianopianissimo,* Abk.: *ppp* (äußerst leise). In Kompositionen seit dem 19. Jh. wird gelegentlich auch vier- und fünffaches p. vorgeschrieben. *Mezzopiano* (Abk.: *mp*) bedeutet halbleise.

PIANOFORTE, ein auf B. Cristoforis „Gravecembalo col piano e forte" zurückgehender Begriff, unter dem man seit dem frühen 18. Jh. ein besaitetes Tasteninstrument verstand, dessen Saiten angeschlagen wurden und dessen Ton durch Differenzierung der Anschlagstärke in der Dynamik modifiziert werden konnte. Im Gegensatz zum ↗Cembalo, bei dem die Stärke des Klanges nur stufenweise durch Hinzuziehen bzw. Abstoßen von Registern bei gleichzeitiger Veränderung der Klangfarbe variiert werden konnte, ist für das P. eine stufenlose Veränderung der Dynamik, ähnlich wie beim ↗Clavichord, charakteristisch. Der Begriff wurde im 18. Jh. nicht nur für Instrumente mit der von Cristofori entwickelten Mechanik angewendet, sondern allgemein für solche ↗Klavier-Instrumente, die mit einer der vielen Arten von Hammermechaniken ausgestattet waren (Hammerklavier). Im deutschen Sprachraum setzte sich nach 1900 für das aufrecht stehende P. allgemein die Bezeichnung Klavier durch; das große flügelförmige, von der Form des Cembalos ableitbare Instrument übernimmt nicht nur dessen Äußeres, sondern auch die in Deutschland im 18. Jh. für das Cembalo gebräuchliche Bezeichnung ↗Flügel. Gegenwärtig firmieren noch zahlreiche Klavierfabriken mit „Pianoforte-Fabrik“. In England und Frankreich wird für das P. nur der Begriff „piano“ angewendet. Für das P., insbesondere das des 18. und frühen 19. Jh. wie auch dessen Kopien, findet in Deutschland z. Z. die nicht authentische Bezeichnung Hammerflügel Verwendung.

PIANOLA, Phonola, ein mechanisches Klavier mit einem mechanisch oder elektrisch betriebenen pneumatischen Spielapparat. In ihm regelt ein gelochtes Papierband oder dergleichen die Abläufe so, daß durch Druck- oder Saugluft Tasten- und Hammermechanik betätigt werden. Im Unterschied zu anderen ↗mechanischen Musikwerken können beim P. zusätzlich Tonstärke, Tempo und Klangcharakter manuell durch Hebel reguliert werden.

PIATIGORSKY, Gregor (Grigori Pawlowitsch), * 4. (17.) 4. 1903 Jekaterinoslaw (heute Dnjepropetrowsk), † 6. 8. 1976 Los Angeles; amerik. Cellist russ. Herkunft. Er studierte am Moskauer Konservatorium bei Alfred von Glehn und in Leipzig bei J. Klengel, war 1924–28 1. Cellist beim Berliner Philharmonischen Orchester und begann 1929 mit einem triumphalen Konzert zusammen mit dem New York Philharmonic Orchestra seine internationale Karriere als Solist. Er spielte auch im Trio mit Wl. Horowitz und N. Milstein, mit A. Schnabel und C. Flesch sowie mit A. Rubinstein und J. Heifetz, außerdem im Duo mit S. Rachmaninow und mit A. Schnabel. 1941–49 war er Dozent am Curtis Institute of Music in Philadelphia, übernahm später die Kammermusikabteilung am Berkshire Music Center in Tanglewood und unterrichtete seit 1962 an der University of Southern California in Los Angeles. Mehrere amerikanische Universitäten verliehen ihm die Ehrendoktorwürde. P. spielte auch Uraufführungen von Werken zeitgenössischer Komponisten, darunter von M. Castelnuovo-Tedesco, P. Hindemith und S. Prokofieff. Seine Autobiographie erschien unter dem Titel *Cellist* (Garden City/N.Y., dt. Übers.: *Mein Cello und ich,* Tü 1968, ²1972, Taschenbuchausg. Mn 1975, ²1976).

PIATTI (it.), ↗Becken.

PIATTI, Alfredo Carlo, * 8. 1. 1822 Bergamo, † 18. 7. 1901 Crocetta di Mozzo bei Bergamo; it. Cellist und Komponist. P. erhielt ersten Musikunterricht durch seinen Vater, den Violinisten Antonio P. (* 1801, † 27. 2. 1878 Bergamo). 1832–37 studierte er Cello am Konservatorium von Mailand, unternahm dann mit Erfolg zahlreiche Konzerttourneen in Europa. 1843 konzertierte er in München mit Fr. Liszt, 1844 in Paris und London, wo er sich niederließ. 1859–98 spielte er dort als einer der bekanntesten Solisten bei den Popular Concerts. P., der bedeutendste italienische Cellist seiner Zeit, verfügte über eine hervorragende Bogentechnik und einen reinen, singenden Ton. F. Mendelssohn Bartholdy war von seinem Spiel so beeindruckt, daß er noch 1847 mit einem Cellokonzert für P. begann, das er jedoch nicht mehr vollenden konnte.

WW: 4 Sonaten für Vc. u. Klv. (Mz 1894–96); Concertino für Vc. u. Orch. (Offenbach 1863); 2 Vc.-Konzerte (B 1874, L 1877). – Ferner Lieder mit obligatem Vc. u. Klv.

Ausg.: Studienkonzert d-moll für Vc. u. Klv., überarbeitet v. W. SCHULZ (L 1956) (= Hofmeister Studienwerke o. Nr.).

Lit.: M. LATHAM, A. P. (Lo 1901); C. CAVERSAZZI, Discorso per l'inaugurazione del busto di A. P. (Bergamo 1910); A. GEDDO, Bergamo e la musica (Bergamo 1958) (= Bergamo sintesi o. Nr.).

PIAVE, Francesco Maria, * 18. 5. 1810 Murano bei Venedig, † 5. 3. 1876 Mailand; it. Librettist. Er studierte Rhetorik und Philosophie, schrieb daneben Übersetzungen, Kritiken und Kurzgeschichten und arbeitete seit 1838 als Korrektor in einer venezianischen Druckerei. 1842 trat er mit *Il Duca d'Alba* für G. Pacini erstmals als Librettist hervor. 2 Jahre später begann eine fast 2 Jahrzehnte dauernde fruchtbare Zusammenarbeit mit G. Verdi, mit dem ihn auch wegen der gemeinsamen patriotischen Gesinnung bald tiefe Freundschaft verband. Daneben schrieb er auch Libretti für S. Mercadante *(La schiava saracena),* A. Ponchielli und andere, weniger bekannte Opernkomponisten. 1848–59 war er als Schauspieldirektor und Textdichter am Teatro La Fenice in Venedig, seit 1859 in gleicher Position an der Mailänder Scala tätig, mußte aber aus gesundheitlichen Gründen 1867 vorzeitig ausscheiden. P. gehörte zu den erfolgreichsten italienischen Librettisten des 19. Jh.

WW (Libretti) für G. Verdi: *Ernani* (1844); *I due Foscari,* UA: Venedig 1844; *Macbeth,* UA: Florenz 1847; *Il Corsaro,* UA: Triest 1848; *Stiffelio,* UA: ebd. 1850; *Rigoletto,* UA: Venedig 1851; *La Traviata,* UA: ebd. 1853; *Simone Boccanegra,* UA: ebd. 1857; *Aroldo,* UA: Rimini 1857 (= Neufassung des *Stiffelio*); *La forza del destino,* UA: St. Petersburg 1862, bearb. v. A. Ghislanzoni (1869).

Lit.: G. A. QUARTI, F. M. P. poeta melodrammatico (R 1939); G. ADAMI, Librettisti verdiani, in: Verdi. Studie e memorie (R 1941); U. ROLANDI, Libretti e librettisti verdiani (R 1941); G. MARCHESI, Il libretto, in: Stiffelio (Parma 1968); R. E. AYCOCK, Shakespeare, Boito, and Verdi, in: MQ 58 (1972).

PIBCORN, Pibgorn (engl., aus piob oder pib = Pfeife und corn oder gorn = Horn, Trompete), Name für ein Holzblasinstrument, eine ↗Hornpipe mit einfachem Rohrblatt (aufschlagender Zunge) und mit einer Röhre aus Holz oder Knochen mit 6 vorderständigen Grifflöchern und einem Daumenloch. Als Schallstück dient ein Tierhorn, das am unteren Ende der Pfeife angesetzt wird und das bei den walisischen P.s des 18. Jh. sägeartig gezackte Ränder hatte. Zum Schutz des Rohrblattes wird auch am oberen Ende ein Tierhorn oder ein entsprechend geformter Holztrichter angesetzt. Instrumente dieser Art mit und ohne Horn um das Rohrblatt und mit einer oder zwei parallelen Pfeifen waren weit verbreitet und lassen sich in Europa bis ins 14. Jh. zurückverfolgen.

Lit.: A. BAINES, Bagpipes (O 1960). M. BRÖCKER

PIBROCH (engl.; von gälisch piobaireachd = auf dem Hochland-Dudelsack blasen), seit dem 19. Jh. gebräuchliche Bz. für eine alte schottische Variationsfolge über ein modellhaftes Thema (sog. urlar, = ground) – häufig sog. battle tunes martialischen Charakters, aber auch Liebeslieder und Lamenti – für den schottischen Dudelsack (mit 2 Bordunpfeifen und 1 Spielpfeife [chanter] und in C-Stimmung mit zu hoher Quart und zu tiefer Septe). Charakteristikum des P.-Spiels war die Vielfalt und Steigerung der Verzierungen (Diminutionen, Arpeggien) von Variation zu Variation. Die P.-Praxis stand bei den schottischen Clans in sehr hohem Ansehen. Als das Clan-System im 18. Jh. politisch bedeutungslos wurde, ging diese Praxis zwar zurück, wurde aber durch die Übernahme des Dudelsacks in die britische Militärmusik weitergetragen und durch neue Stücke erweitert. – Im 19. Jh. wurden P.-Sammlungen angelegt (z.B. von Angus MacKay, *A Collection of Ancient Piobaireachd or Highland Music*, Edinburgh 1838), die auch Aufführungshinweise enthalten.

Lit.: J. GRANT, Piobaireachd, its Origin and Construction (Edinburgh 1915); W. MACLELLAN, P., in: MGG X.

PICANDER, Pseudonym von Chr. Fr. ↗Henrici.

PICARDISCHE TERZ (engl.: picardy third; frz.: tierce de Picardie; it.: terza piccarda), auf J.-J. Rousseau (*Dictionnaire*, 1767) zurückgehende Bz. für eine Durterz im Schlußakkord von Kompositionen in Molltonarten. Bei der ironisch gemeinten Bezeichnung bezog sich Rousseau auf eine seinerzeit bereits veraltete Praxis, die in der Kirchenmusik – so auch in derjenigen der Picardie – länger üblich gewesen ist als in der weltlichen Musik. Die in Schlußakkorden bereits seit dem Ende des 14. Jh. (Hs. Apt) erscheinende Terz wurde stets des größeren ↗Konsonanz-Grades wegen – 4:5 statt 5:6 – als Durterz (auch in Mollkompositionen) benutzt. Diese Gepflogenheit wird jedoch erst zu Beginn des 16. Jh. ausdrücklich erwähnt (die Rechtfertigung einer Mollterz im Schlußakkord findet sich erstmals bei P. Aron, *Toscanello de la musica*). Im 17. Jh. setzte sich, zumindest in Italien, der gleichberechtigte Gebrauch der Mollterz in Schlußakkorden durch. Auch in Frankreich scheint man in dieser Hinsicht fortschrittlicher als in Deutschland gewesen zu sein, wie u.a. Fr. E. Niedt in der *Musicalischen Handleitung* (1700) berichtet. Die deutschen Generalbaßlehren des 17. Jh. belegen jedenfalls diesen (vor allem auch von der ↗Stimmung abhängigen) Usus, der z.T. noch bei J. S. Bach nachwirkt.

PICCAVER (Peckover), **Alfred**, * 5. 2. 1884 Long Sutton (Lincolnshire), † 23. 9. 1958 Wien; engl. Sänger (Tenor) span. Herkunft. P. wuchs in New York auf, studierte Elektrotechnik und arbeitete eine Zeitlang bei Thomas Alva Edison, bis Angelo Neumann auf seine Stimme aufmerksam wurde. Nach einer Gesangausbildung in Prag und Mailand debütierte er 1907 in Prag als Roméo in *Roméo et Juliette* von Ch. Gounod und sang 1910 bei einem Gastspiel erstmals an der Wiener Staatsoper. 1912–37 war er deren Ensemblemitglied. Daneben gastierte er in Berlin, London, Paris, bei den Salzburger Festspielen und mehrfach in den USA. 1939–45 lebte er in London, danach als Gesanglehrer in Wien, trat aber bis 1955 noch gelegentlich in Konzerten auf. Kern seines Repertoires waren die Tenorpartien der Opern G. Verdis (z.B. Radames in *Aida*) und G. Puccinis.

PICCHI, Giovanni, it. Komponist und Organist Anfang des 17. Jahrhunderts. P. war seit 1615 Organist der Casa Grande (heute Basilika S. Maria dei Frari) in Venedig, wo er noch 1625 nachweisbar ist. Seine *Intavolatura di balli d'arpicordo* (V ^{2}1621) gehört zu den wichtigsten italienischen Tanzsammlungen für Tasteninstrumente. Sie ist bemerkenswert in bezug auf Ornamentik und Variationstechnik und wegen ihrer entwickelteren, kontrapunktisch aufgelockerten Schreibweise für die linke Hand. P. veröffentlichte außerdem *Canzoni da sonar con ogni sorte d'istromenti* für 2–8 St. mit B.c. (V 1625); mit einer Toccata ist er auch im ↗Fitzwilliam Virginal Book vertreten.

Ausg.: *Balli d'arpicordo*, hrsg. v. O. CHILESOTTI, in: Bibl. di rarità musicali II (Mi o.J.); dass., Faks.-Ausg., in: Boll. bibliografiche musicale (Mi 1934); Keyboard Compositions, hrsg. v. E. KREIDER (1974) (= Corpus of Early Keyboard Music 38).

PICCININI, Alessandro, * 30. 12. 1566 Bologna, † um 1638/39 ebd.; it. Lautenist. P., Sohn des Lautenisten Leonardo Maria P., stand 1582 im Dienst des Hofes von Mantua und ging dann mit seiner Familie an den Hof von Ferrara, wo er bis zum Tode Herzog Alfonsos II. (1597) blieb. 1597 kehrte er nach Bologna zurück, trat in den Dienst des päpstlichen Gesandten Kardinal Aldobrandini und wurde Mitglied der Accademia dei Filomusi. Entgegen der in seinem ersten Lautentabulaturbuch enthaltenen Behauptung ist P. nicht der Erfinder der Erzlaute (Arciliuto). Vielleicht wollte er mit diesem Terminus den Theorbentyp bezeichnen, von dem er nach eigenen Angaben 1594 bei Christoph Heberle (wahrscheinlich Verwechslung mit Wendelin Tieffenbrucker) in Padua ein Exemplar bauen ließ. P. trug auch zur Vervollkommnung des Chitarrone bei, dem er die Bezeichnung Pandora gab. Die genannte Tabulatur enthält auch aufschlußreiche Hinweise über das Lautenspiel. Die Instrumentalstücke, größtenteils Tänze (auch für 2 und 3 Lauten), weisen P. als einen eigenständigen Komponisten aus.

WW: *Intavolatura di liuto* I u. II (Bol 1623 u. 1639).

Ausg.: Opera, hrsg. v. M. CAFFAGNI (Bol 1963ff.) (= Antiquae musicae it. bibl., Monumenta Bononiensia 11), bisher 2 Bde. erschienen.

Lit.: G. KINSKY, A. P. u. sein Arciliuto, in: AMl 10 (1938); O. MISCHIATI – L. F. TAGLIAVINI, P., in: MGG X.

PICCINNI (Piccini), **Niccolò Vito** (Nicola Vincenzo), * 16. 1. 1728 Bari, † 7. 5. 1800 Passy bei Paris; it. Komponist. Er sollte zunächst Priester werden, wandte sich dann aber der Musik zu. P. schrieb in der Hauptsache Werke für die Bühne. Seine erste Oper, *Le donne dispettose* (nicht erhalten), erzielte 1754 in Neapel großen Erfolg. 1758 ging P. nach Rom, wo etwa 50 Opern entstanden, darunter sein bekanntestes Werk *La Cecchina ossia La buona figliuola* (UA: 1760), das durchaus begeistert aufgenommen wurde. Doch die Erfolge seines Schülers und Rivalen P. Anfossi veranlaßten ihn, Rom zu verlassen und sich 1773 nach Neapel zurückzuziehen. 1776 reiste er auf Einladung der Königin Marie-Antoinette nach Paris, wo er sofort mit Hilfe des Librettisten J.-Fr. Marmontel mit der Arbeit an 6 französischen Opern nach Ph. Quinault begann und seinen *Roland* 1778 an der Opéra zur Aufführung brachte. Ein Jahr zuvor war dort die *Armide* von Chr. W. Gluck gespielt worden, deren Stil zahlreiche Anhänger gefunden hatte. Dies entfachte einen Streit zwischen den Anhängern Glucks (den sog. Gluckisten) und denen P.s (Piccinnisten), der sich auch in vielen Schriften niederschlug. Der Hof entschied sich zugunsten P.s und betraute ihn mit der Leitung einer italienischen Truppe in Paris. Mit der Oper *Iphigénie en Tauride* maß er sich 1781 erneut mit Gluck; trotz des schwachen Librettos von Ducongé Dubreuil wurde diese Oper für P. ein wahrer Triumph. Nachdem sich Gluck aus dem Pariser Musikleben zurückgezogen hatte, fand P. in A. Sacchini, dessen Oper *Renaud* 1780 aufgeführt worden war, einen neuen Rivalen. Der Hof gab daraufhin beiden Musikern den Auftrag für eine neue Oper: P. schrieb *Didon* (Marmontel), Sacchini *Chimène*. P.s Werk erzielte 1783 in Fontainebleau einen größeren Erfolg. Allmählich ließ jedoch das Interesse an P.s Opern nach; der Tod seiner Rivalen, die Zurückweisung der *Clytemnestre* (1787) und die Wirren der Revolutionszeit veranlaßten ihn, 1791 nach Neapel zurückzukehren. Dort fiel P. aber 1792 am Hof in Ungnade und floh nach Venedig, wo er noch die Oper *La Griselda* und Psalmen schrieb. 1798 kehrte er endgültig nach Frankreich zurück und wurde dort 1800 zum Inspecteur des Pariser Conservatoire ernannt.

WW: **1) Bühnen-WW:** Von den etwa 120 Opern, deren Aufführung nachgewiesen ist, sind etwa 80 hsl. (teilweise autograph) bzw. gedruckt erhalten. Aus einigen erschienen auch zahlr. Arrangements, besonders aus *La buona figliuola*. – **2) Vokal-WW u. Sonstiges:** *Canzonets* (Lo o.J.); mehrere Kantaten u. einige kirchenmusikal. Werke hsl.; Oratorien (hsl.): *Gioas, rè di Giuda*, UA: Neapel 1752; *La morte di Abele*, UA: ebd. 1758; *Gionata*, UA: ebd. 1792; ferner einige Stücke für Cembalo.

P. stellt in Italien eine Reaktion gegen den Akademismus eines J. A. Hasse, L. Leo und B. Galuppi dar. Er belebte die Gattung Oper, sowohl die Opera seria wie die Opera buffa, indem er auf authentischen Sujets und auf der Wahrheit der Musik bestand. Die starren Formen von Arie und Duett ersetzte er durch Szenenfolgen, deren Ablauf und Tempi durch die dargestellten Affekte und Gefühle bestimmt sind. Er erweiterte ebenfalls die Aktschlüsse, die jetzt neben den traditionellen Ensembles Arien und Rezitative umfassen, die der dramatischen Situation konform sind. In den Opere buffe zeigt P. viel Verve und Einfallsreichtum; zuweilen kommt er hier dem Stil G. Rossinis bereits sehr nahe. Seine Bedeutung für Frankreich war beträchtlich. Er reformierte die Gesangtechnik an der École Royale de Chant et de Déclamation, wo er seit 1784 lehrte, und hatte wie Gluck, jedoch in ganz anderem Sinn, teil an der Reform der klassischen französischen Oper. Mit Unterstützung von Marmontel gelang es ihm, sich dem Geschmack des französischen Publikums anzupassen, und er führte in seine Werke Tänze und 4st. Chöre ein, was nach seinen „Solistenopern" eine Neuheit darstellte. Zwar mangelte es P. an Sinn für das Tragische, doch an Natürlichkeit in Rezitativ und Arie, deren Ausdruckskraft nicht durch Gesangsbravour beeinträchtigt wird, war er Gluck überlegen.

Ausg.: *Iphigénie en Tauride*, Faks. der Ausg. Paris 1781 (Farnborough 1973).

Lit.: G. DESNOIRESTERRES, La musique française au XVIIIe

siècle, Gluck et P. 1774–1800 (P 1872, Nachdr. G 1971); H. DE CURZON, Les dernières années de P. à Paris (P 1890); A. CAMETTI, Saggio cronologico delle opere teatrali di N. P., in: RMI 8 (1901), separat (Tn 1901); H. ABERT, P. als Buffokomponist, in: Jb. Peters 20 (1913), dass., in: Gesammelte Schriften u. Vorträge, hrsg. v. F. Blume (Hl 1929, Tutzing [2]1968); J. D. POPOVICI, La buona figliuola v. N. P. (W 1920); A. DELLA CORTE, P., con frammenti musicali inedite (Bari 1928); M. PASCAZIO, L'uomo P. (ebd. 1951); W. C. HOLMES, Pamela Transformed, in: MQ 38 (1952); W. FISCHER, P., Gluck u. Mozart, in: Mozart-Jb. 1953; E. WINTERNITZ, A Homage of P. to Gluck, in: Studies in 18th Century Music. FS K. Geiringer (Lo 1970); J. G. RUSHTON, The Theory and Practice of Piccinnisme, in: Proc. R. Mus. Assoc. 98 (1971/72); DERS., „Iphigénie en Tauride". The Operas of Gluck and P., in: ML 53 (1972); G. ALLROGGEN, P.s „Origille", in: Anal. Mus. 15 (1975). M.-C. PATIER

PICCOLO (it., = klein), **1)** als Adjektiv allgemein Bz. für das jeweils kleinste und höchstliegende Instrument einer Gattung, wie z. B. Violino oder Violoncello piccolo und P.-Kornett; als Substantiv umgangssprachlich die P.- (oder Pikkolo-)Flöte (it.: Flauto piccolo; ↗Querflöte). – **2)** Orgelregister in 1'-Lage, meist eine eng mensurierte Flöte mit scharfem Klang.

PICHL (Pichel), **Václav** (Wenzel, Wenceslav), * 23. 9. 1731 Bechyně bei Tábor, † 23. 1. 1805 Wien; böhmischer Violinist und Komponist. Er studierte in Prag Violine bei Fr. Pokorny und Komposition bei Josef Seger und war seit 1763 Violinist in verschiedenen Kapellen in Ungarn und seit 1775 Musikdirektor und Kammerkomponist des Erzherzogs Ferdinand in Mailand. 1796 floh er von dort vor der französischen Besatzung und kehrte nach Wien zurück, wo er weiterhin im Dienste des Erzherzogs stand. P. nimmt in seinem Schaffen eine Zwischenstellung zwischen der deutschen und italienischen Musik ein und zeigt Einfallsreichtum in Melodik und Kontrapunktik.

WW: **1) Instr.-WW:** Im Druck erschienen: *Sei fughe con un preludio* (W 1800 u. ö.), Capricen sowie Variationen für V.; Sonaten für Klv.; Sonaten u. Duos für 2 V., für V. u. Va., für V. u. Vc.; Trios für Fl., V. u. Vc. u. für V., Va. u. Vc.; Streichquartette u. -quintette sowie Quartette u. Quintette für Fl. bzw. für Klar. u. Str.; für Orch.: Serenaden; Divertimenti; Symphonien; 3 V.-Konzerte. Hsl. sind zahlr. weitere kammermusikal. u. Orch.-Werke erhalten. – **2) Vokal-WW:** *Ariette a voce sola* (W 1801); über 100 geistliche Werke (Messen, Magnificat u.a.) hsl. erhalten.

Ausg.: *Sei fughe ...*, hrsg. v. J. RACEK – J. KOCIÁN – C. GARDAVSKÝ (Pr 1951, [2]1972) (= MAB 7); Studienkonzert D-Dur für Kb. u. Orch., hrsg. v. H. HERRMANN (L 1957) (= Hofmeister Studienwerke o. Nr.); Quartett e-moll, op. 2 Nr. 4, hrsg. v. W. HÖCKNER (Locarno 1963); 2 Divertimenti für Fl., V. u. Vc., hrsg. v. M. KLEMENT (Pr 1969) (= Musica viva hist. 24).

Lit.: R. KOLISKO, W. P.s Kammermusik (Diss. W 1918); G. A. MUEGEL, Three V. Concertos by W. P. 1741–1805, 2 Teile (1970) (= Diss. Univ. of Southern California).

PICHLER, Günther, * 9. 9. 1940 Kufstein (Tirol); östr. Violinist. Er studierte an der Wiener Musikakademie bei Franz Samohyl und war 1958–60 Konzertmeister der Wiener Symphoniker, 1961–63 der Wiener Philharmoniker sowie 1959–71 der Wiener Solisten. 1963 übernahm P. eine Dozentur an der Wiener Musikhochschule. 1970 wurde er Primarius des Alban-Berg-Quartetts (Wien), dem außerdem *Klaus Maetzl* (* 1940), 2. Violine, *Hatto Beyerle* (* 1941), Viola, und *Valentin Erben* (* 1945), Violoncello, angehören.

PICHT-AXENFELD, Edith, * 1. 1. 1914 Freiburg im Breisgau; dt. Pianistin und Cembalistin. Sie studierte Klavier bei Anna Hirzel-Langenhan in Lugano und bei R. Serkin in Basel sowie Orgel bei Wolfgang Auler und A. Schweitzer. Seit 1928 trat sie bei E. Dofleins Interpretationskursen in Freiburg i. Br. mit Interpretationen von Werken J. S. Bachs und zeitgenössischer Musik hervor. 1935 gab sie in Berlin ihr Debüt und war 1937 Preisträgerin beim Internationalen Chopin-Wettbewerb in Warschau. 1940–42 wirkte sie als Musiklehrerin (mit Chor-, Orchester- und Theateraufführungen) am Internat Birklehof in Hinterzarten (Schwarzwald) und lehrte 1947–78 als Professor für Klavier und historische Tasteninstrumente, seit 1956 auch für Kammermusik, an der Musikhochschule Freiburg. E. P. wurde auch mit zahlreichen Kursen, u. a. in St. Moritz, Darmstadt, Boswil und Tokio, prägend für eine große Zahl von Schülern. Tourneen führten die besonders durch ihr klares, verinnerlichtes Bach- und Beethoven-Spiel anerkannte Künstlerin außer durch Europa auch nach Indien, Brasilien, Mexiko, Südafrika, USA und Japan. Sie setzt sich in besonderem Maße für zeitgenössische Musik (Wiener Schule, W. Fortner u. a.) ein. Künstler wie A. Nicolet, C. Seemann, H. Szeryng, H. Holliger und D. Fischer-Dieskau waren ihre Kammermusikpartner. B. A. KOHL

PICK-MANGIAGALLI, Riccardo, * 10. 7. 1882 Strakonitz (Böhmen), † 8. 7. 1949 Mailand; it. Komponist. Er studierte am Mailänder Konservatorium Klavier und Komposition und widmete sich der Laufbahn eines Konzertpianisten. 1936 übernahm er die Leitung des Mailänder Konservatoriums. Von seinen Werken, die stilistisch an R. Strauss und G. Puccini anschließen, war *Il carillon magico* lange erfolgreich.

WW: **1) Instr.-WW:** Klv.-Stücke; eine Sonate für V. u. Klv. (W 1910, Mi 1936); Streichquartett (W 1910, Mi 1936). – Für Orch.: *Notturno e rondo fantastico* (Mi 1921); *Quattro poemi* (Mi 1926); *Piccola suite* (1927); *Preludio e scherzo sinfonico* (Mi 1938); Humoreske für Klv. u. Orch. (Mi 1933); *Sortilegi* für Klv. u. Orch. (Mi 1927). – **2) Bühnen-WW** (in Rom erschienen): Opern: Commedia mimo-sinfonico *Il carillon magico*, UA: Mailand 1915; *Basi e Bote*, UA: Rom 1927; *Casanova a Venezia*, UA: Mailand 1929; *L'ospite inatteso*, UA: ebd. 1932; *Il notturno romantico*,

UA: Rom 1936; Ballette: *Il salice d'oro*, UA: Mailand 1914; *Sumitra*, UA: Frankfurt 1923; *Mahit*, UA: Mailand 1923; *La berceuse*, UA: San Remo 1933; *Variazioni coreografiche*, UA: ebd. 1935.

Lit.: G. M. GATTI, Musicisti moderni d'Italia e di fuori (Bol [2]1925); DERS., Four Composers of Present-Day Italy, in: MQ 12 (1926).

PIDOUX, Pierre, * 4. 3. 1905 Neuchâtel; Schweizer Musikforscher. Nach dem Theologiestudium in Lausanne (Lic. theol. 1933) widmete er sich 1933–36 am Genfer Konservatorium dem Studium der Kirchenmusik. Er leitete bis 1948 den von ihm 1929 gegründeten Bach-Chor Lausanne und versah Organistenämter 1933–48 an der Chapelle des Terreaux in Lausanne sowie 1948–80 am Temple in Montreux. 1946–65 wirkte P. als Dozent für Hymnologie an der Theologischen Fakultät in Lausanne; 1964 verlieh ihm die Universität Lausanne die Würde eines Dr. theol. h. c. P.' Arbeiten und Ausgaben sind grundlegend insbesondere für die Erforschung des ↗ Hugenottenpsalters und seiner Tradition.

WW: **1) Schriften:** *Notes sur quelques éditions des psaumes de C. Goudimel*, in: RMie 42 (1958); *Der Psalmengesang in der Liturgie der reformierten Kirche* (Lemgo 1959); *Le psautier huguenot du XVIe siècle*, 4 Bde. (Bas – Kas 1962–81); *Polyphonic Settings of the Genevan Psalter. Are They Church Music?*, in: FS W. E. Buszin (St. Louis 1967); *Der Kirchengesang im Waadtland im 18. u. 19. Jh.*, in: Traditionen u. Reformen in der Kirchenmusik. FS K. Ameln (Kas 1974). – **2) Editionen:** *C. Goudimel, Œuvres complètes* (NY 1967 ff.) (zus. mit L. A. Dittmer); *A. Gabrieli, Org.-Werke*, 5 H.e (Kas 1942–53, Nachdr. 1952–59); *G. Frescobaldi, Orgel- und Klavierwerke*, 5 H.e (Kas 1949 ff.); *P. de l'Estocart, Les cent cinquante pseaumes*, Faks.-Ausg. (zus. mit H. Holliger) (Kas 1954) (DMI I/7); *A. van Noordt, Psalmbearbeitungen für Orgel 1659* (Kas 1954).

PIEDI (it., Plur. von piede = Fuß), Bz. für die beiden Verspaare (textlich a b b a, musikalisch a b c d) des 1. Teils (fronte) der Kanzone bzw. des 2. Teils der ↗ Ballata, in der beide P. auf die gleiche Musik gesungen werden.

PIEN, Piän, chinesische Bz. für die zwei der traditionellen chinesischen pentatonischen Skala (f g a c d) hinzugefügten Töne, die sie zu einer 7stufigen Tonleiter ergänzen. Diese beiden Töne führen den Halbtonschritt ein und werden nach dem auf sie folgenden Ton benannt, von dem sie abhängig sind. So ist Pien-tshe = ces (Tshe = c) und Pienkong = fes (Kong = f). Die P.-Stufen werden ausschließlich für Durchgangstöne ohne strukturelle Bedeutung gebraucht. Im weiteren Sinne wird die Bezeichnung P. (nach C. Brăiloiu) auch auf Töne angewendet, die in eine andere Tonleiter hinüberführen und daher Leittoncharakter besitzen.

Lit.: C. BRAÏLOÏU, Un problème de tonalité (la métabole pentatonique), in: Mélanges ... FS P.-M. Masson I (P 1955); J. CHAILLEY, Formation et transformation du langage musical (P 1955).

PIERLOT, Pierre, * 26. 4. 1921 Paris; frz. Oboist. Er studierte am Conservatoire von Valenciennes sowie am Pariser Conservatoire, wo er 1941 einen Premier Prix erhielt, und gehörte dann dem Orchestre Lamoureux, später dem Orchester der Opéra-Comique an. 1942 war er Gründungsmitglied des Quintette à vent français. 1949 gewann er den 1. Preis des Concours international d'exécution musicale in Genf. Mit J.-P. Rampal gründete er 1950 das Ensemble Baroque de Paris. P. ist Solooboist der Pariser Opéra und Professor am Pariser Conservatoire und der Académie Internationale d'Été in Nizza sowie Dozent in Salzburg; zu seinen Schülern zählt H. Holliger.

PIERNÉ. – 1) Henri-Constant-Gabriel, * 16. 8. 1863 Metz, † 17. 7. 1937 Ploujean bei Morlaix (Bretagne); frz. Komponist und Dirigent. Er war am Pariser Conservatoire Schüler von A. Lavignac, A. Fr. Marmontel, Émile Durand, J. Massenet und C. Franck und erhielt 1882 den 1. Grand Prix de Rome mit der Kantate *Edith;* 1890–98 war er als Nachfolger von Franck Organist an Ste-Clotilde. Seit 1903 wirkte er in der Association artistique von É. Colonne mit, deren Leitung er schließlich übernahm. 1910–34 war er als Nachfolger von Colonne 1. Dirigent der Concerts Colonne.

WW: **1) Instr.-WW:** Klv.-Stücke; Sonaten für V. u. Klv. (1900) u. für Vc. u. Klv. (1919); Klv.-Trio; *Sonata da camera* für Fl., Vc. u. Klv. (1927); *Introduction et variations sur une ronde populaire* für Saxophonquartett; Quintett für Klv. u. Str. (1919); für Orch.: *Ballet de cour* (1901); *Paysages franciscains* (1920); *Divertissement sur un thème pastoral* (1932); *Gulliver au pays de Lilliput* (1935); *Poème symphonique* für Klv. u. Orch. (1903); *Concertstück* für Harfe u. Orch. (1903); *Fantaisie basque* für V. u. Orch. (1927). – **2) Vokal-WW:** Klv.-Lieder; Poème symphonique *L'an mil* für Chor u. Orch. (1896); Oratorien; Légende musicale *La croisade des enfants* (1902); Mystère *Les enfants de Bethléem* (1907); *St-François d'Assise* (1912). – Opern: *La coupe enchantée*, UA: Royan 1895, revidiert Paris 1905; *Vendée*, UA: Lyon 1897; *La fille de Tabarin*, UA: Paris 1901; *On ne badine pas avec l'amour* (nach A. de Musset), UA: ebd. 1910; *Sophie Arnould*, UA: ebd. 1927; musikal. Komödie *Fragonard*, UA: ebd. 1934; Ballette, u. a. *Cydalise et le chèvre-pied*, UA: ebd. 1923; *Impressions de music-hall*, UA: ebd. 1927; *Girations*, UA: ebd. 1934; ferner Pantomimen u. Bühnenmusik.

Eine der angesehensten Persönlichkeiten im französischen Musikleben seiner Zeit, blieb P. in seinem umfangreichen Schaffen stets der Tradition Francks verpflichtet und im wesentlichen unberührt von den neuen Strömungen, die von seinem Altersgenossen Cl. Debussy ausgingen, obwohl er ihnen als Dirigent aufgeschlossen gegenüberstand. Die Gebiete, auf denen P. als Komponist hauptsächlich hervortrat, waren Oper, Oratorium und Kammermusik. Ein besonderer Rang kommt den Oratorien zu; sie bekunden eine weitgehende Abkehr von Symphonik und Oper und die Ausprăgung spezieller musikalischer Ausdrucksmöglichkeiten geistlicher Inhalte, wie sie gerade für das französische Oratorium in der 1. Hälfte des 20. Jh. charakteristisch werden.

2) Paul, Vetter von 1), * 30. 6. 1874 Metz, † 24. 3. 1952 Paris; frz. Komponist. P., Schüler von G. Caussade und Ch. Lenepveu, erhielt 1904 den 2. Grand Prix de Rome. Er war als Organist an St-Paul-St-Louis in Paris tätig.

WW: 2 Symphonien; symphonische Dichtungen; *L'illusion vivante* für Klv. u. Orch.; *Masque de comédie* (1930) für Ob., Vc. u. Orch.; eine Messe; Oratorium *Jeanne d'Arc.* – Opern: *Le diable galant,* UA: Trianon 1913; *La figurinaï;* Ballett *La libellule* (1923).

Lit.: **Zu 1):** G. FERCHAULT, P., in: MGG X; J. BRUYR, in: SMZ 103 (1963); H. TRIBOUT DE MOREMBERT, in: Les amis de Metz (1963) Nr. 7.

PIERO (P. di Firenze, Magister P.); it. Komponist. Er stand zusammen mit Jacopo da Bologna und Giovanni da Cascia 1330–50 im Dienst der Visconti in Mailand und der Scaligeri in Verona. Die Hs. Florenz, Bibl. Nazionale, Panc. 26 enthält 8 ihm zugeschriebene Stücke (6 2st. Madrigale und 2 3st. Cacce), von denen zwei sich bereits in der ältesten Quelle des Trecento, dem Codex Rossi, finden. P. ist wahrscheinlich der erste, der 2st. kanonische Madrigale und 3st. Caccie mit instrumentalem Tenor schrieb. Er verwendet sehr häufig Unisonofolgen sowie parallele Quinten und Oktaven.

Ausg.: GA, in: The Music of 14th Century Italy II, hrsg. v. N. PIRROTTA (R 1960) (= CMM 8/2). – Fourteenth Century Italian Cacce, hrsg. v. W. TH. MARROCCO (C/M 1942, ²1961) (= The Mediaeval Acad. of America Publications 39); Italian Secular Music by Magister P., Giovanni da Firenze, Jacopo da Bologna, hrsg. v. DEMS. (Monaco 1967) (= Polyphonic Music of the 14th Century 6).

Lit.: K. VON FISCHER, On the Technique, Origin, and Evolution of It. Trecento Music, in: MQ 47 (1961); DERS., P., in: MGG X; N. PIRROTTA, P. e l'impressionismo musicale del secolo XIV, in: L'Ars nova it. del Trecento. Kgr.-Ber. Certaldo 1962; M. L. MARTINEZ, Die Musik des frühen Trecento (Tutzing 1963) (= Münchner Veröff. z. Musikgesch. 9); K. TOGUCHI, Studio sul Cod. Rossiano 215 della Bibl. Vaticana, in: Annuario dell'Istituto giapponese di cultura 1 (R 1963).

PIERRE-PETIT ↗Petit, Pierre.

PIETKIN (Pietquain), **Lambert-Jean,** * 22. 6. 1613 Lüttich, † 26. 9. 1696 ebd.; wallonischer Komponist. Er war Priester und studierte bei L. de Hodemont an der Maîtrise der Kathedrale von Lüttich, wo er 1630 2., 1632 1. Organist, 1640 Vice-maître de chant und 1644 (bis 1674) Maître de chant wurde. Er reorganisierte die Maîtrise und gab im geistlichen Repertoire der italienischen Musik den Vorzug. Seine eigenen Kompositionen stehen teilweise in der Tradition der niederländischen Polyphonie, teilweise zeigen sie den konzertierenden Stil mit Instrumenten nach italienischer Art.

WW: *Sacri concentus* für 2–8 St. (vokal u. instr.) u. B. c. (Lüttich 1668); 10 Motetten für 5–8 St. u. B. c. sowie 2 Sonaten für 4 Instr. u. B. c. sind hsl. erhalten.

Lit.: J. QUITIN, L. P., Maître de chant de l'église cathédrale de St-Lambert à Liège 1613–96, in: RBMie 6 (1952); DERS., Orgues, organiers et organistes de l'église cathédrale Notre-Dame et St-Lambert à Liège aux XVIIe et XVIIIe siècle, in: Bull. de l'Inst. archéologique liégeois 80 (1967); J. M. ANTHONY, The Vocal Music of L. P. for the Cathedral of Liège (1977) (= Diss. Univ. of Michigan).

PIFFERO, Piffaro (it.), Bz. für ein Doppelrohrblattinstrument aus Piemont, das im Gegensatz zur konischen ↗Ciaramella ein zylindrisch gebohrtes Instrument mit 7 vorderständigen Grifflöchern und einem Daumenloch ist. Der Name P. war früher wohl auch in anderen Gebieten Italiens verbreitet, denn noch heute heißen die Hirten Zentralitaliens, die mit ↗Zampogna (Sackpfeife) und Ciaramella zur Weihnachtszeit in die Städte kommen, „Pifferari". Deren Melodien finden sich gelegentlich in der Kunstmusik, u.a. in Pastoralsätzen von G. Frescobaldi, J. K. von Kerll und G. Fr. Händel, vgl. auch ↗Piva.

Lit.: M. BRÖCKER, Il P., ein Spieler u. sein Instr., in: Studia instrumentorum musicae popularis 7 (Sto 1981) (= Musikhistoriska museets skrifter 9). M. BRÖCKER

PIJPER, Willem Frederik Johannes, * 8. 9. 1894 Zeist bei Utrecht, † 18. 3. 1947 Leidschendam; ndl. Komponist. Er studierte 1911–16 bei J. Wagenaar in Utrecht, wo er 1918–23 auch als Musikkritiker tätig war. 1925–30 war er Professor für Komposition am Konservatorium von Amsterdam und 1930–47 Direktor des Konservatoriums von Rotterdam. P. ist der bedeutendste niederländische Komponist der 1. Hälfte des 20. Jh.; als hervorragender Pädagoge bildete er nahezu eine gesamte Komponisten-Generation seines Landes aus. Seine ersten Werke stehen unter dem Einfluß G. Mahlers. Nach der Beschäftigung mit A. Schönberg, I. Strawinsky und D. Milhaud um 1920 prägte sich sein persönlicher Stil voll aus, eine Schreibweise, die auf der Polytonalität beruht und von großer rhythmischer Vielfalt ist.

WW: Sonaten: 2 für V. (1919, 1922); 2 für Vc. (1919, 1924); für Fl. (1925); für Klv. (1930); für V. solo (1931); für 2 Klv. (1935); 2 Klv.-Trios (1914, 1921); Bläsertrio (1927); 4 Streichquartette (1914, 1920, 1923, 1928). – 3 Symphonien (1917, 1921, 1926); *6 „Epigramme"* (1928) (zur 40-Jahr-Feier des Concertgebouw); Konzerte für: Klv. (1927); Vc. (1936); V. (1939). – Orchestergesänge: *Fêtes galantes* (1916) u. *Romances sans paroles* (1919) (nach P. Verlaine) sowie Hymne (1943). – Oper *Halewijn,* UA: Amsterdam 1933. – Ausgew. Musikkritiken als: *De quintencirkel* (A 1929, erweitert ⁴1964) u. *De stemvork* (A 1930).

Lit.: K. PH. BERNET KEMPERS, Inleiding tot de opera Halewijn van W. P. (Rotterdam 1933); A. L. RINGER, W. P. and the „Netherlands School", in: MQ 41 (1955); K. VAN BAZEN, W. P. (A 1957); W. C. M. KLOPPENBURG, Thematisch bibliogr. cat. van de werken van W. P. (Assen 1960); P. DICKINSON, The Instr.

Music of W. P., in: MR 24 (1963); Sonder-H. W. P. (1967) (= Sonorum speculum 30); H. C. RYKER, The Symphonic Music of W. P. (1971) (= Diss. Univ. of Washington); F. W. HOOGERWERF, The Chamber Music of W. P. 1894–1947 (1974) (= Diss. Univ. of Michigan).

PIKAISEN, Viktor, * 15. 2. 1933 Kiew; sowjetruss. Violinist. Er studierte 1957–60 am Moskauer Konservatorium, wo er Schüler von D. Oistrach war; 1955 wurde er 5. Preisträger beim Concours musical international Reine Élisabeth de Belgique in Brüssel, 1957 erreichte er den 2. Platz beim Concours international de piano et violon M. Long – J. Thibaud in Paris, 1958 den 2. Platz beim Tschaikowsky-Wettbewerb in Moskau und erhielt 1965 den 1. Preis beim Concorso internazionale di violino N. Paganini in Genua. Seit 1960 gehört er der Moskauer Philharmonie an und lehrt seit 1966 am Moskauer Konservatorium. P. ist bei Gastspielen auch im westlichen Europa aufgetreten.

PILKINGTON, Francis, * um 1570, † 1638 Chester; engl. Komponist. Er war Bachelor of Music der Universität Oxford, Lautenist und später Chorsänger und Praecentor an der Kathedrale von Chester. P. ist einer der weniger profilierten Komponisten von Madrigalen und Lautenliedern im stilistischen Umkreis von Th. Morley und J. Dowland.

WW: *First booke of songs and ayres* für SingSt u. Laute (Lo 1605); 2 Bücher *Madrigals and pastorals* für 3–6 St. (Lo 1613, 1624), das 2. Buch mit einer Fancy für Violen; 2 Gesänge in: W. Leighton, The Teares or Lamentations (= RISM 1614[7]); Tanzsätze u. Songs für Laute hsl. erhalten.

Ausg.: *The First booke of Songs*, hrsg. v. G. E. P. ARKWRIGHT (Lo 1898, Nachdr. NY 1969); dass., Teil I, hrsg. v. E. H. FELLOWES (Lo 1907), revidiert v. Th. Dart (Lo 1971) (= The Engl. Lute Songs I/7 u. 15); GA der Madrigale, hrsg. v. E. H. FELLOWES (Lo 1923), revidiert v. dems. (Lo 1958–59) (= The Engl. Madrigalists 25–26); Complete Works for Solo Lute, hrsg. v. B. JEFFERY (Lo 1970) (= Music for the Lute 3); Lyrics from Engl. Airs 1596–1622, hrsg. v. E. DOUGHTIE (C/M 1970) (= kritische Ausg. der Texte zu *The First Booke of Songs*... 1605); die Gesänge aus RISM 1614[7] in der NA dieses Sammeldrucks, hrsg. v. C. HILL (Lo 1970) (= Early English Church Music 11).

Lit.: E. H. FELLOWES, The Engl. Madrigal Composers (Lo 1921, [2]1948, Nachdr. Lo 1958); R. NEWTON, The Lute Music of F. P., in: The Lute Soc. Journal 1 (1958).

PIMPINONE ODER DIE UNGLEICHE HEIRAT, Lustiges Zwischenspiel in 3 Akten von Georg Philipp Telemann (1681–1767), Text von Johann Philipp Praetorius nach P. Pariatis *Vespetta e Pimpinone*. UA: 27. 9. 1725 in Hamburg (Gänsemarkt-Oper).

Das Zwei-Personen-Stück basiert auf einem häufig gestalteten Stoff: Eine listig-kapriziöse Magd lockt einen alten Hagestolz in eine Heiratsfalle; beide geraten in wüsten Beschimpfungen aneinander, bis der Alte endlich resigniert und verstummt. Aus dem stofflichen Vorwurf, aus der Verzerrung musikalischer Elemente bis zur Groteske und der Divergenz von tradiertem musikalischem Affekt und sprachlich-szenischer Aktion bezieht das Werk seine komisch-dramatische Wirkung. Den Höhepunkt der karikierenden Partien bildet Pimpinones Nachgestaltung eines Weiber-Dialogs, die in Baß-, Alt- u. Falsett-Lage zu singen ist. – Telemann komponierte *Pimpinone* (nach neapolitanischer Tradition) als Intermezzo zur Aufführung von G. Fr. Händels Oper *Tamerlano*. Aus der Libretto-Vorlage (von T. Albinoni als Intermezzo zu *Astarto* bereits 1708 für Venedig komponiert) übernahm er die Arien und Duette in Originalsprache; lediglich eine Arie, die beiden Schlußduette und die Secco-Rezitative erhielten deutschsprachigen Text. Das Werk verselbständigte sich schnell (auch als *Die ungleiche Heirat oder Das herrsch-süchtige Cammer-Mädgen*) und wurde mit barocken Instrumentalkonzerten (vermutlich von C. Tessarini, T. Albinoni u. A. Vivaldi) als Entr'acte-Musiken aufgeführt. Somit schuf Telemann acht Jahre vor Pergolesis *Serva Padrona* den deutschen Beitrag zur Frühgeschichte der Buffo-Oper. 1727 ließ er eine Fortsetzung (*Die Amours der Vespetta oder Der Galan in der Kiste;* Text: C. W. Haake) folgen, deren Partitur jedoch verlorenging. J. SCHLÄDER

PINCÉ, pincement, Bz. für eine der gebräuchlichsten Verzierungen in der französischen Musik des 17. und 18. Jh., insbesondere bei den Clavecinisten. Sie besteht aus einem raschen einmaligen oder mehrmaligen Wechsel zwischen einer Note und ihrer unteren chromatischen oder diatonischen Nebennote und der Rückkehr zur Hauptnote. Das P. ist also in dieser Ausführung gleichbedeutend mit dem Martèlement und dem dt. ↗Mordent. Fr. Couperin unterscheidet zwischen P. simple (einmaliger Wechsel), P. double (dreimaliger Wechsel) und P. continu (Triller). Die Notierung des P. schwankt beträchtlich: bei den Lautenisten ein Punkt unter dem Tabulaturbuchstaben oder die Zeichen > oder × neben ihm; bei den Clavecinisten ⩘ über der Note (J. Champion de Chambonnières, N. Lebègue, Fr. Couperin, J.-Fr. d'Andrieu) oder neben der Note (J. H. d'Anglebert, J.-Ph. Rameau) bzw. + über der Note (J. Duphly); in der Musik für Streichinstrumente das Zeichen // über der Note, ebenso mit dem Zeichen ⩘⩘ für die doppelte Ausführung (genannt Martèlement), speziell bei einigen Violinisten (z. B. J. B. L'Abbé). In allen Fällen beginnt das P. mit der Hauptnote auf der Zählzeit, von deren Dauer es abgezogen wird:

Besonders bei Rameau ist es häufig mit dem ↗Port de voix kombiniert:

PINCHARD, Max, * 21. 7. 1928 Le Havre; frz. Komponist und Musikschriftsteller. P., Schüler von Albert Beaucamp (Harmonielehre) und G. Migot (Komposition), Lehrer für Musikgeschichte am Konservatorium von Rouen, leitet seit 1967 die Musikabteilung der Éditions Ouvrières in Paris. Obgleich er aufmerksam die musikalischen Strömungen seiner Zeit verfolgt, hält er sich unabhängig, um seiner Vorstellung, nach der Musik menschliche Kommunikation sei, treu zu bleiben.

WW: **1) Instr.-WW:** 4 Inventionen für 2 V. (1960); *Prélude, cadence et finale* (1965) für Vc. u. Klv.; *Prélude et danse* (1966) für Va. u. Vc.; *Sonate concertante* (1967) für Fl. u. Klv.; *Divertissement d'été* (1961) für Fl., V., Vc. u. Klv.; *Tombeau de Marin* (1967) für Fl., V., Va. da gamba u. Spinett. – 2 Symphonien (1961, 1965); Cemb.-Konzert (1969); Doppelkonzert für Va., Vc. u. Streichorch. (1969); *Karma* (1971) für Klar. u. Streichorch. – **2) Vokal-WW:** Funkoratorium *Tombeau de Federico García Lorca* (1960) für Sprecher, Vokalensemble, Fl., Klar., Trp., Vc., Schlagzeug u. Klv.; *Office pour une communauté paroissiale* (1960) für 2 St. u. Org.; Kantate *Le fruit partagé* (1969) für Chor, einen Solisten u. Streichorch.; Lieder, weltliche u. geistliche Chöre. – **3) Schriften:** *L'introduction à l'art musical* (P 1967, revidiert 1965); *Connaissance de G. Migot, musicien français* (P 1959); *À la recherche de la musique vivante,* 2 Bde. (P 1967–69).

PINCHERLE, Marc, * 13. 6. 1888 Constantine (Algerien), † 20. 6. 1974 Paris; frz. Musikforscher. Er studierte in Paris bei R. Rolland, Louis Laloy und A. Pirro, war 1927–55 Leiter der Société Pleyel, 1948–56 Präsident der Société Française de Musicologie, seit deren Gründung 1948 auch der Académie Charles Cros und gehörte auch als assoziiertes Mitglied der Académie Royale de Belgique an. 1925–27 war er als Chefredakteur des *Monde musical* und 1927–30 der Zeitschrift *Musique* tätig. Seit 1945 schrieb er Musikkritiken für die *Nouvelles littéraires.*

Schriften: *Corelli et son temps* (P 1933, erweitert 1954, engl. NY 1956, 1968); *A. Vivaldi et la musique instrumentale,* 2 Bde. (P 1948, Nachdr. NY 1964); *J.-M. Leclair* (P 1952); *Vivaldi* (P 1955, engl. NY 1957); *A. Roussel* (G 1957, dt. F 1957) (= Die großen Komponisten des 20. Jh. 2); *Des manières d'exécuter la musique aux XVIIe et XVIIIe siècles,* in: Kgr.-Ber. New York 1961; *Tartiniana* (Padua 1972). – P. edierte *J.-B. de Boismortier, Sonates pour flûtes et clavecin* (P 1970) (= Le pupitre 20).

Lit.: G. THIBAULT, M. P. 1888–1974, in: RMie 61 (1975); A. DEVRIÈS – F. LESURE, Collection musicale M. P. (P 1975); J. GRIBENSKI, Bibliographie des travaux de M. P., in: RMie 61 (1975).

PINDAROS, * 522 oder 518 v. Chr. Kynoskephalai bei Theben, † nach 446 v. Chr. Argos; griech. Dichter. Von seinem Schaffen sind das am umfangreichsten erhaltene Werk die *Epinikia,* Loblieder auf Sieger in den panhellenischen, d. h. den Olympischen, Pythischen, Nemeischen und Isthmischen Spielen. Sie stellen durch Aulos und/oder Kithara begleitete Choroden dar, deren Musik nicht überliefert ist, und folgen im Aufbau keinem festen Schema, doch geht einem Hauptteil oft ein prunkvolles Prooemium voraus. Einige weisen den sog. triadischen Aufbau aus Strophe, Antistrophe und Epode auf. P. sieht sich selbst als Dichter-Musiker, dessen das Wort begleitende Musik Macht sowohl über die Menschen wie über die Götter hat. – Seit der Renaissance werden die Oden des P. oft nachgeahmt (↗Ode). Die von A. Kircher in seiner *Musurgia universalis* (1650) wiedergegebene antike Melodie für den Anfang der 1. Pythischen Ode von P. ist vermutlich nicht authentisch.

Lit.: W. SCHADEWALDT, Der Aufbau des pindarischen Epinikion (HI 1928, Nachdr. 1966) (= Schriften der Königsberger gelehrten Ges., Geisteswiss. Klasse V/3); H. GUNDERT, Pindar u. sein Dichterberuf (F 1935); J. DUCHEMIN, Pindare. Poète et prophète (P 1955); E. PÖHLMANN, Griech. Musikfragmente (Nü 1970) (= Erlanger Beitr. z. Sprach- u. Kunstwiss. 8).

B. R. SUCHLA

PINEL, Germain, † 1664 Paris; frz. Lautenist, Theorbist und Komponist. Er stand seit 1640 im Dienste von Ludwig XIV., erhielt 1647 den offiziellen Auftrag, ihm Lautenunterricht zu erteilen, und wurde 1656 zum Königlichen Lautenisten und Theorbisten ernannt. 1659 durfte er aufgrund eines Privilegs seinem Sohn Séraphin sein eigenes Amt des Hoflautenisten übertragen, während er als „Compositeur ordinaire de la musique de la Chambre" in königlichen Diensten verblieb. François, ein weiterer Sohn von ihm, war 1668–73 ebenfalls als Theorbist am Hof tätig. Das Schaffen von P., der der Lautenistengeneration um die Familien Gaultier und Gallot angehört, zeigt ein auffallend starkes persönliches Gepräge.

WW: Einzelne Stücke in: *Suittes faciles pour 1 flûte ou 1 violon et b. c. . . .* (A 1703). – Kompositionen für Laute u. a. Instr. hsl.

Ausg.: *Gigue angloise* u. *La belle courante,* in: Vingt suites d'orchestre du XVIIe siècle français, hrsg. v. J. ÉCORCHEVILLE (P 1906); Sarabande, hrsg. v. CH. VAN DEN BORREN, in: ZfMw 13 (1930/31).

Lit.: M. BRENET, Notes sur l'histoire du luth en France, in: RMI 6 (1899); H. PRUNIÈRES, Documents pour servir à la biographie des luthistes R. Ballard et G. P., in: SIMG 15 (1913/14); F. LESURE, Trois instrumentistes français du XVIIe siècle, in: RMie 37 (1955); DERS., P., in: MGG X.

B. R. SUCHLA

PINELLO, Giovanni Battista (P. di Ghirardi, Pinellus de Gerardis), * 1544 Genua, † 15. 6. 1587 Prag; it. Komponist. Er war 1569 Tenorist in der

Landshuter Hofkantorei, die während der Hochzeit Herzog Albrechts V. in München spielte. 1571 ist er als Domkapellmeister in Vicenza nachweisbar und war 1576–77 als Tenorist am Innsbrucker Hof tätig. 1580 wurde er als Nachfolger von A. Scandello Hofkapellmeister in Dresden und 1584 Tenorist am Prager Hof.

WW: 4 Bücher *Canzoni napolitane* für 3 St. (V o. J., 1571, 1572, 1575); *Deutsche Magnificat* für 4–5 St. (Dresden 1583); *Newe kurtzweilige Deutsche Lieder* für 5 St. (ebd. 1584).

Ausg.: *Magnificat peregrini toni* für 4 St., in: Hdb. der dt. ev. Kirchenmusik I/2, hrsg. v. K. AMELN – CH. MAHRENHOLZ – W. THOMAS (Gö 1942).

Lit.: R. KADE, Der Dresdener Kapellmeister J. B. P., in: MfM 21 (1889); R. VELTEN, Das ältere dt. Gesellschaftslied (Hei 1914); W. SENN, Musik u. Theater am Hof zu Innsbruck (I 1954).

PINK FLOYD, engl. Rockgruppe (benannt nach den Vornamen der Bluessänger Pink Anderson und Floyd Council) mit den Musikern *Roger Waters,* * 6. 9. 1944 Great Bookham (Baßgitarre, Gesang), *Syd Barrett,* * 6. 1. 1946 Cambridge (Gitarre; seit 1968 an seiner Stelle *David Gilmore,* * 1944), *Nick Mason,* * 27. 1. 1945 Birmingham (Schlagzeug), und *Rick Wright,* * 28. 7. 1945 London (Orgel, Synthesizer). P. erschloß dem Rock and Roll als erste Gruppe alle Möglichkeiten der elektronischen Musik und schuf damit auf diesem Gebiet einen neuen Musizierstil. Berühmt wurde die Gruppe durch ihre „Psychedelic Music“, verbunden mit Lightshows. Neben live-elektronischer Musik verwendete sie dabei Einspielungen von Tonbandcollagen, Echowirkungen, quadrophonen Raumklang und eine raffinierte Beleuchtungstechnik. In dem Album *Atom Heart Mother* (1970) versuchte sie, durch die Verbindung von Symphonieorchester, Chor und Rockgruppe neue musikalische Wege zu gehen. 1981 trat P. u.a. in New York, London und Dortmund mit der Supershow *The Wall* auf. Bekannte Einspielungen sind: *A Saucerful of Secrets* (1968); *Ummagumma* (1969); *Zabriskie Point* (Soundtrack zu Michelangelo Antonionis Film, 1970); *The Dark Side of the Moon* (1973); *The Wall* (1980).

Lit.: J.-M. LEDUC, P. (P 1973, ²1977); A. DISTER, P. (P 1978); P. SAHNER, P. (Mn 1980). M. HERBSTMEIER

PINPEAT, Bz. für ein Instrumentalensemble bzw. eine Gattung der Musik in ↗Kambodscha, das dem Pīnphāt in Laos und dem Pīphāt in Thailand entspricht. Für das P. charakteristisch ist die Verwendung eines kleinen Buckelgongspiels auf einem waagerechten, kreisförmigen Rahmen, der in Kambodscha entweder Kong thom (17 tiefe Gongs) oder Kong touch (16 hohe Gongs), in Thailand Khong wong yai bzw. Khong wong lek und in Laos Khong nay bzw. Khong vong heißt. Das P.-Orchester besteht aus einer führenden Trommel (Sampho), ein oder zwei Oboen (Sralay thom und Sralay touch), zwei Xylophonen (Roneat ek und Roneat thung), einem Plattenmetallophon (Roneat dek), zwei Gongspielen (Kong thom und Kong touch), Becken (Chhing) und zwei großen schrägen Trommeln (Skor thom). Von großer Bedeutung ist dieses Orchester, das in seiner Zusammensetzung der einiger javanischer Gamelans ähnelt, heute in ↗Thailand, weniger wichtig in Laos und Kambodscha.

PINZA, Ezio Fortunato, * 18. 5. 1892 Rom, † 9. 5. 1957 Stamford (Connecticut); it. Sänger (Baß). Er erhielt seine Gesangausbildung an den Konservatorien von Ravenna und Bologna und debütierte 1914 in Soncino bei Cremona als Oroveso in V. Bellinis *Norma.* Seit 1921 Mitglied der Mailänder Scala, sang er dort in den folgenden Jahren unter A. Toscaninis Leitung und gehörte 1926–48 der Metropolitan Opera in New York an. Seinen weltweiten Ruf als bedeutendster Bassist seiner Zeit rechtfertigte er durch zahlreiche Gastspiele an den großen Opernbühnen der Welt sowie bei den Salzburger Festspielen, wo er am Erfolg der legendären Mozart-Aufführungen unter Toscanini und Br. Walter maßgeblich beteiligt war. In den 30er und 40er Jahren wirkte er außerdem in einer Reihe von Tonfilmen mit und trat nach dem Rücktritt von der Opernbühne auch in Broadway-Musicals, Shows und Unterhaltungskonzerten auf. P.s Repertoire umfaßte alle bedeutenden Baßpartien der Opernliteratur; berühmt war vor allem seine Gestaltung verschiedener Verdi-Rollen sowie des Don Giovanni in Mozarts gleichnamiger Oper. Nach seinem Tode erschien *E. P. An Autobiography* (hrsg. von R. Magidoff, NY 1958, ³1959).

Lit.: P. VERDUCCI, The First P. Discography (NY 1957); R. CELLETTI, Le grandi voci (R 1964).

P'I-P'A ↗Biwa.

PIPEGROP, Heinrich, ↗Baryphonus.

PIPELARE (Pippelare, Pipelaere), **Matthaeus** (Matheeus, Mathieu), franko-flämischer Komponist der 2. Hälfte des 15. und des beginnenden 16. Jahrhunderts. Er war 1498–1500 Sangmeester der Illustre Lieve Vrouwe Broederschap in 's-Hertogenbosch und zählt zu den konservativ-niederländischen, nicht von Italien beeinflußten Musikern seiner Zeit. Sein Werk stellt ein Bindeglied zwischen dem Schaffen J. Ockeghems und dem N. Gomberts dar.

WW (hsl. u. in Sammeldrucken, u.a. v. G. Rhau, 1508–45): 9 Messen u. 1 Credo für 4–5 St.; 10 Motetten für 2–7 St.; 7 frz. u. flämische Chansons.

Ausg.: Opera omnia, 3 Bde., hrsg. v. R. Cross (R 1966–67) (= CMM 34).

Lit.: R. CROSS, M. P. A History and Stylistic Study of His Work, 2 Bde., I: Text, II: Übertragung (1961) (= Diss. New York Univ.); DERS., The Chansons of M. P., in: MQ 55 (1969).

PIPKOW. – 1) Panajot Christow, * 21. 11. (3. 12.) 1871 Plowdiw, † 25. 8. 1942 Sofia; bulgarischer Komponist und Dirigent. Er studierte 1893–98 am Mailänder Konservatorium, war dann Chordirigent verschiedener Musikgesellschaften und lebte seit 1905 in Sofia, wo er 1920–21 Chordirigent der Nationaloper und 1929–30 Leiter der Blaskapelle der Städtischen Polizei war.

WW: Klv.- u. V.-Stücke; Märsche für Blasorch.; Chorlieder; Volksliedbearb. – Oper *Ruska* (1927) (verloren); Kinderoperetten: *Deza i ptitschki* (Kinder u. Vögel) (1909); *Schturez i mrawka* (Die Grille u. die Ameise) (1910).

2) Ljubomir Panajotow, Sohn von 1), * 6. (19.) 9. 1904 Lovetsch, † 9. 5. 1974 Sofia; bulgarischer Komponist und Dirigent. Er studierte an der Musikakademie in Sofia und 1926–32 bei P. Dukas an der École Normale de Musique in Paris. Seit 1932 arbeitete er an der Nationaloper in Sofia, die er 1944–47 auch leitete. 1948 wurde er Professor für Interpretation der Gesangklassen am dortigen Konservatorium.

WW: Klv.-Stücke; Kammermusik, u. a.: 3 Streichquartette (1928, 1948, 1966). – Für Orch.: 4 Symphonien (1942, 1954, 1965, 1969); Konzerte für: V. (1951); Klv. (1954); Klar. (1969); Symphonie concertante (1963) für V. u. Orch. – Chor- u. Sololieder; *Oratorija sa nascheto wreme* (Oratorium unserer Zeit) (1959) für Chor, Kinderchor, Baßbar., Sprecher u. Orch.; *Swatba* (Hochzeit) (1963) für gem. Chor u. Orch. – Opern: *Janinite dewet bratja* (Janas 9 Brüder), UA: Sofia 1937; *Momtschil,* UA: ebd. 1948; *Antigona 43,* UA: ebd. 1963.

Lit.: **Zu 1):** L. PIPKOW, in: Balgarska musika 22 (1971). – **Zu 2):** K. ILIEW, L. P. (Sofia 1958); L. KOEN, L. P. (ebd. 1968).

PIQUE DAME *(Pikowaja dama),* Oper in 3 Akten von Peter Tschaikowsky (1840–93), Text von Modest Tschaikowsky nach A. Puschkins gleichnamiger Novelle (1834). Ort u. Zeit der Handlung: St. Petersburg, Anfang des 19. Jahrhunderts. UA: 19. 12. 1890 in St. Petersburg (Kaiserliche Oper); dt. EA (in dt. Sprache): 11. 3. 1900 in Darmstadt.

Im Libretto (das zunächst N. S. Klenowski zur Vertonung angeboten worden war) ist die Darstellung zwanghaft-zerstörerischen Spieltriebs, der in der Vorlage thematisiert wird, genial in eine tragische Schicksalshandlung umgesetzt, die allen Erfordernissen des musikalischen Theaters gerecht wird. Den Komponisten inspirierte die dramatisch stringente Handlung so sehr, daß er den Klavierauszug binnen zweier Monate fertigstellte. Gestalten und Situationen der Oper sind musikalisch treffsicher charakterisiert, die seelischen Regungen der handelnden Personen werden sensibel nachgezeichnet und ausgedeutet, scharfe Kontraste von Lyrismen zu dämonisch übersteigerten Gefühlsausbrüchen prägen die stilistische Faktur des Werkes. Mit Hilfe leitmotivischer Techniken wird der physische und psychische Verfall des Spielers Hermann sinnfällig gemacht. Musikalische Zitate (Romanze der Gräfin nach Grétrys *Richard Löwenherz*) und stilistische Adaptionen (wie das allegorische Schäferballett als „getreue Nachbildung des Stils des vorigen Jahrhunderts") sind dramaturgisch wirksam in den musikdramatischen Kontext eingebaut. – *Pique Dame,* schon bei der UA ein großer Erfolg, blieb bis heute Tschaikowskys meistgespielte Oper in seiner Heimat. J. SCHLÄDER

PIRATES OF PENZANCE, THE, or The Slave of Duty, engl. Operette (Comic Opera) in 2 Akten von Arthur Seymour Sullivan (1842–1900), Text von William Schwenck Gilbert (1836–1911). Ort und Zeit der Handlung: die Felsküste von Cornwall, irgendwann, als es noch Seeräuber gab. UA: 30. 12. 1879 in Paignton (Royal Bijou Theatre).

Es handelt sich um eine verwickelte Geschichte um den Jüngling Frederick, der Steuermann werden sollte (engl.: pilot), den seine schwerhörige Kinderfrau aber zu den Seeräubern (pirates) in die Lehre gab. Diese vierte der Operetten von Gilbert und Sullivan ist eine köstliche Satire auf den Stil der italienischen und französischen Opern; insbesondere G. Verdis *Il Trovatore* und *Aida* werden der englischen Komödie gegenübergestellt. Eine modern instrumentierte Version mit dem amerikanischen Pop-Star Linda Ronstadt hatte am 8. 1. 1980 im New Yorker Uris Theater Premiere.

R. WALLRAF

PIROUETTE (frz. und span.: tudel), Bz. für einen trichterförmigen Aufsatz oder eine kreisrunde Scheibe aus Holz, Knochen, Perlmutt oder Metall, die bei älteren Rohrblattinstrumenten, oben aufgesetzt, zum Schutz der Rohrblätter bzw. als Stütze für die Lippen des Spielers dienen, der das Instrument zumeist mit Windkapselansatz, d. h. ohne direkte Berührung der ganz in den Mundraum genommenen Rohrblätter, spielt. P.n lassen sich nur bei Blasinstrumenten mit Doppelrohrblättern nachweisen, in Europa heute nur noch an einigen Volksmusikinstrumenten, z. B. der ↗ Tiple und der ↗ Tenora Kataloniens und der Zurla Mazedoniens (↗ Zurna); in außereuropäischen Ländern ist sie jedoch im gesamten Einflußbereich des Islam von den Mittelmeerländern bis nach China hin überall zu finden.

PIRRO, André Gabriel Edme, * 12. 2. 1869 Saint-Dizier (Haute-Marne), † 11. 11. 1943 Paris; frz. Musikforscher. Er begann in Paris ein juristisches Studium, studierte dann am Pariser Conservatoire Orgel bei C. Franck und Ch.-M. Widor und widmete sich danach den Editionen der Schola Cantorum, wo er 1896 Lehrer für Orgel und Musikgeschichte wurde. 1900–04 war er Organist an St-Jean-Baptiste de Belleville, später am Collège Stanislas, wo er auch Musikgeschichte lehrte. 1907 promovierte er an der Sorbonne mit den Arbeiten *L'esthétique de J.-S. Bach* und *Descartes et la musique* zum Docteur ès lettres, 1912 wurde er dort als Nachfolger von R. Rolland Dozent für Musikgeschichte, 1927 Maître de conférences, 1930 Professeur titulaire, 1935 Professeur de première classe; 1937 wurde er emeritiert. P.s Publikationen und pädagogisches Wirken wurden für die Musikforschung in Frankreich grundlegend. Mit seinen stets dokumentarisch reich belegten Arbeiten behandelte er zahlreiche Themen über die Musik des 15. und 16. Jh., J. S. Bach und die Orgelmusik.

Schriften: *L'orgue de J.-S. Bach* (P 1895, engl. NY 1902); *J.-S. Bach* (P 1906, [6]1924, NA 1949, dt. B 1910, St [14–15]1924, engl. NY 1957); *L'esthétique de J.-S. Bach* (P 1907, Nachdr. G 1973); *Descartes et la musique* (P 1907, Nachdr. G 1973); *Schütz* (P 1913, [2]1924); *D. Buxtehude* (P 1913, Nachdr. G 1976); *Les clavecinistes* (P 1924); *La musique à Paris sous le règne de Charles VI., 1380–1422* (Str 1930, [2]1958, Nachdr. Baden-Baden 1971) (= Slg. musikwiss. Abh.en 1); *Histoire de la musique de la fin du XIVe siècle* (P 1940); Aufsatzslg. als: *Mélanges A. P.*, hrsg. v. F. Lesure (G 1972). – Für die Edition von A. Guilmant, Archives des maîtres de l'orgue (GUILMANT-PIRRO), schrieb P. die Einleitung zu den einzelnen Bänden.

Lit.: Hommage à A. P., in: L'information musicale 4 (1943); Y. ROKSETH, A. P., in: RMie 23 (1944); V. FÉDOROV, A. P. ..., in: Mf 3 (1950) (mit Schriften-Verz.); N. BRIDGMAN, A. P., in: Rev. de l'enseignement supérieur 1 (1956).

PIRROTTA, Nino (Antonino), * 13. 6. 1908 Palermo; it. Musikforscher. Er studierte Orgel, Komposition und Kunstgeschichte in Florenz und war 1936–48 Bibliothekar und Dozent für Musikgeschichte am Konservatorium von Palermo, dann bis 1956 Bibliotheksdirektor am Conservatorio di Musica S. Cecilia in Rom und 1956–72 Professor of Music an der Harvard University in Cambridge (Mass.). 1972 wurde er an die Universität Rom berufen. P. ist seit langem der führende italienische Musikologe seiner Generation. Viele seiner Arbeiten, insbesondere zur Musik- und Geistesgeschichte des Trecento sind in diesem Bereich grundlegend.

Schriften: *Il Sacchetti e la tecnica musicale del trecento italiano* (Fi 1935) (zus. mit E. Li Gotti); *Per l'origine e la storia della „caccia" e del „madrigale" trecentesco*, in: RMI 48 (1946) u. 49 (1947); *Il codice di Lucca*, in: MD 3–5 (1949–51) (zus. mit E. Li Gotti); *Temperaments and Tendencies in the Florentine Camerata*, in: MQ 40 (1954); *Marchettus de Padua*, in: MD 9 (1955); *Ars nova e stil novo*, in: RIMus 1 (1966); *Music and Cultural Tendencies in 15th-Century Italy*, in: JAMS 19 (1966); *Early Opera and Aria*, in: New Looks at Italian Opera. FS D. J. Grout (Ithaca/N.Y. 1968); *Li due Orfei. Da Poliziano a Monteverdi* (Tn 1969, NA 1975); *Tradizione orale e tradizione scritta della musica*, in: L'ars nova italiana del Trecento 3. Kgr.-Ber. Certaldo 1969; *Novelty and Renewal in Italy*, 1300–1600, in: Stud. z. Tradition in der Musik. FS K. von Fischer (Mn 1973). – Editionen: *The Music of Fourteenth-Century Italy*, 5 Bde. (1954–64) (= CMM 8).

Lit.: Sonderh. N. P. (= RIMus 10 [1975]).

PISADOR, Diego, * um 1509 Salamanca, † nach 1557; span. Vihuelist. Er empfing 1526 die niederen Weihen und veröffentlichte 1552 in Salamanca sein *Libro de música de vihuela* für Singstimme und Vihuela. Es enthält im 1. Buch Romanzen (mit Diferencias), Sonette und Fantasien, im 2. Villancicos, im 3. Fantasien, im 4. und 5. 8 Messen von Josquin des Prés, im 6. Motetten spanischer (Juan García Basurto, Cr. Morales) und ausländischer Komponisten (Josquin des Prés, Cl. Mouton, A. Willaert, N. Gombert), im 7. Buch italienische, spanische und französische Chansons und Kanzonen. Die instrumentalen Partien sind in spanischer Tabulatur notiert, die Singstimme in Mensuralnotation oder in roten Ziffern in der Tabulatur.

Ausg.: 14 Stücke in: Les luthistes espagnols du XVIe siècle, hrsg. v. G. MORPHY (L 1902); eine Villanesca für Gitarre, bearb. v. E. PUJOL (P 1954) (= Les vihuelistes espagnols du XVIe siècle 1013); ein Villancico, in: F. NOSKE, Das außerdt. Sololied (Kö 1958) (= Das Musikwerk 16); *Libro de música*, Faks.-Ausg. (G 1973).

Lit.: J. M. WARD, The „vihuela de mano" and Its Literature 1536–76 (1953) (= Diss. New York Univ.); H. M. BROWN, Instrumental Music Before 1600. A Bibliography (C/M 1965); M. HONEGGER, La tablature de D. P. et le problème des altérations au XVIe siècle, in: RMie 59 (1973) – 60 (1974).

PISARI (Piseri), **Pasquale,** * um 1725 Rom, † 27. 3. 1778 Rom; it. Sänger und Komponist. Er war seit 1752 Mitglied der Sixtinischen Kapelle. Von ihm sind zahlreiche geistliche a cappella-Werke, zum größten Teil in der Vatikanischen Bibliothek aufbewahrt: Messen, darunter eine *Missa a 6 voci* (1772; Papst Clemens XIV. gewidmet), Psalmen, Motetten, u.a. ein 16st. Psalm *Dixit Dominus*, der 1775 zum Papstjubiläum aufgeführt wurde, sowie ein vollständiger Jahreszyklus 4st. Motetten, den er für den Hof in Lissabon schrieb. Aufgrund seines polyphonen Stils wurde P. von G. B. Martini der „Palestrina des 18. Jh." genannt.

Ausg.: Psalm *Dixit Dominus*, hrsg. v. L. FEININGER (Trient 1961) (= Monumenta liturgiae polychoralis S. Ecclesiae Romanae, Psalmodia cum IV choris 8).

PISENDEL, Johann Georg, * 26. 12. 1687 Cadolzburg (Mittelfranken), † 25. 11. 1755 Dresden; dt. Violinist und Komponist. Er war als Chorknabe der Ansbacher Hofkapelle Schüler von A. Pistocchi und G. Torelli. 1703 wurde er Hofviolinist, studierte 1709 an der Universität in Leipzig, wo er 1710 Melchior Hoffmann in der Leitung des Collegium Musicum und des Opernorchesters vertrat. 1712 wurde er Violinist und 1728 Kapellmeister der Dresdner Hofkapelle, die unter seiner Leitung europäischen Ruhm erlangte. Im Gefolge des Kurprinzen unternahm er zahlreiche Reisen, u.a. nach Frankreich und Italien, wo er in Venedig 1716–17 noch bei A. Vivaldi studierte.

WW: Hsl. sind erhalten: 2 V.-Sonaten mit B.c.; Sonate für V. solo; ein Trio; eine Symphonie; 4 Concerti grossi; 7 V.-Konzerte.

P. war der bedeutendste deutsche Violinvirtuose seiner Zeit. Seine großen musikalischen Fähigkeiten wie seine Persönlichkeit trugen ihm Freundschaft und Bewunderung namhafter deutscher Komponisten ein, darunter G. Ph. Telemann, J. J. Quantz, G. Silbermann, J. Fr. Fasch und J. A. Hasse. Vivaldi und T. Albinoni widmeten ihm Werke. Als Komponist hat er mit seiner Solo-Violinsonate vermutlich J. S. Bachs Sonaten und Suiten für Violine solo beeinflußt. P. war auch ein hervorragender Lehrer. Zu seinen Schülern gehörten J. G. Graun und Fr. Benda.

Ausg.: V.-Konzert D-Dur, in: Instrumentalkonzerte dt. Meister, hrsg. v. A. SCHERING (L 1907) (= DDT 29–30); Sonate für V. u. B.c. e-moll, hrsg. v. G. HAUSSWALD (Mz 1954) (= Antiqua 4162); V.-Konzert Es-Dur, hrsg. v. G. HAUSSWALD (Kas 1959) (= Nagels MA 196); V.-Konzert g-moll für 2 Ob., Streichorch. u. Gb., hrsg. v. H. R. JUNG (L 1961).

Lit.: H. R. JUNG, J. G. P. Zur 200. Wiederkehr seines Todestages, in: Musica 9 (1955); DERS., J. G. P. Leben u. Werk (Diss. Jena 1956); K. HELLER, Die Bedeutung J. G. P.s für die dt. Vivaldi-Rezeption, in: Kgr.-Ber. Leipzig 1966 (Kas 1970).

PISK, Paul Amadeus, * 16. 5. 1893 Wien; amerik. Komponist östr. Herkunft. Er studierte in Wien Klavier, Musiktheorie, Dirigieren und Komposition (Fr. Schreker, später A. Schönberg) am Konservatorium und Musikwissenschaft (G. Adler) an der Universität in Wien und promovierte 1916 mit einer Dissertation über *Das Parodieverfahren in den Messen des Jacobus Gallus.* 1922–34 unterrichtete er an der Volkshochschule Volksheim in Wien, außerdem 1925–26 als Theorielehrer am Neuen Wiener Konservatorium und 1931–33 am Austro-Amerikanischen Konservatorium in Mondsee bei Salzburg. P. schloß sich avantgardistischen Strömungen an und gehörte zu den Gründern der IGNM. 1920–28 gab er mit Paul Stefan die Zeitschrift *Musikblätter des Anbruch* heraus. Seit 1936 lebt er in den USA, unterrichtete 1937–51 an der University of Redlands in Kalifornien, 1951–62 an der University of Texas in Austin und 1963–72 an der Washington University in St. Louis. Später ließ er sich in Los Angeles nieder und ist dort als Lehrer, Komponist und Musikschriftsteller tätig. 1966 erschien eine Festschrift zu seinen Ehren, hrsg. v. J. Glowacki.

WW: **1) Kompositionen:** 13 Variationen über ein achttaktiges Thema für Klv. (1967); Duo für Klar. u. Fag. (1966); *Envoi* (1964) für Ob., Klar., Fag., V., Va. u. Vc.; Sonnet für Kammerorch. (1960); *3 Ceremonial Rites* (1958) für Orch.; *Elegie* (1959) für Streichorch. – Lieder u. Chorwerke; *2 Sonnets of Shakespeare* (1964) für Chor a cap. – **2) Schriften:** *A History of Music and Musical Style* (NY – Lo 1963) (zus. mit H. Ulrich); *A. Webern, Profile of a Composer,* in: The Texas Quarterly 5 (1962); *Die melodische Struktur der unstilisierten Tanzsätze in der Klaviermusik des deutschen Spätbarocks,* in: StMw 25 (1962); *Webern's Early Orchestral Works,* in: A. von Webern, Perspectives, hrsg. v. H. Moldenhauer – D. Irvine (Seattle – Washington 1966); *Elements of Impressionism and Atonality in Liszt's Last Piano Pieces,* in: Radford Rev. 23 (1969); *New Music in Austria During the 1920's,* in: Orbis musicae I (1971). – P. edierte ferner Messen v. J. Gallus, 3 Bde. (W 1959–70) (= DTÖ 94/95, 117 u. 119).

Lit.: K. KENNAN, in: American Composers Alliance Bull. 9 (1959) (mit Werk-Verz.); T. W. COLLINS, The Instrumental Music of P. A. P. (1972) (= Diss. Univ. of Missouri).

PISTOCCHI, Francesco Antonio Mamiliano, genannt „Il Pistocchino", * 1659 Palermo, † 13. 5. 1726 Bologna; it. Sänger (Kastrat) und Komponist. P., ein Sohn des an S. Petronio in Bologna wirkenden Violinisten Giovanni P., war eine ausgesprochene Frühbegabung und veröffentlichte schon mit 8 Jahren sein erstes Werk, die *Capricci puerili.* 1670–75 war er Sopranist an S. Petronio in Bologna, trat 1675 erstmals als Opernsänger (Altist) in Ferrara auf und sang seither mit glänzendem Erfolg an den Bühnen Italiens und Deutschlands. 1686–95 stand er im Dienst des Hofs von Parma und war 1696–99 Kapellmeister des Markgrafen von Brandenburg in Ansbach. 1699 ging er nach Wien, kehrte 1700 nach Italien zurück und sang seit 1701 gelegentlich auch an S. Petronio in Bologna. 1705 gab er seine Laufbahn als Opernsänger auf und gründete eine Gesangschule, wo Padre Martini zu seinen Schülern gehörte. 1715 trat er in die Kongregation der Oratorianer ein. P. war seit 1687 als Sänger und seit 1692 als Komponist Mitglied der Accademia Filarmonica in Bologna. Seine Kompositionen zeichnen sich durch reizvolle Melodik und nuancierte Harmonik aus.

WW: *Capricci puerili ... passegiati in 40 modi* für Cemb., Harfe, V. oder andere Instr. (Bol 1667); *Scherzi musicali* (A o.J.); *Duetti e terzetti* (Bol 1707). Von P.s 6 Oratorien u. 5 Opern, deren Aufführung (u.a. in Ansbach) nachgewiesen ist, sind nur erhalten: *Il martirio di S. Adriano,* UA: Modena 1692; eine Arie aus *Maria vergine addolorata,* UA: Ansbach 1698; teilweise *Le risa di Democrito,* UA: Wien 1699; hsl. erhalten sind ferner einzelne Arien und Kantaten u. einige kirchenmusikal. Werke.

Ausg.: 2 Arien aus *Scherzi musicali,* hrsg. v. G. BENVENUTI, in: 35 Arie di vari autori del secolo XVII (Mi 1922).

Lit.: L. BUSI, Il padre Martini (Bol 1891, Nachdr. Bol 1969) (=

Bibl. musica Bononiensis III/2); H. MERSMANN, Beitr. z. Ansbacher Musikgesch. (L 1916); A. HERIOT, The Castrati in Opera (Lo 1956); M. FABBRI, A. Scarlatti e il principe Ferdinando de' Medici (Fi 1960) (= Hist. musicae cultores Bibl. 16).

PISTON ↗Kornett 1).

PISTON, Walter Hamor, * 20. 1. 1894 Rockland (Maine), † 12. 11. 1976 Belmont (Massachusetts); amerik. Komponist. Mit 11 Jahren lernte er Violine und Klavier. Später absolvierte er die Mechanic Arts High School, arbeitete kurze Zeit als Zeichner bei der Boston Elevated Railway Co. und besuchte später noch die Massachusetts Normal Art School. Während des 1. Weltkriegs spielte er Saxophon in einer Band der Marine und verdiente dann seinen Lebensunterhalt in Tanzkapellen und Salonorchestern. 1920–24 studierte er an der Harvard University (Mass.) und vervollständigte mit einem Paine Fellowship seine Ausbildung, 1924–26 in Paris bei Nadia Boulanger und an der École Normale de Musique bei P. Dukas. In die USA zurückgekehrt, lehrte er bis 1959 (1944 Professor für Komposition) an der Harvard University. P. wurde von I. Strawinsky, besonders aber von den neoklassizistischen Spätwerken G. Faurés und A. Roussels beeinflußt. Häufig verwendete er kontrapunktische Schreibweise (u.a. Kanontechnik), wie überhaupt seine Kompositionen sich durch sichere Beherrschung verschiedenartiger Techniken auszeichnen. Viele namhafte amerikanische Komponisten, darunter L. Bernstein, gehörten zu seinen Schülern.

WW: **1) Kompositionen:** 5 Streichquartette (1933, 1935, 1947, 1951, 1962); *Three Counterpoints* (1973) für V., Va. u. Vc. – Für Orch.: *Concerto* (1933); Praeludium u. Fuge (1934); *3 New England Sketches* (1959); *Lincoln Center Festival Overture* (1962); 8 Symphonien (1937, 1943, 1947, 1950, 1954, 1955, 1960, 1965); Konzerte für: V. (1940, 1960); Va. (1957); 2 Klv. (1959); Klar. (1967); Fl. (1971); Fantasie für V. u. Orch. (1970). – Ballett *The Incredible Flutist*, UA: Boston 1938. – **2) Schriften:** *Harmony* (NY 1941, ³1962); *Counterpoint* (NY 1947); *Orchestration* (NY 1955, Lo 1958).

Lit.: E. CARTER, W. P., in: MQ 32 (1946); P. WESTERGAARD, Conversation with W. P., in: Perspectives of New Music 7 (1968/69); H. LINDENFELD, Three Symphonies of W. P., An Analysis (1975) (= Diss. Cornell Univ.).

PITONI, Giuseppe Ottavio, * 18. 3. 1657 Rieti, † 1. 2. 1743 Rom; it. Komponist. Er war Schüler von Pompeo Natale in Rom, sang mit 8 Jahren als Sopranist an S. Giovanni dei Fiorentini, wurde dann von Fr. Foggia entdeckt und von ihm ausgebildet. 1673 war er Kapellmeister in Monterotondo, wirkte seit 1674 am Dom von Assisi, war 1676 Kapellmeister am Dom von Rieti und von 1677 bis zu seinem Tod an der Kollegiatskirche S. Marco im Palazzo Venezia in Rom. Daneben wirkte er an mehreren Kirchen Roms, u.a. 1708–19 als Kapellmeister am Lateran und anschließend der Cappella Giulia an St. Peter. P., mehr als 60 Jahre lang einer der prominentesten römischen Kirchenkomponisten, hat eine außergewöhnlich große Zahl von Werken (etwa 3200) hinterlassen. Sie sind teils geringstimmig, teils mehrchörig, teils im Stile antico, teils im Stile concertato geschrieben (mit B.c., aber meist ohne weitere Instrumente). Von P.s theoretischen Werken verdient die *Notitia*... besondere Beachtung, weil sie aufschlußreiche und originelle Angaben besonders über zeitgenössische italienische Kirchenmusik und Kirchenmusiker enthält.

WW: Hsl. sind erhalten: Etwa 250 Messen, meist für 4 u. 8 St. u. B.c., eine Messe für 12 St., 8 Messen für 16 St. u. B.c.; zahlr. Propriumssätze; fast 800 Psalmen; je etwa 230 Cantica u. Motetten; Improperien; Lamentationen; Litaneien; je eine Matthäus- u. eine Lukas-Passion. – Schriften: *Guida armonica*, libro I (R um 1690); hsl.: weitere Bücher der *Guida armonica*; *Notitia de' contrapuntisti e compositori de musica* (um 1720); *Regole di contrapunto*.

Ausg.: *Missa Albana* (1719), hrsg. v. L. FEININGER (R 1955) (= Monumenta liturgiae polychoralis 5); 4 Messen für 4 St. u. *Missa pro defunctis* für 8 St., hrsg. v. DEMS. (R 1958–59) (= Documenta maiora liturgiae polychoralis S. Ecclesiae Romanae 1–5); *Misericordia Domini* für 4 St., *Beata es virgo* für 8 St. u. *Justorum animae*, hrsg. v. DEMS. (1959) (= ebd. 4–9); *Missa S. Pietro* (1720) für 16 St., hrsg. v. DEMS., in: Ordinarium missae cum 4 choris 7 (1960).

Lit.: H. HUCKE, G. O. P., in: KmJb 39 (1955); S. GMEINWIESER, G. O. P. 1657–1743, in: AfMw 32 (1975); DERS., Stil u. Kompositionspraxis in der Kirchenmusik Roms im 17. u. 18. Jh. Dargestellt am Werk des G. O. P., in: FS E. Valentin (Rb 1976); DERS., G. O. P., Thematisches Werk-Verz. (Wilhelmshaven 1976) (= Sacri concentus 2).

PITTONI, Giovanni, * um 1630 Ferrara, † 18. 10. 1677 ebd.; it. Theorbenspieler und Komponist. Er war Schüler von Alfonso Paini an der Accademia della Morte in Ferrara, später von A. Draghi, M. Cazzati und der Lautenisten Giuseppe Servani und Giovanni Battista Granata. P. war ein berühmter Virtuose seines Instruments. Kaiser Leopold I. rief ihn nach Wien, doch konnte P. der Einladung aus gesundheitlichen Gründen nicht folgen. Er schrieb 24 Sonaten für Theorbe (*Intavolatura di tiorba*, 2 Bde., Bol 1669).

PITZ, Wilhelm, * 25. 8. 1897 Breinig (heute Stolberg, Rheinland), † 21. 11. 1973 Aachen; dt. Chor- und Orchesterdirigent. Er studierte Klavier, Violine und Musiktheorie (Fr. Busch) am Konservatorium in Aachen, wo er 1913–33 als 1. Violinist im Städtischen Orchester wirkte. Danach war er Chorleiter an der Oper (unter H. von Karajan) und Leiter des Städtischen Chores und 1947–60 1. Kapellmeister. Daneben leitete er 1949–57 den Kölner Männergesangverein und anschließend bis

1971 den Philharmonia Chorus (seit 1964 New Philharmonia Chorus) in London sowie 1951–71 den Bayreuther Festspielchor, den er zu außerordentlichen Leistungen führte.

Lit.: A. BEAUJEAN, in: Das Orchester 10 (1962).

PITZINGER, Gertrude, * 15. 8. 1904 Mährisch-Schönberg; dt. Sängerin östr. Abstammung (Alt). Sie studierte an der Wiener Musikakademie und gab 1929 in Olmütz ihr Debüt als Konzertsängerin. Mit einem weitgespannten Repertoire und dank ihrer ausdrucksvollen Gestaltung erwarb sie sich den Ruf einer der herausragenden Oratorien- und Liedersängerinnen ihrer Generation. G. P. war auch pädagogisch tätig, zunächst an der Hochschule für Musik und Theater in Hannover (1959 Professor), dann (1960–73) an der Musikhochschule Frankfurt am Main.

PIÙ (it., = mehr), Zusatz bei Vortrags-, Tempo- und Ausdrucksbezeichnungen, der eine Steigerung angibt (z. B. più forte = stärker; più allegro = schneller).

PIVA, Pifa (it.). – **1)** Bz. für die volkstümliche italienische Schalmei (auch ↗Piffero genannt) sowie für die ↗Sackpfeife. – **2)** In italienischen Tanzbeschreibungen des 15. Jh. ist P. die schnellste Tanzschrittfolge dieser Zeit, doppelt so schnell wie die der Bassa danza (↗Basse danse), die die langsamste Schritteinheit war. Nach C. Sachs und M. Dolmetsch soll die Bz. P. für den Tanz, der ursprünglich ein Bauerntanz war, von der Sackpfeife herrühren, mit der er begleitet wurde. Im frühen 16. Jh. zählt die P. zu den schnelleren italienischen Tänzen. Überliefert ist sie in G. A. Dalzas *Intabulatura de lauto* (V 1508), die siebenmal die Folge Pavana-Saltarello-P. enthält. Die Notation der P. in der Proportio dupla, die dem normalen Tactus gegenüber ein doppelt so schnelles Tempo fordert, weist auf ihre Verwandtschaft mit der P. des 15. Jh. hin.

Im 17. und 18. Jh. werden in thematisch auf Weihnachten bezogenen Kompositionen gelegentlich größere oder kleinere Abschnitte als P. bezeichnet. Sie stehen sowohl in geradem Takt als auch im Sicilianorhythmus, weisen meist Terzparallelen und z. T. liegende Bässe auf. Bekanntestes Stück dieser Art ist die P. aus G. Fr. Händels *Messiah*. Eine P. enthalten auch D. Zipolis *Pastorale* für Orgel, die Weihnachtsmotetten *Exulta gaude filia Sion* von G. Carissimi und *Pastores dum custodistis* von B. Graziani. Ein Zusammenhang mit der weihnachtlichen Hirtenmusik der Pifferari ist wahrscheinlich, jedoch nicht nachweisbar.

Lit.: H. LEICHTENTRITT, Gesch. der Motette (L 1908, Nachdr. Hil 1967) (= Kleine Hdb. der Musikgesch. 2); C. SACHS, Eine Weltgesch. des Tanzes (B 1933, Nachdr. Hil 1976); M. DOLMETSCH, Dances of Spain and Italy from 1400 to 1600 (Lo 1954); M. BRÖCKER, Die Sackpfeifen Italiens, in: The Brussels Museum of Musical Instr.s Bull. 8 (1978). S. SHIGIHARA

PIZZETTI, Ildebrando, * 20. 9. 1880 Parma, † 13. 2. 1968 Rom; it. Komponist. P. studierte Klavier bei seinem Vater Odoardo P. (1853–1926), 1895–1901 Komposition am Konservatorium bei Telesforo Righi und Giovanni Tebaldini und 1905 Musikgeschichte an der Universität in Parma. Anschließend war er stellvertretender Dirigent am Teatro Regio di Parma und Lehrer für Musikgeschichte und Kontrapunkt am Konservatorium, wurde 1908 Kompositionslehrer am Konservatorium in Florenz, 1917 dessen Direktor und hatte seit 1924 die gleiche Funktion am Conservatorio Giuseppe Verdi in Mailand inne. 1936–58 leitete er als Nachfolger O. Respighis die Meisterklasse für Komposition an der Accademia Nazionale di Santa Cecilia in Rom, deren Präsident er 1948–51 war. Außerdem begann er mit G. Bastianelli 1914 eine allerdings nur kurzlebige Editionsreihe zeitgenössischer Musik, *Dissonanza*, gründete in den 20er Jahren mit dem Pianisten E. Consolo die Società degli Amici della musica, war Wortführer des Komponistenkreises „Voce" u. Kritiker bei den Zeitungen *Nazione* in Florenz u. *Tribuna* in Rom.

WW (wenn nichts anderes angegeben, in Mailand erschienen): **1) Instr.-WW:** Klv.-Stücke; Kammermusik, u. a.: Klv.-Trio (1925); 2 Streichquartette (1906, 1933). – Für Orch.: u. a. Symphonie A-Dur (1940); *Canzone di beni perduti* (1948); *Preludio a un altro giorno* (1952). – V.-Konzert *Poema emiliano* (1914); Klv.-Konzert *Canti della stagione alta* (1930); ferner Konzerte für: Vc. (1943); V. (1946); Harfe (1960). – **2) Vokal-WW:** *Due liriche drammatiche napoletane* (1916–18) für Tenor u. Orch.; *Vocalizzo* (1960) für Mezzosopran u. Orch.; Klv.-Lieder nach Texten v. d'Annunzio, Cecconi, Pantini u. a. – Für Chor: *Ave Maria* (1897); *Tantum ergo* (1897); *Tenebrae factae sunt; Messa da requiem* (1922); *De profundis* (1938); *Vanitas vanitatum* (1958) für Soli, Männerchor u. Orch.; *Cantata d'amore* (1966) für Soli, Frauenchor u. Orch. – **3) Bühnen-WW:** Opern: *Fedra* (Libr.: G. d'Annunzio), UA: Mailand 1915; *Debora e Jaele*, UA: ebd. 1922; *Fra Gherardo*, UA: ebd. 1928; *Lo straniero*, UA: Rom 1930; *Orseolo*, UA: Florenz 1935; *L'Oro*, UA: Mailand 1947; *Vanna Lupa*, UA: Florenz 1949; *Ifigenia*, UA: ebd. 1951; *Cagliostro*, UA: Mailand 1953; *La figlia di Iorio*, UA: Neapel 1954; *Assassinio nella Cattedrale*, UA: Mailand 1958; *Il calzare d'argento*, UA: ebd. 1961; *Clitennestra*, UA: ebd. 1965. – Zahlr. Bühnenmusik, u. a. zu G. d'Annunzio, *La Nave*, UA: Rom 1908, u. *La Pisanella*, UA: Paris 1913; ferner Filmmusik. – **4) Schriften:** *La musica di V. Bellini* (Fi 1914, ²1936); *Musicisti contemporanei* (Mi 1914); *Intermezzi critici* (Fi 1921); *La musica italiana dell'Ottocento*, in: Italia e gli Italiani del secolo XIX, hrsg. v. J. de Blasi (Fi 1930, Tn ²1946); *N. Paganini* (Tn 1940); *Musica e dramma* (R 1945); *G. Verdi maestro di teatro*, in: Verdi 1 (1960); *Lettera a una giovane amica musicista*, hrsg. v. P. Petrobelli, in: RIMus 3 (1968).

Zusammen mit den gleichaltrigen Komponisten A. Casella und G. Fr. Malipiero gehört P. zu den

Begründern der neueren italienischen Musik. Seiner Neigung zum Theater folgend, strebte er insbesondere eine Erneuerung des italienischen Musiktheaters an, wobei er sich vor allem gegen die veristische Oper wandte. Die musikalische Spannung verglich er mit der des Lebens. Vom Gregorianischen Choral ausgehend, entwickelte er unter besonderer Berücksichtigung von Sprachrhythmus und Textausdeutung eine neue Kantabilität, in der die Gegensätze von Dramatik und Lyrik aufgehoben sind. In seiner ersten Schaffensphase, die bis zum 2. Weltkrieg reicht, steht die Beschäftigung mit dem Werk Gabriele d'Annunzios im Vordergrund, von dem er verschiedene Dichtungen vertonte. Spätere Kompositionen, vor allem Konzerte und Orchesterwerke, zeigen eine betont neoklassizistische Haltung.

Lit.: P.-Sonder-Bd. (1966) (= L'approdo musicale Nr. 21) (mit Werk-Verz. u. Bibliogr.). – G. M. GATTI, „Debora e Jaële" di I. P. (Mi 1922); M. RINALDI, L'arte di I. P. e „Lo straniero" (R 1930); G. M. GATTI, I. P. (Tn 1934), erweiterte NA engl. (Lo 1951, it. Mi 1954); M. RINALDI, Il valore della „Fedra" di D'Annunzio nel dramma di I. P. (R 1937); G. GAVAZZENI, Tre studi su P. (Como 1937); M. RINALDI, „Lo straniero" di I. P. (Fi 1943); G. GAVAZZENI, Altri studi pizzettiani (Bergamo 1956); E. CALABRIA, I. P. (ebd. 1956); M. LA MORGIA, Linearità e lirismo in alcune opere di P., in: Rass. mus. Curci 16 (1963). G. SCHUHMACHER

PIZZICATO (it., = gezwickt, gezupft; Abk.: pizz.), bei Streichinstrumenten (neuerdings auch beim Klavier) Spielanweisung, die Saiten mit einem oder mehreren Fingern meist der rechten Hand zu zupfen (aufgehoben wird sie durch ↗coll'arco). Sie begegnet zum erstenmal 1624 in *Il combattimento di Tancredi e Clorinda* von Cl. Monteverdi. Im 17. und 18. Jh. noch Ausnahme – z. B. in den Opern *Adonis* (1697) von R. Keiser, *Agrippina* (1709) und *Il pastor fido* (1712) von G. Fr. Händel –, gewinnt das P. seit dem 18. Jh. zunehmend an Bedeutung: Beschrieben wird es bei J. G. Walther (*Musicalisches Lexicon*, 1732), und ein längerer Abschnitt über das P. findet sich in L. Mozarts *Versuch einer gründlichen Violinschule* (1756). Spätere Beschreibungen stammen von J.-L. Duport (*Essai sur le doigté*, 1806) und P. Baillot (*L'Art du Violon*, 1834).
Zu den bekanntesten Kompositionen mit längeren, chorischen Pizzicati gehören u. a. der 3. Satz der 4. Symphonie von P. Tschaikowsky, die *Pizzicato-Polka* von Johann und Josef Strauß, das 4. Streichquartett von B. Bartók und die *Simple Symphony* von B. Britten. Eine besondere Rolle spielt das P. bei A. Webern und im Anschluß daran bei Komponisten serieller Musik. N. Paganini forderte erstmals linkshändiges P. zum gleichzeitig gestrichenen Spiel mit der rechten Hand (*Duo Merveille* für V. solo), wie es später u. a. auch P. de Sarasate *(Airs bohémiens)*, Z. Kodály (Duo für V. und Vc.) noch vorschrieben. B. Bartók forderte ein mit 2 Fingern angerissenes P. (Zeichen: ⦽), zu dem in der neueren Musik verschiedenste Modifikationen hinzukamen. Durchgängiges, schlagartiges P. ist charakteristisch für das Spiel des Kontrabasses im Jazz (Schlagbaß).

PLAGAL (von griech. plagios = seitlich). – **1)** Bei den ↗Kirchentönen des Gregorianischen Gesangs Bz. für die von den authentischen Kirchentönen abgeleiteten, um eine Quarte nach unten versetzten und durch die Vorsilbe „hypo" näher bezeichneten Modi (2., 4., 6. und 8. Kirchenton), mit denen sie die ↗Finalis gemeinsam haben. Auch im byzantinischen ↗Oktoechos, der den Kirchentönen zugrunde liegt, werden authentische und p.e Modi unterschieden. – **2)** Seit dem 18. Jh. bezeichnet man mit p. eine harmonische ↗Kadenz, die von der Subdominante zur Tonika führt (im Unterschied zu einer authentischen Kadenz D – T):

S T

In der Kirchenmusik des 16. Jh. ist die p.e Kadenz als Schluß ganzer Werke oder größerer Werkabschnitte etwa gleich häufig wie die authentische. Das führte wohl dazu, daß sie im 19. Jh. auch „Kirchenschluß" hieß. Beispiele für eine besonders kunstvolle Gestaltung p.er Kadenzen sind die Schlüsse des Gloria und des Credo der *Missa solemnis* von L. van Beethoven.

PLAGIAT. Unter P. versteht man heute die widerrechtliche Aneignung von fremden, urheberrechtlich geschützten Kunstwerken oder Teilen derselben. Der an sich aus der römischen Antike stammende Begriff hat für die Musik erst spät Bedeutung erlangt. Einerseits suchten sich Komponisten und Musikdrucker seit dem 16. Jh. durch Privilegien vor Raubdrucken zu schützen, andererseits bildete sich erst im 18. Jh. ein Bewußtsein für das persönliche geistige Eigentum an Melodien, musikalischen Sätzen usw. heraus (unter gleichzeitigem Zurücktreten der positiven Einschätzung von ↗Kontrafaktur und ↗Parodie). Gesetzlich geregelt wurde dieser Anspruch durch die Ausbildung des Urheberrechts im 19. Jahrhundert. Seit dem späten 18. Jh. hat eine, oft übertriebene, „Reminiszenzenjagd" Platz gegriffen. In der Gegenwart spielen das P. und die gefürchteten P.-Prozesse (da die Kriterien für ein P. im einzelnen schwer objektivierbar sind) vor allem in der Vermarktung der Unterhaltungsmusik eine erhebliche Rolle.

Lit.: K. ENGLÄNDER, Gedanken über Begriff u. Erscheinungsformen des musikal. P.s, in: Arch. für Urheber-, Film- u. Theaterrecht 3 (1930); DERS., Das musikal. P. als ästhetisches Problem, in: ebd.; E. SCHULZE u.a., P. (B – F 1959) (= Schriftenreihe Int. Ges. für Urheberrecht 14); „Zum Melodienschutz", Gutachten, in: GEMA-Nachrichten 48 (1960); G. VON NOÉ, Das musikal. P., in: NZfM 124 (1963).

G. GRUBER

PLAIN-CHANT, Plainchant (frz.; von lat. cantus planus = wörtlich: ebener Gesang), im Mittelalter synonym mit anderen lat. Bezeichnungen für den ↗Gregorianischen Gesang, im englischen und französischen Sprachgebrauch auch heute noch die Bz. dafür: in England ausschließlich, während in Frankreich allgemein „Chant grégorien" üblich geworden ist. Hier versteht man unter P. im engeren Sinne den speziellen französischen Choralgesang des 16.–19. Jahrhunderts. Die Reaktion auf ihn war es, die in der 2. Hälfte des 19. Jh. in Frankreich die Restauration des Gregorianischen Gesangs in Gang gesetzt hat.
Man unterscheidet zwei Arten des P.: den entsprechend den ästhetischen Auffassungen des 16./17. Jh. rhythmisierten Choral (P. mesuré) und die choralen Neukompositionen seit dem 17. Jh. (P. musical). Der erstere steht im Zusammenhang mit der Choralreform des 16. Jh. im Anschluß an das Konzil von Trient (vgl. auch ↗Choralausgaben), die weithin eine Anpassung an den Zeitgeschmack darstellt. Die französischen Theoretiker des P. mesuré (G. G. Nivers, Léonard Poisson, Jean Lebœuf, François de La Feillée) hatten nach eigener Bekundung keine Ahnung von der musikalischen Paläographie und von den Neumen der Choralhandschriften, die sie studierten. Sie folgten eigenen ästhetischen Vorstellungen, eliminierten die nach ihrer Ansicht überflüssigen Neumen, die auf kurzen Silben standen, verbesserten vermeintlich fehlerhafte Intervalle und veränderten die graphische Gestalt der Noten. Nivers und Poisson störten sich an den zu einfachen Gesängen für manche Feste, weiteten sie melodisch aus und fügten neue Passagen hinzu, um sie feierlicher zu machen. Dieselben Theoretiker beriefen sich ferner „auf die Konzilien, die Kirchenväter und die Vernunft", um die Differenzierung der Noten in kurze und lange zu rechtfertigen. Das führte dazu, daß man zwar die Formen der Einzelnoten beibehielt, sie aber exakt mensurierte: die Virga der Quadratnotation wurde als Longa, das Punctum als Brevis, die Nota obliqua (Rhombus) als Semibrevis gedeutet. Hinzu kamen 3 verschieden lange senkrechte Striche als Interpunktions- oder Atemzeichen, Akzidentien, Vortragsbezeichnungen u.a. So ergab sich eine Lehre und Praxis des Chorals, die uns heute wie ein Zerrbild anmutet und die historisch und ästhetisch durch die *Editio Vaticana* überwunden wurde. Gleichwohl hat dieser P. vielfach in Frankreich und darüber hinaus das Verhältnis von Choral und Mehrstimmigkeit bestimmt.
Inbegriff des P. musical sind die *Messes royales* von H. Du Mont (1689), die zwar nicht die einzigen ihrer Art waren, aber bis zur Gegenwart in Gebrauch blieben. Im folgenden ist für das 1. Kyrie der 1. Messe (im 1. Ton) von Du Mont die originale Notierung und die Übertragung (Brevis = Halbe) wiedergegeben (nach A. Gastoué):

Theoretische Quellen: G. G. NIVERS, Dissertation sur le chant grégorien (P 1683); Règles et pratiques pour chanter à l'usage du diocèse d'Angers (Angers 1684); J. LEBŒUF, Traîté historique et pratique sur le chant ecclésiastique (P 1744); R. CARRÉ, Le maistre des novices dans l'art de chanter (P 1750); L. POISSON, Traîté théorique et pratique du p. appelé grégorien (P 1750); F. DE LA FEILLÉE, Méthode nouvelle pour apprendre parfaitement les règles du p. et de la psalmodie (Ly 1811).

Lit.: ↗Du Mont, Henry.

PLAINTE (frz., = Klage). – **1)** Französische Bz. für ↗Planctus. – **2)** In Instrumentalsuiten des 17. und 18. Jh. (u.a. bei J. J. Froberger und Fr. Couperin) gelegentliche Bz. für einen dem ↗Lamento und ↗Tombeau nahestehenden Satz klagenden Charakters. – **3)** In älteren Verzierungslehren Bz. für ↗Vibrato oder den ↗Vorschlag (von unten; u.a. bei M. Mersenne „accent plaitif" genannt).

PLAISANTERIE (frz., = Spaß, Scherz), in Instrumentalsuiten des 17. und 18. Jh. (meist für Tasteninstrumente) gelegentliche Bz. für einen Satz scherzhaften Charakters. Bei J. G. Walther (*Musicalisches Lexicon*, 1732) ist P. eine „lustige Pièce".

PLAMENAC, Dragan, * 8.2. 1895 Zagreb, † 15.3. 1983 Ede (Niederlande); amerik. Musikforscher kroatischer Herkunft. Er studierte Komposition in Zagreb, 1912 bei Fr. Schreker in Wien und 1919 bei V. Novák in Prag sowie Musikwissenschaft bei A. Pirro an der Sorbonne in Paris und bei G. Adler an der Universität in Wien, wo er 1925 promovierte. 1925–27 war er Kapellmeister an der Städtischen Oper Berlin und lehrte

1928–39 Musikwissenschaft an der Universität Zagreb. 1939 ging er in die USA, lehrte 1940–41 am Musikinstitut von St. Louis, war 1954–63 Professor of music an der University of Illinois in Urbana, außerdem 1964–65 Gastprofessor an der Pittsburgh University und 1967 an der University of California in Santa Barbara. 1956–58 war er außerdem Vizepräsident der American Musicological Society. P. widmete sich vor allem der kroatischen Musik und der Musik des 14. und 15. Jahrhunderts. Zu seinem 70. Geburtstag wurde er mit einer Festschrift geehrt (*Essays in Musicology*, hrsg. v. G. Reese und R. J. Snow, Pittsburgh/Pa. 1969, Nachdr. 1977, mit WW-Verz. v. Th. E. Wood).

Schriften: *Johannes Ockeghem als Motetten- und Chansonkomponist* (Diss. W 1925); *New Light on the Last Years of C. Ph. E. Bach*, in: MQ 35 (1949); *A Reconstruction of the French Chansonnier in the Biblioteca Colombina*, in: MQ 37 (1951) u. 38 (1952); *Keyboard Music of the 14th Century in Codex Faenza 117*, in: JAMS 4 (1951); *Music in the Adriatic Coastal Areas of the Southern Slaves*, in: G. Reese, Music in the Renaissance (NY 1954); *An Unknown Composition by Dufay?*, in: MQ 40 (1954), frz. in: RBMie 8 (1954); *The „Second" Chansonnier of the Biblioteca Riccardiana (Cod. 2356)*, in: Ann. Mus. 2 (1954); *Faventina*, in: Liber amicorum. FS Ch. van den Borren (An 1964); *The Two-part Quodlibets in the Seville Chansonnier*, in: The Commonwealth of Music. FS C. Sachs (NY 1965). – Editionen: *J. Ockeghem, Sämtliche Werke: Messen I–VIII* (L 1927, ²1959) (= PäM I/2), *Masses and Mass Sections IX–XVI* (NY 1947, ²1966) (= ebd. II); *Keyboard Music of the Late Middle Ages* (1972) (= CMM 57); *L. Mizler, Sammlungen auserlesener moralischer Oden* I–III (L 1972).

PLANCTUS (von lat. plangere = laut trauern; provenzalisch: planh; frz.: plainte), eine seit dem 8. Jh. nachweisbare Gattung des Klageliedes, die sich auf den antiken ↗Threnos und die Nenia (↗Nänie) zurückführen läßt. Sie wurde bis ins 12. Jh. gepflegt und ging dann in der vulgärsprachigen Lyrik auf. Für vokalen Vortrag vorgesehen, stützte sich der P. auf eine bestimmte Anzahl fest umrissener Motive. Zu den ältesten P. gehört *A solis ortu usque ad occitua*, das aus Anlaß des Todes Karls des Großen (814) verfaßt und mit Neumen versehen wurde. P. Abaelard erneuerte die Gattung auf geniale Weise: von ihm stammen 6 P., die sich thematisch an der Bibel orientieren und formal an Sequenz und Lai anknüpfen. Sie sind mit Melodien möglicherweise keltischen Ursprungs versehen. Eine deutsche Parallelerscheinung ist die selten vorkommende Gattung des P. monialis (Nonnenklage).

Bei den Kelten scheint die Plainte schon in vorhistorischer Zeit im Rahmen des Epos gepflegt worden zu sein. Im Zyklus der *Lais de Fionn* begegnen gesungene Lamentationen, deren Notation jedoch lückenhaft ist. Man trifft sie auch in den französischen und deutschen Fassungen des *Tristan*.

Der Planh (Plainte) als Gattung des Trobadorliedes bezieht sich auf den Tod einer bestimmten Persönlichkeit. Er hat keine spezielle Form und Länge und gehört zu den Liedern vom Typus der Hymne ohne Refrain, isometrisch mit abschließender „tornada". Der älteste bekannte P. dieser Art wurde von Cercamon auf den Tod Wilhelms IX. von Aquitanien geschrieben (1127). Der P. kann als Abart des ↗Sirventés betrachtet werden.

Die Plainte der Trouvères unterscheidet sich wesentlich vom Planh der Trobadors: sie kennzeichnet großer Formenreichtum, von der refrainlosen Chanson bis zu verschiedenen Formen des Lai, so etwa in dem nicht neumierten *Lai de Belle Ysabel* von Andrieu Contredit. Oft klagen solche Werke nicht um einen verstorbenen Gönner, sondern verleihen vielmehr persönlichen Befürchtungen Ausdruck oder legen einer Persönlichkeit eigene Empfindungen in den Mund wie in den nicht neumierten, in Form eines Lai geschriebenen anonymen *Plaintes de la Vierge au pied de la Croix*.

Eine wichtige Abart der nordfranzösischen Plainte stellen die in große Prosaromane eingebauten Stücke dar (z. B. die teilweise neumierten P. im *Tristan en prose*).

Zu erwähnen bleibt darüber hinaus noch der in einem einzigen, nicht neumierten Ms. überlieferte *Deuil Tristan*, in dem der Tod des Helden behandelt wird.

Im 14. Jh. wird die Gattung in erster Linie durch G. de Machaut vertreten. Nach ihm entstehen solche Klagelieder in Zusammenarbeit zwischen Dichter und Musiker: z. B. die Klage des Eustache Deschamps über den Tod Machauts (Musik von Andrieu). Wenig später erschienen die ersten volkstümlichen Klagelieder wie das von Jean Renaud (↗Complainte).

Außer dem begrenzten Repertoire des P. monialis wird die Gattung P. im mittelalterlichen Deutschland durch das „klageliet" oder den „klagesanc" vertreten. Die ältesten Beispiele finden sich bei Spervogel (um 1173) und bei Reinmar dem Alten. Der Grabgesang begegnet auch im deutschen höfischen Epos.

Lit.: H. SPRINGER, Das altprovenzalische Klagelied (B 1895) (= Berliner Beitr. z. germanischen u. romanischen Philologie, Romanische Abt. 2); G. VECCHI, P. Abelardo, I: „P." (Modena 1951); C. COHEN, Les éléments constitutifs de quelques „p." des Xᵉ et XIᵉ siècles, in: Cahiers de civilisation médiévale 1 (Poitiers 1958); B. STÄBLEIN, Die Schwanenklage. Zum Problem Lai, P., Sequenz, in: FS K. G. Fellerer (Rb 1962); S. C. ASTON, The Provençal Planh, I: The Lament for a Prince, in: Mélanges J. Boutière (Lüttich 1971), II: The Lament for a Lady, in: Mélanges R. Lejeune (Gembloux 1969).

W.-D. LANGE

PLÁNICKÝ (Planitzky, Planiczky, Planiciczky), **Josef Antonín** (Joseph Anton), * 27. 11. 1691 Manétín (Böhmen), † 17. 9. 1732 Freising; böhmischer Komponist. 1715–20 stand er im Dienst der Gräfin Lažanský in Manětín und war dort vermutlich Schüler von Mauritius Vogt. Nach Reisen durch Böhmen, Mähren, Österreich und Süddeutschland wurde er 1722 Tenorist und Instrumentalist der fürsterzbischöflichen Kapelle in Freising. 1724 kam in Freising seine Festoper *Zelus Divi Corbiniani* (verloren) zur Aufführung. Erhalten ist lediglich eine Sammlung von 12 Solomotetten, *Opella ecclesiastica* (Au 1723).

Ausg.: *Opella ecclesiastica*, hrsg. v. J. RACEK – J. SEHNAL (Pr 1968) (= MAB II/3).

Lit.: C. SCHOENBAUM, Beitr. z. solistischen kath. Kirchenmusik des Hochbarocks (Diss. W 1951), Teildruck als: Die „Opella ecclesiastica" des J. A. P., in: AMl 25 (1953); J. SEHNAL, Hudební život v Manětíně v první polovině 18. století, in: Opus musicum 1 (1969).

PLANSON, Jean (Jehan Plançon), * um 1558 Paris, † nach 1612 ebd.; frz. Komponist und Organist. Er war seit 1575 Organist an St-Germain-l'Auxerrois und 1586–88 an St-Sauveur in Paris. 1578 erhielt er 2 Preise beim Puy d'Évreux. Seine Chansons, mit einer für diese Zeit neuen strophischen und syllabischen Schreibweise, waren sehr beliebt und auch außerhalb Frankreichs bekannt.

WW: *Quatrains de sieur de Pibrac, ensemble quelques sonetz et motetz ... à 3, 4, 5 et 7 parties* (P 1583); *Airs mis en musique* für 4 St. (P 1587 u.ö.); einige Airs daraus als Gesänge mit Laute in: E. Adriaensen, Novum pratum musicum (An 1592).

Ausg.: Airs, hrsg. v. H. EXPERT – A. VERCHALY (P 1966) (= Maîtres anciens de la musique française 1); *La rousée du joly mois de may*, Vokalfassung u. Intavolierung, in: Airs de cour pour voix et luth, hrsg. v. A. VERCHALY (P 1961).

PLANTIN, Christophe, * 1514 Saint-Avertin bei Tours, † 1. 7. 1589 Antwerpen; frz. Musikdrucker und Verleger. 1549 gründete er in Antwerpen eine Druckerei, die durch die typographische Schönheit ihrer Bücher schnell berühmt wurde. Weitere Filialen entstanden in Paris, Frankfurt am Main und 1583 in Leiden. 1578 begann P. mit dem Notendruck und eröffnete einen Musikalienhandel. Die Druckerei wurde später von seinem Schwiegersohn Jan Moretus (1543–1610) übernommen und von dessen Sohn Balthasar Moretus (1574–1641) weitergeführt. Die Offizin P. druckte Musikalien 1564–1644, und zwar fast ausschließlich Individualdrucke niederländischer Komponisten (u.a. von G. de la Hèle, Ph. de Monte, S. Cornet, C. Verdonck, J. de Kerle, A. Pevernage, D. Lobo, C. Schuyt, J. P. Sweelinck), ferner einzelne Sammlungen von Cl. Le Jeune und G. P. da Palestrina.

Lit.: J. A. STELLFELD, Bibliogr. des éditions musicales plantiniennes (Bru 1949); H. CARTER, The Types of Ch. P., in: The Library V/11 (1956); A. CORBET, in: MGG X; H. SLENK, Ch. P. and the Genevan Psalter, in: TVer 20 (1967); H. VAN DEN BERGH, P. als muziekdrukker en de „Missae" v. G. de la Hèle, in: Vlaams muziektijdschrift 24 (1972).

PLANYAVSKY, Peter Felix, * 9. 5. 1947 Wien; östr. Organist und Komponist. Er studierte 1959–66 an der Akademie für Musik und darstellende Kunst in Wien bei A. Heiller Orgel, Hilde Seidlhofer Klavier und A. Uhl Komposition und 1966–67 Kirchenmusik. 1968 erhielt er den 1. Preis beim Internationalen Orgelwettbewerb für Improvisation in Graz, wurde 1969 Organist am Stephansdom in Wien und später Lehrer für Orgel und Improvisation an der Diözesanmusikschule in Wien. Er unternimmt Konzertreisen u.a. in die USA, nach Australien und in den Fernen Osten. Als Komponist ist P. vor allem mit geistlichen Werken hervorgetreten.

WW: Für Org.: Choral u. 4 Meditationen *Herzliebster Jesu* (1962); *Sonate I* (1968); *Toccata alla rumba* (1971). – Zahlr. Vokalwerke, u.a.: 2 Psalmen für Mezzosopran u. Org. (1966); Psalmenlieder für Gemeinde oder gem. Chor oder 3 gleiche St. oder Org. (1968); *Missa Viennensis* (1972) für Knabenchor; *Zwei Stücke zur Passion* (1972) für gem. Chor u. 7 Instr.

PLATEN, Emil, * 16. 9. 1925 Düsseldorf; dt. Musikforscher. Er studierte 1947–50 an der Nordwestdeutschen Musikakademie in Detmold Chordirektion bei K. Thomas und Komposition bei W. Maler sowie 1950–57 Musikwissenschaft an den Universitäten Köln, Münster und Bonn, wo er 1957 promovierte. Seitdem leitet er das Collegium musicum der Universität Bonn (1964 Akademischer MD). 1971 wurde er zum Honorarprofessor ernannt. Schwerpunkte seiner Forschungen bilden die Formenlehre sowie die Musik J. S. Bachs und L. van Beethovens.

Schriften: *Untersuchungen zur Struktur der chorischen Choralbearbeitungen J. S. Bachs* (Diss. Bonn 1959); *Zur Frage der Kürzungen in den Dacapoformen J. S. Bachs*, in: FS J. Schmidt-Görg (Bonn 1957); *Beethovens Streichtrio op. 9/2*, in: ebd. (ebd. 1967); *Eine Pergolesi-Bearbeitung Bachs*, in: Bach-Jb. 49 (1962); *Zur Echtheit einiger Choralsätze J. S. Bachs*, in: ebd. 61 (1975); *Zeitgenössische Hinweise zur Aufführungspraxis der letzten Streichquartette Beethovens*, in: Beethoven-Kolloquium 1977 (Kas 1978); *Eine Frühfassung zum 1. Satz des Streichquartetts op. 131 von Beethoven*, in: Beethoven-Jb. 10 (1981). – Editionen: in der neuen Beethoven-GA die Bde VII/5 (1961): *Variationen für Klv.* (zus. mit anderen), u. VI/6 (1965): *Streichtrios und -duo;* in der Neuen Bach-Ausg. Bd. II/2 (1978): *Lutherische Messen.*

PLATERSPIEL (engl.: bladder-pipe; frz.: vèze), Blasinstrument mit Aufschlag- oder Gegenschlagzungen (einfachen oder doppelten Rohrblättern), das seinem Bauprinzip nach zu den ↗Sackpfeifen zu zählen ist. Es unterscheidet sich von diesen jedoch durch die Verwendung einer Tierblase – meist einer Schweinsblase – als Magazin anstelle eines Tierbalgs. Ein Mundrohr führt in die Blase, aus welcher am anderen Ende eine einfache oder gedoppelte Spielpfeife heraustritt. Die Spielpfeifen haben je nach Verbreitungsgebiet eine unterschiedliche Anzahl von Grifflöchern. Die Verwendung von einfachen Rohrblättern ist ebenso bekannt wie die von doppelten. Das Ende der Spielpfeifen kann gerade, mit einem Schallbecher versehen oder gekrümmt sein, wie es noch S. Virdung abbildet. Unterschiedlich wie die Art der verwendeten Rohrblätter ist auch die Bohrung der Spielpfeifen, zylindrisch oder leicht konisch. Da die Blase zu klein ist, um sie wie einen Balg unter einen Arm zu nehmen, wird sie nach dem Aufblasen entweder von einem Unterarm des Spielers vor dem Körper oder in Richtung Mundrohr zusammengedrückt.

Das P. war vermutlich bereits in der griechischen Antike bekannt (Aristophanes, *Lysistrate*, Vs. 1245 als Physalis = Blase). Im Spätmittelalter erscheint es erstmals im *Seifried Helbing* (um 1290) als Blâterpfîfen und wird bis ins 16. Jh. mehrfach erwähnt bzw. abgebildet (S. Virdung, *Musica getutscht*, Bas 1511). Bis in jüngste Zeit ist das P. als Kinder- und als Volksmusikinstrument in Albanien, bei den Tscheremissen und in Polen bekannt.

Lit.: G. KINSKY, Doppelrohrblatt-Instr. mit Windkapsel, in: AfMw 7 (1925); H. BECKER, P., in: MGG X; R. WEBER, Tournebout, Pifia, Bladderpipe (Platerspiel), in: GalpinJ 30 (1977).

M. BRÖCKER

PLATON, * 427 v. Chr. Athen, † 347 v. Chr. ebd.; griech. Philosoph. P. entstammte einer vornehmen Familie und erhielt eine umfassende Ausbildung. In den musischen Fächern wurde er von Drakon, einem Schüler Damons von Athen, in der Philosophie vermutlich von Kratylos unterrichtet. Er widmete sich zunächst der Dichtkunst und wandte sich erst nach seiner Begegnung mit Sokrates 20jährig der Philosophie zu. Auf 3 Reisen nach Unteritalien und Sizilien (390–388, 366/365 und 361/360) lernte er auch die Lehren der Pythagoreer Archytas von Tarent, Timaios und Philolaos kennen. Nach seiner ersten Reise gründete er im Gymnasium Akademeia in Athen eine eigene Schule, in der Wissenschaften, Künste, Ethik und P.s dialektische Methode gelehrt wurden. Sein bedeutendster Schüler war Aristoteles.

Bei seiner Beschäftigung mit Musik entwickelt P. kein musikalisches System im engeren Sinne, sondern untersucht und beschreibt ihre Bedeutung im Zusammenhang des Weltganzen bzw. seines philosophischen Weltbildes, insbesondere den Zusammenhang zwischen Musik und Ethos. Dabei lassen sich fünf konstant wiederkehrende Gedanken erkennen: 1. Die Welt ist nach musikalischen Prinzipien geordnet (*Politeia* VII, 521 c–534, und *Timaios*, 88 c). 2. Sie besitzt eine magische Kraft, mit der sie auf den irrationalen Teil der Seele einwirkt (*Phaidros*, 223 b; *Nomoi* VII, 790 e). 3. Harmonie und Rhythmus bestimmen das Leben des Menschen und führen ihn zu Klugheit und Weisheit: ein Gedanke, der vermutlich auf Damos zurückgeht (*Protagoras*, 326 b; *Politeia* III, 410 a). 4. Daher fördert eine musikalische Ausbildung auch die Bildung des Charakters (*Politeia* III, 399 a–c, *Nomoi* VII, 793 e). 5. Ihren höchsten Ausdruck findet die Musik in der Philosophie (*Phaidon*, 61 a). Im Keim findet sich die Musikphilosophie P.s bereits in dem berühmten Mythos von den Zikaden (*Phaidros*, 259 b–d). Stimme und Gehör sind göttliche Geschenke (*Timaios*, 47 c). Aufgrund eines komplizierten, auf ontologischen und psychischen Faktoren beruhenden Mechanismus (ebd., 67 a ff.) haben harmonische Töne eine ganz andere Wirkung auf die Seele als disharmonische (ebd., 80 a bis b). Harmonien und Rhythmen (*Politeia* III, 399 d–401 a; *Philebos*, 26 a; *Politikos*, 307 a), Tänze (*Nomoi* VII, 816 a ff.) und Instrumente (*Politeia*, 399 d, *Nomoi* III, 700 d), die Tugend, Liebe zur Weisheit und Gerechtigkeit fördern, sind anderen vorzuziehen. P. strebt eine neue Form der Ausbildung an (*Politeia* IV, 424 c; *Politikos*, 303 a, *Nomoi* VII, 812 b ff.), deren Ziel es ist, die jungen Menschen mit Hilfe der Musik in die Philosophie einzuführen (*Nomoi* VIII, 828 c ff.). Insbesondere soll Musik auch die Tugenden der älteren Generationen weitervermitteln, weshalb die traditionellen Weisen bewahrt und als musikalische Vorbilder dienen sollen. Den moralischen Verfall seiner Zeit führt P. auf die unkontrollierte Entwicklung musikalischer Formen (*Nomoi* III, 700 a–b) und Instrumente (*Philebos*, 56 a) zurück. Das gesunde musikalische Bewußtsein ist dagegen frei von der Sucht nach Neuem (*Nomoi* III, 701 b–c). Damit wird von P. auch die gesellschaftliche und politische Rolle der Musik umschrieben. In der *Politeia* erhebt P. gegen die Pythagoreer den Vorwurf, sie beschäftigten sich lediglich mit Zahlenformeln, ohne sich über die Erscheinungen hinaus zu den ewigen Wahrheiten zu erheben. Diesen Versuch unternimmt P. selbst, auch in bezug auf die Musik (*Philebos*), in seinen letzten, den sogenannten metaphysischen Dialogen.

Lit.: H. ABERT, Die Lehre v. Ethos in der griech. Musik (L 1899, Nachdr. Tutzing 1968) (= Slg. Breitkopf & Härtels musikwiss. Arbeiten 2); W. VETTER, Musikal. Sinndeutung des antiken Nomos, in: ZfMw 17 (1935), wiederabgedruckt in: DERS., Mythos, Melos, Musica 1 (L 1957); J. HANDSCHIN, Der Toncharakter (Z 1948); DERS., The „Timaeus" Scale, in: MD 4 (1950); A. AHLVERS, Zahl u. Klang bei P. (Diss. Be 1952); H. KOLLER, Die Mimesis (Be 1954); O. BECKER, Frühgriech. Mathematik u. Musiklehre, in: AfMw 14 (1957); TH. G. GEORGIADES, Musik u. Rhythmus bei den Griechen (H 1958); J. LOHMANN, Der Ursprung der Musik, in: AfMw 16 (1959), Neudr. in: DERS., Musiké u. Logos, Aufsätze z. griech. Philosophie u. Musiktheorie, hrsg. v. A. Giannarás (St 1970); E. MOUTSOPOULOS, La musique dans l'œuvre de P. (P 1959); L. RICHTER, Zur Wissenschaftslehre v. der Musik bei P. u. Aristoteles (B 1961) (= Dt. Akad. der Wiss. zu Berlin. Schriften der Sektion für Altertumskunde 23); E. A. LIPPMAN, Musical Thought in Ancient Greece (NY 1964); H. GÖGGEMANNS – A. J. NEUBECKER, „Heterophonie" bei P., in: AfMw 23 (1966); G. SCHMIDT, Die Rolle der Musik in P.s Staat, in: Musik u. Zahl, hrsg. v. G. Schnitzler (Bad Godesberg 1976) (= Orpheus-Schriftenreihe zu Grundfragen der Musik 17).

E. MOUTSOPOULOS

PLATTI, Giovanni Benedetto, * um 1700 Venedig, † 11. 1. 1763 Würzburg. P. wirkte von etwa 1722 bis 1749 als Oboist, Kammertenorist, Gesanglehrer und Violinist am Würzburger Hof, muß sich aber auch als Violoncellist und Cembalist betätigt haben. Seine Klaviersonaten zeichnen sich durch südländisches Temperament, eine fluktuierende, abwechslungsreiche Harmonik und eine mitunter empfindsame Melodik aus, während die Form gelegentlich von C. Ph. E. Bachs Sonaten beeinflußt zu sein scheint. In der frühen Kammermusik wird eine Tendenz zur strengen, z. T. fugierten Schreibweise deutlich, die vermutlich auf Einflüsse von J. J. Fux in Wien zurückgeht. Stilistisch ist P. als überdurchschnittlich begabter Kleinmeister in mancher Hinsicht bereits der Vorklassik zuzurechnen.

WW: Im Druck erschienen: 6 *Sonates pour le clavessin, sur le goût italien* (Nü 1742); 6 *Concerti* für obligates Cemb. u. Str. (Nü 1742) 6 *Sonate a flauto traversiere solo* mit Vc. oder Cemb. (Nü 1743 ?); 6 *Sonate per il cembalo solo* (Nü o.J.). – Hsl. sind erhalten: 11 Cemb.-Konzerte mit Str.; 2 Cemb.-Sonaten; 28 Konzerte für Vc. mit Str.; 21 Sonaten für V., obligates Vc. u. Baß; 12 Vc.-Sonaten; 4 Ricercati für V. u. Vc.; 6 Messen; Requiem; Stabat mater; Kantata; Azione sacra *Sedecia;* Offertorien u. Miserere.

Ausg.: 3 Fl.-Sonaten, hrsg. v. PH. JARNACH (Mz 1936); GA der Klv.-Sonaten, hrsg. v. L. HOFFMANN-ERBRECHT (L 1953) (= Mitteldt. Musikarch. I/3–4); Sonate für Fl. u. B.c., op. 3 Nr. 6, hrsg. v. H. RUF (Mz 1963) (= Il flauto traverso 97); Ricercati, hrsg. v. F. ZOBELEY, 2 H.e (Kas 1965) (= Hortus Mus. 87–88); Konzert für Ob. (oder Fl.) u. Streichorch., hrsg. v. W. LEBERMANN (Mz 1966) (= Concertino 115); Sonate für Ob. u. B.c., hrsg. v. G. HAUSSWALD (Hei 1975).

Lit.: O. KAUL, Gesch. der Würzburger Hofmusik (Wü 1924); F. TORREFRANCA, Le origini italiane del romanticismo musicale (Tn 1930); L. HOFFMANN-ERBRECHT, Dt. u. it. Klaviermusik z. Bachzeit (L – Wie 1954); DERS., Der Nürnberger Musikverleger J. U. Haffner, in: AMl 26 (1954); M. FABBRI, Una nuova fonte per la conoscenza di G. P. e del suo „Miserere", in: Chigiana 24 (1967); J. JAENECKE, Die Musikbibl. des L. Freiherrn von Pretlack 1716–1781 (Wie 1973); A. JESUE, Le opere a stampa e manoscritte di G. B. P., in: NRMI 9 (1975).

L. HOFFMANN-ERBRECHT

PLAYBACK (engl., = Rückspiel), Bz. für ein (besonders bei Film- und Fernsehaufnahmen praktiziertes) Verfahren, bei dem die einzelnen Vorgänge einer Ton- oder Bildaufzeichnung nacheinander produziert werden bzw. bei dem zumindest eine der (unter optimalen Bedingungen) vorproduzierten Aufnahmen wiedergegeben wird und als Basis für die Neuaufnahme dient. Dabei sind vielerlei Kombinationen möglich: Ton zu Bild (Filmsynchronisation), Bild zu Bild (Filmaufnahme mit hinter dem Aufnahmeobjekt projiziertem Film – beim Fernsehen elektronisch realisiert über sog. Trickmischer) und Bild zu Ton. Letztere Methode wird häufig bei Schlager- oder Opernproduktionen verwendet, um bessere Tonqualität oder z. B. weniger stimmliche Belastung der Sänger zu erreichen und musikalische und schauspielerische Leistungen getrennt zu optimieren. Die so erzielte Detailperfektion geht allerdings meist zu Lasten künstlerischer Ausstrahlungskraft und Spontaneität. Beim (besonders bei Schallplattenaufnahmen im Bereich der Unterhaltungsmusik angewandten) Ton-zu-Ton-P.-Verfahren wird z. B. eine vokale Solostimme einer vorproduzierten Instrumentalaufnahme hinzugefügt, oder es werden verschiedene einzelne Stimmen nacheinander aufgenommen (= Multiplayaufnahme, meist mit 16 oder mehr Tonspuren).

PLAYFORD. – 1) John (I), * 1623 Norwich, † November 1686 London; engl. Musikverleger. Er gründete um 1648 in London einen Verlag, den er bis 1684 leitete. Berühmt wurden *The English Dancing Master* (1650, datiert 1651), vermutlich sein erstes Werk, und *A Breefe Introduction to the Skill of Musick* (1654), die bis 1730 in zahlreichen Neuauflagen erschien und u. a. von H. Purcell bearbeitet wurde. Insgesamt umfassen seine Veröffentlichungen (zumeist Sammeldrucke) liturgische Musik (Psalmen und Psalmparaphrasen), musiktheoretische Werke und Lesson books für verschiedene Instrumente (Viole, Lyra viol u. a.) sowie weltliche Vokalmusik (Airs, Songs, Catches u. a.). Die Autoren von Individualdrucken sind H. Lawes, M. Locke, R. Dering und H. Purcell. – **2) Henry,** Sohn von 1), * 5. 5. 1657 London, † um 1709 ebd.; engl. Musikverleger. Er führte den Verlag seines Vaters fort. Neben Neuauflagen von Sammlungen seines Vaters veröffentlichte er u. a. *Orpheus Britannicus* von H. Purcell (1698–1702) und *Ode on the Death of M. Henry Purcell* von John Blow (1696). P. organisierte auch Konzerte in London und Oxford. – **3) John** (II), Neffe von 1), * um 1655 Stanmore Magna, † um 1685 London; engl. Musikverleger. Er erhielt seine Ausbildung in der Druckerei von William Godbid, die auch für John (I) gearbeitet hatte. Nach Godbids Tod führte er die Druckerei mit der Witwe, Anne Godbid, weiter. Er gab Musikdrucke von John (I) und Henry neu heraus.

Ausg.: **Zu 1):** *The English Dancing Master* 1651, Faks.-Ausg., hrsg. v. M. DEAN-SMITH (Lo 1957); *The Second Part of Musick's Handmaid* 1689, revised and corrected by H. Purcell, hrsg. v. TH. DART (Lo 1963, ²1969); *Musick's Hand-Maid* 1678, hrsg. v. DEMS. (Lo 1969); *Musick's Recreation on the Viol, Lyra-Way* 1682, Faks.-Ausg., hrsg. v. N. DOLMETSCH (Lo 1965); *An Introduction to the Skill of Musick* (zus. mit Th. Campians *The Art of Descant or Composing of Musick in Parts*), Faks.-Ausg. der 7. Aufl. 1674 (Ridgewood/N.J. 1966); dass., Faks.-Ausg. der 12. Aufl. 1694, hrsg. v. F. B. ZIMMERMAN (NY 1972); *Harmonia Sacra* 1726, Faks.-Ausg. (Ridgewood/N.Y. 1966).

Lit.: L. CARAPETYAN, A Few Remarks on J. P. and His „Introduction to the Skill of Musick" (1961) (= Diss. Florida State Univ.); R. C. NELSON, J. P. and the Engl. Amateur Musician, 2 Bde. (1966) (= Diss. Univ. of Iowa); N. TEMPERLEY, J. P. and the Metrical Psalms, in: JAMS 25 (1972); DERS., J. P. and the Stationer's Company, in: ML 54 (1973); M. DEAN-SMITH, P., in: Grove[6] XV.

PLAZA (-Alfonzo), **Juan Bautista,** * 19. 7. 1898 Caracas, † 1. 1. 1965 ebd.; venezolanischer Komponist. P. erhielt seine musikalische Ausbildung 1920–23 in Rom. Nach Caracas zurückgekehrt, lehrte er 1924–28 Harmonielehre an der Escuela Nacional de Música, wo er später Kurse für Musikgeschichte (1931–62) und Ästhetik (1948–62) einrichtete und abhielt. 1945 gründete er die Escuela Preparatoria de Música, die sich unter seiner Leitung 1948–62 zu einer der bedeutendsten Musikschulen des Landes entwickelte. 1924–47 war P. außerdem Kapellmeister an der Kathedrale von Caracas.

WW: **1) Kompositionen:** Klv.-Stücke; Divertimento für Fl., V., Vc. u. Klv. (1959); *Diferencias sobre un aire venezolano* (1953) für Vc. u. Klv.; *Pequeña ofrenda lírica* (1963) für Bandonion. – Für Orch.: Symphonische Dichtungen: *El picacho abrupto* (1926); *Vigila* (1928); *Campanas de Pascua* (1930); *Fuga criolla* (1931) sowie *Fuga romántica venezolana* (1950) für Streichorch.; *Marcha nupcial* (1959) für 2 Hörner, 2 Pos. u. Str. – Zahlr. kirchenmusikal. Werke, u. a. 9 Messen; *Las horas* (1930) für Chor u. Orch.; *7 Canciones venezolanas* (1932) für Sopran u. Klv.; für Chor a cap.: *Los lagartos* (1957) (Text: García Lorca); *Dafne* (1958); *Vitrales* (1963). – **2) Schriften:** *J. A. Lamas* (1953); *Música colonial venezolana* (1957) (= Espacio y forma 4); *El lenguaje de la música. Lecciones populares sobre música* (1966) (= Humanismo y ciencia o. Nr.).

Lit.: Werk-Verz., in: Compositores de América 9 (Washington/D. C. 1963); E. PLAZA-ALFONZO, Apuntes sobre la persona, la vida y la obra de J. B. P. (Caracas 1968); I. PEÑA, in: Rev. nacional de cultura 30 (ebd. 1971).

PLÉ-CAUSSADE, Simone, ↗Caussade.

PLEIN JEU (frz., = volles Spiel). – **1)** Französische Bz. für ↗Organo pleno. – **2)** Im französischen Orgelbau Bz. für die Verbindung der Mixtur und der Zimbel zu einem einzigen Register; zunächst im Positiv, seit dem 18. Jh. im Hauptwerk. In der Folgezeit wurde der Begriff allgemein für Mixtur verwendet. – **3)** Bz. für Orgelkompositionen für eine Mixturen und Prinzipale enthaltende Registrierung. Auf dem P. des Hauptwerks wurden Akkordfolgen, auf den helleren P. des Positivs raschere Abläufe gespielt. Der C.f. wurde durch Zungenstimmen hervorgehoben.

PLEKTRUM, Plektron (von griech. plektron = Stachel, Sporn; lat., engl.: plectrum, frz.: plectre; it.: plettro; span.: plectro), Bz. für ein zum Anreißen der Saiten bestimmtes Plättchen oder Stäbchen aus Schildpatt, Knochen, Elfenbein, Horn, Metall, Holz, neuerdings aus Kunststoff. Das P., je nach Zeit und Gebiet sehr unterschiedlich gestaltet, ist in Asien ebenso verbreitet wie im Vorderen Orient und in allen westlichen Ländern. Viele Saiteninstrumente wurden sowohl mit P. als auch mit den Fingern gespielt, so bereits die ↗Kithara und die ↗Lyra der Antike. Neben heute ausschließlich mit P. gespielten Instrumenten, z. B. ↗Mandoline, ↗Zither, werden bei anderen Instrumenten noch immer beide Spielmöglichkeiten genutzt, wie etwa bei der ↗Gitarre und beim ↗Banjo.

PLENUM ↗Organo pleno.

PLEYEL, Ignaz (Ignace) **Joseph,** * 18. 6. 1757 Ruppersthal bei Wien, † 14. 11. 1831 Paris; östr. Komponist, Musikverleger und Instrumentenbauer. Er war zunächst Schüler von J. B. Vanhal in Wien und 1772–77 auf Kosten seines Gönners Graf Ladislaus Erdödy von J. Haydn in Eisenstadt, 1777 wurde er Kapellmeister des Grafen Erdödy, der ihm Anfang der 1780er Jahre eine Studienreise nach Italien ermöglichte. 1785 kam in Neapel seine Oper *Ifigenia in Aulide* zur Aufführung. 1783 wurde er 2. Kapellmeister am Straßburger Münster unter Fr. X. Richter, dessen Nachfolge er 1789 antrat. Außerdem leitete er seit 1786 mit J. Ph. Schönfeld eine Reihe öffentlicher Konzerte. Nachdem er durch die Französische Revolution seine Stellung am Straßburger Münster verloren hatte, wurde er 1791 zur Leitung der „Professional Concerts" nach London eingeladen. P. sollte als Rivale J. Haydns, der eine entsprechende Einladung zugunsten der „Salomon"-Konzerte ausgeschlagen hatte, mit eigenen Werken auftreten, doch setzte er in den von ihm Dezember 1791 bis Mai 1792 dirigierten Konzerten auch Werke seines Lehrers auf das Programm. 1792 kehrte er in das Elsaß zurück und wurde wiederholt von den Machthabern der Revolution verhaftet. Einer (allerdings unglaubwürdigen) Legende zufolge soll er sich durch die Komposition einer trivialen patriotischen Hymne, *La Révolution du 10 août 1792 ou le Tocsin allégorique,* die am 10. 8. 1793 uraufgeführt wurde, vor der Guillotine gerettet haben.

1795 ließ er sich in Paris nieder, wo er eine Musikalien- und Instrumentenhandlung nebst Verlag gründete, in dem er neben eigenen Werken auch zahlreiche Kompositionen von J. Haydn, L. van Beethoven, J. N. Hummel, L. Boccherini, Fr. Kalkbrenner und G. Onslow herausgab. 1807 schloß er dem Unternehmen eine Klavierfabrik an (↗Pleyel & Co.), in die 1815 sein ältester Sohn **Joseph Stephen Camille P.,** * 18. 12. 1788 Straßburg, † 4. 5. 1855 Paris, als Teilhaber eintrat, der die Firma nach des Vaters Tod übernahm. Der Verlag wurde 1834 an mehrere Verlagshäuser verkauft.

WW: Zahlr. Sonaten, Sonatinen, Rondos, Variationen u. kleine Stücke für Cemb., Klv. oder Harfe; etwa 14 Sonaten für Klv. zu 4 Händen (oder Harfe u. Klv.); etwa 15 Sonaten für V. oder Fl. u. Klv.; etwa 50 Duos für V., Fl. usw.; ca. 40 Triosonaten; 60 Streichquartette; 15 Streichquintette; 4 Bläserquintette mit Str.; 38 Symphonien; 12 Menuette für Orch. – *Hymne à la liberté* (1791); *La Révolution du 10 août 1792 ou le Tocsin allégorique* (1793); *La prise de Toulon* (1794); *Select Melodies of Scotland ... with Symphonies and Accompaniment for the Pianoforte* (Edinburgh 1803–41). – Marionetten-Oper *Die Fee Urgele oder Was den Damen gefällt* (Libr.: J. K. von Pauersbach nach Favart), UA: Esterháza 1776; Oper *Ifigenia in Aulide* (Libr.: A. Zeno), UA: Neapel 1785.

P. war ein ungemein erfolgreicher Komponist. Seine Werke wurden von über 200 Verlegern in rund 50 Städten Europas und Amerikas herausgegeben. Unzählige Transkriptionen und Arrangements, wechselnde Titel und Opuszahlen erlauben noch heute keine genauen Angaben über den Umfang des gesamten Œuvre. Obwohl P. an beständiger Originalität und künstlerischer Inspiration keineswegs an seinen Lehrer J. Haydn heranreichte, verraten seine Werke doch eine sensible Musikalität und sorgfältige Ausarbeitung. Insbesondere verdienen die Quartette und konzertanten Symphonien größere Beachtung. Seine Instrumentalduette haben dagegen seit jeher einen festen Platz in der Studienliteratur für Violine.

Ausg.: Duos für 2 V., op. 8, 23, 24, 48, 59, 61 u. 69, hrsg. v. F. DAVID – C. u. F. HERMANN (L o.J.); 3 Sonaten für Klv., Fl. (V.) u. Vc., op. 16 Nr. 1–2 u. 5, hrsg. v. H. ALBRECHT (Lippstadt 1949) (= Organum III/35–37); Symphonie périodique Nr. 6 F-Dur, hrsg. v. F. OUBRADOUS (P 1957) (= Les musiciens de la liberté o. Nr.); Quintett für Fl., Ob., V., Va. u. Vc., op. 10 Nr. 3, hrsg. v. H. STEINBECK (W 1968) (= Diletto musicale 198); Klar.-Konzert C-Dur, hrsg. v. E. DOBRÉE (Lo 1968); Quartett Es-Dur für Fl., 2 Klar. u. Fag., hrsg. v. G. MEERWEIN (Lo 1970); Grand trio für Klv., Fl. u. Vc., op. 29, hrsg. v. DEMS. (Lo 1971); Fl.-Sonaten Nr. 3 B-Dur, Nr. 4 A-Dur u. Nr. 6 D-Dur, hrsg. v. I. ALBERTI (Adliswil 1971) (= General Music Series 44–46); 3 Duette für 2 Fl., hrsg. v. J.-P. RAMPAL (NY 1975).

Lit.: R. BENTON, I. P. A Thematic Catalogue of His Compositions (NY 1977). – Rev. P. (P 1923–27) Nr. 1–48, Nachdr. in 4 Bde.n (Scarsdale/N.Y. 1969). – J. KLINGENBECK, I. P. u. seine Kompositionen für Streichquartett (Diss. Mn 1928); G. DE SAINT-FOIX, La correspondance de Boccherini avec I. P., in: RMie 14 (1930); J. KLINGENBECK, I. P., Sein Streichquartett im Rahmen der Wiener Klassik, in: StMw 25 (1962); R. R. SMITH, The Periodical Symphonies of I. P., 2 Bde. (1968) (= Diss. Univ. of Rochester) (in Bd. 2 Part. v. 5 Symphonien); R. BENTON, À la recherche de P. perdu, or Perils, Problems and Procedures of P. Research, in: FAM 17 (1970); W. LEBERMANN, I. J. P., Die Frühdrucke seiner Solokonzerte u. deren Doppelfassungen, in: Mf 26 (1973); Cinq catalogues d'éditeurs de musique à Paris (1824–1854) . . ., hrsg. v. F. LESURE (G 1976); R. BENTON, Bemerkungen zu einem P.-Werkverz., in: Mf 29 (1976); DIES., P. as Music Publisher, in: JAMS 32 (1979).

R. BENTON

PLEYEL & CO., frz. Klavier- und Harfenfabrik. Sie wurde 1807 von I. ↗Pleyel in Paris gegründet und nahm einen raschen Aufschwung. 1815 trat I. Pleyels Sohn Camille als Teilhaber in das Unternehmen ein und 1829 **Fr. Kalkbrenner,** der viel zur Verbreitung der Pleyelschen Instrumente beitrug. Seit 1830 wurden in Zusammenarbeit mit dem Harfenisten Dizi auch Harfen gebaut. Neuerungen dieser Zeit sind im Klavierbau die Verwendung des Gußeisenrahmens (1826) und eine Auslösungsmechanik, bei der die Tasten ohne Abschrauben des Spieltisches herausgenommen werden konnten. Nach dem Tod von I. Pleyel übernahm **C. Pleyel** das Unternehmen. Unter seiner Leitung entwickelten sich die seit 1830 bestehenden Salons Pleyel zu einem künstlerischen Mittelpunkt. 1832 trat hier Chopin erstmals öffentlich in Paris auf. Auch J. B. Cramer, I. Moscheles und D. Steibelt unterhielten enge Beziehungen zum Hause Pleyel. 1834 wurde der Verlag P. an verschiedene Verlagshäuser verkauft (Lemoine, Guillaume, Richault, Schlesinger usw.), die Klavierfabrik jedoch bestand fort. 1839 ließ C. Pleyel einen Konzertsaal bauen, wo u.a. C. Franck, C. Saint-Saëns und A. Rubinstein ihr Debüt gaben. Die Fabrik hatte inzwischen einen Ausstoß von 1000 Klavieren jährlich, der sich bis 1870 auf 2500 steigerte. 1852 trat **Auguste Wolff,** * 3. 5. 1821 Paris, † 9. 2. 1887 ebd., ein Neffe von A. Thomas, Pianist und Lehrer am Pariser Conservatoire, als Teilhaber in die Firma ein, die er nach dem Tod von C. Pleyel 1855 unter dem Namen „Pleyel, Wolff & Co." übernahm. Er konstruierte einen von Ch. Gounod „crapaud" (= Kröte) genannten Kleinflügel mit kreuzsaitigem Bezug, ferner Transpositionsinstrumente, Tonhaltepedale und Pedalklaviere. Wolffs Schwiegersohn, **Gustave Lyon,** * 19. 11. 1857 Paris, † 12. 1. 1936 ebd., leitete das Unternehmen 1887–1930 und modernisierte die Fabrik in St.-Denis, die ihre jährliche Produktion auf 3000 Klaviere steigern konnte. Er verbesserte die Klangstärke der Instrumente durch Bespannung mit besonders verstärkten Stahlsaiten und durch Gußstahlrahmen, baute ein von E. Moór erfundenes zweimanualiges Klavier mit Kopplungsvorrichtung (1924), Doppelflügel, eine pedallose chromatische Harfe (pro Ton eine Saite) und eine chromatische Laute. Außerdem förderte er die Produktion des mechanischen Klaviers „Pleyela“ und verbesserte das Cembalo durch Einbau eines 16′-Registers. 1927 ließ er einen großen Konzertsaal, die Salle Pleyel, bauen. 1930 erwarb die Firma Teile der bekannten Orgelbaufirma Cavaillé-Coll und stattete die Salle Pleyel mit einer eigenen Orgel aus (4 Manuale, 70 Register). J. GARDIEN

PLICA (von lat. plicare = falten), in der Modal- und frühen Mensuralnotation ein auf- oder absteigender senkrechter Strich, der einer Einzelnote oder der Schlußnote einer Ligatur angehängt wird. Zu unterscheiden sind bei Einzelnoten (Longa und Brevis):
plica longa ascendens oder
plica longa descendens
plica brevis ascendens oder
plica brevis descendens
(Ligaturen mit Plica siehe im Beispiel unten *)
Entstanden ist die P. bei dem Übergang der Neumen- in die Quadratnotation aus den liqueszierenden Neumen Epiphonus und Cephalicus (↗Notenschrift, Neumen-Tabelle). Sie gilt als eine Art Verzierung und zeigt eine auf- oder absteigende Sekunde (seltener Terz) als Nebenton an, dessen Wert in dem der Hauptnote enthalten ist. In der Übertragung in moderne Notenschrift wird die P. in der Regel durch Kleinstich kenntlich gemacht und entweder exakt rhythmisiert (a) oder als Verzierungsnote geschrieben (b), was dann auch in der praktischen Ausführung entsprechend berücksichtigt werden soll.

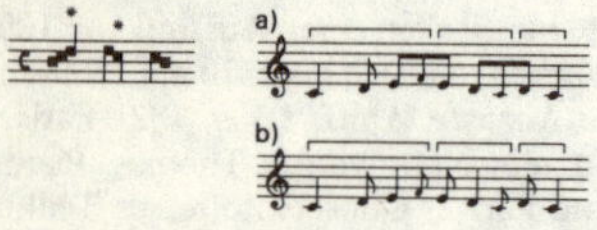

Die musikalischen Hauptquellen für das Vorkommen der P. sind die Werke von G. de Machaut und der *Roman de Fauvel.* In der Theorie wird sie von allen Autoren der Mensuralnotation behandelt.

Lit.: ↗Notenschrift (WW zur Mensuralnotation). – H. ANGLÈS, Die Bedeutung der P. in der ma. Musik, in: FS K. G. Fellerer (Rb 1962); E. JAMMERS, P. u. Unisonus, in: Aufzeichnungsweisen der einstimmigen außerliturg. Musik des MA (Kö 1975) (= Paläographie der Musik I/4).

PLISSETZKAJA, Maja Michailowna, verheiratete Schtschedrin, * 20. 11. 1925 Moskau; sowjetische Tänzerin. Sie trat neunjährig in die Ballettschule des Moskauer Bolschoi-Theaters ein und wurde 1943 Solistin der Compagnie des Bolschoi-Balletts. Triumphale Erfolge feierte sie als Aurora, Odette-Odile, Kitri, Raymonda, Sterbender Schwan, Julia, Laurencia und Zarema. Als technisch hervorragende Tänzerin, exzeptionelle Darstellerin, überzeugende Choreographin und expressive Schauspielerin gerühmt, gilt sie als Nachfolgerin der Galina Ulanowa und wird mit dem inoffiziellen Titel der Primaballerina assoluta der UdSSR geehrt.

Lit.: N. ROSLAWLEWA, M. Pliseckaja (Mos 1956, ²1968); L. T. ZDANOV, M. Pliseckaja (Mos 1965); J. BARIL, M. Pliseckaja, in: Les saisons de la danse (1968) Oktober-H. (mit Rollen-Verz.); G. FEIFER, Pliseckaja. Portrait, in: Dance News (1971) Nr. 58/59 u. (1972) Nr. 60/61. G. LUDIN

PLÜDDEMANN, Martin, * 29. 9. 1854 Kolberg (Pommern), † 8. 10. 1897 Berlin; dt. Komponist, Sänger und Musikschriftsteller. Er war 1871–76 Schüler von E. Fr. Richter am Leipziger Konservatorium, 1876 Kapellmeister in St. Gallen, studierte dann noch Gesang bei J. Hey und Friedrich Schmitt in München, mußte jedoch wegen des Verlusts seiner Stimme schon 1880 die Sängerlaufbahn aufgeben. Nach mehreren Reisejahren leitete er seit 1887 die Singakademie in Ratibor und war seit 1889 Gesanglehrer an der Steiermärkischen Musikschule in Graz. Von 1894 bis zu seinem Tod lebte er in Berlin, wo er Musikkritiken für die *Deutsche Zeitung* schrieb. P. setzte sich als Lehrer, Schriftsteller und Komponist besonders für die Wiederbelebung der deutschen Ballade ein und gründete Balladenschulen in Berlin und Graz. Von C. Loewe ausgehend, entwickelte er in seinen Kompositionen einen besonderen „Parlando-Balladen-Stil“. Insgesamt zeigt P.s Musik Einflüsse R. Wagners (Verwendung von Leitmotiven, Deklamationsstil).

WW: **1) Kompositionen:** Für SingSt u. Klv.: *Balladen und Gesänge* (8 Bde. mit 48 Stücken) (Nü 1891–99); *Lieder und Gesänge* (Nü 1893). – Für Chor: *Altdeutsche Liebeslieder* (B 1879) u. *6 Lieder* für 4st. Männerchor (Nü 1901). – **2) Schriften:** *Die Bühnenfestspiele in Bayreuth* (L 1876); *Aus der Zeit, für die Zeit* (L 1880).

Lit.: L. SCHEMANN, M. P. u. die dt. Ballade (Rb 1930); W. SUPPAN, Die Romantische Ballade als Abbild des Wagnerschen Musikdramas, in: Kgr.-Ber. Kassel 1962 (Kas 1963).

PLUMMER (Plomer, Polumier, Polmier), **John,** engl. Komponist des 15. Jahrhunderts. P. war zwischen 1441 und 1462 Mitglied der Royal Household Chapel und von etwa 1460 bis um 1484 Mitglied der Royal Free Chapel of St. George in Windsor Castle. Seine erhaltenen Kompositionen, 5 3- bis 4st. Motetten, die auch in Hss. des europäischen Festlandes überliefert wurden, weisen eine eigenständige Behandlung der Imitation auf.

Ausg.: 4 Motetten, hrsg. v. B. TROWELL (Lo 1968).

Lit.: M. u. I. BENT, Dufay, Dunstable, P., A New Source, in: JAMS 22 (1969); A. B. SCOTT, „Ibo michi ad montem mirre“. A New Motet by P. ?, in: MQ 58 (1972); G. R. K. CURTIS, The Engl.

Masses of Brussels, Bibl. Royale Ms. 557 (1979) (= Diss. Univ. of Manchester).

PLUTARCHOS, * 48 Chaironeia (Böotien), † um 123 ebd.; griech. Schriftsteller. Unter P.' Namen ist der – meist als Pseudo-P. zitierte – Musiktraktat *Peri musikēs* überliefert, in dem die Entwicklung der Musik im antiken Griechenland beschrieben wird. Diese in ihrer Zeit singulär dastehende Abhandlung beruht größtenteils auf glaubwürdigen Autoritäten, u. a. auch auf verlorenen Schriften des Aristoxenos.

Ausg.: *De musica,* hrsg. v. K. ZIEGLER (L 1954, ^{2}1959) (= Bibl. scriptorum Graecorum et Romanorum Teubneriana o. Nr.).

Lit.: TH. G. GEORGIADES, Musik u. Rhythmus bei den Griechen (H 1958); M. VOGEL, Die Enharmonik der Griechen II (Düsseldorf 1963) (= Orpheus-Schriftenreihe zu Grundfragen der Musik 4); J. P. H. M. SMITS, Plutarchus en de griekse muziek (Bilthoven 1970).

POCCI, Franz Graf **von,** * 7. 3. 1807 München, † 7. 5. 1876 ebd.; dt. Komponist, Dichter und Zeichner. P. entstammte einer alten Adelsfamilie des Kirchenstaates, absolvierte in Landshut und München ein Jurastudium, betätigte sich dann aber vorwiegend als Zeichner, Pianist und Komponist. 1847–63 war er Bayerischer Hofmusikintendant. Als Komponist pflegte P. vor allem die kleinen musikalischen Formen. Seine Klavierstücke wie auch seine Lieder und Chöre, zu denen er selbst die Texte schrieb und die er auch mit Zeichnungen versah, waren zu seiner Zeit sehr beliebt. Als besonders charakteristisch gelten seine Kinderlieder und die in München aufgeführten *Kasperl-Singspiele,* mit denen er dem Marionettentheater neue Impulse gab. P. war auch als Musikschriftsteller tätig; er schrieb u. a. zahlreiche Artikel für die *Münchner Allgemeine Zeitung.*

WW: Klv.-Stücke; Liederslg.en, darunter: *Blumen-Lieder* (Mn 1835); *Sechs altdeutsche Minnelieder* (Mn 1835); *Bilder. Töne fürs Klavier* (Mn 1835); *Alte und neue Soldatenlieder* (L 1842) (zus. mit A. Jürgens); *Alte und neue Kinder-Lieder* (L um 1852) (zus. mit K. von Raumer); *Alte und neue Jägerlieder* (L 1854) (zus. mit L. Richter u. G. Scherer). – Singspiele, u. a. *Der Alchymist,* UA: München 1840, u. *Der Ronga,* UA: ebd. 1847.

Ausg.: *Alte u. neue Jägerlieder,* Nachdr. der Ausg. v. 1854 (Pfaffenhofen 1978).

Lit.: H. HOLLAND, Zur Erinnerung an F. P. (Mn 1877); A. DREYER, F. von P. (Mn – L 1907); L. HIRSCHBERG, F. P. der Musiker, in: ZfMw 1 (1918/19) (mit Werk-Verz.); F. POCCI, F. P.s lustiges Komödienbüchlein (Mn 1921); DERS., Das Werk des Künstlers F. P. (Mn 1926); K. PASTOR, F. P. als Musiker (Mn 1932); A. CZETTRITZ, F. Graf P. Freund der Kinder u. der Musen (Mn 1979).

POCHETTE, Poche (frz., = Täschchen, Tasche; engl.: kit, pocket fiddle; it.: sordino, violino piccolo; span.: violín pequeño), auch Taschen- oder Tanzmeistergeige genannt. Kleines, leicht in eine

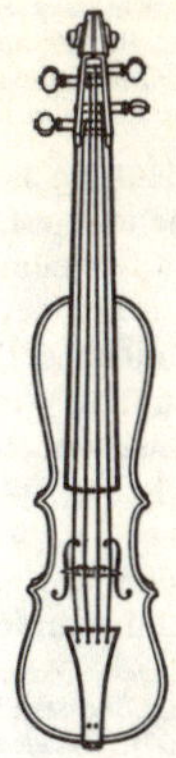

POCHETTE
18. Jh.

Rocktasche passendes Streichinstrument der Tanzlehrer mit einem dem Rebec ähnlichen, länglich-schmalen Korpus von nur 21–30 cm Länge und 3 in g^1 d^2 a^2 oder a^1 e^2 h^2 gestimmten Saiten. Im 18. Jh. baute man die P. auch mit einem Violinkorpus mit sehr langem Hals und 4 in g^1 d^2 a^2 e^3 gestimmten Saiten. Die P. entstand im späten 16. Jh. aus dem ↗ Rebec und wurde bis ins 18. Jh., vereinzelt auch bis ins 19. Jh. vorwiegend im Tanzunterricht verwendet.

Lit.: D. FRYKLUND, Stud. über die P. (Sundsvall 1917); DERS., En p. d'amour af Th. Edlinger (ebd. 1918).

POCO (it., = wenig; gelegentliche Abk.: p), Zusatz bei Vortrags- und Tempo-Bz., der eine dem Wortsinn entsprechende Reduzierung bzw. Steigerung angibt (z. B. *poco forte* = weniger stark; *poco allegro* = etwas lebhaft). – poco a poco = nach und nach.

PODATUS (Pes), Neume, ↗ Notenschrift.

POGLIETTI (Boglietti), **Alessandro** (de), * vermutlich in der Toskana, † Juli 1683 Wien; östr. Komponist. P. ist seit 1661 als Hoforganist Kaiser Leopolds I. in Wien nachweisbar. Er war mit J. K. Kerll bekannt und unterhielt wie dieser enge Beziehungen zum fürstbischöflichen Hof in Kremsier, wo er möglicherweise auch eine Stellung bekleidete. Im Schloßarchiv zu Kremsier befinden sich auch hsl. die meisten seiner Werke. P. fand den Tod bei der Belagerung Wiens durch die Türken.

WW (fast ausschließlich hsl. erhalten): Für Cemb. oder Org.: 12 Ricercari; Canzonen; Toccaten; Variationen; Tanzsätze; Capricci, darunter ein *Capriccio über das Henner- und Hannergeschrey; Rossignolo* (Folge verschiedenartiger Sätze); *Toccates et suittes pour le clavessin de... Pasquini, P. & G. Kerll* (A 1704); Sonaten u. Balletti für mehrere Instr.; einige kirchenmusikal. Werke. – *Compendium oder... Einführung zur Musica, sonderlich einem Organisten dienlich* (1676); *Regulae compositionis.*

P.s Bedeutung liegt in seiner Musik für Tasteninstrumente, mit der er auf deutschem Boden eine Mittlerstellung zwischen G. Frescobaldi und den Meistern der 1. Hälfte des 17. Jh. einnimmt. Eigentümlich ist P.s Vorliebe für die klavieristische Nachahmung von Vogelstimmen, charakteristischen Instrumenten, Kriegslärm u.a. P.s Beliebtheit als Lehrer spiegelt sich auch in seinen Traktaten; das *Compendium* ist eines der wichtigen Lehrbücher des Spiels von Tasteninstrumenten des 17. Jahrhunderts.

Ausg.: Ausgew. Cembalowerke, in: Wiener Klv.- u. Orgelwerke aus der 2. Hälfte des 17. Jh., hrsg. v. H. BOTSTIBER (W – L 1906) (= DTÖ 27); *Aria alemagna con variazioni,* in: Antologia organistica italiana, hrsg. v. P. FERRARI (Mi 1954); 12 Ricercare, hrsg. v. F. W. RIEDEL (Lippstadt 1957) (= Die Orgel III/5–6); *Capriccio über das Hennergeschrei,* hrsg. v. C. PARRISH (NY 1958) (= A Treasury of Early Music 40).

Lit.: H. FEDERHOFER, Zur hsl. Überlieferung der Musiktheorie in Östr., in: Mf 11 (1958); F. W. RIEDEL, Neue Mitteilungen z. Lebensgesch. v. A. P. u. J. K. Kerll, in: AfMw 19/20 (1962/63); DERS., Ein Skizzenbuch v. A. P., in: Essays in Musicology. FS W. Apel (Bloomington/Ind. 1968).

POHLE (Pohl, Pohlen, Pole, Pol, Bohle), **David,** * 1624 Marienberg bei Chemnitz (Erzgebirge), † 20. 12. 1695 Merseburg; dt. Komponist. Er war Schüler von H. Schütz in Dresden und 1648–49 Instrumentalist der Kapelle Herzog Christians von Sachsen-Merseburg. Weitere Stationen waren die Höfe in Weißenfels, Zeitz und Kassel. 1660 wurde er Konzertmeister, 1661 Kapellmeister am Hof in Halle, wo er 1677 auch für dieses Amt „in der Kirche, vor der Tafel und auf dem Theater" bestallt wurde. 1674–77 wirkte er auch an den Höfen in Weißenfels und Zeitz. Nach dem Tod von Herzog August ging er 1680 als Kapellmeister nach Zeitz und 1682 nach Merseburg. Mit seinen geistlichen Konzerten mit Instrumenten, in denen er einen bis zu 7st. Violensatz bevorzugt, steht P. in der unmittelbaren Tradition von H. Schütz. Seine Arien sind musikalisch ausdrucksvolle Beispiele hochbarokker Liebeslyrik.

WW: 9 dt. u. 17 lat. geistliche Konzerte für 1–7 St., Violen u. B.c.; Arien (auf Oden v. P. Flemming) für 2 St., 2 Violen u. B.c.; 25 Sonaten u. 2 Suiten für 4–8 Instr. u. B.c.; 1 Ballett für Laute.

Ausg.: Zwölf Liebesgesänge nach P. Flemming, hrsg. v. W. GURLITT (Kas 1938); *Herr, wenn ich nur dich habe,* hrsg. v. H. J. MOSER (St 1964); *Wie der Hirsch schreiet,* hrsg. v. H. WINTER (H 1965); *Domine ostende,* hrsg. v. B. GRUSNICK (St 1965).

Lit.: W. SERAUKY, Musikgesch. der Stadt Halle II/1 (Hl – B 1939, Nachdr. Hil 1971); G. GILLE, Der Schützschüler D. P., 1624–1695. Seine Bedeutung für die dt. Musikgesch. des 17. Jh. (Diss. Hl 1973); DERS., Die geistliche Vokalmusik D. P.s 1624–1695, in: MuK 45 (1975).

POISSL (eig. Poißl), **Johann Nepomuk** Freiherr **von,** * 15. 2. 1783 Haukenzell (Bayern), † 17. 8. 1865 München; dt. Komponist. Er studierte seit 1800 an der Universität Landshut, seit 1805 in München Komposition bei Fr. Danzi und G. J. Vogler. Dort befreundete er sich mit C. M. von Weber und brachte 1808 seine erste Oper, *Antigonus,* erfolgreich zur Aufführung. 1823 wurde er Substitut des Intendanten der Hofmusik, 1824 provisorisch auch Intendant des Hoftheaters und rückte 1825 an beiden Stellen zum Intendanten auf. 1833 endete seine Tätigkeit am Hoftheater. 1847 wurde er bayerischer Oberstkammerherr. P. war in München – ähnlich wie vor ihm Danzi – ein prominenter Vertreter der deutschen romantischen Oper und damit auch ein Wegbereiter Webers, dessen Werke freilich hier seine eigenen schnell überstrahlten. Weber selbst rühmte P.s kantable Melodik, reiche Harmonik und differenzierte Instrumentation.

WW (meist nur hsl. erhalten): **1) Instr.-WW:** Mehrere Konzerte; Harmoniemusik. – **2) Vokal-WW:** 2 Oratorien; Kantaten u. kleinere weltliche Vokal-Werke; 3 Messen; einige weitere kirchenmusikal. Werke. – **3) Bühnen-WW:** Opern: *Antigonus,* UA: München 1808; *Athalia,* UA: ebd. 1814; *Der Wettkampf zu Olympia,* UA: ebd. 1815; *Nittetis,* UA: Darmstadt 1817; *La rappressaglia,* UA: München 1820; *Die Prinzessin von Provence,* UA: ebd. 1825; *Ottaviano in Sicilia,* UA: ebd. 1826; *Der Untersberg,* UA: ebd. 1829; *Zaide,* UA: ebd. 1843. – Singspiele: *Die Opernprobe,* UA: München 1806; *Aucassin und Nicolette,* UA: ebd. 1813; *Dir wie mir,* UA: ebd. 1816; ferner Schauspielmusik.

Lit.: E. REIPSCHLÄGER, Schubaur, Danzi u. P. als Opernkomponisten (B 1911); E. BÜCKEN, Der heroische Stil in der Oper (L 1924).

POKORNY (auch Pokorný, Pockorny), **Franz Xaver Thomas,** * 20. 12. 1729 Mies (Böhmen), † 2. 7. 1794 Regensburg; böhmischer Komponist und Violinist, der berühmteste Träger des Namens P., unter dem viele böhmische Musiker im 18.–19. Jh. bekannt wurden. Er studierte bei J. Riepel in Regensburg, kam nach 1750 an den Hof in Oettingen-Wallerstein und wurde von Graf Philipp Karl zur weiteren Ausbildung bei J. Stamitz, Fr. X. Richter und I. Holzbauer nach Mannheim geschickt. 1754 mußte P. nach Wallerstein zurückkehren. Von 1766 bis zu seinem Tod war er Hochfürstlicher Cammermusicus der Hofkapelle von Thurn und Taxis in Regensburg. Zahlreiche Kompositionen sind unter seinem Namen überliefert, doch konnten bis heute nur relativ wenige Werke eindeutig als seine Schöpfungen bestimmt werden, darunter auch das Flötenkonzert D-Dur, das lange L. Boccherini zugeschrieben war. Typisch für P.s Werke sind Viersätzigkeit und die Besetzung mit Streichern, 2 Flöten und 2 Hörnern (dazu gelegentlich Oboen, Trompete, Pauke und Klarinette).

WW: Kammermusik, darunter: Streichquartett *Quadro C;* Streichtrio; Sonate für Cemb. – Über 100 Symphonien u. 50 Konzerte; Serenaden, Märsche u. Tänze.

Ausg.: Symphonie Es-Dur, in: Wiener Instrumentalmusik vor u. um 1750, hrsg. v. K. HORWITZ – K. RIEDEL (W 1908) (= DTÖ 31) (dort M. Monn zugeschrieben); Fl.-Konzert D-Dur, hrsg. v. W. UPMEYER (Hannover 1954) (= Nagels MA 172); Klar.-Konzerte B-Dur u. Es-Dur, in: Klarinettenkonzerte des 18. Jh., hrsg. v. H. BECKER (Wie 1957) (= EDM 41).

Lit.: D. METTENLEITER, Musikgesch. der Stadt Regensburg (Rb 1866); J. LA RUE, Major and Minor Mysteries of Identification in the 18th-Century Symphony, in: JAMS 13 (1960); J. M. BARBOUR, P. Vindicated, in: MQ 49 (1963).

POLACCA, alla Polacca, ↗Polonaise.

POLACZEK, Dietmar, * 26. 10. 1942 Bendsburg (Oberschlesien; heute Będzin); östr. Komponist und Musikkritiker. Er studierte 1961–70 an der Musikakademie in Graz Violine, Viola, Orgel (Franz Illenberger), Klavier und Komposition (Waldemar Bloch), außerdem an der Universität 1961–65 Architektur, dann bis 1971 Musikwissenschaft (O. Wessely) und Kunstgeschichte. 1969 und 1970 besuchte er die Internationalen Ferienkurse für Neue Musik in Darmstadt. P. war bis 1969 Redakteur der *Neuen Zeit* in Graz und 1971–76 bei der *Süddeutschen Zeitung* in München. Seither ist er als Musikredakteur für die *Frankfurter Allgemeine Zeitung* tätig.

WW: Für Org.: Partita *Christ ist erstanden* (1963–65); *entropie* (1972); *brei und brocken* (1977); *5 analoge Sonatinen* (1963) für V. u. Klv.; *lesabéndio* (1966) für Bläserquintett; *darm und draht* (1975) für Vc. u. Klv.; für Orch.: *Vernissage septénaire* (1963); *C-Dur* (1979); Klv.-Konzert (1968). – *Laternengesänge* (1964) (Text: W. Borchert) für St. u. Klv.; *Ballade vom Schmiedemeister Grasshoff* (1964) für gem. Chor; *Lobgesang* (1966) (Text: B. Brecht) für gem. Chor; *applaus I + II* (1970) für Dirigent, Sprecher, Chor u. 2 Schlagzeugspieler; *Kleine Gebläsemusik* (1968–73) für Sopran, Tenor, Baß, Harmonium u. Orgel-Positiv.

POLAK, Jakub, ↗Reys.

POLDINI, Ede (Édouard), * 13. 6. 1869 Pest, † 28. 6. 1957 Corseaux (Schweiz); ung. Pianist und Komponist. P. studierte bei Stephan Tomka am Nationalkonservatorium in Budapest und bei E. Mandyczewski am Wiener Konservatorium. Später lebte er als Komponist und Musiklehrer mehrere Jahre in Genf und seit 1908 bis zu seinem Tod in Bergeroc bei Vevey.

WW: Zahlr. Klv.-Stücke; Chöre u. Lieder. – Opern: *Vagabund und Prinzessin* (nach Ch. Andersen), UA: Budapest 1903; *Hochzeit im Fasching,* UA: ebd. 1926; 3 Kinderopern *Dornröschen, Aschenbrödel, Die Knusperhexe,* alle UA: ebd. 1927; *Das Seidennetz,* UA: ebd. 1927; *Himfy,* UA: ebd. 1938.

P. wurde vor allem als Bühnenkomponist bekannt. Die Oper *Vagabund und Prinzessin* stand fast 40 Jahre auf dem Spielplan der Budapester Oper. Noch erfolgreicher war *Hochzeit im Fasching.* Beide Werke kamen u.a. in London zur Aufführung. Auch seine Klavierwerke waren sehr beliebt. Stilistisch wurde P. vor allem von der zeitgenössischen deutschen und französischen Musik beeinflußt, während Elemente der ungarischen Folklore eher dekorativen Charakter haben.

POLEN. Frühzeit und Volksmusik. Die Erforschung der polnischen Musik des Hochmittelalters kann sich nur auf Überlieferungen stützen, die sich in der Volksmusik erhalten haben. In ihrer Grundsubstanz sind sie sicher älter und gehen wohl auf die Zeit vor der Christianisierung zurück. So haben sich in verschiedenen Gegenden Melodien erhalten, die eine Tetrachord- oder eine pentatonische Struktur (ohne Halbtöne) aufweisen. Auch bestimmte volkstümliche Instrumente wie Klappern, Kastagnetten, Glöckchen gehen auf ältere Vorbilder zurück. Bei Ausgrabungen entdeckte man Instrumente des 7. Jh. (verschiedene Flöten aus Knochen und eine aus Holz) und ein 5saitiges halsloses Streichinstrument (Pramasanká) aus dem 12. Jh.; die ersten Spuren einer volkstümlichen Musikpraxis finden sich also im 7. Jahrhundert. Für die folgende Epoche (9.–12. Jh.) sind Zeugnisse von deutschen Mönchen und arabischen Reisenden (u.a. Ibn Rostek Foslan) überliefert. Vorgregorianische Volksmusik blieb noch lange lebendig, beklagte doch noch im 17. Jh. die Kirche die Verwendung heidnischer Gesänge im Volk. Im 16. und 17. Jh. fanden Rhythmen von Volkstänzen – wie sie sich in den als *Chorea polonica, Volta polonica* und *Polnisch Dantz* bezeichneten Stücken nachweisen lassen– Eingang in die weltlichen und geistlichen Lieder und in die Instrumentalmusik.

Mittelalter. Der Gregorianische Gesang wurde in P. im 10. Jh. eingeführt, doch datieren die ersten Quellen aus dem 11. Jh.: Ein *Sacramentarium* von Tyniec (1060), ein *Pontificale* der Bischöfe von Krakau (1110) und ein *Evangeliar* von Płock (um 1130) enthalten Melodien, die in adiastematischen (linienlosen) Neumen aufgezeichnet sind. Elemente der Volksmusik drangen in den Choral ein, sobald sich die Chöre der Kathedralen von Gnesen, Krakau, Płock, Kruszwica, Trzemeszno und Posen seiner regelmäßigen Pflege widmeten. Dieses Phänomen zeigt sich vor allem in den Sequenzen, in den liturgischen Dramen und Mysterienspielen, die seit dem 12. Jh. von den „Clerici vagantes" und den „Joculatores" (die Vagantes sangen lateinisch, die Joculatores polnisch) aufgeführt wurden. Bereits für das 12. Jh. lassen sich Spuren einer Kunstmusik entdecken: Tänze, Stücke für instrumentale Ensembles, kriegerische Musik, Darbietungen mit Musik. In das 13. Jh., insbesondere zur Regierungszeit von Bolesław Krzywousty, fällt die Blütezeit von Gesängen, die mit dem französischen ↗Sirventes verwandt sind. In diesem Umkreis entsteht auch das älteste überlieferte polnische Lied *Bogurodzica* (Gottesgebärerin), das bald das Carmen patrium der polnischen Ritterschaft wurde und dessen Melodie sich teilweise in einem Lied des Trouvère Jehan de Braine findet. In dieser Zeit entstehen zahlreiche Sequenzen und hagiographische Reimerzählungen; ungefähr 200 Texte und 80 Melodien sind erhalten. Zum erstenmal erscheint jetzt auch der Name eines Komponisten: Wincenty von Kielce, dessen Antiphonen einen tiefen volkstümlichen Einfluß aufweisen. Das gleiche gilt für die Gesänge, die in die liturgischen Dramen gelangten, und für die (anonymen) Lieder über polnische Texte: *Przez Twoje święte zmartwychwstanie; Wesoły nam dzień nastał; Wszego świata wszystek lud* und andere. Die Einflüsse aus der Volksmusik wurden so stark, daß man den Geistlichen den Umgang mit Komödianten und Musikanten verbot.

Die ersten mehrstimmigen Quellen stammen aus dem ausgehenden 13. Jh.: ein 2st. Organum *Benedicamus Domino*, ein Weihnachtstropus und der Conductus *Surrexit Christus hodie*, die im Stil der Notre-Dame-Schule komponiert sind, und eine 2st. Sequenz, die dem hl. Stanislaus gewidmet ist. Im 14. Jh. erscheinen zahlreiche anonyme Motetten, Teile von 2 liturgischen Spielen sowie Melodien über lateinische oder polnische Texte. Das musikalische Schaffen des Nikolaus von Radom, des bedeutendsten mittelalterlichen polnischen Komponisten, stammt aus dem frühen 15. Jahrhundert. Es bezeugt den doppelten Einfluß der Ars Nova und der Burgundischen Schule. Volkstümliche Züge zeigen sich in der Sammlung geistlicher einstimmiger Gesänge *Zoltarz* (Psalter, 1488) von Ładysław von Gielniów. Bereits im 13. Jh. entwickelte sich auch die Musik in den Städten; im 14. Jh. werden Stadtmusiker (u. a. Pfeifer, Trompeter) genannt. In Krakau bildeten sich eine Musikergilde und eine musikalische Bruderschaft, außerdem kennt man etwa 20 Organisten und Orgelbauer. Verbreitet war der Gesang bei den Studenten der 1364 gegründeten Krakauer Universität; hier wurde Musik an der Facultas artium gelehrt, und im Zusammenhang damit entstanden die ersten polnischen Musiktraktate, so die Schrift des Magister Szydłowita (1414). Das Zentrum der Musikpflege war indes in Krakau das Königliche Schloß. Hier bildeten sich Ensembles von Trompetern, von „fistulatores", Harfen- und Zitherspielern. Außerdem gab es einen Chor am Dom auf dem Wawel. Am Jagiellonenhof erhielten die Komponisten H. Finck und der Niederländer A. Caussin ihre musikalische Ausbildung.

Renaissance. Während des 16. Jh. besaß Krakau zwei musikalische Zentren: die königliche Kapelle, der hervorragende italienische, flämische und deutsche Musiker angehörten, und die Rorantisten-Kapelle (1543 von König Sigismund I. gegründet und so genannt nach der Rorate-Messe), die jedoch nur aus polnischen Musikern bestand. Als 1596 der Hof nach Warschau verlegt wurde, siedelte auch das Musikleben in die neue Hauptstadt um. Bis zum 17. Jh. wurden am Hof nur italienische Komponisten und Kapellmeister verpflichtet (L. Marenzio, A. Pacelli, Fr. Anerio, M. Scacchi, Vincenzo Lilius, A. Stabile, T. Merula), die die polnischen Komponisten beeinflußten: S. von Felsztyn, Jerzy Liban von Legnica, Nikolaus von Krakau und später Nikolaus von Chrzanowo, Martin Wartecki, Krzysztof Borek, M. Leopolita, T. Szadek, Martin Palingonius, Walenty Gawara, Andrzej Staniszewski u. andere. Sie hinterließen Messen (4- bis 8st.), Motetten, Lamentationen und Tänze, und wir kennen ihre Werke aus der Tabulatur des Johannes von Lublin (1537–48), aus der Tabulatur des Heilig-Geist-Hospitals in Krakau (1548), aus der Lautentabulatur von Krakau (1555), der Orgeltabulatur von Warschau (1573), aus den Sammlungen der königlichen Kapelle, aus polnischen oder ausländischen Drucken und anonymen Handschriften, die sich heute noch in Polen oder in den Nachbarländern befinden.

Mit der Reformation nahm die Zahl der Sammlungen mit geistlichen Liedern in der Volkssprache zu (ein- und mehrstimmig), als deren Hauptvertreter Wacław von Szamotuły (der bedeutendste polnische Komponist der Renaissance) und V. Bazylik gelten. 1580 erschien der Psalter von Mikołaj Gomółka (über polnische Texte von Jan Kochanowski). Die weltliche Vokalmusik dieser Zeit umfaßt vor allem Gelegenheitschansons, Hochzeits- oder Trauerlieder, historische oder satirische Gesänge. Die Instrumentalmusik war im wesentlichen Tanzmusik (allein in der Tabulatur von Johannes von Lublin befinden sich 36 Tänze). Am Ende des 16. Jh. wurden polnische Tänze oft unter dem Titel *Chorea polonica* auch in ausländische Tabulaturen aufgenommen (H. Neusidler, E. N. Ammerbach, C. Löffelholtz, M. Waissel, A. Nörmiger, V. Haussmann, J.-B. Bésard, Chr. Demantius, Joachim van den Hove) und blieben bis zum 18. Jh. allgemein in Mode. Daneben gab es in der Lautenmusik Villanellen, Fantasien und Chanson-Intavolierungen von W. Długoraj, D. Cato, J. Polak und Krzysztof Klabon. Orgelwerke schrieben u. a. Nikolaus von Krakau (Praeludien), D. Cato (Fugen) und A. Rohaczewski (Kanzonen). Die 1957 wiedergefundene Orgeltabulatur von Pelplin (1620) enthält Werke von über 100 polnischen und ausländischen Komponisten; namentlich erscheinen A. Rohaczewski, Hieronim von Koprzywnica und A. Jarzebski. Um 1600 griff M. Zieleński in seinen Offertorien (V 1611) die Technik der Doppelchörigkeit und in seinen *Communiones* (V 1611) die konzertierende Schreibweise für Singstimmen und Instrumente auf. Er ist in Polen der Vertreter des venezianischen Stils.

Seit dem Anfang des 16. Jh. lehrten zahlreiche Musiktheoretiker an der Universität Krakau, u.a. S. von Felsztyn, Marcin Kromer von Biecz und Stefan Monetarius. Gleichzeitig blühte hier der Notendruck auf (Hieronimus Vietor, Andrysowicz und Scharfenberger), und es entstanden Instrumentenbauwerkstätten (Dobrucki, Groblitz d. Ä., Kiejcher in Wilna). Nach dem Vorbild des königlichen Hofes unterhielten der Adel, die Bischöfe und die Klöster ihre eigenen Kapellen.

Barock und 18. Jahrhundert. Ein musikgeschichtlich wichtiges Faktum im 17. Jh. in Polen war die große Bedeutung der italienischen Oper am Warschauer Hof seit 1628, zumal unter der 30jährigen Kapellmeistertätigkeit von M. Scacchi. Aber auch nachdem der Kurfürst von Sachsen, August der Starke, König von Polen geworden war (1697) und die Hofkapelle nach Dresden verlegte, fanden weiterhin zahlreiche Opernaufführungen sowohl in Warschau als auch in Krakau statt. Seit der 1. Hälfte des 17. Jh. richtete sich freilich das Interesse der meisten polnischen Komponisten auf die Instrumentalmusik. Von M. Mielczewski stammen die ersten Kanzonen in Polen (für 2–3 St. und B.c.), und die 28 *Canzoni e Concerti* für 2–4 St. und B.c. von A. Jarzębski können als typisch für einen polnischen Barock gelten. B. Pękiel schrieb als erster polnischer Komponist ein Oratorium *(Audite mortales)*. D. Stachowicz, Andrzej Paszkiewicz und Maciej Łukasiewicz sind die Vertreter des geistlichen Konzerts. Wichtige Komponisten an der Wende zum 18. Jh. sind außerdem S. S. Szarzyński, Grzegorz Gorczycki, Jan Podbielski und Andrzej Nizankowski. Die *Sonata a tre* von Szarzyński gilt als vollendetes Beispiel einer Sonata da chiesa; das *Completorium* und die geistlichen Konzerte von Gorczyck stehen stilistisch in der Nähe der Neapolitaner und G. Fr. Händels.

Entscheidend für die Entwicklung einer nationalen Oper in P. wurden der Bau eines eigenen Opernhauses in Warschau (1724) und die Gründung des Nationaltheaters (1764). 1778 wurde die erste Oper in polnischer Sprache, *Nędza uszczęśliwiona* (Glück im Unglück) von M. Kamieński, aufgeführt, 1794 *Cud mniemany czyli Krakowiacy i Górale* (Das angebliche Wunder oder die Krakowiter und die Goralen) von J. Stefani, der in dieser Oper erstmals auch volkstümliche Elemente aufgriff. Andere Musiker folgten auf diesem Weg, so z.B. Fürst A. Radziwiłł, von dem die erste Musik zu Goethes *Faust* stammt.

Im 18. Jh. wird in P. auch die Gattung der Symphonie gepflegt. Von den Komponisten der etwa 80 erhaltenen Werke sind zu nennen Pater Hilary, Jacek Szczurowski (um 1740), Antoni Milwid, Jakub Gołłabek und Jan David Holland; einer späteren Generation gehören an (bis ins 19. Jh.) Jan Wański, Franciszek Šcigalski und W. Dankowsky, sie alle stehen unter dem Einfluß J. Haydns, der sich besonders auch in den Werken (Violinkonzerte, Kammermusik) von Feliks Janiewicz findet. Das Schaffen Jan Kleczyńskis und Fr. Lessels verbindet Elemente der Wiener Klassik, des galanten Stils und der beginnenden deutschen Romantik.

Die politische Situation in den letzten Jahrzehnten des 18. Jh. (die erste Teilung Polens, 1772, mit dem Verlust der Unabhängigkeit, die darauffolgenden Aufstände) trug zur Entwicklung des patriotischen Liedes bei, das stark von Rhythmen der nationalen Tänze bestimmt ist. Aus dieser Zeit stammt auch die polnische Nationalhymne, *Jeszcze Polska nie zginęła* (danach auch die deutsche Redensart *Noch ist Polen nicht verloren*).

19. Jahrhundert und die nationale Musik bis 1918. Mit M. K. Ogiński, W. Lessel, Maria Szymanowska, Jan Deszczyński, Józef Kaczkowski nahm die Klaviermusik in P. ihren Aufschwung. Dabei handelt es sich vor allem um die Klavierminiatur im brillanten Stil. Die Pflege der Hausmusik und das Konzertwesen ließen eine reiche musikalische Literatur entstehen, was viel dazu beitrug, den Weg für das Wirken Fr. Chopins zu bahnen. Erwähnung verdient in diesem Zusammenhang besonders J. Elsner, der Gründer des Warschauer Konservatoriums (1820) und Lehrer Chopins. Die Warschauer Oper wurde in dieser Zeit von K. Kurpiński, der diese Stellung 30 Jahre lang innehatte, geleitet. Er schrieb zahlreiche Opern mit historischen Stoffen und zeichnete sich auch als Schriftsteller und Pädagoge aus. 1821 gründete er die erste polnische Musikzeitschrift, *Tygodnik Muzyczny* (Musikalisches Wochenblatt). Das Schaffen von Franciszek Mirecki (u.a. Opern, Klaviersonaten) steht unter dem Einfluß der Wiener Klassik, während die Werke des berühmten Geigers K. Lipiński ganz dem Virtuosentum des 19. Jh. verpflichtet sind (4 Violinkonzerte, Symphonien, Opern). Zu Beginn des 19. Jh. sichtete der Ethno-

loge und Komponist O. Kolberg die polnische Volksmusik. Das Ergebnis wurde 1856–1906 als *Lud* (Das Volk) in 38 Bänden veröffentlicht.
Mit Fr. Chopin, einem der größten Vertreter nationaler Musik des 19. Jh., erreichte die polnische Musik eine neue Stufe. Chopin hat sozusagen die ausgetretenen Pfade verlassen und die pianistischen Techniken und Formen erneuert. Er spielt eine bedeutende Rolle in der Entwicklung der Harmonik, und erst spät begann man seinen Einfluß auf die romantischen und neoromantischen Komponisten zu ermessen. Viele Zeitgenossen lebten in seinem Schatten: Józef Nowakowski, Tomasz Nidecki, Antoni Orłowski und der Symphoniekomponist I. Dobrzyński. Auf dem Gebiet der Oper spielte in Polen St. Moniuszko eine ähnliche Rolle wie Chopin in der Klaviermusik. Er gilt hier als der eigentliche Begründer einer nationalen, ja bereits sozial akzentuierten Oper, wobei er seine musikalische Inspiration durch volkstümliche Elemente bereicherte. Seine Kantaten und seine Lieder sowie seine bedeutendsten Opern, *Halka* und *Strazny dwór* (Das Gespensterschloß), werden heute noch häufig aufgeführt. Neben den berühmten Virtuosen H. Wieniawski, Antoni und Apollinary Katski sind zahlreiche Komponisten auf vielen Gebieten (Oper, Lied, Klaviermusik) hervorgetreten, und auch einige begabte, jedoch bald vergessene Neuerer: J. Zarębski, ein Liszt-Schüler und bedeutender Pianist, Antoni Stolpe (1851–1872), Eugeniusz Pankiewicz (1854–1885) und Antoni Rutkowski (1859–1886). H. Jarecki versuchte das Wagnersche Musikdrama in die polnische Musik einzuführen *(Mindove).* Die Symphonik wird am Ende des 19. Jh. vertreten durch Z. Noskowski – er schrieb die erste polnische symphonische Dichtung *Step* – und durch Wł. Zelenski (mit seiner tief empfundenen Programmusik), der auch phantastische und lyrische Opern schrieb. Der Klaviervirtuose I. Paderewski spielt bereits ins 20. Jh. hinein, ebenso wie Roman Statkowski, Jan Gall, Felicjan Szopski, Piotr Maszyński, Mieczysław Sołtys, Witold Maliszewski, Feliks Nowowiejski und Zygmunt Stojowski: ihr Kompositionsstil ist neoromantisch, doch reich an nationalen Zügen.
Am Ende des 19. Jh. wuchs in Polen die Zahl der Virtuosen, entwickelten sich auch die Musikkritik und die Musikwissenschaft, es entstand ein reiches Musikzeitschriften- und -verlagswesen, und man begann, ältere polnische Musik zu edieren. Zu Beginn des 20. Jh. trat die Gruppe „Junges Polen" in Erscheinung, die sich einer extremen Neoromantik verpflichtete: M. Karłowicz, Grz. Fitelberg, L. Rózycki und vor allem K. Szymanowski. Dieser bekundet in seinem Schaffen manchmal Verbindungen zum jungen I. Strawinsky und zu den volksmusikalischen Forschungen des 20. Jahrhunderts. Er führte die polnische Musik an die Schwelle der Moderne, und sein Einfluß war entscheidend für die Komponisten zwischen den beiden Weltkriegen. Nach ihm blickte die neue Generation nach Paris, Berlin und Wien und orientierte sich an Strawinsky, am französischen Neoklassizismus und an der Zwölftontechnik.
Das unabhängige Polen. Komponisten und Institutionen. Das Wiedererlangen der nationalen Unabhängigkeit 1918 brachte auch für P. eine Neubelebung des Musiklebens. Ihr Anreger war wiederum Szymanowski, und sie bezog ihre Kraft aus dem Kampf der Neuen Musik mit dem Konservatismus. Hier sind zu nennen S. Wiechowicz, K. Sikorski, B. Woytowicz, J. Maklakiewicz, B. Szabelski und J. Koffler, der erste, der die Zwölftontechnik anwandte. Eine jüngere Komponistengeneration ist vertreten durch R. Palester, Piotr Perkowski, Michal Kondracki, A. Szałowski, Tadeusz Kassern, A. Malawski und die im Ausland lebenden A. Tansman, Karol Rathaus, J. Fitelberg. Unter der Führung von Szymanowski schlugen sie die vielfältigen Richtungen ein, die ihnen die europäische Musik des 20. Jh. bot. Kurz vor dem 2. Weltkrieg begannen auch in P. große Talente ihren Aufstieg, den sie jedoch erst nach 1945 fortsetzen konnten. Gleichzeitig etablierte sich die Musikwissenschaft als Universitätsdisziplin (A. Chybiński, Z. Jachimecki, H. Opieński, L. Kamieński, J. Reiss u.a.). 1945 begann eine neue Ära der polnischen Musik, die der Volksrepublik Polen. Die Verstaatlichung der musikalischen Institutionen verschaffte diesen den erforderlichen Rückhalt: 19 ständige Symphonieorchester, 8 Opernhäuser, 16 Operettentheater, 7 Konservatorien, 1 Musikakademie, 120 Musikschulen, die ungefähr 40000 Schüler zählen. Dies alles und die staatliche Unterstützung der Liebhabervereinigungen mit mehr als 3 Millionen Mitgliedern mußte tiefgreifende Veränderungen im Musikleben bewirken, besonders den Zugang solcher Bevölkerungsschichten zur Musik, die ihn bisher nicht hatten. Freilich setzte diese Reform zwischen 1945 und 1955 auch ihre Akzente im musikalischen Schaffen. Man favorisierte die Pflege der nationalen Musik und stand den Strömungen der Avantgarde reserviert gegenüber. Einige Komponisten gingen deshalb ins Exil: R. Palester, A. Panufnik, M. Kondracki, A. Szałowski, Stanisław Skrowaczewski.
Seit 1954 erfährt die Musik eine neue Orientierung, und die polnischen Komponisten nehmen teil an den modernsten Bewegungen. Zwar sind

W. Lutosławski und A. Malawski der national-volkstümlichen Tradition der Zeit 1945–54 verpflichtet, zwar pflegen Gr. Bacewicz, B. Woytowicz und B. Szabelski einen neoklassizistischen oder neobarocken Stil; zwar haben andere eine mehr eklektische Schreibweise gewählt (T. Szeligowski, Zygmunt Mycielski, Zb. Turski, Stefan Kisielewski) – aber es sind nun schon seit langer Zeit alle Strömungen der modernen Musik in Polen vertreten: serielle Musik, die Webern-Nachfolge, elektronische und aleatorische Musik. Dies bezeugen die Werke von Lutosławski, Krz. Penderecki, T. Baird, G. Bacewicz, K. Serocki, W. Kilar, H. Gorecki, Włodimierz Kotónski, Jan Szalonek, Augustin Bloch, Krzysztof Meyer. Lutosławski und Penderecki sind seit langem die prominentesten und markantesten Persönlichkeiten der gegenwärtigen polnischen Musik mit weltweitem Echo. Seit 1956 hat Polen im jährlichen „Warschauer Herbst“ die Gelegenheit, zu zeigen, daß die Musik seines Landes einen festen Platz in der Musik der Welt einnimmt. Wissenschaftliche Zeitschriften und internationale Kongresse („Renaissance“, 1953; „Chopin“, 1960; „Musica antiqua Europae Orientalis“, 1966) spiegeln das rege Interesse an der musikalischen Forschung in P. wider.

Lit.: **1) Bibliographien:** K. MICHALOWSKI, Bibliografia polskiego zycia muzycznego (Bibliogr. poln. Musiklit.) (Krakau 1955); A. u. E. MRYGON, Musikwiss. Lit. sozialistischer Länder, II: P. 1945–65 (B 1966); Polish Musicological Studies I, hrsg. v. Z. CHECHLIŃSKA – J. STĘSZEWSKI (Krakau 1977) (mit Verz. poln. Diss.). – **2) Tondenkmäler-Ausg.** (nur Sammelpublikationen): Monumenta musices in Polonia I–IV, hrsg. v. J. SURZYŃSKI (Posen 1885–96); Wydawnictwo dawnej muzyki polskiej (= WDMP) (War – Krakau 1928–71); Z. LISSA – J. CHOMIŃSKI, Muzyka Polskiego Odrodzenia (Krakau 1953); Antiquitates Musicae in Polonia I–IV, hrsg. v. H. FEICHT (War – Gr 1963–67); J. CHOMIŃSKI, Monumenta musicae in Polonia I (Krakau 1964); Z. SZWEYKOWSKI, Muzyka stargo (ebd. 1965); H. FEICHT, Muzyka staropolska (ebd. 1966). – **3) Studien:** H. OPIEŃSKI, La musique polonaise (P 1918, [2]1929); L. BERNACKI, Teatr, dramat i muzyka za Stanislawa Augusta (Theater, Drama u. Musik z. Zeit des Stanislaus Augustus), 2 Bde. (Lemberg 1925); T. STRUMIŁŁO, Szkice z polskiego zycia muzycznego 19 wieku (Skizzen aus dem poln. Musikleben des 19. Jh.) (Krakau 1954); K. MICHALOWSKI, Opery polskie (Poln. Opern) (ebd. 1954); Z. LISSA, Die Musikwiss. in Volkspolen, in: Mf 10 (1957); H. FEICHT, Krakau, in: MGG VII; H. FEICHT – Z. LISSA, P., in: ebd. X; G. ABRAHAM, Some Eighteenth-Century Polish Symphonies, in: FS K. Geiringer (Lo 1970); Z. M. SZWEYKOWSKI, Tradition and Popular Elements in Polish Music of the Baroque Era, in: MQ 56 (1970); K. HLAWICZKA, Zur Gesch. der poln. ev. Gesangbücher des 16. u. 17. Jh., in: JbLH 15 (1970); M. PERZ, Die Einflüsse der ausgehenden it. Ars nova in P., in: L'ars nova italiana del trecento (Certaldo 1970); K.-P. KOCH, Der poln. Tanz in dt. Slgen. des 16. u. 17. Jh. Ein Beitr. zu den poln.-dt. Musikbeziehungen (Diss. Hl 1970); J. G. GÖRLICH, Kirchenmusik im heutigen P., in: Musik des Ostens 6 (1971); E. KARKOSCHKA, P.s isomorphe Notenschrift, in: Melos 38 (1971); Z. LISSA, Die Rolle der Tradition in der Musik Volkspolens (1945–1970), in: Stud. z. Tradition in der Musik (Mn 1973); K.-P. KOCH, Poln.-dt. Musikbeziehungen im 16. u. 17. Jh., in: BzMw 15 (1973); M. BRAHMER, La cour et la campagne dans les fêtes nuptiales en Pologne au XVIe siècle, in: Les Fêtes de la Renaissance 3 (P 1975); A. SZEPIETOWSKA, Les contacts musicaux polono-italiens dans le premier trentenaire du XIXe siècle, in: Quadrivium 17 (1976); E. GLUSZCZ-ZWOLIŃSKA, Über die Unters. z. Musikkultur der poln. Renaissance im 16. Jh., in: Beitr. z. Musikgesch. Osteuropas (Wie 1977); M. PERZ, Die Publikationen älterer Musik in P., in: ebd. – J. ↗Chomiński, A. ↗Chybiński, H. ↗Feicht, Z. ↗Lissa.

Z. LISSA

POLITISCHES LIED. Im engeren Sinn umfaßt der Begriff Lieder, die eine politische Wirkung intendieren (kritisch oder affirmativ), im weiteren prinzipiell auch unpolitische Lieder, die in bestimmten historischen Situationen politisch wirksam werden. Politische Lieder „demokratischen“ oder „sozialkritischen“ Charakters fordern die Änderung oder Revolutionierung aktueller politischer und gesellschaftlicher Zustände. Meist von einzelnen Autoren verfaßt, gelangen sie durch mündliche Überlieferung oder mediale Vermittlung in das Repertoire singender Gruppen und zählen damit zu den Volksliedern. In der politischen Auseinandersetzung erhalten die Lieder eine Funktion: Gemeinsam gesungen, sollen sie solidarisches Bewußtsein schaffen und politische Aktionen anregen oder begleiten. Die Melodie wird z. T. als Kontrafaktur oder Parodie von einem bekannten Lied entlehnt. Sie kann zum alleinigen Bedeutungsträger der kritischen Aussage werden. In Deutschland waren Auflehnung gegen feudale und klerikale Bevormundung, gegen Krieg, Kriegsdienst und Darstellung des sozialen Elends der unterdrückten Bevölkerung bis zur Mitte des 19. Jh. durchgehende Motive politischer Lieder. Oft fielen sie der Zensur zum Opfer. Ein eigenes, umfangreiches Liedgut schuf sich die mit der Industrialisierung entstehende Arbeiterklasse. W. Steinitz unterscheidet zwischen „folklorisierten“ oder „revolutionären Arbeitervolksliedern“ (volksliedhaften Alltags- und Kampfbeschreibungen) und „nichtfolklorisierten“ Arbeiterliedern (internationale Arbeiterhymne, p. L. der Arbeiterorganisationen, Agitationslied). Einen Höhepunkt im Arbeiterliedschaffen bildete die „Kampfmusik“-Praxis am Ende der Weimarer Republik. Während in der DDR nach 1945 das in dieser Tradition stehende politische Lied als „kulturelles Erbe“ rezipiert wurde, führte es in der Bundesrepublik Deutschland der 50er Jahre als politisches ↗Chanson im Kabarett ein Schattendasein. Seit den 60er Jahren trat dann eine große Zahl zeitkritischer ↗Liedermacher hervor; in der Ostermarsch-, Studenten- und Anti-Atomkraft-Bewegung fanden politische Lieder und Protestsongs zunehmend Verbreitung. Heute reicht das Spektrum bis zur Verbindung der Texte mit neuen musikalischen Formen (Polit-Rock, „linke“ Blasmusik).

Im Gegensatz zu den kritischen stehen die affirmativen politischen Lieder, die einen bestehenden gesellschaftlichen Zustand oder eine totalitäre Ideologie verherrlichen. Diese oft hymnenartigen Bekenntnislieder werden durch den Staat „von oben verordnet" und sollen zur Stabilisierung des herrschenden Systems beitragen. Dazu zählen – bei allen qualitativen Unterschieden – faschistische Gemeinschaftslieder, Massenlieder sozialistischer Staaten, z.T. auch ↗Nationalhymnen.

Lit.: W. STEINITZ, Dt. Volkslieder demokratischen Charakters aus sechs Jhh., 2 Bde. (B 1954–62) (= Dt. Akad. der Wiss. Veröff. des Inst. für dt. Volkskunde IV/1–IV/2); Sonderh.e Arbeiterlied, in: BzMw 4 (1962) u. 6 (1964); I. LAMMEL, Das Arbeiterlied (L 1970); E. KLUSEN, Das sozialkritische Lied, in: Hdb. des Volksliedes II (Mn 1973); D. SAUERMANN, Das hist.-p. L., in: ebd.; Gesch. der politischen Lyrik in Deutschland, hrsg. v. W. HINDERER (St 1978); W. MOSSMANN – P. SCHLEUNING, Alte u. neue politische Lieder. Entstehung u. Gebrauch, Texte u. Noten (Reinbek 1978).
T. WIDMAIER

POLIZIANO, Angiolo, * 14. 7. 1454 Montepulciano (Toscana), † 29. 9. 1494 Florenz; it. Dichter. Er unterrichtete seit 1475 als Hauslehrer die Kinder von Lorenzo de' Medici in Florenz. In Ungnade gefallen, ging er in die Dienste des Kardinals Francesco Gonzaga nach Mantua, wurde später aber nach Florenz zurückberufen und lehrte als Professor für griechische und lateinische Rhetorik auch an der Universität. P. unterhielt enge Beziehungen zu Florentiner und in Florenz wirkenden Musikern, u.a. zu A. Squarcialupi und H. Isaac. P.s Schriften und Briefe enthalten interessante Details über das Musikleben am Hof der Medici. Viele seiner Gedichte wurden von zeitgenössischen Komponisten vertont. Die *Fabula di Orfeo* (1480) gilt als eine Vorform des Opernlibrettos.

Ausg.: Tutte le poesie italiane, hrsg. v. G. R. CERIELLO (Mi 1952) (= Bibl. universale Rizzoli 423–425).

Lit.: W. OSTHOFF, Theatergesang u. darstellende Musik in der it. Renaissance (15. u. 16. Jh.), 2 Bde. (Tutzing 1969) (= Münchner Veröff. z. Musikgesch. 14); N. PIRROTTA, Li due Orfei. Da P. a Monteverdi (Tn 1969, ²1975); F. W. STERNFELD, The Birth of Opera. Ovid, P. and the „lieto fine", in: Anal. Mus. 19 (1979).

POLKA (vermutlich von tschechisch polka = Polin oder půlka – die Hälfte, Halbschritt), ein lebhafter, geradtaktiger Paartanz, der um 1830 in Böhmen aufkam und Parallelen zu den schon vor 1830 verbreiteten Volkstänzen ↗Ecossaise und dem ↗Krakowiak aufweist. Er wurde rasch populär und 1837, als ↗Galopp bezeichnet, erstmals gedruckt (M. Berra, *Prager Lieblings-Galoppen*). Durch den Prager Tanzlehrer J. Raab erreichte er 1840 die Pariser Salons, wo er zum Modetanz wurde. Die Affinität zu Polen, mit dem man des Namens wegen diesen Tanz wie auch die ↗Polonaise verband, war im Westen Europas nach der polnischen Revolution von 1831 gestiegen und erklärt auch die rasche Stilisierung des ursprünglichen Volkstanzes, die eine große Zahl von Varianten nach sich zog: Kreuz-P. oder P. Mazurka. Der Rhythmus 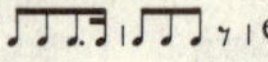 erfuhr dabei u.a. folgende Modifikationen: 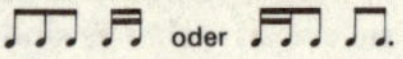 Zahlreiche P.s schrieben J. Strauß Vater und Sohn (etwa 160), J. Offenbach, in Kammermusik- und Klavierwerken u. a. Zd. Fibich (Scherzo des 1. Streichquartetts, 1874), B. Smetana (2. Satz des Streichquartetts *Aus meinem Leben,* 1876; *Polky salónni* op. 7 und *Polky poetické* op. 8 für Klv., 1848–54; bekannt ist auch seine stilisierte P. in der *Verkauften Braut*) und A. Dvořák (*P. und Galopp* für Klv., 1852). In den österreichischen Alpenländern tanzt man die P. heute noch als raschen Dreischrittdreher mit Auftakt. In verschiedenen Volkstanzbüchern hat sich die Satzbezeichnung Kreuz-P., Bayrisch-P. u.ä. erhalten, während sie in der Kunstmusik aus der Mode gekommen ist und lediglich im Werk von J. Ibert (*P. 1900,* 1936), I. Strawinsky (*Circus P.,* 1942) und B. Martinů (*Etudy a Polky,* 1945) eine Art Nachblüte erfuhr.

Lit.: A. WALDAU, Böhmische Nationaltänze, 2 Bde. (Pr 1859–60); A. MICHEL, P., the Czech, in: A. Chujoy, The Dance Encyclopedia (NY 1949); R. WOLFRAM, Die Volkstänze (Salzburg 1951); R. C. HALSKI, The Polish Origin of the P., in: Kgr.-Ber. Warschau 1960.
G. BUSCH-SALMEN

POELL, Alfred, * 18. 3. 1900 Linz, † 30. 1. 1968 Wien; östr. Sänger (Bariton). Nach Abschluß eines Medizinstudiums erhielt er seine Gesangausbildung in Wien bei Philipp Forstén und J. von Manowarda an der Wiener Musikakademie und debütierte 1929 am Städtischen Opernhaus in Düsseldorf, wo er bis 1939 blieb. Von dort ging er 1940 an die Wiener Staatsoper, der er bis zum Ende seiner Laufbahn angehörte. Er gastierte am Covent Garden in London, an der Grand Opéra in Paris und an der Mailänder Scala sowie regelmäßig beim Glyndebourne Festival und bei den Salzburger Festspielen. P. gehörte zu den führenden Mozart-Interpreten der 40er und 50er Jahre und war auch ein namhafter Konzert- und Liedersänger.

POLLAROLO (Polaroli). – **1) Carlo Francesco,** * um 1653 Brescia, † Ende 1722 Venedig; it. Komponist. Er war Schüler von G. Legrenzi, wirkte 1685–90 als Domkapellmeister und wurde 1690 2. Organist und 1692 2. Kapellmeister an S. Marco in Venedig. Außerdem lehrte er 1697–1718 am Conservatorio degli Incurabili.

WW: **1) Bühnen-WW:** Von 85 Opern u. Pasticci, deren Aufführung bezeugt ist, sind 10 vollständig erhalten: *Il Roderico,* UA:

Mantua u. Livorno 1686; *Onorio in Roma*, UA: Venedig 1692; *La forza della virtù*, UA: ebd. 1693; *Alfonso primo* u. *Ottone*, UA: ebd. 1694; *Il pastore di Anfrisio*, UA: ebd. 1695; *Gl'inganni felici* u. *Rosimonda*, UA: ebd. 1696; *Il Faramondo*, UA: ebd. 1699; *Il colore fa la regina*, UA: ebd. 1700; *Le pazzie degli amanti*, UA: Wien 1701. – **2) Vokal-WW:** Oratorien *La Rosinda*, UA: Wien 1685; *Jefte*, UA: Venedig 1702; *Jesabelle; Sansone; Saule indemoniato;* einige kirchenmusikal. Werke; 19 Solokantaten, teilweise mit Instr., außerdem einzelne Arien u. Duette.

P.s Opern, die in ganz Italien, aber auch in Wien, Braunschweig und Ansbach aufgeführt wurden, bekunden den Übergang von der venezianischen zur neapolitanischen Oper. Charakteristisch ist in ihnen – bei ausgeprägter Trennung von Arie (meist virtuos und in da capo-Form) und Rezitativ – der zunehmend starke Anteil der Orchesterbegleitung in den Arien. P. gilt als der erste, der hier in großem Umfang die Oboe einsetzte. Bemerkenswert ist ferner die Verwendung der Lullyschen Ouvertürenform.

2) Antonio, Sohn von 1), * um 1680 Venedig, † 4. 5. 1746 ebd.; it. Komponist. P. wurde 1702 Stellvertreter seines Vaters an S. Marco und 1723 dessen Nachfolger als Organist. Nach dem Tod A. Lottis übernahm er dort 1740 das Kapellmeisteramt. Er schrieb mehrere Opern, die seit 1700 an venezianischen Bühnen zur Aufführung kamen.

WW: 13 Opern u. 4 Oratorien, davon erhalten (nur Arien): *Plautilla*, UA: Venedig 1721; *Cosroe*, UA: Rom 1723; *I tre voti*, UA: Wien 1724; einzelne Kantaten u. kirchenmusikal. Werke.

Ausg.: **Zu 1):** 6 Arien aus *Onorio in Roma*, in: H. CH. WOLFF, Die Oper I (Kö 1971) (= Das Musikwerk 38); *Gl'inganni felici*, hrsg. v. H. M. BROWN (NY 1977) (= It. Opera 1640–1770 16).

Lit.: **Zu 1):** O. A. TERMINI, C. F. P., His Life, Time, and Music with Emphasis on the Operas (1970) (= Diss. Univ. of Southern California); DERS., C. F. P. Follower or Leader in Venetian Opera?, in: Studi musicali 8 (1979).

POLLET. – 1) Charles François Alexandre, * 1748 Béthune (Pas-de-Calais), † um 1815 Évreux; frz. Cisterspieler, Gitarrist und Komponist. P. ließ sich um 1771 in Paris nieder und brachte durch seine Darbietungen die Cister zu großer Popularität. Er schrieb eine *Méthode pour apprendre à pincer du cistre ou de la guittarre allemande* (P o. J.), Sonaten, Airs variés und ein für Cister arrangiertes *Journal d'airs d'opéras* (P 1793). – **2) Jean Joseph Benoît,** Bruder von 1), * 1753 Béthune, † 16. 4. 1823 Paris; frz. Harfenist. Er war ein Schüler von J. B. Krumpholtz und gehörte zu den ersten, die Flageolettöne mit beiden Händen spielten. Um 1800 eröffnete er in Paris eine Musikalienhandlung und ein Verlagshaus, in dem er seine Werke, Harfenkonzerte, Duos für Harfe und Klavier oder 2 Harfen, Airs und eine *Méthode de harpe* (P o. J.), veröffentlichte. Das Unternehmen wurde später durch seinen Sohn **L. M. P.** (genaue Vornamen unbekannt), * um 1783 Paris, † um 1830 ebd., fortgeführt. Dessen Frau **Marie Nicole Simonin,** * 4. 5. 1787 Paris, † März 1864 Châtillon-sur-Seine, konzertierte als Harfenistin in Frankreich, Deutschland, Polen und Rußland und war Harfenspielerin der Kaiserin Josephine und des Königs von Neapel. Ein Sohn von L. M. und M. N. P., **Joseph P.,** * Paris, wirkte zwischen 1831 und 1871 als Organist und Kapellmeister an Notre-Dame in Paris.

POLLINI, Franz (Francesco), * 25. 3. 1762 Laibach, † 17. 9. 1846 Mailand; östr. Komponist. Er war Schüler W. A. Mozarts in Wien, lebte einige Zeit als Schauspieler und Sänger in Laibach und ging dann nach Italien, wo er sich als Violinist, Pianist und Sänger einen Namen machte. 1790 ließ er sich in Mailand nieder, vervollkommnete sich in der Komposition noch bei N. A. Zingarelli und wurde 1809 Klavierlehrer am Konservatorium. P. schrieb vorwiegend Klavierwerke mit hohen technischen Ansprüchen. Er soll als erster nach J.-Ph. Rameau und J. S. Bach das Ineinandergreifen der Hände angeregt haben. Sein *Metodo per clavicembalo* war in Italien lange grundlegend.

WW: Kantate *Il trionfo della pace* (1801); Oratorium *Stabat mater* für Sopran, Alt, 2 V., 2 Vc. und Org. – Opern: *Il genio insubre* u. *La casetta nei boschi*, UA: Mailand 1798; Melodram *L'orfanella svizzera*. – Unterrichtswerk: *Metodo per clavicembalo* (Mi 1820).

Lit.: D. CVETKO, in: MGG X; DERS., Histoire de la musique slovène (Maribor 1967).

POLLINI, Maurizio, * 5. 1. 1942 Mailand; it. Pianist. Er studierte bei C. A. Lonati und Carlo Vidusso am Conservatorio di Musica G. Verdi in Mailand, nahm schon als 15jähriger erfolgreich an Klavierwettbewerben in Genf und Seregno teil und war 1960 1. Preisträger beim Internationalen Chopin-Wettbewerb in Warschau. Nach kurzer Konzerttätigkeit setzte er seine Ausbildung bei A. Benedetti Michelangeli fort und trat erst Ende der 60er Jahre wieder öffentlich auf. Mittlerweile gehört P. zu den gesuchtesten und vielseitigsten Pianisten der Gegenwart. Sein Repertoire enthält neben der klassischen Klavierliteratur auch Werke von A. Schönberg, L. Nono und P. Boulez. Gelegentlich tritt er auch als Klavierbegleiter (u.a. von D. Fischer-Dieskau) mit starkem Gestaltungsvermögen auf. 1981 debütierte er beim Rossini Opera Festival in Pesaro mit großem Erfolg als Operndirigent in der Interpretation von G. Rossinis *La donna del lago*.

Lit.: J. KAISER, Große Pianisten in unserer Zeit (Mn [3]1977).

POLO (span.), mäßig schnelles, andalusisches Tanzlied (auf heitere Texte) im 3/8-Takt, das von Kastagnetten, Händeklatschen und Zwischenrufen wie *ay* und *olé* begleitet wird. Charakteristisch sind Synkopierungen, melodische Verzierungen und eine einfache Schrittfolge mit lebhaften Körperbewegungen. In der Kunstmusik finden sich Beispiele für den P. u.a. im Vorspiel zum 4. Akt in G. Bizets Oper *Carmen* (unter Verwendung des P. *Cuerpo Bueno* von M. García) und in den *Siete canciones populares españolas* von M. de Falla.

POLONAISE (frz., eig. Adjektiv zu Pologne = Polen; it.: polacca; poln.: taniec polski, später polonez), zunächst Bz. für einen paarweise im Kreise ausgeführten, mehrheitlich geradtaktigen Schreittanz polnischer Herkunft, dann auch für ein Instrumentalstück im Dreiertakt, dessen Entwicklung vornehmlich außerhalb Polens stattfand. Die Ursprünge der P. als Tanz und Instrumentalstück sind nicht eindeutig bestimmbar. Der Tanz geht vermutlich auf die Zeit vor 1500 zurück. Er hat sich bis heute auch außerhalb Polens als Eröffnung von Festveranstaltungen (etwa Opernbällen) erhalten, nachdem er durch seine weite Verbreitung bis ins 18. Jh. hinein zum höfischen Tanzrepertoire gehört hatte. In der polnischen Volksmusik wird er z.B. als „chodzony" (= der Geschrittene) z.T. noch als Hochzeitstanz getanzt. Die folgenden Notenbeispiele aus *Lud, jego zwyczaje ... (Das Volk, seine Sitten ...),* 1865–1906 als Ergebnis ausgedehnter Sammeltätigkeit in 23 Serien von O. Kolberg ediert, veranschaulichen die volkstümliche (a) und höfische (b) P.-Version:

Die P. als nicht getanztes Instrumentalstück, die sich aus dem ↗ Nachtanz (Proportz) der Sätze „polnisch Dantz" (z. B. in E. N. Ammerbachs Tabulatur von 1583) oder „Polska" im Verlaufe des 17. Jh. herausgelöst und verselbständigt hat, ist vor allem in Schweden, Deutschland und Frankreich zur Mode geworden. Sie wird, wie bei Nachtänzen üblich, im Dreiertakt notiert. Mit dem seit Beginn des 18. Jh. charakteristischen Rhythmus:

 und der Schlußfigur 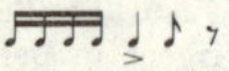

findet sich die P. in Suiten Fr. Couperins, G. Ph. Telemanns, G. Fr. Händels, J. S. Bachs u. seiner Söhne, aber auch in den Liedern von Sperontes und wird von Theoretikern wie J. Mattheson, L. Chr. Mizler und J. A. Scheibe behandelt. Die Entwicklung der P. zu einer dreiteiligen Form mit kontrastierendem Trio-Mittelteil vollzog sich am Ende des 18. Jh. im wesentlichen durch M. Kl. Ogiński, dessen sentimentale Kompositionen für Klavier mit programmatischen Titeln wie *Les adieux (Toten-P.)* oder *Pożegnanie Ojezyzny (Abschied vom Vaterland)* beispielgebend wurden für

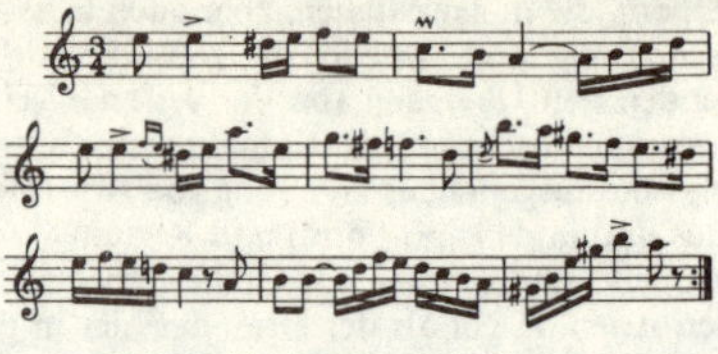

M. Kl. Ogiński, *Pożegnanie Ojezyzny*

die spätere P. der Salonmusik. Seither wurde die P. vor allem in Polen Muster für Weihnachts-, patriotische und Revolutionslieder, Chorkantaten und die russische Staatshymne (bis 1833). Wurde sie bereits von L. van Beethoven, C. M. von Weber oder Fr. Schubert zu einem brillanten virtuosen Konzertstück stilisiert, so führte sie Fr. Chopin in seinen Klavierwerken zu einem Höhepunkt: ihre Charakteristika sind klare formale Gliederung, pathetische, oft stark dramatische Züge und der Einsatz neuer klavieristischer Ausdrucksmittel.

Fr. Chopin, *Polonaise*, op. 40

In seiner Nachfolge stehen P.-Kompositionen von R. Schumann, Fr. Liszt, R. Wagner, H. Wieniawski und I. Paderewski, die im 19. und beginnenden 20. Jh. vor allem als Salonstücke geschätzt wurden. – Auch in die Oper ist die P. bereits früh aufgenommen worden: sie findet sich u.a. bei J. A. Hasse, F. Hiller, L. Spohr *(Jessonda),* Weber *(Freischütz),* später bei G. Meyerbeer, St. Moniuszko *(Strazny dwór),* M. Glinka, M. Mussorgski *(Boris Godunow),* P. Tschaikowsky, N. Rimski-Korsakow und S. Prokofjew (dort im ¾-Takt).

Von der P. als regulärer oder stilisierter Tanz sind zu unterscheiden Instrumental- und Vokalstücke mit der Satzbezeichnung alla polacca und P.n-Rhythmus, wie sie im 18. und 19. Jh. vorkommen (z.B. als *Rondo alla Polacca* im Tripelkonzert op. 36 von L. van Beethoven).

Lit.: H. DORABIALSKA, Polonez przed Chopinem (Die P. vor Chopin) (War 1938); J. WŁ. REISS, Polonez, jego pochodzenie i rozwój (Die P., ihre Herkunft u. Entwicklung), in: Poradnik muzyczny 40 (1950) – 41 (1951); Z. STESZEWSKA, Z zagadnień hist. poloneza (Zum Problem der Gesch. der P.), in: Muzyka 5 (1960); K. HŁAWICZKA, Grundriß einer Gesch. der P. bis zum Anfang des 19. Jh., in: STMf 50 (1968); Z. LISSA, Klavierpolonaise u. -mazurka im 19. Jh., in: Gattungen der Musik. Gedenkschrift L. Schrade I (Be 1973). G. BUSCH-SALMEN

POLYNESIEN. Unter P. wird die Gesamtheit pazifischer Inselgruppen zwischen Hawaii, Neuseeland und der Osterinsel verstanden. Trotz der erstaunlichen Einheit, die die Polynesier vielleicht schon zur Zeit der Besiedlung der Samoa-Inseln (1500 v. Chr.) erreichten, haben die isolierte Lage der Inselgruppen und ihre Siedlungsgeschichte zur Entwicklung lokaler Besonderheiten geführt. In der Geschichte der Inseln unterscheidet man zwei große Perioden: die frühhistorische (bis etwa 1800) und die historische (von 1800 bis zur Gegenwart). Trotz der Schrift „rongo-rongo" von der Osterinsel wurde die polynesische Kultur im wesentlichen mündlich überliefert. Unsere Kenntnisse der musikalischen Frühzeit stammen daher von den Berichten der ersten Seefahrer und Missionare, von der Musikinstrumentenkunde, vom Studium der Mythen und Glaubensvorstellungen, Riten und heutigen musikalischen Aktivitäten. Die Übernahme des Christentums im 19. Jh. hatte das beinahe völlige Verschwinden der traditionellen Künste zur Folge, da diese von den Missionaren als Ausdruck des Heidentums verboten wurden. Die sozialen und kulturellen Veränderungen im Laufe des 19. Jh. wurden auf den einzelnen Inselgruppen entweder abrupt oder allmählich durchgesetzt. Im ersten Fall verbot man die traditionellen Gesänge sofort und ersetzte sie durch euroamerikanische Lieder und Psalmen. Später verbanden sich bestimmte traditionelle Elemente wie die Vorliebe für Bordun und Ostinato mit euroamerikanischen Merkmalen, so daß eine Mischform, die Hymenäen oder Himeni, entstand. Im Fall der allmählich fortschreitenden Veränderungen sind zwei Phasen zu beobachten: 1. Unterlegung von Bibel- und Psalmtexten unter autochthone Melodien; 2. allmähliche Aufgabe von Mischgesängen der ersten Phase zugunsten ausländischer Melodien, denen wiederum traditionelle Elemente hinzugefügt wurden. Auf den Inseln mit allmählicher Veränderung haben sich die traditionellen Gesänge länger behauptet. Auch andere Faktoren wie Bevölkerungsrückgang, Epidemien und Völkermord durch Sklavenjäger trugen zum Untergang traditioneller Künste bei.

Im 20. Jh. verstärkten Völkervermischung, der Einfluß des Films, des Rundfunks und der Schallplatte die Akkulturation der polynesischen Musik. Es entstand als Mischung aus euroamerikanischer Musik und traditioneller Folklore eine neopolynesische Musik, deren bekannteste Merkmale die sog. Hawaii-Musik mit Hula-hula, ↗Ukulele und ↗Hawaii-Gitarre sind. Erste Phonogramme polynesischer Musik entstanden 1908 auf Neuseeland. Nach Angaben der ersten euopäischen Seefahrer ging die traditionelle Musik nur selten über das Quartintervall hinaus, die Melodien entwickelten sich nur innerhalb dieses Umfangs und zeigten dabei eine gewisse Vorliebe für die kleine Terz. Unsere Kenntnis der Musikinstrumente Flöte, Schneckentrompete und Musikbogen bestätigt diese Beobachtungen zum Teil. Die ersten europäischen Beobachter nahmen an, daß die Polynesier Mikrointervalle verwendeten, vergleichbar denen der griechischen Enharmonik. McLean hält diese Mikrointervalle eher für Zwischentöne, die von den Europäern ungenau gehört wurden. Seiner Auffassung nach fügt sich der größere Teil der Intervalle in eine temperierte chromatische Skala, deren „Vierteltöne nur falsche Noten sind". Seine Analyse von 77 *Waiata* (Gesängen) ergab, daß die Melodien um einen Ton (oro) kreisen, der das tonale Zentrum der Melodie und deren Schlußton bildet sowie am häufigsten vorkommt. Diese *Waiata* lassen sich in zwei Skalentypen gliedern:

und

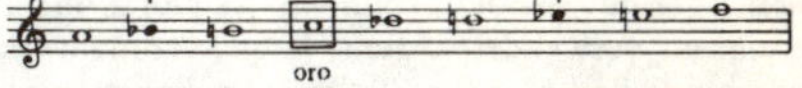

Das Repertoire enthält 16 zweitönige, 25 dreitönige, 21 viertönige, 9 fünftönige und 6 sechstönige Gesänge; die Dreitönigkeit erscheint also am häufigsten. Man nimmt an, daß die polynesische Musik von der Rezitation auf einem Einzelton ausging und sich nach und nach von 2 auf 5 Töne erweiterte: Zentrum war der Anfangston mit ganzem Wechselton nach oben und unten, zu dem die Terz, später noch die Quarte mit jeweils oberem und unterem Wechselton hinzutrat. Diese Melodienstruktur im Rahmen eines Quartumfangs, eine deutliche Metrik, eine rhythmisch präzise Gliederung sowie eine besondere Vorliebe für Bordunbegleitung scheinen die charakteristischen Züge der traditionellen polynesischen Musik zu sein.

Instrumente. Instrumente werden meist bei Tanzveranstaltungen verwendet, sei es, daß der Musiker während des Tanzes selbst spielt (z. B. die hawaiischen Gegenschlagsteine Ili-ili), sei es zur Begleitung von Tänzern und Sängern. Pfeife oder Schneckentrompete dienten vor allem zur Signalgebung, konnten aber auch magische Funktionen haben. Die reine Instrumentalmusik beschränkt sich auf das Spiel der Maultrommel, der Nasenflöte und des Musikbogens, meistens zur eigenen Unterhaltung.

Aerophone. Man findet mehrere Arten von Flöten (Pan- und Nasenflöten), Pfeifen und Trompeteninstrumenten. Die Flöten (meist mit 3 Löchern) sind aus Bambus, Holz, Stein oder Knochen gefertigt. Die Panflöte ist nur auf Samoa und Tonga bekannt. Das von J. Cook mitgebrachte Instrument besaß 11 Pfeifen. Die Polynesier kannten auch Hörner oder Trompeteninstrumente aus Schneckengehäusen, Holz und Kalebassen. Die im ganzen Pazifik verbreitete Tritonschnecke dient für ein Instrument, das nur einen einzigen variablen Ton ergibt, der dem Hornklang ähnelt. Die reich verzierten Kriegshörner der Maori (Putura-putura) hatten eine Stürze mit Bindungen aus Bambusfasern und waren weithin vernehmbar. Ein Horn (Purohoti) von den Marquesas-Inseln zum Anfeuern der Ruderer bestand aus einem einfachen Holzkegel mit einem Bambusmundstück.

Chordophone. Der Musikbogen (Mundbogen) ist das einzige Saiteninstrument. Er hat eine Länge von 40–60 cm, auf den Marquesas-Inseln sogar von mehr als einem Meter.

Membranophone. Trommeln aus Kokosnußbaumstümpfen mit Haifischhaut-Membran kommen mit Ausnahme der Osterinsel in ganz Polynesien vor. Manche Instrumente lassen sich durch einen Ring mit Bändern spannen. Es gibt 2, oft gemeinsam verwendete Arten: lange, schmale und kurze, dicke. Manche Trommeln haben einen Durchmesser von 60 cm und eine Höhe von 2,50 m, so daß der Spieler auf ein Gestell steigen muß. Die Trommeln werden entweder mit den Händen oder, bei großen Instrumenten, mit Schlegeln geschlagen.

Idiophone. Man unterscheidet verschiedene Schlaghölzer: das aus einem Bambusstab mit zwei durch ein Holzstück offengehaltenen Spalten bestehende Schlagholz (Ihara), die hawaiischen, aneinandergeschlagenen Klangstäbe (Ka'la'au) und das Pahu genannte marquesische Instrument aus 3 bis 10 Klanghölzern (Kou han), die mit zwei Schlegeln angeschlagen werden; ferner die hawaiischen Klappern (Pu'ili) aus geritztem Bambus; den riesigen hölzernen Signalblock (Pahu; aus Neuseeland) und dicke Rhythmusbalken aus massivem Holz (Samoa, Tonga). Auf Hawaii gibt es solche Balken auch aus hohlem Holz, mit Körnern gefüllte Rasseln sowie ein sanduhrförmiges Instrument (Hula ipu), das auf die Erde gestoßen wird. Die Schlitztrommeln (To'ere) auf den Marquesas weisen eine breite Längsspalte auf. Zu den Steininstrumenten gehören das hawaiische Hula-ili-ili und das Maca von der Osterinsel, das aus einem Paar aneinandergeriebener Steinkiesel besteht. Es gab dort auch Knochenklappern, Schellen aus Muschelbündeln (Marquesas-Inseln) und Hundezahn-Rasseln (Hawaii). Bekannt waren außerdem verschiedene Maultrommeln: Niaukani (Bambusstab, Hawaii), Utete (Kokosblatt, Tonga) und Roria (aus einem elastischen Stück des Brotfruchtbaumes, Maori). Das hawaiische Oeoe, auch „Teufel" oder „Stiefmutter-Schrei" genannt, ist ein Schwirrholz.

Musikgattungen. Lieder und Tänze, die untrennbar mit der Dichtung verbunden waren, nahmen im traditionellen Leben der Polynesier einen wichtigen Platz ein. Wort und Ton bildeten fast immer eine Einheit. Aus Sorge um das Textverständnis nuancierte man bisweilen bei Rezitativen, Tänzen und Gesängen, die im Sitzen aufgeführt und zum Teil mit Körperbewegungen vorgetragen wurden. Erzählungen und Gedichte waren stets sozusagen psalmodisch. Man unterscheidet 4 Rezitationstypen: 1. Sprechgesang mit geregelter Veränderung der Tonhöhe und Glissando der Stimmen; 2. Sprechgesang auf gleichbleibender Tonhöhe; 3. Rezitation auf einem einzelnen Ton; 4. Rezitation auf verschiedenen Tonhöhen und mehrstimmig, wobei die Oberstimme um den Anfangston kreist, während die Unterstimme eine Art Orgelpunkt singt. Anlaß zum Musizieren boten Freudenfeste wie Geburt, Beschneidung und Verlobung; es gab Tänze für jede Gelegenheit; genannt seien von den unterschiedlichen Gattungen: Liebestänze (*tamoure* in Zentralpolynesien), bei denen ein Tanzpaar körperliches Verlangen darstellt, die Tanzpantomimen *(haka)* der Maori, die stets von Gesängen begleitet wurden (z.B. der Kriegstanz *haka taparahi*); religiöse Tänze wie die hawaiischen *hulas*, die von einer besonderen eingeweihten Tänzerkaste dargeboten wurden. Frauen waren von den religiösen Tänzen auf pyramidenförmigen Altären ausgeschlossen.

Vergnügen am Musizieren und Freude am Klang paaren sich beim Polynesier mit dem Ausprobieren ungewöhnlicher Klangfarben. Man singt gern mit Falsett oder imitiert mit Grabesstimme Trommelschläge; plötzliches kehliges Ein- oder Ausatmen wechselt mit rauhen Schreien oder tiefem, stoßartigem Brummen ab. Die Chöre der Marquesas-Bewohner konnten bis zu 7 verschiedene Stimmen haben. Liebes-, Arbeits- und Kriegslieder, rituelle u. magische Gesänge begleiten das Leben.

Lit.: J. C. ANDERSEN, An Introduction to Maori Music (Wellington 1923); DERS., Maori Music (ebd. 1924); M. KOLINSKI, Die Musik der Primitivstämme auf Malakka u. ihre Beziehungen z. samoanischen Musik, in: Anthropos 25 (1930); J. C. ANDERSEN, Maori Music with Its Polynesian Background (New Plymouth 1934); E. G. BURROWS, Polynesian Part-Singing, in: Zschr. für vergleichende Musikwiss. 2 (1934); T. E. DONNE, Mœurs et coutumes des Maoris (P 1938); O. JOHNSON, Musical Instr. of Ancient Hawaii, in: MQ 25 (1939); R. H. DRIOULT-GÉRARD, La civilisation des îles Marquises (P 1940); A. MÉTRAUX, Ethnology of Eastern Island (Honolulu 1940); DERS., L'île de Pâques (P 1941), G. DE GIRONCOURT, Enquête de géographie musicale aux îles Marquises et Samoa, in: Bull. de la Soc. d'Études océaniennes IX/5 (1954); H. FISCHER, Schallgeräte in Ozeanien (Str – Baden-Baden 1958) (= Slg. musikwiss. Abh.en 36); M. MCLEAN, Field Work in Maori Music (Dunedin 1958) (= Diss. Univ. of Otago); G. GUIART, Les religions de l'Océanie (P 1962); T. HENRY, Tahiti aux temps anciens (P 1962); P. PLATT, Ozeanien, in: MGG X; M. MCLEAN, A Preliminary Analysis of 87 Maori Chants, in: Ethnomusicology 8 (1964); A. ARMSTRONG, Maori Games and Hakas (Wellington 1964); D. CHRISTENSEN – G. KOCH, Die Musik der Ellice-Inseln (B 1964); P. COLLAER, Ozeanien (L 1965) (= Musikgesch. in Bildern I/1); N. B. EMERSON, Unwritten Literature of Hawaii. The Sacred Songs of the Hula (Rutland/Vt. 1965); W. P. MALM, Music Cultures of the Pacific (Eaglewood Cliffs/N.J. 1967); H. H. ROBERTS, Ancient Hawaiian Music (NY 1967); W. LAADE, Neue Musik in Afrika, Asien u. Ozeanien. Diskographie u. hist.-stilistischer Überblick (Hei 1971); M. KELKEL, Musique polynésienne traditionnelle (Braine-le-Comte 1975); R. M. MOYLE, Conch Ensembles. Tongas Unique Contribution to Polynesian Organology, in: GalpinJ 28 (1975); Dance in Africa, Asia and the Pacific, hrsg. v. J. VAN ZILER (NY 1976); M. MCLEAN, An Annotated Bibliography of Oceanic Music and Dance (Wellington 1977).

M. KELKEL – A. SIMON

POLYPHONIE (von griech. polys = viel und phōnē = Laut, Ton) bezeichnet heute allgemein die kunstvoll gearbeitete ↗Mehrstimmigkeit im Gegensatz zur einstimmigen Musik. Als artifizielle Mehrstimmigkeit ist die P. außerdem gegenüber einer kunstlosen Mehrstimmigkeit, wie sie z. B. das volkstümliche Singen in Terzparallelen darstellt, abgegrenzt (↗Heterophonie). Darüber hinaus kann eine Unterscheidung zwischen P. und ↗Homophonie vorgenommen werden, indem als besonderes Kennzeichen polyphoner Musik neben ihrer Mehrstimmigkeit eine prinzipielle Eigenständigkeit jeder oder zumindest mehrerer ihrer Stimmen in melodischer, rhythmischer und oft auch dynamischer Hinsicht gefordert wird. So erscheint die P. gegenüber der homorhythmischen und zumeist oberstimmenbetonten Homophonie als ein Kompositionsverfahren, in dem „mehrere Stimmen den Charakter einer Hauptstimme behaupten“ (H. Chr. Koch, *Musicalisches Lexikon,* F 1802). Freilich entziehen sich zahlreiche Kompositionen von höchster Qualität (z.B. homorhythmische Abschnitte in geistlichen Kompositionen des 15. und 16. Jh., Bachs Choralsätze oder Streichquartette der Wiener Klassik) einer konsequenten Abgrenzung im genannten Sinne. Seit dem 17. Jh. wird das späte 15. und 16. Jh., vor allem im Hinblick auf die Kunst Josquin des Prés' und G. P. Palestrinas, als die „klassische“ Epoche der P. angesehen (man spricht hier gerne von der „klassischen Vokalpolyphonie“) und der während dieses Zeitraumes vertretene Kompositionsstil rückblickend mit der Aura des Modellhaften überhöht (Cl. Monteverdi: „La prima pratica“, Chr. Bernhard: „stylus gravis vel antiquus“; der ↗Historismus des 19. Jh. feierte Palestrina gar als den „Homer der Musik“, vgl. J. Thibaut, *Über Reinheit der Tonkunst,* Hei 1825). Auch der heutige Kontrapunktunterricht an Musikhochschulen und Konservatorien fußt noch vielfach auf dem sog. Palestrina-Satz, im besonderen in der durch J. J. Fux in seinem Lehrwerk *Gradus ad Parnassum* (W 1725) niedergelegten Form (↗Palestrinastil).

Der Terminus P. wurde im Altertum, dem eine artifizielle Mehrstimmigkeit noch fremd war, vorwiegend im außermusikalischen Sinne verwendet, so z.B. um die Vieltönigkeit oder Mannigfaltigkeit der Tier- oder sonstigen Naturlaute zu kennzeichnen; daneben konnte auch der Tonreichtum bestimmter Musikinstrumente „polyphon“ genannt werden. Als Bezeichnung für mehrstimmige Musik begegnet „Polyphonia“ erst um 1300, also zu einer Zeit, da polyphones Musizieren und Komponieren bereits seit Jahrhunderten praktiziert wurden. H. H. Eggebrecht (Art. P., in: Riemann ML) nennt als frühesten Beleg die *Summa musicae* (Gerbert Scr. III, 239ff.), wo sie gegenüber dem einstimmigen Cantus simplex abgegrenzt wird; je nach Stimmenzahl werden überdies unterschieden: ↗Diaphonia, Triphonia und Tetraphonia. Doch auch in der Folgezeit ist das Wort P. im musikalischen Bereich überraschend selten anzutreffen. Das änderte sich erst im Laufe des 18. Jh., als mit der Aufspaltung der Tonsatzlehre in Harmonie- und Kontrapunktlehre eine Gegenüberstellung von homophon-akkordischem Satz einerseits und linear-melodischem Kontrapunkt andererseits vorgenommen wurde. Die noch heute oft verwendeten, vom äußeren Notenbild abgeleiteten Begriffe vertikal (= homophon-akkordisch) und horizontal (= polyphon-kontrapunktisch) zur Kennzeichnung des jeweils gewählten theoretischen Aspektes gegenüber dem musikalischen Kunstwerk verdeutlichen die genannte Spaltung in augenfälliger Weise. Für das 19. Jh. waren die Termini P. und Kontrapunkt weitgehend gleichbedeutend geworden. Problematisch und ungeklärt ist hingegen, bis zu welchem Grade die Musik des 20. Jh. mit dem Begriff P. erfaßt werden kann. Das gilt im besonderen für atonale und seriell gearbeitete Kompositionen sowie für elektronisch erzeugte Musik, zumal der traditionelle Begriff der Mehr-„Stimmigkeit“ das reale Vorhandensein mehrerer intakt geführter und miteinander kombinierter musikalischer Linien voraussetzt.

Eine geschichtliche Übersicht über die P. ist weitgehend identisch mit einer Geschichte der abendländischen Kunstmusik. Wir können uns daher im folgenden auf wenige Punkte beschränken. Als früheste Quelle für eindeutig mehrstimmiges Musizieren gelten die im 9. Jh. entstandenen anonymen Traktate ↗ *Musica enchiriadis* und die ihr angeschlossenen Scholien. Das dort beschriebene Singen in parallel geführten Quartklängen – ↗ Diaphonia oder Organum genannt – wird freilich keineswegs so beschrieben, als ob es sich dabei um ein grundlegend neues Musizierverfahren handele, so daß angenommen werden muß, daß schon vor dem 9. Jh. eine dem organalen Singen ähnliche Singweise bestanden hat. Vieles deutet darauf hin, daß der am byzantinischen Kaiserhof und vom 7. Jh. an auch für Rom bezeugte Gesang der Paraphonistae bereits im Singen von Quart- oder Quintparallelen bestanden hat, wenngleich dies nicht einwandfrei zu beweisen ist. Von einer eigentlichen P. kann freilich erst gesprochen werden, nachdem das Stadium des konsequenten Stimmparallelismus, der letztlich nur so etwas wie eine potenzierte Einstimmigkeit darstellt, überwunden ist und die zum Cantus hinzutretende Zusatzstimme wenigstens ein Minimum an Eigenständigkeit erkennen läßt. Die im Mailänder Traktat (um 1100) aufgezeichneten Organa bedeuten einen ersten Schritt in dieser Richtung, indem hier neben der Parallelbewegung auch Gegenbewegung der Stimmen angewandt wird. Wichtiger noch ist aber die in den Organa von Saint-Martial und Santiago de Compostela (beide etwa 1100–50) erreichte Loslösung vom einfachen Satz Note-gegen-Note zugunsten einer sich frei bewegenden kolorierten Gegenstimme. Erst mit dieser später durch die ↗ Notre-Dame-Schule (seit etwa 1160) weiterentwickelten rhythmischen Verselbständigung der Stimmen darf im strengen Sinne von P. gesprochen werden. In der geistlichen Musik des 15. und vor allem des 16. Jh., der Zeit der ↗ Burgundischen und ↗ Franko-flämischen Schule, wurde eine völlige Gleichberechtigung der Stimmen und ihre Angleichung aneinander hinsichtlich ihrer musikalischen Faktur angestrebt und erreicht, was freilich zugleich einen bewußten Verzicht auf die seit dem 9. Jh. üblich gewesene Cantus firmus-Hierarchie bedeutete. Mit dem so gewonnenen Niederländer- oder Palestrina-Stil trat die P. in ihr „klassisches“ Stadium ein; über den auch für die nachfolgenden Jahrhunderte so wichtigen historischen Rang dieser Stilart wurde oben bereits gesprochen. – Hatte die P. seit ihrem Entstehen im 9. Jh. unangefochten als die vornehmste und gelehrteste aller Kompositionsarten gegolten, so erwuchsen ihr in der 2. Hälfte des 16. Jh. erstmals starke Gegenkräfte, im besonderen unter dem Einfluß des ↗ Humanismus und der kirchlichen Reformbestrebungen jener Zeit. Bereits während des Konzils von Trient (1545–63) wurde neben der Einbeziehung weltlicher Cantus firmi in Meßkompositionen die durch den komplizierten polyphonen Satz verursachte Unverständlichkeit des Textes gerügt, so bei der Diskussion über den „abusus in sacrificio Missae“ (Mißbrauch beim Meßopfer) im Jahre 1562, und einige der Konzilsväter forderten sogar ein striktes Verbot polyphoner Musik im Gottesdienst und die Rückkehr zu strenger gregorianischer Einstimmigkeit. Wenngleich diese Forderung auch nicht durchgeführt wurde, so ist in der nachtridentinischen Zeit doch eine deutliche Hinwendung zu einer am Wort orientierten P. zu bemerken.

Sehr viel wirkungsvoller aber waren die in der ↗ Camerata Fiorentina seit 1580 verfolgten Bestrebungen, die P. zu verdrängen, um eine (wie man hoffte) der antiken griechischen Musik entsprechende Einstimmigkeit an ihre Stelle zu setzen. Die in antiken Schriften bewanderten Mitglieder der Camerata, vor allem die Theoretiker G. Mei und V. Galilei, wußten aus literarischen Quellen (Platon, Aristoteles), daß der Anteil der Musik an Aufführungen griechischer Tragödien sehr wesentlich gewesen sein muß und daß dabei die Sprachgebärde des agierenden Schauspielers eine starke Wirkung auf die „Affekte“ der Zuschauer hatte, die auf diese Weise von den ethischen Zielen des Textes auf das nachhaltigste ergriffen und durchdrungen wurden. Unter Berufung auf Philosophenberichte dieser Art sowie durch die Beobachtung antiker Musikdarstellungen auf Vasenmalereien und Reliefs – Einzelsänger, die sich auf einer Harfe, Lyra oder Kithara begleiteten – forderte man eine radikale Abwendung von der P., die jetzt als eine „barbarische Entartung“ verdammt wurde, da sie wegen ihres Geflechts obligater Stimmen eine Textverständlichkeit nicht zuließe und somit auch jeglichen ethischen Wertes entbehre. An die Stelle polyphoner Musik solle die ↗ Monodie treten: der frei deklamierende, allein am Text und seinem Inhalt orientierte affekthafte Gesang des Einzelsängers, klanglich getragen vom akkordisch ausharmonisierten Generalbaß. Es ist bekannt, daß der monodische Stil nicht die Beseitigung der P. zur Folge hatte, sondern gemeinsam mit ihr die Stilphysiognomie des musikalischen Barock bestimmte. Im Werk J. S. Bachs erlebte die polyphone Schreibweise noch einmal einen Gipfelpunkt, so daß im 19. Jh. neben Palestrina auch Bach als Großmeister der P. genannt wurde. Die Bach-Rezeption prägt sich daher seitdem in erster Linie in der eigenschöpferischen Auseinandersetzung mit der Bachschen P. aus. Das bezeugt das Schaffen M. Regers ebenso wie manche Werke von Komponisten der 2. Wiener Schule. Noch zu Bachs Lebzeiten, etwa ab 1730, fand eine abermalige Abkehr von der polyphonen Satzkunst statt, vor allem durch die Vertreter des französisch beeinflußten ↗galanten Stils sowie durch die Vertreter der neapolitanischen Opera buffa. Die von diesen beiden Stilen und ihren jeweiligen Folgestilen, dem empfindsamen Stil und dem musikalischen „Sturm und Drang", beeinflußte Schreibart der ↗Wiener Klassik stellte mit dem für sie charakteristischen ↗obligaten Akkompagnement, d.h. mit der Kunst, die Begleitstimmen an der Verarbeitung des motivischen Materials teilnehmen zu lassen, eine erneute Belebung polyphoner Satzkunst dar. Seither ist die P. als künstlerisches Phänomen von höchstem Rang nie mehr ernsthaft in Frage gestellt worden. H. WOHLFARTH

POLYRHYTHMIK, Bz. für die Schichtung verschiedener Rhythmen. Dazu zählen nach H. Riemann die Schichtung mehrerer Mensuren, so etwa im Anfangschor der Matthäus-Passion von J. S. Bach, komplementäre Rhythmen, die, zusammengenommen, eine einförmige Bewegung entstehen lassen, so etwa in der Klaviersonate in E-Dur op. 109 von L. van Beethoven,

und Konfliktrhythmen, die Schichtung einander mehr oder weniger widersprechender Rhythmen, so etwa in dem Fantasie-Impromptu cis-moll op. 66 von Fr. Chopin:

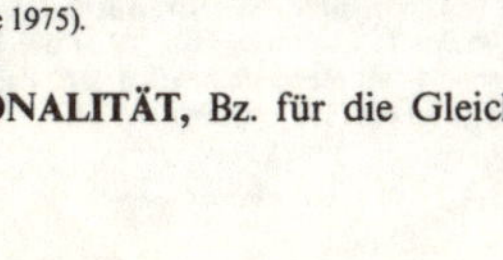

Lit.: H. RIEMANN, System der musikal. Rhythmik u. Metrik (L 1903, Nachdr. Niederwalluf 1971); J. KUNST, Metre, Rhythm, Multi-part Music (Leiden 1950); W. GIESELER, Komposition im 20. Jh. (Celle 1975). W. SEIDEL

POLYTONALITÄT, Bz. für die Gleichzeitigkeit mehrerer verschiedener Tonarten, die übereinander ablaufen; da zur Wahrnehmung von P. die tonartliche Unterscheidbarkeit notwendig ist, tritt P., entgegen dem begrifflichen Anspruch, in aller Regel als Bitonalität auf: als Parallelität von nur zwei verschiedenen Tonarten. Voraussetzung für die Möglichkeit von P. ist die ↗Tonalität, die Beziehung von Tönen und Akkorden auf ein tonales Zentrum; Tonalität ist hier jedoch – das macht den Begriff P. wiederum fragwürdig – insofern außer Kraft gesetzt, als die Tonarten primär als Spannung gegeneinander funktionieren, nicht aber als Gruppierung um ein jeweils eigenes Zentrum. In atonaler Musik (↗Atonalität), die wegen Preisgabe eines tonalen Zentrums nicht in einer bestimmten Tonart steht, ist P. gegenstandslos. P. zählt daher zu jenen kompositorischen Techniken, die in der 1. Hälfte des 20. Jh. auf eine erweiterte Tonalität zielen; unter dem Eindruck, die dur-moll-tonale Sprache sei abgenutzt und verbraucht, sollte die Tonalität zwar ausgeweitet, jedoch nicht gänzlich ausgelöscht werden; so sind in der P. die tonartlichen Schichten, für sich genommen, zwar noch tonal, die aus ihrem Zusammentreffen resultierenden Klangfolgen jedoch nicht mehr. Diese spezifische historische Stellung – zwischen Konservierung und Aufhebung der Tonalität – unterscheidet die P. des 20. Jh. von früher P. wie in W. A. Mozarts Sextett *Ein musikalischer Spaß* KV 552 mit ihrer programmatischen Begründung.

Beispiele für Bitonalität und P. finden sich u.a. bei I. Strawinsky (der Anfang des 2. Teils von *Pétrouchka* [1911], der C- und Fis-Dur koppelt, gehört zu den berühmtesten Belegen), bei B. Bartók, so in einem Stück (Nr. 70) aus dem *Mikrokosmos*

III, und vor allem bei D. Milhaud, für den P. grundlegende Bedeutung gewann (z.B. Sonate für Klv. [1916], Tanzsuite *Saudades do Brazil* [1921]). Nicht selten zeigen dabei die Tonarten den Abstand einer kleinen Sekunde oder – wie in *Pétrouchka* – des ↗Tritonus; eine zu nahe Verwandtschaft würde die jeweilige tonartliche Eigenständigkeit unkenntlich machen. Der begrifflichen und sachlichen Schärfe wegen sollte P. gegen verwandte Erscheinungen abgegrenzt werden. Tritt eine ↗Funktion zu einer anderen (wie ↗Tonika und ↗Dominante bei L. van Beethoven, z.B.

6. Symphonie, 5. Satz, T. 5ff., und ebenso Strawinsky, *Symphony in C* [1949], 4. Satz, Schlußakkord), ist der Begriff Polyfunktionalität (H. Mersmann) vorzuziehen. Auszusondern wäre auch – da zur P. wesentlich der zeitlich-lineare Vorgang gehört – das bloße Übereinander verschiedener Harmonien ohne funktionalen Bezug (Polyharmonik), zumal wenn es noch eine Deutung als Modifikation tonaler ↗Harmonik offenläßt. Als Polymodalität, genauer: Bimodalität, bezeichnete Bartók sein Verfahren, zwei verschiedene, aber auf demselben Grundton errichtete diatonische Skalen gleichzeitig zu verwenden.

Lit.: J. DEROUX, La musique polytonale, in: RM 2 (1921); D. MILHAUD, Polytonalité et atonalité, in: RM 4 (1923); H. ERPF, Stud. z. Harmonie- u. Klangtechnik der neueren Musik (L 1927, Wie ²1969); A. MACHABEY, Dissonance, polytonalité et atonalité, in: RM 12 (1931); R. KLEIN, Zur Definition der Bitonalität, in: ÖMZ 6 (1951); H. MERSMANN, Musikhören (Kas ²1973); I. ORAMO, Modale Symmetrie bei Bartók, in: Mf 4 (1980).

C. KÜHN

POMMER ↗Bomhart.

POMO D'ORO, IL, Festa teatrale von M. A. Cesti; dt. Titel: Der ↗goldene Apfel.

PONCE, Manuel María, * 8. 12. 1882 Fresnillo (Mexiko), † 24. 4. 1948 Mexico-City; mexikanischer Komponist. P. studierte zunächst am Konservatorium von Mexico-City, ging dann nach Europa und setzte seine Ausbildung 1905 bei M. E. Bossi am Liceo musicale in Bologna und 1906 am Sternschen Konservatorium in Berlin fort. 1909 wurde er Klavierlehrer am Konservatorium von Mexico-City, lebte später in New York und Havanna und vervollkommnete sich während eines Paris-Aufenthaltes 1925–33 noch bei P. Dukas. Nach Mexiko zurückgekehrt, nahm er seine Unterrichtstätigkeit am Konservatorium von Mexico-City wieder auf, das er 1934–35 leitete. 1933–38 lehrte er folkloristische Musik an der neugegründeten Musikabteilung der Universität. In den Frühwerken noch stark an die nationale Folklore gebunden, übernahm P. später Elemente der impressionistischen und neoklassizistischen Musik. Das 1914 veröffentlichte Lied *Estrellita* ist noch heute in ganz Südamerika populär. Seine Gitarrenmusik hat A. Segovia beeinflußt.

WW: WW für Gitarre u. Klv.; *4 Miniatures* (1929) für Streichquartett; *Pequeña suite en estilo antiguo* (1933) für Streichtrio. – Für Orch.: *Chapultepec* (1929, Neufassung 1934); *Suite en estilo antiguo* (1935); *Ferial* (1940); Klv.-Konzert (1912); *Concierto del sur* (1941) für Gitarre u. Orch.; V.-Konzert (1942). – Zahlr. Lieder mit Klv.

Lit.: D. LÓPEZ ALONSO, M. P., ensayo biogr. (Mexico-City 1950, erweitert 1971); M. PINCHERLE, A la memoria de M. P., in: Nuestra música 18 (ebd. 1950); J. C. ROMERO, Efemérides de M. M. P., in: ebd.; C. RAYGADA, in: Heterofonía 5 (1972/73).

PONCHIELLI, Amilcare, * 31. 8. 1834 Paderno Fasolare bei Cremona, † 16. 1. 1886 Mailand; it. Komponist. Er studierte 1843–54 am Mailänder Konservatorium, wurde anschließend Organist an Sant'Ilario und später Kapellmeister der Nationalgarde in Piacenza, strebte aber eine Laufbahn als Bühnenkomponist an. 1856 wurde am Teatro Concordia in Cremona seine 1. Oper *I promessi sposi* ohne nennenswerten Erfolg aufgeführt. Nach weiteren Opern erzielte P. erst 1872 mit einer Neufassung der *Promessi sposi* in Mailand einen wenngleich zeitlich begrenzten Durchbruch. Ebenfalls in Mailand kam 1876 mit gleichem Erfolg *La Gioconda* zur Aufführung. Nicht durchsetzen konnten sich dagegen die Opern *Il figliuol prodigo* (1880) und *Marion Delorme* (1885). Seit 1883 lehrte P. Komposition am Mailänder Konservatorium. P. Mascagni und G. Puccini gehörten zu seinen Schülern. P.s Nachruhm (der auch dazu geführt hat, daß sein Geburtsort heute Paderno Ponchielli heißt) beruht fast ausschließlich auf *La Gioconda,* einer Oper in der Tradition G. Meyerbeers voll dramatischem und pathetischem Ausdruck. Einzelne Stellen haben G. Verdi und G. Puccini beeinflußt.

WW: Opern: *I promessi sposi,* UA: Cremona 1856; *La Savoiarda,* UA: ebd. 1861; *I Lituani,* UA: Mailand 1874; *La Gioconda,* UA: ebd. 1786; *Il figliuol prodigo,* UA: ebd. 1880; *Marion Delorme,* UA: ebd. 1885. – Ballette; zahlreiche Solokantaten mit Klv.; einige kirchenmusikal. Werke; Märsche u. a. Stücke für Orchester.

Lit.: A. COLOMBANI, L'opera italiana nel secolo XIX (Mi 1900); G. CESARI, A. P. nell'arte del suo tempo (Cremona 1934); A. DAMERINI, A. P. (Tn 1940); G. GAVAZZENI, Considerazioni di un centenario, A. P., in: Trent'anni di musica (Mi 1958); J. W. KLEIN, P. A Forlorn Figure, in: The Chesterian 34 (1959–60).

PONIATOWSKI, Józef Michał Xawery Franciszek Jan, Fürst von Monte Rotondo, * 20. 2. 1816 Rom, † 3. 7. 1873 Chislehurst (England); poln. Komponist. P. war ein Neffe von Prinz Joseph P., Marschall von Frankreich, und ein Großneffe von König Stanislaus II. von Polen. Seine musikalische Ausbildung erhielt er bei Candido Zenetti in Rom und bei Ferdinando Ceccherini in Florenz, wo er später als Tenor an das Teatro della Pergola engagiert wurde. 1838 brachte er in Florenz seine erste Oper *Giovanni da Procida* zur Aufführung, in der er selbst die Titelpartie sang. Später schlug er die diplomatische Laufbahn ein, wurde 1848 Gesandter des Großherzogs von Toscana in Paris und 1854 Senator unter Napoleon III., dem er 1871 ins Exil nach England folgte.

WW: Von den 12 Opern, deren Aufführung nachgewiesen ist, sind erhalten (hsl. oder gedruckte Klv.-Ausz.): *Don Desiderio,* UA: Pisa 1840; *Bonifacio dei Geremei,* UA: Rom 1843; *Malek Adel,* UA: Genua 1846; *Pierre de Médicis,* UA: Paris 1860; *Au travers du mer,* UA: ebd. 1861; *L'aventurier,* UA: ebd. 1865; *La contessina*, UA: ebd. 1868; ferner einige weltliche u. geistliche Vokalwerke.

PONIRIDIS (Poniridy), **Giorgios** (Georges), * 26. 9. (8. 10.) 1892 Chalkedon (heute Kadiköy) bei Istanbul; griech. Komponist. Er studierte am Brüsseler Conservatoire bei P. Gilson und E. Ysaye und seit 1919 bei V. d'Indy und A. Roussel an der Schola Cantorum in Paris. 1938 kehrte er nach Athen zurück, wo er 1954–58 die Musikabteilung im Erziehungsministerium leitete.

WW: Klv.-Stücke; Sonaten für: 2 für V. (1940, 1963); Fl. (1916); Klar. (1962); Ob. (1964); Va. (1967); Vc. (1967); 4 Streichquartette (1941, 1959, 1965, 1966); Quartette für Fl., Ob., Klar. u. Fag. (1962) sowie für Fl., Ob., V. u. Fag. (1963); 3 Klv.-Trios (1944, 1966, 1967); Bläserquintett (1966). – Für Orch.: *Prélude et fugue* (1920); *Poème symphonique* (1926); *Triptyque symphonique* (1927); 2 Symphonien (1935, 1942); Konzerte für: Klv. (1968) u. V. (1969); Concertino für Horn u. Str. (1962). – Ballett *Dodécaméro* (1934); Bühnenmusik zu *Antigone* (1939) (nach Sophokles).

PONNELLE, Jean-Pierre, * 19. 2. 1932 Paris; frz. Bühnenbildner und Regisseur. Er studierte Philosophie und Kunstgeschichte an der Sorbonne in Paris und nahm daneben Malunterricht bei Fernand Léger. Seine Begegnung mit H. W. Henze brachte ihm den Auftrag für den Entwurf der Bühnenbilder für die UA von dessen Oper *Boulevard Solitude* (1952) am Opernhaus Hannover. Nach weiteren Verpflichtungen an deutsche und internationale Theater gab P. 1961 in Düsseldorf mit *Caligula* von Albert Camus sein Regiedebüt und übernahm 2 Jahre später seine erste Opernregie *(Tristan und Isolde).* P. gehört heute zu den gefragtesten Regisseuren des Musiktheaters. Seine Inszenierungen, für die er meist auch Bühnenbilder und Kostüme entwirft, bestechen vor allem durch die sichtbare Verknüpfung von Musik und Bühnengeschehen, durch dezente Farbgestaltung und sehr differenzierte Lichtregie. Seit 1968 inszenierte P. regelmäßig bei den Salzburger Festspielen (u.a. G. Rossini, *Il barbiere di Siviglia,* 1968–69; W. A. Mozart, *La clemenza di Tito,* 1976–77 und 1979, und *Die Zauberflöte,* 1978–81; J. Offenbach, *Les contes d'Hoffmann,* 1980–81). Berühmt wurde seit 1977 sein mit N. Harnoncourt erarbeiteter und auch für das Fernsehen eingespielter Monteverdi-Zyklus am Züricher Opernhaus *(L'Orfeo, Il ritorno d'Ulisse in patria, Achtes Madrigalbuch* und *L'incoronazione di Poppea).* Ebenfalls unter Mitwirkung von Harnoncourt wurden dort im Frühjahr 1980 W. A. Mozarts *Idomeneo* und 1981 dessen *Lucio Silla* aufgeführt. 1981 inszenierte P. erstmals bei den Bayreuther Festspielen *(Tristan und Isolde).*

Lit.: H. REGITZ, P.s Fernseh-„Figaro", in: Musica 31 (1977).

PONTE, Lorenzo da, ↗Da Ponte.

PONTI, Michael, * 29. 10. 1937 Freiburg im Breisgau; amerik. Pianist. Er wurde seit 1943 in Washington von Gilmour MacDonald ausgebildet, trat schon 1947 erstmals öffentlich auf und begann 1954 seine Laufbahn als Konzertpianist. 1955 kam er nach Europa, wurde in Frankfurt am Main ansässig und setzte sein Studium an der dortigen Musikhochschule bei Erich Flinsch fort. Seit den frühen 60er Jahren konzertiert er in den Musikmetropolen Europas und der Vereinigten Staaten. P. spezialisierte sich besonders auf unbekanntere Klavierkompositionen des 19. Jh. sowie auf das Klavierwerk A. Skrjabins.

PONTICELLO (it.), ↗Steg.

PONTIFICALE, eines der ↗liturgischen Bücher, das die Texte und Rubriken der von einem Bischof gespendeten Sakramente, Weihen und Segnungen enthält. Das P. entwickelte sich aus der Verselbständigung eines besonderen Teils am Schluß des Sakramentars (das die Gebetstexte enthielt), in dem die bischöflichen Riten gesammelt waren. Die Vorläufer stammen aus Deutschland. Ende des 13. Jh. wurde ein *P. Curiae* von Durandus von Mende für die römische Kurie zusammengestellt, aus dem 1596 das *P. Romanum* hervorging. Seine 3 Teile bestanden aus Weihen und Segnungen von Personen, Sachweihen und Funktionen im Jahresablauf. 1961 wurde der Mittelteil neu bearbeitet; eine Gesamtrevision ist im Gange. Musikalisch enthält das P. vor allem Noten für die Allerheiligenlitanei, für Alleluia-Verse, Antiphonen, Hymnen, Präfationen, für die Segenspendung und für Weihegebete.

Bisher veröff. Teile eines neuen P.: *Liber de Ordinatione Diaconi, Presbyteri et Episcopi* (1968, dt./lat. 1971); *Die Feier der Ordensprofeß* (1970, dt. 1974); *Die Feier der Abts-, Äbtissinnen- u. Jungfrauenweihe* (1970, dt. 1974); *Die Feier der Ölweihen* (1970, dt. Studien-Ausg. 1981); *Die Feier der Firmung* (1971, dt. 1973); *Die Beauftragung von Lektoren ...* (1972, dt. 1974) (= Nachfolgeriten der früheren niederen Weihen); *Die Feier der Kirchweihe und Altarweihe* (1977, dt. Studien-Ausg. 1981).

PONTIO (Ponzio), Don **Pietro,** * 25. 3. 1532 Parma, † 27. 12. 1595 ebd.; it. Kirchenmusiker. P. war Priester und wahrscheinlich Schüler von C. de Rore in Parma, auf dessen Empfehlung er 1565 Kapellmeister an S. Maria Maggiore in Bergamo wurde. 1567–69 wirkte er in gleicher Stellung an S. Maria della Steccata in Parma, trat dann in den Dienst von Girolamo Cornazzano, war 1577–82 Kapellmeister am Mailänder Dom und 1582–92 erneut in Parma. P. schrieb hauptsächlich Kirchenmusik, in der er im wesentlichen den Reformbestrebungen des Konzils von Trient und den Bestrebungen Kardinal Carlo Borromeos folgte. In seinen Abhandlungen stand er dem Stilwandel Ende des 16. Jh. aufgeschlossen gegenüber.

WW: 3 Bücher Messen für 5 St., davon erhalten II u. II (V 1581, 1585); 3 Bücher Messen für 4 St., davon erhalten I u. III (V 1581, 1592); 2 Bücher Motetten für 5 St. (V 1582, 1588); Magnificat für 4 St. (V 1584); Vesperhymnen für 4 St. (V 1596). – Traktate: *Ragionamento di musica* (V 1588); *Dialogo ... della theorica e prattica di Musica* (V 1595).

Ausg.: *Ragionamento,* Faks.-Nachdr. hrsg. v. S. CLERCX (Kas 1959) (= DMl I/16); 15 Kadenzen aus *Ragionamento ...,* in: Orgelmusik an europäischen Kathedralen 3, hrsg. v. E. KRAUS (Rb 1963) (= Cantantibus organis 11).

Lit.: J. ARMSTRONG, How to Compose a Psalm. P. and Cerone Compared, in: Studi musicali 7 (1978).

PONTY, Jean-Luc, * 29. 9. 1942 Avranches (Normandie); frz. Jazzmusiker (Violine). P. studierte seit 1959 Violine am Pariser Conservatoire, spielte 2 Jahre in den Concerts Lamoureux und kam dann zum Jazz. 1964 nahm er mit eigenem Quartett am Festival Antibes und 1967 als Nachwuchs-Sensation am „Violin Summit" in Basel teil. Danach trat er in Deutschland oft mit Wolfgang Dauner auf, war 1971 Star beim „New Violin Summit" der Berliner Jazztage, wandte sich dann dem Jazzrock zu und spielte seit 1972 mit Frank Zappas „Mother of Invention". In den 70er Jahren übersiedelte er in die USA. Hier bildete er unter Einbeziehung von Rock und Folklore einen neuen publikumswirksamen Stil aus, der nur noch wenige Jazzelemente aufweist.

PONZIO, Pietro, ↗Pontio.

POOT, Marcel, * 7. 5. 1901 Vilvoorde bei Brüssel; belgischer Komponist. Er war Schüler von P. Gilson in Brüssel und P. Dukas in Paris. 1925 gehörte er zu den Gründern der „Synthétistes", die bis 1940 die moderne Strömung innerhalb der belgischen Musik repräsentierten. Mit Gilson begründete er die *Revue musicale belge.* Außerdem schrieb er Musikkritiken für *Le Peuple* und später für *La Nation Belge.* 1949–66 leitete er das Brüsseler Conservatoire. P. schreibt eine traditionell gebundene, stark rhythmisch konzipierte Musik von großer Spontaneität. Ein charakteristisches Beispiel ist die in Belgien sehr beliebte *Vrolijke ouverture* für Orchester.

WW: *Alla marcia et barcarolle* (1976) für Klv.; Streichquartett (1952); Concertino für Bläserquintett (1959); Concertino für 4 Saxophone (1963); *Légende* (1967) für 4 Klar.; Quartett für Hörner (1969); *Musique de chambre* (1972) für Klv.-Trio; Impromptu (1975) für Bläserquintett; Oktett für Blas- u. Streichinstr. (1948); *Mozaik* (1969) für 8 Blasinstr. – Für Orch.: 5 Symphonien (1929, 1938, 1952, 1971, 1974); *Vrolijke ouverture* (1935); *Mouvement symphonique* (1946); *Mouvement perpétuel* (1953); *Concertante beweging* (1975) für Bläser; *Symphonische Ballade* (1976); Konzert für: 2 für Klv. (1959, 1975); Trp. (1973); Klar. (1977); Concertino für Ob. u. Orch. (1973). – Kammeroper *Moretus,* UA: Brüssel 1944; Ballette: *Paris in verlegenheid,* UA: Antwerpen 1945; *Pygmalion* (1952).

Lit.: H. HEUGHEBAERT, in: Vlaams muziektijdschrift 22 (1970) (mit Werk-Verz.).

POPMUSIK (von engl. popular music = volkstümliche, populäre Musik). Der etymologische Hinweis trifft das Phänomen nur unzulänglich, da das Kürzel „Pop" ein Eigenleben als Chiffre entwickelt hat und auf ein breites kulturelles Feld von der Bildenden Kunst (Pop-Art) über Kleidermoden bis zur Literatur verweist. So kann P. ein Synonym für alle „populäre" Musik in massenhafter Verbreitung sein, oder es ist Etikett für Erscheinungen aus dem Bereich der ↗Unterhaltungsmusik mit dem Anspruch des „up to date". In den 60er/70er Jahren diente es vor allem zur Bezeichnung der ↗Rock Music mit ihrer Attitüde von Extravaganz, Subkultur und Protest.

Lit.: W. LAADE, Von Country & Western zum Hard Rock, eine Bibliographie der Pop-Musik u. ihres soziokulturellen Hintergrundes (Wie 1974); Schriftenreihe des Arch. für Populäre Musik. Eine Auswahlbibliographie, 2 Bde. (Bremen 1975–77); Lexikon Pop. Ein Sachwort-Abc der Unterhaltungsmusik v. Operette u. Schlager bis Folk, Jazz u. Rock (Wie 1977) (= Schriftenreihe der Dt. phono-Akad. 1). – R. HOFFMANN, Zw. Galaxis u. Underground, Die neue P. (Mn 1971); D. HARTWICH-WIECHELL, Pop-Musik. Analysen u. Interpretationen (Kö 1974); K. KUHNKE – M. MILLER – P. SCHULZ, Gesch. der Pop-Musik I (bis 1947) (Bremen 1976); Avantgarde, Jazz, Pop. Tendenzen zw. Tonalität u. Atonalität, hrsg. v. R. BRINKMANN (Mz 1978) (= Veröff. des Inst. für Neue Musik u. Musikerziehung Darmstadt 18); N. J. SCHNEIDER, P., Eine Bestimmung anhand bundesdt. Presseberichte v. 1960–1968 (Mn 1978) (= Freiburger Schriften z. Musikwiss. 11); S. BORRIS, P. Kunst aus Provokation (Wie 1978).
J. HUNKEMÖLLER

POPOW, Sascha Dimitrow, * 24. 7. 1899 Russe (Bulgarien); bulgarischer Violinist und Dirigent. Er wurde seit seinem 4. Lebensjahr von seinem Vater unterrichtet und unternahm bereits 1906 seine erste Konzertreise. 1908 setzte er seine Ausbildung privat bei Karl Prill und O. Ševčík in Wien fort und war 1916–18 Schüler der Meisterklasse an der Wiener Akademie für Musik und Darstellende Kunst. 1919–25 und erneut seit 1930 war er Konzertmeister und seit 1934 Kapellmeister an der Staatsoper in Sofia, 1929–36 außerdem Professor für Violine und Dirigieren an der Staatlichen Musikakademie. 1945 wurde er GMD der Staatlichen Philharmonie in Sofia, später Staatskapellmeister der Republik und leitete seit 1963 auch das Symphonieorchester von Kairo. 1966 gründete er in Los Angeles ein Collegium musicum. Daneben konzertiert P. als Gastdirigent mit europäischen und außereuropäischen Orchestern.

POPP, Lucia, * 12. 11. 1939 Ungeraiden (Slowakei); östr. Sängerin (Sopran). Nach ihrer Gesangausbildung 1959–63 an der Musikakademie in Preßburg (Bratislava) wurde sie 1963 an die Wiener Staatsoper verpflichtet und sang noch im selben Jahr bei den Salzburger Festspielen. Seitdem gastierte sie im lyrischen und Koloraturfach an den großen Bühnen Europas und der USA, u.a. 1966 am Covent Garden in London und 1967 an der Metropolitan Opera in New York. Zu ihren Glanzrollen zählen: Constanze, Königin der Nacht, Zerbinetta (R. Strauss, *Ariadne auf Naxos*), Rosina (G. Rossini, *Il barbiere di Siviglia*) und Gilda (G. Verdi, *Rigoletto*).

POPPER, David, * 9. 12. 1843 Prag, † 7. 8. 1913 Baden bei Wien; östr. Cellist und Komponist. Er war Schüler von Julius Goltermann am Prager Konservatorium und wurde schon 20jährig Kammervirtuose der Fürstlich Hohenzollerschen Hofkapelle in Löwenberg. Nach erfolgreichen Konzertreisen durch Europa war er seit 1868 1. Solocellist der Hofoper in Wien und spielte später auch im Hellmesberger-Quartett. 1873 gab er seine Stellung an der Hofoper auf und ging erneut auf Konzertreisen mit seiner ersten Frau, der Liszt-Schülerin Sophie Menter, als Klavierbegleiterin. 1896 wurde er Professor an der Königlichen Landesmusikakademie in Budapest, wo er zeitweise auch Mitglied des Hubay-Quartetts war.

WW: Zahlr. Kammermusik mit Vc.; 4 Vc.-Konzerte. – *Hohe Schule des Violoncellspiels* (L 1901–05).

PORENA, Boris, * 27. 9. 1927 Rom; it. Komponist. Er studierte Klavier und Komposition (G. Petrassi) am Conservatorio di Musica S. Cecilia in Rom und promovierte 1957 an der Universität Rom mit der Arbeit *Th. Mann e la musica contemporanea.* 1957–60 nahm er an den Internationalen Ferienkursen für Neue Musik in Darmstadt teil. 1965 wurde er Dozent am Conservatorio di Musica G. Rossini in Pesaro. Mit einem experimentellen Kompositionskurs am römischen Konservatorium (1972) verband er auch erste Versuche auf dem Gebiet der Musikpädagogik. 1974 wurde er als Nachfolger von Petrassi Präsident des Sindacato Musicisti Italiani. In seinen Werken verwendet P. zwar moderne Kompositionstechniken (Aleatorik, Techniken der seriellen Musik), doch grenzt er sich durch Einbeziehung traditioneller Elemente (Tonalität) und eine „musikantische" Grundhaltung deutlich von der Musik in der Nachfolge A. Weberns ab.

WW: **1) Instr.-WW:** Blockfl.-Album (1955); *Neumi* (1963) für Fl., Marimbaphon u. Vibraphon; *Musica per quartetto d'archi* (1967); *Inquisizioni musicali* (1971) für versch. Besetzungen; Konzert Nr. 2 für Kammerorch. u. obligate Pos. (1956). – Für Orch.: *Musica per archi* Nr. 1 (1960) u. Nr. 2 (1967); *Musica* Nr. 1 (1963) u. Nr. 2 (1966). – **2) Vokal-WW:** *Gryphius-Kantate* (1959–61) für 3 Frauenst., Chor u. Orch.; *Trakl-Kammerkantate* (1959–64) für Baß, Männerchor u. 10 Instr.; *Nelly Sachs-Kammerkantate* (1964) für Sopran, Frauenchor u. 8 Instr.; *Über aller dieser Trauer* (1965) (nach N. Sachs u. P. Celan) für Sopran, Baß, Chor u. Orch.; *La mort de Pierrot* (1968) für Alt u. versch. Instr. – **3) Schriften:** *I concerti di Petrassi e la crisi della musica come linguaggio,* in: NRMI 1 (1967); *Per un nuovo balletto di R. Vlad,* in: Chigiana 25 (1968); *Per una normalizzazione sociale della musica,* in: NRMI 10 (1976).

Lit.: R. Boccia, Alcuni compositori romani del dopoguerra, in: Rass. Mus. 28 (1958); G. Zaccaro, Le pagine della musica nuova, criticismo e umanesimo di B. P., in: Discoteca 10 (1969); R. Zanetti, Gli indipendenti. Togni, Castiglioni, P., in: Musica moderna 3 (1969).

PORGY AND BESS, Oper in 3 Akten (9 Bildern) von George Gershwin (1898–1937), Text von Du Bose Heyward u. Dorothy Heyward nach Du Bose Heywards Novelle *Porgy,* Songtexte von Ira Gershwin. Ort u. Zeit der Handlung: Charleston in South Carolina, um 1930. UA: 10. 10. 1935 in New York (Alvin Theater); EA in dt. Sprache: 9. 6. 1945 in Zürich; dt. EA: September 1952 in Berlin durch ein amerikanisches Tourneetheater.

Bewußt exaltierte, übersprudelnde Freude und larmoyante Tragik im Leben der Bewohner eines Slumviertels machte Gershwin zum Thema eines musikalischen Bühnenwerks, in dem er Blues, Negro Spirituals und Jazzrhythmen als prägende Stilelemente verwandte. Ebenso heterogen wie das musikalische Material nehmen sich die Szenenmuster aus: Lieder (*Summertime* u.a.), Songs *(I got plenty o' nuttin'),* große Gospelszenen *(My man's gone now)* und Liebesduette im traditionellen Opernstil *(Bess, you are my woman* und *I love you, Porgy)* lösen einander ab. Ergebnis ist eine Mischform aus Musical und Oper mit deutlicher Tendenz zur veristischen Darstellungsform. Zur Einstimmung auf die selbstgestellte Aufgabe trieb der Komponist Feldforschungen in Süd-Carolina; das vorgefundene Material übernahm er aber nicht in seiner Originalgestalt, sondern nutzte es als Anregung für den Kompositionsprozeß. – Die Voraufführung dieses von Gershwin als amerikanische Volksoper schlechthin gedachten, von seinen Kritikern nur als Musical play bezeichneten Werkes fand am 30. 9. 1935 mit großem Erfolg in Boston statt. Erst nach dem 2. Weltkrieg konnte sich *Porgy and Bess* weltweit durchsetzen, wobei Gershwins Bedingung (Darstellung durch ein reines Negerensemble) der Aufnahme des Werkes in den Repertoirebetrieb eher hinderlich war.

B. DELCKER

PORPORA, Nicola Antonio Giacinto, * 17. 8. 1686 Neapel, † 3. 3. 1768 ebd.; it. Komponist. Er studierte 1696–1706 bei Gaetano Greco, Matteo Giordano und Ottavio Campanile am Conservatorio dei Poveri di Gesù Cristo in Neapel. Anschließend trat er als Kapellmeister in den Dienst des Landgrafen Philipp von Hessen-Darmstadt in Neapel, wo 1708 seine erste Oper, *Agrippina*, zur Aufführung kam. 1713 ist er als Kapellmeister des portugiesischen Gesandten nachweisbar. 1715–22 lehrte er am Conservatorio di S. Onofrio. Zu seinen Schülern gehörten Caffarelli, Senesino, Regina Mingotti, J. A. Hasse und P. Metastasio, der sein Hauptlibrettist wurde. 1726–33 lebte P. in Venedig und leitete den Chor des Ospedale degli Incurabili. 1733 wurde er als Direktor der mit G. Fr. Händel rivalisierenden Opera of Nobility nach London berufen. Hier kamen die Opern *Arianna in Nasso* (1733), *Enea nel Lazio* (1734), *Polifemo* und *Ifigenia in Aulide* (beide 1735), *Mitridate* (1736), die Serenata *Festa d'Imenio* (1736) und das Oratorium *Davide e Bersabea* (1734) zur Aufführung. Nach Auflösung des Unternehmens kehrte P. 1737 zunächst nach Venedig und 1738 nach Neapel zurück. Dort brachte er mit großem Erfolg *La Semiramide riconosciuta* heraus und wurde 1739 Kapellmeister am Conservatorio S. Maria di Loreto. Anläßlich der Aufführung seiner Oper *Statira* hielt er sich 1741 in Venedig auf, übernahm 1742 die Chorleitung des Ospedale della Pietà und 1743 am Ospedaletto. Nachdem er sich 1744 vergeblich um die Nachfolge L. Leos als Kapellmeister des Königs von Neapel bemüht hatte, verließ er enttäuscht Italien und kam in Begleitung des venezianischen Gesandten Pietro Correr nach Wien, später nach Dresden, wo Hasse 1748 die Uraufführung seiner pastoralen Komödie *Filandro* leitete. Noch im selben Jahr wurde er in Dresden Hofkapellmeister neben Hasse, der 1749 zum Oberkapellmeister avancierte. 1748–51 war P. Gesanglehrer der Prinzessin Maria Antonia Walpurgis, fiel aber in Ungnade und ging 1752 erneut nach Wien, wo J. Haydn sein Schüler wurde. 1758 war er Kapellmeister an S. Maria di Loreto in Neapel, 1759 in Wien und 1760/61 erneut in Neapel am Conservatorio di S. Onofrio. Die letzten Jahre verbrachte er ohne feste Anstellung und in Armut.

WW: **1) Vokal-WW:** Solokantaten *All'Altezza Reale di Frederico Principe Reale di Vallia* (Lo 1735); zahlreiche weitere Kantaten sind hsl. erhalten; Messen (eine davon gedruckt, P o.J.), Kurzmessen (Kyrie – Gloria) u. Messensätze; Chor- u. Solomotetten; Psalmen u.a. kirchenmusikal. WW sind hsl. überkommen; 10 Oratorien. – **2) Bühnen-WW:** Von den etwa 50 nachweislich aufgeführten (meist Seria-)Opern sind 30 hsl. erhalten; von den Londoner Opern erschienen auch *Favourite songs* im Druck. – **3) Instr.-WW:** *Sinfonie da camera* für 2 V. u. B.c. (Lo 1736); Sonaten für 2 V., 2 Vc. u. B.c. (Lo 1745); Sonaten für V. u. B.c. (Lo 1754); einzelne weitere WW hsl., darunter ein Fl.- u. ein Vc.-Konzert.

Als Gesanglehrer von hohem Rang konzentrierte sich P. auch in seinen Opern vor allem auf die Gesangstimme. Ihre Melodik ist reich mit Koloraturen versehen, ohne Rücksicht auf Bedeutung und Affekt der Worte und auf die dramatische Funktion, aber abgestimmt auf die hochentwickelte Gesangkunst der damaligen Zeit. Die einzelnen Charaktere der handelnden Personen sind kaum musikalisch charakterisiert, und das Orchester spielt nur eine begleitende Rolle. So kann P. als einer der typischsten Vertreter der neapolitanischen Opera seria gelten.

Ausg.: 7 Arien, in: La Flora I–II, hrsg. v. K. JEPPESEN (Kop 1949); Vc.-Konzert G-Dur für Streichorch. u. B.c., hrsg. v. F. DEGRADA (Mi 1970) (= Antica musica strumentale it. o. Nr.); *Sinfonia da camera a tre* B-Dur, hrsg. v. E. SCHENK (W 1971) (= Diletto mus. 434); *Semiramide riconosciuta* (1729), hrsg. v. H. M. BROWN (NY 1977) (= It. Opera 1640–1770, 30).

Lit.: F. WALKER, A Chronology of the Life and Works of N. P., in: Italian Studies 6 (1951); U. PROTA-GIURLEO, Per una esatta biogr. di N. P., in: La Scala 1957; A. MAYEDA, N. A. P. als Instrumentalkomponist (Diss. W 1967) (mit thematischem Kat.); F. DEGRADA, Le musiche strumentali di N. P., in: Chigiana 25, N. S. 5 (1968); H. HELL, Die neapolitanische Opernsinfonie in der ersten Hälfte des 18. Jh. (Tutzing 1971) (= Münchner Veröff. z. Musikgesch. 19); M. F. ROBINSON, P.'s Operas for London 1733–36, in: Soundings 2 (1971/72); S. L. ROSS, A Comparison of Six Miserere Settings from the Eighteenth Century Venetian Conservatories (1972) (= Diss. Univ. of Illinois); E. L. SUTTON, The Solo Vocal Works of N. P. An Annotated Thematic Index (1974) (= Diss. Univ. of Minnesota); C. VITALI, Un concerto per violoncello attribuito a P., in: Studi musicali 8 (1979).

PORRECTUS, Neume, ↗Notenschrift.

PORSILE (Porsille, Porcile), **Giuseppe,** * 5. 5. 1680 Neapel, † 29. 5. 1750 Wien; it. Komponist. Er war ein Sohn des Komponisten Carlo P. und am Conservatorio dei Poveri di Gesù Cristo in Neapel Schüler von Gennaro Ursioni, Matteo Giordano und Gaetano Greco. Nach seiner ersten Stellung als Vizekapellmeister der spanischen Hofkapelle in Neapel wurde er 1695 Vizekapellmeister und 1697 Kapellmeister am Hof König Karls II. von Spanien in Barcelona und wirkte noch unter dessen Nachfolger Karl III., dem nachmaligen deutschen Kaiser Karl VI. 1720–49 war er Hofkomponist am kaiserlichen Hof in Wien. P.s Werke, die eine deutliche Vorliebe für kontrapunktischen Stil zeigen, wurden von J. J. Fux und J. A. Hasse sehr geschätzt.

WW (ausschließlich hsl. erhalten): 21 Opern, Componimenti bzw. Festi da camera, Dialoghi, davon 20 in Wien aufgeführt; 13 it. Oratorien; kleinere Vokal-Werke; eine Messe; einige Instrumentalstücke, darunter eine Partie für Laute.

Ausg.: Die Partie, in: Wiener Lautenmusik im 18. Jh., hrsg. v. K. SCHNÜRL (1942) (= DTÖ 84).

Lit.: U. PROTA-GIURLEO, G. P. e la Real Cappella di Barcellona, in: Gazzetta musicale di Napoli (1956) Oktober-H.

PORTA, Costanzo, OFM, * 1529 Cremona,

† 19. 5. 1601 Padua; it. Komponist. Er kam um 1549 nach Venedig, wo er Kompositionsschüler von A. Willaert wurde. 1552–54 war er Kapellmeister in Osimo bei Ancona, 1565–67 an der Basilika S. Antonio in Padua, 1567–74 und 1580–89 an der Kathedrale in Ravenna und zwischenzeitlich 1574–80 in Loreto. Nach Padua zurückgekehrt, wirkte er dort 1589–95 als Domkapellmeister und von 1595 bis zu seinem Tod erneut als Kapellmeister an der Basilika S. Antonio. P. war mit Cl. Merulo befreundet. Zu seinen Schülern gehörten G. Diruta, G. Ghizzolo, L. Viadana, Ludovico Balbi und B. Ratti, der sein Nachfolger an S. Antonio wurde.

WW (in Venedig gedruckt): **1) Weltliche WW:** Madrigale für 4 St. (1555); 4 Bücher Madrigale für 5 St. (1559, 1573, 1573, 1586). – **2) Geistliche WW:** Messen für 4–6 St. (1578); Motetten für 4 St. (1559), für 5 St. (1555, 1605), für 4–8 St. (1580); 2 Bücher Introitus-Vertonungen für das ganze Kirchenjahr (1566); 2 Bücher *Musica … in nonnulla ex sacris litteris collecta verba* für 6 St. (1571, 1585); *Hymnodia sacra* für 4 St. (1602); *Psalmodia vespertina* für 8 St. (1605). – Weltliche u. geistliche Werke auch in zahlr. Sammeldrucken 1557–1623 u. hsl. – Hsl. ist erhalten ein *Trattato … di contrappunto.*

P., in dessen Schaffen die Kirchenmusik das Hauptgewicht hat, pflegte die kontrapunktische Schreibweise in der Tradition der Niederländer, was sich u. a. in kunstvoller Kanontechnik bekundet. Zunehmend wandte er sich auch dem vielchörigen venezianischen Stil zu. In Briefen an Kardinal Carlo Borromeo, den Erzbischof von Mailand, zeigt er sich anders als V. Ruffo und M. A. Ingegneri, die den Reformbestrebungen des Konzils von Trient folgten, als entschiedener Verteidiger der instrumentalen Praxis und der Klangpracht in der Kirche.

Lit.: F. HAFKEMEYER, C. P. aus Cremona … Unters. über seine kirchenmusikal. Arbeiten (Diss. Fr 1953); A. GARBELOTTO, Il Padre C. P. (R 1955); R. LUNELLI, Nota complementare sul musicista C. P., in: Miscellanea francescana 56 (1956); L. P. PRUETT, The Motets of C. P., in: JAMS 10 (1957); DIES., The Masses and Hymns of C. P. (1960) (= Diss. Univ. of North Carolina); DIES., Parody Technique in the Masses of C. P., in: Studies in Musicology. FS G. Haydon (Chapel Hill/N.C. 1969).

PORTA, Ercole, * 10. 9. 1585 Bologna, † 30. 4. 1630 Carpi bei Modena; it. Komponist. P. war 1609–20 Organist und Kapellmeister an der Kollegiatkirche S. Giovanni in Persiceto bei Bologna, 1622–25 an der Kollegiatkirche in Carpi. Nach einem Aufenthalt in Rubiera als Organist der Communità kehrte er 1628 in seine alte Stellung in Carpi zurück. P. gehört zu den ersten Bologneser Komponisten, die kirchenmusikalische Werke im konzertierenden Stil schrieben.

WW: *Giardino di spirituali concerti* für 2–4 St. u. B.c. (V 1609); *Hore di recreatione musicale* für 1–2 St. u. B.c. (V 1612); *Vaga ghirlanda di soavi et odorati fiori musicali* für 1–5 St. u. B.c. (Bol 1613); *Sacro convito musicale* für 1–6 St. u. B.c. (V 1620); *Complectorium laetum* für 5 St. u. B.c. (V 1626).

PORTA, Giovanni, * um 1690 Venedig, † 21. 6. 1755 München; it. Komponist. P. wurde 1706 unter A. Corelli Mitglied der Kapelle des Kardinals P. Ottoboni in Rom, deren Leitung er später übernahm. 1716 kehrte er nach Venedig zurück, wo er eine Anstellung am Conservatorio della Pietà erhielt und mehrere Opern herausbrachte. 1720 hielt er sich anläßlich der Aufführung seiner Oper *Numitore* an der von G. Fr. Händel gegründeten Royal Academy of Music in London auf. Nach Venedig zurückgekehrt, wurde er 1725 Maestro del coro am Ospedale della Pietà, dessen Konservatorium er 1732–36 leitete. Nachdem ihm A. Lotti als Kapellmeister an S. Marco vorgezogen worden war, wandte er sich nach Deutschland und wirkte von 1737 bis zu seinem Tode als Kapellmeister des bayerischen Kurfürsten Karl Albert in München. P. ist ein typischer Vertreter der neapolitanischen Oper.

WW: Hsl. sind erhalten: mehrere Kantaten; 19 Messen u. weitere kirchenmusikal. Werke. – Bühnen-WW: Von den 29 Opern, deren Aufführung nachgewiesen ist, sind erhalten: *La costanza combattuta in amore*, UA: Venedig 1716; *L'Argippo*, UA: ebd. 1717; *Numitore*, UA: London 1720; *Farnace*, UA: Bologna 1731; *Gianguir*, UA: Mailand 1732, revidiert München 1738; *Lucio Papirio dittatore*, UA: Rom 1732; *Ifigenia in Aulide*, UA: München 1738.

Lit.: G. VON WESTERMAN, G. P. als Opernkomponist (Diss. Mn 1921).

PORTAMENTO, Portamento di voce (it., = Tragen der Stimme), im eigentlichen Sinn in der Lehre und Praxis des Gesangs seit dem 17. Jh. Bz. für den gleitenden Übergang von einem zu einem anderen Ton unterschiedlicher Höhe. Es ist als eine besondere Art konsequenten Legato-Singens ein Mittel sängerischen Ausdrucks und unterliegt weitgehend dem individuellen künstlerischen Geschmack oder dem Zeitgeschmack. Seit dem 19. Jh. wird das P., namentlich in der italienischen Oper, häufig vom Komponisten durch Bindebögen vorgeschrieben, z. B. in der Arie des Rigoletto *Cortigiani (Feile Sklaven)* aus G. Verdis gleichnamiger Oper, um dem flehentlichen Bitten starken Ausdruck zu verleihen:

In einem weiteren Sinn bezeichnet P. den gleichen Vorgang beim Spiel bestimmter Instrumente (Streichinstrumente, Blechbläser, speziell Posaune). Das P. gilt auch hier als besonders expressiv und ist charakteristisch für einige Musikarten hauptsächlich der Unterhaltungsmusik, wird aber auch in anderen Bereichen eigens vorgeschrieben. Das P. ist verwandt mit dem ↗Glissando beim Gesang und bei den genannten Instrumentengruppen. Der Unterschied liegt darin, daß dieses mehr eine Art Verzierung als ein Ausdrucksmittel ist. – Im 18. Jh. wird das P. gelegentlich unter der Bezeichnung ↗Port de voix beschrieben.

PORTATIV (von lat. portare = tragen; engl.: portative organ; frz.: portatif; it.: organo portativo), eine kleine tragbare Orgel mit meist in 2 Reihen angeordneten Labialpfeifen (im Unterschied zum Regal, das Zungenstimmen besitzt). Das P. wurde nur mit der rechten Hand gespielt, da mit der linken Hand der Blasebalg bedient werden mußte. Es bestand aus ein oder zwei hohen Prinzipalen, oft auch mit Bordunpfeifen (mit konstanter Weite der

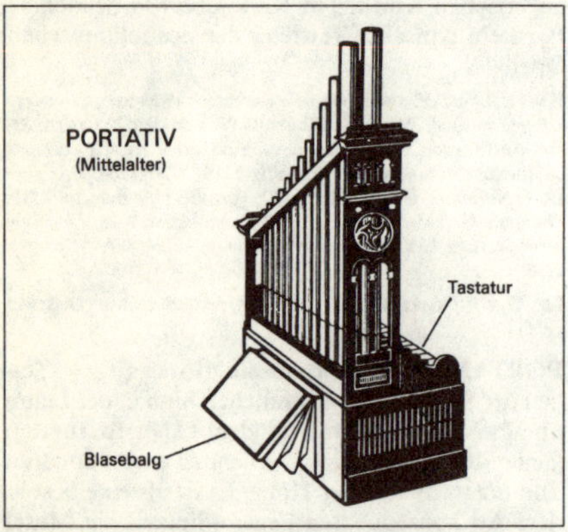

Mensuren). Es wurde während des gesamten Mittelalters bis ins 15. Jh. in der Kirchenmusik zur Verstärkung des C.f. und als Begleitinstrument, aber auch zum Ensemblespiel in der weltlichen Instrumentalmusik eingesetzt. Zahlreiche bildliche Darstellungen und literarische Quellen dokumentieren seine Verbreitung seit dem 12. Jahrhundert.

Lit.: H. HICKMANN, Das P. (Kas 1936, Nachdr. 1970).

PORTATO (it., = getragen), Vortrags-Bz. für eine leicht artikulierte (nicht völlig gebundene) Ausführung mehrerer zusammengefaßter Noten: entweder 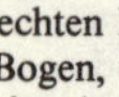 oder 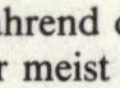 notiert. Bei Streichinstrumenten geschieht dies durch Druckänderung der rechten Hand während des Streichens auf einen Bogen, und zwar meist in langsamen Sätzen (u.a. im Andante der *Kleinen Nachtmusik*, KV 525, von W. A. Mozart und im Adagio des Streichquartetts op. 131 von L. van Beethoven). – Die Bz. p. wurde erst im 19. Jh. gebräuchlich, obwohl diese Manier bereits im 18. Jh. bekannt war und vielfach beschrieben wurde (u.a. von J. J. Quantz, L. Mozart, C. Ph. E. Bach, J. Fr. Agricola), z. T. auch synonym mit ↗ondeggiando.

PORT DE VOIX (frz.). – **1)** Bz. für eine Verzierung, bei der der Übergang von einem Ton zu einem anderen durch leichtes Gleiten erreicht wird. Bei einigen französischen Theoretikern des 17. und 18. Jh. wird der Begriff synonym zu ↗Vorschlag verwendet. Fr. Couperin nennt diese Verzierung Port coulé. Die meisten Theoretiker empfehlen, bei instrumentaler Ausführung ein ↗Vibrato, ein ↗Martèlement bzw. ein ↗Pincé anzuschließen. Couperin bezeichnet folgende Verzierung als P. simple:

J.-Ph. Rameau gibt in seinen *Pièces de clavecin avec une table pour les agréments* (1731) ein Beispiel für die Verbindung von Pincé und P.:

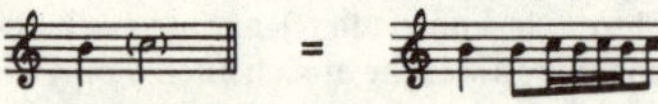

In den französischen Quellen wird der P. folgendermaßen notiert:

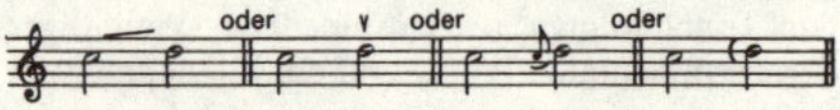

(letzteres nur bei instrumentaler Ausführung).
J. Champion de Chambonnières gibt folgende Schreibweise an:

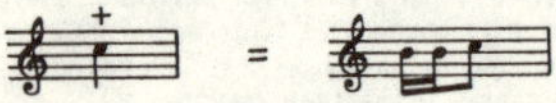

Beim sog. P. feint wird die erste Note so verzögert, daß sie fast den Wert der Hauptnote erhält. Der P. double (↗Schleifer) wird bei aufsteigender Terz verwendet:

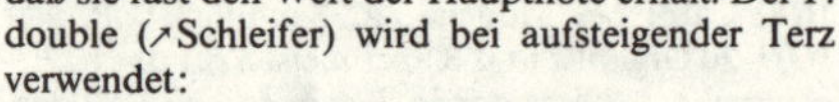

Fr. Couperin jedoch versteht darunter einen P. mit einem Pincé double:

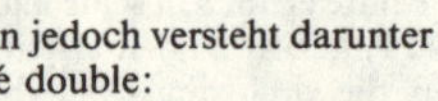

– **2)** Seit dem 18. Jh. auch frz. Bz. für ↗Portamento.

PORTER, Cole Albert, * 9. 6. 1892 Peru (Indiana), † 15. 10. 1964 Santa Monica (California); amerik. Komponist. P. stammte aus vermögendem Hause, wurde durch seine Mutter früh an die Musik herangeführt, erlernte Violine und Klavier und begann mit der Komposition von Songs. Später studierte er Jura an den Universitäten Yale und Harvard, wo er an die Harvard School of Music wechselte. Hier schrieb er sein erstes Musical, *See America First,* das 1916 am Broadway aufgeführt wurde. 1917 ging er nach Paris und studierte 1919 kurze Zeit bei V. d'Indy an der Schola Cantorum. Nach weiteren Kompositionen, u. a. dem vom Ballet Suédois aufgeführten Ballett *Within The Quota,* einem der ersten Beispiele des symphonischen Jazz, errang er 1929 mit den Musicals *Wake Up and Dream* und *Fifty Million Frenchmen* größere Popularität. 1948 brachte er mit *Kiss me, Kate* sein Meisterwerk heraus. Von seinen späteren Werken war noch *Can-can* erfolgreich. Evergreens seiner Musicals, Filmmusiken und Songs, zu denen er oft selbst die Texte schrieb, sind u. a. *Let's Do It, Love For Sale, Begin The Beguine, Night And Day* und *I Love Paris.* 1946 entstand der biographische Film *Night And Day* mit Cary Grant in der Hauptrolle. P. gehört zu den bedeutendsten amerikanischen Musicalkomponisten.

WW: Musicals (UA in New York): *See America First,* UA: Cambridge/Mass. 1916; *Hitchy-Koo,* UA: 1919; *Paris,* UA: 1926; *Wake Up and Dream,* UA: 1929; *Fifty Million Frenchmen,* UA: 1929; *The New Yorkers,* UA: 1930; *The Gay Divorce,* UA: 1932; *Nymph Errant,* UA: 1933; *Anything Goes,* UA: 1934; *Jubilee,* UA: 1935; *Red, Hot, and Blue,* UA: 1936; *Leave It to Me,* UA: 1938; *Dubarry Was a Lady,* UA: 1939; *Panama Hattie,* UA: 1940; *Let's Face It,* UA: 1941; *Mexican Hayride,* UA: 1944; *Seven Lively Arts,* UA: 1944; *Around the World in 80 Days* (nach J. Verne), UA: 1946; *Kiss me, Kate* (nach Shakespeares *The Taming of the Shrew*), UA: 1948; *Out of this World,* UA: 1950; *Can-Can,* UA: 1953; *Silk Stockings,* UA: 1955. – Ferner ein Jazzballett *Within the Quota,* UA: Paris 1928.

Ausg.: Songs, hrsg. v. F. LOUNSBERRY (NY 1954); The C. P. Song Book (NY 1959); A Musical Anthology, hrsg. v. L. SNIDER (NY 1975); The Unpublished C. P., hrsg. v. R. KIMBALL (NY 1975); The Best of C. P., hrsg. v. T. COLLIER (Lo 1977).

Lit.: D. EWEN, The C. P. Story (NY 1965) (mit Werk-Verz. u. Diskographie); R. G. HUBLER, The C. P. Story (Cleveland/O. 1965) (mit Verz. der Songs); S. SCHMIDT-JOOS, Das Musical (Mn 1965); G. FELLS, The Life That Late He Led. A Biogr. of C. P. (NY – Lo 1967); P. SALSINI, C. P. (Charlotteville/N.Y. 1972); L. SIEBERT, C. P., An Analysis of 5 Musical Comedies and a Thematic Cat. of the Complete Works, 2 Bde. (1975) (= Diss. City Univ. of New York). R. WALLRAF

PORTER, Walter, * um 1588 oder um 1595, begraben 30. 11. 1659 London; engl. Sänger und Komponist. Er war seit 1617 Gentleman der Royal Chapel und 1639–44 Master of the Choristers an Westminster Abbey. Seine 2- bis 5stimmigen *Madrigales and Ayres* gehören zu den ersten englischen Werken, in denen sich Merkmale des neuen italienischen Stils manifestieren. Sie haben auch die Vermutung aufkommen lassen, daß P. Schüler von Cl. Monteverdi in Venedig gewesen ist.

WW: *Madrigales and ayres* für 2–5 St. u. B.c., mit Toccaten, Ritornellen, Symphonien *after the manner of consort musique* (Lo 1632); *Mottets* für 2 St. u. B.c. (Lo 1657).

Ausg.: *Madrigales and Ayres,* hrsg. v. D. GREER (Lo 1969) (= Engl. Lute Songs 35); einzelne Madrigale u. Airs, hrsg. v. I. SPINK (Lo 1963).

Lit.: E. H. FELLOWES, Engl. Madrigal Verse 1588–1632 (Lo 1920, [2]1929, revidiert O [3]1967); E. PINE, The Westminster Abbey Singers (Lo 1953) (darin 3 Bittschriften P.s); I. SPINK, W. P., in: MGG X; DERS., W. P. and the Last Book of English Madrigals, in: AMl 26 (1954); S. BOORMAN, Notari, P. and the Lute, in: The Lute Soc. Journal 13 (1971).

PORTER, William Quincy, * 7. 2. 1897 New Haven (Connecticut), † 12. 11. 1966 Bethany (Connecticut); amerik. Komponist. Er studierte Komposition bei Horatio Parker und David Stanley Smith an der Yale University, setzte seine Ausbildung 1920 bei L. Capet (Violine) und V. d'Indy (Komposition) an der Schola Cantorum in Paris fort und wurde 1921 noch Kompositionsschüler von E. Bloch in New York, dem er 1922 als Assistent an das Musikinstitut in Cleveland folgte. Nach einem zweiten Parisaufenthalt 1928–31 wurde er 1932 Professor am Vassar-College, 1938 Dekan und 1942 Direktor am New England Conservatory in Boston. 1946–65 war er Professor of music an der Yale University. Außerdem spielte er in mehreren Streichquartetten mit. P. erhielt 1944 die Ehrendoktorwürde der Universität von Rochester. Sein Schaffen umfaßt hauptsächlich Kammermusik.

WW: Klv.-Stücke, u. a.: *Promenade* (1953); Nocturne (1956); *Day Dreams* (1957); 10 Streichquartette (1923, 1925, 1930, 1931, 1935, 1937, 1943, 1950, 1958, 1965); *In Monasterio* (1927) für Streichquartett; Quintett für Klar. u. Str. (1929); Divertimenti für Bläserquintett (1962); Streichsextett (1947). – Für Orch.: 2 Symphonien (1934, 1964); *New England Episodes* (1958); *Concerto concertante* für 2 Klv. u. Orch. (1953); Konzerte für Va. (1948) u. Cemb. (1959); Concertino für Bläser u. Orch. (1959).

Lit.: Werk-Verz., in: Composers of the Americas 4 (Washington/D.C. 1958, Nachdr. 1962); H. BOATWRIGHT, in: Perspectives of New Music 5 (1966/67); W. K. HALL, Q. P., His Life and Contributions as a Composer and Educator (1970) (= Diss. Univ. of Missouri).

PORTINARO (Portinari, Portenaro, Portinarius), **Francesco,** * um 1520 Padua, † nach 1578 vermutlich ebd.; it. Komponist. P. war seit 1556 Mitglied der Accademia dei Costanti und 1557–60 Maestro di musica an der Accademia degli Elevati in Padua. 1565 trat er in den Dienst von Kardinal Ippolito d'Este in Ferrara und später vermutlich in den Dienst von Kardinal Luigi d'Este in Tivoli. 1571 wurde er in Padua interimistischer Domkapellmeister, 1573 Maestro principale di musica an der Accademia dei Rinascenti und wirkte 1576–78 erneut am Dom.

WW (in Venedig gedruckt): 3 Bücher Motetten, 1: für 5 St. (1548); 2: für 6–8 St. (1568); 3: für 5–8 St. (1578); Madrigale für 4 St. (1563); 4 Bücher Madrigale für 5 St. (1550, 1554, 1557, 1568); *Le vergini... con alcuni madregali* für 5–6 St. *et duoi dialoghi* für 7 St. (1568).

Lit.: P. KAST, F. P., in: MGG X.

PORTUGAL. Ausländern gilt gewöhnlich der ↗Fado als Inbegriff portugiesischer Volksmusik. Dieser entstand jedoch erst im 19. Jh. und wurde nur in Lissabon (als charakteristisches Lied dieser Stadt) und in Coimbra gesungen, wo er durch die Studenten der berühmten Universität eine eigene Ausprägung erfuhr. Die eigentlichen Volkslieder P.s sind heiterer, natürlicher und viel älteren Ursprungs. Sie stehen in engem Zusammenhang mit den Tänzen gleichen Namens: Chula, Caninha verde, Vira, Malhão und Farrapeira. Die Volksmusik des seit dem 13. Jh. in den heutigen Grenzen bestehenden Landes weist im übrigen noch Spuren jener Völker auf, die früher in diesem Gebiet gelebt haben, bes. der Kelten, Goten und Mauren.
Die Musikgeschichte P.s beginnt im 6. Jh. mit der Einführung des christlichen Kirchengesangs und wird im 12. Jh. erneut durch eine fremde Musikkultur, die aus Frankreich übernommene Troubadourkunst, geprägt. Als ältestes Zeugnis genuin portugiesischer Musik gilt der *Canção de Figueiral* aus den *Cantigas* von König Alfonso el Sabio (13. Jh.), der jahrhundertelang mündlich von Generation zu Generation überliefert wurde. Im 15. Jh. besitzt P. bereits eine dreigliedrige Musiktradition: Volkslieder und Volkstänze, die an den Universitäten und kirchlichen Institutionen gelehrte geistliche Musik und Musiktheorie und die Musik der Troubadours, die an den Höfen gepflegt und gesammelt wurde und vor allem im 13. Jh. unter König Dionysius, dem Gründer der portugiesischen Universität, eine Blütezeit erlebte. Dionysius rief auch die königliche Kapelle ins Leben, die, von den Königen Alfons V. und Johann II. reorganisiert und erweitert, im 15. Jh. zu den Zentren des portugiesischen Musiklebens gehörte. Als König Sebastian zum Kampf gegen die Mauren zog, begleiteten ihn die namhaftesten Musiker seines Landes; auf dem Schlachtfeld von Kasr el-Kebir, wo Sebastian 1578 mit der Blüte der portugiesischen Aristokratie fiel, sollen etwa tausend Gitarren zurückgeblieben sein.
Der Humanist Damião de Goes (1502–74), ein Freund des Erasmus von Rotterdam und Albrecht Dürers (der ihn porträtierte), war ein leidenschaftlicher Musikliebhaber und komponierte auch selbst. Die meisten seiner Motetten und Lieder wurden mit der Zerstörung der berühmten Bibliothek König Johanns IV. beim Lissaboner Erdbeben 1755 vernichtet, doch sind einige zu seinen Lebzeiten in Basel, Nürnberg und Augsburg gedruckte geistliche Werke überliefert. Glareanus zitiert im *Dodecachordon* seine 3st. Motette *Ne laeteris.* D. Lobo (1565–1646) war die eindrucksvollste Erscheinung in der portugiesischen Musik seiner Zeit. Sein *Officium defunctorum* und der *Liber processionum* wurden von der aus Flandern stammenden und seit 1597 in Lissabon ansässigen Druckerfamilie Craesbeeck veröffentlicht, bei der auch Werke von M. Cardoso, M. Rodrigues Coelho (*Flores de Música,* 1620) und F. de Magalhães (*Cantica Beatissimae Virginis,* 1636) sowie ein Traktat des Musiktheoretikers Antonio Fernandes (1626) erschienen.
Die beiden wichtigsten portugiesischen Musikzentren im 17. Jh. waren Lissabons Nachbarstädte Evora, ein bedeutender religiöser Mittelpunkt mit reicher Kathedrale, und Vila Viçosa mit dem Herzogspalast der Familie von Bragança, der letzten portugiesischen Dynastie. Johann IV., der erste König dieses Geschlechts, war selbst Komponist (4st. Motette *Crux fidelis*) und Verfasser musikalischer Streitschriften. Der Bestand seiner bereits erwähnten kostbaren Bibliothek ist teilweise durch den 1. Teil eines 1649 von Paulo Craesbeeck veröffentlichten Kataloges bekannt. Unter der Herrschaft seines Sohnes, König Johanns V., eines prunkliebenden Regenten, konnte sich die italienische Musik, speziell die Oper, am portugiesischen Hof etablieren. Er ermöglichte begabten jungen Musikern (António Teixeira, João Rodrigues Esteves und Fr. A. di Almeida) eine weitere Ausbildung in Italien und zog umgekehrt auch italienische Musiker nach Lissabon, unter ihnen D. Scarlatti, der die Prinzessin Maria Bárbara unterrichtete. Nach ihrer Heirat mit dem spanischen Thronfolger Ferdinand berief sie den Komponisten nach Sevilla und später nach Madrid.
Das 18. Jh. weist mehrere portugiesische Opernkomponisten von Rang auf: Fr. A. di Almeida, der mit *La Pacienza di Socrate* (1733) die erste portugiesischsprachige Oper schrieb, und J. de Sousa Carvalho, der auch geistliche Musik und Cembalowerke komponierte und zahlreiche Schüler, darunter M. Portugal und J. D. Bomtempo, ausbildete. Die Opern Portugals konnten sich in ganz Europa durchsetzen und wurden auch in Brasilien aufgeführt, wo der Komponist zuletzt lebte. Wenige Monate vor dem vernichtenden Erdbeben war in Lissabon ein kostspieliges Opernhaus eröffnet worden (April 1755). 1793 wurde dann das

noch heute bestehende Teatro de São Carlos eingeweiht, in dem die meisten Werke von Portugal zur Aufführung bzw. Uraufführung kamen. Auch die Musik für Cembalo blühte in dieser Zeit. Ihr berühmtester Vertreter war C. de Seixas (1704–42). Seine Toccaten stehen stilistisch D. Scarlatti nahe, den er in Lissabon kennengelernt hatte.

J. D. Bomtempo schrieb geistliche Musik, symphonische Werke und von M. Clementi beeinflußte Klavierstücke. Er gründete 1820 eine Philharmonische Gesellschaft und war der erste Direktor des 1835 eröffneten Konservatoriums in Lissabon. Wie überall im 19. Jh. findet sich im Vergleich zur höfisch bestimmten Musikpflege des 18. Jh. auch im Musikleben P.s eine neue Tendenz, in erster Linie verbunden mit dem Teatro São Carlos, das auf Privatinitiative errichtet worden war. Unter der Leitung des Grafen von Farrobo (1838–40), der 1848 Generalinspektor der Theater wurde, erlebte das Haus eine glanzvolle Periode und wurde unbestrittener Mittelpunkt des portugiesischen Musiklebens. A. Keil, zunächst Maler, später Komponist, schrieb die portugiesische Nationalhymne und die erste portugiesische Nationaloper, *A Serrana* (1899). Die hervorragende Persönlichkeit der portugiesischen Musik Ende des 19. Jh. war der Pianist und Komponist J. Viana da Mota, ein Schüler Fr. Liszts, der als Solist in Europa und Amerika gefeiert wurde. 1918 folgte er einem Ruf zur Reorganisation des Lissaboner Konservatoriums, wo er eine Elite junger Pianisten ausbildete und einen nachhaltigen Einfluß auf das gesamte Musikleben ausübte. Sein Nachfolger wurde 1938 der Komponist und Dirigent I. Cruz (* 1901); ihm ist die hervorragende, funktionsgerechte Einrichtung dieses Instituts zu verdanken. L. de Freitas Branco, ein fruchtbarer Komponist und Verfasser mehrerer Musikschriften, bildete die bedeutendsten Vertreter der jungen Komponistengeneration Mitte des 20. Jh. aus: Fr. de Freitas (* 1902), F. Lopes Graça (* 1906) und J. Braga Santos (* 1924). R. Coelho (* 1891), ein Zeitgenosse Freitas Brancos, machte sich mit Opern, Oratorien, Symphonien und Kammermusik einen Namen. Heute wird die portugiesische Musik durch eine Gruppe junger avantgardistischer Künstler, darunter Álvaro Cassuto, Jorge Peixinho und Luís Felipe Pires, repräsentiert, die einen eigenständigen Beitrag zum musikalischen Erbe ihres Landes leisten.

Die Musikgeschichte P.s hat seit jeher auch bedeutende Interpreten aufzuweisen: die Sängerin Luisa Todi (1753–1833), den Pianisten J. Viana da Mota (1868–1948) und den Dirigenten Pedro de Freitas Branco (1896–1963). International bekannt wurden ferner der Pianist Arthur Napoleão (1843–1925), die Cellistin Guilhermina Suggia (1878–1950) und der Dirigent Fr. Lacerda (1869–1934). Als Musikwissenschaftler von Rang sind Joaquim de Vasconcelos, Ernesto Vieira, Sousa Viterbo, Manuel Joaquim, Mário de Sampayo Ribeiro und M. S. Kastner zu nennen.

Das Musikleben in Lissabon, in Porto und anderen Provinzstädten sowie in den portugiesischsprachigen Gebieten in Afrika hat sich dank verschiedener kultureller Institutionen kontinuierlich weiterentwickelt. An erster Stelle ist hier die einflußreiche Calouste-Gulbenkian-Stiftung zu nennen, die als Veranstalter der Lissabonner Musikfestivals zahlreiche Auftragswerke an zeitgenössische portugiesische Komponisten vergeben hat. Die Stiftung leistet auch einen wichtigen Beitrag zur Förderung der Musikerziehung, insbesondere bei der Gründung von Konservatorien in den wichtigsten Städten des Landes. Sie trägt ferner die Herausgabe der Denkmälerreihe *Portugaliae musica* und der dazugehörigen Schallplatten.

Lit.: **1) Bibliographien u. umfassende Darstellungen:** J. DE VASCONCELOS, Primeira parte do index da livraria di música do … Rei dom João IV (Porto 1874); G. PEREIRA, Coleção de livros de coro dos conventos extintos (Lis 1904); B. DACIANO, Primeiro esboço duma bibliogr. musical portuguesa (Porto 1947); M. A. DE LIMA CRUZ, História da música portuguesa (Lis 1955); J. DE FREITAS BRANCO, História da música portuguesa (Lis 1959); M. A. MACHADO DOS SANTOS, Bibl. da Ajuda, Cat. de música manuscrita, 6 Bde. (Lis 1963); R. STEVENSON, Portuguese Music. A Historical Résumé, in: Journal of the American Portuguese Cultural Society 4 (1970). – **2) Tondenkmäler-Ausg.:** C. A. PEREIRA DAS NEVES, Cancioneiro de músicas populares, 3 Bde. (Porto 1893–98); R. GALLOP, Cantares do povo português (Lis 1937); M. JOAQUIM, O cancioneiro musical e poético da Bibl. Publia Hortênsia (Coimbra 1940); S. KASTNER, Cravistas portugueses, 2 Bde. (Mz 1935, 1950); Portugaliae musica, 26 Bde. (Lis 1959–74). – **3) Einzelstudien:** A. SOUBIES, Histoire de la musique: P. (P 1898); M. LAMBERTINI, P., in: LAVIGNAC Hist. IV (1920); L. DE FREITAS BRANCO, A música em P. (Lis 1929); A. PINTO, Música moderna portuguesa e os seus representantes (Lis 1930); S. VITERBO, Subsidios para a história da música em P. (Coimbra 1932); M. DE SAMPAYO RIBEIRO, Achegas para a história da música em P. I–IV (Lis 1932–36); S. KASTNER, Música hispánica (Lis 1936); DERS., Contribución al estudio de la música española y portuguesa (Lis 1941); F. LOPES GRAÇA, A música portuguesa e os seus problemas, 2 Bde. (Porto 1944, Coimbra 1959); J. J. MARQUES, Cronologia da ópera em P. (Lis 1947); S. CORBIN, Essai sur la musique religieuse portugaise au Moyen Age 1100–1385 (P 1952); M. JOAQUIM, Vinte livros de música polifónica do paço ducal de Vila Viçosa (Lis 1953); F. LOPES GRAÇA, A canção popular portuguesa (Lis 1953); L. DE FREITAS BRANCO, A música e a casa de Bragança (Lis 1954); DERS., Alguns aspectos da música portuguesa contemporanea (Lis 1960); E. VEIGA DE OLIVEIRA, Instr. musicals populares portugueses (Lis 1966).

L. H. CORRÊA DE AZEVEDO

PORTUGAL (Portogallo), **Marcos António da Fonseca,** * 24. 3. 1762 Lissabon, † 7. 2. 1830 Rio de Janeiro; port. Komponist. P. war Schüler von J. de Sousa Carvalho in Lissabon und leitete dort 1785–92 das Salitre-Theater. In dieser Zeit schrieb er 5 portugiesische Operetten, die ihm weite Popularität einbrachten. 1792–99 hielt er sich in Italien auf, wo er in Neapel, Verona, Mailand, Parma, Venedig und Florenz weitere 21 Opern aufführte, von denen einige wenig später auch in Paris, Wien, Madrid und St. Petersburg gespielt wurden. Nach Lissabon zurückgekehrt, wurde er 1799 königlicher Kapellmeister und 1800 auch Direktor des Teatro de São Carlos. 1810 folgte er dem 1807 vor den napoleonischen Truppen nach Rio de Janeiro geflüchteten Hof, wo er seit 1811 erneut das Kapellmeisteramt ausübte. Als der Hof 1821 nach Lissabon zurückkehrte, konnte P. ihm aus gesundheitlichen Gründen nicht mehr folgen und blieb in Brasilien zurück, wo er in Armut starb.

WW: Messen; Motetten u. Psalmen. – Etwa 50 Opern, u.a.: *La donna di genio volubile*, UA: Venedig 1796; *La madre amorosa*, UA: ebd. 1798, Neufassung als: *La morte di Semiramide*, UA: Lissabon 1801; *Adrasto, re d'Eggito*, UA: ebd. 1800; *Merope*, UA: ebd. 1804; *Oro non compra amore*, UA: ebd. 1804; *Il duca di Foix*, UA: ebd. 1805.

P. gilt als der bedeutendste portugiesische Opernkomponist. Er pflegte den konventionellen neapolitanischen Stil, zeigte dabei aber ein hohes Maß an Spontaneität, melodischer Erfindung und dramatischer Begabung. Welchen Anteil P. möglicherweise an der Ausbildung einer nationalen portugiesischen Oper hat, ist noch ungeklärt.

Ausg.: Ouvertüre zu *Il duca di Foix*, hrsg. v. M. DE SAMPAYO RIBEIRO (Lis 1964) (= Portugaliae musica B 9).

Lit.: M. DE CARCALHÃES, M. P., na sua música dramática (Lis 1910); J.-P. SARRAUTE, Dois mss. de M. P. da Bibl. do Inst. de França, in: Gazeta mus. de todas artes 10 (1959/60).

POSAUNE (engl., frz., it.: trombone; span.: trombón). – **1)** Blechblasinstrument mit Kesselmundstück, einer überwiegend zylindrischen Röhre mit konischem Schallstück und einer U-förmigen Zugvorrichtung, mit der die Rohrlänge verändert werden kann. Auf der P. ist durch den beliebig zu verlängernden Zug nicht nur Glissandospiel möglich, sondern vor allem eine genaue Intonation, die nur vom Spieler abhängig ist. Außer der Zug-P. gibt es seltener auch P.n mit Ventilen. Das heutige Standardinstrument des Orchesters ist die Zug-P. in B, die frühere Tenorposaune. Der Zug mit 7 chromatischen Positionen ermöglicht einen Tonumfang E – f^2:

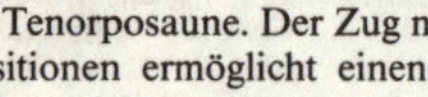,

ohne die Grund- oder Pedaltöne, die schwer ansprechen. Für die Baßpartien benutzt man seit der Mitte des 19. Jh. eine Tenor-Baß-P. in B, deren weitere Röhre einen zusätzlichen F- oder Quartbogen in der U-förmigen zum Schallstück führenden Rohrbiegung hat. Ein mit dem linken Daumen zu betätigendes Daumen- oder Quartventil öffnet diesen Bogen und senkt die Stimmung von B auf F, so daß tiefe Töne bis zum C_1 erklingen können.
Die P. (die Bezeichnung ist aus ↗Busine entstanden) oder ↗Sacqueboute ist aus der Zugtrompete hervorgegangen. Sie wird erstmals 1468 im Bericht des Olivier de la Marche über die Hochzeit Karls des Kühnen von Burgund erwähnt. In kurzer Zeit verbreitete sich die P. in Frankreich und in Italien, und im 16. Jh. war sie bereits in den meisten Ländern bekannt. Sie wurde im 16./17. Jh. zu einer ganzen Familie mit Diskant- (in B und C), Alt- (in F und Es), Tenor- (in B), Baß- (Quart-P. in F, Quint-P. in Es) und Kontrabaß-P. (Oktav-P. in B) ausgebaut. Im 18. Jh. wurde die Vielzahl der Typen auf 3 Größen reduziert: Tenor-P. in B, die eine Quarte (Es) oder Quinte (F) höhere Alt-P. und die eine Quarte (F) oder Quinte (Es) tiefere Baßposaune. Die Sopranpartie in Ensemblestücken spielte man meistens auf einem Zink. Bis ins 18. Jh. war Nürnberg das Zentrum des europäischen P.n-Baus. Erhaltene Instrumente zeigen, daß die P. damals eine enge Röhre wie die Trompeten und ein weniger weit ausladendes Schallstück als heute hatte. Diese Instrumente blieben bis etwa in die Zeit W. A. Mozarts in Gebrauch. In Frankreich wurden die P.n im 17. Jh. zunächst durch andere Instrumente verdrängt und erschienen dort, aus Deutschland kommend, erst wieder nach 1760. Von dieser Zeit an wurde die Baß-P. und bis zu einem gewissen Grad auch die Alt-P. in Frankreich nicht mehr gebraucht, und man spielte alle 3 Stimmen auf der Tenorposaune. In Deutschland läßt sich zur Zeit L. van Beethovens ebenfalls eine Beschränkung auf die Tenor-P. feststellen, jedoch mit dem Unterschied, daß die Baßstimme wie noch heute auf einem Instrument mit weiterer Röhre und weiterem Mundstück gespielt wurde. Das Daumenventil, mit dem man die Tenor-P. nach F transponieren konnte, wurde 1839 von C. F. Sattler (Leipzig) entwickelt. Die Baß-P. hielt sich jedoch in Deutschland vor allem in den Militärorchestern bis zu Beginn des 20. Jahrhunderts. In England wurde sie sogar bis um 1950 verwendet. Die Alt-P. in Es wird zwar noch gebaut, aber man verwendete sie schon im 19. Jh. nur in den Fällen, wo die für dieses Instrument geschriebene Stimme sehr hohe Noten enthielt, obwohl die Tenor-P. nur schwer ihre Stimme übernehmen konnte und die Alt-P. von vielen Komponisten ausdrücklich gefordert wurde (u.a. von H. Pfitzner, R. Strauss, G. Mahler und A. Schönberg). Eine Kontrabaß-P., eine Oktave unter der Tenor-P., wurde bereits im 16. Jh. gebaut. Die nach 1860

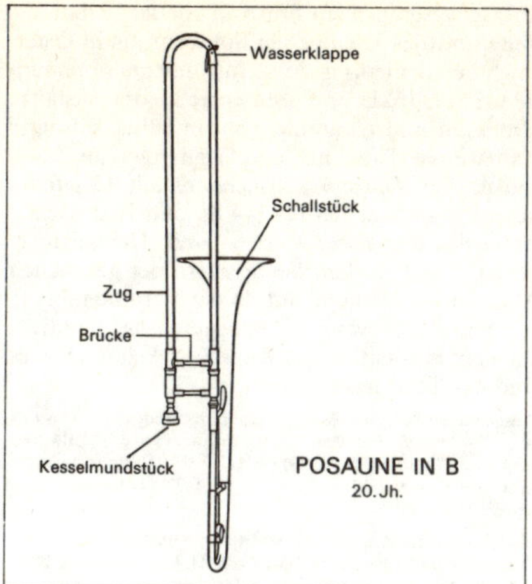

von C. A. Moritz (Berlin) für R. Wagners *Ring des Nibelungen* konstruierte Kontrabaß-P. hatte einen Doppelzug und 4 statt der 2 parallel laufenden, verschiebbaren Rohrstücke, so daß auf ihr tiefe Töne gespielt werden konnten, ohne daß der Arm weiter ausgestreckt werden mußte als bei der normalen Tenorposaune. Ihre Konstruktion wurde noch einmal 1921 durch A. Sprinz (Berlin) verändert, der sie mit 2 Zusatzventilen (Es- und C-Ventil) ausstattete.

Die Ventil-P. ist erstmals nach 1825 in Wien mit Zylinderventilen gebaut worden. In allen Größen als Diskant-, Alt-, Tenor- und Baß-P., in Italien dazu als Kontrabaß-P. in B hergestellt, wird sie seit ihrer Einführung in der ↗Harmoniemusik, in der ↗Blechmusik und in Theaterorchestern gebraucht. Sie ist zwar von den Spielern anderer Ventilinstrumente leicht zu erlernen, verlor jedoch durch die Ausstattung mit Ventilen vieles von den charakteristischen Merkmalen der Zugposaune. Vor allem veränderte sich die Klangfarbe, die Genauigkeit der Intonation und der Eindruck auf den Zuhörer. Heute wird sie daher weitaus seltener gebaut.

M. BRÖCKER

2) In der Orgel Bz. für ein kräftig klingendes Lingualregister mit natürlicher Becherlänge, vorwiegend im Pedal zu 32′, 16′ und 8′.

Musik für Posaune. Die Verwendung der P. ist seit dem 15. Jh. belegt. Sie galt – ebenso wie die Trompete – sowohl im Profanen als auch im Sakralen als Herrschafts- und Hoheitszeichen und war nur aufgrund bestimmter Privilegien einsetzbar. Die Posaunisten gehörten entweder einer (höfischen) Kapelle oder einer (städtischen) Türmergilde (in diesem Umfeld entstand im 16./17. Jh. eine eigens für diese bestimmte ↗Turmmusik) an, nahmen jedoch nicht die vergleichbar privilegierte Stellung der „Hof- und Feldtrompeter“ ein. Ihren Einsatz als Ensembleinstrument, das meist colla parte mit anderen Instrumental- und Vokalstimmen gespielt wurde, dokumentieren zahlreiche Darstellungen (Hans Burgkmair, *Triumphzug Maximilians,* 1518; Titelbild zum *Patrocinium musices* von O. di Lasso, 1589). In dieser Funktion blieb sie in der Kirchenmusik des 16. und 17. Jh. fester Bestandteil des verwendeten Instrumentariums, zumal sich mit der P. als „Tuba“ (der Stimme Gottes) auch ein literarischer Topos verband, der bis in das AT zurückreicht (in dieser Bedeutung wird die P. noch im *Tuba mirum* in W. A. Mozarts Requiem verwendet). In der venezianischen ↗Mehrchörigkeit wurde sie chorisch (bei G. Gabrieli bis 12 P.n in mehreren Chören), in der – dieser Tradition folgenden – konzertierenden Musik häufig auch obligat bzw. als obligater P.n-Chor eingesetzt (noch in Mozarts Messe c-moll, KV 427, werden 4 P.n vorgeschrieben). Als B.c.-, C.f.- und obligate Instrumente sind 1–3 P.n in 15 Kantaten von J. S. Bach nachweisbar. – Reiche Verwendung fand die P. auch als Orchesterinstrument im Bereich der Oper des 17. Jh.: Cl. Monteverdi, Fr. Cavalli und M. A. Cesti wiesen ihr als herrschaftliches, auch die Unterwelt charakterisierendes Attribut eine besondere Rolle zu, die noch bei Chr. W. Gluck und in Mozarts *Zauberflöte* und *Don Giovanni* nachwirkt. Im Orchesterapparat der Wiener Klassik wurde die P. außer von Mozart und J. Haydn *(Schöpfung)* auch von L. van Beethoven eingesetzt, der sie erstmals in die Symphonie einführte. Seitdem gehört sie (mit Trompeten, Hörnern und später auch Tuben) zur Blechbläsergruppe des Orchesters, in dem sie häufig auf besondere Klangeffekte ausgerichtete Aufgaben übernimmt (R. Strauss, G. Mahler und A. Schönberg). – Im Unterschied zur Bedeutung und Verwendung der P. im Orchester nimmt sich die solistische Literatur für P. eher bescheiden aus: Konzerte für P. schrieben G. Chr. Wagenseil, N. Rimski-Korsakow, C. Bresgen, E. Bloch *(Symphonie)* und D. Milhaud *(Concertino).* Kompositionen für P. solo oder für P. und Klavier (oder andere Instrumente) schrieben u.a. E. Elgar (Duett für P. und Kontrabaß), P. Hindemith (Sonate op. 11), Fr. Martin *(Ballade),* W. Mellers, H. M. Górecki, L. Berio *(Sequenza V),* M. Kagel, K. Stockhausen und namentlich V. Globokar. – Eine besondere Stellung kommt der P. als Soloinstrument im Jazz zu. In diesem Bereich entwickelten sich spezielle Effekte und Techniken, die z.T. in die neuere Kunstmusik einbezogen werden.

Lit.: M. PRAETORIUS, Syntagma musicum, II: De organographia (Wb 1618, ²1619, Faks.-Ausg. Kas 1958–59); M. MERSENNE, Harmonie universelle (P 1636, Faks.-Ausg. P 1963); F. JAHN, Die Nürnberger Trompeten- u. Posaunenmacher im 16. Jh., in: AfMw 7 (1925); A. CARSE, Musical Wind Instr. (Lo 1940); H. BESSELER, Die Entstehung der P., in: AMl 22 (1950); W. WÖRTHMÜLLER, Die Nürnberger Trompeten- u. Posaunenmacher des 17. u. 18. Jh., in: Mitt. des Vereins für Gesch. der Stadt Nürnberg 45 (1954) u. 46 (1955); F. J. YOUNG – G. KARSTÄDT – M. RASMUSSEN, P., in: MGG X; R. GREGORY, The Trombone. The Instr. and Its Music (Lo 1973); A. BAINES, Brass Instr. Their History and Development (Lo ²1978); S. DEMPSTER, The Modern Trombone (Berkeley 1979).

POSAUNENCHOR. Die Posaunenchöre sind aus der pietistischen Erweckungsbewegung des 19. Jh., insonderheit des Ravensberger Landes (Westfalen), unter Führung von E. und J. Kuhlo als Laienbewegung hervorgegangen. Erst in jüngerer Zeit werden sie mehr und mehr fachmännisch betreut (u.a. in der neubelebten ↗Turmmusik). Nachdem sie ursprünglich von pietistischen Gruppen gebildet worden waren, sind sie heute zumeist Einrichtungen landeskirchlicher Gemeinden; daher gehört Blasunterricht nunmehr in der Regel zur hauptberuflichen Kantorenausbildung. Für die Namenswahl war einst der biblische Begriff „Posaune" bestimmend gewesen, das Klangideal wurde jedoch von der weitmensurierten, einen singenden Ton anstrebenden Flügelhornfamilie bestimmt; es hat sich heute zu einem eigenständigen Bläserklang gewandelt. Die in der Gegenwart zu Tausenden bestehenden Posaunenchöre sind zumeist im „Evangelischen Posaunenwerk", z.T. auch im „Jungmännerwerk" organisiert.

Lit.: W. EHMANN, Tibilustrium. Das geistliche Blasen. Formen u. Reformen (Kas 1950); DERS., J. Kuhlo, ein Spielmann Gottes (St 1951). W. BLANKENBURG

POSCH (Poschius, Poš), **Isaac,** * um 1580, † Ende 1622/Frühjahr 1623; östr. Komponist, Organist und Orgelbauer. P.s Werdegang und musikalische Ausbildung liegen im dunkeln. Seit 1614 bis zu seinem Lebensende stand er als Organist im Dienst der damals protestantischen Kärntner Landstände. In welcher Kirche P. sein Amt ausübte, ist unbekannt, jedoch scheiden nach neueren Forschungen Stadtpfarrkirche und Dom zu Klagenfurt als Wirkungsstätten aus. Über Kärnten hinaus betätigte er sich als Orgelbauer, u.a. 1617–18 in Oberburg (Krain, heute Slowenien) und 1621 im Franziskanerstift zu Laibach.

WW: *Musicalische Ehrnfreudt* (Rb 1618) u. *Musicalische Tafelfreudt* (Nü 1621), Zusammenfassung der beiden Drucke, die 4- bis 5st. Tanzsätze enthalten (Nü 1626); *Harmonia concertans* u. *Cantiones sacrae* für 1–4 St. u. B.c. (Nü 1623).

P. trug wesentlich zur Entwicklung der Variationssuite und des lateinischen Solokonzerts in Österreich bei. Seine 4- und 5st. Instrumentalsammlungen (1618, 1621) umfassen echte Gebrauchstänze (Intraden und Couranten) sowie höher stilisierte Tanzweisen (Paduanen und Gagliarden) als Tafelmusik. Die *Harmonia concertans* mit 42 lateinischen Solokonzerten für 1–4 St. und B. c., denen bezeichnenderweise Marien- und Heiligentexte fehlen, zählt zu den Wegbereitern der geistlichen Monodie in Deutschland. In der Vorrede führt P. als Vorbild L. Viadana namentlich an, übertrifft ihn aber hinsichtlich der Kunstfertigkeit des Satzes und der Textbehandlung.

Ausg.: Ballett Nr. 1 aus *Musicalische Ehrnfreudt* sowie *Musicalische Tafelfreudt*, in: P. Peuerl, I. P., Instrumental- u. Vokalwerke, hrsg. v. K. GEIRINGER (1929) (= DTÖ 70); *Harmonia concertans*, hrsg. v. DEMS. (Bryn Mawr/Pa. 1968–72) (= Series of Early Music, 1, 4 u. 6).

Lit.: K. GEIRINGER, I. P., in: StMw 17 (W 1930); H. J. MOSER, Die Musik im frühev. Östr. (Kas 1954); H. FEDERHOFER, Beitr. z. älteren Musikgesch. Kärntens, in: Mitt. des Gesch.-Vereines für Kärnten 145 (Klagenfurt 1955); DERS., Unbekannte Dokumente z. Lebensgesch. v. I. P., in: AMl 34 (1962); D. CVETKO, Musikgesch. der Südslawen (Kas 1975). R. FEDERHOFER-KÖNIGS

POSER, Hans Wolfgang, * 8. 10. 1917 Tannenbergsthal (Vogtland), † 1. 10. 1970 Hamburg; dt. Komponist. Er studierte privat Komposition bei P. Hindemith und H. Grabner (während der Kriegsgefangenschaft in Kanada) 1940–45, ließ sich dann in Hamburg nieder und studierte noch an der Musikhochschule bei Ernst Gernot Klussmann. 1947 wurde er dort Lehrer für Musiktheorie und Komposition (1962 Professor).

WW: Klv.-Stücke; Kammermusik, u.a.: Sonatinen; 2 Streichquartette; Miniaturen für Fl. u. Klv. (1967); *Wandsbeker Tänze* (1961) für Streich- oder Blockfl.-Quartett. – Für Orch.: Konzert (1949); Concertino mit Klv.; *Variationen über ein klassisches Thema* (1962). – Zahlr. Lieder; Capriccio *Till Eulenspiegel* (1956) für 3 Soli u. Orch.; *Die Fabeln des Aesop* (1955) für 2 Männerchöre, Klv. u. Schlagzeug; *Heimat* (1959) (Text: J. Weinheber) für gem. Chor; Ballade *Vom Fischer und seiner Frau* (1961) für Sopran, Baß, Sprecher, gem. Chor u. Orch.; *7 Galgenlieder* (1963) (Text: Ch. Morgenstern) für gem. Chor; Kantate *An Schwager Kronos* (1964) (Text: J. W. Goethe) für Sopran, Bar., gem. Chor u. Orch.; *Das Testament des François Villon* (1968/69) für Bar., gem. Chor u. Orch. – Fernsehopern *Die Auszeichnung* (nach G. de Maupassant), UA: NDR 1959; *Die Baßgeige* (nach A. Tschechow), UA: ZDF 1964.

Lit.: H. WAGNER, H. P. 1917–1970 (o. O. 1972) (mit Werk-Verz.).

POSITIV (von lat. ponere = stellen; engl.: positive organ; frz.: positif; it.: positivo). – **1)** Eine einmanualige Kleinorgel ohne Pedal, die im Unterschied zum ↗Portativ nicht tragbar ist und im Unterschied zum ↗Regal meist nur (z.T. gedackte) Labialpfeifen aufweist. Der Blasebalg wird nicht vom Spieler selbst bedient. Das P. fand vor allem als Begleit- bzw. Generalbaßinstrument Verwendung. – **2)** Kleinorgel des oben geschilderten Typus, die hinter der Orgelbank aufgestellt und deren Manual unterhalb des Manuals der großen Orgel, an die es angekoppelt werden konnte, angebracht wurde (Niederlande, 15. Jh.). Ursprünglich als Begleitinstrument (im Unterschied zur Klangfülle der großen Orgel) disponiert, entwickelte sich das P. zunehmend zum Träger neuartiger Klangfarben und wurde im Wechselspiel mit der großen Orgel zu Echowirkungen bzw. beim Ankoppeln zur Aufhellung des Klangs herangezogen. – **3)** Seit dem 18. Jh. Bz. für ein Werk, das von einem gesonderten Manual aus gespielt wird und sich meist im Rücken des Organisten befindet (Rück-P.). Das „Positif" des französischen Orgelbaus des 19. und frühen 20. Jh. ist das nicht schwellbare, in der Regel vom 2. Manual angespielte Nebenwerk.

POSS, Georg, * um 1570/75 in Franken, † um 1640 Rothwaltersdorf (Schlesien); dt. Komponist. Er war um 1594 Trompeter Erzherzog Maximilians von Österreich in Mergentheim, hielt sich anschließend zu Studien in Venedig auf, von wo er 1597 als Kornettist und Trompeter an die Kapelle Erzherzog Ferdinands nach Graz verpflichtet wurde. 1618 ging er als Hofkapellmeister Bischof Karls von Breslau nach Neisse. P. komponierte ausschließlich geistliche Vokalmusik.

WW: Messen für 6 u. 8 St. (Gr 1607); *Orpheus mixtus* (46 Motetten u.a. zu Ehren v. Mitgliedern des Habsburger-Hofes) für 8–16 St. (Gr 1607); 2 Huldigungsmotetten in: RISM 1615[13]. – 2 Magnificat, 4 Messen u. 2 Miserere sind hsl. erhalten.

Ausg.: 3 Motetten, hrsg. v. A. SCHARNAGL (Gr 1962) (= Musik alter Meister 15); Motette *Duo Seraphim,* Miserere a 6, hrsg. v. H. J. BUSCH (Hilversum 1973); Miserere a 8, hrsg. v. DEMS. (in Vorbereitung) (= Chw 141).

Lit.: H. J. BUSCH, G. P. Leben u. Werk (Mn 1972) (= Schriften z. Musik 17).

POSSE, Bz. für ein nicht immer klar von der ↗Farce unterscheidbares komisches Theaterstück – in der Regel verbunden mit Musik und Tanz –, in dessen Mittelpunkt meist eine lustige Person (z.B. Harlekin, Guignol, Pickelhering, Hanswurst) steht. Vorstufen sind die Verkleidungsspiele der fahrenden Spielleute des Mittelalters, die Fastnachtsspiele der Renaissance und die Commedia dell'arte. Mit der Verbannung der lustigen Person durch Johann Christoph Gottscheds Theaterreform wurden zunächst nur aus dem Französischen übersetzte und in deren Tradition stehende Einakter (z.B. von A. von Kotzebue) P.n genannt. Eine Ausnahme bildet das Volkstheater, das vor allem in Wien seit Josef Anton Stranitzky gepflegt wurde und in den Zauber-P.n F. Raimunds und den parodistisch-satirischen P.n J. Nestroys einen literarischen Höhepunkt erreichte.

POSTEL, Christian Heinrich, * 11. 10. 1658 Freiburg an der Elbe, † 22. 3. 1705 Hamburg; dt. Dichter, Librettist und Jurist. Nach seiner Schulausbildung in Hamburg studierte er seit 1680 Jura in Leipzig, mußte aber der Pest wegen sein Studium in Rostock fortsetzen, wo er es 1683 abschloß. Danach unternahm er mehrere Reisen in die Niederlande sowie nach Flandern, England und Frankreich. Um 1688 kehrte er nach Hamburg zurück und arbeitete dort als Advokat. 1700 reiste er in die Schweiz und nach Italien. Von großer Bedeutung für P.s literarische Tätigkeit war die Freundschaft mit dem Gründer und Besitzer der ersten Hamburger Oper, Gerhard Schott. Sie führte, bis zu dessen Tod (1702), zur Entstehung einer großen Zahl von Operntexten. Neben Barthold Feind und Johann Ulrich von König zählt P. zu den wichtigsten Librettisten der Hamburger Oper im ausgehenden 17. Jahrhundert. Seine Texte, die z.T. auf italienischen und französischen Vorlagen basieren, sind vollständig in den Sammlungen der Staatsbibliothek Berlin und der Landesbibliothek Weimar erhalten.

WW (Libretti): *Die schöne und getreue Ariadne* (1691) (vertont v. J. Ph. Förtsch, J. G. Conradi); *Die wunderbahr errettete Iphigenia* (1699), *Die wunderschoene Psyche* (1701), *Die betrogene und nachmals vergoetterte Ariadne* (1722) (alle vertont v. R. Keiser).

Lit.: N. WILCKENS, Hamburgischer Ehrentempel (H 1770); Die Oper, hrsg. v. W. FLEMMING (L 1933, Da [2]1965) (= Dt. Lit. XIII/5); H. CH. WOLFF, Die Barockoper in Hamburg 1678–1738, 2 Bde. (Wb 1957); D. I. LINDBERG, Literary Aspects of German Baroque Opera. History, Theory and Practice (1964) (= Diss. Univ. of California); S. OLSEN, Ch. H. P.s Beitr. z. dt. Lit. (A 1973); DERS., Ch. H. P. (A 1974).

POSTHORN (engl.: posthorn, coach horn; frz.: cor de postillon; it.: cornetta da postiglione; span.: corneta de postillón), Bz. für ein sehr kleines Blechblasinstrument mit konischer, mehrfach kreisrund gewundener (beim englischen P. gerader) Röhre, ohne Ventile, das als Signalinstrument der Postillione vor allem in den Ländern des europäischen Kontinents seit dem 17. Jh. in Gebrauch war. Im 19. Jh. gab es gelegentlich auch Posthörner mit Ventilen oder (in Deutschland) mit einem Griffloch, das – nicht geschlossen – das Instrument eine Quarte höher erklingen ließ. Die Angleichung der äußeren Form an die der Trompete und die Ausstattung mit Ventilen führte zur Entwicklung des ↗Kornetts. Die Signale der Postillone regten einige Komponisten zum Einsatz dieses Instrumentes an, so G. Fr. Händel *(Belsazar),* W. A. Mozart (P.-Serenade, KV 320; *Deutscher Tanz,* KV 605 Nr. 3) und L. Spohr (*Notturno* op. 34,

1815). Ein P. mit Ventilen in B schrieb G. Mahler in seiner 3. Symphonie vor. Die Verwendung von P.-Signalen in programmatischer Absicht findet sich gelegentlich auch auf Tasteninstrumenten, so bei J. S. Bach (*Capriccio sopra la lontananza del suo fratello...*, BWV 992) und Fr. Schubert (*Die Post* aus der *Winterreise*). M. BRÖCKER

POSTILLON VON LONJUMEAU, DER *(Le Postillon de Lonjumeau)*, Opéra-comique in 3 Akten von Adolphe Adam (1803–56), Text von L. L. Brunswick und A. de Leuven (d.i.: A. de Ribbing). Ort und Zeit der Handlung: Dorf Lonjumeau und Landhaus der Madame Latour bei Fontainebleau, 1756 und 1766. UA: 13. 10. 1836 in Paris (Opéra-Comique), EA in dt. Sprache: 11. 5. 1837 in Prag, dt. EA: 3. 6. 1837 in Berlin (Hofoper).

Unter allen Opern Adams war diesem Werk der beständigste Erfolg beschieden, nach dem sensationellen Triumph der UA eroberte sich diese typische Opéra-comique rasch einen festen Platz in allen Repertoires. Der junge Postillon Chapelou (später: Saint Phar), der am Hochzeitstag seine Frau Madeleine (Mme de Latour) verläßt, um als Opernsänger Karriere zu machen, heiratet zehn Jahre später, ohne es zu ahnen, seine inzwischen durch eine Erbschaft reich gewordene Frau ein zweites Mal. – Gemäß seinem erklärten Ziel, „Musik zu schreiben, die klar ist, leicht verständlich und unterhaltsam für das Publikum“, schuf Adam eine beschwingte, leicht faßliche Musik, aus der neben gesanglichen Bravournummern wie dem Rondo des Postillions *Mes amis écoutez l'histoire (Freunde, vernehmet die Geschichte)* – eine Tenorarie mit melodischem Höhepunkt auf dem ungewöhnlich hohen Ton d² – auch kompositorische Kabinettstücke wie das „Sünderterzett“ im 3. Akt *Pendu, pendu (Gehenkt, gehenkt)* herausragen. Ein witziger Seitenhieb auf die Eitelkeit der Sänger gelang dem Komponisten im Part des zum Chorsänger avancierten Schmieds von Lonjumeau, Bijou, der nun unter dem Künstlernamen Alcindor stolz seine Tonleitern übt: *Oui, des Choristes du Théâtre (Ja, von allen Choristen des Theaters)*. R. QUANDT

POSTLUDIUM (lat., = Nachspiel; engl.: postlude; frz.: postlude, sortie; it. u. span.: postludio), in der Orgelmusik als Gegenbegriff zum ↗Praeludium Bz. für eine freie, seltener C. f.-gebundene Komposition, die am Schluß einer zyklischen Komposition steht bzw. als Nachspiel dem Gemeindegesang folgt. Allgemein wird als P. auch ein Orgelwerk oder eine freie Improvisation bezeichnet, die bei Abschluß eines Gottesdienstes als Nachspiel vorgetragen wird, während dessen die Gemeinde die Kirche verläßt.

POSTSERIELLE MUSIK, nach dem älteren, vom Anthropologen Arnold Gehlen (*Einblicke*, F 1975) aktualisierten Begriff „Posthistoire“ verwendete Bz. für die seit etwa 1960 entstandene Musik. Die Wende von der seriellen zur postseriellen Musik wurde einerseits durch das Bekanntwerden von J. Cage in Europa (1958) herbeigeführt, andererseits ist sie eine Folge des (unbeabsichtigten) Umschlags von totaler Planung in reine Zufälligkeit. (Dieser Vorgang wurde beschrieben von den Komponisten E. Krenek und G. Ligeti.) Eine einheitliche Richtung innerhalb der P., die vielfach wieder zur Tonalität zurückgekehrt ist, ist nicht erkennbar. Neben reiner Zufallsmusik und Collagen – anknüpfend an Ideen älterer Avantgardebewegungen wie Futurismus und Dadaismus – stehen Versuche eines surrealen Musiktheaters (M. Kagel, Ligeti), Sprach- respektive Lautkompositionen (D. Schnebel), Anlehnung an populäre Musikarten, aber auch Rückgriffe aller Art (besonders auf G. Mahler, so W. Rihm und M. Trojahn) sowie an asiatischen Vorbildern und Popmusik orientierte Meditationsmusik (T. Riley, P. M. Hamel) und politische Funktionsmusik (Reklame für den realen Sozialismus) verschiedener stilistischer Herkunft (H. W. Henze, L. Nono). – Der Begriff P. gilt, ebenso wie der der neuesten Musik, zu der freilich die serielle noch gerechnet wird, der bloßen zeitlichen Orientierung: Musik mit Kunstanspruch – dazu gehört auch der Anti-Kunst-Anspruch – nach der Ernüchterung, die das erkennbare Scheitern der seriellen Musik bewirkt hat. R. STEPHAN

POTHIER, Dom **Joseph,** OSB, * 7. 12. 1835 Bouzemont (Vogesen), † 8. 12. 1923 Abtei Conques (Belgien); frz. Choralforscher. Er trat 1859 in das Benediktinerkloster Solesmes ein, wurde 1866 Professor der Theologie, 1895 Prior und 1898 Abt des Klosters Saint-Wandrille. Dom Prosper Guéranger beauftragte ihn 1860 mit einer neuen Ausgabe des ↗Gregorianischen Gesanges. Sein erstes Arbeitsergebnis – zunächst zusammen mit Dom Paul Jausions – war 1880 die Schrift *Les mélodies grégoriennes d'après la tradition*, in der P. erstmalig eine Erklärung der gregorianischen Neumen gab, die Rolle des lateinischen Akzents für die melodische Phrase erläuterte und die Eigenart der gregorianischen Rhythmik (Sprachrhythmus) präzisierte. Das Buch war sehr erfolgreich, und P. wurde auf dem Congrès Grégorien 1882 in Arezzo gefeiert. 1883 veröffentlichte P. – ebenfalls zusammen mit Dom Jausions – den *Liber gradualis*, der den Anstoß für die *Editio Vaticana* gab (↗Choralausgaben). P. wurde von Papst Pius X. mit der Leitung der Kommission betraut, die diese Ausgabe besorgte. Er hatte bis 1913 diese Stellung inne.

Schriften: *Les mélodies grégoriennes d'après la tradition* (Tou 1880, [2]1890, Nachdr. Hil 1979, dt. Tou 1881); *Méthode du chant grégorien* (P 1902). – Er gab heraus: *Liber gradualis* (Tou 1883, Solesmes [2]1895); *Hymni de tempore et de Sanctis* (Solesmes 1885); *Liber antiphonarius* (ebd. 1891); *Liber responsorialis* (ebd. 1895); *Cantus Mariales* (P 1902, [2]1906).

Lit.: P. COMBE, Histoire de la restauration du chant grégorien d'après des documents inédits (Solesmes 1969).

POTIRON, Henri, * 13. 9. 1882 Rezé-les-Nantes (Loire-Atlantique), † 12. 4. 1972 Roye (Somme); frz. Organist, Komponist und Musikforscher. Er war in Paris 1907–10 Organist und Kapellmeister an Ste-Geneviève-des-Grandes-Carrières und seit 1910 Kapellmeister an der Basilika Sacré-Cœur und an St-Pierre de Montmartre. Seit dessen Gründung (1923) lehrte er am Institut Grégorien des Institut Catholique de Paris. 1954 promovierte er an der Pariser Universität mit einer Thèse über Boëthius. P. hat sich in Frankreich vor allem um die breite Kenntnis und die Praxis des Gregorianischen Gesangs verdient gemacht.

WW: **1) Kompositionen:** Orgelstücke; Harmonisierungen v. Orgelbegleitungen des Gregor. Gesangs. – Zahlr. Motetten; *9 Messes polyphoniques.* – **2) Schriften:** *Méthode d'harmonie appliquée à l'accompagnement du chant grégorien* (P 1910); *Cours d'accompagnement du chant grégorien* (P 1928); *Leçons pratiques d'accompagnement du chant grégorien* (P 1937); *Analyse modale du chant grégorien* (P 1948); *La composition des modes grégoriens* (P 1952); *L'accompagnement du chant grégorien suivant les types-modaux* (O 1960); *Boèce, théoricien de la musique* (P 1961) (= Travaux de l'Inst. Catholique de Paris 9); *La notation grecque au temps d'Aristoxène,* in: RMie 50 (1964); *Musique grecque et modes liturgiques,* in: Études grégoriennes 8 (1967); *Théoriciens de la modalité,* in: ebd.; *Les modes liturgiques d'après Gevaert. La mélopée antique dans le chant de l'Église latine (Gand 1895),* in: ebd. 11 (1970).

Lit.: J. CLAIRE, H. P., in: Études grégoriennes 13 (1972).

POTPOURRI (frz., urspr. ein Ragout aus verschiedenen, in einem Topf verrührten Fleischresten), Bz. für eine Zusammenstellung vokaler oder instrumentaler Musikstücke, ganz oder in charakteristischen Auszügen mit kurzen Überleitungen unter einem Gesichtspunkt zu einem Musikstück, oftmals mit thematischer Einleitung und Coda. In der französischen Literatur des 17. Jh. bedeutet P. die Reihung unzusammenhängender Textbruchstücke (pot poury burlesque) und erscheint als musikalischer Begriff sinngemäß erst zu Anfang des 18. Jh. (*Brunettes ou petits airs... mêlées de chansons à danser,* P 1703–11; *Potpourri à plusieurs couleurs,* o.O. o.J.). Bald wurde das P. auch für szenische Darstellungen beliebt. Zu einer Folge bekannter Liedmelodien wurde ein thematisch gebundener, strophisch geformter, inhaltlich meist derber Text vorgetragen. Spätestens seit der Mitte des 18. Jh. hießen in Frankreich auch instrumentale Melodiefolgen P.; in Deutschland waren die Grenzen zur Sammlung noch zunächst fließend (*Musikalischer Pot-Pourri oder Sammlung neuer Klavier-Sonaten..., Sinfonien, kleinen Cantaten, Arien, Liedern und andern kleinen Klavierstükken... von verschiedenen beliebten Componisten,* L o.J.). Zu Beginn des 19. Jh. setzten sich P.s nach Opern, Tänzen und Liedern allgemein durch und wurden meist zur Unterhaltung, gelegentlich auch in pädagogischer Absicht arrangiert. Opern- und Operettenouvertüren, die sich auf mehrere Themen des Bühnenwerks beziehen, werden als P.-Ouvertüre bezeichnet (Fr. von Flotow, *Martha;* J. Strauß, *Die Fledermaus*). Die für die Virtuosen geschriebenen Opernfantasien (N. Paganini, P. de Sarasate) und -paraphrasen (Fr. Liszt) sind kunstvoll ausgestaltete P.s, wurden jedoch zur Unterscheidung des Kunstanspruchs nicht so benannt. In der Unterhaltungsmusik des 19. und 20. Jh. und in der Tanzmusik hat das P., in jüngerer Zeit auch unter der englischen Bezeichnung ↗Medley, seinen festen Platz.

Ausg.: Pot-pourry français, Tanzmeister-Weisen des 18. Jh., hrsg. v. G. BIRKNER (Mz 1967). G. SCHUHMACHER

POTTER, Philipp Cipriani Hambly, * 2. 10. 1792 London, † 26. 9. 1871 ebd.; engl. Pianist und Komponist. Er war Schüler von Th. Attwood (Komposition) sowie von J. Wölfl und W. Crotch (Musiktheorie). 1816 debütierte er in London als Pianist und ging 1817 zu weiteren Kompositionsstudien nach Wien. Er machte dort die Bekanntschaft von L. van Beethoven, der ihm Unterricht bei E. A. Förster vermittelte. 1819 nach London zurückgekehrt, wurde er ein vielbewunderter Pianist. Er spielte viele Klavierkonzerte von W. A. Mozart und die Konzerte Nr. 1, 3 und 4 von Beethoven zum ersten Mal in England. 1822–32 war er Professor für Klavier an der Royal Academy of Music in London, deren Direktion er 1832–59 innehatte. 1855–70 leitete er außerdem die Madrigal Society. Als Komponist machte er sich mit Instrumentalwerken einen Namen.

WW: Für Klv.: 4 Sonaten; 9 Rondos; 2 Toccaten; 2 Variationen; 3 Klv.-Trios; Sextett für Klv. u. Str. – Für Orch.: 10 Symphonien; 4 Ouvertüren; 2 Klv.-Konzerte.

Lit.: C. B. OLDMAN, C. P.s Ed. of Mozart's Pianoforte Works, in: FS O. E. Deutsch (Kas 1963); P. H. PETER, The Life and Work of C. P. 1792–1871 (1972) (= Diss. Northwestern Univ.).

POUGIN, Arthur (eig. François Auguste Arthur Paroisse-Pougin; Pseud. Pol Dax), * 6. 8. 1834 Châteauroux, † 8. 8. 1921 Paris; frz. Musikschriftsteller. Er studierte am Pariser Conservatoire, leitete 1855 das Orchester des Théâtre Beaumarchais und 1856–59 das der Folies-Nouvelles und war als Violinist u.a. im Orchester der Opéra-Comique (1860–63) tätig. Danach wandte er sich seinem literarischen Schaffen zu. P. schrieb auch als Musikkritiker für verschiedene Zeitungen, war 1885–1914 Chefredakteur von *Le Ménestrel*, arbeitete am *Larousse universel* mit und redigierte die beiden Ergänzungsbände von Fr.-J. Fétis' *Biographie universelle des musiciens* (P 1878–80).

Schriften: *Les vrais créateurs de l'opéra français. Perrin et Cambert* (P 1881); *Dictionnaire historique et pittoresque des théâtres et des arts* (P 1885); *Méhul. Sa vie, son génie, son caractère* (P 1889); *L'opéra-comique pendant la Révolution* (P 1891).

Lit.: U. ECKART-BÄCKER, Frankreichs Musik zw. Romantik u. Moderne (Rb 1965) (= Stud. z. Musikgesch. des 19. Jh. 2).

POULENC, Francis Jean Marcel, * 7. 1. 1899 Paris, † 30. 1. 1963 ebd.; frz. Komponist. 1904 erhielt er den ersten Klavierunterricht von seiner Mutter. Er wurde mit Musik von W. A. Mozart, Fr. Schubert, Fr. Chopin und R. Schumann erzogen, begeisterte sich aber bald auch für C. Franck. Mit 7 Jahren komponierte er sein erstes Stück *En bateau*, das seine Mutter für ihn aufschreiben mußte (andere Jugendwerke von ihm sind nicht erhalten). P. entschloß sich früh zum Musikerberuf, besuchte jedoch auf Drängen seines Vaters das Lycée Condorcet bis zum Abschluß. Mit 15 Jahren wurde er Klavierschüler von R. Viñes, der ihn mit G. Auric und E. Satie bekannt machte. P. und Auric, gleichaltrig und bis zum Lebensende miteinander befreundet, gehörten zu einer Gruppe von jungen Musikern, für die Saties Musik zu *Parade* zum Inbegriff einer neuen französischen Kunst wurde. Unter dem Patronat von Satie schlossen sie sich mit anderen Musikern als „Les nouveaux jeunes" zusammen, die seit 1920 als ↗Groupe des Six allgemein bekannt wurde. Bei einem gemeinsamen Konzert in Paris (1917) wurde die *Rapsodie nègre* des 18jährigen P. uraufgeführt, in der ein Bariton das Pseudonegergedicht *Honoloulou* singt. Das erfolgreiche Werk paßte zu der damaligen Begeisterung für primitive Kunst. Zu dem gemeinsamen Werk der Groupe des Six *Les mariés de la Tour Eiffel* steuerte P. die Nummern *La baigneuse de Trouville* und *Discours du général* bei. Mit 21 Jahren begann P. ein 3jähriges Harmonielehrestudium bei Ch. Koechlin, das mit der Analyse von Bach-Chorälen begann. P. studierte weder Kontrapunkt noch Formenlehre, noch Instrumentation. Seine Musik hat mit Absicht improvisatorischen Charakter. Später ging er mit D. Milhaud nach Österreich, um A. Schönberg, A. Webern und A. Berg kennenzulernen. Er sah die Maler Pablo Picasso und Georges Braque und die Dichter Max Jacob, Guillaume Apollinaire, Paul Éluard und Louis Aragon als seine Vorbilder an. Seine Komposition von Aragons *C* bezeugt seine Verbindung zu den Dichtern der Résistance im 2. Weltkrieg.

WW: **1) Instr.-WW: a)** Für Klv.: Préludes (1916); *3 Pastorales* (1918); *3 Mouvements perpétuels* (1918) (auch für Orch.); Walzer (1919); Suite (1920); *6 Impromptus* (1920); *12 Promenades* (1921); Suite *Napoli* (1922–25); *8 Nocturnes* (1925–38); *2 Novelettes* (1927–28); 3 Stücke (1928) (das erste = revidierte Fassung der Nr. 1 der *Pastorales* 1918); *Hommage à A. Roussel* (1929); *Valse-improvisation sur le nom de Bach* (1932); 15 Improvisationen (1932–59); 6 Kinderstücke *Villageoises* (1933); *3 Feuillets d'album* (1933); Nocturne *Bal de jeunes filles* (1933); Presto (1934); 2 Intermezzi (1934); *Badinage* (1934); *Humoresque* (1934); Suite *Les soirées de Nazelles* (1930–36); *Bourrée au pavillon d'Auvergne* (1937); *Mélancolie* (1940); Intermezzo (1943); *Thème varié* (1951); Sonate für Klv. zu 4 Händen (1918); Valse-musette *L'embarquement pour Cythère* (1951); Sonate (1953) sowie *Élégie* (1959) für 2 Klv. – **b)** Kammermusik: Sextett für Fl., Ob., Klar., Fag., Horn u. Klv. (1932–39); Sonate für Horn, Trp. u. Pos. (1922, revidiert 1945); Trio für Ob., Fag. u. Klv. (1926); Sonaten mit Klv. für: V. (1943, revidiert 1949); Vc. (1948); Fl. (1956); Ob. (1962); Klar. (1962); ferner Sonaten für 2 Klar. (1918, revidiert 1945) u. Klar. u. Fag. (1922); *Élégie* für Horn u. Klv. (1957); *Deux marches et un intermède* (1937) für Kammerorch. – **c)** Für Orch.: Sinfonietta (1947); *Concert champêtre* (1928) für Cemb. (oder Klv.) u. Orch.; Konzerte für: 2 Klv. (1932); Klv. (1949); Org., Streichorch. u. Pk. (1938). – **2) Vokal-WW: a)** Lieder für SingSt u. Klv. zu Texten von: J. Cocteau: *Toréador* (1918, revidiert 1932); Zyklus *Cocardes* (1919) (auch mit Kammerensemble); G. Apollinaire: Zyklus *Le bestiaire, ou Cortège d'Orphée* (1919) (auch mit Fl., Klar., Fag. u. Streichquartett; dass. auch mit Orch.); 4 Lieder für Bar. oder Mezzosopran (1931); 2 Lieder (1938); *La grenouillère* (1938); *Bleuet* (1939); Zyklus *Banalités* (1940); *Montparnasse* (1941); *Hyde Park* (1945); 2 Lieder (1946); Zyklus *Calligrammes* (1948); *Rosemonde* (1954); P. de Ronsard: *Poèmes de Ronsard* (1925) (auch mit Orch.); J. Moréas: *Chansons gaillardes* (1926); *Vocalise* (1927); *Airs chantés* (1928); F. Malherbe: *Épitaphe* (1930); 8 *Chansons polonaises* (1934); 4 *Chansons pour enfants* (1934); L. Lalanne: *3 Poèmes de L. Lalanne* (1931); M. Jacob: 5 Lieder (1931); Zyklus *Parisiana* (1954); M. Fombeure: *Chansons villageoises* (1932) (auch mit Kammerorch.); P. Éluard: Zyklen *Tel jour, telle nuit* (1937) u. *Miroirs brûlants* (1939); *Ce doux petit visage* (1939); *Main dominée par le cœur* (1947); *... mais mourir* (1947); Zyklen *La fraîcheur et le feu* (1950) u. *Le travail du peintre* (1956); *Une chanson du porcelaine* (1958); L. de Vilmorin: 3 Lieder (1937); Zyklen *Fiançailles pour rire* (1939); *Métamorphoses* (1943); *Mazurka* (1949); Colette: *Le portrait* (1938); Ch. d'Orléans: *Priez pour paix* (1938); R. Radiguet: *Paul et Virginie* (1946); F. García Lorca: 3 *Chansons de F. García Lorca* (1947); R. Desnos: *Le disparu* (1947); *Dernier poème* (1956); Apollinaire u. L. de Beylié: 2 Lieder (1956); M. Carême: *La courte paille* (1960); Shakespeare: *Fancy* (1962). – **b)** Für SingSt u. Instr.: Kantate *Le bal masqué* (1931) (Text: M. Jacob) für Bar. (oder Mezzosopran), V., Vc., Ob., Klar., Fag., Schlagzeug u. Klv.; *A sa guitare* (1935) (Text: P. de Ronsard) für SingSt u. Harfe; *Litanies à la Vierge noire* (1936) für Frauen- (oder Kinder-)St. u. Org.; Kantate *Sécheresses* (1937) (Text: E. James) für gem. Chor u. Orch.; Stabat mater (1950) u. Gloria (1959) für Sopran, gem. Chor u. Orch.; Monolog *La dame de Monte Carlo* (1961) für Sopran u. Orch.; 7 *Répons des ténèbres* (1961) für Sopran (oder Kinderst.), gem. Chor (Knaben- oder Männerst.) u. Orch. – **c)** Für Chor a cap., u.a.: 7 Chansons (1936) (Text: Éluard u. Apollinaire); Messe G-Dur (1937); 4 *Motets pour un temps de pénitence* (1939); *Exultate Deo* (1941);

Salve Regina (1941); *Chansons françaises* (1946) u. 4 *Motets pour le temps de Noël* (1952) für gem. Chor; 4 *Petites prières de Saint François d'Assise* (1948) u. 4 *Laudes de Saint Antoine de Padoue* (1957–59) für Männerchor sowie *Ave verum corpus* für 3 Frauenst. (1952); Kantate *Figure humaine* (1943) für 6st. Doppelchor; Kammerkantate *Un soir de neige* (1944) für 6 gem. St. oder Chor. – **3) Bühnen-WW:** Opéra bouffe *Les mamelles de Tirésias* (Libr.: Apollinaire), UA: Paris 1947; Oper *Les dialogues des Carmélites* (Libr.: G. Bernanos), UA: Mailand 1957; Tragédie lyrique *La voix humaine* (Libr.: Cocteau), UA: Paris 1959. – Ballett *Les biches*, mit Chor, UA: Monte Carlo 1924 (daraus eine Suite 1940); Concert chorégraphique *Aubade* für Klv. u. 18 Instr., UA: ebd. 1930; Ballett *Les animaux modèles* (nach La Fontaine), UA: ebd. 1942 (daraus eine Suite); Ballett *Adage et variations*, UA: ebd. 1965 (= *L'histoire de Babar*, 1940–45, für Sprecher u. Klv.). – **4) Schriften:** *E. Chabrier* (P 1961); *Moi et mes amis* (P 1963, engl. Lo 1978) (gesammelt v. S. Audel); *Journal de mes mélodies* (P 1964).

P.s Œuvre umfaßt die verschiedensten Gattungen. Während er von Anfang an Klaviermusik, Lieder (im ganzen etwa 140), Kammermusik (auch mit Stimme) und Bühnenmusik schrieb, kamen seit 1935 auch Filmmusik und seit 1944 Opern hinzu. Leichte und religiöse Musik stehen gleichrangig nebeneinander, eine Verbindung, die sich bei französischen Komponisten und Dichtern wie auch im frühen Kabarettchanson häufig findet. P. deklamiert – nach dem Vorbild der Chansonsänger – die Singstimme immer verständlich. Der Instrumentalsatz ist durchsichtig, mit Raffinement einfach – ein Erbe Saties. P. benutzt – mehr noch als Satie – Zitate und Anspielungen. Seine Lieblingskomponisten waren I. Strawinsky, G. Bizet und E. Chabrier.

Lit.: H. HELL, P. (P 1958); C. ROSTAND, Der heitere u. der ernste P., in: Melos 30 (1963); J. ROY, F. P., L'homme et son œuvre (P 1964) (= Musiciens de tous les temps 7) (mit Werk-Verz. u. Diskographie); P.-A. GAILLARD, Moments profanes et religieux dans l'œuvre de F. P., in: SMZ 105 (1965); W. K. WERNER, The Harmonic Style of F. P. (1966) (= Diss. Univ. of Iowa); G. L. EBENSBERGER, The Motets of F. P. (1970) (= Diss. Univ. of Texas); F. W. ALMOND, Melody and Texture in the Choral Works of F. P. (1970) (= Diss. Florida State Univ.); V. L. P. WOOD, F. P.'s Songs for Voice and Piano (1973) (= Diss. Washington State Univ.); C. M. HERROLD, F. P.'s „Dialogues des Carmélites". An Historical Literary, Textual, Musical Analysis (1975) (= Diss. Eastman School of Music); P. BERNAC, F. P. The Man and His Songs (Lo 1977).
G. WEHMEYER

POUSSÉ (frz., = gestoßen), ↗Abstrich, Aufstrich.

POUSSEUR, Henri, * 23. 6. 1929 Malmédy (Belgien); belgischer Komponist. Nach seinem Studium an den Konservatorien von Lüttich und Brüssel traf er 1951 mit P. Boulez zusammen und widmete sich dem Studium der avantgardistischen Musik. Er besuchte die Internationalen Ferienkurse für Neue Musik in Darmstadt und die Donaueschinger Musiktage für zeitgenössische Musik und arbeitete in den elektronischen Studios von Köln und Mailand. 1958 gründete er in Brüssel das von ihm geleitete Studio de musique électronique Apelac. 1963–64 lehrte er an der Musikakademie der Stadt Basel und 1966–68 an der University of Buffalo (N. Y.). 1970 wurde er Dozent an der Universität Lüttich, wo er ein Centre de recherches musicales gründete, und lehrte auch bei den Kölner Kursen für Neue Musik. P. versteht sich als geistiger Nachfolger A. Weberns *(Quintette à la mémoire de Webern)* und sucht durch die Techniken und Prinzipien der Aleatorik und durch die Kombination von elektronischer Musik mit traditionellen Instrumenten nach einer Erweiterung des Klangbereichs.

WW: **1) Kompositionen:** Für Klv.: Sonatine (1949); *Prospection* (1953) für „pianotriple à sixièmes de ton"; *Mobile* (1958) für 2 Klv.; *Caractères* (1961); *Apostrophe et six réflexions* (1964–66); *Madrigal I* (1958) für Klar.; *Caractères madrigalesques* (1965) für Ob. *(= Madrigal IV = Caractères III); Deuxième vue sur les jardins interdits* (1974) für Org.; *L'ibericare* (1975) für Gitarre; *Les éphémérides d'Icare* (1970) für Klv. u. Instr.; *Quintette à la mémoire de Webern* (1955) für Klar., Baßklar., V., Vc. u. Klv.; *Répons* (1960) für 7 Musiker, Fassung für 7 Instrumentalisten u. einen Schauspieler (1965) (Text: M. Butor); *Ode* (1961) für Streichquartett; *Madrigal II* (1961) für 4 alte Instr. (Fl., V., Va. da gamba u. Cemb.); *Madrigal III* (nach *Madrigal I*) (1962) für Klar., V., Vc., 2 Schlagzeuger u. Klv. – *Symphonies à quinze solistes* (1955); *Rimes pour différentes sources sonores* (1959) für 3 Orch.-Gruppen u. Tonband; *Trait* (1962) für 15 Str.; *Couleurs croisées* (1967) u. *L'effacement du Prince Igor* (1971) für Orch. – Elektronische Musik: *Séismogramme I* u. *II* (1954); *Scambi* (1957) (16 austauschbare Sequenzen, je 2 Versionen v. P., L. Berio u. M. Wilkinson); *Sémaphore* (1958); *Étude pour rimes* II (1958); *Deux poèmes de Henri Michaux* (1959); Action musical *Électre* (1960) (Text: P. Rhallys nach Sophokles). – *Phonèmes pour Cathy* (1966) für Solost. (= *Madrigal V*); Monodie *„Der Mnemosyne" Anfang und erste Entwicklung* (1968) für Solost., Chor oder ein Instr.; *Croisées des couleurs croisées* (1970) für Sopran, Tonband, 2 Klv. u. 2 Radios; *Chronique illustrée* (1976) für Bar. u. Orch. – „Fantaisie variable genre opéra" *Votre Faust* (zus. mit M. Butor), UA: Mailand 1969, Konzertfassung als: *Portail de Votre Faust* für 4 Sänger u. 12 Instrumentalisten, dann *Miroir de Votre Faust* für Klv. (oder Sopran ad lib., = *Caractères II*) (1965), dann *Echos I* (1967) für Vc., u. *Echos II de Votre Faust* (1969) für Mezzosopran, Fl., Vc. u. Klv., dann Fernsehfilm *Les voyages de Votre Faust* (1969); kammermusikal. Spiel *Die Eroberung des Petrus Hebraicus*, UA: Berlin 1974; *Schönbergs Gegenwart* für Schauspieler, St. u. Instr., UA: ebd. 1974. – **2) Schriften:** *A. Weberns organische Chromatik*, in: A. Webern, hrsg. v. H. Eimert – K. Stockhausen (W 1955) (= die Reihe 2); *Zur Methodik*, in: Musikal. Handwerk, hrsg. v. DENS. (1957) (= ebd. 3); *Reconnaissance des musiques modernes* (Bru 1964); *Calculation and Imagination in Electronic Music*, in: Electronic Music Rev. 5 (1968); *L'apothéose de Rameau. Essai sur la question harmonique*, in: Rev. d'esthétique 21 (1968); *Fragments théoriques I: Sur la musique expérimentale* (Bru 1970); *Musique, sémantique, société* (P 1972) (= Mutations, orientations 19).

Lit.: G. M. KOENIG, in: Junge Komponisten, hrsg. v. H. Eimert – K. Stockhausen (W 1958) (= die Reihe 4); M. FAURE, Entretien avec H. P., in: Les lettres nouvelles 10 (1962); D. u. J.-Y. BOSSEUR, Collaboration Butor/P., in: Musique en jeu (1971) Nr. 4.

POWELL, Bud (Earl), * 27. 9. 1924 New York, † 31. 7. 1966 ebd.; amerik. Jazzpianist. Er nahm Anfang der 40er Jahre an den Jam sessions in

„Minton's Playhouse" in New York teil, bei denen der ↗Bebop entwickelt wurde. Schon seit 1945 mußte er das Musizieren ständig wegen Nervenzusammenbrüchen unterbrechen; bis Ende der 50er Jahre spielte er vor allem mit einem Trio in New York, übersiedelte 1959 nach Paris, wo er mit Kenny Clarke auftrat, und erzielte 1960 mit Oscar Pettiford einen großen Erfolg bei den Essener Jazztagen. 1964 kehrte er in die USA zurück, trat aber nur noch kurze Zeit auf. P. verfügte über eine virtuose pianistische Technik und gilt als der Pianist, der den Achtelnoten-Beat des Modern Jazz auf das Klavier übertragen hat. Er komponierte u. a. auch *Hallucination, Oblivion* und *Parisian Throughfare.*

Lit.: J. G. JEPSEN, A Discography of Th. Monk and B. P. (Kop 1969).

POWER (Powero, Polbero), **Leonel** (Lyonel, Leonell[us]), † 5. 6. 1445 Canterbury; engl. Musiktheoretiker und Komponist. Von seinem Leben sind bisher nur spärliche Nachrichten hinsichtlich seiner Beziehung zur Kathedrale (damals Benediktinerkloster) von Canterbury (1423 und 1441–45) erfaßt worden. Für die Vermutung, er habe die Chorsänger von Canterbury unterrichtet, spricht die praktisch-empirische Ausrichtung seines Diskanttraktats *Tretis... upon the Gamme,* der die englische Stegreifpraxis mit den sog. Sights behandelt und sich ausdrücklich an Sänger, Komponisten (makers) und Lehrer wendet. Obwohl seine Werke (Antiphonen, Motetten, Messesätze, aber keine weltlichen Werke) nicht nur in England (Old Hall Ms.), sondern auch in kontinentalen Quellen (Trienter Codices, Hss. in Bologna, Aosta, Modena) verbreitet sind, gibt es keinen Beweis für einen Aufenthalt von P. auf dem Festland. P.s stilistische Entwicklung von den frühen, in dem insularen klanglichen Satz des englischen Diskants (↗Discantus) wurzelnden Kompositionen zu der rhythmischen Komplexität der späteren Werke spiegelt die allgemeine Assimilation kontinentaler Elemente in der englischen Musik der 1. Hälfte des 15. Jahrhunderts. Seine Messe *Alma redemptoris mater* ist eine der ersten Vertonungen des vollständigen Ordinarium missae über einen und denselben Tenor (Tenormesse).

Ausg.: Complete Works, hrsg. v. C. HAMM (R 1969ff.) (= CMM 50). – *Tretis... upon the Gamme,* in: TH. G. GEORGIADES, Engl. Diskanttraktate aus der 1. Hälfte des 15. Jh. (Mn 1937). – Messe *Alma redemptoris,* hrsg. v. L. FEININGER (R 1947) (= Documenta polyphoniae liturgicae... I/2); 20 Sätze, in: The Old Hall Ms., 3 Bde., hrsg. v. A. RAMSBOTHAM – H. B. COLLINS – A. HUGHES (Burnham 1933–38).

Lit.: M. BUKOFZER, Gesch. des engl. Diskants u. des Fauxbourdons nach den theoretischen Quellen (Str 1936, Nachdr. Baden-Baden 1973) (= Slg. musikwiss. Abh.en 21); S. W. KENNEY, „English Discant" and Discant in England, in: MQ 45 (1959); E. H. SPARKS, C. f. in Mass and Motet 1420–1520 (Berkeley/Calif. 1963); C. HAMM, The Motets of L. P., in: Studies in Music History. FS O. Strunk (Princeton/N. J. 1968). G. NITZ

pp, Vortragsbezeichnung, Abk. für pianissimo, ↗piano.

PRAEAMBEL, Praeambulum (von spätlat. praeambulus = vorangehend), gleichbedeutend mit ↗Praeludium, Bz. für ein Einleitungsstück in der Musik für Tasteninstrumente seit dem beginnenden 15. Jh., so u.a. bei A. Ileborgh (1448), C. Paumann (1452), im Buxheimer Orgelbuch (um 1450–70), bei L. Kleber (um 1524), H. Kotter (vor 1535) und H. Neusidler (1536) sowie noch bei J. S. Bach (1. Satz der 5. Partita, *Clavier-Übung,* 1. Teil, 1730).

PRAECENTOR (lat., = Vorsänger) bezeichnet gleichbedeutend mit Phonascus den Vorsänger der frühchristlichen Kirche, im Mittelalter als Synonym für ↗Kantor den Kirchensänger. Seit dem 15. Jh. divergieren die Bedeutungen von P. und Phonascus: P. heißt der Leiter von Schul- und Kirchenchören, Phonascus der Kantor (z.B. bei Fr. Gaffori der Leiter der Kantorei am Mailänder Dom [*Theorica musicae,* 1492, Widmung] oder bei H. Baryphonus der Kantor der Quedlinburger Stadtkirche [M. Praetorius, *Syntagma musicum* III, 1619, Vorrede]) bzw. der Kapellmeister und Musikdirektor (nach J. G. Walther [*Musicalisches Lexicon,* 1732] wird der Titel Phonascus „auch von einem Music-Directore und Capellmeister manchmahl gebraucht"). Eine besondere Bedeutung hat P. bei Glareanus (*Dodecachordon,* 1547); dieser bezeichnet mit P. den Erfinder einer Melodie (tenor, thema, vox, cantus simplex), die der Symphoneta, der Komponist, durch Hinzufügung anderer Stimmen zu einem vielstimmigen Satz ausbaut.

Quellen u. Lit.: F. GAFFORI, Theorica musicae (Mi 1492, Faks.-Ausg. NY 1967) (= MMMLF II/21); H. GLAREANUS, Dodekachordon (Bas 1547, Faks.-Ausg. NY 1967) (= ebd. II/65); M. PRAETORIUS, Syntagma musicum III (Wb 1619, Faks.-Ausg. Kas 1959) (= DMI I/21); J. G. WALTHER, Musicalisches Lexicon (L 1732, Faks.-Ausg. Kas 1955, [3]1967) (= ebd. I/3); M. RUHNKE, Beitr. zu einer Gesch. der dt. Hofmusikkollegien im 16. Jh. (B 1963); D. KRICKEBERG, Das prot. Kantorat im 17. Jh. (B 1965) (= Berliner Stud. z. Musikwiss. 6); W. GURLITT, Zur Bedeutungsgesch. von musicus u. cantor bei Isidor von Sevilla, in: Musikgesch. u. Gegenwart I (Wie 1966) (= Beih.e zum AfMw 1).
B. R. SUCHLA

PRÄFATION (von lat. praefatio = Vorrede; von fari prae Deo = vor Gott sprechen), Bz. für das vom Leiter der Gemeinde gesungene oder laut gesprochene erste, das Hochgebet der Messe (Kanon) eröffnende Dank- und Lobgebet, in dem der Dank ausgesprochen wird für die Schöpfung, das

Luciano PAVAROTTI als Radames in der Oper „Aida“ von Giuseppe Verdi (Foto: Österreichischer Bundestheaterverband / Axel Zeininger).

Jean-Pierre RAMPAL gilt als einer der international führenden Flötisten unserer Zeit (Foto: Sony Classical).

Itzhak PERLMAN, israelisch-amerikanischer Violinist, konzertiert mit den bedeutendsten Orchestern der Welt (Foto: Sony Classical).

Rudolf NUREJEW wurde als Prinz in „Dornröschen“ immer wieder triumphal gefeiert (Foto: Österreichischer Bundestheaterverband / Axel Zeininger).

Werk der Erlösung oder, und dies im Gegensatz zu den Liturgien des Ostens, für ein bestimmtes Geheimnis des Heilswerkes, entsprechend dem Tag, dem Fest oder der Zeit des Kirchenjahrs. Alle P.en sind nach demselben 3gliedrigen Schema gebaut: einleitender, zum Dank auffordernder Dialog zwischen Priester und Gemeinde; Mittelsatz mit Proklamation der Heilstaten Gottes; Überleitung zum Gemeinderuf des Sanctus. Wie die Bezeichnungen (Contestatio, Immolatio, Illatio), so änderte sich bei den P.en auch deren Zahl. Im *Sacramentarium Leonianum*, der ältesten Sammlung römischer Meßtexte, findet sich z.B. für fast jedes Meßformular eine eigene P., insgesamt 267. Die Schaffung neuer P.s-Texte mit z.T. sinnwidrigen Inhalten (z.B. Attacken gegen Glaubensgegner, Aufforderungen zu sittlichem Lebenswandel u.a.) führte dazu, ihre Zahl in der Folgezeit drastisch zu reduzieren. Im *Missale Romanum* Pius' V. (1570) blieb nur mehr ein Kanon von 11 P.en erhalten, der erst 1919 durch 5 neue Formulare erweitert wurde. Das neue *Missale Romanum* wie das neue deutsche Meßbuch, hervorgegangen aus den liturgischen Reformbemühungen des 2. Vatikanischen Konzils, enthalten mehr als 80 bzw. 90 P.s-Texte, entweder aus alten Sakramentaren übernommen oder neu geschaffen, eine bedeutsame theologische Bereicherung. In Angleichung an die Meß-P. wurden schon früh Hauptgebete gestaltet, die bei wichtigen Weihen gesprochen wurden, so bei der Bischofs-, Priester- und Diakonatsweihe oder bei Weihen von Sachen (Taufwasser, Osterkerze u.a.). Entsprechend ihrer Bedeutung wurden die P.en schon früh mit besonderen Singweisen ausgestattet (erste Hinweise vor dem 6. Jh.). Im Mittelalter erfuhren sie mit bis zu 4 Rezitationstönen und Alternatim-Behandlung die reichste Ausstattung unter den Altargesängen. Die P.s-Töne für Wochentage (cantus ferialis) und Sonn- und Festtage (cantus sollemnis) sind den strengen Orationsformeln nachgebildet: 2 einander zugeordnete Melodieperioden mit Vorder- und Nachsatz (Tenor c und h), schließend mit je eigener Kadenz. Das Singbarmachen der P.en im neuen deutschen Meßbuch kann wegen seiner oft zu schematischen Unterlegung der Texte unter die lateinischen Rezitationstöne noch nicht als befriedigend angesehen werden. Vereinzelte Versuche einer Neuvertonung haben sich bislang nicht durchsetzen können.

Lit.: G. J. STRANGFELD, Das Dankgebet der Kirche (Fr 1940); J. A. JUNGMANN, Missarum Sollemnia II (Fr [5]1962); W. REINDELL, P., in: Leiturgia, hrsg. v. K. F. Müller – W. Blankenburg, 5 Bde. (Kas 1954–70); E. J. LENGELING, Die neue Ordnung der Eucharistiefeier, in: Reihe Lebendiger Gottesdienst 17/18 (1970); H. GOLTZEN, Gratias agere. Das Hochgebet im neuen Meßbuch, in: JbLH 20 (1976). W. BRETSCHNEIDER

PRALLTRILLER, Praller (engl.: tied trill, [prepared] half-shake, inverted/upper mordent; frz.: tremblement lié; it.: mezzo trillo; span.: mordente superior), eine ↗Verzierung, die durch einfachen (mehr oder weniger schnellen) Wechsel zwischen Hauptnote und diatonischer oder chromatischer oberer Nebennote ausgeführt wird. Zeichen (gegebenenfalls mit den darübergesetzten entsprechenden Akzidentien):

In umgekehrter Form ↗Mordent; in mehrfacher Ausführung ↗Triller.

PRAELUDIUM, Präludium (spätmittellat., von praeludere = vorher-, vorausspielen; engl.: prelude; frz.: prélude; it. und span.: preludio), im Deutschen meistens mit „Vorspiel" wiedergegeben, bezeichnet eine einsätzige, im freien Stil gearbeitete und vorwiegend für ein Tasteninstrument (Orgel, Cembalo, Clavichord) oder Laute bestimmte Komposition mit vorbereitendem Charakter. Nur in Ausnahmefällen findet sich der Terminus P. auch als Satzbezeichnung in der Orchester- und Kammermusik. – Historisch gesehen ist das P. ohne Zweifel aus der Improvisationspraxis entstanden, z.B. aus dem freien Spiel des Lautenisten während des Einstimmens der Saiten oder aus dem Brauch des Organisten, den Priester- oder Gemeindegesang „praeludierend" vorzubereiten, oder um eine Zäsur im liturgischen Ablauf des Gottesdienstes musikalisch zu überbrücken. Dieser Improvisationscharakter haftet dem P. auch noch in der Barockzeit an, so etwa bei L. Couperin, dessen 14 ↗Préludes lediglich in ganzen Noten notiert wurden, die dem Interpreten nur als Stütztöne für frei improvisiertes Spiel dienen sollen. Aber auch bei J. S. Bach und seinem Sohn C. Ph. E. Bach finden sich gelegentlich Vorspiele, die in Gestalt von Akkordketten in langen Notenwerten aufgezeichnet sind und durch den Vermerk „arpeggio" dem Spieler nur einen vagen Hinweis für die freie Ausgestaltung des Stückes geben. Die reiche ↗Kolorierungs-Praxis, wie sie bereits in den frühen Orgeltabulaturen seit dem 15. Jh. (A. Ileborgh, 1448; C. Paumann, 1452; Buxheimer Orgelbuch, 1450–70) in großer Fülle begegnet, findet insbesondere in der Gattung des P.s Anwendung, und zwar auch in jenen Kompositionen, die dem ausführenden Interpreten die Möglichkeit zu freier Ausgestaltung und Auszierung bieten. Über die frühen Praeludien des 15. Jh. bemerkt W. Apel zutreffend: „Das Neuartige, ja beinahe Einzigartige in der Geschichte der Claviermusik ist die

Rhythmik der Oberstimme, die sich jedem Versuch, sie in Metrum oder Takt einzugliedern, widersetzt. Völlig ungebunden und fast regellos reihen sich längere und kürzere Werte zu einer fantastisch geschwungenen Linie von großer Spannung und Ausdruckskraft. Bei näherem Hinsehen merkt man übrigens, daß die ‚Regellosigkeit' nur ein Aufgeben der Konventionen, nicht aber ein Fehlen von eigenen Gesetzen ist. Im Gegenteil, überall läßt sich in der rhythmischen wie in der melodischen Bewegung ein sicheres Feingefühl, ein wirkungsvoller Aufbau, ein lebendiges Wechselspiel von äußerer Freiheit und innerer Gebundenheit erkennen" *(Geschichte der Orgel- und Klaviermusik ...)*.

Die der Improvisation entwachsene Praxis des „Praeludierens" bedingte nicht nur eine starke Freizügigkeit hinsichtlich des klavieristischen Spiels, sondern verhinderte auch die Ausprägung fester formaler Anlagen. Aus diesem Grunde bildet das P. fast immer einen strukturellen Kontrast zu dem Stück, dem es als Vorspiel dient: zum Choral, zur Motette oder zur Fuge. In der vor allem für die Orgel- und Klaviermusik des Spätbarocks so typischen Satzfolge *P. und Fuge* wird der ästhetische Reiz, den diese strukturelle Polarität von „freiem" und „gebundenem" Stil bewirkt, künstlerisch voll ausgeformt und ausgekostet. Neben der Gattungsbezeichnung P. findet sich seit dem frühen 17. Jh. eine Reihe weitere Bezeichnungen, die inhaltlich nahezu dasselbe bedeuten und die daher unter dem Oberbegriff P. mitgenannt werden müssen: Praeambulum (↗Praeambel), Fantasia (↗Fantasie), ↗Capriccio, ↗Intrada, ↗Toccata u.a. Diese Benennungen sind weitgehend austauschbar und können deshalb gelegentlich abwechselnd über verschiedenen Abschriften ein und derselben Komposition erscheinen.

Als die traditionellen Aufgaben des P.s sind hervorzuheben die Kennzeichnung und Befestigung der Tonart, in der das nachfolgende Stück steht, sowie die Erprobung des Instruments und die Lokkerung der Finger. Auf einer höheren Ebene steht darüber hinaus das Vermögen des Komponisten, mit Hilfe des P.s das Folgestück nach Inhalt, Charakter und Empfindungsbereich vorzubereiten.

Nach einer ersten Blütezeit im Frühbarock (A. und G. Gabrieli, G. Frescobaldi, J. P. Sweelinck u.a.) erlebte die Gattung P. im Schaffen J. S. Bachs ihren künstlerischen Höhepunkt. Bei ihm findet sich das P. sowohl als Einzelstück – etwa als kleines Übungsstück für den Unterricht – als auch in Verbindung mit einer nachfolgenden Fuge (*Wohltemperiertes Clavier;* Orgelwerke). Die Fülle verschiedenartiger formaler Ausformungen ist hier unermeßlich, zumal Bach neben Praeludien in traditioneller Spielmanier zahlreiche Praeludien schrieb, die nach dem Modell anderer Gattungen (Fuge, Ouvertüre, Concerto grosso, Tanztypen) ausgestaltet sind. – Einen Sonderfall des P.s stellt das Choralvorspiel dar (↗Choralbearbeitung).

In der Zeit der sog. Vorklassik und im Werk der Wiener Klassiker spielt das P. nur noch eine untergeordnete Rolle; C. Ph. E. Bach, Mozart und Beethoven kennen es noch in der veränderten Gestalt der freien „Fantasie". Erst mit den historisierenden Bestrebungen des 19. Jh., vor allem in der Folge der Bach-Renaissance (↗Historismus), gewann das P. wieder an Bedeutung, so bei F. Mendelssohn Bartholdy (*Sechs Präludien und Fugen* für Klv., op. 35), J. Brahms (*Zwei Präludien und Fugen* für Orgel, op. posth.) sowie im Schaffen von C. Franck, M. Reger und P. Hindemith. – Die im Werk Fr. Chopins und Cl. Debussys begegnende Bezeichnung ↗Prélude betrifft einen vom P. abweichenden Kompositionstyp.

Lit.: M. PRAETORIUS, Syntagma musicum III (Wb 1619, Faks.-Ausg. Kas 1959) (= DMI I/21); G. RIETSCHEL, Die Aufgabe des Organisten im Gottesdienst bis in das 18. Jh. (L 1893, Nachdr. Hil 1971); L. SCHRADE, Die ältesten Denkmäler der Orgelmusik (L 1928); DERS., Die hsl. Überlieferung der ältesten Instrumentalmusik (Lahr 1931); S. HERMELINK, Das P. in Bachs Klaviermusik (Diss. Hei 1945); W. GERSTENBERG, Zur Verbindung v. P. u. Fuge bei J. S. Bach, in: Kgr.-Ber. Lüneburg 1950; H. H. EGGEBRECHT, Stud. z. musikal. Terminologie (1955, [2]1968) (= Akad. der Wiss. u. der Lit. Abh. der geistes- u. sozialwiss. Klasse 10); W. APEL, Der Anfang des P.s in Deutschland u. Polen, in: Kgr.-Ber. Warschau 1960; DERS., Gesch. der Orgel- u. Klaviermusik bis 1700 (Kas 1967). H. WOHLFARTH

PRÄSTANT (von lat. praestare = voranstehen), Bz. für das im Prospekt stehende ↗Prinzipal-Register der Orgel.

PRATELLA, Francesco Balilla, * 1. 2. 1880 Lugo (Romagna), † 17. 5. 1955 Ravenna; it. Komponist und Musikschriftsteller. Nach seinem Studium am Liceo Musicale in Pesaro bei P. Mascagni und Antonio Cicognani leitete er 1910–16 das Liceo Musicale in Lugo und 1927–45 das von Ravenna. P. setzte sich leidenschaftlich für die Neue Musik ein und war ein Vorkämpfer des Futurismus, dessen erstes Manifest in Italien sein Werk *Musica futurista (Inno alla vita)* für Orch. (1913) war. Ende der 20er Jahre wandte er sich vom Futurismus wieder ab, dessen Aufgabe er nunmehr als erledigt ansah.

WW: **1) Kompositionen:** *Sonata terza* (1937) für Streichquartett u. Klv.; *Per un dramma orchestrale* (1938) für Orch.; *Laudes creaturarum* (1929) für Soli, Org. u. Orch. – Opern: *La ninna nanna delle bambole*, UA: Mailand 1922; *Dono primaverile*, UA: Bologna 1923; *Fabiano*, UA: ebd. 1939. – **2) Schriften:** *Manifesto dei musicisti futuristi* (Mi 1910); *Manifesto tecnico della musica futuristica* (Mi 1911); *La distruzione della quadratura* (Bol 1914); alle 3 wiederabgedruckt in: *I manifesti del futurismo* (Fi 1914);

Musica italiana (Bol 1915); *Evoluzione della musica,* 2 Bde. (Mi 1917–19); *Saggi di gridi, canzoni, cori e danza del popolo italiano* (Bol 1919); *Etnofonia di Romagna* (Udine 1938).

Lit.: A. CHIGI, F. B. P. (Ravenna 1929); F. K. PRIEBERG, Musica ex machina (B 1960); Aufsatzfolge in: Discoteca 12 (1971); R. J. PAYTON, The Futurist Musicians F. B. P. and L. Russolo (1974) (= Diss. Univ. of Chicago). – ↗Futurismus.

PRAETORIUS (latinisierte Form von Schultze oder Schultz), dt. Musikerfamilie. – **1) Jacob** (I), * Magdeburg, † 1586 Hamburg; Organist. P. wirkte in Hamburg seit 1550 als Kirchenschreiber an St. Jacobi und seit 1554 als Vertreter des Organisten Quemstedt, dessen Nachfolge er 1558 antrat. Später erhielt er Ämter an St. Gertruden (Kirchenschreiber seit 1560 und Organist seit 1580). P. ist als Sammler kirchlicher Gesänge bekannt geworden. Für die Hamburger Jacobi-Kirche stellte er 1554 ein Repertoire deutscher und lateinischer Choräle zusammen. Sein den Herzögen von Mecklenburg-Schwerin gewidmetes hsl. *Opus musicum* von 1566 enthält 204 4- bis 8st. geistliche Werke deutscher und niederländischer Komponisten (meist Kopien nach Drucken von G. Rhau), darunter von ihm selbst ein *Te deum laudamus.* – **2) Hieronymus,** Sohn von 1), * 10. 8. 1560 Hamburg, † 27. 1. 1629 ebd.; Organist. Er erhielt in Hamburg und 1574 in Köln seine musikalische Ausbildung. 1580 war er in Erfurt tätig. 1582 wurde er in Hamburg Substitut seines Vaters und nach dessen Tod Jacobi- und Gertruden-Organist und Kirchenschreiber. Wie schon sein Vater schrieb er für St. Jacobi 1587 eine Sammlung von 1st. Choralgesängen, die Fr. Eler 1588 herausgab.

WW (in Hamburg gedruckt): *Cantiones sacrae* für 5–8 St. (1599); *Magnificat octo vocum super octo tonos* für 8 St. (1602); *Liber missarum* für 5–8 St. (1616); *Cantiones variae* für 5–20 St. (1618); *Cantiones novae officiosae* für 5–15 St. (1618, ²1625); alle genannten Werke mit zusätzlichem B.c. als *Opus musicum novum et perfectum,* 5 Bde. (1616–22); 8 Magnificat für Orgel sind hsl. erhalten. – Er gab heraus: *Melodeyen Gesangbuch* für 4 St. (H 1604) (mit 21 Sätzen von ihm, 19 von seinem Sohn Jacob [II]).

Unter den Motettenmeistern des ausgehenden 16. und beginnenden 17. Jh. ist P., der erste große norddeutsche Komponist, eine der charakteristischsten Erscheinungen gewesen. Er begann – wie damals allgemein üblich – im pathetischen Stil O. di Lassos, bereicherte seine Schreibweise aber offensichtlich schon früh durch prägnante, geschlossene madrigalische Motive und instrumentale Figuren, schrieb Werke in venezianischer Klangpracht bis zu 20 Stimmen und z. T. auch mit wiederkehrenden Ritornellen (z. B. *Levavi oculos meos* für 8 St. in *Opus musicum* IV) und bot in seinen *Cantiones novae officiosae* einige deutsche Kompositionen mit intensiver Textausdeutung und scharfen Kontrasten. Seine ausschließlich geistlichen Werke waren „wegen ihrer ungemeinen Ernsthaftigkeit“ weit verbreitet und sollen sogar in der päpstlichen Kapelle zu Rom aufgeführt worden sein (J. Mattheson, 1740).

3) Jacob (II), Sohn von 2), * 3. 2. 1586 Hamburg, † 21. 10. 1651 ebd.; Organist. P. war wohl 1601 bis 1603/04 Schüler von J. P. Sweelinck in Amsterdam, der ihm 1608 einen Hochzeitsgesang schickte. Von 1603 oder 1604 bis zu seinem Tod wirkte P. als Organist an St. Petri in Hamburg. Seit 1629 war er auch Organist und Kirchenschreiber an St. Gertruden. Er bekleidete die Würde eines Vicarius und seit 1648 die eines Dekans am Hamburger Dom.

WW: 2 Galliarden für 5 St., in: RISM 1607²⁸; Choralbearb., Praeludien, ein dt. Magnificat u. *Grates nunc omnes* für Org. (hsl.). – 19 Choräle in dem von seinem Vater hrsg. Melodeyen Gesangbuch (H 1604); 3 Motetten für 5, 6 u. 8 St., in: H. P., *Cantiones sacrae* (H ²1607); 10 Lieder, in: J. Rist, Neuer himmlischer Lieder sonderbahres Buch (Lüneburg 1651).

P. war ein angesehener Lehrer. Die Visbyer Tabulatur des Benedict Petri entstand kurz vor 1611 unter seiner Anleitung. 1637–40 studierte bei ihm M. Weckmann, der von H. Schütz nach Hamburg geschickt worden war. Auch H. Pape d. Ä. hat bei dem Sweelinck-Schüler gelernt, dessen wenige erhaltene Werke für Tasteninstrumente jedoch an heimische Formen anknüpfen und das niederländische Figurenwerk verhältnismäßig sparsam verwenden. In den kleinen Notenwerten seiner vokalen Kompositionen und der Konzentration auf kurze, prägnante Motive verrät sich der Einfluß der Instrumentalmusik.

4) Johann (Johannes), Sohn von 2), * um 1595 Hamburg, † 25. 7. 1665 ebd.; Organist. Er war etwa 1609–11 mit Unterstützung der hamburgischen St. Jacobi-Kirche Schüler von J. P. Sweelinck in Amsterdam. Von 1612 bis zu seinem Tode wirkte er als Organist an St. Nicolai in Hamburg. Von ihm waren nur 4 Gelegenheitsgesänge (1615–35) zu 6 und 8 St. bekannt, die im letzten Krieg untergegangen sind. Sie sollen qualitativ weit hinter den Leistungen von Jacob P. (II) zurückgestanden haben.

Ausg.: **Zu 2):** Ausgew. Werke, hrsg. v. H. LEICHTENTRITT (L 1905) (= DDT 23); Motette *Also hat Gott die Welt geliebt* für 6 St., hrsg. v. K. MÜLLER (Wb 1956); Orgel-Magnificats (überliefert in der Petri-Tabulatur v. 1609–11), hrsg. v. C. G. RAYNER (R 1963) (= Corpus of Early Keyboard Music 4); Motette *Gaudete omnes,* hrsg. v. G. DODD (Lo 1970); Polychoral Motets, hrsg. v. F. K. GABLE, 2 Bde (Madison/Wis. 1974) (= RRMRen 18–19). – **Zu 3):** Orgelchoral *Christum wir sollen loben schon* für 4 St., in: VfMw 7 (1891); 3 Praeludien, hrsg. v. M. SEIFFERT (L o. J.) (= Organum IV/2); 4 Choräle, hrsg. v. H. ALBRECHT, in: Vierst. Choräle aus dem Melodeyen-Gesangbuch (Lippstadt 1950) (= Organum I/25–27); Choralbearb. für Org., hrsg. v. W. BREIG (Kas 1974).

Lit.: W. DEETERS, Das Leben der Familie P., in: Braunschweigisches Jb. 53 (1972). – **Zu 1):** L. HOFFMANN-ERBRECHT, Das Opus musicum des J. P., in: AMl 28 (1956). – **Zu 2):** B. FRIEDRICH, Der Vokalstil des H. P. (Diss. H 1932); F. K. GABLE, The Polychoral Motets of H. P. 1560–1629, 2 Bde. (1966) (= Diss. Univ. of Iowa). – **Zu 3):** J. KITE-POWELL, The Visby (Petri) Organ Tablature. Investigation and Critical Ed. (Wilhelmshaven 1977).

W. BRAUN

PRAETORIUS (latinisierte Form von Schultheiß, Schulz, Schulte), **Michael,** * 15. 2. 1571 oder 1572 Creuzburg an der Werra, † 15. 2. 1621 Wolfenbüttel; dt. Komponist. Nach dem Besuch der Lateinschulen in Torgau und Zerbst studierte er seit 1585 Philosophie und Theologie in Frankfurt an der Oder, wo er auch seine erste Organistenstelle erhielt. Danach war er Organist in Gröningen bei Halberstadt und in Wolfenbüttel, wo er sich nach eigenen Angaben seit 1593 aufhielt. 1604 wurde er Hofkapellmeister in Wolfenbüttel. Seinem Dienstherrn, Heinrich Julius, Herzog von Braunschweig und Lüneburg und Bischof von Halberstadt, widmete er 1607 Motetten und Psalmen. Von Wolfenbüttel aus beriet er auch den sächsischen Hof in Dresden und den Administrator des Erzstifts Magdeburg in Halle. Nach dem Tod des Herzogs Heinrich Julius (1613) leitete er 3 Jahre interimistisch die Hofkapelle in Dresden. Für den Magdeburger Hof wirkte er 1618 erneut bei der Einrichtung der „Concertmusik" im Magdeburger Dom. In Widmungen von 1607, 1610 und 1619 sind diese Verbindungen, die zum künstlerischen Austausch mit H. Schütz und S. Scheidt führten, angedeutet oder festgehalten. Auch an anderen Orten ist P. als Berater, Organisator und Komponist nachgewiesen: 1617 am Hof zu Sondershausen, dem er 1619 seine *Polyhymnia exercitatrix* widmete, und in Kassel sowie 1619 in Leipzig und Nürnberg. Seit 1612 besaß er ein Haus in Wolfenbüttel.

WW (wenn nichts anderes angegeben, in Wolfenbüttel gedruckt): **1) Kompositionen:** *Musae Sioniae*, 9 Bde., 1: für 8 St. (Rb 1605), 2: für 8 u. 12 St. (Jena 1607), 3: für 8, 9 u. 12 St. (Helmstedt 1607), 4: für 8 St. (ebd. 1607), 5: für 2–8 St. (1607), 6: für 4 St. (1609), 7: für 4 St. (1609), 8: für 4 St. (1610), 9: für 2 u. 3 St. (1610); *Motectae et psalmi* für 4–16 St. (Nü 1607); *Missodia Sionia* für 2–8 St. (1611); *Hymnodia Sionia* für 5–8 St. (1611); *Terpsichore* für 4–6 St. (1612); *Kleine und große Litaney* für 5–8 St. (1613); *Urania* für 2–4 Chöre (1613); *Polyhymnia Caduceatrix & Panegyrica* für 1–21 St. u. B.c. (1619); *Polyhymnia exercitatrix* für 2–8 St. u. B.c. (F 1619); *Puericinium* für 3–14 St. (F 1621); weitere einzelne Werke in Sammeldrucken der Zeit u. hsl. erhalten. – **2) Theoretische WW:** *Syntagma musicum* I (Wb – Wittenberg 1614–15), II/1: *De organographia* (Wb 1618–19), II/2: *Theatrum instrumentorum* (Wb 1620), III: *Termini musici* (Wb 1618–19); *Kurtzer Bericht, wass bey uberlieferung einer… Orgel zu observieren* (zus. mit E. Compenius) (hsl.).

Wie kein anderer Komponist seiner Zeit suchte P. die Musikpraxis und das musiktheoretische Wissen seiner Zeit enzyklopädisch und exemplarisch darzustellen. Wenn auch seine Pläne die Kraft eines Einzelnen überstiegen und durch die Stilwandlungen überholt wurden – die Satztechnik, das weltliche Lied und viele Arten der Instrumentalmusik z. B. hat er nicht mehr lehren bzw. durch eigene Beiträge ausbauen können –, so ist das Vorhandene mit 20 Publikationen gottesdienstlicher Musik, mit einer Sammlung französischer Tänze und mit den 3 Bänden der Lehrschrift *Syntagma musicum* immer noch imponierend genug. P. lebte in einer Zeit tiefen musikgeschichtlichen Wandels. Mit unermüdlichem Fleiß hat er die neuere und neue Musik Italiens studiert und auf die Verhältnisse des lutherischen Deutschland zu übertragen versucht. Seine Kompositionen, Vorreden und Traktate spiegeln jene Epoche schöpferischen Experimentierens mit musikalischen Formen und Besetzungen in seltener Eindringlichkeit.

Basis der künstlerischen Bemühungen P.' war die deutsche Choralmotette und der Kantionalsatz. Schon 1607 hat er die traditionelle Mehrchörigkeit auf „madrigalische Art" umzugestalten begonnen. 1610 fügte er dem motettischen und madrigalischen Stil noch eine neue, von ihm erfundene Manier hinzu, indem er der von einer Stimme unverändert gebrachten Liedmelodie in anderen Stimmen Motive aus dieser Weise konzerthaft zuordnete. Seine späten Arbeiten zeigen das barocke Vokalkonzert in einer für deutsche Verhältnisse ungewohnten Farbigkeit und Mannigfaltigkeit; sie enthalten nun verzierte Solostimmen und neben Symphonien auch die ↗Cappella fidicinia, eine Art ausgesetzter Generalbaß für ein Ensemble von Streichern. Manche ausgesprochen instrumentale Wendungen in den Begleitstimmen müssen im Zusammenhang mit den 10 virtuosen Orgelstücken gesehen werden, die P. 1609 und 1611 herausgegeben hatte (in *Musae Sioniae VII* und in der *Hymnodia Sionia*).

Eine herausragende Stellung nimmt P. schließlich in instrumentenkundlicher Hinsicht ein. Die entsprechenden Bände des *Syntagma musicum* sind hier Quellenwerke ersten Ranges, die auch für die Wiederbelebung barocker Instrumente im 20. Jh. grundlegend und maßgebend wurden. Dies bezeugt nicht zuletzt die sog. P.-Orgel der Universität Freiburg im Breisgau im Umkreis der ↗Orgelbewegung.

Ausg.: GA der musikal. Werke, hrsg. v. F. BLUME, 21 Bde. (Wb – B 1928–60); Sämtliche Orgelwerke, hrsg. v. K. MATTHAEI (Wb – B 1930, Nachdr. Wb 1966); ferner zahlr. praktische Ausgaben. – *Syntagma musicum* I–III, Faks.-Ausg. hrsg. v. W. GURLITT (Kas 1958–59) (= DMl I/14, 15, 21).

Lit.: W. GURLITT, M. P. (Creuzbergensis). Sein Leben u. seine Werke (Diss. L 1914, Teildruck L 1915, Nachdr. Hil 1968); F. BLUME, M. P. Creuzburgensis (Wb 1929) (= Musikergestalten 1); DERS., Das Werk des M. P., in: ZfMw 17 (1935), dass., in: Syntagma musicologicum 1 (Kas 1963); G. SCHMIDT, Die lat. liturg. Kompositionen v. M. P. Creuzburgensis (Diss. Kiel 1940); R. UNGER, Die mehrchörige Aufführungspraxis bei M. P. (Wb 1941); F. LESURE, Die „Terpsichore" v. M. P. u. die frz. Instrumentalmusik unter Heinrich IV., in: Mf 5 (1952); G. VON DADELSEN, Zu den Vorreden des M. P., in: Kgr.-Ber. Wien 1956 (Gr – Kö 1958); A. FORCHERT, Das Spätwerk des M. P. (B 1959) (= Berliner Stud. z. Musikwiss. 1); W. KRÜTZFELD, Satztechnische Unters. am Vokalwerk des M. P. (Diss. H 1959); L. U. ABRAHAM, Der Gb. im Schaffen des M. P. u. seine harmonischen Voraussetzungen (B 1961) (= Berliner Stud. z. Musikwiss. 3); F. BLUME, Eine Tabulaturquelle für M. P., in: Mf 15 (1962); H. O. HIEKEL, Der Madrigal- u. Motettentypus in der Mensurallehre des M. P., in: AfMw 19/20 (1962/63); P. BRAINARD, Zur Deutung der Diminution in der Tactuslehre des M. P., in: Mf 17 (1964); C. DAHLHAUS, Zur Taktlehre de M. P., in: ebd.; P. G. BUNJES, The P. Organ, 4 Teile (1966) (= Diss. Univ. of Rochester); R. L. MILLER, The Use of Instruments in „Polyhymnia Caduceatrix et Panegyrica" by M. P. (1967) (= Diss. Indiana Univ.); H. E. SAMUEL, M. P. on Concertato Style, in: Cantors at the Crossroads. FS W. E. Buszin (Lo – St. Louis 1967); G. SCHUHMACHER, Die mehrfache Bearb. des Vater-unser-Liedes durch M. P., in: MuK 38 (1968); K. GUDEWILL – H. HAASE, M. P. Creuzbergensis (Wb 1971); F. BLUME, Die Hs. T 131 der New York Public Library, in: Syntagma musicologicum 2 (Kas 1973); C. DAHLHAUS, Über den Motettenbegriff des M. P., in: Beitr. z. Musikgesch. Europas. FS K. Gudewill (Wb 1978). W. BRAUN

PRATSCH (Práč), **Iwan** (Jan Bohumir, Johann Gottlieb), * um die Mitte des 18. Jh., † 1818 St. Petersburg; russ. Volksliedforscher und Komponist, vermutlich aus Mährisch-Schlesien. Seine musikalische Ausbildung erhielt P. in seiner Heimat. Seit Ende der 70er Jahre des 18. Jh. wirkte er als Klavierlehrer in St. Petersburg (1780–95 am Smolny-Institut, seit 1784 auch an der Theaterschule, 1810–13 am Waisenhaus); daneben betätigte er sich als Sammler und Bearbeiter von Volksliedern und als Komponist. Wie J. I. Fomin, G. Sarti u.a. verkehrte er im Musikerkreis um N. A. Lwow. Mit Lwow veröffentlichte er 1790 die *Sammlung russischer Volkslieder mit ihren Melodien,* nach W. F. Trutowskis *Sammlung russischer einfacher Lieder mit Noten* (Teil 1–3, 1776, 1778 u. 1779) die 2. Ausgabe dieser Art in Rußland. Die von P. harmonisierten Volksweisen sind nach Genres geordnet. Sie repräsentieren das Liedgut der russischen Stadt; reich vertreten sind ukrainische Lieder, dagegen fehlen historische Lieder und Bylinen. Bedeutung hatte die Sammlung nicht nur für weitere folkloristische Arbeiten (z.B. stammen 22 der von N. Rimski-Korsakow 1877 veröffentlichten 100 Lieder aus der Sammlung P.-Lwow), sondern auch als Themenquelle für Kompositionen. L. van Beethoven entnahm ihr die russischen Themen in den Streichquartetten op. 59, Nr. 1 u. 3; bes. schöpften aus ihr russische Komponisten, so M. Glinka *(Kamarinskaja),* M. Mussorgski *(Boris Godunow),* N. Rimski-Korsakow *(Schneeflöckchen, Die Zarenbraut)* und P. Tschaikowsky *(Opritschnik).*

WW: Für Klav.: Sonate über Volksliedthemen (1806); Trauermarsch zur Beerdigung v. M. I. Kutusow (1813); Tänze u. Variationen über Volkslieder; *Fandango* für Klv. u. V. ad lib. (1795); Vc.-Sonate (1802). – Volksliedslg. *Sobranie narodnych russkich pesen s ich golosami, poloshennymi na musyku I. P.* (Slg. russ. Volkslieder mit ihren Melodien ...) (St. Petersburg 1790, erweitert ²1806, ⁵1955). – Klv.-Schule *Polnaja schkola dlja fortepiano* (1816).

Lit.: F. STEŠKO, J. P. (Pr 1932); J. W. KELDYSCH, Russkaja musyka 18 weka (Mos 1965). E. STÖCKL

PRÉ, Jacqueline du, * 26. 1. 1945 Oxford; engl. Cellistin. Sie studierte 1951–55 an der Herbert Wallen's London Cello School und 1955–56 bei William Pleeth an der Guildhall School of Music in London und war 1956 1. Preisträgerin beim Internationalen Suggia-Wettbewerb in London. Später vervollkommnete sie sich bei P. Tortelier in Paris und bei P. Casals und 1966 bei M. Rostropowitsch in der UdSSR. 1960 errang sie die Goldmedaille der Guildhall und gleichzeitig den Preis der britischen Königin für Musiker unter 30. 1961 gab sie ein erfolgreiches Debüt in der Londoner Wigmore Hall, trat 1965 erstmals in der Carnegie Hall in New York auf und gehörte seitdem zur internationalen Elite ihres Fachs. Eine schwere Erkrankung setzte 1973 ihrer Karriere ein Ende. P. ist seit 1967 mit dem Dirigenten D. Barenboim verheiratet.

PRÉ-AUX-CLERCS, LE, Komische Oper von L. J. F. Hérold; dt. Titel: Der ↗Zweikampf.

PREDIERI. – 1) Giacomo Maria, genannt „Il Vecchio", * 9. 4. 1611 Bologna, † 1695 ebd.; it. Organist und Kapellmeister. Er war 1636–57 Sänger, 1650–57 Vizekapellmeister an S. Petronio in Bologna, 1679–93 Domorganist an S. Pietro, seit etwa 1681 auch Kapellmeister der Confraternità de' Poveri an S. Maria Regina Coeli. 1666 gehörte er zu den Gründern der Accademia Filarmonica in Bologna. – **2) Giacomo Cesare,** Neffe von 1), * 26. 3. 1671 Bologna, † 1753 ebd.; it. Komponist. Er war Schüler seines Onkels und G. P. Colonnas. 1690 wurde er Mitglied der Accademia Filarmonica in Bologna, als deren Principe er 1698, 1707 und 1711 gewählt wurde. 1696–1742 war er Domkapellmeister an S. Pietro und wirkte auch an anderen Kirchen der Stadt. Von seinen Oratorien wurden 9 Werke zwischen 1698 und 1721 in Bologna aufgeführt. Im Druck erschien eine Sammlung *Cantate morali e spirituali* für 2–3 St. mit und ohne Violinen (Bol 1696). – **3) Luca Antonio,** Neffe von 2), * 13. 9. 1688 Bologna, † 3. 1. 1767 ebd.; it. Komponist. Er wurde 1716 Mitglied der Accademia Filarmonica in Bologna und wirkte dort als Kapellmeister an verschiedenen Kirchen und 1728 als Domkapellmeister an S. Pietro. 1737 ging er nach Wien, wo er 1739 als Nachfolger von A. Caldara 2. Hofkapellmeister und 1746 als Nachfolger von J. J. Fux 1. Hofkapellmeister wurde. 1756 pensioniert, kehrte er 1765 nach Italien zurück.

WW: Bühnen-WW: Von den 30 Opern und Pasticci, deren Aufführung nachgewiesen ist, sind erhalten: *Amor prigionero*, UA: Wien 1732; *Gli auguri spiegati*, UA: Laxenburg 1738; *La pace tra la virtù e la bellezza*, UA: Wien 1738; *Perseo*, UA: ebd. 1738; *Astrea placata*, UA: ebd. 1739; *Zenobia*, UA: ebd. 1740. – 7 Oratorien, davon hsl. erhalten: *Il sacrifizio d'Abramo* (1738); *Isacco figura del redentore* (1740); auch einige kleinere Vokal-WW sind hsl. erhalten.

Ausg.: Concerto h-moll für konzertierende V. u. Streichorch., hrsg. v. A. BRINER (Z 1964).

Lit.: A. DAMERINI, L. A. P. e il suo „Stabat", in: Musicisti della Scuola emiliana, hrsg. v. dems. – G. Roncaglia (Siena 1956) (= Accad. musicale Chigiana 13); R. ORTNER, L. A. P. u. sein Wiener Opernschaffen, 2 Bde. (Diss. W 1971).

PREINDL, Joseph, * 30. 1. 1756 Marbach (Niederösterreich), † 26. 10. 1823 Wien; östr. Kirchenmusiker. P. studierte bei J. Albrechtsberger in Wien. Nachdem er mehrere Organistenämter an Wiener Kirchen innegehabt hatte, wurde er 1793 Kapellmeister an der Peterskirche, 1795 auch Vizekapellmeister und 1809 Kapellmeister am Stephansdom. Die Ämter an beiden Kirchen versah er bis zu seinem Lebensende. P. war ein angesehener Komponist, dessen Werke in Österreich noch bis in die Zeit A. Bruckners bekannt waren. Als Lehrer hat er mit der postum (1827) veröffentlichten *Wiener Tonschule* eine umfangreiche theoretische Schrift hinterlassen, die in manchen Einzelheiten bereits auf S. Sechter vorausweist.

WW: **1) Kompositionen:** Fantasien u. Variationen für Klv.; Konzert für 2 Cemb.; Messen; Offertorien; ein Requiem. – **2) Schriften:** *Wiener Tonschule*, hrsg. v. I. Ritter von Seyfried (W 1827, [2]1832); *Melodien von allen deutschen Kirchenliedern ... welche ... bey St. Stephan in Wien gesungen werden* (W [2]1830); *Gesangslehre* (W [2]1833).

PRELLEUR, Peter, † vor 1758; frz. Organist. P. war zunächst Writingmaster in Spitalfields in London, machte sich aber bald als Cembalist bekannt. 1728 wurde er Organist an St. Alban's, außerdem Cembalist und Komponist am Goodman's Fields Theatre. Nach dessen Abbruch 1737 ging er an das New Wells Theatre, für das er sein bekanntestes Werk, das Intermedium *Baucis and Philemon* (um 1740), schrieb. 1735 wurde er Organist der Christ Church. Berühmt wurde P. durch *The Modern Musick Master* (Lo 1731, zahlr. NA), ein drucktechnisch hervorragend ausgestattetes Buch, das neben Anleitungen zum Singen und zum Spielen von Instrumenten (Flöte, Oboe, Violine, Cembalo) auch einen kurzen Abriß der Musikgeschichte und ein kleines musikalisches Lexikon enthält.

Ausg.: *Instructions and tunes for the Treble Recorder from The Modern Musick Master* 1731, Faks.- Ausg. hrsg. v. E. HUNT (Lo 1960); *The Modern Musick Master* 1731, Faks.-Ausg. hrsg. v. A. H. KING (Kas 1965) (= DMl I/27).

PRÉLUDE (frz., = Vorspiel, Einleitung), in der französischen Klavier- und Lautenmusik des 16.–18. Jh. gleichbedeutend mit ↗Praeludium. Das P. des 19. und frühen 20. Jh. aber, wie wir es vor allem im Schaffen von Fr. Chopin (24 *Préludes pour le piano forte* op. 28, 1839) und Cl. Debussy (24 *Préludes*, 1910/13) finden, stellt eine Gattung dar, die mit dem Praeludium alten Typs nichts mehr gemeinsam hat außer dem Faktum, für Klavier geschrieben zu sein und dessen spieltechnische und klangliche Möglichkeiten auszuschöpfen. Es handelt sich hier vielmehr um die französische Version des romantischen (bzw. impressionistischen) Charakterstücks; „Vorspiele" sind diese Stücke ebensowenig, wie J. Brahms' Intermezzi „Zwischenspiele" sind. Ein Sonderfall, das imaginäre Vorspiel zu einem Gedicht und zugleich dessen Interpretation, ist Debussys Orchesterstück *Prélude à l'après-midi d'un faune*. – Fr. Liszts Symphonische Dichtung *Les Préludes*, ursprünglich als Vorspiel zu einer Reihe unkomponiert gebliebener Männerchöre gedacht, bezieht ihren Titel aus einem Gedicht von A. Lamartine, dessen Inhalt der Komposition gedanklich zugrunde liegt; in diesem Gedicht wird das Leben als eine „Folge von Préludes zu jenem unbekannten Gesang, dessen ernste und feierliche Note der Tod anstimmt", geschildert.

PREPARED PIANO (engl., = präpariertes Klavier), ein Klavier, das klanglich durch verschiedene, auf oder zwischen die Saiten gelegte Materialien (Bleidraht, Korken, Holz-, Metall- und Gummistücke) verfremdet wird. Das P. ist zwar eine Erfindung J. Cages, die jedoch ältere, auf H. Coll zurückgehende Spiel- und Experimentierpraktiken aufgreift. Cage schrieb für P. etwa 25 Werke, die z. T. für Ballette von M. Cunningham bestimmt sind.

PRESLEY, Elvis Aaron, * 8. 1. 1935 East Tupelo (Mississippi), † 16. 8. 1977 Memphis (Tennessee); amerik. Rock'n'Roll-Sänger und Gitarrist. Als Kind sang er in Kirchenchören und bei Country Western-Revivals und begann mit 12 Jahren Gitarre zu spielen. Nach der Schulausbildung arbeitete er in verschiedenen Berufen und nahm 1953 zu Privatzwecken seine erste Schallplatte auf. Mit Rundfunkübertragungen seiner ersten Lieder, darunter *That' allright Mamma* und *Blue moon of Kentucky*, begann 1954 seine rasche und steile

Karriere. Gastspielreisen, Fernsehshows, Schallplatten (bis heute etwa 500 Millionen verkaufte Platten und Kassetten, für die P. 20 goldene LPs und 50 goldene Singles erhielt) und seit 1956 auch Spielfilme (u.a. *Love Me Tender, Blue Hawaii, Girls, Girls, Girls*) machten ihn vor allem 1956–58 weltweit bekannt. Sein Live-Comeback in Las Vegas 1970 und die Show „Aloha from Hawaii", die 1973 live über Satellit weltweit ausgestrahlt wurde, waren letzte Höhepunkte seiner Laufbahn. P. hat wie kaum ein anderer Musiker die Entwicklung der amerikanischen Unterhaltungsmusik der Nachkriegszeit beeinflußt. Seine Rhythm and Blues-Stimme und sein Rockabilly-Personalstil, eine Mischung aus Country, Blues, Gospel und Rock and Roll, machten ihn zum Inbegriff des „Rockers" und zum Idol vieler Jugendlicher in aller Welt. Seine bekanntesten Songs sind *Heartbreak Hotel, Love Me Tender, King Creole, I Need Your Love Tonight, Don't Be Cruel, Hound Dog, It's Now or Never, A Fool Such As I, Fever* und *In the Getto.*

Lit.: J. HOPKINS, Elvis (NY 1971); R. BARRY, The E. P. American Discography (Phillipsburg 1977); H. EVER, Das war E. P. (Mn 1977); M. PREUTE, E. P. (Mn 1977); R. WALLRAF, E. P. (Mn 1977); B. YANCEY, My Life with Elvis (Lo 1977); H. LOHMEYER, E.-P.-Report (F 1978); A. WERTHEIMER, Elvis '56. In the Beginning (NY 1979); B. HARPER, Erinnerungen an E. P. (Mn 1980).

PRESSUS, eine Zierneume, die eine Tonwiederholung und einen tieferliegenden 3. Ton anzeigt (↗Notenschrift). Der P. geht auf das Anlautzeichen (mit h; das sog. pneuma daseion) der ↗Prosodie zurück – das u.a. auch in der Dasia-Notation des 9./10. Jh. verwendet wurde – und ist in unterschiedlichen Notationsweisen überliefert: z.T. als Einzelzeichen Oriscus, später als Oriscus und Punctum (wie z.B. in St. Gallen) und schließlich nur als Punkt.

Lit.: P. WAGNER, Einführung in die gregor. Melodien, II: Neumenkunde... (L 1905, ²1912, Nachdr. Hil – Wie 1962); A. MOCQUEREAU, Étude et exécution de l'apostropha p., in: Rassegna gregoriana 6 (1907); M. HUGLO, Les noms des neumes et leur origine, in: Études grégoriennes 2 (1954); L. AGUSTONI, Gregor. Choral (Fr 1963); E. CARDINE, Sémiologie grégorienne (Sablé o.J.).

PRESTISSIMO ↗presto.

PRESTO (it., = schnell), im 17. Jh. – frühestes Vorkommen bei A. Banchieri, *La Battaglia*, 1611 – Bz. für ein schnelles Zeitmaß als Gegensatz zu ↗Adagio, ↗Tardo, ↗Lento und im Unterschied zu ↗Allegro, das in dieser Zeit eher eine charakterisierende Funktion hatte (gemäß der Wortbedeutung „heiter, froh"). Dies bezeugt etwa die Vortragsbezeichnung *Allegro ma non presto* (bei A. Vivaldi, J. S. Bach, G. Fr. Händel), die nur wörtlich genommen einen Sinn gibt: „heiter, aber nicht schnell". Erst in der 2. Hälfte des 18. Jh. bezeichnet P. allgemein ein schnelleres Zeitmaß als *Allegro.* Als Satzbezeichnung erscheint es häufig in zyklischen Formen für das Finale und bedeutet dann eine Temposteigerung gegenüber einem Allegro-Kopfsatz. Es kommen auch Zusätze vor: *Presto assai, Presto agitato* (L. van Beethoven, Finale der sog. Mondscheinsonate op. 27,2), *Presto ma non tanto.*
Der Superlativ *Prestissimo* ist seit dem 17. Jh. belegt (H. Schütz, Johannes-Passion bei den Worten *Kreuzige ihn*), findet sich aber sehr viel seltener als P. (z.B. als Satzbezeichnung für das Finale von Beethovens Klaviersonate op. 2,1; im Zuge einer strettaähnlichen Schlußsteigerung für den letzten Abschnitt des Finales der 9. Symphonie).

PRESTON, Thomas, † um 1563; engl. Komponist. P. ist 1543 als Organist und Chorerzieher am Magdalen College in Oxford nachweisbar und wird 1558 und 1559 als Organist an St. George's Chapel in Windsor genannt. Von seinen ausschließlich liturgisch gebundenen Orgelwerken sind 8 Kompositionen über das Marienoffertorium *Felix namque es* und das Proprium Missae für den Ostersonntag hervorzuheben, die sich durch aufgelokkerte Kontrapunktik, komplizierte Rhythmik und virtuose Orgeltechnik auszeichnen.

Ausg.: Orgelmesse, in: Die Orgel im Kirchenjahr II, hrsg. v. E. KRAUS (Rb 1963) (= Cantantibus org. 8); 1 Stück in: Early Tudor Organ Music I, hrsg. v. J. CALDWELL (Lo 1966) (= Early English Church Music 6); 13 Stücke in: ebd. II (Lo 1969) (= ebd. 10).

Lit.: D. STEVENS, Th. P.'s Organ Mass, in: MQ 39 (1958); D. MATEER, Further Light on P. and Whyte, in: MT 115 (1974).

PRÊTRE, Georges, * 24. 8. 1924 Waziers (Nord); frz. Dirigent. Er studierte Dirigieren bei A. Cluytens, außerdem Trompete und Klavier an den Konservatorien in Douai und Paris. 1947 gab er am Opernhaus in Marseille sein Debüt mit É. Lalos *Le roi d'Ys.* 1956 dirigierte er an der Opéra-Comique die Pariser Erstaufführung von R. Strauss' *Capriccio* und blieb dort bis 1959 ständiger Dirigent. Weitere Stationen waren die Metropolitan Opera in New York, die Mailänder Scala, die Staatsoper Wien und der Covent Garden in London. In Paris leitete P. auch die Konzerte der Société des Concerts du Conservatoire und der Association des Concerts Pasdeloup. Für die Spielzeit 1970/71 wurde er als Directeur général de la musique an die Pariser Opéra berufen, trat aber von diesem Amt wieder zurück. Seitdem ist er vor allem außerhalb Frankreichs als Gastdirigent tätig.

PREUSSISCHES MÄRCHEN, Ballett-Oper in 5

Bildern von Boris Blacher (1903–75), Text von Heinz von Cramer. Ort und Zeit der Handlung: Berlin, um 1900. UA: 23. 9. 1952 in Berlin (Städtische Oper).
Der subalterne Beamte Wilhelm Fadenkreuz wird in Unehren entlassen; um dem prestigebewußten Verehrer seiner Schwester zu imponieren, gibt er sich als Offizier aus. Kleinbürgerliche Enge von Denk- und Lebensweise, krampfhaftes Streben nach Aufrechterhaltung einer respektablen Fassade und der damit verbundene Zwang zur Heuchelei sind bevorzugte Themen der zeitkritischen Satire – einer bewußten Anspielung auf C. Zuckmayers *Der Hauptmann von Köpenick* (1930). Die Ballette, musikalische und dramaturgische Höhepunkte des Werkes, exponieren den Tanz als wesentliches Ausdrucksmittel: Groteske Heiterkeit der Oberfläche wird zum Symbol für die Diskrepanz von Anspruch und Wirklichkeit. Dementsprechend ist Blachers musikalische Gefühlsdarstellung ein spannungsreiches Wechselspiel von gezielter Übertreibung einerseits und dem Kontrast zwischen hohlem Pathos der Wörter und parodistisch verfremdeten Stilelementen aus Opera buffa und Operette andererseits. Unmittelbarer Emotionsausdruck teilt sich primär auf rhythmischer Ebene mit; die Verfremdung geschieht zumeist mit harmonischen Mitteln sowie durch die bewußte Gegenläufigkeit von Satzmelodie der Prosasprache und melodischem Duktus der Vokalstimmen. Die Ästhetisierung des Trivialen wird zum Medium musikalischer Ironie. W. A. MAKUS

PREUSSNER (eig. Preußner), **Eberhard,** * 22. 5. 1899 Stolp (Pommern), † 15. 8. 1964 München; dt. Musikpädagoge. Er studierte seit 1920 an der Musikhochschule sowie bei J. Wolf, G. Schünemann und H. Abert Musikwissenschaft an der Universität in Berlin, wo er 1924 promovierte. 1926–30 gab er die Zeitschrift *Die Musik* und 1930–44 *Die Musikpflege* heraus, 1931–34 war er Mitarbeiter von L. Kestenberg am Berliner Zentralinstitut für Erziehung und Unterricht und 1935–1938 Mitglied der Interessengemeinschaft für Chorwesen in der Reichsmusikkammer. 1939 wurde er stellvertretender Direktor, 1959 Präsident und ordentlicher Professor des Mozarteums in Salzburg und 1960 Direktoriumsmitglied der Salzburger Festspiele.

Schriften: *Die Methodik im Schulgesang der evangelischen Lateinschulen des 17. Jh.* (Diss. B 1924), Teildruck in: AfMw 6 (1924); *Allgemeine Pädagogik und Musikpädagogik* (L 1929); *Die gegenwärtige musikpädagogische Lage,* in: Die Musikpflege 2 (1931/32); *Entwicklung der geschichtlichen und gegenwärtigen Formen der Hausmusik,* in: Hausmusik 15 (1951); *Musikgeschichte des Abendlandes,* 2 Bde. (W 1951–52, [2]1958); *Allgemeine Musikerziehung* (Hei 1959) (= Musikpädagogische Bibl. 1); Aufsatzslg. *Schriften, Reden, Gedanken,* hrsg. v. C. Bresgen (Salzburg 1969); *Goethes Gedanken zur Musikerziehung,* in: Musa – Mens – Musici. Gedenkschrift W. Vetter (L 1970).

Lit.: G. RECH, in: Mf 18 (1965). J. DORFMÜLLER

PREVIN, André George, * 6. 4. 1929 Berlin; amerik. Dirigent, Pianist und Komponist dt. Herkunft. Er studierte seit 1935 an der Berliner Musikhochschule und seit 1938 bei P. Monteux und M. Dupré am Pariser Conservatoire. 1939 ging er in die USA und ließ sich in Los Angeles nieder, wo er noch Schüler von M. Castelnuovo-Tedesco war. P. arbeitete zunächst als Arrangeur und Komponist für die Filmgesellschaft Metro-Goldwyn-Mayer (insgesamt mehr als 30 Filme, u. a. *Gigi, Porgy and Bess, Irma la Douce* und *My Fair Lady*) und machte sich auch als Jazzpianist einen Namen. Seit 1960 widmete er sich ganz dem Dirigieren und konzentrierte sich auf klassische Musik. 1965 übernahm er die Leitung des London Symphony Orchestra und 1976 des Pittsburgh Symphony Orchestra. Neben seiner Dirigententätigkeit komponiert er und wirkt als Pianist häufig bei Kammermusikaufführungen und Liederabenden mit. Nicht zuletzt wegen seiner Vielseitigkeit gehört P. zu den interessantesten Musikerpersönlichkeiten der Gegenwart.

WW: **1) Kompositionen:** Symphonie für Str. (1962); *Ouverture to a Comedy* (1963); Elegie für Ob. u. Str. (1967); Vc.-Konzert (1967) u. Horn-Konzert (1968). – **2) Schriften:** *Music Face to Face* (Lo 1971) (zus. mit A. Hopkins); *The Facts about a Symphony Orchestra* (Lo 1977), dt. Übers.: *Wie ein Symphonie-Orchester arbeitet* (H 1978).

Lit.: E. GREENFIELD, A. P. (Lo 1973).

PREVITALI, Fernando, * 16. 2. 1907 Adria (Venezien), † 1. 8. 1985 Rom; it. Dirigent. Er studierte Klavier, Violoncello und Komposition am Konservatorium in Turin. 1928 ging er nach Florenz und arbeitete bis 1936 am Maggio Musicale Fiorentino. 1936–53 leitete er das Rundfunk-Symphonie-Orchester des Senders Rom und 1953–73 das Orchestra stabile der Accademia nazionale di Santa Cecilia in Rom, mit dem er u. a. in der UdSSR (1967), in den USA und Kanada auftrat. Daneben dirigierte er auch als Gast in Europa und in überseeischen Ländern, vor allem seit 1959 am Teatro Colón in Buenos Aires. 1971 übernahm er die musikalische Direktion des Teatro Regio in Parma. Als Komponist ist P. vor allem mit Vokalwerken, Kammermusik und Balletten hervorgetreten.

PRÉVOST, André, * 30. 7. 1934 Saint-Jérôme bei Montreal; kanadischer Komponist. P. studierte bis 1960 am Conservatoire in Montreal bei Isabelle Delorme, J. Papineau-Couture und Cl. Pépin, anschließend bis 1962 in Paris bei O. Messiaen am Conservatoire und bei H. Dutilleux an der École Normale de Musique. Nach Montreal zurückgekehrt, wurde er 1964 für den symphonischen Satz *Fantasmes* mit dem jährlichen Preis des Montrealer Symphonie-Orchesters ausgezeichnet. Im selben Jahr war er in Paris Schüler von M. Philippot und 1965 von A. Copland und Z. Kodály am Berkshire Music Center in Tanglewood. 1964 wurde er an der Universität Montreal Professor für Komposition und Analyse. Anläßlich der Weltausstellung 1967 schrieb er sein anspruchsvollstes Werk, *Terre des hommes*, für großes Orchester, 3 Chöre und 2 Erzähler. P. verwendet frei Atonalität und serielle Techniken, ohne seine grundsätzlich traditionelle Haltung aufzugeben. Sein Orchestersatz beruht im wesentlichen auf einer akkordischen Schreibweise mit ostinaten Rhythmen und lyrischen Weisen.

WW: Variationen für Org. (1956); V.-Sonate (1961); Vc.-Sonate (1962); Fantasie für Vc. u. Klv. (1956); 2 Streichquartette (1958, 1972); *Mobiles* (1960) für Fl. u. Streichtrio; *Triptyque* (1962) für Fl., Ob. u. Klv.; *Ode au St-Laurent* (1965) für Streichquartett; Suite für Streichquartett (1968). – Für Orch.: Symphonische Dichtung *Poème de l'infini* (1960); Scherzo für Streichorch. (1960); *Fantasmes* (1963); Konzertstück *Pyknon* (1966) für V. u. Orch.; Ouvertüre *Célébration* (1966); *Diallèle* (1968); *Évanescence* (1970); *Hommage (à Beethoven)* (1971) für 14 Instr. – 148. Psalm für 200 St., 4 Trp., 4 Pos. u. Org. (1971).

PREY, Claude, * 30. 5. 1925 Fleury-sur-Andelle (Eure); frz. Komponist. P. hielt sich zunächst zur Erforschung der nationalen Volksmusik in Brasilien und Kanada auf, studierte später Komposition bei O. Messiaen und D. Milhaud am Pariser Conservatoire und 1953–54 Folklore am Conservatório Brasileiro de Música in Rio de Janeiro. 1958 studierte er noch an der Laval University in Quebec. In seinen Werken, die alle die menschliche Stimme einbeziehen, versucht P. die Trennung von Oper und Konzertmusik zu überwinden, wobei er stets zu individuellen Lösungen gelangte. Insbesondere strebt er eine auf materielle und geistige Bedürfnisse unserer Zeit ausgerichtete Erneuerung der Oper an, was sich bereits in den Untertiteln seiner Bühnenwerke bekundet.

WW: Opern *Le Phénix* (1957); Opéra épistolaire *Lettres perdues*, UA: ORTF 1960; lyrisches Monodram *La dictée* (1961); Oper in 12 Variationen *L'homme occis* (1963); Kammeroper *Le cœur révélateur* (nach E. A. Poe), UA: RAI 1964; Mono-mimo-micro-opéra de concert sur 240 automatismes verbaux *Métamorphose d'Écho*, Variationen für Frauenst. u. 24 Streichinstr. (1965); Opéra d'appartement *Donna mobile* (1965); Opéra-test Hommage à Rorschach, Fantaisie dramatique sur le test sur la tache d'encre, *La noirceur du lait*, UA: Straßburg 1967; Opéra-comique mêlé de complaintes en 2 parties, Jeu dramatique sur le canevas de l'Affaire Dreyfus *On veut la lumière? Allons-y!* für 5 Mitwirkende u. 8 Instr., UA: Angers 1968; Opern-Oratorium *Jonas*, UA: Lyon 1969; Oper *Fêtes de la faim* für 5 Komödianten, Vc. u. 2 Schlagzeuger, UA: Avignon 1969; Kurzoper *Le jeu de l'oie*, UA: Paris 1970.

PREY, Hermann, * 11. 7. 1929 Berlin; dt. Sänger (Bariton). Er studierte Gesang bei Harry Gottschalk in Berlin und bei Günther Baum an der Berliner Musikhochschule. 1952 gewann er den Meistersingerwettbewerb in Nürnberg und begann im gleichen Jahr seine Bühnenlaufbahn am Staatstheater in Wiesbaden (Debüt als Moruccio in E. d'Alberts *Tiefland*) wie auch seine Karriere als Lieder- und Oratoriensänger. Sein eigentlicher Durchbruch erfolgte, nachdem er 1953 an die Hamburger Staatsoper verpflichtet wurde. Gastverträge binden ihn seitdem auch an die Wiener Staatsoper, die Bayerische Staatsoper in München (seit 1959) und an die Städtische Oper Berlin. 1959 sang er erstmals bei den Festspielen in Salzburg und Bayreuth, 1960 erstmals an der Metropolitan Opera in New York. Durch seine natürliche Spielbegabung ist P. ein idealer Interpret vor allem der Operngestalten W. A. Mozarts (Guglielmo, Graf Almaviva, Papageno) und ein unübertroffener Figaro (G. Rossini, *Il barbiere di Siviglia*). Als überzeugender Charakterdarsteller zeigte er sich neuerdings als Beckmesser in R. Wagners *Meistersingern* bei den Bayreuther Festspielen 1981. Auf der Bühne und in Liederabenden zählt P. bis heute zu den bedeutendsten und dank zahlreichen Auftritten im Fernsehen auch zu den bekanntesten deutschen Sängerpersönlichkeiten der Nachkriegszeit. Seine Autobiographie *Premierenfieber* (Mn 1981) wurde von R. D. Abraham aufgezeichnet.

PRICE, Leontyne, * 10. 2. 1927 Laurel (Mississippi); amerik. Sängerin (Sopran). Nach Beendigung ihrer Gesangsausbildung an der Juilliard School in New York und bei Florence Page Kimball sang sie 1950 bei einem Konzertabend erstmals öffentlich und debütierte 1951 als Bühnensängerin in der UA von V. Thompsons *Four Saints in Three Acts*. Im selben Jahr errang sie auf einer Europa-Tournee mit anderen farbigen Sängern als Bess in G. Gershwins Oper *Porgy and Bess* einen beachtlichen Erfolg. Der entscheidende Durchbruch gelang ihr 1957 als Aida in G. Verdis gleichnamiger Oper bei Aufführungen in Chicago und an der Mailänder Scala. 1958 sang sie erstmals an der Wiener Staatsoper und gastiert seitdem an den großen Opernbühnen der Welt. 1961 wurde sie Mitglied der Metropolitan Opera in New York, wo sie 1966 bei der UA von S. Barbers *Anthony and Cleopatra* die Titelpartie sang. Als Liedinterpretin und im lyrisch-dramatischen Fach in den Titelrollen *Aida* (G. Verdi), *Carmen* (G. Bizet) und *Tosca* (G. Puccini) sowie als Leonora (*Il trovatore* von

G. Verdi) und Donna Anna (*Don Giovanni* von W. A. Mozart) gilt L. P. als eine der bedeutendsten Sopranistinnen ihrer Generation.

PRICE, Margret Berenice, * 13. 4. 1941 Blackwood (Wales); engl. Sängerin (Sopran). Sie studierte am Trinity College of Music in London, debütierte 1962 als Cherubino in W. A. Mozarts *Le nozze di Figaro* bei der Welsh National Opera Company und sang schon ein Jahr später dieselbe Partie am Londoner Covent Garden. Damit begann ihre internationale Karriere, die sie an die bedeutenden Opernbühnen Europas und Amerikas führte. Den Schwerpunkt ihres Repertoires bilden Sopranpartien der Opern Mozarts (Gräfin in *Le nozze di Figaro*, Donna Anna in *Don Giovanni*, Pamina in *Die Zauberflöte*); außerdem ist sie als Konzert- und Liedersängerin sehr gefragt.

PRIEGNITZ, Hans, * 20. 10. 1913 Berlin, † 17. 3. 1984 Hannover; dt. Pianist. Er studierte Dirigieren, Klavier und Komposition an der Musikhochschule Berlin. Nach kurzer Tätigkeit am Staatstheater in Kassel schlug er die Pianistenlaufbahn ein und konzertierte in Europa, Nordamerika, Afrika und Asien. 1967–79 leitete er eine Klavierklasse an der Hochschule für Musik in Hannover (1970 Professor). Als Komponist schrieb er Stücke für kleinere Besetzungen sowie Kadenzen zu Klavier- und Violinkonzerten W. A. Mozarts.

PŘÍHODA, Váša, * 22. 8. 1900 Vodňany (Böhmen), † 26. 7. 1960 Wien; tschechischer Violinist. Er war Privatschüler von Jan Mařak in Prag und trat dort mit 13 Jahren erstmals als Solist auf. 1920 unternahm er eine Konzertreise nach Italien, anschließend in die USA, nach Südafrika, Südamerika und durch Europa. 1942–45 leitete er eine Meisterklasse für Violine am Mozarteum in Salzburg und war 1951 bis zu seinem Tod Professor an der Akademie für Musik und Darstellende Kunst in Wien. Er trat auch als Komponist von Violinstücken (u. a. auf slawische Melodien) hervor.

Lit.: O. A. GRAEF, in: NZfM 121 (1960); F. NOVELLO, in: Rass. Mus. Curci 23 (1970); J. VRATISLAWKÝ, V. P. (Pr 1970).

PRIM (von lat. prima hora = die 1. Stunde), die 1. der ↗Horen; sie entfiel nach dem 2. Vatikanischen Konzil.

PRIMADONNA (it., = erste Dame), im italienischen Theaterbetrieb seit dem 17. Jh. Bz. für die erste, die Hauptpartie einer Oper ausführende Sängerin (meist Sopran). Seit dem 18. Jh. wurde die Gegenüberstellung zweier gleichwertiger Hauptpartien in einer Oper beliebt: man unterschied zwischen der (bedeutenderen) P. assoluta und der Seconda donna (oder P. altra), die häufig tatsächlich um die Gunst des Publikums miteinander rivalisierten. Die virtuose Gesangtechnik und die durch triumphale Erfolge hervorgehobene Sonderstellung der Primadonnen beeinflußte in Wechselwirkung vielfach die Vokalpartien in der italienischen Oper des 18.–19. Jahrhunderts. Andererseits gaben die Launen und Extravaganzen dieser umworbenen Sängerinnen den Anstoß für eine Literatur, die z. T. satirisch in Pamphleten (z. B. *Il Teatro alla moda*, um 1720, von B. Marcello), aber auch glorifizierend diese Charakterzüge beschrieb. Im Zusammenhang damit wird seit dem ausgehenden 18. Jh. P. synonym mit Diva (it., = göttliche [Sängerin]) gebraucht. Zu den berühmtesten Primadonnen zählen Faustina Bordoni, Francesca Cuzzoni, Gertrud Mara, Giuditta Pasta, Wilhelmine Schröder-Devrient, Jenny Lind, Adelina Patti, Maria Callas, neuerdings auch Sängerinnen wie Monserrat Caballé und Teresa Stratas. – In entsprechender Weise wird der erste Sänger eines italienischen Opernensembles gelegentlich **Primo uomo** (it., = erster Herr) genannt.

Lit.: H. S. EDWARDS, The Prima donna, 2 Bde. (Lo 1888); A. WEISSMANN, Die Primadonnen (B 1920); G. MONALDI, Cantanti celebri, 1828–1929 (R 1929); K. HONOLKA, Die großen Primadonnen, v. der Bordoni bis z. Callas (St 1960); A. NATAN, Primadonnen (Bas – St 1962); W. HAAS, Nachtigall in Samt und Seide. Das Leben der großen Primadonnen (H – Düsseldorf 1969).

PRIMA LA MUSICA E POI LE PAROLE *(Zuerst die Musik und dann die Worte)*, Divertimento teatrale in einem Akt von Antonio Salieri (1750–1825), Text von Giambattista Casti. UA: 7. 2. 1786 in Wien (Orangerie des Schlosses Schönbrunn); dt. EA (in Originalsprache): Juli 1974 in Berlin.

Die Idee zu diesem satirischen Spiel, das gemeinsam mit W. A. Mozarts *Der Schauspieldirektor* zu Ehren des Generalgouverneurs der Niederlande im Rahmen eines pompösen Hoffestes aufgeführt wurde, stammt von Kaiser Joseph II.: eine musikalische Komödie über das Musiktheater. Casti wählte als Ziel seiner Kritik die Produktionsmechanismen des italienischen Operntheaters: Die Musik des neuen Werkes ist bereits komponiert, der Text muß in kürzester Zeit erst noch geschrieben werden. Salieri nutzte die Gelegenheit, um mit typischen Stilmitteln der Opera seria und der Opera buffa zugleich auch eine Stilparodie auf die herrschende italienische Oper zu schreiben. Die elf Nummern, deren gewichtigste das große dreiteilige Finale ist, fügen sich zu einer musikdramatisch schlüssigen Komposition; die komische Wirkung wird durch Originalzitate aus G. Sartis Oper *Giulio Sabino* (die gerade in Wien aufgeführt worden war) noch erhöht. Zeitgenossen erkannten in der Figur des Theaterdichters eine Karikatur Lorenzo Da Pontes. – Salieri erhielt für die Komposition 100 Dukaten, Mozart für seinen *Schauspieldirektor* hingegen nur 50. Beide Werke wurden bei öffentlichen Aufführungen im Kärntnerthortheater am 11., 18. und 25. Februar 1786 mit stürmischem Beifall aufgenommen. J. SCHLÄDER

PRIMA PRATICA, Prima prattica (it., = erste Art), eine zu Beginn des 17. Jh. im Rahmen der Kontroverse zwischen Cl. Monteverdi und G. M. Artusi in Gegenüberstellung zu ↗Seconda pratica geprägte Bz., die erstmals 1607 in der von G. C. Monteverdi verfaßten *Dichiarazione* zu den *Scherzi musicali* seines Bruders Claudio erschien. Darin verteidigt Giulio Cesare den modernen Kompositionsstil, die sog. Seconda pratica, seines Bruders gegen die P., die Komposition nach den strengen Kontrapunktregeln der Vokalpolyphonie des 15. und 16. Jh., wie sie von G. Zarlino 1558 in den *Istitutioni harmoniche* kodifiziert, von den Komponisten J. Ockeghem, Josquin des Prés, P. de la Rue, J. Mouton, Th. Crécquillon, Clemens non Papa, N. Gombert und A. Willaert zur Vollendung geführt und durch den Theoretiker Artusi in *L'Artusi overo Delle imperfettioni della moderna musica* (V 1600 und 1603) erbittert verfochten wurde.

Lit.: ↗Seconda pratica. B. R. SUCHLA

PRIMAVERA, Giovanni Leonardo, * um 1540 Barletta (Apulien), † nach 1585 Neapel; it. Komponist. 1573 ist er als Kapellmeister des spanischen Gouverneurs in Mailand nachweisbar. Seit etwa 1585 lebte er in Neapel, wo er u. a. mit C. Gesualdo in Verbindung stand. P. pflegte besonders das Madrigal und die neapolitanische Villanelle in ihrer ursprünglichen volkstümlichen Form.

WW: 7 Bücher Madrigale für 5 St., 1–2 (V 1565), 3: mit Madrigalen für 6 St. (V 1566), 4: mit einem Dialog für 10 St. (V 1573), 5 u. 7 (1578, 1587); 4 Bücher *Canzoni napolitane* für 3 St. (V 1565, 1566, 1570, 1574); *Napolitane* für 4 St. (V 1569).

PRIMA VISTA (it., = auf den ersten Blick), gelegentlich auch im außeritalienischen Sprachgebrauch gleichbedeutend mit dem deutschen *Vom Blatt* (Singen oder Spielen).

PRIMA VOLTA (it., = das erste Mal; Abk. gelegentlich: I^ma^, heute 1.), Bz. für den Takt (oder die Takte) vor einem Wiederholungszeichen, wenn dieser nicht in die Wiederholung einbezogen ist. Bei der Wiederholung wird dann dieser Text übersprungen und die *seconda volta* (Abk.: II^da^ bzw. 2.) gespielt oder gesungen. Die Schreibweise ist in der Regel folgendermaßen:

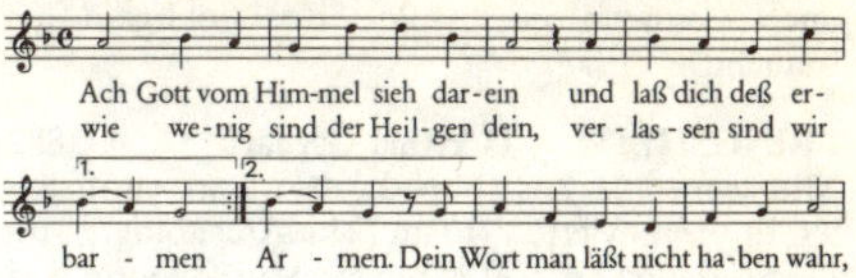

PRIME (von lat. prima = die erste). – **1)** Bz. für die 1. Stufe der diatonischen Tonleiter, die in der Kontrapunktlehre des 14./15. Jh. zunächst für einen gemeinsamen Ton gebraucht wurden, in den zwei verschiedene Stimmen zusammenfielen. – **2)** Bz. für das Intervall mit dem einfachsten Frequenzverhältnis (1 : 1), und zwar als sukzessives Intervall (= Tonwiederholung) und als Simultanintervall (Einklang = ↗Unisono), das in der älteren Musiktheorie nicht zu den Intervallen gezählt wird. – In der musikalischen Praxis unterscheidet man *reine P.* (z. B. c – c), *übermäßige P.* (c – cis) und *doppelt übermäßige P.* (ces – cis). Das Fortschreiten in reinen P.n (oder das in Oktaven) heißt Unisono.

PRIMO (it., = der erste; Abk.: I^mo^), meist tempo I^mo^ (= erstes Tempo), Anweisung für das Wiederaufnehmen des ursprünglichen Zeitmaßes nach einem Tempowechsel.

PRIMO UOMO ↗Primadonna.

PRIMROSE, Sir William, * 23. 8. 1903 Glasgow, † 1. 5. 1982 Provo (Utah); engl. Bratschist. P. studierte bei E. Ysaye an der Guildhall School in London, spielte 1930–35 im London String Quartet und 1937–42 als 1. Bratschist im National Broadcasting Company Orchestra in New York. 1939 gründete er ein nach ihm benanntes Streichquartett, wurde 1956 Mitglied des Festival Quartet und konzertierte als Solist in Europa und in den USA. Daneben unterrichtete P. seit 1961 an der University of Southern California in Los Angeles, seit 1965 an der School of Music der Indiana University in Bloomington und übernahm 1972 eine Meisterklasse an der Tokyo University of Fine Arts and Music. 1953 wurde P. Commander of the British Empire.

Schriften: *Technique Is Memory. A Method for Violin and Viola Players* (Lo 1960); *Violin and Viola* (Lo 1976) (zus. mit Y. Menuhin), dt. Übers. im Rahmen v. Y. Menuhins Musikführer: *Violine u. Viola* (Zug 1978). – Memoiren: *Walk on the Northside* (Lo 1978).

PRINCE OF THE PAGODAS, THE, Ballett von B. Britten; dt. Titel: Der ↗Prinz der Pagoden.

PRINCIPALE (it., = führend; Abk.: princ., pr.), ergänzende Bz. für solistische bzw. konzertierende Instrumentalstimmen (z. B. Violino p.), häufig auch synonym mit ↗solo oder ↗obligato gebraucht.

PRINGSHEIM. – **1) Heinz Gerhard,** * 7. 4. 1882 München, † 31. 3. 1974 ebd.; dt. Musikschriftsteller. Er promovierte 1910 im Fach Archäologie, studierte dann bis 1912 privat Musiktheorie bei R. Louis und Klavier bei A. Schmid-Lindner. Bis 1918 war er als Kapellmeister tätig, zuletzt an der Deutschen Oper Berlin, und berichtete dann bis zum Berufsverbot 1933 für die *Allgemeine Musikzeitung* und die *Berliner Volkszeitung,* nach 1945 für die *Süddeutsche Zeitung,* für die *Neue Zürcher Zeitung* sowie für den *Münchner Merkur.* 1945 gründete er mit K. A. Hartmann die „Musica viva"-Reihe und leitete 1945–50 die Musikabteilung des Bayerischen Rundfunks. Er hinterließ Lieder und Kammermusik und (1921 für Mary Wigman) *Sieben Tänze des Lebens.*

Schriften: *Th. Mann und die Musik,* in: SMZ 95 (1955); *Debussy als Bühnenkomponist,* in: Opernwelt 3 (1962); *Strauss, Perfall und Possart,* in: Mitt. der Int. R.-Strauss-Ges. (1969) Nr. 60.

2) Klaus, Bruder von 1), * 24. 7. 1883 Feldafing am Starnberger See, † 7. 12. 1972 Tokio; dt. Komponist und Dirigent. Er studierte Komposition und Dirigieren bei L. Thuille in München und bei G. Mahler in Wien und wirkte dann als Kapellmeister und Dramaturg an den Opernhäusern Genf, Prag, Breslau und Bremen. 1918 wurde er von M. Reinhardt an das Große Schauspielhaus Berlin berufen. 1931–37 war er Professor und Leiter der Symphoniekonzerte der Kaiserlichen Musikakademie in Tokio, wirkte bis 1939 in Bangkok beim Aufbau einer Musikakademie nach europäischem Vorbild, lebte 1946–51 in Los Angeles und 1951–71 als Direktor der Musashino-Akademie erneut in Tokio. P.s Wirken war vor allem vom Bemühen um Vermittlung zwischen abendländischer und ostasiatischer Musik bestimmt.

WW: **1) Kompositionen:** Zahlr. Lieder mit Klv. bzw. Orch.; Bearb. japanischer u. siamesischer Tänze u. Lieder; Kantate *Venedig* für Bar. u. Orch.; Funkoper *Yamady Nagasama*; Oper *Lojko Schar* (nach M. Gorki). – **2) Schriften:** *Vom modernen Wagner-Problem* (Rb 1914); *Der Tonsetzer A. Leverkühn,* in: Der Monat 1 (1949); *Helmholtz und das arabische Tonsystem,* in: SMZ 98 (1958); *Music in Japan,* in: Contemporary Japan 29 (1968); *Mahler, My Friend,* in: Composer 50/51 (1973/74).

J. DORFMÜLLER

PRINTZ, Wolfgang Caspar, * 10. 10. 1641 Waldthurn (Oberpfalz), † 13. 10. 1717 Sorau (Niederlausitz); dt. Musiktheoretiker. P. studierte 1659–61 Theologie an der Universität Altdorf, wurde 1661 Tenorist der Hofkapelle in Heidelberg und unternahm dann eine längere Reise nach Italien, wo er in Rom mit A. Kircher zusammentraf. Nach Deutschland zurückgekehrt, wurde er 1662 Musikdirektor und Hofkomponist des Grafen Leopold von Promnitz in Sorau und nach dessen Tod (1664) Kantor in Triebel (Niederlausitz). 1665 kehrte er als Kantor nach Sorau zurück und wurde 1682 unter dem Grafen Balthasar Erdmann von Promnitz erneut Musikdirektor.

Schriften: *Compendium musicae... ad Oden artificiose componendam* (Guben 1668); *Phrynis Mitilenaeus oder Satyrischer Componist,* 3 Bde., I (Quedlinburg 1676), II (Sagan 1677), III (zus. mit der NA der beiden ersten Bde.) (Dresden – L 1696); *Anweisung zur Singe-Kunst* (Guben 1671); *Musica modulatoria vocalis, oder manierliche und zierliche Sing-Kunst* (Schweidnitz 1678); *Compendium musicae signatoriae et modulatoriae vocalis* (Dresden 1689, [2]1714); *Exercitationes musicae... de concordantiis singulis,* 8 Teile. (*Dissertationes*) (ebd. 1687–89); *Historische Beschreibung der edelen Sing- und Kling-Kunst* (ebd. 1690). – Romane (Autorschaft nicht einwandfrei gesichert): *Musicus vexatus oder Der wohlgeplagte... Musicus instrumentalis* (Freiberg 1690); *Musicus magnanimus, oder Pancalus, der grossmüthige Musicant* u. *Musicus curiosus, oder Battalus, der vorwitzige Musicant* (ebd. 1691). – Von P.' Kompositionen (nach eigenen Angaben 150 Concerti u. 48 7st. Kanzonetten) hatten sich bis zum 2. Weltkrieg in Sorau autograph Kanzonetten erhalten.

P.' musiktheoretische Werke sind bedeutsam für die Kenntnis insgesamt der Musikanschauung des 17. Jh., speziell der Gesangpraxis, der musikalischen Figurenlehre und der Lehre von den rhythmischen Proportionen. P. war der erste, der den um 1600 entstehenden sogenannten Schwerpunktstakt systematisch erfaßte. Die *Historische Beschreibung* ist der früheste deutschsprachige Versuch einer Gesamtdarstellung der Musikgeschichte.

Ausg.: *Hist. Beschreibung der edelen Sing- u. Kling-Kunst...* 1690, Faks.-Ausg. hrsg. v. O. WESSELY (Gr 1964) (= Die großen Darstellungen der Musikgesch. in Barock u. Aufklärung 1); *Compendium musicae signatoriae...,* Nachdr. der Ausg. Dresden 1689 (Hil 1974); Ausgew. Werke, hrsg. v. H. K. KRAUSSE (B 1974ff.).

Lit.: J. MATTHESON, Grundlage einer Ehren-Pforte (H 1740, Neudruck B 1910, Nachdr. Kas 1969); H. HECKMANN, W. C. P. 1641–1717 u. seine Rhythmuslehre (Diss. Fr 1952); DERS., Der Takt in der Musiklehre des 17. Jh., in: AfMw 10 (1953); S. STÖPFGESHOFF, Die Musikerromane v. W. C. P. u. J. Kuhnau zw. Barock u. Aufklärung (Diss. Fr 1960).

PRINZ DER PAGODEN, DER *(The Prince of the Pagodas),* Ballett in 3 Akten von Benjamin Britten (1913–76), Libretto und Choreographie von John Cranko (1927–73). UA: 1. 1. 1957 in London (Covent Garden) mit dem Royal Ballet; dt. EA: 17. 3. 1958 in München (Prinzregententheater).
Dieses „erste moderne englische Märchenballett" gilt als Werk, das sich in die Tradition jener klassischen, berühmten Handlungsballette einfügt, die im 19. Jh. komponiert wurden. Bekannte Märchenmotive (der König als Vater einer sanftmüti-

gen und einer herrschsüchtigen Tochter, die Brautwerbung selbstgefällig imposanter Könige, der Prinz in Tiergestalt und seine Entzauberung durch die Liebe der Prinzessin) prägen die Handlung des Balletts, die Britten musikalisch eindrucksvoll illustrierte. Die Reise der Prinzessin durch die Reiche der Luft, des Feuers und des Wassers, begleitet von grollendem Donner, zuckenden Blitzen und züngelnden Flammen wird tonmalerisch effektvoll gezeichnet; dem exotisch-phantastischen Märchenland der Pagoden werden javanisch-balinesische, durch sublime Instrumentierung (Gamelan-Orchester) erzielte Klangfarben zugeordnet. – Die von Britten dirigierte Uraufführung, die emphatisch als „englische Nationalfeier" apostrophiert wurde, erlangte den enthusiastischen Beifall des Publikums und der Presse. G. LUDIN

PRINZESSIN TURANDOT, Ballett in 2 Bildern von Gottfried von Einem (* 1918), op. 1. Libretto, Ausstattung und Dekoration: Luigi Malipiero. Choreographie: Tatjana Gsovsky. UA: 5. 2. 1944 in Dresden (Staatsoper).
G. von Einems Ballett präsentiert als einziges für das Tanztheater komponiertes Werk die mythisch-märchenhafte Fabel von der schönen, grausamen Kaisertochter, die jeden königlichen Brautwerber, der nicht die drei von ihr erdachten Rätsel zu lösen vermag, dem Henker überliefert. – In den elf Einzelnummern der Komposition wechseln rhythmisch akzentuierte Passagen mit melodisch-lyrischen ab, in denen das emotionale Spannungsfeld der agierenden Personen musikalisch illustriert wird. Situationsbedingte, atmosphärisch geprägte Stimmungsbilder werden in musikalisch prägnanten Charakterisierungen eingefangen. – Dieses erste vom Komponisten veröffentlichte Werk, das von Einem auf Anregung von W. Egk komponierte, wurde bei der UA äußerst wohlwollend aufgenommen. Auch die 1954 entstandene Konzertfassung *Vier Episoden für Orchester* (op. 1a) erlangte Beachtung. G. LUDIN

PRINZIPAL (engl.: open diapason; frz.: principal, montre; it.: principale; span.: flautado), bei der Orgel offenes Labialregister von mittlerer Mensur und in verschiedenen Fußtonlagen (32' – 1'). Hauptwerk 8', Rückpositiv 4' und Brustwerk 2' bilden seine Basis. Gegenüber weiteren und engeren Stimmen (Flöten, streichende Register) ist der P. deutlich durch seine kräftige Intonation hervorgehoben. Im deutschen Orgelbau bezeichnet man ihn oft als Vertreter der „männlichen" Gruppe von Registern im Gegensatz zu den „weiblichen". Als Materialien werden meist Zinn, Kupfer, für den 32' und 16' auch Holz verwendet. – Der P. italienischer Orgeln zeichnet sich durch verhältnismäßig enge Mensur aus. Im französischen Orgelbau tritt an die Stelle des weiter mensurierten – und auch als Begleitregister geeigneten P.s des 18. Jh. – im 19. Jh. der sehr kräftig intonierte P. der „symphonischen", auf orchestrale Klangentfaltung disponierten Orgel. – Die z. T. synonym gebrauchten Bezeichnungen P. und ↗Prästant beziehen sich zunächst auf die Stellung der Pfeifen – nämlich vorn – im Prospekt, dann aber auf ihre Bedeutung als Hauptstimme.

PRINZ VON HOMBURG, DER, Oper in 3 Akten von Hans Werner Henze (* 1926), nach dem Schauspiel von Heinrich von Kleist, für Musik eingerichtet von Ingeborg Bachmann. Ort u. Zeit der Handlung: Fehrbellin, im Jahre 1675. UA: 22. 5. 1960 in Hamburg.
I. Bachmann hat die literarische Vorlage von 5 auf 3 Akte gestrafft, vor allem auf die lyrisch geprägten Szenen zurückgegriffen, die sprachliche Diktion aber beibehalten. Henze löste sich in seiner vierten Oper von der bis dahin selbstgewählten Bindung an einen dogmatisch untermauerten Musikstil und folgt mit dem situationsbedingten Wechsel der musikalischen Mittel einem darstellerischen Prinzip I. Strawinskys, dem dieses Werk gewidmet ist. Der Komponist wurde der im Libretto bewahrten Sprachphantasie Kleists mit kongenialer Klangphantasie und angemessener Formvielfalt gerecht. Somit erfüllt die Oper den Anspruch, ein eigenständiges Kunstwerk und nicht nur musikalische Ausgestaltung eines Dramas der Weltliteratur zu sein. Einzelne kompositorische Techniken, wie die Personencharakterisierung durch bestimmte Intervallfolgen und die mit Fortgang der Handlung sich scheinbar zwingend ergebende Umbildung der musikalischen Motive („Das Material entwickelt sich im Verlauf der Komposition"), bleiben dem Hörer bei der ausschließlich auditiven Rezeption weitgehend verborgen. – Die Uraufführung war für Henze ein triumphaler Erfolg. K. LANGROCK

PRIORIS, Johannes, franko-flämischer Komponist um 1500. Er ist 1490 als Organist der päpstlichen Kapelle und 1507 als Kapellmeister König Ludwigs XII. von Frankreich nachweisbar. Seine Werke, darunter eines der frühesten Requiems, stehen stilistisch in der Nähe von A. Busnois (Chansons) und J. Ockeghem (Messen und Motetten).

WW: Requiem für 4 St., in: RISM 1532[5]; hsl. erhalten: 4 Messen für 4 u. 6 St.; 14 Motetten meist für 4 St.; 4 Magnificat für 4 u. 5 St.; mehrere Chansons für 3 u. 5 St.

Ausg.: Ein Song, in: Music at the Court of Henry VIII, hrsg. v. J. STEVENS (Lo 1962) (= Mus. Brit. 18); 2 Lieder in: Das Liederbuch des J. Heer von Glarus (Cod. 462 der Stiftsbibl. St. Gallen), hrsg. v. A. GEERING – H. TRÜMPY (Bas 1967) (= SMD 5); H. KEAHY, The Masses of J.P., A Critical Ed. (1968) (= Diss. Univ. of Texas); R. M. WEXLER, The Complete Works of J. P. (1974) (= Diss. New York Univ.).

Lit.: A. W. AMBROS, Gesch. der Musik III (Breslau 1886, L [2]1893, Nachdr. Hil 1968); CH. VAN DEN BORREN, Geschiedenis van de Muziek in de Nederlanden I (An 1948); G. REESE, Music in the Renaissance (NY 1954, [2]1959); H. HOFMANN-BRANDT, Eine neue Quelle z. ma. Mehrstimmigkeit, in: FS B. Stäblein (Rb 1967).

PRITCHARD, John, * 5. 2. 1921 London; engl. Dirigent. P. wurde von seinem Vater im Violin- und Violaspiel ausgebildet, studierte Dirigieren bei H. Wood und dirigierte 1943–45 das von ihm gegründete Derby String Orchestra. Seit 1947 wirkte er beim Glyndebourne Festival, zunächst als Korrepetitor, seit 1951 als Dirigent, seit 1963 als musikalischer Berater und 1969–78 als musikalischer Direktor. 1978 wurde er Chefdirigent der Kölner Oper und 1979 leitender Gastdirigent beim BBC Symphony Orchestra. Außerdem dirigierte er 1952/53 an der Wiener Staatsoper, war 1956–62 musikalischer Leiter des Royal Philharmonic Orchestra und 1962–66 des London Philharmonic Orchestra, 1966–68 Co-Direktor der Oper in Marseille und leitet seit 1973 die Huddersfield Choral Society. 1962 wurde er Commander of the British Empire.

Schriften: *Conducting Mozart*, in: Opera Annual 2 (1955/56); *Covent Garden and Glyndebourne. A Conductor's Comparison*, in: Opera 15 (1964).

Lit.: B. HALL, in: MT 100 (1959); H. ROSENTHAL, in: Opera 22 (1971).

PRIULI, Giovanni, * zwischen 1575 und 1580 Venedig, † 1629 Wien; it. Komponist. P. war vermutlich Instrumentalist der Herzogin von Urbino, dann in Venedig Schüler G. Gabrielis, den er seit 1600 im Organistenamt an S. Marco unterstützte. 1614 oder 1615 wurde er Hofkapellmeister Erzherzog Ferdinands in Graz, nach dessen Kaiserwahl 1619 Kaiserlicher Hofkapellmeister in Wien.

WW (alle in Venedig gedruckt): **1) Weltliche WW:** 4 Bücher Madrigale für 5 St., 1 (1604), 2 (1607), 3: mit B. c. *di due maniere, l'una per voci sole, l'altra per voci, & istromenti* (1612), 4: *Musiche concertate* für 3–9 St. u. B. c. mit Instr. (1622); *Delicie musicali* für 2–10 St. u. B. c. (1625). – **2) Geistliche WW:** *Sacri concentus*, 2 Teile, 1: Motetten für 5–8 St. u. B. c., Kanzonen u. Sonaten (1618), 2: Motetten für 10–12 St. u. B. c., Kanzonen u. Sonaten (1619); *Psalmi Davidis* für 8 St. u. B. c. (1621); Messen für 4, 6 u. 8 St. u. B. c. ad lib. (1624), für 8–9 St. u. B. c. *atque etiam instrumentis* (1624); Motetten u. Psalmen auch in Sammeldrucken 1615–46 u. hsl. erhalten.

Ausg.: 2 Madrigale, in: It. Musiker u. das Kaiserhaus 1567–1625, hrsg. v. A. EINSTEIN (W 1934) (= DTÖ 77); 1 Motette, hrsg. v. J. ROCHE (L 1968); Instrumentalkanzonen, hrsg. v. E. HILMAR (Gr 1970) (= Musik alter Meister 19/20); 4 Generalbaßmotetten aus *Parnassus musicus Ferdinandaeus* 1615, hrsg. v. H. J. BUSCH (Gr 1970) (= ebd. 23); *Sacrorum concentuum pars I*, hrsg. v. A. BIALES (Kö 1974) (= Concentus musicus 2); *Delicie musicali* 1625, hrsg. v. DEMS., 2 Bde. (Gr 1977–79) (= Musik alter Meister 45/46).

Lit.: H. FEDERHOFER, Musikpflege u. Musiker am Grazer Habsburgerhof der Erzherzöge Karl u. Ferdinand v. Inneröstr. 1564–1619 (Mz 1967); A. BIALES, G. P.'s Sacrorum concentuum pars I 1618, in: Anal. Mus. 12 (1973).

PRIX DE ROME (frz., = Rom-Preis), die wohl älteste (bis 1968 beibehaltene) und bedeutendste in Frankreich vergebene Auszeichnung für Komponisten. Die 1666 von Jean-Baptiste Colbert, dem Finanzminister Ludwigs XIV., gegründete Académie de France in Rom vergab diese zunächst nur an bildende Künstler. Erst nach der Neuorganisation 1803 unter Napoleon I. konnte der P. auch an Komponisten vergeben werden, jedoch beschränkt auf Studierende des Pariser Conservatoire (Höchstalter 30 Jahre). Grundlage war ein strenger Wettbewerb, bei dem eine etwa 30köpfige Jury – in der Mehrzahl Maler, Architekten und Bildhauer, in der Minderheit Musiker – über die eingereichten Werke (anfangs eine Pflichtkantate, später eine Oper) zu urteilen hatte. Aufgrund der Vergabe-Modalitäten war der P. zwar umstritten, andererseits jedoch der damit verbundenen öffentlichen Anerkennung wegen sehr begehrt. Er bestand aus einem Staatsstipendium für 5 Jahre, eingeschlossen ein 2jähriger Arbeitsaufenthalt in der Villa Medici in Rom, während der der Stipendiat mehrere Kompositionen vorzulegen hatte. Der 2. Preis war eine Medaille. Den P. erhielten u.a. H. Berlioz (1830), Ch. Gounod (1839), G. Bizet (1857), J. Massenet (1863), Cl. Debussy (1884), G. Charpentier (1887), Fl. Schmitt (1900), M. Dupré (1914), J. Ibert (1919), Elsa Barraine (1929), H. Dutilleux (1938), Jean-Pierre Rivière (1957), Alain Louvier (1968). M. Ravel z.B. wurde nur mit einem 2. Preis ausgezeichnet, andere – später führende – Komponisten konnten sich als Nichtstudierende des Pariser Conservatoire gar nicht erst bewerben. Förderungswürdige junge Künstler werden auch heute noch von einer Staatskommission für einen Stipendienaufenthalt in der Villa Medici in Rom ausgewählt. – Nach dem französischen Muster wurde einem königlichen Dekret entsprechend auch in Belgien unmittelbar nach der Staatsgründung ein ab 1841 alle 2 Jahre stattfindender P.-Kompositionswettbewerb eingerichtet, der jeweils dem 1. und 2. Preisträger einen Studienaufenthalt in Deutschland, Frankreich und Italien gewährt und der seit 1929 mit einem Geldpreis verbunden ist. Bekanntere Preisträger waren: Étienne-Joseph Soubre (1841), S. Dupuis (1881),

J. Jongen (1897), A. Dupuis (1903), J. Absil (1931, 2. Preis), V. Legley (1943, 2. Preis), M. Quinet (1945), R. Friesen (1951), zuletzt Frédéric van Rossum (1965) und Jean Baily (1952, 2. Preis).

PROCHÁZKA, Rudolf Freiherr **von**, * 23. 2. 1864 Prag, † 24. 3. 1936 ebd.; tschechischer Musikschriftsteller und Komponist. Er studierte in Prag Jura, außerdem Violine, Kontrapunkt und Komposition. Neben seiner Tätigkeit im Staatsdienst, zuletzt als Ministerialrat in Prag, gehörte er zwischen 1904 und 1918 zum Direktorium des Prager Konservatoriums und 1920 zu den Gründern der Deutschen Musikakademie. Außerdem schrieb er Kritiken für das *Prager Tagblatt* (1899–1911) und für das *Prager Abendblatt* (1925–36).

WW: 1) **Kompositionen:** Klv.-Stücke; Kammermusik; *Sinfonische Lieder ohne Worte* u. *Harfner-Variationen* für Orch.; Lieder; Kantaten; Oratorium *Christus;* Oper *Das Glück*, UA: Wien 1898. – 2) **Schriften:** *Mozart in Prag* (Pr 1891), 4. Aufl. hrsg. v. P. Nettl, als: *Mozart in Böhmen* (1938, [5]1955); *R. Franz* (L 1894); *J. Strauss* (B 1899); *Das romantische Musik-Prag* (Saaz 1914); *Der Kammermusikverein in Prag* (Pr 1926).

Lit.: C. HUNNIUS, R. von P. (L 1902); R. QUOIKA, Die Musik der Deutschen in Böhmen u. Mähren (B 1956).

PROCTER, Mary Norma, * 15. 2. 1928 Cleethorpes (Lincoln); engl. Sängerin (Alt). Nach ihrem Gesangstudium vor allem bei Roy Henderson und Alec Redshaw debütierte sie 1956 als Konzertsängerin und machte sich durch ihre Auftritte in England auch bald im europäischen Ausland bekannt. 1961 sang sie an der Londoner Covent Garden Opera den Orpheus in Chr. W. Glucks *Orpheus und Eurydike.* In den 60er Jahren war sie häufig Gast bei den Ansbacher Festwochen, beim Holland Festival und in Wien.

PROD'HOMME, Jacques-Gabriel, * 28. 11. 1871 Paris, † 17. 6. 1956 ebd.; frz. Musikforscher. Er studierte 1890–94 Philologie und Musikgeschichte an der École des Hautes Études Sociales in Paris, unternahm mehrere Studienreisen nach Deutschland und lebte 1897–1900 in München. In Paris gründete er 1902 die frz. Sektion der Internationalen Musikgesellschaft und 1917 mit L. de La Laurencie die Société Française de Musicologie. 1931 wurde er Archivar an der Opéra und 1934 auch Bibliothekar am Pariser Conservatoire; zwei Aufgaben, die er bis 1946 wahrnahm. P. war außerdem als Musikkritiker für viele französische und ausländische Zeitungen tätig und gehörte zu den führenden Musikgeschichtsforschern seiner Generation. Sein Interesse galt vor allem der Musik des 19. Jahrhunderts.

Schriften: *Le cycle Berlioz*, 2 Bde., I: *La damnation de Faust*, II: *L'enfance du Christ* (P 1896–98); *H. Berlioz, Sa vie et son œuvre* (P 1904, dt. L 1906); *Les symphonies de Beethoven* (P 1906, [5]1949); *Paganini* (P 1907, engl. NY 1911); *F. Liszt* (P 1910); *R. Wagner et la France* (P 1921); *L'Opéra 1669–1925* (P 1925, Nachdr. G 1972); *Les sonates pour piano de Beethoven* (P 1937, dt. Wie 1948); *Gluck* (P 1948); *F.-J. Gossec* (P 1949).

Lit.: M. GARROS, in: RMie 39/40 (1957).

PROFE, Ambrosius, * 12. 2. 1589 Breslau, † 27. 12. 1661 ebd.; dt. Komponist. Er studierte seit 1612 Theologie an der Universität Wittenberg, war 1617–29 Kantor und Organist in Jauer (Niederschlesien), kehrte dann nach Breslau zurück, gründete ein Handelsgeschäft und versah außerdem 1633–49 das Organistenamt an St. Elisabeth. Durch seine Sammeldrucke geistlicher Musik trug P. sehr dazu bei, daß die Werke italienischer Meister des geringstimmigen konzertierenden Stils mit und ohne Instrumente in Mittel- und Ostdeutschland bekannt wurden. Zahlenmäßig am stärksten vertreten sind G. Rovetta, A. Grandi und Cl. Monteverdi.

WW: *Rhum und Danck-Liedlein* für 6 St. u. B.c. (Breslau 1634); Traktat *Compendium musicum ... kurtze Anleitung, wie ein junger Mensch in weniger Zeit ... möge singen lernen* (L 1641). – Er gab heraus: 7 Sammeldrucke 1627–49, davon vollständig erhalten *Geistliche Concerte und Harmonien*, 4 Teile (Breslau 1642–46), darin auch 2 eigene Gesänge; ferner Werke von S. Scheidt u. H. Albert.

Lit.: A. ADRIO, A.P. als Hrsg. it. Musik seiner Zeit, in: FS K. G. Fellerer (Rb 1962); F. FELDMANN, P., in: Grove[6] XV.

PROGRAMMUSIK wird jede Art von Instrumentalmusik genannt, über deren außermusikalischen Inhalt der Komponist in einem schriftlich fixierten Programm, d.h. als Überschrift, Titel oder Erläuterung, Auskunft gibt. Dabei ist der Begriff „außermusikalischer Inhalt" im weitesten Sinne zu verstehen: P. kann akustische Vorgänge nachahmen, von optischen Vorstellungen und Bildern angeregt sein, persönliche Erlebnisse schildern oder literarische und philosophische Ideen darstellen. Über kaum ein anderes Gebiet der Musik herrschen so viele Vorurteile wie über die Programmusik. Sie wird oft mit platter Illustration und Tonmalerei verwechselt; es wurden und werden ihr (zu Unrecht) Formlosigkeit und Mangel an musikalischer Logik vorgeworfen. Auch die Meinungen, daß von P. nur dann gesprochen werden könne, wenn ein detailliertes Programm vorliegt oder wenn das Programm eine neue Form geschaffen habe, werden der Sache nicht gerecht. Denn es ist zwar richtig, daß Fr. Liszt und seine Anhänger nach dem Axiom verfuhren, das Sujet (der außermusikalische Inhalt) bestimme die musikalische Form und alle Dimensionen der Technik; es gibt jedoch auch P.-Werke, die sich von dem überkommenen Formenkanon nicht allzusehr entfernen.

Schon im 17. und im 18. Jh. finden sich neben illustrierender P., die Naturvorgänge, Schlachten oder Jagdszenen schildert, auch Werke, die „Empfindungen" (Gemütszustände) ausdrücken. Dazu gehören vor allem die *Biblischen Historien* (1700) von J. Kuhnau, *Le quattro stagioni* von A. Vivaldi, der *Musikalische Instrumental-Kalender* von Gr. J. Werner, die Programmsymphonien J. Haydns und die Symphonien nach Ovids *Metamorphosen* von C. Ditters von Dittersdorf. Programmgebundene Kompositionen verbergen sich im ausgehenden 18. und beginnenden 19. Jh. vielfach hinter den Termini „charakteristische" Sonate und „charakteristische" Symphonie.
Spätestens seit L. van Beethovens *Eroica* (1803) und *Pastorale* (1808) und seit der Klaviersonate *Les adieux* (1810) wurde die P. zu einer anspruchsvollen Gattung. Viele Werke der poetisch inspirierten Klaviermusik R. Schumanns *(Papillons, Carnaval, Kreisleriana, Novelletten)* weisen zumindest eine Affinität zur P. auf. Für mehrere führende Komponisten des 19. Jh. war die P. die einzige legitime Gattung avantgardistischer Instrumentalmusik überhaupt. H. Berlioz' Konzeption der P. orientierte sich am Drama, Fr. Liszts Konzeption hingegen am Epos, an literarischen Werken höchsten Ranges wie *Manfred* von Lord Byron und *Faust* von J. W. v. Goethe. Liszt strebte die Verschwisterung der Musik mit der Literatur an. Unter P. verstand er nicht die Schilderung äußerer, realer Gegebenheiten, sondern die „Erzählung innerer Vorgänge". Die ästhetischen und kompositionstechnischen Maximen, auf denen seine symphonischen Dichtungen basieren, unterscheiden sich grundsätzlich von den Normen der ↗absoluten Musik. Mehrere Tondichtungen von R. Strauss stehen dem Lisztschen Konzept der P. nahe, während sich andere von ihm entfernen. So setzt Strauss im *Till Eulenspiegel* (1895) und im *Don Quixote* (1897) ein äußeres Geschehen, eine Folge mehr oder minder realistisch gemeinter Episoden, in Musik um. G. Mahler legte seinen ersten 4 Symphonien Programme zugrunde, die er später zurückzog. Mahler war von der Überzeugung durchdrungen, daß es seit Beethoven keine moderne Musik gebe, die nicht ihr „inneres" Programm habe. In den Jahren zwischen 1850 und 1918 erlebte die P. ihre Blütezeit. Es entstand in allen Ländern eine überquellende Produktion an symphonischen Dichtungen und Programmsymphonien. Nach dem ersten Weltkrieg verlor die P. an Ansehen und Aktualität. Sie wurde vielerorts verfemt; vielen galt sie als eine inferiore Kunst. Gleichwohl haben Komponisten wie A. Schönberg, A. Webern, A. Berg und L. Janáček Instrumentalwerke geschrieben, denen vielfach verschwiegene Programme zugrunde liegen. Noch in unserer Zeit suchen viele Komponisten immer wieder, die Möglichkeiten der Darstellung durch Musik zu erproben.

Lit.: W. KLATTE, Zur Gesch. der Programm-Musik (B o.J.) (= Die Musik 7); F. NIECKS, Programme Music in the Last Four Centuries (Lo 1907); O. KLAUWELL, Gesch. der P. v. ihren Anfängen bis z. Gegenwart (L 1910, Nachdr. Wie 1968); K. SCHUBERT, Die P. (L 1933) (= Musikal. Formen in hist. Reihen 13); H. UNVERRICHT, Hörbare Vorbilder in der Instrumentalmusik bis 1750. Unters. z. Vorgesch. der P. (Diss. B 1954); W. WIORA, Zwischen absoluter u. P., in: FS F. Blume (Kas 1963); W. STOCKMEIER, Die P. (Kö 1970); C. FLOROS, G. Mahler, 2 Bde. (Wie 1977); DERS., Literarische Ideen in der Musik des 19. Jh., in: HJbMw 2 (1977); C. DAHLHAUS, Die Idee der absoluten Musik (Kas 1978); C. FLOROS, Das esoterische Programm der Lyrischen Suite v. A. Berg, in: Musik-Konzepte 4 (Mn 1978); DERS., Beethovens Eroica u. Prometheus-Musik (Wilhelmshaven 1978); DERS., Die Faust-Symphonie v. F. Liszt, in: Musik-Konzepte 12 (Mn 1980); DERS., R. STRAUSS u. die P., in: Ars musica – Musica scientia. FS H. Hüschen (Kö 1980).

C. FLOROS

PROGRESSIVE JAZZ, Bz. für den weißen Big-Band-Jazz (1943/44 bis um 1950), der als Parallelphänomen zum Bebop und damit als frühe Erscheinung des Modern Jazz zu verstehen ist. Auf der Grundlage kompositorischer Prinzipien der europäischen Musiktradition versucht der P. die Musik der traditionellen Swing-Big-Band der Neuen Musik anzunähern: durch formale Vielgestaltigkeit (Originalkompositionen), harmonische Differenzierung, klangliches Raffinement (Besetzungsvielfalt), was jedoch zu Lasten improvisatorischer Freizügigkeit und rhythmischer Intensität geht. Wichtigster Repräsentant, auf den auch die Bezeichnung P. zurückgeht (Schallplattentitel 1947), ist Stan Kenton (mit den Arrangeuren Pete Rugolo, Bob Graettinger u. a.); ferner Boyd Raeburn sowie Woody Herman.

PROHASKA, Felix, * 16. 5. 1912 Wien, † 29. 3. 1987 ebd.; östr. Dirigent. Er war ein Sohn des Komponisten Carl P. (1869–1927) und studierte in Wien Klavier (bei Friedrich Wührer und Eduard Steuermann), Violine (bei G. Feist) und Musiktheorie (H. Gal und E. Kornauth). 1936–39 war er Korrepetitor an der Oper und Dozent am Konservatorium in Graz, 1939–41 Kapellmeister an der Duisburger Oper, 1941–43 in Straßburg, 1945–56 1. Kapellmeister an der Staatsoper sowie Dozent an der Musikakademie und am Konservatorium in Wien. 1955–61 wirkte er als 1. Kapellmeister an der Frankfurter Oper und leitete 1961–69 die Musikhochschule Hannover. Außerdem trat er als Gastdirigent im In- und Ausland auf.

PROHASKA, Jaro (Jaroslav), * 24. 1. 1891 Wien, † 28. 9. 1965 München; östr. Sänger (Baß-Bariton).

Er sang 1898–1906 bei den Wiener Sängerknaben, studierte seit 1907 Klavier, Dirigieren und Theorie am Konservatorium und 1919–23 Gesang an der Akademie für Darstellende Kunst und Musik in Wien. 1920 debütierte er als Konzertsänger und trat in Lübeck 1922 erstmals als Opernsänger auf. Nach einem weiteren Engagement in Nürnberg (1925–31) kam er 1931 an die Berliner Staatsoper, der er bis zum Ende seiner Bühnentätigkeit 1952 angehörte. Daneben gastierte er an den großen europäischen Bühnen und in Südamerika, wirkte häufig bei den Salzburger und 1933–44 bei den Bayreuther Festspielen mit. Nach dem 2. Weltkrieg lehrte er 1947–59 an der Berliner Hochschule für Musik, seit 1952 als Professor, Abteilungsleiter und Direktor der Opernschule. Vor allem in Wagner-Partien wie Wotan *(Ring des Nibelungen),* Hans Sachs *(Meistersinger),* Holländer *(Fliegender Holländer)* und Amfortas *(Parsifal)* ist er unvergessen geblieben.

PROKOFJEW, Sergei Sergejewitsch, * 11. (23.) 4. 1891 im ukrainischen Dorf Sonzowka (Gouvernement Jekaterinoslaw), † 5. 3. 1953 Moskau; russ.-sowjetischer Komponist und Pianist. Seinen ersten Klavierunterricht erhielt P. von der Mutter, die ihn auch bei seinen frühen Kompositionsversuchen ermutigte. Nachdem er seine musiktheoretischen Kenntnisse – vornehmlich mit Hilfe R. Glières – vertieft hatte, bestand P. 1904 die Aufnahmeprüfung am St. Petersburger Konservatorium. Den Unterweisungen N. Rimski-Korsakows (Instrumentation) und den 1909 beendeten Studien bei A. Ljadow (Komposition) wußte er nur wenig abzugewinnen; erst durch die sich anschließende pianistische Ausbildung (Annette Jessipowa) und insbesondere durch die Dirigierkurse N. Tscherepnins wurde die künstlerische Entfaltung des eigenwillig-selbstbewußten Schülers merklich gefördert, der zu dieser Zeit bereits mit avantgardistischen, heftig umstrittenen Kompositionen allgemeines Aufsehen erregte. Seine zweite Studienphase schloß P. 1914 mit dem Vortrag seines 1. Klavierkonzerts als Jahrgangsbester ab. Nach dem Examen lernte er in London die neueren, ihn stark beeindruckenden Werke I. Strawinskys, vor allem *Le Sacre du Printemps,* kennen; auch knüpfte er hier dauerhafte Kontakte zu S. Diaghilew, der ihm den ersten Auftritt außerhalb Rußlands (Rom 1915) ermöglichte. 1918 verließ P. mit Billigung der sowjetischen Behörden seine Heimat. Während der folgenden Jahre kämpfte er – zunächst mit wechselndem Erfolg – in Amerika und Westeuropa um seine Anerkennung als Komponist. In Chicago wurden 1921 die Oper *Die Liebe zu den drei Orangen* und das 3. Klavierkonzert uraufgeführt; in Paris, wo sich P. 1923 schließlich niederließ, produzierten Diaghilew bzw. S. Lifar seine Ballette (1921–32); die Instrumentalwerke fanden Eingang in das Repertoire namhafter Interpreten; und seinen Ruf auch als Pianist festigte P. durch ausgedehnte Konzertreisen. Bei der ersten Tournee durch die UdSSR (1927) war P. – inzwischen eine herausragende Persönlichkeit des internationalen Musiklebens – begeistert gefeiert worden, was dazu beigetragen haben mag, daß er die Verbindungen zur russischen Heimat allmählich wieder intensivierte. 1936 kehrte er mit seiner Familie sogar endgültig dorthin zurück. Die Tendenzen der stalinistischen Kulturpolitik waren freilich schwer abschätzbar; denn trotz seines Bemühens, auch den parteioffiziellen ästhetischen Maximen zu genügen, fanden seine „sowjetischen" Kompositionen – soweit sie überhaupt aufgeführt wurden – kaum ungeteilte Zustimmung. Darüber hinaus wurde P. bei der Schdanow-Kampagne gegen den „Formalismus" 1948 zu einem der Hauptschuldigen erklärt. Neben seiner höchst angegriffenen Gesundheit waren es gewiß derartige Attacken, die ihn veranlaßten, sich während seiner letzten Lebensjahre immer häufiger in sein Landhaus bei Moskau zurückzuziehen.

WW: **1) Instr.-WW: a)** Für Klv.: 9 Sonaten: f-moll, op. 1 (1909); d-moll, op. 14 (1912); a-moll, op. 28 (1917); c-moll, op. 29 (1917); C-Dur, op. 38 (1923), 2. Fassung als op. 135 (1952–53); A-Dur, op. 82 (1939–40); B-Dur, op. 83 (1939–42); B-Dur, op. 84 (1939–44); C-Dur, op. 103 (1947); 2 Sonatinen e-moll u. G-Dur, op. 54 (1931–32); *Tokkata* d-moll, op. 11 (1912); *Sarkasmy* (Sarkasmen), op. 17 (1912–14); *Mimoljotnosti (Visions fugitives),* op. 22 (1915–17); *Skaski staroi babuschki* (Erzählungen einer alten Großmutter), op. 31 (1918); *Weschtschi w sebe (Choses en soi),* op. 45 (1928); *Mysli (Pensées),* op. 62 (1933–34); *Detskaja musyka* (Musik für Kinder), op. 65 (1935). – 4 Etüden, op. 2; Klv.-Stücke op. 3, 4, 12, 32, 59; Bearb. von Stücken aus *Romeo i Dschuljetta* (op. 75), *Soluschka* (op. 95, 97, 102) u. aus weiteren eigenen Werken. – **b)** Kammermusik: Sonate D-Dur für Solo-V., op. 115 (1947); Sonate C-Dur für 2 V., op. 56 (1932); für V. u. Klv.: 5 Melodien, op. 35bis; 2 Sonaten: f-moll, op. 80 (1938–46) u. D-Dur, op. 94bis (1943–44) (= Transkription der Sonate für Fl. u. Klv., op. 94); für Vc. u. Klv.: Ballade c-moll, op. 15 (1912); Sonate C-Dur, op. 119 (1949); 2 Streichquartette: h-moll, op. 50 (1930) u. F-Dur, op. 92 (1941) (über kabardinische Themen); Humoristisches Scherzo für 4 Fag., op. 12bis; Quintett g-moll für Ob., Klar., V., Va. u. Kb., op. 39 (1924); Ouvertüre über hebräische Themen c-moll für Klar., 2 V., Va., Vc. u. Klv., op. 34 (1919), Fassung für Orch. als op. 34bis (1934). – **c)** Für Orch.: Sinfonietta A-Dur, op. 5 (1909/1914), 3. Fassung als op. 48 (1929); 7 Symphonien, 1: *Klassitscheskaja simfonija (Symphonie classique)* D-Dur, op. 25 (1916–17); 2: d-moll, op. 40 (1924); 3: c-moll, op. 44 (1928); 4: C-Dur, op. 47 (1929–30), 2. Fassung als op. 112 (1947); 5: B-Dur, op. 100 (1944); 6: es-moll, op. 111 (1945–47); 7: cis-moll, op. 131 (1951–52); ferner: Ouvertüren op. 42, 72; Walzer op. 110, 120; Märsche op. 88; Festliche Poëme op. 113, 130; symphonisches Bild *Sny* (Träume), op. 6 (1910); symphonische Skizze *Osenneje* (Herbstliches), op. 8 (1910), überarb. (1915, 1934); *Ala i Lolli. Skifskaja sjuita* (Ala u. Lolli. Skythische Suite), op. 20 (1914–15);

Divertimento, op. 43 (1925–29); *Simfonitscheskaja pesn* (Symphonisches Lied), op. 57 (1933); symphonisches Märchen *Petja i wolk* (Peter u. der Wolf), mit Sprecher, op. 67 (1936); symphonische Suite *1941 god* (Das Jahr 1941), op. 90 (1941); *Oda na okontschanije woiny* (Ode auf das Ende des Krieges), op. 105 (1945). – Suiten aus Opern, Balletten, Bühnen- u. Filmmusiken, u. a. aus: *Igrok* (*4 Portreta i Raswjaska*/4 Portraits u. Finale, op. 49), *Obrutschenije w monastyre* (*Letnjaja notsch*/Sommernacht, op. 123); *Romeo i Dschuljetta* (op. 64bis, 64ter, 101), *Soluschka* (op. 107, 108, 109), *Skas o kamennom zwetke* (op. 126, 127, 128); *Jegipetskije notschi* (op. 61); *Porutschik Kische* (op. 60). – **d)** Für Solo-Instr. u. Orch.: 5 Klv.-Konzerte: Des-Dur, op. 10 (1911–12); g-moll, op. 16 (1913), 2. Fassung (1923); C-Dur, op. 26 (1917–21); B-Dur, für die linke Hand, op. 53 (1931); G-Dur, op. 55 (1932); 2 V.-Konzerte: D-Dur, op. 19 (1916–17); g-moll, op. 63 (1935); für Vc.: Konzert e-moll, op. 58 (1933–38); *Simfonija-konzert* e-moll, op. 125 (1950–52); *Konzertino* g-moll, op. 132 (vollendet v. M. Rostropowitsch, instrumentiert v. D. Kabalewski). – **2) Vokal-WW: a)** Für SingSt u. Klv.: *Gadki utjonok* (Das häßliche Entlein) (nach Ch. Andersen), op. 18; Lieder op. 27, 36, 73 (nach Texten v. A. Achmatowa, K. Balmont bzw. A. Puschkin); Volksliedbearbeitungen u. a. – **b)** Kantaten: *Semero ich* (Es sind ihrer Sieben), op. 30 (1917–18), überarb. (1933); *K 20-letiju Oktjabrja* (Zum 20. Jahrestag der Oktoberrevolution), op. 74 (1936–37); *Alexandr Newski*, op. 78 (1938–39) (aus der Filmmusik); *Sdrawiza* (Trinkspruch), op. 85 (1939) (zum 60. Geburtstag Stalins); *Ballada o maltschike, ostawschemsja neiswestnym* (Ballade vom Knaben, der unbekannt blieb), op. 93 (1942–43); Oratorium: *Na strasche mira* (Auf Friedenswacht), op. 124 (1950). – **3) Bühnen-WW: a)** Opern: *Maddalena*, op. 13 (1911–13), Funk-UA (BBC): 1979; *Igrok* (Der Spieler), op. 24 (1915–16), 2. Fassung (1927–28), UA: Brüssel 1929; *Ljubow k trjom apelsinam* (Die Liebe zu den drei Orangen), op. 33 (1919), UA: Chicago 1921; *Ognenny angel* (Der feurige Engel), op. 37 (1919–27), szenische UA: Venedig 1955; *Semjon Kotko*, op. 81 (1939), UA: Moskau 1940; *Obrutschenije w monastyre* (Die Verlobung im Kloster), op. 86 (1940–41), UA: Leningrad 1946; *Woina i mir* (Krieg und Frieden), op. 91 (1941–43), 2. Fassung (1946–52), UA des Gesamtwerks: Moskau 1957; *Powest o nastojaschtschem tscheloweke* (Erzählung v. einem wahren Mann), op. 117 (1947–48), UA: Moskau 1960. – **b)** Ballette: *Skaska pro schuta, semerych schutow pereschutiwschego* (Das Märchen vom Schalksnarren, der sieben Narren narrte, auch als: *Le Chout*), op. 21 (1915, überarb. 1920), UA: Paris 1921; *Stalnoi skok* (*Le pas d'acier*), op. 41 (1925), UA: Paris 1927; *Bludny syn* (Der verlorene Sohn, *L'enfant prodigue*), op. 46 (1928), UA: Paris 1929; *Na Dnepre* (Am Dnjepr, *Sur le Borysthène*), op. 51 (1930), UA: Paris 1932; *Romeo i Dschuljetta* (Romeo u. Julia), op. 64 (1935–36), UA: Brünn 1938; *Soluschka* (Aschenbrödel, *Cinderella*), op. 87 (1940–44), UA: Moskau 1945; *Skas o kamennom zwetke* (Das Märchen v. der steinernen Blume), op. 118 (1948–50), UA: Moskau 1954. – c) Bühnenmusiken zu: *Jegipetskije notschi* (Ägyptische Nächte) (1933); *Boris Godunow*, op. 70bis; *Jewgeni Onegin*, op. 71; *Hamlet*, op. 77. – **d)** Filmmusiken, u. a. zu: *Porutschik Kische* (Leutnant K.) (1933); *Pikowaja dama* (Pique-Dame), op. 70 (1936); *Alexandr Newski* (1938); *Iwan Grosny* (Iwan der Schreckliche), op. 116 (1942–45), von A. Stassewitsch als Oratorium bearbeitet (1961).

Naturgemäß galten P.s weitgespannte kompositorische Interessen im besonderen der Klaviermusik, deren Literatur er – vom Kinderstück bis zum hochvirtuosen Konzert – ungemein bereicherte. Exemplarisch (auch unter dem Aspekt des klavieristischen Raffinements) belegen hier die eruptive, einzig vom Bewegungsimpuls beherrschte *Tokkata*, die aphoristischen *Visions fugitives* oder das verhaltene Spiel formativer Kräfte in den *Pensées*, welch vielfältige Ausdrucksdimensionen er „seinem" Instrument abzugewinnen vermochte. Die zweite Komponente, die das Profil seines Œuvres entscheidend bestimmt, bildete das Theater. Die Opern, die populären Ballette und kongenialen Vertonungen der Filme S. Eisensteins zeugen davon, daß die Vorstellungen handelnder Dramenfiguren und tänzerischer Aktionen für P. stets eine ureigene Quelle seiner musikantisch-spontanen, im Melodischen nahezu unerschöpflichen Inspiration waren. Innerhalb seiner künstlerischen Entwicklung neigte P. schon früh dazu, die Spezifika seiner Tonsprache mit unterschiedlichen Stil-Repertoires zu verbinden. Bereits das Nebeneinander der *Sarkasmen*, der *Skythischen Suite* und der *Symphonie classique* zeigt, daß – ungeachtet des futuristischen Radikalismus – geschichtlich überlieferte Strukturen und Ordnungsfaktoren offensichtlich weiterhin ihre Gültigkeit bewahren sollten. Diese traditionalistische Grundhaltung verweist durchaus auf spätere Bestrebungen P.s, seinem Idiom eine noch größere Einfachheit und breitere Verständlichkeit zu verleihen: Er konnte dank gewissen Umakzentuierungen zum „sowjetischen" Komponisten werden, ohne Wesentliches seiner schöpferischen Intentionen preisgeben zu müssen.

Ausg.: Sobranije sotschineni (GA) (Mos 1955 ff.).

Lit.: S. S. P.-Materialy, Dokumenty, Wospominanija, hrsg. v. S. I. SCHLIFSCHTEIN (Mos 1956, erweitert 21961), dt. Übers.: Dokumente, Briefe, Erinnerungen (L 1965) (mit Werk-Verz.); S. P., Aus meinem Leben, hrsg. v. W. REICH (Z 1963); S. P., Awtobiografija, hrsg. v. M. G. KOSLOWA (Mos 1973), dt. Übers.: P. über P. – Aus der Jugend eines Komp. (Mn 1981). – I. W. NESTJEW, S. P. (Mos 1957, 21973), dt. Übers.: P. – Der Künstler u. sein Werk (B 1962); P. R. ASHLEY, P.s Piano Music. Line, Chord, Key (1963) (= Diss. Rochester Univ.); U. SEELMANN-EGGEBERT, P. u. die Filmmusik, in: NZfM 125 (1964); R. ZANETTI, P. u. Diaghilew, in: Melos 32 (1965); J. FORNER, Tradition u. veränderte Struktur. Gestaltungsprinzipien im Klavierschaffen des jungen P., in: MuGes 16 (1966); M. H. BROWN, The Symphonies of P. (1967) (= Diss. Florida State Univ.); „Die Liebe zu den drei Orangen". Dokumente zur Aufführungsgesch., hrsg. v. S. STOMPOR, in: Jb. der Komischen Oper Berlin 9 (1969); R. MCALLISTER, The Operas of S. P. (1970) (= Diss. Univ. of Cambridge); E. ROSEBERRY, P.'s Piano Sonatas, in: Music and Musicians 19 (1970/71); R. K. EVANS, The Early Songs of S. P. and Their Relation to the Synthesis of the Arts in Russia, 1890–1922 (1971) (= Diss. Ohio State Univ.); S. S. P. – Stati i issledowanija, hrsg. v. W. M. BLOK (Mos 1972); F. STRELLER, Die frühen Sinfonien S. P.s. Ein Beitr. z. semantischen Analyse v. Musik (1972) (= Diss. Humboldt-Univ., Berlin); JA. SOROKER, Kamerno-instrumentalnye ansambli S. P.a (Mos 1973); I. MARTYNOW, S. P. – Schisn i twortschestwo (Mos 1974); S. MOISSON-FRANCKHAUSER, S. P. et les courants esthétiques de son temps (P 1974); M. H. BROWN, P.'s „War and Peace". A Chronicle, in: MQ 63 (1977); M. STEGEMANN, S. Eisenstein u. S. P. – Protokoll einer Zusammenarbeit, in: Melos/NZ 4 (1978); C. BENNETT, P. and „Eugen Onegin", in: MT 121 (1980).

E. FISCHER

PROKSCH, Josef, * 4. 8. 1794 Reichenberg (Böhmen), † 20. 12. 1864 Prag; böhmischer Pianist, Pädagoge und Komponist. Er war 1809–16 Klavierschüler von J. A. Koželuch am Prager Blindeninstitut. 1825 studierte er in Berlin die neue Methode für den Klavierunterricht von J. B. Logier, aus der er später ein eigenes System entwickelte. Nach Prag zurückgekehrt, gründete er dort 1830 eine Musikbildungsanstalt, die nach seinem Tod von Mitgliedern seiner Familie bis 1933 fortgeführt wurde. Zu seinen Schülern gehörte auch Fr. Smetana.

Schriften: *Versuch einer rationellen Lehrmethode im Pianoforte-Spiel* (Pr 1841); *Musikalisches Vademecum* (50 Nummern); *Allgemeine Musiklehre* (Pr 1857); *Aphorismen über katholische Kirchenmusik* (Pr 1858).

Lit.: R. MÜLLER, J. P. (Pr 1874); H. P. KRAUS, Musikbibl. J. P. (W 1934).

PROLATIO (von lat. proferre = hervorbringen). Seit dem frühen 14. Jh. Terminus der ↗Musica mensurabilis, bezeichnet P. zunächst das Erklingende in rhythmischer Hinsicht, also die Mensur, und in der Folge das Mensurzeichen (z. B. sind *partes prolationis* die Notenwerte, *signa prolationum* die Mensurzeichen usw.), seit Ph. de Vitrys Schrift *Ars nova* (zw. 1321 und 1324/25) die Art der Unterteilung der Brevis *(P. temporis)* in kleine und kleinste Notenwerte (↗Tempus), schließlich das Verhältnis von Semibrevis zu Minima. P. wird somit hier in Analogie zu ↗Tempus und ↗Modus als Verhältnisbegriff, nämlich als perfekte und imperfekte Mensur der Semibrevis *(P. maior* und *minor)*, verstanden. P. maior (= P. perfecta) liegt vor, wenn die Semibrevis in 3, P. minor (= P. imperfecta), wenn sie in 2 Minimen unterteilt wird (also ◆ = ↓↓↓ oder ◆ = ↓↓). Als Mensurzeichen der P. gelten vorhandener oder fehlender Punkt (*punctus prolationis;* ↗Punctus) im Tempuszeichen: ⊙ = tempus perfectum mit p. maior; C· = tempus imperfectum mit p. maior; O = tempus perfectum mit p. minor; C = tempus imperfectum mit p. minor. Die P. als Proportionsbegriff wurde Gegenstand und Demonstrationsobjekt hoch artifizieller niederländischer Kompositionstechniken. Ein bekanntes Beispiel ist die 4st. *Missa prolationum* von J. Ockeghem. Für sie sind lediglich 2 Stimmen notiert, die jeweils 2 Mensurzeichen tragen, so daß alle 4 P.nes – die „quatre prolacions" der Notationstheorie; ↗Notenschrift – in Erscheinung treten und bei der Auflösung wirksam werden, wie der Beginn des Kyrie zeigt:

Auflösung: verkürzt im Verhältnis ⊨ = 𝅗𝅥:

Lit.: R. BOCKHOLDT, Semibrevis minima u. P. temporis, in: Mf 16 (1963); W. FROBENIUS, P., in: HMT (1972). B. R. SUCHLA

PROLOG (von griech. prologos = Vorrede; engl. und frz.: prologue), Einleitung zu einem Bühnenstück mit Ankündigung des Inhalts oder Ehrung einer Persönlichkeit, für die das Stück aufgeführt wurde. Der P. ist charakteristisch für die frühen Opern; er findet sich in *Euridice* von J. Peri (1600) und von G. Caccini (1602) und in den Opern von Cl. Monteverdi. Seit R. Cambert und J.-B. Lully (*Cadmus et Hermione,* 1673; *Alceste,* 1674) gehörte der P. verbindlich zur französischen Oper. Häufig wurde ein P. auch ohne Beziehung zum Inhalt des Bühnenwerkes als allegorische Kantate, als Gelegenheitsstück zum Lobe des Königs oder aus sonstigen Anlässen komponiert. Seit der Mitte des 18. Jh. kam der P. allenthalben außer Gebrauch; die instrumentale ↗Ouvertüre blieb fortan die typische Eröffnungsmusik einer Oper. Erst seit der 2. Hälfte des 19. Jh. gibt es wieder vereinzelt Opern mit P., so bei Ch. Gounod (*Roméo et Juliette,* 1867, dort als „Prologue-Ouverture" bezeichnet), A. Boito (*Mefistofele,* 1868, entsprechend J. W. Goethes „Prolog im Himmel" im *Faust*), M. Mussorgski (*Boris Godunow,* 1874), A. Berg (*Lulu,* 1937). Keine vollständige Szene, sondern eine einzelne Arie ist der P. *Si può (Schaut her, ich bin's)* des *Bajazzo* von R. Leoncavallo (1892). Idee und Begriff des P.s werden schließlich auch im übertragenen Sinne verwendet, so von M. von Schillings (*Symphonischer Prolog zu Sophokles' Ödipus,* op. 11, 1900) und – in genauer Entsprechung dazu – von M. Reger (*Symphonischer Prolog zu einer Tragödie,* op. 108, 1908). Cl. Debussys Sonate für Cello und Klavier (1915) besteht aus den Sätzen *Prologue, Sérénade* und *Finale.*

PROOEMIUM (lat., von griech. prooimion = Vorspiel, Einleitung), in der griechischen Antike zunächst Bz. für das instrumentale Vorspiel oder einen einleitenden musikalischen Vortrag (z. B. einen Götterhymnus) vor dem Hauptvortrag, schließlich für die Einleitung allgemein von epischen Werken (die aus Musenanruf, Sphragis, Titelangabe u. ä. bestehen kann) und von Reden, wie sie bereits von Aristoteles vorausgesetzt und definiert wird. Im ↗Byzantinischen Gesang ist das P. die Einleitungsstrophe zu einem ↗Kontakion, die sich metrisch von den folgenden Strophen unterscheidet. – Im Zuge der humanistischen Rückbesinnung des 16. Jh. auf die Antike nennt H. Kotter seine frei praeludierenden Instrumentalwerke *Prohoemia.*

Lit.: R. BÖHME, Das P. Eine Form sakraler Dichtung der Griechen (Bühl 1937); H. KOLLER, Das kitharodische Prooimion, in: Philologus 100 (1956); T. JANSON, Latin Prose Prefaces (Sto 1964). B. R. SUCHLA

PROPHET, DER *(Le prophète),* Oper in 5 Akten von Giacomo Meyerbeer (1791–1864), Text von Eugène Scribe. Ort u. Zeit der Handlung: Dordrecht an der Maas, Leiden, Münster (Westf.), 1534–36. UA: 16. 4. 1849 in Paris (Opéra); dt. EA (in dt. Sprache): 30. 1. 1850 in Dresden.

Dem Libretto liegen die historischen Vorgänge um die Wiedertäuferbewegung unter Johann von Leiden zugrunde. Zum ersten Male in der Operngeschichte wird mit der Rolle der Fides eine Altistin zur weiblichen Hauptrolle erhoben. Dadurch rückt die Mutter-Sohn-Beziehung in den Vordergrund und überdeckt die traditionelle Liebeshandlung. *Der Prophet,* ein eminent zeitkritisches Porträt, ist vor dem Hintergrund der zeitgenössischen politischen Entwicklung in Frankreich zu sehen: der Kampf gegen eine korrupte Obrigkeit, die Verführung durch heuchlerische Priester. Die Verleumdungsszene gehört zu den dramatischen Höhepunkten damaliger Opernliteratur; sie ist das Hohelied der Mutter. – Meyerbeer konnte einerseits die schon in den *Hugenotten* entwickelte Technik des großen Operntableaus noch weiter ausbauen (Krönungsszene), entwickelte andererseits aber neue Ausdrucksformen zwischen Rezitativ und Arioso (Verleumdung der Mutter, Exorzismus-Szene). Die Kunst des Verknüpfens geschlossener Formteile und die wachsende Verselbständigung des Orchesterparts sind hervorstechende Merkmale seiner gereiften Konzeption. – Der plakative *Krönungsmarsch* wurde zum berühmtesten Stück des Werkes, die Oper selbst ein Welterfolg. Ihre Wirkungsgeschichte ist noch unerschlossen. H. Heine schrieb ein berüchtigtes Spottgedicht, J. Nestroy seine populäre Posse *Alles will den Propheten sehen.* Die Komposition von M. Mussorgskis *Boris Godunow* ist ohne die Kenntnis des *Propheten* nicht denkbar. Als R. Wagner Meyerbeers Oper hörte, sprach er von einem „Abend der Offenbarung". H. BECKER

PROPORTION (von lat. proportio = das Verhältnis [von Zahlen]) bezeichnet in der spekulativen Musiktheorie der Antike (↗Harmonie, ↗Musica) das qualitative Wesen der ↗Intervalle. Diese werden am Monochord durch die P.en der klingenden Saitenlänge dargestellt. Es gibt mehrere P.en: In der *proportio superparticularis* übertrifft die größere Zahl die kleinere um eins: (a + 1) : a. Ihre einzelnen Arten sind die *proportio dupla* (2 : 1, das Verhältnis der Oktave), *proportio sesquialtera* oder *hemiola* (3 : 2, das Verhältnis der Quinte), *proportio sesquitertia* oder *epitrita* (4 : 3, das Verhältnis der Quarte) usw. Daneben kommen die *proportio superpartiens, proportio multiplex superparticularis* usw. vor. – In der Mensuralnotation des 15. und 16. Jh. (↗Notenschrift) gibt die P. in Form von Brüchen (ohne Bruchstrich) eine Änderung der folgenden Notenwerte, d. h. Tempowechsel, an. Unechte Brüche fordern eine Verkürzung (↗Diminution), echte Brüche eine Vergrößerung (↗Augmentation) der Notenwerte, z. B. bedeutet $\frac{2}{1}$, daß im folgenden 2 Semibreves genauso lang sind wie zuvor 1 Semibrevis. Am häufigsten kommen die *proportio dupla* ($\frac{2}{1}$ oder ¢, ↄ, C 2, 2; ↗Color), *tripla* ($\frac{3}{1}$ oder 3; auch Proportz [↗Nachtanz] genannt) und *sesquialtera* ($\frac{3}{2}$ oder 3) vor. Eine P. wird durch das umgekehrte Zeichen ($\frac{2}{1}$ also durch $\frac{1}{2}$) oder durch ein Mensurzeichen (↗Notenschrift) aufgehoben. Das P.s-Zeichen hat auch wie das Mensurzeichen die Aufgabe, die umständliche und platzraubende Niederschrift von kleineren oder größeren Notenwerten einer bereits notierten Stimme zu vermeiden. So wird in Glareanus' *Dodecachordon* (1547) das 2. Agnus aus der *Missa L'homme armé super voces musicales* von Josquin des Prés, ein P.s-Kanon, als eine einzige Stimme notiert. Diese wird vom Tenor im niedergelegten Wert, dem ↗Integer valor notarum, vom Bassus in der Proportio dupla, vom Superius in der Proportio tripla ausgeführt:

Die P., deren System bei den Musiktheoretikern des 15. und 16. Jh. uneinheitlich und kontrovers dargestellt worden ist, verlor im Lauf des 17. Jh. an Bedeutung, lebte aber im 18. und 19. Jh. in der ↗Triole und ähnlichen Bildungen fort und findet im 20. Jh. wieder erneute Verwendung.

Lit.: C. SACHS, Rhythm and Tempo (NY 1953); H. HEWITT, A

Study in P.s, in: Essays on Music. FS A. Th. Davison (C 1957); C. DAHLHAUS, Zur Theorie des Tactus im 16. Jh., in: AfMw 17 (1960); H. HUSMANN, Grundlagen der antiken u. orientalischen Musikkultur (B 1961); A. HUGHES, Mensuration and P. in Early Fifteenth Century Engl. Music, in: AMl 27 (1965); W. APEL, Die Notation der polyphonen Musik 900–1600 (dt. L 1962, ²1970); PH. GOSSETT, The Mensural System and the „Choralis Constantinus", in: Studies in Renaissance and Baroque Music. FS A. Mendel (Kas 1974).

B. R. SUCHLA

PROPORTZ ↗Nachtanz.

PROPRIETAS (lat., = Eigentümlichkeit, eigentümliche Beschaffenheit). Die in der Modalnotation (↗Notenschrift) übliche Schreibweise 2töniger Ligaturen absteigend , aufsteigend , beide mit den Werten Brevis-Longa, hatte zur Folge, daß diese Formen auch in der Mensuralnotation als „eigentlich", normal, galten. Bezüglich der Anfangsnote hieß dieser Sachverhalt Proprietas, bezüglich der Schlußnote ↗Perfectio. P. ist gegeben – die erste Note ist „cum proprietate" –, wenn bei absteigenden Ligaturen die 1. Note eine ↗Cauda links nach unten hat bzw. wenn sie bei aufsteigenden Ligaturen keine Cauda hat. Hat umgekehrt die 1. Note einer absteigenden Ligatur keine Cauda bzw. einer aufsteigenden Ligatur eine Cauda links nach unten, so ist die 1. Note „sine proprietate". Die „opposita proprietas" (wörtlich: entgegengesetzte P.) ist dann gegeben, wenn die 1. Note eine Cauda links nach *oben* hat; die ersten beiden Noten der Ligatur gelten dann je eine Semibrevis. Eine Übersicht der verschiedenen Möglichkeiten und Ligaturenformen: ↗Ligatur (Tabelle).

Lit.: F. RECKOW, P. u. perfectio, in: AMl 39 (1967); E. REIMER, J. de Garlandia, De mensurabili musica 2 (Wie 1972) (= Beih.e z. AfMw 11); W. FROBENIUS, P., in: HMT (1974).

PROPRIUM (lat., = das Eigentümliche). In der Liturgie der römisch-katholischen Kirche wird der Terminus P. zum einen für die Eigentexte einer Messe oder eines Brevieroffiziums, zum anderen – als **Proprium Missae** – für die wechselnden Gesänge einer Meßfeier im Unterschied zu denen des ↗Ordinarium Missae gebraucht. Dazu zählen die Gesänge ↗Introitus, ↗Graduale, ↗Alleluia, ↗Tractus, ↗Sequenz, ↗Offertorium und ↗Communio, also jene Teile der Messe, die dem jeweiligen liturgischen Tag eigen bzw. einer Gruppe von Festtagen gemeinsam sind. Man unterscheidet das *P. de tempore* (das P. der Festkreise von Weihnachten und Ostern, der dem Erlösungsgeheimnis gewidmeten Hochfeste und Feste sowie der allgemeinen Kirchenjahrzeit) und das *P. de sanctis* (das P. des Heiligenfestkreises) und versteht darunter die Abschnitte, die die Eigentexte des sog. Herrenjahres und des Heiligenjahres enthalten.

Im Unterschied zur Geschichte des mehrstimmigen Ordinariums, die zur Geschichte der Gattung ↗Messe wurde, begegnen im Verlauf dieser Entwicklung zyklische Vertonungen einzelner P.-Teile oder des gesamten P.s nur selten. In der Frühzeit der Messe entstand neben der Ordinarienmesse die sog. Plenarmesse (z. B. G. Dufays *Missa Sancti Jacobi*), die Ordinarium und P. in einer mehrstimmigen Komposition verbindet. Das berühmteste Beispiel einer geschlossenen P.-Komposition ist H. Isaacs *Choralis Constantinus.* Daneben sind zu nennen die Propriensammlungen von G. Rhau (1539 und 1545, u. a. mit Kompositionen von L. Senfl, H. Finck, J. Gallus und H. Isaac), später erst wieder im 20. Jh. etwa die Sammlungen von H. Lemacher. Einzelne P.-Teile – insbesondere Offertorien und Gradualien – sind hingegen in der Geschichte des P. von zahlreichen Komponisten des 16.–20. Jh. (u. a. von G. P. da Palestrina, O. di Lasso, W. Byrd, L. Leo, N. Jommelli, J. Stadlmayr, J. J. Fux, M. Haydn, G. Albrechtsberger, Fr. X. Witt, A. Bruckner, J. Rheinberger, Lemacher, J. Lechthaler und K. M. Pembaur) häufig vertont worden.

Lit.: W. LIPPHARDT, Die Gesch. des mehrst. Proprium missae (Hei 1950).

PROSA, musikalische P., ein aus der Sprachlehre abgeleiteter Terminus, der im Musikdenken vom frühen 19. Jh. bis zur Neuen Wiener Schule Bedeutung hat und zur Darstellung kompositionstechnischer wie ästhetischer Sachverhalte herangezogen wird. Als Gegenbegriff zur Poesie wird P. in Sprachlehre wie Musiktheorie wegen ihres gegen die herrschende Kunstform gerichteten Auflösungsmomentes zunächst negativ gewertet. Sprachlich löst sie den Reim, das Versmaß, schildert Alltägliches, „Prosaisches"; in der Musik stört sie die im Stil der Wiener Klassik modellhaft gültige Struktur des Tonsatzes mit seiner in Analogie zur poetischen Verslehre formulierten Ordnung (Periode, Symmetrie, Gewichtsabstufung). Erst Jean Paul erkennt sprachliche P. als Kunstform an. Mit seiner P. vergleicht R. Schumann die „ungebundene Rede" der *Symphonie fantastique* von H. Berlioz, die sich in asymmetrischer Phrasengliederung und unregelmäßiger Gewichtsabstufung äußere. Die schon bei L. van Beethoven zu findende „freie ungebundene Rede" („provenzalischer" Zug der „Beethovenschen Romantik") bereitet nach Schumann ein „neues Zeitalter der Musik" vor. Während Abweichungen von den Normen der klassischen Metrik nur „scheinbare Befreiung" brächten, werde Musik durch die Befähigung zur „Darstellung einer schönen Idee" zur ersten aller Künste. Diese über kompositionstechnische Merkmale hinausreichende ästhetische Deutung von P. – „oratio prorsa" als vorwärtsschreitende, ohne Formeln und Korrespondenzen aus sich selbst verständliche Rede – verweist auf A. Schönberg. Anders als Schumann geht R. Wagner in seiner Argumentation bezüglich der P. von der Textvertonung aus. Da Sinn- und metrischer Akzent im deutschen Vers divergieren, „entstelle" sinngemäße Deklamation die Melodie zur Prosa. Mit dem Stabreim schafft Wagner sich die Möglichkeit einer variablen und dennoch geregelten musikalischen Akzentbildung. M. Regers „rezitativisch freie Melodiebildung" mit ihrer irregulären Syntax wird erstmals von H. Leichtentritt als P. beschrieben. Ihre konstruktive Voraussetzung – ein „stetes Weiterentwickeln der Gedanken" – sah erst E. Wellesz. Im Musikdenken Schönbergs, das von der Sprachhaftigkeit der Musik ausgeht, erklärt sich P. aus der Fähigkeit, einen musikalischen Gedanken unmittelbar verständlich, ohne Formeln und Korrespondenzen auszudrücken; Asymmetrie ist dementsprechend äußeres Kennzeichen, nicht Ursache der Prosa. H. Besseler greift den Begriff auf, um eine Epocheneinteilung der gesamten Musikgeschichte vorzunehmen.

Lit.: J. P. F. RICHTER (Jean Paul), Vorschule der Ästhetik (H 1804); R. SCHUMANN, Sinfonie v. H. Berlioz, in: Gesammelte Schriften I (L 1854); DERS., F. Hiller, in: ebd.; R. WAGNER, Oper u. Drama, in: Gesammelte Schriften u. Dichtungen IV (L 1871–73); H. LEICHTENTRITT, M. Reger als Kammermusikkomponist, in: NZfM 72 (1905); E. WELLESZ, Analytische Stud. über M. Regers „Romantische Suite", in: ZfMw 4 (1921); A. SCHÖNBERG, Brahms the Progressive, in: Style and Idea (NY 1950), dt. Übers. in: ders., Gesammelte Schriften I (F 1976); H. BESSELER, Singstil u. Instrumentalstil in der europäischen Musik, in: Kgr.-Ber. Bamberg 1953 (Kas – Bas 1954), Neudruck in: DERS., Aufsätze zur Musikästhetik u. Musikgesch., hrsg. v. P. Gülke (L 1978) (= Reclams Universalbibl. 740); C. DAHLHAUS, Musikal. P., in: NZfM 125 (1964); H. DANUSER, Musikal. P. (Rb 1975) (= Stud. z. Musikgesch. des 19. Jh. 46); DERS., Musikal. P., in: HMT (1977); S. POPP, Zur musikal. P. bei Reger u. Schönberg, in: Reger-Stud. 1. FS O. Schreiber (Wie 1978).

S. POPP

PROSDOCIMUS DE BELDEMANDIS, * um 1380 Padua, † 1428 ebd.; it. Gelehrter. P. studierte an der Universität in Padua, wurde 1409 Magister und 1422 Professor für Mathematik und Astronomie. Seine Schriften, die vielfach auf Johannes de Muris beruhen, behandeln nahezu alle Sachverhalte der zeitgenössischen Musiktheorie. Vor allem ist er ein wichtiger Gewährsmann für Theorie und Praxis der italienischen Mensuralnotation des 14. Jh. (↗Notenschrift). In dem *Tractatus musicae speculative* kritisiert er die von Marchettus de Padua dargestellte Fünfteilung des Ganztons.

WW (fast alle, z. T. mehrfach, von P. überarbeitet): (1) *Expositiones tractatus practice cantus mensurabilis magistri Joannis de Muris compilatae* (1404), Umarbeitung als (2) *Tractatus practice cantus mensurabilis* (1408, vollständig erst in einer Fassung von 1412); (3) *Brevis summula proporcionum* (1409); (4) *Contrapunctus;* (5) *Tractatus plane musice;* (6) *Tractatus practice cantus mensurabilis ad modum ytalicorum* (alle 1412); (7) *Parvus tractatulus de modo monochordum dividendi* (1413); (8) *Tractatus musicae speculative* (1425).

Ausg.: 2–4, 6–7, in: COUSSEMAKER Scr. III; 1 (2. Fassung), hrsg. v. F. A. GALLO (Bol 1966); 6 (2. Fassung), in: C. SARTORI, La notazione italiana in una redazione inedita del Tractatus practice ... (Fi 1938); 8, in: D. R. BARALLI – L. TORRI, Il Trattato di P. de B ..., in: RMI 20 (1913); 4 (teilweise) u. 7 in dt. Übersetzung v. R. SCHLECHT, in: MfM 9 (1877, Nachdr. NY 1966).

Lit.: H. HÜSCHEN, Beldemandis, in: MGG I; F. A. GALLO, La tradizione dei trattati musicali di Prosdocimo de B., in: Quadrivium 6 (1964); DERS., La trattatistica musicale, in: Storia della cultura veneta II (V 1976).

PROSKE, Carl, * 11. 2. 1794 Gröbnig (Oberschlesien), † 20. 12. 1861 Regensburg; dt. Musikforscher. Er war zunächst Arzt, studierte seit 1823 in Regensburg Theologie und empfing dort 1826 die Priesterweihe. 1827 wurde er Chorvikar, 1830 Kanonikus am Kollegiatstift der Alten Kapelle. In der Folge widmete er sich – ähnlich wie vor ihm R. Kiesewetter und F. Santini – im Geiste der kirchenmusikalischen Restauration der Sammlung liturgischer Musik vor allem des 16./17. Jahrhunderts. 1834–38 unternahm er ausgedehnte Studienreisen nach Italien. Seine Bibliothek umfaßte schließlich etwa 3000 Werke italienischer und deutscher Komponisten (vorzugsweise im Stile antico); sie ging nach seinem Tod an den bischöflichen Stuhl in Regensburg über und existiert bis heute dort als geschlossener Bestand (Proskesche Musikbibliothek). Einen Teil seiner Sammlung veröffentlichte P. als *Musica divina* (4 Bde., Rb 1853–63) und *Selectus novus missarum* (2 Bde., ebd. 1856–61). Diese Editionen waren grundlegend für die Wiederbelebung und Erforschung der klassischen Vokalpolyphonie im 19. Jh. und bestimmten auch das Vorfeld des ↗Cäcilianismus. Nicht zuletzt durch P.s Wirken erhielt Regensburg seinen charakteristischen Klang in der Kirchenmusikgeschichte der letzten 150 Jahre.

Lit.: D. METTENLEITER, K. P. (Rb 1868, [2]1895); K. WEINMANN, Die P.sche Musikbibl., in: FS R. von Liliencron (L 1910); A. SCHARNAGL, Dr. K. P. als Lasso-Forscher, in: KmJb 41 (1957); DERS., Die Regensburger Tradition, in: Musicae sacrae ministerium. FS K. G. Fellerer (1962) (= Schriftenreihe des ACV 5).

PROSLAMBANOMENOS (griech., = der Hinzugenommene), der tiefste, hinzugefügte Ton des ↗Systema teleion.

PROSODIE (von griech. pros = dazu und odē = Gesang; lat. wörtlich übertragen: accentus = der Zugesang, Akzent) bezeichnet seit der griech. Antike die Lehre von den gesanglichen Merkmalen der sprachlichen Laute. Diese bestehen in der melodischen Stimmbewegung und Änderung der Tonhöhe bei der Hervorhebung einer Silbe gegenüber anderen Silben, demnach in der musikalischen Betonung der akzenttragenden Silbe eines Wortes, also im musikalischen ↗Akzent, ferner in der Aspiration der Laute und in der unterschiedlichen Dauer der einzelnen Silben. Während die ↗Metrik vorrangig erforscht, an welchen Stellen einer Dichtung lange oder kurze Silben stehen, lehrt die P., seit der Antike eine eigenständige Disziplin der Grammatik (↗Trivium), insbesondere, was eine lange oder kurze Silbe ist. Die Silbenquantität wurde in der gesamten antiken Dichtung als regelmäßige Folge von langen und kurzen Silben beachtet, dennoch ist es sicher, daß auch die Wortbetonung Geltung gefunden hat. Zwar besteht Unklarheit darüber, in welcher Weise dies geschehen ist, doch liegt es nahe, musikalischen Akzent anzunehmen, vor allem insofern, als Dichtung und Musik in der Antike untrennbar miteinander verbunden waren (↗Ode, ↗Canticum). Die Lehre von der P. kannte in der Antike 10 Zeichen, die zur Kennzeichnung in die Texte eingetragen wurden, darunter 2 für die Quantitäten (chronoi: lang = –, kurz = ∪) und 3 für die Akzente (tonoi: hoch = /, tief = \, hoch-tief = ∩). Die Akzentzeichen wurden zu Vorläufern der byzantinischen ↗Notenschrift.

Lit.: H. STEINTHAL, Gesch. der Sprachwiss. bei den Griechen u. Römern, 2 Bde. (B [2]1890, Nachdr. Hil 1961); P. VON DER MÜHLL, Der Rhythmus im antiken Vers (Aarau 1918); E. PÖHLMANN, Griech. Musikfragmente (Nü 1960) (= Erlanger Beitr. z. Sprach- u. Kulturwiss. 8); C. WAGENKNECHT, Dt. Metrik. Eine hist. Einführung (Mn 1981). B. R. SUCHLA

PROTA. – **1) Ignazio,** * 15. 9. 1690 Neapel, † Januar 1748 ebd.; it. Komponist. Er war seit 1706 Schüler am Conservatorio S. Maria di Loreto in Neapel und trat 1720 mit dem Prolog, Arien und 3 Buffoszenen zu Pollarolis *Tito Manlio* erstmals als Theaterkomponist in Erscheinung. 1722–48 lehrte er am Conservatorio S. Onofrio. Zu seinen Schülern gehörten Gennaro Manna und N. Jommelli. – **2) Tommaso,** Sohn von 1), * Neapel, † nach 1768; it. Komponist. Er war Mitschüler von T. Traetta und A. Porpora am Conservatorio di S. Maria di Loreto, so daß P.s Geburtsjahr annähernd bei dem Traettas (* 1727) liegen dürfte. 1748 brachte er in Neapel die Opera buffa *La moglie padrona* und 1764 in Bologna das Intermezzo *Il Cicisbeo burlato* zur Aufführung (beide nicht erhalten). Vermutlich lebte er zuletzt in London, wo von ihm *Sei sonate ovvero divertimenti da camera* für 2 Flöten mit B.c. (o.J.) erschienen. – **3) Giuseppe,** Bruder von 2), * 3. 12. 1737 Neapel, † 21. 7. 1807 ebd.; it. Oboist. P. trat 1748 in das Conservatorio di S. Maria di Loreto in Neapel ein. 1779–1807 war er Lehrer für Blasinstrumente am Conservatorio della Pietà dei Turchini in Neapel und seit 1778 Oboist der Königlichen Kapelle. – **4) Gabriele,** Enkel von 1), * 19. 5. 1755 Neapel, † 22. 6. 1843 ebd.; it. Komponist. P. war seit 1780 Kapellmeister der Kirche SS. Annunziata, später an der Klosterkirche S. Chiara. Nachdem unter französischer Herrschaft das Kastratentum abgeschafft worden war, ernannte König Joseph Bonaparte P.s Frau Rosalie P., geb. Laurent, zur Leiterin des Collegio delle Donzelle. Er schrieb 3 Opere buffe und Kammermusik. – **5) Giovanni,** Sohn von 4), * um 1786 Neapel, † 13. 6. 1843 Neapel; it. Komponist und Musikpädagoge. P. wurde 1820 Gesanglehrer und Maestro compositore an der Real Casa d'Educazione Miracoli. Er schrieb 3 Opern und einige kirchenmusikalische Werke.

Lit.: U. PROTA-GIURLEO, La famiglia napoletana dei P. nella storia della musica (Mi 1957).

PROTESTSONG ↗Politisches Lied.

PROTUS ↗Kirchentöne.

PROUT, Ebenezer, * 1. 3. 1835 Oundle (Northhamptonshire), † 5. 12. 1909 Hackney bei London; engl. Komponist, Organist und Musiktheoretiker. Er wurde 1854 Bachelor of arts an der Universität London, war 1861–73 Organist an Union Chapel in Islington und 1861–85 Klavierlehrer an der Crystal Palace School of Arts. 1876–82 war er Lehrer für Harmonielehre und Komposition an der National Training School of Music, wurde 1879 Professor für Harmonielehre und Komposition an der Royal Academy of Music in London, lehrte seit 1884 auch einige Jahre an der Guildhall School of Music und wurde 1894 außerdem Professor of Music am Trinity College in Dublin, wo er 1895 die Ehrendoktorwürde der Universität erhielt. 1871–74 gab er den *Monthly Musical Record* heraus, war 1874–79 Musikkritiker für *The Academy* und 1879–89 für *The Atheneum*. P. gab Chorwerke von H. Purcell und G. Fr. Händel mit eigenen Orchestrierungen heraus. Er ist vor allem durch seine Ausgabe von Händels *Messiah* bekannt geworden. Auch seine theoretischen Schriften fanden weitere Verbreitung.

Schriften (alle in London erschienen): *Instrumentation* (1878, Nachdr. NY 1969), dt. Übers.: Elementar-Lehrbuch der Instrumentation (L 1880, [3]1904); *Harmony* (1889, revidiert [20]1903); *Counterpoint* (1890); *Double Counterpoint and Canon* (1891, Nachdr. NY 1969, Westport/Conn. 1970); *Fugal Analysis* (1892); *Musical Form* (1893); *The Orchestra*, 2 Bde. (1898–99, Nachdr. St. Clair Shores/Mich. 1972).

Lit.: E. R. JACOBI, Die Entwicklung der Musiktheorie in England nach der Zeit v. J.-Ph. Rameau II (Str 1960, Nachdr. Baden-Baden 1971) (= Slg. musikwiss. Abh.en 39).

PROVENZALE, Francesco, * 1627 Neapel, † 6. 9. 1704 ebd.; it. Komponist. Er war Schüler von G. M. Sabino in Neapel, lehrte 1663–74 am Conservatorio di S. Maria di Loreto und leitete 1673–1701 das Conservatorio della Pietà dei Turchini. 1680 wurde er Maestro onorario der königlichen Kapelle mit der Verpflichtung, P. A. Ziani während dessen Abwesenheit zu vertreten. Er trat zurück, als nach Zianis Tod (1684) sein Schüler A. Scarlatti zum Kapellmeister ernannt wurde. 1686–99 leitete er die Kapelle am Tesoro di S. Gennaro und seit 1688 auch die Kapelle des Vizekönigs. 1690 wurde er erneut Maestro onorario der königlichen Kapelle.

WW: *Motetti* für 2 St. u. B.c. (Na 1689); einige weitere geistliche Werke u. weltliche Kantaten hsl. – Von den meist in Neapel nachweislich aufgeführten Opern (darunter auch Bearbeitungen von Werken F. Cavallis) sind erhalten: *Il schiavo di sua moglie*, UA: 1672; *La stellidaura vendicante*, UA: Mergellina 1674.

Ausg.: Eine Arie aus *La stellidaura*, in: L. LANDSHOFF, Alte Meister des Bel Canto I (L 1912).

P. gilt in der Operngeschichte als der erste Vertreter der ↗ Neapolitanischen Schule. Seine beiden erhaltenen Opern erwachsen in vielen Einzelzügen aus der venezianischen Tradition und stehen besonders P. A. Ziani und M. A. Cesti nahe. Manche hochexpressiven chromatischen Passagen erinnern auch an Cl. Monteverdi. Der formale Aufbau von P.s Opern ist gekennzeichnet durch eine freie Folge von Rezitativen, Arien, Ariosi und Ensembles. Die später für die Neapolitaner so typische Da capo-Arie ist nur selten zu finden. Neu im Vergleich zur venezianischen Oper sind die Einfügung komischer Szenen und Einbeziehung volkstümlicher Charaktere, wobei P. vor allem auf das süditalienische Volkslied zurückgreift.

Lit.: H. GOLDSCHMIDT, F. P. als Dramatiker, in: SIMG 7 (1905/06); U. PROTA-GIURLEO, Il teatro di Corte del Palazzo Reale di Napoli (Neapel 1952); A. MONDOLFI BOSSARELLI, Vita e stile di F. P., in: Annuario del Conservatorio 1962–63 (Neapel 1963).

PROZESS, DER, Oper in 2 Teilen von Gottfried von Einem (* 1918), Text nach Franz Kafkas gleichnamigem Roman von Boris Blacher u. Heinz von Cramer. Ort u. Zeit der Handlung: irgendwo, 1919 (nach dem Zusammenbruch der Donaumonarchie). UA: 17. 8. 1953 in Salzburg; dt. EA: 8. 4. 1957 in Frankfurt am Main.

Die Handlung von Kafkas Roman, in der die Angst, in traumsymbolische Bilder gebannt, thematisiert ist, wurde bei der Dramatisierung um das Element der Erotik erweitert. Nur in seinen Beziehungen zu den drei Frauen, die „dem Gericht gehören“, wird Josef K. der stets unsichtbaren Gerichtsbarkeit ebenbürtig und für den Augenblick sogar überlegen. Daß die Frauen für K. die gleiche Funktion haben, wird in der Oper durch die Zuweisung aller drei Rollen an nur eine Sängerin unterstrichen. Affekte und Stimmungen, deren gefühlshafte Substanz verbal nur angedeutet werden können, werden mit musikalischen Mitteln ausgedrückt. Der Komponist bedient sich einer stark rhythmisch geprägten Tonsprache mit meist deklamatorischem Sprechgesang. Die 9 Bilder sind musikalisch durch instrumentatorische Verschiedenheit gegeneinander abgehoben. Durch die weitgehende Vermeidung atonaler Wendungen wird dem Hörer die stilistische Orientierung sehr erleichtert; einige Kritiker bezeichneten den Stil in von Einems zweiter Oper als „Potpourrismus“.

K. LANGROCK

PRUDENTIUS, Aurelius Clemens, * Calahorra, † nach 405; span. Dichter. P. war zweimal Provinzstatthalter und bekleidete zuletzt eine hohe Stellung bei Hofe. Nach einem Romaufenthalt 401–04 veröffentlichte er 405 eine Gesamtausgabe seiner religiösen lateinischen Dichtungen, die theologisch von Ambrosius und dichterisch von Vergil beeinflußt sind. Fragmente seiner Hymnen wurden in der mozarabischen Liturgie und z.T. auch in der römischen Liturgie verwendet.

Lit.: R. HERZOG, Die allegorische Dichtkunst des Prudentius (Mn 1966) (= Zezemata 42); G. WILLE, Musica Romana. Die Musik im Leben der Römer (A 1967).

PRUMIER. – 1) Antoine, * 2. 7. 1794 Paris, † 20. 7. 1868 ebd.; frz. Harfenist. P. war Harfenist am Théâtre-Italien und 1835–40 an der Opéra-Comique in Paris. 1835 übernahm er als Nachfolger von Fr. J. Nadermann die Harfenklasse am Pariser Conservatoire. Er schrieb Opernfantasien, Prüfungsstücke für das Conservatoire und eine Harfenschule. Als Lehrer war er sehr angesehen. – **2) Ange Conrad,** Sohn von 1), * 5. 1. 1820 Paris, † 3. 4. 1884 ebd. Er studierte am Pariser Conservatoire, wurde als Nachfolger seines Vaters 1840 Harfenist an der Opéra-Comique, später an der Opéra, bei den Concerts Pasdeloup und an der Société des Concerts du Conservatoire. 1838–51 war er Repetitor einer Vorklasse und 1870–84 Professor für Harfe am Conservatoire. Er schrieb die auf der Schule seines Vaters aufbauenden *Études spéciales pour la harpe*, ferner Prüfungsstücke für das Conservatoire, ein *Nocturne* für Harfe und Horn (1848), Tänze für Klavier und mehrere geistliche Werke.

PRUNIÈRES, Henry, * 24. 5. 1886 Paris, † 11. 4. 1942 Nanterre; frz. Musikforscher. P. studierte seit 1906 Musikgeschichte bei Romain Rolland an der Sorbonne in Paris und wurde 1913 Docteur ès lettres mit den Arbeiten *L'opéra italien en France avant Lully* und *Le ballet de cour en France avant Benserade et Lully.* 1909–14 lehrte er an der École des Hautes Études Sociales in Paris. 1920 gründete er die *Revue musicale,* die er bis 1939 herausgab, und veranstaltete seit 1921 im Théâtre du Vieux Colombier Konzerte der *Revue musicale,* wo vor allem zeitgenössische Musik aufgeführt wurde. Außerdem leitete er die von ihm mitbegründete französische Sektion der IGNM und war 1924–35 der Pariser Musikkorrespondent der *New York Times.* Seine Schriften sind insbesondere der französischen Musik des 17. Jh. gewidmet und sind auf diesem Gebiet bis heute grundlegend.

Schriften: *Lully* (P 1910, ²1927); *Notes sur l'origine de l'ouverture française,* in: SIMG 12 (1910/11); *L'opéra italien en France avant Lully* (P 1913, Nachdr. 1975); *Le ballet de cour en France avant Benserade et Lully* (P 1914, Nachdr. NY 1970); *La vie et l'œuvre de C. Monteverdi* (P 1926, Neudruck 1931, engl. NY 1926, Nachdr. NY – Lo 1972); *F. Cavalli et l'opéra vénitien au XVIIe siècle* (P 1931); *Nouvelle histoire de la musique,* 2 Bde. (P 1934–36), engl. Übers.: *A New History of Music* (Lo 1943, Nachdr. NY 1972).

Lit.: CH. VAN DEN BORREN, H. P., in: RBMie 1 (1946/47).

PSALM (von griech. psalmos; engl.: psalm; frz.: psaume; hebräisch: mizmōr; it. u. span.: salmo), eigentlich der Lobgesang, aber auch Bz. für die im Buch der P.en (Psalterium) des Alten Testaments gesammelten 150 Lieder. Sie sind in der Mehrzahl mit Überschriften versehen, in denen sich Gattungsbezeichnungen (wie „Lobgesang", „Klage", „Bittgebet"), musikalische Hinweise und Vortragsanweisungen (z. B. „mit Saitenspiel"), deren Deutung jedoch zumeist unsicher bleibt, liturgische Vorschriften (z. B. „ein Wallfahrtslied", „ein Lied für den Sabbat") und Personennamen finden, allein 73mal der Name David. In späterer Überlieferung wurden die P.en daher schlechthin als Lieder König Davids angesehen. Die Personennamen in den Überschriften können jedoch nicht durchweg als Autorennamen verstanden werden, sie scheinen z. T. die Zugehörigkeit des P.s zu einer Sammlung zu bezeichnen. Ein auffälliges Merkmal der poetischen Gestalt der P.en ist der „parallelismus membrorum": Die Aussage der ersten Vershälfte wird in der zweiten Vershälfte variiert, kontrastiert oder ergänzt. Die Verszählung der P.en entspricht jedoch nicht immer ihrer poetischen Form: Versgruppen bilden größere Strophen, zuweilen sind Kehrverse erkennbar. Das Buch der P.en ist aus mehreren Liedersammlungen zusammengestellt worden und hat verschiedene Redaktionen erfahren. Man nimmt an, daß die ältesten P.en in mündlicher Überlieferung bis in die Königszeit, also mehr als ein Jahrtausend vor Christus, zurückreichen, die jüngsten P.en sind möglicherweise in die Zeit der Makkabäer (2. Jh. v. Chr.) zu datieren. Die schriftliche Überlieferung beginnt mit der im 3./2. Jh. v. Chr. in Alexandrien für die griechisch sprechenden Juden der Diaspora erstellten griechischen Übersetzung des Alten Testaments, der sog. Septuaginta. Der hebräische Text geht auf die Bemühungen der jüdischen Gemeinden nach der Zerstörung Jerusalems und der Zerstreuung zur Sicherung einer einheitlichen Überlieferung der Bibel zurück. Hebräischer und griechischer Text weichen in der Zählung der P.en voneinander ab: Der griechische (und danach der lateinische) Text zählt Ps. 9 u. 10 sowie 114 und 115 als einen P. und teilt Ps. 116 u. 147 in zwei. Wegen der Vielfalt und der Unterschiedlichkeit der umlaufenden lateinischen Übersetzungen beauftragte Papst Damasus I. (366–384) den hl. Hieronymus, die ganze lateinische Bibel zu revidieren. Die lateinische Textfassung des *Psalterium Romanum,* die man lange Zeit für seine erste Textrevision auf der Grundlage der Septuaginta gehalten hat, scheint nach neueren Forschungen nicht auf Hieronymus zurückzugehen. Sie ist bis zum Konzil von Trient in Rom in Gebrauch gewesen und wird in St. Peter bis heute verwendet. Auf Hieronymus geht die lateinische Version des *Psalterium Gallicanum* zurück. Sie wurde am Hofe Karls des Großen von Alkuin revidiert und verbreitete sich vom Frankenreich aus mit dem Gregorianischen Gesang. In den gregorianischen Gesangstücken mit P.en-Text jedoch haben sich ältere lateinische Textfassungen erhalten. Papst Pius V. schrieb die Textfassung des *Psalterium Gallicanum* für die ganze lateinische Kirche vor, die somit seitdem auch für die mehrstimmigen lateinischen P.-Vertonungen maßgebend ist. Papst Pius XII. beauftragte das Päpstliche Bibelinstitut mit der Erstellung einer neuen lateinischen P.en-Übersetzung auf der Grundlage einer revidierten Textfassung und gestattete 1945 den Gebrauch des *Psalterium Pianum* beim Stundengebet; dessen P.-Texte gelten jedoch als schlecht singbar.

Mittelalterliche P.en-Übersetzungen ins Deutsche, darunter eine Übersetzung von Notker Balbulus, dienten dem didaktischen und persönlichen Gebrauch und wurden daher nicht gesungen. Als Gesangtext diente zuerst die Übersetzung M. Luthers, die, mehrfach revidiert, für die evangelische Kirche der P.en-Text selber wurde.

Um 1500 entstand unter humanistischem Einfluß die Gattung des P.-Lieds, d. h. der P.-Paraphrase in

Liedform. J. Calvin sah den P. als Inbegriff der Kirchenmusik und das P.-Lied als Transposition des P.s in den Gemeindegesang an. Die von ihm seit 1542 in Genf herausgegebenen Gesangbücher mit P.-Liedern wurden zum liturgischen Gesangbuch der Reformierten und in verschiedene Sprachen übertragen (↗Hugenottenpsalter). Die Texte und Melodien des Liedpsalters der Reformierten nahmen eine der Unantastbarkeit des Bibeltextes selber vergleichbare Aura an, sie werden bis in die Gegenwart buchstaben- und tongetreu nachgedruckt.

Lit.: L. JANSEN, Die spätjüdische Psalmendichtung, ihr Entstehungskreis u. ihr Sitz im Leben (Oslo 1937); R. E. MURPHY, A New Classification of Literary Forms in the Psalms, in: Catholic Bible Quarterly 21 (1959); H. PREUSS, Die Psalmenüberschriften in Targum u. Midrash, in: Zschr. für Alttestamentliche Wiss. 71 (1959); C. WESTERMANN, Das Loben Gottes in den P.en (Gö ²1961); S. MOWINCKEL, The Psalms in Israel's Worship (O 1962); P. PIDOUX, Le psautier huguenot du XVIᵉ siècle, 4 Bde. (Bas–Kas 1962–81). H. HUCKE

PSALMLIED ↗Hugenottenpsalter, ↗Psalmvertonung.

PSALMODIE, das Singen der Psalmen. Das Christentum hat den Psalmengesang unmittelbar aus dem jüdischen Kult übernommen. Das Singen der Psalmen war insbesondere von Anfang an wesentlicher Bestandteil des ↗Offiziums. In den frühchristlichen Mönchsgemeinden wurde die P. in der Weise vollzogen, daß ein Mönch nach dem anderen aufstand und einen oder eine Reihe von Psalmen vortrug. Eine zweite Form der P. läßt sich frühzeitig in Verbindung mit den Lesungen als Bestandteil des Wortgottesdienstes nachweisen: Zwischen den Lesungen tritt ein Vorsänger an den Ambo und trägt einen Psalm vor, auf die Psalmverse antwortet die Gemeinde mit einem Kehrvers (↗Responsorium). Im 4. Jh. wurde in Verbindung mit Umzügen und Prozessionen von einer neuen Vortragsweise berichtet: Ein Vorsängerchor singt Psalmen, die Gemeinde antwortet mit Kehrversen. In Verbindung mit dieser Vortragsweise wird zuerst der Begriff ↗Antiphon gebraucht. In der Regel des hl. Benedikt (1. Hälfte des 6. Jh.) wurden die Psalmen des Offiziums nicht mehr solistisch, sondern von der ganzen, in 2 Chöre geteilten Mönchsgemeinde vorgetragen und mit einer Antiphon, einem Kehrvers, verknüpft, der den Psalm auf die einzelne liturgische Feier hin deutet (↗Antiphonaler Gesang).

Anstelle der Wechselchor-P. mit Antiphon tritt in bestimmten Fällen die einfachere Form der P. „in directum" (Cantus directaneus), bei der man gemeinsam und ohne Antiphon rezitiert. An die Stelle des Psalms im Wortgottesdienst tritt bei Benedikt das Responsorium, unter dem wir wohl bereits das zu verstehen haben, was die Hss. des Gregorianischen Gesangs uns dann unter dieser Bezeichnung überliefern: einen musikalisch entfalteten und dafür textlich verkürzten Wechselgesang zwischen Kantor und Chor, dessen Text jedenfalls im Gregorianischen Gesang meist nicht den Psalmen entnommen ist. Dem Responsorium des Offiziums entspricht im Gregorianischen Gesang der Messe das ↗Graduale. Der antiphonale Prozessionsgesang findet sich im Gregorianischen Gesang als Gesang zum Einzug (↗Introitus) und zur Kommunion (↗Communio) wieder. Allerdings hat der Psalm dabei nur sekundäre Bedeutung; es wird so lange psalmodiert, wie der dadurch zu begleitende Ritus dauert. Im weiteren Verlauf der Entwicklung wird die P. zum Introitus auf einen Vers und die Doxologie verkürzt, die P. zur Communio entfällt. Von Psalmtexten wird ferner beim ↗Offertorium in weitem Umfang Gebrauch gemacht, und im ↗Tractus hat man, aber offenbar zu Unrecht, die Tradition der frühchristlichen Solo-P. wiederfinden wollen. Die Bedeutung und Art und Weise der P. sowie die Häufigkeit von Psalmentexten in der Meßliturgie sind bezeichnendes Merkmal des römischen Ritus. Sie ist ein Zeugnis der Abwehr nichtbiblischer Gesänge, die dem liturgischen Gesang der ostkirchlichen Riten ihr besonderes Gepräge geben.

Lit.: F. LEITNER, Der gottesdienstliche Volksgesang im jüdischen u. christlichen Altertum (Fr 1906); P. WAGNER, Einführung in die gregor. Melodien I (L ³1911); H. HUCKE, Die Entwicklung des frühchristlichen Kultgesangs zum Gregor. Gesang, in: Römische Quartalschrift 48 (1953); H. LEEB, Die P. bei Ambrosius (W 1967) (= Wiener Beitr. z. Theologie 18); A. G. MARTIMORT, Hdb. der Liturgiewiss., 2 Bde. (Fr 1965). H. HUCKE

PSALMTÖNE. Über die Melodien der frühchristlichen ↗Psalmodie, der Psalmodie bei Benedikt und der in Rom zur Zeit Gregors des Großen wissen wir nichts. Die Entwicklung der Psalmodie des Gregorianischen Gesangs wurde durch das Problem bestimmt, die Psalmodie mit wechselnden Kehrversen (Antiphonen) tonartlich zu verknüpfen. Die Entstehung der P. hängt daher unmittelbar mit der des Systems der ↗Kirchentöne zusammen.

Dieses System wurde auf der Grundlage dessen, was durch Boëthius und Cassiodor von der antiken Musiktheorie überliefert war (wobei allerdings erhebliche Mißverständnisse unterliefen), und unter byzantinischem Einfluß im Umkreis des karolingischen Hofs entwickelt. Ältestes erhaltenes Zeugnis ist das Fragment eines Ende des 8. Jh. in Corbie für die Abtei Saint-Riquier geschriebenen

↗Tonars. Im Tonar schlägt der Kantor nach, welcher Tonart eine Antiphon zugeordnet ist und in welchem Psaimton demnach der Psalm zu dieser Antiphon zu psalmodieren ist.

Die gregorianische Offiziumspsalmodie beruht auf dem Prinzip, daß die Verse des Psalms auf einen Psalmton gesungen werden wie die Strophen eines Liedes auf dessen Melodie. Die P. sind zweiteilig: Sie beginnen mit einer Eingangswendung (↗Initium), rezitieren dann auf einem Ton, der als Tenor oder Tuba bezeichnet wird, und machen eine Mittelzäsur (↗Mediante). Ist der Text der ersten Vershälfte sehr lang, kann eine Binnenzäsur (↗Flexa) eingeschoben werden, bei der die Stimme um einen Ton gesenkt wird. Die zweite Vershälfte rezitiert wieder auf dem Tenor und schließt mit einer Schlußwendung (Finalis, Terminatio). Das Problem der Melodisierung von Texten, die in lateinischer Sprache keine poetische Form hatten, wird auf diese Weise umgangen: Die Rezitation erlaubt die Unterlegung von Texten undefinierter Länge und ist rhythmisch indifferent.

Zum besseren und unmißverständlichen Anschluß der unterschiedlichen Melodieanfänge von Antiphonen des gleichen Tons gibt es in den einzelnen P.n verschiedene Formen für die Finalis (↗Differentiae). Auch die Differentia zu jeder Antiphon ist dem Tonar zu entnehmen. Später hat man diese Angaben der Tonare auch in die ↗liturgischen Bücher selber übernommen und vor jeder Antiphon

vermerkt. Die Angabe VIII G 2 beispielsweise bedeutet, daß zu dieser Antiphon der 8. Psalmton gehört und daß als Schlußwendung jedes Psalmverses die zweite der auf dem Ton G schließenden Differentiae gesungen werden soll. Um die Silbenverteilung auf die Töne der Differentiae festzuhalten, werden den Differentiae die Vokale E U O U A E als Abkürzung für den Schluß der Doxologie „... saeculorum. Amen“ unterlegt, mit der die Rezitation jedes Psalms schließt. Für die Cantica zum Schluß der Laudes (Benedictus) und Vesper (Magnificat), die ebenso wie die Psalmen mit Antiphonen psalmodiert werden, werden etwas reicher verzierte Varianten der 8 P. verwendet. Auf diese Töne der Cantica werden auch die Verse zu den Antiphonen der Messe, Introitus und Communio psalmodiert.

Neben den regulären 8 P.n, die den 8 Kirchentonarten entsprechen, finden sich in der ältesten Überlieferung noch irreguläre P., die offenbar Reste älterer Tradition sind. Von diesen irregulären P.n ist einer, der ↗Tonus peregrinus, bis heute in allgemeinem Gebrauch geblieben. Er unterscheidet sich von den regulären P.n dadurch, daß die zweite Vershälfte nicht auf dem gleichen Ton wie die erste, sondern einen Ton tiefer rezitiert wird.

Es hat den Anschein, daß die Antiphon ursprünglich Kehrvers war und nach jedem Vers oder jedem zweiten Vers wiederholt wurde. Soweit wir die Überlieferung zurückverfolgen können, war das jedoch allenfalls bei besonderen Anlässen und in Einzelfällen, insbesondere beim Magnificat, der Fall. Normalerweise wird die Antiphon nur noch zu Beginn und Schluß des Psalms gesungen bzw. zu Beginn des Psalms nur angestimmt. Es hängt mit dieser Vortragspraxis zusammen, daß sich der Brauch entwickelte, nur noch den ersten Vers des Psalms mit dem Initium und die folgenden Verse sogleich mit der Rezitation auf dem Tenor zu beginnen.

Besondere P. werden zum Eingangspsalm (Invitatorium) der Matutin, Ps. 95 (94), verwendet. Dieser Psalm wird nicht wechselchörig, sondern vom Kantor vorgetragen. Die Zahl der P. zum Invitatorium ist in den mittelalterlichen Hss. unterschiedlich. Den meisten Hss. sind 10 verschiedene Töne gemeinsam, von denen je einer der 2., 3., 5., 7., vier der 4. und zwei der 6. Kirchentonart zugeordnet werden. Alle diese P. sind nicht zwei-, sondern dreiteilig, aber im übrigen ähnlich strukturiert wie die Offiziums-P.: Der Text wird rezitiert, die Rezitation wird durch typische Melodiewendungen oder -floskeln am Anfang und Ende der Abschnitte gegliedert. Die Rezitation ist jedoch abwechslungsreicher und kann durch ausgedehnte, mehrsilbige Anfangs- und Schlußwendungen auf wenige Töne zusammengedrängt oder ganz unterdrückt sein. Die Antiphonen zum Invitatorium sind grundsätzlich zweiteilig, und der 2. Teil ist als Sinneinheit abtrennbar, so etwa die Antiphon zum Invitatorium an Weihnachten: *Christus natus est nobis. / Venite, adoremus. (Christus ist uns geboren. / Kommt, lasset uns anbeten.)*, so daß der Chor auf die Psalmverse abwechselnd mit der ganzen und mit der zweiten Hälfte der Antiphon antworten kann.

Das psalmodische Formprinzip der musikalischen Gliederung von Rezitation durch typische Melodieformeln in bestimmter Reihenfolge ist, neben dem Formprinzip der Lektion, bei der sich die Wahl der Melodieformel nach dem Interpunktionszeichen richtet, eines der grundlegenden Formprinzipien des Gregorianischen Gesangs. Es findet sich in den verschiedensten Melodien und Gattungen wieder. Für manche Serien liturgischer Gesänge haben die gregorianischen Kantoren Gesangsweisen nach der Art von P.n geschaffen, z. B. für die O-Antiphonen im Advent, für einen Teil der Gradualien und für die Verse zu den Responsorien des Offiziums. Im Zusammenhang mit den letzteren spricht man geradezu von den P.n der Offiziumsresponsorien, obwohl es sich gar nicht um Psalmodie, sondern um den Gesang einzelner Verse handelt, die meist nicht den Psalmen entstammen.

Die P. des Offiziums sind durch die ganze abendländische Musikgeschichte tradiert und festgehalten worden; sie sind seit Jahrhunderten mit der Vorstellung von Psalmen und Psalmodie verknüpft. Spätestens seit dem 15. Jh. war es weithin üblich, die P. in schlichter, akkordischer Mehrstimmigkeit vorzutragen (↗Falsobordone), und es bürgerte sich der Brauch ein, Mediante und Finalis durch das Anhängen koloraturartiger „passaggi" zu verzieren. Es war ferner gebräuchlich, daß die Orgel einen der beiden psalmodierenden Chöre vertrat und jeden zweiten Vers als instrumentales Versett vortrug. Lutherische Versuche, die Offiziums-P. in den deutschen Kirchengesang zu übertragen, gewannen nur begrenzte Bedeutung. Auf katholischer Seite versuchte der Konstanzer Generalvikar und Kapitularvikar (bis zur Aufhebung des Bistums 1827) Ignaz Heinrich Freiherr von Wessenberg, das Volk am liturgischen Gesang der Vesper und der Karwoche teilnehmen zu lassen, indem er es katechetisch aufbereitete Psalmenübersetzungen auf die Offiziums-P. singen ließ. Die *Wessenberg-Psalmen* sind in Südwestdeutschland bis zum 2. Vatikanischen Konzil in Gebrauch gewesen. Einen neuen Ansatz zur Verbindung der Offiziums-P. als eines wesentlichen Elements „liturgischen" Gesangs mit deutschen Texten unternahm die Liturgische Bewegung in beiden Konfessionen. Nach 1945 entwickelte J. Gelineau eine neue Art der Psalmodie in französischer Sprache, die über Frankreich hinaus weite Verbreitung und in Deutschland verschiedene Nachahmer fand. Die Psalmodie von Gelineau gliedert den Psalm nicht in Verse, sondern in größere Strophen, und sie ist vornehmlich als Vorsängerpsalmodie gedacht, an der die Gemeinde durch die Antiphon als Kehrvers teilnimmt. Eine deutsche Vorsängerpsalmodie nach anderen Prinzipien mit Beiträgen verschiedener Komponisten wurde 1960/71 als *Neues Psalmenbuch* vorgelegt. Die Erlaubnis zum Gebrauch der Muttersprache durch die Liturgiereform des 2. Vatikanischen Konzils und die Wiederherstellung des Psalms im Wortgottesdienst der Messe (Antwortpsalm) führten zu neuen Versuchen von P.n in den verschiedenen Landessprachen. Das neue katholische Gesangbuch *Gotteslob* hat für die Gemeindepsalmodie in deutscher Sprache an den Tönen der gregorianischen Offiziumspsalmodie festgehalten und für die Vorsängerpsalmodie insbesondere des Antwortpsalms auf Vorsängerbücher verwiesen, die verschiedenartige P. enthalten.

Lit.: P. WAGNER, Einführung in die gregor. Melodien III (L 1921) (Nachdr. Hil – Wie 1967); S. VAN DIJK, Medieval Terminology and Methods of Psalm Singing, in: MD 6 (1952); H. HUCKE, Psalmodie als melodisches Gestaltungsprinzip, in: MuA 5 (1952/53); H. AVENARY, Formal Structure of Psalms and Canticles in Early Jewish and Christian Chant, in: MD 7 (1953); W. APEL, Gregorian Chant (Bloomington/Ind. 1958); W. LIPPHARDT, Der karolingische Tonar von Metz (Mr 1965) (= Liturgiewiss. Quellen u. Forsch. 43); H. BERGER, Unters. zu den Psalmdifferenzen (Rb 1966) (= Kölner Beitr. z. Musikforsch. 37); PH. HARNONCOURT, Überlegungen z. Gemeindepsalmodie, in: MuA 20 (1968); M. HUGLO, Les tonaires (P 1971); R. ERBACHER, „Tonus peregrinus". Aus der Gesch. eines Psalmtons (Münsterschwarzach 1971); H. HUCKE, Karolingische Renaissance u. Gregor. Gesang, in: Mf 28 (1975). H. HUCKE

PSALMVERTONUNG. Bis zum Ende des 15. Jh. war Psalmengesang im Abendland durchweg ↗Psalmodie auf typische ↗Psalmtöne. Erst der Humanismus hat die Texte der Psalmen als Kompositionsvorlage entdeckt. Josquin des Prés gilt als Schöpfer der Psalmmotette, die in der ersten Hälfte des 16. Jh. eine eigenständige, in besonderem Maße „wortgezeugte" Gattung der Motette darstellt. Die Psalmmotetten waren nicht für den liturgischen Gebrauch bestimmt, sondern Gelegenheitskompositionen für besondere Anlässe und für die geistliche Hausmusik der Fürsten. In die Liturgie fanden sie Eingang als Motetten zum Offertorium und zur musikalischen Begleitung der stillen Messe. Der ungarische Hofkapellmeister

Th. Stoltzer hat um 1525 „auß sunderem lust zu den uberschönen worten" die ersten Psalmmotetten mit deutschem Text (nach M. Luthers Übersetzung) komponiert. Sie sind die ersten großen geistlichen Kompositionen in einer Volkssprache und wurden stilbildend für die Entwicklung der evangelischen Kirchenmusik. Gegen Ende des 16. Jh. erlebte die Psalmmotette eine Nachblüte in der zyklischen Vertonung der 7 Bußpsalmen (Ps. 6, 31, 37, 50, 101, 129, 142; Zählung nach der Vulgata). Auch die Bußpsalmenzyklen sind für die private Andacht bestimmt, die Gattung ist für diese Zeit charakteristisch. Den bedeutendsten Bußpsalmenzyklus hat O. di Lasso für Herzog Albrecht V. von Bayern geschaffen.
Eine neue Entwicklung geht von den doppelchörigen P.en A. Willaerts aus. Sie waren für die Vesper bestimmt. Willaert setzte an die Stelle der traditionellen Falsobordone-Praxis mehrstimmig-akkordischen Vortrags der Psalmtöne motettenartige Sätze, aus deren doppelchörig-antiphonischem Vortrag sich der vielstimmig-konzertierende Stil entwickelte (↗Concerto). Die großangelegten Psalmen der Papst Paul V. gewidmeten Vesper von Cl. Monteverdi (1610) sind eine programmatische Auseinandersetzung mit der kirchenmusikalischen Tradition und der Versuch, die Vesper an die Stelle der nichtliturgischen Andachtsmusik der Fürsten zu setzen.
Von Venedig aus wurde der Vesperpsalm im Laufe des 17. Jh. zu der neben (z.T. vor) der Vertonung des Meßordinariums bedeutsamsten Gattung der katholischen Kirchenmusik. Die Neigung zu affekthafter Textausdeutung und breiter musikalischer Gestaltung führt zur Aufgliederung des Psalms in mehrere Sätze: Es wechseln Chorsätze mit konzertierenden Sätzen für Solisten und Chor, Sätzen für Soloensemble und arienhaften Solosätzen. Die Aufführungsdauer solcher Psalmen überschreitet vielfach eine halbe Stunde, und es erhebt sich die Frage, wie sie in die Liturgie der Vesper eingegliedert wurden. Für die Advents- und Fastenzeit und für Kirchen, in denen überhaupt keine Instrumente außer der Orgel gebräuchlich sind, werden die Vesperpsalmen chorisch, meist mehrchörig vertont, dabei spielt die Rückwendung zum „alten Stil" seit etwa 1730 eine wachsende Rolle. Als Sondergattung entwickelt sich die Vertonung des Ps. 50 *Miserere* für die Trauermetten an den Kartagen (↗Miserere).
Ein in der Musikgeschichte einzigartiges Unternehmen stellt der *Estro poetico-armonico* des Venezianers B. Marcello dar, der in Zusammenarbeit mit dem Poeten Girolamo Ascanio Giustiniani entstand und dessen 1. Teil 1724 im Druck erschien. Giustiniani dichtete auf der Grundlage des lateinischen Psalmentextes, den er anhand griechischer und hebräischer Texte revidierte, und unter Benutzung von Kommentaren bis hin zu den Kirchenvätern poetische Psalmparaphrasen in italienischer Sprache. Sie sollten die Psalmen mit den Mitteln der Poesie kommentierend erschließen. In seinen Vertonungen dieser Texte versuchte Marcello, eine ideale Kirchenmusik zu entwickeln, die bei den Ursprüngen des Psalmengesanges im Judentum (in 12 Psalmen verwendete er synagogale Weisen; ↗Israel) und bei der Musik der Antike anknüpfen sollte. Das Werk blieb unvollendet; bis 1726 wurden in 8 Heften lediglich die 50 ersten Psalmen vorgelegt. Die Kompositionen haben kantatenartige Faktur mit B.c.-Begleitung, Arien, Rezitativen, dialogisierenden und betrachtenden Abschnitten. In den ersten Stücken beschränkte sich Marcello – da man an Mehrstimmigkeit gewohnt sei – auf zwei Solostimmen, in den späteren geht er bis zur Vierstimmigkeit. Doch bedeutsamer als für die Kirchenmusik wurde Marcellos Werk für die musiktheoretische und -ästhetische Diskussion, und noch G. Verdi setzte sich mit seinen Theorien über das Rezitativ auseinander. In Italien wurde der *Estro poetico-armonico* bis ins 19. Jh. immer wieder aufgelegt. In Hamburg führte J. Mattheson bereits 1725 zwei Stücke in deutscher Übersetzung auf. 1757 erschien eine englische, 1841 und 1864 französische Übersetzungen des Werkes.
Bei H. Schütz und in der evangelischen Kirchenmusik stellt die P. keine besondere Gattung mit bestimmter liturgischer Funktion dar. Motetten und geistliche Konzerte mit Psalmtexten können zu unterschiedlichen Gelegenheiten inner- und außerhalb des Gottesdienstes gebraucht werden. Diese Tendenz, die in der katholischen Kirchenmusik die Mehrsätzigkeit der Vesperpsalmen zur Folge hat, führt in der evangelischen Kirchenmusik zur Bevorzugung kürzerer Texte (Spruchmotette) und zur Auswahl einzelner Psalmverse. Nach der Mitte des 17. Jh. finden sich vollständige P.en hier nur noch ausnahmsweise zu besonderen Anlässen, lediglich in Norddeutschland bildet sich noch einmal eine besondere Tradition der P. heraus, z.B. bei D. Buxtehude. Mit dem Beginn des 18. Jh. tritt die P. und die Vertonung biblischer Texte überhaupt gegenüber der nichtbiblischen – oder biblische Texte nur zitierenden – Kantate zurück.
Das 19. Jh. bringt auf evangelischer Seite mit den Bestrebungen zur liturgischen und kirchenmusikalischen Reform ein Wiederaufleben der Psalmkomposition (F. Mendelssohn Bartholdy). Auf katholischer Seite dagegen führen die Reformbestre-

bungen vom Vesperpsalm zur Offiziumspsalmodie zurück. Die Entwicklung des bürgerlichen Chorwesens schafft die Voraussetzung für die Komposition von Psalmen als repräsentativen Chorwerken für öffentliche Feiern und für den Konzertgebrauch (Fr. Liszt, A. Bruckner, J. Brahms, M. Reger).

Gleichfalls für den Konzertgebrauch, aber auch für Zwecke religiöser Erbauung in Haus und Kirche bestimmt waren im 19. Jh. die zahlreichen Sololieder mit Klavier (seltener Orgel), denen wörtliche oder paraphrasierte Psalmtexte zugrunde liegen. Bekannte Beispiele dieser Psalmlieder sind L. van Beethovens *Die Ehre Gottes aus der Natur* aus den *Gellert-Liedern* (1803; nach Ps. 18) und A. Dvořáks *Biblische Lieder* (1894; mit wörtlichen Psalmversen in tschechischer Sprache). Diese Tradition wird vereinzelt auch im 20. Jh. aufgegriffen, z. B. von A. Honegger (*Trois psaumes* mit Klv., 1941) und H. Sutermeister (*Der 70. und 86. Psalm* mit Org., 1947). P.en für und mit Chor schrieben im 20. Jh. u. a. A. Schönberg (*De profundis*, 1950, und *Moderner Psalm* [auf eigenen Text], 1950) und Krz. Penderecki (*Psalmi Dawida*, 1958).

Über P. im engeren Sinne hinaus weisen 3 Werke, die wesentlich auf Psalmtexten beruhen: Mit Honeggers „Psaume symphonique" *Le Roi David* (1921; mit 10 Psalmen neben anderen Gesängen und Instr.-Stücken) erhielt die Gattung des Oratoriums neue Impulse. Z. Kodálys *Psalmus Hungaricus* (1923; über eine ungarische Paraphrase von Ps. 55 aus dem 16. Jh.) wurde ein Markstein in der Entwicklung der ungarischen nationalen Musik; I. Strawinskys *Symphonie de psaumes* (1930) löst sich trotz des Titels von der symphonischen Tradition des 19. Jh. zugunsten einer geradezu lapidaren musikalischen Präsenz der chorisch vorgetragenen lateinischen Psalmtexte.

Ausg.: Anthologie du Psaume français polyphonique (1610–63), hrsg. v. D. LAUNAY, 2 Bde. (P 1974–76).

Lit.: H. LEICHTENTRITT, Gesch. der Motette (L 1908, Nachdr. Hil 1967); L. D. OBST, Die Psalmmotetten des J. Desprez (Diss. B 1957); H. OSTHOFF, Die Psalmmotette v. J. Desprez, in: Kgr.-Ber. Wien 1956 (Gr – Kö 1958); CH. ENGELBRECHT, Die P. im 20. Jh., in: Gestalt u. Glaube. FS O. Söhngen (B 1960); L. FINSCHER, Zur C.f.-Behandlung in der Psalm-Motette der Josquinzeit, in: Gedenkschrift H. Albrecht (Kas 1962); L. FINSCHER, Psalm, C: Die mehrst. Psalmkomposition, in: MGG X; M. KANAZAWA, Polyphonic Music for Vespers During the Fifteenth Century (1966) (= Diss. Harvard Univ.); W. DEHNHARD, Die dt. Psalmmotette in der Reformationszeit (Diss. F 1972); D. ARNOLD, Schütz' „Venetian" Psalms, in: MT 113 (1972); A. F. CARVER, The Psalms of Willaert and his North Italian Contemporaries, in: AMl 47 (1975); J. G. KURTZMAN, Some Historical Perspectives on the Monteverdi Vespers, in: Anal. Mus. 15 (1975); M. SALEVIC, Die Vertonung der Psalmen Davids im 20. Jh. Stud. im dt. Sprachbereich (Rb 1976); M. TEREMOTO, Die Psalmmotettendrucke des J. Petrejus in Nürnberg (gedruckt 1538–1542) (Diss. F 1978); K. FISCHER, Die Psalmkompositionen in Rom um 1600 (ca. 1570–1630) (Rb 1979); E. NOWACKI, The Latin Psalm Motet 1500–1535, in: Renaissance Stud. FS H. Osthoff (Tutzing 1980) (= Frankfurter Beitr. z. Musikwiss. 11); S. SCHULZE, Die Vertonungen der Bußpsalmen im 16. Jh. (Diss. Tü 1980).

H. HUCKE

PSALTER, Psalterium, das Buch der Psalmen (↗Psalm).

PSALTERIUM (von griech. psallein = zupfen; engl.: psaltery; frz.: psaltérion, canon; it.: salterio; span.: salterio, canon), Bz. für eine Kastenzither mit einem Resonanzkasten, über den eine unterschiedlich große Anzahl von Saiten gezogen war, die entweder mit Plektren oder mit den Fingern gezupft wurden. Das europäische P. ist vermutlich orientalischen Ursprungs und eng verwandt mit dem ↗Qānūn und der ↗Santūr. Beide Instrumente sind auf verschiedenen Wegen, über das arabische Spanien, durch Kreuzzugteilnehmer und über Byzanz und die Balkanstaaten, zu verschiedenen Zeiten in Europa eingeführt worden. Die Herkunft vom arabischen Qānūn bezeugen die französische und spanische Bezeichnung „canon". Eine genaue historische Trennung zwischen den beiden in Europa bekannten Instrumenten ↗Hackbrett und P. ist nicht immer möglich, da sich beide Instrumente nur in ihrer Klangerzeugung durch Anschlagen der Saiten mit Klöppeln oder durch Anzupfen mit den Fingern oder mit Plektren unterscheiden. Diese Einzelheiten sind auf Darstellungen jedoch nicht immer eindeutig zu erkennen. Der Name P. wurde verschiedentlich bereits von antiken griechischen Autoren verwendet (u.a. Platon, Aristoteles) und steht in den Übersetzungen der Septuaginta für das hebräische Wort ↗Nebel, sowie aramäisch als „p(e)sant(e)rin" im 3. Buch Daniel. Obwohl auch Augustinus, Cassiodorus, Isidor von Sevilla u.a. P. als Bezeichnung für ein Instrument benutzen, läßt sich die genaue Beschaffenheit der P. genannten Instrumente nicht eindeutig feststellen. Erstmals in dem unechten Brief des hl. Hieronymus an Dardanus (Mitte 9. Jh.) werden dreieckige (deltaförmige) und viereckige Psalterien erwähnt; sie lassen sich jedoch erst seit dem 12. Jh. in zahlreichen Darstellungen, die freilich ganz unterschiedliche Formen zeigen, nachweisen. Neben drei- und viereckigen Resonanzkörpern gab es geradwinklig-trapezförmige  sowie trapezförmige  und solche, deren Schrägseiten, nach innen S-förmig geschwungen, sich verjüngten . Aus dieser seit dem 14. Jh. nachweisbaren Form des sog. Schweinskopfes, von M. Praetorius als Istromento di porco bezeichnet, scheint ein anderes, ebenfalls bereits im 14. Jh. nachweisbares Instrument hervorgegangen zu sein, der Halbpsalter ◺, der durch Halbierung des Schweinskopfes entstand, Flügelform hatte und als Mezzo canone, Micanon, Medio canon oder latinisiert als Medicinale bezeichnet wurde. Möglich ist jedoch auch seine Entwicklung aus dem geradwinklig-trapezförmigen P. durch S-förmige Gestaltung der abgeschrägten Seite. Bereits im 16. und 17. Jh. war das P. zwar noch bekannt, aber nicht mehr sehr gebräuchlich. Es hielt sich jedoch in verschiedenen Formen bis zur Gegenwart in vielen europäischen Gebieten als Volksmusikinstrument (↗Gusli, ↗Kantele, ↗Zither).

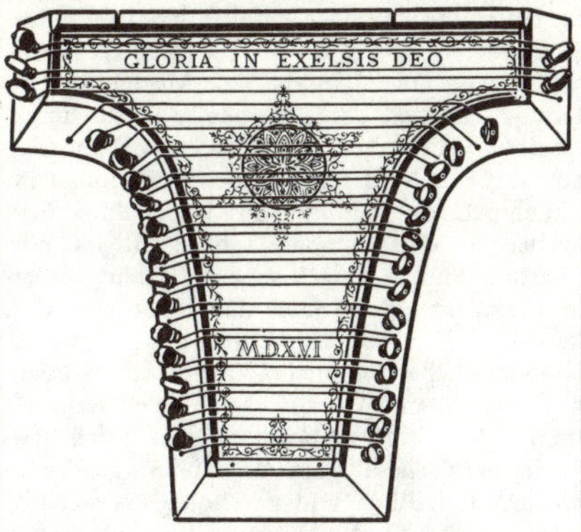

PSALTERIUM
Frankreich 1516

Eine zum P. gehörende Mischform ist das sog. Harfen-P., das seit dem 12. Jh. nachzuweisen ist. Dieses wie ein P. gezupfte Instrument hatte häufig, aber nicht immer, einen harfenähnlichen Umriß und wurde aufrecht gespielt. Meistens war das Harfen-P. doppelt, d.h. auf beiden Seiten des Resonanzkörpers mit Saiten bezogen. Dieses bis ins 18. Jh. beliebte Instrument stellt eine Übergangsform zur ↗Spitzharfe dar.

Lit.: S. VIRDUNG, Musica getutscht (Bas 1511), Faks.-Ausg. hrsg. v. K. W. Niemöller (Kas 1970) (= DMl I/31); M. PRAETORIUS, Syntagma musicum, II: De organographia (Wb 1618, ²1619), Faks.-Ausg. hrsg. v. W. Gurlitt (Kas 1958–59) (= DMl I/15); M. MERSENNE, Harmonie universelle, 3 Bde. (P 1636–37), Faks.-Ausg. hrsg. v. F. Lesure (P 1975); P. TRICHET, Traité des instruments de musique (um 1640), hrsg. v. dems. (Neuilly-sur-Seine 1957); C. SACHS, The History of Musical Instr. (NY 1940); H. PANUM, The Stringed Instr. of the Middle Ages (Lo 1940, Nachdr. 1971); V. DENIS, De muziekinstrumenten in de Nederlanden en in Italie naar hun afbeelding in de 15ᵉ-eeuwsche kunst I (Löwen 1944); E. KOLARI, Musikinstr. u. ihre Verwendung im AT (He 1947); R. HAMMERSTEIN, Instrumenta Hieronymi, in: AfMw 16 (1959); H. STEGER, David rex et propheta (Nü 1961) (= Erlanger Beitr. z. Sprach- u. Kunstwiss. 6); H. AVENARY, Hieronymus' Epistel über die Musikinstr. u. ihre altöstlichen Quellen, in: Anuario Mus. 16 (1961); H.-H. DRÄGER – M. WEGNER, P., in: MGG X; J. H. VAN DER MEER, Zither, in: ebd. XVI.

M. BRÖCKER

PSELLOS, Michael (urspr. Konstantinos), * 1018 Nikomedeia oder Konstantinopel, † wahrscheinlich April oder Mai 1078; griech. Gelehrter. Er war zunächst Richter, leitete 1045–54 die neue Universität in Konstantinopel und lehrte dort Philosophie, Philologie, Physik und die 7 Artes liberales. Anschließend lebte er kurze Zeit in einem Kloster und ging dann an den Kaiserhof, wo er bis 1071 als einflußreiche Persönlichkeit, zuletzt als 1. Minister, wirkte. Kaiser Michael VII. Doukas verbannte ihn in ein Kloster. P. verfaßte u. a. die Schrift *Über die Musik*, eine auf Aristoxenos' *Elementen der Rhythmik* fußende Abhandlung über die Rhythmik und einen Kommentar zu Platons *Psychogonie*.

Ausg.: *Peri musikēs*, hrsg. v. CH. E. RUELLE, in: Études sur l'ancienne musique grecque. Arch. des missions scientifiques et littéraires III/2 (1875).

Lit.: L. RICHTER, Antike Überlieferungen in der byzantinischen Musiktheorie, in: DJbMw 6 (1961); D. I. POLEMIS, When Did P. Die?, in: Byzantinische Zschr. 58 (1965); L. RICHTER, „Des P. vollständiger kurzer Inbegriff der Musik" in Mizlers „Bibl.". Ein Beitr. z. Rezeption der byzantinischen Musiktheorie im 18. Jh., in: BzMw 9 (1967).

PTOLEMAIOS, Klaudios, * um 83 Ptolemais Hermeia in der Thebaïs (Ägypten), † um 161 Alexandria; griech. Mathematiker, Geograph, Astronom und Musiktheoretiker. Seine *Harmonik* in 3 Büchern, eine der wichtigsten Quellen der spätantiken Musiktheorie, behandelt die Musiktheorie auf der Grundlage der zeitgenössischen Musikpraxis. Das 1. Buch definiert die Harmonik (Wissenschaft der musikalischen Töne), die harmonisch klingenden Intervalle und ihre numerischen Relationen, die Kategorien der Konsonanzen, die 3 Tongeschlechter und ihre Unterteilungen (eine enharmonische, 3 chromatische und 2 diatonische), beschreibt die Lehren der Alten und die Stimmung von Lyra und Kithara. Das 2. Buch ist für die Kenntnis der antiken Musikpraxis am wichtigsten. P. geht von der 15saitigen, diatonisch (A–a¹) gestimmten Lyra aus und stellt fest: 1. es gibt 8 Tonleitern (genaugenommen 7, die 8. ist die Wiederholung der 1. in der höheren Oktave); 2. unter diesen sind Dorisch, Phrygisch und Lydisch die ältesten; 3. Dorisch ist die tiefste Tonleiter; 4. die Tonleitern unterscheiden sich in der Aufeinanderfolge von Ganz- und Halbtönen; 5. den 7 Tonleitern entsprechen 7 Oktavgattungen; 6. die Oktavgattung jeder Tonleiter ist durch die bestimmte Art der Aufeinanderfolge der Ganz- und Halbtöne charakterisiert; 7. jede Tonleiter kann innerhalb des 15tönigen Systems (A–a[1]) transponiert werden; 8. das günstigste Vokalregister liegt in der mittleren Oktave (e–e[1]) des 15tönigen Systems. P. gibt die Transposition aller 7 Tonleitern in diese Oktave an, ferner die numerischen Tabellen, die sich bei Anwendung der 3 Tongeschlechter auf die 7 Tonleitern ergeben und nennt hier auch die von Pythagoras, Aristoxenos, Archytas von Tarent, Eratosthenes und Didymos überlieferten Intervallverhältnisse. Seine diatonischen Intervalle sind nicht temperiert. P. unterscheidet u. a. 3 verschiedene Ganztöne (8:7, 9:8, 10:9) und 3 verschiedene Halbtöne (16:15, 28:27, 256:243). Das 3. Buch behandelt das Monochord, ferner die Beziehungen zwischen Musik und menschlicher Seele sowie Analogien zwischen Musik und der Welt der Gestirne (Erklärung der Sphärenharmonie).

Ausg.: Die Harmonielehre des Klaudios P., hrsg. v. I. DÜRING (Göteborg 1930, dt. ebd. 1932); Porphyrios' Kommentar..., hrsg. v. DEMS. (ebd. 1932, Nachdr. 1978); *Harmonicorum libri tres*, Faks. der Ausg. Oxford 1682 (O 1977).

Lit.: O. GOMBOSI, Tonarten u. Stimmungen der antiken Musik (Kop 1939, Neudruck 1950); M. SHIRLAW, C. Ptolemy as Musical Theorist, in: MR 16 (1955); L. RICHTER, Die Aufgaben der Musiklehre nach Aristoxenos u. Klaudios P., in: AfMw 15 (1958); J. LOHMANN, Der Ursprung der Musik, in: ebd. 16 (1959), wiederabgedruckt in: Musik u. Logos. FS J. Lohmann (St 1970).

A. MACHABEY

PUCCINI, Giacomo Antonio Domenico Michele Secondo Maria, * 22. 12. 1858 Lucca, † 29. 11. 1924 Brüssel; it. Komponist. Als 5. von 7 Kindern des Organisten, Musikpädagogen und Komponisten Michele P. sollte P. den Beruf der väterlicherseits seit langem in der Toscana ansässigen Familie von Kirchenmusikern ausüben. P. verlor seinen Vater jedoch schon mit fünf Jahren. Der Besuch einer *Aida*-Aufführung 1876 in Pisa brachte ihn zu dem Entschluß, seinen Weg als Opernkomponist zu machen. Mit Unterstützung eines Onkels und eines Stipendiums ging er 1880 für 3 Jahre an das Mailänder Konservatorium, wo A. Ponchielli sein wichtigster Lehrer war. Auf dessen Vermittlung hin schrieb P. seine 1. Oper, *Le villi*, nach einem romantischen Sujet, das schon A. Adam für sein Ballett *Giselle* benutzt hatte. Auf Anraten des Verlegers Giulio Ricordi erweiterte P. das Werk dann noch 1884 auf 2 Akte. In das Jahr 1884 fallen auch P.s Verbindung mit Elvira Gemigniani, die P. aber erst 1904 (nach dem Tod ihres Ehemannes) heiraten konnte, und Ricordis Auftrag zu einer neuen Oper: *Edgar*. Den Stoff für seine nächste Oper wählte P. selbst, und die zermürbende Arbeit mit 5 Librettisten schärfte sein dramaturgisches Gespür entscheidend. So erfand er für *Manon Lescaut*, in der er sich einem Vergleich mit J. Massenets *Manon* stellte, das geniale Duett der durch die gaffende Menge getrennten Liebenden vor Manons Deportation. Mit dieser Oper feierte P. seinen Durchbruch zu einer internationalen Berühmtheit. Von nun an war er selbst sein bester Dramaturg, und mit der Entwicklung einer szenographisch genauen Musik für seine realistisch entworfenen Handlungsstationen (seine Maxime war „l'evidenza della situazione") legte er den Grundstein zu einer unerschütterlichen Erfolgstrias: *La Bohème*, *Tosca* und *Madama Butterfly*. Wurden in *La Bohème* Humor und Sentiment bildhaft gegeneinandergestellt, so eliminierte P. in *Tosca* und der *Butterfly* alle Momente einer Nebenhandlung zugunsten einer sich linear entfaltenden Tragik. Deren innerer Motor, schon in P.s früheren Opern wirksam, ist eine Schuld-Sühne-Mechanik: Die Heroinen müssen dafür sterben, daß sie hingebungsvoll lieben. Aber durch das von P. musikalisch vertiefte Maß ihrer Leiden wird ihnen im Aufnehmenden symbolisch ihre Unschuld zurückgegeben: in einer eminent schlagkräftigen Wirkungsdramaturgie steigen sie auf zu märtyrerhaften Identifikationsobjekten der „belle époque". Daraus ist P. schon zu Lebzeiten der Vorwurf kleinbürgerlicher Sentimentalität gemacht worden. In seinen späteren Werken versuchte er, seine Figuren gegen die zuvor beschworenen Wunschbilder des gefühlsgesättigten Augenblicks geschichtlich, gesellschaftlich und psychologisch schärfer zu konturieren. In seinem Opern-Western *La fanciulla del West* schlug er diesen Weg ein, indem er hier eine Debussysche Harmonik mit einer Strauss'schen Opulenz des Klangbilds verband. In der Operette *La rondine*, die er als einziges Bühnenwerk durch den Ricordi-Konkurrenten Sonzogno verlegen ließ, ging er auf ein kleinerformatiges Genre zurück, ehe er mit *Il trittico* 3 Einakter geschickt zu einer imaginären und kontradiktorischen Einheit zusammenzwang: den veristischen Reißer *Il tabarro*, die in ein Mysterienspiel mündende sentimentale Tragödie *Suor Angelica* und die Gaunerkomödie *Gianni Schicchi*. Die Spannweite dieser Einakter zeigt P. auf dem Weg zu neuen Ufern: der szenographischen Genauigkeit in der Zeichnung eines düsteren Milieus *(Il tabarro)* gesellen sich eine wagnerische Variationstechnik (Motiv der Fürstin in *Suor Angelica*) und eine zuvor nur sporadisch angeklungene „vis comica" *(Gianni Schicchi)* zu. Die Verwirklichung dieser Spannweite in einem Werk sollte in *Turandot* erreicht werden. Aber von Selbstzweifeln gequält und von den ersten Symptomen des tödlichen Kehlkopfkrebses gezeichnet, konnte P. das

Werk nicht vollenden. Trotzdem ist der von F. Alfano in den letzten zwei Szenen aufführungsreif gemachte Torso das letzte international verbindliche Werk des italienischen Musiktheaters geworden. In ihm faßte P. einschließlich der Verwendung exotischen Kolorits und nicht tonhöhenbestimmter Klangkörper seine Ästhetik zusammen. Sie feiert die in unmittelbarer Evidenz ausgebreitete und dialektische Widersprüche aufhebende Welt des Gefühls.

WW: *I crisantemi* (1890) für Streichquartett; *Capriccio sinfonico* (1883). – Messe As-Dur (1880); *Cantata a Giove* (1897). – Opern: *Le villi* (Die Willis), einaktig, UA: Mailand 1884, erweitert auf 2 Akte, Turin 1884; *Edgar*, 4aktig, UA: Mailand 1889, verkürzt auf 3 Akte, Ferrara 1892, weitere Revisionen (1901, 1905); *Manon Lescaut*, 4aktig, UA: Turin 1893; *La Bohème*, 4aktig, UA: ebd. 1896; *Tosca*, 3aktig, UA: Rom 1900; *Madama Butterfly*, 2aktig, UA: Mailand 1904, erweitert auf 3 Akte, Brescia 1904; *La fanciulla del West* (Das Mädchen aus dem goldenen Westen), 3aktig, UA: New York 1910; *Il trittico: Il tabarro, Suor Angelica, Gianni Schicchi* (Triptychon: Der Mantel, Schwester Angelika, Gianni Schicchi), 3 Einakter, UA: ebd. 1918; *Turandot* (unvollendet), 3aktig, vervollständigt v. F. Alfano, UA: Mailand 1926. – Operette *La rondine* (Die Schwalbe), UA: Monte Carlo 1917.

Ausg.: Epistolario di G. P., hrsg. v. G. Adami (Mi 1928, engl. Lo 1931, Nachdr. NY 1971, dt. B 1939), revidierte NA v. M. Carner (Lo 1974); P. Among Friends. Briefwechsel, hrsg. v. V. Seligman (Lo – NY 1938, Nachdr. NY 1971); Carteggi pucciniani, hrsg. v. E. Gara – M. Morini (Mi 1958); Sette lettere di P. a G. Ricordi, hrsg. v. P. Ross, in: NRMI 13 (1979).

Lit.: F. Torrefranca, G. P. e l'opera internazionale (Tn 1912); A. Weissmann, G. P. (Mn 1922); R. Specht, G. P. (B 1931); G. Adami, P. (Mi 1935), erweitert als: Il romanzo della vita di G. P. (³1944, dt. St. 1943); K. G. Fellerer, G. P. (Pd 1937); ders., Die Musikerfamilie P., in: AfMf 5 (1941); G. Andergassen, Die Charaktere in P.s Opern (Diss. I 1955); M. Carner, P. (Lo 1958, Lo ²1974); M. Greenfield, P. (Lo 1958); C. Sartori, P. (Mi 1958); D. Vaughan, P.'s Orchestration, in: Proc. R. Mus. Assoc. 87 (1960/61); G. A. D'Ecclesiis, The Aria Techniques of G. P. (1961) (= Diss. New York Univ.); W. Ashbrook, The Operas of P. (Lo 1968, NY 1969); D. Amy, G. P. (P 1970); G. Tarozzi, P., la fine del bel canto (Mi 1972); G. Smith, Alfano and „Turandot", in: Opera 24 (1973); H.-J. Winterhoff, Analytische Unters. zu P.s Tosca (Rb 1973) (= Kölner Beitr. z. Musikforsch. 72); A. Cavalli, Autografi e manoscritti musicali di G. P., appartenenti alla Bibl. dell'Istituto Musicale „Luigi Boccherini" di Lucca (Lucca 1974); N. Andreini Galli, P. e la sua terra, hrsg. v. M. Tobino (ebd. 1974); L. Pinzauti, G. P. (Tn 1975); E. Siciliano, P. (Mi 1976); N. Christen, G. P. Analytische Unters. der Melodik, Harmonik u. Instrumentation (H 1978) (= Schriftenreihe z. Musik 13); W. Weaver, P. The Man and His Music (Lo 1978); C. Casini, P. (Tn 1978); W. Marggraf, G. P. (L 1977, Wilhelmshaven 1979) (= Taschenbücher z. Musikwiss. 17); J. J. Leukel, Wortspiele in P.s Briefen, in: ÖMZ 36 (1981); U. Schreiber, Kikeriki u. Beefsteak, in: G. P., La Bohème, hrsg. v. A. Csampi – D. Holland (Reinbek 1981).

U. SCHREIBER

PUCHELT, Gerhard, * 18. 2. 1913 Stettin; dt. Pianist. P. studierte 1931–35 an der Akademie für Kirchen- und Schulmusik in Berlin, profilierte sich zunächst als Klavierbegleiter und schlug dann die solistische Laufbahn ein. Er konzertierte u. a. in Mittel- und Nordeuropa und in Südamerika. 1949–78 war er Professor für Klavier an der Hochschule für Musik in Berlin. P. widmete sich besonders Werken der Romantik.

Schriften: *Verlorene Klänge. Studien zur deutschen Klaviermusik 1830–80* (B 1969); *Variationen für Klavier im 19. Jh.* (Da 1973). P. war Hrsg. v. *Concertante Variationen 1810–30* für Klv. (B 1969) u. *Con sentimento. Klaviermusik der deutschen Romantik* (Tänze u. Sonatinen) (B 1970).

PUCITTA (Puccitta), **Vincenzo,** * 1778 Civitavecchia bei Rom, † 20. 12. 1861 Mailand; it. Komponist. Er war Schüler von F. Fenaroli und N. Sala in Neapel und brachte 1800 in Parma seine erste Oper, *Le nozze senza sposa*, zur Aufführung. 1809 lernte er die Sängerin Angelica Catalani kennen, für die er zahlreiche Opern schrieb. Er folgte ihr nach London und wurde dort Direktor des King's Theatre. Seinen größten Erfolg verzeichnete er 1814 mit *Aristomedo*. Als die Catalani 1814 die Leitung des Théâtre Italien in Paris übernahm, wurde P. ihr Hauskomponist, konnte sich aber beim Pariser Publikum nicht durchsetzen. Nach einem Zerwürfnis mit dem Gatten der Sängerin kehrte er 1817 nach Italien zurück.

WW: Etwa 30 Opern, u. a.: *Le nozze senza sposa*, UA: Neapel 1800; *Werter e Carlotta*, UA: Venedig 1802; *La burla fortunata* (oder *I due prigionieri*), UA: ebd. 1804; *La caccia di Enrico IV*, UA: London 1809; *Aristomedo*, UA: ebd. 1814.

Lit.: A. Della Corte, Satire e grotteschi (Tn 1946); W. C. Smith, The Italien Opera and Contemporary Ballet in London 1789–1820 (Lo 1955).

PUERI CANTORES (Sängerknaben). P. ist die Bz. eines internationalen Verbandes von Knabenchören, 1907 in Paris von Abbé Fernand Maillet und den Pariser „Petits chanteurs de la croix de bois" gegründet. Angeregt wurde die Gründung durch das Motuproprio Pius' X., der die P. 1910 als „Sendboten" anerkannte. Ziele des Verbandes sind auf musikalischem Gebiet die Pflege des liturgischen Gesanges, der Gregorianik, der klassischen Polyphonie und ein Beitrag zur modernen Entwicklung der ästhetischen Kultur der Sängerknaben. Darüber hinaus ist sein Grundanliegen die Förderung brüderlicher Verbundenheit ohne Ansehen der Nationalität, um in der ganzen Welt „den Frieden Christi zu singen". P. hat über 250000 Mitglieder in über 100 Ländern. Sitz des Verbandes ist heute Rom. Der Deutsche Nationalverband der P. besteht seit 1950, umfaßt über 100 Knabenchöre, Mädchenchöre, Kinderchöre und Scholen, darunter alle Dom-Knabenchöre, und dient der „Förderung der musikalischen, liturgischen, kulturellen, erzieherischen und religiösen Arbeit und der internationalen Freundschaft und zur Gründung neuer Chöre" (aus dem Statut). Sein Sitz ist Rottenburg.

F. A. STEIN

PUGET, Loïsa (Louise Françoise), * 11. 2. 1810 Paris, † 1889 Pau (Basses-Pyrénées); frz. Komponistin. Sie war zeitweilig sehr populär als Komponistin von Romanzen, die sie zwischen 1832 und 1842 selbst im Konzertsaal und in Pariser Salons vortrug. Die meisten Texte stammen von Gustave Lemoine; ihn heiratete sie 1842 und zog sich dann vom Musikleben zurück. Mit ihren Bühnenwerken hatte sie keinen Erfolg.

WW: Zahlr. Vokalwerke, u.a.: *La confession du brigand; Le mousquetaire; À la grâce de Dieu; Ave Maria; La bénédiction d'un père; Le soleil de ma Bretagne.* – Opéra-comique *Le mauvais œil*, UA: Paris 1836; Operette *La veilleuse ou Les nuits de Milady*, UA: ebd. 1869.

PUGET, Théodore, * 15. 11. 1799 Montréal (Aude), † 31. 3. 1883 Toulouse; frz. Orgelbauer. Er gründete in Toulouse 1834 eine Orgelfabrik, die er bis 1877 leitete und dann seinen Söhnen, **Eugène P.,** * 8. 9. 1838 Toulouse, † 24. 11. 1892 ebd., und **Jean-Baptiste P.,** * 22. 10. 1849 Toulouse, † 22. 9. 1940 ebd., übergab. J.-B. P. restaurierte 1904 die große Orgel in der Kathedrale von Albi (74 Reg.). Sein Sohn **Maurice P.** * 7. 12. 1884 Toulouse, † 17. 8. 1960, übernahm später die Firma. Unter seiner Leitung wurden die Orgeln der Kathedralen von Narbonne (1927; 68 Reg.) und Perpignan (1930; 75 Reg.) restauriert.

PUGNANI, Giulio Gaetano Gerolamo, * 27. 11. 1731 Turin, † 15. 7. 1798 ebd.; it. Violinist und Komponist. Er spielte bereits als Zehnjähriger in dem von seinem Lehrer G. B. Somis geleiteten Orchester des Teatro Regio in Turin, erhielt aber erst 1748 eine offizielle Anstellung. 1749–50 war er als Stipendiat Kontrapunktschüler von V. Ciampi in Rom und kehrte anschließend nach Turin zurück. 1754 trat er im Concert spirituel in Paris mit einem eigenen Violinkonzert auf und konzertierte auch in Holland, London und Deutschland. 1763 wurde er Leiter der 2. Violinen im Hoforchester in Turin. 1767–70 war er Dirigent am King's Theatre in London, wo er 1769 die Aufführung seiner ersten Oper, *Nanetta e Lubino,* leitete. Weitere Werke brachte er mit Erfolg in Turin, Neapel, Paris, Wien und London heraus. 1770 wurde er in Turin 1. Konzertmeister und damit Leiter des Hoforchesters, 1776 auch Kammervirtuose und „Direttore generale della musica strumentale“ und 1786 Militär-Musikdirektor. Mit seinem Schüler G. B. Viotti unternahm er 1780–82 Konzertreisen nach Rußland.

WW: **1) Instr.-WW:** Im Druck erschienen (teilweise mit mehreren Nachdr.) 18 Sonaten für 2 V. sowie für V. u. B.c.; zahlr. Trios für 2 V. u. Baß; 6 Streichquartette; Quintette für versch. Besetzungen; Symphonien u. Ouvertüren für Orch.; V.-Konzert. – Hsl. sind erhalten weitere Kammermusik- u. Orch.-Werke, darunter eine Suite *Werther* (um 1795) u. Märsche. – **2) Vokal-WW:** Arien u. Kantaten mit Orch.; Oratorium *Betulia liberata* (alle hsl.). – **3) Bühnen-WW:** Opern (hsl.): *Nanetta e Lubino*, UA: London 1769, daraus *Favourite Songs* (Lo o.J.); *Issea*, UA: Turin 1771; *Adone e Venere*, UA: Neapel 1784; *Achille in Sciro*, UA: Turin 1785; *Demofoonte*, UA: Turin 1787; *Demetrio a Rodi*, UA: ebd. 1789.

Trotz gewisser Reminiszenzen an die Barockmusik, etwa in der Satzfolge seiner Trio- und Violinsonaten und in der Beibehaltung des Basso continuo auch in seinen Streichquartetten, spielt P. eine wichtige Rolle in der Entwicklung der vorklassischen italienischen Instrumentalmusik. Als Violinist nimmt er eine Mittlerstellung zwischen A. Corelli und Viotti ein. Sein technisch perfektes, vor allem in Lagen und Doppelgriffen hoch virtuoses Spiel war kräftig und schwungvoll, verfügte aber auch über einen kantablen Ton.

Ausg.: Triosonate op. 1 Nr. 4, in: E. SCHENK, Die it. Triosonate (Kö 1954) (= Das Musikwerk 7); Triosonate op. 1 Nr. 3, hrsg. v. DEMS. (W 1955) (= Hausmusik 172); Sonate E-Dur für V. u. Klv., hrsg. v. Z. JAHNKE (Krakau 1970).

Lit.: S. C. DI PAMPARATO, G. P. (Tn 1930); A. DELLA CORTE, Due inedite opere teatrali di G. P., in: Musica d'oggi 13 (1931); E. M. VON ZSCHINSKY-TROXLER, G. P. (B 1939) (mit thematischem Kat.); A. MÜRY, Die Instrumentalwerke G. P.s (Diss. Bas 1941); G. BARBLAN, Ansia preromantica in G. P., in: Musicisti piemontesi e liguri, hrsg. v. A. Damerini – G. Roncaglia (Siena 1959) (= Accad. musicale Chigiana 16); S. W. MCVEIGH, The Violinist in London's Concert Life, 1750–1784. F. Giardini and His Contemporaries (Diss. O 1980).

PUGNI, Cesare, * 31. 5. 1802 Genua, † 14. (26.) 1. 1870 St. Petersburg; it. Komponist. Er studierte 1815–22 am Mailänder Konservatorium Violine (bei A. Rolla) und Komposition (bei B. Asioli), schrieb mehrere Opern und wirkte 1832–34 als Maestro al Cembalo und musikalischer Direktor an der Scala. Später lebte er in Paris, arbeitete seit 1843 mit dem berühmten Choreographen J. Perrot zusammen und schrieb etwa 30 Ballette. Die meisten dieser Werke wurden an Her Majesty's Theatre in London aufgeführt, konnte sich später aber auch in Wien, Berlin, Mailand und St. Petersburg durchsetzen, wohin er 1851 als Ballettkomponist der Kaiserlichen Theater engagiert wurde. Von seinen Balletten, die besonders stark auf choreographische Erfordernisse abgestimmt sind, werden einige noch heute aufgeführt.

WW: Klv.-Stücke; 2 Symphonien; zahlr. kirchenmusikal. Werke, darunter 40 Messen; Opern; über 300 Ballette, u.a.: *La Esmeralda*, UA: London 1844; *Katharina*, UA: ebd. 1846; *Le corsaire*, UA: St. Petersburg 1858; *Konyok-Gorbunyok* (Das buckelige Pferdchen), UA: ebd. 1864.

Lit.: C. W. BEAUMONT, A History of Ballet in Russia 1613–1881 (Lo 1930); I. GUEST, in: Dance Gazette (1979) Nr. 1.

PUGNO, Stéphane Raoul, * 23. 6. 1852 Montrouge bei Paris, † 3. 1. 1914 Moskau (auf einer

Reise); frz. Pianist und Komponist. Er studierte an der École Niedermeyer in Paris und 1866–69 am Pariser Conservatoire. 1871 wurde er Organist und 1878 Kapellmeister an St-Eugène und war 1892–1901 Professor für Harmonielehre am Conservatoire. Nach ersten pianistischen Erfolgen in früher Jugend und in den Ausbildungsjahren trat er erst 1893 wieder als Klaviervirtuose und insbesondere als hervorragender Chopinspieler in Erscheinung. Historisch bedeutsam waren seine Kammermusikaufführungen mit dem Violinisten E. Ysaye. P. schrieb Operetten, Ballette, das Oratorium *La résurrection de Lazare,* Klavierstücke und Lieder und veröffentlichte eine Chopin-Ausgabe.

PUÎTA ↗Cuîca.

PUJOL, Francisco, * 15. 5. 1878 Barcelona, † 24. 12. 1945 ebd.; span. Komponist und Musikforscher. Er studierte in Barcelona am Conservatorio del Liceo und bei Ll. Millet (Komposition). 1897 wurde er Chorsänger am Orfeó Català, dessen Leitung er 1941 selbst übernahm, wirkte außerdem seit 1902 als Kapellmeister an San Felipe Neri und seit 1906 an Nuestra Señora de la Merced in Barcelona. Daneben war er Präsident der span. Sektion der IGNM in Barcelona, Mitarbeiter des Instituto Español de Musicología und Mit-Hrsg. des *Cançoner popular de Catalunya.* P. schrieb Volksliedbearbeitungen und Tänze sowie Bearbeitungen älterer Musik. In seiner Kirchenmusik folgte er dem *Motu proprio* Papst Pius' X. und knüpfte an der Vokalpolyphonie des 16. Jh. an.

WW: **1) Kompositionen:** Stücke für Klv., V. u. Klv. u. Vc. u. Klv.; *Festa* u. *Arlequi trapasser* für Orch. – Zahlr. Vokal-Werke, darunter *Sant Jordi triomfand* für Chor u. Cobla; *Cantada de Nadal* für Chor, Org. u. Klv.; Messe *Fiat cor meum immaculatum* für 3 St. u. Org.; Salve Regina für 2 St. u. Org.; *Rosari di N. D. de Pompeya* für 4 St. u. Org. – **2) Schriften:** *Diccionari de la dansa dels entremesos i dels instruments de música i sonadors* (Ba 1936) (zus. mit J. Amades); *L'œuvre du chansonnier populaire de la Catalogne,* in: Obra del cançoner popular de Catalunya, Materials I (Ba 1928); *Cromatisme, modalitat i tonalitat en les cançons populars catalanes,* in: ebd.

PUJOL, Juan (Juan Pablo), * um 1573 Barcelona, † Mai 1626 ebd.; span. Komponist. P. wurde 1593 als Nachfolger von Rafael Coloma Kapellmeister an der Kathedrale zu Tarragona, 1596 an Nuestra Señora del Pilar in Saragossa, empfing 1600 die Priesterweihe und wirkte seit 1613 an der Kathedrale in Barcelona. Er gehört zu den bedeutendsten spanischen Kirchenmusikkomponisten Anfang des 17. Jahrhunderts. Neben streng kontrapunktisch gearbeiteten Werken und Abschnitten entwickelte er eine mehrchörige Schreibweise von großer Klangpracht und effektvoller Rhythmik.

WW: Zahlr. weltliche Werke, u.a. Tonos für 4 St. u. 12 Romanzen. – Geistliche Werke: Messen; Motetten; Lamentationen; Responsorien; Psalmen; Hymnen; Litaneien u. Passionen.

Ausg.: Verschiedene Stücke in: Romances y letras a tres v. siglo XVII I, hrsg. v. M. QUEROL (Ba 1956) (= MMEsp 18).

Lit.: M. QUEROL, P., in: MGG X; R. A. PELINSKI, Die weltliche Vokalmusik Spaniens am Anfang des 17. Jh. Der Cancionero C. de la Sablonara (Tutzing 1971) (= Münchner Veröff. z. Musikgesch. 20); P. CALAHORRA MARTÍNEZ, J. P., maestro de capella de música de la iglesia de Santa Teresa la Mayor y del Pilar de Zaragoza desde 1595 a 1612, in: Tesoro sacro musical 61 (1978).

PUJOL VILARRUBÍ, Emilio, * 7. 4. 1886 Granadella (Provinz Lérida), † 15. 11. 1980 Barcelona; span. Gitarrist und Musikforscher. Er war 1902–09 Schüler von Fr. Tárrega in Barcelona, konzertierte seit 1912 und bereiste Europa und Amerika. 1944 wurde er Mitarbeiter am Instituto Español de Musicología und 1945 Professor für Vihuela am Konservatorium in Barcelona. 1949–69 lehrte er außerdem Gitarre und Vihuela am Konservatorium in Lissabon. 1953–63 unterrichtete er bei den Sommerkursen an der Accademia Chigiana in Siena und veranstaltete seit 1964 in Cervera-Lérida internationale Sommerkurse für Gitarre, Laute und Vihuela, der er seit 1936 durch Konzerte wieder zu einer gewissen Popularität verholfen hatte. P. widmete sich auch klanglichen Verbesserungen des Gitarrespiels.

Schriften u. Editionen: *Bibliothèque de musique ancienne pour guitare* (P 1926ff.); *El dilema del sonido en la guitarra* (Buenos Aires 1926–33, erweitert 1960); *Escuela razonada de la guitarra,* 5 Bde. (ebd. 1932–35); *Estudios* (Ba 1946); *Colección de obras para guitarra sola y para dos guitarras* (Buenos Aires 1950ff.); *Les ressources instrumentales et leur rôle dans la musique pour vihuela et pour guitare au XVIe et au XVIIe siècle,* in: La musique instrumentale de la Renaissance, hrsg. v. J. Jacquot (P 1955); *Tárrega. Ensayo biográfico* (Lis 1960).

Lit.: J. RIERA, E. P. (Lérida 1974).

PULCINELLA, Ballett mit Gesang in einem Akt von Igor Strawinsky (1882–1971), Libretto und Choreographie von Léonide Massine (* 1896). UA: 15.5. 1920 in Paris (Théâtre National de l'Opéra); dt. EA: 1926 in Hannover.
Massine wählte das um 1700 entstandene, in der Tradition der Commedia dell'arte geschaffene Volksstück *I quattro Pulcinella* als literarische Vorlage für die Gestaltung des Librettos. Wesentliche Merkmale der neapolitanischen Stegreif-Komödie, so z.B. die traditionellen durch Maske und Kostüm charakterisierten Figuren (Dottore, Tartaglia, Pulcinella, Pimpinella usw.), ferner die Personenkonstellation und letztlich die kausale Verknüpfung von Eifersuchtsintrigen, Verwechslungs- und Verkleidungsspielen kennzeichnen die Handlung. – Strawinsky, der von S. Diaghilew mit der Orchestration der Ballettmusik beauftragt war, entlehnte aus G. B. Pergolesis (teilweise unechten)

Triosonaten, Concertini, Suiten, einer Kantate und zwei Opern das kompositorische Material; er montierte es übergangsfrei aneinander, instrumentierte neu, veränderte die Taktrhythmik sowie die Periodenbildung und verfremdete die Harmonik. – Als visuelles Pendant zu Strawinskys Komposition entwarf Pablo Picasso ein kubistisches Bühnenbild, das Aufsehen erregte. – Von den berühmtesten Tänzern der Ballets Russes dargeboten, wurde die von E. Ansermet dirigierte UA enthusiastisch gefeiert. G. LUDIN

PULIASCHI, Giovanni Domenico, * 2. Hälfte des 16. Jh. Rom (?); it. Sänger und Komponist. Er wurde 1612 Kaplan und Tenorist der päpstlichen Kapelle und später Kanonikus an S. Maria in Cosmedin in Rom. 1620 trat er zusammen mit Francesca Caccini am Hof der Medici in Florenz auf, wo vor allem sein außergewöhnlich großer Stimmumfang bewundert wurde. Seine Kompositionen sind bis auf einen einstimmigen Gesang (in RISM 1621[14]) in der ihm gewidmeten Sammlung *Gemma musicale* von G. Fr. Anerio enthalten. Eine verbesserte Auflage erschien noch im selben Jahr unter dem Titel *Musiche varie.* In ihrem Nachwort beschreibt P. seine eigene Art zu singen und gibt damit wichtige Aufschlüsse über die Musikpraxis seiner Zeit. Er erwähnt auch, daß er sowohl Tenor als auch Baß singen könne. Möglicherweise für ihn hat G. Caccini die 2 *Arie particolari* geschrieben (*Nuove Musiche …,* 1614), die einen solchen Ambitus fordern.

Lit.: N. FORTUNE, P., in: Grove[6] XV.

PULPETEN, bei der ↗Orgel Bz. für aufgeleimte Ledersäckchen, die die Öffnungen im Boden der Windlade luftdicht verschließen. Durch die P. führen Drähte, die Tonventil und Abstrakte miteinander verbinden.

PUNCTUS, Punctum (lat., = Stich, Punkt; kleiner Abschnitt in der Rede). – **1)** In der Monochordlehre (↗Monochord) des Mittelalters seit Boëthius und im Anschluß daran in Schriften, die sich mit der Mensur von Instrumenten (z. B. Orgel, Clavichord u. ä.) auseinandersetzen, Bz. für die einzelnen Teilungspunkte der gespannten Saite sowie deren Halterung oder Begrenzungssteg, aber auch für die aus der Saitenteilung hervorgehende Tonstufe bzw. den erklingenden Ton. – **2)** In Anlehnung an die Lehre von den Positurae oder Distinctiones der spätantiken Ars grammatica seit dem 9. Jh. Bz. für das Distinktionszeichen (↗Distinctio) des liturgischen Gesanges der ↗Lesungen. Dieses besteht aus einem Punkt und einem entsprechenden, offenbar den ↗Neumen entnommenen Zusatzzeichen, das die Art der jeweiligen Zäsur, d. h. das Heben oder Senken der Stimme am Ende des jeweiligen Textabschnittes, und der dieser Zäsur zugeordneten Melodieformel angibt, in die der Rezitationston einmünden soll. Es bezeichnen die Mitte der Satzperiode (media distinctio; metrum; coma [das Komma]) der *P. circumflexus* (aus P. und Flexa) , das Ende eines Periodengliedes (subdistinctio; membrum; colon [das Kolon]) der *P. elevatus* (aus P. und Podatus) , die Frage (interrogatio) der *P. interrogativus* (aus P. und Quilisma) , das Ende der gesamten Periode (plena distinctio; versus; periodus [die Periode]) schließlich der *P. versus* (aus P. und Apostropha) . Die musikalische Bedeutung dieser Distinktionszeichen, die neben Positurae, Distinctiones und Puncta (oder Puncti) auch Pausationes und Punctationes genannt werden, ist regional verschieden. Der Anonymus Bohn z. B. ordnet für die Distinctiones der Lesungen der Matutin die melodischen Wendungen la-fa für den P. circumflexus (z. B. ; Senken der Stimme), la-sol-fa-la-la oder la-sol-fa-la für den P. elevatus (z. B. 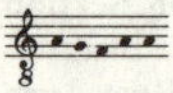 oder ; Heben der Stimme), la-sol-fa-sol-la für den P. interrogativus (z. B. ; Heben der Stimme) und la-sol-sol-re oder la-sol für den P. versus (z. B.  oder ; Senken der Stimme) an.

3) Seit dem 10./11. Jh. Bz. für den Punkt als graphisches Grundzeichen und Symbol für die Einzelnote der mittelalterlichen Neumenschrift. – **4)** Offenbar in Anlehnung an die Benennung des Grundzeichens der Neumenschrift ist P. seit dem 13. Jh. das aus jenem entwickelte Grundsymbol der Quadratnotation (*P. quadratus;* ↗Notenschrift). P. bedeutet demnach zunächst Einzelnote, schließlich allgemein Note, Tonstufe, erklingender Ton. Finis punctorum (d. h. Ende der Töne) ist daher folgerichtig Synonym für Pausatio oder Pausa universalis (d. h. Pause aller Stimmen; z. B. bei Johannes de Grocheo, um 1300); *organicus p.* bezeichnet seit Franco (um 1280) im mehrstimmigen Satz diejenige ↗Paenultima der tiefsten Stimme, die einer Tenor-Note in einer organalen Partie des ↗Organums entspricht, d. h. also einen Halteton (↗Orgelpunkt); aus *punctus contra punctum,* d. h. Note gegen Note, wird erstmals nach 1300 in Discantustraktaten der Terminus „Contrapunctus" abgeleitet (↗Kontrapunkt). – **5)** Seit dem 11. Jh. ist

P. jedes punktförmige Zusatzzeichen in den verschiedenen Notationen (↗Notenschrift, ↗Tabulatur). In der Mensuralnotation des 14. bis 16. Jh. dominieren zwei Anwendungen des P. (*duplex est punctus, scilicet perfectionis et divisionis,* z.B. bei Johannes de Muris, um 1340): der *P. perfectionis* macht einen Notenwert perfekt, d.h. dreizeitig: 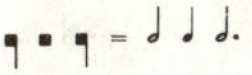 ; aber ; der *P. divisionis* trennt zusammengehörige Notengruppen: 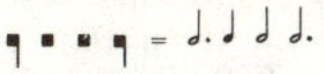 ; aber 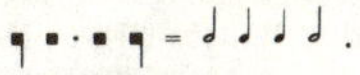. Daneben gibt es eine Vielzahl von P.-Bezeichnungen, die indessen zum großen Teil Synonyme oder spezifizierende Unterarten von P. perfectionis bzw. divisionis darstellen. So gelten als Synonym des P. perfectionis (↗Perfektion) der *P. additionis,* als Unterarten des P. divisionis der *P. alterationis* (↗Alteration), *imperfectionis* (↗Imperfektion), *reductionis, reportationis.* Darüber hinaus kommen der *P. augmentationis* ([↗Augmentation] = *valoris; additionis*), der zunächst Synonym des P. perfectionis ist, seit dem 15. Jh. jedoch auf binäre Mensuren beschränkt bleibt und eine Note um die Hälfte ihres Wertes verlängert, der *P. demonstrationis,* der eine kurze Einzelnote kennzeichnet, die Synkopation (↗Synkope) bewirkt, sowie der *P. prolationis,* der zur Unterscheidung von ↗Prolatio maior und minor dient, vor. – **6)** Im 13./14. Jh. und später vornehmlich im Bereich der Instrumentalmusik wird mit P. der einzelne Abschnitt eines Musikstückes bezeichnet (z.B. bei Anonymus IV, nach 1279, als Synonym von clausula; ↗Klausel), seit Johannes de Grocheo (um 1300) ein in sich geschlossenes melodisches Gefüge, das formal aus zwei Teilen, dem *punctum apertum* und dem *punctum clausum,* besteht (↗Estampie). – ↗Punkt.

Lit.: P. BOHN, Das liturg. Recitativ u. dessen Bezeichnung in den liturg. Büchern des MA, in: MfM 19 (1887); J. WOLF, Gesch. der Mensuralnotation, 3 Bde. (L 1904), Nachdr. 1 Bd, (Hil 1965); P. WAGNER, Einführung in die gregor. Melodien II (L 1905, Nachdr. Hil 1962); S. WANTZLOEBEN, Das Monochord als Instr. u. als System (Hl 1911); J. WOLF, Hdb. der Notationskunde, 2 Bde. (L 1913–19, Nachdr. Hil 1963); S. J. P. VAN DIJK, Medieval Terminology and Methods of Psalm-Singing, in: MD 6 (1952); M. HUGLO, Les noms des neumes et leur origine, in: Étude grégorienne 1 (1954); E. F. FLINDELL, Puncta equivoca and Rhythmic Poetry, in: AMl 42 (1970); C. FLOROS, Universale Neumenkunde, 3 Bde (Kas 1970); K.-J. SACHS, P., in: HMT (1974).

B. R. SUCHLA

PUNKT. – 1) In der ↗Notenschrift verlängert seit dem 18. Jh. ein rechts neben die Note gesetzter P. (entsprechend dem ↗Punctus additionis der Mensuralnotation) diese um exakt die Hälfte ihres Wertes 𝅗𝅥. = 𝅗𝅥‿♩; 2 P.e verlängern sie um ¾ ihres Wertes (sog. Doppelpunktierung: 𝅗𝅥.. = 𝅗𝅥‿♩‿♪). Seit der Mitte des 19. Jh. findet Punktierung über den Taktstrich hinaus nicht statt. Pausen werden in der Regel nicht punktiert, man schreibt also:

Vgl. aber demgegenüber die folgenden Fälle:

– ↗Punktierter Rhythmus. – **2)** Ein P. über oder unter einer Note zeigt als Spielanweisung ↗staccato (), zusammen mit einem Bogen ↗portato () an. – In Drucken des 16. Jh. mit Musik für Tasteninstrumente gab diese Art der Punktierung eine chromatische ↗Alteration an.

PUNKTIERTER RHYTHMUS, Bz. für eine rhythmische Bildung, die auf der ein- oder mehrmaligen Folge einer langen und einer kurzen Note im Verhältnis 3:1 beruht: ♩. ♪ usw.,  usw., auch  usw. Er tritt prägnant besonders in mäßiger und schneller Bewegung in Erscheinung. Die Umkehrung, d.h. die Folge im Verhältnis 1 : 3 heißt ↗Lombardischer Rhythmus. Generell charakteristisch ist p. R. für die langsamen Teile der französischen ↗Ouvertüre. Hinsichtlich der Ausführung – exakt wie geschrieben oder doppelt punktiert – bestehen hier sowohl in zeitgenössischen Quellen wie im modernen Usus unterschiedliche Auffassungen. – Ein weiterer Sonderfall punktierter Rhythmen ist dann gegeben, wenn in einer Stimme punktierter Achtelrhythmus, in einer anderen Achtel-Dreiergruppen (z. B. 6/8-, 9/8-, 12/8-Takt) notiert sind. Für das 18. Jh. gilt hier die Angleichung an den Dreierrhythmus mehr oder weniger als verbindlich:

Ob für das 19. Jh. etwas Ähnliches gilt, wie neuerdings am Beispiel der *Tränenflut* aus Fr. Schuberts *Winterreise* diskutiert wird (im Zusammenhang mit der Erstellung der Neuen Schubert-Ausgabe), ist problematisch. – ↗Notes inégales.

Lit.: G. HORN, La note pointée dans les œuvres pour clavecin de J.-S. Bach, in: RMie 19 (1935); S. BABITZ, A Problem of Rhythm in Baroque Music, in: MQ 38 (1952); F. ROTHSCHILD, The Lost Tradition in Music ... (Lo 1953), dt. Übers.: Vergessene Traditionen der Musik (Z 1964); E. HARICH-SCHNEIDER, Über die Angleichung nachschlagender Sechzehntel an Triolen, in: Mf 12 (1959); E. R. JACOBI, Neues z. Frage „Punktierte Rhythmen gegen Triolen ...", in: Bach-Jb. 49 (1962); F. NEUMANN, La note pointée et la soi-disant „manière française", in: RMie 51 (1965); M. COLLINS, The Performance of Triplets in the 17th and 18th Century, in: JAMS 19 (1966); DERS., A Reconsideration of French Over-dotting, in: ML 50 (1969).

PUNKTUELLE MUSIK, Bz. für eine Kompositionsart der ↗seriellen Musik, bei der reihenmäßig erfaßte ↗Parameter der Töne (Dauer, Höhe, Klangfarbe, Lautstärke) als Elementreihen gleichzeitig ablaufen, wobei der Einzelton im mathematischen Sinn als Schnittpunkt dieser Reihen verstanden wird. Die Bz. P. geht auf H. Eimert zurück, der mit diesem Terminus serielle Kompositionen von K. Goeyvaerts, K. Stockhausen und P. Boulez erstmals 1952 beschrieb. Der entsprechende französische Terminus für diese Technik ist „Pointillisme", mit dem allerdings ursprünglich die Maltechnik der französischen Neoimpressionisten (George Seurat, Paul Signac) bezeichnet wurde, der dann aber auch für bestimmte neuartige Charakteristica in Werken Cl. Debussys gebraucht wurde.

Lit.: K. STOCKHAUSEN, Texte I–IV (Kö 1963–78); H. H. EGGEBRECHT, P., in: HMT (1972); DERS., P., in: Zur Terminologie der Musik des 20. Jh. (St 1974) (= Veröff. der Walcker-Stiftung 5).

PUNTILA, Oper in 13 Bildern mit Prolog und Epilog von Paul Dessau (1894–1979), Text von Peter Palitzsch u. Manfred Wekwerth nach dem Volksstück *Herr Puntila und sein Knecht Matti* von Bertold Brecht. Ort u. Zeit der Handlung: Finnland, Anfang des 20. Jahrhunderts. UA: 15. 11. 1966 in Ost-Berlin (Staatsoper).

Dessau schuf mit seiner Vertonung der literarischen Vorlage einen Beitrag zum sogenannten epischen Theater, indem er die Musik als Kommentar schrieb – eine „Inzidenzmusik", die aus der Handlung erwächst und durch sie motiviert ist. Durch thematische Gleichheit bzw. Ähnlichkeit einzelner Nummern werden dramaturgische Beziehungen zwischen verschiedenen Handlungssituationen aufgedeckt: Wechsel der Situationen zieht Wechsel der Formkomplexe nach sich. Den Charakter eines Volksstücks deutet der Komponist in seiner Oper durch Verwendung von Lied- und Tanzformen an, deren regelmäßiger Aufbau jedoch gestört ist: Da Puntilas Menschlichkeit im selben Grad wächst wie seine Trunkenheit, schreibt Dessau zur Beschwingtheit des alkoholisierten Gutsbesitzers volkstümliche Musik, deren „genormte" Form jedoch durch metrische Unregelmäßigkeiten oder durch der Reihentechnik folgende Melodiegänge gestört wird, gedacht als Zeichen dafür, daß Volkstümlichkeit bei einem Ausbeuter niemals echt ist. Anliegen Dessaus, der schon 1949 in Zusammenarbeit mit Brecht die Bühnenmusik zu dem literarischen Stück verfaßt hatte, war es, „dem Hörer durch ein heiteres Werk den Ernst des Klassenkampfes deutlich zu machen". K. LANGROCK

PUPPENFEE, DIE, Pantomimisches Divertissement in einem Akt von Josef Bayer (1852–1913), Libretto von Josef Haßreiter und Franz Gaul, Choreographie von Haßreiter. UA: 4. 10. 1888 in Wien (K. u. k. Hofoperntheater).

Der Bühnenmaler der Wiener Hofoper, Gaul, und der Ballettmeister Haßreiter vermochten Bayer, den wohl erfolgreichsten Wiener Ballettkomponisten (22 Ballette), für das von ihnen konzipierte Libretto zu begeistern. Innerhalb weniger Wochen komponierte Bayer die Musik zu diesem Werk, in dem die Vitalisierung lebioser Wesen thematisiert wird: In einem Spielzeugladen erwachen nach Ladenschluß alle Puppen – so auch ihre Königin, die Puppenfee – zu eigenem Leben. Als der Puppenmechaniker und sein Gehilfe den Laden betreten, erstarren die Puppen vorübergehend, tanzen jedoch alsbald gemeinsam mit dem Puppenmechaniker und seinem Gehilfen und huldigen der Puppenfee. – Repräsentative Charaktertänze (Ländler, Polka, Mazurka, Tarantella und Walzer) bilden die musikalisch-formalen Voraussetzungen für die choreographische Konzeption und konstituieren die Unterhaltungsfunktion des Balletts. Melodisch eingängige Walzerthemen begründen die Einprägsamkeit der Musik dieses Werks, das bis in die jüngste Zeit seine Anziehungskraft bewahrt hat. – Nahezu alle bedeutenden Ballerinen zählen die Rolle der Puppenfee zu ihrem Repertoire. G. LUDIN

PURCELL (Pursel, Pourcell). – **1) Henry,** * 1659 London, † 21. 11. 1695 ebd.; engl. Komponist. Aus einer Musikerfamilie stammend – sein Vater und sein Onkel waren seit der Restauration der Stuartmonarchie (1660) Gentlemen der Königlichen Kapelle –, trat er noch zu jener außerordentlich produktiven Zeit des Wiederaufbaus unter der vielseitigen und dynamischen Leitung des damaligen „Master of the Children" H. Cooke in die Kapelle als Chorist ein und lernte unter ihm und dessen Nachfolger P. Humfrey die zeitgenössische französische und italienische Musikpraxis kennen. Als Kopist und seit 1679, anstelle seines Lehrers J. Blow, als Organist der Westminster Abbey hatte er zugleich Gelegenheit, die Werke der Tudor- und der früheren Stuart-Komponisten kennenzulernen. So zeigen die ausdrucksvollen 4st. Fantasien für Streichinstrumente (1680) archaisierende Züge, die an O. Gibbons denken lassen. Die eigenartige 5st. *Fantazia on One Note,* in der ein liegenbleibender Ton von einem reichen polyphonen Gewebe umspielt wird, setzt die oft eigenwilligen C.f.-Experimente der Elisabethaner voraus. Auch die Catches sind dem älteren Stil verpflichtet. Die 12 *Sonata's of III parts* beinhalten dagegen den bewußten Versuch, im italienischen Stil zu schreiben; sie erschienen 1683 und sind damit P.s erste gedruckte Werke. Im Vorwort wird die „Ernsthaftigkeit und Würde", aber zugleich die „Eleganz" der italienischen Vorbilder gegenüber der „Frivolität und Balladerei unserer Nachbarn" hervorgehoben – eine Reaktion gegen den starken französischen Einfluß am Hof, wo P. seit 1682 als Organist der Königlichen Kapelle fungierte. Die *Ten Sonata's of four parts,* die erst 1697 nach P.s Tod gedruckt wurden, stehen der ersten Gruppe stilistisch nahe und haben die gleiche Besetzung: 2 Violinen, Viola da gamba und Basso continuo. Eine Ausnahme zum sonst üblichen Aufbau mit 4 bis 7 kontrastierenden Sätzen bildet die Sonate Nr. 6 g-moll, eigentlich eine breitangelegte Chaconne, die das seltene Beispiel eines 5taktigen ↗Ground bietet. Auch 3taktige Grounds begegnen in P.s Cembalo- und Vokalmusik. Die Flexibilität, mit der er diese ungewöhnliche metrische Struktur behandelt, veranschaulicht die Arie *Here the Deities Approve* aus der Ode zum Fest der hl. Cäcilia *Welcome to All the Pleasures* (1683), dem ersten bedeutenden Werk dieser Art (↗Ode). Hier wie bei den vielen kantatenähnlichen Gelegenheitswerken für den Hof verwirklicht P. eine Satzweise, die noch über mehr als 2 Jahrhunderte hindurch den englischen Chorstil als Ideal prägen sollte: auf strenger kontrapunktischer Grundlage prunkvolle, oft überraschende Klangeffekte, weiter Ambitus, bei massiver Klanglichkeit dennoch durchsichtige Führung der Einzelstimmen, denen die gleiche Beweglichkeit und Virtuosität abverlangt werden wie den Instrumentalstimmen der Begleitung. Zu dem Streicherensemble mit B.c. kommen oft Flöten, Trompeten und Oboen hinzu. P.s Anthems nehmen eine Mittelstellung ein: Während die Full Anthems für Chor mit Orgel oft alte Traditionen aufgreifen, sind die Verse Anthems, in denen Solostimmen und Streicher hinzukommen, eher dem instrumentalisierten Stil der Gelegenheitswerke angepaßt. Aus den Konventionen der Zeit ergibt sich die Tatsache, daß der Großteil von P.s Bühnenmusik aus Einlagen zu gesprochenen dramatischen Aufführungen besteht (u. a. für John Drydens *Amphitryon, Aureng-Zebe, Cleomenes* und *The Spanish Friar*). Das allgemeine Bedürfnis nach optischem Prunk auf Kosten der Musik gab P. Anlaß zur Kritik im Vorwort zu seiner Semi-opera *The Fairy Queen* (1692), einer Adaption nach W. Shakespeares *A Midsummer Night's Dream,* in dem er die Opernpflege in Italien und Frankreich mit der ungünstigen Situation in England vergleicht. Neben den Semi-operas *The Prophetess, King Arthur* (mit Text von Dryden), *The Indian Queen* und *The Tempest* schrieb P. als einzige Oper im eigentlichen Sinn *Dido and Aeneas,* die bezeichnenderweise nicht für ein öffentliches Theater bestimmt war. Dieses Werk belegt hinlänglich seinen Gebrauch von Chromatik und Dissonanz als dramatischen Ausdrucksmitteln sowie seine Fähigkeit zur Schaffung eines Deklamationsstils, der dem Wesen der englischen Sprache gerecht wird.

WW: Vollständiges Werk-Verz., in: F. B. Zimmerman, H. P. 1659–95. An Analytical Cat. of His Music (Lo 1963). – **1) Instr.-WW:** 12 *Sonata's of III parts* (Lo 1683) u. *Ten Sonata's in four parts* (Lo 1697) für 2 V., Baß u. B.c.; Cemb.- u. Org.-Stücke, in: *Musick's Handmaid II* (Lo 1689) u. *A choice collection of lessons* (Lo 1696). – **2) Vokal-WW:** 10 Cantatas für eine oder mehrere Solo-St., B.c. u. obligate Instr.; 54 Catches für 3–4 St. a cap.; 4 Terzette mit B.c. (davon 2 zweifelhaft); über 100 Songs, z. T. gedruckt in: *Orpheus Britannicus,* 2 Bde. (Lo 1698–1702). – Etwa 70 Anthems u. Services für 1–6 St. u. B.c., eines mit Pos., 25 davon mit Instr. (Str.). – Chorwerke für Hoffeste: *5 Welcome Songs* (1680) für Karl II.; *Welcome Song* (1682) für James, Duke of York, später Jakob II.; Ode zur Hochzeit der Prinzessin Anne mit Prinz Georg von Dänemark (1683); *3 Welcome Songs* (1685–87) für Jakob II.; 6 Oden zum Geburtstag der Königin Mary, Gemahlin Wilhelms III. (1689–94); *A Song Composed for ye Duke of Gloucester's Birthday* (1695). – **3) Bühnen-WW** (UA in London): Oper *Dido and Aeneas,* UA: 1689; Semi-operas *The Prophetess, or the History of Dioclesian* (Text: F. Beaumont u. J. Fletcher), UA: 1690; *King Arthur* (Text: J. Dryden), UA: 1691; *The Fairy Queen* (Text: E. Spenser), UA: 1692; *The Tempest* (Text: Th. Shadwell nach Shakespeare), UA: 1695; *The Indian Queen* (Text: Dryden u. R. Howard), UA: 1695. – Bühnenmusik zu: *Amphitryon* (1690); *Distressed Innocence* (1690); *The Old Bachelor* (1691); *Oedipus* (1692); *The Libertine* (1692?); *The Double Dealer* (1693); *The Married Beau* (1694); *The Virtuous Wife* (1694); *Don Quixote* (1694–95); *Abdelazer, or the Moor's Revenge* (1695); *Bonduca* (1695); *The Rival Sisters* (1695).

2) Daniel, Bruder von 1), * um 1660 London, † 12. 12. 1717 ebd.; engl. Komponist und Organist. Er war 1688–95 Organist am Magdalen College in Oxford und zog im Todesjahr seines Bruders nach London, wo er zunächst hauptsächlich für das Theater wirkte. Seit 1713 war er Organist an der St. Andreas-Kirche in Holborn. P. vervollständigte unvollendete Bühnenwerke seines Bruders (die Masque im 5. Akt der Semi-opera *The Indian Queen* und Einlagen für *Pausanias,* beide 1695) und vertonte um 1698 Nahum Tates *Lamentation on the Death of Henry Purcell.*

WW: Psalmen für Org. oder Cemb. (Lo 1718); Sonaten für V. bzw. Fl. u. B.c. (Lo 1698) u. für 2 bzw. 1 Fl. u. B.c. (Lo um 1710); einige weitere Instr.-WW hsl. u. in Sammeldrucken erhalten. – 11 Solo-Anthems mit B.c., einige andere Anthems; mehrere höfische Oden hsl. überkommen; 18 Songs u. Duette in Sammeldrucken 1687–1700. – Bühnenmusik zu etwa 40 Stücken, vieles davon erschien auch gedruckt.

Ausg.: **Zu 1):** GA (The Works of H. P.), 32 Bde. (Lo 1878–1965), vgl. dazu: S. THIEMANN – J. BUSH, The Works of H. P. An Index of the P. Soc. Ed. (NY 1963); Complete Harpsichord Works, hrsg. v. H. FERGUSON (Lo 1964). – *Orpheus Britannicus*, Faks.-Ausg., 2 Bde. (NY 1965) (= MMMLF I/1); *The Fairy Queen* 1692, Faks.-Ausg. (Lo 1969); einzelne praktische Ausgaben.

Lit.: **Zu 1): 1) Biographien u. umfassende Darstellungen:** W. H. CUMMINGS, H. P. (Lo 1881, Nachdr. NY 1968); D. ARUNDELL, H. P. (Lo 1927, Nachdr. Freeport/N.Y. 1970, Westport/Conn. 1971, dt. L 1929); H. DUPRÉ, P. (P 1927); J. A. WESTRUP, Fact and Fiction about P., in: Proc. R. Mus. Assoc. 62 (1935/36); DERS., P. (Lo 1937, [4]1960, Nachdr. NY 1965, revidierte Paperbackausg. Lo 1975); S. DEMARQUEZ, P. (P 1951); R. SIETZ, H. P. (L 1955); I. HOLST, H. P. The Story of His Life and Work (Lo 1961); J. A. WESTRUP, P.'s Parentage, in: MR 25 (1964); F. B. ZIMMERMAN, H. P. 1659–95. His Life and Times (Lo 1967); J. HARLEY, Music in P.'s London. The Social Background (Lo 1968); A. K. HOLLAND, H. P. The English Musical Tradition (Freeport/N.Y. 1970); F. B. ZIMMERMAN, H. P. 1659–95. Melodic and Intervallic Indexes to His Complete Works (Philadelphia 1975). – **2) Zu einzelnen Werken u. Werkgruppen:** W. BARCLAY SQUIRE, P.'s Dramatic Music, in: SIMG 5 (1903/04); DERS., The Music of Shadwell's „Tempest", in: MQ 7 (1921); F. DE QUERVAIN, Der Chorstil H. P.s (Be 1935) (= Berner Veröff. z. Musikforsch. 7); G. M. COOPER, The Chronology of P.'s Works, in: MT 74 (1943); E. H. MEYER, Engl. Chamber Music (Lo 1946, [2]1951, Nachdr. NY 1971), dt. Übers.: Die Kammermusik Alt-Englands (L 1958); S. FAVRE-LINGOROW, Der Instrumentalstil v. P. (Be 1950) (= Berner Veröff. z. Musikforsch. 16); W. MEINARDUS, Die Technik des Basso ostinato bei H. P. (Diss. Kö 1950); D. STEVENS, P.'s Art of Fantasia, in: ML 33 (1952); H. WESSELY-KROPIK, H. P. als Instrumentalkomponist, in: StMw 22 (1955); E. MELTZER, The Secular Songs of H. P. (Los Angeles 1957) (= Diss. Univ. of California); J. P. CUTIS, Music and the Supernatural in „The Tempest", in: ML39(1958); E. F. NELSON, Studies in the Development of the Engl. Fancy from J. Taverner to H. P. (1958) (= Diss. Cornell Univ., Ithaca/N.Y.); TH. DART, P.'s Chamber Music, in: Proc. R. Mus. Assoc. 85 (1958/59); H. P., Essays on His Music, hrsg. v. I. HOLST (Lo 1959); M. TILMOUTH, The Technique and Forms of P.'s Sonatas, in: ML 40 (1959); J. A. WESTRUP, Das Englische in H. P.s Musik, in: Musica 13 (1959); F. B. ZIMMERMAN, P.s'. Musical Heritage (1959) (= Diss. Univ. of Southern California); J. C. BICKNELL, Interdependence of Word and Tone in the Dramatic Music of H. P. (1960) (= Diss. Stanford Univ.); DIES., On Performing P.'s Vocal Music. Some Neglected Evidence, in: MR 25 (1964); H. FERGUSON, P.'s Harpsichord Music, in: Proc. R. Mus. Assoc. 91 (1964/65); J. BUTTREY, The Evolution of English Opera Between 1656 and 1695 (1967) (= Diss. Univ. of Cambridge); DERS., Dating P.'s Dido and Aeneas, in: Proc. R. Mus. Assoc. 94 (1967/68); R. MCGUINNESS, Engl. Court Odes 1660–1820 (O 1971); F. B. ZIMMERMAN, The Anthems of H. P. (NY 1971); G. ROSE, A New P. Source, in: JAMS 25 (1972); R. SAVAGE, The Shakespeare-P. „Fairy Queen". A Defence and Recommendation, in: Early Music ! (1973); L. E. WEINITSCHKE, Dido u. Aeneas v. H. P., 2 H.e (1974) (= Die Oper 18); E. VAN TASSEL, Two P. Discoveries, 1: P.'s „Give Sentence", in: MT 118 (1977); B. WOOD, Two P. Discoveries, 2: A Coronation Anthem Lost and Found, in: ebd.; H. SIEDENTOPF, Eine Komposition P.s im Klavierbuch einer württembergischen Prinzessin, in: Mf 31 (1978); B. COOPER, Did P. Write a Trumpet Voluntary, in: MT 119 (1978); B. WOOD, A Newly Identified P. Autograph, in: ML 59 (1978); K. T. ROHRER, „The Energy of English Words". A Linguistic Approach to H. P.'s Methods of Setting Texts (1978) (= Diss. Princeton Univ.). G. NITZ

PURITANER, DIE *(I Puritani di Scozia)*, Opera seria in 3 Akten von Vincenzo Bellini (1801–35), Text von Carlo Pepoli nach F. Ancelots u. X. B. Saintines Komödie *Têtes rondes et cavaliers* (1833), die ihrerseits auf W. Scotts Roman *Old Mortality* (1816) basiert. Ort u. Zeit der Handlung: England, um 1650. UA: 25. 1. 1835 in Paris (Théâtre Italien); dt. EA (in dt. Sprache): 10. 2. 1836 in Berlin (Königliche Oper).

Kern der Handlung ist das oft genutzte Motiv der tragischen Liebe zweier Angehöriger verfeindeter Gruppen. Das Schicksal der Puritanerin Elvira und des Stuart-Parteigängers Arthur entwickelt sich vor dem Hintergrund des englischen Bürgerkrieges zur Zeit Cromwells. Die Dramaturgie der Oper wirkt unausgewogen, da der 1. Akt mit den konfliktkonstitutiven Ereignissen überfrachtet ist, während in den beiden anderen Akten die gefühlsbetonten Reflexionen der beiden Hauptfiguren extensiv dargestellt werden. – Bellini fand sowohl für die von dramatischer Spannung getragenen Situationen eine charakteristische musikalische Sprache als auch kennzeichnende Melodien für die Darstellung des spezifischen Affekts der handelnden Personen. Das musikalische Idiom ist von typischer Italianità geprägt. Die Entfaltung aufwendiger szenischer Mittel und der hohe Anteil von Chorpartien deuten stilistisch auf die Grand Opéra. – Mit seiner letzten Oper entschied Bellini den Wettstreit gegen G. Donizetti am Théâtre Italien für sich. Die Glanznummer des Werkes, Elviras Wahnsinnsszene im 2. Akt, war Vorbild für die Parallelszene in *Lucia di Lammermoor.*

J. SCHLÄDER

PUSCHKIN, Alexandr Sergejewitsch, * 26. 5. (6. 6.) 1799 Moskau, † 29. 1. (10. 2.) 1837 St. Petersburg; russ. Dichter. Er stammte aus altem Adel und war als Beamter in St. Petersburg tätig. Wegen freiheitlicher Gedichte mußte er 1820 in die Verbannung nach Südrußland gehen, wurde aber 1826 rehabilitiert. 1831 heiratete er Natalia Gontscharowa, deretwegen er sich später duellierte (er starb an der Verwundung). P. begründete die russ. klassische Literatur u. schuf die russ. Literatursprache. Seine Poesie ist in hohem Maße Sprachmusik und kommt der Vertonung entgegen. Seine Gedichte sind die meistvertonten der russ. Literatur. P. begeisterte sich für die Ballette Ch.-L. Didelots und die Opern G. Rossinis. Er verkehrte in musikalischen Kreisen und stand zu W. Odojewski in engen Beziehungen. M. Glinkas Hoffnung, den Plan zu *Ruslan i Ljudmila* unter Mithilfe P.s entwerfen zu können, wurde durch den frühen Tod des Dichters vereitelt. In *Russalka* sind Parallelen zu N. Krasnopolskis *Lesta, dneprowskaja russalka* (Lesta, die Dnjeprnixe) (Musik Stepan

Dawydow), der russischen Bearbeitung des *Donauweibchens* von Karl Friedrich Hensler (Musik F. Kauer), und im *Kamenny gost* (Der steinerne Gast) zu L. Da Pontes *Don Giovanni* zu erkennen. Dramatischer Kern von *Zygany* (Die Zigeuner) ist ein bessarabisches Tanzlied (Lied Zemfiras). 1828 verfaßte P. unter dem Eindruck einer georgischen Volksweise eines seiner ausdrucksvollsten lyrischen Gedichte: *Ne poj, krassawiza, pri mne* (Sing, meine Schöne, sing mir nicht).

WW (Vertonungen, UA in Klammern): **Opern**: M. Glinka, *Ruslan i Ljudmila* (1842); F. Halévy, *La dame de pique* (1850); A. S. Dargomyschski: *Russalka* (1856); *Kamenny gost* (Der steinerne Gast) (1872); M. Mussorgski, *Boris Godunow* (1874); P. Tschaikowsky: *Jewgeni Onegin* (1879); *Masepa* (1884); *Pikowaja dama* (Pique Dame) (1890); C. Cui: *Kawkasski plennik* (Der Gefangene im Kaukasus) (1883); *Pir wo wremja tschumy* (Das Festmahl während der Pest) (1901); *Kapitanskaja dotschka* (Die Hauptmannstochter) (1911); S. Rachmaninow: *Aleko*, nach *Zygany* (Die Zigeuner) (1893); *Skupoi ryzar* (Der geizige Ritter) (1906); N. Rimski-Korsakow: *Mozart i Salieri* (1898); *Skaska o zare Saltane* (Das Märchen vom Zaren Saltan) (1900); *Solotoi petuschok* (Der goldene Hahn) (1909); R. Leoncavallo, *Gli zingari* (1912); I. Strawinsky, *Mavra*, nach *Domik w Kolomne* (Das Häuschen in Kolomna) (1922); W. Krjukow, *Stanzionny smotritel* (Der Postmeister) (1940); F. von Reuter, *Postmeister Wyrin* (1946); I. Dserschinski, *W simnjuju notsch* (In der Winternacht), nach *Metel* (Der Schneesturm) (1946); J. Napoli: *Il barone avaro* (1970); *Dubrowski* (1973). – Opéraballet v. A. Lourié: *Le festin pendant la peste* (die für 1939/40 geplante UA fand nicht statt), auch als symphonische Suite mit Chor u. Sopran (1945); *The Moor of Peter the Great* (1958); komische Oper v. M. Kowal, *Graf Nulin* (1949). – **Ballette**: A. Arenski, *Notsch w Jegipte* (Eine Nacht in Ägypten) (1908); R. Glière: *Kleopatra*, nach *Notsch w Jegipte* (1926); *Medny wsadnik* (Der eherne Reiter) (1949); B. Assafjew: *Bachtschissaraiski fontan* (Die Fontäne v. Bachtschissaraj) (1934); *Kamenny gost* (Der steinerne Gast) (1946); *Baryschnja-krestjanka* (Das Edelfräulein als Bäuerin) (1946).

Dt. Ausg.: Gesammelte Werke, 6 Bde., hrsg. v. H. RAAB, übers. v. Th. Commichau (B 1964); Gesammelte Werke, hrsg. u. übers. v. J. VON GUENTHER (Mn 1966).

Lit. (P. steht im folgenden für alle Namensschreibungen): A. GLUMOW, Musykalny mir Puschkina (Mos – Leningrad 1950); S. SCHLIFSTEIN, Glinka i P. (Mos (1950); Bibliografija proiswedenij A. S. Puschkina i literatury o njom (Mos 1951 ff.); F. SIEGMANN, Die Musik im Leben u. Schaffen der russ. Romantiker (Wie 1954) (= Veröff. der Abt. für slavische Sprachen u. Lit. des Osteuropa-Inst. an der FU Berlin 5); H. EMMER, Mozart u. P., in: ÖMZ 11 (1956); G. A. POLJANOWSKI, Glinka i P. (Mos 1957); E. STÖCKL, Die Lösung des Rätsels um Walther von Goethes P.-vertonungen, in: Wiss. Zschr. der F.-Schiller-Univ. Jena, Ges.- u. sprachwiss. Reihe 8 (1958/59); DERS., P. u. die Musik. Die Bedeutung der Werke A. S. P.s für die Tonkunst. Mit einer annotierenden Bibliogr. der Puškinvertonungen 1815–1960, 3 Bde. (Diss. Jena 1962); G. MEYER, P.s u. Mussorgskys „Boris Godunow", in: ÖMZ 20 (1965); R. SCHIRINJAN, P. i Mussorgski, in: Sowjetskaja musyka 33 (1969); G. ABRAHAM, Satire and Symbolism in „The Golden Cockerel", in: ML 52 (1971); M. COOPER, P. and the Opera in Russia, in: Opera 22 (1971); A. GOSENPUD, P. i russkaja opernaja klassika, in: Isbrannyje statji (Leningrad 1971); G. NORRIS, Rakhmaninov's Student Opera, in: MQ 69 (1973); E. STÖCKL, P. u. die Musik (L 1974). E. STÖCKL

PUSTET, Friedrich, * 25. 2. 1798 Hals (heute Passau), † 6. 3. 1882 München; dt. Verleger. Er gründete 1826 in Regensburg ein Verlagshaus für Bücher und Musikalien, das heute mit **Friedrich P.** (*1927) in der 5. Generation unter Familienleitung steht. Seit 1845 spezialisierte sich P. auf die Herausgabe liturgischer Werke und erhielt 1868 ein 30jähriges Privileg für die offizielle Ausgabe gregorianischer Gesangbücher gemäß der *Editio Medicaea*. Dieses Privileg endete erst mit dem Erscheinen der *Editio Vaticana* (↗Choralausgaben). Neben liturgischen Werken veröffentlichte P. Kirchenmusikeditionen von C. Proske und Fr. X. Haberl *(Musica divina, Selectus novus missarum, Repertorium musicae sacrae)* sowie die Werke zahlreicher Anhänger des Cäcilianismus, dessen Vereinspublikationen *Fliegende Blätter für katholische Kirchenmusik* (später *Caecilienvereinsorgan*) und *Musica sacra* u. a. ebenfalls bei P. erschienen. 1920–22 bestand eine Fusion mit dem Verlag Kösel in München. Seit 1950 gab der Verlag Chor- und Orgelwerke in den Reihen *Regensburger Tradition* (Hrsg.: F. Haberl, A. Scharnagl, H. Schrems, Br. Stäblein) und *Cantantibus organis* (Hrsg.: E. Kraus) heraus. Nach 1970 wurde die Musikabteilung aufgelöst und z. T. durch Feuchtinger & Gleichauf in Regensburg und Heinrichshofen in Wilhelmshaven *(Cantantibus organis)* übernommen.

Lit.: H. BOHATTA, Liturg. Drucke u. liturg. Drucker. FS zum 100jährigen Bestehen des Verlages F. P. (Rb 1926); A. SCHARNAGL, P., in: MGG X; DERS., P., in: Grove[6] XV. F. A. STEIN

PUTEANUS (Van de Putte, Dupuy), **Erycius,** * 4. 11. 1574 Venlo, † 17. 9. 1646 Löwen; ndl. Gelehrter. Er promovierte 1600 in Padua zum Dr. jur. und lehrte 1600–06 Rhetorik in Mailand, später Geschichte, Literatur und römisches Recht an der Universität Löwen, wo er 1610 eine Rhetorikschule gründete. Von ihm sind mehr als 90 theologische, philosophische und historische Traktate sowie der Musiktraktat *Modulata Pallas* erhalten, in dem er als Erleichterung der Solmisation die Einführung einer 7. Silbe „bi" zur Vervollständigung des Hexachords von Guido von Arezzo befürwortet.

Musiktraktat: *Modulata Pallas, sive septem discrimina vocum* (Mi 1599), 2. Aufl. als: *Musica Plejas, sive septem notae canendi* (V 1600), 3. Aufl. als: *Musathena, sive notarum heptas* (Hanau 1602).

Lit.: H. HÜSCHEN, Der Polyhistor E. P. u. sein Musiktraktat (Kö 1959) (= Beitr. z. rheinischen Musikgesch. 35).

PÜTZ, Ruth-Margret, * 26. 2. 1931 Krefeld; dt. Sängerin (Sopran). Sie ließ ihre Stimme in Krefeld von Bertold Pütz ausbilden, debütierte 1950 in Köln als Nuri in *Tiefland* von E. d'Albert und sang

1951–57 in Hannover, wo sie ihre Gesangsausbildung bei Otto Köhler abschloß. 1959 ging sie an die Württembergische Staatsoper in Stuttgart, der sie seither angehört. Außerdem stand sie 1960–64 an der Wiener Staatsoper sowie 1963–68 an der Hamburgischen Staatsoper unter Vertrag und trat oftmals in Salzburg, Glyndebourne, Bayreuth und in vielen anderen europäischen Musikzentren auf. R.-M. P. wurde bekannt vor allem in Koloraturpartien in den Opern von W. A. Mozart, G. Rossini, G. Verdi und R. Strauss.

PUY (vielleicht von lat. podium = Tritt, Anhöhe, oder nach der Stadt Le Puy), in Frankreich (speziell im Norden) seit dem Mittelalter Bz. für eine literarisch-musikalische Gemeinschaft, die Theaterspiele sowie Dichter- und Sängerwettbewerbe veranstaltete. P.s gab es seit dem 11. Jh. u.a. in Arras, Amiens (Mitglied war hier Adam de la Halle), Cambrai, Lille, Tournai, Troyes und Valenciennes. Zu den bedeutendsten P.s zählte der von G. Costeley gegründete P. de musique en l'honneur d'Évreux, der von 1575 bis um 1614 jährlich am Tag nach dem Cäcilienfest Preise für Kompositionen verlieh; zu den Teilnehmern gehörten dort O. di Lasso, P. de L'Estocart, F. M. Caietain, D. Caignet, J. Mauduit, E. Du Caurroy und J. Titelouze.

Lit.: H. M. Schletterer, Musikal. Wettstreite u. Musikfeste im 16. Jh., in: MfM 22 (1890); M. de Thémines, Ste-Cécile et le p. de musique, in: L'art musicale 15 (1896); H. Guy, Essai sur la vie du trouvère Adame de la Halle (P 1898, Nachdr. G 1969).

PYGMALION *(Pigmalion),* Scène lyrique in einem Akt von Horace Coignet (1736–1821) und Jean-Jacques Rousseau (1712–78), Text von Rousseau. Ort und Zeit der Handlung: Griechenland, in mythischer Zeit. UA: Mai 1770 in Lyon (Privat-Auff. im Hôtel de Ville); erste öffentliche Auff.: 30. 10. 1775 in Paris (Comédie-Française); dt. EA (in dt. Sprache): 29. 3. 1778 in Mannheim.

Die Zuordnung dieses Werkes zu einer bestimmten musikalischen Gattung wirft Probleme auf. Die auf den originalen Titelblättern anzutreffende Bezeichnung „Scène lyrique" ist irreführend, weil der Text nicht gesungen, sondern durchgängig gesprochen wird; auf der anderen Seite bedarf die Rubrizierung unter „Melodram" der Einschränkung, daß nach Rousseaus Forderung Text und Musik in diesem Stück nie gleichzeitig vorgetragen werden sollen („les paroles et la musique... se font entendre successivement"). Prinzipiell jedoch kann gelten, daß mit diesem Werk der Grundstein für das wenig später (z.B. G. Bendas Monodramen, darunter eine neue musikalische Version von Rousseaus *Pygmalion*) – als direkte Folge der positiven Rezeption von *Pygmalion* – in Mode kommende Melodram gelegt wurde. Die Musik stammt, bis auf zwei Andante-Sätze Rousseaus, aus der Feder Coignets, eines Laienkomponisten und Autodidakten wie der Textdichter auch, doch hatte Rousseau bereits in dem mehrere Jahre zuvor fertiggestellten Libretto detaillierte Angaben für eine spätere Komposition gemacht. So entstand eine Gemeinschaftsarbeit, in welcher der Stil der Instrumentalsätze mit der Ästhetik des Philosophen konform ging: Dominanz der Melodik, Simplizität von Begleitung und Harmonik sowie Transparenz der Satzkonstruktionen prägen die Musik zu diesem Drama, dessen stoffliche Grundlage bis zu Ovids *Metamorphosen* zurückreicht.

R. QUANDT

PYGMALION, Melodrama in einem Akt von Georg Anton Benda (1722–95); Text als dt. Fassung von J.-J. Rousseaus gleichnamiger Scène lyrique wahrscheinlich von Friedrich Wilhelm Gotter. Ort und Zeit der Handlung: Zypern, in mythischer Vergangenheit. UA: 20. 9. 1779 in Gotha (Hoftheater).

Der Mythos von Pygmalion, dem König von Zypern, der sich in eine von ihm selbst geschaffene Statue verliebt und von Aphrodite ihre Belebung erwirkt, zählt zu den häufig gewählten Opernstoffen. Benda, der schon mit seinen Melodramen *Ariadne* und *Medea* die neue Gattung zu etablieren versucht hatte, ging bei dieser Auseinandersetzung mit Rousseaus Werk weit über dessen Forderung hinaus, die Musik nur zur Überleitung von einer Stimmung des Helden in eine andere einzusetzen. Er bemühte sich um musikalische Detailzeichnung, wobei er über die musikalischen Formen und Stilmittel frei verfügen konnte, weil er an Vokalformen nicht gebunden war. Das Ergebnis zeichnet sich durch höchste musikalische Expressivität und psychologisch vertiefte Charakterisierung aus. Zwar wurde *Pygmalion* in Berlin bis 1835 gegeben, als Gattung konnte sich das Melodram jedoch nicht durchsetzen. Es wurde allerdings als gestalterisches Element in Opern aufgenommen, wie die bekannten Beispiele von L. van Beethoven *(Fidelio)* bis R. Strauss *(Enoch Arden)* beweisen.

TH. MENGER

PYKNON (griech., = dicht), in der griechischen Musiktheorie Bz. für die beiden unteren Halbton- bzw. Vierteltonintervalle im chromatischen und enharmonischen ↗Tetrachord.

PYRAMIDENKLAVIER (engl.: pyramid piano; frz.: piano pyramidal), aufrecht stehendes Hammerklavier mit einem gleichschenklig-dreieckigen

Gehäuse in Form einer Pyramide, das zwischen ca. 1750 und 1825 sehr populär war. Der Erfinder scheint nicht, wie angenommen wurde, Christian Ernst Friederici (Gera 1745) zu sein, sondern Domenico Del Mela, von dem bereits ein 1739 datiertes P. erhalten ist. Mit dem Aufkommen des kleineren ↗Pianino wurde das P. ebenso wie ähnliche andere Instrumente (↗Giraffenklavier) verdrängt.

PYROPHON (von griech. pyr = Feuer und phonē = Klang, Stimme, Ton), Bz. für eine Flammenorgel, die 1875 von Georges Frédéric Eugène Kastner erfunden wurde und aus Glasröhren unterschiedlicher Länge bestand, die mit Tasten verbunden waren. Bei deren Niederdrücken wurden in den Röhren Gasflammen elektrisch gezündet und brachten die Röhren zum Klingen. Das P. hatte einen Tonumfang von C–c². Es wurde von W. Weißheimer in seinen *Fünf geistlichen Sonetten* (1880) vorgeschrieben.

Lit.: G. F. E. KASTNER, Le P., Flammes chantantes (P ⁴1876); C. RÜBNER, Das P., in: ZfIb 1 (1880).

PYTHAGORAS VON SAMOS, * zwischen 570 und 560 v. Chr. Samos, † um 480 v. Chr. Metapontion; griech. Philosoph und Mathematiker. Über P.' Leben und Lehre ist nur wenig bekannt, da zeitgenössische Berichte fehlen und seine Werke nicht überliefert sind. Seine ersten philosophischen Unterweisungen soll er von Thales und Anaximander erhalten haben, um dann durch ausgedehnte Reisen nach Ägypten und Babylonien seine Studien zu erweitern und zu vertiefen. Aus politischen Gründen wanderte er 530/525 nach Unteritalien aus und gründete dort eine religiöse Gemeinschaft. Deren Mitglieder, die Pythagoreer, waren strengen Lebensregeln unterworfen. Vermutlich bereits zu Anfang gab es zwei unterschiedliche Gruppen: einen inneren Kreis von Theoretikern, die sich strengsten Prüfungen unterziehen mußten, und die Gruppe derer, die am öffentlichen Leben teilhatten; sie waren von den engsten Regeln ausgenommen, um ihre Ämter ausüben zu können. Die Gemeinschaft der Pythagoreer breitete sich bald über Unteritalien aus und gewann schließlich beträchtlichen politischen Einfluß. Sie waren es auch, die die philosophischen, mathematischen und musiktheoretischen Ansätze des P. der Nachwelt tradierten und sie weiterentwickelten. – P. galt in Antike und Mittelalter als Begründer der Musik als Wissenschaft. In der pythagoreischen Lehre wird die Musik als mathematische Wissenschaft aufgefaßt, deren Gegenstand die Zahlenrelationen sind, die den musikalischen Intervallen zugrunde liegen. Aus der Lehre des P., der in der Zahl das Prinzip aller Dinge sieht, ergibt sich eine Ausweitung der Musik, verstanden als allgemeine Proportionslehre. Damit überschreitet die Musik als Wissenschaft den hörbaren Bereich und erstreckt sich auf die gesamte Ordnung des Kosmos. Über die Entdeckung, daß musikalische Intervalle auf rationale Proportionen zurückzuführen sind, gibt es seit der Antike eine Legende, die sich zuerst bei Nikomachos von Gerasa findet. Demnach soll P. die Grundintervalle, die er in einer Schmiede hörte, durch das Gewicht der Hämmer bestimmt haben, die Konsonanzen der Oktave (2 : 1), der Quinte (3 : 2), der Quarte (4 : 3) und den Ganzton (9 : 8) in der Relation 6 : 8 : 9 : 12. Die physikalische Unmöglichkeit wurde erst 1636 von M. Mersenne aufgedeckt. Physikalisch richtig ist allerdings die im weiteren Verlauf der Legende geschilderte Übertragung auf die Längenabmessungen von Saiten- und Blasinstrumenten. Wie Nikomachos berichtet, habe P. aus den genannten Proportionen die diatonische Skala entwickelt (pythagoreische ↗Stimmung).
Die pythagoreische Konsonanzlehre und Skalenbestimmung blieb über die Vermittlung des Boëthius für das Mittelalter verbindlich. Die Entwicklung der Musiktheorie und ihre Ausformung als mathematische Wissenschaft in Antike und Mittelalter (↗Quadrivium) ist entscheidend vom pythagoreischen Denken geprägt.

Lit.: E. FRANK, Plato u. die sog. Pythagoreer (Hl 1923); B. L. VAN DER WAERDEN, Die Harmonielehre der Pythagoreer, in: Hermes 78 (1943); W. BURKERT, Weisheit u. Wiss. (Nü 1962); O. BECKER, Das mathematische Denken der Antike (Gö ²1966); C. J. DE VOGEL, Pythagoras and Early Pythagoreanism (Assen 1966); B. MÜNXELHAUS, Pythagoras musicus (Bonn 1976) (= Orpheus-Schriftenreihe zu Grundfragen der Musik 19).

B. MÜNXELHAUS

PYTHAGOREISCHES KOMMA ↗Komma.

PYTHAGOREISCHE STIMMUNG, auf die Antike zurückgehende und im Mittelalter bis Ende des 15. Jh. verwendete ↗Stimmung, die sich aus der Aneinanderreihung reiner Quinten ergibt. Die Differenz von 12 Quinten und den darauf bezogenen 7 Oktaven ergibt das pythagoreische ↗Komma.

PYTHISCHE SPIELE ↗Griechenland.

Q

QĀNŪN (arab., von griech. kanon), Bz. für eine Zither mit einem Resonanzkasten in Trapezform. Die 63–84 (in der Regel 72) Saiten bilden Saitenchöre mit je 3 Saiten für einen Ton, die diatonisch gestimmt sind, so daß ein 72saitiger Q. einen Tonumfang von mehr als 3 Oktaven hat. Die Saiten werden mit Plektren angerissen, die, an Ringen befestigt, auf die Zeigefinger beider Hände gesteckt werden. Der Spieler zupft immer 2 Saitenchöre im Oktavabstand gleichzeitig an. An der vom Spieler aus linken, schrägen Seite des Korpus sind vor den Wirbelreihen für jeden Saitenchor 6 umklappbare „Stege" nebeneinander angebracht, mit denen durch Aufrichten oder Niederlegen, d.h. durch Verkürzen oder Verlängern der schwingenden Saitenlänge jeder Ton mehrfach erhöht oder erniedrigt werden kann, was ein schnelles Umstimmen einzelner Saitenchöre ermöglicht, die für jeden ↗Maqām anders gestimmt sein müssen. Der Q. läßt sich seit dem 10. Jh. – bei al-Fārābī als „Mizaf" bezeichnet – nachweisen. Heute ist er in ganz Nordafrika und dem Vorderen Orient verbreitet und gehört zur traditionellen arabisch-islamischen Kunstmusik der Araber.

Lit.: ↗Arabisch-islamische Musik. M. BRÖCKER

QUACK, Erhard, * 5. 1. 1904 Trippstadt (Pfalz), † 29. 12. 1983 Speyer; dt. Kirchenmusiker. Er war 1923–31 Volksschullehrer, studierte 1929–35 an den Musikhochschulen in Mannheim u. Karlsruhe u. wurde 1931 Organist u. Chorleiter in Schifferstadt. 1941–69 wirkte er als Diözesan-Musikdirektor u. 1947–69 als Domkapellmeister in Speyer, wo er das Bischöfliche Kirchenmusikalische Institut gründete und bis 1969 leitete. Q. war 1952–57 Schriftleiter, seit 1957 Herausgeber der Zeitschrift *Musik und Altar* und 1966 Mitgründer des Internationalen Studienkreises „Universa Laus" für die Musik in der Liturgie. Durch seine Liedkompositionen und Schriften hatte er wesentlichen Anteil an der musikalischen Vorbereitung und Durchführung der Liturgiereform des 2. Vatikanischen Konzils. Namentlich seine deutschen Meßgesänge sind heute fester Bestand des katholischen Gemeindegesangs.

WW: Lat. u. dt. Proprien; ein lat. u. ein dt. Meßordinarium; Psalmen; Kirchenlieder. – Q. war ferner Hrsg. v.: *Neues Psalmenbuch* (Fr 1960–71) (zus. mit H. Hucke u. K. H. Schmidthüs); *Musik in der feiernden Gemeinde* (Fr 1974) (zus. mit H. Hucke u. E. Rennings). H. HUCKE

QUADRATNOTATION ↗Notenschrift.

QUADRILLE. – 1) Bz. für einen aus der ↗Contredanse hervorgegangenen Tanz französischer Herkunft, der besonders zu Anfang des 19. Jh. sehr verbreitet war. Er wurde von mindestens 4 Paaren im Karree getanzt und umfaßte in der Regel 5 Touren *(Le pantalon, L'été, La poule, La pastourelle* oder *La trenitz* und *La finale)* von jeweils 32 Takten (2/4- oder 6/8-Takt) in schnellem Tempo. Die Musik bestand meist aus Potpourribearbeitungen beliebter Instrumentalstücke oder Opern- und Operettenarien. Von den verschiedenen Q.-Formen des 19. Jh. wurde am berühmtesten die *Quadrille des lanciers* oder *Quadrille de la cour,* die 1817 in Dublin entstand (mit den Touren *Les tiroirs, Les lignes, Le moulinet, Les visites* und *Les lanciers*). Zahlreiche Q.n stammen von J. B. J. Tolbecque, Ph. Musard, J. Offenbach und Johann Strauß (Sohn). Gelegentlich diente in dieser Zeit die Q. auch parodistischen Zwecken. So schrieben G. Fauré und A. Messager 1880 eine witzige Q. *Souvenir de Bayreuth,* in der Themen aus R. Wagners *Ring* durch Anpassung an die symmetrische Taktordnung der Q. sozusagen verfremdet werden. – **2)** Beim Ballett Bz. für eine Gruppe von 4 Tänzern und 4 Tänzerinnen.

QUADRIVIUM (lat., eigentlich = Ort, an dem vier Wege [quatuor viae] zusammentreffen), seit ↗Boëthius Bz. für den Bestand der 4 mathematischen Disziplinen (Arithmetik, Geometrie, Astronomie und Musik). Sie bilden zusammen mit dem *Trivium,* den 3 „sprachlichen" Disziplinen (Grammatik, Rhetorik, Dialektik), die *Septem artes libe-*

rales, die 7 selbständigen, um ihrer selbst willen betriebenen Wissenschaften, die grundlegend für das Bildungssystem des europäischen Mittelalters waren mit Auswirkungen bis ins 18. Jahrhundert. Das Q. beruht auf der antiken Vorstellung „Alles ist Zahl", die durch ↗Pythagoras geprägt worden war. Die ausführlichste und für das gesamte Mittelalter verbindliche Darstellung des Q. und der Artes liberales insgesamt stammt von ↗Martianus Capella *(De nuptiis Philologiae et Mercuriae).* – ↗Ars musica.

Lit.: W. WÜHR, Das abendländische Bildungswesen im MA (Mn 1950); H. HÜSCHEN, Artes liberales, in: MGG I.

QUADROPHONIE, Bz. für eine Schallübertragung, die nicht nur der reinen Information dient, sondern sich die „natürliche" Übertragung z. B. eines Musikstücks zum Ziele gesetzt hat, d. h., die neben der Rechts-Links-Information auch die von hinten oder von den Seiten beim Hörer ankommenden Schallanteile reproduzieren kann. Über Kopfhörer geschieht dies mit dem „Kunstkopfverfahren" (wobei allerdings die Vorne-Ortung immer noch problematisch ist), bei Lautsprecherwiedergabe befindet sich der Hörer in der Mitte eines Quadrats, dessen Ecken von 4 Lautsprechern gebildet werden. Die vorderen Lautsprecher übertragen meist die normale Stereoinformation, die hinteren den Raumanteil, wodurch der Hörer in den Aufnahmeraum mit dessen Nachhall und Reflexionen stärker einbezogen wird. Für mehrchörige Werke, Opern- oder Geräuschaufnahmen konnten damit eindrucksvolle Wirkungen erzielt werden. Das Verfahren scheitert allerdings an zu hohem Aufwand hinsichtlich Rundfunkübertragung, Schallplattenherstellung und Abspielgeräten, wollte man die 4 Kanäle getrennt übertragen. Preisgünstigere Lösungen (Matrix-Verfahren) brachten die zusätzlichen Kanäle in den vorhandenen beiden Stereokanälen unter, allerdings mit zu geringer Trennung zwischen vorderen und hinteren Lautsprechern. Die „Pseudo-Q." führt den hinteren Lautsprechern das verzögerte oder verhallte Stereosignal oder elektrisch ausgefilterte Teile zu, wodurch eine Art „Rundum-Effekt" auch mit normalen Stereoaufnahmen erzielt wird. Jedoch haben auch ähnliche Versuche beim Film gezeigt, daß die totale Einbeziehung des Hörers oder Zuschauers in das Geschehen oft eher irritierend wirkt und zur Übermittlung einer künstlerischen, weniger auf Effekt zielenden Darbietung selten notwendig ist. U. KRAUS

QUADRUPLUM ↗Duplum.

QUAGLIATI, Paolo, * um 1555 Chioggia (Venezien), † 16. 11. 1628 Rom; it. Komponist und Organist. Er lebte seit 1574 in Rom; wo 1585 seine Laudensammlung *Canzonette spirituali* erschien. 1595–1618 war er Organist am Oratorio del Crocifisso, seit 1598 an der Peterskirche und seit 1601 auch an S. Maria Maggiore. Seinen zeitgenössischen Ruhm verdankt er vor allem seiner Teilnahme an den Festen und Zeremonien, die in den Patrizierhäusern, besonders bei den Familien Farnese und Ludovisi, gegeben wurden. Bezeichnend hierfür ist besonders die Sammlung *Il carro di fedeltà d'amore,* die wohl die frühesten in Rom geschriebenen Solomadrigale enthält. Q.s spätere Sammlung *La sfera armoniosa* ist ebenfalls wichtig für die Kenntnis der römischen Entwicklung der Monodie wie auch des geringstimmigen konzertierenden Stils.

WW: **1) Weltliche WW:** 2 Bücher *Canzonette per sonare et cantare* für 3 St. (R 1588); *Ricercate et canzone per sonare et cantare* für 4 St. (R 1601); *Madrigali ... concertati* für 4 St. u. B. c. (V 1608); *Il carro di fedeltà d'amore* für 5 St. u. B. c. mit *Arie* für 1–3 St. (R 1611); *La sfera armoniosa* für 1–2 St. u. V. (R 1623). – **2) Geistliche WW:** *Motecta* u. Ps. *Dixit Dominus* für 8 bzw. 12 St. u. B. c. (R 1612); 2 Bücher *Motetti e dialoghi* für 2–8 St. u. B. c. (R 1620, 1627); *Affetti amorosi spirituali* für 1–3 St. (R 1617). – Q. gab heraus: *Canzonette spirituali da diversi* (= RISM 1585[7]) mit 16 eigenen Gesängen. Einige weltliche u. geistliche WW finden sich auch in Sammeldrucken der Zeit.

Ausg.: *La sfera armoniosa* u. *Il carro...,* hrsg. v. D. GOTWALS – PH. KEPPLER (Northampton/Mass. 1957) (= Smith College Music Arch. 13); Madrigal *Felice chi vi mira,* in: P. M. MARSOLO, Secondo libro de madrigali a 4 v. op. 10, hrsg. v. L. Bianconi (R 1972) (= Musiche rinascimentali siciliane 4).

Lit.: A. EINSTEIN, The It. Madrigal (Princeton/N.J. 1949, Nachdr. 1970, dt. Z 1952); P. KAST, Q., in: MGG X.

QUANTZ, Johann Joachim, * 30. 1. 1698 Oberscheden bei Göttingen, † 12. 7. 1773 Potsdam; dt. Flötist, Komponist, Musiktheoretiker und Flötenbauer. Er entstammte der Tradition deutscher zunftmäßiger Stadtmusiker. In seiner Lehr- und Gesellenzeit in Merseburg lernte er alle gängigen Instrumente beherrschen. 1716 kam er zur Stadtkapelle Dresden, 1718 als Oboist in die sog. Polnische Kapelle Kurfürst Augusts des Starken. Neben den vielfachen Anregungen des Dresdner Musiklebens studierte er 1717 Kontrapunkt in Wien bei J. D. Zelenka. Im Interesse beruflichen Fortkommens wechselte Q. nach weiterem Unterricht bei P. G. Buffardin zur Flöte als Hauptinstrument; durch Selbststudium und Kontakt zu J. G. Pisendel bildete er sich kompositorisch weiter. 1724–26 weilte er in Italien (Kontrapunktunterricht bei Fr. Gasparini, Kontakte zu J. A. Hasse, zu A. Scarlatti in Neapel, T. Albinoni, B. Marcello und A. Vivaldi in Venedig) und besuchte Paris und 1727 London (G. Fr. Händel, P. Fr. Tosi). Nach Dresden zurückgekehrt, kam er 1728 bei einem Staatsbesuch des Kronprinzen Friedrich von Preußen mit dem preußischen Hof in Verbindung, doch gab August der Starke ihn nur zu jährlich zwei Unterrichtsbesuchen beim Kronprinzen frei. Erst 1741 ging Q. zu äußerst günstigen Bedingungen zum nunmehrigen König Friedrich II. Vom Routinedienst der Hofkapelle völlig freigestellt, widmete er sich ganz dem abendlichen Kammermusikspiel des Königs und begleitete ihn sogar in den Krieg.

WW: **1) Instr.-WW:** 204 Sonaten für Fl. u. B.c. bzw. Cemb.; 45 Triosonaten mit Fl.; etwa 300 Fl.-Konzerte; weitere Einzelstücke. Im Druck erschienen: für Fl. u. B.c.: *Sonates italiennes* (P 1729); *Sei sonate* (Dresden 1734); *Sei duetti* für 2 Fl. (B 1759); *Concerto* für Fl. u. Str. (P o. J.); mit fraglicher Zuweisung ferner Solo- u. Triosonaten op. 1–5 (Lo, A, P o. J.). – **2) Vokal-WW:** *Neue Kirchen-Melodien zu denen geistlichen Liedern... Gellerts* (B 1760); 6 Klv.-Lieder in Sammeldrucken (B 1753, 1756, L 1756); 2 it. Arien sind hsl. erhalten. – **3) Schriften:** *Versuch einer Anweisung, die Flöte traversiere zu spielen* (B 1752, Breslau [2]1780, [3]1789, frz. B 1752, ndl. A 1754, engl. Lo 1770 u.ö.); *Lebenslauf von ihm selbst entworfen,* in: F. W. Marpurg, Historisch-critische Beyträge I (B 1754, Nachdr. Hil 1970).

Internationale Maßstäbe setzte Q. mit seinem Lehrwerk *Versuch einer Anweisung, die Flöte traversiere zu spielen,* das sich jedoch nur zu etwa 15% mit Flöte und Flötenspiel befaßt. Im übrigen ist es ein Kompendium der Aufführungspraxis und Musikanschauung der Mitte des 18. Jh. und als solches eines der wichtigsten Quellenwerke dieser Zeit. Ausgehend von Form und Instrumentalstil Vivaldis (Autobiographie S. 205), rückte er später davon wieder ab (*Versuch* XVIII, § 57) und wurde zu einem der wichtigsten publizistischen Vertreter des „vermischten Geschmacks" (*Versuch* XVIII, § 74), einer Synthese von französischem und italienischem Stil. – Sein Versuch, durch Anbringen einer 2. Klappe enharmonische Töne (dis–es) unterscheidbar zu machen, fand schon damals Widerspruch und wurde durch die Entwicklung zur gleichschwebenden Temperatur überholt.

Ausg.: Triosonate D-Dur, hrsg. v. M. SEIFFERT (L 1933) (= Organum III/32); Sonate für 3 Fl., hrsg. v. E. DOFLEIN (Hannover 1935) (= Nagels MA 116); *Sei duetti a due flauti traversi,* Faks. der Ausg. v. 1759 (Ridgewood/N.J. 1967); 6 Fl.-Duette op. 5, 2 H.e, hrsg. v. F. NAGEL (Wilhelmshaven 1972); Triosonate g-moll für Fl., V. u. B.c., hrsg. v. G. PISTORIUS (Wie 1973); Concerto Nr. 1 g-moll für 2 Fl. u. Orch., hrsg. v. H. VOXMAN – R. P. BLOCK (Lo 1974); *Versuch...,* Faks. der Ausg. v. 1789, hrsg. v. H.-P. SCHMITZ (Kas 1953, [4]1968) (= DMI I/2); Autobiographie, in: Selbstbiographien dt. Musiker, hrsg. v. W. KAHL (Kö 1948, Nachdr. A 1970).

Lit.: A. H. RASKIN, J. J. Q. (Diss. Kö 1923); R. SCHÄFKE, Q. als Ästhetiker, in: AfMw 6 (1924); E. HALFPENNY, A French Commentary on Q., in: ML 37 (1956); E. R. REILLY, Further Musical Examples for Q.'s „Versuch", in: JAMS 17 (1964); F. NEUMANN, The French „Inégales", Q., and Bach, in: ebd. 18 (1965); E. R. REILLY, Q. and His „Versuch". Three Studies (NY 1971) (mit Bibliogr.); C. DAHLHAUS, Q. u. der „vermanierierte Mannheimer goût", in: Melos/NZ 2 (1976). S. KROSS

QUART-..., in Zusammensetzungen mit Instrumentennamen Bz. für solche Instrumente, die eine Quarte tiefer (Q.-Fagott, Q.-Posaune, Q.-Zink) bzw. höher (Q.-Flöte, Q.-Geige [↗Violino piccolo]) als die normalen Instrumente stehen.

QUARTE (von lat. quarta = die vierte). – **1)** Bz. für die 4. Stufe der diatonischen ↗Tonleiter. – **2)** Bz. für das Intervall mit dem Frequenzverhältnis 3 : 4. War die Q. für das Q.n-↗Organum des 9.–11. Jh. grundlegend, so wird sie im ↗Kontrapunkt seit dem 14. Jh. als dissonantes Intervall behandelt, das der Auflösung in die konsonante Terz bedarf:

J. Ockeghem

Physikalisch bildet die Q. den 3. Oberton. In der musikalischen Praxis unterscheidet man die *reine Q.* (z. B. c – f), die *übermäßige Q.* (Tritonus; c – fis) und die *verminderte Q.* (c – fes). Die reine Q. ist Rahmenintervall für das ↗Tetrachord; ihr chromatisches Durchschreiten (↗Passus duriusculus) zählt als sog. Lamentobaß zu den ausdrucksstärksten ↗Figuren. Der als unmelodisch geltende Tritonus, schon im Mittelalter als „diabolus in musica" verrufen, wird im strengen Satz meist gemieden; als *lydische Q.* bezeichnet, ist er aus der Sicht der Dur-Moll-Tonalität das charakteristische Intervall des Lydischen (↗Kirchentöne).
Nach Vorläufern im 19. Jh. wird die Q. im 20. Jh. auch zum Bau von Akkorden und Melodien genutzt, deren traditionell konstitutive Bausteine die Terz bzw. die Sekunde sind; Q.-Akkorde und -Melodik prägen z. B. A. Schönbergs *Kammersymphonie* op. 9 (1906).

Lit.: A. SCHÖNBERG, Harmonielehre (W 1911, [7]1966, engl. NY 1947); A. VON WEBERN, Schönbergs Musik, in: A. Schönberg (Mn 1912); H. ERPF, Stud. z. Harmonie- u. Klangtechnik der neueren Musik (L 1927, Nachdr. Wie 1969).

QUARTETT (engl.: quartet; frz.: quatuor; it.: quartetto; span.: cuarteto), Bz. für eine Komposition für 4 solistische Instrumente oder 4 Singstimmen, im allgemeinen auch für das entsprechende Vokal- oder Instrumentalensemble (letzteres bis ins 19. Jh. „Quatuor", im 17.–18. Jh. auch „Quatricinium" genannt). Die Vierstimmigkeit, die Perotinus in seinen Organa erstmals anwandte und G. de Machaut in seine Messe übernahm, wurde mit der franko-flämischen Schule allgemein üblich und mit der Zeit auf den mehrstimmigen Vokal- und später auch Instrumentalsatz übertragen, der im 16. Jh. jedoch auch häufig 5stimmig war. Während der 4st. Satz im 17. und der ersten Hälfte des

18. Jh. gegenüber der Duo- oder Triobesetzung bzw. dem 5st. Concerto zurücktrat – eher Ausnahmen sind daher die *12 Concerti a 4* von E. F. Dall'Abaco und die Q.e von G. Ph. Telemann –, wurde mit der Entstehung des ↗Streichquartetts um 1750 die 4st. Instrumentalbesetzung dominierend. Von Bedeutung wurde neben der Streicherbesetzung das Klavier-Q. (Klv., V., Va., Vc.), für das neben W. A. Mozart und L. van Beethoven u. a. R. Schumann, J. Brahms, A. Dvořák, G. Fauré und E. Chausson Werke geschrieben haben. Andere häufige Kombinationen sind das Bläser-Q. (Fl., Ob., Klar., Fag. oder Fl., Klar., Horn, Fag.) und Besetzungen für gleiche Instrumente, z. B. *3 Equale* für 4 Pos. von Beethoven oder Q. für 4 Hörner von P. Hindemith. Seltener sind Q.e für Bläser und Klavier, wie die Sonate für Fl., Klar., Ob. und Klv. von D. Milhaud. – In der Oper wird ein ↗Ensemble oder eine Szene für 4 Sänger mit Orchesterbegleitung Q. genannt.

QUARTETTO ITALIANO, it. Streichquartett (Sitz Mailand), gegr. 1945 in Reggio Emilia. Es debütierte im selben Jahr in Carpi (Modena) mit *Paolo Borciani* (* 21. 12. 1922 Reggio Emilia), 1. Violine, *Elisa Pegreffi* (* 10. 6. 1922 Genua), 2. Violine, *Lionello Forzanti,* Viola, und *Franco Rossi* (* 31. 3. 1921 Venedig), Violoncello, und wurde nach einer USA-Tournee (1951) rasch international bekannt. Forzanti wurde 1947 von *Piero Farulli* (* 13. 1. 1920 Florenz) abgelöst. Borciani unterrichtete Violine am Conservatorio di Musica G. Verdi in Mailand und schrieb *Il quartetto* (Mi 1973); Farulli und Rossi sind Lehrer für Viola bzw. Kammermusik am Conservatorio di Musica L. Cherubini in Florenz. Neben dem klassisch-romantischen Repertoire (Schallplattengesamteinspielungen der Streichquartette W. A. Mozarts, R. Schumanns und J. Brahms') spielt das Ensemble – stets auswendig – bes. Werke von Cl. Debussy, M. Ravel, A. Webern und zeitgenössischen it. Komponisten (G. F. Ghedini, S. Bussotti).

QUARTOLE (engl.: quadruplet; frz.: quartolet; it.: quartina), im Dreiertakt oder -rhythmus eine vereinzelt erscheinende Folge von 4 Noten, deren Gesamtwert dem Wert von 3 Noten der gleichen Form entspricht. Q.n kommen in der Musik vor dem 20. Jh. nur selten vor. Beispiel für eine Q. im 6/8-Takt (Fr. Chopin, *Nocturne* op. 9,3):

QUARTSEXTAKKORD, die 2. Umkehrung des Dreiklangs, die besonders als Durchgangsakkord und als Vorhaltsakkord (↗Kadenz) von satztechnischer Bedeutung ist. – ↗Akkord.

QUELLEN. Der Begriff „Quelle", im Sinne von Ursprung, Herkunft, bedeutet in der Musikkunde die Vorlage oder das Material, auf das 1. der Komponist, 2. der Musikhistoriker und 3. der Musikherausgeber bei ihrer Arbeit zurückgreifen. In der *ersten Bedeutung* meint der Begriff die Werke und Stile, durch die der Komponist sich anregen läßt. In der *zweiten Bedeutung* umfaßt er die Texte, Bilder, Gegenstände und Tatsachen, aus denen der Musikhistoriker Erkenntnisse schöpft. Welche geschriebenen oder gedruckten, musikalischen oder sprachlichen Texte (z. B. Musikalien, Musikerbiographien und andere „Traditionen", Akten der Hofmusikkapellen, Verlagsanzeigen in Zeitungen und andere „Überreste"), welche malerischen, graphischen oder figürlichen Abbildungen (z. B. von Musikszenen), welche Gegenstände (z. B. alte Musikinstrumente) und welche kulturellen Tatsachen (z. B. mit Musik verbundene Volksbräuche) festgestellt, gesammelt und gesichtet werden – heute oft mit Hilfe von Mikrofilmen und Fotokopien, Fotografien und Schallaufnahmen –, ist Sache der Quellenkunde (Heuristik) und hängt von der jeweiligen Fragestellung ab (↗Musikgeschichte). In der *dritten Bedeutung,* als Material für den Herausgeber, als überliefertes Zeugnis eines Werktextes, wird der Begriff im musikalischen Bereich am häufigsten verwendet und meint dann vor allem die Musikalien (Pergament- und Papier-Hss., Typendrucke und Notenstiche), aus denen wir das Repertoire vergangener Zeiten schöpfen. Die Quellenkunde der mehrst. Musik vom 13. bis zum 17. Jh. ist z. T. eine Geschichte der Notation (↗Notenschrift) und zeigt den Wandel von linienlosen Neumen (*Winchester Tropar,* um 1000), Neumen auf Notenlinien (z. B. im *Codex Calixtinus,* 12. Jh.), über die Modalnotation (z. B. in der Wolfenbütteler Hs. W_1, Mitte des 13. Jh.), die frankonische Notation und andere Frühformen der Mensuralnotation bis zu deren reifer Stufe im späten 15. Jahrhundert. Die Aufzeichnungsform wandelte sich von der partiturmäßigen über die spaltenmäßige oder sukzessive Niederschrift der Stimmen bis zu den klassischen Formen im 16. Jh.: dem Chorbuch, bei dem 2 Stimmen einander folgend auf der linken und 2 auf der rechten Seite stehen, und dem Stimmbuch, bei dem jede Stimme der Komposition in einem Band für sich notiert ist. Vom 14. bis 17. Jh. wurde Instrumental-, namentlich Orgel- und Lautenmusik, gern in ↗Tabulatu-

ren niedergelegt, die sich instrumentengerechter Griffschriften bedienten. Der ↗ Notendruck blühte erst im 16. Jh. auf. Im 18. und 19. Jh. ist zwischen autorisierten (Originalausgaben, authentischen Ausgaben) und anderen Erstausgaben und Frühdrucken, zwischen Titelauflagen und Nachdrukken zu unterscheiden.
Die Überlieferung in Hss. wurde durch den Notendruck jedoch nicht abgeschafft, sondern nahm bis zum späten 18. Jh. sogar noch zu. Am aufschlußreichsten sind die Original-Hss. der Komponisten (autographe Reinschriften oder Konzepte). Sie wurden erst seit dem 18. Jh. mit einiger Regelmäßigkeit aufbewahrt. Seit dem 19. Jh. gewannen sie Handelswert und rechnen heute zu den kostbarsten Objekten im Antiquariatshandel. Die meisten der erhalten gebliebenen Autographen befinden sich wie der größte Teil aller musikalischen Q. in öffentlichen Bibliotheken und sind der Forschung zugänglich. Nächst Autographen und Teilautographen am wichtigsten sind signierte oder korrigierte Partitur- oder Stimmenabschriften oder solche, in denen die Hand des Komponisten zwar nicht nachweisbar ist, die aber von einem nachweisbar für ihn tätig gewesenen Abschreiber stammen. Auch „sekundäre“ Q. können mangels „primärer“ Q. wertvoll sein.
Alle Arten von Q. im Hinblick auf ihre musikgeschichtliche Aussagekraft und Glaubwürdigkeit zu prüfen ist Sache der Quellenkritik. Sie befaßt sich bei Musik-Hss. (Einzel- oder Sammel-Hss., Konvoluten) und -drucken mit der Autorzuschreibung, dem Inhalt (der Identifizierung der Kompositionen), der Provenienz (der Bestimmung des Schreibers oder Druckers), der Entstehungszeit (Datierung) und der Unversehrtheit oder späteren Veränderung der Quelle. Oft ist es dabei wichtig, den Einband, das Wasserzeichen und das Format des – bis ins 19. Jh. handgeschöpften – Papiers, die Faszikel-Zählung, Foliierung, Paginierung, Rastrierung zu untersuchen und die Handschrift mehrerer Q. zu vergleichen.
Die musikalische Textkritik befaßt sich speziell mit den verschiedenen Lesarten (Varianten), Fassungen (Redaktionen) und fremden Bearbeitungen. Wenn der Text keiner Quelle autorisiert ist, mithin nach keiner diplomatisch abgedruckt werden kann, wird nach erfolgtem Textvergleich (Kollationierung) versucht, die Filiation der Q. zu ermitteln und in einem Stammbaum (Stemma) darzustellen, an dessen Spitze der (oft erst durch die Textrezension zu rekonstruierende) Archetyp steht. Verbleibende Fehler oder Korruptelen lassen sich nur durch Emendation bzw. Konjektur beseitigen. Ähnliche Gesichtspunkte gelten für die Kritik musiktheoretischer Q. und der in ihnen enthaltenen Texte.
Den noch nicht überholten Versuch einer umfassenden Bestandsaufnahme hat 1900–04 R. Eitner in seinem *Biographisch-Bibliographischen Quellen-Lexikon der Musiker und Musikgelehrten* unternommen. Das seit 1960 erscheinende, kollektiv erstellte *Répertoire International des Sources Musicales* (RISM) ist gründlicher gearbeitet, enthält aber für die einzelnen Komponisten bisher nur die Drucke, noch nicht die Handschriften. Teilbestände musikalischer Q. werden in vielen Bibliothekskatalogen und anderen bibliographischen Veröffentlichungen erfaßt. Einige der wichtigsten Q. liegen in Faksimileausgaben vor. Beispiele musikalischer Quellen- und Textkritik finden sich in vielen Quellen-Studien und in den kritischen Apparaten (Kritischen Berichten) von Gesamt- und Denkmäler-Ausgaben. – ↗ Denkmäler. G. FEDER

QUEMPAS, volkstümliche Bz. der einst weitverbreiteten spätmittelalterlichen Cantio *Quem pastores laudavere*, die in mancherlei, auch gemischtsprachigen oder deutschen Fassungen *(Den die Hirten lobeten sehre)*, vielerorts im evangelischen Raum den gottesdienstlichen Höhepunkt der Christnacht bildete. Charakteristikum war die Wiedergabe des 1. Teil des aus mehreren Teilen zusammengewachsenen Gesanges *(Nunc angelorum gloria* und *Resonet in laudibus)* durch 4 auf den Kirchenraum verteilte Knaben. M. Praetorius hat im 5. Teil der *Musae Sioniae* 3 mehrst. Bearbeitungen des Q. mit Ausführungsanweisungen im Vorwort veröffentlicht. Im 20. Jh. hat der Q. in Verbindung mit dem in verschiedenen Ausgaben erschienenen *Quempasheft* eine neue Belebung erfahren. Demzufolge schuf K. Müller-Osten mit *Nun juble laut, all Kreatur* einen entsprechenden neuen Gesang, den G. Schwarz vertonte. Der erste Teil der alten Weise wird auch bei P. Gerhardts *Kommt und laßt uns Christum ehren* verwendet.

Ausg.: Das Quempasheft, hrsg. v. K. AMELN – W. THOMAS (Kas 1930 u.ö.); Das Q.-Buch, hrsg. v. DENS. – H. HARMSEN – K. VÖTTERLE (Kas 1962).

Lit.: K. AMELN, „Quem pastores laudavere“, in: JbLH 11 (1966); DERS., „Resonet in laudibus“ ..., in: ebd. 15 (1970).

W. BLANKENBURG

QUERFLÖTE (engl.: flute, German flute; frz.: flûte traversière; it.: flauto traverso), eine nach ihrer Spielhaltung benannte kernspaltlose – den Holzblasinstrumenten zugerechnete – ↗ Flöte, die direkt an einer Kante des ins Kopfstück gebohrten Mundstücks angeblasen wird. Wesentliches Merkmal ist auch das geschlossene obere Ende. – Sind Längs- und Gefäßflöten bereits seit dem 3. Jt.

v. Chr. bekannt, so gehört die Q. einer späteren Entwicklung an: sie wurde erstmals im 9. Jh. v. Chr. in China abgebildet. Aus Asien nach Europa gelangte sie wahrscheinlich über Byzanz; jedenfalls gilt als erster bildlicher Beleg in Europa der *Hortus deliciarum* der Äbtissin Herrad von Landsberg (2. Hälfte 12. Jh.). Die zylindrische Q. (lat.: pipa; mhd.: pfîfe) gehört im Mittelalter zum Instrumentarium der Spielleute, der sog. Fistulatores (= Pfeifer). Man findet das Instrument dann sowohl im höfischen als auch im bürgerlichen Lebensbereich. Oft wird es von einer Trommel begleitet, wozu dann – anders als bei der Einhandblockflöte mit Trommel – zwei Spieler nötig sind. Die Flöten gehören zu den „stillen" Instrumenten und werden vielfach in Verbindung mit der Singstimme gebraucht. Während sich in der Blockflötenfamilie bis zu acht verschiedene Größen herausbilden, kennt man bei der Q. nur wenige Formen (M. Agricola 1528 drei, Ph. Jambe de Fer 1556 zwei, M. Mersenne 1636 drei). Erste spieltechnische Anweisungen mit Einschluß der Überblastechnik und des Ansatzes gibt Jambe de Fer. Jedoch sind eingehende Anweisungen, verglichen mit solchen für die Blockflöte, eher spärlich. Immer wieder wird verwiesen auf das Vorbild des Gesanges. Der Terminus „Flöte" verweist grundsätzlich bis ins 18. Jh. auf die Blockflöte, während die Q. durch den Zusatz *traverso, Quer-, allemande, German* usw. bezeichnet wird.

Eine eigene und schnell sehr bedeutende Rolle wird der Q. erst zu Beginn des 18. Jh. zugewiesen. Verkehrt-konische Bohrung (vorher zylindrisch), Zusammensetzung aus Kopf-, Mittel- und Fußstücken (vorher einteilig), Klappe für das 7. Griffloch im Fuß (vorher 6 Grifflöcher und keine Klappe) sind die Hauptmerkmale des neuen Typus, der um 1650 in Paris entsteht. Um das Spiel in verschiedenen Stimmungen zu ermöglichen, wird etwa 1720 das Mittelstück geteilt. Dabei wird das obere Mittelstück gegen (bis zu 6) verschieden lange andere Teile austauschbar. Eine Stimmkork-Schraube macht Korrekturen der Gesamtstimmung möglich. Halbtonschritte werden durch Gabelgriffe erzeugt, die wegen ihrer milderen Klangfarbe eine je nach Tonart unterschiedliche Unausgeglichenheit der Skala bewirken. Diese verleiht der barocken Traversflöte einen besonderen Reiz und gilt bis weit ins 19. Jh. hinein als besonders attraktiv. Zahlreiche Kompositionen großer und kleiner Meister belegen die Rolle der Q. im 18. Jh., die nunmehr häufig nur mit „Flöte" bezeichnet wurde. Hervorragende Spieler – viele von ihnen selbst Komponisten – trugen zu ihrer immensen Verbreitung bei (in Frankreich: J. und L. Hotteterre, M. Blavet, M. de La Barre, P. G. Buffardin; in England: J. B. Lœillet, J. Paisible, Carl Friedrich Weideman, Joseph Tacet; in Deutschland: J. J. Quantz, J. Chr. Denner – der auch als Instrumentenbauer zu Ruhm kam – und Johann Georg Tromlitz). Die Verfeinerung der Spieltechnik läßt sich an den Schulwerken von Hotteterre (1707), Quantz (1752) und Tromlitz (1786 und 1791) ablesen. Unterschiede in den nationalen Musizierstilen sind auch hier deutlich ausgeprägt und zeigen sich besonders in unterschiedlichen Anweisungen zu Artikulation und Rhythmisierung.

Um den Intonationsproblemen der einklappigen Flöte zu begegnen, werden nach und nach Klappen angebracht. Zuerst erscheint eine gis-, später die f- sowie die b-Klappe. Der Erweiterung des Registers in der Tiefe dienen c- und cis-Klappen (u. a. durch Pichard Gedney, London 1769). Der Tonumfang der Flöte in der Höhe wuchs allmählich: bei Hotteterre umfaßte er d^1 bis g^3, bei Quantz kommt a^3 hinzu, bei Franz Anton Schlegel (1788) wird er bis c^4 ausgedehnt. Die großen Virtuosen um 1800 – u. a. K. Fürstenau, Charles Nicholson, L. Drouet, J. L. Tulou und Fr. Devienne – bevorzugten den traditionellen barocken Typus, allerdings mit bis zu 8 Klappen und öfters mit vergrößerten Tonlöchern versehen. Chr. W. Glucks Flötensolo im *Orpheus (Reigen seliger Geister)* ist ein gutes Beispiel für die instrumentengerechte Ausnutzung dieser mehrklappigen Barockflöte. Dem gegenüber ist W. A. Mozarts Flötenmusik noch ganz aus der Eigenart der einklappigen Q. erfunden (Kreuztonarten). Flötenmaterial blieb zunächst noch das Holz und gelegentlich Glas (Claude Laurent, Paris um 1810) sowie Elfenbein.

Die konische Flöte Th. Böhms (1832) war sicher der wichtigste Schritt auf dem Wege des gesamten modernen Holzblasinstrumentenbaues. Nach Böhms Bericht war es der große Ton des englischen Flötisten Nicholson, der in ihm die Idee zur Neukonstruktion der Q. wachrief. Die Suche nach vollerem Ton und klanglicher Ausgeglichenheit brachte Böhm 1847 zur Konstruktion der zylindrischen Q. (Durchmesser 19 mm bei etwa 67 cm Länge). Er versah sie mit einem sinnreichen Klappensystem, das die grifftechnische Geläufigkeit erleichterte. Das früher runde bzw. ovale Mundloch wurde nun zu einem länglichen Viereck mit abgerundeten Ecken (10/12 mm). Böhm verwendete zuerst Silber, später Holz und schließlich Holz mit Metallkopf als Material. Allmählich verdrängte die Böhm-Flöte den barocken Typ und seine Nachfolgesysteme (Meyer, Schwedler, Schwedler-Kruspe u. a. m.). Eine große Zahl bedeutender

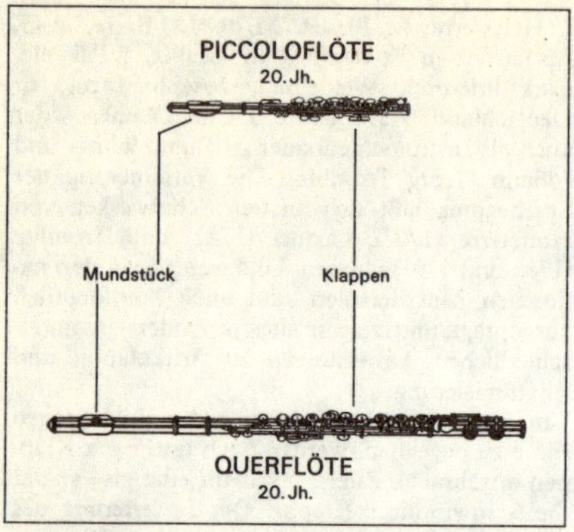

Spieler von J. G. Wunderlich (* 1755) bis zu C. J. Andersen († 1909) bevorzugte weiterhin den älteren Typus (so u.a. Devienne, Tulou, A. Terschnack, Fr. Doppler, Drouet, J. A. Demerssemann, E. Koehler). In unseren Tagen gehört die Böhm-Flöte zu den beliebtesten Instrumenten überhaupt. Ihre Bauweise wurde weiter verbessert, beruht aber noch ganz auf der Böhmschen Erfindung. Ansprache und Artikulationsnuancen haben sich aufgrund der perfektionierten Bauweise weiter verfeinert. Zu den schon früher bekannten Stoßarten (einfache, Doppel- und Tripelzunge) sind im Laufe der Zeit die Flatterzunge und andere geräuschhafte Effekte gekommen. Ferner spielen Flageolett-Töne und Glissandi in der neuen Flötenmusik eine große Rolle. Als Material für den Flötenbau verwendet man heute meistens Silber, daneben auch Gold, Platin und nur noch gelegentlich Holz. Neben der üblichen Q. (Umfang: ) sind noch folgende Arten in Gebrauch: Piccolo- (Umfang: ), Baß- (in C und Des), Alt-Flöte (in Es, F und G), Flöten in A, B und Des, Terzflöte (in Es).

Zu den heute bekanntesten Flötisten gehören u.a. in Frankreich J. P. Rampal, Maxence Larrieu, Michel Debost und Christian Lardé; in Deutschland A. Nicolet, K. H. Zöller, K. Redel, H. P. Schmitz und Hans Jürgen Möhring; in der Schweiz Peter Lukas Graf; in Italien S. Gazzelloni und G. Tassinari; in den USA Julius Baker, Samuel Baron und Elaine Shaffer. Mit dem Spiel historischer Flöteninstrumente beschäftigen sich u.a.: Betty Band (USA), Frans Brüggen (Niederlande), Günther Hoeller (Deutschland), H. M. Linde (Schweiz) und Leopold Stasny (Österreich).

Musik für Querflöte. Die Rolle der Q. war im Mittelalter und in der Renaissance, verglichen mit den Aufgaben der Blockflöte, von eher untergeordneter Bedeutung. Es sind nur verhältnismäßig wenige Beispiele ihrer Verwendung im instrumental-vokal gemischten bzw. rein instrumentalen Musizieren überliefert. Zu den bekanntesten bildlichen Darstellungen gehört ein Trio von Singstimme, Flöte und Laute bei der Ausführung einer Chanson (Meister der weiblichen Halbfiguren, um 1530); die später beliebte Verwendung der Q. als intimes Kammermusikinstrument läßt sich bereits hier erkennen. Gelegentlich ist das Spiel in Flötengruppen belegt. Im 2. Intermedium der Festmusik zur Hochzeit Cosimos I. (1539) erscheinen 3 Q.n vermutlich gleicher Stimmlage mit 3 Lauten zur Ausführung eines Madrigals. Ein Air de cour von Henry le Jeune für 4 Q.n (Sopran, Alt, Tenor, Baß) wird bei M. Mersenne (1636) mitgeteilt, ist aber gegenüber dem häufig verwendeten Blockflötenquartett eine seltene Ausnahme. Eine der ersten vom Komponisten ausdrücklich als solche bezeichneten Partien für Q. findet sich im 133. Psalm von H. Schütz. Insgesamt läßt sich die später so überaus wichtige Rolle der Q. in der Zeit um 1600 noch nicht erkennen. Ihr milder Klang schließt sie aus der Gruppe der Stadtpfeifer-Instrumente aus. Nach 1650 findet sie allmählich Eingang ins Opernorchester (J.-B. Lully 1677, R. Keiser 1693). Dort gehören die Flötisten noch lange zu den „Concertisten, und die Q. wird meist als obligates Instrument zu Arien gebraucht.

Die Anfänge einer echten Musik für Q. haben wir in Frankreich zu suchen, das auch die ersten bedeutenden Flötenspieler hervorbrachte. Sie alle haben für ihr Instrument komponiert. Einen charakteristischen französischen Stil vertritt M. de La Barre mit seinen Sonaten für Flöte und B.c. sowie Duetten für 2 Flöten. J. Hotteterre veröffentlichte 1708 das erste gewichtige Stück für Flöte solo *(Écos)* sowie Suiten für Q. und B.c.; Fr. Couperin *(Concerts royaux)* und J. Ph. Rameau *(Pièces de clavecin en concerts)* geben die Flöte alternativ zur Violine an. Diese Austauschbarkeit der Flöte mit anderen Melodieinstrumenten trifft man ferner in der unterhaltsamen Literatur vom Genre „musique champêtre“ (u.a. Sonaten mit B.c. von E. Ph. Chédeville, M. Corrette, L. de Caix d'Hervelois). Auch J.-M. Leclair stellt die Ausführung seiner Werke durch Flöte oder Violine (z.B. Sonaten für Fl. oder V. und B.c.; *Deuxième récréation en musique* für 2 Fl. oder V. und B.c.) sowie Flöte und Oboe (Konzert C-Dur für Fl. oder Ob., Str. und B.c.) frei. Doch erreicht er speziell in der *Deuxième récréation* einen bereits sehr flötengerechten Stil. M. Blavet führt die Entwicklung eines spezifischen Flötenstils weiter in seinen durch ihn für die Druckausgabe mit Atemzeichen versehenen Sonaten mit B.c. und dem virtuosen Konzert in a-moll. Letzteres zeichnet sich vor allem durch beachtliches Laufwerk und kunstvolle Sprungtechnik aus. Besetzungsmäßige Besonderheiten stellen die *Concerts* (für 3 Fl. mit B.c.) von Corrette sowie diejenigen (für 5 Fl.) von J. B. de Boismortier dar. Der virtuose Flötenstil wird weitergeführt von A. Mahault (Sonaten mit B.c.), G. Guillemain (*Sonates en quatuor ou Conversations galantes et amusantes* für Fl. V., Va. da gamba, B.c.), A. M. Grétry (Konzert C-Dur) und J. Touchemoulin (Konzert A-Dur).

In Italien erscheint ebenfalls Flötenmusik in großer Zahl. A. Scarlattis 6 Sonaten (für Fl., Str. und B.c.) gehören noch zu jener Literatur, die bei zwar großer Qualität einen flötengerechten Stil noch nicht ausprägt. Hingegen bereichert A. Vivaldi in verschiedenen Kammermusikbesetzungen und Solokonzerten die Flötenmusik mit Neuartigem. Er weicht vielfach von schablonenhafter Verwendung grifftechnisch bequemer Figuren ab und bezieht B-Tonarten ein, die vom Können des Flötisten seiner Zeit Beachtliches verlangen (u.a. Flötenkonzerte op. 10). Durch Einbeziehen sowohl von Lauf- und Figurenwerk wie auch durch das Auskosten eines beseelten Flötentones gehen N. Porpora und G. B. Pergolesi in ihren Konzerten noch weiter. Als Autoren von Sonaten mit B.c. finden sich u.a. G. B. Bononcini, P. A. Locatelli, C. Tessarini und Fr. M. Veracini. Triosonaten für 2 Flöten (bzw. Fl./V. und Fl./Ob.) mit B.c. stammen von G. M. Cambini, N. Jommelli, A. Lotti und G. B. Sammartini. Dem italienischen Stilbereich zuzuordnen sind auch die Werke des in England lebenden J. B. Lœillet sowie diejenigen von J. Stanley. Quartettbesetzungen mit Flöte, Streichern und B.c. sind seltener (Fr. Mancini, G. B. Sammartini). Einen besonderen Hinweis verdient die in der Frühklassik aufkommende Form des Flötenquartettes ohne B.c. (Fl., V., Va., Vc.), die durch Werke von L. Boccherini, T. Giordani und G. Paisiello bereichert wird.

Während G. Fr. Händels 6 Flötensonaten (3 aus op. 1 und 3 „Hallenser" Sonaten) noch weitgehend im traditionellen spieltechnischen Rahmen bleiben, beschreitet J. S. Bach neue Wege. Seine Flötenmusik ist ein Höhepunkt der Flötenliteratur schlechthin. Erhalten sind von ihm folgende Werke: Sonaten mit obligatem Cembalo (h-moll, BWV 1030, und A-Dur, BWV 1032 – die Sonaten in g-moll und Es-Dur stammen wahrscheinlich nicht von ihm), Sonaten mit B.c. (e-moll, BWV 1034, und E-Dur, BWV 1035 – die Sonate in C-Dur ist ebenfalls zweifelhaft), die Partita a-moll (BWV 1013), 2 Triosonaten mit Violine (c-moll aus dem *Musikalischen Opfer,* BWV 1079, und G-Dur – bei letzterer Echtheit nicht gesichert), eine Triosonate für 2 Flöten und B.c. G-Dur (BWV 1039). Als Soloinstrument mit Streicherensemble erscheint die Flöte in der 2. *Ouvertüre* h-moll (BWV 1067), ferner im Solotrio des 5. *Brandenburgischen Konzertes* (BWV 1050) sowie des Tripelkonzertes a-moll (BWV 1044). Darüber hinaus bedachte Bach die Flöte innerhalb seiner Kirchenmusik häufig mit Obligati. Eine Perle der barocken Flötenmusik stellt außerdem die Kantate *Non sa che sia dolore* für Sopran (BWV 209) mit ihrer an ein Flötenkonzert gemahnenden Sinfonia und zwei ausgedehnten Arien mit obligater Flöte dar. Bach fordert ein hohes Maß an technischer Fertigkeit und Ausdruck, ohne dabei jedoch die Grenzen des Instrumentes zu überschreiten. Ausnahmen bilden in gewisser Weise die Solo-*Partita* a-moll, die atemtechnisch große Probleme stellt sowie – aus der Sicht des damaligen Traverso-Spielers – die in einer äußerst ungünstigen Tonart stehende Triosonate aus dem *Musikalischen Opfer.*

Sehr auf die Möglichkeiten der Flöte zugeschnitten ist die Musik G. Ph. Telemanns. Dabei sind es nicht nur das gut liegende Figurenwerk und die ausgefeilte Sprungtechnik, die seinen Stil als flötentypisch erscheinen lassen. Telemann nützt auch das Affettuose und „Insinuante" (Eisel, 1732) des Flötentones in Sätzen mit Titeln wie *Ondeggiando, Cunando* oder *Con tenerezza* (*Methodische Sonaten* für 1–2 Fl. mit und ohne B.c.), über Triosonaten verschiedener Besetzung, Quartette (u.a. „Pariser Quartette" für Fl., V., Viola da Gamba oder Vc. u. B.c.), Obligati in Kantaten *(Harmonischer Gottesdienst)* bis zu Solokonzerten für 1–2 Flöten, dem Doppelkonzert für Block- und Q. sowie dem Tripelkonzert für Q., Oboe d'amore und Viola d'amore. Weitere Sonaten und Kammermusikwerke stammen von Fr. Benda, J. A. Hasse, J. Mattheson, J. L. Krebs, J. Ph. Kirnberger, J. J. Quantz, Friedrich II.; als Beispiele für die Vielfalt der Besetzungen mögen dienen: Q., Fagott, B.c. (Fr. W. Zachow), Q., 2 Hörner, B.c. (Sebastian Bodinus), Q., Laute, B.c. (J. Fr. Daube), Q., Viola d'amore, B.c. (Chr. Graupner), 3 Q.n ohne B.c. (J. J. Quantz), 2 Q., 2 Oboen, 2 Fagotte (P. Prowo). Die Konzertliteratur wird bereichert durch J. Fr. Fasch (Doppelkonzerte für Fl. u. Ob.), J. J. Quantz,

Friedrich II. und J. A. Hasse. Ein neuer Stil zeichnet sich ab in den Konzerten der Mannheimer Schule (u.a. Chr. Cannabich, Fr. Danzi, A. Fils, Fr. A. Rößler und K. Stamitz). Unter den Bach-Söhnen sind es vor allem Wilhelm Friedemann mit kühnen Duos (für 2 Fl.) und einer Triosonate (2 Fl. u. B.c.) sowie C. Ph. E. Bach (Sonaten mit B.c. und obligatem Cembalo, Triosonate, Quartette, Konzerte), die den Flötenstil ihres Vaters weiter ausbauen und in spieltechnischer Hinsicht erweitern. J. Chr. Fr. Bach und J. Chr. Bach stehen an der Schwelle zur Wiener Klassik in ihren zugleich gefälligen wie ausdrucksvollen Sonaten mit obligatem Cembalo und Flötenquartetten bzw. -quintetten. In Solokonzerten von C. Fr. Abel, L. Boccherini, D. Cimarosa (2 Fl. und Orchester), Chr. W. Gluck, M. Haydn, L. Hofmann (sein Konzert D-Dur wurde lange J. Haydn zugeschrieben) und A. Salieri (Fl., Ob. und Orchester) bildet sich der neue Stil weiter aus.

Krönung der Flötenliteratur zur Zeit der Wiener Klassik bilden die Werke W. A. Mozarts (Flötenkonzerte G-Dur, KV 313, und D-Dur, KV 314, Konzert für Fl. und Harfe C-Dur, KV 299, *Andante* C-Dur, KV 315, und *Rondo* D-Dur, KV Anh. 184). Trotz angeblicher Abneigung gegen die Flöte hat Mozart hier wie auch in den Flötenquartetten (D-Dur, KV 285, G-Dur, KV 285a, C-Dur, KV 285b [= Anh. 171], A-Dur, KV 298) die vielfältigen Möglichkeiten des Instrumentes voll ausgenutzt. Seine Sonaten für obligates Cembalo mit Begleitung einer Violine oder Flöte (KV 10–15) sind rührende Zeugnisse der Begabung eines genialen Kindes (komponiert 1764). J. Haydns Sonate G-Dur bietet virtuose Ecksätze und einen ausdrucksvollen Mittelsatz. L. van Beethovens Sonate B-Dur besitzt alle Vor- und Nachteile eines Jugendwerkes: es kündigt sich hier deutlich der große Meister an, gewisse Längen aber sind unüberhörbar. Seine Serenade op. 25 hingegen (Fl., V., Va.) ist ein ausgereiftes Werk, das auch in einer vom Komponisten revidierten Fassung für Flöte und Klavier (als op. 41) überliefert ist. Ferner stammen von Beethoven: Trio G-Dur (für Klv., Fl., Fag.) sowie 2 Variationenreihen op. 105 und 107 (Fl. u. Klv.). Fr. Schuberts *Introduktion, Thema und Variationen über Trockne Blumen* für Fl. und Klv. (op. 160) ist bis zum heutigen Tage ein Glanzstück aller Flötisten. Nach dem Trio von W. Matiegka (Fl., Va., Gitarre) entstand durch Schuberts Umarbeitung ein dankbares Quartett (Fl., Va., Vc. u. Gitarre).

Insgesamt verlagert sich der Aufgabenbereich der Q. im 19. Jh. vom Solo- zum Orchesterinstrument. Daß in dieser Zeit in der Symphonik (u.a. bei Beethoven, F. Mendelssohn Bartholdy, A. Bruckner, J. Brahms, A. Dvořák) und der Opernmusik (u.a. bei C. M. von Weber, G. Donizetti, G. Bizet) der Flöte wichtige Aufgaben gestellt werden, schafft einen Ausgleich zur eher spärlichen Kammer- und Konzertmusik. Weitere solistische Kompositionen für Flöte stammen u. a. von A. Reicha (Sonaten, Quartette, Quintette), J. N. Hummel (Sonaten), Fr. Kuhlau (Sonaten, Fantasien), C. M. von Weber (Trio für Fl., Vc. u. Klv., op. 63, *Romanza siciliana* für Fl. u. Orchester, op. 47, sowie Sonate), G. Rossini (Bläserquartette), K. Reinecke (Sonate, Konzert), G Fauré (*Fantaisie* für Fl. u. Klv., op. 79), M. Reger (Serenaden für Fl., V., Va., op. 77a und 141a), C. Saint-Saëns (*Romance* op. 37, *Odelette* op. 162 mit Orchester). Erwähnenswert ist das Entstehen einer eigenen Etüdenliteratur, von denen insbesondere die Übungsstücke von A. B. Fürstenau musikalisch beachtenswerte Kompositionen sind (weitere Etüden von L. Drouet, A. Hugot, Kaspar Kummer, J. L. Tulou).

In der neueren Musik ist die Bedeutung der Q. und damit die Zahl der Solomusik für dieses Instrument rasch gewachsen. Sie reicht vom unbegleiteten Solostück (u.a. von Cl. Debussy, A. Honegger, A. Roussel, J. Ibert, E. Varèse, P. Hindemith, E. Krenek, J. N. David) über Werke mit Klavier (u.a. von F. Busoni, W. Fortner, D. Milhaud, P. Hindemith, J. Françaix, B. Martinů, W. Piston, S. Prokofjew, C. Beck, H. W. Henze, A. Jolivet, H. Dutilleux) zu Kammermusikwerken buntester Besetzung (teilweise mit Piccolo- oder Altflöte). Als Beispiele hierfür mögen dienen: Flöte und Orgel (Fr. Martin), Flöte, Violoncello und Klavier (B. Martinů), Flöte, Oboe, Klarinette und Fagott (G. Fr. Malipiero, H. Villa-Lobos), Flöte, Oboe, Klarinette, Fagott und Horn (A. Schönberg, M. Seiber, S. Barber, G. Migot, H. Badings). Werke für Flöte und Orchester stammen u.a. von T. Baird, G. Bialas, A. Copland, M. Flothius, J. Ibert, A. Jolivet, E. Krenek, Fr. Martin, D. de la Motte, G. Petrassi und G. Schuller.

Seit P. Boulez' *Sonatina* (für Fl. u. Klv., 1946) hat sich ein neuer Flötenstil herausgebildet, der verfremdete Klänge einbezieht und ein Höchstmaß an Finger- und Ansatztechnik sowie improvisatorisches Geschick und gesteigerte Klangfantasie verlangt. In dieser neuen Sprache bewegen sich die Werke mit Flöte von K. Huber, K. Stockhausen. S. Bussotti, Wl. Kotoński, Br. Maderna und Y. Matsudaïra. Neuzeitliche Flötenetüden wurden, meist auf Anregung bedeutender Virtuosen hin, komponiert u. a. von G. Bialas, M. Bitsch, H. Gagnebin und H. Genzmer. Zu den geschätztesten Schulwerken für Q. gehören heute: Marcel Moyse,

Enseignement complet de la flûte, Taffanel-Gaubert, *Méthode de flûte,* H.-P. Schmitz, *Flötenlehre.*

Lit.: **1) Bibliographien:** W. ALTMANN, Kammermusik-Kat. (L 1931); D. C. MILLER, Cat. of Books and Literary Material Relating to the Flute ... (Cleveland 1935); W. JONES, The Literature of the Transverse Flute in the 17th and 18th Centuries (1952) (= Diss. Northwestern Univ.); F. VESTER, Flute Repertoire Cat. (Lo 1967). – **2) Quellen:** J. HOTTETERRE, Principes de la flûte traversière ... (P 1707, ^{4}1721, Faks.-Nachdr. 1973, dt. Kas 1947); J.J. QUANTZ, Versuch einer Anweisung ... (B 1752, ^{3}1789), Faks. der 3. Aufl., hrsg. v. H.-P. Schmitz (Kas 1953, ^{4}1968) (= DMI I/2); M. CORRETTE, Méthode pour apprendre aisément à jouer de la flûte traversière (P um 1753 u.ö., Faks.-Ausg. 1977); The Flute Library, hrsg. v. F. VESTER (Buren 1973ff.) (Reihe). – **3) Studien:** L. DE LORENZO, My Complete Story of the Flute (NY 1951); H.-P. SCHMITZ, Q. u. Querflötenspiel in Deutschland während des Barockzeitalters (Kas 1951, ^{2}1958); A. GIRARD, Histoire et richesse de la flûte (P 1953); G. MÜLLER, Die Kunst des Flötenspiels (L 1954); A. BAINES, Woodwind Instruments and Their History (Lo 1957, ^{3}1967); W. RICHTER, Die Griffweise der Flöte (Kas 1967); R. S. ROCKSTRO, A Treatise on the Construction, the History and the Practise of the Flute ... (Lo 1967); P. BATE, The Flute (Lo 1969); D. KRICKEBERG, Stud. zu Stimmung u. Klang der Q.n zw. 1500 u. 1850, in: Jb. des Staatlichen Inst. für Musikforsch. Preußischer Kulturbesitz 1968 (B 1969); R. MEYLAN, La flûte, les grandes lignes de son développement de la préhistoire à nos jours (Lau 1974); G. SCHECK, Die Flöte u. ihre Musik (Mz 1975); I. DOBRINSKY, Das Solostück für Q. in der 1. Hälfte des 20. Jh. (Rb 1979). H. M. LINDE

QUEROL GAVALDÁ, Miguel, * 22. 4. 1912 Ulldecona (Provinz Tarragona); span. Musikforscher. Er erhielt seine erste Musikausbildung 1926–36 als Schüler des Benediktinerklosters Montserrat. 1937–38 studierte er Komposition bei Juan Lamote de Grignon, seit 1943 an der Universität Barcelona und promovierte 1948 an der Universität von Madrid zum Dr. phil. 1957–70 lehrte er als Professor für Musikgeschichte an der Universität Barcelona. Außerdem war er seit 1946 Sekretär, 1952–69 Vizedirektor und seit 1970 Direktor des Instituto Español de Musicología und 1952 Mitglied des Consejo Superior de Investigaciones Científicas im Nationalrat für Musik, 1959 wurde er Mitglied der Real Academia de Bellas Artes de S. Fernando in Madrid, 1973 Präsident der katalanischen Ges. für Musikwissenschaft. Q. widmete sich bes. der Erforschung der span. Musik des 15.–17. Jahrhunderts. Er ist auch als Komponist (vor allem von Chorwerken) hervorgetreten.

WW: **1) Schriften:** *La música en las obras de Cervantes* (Ba 1948); *La escuela estética catalana contemporánea* (Ma 1953); *La canción popular en los organistas españoles del siglo XVI,* in: Anuario Mus. 21 (1966); *La chacona en la época de Cervantes,* in: ebd. 25 (1970); *El archivo de música de la Colegial de Jerez de la Frontera,* in: Anuario Mus. 30 (1975); *El humanismo musical de la Escuela Sevillana de Renaciemento,* in: ebd. 31 (1976) – 32 (1977). – **2) Editionen:** *Villancicos y romances a 3 y 4 voces de los siglos XV, XVI, y XVII,* in: Musica hispánica (Ba 1964); *Musica Barrocca Española* I u. V (1970 u. 1973) (= MMEsp 32 u. 35); *Cancionero musical de la Colombina* (1971) (= ebd. 33); *Canconer Català des Segles XVI–XVII* (1979) (= ebd. 37).

QUERPFEIFE (auch Feld-, Schweizer-, Zwerchpfeife oder ↗Schwegel; engl.: fife; frz.: fifre), eine ↗Querflöte mit enger zylindrischer Bohrung und 4–6 Grifflöchern. Wegen ihres lauten, scharfen Klanges wurde die Q. seit dem 15. Jh. vorzugsweise in Militärkapellen mit Trommeln zusammen gespielt. S. Virdung kennt 1511 *(Musica getutscht)* nur eine Schweizerpfeife, während M. Agricola 1528 *(Musica instrumentalis deudsch)* ein ganzes Stimmwerk mit 4 Schweizerpfeifen abbildet. 1619 erwähnt M. Praetorius (*Syntagma musicum* II) sie nur noch in 2 Größen. Die Q. blieb, vor allem in Österreich und in der Schweiz, als Volksmusikinstrument lebendig. Q.n und Trommeln sind bis heute die Instrumente der sog. Spielmannszüge, sowohl der militärischen als auch der Karnevals-, Schützen- oder ähnlicher Gesellschaften.

Lit.: K. M. KLIER, Volkstümliche Musikinstr. in den Alpen (Kas 1956); A. RUTTNER, Schwegel-Schule (Wels ^{3}1976).

QUERSTAND, Relatio non harmonica, in der musikwissenschaftlichen und -theoretischen Literatur (insbesondere in der dur-moll-tonalen Harmonielehre) Bz. für die Aufeinanderfolge zweier chromatisch (bzw. als übermäßige oder verminderte Oktave) zueinander stehender Töne in *verschiedenen* Stimmen (H. Riemann 1887, R. Louis und L. Thuille 1907, W. Maler 1931, H. Grabner 1944 u. a.). Übereinstimmend wird der Q. als um so erträglicher angesehen, je deutlicher ein harmonischer Funktionswechsel dabei in Erscheinung tritt (charakteristisch etwa bei der Folge S$^{6>}$ – D; ↗Neapolitanischer Sextakkord):

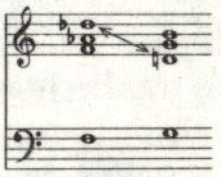

Als hilfreich wird dabei auch die – möglichst unter Beteiligung aller Stimmen stattfindende – Fortschreitung in eine dissonant geschärfte Harmonie angesehen:

Querstände ohne Harmonie- (= Funktions-) Wechsel werden ebenso übereinstimmend abgelehnt:

Ausnahmen sind jedoch möglich, wo das Q.-Verbot in Idealkonkurrenz zum Gebot des Durschlusses tritt:

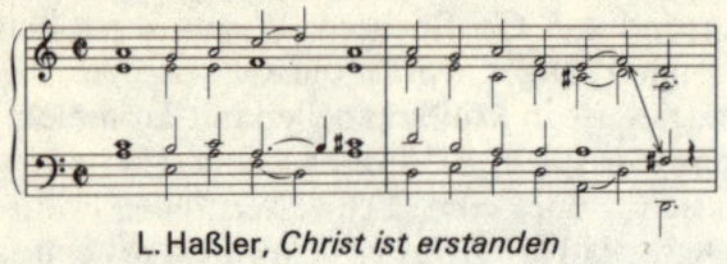

L. Haßler, *Christ ist erstanden*

Demgegenüber bezeichnet die ältere Musiktheorie (z. B. J. G. Walther 1708, G. Kellner 1743 u. a.) als Relatio non harmonica, „wenn der eine sonus gegen den anderen in einer falschen 4 oder Quint stehet". Sie bezieht sich also insbesondere auf ↗Tritonus-Querstände. Aber auch hier wird bereits zwischen erträglichen und unerträglichen („tolerabilis" und „intolerabilis") unterschieden. Als erträglich werden Querstände insbesondere bezeichnet, wenn sie „durch andere concurrirende Dinge dem Gehör entweder erträglich oder gar annehmlich gemacht" werden. Zu diesen „concurrirenden" Dingen gehört z. B. der „Affectus". Damit wird deutlich, daß die Verwendung des Q.es in dieser Zeit durchaus im Zusammenhang mit der ↗Figurenlehre gesehen werden muß. Pleonasmus (J. Burmeister), Parrhesia (Thuringus) und Cadentia duriuscula (Bernhard) sind „querständige" Figuren, die stets der Verdeutlichung des zugrunde liegenden Affekts dienen. W. KRÜTZFELDT

QUICKSTEP ↗Foxtrott.

QUILISMA, Neume, ↗Notenschrift.

QUINAULT, Philippe, getauft 5. 6. 1635 Paris, † 26. 11. 1688 ebd.; frz. Dichter und Librettist. Q. erhielt eine ausgezeichnete Ausbildung durch den Dichter Tristan L'Hermite, dessen Kammerdiener er war und der ihn in die Pariser Salons einführte. Schon 18jährig brachte er seine erste Komödie, *Les rivales,* heraus. Er studierte Jura bei einem Pariser Anwalt und wurde nach Tristans Tod 1655 Privatlehrer des Herzogs von Guise. Seine Heirat mit der reichen Witwe Louise Goujon (1660) sicherte ihm eine gewisse wirtschaftliche Unabhängigkeit. 1670 wurde er Mitglied der Académie Française und 1674 der Académie des Inscriptions et Belles Lettres. 1671 zog ihn J.-B. Lully neben J.-B. Molière und P. Corneille zur Mitarbeit an dem Divertissement *Psyché* heran. Damit begann eine 15jährige fruchtbare Zusammenarbeit von Lully und Q., die zur Ausbildung der noch im 18. Jh. maßgebenden Tragédie lyrique führte. Q. gehört zu den bedeutendsten Librettisten der Operngeschichte, dessen literarischer Rang heute erneut anerkannt wird. Im 18. Jh. rühmte noch Voltaire seine Textbücher, die weiter von Chr. W. Gluck, N. Piccinni, Fr. J. Gossec, J. Chr. Bach, T. Traëtta und G. Paisiello vertont wurden.

WW: Libretti für J.-B. Lully (UA in Paris): *Psyché,* UA: 1671; *Cadmus et Hermione,* UA: 1673; *Alceste,* UA: 1674; *Thésée,* UA: 1675; *Atys,* UA: 1676; *Isis,* UA: 1677; *Proserpine,* UA: 1680; *Persée,* UA: 1682; *Phaéton,* UA: 1683; *Amadis,* UA: 1684; *Roland,* UA: 1685; *Armide,* UA: 1686.

Lit.: F. LINDEMANN, Die Operntexte Ph. Q.s (Diss. L 1904); E. RICHTER, Ph. Q. (Diss. L 1910); E. GROS, Ph. Q. Sa vie et son œuvre (P 1926); J. B. A. BUIJTENDORP, Ph. Q. Sa vie, ses tragédies et ses tragi-comédies (A 1928); H. C. LANCASTER, A History of French Dramatic Literature in the Seventeenth Century, 8 Bde. (Baltimore – O – P 1929–42); C. M. GIRDLESTONE, Tragédie et Tragédie en musique 1673–1727, in: Opéra et littérature française (1965); DERS., La tragédie en musique 1673–1750, considérée comme genre littéraire (G 1972) (= Histoire des idées et critique littéraire 126).

QUINET, Fernand, * 29. 1. 1898 Charleroi, † 24. 10. 1971 Lüttich; belgischer Violoncellist, Dirigent u. Komponist. Er studierte 1913–15 Komposition bei L. Du Bois in Brüssel, später noch bei V. d'Indy in Paris u. erhielt 1921 für die Kantate *La guerre* den belgischen Prix de Rome. 1916–22 war er Cellist des von ihm mitgegründeten Pro Arte-Quartetts. 1924–38 leitete er das Konservatorium von Charleroi, war 1927–38 Professor für Harmonielehre am Brüsseler Conservatoire und 1938–63 Direktor des Lütticher Konservatoriums. Außerdem dirigierte er 1948–65 das von ihm gegründete Städtische Symphonieorchester in Lüttich, mit dem er auch im Ausland konzertierte. 1954 wurde er Mitglied der belgischen Académie royale. Q. gehörte zu den ersten belgischen Komponisten, die sich vom Einfluß C. Francks lösten und einen intellektuelleren und konziseren Stil anstrebten. Seine wesentlich von G. Fauré beeinflußten Kompositionen zeichnen sich durch Verhaltenheit, transparente Klanglichkeit und z. T. ironisierenden Gebrauch des musikalischen Materials aus.

WW: Je eine Sonate für V. u. Klv. sowie für Va. u. Klv.; Suite für 3 Klar.; *Charade* für V., Vc. u. Klv.; Streichquartett *L'école buissonnière.* – Für Orch.: *3 Mouvements symphoniques; Esquisses symphoniques; 3 Pièces; Fanfare.* – Für SingSt u. Klv.: *La bonne aventure; 2 Chansons populaires juives; 2 Chants hébraïques; 5 Mélodies orientales; Moralités non légendaires* (1930) für SingSt u. 18 Instr.

Lit.: R. BERNIER, in: Bull. de la classe des beaux-arts de l'Acad. royale de Belgique 53 (1971); G. HUYBENS, in: Vlaams muziektijdschrift 23 (1971).

QUINET, Marcel, * 6. 7. 1915 Binche (Hennegau); belgischer Komponist. Er studierte am Konservatorium in Mons und dann am Brüsseler Conservatoire. Später wurde er noch Kompositionsschüler von J. Absil und erhielt 1945 für seine Kantate *Le vague et le sillon* den belgischen Prix de

Rome. 1943 wurde er Lehrer für Klavier, 1948 für Harmonielehre und 1949 für Fuge am Brüsseler Conservatoire, außerdem Professor der Chapelle Musicale Reine Elisabeth (1956) und Leiter der École de musique in St-Josse-Ten-Noode. Seine Werke zeigen eine Entwicklung von polytonaler bis hin zu atonaler Schreibweise. Einflüsse nahm P. vor allem von M. Ravel und B. Bartók auf.

WW: **1) Instr.-WW:** Für Klv.: Passacaglia (1954); *Enfantines* (1959); Toccata (1961); *Hommage à Scarlatti* (1964); Partita (1965); 3 Praeludien (1970); 2 Streichtrios (1948, 1969); *Bluettes* (1954) für Klv.-Trio; Klv.-Quartett (1957); Streichquartett (1958); Bläserquartett (1963); Sonatine für Ob. u. Klv. (1976); Triosonate für Fl., Vc. u. Klv. (1977). – Für Kammerorch.: Divertimento (1957); *Mouvement* (1973); *Diptyque* (1975). – Für Orch.: Sinfonietta (1953); Variationen (1956); Symphonie (1960); *Ouverture pour un festival* (1967); *Esquisses symphoniques* (1973); *Gorgone* (1974); *Séquence* (1974); *Dialogues* (1975) für 2 Klv. u. Orch.; 3 Klv.-Konzerte (1955, 1963, 1966); ein Va.-Konzert (1963); Concerto grosso für 4 Klar. u. Str. (1964); Concerto für Ob., Klar., Fag. u. Str. (1960); Concertino für V. u. Streichorch. (1970). – **2) Vokal-WW:** Liederzyklen: *4 Haï-Kaï* (1953); *Arche de Noé* (1955); *Chanson de quatre saisons* (1961); Chöre; *Lectio pro Feria sexta* (1973) für Soli, Chor u. Orch. – **3) Bühnen-WW:** Kammeroper *Les deux bavards* (1966); Ballett *La nef des fous* (1969).

QUINN, Freddy (eig. Franz Eugen Helmuth Manfred Nidl), * 27. 9. 1931 Niederfladnitz (Niederösterreich); östr. Sänger und Schauspieler. Er verließ sehr jung sein Elternhaus und zog als Schiffsjunge und Zirkusmusiker durch Europa. 1951 trat er zum ersten Mal in einer Hamburger Hafenbar auf. Mit dem Song *Heimweh* gelang ihm 1956 der Durchbruch. Weitere Hits waren u.a. *Heimatlos, Die Gitarre und das Meer, Irgendwann gibt's ein Wiedersehn* und *Junge, komm bald wieder.* Die meisten seiner von Fernweh und Seemannsromantik geprägten Lieder stammen von L. Olias. 1957 begann er auch eine Karriere als Filmschauspieler und stand 1962 in dem Musical *Heimweh nach St. Pauli* (Musik L. Olias) zum erstenmal auf der Bühne. Es folgten Auftritte in *Die Fledermaus, Feuerwerk, Prairie-Saloon, Der Junge von St. Pauli, The King and I, Himmel, Arche und Wolkenbruch* (Lübeck 1977). Q. wurde auch als Artist bekannt. Er produzierte eigene Fernsehshows und unternahm zahlreiche Tourneen. In den letzten Jahren widmete er sich verstärkt dem Countrysong. Q. wurde mit 13 Goldenen Schallplatten und zwei Goldenen Bambis ausgezeichnet. Autobiographisches veröffentlichte er unter dem Titel *Lieder, die das Leben schrieb* (F 1960).

QUINTADENA, Quintade, Quintatön, eng mensuriertes gedacktes Orgelregister in 16'-, 8'- oder 4'-Lage, bei dem der 2. Oberton (Quinte) über dem Grundton deutlich mitklingt.

QUINTE (von lat. quinta = die fünfte). – **1)** Bz. für die 5. Stufe der diatonischen ↗Tonleiter. – **2)** Bz. für das Intervall mit dem Frequenzverhältnis 2:3. Die Q. ist Grundlage des „pythagoreischen" ↗Tonsystems. Bei 12 aufeinanderfolgenden Q.n ist die erreichte 12. Q. (his) höher als die 7. Oktave des Ausgangstons c; diese Differenz, das pythagoreische ↗Komma, schließt einen ↗Quintenzirkel in akustisch reiner ↗Stimmung aus. Die temperierte Stimmung (↗Temperatur) beseitigt die Differenz durch entsprechende Verengung der Quinte. – Physikalisch bildet die Q. den 2. Oberton. In der musikalischen Praxis unterscheidet man die *reine Q.* (z. B. c – g), *übermäßige Q.* (c – gis) und *verminderte Q.* (c – ges). Die Q. ist Rahmenintervall für den ↗Dreiklang; fehlt diesem die Terz, spricht man von einer „leeren Quinte". „Quintverwandt" heißen Akkorde und Tonarten, deren Grundtöne zueinander im Verhältnis einer reinen Q. stehen; für dur-moll-tonale Musik ist Quintverwandtschaft ein grundlegendes harmonisches Bezugssystem. – **3)** Im 17./18. Jh. französische Bz. für die im 5st. Streichersatz zwischen ↗Taille und Basse liegende Stimme (Q. de violon). Bei M. Mersenne ist Q. jedoch die zwischen Dessus und Haute-contre liegende zweithöchste Stimme. – **4)** In Frankreich gelegentlich Bz. für das ↗Quinton.

QUINTENZIRKEL, in temperierter ↗Stimmung Bz. für die 12 aufeinanderfolgenden Quinten bzw. für die im Quintabstand ihrer Grundtöne geordneten Tonarten, die sich durch klangliche Gleichsetzung von – notationsmäßig und sinnhaft unterschiedenen – Tönen bzw. Tonarten (z. B. fis = ges) als ein geschlossener Zirkel darstellen lassen. Der Q. stellt eine theoretische Konstruktion dar,

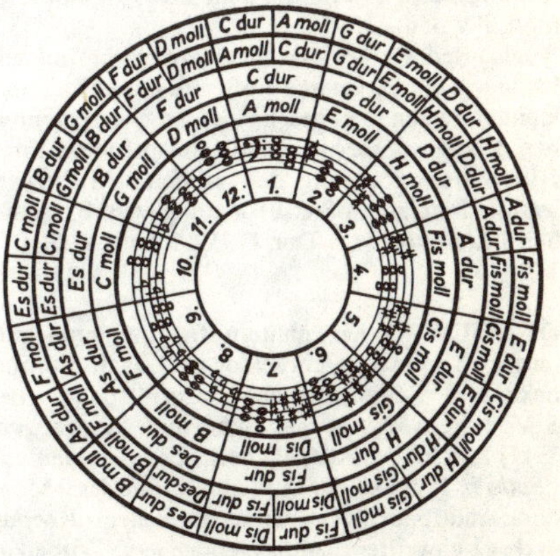

G.A.Sorge (1747)

die nur aufgrund der temperierten Stimmung und deren Möglichkeit zur enharmonischen Umdeutung von Tönen und Akkorden denkbar ist. In akustisch reiner Stimmung ist ein Q. ausgeschlossen: 12 Quinten (c g d a e h fis cis gis dis ais eis his) schließen 7 Oktaven ein; werden die Quinten und Oktaven jeweils als Verhältnis 3:2 bzw. 2:1 akustisch rein gestimmt, so errechnet sich, daß die 12. Quinte (his) etwas größer ist als die gleichzeitig erreichte 7. Oktave (c). Dieser Überschuß, das pythagoreische ↗Komma, verhindert in reiner Stimmung die Gleichsetzung von his und c (sowie entsprechend anderer enharmonischer Töne, z.B. fis/ges) und damit eine kreisartige Schließung der Quintenfolge. Da also die Quintenfolge prinzipiell unendlich ist (his fisis cisis gisis ...), erscheinen die Begriffe Quintenspirale (A. Halm; R. Louis und L. Thuille) oder das Bild einer Quintenreihe – von C-Dur aus sind die ♯-Tonarten auf-, die ♭-Tonarten abwärts gerichtet – angemessener.
Der Q. als komplett durchlaufener Kreis wurde im 18. Jh., nach Etablierung der temperierten Stimmung, öfter als kompositorischer Vorwurf erprobt; noch L. van Beethoven lieferte dafür zwei Beispiele (*Zwei Präludien durch alle Dur-Tonarten* für Pianoforte oder Orgel, op. 39, 1789). Von grundsätzlicherer Bedeutung aber ist die Vorstellung vom Q. zum einen für das Verständnis von Tonartverwandtschaften und -beziehungen sowie von Tonsystemen (so basiert die ↗Diatonik auf Quintbeziehungen). Zum anderen fungieren Quintenfolgen, gleichsam als Teilstücke des Q.s, oft als formbildendes harmonisches Rückgrat: so in der Quintschritt-↗Sequenz des Barock oder, häufig bei W. A. Mozart, in der ↗Modulation von Durchführungspartien (z.B. im Finale der Symphonie g-moll, KV 550).
Analog dem Q. läßt sich ein Quartenzirkel aufstellen sowie ein Zirkel aus großen (c e gis/as c) und kleinen Terzen (c es ges/fis a c). Solche Terzenreihen gelangen in der Romantik, entsprechend ihrer Hinwendung zur klang- und farbbetonten Terzverwandtschaft, zu größter Bedeutung (z.B. Fr. Schubert Klaviersonate A-Dur, D 959, 1. Satz, T. 28ff.).

C. KÜHN

QUINTERNE (engl.: ghittern; frz.: quinterne, guiterne; it.: quintaria), ein seit dem 14. Jh. in Europa bekanntes Zupfinstrument. Im 16. Jh. bei S. Virdung (*Musica getutscht und ausgezogen,* 1511) und bei M. Agricola (*Musica instrumentalis deudsch,* 1528) ist die Q. identisch mit der ↗Mandora, mit bauchigem, lautenähnlichem Korpus und geschweiftem zurückgebogenem Wirbelkasten. M. Praetorius (*Syntagma musicum* II, 1619) bildet dagegen eine Q. ab, die der Gitarre gleicht und sich von dieser nur noch durch den geschweiften Wirbelkasten unterscheidet. Die Q. konnte mit 4–7 Saitenchören (Doppelsaiten) bezogen sein. Am verbreitetsten war das Instrument mit 4 Saitenchören, die bei M. Praetorius in c f a d[1] oder f b d[1] g[1] gestimmt sind. Er erwähnt auch eine in Italien gebräuchliche Q. mit 5 Saitenchören. Nach dem 17. Jh. ist der Name Q. nicht mehr nachzuweisen.

Lit.: K. GEIRINGER, Der Instrumentenname Q., in: AfMw 6 (1924); D. HEARTZ, An Elizabethan Tutor for the Guitar, in: GalpinJ 16 (1963); L. WRIGHT, The Medieval Gittern and Citole. A Case of Mistaken Identity, in: ebd. 30 (1977).

QUINTETT (engl.: quintet; frz.: quintette, quintuor; it.: quintetto; span.: quinteto), analog zu Quartett eine Komposition für 5 solistische Instrumente oder 5 Singstimmen, im allgemeinen auch Bz. für das entsprechende Vokal- oder Instrumentalensemble (letzteres bis ins 19. Jh. Quintuor genannt). Kompositionen für 5 Streicher sind bereits aus der Consort- und Tanzmusik des 16./17. Jh. bekannt. Die Entstehung des Streich-Q.s im modernen Sinne ist jedoch nur im Zusammenhang mit der Entwicklung des ↗Streichquartetts seit der Mitte des 18. Jh. zu verstehen, und zwar als Erweiterung der Besetzung aus 2 Violinen, Viola und Violoncello um ein 2. Violoncello oder eine 2. Viola. Kompositionen dieser Art mit 2 Violoncelli gehen auf L. Boccherini zurück, dieselbe Besetzung weist auch Fr. Schuberts op. 163 auf. Q.e mit 2 Violen schrieben u.a. W. A. Mozart (KV 515, 516, 593, 614), L. van Beethoven (op. 137), J. Brahms (op. 88 und 111), A. Bruckner, D. Milhaud und B. Martinů. Werden im Streich-Q. die Instrumente nahezu gleichberechtigt behandelt, so wird im Klavier-Q. (oft Klv. und Streichquartett) das Klavier meist als selbständiges, akkordisches Klangelement den Streichern gegenübergestellt, so u.a. in Kompositionen von J. N. Hummel (Klv., V., Va., Vc., Kb.), Fr. Schubert („Forellenquintett", D 667, in der an Hummel orientierten Besetzung), R. Schumann (op. 44), J. Brahms (op. 34), A. Dvořák (op. 87), G. Fauré (op. 89 und 115) und Dm. Schostakowitsch (op. 57). Für die Besetzung Klavier und Bläser schrieben u.a. Mozart (KV 452) und Beethoven (op. 16), während Q.e in reiner Bläserbesetzung (z.T. als ↗Harmoniemusik oder in deren Nachfolge) von J. Haydn, A. Reicha, W. A. Mozart, Milhaud, J. Françaix, A. Schönberg und P. Hindemith entstanden. Aber auch Kombinationen von Blas- und Streichinstrumenten kommen vor, so etwa in Q.en für Klarinette und Streichquartett von Mozart (KV 581), Brahms (op. 115), M. Reger (op. 146) und Hindemith (op. 30). – In der Oper wird ein Ensemble oder eine Ensembleszene für 5 Sänger mit Orchesterbegleitung Q. genannt.

QUINTFAGOTT. – 1) Im 17. Jh. Bz. für das Doppel-↗Fagott, dessen tiefster Ton noch eine Quinte unter dem des Choristfagotts lag. – **2)** Im 18. und 19. Jh. das eine Quinte über dem normalen Fagott stehende Tenorfagott.

QUINTIEREN. – 1) Moderne Bz. für eine aus der frühen Mehrstimmigkeit (wie sie u.a. im ↗Organum üblich war) entwachsene und bei den Musiktheoretikern des 14. Jh. belegte vokale Stegreifpraxis in Quintparallelen. Sie wird später u.a. von L. Zacconi (1592) im Zusammenhang mit der Villanelle beschrieben und heute noch als volkstümliche Musizierpraxis in den Alpenländern und auf Island praktiziert. – **2)** Bz. für das ↗Überblasen mancher Blasinstrumente (z.B. Klarinette, Fagott) in den 3. Naturton.

QUINTOLE (engl.: quintuplet; frz.: quintolet; it.: quintina), Gruppe oder Folge von 5 Noten gleichen Werts, deren Dauer 2, 3, 4 oder 6 metrisch gleichwertigen Noten entspricht. Die Q. wird in der Regel durch eine unter oder über die Noten gesetzte „5" gekennzeichnet. Beispiel für Sechzehntel-Q.n im 2/4-Takt (aus dem Finale des Violoncellokonzerts op. 104 von A. Dvořák):

QUINTON (frz.), nach J.-J. Rousseau auch „Quinte" genanntes Diskantstreichinstrument, das wie die Viola da gamba gebaut wurde, aber auch Merkmale der Violine haben konnte. Das Instrument hatte 5 Saiten mit der Stimmung g d^1 a^1 d^2 g^2 und wurde in Schulterhaltung gespielt. Im 18. Jh. in Frankreich entstanden, wurde der Q. auch in Deutschland und in England verschiedentlich gebaut. Das Instrument hatte keinen bleibenden Erfolg, jedoch kam es im 20. Jh. vereinzelt zu einer Wiederbelebung. Ein bedeutender Q.-Virtuose war Marius Casadesus (* 24. 10. 1892 Paris, † 14. 10. 1981 ebd.).

QUINTPARALLELEN ↗Parallelen.

QUINTPOSAUNE, im 17. Jh. häufig verwendete Baß-↗Posaune in Es (Umfang: Es_1 – b).

QUINTSEXTAKKORD ↗Akkord.

QUINTUS (lat., = der fünfte), **Quinta vox,** in der 5- und mehrstimmigen Vokal- oder Instrumentalmusik des 16. Jh. eine 5., lagenmäßig nicht festgelegte Stimme, daher auch Vagans (lat., = umherirrend) genannt, die sich im Umfang jeweils einer der 4 Hauptstimmen Superius, Altus, Tenor und Bassus bewegt.

QUODLIBET (lat., = was beliebt), Bz. für die kompositorische, selten improvisatorische Verbindung mehrerer zitathafter oder vollständiger Melodien mit oder ohne Text in einem Musikstück, meist in scherzhafter Absicht. Der Begriff begegnet erstmals in W. Schmeltzls Liederbuch *Guter, seltzamer, und künstlicher teutscher Gesang, sonderlich etliche künstliche Q.* (Nü 1544), doch ist die Praxis älter. Sie geht zurück auf die ursprünglich an der Sorbonne (Paris) abgehaltenen Stegreif-„Disputationes de quod libet", die auch an dt. Universitäten üblich wurden. Nach der Blütezeit im 14. Jh. verfielen sie mehr und mehr zu bloßen Scherzdisputationen. Buntheit, Willkür, Aufzählung und Derbheit sind auch wesentliche Merkmale der meist vierstimmigen Stücke in Schmeltzls Sammlung. Schmeltzl (Vorwort) und später M. Praetorius *(Syntagma musicum* III) beschreiben ohne zusätzliche Begriffsbildung 4 Arten des Q.: 1. Katalog-Q. als Aufzählung von Gegenständen oder Tieren mit besonderen Attributen über einfachem akkordischem Satz. 2. Die Reihung von Liedzitaten (↗Cento-Satz) bei gleichem Text in allen Stimmen. 3. In den einzelnen Stimmen verschiedene Textzitate über einem Cento-Satz. 4. Die kunstvolle Verbindung mehrerer vollständiger Melodien im polyphonen Quodlibet. – Ergänzend nennen K. Gudewill und W. Rogge (s.u. Lit.): 5. Das Tenor-Lied-Q., dem polyphonen Q. verwandt, in dem zur Kombination mehrerer Lied-C.f. noch freie Gegenstimmen treten; diese Art wurde von L. Senfl gepflegt. 6. Den C.f.-Cento-Satz, wie er im Glogauer Liederbuch (um 1480) in 3 Stücken begegnet: Im Diskant steht jeweils der Superius aus J. Dunstables Chanson *O rosa bella,* im Tenor eine Kette von Liedzitaten und im Contratenor eine freie Gegenstimme.
Die Kenntnis der Q.-Definitionen aus der Blütezeit der Gattung sowie der Charakter der Q.s erlaubt, auch solche Kompositionen dazuzurechnen, die nicht eigens als Q. bezeichnet sind. Dem Q. verwandte Erscheinungen außerhalb Deutschlands sind die französische Fricassée, die spanische Ensalada, die italienische Centone, Incatenatura und Misticanza (auch Messanza).
Melodiezitate wurden im Q. bevorzugt aus Volksliedern und verbreiteten Liedsätzen gewählt, dazu

Markt- und Straßenrufe sowie Elemente der Liturgie in humoristischer oder parodistischer Absicht. In textlicher Hinsicht gehören Trinksprüche, Sprichwörter, Wortspiele, onomatopoëtische Klangsilben und mundartliche Texte meist zu freikomponierten Quodlibets. Wenn das Q. auch in fast allen sozialen Schichten bekannt war, blieb es doch in der Ausführung in seinen anspruchsvolleren Formen auf den Bereich der Kenner von Musik und Dichtung begrenzt; so gehören auch die entsprechenden Stücke der franko-flämischen Musik dazu.

O. Gibbons kombiniert in seiner vokal-instrumentalen Fantasia *London Street Cries* etwa 100 Marktrufe in den Außenstimmen mit einer In Nomine-Melodie in der Mittelstimme; die Rufe sind, da sie auch bei anderen Komponisten begegnen, wohl original. Ähnliches findet sich später u. a. bei N. Zangius *(Der Markt zu Köln).* Nach vereinzelten Q.s in der zweiten Hälfte des 16. Jh. (O. di Lasso, J. Reiner, J. Eccard) beginnt im 17. Jh. eine neue Blütezeit (A. Rauch; vor allem M. Franck, *Musicalischer Grillenvertreiber,* 1622), von 1640 bis um 1750 mit Schwerpunkt in Süddeutschland. Manche Q.s sind Szenen im konzertierenden Stil (J. E. Kindermann, *Nürnbergisches Q.* im *Musikalischen Zeitvertreiber,* 1655). Bedeutende Q.-Sammlungen veröffentlichte D. Speer (1678–88) unter wechselnden Pseudonymen. Der zunehmende Verzicht auf Melodiezitate und die wachsende Neigung zu lustigen Texten kennzeichnen die meisten Q.s J. V. Rathgebers. Von den wenigen Instrumental-Q.s seien genannt: J. E. Kindermann, *Drifache Fuga,* 1645 (über drei Choräle); J. Vierdanck, *Capriccio auff Quodlibethische Art,* in: *Capricci,* 1641; J. S. Bach, Goldberg-Variationen, BWV 988 (letzte Variation) und W. A. Mozart, *Galimathias musicum,* KV 32. – Die Aufklärung und das 19. Jh. hatten wenig Verständnis für das Q., das später oft mit ↗Potpourri gleichgesetzt wurde. In der Singbewegung wurde es dann als Art geselligen Musizierens wiederentdeckt.

Ausg.: G. Forster, Der ander theil kurtzweiliger guter frischer Teutscher Liedlein 1540, hrsg. v. R. EITNER (L 1905) (= PGfM 29); Ergötzliche Lieder u. Q. aus dem 16. u. 17. Jh., hrsg. v. E. F. SCHMID (Kas 1928, ²1953); Die Singstunde, hrsg. v. F. JÖDE (Wb 1928–30, ²1959); V. Rathgeber – J. C. Seyfert, Ohren-vergnügendes u. Gemüths-ergötzendes Tafel-confect, 1733–46, hrsg. v. H. J. MOSER (Mz 1942) (= EDM, RD 19, Abteilung IV/2); M. Franck, 3 Q. zu 4 St., hrsg. v. K. GUDEWILL (Wb 1956) (= Chw 53); J. E. KINDERMANN, Ausgew. Werke, 2 Bde. (L 1913, 1924) (= DTB 13 u. 21–24).

Lit.: A. RAPHAEL, Über einige Q.e mit dem C.f. „O rosa bella", in: MfM 31 (1899); E. BIENENFELD, W. Schmeltzl, sein Liederbuch 1544 u. das Quodlibet des 16. Jh., in: SIMG 6 (1904/05); H. KRETZSCHMAR, Gesch. des Neuen dt. Liedes I (L 1911, Nachdr. Hil 1966); H. J. MOSER, Corydon, das ist: Gesch. des mehrst. Generalbaßliedes u. des Q.s im dt. Barock, 2 Bde. (Brau 1933, Nachdr. Hil 1966); K. JEPPESEN, Venetian Folk-Songs of the Renaissance, in: Kgr.-Ber. New York 1939; F. TORREFRANCA, Il segreto del Quattrocento (Mi 1939, Nachdr. Bol 1969); G. KRAFT, Zur Entstehungsgesch. des „Hochzeitsquodlibets" BWV 524, in: Bach-Jb. 43 (1956); K. GUDEWILL, Ursprünge u. nationale Aspekte des Q.s, in: Kgr.-Ber. New York 1961; M. R. MANIATES, Combinative Techniques in Franco-Flemish Polyphony (1965) (= Diss. Columbia Univ.); W. ROGGE, Das Q. in Deutschland bis M. Franck (Wb 1965); M. R. MANIATES, Q. Revisum, in: AMl 38 (1966).

G. SCHUHMACHER

R

R, Abk. für ↗Récit oder ↗Ripieno.

RA, Sun (auch Le Sonyr Ra), * USA; amerik. Jazzmusiker (Klavier, Orgel, Synthesizer), Bandleader und Komponist. R. verweigerte bisher Angaben über Ort und Datum seiner Geburt und hält auch seinen richtigen Namen geheim. 1946–47 spielte er als Pianist bei Fletcher Henderson, brach wenig später radikal mit der Tradition und wurde in Chicago der geistige Führer einer experimentellen Jazzgruppe. Anfang der 70er Jahre übersiedelte er nach New York, wo er mit größeren und kleineren Formationen, u.a. „Solar Arkestra", „Myth Science Arkestra" und „Research Intergalactic Arkestra", auftrat. R. vertritt einen kompromißlosen Free Jazz. Nach seiner (heftig umstrittenen) Auffassung darf es zwischen der Erarbeitung eines Stückes und dessen endgültiger Interpretation keinen Unterschied geben.

RAABE, Peter, * 27. 11. 1872 Frankfurt an der Oder, † 12. 4. 1945 Weimar; dt. Dirigent, Musikforscher und -politiker. Er studierte bei W. Bargiel an der Berliner Musikhochschule und begann 1894 am Stadttheater Königsberg. Nach weiteren Verpflichtungen u.a. am Opernhaus in Amsterdam und beim Kaim-Orchester in München ging er 1907 als 1. Hofkapellmeister nach Weimar, wo R. seit 1910 auch Custos des Liszt-Museums war. 1916 promovierte er in Jena zum Dr. phil. 1920–33 war er GMD und seit 1924 Honorarprofessor an der Technischen Hochschule in Aachen. 1935 bis zu seinem Tod versah er als Nachfolger des aus politischen Gründen zurückgetretenen R. Strauss das Amt des Präsidenten der Reichsmusikkammer und bestimmte maßgeblich die Richtlinien nationalsozialistischer Musikkultur. Zu seinem 70. Geburtstag wurde er mit einer Festschrift geehrt (L 1942, ²1944).

Schriften: *Die Entstehungsgeschichte der Orchesterwerke Liszts* (Diss. Jena 1916); *F. Liszt,* 2 Bde. (St 1931, revidiert Tutzing ²1968); *Vom Neubau musikal. Kultur,* in: ZfM 101 (1934); *Die Musik im Dritten Reich* (Rb 1935); *Deutsche Meister* (Rb 1937). – Editionen: *F. Liszt, GA,* 34 Bde. (unvollständig) (L 1907–36) (zus. mit F. Busoni u.a.).

Lit.: J. WOLF, Musik im Dritten Reich. Eine Dokumentation (Gütersloh 1963, Reinbek 1966); F. RAABE, P. R., in: Rheinische Musiker 3 (Kö 1964) (= Beitr. z. rheinischen Musikgesch. 58).

RABĀB (arab.), Bz. für ein orientalisches Saiteninstrument, das meistens mit einem Bogen angestrichen (Vorderer Orient, Südostasien), seltener mit einem Plektrum gezupft wird (Afghanistan, Indien). Das R. ist erstmals als zweisaitiges, in Quinten, Quarten oder in Terzen gestimmtes Streichinstrument bei al-Fārābī (10. Jh.) beschrieben worden (↗Tanbūr). Das arabische, auch als ↗Kamānǧē bezeichnete R. ist heute in vielen Gebieten durch die europäische Violine ersetzt, die außer in Marokko auch in Armhaltung gespielt wird. Das ursprüngliche, aufgestützt gespielte R. wird noch im Irak gespielt und hat einen Resonanzkörper aus einer annähernd halbierten Kokosnuß, über welche eine Tierhaut als Decke gezogen ist. Das Instrument hatte früher 2 und hat heute bis zu 4 Saiten. Es wird wie auch das folgende R. allein oder im Orchester gespielt (↗Takht): Das R. des Maghreb, heute noch in Tunesien, Algerien und Marokko verbreitet, hat gewöhnlich 2 im Quintabstand gestimmte Saiten, einen länglich ovalen, bauchigen Resonanzkörper, der ohne Trennung in den Hals übergeht und in einem rechtwinklig nach hinten abgeknickten Wirbelkasten endet. Dieses R. wurde im Mittelalter in Europa eingeführt und ist vermutlich der Vorläufer des europäischen ↗Rebec. Ein anderes Instrument dieses Namens ist die im ganzen Vorderen Orient verbreitete Spießlaute R. der Nomaden, der Straßensänger und der Bettler. Dieses R. ist ein ein-, seltener auch zweisaitiges Streichinstrument mit trapezförmigem oder viereckigem, aus einem Holzrahmen bestehendem Zargenkorpus, über den auf beiden Seiten Tierhaut gespannt ist. Es ist besonders bekannt als R. Aschaʿir (R. des Poeten), weil es allein zur Gesangsbegleitung gespielt wird und das wichtigste

Instrument für den Vortrag epischer Gesänge ist. In Malaysia, auf Java und auf Bali ist das R. ebenfalls eine Spießlaute, die als Streichinstrument von den islamischen Eroberern eingeführt worden ist und ein leichtgewölbtes, herzförmiges Korpus aus Holz oder Kokosnuß mit Hautdecke und 2 oder 3 Saiten hat. In Malaysia ist es ein Begleitinstrument des Ma'yong (des gesungenen Theaters), auf Java und auf Bali gehört es zu den Gamelan-Orchestern. Das Zupfinstrument Rubab oder R. hat drei einfache oder doppelte mit einem Plektrum angerissene Saiten und bis zu 20 Aliquotsaiten. Es wird noch heute in Afghanistan und in der indischen Provinz Radschastan vor allem zur Gesangsbegleitung gespielt.

Lit.: A. BERNER, Stud. z. arabischen Musik auf Grund der gegenwärtigen Theorie u. Praxis in Ägypten (L 1937) (= Schriftenreihe des Staatlichen Inst. für Dt. Musikforsch. 2); A. CHOTTIN, Arabische Musik, in: MGG I; DERS., Nordafrikanische Musik, in: ebd. IX; W. BACHMANN, Die Anfänge des Streichinstrumentenspiels (L 1964) (= Musikwiss. in Einzeldarstellungen 3); J. KUCKERTZ, Origin and Development of the R., in: Sangeet Natak 15 (1970); H. H. TOUMA, Die Musik der Araber (Wilhelmshaven 1975) (= Taschenbücher z. Musikwiss. 37); SCH. HASSAN, Les instruments de musique en Irak et leur rôle dans la société traditionelle (P 1980) (= Cahiers de l'homme, Nouvelle série 21).

M. BRÖCKER

RABAUD, Henri Benjamin, * 10. 11. 1873 Paris, † 11. 9. 1949 ebd.; frz. Komponist. R. war ein Enkel des Flötisten Louis Dorus (1812–96) und Sohn des Cellisten Hippolyte François R. (1839–1900). Er studierte 1893–94 Komposition bei J. Massenet und André Gédalge am Pariser Conservatoire und erhielt 1894 für seine Kantate *Daphné* den Prix de Rome. 1908–18 dirigierte er die Pariser Opéra und 1919–20 das Boston Symphony Orchestra, wurde 1918 Mitglied des Institut de France und 1920 als Nachfolger G. Faurés Direktor des Conservatoire, das er bis 1941 leitete. Obwohl von R. Wagner beeinflußt, dessen Werke er in Bayreuth kennengelernt hatte, stand R. doch stets auf dem Boden des französischen Klassizismus. Leichtigkeit, Eleganz und Klarheit der formalen Anlage kennzeichnen die meisten seiner Werke. Noch heute beliebt in Frankreich ist die Opéra-comique *Mârouf.*

WW: Für Orch.: 2 Symphonien; symphonische Dichtung *La procession nocturne* (1899); *Divertissement sur des chansons russes; Prélude et Toccata* für Klv. u. Orch. – Oratorium *Job* (1900); 4. Psalm für Soli, Chor u. Orch. – Opern: *La fille de Roland,* UA: Paris 1904; *Mârouf,* UA: ebd. 1914; *L'appel de la mer,* UA: ebd. 1924; *Rolande et le mauvais garçon,* UA: ebd. 1934; *Martine,* UA: Straßburg 1947; *Les jeux de l'amour et du hasard,* UA: Monte Carlo 1954.

Lit.: M. D'OLLONE, R. (P 1958).

RABINY, dt. Orgelbauerfamilie. – **1) Joseph,** * 18. 3. 1732 Ottobeuren (Schwaben), † 16. 5. 1813 Rouffach (Elsaß). Er war über seine Mutter Neffe von Chr. Riepp, bei dem er sein Handwerk erlernte und dessen Nachfolger er 1775 in Dijon wurde, nachdem er von Lyon aus nach Paris, und von Straßburg nach Langres gewandert war. 1785 baute er die Orgel der Marienkirche von Guebwiller (4 Man., 46 Reg.; Gehäuse erhalten), 1787 ließ er sich in Rouffach nieder, wo sein Schwiegersohn und Teilhaber Fr. Callinet sein Nachfolger wurde. R. ist ein wichtiges Bindeglied zwischen den großen Meistern (Riepp, Clicquot, Silbermann) und dem französischen Orgelbau des 19. Jahrhunderts nach der Revolution. – **2) Grégoire** (I), Halbbruder von 1), * 4. 8. 1740 Ottobeuren, † nach 1787. Er ließ sich 1770 in Langres, vor 1778 in Südfrankreich nieder (Toulouse, Tarbes, St-Félix-de-Lauraguais, Perpignan). – **3) Grégoire** (II), Sohn von 1), * 8. 5. 1766 Gray (Franche-Comté), † nach 1812. Er arbeitete Anfang des 19. Jh. als Orgelbauer in Épinal.

RACEK, Jan, * 1. 6. 1905 Bučovice (Mähren), † 5. 12. 1979 Brünn; tschech. Musikforscher. Er studierte bei Vl. Helfert an der Univ. Brünn u. promovierte 1929 mit einer Arbeit über Fr. Smetana. 1929–48 leitete er die Musikabteilung des Mährischen Museums in Brünn, habilitierte sich 1939 an der dortigen Universität, an der er 1948–70 Professor für Musikwissenschaft war. Außerdem leitete er bis 1962 das Institut für Ethnographie und Folkloristik der Tschechoslowakischen Akademie der Wissenschaften in Brünn sowie die Edition der Sammlung *Musica Antiqua Bohemica.* Zu seinem 60. Geburtstag wurde ihm eine Festschrift (= Sborník prací filosofické fakulty brňenské university XIV, F 9, Brünn 1965, mit WW-Verz.) gewidmet.

Schriften: *Idea vlasti, národa a slávy v díle B. Smetany* (Die Idee der Heimat, des Volkes u. des Ruhmes im Werk B. Smetanas) (Brünn 1933, Pr ²1947); *Slohové problémy italské monodie* (Die Stilprobleme der it. Monodie) (Pr – Brünn 1938), dt. Übers. erweitert als: *Stilprobleme der it. Monodie* (Pr 1965); *Duch českého hudebního baroku* (Der Geist des böhmischen musikal. Barock) (Brünn 1940); *Česká hudba* (Böhmische Musik) (Pr 1949, ²1958); *Ruská hudba* (Russ. Musik) (ebd. 1953); *L. Janáček* (L 1962, ²1971); *Beethoven a české zeme* (Beethoven in Böhmen u. Mähren) (Brünn 1964); *Das tschechische Volkslied und die italienische Barockmusik des 17. und des 18. Jh.,* in: Symbola historiae musicae. FS H. Federhofer (Mz 1971); *Die Stellung der tschechischen Musik in der Musik Europas und in der Weltmusik,* in: Convivium musicorum. FS W. Boetticher (B 1974); *L. Janáček v mých vzpomínkách* (L. Janáček in meinen Erinnerungen) (Pr 1975).

RACHMANINOW, Sergei Wassiljewitsch, * 20. 3. (1. 4.) 1873 Semjonowo (Gouvernement Nowgorod), † 28. 3. 1943 Beverly Hills (California); russ. Komponist, Pianist und Dirigent. Nachdem R. seit 1882 das St. Petersburger Konservatorium besucht hatte, wurde er 1885 nach Moskau geschickt, wo ihn bis 1888 der strenge Klavierpädagoge Nikolai Swerew unterrichtete; die anschließenden Studien bei A. Siloti (Klavier) sowie bei A. Arenski und S. Tanejew (Komposition) beendete R. 1891 bzw. 1892 und machte sich bald nicht nur als Interpret, sondern – mit dem Prélude cis-moll, op. 3, 2 und der Oper *Aleko,* seiner prämiierten Examensarbeit – auch als Komponist einen Namen. Der Mißerfolg seiner 1897 uraufgeführten 1. Symphonie löste eine schöpferische Krise aus, die R. erst 1900 dank der psychotherapeutischen Behandlung durch Nikolai Dahl überwandt; ihm widmete er das 2. Klavierkonzert. 1904–06 war R. Dirigent am Bolschoi-Theater; während der Jahre 1906–09 hielt er sich jeweils mehrere Monate in Dresden auf, wo u.a. die symphonische Dichtung *Ostrow mjortwych* (Die Toteninsel; nach dem Gemälde von Arnold Böcklin) entstand, und unternahm 1909–10 eine Amerika-Tournee, auf der er das 3. Klavierkonzert vorstellte. Zu dieser Zeit war die Entwicklung seines an Fr. Chopin, Fr. Liszt und P. Tschaikowsky anknüpfenden Stils im wesentlichen abgeschlossen: R. verfügte souverän über eine spätromantisch-pathetische, bei aller Chromatik durchaus traditionalistische und eingängige Tonsprache, die oftmals Assoziationen des Melancholisch-Elegischen hervorzurufen vermag. 1917 verließ R. für immer seine Heimat und übersiedelte ein Jahr später in die USA. Seitdem widmete er sich hauptsächlich der Pianistenkarriere; bis wenige Wochen vor seinem Tode konzertierend, wußte R. – der musikalische Repräsentant des „anderen“, vorrevolutionären Rußland – als eminenter Virtuose stets das internationale Publikum zu faszinieren.

WW: **1) Instr.-WW:** Für Klv. zu 2 Händen: 2 Sonaten, d-moll, op. 28 (1907) u. b-moll, op. 36 (1913, überarb. 1931); Variationen über ein Thema v. Chopin, op. 22 (1903), bzw. v. A. Corelli, op. 42 (1931); *Morceaux de fantaisie,* op. 3; *Morceaux de salon,* op. 10; *Six moments musicaux,* op. 16; 10 bzw. 13 Préludes op. 23 (1903) u. op. 32 (1910); *Études-tableaux:* 6, op. 33 (1911), 9, op. 39 (1916–17). – Zu 4 Händen: *Romance* G-Dur, *Polka italienne,* Tschaikowsky- u. Glasunow-Bearb.; 6 Duette, op. 11 (1894). – Zu 6 Händen: *Valse* (1890) u. *Romance* (1891). – Für 2 Klv.: Russ. Rhapsodie e-moll (1891); 2 Suiten: *Fantaisie-tableaux,* op. 5 (1893); op. 17 (1900–01). – Kammermusik: Für V. u. Klv.: 2 Stücke (Romanze d-moll u. Ung. Tanz), op. 6 (1893); für Vc. u. Klv.: Sonate g-moll, op. 19 (1901); 2 Stücke (Prélude F-Dur u. Orientalischer Tanz), op. 2 (1892); für Klv.-Trio: *Trio élégiaque* Nr. 1 g-moll (1892); Nr. 2 d-moll, op. 9 (1893). – Für Orch.: 3 Symphonien: d-moll, op. 13 (1895); e-moll, op. 27 (1906–07); a-moll, op. 44 (1935–36, überarb. 1938); symph. Dichtung *Knjas Rostislaw* (Fürst Rostislaw) (1891) (nach A. Tolstoi); Fantasie *Utjos* (Der Fels), op. 7 (1893) (nach M. Lermontow u. A. Tschechow); *Kapritschtschio na zyganskije temy (Caprice bohémien),* op. 12 (1892–94); symphonische Dichtung *Ostrow mjortwych* (Die Toteninsel), op. 29 (1909); Symphonische Tänze, op. 45 (1940). – Für Klv. u. Orch.: 4 Klv.-Konzerte: fis-moll, op. 1 (1891, überarb. 1917); c-moll, op. 18 (1900–01); d-moll, op. 30 (1909); g-moll, op. 40 (1926, überarb. 1941); Rhapsodie über ein Thema v. Paganini, op. 43 (1934). – **2) Vokal-WW:** über 80 Lieder; für gem. Chor a cap.: *Pantelei zelitel* (P. der Tröster) (1900) (Text: A. Tolstoi); *Liturgija swjatowo Ioanna Slatousta* (Liturgie des hl. Johannes Chrysostomus), op. 31 (1910); *Wsenoschtschnoje bdenije* (Vesperliturgie), op. 37 (1915). – 6 Chöre für Frauen- oder Kinder-St. u. Klv., op. 15 (1895–96); 3 russ. Lieder für Chor u. Orch., op. 41 (1926); Kantate *Wesna* (Frühling), op. 20 (1902) (nach N. Nekrassow) für Bar., Chor u. Orch.; *Kolokola* (Die Glocken), op. 35 (1913) (nach E. A. Poes *The Bells* übers. v. K. Balmont) für Soli, Chor u. Orch. – **3) Opern:** *Aleko* (Libr.: W. I. Nemirowitsch-Dantschenko nach Puschkins *Zygany*) (1892), UA: Moskau 1893; *Skupoi ryzar* (Der geizige Ritter), op. 24 (1903–05) (nach Puschkin) u. *Francesca da Rimini,* op. 25 (1904) (Libr.: M. P. Tschaikowsky nach Dante), gemeinsame UA: Moskau 1906.

Ausg.: Polnoje sobranije sotschineni (GA) (Mos 1948ff.).

Lit.: R.'s Recollections, hrsg. v. O. von Riesemann (Lo 1934, Nachdr. Freeport/N. Y. 1970); S. W. R., Pisma, hrsg. v. S. A. APETJAN (Mos 1955); S. BERTENSSON – J. LEYDA, S. R., A Lifetime in Music (NY 1956, Lo [2]1965); Wospominanija o R.e, hrsg. v. S. A. APETJAN, 2 Bde. (Mos 1957, erweitert [4]1974); J. YASSER, The Opening Theme of R.'s Third Piano Concerto and Its Liturgical Prototype, in: MQ 55 (1969); JU. KELDISCH, R. i ewo wremja (Mos 1973); DERS., Der Schaffensweg von S. R., in: Kunst u. Lit. 21 (1973); R. THRELFALL, S. R., His Life and Music (Lo 1973); CH. LANG, Der Pianist S. W. R., in: ÖMZ 28 (1973) (mit Diskographie); P. PIGGOTT, R. Orchestral Music (Lo 1974); G. NORRIS, R. (Lo 1976); F. BUTZBACH, Stud. zum Klavierkonzert Nr. 1, fis-moll, op. 1, v. S. V. R. (Rb 1979); R. WALKER, R., His Life and Times (Tunbridge Wells 1980). E. FISCHER

RACINE, Jean, getauft 22. 12. 1639 La Ferté-Milon, † 21. 4. 1699 Paris; frz. Dichter. Offenbar seit 1671 interessierte ihn die Tragédie lyrique, deren Blüte gerade begann. Er schlug bei Hof einen *Orphée* vor, demgegenüber König Ludwig XIV. aber der *Psyché* von J.-B. Molière und Pierre Corneille den Vorzug gab; später begann er zusammen mit Nicolas Boileau einen *Phaéton,* der in den Anfängen steckenblieb. Der Einfluß von R.s Tragödien auf die Tragédie lyrique erweist sich in den Opern von Ph. Quinault und J.-B. Lully, für die *Andromaque, Bérénice* und *Bajazet,* vermittelt durch die Deklamationskunst der bedeutenden Schauspielerin Champmeslé. So läßt sich die R.sche Diktion in der Melodieführung des Lullyschen Rezitativs wiederfinden. Lully selbst war an der Vertonung von R.s *Iphigénie* interessiert und hätte einen Mitarbeiter wie R. kaum abgelehnt, der sich vielleicht der Oper mit der Absicht zugewandt hätte, sie zu „moralisieren“. Doch Lully starb 1687, und tatsächlich kam es nur ein einziges Mal zu einer Zusammenarbeit: mit der *Idylle sur la paix* (1685), in der der Dichter und der Komponist in der Leichtigkeit und Eleganz des Ausdrucks übereinstimmen. Die beiden letzten Tragödien von R., *Esther* (1689) und *Athalie* (1691), nähern sich der biblischen Oper: Ouvertüren und *Symphonies* verbinden die Akte miteinander, in die sich große Szenen mit lyrischen Versen für Solisten und Chöre einfügen. Der Komponist dieser beiden Werke, die für Saint-Cyr geschrieben waren, war J.-B. Moreau, und der Dichter rühmt im Vorwort der Dichtung den Musiker und erklärt, daß seine Gesänge mit das größte Vergnügen des Stückes ausmachten. Für die Vertonung bestimmt waren auch R.s *Cantiques spirituels* (1689), deren innere Harmonie, rhythmische Vielfalt und mystische Weite in hohem Maße der melodischen Inspiration entgegenkommen: als Airs, von Moreau und M. R. Delalande komponiert, wurden sie vor dem König gesungen, der sie häufig zu hören verlangte; vertont wurden sie auch von L. Marchand und J.-B. Dr. de Bousset.

WW (Vorlage zu Vertonungen; wenn nichts anderes genannt, Opern): *Andromaque* (1667) für: A.-E.-M. Grétry, UA: Paris 1780, revidiert 1781; G. Rossini, als: *Ermione*, UA: Neapel 1819; C. Saint-Saëns, UA: Paris 1903 (Bühnenmusik); *Britannicus* (1669) für C. H. Graun, UA: Berlin 1751; *Bérénice* (1670) für N. Porpora u. D. Scarlatti, UA: Rom 1718; *Bajazet* (1672) für N. Jommelli, UA: Turin 1753; *Mithridate* (1673) für: A. Caldara, UA: Wien 1728; Porpora, UA: Rom 1730; Graun, UA: Berlin 1750; Q. Gasparini, UA: Turin 1767; W. A. Mozart, UA: Mailand 1770; N. A. Zingarelli, UA: Venedig 1797; *Iphigénie* (1674) für: Caldara, UA: Wien 1718; Graun, UA: Berlin 1748; Ch. W. Gluck, UA: Paris 1774; L. Cherubini, UA: Turin 1788; *Phèdre* (1677) für J.-Ph. Rameau, als: *Hippolyte et Aricie*, UA: Paris 1733; J. Massenet, UA: ebd. 1900 (Bühnenmusik); *Esther* (1689) für G. F. Händel (1720, revidiert 1732) (Oratorium); *Athalie* (1691) für: Händel (1739) (Oratorium); J. A. P. Schulz, UA: Rheinsberg 1785, revidiert Berlin 1786 (Bühnenmusik); G. J. Vogler, UA: Stockholm 1786 (Bühnenmusik); J. N. Poißl, UA: München 1814; F. Mendelssohn Bartholdy, UA: Berlin 1845 (Bühnenmusik).

Lit.: J. ORCIBAL, R. et Boileau, librettistes, in: Rev. d'histoire littéraire de la France 49 (1949); A. TRIGIANI, Il teatro raciniano e i melodrammi di P. Metastasio (Tn 1951) (= Pubblicazione della Facoltà di Lettere e Filosofia, Univ. di Torino III/2); L. BONLAY, Les cantiques spirituels de R. mis en musique au XVIIe siècle, in: Le XVIIe siècle 34 (1957); M. NAUDIN, Tragédie et opéra, in: Cahiers de l'Association Internationale des Études Françaises 24 (1972).

RACKETT ↗ Rankett.

RACQUET (Racquette), frz. Organistenfamilie. – **1) Philippe,** * vor 1570, † 1636 Paris. Er stammte aus Nordfrankreich und kam Ende des 16. Jh. mit seinem Bruder **Balthasar R.,** * vor 1575, † 22. 12. 1630 Paris, nach Paris, wo er 1596 Organist an St-Germain-l'Auxerrois wurde. 1599 übergab er die Stelle seinem jüngeren Bruder und wurde Organist an St-Étienne-du-Mont, wo er bis 1635 blieb und sich an dem Bau einer Orgel neuen Typs (1631–36) beteiligte, deren Gehäuse erhalten ist. Balthasar, der von der Königin Maria von Medici sehr geschätzt wurde, unterrichtete Orgel, Gesang und Laute. – **2) Charles,** Sohn von Balthasar R., * um 1598 Paris (?), † 1664 ebd. Er wurde vor 1618 Magister der freien Künste, war Schüler seines Vaters und des königlichen Organisten P. Chabanceau de La Barre, und gewann auf einer Deutschlandreise mehrere Preise. R., „organiste de la musique ordinaire" der Königinmutter Maria von Medici und seit 1618 Organist an Notre-Dame, unterhielt Beziehungen zu den bekanntesten Orgelbauern seiner Zeit und hatte viele Organisten (Michel de La Guerre, N. Gigault) und Lautenisten (D. Gaultier schrieb ein „Tombeau" zu seinem Gedächtnis) als Schüler. Als er noch jung war, hielt ihn M. Mersenne bereits für einen „excellent contrapuntiste". In der *Harmonie universelle* sind von R. *12 Versets de psaume en duo* über die 12 Modi erhalten, die dort als Beispiele im Kapitel *De la composition* dienen. In Mersennes persönlichem Exemplar fand man das Ms. einer *Fantaisie*, die dieser von R. verlangt hatte, um die verschiedenen Möglichkeiten des Orgelspiels aufzuzeigen. Das Werk erweist R. als einen bedeutenden Vertreter der französischen Orgelmusik seiner Zeit. R. hat als Lautenlehrer vielleicht auch an der Entwicklung des neuen Lautenstils, der um 1660 aufkam, mitgewirkt. – **3) Jean,** Sohn von 2), * 1633 Paris, † 1689 ebd. Er wurde in sehr jungen Jahren Organist an kleinen Gemeinden in der Cité (Église de Madeleine, 1650–62; St-Symphorien, 1657–60). Seit 1647 half er seinem Vater aus und wurde 1659, als dieser von Lähmung befallen wurde, sein Nachfolger.

Ausg.: *Fantaisie*, hrsg. v. F. RAUGEL, in: Les maîtres français de l'orgue aux XVIIe et XVIIIe siècle 2 (P o.J.); *12 Versets en duo*, hrsg. v. J. BONFILS, in: L'orgue liturgique 29–30 (P 1960).

Lit.: A. TESSIER, Une pièce d'orgue de Ch. R., in: RMie 11 (1929); P. HARDOUIN, Les R. Notes biographiques, in: Rech. Mus. 4 (P 1964); DERS., Le grand orgue de St-Germain-l'Auxerrois, in: ebd. 6 (1966).

RÁCZ, Aladár, * 28. 2. 1886 Jászapáti (Szolnok), † 28. 3. 1958 Budapest; ung. Cimbalomvirtuose. Von Zigeunern abstammend, spielte er seit dem Alter von 8 Jahren in Zigeunerkapellen in Ungarn, Paris (seit 1910) und in Genf (seit 1914) mit, wo er die Bekanntschaft von E. Ansermet und I. Strawinsky machte, der das Cimbalom in *Renard* und *Ragtime* einsetzt. Später wandte sich R. auch klassischer Musik zu und machte eine internationale Karriere, am Klavier begleitet von seiner Frau Yvonne R., geborene Barblan. 1935 ließ er sich in Ungarn nieder. Er wurde 1938 zum Professor an der Budapester Musikakademie ernannt und erhielt 1948 den Kossuth-Preis. R. hinterließ Transkriptionen für Cimbalom und Klavier (u.a. von Werken von J. S. Bach, Fr. Couperin, J.-Ph. Rameau und D. Scarlatti), Fantasien, Tänze und ungarische, rumänische und serbische Rhapsodien.

Lit.: I. STRAWINSKY, Chronique de ma vie, 2 Bde. (P 1935, 1962);

dass. in einem Bd. (P 1971) (mit Diskographie); Y. RÁCZ-BARBLAN, I. Stravinsky vu par le cymbaliste A. R., in: Feuilles musicales 15 (1962); Z. HORUSITZKY, in: Magyar zene 4 (1963); B. SZABOLCSI, R. A. és rögtönzés müvészete, in: ebd.

RADECKE, Albert Martin Robert, * 31. 10. 1830 Dittmannsdorf, † 21. 6. 1911 Wernigerode (Harz); dt. Komponist. Er studierte bis 1850 am Leipziger Konservatorium Komposition bei M. Hauptmann und J. Rietz, Klavier bei I. Moscheles sowie Violine und Orgel. Danach wurde er Violinist im Gewandhausorchester, 2. Dirigent der Singakademie (1852) und Musikdirektor am Stadttheater (1853). 1855 ging er nach Berlin, trat als Pianist und Organist auf und veranstaltete Chor-, Orchester- und Kammerkonzerte. 1863 wurde er zum Musikdirektor der Hofoper und 1871 zum Hofkapellmeister ernannt; dieses Amt legte er 1887 nieder. 1883–88 war er Direktor des Sternschen Konservatoriums und 1892–1907 Direktor des Königlichen Instituts für Kirchenmusik. 1874 wurde er zum Mitglied der Königlichen Akademie ernannt. R. wurde populär vor allem durch das Lied *Aus der Jugendzeit.*

WW: Klv.-Stücke, Kammermusik u. Orch.-Werke, u.a. 2 Klv.-Trios u. eine Symphonie. – Duette, Terzette u. Chorwerke; zahlr. Lieder, darunter *Aus der Jugendzeit;* ein Liederspiel *Die Mönkguter oder die Probe-Ehe,* UA: Berlin 1874. – *Schweizerreise eines jungen Musikers im Jahre 1851,* hrsg. v. E. Radecke, in: Jb. der Literarischen Vereinigung II (Winterthur 1919).

RADEL (dt. Übersetzung von rotulum, dem Diminutiv von ↗Rota), ein Zirkelkanon (↗Kanon), der unbegrenzt wiederholt werden kann. In ihm beginnen die einzelnen Stimmen nacheinander mit gleicher Melodie und gleichem Text, und jede einzelne Stimme mündet wieder in ihren Anfang ein. Sie kann daher in Form eines Kreises notiert werden. Der älteste bekannte Zirkelkanon, *Leto leta concio,* stammt aus dem 12. Jh. Der früheste Beleg für das Wort R. steht in der *Lambacher Liederhandschrift* aus der 2. Hälfte des 14. Jh. (Wien, Nationalbibl., Cod. 4649, fol. 170v): *Martein liber Herre. Ain radel von drein stymmen.*

Lit.: F. L. HARRISON, Rota and Rondellus in Engl. Medieval Music, in: Proc. R. Mus. Assoc. 86 (1959/60); R. FALCK, Rondellus, Canon and Related Types Before 1300, in: JAMS 25 (1972); F. RECKOW, Rondellus/rondeau, rota, in: HMT (1972).

B. R. SUCHLA

RADESCA (DI FOGGIA), Enrico, * 2. Hälfte des 16. Jh. Foggia, † 1625 Turin; it. Komponist. Nachdem er im Waffendienst der Republik Venedig gestanden hatte, ließ er sich in Turin nieder, wo er 1597 Organist, 1615 Domkapellmeister wurde. Er stand auch im Dienste des Hofes von Savoyen. Seinen zeitgenössischen Ruhm verdankt er Kanzonetten, Madrigalen und Arien, die nach dem Modell der Villanelle gebaut sind. Er gehört auch zu den frühesten Vertretern des geringstimmigen konzertierenden Stils.

WW: **1) Weltliche WW:** *Tesoro amoroso.* Kanzonetten für 3–4 St. (Mi 1599); 5 Bücher *Canzonette, madrigali et arie alla romana* für 2 St. u. B.c. (Mi 1605, 1606, V ²1616, 1610, 1617); Madrigale für 5 u. 8 St. u. B.c. (V 1615). – **2) Geistliche WW:** Messe für 4 St. mit B.c. (Mi 1604); *Armoniosa corona.* Concerti für 2 St. u. B.c.: *motetti, salmi et falsobordoni* (Mi 1607).

Lit.: J. RACEK, Stilprobleme der it. Monodie (Pr 1965).

RADIĆ, Dušan, * 10. 4. 1929 Sombor (Serbien); jugoslawischer Komponist. Er studierte an der Musikakademie in Belgrad. Sich stützend auf Techniken der zeitgenössischen Musik, insbesondere von I. Strawinsky, arbeitete R. einen persönlichen Stil aus, der aus einer Verbindung nationaler und übernationaler Musik besteht. Besonders bemerkenswert ist sein Vokalschaffen; der Gesang basiert häufig auf Melismen instrumentaler Art und ist manchmal antithetisch zur Betonung und Metrik der Sprache.

WW: Eine Symphonie (1967); Concertino für Klar. u. Orch. (1956); Divertimento für Streichorch., Vibraphon u. Schlagzeug (1961). – *Spisak* (Das Verzeichnis) (1956) für 2 Frauenst. u. 11 Instr.; *Čudo* (Das Wunder) (1963) für St. u. Kammerensemble; Kantaten *U ocekivajm Marije* (In der Erwartung Marias) (1955) u. *Ćele-Kula* (1957). – Ballett *Balada o mesecu lutalici* (Ballade vom wandernden Mond) (1957); Oper *Ljubav, to je glavna stras* (Die Liebe ist die Hauptsache) (1958–62).

RADIF ↗Iran.

RADINO, Giovanni Maria, it. Komponist des ausgehenden 16. Jahrhunderts. Er war 1592–98 Organist an S. Giovanni in Verdara in Padua. Aus Widmungen seiner im Druck erschienenen Werke läßt sich schließen, daß er in jungen Jahren auch in Deutschland gelebt hat. Sein *Primo libro ...* ist die erste italienische Sammlung von Tänzen (1 Passamezzo, 2 Paduanen, 5 Gagliarden), die eigens für Cembalo bestimmt ist.

WW: *Il primo libro d'Intavolatura di balli d'arpicordo* (V 1592), für Laute bearb. als: *Intavolatura di balli per sonare di liuto* (V 1592). – R. gab heraus *Madrigali de diversi* für 4 St. u. *Concerti per sonare et cantare* (Kanzonen u. Ricercare für 4 u. 8 St., Messen, Psalmen u. Magnificat für 5–16 St.) (V 1607).

Ausg.: *Il primo libro ...,* Faks. u. Übertragung, hrsg. v. R. M. HARDING (C 1949); dass., hrsg. v. S. ELLINGWORTH (R 1968) (= Corpus of Early Keyboard Music 33); *Intavolatura di balli,* hrsg. v. G. GULLINO (Fi 1949).

Lit.: A. DAMERINI, R., in: MGG X; S. ELLINGWORTH, s.o. Ausg.

RADLEIER ↗Drehleier.

RADOMSKI, Nicolaus, ↗Nikolaus von Radom.

RADOUX. – 1) Jean Théodore, * 9. 11. 1835 Lüttich, † 20. 3. 1911 ebd.; belgischer Komponist. Er studierte am Konservatorium von Lüttich, an dem er 1856 Lehrer für Fagott wurde. Anschließend ging er nach Paris, studierte bei Fr. Halévy und erhielt 1859 den belgischen Grand Prix de Rome mit seiner Kantate *Le Juif errant.* 1872–1911 war er Direktor des Konservatoriums von Lüttich.

WW: Klv.-Stücke; Orgelfugen; Orch.-Werke; weltliche u. geistliche Vokal-Werke; Opéras-comiques, u.a.: *Le Béarnais,* UA: Lüttich 1866; *La coupe enchantée,* UA: Brüssel 1872. – Schriften: *Daussoigne-Méhul* (Bru 1882); *Vieuxtemps* (Bru 1891).

2) Charles, Sohn von 1), * 30. 7. 1877 Lüttich, † 30. 4. 1952 ebd.; belgischer Komponist. Er erhielt 1907 den belgischen Prix de Rome mit seiner Kantate *Geneviève de Brabant.* R. unterrichtete Harmonielehre am Konservatorium von Lüttich und wurde 1930 Inspecteur de la musique für Belgien.

Opern: *Oedipe à Colone,* UA: Brüssel 1901; *Le sanglier des Ardennes,* UA: Lüttich 1905; *Oudelette,* UA: Brüssel 1912.

RADULESCU, Horatio, * 7. 1. 1942 Bukarest; rumänischer Komponist. Nach seinem Studium in Bukarest (1960–61 und 1964–69) nahm er an verschiedenen internationalen Kursen und Festwochen für Neue Musik teil, u.a. in Köln, Darmstadt und Royan. Er lehrt am Institut Notre-Dame-des-Champs in Paris und seit 1973 an der Ottawa University in Kanada (Analyse und Komposition).

WW: *Introito, ricercare, sonare,* op. 4 (1969) für Streichquartett; Klv.-Sonate *Cradle to Abysses,* op. 5 (1972); *Music for Taaroa, Prayer, Revelation, Rituals,* op. 7 (1972) für 59 Solisten; *Everlasting Longings,* op. 13a (1972) für 24 Solostr. – *Sonetto di Dante,* op. 0 für Baß u. Vc.; *Thirteen Dreams Ago,* op. 23 (1974) für Sopran, einen Komponisten, 5 Blechbläser u. 6 Schlagzeuger.

RADZIWILL (Radziwiłł), **Anton Heinrich** (Antoni Henryk), Fürst, * 13. 6. 1775 Wilna oder im Gouvernement Wolhynien, † 7. 4. 1833 Berlin; poln. Violoncellist und Komponist. Verheiratet mit der preußischen Prinzessin Luise, lebte er in Berlin und wurde 1815 Gouverneur von Posen. Als Komponist Autodidakt, erlangte er Berühmtheit mit seiner Musik zu J. W. v. Goethes *Faust,* die seit 1835 eine Zeitlang in ganz Europa gespielt wurde. Goethe selbst äußerte sich darüber sehr anerkennend, R. Schumann kritisierte sie heftig. R. ist bis heute bekannt vor allem durch die von ihm veranstaltete Uraufführung von L. van Beethovens *Missa solemnis* 1824 in St. Petersburg. Er hatte wie 9 andere fürstliche und adlige Persönlichkeiten eine Abschrift des Werkes subskribiert. Beethoven widmete ihm 1822 die *Schottischen Lieder* op. 108 und die Ouvertüre *Die Weihe des Hauses* op. 124.

WW: Lieder u. Romanzen, auch mit Vc. u. Gitarre; zahlr. Vokalduette; Männerchöre (für die Liedertafel von C. F. Zelter); Werke für Vc.

Lit.: J. SIMON, Faust in der Musik (B 1906) (= Die Musik 21); R. BAETZ, Schauspielmusiken zu Goethes Faust (Diss. L 1924); TH. FRIMMEL, Beethoven-Hdb. II (L 1926, Nachdr. Hil – Wie 1968); Z. JACHIMECKI – W. POŹNIAK, A. R. i jego muzyka do „Fausta" (A. R. u. seine Musik zum Faust) (Krakau 1957) (mit Werk-Verz. u. Bibliogr.).

RAFF, Joseph Joachim, * 27. 5. 1822 Lachen bei Zürich, † 24. 6. 1882 Frankfurt am Main; dt. Komponist. Nach dem Besuch der Gymnasien in Rottenburg und Schwyz war er 1840–44 Lehrer in Rapperswil; als Komponist und Pianist war er Autodidakt. Seine auf Empfehlung F. Mendelssohn Bartholdys von Breitkopf & Härtel gedruckten Klavierstücke op. 2–6 trugen ihm einen Anfangserfolg ein. Wegen Mendelssohn Bartholdys frühem Tod konnte er dessen Vorschlag, die Studien unter seiner Leitung in Leipzig fortzusetzen, nicht verwirklichen. Fr. Liszt verschaffte ihm nacheinander Stellen als Musikalienhändler in Köln und Arrangeur bei dem Verleger Schuberth in Hamburg; 1850–56 war R. Sekretär und Assistent Liszts in Weimar. Trotz mancher Vorschläge gehen seine zahlreichen Instrumentationen Lisztscher Werke „über eine mehr handwerksmäßige als schöpferische Hilfeleistung ... nach sehr genau bezeichneten Vorlagen" nicht hinaus (P. Raabe). 1856 verließ R. Weimar, weil er nach eigenem Wort „stetsfort eine untergeordnete, sekundäre Rolle zu spielen" hatte und kaum zu eigener Arbeit kam. Er übersiedelte als Klavierlehrer nach Wiesbaden und heiratete 1859 die Schauspielerin Doris Genast (1826–1912). 1877 übernahm er die Leitung des neugegründeten Dr. Hochschen Konservatoriums in Frankfurt am Main, das er schnell zu großem Ansehen führte.

WW: **1) Instr.-WW:** Zahlr. Klv.-Stücke u. Kammermusik, u.a. 6 Streichquartette (1855, 1857, 1866, 1867, 1867, 1874). – Für Orch.: 4 Ouvertüren (1852, 1862, 1864, 1864); 11 Symphonien, 1: *An das Vaterland* (1861), 2 (1866), 3: *Im Walde* (1869), 4 (1872), 5: *Lenore* (1872), 6 (1873), 7: *In den Alpen* (1875), 8: *Frühlingsklänge* (1876), 9: *Im Sommer* (1878), 10: *Zur Herbstzeit* (1879), 11: *Der Winter* (1876); 4 Suiten (1863, 1874, 1871, 1877). – Je 2 Konzerte für V. (1871, 1877) u. Vc. (1874, 1876) sowie ein Klv.-Konzert (1873). – **2) Vokal-WW:** Zahlr. Lieder, mehrst. Gesänge u. Chorwerke a cap.; *Wachet auf* (1858) u. *De profundis* (1867) für gem. Chor u. Orch.; *Die Tageszeiten* (1878) für Chor, Klv. u. Orch.; Oratorium *Weltende, Gericht, Neue Welt* (1881) für Soli, Chor u. Orch. – **3) Bühnen-WW:** Opern: *König Alfred,* UA: Weimar 1851; *Dame Kobold,* UA: ebd. 1870. – **4) Schriften:** *Die Wagnerfrage, I: Wagners letzte künstlerische Kundgebung im Lohengrin* (Brau 1854); ferner zahlr. Aufsätze in Cäcilia, Signale für die musikal. Welt, NZfM usw.

R. war zu seiner Zeit einer der meistgespielten Komponisten, wobei der mit ihm befreundete H. von Bülow einer seiner eifrigsten Förderer war. Aber trotz sehr guter und geschickter Instrumentationen blieb er als Komponist dem Durchschnitt seiner Zeit verhaftet. Von seinen Kompositionen haben sich nur einige der kleineren konzertanten

Werke halten können. In Schriften hat sich R. für Wagner und die Neudeutsche Schule eingesetzt.

Lit.: Analysen der Symphonien 1–6, in: The Monthly Musical Record 5 (1875); A. SCHÄFER, Chronologisch-systematisches Verz. der Werke J. R.s (Wie 1888, Nachdr. Tutzing 1974); H. RAFF, F. Liszt u. J. R. im Spiegel ihrer Briefe, in: Mk 1 (1901/02); P. RAABE, Die Entstehungsgesch. der ersten Orchesterwerke F. Liszts (Diss. Jena 1916); H. RAFF, J. R. (Rb 1925); Aus F. Hillers Briefwechsel V, 1882–85: Briefwechsel mit J. Rodenberg u. J. R., hrsg. v. R. SIETZ (Kö 1966) (= Beitr. z. rheinischen Musikgesch. 65); J. KÄLIN – A. MARTY, Leben u. Werk des ... Komponisten J. R., Jubiläumsschrift (Z 1972). G. SCHUHMACHER

RĀGA (sanskritisch, = Farbe, auch Leidenschaft), in der indischen Musik (↗Indien) verwendetes Tonleitermodell.

RAGOSSNIG, Konrad, * 6. 5. 1932 Klagenfurt; östr. Gitarrist und Lautenist. Er erhielt seine Ausbildung am Konservatorium seiner Heimatstadt und studierte bei Karl Scheit an der Wiener Musikakademie, an der er 1960–64 als Professor tätig war. 1961 war er 1. Preisträger beim Concours international de guitare in Paris. 1964 übernahm er die Leitung einer Konzertklasse für Gitarre an der Musik-Akademie der Stadt Basel. Mit Wirkung von 1982 wurde er als Professor an die Wiener Musikhochschule berufen. Als Solist wie auch als Begleitpartner (u. a. von P. Schreier) unternahm R. ausgedehnte Konzertreisen (Europa, USA, Kanada, Japan, Afrika, Naher und Ferner Osten) und ist bei bedeutenden Festspielen aufgetreten (Salzburg, Straßburg, Schwetzingen, Berlin, Ansbach). Mehrere Komponisten, u. a. H. E. Apostel, M. Castelnuovo Tedesco, G. von Einem, A. Schibler und P. Wissmer, haben für ihn Stücke geschrieben. Neben verschiedenen Gitarren- und Lautenwerken veröffentlichte R. auch ein *Handbuch der Gitarre und Laute* (Mz 1979).

RAGTIME (engl.-amerik., = zerrissener Takt), komponierte afroamerikanische Klaviermusik, deren Benennung auf die kompositorische Umsetzung des ↗Off-beat deutet. Der R. ist Unterhaltungsmusik (Minstrelsy, Kneipe, Bordell). Er entwickelte sich aus noch unklaren Ursprüngen im Mittelwesten der USA und fand seine größte Verbreitung zwischen 1880 und 1930 (Sedalia, St. Louis, Chicago, New York), mit einem Höhepunkt – der ihn auch nach Europa brachte – in den beiden Jahrzehnten um 1900 und „Renaissancen" nach 1940 und um 1970. Seine Hauptvertreter entstammen der afroamerikanischen Bildungsschicht: Scott Joplin (*Maple Leaf Rag,* 1899); Tom Turpin, Louis Chauvin und James Scott; auch Eubie Blake und Jelly Roll Morton. An seinem Erfolg maßgeblich beteiligt waren der 1897 einsetzende Notendruck (John Stark als Verleger) und die Walzen mechanischer Klaviere (Player rolls), auf denen viele Komponisten-Interpreten ihre anspruchsvolle und zuweilen recht komplizierte Musik akustisch fixierten. Von allen Gattungen afroamerikanischer Musik hat der R. als eine komponierte Musik die größte Nähe zur europäischen Musiktradition (Tonalität, Harmonik, formale Organisation), die auch euroamerikanischen Musikern sein Spiel und seine Komposition ermöglichte (Joseph Lamb) und zu einer mühelosen Adaptation durch europäische Komponisten führte (I. Strawinsky). – Musikalische Merkmale sind mehrteilige, an Liedformmodellen orientierte Organisationsschemata (analog Marsch, Polka u. ä.), 2/4-Takt im langsamen Marsch-Tempo, regelmäßig akzentuierender Baß (Achtelnoten-↗Beat) mit harmonischer Gerüstfunktion (Stride-Technik) und Synkopenmelodik (Off-beat-Stilisierung). – Die Übertragung von R.-Eigenarten auf das instrumentale Ensemblespiel hatte beträchtliche Wirkungen auf ein Musizieren, das in den ↗Jazz mündete, durch den der R. schließlich absorbiert wurde. Dem Jazz lieh diese Musik vor dem Aufkommen der Bezeichnung „Jazz" (um 1915) gleichsam als Synonym seinen Namen.

Ausg.: One Hundred R. Classics, hrsg. v. M. MORATH (Denver/Col. 1963); The Collected Works of S. Joplin I, hrsg. v. V. B. LAWRENCE (NY 1971).

Lit.: A. M. DAUER, Jazz – die magische Musik (Bremen 1961); R. BLESH – H. JANIS, They All Played R. (NY – Lo [4]1971); W. J. SCHAFER – J. RIEDEL, The Art of R. Form and Meaning of an Original Black American Art (Baton Rouge/La. 1973); D. A. JASEN – T. J. TICHENOR, Rags and R. A Musical History (NY 1978). J. HUNKEMÖLLER

RAGUÉ, Louis Charles, * vor 1760, † nach 1793 Moulins(?); frz. Komponist. Er war ein Schüler von A. Sacchini. Die Tatsache, daß sein op. 1 1783 in Brüssel gestochen wurde, legt die Vermutung nahe, daß er von dorther kam, als er sich in Paris niederließ. In nur 10 Jahren entfaltete er ein überaus reiches Schaffen mit vielen Werken für und mit Harfe. Seine 3 Orchestersymphonien, König Friedrich Wilhelm II. von Preußen gewidmet, zeigen teilweise Einflüsse des Mannheimer Stils.

WW (alle in Paris gedruckt): Sonaten für Harfe, op. 5 (1785); Sonaten u. Duos: für Harfe u. V., op. 1–4 (1783–85); op. 18 (1792); für 2 Harfen, op. 7 u. 8 (1785, 1786); für Harfe u. Klv., op. 12 u. 13 (1790); für V. u. Va. bzw. Vc., op. 11 (1787); Trios mit Harfe, op. 9 (1786) u. 19 (1792); *Symphonies et quatuors,* op. 20 (1792); für Orch.: 2 Harfen-Konzerte, op. 6 (1785); 3 Symphonien, op. 10 (1787). – Opern *Memnon* (1784) u. *L'amour filial* (1786) (nur teilweise veröff.); Ballett *Les muses ou le triomphe d'Apollon* (1793) (unveröff.). – *Principes de harpe suivis de 18 airs* sowie *L'art de préluder* (1786).

Lit.: B. S. BROOK, La symphonie française dans la 2de moitié du XVIIIe siècle (P 1962) (darin Symphonie d-moll aus op. 10).

RAGUENET, François, Abbé, * um 1660 Rouen, † um 1722 Paris; frz. Schriftsteller. Während einer Romreise mit dem Kardinal de Bouillon (1698) begeisterte er sich für die italienische Musik und veröffentlichte nach seiner Rückkehr nach Frankreich 1702 die Schrift *Parallèle des Italiens et des François.* Der darin ausgeführte, auf der Kenntnis der italienischen Musikpraxis beruhende und im ganzen ausgewogene Vergleich führt ihn zu einer Bevorzugung der italienischen Musik. Dies rief in Frankreich mit einer Entgegnung von J. Lecerf de la Viéville (*Comparaison,* 1705) und einer weiteren Schrift R.s (*Défense,* 1705) die Auseinandersetzungen um den Primat der italienischen oder französischen Musik – vor allem der Oper – hervor, der mehrere Jahrzehnte später in den ↗Buffonistenstreit einmündete.

Schriften: *Parallèle des Italiens et des François en ce qui regarde la musique et les opéras* (P 1702), dt. Übers. bei J. Mattheson, Critica musica I/2 (H 1722, Faks.-Ausg. A 1964), sowie bei F. W. Marpurg, Kritische Briefe über die Tonkunst I (B 1760, Nachdr. Hil 1971); *Défense du Parallèle des Italiens et des François* (P 1705).

Ausg.: *Parallèle* ... u. *Défense du Parallèle* ..., Nachdr. der Ausg. 1702 u. 1705, 2 Bde. (G 1976); A Comparison Between the French and Italian Musick and Opera's, Faks.-Ausg. der engl. Übers. der *Parallèle* ..., Lo 1709 (Lo 1968) (mit einer Einleitung v. Ch. Cudworth).

RAICK, Dieudonné, getauft 1. 3. 1703 Lüttich, † 30. 11. 1764 Antwerpen; belgischer Organist und Komponist. Er war Chorknabe an der Kathedrale von Antwerpen, wo er 1721 das Organistenamt antrat. Zum Priester geweiht, verließ er 1726 Antwerpen und wurde Organist an der Kathedrale St-Pierre in Lyon, wo er auch Jura und Theologie studierte. 1741–57 war er Organist an der Kathedrale St-Bavon in Gent, kehrte dann nach Antwerpen zurück und übernahm dort die gleiche Aufgabe.

WW: *Six suites de clavecin* (Bru um 1745); *Deuxième livre de clavecin* (Ly o.J.); *Trois sonates pour le clavecin* (Gent o.J.); *Six petites suites de clavecin, flûte ou violon* (Gent o.J.).

Ausg.: *Six suites* 1745 u. *Six petites suites pour le clavecin,* hrsg. v. J. WATELET (An 1948) (= MMBelg 6).

RAIMBAUT DE VAQUEIRAS, * um 1155, † 1207 (?), provenzalischer Troubadour. Er gehört zu den ersten südfranzösischen Sängern, deren Wirksamkeit sich besonders auf Italien erstreckte. Als Vasall des Bonifacio II. von Monferrat nahm er unter anderem am Sizilianischen Krieg 1194 und 1201 am 4. Kreuzzug teil. Schon Zeitgenossen rühmen die Qualität seiner Coblas und Sirventès. Seine „vida“ berichtet, daß er sich in die Tochter seines Lehnsherrn, Beatrice von Monferrat, verliebt und für sie einige Cansos gedichtet und vertont habe, darunter die berühmte Estampida *Kalenda maya,* die er musikalisch als Kontrafaktur zum Tanzlied eines Spielmannes gestaltet haben soll. Von seinen 32 erhaltenen Stücken – Tensos, Albas, Coblas, Cansos – sind 8 mit musikalischer Notierung überliefert. Seine artistisch improvisierende Weltläufigkeit findet ihren genuinsten Ausdruck in mehrsprachigen Texten, so dem provenzalisch-genuesischen Streitgespräch mit einer Genuesin *Domna, tant vos ai pregada* und dem in provenzalischer, altitalienischer, altfranzösischer, altgaskognischer und altportugiesischer Sprache abgefaßten Descort *Eras quan vey verdeyar.*

Lit.: F. GENNRICH, Grundriß einer Formenlehre des ma. Liedes (Hl 1922, Nachdr. Tü 1970); T. G. BERGIN, R. de V., Liriche (Fi 1956); F. GENNRICH, Der musikal. Nachlaß der Troubadours (Da 1958–65) (= Summa musicae medii aevi 3–4 u. 9); J. LINSKILL, The Poems of the Troubador R. de V. (Den Haag 1964); W.-D. LANGE, Stilmanier u. Parodie. Zum Wandel der mehrsprachigen Dichtung des MA, in: A. Önnerfors – J. Rathofer – F. Wagner, Lit. u. Sprache im europäischen MA. FS K. Langosch (Da 1973); A. ZERBY-CROS, Discographie occitane générale (Béziers 1979). W.-D. LANGE

RAIMON DE MIRAVAL, * um 1160/65 Miraval-Cabardès, † nach 1229 Lérida; provenzalischer Troubadour. Er wirkte als Dichter im wesentlichen zwischen 1185–1213. Wie andere Troubadours seiner Zeit unterhielt er freundschaftliche Beziehungen zu Peter II. von Aragón, Alfons VIII. von Kastilien, Raymond VI. von Toulouse und dem Katalanen Uc de Mataplana. Von seinen etwa 50 erhaltenen Stücken (Cansos, Sirventès, Coblas, ein Partimen und ein Dompnejaire, d.h. ein in Versen abgefaßter Liebesbrief) sind 22 mit musikalischer Notierung überliefert. Texte und Melodien weisen ihn nach zeitgenössischem und modernem Verständnis als den Dichter der höfischen Liebe par excellence aus, dem als Gegner des trobar clus die hohe Leidenschaft zur Basis der rationalen Würdigung, des eleganten Lobes und des zuweilen höchst direkten Tadels der jeweils angesprochenen Dame und ihrer Verhaltensweisen wird. Die literarische Bedeutung R.s bezeugt Francesco da Barberino, der ihn im lateinischen Kommentar zu seinen *Documenti d'Amore* (1309–10) als Inspirationsquelle für eine seiner Geschichten nennt.

Lit.: P. ANDRAUD, La vie et l'œuvre du troubadour R. de M., in: Classiques français du moyen âge (P 1902, Nachdr. G – Marseille 1973); F. GENNRICH, Der musikal. Nachlaß der Troubadours (Da 1958) (= Summa musicae medii aevi 3–4); J. MAILLARD, Anthologie de chants de troubadours (Nizza 1967) (mit Übertragung eines Stückes); L. T. TOPSFIELD, Les poésies du troubadour R. de M. (P 1971); Du jeu subtil à l'amour fou. Une étude sur l'érotique de R. de M. (XIIIe siècle), avec un choix de ses plus beaux poèmes traduits et commentés par R. NELLI (Lagrasse 1979); A. ZERBY-CROS, Discographie occitane générale (Béziers 1979). W.-D. LANGE

RAIMONDI, Ignazio, * um 1735 Neapel, † 14. 1.

1813 London; it. Violinist und Komponist. Er war wahrscheinlich ein Schüler von Emanuele Barbella in Neapel und 1759–62 Violinist am dortigen Teatro S. Carlo. Um 1760 ist er als Dirigent in Amsterdam nachweisbar. 1780 ging er nach London, wo er rasch als Virtuose, Komponist und Konzertveranstalter bekannt wurde.

WW: Sonaten für 2 V., V. u. Va. u. für V. u. Vc.; Trios u. Streichquartette; 2 Programmsymphonien: *Les aventures de Télémaque* (1777, verschollen) u. *The Battle* (1780); 3 konzertante Symphonien; 6 V.-Konzerte; Oper *La Muta*, UA: Paris 1789.

Lit.: C. F. POHL, Mozart u. Haydn in London II (W 1867, Nachdr. NY 1970).

RAIMONDI, Pietro, * 20. 12. 1786 Rom, † 30. 10. 1853 Rom; it. Komponist. Er war Schüler von G. Tritto am Conservatorio della Pietà dei Turchini in Neapel. Als Opernkomponist hatte er seit 1807 großen Erfolg und reiste in ganz Italien herum, um die Inszenierungen seiner Werke zu überwachen. 1824–33 war er Direktor der Königlichen Theater in Neapel und wurde dort 1825 Professor für Kontrapunkt am Königlichen Konservatorium. 1833–52 lehrte er am Konservatorium in Palermo und leitete dort auch das Theater. 1853 wurde er als Nachfolger von Fr. Basili zum Kapellmeister an der Peterskirche in Rom ernannt, starb aber nach nur 10 Monaten fruchtbarer und erfolgreicher Tätigkeit. R. war der letzte in der Reihe der 6 Maestri an der Peterskirche, die aus der Tradition der Neapolitanischen Schule stammten und in deren kirchenmusikalischen Werken sich stilistische Elemente der neapolitanischen Oper mit dem Stile antico und dem römischen „Kolossalbarock" verbanden.

WW: 6 Messen; 2 Requiem; einzelne Messesätze; Psalmen; Hymnen u. a. liturg. Werke; Passionsmusik *Tre ore di agonia* (sämtlich hsl.). – Einige Oratorien, u. a. *Il giudizio universale* (um 1844) (Mi 1846); Trilogie *Putifar, Giuseppe* u. *Giacobbe* (1852). – Etwa 60 Opern, davon etwa 50 hsl. erhalten.

Lit.: L. M. KANTNER, „Aurea luce". Musik an St. Peter in Rom 1790–1850 (W 1979) (= Veröff. der Kommission für Musikforsch. der Östr. Akad. der Wiss. 18).

RAIMONDI, Ruggero, * 3. 10. 1941 Bologna; it. Sänger (Baß). Nach Abschluß seiner Gesangsausbildung in Mailand und an der Accademia Nazionale di S. Cecilia in Rom bei M. T. Pediconi debütierte er 1964 beim Festival dei Due Mondi in Spoleto als Colline in *La Bohème* von G. Puccini und ging anschließend an das Teatro La Fenice in Venedig. 1968 sang er erstmals an der Mailänder Scala, 1970 an der Metropolitan Opera in New York. Seit den 70er Jahren gehört er diesen beiden Opernhäusern an und gastiert daneben regelmäßig in den Musikmetropolen Europas und Amerikas. R.s Repertoire umfaßt Partien wie Mephisto, Boris Godunow, Don Giovanni sowie vor allem die dramatischen Baßpartien in den Opern G. Verdis.

RAIMUND (eig. Raimann, Reimann oder Raymond), **Ferdinand Jakob,** * 1. 6. 1790 Wien, † 5. 9. 1836 Pottenstein/Niederösterreich (Freitod); östr. Schauspieler und Dramatiker. Er begegnete dem Theater zuerst als Verkäufer von Süßigkeiten (Zukkerbäckerlehrling), schloß sich dann wandernden Schauspieltruppen an und spielte seit 1814 am Josefstädter und seit 1817 am Leopoldstädter Theater in Wien, wo er auch als Regisseur tätig wurde. 1828–30 war er Direktor des Leopoldstädter Theaters. Von 1830 an gab R. nur noch Gastspiele an den Wiener Volkstheatern, aber auch in München, Hamburg, Berlin und Prag. Seit 1823 trat er auch als Dramatiker mit phantastischen, allegorischen Zauberspielen hervor.
Auf die Komposition seiner Stücke nahm R. entscheidenden Einfluß. Für die Melodie des zum Volkslied gewordenen *Brüderlein fein* und des „Aschenliedes" aus *Der Bauer als Millionär* sowie des „Hobellieds" aus *Der Verschwender* sind eigenhändige Entwürfe erhalten. Für R. schrieben Wenzel Müller, J. Drechsler, Ph. J. Riotte und C. Kreutzer Bühnenmusiken. Das Original-Zauberspiel *Die gefesselte Phantasie* wird auch mit Musik von Fr. Schubert in der Fassung von F. Mottl (UA: Karlsruhe 1898) aufgeführt. *Alpenkönig und Menschenfeind* komponierten L. Blech (UA: Dresden 1903) und M. Lothar (als: *Rappelkopf*, UA: München 1958) als Opern. L. Falls Operette *Brüderlein fein* (UA: Wien 1909) geht auf *Der Bauer als Millionär* zurück.

WW (UA in Wien): Zauberposse *Der Barometermacher auf der Zauberinsel*, UA: 1823 (Bühnenmusik v. W. Müller); Zauberspiel *Der Diamant des Geisterkönigs*, UA: 1824 (Bühnenmusik v. J. Drechsler); Romantisches Original-Zauberspiel *Das Mädchen aus der Feenwelt oder Der Bauer als Millionär*, UA: 1826 (Bühnenmusik v. dems.); *Die gefesselte Phantasie*, UA: 1828 (Bühnenmusik v. W. Müller); *Der Alpenkönig und der Menschenfeind*, UA: 1828 (Bühnenmusik v. dems.); Original-Zaubermärchen *Der Verschwender*, UA: 1834 (Bühnenmusik v. C. Kreutzer).

Ausg.: Sämtliche Werke. Hist.-kritische Säkularausg., hrsg. v. F. BRUCKNER – E. CASTLE, 6 Bde. (W 1924–34). – R.-Liederbuch. Lieder u. Gesänge aus F. R.s Werken, hrsg. v. W. A. BAUER – H. KRAUS (W 1924).

Lit.: O. ROMMEL, F. R. u. die Vollendung des Alt-Wiener Zauberstücks (W 1947); DERS., Die Alt-Wiener Volkskomödie (W 1952); G. PICHLER, Ein vergessener R.-Komponist. Zum 100. Todestag v. Ph. J. Riotte, in: R.-Almanach 2 (1956); G. WILTSCHKO, R.s Dramaturgie (Mn 1973). A. K. GOTTWALD

RAINEY, Ma (eig. Gertrude Malissa Nix Pridgett), * 26. 4. 1886 Columbus (Georgia), † 22. 12. 1939 ebd.; amerik. Bluessängerin. Sie ging um die Jahrhundertwende mit der Minstrelgruppe ihres Mannes William „Pa" Rainey auf Tournee und trat bis 1933 als Bluessängerin auf; der Höhepunkt ihrer Karriere lag zwischen 1923–29. Wie Bessie Smith, die von ihr wesentlich gefördert wurde, hat M. R., die als „Mother of the Blues“ galt, dem Bluesgesang neben Ausdruckskraft auch Würde verliehen. Sie spielte auch mit Louis Armstrong und Fletcher Henderson Schallplatten ein. Der noch heute populäre Bluessong *See See Rider* ist vermutlich eine Komposition von ihr.

RAINIER, Priaulx, * 3. 2. 1903 Howick (Natal, Südafrika), † 10. 10. 1986; südafrikanisch-engl. Komponistin. Sie studierte an der Royal Academy of Music in London, dann seit 1937 in Paris bei Nadia Boulanger. 1943–61 unterrichtete sie Komposition an der Royal Academy of Music. 1953 wurde sie zum Fellow of the Royal Academy of Music ernannt. Für ihr Schaffen, das auch afrikanische Einflüsse aufgenommen hat, ist eine gemäßigt moderne Musiksprache charakteristisch.

WW: **1) Instr.-WW:** 6 Stücke für Bläserquintett (1954); Suite für Klv.-Trio (1959); *Quanta* (1962) für Ob. u. Streichtrio; Suite für Vc. (oder Va.) (1963–65); Streichtrio (1966); *Harpsichord Quinque* (1971); *Organ Gloriana* (1972); *Ploërmel* (1973) für Bläser u. Schlagzeug; *Primordial Canticles* (1974) für Org. – Für Orch.: Dance Concerto *Phala-Phala* (1961); symphonische Suite *Aequora lunae* (1967); Vc.-Konzert (1964) u. V.-Konzert (1977); *Concertante Duo* (1977) für Ob., Klar. u. kleines Orch. – **2) Vokal-WW:** *Requiem* (Text: G. Gascoigne) für Tenor u. Chor (1956); *The Bee Oracles* (1969) für Tenor, V., Vc., Fl., Ob. u. Cemb.; Zyklus *Vision and Prayer* (1973) für Tenor u. Klv.; *Prayers from the Ark* (1975) für Tenor u. Harfe.

Lit.: J. AMIS, P. R., in: MT 46 (1955); T. BAXTER, P. R., A Study of her Musical Style, in: Composer (1977) Nr. 60; H. VAN DER SPUY, P. R., in: Musicus 7 (1979).

RAISON, André, * vor 1650, † 1719 Paris; frz. Organist und Komponist. Er erhielt seinen ersten Unterricht in Nanterre an der Filialkirche der Abtei Ste-Geneviève, an der er 1666–1716 Organist war. 1687 übernahm er auch die Organistenstelle an der Jakobinerkirche in der Rue St-Jacques. Von seinen beiden Orgelbüchern, die in der Tradition von G. Nivers, N. Lebègue und N. Gigault stehen, enthält das erste u.a. 5 Orgelmessen (ohne Verwendung von Choralmelodien) (↗Orgelmesse). Ihre Besonderheit besteht darin, daß sie durch Transposition bzw. verschiedene Schlüsselung allen 8 Kirchentönen angepaßt werden können. Auch lassen sich die 21 Versetten jeder Messe als jeweils 3 Magnificats verwenden. Dem *Trio en passacaille* aus der 2. Messe liegt ein ostinater Baß zugrunde, der identisch ist mit der 1. Hälfte des Baßthemas aus J. S. Bachs Passacaglia c-moll, BWV 582. Das Vorwort des 1. Buchs bringt interessante Bemerkungen zur frz. Orgelpraxis der Zeit.

WW: *Livre d'orgue contenant cinq messes ... avec des Élévations ..., des Benedictus, et une offerte ... pour l'heureuse convalescence du Roy en 1687* (P 1688); *Second livre d'orgue sur les acclamations de la paix ...* (*Da pacem* mit Fuge, Prélude, Ouverture, Allemande) (P 1714).

Ausg.: *Livre d'orgue,* in: GUILMANT-PIRRO II (1899, Nachdr. 1972); dass., hrsg. v. N. DUFOURCQ, Teil I–III (P 1962–68) (= Orgue et liturgie 55–56, 58–59 u. 61); *Second livre d'orgue,* hrsg. v. J. BONFILS, Teil I–II (P 1963).

Lit.: N. DUFOURCQ, La musique d'orgue française de J. Titelouze à J. Alain (P 1941, ²1949); W. APEL, Gesch. der Orgel- u. Klaviermusik bis 1700 (Kas 1967, engl. Bloomington/Ind. 1972).

RAJIČIĆ, Stanojlo, * 16. 12. 1910 Belgrad; jugoslawischer Komponist. Er studierte in Belgrad bei J. Slavenski und am Konservatorium in Prag bei J. Suk und A. Hába. 1937 kehrte er in seine Heimatstadt zurück und wurde Professor an der Musikschule; seit 1945 unterrichtet er an der Musikakademie, seit 1954 als ordentlicher Professor. Als ordentliches Mitglied der Serbischen Akademie der Wissenschaften seit 1958 leitete er dort 1958–63 das Musikwissenschaftliche Institut. R.s Werke zeigen unterschiedliche Stile; ausgehend von atonalen Experimenten der Prager Zeit, hat er sich später einer erweiterten Tonalität zugewandt, unter gelegentlicher Verwendung von Elementen der heimatlichen Volksmusik.

WW: **1) Instr.-WW:** V.-Sonate (1938); 5 Klv.-Sonaten (1941–44). – Für Orch.: 6 Symphonien (1935, 1941, 1944, 1946, 1959, 1967); Konzerte: 3 für Klv. (1940, 1942, 1950); 3 für V. (1941, 1946, 1953); 2 für Klar. (1943, 1962); Vc. (1949); Fag. (1969). – **2) Vokal-WW:** Kantate *Slepac na saboru* (Der blinde Fiedler auf der Kirchweihe) (1961); Liederzyklen mit Orch.: *Na liparu* (Am Lipar) (1951); *Lisje žuti* (Das Laub vergilbt) (1953); *Magnovenja* (Augenblicke) (1965). – **3) Opern:** *Simonida,* UA: Sarajevo 1957; *Karadjordje* (1972); Ballette: *Pod zemljon* (Unter der Erde) (1940); *Premija* (Haupttreffer) (1940); *Poema* (1944); *Slika* (Bild) (1945).

Lit.: V. PERIČIĆ, Stvaralački put S. R.a (Der schöpferische Weg v. S. R.) (Belgrad 1971) (mit engl. Zusammenfassung); D. CVETKO, in: Zvuk (1970) Nr. 10/110.

RALLENTANDO (it., = langsamer werdend; Abk.: rall.), musikalische Tempovorschrift entsprechend der Wortbedeutung, synonym mit ritardando und ritenuto.

RAMEAU. – 1) Jean-Philippe, * 24. oder 25. 9. 1683 Dijon, † 12. 9. 1764 Paris; frz. Komponist, Organist, Cembalist und Musiktheoretiker. R., Sohn von Jean R., Organist an Notre-Dame in Dijon, und Claudine geborene Demartinécourt, besuchte 4 Jahre lang das Jesuitenkolleg, beschäftigte sich aber vor allem mit Musik und wurde von der Schule genommen. Er beschloß Musiker zu werden und verbrachte 1701 einige Monate in Mailand, um die italienische Musik kennenzulernen. Danach war er in verschiedenen Gegenden Frankreichs tätig: 1702 als Violinist einer Theatergruppe im Süden, als Organist vertretungsweise in Avignon, hauptamtlich in Clermont-Ferrand, 1706 in Paris an zwei kleinen Kirchen (hier veröffentlichte er seinen 1. Band Klaviermusik), 1709 in Dijon als Nachfolger seines Vaters, 1713 in Lyon, 1715–22 wieder in Clermont. Dort schrieb er sein erstes theoretisches Werk, den *Traité de l'harmonie*, der 1722 in Paris erschien und Aufsehen erregte. Nun ließ er sich endgültig in Paris nieder. Zunächst ohne feste Anstellung, schrieb er den 2. und 3. Band der Klavierstücke und komponierte für das Théâtre de la Foire. 1726 heiratete er Marie-Louise Mangot. 1732 wurde er Organist an Ste-Croix-de-la-Bretonnerie und 1736 am Jesuitenkolleg. R. war als Organist und durch den *Traité* und das *Nouveau système* (1726) als Theoretiker berühmt geworden. Nun erwachte sein Interesse für das Theater. 1727 hatte er den Generalsteuerpächter Le Riche de La Pouplinière und seine Frau kennengelernt, die für fast 25 Jahre seine Gönner wurden. Bei ihnen traf er einige seiner Librettisten: Voltaire schrieb das Buch zu R.s erster Oper *Samson*, die allerdings nie aufgeführt und deren Musik z.T. in andere Werke aufgenommen wurde. Der Abbé Pellegrin ist der Autor der ersten aufgeführten Oper *Hippolyte et Aricie*, die im Juli 1733 konzertant durch das Privatorchester von La Pouplinière und am 1. 10. an der Opéra szenisch gegeben wurde. Bis 1757 folgten verschiedene Bühnengattungen, deren berühmteste die Tragédies lyriques *Castor et Pollux* (1737), *Dardanus* (1739) und *Zoroastre* (1749), die Opéras-ballets *Les Indes galantes* (1735) und *Les fêtes d'Hébé* (1739) und die Comédie lyrique *Platée* (1745) sind. 1745 wurde R. zum Compositeur de la Chambre du roi Ludwigs XV. ernannt. Seine letzten Werke sind die Comédie lyrique *Les paladins* (1760) und die Tragédie lyrique *Abaris ou Les Boréades* (1764), deren Proben beim Tod des Komponisten abgebrochen wurden. Neben seinen Kompositionen hatte R. bis 1762 zahlreiche Bücher, Aufsätze, Artikel und Briefe über Musiktheorie verfaßt, die z.T. aus seiner Polemik mit den Enzyklopädisten, u.a. J. le R. d'Alembert und J.-J. Rousseau, hervorgingen.

WW: **1) Instr.-WW**: Für Cemb.: *Premier livre de pièces de clavecin* (1706); *Pièces de clavecin avec une méthode pour la mécanique des doigts* (1724), 2. Aufl. als: *Pièces de clavecin avec une table pour les agréments* (1731); *Nouvelles suites de pièces de clavecin avec des remarques sur les différents genres de musique* (1728); *La Dauphine* (1747) (hsl.). – Trios: *Pièces de clavecin en concerts avec un violon ou une flûte et une viole ou un 2nd violon* (1741). – **2) Vokal-WW**: Motetten: *Deus noster refugium* (vor 1716); *In convertendo* (um 1718); *Quam dilecta* (um 1720); *Laboravi* (vor 1722). – Kantaten: *Les amants trahis* (vor 1722); *Thétis* (vor 1727); *Aquilon et Orithie* (vor 1727); *Le berger fidèle*, UA: 1728. – **3) Bühnen-WW** (wenn nichts anderes angegeben, UA in Paris; hsl. erhalten; von einigen erschienen Drucke): **a)** Tragédies lyriques: *Hippolyte et Aricie*, UA: 1733; *Castor et Pollux*, UA: 1737; *Dardanus*, UA 1. Fassung: 1739, 2. Fassung: 1744; *Zoroastre*, UA 1. Fassung: 1749, 2. Fassung: 1756; *Abaris ou Les Boréades* (1754) u. *Linus* (nicht aufgeführt u. verschollen). – **b)** Opéras-ballets: *Les Indes galantes*, UA: 1735; *Les fêtes d'Hébé*, UA: 1739; *Les fêtes de Polymnie*, UA: Versailles 1745; *Le temple de la Gloire*, UA: ebd. 1745; *Les fêtes de l'Hymen et de l'Amour*, UA: ebd. 1747; *Les surprises de l'Amour*, UA: ebd. 1748, erweitert um Acte de ballet *Anacréon*, UA: 1757. – **c)** Comédies-ballets: *La princesse de Navarre*, UA: Versailles 1745, bearb. als: *Les fêtes de Ramire* (1745). – **d)** Comédies lyriques: *Platée*, UA: Versailles 1745; *Les paladins*, UA: 1760. – **e)** Pastorales héroïques: *Zaïs*, UA: 1748; *Naïs*, UA: 1749; *Acante et Céphise*, UA: 1751; *Daphnis et Églé*, UA: Fontainebleau 1753. – **f)** Actes de ballet: *Pygmalion*, UA: 1748; *La guirlande*, UA: Fontainebleau 1751; *Les Sybarites*, UA: ebd. 1753; *La naissance d'Osiris*, UA: ebd. 1754; *Anacréon* (Libr.: L. de Cahusac), UA: ebd. 1754; *Anacréon* (Libr.: P.-J. Bernard), UA: 1757; *Zéphire (Les nymphes de Diane)* u. *Nélée et Myrtis* (nicht aufgeführt). – **g)** Stücke für das Théâtre de la Foire: *L'Endriague*, UA: 1723; *L'enrôlement d'Arlequin*, UA: 1726; *La robe de dissention ou le faux prodigue*, UA: 1726; *Les courses de Tempé*, UA: 1734; *Les jardins de l'Hymen et de la Rose*, UA: 1744; *Le procureur dupé dans savoir* (R. zugeschrieben). – **4) Schriften** (alle in Paris gedruckt): *Traité de l'harmonie réduite à ses principes naturels* (1722); *Nouveau système de musique théorique* (1726); *Dissertation sur les différentes méthodes d'accompagnement pour le clavecin ou l'orgue* (1732); *Génération harmonique* (1737); *Démonstration du principe de l'harmonie servant de base à tout l'art musical* (1750); *Observations sur notre instinct pour la musique et son principe* (1754); *Erreurs sur la musique dans l'Encyclopédie* (1755); *Code de musique pratique* (1760); *Origine des sciences* (1761).

R.s bekannteste Kompositionen sind die 3 Bände *Pièces de clavecin* (1706, 1724 und 1728) und die 1741 erschienenen *Pièces de clavecin en concerts*. Die Bände für Cemb. solo enthalten Tänze und Genrestücke mit Phantasienamen; das 1. Buch ist z.T. noch im linearen Stil des 17. Jh. und nach Art der Laute geschrieben (z.B. Courante e-moll, *Les soupirs*), im 2. Buch vollzieht sich der Übergang zu einem stärker harmonisch fundierten Stil, der die linke Hand gern in Arpeggien oder nach Art der Albertischen Bässe führt (z.B. *Les Cyclopes*), die Stücke des 3. Bandes fallen durch ihr Klangvolumen auf (z.B. Allemande a-moll). Die *Pièces ... en concerts* sind, obwohl es die Besetzung (Cemb., V. oder Fl., Va. da gamba oder 2. V.) vermuten läßt, keine Triosonaten im üblichen Sinn, sondern 5 Suiten mit konzertantem Cembalo. In der 5. Suite, *La Forqueray*, sind die Streichinstrumente und das Cembalo wie Tutti und Solo im Konzertsatz angelegt. Häufig sind die Sätze mehrthemig. *La pantomime* weist mit einem 2. Thema und Themenverarbeitung auf den späteren Sonatensatz hin.

Weniger bedeutend sind R.s Vokalwerke, die 4 Motetten aus den Jahren 1713–25 und die Kammerkantaten zwischen 1718 und 1728. Während die geistlichen Werke sich wohl aus den Amtspflichten des Organisten ergaben und an den kirchenmusikalischen Stil von J.-B. Lully, M. R. Delalande und M.-A. Charpentier anknüpfen (vor al-

lem *Deus noster refugium* und *In convertendo*), verfaßte R. die Kantaten im italienischen Stil (u. a. *Les amants trahis* und *Le berger fidèle*) zu der Zeit, als er noch keinen Librettisten hatte.
Die Bühnenwerke – Tragédie lyrique, Comédie lyrique, Opéra-ballet, Comédie-ballet, Pastorale, Acte de ballet, Divertissement – repräsentieren den umfangreichsten Teil seines Schaffens. R. führte mit seiner ersten Tragédie lyrique *Hippolyte et Aricie* das nationalfranzösische Musiktheater, das von Lully und dessen Librettisten Ph. Quinault geschaffen worden war, fort. Diese Opernform vereinigt Elemente anderer Gattungen wie des Balletts, der Tragikomödie, der Tragödie und der Maschinenstücke in einer Art barockem Gesamtkunstwerk. Sie spiegelt das höfische Leben des Absolutismus in ihren Personen und Dekorationen, in ihrer Feierlichkeit und Großartigkeit. Die Libretti sind nach dem Vorbild der Racineschen Tragödie geschaffen und beinhalten Stoffe aus der griechisch-römischen Mythologie. Die Handlung wird meist durch einen Prolog eingeleitet, in jedem der 5 Akte durch Tanzeinlagen unterbrochen und durch• eine Schlußchaconne beendet. Sie wird durch Rezitativ und Air, deren Melodik sich an der Prosodie der Texte orientieren und die sich kaum voneinander unterscheiden, vorangebracht. Von großer Bedeutung sind die Chöre und die deskriptiven Orchesterstücke. R. respektiert die antike Tradition; Nachahmungsästhetik und Rationalismus sind bestimmende Faktoren ihrer Konzeption. Er wahrt die dramatische Form und überkommene Ausdrucksmittel, nimmt bestimmte Szenentypen – z. B. Jagd, Pastorale, Schlummerszene, Herabsteigen eines Gottes, Gewitter-, Seesturm-, Ungeheuerszene, Schlacht, Lamento – und ihre formelhaften musikalischen Wendungen immer wieder auf, wandelt sie ab oder formuliert sie um. Der Opernstreit, der 1733 um die Uraufführung von *Hippolyte et Aricie* entbrannte, zeigt durch die Argumente seiner Gegner, wie R. das Lullysche Modell zugunsten der Musik weitergeführt hat: Sie warfen ihm die Belebung der Deklamation in Rezitativ und Chören, die Neigung zur Arie, die Vielfalt an Rhythmen und Klängen, die differenzierte Instrumentation als Verrat am Vorbild vor. Neben den anderen Tragédies lyriques ragen die Comédie lyrique *Platée* mit einem komischen Stoff und die Opéra-ballets *Les Indes galantes* und Les *fêtes d'Hébé* mit ausgedehnten Tanzszenen hervor.
R. beschäftigte sich zeitlebens mit Musiktheorie. Er betrachtete Musik als eine physikalisch-mathematische Wissenschaft, deren Erkenntnisse er mit den musikästhetischen Forderungen seiner Zeit – das Ohr zu erfreuen und die Seele zu rühren – verband. Sein erstes Werk, der *Traité de l'harmonie*, leitet nach der Kontrapunkttheorie des 16. Jh. und der Generalbaßlehre des 17. Jh. eine neue musiktheoretische Betrachtungsweise ein, die den einzelnen Akkord als Grundlage hat. R. geht von den Naturprinzipien aus, die von den mathematischen und physikalischen Verhaltensweisen einer gespannten, schwingenden Saite abgeleitet werden. Aus dem Verständnis der Natur des Grundtons entwickelte R. seine harmonischen Theorien. Aus den Obertönen Oktave, Quinte, große Terz leitete er den Durdreiklang und den Grundsatz der Oktavenidentität ab. Die Oktave gilt als das perfekteste Intervall, da es in jeder Lage den Grundton repräsentiert. Auf dieser Basis gelangte R. zunächst zum Prinzip der Akkordumkehrung und dann zur ↗Basse fondamentale, die er zum Hauptprinzip der Komposition erhob. Er war davon überzeugt, daß auch die Melodie ihren Ursprung in der Harmonie habe und von der Basse fondamentale gelenkt werde, da die Kadenzfortschreitungen alle Töne der Durtonleiter enthalten. In der *Génération harmonique* (1737) erklärt er die Mollharmonie durch eine „Untertonreihe" mit Hilfe des Mitschwingens von längeren Saiten und der sich ergebenden arithmetischen Proportion sowie die enge Beziehung der Subdominante und Dominante zur Tonika. Vor allem ästhetischen Fragen sind die *Observations* (1754) gewidmet, die auf J.-J. Rousseaus Polemik gegen die französische Musik reagieren. In seinen letzten Schriften wendet sich R. wieder der Obertonreihe zu, aus der er nun alle Töne der Durtonleiter direkt ableitet sowie die Erklärungen für alle Phänomene der Harmonie zu finden glaubt.
R.s musiktheoretische Auffassungen erfuhren noch zu seinen Lebzeiten eine außerordentlich starke Verbreitung und Resonanz vor allem dank J. le R. d'Alembert (*Éléments de musique... suivant les principes de M. Rameau,* P 1752).

2) Claude, Bruder von 1), * 1690 Dijon, † 1761 Autun; frz. Cembalist, Komponist und Organist. Er war an Notre-Dame von Dijon, der Abtei St-Bénigne und der Kathedrale St-Lazare von Autun tätig und gründete eine „Académie de concerts" in Dijon. Von ihm ist nur eine Cantatille *Le buveur devenu amoureux* (nach 1733) erhalten. – **3) Jean-François,** Sohn von 2), * 1716 Dijon, † 1767; Cembalist, Organist und Komponist. Seine Kompositionen sind nicht erhalten. D. Diderot setzte ihm in *Le neveu de Rameau* ein Denkmal. – **4) Lazare,** Halbbruder von 3), * 1757 Autun, † 1794 Mâcon; Komponist und Organist. Er stand im Dienste der Franziskaner von Autun, des Grafen d'Eu in Sceaux, in Étampes, Montfort-l'Amaury, Bordeaux, Pithiviers, Dijon und Mâcon. Von ihm sind 3 Sonaten für Cemb. oder Klv. mit Violinbegleitung ad lib. (um 1787) erhalten.

Ausg.: **Zu 1): 1) Kompositionen:** GA, hrsg. v. C. SAINT-SAËNS – CH. MALHERBE (P 1895–1911), fortgesetzt v. M. EMMANUEL – M. TÉNÉO (P 1911–1914), 18 Bde. erschienen: I: *Pièces de clavecin*, II: *Pièces de clavecin en concerts ...*, III: Kantaten, IV–V: Motetten, VI-XVIII: Bühnenwerke. – GA der *Pièces de clavecin*, hrsg. v. E. R. JACOBI (Kas 1958, ³1967); GA der *Pièces de clavecin en concerts*, hrsg. v. DEMS. (Kas 1961, ²1970). – 7 Opern (P 1879–83) (= Chefs-d'œuvre classiques de l'opéra français, Série 1–7); *Nouvelles suites de pièces de clavecin*, Faks.-Ausg. (NY 1966) (= MMMLF I/13). – **2) Schriften:** Complete Theoretical Writings, 6 Bde., hrsg. v. E. R. JACOBI (Dallas/Tex. 1967–72) (= Publications of the American Inst. of Musicology, Miscellanea 3), I: *Traité de l'harmonie* 1722 (1967); II: *Nouveau système de musique théorique* (1967); III: *Génération harmonique* 1737, *Démonstration du principe de l'harmonie* 1750 u. *Observations sur notre instinct pour la musique* 1754 (1968); IV: *Code de musique pratique...* u. a. 1760 (1969); V: Minor Works 1732–61 (1969); VI: Last Writings 1762–64 u. Miscellaneous Items 1723–62 (1969). – Faks.-Ausg. u. Übers.: *Traité de l'harmonie* 1722 (NY 1965) (= MMMLF II/3), engl. Übers. v. Ph. Gossett (NY 1971); *Nouveau système de musique théorique* 1726 (NY 1965) (= ebd. II/7); *Génération harmonique* 1737 (NY 1966) (= ebd. II/6), engl. Übers. v. D. Hayes: R.'s Theory of Harmonic Generation (1968) (= Diss. Stanford Univ./Calif.); *Démonstration du principe de l'harmonie* 1750 (NY 1965) (= ebd. II/4); *Nouvelles réflexions sur la démonstration du principe de l'harmonie* 1752 (NY 1969) (= ebd. II/138); *Observations sur notre instinct pour la musique* 1754 (NY 1967) (= ebd. II/54), dass. (G 1971); *Erreurs sur la musique dans l'Encyclopédie* 1755 (NY 1969) (= ebd. II/137); *Code de musique pratique* 1760 (NY 1965) (= ebd. II/5).

Lit.: **Zu 1):** J.-Ph. R., Kat. der Bibl. Nat. (P 1964). – **1) Biographien u. umfassende Darstellungen:** A. POUGIN, R. (P 1876); M. BRENET, Notes et croquis sur J.-Ph. R., in: Guide musical 44 (1898); H. QUITTARD, Les années de jeunesse de J.-Ph. R., in: Rev. d'histoire et critique musicale 2 (1902); L. LALOY, R. (P 1908, ³1919); L. DE LA LAURENCIE, R. (P 1908) (= Musiciens célèbres o. Nr.); J. TIERSOT, R., in: MQ 14 (1928); Y. TIÉNOT, J.-Ph. R. (P – Bru 1954) (mit Werk-Verz.); P. BERTHIER, Réflexions sur l'art et la vie de J.-Ph. R. (P 1957) (= La vie musicale en France sous les rois Bourbons) (mit Werk-Verz. u. Bibliogr.); C. M. GIRDLESTONE, J.-Ph. R. (Lo 1957, NA NY 1964, Lo 1965, revidiert NY 1969, auch NY – Lo 1970); M. ZIMMERMANN, J.-Ph. R. 1683–1764, in: Musica 34 (1980). – **2) Zu einzelnen musikalischen Werken u. Werkgruppen:** G. CUCUEL, La Pouplinière et la musique de chambre au XVIIIe siècle (P 1913, Nachdr. G – NY 1971); P.-M. MASSON, L'opéra de R. (P 1930, ²1943, Nachdr. NY 1972); M. LECLERC, Les „Indes galantes" 1735–1952, in: Rev. d'histoire du théâtre (1953) Nr. 4; E. G. AHNELL, The Concept of Tonality in the Operas of J.-Ph. R. (Urbana 1957) (= Diss. Univ. of Illinois); C. M. GIRDLESTONE, R.'s Self-Borrowings, in: ML 39 (1958); DERS., Plan for a Stage Production of R.'s „Dardanus", in: ML 40 (1959); G. A. BRUNDRETT, R.'s Orchestration, 3 Bde. (Evanston 1962) (= Diss. Northwestern Univ./Ill.); A. HUTCHINGS, R.'s Originality, in: Proc. R. Mus. Assoc. 41 (1964/65); G. SEEFRID, Die Airs de danse in den Bühnenwerken v. J.-Ph. R. (Wie 1969) (= Neue musikgesch. Forsch. 2); J. R. ANTHONY, French Baroque Music from Beaujoyeulx to R. (Lo 1973, revidiert ²1978); E. LANG-BECKER, Szenentypus u. Musik in R.s tragédie lyrique (Mn – Salzburg 1978) (= Beitr. z. Musikforsch. 7). – **3) Zu den Schriften:** M. SHIRLAW, The Theory of Harmony (Lo 1917, Nachdr. NY 1969); A. R. OLIVER, The R. Controversy, in: The Encyclopedists as Critics of Music (NY 1947); J. FERRIS, The Evolution of R.'s Harmonic Theories, in: JMTh 3 (1959); M. KEANE, The Theoretical Writings of J.-Ph. R. (Washington/D.C. 1961) (= Catholic Univ. of America, Studies in Music 9); H. PISCHNER, Die Harmonielehre J.-Ph. R.s. Ein Beitr. z. Gesch. des musikal. Denkens (L 1963, ²1967); J. W. KREHBIEL, Harmonic Principles of J.-Ph. R. and His Contemporaries (Bloomington 1964) (= Diss. Indiana Univ.); CH. B. PAUL, R.'s Musical Theories and the Age of Reason (Berkeley 1966) (= Diss. Univ. of California); C. DAHLHAUS, Unters. über die Entstehung der harmonischen Tonalität (Kas 1968) (= Saarbrücker Stud. z. Musikwiss. 2); D. ZOLTAI, Ethos u. Affekt. Gesch. der philosophischen Musikästhetik v. den Anfängen bis zu Hegel (B – Budapest 1970); E. R. JACOBI, Die Entwicklung der Musiktheorie in England nach der Zeit v. J. Ph. R. (Baden-Baden ²1971); E. C. VERBA, The Development of R.'s Thoughts on Modulation and Chromatics, in: JAMS 26 (1973); D. HAYES, R.'s „Nouvelle méthode", in: ebd. 27 (1974); E. C. VERBA, R.'s Views on Modulation and Their Background in French Theory, in: ebd. 32 (1978); J. W. BERNARD, The Principle and the Elements. R.'s Controversy with D'Alembert, in: JMTh 24 (1980).

E. LANG-BECKER

RAMEAU, Pierre, frz. Tänzer des 18. Jahrhunderts. Er war Tanzlehrer am französischen Hof und Tanzmeister der Pagen der Königin von Spanien. Sein Werk *Le maître à danser*, mit Kupferstichillustrationen, hatte einen beträchtlichen Erfolg. Es erklärt sämtliche Gebrauchstänze des 18. Jh., d.h. sowohl Gesellschafts- als auch Bühnentänze. R. empfiehlt die 5 von P. Beauchamp gelehrten Positionen und rühmt die Qualität der französischen Tanzschule.

Schriften: *Le maître à danser* (P 1725, NA 1734 u. 1748, engl. Lo 1728, ²1731); *Abrégé de la nouvelle méthode de l'art d'écrire ou de tracer toutes sortes de danses de ville* (P 1725).

RAMIN, Günther Werner Hans, * 15. 10. 1898 Karlsruhe, † 27. 2. 1956 Leipzig; dt. Organist, Cembalist, Chordirigent und Komponist. Er war 1910–14 Thomasschüler in Leipzig und studierte dort anschließend am Konservatorium Orgel (K. Straube), Klavier (R. Teichmüller) und Komposition (Stefan Krehl). 1918 wurde er Organist der Thomaskirche, 1920 auch der Gewandhauskonzerte sowie Lehrer für Orgel am Konservatorium und leitete auch 1922–35 den Leipziger Lehrergesangverein, dann bis 1943 gleichzeitig den Philharmonischen Chor in Berlin. Seit 1940 war R. als Nachfolger Straubes Thomaskantor in Leipzig. 1933–38 und 1945–51 leitete er zusätzlich den Gewandhauschor sowie 1943/44 den Brucknerchor der Reichsrundfunkgesellschaft in Leipzig. Als Organist wie als Cembalist genoß R. einen weltweiten Ruf. Sein spontanes, technisch unanfechtbares und temperamentvolles Spiel gab er zahlreichen Schülern weiter. Als Dirigent des Thomanerchors hatte R. mindestens ebenso hohe Verdienste, indem er einerseits das unter Straubes Amtszeit erreichte künstlerische Niveau über die schwierige Zeit des 2. Weltkriegs hinweg ausgebaut, andererseits den Chor auf regelmäßigen Konzertreisen im In- und Ausland (UdSSR, 1953; Südamerika,

1955) zu weltweiter Anerkennung geführt hat. Seit 1923 setzte sich R. in engem Kontakt mit H. H. Jahnn für die Ziele der Orgelbewegung ein und wurde dabei vom Klangideal der A.-Schnitger-Orgel in der Hamburger St. Jacobi-Kirche geleitet. Die große Bach-Tradition des Leipziger Musiklebens hat R. durch sein entscheidendes Wirken vertieft. Seine Kompositionen stehen stilistisch zwischen der Dynamik Regers und barocker Klanggestaltung. Eine Gedenkschrift erschien unter dem Titel *J. S. Bach, Ende und Anfang* (hrsg. v. D. Hellmann, Wie 1973).

WW: **1) Kompositionen:** V.-Sonate C-Dur (1922); für Org.: Phantasie e-moll (1924); Praeludium, Largo u. Fuge (1927); Orgelchoral-Suite (1928); Choralvorspiele (1931). – Für Chor: 13. Psalm für Männerchor u. Orch. (1932); Motette für 4- bis 8st. Chor a cap. – **2) Schriften:** *Gedanken zur Klärung des Orgelproblems* (Kas 1929, ²1955); *Die Singbewegung ist zukunftsträchtig,* in: Das Musikleben 3 (1950); *J. S. Bachs Totalität,* in: MuK 20 (1950); *Der Thomanerchor in der Gegenwart,* in: Bach-Gedenkschrift (Z 1950); *J. S. Bach als Ende und Anfang,* in: SMZ 94 (1954); dass., in: Ehrfurcht vor dem Leben. A. Schweitzer zum 80. Geburtstag (Be 1954); *Die Bachpflege des Thomanerchores und ihre internationale Ausstrahlung,* in: SMZ 96 (1956). – **3) Editionen:** *Orgelwerke berühmter Meister* (L 1922); *Das Organistenamt,* 3 Bde. (L 1924–37, ²1952, 1955/56).

Lit.: L. von Koerber, Der Thomanerchor u. sein Kantor (H 1954); Ch. Ramin, G. R. Ein Lebensbericht (Fr 1958); E. Hasse, Erinnerungen an G. R. (B 1958); H. Heintze, Der Organist G. R., in: MuK 28 (1958); W. Hanke, G. R. (B 1969); M. Mezger, Zum 75. Geburtstag v. G. R., in: MuK 43 (1973).

B. A. KOHL

RAMOS DE PAREJA, Bartolomé, * um 1440 Baeza (Jaén), † nach 1491; span. Musiktheoretiker. Alle Nachrichten über sein Leben stammen von ihm selbst oder von seinen Schülern Giovanni Spataro und Nicolo Burzio. Sein Lehrer war Juan de Monte. Um 1470 lehrte er an der Universität in Salamanca, seit etwa 1472 in Bologna, jedoch ohne offiziellen Auftrag der Universität. Um 1484 ging er nach Rom, wo er noch 1491 nachweisbar ist. Sein Traktat *Musica practica,* dessen 2. angekündigter Teil *Musica theoretica* nicht erschienen ist, fußt u.a. auf Platon, Boëthius, Guido von Arezzzo, Franco von Köln, Marchettus de Padua, steht aber z.T. auch im Gegensatz zu diesen Autoritäten und enthält grundlegend neue Gedanken. R. entwickelte ein neues Solmisations- und Mutationssystem mit insgesamt 22 Hexachorden und vereinfachte Boëthius' Monochordteilung durch Einbeziehung der Zahlenverhältnisse 5:4 und 6:5 (große und kleine Terz) sowie 5:3 und 8:5 (große und kleine Sext als Umkehrungen der Terzen). R. ist jedoch nicht, wie gelegentlich angenommen, ein früher Befürworter einer temperierten Stimmung. Er wandte sich beispielsweise dagegen, die Töne gis – as auf einen dazwischenliegenden Ton zu reduzieren.

Ausg.: *Musica practica,* hrsg. v. J. Wolf (L 1901) (= BIMG I/2); dass., Faks. der Ausg. 1482 (Bol 1969) (= Bibl. musica Bononiensis II/3), engl. Teilübers., in: O. Strunk, Source Readings in Music History (NY 1950, Lo 1952); J. Octobi, *Tres tractatuli contra B. Ramum,* hrsg. v. A. Seay (R 1964) (= CSM 10).

Lit.: A. Sorbelli, Le due ed. della „Musica practica" di B. R. de P., in: Gutenberg-Jb. 5 (1930); J. M. Barbour, Tuning and Temperament (East Lansing/Mich. 1951, ²1953, Nachdr. NY 1972); A. Seay, The „Dialogus J. Ottobi ...", in: JAMS 8 (1955); ders., Florence. The City of Hothby and R., in: ebd. 9 (1956); O. Mischiati, Un'ined. testimonianza su B. R. de P., in: FAM 13 (1966); J. Haar, R. Caperon and R. de P., in: AMl 41 (1969); N. Meeùs, B. R. de P. et la tessiture des instruments à clavier entre 1450 et 1550, in: Rev. des archéologues et historiens d'art de Louvain 5 (1972).

RAMOVŠ, Primož, * 20. 3. 1921 Laibach; slowenischer Komponist. Er studierte 1941 Komposition bei Sl. Osterc am Konservatorium in Ljubljana und 1942–43 bei A. Casella und G. Petrassi in Rom. 1945 wurde er Bibliothekar an der Slowenischen Akademie der Wissenschaften und Künste in Ljubljana, die er seit 1952 leitete. 1948–64 lehrte er außerdem am dortigen Konservatorium. Vom Neoklassizismus ausgehend, verwendete R. zunehmend Zwölftontechnik, serielle Techniken und andere Elemente der zeitgenössischen Musik und etablierte sich schließlich als einer der führenden avantgardistischen Komponisten in Jugoslawien.

WW: *Pentektatis* (1963) für Klv.; *Inventiones pastorales* (1966) für Org.; *Mouvements* (1967) für Klv.; *Breve* (1967) für Klar. u. Klv.; *Polygram* (1968) für Va. u. Klv.; *Improvisationen* (1973) für Harfe; *Triptychon* (1968) für Streichquartett; *Transformationen* (1963) für 2 Va. u. Streichinstr.; *Eneafonia* (1963) für Kammerensemble. – 4 Symphonien (1940, 1943, 1948, 1968); *Musiques funèbres* (1955); *Sinfonia 68* (1968); *Symphonisches Portrait* (1972); V.-Konzert (1961); *Koncertantna glasba* (Konzertante Musik) (1961) für Pk. u. Orch.; *Antiparallelen* (1966) für Klv. u. Orch.; *Naprotja* (Kontraste) (1969) für Fl. u. Orch.

RAMPAL, Jean-Pierre Louis, * 7. 1. 1922 Marseille; frz. Flötist. R. studierte am Konservatorium in Marseille und am Pariser Conservatoire. 1947–51 war er Flötist im Orchester der Oper von Vichy, 1955–64 Soloflötist an der Pariser Opéra, gründete 1945 die Kammermusik-Vereinigungen „Quintette à vent français" und 1953 das „Ensemble Baroque de Paris". Seit 1958 lehrte er an der Académie Internationale d'Été in Nizza und seit 1968 am Pariser Conservatoire. Seit 1946 konzertiert R. in der ganzen Welt, im Duo meist mit dem Cembalisten und Pianisten R. Veyron-Lacroix, und wirkte u.a. bei den Festspielen von Athen, Aix-en-Provence, Edinburgh, Granada, Prag, Salzburg, Tel-Aviv, Tokio und Zagreb mit. Kompositionen widmeten ihm u.a. A. Jolivet und Fr. Poulenc. R. gab u.a. *Alte Musik für Flöte* (1958) heraus.

DAS GROSSE LEXIKON DER MUSIK

7

DAS GROSSE LEXIKON DER MUSIK

in acht Bänden

herausgegeben von
Marc Honegger und Günther Massenkeil

Siebenter Band

Randhartinger – Stewart

Herder
Freiburg · Basel · Wien

DAS GROSSE LEXIKON DER MUSIK
herausgegeben von Günther Massenkeil, Bonn

auf der Grundlage des
DICTIONNAIRE DE LA MUSIQUE
herausgegeben von Marc Honegger, Straßburg,
Verlag Bordas, Paris

Redaktionelle Bearbeitung der deutschen Ausgabe:
Karin Andrae, Hamburg; Christian Berger, Kiel; Charles Biegala, Baden-Baden; Marianne Bröcker, Bonn; Marie-Agnes Dittrich, Hamburg; Ursula Eckart-Bäcker, Aachen; Ingela Flotzinger, Graz; Maria Franke, Au bei Freiburg i. Br.; Maximilian Herbstmeier, München; Thomas B. H. Knospe, Kiel; Dieter Kroll, Oststeinbek bei Hamburg; Ulrich Kurth, Kiel; Dieter Möller, Hamburg; Ulrike Patow, Hamburg; Friedemann Pods, Kiel; Barbara Progscha-Weiner, Hamburg; Gertrud Rinderle, Kirchzarten; Peter Ruschenburg, Hamburg; Roswitha Schlager, Erlangen; Angelus Seipt, Köln; Jerg Trescher, Freiburg i. Br.; Petra Weber-Bockholdt, München; Elisabeth Winkler, Graz; Wolfgang Winkler, Graz

sowie die Lexikonredaktion des Verlages Herder

Sonderausgabe für den
Zweiburgen Verlag

Herstellung: Freiburger Graphische Betriebe 1992
ISBN 3-451-22921-8

Allgemeine Abkürzungen

Abb.	Abbildung
Abh.	Abhandlung
Abk.	Abkürzung
Abt.	Abteilung
Acad., Accad.	Academia, Académie, Accademia
a cap., a capp.	a cappella
ad lib.	ad libitum
AG.	Aktien-Gesellschaft
ahd.	althochdeutsch
Akad.	Akademie
amerik.	amerikanisch
anglik.	anglikanisch
Anh.	Anhang
Anm.	Anmerkung
Anon.	Anonymus
anon.	anonym
Ant., Anth.	Antologia, Anthologie
Arch.	Archiv
Art.	Artikel
Assoc., assoc.	Association, associé, associated
AT	Altes Testament
Auff.	Aufführung
Aufl.	Auflage
Ausg.	Ausgabe
ausgew.	ausgewählt
Ausw.	Auswahl
Bar.	Bariton
B.c.	Basso continuo
Bd., Bde.	Band, Bände
bearb., Bearb.	bearbeitet, Bearbeitung
Beitr.	Beitrag, Beiträge
Ber.	Bericht
bes.	besonders
Bibl.	Bibliothek
Bibliogr., bibliogr.	Bibliographie, bibliographisch
Bol., Boll.	Boletin, Bolletino
Br.	Bratsche
Bsp.	Beispiel
Bull.	Bulletin
Bz.	Bezeichnung
bzw.	beziehungsweise
C.	Cantus
ca.	circa
Cat.	Catalog
Cemb.	Cembalo
C.f.	Cantus firmus
Ch.	Chor
Cie.	Compagnie
Co.	Compagnie
Cod.	Codex
dB	Dezibel
ders., dies., dass.	derselbe, dieselbe, dasselbe
d. h.	das heißt
d. i.	das ist
Diss.	Dissertation
Diss. masch.	Dissertation maschinengeschrieben
Doz.	Dozent
dt.	deutsch
EA	Erstaufführung
ebd.	ebenda
ed., Ed.	edidit, Edition
eig.	eigentlich
engl.	englisch
Enz.	Enzyklopädie
etc.	et cetera (= und so weiter)
ev.	evangelisch
f.	für
f., ff.	folgend, folgende
f., fol.	Folio
Fag.	Fagott
Faks.	Faksimile
Fl.	Flöte
folkl.	folkloristisch
Forsch.	Forschungen
frz.	französisch
FS	Festschrift
GA	Gesamtausgabe
Gb.	Generalbaß
gegr.	gegründet
gem.	gemischt

Ges.	Gesellschaft
Gesch.	Geschichte
Ggs.	Gegensatz
GmbH.	Gesellschaft mit beschränkter Haftung
GMD	Generalmusikdirektor
gregor.	gregorianisch
griech.	griechisch
H.	Heft
Hdb.	Handbuch
Hist., hist.	Historia, historisch
hl.	heilig
Hrsg., hrsg.	Herausgeber, herausgegeben
Hs(s)., hsl.	Handschrift(en), handschriftlich
Hz	Hertz
Inc.	Incorporated
Inst.	Institut
Instr., instr.	Instrument, instrumental
int.	international, internazionale
it.	italienisch
Jb., Jbb.	Jahrbuch, Jahrbücher
Jg.	Jahrgang
Jh(h).	Jahrhundert(e)
Jt.	Jahrtausend
Kap.	Kapitel
Kat.	Katalog
kath.	katholisch
Kb.	Kontrabaß
KG.	Kommandit-Gesellschaft
Kgr.-Ber.	Kongreß-Bericht
Klar.	Klarinette
klass.	klassisch
Klv.	Klavier
Klv.-A.	Klavier-Auszug
KMD	Kirchenmusikdirektor
Kod.	Kodex
Komp.	Komponist, Komposition
Kons.	Konservatorium
Kpm.	Kapellmeister
lat.	lateinisch
Libr.	Libretto
Lit.	Literatur
liturg.	liturgisch
LP	Longplay, Long Player, Langspielplatte
Ltd.	Limited
lyr.	lyrisch
MA, ma.	Mittelalter, mittelalterlich
Man.	Manuale
MD	Musikdirektor
MH	Musikhochschule
mhd.	mittelhochdeutsch
Mitt.	Mitteilung(en)
Ms(s).	Manuskript(e)
musikal.	musikalisch
Musikwiss., musikwiss.	Musikwissenschaft, musikwissenschaftlich
NA	Neuausgabe
Nachdr.	Nachdruck
nat.	national
ndl.	niederländisch
N.F.	Neue Folge
nhd.	neuhochdeutsch
Nr(n).	Nummer(n)
N.S.	Neue Serie
NT	Neues Testament
Ob.	Oboe
OFM	Ordo Fratrum Minorum (Franziskaner)
OHG	Offene Handelsgesellschaft
o.J.	ohne Jahr
o.Nr.	ohne Nummer
o.O.	ohne Ort
op.	opus
Orch.	Orchester
Org.	Orgel
OSB	Ordo Sancti Benedicti (Benediktiner)
Östr., östr.	Österreich, österreichisch
Philos., philos.	Philosophie, philosophisch
Pk.	Pauke
Plur.	Plural
poln.	polnisch
port.	portugiesisch
Pos.	Posaune
Präs.	Präsident
Prof.	Professor
prot.	protestantisch
Prov.	Provinz
Ps(s).	Psalm(en)
pseud.	pseudonym
Reg.	Register
rel.	religiös
Rev.	Revue, Revista
Riv.	Rivista
russ.	russisch
S.	Seite(n)
SA	Société Anonyme
Sb.	Sitzungsbericht(e)
Sing.	Singular
SingSt	Singstimme
SJ	Societas Jesu (Jesuiten)
Slg(en).	Sammlung(en)
s.o.	siehe oben
Soc.	Societá, Société
SOCist	Sacer Ordo Cisterciensis (Zisterzienser)
sog.	sogenannt
span.	spanisch
St., st.	Stimme(en), stimmig
staatl.	staatlich
städt.	städtisch
Str.	Streicher
Stud.	Studien
s.u.	siehe unten
Suppl.	Supplement
Syn., syn.	Synonym, synonym
Trp.	Trompete
TU	Technische Universität
u.	und
UA	Uraufführung
u.a.	und andere, unter anderem

u. ä.	und ähnliches
Übers.	Übersetzung
ung.	ungarisch
Univ.	Universität
Unters.	Untersuchung(en)
unveröff.	unveröffentlicht
u. ö.	und öfter
urspr.	ursprünglich
usf., usw.	und so fort, und so weiter
u. v. a.	und viele andere, unter vielen anderen
V.	Violine
v.	von
v.	voce, voice, voix (Sing. u. Plur.)
Va.	Viola
Var.	Variation
Vc.	Violoncello
Ver.	Verein
Veröff.	Veröffentlichung(en)
veröff.	veröffentlicht
versch.	verschiedene
Verz.	Verzeichnis
vgl.	vergleiche
Vorb.	Vorbereitung
Vorw.	Vorwort
wahrsch.	wahrscheinlich
Wiss., wiss.	Wissenschaft, wissenschaftlich
z.	zu, zum, zur
zahlr.	zahlreich(e)
z. B.	zum Beispiel
zeitgen.	zeitgenössisch
Zschr.	Zeitschrift
z. T.	zum Teil
zus.	zusammen
zw.	zwischen
z. Z.	zur Zeit

Abkürzungen oft verwendeter Verlagsorte

A	Amsterdam
An	Anvers (Antwerpen)
Au	Augsburg
B	Berlin
Ba	Barcelona
Bas	Basel
Be	Bern
Bol	Bologna
Brau	Braunschweig
Bru	Bruxelles (Brüssel)
C	Cambridge
C/M	Cambridge/Mass.
Ch	Chicago
Da	Darmstadt
E	Edinburgh
Erl	Erlangen
F	Frankfurt am Main
Fi	Firenze (Florenz)
Fr	Freiburg im Breisgau
G	Genf
Gö	Göttingen
Gr	Graz
H	Hamburg
He	Helsinki
Hei	Heidelberg
Hil	Hildesheim
Hl	Halle/Saale
I	Innsbruck
Kas	Kassel
Kö	Köln
Kop	Kopenhagen
L	Leipzig
Lau	Lausanne
Lei	Leiden
Lis	Lisboa (Lissabon)
Lo	London
Ly	Lyon
Ma	Madrid
Mi	Milano (Mailand)
Mn	München
Mos	Moskau
Mr	Münster
Mz	Mainz
Nü	Nürnberg
NY	New York
O	Oxford
P	Paris
Pa	Palermo
Pd	Potsdam
Pr	Prag
R	Roma (Rom)
Rb	Regensburg
St	Stuttgart
Sto	Stockholm
Str	Strasbourg (Straßburg)
Tn	Torino (Turin)
Tou	Tournai
Tü	Tübingen
V	Venezia (Venedig)
W	Wien
War	Warschau
Wb	Wolfenbüttel
Wie	Wiesbaden
Wr	Weimar
Wü	Würzburg
Z	Zürich

R

RANDHARTINGER, Benedikt, * 27. 7. 1802 Ruprechtshofen (Niederösterreich), † 22. 12. 1893 Wien; östr. Komponist. Er war 1812–19 Schüler am Stadtkonvikt in Wien, wo er sich mit Fr. Schubert befreundete, studierte 1819–21 Jura und 1821–25 Philosophie an der Universität und nahm daneben Musikunterricht bei A. Salieri. 1825–32 stand er als Privatsekretär im Dienst des Grafen Széchényi, wurde 1832 Tenorist der Wiener Hofkapelle, 1844 Vizekapellmeister und wirkte 1862–66 als Hofkapellmeister. Außerdem leitete er seit 1840 das Hofopernorchester. R. machte vor allem durch seine Freundschaft mit Schubert auf sich aufmerksam, dessen *Schöne Müllerin* er nach der ersten Auflage revidiert neu herausgab.

WW: Streichquartette; Symphonien; 400 Lieder; 76 Chöre; 20 Messen; 60 Motetten; Oper König *Enzio.*

RANGSTRÖM, Anders Johan Ture, * 30. 11. 1884 Stockholm, † 11. 5. 1947 ebd.; schwedischer Komponist. Er studierte Komposition 1903–04 bei Johan Lindgren, 1905–06 bei H. Pfitzner in Berlin und 1905–07 Gesang bei J. Hey in Berlin und München, war aber im wesentlichen Autodidakt. Zwischen 1907 und 1942 arbeitete er als Musikkritiker für mehrere schwedische Zeitungen, wirkte außerdem seit 1910 als Gesanglehrer, leitete 1922–25 das Göteborgs Orkesterförening und war 1930–36 Pressereferent des königlichen Theaters in Stockholm. 1918 gehörte er zu den Gründern des Schwedischen Komponistenverbandes.

WW: Streichquartett (1909); 4 Symphonien, 1: *August Strindberg in memoriam* (1914); 2: *Mittland* (1919); 3: *Sang under stjärnorna* (1929); 4: *Invocatio* (1936); *Ballad* (1937) für Klv. u. Orch. – Chöre; etwa 250 Lieder. – Opern: *Kronbruden* (nach Strindberg), UA: Stuttgart 1919; *Middelaldering,* UA: Stockholm 1921; *Gilgamesj,* UA: ebd. 1952.

Von der spätromantischen Musik ausgehend, entwickelte R. eine Schreibweise von klarer formaler Anlage und vorwiegend homophoner Satzstruktur, die allerdings in späteren Werken zu größerer Linearität und dissonanzenreicher Harmonik tendiert. Anregungen empfing er vor allem aus den Werken R. Wagners, E. Griegs und C. Nielsens. R. gehörte zu den wichtigsten schwedischen Liedkomponisten.

RANKETT, Rackett, Wurstfagott (frz.: cervelas; it.: cervello), Doppelrohrblattinstrument, das aus einem sehr kleinen Holz- oder Elfenbeinzylinder besteht, in den längs gewöhnlich 9 parallellaufende zylindrische, an den Enden miteinander verbundene Kanäle gebohrt sind, so daß sich, je nach Größe, eine Röhre von 1–3 m Länge ergibt. In den Seitenwänden des Zylinders befinden sich 11 Grifflöcher und mehrere Stimmlöcher. Die frühen R.e hatten ein aufgesetztes Messingröhrchen mit einer ↗ Pirouette, in die das Doppelrohrblatt eingesteckt war. Nach M. Mersenne wurden sie aber auch direkt angeblasen (erhaltene Instrumente in Wien, Leipzig). Das spätere, vermutlich von J. Chr. Denner entwickelte R. besaß eine konische Röhre mit aufgesetztem Schallbecher und einem Doppelrohrblatt, das an einem S-förmigen oder gewundenen, konischen Mundrohr saß. Manche Instrumente hatten auch 2 oder 3 Klappen (erhaltene In-

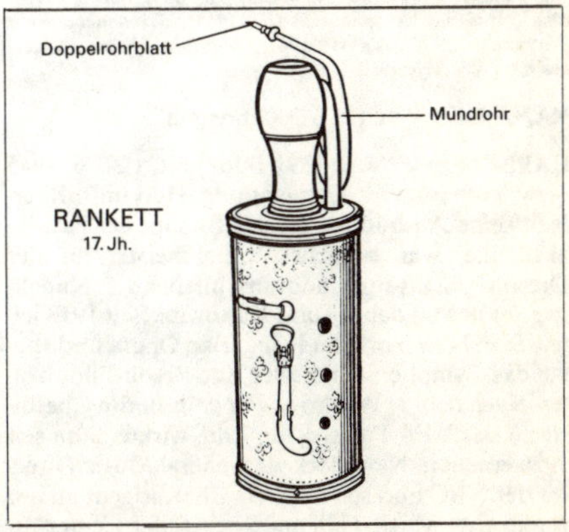

strumente in Kopenhagen, Paris). Diese R.e konnten im Gegensatz zu den frühen immer überblasen werden. Ihr Klang war nicht mehr leise und weich, sondern fagottähnlich. Nach M. Praetorius baute man R.e in 4 verschiedenen Größen, als Diskant-R. (Höhe 12 bis 18 cm, Tonumfang G – d[1]), Alt-/Tenor-R. (21 cm, C – g), Baß-R. (23 cm, F_1 – c) und Großbaß-R. (35 cm, D_1 – A oder C_1 – G). Das R. entstand vermutlich Mitte des 16. Jh., wurde jedoch bald vom Fagott verdrängt und war bereits zu Beginn des 18. Jh. vergessen.

Lit.: G. KINSKY, Doppelrohrblatt-Instr. mit Windkapsel, in: AfMw 7 (1925); H. SEIDL, Das Rackett (Diss. L 1959).

M. BRÖCKER

RANTA, Sulho Veikko Juhani, * 15. 8. 1901 Peräseinäjoki (Finnland), † 5. 5. 1960 Helsinki; finnischer Komponist, Dirigent und Musikschriftsteller. Er studierte bis 1925 an der Universität in Helsinki, 1921–24 am dortigen Konservatorium, 1926 in Berlin, Wien und in Italien und 1930 in Berlin und Paris. 1925–32 war er Theaterkapellmeister und Lehrer am Musikinstitut in Viipuri und unterrichtete 1934–56 Komposition und Kontrapunkt an der Sibelius-Akademie, deren Vizedirektor er 1937 wurde. 1933–37 schrieb er Musikkritiken für *Ilta-Sanomat* und war 1951–56 Vorsitzender der finnischen Komponistenvereinigung Suomen säveltäjät. Seine Kompositionen sind durch Einbeziehung expressionistischer und impressionistischer Elemente sowie exotischer Musik gekennzeichnet.

WW: **1) Kompositionen:** 2 Klv.-Sonaten; eine V.-Sonate; 2 Streichquartette. – Für Orch.: *Sinfonia programmatica* (1927); 3 Symphonien (1932, 1935, 1940); Rhapsodie *Terre inconnue* (1928) für Klv. u. Orch.; Concerto (1935); Ballettpantomime *Kirsikaukukkia* (Kirschblütenfest) (1929). – Kantaten *Kalevala* (1935) u. *Psalmes;* Oratorium *Volgare* (1951). – **2) Schriften:** *Sävelten mestareita* (Meister der Musik) (He 1945); *Suomen säveltäjia* (Finnische Komponisten) (He 1945); *Sävelten taitureita* (Virtuosen der Musik) (He 1947); *Musiikin historia* (Musikgesch.), 2 Bde. (He 1950–56).

RANZ DES VACHES ↗Kuhreigen.

RAPÉE, Ernö, * 4. 6. 1891 Budapest, † 26. 6. 1945 New York; amerik. Dirigent ung. Herkunft. R. erhielt seine Ausbildung an der Budapester Musikakademie, war zunächst Kapellmeister an der Dresdner Staatsoper und anschließend 1. Kapellmeister in Magdeburg und Kattowitz. Seit 1913 leitete er in New York die Hungarian Opera und später das Symphonieorchester am Rivoli-Filmtheater. Nach dem 1. Weltkrieg war er in Berlin Chefdirigent des UFA-Palastes am Zoo, wirkte dann seit 1926 erneut in New York als General Music Director der NBC und seit 1932 als Chefdirigent an der Radio City Music Hall am Rockefeller Center. R. schrieb Musik für Stumm- und Tonfilme und veröffentliche die *Encyclopedia of Music for Pictures* (NY 1925, Nachdr. 1970).

RAPHAEL, Günter Albert Rudolf, * 30. 4. 1903 Berlin, † 19. 10. 1960 Herford; dt. Komponist. In der musikgeprägten Atmosphäre einer Kantorenfamilie aufgewachsen und frühbegabt, studierte R. 1922–25 an der Berliner Musikhochschule Komposition (Robert Kahn), Klavier (M. Trapp), Orgel und Dirigieren. Sein tatkräftiger Förderer, der Thomaskantor K. Straube, verhalf ihm zur kompositorischen Weiterbildung bei A. Mendelssohn. 1926 wurde seine 1. Symphonie durch W. Furtwängler uraufgeführt. Im selben Jahr erhielt er eine Berufung als Lehrer für Musiktheorie an das Leipziger Konservatorium. 1934 wurde er von den nationalsozialistischen Machthabern aus rassistischen Gründen zur Aufgabe aller künstlerischen Tätigkeiten gezwungen und lebte von da an zurückgezogen in Meiningen. 1944 erkrankte er schwer. Nach dem Krieg ehrte ihn das Land Thüringen mit dem Fr. Liszt-Preis für Komposition (Weimar 1948). 1949–53 war er Dozent für Theorie und Komposition an der Musikhochschule in Duisburg, von 1957 bis zu seinem Tode an der Musikhochschule Köln, 1956–58 auch am Konservatorium in Mainz.

WW: **1) Instr.-WW: a)** Für Klv.: 2 kleine Sonaten, op. 2 u. 25; 2 Sonaten, op. 38; 2 Sonatinen (seria u. giocosa), op. 51; Improvisationen, op. 3; *Romantische Tanzbilder*, op. 10; Partita, op. 18; Toccata für 2 Klv., op. 51 – **b)** Für Org.: 5 Choralvorspiele, op. 1; Partita, Fantasie, Praeludium u. Fuge, op. 22; Introduktion und Chaconne, Variationen, Toccata, op. 27; Orgelchoräle, op. 37 u. op. 42; 3 Stücke über einen finnischen Choral, op. 41; Toccata, Choral und Variationen, op. 53; Orgelsonate, op. 68; Kleine Partita (1958); Fantasie über „Christus, der ist mein Leben". – **c)** Kammermusik ohne Klv.: 9 Solosonaten für V., Va., Vc., Fl. u. Fag., op. 46; Duos und Trios in versch. Besetzungen, darunter Dialoge für 2 V.; 6 Duos, op. 47; 4 Sonatinen, op. 65; Trio für Fl., V. u. Va., op. 48; Trio für 2 V. u. Va. op. 49; 4 Streichquartette, op. 5, op. 9, op. 28 u. op. 54; Bläserquartett op. 61; Streichquintett op. 17; Quintett für Klar. u. Str. op. 4. – **d)** Kammermusik mit Klv.: zahlr. Sonaten u. Stücke für Streich- oder Blasinstr. mit Klv.; 3 Trios, op. 11 für V., Vc. u. Klv., op. 44 für Fl., Vc. u. Klv.; op. 70 für Klar., Vc. u. Klv.; Klavierquintett op. 6. – **e)** Für Orch.: 5 Symphonien op. 16, 34, 60, 62, 75; Sinfonietta (1938); *Sinfonia breve*, op. 67; Thema, Variationen und Rondo, op. 19; Variationen über eine schottische Volksweise, op. 23; Divertimento, op. 33; *Smetana-Suite*, op. 40; *Reger-Suite* (1938); *Jabonah-Suite*, op. 66; *Die vier Jahreszeiten* für Str., op. 77; Charakterstudien *Zoologica*, op. 83; Konzerte für: V., op. 21 und op. 87; Org., op. 57; Fl., op. 82; Saxophon, op. 71; Vc., op. 24. – **2) Vokal-WW: a)** Geistliche Chorwerke a cap.: Marienlieder für Frauenchor, op. 15; Psalm 104, op. 29; Motetten *Vom jüngsten Gericht* u. *Erhalt uns, Herr*, op. 30; *Die Versuchung Jesu*, op. 35; 3 Motetten, op. 39; *Eine deutsche Totenmesse* (1940); Psalm 126, op. 56; 4 Motetten, op. 63; *Dies Irae*, op. 73; *Triptychon* (1960); ferner zahlr. Werke für den liturg. Gebrauch. – **b)** Geistliche Chorwerke mit Instr.: Requiem, op. 20; Te Deum, op. 26; *Vater unser*, op. 58; *Das Glaubensbekenntnis*, op. 64; *Bußkantate* (1952); *Judika-Kantate* (1955); *Herr Gott*, *dich loben alle wir,* op. 84; – **c)** Weltliche Chorwerke a cap.: *Der Minne Lied* (1949); *Galgenlieder,* op. 76; 10 Männerchöre, op. 78; *Sechsmal Ringelnatz im 3-Stimmen-Satz,* op. 85. – **d)** Für Solost. u. Instr.: *Gesang der Erzengel* (Text: Goethe), op. 79; 8 Gedichte v. H. Hesse für hohe St. u. Klv., op. 72; *My Dark Hands* (Text: L. Hughes), op. 86; *Palmström-Sonate* für Tenor u. Instr., op. 69. – **3) Schriften:** *Deutsche Musik und Weltmusik,* in: Musica 6 (1952); *Gedanken über Aufgaben und Probleme der Musica sacra,* in: FS R. Mauersberger (B 1959).

R. war als Komponist fest in der Tradition verwurzelt, ohne Eklektiker zu sein. Sein Schaffen läßt sich, parallel zu seinem Lebensschicksal, dreifach gliedern: am Beginn steht eine ausdrucksbetonte, an J. Brahms und M. Reger anknüpfende, jugendlich-genialische Phase, von etwa 1934 an zeigt sich eine stärkere Neigung zu konstruktiver Gestaltung, Linearität und freier Rhythmik. Im letzten Jahrzehnt setzte sich R. auf sehr persönliche Weise mit der Zwölftonmusik auseinander, ohne dabei die Tonalität aufzugeben. Sein Gesamtwerk gliedert sich in zwei gleichgewichtige Bereiche, davon hat der Kantorensohn R. die geistliche Musik als Zentrum seines Schaffens angesehen. Hier stehen neben groß angelegten, meist vielstimmig gesetzten konzertanten Werken – hervorzuheben sind das *Requiem* (1928), das *Glaubensbekenntnis* (1948, in dem gregorianisches Credo und lutherischer Choral einander durchdringen und wechselseitig auslegen) und das *Dies Irae* (1951), eine Chaconne für 2 Chöre – die mit ebensolcher handwerklicher Akribie gearbeiteten kleineren Formen liturgischer Gebrauchsmusik. Ein gleicher Bogen spannt sich auch über die Instrumentalmusik von den anspruchsvollen symphonischen Werken – besonders bekannt wurden die 4. Symphonie, die *Sinfonia breve* (1949) und die *Jabonah-Suite nach mongolischen Weisen* (1948) – bis zu der vielfältig gestalteten und vielfarbig besetzten Kammermusik. Trotz der ernsten Grundhaltung der meisten seiner Werke, zeigen sich häufig auch Züge geistreichen Humors (Palmström-Sonate, Morgenstern- und Ringelnatzgesänge).

Lit.: O. RIEMER, Prophetische Musik. Zur geistlichen Chormusik G. R.s, in: Musica 1 (1947); M. MEZGER, G. R.s Kirchenmusik, in: MuK 23 (1953); H.-H. ALBRECHT, Bekenntnis z. Einheit des Glaubens. G. R., in: Credo musicale. Komponistenportraits aus der Arbeit des Dresdener Kreuzchores (Kas 1969).

E. PLATEN

RAPPRESENTAZIONE DI ANIMA E DI CORPO *(Das Spiel von Seele und Körper),* eine Art geistliches Spiel in 3 Akten von Emilio de' Cavalieri (1550–1602) unter Mitarbeit von Dorisio Isorelli, Text von Agostino Manni. UA: Februar 1600 in Rom (Oratorio della Vallicella); Wiederaufnahme 1968 im Rahmen der Salzburger Festspiele.

Irdisches und himmlisches Leben werden gegenübergestellt in einem allegorischen Wettstreit zwischen Seele und Körper, der mit einem Plädoyer für das Streben nach Ewigkeitswerten endet. Dieser Kontext konstituiert die dramaturgische und affektuale Basis für zahlreiche Chöre und Tänze, in denen Gott mit psalmartigen Versen gepriesen wird. Aus den „weltlichen" Elementen von Handlungsstruktur und musikalischer Form wird vielfach die Berechtigung abgeleitet, das Werk als das erste vollständig erhaltene geistliche musikalische Drama zu bezeichnen und die häufig verwendete, im Original nicht vorhandene Gattungsbezeichnung „oratorio" mit dem Hinweis auf die Handlung abzulehnen. Das Verdienst des Komponisten liegt jedoch weniger im Bereich der Neuschöpfung einer Gattung als vielmehr im subtilen Einsatz musikalischer Mittel wie einer besonders farbenreichen Harmonik, in die häufig kirchentonale Elemente einbezogen sind, und eine Integration von Lauden- und Madrigal-Formen zur musikalischen Sprachausdeutung. Unter diesem Aspekt kann das Werk als frühestes erhaltenes Beispiel für den „stile rappresentativo" gelten, in welchem bereits alle Elemente einer Barockoper enthalten sind: monodischer Rezitativgesang, der die Handlung vorantreibt, Ariosi und geringstimmige Ensembles, in denen Emotionen und Reflexionen musikalisch gestaltet werden, und kontemplative Chöre. Der Partiturdruck (Oktober 1600), als erster mit ausgearbeitetem Baß überhaupt, verweist auf den nachhaltigen Eindruck, den die Aufführung des Werkes hinterlassen haben muß. TH. MENGER

RAPPRESENTAZIONE SACRA, Sacra rappresentazione (it., = geistliche Darstellung). – **1)** Das geistliche außerliturgische Schauspiel in italienischer Sprache, wie es im 15./16. Jh. vor allem in Florenz gepflegt wurde. Die Sujets stammten aus der Bibel oder der Heiligenlegende und wurden durch weltliche Szenen erweitert. Dargeboten wurde die R. in Kostümen, aber ohne Handlung. Den musikalischen Anteil bildeten (meist einstimmige) Kanzonen und Lauden, die strophisch gesungen wurden. Die wichtigsten Dichter waren Feo Belcaro und vor allem Lorenzo de' Medici, der dieser Gattung einen besonderen Glanz verlieh. Zu seiner bekanntesten R. (*San Giovanni e Paolo,* 1491) schrieb vermutlich H. Isaac eine Bataille. Während des 16. Jh. sind zahlreiche Rappresentazioni sacre zu bestimmten kirchlichen und höfischen Anlässen in ganz Italien bekannt; als Komponisten sind Fr. Corteccia und Luca Bati zu nennen. Nach dem Konzil von Trient kamen Werke dieser Art außer Gebrauch. Eine einmalige

Wiederbelebung bedeutete dem Namen und der Sache nach E. de' Cavalieris *Rappresentazione di anima e di corpo* (1600), die in die Vorgeschichte des ↗Oratoriums hineinspielt. Unmittelbar an Cavalieri knüpft Krz. Penderecki an, wenn er seine geistliche Oper *Paradise lost* (1978) „Sacra rappresentazione" nennt. – **2)** Die Bezeichnung R. erscheint am Ende des 17. Jh., ohne daß sich eine direkte Verbindung zu der unter 1) beschriebenen Gattung nachweisen läßt, als Untertitel in italienischen Sepolcro-Oratorien in Wien, synonym mit „Azione sacra". Hauptvertreter solcher Werke ist A. Draghi.

Lit.: B. BECHERINI, La musica nelle „Sacre rappresentazioni" fiorentine, in: RMI 53 (1951); A. CIONI, Bibliografia delle sacre rappresentazioni (Fi 1961); W. OSTHOFF, Theatergesang u. darstellende Musik in der it. Renaissance, 2 Bde. (Tutzing 1969).

RASELIUS (Rasel), **Andreas,** * um 1563 Hahnbach bei Amberg, † 6. 1. 1602 Heidelberg; dt. Komponist und Musiktheoretiker. Er studierte seit 1581 an der Universität Heidelberg, wurde 1582 Baccalaureus artium, 1583 Präzeptor am Pädagogicum und 1584 Magister artium, mußte aber noch im selben Jahr wegen seiner calvinistischen Überzeugungen Heidelberg verlassen. Später unterrichtete er am Gymnasium poeticum in Regensburg, bis ihn Kurprinz Friedrich IV. 1600 als Hofkapellmeister nach Heidelberg zurückberief. R.' gesamtes Schaffen galt der gottesdienstlichen Musik.

WW: *Teutscher Sprüche auss den Sontäglichen Evangeliis* für 5 St. (Nü 1594); *Teutscher Sprüche auff die Fürnemsten Järlichen Fest und Aposteltäge* für 5–9 St. (Nü 1595); *Regenspurgischer Kirchencontrapunkt allerlei ... Geistlichen Psalmen und Lieder D. M. Lutheri* für 5 St. (Rb 1599); ferner der Traktat *Hexachordum seu quaestiones musicae practicae* (Nü 1589). – Hsl. sind erhalten: *Cantionale oder Kirchengesenge* (1588); *Dodecachordi vivi* (1589); *Psalmen und geistliche Lieder* (1591); *Exercitationes musicae* (1594); *Cantica sacra* (1599).

Ausg.: *Cantiones sacrae,* hrsg. v. L. ROSELIUS (Au 1931, revidiert Wie 1972) (= DTB 30/31); 3 Motetten für 5 St., in: Hdb. der dt. ev. Kirchenmusik II, hrsg. v. K. AMELN u.a. (Gö 1935 ff.); *Dt. sonntägliche Evangelien-Sprüche,* 2 Bde., hrsg. v. H. NITSCHE – H. STERN (St 1964) (= Das Chorwerk alter Meister 8).

Lit.: L. ROSELIUS, A. R. als Motettenkomponist (Diss. B 1924); A. SCHARNAGL, R., in: MGG XI.

RASETTI (Razzetti, Razetti). – **1) Piero Antonio Amadeo;** it. Instrumentalist der 2. Hälfte des 18. Jahrhunderts. Er kam 1760 nach Frankreich, wurde Mitglied der 24 Violons du Roi und war 1771–79 Ordinaire de la musique du Roi. – **2) Amadeo,** Sohn von 1), * 1754 Turin, † 1799 Paris (?); it. Pianist und Komponist. R. war Schüler von Charles François Clément in Paris, wo er sich seit 1780 als Cembalist und Komponist bekannt machte. Nach Fr.-J. Fétis sollen vor allem seine Klaviertrios sehr beliebt gewesen sein. Sein *Nouveau concert arabe* weist in der Gestaltung des Soloparts auf die brillant-virtuosen Stücke des 19. Jh. voraus. R. gehört auch zu den frühesten Romanzenkomponisten.

WW (in Paris o. J. gedruckt): Sonaten für Klv. im Stil u. a. v. M. Clementi, J. Haydn u. W. A. Mozart; Sonaten für Klv. mit V. ad lib. u. mit V. u. B. bzw. 2 V., Vc. u. B.; Klv.-Trios u. -Quartette; Klv.-Konzert *Nouveau concert arabe;* Romanzen für SingSt u. Klv.

Lit.: G. ROBERTI, La cappella regia di Torino 1515–1870 (Tn 1880); M. BRENET, Les concerts en France sous l'Ancien Régime (P 1900, Nachdr. 1970); S. CORDERO DI PAMPARATO, G. Pugnani, violonista torinese, in: RMI 37 (1930).

RASI, Francesco, * um 1575 Arezzo; it. Sänger und Komponist. R. war vermutlich ein Schüler G. Caccinis. 1593–95 ist er am Hof des Herzogs von Florenz nachweisbar und wirkte 1598–1620 am Hof der Gonzaga in Mantua. Sehr wahrscheinlich sang er 1607 die Titelrolle bei der Erstaufführung von Cl. Monteverdis *Orfeo.* 1612 reiste er nach Österreich. In Salzburg widmete er dem Erzbischof seine *Musica de camera e chiesa* für 1–3 St. (hsl. erhalten). Die darin enthaltenen Solostücke gehören zu den ersten außerhalb Italiens bezeugten monodischen Gesängen. 1617 schrieb er anläßlich der Hochzeit des Herzogs Ferdinand Gonzaga mit Catarina de' Medici die (verlorene) Oper *Ati e Cibele.*

WW: *Vaghezze di musica per una voce sola* (V 1608); *Madrigali di diversi autori* (Fi 1610); *Dialoghi rappresentativi* mit B.c. (V 1620). – Oper *Ati e Cibele* (1617).

Ausg.: *Schieri d'aspri martiri* aus *Vaghezze di musica* 1608, in: P. M. Rasolo, Secondo libro de madrigali a 4 v., hrsg. v. L. BIANCONI (R 1972) (= Musiche rinascimentali siciliane 4).

Lit.: C. MACCLINTOCK, The Monodies of F. R., in: JAMS 14 (1961); N. FORTUNE, R. in: MGG XI.

RASSE, François, * 27. 1. 1873 Helchin bei Tournai, † 4. 1. 1955 Brüssel; belgischer Komponist und Dirigent. Er war 1899 Schüler von E. Ysaye (Violine), F. Gevaert und G. Huberti (Komposition) am Brüsseler Conservatoire und erhielt 1899 den belgischen Prix de Rome. Er begann seine Laufbahn als Dirigent am Théâtre du Capitole in Toulouse (1907), war 1908 an der Nederlands Oper in Amsterdam, 1910–11 am Théâtre de la Monnaie in Brüssel, später als Konzertdirigent in Gent (1921–28) und in Ostende (1922–32). 1920 wurde er Professor für Harmonielehre am Brüsseler Conservatoire und leitete 1925–38 das Konservatorium in Lüttich. 1933 wurde er Mitglied der königlichen Akademie in Belgien. An die Spätromantik anknüpfend, ist R. vor allem als Komponist elegisch-lyrischer Liederzyklen hervorgetreten, doch zeigen seine Orchesterwerke auch Sinn für dramatische Wirkungen.

WW: 3 Slgen. *Pour Suzanne* für Klv.; Sonaten für Klv. u. V., Klv.

u. Vc.; Trios; 2 Streichquartette (1906, 1950); Streichquintett (1914). – Für Orch.: 3 Symphonien, 1: *Romantique* (1901); 2: *Mélodique* (1903); 3: *Rythmique* (1908); 4 Suiten; *Pour une tragédie* (1929); *6 danses* (1939); *Joyeuse marche militaire* (1944); *Romance appassionata* (1894) für V. u. Orch.; *Poème concertant* (1918) für Klv. u. Orch. – Zahlr. Lieder; *10 chants de la guerre* (1918) mit Orch.; Zyklen *Le chant éternel* (1924) u. *La chanson d'Ève* (1931).

Lit.: F. R. (Bru 1954) (= Cat. des œuvres de comp. belges 13).

RASSEL (engl.: rattle; frz.: hochet; it.: raganella) nicht immer genau gegen ↗Klapper und ↗Ratsche abgegrenzte Bz. für verschiedene Schlagidiophone, die durch Schütteln erklingen. Gefäß-R.n bestehen aus einem runden, ovalen oder spindelförmigen hohlen Körper, der aus einer Kalebasse oder einem Vogelei, aber auch aus Weidengeflecht, aus Holz, Metall oder Ton angefertigt sein kann. In ihm sind z.B. Samenkörner, getrocknete Hülsenfrüchte, Beeren, Fruchtschalen, kleine Schneckengehäuse oder Steine eingeschlossen. Sie können auch außen in einem über das Gefäß gezogenen Netz befestigt werden. Meistens mit einem Stiel versehen (↗Maraca), werden diese R.n mit der Hand geschüttelt, so daß die Körner gegen die Innen- oder Außenwände schlagen. Zu den R.n gehören auch die meistens am Körper oder an den Gliedmaßen befestigten, gereihten oder gebündelten R.-Körper aus Muscheln, Beeren, Tierklauen, Zähnen oder kleinen Schellen, sowie das ↗Sistrum, der Schellenring (eine Schellentrommel ohne Membran) oder die kleine Roll-↗Schelle. R.n sind sehr alte, in fast allen Kulturen bekannte Instrumente, die eng mit Magie und Kult, vor allem aber mit Tanz verbunden waren, wie frühe Quellen zeigen (Induskultur, Ägypten, europäische Bronzezeit, griechisch-römische Antike). Heute werden R.n oft in der Tanz- und Unterhaltungsmusik eingesetzt.

Lit.: O. ZERRIES, Kürbisr.n u. Kopfgeister in Südamerika, in: Paideuma 5 (1950/54); H. HICKMANN, Die altägyptische R., in: Zschr. für ägyptische Sprache u. Altertumskunde 79 (1954); G. TÖRNBERG, Afro-Cuban Rattles, in: FS F. Ortiz II (La Habana 1956); G. P. KURATH, The Sena'asom Rattle of the Yaqui Indian Pascolas, in: Ethnomusicology 4 (1960); H. HICKMANN, R., in: MGG XI; A. JANATA, Kat. u. Ausstellung: Musikinstr. der Völker. Außereuropäische Musikinstr. u. Schallgeräte. Systematik u. Themenbsp.e (W 1975). M. BRÖCKER

RASTRELLI. – 1) Vincenzo, * 1760 Fano, † 20. 3. 1839 Dresden; it. Komponist. R. war seit 1780 Kompositionsschüler von Padre Mattei in Bologna. Später wurde er Domkapellmeister in Fano (1793), Cembalist am Teatro del Sole in Pesaro und 1795 Komponist der Hofkirche in Dresden. Nach einem Moskauaufenthalt 1802–06 wirkte er erneut bis 1831 als Komponist der Hofkirche und zeitweilig als Gesanglehrer der königlichen Familie in Dresden. R. schrieb zahlreiche Kirchenmusikwerke, ein Oratorium *Tobia* und ein Cembalokonzert. Die meisten Kompositionen sind hsl. überliefert. – **2) Joseph,** Sohn von 1), * 13. 4. 1799 Dresden, † 15. 11. 1842 ebd.; dt. Komponist. Er war Schüler seines Vaters und von Poland und Fiedler in Dresden und setzte seine Ausbildung 1814 bei Padre Mattei in Bologna fort. 1817 nach Dresden zurückgekehrt, wurde er 1820 Violinist der Hofkapelle, deren Leitung er 1830 als Vorgänger R. Wagners übernahm. 1832 brachte er das deutsche Singspiel *Salvator Rosa, oder Zwey Nächte in Rom* zur Aufführung, das erste Werk, das in Dresden nach der Schließung der italienischen Oper auf die Bühne kam. Von ihm sind hsl. erhalten: 5 weitere Opern, Messen, Motetten und Vespern.

RASUMOWSKI, Andreas Kyrillowitsch (Andrei Kirillowitsch), Graf, seit 1815 Fürst, * 22. 10. (2. 11.) 1752 St. Petersburg, † 23. 9. 1836 Wien; russ. Diplomat und Musikliebhaber. Er war 1793/94–99 und 1801–09 russischer Gesandter in Wien, wo er nun seinen ständigen Wohnsitz nahm. Er war persönlich mit J. Haydn und W. A. Mozart bekannt und unterstützte großzügig L. van Beethoven. 1808–16 unterhielt er ein eigenes Streichquartett, in dem er selbst die 2. Violine spielte, und in dem manche Werke Beethovens zum ersten Mal gespielt wurden. Beethoven widmete ihm die Streichquartette op. 59 (die sog. „Rasumowski"-Quartette, mit dem auf R.s Herkunft anspielenden *Thème russe* im Finale von Nr. 1) sowie ihm und dem Fürsten Lobkowitz die 5. und 6. Symphonie.

Lit.: TH. FRIMMEL, Beethoven-Hdb. II (L 1926, Nachdr. Hil 1968).

RATHAUS, Karol, * 16. 9. 1895 Tarnopol, † 21. 11. 1954 New York; amerik. Komponist poln. Herkunft. Er studierte seit 1913 Komposition bei Fr. Schreker in Wien, dem er 1920 zur Fortsetzung seines Studiums nach Berlin folgte. 1922 promovierte er an der Universität Wien zum Dr. phil. Bis 1932 blieb er in Berlin, hielt sich dann in Paris (1932–34) und London (1934–38) auf und ging 1938 in die USA, wo er 1946 die amerikanische Staatsbürgerschaft erhielt. Von 1940 bis zu seinem Tod lehrte er Komposition am Queens College in New York. 1952 bearbeitete er im Auftrag der Metropolitan Opera M. Mussorgskis Oper *Boris Godunow*. R. gehörte dem Direktorium der amerikanischen Sektion der IGNM und dem Fulbright Scholarship Committee an. Nach seinem Tode wurde eine „K. R. Memorial Association" gegründet, die Kompositionspreise an Studenten des Queens College vergibt.

WW: Klv.-Stücke u. Kammermusik, u.a. 5 Streichquartette (1921, 1925, 1936, 1946, 1954); 2 V.-Sonaten u. *Rapsodia notturna* für Vc. u. Klv. – Für Orch.: 3 Symphonien (1921, 1923, 1942); Suite (1930); *Jacob's Dream* (1938); Klv.-Konzert (1939); *Polonaise symphonique* (1943); *Vision dramatique* (1945); *Sinfonia concertante* (1950); *Louisville Prelude* (1953). – Oratorium *Diapason* (1950) (nach J. Dryden u. J. Milton) für Bar. Chor u. Orch. – Oper *Fremde Erde* (1929–30); Ballette *Der letzte Pierrot* (1927) u. *Le lion amoureux* (1937); ferner Filmmusik, u.a. zu *Die Brüder Karamasow* (1931).

R.' Werke entziehen sich einer einfachen stilistischen Klassifikation. Sie wurzeln in der polnischen national orientierten Musik des frühen 20. Jh., zeigen aber mannigfache Einflüsse entsprechend R.' bewegtem Lebenslauf. Insgesamt einer erweiterten dissonanzenreichen Tonalität verpflichtet, trägt sein Schaffen (nach B. Schwarz) deutlich improvisatorische, deklamatorische und rhapsodische Züge.

Lit.: C. REIS, Composers in America (NY [2]1947); B. SCHWARZ, K. R., in: MQ 41 (1955) (mit Werk-Verz.).

RATHGEBER, Johann Valentin, OSB, * 3. 4. 1682 Oberelsbach (Franken), † 2. 6. 1750 Kloster Banz (Franken); dt. Komponist. Er studierte zunächst (1701) Theologie an der Universität Würzburg und war dort nach 1704 Schulmeister und Organist am Juliusspital. 1707 trat er in das Kloster Banz ein und wurde dort Prediger und Regens chori. 1729 verließ er das Kloster ohne Erlaubnis und hielt sich bis 1738 vorwiegend im süddeutschen Raum auf. Sein anonym erschienenes *Tafel-Confect* ist eine wichtige Quelle für das ↗Quodlibet und das deutsche Generalbaßlied des 18. Jahrhunderts. Einige Stücke daraus – u.a. *Der hat vergeben das ew'ge Leben* – sind seit ihrer Wiederentdeckung durch die Singbewegung bis heute im häuslichen und schulischen Musizieren beliebt.

WW: *Chelys sonora* (24 Instrumentalkonzerte) (Au 1728); *Musikalischer Zeit-Vertreib auf dem Clavier* (Au 1743); Liederslg. *Ohrenvergnügendes und Gemüth-ergötzendes Tafel-Confect*, 3 Bde. (Au 1733, 1737, 1746).

Ausg.: Verschiedene Stücke aus *Musikal. Zeit-Vertreib*, hrsg. v. R. STEGLICH (1932–33, [2]1964–65) (= Nagels MA 95 u. 105); Concerto XV aus *Chelys sonora* für 2 Clarini, Str. u. B.c., hrsg. v. E. HESS (Bas 1968); *Pastorellen für die Weihnachtszeit* für Org., hrsg. v. T. FEDTKE (F 1970); Missa *Fac bonum*, hrsg. v. W. FÜRLINGER (Altötting 1978) (= Südd. Kirchenmusik des Barock 7); Offertorien *Verbum caro factum est* u. *Cum quietum silentium*, hrsg. v. O. BIBA (ebd. 1976–77) (= Südd. Weihnachtsmusik 8–9).

Lit.: M. FRIEDLAENDER, Das dt. Lied im 18. Jh. (St – B 1902, Nachdr. Hil 1962); H. KRETZSCHMAR, Gesch. des Neuen dt. Liedes (L 1911, Nachdr. Hil – Wie 1966); F. KRAUTWURST, R., in: MGG XI; J. SCHMIDT-GÖRG, Neues zum Augsburger Tafelkonfekt, in: Organicae voces. FS J. Smits van Waesberghe (A 1963); H. KLEINER – E. NOWAK, „Nur wer die Musik liebt". V. R., Heimat, Herkunft, Leben u. Werk (Bad Neustadt/Saale 1981).

RATSCHE, Knarre (engl.: ratchet; frz.: crécelle oder, veraltet, tartevelle; it.: raganella; span.: carraca), ein Schrapinstrument, das aus einem Holzstiel mit Zahnrad, einen um diesen Stiel drehbaren Rahmen und einer im Rahmen befestigten Holz- oder Metallzunge besteht. Durch Schwingen der R. wird die Zunge am Zahnrad angerissen. – Die R. ist nicht nur ein beliebtes Kinderinstrument, seit dem Mittelalter wird sie – z.T. noch heute – in katholischen Kirchen vom Gloria der Gründonnerstagsmesse bis zum Gloria der Osternachtsmesse am Karsamstag anstelle des Geläutes eingesetzt. Von dort aus fand sie auch Eingang in Fastnachtsbräuche, z.B. im 19. Jh. in Mainz, wo sie als *Klepper* der noch heute bestehenden „Kleppergarde" den Namen gegeben hat. Die Verwendung der R. ist auch aus der orthodoxen Kirche bekannt. – In der Kunstmusik kommt sie vor u.a. bei R. Strauss *(Don Quixote, Till Eulenspiegel)*, M. Ravel *(L'enfant et les sortilèges)* und O. Respighi *(I pini di Roma)*.

RÄTSELKANON, ein einstimmig notierter ↗Kanon (3) ohne präzise Angaben hinsichtlich des Einsatzabstandes, des Verlaufs und der Zahl der Folgestimmen. Ganz allgemein ist jeder Kanon ohne Anweisung ein R., also eine Herausforderung des Lesers, die Lösung selbst zu finden, und es bedarf nicht unbedingt einer besonderen Aufforderung wie beim „Quaerendo invenietis" (Suchet, so werdet ihr finden) des Kanons Nr. 6 aus J. S. Bachs *Musikalischem Opfer* (BWV 1079). Im besonderen handelt es sich beim R. aber vor allem im 15./16. Jh. um streng determinierte Formen, deren Strukturprinzipien als „Canon" in der ursprünglichen Wortbedeutung als Vorschrift oder Regel in geistreich verschlüsselter, oft sentenzartiger Form der notierten Einzelstimme vorangestellt sind. So weist das Motto: „Trinitatem in unitate veneremur" („Wir verehren die Dreifaltigkeit in der Einheit") vergleichend und zugleich vertiefend auf die Entsprechung zwischen der dreifachen Erscheinungsform des „einigen Gottes" und dem aus einer einzigen Melodielinie hervorgehenden Satzgefüge eines 3st. Kanons im Einklang hin. Der Spruch: „Qui se exaltat humiliabitur" („Wer sich [selbst] erhöht, wird erniedrigt werden") soll anzeigen, daß aufsteigende Melodik der Leitstimme in der Folgestimme mit entsprechend abwärtsgerichteter beantwortet werden soll (und umgekehrt), ist also die Richtschnur für einen Umkehrungskanon. Ähnliches gilt von der Anweisung: „Canit more Hebraeorum" (soviel wie „Nach Art der Hebräer auszuführen"), die sich auf die von rechts nach links gerichtete Schreibweise des Hebräischen bezieht und hier den krebsgängigen Verlauf der Folgestimme fordert.

RATTI, Bartolomeo, genannt Il Moro, * 1565 Padua, † 21. 4. 1634 ebd.; it. Komponist. Er war Schüler von C. Porta an der Klosterschule S. Antonio in Padua und wurde 1591 Tenorist des Chores. 1594–1600 wirkte er als Kapellmeister in Gemona. Nach Padua zurückgekehrt, assistierte er Porta an S. Antonio und übernahm nach dessen Tod 1601 das Kapellmeisteramt. 1606 war er Kapellmeister an S. Francesco in Piacenza, dann erneut bis 1613 in Padua.

WW (in Venedig gedruckt): *Cantiones in laudem... Virginis Mariae* für 5 St. (1594); *Li brevi salmi intieri secondo il rito del sacro concilio di Trento* für 5 St. u. B.c. (1605) – Madrigale für 4 St., 1: *Amorosi fiori* (1594), 2: *Ghirlanda de varii fiori amorosi* (1596); *Ardori amorosi*, Madrigale u. Kanzonetten für 3 St. (1599).

RATTI, Lorenzo (Rattus Laurentius), * um 1590 Perugia, † 10. 8. 1630 Loreto; it. Komponist. Er wurde durch seinen Onkel V. Ugolino ausgebildet und sang 1599–1601 als Chorknabe in der Cappella Giulia in Rom. 1614–16 war er Organist der Kathedrale in Perugia, dann in Rom 1617–19 Kapellmeister am Seminario Romano, 1619–20 am Collegium Germanicum, 1620–23 an S. Luigi dei Francesi. 1629/30 wirkte er kurze Zeit als Kapellmeister an der S. Casa in Loreto. Sein bedeutendstes Werk, die *Sacrae modulationes,* die mehrchörige Vertonungen für das Proprium missae, Motetten zur Wandlung und 4 Dialoge enthält, blieben in Rom während des ganzen 17. Jh. in Gebrauch.

WW: **1) Geistliche WW:** *Litanie e motecta* für 5–8 St. (V 1616); 4 Bücher Motetten für 1–6 St. u. B.c. (R 1617–20); 2 Bücher *Litanie della Beata Virgine*, 1: für 5–8 St. (V 1626), 2: für 5–12 St. u. B.c. (V 1630); *Sacrae modulationes* für 1–12 St. u. B.c., 3 Teile (V 1628); *Cantica Salomonis* für 2–5 St. (V 1632). – **2) Weltliche WW:** 2 Bücher *Madrigali* für 5 St. (V 1615, 1616); Oper *Il Ciclope overo della vendetta d'Apolline*, UA: Rom 1628 (nur Libretto erhalten).

Lit.: U. TEBALDINI, L'archivio musicale della Cappella lauretana (Loreto 1921); U. ROLANDI, Il Ciclope. Dramma harmonico con musica di D. L. R. (Rom 1628), in: Note d'archivio 10 (1933); R. CASIMIRI, Disciplina musicae, in: ebd. 19 (1942); R. CHAUVIN, Six Gospel Dialogues for the Offertory by L. R., in: Anal. Mus. 9 (1970).

RAUB DER LUCRETIA, DER *(The Rape of Lucretia),* Oper in 2 Akten von Benjamin Britten (1913–76) op. 37, Text von Ronald Duncan nach André Obeys Schauspiel *Le viol de Lucrèce* (1931). Ort und Zeit der Handlung: Rom, 510 v. Chr. UA: 12. 7. 1946 in Glyndebourne; dt. EA (in dt. Sprache): 9. 11. 1948 in Köln (Kammerspiele).

Die schöne Lucretia, Gemahlin des römischen Generals Collatinus und bekannt als außergewöhnlich keusch und treu, wird von Tarquinius, einem Prinzen der in Rom herrschenden Etrusker, vergewaltigt; obwohl ihr Gatte sie von jeglicher Schuld freispricht, begeht sie Selbstmord. – Oratorische Elemente bestimmen die dramaturgische Konzeption des Werkes maßgeblich: Ein Männer- und ein Frauenchor erzählen und kommentieren das Bühnengeschehen aus christlicher Sicht. Gleichwohl werden unterschiedliche Darstellungsmedien wie Pantomime, rezitativisch oder melodramatisch begleitetes Sprechen und lyrisch wie dramatisch gleichermaßen ausdrucksintensiver Gesang zu einem Werkstil verbunden, der höchste opernmäßige „Spannung" konstituiert. Wichtigstes Mittel der musikalischen Integration ist dabei die hinsichtlich des Grundmaterials sparsame, jedoch variativ reichhaltige Arbeit mit einigen wenigen Grundthemen und Leitmotiven. Für die kammermusikalische Besetzung der Oper sind nur 12 Musiker vorgesehen; der Dirigent selber soll die Rezitative am Klavier begleiten – eine Anlehnung an die Aufführungspraxis der Barockoper. Der bewußt ökonomische Einsatz der Mittel wurde zusätzlich bedingt durch die bescheidenen finanziellen Mittel, mit denen Britten auskommen mußte; die personelle Ausstattung der Oper wurde zur Standardbesetzung der zunächst nicht öffentlich subventionierten English Opera Group. W. A. MAKUS

RÄUBER, DIE *(I Masnadieri),* Oper in 4 Akten von Giuseppe Verdi (1813–1901), Text von Andrea Maffei nach Fr. Schillers gleichnamigem Drama. Ort und Zeit der Handlung: Deutschland, spätes 18. Jahrhundert. UA: 22. 7. 1847 in London (Her Majesty's Theatre); dt. EA (in dt. Sprache): 29. 3. 1928 in Barmen.

Die Räuber sind Verdis erste Oper, die er im Auftrag einer ausländischen Bühne schrieb, und er war sich nicht sicher, ob er den Anspruch der Engländer würde erfüllen können. Den Mittelteil des ungewöhnlichen Vorspiels formte Verdi zu einer „Arie für Violoncello", um die hervorragende Kunst des Solocellisten am Londoner Opernhaus, Alfredo Piatti, zur Geltung zu bringen. Die weibliche Hauptrolle (Amalia) schrieb Verdi für Jenny Lind. – Maffei hatte Schillers Bühnenvorlage zu einem wirkungsträchtigen Libretto zusammengezogen, den sozialkritischen Aspekt des Originals aber reduziert, so daß die Zwischentöne verblaßten und nun das Menschliche und Unmenschliche der Handelnden schroff gegeneinander rückten. Verdi führte im wesentlichen den Operntypus, wie ihn vor allem V. Bellini und G. Donizetti geprägt hatten, fort. Schon im Vorspiel fällt ein Zug zum Sentimentalen auf, der in der italienischen Oper Tradition hatte. Mit dem Einfügen beweglich-illustrierender Orchestermotive in die rezitativischen Abschnitte akzeptiert Verdi die moderne Orchestersprache der Grand Opéra. Am stärksten gelingt ihm die klangliche Porträtierung Franz Moors, der auf die Partie des Jago in *Otello* vorausweist. Sowohl die Traumerzählung Franz Moors (4. Akt), ein charakteristisches Stück voller Originalität, als auch das Quartett-Finale des 1. Aktes verdeutlichen, daß Verdi über einen reicheren Ausdrucksfundus verfügte, als er generell in diesem auf Wirkung angelegten, noch an der Tradition orientierten Werk erkennen läßt. H. BECKER

RAUCH, Andreas, * 1592 Pottendorf (Niederösterreich), † 1656 Ödenburg (heute Sopron); dt. Organist und Komponist. 1621–25 war er Organist in Hernals bei Wien, 1627 in Inzersdorf und 1629–56 an der St. Michaelskirche in Ödenburg. Seine Werke repräsentieren den evangelischen Kirchengesang in Österreich im 17. Jahrhundert.

WW: *Thymiaterium musicale... Musicalisches Rauchfäßlein,* Geistliche Gesänge für 4–8 St. u. B.c. (Nü 1625); *Neues Thymiaterium,* für 3–4 St. u. B.c. mit Instr. (W – Luzern 1651); *Musicalisches Stammbüchlein,* geistliche u. weltliche Gesänge für 3 St. (Nü 1627); *Missa, vespera et alii sacri concentus concertati* für 2 St. u. B.c. (Nü 1641); *Currus triumphalis musici* für 8–12 u. mehr St. u. B.c. (W 1648); ferner einzelne Gelegenheitsgesänge.

Ausg.: 3 Gesänge, in: W. VETTER, Das frühdt. Lied II (Mr 1928); 2 Gesänge, in: Antiqua-Chorbuch I/4 u. II/4 hrsg. v. H. MÖNKEMEYER (Mz 1951).

Lit.: H. J. MOSER, Die Musik im frühevangelischen Östr. (Kas 1954); H. FEDERHOFER, R., in: MGG XI.

RAUCHEISEN, Michael, * 10. 2. 1889 Rain am Lech, † 29. 5. 1984 Thun; dt. Pianist. R. studierte in München Dirigieren (F. Mottl), Klavier, Musiktheorie (L. Thuille) und Orgel. 1907–08 wirkte er als 2. Organist an der Hofkirche St. Michael und 1907–12 als 1. Violinist und Bratschist am Hof- und Prinzregenten-Theater in München. Gleichzeitig spielte er im Münchner Streichquartett. 1922–24 war er in den USA tätig und profilierte sich seit 1924 als Klavierbegleiter u. a. von Fr. Kreisler und Maria Ivogün, mit denen er Konzertreisen durch Europa, Kanada und den Fernen Osten unternahm. R. gilt bis heute als der bekannteste Klavierbegleiter seiner Generation. 1941–45 war er Referent für Kammermusik und Gesang am Reichssender Berlin. 1942 gründete er mit V. Prihoda und P. Grümmer ein Trio und wirkte zuletzt 1950–58 als Konzertpianist und Klavierpädagoge in Berlin. R., seit 1933 in 2. Ehe mit Maria Ivogün verheiratet, lebte zuletzt in Immensee bei Zug.

RAUGEL, Félix Alphonse, * 27. 11. 1881 Saint-Quentin (Aisne), † 30. 12. 1975 Paris; frz. Musikforscher und Dirigent. Nach seiner Ausbildung als Bratschist am Konservatorium in Lille studierte er in Paris u.a. bei A. Roussel am Conservatoire und bei V. d'Indy an der Schola Cantorum. 1911–28 war er Kapellmeister an St-Eustache und 1928–40 an St-Honoré-d'Eylau, leitete 1909–14 die von ihm mitbegründete Société G. F. Haendel, 1930–39 die Société des Études Mozartiennes und 1926–62 die Société Philharmonique in Reims. Außerdem wirkte er 1934–47 als Chordirigent der Radiodiffusion Française, war 1949–59 künstlerischer Direktor der Schallplattenreihe *Anthologie sonore* und 1944–58 Vizepräsident der Société Française de Musicologie. Mit seinen zahlreichen Schriften vor allem zur Orgel- und Kirchenmusikgeschichte war R. lange Jahre eine prominente Persönlichkeit der französischen Musikwissenschaft.

Schriften: *Les orgues de l'abbaye de St-Mihiel* (P 1919, dt. Mz 1933) (= Orgel-Monographien 4); *Les organistes* (P 1923, ²1962) (= Les musiciens célèbres o. Nr.); *Recherches sur les maîtres de l'ancienne facture française d'orgues* (1925); *Les grandes orgues des églises de Paris et du département de la Seine* (1927); *Palestrina* (1930); *L'oratorio* (1948); *Les orgues et les organistes de la cathédrale de Strasbourg* (Colmar 1948); *M.-A. Charpentier,* in: FS K. G. Fellerer (Rb 1962); *Les Silbermann, facteurs d'orgues alsaciens et les organistes et organiers de leur temps,* in: Liber amicorum. FS Ch. Van den Borren (An 1964); *Les buffets d'orgue de l'ancien département de Seine-et-Marne* (1972) (= Cahiers et mémoires de l'orgue 142); *Autour de Sauzay, de Boëly et de Reber,* in: Rech. Mus. 15 (1975).

RAUMAKUSTIK. Die R. beschreibt die Schallausbreitung in geschlossenen Räumen, wobei das Raumvolumen, das Verhältnis der Raumabmessungen zueinander und die Reflexionseigenschaften der Begrenzungsflächen die akustische Eigenart eines Raumes bestimmen. Diese wird im wesentlichen beschrieben durch Anhall, Nachhall und Diffusität.

Der Anhall ist die Zeit, die vergeht, bis eine – nach dem Einsetzen konstant klingende – Schallquelle im Raum ihre größte Lautstärke entfaltet hat. Während dieses Vorgangs können einzelne Reflexionen hörbar sein, sofern sie später als 35 msec beim Hörer eintreffen (entsprechend 12 m Schall-Umweg). Die früheren Reflexionen z.B. von Flächen neben und über dem Podium wirken schallverstärkend und tragen zur Deutlichkeit bei, während die späteren insbesondere bei schnellen Musikpassagen oder Sprache als störende ↗Echos in Erscheinung treten können.

Der ↗Nachhall ist definiert als die Zeit, in der der Schalldruck auf den tausendstel Teil, d.h. um 60 dB (↗Dezibel), abgefallen ist. Für Musikwiedergabe gilt eine Nachhallzeit von 1,5 bis 4,5 sec als günstig, je nachdem, ob es sich um Kammer-, Orchester- oder Orgelmusik handelt; die Grenzen sind jedoch fließend und richten sich auch nach der Eigenart der aufgeführten Werke, so wie sich umgekehrt auch der Interpret der Raumakustik anpassen muß. Entscheidend für den Höreindruck ist auch der Frequenzgang der Nachhallzeit, da sich durch die frequenzabhängigen Reflexionseigenschaften der Wände, Decke und des Bodens (und Publikums) der Klang der Instrumente insbesondere in größerer Entfernung verändert. In Konzertsälen wird eine gleichmäßige Nachhallzeit für den Bereich von etwa 400–2000 Hz angestrebt und durch Verwendung von Holz (mit größeren und kleineren Hohlräumen dahinter) erreicht. Die härteren Baumaterialien in Kirchen verlängern die Nachhallzeit beträchtlich, vor allem für tiefe und hohe Frequenzen.

Unter Diffusität versteht man (vergleichbar mit diffuser Beleuchtung) die gleichmäßige Verteilung der Schallenergie, der Reflexionen und des Nachhalls auf alle Zuhörerplätze. Die Architektur früherer Jahrhunderte bot durch ihre Vielgestaltigkeit hierfür günstige Voraussetzungen, während die heutige, meist großflächige Gestaltung den Akustiker vor größere Probleme stellt, auch hinsichtlich der oft geforderten vielseitigen Verwendbarkeit der Veranstaltungsräume.

Im allgemeinen läßt sich (auch in kleineren Räumen) eine brauchbare Akustik unter folgenden Voraussetzungen erreichen: Länge, Höhe und Breite in ungeradzahligem Verhältnis, Vermeidung paralleler reflektierender Flächen – statt dessen Schrägstellung von mindestens 2 Flächen um wenigstens 5 Grad (zur gegenüberliegenden), Dämpfung der (z.B. Fenstern) gegenüberliegenden Wand durch Holz, Regale oder einen Vorhang (sonst „Flatterechos“), Vermeidung glatter, ungedämpfter Decken. Andererseits sollte man (z.B. in Unterrichtsräumen) die Nachhallzeit nicht zu sehr verkürzen, da hiermit immer auch eine Reduzierung der beim Hörer ankommenden Schallenergie verbunden ist.

Lit.: L. CREMER, Die wiss. Grundlagen der R., 3 Bde. (St 1948–61); G. HARTMANN, Praktische Akustik, 2 Bde. (Mn 1964–68); R. WERNER, Einflüsse raumakustischer Faktoren auf das Musikhören in Kirchen (B 1970); W. FURRER – A. LAUBER, Raum- u. Bauakustik (Bas – St [3]1972); Hdb. der Tonstudiotechnik (Mn – NY [3]1979) (Lit.); W. AHNERT – W. REICHHARDT, Grundlagen der Beschallungstechnik (St 1981).

U. KRAUS

RAUPACH. – 1) Christoph (Pseudonym Veritophilus), * 5. 7. 1686 Tondern, † 1744 Stralsund; dt. Komponist. Er wurde 1701 Orgelschüler von G. Bronner in Hamburg und 1703 Organist an der Nikolaikirche in Stralsund, wo er bis zu seinem Tod blieb. Die Schrift *Veritophili deutliche Beweis-Gründe Worauf der rechte Gebrauch der Musik... beruhet* wurde von J. Mattheson in seiner Ausgabe des 3. Teils von Fr. E. Niedts *Musicalischer Handleitung* veröffentlicht (H 1717). – R. schrieb ferner Klaviersuiten, Oratorien und Kantaten. – **2) Herrmann Friedrich,** Sohn von 1), * 21. 12. 1728 Stralsund, † Dezember 1778 St. Petersburg; dt. Komponist. Er war seit 1755 Cembalist am Hoforchester und seit 1758 Hofkomponist und Kapellmeister der italienischen Oper in St. Petersburg und brachte im selben Jahr seine erste Oper, *Alkeste,* zur Aufführung. Nachdem er 1762 durch V. Manfredini abgelöst worden war, ging er über Hamburg nach Paris, wo er mit W. A. Mozart zusammentraf. 1768 nach Petersburg zurückgekehrt, wurde er 1770 Hofkapellmeister neben T. Traëtta. In den Klavierkonzerten KV 37, 39 und 41 hat Mozart Sonatensätze von R. verarbeitet, der auch der Autor der Violinsonate KV Anh. 290 = 61 ist.

WW: Sonaten für Cemb. u. V., op. 1 (P um 1762) u. op. 2 (um 1765); Sonaten für 2 V. u. B.c., op. 3 (P um 1770). – Opern (hsl. erhalten, UA in St. Petersburg): *Alkeste* (1758); *Siroe* (um 1760); *Doriye soldati* (Die guten Soldaten) (1780).

Lit.: R. A. MOOSER, Annales de la musique et des musiciens en Russie au XVIIIe siècle I (G 1948).

RAUSCHPFEIFE. – 1) Im Mittelalter Bz. für ↗Rohrblattinstrumente (mhd. rusche = Schilfrohr, Rohrpfeife). – **2)** Im 16. Jh. ein Rohrblattinstrument mit zylindrischer Röhre und Windkapsel, das in Deutschland im 17. Jh. vom ↗Kortholt verdrängt, in Frankreich jedoch als „Hautbois de Poitou“ weiterhin gespielt wurde. – **3)** Bei der Orgel eine nicht repetierende ↗gemischte Stimme, die 2–4fach in Quinten (5 ⅓′, 2 ⅔′; Rauschquinte genannt) und Oktaven (4′, 2′) aufgebaut ist. Charakteristisch ist der das Blasinstrument nachahmende Klang.

RAUSCHQUINTE, Orgelregister, ↗Rauschpfeife.

RAUTAWAARA, Terttu Aulikki, * 2. 5. 1906 Helsinki; finnische Sängerin (Sopran). Ersten Gesangunterricht erhielt sie von ihrem Vater, studierte später bei Olga Eisner in Berlin und debütierte 1932 am Opernhaus in Helsinki. In den 30er und 40er Jahren gastierte sie in ganz Europa und wurde international vor allem als Mozart-Interpretin bekannt. Große Erfolge feierte sie 1934–38 als Gräfin in W. A. Mozarts *Le Nozze di Figaro* bei den Festspielen von Glyndebourne und 1937 bei den Salzburger Festspielen. Daneben gastierte sie häufig in Berlin, München, Wien, Amsterdam, Brüssel und Stockholm, wirkte außerdem in einigen Tonfilmen mit und war auch als Operettensängerin sehr beliebt. Seit dem 2. Weltkrieg lebt sie als Gesanglehrerin in Helsinki und trat nur noch selten auf.

RAUZZINI, Venanzio, * 18. 12. 1746 Camerino, † 8. 4. 1810 Bath; it. Sänger (Kastrat) und Komponist. Er war möglicherweise Schüler von N. Porpora in Neapel, wurde 1757 Mitglied der Accademia di S. Cecilia in Rom und debütierte dort 1765 am Teatro della Valle. 1766–77 war er Hofopernsänger in München, wo auch seine ersten Bühnenwerke entstanden. Im Dezember 1772 sang er die Titelrolle in W. A. Mozarts *Lucio Silla* bei dessen Uraufführung in Mailand. 1773 widmete ihm Mozart seine Motette *Exsultate, jubilate* KV 165 = 158a. Nach weiteren Auftritten an den Bühnen von Venedig, Padua und Turin sang er, z.T. in eigenen Opern, am Haymarket Theatre in London. Später lebte er als Komponist, Gesang- und Klavierlehrer in Bath, wo er seit 1781 außerdem die Konzerte in den New Assembly Rooms in Bath leitete. R. galt als einer der größten Sänger seiner Stimme. Ch. Burney rühmte Virtuosität und Klang seiner Stimme, schätzte aber mehr noch seine kompositorischen und pianistischen Fähigkeiten. R. beeindruckte auch durch große Darstellungskraft.

WW: Klv.- u. V.-Sonaten; Streichquartette; eine Symphonie; Arien; Kantaten; *12 Solffegi or Exercises for the Voice* (Lo 1808). – Opern: *L'eroe cinese*, UA: München 1770; *Astarto*, UA: ebd. 1772; *Pompeo*, UA: ebd. 1773; *Creusa in Delfo*, UA: London 1783; *La regina di Golconda*, UA: ebd. 1784; La Vestale, UA: ebd. 1787.

Lit.: M. SANDS, V. R., in: MT 94 (1953); J. REINDL, V. R. als Instrumentalkomponist, 3 Bde. (Diss. W 1961).

RAVAL, Sebastián, * um 1550 vermutlich Cartagena, † 25. 10. 1604 Palermo; span. Komponist. R. war zunächst Soldat, trat dann in den Kapuzinerorden und 1592 in den Johanniterorden ein, kam als „Virtuoso di musica" an den Hof des Grafen von Urbino und ging wenig später nach Rom. Dort lernte er viele namhafte Musiker seiner Zeit, u.a. L. Marenzio, kennen. Seine Behauptung, der beste Musiker Italiens zu sein, führte zu einem öffentlichen Wettstreit mit G. M. Nanino und Fr. Soriano, dem er jedoch unterlag. Er wandte sich daraufhin nach Palermo, wo er 1595 Kapellmeister der königlichen Kapelle an S. Pietro wurde.

WW: **1) Geistliche WW:** Motetten für 5 St. (R 1593); *Lamentationes Hieremiae prophetae* für 5 St. (R 1594); *Motecta selecta organo accomodata* für 3–8 St. (Palermo 1600, unvollst. erhalten). – **2) Weltliche WW:** Madrigale für 5 St. (V 1593); Canzonetten für 4 St. (V 1593); Madrigale für 3, 5 u. 8 St. (R 1595, unvollst.); Ricercari für 4–12 St. (Palermo 1596).

Lit.: O. TIBY, S. R. A 16th Century Spanish Musician in Italy, in: MD 2 (1948).

RAVEL, Joseph Maurice, * 7. 3. 1875 Ciboure (Basses-Pyrénées), † 28. 12. 1937 Paris; frz. Komponist. Er war seit 1882 Klavierschüler von Henri Guys, später von Charles René, bei dem er auch ersten Unterricht in Harmonielehre, Kontrapunkt und Komposition erhielt. 1889 trat er ins Pariser Conservatoire ein und studierte Klavier bei Ch. de Bériot und Harmonielehre bei Émile Pessard. In dieser Zeit entstanden seine ersten Kompositionen: die von A. E. Chabrier beeinflußte *Sérénade grotesque* für Klavier (1893), die *Ballade de la reine morte d'aimer* für Singstimme und Klavier (1894), die nach eigenem Zeugnis unter dem Eindruck der Begegnung mit E. Satie entstand, das Lied *Un grand sommeil noir* (1895 nach Paul Verlaine), das an das *Lamento* H. Duparcs erinnert, und schließlich eine *Habanera* für 2 Klaviere (1895, aus *Les sites auriculaires*), die schon fast alle stilistischen Eigentümlichkeiten R.s aufweist und fast unverändert in die *Rapsodie espagnole* übernommen wurde. R. interessierte sich – unabhängig von Chabrier und Satie – für die Werke R. Schumanns, C. M. von Webers, Fr. Chopins und Fr. Liszts, erhielt aber seine entscheidenden musikalischen Eindrücke vor allem durch Cl. Debussys *Prélude à l'après-midi d'un faune* und später noch durch die Werke der ↗Gruppe der Fünf. Seit 1897 besuchte R. die Klasse für Kontrapunkt und Fuge von André Gedalge und für Komposition von G. Fauré. 1898 trat er mit den *Sites auriculaires* für 2 Klaviere in der Société Nationale de Musique erstmals öffentlich als Komponist in Erscheinung und fand, wie auch ein Jahr später mit *Shéhérazade* (der einzige realisierte Teil einer geplanten Märchenoper), lebhafte Resonanz. Aufsehen erregte noch im selben Jahr die *Pavane pour une infante défunte* für Klavier. Von entscheidender Bedeutung war jedoch das Jahr 1901, in dem *Jeux d'eau* entstand, ein Stück mit ganz neuen, eigenwilligen Klängen im hohen Diskant der Tastatur; endlich errang er auch einen 2. Prix de Rome, konnte aber im Conservatoire keine weiteren Erfolge verzeichnen. Die Aufführung seines 1903 entstandenen Streichquartetts 1905 führte sogar zu einem Skandal, der in der Presse ein lebhaftes Echo fand. 1905 schrieb er die klassizistische *Sonatine* und die *Miroirs*, beide für Klavier, die einen weiteren Schritt in der Entwicklung seiner Klangsprache markieren. An dieser Stelle ist auch der Plan zu einem Drame lyrique, *La chloche engloutie* (*Die versunkene Glocke*, nach G. Hauptmann), zu nennen, der aber trotz größerer Fortschritte 1914 wieder aufgegeben wurde. Einen neuen Skandal riefen die 1907 aufgeführten *Histoires naturelles* (1906) hervor, in denen R. die Prosa Jules Renards auf sehr eigenwillige Weise behandelte – z.B. Elidierung stummer Buchstaben –, während der verhaltene Klavierpart voller poetischer Imagination ist. R. war von nun an berühmt. 1907 schrieb er die *Rapsodie espagnole*, ein Beispiel seiner außerordentlichen Instrumentationskunst, und *L'heure espagnole*, in der er mit sicherem Gespür für Parodie an die Tradition der

Opéra-bouffe anknüpft. Sein zweites, 18 Jahre später entstandenes Bühnenwerk, das bezaubernde Märchen *L'enfant et les sortilèges* (Text von Colette), entfaltet dagegen die sensible Welt des Kindes und der Natur. In die Sphäre des Kindes gehört auch *Ma mère l'oye* (1908), 5 Stücke für Klavier zu 4 Händen, die R. später auch zu einem Ballett umarbeitete. Es folgten *Gaspard de la nuit* (nach Aloysius Bertrand) und die choreographische Symphonie *Daphnis et Chloé* (1909–12), die für die Ballets Russes S. Diaghilews bestimmt war und deren 2. Suite neben dem *Boléro* (1928) die bekannteste Komposition R.s überhaupt ist. Lediglich der *Boléro,* den die Tänzerin Ida Rubinstein in Auftrag gegeben hatte, war zeitweise noch populärer als dieses Werk. Die ursprünglich für Klavier komponierten *Valses nobles et sentimentales* (1911) wurden 1912 für Orchester umgeschrieben und erschienen als Ballett unter dem Titel *Adélaïde ou le Langage des fleurs.* Mit ihnen hat R. eine vollkommen eigenständige Schreibweise erreicht, wenn auch die im folgenden Jahr entstandenen *Trois poèmes de Stéphane Mallarmé* für Gesang und 9 Instrumente Einflüsse A. Schönbergs vermuten lassen. Ein späteres Echo fanden die *Valses nobles et sentimentales* noch in der choreographischen Tondichtung *La valse* (1919).

1914 meldete sich R. zum Kriegsdienst, wurde für untauglich befunden und bis zur Entlassung 1917 auf eigenen Wunsch als Lastwagenfahrer eingesetzt. Von den nach dieser Zeit entstandenen Kompositionen sind vor allem die *Chansons madécasses* (1925/26) für Singstimme, Klavier, Cello und Querflöte zu nennen, die sich durch seltene Originalität und künstlerische Vollendung auszeichnen. 1926 unternahm R. eine Reise durch Skandinavien, 1928 durch die Vereinigten Staaten und Kanada und nach Oxford, wo er die Ehrendoktorwürde der Universität erhielt. In seiner Heimatstadt Ciboure wurde er 1929 mit großen Festlichkeiten geehrt. 1929–30 schrieb er für den Pianisten P. Wittgenstein, der im Krieg den rechten Arm verloren hatte, das Klavierkonzert für die linke Hand *(Concerto pour la main gauche)* und vollendete 1931 das Klavierkonzert G-Dur. Beide Werke verwenden Elemente der Jazzmusik. Seit 1933 traten die Symptome eines mit Lähmungserscheinungen verbundenen Gehirnleidens auf, das schließlich auch zu seinem Tod führte.

WW: **1) Instr.-WW: a)** Für Klv.: *Sérénade grotesque* (1893) (unveröff.); *Menuet antique* (1895) (für Orch. bearb. 1929); *Pavane pour une infante défunte* (1899); *Jeux d'eau* (1901); *Miroirs:* 1. *Noctuelles,* 2. *Oiseaux tristes,* 3. *Une barque sur l'océan,* 4. *Alborada del gracioso,* 5. *La vallée des cloches* (1905); Sonatine (1905); *Gaspard de la nuit:* 1. *Ondine,* 2. *Le gibet,* 3. *Scarbo* (1908); *Menuet sur le nom de Haydn* (1909); *Valses nobles et sentimentales* (1911); *Prélude* (1913); *A la manière de ...:* 1. *Borodine,* 2. *Chabrier* (1913); *Le tombeau de Couperin:* 1. *Prélude,* 2. *Fugue,* 3. *Forlane,* 4. *Rigaudon,* 5. *Menuet,* 6. *Toccata* (1914–17). – Für Klv. zu 4 Händen: *Ma mère l'oye:* 1. *Pavane de la belle au bois dormant,* 2. *Petit poucet,* 3. *Laideronnette, impératrice des pagodes,* 4. *La belle et la bête,* 5. *Le jardin féerique* (1908). – Für 2 Klv.: zu 4 Händen: *Les sites auriculaires* (1895–96); zu 5 Händen: *Frontispice* (1918). – **b)** Kammermusik: Sonate (1920–22) für V. u. Vc., daraus: 1. Satz als Nr. 8 v. *Tombeau de C. Debussy,* in: RM (1920) Dezember-H. (Musikbeilage, zus. mit anderen Komponisten); für V. u. Klv.: *Berceuse sur le nom de G. Fauré* (1922); Sonate (1923–27); Konzertrhapsodie *Tzigane* (1924) (auch für V., Klv. u. Luthéal). – Klv.-Trio a-moll (1914); Streichquartett F-Dur (1902–03); Introduktion u. Allegro (1905) für Harfe, Streichquartett, Fl. u. Klar. – **c)** Für Orch.: Ouvertüre *Shéhérazade* (1898) (unveröff.); *Rapsodie espagnole* (1907) (davon Nr. 3, *Habanera,* bearb. nach Nr. 1 aus *Sites auriculaires*); 2 Suiten (1911–13) aus *Daphnis et Chloé* (die 2. Suite im letzten Satz auch mit Chor); choreographische Tondichtung *La valse* (1919) (bearb. für 2 Klv. 1921); Konzertrhapsodie *Tzigane* (1924) für V. u. Orch. (Bearb. der Fassung für V. u. Klv.); *Boléro* (1928) (s. u. Bühnenwerke); Klv.-Konzert für die linke Hand *(Concerto pour la main gauche)* (1929–30); Klv.-Konzert G-Dur (1929–31). – Bearbeitungen eigener Klv.-Werke: *Pavane pour une infante défunte* (1910); aus *Miroirs:* Nr. 3, *Une barque sur l'océan* (1906, revidiert 1926) u. Nr. 4, *Alborada del gracioso* (1918); *Valses nobles et sentimentales* (1912), als Ballett unter dem Titel *Adélaïde, ou le Langage des fleurs* (s. u. Bühnenwerke); 4 Sätze (1., 3., 4. und 5.) aus *Le tombeau de Couperin* (1919); *Ma mère l'oye* (erweitert, 1911). – **2) Vokal-WW: a)** Für SingSt u. Klv.: *Ballade de la reine morte d'aimer* (1894) (unveröff.); *Un grand sommeil noir* (1895) (Text v. P. Verlaine); *Sainte* (1896) (Text v. S. Mallarmé); *Deux épigrammes de C. Marot* (1898); *Manteau de fleurs* (1903) (auch mit Orch.); *Le Noël des jouets* (1905) (Text v. R.) (auch mit Orch. 1905, 2. Fassung 1913); *Cinq mélodies populaires grecques* (1906) (Nr. 1 u. 5 auch mit Orch.); *Histoires naturelles* (1906) (Text v. J. Renard); *Les grands vents venus d'outre-mer* (1906) (Text v. H. de Régnier); *Sur l'herbe* (1907) (Text v. Verlaine); *Vocalise-étude en forme de Habanera* (1907) (auch für V. u. Klv.); *Chants populaires* (1910) (auch mit Orch.); *Deux mélodies hébraïques* (1914) (auch mit Orch. 1920); *Ronsard à son âme* (1924) (Text v. P. de Ronsard) (auch mit Orch.); *Rêves* (1927) (Text von L.-P. Fargue); *Don Quichotte à Dulcinée* (1932–33) (Bearb. der Fassung mit Orch.). – **b)** Für Chor a cap.: *Trois chansons* (1914–15) (Text v. R.) (bearb. für SingSt u. Klv. 1916). – **c)** Für SingSt mit Instrumenten bzw. mit Orch.: Kantaten für 3 Solo-St. u. Orch.: *Myrrha* (1901), *Alcyone* (1902) u. *Alyssa* (1903) (alle unveröff.); *Shéhérazade* (1903) (Text v. T. Klingsor) für Mezzosopran u. Orch. (teilweise bearb. nach der Ouvertüre v. 1898, auch mit Klv.); *Trois poèmes de S. Mallarmé* (1913) mit Pikkolo-Fl., Fl., Klar., Baßklar., Klv. u. Streichquartett (auch mit Klv. allein); *Chansons madécasses* (1925–26) mit Fl., Vc. u. Klv. (auch mit Klv. allein); *Don Quichotte à Dulcinée* (1932–33) (Text v. P. Morand) mit Orch. – **3) Bühnen-WW** (wenn nichts anderes angegeben, in Paris uraufgeführt): **a)** Ballette: Symphonie chorégraphique *Daphnis et Chloé* (1909–12) (Choreographie v. M. Fokin), UA: 1912; *Boléro* (1928) (Choreographie v. B. Nischinska), UA: 1929. – Ballettbearbeitungen eigener Werke: *Ma mère l'oye* (Choreographie nach R.), UA: 1912; *Adélaïde ou le Langage des fleurs* (bearb. nach der Orchesterfassung v. *Valses nobles et sentimentales,* Choreographie nach R.), UA: 1912; *Le tombeau de Couperin* (bearb. nach der Orch.-Fassung, ohne Nr. 1), UA: 1920; *La valse* (Choreographie v. B. Nischinska), UA: 1928. – **b)** Opern: Comédie musicale *L'heure espagnole* (1907) (Libr.: Franc-Nohain), UA: 1911; Fantaisie lyrique *L'enfant et les sortilèges* (1920–25) (Libr.: Colette), UA: Monte Carlo 1925. – **4) Bearbeitungen v. Werken anderer Komponisten: a)** Für Klv.: C. Debussy, *Nocturnes,* daraus: *Sarabande* (1909) für 2 Klv.; ders., *Prélude à l'après-midi d'un faune* (1910) für Klv. zu 4 Händen. – **b)** Für

Orch.: E. Satie, *Les fils des étoiles*, daraus: *Prélude* (1913); R. Schumann, *Carnaval* (1914) (nur einzelne Nrn., als Ballett); E. Chabrier, *Dix pièces pittoresques*, daraus: *Menuet pompeux* (1918) (als Ballett); C. Debussy, *Pour le piano*, daraus: *Sarabande* (1922); ders., *Tarantelle styrienne*, als: *Danse* (1922); M. Mussorgski, *Bilder einer Ausstellung*, als: *Tableaux d'une exposition* (1922). – Ferner bearbeitete R. die Oper *Chowanschtschina* v. M. Mussorgski (zus. mit I. Strawinsky), UA: Paris 1913. – Außerdem gab R. heraus: *F. Mendelssohn, Complete Works for Piano solo and Piano Concerts* (1915–16). – **5) Schriften:** *Réponse à une enquête sur Wagner*, in: La Grande Revue (1909); *A propos des Images de C. Debussy*, in: Les Cahiers d'aujourd'hui 3 (1913); *Reprise de Boris Godounoff*, in: Comœdia illustré (1913); *Les Mélodies de G. Fauré*, in: RM 11 (1922); *Contemporary Music*, in: The Rice Institute Pamphlets 15 (Houston 1928), Nachdr. in: RMie 50 (1964); Autobiograph. Skizze, hrsg. v. Roland-Manuel als: *Une esquisse autobiographique de M. R.*, in: RM (1938); Briefe, hrsg. v. R. Chalupt – M. Gerar als: *R. au miroir de ses lettres* (P 1956).

13 Jahre nach Debussy geboren, wurden R. seit dem 20. Lebensjahr dessen *Prélude à l'après-midi d'un faune* (1894) und *Pelléas et Mélisande* (1902) und die Werke der jungen russischen Komponisten (*Tamara* von M. Balakirew, *Scheherazade* von N. Rimski-Korsakow) zum Erlebnis, und er wuchs musikalisch gewissermaßen in impressionistischer Umgebung auf. Die musikalischen Neuerungen und Freiheiten Debussys hat R. in sehr persönlicher Weise in seinen Kompositionsstil integriert: transparente Klänge (*Sainte, Jeux d'eau*, Streichquartett), parallel geführte Grundakkorde (*Pavane pour une infante défunte*, Streichquartett, Sonatine), außergewöhnliche Aneinanderreihung aparter Klanggebilde *(Le Martin-pêcheur* aus *Histoires naturelles*, Vorspiel zu *L'heure espagnole)*, unerwartete Modulationen und die orchestrale Palette von heller oder irisierender Farbigkeit *(La belle et la bête)*. Bei alldem ist ein Streben nach Klarheit und konziser musikalischer Sprache, die alles Bombastische und Geschwätzige meidet, unverkennbar. In dieser Hinsicht konnte ihm der Satie der *Gymnopédies* (1888) Vorbild sein *(La belle et la bête* aus *Ma mère l'oye)*. Doch fand R. schnell zu sich selbst. Seine Melodik ist prägnant und absolut originell. Sie ist fast ausschließlich diatonisch und geht teilweise auf die Kirchentonarten oder die unvollständigen Tonleitern wie die Pentatonik zurück. Seine Harmonik beruht auf einer kleinen Zahl von Akkorden, aus denen aber eine große Vielfalt von Klängen entsteht. Es sind Akkorde, die fast immer in ihrer Grundform verwendet und häufig quintenweise verbunden werden: Mollsept- und Nonakkorde, andere 4tönige und 5- und mehrtönige Akkorde mit verschieden kombinierter Schichtung von großen und kleinen Terzen. R.s Rhythmik ist einfach und ziemlich traditionell. Gleiches gilt auch für die Formgestaltung. Sie ist oft an klassischen Vorbildern orientiert (↗Neoklassizismus) mit einem Kopfsatz mit 2 kontrastierenden musikalischen Einfällen (vgl. das Streichquartett, die Klaviersonatine, die Violin- und die Cellosonate). Der musikalische Ablauf ist hier – ausgenommen das Quartett – selten thematisch durchgeführt. Eher handelt es sich, wie bei Chopin, um die Fortführung eines Gedankens oder um ein Nebeneinander einzelner Abschnitte. In seinem Vokalstil vermeidet R. die effekthafte Entwicklung zugunsten einer Stimmführung, die nach dem Vorbild von Debussys *Pelléas* eine überaus natürliche Textdeklamation ermöglicht (*Histoires naturelles, L'heure espagnole*, hier mit einer gewissen ironischen Affektiertheit). R.s Klavierstil setzt in wesentlichen Zügen der pianistischen Virtuosität die Kunst Liszts fort. Dies zeigt sich etwa in der Verwendung der gleichsam kristallenen Diskantlage *(Jeux d'eau)*, in den raschen Tonwiederholungen *(Alborada del gracioso* aus *Miroirs)* und orchestralen Effekten (Toccata aus *Tombeau de Couperin*). Als erster benutzt R. Sekundfolgen, die dadurch entstehen, daß mit dem Daumen zwei benachbarte Töne angeschlagen werden *(Jeux d'eau, Scarbo* aus *Gaspard de la nuit)*. Dagegen fehlen bei ihm die für die virtuose Klaviermusik des 19. Jh. charakteristischen Oktavenpassagen. Von vollendeter Meisterschaft ist R.s Kunst der Instrumentation. Schillernd und farbig in der *Shéhérazade*, virtuoser noch in der *Rapsodie espagnole*, strahlend in *L'heure espagnole* und in *Daphnis et Chloé*, klassisch maßvoll in *Tombeau de Couperin*, wo die orchestrale Transposition des ursprünglich für Klavier geschriebenen Werkes besonders bemerkenswert ist. Insgesamt scheint R. jedes seiner Themen auch im Hinblick auf das jeweilige Instrument konzipiert zu haben, unter Ausnutzung seiner äußersten Grenzen im Tonumfang und mit überraschend neuartigen Klangmöglichkeiten.

R. gelangte schon früh, in einem Alter von 20 Jahren, zu künstlerischer Reife, und sein Stil zeigt kaum eine Entwicklung. Gleichwohl lassen sich unterscheiden: eine erste Periode der Aneignung, markiert durch die Werke von der *Shéhérazade* und dem Streichquartett bis zu den *Miroirs*, die eine zweite Schaffensphase mit *Histoires naturelles, L'heure espagnole, Gaspard de la nuit* und *Daphnis et Chloé* einleiten. Eine dritte umfaßt u.a. die *Valses nobles et sentimentales*, den *Boléro*, das Klavierkonzert für die linke Hand, vor allem aber die *Chansons madécasses*. Sie trugen R. freilich den Vorwurf zumindest des stilistischen Manierismus, wenn nicht gar der Trockenheit ein.

R., Sohn des aus Savoyen stammenden Ingenieurs Joseph R. und einer baskischen Mutter, scheint viel von seiner Neigung zum Konstruktivistischen und zur Präzision wie andererseits seine Vorliebe für Spanisches seiner Herkunft zu verdanken. Auch der Orient und der Osten haben ihn stets angezogen, wie umgekehrt er die Gruppe der Fünf, Debussy und A. Roussel fasziniert hat. Die Freude am Wetten ließ ihn sich oft schwierige Kompositionsaufgaben stellen, die er souverän und elegant löste, so die Vertonung eines ungeeignet scheinenden Textes in den *Histoires naturelles,* die ostinate Wiederholung eines Themas im *Boléro,* wo der Ablauf des Stückes wesentlich durch eine enorm zunehmende klangliche Verdichtung bestimmt wird, oder technische Beschränkungen wie im Klavierkonzert für die linke Hand, dessen Solopart so klingt, als wäre er für 2 Hände geschrieben. Auch die Zauberkunst und die Märchen- und Kinderwelt regten R. zu der in den Klangfarben nahezu unerschöpflichen Wandlungsfähigkeit seiner Tonsprache an. Im allgemeinen Bewußtsein der Nachwelt ist sein geschichtlicher Rang unbestritten: er gilt als der mit Debussy bedeutendste französische Komponist im ersten Drittel des 20. Jh.

Lit.: **1) Werkverzeichnisse u. Bibliographien:** Catalogue de l'œuvre de M. R., hrsg. von der FONDATION M. R. (P 1954); Catalogue de l'exposition R. (ebd. 1975). – Vollständige Bibliogr. bei: A. ORENSTEIN (s. u. Biographien). – **2) Biographien u. umfassende Darstellungen:** V. JANKÉLÉVITCH, M. R. (P 1939, ²1956), dt. als: M. R. in Selbstzeugnissen u. Bilddokumenten (Reinbek 1958) (= Rowohlts Monographien 13); ROLAND-MANUEL, M. R. (P 1938, engl. Lo 1947, Nachdr. NY 1972, Magnolia/Mass. 1973, dt. Pd 1951); N. DEMUTH, R. (Lo 1947, Nachdr. NY 1962); J. BRUYR, M. R. ou Le lyrisme et les sortilèges (P 1950); W. TAPPOLET, M. R. Leben u. Werk (Olten 1950); V. SEROFF, M. R. (NY 1953); R. DE FRAGNEY, M. R. (Ly 1960); R. MYERS, R. Life and Works (Lo 1960–71, Nachdr. Westport/Conn. 1973); G. LÉON, M. R. (P 1964); H. H. STUCKENSCHMIDT, M. R. Variationen über Person u. Werk (F 1966, ²1976) (mit Werk-Verz. u. Lit.); P. PETIT, R. (P 1970); A. ORENSTEIN, R. Man and Musician (NY 1975) (mit vollständiger Bibliogr.); R. NICHOLS, R. (Lo 1977). – **3) Zu speziellen Aspekten, einzelnen Werken und Werkgruppen:** TH. W. ADORNO, R., in: Anbruch 12 (1930), revidiert in: Moments musicaux (F 1964); M. DE FALLA, Notes sur R., in: RM 189 (1939); V. PERLEMUTER – H. JOURDAN-MORHANGE, R. d'après R. Les œuvres pour piano, les deux concertos (Lau 1953, rev. ⁵1970) (= Les documents célèbres 3); K. AKERET, Studien z. Klv.-Werk v. M. R. (Diss. Z 1941); R. DE FRAGNY, Les inédits de M. R., in: Melos 14 (1947) H. 12 (= Sonder-H. R.); ROLAND-MANUEL, Lettres de M. R. et documents inédits, in: RMie 38 (1956); G. SANNEMÜLLER, Das Klavierwerk v. M. R. (Diss. Kiel 1961); DERS., R.s Stellung in der frz. Musik, in: Gedenkschrift H. Albrecht (Kas 1962); J. BRAUN, Die Thematik in den Kammermusikwerken v. M. R. (Rb 1966) (= Kölner Beitr. z. Musikforsch. 33); A. ORENSTEIN, L'enfant et les sortilèges. Correspondance inédite de R. et Colette, in: RMie 52 (1966); DERS., M. R.'s Creative Process, in: MQ 53 (1967); ESPIAU DE LA MAËSTRE, Der rätselhafte R., in: Beiträge 1967 (Kas 1967); E. N. WILSON, Form and Texture in the Chamber Music of Debussy and R. (Seattle 1968) (= Diss. Univ. of. Washington); A. ORENSTEIN, The Vocal Works of M. R. (1968) (= Diss. Columbia Univ.); J. CHAILLEY, Une première version inconnue de „Daphnis et Chloé" de M. R., in: Mélanges d'histoire littéraire. FS R. Lebègue (P 1969); J. F. HOPKINS, R.'s Orchestral Transcription Technique (1969) (= Diss. Princeton Univ.); L. DAVIES, R. Orchestral Music (Lo 1970, Seattle 1971) (= BBC Music Guides 18); M. LONG, Au piano avec M. R. (P 1971, engl. 1973); M. N. PEPIN, Dance and Jazz Elements in the Piano Music of M. R. (1972) (= Diss. Boston Univ.); A. ORENSTEIN, Some Unpublished Music and Letters by M. R., in: Music Forum 3 (1973); G. SANNEMÜLLER, Die Sonate für V. u. Vc. v. M. R., in: Mf 28 (1975); H. MACDONALD, R. and the Prix de Rome, in: MT 116 (1975); J.-M. NECTOUX, M. R. et sa bibliothèque musicale, in: FAM 24 (1977); A. DOMMEL-DIÉNY, L'harmonie de R. vue à travers le second mouvement de la Sonatine, in: SMZ 117 (1977); R. GROUQUIST, R.'s „Trois poèmes de S. Mallarmé", in: MQ 64 (1978); TH. HIRSBRUNNER, Zu Debussys u. R.s Mallarmé-Vertonungen, in: AfMw 35 (1978).

RAVENSCROFT, John (I), * London, † vor 1708 ebd.; engl. Komponist. Er veröffentlichte in Rom 1695 unter dem Namen Giovanni Ravenscroft alias Rederi Inglese 12 *Sonate a trè* op. 1, für 2 Violinen und Violone oder Archiliuto (Nachdr. A um 1697). Eine zeitgenössische hsl. Kopie dieses Werkes ist mit der Aufschrift „L. D. I. M. S. Inglese allievo d'Arcangelo Corelli" versehen, doch läßt sich nicht mit Sicherheit sagen, daß R. ein unmittelbarer Schüler Corellis gewesen ist. Seine Sonaten weisen jedoch stilistisch große Ähnlichkeit mit denen Corellis auf. 6 Triosonaten *(Sonate di camera)* erschienen als op. 2 (Lo um 1706), 9 wurden später (A um 1735) als op. 7 Corellis gedruckt.

Ausg.: Triosonate op. 1 Nr. 4, in: E. SCHENK, Die außerit. Triosonate (Kö 1970) (= Das Musikwerk 35).

Lit.: M. PINCHERLE, Corelli et son temps (P 1954); W. S. NEWMAN, R. et Corelli, in: ML 38 (1957); DERS., The Sonata in the Baroque Era (Chapel Hill 1958, revidiert NY – Lo 1972).

RAVENSCROFT, John (II), † um 1745 vermutlich London; engl. Violinist und Komponist. R. gehörte zu den Waits (Dorfmusikanten) of the Tower Hamlets in London, spielte auch im Goodman's Fields Theatre und war als Komponist durch seine Hornpipes bekannt. Ein Tanz wurde in *The English Dancing Master* III von J. Playford (Lo 1726), zwei weitere Tänze in *A General History* von J. Hawkins (Lo 1776) veröffentlicht. Ferner erschienen 2 Lieder, *Foolish women fly men's charms* und *Lucinda, say,* in Sammeldrucken der Zeit.

Lit.: J. C. BRIDGE, Town Waits and Their Tunes, in: Proc. R. Mus. Assoc. 54 (1928).

RAVENSCROFT, Thomas, * nach 1590, † um 1633; engl. Komponist und Musiktheoretiker. Sein Lebenslauf ist größtenteils unbekannt. Er war Chorknabe an der St. Paul's Cathedral in London, studierte später an der Universität Cambridge und wurde Bachelor of Music. 1618–22 war er Musiklehrer am Christ's Hospital in London. R. wurde von seinen Zeitgenossen hoch geschätzt. Seine

Sammlungen von Rounds, Catches, Partsongs u. ä. sind eine wichtige Quelle für die volkstümlich orientierte vokale Kompositionspraxis in der 1. Hälfte des 17. Jh. in England.

WW: **1) Kompositionen** (hsl. erhalten): Einige Anthems, Motetten u. Fantasien. – **2) Ausgaben:** *Pammelia,* Catches für 3–10 St. (Lo 1609, ²1618), 2. Teil als *Deuteromelia,* Freemens songs u. Catches für 3–4 St. (Lo 1609); *Melismata, Phansies, citie and countrey humours* für 3–5 St. (Lo 1611); *The whole booke of Psalmes* für 4 St. (Lo 1621, ²1633) (mit zahlr. eigenen Sätzen). – **3) Schriften:** *A Briefe Discourse of the True ... Use of Charact'ring the Degrees ...* mit *Examples ... in the Harmony of 4 Voyces* (Lo 1614); *A Treatise of Musick* (hsl. erhalten).

Ausg.: *Pammelia, Deuteromelia* u. *Melismata,* Faks. der Erstausg., hrsg. v. M. Leach (Philadelphia 1961) (= Publications of the American Folklore Society, Bibliographical and Special Series 12); *A Briefe Discourse ...,* Faks.-Ausg. (A – NY 1971) (= The Engl. Experience 409).

Lit.: A. J. Sabol, R.'s „Melismata" and the Children of Paul's, in: Renaissance News 12 (1959); W. P. Stroud, The R. Psalter 1621 (1959) (= Diss. Univ. of Southern California); R. Illing, Est, Barley, R., and the Engl. Metrical Psalter (Adelaide 1969); D. G. Mateer, A Critical Study and Transcription of „A Briefe Discourse" by Th. R. (Diss. Lo 1970).

RAWSTHORNE, Alan, * 2. 5. 1905 Haslingden (Lancashire), † 24. 7. 1971 Cambridge; engl. Komponist. Er studierte seit 1925 Klavier, Violoncello und Komposition am Royal Manchester College of Music und bildete sich als Pianist noch 1930 bis 1932 bei Egon Petri in Berlin weiter. Anschließend unterrichtete er an der Dartington Hall School, ging 1935 nach London und machte dort auf dem Festival der IGNM 1938 mit *Theme and Variations* für 2 Violinen als Komponist auf sich aufmerksam. Noch größere Resonanz fanden seine beim IGNM-Festival des folgenden Jahres in Warschau aufgeführten *Symphonic Studies* für Orchester. Nach dem 2. Weltkrieg widmete er sich ausschließlich der Komposition. 1961 wurde er Commander of the British Empire. Von den Universitäten London, Essex und Belfast erhielt er die Ehrendoktorwürde. R. ist stilistisch stark von P. Hindemith beeinflußt. Ohne allerdings dessen harmonisches Konzept zu übernehmen, bekundet sich bei ihm eher eine Tendenz zu tonaler Mehrdeutigkeit. Seine späteren Werke sind gelegentlich von romantischen Empfindungen geprägt.

WW: Va.- u. Vc.-Sonate (1937, 1949); 3 Streichquartette (1939, 1954, 1965); Konzert für 10 Instr. (1962). – Für Orch.: 4 Ouvertüren, 1: *Street Corner* (1944); 2: *Cortèges* (1945); 3: *Hallé* (1958) u. 4: *Ouverture for Farnham* (1967); 3 Symphonien, 1 (1950), 2: *A Pastoral Symphony* (1959), 3 (1964); Konzerte für: Klar. (1936); Klv. (1943, 1951); V. (1943–48, 1956); Ob. (1943); Vc. (1966); 2 Klv. (1968). – *Medieval Diptych* (1962) für Bar. u. Orch.; *Tankas of the Four Seasons* (1965) für Tenor u. Kammerorch.; Kantate *The God in the Cave* (1967) für Chor u. Orch. – Ballett *Madame Chrysanthème,* UA: London 1955; zahlr. Filmmusiken. – R. schrieb ferner eine Monographie *F. Chopin. Profiles of the Man and the Musician* (Lo 1966).

Lit.: R. S. Allison, The Piano Works of A. R. (1970) (= Diss. Washington Univ./Montana) (mit Bibliogr.); J. McCabe, A. R., in: MT 112 (1971); G. Green, A. R., in: Composer (1972) Nr. 43.

RAYMOND, Fred (eig. Friedrich Vesely), * 20. 4. 1900 Wien, † 10. 1. 1954 Überlingen; öster. Komponist. R. spielte schon als Kind hervorragend Klavier, wurde aber nach dem Realgymnasium Banklehrling, besuchte daneben die Höhere Handelsakademie und bildete sich privat in der Musik weiter. Durch den Texter Fritz Grünbaum ermutigt, dem er einige Kompositionen vorgespielt hatte, schlug er 1923 die Komponistenlaufbahn ein. Nach ersten großen Erfolgen mit Liedern wie *Ich hab' das Fräul'n Helen baden seh'n* und *Ich hab' mein Herz in Heidelberg verloren* ging R. nach Berlin. Dort entstanden mit *Maske in Blau* und *Saison in Salzburg* seine bekanntesten Operetten und viele Schlager, darunter *In einer kleinen Konditorei.* Nach dem 2. Weltkrieg arbeitete R. am Rundfunk in Wien und Salzburg und ging 1948 nach Hamburg, wo er noch weitere Operetten schrieb.

WW: Operetten: *Lauf ins Glück,* UA: Berlin 1934; *Ball der Nationen,* UA: ebd. 1935; *Maske in Blau,* UA: ebd. 1937; *Saison in Salzburg,* UA: Kiel 1938; *Die Perle von Tokay,* UA: Berlin 1941; *Flieder aus Wien,* UA: Kassel 1949.

RAYMONDA, Ballett in 3 Akten von Alexander Glasunow (1865–1936), op. 57. Libretto: Lydia Paschkowa und Marius Petipa (1818–1910). UA: 7. (19.) 1. 1898 in St. Petersburg (Marien-Theater), Choreographie: M. Petipa; dt. EA: 1937 in Görlitz.

Von der Tradition jener vielzitierten Ballette beeinflußt, die Tschaikowsky in enger Zusammenarbeit mit Petipa komponiert hatte, gestaltete auch Glasunow gemeinsam mit jenem berühmten Choreographen sein Werk. Traditionelle Formen des klassischen Tanzes fundieren die choreographische Konzeption; Solo- und Ensemble-Tänze sowie aufwendig ausgeformte Divertissement-Szenen, die besonders die Handlungsträger disponieren, ihre tänzerische Virtuosität glanzvoll zu präsentieren, prägen dieses klassische Handlungsballett: Die junge, schöne Raymonda wird von zwei Rittern umworben. Während der streitbare Sarazene Abderachman plant, sie zu entführen, gelingt es Jean de Brienne, Raymondas Verlobtem, die Entführung zu vereiteln. Im Kampf besiegt er seinen Rivalen und vermag seine Braut zu retten. Mit der Feier eines prachtvollen Hochzeitsfestes bekunden Raymonda und Jean de Brienne ihre Vermählung. – Auch die musikalische Komposition des Werks erweist sich – aufgrund ihres melodischen, rhythmischen, harmonischen und instrumentatorischen Duktus – als klassische, die tänzerischen Bewegungsabläufe illustrierende Ballettmusik. G. LUDIN

RE, die zweite ↗Solmisations-Silbe, die im mittelalterlichen ↗Hexachord-System je nach Transposition die Töne a, d oder g bezeichnete. – Im Französischen, Italienischen und Spanischen der Ton ↗D. – A. Honegger gab seiner 5. Symphonie den Titel *Di tre re,* weil am Ende jedes der drei Sätze der von der Pauke gespielte Ton D erklingt.

READING (Redding). – **1) John** (I), * um 1645 Lincoln, † 1692 Winchester; engl. Komponist und Organist. Er wurde 1667 Junior Vicar Choral und Poor Clerk und 1670 Master of the Choristers an der Kathedrale von Lincoln, 1675 Organist und Magister Choristarum an der Kathedrale von Winchester und 1681 Organist am Winchester College. Seine Lieder und Catches erschienen in zahlreichen Sammeldrucken des 17./18. Jahrhunderts. Erhalten ist auch eine von R. angelegte und von D. Roseingrave fortgeführte Sammlung von Orgelwerken, die auch Stücke von ihm enthält. Die für das Winchester College geschriebenen lateinischen Tischgebete *(Election Graces)* und das Lied *Dulce domum* (abgedruckt in Ph. Hayes, *Harmonia Wiccamica,* Lo 1780) werden noch heute dort gesungen. – **2) John** (II), vermutlich Sohn von 1), * 1685 oder 1686, † 2. 9. 1764 London; engl. Komponist und Organist. Er war Chorknabe an der Chapel Royal unter J. Blow, 1700–1702 Organist am Dulwich College in London, anschließend Junior Vicar Choral und Poor Clerk an der Kathedrale von Lincoln, wo er seit 1703 als Master of the Choristers und seit 1704 als Gesanglehrer wirkte. Nach London zurückgekehrt, wurde er Organist an St. John's, Hackney, und später an anderen Kirchen der Stadt. R. hat eine umfangreiche (größtenteils hsl.) Sammlung zeitgenössischer Gebrauchsmusik, geistlicher Vokalwerke und Musik für Tasteninstrumente hinterlassen, die eine wichtige Quelle für die englische Orgelmusik in der 1. Hälfte des 18. Jh. ist. Seine eigenen Kompositionen weisen – teilweise auch nach eigenem Bekunden – deutlich italienischen Einfluß auf.

WW: 2 Orgelstücke sowie Praeludium u. Fuge in Sammeldrucken der Zeit. – Ferner war R. Hrsg. v.: *A book of new songs (after the Italian manner) with symphonies & a thorough-bass* (Lo um 1710); *A book of new anthems* (Lo 1715); einzelne Werke auch in Sammeldrucken der Zeit.

Ausg.: Ein Voluntary, in: Three Voluntaries for Organ or Harpsichord by J. Blow and His Pupils J. Barret and J. R., hrsg. v. G. PHILIPS (Lo 1962) (= From Tallis to Wesley 21).

REALE BEANTWORTUNG, reale Antwort, bei der ↗Fugen-Komposition Bz. für die intervallgetreue Quinttransposition des ↗Dux als ↗Comes.

REALE STIMMEN, in der Kompositionslehre Bz. für die einen mehrstimmigen Satz konstituierenden selbständig geführten Einzelstimmen. So besteht z. B. eine 5st. ↗Fuge aus realen Stimmen. Man bezeichnet sie so, um sie von solchen Stimmen zu unterscheiden, die – etwa durch Oktavierung – nur eine akzessorische Bedeutung haben.

REANEY, Gilbert, * 11. 1. 1924 Sheffield; engl. Musikforscher. Er studierte an der Universität von Sheffield und 1950–53 als Stipendiat der französischen Regierung an der Sorbonne in Paris. Anschließend war er Research fellow an den Universitäten Reading (1953–56) und Birmingham (1956–59) und gründete 1958 die London Medieval Group zur stilgerechten Aufführung mittelalterlicher Musik. 1959–60 lehrte er als Gastprofessor an der Universität Hamburg und seit 1960 an der University of California in Los Angeles (1963 Professor). R. ist Mitherausgeber der Zeitschrift *Musica Disciplina* und Hauptherausgeber der vom American Institute of Musicology besorgten Sammlung *Corpus Scriptorum de Musica.* Sein Hauptarbeitsgebiet, zu dem er wichtige Beiträge veröffentlicht hat, ist die französische Musik des 14. Jahrhunderts.

WW: **1) Schriften:** *The Ballades, Rondeaux and Virelais Set to Music by G. de Machaut* (1951) (= Diss. Univ. of Sheffield); *The Manuscript Chantilly, Musée Condé 1047,* in: MD 8 (1954); *„Ars nova" in France,* in: Ars nova and the Renaissance (Lo 1960) (= New Oxford History of Music 3); *New Sources of „Ars Nova" Music,* in: MD 19 (1965); *The Performance of Medieval Music. Aspects of Medieval and Renaissance Music,* in: FS G. Reese (NY 1966); *Notes on the Harmonic Technique of G. de Machaut,* in: Essays in Musicology. FS W. Apel (Bloomington/Ind. 1968); *J. Wylde and the Notre Dame Conductus,* in: Speculum musicae artis. FS H. Husmann (Mn 1970); *The Part Played by Instruments in the Music of G. de Machaut,* in: Studi musicali 6 (1977). – **2) Editionen:** *Early Fifteenth Century Music* (R 1955–76) (= CMM 11/1–6); *P. de Vitry, Ars nova* (1964) (= CSM 8) (zus. mit A. Gilles u. J. Maillard); *Manuscripts of Polyphonic Music,* 2 Bde. (Mn 1966–69) (= RISM B IV/1 u. 2); *Franco of Cologne. Ars cantus mensurabilis* (1974) (= CSM 18).

REBEC (von arabisch rabāb; engl.: rebec, rebeck, rybybe; frz.: rebec, rubèbe; it.: ríbeba; lat.: rubeba, rubella; span.: rabé, rabel), ein seit dem 11. Jh. in Europa nachweisbares Streichinstrument mit keulen- oder birnenförmigem Resonanzkörper, der ohne Absatz in den Hals übergeht. Das ausgehöhlte Korpus und der Hals waren oft aus einem Stück Holz angefertigt. Die aufgeleimte Decke hatte entweder eine oder mehrere Rosetten oder 2 halbkreisförmige Schallöcher, die später als C-Löcher erschienen. Das R. wurde mit einem kurzen

Bogen gespielt und hatte meistens 3, z.T. auch 2 Saiten. Hieronymus de Moravia (2. Hälfte 13. Jh.) gibt die Stimmung des zweisaitigen R. mit c und g an. Eine oder mehrere Saiten wurden auf dem immer bundlosen Hals abgegriffen. Sie waren entweder hinterständig an einer Wirbelplatte oder seitenständig an einem zurückgebogenen Wirbelkasten befestigt. Darstellungen des R. zeigen, daß auch die Spielhaltung nicht einheitlich war. Es wurde entweder auf das Knie gestützt oder gegen die Schulter gelehnt. Erst auf späteren Abbildungen wird das Instrument nur noch in Schulterhaltung gespielt.

Das R. scheint aus zwei verwandten, in Einzelheiten aber verschiedenen Instrumenten entstanden zu sein. Die Darstellungen belegen, daß einer der Vorläufer des europäischen R. das von den Arabern eingeführte keulenförmige ↗Rabāb war. Andere Abbildungen mittelalterlicher R.s jedoch zeigen ein ähnliches, vermutlich über Byzanz nach Westeuropa gekommenes birnenförmiges Instrument und weisen eine enge Verwandtschaft mit Streichinstrumenten Südosteuropas auf: mit der bulgarischen ↗Gădulka oder der griechischen ↗Lyra. Die charakteristischen Merkmale dieser Instrumente wurden im Gegensatz zu denen des Rabāb später bevorzugt. Das R. war vor allem ein Instrument der Damen und der Spielleute. Mit dem Auftreten der Violine sank sein Ansehen seit dem 16. Jh. so sehr, daß es schließlich ganz verschwand. Bereits S. Virdung, der es als *Clein Geigen* erwähnt, bezeichnet es als unnützes Instrument (*Musica getutscht,* 1511), während wenig später M. Agricola mit dem gleichen Namen noch R.s in 4 verschiedenen Größen abbildet (*Musica instrumentalis deudsch,* 1529). M. Praetorius führt *Rebecchino* nur noch als eine andere Bezeichnung für die *Discantgeig* an (*Syntagma musicum* II, 1619), und M. Mersenne (Artikel Colachon, *Harmonie universelle* III, 1636) wie auch P. Trichet (*Traité des instruments de musique,* um 1640) schließlich erklären, daß das R. nicht mehr in Gebrauch sei. Im späten 16. Jh. entstand aus dem R. die ↗Pochette.

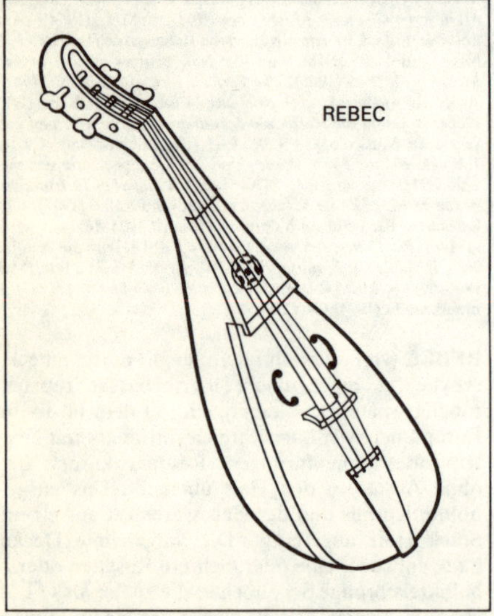

Lit.: H. PANUM, Stringed Instruments of the Middle Ages (Lo 1940, Nachdr. 1971). M. BRÖCKER

REBEL. – 1) Jean, † vor dem 29. 2. 1692 Versailles. Er ist seit 1661 als Tenorist der Privatkapelle König Ludwigs XIV. nachweisbar und wirkte auch bei den Hofballetten mit. – **2) Anne-Renée,** Tochter von 1), * 1662 Paris, † 1722 Versailles. Sie war eine berühmte Sängerin am königlichen Hof und heiratete 1684 M. R. Delalande. – **3) Jean-Féry** (Jean-Baptiste-Ferry), Sohn von 1), * 18. 4. 1666 Paris, † 2. 1. 1747 ebd.; frz. Violinist und Komponist. Er war Schüler seines Vaters und von J.-B. Lully, wurde 1699 1. Violinist, 1707 Akkompagnist und 1716 Dirigent an der Académie Royale de Musique. 1705–46 gehörte er auch den 24 Violons du roi an. 1718 erhielt er die Anwartschaft auf die Hälfte des von Delalande gehaltenen Amtes eines königlichen Kammerkomponisten, nach dessen Tod 1726 dann diesen Titel. Neben L. Francœur und S. de Brossard gehört R. zu den Hauptvertretern der französischen Violinmusik seiner Zeit. Erwähnenswert sind in seinen Werken neuartige tonmalerische Effekte (Prolog der *Éléments*) und die Einführung des Doppelgriffspiels auf der Violine.

WW (in Paris gedruckt): Sonaten für V. allein (1713); *Pièces* für V. u. B.c. (1705); *Sonates à II et III parties* mit B.c. (1712–13); choreographierte „Symphonies" für verschiedene Besetzungen: *Caprice* (1711); *La boutade* (1712); *Les caractères de la danse* (1715); *Les plaisirs champêtres* (1734); *Les éléments* (1737). – Chansons u. Airs sérieux et à boire in Sammeldrucken der Zeit; *Leçons de ténèbres* (zus. mit M. R. Delalande) (hsl. erhalten). – Oper *Ulysse,* UA u. Druck: Paris 1703.

4) François, Sohn von 3), * 19. 6. 1701 Paris, † 7. 11. 1775 ebd.; frz. Violinist und Komponist. Er wurde als Nachfolger seines Vaters 13jährig Mitglied im Orchester der Opéra, 1717 der 24 Violons du roi und 1727 Königlicher Kammerkomponist. Seit 1733 war er Surintendant und Maître de la Musique de la Chambre und neben dem mit ihm befreundeten Fr. Francœur seit 1744 Inspecteur général und 1757–67 Leiter der Opéra. 1772 wurde er als Administrateur général erneut an die Opéra berufen. R. schrieb gemeinsam mit Francœur etwa 18 Bühnenwerke, in denen er die französische Tradition fortführt.

WW: Solokantaten *L'amour de Psyché* u. *Climène* (hsl.); einige Airs in Sammeldrucken der Zeit; Ballett *La pastorale héroïque*, UA u. Druck: Paris 1730; für die zus. mit Fr. Francœur geschriebenen Bühnen-WW siehe das Werk-Verz. dieses Komponisten.

Ausg.: **Zu 3):** *Les caractères de la danse*, hrsg. v. P. AUBRY (P 1905); V.-Sonate, hrsg. v. E. BORROFF (Pittsburgh/Pa. 1961); 3 Sonaten für V. u. B.c., hrsg v. GEOFFROY-DECHAUME (P 1963–65).

Lit.: **Zu 3):** P. AUBRY, J.-F. R., in: RM 5 (P 1905); E. DACIER, Les caractères de la danse, in: ebd.; L. DE LA LAURENCIE, L'école française de violon de Lully à Viotti (P 1922–24, Nachdr. G 1971); M. PINCHERLE, in: MGG XI. – ↗Francœur.

REBER, Napoléon Henri, * 21. 10. 1807 Mülhausen (Elsaß), † 24. 11. 1880 Paris; frz. Komponist. Er studierte bei A. Reicha und J.-Fr. Le Sueur am Pariser Conservatoire. 1840 trat er an der Opéra-Comique mit dem Ballett *Le diable amoureux* erstmals als Bühnenkomponist hervor, konnte aber mit diesem wie mit späteren Bühnenwerken lediglich Achtungserfolge erzielen. 1851 wurde er Professor für Harmonielehre, 1862 als Nachfolger Fr. Halévys Professor für Komposition am Conservatoire und 1853 als Nachfolger G. Onslows Mitglied der Académie des Beaux-Arts. R. war als Lehrer hoch angesehen. Sein *Traité d'harmonie* (1862) erlebte zahlreiche Auflagen (NA 1889 mit wichtigen Ergänzungen von Th. Dubois) und wird in Frankreich noch heute im Unterricht verwendet.

WW: Klv.-Stücke; 7 Klv.-Trios; 3 Streichquartette; ein Streichquintett; 4 Symphonien; Lieder, Chöre u. Motetten. – Opern: *La nuit de Noël*, UA: Paris 1848; *Le père Gaillard*, UA: ebd. 1852; *Les papillotes de Monsieur Benoist*, UA: ebd. 1853; *Les dames capitaines*, UA: ebd. 1857; Ballett *Le diable amoureux*, UA: ebd. 1840.

Lit.: C. SAINT-SAËNS, Notice sur H. R. (P 1881); F. RAUGEL, Autour de Sauzay, de Boëly et de R., in: Rech. Mus. 15 (1975).

REBIKOW, Wladimir Iwanowitsch, * 19. (31.) 5. 1866 Krasnojarsk, † 4. 8. 1920 Jalta; russ. Komponist und Pianist. Nach Abschluß eines Philologiestudiums an der Moskauer Universität und musiktheoretischen Studien bei Nikolai Klenowski vervollkommnete sich R. in Berlin. 1893–98 unterrichtete er an Musikschulen in Moskau, Kiew und Odessa und besuchte Wien und München. 1897–1901 arbeitete er in Kischinjow, wo er u.a. die 1899 gegründete Abteilung der Kaiserlichen Russischen Musikgesellschaft und die Musikschule leitete, konzertierte 1901–09 in Rußland und Westeuropa (Berlin, Leipzig, Prag, Wien, Paris, Florenz) und ließ sich 1909 in Jalta nieder. In seinen Werken mischt sich Traditionelles (Stilelemente des städtischen Lieds und der Liedlyrik P. Tschaikowskys) mit Anregungen aus der Opernwelt M. Mussorgskis, R. Wagners und R. Strauss'. Zwar sahen die Zeitgenossen in R. den Begründer des russischen Impressionismus, doch war seine Begabung eklektischer Natur, die sich in der vokalen und instrumentalen Miniatur und allenfalls noch im *Christbaum* am sinnfälligsten verwirklichen konnte.

WW: Zahlr. Klv.-Stücke, u. a. op. 2, 5, 6 u. 7; *Rêveries d'automne*, op. 8; *Mélomimiques*, op. 11, 15, 17; Kinderstücke, op. 37; *Psychologies musicales*, op. 22, 24, 25. – 2 Orch.-Suiten. – *Liturgie des heiligen Johannes Chrysostomos;* Pantomime *Geni i smert* (Genius u. Tod) (1899); Fabeln *Basni w lizach* (1902) (nach I. Krylow) für SingSt u. Klv.; ferner Kinderlieder u. -chöre, u.a. die Zyklen *Detski mir* (Die Welt des Kindes) (1900) u. *Dni detstwa* (Tage der Kindheit) (1902). – Bühnen-WW: *W grosu* (Im Gewitter), UA: Odessa 1894; *Jolka* (Der Christbaum; nach H. Ch. Andersen u. F. Dostojewski), UA: Moskau 1903; *Thea* (nach A. Worotnikow) (1904); *Besdna* (Der Abgrund; nach L. Andrejew) (1907); *Shenschtschina s kinshalom* (Die Frau mit dem Dolch, nach A. Schnitzler) (1910); *Alpha i Omega* (1911); *Narziß* (nach Ovids „Metamorphosen") (1912); *Arachne* (nach dems.) (1915); *Dworjanskoje gnesdo* (Das Adelsnest; nach I. Turgenjew) (1916); Zauberposse *Prinz Krassawtschik i prinzessa Tschudnaja Prelest* (Prinz Schönheit u. Prinzessin Wunderfein) (nach 1900); Ballett *Belosneschka* (Die Schneekönigin; nach H. Ch. Andersen).

Lit.: Katalog sotschinenij Wl. Rebikowa (Mos [5]o.J.); M. MONTAGU-NATHAN, Contemporary Russian Composers (NY 1917); A. ROWLEY, R., in: MR 4 (1943); W. H. DALE, A Study of the Musico-psychological Dramas of V. I. R. (1955) (= Diss. Univ. of Southern California); R. BERBEROW, Vorwort zu: W. R., Pjesy dlja fortepiano (Mos 1968) H. 1. E. STÖCKL

REBROFF, Ivan (eig. Hans Rippert), * 31. 7. 1931 Berlin; dt. Sänger (Baß). R. trat bereits mit 9 Jahren als Sopransolist des Leipziger Thomanerchores, später des Halleschen Stadtsingechores auf. 1952–54 studierte er an der Musikhochschule Hamburg und unternahm dann als Mitglied des Donkosaken- sowie des Schwarzmeerkosakenchores Tourneen. 1961 gewann er in München den 1. Preis beim Internationalen ARD-Musikwettbewerb, wurde an die Städtischen Bühnen Gelsenkirchen verpflichtet und war 1963–69 an den Städtischen Bühnen Frankfurt am Main engagiert. Weltruhm erlangte er 1969 in Paris mit der Darstellung des Tevje in J. Bocks Musical *Fiddler on the Roof (Anatevka)*. Seit 1971 reist er als Showstar (Stimmumfang 4½ Oktaven) mit einem eigenen Balalaika-Ensemble um die Welt, erhielt bisher 25 Goldene LPs, widmet sich seit 1979 aber auch in Kirchenkonzerten (mit Orgelbegleitung) der klassischen und romantischen sowie der russisch-orthodoxen Musik. J. DORFMÜLLER

RECHANT ↗Chant, Rechant.

RÉCIT (frz.). – **1)** In Frankreich seit Beginn des

17. Jh. zunächst von Dichtern benutzte Bz. für ein in Verse gefaßtes Stück, das in einer ↗Mascarade oder in einem Ballet de cour – im Unterschied zum Air – „rezitiert" wurde. Im weiteren Sinne wurde der Terminus R. später auf alle Airs übertragen, in denen die Deklamation im Vordergrund steht. So wurde erstmals im 3. Buch der *Airs de différents autheurs ... par G. Bataille* (P 1611) ein Air von P. Guédron *(Déserts tesmoins de ma pensée)* als R. bezeichnet. Unter dessen Einfluß wurde das gesungene R. seit dieser Zeit zu einem wesentlichen Element des Ballet-mélodramatique (↗Ballet de cour). Es näherte sich dem italienischen Rezitativ an, behielt jedoch – obwohl freier als das ↗Air de cour – seine strophische Form. Insbesondere seit A. Boësset und E. Moulinié fand das R. Aufnahme im sog. Ballet à entrées, in dem es nicht mehr Bestandteil der Balletthandlung war und damit an handlungstragender und -kommentierender Bedeutung verlor, die es erst bei J. de Cambefort und J.-B. Lully (*Ballet de la Nuit*, 1653) wiedergewann. Erst mit dem Aufkommen der Oper – als Lully das italienische Prinzip der fortlaufenden Deklamation anwandte – ging das R. in das ↗Rezitativ über. – Im 18. Jh. werden in Frankreich außerhalb von Bühnenwerken häufig auch längere solistische instrumentale und vokale (rezitativische oder ariose) Abschnitte als R.s bezeichnet. – **2)** R. (oder Clavier à récit) heißt bei der französischen ↗Orgel ein Manualwerk, das ähnlich wie das Écho (↗Echowerk) als Solowerk disponiert ist. Meistens handelt es sich um das 4. Manual.

Lit.: **Zu 1):** H. PRUNIÈRES, Le ballet de cour en France avant Benserade et Lully (P 1914, Nachdr. 1970); TH. GÉROLD, L'art du chant en France au XVIIe siècle (Str 1921).

RECITAL (engl.; frz.: récital), im angelsächsischen – und in Anlehnung daran auch im französischen – Sprachgebrauch Bz. für ein Konzert, in dem ein Solist allein (Pianist, Organist o.ä.) bzw. nur mit Klavierbegleitung (Sänger, Instrumentalist) auftritt. In den genannten Sprachen gilt die Bz. Concert in der Regel dagegen nur für das Auftreten größerer Ensembles. R. hießen bis um 1800 auch in Deutschland öffentliche musikalische Veranstaltungen in kleinerem Rahmen, bevor sich allgemein der Begriff ↗Konzert durchsetzte.

RECITATIVO (it.), ↗Rezitativ, ↗Stile recitativo.

RECORDER (engl.), ↗Blockflöte.

REDA, Siegfried, * 27. 7. 1916 Bochum, † 13. 12. 1968 Mülheim an der Ruhr. Er studierte evangelische Kirchenmusik am Städtischen Konservatorium Dortmund (Examen 1936) und an der Kirchenmusikschule Berlin-Spandau Komposition bei E. Pepping und H. Distler. 1938–45 war er Organist in Berlin (seit 1941 Kriegsdienst), danach Kirchenmusiker in Gelsenkirchen und Bochum und seit 1953 Kirchenmusikdirektor an der St. Petri-Kirche in Mülheim an der Ruhr. Außerdem leitete er seit 1946 die Abteilung für Evangelische Kirchenmusik der Folkwang-Hochschule in Essen, verbunden mit einer Professur in den Fächern Orgel und Komposition. H. Callhoff und W. Hufschmidt gehören zu seinen Schülern.

WW: **1) Instr.-WW:** Für Org.: Choralsuite (1941); 4 Choralkonzerte (1946–52); 3 Orgelkonzerte (1947–48); Triptychon über *O Welt, ich muß dich lassen* (1951); *Marienbilder* (1951); Partita *Mit Ernst, o Menschenkinder* (1951); *Monologe* (1953); Praeludium, Fuge und Quadruplum (1957); Sonate (1960); *Laudamus te* nach dem 6. Satz der Messe h-moll von J. S. Bach (1961); *Servite Domino* nach einer Partie des 100. Ps. von M. Reger (1961); Meditation zu *Ein Lämmlein geht und trägt die Schuld* (1964); Choralfantasie *Herzlich lieb ich dich, o Herr* (1965); *Toccata novenaria modos vertens* (1966); ferner zahlr. Choralvorspiele u. C. f.-Stücke, u. a. Vorspiele zu den Ps.-Liedern des Ev. Kirchengesangbuchs (1957). – **2) Vokal-WW:** Für Chor a cap.: *Psalmbuch* (1948); *Das Graduallied* (1951/52); *Die beiden Schächer* (1948) für Vorsänger u. 2 4st. Chöre; *Die Weihnachtsgeschichte* (1949) für Vorsänger u. Chor; *Ecce homo* (1950); *Die Ostergeschichte* (1951) für 2 Soprane u. Chor; Chortrilogie *Das göttliche Spiel*, nach der Offenbarung Johannis (1951); Introduction und Passacaglia (1952); ferner weltliche Chor-Werke, u. a. Chormusik nach chinesischen Dichtungen (1947 ff.). – Für Chor und Instr.: Magnificat für Soli, Chor u. Org. (1948); *Te Deum laudamus* (1950) für 2 gem. Chöre, Blechbläser u. Org.; *Verbum supernum* (1955) für Sopran, Chor, Streichtrio u. Org.; Weihnachtskyrie für Sopran, Frauenchor, Str., Org. (1955); *Nun danket all* für 1- bis 4st. Chor u. Org.; Meditation u. Fuge über *Wir danken dir, Herr Jesu Christ* (1959) für Chor u. Org.; *Requiem vel vivorum consolatio* (1963) für Soli, Chor u. Orch.; Ps. 8 für Soli, Chor u. Org. (1964); *Psalmus morte servati*, Ps. 30 (1966) für Bar., Chor, Org. u. Orch. – **3) Schriften:** *Neue Musik und liturgische Funktion*, in: MuK 22 (1952); *Aus dem Programmheft zu den Kirchenmusiken in der Petrikirche zu Mülheim (Ruhr)*, in: MuK 30 (1960); *Kirchenlied und Mehrstimmigkeit*, in: MuK 35 (1965).

Generations- und ausbildungsmäßig noch durch die kirchenmusikalische Erneuerungsbewegung und Orgelbewegung geprägt, deren Ideen er produktiv weiterentwickelte, ist R. eine der herausragenden Persönlichkeiten evangelischer Kirchenmusik nach dem 2. Weltkrieg. Sein Interesse galt zunächst der Orgel in Komposition, Interpretation und Bau (z. B. Disposition der Schuke-Orgel der Gedächtniskirche in Berlin). In seinen Werken zielt er auf die Verbindung von Tradition und charakteristischen Prinzipien der Neuen Musik in Rhythmik und Klangbildung. Dabei erreicht er reihenmäßige Verdichtung (Praeludium, Fuge und Quadruplum; Sonate) und klangkompositorische Strukturen *(Psalmus morte servati)*. – Seine frühe Vokalmusik ist noch an Distler und Pepping orientiert, löst sich aber bereits mit *Ecce homo* (1950) und der *Ostergeschichte* (1951) von den Vorbildern. Linearität und unterschiedliche Klangschichtungen bestimmen seine Chorsprache, in der die Deklamation Distlers zu durchführungsartigen Bildungen weiterentwickelt und in Schichtungen mit expressiven Melismen und Klangformationen verflochten ist. – Sein umfangreicher Beitrag zur liturgischen Musik ist durch künstlerischen Anspruch sowie Einsichten aus eigener praktischer und pädagogischer Tätigkeit besonders wertvoll.

Lit.: S. REDA, Selbstbildnis, in: MuK 17 (1947); H. ECKERT, Gemeinsame Grundlagen des kompositorischen Schaffens von L. Weber, E. Sehlbach u. S. R., in: Beitr. z. Musikgesch. der Stadt Essen, hrsg. v. K. G. Fellerer (Kö – Krefeld 1955) (= Beitr. z. rheinischen Musikgesch. 8); S. SCHEYTT, Kommentar zur Musik von S. R., in: MuK 31 (1961); W. HUFSCHMIDT, Sehnsucht nach der Harmonie, in: NMZ 18 (1969/70); E. KIRCHBERG, Er stellte sich der Gegenwart, in: MuG 23 (1969); S. REDA, Ein Selbstzeugnis, in: MuK 39 (1969); Vom Auftrag neuer Kirchenmusik. Briefe S. R.s an K. Vötterle u. R. Baum, hrsg. v. G. SCHUHMACHER, in: Sagittarius 3 (Kas 1970); O. SÖHNGEN, S. R.s kompositorische Entwicklung, in: MuK 41 (1971); H. BORNEFELD, S. R., in: Württembergische Blätter für Kirchenmusik 36 (1969).

G. SCHUHMACHER

REDEL. – 1) Kurt, * 8. 10. 1918 Breslau; dt. Flötist. Er studierte in Breslau bei Tschirner und war Soloflötist in Meiningen, Salzburg und München. 1946–53 leitete er eine Meisterklasse an der Nordwestdeutschen Musikakademie in Detmold und kehrte danach als Soloflötist des Symphonieorchesters des Bayerischen Rundfunks nach München zurück, wo er das Kammerorchester Pro Arte München gründete, mit dem er zahlreiche Konzertreisen unternahm und Schallplatten einspielte. Er ist außerdem künstlerischer Leiter der Osterfestspiele in Lourdes. R. betätigt sich auch als Herausgeber vornehmlich von Barockmusik. – **2) Martin Christoph,** Sohn von 1), * 30. 1.1947 Detmold; dt. Komponist. Er studierte 1964–70 Schlagzeug bei Friedrich Scherz und Komposition bei R. Kelterborn, G. Klebe und J. Driessler an der Nordwestdeutschen Musikakademie in Detmold und 1970–71 Komposition bei I. Yun an der Staatlichen Hochschule für Musik in Hannover. 1971 erhielt er einen Lehrauftrag für Musiktheorie und Gehörbildung und 1979 eine Professur für Kompositionslehre an der Nordwestdeutschen Musikakademie. Seit 1975 leitet R. die von der Musikalischen Jugend Deutschlands (Jeunesses musicales) durchgeführten Kurse „Jugend komponiert"; als Schlagzeuger und Dirigent setzt er sich mit dem von ihm gegründeten Ensemble „Kontraste" für das zeitgenössische Musikschaffen ein. Viele seiner Werke erhielten internationale Preise.

WW: Sonatine für Ob., op. 1 (1964); 4 Stücke für Klv., op. 2 (1965); *Reflexionen,* op. 18 (1972) für Org.; *Evolutionen,* op. 21 (1974) für Klv.; *Rounds for percussion solo,* op. 28 (1979). – Für Kammerensemble: *Reliefs,* op. 14 (1970); *Dispersion,* op. 16 (1972). – Kammermusik: Trio für Fl., Va. u. Vc., op. 3 (1965); Musik für Klv. u. Schlaginstr., op. 4 (1966); Bläserquartett in einem Satz, op. 5 (1966) für Fl., Ob., Klar. u. Fag.; Sonate für Klv. u. Vc., op. 6 (1967); 2 Streichquartette, op. 7 u. 25 (1967, 1977); *Metamorphosen,* op. 11 (1969) für 2 Klv.; *Dialoge,* op. 12 (1970) für Ob. d'amore u. Cemb.; Klv.-Trio, op. 19 (1973); *Correspondances,* op. 22 (1975) für 2 Schlagzeuger; *Interplay für sieben Spieler,* op. 23 (1975); *Mobile,* op. 24 (1976) für Ob., Klar. u. Fag.; *Szenen,* op. 26 (1977) für Fl. u. Klv. – Für Orch.: *Movimento variato,* op. 8 (1967); 2 Kammersymphonien, op. 9 u. 17 (1968, 1972); *Konfrontationen,* op. 20 (1974); *Szenen,* op. 26a (1978) für Fl. u. Kammerorch.; *Konzert für Orchester,* op. 27 (1978); *Traumtanz,* op. 30 (1980) für Schlagzeug u. Str. – *„Süß verendet die entzückte Flöte ...",* op. 10 (1969) (Text: R. Huch), Symbolismen für Sopran u. Kammerensemble; *Epilog,* op. 15 (1971) (nach Worten v. A. Gryphius) für Baß-Bar., Fl. u. Gitarre.

Bekannt wurde R. durch sein Werk *Interplay für sieben Spieler,* op. 23, in dem die Hauptmerkmale seines Kompositionsstils besonders ausgeprägt sind: kontrapunktisch verdichtete Kantabilität und harmonische Geschlossenheit durch Bevorzugung terzhaltiger Klänge. Mit Bezug auf den formalen Bau seiner Werke strebt R. die unmittelbare Erlebbarkeit und Nachvollziehbarkeit der hörbaren Entwicklungen seiner Werke an.

Lit.: H. VOGT, Neue Musik seit 1945 (St [2]1978).

R. CADENBACH

REDFORD, John, † 1547 London; engl. Komponist. Er ist 1534 als Vicar-choral an der St. Paul's Cathedral in London nachweisbar und wurde vermutlich im selben Jahr als Nachfolger von Thomas Hickman dort Master of the choristers. Von ihm sind Orgelfantasien über gregorianische Melodien und 3 Motetten erhalten, ferner das Schauspiel *Wyt and Science* und Gedichte. R. ist als Orgelkomponist in den zeitgenössischen Quellen am stärksten vertreten und war möglicherweise das Haupt einer Orgelschule. Seine 2- bis 4st., meist 3st. Stücke zeigen eine bemerkenswerte Vielfalt in der Cantus firmus-Behandlung. Charakteristisch ist der Wechsel der Mittelstimme von einer Hand in die andere.

Ausg.: Orgelstücke, hrsg. v. C. PFATTEICHER (Kas 1934); 19 Stücke, in: Early Tudor Organ Music I: Music for the Office, hrsg. v. J. CALDWELL (Lo 1966) (= Early Engl. Church Music 6); 6 Stücke, in: Early Tudor Organ Music II: Music for the Mass, hrsg. v. D. STEVENS (Lo 1969) (= ebd. 10).

Lit.: C. PFATTEICHER, J. R. (Kas 1934); A. BROWN, Notes on J. R., in: Modern Language Rev. 43 (1948); J. STEELE, in: MGG XI; W. APEL, Gesch. der Org.- u. Klaviermusik bis 1700 (Kas 1967, engl. revidiert Bloomington/Ind. 1972).

REDLICH, Hans Ferdinand, * 11. 2. 1903 Wien, † 27. 11. 1968 Manchester; engl. Musikforscher östr. Herkunft. Er studierte an den Universitäten Wien (1921–22) und München (gleichzeitig Privatunterricht bei C. Orff), war 1924–25 Korrepetitor der Oper in Berlin-Charlottenburg, 1925–29 Kapellmeister am Stadttheater in Mainz und setzte seine musikwissenschaftlichen Studien 1929 an der Universität Frankfurt am Main fort, wo er 1931 mit der Dissertation *Das Problem des Stilwandels in Monteverdis Madrigalwerk* promovierte. Aus politischen Gründen kehrte er 1937 nach Österreich zurück und emigrierte 1939 nach Großbritannien. Dort unterrichtete er seit 1941 u.a. an den Universitäten Cambridge und Birmingham und erhielt 1947 die britische Staatsangehörigkeit. 1955 wurde er an die Universität Edinburgh, 1962 an die Universität Manchester berufen. R.s besondere Bedeutung liegt in umfangreichen lexikographischen Arbeiten sowie auf editorischem Gebiet (u. a. bei der Hallischen Händel-GA sowie von Werken Cl. Monteverdis und G. Mahlers). 1966 gründete er in New York mit I. Strawinsky die Internationale A. Berg-Gesellschaft; für seine A. Berg-Forschungen wurde er 1958 mit dem österreichischen Staatspreis ausgezeichnet. 1967 erhielt er die Ehrendoktorwürde der Univ. Edinburgh.

Schriften: *Das Problem des Stilwandels in Monteverdis Madrigalwerk* (F 1931), erweitert als: *C. Monteverdi*, I: *Das Madrigalwerk* (B 1932, Nachdr. Hil 1976); *C. Monteverdi* (Olten 1949, engl. Lo 1952, Nachdr. Westport/Conn. 1971) (= Musikerreihe 6); *Bruckner and Mahler* (Lo 1955, ²1963); *A. Berg* (Lo 1957, dt. W 1957); *G. Mahler. Probleme einer kritischen GA*, in: Mf 19 (1966); *Wagnerian Elements in Pre-Wagnerian Opera*, in: FS E. Wellesz (O 1966); *Early Baroque Church Music*, in: New Oxford History of Music 4 (Lo 1968). J. DORFMÜLLER

REDMAN, Don (Donald) **Matthew,** * 29. 7. 1900 Piedmont (Virginia), † 30. 11. 1964 New York; amerik. Jazzmusiker (Arrangeur, Bandleader, Komponist, Alt- und Tenorsaxophonist). R. trat 1923 dem Orchester Fletcher Henderson bei, leitete als Arrangeur 1927–31 McKinney's Cotton Pickers und spielte dann bis 1940 mit einem eigenen Orchester. Seither war er hauptsächlich als Arrangeur tätig. R. gilt als der erste ernstzunehmende Jazzarrangeur und hat durch eine genau durchdachte Satztechnik den Big Band-Stil entscheidend geprägt. Von seinen Kompositionen wurde besonders *Save it pretty, Mama* durch Louis Armstrong bekannt.

Lit.: C. Fox, D. R., in: Jazz Monthly 8 (1962); R. ATKINS, D. R., in: Jazz on Record, hrsg. v. A. McCarthy (Lo 1968).

REED, William Leonard, * 16. 10. 1910 London; engl. Pianist und Komponist. Er studierte am Dulwich College in London, an der Oxford University (1939 Doctor of Music) und 1934–36 am Royal College of Music in London, wo H. Howells (Komposition) und Constant Lambert (Dirigieren) zu seinen Lehrern gehörten. 1937–39 hielt er sich als Musiklehrer in Skandinavien auf und widmete sich dann der Komposition. Später lebte er noch eine Zeitlang in den USA. In den 50er Jahren brachte er auf einer Tournee durch den Fernen Osten, Afrika und Europa seine Oper *The Vanishing Island* zur Aufführung. 1967 wurde er Musikdirektor am Westminster Theatre Arts Center, wo er im selben Jahr mit dem Musical *Annie* großen Erfolg (etwa 400 Aufführungen) erzielte.

WW: Klv.-Stücke; Kammermusik, u.a. 2 Suiten für V. u. Klv. (1945, 1948); *Rhapsody on Christmas Carols* (1951) für V. u. Klv.; Suite *The Top Flat* (1947) für Va. u. Klv. – *Doctor Johnson's Suite* (1944), *Concert Overture for Orchestra* (1950) u. *Festive Marsh* (1978) für Orch. – Lieder u. Chöre. – Bühnen-Werke, darunter: *The Vanishing Island*, UA: Santa Barbara/Calif. 1955; *The Crowning Experience*, UA: Detroit 1958; *Annie*, UA: London 1967; *High Diplomacy*, UA: ebd. 1969; *Love All*, UA: ebd. 1978. – Ferner war R. Hrsg. v.: *The Treasury of Christmas Music* (Lo 1950); *Music of Britain* (Lo 1952); *The Treasury of Easter Music* (Lo 1963); *The Treasury of English Church Music*, 5 Bde. (Lo 1965) (zus. mit G. Knight); *The Second Treasury of Christmas Music* (Lo 1967).

REESE, Gustave, * 29. 11. 1899 New York, † 7. 9. 1977 Berkeley; amerik. Musikforscher. Er studierte an der New York University, wo er mit wenigen Unterbrechungen seit 1927 lehrte. Als Gastprofessor war er u.a. an den Universitäten Michigan, Southern California und Harvard University tätig. 1940–45 leitete er das Publication Department des Verlags G. Schirmer, Inc. und war 1945–55 Director of Publications bei C. Fischer, Inc. 1944–45 gab er die Zeitschrift *Musical Quarterly* heraus. Außerdem gehörte er zu den Gründern der American Musicological Society, war 1935–46 deren Sekretär, 1946–50 und 1958–60 deren Vizepräsident und 1950–52 deren Präsident. 1954 wirkte er auch bei der Gründung der Renaissance Society of America mit und war 1971–73 deren Präsident. 1958 wurde er Vizepräsident der Plainsong and Mediaeval Music Society. R. sind auf dem Gebiet der älteren Musik vorbildlich gewordene Forschungsarbeiten zu verdanken, darunter *Music in the Middle Ages* und *Music in the Renaissance*. Zu seinem 65. Geburtstag wurde ihm eine Festschrift gewidmet (*Aspects of Medieval and Renaissance Music*, hrsg. v. J. LaRue, NY 1966). Nach seinem Tod erschien *Musique naturelle et musique artificielle. In Memoriam G. R.*, hrsg. v. M. B. Winn (1980).

Schriften: *The Odhecaton*, in: MQ 20 (1934); *Music in the Middle Ages* (NY 1940); *More about the Namesake*, in: FS C. Engel (NY 1943); *Maldeghem and His Buried Treasure*, in: Notes 6 (1948); *The Origin of the English In Nomine*, in: JAMS 2 (1949); *Monophony in a Group of Renaissance Chansonniers*, in: JAMS 5 (1952); *Music in the Renaissance* (NY 1954, revidiert ²1959); *Fourscore Classics of Music Literature* (NY 1957, Nachdr. 1970); *The Polyphonic Magnificat of the Renaissance as a Design in Tonal Centers*, in: JAMS 13 (1960); *Musical Compositions in Renaissance Intarsia*, in: Medieval and Renaissance Studies 2 (1968); *Perspectives and Lacunae in Musicological Research*, in:

Perspectives in Musicology, hrsg. v. B. S. Brook u. a. (NY – Toronto 1972); *The Opening Chant for a Palestrina Magnificat*, in: FS M. Bernstein (NY 1977). – R. war ferner Hrsg. v.: *The Commonwealth of Music.* FS C. Sachs (Lo 1965) (zus. mit R. Brandel); *Essays in Musicology.* FS D. Plamenac (Pittsburgh/Pa. 1969, Nachdr. 1977) (zus. mit R. Snow).

Lit.: F. FREEDMAN, G. R. A Partial List of Publications, in: FS G. Reese (NY 1966); A. MENDEL, G. R. 1899–1977. A Personal Memoir, in: JAMS 30 (1977).

REFLEXION (lat., = Spiegelung), in der Akustik Bz. für die Störung der geradlinigen Ausbreitung von Schallwellen beim Auftreffen auf ein Hindernis. Der Grad der R. hängt davon ab, wie dieses Hindernis nicht in Schwingung versetzt wird bzw. wie seine Oberfläche beschaffen ist (harte bzw. glatte Materialien reflektieren stärker) oder ob es größer als die Wellenlänge (λ) der Schallwelle ist (R. setzt ein bei etwa ⅓ λ). Die Größe des Ausfallwinkels entspricht spiegelbildlich dem des Einfallwinkels, bezogen auf eine Senkrechte zum Hindernis (analog den Gesetzmäßigkeiten in der Optik). Die akustischen Eigenschaften eines Raumes werden wesentlich durch die auftretenden R.en bestimmt. Je größer die Zahl der gleichmäßig verteilten R.en in einem Raum, desto größer ist dessen ↗Diffusität. – ↗Raumakustik.

REFRAIN (von lat. refringere = brechen; daher altfrz.: refraindre; engl.: refrain, auch: burden oder chorus; frz.: refrain; it.: ripresa, ritornello; span.: estribillo), ein in der deutschen Poetik seit Ende des 18. Jh. auch als Kehrreim bezeichneter, relativ kurzer Abschnitt einer strophischen Form, der in regelmäßigen Abständen wiederkehrt und den allgemeinen Fortgang gliedernd unterbricht. Der R. ist das charakteristische Element eines formalen Archetypus, der in den Grundschichten von Dichtung und Musik schon früh nachweisbar ist und immer lebendig blieb: ein Prinzip der Gliederung, das im Wechsel der Erscheinungen durch Wiederaufgreifen von Vorausgegangenem Rückbeziehungen herstellt (↗Reprise, ↗Rondo). Die Ausmaße von R.s reichen vom kurzen Ausruf bis zur mehrzeiligen Gegenstrophe. Häufig steht der R. am Ende der Strophe, wo er die verschiedenen Stadien eines Geschehens oder unterschiedliche Betrachtungsweisen des jeweiligen gedanklichen Inhalts durch eine Sentenz (*Die Gedanken sind frei*) oder eine witzige Pointe *(Behüt' dich Gott, es wär' so schön gewesen)* zusammenfaßt. Er kann aber auch als Einleitungsfloskel vorangestellt sein *(Wer will fleißige Handwerker sehn?)*, die Strophe dominierend einrahmen *(Freut euch des Lebens)* oder sie als Binnen-R. unterbrechen *(Röslein auf der Heiden)*.

Die R.-Form ist von ihrem Ursprung her textbestimmt. Vertonte R.s sind wesensbedingt auch melodisch gleich, doch wirkt sich diese Übereinstimmung nicht als spezieller musikalischer Formfaktor aus, da sie von der meist strophischen Gesamtanlage überlagert wird. Beim Schall-Kehrreim, der im Gegensatz zum sinntragenden Wortlaut auf Klangnachahmung *(tireli; tschingderassa)* oder sinnlosen Silben *(falala; susani)* beruht, wird die musikalische Komponente des Liedes stärker betont. Dies gilt auch für die Aufführungspraxis bei umgangsmäßigem Musizieren, bei dem der R. meist chorisch gesungen wird (im Englischen ist der Formbegriff „chorus" bedeutungsgleich mit R.). Besonders deutlich tritt das stabilisierende Moment der R.-Weise hervor, wenn der Vorsänger bei mündlicher Überlieferung die Melodie der Soloteile immer wieder variiert vorträgt.

R.-Strukturen finden sich aber nicht nur in der Volkskunst, sondern auch im Bereich höherer künstlerischer Gestaltung. In der frühchristlichen Liturgie wurden die Psalmen nach dem Vorbild des jüdischen Kultus responsorial vorgetragen, d.h. im steten Wechsel der solistisch gesungenen Psalmverse mit einem freitextierten Chor-R. (↗Psalmodie). Im offiziellen Repertoire des Gregorianischen Gesangs sind die Litanei und das Invitatorium noch nach diesem Prinzip gestaltet.

Die Tatsache, daß der Begriff R. (vermutlich im 12. Jh.) in der Provence geprägt wurde, kennzeichnet die besondere Bedeutung dieses Gestaltungsprinzips für die sich hier entwickelnde, Dichtung und Musik untrennbar miteinander verbindende höfische Lyrik des Mittelalters. Die Troubadours und die von ihnen beeinflußten Trouvères schufen, wohl unter Aufgreifen volkstümlicher Stilelemente, eine Fülle verschiedenartiger R.-Formen. Diese unterscheiden sich in der formalen Anlage durch die Stellung und Funktion des R.s, der entweder am Ende der Strophe steht (↗Ballade: AAB R.; ↗Rotrouenge: AAAA R.), die Strophe einrahmt (↗Virelai: R. AAB R.) oder, beim ↗Rondeau, die Grundsubstanz einer differenziert gegliederten Form darstellt:

	Refrain	1. Add.	Halb-Refrain	2. Add.	Refrain
Melodie:	α β	α	α	α β	α β
Text:	A B	c	A	d e	A B

Add. = Additamentum (freier Texteinschub)

(Griechische Buchstaben bezeichnen die Melodieabschnitte, lateinische Buchstaben den Reim; Großschreibung kennzeichnet die R.-Verse.)

Die hier beschriebenen Formprinzipien wurden auch in der späteren Kunst der weltlichen Mehrstimmigkeit bis ins 16. Jh. hinein angewandt. Desgleichen finden sie sich charakteristisch abgewandelt in anderen Kulturkreisen Europas: in Italien als ↗Ballata (hier heißt der R. „ripresa"), als ↗Villanella, ↗Villotta und ↗Frottola; in Spanien als ↗Cantiga und als ↗Villancico (dessen R. „estribillo" genannt wird); in England als Carol. Die Bedeutung und Beliebtheit der R.s zeigt sich in einer Sonderentwicklung, die dazu führte, daß man solche R.s aus ihrem ursprünglichen Zusammenhang herausnahm und in andere Formen eingliederte. So entstand der Typus der Chanson avec des refrains, die in der Art eines Quodlibets am Ende jeder Strophe einen anderen populären R. einfügt (wodurch die ursprüngliche Funktion des Kehrreims allerdings aufgehoben ist). In den R.-Motetten erscheinen verselbständigte R.s eingebaut in die Satzstruktur, entweder als vollständiges Zitat oder hälftig aufgegliedert und durch einen freien Einschub erweitert (motet enté).

Auch nach der Stilwende zu Beginn des 17. Jh. blieb das R.-Prinzip bedeutsam: von den Vokalsätzen der frühen italienischen Solokantate, wo Arioso-Abschnitte in der Funktion eines R.s mehrfach wiederkehren, über die geistlichen Konzerte mit ihren Alleluja-R.s im Tripeltakt bis zu den Rondoformen in den Kantaten J. S. Bachs. Vor allem entsteht nun in der neuen Gattung Oper mit ihren zahlreichen Stilarten und Ablegern (wie Opéra-ballet, Vaudeville, Singspiel, Operette u. a.) Jahrhunderte hindurch ein nahezu unerschöpfliches Anwendungsgebiet für R.-Strukturen. Daneben finden sich R.s weiterhin in volkstümlichen Gesangskompositionen (Tanz- und Trinklieder, Balladen, in der Gegenwart noch im kabarettistischen ↗Couplet und im ↗Schlager).

Wie in Vokalformen des 17. Jh. gelegentlich auch die Bezeichnung Ritornell für wiederkehrende Partien erscheint (M. Praetorius, H. Schütz), so verwenden andererseits französische Komponisten derselben Epoche den Ausdruck R. für Abschnitte ähnlicher Funktion in den Rondeaux ihrer Ballett- und Clavecinmusik. Hierauf gründet sich die in der neueren Formenlehre öfters anzutreffende Anwendung des Wortes in der Bedeutung eines Themas der Rondoform. Im Interesse terminologischer Klarheit sollte jedoch der R.-Begriff in der Musik ausschließlich im ursprünglichen Sinne einer durch den Text bedingten Wiederholung verwendet werden.

Lit.: F. GENNRICH, Rondeaux, Virelais u. Balladen, I (Dresden 1921), II (Gö 1927), III (Langen 1963); H. MERSMANN, Musikal. Werte des Kehrreims, in: Jb. für Volksliedforsch. 1 (1928); F. GENNRICH, Grundriß einer Formenlehre des ma. Liedes (Hl 1932); H. ORENSTEIN, Die Refrainformen im Chansonnier de l'Arsénal (Diss. W 1937); P. LE GENTIL, Le virelai et le villancico. Le problème des origines arabes (P 1954); G. Raynauds Bibliogr. des altfrz. Liedes, hrsg. v. H. SPANKE (Lei 1955); F. GENNRICH, Bibliogr. Verz. der frz. Refrains des 12. u. 13. Jh., in: Summa musicae medii aevi 14 (Langen 1964); N. VAN DEN BOOGARD, Rondeaux et refrains du 12ième siècle au début du 14ième (P 1969).

E. PLATEN

REGAL (engl.: regal; frz.: régale; it.: regale; span.: realjo). – **1)** Bz. für ein Zungenregister der Orgel, dessen Bauart durch eine verkürzte Becherlänge einen schärferen, obertönigeren Klang ergibt. – **2)** Bz. für selbständige, leicht transportierbare Instrumente, deren Tonerzeugung wie beim gleichnamigen Orgelregister durch eine auf eine Kehle aufschlagende Messingzunge geschieht. Die etymologische Ableitung des Begriffes ist nicht gesichert. Am wahrscheinlichsten ist der Bezug zu der im Französischen mit „rigole" (von mittellat. rigus, rigulus) bezeichneten Kehle der Lingualpfeife. Die Entstehung des R.s kann für die 2. Hälfte des 15. Jh. angenommen werden. Die Ikonographie belegt das selbständige Instrument R. für die erste Hälfte des 16. Jh.; die frühesten erhaltenen Exemplare entstammen der 2. Hälfte des 16. Jahrhunderts. Über den Zeitraum von etwa 1500–1750 präsentierte sich das Instrument in unterschiedlichen Bauformen: Neben R.en mit vertikaler Pfeifenanordnung dominiert ein Konstruktionsprinzip, bei dem die unter den Tasten befindlichen Pfeifen horizontal angeordnet sind. Zwei hinter dem aus Lade (↗Orgel), Pfeifen und Tasten bestehenden Vorderblock liegende Bälge dienen zur Windversorgung und zwei an ihrer Unterseite befindliche Fächer zur Aufnahme des Vorderblockes beim Transport. Darüber hinaus gab es R.e in Spielbrettern, in der Form von Büchern (Bibelregale) und eingebaut in Tischen. – Das R. erfreute sich im 16. und 17. Jh. uneingeschränkter Beliebtheit: M. Praetorius lobt seine Verwendung „... nicht allein in Fürstlichen Gemächern vor der Tafel und anderen

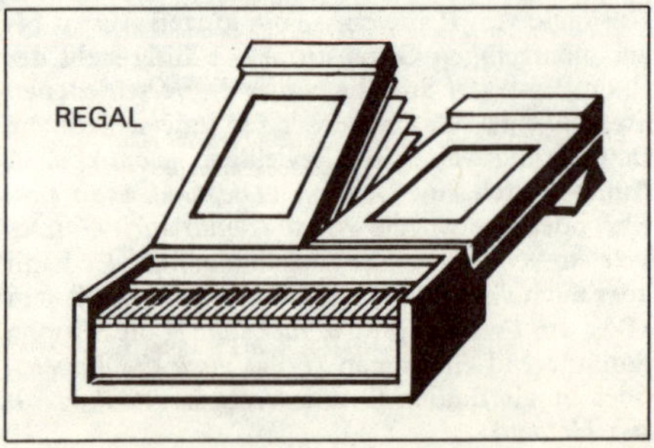

ehrlichen Conviviis, besonders auch in kleinen und großen Kirchen (als) fast besser als ein Positiv". In der Oper wurde es u.a. von Cl. Monteverdi im *Orfeo* als Fundamentinstrument zur Charakterisierung der Unterwelt eingesetzt. Erst im 18. Jh. setzt in Deutschland das allmähliche Verschwinden des R.s. ein, zur gleichen Zeit erlebt Frankreich eine nochmalige Blüte durch in Tischen untergebrachte R.e, die, in „Zimmern" gespielt, als „anmutiges Vergnügen" empfunden werden.

REGALWERK, ein ausschließlich oder vorwiegend mit ↗Regalen besetztes Teilwerk der Orgel, meist als ↗Brustwerk gebaut.

REGAMEY, Constantin, * 28. 1. 1907 Kiew, † 27. 12. 1982 Lausanne; Schweizer Komponist. Er wurde ausgebildet zunächst an der Musikschule seiner Eltern in Kiew, später in Warschau, wo er seit 1920 an der Universität klassische und orientalische Philologie (1933–35 auch in Paris) studierte und 1936 zum Dr. phil. promovierte. Seit 1935 war er für die Zeitschrift *Muzyka Polska* tätig. 1937–43 lehrte er an der Warschauer Universität Indologie und seit 1944 (1946 Professor) slawische und orientalische Sprachen an den Universitäten in Lausanne und in Fribourg (Schweiz). 1954–62 gab er (zusammen mit P. Meylan) die *Feuilles musicales* heraus und war 1963–68 Präsident des Schweizerischen Tonkünstlervereins sowie zeitweise auch Präsident des Schweizerischen Musikrates. Als Komponist war R. Autodidakt. Die ersten Werke entstanden in den 40er Jahren. Insgesamt zeichnet sich sein Œuvre durch einen von historisch entwikkelten Richtungen unabhängigen, ausdrucksstarken und sehr persönlichen Stil aus.

WW: **1) Instr.-WW:** Sonatine für Fl. u. Klv. (1945); Quintett für V., Vc., Klar., Fag. u. Klv. (1944); Streichquartett (1948); Konzert für 4 Quintette (1963); *Autographe* (1962–66) für Kammerorch.; *Variazioni e tema* (1948) für Orch.; Doppelkonzert *Lila* (1976) für V., Vc. u. Orch. – **2) Vokal-WW:** *Chansons persanes* (1942) für Bar. u. Orch.; *Cinq études* (1955) für Frauenst. u. Klv.; dass. mit Orch. (1956); *Poèmes de Jean Tardieu* (1961) für Chor a cap.; *Symphonie des incantations* (1967) für Sopran, Bar. u. Orch.; *Alpha* (1970) für Tenor u. Orch.; Kantate *Visions* (1979) für Bar., gem. Chor, Orch. u. Org. – **3) Bühnen-WW:** Oper *Don Robott* (1962); Märchenoper *Mio, mein Mio* (1973). – **4) Schriften:** *Musique du XXe siècle, Présentation de 80 œuvres pour orchestre de chambre* (Lau – P 1966); *Le développement de la résonance dans les musiques évoluées. Les théories de l'harmonie moderne,* in: La résonance dans les échelles musicales, hrsg. v. E. Weber (P 1963); *Uwagi o uwagach w sprawie aleatoryzmu* (Anmerkungen zu Bemerkungen über Aleatorik), in: Ruch muz. 11 (1967); *W. Malcużyński* (Krakau 1970).

Lit.: P. HUGLI, in: SMZ 107 (1967); B. PILARSKI, in: Skice o muzyce (War 1969); J. STENZL, in: Melos/NZ 3 (1977); N. LOUTAN-CHARBON, C. R. Compositeur (Yverdon 1978).

B. A. KOHL

REGENSBURGER DOMSPATZEN, seit 1910 verwendeter Name für den Regensburger Domchor, der nur aus Knaben- und Männerstimmen besteht. Die R. gehen als Institution zurück auf die 975 gegründete Domsingschule. Entscheidend wurde 1856 die durch C. Proske und Domkapellmeister Joseph Schrems realisierte Reform der Regensburger Dommusik: Aufgabe der instrumental begleiteten Kirchenmusik zugunsten des ↗A cappella-Ideals unter besonderer Berücksichtigung der klassischen Vokalpolyphonie, intensive Pflege des Gregorianischen Gesangs. Damit wurde die sog. Regensburger Tradition begründet, die von nun an das katholische Kirchenmusikwesen im deutschsprachigen Raum beeinflußte und auch den ↗Cäcilianismus mitbestimmte. Nachdem der Domchor bereits Ende des 19. Jh. vereinzelt auch bei außerkirchlichen Veranstaltungen gesungen hatte, begann 1928 unter Domkapellmeister Th. Schrems neben dem liturgischen Hauptamt eine ausgedehnte Konzerttätigkeit im In- und Ausland, die den R. bis heute den Ruf eines der populärsten und in seiner Art bedeutendsten deutschen Chorensembles einbrachte. Dokumentiert wird dies auch durch zahlreiche Aufnahmen auf Schallplatten und durch Rundfunk- und Fernsehsendungen. Im Repertoire des Chores, der seit 1963 von Domkapellmeister Georg Ratzinger (* 1924) geleitet wird, bilden nach wie vor die A cappella-Musik des 16. Jh. und ihr verpflichtete Werke des 19. und 20. Jh. das Zentrum. Daneben stehen Werke u.a. von H. Schütz und J. S. Bach und nicht zuletzt das deutsche Volkslied. – Die Knaben der R. besuchen eine eigene Grundschule in Etterzhausen, danach die Musikgymnasien des Domchors in Piedenhofen an der Naab bzw. in Regensburg, denen auch ein Internat angegliedert ist. Die Arbeit des Chors wird maßgeblich unterstützt durch den Verein „Freunde des Regensburger Domchors".

Lit.: Musicus – Magister. FS Th. Schrems, hrsg. v. G. P. KÖLLNER (Rb 1963); 1000 Jahre R., hrsg. v. W. SIEBER (Rb 1976).

B. A. KOHL

REGENS CHORI (lat., wörtlich = Leitender eines Chores), entsprechender deutscher Begriff: Chorregent. Seltene altertümliche, gelegentlich auch noch heute verwendete Amtsbezeichnung des Chorleiters in katholischen Kirchen und Institutionen.

REGER, Johann Baptist Joseph Max (Maximilian), * 19. 3. 1873 Brand bei Kemnath (bayrische Oberpfalz), † 11. 5. 1916 Leipzig; dt. Komponist. R. wuchs in Weiden auf; ersten Musikunterricht erhielt er von der Mutter, seit 1884 vom Lehrer und

Organisten A. Lindner (Klavier und Orgel). Von den Eltern zum Lehrberuf bestimmt, besuchte er 1886–89 die Weidener Präparandenschule, an der sein Vater Mathematik und Musik lehrte. Unter dem Eindruck einer Bayreuther *Parsifal*-Aufführung entschloß er sich 1888, Musiker zu werden, und schrieb als Autodidakt eine große Ouvertüre in d-moll. H. Riemann, als Autorität befragt, erkannte trotz der ihn erschreckenden Wagnerismen R.s Talent und förderte ihn. 1890 wurde R. sein Schüler, anfangs in Sondershausen, dann in Wiesbaden. Riemann legte den Grundstein für R.s immenses kompositionstechnisches Können, für seine Kenntnis der Werke von J. S. Bach, L. van Beethoven und J. Brahms sowie für seine pianistische Laufbahn, in der R., obwohl kein Virtuose, durch intelligentes und plastisches Spiel uneingeschränkten Erfolg hatte. Seit 1891 entstanden die ersten später veröffentlichten Werke (Kammermusik, Lieder, Chöre, Orgelstücke) unter dem Einfluß der von Riemann vermittelten Vorbilder. Bereits 1891 hatte R. Klavierstunden gegeben, neben denen er nach Abschluß seiner Konservatoriumsausbildung 1893 Gelegenheitsarbeiten (Kritiken, Klavierauszüge, Bearbeitungen), als Riemanns Nachfolger auch Theoriestunden übernahm. Verbittert durch erfolglose Bemühungen um eine feste Anstellung und den ausbleibenden Durchbruch als Komponist geriet R. nach einjähriger Militärzeit (1896/97) in eine schwere Depression, trank und machte Schulden. Körperlich und seelisch krank kehrte er 1898 ins Elternhaus zurück. In der Isolation entfaltete sich seine Produktivität: die großen Orgelwerke – choralgebundene und freie Fantasien und Fugen – brachten als erste Ausbrüche eines unverkennbaren Personalstils Erfolg, zu dem K. Straube als Interpret und Freund beitrug. 1901 zog R. nach München und heiratete im Jahr darauf Elsa von Bercken, geborene von Bagenski. Im Zentrum der damaligen Moderne begegnete der Komponist „veralteter" Formen und Gattungen starken Anfeindungen. Aus der Polarisierung in Programmusik und absolute Musik erklärt sich R.s Bestreben dieser Zeit, nur ihrer eigenen Logik folgende Werke voll satztechnischer und harmonischer Kühnheiten zu schreiben (u.a. *Gesang der Verklärten,* Violinsonate C-Dur). Aber nur die absichtsvoll einfacher konzipierten Klavierstücke und Lieder *(Aus meinem Tagebuch, Schlichte Weisen)* stießen auf Verständnis. Wesentlich für die Verbreitung seiner Werke war R.s unermüdliches Auftreten als Liedbegleiter und Kammermusiker; Konzertreisen führten ihn schon 1904 über die Grenzen Deutschlands. Sein erstes großes Orchesterwerk, die *Sinfonietta,* erfuhr bereits im ersten Konzertwinter 1905/06 19 Aufführungen (durch F. Mottl, A. Nikisch, Fritz Steinbach, H. Suter und R. selbst), wurde von der Kritik jedoch abgelehnt. Aufgrund andauernder Intrigen gab R. eine 1905 begonnene Lehrtätigkeit an der Münchner Akademie der Tonkunst nach einem Jahr auf, ebenso die Leitung des Porges-Gesangvereins und folgte 1907 einem Ruf nach Leipzig als Universitäts-MD und Theorielehrer. Mit dem ersten hier vollendeten Werk, den Hillervariationen, betrat der Orchesterkomponist R. ein Gebiet, das er sich auf dem Klavier 1904 mit den Bach- und den Beethovenvariationen erschlossen hatte. Es folgten die großen symphonischen Werke (Violinkonzert, Klavierkonzert, *Symphonischer Prolog*), Chorkompositionen (100. Psalm, Motetten) und wesentliche Kammermusikwerke (Cellosonate a-moll, Streichsextett, Werke für Solostreicher). Als führender deutscher Komponist neben R. Strauss anerkannt, erhielt R. Titel und Orden; mehrtägige R.-Feste fanden seit 1910 statt. Mit der Ernennung zum Meininger Hofkapellmeister erhielt er 1911 Gelegenheit zur intensiven Auseinandersetzung mit der Orchesterpraxis. Durch minutiöse Proben machte er das unter H. von Bülow berühmtgewordene Orchester zu einem qualifizierten Instrument beispielhafter Interpretationen seiner Werke. Trotz der Belastungen durch bis zu 30tägige Tourneen schuf R. in Meiningen eine große Zahl von Orchesterwerken (*Eine romantische Suite;* 4 Tondichtungen nach Arnold Böcklin; *Ballettsuite; Konzert im alten Stil;* Mozart-Variationen), deren „auf Klang berechnete" Instrumentation den früheren Vorwurf einer zu massiven Orchestrierung gegenstandslos macht. Zahllose eilig hingeworfene Briefe zeugen von der Hektik der Meininger Jahre. Unter dieser Belastung begann R. wieder zu trinken. Ein Zusammenbruch zwang ihn 1914 zur Aufgabe seiner Stellung. Der Ausbruch des 1. Weltkriegs ließ R. ein *Lateinisches Requiem* beginnen, das jedoch unvollendet blieb; Teile gingen in das Hebbel-Requiem über. Mit dem Umzug nach Jena 1915 sollte eine verpflichtungsfreie, dem Schaffen gewidmete Zeit anbrechen. Die Violinsonate d-moll und das das Gesamtwerk abschließende Klarinettenquintett geben vollendete Beispiele dieses „freien jenaischen Stils". Bald jedoch nahm R. seine anstrengende Reisetätigkeit wieder auf; er starb in einem Hotelzimmer.

WW: **1) Instr.-WW: a)** Für Klv.: zu 2 Händen: Slg.en: op. 11 (1893); op. 13 (1894); *Canons* (1895); op. 17 (1895–98); op. 18 (1896); op. 25 *Aquarellen* (1897/98); op. 20 *Humoresken* (1898); op. 24 (1898); *Grüße an die Jugend* (1898); op. 26 (1898); op. 32 (1899); op. 36 (1899); op. 44 (1900); op. 45 Intermezzi (1900); op. 53 *Silhouetten* (1900); *Blätter und Blüten* (1900–02); op. 79a (1901–03); Spezial-Studien für die 1. Hand (1901); *Variationen* *und Fuge über ein Thema von J. S. Bach*, op. 81 (1904); op. 82 *Aus meinem Tagebuch* (1904, 1906, 1911, 1912); op. 89 Sonatinen (1905, 1908); op. 99 (1906/07); op. 115 (1910); *Variationen und Fuge über ein Thema v. G. Ph. Telemann*, op. 134 (1914); op. 143 *Träume am Kamin* (1915); ferner versch. Einzelstücke. – Zu 4 Händen: Tänze: op. 9 (1892); op. 10 (1893); op. 22 (1898); Burlesken, op. 58 (1901); 6 Stücke, op. 94 (1906); ferner Bearb. eigener Orch.- u. Orgel-Werke. – Für 2 Klv. zu 4 Händen: *Variationen und Fuge über ein Thema v. Beethoven*, op. 86 (1904); *Introduktion, Passacaglia und Fuge*, op. 96 (1906); *Variationen und Fuge über ein Thema v. Mozart*, op. 132A (1914); Bearb. eines Klv.-Konzerts, op. 114. – **b)** Für Org.: Stücke: op. 7 (1892); op. 59 (1901); op. 63 (1901/02); op. 65 (1902); op. 69 (1903); op. 80 (1904); op. 129 (1913); op. 145 (1916). – Choralfantasien: *Ein feste Burg*, op. 27 (1898); *Freu dich sehr, o meine Seele*, op. 30 (1898); *Wie schön leucht't uns der Morgenstern* sowie *Straf' mich nicht in deinem Zorn*, op. 40 (1899); *Alle Menschen müssen sterben, Wachet auf* u. *Halleluja! Gott zu loben*, op. 52 (1900). – Freie Fantasien u. Fugen: c-moll, op. 29 (1898); *Phantasie und Fuge über B-A-C-H*, op. 46 (1900); *Symphonische Phantasie und Fuge*, op. 57 (1901); *Variationen und Fuge fis-moll über ein Originalthema*, op. 73 (1903); *Introduktion, Passacaglia und Fuge e-moll*, op. 127 (1913); *Fantasie und Fuge d-moll*, op. 135b (1916). – Choralvorspiele: op. 67 (1902); op. 79b (bis 1903); op. 135a (1914). – Suiten u. Sonaten: Suite e-moll, op. 16 (1894–96); Sonate fis-moll, op. 33 (1899); Sonate d-moll, op. 60 (1901); Suite g-moll, op. 92 (1905). – Trios, op. 47 (1900); *Schule des Triospiels* (J. S. Bachs 2st. Inventionen, 3st. bearb. zus. mit K. Straube) (1903); ferner versch. Einzelstücke (1893–1912). – **c)** Kammermusik: Solo-Werke für Str.: Sonaten für V., op. 42 (1900) u. op. 91 (1905); Praeludien u. Fugen für V.: a-moll (1902); op. 117 (1909–12); op. 131a (1914); e-moll (1915); 3 Suiten für Vc., op. 131c (1914); für Va., op. 131d (1915). – Streichduos: op. 131b (1914); Allegro A-Dur (1914). – Streichtrios: a-moll, op. 77b (1904); d-moll, op. 141b (1915). – Streichquartette: d-moll (1888/89); g-moll u. A-Dur, op. 54 (1900/01); d-moll, op. 74 (1903/04); Es-Dur, op. 109 (1909); fis-moll, op. 121 (1911). – Streichsextett F-Dur, op. 118 (1910). – Für Str. u. Bläser: Trios für Fl., V. u. Va. D-Dur, op. 77a (1904) sowie G-Dur, op. 141a (1915); Quintett für Klar., 2 V., Va. u. Vc., op. 146 (1916). – Kammermusik mit Klv.: Sonaten für V. u. Klv.: d-moll, op. 1 (1891); D-Dur, op. 3 (1891); A-Dur, op. 41 (1899); C-Dur, op. 72 (1903); fis-moll, op. 84 (1905); d-moll u. A-Dur, op. 103B (1909); e-moll, op. 122 (1911); c-moll, op. 139 (1915); *Suite im alten Stil* F-Dur, op. 93 (1906); *Hausmusik*, op. 103 (1908–16); ferner versch. Einzelstücke für V. u. Klv. – Sonaten für Vc. u. Klv.: f-moll, op. 5 (1892); g-moll, op. 28 (1898); F-Dur, op. 78 (1904); a-moll, op. 116 (1910). – Sonaten für Klar. u. Klv.: A-Dur u. fis-moll, op. 49 (1900); B-Dur, op. 107 (1909). – **d)** Für Orch.: Jugendwerke (ohne Opus-Zahl); darunter Ouvertüre *Heroide* d-moll (1889); Symphoniesatz d-moll (1890); Romanzen für V. u. kleines Orch., op. 50 (1900); *Sinfonietta*, op. 90 (1904/05); Serenade, op. 95 (1905/06); *Variationen u. Fuge über ein Thema v. J. A. Hiller*, op. 100 (1907); V.-Konzert, op. 101 (1907/08); *Symphonischer Prolog zu einer Tragödie*, op. 108 (1908); Klv.-Konzert, op. 114 (1910); *Eine Lustspielouvertüre*, op. 120 (1911); *Konzert im alten Stil*, op. 123 (1912); *Eine romantische Suite*, op. 125 (1912); 4 Tondichtungen nach A. Böcklin, op. 128 (1913); *Eine Ballettsuite*, op. 130 (1913); *Variationen u. Fuge über ein Thema v. Mozart*, op. 132 (1914); *Eine Vaterländische Ouvertüre*, op. 140 (1914); Orch.-Fassung der Beethovenvariation, op. 86 (1915); Andante u. Rondo für V. u. kleines Orch. (1916) (unvollendet). – **2) Vokal-WW: a)** Lieder mit Klv.: op. 4 (1890/91); op. 8 (1892); op. 12 (1893); op. 15 (1894); op. 23 u. 31 (1898); op. 35 u. 37 (1899); op. 43, 48 u. 51 (1900); op. 55 (1900/01); op. 62 (1901); op. 66 u. 68 (1902); op. 70 (1902/03); op. 75 (1903); op. 79c (1901–03); op. 88 (1905); op. 142 (1915); ferner versch. Einzellieder u. geistliche Lieder mit Orgelbegleitung, op. 19 (1898); op. 105 (1907); op. 137 (1914). – **b)** Sologesänge mit Orch.-Begleitung: *An die Hoffnung*, op. 124 (1912); *Hymnus der Liebe*, op. 136 (1914); ferner Instrumentierungen eigener Lieder u. versch. Lieder v. Brahms, Grieg, Schumann, Schubert, Wolf. – **c)** Für Chor a cap.: 3 6st. gem. Chöre, op. 39 (1899); 7 Männerchöre, op. 38 (1899); *Leicht ausführbare Kompositionen*, op. 61 (1901); 10 Gesänge für Männerchor, op. 83 (1904–10); Frauenchöre, op. 111 (1909); 3 Motetten für 5st. gem. Chor, op. 110 (1909, 1911, 1912); 8 geistliche Gesänge, op. 138 (1914); ferner Responsorien, Einzelstücke u. zahlr. Volksliedbearb. – **d)** für Chor mit Klv. oder Orgelbegleitung: 3 Chöre, op. 6 (1892); Duette, op. 14 (1894); Chöre u. Duette aus op. 61 (1901); Klv.-A. eigener Orch.-Werke. – **e)** Für Chor mit u. ohne Soli u. Orch.: *Hymne an den Gesang*, op. 21 (1898); *Musik zu Castra Vetera* (1899/1900); *Gesang der Verklärten*, op. 71 (1903); 4 Choralkantaten (1903–05); *Weihegesang* (1908); Der 100. Psalm, op. 106 (1908, 1909); *Die Nonnen*, op. 112 (1909); *Die Weihe der Nacht*, op. 119 (1911); *Römischer Triumphgesang*, op. 126 (1912); *Lateinisches Requiem* (1914) (unvollendet); *Der Einsiedler* u. *Requiem* (Text: F. Hebbel), op. 144 (1915). – **3) Schriften:** *Beiträge zur Modulationslehre* (L 1903); *Ich bitte um's Wort, Mehr Licht* u. *Zum 1. April*, in: NZfM (1904); *H. Wolfs künstlerischer Nachlaß*, in: Süddt. Monatsh.e (1904); *Offener Brief*, in: Mk (1907); *Degeneration u. Regeneration in der Musik*, in: NMZ (1907).

In mehreren Aufsätzen hat R. seinen kompositorischen Standort umschrieben: er bezeichnete sich als „radikalen Fortschrittler“ auf der Grundlage der „genauesten Kenntnis“ der Werke der Meister und dem daraus erwachsenen handwerklichen Können; die „Wurzel der Unsterblichkeit“ liege jedoch nicht in der Anlehnung, sondern in der Fähigkeit, „ungeahnte seelische Stimmungen“ auszulösen. Die Kenntnis der Werke Bachs, Mozarts, Beethovens und Brahms', für die die große Anzahl von Bearbeitungen äußeres Kennzeichen ist, hat R. zu einer handwerklichen Meisterschaft geführt, die in seiner Zeit beispiellos ist. Zurückgreifend auf alte Satztechniken und Formen – Fuge, Passacaglia, Kanon, Choralvorspiel, Motette u.a. –, hat R. z.T. Vergessenes wiederbelebt: Orgelmusik, im 19. Jh. Nebenprodukt der Großen oder Domäne der Kleinmeister, steht seit R. wieder im Vordergrund. Ihren Niederschlag findet die Auseinandersetzung mit tradierten Techniken in allen Werken in einer schon mathematisch wirkenden Kombinations- und Konstruktionskunst. Die konzentrierte Materialbehandlung – besonders ausgeprägt in der das Gesamtwerk durchziehenden Kammermusik – äußert sich in der kontrapunktischen Durchdringung aller Stimmen wie auch in einer eigenwilligen Weiterbildung der klassischen Variations- und Motivtechnik. In seiner sich aus motivischen Keimzellen entwickelnden „permanenten Variation“, die eine musikalische ↗Prosa der Melodieführung wie der gesamten Formentwicklung zur Folge hat, öffnet R. neue Perspektiven. Hier sahen A. Schönberg und seine Schüler Gemeinsamkeiten. Der intellektuellen Materialbehandlung entspricht der Kompositionsprozeß. Meist in reiner Kopfarbeit entstanden und allenfalls durch Ablaufskizzen fixiert, werden die Werke in erstaunlicher Gedächtnisleistung nach Monaten – vorwiegend in der konzertfreien Sommerpause – niedergeschrieben. Von der vorausgehenden Planung zeugen das Wissen um Dauer und Seitenzahl des Werkes sowie das Festlegen seiner Uraufführung noch vor Beginn der Niederschrift und deren klares, nur wenig Korrekturen aufweisendes Bild. Mit dieser bewußten Gestaltungsweise kontrastiert die Gefühlsüberladung des R.schen Œuvres. Seine Musik zielt auf unmittelbaren Ausdruck, auf Erschütterung des Hörers. Die Zerrissenheit seiner eigenen Empfindungen zwischen nervöser Sensibilität und pathetischem Auftrumpfen, zwischen Melancholie und oft derbem Humor, die vielem seiner Persönlichkeit eigene Unmäßigkeit finden hier ihren Niederschlag. Zu den inneren Gegensätzen gehört ebenso ein der Monumentalität entgegenwirkendes Streben nach Schlichtheit, das in R.s Spätwerken als Stilmoment zunimmt. R.s Mozart-Verehrung findet hier ihre Begründung. Zur Steigerung des Ausdrucks geht R. in seiner komplizierten Harmonik über R. Wagner hinaus. Die unvermittelt schnellen Harmoniewechsel, die R. auch in seiner *Modulationslehre* demonstriert, lassen den tonalen Zusammenhang oft kaum erkennen, unterstehen für R. aber der musikalischen Logik; die Voraussetzung der harmonischen Komplikationen liegt oft in der linearen Entwicklung. Nicht akzidentiell, sondern teilweise formablaufbestimmend ist R.s Dynamik mit ihren Abschattierungen zwischen vierfachem *piano* und *forte* wie ihren abrupten Wechseln. Die Eintragung sämtlicher Vortragsvorschriften in den Manuskripten in Rot zeugt von der Bedeutung von Dynamik, Tempo und Agogik. Auf sie beziehen sich auch seine interpretatorischen Eingriffe in fremde Werke (Herausgaben, Dirigierpartituren).

R.s kompromißlose Werke haben sich nur teilweise durchgesetzt. Von dem angesichts seines kurzen und unruhigen Lebens gewaltigen, mit Ausnahme des dramatischen alle Bereiche umfassenden Gesamtschaffen sind vor allem die Variationswerke bekannt, die durch Vorgegebenes Verständnishilfen geben, und von den Liedern einige der *Schlichten Weisen,* kaum jedoch die deklamatorischen der mittleren Schaffenszeit; die Kammermusik wird in ihrem fortschrittlichen Moment allmählich erkannt. Nur die Orgelwerke behaupteten sich als meistgespielte seit Bach. Ihre Aktualität äußert sich auch in der Problematik ihrer Interpretation. Im Zuge der Orgelbewegung wurden R.s Werke für den wiederentdeckten Orgeltyp eingerichtet, ihre „Überladenheit" geglättet. Man übersah den dem barocken gleichwertigen spätromantischen Einfluß und ihre Verschmelzung zu sehr persönlicher Aussage. Die Überbewertung des Retrospektiven entsprach auch der vom „Dritten Reich" R. zudiktierten Funktion eines Gegengewichts zur „entarteten Kunst". Seine Schüler, u.a. J. Haas, H. Grabner und H. Unger, knüpften ebenfalls am Handwerklichen als dem eigentlich Lernbaren an. Im Gegensatz dazu sahen Schönberg und seine Schüler R.s Bedeutung als Wegbereiter des Neuen. In diesem Spannungsfeld zwischen Überliefertem und Neuem entzieht sich R. einer einfachen Zuordnung. So wird er heute mehr und mehr als Komponist des Übergangs und Umbruchs verstanden. Ein Zentrum der wissenschaftlichen Erschließung der Werke R.s und der Hauptaufbewahrungsort von R.-Handschriften und -Dokumenten ist das von R.s Witwe als Elsa-R.-Stiftung 1947 gegründete M.-R.-Institut Bonn. Weitere Gedenkstätten sind das R.-Archiv in Meiningen und das R.-Museum in Weiden.

Ausg.: GA 35 Bde. u. 3 Suppl.-Bde. (Wie 1954–86).

Lit.: **1) Werk-Verz.:** F. STEIN, Thematisches Verz. der im Druck erschienenen Werke v. M. R. (L 1953). – **2) Periodica u. Bibliographien:** Mitteilungen der M.-R.-Ges., 17 H.e (1921–41); Beitr. z. Regerforsch. (Meiningen 1953 ff.); Mitteilungen des M.-R.-Inst., 20 H.e u. 1 Sonderh. (Bonn 1954–74); H. RÖSNER, M.-R.-Bibliographie (Bonn 1968); S. SHIGIHARA, M. R.-Bibliographie (Bonn 1983). – **3) Briefe, Erinnerungen, Dokumente:** M. R. Briefe, hrsg. v. E. v. HASE-KOEHLER (L 1928); E. REGER, Leben mit u. für M. R. (L 1930); M. R. Briefwechsel mit Herzog Georg II. von Sachsen-Meiningen, hrsg. v. H. u. E. H. MUELLER VON ASOW (Wr 1949); M. R. Briefe zw. der Arbeit, hrsg. v. O. SCHREIBER (Bonn 1956, 1973); M. R. in seinen Konzerten, hrsg. v. O. u. I. SCHREIBER, 3 Bde. (Bonn 1981); M. R. Briefe an F. Stein, hrsg. v. S. POPP (Bonn 1982); Briefe an K. Straube, hrsg. v. DERS. (Bonn 1986). – **4) Biographien u. umfassende Darstellungen:** H. POPPEN, M. R. (L 1917); K. HASSE, M. R. (L 1921); A. LINDNER, M. R. Ein Bild seines Jugendlebens u. künstlerischen Werdens (St 1922); G. BAGIER, M. R. (St 1923); H. UNGER, M. R. (Bielefeld – L 1924); F. STEIN, M. R. (Pd 1939); H. WIRTH, M. R. (H 1973). – **5) Zu einzelnen Werken u. Werkgruppen:** M. HEHEMANN, M. R. Eine Stud. über moderne Musik, 2 Bde. (Mn 1911–17); H. GRABNER, R.s Harmonik (Mn 1920); H. HOLLE, R.s Chorwerke (Mn 1922); E. GATSCHER, Die Fugentechnik M. R.s in ihrer Entwicklung (St 1925); P. COENEN, M. R.s Variationsschaffen (Diss. B 1935); R. HUESGEN, Der junge M. R. u. seine Orgelwerke (Schramberg 1935); H. R. RAHNER, M. R.s Choralfantasien für die Org. (Kas 1936); R. GLÄSER, Die Stilentwicklung bei M. R. (Diss. W 1938); H. J. THERSTAPPEN, Über die Grundlagen der Form bei M. R., in: FS F. Stein (Brunswick 1939); R. WALTER, M. R.s Choralvorspiele für Org. (Diss. Mz 1949); G. WEHMEYER, M. R. als Liederkomponist (Diss. Kö 1950); G. WÜNSCH, Die Entwicklung des Klaviersatzes bei M. R. (Diss. W 1950); H. WALCHA, M. R.s Orgelschaffen kritisch betrachtet, in: MuK 22 (1952); J. W. BARKER, The Organ Works of M. R. (1956) (= Diss. Univ. of Adelaide); H. RAMGE, M. R.s Orchesterbehandlung, insbesondere seine Retuschen an Meininger Repertoirewerken (Diss. Marburg 1966); G. STANGE, Die geistesgeschichtl. u. rel. Grundlagen im kirchenmusikal. Schaffen M. R.s (Diss. L 1966); G. SIEVERS, Die Grundlagen H. Riemanns bei M. R. (Wie 1967); M. Reger in seiner Zeit (Ausstellungskat.), hrsg. v. S. KROSS (Bonn 1973); M. R. 1873–1973. Ein Symposion, hrsg. v. K. RÖHRING (Wie 1974); R.-Stud. 1. FS O. Schreiber, hrsg. v. G. MASSENKEIL – S. POPP (Wie 1978); J. LORENZEN, M. R. als Bearbeiter Bachs (Wie 1982);

M. MÖLLER, Unters. zur Satztechnik M. R.s (Wie 1984); L. MATTNER, Substanz u. Akzidens. Analyt. Stud. an Streichquartettsätzen M. R.s (Wie 1985); R.-Stud. 2. Neue Aspekte der R.-Forschung, hrsg. v. S. SHIGIHARA (Wie 1986). S. POPP

REGGAE, eine bestimmte, aus Jamaica stammende Ausprägung populärer afroamerikanischer Musik, die sich in den 1960er Jahren unter Einflüssen von Rhythm & Blues, Calypso, Mento- und Limbo-Musik entwickelt hat. R.-Bands verfügen heute über das weitgehend elektrifizierte Instrumentarium der Rockmusik sowie über eine häufig stark differenzierte Perkussionsgruppe. Charakteristisch sind komplexe rhythmische Patterns und Gestaltungen, bei denen Gitarre oder Orgel mit einem ostinaten Backbeat bei mäßigem Tempo (MM 𝅗𝅥 oder ♩ = etwa 66–96) die Funktion des Time-Keepers übernehmen. Schlagzeug und Baß, das vielleicht wichtigste Instrument des R., spielen dazu aufeinander abgestimmte Phrasen in kleinen Zeitwerten (Achtel oder Sechzehntel), lassen indes zahlreiche Lücken und vermeiden weitgehend eine Akzentuierung der vollen Taktzeiten. Die Harmonik des R. folgt einfachen diatonischen oder modalen Kadenzformeln. – Der deklamatorische Gesang rückt Texte in den Vordergrund, die rebellisch das soziale Elend auf Jamaica anprangern sowie die Ziele des Ras Tafari-Kultes proklamieren. Zu den wichtigsten Musikern des R. zählen Bob Marley († 11. 5. 1981), Jimmy Cliff und Peter Tosh. – Die Musikindustrie hat sich sehr schnell die musikalischen Charakteristika angeeignet und in geglätteter Form der kommerziellen sog. „Disco“-Musik der 70er Jahre einverleibt.

Lit.: T. SCHWANER, R. Volksmusik aus Babylon, in: J. Gülden – K. Humann, Rock Session I (Reinbek 1977); R. KALLYNDYS – H. DALRYMPLE, R., A People's Music (Lo o. J.). U. KURTH

REGIMENTSTOCHTER, DIE *(La fille du régiment),* Opéra-comique in 2 Akten von Gaetano Donizetti (1797–1848), Text von J.-H. Vernoy de Saint-Georges und J. Fr. A. Bayard. Ort und Zeit der Handlung: Tiroler Alpen, zu Beginn des 19. Jahrhunderts. UA: 11. 2. 1840 in Paris (Opéra-Comique); dt. EA (in dt. Sprache): 21. 11. 1841 in Stuttgart.

In Sujet und dramaturgischer Konzeption ist dieses Werk die erste originale französische Oper Donizettis. Die Handlung (wegen des damals als „exotisch“ empfundenen Reizes nach Tirol verlegt) bietet eine geschickte Mischung aus komischen und teils rührenden, teils tragischen Elementen. Emotionale und – in deren Steigerung – affektive Regungen der handelnden Personen werden in einer nuancenreichen Musiksprache (mit dem Wechsel von Secco-Rezitativen und Accompagnati auf engstem Raum) im Heiter-Graziösen wie im Rührend-Tragischen eindringlich dargestellt. Mit dem Aufbau größerer musikalisch-szenischer Einheiten setzt Donizetti stilistisch den mit der Oper *Der Liebestrank* eingeschlagenen Weg fort. Für die Mailänder EA (am 30. 10. 1840 als *La figlia del regimento*) komponierte er die für die Opéra-comique typischen gesprochenen Dialoge als Rezitative nach, ohne jedoch den Werkcharakter zu ändern. – H. Berlioz rezensierte das Werk vernichtend; dennoch wurde die Oper in Paris sehr populär. Der *Rataplan*-Chor (2. Akt) und Maries Trommellied (1. Akt) sind die bekanntesten Melodien. Die Marie ist auch heute noch für Koloratursängerinnen eine Glanzrolle. J. SCHLÄDER

REGINA, Oper in 2 Akten (3 Bildern) von Albert Lortzing (1801–51), Text vom Komponisten. Ort und Zeit der Handlung: Wien und Umgebung, um den 13. 3. 1848. UA: 21. 3. 1899 in Berlin (Staatsoper).

Lortzings einzige durchgängig ernste Oper entstand zwischen dem 31. Mai und 5. Oktober 1848. Zu dem Sujet wurde der Komponist nachweislich von revolutionären Unruhen in Baden und Wien angeregt, doch ist das Werk alles andere als eine Revolutionsoper, auch wenn im 1. Bild zum Streik entschlossene Arbeiter auftreten. Die musikalischen Mittel, die Lortzing in den hochdramatischen Passagen von *Undine* und *Hans Sachs,* aber auch in den Ensembles des *Wildschütz* erprobt hatte, sind um rezitativische Passagen erweitert, mit denen die glatte Faktur der geschlossenen Nummern aufgebrochen wird. Gleichwohl ist *Regina* keine durchkomponierte romantische Oper. – Die politischen Unruhen des Vormärz führten zu einer Ablehnung des Werkes durch den Verlag Breitkopf & Härtel. Zu Lortzings Lebzeiten ist das Werk nie aufgeführt worden. A. L'Arronge lieferte eine von preußisch-nationalistischen Gedanken getragene Verballhornung (für die Berliner UA, auf Befehl Wilhelms II.). In der DDR wurde der angeblich klassenkämpferische Charakter des Werkes herausgehoben (Funkfassung von H. Hoffmann und H. Sachs am 23. 10. 1951 im Berliner Rundfunk; szenische Aufführung in einer Bearbeitung von W. Neef am 8. 8. 1953 in Rostock). Erstmals diente in Oberhausen (30. 5. 1981) die originale Partitur als Grundlage einer Inszenierung. J. SCHLÄDER

REGINA COELI ↗Marianische Antiphonen.

REGINO VON PRÜM (Regino Prumiensis), OSB, * Mitte 9. Jh., † 915 Trier; dt. Historiker und Musiktheoretiker. Er war 892–899 Abt des Klosters Prüm (Eifel) und seit 899 Abt des Klosters St.

Martin in Trier. R. schrieb eine dem Erzbischof Rathbod von Trier gewidmete, 19 Kapitel umfassende musiktheoretische Abhandlung, *Epistola de harmonica institutione,* an die sich ein *Tonarius sive octo toni cum suis differentiis* anschließt. Dieser gehört mit den Incipits von mehr als 1300 Antiphonen, 200 Introitus- und 300 Kommunion-Gesängen, 26 Responsorien und 26 Versus zu den umfangreichsten Quellen des ↗Gregorianischen Gesangs. Die *Epistola,* die aus den Schriften des Macrobius, Martianus Capella, Boëthius, Cassiodorus u.a. schöpft, jedoch eigenständig in der Klassifizierung der Musik in eine „Musica naturalis" (d.h. vokale Musik) und „Musica artificialis" (d.h. instrumentale Musik) einteilt, wurde in der mittelalterlichen Musiktheorie häufig rezipiert.

Ausg. u. Lit.: *Epistola* ..., in: GERBERT Scr. I; *Tonarius* ..., in: ebd. G. PIETZSCH, Die Klassifikation der Musik ... (Hl 1929, Nachdr. Da 1968); F. HABERL, Il tonario di Reginone di Prüm (Diss. R 1937); E. OBERTI, L'estetica mus. di Reginone di Pruem e l'attualità dell'estetica medievale, in: Rivista di filosofia neo-scolastica 52 (1960); H. HÜSCHEN, R. von P. Historiker, Kirchenrechtler u. Musiktheoretiker, in: FS K. G. Fellerer (Rb 1962); DERS., R. von P., in: MGG XI; Y. CHARTIER, L'Epistola de harmonica institutione de Réginon de P. (1965) (= Diss. Univ. of Ottawa); M. P. LEROUX, The „De harmonica institutione" and „Tonarius" of R. (Ann Arbor 1970) (= Studies in Music 22); M. HUGLO, Les tonaires. Inventaire, analyse, comparaison (P 1971) (= Publ. de la Soc. Fr. de Mie III/2). B. R. SUCHLA

REGIS, Johannes (Jehan Leroy), * um 1430 Antwerpen oder Cambrai, † um 1485 wahrscheinlich Soignies; franko-flämischer Komponist. R. war seit 1460 Magister puerorum an der Kathedrale von Cambrai und 1463 vermutlich an der Kathedrale von Antwerpen. Von wahrscheinlich 1464 bis zu G. Dufays Tod 1474 war er dessen Sekretär in Cambrai. Zwischen 1481 und 1483 ist er als Kanonikus und Scholastikus in Soignies nachweisbar, wo sein Name seit 1458 immer wieder in den Rechnungen der Vincentiuskirche erscheint. R. war bei seinen Zeitgenossen angesehen. L. Compère nennt ihn in seinem Sängergebet *Omnium bonorum plena,* der Dichter Guillaume Cretin in der *Déploration* auf den Tod von J. Ockeghem, und Tinctoris lobt ihn in *Liber de arte contrapuncti* und *Proportionale musices.* In R.' Werken ist deutlich das Vorbild Dufays erkennbar.

WW: 4st. Messen *Dum sacrum mysterium* u. *Ecce ancilla Domini;* 4st. Credo *Patrem vilayge;* 8 Motetten für 3 u. 5 St.; 2 Chansons für 4 St.

Ausg.: GA, hrsg. v. C. W. H. LINDENBURG, 2 Bde. (R 1955–56) (= CMM 9).

Lit.: C. W. H. LINDENBURG, Het leven en de werken van J. R. (Diss. A 1938); DERS., in: MGG XI.

REGISTER. – 1) Bei der Orgel wird mit R. (engl. stop; frz.: jeu; it.: registro; span.: juego) eine Pfeifenreihe einheitlicher Klangcharakteristik (z.B. ↗Prinzipal) bezeichnet, die in der Regel für jede Taste einer bestimmten Klaviatur (seltener nur für den Diskant- oder Baßbereich) eine oder mehrere Pfeifen enthält. Jedes R. kann durch einen Zug oder eine Wippe selbständig ein- und ausgeschaltet und mit anderen R.n kombiniert werden. Vor allem bei einmanualigen Orgeln können einige oder alle R. in der Baß- und Diskantlage getrennt geschaltet werden, um simultane Mehrfarbigkeit zu erreichen („geteilte" R.). Der Teilungspunkt liegt meist bei h/c¹. Oft werden in einem weiteren Sinne sämtliche am Spieltisch vorhandenen Registerzüge oder -wippen als R. bezeichnet, doch ist es dabei sinnvoll, zwischen „klingenden" R.n einerseits und bloßen Schaltungen, wie ↗Transmissionen oder ↗Tremulanten, sowie Spielhilfen, wie ↗Koppeln u.ä., zu unterscheiden. Die Größe einer Orgel wird in der Regel durch die Zahl ihrer Manuale und klingenden R. angegeben. – **2)** Beim ↗Harmonium Bz. für eine separat schaltbare Reihe von Zungen, die häufig auch „Spiel" genannt wird. Die R. sind in der Regel alle in Diskant und Baß geteilt oder nur in einem dieser beiden Bereiche vorhanden. – **3)** Beim ↗Cembalo wird als R. jede einzeln schaltbare Reihe von Springern bezeichnet, die entweder über einen eigenen Saitenbezug verfügt oder eine Saitenreihe an einer anderen Stelle als andere R. anzupft, wodurch auch verschiedenartige Klangfarben entstehen können. Als Registriervorrichtung dienen Zugknöpfe, Kipp-, Knie- und Fußhebel (↗Pedal). – **4)** Bei der menschlichen ↗Stimme Bz. für charakteristische, physiologisch bedingte Klangfärbung (z.B. Brust- und Kopfstimme). – Gelegentlich werden auch entsprechende Lagen einzelner Instrumente als R. bezeichnet, z.B. Chalumeau-, Mittel- und Nadel-R. bei der ↗Klarinette.

REGNART (Regnard), **Jakob** (Jacob), * um 1540 Douai, † 16. 10. 1599 Prag; franko-flämischer Komponist. Er trat um 1557 in Prag als Sängerknabe in die Hofkapelle Erzherzog Maximilians (seit 1564 Kaiser Maximilian II.) unter J. Vaet ein, bei dem er wahrscheinlich auch seine musikalische Ausbildung erhielt. Nach einem Studienaufenthalt 1568–70 in Italien wurde er 1570 Knabenpräzeptor der kaiserlichen Kapelle und 1579 Vizekapellmeister. Seit 1582 war er Vizekapellmeister und 1585–96 Kapellmeister am Hof Erzherzog Ferdinands II. in Innsbruck und kehrte dann nach Prag zurück, wo er 1598 zum Vizehofkapellmeister ernannt wurde.

WW: **1) Geistliche WW:** *Sacrae aliquot cantiones* für 5–6 St. (Mn 1575); *Aliquot cantiones* für 4 St. (Nü 1577); *Mariale, hoc est:*

Opusculum sacrarum cantionum für 4–8 St. (I 1588); *Missae sacrae* für 5–8 St. (F 1602); *Continuatio missarum sacrarum* u. *Corollarium missarum sacrarum* für 4–10 St. (F 1603); *Sacrae cantiones* für 4–12 St. (F 1605); zahlr. Werke sowie eine Passion hsl. bzw. in Sammeldrucken 1564–1646 erhalten. – **2) Weltliche WW** (meist mit mehreren Nachdrucken): 2 Bücher *Canzone italiane* für 5 St. (W 1574, 1581), dt. als 2 Bücher *Threni amorum* (Nü 1595); *Kurtzweilige teutsche Lieder* bzw. *New kurtzweilige Lieder,* 3 Bücher für 3 St. *nach art der Neapolitanen oder Welschen Villanellen* (Nü 1574, 1577, 1579), 1 Bd. (Mn 1581 u.ö.), 5st. Bearbeitung v. L. Lechner (Nü 1579 u.ö.), je 1 Buch für 4 St. (Mn 1591) u. für 5 St. (Nü 1580); zahlr. Gesänge hsl. bzw. in Sammeldrucken 1585–1614 erhalten, auch intavoliert für Org. oder Laute, besonders zahlreich in Gregor Krengel, *Tabulatura nova* (für 2 Lauten) (Frankfurt/Oder 1584).

R. ist einer der wichtigsten Vertreter des deutschen mehrstimmigen Liedes im letzten Drittel des 16. und mit Ausstrahlungen weit ins 17. Jahrhundert. Die weitverbreiteten 3st. *Teutschen Lieder* gründen in der volkstümlichen italienischen Villanellenkunst des 16. Jh. mit ihrer strikten Homorhythmie und den gelegentlichen typischen Quintparallelen. Die übrigen weltlichen und die geistlichen Werke R.s zeigen demgegenüber eine sehr viel kunstvollere Gestaltung. Eines der 3st. Lieder von 1576 wurde als geistliche Kontrafaktur bekannt *(Auf meinen lieben Gott)* und findet sich heute noch im *Evangelischen Kirchengesangbuch.*

Ausg.: Opera omnia, hrsg. v. W. PASS (R 1973 ff.) (= CMM 62), bisher erschienen 4–6 (die *Cantiones* von 1575, 1577 u. 1588); Trauermotette *Defunctum charites Vaetem...,* in: J. VAET, Sämtliche Werke VII, hrsg. v. M. Steinhardt (1968) (= DTÖ 118); 4 Motetten, hrsg. v. W. PASS (W 1971 ff.) (= Thesauri musici 1, 4, 10, 27); die dt. 3st. Lieder nebst L. Lechners 5st. Bearbeitung, hrsg. v. R. EITNER (1895) (= PGfM 19); 5 dt. Lieder mit 5 St., hrsg. v. H. OSTHOFF (Kas 1928); zahlr. weitere Einzelausgaben.

Lit.: A. WASSERMANN, Die weltlichen Werke J. R.s (Diss. W 1919); H. OSTHOFF, Eine unbekannte Schauspielmusik J. R.s, in: Musikwiss. Beitr. FS J. Wolf (B 1929); DERS., Die Niederländer u. das dt. Lied (B 1938, Nachdr. Tutzing 1967) (= Neue dt. Forsch. 197); F. MOSSLER, J. R.s Messen (Diss. Bonn 1964); W. PASS, J. R. u. seine lat. Motetten. Nebst thematischem Kat. sämtlicher Werke (Diss. W 1967); Kat. daraus ergänzt u. revidiert: Thematischer Kat. sämtlicher Werke J. R.s (W 1969) (= Tabulae musicae Austriacae 5); DERS., J. R.s „Mariale" u. die kath. Reform in Tirol, in: FS W. Senn (Mn – Salzburg 1975).

REGOLA DELL'OTTAVA (it., = Oktavregel), Bz. für eine in den ↗Generalbaß-Traktaten seit etwa 1700 verbreitete Anleitung zur Harmonisierung der auf- und absteigenden Tonleiter. Als Hilfsmittel und Merkregel der Generalbaßpraxis für das Spielen nichtbezifferter Bässe aus dem Stegreif ordnet die R. jeder Stufe einer Dur- oder Molltonleiter einen bestimmten Akkord zu. Eines der ersten Beispiele für die R., und zwar nur für die ersten 6 Stufen, findet sich in Fr. Gasparinis *L'armonico pratico al cimbalo* (V 1708), die vollständige R. in Fr. Campions *Traité d'accompagnement et de composition selon la règle des octaves* (P 1716), der die Erfindung seinem Vorgänger an der Académie Royale de Musique, Maltot, zuschreibt. Für J.-Ph. Rameau hatte die R. nur noch beschränkt Gültigkeit (*Méthode d'accompagnement et règle d'octave,* 1730). In Lehrwerken erscheint sie jedoch noch am Ende des 18. Jh., wie z. B. in J. G. Albrechtsbergers *Generalbaß-Schule* mit folgendem Beispiel:

REHBERG. – **1) Willy,** * 2. 9. 1863 Morges (Vaud), † 21. 4. 1937 Mannheim; Schweizer Pianist und Dirigent. Er studierte in Zürich und 1882–85 am Konservatorium in Leipzig, wo er 1885–90 Klavierspiel unterrichtete. 1890 wurde er Klavierlehrer am Konservatorium in Genf, dort 1892 auch Dirigent der Konzerte am Stadttheater, und 1907 Klavierlehrer am Hochschen Konservatorium in Frankfurt am Main. 1917–21 (zusammen mit M. Welcker) und 1927–33 leitete er die Hochschule für Musik in Mannheim, 1921–26 das Basler Konservatorium. R. gab, namentlich mit pädagogischer Zielsetzung, zahlreiche Werke für Klavier heraus, u. a. von J. S. Bach, G. Fr. Händel, W. A. Mozart, L. van Beethoven und M. Reger. – **2) Walter Willibald,** Sohn von 1), * 14. 5. 1900 Genf, † 22. 10. 1957 Zürich; Schweizer Pianist, Komponist und Musikschriftsteller. Er studierte bei E. d'Albert (Klavier) und E. Toch (Komposition) in Berlin. 1926–38 war er Professor für Klavier an der Hochschule für Musik in Stuttgart, lehrte seit 1936 auch an der Musikakademie in Zürich, wo er sich 1938 niederließ, und leitete 1955–57 außerdem die Meisterklasse für Klavier an der Musikhochschule in Karlsruhe. R. widmete sich in seinen Schriften ausschließlich der Musik des 19. Jahrhunderts.

WW: **1) Kompositionen:** Zahlr. Klv.-Stücke; Kammermusik; Orch.-Werke, darunter 2 Sinfonische Musiken; Konzertante Musik für Klar., Klv. u. Str.; ferner ein Klv.-Konzert. – **2) Schriften:** *Das Klavier,* in: Hohe Schule der Musik 3 (Pd 1935); *F. Schubert* (Z 1946, ²1950); *J. Brahms* (Z 1947, F ²1963, St 1966); *F. Chopin* (Z 1949); *R. Schumann* (Z 1954, ²1966); *F. Liszt* (Z 1961).

REHFUSS, Heinz Julius, * 25. 5. 1917 Frankfurt am Main; dt. Sänger (Bariton). Er wurde von seinem Vater, dem Konzertsänger Carl R.

(1885–1946), ausgebildet und debütierte 1938 am Städtebundtheater Biel-Solothurn. 1938–39 sang er in Luzern, 1940–52 am Opernhaus in Zürich. Gastspiele führten ihn u.a. an die Mailänder Scala, an die Staatsopern von Wien und München und an die Grand Opéra in Paris; häufig sang er auch bei den Festspielen in Edinburgh, Aix-en-Provence und Florenz. Als Gesanglehrer wirkte er zwischen 1947 und 1964 bei den Darmstädter Ferienkursen für Neue Musik, wurde 1961 Professor für Gesang am Conservatoire de la Province de Québec in Montreal, 1965 Professor und Leiter der Gesangs- und Opernklasse an der State University of New York in Buffalo und 1970 außerdem Visiting Professor an der Eastman School of Music in Rochester (N.Y.). R. ist vor allem als Mozart-Interpret bekannt geworden, insbesondere in der Rolle des Don Giovanni. Sein Spezialgebiet war die Interpretation zeitgenössischer Musik (Dr. Schön in A. Bergs *Lulu;* Mitwirkung bei zahlreichen UA, z.B. Fr. Martin, *Golgotha,* 1949, L. Nono, *Intolleranza,* 1961).

REHKEMPER, Heinrich, * 23. 5. 1894 Schwerte an der Ruhr, † 30. 12. 1949 München; dt. Sänger (Bariton). Nach seiner Ausbildung an den Konservatorien in Hagen und Düsseldorf sowie an der Akademie der Tonkunst in München debütierte er 1919 am Landestheater Coburg. 1924–26 sang er an der Stuttgarter Staatsoper und wurde 1926 Mitglied der Bayerischen Staatsoper in München, der er bis zum Ende seiner Laufbahn in den 40er Jahren angehörte. Anschließend wirkte er bis kurz vor seinem Tod als Pädagoge am Salzburger Mozarteum. R. setzte Maßstäbe als Mozart-Interpret, wurde jedoch auch in den Wagner-Partien Beckmesser *(Meistersinger),* Wolfram *(Tannhäuser)* und Amfortas *(Parsifal)* und in einigen Rollen des italienischen Fachs, wie in den Verdi-Partien Rigoletto und Graf Luna *(Il trovatore),* geschätzt. Lange unvergessen blieb er jedoch vor allem als Interpret des deutschen Liedes. Als einer der ersten sang er die Liederzyklen G. Mahlers.

REHM, Wolfgang, * 3. 9. 1929 München; dt. Musikforscher. Er studierte seit 1948 Musikwissenschaft bei H. Zenck und W. Gurlitt an der Universität Freiburg i. Br. sowie Klavier und Musiktheorie an der dortigen Musikhochschule. Nach der Promotion 1952 wurde er Volontär bei Breitkopf & Härtel in Wiesbaden und 1954 Lektor beim Bärenreiter-Verlag in Kassel (1971–82 Cheflektor, 1975–82 Mitglied der Geschäftsleitung). R. ist seit 1960 neben-, seit 1981 hauptberuflich zusammen mit W. Plath (seit 1973 auch mit D. Berke) Editionsleiter der *Neuen Mozart-GA* sowie seit 1965 Mitherausgeber der *New Berlioz Edition;* 1960–71 war er außerdem an der Gluck-Ausgabe beteiligt. Als Vorstandsmitglied gehört er u.a. der Neuen Bach-Gesellschaft sowie dem RISM an; als künstlerischer Leiter zeichnet er für die Kasseler Musiktage seit 1974 verantwortlich.

WW: **1) Schriften:** *Das Chansonwerk v. G. Binchois* (Diss. Fr 1952); *Über ein Repertorium der Musik,* in: Kgr.-Ber. Köln 1958 (Kas 1959); *Miscellanea Mozartiana II,* in: FS O. E. Deutsch (Kas 1963); *Ergebnisse der Neuen Mozart-Ausg.,* in: Mozart-Jb. 1964; *Musikalisches Erbe und Gegenwart. Musiker-Gesamtausgaben in der Bundesrepublik Deutschland* (Kas 1975) (zus. mit anderen); *Quellenforschung und Dokumentation im Verhältnis zur Editionstechnik, aufgezeigt an einem Beispiel ...,* in: Musik, Edition, Interpretation. FS G. Henle (Mn 1980). – **2) Editionen:** *M. Reger, Werke für Klv. zu 4 Händen* (1954) (= GA 14); *Die Chansons v. G. Binchois* (Mz 1957) (= Musikal. Denkmäler 2); *Codex Escorial* (Kas 1958) (= DMl II/2); in der Neuen Mozart-Ausg. (teilweise zus. mit anderen) die Bde. IX/24/2 (1955): *Werke für Klv. zu 4 Händen;* V/15/8 (1960): *Klavierkonzerte;* VIII/20/1/1 (1966): *Streichquartette;* VIII/22/2 (1966): *Klaviertrios;* II/5/17 (1968): *Don Giovanni.*

REHMANN, Theodor Bernhard, * 9. 2. 1895 Essen, † 4. 10. 1963 Schleiden (Eifel); dt. Kirchenmusiker. Er studierte 1918–23 Philosophie und Theologie sowie Musikwissenschaft (L. Schiedermair, A. Schmitz) an den Universitäten in Münster, Bonn und Köln sowie 1923–24 an der Kirchenmusikschule in Regensburg (P. Griesbacher, Joseph Renner, Karl Weinmann). 1923 empfing er die Priesterweihe, war seit 1925 Domkapellmeister und seit 1939 Professor für Kirchenmusik am Priesterseminar in Aachen. 1946–56 lehrte er als Professor (für Stilistik, Chorerziehung und Formenlehre) auch an der Hochschule für Musik in Köln und leitete dort die Abteilung für Katholische Kirchenmusik. Außerdem redigierte R. die Zeitschriften *Gregoriusblatt* und *Gregoriusbote* (1926–38) und war lange Präsidiumsmitglied des Allgemeinen Cäcilienverbandes (ACV) und der Internationalen Bruckner-Gesellschaft. Zum 60. Geburtstag wurde R., einer der führenden Kirchenmusiker seiner Zeit, mit einer Festschrift geehrt (*Cappella Carolina,* Aachen 1955).

WW: Streichquartett op. 8; Sinfonietta in Es, op. 24; Liederzyklen (auch mit Orch.); 2 Messen; 10 lat. u. 8 dt. Motettenzyklen; 5 geistliche Kantaten. – Ferner zahlr. Aufsätze u. Beitr. über kath. Kirchenmusik.

Lit.: H. LEMACHER, in: MS 80 (1960) (mit Werk-Verz.); H. WAGENER, in: MS 96 (1966) (mit Schriften-Verz.).

REIBTROMMEL, Brummtopf, Rummelpott (engl.: friction drum; frz.: tambour à friction; it.: caccavella, puttiputi; span.: tambor de fricción, zambomba), Bz. für ein Friktionsinstrument, das aus einem Hohlkörper aus Holz, Metall, Ton oder Kunststoff besteht. Über eine Seite dieses Hohlkörpers ist eine Membran gespannt. Diese wird entweder direkt in Schwingung versetzt durch Reiben der Membran mit nasser oder mit Kolophonium bestrichener Hand oder aber meist indirekt mit Hilfe eines Stabes oder einer Schnur, die mit der Membran verbunden sind. Ein Stab ist entweder in der Mitte auf der Membran oder (durchgesteckt) direkt darunter befestigt. Wird eine Schnur, eine Darmsaite oder ein Strang aus Pferdehaaren benutzt, so sind diese durch ein Loch gezogen und unter der Membran verknotet. Wenn der Stab oder die Schnur mit nassen Händen oder mit einem angefeuchteten Ledertuch gerieben wird, gerät die Membran in Schwingung und erzeugt ein dumpfes, knurrendes Geräusch. Eine R. ist auch der sog. Waldteufel, bei dem die unter der Membran verknotete Schnur mit ihrem anderen Ende um die Kerbe in einem Stock gewickelt ist, der als Griff beim Herumschwingen der R. dient. Die R. ist in Afrika, Asien, Europa und Lateinamerika verbreitet. In vielen außereuropäischen Gebieten gehört sie zu den bei kultischen und zeremoniellen Anlässen verwendeten Instrumenten, in Europa erklingt sie vor allem bei Karnevalbräuchen, während der Weihnachtszeit oder bei Ernte und Weinlese. In neuerer Zeit wurde die R. auch von verschiedenen Komponisten in ihren Werken verwendet, so von E. Varèse *(Ionisation)*, J. Cage *(Imaginary Landscape No 2* und *Third Construction in Metal)* und B. A. Zimmermann *(Die Soldaten)*. – ↗Cuíca.

M. BRÖCKER

REICH, Steve (Steven) **Michael,** * 3. 10. 1936 New York; amerik. Komponist. Er studierte zunächst Philosophie an der Cornell University in Ithaca (New York), dann Komposition bei Hall Overton und 1958–61 an der Juilliard School of Music in New York bei William Bersma und V. Persichetti sowie 1962–63 bei D. Milhaud und L. Berio am Mills College in Oakland (Calif.). 1965 gründete er in New York ein Tape Studio und 1966 das (bis 1976 von 3 auf 18 Mitglieder erweiterte) Ensemble Steve Reich and Musicians. An der University of Ghana erhielt er 1970 Unterricht in afrikanischen Trommeltechniken und 1973 in balinesischer Gamelanmusik. 1971 und 1973 unternahm er ausgedehnte Konzertreisen durch Europa und war 1974 als Composer-in-residence in Berlin. 1976–77 studierte er in Jerusalem und New York die Kunst der Kantillation, den traditionellen jüdischen Synagogal-Gesang.

WW: *Pitch Charts* (1963) für beliebige Anzahl beliebiger Instr.; Musik für 3 oder mehr Klv. (1964); für Tonband: *Livelihood* (1965), *It's Gonna Rain* (1965), *Come out* u. *Melodica* (1966); *Piano Phase* (1966) für 2 Klv.; *Violin Phase* (1967) für V. u. Tonband oder für 4 V.; *My Name is* (1967) für 3 oder mehr Tonbänder, Ausführende u. Publikum; *Pendulum Music* (1968) für Mikrophone, Lautsprecher, Verstärker u. Ausführende; *Pulse Music* (1969) für Phase Shifting Pulse Gate (v. R. konstruiert); *Piano Store* (1969) „für ein Lager voller Klv."; *Four Organs* (1969) für 4 elektronische Orgeln u. Maracas; *Phase Patterns* (1970) für 4 elektronische Orgeln; *Drumming* (1971) für 4 Paar Bongotrommeln, 3 Marimbas, 3 Glockenspiele, männliche u. weibliche St.n; *Six Pianos* (1973); *Music for Pieces of Wood* (1973); *Music for Mallet Instruments, Voices and Organs* (1973); *Music for 18 Musicians* (1974–76); *Variations for Orchestra* (1979) für Bläser, Str., Klv. u. elektronische Orgeln; *Octet* (1979); *Mein Name ist…* (1981) für Tonband, St. u. Orch.; *Tehillim* (1981) für 4 Frauen-St. u. 17 Musiker. – Schriften: *Writings About Music* (Halifax 1974).

Die Musik von R. ist geprägt von I. Strawinsky, A. Webern und B. Bartók sowie von der Ästhetik des Zufalls bei J. Cage und dem amerikanischen Jazz der Jahre 1950–65. Seine zeitlich meist sehr ausgedehnten Stücke mit einfachen Ostinati sind als Kontinuum mehrerer Rhythmen aufgebaut, die sich (als „tonale" Klänge überlagernd) in mehreren Phasen (patterns) melodisch langsam verändern *(minimal music)*. Aus festgelegten Repetitionsmustern entstehen in seinen früheren Werken noch primitivere Formgebilde, die sich aber später zunehmend verfeinern und sich so dem traditionellen Werkcharakter, als musikalischer Prozeß, annähern. R. bevorzugt solistisch besetzte Ensembles.

Lit.: F. ESSELIER, in: Musique contemporaine (1970/71) Vierteljahresheft 101; M. NYMAN, in: MT 112 (1971); E. WASSERMAN, in: Artforum 10 (1971/72); C. GOTTWALD, Signale zw. Exotik u. Industrie. S. R. auf der Suche …, in: Melos/NZ 1 (1975); DERS., S. R. – Signale zw. Exotik u. Industrie II, in: Avantgarde – Jazz – Pop. Tendenzen zw. Tonalität u. Atonalität (Mz 1978).

B. A. KOHL

REICH, Willi (Wilhelm), * 27. 5. 1898 Wien, † 1. 5. 1980 Zürich; Schweizer Musikschriftsteller und Musikkritiker östr. Herkunft. R. studierte Musikwissenschaft (R. Lach, A. Orel, R. Haas) an der Universität Wien und promovierte 1934 mit der Arbeit *Padre Martini als Lehrer und Theoretiker* zum Dr. phil. Privat war er Kompositionsschüler A. Bergs (1927–35) und A. Weberns (1936–38). Seit 1924 schrieb er Musikkritiken für verschiedene Zeitungen und war 1932–37 Herausgeber der von ihm mitbegründeten Zeitschrift *23 – Eine Wiener Musikzeitschrift* (Nachdr. W 1971), die sich vor allem für die Musik der Schönberg-Schule einsetzte. 1938 emigrierte R. in die Schweiz, lebte zunächst als freier Musikschriftsteller in Basel und wurde 1948 an die *Neue Zürcher Zeitung* verpflichtet. Daneben lehrte er 1959–70 Musikgeschichte und Musiktheorie an der Eidgenössischen Technischen Hochschule in Zürich (1967 Professor). 1961 erhielt er die Schweizer Staatsbürgerschaft.

Schriften: *A. Berg* (W 1937); *Romantiker der Musik* (Bas 1947); *R. Strauss und R. Rolland*, in: Melos 18 (1951); *Versuch einer Geschichte der Zwölftonmusik*, in: Alte u. neue Musik (Z 1952); *Zur*

Geschichte der Zwölftonmusik, in: FS A. Orel (W – Wie 1960); *A. Tscherepnin* (Bonn 1961, ²1970); *A. Berg, Leben und Werk* (Z 1963); *Ein heiteres Dokument aus der Wiener Mahler-Zeit,* in: FS O. E. Deutsch (Kas 1963); dass., in: ÖMZ 19 (1964); *Drei Notizblätter zu A. Bergs Oper „Lulu",* in: SMZ 106 (1966); *Gespräche mit O. Schoeck,* in: ebd.; *R. Strauss. Das Opernwerk* (Mn 1967), 2. Aufl. als: *Die Opern v. R. Strauss* (1969); *A. Schönberg oder der konservative Revolutionär* (W 1968); *Der Komponist,* in: FS R. Liebermann (H 1970); *Musik und Gesellschaft heute,* in: Melos 38 (1971); *Von Büchner und Wedekind zu A. Berg,* in: Beitr. 1970/71 (Kas 1971). – R. war ferner Hrsg. v.: *A Bruckner. Ein Bild seiner Persönlichkeit* (Bas 1953); *A. Webern. Der Weg zur neuen Musik* (W 1960); *A. Schönberg, Schöpferische Konfessionen* (Z 1964); *F. Mendelssohn im Spiegel eigener Aussagen und zeitgenössischer Dokumente* (Z 1970); *J. Brahms. In Dokumenten zu Leben und Werk* (Z 1975).

REICHA (Rejcha), **Anton** (Antonín, Antoine) **Joseph,** * 26. 2. 1770 Prag, † 28. 5. 1836 Paris; frz. Komponist und Musiktheoretiker böhmischer Herkunft. Er wurde von seinem Onkel Joseph R. (* 1746 Klattau, † 1795 Bonn, Violoncellist, 1785 Konzertmeister, später Konzertdirektor am Kurkölnischen Hof) adoptiert und folgte ihm später nach Bonn. Dort befreundete er sich eng mit L. van Beethoven, war wie dieser Schüler von Chr. G. Neefe, Student an der Universität und Mitglied der Hofkapelle (Flötist) und am Nationaltheater. Nach Auflösung des Kurstaates ging R. 1794 nach Hamburg, 1799 nach Paris. 1802–08 lebte er mit Unterbrechungen in Wien und studierte noch bei J. G. Albrechtsberger und A. Salieri. Die Berufung zum Kapellmeister bei Prinz Louis Ferdinand von Preußen lehnte er ab und kehrte 1808 nach Paris zurück (1829 frz. Staatsbürger). 1818 wurde er dort Professor für Komposition am Conservatoire und 1835 als Nachfolger Fr. A. Boieldieus Mitglied der Académie Française.

WW: Insgesamt mehr als 250 musikal. WW (einzelne u. Slgn.), davon 106 mit Opuszahlen, zahlreiche weitere ohne Opuszahlen gedruckt. – **1) Instr.-WW:** Sonaten, Fantasien, Variationen, Études, Fugen u.a. für Klv., für einzelne Instr. u. Klv.; Duos, Trios, Quartette, Quintette usw. für Str. u. für andere Besetzungen, bes. Bläserquintette; für Orch.: Symphonien, Ouvertüren, Solokonzerte für verschiedene Instr. – **2) Vokal-WW:** Gesänge für 1 u. für mehrere Solost. mit Klv. u. mit Orch.; einige mehrst. Gesänge mit Klv. u. mit Orch., mehrere a capp.-Werke. – **3) Bühnen-WW:** Von 18 Opern, deren ursprüngliche Existenz vermutet wird, sind 9 (meist hsl.) erhalten. – **4) Theoretische u. Unterrichts-WW:** *Traité de mélodie* (P 1814, ¹¹1911); *Cours de composition musicale, ou Traité complet et raisonné d'harmonie pratique* (P 1818); *Traité de haute composition musicale* (P 1824–26); alle 3 WW mit dt. Übersetzung und ergänzt v. K. Czerny als *Vollständiges Lehrbuch der musikal. Komposition,* 4 Bde. (W 1834); *L'art du compositeur dramatique, ou Cours complet de composition vocale,* 4 Bde. (P 1833), dt. v. K. Czerny als *Die Kunst der dramatischen Komposition,* 6 Bde. (W 1835).

Von R.s umfangreichem Werk ist vieles verloren; der Nachlaß befindet sich in Paris (Bibl. du Conservatoire). Seine Opern konnten sich nicht durchsetzen; den *Philoctète* (1822; verschollen) hielt er selbst für sein Meisterwerk. Aus den Instrumentalwerken ragen die Bläserquintette op. 88, 91, 99 und 100 heraus. Stilistisch behauptete er zwischen Klassik und Frühromantik eine durchaus eigene Position. Bleibende Bedeutung gewann R. als Musiktheoretiker und Lehrer von A. Adam, H. Berlioz, Fr. Liszt, G. Onslow und noch von C. Franck und Ch. Gounod. Durch seine Lehrwerke reicht sein Einfluß aber weit darüber hinaus, insbesondere seit K. Czerny seine drei wichtigsten Unterrichtswerke 1832 übersetzte. Seine stark harmonieorientierte Kontrapunktlehre wurde jedoch, u.a. von G. Baini, auch heftig angegriffen.

Ausg.: Bläserquintett Es-Dur, op. 88 Nr. 2, hrsg. v. G. WEIGELT (L 1937) (= Alte Musik, Klass. Bläsermusik 103); 6 Trios für Hörner, op. 82, hrsg. v. A. FREHSE – F. VON GLASENAPP (L 1953); Bläserquintette op. 91 Nr. 3, 1, 5 u. 2, hrsg. v. F. KNEUSSLIN (Bas 1956–71) (= Für Kenner u. Liebhaber 8, 20, 23, 38); Tre quintetti per stromenti da fiato G-Dur, op. 88 Nr. 3, D-Dur, op. 91 Nr. 9 u. A-Dur, op. 91 Nr. 11, hrsg. v. J. RACEK – R. HERTL – V. SMETÁCEK (Pr 1957, revidiert ²1965) (= MAB 33); Ausgew. Klavierwerke, hrsg. v. D. ZAHN – A. WEINMANN (Mn 1971); Variationen für 2 Querfl., op. 20, hrsg. v. F. NAGEL (Adliswil 1975).

Lit.: Zápisky o A. Rejchovi / Notes sur A. R., hrsg. v. J. VYSLOUŽIL (Brünn 1970) (mit kritischer Ed. der Autobiographie u. Werk-Verz.). – E. BÜCKEN, A. R., Sein Leben u. seine Kompositionen (Diss. Mn 1912); M. EMMANUEL, A. R. (P 1937); N. DEMUTH, A. R., in: ML 29 (1948); K. BLUM, Bemerkungen A. R.s zur Aufführungspraxis der Oper, in: Mf 7 (1954); S. KUNZE, A. R.s „Entwurf einer phrasirten Fuge". Zum Kompositionsbegriff im frühen 19. Jh., in: AfMw 15 (1968); U. SIRKER, Die Entwicklung des Bläserquintetts in der ersten Hälfte des 19. Jh. (Rb 1968) (= Kölner Beitr. z. Musikforsch. 50); J. VYSLOUŽIL, A. J. R. u. die tschechische Musik, in: Sborník prací filosofické fakulty brněnské univ. 21 (1972); O. ŠOTOLOVÁ, A. R. (Pr 1977) (mit thematischem Verz. der WW); M. D. SMITH, A. J. R.'s Theories of the Composition of Dramatic Music (1979) (= Diss. Rutgers Univ., New Brunswick/N. J.). S. KROSS

REICHARDT, Johann Friedrich, * 25. 11. 1752 Königsberg, † 27. 6. 1814 Giebichenstein bei Halle/Saale; dt. Komponist und Musikschriftsteller. Ersten Musikunterricht erhielt R. von seinem Vater, Johann R. (ca. 1720–80), einem bedeutenden Lautenisten rheinischer Herkunft. Eine systematische Ausbildung hat er nie erhalten. Statt dessen reiste der Vater mit ihm als Wunderkind von Danzig bis ins Baltikum. Auf Rat I. Kants begann er zwar 1768 ein Jurastudium in Königsberg, doch entwich er als „Originalgenie" der geregelten Arbeit zu einer Virtuosenreise in deutsche Musikzentren, die ihn nach Berlin (J. Ph. Kirnberger, Fr. Benda, J. A. P. Schulz, Moses Mendelssohn, F. Nicolai, Chr. G. Krause), Leipzig (J. A. Hiller), Dresden (J. G. Naumann, G. A. Homilius) und bis nach Hamburg (C. Ph. E. Bach, Fr. G. Klopstock, Matthias Claudius) führte und ihn über die Musik hinaus mit führenden Repräsentanten des deutschen Geisteslebens in Verbindung brachte. Dauernde Prägung empfing er durch den Kreis der Berliner Liederschule. Ende 1774 kehrte R. nach Königsberg zurück und übernahm eine Verwaltungsbeamtenstelle. Aufgrund einer eingesandten Opernkomposition ernannte ihn König Friedrich II. von Preußen zum Hofkapellmeister. Da der König jedoch nach dem 7jährigen Krieg starr an der Musikpflege seines verstorbenen Hofkapellmeisters C. H. Graun festhielt und C. Ph. E. Bach, der führende Kopf, die Hofkapelle verlassen hatte, ergab sich für R. eine unbefriedigende Situation, verschärft von Durchsetzungsschwierigkeiten bei Mitarbeitern. Daher zog sich R., der eine Tochter Fr. Bendas geheiratet hatte, von seinem Amt zurück, um sich – neben der Musik geleitet von seinen literarischen Neigungen – dem zu widmen, was er als „höhere Künstlerbahn" verstand mit dem Ideal eines umfassend gebildeten, frei schaffenden Künstlers. Vorstellungen des Sturm und Drangs von der Freiheit der Künstlerexistenz sind unverkennbar. Doch wurde daraus eher ein rastloses Reiseleben: 1777 Hamburg, 1779 Dessau, 1780 Weimar, 1782 Königsberg, 1783 Schweiz und Italien; auf der Rückreise kam er erstmals mit der Wiener Klassik in Berührung (Chr. W. Gluck) und mit dem Idol rigoroser Aufklärer, Kaiser Joseph II. Italienischer Gesangsstil und Kirchenmusik der Römischen Schule kamen als neue Erfahrungen hinzu. Die englische Händel-Oratorien-Tradition und Gluck-Opern in Paris beeindruckten ihn auf einer weiteren Reise 1785. In Berlin widmete er sich vorwiegend dem Aufbau eines öffentlichen bürgerlichen Musiklebens (Concert spirituel, z.T. mit gedruckten Einführungen, seit 1784).

Obwohl von König Friedrich Wilhelm II. 1786 im Amte bestätigt, verstärkte R. in der Folgezeit eher seine Bindungen zur Literatur (J. W. von Goethe, J. G. Herder, Fr. Schiller) und wandte sich mehr bürgerlicher Musikpflege zu, insbesondere dem Lied und dem Liederspiel, nachdem auch auf Paris-Reisen 1786 und 1788 der angestrebte Opernerfolg ausgeblieben war. Weitere Reisen (1790 Italien, 1791 London, 1792 Frankreich, 1793 Hamburg/Skandinavien) schlossen sich an, mit denen der Höhepunkt der internationalen Geltung R.s erreicht war.

Sein offenes Eintreten für die Französische Revolution hatte seine Stellung in Berlin seit 1791 so unterhöhlt, daß 1794 selbst dem toleranten Friedrich Wilhelm II. nur R.s Entlassung übrigblieb. R. erwarb in Giebichenstein bei Halle ein Gut mit berühmtem Garten; das Personal lernte er selbst im Hornblasen an. Seine weitreichenden literarischen Freundschaften ließen sein Haus zur „Herberge der Romantik" werden, in der Goethe, J. H. Voß und Jean Paul ebenso verkehrten wie Achim von Arnim, Clemens Brentano, der mit R. verschwägerte Ludwig Tieck, Friedrich Schlegel, Novalis, die Brüder Grimm, auch Johann Gottlieb Fichte und Friedrich Schleiermacher. Giebichenstein wurde zum Ausgangspunkt der Hörner- und Harfenseligkeit der deutschen literarischen Romantik. Viele Lieder R.s entstanden hier. Eine letzte Paris-Reise 1802 führte ihn zur Abwendung von der Frankreichbegeisterung. 1806 wurde sein Gut von den Truppen des verhaßten Napoleon verwüstet, er floh nach Danzig. König Jérôme von Westfalen machte ihn für einige Monate zum Leiter des Theaters und Orchesters in Kassel, entließ ihn jedoch bald. Erst jetzt gewann R. in Wien Anschluß an den späten Haydn, Mozart und Beethoven. Resigniert und vereinsamt starb er in Giebichenstein.

WW: **1) Kompositionen:** 12 Klv.-Sonaten (1772–85); Kammermusik. – Für Orch.: 7 Symphonien (1773–1814); 14 Klv.-Konzerte (1772–77), darunter *6 Concerts à l'usage du beau sexe*, op. 2; V.-Konzert (1773). – Geistliche Werke, u. a. Kantaten, 2 Oratorien u. ein Requiem; über 1000 Lieder in 30 Slgen., darunter: *Gesänge für das schöne Geschlecht* (1775); *Lieder für Kinder*, 4 Teile (1781–90); *Lieder geselliger Freunde* (1781); *Wiegenlieder für gute deutsche Mütter* (1789); *Lieder der Liebe und Einsamkeit* (1798–1804); *Lieder für die Jugend* (1799); *Goethes Lieder*, 4 Bde. (1809); *Schillers lyrische Gedichte*, 2 Bde. (1810–11). – 16 Opern, u. a. *Brenno*, UA: Berlin 1789; 13 Sing- bzw. Liederspiele; 3 Melodramen; 2 Ballette; Bühnenmusik. – **2) Schriften:** *Briefe eines aufmerksamen Reisenden die Musik betreffend*, 2 Bde. (F – L – Breslau 1774–76); *Über die deutsche comische Oper* (H 1774); *G. F. Händels Jugend* (B 1785); *Vertraute Briefe über Frankreich*, 2 Bde. (B 1792–93); *Vertraute Briefe aus Paris*, 3 Bde. (H 1804); *Vertraute Briefe geschrieben auf einer Reise nach Wien ...*, 2 Bde. (A 1810); Autobiographie, in: AmZ 15–16 (1813–14). – R. gab heraus: *Musikalisches Kunstmagazin*, 2 Bde. (1782–91); *Lyceum der Schönen Künste* (B 1797); *Berlinische musikalische Zeitung*, 2 Bde. (B 1805–06).

Ausgehend von der Aufklärung Berliner Prägung, wandte R. sich später mehr der bürgerlichen Gefühlskultur (Krause) zu: „Die Wirkung aufs Herz ist der erste und höhere Zweck der Tonkunst", doch reicht seine Spannweite bis zur Frühromantik und erschwert seine stilistische Zuordnung. Sein Ideal waren das Volkslied und die edle Simplizität des Palestrina-Satzes. Dem Ziel der „Einheit der Empfindung" zuliebe verzichtete er auf musikalische Kontraste. Seine melodische Begabung machte ihn zum großen Anreger des Liedes. Seine historische Bedeutung aber liegt wohl mehr in seiner schriftstellerischen Leistung und der Begründung journalistischer Musikkritik.

Ausg.: **1) Kompositionen:** V.-Konzert Es-Dur, hrsg. v. H. LUNGERSHAUSEN (Kas 1955) (= Nagels MA 181); Sinfonia G-Dur, hrsg. v. P. ANGERER (W 1964) (= Diletto mus. 47); Konzert G-Dur für V., Cemb. (oder Klv.), Streichorch. u. Gb. hrsg. v. A. HOFFMANN (Wb 1966) (= Corona 88). – *Lieder geselliger Freunde* (1796–97), hrsg. v. G. OCHS (Hl 1948); *Lieder der Liebe u. der Einsamkeit* (1798–1804), hrsg. v. W. SERAUKY (Hl 1951);

Göthe's Lieder, Oden, Balladen u. Romanzen (1809–11), 2 Bde., hrsg. v. W. SALMEN (Mn 1964–70) (= EDM 58–59); dass., Faks. der Ausg. v. 1809, hrsg. v. F. ZSCHOCH (L 1969); Ballade *Leonora*, in: Balladen v. G. A. Bürger in Musik gesetzt ..., hrsg. v. D. MANICKE (Mz 1970) (= EDM 45). – **2) Schriften:** *Vertraute Briefe ... auf einer Reise nach Wien*, hrsg. v. G. GUGITZ, 2 Bde. (Mn 1915); J. F. R., eine Musikerjugend (Autobiogr.), hrsg. v. W. ZENTNER (Rb 1940); *G. F. Händels Jugend*, in: Händel-Jb. 5 (1959); *Über die deutsche comische Oper*, Faks.-Nachdr., hrsg. v. W. SALMEN (Mn 1973) (= Schriften z. Musik, Facsimilia 2); *Briefe ... die Musik betreffend*, hrsg. v. G. HERRE – W. SIEGMUND-SCHULTZE (L 1976) (= Reclams Universal-Bibl. 620). – *Musikalisches Kunstmagazin* u. *Berlinische musikalische Zeitung*, Faks.-Nachdr. (Hil 1969).

Lit.: H. M. SCHLETTERER, J. F. R. (Au 1865, L [2]1879, Nachdr. Niederwalluf 1972) (mit der Autobiographie); M. FALLER, J. F. R. u. die Anfänge der musikalischen Journalistik (Kas 1929); F. FLÖSSNER, R., der Hallische Komponist der Goethe-Zeit (Hl 1929); P. SIEBER, J. F. R. als Musikästhetiker (Str 1930, Nachdr. Baden-Baden 1971); H. DENNERLEIN, J. F. R. u. seine Klavierwerke (Mr 1930); E. NEUSS, Das Giebichensteiner Dichterparadies. J. F. R. u. die Herberge der Romantik (Hl 1932, [2]1949); W. SALMEN, J. F. R. (Fr 1963); G. HARTUNG, J. F. R. als Schriftsteller und Publizist (Diss. Hl 1964); R. PRÖPPER, Die Bühnenwerke J. F. R.s, 2 Bde. (Bonn 1965) (= Abh. z. Kunst-, Musik- u. Literaturwiss. 25); H.-G. OTTENBERG, Die Entwicklung des theoretisch-ästhetischen Denkens ... von den Anfängen der Aufklärung bis zu R. (L 1978) (= Beitr. z. musikwiss. Forsch. in der DDR 10).

S. KROSS

REICHE, Johann Gottfried, * 5. 2. 1667 Weißenfels, † 6. 10. 1734 Leipzig; dt. Trompeter und Komponist. R. kam 1688 als Geselle der örtlichen Stadtpfeiferei nach Leipzig, wurde 1700 Kunstpfeifer, 1706 Stadtpfeifer und 1719 Senior der Stadtpfeifer. Seit J. S. Bachs Ankunft spielte R. die Clarino-Partien in dessen Werken bei sämtlichen Erstaufführungen, muß also ein Virtuose allerersten Ranges gewesen sein. Der größte Teil seiner eigenen Werke (40 5st. Bläsersonaten) ist verschollen; erhalten sind nur *Vier und zwantzig Neue Quatricinia* für 1 Zink und 3 Posaunen (L 1969) und einige 5st. Sonatinen (hsl.).

Ausg.: 24 Quatricinia ..., hrsg. v. G. MÜLLER (B 1927, [3]1958, [4]1966); 3 Sonatinen, hrsg. v. F. BURKHART, in: Continuo 1 (W 1934).

Lit.: A. SCHERING, Zu G. R.s Leben u. Kunst, in: Bach-Jb. 15 (1918); DERS., Die Leipziger Ratsmusik, in: AfMw 3 (1921); M. R. RASMUSSEN, G. R. and His „Vier u. zwantzig Neue Quatricinia" 1696, in: Brass Quarterly 4 (1960/61); G. KARSTÄDT, Das Instr. G. R.s, Horn oder Trp.?, in: Kgr.-Ber. Kassel 1962 (Kas 1963); W. EHMANN, Der Bach-Trompeter G. R., in: Voce et tuba. Gesammelte Reden u. Aufsätze (Kas 1976); E. TARR, Die Trompete (Be 1976).

REICHEL, Bernard, * 3. 8. 1901 Neuchâtel; Schweizer Komponist. Er studierte 1919–20 am Basler Konservatorium bei H. Suter (Komposition) und Adolf Hamm (Orgel), 1921–22 bei É. Jaques-Dalcroze in Genf und anschließend Komposition bei Ernst Lévy in Paris. Nach Genf zurückgekehrt, unterrichtete er dort seit 1925 am Institut Jaques-Dalcroze Rhythmik, Solfège, Harmonielehre und Improvisation und war außerdem als Organist an mehreren prot. Kirchen tätig, seit 1944 am Temple des Eaux-Vives; 1953 Lehrer für Harmonielehre am Conservatoire de Musique.

WW: Klv.-Stücke; für Org.: *Thème et variations* (1949); Variationen über den Choral „Der Herr ist mein getreuer Hirt" (1950); Octuor für Klv., 2 V., Va., Tenor-Saxophon, Trp., Pos. u. Kb. (1938); Sonate für Vc. u. Klv. (1952); Trio für Fl., Va. u. Klv. (1944); Suite für 4 Hörner. – Für Orch.: *Pièce symphonique* (1947); *Suite symphonique* (1954); Konzerte für: Org. (1946); Klv. (1949); Fl. (1953); Va. (1955); Cemb. (1960). – Etwa 30 dt. u. frz. Motetten für 4- bis 6st. gem. Chor a cap.; Kantaten für gem. Chor, Sopran- u. Bar.-Solo, Orch. u. Org. (1954); Oratorium *Emmaus* (1953) für gem. Chor, Kinderchor, Sopran- u. Tenor-Solo u. Instr. (1953); Évocation mimée *Le mystère de Jeanne d'Arc* (1938) (Text: R. Gampert) für Sprecher, Streichquartett, Klv. u. Frauenchor; *Récit de la Crucifixion* (1955) für Bar.-Solo, Chor, 3 Pos., Str. u. Org.; *Quatre psaumes* (1960) für Doppelchor u. Org. ad lib.

Lit.: Musik der Zeit. Schweizer Komponisten (Bonn 1955).

B. A. KOHL

REIGEN, Bz. für weltweit verbreitete tänzerische Bewegungsformationen, bei denen 4 und mehr Personen durch Handfassung miteinander verbunden sind. Tempo und Schrittfolge sind vielfältig und meist durch Tradition festgelegt. Auf den Färöer-Inseln als getanzte Ballade, in England als Country dance oder Round, in Südosteuropa als Kolo und Hora, im Baskischen als Sardana, in Asien und Afrika als Kreistanzen sowie als Kinder-R. gehört der R. zur ältesten, sozial bindenden tänzerischen Ausdrucksform. Das Treten, Schreiten und Hüpfen im R. war – aus der Antike in das europäische Mittelalter tradiert – ins Leben und ins Weltbild der Menschen aller Stände und Schichten integriert (Engels- und Höllenreigen, Todesrey) und dominierte als Tanzform bis 1500. Im Kanon der Gesellschaftstänze blieb er als Branle simple (Th. Arbeau, *Orchésographie*) im 16. Jh. erhalten, wurde jedoch in Europa allmählich, z. B. durch die Paartänze, in den Bereich der sog. Volkstänze gedrängt. Im mittelalterlichen Schrifttum wird der R. mit Chorea, Carole, Rey oder Ronde bezeichnet, bisweilen deutlich vom Tanz, etwa bei „reien und tanz", abgesetzt. Da aus der Zeit vor 1500 Tanzbeschreibungen fehlen, ist man beim Bestimmen des R.s auf die spezifische Auswertung der Vielzahl von bildlichen Quellen durch die Ikonographie angewiesen. Dabei konnte nachgewiesen werden, daß der mittelalterliche R. in dreifacher Weise ausgeführt wurde: in geschlossenem Kreis, in offenem Kreis und in ausgezogener Kette. Begleitet von Gesang oder verschiedenen Instrumenten, angeführt durch einen Vortänzer, Vorsänger oder Spielmann, wurde die Mehrzahl der R. im Freien zur Frühjahrs- und Sommerszeit ausgeführt. Als instrumentale Standardbesetzung ist seit dem 15. Jh. das ↗Alta-Ensemble zur Begleitung des höfischen R.s nachzuweisen, daneben reichte die Vielfalt an Begleitinstrumenten von Portativ über Fiedel, Laute bis zu einer Vielzahl an Blasinstrumenten. Zu den von den Tänzern mitgeführten, oft für die Bedeutung des Tanzes konstitutiv wichtigen Tanzgerätschaften gehören u.a. Tücher, Blumen, Stöcke, Gefäße, Masken und Rasseln. – Im 20. Jh. wurde im Zusammenhang mit der Jugend- und Volkstanzbewegung der R. Vorbild für neue Formen wie etwa die Turn-R., die bei Turnfesten und auch bei Olympischen Spielen veranstaltet worden sind.

Lit.: TH. ARBEAU, Orchésographie (Langres 1589, [2]1596, Nachdr. G 1972); C. SACHS, Eine Weltgesch. des Tanzes (B 1933, Nachdr. Hil 1976); W. SALMEN, Der fahrende Musiker im europäischen MA (Kas 1960) (= Die Musik im alten u. neuen Europa 4); P. NETTL, Tanz u. Tanzmusik (Fr 1962); H. SEGLER, Klare, klare Seide. Überlieferte Kindertänze aus dem dt. Sprachraum (Kas 1962); A. HARDING, An Investigation into the Use and Meaning of Medieval German Dancing Terms (Gö 1973); R. LANGE, The Nature of Dance (Lo 1975); W. SALMEN, Musikleben im 16. Jh. (L 1976) (= Musikgesch. in Bildern III/9); E. A. BOWLES, Musikleben im 15. Jh. (L 1977); W. SALMEN, Ikonographie u. Choreographie des R.s im MA, in: AM 52 (1980).

G. BUSCH-SALMEN

REIHE ↗Zwölftonmusik, ↗serielle Musik.

REIM (mhd.: rîm; beeinflußt von griech. rhythmos bzw. arithmos, lat. rhythmus über altfrz. ritme, rime), Bz. für den „Gleichklang zweier oder mehrerer Wörter von ihrem letzten betonten Vokal an" (O. Paul – I. Glier). Man unterscheidet nach der französischen Verslehre allgemein zwischen männlichem R. *(Tat – Rat)* und weiblichem R. *(gehen – stehen)*. Die metrisch-rhythmische Analyse von Erscheinungsformen des R.s beschäftigt sich mit dem Verhältnis von Hebungen und Senkungen in Verbindung mit dem R. innerhalb eines Versteils. – Folgende Varianten der oben definierten Normalform nach Art und Zahl der gebundenen Silben werden häufiger verwendet: rührender R. (vor allem im Mittelalter, z.B. mhd. *belîben – lîben*), identischer R. *(Wellen – Wellen)*, erweiterte (mehrsilbige) R.e wie reicher R. *(sterblichen – verderblichen)* oder Schüttel-R. *(Fink und Star – stink und fahr)*. Bei den Halb-R.en gibt es keine Übereinstimmung in der dem Vokal folgenden Konsonanz (auch als Assonanz bezeichnet, z.B. *trank – schafft*), oder es stimmen die Vokale nur annähernd überein (unreiner R., z.B. *trübt – beliebt*). Fällt die Versgrenze in das Innere eines Wortes, spricht man von gebrochenem R. *(Hans Sachs war ein Schuh-/macher und Poet dazu)*. Unterscheidungen nach der Stellung des R.s innerhalb eines Verses ergeben sich beim End-R., der häufigsten Form, die schlechthin unter dem Begriff R. verstanden wird, beim Binnen-, Anfangs-, Pausen- oder übergehenden R. (R.-Bindung des letzten Wortes eines Verses mit dem ersten des folgenden). Bei Stellung und Gruppenbildung von R.en kommt dem End-R. wieder große Bedeutung zu. Die Strophenschemata werden nach den R.-Bindungen mit kleinen Buchstaben des Alphabets bezeichnet: Paar-R. (aa bb cc dd), Kreuz-R. (ab ab cd cd), schweifender R. (aab ccb), umarmender R. (abba cddc). Eine wichtige Erscheinung in strophischen Dichtungen ist der Kehr-R. (↗Refrain).

In den Begriffen Kehr-, Kinder- oder Schüttel-R. steckt noch die ursprüngliche Bedeutung von „rîm" als Verszeile, wie sie zuerst um 1191 in der Verslegende *Tundalus* des Mönchs Alber erschien. Den End-R. nannte man dagegen „bunt". In der Antike, die den quantitierenden Vers als feste Bindung besaß, wurde der R. nur gelegentlich als Schmuckfigur in der Prosa (Rhetorik, Satzschlüsse) verwendet. Die römische Dichtung kannte als Vorform des R.s das Homoioteleuton mit Parallelismus (Redewendungen, Sprichwörter). Die ausschließliche Herleitung des R.s aus der Antike wird heute bezweifelt. Einflüsse orientalischer Literaturen, aus Indien und China, auch durch jüdisch-synagogale Gebete sind ebenso anzunehmen. Der germanische Vers brachte den rhythmisch betonten Stab-R. (An-R., Alliteration), wie er noch in umgangssprachlichen Formen vorhanden ist *(Mann und Maus)* und in alter Funktion im 19. Jh. von R. Wagner in seinen Musikdramen neu belebt wurde (s.u.). Die lateinische christliche Hymnendichtung des Frühmittelalters führte eine stark mit R. durchsetzte Kunstprosa (R.-Prosa) ein und löste sich vom quantitierenden Vers zugunsten des Wortakzents. Otfried von Weißenburg ersetzte in seiner Evangelienharmonie (*Der Krist*, um 870) den Stab-R. durch Assonanzen. Diese früheste Form des End-R.s ging auch in lateinische Tropen, Sequenzen, in Motetten und in die volkssprachliche Dichtung (Chanson de geste) ein. In der mittelhochdeutschen Dichtung (Epos, Lyrik) erlebte der R. seine erste große Blüte. Es herrschten reine und rührende R.e vor. Im 14. Jh. traten in Frankreich auch mehrsilbige R.e auf (z.B. G. de Machaut, Rondeau Nr. 7). Strophenform und R.-Bindung in Zusammenhang mit dem Refrain wurden grundlegend für die Struktur der altfranzösischen Liedkunst des ↗Rondeau, des ↗Virelai und der ↗Ballade sowie der italienischen Formen der ↗Ballata und des frühen ↗Madrigals.

Mit der Einführung des Wortes „Vers" durch M. Opitz im 17. Jh. konnte die Bedeutung von R. neu festgelegt werden und war ab Mitte des 18. Jh.

identisch mit Endreim. Klopstock und mit ihm die Schweizer Reformer Bodmer und Breitinger plädierten unter Hinweis auf die antike Dichtung für freie Rhythmen und gegen den im Barock überstrapazierten Reim. Er wird seither auf die Lyrik beschränkt, wobei der aus Klang und Sinn gebildete, dem Ohr bedeutsam und angenehm erscheinende R. Anlaß zu besonderen Deutungen gab. So berichtete Goethe in der persischen Erzählung aus dem *Westöstlichen Diwan,* der R. sei als Rede- und Antwortspiel zweier Liebender erfunden worden. Die „Vermählung" der Laute war für L. Tieck in der Romantik ein Symbol der Liebe. Naturalismus und Expressionismus erwiesen sich als reimfeindlich, während im weiteren Verlauf unseres Jahrhunderts R.-Bindung und R.-Losigkeit in der Lyrik abwechseln.

Grundlegende Untersuchungen über die Rolle des R.s in der Entwicklung der vertonten Lyrik fehlen. Gleichwohl läßt sich feststellen, daß mit den Grundelementen sprachlicher Formung wie Textgliederung (Vers und Strophe der Lyrik, Sinnabschnitt und Interpunktion der Prosa) und Sprachrhythmus (Versmaß, Wort- und Satzakzent) auch der R. in den Duktus einer Melodie mit einbezogen wird. So können in Lied- und Arienformen R.-Bindungen gleichartig gestalteten Melodieabschnitten entsprechen – z. B. Mozart, *Das Veilchen* (Ein Veilchen auf der Wiese stand/gebückt in sich und unbekannt), Fr. Schubert, *Wohin* (aus *Die schöne Müllerin*) –, betonte Reimsilben in einer Dehnung der Melodie abgebildet sein (Der Mond ist aufgegangen/die goldnen Sternlein prangen) oder der R. Sequenzmelodik nach sich ziehen, z. B. Mozart, Arie des Tamino (Dies Bildnis ist bezaubernd schön,/Wie noch kein Auge je gesehn!) aus der *Zauberflöte.* Eine Gesetzmäßigkeit läßt sich daraus freilich nicht ableiten.

R. Wagners Wiederaufgreifen des ↗Stabreimes ist ausschließlich in Verbindung mit den dichterisch-musikalischen Motivbeziehungen seiner Musikdramen zu sehen. Durch den unregelmäßigen Wechsel von Zeilenlänge und Akzentordnung erscheint der Stabreimvers als Prosa, die wiederum zur Auflösung des musikalisch-melodischen Periodenschemas beiträgt. Im *Ring des Nibelungen* ist die bislang gültige musikalische Syntax endgültig zu einer Art musikalischer Prosa gewandelt. Den formalen Zusammenhalt bildet jetzt das dichte Gewebe der Leitmotive.

Lit.: H. F. REDLICH, Claudio Monteverdi, I: Das Madrigalwerk (B 1932, Nachdr. Hil 1976); A. HEUSLER, Dt. Versgesch., 3 Bde. (B – L 1925–29, [2]1956) (= Grundriß der germanischen Philologie VIII/1–3); W. KAYSER, Das sprachliche Kunstwerk (Be – Mn [11]1965); O. PAUL – I. GLIER, Dt. Metrik (Mn [6]1966); TH. G. GEORGIADES, Schubert, Musik u. Lyrik (Gö 1967, [2]1979); CH. PETZSCH, Text – Form – Korrespondenzen im ma. Strophenlied, in: DVfLG 41 (1967); L. U. ABRAHAM – C. DAHLHAUS, Melodielehre (Kö 1972); R. HAMMERSTEIN, Versuch über die Form im Madrigal Monteverdis, in: Sprachen der Lyrik. FS H. Friedrich (F 1975); R. BOCKHOLDT, Berlioz-Stud. (Tutzing 1979) (= Münchner Veröff. z. Musikgesch. 29). H. JUNG

REIMANN, Aribert, * 4. 3. 1936 Berlin; dt. Komponist und Pianist. R., dessen Eltern an der Musikhochschule lehrten, studierte in Berlin 1955–59 Komposition (B. Blacher, E. Pepping) und Klavier (Otto Rausch) und 1958 in Wien Musikwissenschaft. Seit 1958 trat er als Liedbegleiter profilierter Sänger wie D. Fischer-Dieskau, E. Haefliger, E. Grümmer und B. McDaniel hervor. Als Komponist wurde er u.a. mit dem Rom-Preis (1963), dem Robert-Schumann-Preis (1965) und dem Preis des Verbandes der deutschen Kritiker (1970) ausgezeichnet. 1975 erhielt der als freischaffender Komponist in Berlin lebende R. einen Lehrauftrag an der Hamburger Musikhochschule; außerdem wurde er Berater der dortigen Staatsoper.

WW: **1) Instr.-WW:** Klv.-Sonate (1957); *Dialog I* (1963) für Org.; Sonate für Vc. u. Klv. (1963); Nocturnos für Vc. u. Harfe (1965); *Spektren* (1967) für Klv.; *Reflexionen* (1966) für 7 Instr.; *Invenzioni* (1979) für 12 Spieler. – Für Orch.: Elegie (1957); *Loqui* (1969); Variationen (1975); Rondes (1967) für Streichorch.; ein Vc.-Konzert (1959) u. 2 Klv.-Konzerte (1961, 1972). – **2) Vokal-WW:** *Lieder auf der Flucht* (Text: I. Bachmann) (1957) für Alt, Tenor, Chor u. Orch.; 3 Lieder (Text: G. Mistral) (1959) für Mezzosopran u. Klv.; Kantate *Si china il giorno* (1960) für Mezzosopran, Klv., Harfe u. Cemb.; Suite *Ein Totentanz* (1960) für Bar. u. Kammerorch.; 5 Gedichte von Paul Celan (1960) für Bar. u. Klv.; Kantate *Verrà la morte* (1966) für Soli, 2 gem. Chöre u. Orch.; *Engführung* (Text: P. Celan) (1967) für Tenor u. Klv.; *Trovers* (1967) (nach altfrz. Troubadour-Texten) für Sprecher u. 7 Instr.; *Nenia* (Text: R. Alexander) (1968) für Sprechst. u. Orch.; *Inane* (Text: M. Thomas) (1968) für Sopran u. Orch.; *Zyklus* (Text: P. Celan) (1971) für Bar. u. Orch.; Requiem *Wolkenloses Christfest* (Text: O. Büthe) (1974) für Bar., Vc. u. Orch.; *Six Poems* (Text: S. Plath) (1975) für Sopran u. Klv.; *John III, 16* (1976) für 8st. Chor a cap.; *Unrevealed* (Text: Lord Byron) (1980) für Bar. u. Streichquartett; Requiem (1981) für Soli, Chor u. Orch. – **3) Bühnen-WW:** Opern: *Ein Traumspiel* (nach A. Strindberg), UA: Kiel 1965; *Melusine* (Libr.: C. Henneberg nach Y. Goll), UA: Schwetzingen 1971; *Lear* (Libr.: ders. nach Shakespeare), UA: München 1978. – Ballette: *Stoffreste,* UA: Essen 1959; *Die Vogelscheuchen,* UA: Berlin 1970.

Nach kindlichen Kompositionsversuchen (seit 1946) folgte R. bis 1967 der Reihentechnik, wobei er sich gleichermaßen von der komprimierten Musiksprache A. Weberns wie von der Expressivität A. Bergs beeinflußt zeigte. Seine Werke aus dieser Zeit sind – in Entsprechung zu den vertonten Texten – mit vorherrschenden dunklen Klangfarben voll lyrischer Verhaltenheit und wirken nahezu introvertiert. Mit der Hinwendung zum Musiktheater gab R. dem dramatischen Element mehr Raum; er entwickelte eine Technik variierender Entwicklung von musikalischen „Zuständen" aus Keimzellen wie Klang, Intervall, Akkord oder

Tonfolge – unter Verwendung rhythmischer Modelle, die der indischen Musik entlehnt sind. Als Summe und vorläufiger Höhepunkt seines Schaffens ist die Oper *Lear* anzusehen, mit der er weltweite Anerkennung fand.

Lit.: W.-E. VON LEWINSKI, A. R. Ein Weg in die Freiheit, in: Melos 36 (1971); W. BURDE, ... als Komponist u. Interpret, in: NZfM 141 (1980); W.-E. VON LEWINSKI, Vorwort zum Werk-Verz. (Mz 1980); M. ZIMMERMANN, Porträt A. R., in: NZfM 142 (1981). K. LANGROCK

REIMANN, Heinrich, * 14. 3. 1850 Rengersdorf, † 24. 5. 1906 Berlin; dt. Organist, Komponist und Musikschriftsteller. R. war ein Sohn des Chorregenten Ignaz R. (* 27. 12. 1820 Albendorf, † 17. 6. 1885 Rengersdorf), der als Kirchenkomponist (u. a. 74 Messen) außerordentlich fruchtbar war. Er studierte seit 1870 Philologie an der Universität in Breslau (1875 Dr. phil.) und nahm daneben Orgelunterricht bei Moritz Brosig. Als Gymnasiallehrer war er u. a. 1880–84 in Ratibor tätig, wurde 1885 Direktor des Gymnasiums in Gleiwitz, gab aber die Stellung wieder auf und ließ sich 1887 als Musikkritiker der *Allgemeinen Musikzeitung* in Berlin nieder. 1893–94 war er Orgel- und Theorielehrer am Klindworth-Scharwenka-Konservatorium und wurde 1895 Organist der Kaiser-Wilhelm-Gedächtniskirche, wo er auch 1898–1902 den Knabenchor leitete. Außerdem dirigierte er den von ihm 1898 gegründeten Bachchor. 1897 erhielt er den Professorentitel. R. schrieb Orgelwerke und Lieder und gab Liedersammlungen heraus. K. Straube gehörte zu seinen Schülern.

Schriften: *Studien zur griechischen Musikgeschichte* (Ratibor 1882); *R. Schumanns Leben und Werke* (L 1887); *J. Brahms* (B 1898, [6]1922); *Musikalische Rückblicke*, 2 Bde. (B 1900); *H. von Bülow* (B 1908); *J. S. Bach* (B 1912).

Lit.: W. M. FREITAG, An Annotated Bibliogr. of H. von Bülow in the Harvard College Library, in: Harvard Library Bull. 15 (1967).

REIMOFFIZIUM (lat. historia rhythmata oder rimata), Bz. für ein Tagesoffizium (↗Offizium) mit metrisch gebundenen und gereimten Texten (Hymnen, Antiphonen und Responsorien, jedoch keine Psalmen und Lektionen). Bereits im 9. Jh. schufen Alkuin und Hucbald Offizien mit teilweise metrisch gebundenen Texten. Vollständige Reimoffizien (meist zu Heiligenfesten) sind im 10. und 11. Jh. u. a. von Odo von Cluny, Berno von Reichenau und Hermann dem Lahmen verfaßt worden. Das *Officium de sancta Trinitate* (Dreifaltigkeitsoffizium) des Codex Hartker zu St. Gallen (Cod. 390–391) aus dem 10. Jh., das noch heute im römischen und monastischen Antiphonale steht, weist erstmalig das musikalische Charakteristikum des R.s auf: Die 5 Vesperantiphonen sind der Reihe nach Gesänge im 1., 2., 3., 4. und 5. Ton. Höhepunkt des R.s stellen das Franziskus- und das Antonius-Offizium des Julian von Speyer (nach 1227) dar. Ihre Texte weisen alle einheitlich akzentuierende Rhythmik auf, ihre Melodien, ebenfalls von Julian verfaßt, wurzeln im antiphonalen und responsorialen Repertoire des Gregorianischen Gesangs. In der Folgezeit waren die Franziskaner die Hauptträger des R.s, das im 16. Jh. – mit einigen wenigen Ausnahmen, z. B. im Brevier der Franziskaner und Dominikaner – durch das Konzil von Trient verboten wurde.

Lit.: W. IRTENKAUF, R., in: MGG XI (mit Angaben über Ausg.). B. R. SUCHLA

REINBERGER, Jiří, * 14. 4. 1914 Brünn, † 28. 5. 1977 Prag; tschechischer Organist und Komponist. Er studierte Orgel und bis 1938 Komposition (Vilém Petrzelka) am Konservatorium in Brünn, danach 1938–40 in Prag bei V. Novák und anschließend in Leipzig bei K. Straube und G. Ramin. Ein gleichzeitiges Jura-Studium schloß er 1945 in Prag mit der Promotion zum Dr. jur. ab. Im selben Jahr wurde er Lehrer am Konservatorium in Brünn, 1951 an der Musikakademie in Prag, außerdem war er Wettbewerbs-Juror und hielt in Zürich Meisterkurse ab. Als Orgelsolist bereiste er seit 1932 ganz Europa. Schwerpunkte seines Repertoires waren frühe und zeitgen. tschechische Orgelmusik sowie die Werke J. S. Bachs. Hervorzuheben ist auch seine Tätigkeit als Orgelbau-Experte.

WW: 2 Symphonien (1938, 1959); 3 Orgelkonzerte (1940, 1956, 1960); Vc.-Konzert (1962). – R. war ferner Hrsg. v.: *Musica bohemica per organo*, 3 Bde. (Pr 1954–57); *Cesti klasikové* (1953) (= MAB 12); *Ceska varhanný tvorba* (Tschechische Orgelmusik) (1956) (= ebd. 26).

REINCKEN, Johann Adam, ↗Reinken.

REINECKE, Carl, * 23. 6. 1824 Altona, † 10. 3. 1910 Leipzig; dt. Komponist, Pianist, Dirigent und Musikschriftsteller. R. erhielt seine vollständige musikalische Ausbildung durch seinen Vater Rudolph R. (1795–1883), einen angesehenen Musikpädagogen. 1836 trat er erstmals öffentlich auf, 1843 mehrmals in Kopenhagen in den öffentlichen Konzerten des Musikvereins unter N. W. Gade, mit dem er sich befreundete. Anschließend wirkte er in Leipzig, wo er von F. Mendelssohn Bartholdy, R. Schumann und Fr. Liszt freundlich aufgenommen wurde. Liszt lobte seinen „schönen weichen, gebundenen und gesungenen Anschlag". 1846–48 war er Hofpianist in Kopenhagen. 1851 hielt er sich einige Monate in Paris auf, wo er Liszts Töchter unterrichtete. Im selben Jahr wurde er Klavier- und Kontrapunktlehrer an der Rheinischen Musikschule in Köln, war 1854–59 Städtischer Musikdirektor in Barmen, 1859 Leiter der

Singakademie in Breslau und seit 1860 Dirigent der Gewandhauskonzerte und Lehrer für Klavier und Komposition am Konservatorium in Leipzig. 1875 wurde er Mitglied der Königlichen Akademie der Künste in Berlin und 1885 Professor. Als Dirigent des Gewandhausorchesters wurde er 1895 durch A. Nikisch ersetzt. 1902 trat er in den Ruhestand. Zu seinen Schülern gehörten E. Grieg, H. Kretzschmar, K. Muck, H. Riemann, Chr. Sinding, A. Sullivan und F. von Weingartner.

WW: **1) Instr.-WW:** Sonaten u. Sonatinen für Klv.; Variationen für Klv. (auch vierhändig); Kadenzen zu Klv.-Konzerten von W. A. Mozart u.a.; zahlr. Kammermusik, u.a. 3 Vc.-Sonaten, op. 42, 89, 238; 4 Streichquartette, op. 16, 30, 132, 211; 2 Klv.-Quartette, op. 34, 172. – 3 Symphonien, op. 79, 134, 277; 4 Klv.-Konzerte, op. 72, 120, 144, 254; weitere Konzerte für: V., op. 141; Vc., op. 82; Harfe, op. 182; *Romanzero*, op. 263 für Vc. u. Orch. – **2) Vokal-WW:** Oratorium *Belsazar*, op. 73; 7 Messen; *Sommertagsbilder*, op. 161 für Chor u. Orch.; *Flucht nach Ägypten* für Männerchor u. Orch.; ferner Konzertarien u. Kanons. – **3) Bühnen-WW:** Opern: *Der vierjährige Posten*, UA: Barmen 1855; *König Manfred*, UA: Wiesbaden 1867; *Auf hohen Befehl*, UA: Hamburg 1886; *Der Gouverneur von Tours*, UA: Schwerin 1891; Singspiel *Ein Abenteuer Händels*, UA: Schwerin 1874. – **4) Schriften:** *Zur Wiederbelebung der Mozartschen Clavierconcerte* (L 1891); *Und manche liebe Schatten steigen auf* (L 1900); *Meister der Tonkunst* (B 1903); *Die Beethovenschen Claviersonaten* (L 1905); *Aus dem Reich der Töne* (L 1907).

Seinen eigenen Standort als Komponist sah R., der als Interpret der Musik der Wiener Klassik verpflichtet blieb, in der deutschen Romantik. Der Neudeutschen Schule stand er zurückhaltend, nie aber polemisch gegenüber. J. Brahms und M. Bruch gehörten zu den von ihm bevorzugten zeitgenössischen Komponisten. In seinen eigenen Werken zeigt sich R. als wesentlich lyrischer Musiker, der vor allem in der an J. Brahms orientierten Kammermusik und in der zu vorklassischen Formen neigenden Klaviermusik Kompositionen von bleibendem Wert schuf. Seine z.T. programmatischen Ouvertüren und geschickt eklektizistisch gearbeiteten Symphonien zeigen Sinn für Klangfarbe und klare Formgebung. Große Popularität errangen zeitweise seine Kinderlieder.

Lit.: F. REINECKE, Verz. der Kompositionen v. C. R. (L 1889); J. Brahms, Briefwechsel mit Rheinthaler ... u. C. R., hrsg. v. W. ALTMANN (B [2]1912); E. SEGNITZ, C. R. (L 1901); N. TOPUSOV, C. R. (Diss. B 1943) (mit Werk-Verz.); K. G. FELLERER, C. R. u. die Hausmusik, in: Stud. z. Musikgesch. des Rheinlandes III. FS H. Hüschen (Kö 1965) (= Beitr. z. rheinischen Musikgesch. 62); J. BITTNER, Die Klaviersonaten E. Francks 1817–93 u. anderer Kleinmeister seiner Zeit, 2 Bde. (Diss. H 1968); G. PUCHELT, Verlorene Klänge. Stud. z. dt. Klaviermusik 1830–80 (B 1969).

REINECKE, Hans-Peter, * 27. 6. 1926 Ortelsburg (Ostpreußen); dt. Musikforscher. Er studierte 1946–48 an der Universität Göttingen bei R. Gerber und 1948–51 an der Universität Hamburg bei H. Husmann. Nach der Promotion wurde R. an der Universität Hamburg 1953 Assistent, 1955 Lehrbeauftragter für systematische Musikwissenschaft, 1961 Privatdozent und 1967 Professor. Seit 1955 als Sachverständiger für Akustik und als Tonmeister tätig, wurde er 1965 nebenamtlicher Leiter der Abteilung Musikalische Akustik im Staatlichen Institut für Musikforschung Preußischer Kulturbesitz in Berlin, 1967 Institutsdirektor. Zur Zeit ist er Mitglied des Kuratoriums der Deutschen Phonoakademie (seit 1976) und des Internationalen Musikzentrums (IMZ) Wien (seit 1980).

Schriften: *Über den doppelten Sinn des Lautheitsbegriffs beim musikalischen Hören* (Diss. H 1953); *Untersuchungen über die Klangabläufe angeschlagener Glocken*, in: AfMw 12 (1955); *Stellung und Grenzen akustischer Forschung innerhalb der systematischen Musikwissenschaft*, in: AMl 31 (1959); *Experimentelle Beiträge zur Psychologie des musikalischen Hörens* (Habil.-Schr.) (H 1964); *Stereo-Akustik* (Kö 1966); *Cents, Frequenz, Periode. Umrechnungstabellen für die musikalische Akustik u. Musikethnologie* (B 1970); *Naturwissenschaft und systematische Musikwissenschaft*, in: Einführung in die systematische Musikwissenschaft, hrsg. v. C. Dahlhaus (Mz 1971); *Einige Überlegungen zum Begriff des musikalischen „Verstehens"*, in: Musicae scientiae collectanea. FS K. G. Fellerer (Kö 1973); *Über die Problematik des Testens musikalischer Fähigkeit*, in: FS K. Blaukopf (W 1975); *Musik im Original u. als technische Reproduktion*, in: Jb. Preuß. Kulturbesitz 16 (1979). – R. gab heraus: *Das musikalisch Neue und die Neue Musik* (Mz 1969); *Musik und Verstehen* (Kö 1973) (zus. mit P. Faltin).

REINE DE CHYPRE, LA, Oper von J. Fr. É. Halévy; dt. Titel: Die ↗Königin von Zypern.

REINER, Fritz (Frigyes), * 19. 12. 1888 Budapest, † 15. 11. 1963 New York; amerik. Dirigent ung. Herkunft. Er studierte bei István Thomán (Klavier) und Hans Koessler (Komposition) an der Landesmusikschule Budapest. 1909 war er Korrepetitor an der Komischen Oper in Budapest, 1910 Kapellmeister in Laibach, 1911–14 als Nachfolger E. von Schuchs an der Volksoper in Budapest. Anschließend wirkte er als fester Dirigent 1914–21 an der Hofoper in Dresden und trat als Gastdirigent in Hamburg, Berlin und Wien auf. 1922–31 dirigierte er das Cincinnati Symphony Orchestra und lehrte 1931–38 am Curtis Institute of Music in Philadelphia, wo L. Bernstein zu seinen Schülern gehörte. 1938–48 war er Chefdirigent des Pittsburgh Symphony Orchestra, leitete 1948–53 die Metropolitan Opera in New York und seit 1953 das Chicago Symphony Orchestra, das nach I. Strawinskys Meinung unter R. das „präziseste und flexibelste Orchester der Welt" wurde.

Lit.: P. HART, R. in Chicago, in: High Fidelity 14 (1964); F. BÓNIS, F. R., An Early Bartók Conductor, in: New Hungarian Quarterly 17 (1976).

REINER. – 1) Jacob, * vor 1560 Altdorf bei Weingarten (Württemberg), † 15. 8. 1606 Weingarten; dt. Komponist. Nach seiner Ausbildung am Benediktinerkloster in Weingarten war er 1573–75 Schüler von O. di Lasso in München, anschließend bis zu seinem Tod Musiklehrer, Kapellmeister und Komponist am Kloster in Weingarten.

WW: *Liber cantionum sacrarum* für 5–6 St. (Mn 1579); *Schöne neue Teutsche Lieder* für 4–5 St. (Mn 1581); *Cantionum piarum, septem psalmi poenitentiales* für 3 St. (Mn 1586); *Christliche Gesang teutsche Psalmen* für 3 St. (Dillingen 1586); *Selectae piaeque cantiones* für 6–10 St (Mn 1591); *Cantica sive mutetae* für 4–5 St. (Konstanz 1595); *Liber motettarum* für 6–8 St. (Mn 1600); *Liber motettarum* für 6 St. (Dillingen 1603, [2]1606); *Sacrae missae* für 6 St. (Dillingen 1604); *Gloriosissimae Virginis... canticum quod Magnificat vocant* (F 1604); *Missae tres, cum litaniis* für 8 St. (Dillingen 1604); *Missae ... cum officio B. M. V. et antiphonis* für 3–4 St. (ebd. 1608).

2) Ambrosius, Sohn von 1), * 7. 12. 1604 Altdorf, † 4. 7. 1672 Innsbruck; dt. Kapellmeister und Komponist. R. wurde 1630 provisorisch und 1631 in fester Anstellung 2. Hoforganist und Lehrer der Kapellknaben an der Kapelle Erzherzog Leopolds in Innsbruck, 1635 dort 1. Hoforganist und 1648 Hofkapellmeister. 1665 wurde die Hofkapelle aufgelöst und durch eine kaiserliche Hofmusik ersetzt, deren Leitung er 1666 übernahm.

WW: 3 Bücher *Sacrae cantiones* für 2–4, 4–6 u. 8 St. u. B.c., teilw. mit Instr. (I 1643, 1647, 1648); Psalmen u. Magnificat für 8 St. u. 2 V. (I 1651); Messen für 5 St. u. 3 Instr. (I 1655); *Litaniae B. V. Mariae ... cum antiphonis* für 1–5 St. u. Instr. (I 1656).

Ausg.: **Zu 1):** *Liber cantionum sacrarum* 1579, hrsg. v. D. Dressler (St 1872); ein Satz, hrsg. v. F. X. Haberl (Rb 1876) (= Musica Divina, Suppl.).

Lit.: **Zu 1):** D. Dressler, J. R., in: MfM 3 (1871); A. Kriessmann, J. R. Beitr. z. Gesch. der Musik an den oberschwäbischen Klöstern im 16. Jh. (Kas 1927). – **Zu 2):** W. Senn, Musik u. Theater am Hof zu Innsbruck (I 1954).

REINE STIMMUNG ↗Stimmung.

REINHARDT, Django Jean Baptiste, * 23. 1. 1910 Liverchies (Belgien), † 16. 5. 1953 Fontainebleau (Frankreich); belgischer Jazzmusiker (Gitarrist, Bandleader, Komponist). R. erlitt 1928 durch einen Brand eine Lähmung der linken Hand, erlernte eine 3-Finger-Technik und wurde bald der führende Swinggitarrist Europas. 1934 gründete er mit dem Geiger Stéphane Grappelly in Paris das nur mit Saiteninstrumenten besetzte Quintette du Hot Club de France. Nach dem kriegsbedingten Weggang Grappellys ersetzte R. später die Geige durch eine Klarinette. R. gehörte zu den ersten auch in den USA anerkannten europäischen Jazzmusikern. 1946 unternahm er mit Duke Ellington eine USA-Tournee. Sein Stil verschmolz Elemente des Jazz, der Zigeunermusik und des Flamenco mit Anklängen an die abendländische Klassik. In der französischen Jazzszene ist sein Einfluß noch heute beträchtlich. Auch die meisten deutschen Sinti-Swingmusiker wie Schnuckenack Reinhardt und Häns'che Weiss lehnen sich stark an ihn an. Bekannte Kompositionen sind *Nuages* und *Daphne.*

Lit.: M. Abrams, The Book of D. (Los Angeles 1973); A. Polillo, Jazz, Gesch. u. Persönlichkeiten der afro-amerik. Musik (Mn 1978).

REINHARDT, östr. Musikerfamilie. – **1) Kilian,** * 1653 oder 1654, † 25. 3. 1729 Wien. Er trat 1683 als Orchesterdiener und Kopist in die Wiener Hofkapelle ein und erhielt 1699 auf ein Gesuch an Kaiser Leopold I. hin den Ehrentitel „sogenannter musikalischer Konzertmeister". Seine *Rubriche generali per le funzioni ecclesiastiche musicali di tutto l'anno...* (W 1727) gehören zu den wichtigsten Quellen über die kaiserliche Hofmusik seiner Zeit. Sie geben kalendermäßig Aufschluß über die Aktivitäten der kaiserlichen Kapelle. – **2) Karl Matthias,** Sohn von 1), * 1710 oder 1711 Wien, † 31. 1. 1767 ebd. Er war 1739–62 kaiserlicher Hof- und Kammerorganist. Von ihm sind hsl. in Kremsmünster 4st. *Litaniae* und ein 4st. *Requiem,* beide mit Instrumenten, überliefert. – **3) Johann Georg,** Neffe von 1), * 1676 oder 1677, † 6. 11. 1742 Wien. Er trat 1701 in die kaiserliche Hofkapelle ein, war 1710–12 Hoforganist und seit 1728 1. Organist. 1734 erhielt er den Titel Hofcompositor und war als solcher mit der Komposition von Ballettmusik und Serenaden beauftragt. Außerdem wirkte er 1727–42 als Kapellmeister am Stephansdom. Neben J. J. Fux und A. Caldara gehörte R. zu den fruchtbarsten Kirchenkomponisten seiner Zeit in Wien. Seine Werke waren dort bis Ende des 19. Jh. sehr beliebt.

WW (hsl. erhalten): Symphonie G-Dur u. *Sonata pastorella* A-Dur für Orch.; Oratorium *Il divino imeneo di S. Caterina* (1716); ferner 18 Messen; 1 Requiem, 12 Vespern, 7 Magnificat; zahlr. Motetten u.a. kirchenmusikal. WW (Psalmen, Litaneien). – Opern: *La più bella* (Libr.: Pariati), UA: Wien 1715; *L'eroe immortale* (Libr.: ders.?), UA: ebd. 1717; *Il giudicio di Enone* (Libr.: ders.), UA: ebd. 1721.

Lit.: L. von Köchel, Die kaiserliche Hofmusikkapelle in Wien v. 1543 bis 1867 (W 1869, Nachdr. Hil 1976); G. Reichert, Zur Gesch. der Wiener Messenkompositionen in der 1. Hälfte des 18. Jh. (Diss. W 1935); H. Brunner, Die Kantorei bei St. Stephan in Wien (W 1948).

REINHARDT (eig. Goldmann), **Max,** * 9. 9. 1873 Baden (Niederösterreich), † 30. 10. 1943 New York; östr. Regisseur und Theaterleiter. R. begann seine Laufbahn 1893 als Schauspieler in Salzburg, war seit 1894 unter Otto Brahm am Deutschen Theater in Berlin engagiert, wandte sich aber 1898 von dessen naturalistischem Inszenierungsstil ab. Seit 1903 war er ausschließlich als Regisseur tätig, gründete in Berlin eigene Theater (Kabarett, Kleines Theater, Neues Theater), übernahm 1905 die

Leitung des Deutschen Theaters und eröffnete 1906 die Kammerspiele. Mit außerordentlichem Instinkt für Bühnenwirksamkeit und Ausschöpfung aller technischen Möglichkeiten verwirklichte R. seine in Anlehnung an den Impressionismus gebildete Vorstellung eines illusionistischen, verzaubernden und glanzvollen Theaters. Seine Inszenierungen zeichneten sich insbesondere durch präzises, aufeinander abgestimmtes Zusammenspiel und eine fast musikalisch zu nennende rhythmische Bewegung aus. Namentlich die Werke von W. Shakespeare erfuhren durch ihn eine charakteristische poetische Aufbereitung. Für die Musikbühne war R. verhältnismäßig selten tätig. Er inszenierte u.a. die Operette *Die Fledermaus* von J. Strauß, *Orpheus in der Unterwelt, Die schöne Helena* und *Hoffmanns Erzählungen* von J. Offenbach sowie Opern von R. Strauss, darunter zur Eröffnung der Stuttgarter Hofoper 1912 die Oper *Ariadne auf Naxos,* die Strauss ihm gewidmet hatte. R. gehörte zu den Gründern der Salzburger Festspiele, als deren erste Aufführung er 1920 den *Jedermann* von H. von Hofmannsthal herausbrachte. 1933 wanderte er in die USA aus, nachdem er in einem Brief an Joseph Goebbels das Deutsche Theater in Berlin symbolisch dem deutschen Volk übertragen hatte. Sein letztes bedeutendes Unternehmen war der 1941 in Amerika (nach Shakespeare mit der Musik von F. Mendelssohn Bartholdy) gedrehte Film *A Midsummer Night's Dream.*

Lit.: H. HERALD, M. R. (B 1915); M. EPSTEIN, M. R. (B 1918); O. M. SAYLER, M. R. and His Theatre (NY 1924); B. FLEISCHMANN, M. R. (W 1948); H. IHERING, Von R. bis Brecht (B 1959); M. DIETRICH, Music and Dances in the Productions of M. R., in: Rev. d'histoire du théâtre 15 (1963); G. ADLER, M. R. Sein Leben (Salzburg 1964); M. GROSSMANN, Regiebuch u. Kritik (Diss. W 1966); E. HAEUSSERMANN, M. R.s Theaterarbeit in Amerika (Diss. W 1966); G. PROSSNITZ, M. R.s Faust-Inszenierung in Salzburg 1933–37, in: Maske u. Kothurn 16 (1970); H. HUESMANN, Welttheater R. (Mn 1980).

REINHARDT, Zipflo, * 21. 11. 1949 Friedrichshafen; dt. Jazzmusiker (Violine). Er machte zunächst Swing im Stil Dj. Reinhardts, rückte in den 70er Jahren immer entschiedener von diesem Stil und der Quintettbesetzung mit ausschließlich Saiteninstrumenten ab und wandte sich unter Berufung auf J.-L. Ponty dem Modern Jazz und dem Rock Jazz zu. Wie Ponty hat auch R. seinen Sound „tenorisiert"; die Phrasierung orientiert sich an einem Blasinstrument, wobei das Vibrato fast ganz entfällt. In den Improvisationen fällt R. vor allem durch kühne gestalterische Souveränität auf. Von seinen Stammesangehörigen, den deutschen Sintis, wird er allerdings als Traditionsbrecher und Außenseiter betrachtet.

Lit.: K. R. BACHMANN, 1. dt. Zigeuner-Jazzfestival, in: Jazz Podium 26 (St 1977).

REINHOLM, Gert (eig. Gerhard Schmidt), * 20. 12. 1923 Chemnitz; dt. Tänzer, Choreograph und Tanzpädagoge. Nach seiner Ausbildung an der Ballettschule der Staatsoper in Berlin wurde er 1942 Eleve der Compagnie des Staatsopernballetts und 1946 dort Solotänzer. 1953 wechselte er zum Ensemble der Städtischen Oper Berlin, dessen Ballettdirektor er 1961–66 war. Seit 1967 ist er in Berlin als Leiter einer eigenen Tanzschule und als Dozent an der Max-Reinhardt-Schule tätig; außerdem betreut er als Ballettdirektor seit 1973 erneut das Ensemble der Deutschen Oper. Als Mitbegründer des Berliner Balletts (1955 zusammen mit T. Gsovsky) wie auch als Protagonist einer expressiven modernen Tanzkunst wurde R. mit zahlreichen Auszeichnungen geehrt (Berliner Kritikerpreis 1958, Kunstpreis der Stadt Berlin 1962, Preis des besten Tänzers beim Pariser Théâtre des Nations 1962, Diaghilew-Preis 1963).

Lit.: H. KELLERMANN, G. R. (B 1957) (= Rembrandt-Reihe Bühne u. Film 6).

G. LUDIN

REINING, Maria, * 7. 8. 1903 Wien; östr. Sängerin (Sopran). Sie studierte 1928–30 an der Wiener Akademie für Musik und darstellende Kunst und debütierte 1931 als Soubrette an der Wiener Staatsoper. Nach Engagements in Darmstadt (1933–35) und an der Bayerischen Staatsoper München (1935–37) kehrte sie als Sängerin des jugendlich-dramatischen Fachs an die Wiener Staatsoper zurück und blieb bis zum Ende ihrer aktiven Laufbahn deren Mitglied. Auf dem Höhepunkt ihrer Karriere galt sie als eine der bedeutendsten Strauss-Interpretinnen, vor allem als Marschallin *(Der Rosenkavalier)* und Arabella. R. gastierte zwischen 1948 und 1956 an den bedeutenden Opernhäusern Europas und der USA; seit 1937 sang sie bei den Salzburger Festspielen. Nach Beendigung ihrer Bühnenlaufbahn wurde sie 1962 Gesanglehrerin am Mozarteum in Salzburg.

REINKEN (Reincken, Reinike), **Johann Adam** (Jan Adams), * 26. 4. 1623 Wildeshausen (Oldenburg), † 24. 11. 1722 Hamburg; dt. Organist und Komponist. Er wanderte 1637 mit seiner Familie nach Deventer (Niederlande) aus. 1654–57 war er Schüler von H. Scheidemann in Hamburg, anschließend kurze Zeit Organist in Deventer, seit 1658 Adjunkt Scheidemanns und seit 1663 dessen Nachfolger als Organist an St. Katharinen in Hamburg. 1678 gründete er mit J. Theile die Oper am Gänsemarkt in Hamburg, an deren Leitung er einige Jahre beteiligt war. Nach dem Tod von

D. Buxtehude galt R. als der bedeutendste Organist Norddeutschlands. J. S. Bach besuchte ihn mehrmals in den Jahren 1700–03 und 1720. Von R. sind nur wenige Werke überliefert. Seine Musik für Tasteninstrumente zeigt Einflüsse J. Sweelincks, aber auch von süddeutschen und italienischen Meistern (J. J. Froberger, A. Poglietti). Der *Hortus musicus* (H 1687) enthält 6 Suiten in der für die norddeutsche Schule typischen Besetzung von 2 Violinen, Viola da gamba und Basso continuo. J. S. Bach hat Sätze hieraus bearbeitet (Cembalosonaten BWV 965 u. 966, Fuge BWV 954).

Ausg.: *Hortus musicus* u. *Partite diverse*, hrsg. v. J. C. M. VAN RIEMSDIJK (A 1886–87); Collected Keyboard Works, hrsg. v. W. APEL (R 1969) (= Corpus of Early Keyboard Music 16); Sämtliche Orgelwerke, hrsg. v. K. BECKMANN (Wie 1974).

Lit.: PH. SPITTA, „Hortus musicus" v. J. A. R., in: VfMw 3 (1887); W. STAHL, Zur Biogr. J. A. R.s, in: AfMw 3 (1921); A. PIRRO, Notes pour servir, éventuellement, à la biographie de R., in: FS D. F. Scheuerleer (Den Haag 1925); H. KELLER, Über Bachs Bearbeitungen aus dem „Hortus musicus" v. R., in: Kgr.-Ber. Basel 1949 (Kas 1951); W. APEL, Neu aufgefundene Clavierwerke v. Scheidemann, Tunder, Froberger, R. u. Buxtehude, in: AMl 34 (1962); A. CURTIS, J. R. and a Dutch Source for Sweelinck's Keyboard Works, in: TVer 20 (1964/65); G. B. SHARP, J. A. R. 1623–1722, in: MT 114 (1973).

REINMAR DER ALTE (Reimar d. A.; R. von Hagenau; R. von Hagenouwe), * um 1160, † zwischen 1203 und 1210; elsässischer Minnesänger. Er stammte aus Hagenau (Elsaß) und war Hofdichter in Wien am Hof der Babenberger. Als einer der führenden Vertreter des frühen Minnesangs war er zunächst Lehrer des Walther von der Vogelweide, doch führten unterschiedliche Auffassungen später zu einem literarischen Streit zwischen diesen beiden, der länger als ein Jahrzehnt andauerte. Unter R.s Namen sind viele Minnelieder überliefert, doch können nur 35 als echt betrachtet werden (Aarburg). R. importierte das Minneideal von Frankreich nach Deutschland und entwickelte es zu klassischer Vollendung. Sein Einfluß und seine Wirkung waren so groß, daß er mehreren Generationen als Vorbild galt und noch im Meistersang zu den 12 legendären Begründern dieser Kunst gerechnet wurde.

Ausg. (Texte u. Melodien): U. AARBURG, Melodien zum frühen dt. Minnesang, in: Der dt. Minnesang, hrsg. v. H. Fromm (Da 1961) (= Wege der Forsch. 15); Des Minnesangs Frühling, nach K. Lachmann u.a. neu bearb. v. C. VON KRAUS (St [35]1970).

Lit.: C. VON KRAUS, Die Lieder R.s, 3 Teile (Mn 1919) (= Abh. der Bayerischen Akad. der Wiss., Philos., philologische u. hist. Klasse XXX/4, 6, 7); K. BURDACH, R. u. Walther von der Vogelweide (Hl [2]1928); U. AARBURG, Singweisen zur Liebeslyrik der dt. Frühe (Düsseldorf 1956); DIES., R., in: MGG XI; K. H. BERTAU, Überlieferung u. Authentizität bei den Liedern R.s, in: Zschr. für dt. Philologie 88 (1969); V. L. ZIEGLER, R. von Hagenau and His School. A Study in Leitword Technique (1970) (= Diss. Yale Univ.). B. R. SUCHLA

REINMAR VON ZWETER (Reymar von Zwetel; R. von Zweten), * um 1200, † um 1260, begraben in Eßfeld bei Ochsenfurt; dt. Minnesänger. Er wirkte zunächst in Wien am Babenberger Hof, danach am Hof König Wenzels I. in Böhmen, schließlich als Vagant u.a. in Meißen, Köln und Mainz. R. war Schüler des Walther von der Vogelweide. Als einer der besten Vertreter der 3. Phase des Minnesangs („Minnesangs Wende"; Kuhn) schuf er neben einigen Minnestrophen den sogenannten *Frau-Ehrenton* mit mindestens 229 authentischen Spruchstrophen, dessen Melodie in unterschiedlichen Versionen die Colmarer und die Donaueschinger Lieder-Hss. überliefern, ferner einen religiösen Leich, der mit Melodie in der Wiener Leich-Hs. erhalten ist. R.s Ruhm wirkte lange nach, und noch im Meistersang galt er als „Römer von Zwickau" oder „Ehrenbote" als einer der 12 legendären Begründer dieser Kunst.

Ausg. (Texte u. Melodien): G. ROETHE, Die Gedichte R.s (L 1887); P. RUNGE, Die Sangesweisen der Colmarer Hs. u. die Liederhs. Donaueschingen (L 1896, Nachdr. 1965); Das Singebuch des Adam Puschman, hrsg. v. G. MÜNZER (L 1906, Nachdr. 1970); H. RIETSCH, Gesänge von Frauenlob, R. u. Alexander (W 1913) (= DTÖ 41); Minnesang des 13. Jh., ausgew. v. H. KUHN, mit Übertragung der Melodien von G. Reichert (Tü 1953).

Lit.: U. AARBURG, R., in: MGG XI; R. J. TAYLOR, The Art of the Minnesinger (Cardiff 1968); G. OBJARTEL, Zwei wenig beachtete Fragmente R.s u. ein lat. Gegenstück seines Leichs, in: Zschr. für dt. Philologie 90 (1971). B. R. SUCHLA

REISSIGER (eig. Reißiger). – **1) Carl Gottlob,** * 31. 1. 1798 Belzig bei Wittenberg, † 7. 11. 1859 Dresden; dt. Dirigent und Komponist. Als Sohn und Schüler des Kantors Christian Gottlieb R. (1762–1839) besuchte er die Thomasschule in Leipzig, studierte seit 1818 Theologie, bald darauf aber Klavier und Komposition bei J. G. Schicht in Leipzig sowie 1821 bei A. Salieri in Wien und 1822 bei P. von Winter in München. 1823 ließ er sich in Berlin nieder. 1824–25 bereiste er im Auftrag des preußischen Kultusministeriums Frankreich und Italien, um für eine geplante Reform Erkundigungen über die Musikausbildung in Europa einzuholen. Nach kurzer Lehrtätigkeit an der Berliner Kirchenmusikschule wurde R. 1826 Direktor der Deutschen Oper in Dresden und 1828 als Nachfolger C. M. von Webers Hofkapellmeister. Außerdem übernahm er 1830 die neugegründete Dresdener Liedertafel und 1856 die Leitung des Konservatoriums.

WW: Zahlr. Klv.-Stücke, u.a. *Valses*, op. 26 (1824); Rondos u. Variationen; 5 V.-Sonaten; 27 Klv.-Trios; 7 Klv.-Quartette; 8 Streichquartette; 3 Klv.-Quintette; Symphonie Es-Dur, op. 120. – Lieder für SingSt u. Klv. sowie für gem. Chor; 9 Orch.-Messen; Requiem für Chor u. Orch.; zahlr. weitere kirchenmusikal. Werke; Oratorium *David* (1852) für Solost., Chor u. Orch. – Mehrere Opern, u.a.: *Didone abbandonata* (Libr.: P. Metastasio), UA: Dresden

1824; Melodram *Yelva* (Libr.: Th. Hell nach E.A. Scribe), UA: ebd. 1827; *Die Felsenmühle zu Estalières* (Libr.: B. von Miltitz), UA: ebd. 1831; *Turandot*, UA: ebd. 1835; *Der Schiffbruch der Medusa* (Libr.: Gebrüder Cogniard), UA: ebd. 1846.

R.s Werke waren zu ihrer Zeit und darüber hinaus teilweise sehr beliebt. Seine Orchestermessen wurden bis 1944 in der Dresdner Hofkirche regelmäßig aufgeführt, die Ouvertüre zur *Felsenmühle* gehört noch heute zum festen Bestand orchestraler Unterhaltungsmusik, und sein Gesang *'s gibt kein schöner Leben als Studentenleben* ist ein verbreitetes Studentenlied geworden. R.s eigentliche Bedeutung liegt jedoch darin, daß er über 30 Jahre lang als Nachfolger C. M. von Webers an entscheidender Stelle das Dresdner Musikleben in vielen Bereichen in voller Blüte hielt. In Dresden wurde er auch durch seine sorgfältig einstudierte und erfolgreiche Uraufführung des *Rienzi* (1842) ein Wegbereiter R. Wagners, der ihn freilich in den folgenden Jahren künstlerisch weit in den Schatten stellte und ihn in seinen Schriften ausgesprochen schlecht wegkommen läßt.

2) Friedrich August, Bruder von 1), * 26. 7. 1809 Belzig, † 2. 3. 1883 Fredrikshald (Norwegen); norwegischer Dirigent und Komponist dt. Herkunft. Nach dem Besuch der Leipziger Thomasschule studierte er seit 1830 Theologie in Berlin, dann Musik bei S. W. Dehn. 1840–50 wirkte er als Kapellmeister am Christiania-Theater in Oslo und war dann Militärkapellmeister und Organist in Fredrikshald. Als Komponist zahlreicher Lieder und Männerchöre, aber auch von Chorwerken (u.a. Kirchenmusik) und Bühnenmusik war R. sehr beliebt.

Lit.: **Zu 1):** W. NEUMANN, K. G. R. (Kas 1854) (mit Werk-Verz.); K. KREISER, C. G. R. (Dresden 1918); R. ENGLÄNDER, Dresdner Musikleben..., in: ZfMw 14 (1931/32); J. REICHELT, R. Wagner u. sein Kollege R., in: AMz 37 (1913); H. SCHNOOR, Dresden. 400 Jahre dt. Musikkultur (Dresden 1948); DERS. – K. LAUX, Dresden, in: MGG III. – **Zu 2):** Brev fra F. A. R., hrsg. v. B. KORTSEN (Bergen 1976).

RÉJOUISSANCE (frz., = Fröhlichkeit), ein Suitensatz heiteren Charakters, der ausschließlich im 18. Jh. nachweisbar ist. Bekannte Beispiele enthalten J. S. Bachs Ouvertüre D-Dur, BWV 1069, G. Fr. Händels *Feuerwerksmusik* und G. Ph. Telemanns *Tafelmusik*.

RELATIO NON HARMONICA ↗Querstand.

RELATIVES GEHÖR, eine heute wenig gebräuchliche Bz. für die Fähigkeit, Intervalle zwischen aufeinanderfolgenden Tönen zu identifizieren. A. Wellek hat diese Bezeichnung auch auf gleichzeitig erklingende Töne angewendet und damit zwei Ausprägungen des relativen Gehörs als Intervall- und Harmoniegehör unterschieden. – Im Unterschied dazu bezeichnet man die Fähigkeit, einen Ton ohne Hilfe von Vergleichstönen identifizieren zu können, als absolutes ↗Gehör.

RELIGIÖSE MUSIK. Das Wort „religiös" markiert zwar keine streng terminologische Abgrenzung. Es hat sich jedoch seit der Aufklärung für Musik eingebürgert, die von kirchlicher und liturgischer Musik zu unterscheiden ist. Weniger klar ist die Differenz zur Bezeichnung ↗geistliche Musik, die seit der Reformation und zumal für Sammlungen im 17. und 18. Jh. üblich war. Dagegen tendiert die Kennzeichnung „religiös" zur Abhebung von „geistlicher" Musik in christlicher Tradition. Sie zielt demnach auf Erweiterung über konfessionelle Grenzen und setzt den Sprachgebrauch der idealistischen Philosophie voraus (I. Kant, *Die Religion innerhalb der Grenzen der bloßen Vernunft*, 1793; Fr. E. D. Schleiermacher, *Über die Religion*, 1799). Demgemäß spricht die Musikästhetik des 19. Jh. von r. M., ohne eine strikte Trennung von geistlicher Musik zu erlauben (G. W. Fr. Hegel, K. W. F. Solger, Fr. W. J. Schelling, A. Kahlert, Chr. H. Weisse, F. Hand, Fr. Th. Vischer). Will man den Begriff näher eingrenzen, so meint er eine Musik, die metaphysische Gehalte ohne konfessionelle Schranken intendiert. So benutzt r. M. zwar oft noch Texte oder Modelle christlicher Tradition, ohne sich auf ihre kirchliche Funktion zu beschränken. Doch gehört dazu auch solche Musik, die ohne Textbindung metaphysische Ideen evozieren will, wie es zumal für die Symphonik seit L. van Beethoven gilt. Als Pointe religiöser Kunst ist der Begriff „Kunstreligion" aufzufassen, der Kunst als „Organon der Philosophie" (Schelling) zum Medium metaphysischer Erfahrung erhebt (Hegel, *Phänomenologie des Geistes*, 1807; R. Wagner, *Religion und Kunst*, 1880). Wie Wagners *Parsifal* religiöse Gehalte über christliche Tradition hinaus beschwören will, so beanspruchen schon früher oratorische Werke von F. Mendelssohn Bartholdy bis zu J. Brahms im Rekurs auf Bibeltexte eine weitere religiöse Geltung. Nicht nur Instrumental- und vorab Orgelmusik, sondern auch die Vokalmusik und zumal die Oper sind seit der Romantik vielfach von der ästhetischen Ambivalenz religiöser Kunst durchsetzt. Was als Verlust konfessioneller Prägung erschien, bedeutete zugleich die Lösung von konventionellen Schranken. Und in der Aufgabe, solcher Musik ihren Kunstrang ohne kirchlichen Rückhalt zu bewahren, lagen Chancen und Risiken r. M. im 19. Jh.

Lit.: Triviale Zonen in der rel. Kunst des 19. Jh., hrsg. v. W. WIORA (F 1971) (= Stud. z. Philosophie u. Kunst des 19. Jh. 15); A. No-

WAK, Wagners Parsifal u. die Idee der Kunstreligion, in: R. Wagner, Werk u. Wirkung, hrsg. v. C. Dahlhaus (Rb 1971) (= Stud. z. Musikgesch. des 19. Jh. 26); C. DAHLHAUS, Die Idee der absoluten Musik (Kas 1978); R. M. in nicht-liturg. Werken v. Beethoven bis Reger, hrsg. v. W. WIORA – G. MASSENKEIL – K. W. NIEMÖLLER (Rb 1978) (= Stud. z. Musikgesch. des 19. Jh. 51); F. KRUMMACHER, Kunstreligion u. r. M. Zur ästhetischen Problematik geistlicher Musik im 19. Jh., in: Mf 32 (1979).

F. KRUMMACHER

RELLSTAB. – 1) Johann Karl Friedrich, * 27. 2. 1759 Berlin, † 19. 8. 1813 ebd.; dt. Komponist, Musikschriftsteller und Musikverleger. Er war seit 1773 Klavierschüler von J. Fr. Agricola und 1776–78 Kompositionsschüler von Chr. Fr. Fasch. Nach dem Tod des Vaters 1779 übernahm er dessen Buchdruckerei, der er 1783 einen Notenverleih und später einen Musikverlag (erste nachweisbare Drucke seit 1785) angliederte. 1791 eröffnete er auch ein Klavierleihinstitut und eine Reparaturwerkstatt für Instrumente und begann seit 1792 selbst mit dem Bau von Instrumenten. 1787 gründete er die Abonnementsreihe Concert für Kenner und Liebhaber, die 1788–1806 als Privatkonzerte in seinem eigenen Haus stattfanden. Die politischen Ereignisse von 1806 wirkten sich ungünstig auf die Geschäftsentwicklung aus und zwangen ihn 1812 zur Aufgabe der Druckerei. Seither war er hauptsächlich als Musiklehrer und Musikkritiker tätig; 1808–13 schrieb er für die *Vossische Zeitung.*

WW: **1) Kompositionen:** Symphonien u. Ouvertüren; Lieder; Te Deum; eine Messe; Kantaten: *Pygmalion; Ino; Die Hirten bei der Krippe zu Bethlehem;* Singspiel *Die Apotheke.* – **2) Schriften:** *Versuch über die Vereinigung der musikalischen und oratorischen Deklamation* (B 1786 oder 1787); *Über die Bemerkungen eines Reisenden, die Berlinischen Kirchenmusiken, Concerte, Oper und die königliche Kammermusik betreffend* (B 1788); *Anleitung für Klavierspieler, den Gebrauch der Bachschen Fingersetzung, die Manieren und den Vortrag betreffend* (B 1789).

2) Heinrich Friedrich Ludwig, Sohn von 1), * 13. 4. 1799 Berlin, † 28. 11. 1860 ebd.; dt. Schriftsteller und Musikkritiker. Er studierte seit 1816 Klavier und Komposition bei L. Berger und B. Klein und gründete mit ihnen 1819 in Berlin die jüngere Berliner Liedertafel. Später studierte er Philologie bei Ernst C. Ranke in Frankfurt an der Oder, hielt sich dann in Dresden, wo er Ludwig Tieck und C. M. von Weber kennenlernte, Bayreuth, Heidelberg und Bonn auf. 1822 veröffentlichte er seine ersten Gedichte und ließ sich 1823 in Berlin nieder, wo im gleichen Jahr ohne Erfolg Kleins auf seinen Text komponierte Oper *Dido* aufgeführt wurde. 1825 traf er in Wien mehrmals mit L. van Beethoven zusammen und bot ihm ein Libretto, *Orestes,* und mehrere Gedichte zur Vertonung an. 7 davon gab A. Schindler nach Beethovens Tod an Fr. Schubert weiter; sie wurden als Teil des *Schwanengesangs* in dessen Vertonung berühmt (u.a. *Ständchen „Leise flehen meine Lieder"*). Beethoven hatte 1825 R. einen Kanon gewidmet (*Das Schöne zu den Guten,* WoO 203). Nach Berlin zurückgekehrt, entfaltete R. eine rege und das musikalische Rezensionswesen in Deutschland weithin beeinflussende Tätigkeit als Schriftsteller und Kritiker der *Vossischen Zeitung, Berliner musikalischen Zeitung* und der *Neuen Berliner Musikzeitung.* Er war ein entschiedener Befürworter einer eigenständig deutschen Oper. In diesem Zusammenhang verfaßte er 1826/27 einen satirischen Roman über die Sängerin Henriette Sontag und eine polemische Schrift gegen G. Spontini, beides trug ihm wegen der Injurien gegenüber hochgestellten Personen kürzere Haftstrafen ein. Unbeschadet dessen erweist sich R. in der Folgezeit in seinen Kritiken als ein wichtiger Zeuge für die künstlerische Leistung und den zeitgenössischen Ruhm der Sontag wie auch später der Jenny Lind.

WW: Gesammelte Schriften, 12 Bde. (L 1843–44), NF, 8 Bde. (L 1846–48), NA, 24 Bde. (L 1861), darin u.a. Autobiographie *Aus meinem Leben,* 2 Bde.; ferner Kunstnovellen, vermischte Aufsätze, Kritiken, Rezensionen aus der Vossischen Zeitung, Musikerbiographien. Nicht darin aufgenommen: *Henriette, oder die schöne Sängerin* (unter dem Pseudonym Freimund Zuschauer) (L 1826); *Über mein Verhältnis als Kritiker zu Herrn Spontini ... nebst einem vergnüglichen Anhang* (L 1827); *Gesänge der jüngeren Liedertafel zu Berlin* (B 1835); *F. Liszt* (B 1842); *Die Gestaltung der Oper seit Mozart* (Sondershausen 1859). R. gab auch eine eigene Zschr. heraus: *Iris im Gebiete der Tonkunst* (B 1840–41). – Opernlibretti, darunter zu B. Klein, *Dido* (1823), zu G. Meyerbeer, *Ein Feldlager in Schlesien* (1844); ferner Text zur *Festmusik zum Fest der Naturforscher* v. F. Mendelssohn Bartholdy. – Zahlr. Gedichte, von denen F. Schubert 10 vertonte.

Lit.: H. HEUSSNER, R., in: MGG XI. – **Zu 1):** R. ELVERS, Die bei J. K. F. R. in Berlin bis 1800 erschienenen Mozart-Drucke, in: Mozart-Jb. 1957; DERS., Berliner Musikverleger, in: Stud. z. Musikgesch. Berlins im frühen 19. Jh. (Rb 1980) (= Stud. zur Musikgesch. des 19. Jh. 56). – **Zu 2):** E. BARS, L. R. als Kunstkritiker (Diss. B 1944); H. KIRCHMEYER, Situationsgesch. der Musikkritik u. des musikal. Pressewesens in Deutschland ..., IV: Das zeitgen. Wagner-Bild I (Rb 1972) (= Stud. z. Musikgesch. des 19. Jh. 7); H. BECKER, G. Meyerbeer u. seine Vaterstadt Berlin, in: Stud. z. Musikgesch. Berlins im frühen 19. Jh. (Rb 1980) (= ebd. 56).

REMÉNYI (eig. Hoffmann), **Ede** (Eduard), * 17. 1. 1828 Miskolc (Ungarn), † 15. 5. 1898 San Francisco; ung. Violinist. Er studierte 1842–43 bei Joseph Böhm am Wiener Konservatorium. 1846 trat er in Pest erstmals öffentlich auf, spielte 1847 in Paris und 1848 in London. Wegen seiner Beteiligung am ungarischen Freiheitskrieg mußte er 1848 Österreich verlassen und wanderte nach New York aus, wo er seine Virtuosenlaufbahn fortsetzte. 1852 kehrte er nach Europa zurück, unternahm 1852–53 eine Konzertreise mit J. Brahms und besuchte 1853 Fr. Liszt in Weimar. 1854–59 war er in London Soloviolinist der Königin Victoria. Nach seiner Amnestierung 1860 kehrte er für einige Zeit nach Ungarn zurück, nahm aber 1865 seine Konzertreisen wieder auf. 1870 wurde er Konzertmeister des Pester Nationaltheaters, begann Anfang der 1870er Jahre wieder zu reisen und unternahm 1887 eine Welttournee, die ihn u. a. nach Japan, China und Südafrika führte. 1898 erlag er während eines Konzerts in San Francisco einem Schlaganfall. R.s Spiel, von Liszt hoch geschätzt, stieß bei den Zeitgenossen auf unterschiedliche Resonanz und wurde gelegentlich sogar als dilettantisch (H. Wieniawski) eingestuft. Wie Liszt stand er mehr der Zigeunermusik als der eigentlichen ungarischen Nationalmusik nahe, was sich auch in den von R.s Spiel beeinflußten *Ungarischen Tänzen* von J. Brahms widerspiegelt.

Lit.: G. KELLEY – G. UPTON, E. R. (Ch 1906); E. SAS, R. (Budapest 1934); K. STEPHENSON, Der junge Brahms u. R.s „Ung. Lieder", in: StMw 25 (1962); O. GOLDHAMMER, Liszt, Brahms u. R., in: Studia musicologica 5 (1963); I. BOUWS, Ein ung. Violinmeister in Süd-Afrika, in: ebd. 10 (1968).

REMIGIUS VON AUXERRE (Remi d'Auxerre, R. Autissiodorensis), OSB, * um 841, † um 908; frz. Gelehrter. Er erhielt seine Ausbildung im Kloster St-Germain in Auxerre, wo Hucbald sein Mitschüler war, unterrichtete dort seit 876 als Nachfolger seines Lehrers Heiric von Auxerre, wurde mit Hucbald mit der Neuorganisation der beiden Kathedralschulen in Reims beauftragt und lehrte seit 900 in Paris. R. verfaßte einen Kommentar zum 9. Buch *De musica* der Schrift *De nuptiis Mercurii et Philologiae* von Martianus Capella. Dieser Kommentar, der die griechischen und lateinischen Tonnamen, die Tongeschlechter, die Tetrachorde, die Intervallproportionen, die Konsonanzen, die Tonarten, das Melos und den Rhythmus behandelt, berücksichtigt fast ausschließlich die spätantike, nicht aber die zeitgenössische Musiktheorie. Er fand im Mittelalter weite und starke Verbreitung.

Ausg.: Der Kommentar in: GERBERT Scr. I.

Lit.: J. WILLIS, Martianus Capella and His Early Commentators (Diss. Lo 1952); C. E. LUTZ, Remigii Autissiodorensis Commentum in Martianum Capellam, 2 Bde. (Leiden 1962–65); H. HÜSCHEN, R., in: MGG XI. B. R. SUCHLA

RENAISSANCE (frz., = Wiedergeburt; Übers. des it. „rinascita"), Bz. für die dem Mittelalter folgende und die Neuzeit einleitende Kulturepoche des 15.–16. Jh. Sie verwendet selbst schon das Wort „rinascita" und bezeichnet damit die Wiedergeburt der Wissenschaften und Künste, die in der Antike geblüht hätten und im Mittelalter verfallen seien. In Frankreich wird der Begriff R. seit 1840 gebraucht. Jules Michelet behandelt in seiner *Histoire de la France* (1855) als erster die Epoche unter dem Titel Renaissance. Jacob Burckhardt begründete 1860 mit seinem Buch *Die Kultur der Renaissance in Italien* die moderne R.-Forschung. Er bezeichnet die Epoche als die „Mutter und Heimat des modernen Menschen" und betont die Weltlichkeit ihrer Kultur, die Modernität des Welt- und Menschenbildes und die Kraft des beide tragenden italienischen Volksgeistes. Den Einfluß der Antike setzt er dagegen niedriger an. Burckhardts Buch bestimmt die Diskussion über die R. bis heute. Wesentliche Teile davon sind allerdings in Frage gestellt worden. So hat die Mediävistik auf renaissancistische Tendenzen im Mittelalter aufmerksam gemacht (Charles Homer Haskins) und andererseits auf die Bedeutung mittelalterlicher Lebens-, Denk- und Kunstformen für die R. (Johan Huizinga). Die neuere Forschung sucht den Ausgleich zwischen diesen Positionen. Sie versucht, von Burckhardts Bild ausgehend, sowohl den Zusammenhang der R. mit dem Mittelalter als auch die Eigenart der Epoche zu erfassen.

Die ersten Musikgeschichten des 19. Jh. beschreiben das 15. und 16. Jh. als den Abschluß der ersten, im Mittelalter ansetzenden Epoche der Polyphonie (R. G. Kiesewetter). Erst A. W. Ambros begreift 1868 die beiden Jahrhunderte als eine eigenständige Epoche der Musikgeschichte. Als ihren Mittelpunkt betrachtet er das Werk G. P. da Palestrinas. In einem wichtigen Punkt setzt sich Ambros von Burckhardt ab: Er sieht dessen These von der Individualität der modernen Kunst durch die Musikgeschichte nicht bestätigt. Die Musik, die vom Geist der Niederländer bestimmt werde, meint er, bleibe im Gegensatz zur Kunst der Italiener bis ans Ende des 16. Jh. Ausdruck eines kollektiven Bewußtseins. Erst in der italienischen Monodie öffne sich auch die Musik dem modernen Individualismus. Vermutlich hat Ambros deshalb den Begriff R. vermieden. Aus der Beobachtung von Ambros zieht E. J. Dent 1905 in seinem Buch über *A. Scarlatti* den Schluß, die R. beginne in der Musikgeschichte erst um 1600. H. Riemann, der die Bezeichnung R. übernimmt, glaubt 1909, in der Liedkunst des Trecentos die wesentlichen Kennzeichen der neuzeitlichen Musik zu erkennen, und weist sie deshalb der R. zu. H. Besselers Buch über die *Musik des Mittelalters und der Renaissance* profiliert die R. 1931 dadurch, daß es sie dem Mittelalter entgegenstellt. Das setzt den Aufstieg der musikalischen Mediävistik voraus. Besseler nimmt an, daß sich die Epochen nicht unmittelbar berühren, sondern durch die burgundische Kunst, namentlich durch die G. Dufays, getrennt würden. Ch. van den Borren, der Johan Huizingas Buch über den *Herfsttijd der middeleeuwen* (Herbst des

Mittelalters) folgt, möchte 1949 das ganze 15. Jh., noch das Werk von Josquin des Prés, dem Mittelalter zugewiesen wissen. Er setzt den Beginn der R. auf die Zeit um 1520 an. Gegenwärtig beschreibt man im allgemeinen unter dem Titel R. die Musik zwischen 1430–1600, so etwa G. Reese in seinem grundlegenden Buch über *Music in the Renaissance* (1954). Gelegentlich wird neuerdings die Frage erörtert, ob zwischen R. und Barock eine manieristische Phase auch in der Musikgeschichte zu erkennen sei (↗Manierismus).

Inbegriff der R. ist die italienische Kunst, die Staatskunst, die Baukunst, die Malerei und Bildhauerei, die Poesie und die humanistische Wissenschaft. Die Musik steht abseits, schon weil ihre führenden Vertreter im 15. und 16. Jh. Niederländer waren (von denen allerdings viele in Italien tätig waren). Nicht nur der Umstand, daß die italienische R. während ihrer Blüte keinen Komponisten von Rang hervorgebracht hat, macht es schwierig, die Musikgeschichte unter diesem Begriff zu erörtern; hinzu kommt der Umstand, daß die Musik den Vorgang, den das Wort bezeichnet, nämlich die Wiedergeburt der alten Kunst, nicht oder nur in ungewissen Versuchen nachvollziehen kann. Denn das Vorbild, die antike Musik, ist nicht erhalten. Ihr konnte man sich allenfalls in Form gelehrter musiktheoretischer Studien nähern. Sie gewinnen im 16. Jh. gelegentlich Einfluß auch auf die Praxis (↗Humanismus). Die zeitgenössische Musiktheorie hat sich gleichwohl das Geschichtsbild, das die R.-Idee trägt, zu eigen gemacht. Sie behauptet, erst die Gegenwart betreibe die Musik wieder auf einem Niveau, das dem der Antike gleichkomme (J. Tinctoris). Man betrachtet es als die Leistung der Epoche, musikalische Kompositionen hervorgebracht zu haben, deren Werkcharakter den Vergleich mit antiken Werken der Dichtkunst oder der zeitgenössischen Malerei auf sich ziehe und aushalte (Glareanus, G. Zarlino). Glareanus belegt die Kunst Josquin des Prés' mit der aristotelischen Vollkommenheitsformel: Er charakterisiert sie als eine Kunst, der nichts hinzugefügt werden kann. Die Theorie umschreibt die musikalischen Produktionen mit den Begriffen „res facta" und „opus". Und zum ersten Mal in der Musikgeschichte bezeichnen sich Musiker stolz als „Komponisten" (L. Senfl, O. di Lasso). Folgt man der zeitgenössischen Musiktheorie, so versucht die Musik der R., im wesentlichen 3 Faktoren zueinander ins Verhältnis zu setzen. Sie hat zur Grundlage einen auf sinngemäße und sinnfällige Schönheit ausgerichteten Tonsatz; zweitens verfügt sie über einen großen Fundus an musikalischen Künsten, zu dem die Imitation, der Kanon, die Mensurenschichtung und die Verbindung verschiedener Proportionen gehören; und drittens versucht sie, die inneren und äußeren Bewegungen nachzuzeichnen, die die Wörter vorgeben: sie ahmt etwa den Sprachfall nach und die Affekte, die der Text ausdrückt. Das Verhältnis, in das diese Faktoren zueinander gesetzt werden können, ist verschieden. Im 15. Jh. beschäftigt die Komponisten mehr das Problem, kunsthafte Dispositionen ohrengefällig durchzuführen, im 16. Jh. mehr das Problem, Ausdruck und Schönheit in ein ausgewogenes Verhältnis zu setzen. Freilich gibt es einseitige, „manieristische" Sätze, Werke, die allein auf Klangschönheit hin komponiert worden sind, Werke, die ein Kunstprinzip ohne Rücksicht auf die Klangschönheit durchführen, und Werke, die der Ausdruckshaftigkeit zuliebe Verstöße gegen die Reinheit des Satzes in Kauf nehmen.

Das hohe Maß an musikalischer Logik, das die Komposition der R. vereint, erklärt auch den Aufstieg der Instrumentalmusik, der sich darin vollzieht. Die Satzkunst an sich wird hörenswert.

Lit.: A. W. AMBROS, Gesch. der Musik III (Breslau 1868, [2]1891, Nachdr. Hil 1968); H. RIEMANN, Hdb. der Musikgesch. II/1 (L 1907, [2]1920); H. ZENCK, Zarlinos „Istitutioni harmoniche" als Quelle z. Musikanschauung der it. R., in: ZfMw 12 (1929/30); A. PIRRO, Histoire de la musique de la fin du XIVe siècle à la fin du XVIe (P 1940); W. K. FERGUSON, The R. in Historical Thought (Boston/Mass. 1948); CH. VAN DEN BORREN, Geschiedenis van den muziek in de Nederlanden I (A 1949); L. SCHRADE, R. The Historical Conception of an Epoch, in: Kgr.-Ber. Utrecht 1952; E. E. LOWINSKY, Tonality and Atonality in Sixteenth-Century Music (Berkeley/Calif. 1961); H. BESSELER, Das Renaissanceproblem in der Musik, in: AfMw 23 (1966); N. PIRROTTA, Novelty and Renewal in Italy 1300–1600, in: Stud. z. Tradition in der Musik. FS K. von Fischer (Mn 1973); E. A. BOWLES, Musikleben im 15. Jh. (L 1977) (= Musikgesch. in Bildern III/8). W. SEIDEL

RENARD *(Waika),* Burleske, zu singen und zu spielen, in einem Akt. Musik von Igor Strawinsky (1882–1971), Originaltext vom Komponisten nach Motiven aus russischen Volksmärchen, ins Französische übertragen von Charles Ferdinand Ramuz. UA: 3. 6. 1922 in Paris (Opéra); dt. EA (in dt. Sprache): 7. 6. 1925 in Berlin (Staatsoper).

Der schlaue Fuchs Reineke übertölpelt den eitlen Gockel, muß sich seine Beute vom Kater und vom Ziegenbock jedoch wieder abjagen lassen. Darauf bringt Reineke den Hahn erneut in seine Gewalt, wird nun aber selbst unversehens zum Opfer, indem ihn die beiden anderen Tiere beim Schweif zu packen bekommen und töten. Diese ebenso skurrile wie hintergründige Fabel wurde von Strawinsky 1916–17 adaptiert und vertont, als er – die Arbeit an *Les noces* war bereits aufgenommen, wenig später entstand *Die Geschichte vom Soldaten* – neuartige Formen eines musikalischen Theaters zu erproben begann. Aus solchen Intentionen erklärt sich das originelle Konzept, das dieser bündig gefügten, 15minütigen Burleske zugrunde liegt: Das Bühnengeschehen wird von Tänzern oder Akrobaten dargeboten, während die Vokalsolisten, jeweils zwei Tenöre und Bässe, im Instrumentalensemble plaziert und nicht einmal konstant den einzelnen Rollenträgern zugeordnet sind. Diese weitgehende Trennung von „Singen" und „Spielen" führt zu einer das Werk dominierenden Spannung zwischen den „wortlosen" szenischen Aktionen und dem Vermögen der Sprache und Musik Strawinskys, agierende Gestalten eigenständig zu entwerfen und ihnen Plastizität zu verleihen. E. FISCHER

RENER, Adam (Adam von Lüttich), * um 1485 Lüttich, † um 1520 Altenburg; franko-flämischer Komponist. Er wurde 1498 Mitglied der Hofkapelle Kaiser Maximilians I., ging um 1500 zum Studium nach Burgund, kam um 1503 wieder an den Habsburger Hof und übernahm, wahrscheinlich 1507 als Nachfolger Adams von Fulda, die Leitung der Hofkapelle Kurfürst Friedrichs des Weisen in Torgau, die unter ihm ein bedeutendes kirchenmusikalisches Zentrum in Mitteldeutschland wurde. Um 1520 ist er noch am Hof in Altenburg nachweisbar. R.s Werke stehen stilistisch in der Nähe von H. Isaac.

WW (meist in Sammeldrucken v. G. Rhau): 9 Messen; 18 Motetten sowie 4 Proprien zu je 4 Motetten; 8 Magnificat; 3 dt. Lieder.

Ausg.: Collected Works, hrsg. v. R. L. PARKER (Brooklyn/N.Y. 1964), 1: Motetten, 2: Magnificat. – 2 dt. Lieder, in: E. Oeglin's Liederbuch (1512), hrsg. v. R. EITNER – J. J. MAIER (L 1896) (= PGfM 9); 4 Psalmen u. 1 Responsorium, in: G. Rhau, Musikdrucke 4, hrsg. v. H.-J. MOSER (Kassel 1960); 8 Magnificat, in: ebd. 5, hrsg. v. P. BUNJES (Kas 1970); *Missa carminum* für 4 St., hrsg. v. J. KINDERMANN (Wb 1966) (= Chw 101).

Lit.: TH. W. WERNER, Die Magnificat-Kompositionen A. R.s, in: AfMw 2 (1919/20); J. KINDERMANN, Die Messen A. R.s (Diss. Kiel 1962); R. L. PARKER, The Motets of A. R., 2 Bde. (1963) (= Diss. Univ. of Texas); DERS., The Polyphonic „Lieder" of A. R., in: Essays ... FS P. A. Pisk (Austin/Tex. 1966).

RENNERT. – 1) Günther, * 1. 4. 1911 Essen, † 31. 7. 1978 Salzburg; dt. Regisseur und Theaterleiter. Er studierte in München, Berlin und Halle/Saale Rechtswissenschaft (Dr. jur. 1934) sowie Theater- und Kunstwissenschaft. Nach 2jähriger Regieassistenz bei W. Felsenstein in Frankfurt am Main wurde er 1937 Regisseur für Oper und Schauspiel in Wuppertal, dann in Mainz und war 1939–42 Oberspielleiter in Königsberg und 1942–44 an der Städtischen Oper Berlin sowie 1946–56 Intendant der Hamburgischen Staatsoper, an der er über 50 eigene Inszenierungen herausbrachte. Danach wirkte er als Gastregisseur u.a. in Stuttgart, Mailand, London und New York sowie bei den Festspielen in Salzburg, Edinburgh und Glyndebourne. 1967–76 war er Staatsintendant der Bayerischen Staatsoper in München und seit 1973 auch Professor für Operndramaturgie und -regie an der Münchner Musikhochschule. R. hat sich in vielfältiger Weise, Maßstäbe setzend, um das Musiktheater verdient gemacht. Durch die Beschäftigung mit Cl. Monteverdi lenkte er das Interesse auf die Frühzeit der Oper, mit W. A. Mozart und L. van Beethoven gab er Regieimpulse für das klassische Repertoire, mit L. Janáček, R. Strauss, I. Strawinsky, A. Berg, C. Orff und W. Egk machte er sich zum führenden Regisseur zeitgenössischer Werke, ferner half er der jüngsten Moderne zum Durchbruch und hatte Anteil an der Wiederentdeckung vergessener Rossini-Opern. R. veröffentlichte das Buch *Opernarbeit – Inszenierungen 1963–1973* (Kas 1974). – **2) Wolfgang,** Bruder von 1), * 1. 4. 1922 Köln; dt. Dirigent. Er studierte bei Cl. Krauss am Mozarteum in Salzburg und war 1950–53 Kapellmeister am Stadttheater Kiel, 1953–67 stellvertretender GMD am Opernhaus in Frankfurt am Main sowie 1967–71 Chefdirigent des Theaters am Gärtnerplatz in München. 1971–75 war er an der Deutschen Staatsoper Berlin engagiert und war dann als Gastdirigent im In- und Ausland tätig. Seit 1980 ist er GMD und Operndirektor am Nationaltheater in Mannheim.

Lit.: **Zu 1):** W. E. SCHÄFER, G. R., Regisseur in dieser Zeit (Bremen 1962); DERS., Der Opernregisseur G. R., in: Melos 30 (1963).

RÈ PASTORE, IL *(Der König als Hirte),* Dramma per musica in 2 Akten von Wolfgang Amadeus Mozart (1756–91), KV 208, Text von Pietro Metastasio. UA: 23. 4. 1775 in Salzburg; dt. EA: März 1906 in München; EA in dt. Sprache: 9. 5. 1933 in Dessau.

Mozart komponierte das Werk in weniger als sechs Wochen für die Unterhaltungsfeierlichkeiten anläßlich des Besuchs Erzherzogs Maximilian in Salzburg. Das Libretto zu dieser Festa teatrale, die ein exzellentes Beispiel für den Metastasianischen Dramentypus gibt, wurde im 18. Jh. zehnmal in Musik gesetzt; Mozart nahm erhebliche Textrevisionen vor, kürzte die beiden letzten Akte und ließ eine Reihe von Arien aus. Die musikalischen Gestaltungsprinzipien sind denjenigen der kurz zuvor entstandenen *Gärtnerin aus Liebe* vergleichbar: weniger die individuelle Charakteristik der Personen als vielmehr der durch den Text und die dramatische Situation vermittelte Affekt wird musikalisch dargestellt. Allerdings gestattet sich Mozart einige formale und stilistische Abweichungen von der Kompositionstradition: die dreiteiligen Arien sind nicht mehr nach dem Da capo-Prinzip aufgebaut, mehrteilige Arien sind rondoförmig angelegt; in die Secco-Rezitative sind zahlreiche Accompagnati eingelagert; die Ouvertüre wird bruchlos in die 1. Szene weitergeführt, und am Schluß des Werkes findet sich ein ausgebautes Vaudeville-Finale. J. SCHLÄDER

REPERCUSSA (lat., Abk. für vox repercussa = wiederholt erklingender Ton) bezeichnet als Synonym für Reperkussionston (↗Repercussio), Rezitationston (↗Rezitativ), ↗Tenor und ↗Tuba seit dem Mittelalter den in den verschiedenen Formen des ↗Gregorianischen Gesangs bevorzugt angestrebten Ton einer Melodie. Dieser ist neben der ↗Finalis der wichtigste Ton der ↗Kirchentöne.

Lit.: ↗Repercussio.

REPERCUSSIO (lat. = Wiedererklingen). – **1)** Seit dem Mittelalter Bz. für den aus einem erneuten Ansingen des Vokals bestehenden, auf gleicher Tonhöhe wiederholten Ansatz der Stimme beim Vortrag von bestimmten ↗Neumen wie z.B. von Bi- und Tristropha oder Bi- und Trivirga. – **2)** In der Lehre von den ↗Kirchentönen Bz. für die Verbindung zwischen den beiden Gerüsttönen ↗Finalis und ↗Repercussa. – **3)** In der Musiktheorie des 18. Jh. zunächst als Synonym für ↗Repercussa Bz. für den bevorzugt angestrebten Ton eines Modus, schließlich das Intervall zwischen Finalis und Repercussa. Da diesem eine besondere Bedeutung bei der Beantwortung eines Fugenthemas (↗Fuge) zukommt, nennt J. G. Walther (1708 und 1732) die R. „das Fundament der Fugen“ *(Praecepta)* bzw. den „Wiederschlag“ *(Lexicon)*. In der Folgezeit wird R. zum Synonym für ↗Comes. Abweichend von dieser Bedeutung bezeichnet Fr. W. Marpurg *(Abhandlung von der Fuge)* die Aufwärtsauflösung der dissonanten Sexte im Quintsextakkord als R. oder „das Zurückprallen“.

Lit.: J. G. WALTHER, Musicalisches Lexicon (L 1732), Faks.-Ausg. hrsg. v. R. Schaal (Kas 1953, ³1967) (= DMl I/3); F. W. MARPURG, Abh. v. der Fuge, 2 Bde. (B 1753–54, Nachdr. Hil 1970); P. WAGNER, Elemente des gregor. Gesanges (Rb – R ²1917); J. G. Walther, Praecepta der musicalischen Composition, hrsg. v. P. BENARY (L 1955) (= Jenaer Beitr. z. Musikforsch. 2); L. AGUSTONI, Elementi di canto gregoriano (Padua 1959, dt. Fr – Bas – W 1963); E. JAMMERS, Der Choral als Rezitativ, in: AfMw 22 (1965). B. R. SUCHLA

REPERKUSSIONSTON ↗Repercussa.

REPRISE (frz., = Wiederaufnahme; it.: ripresa), in den deutschen Sprachgebrauch übergegangene Bz. für die formbildende Wiederholung musikalischer Abschnitte. In der mittelalterlichen Musiktheorie bedeutet R. die Wiederholung bereits erklungener Zeilen, oft die des Anfangs am Ende eines Liedes (Lai, Chanson, Ballata); in der Tanztheorie des 15.–16. Jh. meint R. die Erweiterung oder Reihung von Tänzen; in der Suitentheorie des 17.–18. Jh. heißt der zweite Teil eines Tanzes gelegentlich Reprise. Und in der Theorie der ↗Sonatensatzform versteht man unter R. die der Durchführung folgende Wiederaufnahme der in der Exposition dargestellten Ereigniseinheit. Dabei werden die Themen, die in der Exposition tonal entfaltet worden sind, in der Tonika versammelt. Gelegentlich beschränkt sich die R. auf einen Themenkomplex, meist auf den zweiten, oder stellt die Themen um.

Lit.: E. H. BEURMANN, Die Reprisensonaten C. Ph. E. Bachs, in: AfMw 13 (1956); H. SCHWARTING, Ungewöhnliche Repriseneintritte in Haydns späterer Instrumentalmusik, in: ebd. 17 (1960); M. JUST, Musik u. Dichtung in Bogenform u. Reprisenbar, in: FS W. Gerstenberg (Wb 1964). W. SEIDEL

REQUIEM (Akkusativ des lat. requies = Ruhe), das Anfangswort des Introitus *Requiem aeternam dona eis Domine (Die ewige Ruhe gib ihnen, Herr)* der Totenmesse (Missa pro defunctis, Missa defunctorum) der römisch-katholischen Kirche. Es bezeichnet zum einen umgangssprachlich die Totenmesse als Ganzes, zum anderen die mehrstimmige Vertonung ihrer dem Chor zugewiesenen Teile. Ausschließlich in diesem Sinne ist hier von R. die Rede, auch wenn die betreffenden Werke oft nicht ausdrücklich diesen, sondern einen anderen Titel tragen (z. B. *Missa pro defunctis,* frz. *Messe des morts,* it. *Messa da Requiem* u.a.). Entscheidend für die Entstehung des R. als einer musikalischen Gattung war, daß sich im Verlauf des 11.–13. Jh. die dem Chor zugewiesenen Propriumsteile der Totenmesse als weitgehend unveränderlich erwiesen. Es kam zu einer Art Verfestigung, die – mit dem gesamten Aufbau der Totenmesse – nach dem Trienter Konzil durch das *Missale Romanum* Papst Pius' V. (1570) offiziellen Charakter erhielt. Das Gesamt dieser Teile stellt sich seitdem wie folgt dar:

Introitus	*Requiem aeternam* + Psalmvers *Te decet hymnus* (ohne Doxologie)
Kyrie	
Graduale	*Requiem aeternam*
Tractus	*Absolve Domine*
Sequenz	*Dies irae*
Offertorium	*Domine Jesu Christe*
Sanctus	
Agnus Dei	mit den vom üblichen Text abweichenden Bitten (1) *dona eis requiem,* (2) *dona eis requiem,* (3) *dona eis requiem sempiternam*
Communio	*Lux aeterna*

Im Gregorianischen Gesang gibt es dafür von alters her bestimmte Melodien, von denen die der Ordinariumsteile zu den einfachsten ihrer Art gehören. Die chorale Melodie der Sequenz hat ihre eigene Geschichte (↗Dies irae). Nach dem 2. Vatikanischen Konzil wurde im Zuge der Neuordnung der gesamten Begräbnisliturgie auch der oben aufgezeigte Aufbau der Chorteile der Totenmesse geändert. Wesentlich ist dabei die Verfügbarkeit jeweils mehrerer Texte für die Propriumsteile, die Einfügung von Alleluia und Alleluia-Versen nach dem Graduale und die Eliminierung der Sequenz.

Das Requiem bis 1600. Generell gilt für die mehrstimmige Vertonung der Totenmesse, daß nicht immer alle oben genannten Teile vertont werden, daß ferner (namentlich vor dem Trienter Konzil) auch einzelne andere Propriumstexte verwendet werden und daß schließlich andere, nicht zur Meßliturgie gehörende Texte mitvertont werden können (so einzelne Teile der ↗Absolutio super tumulum). Die Geschichte des R. beginnt im späten 15. Jahrhundert. Bezüglich der Texte lassen sich bis in die 2. Hälfte des 16. Jh. zwei Typen unterscheiden: Bei dem einen Typus – er steht vermutlich in der Tradition des englischen ↗Sarum use – ist als Graduale der Text *Si ambulem* und/oder als Tractus *Sicut cervus* verwendet (beide Gesänge stehen übrigens nach dem 2. Vatikanischen Konzil wieder zur Verfügung); der andere Typus entspricht der oben wiedergegebenen Ordnung. Zum ersten Typus, der hauptsächlich in französischen und niederländischen Drucken und Handschriften erscheint, gehören das älteste erhaltene R. (von J. Ockeghem, spätes 15. Jh.) und Werke von P. de la Rue (mit ungewöhnlich tiefer Lage aller Stimmen), Cl. de Sermisy, J. Richafort (ein R. vielleicht auf den Tod Josquins des Prés), J. Prioris (sämtlich 1. Hälfte 16. Jh.) sowie von P. Certon, Clemens non Papa, Ph. de Monte, O. di Lasso (4st. R. von 1577) und J. Vaet (2. Hälfte 16. Jh.). Dem 2. („römischen“) Typus, der in erster Linie in italienischen Drucken und Handschriften nachzuweisen ist, gehören die R.-Kompositionen von A. Brumel (1516, erstmalig mit Sequenz *Dies irae*), G. Fr. Anerio, G. M. Asola, G. Belli, Lasso (5st. R. von 1589), G. P. da Palestrina, Cr. Morales, C. Porta, V. Ruffo, T. L. Victoria u.a. an. Für die musikalische Gestaltung dieser Werke charakteristisch sind bei aller stilistischen Vielfalt der italienisch-niederländischen Polyphonie die häufige Verwendung choraler Melodien als C.f. (auch solcher bestimmter lokaler Traditionen) und der strikte Verzicht auf Parodieverfahren. Insgesamt ist die Zahl der überlieferten R. des 16. Jh. nicht sehr groß (etwa 50).

Das Requiem im 17. und 18. Jahrhundert. Quellenlage und biographisch-lokalgeschichtliche Nachweise lassen das R. seit 1600 verstärkt als anlaßbezogene, gesellschaftlich bedingte Gattung erscheinen. Bereits Werke von Cl. Monteverdi (zus. mit Fr. Usper und Giovanni Grillo, für die Exequien Cosimos II. de' Medici, des Großherzogs der Toskana, 1621), Victoria (zum Tode Kaiserin Marias, 1603), E. Du Caurroy (1606; zur Beisetzung König Heinrichs IV. von Frankreich 1610 wiederaufgeführt) – das übrigens in der Textwahl noch der Pariser Eigentradition folgt – und spätere Vertonungen belegen das R. als Auftrags- und Bestimmungskomposition, die vom kompositorischen Aufwand (Vielstimmigkeit, konzertierende Mehrchörigkeit) und der Besetzung (Verwendung von Instrumenten, auch Tromben und Posaunen) her mit dem Rang und der Stellung hoher Persönlichkeiten verbunden und von daher gerechtfertigt ist (eine ähnliche Einordnung von Kompositionen für Beisetzungen gilt auch für den protestantischen Raum mit den *Musicalischen Exequien* von H. Schütz und den Motetten von J. S. Bach). In dieses anlaßbezogene Umfeld gehören auch R.-Vertonungen von G. Fr. Anerio, G. B. Bassani, G. A. Bernabei, St. Bernardi, A. Bertali, I. H. Fr. Biber (wahrscheinlich für Erzbischof Maximilian Gandolph von Kuenburg), A. Caldara, A. Campra, P. Fr. Cavalli, M.-A. Charpentier, G. P. Colonna, Fr. Durante, J. E. Eberlin, J. Fr. Fasch, J. J. Fux (für Erzherzogin Eleonore, verwitwete Königin von Polen, 1697; auch zum Tode Prinz Eugens von Savoyen, 1736, und Kaiser Karls VI., 1740, aufgeführt), J. Gilles (wiederaufgeführt 1774 zur Beisetzung König Ludwigs XV. von Frankreich), J. A. Hasse (für August III. von Sachsen), J. D. Heinichen, N. Jommelli (1756 für die Herzogin von Württemberg), J. K. Kerll, Leopold I., A. Lotti, G. Pergolesi, G. O. Pitoni, A. Scarlatti, J. Stadlmayr und Chr. Strauß.

Stilistisch weisen diese R. größte Vielfalt auf. Gemeinsam ist ihnen die Gebundenheit an den Generalbaß und die Einbeziehung von Instrumenten, die von der colla parte-Führung und dem konzertierenden Nebeneinander der Vokal- und Instrumentalstimmen (z. B. bei Biber, Strauß, Kerll und Durante) bis zur völligen Verselbständigung des Instrumentalen und Vokalen unter Einbeziehung eines größeren Instrumentalapparats und schließlich auch opernhafter Stilmittel führt (so z. B. bei D. Cimarosa, N. Jommelli, Fr.-J. Gossec und J. Chr. Bach). Fester Bestandteil wurden seit dem späten 17. Jh. (wie bei der Messe insgesamt) imitatorisch-kontrapunktische Abschnitte (z. B. im Kyrie und *Quam olim* des Offertoriums), wie überhaupt die fugierte Setzweise auch für spätere R.-Kompositionen mustergültig bleibt. Daneben nimmt die Verwendung gregorianischer Melodieteile für die Gattung konstitutive Bedeutung an. Zentraler Teil des R. wurde schließlich die Sequenz (häufig neben dem Responsorium *Libera me* der ↗Absolutio super tumulum auch als Einzelkomposition nachweisbar). Als breit angelegte, im Laufe der Zeit sich zu selbständigen Sätzen ausweitende Vertonung des Strophentextes mit seiner Schilderung des Jüngsten Gerichts rückte sie – unter Einbeziehung musikalisch-rhetorischer Figuren und z. T. operndramatischer Effekte zur Intensivierung der musikalischen Darstellung – in den Mittelpunkt des kompositorischen Interesses. Am Ende des 18. Jh. stehen schließlich als signifikante Beispiele die Vertonungen von M. Haydn (für Erzbischof Sigismund von Schrattenbach, 1771), Fr. A. Rösler (für Gräfin Maria Theresia von Thurn und Taxis, 1776; 1791 zum Gedächtnis W. A. Mozarts in Prag wiederaufgeführt), G. Paisiello (1789) und W. A. Mozart (1791). Mozarts R., das unvollendet blieb (lediglich Introitus und Kyrie hatte Mozart abgeschlossen) und seit Fr. X. Süßmayrs Fertigstellung (z. T. Ausschreiben der von Mozart angelegten Partitur, z. T. Hinzukomposition nach – nicht vorhandenen – Entwürfen Mozarts; Ergänzungen stammen auch von J. Eybler) in dieser Fassung aufgeführt wird, zählt trotz der problematischen Eingriffe zu den bedeutendsten Vertonungen dieser Gattung überhaupt. In seiner exzeptionellen Art steht es in vieler Hinsicht noch in der Tradition des Barock (Generalbaß, imitatorisch-kontrapunktische Arbeit u. ä.), weist jedoch darüber hinaus bereits entscheidende Neuerungen auf (neuartige Besetzungen, z. B. durch die in der Geschichte der Gattung singulär verwendeten Bassetthörner, oder Verlagerung des Schwerpunktes auf die in einzelne Sätze ausgeweitete Sequenz), die aufgrund der Popularität dieses Werkes wegweisend werden sollten.

19. Jahrhundert. Was für die Entwicklung der Messe seit etwa 1800 in einer veränderten kirchlichen Situation nach der Säkularisation und in Anbetracht der Entwicklung des bürgerlichen Konzertwesens gilt, betrifft in ähnlicher Weise auch das Requiem. Nach wie vor schreiben Komponisten Totenmessen für ausschließlich oder primär liturgische Zwecke, was sich in der Regel in Stil und Besetzung (so etwa auch für Männerstimmen) kundgibt. R.-Vertonungen u. a. von Fr. Liszt, A. Bruckner, C. Saint-Saëns, Ch. Gounod gehören hierher ebenso wie – auf bescheidenerem künstlerischem Niveau – die Werke aus dem Umkreis des ↗Cäcilianismus. Das R. bleibt zudem auch im 19. Jh. eine Gattung höfischer, dann aber auch staatlicher Repräsentation. Dabei handelt es sich in der Regel um groß besetzte Werke: Ihr Inbegriff wurde die *Messe des morts* von H. Berlioz (1837). Eine 3. Gruppe von R. sind Werke, die sich ausschließlich als für den Konzertgebrauch geeignet erwiesen haben, auch wenn sie zum Teil ursprünglich zu einem bestimmten Totengedächtnis gedacht waren. Die bekanntesten Kompositionen dieser Art sind aus dem frühen 19. Jh. die R. von L. Cherubini (1816 u. 1836), späterhin die *Messa da Requiem* von G. Verdi (1874), das R. von G. Fauré (1888) und das von A. Dvořák (1890). Die Bedeutung der letztgenannten 3 Werke liegt nicht nur in der bis heute ungebrochenen Beliebtheit im Konzertrepertoire in aller Welt, sondern auch darin, wie je spezifisch der Ausdruck des Religiösen verwirklicht wird. Einen Sonderfall in der Geschichte des R. stellt im 19. Jh. *Ein deutsches Requiem* von J. Brahms (1867) dar, da hier keine Texte der römischen Totenmesse verwendet werden, sondern deutsche Bibeltexte zum Totengedenken und zum Trost der Trauernden.

20. Jahrhundert. Die Zahl der R.-Kompositionen in unserem Jahrhundert ist im Vergleich zur unmittelbaren Vergangenheit gering. Zu nennen sind als Werke mit liturgischem Text ein R. von M. Duruflé (1947) und ein unvollständiges R. von Gy. Ligeti (1963–65), der auch einen einzelnen R.-Satz *Lux aeterna* komponierte. B. Britten vertont in seinem *War Requiem* (1962) den (vollständigen) liturgischen Text, kombiniert ihn aber – in Anlehnung an das alte Verfahren der Tropierung (↗Tropus) – mit englischen Gedichten von Wilfried Owen. Britten schrieb auch eine *Sinfonia da Requiem* (1940).

Im übrigen gibt es im 20. Jh. eine Reihe von musikalischen Werken, bei denen der Titel R., völlig losgelöst von der traditionellen Bedeutung und gleichsam säkularisiert, nur noch ein Synonym für Totengedenken ist. Etwas Ähnliches läßt sich vereinzelt bereits in der Dichtung des 19. Jh. etwa bei Fr. Hebbel feststellen. Sein Gedicht *Requiem (Seele, vergiß sie nicht, ... die Toten)* wurde von M. Reger als Orchestergesang vertont (1915, op. 144b; sein R. mit liturgischem Text blieb unvollendet). Weitere Werke mit dem solchermaßen verwendeten Titel R. schrieben H. Eisler (*Requiem: Lenin,* 1936–37), P. Hindemith (*Als Flieder jüngst ...* „Ein R. denen, die wir lieben“, 1946), B. A. Zimmermann (*Requiem für einen jungen Dichter,* 1967–69), S. Bussotti (*The Rara Requiem,* 1969), G. Sinopoli (R. *Hash-shirim,* 1976), Sándor Balassa (*Requiem für Lajos Kassák,* dt. EA 1979) und V. D. Kirchner (*Requiem,* 1979).

Lit.: A. SCHNERICH, Messe u. R. seit Haydn u. Mozart (W – L 1909); P. WAGNER, Gesch. der Messe I (L 1913); G. ADLER, Zur Gesch. der Messkomp. in der 2. Hälfte des 17. Jh., in: StMw 4 (1916); K. J. MERK, Die messliturg. Totenehrung in der römischen Kirche (St 1926); O. URSPRUNG, Die kath. Kirchenmusik (Pd 1931, Nachdr. Laaber 1979); L. EISENHOFER, Hdb. der kath. Liturgik, 2 Bde. (Fr 1933, ²1942); C. W. FOX, The Polyphonic R. before about 1615, in: Bull. of the American Musicological Soc. 7 (1943); F. HAMEL, Die Leipziger Funera. Zur Kulturgesch. der Begräbnismusik, in: SMZ 88 (1948); R. J. SCHAFFER, A Comparative Study of Seven Polyphonic R. Masses (1952) (= Diss. New York Univ.) (mit Transkription eines R.s v. E. Du Caurroy); M. PFAFF, R. aeternam (Beuron 1954); J. A. JUNGMANN, Missarum sollemnia, 2 Bde. (Fr ⁵1962); H. LUCE, The R. Mass from Its Plainsong Beginnings to 1600 (1958) (= Diss. Florida State Univ.) (mit Werken v. A. Brumel, P. Certon u. O. di Lasso); R. E. GIESEY, The Royal Funeral Ceremony in the Renaissance France (G 1960); A. SEAY, R., in: MGG XI; M. BOYD, Britten, Verdi and the R., in: Tempo 86 (1966); M. GECK, R., in: RIEMANN ML, Sachteil; A. ROBERTSON, R. Music of Mourning and Consolation (Lo 1967); C. SPIES, Some Notes on Strawinsky's R. Settings, in: Perspectives of New Music 5 (1967); H. KAUFMANN, Betreffend Ligetis R., in: protokolle 1 (W 1971); S. C. KOVALENKO, The 20th Century R. An emerging Concept, 2 Bde. (1971–72) (= Diss. Univ. of St. Louis); M. MUSGRAVE, Historical Influences in the Growth of Brahms' „R.", in: ML 53 (1972); K. G. FELLERER, Gesch. der kath. Kirchenmusik, 2 Bde. (Kas 1972–76); G. FRENCH, An Analysis of Settings of the R. Mass by La Rue and de Monte in Preparation for Performance (1975) (= Diss. Indiana Univ., Bloomington); D. ROSEN, The Genesis of Verdi's R. (1976) (= Diss. Univ. of California, Berkeley); W. JAKSCH, H. I. F. Biber, R. à 15. Unters. z. höfischen, liturg. u. musikal. Topik einer barocken Totenmesse (Mn 1977); J. W. PRUETT, R. Mass, in: Grove⁶ XV.

W. JAKSCH – G. MASSENKEIL

RES FACTA (lat., = gemachte Sache). – **1)** Erstmalig belegt ist R. in dem ca. 1473/74 abgefaßten musikalischen Sachlexikon *Terminorum musicae diffinitorium* von J. Tinctoris als Synonym für Cantus compositus, d.h. mehrstimmiger Gesang (= Musik). Diese Begriffsbestimmung wird in der Folge wieder aufgenommen, u.a. von Guillaume Guerson de Longueville und N. Wollick, die R. als Synonym für Musica figurativa (↗Figuralmusik), ↗Musica mensurabilis bzw. mensurata und Cantus compositus gebrauchen, sowie von Pietro de Cannuzzi, der für R. die Bezeichnungsvarianten refacta und refactus nennt. Die französische Bz. Chose faite, die wohl älter ist als der Terminus R., findet als umgangssprachliches Synonym für Figuralmusik („musique figurée, que le vulgaire appelle chose faite") Eingang in die französische Musiktheorie des 16. Jh., z.B. bei Maximilien Guilliaud und Claude Martin. – **2)** 1477 bezeichnet ebenfalls Tinctoris in seiner Schrift *Liber de arte contrapuncti* R. als den schriftlich niedergelegten Kontrapunkt und unterscheidet zwischen diesem als einer ausgearbeiteten Sache (res facta) und einem Kontrapunkt in Stegreifausführung (contrapunctum mentaliter bzw. super librum cantare; ↗Contrappunto alla mente, ↗Sortisatio). Auch diese Begriffsbestimmung von R. wird in der späteren Musiktheorie rezipiert.

Im 19. Jh. wird R. als Terminus musicus wiederbelebt (durch E. de Coussemaker, H. Riemann u.a.); seitdem wird R. indessen nur unscharf verwendet und zudem wie im 16. und 17. Jh. nun auch im 20. Jh. häufig mit Res fracta (= cantus fractus; frz. musique rompue) verwechselt, einer mehrstimmigen Komposition, in der unter strenger Beachtung der Mensur einige oder alle Töne der Gerüstklänge durch kleinere Zwischennoten „gebrochen" (fractus, lat., von frangere = zerbrechen), d.h. verziert (↗Verzierungen) werden.

Lit.: E. DE COUSSEMAKER, Hist. de l'harmonie au moyen âge (P 1852, Nachdr. Hil 1966); H. RIEMANN, Gesch. der Musiktheorie im IX.–XIX. Jh. (L 1898, Hil ³1961, Nachdr. Hil 1971); A. PIRRO, Histoire de la musique de la fin du XIVe siècle à la fin du XVIe (P 1940); E. T. FERAND, „Sodaine and Unexpected" Music in the Renaissance, in: MQ 37 (1951); DERS., What is „r.f."?, in: JAMS 10 (1957); DERS., G. Guerson's Rules of Improvised Counterpoint, in: FS H. Anglès I (Ba 1958); DERS., R.f., in: MGG XI; C. PETZSCH, Das ma. Lied: res non confecta, in: Zschr. für dt. Philologie 91 (1972) Sonderh. 1.

B. R. SUCHLA

RESINARIUS (latinisierte Form von Harzer), **Balthasar,** * um 1485 Tetschen (Böhmen), † 12. 4. 1544 Böhmisch-Leipa; dt. Komponist. Er erhielt seine musikalische Ausbildung als Sängerknabe unter H. Isaac in der Hofkapelle Kaiser Maximilians I., studierte seit 1515 an der Universität Leipzig und ist seit 1523 als katholischer Pfarrer in Tetschen nachweisbar. Später schloß er sich der Reformation an und wirkte seit 1534 bis zu seinem Tod als lutherischer Pastor in Böhmisch-Leipa. R. stand in enger Verbindung zu dem Verleger G. Rhau und den Wittenberger Theologen. Sein Hauptwerk sind die auf Rhaus Veranlassung hin entstandenen Responsorien, kurze Gesänge, nach dem Kirchenjahr geordnet und durchweg im imitatorischen Stil gehalten. In ihren liturgischen Zusammenhang ist auch eine Johannes-Passion einzugliedern, eine Summa passionis, die textlich und musikalisch – wie die Markus-Passion von J. Galliculus – das Vorbild der motettischen durchkomponierten ↗Passion von Obrecht-Longaval verrät.

WW: *Responsorium numero octoginta* für 4 St. (Wittenberg 1543); 4 4st. lat. Hymnen, 2 4st. Motetten u. 30 3st. dt. Choralsätze in den Rhau-Drucken RISM 1542¹², 1545⁵ u. 1544²¹; 3 Bicinien in RISM 1549¹⁶.

Ausg.: Responsorium, 2 Bde., hrsg. v. I.-M. SCHRÖDER (Kas 1955–57) (= G. Rhau, Musikdrucke ... 1–2); *Summa passionis secundum Johannem*, hrsg. v. F. BLUME – W. SCHULZE (Wb 1936) (= Chw 47). – ↗Rhau (Ausg., Nrn. 6, 11 u. 8).

Lit.: I.-M. SCHRÖDER, Die Responsorienvertonungen des B. R. (Kas 1954).

RESONANZ (von lat. resonare = widerhallen), in der Akustik Bz. für die Eigenschaft eines schwingungsfähigen Systems, durch äußere Anregung bei einer bestimmten, systemeigenen ↗Frequenz (R.-Frequenz) in Schwingung großer Amplitude zu geraten. Dabei ist die Energieübertragung vom anregenden zum mitschwingenden System nahe 100%. Die R.-Frequenz ist abhängig von der Masse (m) und der Federkraft, mit der die Masse in ihre Ruhelage zurückkehren will (Federkonstante D). Die Schwingungsamplitude im R.-Fall ist abhängig von der Dämpfung des angeregten Systems sowie vom Grad der Kopplung mit dem anregenden System. R.-Körper von Musikinstrumenten (wie Klavier oder Streichinstrumente) müssen so beschaffen sein, daß sie möglichst den gesamten Tonumfang gleichmäßig verstärken. Dazu werden herausragende R.-Frequenzen wirksam bekämpft, so daß sie nicht mehr als diskrete (einzelne) Töne, sondern als ↗Formanten hörbar sind; hierin liegt nicht zuletzt die Kunst des Instrumentenbauers.

RESONANZBODEN (engl.: sound board; frz.: table d'harmonie; it.: tavola armonica), ↗Resonator.

RESONANZKASTEN, Resonanzkörper (engl.: belly, body; frz.: corps, caisse de résonance; it.: cassa armonica, cassa di risonanza), ↗Resonator.

RESONANZSAITEN ↗Aliquotsaiten.

RESONATOR, ein meistens aus einem Hohlkörper bestehendes akustisches Hilfsmittel, dessen Luftvolumen in Verbindung mit einem Schwingungserzeuger (Platten, Rohrblätter, Stimmbänder, Lippen, Saiten, Membranen) zum Mitschwingen angeregt wird, wodurch der erklingende Ton meist erst laut genug wird, um musikalisch verwertbar zu sein. Bei fast allen Musikinstrumenten ebenso wie bei der menschlichen Stimme sind die jeweiligen Tonerzeuger mit R.en verbunden (Resonanzkörper, Brustkorb, Resonanzhöhlen, Luftsäule). Die einfachsten R.en sind Hohlkörper, deren Luftvolumen durch Mitschwingen nur eine Frequenz verstärken kann (z.B. eine Flasche, die am Rand angeblasen wird). H. von Helmholtz benutzte z.B. mehrere auf verschiedene Frequenzen abgestimmte R.en aus Glas oder Metall, um bestimmte Teilschwingungen in komplexen Schwingungsvorgängen so zu verstärken, daß sie deutlich gehört werden konnten. Außer diesen einfachen R.en (wie etwa denen der ↗Marimba oder des ↗Vibraphons), deren Eigenfrequenz unveränderbar ist, gibt es in ihrer Größe veränderbare, wie die Luftsäule der Blasinstrumente oder wie die Mundhöhle, und solche, deren Resonanz nicht nur aus einer Einzelfrequenz besteht, sondern die einen großen Bereich von Frequenzen abstrahlen können. Zu diesen letzteren gehören vor allem die Resonanzkörper aller Streich- und Zupfinstrumente wie die Resonanzböden der besaiteten Tasteninstrumente. M. BRÖCKER

RESPIGHI, Ottorino, *9. 7. 1879 Bologna, †18. 4. 1936 Rom; it. Komponist. R. stammte aus einer Musikerfamilie und erhielt ersten Violin- und Klavierunterricht von seinem Vater Giuseppe Respighi. Seit 1891 studierte er am Liceo musicale in Bologna Violine (Federico Sarti), Kontrapunkt und Fuge (C. Dall'Olio) sowie 1898–99 Komposition bei L. Torchi und G. Martucci. 1901 und 1902/03 war R. 1. Bratschist bei italienischen Stagioni an der Kaiserlichen Oper in St. Petersburg, wo er sich noch bei N. Rimski-Korsakow weiterbildete. 1903–08 konzertierte er als Violinist und Bratschist in Quartetten (seit 1906 im Mugellini-Quartett) und war 1908–09 Pianist in einer Gesangsschule in Berlin, wo M. Bruch kurze Zeit sein Lehrer war. 1913 übernahm er eine Kompositionsklasse als Professor am Conservatorio di S. Cecilia in Rom, das er 1924–26 leitete. Danach widmete er sich neben seiner Meisterklasse ausschließlich der Komposition und dem Dirigieren. Auf Konzertreisen durch Europa, Süd- und Nordamerika trat er mit großem Erfolg auch als Pianist auf. R. war seit 1919 mit einer seiner Schülerinnen, Elsa Olivieri Sangiacomo (*24. 3. 1894 Rom), verheiratet, die selbst mit Kompositionen und als Konzertsängerin hervorgetreten ist.

WW: **1) Instr.-WW:** Klv.-Stücke, u.a. *3 Preludi sopra melodie gregoriane* (1919); je *3 Preludi* (1912, 1921) für Org.; Sonate für V. u. Klv. (1916–17); Streichquartett D-Dur (1907); *Quartetto dorico* (1924). – Für Orch.: Notturno (1905); *Sinfonia drammatica* (1913–14); *Fontane di Roma* (1914–16); *Antiche arie e danze per liuto*, 3 Teile (1916, 1923, 1931); *Ballata delle Gnomidi* (1920); Symphonische Dichtung *Pini di Roma* (1923–24); Suite *Rossiniana* (1925) (nach Klv.-Stücken G. Rossinis); symphonische Impressionen *Vetrate di chiesa* (1925) (nach den *3 preludi sopra melodie gregoriane*); *Trittico botticelliano* (1927); Suite *Gli Uccelli* (1927) (nach Themen v. J.-Ph. Rameau, B. Pasquini u.a.) für kleines Orch.; *Impressioni brasiliani* (1928); symphonische Dichtung *Feste romane* (1928); *Toccata* (1928); *Metamorphoseon modi XII* (1929–30). – *Concerto* (1902) für Klv. u. Orch.; *Suite G* (1902–05) für Org. u. Str.; *Adagio con variazioni* (1920) für Vc. u. Orch.; *Concerto gregoriano* (1921) u. *Concerto all'antica* (1925) für V. u. Orch.; *Poema autunnale* (1920–25) sowie *Concerto in modo misolidico* (1925) für Klv. u. Orch.; *Concerto à 5* (1933) für Ob., Trp., Klv., V., Kb. u. Str. – **2) Vokal-WW:** Zahlr. Lieder für SingSt u. Klv. (teilweise auch für Orch.), u.a.: *Rispetti toscani* (1914); *Deità silvane* (1917); *E se un giorno tornasse* (1919) für Mezzosopran u. Klv.; *Poema paradisiaco* (1920) (nach G. D'Annunzio); dass. mit 11 Instr. (1925); *4 liriche su parole di poeti armeni* (1920); 4 schottische Arien (1924). – Kantaten: *Aretusa* (1910) (Text: P. B. Shelley) für Mezzosopran u. Orch.; *La sensitiva* (1914) (Text: ders.); *La primavera* (1918–19) (Text: C. Zarian) u. *Lauda per la Natività del Signore* (1928–30) (Text: Jacopone da Todi ?) für Solisten, Chor u. Orch. – **3) Bühnen-WW:** Opern: *Re*

Enzo (Libr.: A. Donini), UA: Bologna 1905; *Semirama* (Libr.: A. Cerè), UA: ebd. 1910; *La bella addormentata nel bosco* (Libr.: G. Bistolfi), UA: Rom 1922; *Belfagor* (Libr.: E. L. Morselli u. C. Guastalla), UA: Mailand 1923, Ouvertüren daraus (1926); *La campana sommersa* (Libr.: Guastalla nach G. Hauptmanns *Die versunkene Glocke*), UA: Hamburg 1927; *La fiamma* (Libr.: ders.), UA: Rom 1934; *Lucrezia* (Libr.: ders.), UA: Mailand 1937 (vollendet v. seiner Ehefrau E. R.); Ballett *Belkis, regina di Saba*, UA: Mailand 1932, daraus eine Orch.-Suite (1934). – **4) Bearbeitungen:** Ballette: *La boutique fantasque (Der Zauberladen)* (nach G. Rossini), UA: London 1919; *La pentola magica* (nach russ. Melodien), UA: Rom 1920; *Sèvres de la vieille France* (nach Fragmenten des 17. u. 18. Jh.), UA: Rom 1920. – Orch.-Bearb.: J. S. Bach, Passacaglia c-moll für Org. (1930–31); Praeludium u. Fuge D-Dur (1930) sowie 3 Choräle (1931); C. Monteverdi, *Lamento di Arianna* (1908); G. Tartini, Pastorale für V. u. Streichorch. (1908). – **5) Schriften:** *Orpheus. Iniziazione musicale, storia della musica* (Fi 1925) (zus. mit S. A. Luciani).

Die entscheidenden musikalischen Anregungen empfing R. von N. Rimski-Korsakow, R. Strauss und Cl. Debussy, doch haben auch I. Strawinsky, A. Berg und M. Ravel auf ihn gewirkt. Kennzeichnend für sein Schaffen ist ein in Koloristik und Instrumentation (die besonders G. Puccini gerühmt hat) virtuoser Orchesterstil, der auch zarte Stimmungen und expressive Ausbrüche ermöglicht. Seine Kunst verstand er in einer nationalen, nicht aber nationalistischen Weise, was sich in der Verwendung alter Volksthemen zeigt. R. griff außerdem auf die gregorianische Modalität zurück und näherte sich in der archaisierenden Verwendung alter italienischer Instrumentalmusik seinem Landsmann und Zeitgenossen I. Pizzetti. Seiner handwerklich außergewöhnlichen Geschicklichkeit steht nicht im selben Maße eine künstlerisch stets voll überzeugende Persönlichkeit gegenüber. So gelang es R. nicht immer, den Eklektizismus in seinen Werken zu einer stilistischen Einheit zu verschmelzen. Gleichwohl ist sein Schaffen einer der bedeutendsten Beiträge zur italienischen Musik der Generation nach Puccini.

Lit.: R. DE RENSIS, O. R. (Tn 1935) (mit Werk-Verz.); R. BERNARD, O. R., in: RM (1936) Nr. 167; M. MILA, Problemi di gusto e d'arte in O. R., in: Rass. Mus. 6 (1933); M. LABROCA, O. R., in: ebd. 9 (1936); J. MARX, O. R., in: Betrachtungen eines romantischen Realisten (W 1947); E. RESPIGHI, O. R., dati biografici ordinati (Mi 1954); DIES., L'influence du chant grégorien dans la musique de R., in: SMZ 96 (1956); S. MARTINOTTI, La musica moderna 1 (1967); O. R. Catalogo delle opere (Mn 1965); PH. L. SKOLDBERG, The String Quartets of O. R. (1967) (= Diss. Indiana Univ.); R. MARIANI, Verismo in musica e altri studi (Fi 1976).

B. A. KOHL

RESPONSORIALE, Liber responsorialis, eigentlich das Buch, das die Responsorien (↗Responsorium) enthält, in weiterem Sinne auch als Bz. des liturgischen Gesangbuchs für das Nachtoffizium (↗Matutin) gebraucht, in dem die Responsorien den umfangreichsten und bezeichnenden Platz einnehmen. Die Ausgabe des Nachtoffiziums in der *Editio Vaticana* ist nicht mehr erschienen; es wurden lediglich Teilausgaben für Weihnachten, die Karwoche und das Totenoffizium vorgelegt, die in das von der Abtei Solesmes herausgegebene *Liber Usualis Missae et Officii* (1934 u.ö.) aufgenommen wurden. Für den Gebrauch des Benediktinerordens hat die Abtei Solesmes 1895 ein *Liber responsorialis* mit den Responsorien der Festtage herausgegeben.

RESPONSORIALER GESANG, responsorischer Gesang, Form des Wechselgesangs, bei der der Chor bzw. alle Mitsingenden in den Vortrag eines Vorsängers oder auch eines Vorsängerchors einstimmen, indem sie einen Kehrvers singen oder in den Schluß des Gesangs einfallen. Vom responsorialen wird unterschieden der ↗antiphonale Gesang, bei dem ein Gesang von 2 Chören im Wechsel (doppelchörig) vorgetragen wird. Sowohl der responsoriale wie der antiphonale Gesang sind in verschiedenen Formen und auch in Mischformen (z.B. Vortrag durch 2 Chöre oder durch Solisten im Wechsel mit dem Chor und Kehrvers aller Mitsingenden) weltweit verbreitet. Sie sind ein wesentliches Formelement insbesondere des einstimmigen Singens und waren grundlegend für die Entwicklung der Formen des ↗Gregorianischen Gesangs.

Lit.: ↗Responsorium, ↗Psalmodie.

RESPONSORIUM (lat.; altfrz.: responsoire; engl.: responsory; frz.: répons; it.: responsorio) bezeichnet in der frühchristlichen Literatur zunächst einen Kehrvers, dann einen Wechselgesang mit seinem Kehrvers und zuerst wohl in der Regel des Benedikt von Nursia eine bestimmte Gattung des liturgischen Gesangs, bei der ein Chorstück mit einem, gelegentlich auch mehreren Kantorenversen verknüpft ist. In der Offiziumsordnung des hl. Benedikt und in den Quellen der römischen Meßliturgie seit dem 7. Jh. steht das R. im Anschluß an die Lesungen anstelle des älteren Psalmus responsorius, eines solistisch vorgetragenen Psalms mit Kehrvers der Gemeinde. Diese textliche Verkürzung zugunsten musikalischer Entfaltung ist ein Beleg eigenständiger Entwicklung der Musik in der Liturgie lange vor den ersten schriftlichen Zeugnissen des Gregorianischen Gesangs. Zum Unterschied vom R. des Offiziums ist das R. der Messe als R. gradale und schließlich ↗Graduale bezeichnet worden. Im weiteren Sinn werden auch das ↗Alleluia und ↗Offertorium der Messe zu den Responsorien gerechnet, da sie ebenfalls aus Chorstück und Soloversen bestehen. Die Offiziumsresponsorien folgen auf die Lesungen des

Nachtoffiziums, der ↗Matutin. Auf die kurzen Lesungen (Capitula) der Tageshoren folgt das ↗Responsorium breve, das eine eigene Gattung darstellt. Zur Unterscheidung vom R. breve wird das eigentliche, „lange" R. auch R. prolixum genannt. Schon im Mittelalter hat man an Festtagen anstelle des schlichten R. breve der monastischen Vesper auch ein R. prolixum aus der Matutin gesungen und die Vesper auf diese Weise kirchenmusikalisch bereichert.

Nach Amalar von Metz (9. Jh.) wurde das R. in Rom und im Frankenreich in verschiedener Weise vorgetragen. In Rom wurde nach dem Vortrag des Chorteils und des Soloverses der Chorteil wiederholt. Im Frankenreich dagegen wiederholte man nach dem Vers des Kantors nur den Schluß des Chorteils. Unter Umständen und insbesondere bei dem auf die letzte Lesung folgenden R. singt der Kantor darauf noch den ersten Teil der ↗Doxologie *Gloria Patri, et Filio, et Spiritui Sancto,* und es folgt eine weitere Wiederholung des Chorteils bzw. des Chorteilschlusses. Die fränkische Vortragsweise setzt voraus, daß der Schluß des Chorteils textlich und musikalisch an den Vers anschließt. Das ist nicht in allen Responsorien der mittelalterlichen Überlieferung der Fall; offenbar sind beide Vortragsweisen in die fränkisch-gregorianische Tradition eingegangen. Der nach dem Vers zu wiederholende Abschnitt des Chorteils wird als Repetenda bezeichnet. Im Chorteil von Responsorien mit mehreren Versen werden meist mehrere Repetendae abgetrennt, die beim ersten Vortrag des Chorteils hintereinander gesungen und dann der Reihe nach den einzelnen Versen angefügt werden, so daß sehr kunstvolle Formen entstehen.

Die ältesten Quellen des Gregorianischen Gesangs überliefern etwa 600 Responsorien, spätmittelalterliche Quellen enthalten zuweilen über 1000. Im Unterschied zum Graduale spielen die Psalmen als Textquelle nur eine geringe Rolle. In der Zeit nach Epiphanie wird eine Gruppe von Responsoria de psalmis (Responsorien aus den Psalmen) und in der 4.–5. Woche nach Ostern eine zweite gesungen. In weiteren Responsorien ist nur der Vers aus den Psalmen entnommen. Es ist zweifelhaft, ob darin Relikte der dem R. vorausgehenden Tradition des Psalmus responsorius zu sehen sind. Neben den Responsoria de psalmis finden sich weitere Gruppen von Responsorien, die planmäßig aus bestimmten Büchern der Hl. Schrift ausgewählt sind. So sind etwa die Responsorientexte der Adventszeit den Propheten, die der Vorfasten- und Fastenzeit den ersten 7 Büchern des AT (Heptateuch) entnommen. Die Responsorien nach Pfingsten bilden 8 Serien aus dem Buch der Könige, dem Buch der Weisheit, Job, dem apokryphen Buch Tobias, Judith, Esther, den Büchern der Makkabäer und den „kleinen Propheten". Allerdings sind die Texte nicht immer wörtlich der Bibel entnommen, häufig sind sie aus verschiedenen Bibelversen zusammengestellt. Viele Responsorien haben nichtbiblische Texte, die der Heiligenfeste sind oft den Heiligenleben entnommen und erzählen z. B. die Geschichte des Martyriums. Mittelalterliche Responsorien haben oft gereimte Texte. Einige Responsorien werden auch als ↗Communio gesungen.

Musikalisch treten uns die Responsorien vom Beginn der Überlieferung an als eine vom Graduale der Messe verschiedene Gattung entgegen. Die Melodien sind schlichter als die der Gradualien und der übrigen responsorialen Gesänge der Messe, der melodische Stil entspricht etwa dem der Meßantiphonen Introitus und Communio. Der größte Teil des Melodienrepertoires läßt sich auf einige wenige, variable Grundweisen zurückführen, die durch Einschübe, Verkürzung, Wiederholung usw. sowie mit Hilfe eines Vorrats typischer Anfangswendungen und Klauseln Texten verschiedener Länge und Struktur angepaßt werden können. Im ganzen Repertoire finden sich kaum identische Melodien: jedes einzelne R. ist im Hinblick auf seinen Text sorgsam melodisch ausformuliert, außerdem sind bestimmte Regeln z. B. für die Einleitung und Gliederung der Repetendae erkennbar. Neben den typischen Weisen finden sich ausgeprägte Eigenmelodien, die zu den bemerkenswertesten Zeugnissen musikalischer Komposition im hohen Mittelalter gehören.

Für den Vortrag der Verse zu den Responsorien sind 8 typische Melodien überliefert, denen die verschiedenen Texte nach den Regeln der Psalmodie angepaßt werden und die daher auch als responsoriale Psalmtöne bezeichnet werden (obwohl es sich nicht um den Vortrag der Psalmen handelt). Auch in der mittelalterlichen Überlieferung sind jedoch nicht alle Responsorienverse auf diese 8 Töne gesungen worden; sie scheinen einen Systematisierungsversuch darzustellen, der sich nicht durchgesetzt hat.

Es ist für den hohen musikalischen Stellenwert des R.s in der Liturgie bezeichnend, daß die Verse von Responsorien an hohen Feiertagen ein bevorzugter Ansatzpunkt für die Entwicklung der Mehrstimmigkeit waren: Zum R.s-Vers sang ein zweiter Kantor eine zweite Stimme, der Chorteil wurde von der Schola einstimmig vorgetragen. Am Ende des 11. Jh. ist uns aus Winchester bereits ein ganzes Repertoire von mehrstimmigen Responsorienversen überliefert. Den Höhepunkt dieser Entwicklung und den Schritt von der Mehrstimmigkeit als Vortragsweise zur Mehrstimmigkeit als Komposition bezeichnen die Responsorien- (und Gradualien-) Verskompositionen der Schule von ↗Notre-Dame (um 1200), die bereits bis zur Vierstimmigkeit gehen. Im 13. Jh. bricht diese Tradition der mehrstimmigen Responsorienversvertonung ab. Seit Ende des 15. Jh. wird dann in England eine regionale Tradition der mehrstimmigen Vertonung von R. und Vers faßbar. In Deutschland veröffentlichte 1543 G. Rhau in der Reihe seiner Musikdrucke für den evangelischen Gottesdienst 80 mehrstimmige Vertonungen lateinischer Responsoria prolixa zum Gebrauch bei der Vesper von B. Resinarius *(Responsoriorum numero octoginta).* Das R. galt offenbar als ein wesentlicher musikalischer Teil der Vesper, obwohl eigentlich nur in den Klosterkirchen zur Vesper ein R. breve gesungen wurde, das durch ein R. prolixum ersetzt werden konnte. Aber es fehlt bisher jeder Hinweis auf eine Grundlage von Rhaus Veröffentlichung in der katholischen Tradition, und das Werk von Resinarius hat in der katholischen Kirchenmusik bis heute keine Parallele. Zwar gewinnen auf katholischer Seite seit etwa 1530 unter den Motettentexten die Texte von Responsorien eine gewisse Bedeutung, aber diese Motetten auf Responsorientexte waren offensichtlich nicht zur Substitution des liturgischen R.s, sondern als unterschiedlich verwendbare Festmotetten gedacht. Noch wichtiger als die Responsorientexte wurde für die Entwicklung der Motette im 16. Jh. die Form des R.s: Die Gliederung in Chor- und Soloteil und das Prinzip der Repetenda wurde in Motetten auf ganz andere Texte nachgeahmt und spielte eine bedeutsame Rolle in der Entwicklung zur konzertierenden Motette und zum geistlichen Konzert. Als eine Sondertradition entwickelte sich in der 2. Hälfte des 16. Jh. die mehrstimmige Vertonung der Weihnachts- und insbesondere der Karwochenresponsorien. Vom Ende des 16. bis zur Mitte des 17. Jh. stellt der Zyklus der Karwochenresponsorien eine der wichtigsten Gattungen der katholischen Kirchenmusik dar, deren Höhepunkt die Vertonungen von T. L. da Victoria, M. A. Ingegneri (lange für ein Werk Palestrinas gehalten) und C. Gesualdo bezeichnen. Kirchenmusikalische Reformansätze des 18. Jh. haben mit Vorliebe auf diese Gattung zurückgegriffen (A. Scarlatti, L. Leo, N. Jommelli und M. Haydn). Und das Musica sacra-Ideal der deutschen Romantik hat sich insbesondere an den Vertonungen der Responsorien und des Miserere der Karwochenliturgie durch die „alten Italiener" entzündet.

Lit.: P. WAGNER, Einführung in die gregor. Melodien I u. III (L [3]1911, 1921, Nachdr. Hil – Wie 1962); W. H. FRERE, Antiphonale Sarisburiense (Lo 1901/25, Nachdr. 1962); O. STRUNK, Some Motettypes of the 16th Century, in: Papers of the American Musicological Society (1939); W. KREMP, Quellen u. Stud. zum R. prolixum in der Überlieferung der Euskirchener Offiziumsantiphonare (Kö 1958) (= Beitr. z. rheinischen Musikgesch. 30); W. APEL, Gregorian Chant (Bloomington/Ind. 1958, [3]1966); H. J. HOMAN, The Responsoria prolixa of the Codex Worcester F 160 (1961) (= Diss. Indiana Univ.); J. PASCHER, Das liturg. Jahr (Mn 1963); R. J. HESBERT, Corpus Antiphonalium Officii, Ed. IV: Responsoria, Versus, Hymni et Varia (R 1970); P. DOE, Tallis's „Spem in alium" and the Elizabethan Respond Motet, in: ML 51 (1970); A. HOLSCHNEIDER, Das Tropar v. Winchester (Hil 1970); H. HOFFMANN-BRANDT, Die Tropen zu den Responsorien des Offiziums (Diss. Erl 1971); H. HUCKE, Das R., in: Gattungen der Musik in Einzeldarstellungen 1. Gedenkschrift L. Schrade (Be 1973); R. STEINER, Some Melismas for Office Responsories, in: JAMS 26 (1973); T. F. KELLY, Melodic Elaboration in Responsory Melismas, in: ebd. 27 (1974); G. A. ANDERSON, Responsory Chants in the Tenors of Some Fourteenth Century Continental Motets, in: ebd. 29 (1976); P. F. CUTTER, Oral Transmission of the Old Roman Responsories, in: MQ 62 (1976); H. HUCKE, Toward a New Historical View of Gregorian Chant, in: JAMS 33 (1980).

H. HUCKE

RESPONSORIUM BREVE (lat.), das kurze Responsorium, das im monastischen Offizium auf die kurzen Lesungen (Capitula) der Laudes und Vesper, im römischen Offizium (der Weltkirche) auf die Capitula von Prim, Terz, Sext, Non und Komplet folgte. Es sind kurze Refrainformen. Das R. b. scheint im 8./9. Jh. im Frankenreich entstanden zu sein. Die wechselnden Texte werden meist auf 3 typische Melodien gesungen, von denen eine in der Adventszeit, die zweite an Ostern und anderen hohen Festen und die dritte an den übrigen Tagen des Jahres benutzt wird. In der mittelalterlichen Überlieferung finden sich noch andere Melodien, von denen das *Antiphonale monasticum* eine als vierte, feierliche Weise übernommen hat. Das R. b. der (monastischen) Vesper kann bei feierlichen Gelegenheiten durch ein Responsorium aus der Matutin ersetzt werden.

RESTAURATION (von lat. restaurare = wiederherstellen) bezeichnet in der Musikgeschichte die Wiederherstellung einer abgebrochenen Tradition; sie wendet sich bewußt der Rekonstruktion vergangener Denkformen (ethisch-religiöse, politische und künstlerische Wertvorstellungen) und den praktischen Gegebenheiten früherer Epochen (Kompositionstechnik, Aufführungspraxis) zu. Seit dem 18. Jh. nahm die Auffassung von Musik unter historischen Aspekten immer stärker zu und ist mittlerweile von so weitreichender Bedeutung für die gegenwärtige Musikkultur geworden, daß man das 20. Jh. geradezu als Zeitalter des ↗Historismus interpretieren kann. Die bewußt vollzogene Hinwendung zu älterer Musik innerhalb der musikalischen R.s-Bewegungen ist jedoch nicht grundsätzlich als eine Eigentümlichkeit des Historismus anzusehen und durch ihre reflexive Grundhaltung auch von der auf weitgehend ungebrochenen Kontinuitätszusammenhängen beruhenden Tradition abzugrenzen. R. und Tradition werden erst in dem Maße „historistisch", als die Intensivierung geschichtlicher Betätigung und Betrachtung so in den Vordergrund tritt, daß andere Möglichkeiten musikalischer Produktion und Rezeption nur noch eine untergeordnete Rolle spielen. Während die Tradition ein ungebrochenes, kaum in Frage gestelltes Vertrauen in die Autorität der Überlieferung darstellt (so wurden im 19. Jh. die Werke W. A. Mozarts und L. van Beethovens bewahrt), ist R. von Grund auf reflexiv und kritisch zur eigenen Gegenwart eingestellt, deren Ungenügen zu der Aufforderung führt, durch das Studium vergangener Epochen elementare Gestaltungsmittel der Musik wiederzufinden. Innerhalb der Kirchenmusik finden sich – neben den hauptsächlich von Musiktheoretikern initiierten Versuchen, die antike Musiklehre wiederaufleben zu lassen (bereits im 9. Jh. im Zusammenhang mit der sog. Karolingischen Renaissance; ↗Camerata Fiorentina) – schon früh Bestrebungen, die liturgischen Interessen von den Neuerungen weltlicher Musik abzugrenzen (Ars antiqua); so war es auch vorwiegend ein Anliegen der Kirchenmusik (z. B. die Verwendung des Stile antico im 17. und 18. Jh.), von dem die beiden großen R.s-Bewegungen des 19. Jh. ausgingen: die Wiederentdeckung der Werke G. P. da Palestrinas und J. S. Bachs. Der ↗Cäcilianismus erklärte die Wiederbelebung des reinen a cappella-Stils zum Ideal einer „wahren" Kirchenmusik. Entscheidende Bedeutung für die am Vorbild Palestrinas orientierte Rückwendung zur klassischen Vokalpolyphonie hatte A. J. Thibaut (*Über Reinheit der Tonkunst,* 1824); die wichtigsten Impulse für praktische Aufführungen verdankt die kirchenmusikalische R. dem als Hoforganist an St. Michael in München tätigen Komponisten C. Ett. Seit der für eine breite Öffentlichkeit wirksamen Wiederentdeckung der Werke Bachs durch die deutsche Romantik prägen R.s-Bestrebungen mittlerweile das gesamte zeitgenössische Musikleben.

Lit.: O. URSPRUNG, R. u. Palestrina-Renaissance in der kath. Kirchenmusik (Au 1924); K. G. FELLERER, Der Palestrinastil u. seine Bedeutung in der vokalen Kirchenmusik des 18. Jh. (Au 1929); G. VON DADELSEN, Alter Stil u. alte Techniken in der Musik des 19. Jh. (Diss. B 1951); T. KNEIF, Die Erforschung ma. Musik in der Romantik, in: AMl 34 (1964); C. DAHLHAUS, Historismus u. Tradition, in: FS J. Müller-Blattau (Kas 1966); M. GECK, Die Wiederentdeckung der Matthäuspassion im 19. Jh. (Rb 1967) (= Stud. z. Musikgesch. des 19. Jh. 9); Alte Musik in unserer Zeit (Kas 1968); W. WIORA, R. u. Historismus, in: Gesch. der kath. Kirchenmusik II, hrsg. v. K. G. Fellerer (Kas 1976).

N. DRECHSLER

RESZKE, de R. – 1) Jean (eig. Jan Mieczislaw), * 14. 1. 1850 Warschau, † 3. 4. 1925 Nizza, poln. Sänger (Bariton, später Tenor), Schüler von Antonio Cotogni in Mailand, und **2) Eduard,** Bruder von 1), * 22. 12. 1853 Warschau, † 25. 5. 1917 Garnek bei Tschenstochau, poln. Sänger (Baß), waren zu ihrer Zeit die ungekrönten Könige des lyrischen Fachs. Die Bühnen, an denen sie in einer Saison verpflichtet waren, wurden jeweils glanzvoller Mittelpunkt der musikalischen Welt. Ihre erste gemeinsame Station war Paris, wo sie an der Opéra bei der Uraufführung von J. Massenets *Le Cid* sangen. In den Repertoirestücken Ch. Gounods und Massenets waren sie mit Adelina Platti, Nellie Melba und Emma Eames zu hören. Später traten sie mit ihren ständigen Partnern Maurel, Lassalle und Plançon in London auf und machten dort zunächst das französische Opernrepertoire bekannt. Die Freundschaft mit Königen, die abgöttische Bewunderung der gehobenen Gesellschaft wie des breiten Publikums ließen sie gleichsam zu Hohenpriestern der Musik konservativer Richtung werden. Daneben widmeten sie sich jedoch auch den Werken R. Wagners, die sie in deutscher Sprache und insbesondere mit Lilli Lehmann als Partnerin sangen. Nach ihrem Abschied von der Bühne wurde J. de R. ein berühmter Gesanglehrer. Zu seinen Schülern gehörte Maggie Teyte. – **3) Joséphine,** Schwester von 1) und 2), * 4. 6. 1855 Warschau, † Februar 1891 ebd.; poln. Sängerin (Sopran). Sie war von 1875 bis zu ihrer Verheiratung 1884 an der Pariser Opéra engagiert. Dort sang sie 1877 die Rolle der Sita bei der Uraufführung von J. Massenets *Roi de Lahore* und 1884 die Rolle der Salome bei der französischen Erstaufführung von dessen *Hérodiade.*

Lit.: C. LEISER, J. de R. and the Great Days of Opera (Lo 1933).

RETHBERG (eig. Sättler), **Elisabeth,** * 22. 9. 1894 Schwarzenberg (Erzgebirge), † 6. 6. 1976 New York; amerik. Sängerin dt. Herkunft (Sopran). Sie studierte Gesang am Konservatorium in Dresden und anschließend bei Otto Watrin, debütierte 1915 an der Dresdener Hofoper als Agathe in C. M. von Webers *Freischütz* und gastierte von Dresden aus ständig in Berlin und Wien. 1922 ging sie in die Vereinigten Staaten und trat in der Rolle der Aida in G. Verdis gleichnamiger Oper erstmals an der Metropolitan Opera in New York auf, der sie bis 1942 angehörte. Regelmäßige Gastspiele in Europa, u. a. am Covent Garden in London, an der Mailänder Scala, in Rom sowie bei den Salzburger Festspielen, festigten ihren Ruf als eine der bedeutendsten lyrisch-dramatischen Sängerinnen ihrer Zeit. 1928 sang sie die Titelpartie bei der Uraufführung der *Ägyptischen Helena* von R. Strauss. Ihr ungewöhnlich weitgespanntes Repertoire umfaßte beinahe sämtliche Partien ihres Fachs in den Opern von W. A. Mozart bis R. Strauss; ihre größten Erfolge feierte sie jedoch als Verdi-Sängerin (Aida, Leonora in *Il trovatore* und *La forza del destino*). 1944 zog sie sich von der Bühne zurück. R. war seit 1957 mit dem Bariton Paul Cehanowsky verheiratet.

Lit.: H. HENSCHEL – E. FRIEDRICH, E. R. (Schwarzenberg 1928).

REUBKE. – **1) Adolf,** * 6. 12. 1805 Halberstadt, † 3. 3. 1875 Hausneindorf bei Halberstadt; dt. Orgelbauer. Seine Werkstätte in Hausneindorf gehörte neben denen von Fr. Ladegast, E. Fr. Walcker und Wilhelm Sauer zu den bedeutendsten im 19. Jahrhundert. R. baute u.a. die großen Schleifladenorgeln in St. Jacobi (53 Reg., 1855–58) und im Dom (88 Reg., 1856–61) in Magdeburg, ferner die Orgel im Gewandhaus in Leipzig (1860) und in der Marienkirche in Kyritz (1873). Sein Sohn **Emil R.** (1836–85), seit 1860 Teilhaber, übernahm nach seinem Tod die Firmenleitung. – **2) Friedrich Julius,** Sohn von 1), * 23. 3. 1834 Hausneindorf, † 3. 6. 1858 Pillnitz bei Dresden; dt. Pianist und Komponist. Er erhielt in Magdeburg Orgelunterricht und studierte seit 1851 am neugegründeten Sternschen Konservatorium in Berlin Klavier (Th. Kullak) und Komposition (A. B. Marx). 1856 war er in Weimar noch Schüler von Fr. Liszt, der ihn als Komponist hochschätzte. In Weimar entstanden seine beiden bedeutendsten Werke, die große Klaviersonate in b-moll und die große Orgelsonate in c-moll (Psalm 94), beide durch Liszts Klaviersonate in h-moll beeinflußt. – **3) Otto,** Bruder von 2), * 2. 11. 1842 Hausneindorf, † 18. 5. 1913 Halle an der Saale; dt. Pianist, Chordirigent und Komponist. Er studierte Orgel bei A. G. Ritter in Magdeburg, Klavier bei H. von Bülow am Sternschen Konservatorium in Berlin und bei Fr. Liszt in Weimar sowie 1864–67 Komposition bei M. Hauptmann in Leipzig. Anschließend ließ er sich in Halle nieder, war dort seit 1875 stellvertretender Musikdirektor, seit 1892 Musikdirektor und seit 1895 Professor an der Universität. 1881–1911 leitete er die Robert-Franz-Singakademie. R. schrieb von R. Schumann beeinflußte Klavierstücke, Lieder und Chorwerke.

Ausg.: **Zu 2):** 1. Große Sonate für Pianoforte b-moll u. 2. Große Sonate für die Org. (Ps 94) c-moll (bearb. für Pianoforte), hrsg. v. A. STRADAL (St 1926).

Lit.: **Zu 2):** H. KELLER, Der Orgelkomponist J. R., in: MuK 29 (1959); M. WEYER, Die dt. Orgelsonate v. Mendelssohn bis Reger (Rb 1969) (= Kölner Beitr. z. Musikforsch. 55); D. W. CHORZEMPA, J. R., Life and Works, 2 Bde. (1971) (= Diss. Univ. of Minnesota).

REUSNER (Reussner), **Esaias,** * 29. 4. 1636 Löwenberg (Schlesien), † 1. 5. 1679 Berlin; dt. Lautenist und Komponist. 1651 wurde er Kammerdiener der Fürstin Radziwill, die ihn durch einen namentlich nicht bekannten französischen Lautenisten ausbilden ließ. 1655–76 stand er als Lautenist im Dienst der Herzöge von Schlesien und unterrichtete 1672–73 an der Universität Leipzig. 1674 bis zu seinem Tod war er Kammermusiker des Kurfürsten Friedrich Wilhelm von Brandenburg in Berlin. R. war der erste bedeutende deutsche Lautenkomponist. Mit seinen beiden Suitensammlungen, *Delitiae testitudinis* und *Neue Lauten-Früchte,* die auch wichtige Zeugnisse für die Entwicklung der Instrumentalsuite sind, machte er den ornamentalen französischen Lautenstil in Deutschland bekannt. R. übernahm auch die sog. Gaultier-Stimmung der neueren frz. Schule.

WW: *Delitiae testitudinis, praeludiis, paduanis, allemandis, courantis, sarabandis, giguis, gavottis conditae* (Breslau 1667, [2]1668); als: *Erfreuliche Lautenl—Lust* (L [3]1697); *Musicalische Taffel-Erlustigung* für Laute od. Violen mit B.c., bearb. v. J. G. Stanley (Brieg 1668); Orch.-Suite *Musicalische Gesellschafftsergetzung* für V., 2 Violen u. B.c. (Brieg 1670); *Neue Lauten-Früchte* (B 1676); *Hundert Geistliche Melodien Evangelischer Lieder* (B 1676 oder 1678).

Ausg.: Ausgew. Werke, in: Lautenmusik des 17./18. Jh., hrsg. v. H. NEEMANN (Brau 1939, [2]1961) (= EDM, RD 12); sämtl. Suiten für die Laute, 1, hrsg. v. W. GERWIG – F. BLUME (B 1928); *Musicalische Taffel-Erlustigung,* hrsg. v. F. J. GIESBERT (Mz 1938).

Lit.: W. GURLITT, Ein Beitr. z. Biogr. des Lautenisten E. R., in: SIMG 14 (1912/13); G. SPARMANN, E. R. u. die Lautensuite (Diss. B 1926); K. KOLETSCHKA, E. R., in: StMw 15 (1928).

REUTTER. – **1) Georg** (der Ältere), getauft 4. 11. 1656 Wien, † 29. 8. 1738 ebd.; östr. Komponist und Organist. Er war vielleicht Schüler von J. K. Kerll und wurde 1686 dessen Nachfolger als Organist am Stephansdom in Wien. 1696–1703 war er Theorbist der Hofkapelle und wurde 1700 Hof- und Kammerorganist in Wien, 1712 als Nachfolger von J. J. Fux 2. und 1715 1. Kapellmeister am Stephansdom. Er war berühmt als Organist, war aber auch als Komponist hauptsächlich von Orgelwerken (handschriftlich erhalten) tätig gewesen. – **2) Johann Adam Joseph Karl Georg** (der Jüngere, Edler von), Sohn von 1), getauft 6. 4. 1708 Wien, † 11. 3. 1772 ebd.; östr. Komponist und Organist. Er war Schüler seines Vaters und von A. Caldara. Um 1729–30 hielt er sich in Italien auf, wurde 1731 Hofkomponist und 1738 als Nachfolger seines Vaters 1. Kapellmeister am Stephansdom. 1740 geadelt, wurde R. 1747 2., 1769 als Nachfolger von L. A. Predieri 1. Hofkapellmeister und nahm dieses Amt zeit seines Lebens sehr viel ernster als den Dienst am Dom. Gleichwohl genoß er in Wien vor allem seiner kirchenmusikalischen Werke wegen hohes Ansehen. Diese weisen eine einfache Harmonik ohne kontrapunktische Dichte mit zahlreichen Terz- und Sextparallelen auf. Charakteristisch sind ferner schnelle, „rauschende" Violinpassagen, die den meist homorhythmisch deklamierenden Chorsatz umspielen, sowie die Verwendung von Trompeten, Posaunen und Pauken als Mittel glänzender Feierlichkeit. Für die Beurteilung R.s ist indes aber auch zu berücksichtigen, daß in seine Amtszeit der Niedergang der kaiserlichen Hofkapelle während der Herrschaft Maria Theresias fällt (der freilich durch die Sparsamkeit bei Hofe mitverursacht wurde).

WW (ausschließlich hsl. erhalten): Suiten u. einzelne Stücke für Cemb.; mehrere Sinfonien u. Partitas für Str., auch mit Bläsern; Konzerte für Cemb. u. für Trp. – Mehr als 80 Messen sowie zahlreiche weitere kirchenmusikal. Werke; 10 Oratorien. – Etwa 25 Opern (meist einaktig: Serenate, Feste teatrali, Azioni teatrali, einzelne in Zusammenarbeit mit anderen Wiener Komp.).

Ausg.: **Zu 1):** Orgelwerke, in: Wiener Klv.- u. Orgelwerke aus der 2. Hälfte des 17. Jh., hrsg. v. H. BOTSTIBER (1906) (= DTÖ 27) (2 Capricci, das Ricercar sowie vermutlich eine Canzone sind Werke von N. A. Strungk). – **Zu 2):** Sinfonia *Servizio di tabula*, in: Wiener Instrumentalmusik vor u. um 1750, hrsg. v. K. HORWITZ – K. RIEDEL (1908) (= DTÖ 31); Kirchenwerke, hrsg. v. P. N. HOFER (1952) (= ebd. 88); *Domine miserere* für Sopran, Alt, Tenor, Baß u. B.c., hrsg. v. O. BIBA (Hilversum 1970).

Lit.: **Zu 1):** F. BEREND, N. A. Strungk (Diss. Mn 1915); N. HOFER, Die beiden R. als Kirchenkomponisten (Diss. W 1915). – **Zu 2):** P. N. HOFER, s.o. Ausg.; H. C. R. LANDON, Problems of Authenticity in 18th Century Music, in: Instrumental Music, hrsg. v. D. G. Hughes (C/M 1959) (= Isham Library Papers 1).

REUTTER, Hermann, * 17. 6. 1900 Stuttgart, † 1. 1. 1985 Heidenheim an der Brenz; dt. Komponist. Bereits während seines Studiums in München (Komposition, Klavier und Gesang) trat R. seit 1923 in Donaueschingen und Baden-Baden mit eigenen Werken erfolgreich an die Öffentlichkeit. 1932 erhielt er einen Lehrauftrag für Komposition an der Stuttgarter Musikhochschule und war 1936–45 Direktor der Frankfurter Musikhochschule. 1952 wurde er Professor für Liedgesang und Komposition an der Stuttgarter Musikhochschule, deren Leitung er 1956–66 innehatte. R. machte sich auch als einfühlsamer Klavierbegleiter namhafter Sänger einen Namen.

WW: **1) Instr.-WW:** *Fantasia apocalyptica*, op. 7, u. Variationen über J. S. Bachs Choral „Komm, süßer Tod", op. 15 für Klv.; 3 Konzerte für Klv. u. Kammerorch. (1926, 1929, 1948); Concertino für Klv. u. Streichorch., op. 69; *Epitaph für Ophelia* (1979) für Solo-V. u. Kammerorch. oder Klv. – Für Orch.: Ballettsuite *Die Kirmes von Delft*, op. 48; Tanzvariationen, op. 76; Suite *Notturno Montmartre* (aus dem Ballett) (1952); Symphonie für Streichorch. (1960); *Figurinen zu Hofmannsthals „Jedermann"* (1972). – **2) Vokal-WW:** Zahlr. Klv.- u. Orch.-Lieder sowie Werke für SingSt u. kammermusikal. Besetzungen, darunter: *Tre notturni* (1975), 3 Gedichte v. F. Nietzsche für tiefe Männerst., Klv. u. Bläser; *Liebeslied aus dem Chinesischen des Sao Han* (1975) für eine Sprechst. u. Solofl.; *Der Liebe will ich singen* (1976), Minnelieder aus der Stauferzeit für 2 SingSt u. Orch.; Drei Lieder der Ophelia aus Shakespeares *Hamlet* (1980) für Sopran u. Klv.; ferner Werke für gem. Chor, darunter: Hochzeitslieder für 4st. gem. Chor u. Klv. nach Texten aus J. G. Herders „Stimmen der Völker", op. 53; Chorvariationen *Trost der Nacht* (1976) für 4st. gem. Chor a cap. oder mit Fl. u. Klv. – **3) Bühnen-WW:** Opern: *Saul*, op. 33, UA: Baden-Baden 1928, 2. Fassung Hamburg 1947; *Der verlorene Sohn*, op. 34, UA: Stuttgart 1929, Neufassung „Kammeroratorium in 5 Szenen" als: *Die Rückkehr des verlorenen Sohnes*, UA: München 1952 (konzertant) u. Dortmund 1952 (szenisch); Mysterienspiel *Der Lübecker Totentanz*, op. 35, UA: Göttingen 1948; *Doktor Johannes Faust*, op. 47, UA: Frankfurt 1936, 2. Fassung Stuttgart 1955; *Odysseus*, op. 55, UA: Frankfurt 1942; *Der Weg nach Freudenstadt*, op. 66, UA: Göttingen 1948; *Don Juan und Faust*, op. 75, UA: Stuttgart 1950; *Die Brücke von San Luis Rey*, UA: Frankfurt 1954 (konzertant) u. Essen 1954 (szenisch); *Die Witwe von Ephesus*, UA: Köln 1954 u. reduzierte Fassung Schwetzingen 1966; Märchenspiel *Die Prinzessin und der Schweinehirt*, UA: Mainz 1938; Concerto scenico *Der Tod des Empedokles*, UA: Schwetzingen 1966; *Hamlet*, UA: Stuttgart 1980. – Ballette: *Legende aus der Breughel-Zeit Die Kirmes von Delft*, op. 48, UA: Baden-Baden 1937; *Topsy*, Ein Spiel nach einer Idee v. S. Korty, op. 76, UA: Wiesbaden 1950; *Notturno Montmartre*, UA: Stuttgart 1952.

R.s besonderer Sensibilität für die klanglichen Möglichkeiten der menschlichen Stimme entspricht der Schwerpunkt seines kompositorischen Schaffens, nämlich die Vokalmusik. Die Bühnenwerke, als deren erfolgreichstes *Die Brücke von San Luis Rey* gilt, zeichnen sich ebenso durch sorgfältige musikalisch-gedankliche Faktur und gute Singbarkeit aus wie die zahlreichen Klavierlieder – eine Gattung, deren besondere Pflege R. den Ruf eines der bedeutendsten deutschsprachigen Liederkomponisten des 20. Jh. einbrachte. Sowohl in den Vokal- als auch in den Instrumentalwerken strebte R. stets eine Verbindung von instrumenten- bzw. stimmgerechter Schreibweise und hohem abstrakt-kompositionstechnischem Niveau an. Seine gemäßigt moderne harmonische Sprache und die Dominanz des melodischen Einfalls, sein bewußter Verzicht auf demonstrativ avantgardistische Durchbrechung musikalischer Traditionen erweisen ihn als einen der publikumsfreundlichsten seriösen Komponisten der Gegenwart, dessen mit Sicherheit nicht geringe historische Bedeutung letztlich erst aus der distanzierten Wertung seines Lebenswerks zu bestimmen sein wird.

Lit.: H. R., Werk-Verz. (Mz 1975). – S. GOSLICH, R., in: MGG XI; A. RODEMANN, Der schwäbische Dualismus. H. R., in: Melos 15 (1948); L. DOOR, H. R. zum 50. Geburtstag, in: Musik im Unterricht 6 (1950); O. RIEMER, Dokumentation des schöpferischen Gedankens zu H. R.s Wesen u. Werk, in: Musica 4 (1950); G. SCHWEIZER, H. R., in: NMZ 4 (1950); J. MÜLLER-BLATTAU, Zu seinem 60. Geburtstag, in: NZfM 6 (1960). W. A. MAKUS

REVERDIE (frz., von reverdir = wieder grün werden), Bz. für eine geistlich und weltlich inspirierte Liedgattung mit zuweilen phantastischen Elementen der französischen Literatur des Mittelalters, deren zentrales Thema das Wiedererwachen der

Natur bzw. deren wesenhafte, idyllische Kontinuität ist, in die die Autoren im jeweiligen Textzusammenhang Feier und Preis der Liebe oder Klagen über sie einbetten. Die Naturthematik, die dem Genre auch den Namen Frühlings- oder Mailied eingetragen hat, läßt vermuten, daß hier ursprünglich nur mündlich überlieferte Formen des Volksliedes in der Struktur von Chansons im Hymnentypus fortleben, die in der aristokratischen Gesellschaft des 12. und 13. Jh. unter ihrem Gegenkulturaspekt positiv aufgenommen wurden. Unter den erhaltenen Stücken sind Texte von Colin Muset und Guillaume le Vinier; eine mehrsprachige R. *(L'autrier matin)* wird Ludwig dem Heiligen zugeschrieben. Die wohl bekannteste R. *Volez voz que je vos chant* ist anonym; die in ihr anzutreffende Bezeichnung als „son d'amour" (Liebeslied) deutet den erwähnten Kontext des höfischen Liebesliedes an. – In der mittelhochdeutschen Literatur findet sich diese Gattung nicht.

Lit.: G. PARIS, Compte rendu d'A. Jeanroy. Les origines de la poésie lyrique en France, in: Journal des savants (1891); H. SPANKE, Eine altfrz. Liederslg. (Hl 1925); M. DELBOUILLE, Les origines de la pastourelle (Bru 1926); A. MORET, La nature dans le Minnesang, in: Études germaniques 9 (1948); G. PICOT, La poésie lyrique au Moyen Age (P 1963); J. MAILLARD, Anthologie de chants de trouvères (P 1967); M. TYSSENS, An avril au tens pascour, in: Mélanges de philologie romane dédiés à la mémoire de J. Boutière I (Lüttich 1971); A. DRZEWICKA, Fantaisie et originalité dans la poésie lyrique médiévale: La chanson „Volez vos que je vos chant?", in: Kwartalnik neofilologiczny 21 (1974).

W.-D. LANGE

RÉVÉSZ, Géza, * 9. 12. 1878 Siófok am Plattensee, † 19. 8. 1955 Amsterdam; ung. Musikpsychologe. Er studierte seit 1896 Jura an der Universität Budapest und ging 1901 nach der Promotion zum Dr. jur. an die Universität Göttingen, wo er sich der Psychologie widmete und 1905 zum Dr. phil. promovierte. 1906 wurde er Assistent an der Budapester Universität, habilitierte sich dort 1908 und wurde 1917 zum außerordentlichen, 1918 zum ordentlichen Professor ernannt. 1920 emigrierte R. in die Niederlande und begründete 1921 in Amsterdam ein psychologisches Laboratorium, das er bis zu seiner Emeritierung (1950) leitete. Internationales Ansehen erwarb er sich 1912 durch die (bis 1914 von C. Stumpf abgelehnte) „Zwei-Komponenten-Theorie der Tonhöhe", ferner seit 1913 mit der Publikation von Ergebnissen zur musikalischen Begabungsforschung, mit denen er eine eigenständige Musikpsychologie begründete.

Schriften: *Zur Grundlegung der Tonpsychologie* (L 1913); *Über die beiden Arten des absoluten Gehörs,* in: ZIMG 14 (1913); *E. Nyiregyházy. Psychologische Analyse eines musikalisch hervorragenden Kindes* (L 1916, engl. Lo 1925), NA als: *The Psychology of Musical Prodigy* (Freeport/N.Y. 1970); *Zur Geschichte der Zwei-Komponenten-Theorie in der Tonpsychologie,* in: Zschr. für Psychologie 99 (1926); *Inleiding tot de muziekpsychologie* (A 1944, [2]1946, dt. Be 1946); *Musikpsychologie und Musikästhetik,* in: Universitas 3 (1948); *Die Vererbung der musikalischen Anlage,* in: ebd. 5 (1950); *Talent und Genie. Grundzüge einer Begabungspsychologie* (Be 1952).

Lit.: PH. LERSCH, G. R., in: Bayerische Akad. der Wiss. Jb. 1956; A. WELLEK, Musikpsychologie u. Musikästhetik (F 1963).

J. DORFMÜLLER

REVISOR, DER, Komische Oper in 5 Akten von Werner Egk (* 1901), Text vom Komponisten nach N. Gogols gleichnamiger Komödie (1836). Ort und Zeit der Handlung: eine russische Provinzstadt, um 1840. UA: 9. 5. 1957 in Schwetzingen.

Gogol wurde zu seinem Theaterstück durch eine Anekdote A. Puschkins angeregt, der selbst in Nischni Nowgorod seiner „Petersburger Physiognomie" wegen für den erwarteten Revisor gehalten und entsprechend hofiert worden war. In Egks Textfassung werden die komischen Züge, die schon in der grotesk-satirischen, gesellschaftskritisch ausgerichteten literarischen Vorlage vorhanden sind, besonders hervorgehoben; breiten Raum nimmt (im Gegensatz zur Vorlage) die Darstellung der Beziehungen des vermeintlichen Revisors Chlestakow zu Frau und Tochter des korrupten Stadthauptmanns ein. Egk nutzt das Beispiel Gogols (in der Schlußszene) extensiv, an den dramatischen Höhepunkten die Sprache durch stumme Aktion (Ballett, während Mutter und Tochter von Chlestakow träumen; Pantomime in der Bestechungsszene) zu ersetzen. Ein Übermaß an vordergründigem, durch Harmonik und Klangfarbe erzeugtem russischem Lokalkolorit verstärkt die komischen Züge der Handlung; als Ausdruck echten Gefühls wird das Volkslied vom Lindenbäumchen zitiert, gemäß dem Fortgang der Handlung aber bald grotesk variiert. Egk verzichtet auf den Chor; große Bedeutung kommt den Ensembleszenen zu, die im Gratulations-Nonett gipfeln. K. LANGROCK

REVIVAL JAZZ, Traditional Jazz, Hot Jazz, im Jazz übliche Bz. für die seit den 40er Jahren nicht abreißenden Versuche, die Spielpraxis der frühen Jahre (Dixieland-Jazz, New Orleans Jazz, Chicago-Stil) über den Zeitraum ihrer Entstehung hinaus lebendig zu erhalten. Charakteristisch für den R. sind sowohl die Wiederentdeckung von „Veteranen", die aktiv an der Entwicklung jener Spielpraxis beteiligt waren – bezeichnend sind hier etwa die späten Karrieren von Bunk Johnson und Sidney Bechet –, als auch die Nachahmung ihres Stils durch junge, überwiegend europäische Musiker, z. B. Chris Barber, Claude Luter oder Ken Colyer, die in den 50er Jahren bekannt wurden. Die Vertreter des R. sprechen ihm in polemischer Haltung gegen die neueren Jazzstile eine besondere Authentizität zu. Mit dem Epitheton „happy" erfreut er sich großer Beliebtheit als Unterhaltungsmusik bei akademischen Festen.

Lit.: ↗Jazz.

REVOLUTIONSMUSIK, Bz. für die Kompositionen, die in engem Zusammenhang mit den politischen Ereignissen der Französischen Revolution entstanden sind und bei offiziellen Anlässen 1789–1802, teilweise auch noch später, in Napoleonischer Zeit, aufgeführt wurden. Die Stimmung der französischen Volksmassen fand ihren unmittelbaren Ausdruck in politischen Liedern, von denen drei besonders berühmt wurden: *Ah! ça ira,* dessen Text der Volkssänger Ladré einer Tanzmelodie unterlegte (1790), dann die *Carmagnole* (*Madame Véto avait promis de faire égorger tout Paris,* 1792), schließlich die Marseillaise (↗Nationalhymne), 1792 als *Chant de guerre pour l'armée du Rhin* von dem Offizier Cl.-J. Rouget de Lisle gedichtet und komponiert und seit 1795 französische Nationalhymne. Die Vokalstücke für offizielle Feierlichkeiten und für die neugeschaffenen kultischen Handlungen wurden Hymnen genannt. Ihr bedeutendster Textdichter war Marie-Joseph Chénier. Von ihm stammt der Text zu Fr. J. Gossecs *Chant du 14 juillet* (1790) sowie zu É. N. Méhuls *Hymne à la raison* aus dem Jahre 1793. Ein Jahr später wurde dieses Stück umgestaltet für die Verehrung des höchsten Wesens (Être suprême). J.-Fr. Le Sueurs *Chant du Ier vendémiaire an IX* ist eine ausgedehnte Folge von Chören, Arien und Ensembles, der Übergang zu Bühnenwerken wie Gossecs einaktiger Scène religieuse *L'offrande à la liberté* (1792) ist fließend. In Sujets und Gestaltung ist die französische Oper der Zeit stark von den politischen Ereignissen inspiriert. Unter den Instrumentalwerken (Ouvertüren, Symphonien, Militärmärsche) erlangte der Trauermarsch von Gossec (1790) besondere Berühmtheit. Neben Gossec, dem „Tyrtée de la Révolution", waren Ch. S. Catel, L. Cherubini, R. Kreutzer, Le Sueur und Méhul die wichtigsten Komponisten von R.; auch H. M. Berton, N.-M. d'Alayrac und P. Gaveaux sind zu nennen.

Die R. kann ihre Abhängigkeit von der Oper, der Romanze und auch der Kirchenmusik nicht verleugnen, zumal ein nicht geringer Teil ihres Repertoires aus Bearbeitungen besteht. Sie hat aber auch Stilmerkmale, die sie von der europäischen Musik der Zeit wohl unterscheiden. Eine vehemente Rhythmik, kombiniert mit raketenartig aufsteigenden und fallenden Fanfaren- und Signalthemen (A. Schmitz) war geeignet, im Zuhörer – dem Citoyen und dem Soldaten der Revolutionsheere – jene Energien zu erwecken, die die Zeitgenossen mit Élan terrible und Éclat triomphal umschrieben. Diese Stilmerkmale hatten eine musikgeschichtlich bedeutende Wirkung auf das Werk L. van Beethovens, besonders auf seine 1. und 3. Symphonie. Die französische Rettungsoper, deren wichtigstes Beispiel Cherubinis *Les deux journées* (1800) ist, war das direkte Vorbild von L. van Beethovens Oper *Fidelio.*

Lit.: C. PIERRE, Le magasin de musique à l'usage des fêtes nationales et du Conservatoire (P 1895); Musique des fêtes et cérémonies de la Révolution française, hrsg. v. DEMS. (P 1899) (mit zahlr. WW im Klv.-Auszug); DERS., Les hymnes et chansons de la Révolution. Aperçu général et catalogue (P 1904); A. SCHMITZ, Beethoven (Bonn 1927); F. CHAILLEY, La Marseillaise. Étude critique sur ses origines, in: Annales historiques de la Révolution française 32 (P 1960); W. DEAN, Opera Under the French Revolution, in: Proc. R. Mus. Assoc. 94 (1967/68); D. WHITWELL, Band Music of the French Revolution (Tutzing 1979) (= Alta Musica 5), vgl. dazu in: Mf 34 (1981).

M. MARX-WEBER

REVUE (frz., = Heerschau, Parade), im Bereich des Musiktheaters und der Unterhaltungsbranche Bz. für eine Bühnendarbietung lose aneinandergereihter Szenen mit gesprochenen Texten, Gesang, Tanz (typisch die R.-Girls) und Artistik in meist prachtvoller Ausstattung an Dekorationen und Kostümen und mit aufwendiger Bühnentechnik. Von musikalischen Komödien und anderen Unterhaltungsstücken unterscheidet sich die R. durch das Fehlen einer durchgehenden Handlung. Zentren der R. sind heute der Lido, die Folies-Bergères und das Alcazar in Paris sowie die Show-Rooms der großen Casino-Hotels in Las Vegas.

Ihren Ursprung hat die R. in Frankreich, wo sie während der Regierungszeit des Bürgerkönigs Louis-Philippe (1830–48) aufkam und seit der Mitte des 19. Jh., vor allem auch zur Zeit des 2. Kaiserreichs, sehr beliebt war. Die erste große Ausstattungs-R. war *Place aux jeunes,* die 1886 in den Folies-Bergères gespielt wurde. Auch in Belgien, den Niederlanden und Großbritannien kam die R. in Mode. In den USA fand die R. mit der *Passing Show* (1894) Eingang. Berühmt wurden neben den George White Scandals und den Earl Carroll Vanities vor allem die nach ihrem Produzenten Florenz („Flo") Ziegfeld benannten Ziegfeld-Follies (1919–31). Musik schrieben dazu u. a. G. Gershwin, J. Kern, C. Porter, S. Romberg und I. Berlin *(A Pretty Girl Is like a Melody).* Der Choreograph und Regisseur Busby Berkeley war maßgebend an der Entstehung eines in Hollywood produzierten R.-Films (*42nd Street, Golddiggers of ..., Broadway Melody of ...* u.a.) beteiligt.

In Deutschland wurde Berlin eine Hochburg der R., wo seit 1898 jedes Jahr im Metropol-Theater eine neue R. herauskam. Bekannte Komponisten

waren u.a. V. Hollaender und P. Lincke, erfolgreiche Interpreten Fritzi Massary, Josef Giampietro und Guido Tielschen. Im Berlin der 1920er und 1930er Jahre produzierten u.a. Eric Charell, Rudolph Nelson und Fr. Hollaender R.n außer im Metropol-Theater auch im Admiralspalast, in der Scala und im Wintergarten. Große Ausstrahlung hatte auch der von der UFA produzierte R.-Film, in dem Stars wie Marika Rökk, J. Heesters, La Jana und Zarah Leander brillierten. Die Musik schrieben u.a. P. Kreuder, Th. Mackeben, Fr. Schröder, R. Stolz, Fr. Grothe, G. Haentzschel und M. Jary.
Seit 1945 wird mehr und mehr in synonymer Bedeutung die Bezeichnung Show für ein üppig arrangiertes, buntes Unterhaltungsprogramm gebraucht, das im kommerziellen Theater, besonders im sog. Showbusiness (z. B. Eis-R.), und im Fernsehen einen gewichtigen Platz einnimmt. R. WALLRAF

REVUELTAS, Silvestre, * 31. 12. 1899 Santiago Papasquiaro (Durango, Mexiko), † 5. 10. 1940 Mexico City; mexikanischer Komponist, Violinist und Dirigent. Er studierte am Nationalkonservatorium in Mexico City und in den USA (u.a. bei O. Ševčík), konzertierte dann als Violinist, dirigierte 1926–28 in mehreren Städten in Texas und Alabama und wurde 1929 von C. Chávez Ramírez als 2. Kapellmeister des Orquesta Sinfónica de México engagiert, wo er bis 1935 blieb. Gleichzeitig war er Professor für Violine und Kammermusik am Nationalkonservatorium in Mexico City. 1937 begab sich R. nach Spanien, um in den Dienst der republikanischen Regierung zu treten. Danach kehrte er wieder nach Mexiko zurück, wo er, dem Alkohol verfallen, bald starb. R.' Schaffen, das mexikanische Folklore mit einbezieht, weist überwiegend diatonische Melodik, asymmetrische Rhythmik und starke Dissonanzbehandlung auf.

WW: Klv.-Stücke; 3 Streichquartette (1930, 1931, 1932). – Symphonische Dichtungen: *Cuauhnahuac* (1930); *Esquinas* (1930); *Ventanas* (1931); *Colorines* (1932); *Alcancias* (1932); *Janitzio* (1933); *Caminos* (1934); *Sensemayá* (1938); *Homenaje a García Lorca* (1935) für Klv. u. Orch.; Toccata (1933) für V. u. Orch. – *Duo para pato y canario* (1931) für SingSt u. Orch.; *7 canciones de García Lorca* (1938) für SingSt u. Klv. – Ballette *El renacuajo Paseador* (1935) u. *La coronela* (1939). – Filmmusik.

Lit.: Werk-Verz., in: Compositores de América 1 (Washington/D.C. 1955). – O. MAYER-SERRA, S. R., in: MQ 27 (1941); A. FUCHS, C. Chávez u. S. R., in: Melos 19 (1952); G. CONTRERAS, S. R. (Mexico City 1954).

REYER (eig. Rey), **Louis-Étienne Ernest,** * 1. 12. 1823 Marseille, † 15. 1. 1909 Le Lavandou (Var); frz. Komponist und Musikkritiker. Er studierte Musik in seiner Heimatstadt und wurde 1839 Angestellter seines Onkels Louis Farrenc in Algier. 1848 ging er nach Paris, um bei seiner Tante, Jeanne Louise Farrenc, Klavier zu studieren. Seine 1850 aufgeführte Symphonie orientale *Le sélam* brachte ihm die Sympathie und später enge Freundschaft mit H. Berlioz. 1866 wurde R. Bibliothekar der Pariser Opéra und Musikkritiker des *Journal des débats* u.a. Zeitungen.

WW: Vokal-WW: *Le sélam* für Soli, Chor u. Orch. (1850); 2 Solokantaten mit Orch.; 30 Klv.-Lieder; einzelne Chöre. – Opern: *Maître Wolfram*, UA: Paris 1854; *La statue*, UA: ebd. 1861; *Érostrate*, UA: Baden-Baden 1862; *Sigurd*, UA: Brüssel 1884; *Salammbô*, UA: Paris 1890; Ballett *Saccountalâ*, UA: Paris 1858. – R. veröffentlichte eine Auswahl seiner zahlreichen Rezensionen als *Notes de musique* (P 1875); eine weitere Slg. erschien postum als *Quarante ans de musique* (P 1909).

Mit seinem zahlenmäßig kleinen Œuvre ist R. eine beachtenswerte Persönlichkeit der französischen Musikgeschichte des 19. Jahrhunderts. Vor allem ist er (namentlich mit *Le sélam* und *Saccountalâ*) ein Vertreter des musikalischen ↗Exotismus nach der Art F. Davids. Die beiden Opern *Sigurd* (trotz des Sujets ohne entscheidende Berührung mit der Kunst R. Wagners, den R. sehr bewunderte) und *Salammbô* (nach der Novelle seines Freundes G. Flaubert) waren lange in Frankreich erfolgreich. Als verantwortungsvoller und geistreicher Kritiker mit einer poetischen Ausdrucksweise stand R. jahrzehntelang in hohem Ansehen.

Lit.: A. JULLIEN, R. (P 1909); H. ROUJON, Notice sur la vie et les travaux d'E. R. (P 1911); G. SERVIÈRES, Les relations d'E. R. et de Th. Gautier, in: Rev. d'histoire littéraire 24 (1917); H. DE CURZON, E. R. (P 1924).

REYNOLDS, Anna, * 4. 10. 1931 oder 1936 Canterbury; engl. Sängerin (Mezzosopran). Sie studierte in Rom bei Debora Fambri, Re Koster und Rodolfo Ricci, debütierte 1960 als Suzuki in Parma und sang anfangs ausschließlich an italienischen Bühnen. Zu Beginn der 60er Jahre gastierte sie in Deutschland (u.a. 1960 in Köln), Frankreich, Österreich und Belgien und wurde 1966 Mitglied der Covent Garden Opera in London. Häufig ist sie bei den Festspielen in Glyndebourne, Bayreuth und Salzburg (Osterfestspiele) sowie an den großen Opernbühnen Europas und Amerikas aufgetreten. A. R., deren Repertoire von H. Purcells *Dido and Aeneas* bis zu G. Rossinis *Tancredi,* den großen Wagner-Partien ihres Fachs und Cl. Debussy reicht, machte sich auch als Konzertsängerin international einen Namen.

REYS (Reis, Reiz, Retz), **Jakub** (Jacques le Polonois, Jakub Polak), * um 1545 wahrscheinlich Augustów bei Białystok, † um 1605; poln. Lautenist und Komponist. Er kam 1574 nach Frankreich, wurde 1588 Joueur de luth du Roy und lebte um 1593 auch in Tours.

WW: Fantasien, Praeludien, Tanzsätze und Intavolierungen von Vokalwerken wurden 1603–17 in den Lautentabulaturen von J.-B. Bésard, G. L. Fuhrmann u. Adrian van den Hove (*Deliciae musicae*, Utrecht 1612) gedruckt.

Ausg.: Praeludien, Fantasien u. Tänze für Laute, hrsg. v. M. SZCEPAŃSKA (Krakau 1951) (= WDMP 22).

Lit.: F. LESURE, Recherche sur les luthistes parisiens à l'époque de Louis XIII, in: Le luth et sa musique (P 1958).

REZEPTION, musikalische R.; R., urspr. soviel wie Übernahme kulturgebundener Formen und Inhalte in der Geschichte, wird in jüngster Zeit mit spezifisch theoretischem Gewicht verwendet. R.s-Aspekte werden in den Geisteswissenschaften schon lange berücksichtigt, in der Musikwissenschaft z.B. bei der Einflußforschung, für die Untersuchung biographisch-ästhetischer Mythenbildung, der Publikumssoziologie, des Hörbewußtseins und -verhaltens, der Aufführungspraxis und -institutionen. Seit Mitte der 1960er Jahre tritt jedoch die Wirkung und Aufnahme der Werke gegenüber der zuvor überakzentuierten reinen Werkbetrachtung hervor: Die R.s-*Ästhetik* untersucht das zwischen Werk (Wirkung) und Interpret und Publikum (R.) sich entwickelnde Wirkungsverhältnis, das im Wandel und in geschichtlicher Verflechtung R.s-*Geschichte* ausmacht. Theorie und Methode historischer R.s-Forschung (die empirische R. hat eigene Methoden und wird hier nicht berücksichtigt) hat bisher vornehmlich die Literaturwissenschaft diskutiert. In der Musikwissenschaft ist die Diskussion über z.T. kontroverse methodische Ansätze hinaus weiterzuentwickeln. Die Bewertung von R. ist durch extrem gegensätzliche Positionen bestimmt. So ist der Werkbegriff selbst kontrovers und historisch relativ: 1. Die Bestimmung des musikalischen Werkes als „intentionaler Gegenstand", der die künstlerische Realisierung und die Aufnahme durchs Publikum transzendiert (R. Ingarden), kollidiert mit der Feststellung, „in der Aufführung und nur in ihr – das wird am klarsten in der Musik – (begegnet) das Werk selbst" (H.-G. Gadamer). 2. Die „Unbestimmtheitsstellen" des „intentionalen" Werkes bieten Angriffspunkte für eine vielfältige Durchdringung von kompositorischer Struktur und rezeptiver „Konkretisation". 3. Die (gegen Ingarden) offensichtliche Mehrschichtigkeit musikalischer Gebilde erhöht die rezeptive Durchlässigkeit des Werkes. 4. Die R.s-Geschichte Bachscher Musik beispielsweise zeigt, daß der Autonomiebegriff an die sich wandelnde Funktion von Musik gebunden ist. Der Umfang des Werkbegriffs selbst und im Sinne der kommunikativen Funktion von Musik ist weiter, als eine puristische Werkästhetik es wahrhaben will. Hierfür steht der Begriff des „klassischen" – nicht petrifizierten, sondern unerschöpflichen – Werkes (Fr. Schlegel) ein und ein Traditionsbewußtsein, das in dem, „was unerledigt blieb" (Th. W. Adorno), eine Aufgabe aktiver Rezeption erkennt. Für die Musik als transitorische, im Notentext kodierte Kunst ist die Aufführung essentiell („lesendes Hören" ist gleichsam eine Aufführung vor dem inneren Ohr); in der Verkettung von Werk, Interpret und Hörer verläuft die R. gestuft. Das vermittelte Werk aber lenkt den Hörer zurück auf den Notentext, auf Analyse und ästhetische Betrachtung. Als kritische Instanz sind beide Gegenstand von R.s-Forschung, wie kompositorische, aufführungspraktische, hermeneutische, biographisch deutende, ideologiegefärbte, journalistische, editorische, bearbeitende, wertungsorientierte, funktionsbedingte, hörselektive, bildkünstlerische und literarische Rezeption. Fragt die R.s-Forschung aus heutiger Perspektive, aber des eigenen Vorurteils bewußt, nach der R.s-Weise, nach den Hintergründen und Zusammenhängen musikalischer Wirkung, von Erfolg und Mißerfolg der Werke, so umschreiben Begriffe wie „Erwartungshorizont", „ästhetische Distanz" und „Horizontwandel" (H. R. Jauß) die kontextgebundene Ausgangsposition des Hörers, sein Verhältnis zum Werk und die Annäherung ans Werk. R.s-Phänomene sind wegen der Vernetzung der R.s-Aspekte vielschichtig. Das gilt gerade für die sprachlichen R.s-Konstanten (Topoi). Das Problem der Topoi ist ihre Klischierung. Dem Erkenntnisziel der Toposforschung, relevante und historisch resistente Begriffe als Aussagekontinuum über Musik zu eruieren, steht die oft differenzierte Sinndichte, die Ideologietendenz und/oder die „Entleerung" solcher Worthülsen entgegen. Hier ist inhaltsanalytische Quellenerschließung geboten. Auch die Entstehungsgeschichte der Werke ist gefragt, die nicht selten rezeptiv beeinflußt ist (z.B. L. van Beethoven, Streichquartett, op. 130 und *Große Fuge*, op. 133). Gerade wegen ihrer „Anbaufähigkeit" und „Partialität" (Jauß) kommt einer mit Strukturgeschichte korrespondierenden, diachronische und synchronische Betrachtung verbindenden R.s-Forschung für die Erfassung übergreifender historischer Zusammenhänge Bedeutung zu. Aufs Detail zielende Materialstudien – als Grundlage historisch-philologischer, statistischer und mit Gesetzeshypothesen arbeitender Verfahren – in einem variablen, aber sinnvoll gestreuten Objektfeld sind ein dringendes Desiderat. Die musikalische R.s-Forschung sollte ihre Identität als Geschichte des musikalischen Verstehens finden, als Anregung und Korrektiv aktueller musikwissenschaftlicher wie musikalisch-praktischer Arbeit und Fragestellungen, ausgehend von dem Satz: „Ein wirklich historisches Denken muß die eigene Geschichtlichkeit mitdenken“ (Gadamer).

Lit.: **1) Allgemeines u. R. in der Literaturwiss.:** R. INGARDEN, Unters. z. Ontologie der Kunst (Tü 1962); H. R. JAUSS, Literaturgesch. als Provokation der Literaturwiss., in: Literaturgesch. als Provokation (F 1970) (= Ed. Suhrkamp 418); J. V. MUKAŘOVSKÝ, Kap. aus der Ästhetik (F 1970); H. GÜNTHER, Grundbegriffe der R.s- u. Wirkungsanalyse, in: Poetica 4 (1971); H.-G. GADAMER, Wahrheit u. Methode (Tü [3]1972); R. WEINMANN, „Rezeptionsästhetik“ u. die Krise der Literaturgesch., in: Weimarer Beitr. 19 (1973); P. U. HOHENDAHL, Sozialgesch. u. Wirkungsästhetik (F 1974) (= FAT 2072); H. R. JAUSS, Ästhetische Erfahrung u. literarische Hermeneutik I (F 1977) (= UTB 692); J. E. MÜLLER, Literaturwiss. Rezeptionstheorie u. empirische Rezeptionsforsch.: mit einem Forschungsmodell, entwickelt am Paradigma des frz. Populärromans (F – Be 1981). – **2) R. in der Musik:** A. SANDBERGER, Zur Gesch. der Beethovenforsch. u. des Beethovenverständnisses, in: Ausgew. Aufs. z. Musikgesch. II (Mn 1924); A. SCHMITZ, Die Beethoven-Apotheose ..., in: FS P. Wagner (L 1926); DERS., Das romant. Beethovenbild (B – Bonn 1927); K. GEIRINGER, Das Haydn-Bild im Wandel der Zeiten, in: Mk 24 (1931/32); E. BRÜMMER, Beethoven im Spiegel der zeitgen. rhein. Presse (Wü 1932); J. P. LARSEN, Die Haydn-Überlieferung (Kop 1938); F. COENEN, Beethovens Kirchenmusik im dt. Urteil des 19. Jh. (Bonn 1949); K. G. FELLERER, Mozart-Überlieferung u. Mozart-Bild um 1800, in: Mozart-Jb. 1955 (Salzburg 1956); G. BERGER, Das Bartókbild der Gegenwart, in: Musik u. Bildung in unserer Zeit, hrsg. v. E. Kraus (Mz 1961); F. BLUME, Umrisse eines neuen Bach-Bildes, in: Musica 16 (1962); A. DÜRR, Zum Wandel des Bach-Bildes, in: MuK 32 (1962); I. MAHAIM, Beethoven, Naissance et renaissance des derniers quatuors, 2 Bde. (P 1964); R. STEGLICH, J. S. Bach über sich selbst u. im Urteil der Mit- u. Nachwelt, in: FS H. Engel (Kas 1964); K. G. FELLERER, Zur R. v. Mozarts Oper um die Wende des 18./19. Jh., in: Mozart-Jb. 1965/66 (Salzburg 1967); TH. W. ADORNO, Einleitung in die Musiksoziologie (F 1962, Reinbek 1968); E. SCHENK, Beethoven zw. den Zeiten, in: Ausgew. Aufsätze, Reden u. Vorträge (Gr 1967); O. SCHNEIDER, Mozarts Don Giovanni im Wandel der Zeit, in: ÖMZ 23 (1968); F. BLUME, Gibt es ein neues Haydn-Bild?, in: Musica 23 (1969); H. GOETZE, Die R. der Beethovenschen Sinfonik im Spiegel der Leipziger Allgemeinen Musikal. Zeitung, dargestellt insbesondere an den Gewandhauskonzerten bis 1830 (Hl 1969); TH. W. ADORNO, Mahler. Eine musikal. Physiognomik, in: Die musikal. Monographien (F 1971) (= Gesammelte Schriften 13); H. H. EGGEBRECHT, Zur Gesch. der Beethoven-R. (Wie 1972); E. BUSSE, Die Eichendorff-R. im Kunstlied. Versuch einer Typologie anhand v. Kompositionen Schumanns, Wolfs u. Pfitzners (Diss. Mr 1973); K. HORTSCHANSKY, Parodie u. Entlehnung im Schaffen Ch. W. Glucks (Kö 1973); Musik u. Verstehen, Aufsätze z. semiotischen Theorie, Ästhetik u. Soziologie der musikal. R., hrsg. v. P. FALTIN – H.-P. REINICKE (Kö 1974); U. JUNG, Die R. der Kunst R. Wagners in Italien (Rb 1974); K. KROPFINGER, Probleme der musikal. Rezeptionsforsch., in: NZfM 135 (1974); Z. LISSA, Zur Theorie der musikal. R., in: AfMw 31 (1974); K. KROPFINGER, Wagner u. Beethoven. Unters. z. Beethoven-R. R. Wagners (Rb 1975) (= Stud. z. Musikgesch. des 19. Jh. 29); H.-J. NIEDER, Bachrezeption um die Jahrhundertwende (Mn – Salzburg 1976); H. ZELINSKY, R. Wagner. Ein dt. Thema. Eine Dokumentation z. Wirkungsgesch. R. Wagners (F 1976); C. DAHLHAUS, Grundlagen der Musikgesch. (Kö 1977); DERS., Die rätselhafte Popularität G. Mahlers, in: Mahler, eine Herausforderung. Ein Symposion, hrsg. v. P. Ruzicka (Wie 1977); H. H. EGGEBRECHT, Zur Wirkungsgesch. der Musik Beethovens. Theorie der ästhetischen Identifikation, in: Ber. über den Int. Beethoven-Kgr. Berlin 1977; S. GROSSMANN-VENDREY, Bayreuth in der dt. Presse. Beitr. z. Rezeptionsgesch. R. Wagners u. seiner Festspiele, 2 Bde. (Rb 1977) (= Arbeitsgemeinschaft „100 Jahre Bayreuther Festspiele“ 10); W. HILDESHEIMER, Mozart (F 1977); W. RUF, Die R. v. Mozarts „Le nozze di Figaro“ bei den Zeitgenossen (Wie 1977) (= Beih. z. AfMw 16); TH. W. ADORNO, G. Mahler, Zur Feier des hundertsten Geburtstages, in: Musikal. Schriften I–III (F 1978) (= Gesammelte Schriften 16); O. BRUSATTI, Schubert im Wiener Vormärz. Dokumente 1829–1848 (Gr 1978); Così fan tutte. Beitr. z. Wirkungsgesch. v. Mozarts Oper, hrsg. v. S. VILL (Bayreuth 1978); K. KROPFINGER, Klassik-R. in Berlin (1800–1830), in: Stud. z. Musikgesch. Berlins im frühen 19. Jh. (Rb 1980) (= Stud. z. Musikgesch. des 19. Jh. 56); F. KRUMMACHER, Synthesis des Disparaten. Zu Beethovens späten Quartetten u. ihrer frühen R., in: AfMw 37 (1980); L. SCHRADE, Beethoven in Frankreich (dt. Be – Mn 1980); K. WERNER-JENSEN, Stud. z. Don-Giovanni-R. im 19. Jh. (Tutzing 1980); M. ZENCK, Aspekte der Mahler-R. Bemerkungen zu einer Theorie der musikalischen R., in: Kgr.-Ber. Berlin 1974 (Kas 1980); DERS., Entwurf einer Soziologie der musikal. R., in: Mf 33 (1980); J. P. LARSEN, Probleme der Händel-Überlieferung, in: Mf 34 (1981); F. KRUMMACHER, Bachs Vokalmusik als Problem der Analyse, in: Bachforscher u. Bachinterpretation heute. Ber. über das Bachfest-Symposium 1978 der Philipps-Univ. Marburg (Kas 1981).

K. KROPFINGER

REZITATIONSTON ↗Repercussa.

REZITATIV, bis etwa 1900 **Recitativ** (von it. recitativo, Ableitung von recitare = vortragen, deklamieren; engl.: recitative; frz.: récitatif). Als Substantiv ist der italienische Terminus seit der Mitte des 17. Jh. gebräuchlich, vorher in erster Linie als Adjektiv in der Wortverbindung ↗Stile recitativo, nachdem bei der Entstehung der ↗Oper der diese konstituierende neuartige monodische Sprechgesang (↗Monodie) als „recitar cantando“ bezeichnet wurde. Dieser terminologische Befund entspricht der Tatsache, daß das R. als eigenständige musikalische Gattung sich im Laufe des 17. Jh. aus dem Stile recitativo herausgebildet hat, und zwar im gleichen Maße, wie die ↗Arie aus den ariosen Abschnitten, die vordem mit den rezitativischen Abschnitten ein monodisches Ganzes bildeten. Diese Trennung von R. und Arie, ihre „Verfestigung“ zu polar gegensätzlichen Formtypen ist ein wesentliches und unmittelbar erkennbares Ereignis in der Geschichte der frühen Oper. Sie erfolgte namentlich bei venezianischen Komponisten in Anlehnung an die späten Monteverdi-Opern und bestimmte die weitere Entwicklung der Oper insgesamt und deren Ausstrahlung auf andere musikalische Gattungen. Seit dem Wirken der ↗Neapolitanischen Schule lassen sich zwei Arten des R.s unterscheiden, das Recitativo semplice oder secco (dt. auch Secco-R. oder einfach Secco) und das Recitativo obbligato oder accompagnato (dt. auch Accompagnato-R. oder einfach Accompagnato). Im musikwissenschaftlichen Schrifttum des 20. Jh. spricht man gelegentlich im übertragenen Sinne von einem „liturgischen R.“ und meint damit den gesungenen Vortrag lateinischer oder deutscher choraler ↗ Lesungen, z. B. der ↗ Passion (vgl. für deren Sonderform bei H. Schütz den Titel eines Buches von R. Gerber: *Das Passionsrezitativ bei H. Schütz,* 1929). Im folgenden ist jedoch nur von dem R. im eingangs dargelegten – eigentlichen – Sinn die Rede.

Das Secco-Rezitativ in der Oper. Es ist musikalisch die Weiterentwicklung jener Abschnitte des Stile recitativo in Werken des frühen 17. Jh., die das erzählende und nicht affektuose Sprechen ausdrükken. Charakteristisch sind für diesen R.-Typ: strikt syllabische Deklamation ohne Wortwiederholung und mit der Achtelnote als Bewegungseinheit, im lisch-dramatische Schematik in mannigfacher Weise durchbrochen wird. Gleichwohl bleibt bis ins 19. Jh. hinein die Polarität von R. und Arie gewahrt. Sie prägt sich nicht zuletzt im R. durch eine starke musikalische Formelhaftigkeit aus. So beginnen fast alle Secco-R.e mit einem Sextakkord im B.c., und stereotyp sind auch viele Binnen- und Schlußkadenzen: häufig erscheint das schrittweise Erreichen des Grundtons in der Singstimme oder der Quartfall Grundton – Quinte mit nachfolgender Kadenz Dominante – Tonika im B.c. Charakteristisch ist etwa das folgende Beispiel aus W. A. Mozarts *Don Giovanni* (Anfang und Schluß der Szene 9 des 1. Aktes):

Auf und Ab der Töne der natürlichen Sprachmelodie folgend; keine bestimmte Taktordnung, sondern Gliederung des musikalischen Ablaufs gemäß den Inzisionen des Textes; begrenzter melodischer Ambitus; Taktvorzeichnung stets C oder 4/4; keine tonale Gebundenheit und Geschlossenheit, d.h., das R. endet oft in einer anderen Tonart als in derjenigen, in der es begonnen hat; Begleitung der Singstimme nur durch den B.c., der in der Regel in langgehaltenen Tönen geführt wird. Ist mit den meisten dieser Merkmale das Secco-R. der musikalische Gegenpol zur Arie, so haben beide Gattungen auch im Gesamtaufbau der Oper eine unterschiedliche Funktion, was seit den Neapolitanern auch die Konzeption des ↗ Libretto bestimmt: Das Secco-R. ist prinzipiell dem Dialog zugeordnet, es verkörpert das Element der Handlung; die Arie drückt dagegen die Affekte und Gefühle der handelnden Personen aus, wobei die dramatische Aktion sozusagen stillsteht. Dieser Sachverhalt bekundet sich in voller Schärfe in der neapolitanischen Oper des 18. Jh. mit ihren Ausläufern im 19. Jh., während an den Höhepunkten der Operngeschichte dieser Zeit die aufgezeigte musika-

Was die formelhaften Phrasenenden (*) bei diesem Beispiel angeht, so können diese der Aufführungspraxis des 18. Jh. entsprechend auch mit einem langen ↗ Vorschlag (Appoggiatura) gesungen werden, d.h. im ersten Fall als h – a statt zweimal a. Die ursächlich enge Bindung des Secco-R.s an die italienische Sprache und die Herrschaft der italienischen Oper des 17./18. Jh. in den anderen europäischen Ländern mit Ausnahme von Frankreich erklären es, daß nur in Frankreich eine eigene Entwicklung des R.s zu verzeichnen ist. Zum einen erfolgt hier die Trennung von R. und Arie nicht so konsequent wie in Italien, zum anderen ist das dem Secco entsprechende R. der Tragédie lyrique seit seinen Anfängen bei J.-B. Lully rhythmisch ungleich flexibler und differenzierter. Sein spezifisches Vorbild ist die natürliche Deklamation der Verse der klassischen französischen Tragödie; auch wirken hier noch die älteren Bemühungen um eine ↗ Musique mesurée à l'antique nach. Äußeres Zeichen solcher R.-Gestaltung ist der häufige Taktwechsel. Das R. ist übrigens nicht bedeutungsgleich mit dem sprachlich ähnlichen ↗ Récit.

Das Accompagnato-Rezitativ in der Oper. Die Bezeichnung Accompagnato trifft die Tatsache, daß bei diesem R.-Typ die Singstimme im Unterschied zum Secco außer vom B.c. von weiteren obligaten und meist gruppenweise eingesetzten Instrumenten begleitet wird. Charakteristisch und wesenhaft ist aber noch mehr: in der Regel liegt ein monologischer Text von starkem Affektgehalt zugrunde, der auch im Verlauf des Accompagnato differenzierend oder kontrastierend wechseln kann. Die musikalische Gestaltung kann bestehen – um hier nur zwei häufige Accompagnato-Typen zu nennen – aus einfachen langgehaltenen Streicherakkorden zur Begleitung der seccohaft geführten Singstimme oder aus kurzen rhythmisch prägnanten instrumentalen Bewegungsfiguren, die mit der Singstimme alternieren und auf ihren Text bezogen sind. Während das Accompagnato in der neapolitanischen Oper in der Regel nur selten und an dramatisch oder psychologisch entscheidenden Stellen erscheint, wird es in der Folgezeit meist einer Arie vorangestellt und bildet mit dieser ein einheitliches Ganzes und eine geschlossene Szene. Die Kombination R. – Arie bleibt auch außerhalb der italienischen Oper eines der wirkungsvollsten Mittel monologischer (gelegentlich auch dialogischer) Gestaltung von immenser Vielfalt, solange es Arien gibt. Sie ist auch in solchen Opernformen gebräuchlich, in denen überhaupt kein Secco-R. vorkommt (Opéra-comique, deutsches Singspiel, komische Oper). Berühmte Beispiele aus der Spätzeit dieses Formtypus sind die großen Szenen der Leonore (Accompagnato *Abscheulicher! Wo eilst du hin* – Arie *Komm, Hoffnung*) und des Florestan (*Gott! welch' Dunkel hier – In des Lebens Frühlingstagen*) in L.van Beethovens *Fidelio.* Die Geschichte des R.s in seinen verschiedenen Ausprägungen und in seiner Polarität zur Arie endet in der 1. Hälfte des 19. Jh. gleichzeitig mit der Geschichte der Arie. Es ist dies die Zeit, in der neue und nicht nur musikalische Kräfte die Oper beleben, sosehr auch weiterhin einzelne Elemente des R.s wirksam bleiben, bei R. Wagner wie bei G. Verdi und anderswo bis zur Gegenwart.

Das Rezitativ in der Vokalmusik außerhalb der Oper. Seit seiner Entstehung läßt sich eine Übernahme des Secco- wie des Accompagnato-R.s in anderen vokalen Gattungen feststellen. Für das Secco geschieht dies hauptsächlich im italienischen ↗Oratorium des 17./18. Jh. (das im Bereich der Neapolitanischen Schule wie eine Oper mit geistlichem Text anmutet), dann auch in sonstigen Oratorien ohne ↗Testo ebenfalls bei dialogischen und weniger affekthaltigen Texten, so z.B. in G. Fr. Händels englischen Oratorien mit alttestamentlichen Sujets. Insgesamt tritt jedoch hier das Secco-R. zahlenmäßig und in seiner Bedeutung zurück. Das gilt noch mehr für Händels *Messiah,* wo nur noch ganz wenige und kurze Stellen als Secco komponiert sind. Entschieden größeres Gewicht hat das Secco hinwiederum in der protestantischen Kirchen-↗Kantate, namentlich nach ihrer textlichen Neuorientierung durch E. Neumeister und in den entsprechenden Werken von J. S. Bach. In ihnen ist das Secco neben dem Accompagnato und der Arie eines der Mittel zum Ausdruck „madrigalischer" Texte.

Was speziell das Accompagnato-R. außerhalb der Oper angeht, so gehört es dank seiner Fähigkeit zu differenziertem Affektausdruck und starker Bildhaftigkeit zu den unverzichtbaren Bestandteilen des Oratoriums von der 2. Hälfte des 17. Jh. bis zur Mitte des 19. Jh. mit den Höhepunkten in den bekannten Werken von Händel, Bach, C. H. Graun, J. Haydn und F. Mendelssohn Bartholdy. Entsprechendes gilt auch für die Kantaten und die Passionen Bachs.

Eine eigene Bewandtnis hat es in diesen Passionen mit den vom Generalbaß allein begleiteten R.en des ↗Evangelisten und der anderen Personen (↗Soliloquenten). Zwar gibt es in ihnen außer dem strikt monodischen Satz eine Reihe weiterer Gemeinsamkeiten mit dem Secco-R. der Oper (syllabische Deklamation; starke Formelhaftigkeit der melodischen Kadenzen, die freilich auch durch die Tradition der choralen ↗Passion mitbestimmt sind; tonale Offenheit). Der entscheidende Unterschied zum Secco beruht aber in diesen R.en darauf, daß hier nicht das Sprechen einzelner Personen in Musik umgesetzt wird, sondern daß die Sprache, das Wort der Schrift in seinem Sinn und in seiner Würde musikalisch verkündigt wird. Von dort her gesehen, ist dann auch die streicherbegleitete Jesus-Partie in Bachs *Matthäuspassion* kein Accompagnato im eigentlichen Sinn, sondern instrumental „geschmückte" Verkündigung der Verba Christi, wie sie bereits in den *Sieben Worten* von H. Schütz und vereinzelt in anderen dt. Passionsvertonungen vor Bach vorgegeben erscheint.

Das Rezitativ in der Musiktheorie. Die zentrale Bedeutung des R.s in seinen verschiedenen Typen, in den verschiedenen musikalischen Gattungen und in seiner Aufführungspraxis findet in starkem Maße im 18. Jh. in der Musiktheorie und -ästhetik einen vielfältigen und gelegentlich auch kontrovers diskutierten Niederschlag. Als besonders aufschlußreich sind die Werke von J. R. Ahle, G. Ph. Telemann (*Singe-, Spiel- und Generalbaßübungen,* 1733/34), J. Mattheson, J. A. Scheibe, J.-J. Rousseau, J. G. Sulzer, G. J. Vogler und H. Chr. Koch.

Ph. Studio Morlet, Bourges © Photeb

In der RENAISSANCE wurde gerne in herrschaftlichen Parks musiziert: ein Quartett spielt hier Spinett, Laute, Blockflöte und Baßgeige.

Mstislaw ROSTROPOWITSCH genießt als Violoncellist, Pianist, Dirigent und Komponist internationales Ansehen (Foto: Sony Classical).

Isaac STERN, amerikanischer Violinist russischer Herkunft, wurde vor allem durch seine Beethoven- und Brahms-Interpretationen berühmt (Foto: Sony Classical).

Das SPINETT entwickelte sich im 17. Jahrhundert zum Claviorganum, einer Kombination aus Orgel und Spinett; aus dem Germanischen Museum in Nürnberg.

Das instrumentale Rezitativ. Zu den zahlreichen ursprünglich vokal konzipierten musikalischen Gattungen und Gestaltungsweisen, die seit dem 17. Jh. in die Instrumentalmusik übernommen werden, zählt auch das Rezitativ. Es hat hier viele Erscheinungsformen: geschlossene Sätze und kurze Episoden, genaue Entsprechungen zum Secco oder Accompagnato im Gegenüber von Soloinstrument und Orchester oder Tasteninstrument, die Reduzierung eines solchen Satztypus auf den Klaviersatz, seine Auflockerung durch Spielfiguren und gleichsam instrumentale Koloraturen. Manchmal handelt es sich auch um eine instrumentale Gestaltung, die über die assoziative Vorstellung eines realen R.s hinausweist auf den weiten Bereich instrumentalen „Sprechens", „Redens" bzw. „sprechender" Instrumentalmusik, besonders in der ↗ Programmusik. Das folgende Verzeichnis gibt eine Auswahl prägnanter Werke, die instrumentale R.e – eigens als solche bezeichnete oder ohne jede Bezeichnung – enthalten.

J. Kuhnau, Biblische Sonate *Der Heyland Israelis, Gideon* (1700); J. S. Bach, Orgelkonzert BWV 594 (nach A. Vivaldi); C. Ph. E. Bach, *Preußische Sonate,* Nr. 1, 2. Satz; J. Haydn, *Symphonie concertante* Hob. I: 105, Finale und Streichquartett Hob. III: 29, Adagio; W. A. Mozart, Divertimento KV 287 = 271b, Finale; L. van Beethoven, Klaviersonate op. 31, 2, 1. Satz; Klaviersonate op. 110, Finale und 9. Symphonie, Finale (dort mit nachfolgender Übertragung in den vokalen Bereich: *O Freunde, nicht diese Töne!;* L. Spohr, Violinkonzert Nr. 6, 2. Satz und Violinkonzert Nr. 8, „in Form einer Gesangsszene"; F. Mendelssohn Bartholdy, Klaviersonate op. 6, 2. Satz und Streichquartett op. 13, Finale; Fr. Liszt, Klaviersonate Fis-Dur, 2. Satz und *Malédiction;* A. Dvořák, 3. Symphonie, Einleitung zum Scherzo; H. Wolf, *Italienische Serenade;* A. Schönberg, *Variations on a Recitative* für Org., op. 40.

Lit.: J. L. LE GALLOIS DE GRIMAREST, Traité du récitatif (Den Haag 1760, Nachdr. NY 1978). – A. HEUSS, Bachs R.-Behandlung, in: Bach-Jb. 1 (1904); G. PH. TELEMANN – C. H. GRAUN, Briefwechsel über das R. (L 1907) (= DDT 28); M. SCHNEIDER, Die Begleitung des Secco-R.s um 1750, in: Gluck-Jb. 3 (1917); R. MEYER, Die Behandlung des R.s in Glucks it. Reformopern, in: ebd. 4 (1918); C. SPITZ, Die Entwicklung des Stile Recitativo, in: AfMw 3 (1921); F. GRAUPNER, Die R.e des Evangelisten in der Matthäuspassion v. J. S. Bach (Diss. Greifswald 1947); J. A. WESTRUP, The Nature of Recitative, in: Proceedings of the British Academy 42 (1956); H. MELCHERT, Das R. in den Kirchenkantaten J. S. Bachs, in: Bach-Jb. 45 (1958); F.-H. NEUMANN, Die Ästhetik des R.s (Str – Baden-Baden 1962); W. STEGER, G. H. Stözels „Abhandlung vom R." (Diss. Heidelberg 1962); E. JAMMERS, Der Choral als R., in: AfMw 22 (1965); P. MIES, Das instr. R. (Bonn 1968); S. KUNZE, Aufführungsprobleme im R. des späteren 18. Jh., in: Mozart-Jb. 1968/70; S. HERMELINK, Bemerkungen z. Bachs R., in: MuK 39 (1969); R. U. LAVORE, Instrumental Recitative in Classic, Romantic, and Twentieth-Century Music (1973) (= Diss. Florida State Univ.); H. SEIFERT, Das Instrumentalrezitativ vom Barock bis z. Wiener Klassik, in: FS E. Schenk (Kas 1975); M. RUHNKE, Das it. R. bei den dt. Komponisten des Spätbarock, in: Anal. Mus. 17 (1976); M. MURATA, The Recitative Soliloquy, in: JAMS 32 (1979); S. HERMELINK, Die innere Logik der R.-Kadenz, in: Kgr.-Ber. Berlin 1974 (Kas 1980); J. WESTRUP, Recitative, in: Grove⁶ XV.

G. MASSENKEIL

REZNIČEK, Emil Joseph Nikolaus (Nicola) Freiherr **von,** * 4. 5. 1860 Wien, † 2. 8. 1945 Berlin; östr. Komponist. Nach einem Jurastudium vervollständigte er seine Musikkenntnisse am Leipziger Konservatorium bei C. Reinecke (Klavier) und S. Jadassohn (Theorie). In der Folgezeit schlug er die Dirigentenlaufbahn ein mit Engagements in Graz, Zürich, Mainz, Stettin, Berlin, Jena, Bochum, Prag (Militärkapellmeister 1888–95), Weimar (Hofkapellmeister 1896) und Mannheim (Hofkapellmeister 1896–99). 1902 begab er sich nach Berlin und richtete dort 1905 mit Erfolg Kammerkonzerte mit Musikern des Berliner Philharmonischen Orchesters ein. Nach einem Engagement in Warschau (1906–09) kehrte er nach Berlin zurück (Kapellmeister an der Komischen Oper 1909–11). 1919 wurde er Mitglied der Berliner Akademie der Künste und lehrte 1920–26 an der Berliner Musikhochschule. Während des 3. Reichs wurde R., obgleich heftig denunziert, als deutscher Delegierter in den „Ständigen Rat für die internationale Zusammenarbeit der Komponisten" entsandt.

WW: **1) Instr.-WW:** Für Orch.: 4 Symphonien, d-moll, B-Dur, D-Dur, f-moll; eine Tanz-Symphonie; 2 symphonische Suiten; eine Suite im alten Stil; eine Serenade für Streichorch.; 3 symphonische Dichtungen; Konzertstück E-Dur für V. u. Orch.; V.-Konzert e-moll. – **2) Vokal-WW:** ein Requiem; eine Messe; 2 Oratorien u. Lieder. – **3) Bühnen-WW:** 12 Opern, darunter: *Emerich Fortunat,* UA: Prag 1889; *Donna Diana,* UA: ebd. 1894, Neufassung Berlin 1933; *Till Eulenspiegel,* UA: Berlin 1902, Neufassung Köln 1927; *Ritter Blaubart,* UA: Darmstadt 1920; *Holofernes,* UA: Berlin 1923; *Satuala,* UA: Leipzig 1927; *Benzin* (1929); *Spiel oder Ernst?,* UA: Dresden 1930; *Der Gondoliere des Dogen,* UA: Stuttgart 1931; 2 Operetten; Ballett *Das goldene Kalb* (1935); ferner Bühnenmusik.

Die kompositorischen Wurzeln von R.s Schaffen sind in der österreichischen Militärmusik zu suchen. Schon bald aber fand R. zu der für ihn charakteristischen (neuromantischen) Schreibweise, die deutlich an Stilmerkmale in Werken von R. Strauss erinnert. Eine auffällige Beherrschung satztechnischer Möglichkeiten und eine gute musikalische Erfindungsgabe sind Grundlagen seiner Fähigkeit, musikalisch treffend zu „schildern" und vor allem im Bereich des Humorvollen und Skurrilen sicher zu charakterisieren. Dies gilt für seine Opern ebenso wie für seine symphonischen Werke. Die Ouvertüre zu *Donna Diana* ist bis heute im Bereich der orchestralen Unterhaltungsmusik beliebt.

Lit.: O. TAUBMANN, E. N. von R., in: Monographien moderner Musiker 2 (L 1907); M. CHOP, E. N. von R. Sein Leben u. seine Werke (W 1920); R. SPECHT, E. N. von R. Eine vorläufige Studie (L 1923); H. E. WEINSCHENK, Künstler plaudern (B 1938); H. KILLER, Gedanken über einen Meister. E. N. von R., in: Mk 32 (1939–40); F. VON REZNIČEK, Gegen den Strom. Leben u. Werk von E. N. von R. (mit einer Beschreibung seiner Werke von L. Nowak) (E 1960); L. NOWAK, E. N. von R. (anläßlich seines 100. Geburtstages), in: ÖMZ 15 (1960).

J. SCHLÄDER

Rf, rfz, rinf., Abk. für ↗rinforzando.

RHAPSODIE (von griech. rhaptein = nähen, flikken und ōdē = Gesang) gehört in der Musik zu den aus der Literatur übernommenen Bezeichnungen. In der griechischen Antike trug der Rhapsode, auch als homerischer Sänger bekannt, bei Veranstaltungen von teilweise kultischer, stets aber nationaler Bedeutung Bruchstücke aus den Epen Homers vor, die er improvisatorisch verband. Dazu begleitete er sich auf der Kithara, was der griechische Dichter Pindaros einen „geflickten Gesang" nannte. In der jüngeren Musik- wie Literaturgeschichte begegnet die R. seit der Antikenbegeisterung in der 2. Hälfte des 18. Jahrhunderts. Der Dichter und Musiker D. Schubart, der als Improvisator und Rezitator vor allem Klopstockscher Werke auf sich aufmerksam machte, veröffentlichte 1786 *Musikalische Rhapsodien* (3 H.e Lieder und Klavierstücke, mit ausführlichen Vorreden). J. Fr. Reichardt nannte die Komposition eines Fragments aus J. W. von Goethes *Harzreise im Winter* R.; der R. für Alt, Männerchor und Orchester, op. 53 von J. Brahms liegt derselbe Text zugrunde. – Die Übertragung in die Instrumentalmusik erfolgte zu Beginn des 19. Jh. in Wien. Zu nennen ist vor allem V. J. Tomášek, der sich bewußt auf die Antike bezog und, um der Geschmacksverflachung in der Klaviermusik entgegenzuwirken, sich in seinen R.n, Eklogen und Dithyramben an antiken Dichtungsformen orientierte, „in denen Ernst mit Kraft und Energie gepaart ist" (Vorwort). Sein Einfluß in solchen Charakterstücken reicht bis zu den R.n op. 79 und 119 von Brahms. – Fr. Liszt führte mit seinen *Ungarischen Rhapsodien* (seit 1840, zunächst für Klavier) das nationale Element durch (vermeintliche) Volksmelodien ein. In seiner dazu verfaßten Vorrede (1852; Gesammelte Schriften, L 1910, Bd. III, S. 170ff.) legt er Nachdruck auf die „nationale Begeisterung" und erklärt, mit seinen R.n die „Idee eines Zigeunerepos" anzustreben und durch die Musik die verschiedenen ethnischen Schichten Ungarns anzusprechen. Mit seinen Werken wurde die Aufnahme nationaler oder regionaler Melodien in die R. wegweisend. Die formale Gestaltung ist frei; so gibt es potpourriartige Reihungen und symphonisch oder konzertant strukturierte R.n. Neben Werken national geprägter Musik von A. Dvořák, A. Glasunow, G. Enescu, C. Saint-Saëns, S. Rachmaninow (R. über ein Thema von Paganini), M. Ravel *(R. espagnole)*, B. Bartók, G. Gershwin *(Rhapsody in Blue)* u.a. wurde die R. zu einer der bevorzugten Gestaltungsformen der Virtuosen- und Unterhaltungsmusik.

Lit.: W. KAHL, Das lyrische Klavierstück Schuberts u. seiner Vorgänger seit 1810, in: AfMw 3 (1921); W. GEORGII, Klaviermusik. Gesch. der Musik für Klv. zu 2 u. 4 Händen v. den Anfängen bis z. Gegenwart (B – Z 1941, [5]1976); V. JANKÉLÉVITCH, La r., verve et improvisation musicale (P 1955); W. SCHADEWALDT, Aus Homers Welt u. Werk (St [3]1959); W. SALMEN, Gesch. der R. (Z – Fr 1966).

G. SCHUHMACHER

RHAU (Rhaw, Hirsutus), **Georg** (Jörg), * 1488 Eisfeld an der Werra, † 6. 8. 1548 Wittenberg; dt. Musikverleger und -drucker. Er studierte seit 1508 an der Univ. Erfurt, seit 1512 an der Univ. Wittenberg. 1514 Baccalaureus in artibus, wurde er 1518 in Leipzig zum Mitglied des Lehrkörpers an der Universität ernannt und zum Thomaskantor berufen. 1519 führte er dort anläßlich der Disputation zwischen M. Luther und Johann Eck eine 12st. *Missa de Sancto Spiritu* und ein Te Deum auf. 1520 verließ er als Anhänger der Reformation Leipzig, ging nach Eisleben, dann nach Hildburghausen und ließ sich 1523 als Drucker in Wittenberg nieder, das durch ihn zum Verlagszentrum wurde. 1541 wurde er Ratsherr in Wittenberg.

WW (in Wittenberg gedruckt): Sammeldrucke: (1) *Selectae harmoniae ... de Passione Domini* u. (2) *Symphoniae jucundae* (1538); (3) *Officia Paschalia* (1539); (4) *Vesperarum precum officia* (1540); (5) *Opus decem missarum* (1541); (6) *Sacrorum hymnorum liber* I u. (7) *Tricinia* (1542); (8) *Newe deudsche geistliche Gesenge ... für die gemeinen Schulen* u. (9) *Magnificat octo tonorum* (1544); (10) *Bicinia Gallica, Latina, Germanica,* 2 Bde., u. (11) *Officiorum ... de Nativitate ... Tomus I* (1545). – Individualdrucke: WW v. S. Dietrich, B. Resinarius u. J. Walter. – Theoretische WW: Von R. selbst: *Enchiridion utriusque musicae practicae,* I: *Musica plana* (1517) u. II: *Musica mensuralis* (1520); ferner Traktate v. M. Agricola, J. Galliculus, N. Listenius u.a.

R. stellte seine gesamte Tätigkeit konsequent in den Dienst der lutherischen Reformation und der durch sie bestimmten geistlichen und musikalischen Bildung der Lateinschüler seiner Zeit. Er druckte die ersten Ausgaben von M. Luthers *Großem Katechismus* und der *Augsburger Konfession,* Andachtsbücher (mit Illustrationen u.a. von Lucas Cranach) und zahlreiche Sammlungen mit mehrstimmiger Musik. Sie enthalten fast ausschließlich Werke (mit lateinischem und deutschem Text) für den gottesdienstlichen Gebrauch (für Messe und Vesper) und bilden so den Kern der frühevangelischen Kirchenmusik. R.s *Newe deudsche geistliche Gesenge* sind eine der wichtigsten Quellen für die mehrstimmige Choralbearbeitung. Wie diese dienten auch die weltlichen Gesänge und die theoretischen Schriften vor allem pädagogischen Zwecken. Ob R. selbst auch kompositorisch tätig war, läßt sich nicht mit Sicherheit sagen; möglicherweise befinden sich unter den anonymen Gesängen auch eigene.

Ausg.: G. R. Musikdrucke aus den Jahren 1538–1545 in praktischer NA, begründet v. H. ALBRECHT, jetzt hrsg. v. J. STAL-

MANN (Kas 1955ff.), bisher erschienen Bde. 1–7; darin die Slgen. 2, 4, 9 u. 10 sowie Individualdrucke v. Dietrich u. Resinarius; 6, hrsg. v. R. GERBER (L 1942–43) (= EDM, RD 21 u. 25); 8, hrsg. v. J. WOLF (1908) (= DDT 34), dass., Faks.-Nachdr., hrsg. v. L. FINSCHER (Kas 1969); Dt. Zwiegesänge aus 10, hrsg. v. K. AMELN (Kas [4]1950); *Enchiridion* ... I, Faks.-Nachdr., hrsg. v. H. ALBRECHT (Kas 1951) (= DMl I/1).

Lit.: W. WOELBING, Der Drucker u. Musikverleger G. R. (Diss. B 1922); W. GOSSLAU, Die religiöse Haltung in der Reformationsmusik, nachgewiesen an den „Newen deudschen ... Gesengen" des G. R. (L 1937); H. ALBRECHT, Zur Rolle der Kontrafaktur in R.s „Bicinia" v. 1545, in: FS M. Schneider (L 1955); V. H. MATTFELD, G. R.'s Publications for Vesper (Brooklyn/N.Y. 1966) (= Musicological Studies 11); C. PARRISH, A Renaissance Music Manual for Choirboys, in: Aspects of Medieval and Renaissance Music. FS G. Reese (NY 1966); L. E. CUYLER, G. R.'s Opus decem missarum 1541, in: Renaissance muziek 1400–1600. FS R. B. Lenaerts (Löwen 1969).

RHEINBERGER, Joseph Gabriel (seit 1894: **von**), * 17. 3. 1839 Vaduz (Liechtenstein), † 25. 11. 1901 München; dt. Komponist und Musikpädagoge. Nach ersten Studien bei Sebastian Pöhly in Vaduz und Philipp Schmutzer in Feldkirch (Österreich) zog R. 1851 in die Wahlheimat München und besuchte dort bis 1854 die Musikschule (Orgel bei Johann Georg Herzog, Kontrapunkt bei Julius Joseph Maier); privat bildete er sich bei Fr. Lachner weiter. 1853–67 versah er Organistenämter an Münchner Kirchen (1853–57 an St. Ludwig, 1857–63 an St. Kajetan und 1863–67 an St. Michael). 1859 wurde er Lehrer an der von ihm absolvierten Musikschule, war 1864–77 Leiter des Münchner Oratorienvereins und wirkte 1865–67 als Solorepetitor an der Hofoper. An der von R. Wagner und H. von Bülow reformierten, nunmehr Königlichen Musikschule lehrte er seit 1867 als Professor für Orgel und Kontrapunkt und war gleichzeitig Inspektor der Instrumental- und Theorieklassen. 1877 zum Hofkapellmeister ernannt, leitete er die Königliche Vokalkapelle als Nachfolger Fr. Wüllners. 1884 wurde er Mitglied der Berliner Akademie, 1894 Geheimer Rat und 1899 Ehrendoktor der Universität München. Verheiratet war R. seit 1867 mit Franziska von Hoffnaass, geborene Jägerhuber (1832–92), die als Textautorin ihres Mannes mehrfach hervortrat und aufschlußreiche Tagebücher führte. Sein Nachlaß befindet sich in der Bayerischen Staatsbibliothek München; das Fürstentum Liechtenstein hat in Vaduz ein Archiv eingerichtet (Leitung H. Wanger).

WW: **1) Instr.-WW:** 20 Orgelsonaten: c-moll, op. 27; As-Dur, op. 65; *Pastoral-Sonate* G-Dur, op. 88; a-moll „Tonus peregrinus", op. 98; Fis-Dur, op. 111; Es-Dur, op. 119; f-moll, op. 127; e-moll, op. 132; b-moll, op. 142; h-moll, op. 146; d-moll, op. 148; Des-Dur, op. 154; Es-Dur, op. 161; C-Dur, op. 165; D-Dur, op. 168; gis-moll, op. 175; H-Dur, op. 181; A-Dur, op. 188; g-moll, op. 193; F-Dur „Zur Friedensfeier", op. 196. – Für Orch.: *Florentiner Symphonie* F-Dur, op. 87 (1876); symphonisches Tongemälde *Wallenstein*, op. 10 (1867); *Symphonische Phantasie*, op. 79; Ouvertüren *Der Widerspenstigen Zähmung*, op. 188 u. *Demetrius*, op. 110; Klv.-Konzert, op. 94 (1874); 2 Orgelkonzerte, op. 137 (1884) u. 177 (1894); Suite für Org., V. u. Vc. mit Streichorch., op. 149. – **2) Vokal-WW:** 18 Messen; 4 Requiem; 4 Stabat mater; 2 Vespern; 5 geistliche Oratorien u. Kantaten; 36 Motetten; 45 Hymnen; 25 geistliche Lieder; ferner die Legende *Christophorus*, op. 120 (1880) u. das Oratorium *Der Stern von Bethlehem*, op. 164 für Soli, Chor u. Orch. – **3) Bühnen-WW:** Romantische Oper *Die sieben Raben*, UA: München 1869; komische Oper *Des Türmers Töchterlein*, UA: ebd. 1873

R.s Bedeutung als Vermittler soliden, kontrapunktisch orientierten Komponierens ist unbestritten; E. Humperdinck, L. Thuille und E. Wolf-Ferrari zählen zu seinen Meisterschülern. Als Komponist bejahte er die Tradition der Klassik und der frühen Romantik; die musikalische Sprache Wagners lehnte er dagegen ab. Meisterhaft beherrschte R. die Form; dies bezeugen vor allem die nach 1960 für die Praxis wiederentdeckten Orgelsonaten und Orgelkonzerte. Aufgeführt wird heute gelegentlich auch R.s *Stern von Bethlehem*.

Ausg.: Orgelwerke, hrsg. v. M. WEYER, 2 Bde. (Bonn 1965–66). – Briefe an H. Hecker, hrsg. v. H.-J. IRMEN (Vaduz 1970); Briefe u. Tagebücher I–V, hrsg. v. DEMS. – H. WANGER (ebd. 1980ff.).

Lit.: TH. KROYER, J. R. (Rb 1916); H. WANGER, J. R.s Briefe an seine Eltern, in: Jb. des Hist. Vereins (Vaduz 1961); M. WEYER, Die Orgelwerke v. J. R. (ebd. 1966); H.-J. IRMEN, J. G. R. als Antipode des Caecilianismus (Rb 1970) (= Stud. z. Musikgesch. des 19. Jh. 22); DERS., M. Regers Beziehungen z. Bachschen Kontrapunktschule in München, in: Mitteilungen des M.-Reger-Inst. 18 (Bonn 1971); DERS., Thematisches Verz. der musikal. Werke J. G. R.s (Rb 1974); H. WANGER, J. G. R. u. die Kammermusik (St. Gallen 1978); W. D. KOCH, Die Messen J. G. R.s, in: MS 101 (1981).

J. DORFMÜLLER

RHEINGOLD, DAS, Musikdrama von R. Wagner; Vorabend der Tetralogie Der ↗ Ring des Nibelungen.

RHEINLÄNDER, Bayerische Polka (außerhalb Deutschlands meistens „Schottisch" genannt), volkstümlicher Paartanz, der in den 1840er Jahren entstanden ist. Seine Wurzeln liegen in der Polka und der Hops-Anglaise. Dementsprechend gehören zu den Grundschritten des R.s neben Polkaschritten nach links und rechts der Polkachasséeschritt sowie Hopser nach links, rechts und geradeaus. Konstitutive Bedeutung erhalten ferner triolenmäßig ausgeführte Walzerschritte. Der R. hat ein binäres Metrum (2/4-Takt) bei schnellem Marschtempo (MM ♩ = ca. 126). Als bekannteste R. gelten bis heute *Im Grunewald ist Holzauktion* und der *Bummelpetrus*. – Der R. gehört wie Walzer, Polka, die im Zusammenhang mit dem sozialgeschichtlichen Wandel in den Ballsaal als Gegenstück zur aristokratischen Tanzkultur einzogen, zum spezifisch bürgerlichen Tanzvergnügen des 19. Jahrhunderts. An der Wende zum 20. Jh. erlebte der R. den Höhepunkt an Popularität, wurde noch in den 40er Jahren in den Tanzschulen gelehrt und ist vereinzelt noch heute lebendig.

RHENÉ-BATON (eig. René Baton), * 5. 9. 1879 Courseulles-sur-Mer (Calvados), † 25. 9.1940 Le Mans; frz. Dirigent und Komponist. Er studierte Komposition bei André Gedalge am Pariser Conservatoire, war Chordirigent an der Opéra-Comique, 1910–12 Dirigent der Symphoniekonzerte in Angers und der Société Ste-Cécile in Bordeaux, 1916 2. Dirigent der Concerts Lamoureux und 1916–32 Leiter der von ihm wiederaufgenommenen Concerts Pasdeloup. Als Komponist hatte er nur regionale Bedeutung.

WW: Klv.-Stücke, darunter *En Bretagne* (1901, 1908–09); 2 Sonaten für V. und Klv. bzw. für Vc. u. Klv.; Klv.-Trio; *Pour les funérailles d'un marin breton* für Orch.; *Prélude et fugue* für Orch; *Variations* für Klv. u. Orch.

RHYTHM & BLUES (Abk.: R & B), seit den 40er Jahren gebräuchliche Bz. für jene Art afroamerikanischer Musik, die als Basis des Rock and Roll die gesamte Populärmusik entscheidend verändert hat. Im Gegensatz zum neuen Jazz der 40er Jahre (↗Bebop) verbindet R. die Tradition des Blues mit tanzbaren Rhythmen, wie sie von einigen Varianten des Swing her bekannt sind (Kansas City Jazz, Jump). Des weiteren lassen sich Einflüsse des Gospelsongs feststellen. – Zu den wichtigsten Spielarten des R. zählt die in Tanzhallen gespielte Big Band-Musik des Swing, etwa der Bands von Count Basie und Lionel Hampton, deren Solisten unter den besonderen aufführungspraktischen Bedingungen den sog. Shout-Stil entwickelt haben. Dies gilt vor allem für die Saxophonisten (z. B. Earl Bostic und Eddie „Cleanhead" Vinson) und Sänger (z. B. Roy Brown und Joe Turner). Die R.-Combos mit der Standardbesetzung Saxophon, Klavier, Gitarre, Baß, Schlagzeug lehnten sich an den Jump-Rhythmus des Boogie-Woogie (Fats Domino, Louis Jordan) oder den harten, geraden Rhythmus des städtischen Blues an (Muddy Walters, John Lee Hooker, Chuck Berry, Bo Diddley). Gerade hier fand die in den 1940er Jahren neue Elektrogitarre Eingang in die Populärmusik und wurde zu einem ihrer dominierenden Instrumente. Die Vokalensembles des R. zeigen überwiegend Einflüsse der Gospeltradition (z. B. Gruppen wie The Platters, Drifters oder Orioles). – Im kommerziellen Sinn bedeutet R. urspr. auch Musik von Schwarzen für Schwarze. Er steht im Zusammenhang mit den gesellschaftlichen Umschichtungen der afroamerik. Bevölkerung der USA in den 1940er Jahren. An die Stadt gebunden, verkörpert er anders als die ländliche Volksmusik ein Genre aufgeführter und nicht ausgeführter Musik.

Lit.: C. GILLET, The Sound of the City (NY 1970, dt. F 1979); A. SHAW, The Rockin' 50s (NY 1974), dt. Übers.: Rock 'n' Roll. Die Stars, die Musik u. die Mythen der 50er Jahre (Reinbek 1978); K. KUHNKE – M. MILLER – P. SCHULZE, Die Gesch. der Pop-Musik I (Bremen 1977). U. KURTH

RHYTHMIK. – **1)** Bz. für die Lehre vom Rhythmus; seit einigen Jahrzehnten wird der Terminus auch synonym mit Rhythmus verwendet (E. Kurth und H. Schenker). Die klassische griech. Philosophie, namentlich Platon und Aristoteles, vermitteln die ältesten Definitionen des Prinzips. Der erste Theoretiker, der sich auf die Theorie der musischen Künste spezialisiert und darin auch eine R. bietet, ist der Aristoteles-Schüler Aristoxenos. Eine der wenigen erhaltenen antiken Schriften über die Musik, die auch den Rhythmus behandeln, findet sich bei Aristides Quintilianus. Bedeutend ist die Abhandlung von Augustinus über die Musik, von der nur die R. erhalten ist. Sie enthält außer der zünftigen Theorie eine Theologie des Rhythmus. Im Mittelalter ist die R. ein Teil der Dichtungstheorie. Die Theorie der Mensuralmusik entwikkelt sich abseits davon. Erst im 16. Jh. wird die antike R. durch die humanistisch orientierte Musiktheorie wiederentdeckt. Die führenden Autoren sind Fr. Salinas und M. Mersenne. Eine wichtige Rolle spielt gegen Ende des 17. Jh. Isaac Vossius. Er vermittelt die Grundsätze der antiken R., allerdings in einer verwirrenden Terminologie.
In der zweiten Hälfte des 18. Jh. wird die R. neu durchdacht und formuliert. Den Grund dazu legt der Artikel *Rhythmus* in J. G. Sulzers *Allgemeiner Theorie der Schönen Künste*. Ihm folgen die Musiktheoretiker, namentlich J. Th. Kirnberger und H. Chr. Koch. Sie begründen die Theorie des Akzentstufentaktes und die moderne Periodentheorie, die mit der Erklärung der Norm die Beschreibung ihrer Erweiterungsmöglichkeiten verbindet. Die Akzent- und Periodentheorie bestimmt die R. des 19. Jh.; M. Hauptmann wiederholt sie 1853 im Sinne eines klassizistischen Postulats. Erst am Ende des 19. Jh. reformiert sie H. Riemann. Er verbannt, darin J. J. de Momigny folgend, den Akzent aus der musikalischen R. und ordnet das Verhältnis der rhythmischen Elemente mit Hilfe der Dynamik und Agogik neu. Nicht das Gefälle zwischen einem betonten und einem unbetonten Ton, sondern ihr kontinuierlicher dynamischer Zusammenhang entscheidet über die rhythmische Qualität der Verbindung (↗Motiv). Entsprechendes gilt für die Lehre vom musikalischen Satzbau (↗Metrik). Riemanns Schüler G. Becking führt psychologische Kategorien in die R. ein: er fragt nach den psychischen Bewegungen, die rhythmische Vorgänge begleiten. – **2)** ↗Rhythmische Erziehung.

Lit. zu 1): F. SALINAS, De Musica (Salamanca 1577, Faks.-Ausg. Kas 1958) (= DMI I/13); M. MERSENNE, Harmonie universelle, 3 Bde. (P 1636), Faks.-Nachdr., 3 Bde. (1963); I. VOSSIUS, De poematum cantu et viribus rhythmi (O 1673); J. PH. KIRNBERGER, Die Kunst des reinen Satzes in der Musik, 2 Bde. (B 1771–79, Nachdr. Hil 1968); J. G. SULZER, Allgemeine Theorie der Schönen Künste, 4 Bde. (L [4]1792, Nachdr. Hil 1967–70); J. J. DE MOMIGNY, Cours complet d'harmonie et de composition, 3 Bde. (P 1803–06); M. HAUPTMANN, Die Natur der Harmonik u. Metrik (L 1853, [3]1873); R. WESTPHAL, Aristoxenos v. Tarent, Melik u. Rhythmik des classischen Hellenentums (L 1883–93, Nachdr. Hil 1965); H. RIEMANN, System der musikal. Rhythmik u. Metrik (L 1903, Nachdr. Niederwalluf 1971); G. BECKING, Der musikal. Rhythmus als Erkenntnisquelle (Au 1928, Nachdr. St 1958); Aristeides Quintilianus, Von der Musik, hrsg. v. R. SCHÄFKE (B 1937); TH. GEORGIADES, Musik u. Rhythmus bei den Griechen (H 1958) (darin die Texte v. Platon u. Aristoteles); E. APFEL – C. DAHLHAUS, Stud. z. Theorie u. Gesch. der musikal. Rhythmik u. Metrik, 2 Bde. (Tutzing 1974) (= Musikwiss. Schriften 1); W. SEIDEL, Über Rhythmustheorien der Neuzeit (Be – Mn 1975) (= Heidelberger Stud. z. Musikwiss. 7); M. YESTON, The Stratification of Musical Rhythm (New Haven/Conn. – Lo 1976).

W. SEIDEL

RHYTHMISCHE ERZIEHUNG, Rhythmik, eine musikpädagogische Richtung, die um 1900 von É. Jaques-Dalcroze entwickelt wurde. Sie gründete darauf, daß die musikalische Wahrnehmung nicht nur durch das Gehör, sondern vor allem im Bereich von Rhythmus, Tempo, Metrum, Phrasierung und Dynamik auch über den gesamten Körper – insbesondere über den Bewegungsapparat – erfolgt, der beim Instrumentalspiel und beim Dirigieren auch Träger musikalischen Ausdrucks ist. Aus dieser Teilfunktion innerhalb der musikalischen Ausbildung emanzipierte sich die R. einerseits zu einer selbständigen Form musikalischer Erziehung im frühen Kindesalter, die eine ganzheitliche Entwicklung der motorischen und musikalischen Wahrnehmungs- und Ausdrucksfähigkeiten des Kindes anstrebt, andererseits zu einer selbständigen künstlerischen Ausdrucksform, der Rhythmik im engeren Sinne. Dabei werden Musik und Bewegung unter Einbeziehung von Elementen des Spiels, des Tanzes, der Gymnastik, auch der stimmlichen und instrumentalen Improvisation, vereint. Ein wichtiges Ziel der pädagogischen wie der künstlerischen Rhythmik ist die Entwicklung spontaner Kreativität. Die R. ist an vielen Musikschulen vertreten, in Bayern auch als Musik- und Bewegungserziehung an den Grundschulen. An fast allen Musikhochschulen sind Professuren für Rhythmik eingerichtet. Daneben bildet die R. eine wichtige therapeutische Methode bei verhaltensgestörten Kindern, geistig oder körperlich Behinderten.

Lit.: É. JAQUES-DALCROZE, La rythmique, 2 Bde. (Lau 1907) (auch dt.); DERS., Le rythme, la musique et l'éducation (Bas 1920, NA Lau 1965, engl. 1967), dt. Übers. v. J. Schwabe als: Rhythmus, Musik u. Erziehung (St 1949); E. FEUDEL, R.E. (Wb 1939, [3]1956); DIES., Durchbruch z. Rhythmischen in der Erziehung (St 1949) (= Erziehungswiss. Bücherei, Reihe IV); H. TAUSCHER, Praxis der rhythmisch-musikal. Erziehung (B 1952, [2]1960); Grundlagen u. Methoden rhythmischer Erziehung, hrsg. v. G. BRÜNNER – P. RÖTHIG (St 1971); E. ERDMANN, Rhythmik. Genese eines Faches (B 1976); B. VOGEL-STEINMANN, Was ist Rhythmik? (Rb 1979); Rhythmik, Grundlagen u. Praxis, hrsg. v. B. GLATHE – H. KRAUSE-WICHERT (Wb 1981).

H. J. BUSCH

RHYTHMUS (lat., von griech. rhythmos), seit der griechischen Antike Bz. für diejenige Ordnung der Bewegung, des Langsamen und Schnellen, oder der Zeit, des Langen und Kurzen, die dem menschlichen Sinn faßlich und angenehm ist. R. ist neben „Harmonie", „Melodie" und Sprache (logos) einer der Grundbegriffe der Musik.

R. ist seinem Ursprung nach ein normativer Begriff. Das zeigt schon die Etymologie. Der Wortstamm wird von dem Verb rhein (griech., = fließen) abgeleitet; das Suffix -thmos weist auf eine Mehrzahl gleichartiger Vorgänge, so daß die Grundbedeutung des Wortes ein „Fließen im Duktus der Regelmäßigkeit" ist (Th. Plüss). Seine Urbedeutung ist vermutlich der „Wellengang der Flüsse" (E. Wolf). Der älteste Wortbeleg findet sich im 7. Jh. v. Chr. und bezeichnet das „Auf und Ab" von Glück und Unglück (Archilochos). Seit dem 5. Jh. v. Chr. wird die Vokabel mit dem Bereich des Musischen in Zusammenhang gebracht und bezeichnet die regelmäßigen Bewegungen des menschlichen Körpers, des Tanzes und der Instrumentalmusik. Die klassische Definition des Prinzips bietet Platon; er bestimmt R. als das Maß der Bewegung, im besonderen der körperlichen Bewegung (*Nomoi* 664e). Damit ist das Prinzip in einer Weise bestimmt, die grundlegend sein wird für die unterschiedlichen, historisch bedingten Bedeutungen, die es im Laufe seiner Geschichte annehmen wird. Bedeutsam ist der normative Charakter des Terminus; er beschreibt nicht, was ist, sondern was sein soll; er beschreibt eine Ordnung. Gegenstand der Ordnung sind Bewegungen, die Bewegungen des Körpers, der Stimme, der Sprache und des Gesangs, sowie die Tonbewegungen, die mit Hilfe von Musikinstrumenten hervorgebracht werden. Wo die Phasen dieser Bewegungen so aufeinander bezogen und abgestimmt werden, daß der menschliche Sinn diese unmittelbar erkennt und daran sich erfreut, herrscht Rhythmus. R. ist eine humane Kategorie, weil nur die Menschen ein Gefühl dafür haben. Im 19. Jh. wird der normative Charakter des Terminus in Frage gestellt und im 20. Jh. weithin gänzlich negiert. Hier versteht man unter „R." die Temporalverfassung der Musik schlechthin.

Antike. In der griechischen Musikē, in der Poesie, Melodie und Tanz noch ungeschieden waren, war der R. das Gesetz, das die verschiedenen Kunstmittel, die Sprache, den Ton und die körperliche Bewegung, zusammengefaßt hat. Die Ordnung, die dabei zu beobachten ist, war Gegenstand der Rhythmik und Metrik. Basis aller rhythmischen Formationen war in der Antike die Grundzeit (der chronos prōtos, die „erste Zeit"); gemeint ist damit die Zeitspanne, die der menschliche Sinn in einem Bewegungszusammenhang als kurz, als „Kürze", empfindet. Im Vergleich zu ihr gilt die Spanne zweier Kürzen als lang, als „Länge". Da die antike Rhythmik im wesentlichen auf der Verrechnung dieser beiden Quantitäten, der einzeitigen Kürze (◡) und der zweizeitigen Länge (–), basiert, nennt man sie quantitierend, dies im Gegensatz zu der mit akzentuierenden Elementen arbeitenden jüngeren Rhythmik (Thr. Georgiades). Die Frage, welche Kombinationen von Kürzen und Längen sinngemäß und somit rhythmisch sind, beantwortet die antike Rhythmik mit der Theorie der rhythmischen Geschlechter und Füße (genera und pedes); der Terminus Fuß (Vers- oder Klangfuß) verweist auf Schreiten und Tanz, auf diejenigen Bewegungen, in denen sich der R. am sinnfälligsten darstellt. Die Antike spricht nur einigen wenigen Verhältnissen rhythmische Kraft zu: die höchste dem Gleichheitsverhältnis (1:1), ihm folgen das doppelte und das anderthalbe Verhältnis (2:1 und 3:2); ob weitere Verhältnisse, etwa die Proportionen 4:3 oder 3:1, noch rhythmische Verhältnisse hervorbringen, ist umstritten. Jedes Verhältnis begründet ein eigenes rhythmisches Geschlecht: das Verhältnis 1:1 das daktylische, das Verhältnis 2:1 das jambische, das Verhältnis 3:2 das päanische und das Verhältnis 4:3 das epitritische. Die Frage, wie viele Zeiten ein jedes dieser Verhältnisse wenigstens umfassen muß und höchstens umfassen darf, wird nicht ganz einhellig beantwortet. Im allgemeinen werden wenigstens zwei oder drei Zeiten gefordert, und man läßt höchstens 25 zu. Die rhythmischen Geschlechter treten in einem oder mehreren Füßen in Erscheinung. Ein rhythmisches Geschlecht ist das, was die darin möglichen Füße gemeinsam haben, die innere Proportion. In der Spätantike werden die Teile der Rhythmen geschlagen. Augustinus nennt die Taktierbewegung Schlag (percussio).

Die Füße, die in den zweiteiligen rhythmischen Formationen realisiert werden, setzen die kurzen und langen Zeiten im Sinne der aufgezählten Proportionen zueinander ins Verhältnis. Der kleinste Fuß ist der Pyrrhichius (◡ ◡). Ihm folgen der Jambus (◡ –), der Trochäus (– ◡) und der Tribrachus (◡◡◡), die alle dreizeitig sind. Vierzeitige Füße sind der Anapäst (◡ ◡ –), der Daktylus (– ◡ ◡), der Spondeus (– –) und der Proceleusmaticus (◡◡◡◡). Fünfzeitig sind alle päanischen Füße (der Bacchius ◡ – –, der Creticus – ◡ – und der Palimbacchius – – ◡), sechszeitig der Molossus (– – –), die Jonici (◡ ◡ – –; – – ◡ ◡) und der Chorjambus (– ◡ ◡ –). Siebenzeitig sind die epitritischen Füße. Die rhythmischen Formationen, die mehr als sieben Zeiten vereinen, setzen sich aus den aufgezählten Füßen zusammen. Die antike Theorie schreibt jedem dieser Rhythmen einen besonderen Charakter zu; dies macht den R., so Aristoteles, fähig, die menschlichen Bewegungscharaktere nachzuahmen. Die Theorie der rhythmischen Verhältnisse und der Füße ist grundlegend für die europäische Rhythmik. Sie wird von vielen R.-Theorien der Neuzeit anerkannt (Fr. Salinas, M. Mersenne, J. Mattheson, J. G. Sulzer, H. Chr. Koch, Th. Wiehmayer, Gr. W. Cooper und L. B. Meyer).

Die Grundbedeutung des Wortes R. scheint im Bereich des Musischen während der Antike die einförmige, unbegrenzte und allenfalls unregelmäßig abgeteilte Folge gleicher oder ähnlicher Pedes gewesen zu sein, eine Ereignisstruktur also, die der modernen Taktbewegung ähnlich ist, auch wenn sie deren Kennzeichen, den Wechsel betonter und unbetonter Töne, nicht kennt. Wo die einförmige rhythmische Progression der Pedes gesetzmäßig abgeteilt und begrenzt wird, entstehen die höheren rhythmischen Einheiten, die Metren. Jedes Metrum ist demnach, so lautet die Formel, mit der die Antike das Verhältnis von R. und Metrum bestimmt, ein R., aber nicht jeder R. ein Metrum. Es scheint, als würden sich nach dem Zerfall der Musikē in ihre Komponenten die hochorganisierten metrischen Formationen nur oder meist in der Poesie, die primitiven rhythmischen Abläufe dagegen eher in der Instrumentalmusik oder in körperlichen Bewegungen manifestieren.

Mittelalter. Die Rhythmik folgt nach dem Zerfall der antiken Theorie des Musischen in Teiltheorien nicht der Musik-, sondern der Sprach- und Dichtungstheorie. Infolgedessen spielen die Termini R. und Metrum in der mittelalterlichen Theorie, auch in der der Mensuralmusik, keine nennenswerte Rolle. Gleichwohl erörtert man heute auch die Zeitordnung der Mensuralmusik unter dem Begriff Rhythmus. Es ist eine der bedeutendsten Leistungen der mittelalterlichen Kunstgeschichte, daß sie nach der Notation der Tonhöhe auch die der Tondauer entwickelt hat. Die neue Epoche der Rhythmik, die um 1200 in Paris beginnt, hat nicht nur die Absicht, wie die antike Disziplin das Verhältnis der einander folgenden Töne und Tongruppen zu bestimmen, sondern auch die, das Verhältnis der übereinander erklingenden Töne und Tongruppen zu regeln. R. wird zum Merkmal der Mehrstimmigkeit. Das Mittelalter nannte sie deshalb im Gegensatz zum unrhythmisierten Gregorianischen Choral, zur Musica plana, Musica mensurabilis. Kam die Antike bis zu ihrem Ende im wesentlichen mit 2 rhythmischen Werten, der Kürze und der Länge, aus, so hat die neue Mensuralmusik von Anfang an mehr als 2 Werte, und sie wird im Laufe ihrer Geschichte daraus eine große Zahl weiterer Werte entwickeln. Um 1200 arbeiten die Komponisten im wesentlichen mit 3 Werten, mit einem dreizeitigen Rahmenwert, einer zweizei-

tigen Länge und einer einzeitigen Kürze. Sie verbinden diese zu stereotypen Formeln, den Modi. Das 13. und 14. Jh. verfeinert diese Rhythmik, so daß am Ende des Mittelalters eine große Anzahl mensuraler Systeme und eine breite Skala von Notengattungen zur Verfügung stehen. Inbegriff der voll entwickelten mensuralen Rhythmik ist die Schichtung von 2, 3, gelegentlich sogar von 4 ineinander verschachtelten Mensuren. Dabei liegt in der Regel die Großmensur, die die kleineren Mensuren einfaßt, im Tenor, der bis weit ins 15. Jh. hinein die tiefste Stimme ist und danach über dem Baß liegt. Der Spielraum, den der Tenor vorgibt, wird durch die darüber liegenden Stimmen geteilt. Die Tiefe und Feinheit der Teilung nimmt in dem Maße zu, in dem sich die Stimmen vom Baß ent-

J. Dunstable, Motette *Preco preheminencie*

fernen. Auch die einzelne Stimme wird, vor allem zu Beginn der Kompositionen, mensural entfaltet: man geht von einem Rahmenwert aus und teilt ihn im Fortschreiten auf.

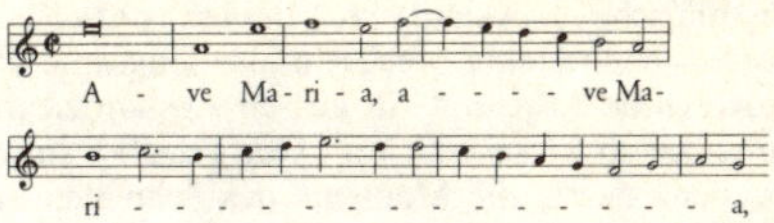

G. P. da Palestrina, Offertorium *Ave Maria*

16. und 17. Jahrhundert. Schon im Werk von G. Dufay und Josquin des Prés gibt es Sätze, die auf die kompositorische Darstellung mensuraler Systeme verzichten und die Stimmen, aus denen der Satz besteht, einander und vor allem dem Duktus des Textes angleichen, den sie vortragen. In dem Maße, in dem der Sprachfall und die Bewegungsvorstellung, die der Text evoziert, Einfluß auf die musikalische Zeitordnung gewinnen, werden die mensuralen Systeme abgebaut und verliert

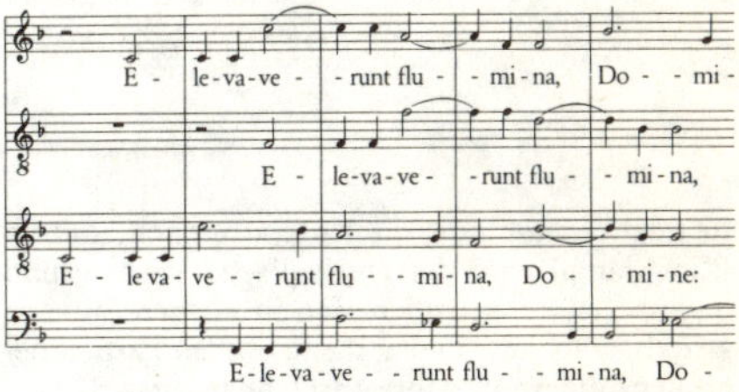

Josquin des Prés, Motette *Dominus regnavit*

die Mensuraltheorie an Einfluß. Die Musiktheorie besinnt sich auf die antike, sprachnahe Rhythmik. Sie wird im 16. Jh. von den Humanisten unter den Musiktheoretikern wiederentdeckt. Damit werden die Termini R. und Metrum wieder in die Musiktheorie aufgenommen. Man versucht, im Sinne der antiken Begriffe auch die Zeitordnung der modernen Musik zu erklären: die elementaren Einheiten mit der Pestheorie, den Takt mit der Theorie der rhythmischen Geschlechter und der Percussio, die ausgewogene Satzstruktur des Tanzes mit dem Begriff des Metrum.

Das 17. Jh. ist durch eine Vielzahl rhythmischer Stile gekennzeichnet: Einerseits lebt die altertümliche Mensurenschichtung weiter (noch J. S. Bach realisiert sie). Andererseits kommen neue Stile auf: der freie R. der italienischen Monodie, die vorgibt, die Wahrheit der natürlichen Sprache zum Vorbild der musikalischen Zeitorganisation zu erheben, die Bewegung des Tanzes, mit dem die Akzentuation und die Regelmäßigkeit der Abschnittsbildung erstmals in der Musikgeschichte bedeutsam werden, und endlich der vielgestaltige R. der Instrumentalmusik mit ihren Spielfiguren. Ist die rhythmische Bewegung zu Beginn des 17. Jh. höchst mannigfaltig, wechseln also langsame und geschwinde Abschnitte in kurzen Abständen miteinander ab, so setzt sich im Laufe des 17. Jh. die Tendenz durch, die Momente des Schnellen und Langsamen zu scheiden. Es entstehen die modernen Bewegungscharaktere, das System der Taktarten und Tempi. In der Instrumentalmusik bilden sich zyklische Formen, die Form der Kirchen- und Kammersonate oder die des Konzerts. Sie ordnen die verschiedenen Bewegungscharaktere einander zu.

18. und 19. Jahrhundert. Zur zentralen Kategorie wird der R. in der Musik der Wiener Klassik. Sie basiert auf einem Akzentstufentakt (H. Besseler).

L. van Beethoven, Klaviersonate op. 22

Er trägt untergründig die Kompositionen, und im Blick darauf wird der musikalische Vordergrund organisiert. Er artikuliert sich in kleinen Stücken grundsätzlich und in den thematischen Partien der großen zumeist in symmetrisch angelegten Sätzen.

W. A. Mozart, Klaviersonate KV 281

Inbegriff der symmetrisch angelegten Periode ist eine Ereigniseinheit von acht Takten, die innerlich ebenmäßig im Sinne des Schemas 2/2/4 gegliedert ist. Es gehört zu den Merkmalen des klassischen Satzes, daß sich die Zeitgestalt der Melodie, vor allem im „singenden Allegro", von der metrischen Progression absetzen kann, in der sich die Taktbewegung vollzieht. Die Ereigniseinheiten der Melodie überspielen die Taktgrenzen und damit die metrische Einheit des Taktes. Der R. der Melodie und das Metrum des Taktes treten auseinander (↗Metrum). Sie verhalten sich zueinander, so G. W. Fr. Hegel, wie das Besondere zum Allgemeinen. Die Norm, die der symmetrische Satz darstellt, kann auf vielerlei Art modifiziert, vor allem erweitert werden. Man kann Teile davon dehnen oder verkürzen, man kann seine Bewegung durch Einfügungen, durch Echos, Wiederholungen oder Sequenzen, aufhalten, und man kann ihn durch Vortakte oder Anhänge vergrößern. Die Frage, ob eine klassische Komposition nur aus rhythmischen Sätzen bestehe, ist unterschiedlich beantwortet worden. A. B. Marx hat auch mit unrhythmischen, offenen „Gängen" gerechnet. H. Riemann glaubte, alle musikalisch sinnvollen Ereignisse als rhythmisch geformte Perioden auffassen zu müssen.

L. van Beethoven dynamisiert die Periode. Er entwickelt sie aus einem elementaren Bewegungselement, dem Motiv, heraus. Infolgedessen verbindet sich hier das Prinzip der Polarität mit dem der Steigerung. Das zweite Motiv wächst aus dem ersten gleichsam heraus und übertrifft es an dynamischer Potenz, und das Entsprechende gilt für das Verhältnis der Halbsätze zueinander. Vorder- und Nachsatz unterscheiden sich in ihrer dynamischen Wertigkeit. Von Beethovens Satzbau hat H. Riemann seine Periodentheorie abstrahiert.

Im 19. Jh. bemühen sich viele Komponisten, in ihren Werken die „Urtonkraft" (R. Schumann) unmittelbar auftönen zu lassen und die Melodie frei, ohne Rücksicht auf Takt und Periode, zu entfalten. Sie dynamisieren damit den Takt und beseitigen seine innere metrische Struktur. Und sie überspielen die inneren und äußeren Maße der Periode. Das Ergebnis dieser von vielen so empfundenen Emanzipation von Takt und Periode sind die „unendliche Melodie" (R. Wagner) und die musikalische Prosa.

20. Jahrhundert. Die herkömmliche Rhythmik beruht auf dem Prinzip der Wiederholung. Man wiederholt ein Taktmaß so lange, bis das Stück zu Ende ist; und man schafft rhythmische Verhältnisse im großen, indem man einer Einheit eine gleich lange oder wenigstens eine gleich gewichtige entgegenstellt. Die Neue Musik hat dieses Prinzip grundsätzlich verabschiedet. A. Schönberg versagt sich Wiederholungen. Er befreit, wie Th. W. Adorno dies interpretiert, den momentanen Ausdruck aus der normierenden, verfälschenden Form des Taktes und der Periode und macht ihn so erst fähig, unmittelbarer Ausdruck des Leids zu sein, das fühlbar zu machen, die Bestimmung der

Musik sei. I. Strawinsky deformiert dagegen die herkömmlichen rhythmischen Systeme und schafft so eine große Palette neuer Ereignischaraktere. O. Messiaen möchte den Fundus der rhythmischen Figuren durch die Adaption exotischer Formationen bereichern, er schafft so irrationale Varianten der gebräuchlichen Rhythmen. Die serielle Musik organisiert den R. analog zur Ordnung der Tonhöhe in der Zwölftonmusik und beseitigt damit die letzten Reste herkömmlicher Rhythmik. Sinnvollerweise verzichtet ihre Theorie meist auf den Terminus R. und spricht von der „Organisation der Tondauern“. Im Gegensatz dazu hält die triviale Musik vielfach an den herkömmlichen Takt- und Satzmustern fest.

Lit.: H. RIEMANN, System der musikal. Rhythmik u. Metrik (L 1903, Nachdr. Niederwalluf 1971); TH. WIEHMAYER, Musikal. Rhythmik u. Metrik (Magdeburg 1917); G. BECKING, Der musikal. R. als Erkenntnisquelle (Au 1928, Nachdr. Da 1958); K. G. FELLERER, Die Deklamationsrhythmik in der vokalen Polyphonie des 16. Jh.s (Düsseldorf 1928); TH. G. GEORGIADES, Der griech. R. Musik, Reigen, Vers u. Sprache (H 1949, Tutzing ^{2}1977); G. W. COOPER – L. B. MEYER, The Rhythmic Structure of Music (Ch 1960); W. DÜRR – W. GERSTENBERG, R., Metrum, Takt, in: MGG XI; W. SEIDEL, R. Eine Begriffsbestimmung (Da 1976); DERS., R./numerus, in: HMT (1980); C. DAHLHAUS, Stud. zur Gesch. der R.theorie, in: Jb. des Staatlichen Inst. für Musikforsch. Preußischer Kulturbesitz 1979/80 (B 1981).

W. SEIDEL

RIBATTUTA DI GOLA (it., = Zurückschlagen der Kehle), Bz. für eine im 17. und 18. Jh. zunächst vokale Verzierungs- bzw. Vortragsmanier, die aus einem sich beschleunigenden trillerartigen Wechsel zwischen punktierter Hauptnote und kürzerer Nebennote besteht und der notierten oder improvisierten Auszierung längerer Töne dient. Cl. Monteverdi schrieb sie im *Orfeo* (1607) vor. In seiner *Musica practica* stellte J. A. Herbst mehrere Formen der R. dar, darunter die „R. doppia“, die er folgendermaßen notierte:

Im 18. Jh. fand diese Manier auch Eingang in die Instrumentalmusik, und zwar in der Regel eigens notiert und insbesondere als Einleitung eines Trillers auf der Schlußkadenz. Sie wird in mehreren zeitgenössischen musikalischen Traktaten erwähnt, so in G. Tartinis *Traité des agréments de la musique* (P 1771) und in C. Ph. E. Bachs *Versuch über die wahre Art, das Clavier zu spielen* (B 1753), aus dem das folgende Beispiel stammt, wo aber der Begriff R. nicht erscheint:

RICCI, Francesco Pasquale, * 17. 5. 1732 Como, † 7. 11. 1817 Lovenio di Menaggio; it. Komponist. R. war vermutlich Schüler von Giuseppe Vignati in Mailand. Später trat er in den Franziskanerorden ein. 1759 wurde er Domkapellmeister in Como, unternahm aber in den Jahren 1768 bis 1777 ausgedehnte Reisen, u. a. nach Paris, London, Amsterdam und Den Haag, wo er auch Verleger für seine Werke fand. Durch ein 4st. *Dies irae* wurde er schlagartig bekannt. Seine Werke waren in der 2. Hälfte des 18. Jh. weit verbreitet, erheben sich jedoch nicht über den Durchschnitt der zeitgenössischen Musikproduktion.

WW: Im Druck erschienen: Sonaten für Cemb. u. V.; Trios für 2 V. u. Vc. u. für V., Va. u. Baß; Sonaten für Cemb., V. u. Vc.; Streichquartette; Quintette *pour plusieurs instruments;* Symphonien u. *Symphonies concertantes.* – *Dies irae* für 4 St. u. Instr. (Den Haag um 1775); *Méthode ou recueil de connaissances élémentaires pour le forte-piano* ... (P 1786).

Ausg.: 14 Easy Masterpieces for the Piano ... from the Collection of J. C. Bach and F. P. R., hrsg. v. A. MIROVITCH (NY 1954).

Lit.: CH. CUDWORTH – F. GÖTHEL, R., in: MGG XI.

RICCI. – 1) Luigi, * 8. 7. 1805 Neapel, † 31. 12. 1859 Prag; it. Komponist. R. war Schüler von N. A. Zingarelli am Conservatorio di S. Sebastiano in Neapel, schrieb mehrere, meist ernste Opern mit wechselndem Erfolg, erreichte mit der Opera semiseria *Chiara di Rosemberg* 1831 in Mailand den ersten Höhepunkt seiner Laufbahn als Bühnenkomponist und wandte sich dann vorwiegend der Opera buffa zu, die seiner Begabung am stärksten entsprach. 1837 wurde er Dirigent am Teatro Grande und Domkapellmeister in Trient. 1838 scheiterte er mit *Le nozze di Figaro* auf ein neues Libretto von Gaetano Rossi, schrieb mehrere Jahre lang fast ausschließlich Kirchenmusik (über 20 Messen), trat dann erneut als Bühnenkomponist hervor und feierte mit *Crispino e la comare* (zusammen mit seinem Bruder Federico R., UA Venedig 1850), die bis Ende des Jh. auf den Spielplänen blieb, seinen größten Triumph.

WW: Opern (außer den genannten): *Un'avventura di Scaramuccia,* UA: ebd. 1834; *La festa di Piedigrotta,* UA: Neapel 1852.

2) Federico, Bruder von 1), * 22. 10. 1809 Neapel, † 10. 12. 1877 Conegliano; it. Komponist. Er war wie sein Bruder Schüler von N. A. Zingarelli am Conservatorio di S. Sebastiano in Neapel. Seinen ersten Erfolg als Bühnenkomponist errang er mit *Monsieur de Chalumeau* 1835 in Venedig. 1841 begründete er mit den Opern *Corrado d'Altamura* an der Mailänder Scala und mit *Luigi Rolla* in Florenz seinen Ruhm. 1853–69 war er Lehrer der Gesangklassen der Theaterschule in St. Petersburg. 1869 ging er nach Paris und brachte dort im selben Jahr *Une folie à Rome* und 1872 *Le docteur Rose* zur Aufführung. 1876 zog er sich nach Conegliano zurück. Als sein bedeutendstes Werk gilt die mit seinem Bruder Luigi R. komponierte Oper *Crispino e la comare.*

WW (außer den genannten): Opern: *Il colonello,* UA: Neapel 1835; *Le prigioni d'Edimburgo,* UA: Triest 1838; *Un duello sotto Richelieu,* UA: Mailand 1839; *Il marito e l'amante,* UA: Wien 1852; *Il paniere d'Amor,* UA: ebd. 1853.

Lit.: C. DE INCONTRERA, L. R., Musicista napoletano (Triest 1959).

RICCI, Ruggiero, * 24. 7. 1918 San Francisco; amerik. Violinist. Er studierte bei Louis Persinger, Michel Piastro und G. Kulenkampff und trat 1929 mit dem Violinkonzert von F. Mendelssohn Bartholdy in der Carnegie Hall in New York auf. 1932 unternahm er seine erste Auslands-Tournee durch Europa. 1933–37 vervollkommnete er sich noch bei Paul Stassewitsch. Spätere Konzertreisen führten ihn auch nach Australien, Japan, Südamerika und in die UdSSR. R. setzte sich nachdrücklich für zeitgenössische Komponisten ein (u.a. A. Ginastera, Dm. Schostakowitsch und A. Chatschaturjan). Seit 1971 hält er Meisterkurse an der University of Bloomington (Ind.) ab.

RICCIARELLI, Katia, * 18. 1. 1946 Rovigo; it. Sängerin (Sopran). Nach ihrem Studium bei Iris Adami-Corradetti in Venedig debütierte sie 1970 in Mantua als Mimi in G. Puccinis *La Bohème,* sang zunächst in Parma, Venedig und Rom und ist seit 1973 Mitglied der Mailänder Scala. Daneben gastierte sie in den Musikmetropolen Europas und der Vereinigten Staaten. K. R. zählt zu den derzeit gefragtesten Sopranistinnen, vor allem in Verdi- und Puccini-Rollen.

RICCIO, Teodoro (Theodor Riccius), * um 1540 Brescia, † nach 1599 Ansbach; it. Komponist. Er war 1567 Kapellmeister an S. Nazaro in Brescia, seit 1575 Kapellmeister am Hof des Markgrafen Georg Friedrich von Ansbach-Brandenburg in Ansbach, dem er 1578 nach Königsberg folgte. Dort wurde er 1580 Vizekapellmeister neben J. Eccard, mit dem er befreundet war, und 1585 Kapellmeister. 1586 kehrte er mit dem Markgrafen nach Ansbach zurück, wo er noch 1599 nachweisbar ist.

WW (nur die vollständig erhaltenen): Madrigale für 5 St. (V 1567); *Canzone alla napolitana* für 5 St. (Nü 1577). – Messen für 4–6 St. (Königsberg 1579); Introitusgesänge für 5 St. (V 1589); 2 Bücher Motetten für 5–12 St. (Nü 1576, Königsberg 1580); Magnificat für 4–8 St. (Königsberg 1579).

Ausg.: Ein Satz für 5 St., hrsg. v. F. COMMER, in: Musica sacra 19 (Rb 1878).

Lit.: R. EITNER, T. R., in: MfM 12 (1880); G. SCHMIDT, Die Musik am Hofe der Markgrafen v. Brandenburg-Ansbach (Kas 1956); A. FORCHERT, R., in: MGG XI.

RICCIOTTI, Carlo, * 1681, † 13. 7. 1756 Den Haag; it. Violinist und Impresario. Er ist seit 1702 als Mitglied einer französischen Operntruppe in Den Haag nachweisbar, bei der er, zuletzt als Direktor, bis 1725 arbeitete. R.s Name ist durch 6 *Concerti armonici* bekannt geworden, die aber lediglich von ihm herausgegeben wurden (Den Haag 1730, Nachdrucke Lo 1755). Diese musikalisch überaus reizvollen und häufig gespielten Werke (die auch als Concertini bezeichnet werden) wurden außer R. selbst u. a. auch G. Fr. Händel, G. B. Pergolesi, J. A. Birckenstock, W. de Fesch und F. Chelleri zugeschrieben. Neuerdings gilt W. van Wassenaer als Komponist.

Lit.: A. DUNNING, R., in: Grove[6] XV (mit Einzelheiten der Zuschreibung); DERS., Count Unico W. van Wassenaer. A Master Unmasked of the Pergolesi-R. Puzzle Solved (Buren 1980).

RICERCAR (von it. ricercare = suchen, ausprobieren; engl.: ricercar; frz.: ricercare; it.: ricercare, recercar, ricercata; span.: recerdada, auch tiento), instrumentale Gattung des 16. und 17. Jh., deren Bezeichnung auf ein musikalisches Gestaltungsprinzip hinweist, wie es auch für die frühe ↗Fantasie typisch ist. – Wesentliches Merkmal des frühen R.s war zunächst eine freie, improvisatorische Anlage, die erlaubte, charakteristische Spieltechniken auf der Laute, für die es bestimmt war, auszunutzen: In dieser – der ↗Toccata nahestehenden – Faktur findet es sich in den Lautentabulaturen von Fr. Spinaccino (1507), G. A. Dalza (1508), Fr. Bossinensis (1509–11) und in der hsl. überlieferten Tabulatur Vincenzo Capirolas (um 1517). Es erscheint teils einzeln, teils gekoppelt mit einem vorausgehenden Stück („tastar de corde", einer Improvisationspraxis, die auch zur Entstehung des ↗Praeludiums führte) oder einer sich anschließenden Komposition (meist der Intavolierung eines Vokalwerks). In diese Gruppe gehören auch die R.e für Orgel von M. A. Cavazzoni (1523) – die als intonierende Vorspiele zu bzw. über Motetten (die in Intavolierung folgen) dienen – und die meisten R.e in den hsl. erhaltenen Orgeltabulaturen aus Castellarquato. Dieses freie R. blieb für längere Zeit – gerade auch für Saiten- und Blasinstrumente – eine häufig gepflegte Form des R.s: Es findet sich als Übungsstück in Lehrwerken für Violen von S. Ganassi (1543), D. Ortiz (1553) und G. Bassano (1585) und für Trompete von G. Fantini (1638), aber auch als solistisches, technisch anspruchsvolles Vortragsstück u.a. bei D. Gabrielli (für Vc. solo, um 1589) und G. B. Degli Antoni (*Ricercate* für Vc. bzw. V. und B.c., 1687 bzw. 1690).
Ein anderer Typus des R.s, der seit der 2. Hälfte des 16. Jh. an Bedeutung gewann, war durch den

imitatorischen Stil nach Art der zeitgenössischen ↗Motette gekennzeichnet (sog. Imitations-R.). Bereits H. Isaac, P. Hofhaimer, L. Senfl und J. Kotter hatten Motetten für instrumentales Ensemble und Orgel übertragen. Die ersten R.e dieser Art wurden veröffentlicht in dem Sammeldruck *Musica nova accomodata per cantar e sonar sopra organi; et altri strumenti* (V 1540, mit Werken von Giulio da Modena, A. Willaert u. a., sämtlich ohne Text, NA als: Monuments of Renaissance Music 1, Ch 1964); die Angabe „per cantar" erscheint auch noch in vielen anderen derartigen Sammlungen. Nur wenig später wurden die ersten Imitations-R.e für Orgel von G. Cavazzoni (1543) publiziert. Auch die Orgel-R.e von G. Fogliano, die in den Hss. von Castellarquato enthalten sind, tragen bereits deutlichen imitatorischen Charakter. Allmählich nähert sich auch das Lauten-R. dem Imitations-R. an: bei Domenico Bianchini (1546), Francesco da Milano (1547), S. Gintzler (1547), B. Bakfark (1552), in den Tientos M. de Fuenllanas (1554), bei V. Galilei (*Il Fronimo,* 1568) und bei vielen anderen. Im allgemeinen war das R. von ernstem und getragenem Charakter. Unterteilt war es in mehrere Abschnitte, in denen ein oder mehrere Soggetti imitatorisch verarbeitet wurden. Daneben gab es den kontrapunktisch besonders reich gestalteten Typus mit nur einem Soggetto. A. Gabrieli bevorzugte diese Art des R.s, näherte sich darin jedoch oft dem bewegteren Stil der Kanzone; gelegentlich schloß er auch Chanson- oder Madrigalintavolierungen R.e an, die über deren Themen gearbeitet waren (z. B. *Canzoni alla francese et ricercari ariosi,* 1605). Weitere Komponisten, die das R. für Instrumentalensemble oder Tasteninstrumente pflegten, sind u. a. J. Buus, A. Padovano, Cl. Merulo, J. de Macque, A. Valente, G. Gabrieli, Ascanio Majone, G. M. Trabaci und A. Banchieri. Hervorzuheben ist G. Frescobaldi, der auch chromatische Soggetti wählte und ein R. in seinen *Fiori musicali* (1635) sogar für Vokalausführung vorschrieb („con obbligo di cantare la quinta parte senza toccarla"). A. B. Della Ciaja war der letzte, der in Italien R.e veröffentlichte (1727). In Spanien wurde das R. (als ↗Tiento) von A. de Cabezón, Fr. Correa de Araujo und dem Portugiesen M. Rodrigues Coelho gepflegt; in Deutschland von H. L. Haßler, Chr. Erbach, J. J. Froberger, J. K. Kerll, J. Pachelbel und D. Buxtehude, die z. T. durch formale und kontrapunktisch-imitatorische Verdichtung bereits im R. Prinzipien der ↗Fuge anwenden. In ähnlicher Art ist auch in J. S. Bachs *Musicalischem Opfer* (1742) – dessen Untertitel *Regis Iussu Cantio Et Reliqua Canonica Arte Resoluta* das Akrostichon RICERCAR ergibt – das 6st. R. konzipiert, wohingegen das 3st. R. eher dem Improvisationstypus zuzurechnen ist. Diesem Typus noch verpflichtet ist auch ein als *Ricercata* überschriebener Satz eines Divertimentos von G. Chr. Wagenseil. – In neuerer Zeit schrieben R.e für Orgel, Klavier und Orchester u. a. I. Strawinsky, A. Casella, G. Fr. Malipiero, B. Martinů, H. Andriessen, E. Desderi, G. Fr. Ghedini, G. Menotti, M. Mihalovici und J. N. David.

Lit.: G. FROTSCHER, Gesch. des Orgelspiels u. der Orgelkomposition, 2 Bde. (B 1935–36, ²1959, ³1966); G. A. SUTHERLAND, Studies in the Development of the Keyboard and Ensemble R. from Willaert to Frescobaldi (1942) (= Diss. Harvard Univ.); G. BENVENUTI, Étude en appendice à l'édition des œuvres d'orgue de M. A. Cavazzoni, J. Fogliano, J. Segni et anonymes (Mi – L 1943); W. APEL, The Early Development of the Organ R., in: MD 3 (1949); H. H. EGGEBRECHT, Terminus „R.", in: AfMw 9 (1952); R. MURPHY, Fantasia and R. in the 16th Century (1954) (= Diss. New Haven); H. H. EGGEBRECHT, Stud. z. musikal. Terminologie (1955, ²1968); R. MURPHY, Fantaisie et r. dans les premières tablatures de luth du XVIe siècle, in: Le luth et sa musique (P 1958); H. C. SLIM, The Keyboard R. and Fantasia in Italy ca. 1500–1550, with Reference to Parallel Forms in European Lute Music of the Same Period (1960) (= Diss. Harvard Univ.); O. MISCHIATI, Tornano alla luce i r. della Musica nova del 1540, in: L'Organo 2 (1961); I. HORSLEY, The Solo R. in Diminution Manuals. New Light on Early Wind and String Techniques, in: AMl 33 (1961); M. A. SWENSON, The Four-Part Italian Ensemble R. from 1540 to 1619, 3 Bde. (1971) (= Diss. Indiana Univ.); C. WOLF, R., in: HMT (1973); W. KIRKENDALE, Ciceronians versus Aristotelians on the R. as Exordium, from Bembo to Bach, in: JAMS 32 (1979). – ↗Fuge.

E. FERRARI-BARASSI

RICHAFORT (Richauffort, Rycefort, Ricartsvorde, Ricciaforte), **Jean,** * um 1490, † um 1548; franko-flämischer Komponist. Er ist 1507–09 als Gesangsmeister an St-Rombaud in Mecheln nachweisbar. Vermutlich unterhielt er Beziehungen zum französischen Hof, wie der Text der möglicherweise zum Tod König Ludwigs XII. 1515 komponierten Motette *Consolator captivorum* nahelegt. Ein Aufenthalt in Rom ist wahrscheinlich, da er 1516 zu den Sängern der französischen Kapelle gehörte, die von Papst Leo X. eine Exspektanz erhielten. 1531 stand er im Dienst der Regentin Marie von Ungarn in Brüssel und war 1543–47 Kapellmeister an St-Gilles in Brügge. P. de Ronsard zufolge war R. ein Schüler Josquins des Prés. Vermutlich zu dessen Tod komponierte er sein Requiem, in dem 2 Themen aus Werken des Lehrers erscheinen. R.s Bedeutung liegt vornehmlich auf dem Gebiet der Motette. Berühmt war weit über seine Lebenszeit hinaus die Motette *Quem dicunt homines,* die als Modell für Parodiemessen u. a. von A. Divitis, J. Mouton, Cr. de Morales und G. P. da Palestrina verwendet wurde. Als Chansonkomponist zeigt sich R. in der vorwiegend imitatorischen Satzweise der niederländischen Tradition verpflichtet.

WW: *Missa Veni sponsa Christi* (P 1560); *Moduli* (Motetten) für 4–6 St. (P 1556); eine weitere Messe, ein Requiem, Magnificat, weitere Motetten, Chansons u. 2 weltliche lat. Gesänge in Sammeldrucken 1532–78 u. hsl.; einzelne Chansons u. Motetten auch in zahlr. Lauten- u. Org.-Tabulaturen des 16. Jh.

Ausg.: 11 Motetten, in: Treize livres de motets parus chez P. Attaingnant en 1534–35, I, II, IV, VI, VIII u. XII, hrsg. v. A. SMIJERS – T. A. MERRITT (P 1934–36, Monaco 1960–63); *Quem dicunt homines*, in: Drei Motetten über „Quem dicunt homines", hrsg. v. L. LOCKWOOD (Wb 1963) (= Chw 94); 2 Motetten in Faks. u. Übertragung, in: The Medici Codex 1518, hrsg. v. E. E. LOWINSKY (Ch 1968) (= Monuments of Renaissance Music 4–5); Requiem, hrsg. v. A. SEAY (Wb 1976) (= Chw 94); 2 Chansons, in: H. M. BROWN, Theatrical Chansons of the 15th and Early 16th Centuries (C/M 1963).

Lit.: G. VAN DOORSLAER, J. R. (An 1930); M. E. KABIS, The Works of J. R., Renaissance Composer, 2 Bde. (1957) (= Diss. New York Univ.); H. M. BROWN, R., in: Grove[6] XV.

RICHARD LÖWENHERZ *(Richard Cœur de Lion)*, Opéra-comique in 3 Akten von André-Ernest-Modeste Grétry (1741–1813), Text von Michel Sedaine. Ort und Zeit der Handlung: Festung Linz (Österreich) und Umgebung, 1192/93. UA: 21. 10. 1784 in Paris (Comédie-Italienne), dt. EA (in dt. Sprache): 30. 7. 1787 in Hamburg.

Weniger die historische Tatsache der Inhaftierung des englischen Königs Richard I. (genannt Löwenherz) auf dem Rückweg vom 3. Kreuzzug (1190–92) als vielmehr die daran anknüpfende Legende von der Befreiung des Königs durch den getreuen Troubadour Blondel verwendete Sedaine als Grundlage der Handlung. Während die Geschichtsschreibung die Festsetzung Richards auf Burg Dürnstein (Dez. 1192), die Auslieferung an Kaiser Heinrich VI. und erneute Haft auf Burg Trifels (Pfälzer Wald), schließlich die Freilassung am 4. 2. 1194 gegen ein hohes Lösegeld verzeichnet, finden die Ereignisse in Legende und Oper mit dem erfolgreichen Sturm auf Dürnstein (Sedaine gibt das in Frankreich bekanntere Linz an) ein glückliches Ende. – Der überwältigende, dauerhafte Erfolg und die historische Bedeutung der Oper resultieren aus Neuerungen, die wegbereitend für die Entwicklung der Gattung bis zum Musikdrama wurden: die Ouvertüre erklingt bei geöffnetem Vorhang; ihre pastorale Musik fungiert als Bestandteil der ländlichen Kulisse – Dorfbewohner freuen sich in buntem Treiben auf ein bevorstehendes Fest. Die entscheidenden dramatischen Funktionen (Katastrophe/Dénouement) werden von der Musik allein übernommen: so erfolgt die Entscheidungsschlacht in einem musikalischen „Combat" (Schlachtengemälde) mit textloser Bühnenhandlung. Als eine der bedeutendsten Anregungen zur Entwicklung des Leitmotivs gilt die Idee, das Troubadourlied *Une fièvre brûlante* zum Leitthema der Oper zu machen: Richards Lied für seine Geliebte, Margarethe von Flandern, wird als Erkennungsmelodie und als Motto der Befreier zu einem tragenden dramaturgischen Mittel.

R. QUANDT

RICHTER. – 1) Ernst Friedrich Eduard, * 24. 10. 1808 Großschönau (Lausitz), † 9. 4. 1879 Leipzig; dt. Musiktheoretiker und Komponist. Er studierte Theologie und Musik in Leipzig und wurde 1843 neben M. Hauptmann Theorielehrer am dortigen Konservatorium. Außerdem leitete er 1843–47 die Singakademie, war seit 1851 Organist der Peterskirche, später der Nikolaikirche und seit 1868 als Nachfolger Hauptmanns Thomaskantor. Seine auf der Generalbaßlehre J. Ph. Kirnbergers beruhenden Lehrbücher, insbesondere das *Lehrbuch der Harmonie*, wurden in mehrere Sprachen übersetzt und lange Zeit im Unterricht verwendet.

WW: **1) Kompositionen:** Klv.- u. Orgelstücke; Kammermusik; Lieder; Messen; Motetten; Psalmen; Oratorium *Christus der Erlöser*, UA: Leipzig 1849; Kantate *Dithyrambe* (nach F. Schiller), UA: ebd. 1859. – **2) Schriften:** *Die Grundzüge der musikalischen Formen und ihre Analyse* (L 1852); *Lehrbuch der Harmonie* (L 1853, [36]1953); *Lehrbuch der Fuge* (L 1859, [9]1921); *Lehrbuch des einfachen und doppelten Kontrapunkts* (L 1872, [15]1920); die drei letzten Werke zusammengefaßt als: *Die praktischen Studien zur Theorie der Musik* (L 1874–76); *Katechismus der Orgel* (L 1868, [4]1896).

2) Alfred, Sohn von 1), * 1. 4. 1846 Leipzig, † 1. 3. 1919 Berlin; dt. Musikpädagoge. Er lehrte 1872–83 am Leipziger Konservatorium. Neben Neuausgaben von Werken seines Vaters veröffentlichte er auch eigene musiktheoretische Schriften und schrieb Klavierstücke, Chorwerke und Lieder.

Schriften: *Die Elementarkenntnisse der Musik* (L 1895, [6]1926); *Die Lehre von der thematischen Arbeit* (L 1896); *Das Klavierspiel* (L 1898, [2]1912); *Die Lehre von der Form in der Musik* (L 1904, [2]1911).

3) Bernhard Friedrich, Sohn von 1), * 1. 8. 1850 Leipzig, † 16. 4. 1931 ebd.; dt. Organist und Musikforscher. Er wurde 1876 Organist an der Jacobikirche in Leipzig, 1890 Gesanglehrer, 1908 Kirchenmusikdirektor und 1917 Professor an der Thomasschule. Er schrieb: *Das Innere der alten Thomasschule* (in: Schriften des Vereins für die Geschichte Leipzigs 7, 1904) und Aufsätze in den Bach-Jahrbüchern 2, 4, 8, 9 (1905–25).

RICHTER, Ferdinand Tobias, getauft 22. 7. 1651 Würzburg, † 3. 11. 1711 Wien; östr. Organist und Komponist. R. war 1675–79 Organist am Stift Heiligenkreuz bei Wien, seit 1683 als Nachfolger A. Pogliettis Hof- und Kammerorganist der Kapelle Kaiser Leopolds I. in Wien und seit 1690 1. Hoforganist. Außerdem unterrichtete er seit 1692 die Kinder Leopolds. Er gehörte auch zu den wenigen deutschen Komponisten, dessen Oratorien und geistliche Spiele am Kaiserhof zur Aufführung kamen. J. Pachelbel widmete ihm sein *Hexachordum Apollinis* (1699).

WW: Sonaten, Suiten u. Toccaten für Klv.; 2 Oratorien; ein Requiem; Vespern; ein Magnificat; Hymnen; 5 Jesuitendramen, darunter: *Hymenaei de Marte triumphus*, UA: Wien 1699.

Ausg.: 3 Suiten u. eine Toccata, in: Wiener Klv.- u. Orgelwerke in der zweiten Hälfte des 17. Jh., hrsg. v. H. BOTSTIBER (1906) (= DTÖ 27); *Toccata primi toni*, in: E. VALENTIN, Die Tokkata (Kö 1958) (= Das Musikwerk 17).

Lit.: A. GOTTRON, Zur Biographie F. T. R.s ..., in: Mf 20 (1967); C. D. HARRIS, Problems in Editing Harpsichord Music. Suite in D by F. T. R. 1649–1711, in: Notations and Editions. FS L. Cuyler (Dubuque/Iowa 1974).

RICHTER, Franz (František) **Xaver,** * 1. 12. 1709, vermutlich Holleschau (Mähren), evtl. auch Chrast an der Hernád (früher Ungarn, heute Slowakei), † 12. 9. 1789 Straßburg; dt. Komponist, Kapellmeister und Sänger mährischer Herkunft. Das früheste bekannte Datum in R.s Biographie ist 1740 die Ernennung zum Vizekapellmeister des Fürstabtes Anselm von Reichlin-Meldegg in Kempten (Allgäu). Vielleicht war R. zuvor Schüler J. J. Fux' in Wien und in Italien. 1747 kam er an die Hofkapelle des Kurfürsten Karl Theodor von der Pfalz nach Mannheim, wo er als Bassist und Virtuoso di camera nachgewiesen ist und später den Titel Kammer-Kompositeur erhielt. Außerdem unternahm er längere Reisen nach Frankreich, England und in die Niederlande. Von 1769 bis zu seinem Tod wirkte er dann als Kapellmeister am Straßburger Münster und leitete dort auch die Konzerte am bischöflichen Hof sowie zeitweise die Stadtkonzerte. Wegen seines hohen Alters wurde 1783 I. Pleyel als Stellvertreter berufen. R. stand auch als Lehrer in hohem Ansehen; J. M. Kraus, C. Stamitz und F. Fränzl gehörten zu seinen Schülern.

WW: **1) Instr.-WW:** 6 Sonaten für 2 Fl. od. V. (P 1773); 2 Duette für 2 Fl. (Dresden o. J.); 6 Solos für Fl. od. V. u. B.c. (Lo 1764); 6 Sonaten für Cemb. u. V. od. Fl. (Lo 1759), 2. Lieferung (Lo um 1763), Auswahl aus beiden (Nü 1764); 6 Sonaten für 2 V., Vc. u. Cemb. (Lo um 1764), 2. Lieferung (Lo um 1765); 6 Streichquartette (Lo 1768); einige weitere kammermusikal. WW hsl. erhalten. – Für Orch.: Etwa 70 Symphonien, je 6 davon gedruckt als op. 2 (Lo 1760), op. 3 (P 1760), op. 4 (Lo 1765), op. 7 (P 1767), weitere in Sammeldrucken der Zeit u. hsl. erhalten; 6 Ouvertüren (Lo um 1775); Konzerte: 6 für Cemb., 8 für Fl., je 1 für Ob. u. Trp. (meist hsl.). – **2) Vokal-WW:** *Dixit Dominus* u. Magnificat für Soli, Chor u. Orch. (P um 1790); hsl. erhalten: etwa 40 Messen bzw. Requiem; 43 Motetten u. Kantaten; 18 Psalmen; 2 Passionen; Te Deum; Lamentationen. Von einem Oratorium *La deposizione della croce di Gesù Christo*, UA: Mannheim 1748, ist nur das Libr. erhalten. – **3) Schriften:** *Harmonische Belehrungen oder gründliche Anweisungen zu der musikalischen Ton-Kunst oder regulären Composition* (1761–66?), übers. u. hrsg. v. C. Kalkbrenner: *Traité d'harmonie et de composition* (P 1804).

Dem nachbarocken Wiener Stil verpflichtet, gilt R. unter den Neuerern der ↗Mannheimer Schule als Bewahrer der Tradition. Seine Instrumentalmusik der Mannheimer Zeit macht ihn gleichwohl zu einem der Hauptvertreter des „singenden Allegro" und der freien Harmonik der Mannheimer. R. verwendet fast als einziger häufig Moll-Seitensätze; in der Bläserbehandlung und Melodiebildung lehnte er sich an J. Stamitz an. Sein eigentliches Wirkungsfeld scheint R. jedoch erst in Straßburg gefunden zu haben. In der Vokalmusik jener Jahre ist der Wechsel von a cappella-Partien mit Arien, Duetten und instrumentalen Fugen hervorzuheben.

Ausg.: 4 Symphonien, in: Sinfonien der pfalzbayerischen Schule I u. II, hrsg. v. H. RIEMANN (1902–06) (= DTB 3/1 u. 7/2); 6 Streichquartette u. Sonate für Cemb., V. u. Vc., in: Mannheimer Kammermusik des 18. Jh. I u. II, hrsg. v. DEMS. (1914–15) (= DTB 15 u. 16); 1 Sonate für dieselbe Besetzung, hrsg. v. DEMS. (L 1904) (= Coll. Mus. 18); 3 Sonaten, hrsg. v. W. UPMEYER (Kas 1951, ²1965) (= Hortus Mus. 86); 3 Sinfonien, hrsg. v. A. HOFFMANN (Wb 1956) (= Corona 41).

Lit.: F. X. MATHIAS, Thematischer Kat. der im Straßburger Münsterarch. aufbewahrten kirchenmusikal. Werke F. X. R.s 1769–1789, in: FS H. Riemann (L 1909); K. G. FELLERER, Der Palestrinastil u. seine Bedeutung in der vokalen Kirchenmusik des 18. Jh. (Au 1929, Nachdr. 1972); E. SCHMITT, F. X. R. ... u. die geistliche Musik am Hofe Carl Theodors, in: Mannheimer H.e 12 (1963); DERS., Münsterkapelle u. Dommusik in Straßburg z. Zeit F. X. R.s u. I. Pleyels, in: Arch. de l'Église d'Alsace 18 (1970); W. LEBERMANN, Zu F. X. R.s Sinfonien, in: Mf 25 (1972).

B. A. KOHL

RICHTER, Hans, * 4. 4. 1843 Raab (Ungarn), † 5. 12. 1916 Bayreuth; dt. Dirigent. R. wurde 1853 Chorknabe der Hofkapelle in Wien, studierte 1860–65 am Konservatorium Musiktheorie (S. Sechter), Violine und Waldhorn und war 1862–66 Hornist im Orchester des Kärntnerthortheaters. 1867 wurde er Chordirektor und war 1868–69 Kapellmeister an der Münchner Oper. 1871–75 leitete er das Nationaltheater in Pest und wurde 1875 Kapellmeister an der Hofoper in Wien, wo er bis 1898 auch die Philharmonischen Konzerte und 1880–90 die Konzerte der Gesellschaft der Musikfreunde leitete. R., einer der führenden Dirigenten seiner Zeit, kam schon früh mit R. Wagner in Berührung und genoß dessen besonderes Vertrauen, auch wenn in späteren Jahren R. für Wagners Auffassung zu sehr „Musiker" war. 1866–67 bereitete er in Tribschen das Manuskript der *Meistersinger* für den Druck vor, war bei deren UA 1868 in München Assistent H. von Bülows, und Wagner vertraute ihm 1876 die musikalische Leitung der UA des *Rings des Nibelungen* zur Eröffnung der Bayreuther Festspiele an. Auch unter Cosima Wagner blieb R. bis 1908 bzw. 1912 in Bayreuth der bevorzugte *Ring*- und *Meistersinger*-Dirigent, stand aber der Direktion Cosimas zunehmend distanziert gegenüber.

Lit.: L. KARPATH, R. Wagner, Briefe an H. R. (W 1924); O. ŠOUREK, A. Dvořák a H. R. (Pr 1942), dt. Übers. in: FS E. H. Müller von Asow (Salzburg 1942); E. Voss, Die Dirigenten der Bayreuther Festspiele (Rb 1976) (= Arbeitsgemeinschaft „100 Jahre Bayreuther Festspiele" 6).

RICHTER. – 1) Johann Christian Christoph, * 16. 12. 1727 Neustadt an der Kulm, † 1779 Schwarzenbach an der Saale; dt. Komponist. Er war Mitglied der Kapelle der Prinzen von Thurn und Taxis in Regensburg und studierte Theologie in Erlangen und Jena. Seit 1760 lebte er als Organist und Lehrer in Wunsiedel, später als Pastor in Joditz bei Hof und in Schwarzenbach. Von ihm ist hsl. Kirchenmusik erhalten. – **2) Johann Paul Friedrich,** Sohn von 1), ↗Jean Paul.

RICHTER, Karl, * 15. 10. 1926 Plauen (Vogtland), † 15. 2. 1981 München; dt. Dirigent und Organist. Er war am Kirchenmusikalischen Institut in Leipzig Schüler von K. Straube und G. Ramin, dessen Nachfolge als Thomas-Organist er 1949 übernahm. 1951 siedelte er in den Westen über und wurde Lehrer für Orgel (1956 Professor) an der Staatlichen Hochschule für Musik in München und Organist und Kantor an der St. Markuskirche. 1953 gründete er den Münchener Bach-Chor, 1955 das Münchener Bach-Orchester und unternahm mit diesen Ensembles seit 1958 als Dirigent, Organist und Cembalist Tourneen durch Europa, ferner in die USA, nach Japan und Südamerika sowie in die UdSSR. 1977 endete seine Tätigkeit an der Musikhochschule. R. entwickelte als Dirigent eine neue, dynamisch-temperamentvolle Bach-Interpretation, die als Gegenpol zu einer rein historischen Orientierung weithin zum Inbegriff einer idealen Darstellung wurde, aber auch auf Ablehnung stieß. Als künstlerischer Leiter prägte R. 1955–64 die Ansbacher Bach-Wochen.

Lit.: F. HERZFELD, Magie des Taktstocks (B 1953, Neufassung 1959, Da – Z 1964).

RICHTER, Swjatoslaw Teofilowitsch, * 7. (20.) 3. 1915 Schitomir (Ukraine); sowjet. Pianist dt. Abstammung. R. war Sohn eines Pianisten-Ehepaares, erhielt aber erst 22jährig geregelten Klavierunterricht. 1937–44 studierte er bei Heinrich Neuhaus am Moskauer Konservatorium und trat seit 1942 öffentlich auf. 1945 war er 1. Preisträger des Allunionswettbewerbs und wurde 1947 mit der Goldenen Medaille des Moskauer Konservatoriums ausgezeichnet. Erst 10 Jahre später unternahm er die ersten Auslandstourneen nach China (1957), in die USA (1960) und nach Europa. 1971 spielte er erstmals in der Bundesrepublik Deutschland. Seither ist er an großen Musikzentren in aller Welt zu hören und gilt als einer der führenden Pianisten der Gegenwart. Besondere Wertschätzung genießt er als Interpret J. S. Bachs, Fr. Schuberts und R. Schumanns.

Lit.: J. KAISER, Große Pianisten in unserer Zeit (Mn 1965, [2]1972); K. WIDMAIER, Begegnung mit S. R., in: Phonoprisma 6 (1963); K. GANEV, Begegnungen u. Gespräche mit R., in: Balgarska muzika 19 (1968).

RICHTER-HAASER, Hans, * 6. 1. 1912 Dresden, † 13. 12. 1980 Braunschweig; dt. Pianist. Er studierte an der Dresdner Musikakademie, gab 1928 sein erstes Konzert und war bis 1939 als freischaffender Pianist, Dirigent und Komponist tätig. 1945–47 dirigierte er das Städtische Orchester in Detmold und lehrte 1946–63 an der Nordwestdeutschen Musikakademie, wo er 1945 als Professor eine Klavierklasse übernahm. Seitdem widmete sich R. wieder ausschließlich seiner solistischen Laufbahn. Konzertreisen führten ihn durch Europa und nach Asien. In seiner Interpretationsweise steht R. in der Nachfolge von E. Fischer und W. Backhaus; er galt als Vertreter eines kraftvollen, formklaren und vitalen Spiels. Als Komponist trat er mit einem Märchenspiel, einer Symphonie, 2 Klavierkonzerten, Kammermusik, Chören und Liedern hervor.

RICOCHET (frz., = Abprall), Bz. für eine geworfene Strichart. Im Unterschied zu ↗spiccato bzw. dem einfachen Springbogen (↗sautillé) prallt der kräftig und schnell geworfene Bogen mehrfach elastisch ab, so daß eine Folge von mehreren kurzen Tönen auf einen Bogenstrich ausgeführt werden kann. Als Spielanweisung wird das R. folgendermaßen angegeben:

RICORDI, G. Ricordi & C., it. Musikverlag. Er wurde 1808 von **Giovanni R.** (* 1785 Mailand, † 15. 3. 1853 ebd.) gegründet. Giovanni war zunächst Violinist, dann Kopist und Souffleur am Teatro Carcano und am Teatro del Lentasio. 1807 absolvierte er bei Breitkopf & Härtel in Leipzig eine Lehre als Notenstecher und eröffnete 1808 mit dem Musikalienhändler und Notenstecher **Felice Festa** (* 2. 5. 1774 Turin) eine Notenstecherei, in der vermutlich als erstes Verlagswerk ein *Giornale di musica vocale italiana* erschien. Nach einem halben Jahr führte R. die Casa Editrice R. allein fort. 1814 wurde er Souffleur und Kopist an der Scala, erwarb das Vorrecht zum Vertrieb der dort aufgeführten neuen Opern und übernahm

1825 die Archiv-Bestände dieses Hauses. In diesem Jahr wies der Verlagskatalog bereits die Klavierauszüge sämtlicher Werke G. Rossinis auf. Ein Jahr zuvor hatte R. in Florenz und London Zweigniederlassungen eröffnet. 1837 bzw. 1840 erwarb er die Firmen F. Artario e figlio und G. Longo di Este; Verträge mit den Bühnen Mailands und Neapels sicherten ihm Exklusivrechte an den für sie geschriebenen Opern. Neben Werken von Rossini nahm R. auch Opern von G. Donizetti und V. Bellini in das Programm auf. 1844 erschienen mit *Nabucco* und *I Lombardi alla prima Crociata* erstmals auch Werke von G. Verdi. 1842 gründete R. die *Gazzetta musicale di Milano,* die erste bedeutende Musikzeitschrift Italiens. Nach Giovannis Tod übernahm sein Sohn **Tito R.** (I) (* 29. 10. 1811 Mailand, † 7. 9. 1888 ebd.), seit 1825 Mitarbeiter des Hauses, die Verlagsleitung. Er führte wirtschaftlich bedeutsame organisatorische und drucktechnische Neuerungen ein und eröffnete neue Niederlassungen u.a. in Neapel (1860), Rom (1871), London (1875), Palermo und Paris (beide 1888). Enge Freundschaft verband ihn mit Verdi, dessen Opern wesentlich zum Aufschwung des Unternehmens beitrugen. 1888 übernahm er das Konkurrenzunternehmen Fr. Lucca in Mailand, das auf R.s Verdi-Monopol mit der Einführung der Werke R. Wagners reagiert hatte. Damit nahm der Verlag R. eine beherrschende Marktstellung in Italien ein. Kurz vor seinem Tod übergab Tito die Firmenleitung seinem ältesten Sohn **Giulio R.** (* 19. 12. 1840 Mailand, † 6. 6. 1912 ebd.). Auch Giulio war mit Verdi eng befreundet, unterhielt aber auch enge Beziehungen zu jüngeren Komponisten, darunter A. Boito, A. Ponchielli, Fr. Faccio und vor allem G. Puccini, dessen künstlerische Entwicklung er nachhaltig beeinflußte. Außerdem erweiterte er das Verlagsprogramm um ältere Musik, Volks- und Kirchenmusik und gründete die Filialen in Leipzig (1901) und New York (1911). Unter seiner Leitung hatte der Verlag 1908 (100 Jahre nach seiner Gründung) 110000 Publikationen erreicht. Unter dem Pseudonym J. Burgmein trat Giulio, der musikalisch Begabteste der Familie R., auch selbst als Komponist zahlreicher Klavierstücke, ferner Lieder und mehrerer Orchester- und Bühnenwerke hervor. Nach seinem Tod ging die Unternehmensleitung an seinen Sohn **Tito R.** (II) (* 17. 5. 1865 Mailand, † 30. 3. 1933 ebd.) über. Tito überwarf sich jedoch mit Puccini, förderte statt dessen R. Zandonai, I. Montemezzi und Fr. Alfano, für die er auch Libretti schrieb, und schied nach einer Auseinandersetzung mit Firmenaktionären schon 1919 wieder aus. Seine Nachfolger waren **Renzo Valcarenghi** (* 15. 11. 1860 Crema, † 11. 2. 1947 Mailand) und **Carlo Clausetti** (* 17. 10. 1869 Neapel, † 9. 8. 1943 Fano). 1944–52 wurde das Unternehmen von **Alfredo Colombo** (seit 1940 Nachfolger Clausettis), **Eugenio Clausetti** und **Camillo R.** geleitet, die maßgeblich zum Wiederaufbau des im 2. Weltkrieg schwer geschädigten Unternehmens beitrugen. 1952 wurde die Firma in eine Società a responsabilità limitata und 1956 in eine Società per azioni umgewandelt. Weitere Zweigniederlassungen waren in Buenos Aires (1924), São Paulo u.a. (1927), Basel (1949), Toronto (1954) und Sydney (1956) gegründet worden. Gegenwärtig umfaßt der Katalog der Casa R. mehr als 50000 Titel. Schwerpunkte des Verlagsprogramms bilden Bühnenwerke, kritische Neuausgaben klassischer Werke, Taschenpartituren von Symphonien und wichtige zeitgenössische Kompositionen. Bedeutsam sind insbesondere die Gesamtausgaben von D. Scarlatti und A. Vivaldi, die Denkmälersammlung *Istituzioni e monumenti dell'arte musicale italiana* (1931–39, 1956ff.), musikwissenschaftliche Werke, das *Dizionario Ricordi della musica e dei musicisti* (hrsg. v. Cl. Sartori, 1959) und die *Enciclopedia della musica* (hrsg. v. dems., 4 Bde., 1963–64). Von den Musikzeitschriften des Hauses sind zu nennen: *Gazzetta musicale di Milano* (1842–1902, seit 1902 als *Musica e musicisti,* 1906–12 als *Ars et labor – Musica e musicisti*), *Musica d'oggi* (1919–42, neue Serie 1958–65) und *Ricordiana* (1951–57).

Lit.: C. SARTORI, Casa R. 1808–1958 (Mi 1958); 150 Jahre Musikverlag R., in: Musikhandel 9 (1958); R. MACNUTT, The House of R., in: MT 120 (1979).

RIDDERBUSCH, Karl, * 29. 5. 1932 Recklinghausen; dt. Sänger (Baß). Er wurde von R. Schock entdeckt und gefördert, studierte seit 1955 am Konservatorium in Duisburg und 1957–61 an der Folkwang-Hochschule in Essen. 1961 debütierte er am Städtischen Theater in Münster, sang 1963–65 in Essen und wurde dann Mitglied der Deutschen Oper am Rhein Düsseldorf-Duisburg. Gastspiele führten ihn u. a. an die Wiener Staatsoper, an den Covent Garden in London und an die Metropolitan Opera in New York; außerdem trat er häufig bei den Salzburger Festspielen und seit 1967 regelmäßig bei den Bayreuther Festspielen auf. Den Schwerpunkt seines Repertoires bilden neben Wagner-Partien auch Buffo-Partien in den Opern A. Lortzings, in G. Verdis *Falstaff* und in O. Nicolais *Die lustigen Weiber von Windsor.* Zu seinen Glanzrollen zählen auch der König Philipp in G. Verdis *Don Carlos,* der Boris Godunow in M. Mussorgskis gleichnamiger Oper sowie der Ochs von Lerchenau in R. Strauss' *Rosenkavalier.*

ŘÍDKÝ, Jaroslav, * 25. 8. 1897 Reichenberg (Böhmen), † 14. 8. 1956 Poděbrady (ČSR); tschechischer Komponist. Er studierte am Prager Konservatorium 1919–23 bei K. B. Jirák, J. Křička und J. B. Foerster, dessen Meisterklasse er 1926 besuchte. 1924–38 war er Harfenist der Tschechischen Philharmonie und 1925–30 Chordirigent des Philharmonischen Chores. Ř. widmete sich dann dem Unterricht, lehrte 1929–48 am Prager Konservatorium (1938 Professor) und seit 1948 an der neuen Akademie der musikalischen Künste (1955 Professor). Ř. gehört mit seinen Kammermusik- und Orchesterwerken zu den bedeutendsten Repräsentanten der neueren tschechischen Musik.

WW: Klv.-Stücke; 2 Sonaten für Vc. u. Klv. (1923, 1948); *Serenata appassionata* (1929) u. eine Sonatine für V. u. Klv. (1947); 5 Streichquartette (1926, 1927, 1931, 1933, 1937); Bläserquintett (1945); 2 Nonette (1934, 1943); Kammersinfonietta (1945). – Für Orch.: Sinfonietta (1923); 7 Symphonien (1924, 1925, 1927, 1928, 1931, 1938, 1956); Serenade für Streichorch. (1943); Konzerte für: V. (1926); 2 für Vc. (1930, 1940); Klv. (1952). – Ferner Kantaten u. Volksliedbearbeitungen.

Lit.: J. VÁLEK, J. Ř. (Pr 1966).

RIEDEL, Friedrich Wilhelm, * 24. 10. 1929 Cuxhaven; dt. Musikforscher. Er studierte Kirchenmusik an der Musikakademie Lübeck sowie Musikwissenschaft, Geschichte und Liturgiewissenschaft an der Universität Kiel, wo er 1957 zum Dr. phil. promovierte. 1951–58 wirkte er als Organist und Chorleiter in Schleswig, 1960–68 in Kassel. Er leitete 1960–67 das RISM-Zentralsekretariat in Kassel und wurde 1968 Assistent und 1971 Dozent (1973 Professor) am Musikwissenschaftlichen Institut der Universität Mainz. Seit 1978 ist R. Orgelsachverständiger des Landesamtes für Denkmalpflege in Rheinland-Pfalz, seit 1982 Präsident der Int. J. M. Kraus-Gesellschaft.

Schriften: *Quellenkundliche Beiträge zur Geschichte der Musik für Tasteninstrumente in der 2. Hälfte des 17. Jh. (vornehmlich in Deutschland)* (Kas – Bas 1960); *Das Musikarchiv im Minoritenkonvent zu Wien* (Kas 1963); *Musik, Theater, Tanz vom 16. Jh. bis zum 19. Jh. in ihren Beziehungen zur Gesellschaft* (Göttweig 1966) (zus. mit E. Ritter); *Die musikgeschichtliche Bedeutung der Franziskaner-Minoriten,* in: Im Dienste der Gemeinde (Wü 1972); *Kirchenmusik am Hofe Karls VI. (1711–1740). Untersuchungen zum Verhältnis von Zeremoniell und musikalischem Stil im Barockzeitalter* (Mn – Salzburg 1976); *Die zyklische Fugenkomposition von Froberger bis Albrechtsberger,* in: Die süddt.-östr. Orgelmusik im 17. u. 18. Jh. 1 (1980); *Die Bedeutung des „Christus" von F. Liszt in der Geschichte des Messias-Oratoriums,* in: Liszt-Stud. 2 (1981). – R. war Hrsg. v.: *Studien zur Landes- und Sozialgeschichte der Musik* (Mn – Salzburg 1977ff.); *Quellenschriften zur Musikästhetik des 18. u. 19. Jh.* (ebd. 1977ff.); *Symbolae Historiae Musicae.* FS H. Federhofer (Mz 1971) (zus. mit H. Unverricht); *J. M. Kraus in seiner Zeit* (Mn–Salzburg 1982); ferner Org.- u. Cembalowerke v. J. J. Fux, J. Ph. Kirnberger, J. Krieger u. G. Muffat. J. DORFMÜLLER

RIEDEL, Karl (Carl), * 6. 10. 1827 Kronenberg bei Elberfeld, † 3. 6. 1888 Leipzig; dt. Chordirigent. Er studierte 1849–54 bei M. Hauptmann, I. Moscheles und C. F. Becker am Leipziger Konservatorium. Ein 1854 von ihm gegründetes Männerquartett trat 1855, zum gemischten Chor erweitert, unter dem Namen R.-Verein erstmals öffentlich auf und brachte 1859 J. S. Bachs h-moll-Messe zur Aufführung. 1868 wurde R. Präsident des Allgemeinen Deutschen Musikvereins, erhielt später den Professoren-Titel, 1883 die Ehrendoktorwürde und wurde 1884 zum Herzoglich Sächsischen Kapellmeister ernannt. Als Chordirigent setzte er sich besonders für von ihm z. T. neu herausgegebene Werke des 16./17. Jh. (H. Schütz, J. W. Franck, J. Eccard, M. Praetorius) sowie der Neudeutschen Schule ein.

Lit.: K. A. GÖHLER, FS zum 50jährigen Jubiläum des R.-Vereins (L 1904) (mit Biographie); E. STÖCKL, Zwei dt. Briefe A. Borodins an C. R., in: Mf 18 (1965).

RIEDL, Josef Anton, * 11. 6. 1929 München; dt. Komponist. Er studierte bei H. Scherchen und erhielt Anregungen durch C. Orff und P. Schaeffer. Nach ersten elektronischen Entwicklungsarbeiten initiierte er die Gründung des Siemens-Studios für Elektronische Musik München (1960–66), dessen künstlerischer Leiter er wurde. Seit 1960 organisiert und programmiert R. die Veranstaltungsreihen „Neue Musik", „Neuer Film", „jazz" und seit 1979 „Traditionelle Außereuropäische Musik" der Stadt München und gab dazu die Heftreihen *Neue Musik* und *Neuer Film* heraus. Seit 1967 realisiert R. mit der von ihm gegründeten Gruppe „Musik/Film/Dia/Licht-Galerie" Multimediakompositionen, audiovisuelle Konzerte, Environments und Events auf zahlreichen in- und ausländischen Festivals sowie auf Tourneen (Südamerika 1980 u.a.), ferner Konzerte mit Synthesizer-Ensemble und selbstgebauten Instrumenten und Instrumentarien. 1974 übernahm R. die Leitung des Kulturforums der Stadt Bonn. Sein eigenes vielseitiges kompositorisches Schaffen stellt einen sehr persönlich ausgeprägten, keiner Schule irgendwie verpflichteten Beitrag zum im weitesten Sinne multimedialen Kunstschaffen der Gegenwart dar.

WW (Jahresangaben mit Schrägstrich verweisen auf verschiedene Fassungen): **1) Instr.- u. Vokal-WW:** Solo-Stücke für Schlagzeug (1951ff.); Solo-Stücke für Klv. u. präpariertes Klv. (1951ff.); *Klangsynchronie I* für versch. präparierte Instr. (1973/75); WW für Kammerchor (1953ff.); WW für Orch. (1954ff.). – **2) Konkrete u. elektronische WW:** *Musique Concrète Studie I und II* (1951); *Kommunikation, Komposition Nr. 2* (1956–65); *Komposition Nr. 3* (1965/67); *Komposition Nr. 4 I, II, III …* (1963/68/… [noch nicht abgeschlossen]); *Epiphyt I, II, III* für Synthesizer-Ensemble (1975–81); *Klangsynchronie II* für Synthesizer u. elektronische Klänge (1979/81); *Mix Fontana Mix* für Synthesizer u. präparierte Instr. (1976/79/81). – **3) WW für verschiedene Materialien:** Paper Music (1961/68/70); *Polygonum* (1968); *Klang-Ex-*

kursion (1979); *Metallophonic Raum-Klangwerkstatt* (1974); *Glas-Spiele* (1975/77). – **4) Multimedia-WW:** *Silphium* (1968/70); *Vielleicht-Duo* (1963/68/70); *Musik/Film/Dia/Licht-Galerie* (1970); *Parc Floral* (1970/72); *Rhipsalis* (1970/72); *Klang/Licht/Duft-Spiele* (1973); *Douce-Amère* (1972/74); *Klangleuchtlabyrinth – Tropfenabläufe/Verspannung* (1974/76); *Audiovisual Events – John Cage/J. A. Riedl* (1976/78). – **5) WW für gemischte Besetzungen:** *Sila Silaspihr* (Album 1979ff.); *Landschaftsbeschreibung I und II* (1973, 1981). – **6) Film-, Hörspiel- und Bühnenmusik:** *Kommunikation* (E. Reitz, 1961); *Geschwindigkeit* (E. Reitz, 1963); *Unendliche Fahrt* (E. Reitz/A. Kluge, 1965); *Die Utopen, Sekundenfilme* (V. Kristl, 1967/68); *Leonce und Lena* (F. Kortner, 1963); *Sturm* (Kortner, 1968); *Le chien andalou* (S. Dalí/L. Buñuel, 1980). – R. schrieb ferner *Elektronische Musik Darmstadt–München 1964–1966*, in: Die 21. Int. Ferienkurse für Neue Musik Darmstadt 1966 (Da 1966).

Lit.: D. SCHNEBEL, Sichtbare Musik, in: Neue Musik in der Bundesrepublik Deutschland 11/12 (Da 1969); R. MÜLLER-MEHLIS, Die olympische Spielstraße, in: Melos 39 (1972); D. SCHNEBEL, Kompositorische Möglichkeiten. J. A. R., Komposition Nr. 3 für elektronische u. konkrete Klänge, in: Denkbare Musik (Kö 1972); W. GIESELER, Multi-Media-Möglichkeiten, in: Komposition im 20. Jh. (Celle 1975); G. REBSCHER, Natur in der Musik (Wie 1976); E. KARKOSCHKA, Analyse (Herrenberg 1976); M. CHION – G. REIBEL, Les musiques électroacoustiques (Aix-en-Provence 1976); R. FRISIUS, Neue Musik für Kinder. Ein Problem der Animation?, in: Musik u. Bildung 10 (1978/79); DERS., Klang-Exkursion, Glas-Spiele, in: Notation u. Komposition (St 1980); I. STOIANOVA, De quelques aspects multidisciplinaires des performances artistiques dans les conditions postmodernes, in: Performance Textes & Documents (Montréal 1981).

H. G. SCHÜRMANN

RIEDT, Friedrich Wilhelm, * 5. 1. 1710 Berlin, † 5. 1. 1783 ebd.; dt. Flötist, Musiktheoretiker und Komponist. Er war Schüler von J. G. Graun und Chr. Schaffrath und trat 1741 als Flötist in die Hofkapelle Friedrichs II. ein. 1749 wurde er Direktor der von ihm mitgegründeten Musikübenden Gesellschaft in Berlin, für die er Kammermusik schrieb; er gehörte dort zu den angesehensten Musikerpersönlichkeiten. Seine Kompositionen wurden von den Zeitgenossen unterschiedlich bewertet, und seine Schriften erfuhren (u.a. durch J. A. Scheibe) heftige Kritik.

WW: 2 einzelne Sonaten für 1 u. 2 Fl. u. B.c.; weitere Stücke für u. mit Fl. in Sammeldrucken 1758–63. – *Versuch über die musikal. Intervallen* (B 1753); zahlr. Beiträge in: F. W. Marpurg, Hist.-critische Beyträge, darunter: *Betrachtungen über die willkürlichen Veränderungen ... bey Ausführung einer Melodie*, in: II. Teil, 2. Stück (B 1756).

Ausg.: Duett für 2 Fl., hrsg. v. D. SONNTAG (Wilhelmshaven 1962).

Lit.: G. FREIHERR VON LEDEBUR, Tonkünstler-Lexikon Berlins (B 1861, Nachdr. Tutzing 1965); S. LOEWENTHAL, Die Musikübende Ges. zu Berlin u. die Mitglieder J. Ph. Sack, F. W. R. u. J. G. Seyffarth (Diss. Bas 1928).

RIEGEL ↗ Rigel.

RIEGER, östr. Orgelbaufirma. Sie wurde 1845 in Jägerndorf (Tschechoslowakei) von **Franz R.** (1812–85) gegründet. Das 1946 verstaatlichte Stammhaus firmiert als „Rieger Krnov". Das seit 1946 in Schwarzach (Vorarlberg) von der Familie fortgeführte Unternehmen wird unter dem Namen „Rieger Orgelbau" von **Josef von Glatter-Götz** jr. (* 15. 12. 1914 Wien) und seinen Söhnen **Caspar** (* 1945), **Raimund** (* 1948) und **Christoph** (* 1951) geleitet. Aus ihrer Werkstatt stammen mehr als 4500 Orgeln.

Bis 1939 gehörte das Unternehmen zu den größten europäischen Orgelbauwerkstätten und war für seine fortschrittlichen technischen Entwicklungen bekannt. Die Schwarzacher Werkstatt strebt eine Synthese zeitgenössischer Technologie und kunsthandwerklicher Tradition an.

Die bedeutendsten Orgeln: Musikvereinssaal in Wien (1907; 4 Man., 67 Reg.), Wien, Konzerthaus (1913; 4 Man., 116 Reg.), Barfüßerkirche Augsburg (1958; 3 Man., 36 Reg.), Friedenskirche Krefeld (1960; 4 Man., 66 Reg.); Chororgel im Ulmer Münster (1960; 2 Man., 18 Reg.), Münster in Mönchengladbach (1961; 3 Man., 44 Reg.), St. Ägidien Nürnberg (1963; 3 Man., 44 Reg.), Chororgel im Münster zu Freiburg i. Br. (1964; 2 Man., 25 Reg.) und die dortige Querschifforgel (1965; 4 Man., 61 Reg.), Washington/USA (1968; 4 Man., 60 Reg.), Abtei Marienstatt (1970; 4 Man., 60 Reg.), Chor- und Hauptorgeln in den Domen von Bamberg (1973, 2 Man., 21 Reg.; 1976, 4 Man., 77 Reg.) und Ratzeburg (1972, 2 Man., 9 Reg.; 1978, 4 Man., 60 Reg.). Von R. restauriert wurde u.a. die Orgel im Alten Dom zu Linz (F. X. Chrismann, 1789).

Lit.: R. QUOIKA, Die Orgelbauer R. u. ihr Haus (o.O. 1955); H. BÖHRINGER, Die neue Org. der St. Elisabethkirche in Stuttgart, in: MuA 10 (Fr 1958); C. WINTER, Das Orgelwerk des Freiburger Münsters (Fr 1965).

RIEGER, Fritz, * 28. 6. 1910 Oberaltstadt (Böhmen), † 30. 9. 1978 Bonn; dt. Dirigent. Er studierte Komposition (F. F. Finke), Orchesterleitung (G. Szell) und Klavier an der Prager Musikakademie. 1931–38 war er Kapellmeister am Deutschen Theater in Prag, Opernchef am Stadttheater in Aussig und 1941–45 Operndirektor am Staatstheater Bremen. 1947–49 wirkte er als Opernchef am Nationaltheater in Mannheim und war dann bis 1967 künstlerischer Leiter der Münchner Philharmoniker sowie GMD in München. 1972 wurde er als Nachfolger W. van Otterloos Chefdirigent beim Melbourne Symphony Orchestra. Außerdem war er ständiger Gastdirigent der Bayerischen Staatsoper in München, am Teatro S. Carlo in Neapel und am Teatro dell'Opera in Rom. Konzertreisen führten ihn durch ganz Europa und nach Japan. R. vertrat als Dirigent nicht den intellektuellen Typus, sondern vertraute auf seine Begeisterungsfähigkeit, in der er aber eine durchaus selbstkritische Haltung bewahrte. Er nahm sich auch der zeitgenössischen Musik an.

RIEGGER, Wallingford, * 29. 4. 1885 Albany (Georgia), † 2. 4. 1961 New York; amerik. Komponist. Er studierte Theorie, Komposition (Percy Goetschius) und Violoncello am Institute of Musical Art in New York. 1907–10 setzte er seine Studien an der Musikhochschule in Berlin (Komposition u.a. bei M. Bruch) fort und trat dort 1910 mit dem Blüthner-Orchester erstmals als Dirigent auf. 1910–13 spielte er als Cellist im Symphonieorchester in St. Paul (Minn.), war 1913–16 Kapellmeister in Würzburg und Königsberg und dirigierte 1916–17 das Blüthner-Orchester in Berlin. 1917 kehrte er in die USA zurück, lehrte 1918–22 Musiktheorie und Violoncello an der Drake University (Iowa) und ließ sich dann in New York nieder, wo er u.a. am Teachers College der Columbia University und an der Metropolitan Music School unterrichtete. 1948/49 war er Präsident der amerikanischen Sektion der IGNM und seit 1953 Mitglied des National Institute of Arts and Letters.

WW: **1) Instr.-WW:** Zahlr. Kammermusik. – Für Orch.: 4 Symphonien (1935, 1946, 1948, 1957); Passacaglia (Praeludium) u. Fuge (1942) (auch für Blasorch.); Ouvertüre (1955); Praeambel u. Fuge (1955); *Festival Overture* (1957); *Quintuple Jazz* (1958); Sinfonietta (1959). – **2) Vokal-WW:** *La belle dame sans merci* (1923) (Text: J. Keats) für Sopran, Mezzo-Sopran, Alt, Tenor, Fl., Ob., Fag., Horn u. Str. u. Frauenchor ad lib.; Kantate *In Certainty of Song* (1950) für Soli, Chor u. Klv. (oder Kammerorch.); ferner Volksliedbearb. – **3) Bühnen-WW:** Ballette: *Bacchanale,* UA: New York 1931; *Frenetic Rhythms* für Fl., Klar., Klv. u. Trommeln, UA: ebd. 1933; *Evocation,* UA: Toronto 1933; *New Dance,* UA: New York 1935; *Theatre Piece,* UA: ebd. 1936; *With my Red Fires,* UA: Bennington/Vermont 1936; *Chronicle,* UA: New York 1936; *Candide,* UA: ebd. 1937; *Machine Ballett,* UA: Toronto 1938; *Pilgrim's Process,* UA: New York 1941.

Im Gegensatz zu vielen amerikanischen Komponisten, die unter dem Einfluß von Nadja Boulanger im neoklassizistischen Stil schrieben, gehörte R. keiner „Schule“ an. Er entwickelte eigene Schreibweisen von traditionell-tonaler Richtung bis hin zu Reihentechnik (unabhängig von A. Schönberg, dessen Werke er erst später kennenlernte) und freitonalem Stil, der seine bedeutendsten Werke, u.a. die 3. Symphonie, kennzeichnet.

Lit.: Werk-Verz., in: Composers of the Americas 7 (Washington/D. C. 1961). – A. WEISS, in: American Composers on American Music, hrsg. v. H. Cowell (Stanford/Calif. 1933, NA NY 1962); A Tribute to W. R., in: Bull of the American Composers Alliance 9 (1960) (mit Werk-Verz.); P. D. FREEMAN, The Compositional Technique of W. R. as Seen in Seven Major Twelve-Tone Works (1963) (= Diss. Univ. of Rochester); D. GATWOOD, W. R. A Biography and Analysis of Selected Works (1970) (= Diss. Peabody College for Teachers); L. W. OTT, An Analysis of the Later Orch. Style of W. R. (1970) (= Diss. Michigan State Univ.).

RIEHL, Wilhelm Heinrich, * 6.5. 1823 Biebrich bei Wiesbaden, † 16.11. 1897 München; dt. Kulturhistoriker und Musikschriftsteller. Er begann als Journalist und machte sich durch seine Schriften und durch seine kulturgeschichtlichen Novellen schnell einen vielbeachteten Namen. 1848–51 war er Mitdirektor des Wiesbadener Hoftheaters. Seit 1854 lehrte er an der Universität München und wurde 1859 dort Ordinarius für Kulturgeschichte und Statistik. Seit 1885 war er auch Direktor des Bayerischen Nationalmuseums und Generalkonservator Bayerns. 1876–92 hielt er musikgeschichtliche Vorlesungen an der Königlichen Musikschule in München. R. betrieb Kulturgeschichte im umfassenden Sinn und unter dem Aspekt der „Sozialpolitik“ (wie er es nannte). So wurde er auch zum Begründer der *Volkskunde als Wissenschaft* (so der Titel eines Buches, St 1858). Was die Musik angeht, so galt R.s besonderes Interesse dem deutschen Volkslied und der dilettantischen Musikpflege in der bürgerlichen Familie (↗Hausmusik), wie denn auch seine eigenen Kompositionen den nichtprofessionellen Musiker bezeugen.

WW: **1) Schriften:** *Die Naturgesch. des Volkes als Grundlage einer dt. Socialpolitik,* 4 Bde. (St 1851–69) (R.s Hauptwerk), davon Bd. III: *Die Familie.* – Zur Musik: *Musikal. Charakterköpfe,* 3 Bde. (St 1853–60, [9]1927); *Freie Vorträge,* 2 Bde. (St 1873–85); *Musiker-Geschichten* (St 1879); *Zur Gesch. der romantischen Oper* (B 1928). – **2) Kompositionen:** *Hausmusik. Fünfzig Lieder dt. Dichter in Musik gesetzt* (St – Au 1855, [2]1859); *Neue Lieder für das Haus* (St 1877).

Lit.: W. SALMEN, W. H. R.s Gedanken z. Gesundung der Hausmusik, in: Hausmusik 17 (1953); V. VON GERAMB, W. H. R., Leben u. Wirken (Salzburg 1954); R. SCHAAL, R., in: MGG XI; D. P. MCCORT, W. H. R. and the Tradition of German Music-Fiction (1970) (= Diss. John Hopkins Univ.); K. GUTH – H. GERNDT – G. WIEGELMANN (3 Aufsätze), in: Jb. für Volkskunde, N. F. 2 (1979).

RIEMANN, Karl Wilhelm Julius Hugo, * 18.7. 1849 Groß-Mehlra bei Sondershausen (Thüringen), † 10.7. 1919 Leipzig; dt. Musikforscher. Er studierte seit 1868 Philosophie, Germanistik, Geschichte und Musikwissenschaft an den Universitäten Berlin, Tübingen und Leipzig und vervollkommnete seine musikalische Ausbildung in Klavier und Musiktheorie am Leipziger Konservatorium. Mit der Dissertation *Vom musikalischen Hören* promovierte er 1874 in Göttingen zum Dr. phil. 1878 habilitierte er sich an der Leipziger Universität. Anschließend lebte er als Musiklehrer in Bromberg, lehrte 1881–90 Klavier und Tonsatz am Konservatorium in Hamburg und 1890–95 am Konservatorium in Wiesbaden. 1895 wurde er als Dozent für Musikwissenschaft an die Universität Leipzig berufen, wo er das Musikwissenschaftliche Institut gründete und seit 1901 bis zu seinem Tode als Professor wirkte. Zu seinem 60. Geburtstag wurde ihm eine Festschrift gewidmet (L 1909, Tutzing [2]1965).

WW: **1) Schriften:** *Stud. z. Gesch. der Notenschrift* (L 1878, Nachdr. Hil 1970); *Musik-Lexikon* (L 1882, [11]1929), 12., völlig neu bearb. Aufl., hrsg. v. W. Gurlitt – H. H. Eggebrecht, 3 Bde. (Mz 1959–67), zum Personenteil 2 Ergänzungsbde., hrsg. v. C. Dahlhaus (1972–75), als *Brockhaus Riemann Musiklexikon,* 2 Bde., hrsg. v. C. Dahlhaus – H. H. Eggebrecht (Wie – Mz 1978–79); *Präludien und Studien. Gesammelte Aufsätze,* 3 Bde. (F – L 1895–1901, Nachdr. Hil 1967); *Geschichte der Musiktheorie im IX.–XIX. Jh.* (L 1898, ²1920, Nachdr. Hil 1961 u. 1971); *Geschichte der Musik seit Beethoven* (1800–1900) (B – St 1901); *Große Kompositionslehre,* 2 Bde. (B – St 1902–03); *System der musikal. Rhythmik u. Metrik* (L 1903, Nachdr. Niederwalluf 1971); *Handbuch der Musikgeschichte,* 2 Teile in 5 Bdn. (L 1904–13 u.ö., Nachdr. NY 1972); *Die byzantinische Notenschrift im 10.–15. Jh.* (L 1909); *Musikgeschichte in Beispielen* (Notierung auf 2 Systemen) (L 1912, ⁴1929). Grundlegend wurde R.s Neubearbeitung von A. W. Thayer – H. Deiters, *L. v. Beethoven* (vgl. Lit. ↗Beethoven). – **2) Editionen:** *Collegium musicum.* Auswahl älterer Kammermusikwerke, 50 H.e (L o. J.); *Kantaten-Frühling,* 2 Bde. (L 1909–13); siehe auch die Ausg. bei ↗Mannheimer Schule. Ferner zahlreiche praktische Ausg. und „Phrasierungs-Ausg." von WW des 18. u. 19. Jh.

R. war als praktischer Musiker, Pädagoge, Theoretiker und Historiker eine universale Persönlichkeit. Seine enzyklopädische Gelehrsamkeit fand ihren Niederschlag in dem *Musik-Lexikon,* einem in viele Sprachen übersetzten Standardwerk der europäischen Musikliteratur, sowie in mehreren hundert Veröffentlichungen. Sein bedeutendstes historisches Buch ist das *Handbuch der Musikgeschichte,* die letzte umfassende Darstellung der gesamten Musikgeschichte von der Hand eines einzelnen Autors. Als einer der Bahnbrecher musikwissenschaftlicher Forschung suchte er nach allgemeingültigen Erkenntnissen vom Wesen der Musik. Maßstab jeglicher Musikbetrachtung wurde für ihn das Schaffen der Wiener Klassik, vornehmlich L. van Beethovens. Er gilt als Entdecker der ↗Mannheimer Schule um Stamitz als Wegbereiter der Klassik, überschätzte aber ihre allgemeine Bedeutung. Aus den Werken seines Stilideals Beethoven entwickelte er nicht nur seine Lehre von der musikalischen ↗Periode (↗Metrum), sondern auch seine „Funktionstheorie" (↗Funktionsbezeichnung), mit der er harmonisch die erweiterte Tonalität des 19. Jh. systematisch zu erfassen bemüht war. Auch auf dem Gebiet der musikalischen Analyse und Kompositionslehre wirkte er beispielgebend.

Lit.: H. GRABNER, Die Funktionstheorie H. R.s u. ihre Bedeutung für die praktische Analyse (Mn 1923); W. GURLITT, Aus den Briefen M. Regers an H. R., in: Jb. Peters 43 (1936); H. L. DENECKE, Die Kompositionslehre H. R.s (Diss. Kiel 1937); W. GURLITT, H. R. (Mz 1950) (= Akad. der Wiss. u. der Lit., Abh. der geistes- u. sozialwiss. Klasse 25); G. WIENKE, Voraussetzungen der „musikal. Logik" bei H. R. (Diss. Fr 1953); H. FEDERHOFER, Die Funktionstheorie H. R.s u. die Schichtenlehre H. Schenkers, in: Kgr.-Ber. Wien 1956; H.-P. REINECKE, H. R.s Beobachtungen v. „Divisionstönen" u. die neueren Anschauungen z. Tonhöhenwahrnehmung, in: H. Albrecht in Memoriam (Kas 1962); E. SEIDEL, Die Harmonielehre H. R.s, in: Beitr. z. Musiktheorie des 19. Jh. (Rb 1966) (= Stud. z. Musikgesch. des 19. Jh. 4); C. DAHLHAUS, Unters. z. Entstehung der harmonischen Tonalität (Kas 1968); W. C. MICKELSEN, H. R.'s History of Harmony Theory with a Translation of „Harmonielehre", 2 Bde. (1971) (= Diss. Indiana Univ.); C. DAHLHAUS – E. APFEL, Stud. z. Theorie u. Gesch. der musikal. Rhythmik u. Metrik, 2 Bde. (Mn 1974) (= Musikwiss. Schriften 1); W. SEIDEL, Über Rhythmustheorien der Neuzeit (Be 1975) (= Neue Heidelberger Stud. z. Musikwiss. 2).

L. HOFFMANN-ERBRECHT

RIENZI, DER LETZTE DER TRIBUNEN, Große tragische Oper in 5 Akten von Richard Wagner (1813–83), Text vom Komponisten nach dem Roman *Rienzi, der letzte Tribun* (1835) von Edward Bulwer. Ort und Zeit der Handlung: Rom, um die Mitte des 14. Jahrhunderts. UA: 20. 10. 1842 in Dresden.

Der römische Politiker Cola di Rienzi, Verfechter republikanischer Ideen, läßt sich nach antikem Vorbild zum Tribunen ausrufen; Volk und Patrizierfamilien befehden sich gegenseitig und untereinander; Rienzis Schwester Irene liebt einen Patrizier: Politischer Machtkampf und persönlich-menschliches Drama werden miteinander verwoben – eine handlungsdramatische Konstellation, wie sie für die Große Oper charakteristisch ist. Wagner war sich seiner noch eher eklektizistischen denn personalstilistisch gereiften Anlehnung an die Musik Meyerbeers, Spontinis und anderer Meister der Grand Opéra voll bewußt; namentlich Spontinis *Ferdinand Cortez* (1809) dürfte musikalisches Vorbild gewesen sein. Ansätze zur Leitmotivik zeigen sich in einfacher, jedoch relativ konsequent gearbeiteter Zuordnung bestimmter Affekte zu bestimmten Motiven. Auch die trotz prunkhaft-schwelgerischen Aufwands der Massenszenen angestrebte Dominanz psychologischer Ausdeutung über die Darstellung äußeren Geschehens weist bereits auf die weitere stilistische Entwicklung in Wagners mittlerer Schaffensperiode. Zur populärsten Gesangnummer der Oper wurde allerdings das Gebet des Rienzi, *Allmächt'ger Vater, blick herab* (Beginn 5. Akt), dessen Melodieführung noch gänzlich den Idealen italienischer Kantabilität verpflichtet ist. – Dem großen Erfolg der UA verdankte der Komponist seine Berufung zum Kapellmeister an die Dresdener Hofoper.

W. A. MAKUS

RIEPEL, Joseph, getauft 22. 1. 1709 Hörschlag (Oberösterreich), † 23. 10. 1782 Regensburg; dt. Musiktheoretiker und Komponist. Er studierte seit 1734 Philosophie an der Universität Graz und war zwischen 1740 und 1745 Schüler von J. D. Zelenka in Dresden. Nach einem längeren Aufenthalt in Polen ließ er sich in Regensburg nieder, wo er 1751 Violinist, später Kapellmeister, Komponist und Musikdirektor der Kapelle des Fürsten von Thurn und Taxis wurde. R. ist bedeutend als Theoretiker.

Seine einflußreiche Kompositionslehre ist die früheste Schrift, die (in der *Tactordnung*) die musikal. Form ausführlich abhandelt. – ↗Formenlehre.

WW: **1) Schriften:** *Anfangsgründe zur musicalischen Setzkunst ...*, 1: *De Rhythmopoeia oder von der Tactordnung* (Au 1752, Rb [2]1754), 2: *Grundregeln zur Tonordnung insgemein* (F – L 1755), 3: *Gründliche Erklärung der Tonordnung insbesondere* (F – L 1757), 4: *Erläuterung der betrüglichen Tonordnung* (Au 1765); 5: *Unentbehrliche Anmerkungen zum Contrapunkt* (Rb 1768); *Harmonisches Syllbenmass* (Rb 1776), ein 3. Teil dazu hsl. erhalten; *Baßschlüssel, das ist Anleitung für Anfänger und Liebhaber der Setzkunst, die schöne Gedanken haben und zu Papier bringen, aber nur klagen, dass sie keinen Bass recht zu setzen wissen*, hrsg. v. J. K. Schubarth (Rb 1786). – **2) Kompositionen:** Im Druck: 3 *Concerti* für V. u. Str. (Ulm um 1756); hsl. erhalten sind kirchenmusikal. Werke.

Lit.: W. TWITTENHOFF, Die musiktheoretischen Schriften J. R.s (B 1935, Nachdr. Hil 1971) (= Beitr. z. Musikforsch. 2); E. SCHWARZMAIER, Die Takt- u. Tonordnung J. R.s (Wb 1936, Neudruck Rb 1978) (= Regensburger Beitr. z. Musikwiss. 4); J. MERKL, J. R. als Komponist (Kallmünz 1937); A. FEIL, Satztechnische Fragen in den Kompositionslehren v. F. E. Niedt, J. R. u. H. Ch. Koch (Diss. Hei 1955); G. MASSENKEIL, Unters. z. Problem der Symmetrie in der Instrumentalmusik W. A. Mozarts (Wie 1962); F. RITZEL, Die Entwicklung der „Sonatenform" im musiktheoretischen Schrifttum des 18. u. 19. Jh. (Wie 1968); W. SEIDEL, Über Rhythmustheorien der Neuzeit (Be – Mn 1975).

RIEPP, Karl (Charles) **Joseph,** * 24. 1. 1710 Eldern bei Ottobeuren (Allgäu), † 5. 5. 1775 Dijon; frz. Orgelbauer dt. Herkunft. R. ließ sich um 1735 in Dijon nieder und erhielt 1747 den französischen Bürgerbrief. Er war Freund und Briefpartner des angesehenen französischen Gelehrten und Orgelsachverständigen Dom Bédos de Celles. Mit den Orgeln von Dôle und St-Bénigne in Dijon (beide größtenteils erhalten) gehört R. zu den bedeutendsten Vertretern des klassischen französischen Orgelbaus. Seine zwischen 1757 und 1766 gebauten, ebenfalls noch erhaltenen Orgeln der Basilika von Ottobeuren stellen in ihrer architektonischen Gestaltung einen der Höhepunkte des süddeutschen Orgelbarock dar.

Lit.: I. WÖRSCHING, Der Orgelbauer K. R. (Mz 1940); DERS., Die Orgelwerke der Abtei Ottobeuren (Mz 1941), 2. Aufl., hrsg. v. P. Smets (ebd. 1959); A. LAYER, in: Lebensbilder aus dem Bayerischen Schwaben 7 (Mn 1959).

RIES. – 1) Franz Anton, * 10. 11. 1755 Bonn, † 1. 11. 1846 Godesberg; dt. Violinist und Komponist. Er war Schüler seines Vaters Johann R. (1723–84, Trompeter und Violinist der Kurfürstlichen Kapelle in Bonn) und von J. P. Salomon. Um 1774 trat er selbst in die Kapelle ein, wurde dort 1780 Konzertmeister und 1791 als Nachfolger A. Reichas Musikdirektor. Nach der Auflösung der Kapelle 1794 war er als Stadtrat und Violinlehrer tätig; eine Zeitlang unterrichtete er L. van Beethoven. – **2) Ferdinand,** Sohn von 1), * 28. 11. 1784 Bonn, † 13. 1. 1838 Frankfurt a. M.; dt. Pianist und Komponist. Er war zunächst Schüler von B. Romberg (Violoncello), dann in Wien 1801–05 Klavierschüler von Beethoven und Kompositionsschüler von J. G. Albrechtsberger. Konzertreisen führten ihn durch ganz Europa bis nach Rußland. 1813 ging er nach London, wo er als Dirigent, Pianist und Komponist an den Konzerten der Philharmonic Society mitwirkte, 1824 nach Godesberg und 1829 nach Frankfurt am Main, wo er 1837 bis zu seinem Tod den Cäcilien-Verein dirigierte. Von 1834–36 leitete er außerdem das Stadtorchester und die Singakademie in Aachen und zwischen 1825 und 1837 auch die Niederrheinischen Musikfeste. R. genoß als Virtuose, Lehrer und Komponist einen hervorragenden Ruf. Zusammen mit Fr. G. Wegeler schrieb er die *Biographischen Notizen über L. van Beethoven* (1838, Nachdr. Hil 1972). Sie sind die früheste Beethoven-Biographie überhaupt und haben hohen Quellenwert.

WW: Zahlr. Werke (besonders Variationen) für Klv.; Kammermusik (u. a. Sonate, op. 34, für Vc. oder Horn u. Klv.); Ouvertüren; 6 Symphonien; 9 Klv.- u. a. Konzerte. – Oratorien: *Der Sieg des Glaubens* (1831) u. *Die Könige in Israel* (1837). – Opern: *Die Räuberbraut*, UA: Frankfurt 1828; *Liska*, UA: London 1831.

3) Pieter Hubert, Bruder von 2), * 1. 4. 1802 Bonn, † 14. 9. 1886 Berlin; dt. Violinist und Musikpädagoge. Er war Violinschüler seines Vaters und von L. Spohr in Kassel (1820–21) und studierte Komposition bei M. Hauptmann. 1824 wurde er Violinist am Königstädter Theater in Berlin, 1825 an der Königl. Kapelle und 1836 deren Konzertmeister. 1839 trat er in die Akademie der Künste ein. 1851–72 lehrte er an der königlichen Theater-Instrumentalschule. Außerdem unternahm er Konzertreisen als Solist und 1. Violinist eines von ihm gegründeten Streichquartetts. Er schrieb Stücke für Violine solo, Violinduette, Etüden, Kammermusik, 2 Violinkonzerte und eine *Violinschule für den ersten Unterricht* (L 1842). – **4) Louis,** Sohn von 3), * 30. 1. 1830 Berlin, † 3. 10. 1913 London; dt. Violinist. Er war Schüler seines Vaters und von H. Vieuxtemps. 1853 ließ er sich in London nieder, wo er sich als Violinist und Lehrer einen Namen machte. Bei den 1859–97 bestehenden Monday Popular Concerts spielte er die 2. Violine. – **5) Franz,** Sohn von 3), * 7. 4. 1846 Berlin, † 20. 6. 1932 Naumburg; dt. Violinist und Musikverleger. Er studierte Violine bei seinem Vater, 1866–68 bei Massart am Pariser Conservatoire und schlug eine glänzende Virtuosen-Laufbahn ein, die jedoch durch ein Nervenleiden 1873 abgebrochen wurde. 1881 gründete er mit Hermann Erler (* 3. 6. 1844 Radeberg bei Dresden, † 13. 12. 1918 Berlin) den Musik-Verlag Ries & Erler in Berlin, dessen Leitung 1924 sein Sohn **Robert R.** (* 15. 5. 1889,

† 11. 1. 1942 Berlin) übernahm. 1948 wurde der Verlag als ungeteilte Erbengemeinschaft von **Waltraud R.** (* 25. 12. 1924 Berlin, † 15. 10. 1968 ebd.) und **Ingrid Meurer,** geborene R. (* 27. 2. 1922 Berlin), fortgeführt. I. Meurer ist zur Zeit Alleininhaberin des Unternehmens.

Ausg.: **Zu 2):** Klar.-Sonate g-moll, op. 29, hrsg. v. W. LEBERMANN (Mz 1967) (= Klar.-Bibl. 9); Hornsonate F-Dur, op. 34, hrsg. v. DEMS. (ebd. 1969) (= Il corno 3); Trio B-Dur für Klar., Vc. u. Klv., hrsg. v. D. KLÖCKER – W. GENUIT (Lo 1969); Sonate Es-Dur für Fl. (oder Klar.) u. Klv., hrsg. v. H.-P. SCHMITZ (Kas 1970) (= Das 19. Jh. 8).

Lit.: TH. FRIMMEL, Beethoven-Hdb. II (L 1926, Nachdr. Hil – Wie 1968); R. SIETZ, in: Rheinische Musiker 2 (Kö 1962) (= Beitr. z. rheinischen Musikgesch. 53). – **Zu 2):** TH. A. HENSELER, in: Das musikal. Bonn im 19. Jh. (Bonn 1959) (= Bonner Geschichtsblätter 13); D. W. MACARDLE, Beethoven and F. R., in: ML 45 (1965); E. PAVLONE, L'ed. originale dell'op. 106 di L. van Beethoven, in: RIMus 5 (1970); A. TYSON, Notes on Five of Beethoven's Copyists, in: JAMS 23 (1970); W. E. SAND, The Life and Works of F. R. (1973) (= Diss. Univ. of Wisconsin); C. HILL, F. R. A Preliminary List of Correspondence, in: FAM 23 (1977); DERS., The Music of F. R. A Thematic Cat. (Armindale 1977).

RIETI, Vittorio, * 28. 1. 1898 Alexandria (Ägypten); amerik. Komponist it. Abstammung. Er studierte 1912–17 in Mailand Musik bei Giuseppe Frugatta und Jura an der Universität. Nach kurzem Kriegsdienst setzte er seine Musikausbildung bis 1920 bei O. Respighi in Rom fort. Zwischen 1925 und 1940 lebte er teils in Rom und teils in Paris, wo er enge Kontakte zur Groupe des Six unterhielt, Ballette für S. Diaghilew und Bühnenmusik für das Théâtre Louis Jouvet schrieb. 1940 ging er in die USA (1944 eingebürgert) und war als Kompositionslehrer 1948–49 am Peabody Conservatory in Baltimore, 1950–53 am Chicago Musical College, in New York 1955–60 am Queens College und 1960–64 am College of Music tätig.

WW: **1) Instr.-WW:** Klv.-Stücke; Sonata concertante für V. u. Klv. (1970); Klv.-Trio (1972); 4 Streichquartette (1926, 1941, 1951, 1960); Concertino für 5 Klar. (1935); *Silografie* (1967) für 5 Holzbläser; Partita für Cemb. u. 6 Instr. (1945); Oktett für Fl., Ob., Klar., Fag., V., Va., Vc. u. Klv. (1971). – Für Orch.: 5 Symphonien (1929, 1931, 1932, 1944, 1945); Suiten *L'arca di Noè* (1926) u. *Hippolyte* (1939); *Five Fables of La Fontaine* (1968); 3 Klv.-Konzerte (1926, 1937, 1956); ein Cemb.-Konzert (1930); 2 Vc.-Konzerte (1934, 1953); Tripelkonzert für V., Va., Klv. u. Orch. (1971). – **2) Vokal-WW:** 4 Lieder (1960) (Text: D. H. Lawrence); *5 Elizabethan Songs* (1967) für SingSt u. Klv. – **3) Bühnen-WW:** Opern: *Teresa nel bosco* (1934) u. *Don Perlimplin,* UA: Paris 1951; *The Clock* (1960); *Maryam the Harlot* (1966); Funkoper *Viaggio d'Europa* (1954); Ballette: *Barabau,* UA: London 1925; *Le bal,* UA: Monte Carlo 1929; *Robinson et Venerdi,* UA: Rom 1933; *David triomphant,* UA: Paris 1937; *The Mute Wife,* UA: New York 1944; *Waltz Academy,* UA: Boston 1944; *The Night Shadow,* UA: New York 1946; *Trionfo di Bacco e Arianna* (1948); ferner Bühnenmusik.

RIETZ. – 1) Johann Christian, * 12. 6. 1767 Lübben, † 25. 12. 1828 Berlin. Er war 1812–22 Bratschist der Berliner Hofkapelle. – **2) Eduard Theodor Ludwig,** Sohn von 1), * 17. 10. 1802 Berlin, † 22. 1. 1832 ebd.; dt. Violinist und Dirigent. Er war Schüler seines Vaters und von P. Rode, begann 1818 mit großem Erfolg zu konzertieren und gehörte 1819–25 der Berliner Hofkapelle an. 1826 gründete er die Philharmonische Gesellschaft. Außerdem spielte er seit 1820 die 1. Violine im Quartett mit F. Mendelssohn Bartholdy. 1829 dirigierte er Mendelssohns historisch gewordene Aufführung von J. S. Bachs *Matthäuspassion.* Mendelssohn widmete ihm die Violinsonate op. 4 und das Oktett op. 20. – **3) August Wilhelm Julius,** Bruder von 2), * 28. 12. 1812 Berlin, † 12. 9. 1877 Dresden; dt. Violoncellist, Dirigent und Komponist. Er studierte Violoncello bei B. Romberg und Moritz Gantz und Komposition bei C. Fr. Zelter. 1828 wurde er Mitglied im Orchester des Königlichen Theaters in Berlin, 1834 als Assistent Mendelssohns Vizekapellmeister am Immermann-Theater in Düsseldorf und 1835 als dessen Nachfolger dort 1. Kapellmeister. 1847–54 war er Theaterkapellmeister in Dresden, dirigierte in Leipzig 1848–51 die Singakademie und als Nachfolger N. W. Gades 1848–52 und erneut seit 1854 die Gewandhaus-Konzerte. Außerdem lehrte er am Konservatorium. Nach dem Tod C. G. Reißigers wurde er 1860 Hofkapellmeister in Dresden und 1874 GMD. Die Universität Leipzig verlieh ihm 1859 die Ehrendoktorwürde. R.' Name ist heute hauptsächlich mit seiner Editionstätigkeit verknüpft.

WW: Kammermusik; 2 Symphonien; Ouvertüren; Konzerte; Lieder; geistliche u. weltliche Chöre. – Opern: *Der Korsar,* UA: Leipzig 1850; *Georg Neumark und die Gambe,* UA: Weimar 1859; *Die Eremiten* (1834); *Ein Karnevalstag in Salamanca* (1844); Bühnenmusik, u. a. *Das Mädchen aus der Fremde* (K. L. Immermann), UA: Düsseldorf 1839. – R. gab heraus: Mendelssohn-GA, 19 Bde (L 1874–77), sowie einzelne Bde. in den GA der WW v. J. S. Bach, G. F. Händel, J. Haydn u. W. A. Mozart.

Lit.: Briefwechsel zw. E. Devrient u. J. R., hrsg. v. P. A. METBACH, in: AfMw 3 (1921); H. ZIMMER, J. R. (Diss. B 1943); R. SIETZ, J. R., in: Rheinische Musiker 3 (Kö 1964) (= Beitr. z. rheinischen Musikgesch. 38); DERS., Das Stammbuch v. J. R., in: Stud. z. Musikgesch. des Rheinlandes 2. FS K. G. Fellerer (Kö 1962) (= ebd. 52).

RIFF (engl.-amerik.), eine meist zwei-, seltener viertaktige Tonfolge im Jazz, die ostinat wiederholt wird. Sie ist melodisch einfach, rhythmisch prägnant und harmonisch vieldeutig. Aufgrund dieser Eigenarten wurde sie – erstmals im Kansas City Jazz (30er Jahre) – zu einem bevorzugten Mittel der Begleittechnik in den Big Bands (↗Background; z. B. in *One O'Clock Jump* der Count Basie Band, 1937), aber auch zu einem wichtigen Element bei der Bildung thematischen Materials (*Bag's Groove* von Milt Jackson, 1954). Der R. läßt sich über die afroamerikanische Musik (als Antwortformel im Call-and-Response-Pattern) auf den afrikanischen Kontinent zurückverfolgen.

RIGATTI, Giovanni Antonio, * 1615 Venedig, † 25. 10. 1649 ebd.; it. Komponist. Er war Priester und 1635–37 Domkapellmeister in Udine. Nach Venedig zurückgekehrt, war er Sänger im Chor von San Marco, Gesanglehrer am Conservatorio degli Incurabili und seit 1646 Kapellmeister des Patriarchen Francesco Morosini. Trotz seiner relativ kurzen Wirkungszeit ist R. zu den beachtenswerten Vertretern der konzertierenden Kirchenmusik in Venedig zwischen Cl. Monteverdi und G. Legrenzi zu zählen.

WW (in Venedig gedruckt): **1) Weltliche WW:** *Musiche concertate cioè Madrigali* für 2–4 St. u. B.c. (1636); *Musiche diverse a voce sola* (1641). – **2) Geistliche WW:** Motetten für 2–4 St. u. B.c. mit Ripienochor ad lib. (1634); *Messa e salmi* für 3–8 St. u. B.c. mit Instr. ad lib. u. für 5 St. a capp. (1640); 2 Bücher *Messa e salmi ariosi* für 3 St. u. B.c. mit Ripienochor (1643, 1648); 2 Bücher *Motetti a voce sola* (1643, 1647); Motetten für 2–3 St. u. B.c. (1647); *Salmi diversi di compieta* für 1–4 St. u. B.c. (1646).

Lit.: H. A. SANDER, Beitr. z. Gesch. der Barockmesse, in: KmJb 28 (1933); J. L. A. ROCHE, North Italian Liturgical Music in the Early 17th Century (Diss. C 1968); DERS., G. A. R. and the Development of Venetian Church Music in the 1640s, in: ML 57 (1976).

RIGAUDON, Rigodon (frz.; engl.: Rigadoon), ein geradtaktiger lebhafter Volkstanz, der sich bis in die Mitte des 18. Jh. (auch gesungen) größter Beliebtheit erfreute. Seit der Mitte des 17. Jh. ist er am Hofe Ludwigs XIII. auch als Hoftanz nachweisbar. Führte J.-J. Rousseau im *Dictionnaire de musique* (1768) den Tanznamen auf einen Mann namens Rigaud zurück, so steht heute fest, daß der Ursprung im traditionellen Repertoire ländlicher Tänze Südfrankreichs zu finden ist. Aus den unterschiedlichen Tanztypen dürfte nur der der Basse Provence und der Languedoc bei Hofe eingeführt worden sein.

Rigaudon provençal, nach V. Alford (s. u. Lit.)

Über Frankreich hinaus hat sich dieser zu Paaren im Kreis ausgeführte Tanz rasch in Deutschland und vor allem in England verbreitet, wo die ersten Drucke erschienen (H. Playford, *The Second Part of Musick's Handmaid,* hrsg. u. revidiert von H. Purcell, Lo 1689). Der R. beginnt meist auftaktig und ist überwiegend in Achteln und Vierteln (etwa ) notiert. Er besteht, darin schwer von der ↗Bourrée unterscheidbar, aus 2–4 achttaktigen Versikeln bzw. Reprisen. Von den Ballettmeistern R. A. Feuillet und J. G. Noverre choreographisch festgelegt, finden sich erste Beispiele innerhalb der Kunstmusik bei M. d'Ardespin. In vielen Bearbeitungen verbreitet war ein R. aus J.-Ph. Rameaus Oper *Hippolyte et Aricie* (1733):

In die Suite des späten 17. und des 18. Jh. fand der R. als meist zwischen Sarabande und Gigue stehender Satz Eingang, u. a. bei J. C. F. Fischer, J. J. Fux, später bei G. Ph. Telemann. Im 19. und 20. Jh. wurde der R. in historisierenden Suiten, etwa von E. Grieg *(Fra Holbergs Tid)* oder M. Ravel *(Le tombeau de Couperin),* neben Menuett und Sarabande als den für ihre Zeit charakteristischen Tänzen wiederbelebt.

Lit.: CH. COMPAN, Dictionnaire de la danse (P 1787); C. SACHS, Eine Weltgesch. des Tanzes (B 1933, Nachdr. Hil 1976); V. ALFORD, The R., in: MQ 30 (1944); M. MOURGUES, La Danse Provençale (Cannes 1956); G. REICHERT, Der Tanz (Kö 1965) (= Das Musikwerk 27). G. BUSCH-SALMEN

RIGEL (Riegel). – **1) Henri Joseph** (Heinrich Joseph), * 9. 2. 1741 Wertheim, † 2. 5. 1799 Paris; frz. Komponist dt. Herkunft. Er war Schüler von N. Jommelli in Stuttgart und von Fr. X. Richter in Mannheim. 1767 ließ er sich in Paris nieder. Bereits 1772 fungierte er neben Fr.-A. Philidor und E. R. Duni als Jurymitglied in einem Kompositionswettbewerb. Zwischen 1770 und 1780 schrieb er in Pariser Konzerthäusern aufgeführte Instrumentalwerke und die außerordentlich erfolgreichen Oratorien *La sortie d'Égypte* (1774) und *La déstruction de Jéricho* (1778). Seit 1780 trat er, allerdings ohne nennenswerten Erfolg, hauptsächlich als Bühnenkomponist hervor. Von 1783 an erscheint sein Name auf der offiziellen Liste der Compositeurs du Concert spirituel; 1783 und 1787–88 wird er auch als Chef d'orchestre genannt. 1784 wurde R. Maître de solfège der neugegründeten École Royale de Chant und übernahm nach deren Umwandlung in das Conservatoire National (1795) dort eine Klavierklasse.

WW (in Paris gedruckt): **1) Instr.-WW:** 6 *Sonates pour le clavecin,* op. 1 (1767); *Pièces de clavecin,* op. 5 (um 1770); *Suite des pièces de clavecin,* op. 6 (um 1771); 3 Slgen. *Sonates de clavecin en quatuor,* op. 7 (um 1771), op. 8 u. op. 9 (um 1772); 6 *Sonates pour le clavecin* mit V. ad lib., op. 13 (1777); 6 *Sonates en symphonies für* Cemb. od. Klv., op. 16 (1783) u. op. 17 (1783); 3 Sonaten für Cemb. od. Klv. mit V. ad lib., op. 18 (1784); 3 Duos, op. 14 (um 1777); *Quatuors dialogués* für Str., op. 4 (um 1770) u. op. 10 (um 1773); 5 Cemb.-Konzerte, op. 2 u. 3 (um 1770), op. 11 (2) (um 1773), op. 19

(1784); *Concerto concertant* für Cemb. u. V., op. 20 (1786); Symphonien, op. 12 (1774) u. op. 21 (1786); weitere Symphonien in Sammeldrucken 1782 u. 1783 u. hsl. (davon eine mit zweifelhafter Zuschreibung). – **2) Bühnen- u. Vokal-WW:** Von 13 Opern, deren Aufführung in Paris bezeugt ist, sind erhalten die Opéra-comiques *Le savetier et le financier,* UA: 1778; *Rosanie,* UA: 1780; *Blanche et Vermeille,* UA: 1781; *L'automate,* UA: um 1790; Melodram *Estelle et Némorin,* UA: 1788. – 2 Revolutionshymnen (1793, 1794); einzelne weitere Gesänge in Sammeldrucken der Zeit.

R. gehörte zu den bedeutendsten Pariser Komponisten im letzten Drittel des 18. Jahrhunderts. Seinen wichtigsten Beitrag leistete er auf dem Gebiet der Instrumentalmusik, in der die Klavierwerke den ersten Rang einnehmen. Hier setzt R. die Tradition der von J. Schobert begründeten französischen Klavierschule fort. Mit Ausnahme der Sonaten op. 1 der ersten Ausgabe wird das Klavier von einem oder mehreren Instrumenten begleitet. Diese Kompositionen sind – wie die Symphonien – meist 3sätzig, können gemäß den Titeln auch mit Cembalo ausgeführt werden, doch läßt die nuancenreiche Klanglichkeit vermuten, daß sie primär für Klavier konzipiert wurden. Der Klavierpart ist durchweg orchestral gehalten. Auch viele Solosonaten sind stilistisch deutlich durch zeitgenössische Orchesterwerke beeinflußt.

2) Anton (Antoine), Bruder von 1), * um 1745 Wertheim, † nach 1807 Mannheim (?); dt. Komponist. Er kam vermutlich 1776 nach Paris. Der *Almanach musical* von 1783 nennt ihn als Klavier- und Flötenlehrer in Paris. Vermutlich verließ er Paris nach 1787 und ist Ende des Jh. in Heilbronn und nach 1807 in Mannheim nachweisbar. R. schrieb Klaviersonaten mit Violinbegleitung und Kammermusik.

WW: Für Cemb. u. V.: Sonaten, op. 5 (Speyer vor 1781) u. op. 7 (P 1788), sowie *Caprices,* op. 8 (Offenbach 1790); Quartette für V., Fl., Va. u. Baß, op. 1 (A 1770); *Sonates en symphonie* für Cemb., 2 V., 2 Hörner u. Vc., op. 6 (P 1785); einige weitere Instr.-WW, z. T. mit zweifelhafter Zuschreibung, hsl. erhalten.

3) Louis, Sohn von 1), * 1769 Paris, † 25. 2. 1811 Le Havre; frz. Pianist. Er erhielt seine musikalische Ausbildung bei seinem Vater und war später als Pianist, Klavierlehrer und Violinist tätig. Nach der Revolution ließ er sich in Le Havre nieder. R. veröffentlichte als erster einen Klavierauszug der 6 Pariser Symphonien von J. Haydn (P 1788). – **4) Henri Jean,** Sohn von 1), * 11. 5. 1772 Paris, † 16. 12. 1852 Abbeville; frz. Pianist und Komponist. Er war Klavier- und Kompositionsschüler seines Vaters, besuchte seit 1784 die École Royale de Chant und wurde dort 1785 Sous-maître de solfège. Im Concert spirituel trat er 1787 erstmals als Pianist und Komponist in Erscheinung. 1795–97 war er Professeur de 2e classe am neugegründeten Conservatoire National. 1798 nahm er am Ägyptenfeldzug Napoleons teil und wurde Direktor des neuen französischen Theaters in Kairo, für das er 1799 die einaktige Opéra-comique *Les deux meuniers* schrieb. 1800 kehrte er nach Frankreich zurück und genoß bald den Ruf als einer der besten Klavierlehrer seiner Zeit. Napoleon verlieh ihm 1808 den Titel „pianiste de la musique particulière de l'Empereur et Roi". Seit 1816 war R. Mitglied der Société Académique des Enfants d'Apollon und seit 1825 deren Präsident.

WW: Im Druck erschienen: Sonaten, Fantasien, Potpourris u. a. Stücke für Klav. (teilweise mit V.) u. für 2 Klv.; Quintette für Klv., V., Va., Vc. u. Kb., op. 43, u. für Streichquartett u. Kb., op. 49 (um 1830). – Ouvertüre u. Romanzen aus *Les deux meuniers;* weitere einzelne Romanzen.

Ausg.: **Zu 1):** *Marcia maestoso à la Polonaise* aus der Sonate op. 13/4, in: RM 5 (1924) (Suppl.); Adagio für V. u. Klv., 2 Andante G-Dur für V. u. Klv., Symphonie D-Dur (aus Sammeldruck 1782), Symphonie G-Dur, op. 12/2, Symphonie c-moll, op. 12/4, Ouvertüre F-Dur *(Le savetier et le financier),* alle hrsg. v. R. SONDHEIMER (B – Bas – Lo 1922–39); Symphonie d-moll, op. 21/2, hrsg. v. B. S. BROOK, s. u. Lit.; *Hymne à la liberté,* in: C. PIERRE, Musique des fêtes et cérémonies de la Révolution française (P 1899). – **Zu 2):** Trio F-Dur Nr. 4 für Fl., V. u. Baß, hrsg. v. H. O. KOCH (Z 1965).

Lit.: G. DE SAINT-FOIX, Les premiers pianistes parisiens, III: R. (H. J.), in: RM 5 (1924); E. REESER, De klaviersonate met vioolbegeleiding (Rotterdam 1939); R. SONDHEIMER, H. J. R., in: MR 17 (1956); B. S. BROOK, La symphonie française dans la 2de moitié du XVIIIe siècle (P 1962); DERS., R., in: MGG XI.

RIGHINI, Vincenzo, * 22. 1. 1756 Bologna, † 19. 8. 1812 ebd.; it. Komponist und Sänger. Er studierte in Bologna Gesang in der Schule Bernacchis und Kontrapunkt bei Padre Martini, debütierte 1775 als Tenor in Parma und sang 1776 in Prag, wo im gleichen Jahr seine erste Oper *Il convitato di pietra,* eine Vertonung des Don Giovanni-Stoffes, aufgeführt wurde (ihretwegen sah W. A. Mozart in R. einen Rivalen). 1780–87 wirkte er in Wien, zunächst als Gesanglehrer, seit 1783 auch als Kapellmeister an der von A. Salieri geleiteten italienischen Oper. 1787 wurde R. kurfürstlicher Kapellmeister in Mainz. Neben der für den kurtrierischen Hof geschriebenen Oper *Alcide al bivio* entstand hier eine Messe zur Krönung Kaiser Leopolds II. 1790 in Frankfurt am Main (sie wurde wahrscheinlich auch zur Krönung von dessen Sohn und Nachfolger Franz II. 1792 aufgeführt und blieb bis über die Mitte des 19. Jh. hinaus vor allem im böhmischen Raum sehr beliebt). 1793 berief der preußische König Friedrich Wilhelm II. R. an das Opernhaus in Berlin, wo er in den folgenden 10 Jahren ein außerordentlich fruchtbares Schaffen entfaltete, namentlich auf dem Gebiet der Oper und des Liedes. Eine Italienreise 1804–05 brachte ihm weder die erhoffte Heilung eines Blasenleidens noch neue künstlerische Impulse. Mit den seit 1806 durch den preußisch-französischen Krieg rasch fortschreitenden nationalen Bestrebungen schwand in Berlin die Bedeutung der italienischen Oper und damit auch R.s Ansehen und Einfluß als Opernkomponist. Den Kapellmeisterdienst am Königlichen Opernhaus versah er bis zu seinem Tode. Er starb auf einer 2. Italienreise in seiner Heimatstadt. In einer Gedenkfeier in Berlin erklang sein Requiem, das er 1810 zum Tode der Königin Luise geschrieben hatte. – R. war in 1. Ehe verheiratet mit der kurfürstlichen Sängerin Anna Maria Lehritter, einer Stiefschwester des ebenfalls in Kurmainzer Diensten stehenden Komponisten Fr. X. Sterkel.

WW: **1) Instr.-WW:** Im Druck erschienen: 2 Sonaten für Cemb. od. Klv. mit V. u. Vc.; Serenade für Bläser; Fl.-Konzert; 12 *Charakteristische Tänze* für Orch. – **2) Vokal-WW:** Zahlreiche gedruckte Slgen. Lieder u. Duette meist mit Klv. (dt. Lieder, it. Arietten, frz. Romanzen); mehrere Kantaten mit Orch.; *Missa solemnis* d-moll („Krönungsmesse") (L 1790); hsl. erhalten: *Der Tod Jesu* (auf den Tod von König Friedrich Wilhelm II. 1797); Te Deum für Soli, Chor u. Orch. (1809, zur Rückkehr des preußischen Königspaares von der Flucht nach Berlin); Requiem a capp. (auf den Tod der Königin Luise 1810). – **3) Bühnen-WW:** Opern (hsl. erhalten, teilweise auch im Druck als Klv.-A.): *Il convitato di pietra,* UA: Prag 1776; *La vedova scaltra,* UA: ebd. 1778; *Armida,* UA: Wien 1782, rev. Berlin 1799; *L'incontro inaspettato,* UA: ebd. 1785; *Il Demogorgone,* UA: ebd. 1786; *Alcide al bivio,* UA: Koblenz 1790; *Enea nel Lazio* u. *Il trionfo d'Arianna,* UA: Berlin 1793; *Il natal d'Apollo* (als Kantate 1789 in Wien aufgeführt), UA: Berlin 1794; *Atalante,* UA: ebd. 1797; *Tigrane,* UA: ebd. 1800; *La Gerusalemme liberata,* UA: ebd. 1803; *La selva incantata,* UA: ebd. 1803. – R. schrieb auch das Unterrichtswerk *Übungen um sich in der Kunst des Gesanges zu vervollkommnen, oder: Exercices pour se perfectionner dans l'art du chant* (für Königin Luise, 1803) (L o.J.).

R. gilt als einer der letzten Vertreter der neapolitanischen Oper auf deutschem Boden. In den Werken dieser Gattung finden sich trotz mancher Längen geschickt durchgeführte dramatische Szenen und ausdrucksstarke Arien. Seine Bedeutung liegt aber mehr auf dem Gebiet der Liedkomposition und nicht zuletzt auch der Kirchenmusik (von der sich freilich nur wenige Werke als unzweifelhaft echt nachweisen lassen). Besonders die ausdrucksstarke Fugenbehandlung und die Kraft melodischer Erfindung im Gloria und Credo der „Krönungsmesse" von 1790 reichen in die Nähe der späten Messen Mozarts, und das Te Deum beweist in einzelnen Zügen bereits den Einfluß L. van Beethovens, der seinerseits R. in den Klaviervariationen über dessen Ariette *Venni amore* (WoO 65) ein Denkmal gesetzt hat.

Lit.: K. SCHWEICKERT, Die Musikpflege am Hofe der Kurfürsten von Mainz im 17. u. 18. Jh. (Mz 1937); H. ENGEL, R., in: MGG XI; A. GOTTRON, Mainzer Musikgesch. v. 1500–1800 (Mz 1959); G. BERETHS, Die Musikpflege am Kurtrierischen Hof zu Koblenz-Ehrenbreitstein (Mz 1964); H. FEDERHOFER, V. R.s Oper „Alcide al bivio", in: Essays... FS E. Wellesz (O 1966); S. KUNZE, Don Giovanni vor Mozart (Mn 1972) (= Münchner Univ.-Schriften 10); K. J. KLEINICKE, Das kirchenmusikal. Schaffen v. V. R. (Tutzing 1984). K.-J. KLEINICKE

RIGOLETTO, Oper in 3 Akten von Giuseppe Verdi (1813–1901), Text von Francesco Maria Piave nach dem Drama *Le roi s'amuse* von Victor Hugo. Ursprünglicher Titel: *La Maledizione* (Der Fluch). Ort und Zeit der Handlung: Mantua, im 16. Jahrhundert. UA: 11. 3. 1851 in Venedig (Teatro Fenice); dt. EA (in dt. Sprache): 8. 1. 1853 in Brünn.

Einwände der Zensur zwangen Piave und Verdi, das Libretto mehrfach zu ändern. Die historische Figur Franz' I. von Frankreich mußte in einen Herzog von Mantua umgewandelt werden. Auch die Darstellung eines Buckligen (Rigoletto) stieß auf Bedenken. Hier ließ sich Verdi nicht umstimmen: „Ich finde es geradezu prachtvoll, diesem Menschen eine besonders lächerliche Mißgestalt zu geben, ihn leidenschaftlich liebevoll sein zu lassen." Verdi suchte nach plastischen Gegensätzen und bildhaften Kontrasten für eine charakteristische Musik. Schon im Präludium, das vom Fluchmotiv beherrscht wird, und in der Introduktion mit ihrer Banda-Musik legt Verdi musikalisch die inneren Spannungen der Handlung offen. *Rigoletto* ist noch eingebunden in die Nummernoper herkömmlichen Stils, die von der zündenden Melodie getragen wird, aber Verdi kehrt dennoch kompromißlos die Leidenschaft der Charaktere und die Tragik ihres Handelns, somit das Menschliche, hervor. Der Opfertod Gildas für den geliebten Verführer setzt eine neue Variante im tragischen Ausgang der Oper des 19. Jahrhunderts. Die Kavatine des Herzogs *La donna è mobile (Ach wie so trügerisch)* mußte während der vielumjubelten UA dreimal wiederholt werden. – *Rigoletto* gehört bis heute zum unverzichtbaren Bestandteil des Opernrepertoires. H. BECKER

RIHM, Wolfgang Michael, * 13. 3. 1952 Karlsruhe; dt. Komponist. Er studierte 1968–72 Musiktheorie und Komposition sowie Klavier an der Musikhochschule in Karlsruhe und besuchte dort außerdem Kurse von H. Searle. 1972–73 war er Schüler K. Stockhausens in Köln. In Freiburg im Breisgau studierte er 1973–76 Musikwissenschaft bei H. H. Eggebrecht und Komposition bei W. Fortner und Kl. Huber. 1973–78 unterrichtete er Musiktheorie an der Musikhochschule in Karlsruhe, war 1978, 1980 und 1982 Dozent bei den Darmstädter Ferienkursen für Neue Musik und 1979–80 Stipendiat in der Villa Massimo in Rom. R. lebt seither als freischaffender Komponist in Karlsruhe und Freiburg.

WW: 1) **Instr.-WW:** 7 Stücke für Klv. (1970–80); Sätze, op. 6 (1971) für 2 Klv.; für Org.: *Parusie*, op. 5 (1970); 4 Fantasien (1967–68); *Siebengestalt* (1974); *Bann, Nachtschwärmerei* (1980); *Grat* (1972) für Vc. solo; Streichtrio, op. 9 (1972); Musik für drei Streicher (1977); 5 Streichquartette, 1: op. 2 (1969); 2: op. 10 (1972); 3: *Im innersten* (1976); 4 (1980); 5 (1981); *Segmente*, op. 12 (1974) für 18 Solo-Str.; *Nachtordnung* (1976) für 15 Str.; *Ländler* (1979) für 13 Str.; *Nature morte – Still alive* (1980) für 13 Str. – Für Orch.: *Dis-Kontur* (1974); *Sub-Kontur* (1975); *Cuts and Dissolves* (1976); *Lichtzwang* (in memoriam P. Celan) (1976) für V. u. Orch.; Va.-Konzert (1981); *La musique creuse le ciel* (1979) für 2 Klv. u. Orch. – 2) **Vokal-WW:** 3 Symphonien, op. 3 (1969, 1975, 1977) (Texte: F. Nietzsche u. A. Rimbaud) für Sopran, Bar., gem. Chor u. großes Orch.; *Abgesangsszenen* (1980) (Texte: Nietzsche, P. Huchel u. Novalis), 5 Sätze für SingSt u. Orch.; *Hervorgedunkelt* (1974) (Text: P. Celan) für Mezzosopran u. Kammerensemble; *O Notte* (1975) (Text: M. Buonarroti) für Bar. u. kleines Orch.; Hölderlin-Fragmente (1977) für Gesang u. Klv. (oder Orch.); Lieder-Zyklen auf Texte v. E. Herbeck, J. M. R. Lenz, P. Celan, F. Hölderlin u. A. Wölfli mit Klv. bzw. Orch. (1975–81); *„umhergetrieben, aufgewirbelt"* (1981) (nach Nietzsche-Fragmenten) für 2 Soli, gem. Chor u. Fl. – 3) **Bühnen-WW:** Kammeroper Nr. 1: *Faust und Yorick* (Libr.: J. Tardieu, dt. v. M. Fusten), UA: Mannheim 1977, revidiert Hannover 1977; Kammeroper Nr. 2: *Jakob Lenz* (Text: M. Fröhling nach G. Büchner), UA: Hamburg 1979; Ballett *Tutuguri* (1981) (nach A. Artaud) für Stimmen, Soli u. Orch. – 4) **Schriften:** *Verständlichkeit und Popularität. Künstlerische Ziele?*, in: Ferienkurse '80 (Mz 1980); *Die Klassifizierung der „Neuen Einfachheit" aus der Sicht des Komponisten*, in: Zur „Neuen Einfachheit" in der Musik, hrsg. v. O. Kolleritsch (Gr – W 1981).

R. gilt als die vielseitigste, fruchtbarste und zugleich erfolgreichste kompositorische Begabung seiner Generation. Ein an deutscher Spätromantik wie G. Mahler, A. Berg und K. A. Hartmann orientiertes Bedürfnis nach unmittelbarem, spontanem Ausdruck verbindet sich bei ihm mit einer komplexen Klangphantasie, die meist in extremen dramatischen Kontrasten und „großflächiger" Struktur auskomponiert ist. R. geht es dabei eigenen Worten zufolge um „unverstellten Tonfall und eine unverdrängte Emotionalität". Kennzeichnend für seine zutiefst „sprachlich" verstandene unmittelbar den Hörer ansprechende Musik sind weitgespannte Melodiebögen von bewußt hochexpressivem Pathos und massiv-dissonante Akkordfolgen, kontrapunktiert von weichen, überwiegend tonal gehaltenen Abschnitten. Nach eigener Aussage verdankt er K. Stockhausen die Fähigkeit zum Auskomponieren von Situationen und K. Huber den maßvollen Gebrauch der Phantasie.

Lit.: P. ANDRASCHKE, Traditionsmomente in Kompositionen v. C. Halffter, K. Huber u. W. R., in: Die neue Musik u. die Tradition, hrsg. v. R. Brinkmann (Mz 1978). B. A. KOHL

RIISAGER, Knudåge, * 6. 3. 1897 Port Kunda (Estland), † 26. 12. 1974 Kopenhagen; dänischer Komponist. R. studierte seit 1915 Staatswissenschaft an der Universität Kopenhagen und promovierte 1921 zum Dr. rer. pol. Daneben war er Kompositionsschüler von Otto Malling und Peder Gram und Violinschüler von Peder Møller, bildete sich 1921–23 bei A. Roussel und P. Le Flem in Paris weiter, wo er auch mit der Groupe des Six und mit I. Strawinsky in Verbindung stand, und nahm 1932 noch Kompositionsunterricht bei H. Grabner in Leipzig. 1926–47 war er hauptberuflich Beamter im dänischen Finanzministerium, 1937–62 Präsident der Dansk Komponist-Forening und 1956–67 Direktor des Königlich Dänischen Konservatoriums in Kopenhagen. 1972 erhielt er die Ehrendoktorwürde der Univ. of Washington in Seattle.

WW: 1) **Instr.-WW:** Klv.-Stücke; Kammermusik, darunter 6 Streichquartette; Bläserquintette. – Für Orch.: 6 Symphonien (1925, 1927, 1935, 1940, 1949, 1950); Partita (1937); Chaconne (1948); *Burlesk Ouvertüre* (1964); *Trittico* (1971) für Bläser, Kb. u. Schlagzeug; V.-Konzert (1950–51); Concertino für Trp. u. Str. (1933); *Preludio ardito* (1971). – 2) **Vokal-WW:** Sololieder mit Klv. oder Orch.; *Dansk salme* (1942) für gem. Chor u. Orch.; *Canto dell'infinito* (1964) u. Stabat mater (1966) für Chor a cap. – 3) **Bühnen-WW:** Oper *Susanna*, UA: Kopenhagen 1950. – Ballette: *Benzin*, UA: Kopenhagen 1930; *Tolv med Posten*, UA: ebd. 1942; *Fugl Fønix*, UA: ebd. 1946; *Fruen fra havet*, UA: New York 1960; *Victoires de l'amour* (nach Lully), UA: Kopenhagen 1962; *Svinedrengen* (Der Schweinehirt, nach H. Ch. Andersen), UA: Dänisches Fernsehen 1969; ferner Filmmusik. – 4) **Schriften:** *Det usynlige mønster* (Gesammelte Schriften als: *Das unsichtbare Vorbild)* (Kop 1957). – *Tanker i tiden* (Kop 1952); *Om principperne for den polytonale tonkunst*, in: Musik 9 (1925); Erinnerungen *Det er sjovt at vaere lille* (Es macht Spaß, klein zu sein) (Kop 1967).

R. gehört zu den wichtigsten Persönlichkeiten der dänischen Musik seiner Zeit. International bekannt wurde er vor allem durch seine Ballette für Harald Lander und Birgit Cullberg. Stilistisch steht er dem Neoklassizismus nahe und pflegt eine tonale bis polytonale, rhythmisch und melodisch transparente Schreibweise von formaler Geschlossenheit.

Lit.: P. DEBIÈVRE, Un grand compositeur danois, in: La vie musicale (1959); G. COCKSHOTT, K. R., in: Music in Education 30 (1966); S. BERG – SV. BRUHNS, K. R. kompositioner (Kop 1967) (mit Werk-Verz.). B. A. KOHL

RILEY, Terry Mitchell, * 24. 6. 1935 Colfax (California); amerik. Komponist. Er studierte 1955–57 am San Francisco State College und 1960–61 an der University of California in Berkeley und trat anschließend mehrere Jahre als Pianist und Saxophonist in Kabaretts auf. Seit 1970 beschäftigte er sich als Schüler des indischen Musikers Pandit Pran Nath, dem er später von San Francisco nach Indien folgte, mit der traditionellen hindustanischen Musik. Gegenwärtig lehrt R. als Professor of Music am Mills College in Oakland (Calif.). R.s Werke, die Einflüsse des Blues und des Jazz sowie orientalischer und indischer Musik aufweisen, sind weniger auf thematische Entwicklung als primär den Klang ausgerichtet, dessen Schattierungen und mikroskopische Veränderungen das musikalische Geschehen bestimmen.

WW: *Spectra* (1959) für 6 Instr.; *Ear Piece* sowie Konzert für 2 Klv. u. Tonbandgeräte (1960); Streichtrio (1961); *In C* (1964) für beliebig viele Melodieinstr.; *Keyboard Studies* (1965) für elektronische Tasteninstr.; *Untitled Organ* (1966) für Amplified Reed Organ; *A Rainbow in Curved Air* (1969) für elektronische Tasteninstr.; *Persian Surgery Dervishes* (1971). – Ballett *Genesis '70* (1970) sowie Filmmusik.

Lit.: M. NYMAN, in: Tempo (1970) Nr. 94; D. SCHNEBEL, Tendenzen in der neuen amerik. Musik, in: Avantgarde – Jazz – Pop (Mz 1978).

RILKE, Rainer Maria (eig. René Karl Wilhelm Johann Josef Maria), * 4. 12. 1875 Prag, † 29. 12. 1926 Valmont bei Montreux; östr. Dichter. Er studierte 1895–1900 in Prag, München und Berlin, lebte 1900–02 und 1905 in der Malerkolonie Heinrich Vogelers in Worpswede, wo er die Bildhauerin und Rodin-Schülerin Clara Westhoff kennenlernte und 1901 heiratete, und übersiedelte dann nach Paris. Dort war er kurze Zeit Sekretär des Bildhauers Auguste Rodin. 1914–19 war München sein Wohnsitz. Danach lebte er hauptsächlich in der Schweiz, seit 1921 auf Schloß Muzot bei Sitten (Wallis). Immer wieder unternahm R. größere Reisen, so 1898, 1903 und 1906–08 nach Italien, 1903–04 nach Schweden, 1899 und 1900 nach Rußland, 1911 nach Ägypten und 1912–13 nach Spanien. Seine erste tiefere Berührung mit Musik erfuhr R. durch Werke von W. A. Mozart, Fr. Schubert und L. van Beethoven, die er in Worpswede kennenlernte. In Paris war er R. Rolland begegnet. Die Pianistin Magda von Hattingberg, die ihn, wie auch die Violinistin Alma Moodie, durch ihr Musizieren beeindruckte, machte R. 1914 in Berlin mit ihrem Lehrer F. Busoni bekannt, der ihm seinen *Entwurf einer neuen Ästhetik der Tonkunst* (Triest 1907, L[2]1916 [erweitert]) widmete: „dem Musiker in Worten R. M. R. verehrungsvoll und freundschaftlich dargeboten". R.s Verhältnis zur Musik, von der ihn besonders der (Lied-)Gesang anrührte, war seit jener Zeit gekennzeichnet durch ein Gefühl der Fremdheit dieser Kunst gegenüber, die ihn gleichzeitig jedoch stark anzog. Die musikalische Erlebnis- und Begriffswelt fand immer wieder Eingang in R.s Dichtungen; bildhafte Wendungen nehmen vor allem Bezug auf Geige und Laute bzw. das Saitenspiel. Im Spätwerk stehen metaphysischer Sinn und Ursprung der Musik im Vordergrund. R.s musikalische Erfahrung beruhte hauptsächlich auf den Werken J. S. Bachs, Mozarts und Beethovens, doch galt sein bevorzugtes Interesse auch der sakralen älteren Musik. Von zeitgenössischen Komponisten war ihm A. Schönberg von Bedeutung, den er 1916 in Wien auch persönlich kennengelernt hatte. Eine Vertonung seiner Gedichte empfand R. zeitlebens „als eine unerbetene Hinzuthat zu einem in sich Abgeschlossenen" (R. an E. Krenek, 5. 11. 1925). Er überließ lediglich 1925 Krenek seine Trilogie *O Lacrimosa*, ohne die fertige Komposition (op. 48, 1926) noch gesehen zu haben.

WW (in der Vertonung v.): A. Webern, *2 Lieder*, op. 8 (1910) für SingSt u. Orch.; A. Schönberg, 3 der 4 Lieder, op. 22 (1913–16) für SingSt u. Orch.; C. von Pászthory, Melodram *Cornet Rilke* mit Klv. (1914); P. Hindemith, *Das Marienleben*, op. 27 (1922–23, Neufassung 1936–48) für Sopran u. Klv.; ders., *Six chansons* (1939) für gem. Chor a cap.; K. Weill, Lieder, op. 13 u. 14 (1925) für SingSt u. Orch.; D. Milhaud, *Quatrains valaisans* (1939) für gem. Chor a cap.; F. Martin, *Die Weise von Liebe und Tod des Cornets Christoph Rilke* (1943) für Alt u. Orch.

Ausg.: GA, hrsg. v. R. SIEBER-RILKE – C. SIEBER – E. ZINN (Wie 1955 ff.).

Lit.: C. MÀGR, R. M. R. u. die Musik (W 1960); W. LIPPMANN, R. Sein Leben, seine Welt, sein Werk (Be – Mn 1981).

B. A. KOHL

RILLING, Helmuth, * 29. 5. 1933 Stuttgart; dt. Dirigent, Organist und Chorerzieher. Er studierte 1952–55 bei J. N. David (Tonsatz und Komposition), H. Grischkat (Chorleitung) und Karl Gerok (Orgel) an der Musikhochschule in Stuttgart sowie 1955–57 bei F. Germani (Orgel) an der Accademia Nazionale di S. Cecilia in Rom; 1967 bildete er sich bei L. Bernstein in New York im Dirigieren weiter. 1954 gründete er die Gächinger Kantorei. 1957–63 wirkte er als Kantor und Organist an der Gedächtniskirche in Stuttgart, wo er den Figuralchor aufbaute. Nach Lehrtätigkeit an der Kirchenmusikschule in Berlin-Spandau (1963–66) war er 1966–86 Lehrer für Chorleitung (1969 Professor) an der Musikhochschule Frankfurt (Main). 1969 bis 1983 leitete er als Nachfolger von K. Thomas auch die Frankfurter Kantorei. Mit seinen Chören unternahm er weltweit vielbeachtete Konzertreisen. R., der auch als Organist einen ausgezeichneten Ruf genießt, veranstaltet seit 1978 jährlich eine „Sommerakademie J. S. Bach", aus der 1981 die Stiftung „Internationale Bach-Akademie Stuttgart" entstand. Sie steht seitdem unter R.s Leitung und strebt eine intensive Zusammenarbeit von Wissenschaft und Praxis an. R.s Wirken – er ist auch Stellvertretender Vorsitzender der Neuen Bach-Gesellschaft – gilt neben dem Werk J. S. Bachs besonders der a cappella-Chormusik des 17.–20. Jh. und den großen oratorischen Werken des 19. und 20. Jh. Die Evangelisch-theologische Fakultät der Universität Tübingen verlieh R. 1985 die Ehrendoktorwürde.

Schriften: *J. S. Bach, Matthäus-Passion. Einführung und Studienanleitung* (F 1975); *J. S. Bachs H-moll-Messe* (Neuhausen – St 1979).

RIMONTE, Pedro, ↗Ruimonte.

RIMSKI-KORSAKOW, Nikolai Andrejewitsch, * 6.(18.) 3. 1844 Tichwin (Gouvernement Nowgorod), † 8.(21.) 6. 1908 Ljubensk (Gouvernement St. Petersburg); russ. Komponist, Pädagoge und Dirigent. Schon früh offenbarte sich seine musikalische Begabung; gleichwohl trat R., seinem Bruder nacheifernd, mit 12 Jahren in die St. Petersburger Marineschule ein und wurde dort bis 1862 zum Seekadetten ausgebildet. Er erhielt weiterhin Klavierunterricht, seit 1859 bei Théodore Canille, der ihn 1861 mit M. Balakirew, dem Haupt der jungrussischen „Novatoren", der ↗Gruppe der Fünf, bekannt machte. Ihm verdankte R. wesentliche Impulse, insbesondere bei der Konzeption seiner 1. Symphonie, die er – von einer zweieinhalbjährigen Weltumsegelung heimgekehrt – 1865 vollendete. Seinen kompositorischen Interessen widmete er sich jetzt immer entschiedener; 1873 quittierte er den Militärdienst, übernahm allerdings für 11 Jahre noch den Posten eines Zivilinspekteurs der Marinekapellen. Bereits 1871 war R. aufgrund seiner praktischen Fähigkeiten zum Professor für Komposition und Instrumentation ans St. Petersburger Konservatorium berufen worden; weil er sich der Unzulänglichkeit seiner Kenntnisse bewußt war, nahm er jene Ernennung zum Anlaß, autodidaktisch ein intensives Studium der Musiktheorie zu absolvieren. Seit 1874 wirkte R. auch als Dirigent: bis 1881 leitete er die Konzerte der Musik-Freischule, später zuweilen die Russischen Symphoniekonzerte M. Beljajews; zudem gastierte er in Westeuropa, so bei der Pariser Weltausstellung 1889. Das Amt des 2. Direktors der Hofsängerkapelle, das er überdies seit 1883 bekleidet hatte, legte R. 1894 nieder. Zu dieser Zeit litt er unter einer schon Monate dauernden psycho-physischen Krise, die er jedoch bald überwand: Gerade während der letzten Lebensphase, in der die meisten seiner Opern entstanden, gebot er über eine immense Schaffenskraft, die nicht einmal durch politische Querelen – 1905, nach dem „Blutsonntag", war R. vorübergehend von seinen Lehrämtern suspendiert – gemindert wurde.

WW: **1) Instr.-WW:** Für Klv.: Fugen; Fughetten; 6 Variationen über das Thema B-A-C-H, op. 10 (1878). – Kammermusik: Klv.-Trio c-moll (1897); 2 Streichquartette F-Dur, op. 12 (1875) u. G-Dur (1897); 1. Satz eines (gemeinsam mit A. Ljadow, A. Glasunow u. A. Borodin komponierten) Streichquartetts über das Thema B-la-F (1886); Quintett B-Dur für Fl., Klar., Horn, Fag. u. Klv. (1876); Streichsextett A-Dur (1876). – Für Orch.: 3 Symphonien, 1: es-moll, op. 1 (1861–65), 2. Fassung in e-moll (1884); 2: *Antar,* op. 9 (1868), bearb. (1875), als symphonische Suite (1897), abermals revidiert (1903); 3: C-Dur, op. 32 (1866–73, 2. Fassung 1886); Ouvertüre über russ. Themen D-Dur, op. 28 (1866, bearb. 1879–80); *Episode aus dem Märchen von Sadko,* op. 5 (1867), revidiert als *Musykalnaja kartina Sadko* (1869, 1891–92); *Serbskaja fantasija* (Fantasie über serbische Themen), op. 6 (1867, 2. Fassung 1887); *Skaska* (Märchen), op. 29 (1879–80); *Symphoniette sur des thèmes russes* a-moll (1884–85) (= Bearb. der ersten 3 Sätze eines 1878–79 kompon. Streichqu.); *Ispanskoje kapritschtschio (Capriccio espagnol),* op 34 (1887); *Scheherazade,* symphonische Suite, op. 35 (1888); *Woskresnaja uwertjura „Swetly prasdnik"* (Ouvertüre *La grande Pâque russe),* op. 36 (1888); *Nad mogiloi* (Auf dem Grabe; Präludium zum Gedächtnis an M. Beljajew), op. 61 (1904); *Dubinuschka* (Kleiner Narr), op. 62 (1905), 2. Fassung mit Chor ad lib. (1906); Suiten aus den Opern *Skaska o zare Saltane* (Musikal. Bilder, op. 57), *Pan wojewoda* (op. 59) u. a.; Transkriptionen fremder Werke für Blasorch. (1873–83). – Klv.-Konzert cis-moll, op. 30 (1882–83); Fantasie (über 2 russ. Themen) für V. u. Orch., op. 33 (1886–87); Serenade für Vc. u. Orch., op. 37 (1903) (= Bearb. der 1893 komponierten Serenade für Vc. u. Klv.). – Werke für Solo-Instr. (Ob., Klar. bzw. Pos.) u. Blasorch. – **2) Vokal-WW:** Zahlr. Lieder; Slg. u. Bearb. russ. Volkslieder (1875–76); Duette; *Strekosy* (Libellen), Trio für Frauenst. mit Klv. oder Orch. sowie Frauenchor ad lib., op. 53 (1897); Werke für Chor a cap., u. a.: 15 russ. Volkslieder, op. 19 (1879); 8 Sätze aus der Liturgie des hl. Johannes Chrysostomus, op. 22 (1883); für Chor u. Orch.: *Stich ob Alekseje, boschijem tscheloweke* (Gedicht über Alexei, einen Mann Gottes), op. 20 (1878); *Slawa* (Sei gepriesen), op. 21 (1880); Kantaten: *Switesjanka,* op. 44 (1897); *Pesn o weschtschem Olege* (Lied vom weisen Oleg), op. 58 (1899); *Is Gomera* (Aus Homer), op. 60 (1901). – **3) Bühnenwerke:** Opern: *Pskowitjanka* (Das Mädchen von Pskow) (1868–72), UA: St. Petersburg 1873, 2. Fassung (1876–78), 3. Fassung (1891–92), UA: ebd. 1895; *Maiskaja notsch* (Die Mainacht) (1878–79), UA: ebd. 1880; *Snegurotschka* (Schneeflöckchen) (1880–81), UA: ebd. 1882; *Mlada* (1889–90), UA: ebd. 1892; *Notsch pered Roschdestwom* (Die Weihnacht) (1894–95), UA: ebd. 1895; *Sadko* (1893–96), UA: Moskau 1897 (1898); *Mozart i Saljeri* (Mozart u. Salieri), op. 48 (1897), UA: ebd. 1898; *Bojarynja Wera Scheloga* (Die Bojarin W. Sch.), op. 54 (1898), UA: ebd. 1898; *Zarskaja newesta* (Die Zarenbraut) (1898), UA: ebd. 1899; *Skaska o zare Saltane* (Das Märchen vom Zaren Saltan) (1899–1900), UA: ebd. 1900; *Serwilija* (1900–01), UA: St. Petersburg 1902; *Kaschtschei bessmertny* (Der unsterbliche Kaschtschei) (1901–02), UA: Moskau 1902; *Pan wojewoda* (Der Wojewode) (1901–03), UA: St. Petersburg 1904; *Skasanije o newidimom grade Kitesche i dewe Fewronii* (Die Legende v. der unsichtbaren Stadt Kitesch u. der Jungfrau Fewronia) (1903–05), UA: ebd. 1907; *Solotoi petuschok* (Der goldene Hahn) (1906–07), UA: Moskau 1909. – Bühnenmusik zu L. A. Meis *Pskowitjanka* (1877, 2. Fassung 1882). – **4) Bearbeitungen:** Ergänzungen, Neuinstrumentierungen u. Korrekturen etlicher Werke, zumeist Opern, v. anderen Komponisten, insbesondere v. A. Dargomyschski: *Kamenny gost* (Der steinerne Gast); M. Mussorgski: *Chowanschtschina; Boris Godunow; Notsch na Lyssoi gore* (Eine Nacht auf dem Kahlen Berge); *Schenitba* (Die Heirat); A. Borodin: *Knjas Igor* (Fürst Igor). – **5) Schriften:** *Utschebnik garmonii,* 2 Teile (St. Petersburg 1884–85), 2. Aufl. als: *Praktitscheski utschebnik garmonii* (ebd. 1886), dt. Übers.: *Praktisches Lehrbuch der Harmonie* (L 1895); *Osnowy orkestrowki. S partiturnymi obraszami is sobstwennych sotschineni,* hrsg. v. M. Steinberg, 2 Bde. (B – Mos – St. Petersburg 1913), dt. Übers.: *Grundlagen der Orchestration. Mit Notenbeispielen aus eigenen Werken* (ebd. 1922); *Muzykalnyje statji i sametki,* hrsg. v. N. Rimskaja-Korsakowa (St. Petersburg 1911); *Letopis mojei musykalnoi schisni,* hrsg. von ders. (St. Petersburg 1909), dt. Übers. v. O. von Riesemann: *Chronik meines musikal. Lebens* (St 1928), dt. NA v. L. Fahlbusch (L 1968).

Strenge Selbstdisziplin und eine bemerkenswert kritische Haltung gegenüber eigenen Schöpfungen – zumal bei der beharrlichen Revision seiner frühen Kompositionen – zeichneten R. aus. Diese Eigenschaften begünstigten seine künstlerische Entwicklung während der 70er Jahre, als er jene Grenzen überschritt, die ihm sein Dilettantismus und das bewußt einseitige Stilideal der jungrussischen Bewegung gezogen hatten. Die genaue Kenntnis der westeuropäischen Musiktradition wurde für sein Schaffen nun ebenso konstitutiv wie die Beschäftigung mit dem Liedgut und Brauchtum des russischen Volkes oder wie die stets inspirierende Kraft von M. Glinkas Œuvre. Eine oftmals experimentell-kühne, zugleich klar disponierte Harmonik und die sensible Verwendung instrumentatorischer Kunstmittel bilden die tragenden Komponenten, die der zukunftsweisenden Tonsprache seiner reifen symphonischen und musiktheatralischen Werke ihr Gepräge geben; gerade in den vielgestaltigen Opern, deren Figuren und Sujets der Kategorie des „Dramatischen" meist nicht im konventionellen Sinne genügen, dienen sie dem Entwurf von Bühnenwirklichkeiten, die aufgrund der wechselseitigen Durchdringung phantastischer und realer, märchenhafter oder grotesker Elemente eine ihnen eigene Faszination hervorzurufen vermögen. In der Musikgeschichte hinterließ R., das bei weitem produktivste Mitglied der Gruppe der Fünf, nicht nur als Komponist deutliche Spuren: Er bemühte sich – obschon häufig eigenmächtig „korrigierend" – um die Vollendung bzw. Bearbeitung fremder Schöpfungen und verhalf so Schlüsselwerken wie A. Borodins *Fürst Igor* oder M. Mussorgskis *Boris Godunow* zu anhaltender Publizität; zudem übte er als geachteter Pädagoge auf nachfolgende Komponistengenerationen – von A. Ljadow und A. Glasunow bis zu I. Strawinsky und (über M. Steinberg) zu Dm. Schostakowitsch – entscheidenden Einfluß aus.

Ausg.: Polnoje sobranije sotschineni (GA), 50 Bde. (Mos 1946–70); Literaturnyje proiswedenija i perepiska, 7 Bde. (Mos 1955–70).

Lit.: W. W. STASSOW, N. A. R.-K. (St. Petersburg 1890); P. PANOFF, Der nationale Stil N. A. R.-K.s (Diss. Bonn 1926), Teildruck in: AfMw 8 (1926); N. VAN GILSE VAN DER PALS, N. A. R.-K., Opernschaffen (P – L 1929, Nachdr. Hil 1978); A. N. RIMSKI-KORSAKOW, N. A. R.-K., Schisn i twortschestwo, 5 Bde. (Mos 1933–46); G. ABRAHAM, Studies in Russian Music (Lo 1935, Nachdr. 1969); DERS., Rimsky-Korsakov's Songs, in: The Monthly Musical Record 74 (1944); DERS., Rimsky-Korsakov. A Short Biography (Lo 1945); M. MONTAGU-NATHAN, The Origin of „The Golden Cockerel", in: MR 15 (1954); W. A. ZUKKERMAN, Die Ausdruckskraft der Harmonie bei R.-K., in: Kunst u. Lit. 5 (1957); R.-A. MOOSER, Rimsky-Korsakof contra Moussorgsky, in: SMZ 101 (1961); G. ABRAHAM, Rimsky-Korsakov as Self-Critic, in: FS F. Blume (Kas 1963); DERS., „Pskovityanka". The Original Version of Rimsky-Korsakov's First Opera, in: MQ 54 (1968); S. FEINBERG, Rimsky-Korsakov's Suite from „Le Coq d'Or", in: MR 30 (1969); S. SLONIMSKY, Die lebendige, moderne Kunst R.-K.s, in: Kunst u. Lit. 17 (1969); G. ABRAHAM, Satire and Symbolism in „The Golden Cockerel", in: ML 52 (1971); DERS., Arab Melodies in Rimsky-Korsakov and Borodin, in: ML 56 (1975).

E. FISCHER

RINALDO, Oper in 3 Akten von Georg Friedrich Händel (1685–1759), Text von Aaron Hill in der Übersetzung von Giacomo Rossi. Ort und Zeit der Handlung: Jerusalem zur Zeit der Kreuzzüge. UA: 24. 1. 1711 in London; dt. EA: November 1715 in Hamburg.

Eine der Lieblingsfiguren der frühen Oper, die Zauberin Armida, greift aus Liebe zu dem Sarazenenführer König Argante in dessen Kampf gegen die Kreuzritter unter Führung des gefeierten Helden Rinaldo ein; dieser kann Jerusalem dennoch befreien. Rinaldo wird zum Dank für seine Hilfe mit Almirena, der Tochter des Heerführers Goffredo, vermählt, und Argante und Armida nehmen den christlichen Glauben an. Obwohl fast zwei Drittel dieser ersten für London geschriebenen Partitur aus seinen früheren Opern übernommen wurden, gelingt Händel die Gestaltung einer neuen Einheit. Neben den von höchster melodischer Intensität geprägten Largo-Sätzen stehen mitreißende Kampfsinfonien, Märsche und Bataglien, von denen ein Marsch sogar in die englische Gardemusik Eingang fand. An dramatisch bedeutsamen Stellen wird auf die Da capo-Form verzichtet, wodurch eine größere Anpassung an den Affekt möglich wird. Bis auf einige bissige Kommentare der bürgerlich-konservativen Zeitschrift *Spectator* wurde die Oper vom Publikum begeistert aufgenommen: bis zum Ende der Saison wurde sie 15mal gegeben, was bei der begrenzten Zuhörerzahl bedeutete, daß man sich die Oper mehrmals ansah. Die bald nach der UA bei Walsh gedruckten Sonderausgaben der Gesänge, besonders *Cara sposa* und *Lascia ch'io pianga,* fanden reißenden Absatz.

TH. MENGER

RINALDO DA (di) CAPUA, * um 1705 Capua (oder Neapel), † um 1780 Rom (?); it. Komponist. Nach Ch. Burney, der ihn auf einer Reise 1770 in Rom traf, war er ein uneheliches Kind aus einer hochgestellten Familie und zunächst nur Dilettant; erst später wurde er, um seinen Lebensunterhalt zu bestreiten, professioneller Musiker. Nur wenige biographische Einzelheiten sind bekannt. Den größten Teil seines Lebens verbrachte R. wohl in Rom, wo seit 1737 zahlreiche (meist nicht erhaltene) Opern von ihm aufgeführt wurden, eine davon auch in Florenz, Venedig, Mailand und München. 1740 reiste er nach Lissabon und schrieb auch dort zwei Opern. Zwei weitere, die Intermezzi *La donna superba* und *La zingara,* wurden 1752 bzw. 1753 von den italienischen „Bouffons“ in Paris aufgeführt. *La zingara*, wurde in den folgenden Jahren sehr beliebt und spielte eine wichtige Rolle im Buffonistenstreit. Die wenigen erhaltenen Werke R.s – sie gehören dem neapolitanischen Stil an – zeichnen sich durch melodische Schönheit und starken dramatischen Ausdruck aus. Sie waren nicht ohne Einfluß auf die Entwicklung der frühen Opéra-comique.

WW: Von den etwa 30 Opern, deren Aufführung nachgewiesen ist, sind erhalten: *Vologeso*, UA: Rom 1739; *Il bravo burlato*, UA: ebd. 1745, nur erhalten als *Il capitan fracasso*, UA: Stockholm 1768; *Gli impostori*, UA: Modena 1751; *La zingara*, UA: Paris 1752, später auch aufgeführt u. gedruckt als *La bohémienne; La donna superba*, UA: ebd. 1753, als *Favourite Songs* gedruckt unter dem Titel *La commedia in commedia* (Lo o.J.); ferner einige Kantaten, Ouvertüren u. Sinfonien (hsl. erhalten).

Ausg.: *Vologeso*, hrsg. v. H. M. Brown (NY 1977) (= It. Opera 1640–1770 38).

Lit.: Ph. Spitta, R., in: VfMw 3 (1887); R. L. Bostian, The Works of R. di C., 2 Bde. (1961) (= Diss. Univ. of N. Carolina).

RINCK, Johann Christian Heinrich, * 18. 2. 1770 Elgersburg (Thüringen), † 7. 8. 1846 Darmstadt; dt. Organist und Komponist. Seine Ausbildung erhielt er vor allem bei J. Chr. Kittel, der ihm wertvolle Hss. schenkte. 1790 wurde er in Gießen Stadtorganist, später Universitätsmusikdirektor. Zu Wohlstand gelangt und mit Ehrungen überhäuft (Dr. h. c.), wirkte er seit 1805 als Organist, Kantor, Violinist und Pädagoge in Darmstadt, wo er 1813–43 Hoforganist war. Er galt als der bedeutendste Orgelmeister seiner Zeit. Zu seinen Schülern zählte Ch. Hallé. Der thüringischen Tradition verpflichtet, trat R. besonders mit Choralbearbeitungen und kleinen kontrapunktisch gearbeiteten Orgelstücken hervor, die für den Gottesdienst bestimmt waren. Seine *Orgelschule* war bis ins 20. Jh. hinein weit verbreitet.

WW: Klv.- u. Kammermusik. – Für Org.: Choräle; Choralvor- u. -nachspiele; Fugen u. Fughetten. – Ferner 2 Messen; 3 Kantaten; eine Motette; Hymne für Chor u. Org. – *Praktische Orgelschule* (Bonn 1819–21, NA B 1881); *Choralbuch für evangelische Kirchen ... von B. C. L. Natorp und F. Kessler, 4stimmig gesetzt und mit Vor- und Zwischenspiel versehen von Ch. H. R.* (Essen 1829, [4]1885); *Choralfreund oder Studien für das Choralspielen* (Mz 1832–40) (7 Jahrgänge u. 2 Suppl.-Bde.); *Theoretisch-praktische Anleitung zum Orgelspiel*, 3 Teile (Da 1839–40). – Biographie, in: Eutonia 6 (Breslau 1833).

Ausg.: 2 Praeludien u. Fugen für Org. (d-moll, B-A-C-H) (Hilversum 1975); Konzert F-Dur für Org. (Wb 1976, Bad Godesberg 1976); Variationen über „Jesu, meine Freude“ (Hilversum 1978).

Lit.: F. W. Donat, Ch. H. R. u. die Orgelmusik seiner Zeit (Diss. Hei 1933); R. Caillet, J. Ch. R., organiste à Darmstadt, vu par un musicien français, in: L'orgue (1957) Nrn. 83–84, dt. Übers. in: Arch. für hessische Gesch. u. Altertumskunde N. F. 25 (1955/57); F. Krautwurst, Briefe an J. Ch. H. R., F. Mendelssohn-Bartholdy u. R. Schumann aus dem Nachlaß J. G. Herzogs, in: Jb. für fränkische Landesforsch. (1961).

RINFORZANDO (it., = stärker werdend; Abk.: rf, rfz, rinf., rinforz.), seit dem 18. Jh. (L. Leo, J. Stamitz) verwendete Vortrags-Bz. für ein plötzliches und starkes Crescendo eines Tones oder einer relativ kurzen Tonfolge (z. B. über die Dauer von 2 Takten im Vorspiel zu R. Wagners *Meistersinger*, Takt 12f.). Die verwandte Bezeichnung *rinforzato* (it., = verstärkt) verlangt plötzliches Hervortreten entweder einer einzelnen Stimme (z. B. 2. Violine in L. van Beethovens Streichquartett op. 95, Larghetto espressivo, Takt 95f.) oder mehrerer bzw. aller Stimmen jeweils für relativ kurze Dauer (z. B. Beethoven, Klaviersonate op. 53, Introduzione, Takt 9f.), bei Einzeltönen ist sie gleichbedeutend mit ↗sforzato.

RING (Rinck), **Friderich** (Fridericus), * 5. 5. 1666 Berstett (Elsaß), † 16. 3. 1701 Straßburg; dt. Orgel- und Instrumentenbauer. Sohn des protestantischen Pfarrers Domenikus R., kam er mit seinen Eltern 1682 nach Straßburg, wo er zunächst als Schreiner, später als Orgelbauer (nachweislich seit 1696, wo er die Orgel von St. Thomas renovierte) tätig war. 1700 begann er für die protestantische Hauptkirche „Temple Neuf“ in Straßburg den Bau der Orgel, der nach seinem Tode von Claude Legros aus Metz zu Ende geführt wurde. Zu R.s Schülern zählt A. Silbermann, der 1699 bei ihm arbeitete. R. konstruierte 1700 auch ein an italienischen und niederländischen Vorbildern orientiertes 2manualiges Cembalo, das zweitälteste bekannte deutsche Cembalo überhaupt, das als einziges erhaltenes Instrument von R. heute im Germanischen Museum in Nürnberg aufbewahrt ist.

Lit.: J.-D. Hummel, F. R. Der vergessene Instrumentenbauer aus dem Elsaß u. sein Clavicymbal v. 1700 (Au 1976).

RING DES NIBELUNGEN, DER, Bühnenfestspiel für 3 Tage und einen Vorabend von Richard Wagner (1813–83), Text vom Komponisten. Die einzelnen Werke der Tetralogie sind: *Das Rheingold, Die Walküre, Siegfried* und *Götterdämmerung*. Erste geschlossene Aufführung des *Rings:* 13.–17. 8. 1876 in Bayreuth, wobei der 15. 8. spielfrei war. *Das Rheingold* und *Die Walküre* waren zuvor bereits am 22. 9. 1869 und am 26. 6. 1870 in München uraufgeführt worden. Ort und Zeit der Handlung: deutsche Landschaften am Rhein und imaginäre Orte, in mythischer Vergangenheit.

1848 faßte Wagner seine ersten Studien und Pläne zum *Ring* in der Schrift *Der Nibelungenmythus als Entwurf zu einem Drama* zusammen. Am 21. 11. 1874 war die Partitur der Götterdämmerung vollendet. Ausgehend von *Siegfrieds Tod* (Titel des 1. Entwurfs von *Götterdämmerung*), empfand Wagner die Notwendigkeit inhaltlicher Ergänzungen und stellte jeweils Vorgeschichte und psychologische Hintergründe in den eigenständigen, geschlossenen Dramenhandlungen der übrigen Teile dar. 1853 erschien ein erster Separatdruck der gesamten Dichtung. Die Komposition wurde im August 1853 begonnen mit dem Vorspiel zu *Rheingold* und erfuhr von 1857 bis 1869 eine längere Unterbrechung nach Fertigstellung des 2. Aktes von *Siegfried;* in dieser Zeit arbeitete Wagner an *Tristan und Isolde* und den *Meistersingern von Nürnberg.* – Anders als Friedrich Hebbel in seinem *Deutschen Trauerspiel* folgte Wagner nicht nur dem Nibelungenlied als Textvorlage, sondern stützte sich auch auf die ältere und jüngere Edda sowie auf die skandinavische Wälsungensage; ferner gingen Elemente deutscher Volksmärchen – etwa des *Märchens von einem, der auszog, das Fürchten zu lernen* in *Siegfried* – sowie Anregungen durch Friedrich de la Motte-Fouqués Nibelungen-Trilogie *Der Held des Nordens* (1808) in das Werk ein.

Märchenhafte Gegenstandsmagie eignet dem Ring, dessen Besitz unbegrenzte Macht verleiht: Geschmiedet aus dem vom Nibelungen Alberich geraubten Gold der Rheintöchter, verstrickt er seine Besitzer in eine Kette von Verbrechen und Intrigen; diejenigen, die ihm nachjagen, erweisen sich als hilflos. Miteinander verwoben erscheinen die gedanklichen Hauptmotive des Besitz- und Machtstrebens und des Spannungsverhältnisses zwischen Gesetz und Freiheit, zwischen überpersönlichem Zwang und dem Gefühl, dem Götter und Menschen gleichermaßen unter häufigem Verlust ihrer Willensautonomie verfallen sind. So ist in *Rheingold* der Gott Wotan gezwungen, das gestohlene Gold zu benutzen, um die Jugendgöttin Freia aus der Gewalt von Riesen loszukaufen; so stehen sich in der *Walküre* Wotan und Brünnhilde trotz gemeinsamer Sympathie für den Menschen Siegmund als Gegner gegenüber: Wotan muß als Wächter über das moralische Gesetz den Tod des Ehebrechers und Blutschänders Siegmund, der die eigene Schwester Sieglinde heiratete, verfügen und Brünnhilde, seine Lieblingstochter, bestrafen, da sie sich ihm widersetzte. Siegfried, Siegmunds und Sieglindes Sohn, erscheint nach Erbeutung des Ringes als strahlender Held; er kann Brünnhilde aus ihrem von Wotan als Strafe verordneten Schlaf erlösen (in *Siegfried*). Durch seine naive Furchtlosigkeit wird er schließlich (in *Götterdämmerung*) zum Opfer der Intrigen von Alberichs Sohn Hagen. Machtverlust und Untergang der Götter sind unvermeidlich; einzig der bewußte Verzicht Brünnhildes auf ihren göttlichen Status und ihr freiwilliger Tod aus Liebe zu Siegfried markieren in symbolischer Überhöhung des mythischen Stoffes Zeichen des Auswegs aus dem Dilemma von Schuld und Schwäche.

Musik, Sprache und Aktion gehen eine Verbindung ein, die in der Vielfalt der dargestellten und erzählten Handlung die ästhetische Geschlossenheit der Tetralogie ermöglichte. Bewußte Archaismen in der Wortwahl und der Rückgriff auf den altgermanischen Stabreim empfand Wagner als geeignete Mittel, um herb-distanzierte „Größe" und Bedeutungsträchtigkeit als Qualitäten einer Grundstimmung zu gestalten, vor deren Hintergrund der situativ rasch wechselnde Affekt um so freier und sensibler musikalisch konturiert werden konnte. Insbesondere die dem Stabreimvers eigene metrische Regelmäßigkeit begünstigte eine differenzierte Periodizität des musikalischen Verlaufs, als deren Folge eine rhythmische Freiheit entstand, die für Vokal- und Orchestersatz als Träger der „unendlichen Melodie" gleichermaßen charakteristisch ist und den engräumigen Wechsel oder z.T. gar die Simultaneisierung von musikalischer Anfangs-, Schluß- und Überleitungsgestaltung ermöglichte. Insbesondere in dieser Eigenheit des Werkstils, einer zwar asymmetrisch aufgelokkerten, jedoch konstitutiv regelhaften Periodizität, liegen Sorgfalt und Nuancenreichtum in der Darstellung von Mischaffekten und Gefühlswandlungen begründet. Der Freiheit des Rhythmus, der dem sprachlichen und mimischen Gestus folgt, steht als integratives Gestaltungsprinzip die thematische Konzentration der Leitmotivik gegenüber, die, bei substantieller Beschränkung auf relativ wenige Grundmotive ein Wunderwerk musikalischer Variierungstechnik darstellend, das gesamte umfängliche Werk mit einem dichten Netz thematischer und semantisch relevanter Beziehungen umspannt. Die in der Arbeit an *Tristan und Isolde* und den *Meistersingern von Nürnberg* entstandene Erweiterung der harmonischen Sprache ist in den nach der Unterbrechung entstandenen Teilen der Tetralogie deutlich erkennbar, führte jedoch nicht zu einem Stilbruch, sondern wirkt als graduelle Steigerung der Ausdrucksintensität: Die Geschlossenheit des leitmotivischen Systems erweist sich als hinreichend starkes Bindeglied.

Insbesondere am *Ring* orientierte sich bis zur Gegenwart die ideologisch-ästhetische Auseinandersetzung um Wagner und sein Werk. Im Untertitel zur Originalausgabe heißt es „im Vertrauen auf den deutschen Geist entworfen und zum Ruhme seines erhabenen Wohltäters, des Königs Ludwig II. von Bayern vollendet". Oft wurde das Werk oberflächlich als einfacher Spiegel begleitender und nachträglicher Intellektualisierungen des

Autors gedeutet oder gar polemisch „benutzt". Unabhängig von einer aus dem Werk nicht ableitbaren Glorifizierung des Germanentums – makellos positive Helden treten im *Ring* nicht auf – ist der ethische Kern des Werkes, ein Plädoyer für die Überwindung des Machtstrebens durch die Liebe, kein Beleg für moralische Dubiosität. Monumentale Dimension, hohe gedankliche und musikalische Geschlossenheit sowie Virtuosität und Sorgfalt im Detail erheben den *Ring* ungeachtet der Wertung von extremen ästhetischen Positionen zu einer der bedeutendsten musikdramatischen Schöpfungen des 19. Jahrhunderts.
Gleichsam als Reaktion auf den kulturpolitischen Mißbrauch des *Rings* durch die Nationalsozialisten läßt sich seit 1951 eine Tendenz in der Inszenierungsgeschichte des Werkes beobachten, die gekennzeichnet ist vor allem durch das Streben nach größtmöglicher Plastizität in der Darstellung der dramaturgischen Grundstruktur und der Stilisierung von Requisite und Aktion zu durchschaubaren Allegorien. Hauptvertreter dieser entideologisierten und entmystifizierten „Neu-Bayreuther" *Ring*-Tradition sind Wieland Wagner (Inszenierungen 1951 und 1965), Wolfgang Wagner (Inszenierungen 1960 und 1970) sowie Patrice Chéreau (Inszenierung 1976). W. A. MAKUS

RINGER, Alexander Lothar, * 3. 2. 1921 Berlin; amerik. Musikforscher ndl. Herkunft. Er emigrierte 1938 und studierte bis 1943 in Amsterdam (u. a. Komposition bei H. Badings und K. Ph. Bernet Kempers) sowie seit 1947 in New York, u. a. an der Columbia University Musikwissenschaft bei P. H. Lang, wo er 1955 mit einer Dissertation über *The Chasse* promovierte. Er wurde dann Assistant Professor an der University of Oklahoma in Norman, 1958 Professor an der University of Illinois in Urbana (1963–69 Chairman der Musikwissenschaftlichen Abteilung). Als Gastprofessor lehrte er außerdem u. a. am Hebrew Union College in Jerusalem sowie an den Universitäten in Philadelphia, Berkeley und Norman/Okla. Schwerpunkte seiner Forschungen sind die Musik zur Zeit der Französischen Revolution und die des 19. Jh. sowie das Schaffen zeitgenössischer, vor allem amerikanischer Komponisten.

Schriften: *The Chasse as a Musical Topic of the 18th Century,* in: JAMS 6 (1953); *W. Pijper,* in: MQ 41 (1955); *L. Kirchner,* in: MQ 43 (1957); *Clementi and the Eroica,* in: MQ 47 (1961); *Handel and the Jews,* in: ML 42 (1961); *Musical Composition in Modern Israel,* in: MQ 51 (1965); *The Music of G. Rochberg,* in: MQ 52 (1966); *Cherubini's Médée and the Spirit of French Revolution,* in: FS D. Plamenac (Pittsburgh 1969); *Schoenbergiana in Jerusalem,* in: MQ 59 (1973). – R. ist ferner Hrsg. v.: *Yearbook of the International Folk Music Council* (Urbana/Ill. 1969 ff.).

RINGKLAPPE, Brillenklappe (engl.: ring key; frz.: anneau mobile; it.: anella, chiave ad anello; span.: anillos, llave anular), Bz. für eine Klappenvorrichtung, die aus einem durch einen Hebel mit anderen offenen Klappen verbundenen Ring über einem Griffloch besteht. Schließt der Spieler durch Niederdrücken des Ringes das offene Griffloch, so werden gleichzeitig andere Löcher geschlossen. Zuerst bei Flöten angewendet, wurden R.n 1844 auch auf Oboen und Klarinetten übertragen. – ↗Klappe.

RINUCCINI, Ottavio (Ottaviano), * 20. 1. 1562 Florenz, † 28. 3. 1621 Florenz; it. Dichter. Er war zeit seines Lebens eng mit den literarischen Kreisen in Florenz und dem Hof der Medici verbunden. Mit 17 Jahren schrieb er Intermedien für die Hochzeit von Francesco de' Medici; mit 18 Jahren kam er in den Kreis der ↗Camerata Fiorentina. Zusammen mit Gabriello Chiabrera war R. ständiger Dichter der höfischen Feste, er entwarf Maskenspiele, Ballette und Intermedien. R.s Name ist vor allem verbunden mit den Anfängen der ↗Oper. Von ihm stammen die Texte der ersten Werke der neuen Gattung, der *Dafne* von G. Peri – J. Corsi (1598), der beiden *Euridice* von Peri und G. Caccini (1600) und der *Dafne* von M. da Gagliano (1608). In Mantua, wo er Mitglied der von Gagliano gegründeten Accademia degli Elevati war, arbeitete R. auch mit Cl. Monteverdi zusammen (in der weitgehend verlorenen Oper *Arianna* und im *Ballo delle ingrate,* beides 1608; Madrigale *Zefiro torna, Lamento della ninfa* u. a.).

Ausg. (Libretti): *La favola di Dafne, L'Euridice* u. *L'Arianna,* in: Drammi per musica dal R. allo Zeno, II, hrsg. v. A. DELLA CORTE (Tn 1958) (= Classici it. 57/2).

Lit.: M. SCHILD, Die Musikdramen O. R.s (Diss. Mn 1933); W. V. PORTER, Peri and Corsi's Dafne, in: JAMS 18 (1965); R. HANNING, Apologia pro O. R., in: JAMS 26 (1973); G. A. TOMLINSON, Ancora su O. R., in: JAMS 28 (1975); B. R. HANNING, R., in: Grove[6] XVI.

RIOTTE, Philipp Jakob, * 16. 8. 1776 St. Wendel (Saarland), † 20. 8. 1856 Wien; dt. Dirigent und Komponist. Nach seinem Studium in Frankfurt am Main und Offenbach war er Kapellmeister an den Theatern in Gotha (1805), Danzig (1806) und Magdeburg (1807), seit 1808 in Wien am Kärntnerthortheater sowie seit 1818 am Theater an der Wien, für das er eine Reihe von Opern und Balletten komponierte. Von seinen zahlreichen Klavierstücken war das Programmusikstück *Die Schlacht bei Leipzig* zu seiner Zeit sehr bekannt.

WW: Zahlr. Klv.-Werke, u. a. *Die Schlacht bei Leipzig;* Kammermusik. – Symphonie, op. 25; Klv.-, Fl.- u. Klar.-Konzerte. – Etwa 50 Bühnenwerke, darunter die Operette *Das Grenzstädtchen,* UA: Wien 1809.

Ausg.: Klar.-Konzert B-Dur, op. 24, hrsg. v. J. MICHAELS (H 1960).

Lit.: G. SPENGLER, Der Komponist Ph. J. R. aus St. Wendel. Sein Leben u. seine Instrumentalmusik (Diss. Saarbrücken 1973).

RIPA, Alberto da, ↗Rippe, Albert de.

RIPIENO (it., = voll, gefüllt; Abk.: rip., gelegentlich auch R). – **1)** In Werken des konzertierenden Stils im 17./18. Jh. Bz. für diejenigen meist chorisch besetzten Vokal- oder Instrumentalstimmen, die die obligaten, solistischen Stimmen abschnittsweise und im Wortsinn klangfüllend verstärken. Der Satz mit R.-Stimmen ist charakteristisch vor allem für die konzertierende Kirchenmusik in Bologna in der 2. Hälfte des 17. Jh. und für die Gattung des ↗Concerto grosso. Hier ist R. gleichbedeutend mit der Besetzungsbezeichnung „Concerto grosso" oder „Tutti" im Unterschied zu „Concertino". – **2)** Im it. Orgelbau die Bz. für das Plenum. – ↗Organo pleno.

RIPPE, Albert de (Alberto da Ripa, Alberto Mantovano, A. de Mantoue), * um 1480 Mantua, † 1551 Paris; it. Lautenist. Er ist seit 1529 am französischen Hof nachweisbar, seit 1533 als königlicher Kammerdiener. R. erhielt zahlreiche Gunstbezeigungen von den Königen Franz I. und Heinrich II. Seine Lautenwerke wurden nach seinem Tod von seinem Schüler G. de Morlaye veröffentlicht. Sie umfassen Intavolierungen von Chansons und einigen Motetten (u.a. von Cl. Janequin, Josquin des Prés, P. Sandrin und Cl. de Sermisy) und Fantasien, Pavanen, Galliarden u.a. Tanzsätze.

WW: Gedruckt bei Fezandat: 6 Bücher *Tabulature de leut* (P 1552–58); bei Le Roy & Ballard: 5 Bücher *Tabulature de luth* (P 1562–63); einzelne Stücke in Sammeldrucken der Zeit.

Ausg.: Œuvres d'A. de R., hrsg. v. J.-M. VACCARO, 3 Bde. (P 1972–75) (= Corpus des luthistes français o. Nr.).

Lit.: R. W. BUGGERT, A. da Ripa, Lutenist and Composer, 2 Bde. (1956) (= Diss. Univ. of Michigan); DERS., Transcription Problems in the Lute Tablature Books of A. da Ripa (1956) (= Univ. of Michigan Bull. 31/3); L. NORDSTROM, A. de R., joueur de luth du roy, in: Early Music 7 (1979).

RIPRESA (it., = Wiederholung), Bz. für den Refrain in der älteren italienischen Vokalmusik. Sie ist Bestandteil der ↗Ballata, deren erste Verse in der ursprünglichen Tanzweise des 13. Jh. nach solistischem Vortrag von allen Tänzern wiederholt wurden. Die R. findet sich in den der Lauda, der Frottola und ähnlichen Gesangsformen verwandten Gattungen. – Bei der ↗Basse danse heißt der Mittelteil zwischen Haupttanz und Wiederholung R. oder Recoupe (Abfolge: Haupttanz – R. – Haupttanz – Nachtanz). Bei P. Attaingnant noch als Ummensurierung des Hauptthemas gebildet, verselbständigte sich seit T. Susato die R., z. B. zu einem dem Kontrastpaar Pavane – Galliarde hinzugefügten 3. Tanz.

RIQQ (arabisch), Bz. für eine in Ägypten, Syrien und Marokko seit dem 19. Jh. verbreitete kleine Rahmentrommel (20–22 cm Durchmesser) mit Becken- oder Schellenpaaren, die sowohl in der Kunst- als auch in der Volksmusik verwendet wird. – ↗Daira.

RISPETTO ↗Strambotto.

RIST, Johann, * 8. 3. 1607 Ottensen bei Hamburg, † 31. 8. 1667 Wedel an der Elbe; dt. Theologe und Dichter. Nach Universitätsstudien in Rinteln und Rostock war er einige Zeit Lehrer in Heide und seit 1635 Pastor in Wedel. 1644 wurde er zum Poeta laureatus ernannt, 1653 in den Adelsstand erhoben; 1660 gründete er den Dichterbund „Elbschwan-Orden". Bekannt wurde er vor allem als Dichter von Sammlungen geistlicher und weltlicher Lieder, die von zahlreichen, besonders norddeutschen Komponisten vertont wurden (H. Pape, J. Schop, Th. Selle, A. Hammerschmidt, Jacob (I) Praetorius, H. Scheidemann, S. Th. Staden und Chr. Flor). Einige Lieder wurden im evangelischen Kirchengesang sehr beliebt: *O Ewigkeit, du Donnerwort, O Traurigkeit, o Herzeleid* (die 1. Strophe stammt von Fr. Spee), *Werde munter, mein Gemüte* und *Ermuntre dich, mein schwacher Geist.*

Ausg.: Dichtungen, hrsg. v. K. GÖDEKE – E. GÖTZE (L 1885) (= Dt. Dichter des 17. Jh. 15); *Neuer Deutscher Parnass* (Nachdr. Hil 1978).

Lit.: TH. HANSEN, J. R. u. seine Zeit (Hl 1872, Nachdr. L 1973); W. KRABBE, J. R. u. das dt. Lied (Diss. B 1910); W. VETTER, Das frühdt. Lied I (Mr 1928); W. SCHULZ, Stud. über das dt. prot. monodische Kirchenlied des 17. Jh. (Diss. Breslau 1934); I. RÖBBELEN, Theologie u. Frömmigkeit im dt. ev.-lutherischen Gesangbuch des 17. u. frühen 18. Jh. (Gö 1957); R. MEWS, J. R.s Gesellschaftslyrik u. ihre Beziehungen z. zeitgen. Poetik (Diss. H 1969).

RISTENPART, Karl, * 26. 1. 1900 Kiel, † 24. 12. 1967 Lissabon; dt. Dirigent. R. studierte 1924–28 am Sternschen Konservatorium in Berlin und 1928 bis 1929 am Neuen Wiener Konservatorium. Er übernahm die Leitung des Berliner Oratorienchores und gründete 1932 ein Kammerorchester, mit denen er regelmäßig Konzerte veranstaltete. 1946 rief er den RIAS-Kammerchor und das RIAS-Kammerorchester ins Leben und setzte in Aufnahmen und Konzerten im Nachkriegsdeutschland neue Maßstäbe für die Aufführung der Werke J. S. Bachs (u.a. durch die zyklische Wiedergabe der Kantaten im Jubiläumsjahr 1950) und anderer deutscher Komponisten des Barock. 1953 übernahm er das Saarländische Kammerorchester, das spätere Kammerorchester des SR in Saarbrücken.

Lit.: J. BRUYR, in: Journal musical français (1968) Nr. 169.

RISTORI, Giovanni Alberto, * 1692 Bologna (?), † 7. 2. 1753 Dresden; it. Komponist. Er kam vermutlich von Venedig nach Wien und ging 1715 in Begleitung seines Vaters Tommaso R. (* 1660), eines Schauspielers und Direktors einer Wandertruppe, nach Dresden, wo er 1717 Komponist des von seinem Vater geführten italienischen Theaters wurde. 1718–33 war R. auch Leiter der Königlich Polnischen Hofkapelle. Nachdem das italienische Theater 1733 geschlossen worden war, wurde R. als Nachfolger von Chr. Petzold Kammerorganist am Hof des Kurfürsten Friedrich August II. von Sachsen und 1750 (zusammen mit J. A. Hasse) Vizekapellmeister. Seit 1746 widmete er sich vor allem der Komposition geistlicher Musik. Zusammen mit A. Lotti und J. A. Hasse war R. eine der markantesten Persönlichkeiten des Dresdener Musiklebens. Er gehört auch zu den ersten Komponisten von Buffa-Opern in Deutschland.

WW: 15 it. Kantaten; 3 Oratorien; 15 Messen; 3 Requiem; 22 (meist Solo-) Motetten; einige Instr.-Werke. – Opern: *Orlando furioso*, UA: Venedig 1713; *Pigmalione*, UA: Rovigo 1714; für Dresden: *Calandro*, UA: 1726; *Un pazzo ne fà cento, ovvero Don Chisciotte*, UA: 1727; *Le fate*, UA: 1736; *Temistocle*, UA: Neapel 1738; *Adriano in Siria*, UA: ebd. 1739; ferner 2 Feste teatrali u. 6 Intermezzi.

Lit.: C. R. MENGELBERG, G. A. R., Ein Beitr. z. Gesch. it. Kunstherrschaft in Deutschland im 18. Jh. (L 1916).

RISURREZIONE, LA, Oper von F. Alfano; dt. Titel: ↗Auferstehung.

RITARDANDO (it., = verzögernd; Abk.: rit.), Vortrags-Bz. für die allmähliche Verlangsamung des Tempos. Syn.: *rallentando.*

Lit.: P. CAHN, Retardatio, r., in: HMT (1974).

RITENUTO (it., = zurückgehalten; Abk.: riten.), Vortrags-Bz. für die unmittelbare, meist nur für wenige Takte geltende Tempo-Verlangsamung.

RITORNELL (it. ritornello, von ritorno = Rückkehr; frz. ritournelle), im allgemeinen Sprachgebrauch ein mehrfach wiederkehrender instrumentaler Formteil in begleiteter Vokalmusik, gleichsam ein instrumentales Gegenstück zum ↗Refrain. Der Begriff wird seit dem 14. Jh. in der Musik verwendet, änderte aber mehrmals seine Bedeutung. Im italienischen Trecento-↗Madrigal bezieht sich „ritornello“ auf einen eigenständigen kurzen Abgesang (auch Coppia genannt), der – meist im Dreiertakt – nach den 2 oder 3 Hauptstrophen (Terzette) die Form abrundet. Auch die mit dem Madrigal verwandte ↗Caccia kennt das R. als Schlußabschnitt.

In der Musik des 17. Jh. findet sich das R. als Element der kontrastierenden Auflockerung und der Gliederung in allen instrumentalbegleiteten Vokalformen: Oper, geistliches Konzert, Solokantate, Generalbaßmadrigal und begleitetes Sololied. Neben improvisierten Zwischenspielen zu Liedstrophen, die man in Spanien und Italien über eine Kadenzformel auf der Gitarre extemporierte (Frühformen der ↗Passacaglia und ↗Chaconne), erscheint gleichzeitig das ausgearbeitete Ritornell. Zu den ersten Komponisten, die solche Instrumentalpartien als Gestaltungsmittel bewußt einsetzten, zählt Cl. Monteverdi, aus dessen Werken M. Praetorius in seinem Lehrbuch *Syntagma musicum* III (1618–19) einiges als praktisches Beispiel für das R. anführt. Von Anfang an lassen sich 2 Grundformen unterscheiden: ein fest mit der Liedstrophe verbundenes R. in Art eines instrumentierten Refrains und ein unabhängigerer Typus, der den Vokalteilen gleichberechtigt gegenübersteht. Letzterer ist ein Ausgangspunkt für das Herstellen übergreifender formaler Beziehungen durch Wiederverwendung in anderen Abschnitten, Szenen oder Akten. Das R. der Frühzeit besteht aus einer kurzen Reihung mehrstimmig gesetzter Kadenzfloskeln; im weiteren Verlauf der Entwicklung wird die Form ausgedehnter und vielgestaltiger. Von der Sinfonia, der anderen wichtigen Instrumentalform in den Vokalwerken des 17. Jh., unterscheidet sich das R. durch seine alternierende Wiederkehr und seine funktionale – nicht unbedingt motivische – Bindung an die Gesangspartien der Form. In der Praxis der Zeit werden die Begriffe allerdings nicht immer konsequent unterschieden; in deutschen Kompositionen sind ritornellförmige Abschnitte gelegentlich auch als „Symphonia“ bezeichnet. Die in der französischen Oper zu beobachtende Verselbständigung des R.s im Sinne eines tonmalerischen Charakterstücks führt zu einer Ablösung vom genuinen Typus.

In der 1. Hälfte des 18. Jh. spaltet sich der R.-Begriff. J. G. Walther beschreibt unter „Ritornello“ in seinem *Musicalischen Lexicon* (1732) zunächst den traditionellen Typus, daneben aber auch „Instrumentalmoduli, welche in einer mit Instrumenten gesetzten Sing-Arie so wohl den Anfang als [das] Ende ausmachen“. Entsprechendes gilt für die einleitenden, abschließenden und als Zwischenspiel verwendeten Orchestertutti der durch A. Vivaldi ausgebildeten Concertoform (↗Konzert). Hier verlagert sich die strukturelle Bedeutung des R.s; das zuvor Nebengeordnete wird nun zur tektonischen Hauptsache, aus einem Verbindungsglied wird ein formtragendes Element. Das R. ist hier nicht mehr bloß in die Abfolge eingereiht, sondern in den Gesamtablauf integriert, es erfährt Veränderungen, die sich aus dem Formvorgang ergeben (vor allem die Transposition bzw. die Verkürzung der Binnen-R.e). Das Eingangs-R. prägt den Charakter des Satzes in Tonart, Bewegungsform und Affekt, seine Form ist nach dem Prinzip der Fortspinnung gestaltet. In den Konzertsätzen der Wiener Klassik wird das Eröffnungs-R. zur Exposition einer Sonatensatzform. Der ältere R.-Typ erscheint als Eigenheit strophischer Formen auch weiterhin, vorzugsweise im volkstümlich-heiteren Genre (von J. S. Bachs Bauernkantate bis zu R. Wagners *Meistersingern* und C. Orffs *Carmina Burana*). Als konstruktives Verfahren in absoluten Formen wurde das R.-Prinzip in neuerer Zeit u.a. von B. Bartók *(Tanz-Suite)* und I. Strawinsky *(Cantata)* verwendet.

Lit.: A. HEUSS, Die Instrumentalstücke des Orfeo, in: SIMG 4 (1902/03); R. HAAS, Musik des Barocks (Pd 1928, Nachdr. Laaber 1979); E. ZEIM, Sinfonia u. Ritornello als Intermedien in der Kirchenmusik der 1. Hälfte des 17. Jh. (Diss. Hl 1950); W. BRAUN, Die Musik des 17. Jh. (Wie 1981) (= Neues Hdb. der Musikwiss. 4).

E. PLATEN

RITORNO D'ULISSE IN PATRIA, IL, Dramma in musica von Cl. Monteverdi; dt. Titel: Die ↗Heimkehr des Odysseus.

RITTER, August Gottfried, * 25. 8. 1811 Erfurt, † 26. 8. 1885 Magdeburg; dt. Organist, Komponist und Musikforscher. Er war Schüler von Michael Gotthard Fischer in Erfurt und 1834–35 von J. N. Hummel in Weimar und bekleidete 1830–34 verschiedene Organistenstellen und Lehrämter in Erfurt. Nach einem Studienaufenthalt bei L. Berger, August Wilhelm Bach und C. Fr. Rungenhagen in Berlin (1834–35) nahm er die Unterrichtstätigkeit in Erfurt wieder auf, wo er dann 1839–43 als Organist an der Kaufmannskirche tätig war. Seit 1843 wirkte er als Domorganist in Merseburg, seit 1847 in gleicher Funktion in Magdeburg. In seinen musikgeschichtlichen Forschungen widmete er sich vor allem der Orgel.

WW: **1) Kompositionen:** Zahlr. Klv.-Sonaten; 4 Sonaten, Choralpraeludien, Variationen u. Fugen für Org.; Kammermusik; Orch.-Werke, u. a. Symphonie c-moll (1840); Klv.-Konzert; ferner Lieder. – **2) Schriften u. Lehrwerke:** *Zur Geschichte des Orgelspiels, vornehmlich des deutschen, im 14. bis zum Anfange des 18. Jh.*, 2 Bde. (L 1884, Nachdr. Hil 1969), NA hrsg. v. G. Frotscher als: *Gesch. des Orgelspiels u. der Orgelkomposition* (B 1935–36, [3]1966). – R. war Hrsg. v.: *Kunst des Orgelspiels*, 2 Bde. (Erfurt o.J.), mehrere NA, zuletzt als: *Praktische Orgelschule. Kunst des Orgelspiels I* (L 1954); ferner (zus. mit G. W. Körner) *Der Orgelfreund* (Erfurt 1841); *Der Kantor und Organist* sowie *Der Orgelvirtuose* (ebd. 1845).

Lit.: P. SCHMIDT, In memoriam A. G. R., in: MuK 25 (1955); DERS., Ein Brief A. G. R.s, in: Musica 13 (1959); DERS., A. G. R.s Erfurter Jahre, in: Mf 13 (1960).

RITTER, Christian, * um 1650, † nach 1725 Hamburg (?); dt. Organist, Dirigent und Komponist. Er war wahrscheinlich Schüler von Chr. Bernhard in Dresden, wurde 1672 Cammer-Musicus und danach Hoforganist in Halle an der Saale. 1680–82 war er Organist und Vizekapellmeister am Hof in Stockholm; 1683 übte er die gleichen Ämter in Dresden aus. 1688–99 stand er erneut im Dienst des schwedischen Königshauses und seit 1700 lebte er in Hamburg. Die von ihm hsl. bekannten Werke (etwa 20 meist geistliche geringstimmige Konzerte und einige Instrumentalwerke) stehen in der Tradition von H. Schütz.

Ausg.: Kantate *O amantissime sponse Jesu* für Sopran, hrsg. v. R. BUCHMAYER (L 1906, [2]1951); Suite fis-moll für Klv. u. Sonatina d-moll für Org., hrsg. v. DEMS. (L 1927); *Gott hat Jesum erwekket*, hrsg. v. M. SEIFFERT (L 1925) (= Organum I/9); Sonatina für Org., hrsg. v. DEMS. (L 1925) (= ebd. IV/5).

Lit.: R. BUCHMAYER, Ch. R., in: FS H. Riemann (L 1909) (mit Werk-Verz.); TH. NORLIND, Zur Biographie Ch. R.s, in: SIMG 12 (1910/11).

RITTER, dt. Musikerfamilie. – **1) Georg Wenzel,** * 7. 4. 1748 Mannheim, † 16. 6. 1808 Berlin; war Fagottist im Mannheimer Hoforchester, mit dem er 1778 nach München ging. Seit 1788 gehörte er dem Orchester am Berliner Hof an. W. A. Mozart hatte ihn in Mannheim kennengelernt und schrieb für ihn 1778 in Paris die Fagottpartie der *Sinfonia concertante* KV 297b = Anh. 9. – **2) Peter,** Neffe von 1), * 2. 7. 1763 Mannheim, † 1. 8. 1846 ebd.; Violoncellist und Komponist. Er studierte Komposition bei G. J. Vogler und trat 1783 als Violoncellist in das Orchester des Mannheimer Theaters (des späteren Nationaltheaters) ein. 1801 wurde er dort Konzertmeister, 1803–23 – die ersten Jahre unter I. Fränzl als Musikdirektor – war er Kapellmeister. Von seinen Opern (meist Singspiele) war *Der Zitherschläger* sehr erfolgreich und fand auch die Anerkennung von C. M. von Weber. – R.s Bruder Heinrich, sein Sohn Karl und weitere Mitglieder der Familie waren ebenfalls Musiker am Mannheimer Theater.

WW: *Quatuors concertants*, op. 1 (P um 1790); einige weitere kammermusikal. Werke; Instr.-Konzerte. – Etwa 20 Opern und Singspiele, davon erhalten: *Der Eremit auf Formentara*, UA: Mannheim 1788; *Der Sklavenhändler*, UA: ebd. 1790; *Salomons Urteil*, UA: ebd. 1808; *Der Zitherschläger*, UA: Stuttgart 1810; *Das Tal von Barzelonetta oder Die beiden Eremiten*, UA: Mannheim 1811; *Feodore*, UA: ebd. 1811; *Der Mandarin oder Die gefoppten Chinesen*, UA: Karlsruhe 1821. – R. wird gelegentlich auch die Melodie des bekannten Kirchenliedes *Großer Gott, wir loben dich* (1792) zugeschrieben.

Lit.: **Zu 2):** Thematisches Verz. der Kammermusikwerke, in:

Mannheimer Kammermusik des 18. Jh. II, hrsg. v. H. RIEMANN (1915) (= DTB 16); G. SCHMIDT, P. R. (Diss. Mn 1924); M. J. GILVEATH, The Vc. Concertos of. P. R. (1968) (= Diss. Univ. of North Carolina); R. WÜRTZ, R., in: Grove[6] XV.

RITUALE, eines der ↗liturgischen Bücher der römisch-katholischen Kirche, das Texte und Anweisungen für die vom Priester zu spendenden Sakramente und Sakramentalien, ferner für Prozessionen und Exorzismen enthält; außerdem finden sich darin Noten für Antiphonen und Psalmen zu Segnungen sowie Gesänge für Totenoffizium und Begräbnisritus, ferner für Prozessionen und Litaneien. 1614 veröffentlichte Papst Paul V. das *Rituale Romanum* (letzte Editio typica 1952), das die liturgischen Texte rubrizierte. Die Liturgie-Konstitution des 2. Vatikanischen Konzils bestimmte 1963, daß ein neues *Rituale Romanum* als Rahmen-R. erarbeitet werden soll.

RIVIER, Jean, * 21. 7. 1896 Villemomble (Seine); frz. Komponist. Er studierte 1922–26 am Pariser Conservatoire bei J. Gallon (Harmonielehre), G. Caussade (Kontrapunkt und Fuge), M. Emmanuel (Musikgeschichte), P. Braud (Klavier) und P. Bazelaire (Violoncello). R. wurde einer der führenden jüngeren französischen Komponisten der Zwischenkriegszeit; 1936–40 war er eine der leitenden Persönlichkeiten der Gruppe Le Triton. 1947 wurde er Kompositionslehrer am Pariser Conservatoire, wo er 1962–66 als Nachfolger von D. Milhaud die Leitung einer Kompositionsklasse innehatte. R.s Werke stehen in der Tradition M. Ravels und vor allem A. Roussels; sie sind jedoch auch von der Musik des frühen I. Strawinsky (*Sacre du printemps* und *Noces*), S. Prokofjews und des Jazz beeinflußt.

WW: **1) Instr.-WW:** Zahlr. Klv.-Stücke; Kammermusik, u. a. 2 Streichquartette (1924, 1940). – Für Orch.: *Ouverture pour un Don Quichotte* (P 1929); *Ouverture pour une opérette imaginaire* u. Adagio für Str. (P 1930); 7 Symphonien (P 1932, Mz 1937, P 1938, 1941, 1950, 1958, 1961); *Paysage pour Jeanne d'Arc à Domrémy* (W 1936); *Rapsodie provençale* (P 1949); *Ouverture pour un drame* (P 1952); *Musiques pour un ballet* (P 1957); *Le déjeuner sur l'herbe* (P 1957); *Concerto breve* für Klv. u. Str. (P 1953); Burleske für V. u. Orch. (P 1929); V.-Konzert (P 1942); Concertino für Va. (P 1935); Rhapsodie für Vc. u. Orch. (P 1927); Fl.-Konzert (P 1955); Klar.-Konzert (1958); Fag.-Konzert (1963); Konzert für Saxophon, Trp. u. Str. (1955); Konzert für Blechbläser, Pk. u. Str. (1963); Ob.-Konzert (1966). – **2) Vokal-WW:** Zahlr. Lieder mit Klv. auf Gedichte v. G. Apollinaire, P. de Ronsard, C. Marot, P. Gilson usw.; a cap.-Chöre, u. a.: *Offrande à un ange; Dieu vous garde; Prends cette rose; Mignonne allons voir; Je n'ai plus que les os; Épitaphe d'un petit chien; 5 chœurs mixtes* (Text: P. de Ronsard u. J. Du Bellay) (P 1957); für Soli, Chor u. Orch.: Psalm 46 (1937) u. *Ballade des amants désespérés* (1945); Requiem (1953); *Christus Rex* (1966) für Chor u. Orch. – **3) Bühnen-WW:** *Comédie musicale vénitienne* (P 1936); Ballett *Divertimento* (1958).

ROACH, Max (Maxwell), * 10. 1. 1925 Brooklyn (New York); amerik. Jazzmusiker (Schlagzeuger, Bandleader, Komponist). Er gehörte in den 40er Jahren zu den Bebop-Avantgardisten um Charlie Parker und Dizzy Gillespie, beteiligte sich dann in den 50er Jahren wesentlich am Hardbop und dokumentierte dies besonders eindrucksvoll mit seinem Quintett von 1954–56, zu dem Clifford Brown und später auch Sonny Rollins gehörten. In dieser Zeit schuf er Stücke mit – bis dahin im Jazz nicht üblichen – ungeraden Metren und behandelte das Schlagzeug auch als Melodieinstrument, ferner wandte er mit Drumensembles als einer der ersten eine Verschmelzung von Jazz mit afrikanischer Perkussion an. Seit 1971 ist R. Musiklehrer, tritt aber auch mit Gruppen auf, die Modern Jazz und Negro spirituals zu einer neuen Synthese verbinden; viel beachtet wurden seine Duos mit dem Free Jazz-Musiker Archie Shepp. R. gehört zu den schärfsten Kritikern der Rock music, in der er eine Verdummungstendenz feststellt. Als Komponist trat er besonders mit seiner Suite *Freedom Now* (1960) hervor, die den Weg des schwarzen Amerikaners von der Sklaverei bis zur Gegenwart in einer grandiosen Mischung aus Hardbop und afrikanischer Perkussivität beschreibt.

Lit.: J. COOKE, M. R., in: Jazz on Record, hrsg. v. A. McCarthy (Lo 1968); G. ENDRESS, Jazz Podium. Musiker über sich selbst (St 1980).

ROBBINS, Jerome, * 11. 10. 1918 New York; amerik. Tänzer, Choreograph und Regisseur. Nach seinem Studium in New York begann er eine Karriere als Tänzer und Choreograph. Mit den Choreographien u. a. zu L. Bernsteins *On the Town* (1944), J. Stynes *High Button Shoes* (1947) und R. Rodgers *The King and I* (1951) erzielte er rasch große Erfolge. 1949–63 war er Associate Artistic Director des New York City Ballet und gründete 1958 als eigene Kompanie die „Ballets: U.S.A.", mit der er besonders in Europa reüssierte. Seitdem arbeitet R. als freischaffender Choreograph und Regisseur. Vor allem mit der *West Side Story* von Bernstein, *Gypsy* von Styne und dem *Fiddler on the Roof* konnte er Welterfolge verbuchen.

WW (Choreographien) (UA in New York): L. Bernstein, *Fancy Free,* UA: 1944; DERS., *On the Town,* UA: 1944; J. Styne, *High Button Shoes,* UA: 1947; I. Berlin, *Miss Liberty,* UA: 1949; DERS., *Call Me Madam,* UA: 1950; R. Rodgers, *The King and I,* UA: 1951; B. Britten, *Fanfare* (nach *The Young Person's Guide to the Orchestra*), UA: 1953; C. Debussy, *Afternoon of a Faun,* UA: 1953; R. Adler, *The Pajama Game,* UA: 1954; Styne, *Bells Are Ringing,* UA: 1956; L. Bernstein, *West Side Story,* UA: 1957; Styne, *Gypsy,* UA: 1959; S. Sondheim, *A Funny Thing Happened on the Way to the Forum,* UA: 1962; J. Bock, *Fiddler on the Roof,* UA: 1964; Styne, *Funny Girl,* UA: 1964; I. Strawinsky, *Les noces,* UA: 1965; L. Bernstein, *Dybbuk,* UA: 1974.

Lit.: P. BRINSON – C. L. CRISP, J. R. Ballet for All (Lo 1970).

ROBERT, Pierre, * um 1618 Louvres bei Paris, begraben 30. 12. 1699 Paris; frz. Komponist. R. wurde an der Maîtrise von Notre-Dame in Paris ausgebildet und versah seit 1648 an der Kathedrale von Senlis, seit 1650 an der Kathedrale von Chartres und seit 1653 an Notre-Dame in Paris das Amt eines Kapellmeisters. Zusammen mit H. Du Mont war er seit 1663 Sous-maître der Kapelle König Ludwigs XIV. und 1672–84 Compositeur de la chapelle et de la chambre du Roi. Anschließend lebte R., der 1637 vermutlich zum Priester geweiht wurde, von seinen Pfründen. Neben seinem Amtskollegen Du Mont ist R. ein bisher weniger bekannter, gleichwohl bedeutender Vertreter des Grand motet (↗Motette) in seiner ersten Entwicklungsphase. Er pflegte auch die geringstimmige konzertierende Motette.

WW: *Motets pour la chapelle du Roy* für 5–6 St. u. B.c. mit Instr. (P 1684); einige Petits motets sind hsl. erhalten.

Ausg.: *Deus noster refugium* und *Quare fremuerunt gentes* aus *Motets pour la Chapelle du Roy*, hrsg. v. H. CHARNASSÉ (P 1969) (= Le pupitre 14).

Lit.: H. CHARNASSÉ, Contribution à l'étude du récitatif chez l'Abbé P. R., in: Rech. Mus. 1 (1960); DIES., Quelques aspects des „Ensembles de récits" chez l'Abbé P. R., in: ebd. 2 (1961/62); D. LAUNAY, R., in: MGG XI; H. CHARNASSÉ, Contribution à l'étude des grands motets de P. R., in: Rech. Mus. 3 (1963) – 4 (1964); J. R. ANTHONY, R., in: Grove[6] XVI. B. R. SUCHLA

ROBERT DE HANDLO ↗Handlo.

ROBERT DER TEUFEL *(Robert le Diable)*, Oper in 5 Akten von Giacomo Meyerbeer (1791–1864), Text von Eugène Scribe und Germain Delavigne nach einer alten französischen Volkssage. Ort und Zeit der Handlung: romantische Spielorte im Mittelalter (Ritterlager, Thronsaal des sizilischen Königs, Felsenschlucht, Nonnenkloster, Kemenate der Prinzessin von Sizilien, Kathedrale von Palermo). UA: 21. 11. 1831 in Paris (Opéra); dt. EA (in dt. Sprache): 20. 6. 1832 in Berlin (Königliche Oper).

Robert der Teufel war die erste Oper der Musikgeschichte, die einen spontanen Welterfolg erreichte. Schon nach 3 Jahren wurde sie auf 77 Bühnen in 11 Ländern gegeben. Bis 1893 erlebte das Werk allein in Paris 758 Aufführungen. In Zusammenarbeit mit dem Direktor Louis Véron gelang es Meyerbeer, an die französische Tradition Glucks anknüpfend, den Prototypus der Grand Opéra zu schaffen, im Gegensatz zu den eher der italienischen Tradition verpflichteten *Muette de Portici* (1828) von D. F. E. Auber und *Guillaume Tell* (1829) von G. Rossini. Schroffe szenische und musikalische Kontraste, monumentale Chortableaux, Ausweitung verbindender Accompagnato-Abschnitte, eine völlige Neuorientierung der Orchestersprache mit experimentellen Instrumentenkombinationen (Pikkolo-Flöte/Fagott – Trompete im Souffleurkasten) kennzeichnen den neuen Stil. – Bei der Premiere feierte das Gaslicht seinen Einzug auf der Opernbühne. Internationaler Gesprächsstoff wurde das aktionsintegrierte Nonnenballett, das noch 40 Jahre später Paul Degas im Bild festhielt. Die Gnadenarie der Isabella, *Grâce, grâce*, wurde zum Prüfstein aller späteren Primadonnen und lebt noch heute im Solorepertoire. A. Daudet widmete dem Stück eine witzige Paraphrase in *Tartarin de Tarascon*. Zahlreiche Parodien (u.a. von Nestroy) bezeugen die Popularität des Werkes. E. W. Korngold hat noch 1920 in seiner Oper *Die tote Stadt* die Idee der Nonnenbeschwörung aufgegriffen. H. BECKER

ROBERTSON, Rae, * 29. 11. 1893 Ardersier (Schottland), † 4. 11. 1956 Los Angeles; engl. Pianist. Er studierte an der Royal Academy of Music in London Klavier bei Tobias Matthay und Komposition bei Frederick Corder und trat 1921 erstmals als Konzertpianist auf. Mit seiner Frau **Ethel Bartlett,** * 6. 6. 1900 London, † 17. 4. 1978 St. Barbara (Calif.), bildete er ein international renommiertes Klavier-Duo, für das viele britische Komponisten, darunter B. Britten (*Scottish Ballad* op. 26, 1941), Stücke für 2 Klaviere schrieben.

ROBESON, Paul, * 9. 4. 1898 Princeton (New Jersey), † 23. 1. 1976 Philadelphia; amerik. Sänger (Bassist) und Schauspieler. Er studierte Jura an der Columbia University, war kurze Zeit als Rechtsanwalt tätig und debütierte 1921 als Schauspieler. 1925 machte er erstmals als Sänger von Negro Spirituals auf sich aufmerksam. Ein Jahr später unternahm er eine erfolgreiche Tournee durch die USA. 1929 ging er nach London und wurde dort mit dem Lied *Ol'man river* aus dem Musical *Show Boat* von J. Kern, das ihm geradezu auf den Leib geschrieben war, weltbekannt. Als Schauspieler verkörperte er bevorzugt die Titelrolle in W. Shakespeares Drama *Othello*. Daneben wirkte er auch in zahlreichen Filmen mit. Nach einer Tournee durch die UdSSR engagierte er sich in den 40er Jahren zunehmend für kommunistische Ideen. R. war Ehrendoktor der Humboldt-Universität (1960) und Mitglied der Akademie der Künste in Ost-Berlin. Autobiographisches veröffentlichte er unter dem Titel *Here I Stand* (Lo – NY 1958; dt. Übers.: *Mein Lied, meine Waffe*, B 1958). Zum 75. Geburtstag wurde er mit einer Festschrift geehrt (B 1973).

Lit.: E. G. ROBESON, P. R.: Negro (NY 1930); S. GRAHAM, P. R., Citizen of the World (NY 1946); M. SETON, P. R. (Lo 1958); E. P.

HOYT, P. R. (Lo 1967); P. R. Speaks. Writings, Speeches, Interviews 1918–74, hrsg. v. P. S. FONER (NY 1978).

ROCHBERG, George, * 5. 7. 1918 Paterson (New Jersey); amerik. Komponist. Er studierte bei Hans Weisse, G. Szell und Leopold Damrosch Mannes an der Mannes Music School in New York, 1945–48 am Curtis Institute of Music und an der University of Pennsylvania in Philadelphia. Am Curtis Institute übte er 1948–54 eine Lehrtätigkeit aus, war 1951–60 Editionsleiter bei Theodore Presser Co. in Bryn Mawr, wechselte dann zur University of Pennsylvania und leitete dort bis 1968 das Music Departement (1968 Professor) und seither eine Meisterklasse für Komposition. Stilistisch zunächst von P. Hindemith und B. Bartók geprägt, geriet er um 1948 unter den Einfluß der Dodekaphonie A. Schönbergs, fand jedoch nach 1960 zu einer frei tonalen Schreibweise zurück.

WW: **1) Instr.-WW:** Für Klv.: 12 Bagatellen (1952); Fantasie-Sonate (1956); *Bartokiana* (1959); *Carnival Music* (1969); Partita (1976); *Book of Contrapuntal Pieces* (1979). – Sonate für V. u. Klv. (1979); Duo für Ob. u. Fag. (1979); Trio für Klar., Horn u. Klv. (1980); Oktett *A Grand Fantasia* (1980); 7 Streichquartette (1952–79); Klv.-Quintett (1975); Streichquintett (1980). – Kammersymphonie (1953). – Für Orch.: 4 Symphonien (1958, 1959, 1968, 1974); *Cheltenham Concerto* (1958); *Time-Span II* (1962); *Transcendental Variations* (1975) für Streichorch.; *Imago Mundi* (1973); je ein V.- u. Ob.-Konzert (1974, 1983). – **2) Vokal-WW:** *Songs of Solomon* (1946) für SingSt u. Klv.; Drei Psalmen (23, 43, 150) (1954) für gem. Chor a cap. (1954); *Passions according to the 20th Century* (1967) für Chor, Jazz-Quintett, Blechbläser, Schlagzeug, Klv. u. Tonband; 3 *Cantes Flamencos* (1969) für hohen Bar.; 11 Lieder nach Gedichten v. P. Rochberg (1969); *Songs of Inanna and Dumuzi* (1977) für Alt u. Klv. – **3) Bühnen-WW:** Oper *The Confidence Man* (Libr.: G. R.) (1982).

Lit.: A. L. RINGER, The Music of G. R., in: MQ 52 (1966); CH. WILKINSON, G. R. (Morgantown 1979). J. DORFMÜLLER

ROCHLITZ, Johann Friedrich, * 12. 2. 1769 Leipzig, † 16. 12. 1842 ebd.; dt. Musikschriftsteller. Er erhielt als Schüler der Thomasschule Kompositionsunterricht von J. Fr. Doles, schrieb schon in jungen Jahren Lieder, Chöre, Klavierstücke und Kantaten, studierte dann Theologie, war 1791–92 zeitweilig Privatlehrer und wandte sich 1794 literarischer Betätigung zu. Sein Wohnsitz blieb zeitlebens Leipzig. 1798–1818 gab er die neugegründete, hochbedeutsame *Allgemeine musikalische Zeitung* heraus und blieb noch bis 1835 deren Mitarbeiter. R. war einer der prominentesten Musikkritiker seiner Zeit. Früh erkannte er die Größe L. van Beethovens, der 1822 in Wien mit ihm zusammentraf und ihn sehr schätzte. R. nahm auch an den musikhistoriographischen Bestrebungen in der 1. Hälfte des 19. Jh. teil. Sein Interesse galt vornehmlich J. S. Bach und G. Fr. Händel, aber auch der Vokalmusik seit den Niederländern. Seine *Sammlung vorzüglicher Gesangstücke* ist ein früher Versuch auf dem Wege zum musikalischen Denkmälerwesen. R. stand in enger und langer Beziehung zu J. W. von Goethe und war befreundet mit C. Fr. Zelter, L. Spohr und C. M. von Weber.

WW: *Für Freunde der Tonkunst* (Ausw. der musikbezogenen geschichtlichen, ästhetischen u. belletristischen Arbeiten), 4 Bde. (L 1824–32, ²1830–32), 3. Aufl. hrsg. v. A. Dörffel (1868); *Sammlung vorzüglicher Gesangstücke ... mit den nötigsten historischen u. anderen Nachweisungen,* 3 Bde. (L 1838–40). R. schrieb auch populärwiss. Abh.en, Romane, Gedichte (z.B. *Alinde,* komponiert als Klavierlied v. Fr. Schubert) sowie Texte u.a. zu der Oper *Das Blumenmädchen* v. Gottlob Benedikt Bierey (1802 ?) und zu den Oratorien *Die letzten Dinge* (1826) u. *Des Heilands letzte Stunden* (1834) v. L. Spohr.

Ausg.: Versch. Bach-Aufsätze aus *Für Freunde der Tonkunst,* hrsg. v. J. MÜLLER-BLATTAU, als: Wege zu Bach (Au 1926).

Lit.: W. VON BIEDERMANN, Goethes Briefwechsel mit F. R. (L 1887); H. EHINGER, F. R. als Musikschriftsteller (L 1929); J. MÜLLER-BLATTAU, F. R. u. die Musikgesch., in: H. Albrecht in Memoriam (Kas 1962); DERS., Zelter u. R., in: Von der Vielfalt der Musik (Fr 1966); R. SCHMITT-THOMAS, Die Entwicklung der dt. Konzertkritik im Spiegel der Leipziger AmZ (F 1969); R. SCHAAL, Die Mozart-Anekdoten v. J. F. R., in: 19. dt. Mozartfest Augsburg 1970; H. J. ILSMANN, Leben u. Werk des Leipziger Schriftstellers u. Musikkritikers J. F. R., in: Sächsische Heimatblätter 17 (1971); M. LAFITE, Musikästhetik im frühen 19. Jh., dargestellt an Hand der musikästhetischen Abh.en der „Leipziger Allgemeinen musikal. Zeitung" unter der Redaktion v. F. R. (Diss. W 1974).

ROCKABILLY (engl.), Bz. für den neben ↗Rock and Roll geschichtlich frühesten Abschnitt der ↗Rock music. Stilistisch bedeutet R. die Mischung aus Elementen des schwarzen ↗Blues und der weißen Country music (↗Western music).

ROCK AND ROLL, Rock 'n' Roll, Rock & Roll, ist neben dem Rockabilly der geschichtlich früheste Abschnitt der ↗Rock music. Der Ausdruck wurzelt im schwarzen Slang und bedeutet die Bewegungen sowohl beim Geschlechtsakt wie beim Tanzen. Entwicklungsgeschichtlich bildet der R. eine kommerzialisierte und für die weißen jugendlichen Massen in den USA bestimmte Abwandlung des rein schwarzen ↗Rhythm & Blues (vor 1950 „Race music" genannt). Dementsprechend sind seine wichtigen Vertreter in der Regel weiße Musiker: Elvis Presley, der seine richtungweisende Verbindung der Blues- und Country-Gattung in den Einspielungen der kleinen Plattenfirma „Sun" in Memphis dokumentiert (*That's Alright, Mama,* 1954); Bill Haley, der nach erfolgreichen Country & Western-Anfängen 1954 den weltberühmten Titel *Rock Around the Clock* aufnahm; ferner Jerry Lee Lewis, Buddy Holly und Carl Perkins, alle im Süden der USA. Unter den schwarzen R.-Musikern sind Little Richard und vor allem Chuck Berry zu nennen, wohl die kreativste, auch als Komponist einflußreiche Gestalt dieser Musikrichtung. Der zwölftaktige Blues in schnellem Zeitmaß sowie elektrisch verstärkte Gitarren, Kontrabaß, Schlagzeug, Klavier und Tenorsaxophon sind charakteristisch für den R., der überwiegend gesungen wird.

ROCK MUSIC, Rockmusik, ist eine städtische, rhythmusbetonte und elektrisch verstärkte Massenmusik für Jugendliche, die ihre Ursprünge in den USA hat, heute jedoch zu einem weltweiten Musikidiom geworden ist, hinter dem ein beträchtliches Industriepotential steckt. Für diese Musik werden zuweilen auch andere Ausdrücke verwendet, die indessen lediglich Teilbereiche der R. dekken. „Beat" ist die um 1962–69 vorherrschende, in Großbritannien und besonders in Liverpool wurzelnde Rock-Richtung, deren Hauptvertreter die Beatles, Searchers, Zombies u.a. waren (British Beat). „Pop" dagegen bedeutet eine eher am Schlager orientierte und gern mit Streichern angereicherte sentimentale Gattung, wie sie früher von den Bee Gees und den Walker Brothers, in den 70er Jahren von der schwedischen Gruppe ABBA verkörpert wurde; das Wort wird besonders in der musikpädagogischen Literatur mit „Rockmusik" gleichgesetzt.

Die bisherige Geschichte der R. umfaßt folgende Abschnitte: 1. ↗Rock and Roll (um 1954–59); 2. eine Übergangsphase (um 1959–63), die durch das Erscheinen der sog. Girl Groups, des frühen ↗Soul und der Surf music gekennzeichnet ist; 3. der britische ↗Beat, der von Liverpool (Beatles, Searchers) ausgeht und mit einem neuen Selbstbewußtsein der Jugend in seinen Songtexten nicht nur in Großbritannien und auf dem europäischen Kontinent, sondern – als „British Invasion" – auch in den USA eine spektakuläre Verbreitung findet; 4. stilistische Experimente (um 1967–73), die teilweise von den Beatles selbst eingeleitet werden (LP *Sgt. Pepper's Lonely Hearts Club Band,* 1967) und in neuartige Stilsynthesen wie Jazzrock (↗Electric Jazz) und Country Rock, in der Bundesrepublik Deutschland und West-Berlin in elektronische „Kosmische Musik" (Tangerine Dream) einmünden; 5. ab 1976 tritt der musikalisch zwar primitive, als Reaktion auf die eingetretene Entfremdung zwischen Rockmusiker und Publikum (die bereits in den 70er Jahren die Hard Rock-Welle auslöste) jedoch verständliche Punk in New York und in London auf, der mit seiner anarchistischen, im Bewußtsein von Arbeitslosigkeit und wirtschaftlichem Niedergang wurzelnden „No Future"-Vision Millionen von Jugendlichen anspricht (Sex Pistols: *Anarchy in the U.K.*). Die ursprüngliche Primitivität der Punk-Musik wird indessen schon um 1978–79 von den differenzierten, teilweise sogar avantgardistischen und speziell neodadaistischen Klängen einiger Formationen abgelöst, die eine New Wave einleiten (Pere Ubu, Devo, Television in den USA, XTC, The Stranglers, Magazine und viele andere in Großbritannien). Um 1980–82 beherrscht diese Neue Rockwelle die internationale R.; Tendenzen zur kommerziellen Auswertung sind dabei deutlich.

Die überwiegend elektrisch verstärkten Instrumente der R. tragen deren Massencharakter, dem Vortrag in großen Tanz- und Konzerthallen, Rechnung. Entsprechend dem noch halbländlichen Zug des Rockabilly um 1954–56 macht dieser von einer E-Gitarre, jedoch von einer akustischen Begleitgitarre und einem – gleichfalls unverstärkten – Kontrabaß Gebrauch; auf Schlagzeug wird in der Regel verzichtet. Der Rock and Roll übernimmt das Instrumentarium des schwarzen ↗Rhythm & Blues (der seinerseits unter dem Einfluß des zeitgenössischen Jazz stand): die E-Gitarre, den Kontrabaß, mit Vorliebe auch das Klavier und/oder das Tenorsaxophon und das stark hervortretende Schlagzeug. Im britischen Beat um 1962–69 (etwa bei den Beatles) fehlt ein Tasteninstrument in der Regel; die gewöhnliche Besetzung umfaßt also „Lead-" und Begleitgitarre, E-Baßgitarre und Schlagzeug. Eine um so größere Rolle spielen die Tasteninstrumente (Klavier, E-Orgel, später Mellotron) in der gleichzeitigen R & B-Revival Londons. Musiker wie Alexis Korner, Graham Bond, John Mayall und Jack Bruce verbinden hier vielfach das Jazz- mit dem Beat-Instrumentarium; die Saxophontradition wird ebenfalls fortgesetzt. Eine revolutionierende Neuerung bringt der Synthesizer für den Gesamtklang der R. von den beginnenden 70er Jahren an. Mit den elektrisch verstärkten Instrumenten zusammen prägt er seit etwa 1970 den Jazzrock von Miles Davis, Weather Report, John McLaughlin, Herbie Hancock u.a., aber auch die sog. Kulturrock-Gruppen in Großbritannien wie Pink Floyd, Gentle Giant und besonders Yes (Rick Wakeman). Über alle stilistischen Gegensätze hinweg behauptet sich der Synthesizer auch in der New Wave um 1978–82 und bestimmt mit seiner Klangvielfalt gelegentlich sogar den Gruppensound einiger Formationen wie Ultravox, The Stranglers, Throbbing Gristle und Orchestral Manœuvres in the Dark. In den mannigfaltigen Revival-Strömungen um 1980 von Neu-Ska, Rock and Roll, Rockabilly und Sixties' Pop sowie auch in der Neuen Rockwelle kommt das Saxophon zu neuen Ehren.

Die kurze Geschichte der R. läßt sich nicht als eine herkömmliche Stilentwicklung mit eigenen Gesetzen begreifen, vielmehr sind für sie Wirtschaftsgesetze und Marktstrategien maßgebend. R. ist vor allem Schallplattenmusik und ist daher unentwirrbar mit den Interessen großer Plattenfirmen, multimedialer und multinationaler Konzerne verknüpft, von denen genannt seien: die USA-Firmen CBS, RCA, Warner Bros. und MCA, die deutsch-holländische Polygram (Philips/Polydor), die britischen Unternehmen EMI und Decca, in der Bundesrepublik Ariola-Eurodisc, alle mit Unter-Labels und zum Teil mit im Ausland aufgekauften Hilfslabels. Kleinere Plattenfirmen mögen in Krisenzeiten und stilistischen Sackgassen eine wichtige Initiative ergreifen, so zu Beginn des Rock and Roll sowie in der Punk-Bewegung um 1976 – ohne das mächtige und wohlorganisierte Vertriebsnetz der Großfirmen würde die R. nicht das sein, was sie ist: eine Musik für viele Millionen Jugendliche. Es gilt daher der Satz, daß sich in der Stilgeschichte der R. zugleich die Bewegung des Kapitals großer Schallplattenfirmen niederschlägt. Diese Bewegung richtet sich am größtmöglichen Gewinn und an einer schnellen Zirkulation und Vermehrung des investierten, mittlerweile mehrere Milliarden DM umfassenden Kapitals aus. Modetrends und permanente Kreuzungen von musikalischen Gattungen und Stilen bilden die Mittel, die den Verkauf anregen sollen. Auch eine sinnlich verführende optische Gestaltung der Plattenhüllen sowie die Methoden der „Promotion" und der Werbung stehen im Dienste der Verkaufsbeschleunigung. Objektiv, nach ihrer Wirkung betrachtet, sind die öffentlich-rechtlichen Medien wie Rundfunk und Fernsehen, erst recht die gesamte Fan-Presse *(Sounds, Bravo)*, nichts anderes als weitere Mittel der Werbung. Auch die Rockkonzerte in großen Hallen haben heute darin ihre wichtigste Funktion zu erfüllen, daß sie für die jeweils neueste Schallplatte einer Rockgruppe werben. Der Zwang, stets etwas Neues zu bieten, führt zu eigenartigen und ästhetisch mitunter interessanten Verbindungen älterer oder geographisch entlegener Musikkulturen mit westlicher Trivialmusik. Die Verknüpfung von Country music und Blues führte um 1954 zum Rockabilly, von europäischer Klassik und Rock um 1968–70 zu Klassik-Arrangements (Ekseption, The Nice, Emerson Lake & Palmer), von Country und Rock um 1970 zum Country Rock, von Volksmusik und Rock zum Folk Rock, von indischer Musik mit Beat Ende der 60er Jahre zum Raga-Rock, von lateinamerik. Stilelementen und Rock zum Latin Rock usw. Die New Wave um 1980 vollzieht sogar eine radikale Annäherung an die Avantgarde der Kunstmusik und bringt Klangcollagen und neodadaistische Kunstprodukte hervor.

Lit.: S. SCHMIDT-JOOS – B. GRAVES, Rock-Lexikon (Reinbek [2]1975); S. FRITH, The Sociology of Rock (Lo 1978); T. KNEIF, Sachlexikon Rockmusik (Reinbek 1978, [3]1980); DERS., Einführung in die Rockmusik (Wilhelmshaven 1979, [2]1981); S. CHAPPLE – R. GAROFALO, Wem gehört die Rockmusik? Gesch. u. Politik der Musikindustrie (Reinbek 1980); D. GIVEN, The Dave Given Rock 'n' roll Stars Handbook (Smithtown/N.Y. 1980); J. WÖLFER, Die Rock- u. Popmusik. Eine umfassende Darstellung ihrer Gesch. u. Funktion (Mn 1980); A. JERRENTRUP, Entwicklung der Rockmusik von den Anfängen bis z. Beat (Rb 1981).

T. KNEIF

RODE, Jacques Pierre Joseph, * 16. 2. 1774 Bordeaux, † 25. 11. 1830 Château de Bourbon bei Damazan (Lot-et-Garonne); frz. Violinist und Komponist. R. war seit 1787 Schüler von G. B. Viotti in Paris und gab 1790 sein Pariser Debüt im Théâtre de Monsieur, wo ihn Viotti mit einem seiner Violinkonzerte auftreten ließ. 1794 unternahm er mit dem Sänger P.-J. Garat eine große Konzerttournee durch die Niederlande und Deutschland. 1795 wurde er Professor für Violine am neugegründeten Pariser Conservatoire. Bei einem Aufenthalt in Madrid 1799 lernte er L. Boccherini kennen, mit dem er sich befreundete. 1800 wurde er Violinsolist der Privatkapelle Napoleons, reiste 1803 mit Fr. A. Boieldieu nach St. Petersburg und war dort 1804–08 Violinsolist des Zaren Alexander I. 1808–11 hielt er sich erneut in Paris auf und unternahm anschließend eine Konzertreise durch Mitteleuropa, auf der er 1812 in Wien L. van Beethovens Violinsonate op. 96 zusammen mit dem Erzherzog Rudolph zum ersten Mal aufführte. 1814 ließ sich R. in Berlin nieder, um 1819 kehrte er nach Bordeaux zurück. Zusammen mit Fr. Baillot und R. Kreutzer schrieb er eine *Méthode de violon* (P 1803, Nachdr. G 1974), die offizielles Unterrichtswerk am Conservatoire wurde. R. gehört zu den führenden Vertretern der französischen Violinmusik. Seine Werke, die auch Beethoven anerkannte, waren seinerzeit sehr populär und werden gelegentlich noch heute gespielt.

WW: Im Druck erschienen: 13 V.-Konzerte; *Sonates brillantes;* 4 Streichquartette *(Quatuors brillants);* Duos; Variationen für V. u. Quartett; *Andante avec variations; 24 Caprices* (B um 1815); *12 Études* (P o. J.) für V.

Ausg.: V.-Konzerte: Nr. 4 A-Dur, hrsg. v. H. VON STEINER (L 1926); Nr. 6 B-Dur, op. 8, Nr. 7 a-moll, op. 9 u. Nr. 8 e-moll, op. 13, hrsg. v. E. SAURET (Mz 1928); *24 Caprices*, hrsg. v. W. DAVISSON (L 1928, Neudruck 1951); dass., hrsg. v. F. SCHMIDTNER (H 1953); 23 Capricen in Etüdenform für Va. allein, hrsg. v. M. ROSTAL (Mz 1974).

Lit.: H. AHLGRIMM, P. R. (W 1929); B. SCHWARZ, Beethoven and the French V. School, in: MQ 44 (1958); F. A. CLARKSON, The „Baillot, R. and Kreutzer" Method (1803), in: The Strad 80 (1969/70).

RODELINDA, Oper in 3 Akten von Georg Friedrich Händel (1685–1759), Text von Nicola Fran-

cesco Haym nach einem italienischen Libretto von Antonio Salvi. Ort und Zeit der Handlung: Mailand, im 6. Jahrhundert. UA: 13. 2. 1725 in London; dt. EA: 29. 11. 1734 in Hamburg (mit italienischen Arien, Übersetzung: C. G. Wendt).
Grimwalds Werben um Rodelinda, die Gattin des von ihm gestürzten und vermeintlich getöteten Königs Bertarich, wird durch die unerwartete Rückkehr des Totgeglaubten beendet. Bertarich kehrt zu seiner Frau zurück, nachdem er ihre Treue einer Probe unterzogen hat, und wird in seine alten Rechte eingesetzt, denen sich auch der Usurpator Grimwald unterwirft. Die relativ klar strukturierte Handlung mit einem zentralen Konflikt läßt dem Komponisten Zeit, die Charaktere deutlich gegeneinander abzusetzen; so gelingt Händel mit der Figur der Rodelinda eines seiner überzeugendsten und abwechslungsreichsten Frauenporträts. Die Partie ihres Gegenspielers Grimwald ist eine der wenigen tragenden Rollen in Händels Opernwerk, die mit einem Tenor besetzt sind. Trotz der strengen Beibehaltung des Formtyps der Da capo-Arie – es gibt nur 2 Ausnahmen, von denen das Liebesduett am Ende des 2. Aktes einen dramatischen Höhepunkt bildet – ergibt sich durch die feinfühlige Anpassung an die dramatischen Gegebenheiten und das Ausnutzen eines vom jeweiligen Ort der Handlung geprägten Kolorits stete Abwechslung. Zu den von besonderer Intensität gekennzeichneten Accompagnati, in denen ein erster Schritt zur Gestaltung zusammenhängender Szenen vollzogen ist, gehört die Kerkerszene im 3. Akt, die heute unwillkürlich Assoziationen zur Kerkerszene aus Beethovens *Fidelio* evoziert.

TH. MENGER

RODGERS, Richard Charles, * 28. 6. 1902 Hammels Station (Long Island, New York), † 30. 12. 1979 New York; amerik. Komponist. R. lernte autodidaktisch Klavierspiel und Komposition und schrieb mit 14 Jahren erste Songs für Amateur-Revuen. 1918 begegnete er dem Textdichter L. Hart, auf dessen Rat hin er 1919–21 an der Columbia University und 1921–23 am Institute of Musical Art in New York studierte. 22 Jahre lang arbeitete R. mit Hart eng zusammen, wobei Hart die Songtexte (nicht die Libretti) zu den insgesamt 29 Musicals (12 davon verfilmt) schrieb, darunter *On your Toes* (1936; daraus *There's a small hotel*), *Babes in Arms* (1937; daraus *My funny Valentine* und *The lady is a tramp*), *The Boys from Syracuse* (1938) und *Pal Joey* (1940; daraus *Bewitched, bothered and bewildered*). Ihre anspruchsvollen Texte begeisterten ebenso wie die Songs, die hier fest in die Handlung integriert sind. Kurz vor dem Tod Harts begann R.' Zusammenarbeit mit dem Textdichter O. Hammerstein (II). Ihr erstes Musical, *Oklahoma!* (1943), wurde einer der größten Erfolge in der Geschichte des Musicals. Es wurde als erstes Musical überhaupt 1944 mit dem Pulitzer-Preis ausgezeichnet. Es folgten weitere sehr erfolgreiche Stücke. Bevorzugte R. zusammen mit Hart kurze Songs mit einfachen Melodien, die den Einfluß des Jazz verraten, so schrieb er zu Texten Hammersteins meist gefühlvolle Balladen mit weitgeschwungenen Melodien. Nach Hammersteins Tod verfaßte R. zuweilen selbst die Songtexte, allerdings ohne großen Erfolg. Er komponierte auch zahlreiche Film- und Ballettmusiken. Seit 1955 war er Mitglied des National Institute of Arts and Letters in New York und erhielt die Ehrendoktorwürde mehrerer amerikanischer Universitäten. Seit 1959 gehörte er dem Direktorium der Juilliard School of Music in New York an. 1962 wurde er President and Producing Director des Music Theater of Lincoln Center in New York.

WW: Musicals (wenn nichts anderes angegeben, UA in New York) nach Songtexten v. L. Hart: *Fly with me*, UA: 1919; *The Garrick Gaieties*, UA: 1925; *Dearest Enemy*, UA: 1925; *A Connecticut Yankee*, UA: 1927; *Chee-chee*, UA: 1928; *Present Arms*, UA: 1928; *Jumbo*, UA: 1935; *On your Toes*, UA: 1936; *Babes in Arms*, UA: Boston 1937; *I'd Rather be Right*, UA: 1937; *The Boys from Syracuse*, UA: Boston 1938; *Too Many Girls*, UA: 1939; *Higher and Higher*, UA: 1940; *Pal Joey*, UA: 1940; *By Jupiter*, UA: 1942. – O. Hammerstein (II): *Oklahoma!*, UA: 1943; *Carousel*, UA: 1945; *Allegro*, UA: 1947; *South Pacific*, UA: 1949; *The King and I*, UA: 1951; *Me and Juliet*, UA: 1953; *Pipe Dream*, UA: 1955; *Flower Drum Song*, UA: 1958; *The Sound of Music*, UA: 1960. – Ferner: *No Strings* (Text: R. R.), UA: 1962; *Do I Hear a Waltz?* (Text: S. Sondheim), UA: 1965; *Two by Two* (Text: M. Charmin), UA: 1970; *Rex* (Text: S. Harnick), UA: 1976. – Ballette: *Nursery*, UA: 1938; *Ghost Town*, UA: 1939. – R. schrieb ferner *Musical Stages. An Autobiography* (NY 1975).

Lit.: D. TAYLOR, Some Enchanted Evenings (NY 1953, Nachdr. Westport/Conn. 1972); D. EWEN, R. R. (NY 1957), 2. Aufl. als: With a Song in His Heart (NY 1963); S. GREEN, The World of Musical Comedy (NY 1960, revidiert South Brunswick 1968); DERS., The R. and Hammerstein Story (Lo – NY 1963); S. CHOTZINOFF, A Little Nightmusic. Intimate Conversations with ... R. R. (NY 1964); S. SCHMIDT-JOOS, Das Musical (Mn 1965); M. KAYE, R. R. A Comparative Analysis of His Songs with Hart and Hammerstein Lyrics (Diss. NY 1969); R. KISLAN, Nine Musical Plays of R. and Hammerstein (Ann Arbor 1970); D. RODGERS, A Personal Book (NY 1977); F. NOLAN, The Sound of Their Music. The Story of R. and Hammerstein (Lo 1978).

M. HERBSTMEIER

RODOLPHE, Jean Joseph (Johann Joseph Rudolph), * 14. 10. 1730 Straßburg, † 18. 8. 1812 Paris; frz. Hornist und Komponist. Er erhielt Violin- und Hornunterricht bei seinem Vater und setzte sein Violinstudium später bei J.-M. Leclair in Paris fort. Um 1754 wurde er Hornist des Herzogs von Parma unter T. Traëtta, der ihn seit 1758 in Kontrapunktlehre unterrichtete. Um 1760 trat er in die württembergische Hofkapelle in Stuttgart ein, wurde 1761 Kammervirtuose und als Mitarbeiter des Choreographen J. G. Noverre Ballettkomponist und schrieb Einlagen zu den Opern von N. Jommelli, bei dem er noch Kompositionsunterricht nahm. 1764 trat er als Solist in einem Hornkonzert im Concert spirituel in Paris auf, wo er nach seinem Ausscheiden aus der Stuttgarter Hofkapelle (1766) 1767 Musiker des Prinzen Conti, 2 Jahre später Hornist an der Opéra und 1774 Mitglied der Chapelle Royale wurde. 1784 bis zur Revolution war er Kompositionslehrer an der École Royale de Chant, 1798–1802 (pensioniert) Professor für Solfège am Conservatoire National. R. war mit W. A. Mozart befreundet, den er 1778 bei dessen Paris-Besuch kennengelernt hatte.

WW: **1) Instr.-WW:** V.-Etüden; Duos für 2 V.; 24 Fanfares für 3 Hörner; 2 Hornkonzerte (P o.J.). – **2) Bühnen-WW** (nur die erhaltenen): Opéra-comique *L'aveugle de Palmyre*, UA: Ludwigsburg 1767; Ballette: *Renaud et Armide*, UA: Stuttgart 1761; *Médée et Jason*, UA: Ludwigsburg 1763. – **3) Unterrichts-WW:** *Solfèges ou Nouvelle méthode de musique* (P 1786); *Théorie d'accompagnement et de composition* (P 1799).

RODRIGO, Joaquín, * 22. 11. 1902 Sagunto; span. Komponist. Mit 3 Jahren erblindet, erhielt er früh eine musikalische Ausbildung, studierte Klavier bei R. Ribes und Harmonielehre und Komposition bei F. Antich und ging 1927 an die Schola Cantorum in Paris, wo er u.a. Schüler von P. Dukas (Instrumentation) war und später Musikgeschichte bei M. Emmanuel am Conservatoire und bei A. Pirro an der Sorbonne hörte. 1939 ließ er sich in Madrid nieder. Mit seinem *Concierto de Aranjuez* für Gitarre und Orchester wurde er dort im folgenden Jahr als der bedeutendste spanische Komponist der Gegenwart gefeiert. 1944 erhielt er für sein Gesamtwerk den Premio Nacional de Música. 1948 übernahm er den Lehrstuhl für Musikgeschichte an der Universität in Madrid. Außerdem ist er seit 1950 Mitglied der Academia de bellas artes de S. Fernando in Madrid und wurde 1963 Ehrendoktor der Universität Salamanca. R.s Werke lassen sich weitgehend als neoklassizistisch einordnen. Elemente der nationalen Folklore werden lediglich als pittoreske Effekte verwendet. Charakteristisch sind eine farbige Instrumentierung, eine aparte Harmonik und gelegentliche Rückgriffe auf Spielfiguren des 18. Jahrhunderts.

WW: **1) Instr.-WW:** Klv.-Stücke u. Kammermusik. – Für Orch.: *Zarabanda lejana y villancico* (1930); *Homenaje a la tempranica* (1939); *Soleriana* (1953); *Concierto de Aranjuez* (1939) für Gitarre u. Orch.; *Concierto heróico* (1942) für Klv. u. Orch.; *Concierto de estío* (1943); *Concierto in modo galante* (1949) für Vc. u. Orch.; *Concierto serenata* (1955) für Harfe u. Orch.; *Concierto en la Giralda* (1963) für Harfe u. kleines Orch.; *Concierto-Madrigal* (1965–68) für 2 Gitarren u. Orch.; *Concierto andaluz* (1967) für 4 Gitarren u. kleines Orch. – **2) Vokal-WW:** Lieder, u.a.: *Cantico de la esposa* (1934); *Cuatro madrigales amatorios* (1947); *Ausencias de Dulcinea* (1948) für SingSt u. Orch., *Música para un códice salmantino* (1953) für Soli, Chor u. Kammerorch.; *Himnos musicales* (1963) für 3 Frauen-St. u. Org.; *Rosaliana* (1965) u. *Cantos de amor y de guera* (1968) für SingSt u. Orch. – **3) Bühnen-WW:** Comedia lírica *El hijo fingido* (nach Lope de Vega), UA: Madrid 1964; Ballette: *Pavana real* (1955); *Juana y los calderos* (1956).

Lit.: F. SOPEÑA, J. R. (Ma 1946); A. IGLESIAS, J. R., su obra para piano (Orense 1965); F. SOPEÑA IBÁNEZ, J. R. (Ma 1970) (= Artistas españoles contemporáneos, Serie músicos 1).

RODRIGUES COELHO, Manuel, * um 1555 Elvas, † nach 1635 wahrscheinlich Lissabon; port. Komponist. R. war zunächst Organist in Badajoz und Elvas, 1603 an der Kathedrale von Lissabon und dort 1604–33 Kaplan und Organist am königlichen Hof. Von ihm ist die Sammlung *Flores de música pera o instrumento de tecla & harpa* (Lis 1620) überliefert, der erste portugiesische Druck mit Instrumentalmusik. Er enthält 24 Tientos (Ricercare), etwa 100 Kyrie- und Magnificat-Versetten (mit SingSt), 4 *Pange lingua* und 4 *Suzanas* (Bearbeitungen der Chanson *Suzanne un jour* von O. di Lasso).

Ausg.: 5 Tientos, hrsg. v. M. S. KASTNER (Mz 1936); 4 Suzanas, hrsg. v. DEMS. (Mz 1955); *Flores de música*, 2 Bde., hrsg. v. DEMS. (Lis 1959–61) (= Portugaliae musica A, I u. III).

Lit.: M. S. KASTNER, Contribución al estudio de la música española (Lis 1941); K. SPEER, The Organ „Verso" in Iberian Music to 1700, in: JAMS 11 (1958); DERS., What is „tonus" in Polyphonic Music, in: Essays in Musicology. FS W. Apel (Bloomington/Ind. 1968).

RODRÍGUEZ DE HITA, Antonio, * 1724 wahrscheinlich in Kastilien, † 21. 2. 1787 Madrid; span. Komponist. R. war von etwa 1740 bis etwa 1757 Kapellmeister an der Kathedrale von Palencia und seit 1757 am Convento Real de la Encarnación in Madrid. Außer mit theoretischen Schriften und Kirchenmusik trat R. in Zusammenarbeit mit dem Dichter Ramón de la Cruz seit 1768 als erfolgreicher Zarzuela-Komponist hervor.

WW: Zarzuelas: Zarzuela heróica *La Briseida*, UA: Madrid 1768; Zarzuela burlesca *Las segadoras de Vallecas*, UA: ebd. 1768; Zarzuela burlesca *Las labradoras de Murcia*, UA: ebd. 1769. – Schriften: *Consejos que daba a sus discípulos sobre el verdadero conocimiento de la música antigua y moderna* (Ma 1787).

Lit.: F. BONASTRE, Estudio de la obra teórica y prática del compositor A. R. de H., in: Revista de musicología 2 (1979).

RODZINSKI, Artur, * 1. 1. 1892 Spalato (Dalmatien; heute Split), † 27. 11. 1958 Boston; amerik. Dirigent. Er promovierte in Wien zum Dr. jur., wurde in der Musik von E. von Sauer, Fr. Schalk und Fr. Schreker ausgebildet und hatte seine ersten Anstellungen als Dirigent in Lemberg und Warschau. 1926–29 war er Assistent L. Stokowskis beim Philadelphia Orchestra und am Curtis Institute of Music, wurde 1929 Leiter des Los Angeles Philharmonic Orchestra und 1933 des Cleveland Orchestra. In A. Toscaninis Auftrag war er seit 1937 auch beim NBC Symphony Orchestra tätig, mit dem er viele Werke einstudierte und aufführte. 1943–47 leitete er das New York Symphony Orchestra und 1947–48 das Chicago Symphony Orchestra. Seitdem trat er als Gastdirigent in Europa und Südamerika auf.

Lit.: H. RODZINSKI, Our Two Lives (NY 1976).

ROGER, Estienne, * 1665 oder 1666 Caen, † 7. 7. 1722 Amsterdam; frz. Musikverleger. R. wurde als Buchdrucker bei Antoine Pointel und später bei Jean-Louis de Larme ausgebildet, seit 1695 als Buchhändler, Buchdrucker und Buchbinder registriert und gab 1696 mit de Larme, der bis 1697 mit ihm assoziiert war, seine ersten Bücher heraus. Seit 1697 führte er die Firma allein fort, in der auch seine Frau **Marie Susanne** geborene de Maigneville (* 1670 oder 1671 Bailleul, † April 1712 Amsterdam) mitarbeitete und seit 1716 seine von ihm im selben Jahr testamentarisch bestimmte Erbin und Tochter **Jeanne R.** (* 26. 3. 1692 Amsterdam, † 10. 12. 1722 ebd.), mit deren Namen die Editionen von diesem Zeitpunkt an gezeichnet wurden. R. gab Erstausgaben und Nachdrucke zahlreicher Vokal- und Instrumentalwerke deutscher, französischer, niederländischer und italienischer Meister heraus, u.a. von A. Vivaldi und A. Corelli, so die Ausgabe der Sonaten op. 5 mit den Verzierungen des Komponisten. 1723 übernahm Michel-Charles Le Cène (* 1683 oder 1684, † 1743), der R.s Tochter **Françoise R.** (getauft 4. 12. 1694 Amsterdam, begraben 26. 8. 1723 ebd.) geheiratet hatte, das Unternehmen, das bis 1743 bestand.

Lit.: J. H. VAN EEGHEN, De Amsterdamse boekhandel, 1680–1725, IV (A 1969); F. LESURE, Bibliogr. des éditions musicales publiées par E. R. et M.-Ch. le Cène (Amsterdam 1696–1743) (P 1969) (= Publications de la Soc. Fr. de Mie II/12).

ROGER-DUCASSE, Jean-Jules Aimable, * 18. 4. 1873 Bordeaux, † 19. 7. 1954 Le Taillan-Médoc (Gironde); frz. Komponist. Er war Schüler von André Gédalge und G. Fauré am Pariser Conservatoire und erhielt 1902 den 2. Prix de Rome. 1909 wurde er Inspecteur général de l'enseignement du chant an den Schulen der Stadt Paris, war 1929–35 Lehrer für Ensemblespiel und 1935–45 als Nachfolger von P. Dukas Professor für Komposition am Pariser Conservatoire. Von der traditionellen Musik ausgehend und in manchen Zügen an Fauré erinnernd, entwickelte R. eine insgesamt durchaus eigenständige originelle Schreibweise.

WW: **1) Instr.-WW:** Klv.-Stücke; Kammermusik. – Für Orch.: Symphonische Stücke, darunter: *Suite française* (1909); *Marche française* (1914); *Nocturne de Printemps* (1920); *Épithalame* (1923); *Nocturne d'hiver* (1931). – **2) Vokal-WW:** Chöre; Motetten; symphonische Dichtungen mit Chor *Au Jardin de Marguerite* (1910–05) u. *Sarabande* (1910); *Ulysse et les sirènes* (1937), Triptychon für Orch. u. Chöre. – **3) Bühnen-WW:** Mimodrame *Orphée*, UA: Paris 1926; Comédie lyrique *Cantegril*, UA: ebd. 1931. – **4) Schriften:** *École de la dictée* (P 1910, 1937); *Solfèges* (P 1933).

Lit.: L. CEILLIER, R.-D. (P 1920); Autobiogr. in: J. BRUYR, L'écran des musiciens (P 1930); H. KAUFMANN, Zur Wertung des Epigonentums in der Musik, in: NZfM 129 (1968).

ROGERS, Benjamin, getauft 2. 5. 1614 Windsor, † Juni 1698 Oxford; engl. Organist und Komponist. Er war Chorknabe an der St. George's Chapel in Windsor und 1639–41 Organist an der Christ Church in Dublin. Anschließend kehrte er an die St. George's Chapel zurück, deren Chor jedoch 1653 im Commonwealth aufgelöst wurde. Bis zur Restauration wirkte R. als Musiklehrer in Windsor und London, war seit 1660 Organist (1661–64 alleiniger Organist) am Eton College und 1664–85 Organist und Lehrer der Chorknaben am Magdalen College in Oxford. R. wurde 1653 Bachelor of Music der Universität Cambridge und 1669 Doctor of Music der Universität Oxford.

WW: Zahlr. Instr.-Stücke, in: J. Playford, *Courtly Masquing Ayres* (Lo 1662); Airs für 4 St. oder V. u. Org.; *Hymnus Eucharisticus* (1660); 4 Glees, in: J. Playford, *Musical Companion* (Lo 1673); ferner Services u. Anthems in Sammeldrucken der Zeit.

Ausg.: Complete Keyboard Works, hrsg. v. R. RASTALL (Lo 1972) (= Early Keyboard Music 29).

Lit.: R. RASTALL, B. R., 1614–98, Some Notes on His Instrumental Music, in: ML 46 (1965); J. P. WHITE, The Life and Vocal Music of B. R. 1614–1698 (1973) (= Diss. Iowa Univ.) (mit Ausg. v. 17 Anthems).

ROGIER, Philippe, * um 1561 Arras, † 29. 2. 1596 Madrid; franko-flämischer Komponist. Er wurde 1572 Sänger, 1584 2. Kapellmeister und 1588 1. Kapellmeister der Hofkapelle König Philipps II. in Madrid. R. stand bei seinen Zeitgenossen in hohem Ansehen. Noch Lope de Vega rühmt ihn in seinem Gedicht *Laurel de Apolo* (1630). Von seinem umfangreichen Werk, das auch prunkvolle Hofmusik umfaßt, ist nur wenig überliefert.

WW: *Sacrae modulationes* für 4–8 St. (Neapel 1565); *Missae sex* (Ma 1598); 4 Chansons für 5–6 St., in: RISM 1597[10]; mehrere geistliche Werke sind hsl. erhalten.

Ausg.: Opera omnia, hrsg. v. L. J. WAGNER (1974) (= CMM 61); Eleven Motets, hrsg. v. DEMS. (New Haven 1966) (= RRMRen 2).

Lit.: S. N. KOWADLO, Ph. de R. and His Polyphonic Antiphon „Salva nos domine", in: Essays ... FS M. J. Bernadete (NY 1965); P. BECQUART, Musiciens néerlandais à la cour de Madrid. Ph. R. et son école (1560–1647) (Bru 1967).

RÖGNER, Heinz, * 16. 1. 1929 Leipzig; dt. Dirigent. Er studierte 1947–51 Klavier (Hugo Steurer), Dirigieren (Egon Bölsche) und Bratsche. Danach war er Solorepetitor und Kapellmeister am Nationaltheater in Weimar und 1954–58 Dozent für Dirigieren sowie Leiter der Opernschule an der Hochschule für Musik in Leipzig. 1958–62 wirkte er als Chefdirigent des großen Rundfunkorchesters von Radio DDR in Berlin, wurde dann GMD der Staatsoper in Ost-Berlin und 1974 dort Chefdirigent beim Rundfunk-Sinfonieorchester. Außerdem gastiert er regelmäßig beim Gewandhausorchester und Rundfunk-Sinfonieorchester in Leipzig und bei der Dresdner Philharmonie. Konzertreisen, teilweise auch als Kammermusikspieler, führten ihn durch Ost- und Westeuropa.

ROGNONI TAEGGIO. – 1) Riccardo (er nannte sich im Gegensatz zu seinen Söhnen nur Rognoni), * bei Bergamo, † vor 1620; it. Violinist und Violist. R. ist 1592 im Dienst des Gouverneurs von Mailand nachweisbar. Er gilt als Begründer der Mailänder Violinschule. Von seinen Werken (sämtliche Kompositionen, darunter Canzonetten, Pavanen und Chansons, sind verloren) ist lediglich sein Traktat *Passaggi per potersi esercitare nel diminuire* (V 1592) in der Abschrift von Fr. Chrysander erhalten. – **2) Giovanni Domenico,** Sohn von 1), † vor 1626 (?); it. Organist und Komponist. Er war Priester, wurde 1605 Kapellmeister an S. Marco in Mailand und 1619 dort am herzoglichen Hof.

WW: Canzoni für 4 u. 8 St. (Mi 1605); 2 Bücher Madrigale für 5 St. u. 8 St. (V 1605, Mi 1619); einige weitere WW in Sammeldrukken 1596–1626.

3) Francesco, Bruder von 2), † vor 1626 (?); it. Violinist, Violist und Komponist. Er lebte als junger Musiker am Hof König Sigismunds III. von Polen, war 1613–24 Leiter der Hofmusik des Gouverneurs von Mailand und seit 1620 auch Kapellmeister an S. Ambrogio in Mailand. Seine *Selva di varii passaggi* ist ein wichtiger Beitrag zur zeitgenössischen Verzierungspraxis.

WW: *Messa, Salmi intieri e spezzati* für 5–8 St. u. B.c. (Mi 1610); *Madrigali* für 5 St. u. B.c. (V 1613); *Missae et motecti* für 4 u. 5 St. u. B.c. (V 1624); *Canzoni francese per sonar* (Mi 1608). – *Selva de varii passaggi secondo l'uso moderno per cantare et suonare* (Mi 1620).

Ausg.: **Zu 3):** *Selva de varii passaggi,* Faks.-Ausg. (Bol 1970) (= Bibl. musica Bononiensis II/153).

Lit.: I. HORSLEY, The Solo Ricercar in Diminution Manuals. New Light on Early Wind and String Techniques, in: AMl 33 (1961); C. SARTORI, in: MGG XI; G. BARBLAN, I „Rognoni" musicisti milanesi tra il 1500 e il 1600, in: FS A. von Hoboken (Mz 1962); A. G. PONZONI, Canzon a 4 v. di G. D. R., in: Annuario del Conservatorio di musica G. Verdi (1966/67).

ROGOWSKI, Ludomir Michał, * 3. 10. 1881 Lublin, † 13. 3. 1954 Dubrovnik; poln. Komponist. Er studierte am Warschauer Konservatorium und setzte seine Ausbildung 1906 bei A. Nikisch und H. Riemann in Leipzig fort. 1907–09 unternahm er Studienreisen nach Frankreich, Deutschland und Italien. Nach Polen zurückgekehrt, wurde er Direktor der Orgel-Schule in Wilna und leitete dort das 1910 von ihm gegründete Symphonieorchester. 1912–14 wirkte er als Theaterkapellmeister in Warschau und lebte 1914–19 in Frankreich. 1922–26 unternahm er Konzertreisen in europäische Länder und ließ sich 1926 in Dubrovnik nieder, wo heute ein R.-Museum besteht. Stilistisch war R. vom französischen Impressionismus beeinflußt, verwendete jedoch auch Elemente der orientalischen Musik, insbesondere die von ihm konstruierte „Slawische Tonleiter", eine Mischform aus Ganztonleiter und persischer Tonleiter.

WW: Klv.-Stücke; Orch.-Werke, u. a. 7 Symphonien (1926, 1936, 1941, 1943, 1947, 1949, 1951); 4 symphonische Dichtungen; Gesänge; Chorwerke; Bühnen- u. Funkmusik; 7 Opern u. 4 Ballette.

Lit.: S. KASZYŃSKI, in: Ruch muzyczny 3 (1959); M. BRISTIGER, L. M. R. ego skale i idee muzyczne, in: FS H. Feicht (Krakau 1967); M. MALINOWSKI, in: Słownik muzyków polskich 2, hrsg. v. J. Chomiński (Krakau 1967).

ROHR, Heinrich, * 18. 3. 1902 Ober-Abtsteinach (Odenwald); dt. Kirchenmusiker. Nach Studium am Lehrerseminar Bensheim (Bergstraße) war er Lehrer, vor allem in Mainz (1922–25 und 1933–47). Dort wirkte er 1947–73 als Leiter des neugegründeten Bischöflichen Instituts für Kirchenmusik. R., der entscheidend durch die Liturgische Bewegung geprägt wurde, machte sich seit den 40er Jahren vor allem mit seinen einstimmigen deutschen liturgischen Gesängen einen weithin beachteten Namen. Diese bilden eine wichtige Station in den Bemühungen um eine stärkere Teilnahme der Gemeinde am Gottesdienst, lange bevor das 2. Vatikanische Konzil hier neue Impulse gab. Viele Lieder R.s wurden in die katholischen Nachkriegsgesangbücher und schließlich auch in das *Gotteslob* aufgenommen.

WW (wenn nichts anderes angegeben, in Freiburg im Breisgau gedruckt): Einstimmige Lieder u. Gesänge (Slgen.): *Die Kreatur und der Singende* (Mr 1940); *Strömendes Licht* (1947); *Gesänge zum Officium Divinum* (1951) (Teile daraus in zahlr. Einzelausg.); *Nun freut euch all* (1952); *Gemeindegesänge der heiligen Messe* (1953, L 1965); *Singende Gemeinde,* 11 H.e (Fr – Mz 1961) (Teile daraus in versch. Einzelausg. u. Slgen.); *Deutsche Psalliertafel* (1962 u. ö.); *Mainzer Dommesse* (1964); *Das Wolkenschiff* (1966); *Friedensmesse* (1966); *Evangelien-Antiphonen* (1973); *Christuslob* (1975). – Mehrstimmige Vokalwerke: *Matthäus-Passion* (Mz 1936) für Vorsänger u. 4st. Chor; *Deutsches Te Deum* (Mz 1938) für Gemeindegesang u. 4st. Chor; *Leidensgeschichte nach Johannes* (1957) für Vorsänger u. 4st. Chor; weitere mehrst. liturg. Gesänge; einzelne Liedsätze. – Ferner *Orgelbegleitung zu den Psallierweisen* (1969) sowie *Flötenbüchlein für die Schule* (Mz 1939).

Lit.: H. NIKLAUS – H. ROHR, in: Musik u. Musiker am Mittelrhein 2 (Mz 1981) (= Beitr. z. mittelrheinischen Musikgesch. 21).

ROHRBLATTINSTRUMENTE, Glottophone. Unter dem Stichwort „R." faßt C. Sachs alle Instrumente zusammen, deren Anblasmechanismus mit Gegenschlagzungen (amphiglott, auch Doppelrohrblatt; ↗Oboe, ↗Fagott) oder einer Aufschlagzunge (monoglott; ↗Klarinette) versehen ist. Hierunter sind auch die elementaren Formen der Folklore subsumiert. Instrumente mit durchschlagender Zunge (↗Harmonika, ↗Maultrommel, ↗Mundorgel) werden nicht dieser Gruppe zugeordnet. In der älteren Zeit war der Anblasmechanismus für die Klassifizierung (Divisio instrumentorum) ohne Gewicht, vielmehr dominierte hier das Kriterium der äußeren Form: Anzahl der Bohrlöcher, verbunden-gedoppelte, getrennt-gedoppelte oder Mono-Formen usw. F.-J. Fétis subsumierte noch 1830 die Gegenschlagzungen-Instrumente unter dem Sammelbegriff „Flûtes". Zu den Rohrblattinstrumenten des modernen europäischen Orchesters zählen Oboe, ↗Englisch Horn, ↗Heckelphon, Fagott, ferner die ↗Klarinetten- und ↗Saxophon-Familie. Da die Form des Rohrblatts keinen entscheidenden Einfluß auf den Schwingungsvorgang nimmt, sondern lediglich die Klangfarbe modelliert, während der Schwingungsvorgang entscheidend von der Art der Tubusbohrung abhängt (Konus = oktavierend; Zylinder = duodezimierend), ist die noch häufig anzutreffende Identifizierung der Gegenschlagzunge mit Oboeninstrumenten bzw. der Aufschlagzunge mit Klarinetteninstrumenten unkorrekt, obwohl sprachüblich. Instrumente wie das ↗Tárogató, die Heckelklarina, die Heckelphon-Klarinette oder die Saxophone, deren Tubus trotz Verwendung der Aufschlagzunge konisch verläuft, lassen sich daher instrumentenkundlich schwer einordnen. Als oktavierende Instrumente zählen sie eher zur Oboen-Familie, aufgrund ihrer Aufschlagzunge müßte man sie der Klarinetten-Familie zuordnen. Dies erweist, daß die Verwendung von Auf- oder Gegenschlagzungen nur als untergeordnetes, nicht als bestimmendes Einteilungskriterium dienen kann. Die Unterscheidung nach Konus oder Zylinder muß daher übergeordnet sein.

Lit.: V. CH. MAHILLON, Cat. descriptif et analytique du Musée instr. du Conservatoire de Musique de Bruxelles (Gent 1893); C. SACHS, Real-Lexikon der Musikinstr. (B 1913, Nachdr. Hil 1964); E. M. VON HORNBOSTEL – C. SACHS, Systematik der Musikinstr., in: Zschr. für Ethnologie 46 (1914); H. BECKER, Zur Entwicklungsgesch. der antiken u. ma. R. (H 1966); E. HICKMANN, Musica instrumentalis (Baden-Baden 1971); H. BECKER, Die Aufschlagzunge als instrumenten-hist. Problem, in: Tibia 1 (1980). H. BECKER

RÖHRENGLOCKEN (engl.: tubular chimes; frz.: cloches tubulaires, cloches à tube, jeu de tubes; it.: campane tubolari; span.: camponólogo) sind am oberen Ende aufgehängte, am unteren offene Rohre aus Bronze oder Messing in verschiedenen Längen (und daher unterschiedlicher Tonhöhe). Sie werden mit Hämmern aus (z.T. lederbezogenem) Holz oder aus Kunststoff angeschlagen. Der Klang ist obertonreich und hallt lange nach. Früher erfolgte die Abdämpfung nur mit der Hand, heute sind die R. im Orchester zu R.-Spielen zusammengestellt, die mit einer Dämpfungsvorrichtung versehen sind. – ↗Glockenspiel, ↗Campana.

ROHRFLÖTE, Orgelregister des Flötenchors, das sich als ↗halbgedackte Labialpfeife durch obertonreichen Klang auszeichnet. Die R. wird meist als 8′ oder 4′, seltener als 16′, 2 ⅔′ oder 2′ gebaut.

ROHRWERK, Schnarrwerk, Sammel-Bz. für die Lingualpfeifen der Orgel.

ROHWER, Jens, * 6.7. 1914 Neumünster (Holstein); dt. Komponist und Musikpädagoge. Er studierte 1935–38 in Berlin Schulmusik und Komposition an der Musikhochschule, gleichzeitig bei H. Osthoff Musikwissenschaft an der Universität. 1941 setzte er das Studium an der Universität Posen fort, wo er 1943 Dozent an der Musikschule wurde. Seit 1946 wirkte er in Lübeck, zunächst als Dozent an der Landesmusikschule, 1955–71 als Direktor der Schleswig-Holsteinischen Musikakademie und der Norddeutschen Orgelschule; 1957 wurde er zum Professor ernannt, 1980 emeritiert. 1958 promovierte er bei Fr. Blume an der Universität Kiel. Aus den in seiner Dissertation über den *Sonanzfaktor im Tonsystem* dargestellten Prinzipien von Hörbarkeit und Tonverwandtschaft resultiert R.s gemäßigt moderner Stil, der von strenger (Kon-)Sonanz- und Dissonanzbehandlung sowie von strukturell organisierter (statt von Leitton-)Melodik geprägt ist.

WW: **1) Instr.-WW:** Für Klv.: *12 neue Stücke* (1966); *Webmuster* (1969); *Netzwerk* (1980). – Für Org.: *Quadrivium* (1963); *Nachhall* (1975); *Begleitbuch zum EKG* (1968–81). – Fantasie für V. solo (1978); Streichquartett (1970); Kammerkonzerte u. Spielmusik. – Für Orch.: *Mixolydisches Konzert* (1951); je ein V.- u. Klv.-Konzert (1951, 1964). – **2) Vokal-WW:** Oratorien: *Wen der Tod trifft* (1949); *Christus triumphator* (1963); *Josef in Ägypten und wir* (1979); Kantaten: *Die Verlesung des Paulusbriefes* (1973); *Das Wort Heraclits* (1977); *Requiem für unseren Stern* (1981); ferner ein Chorlieder-Zyklus *Einkehr* (1979); Motetten, Jugendlieder, -kanons u. -chöre. – **3) Schriften:** *Tonale Instruktionen und Beiträge zur Kompositions-Lehre* (Wb 1950); *Die harmonischen Grundlagen der Musik* (Kas 1970) (= Kieler Schriften z. Musikwiss. 19); *Neueste Musik. Ein kritischer Bericht* (St 1964); *Sinn und Unsinn in der Musik. Versuch einer Sinnbegriffs-Analyse* (Wb 1969); *Revolution zur guten Kultur* (B 1980).

J. DORFMÜLLER

ROI DAVID, LE, Dramatischer Psalm von A. Honegger; dt. Titel: ↗König David.

ROI L'A DIT, LE, Opéra-comique von L. Delibes; dt. Titel: Der ↗König hat's gesagt.

ROI MALGRÉ LUI, LE, Opéra-comique von A. E. Chabrier; dt. Titel: ↗König wider Willen.

RÖKK, Marika, * 3. 11. 1913 Kairo; dt. Tänzerin, Sängerin und Schauspielerin ung. Herkunft. Nach erstem Ballettunterricht in Budapest, Paris und New York wurde sie Tanzstar eines Wiener Zirkusunternehmens, mit dem sie durch Europa und Amerika reiste. 1932 wechselte sie vom Zirkus zur Operettenbühne und zum Film. Die UFA engagierte sie 1935 für den Zirkusfilm *Leichte Kavallerie,* und schon bald wurde M. R. zu Deutschlands führendem und populärstem Filmtanzstar. Zu ihren erfolgreichsten Filmen, die meist von ihrem späteren Ehemann Georg Jacoby (1890–1964) inszeniert wurden, zählen *Heißes Blut* (1936), *Gasparone* (1937), *Eine Nacht im Mai* (1938), *Es war eine rauschende Ballnacht* (1939), *Frauen sind doch bessere Diplomaten* (1. deutscher Farbfilm, 1941) und *Frau meiner Träume* (1944); nach dem Krieg folgten *Kind der Donau* (1951), *Sensation in San Remo* (1951) und *Csardasfürstin* (1951). Zwar feierte sie 1957 ein Film-Comeback mit *Nachts im grünen Kakadu,* doch in den 60er und 70er Jahren konzentrierte sich ihre Tätigkeit mehr und mehr auf In- und Auslandsgastspiele sowie Bühnenauftritte (vor allem in Wien, Hamburg, Berlin und München) in Operetten und Musicals. 1978 spielte sie am Theater an der Wien die Titelrolle in dem Musical *Die Gräfin vom Naschmarkt,* 1981 in Köln in dem musikalischen Lustspiel *Die kluge Mama.* Lebenserinnerungen veröffentlichte sie unter dem Titel *Herz mit Paprika* (B 1974).

ROKSETH (geborene Rihouët), **Yvonne,** * 17. 7. 1890 Maisons-Laffitte, † 23. 8. 1948 Straßburg; frz. Musikforscherin. Sie studierte in Paris bei A. Decaux am Conservatoire und bei V. d'Indy an der Schola Cantorum sowie privat bei A. Roussel, absolvierte 1915 Staatsexamina in Naturwissenschaft und Philosophie an der Sorbonne und widmete sich dann der Musikwissenschaft; sie wurde Schülerin von A. Pirro und promovierte 1930 mit der Dissertation *La musique d'orgue au XVe siècle…* zum Docteur-ès-lettres. 1934–37 war sie Bibliothekarin am Pariser Conservatoire und an der Bibliothèque Nationale und wurde 1937 Professor für Musikwissenschaft an der Universität Straßburg, wo sie (1940–45 nach Clermont-Ferrand evakuiert) bis zu ihrem Tod blieb. Y. R.s Forschungsgebiete waren vor allem die französische Musik des Mittelalters und der Renaissance. Ihre Arbeiten und Editionen sind bis heute weithin grundlegend.

Schriften: *La musique d'orgue au XVe siècle et au début du XVIe* (P 1930); *Danses cléricales du XIIIe siècle* (P 1947); *La polyphonie parisienne du treizième siècle,* in: Les cahiers techniques de l'art I (1947); *La liturgie de la passion vers la fin du Xe siècle,* in: RMie 31 (1949) u. 32 (1950); *The Instrumental Music of the Middle Ages and Early Sixteenth Century,* in: Ars Nova and the Renaissance, hrsg. v. D. A. Hughes – G. Abraham (Lo 1960) (= New Oxford History of Music 3). – Sie gab heraus: *Deux livres d'orgue parus chez P. Attaingnant en 1531* (P 1930) (= Publications de la Soc. Fr. de Mie I/1); *Polyphonies du XIIIe siècle. Le manuscrit H 196 de la Faculté de Médecine de Montpellier,* 4 Bde. (P 1935–39), Bd. 4 (1948); *Lamentations de la Vierge au pied de la Croix* (P 1937).

Lit.: G. THIBAULT, Y. R., in: RMie 30 (1948); V. FÉDOROV, A. PIRRO … u. Y. R., in: Mf 3 (1950).

ROLAND, Marc, * 4. 1. 1894 Bremen; dt. Komponist. Er studierte 1911–14 an der Musikhochschule in Würzburg und war danach als Theaterkapellmeister in Bremen und Berlin tätig. 1920 begann er freischaffend für den Film zu arbeiten und wurde mit seiner musikalischen Bearbeitung des Paul Wegener-Films *Golem* zu einem der bekanntesten Stummfilmkomponisten. R. schrieb später die Musik zu über 100 Tonfilmen.

WW: Lieder u. Orch.-Werke. – Spieloper *Der lange Pfeffer;* Operette *Liebe und Trompetenblasen* (1954). – Stummfilmmusik: *Fridericus Rex,* 2 Teile (1920, 1922); *Alt Heidelberg* (1922–23); *Der Weltkrieg* (1927). – Zahlr. Tonfilmmusik, u. a.: *Eine Nacht im Paradies* (1932); *Ferien vom Ich* (1934, 1952); *Fridericus* (1936); *Die Geburt des Lichts* (1958).

Lit.: H. A. THOMAS, Die dt. Tonfilmmusik (Gütersloh 1962) (= Neue Beitr. z. Film- u. Fernsehforsch. 3).

ROLAND DER PFALZGRAF, Dramma eroicomico von J. Haydn; ↗Orlando Paladino.

ROLAND-MANUEL (eig. Roland Alexis Manuel Lévy), * 22. 3. 1891 Paris, † 1. 11. 1966 ebd.; frz. Musikschriftsteller und Komponist. R. studierte in Paris an der Schola Cantorum bei A. Roussel und A. Sérieyx u. wurde dann Schüler von M. Ravel. Nach dem 1. Weltkrieg trat R. als Komponist hervor. 1947 wurde er Professor für Ästhetik und 1959 für Pädagogik am Pariser Conservatoire, 1949 Präsident des Musikrats der UNESCO. R.s bedeutendstes Werk ist eine *Histoire de la musique,* an der zahlreiche in- und ausländische Mitarbeiter beteiligt waren. In seinem kompositorischen Schaffen lehnt er sich sowohl an die französischen Clavecinisten als auch an Cl. Debussy und M. Ravel an.

WW: **1) Kompositionen:** Streichtrio (1917); Suite im span. Stil

(1933) für Ob., Fag., Trp. u. Cemb.; symphonische Dichtungen *Le harem du vice-roi* (1919) u. *Tempo di ballo* (1924) für Orch. – Lieder, u.a. der Zyklus *Farizade ou sourire de Rose* (1913); Oratorium *Jeanne d'Arc* (1937); *Cantique de la sagesse* (1951) für Chor u. Orch. – Opern *Isabelle et Pantalon*, UA: Paris 1922, u. *Le diable amoureux* (1929); Ballette *Le tournoi singulier*, UA: Paris 1924, *L'écran des jeunes filles*, UA: ebd. 1929, u. *Elvire* (1936); Bühnen- u. Filmmusik. – **2) Schriften:** *M. Ravel et son œuvre* (P 1914, [4]1948, dt. Pd 1951); *A. Honegger* (P 1925); *M. Ravel et son œuvre dramatique* (P 1928, [5]1950); *M. de Falla* (P 1930); *M. Ravel* (P 1938, Nachdr. NY 1972, Magnolian/Mass. 1973); *Plaisir de la musique*, 4 Bde. (P 1949–55); *Histoire de la musique*, 2 Bde. (P 1960–63) (= Encyclopédie de la Pléiade 1 u. 16). – Er gab auch zahlr. Werke u.a. v. M.-A. Charpentier heraus.

ROLDÁN, Amadeo, * 12. 7. 1900 Paris, † 2. 3.1939 Havanna; kubanischer Komponist, Violinist, Dirigent und Pädagoge. Er studierte am Konservatorium von Madrid bei C. del Campo y Zabaleta sowie bei Pedro Sanjuán und kam 1921 nach Havanna. 1924 wurde er dort 1. Soloviolinist beim Philharmonischen Orchester, 1924 2., 1932 1. Dirigent und Musikdirektor. 1935 wurde er zum Professor für Komposition an das Conservatorio Municipal von Havanna berufen, das er 1936–38 auch leitete. Wie sein Zeitgenosse A. García Caturla war R. in seinem kompositorischen Schaffen von der Rhythmik der afrokubanischen Musik beeinflußt.

WW: *A changó* (1928) für 4 Lauten; *Poema negro* (1930) für Streichquartett. – Für Orch.: Ouvertüre über kubanische Themen (1925); *3 pequeños poemas* (1926); *3 Toques* (1931); *Danza negra* (1928) u. *Motivos de son* (1934) für SingSt u. 7 Instr.; *Curujey* (1931) für Chor, 2 Klv. u. 2 Schlaginstr. – Ballette: *La rebambraramba* (1928), UA: Havanna 1961; Misterio africano *El milagro de Anaquillé* (1929), UA: ebd. 1960.

Lit.: Werk-Verz., in: Compositores de América 1 (Washington D. C. 1955, Nachdr. 1962); A. León, Las obras para piano de A. R., in: Rev. de música 1 (Havanna 1960); C. Valdes de Guerra, A. R., in: ebd.; P. Pitschugin, Klassiki kubinskoj musyki, in: Sowjetskaja muzyka 29 (1965).

ROLLA, Alessandro, * 6. (oder 22.) 4. 1757 Pavia, † 15. 9. 1841 Mailand; it. Violinist und Komponist. Er studierte in Mailand, wo er sehr bald als Bratschist bekannt wurde. 1782 trat er in die Hofkapelle von Parma als 1. Bratschist ein und war dort 1792–1802 als 1. Violinist tätig. 1803–33 war er 1. Violinist und Leiter des Orchesters der Mailänder Scala, seit 1805 Soloviolinist des Vizekönigs von Italien Eugène de Beauharnais und seit 1808 Professor für Violine und Bratsche am Mailänder Konservatorium. R., der damals als bedeutendster Bratschist Europas galt, war gleichermaßen einer der angesehensten Violinisten Italiens seiner Zeit. Er schrieb Streichduos, -trios, -quartette und ein Streichquintett, Serenaden, Divertissements, Violin- und Bratschenkonzerte sowie 5 Ballette.

Ausg.: 10 Etüden für 2 V., hrsg. v. L. Pagels (Bremen o.J.); Variationen, op. 13 für V. u. Klv. (Dresden o.J.); 3 Duos u. 10 Etüden für 2 V., hrsg. v. A. Schulz (Brau o.J.); 3 Duos für V. u. Vc., hrsg. v. J. Stutschewsky (Mz 1926); Va.-Konzert, hrsg. v. C. Kint – W. Schaller (L 1938); V.-Konzert A-Dur, hrsg. v. M. Abbado (Mi 1942); 2 Duos für V. u. Va., op. 6, hrsg. v. F. Kneusslin (Bas 1969) (= Für Kenner und Liebhaber 37); Va.-Konzert F-Dur, hrsg. v. P. Centurioni – O. Mercatali (R 1970) (= Musiche vocali e strumentali sacre e profane 40).

ROLLAND, Romain Edme Paul Émile, * 29. 1. 1866 Clamecy (Nièvre), † 30. 12. 1944 Vézelay (Yonne); frz. Schriftsteller und Musikforscher. Er ging als Absolvent der École Normale Supérieure in Paris 1889 für 2 Jahre zu historischen Studien nach Rom, wo er Malwida von Meysenburg kennenlernte, die dem Freundeskreis von Fr. Liszt und R. Wagner angehört hatte. 1895 promovierte er an der Sorbonne mit einer Dissertation über die frühe Oper. Dann unterrichtete er Musikgeschichte in Paris, zunächst an der École Normale Supérieure, später an der École des Hautes Études Sociales und 1904–12 an der Sorbonne. Er organisierte 1900 den ersten musikwissenschaftlichen Kongreß in Paris und war 1901 Mitgründer der *Revue d'histoire et de critique musicale*. 1912 verzichtete er auf seinen Lehrstuhl an der Sorbonne, um sich nur noch seiner schriftstellerischen Tätigkeit zu widmen. R. gehört zu den Begründern der französischen Musikwissenschaft. Die aus seiner Lehrtätigkeit erwachsenen Aufsätze hat er in 2 Sammelbänden *(Musiciens d'autrefois, Voyage musical au pays du passé)* herausgegeben, deren Hauptthema die Geschichte der Oper in Europa darstellt. Ein besonderes Anliegen für R. war die deutsche Musik; die Gestalt L. van Beethovens hat ihn sein ganzes Leben fasziniert. Die 1903 in den *Cahiers de la quinzaine* erschienene kleine Schrift über das Leben Beethovens stellte R.s französischen Zeitgenossen einen leidenden Helden als Vorbild vor Augen. Mit dem beispiellosen Erfolg dieser Schrift begann sein literarischer Ruhm. Für den großen Musikerroman *Jean-Christophe* erhielt R. 1915 den Nobelpreis für Literatur. In der Titelfigur sind mit den Zügen Beethovens Eigenschaften einer Reihe weiterer Komponisten wie G. Fr. Händel, Chr. W. Gluck und H. Berlioz verschmolzen. Seine wissenschaftliche Auseinandersetzung mit Beethoven hat R. in dem 7bändigen Werk *Beethoven* niedergelegt. Im Mittelpunkt von R.s musikgeschichtlichen Forschungen steht nicht die Analyse des musikalischen Satzes, sondern der schöpferische Künstler in seiner Umwelt. In zahlreichen Kritiken (teilweise erschienen im Sammelband *Musiciens d'aujourd'hui*) hat sich R. zur Musik seiner Zeit in Frankreich und Deutschland geäußert. Seine langjährige Freundschaft mit R. Strauss veranlaßte R., ihm bei der französischen Bearbeitung der Oper *Salome* (1905) zu helfen.

Schriften: *Les origines du théâtre lyrique moderne. L'histoire de l'opéra en Europe avant Lully et Scarlatti* (P 1895, [4]1936, Nachdr. G 1971); *Beethoven. Vies des hommes illustres* (P 1903), NA als: *La vie de Beethoven* (1907, dt. Z 1969); *Jean-Christophe,* 10 Bde. (P 1904–1912), NA, 3 Bde. (P 1969, dt. F 1913–15, Mn 1950, B 1959, [2]1966, G 1970); 2 Aufsatzslgen. *Musiciens d'autrefois* u. *Musiciens d'aujourd'hui* (P 1908, [18]1947, dt. Mn 1925, 1927), dt. Übers. der letzteren: *Musiker von heute* (B 1972); *La vie de Haendel* (P 1910, [4]1953, dt. Z 1922, B [2]1955); *Voyage musical au pays du passé* (P 1919), dt. Übers.: *Musikal. Reise ins Land der Vergangenheit* (I – Fr 1948, engl. Lo 1922, Nachdr. Freeport/N.Y. 1967); *Beethoven. Les grandes époques créatrices,* 7 Bde. (P 1928–49), dt. Übers. nur v. Bd. I: *Beethovens Meisterjahre. Von der Eroica bis zur Appassionata* (B 1970) u. v. Bd. II: *Goethe u. Beethoven* (Z 1929).

Ausg.: Choix de lettres à M. von Meysenburg, hrsg. v. M. R. ROLLAND – E. MONOD-HERZEN (P 1948); Gesammelte Aufsätze, I: Zur Gesch. der Musik, dt. v. G. FROTSCHER – K. LAMERDIN (Pd 1950); R. R. u. R. Strauss. Correspondance, hrsg. v. G. SAMAZEUILH (P 1951, [2]1959).

Lit.: S. ZWEIG, R. R., der Mann u. das Werk (F 1921); L. SCHRADE, Beethoven in France. The Growth of an Idea (New Haven/Conn. 1942); M. DESCOTES, R. R. (P 1948); W. T. STARR, A Critical Bibliography of the Published Writings of R. R. (Evanston/Ill. 1950); H. FÄHNRICH, R. R. als Musikwissenschaftler, in: Mf 9 (1956); D. SICES, Music and the Musician in Jean-Christophe (New Haven/Conn. 1968); M. REINHARDT, Compositions musicales inspirées par des œuvres de R. R., in: SMZ 112 (1972); M. SEE, R. Strauss u. R. R. Bilanz einer Lebensfreundschaft, in: NZfM 134 (1973). M. MARX-WEBER

ROLLE. – 1) Christian Friedrich, * 14. 4. 1681 Halle/Saale, † 25. 8. 1751 Magdeburg; dt. Komponist. Er wurde 1709 Kantor in Quedlinburg und arbeitete mit J. Kuhnau und J. S. Bach zusammen an der Restauration der Orgeln der Liebfrauenkirche in Halle. 1721 wurde er als Generalkantor nach Magdeburg an St. Johannis berufen. Von seinen Kompositionen ist nur ein Trio für V. und Org. erhalten. – **2) Johann Heinrich,** Sohn von 1), * 23. 12. 1716 Quedlinburg, † 29. 12. 1785 Magdeburg; dt. Komponist. Er war Schüler seines Vaters und 1732–36 Organist an St. Petri in Magdeburg. 1736–40 studierte er in Leipzig Jura und Philosophie. 1741 trat er als Violinist in die Hofkapelle König Friedrichs II. von Preußen ein, wo er später als Bratschist tätig war. 1747 wurde er Organist an der Johanniskirche in Magdeburg, 1752 als Nachfolger seines Vaters dort Städtischer Musikdirektor und Kantor. Auf R. geht die Einrichtung des „Öffentlichen Konzerts" in Magdeburg (1764) zurück, bei dem u. a. Werke von G. Fr. Händel und G. B. Pergolesi gespielt und auch die meisten seiner eigenen Oratorien aufgeführt wurden.

WW: **1) Vokal-WW:** Zahlr. Oratorien, davon im Klv.-A. gedruckt (UA in Klammern): *Befreiung Israels* (1764); *David und Jonathan, Idamant* u. *Davids Sieg im Eichthale* (1766); *Der Tod Abels* (1769); *Saul, oder Die Gewalt der Musik* (1770); *Hermanns Tod* (1771); *Abraham auf Moria* (1776); *Lazarus, oder Die Feier der Auferstehung* (1778); *Thirza und ihre Söhne* (1779); *Mehala, die Tochter Jephta* (1781); *Simson* (1782); *Gedor* (1785); ferner 6 Passionsoratorien u. Oratorien zu Weihnachten, Ostern, Advent u. a.; zahlr. weltliche Solokantaten. – Klv.-Lieder, davon im Druck: *Sammlung Geistlicher Lieder für Liebhaber eines ungekünstelten Gesangs* (L 1775, [2]1788); *60 auserlesene Gesänge über die Werke Gottes in der Natur* (Hl 1775). – **2) Instrumental-WW:** 3 Klv.-Konzerte (B um 1782); einzelne Klv.-Werke hsl. u. in Sammeldrucken der Zeit.

R. war einer der Hauptmeister des deutschen Oratoriums zwischen G. Ph. Telemann und J. Haydn. Er bevorzugte alttestamentliche Stoffe – am erfolgreichsten war *Der Tod Abels* (1769). Sein musikalischer Stil wurzelt im neapolitanischen Oratorium nach der Art J. A. Hasses. Im Einsatz des Chores, dem stets eine besondere Bedeutung zukommt, und in der Gestaltung der Arien, Secco- und Accompagnato-Rezitative bekundet sich R.s Sinn für differenzierten dramatischen Ausdruck. Er selbst bezeichnet die Oratorien meist als „musikalische Dramen".

Lit.: **Zu 1):** O. RIEMER, Musik u. Musiker in Magdeburg (Magdeburg 1937) (darin ein V.-Trio v. Ch. F. R.). – **Zu 2):** A. SCHERING, Gesch. des Oratoriums (L 1911, Nachdr. Hil 1966); R. KAESTNER, J. H. R. (Diss. Königsberg 1931); D. JENSEN, The Music Dramas of J. H. R. (1961) (= Diss. Union Theological Seminary); R. STROHM, Hasse, Scarlatti, R., in: Anal. Mus. 15 (1975).

RÖLLIG, Carl Leopold, * Hamburg, † 4. 3. 1804 Wien; östr. Musiker und Instrumentenbauer. Er war 1764–69 und 1771–72 in Hamburg musikalischer Leiter der Theatergruppe Ackermann. Seit 1780 trat er als virtuoser Glasharmonikaspieler auf; in Dresden war er Gast von J. G. Naumann, in Hamburg ist sein Konzertieren 1781–82, in Berlin 1787 belegt. Seit 1791 lebte er in Wien, wo er an der Hofbibliothek angestellt war und häufig konzertierte. R. baute verschiedene Instrumente, u. a. um 1795 die Orphica (kleines Klavier) und 1801 die Xänorphica (Bogenflügel).

WW: Stücke für Glasharmonika; Singspiel *Clarisse oder das unbekannte Dienstmädchen,* UA: Hannover 1773. – Schriften: *Über die Harmonica* (B 1788); *Versuch einer musikalischen Intervallentabelle* (L 1789); *Orphica ...* (W 1795).

ROLLING STONES, Name einer 1962 in London gegründeten und heute noch bestehenden englischen Rockgruppe, die in folgender Besetzung begann: *Mick* (eig. Michael Philip) *Jagger,* * 26. 7. 1943 Dartford, Gesang; *Keith Richard* (eig. Keith Richards), * 18. 12. 1943 Dartford, Gitarre; *Bill Wyman* (eig. William Perks), * 24. 10. 1941 Lewisham (London), E-Baß; *Charlie* (eig. Charles Robert) *Watts,* * 2. 6. 1942 Islington (London), Schlagzeug; *Brian Jones* (eig. Lewis Brian Hopkin-Jones), * 28. 2. 1942 Cheltenham, † 2. 7. 1969 Hartford (Sussex), Gitarre. Nach Jones' Tod trat *Mick Taylor* (* 17. 1. 1949) der Band als zweiter Gitarrist bei; er wurde 1974 durch *Ron Wood*

(* 1. 6. 1947) ersetzt. – Ausgehend vom harten, aggressiven Rhythm&Blues fanden die R. in den 60er Jahren zu einer eigenständigen, gewollt „schwarzen" und primitiven musikalischen Gestaltung, für die u.a. riffartige vokale und instrumentale Melodien, simple tonale Harmonik und ein peitschender, die schweren Taktzeiten betonender Rhythmus charakteristisch waren. Die Musik diente der Begleitung und Ausdeutung von Texten, die prononciert Unbehagen über gesellschaftliche Mißstände artikulierten. Die R. wurden so Symbolfiguren der Jugendrevolte jener Jahre. Sie verursachten manchen Skandal und galten in der Rock music als Antipoden der Beatles, deren künstlerischer Entwicklung sie indes bisweilen folgten. – In den 70er Jahren wandte sich die Band vom direkten sozialen Protest ab und pflegte einen häufig als dekadent bezeichneten Stil, den vor allem das vokale Timbre und die Exzentrik M. Jaggers, ihrer dominierenden Persönlichkeit, prägte. Die Songs der R. haben zum größten Teil M. Jagger und K. Richard verfaßt; zu den bekanntesten zählen *The Last Time, Satisfaction, Mother's Little Helper, As Tears Go By, Let's Spend the Night Together, Jumpin' Jack Flash, Honky Tonk Women, Street Fighting Man* und *Sympathy for the Devil.*

Lit.: M. L. DIMMICK, The R., Annotated Bibliogr. (Pittsburgh 1972) (= The Pittsburgh Studies in Library and Information Sciences 4); PH. BAS-RABÉRIN, Les R. (P 1975); T. JASPER, The R. S. (Lo 1976). U. KURTH

ROLLINS, Sonny (eig. Theodore Walter), * 7. 9. 1929 New York; amerik. Jazzmusiker (Tenorsaxophon) und Bandleader. Er spielte Ende der 40er und Anfang der 50er Jahre mit vielen Größen des Bebop zusammen, gewann dann Mitte der 50er Jahre als Hardbopmusiker überragende Bedeutung. 1956–57 spielte er im jazzgeschichtlich bedeutsamen Quintett von Maxwell Roach, seither hat er meist eigene Gruppen, von denen ein Trio mit dem Gitarristen Jim Hall und 1963 eine Gruppe mit dem avantgardistischen Trompeter Don Cherry besonders erwähnenswert sind. Im Laufe der 70er Jahre zeigte R. gelegentlich eine Neigung zum Jazz Rock. R. hat die rauhe, voluminöse Spielweise von Coleman Hawkins in den Modern Jazz übertragen und zahlreiche Tenorsaxophonisten beeinflußt. Weitere Kennzeichen seines Stils sind starke Dynamik, ausgeprägtes Rubato, gewagte Motivverarbeitung, expressives Staccato und rhythmische Komplexität.

Lit.: J. E. BERENDT, Das Jazzbuch. Von Rag bis Rock (F 1973); I. GITLER, S. R. Music is an Open Sky, in: Downbeat (1969) Mai-H.; A. POLILLO, Jazz. Gesch. u. Persönlichkeiten der afroamerik. Musik (Mn 1978); G. ENDRESS, Jazz Podium. Musiker über sich selbst (St 1980).

ROLOFF, Helmut, * 9. 10. 1912 Gießen; dt. Pianist. Er studierte in Leipzig bei R. Teichmüller, 1935–38 an der Berliner Musikhochschule und 1939–42 bei Wladimir Horbowski. 1939 wurde er Lehrer am Klindworth-Scharwenka-Konservatorium, 1945 Dozent (später Professor) an der Berliner Musikhochschule, deren Direktion er 1970 übernahm. R., ein Pädagoge von Rang, hat sich als Interpret der Musik des 19.–20. Jh. einen hervorragenden Namen erworben.

ROMAN (Rohman), **Johan Helmich,** * 26. 10. 1694 Stockholm, † 20. 11. 1758 Haraldsmåla bei Kalmar (Småland); schwedischer Komponist finnischer Herkunft. Er wurde 1711 Mitglied der schwedischen Hofkapelle in Stockholm, studierte um 1715–21 bei A. Ariosti und J. Chr. Pepusch in London, wo er Fr. Geminiani, G. Fr. Händel und G. P. Bononcini begegnete, und war seit 1721 Vizekapellmeister, seit 1727 Hofkapellmeister der schwedischen Hofkapelle. 1735–37 unternahm er eine neue Reise nach England sowie nach Frankreich, Italien und Deutschland. 1740 wurde er Mitglied der schwedischen Akademie. Aus Gesundheitsgründen, vor allem wegen Gehörschwierigkeiten, gab er 1745 seine Stellungen auf, behielt aber den Titel eines Hofintendanten. Er verbrachte seine letzten Jahre in der Umgebung der Stadt Kalmar.

WW: Im Druck erschienen 12 Sonaten für Fl., V. u. Cemb. (Sto 1727); *Assaggi a violino solo* (ebd. 1740); hsl. erhalten: 9 Suiten, darunter *Drottningholms Musiquen;* 13 Triosonaten; 12 Cemb.-Sonaten; 17 Symphonien; 4 Ouvertüren; 3 V.-Konzerte; 2 Ob.-Konzerte; einige Vokalwerke.

R., der bedeutendste schwedische Komponist der 1. Hälfte des 18. Jh., trug entscheidend zum Aufschwung des Musiklebens in Stockholm bei; er baute das Hoforchester aus, war pädagogisch tätig und rief 1731 öffentliche Konzerte ins Leben. Durch ihn wurde G. Fr. Händel und das englische Musikleben für Schweden bestimmend. Sein kompositorisches Schaffen umfaßt mehr als 400 Stücke und alle Gattungen der Zeit außer Oper und Oratorium, die Vokalmusik Gelegenheitskantaten, Kirchenmusik, u.a. *Svenska messan* und *Jubilate,* 2 Te Deum, zahlreiche geistliche Gesänge, vorwiegend über Psalmtexte (teilweise gereimte Paraphrasen), und Lieder, die Instrumentalkompositionen sowohl Kammermusik als auch Orchesterwerke und Konzerte. R. war der erste schwedische Komponist, dessen Schaffen mit dem englischer, deutscher, französischer oder italienischer Komponisten auf eine Stufe gestellt werden konnte.

Ausg.: XII kammarsonater (1727), hrsg. v. P. VRETBLAD (Sto 1937); 6 Triosonaten für 2 V., Vc., Cemb. oder Klv., hrsg. v. DEMS. (Sto 1947); 12 Suiten für Klv. (oder Cemb.), hrsg. v. DEMS., 2 Bde. (Sto 1947); 2 Sonaten für Fl. mit Gb., hrsg. v. K. W. SENN (Kas 1952) (= Hortus Mus. 101); 6 *Assaggi a violono solo,* hrsg. v. I. BENGTSSON – L. FRYDÉN (Sto 1958, Neudruck 1970) (= Monumenta musicae Svecicae 1). – Symphonien G-Dur, F-Dur u. B-Dur, hrsg. v. I. BENGTSSON (Sto 1965) (= Monumenta musicae Svecicae 4). – Jubilate-Psalm 100, hrsg. v. S. E. SVENSSON (Sto 1938) (= Äldre svensk musik 5); *Besinner dock at Herren* (Psalm 4/4), hrsg. v. V. SÖDERHOLM (Sto 1944) (= ebd. 8).

Lit.: P. VRETBLAD, J. H. R., 1694–1758. Svenska musikens fader, 2 Bde. (Sto 1914); DERS., J. H. R. (Sto 1945); I. BENGTSSON, J. H. R. och hans instrumentalmusik (Uppsala 1955) (= Studia musicologica Upsaliensia 4); B. BERTHELSON, Zwei prominente Musikerpersönlichkeiten des 18. Jh. J. H. R. u. J. M. Kraus, in: Musikrevy 25 (1970); I. BENGTSSON, Mister R.'s Spuriosity Shop. A Thematic Cat. of 503 Works ... from ca. 1680–1756 (Sto 1976).

ROMAN DE FAUVEL, mittelalterlicher Roman in 2 Büchern (1310 und 1314) des Gervais du Bus, in dem in einer satirischen Allegorie das Pferd Fauvel (der Name besteht aus den Anfangsbuchstaben der Laster: Flatterie, Avarice, Vilenie, Variété, Envie und Lâcheté) als Symbol der Falschheit dargestellt wird, dem alle Stände – geistlich wie weltlich – schmeicheln. Eine der 12 überlieferten Hss., Paris Bibl.Nat. ms. fr. 146 (1316), enthält Interpolationen von 2000 Versen und 130 Kompositionen durch Chaillou de Pestain. Die musikalischen Einlagen entstammen dem geistlichen und weltlichen Repertoire des 13. und 14. Jh.; Komponisten werden nicht genannt. Es handelt sich um 96 einstimmige (Lais, Proses, Ballades, Rondeaux) und 34 mehrstimmige (Motetten) Stücke in lateinischer und französischer Sprache. Sie sind in frankonischer Mensuralnotation auf 5 Linien mit wechselnden Notenschlüsseln aufgeschrieben. Die Monodien repräsentieren die letzte mittelalterliche Sammlung von Rondeaux und Balladen; die Motetten gehören sowohl ihren frühesten Ausprägungen als auch den modernsten isorhythmischen Formen des Ph. de Vitry an. Die Fauvel-Interpolationen sind für die mittelalterliche Musikgeschichte von größter Bedeutung, da sie eine erste wichtige Quelle der Ars nova sind, aber auch das Weiterleben früheren Repertoires der Ars antiqua nach 1300 dokumentieren.

Ausg.: Text: Le R. de F., in: Société des anciens textes français (P 1914–19). – Musik: P. AUBRY, Le R. de F., Faks.-Ausg. der Hs. 146 Bibl. Nat. (P 1907); F. GENNRICH, Rondeaux, Virelais u. Balladen, 2 Bde. (Dresden 1921, Gö 1927) (= Ges. für roman. Lit. 43 u. 47); The R. de F., hrsg. v. L. SCHRADE (Monaco 1956).

Lit.: F. LUDWIG, Die Quellen der Motetten ältesten Stils, in: AfMw 5 (1923); H. BESSELER, Stud. z. Musik des MA, II: Die Motette v. Franko von Köln bis Philipp von Vitry, in: AfMw 8 (1926); P. A. BECKER, Fauvel u. Fauvelliana, in: Ber. über die Verhandlungen der Sächsischen Akad. der Wiss., Phil.-hist. Klasse 88 (L 1936); A. HARRISON, The Monophonic Music in the R. de F. (1963) (= Diss. Stanford Univ.). E. LANG-BECKER

ROMANESCA, Name für ein Tanz- und Variationsmodell des 16. und 17. Jh., das in den Quellen in jedweder instrumentaler wie vokaler Besetzung unter verschiedenen Bezeichnungen anzutreffen ist. Es ist an ein melodisches und harmonisches Außenstimmengerüst gebunden, darin mit der ↗Folia und dem ↗Passamezzo antico verwandt, und besteht gewöhnlich aus den 4 Tönen einer absteigenden Quarte, wird jedoch nur als Oberstimme variiert im Gegensatz zu den genannten

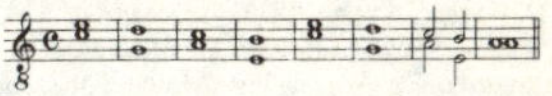

Tanzbässen. Seit etwa 1530 wurde dieses Gerüst besonders in den Variationen (Glosas) der spanischen Vihuelisten bevorzugt, etwa mit dem Text zum Villancico *Guárdame las vacas,* der auch bei Fr. de Salinas (*De musica libri septem,* 1577) zitiert wird. Als eine der möglichen Bezeichnungen steht R. neben „Follia, pavana milanesa, sive Passamezo volgò vocatur" oder „Galliarda". Die Etymologie und Herkunft der R. ist derzeit noch ungeklärt. Bislang wird die Bezeichnung von „alla maniera Romana" oder den spanischen „Romances" abgeleitet und in einigen Quellen als aus Italien kommend beschrieben (z. B. H. Neusidler, *Ein neues Lautenbüchlein,* 1540; D. Ortiz, *Tratado de glosas,* 1553), in anderen werden R.s gleichgesetzt mit den spanischen Villancicos (etwa bei A. Mudarra, 1546, L. de Narváez und Salinas). Seit 1600 wird die R.-Anlage überwiegend als Gesangsstück mit Generalbaßbegleitung komponiert und verliert sich allmählich aus den streng isometrischen Motetten. Bedeutende R.s finden sich bei G. Frescobaldi (1615, 1630, 1635) und G. Caccini, letzte Belege des Typus bei B. Storace (1664) und Gr. Strozzi (1687).

Lit.: H. RIEMANN, Der Basso ostinato u. die Anfänge der Kantate, in: SIMG 13 (1911/12); O. GOMBOSI, Italia, patria del basso ostinato, in: Rass. Mus. 7 (1934); E. GERSON-KIWI, Stud. z. Gesch. des it. Liedmadrigals im 16. Jh. (Wü 1937); G. REICHERT, Der Passamezzo, in: Kgr.-Ber. Lüneburg 1950 (Kas 1952); H. SPOHR, Stud. z. it. Tanzkomposition um 1600 (Diss. Fr 1956).
G. BUSCH-SALMEN

ROMANI, Felice, * 31. 1. 1788 Genua, † 28. 1. 1865 Moneglia (La Spezia); it. Librettist. Er studierte in Genua und Pisa, wo er 1805 promovierte und als Lehrer tätig war, ließ sich nach Reisen durch Spanien, Griechenland, Deutschland und Frankreich 1814 in Mailand nieder und war dort als Literaturkritiker tätig. Seine Freundschaft mit S. Mayr veranlaßte ihn zu der Abfassung seiner ersten Libretti (*La rosa bianca e la rosa rossa* und *Medea in Corinto,* beide 1813). 1834–64 lebte er in Turin und leitete dort die *Gazzetta ufficiale pie-*

montese und war zwischendurch 1849–54 Mitarbeiter beim *Piemonte*. R. schrieb mehr als 100 Opernlibretti. Auch G. Verdi hat mit *Un giorno di regno* (urspr. *Il finto Stanislao*, erstmals vertont von A. Gyrowetz, 1818) einen Text von R. in Musik gesetzt.

WW: Über 100 Libretti, u.a. für: J. S. Mayr, *Medea in Corinto*, UA: Neapel 1813, u. *Le Danaidi*, UA: Rom 1819; G. Rossini, *Aureliano in Palmira*, UA: Mailand 1813, *Il Turco in Italia*, UA: ebd. 1814, u. *Bianca e Falliero*, UA: ebd. 1819; G. Meyerbeer, *Margherita d'Anjou*, UA: ebd. 1820 u. *L'esule di Granata*, UA: ebd. 1822; V. Bellini, *Il pirata*, UA: ebd. 1827, *La straniera*, UA: ebd. 1829, *Zaira*, UA: Parma 1829, *I Capuleti e i Montecchi*, UA: Venedig 1830, *La sonnambula* u. *Norma*, UA: Mailand 1831, u. *Beatrice di Tenda*, UA: Venedig 1833; G. Donizetti, *Anna Bolena*, UA: Mailand 1830, *L'elisir d'amore*, UA: ebd. 1832, u. *Lucrezia Borgia*, UA: ebd. 1833; S. Mercadante, *I Normanni a Parigi*, UA: Turin 1832.

Lit.: M. RINALDI, F. R. (R 1965); F. LIPPMANN, V. Bellini u. die it. Opera seria seiner Zeit (Kö – W 1969) (= Anal. Mus. 5).

ROMANSKY, Ljubomir Stojanov, * 8. (21.)1. 1912 Sofia; dt. Dirigent bulgarischer Herkunft. Er studierte Musik und Musikwissenschaft in Sofia und Berlin, wo er 1940 mit *Die einfachen Koledo-Refrains der bulgarischen Weihnachtslieder* promovierte. Im selben Jahr wurde er Kapellmeister am Opernhaus Frankfurt am Main, 1946 musikalischer Oberleiter am Staatstheater Wiesbaden und Dirigent der Frankfurter Singakademie. R. leitete 1948–50 das Sinfonieorchester des NWDR in Köln und wurde dann Chefdirigent der Städtischen Bühnen (später „Musiktheater im Revier") Gelsenkirchen, 1968 dort GMD (1977 pensioniert). Seit 1956 bis heute leitet er auch die Städtische Chorgemeinschaft Herne. R., originell und vielfältig in der Programmgestaltung (zahlreiche Erstaufführungen), ist einer der profiliertesten Dirigenten seiner Generation, ein Mann „der ersten Stunde" nach dem 2. Weltkrieg und konzentriert auf kontinuierliche Orchestererziehung.

Lit.: L. ROMANSKY, 27 Jahre Gelsenkirchen (1950–1977). Ein Rückblick (Gelsenkirchen o.J.).

ROMANTICKER, DIE *(The Fantasticks)*, amerik. Musical von Harvey Schmidt (* 1929), Buch und Songtexte von Tom Jones nach Edmond Rostands (1868–1918) Einakter *Les Romantiques*. Ort und Zeit der Handlung: irgendwo und irgendwann. UA: 3. 5. 1960 in New York (Sullivan Street Play House); dt. EA (in dt. Sprache): 1. 12. 1965 in Wien (Neues Theater am Kärntnerthor).

Die Romanticker ist eine Art umgedrehte „Romeo und Julia"-Geschichte. Zwei junge Menschen werden von ihren Vätern absichtlich getrennt gehalten, damit sie sich, der väterlichen Einwilligung entgegen, ineinander verlieben. Das gelingt auch zunächst, aber nachdem die beiden den Vätern auf die Schliche gekommen sind, beginnen sie sich zu streiten und trennen sich. Nach anfänglichen finanziellen Verlusten erreichte das Musical als erste Off-Broadway-Produktion 1000 Vorstellungen. Zur Zeit (1982) läuft es im 22. Jahr mit ca. 7500 Vorstellungen, dem absoluten Long-Run-Rekord in der Geschichte des Musicals. Die Songs *Soon It's Gonna Rain* und *Try To Remember* wurden inzwischen zu Evergreens. R. WALLRAF

ROMANTIK. Begriffliches. Die Schwierigkeiten im überlegten Gebrauch der Bezeichnungen R. und „romantisch" für eine bestimmte Richtung bzw. Epoche in der Musik rühren insbesondere daher, daß infolge der Übernahme der Begriffe aus dem literarisch-geistesgeschichtlichen Bereich die Bemühung, gemeinsame Kriterien „romantischer" Musik deskriptiv zu ermitteln, sich stets zurückgeworfen sieht auf Gehalte, die seit dem Beginn des 19. Jh. mit der deutschen literarischen R. (Novalis, W. H. Wackenroder, L. Tieck, die Gebrüder Schlegel, E. Th. A. Hoffmann, Clemens Brentano u.a.) verbunden wurden. Die längere Vorgeschichte der Termini „romantisch" bzw. „romanisch" (im 17./18. Jh. im ablehnenden Sinne für „wie im Roman") und der substantivierten Form (das „Romantische") spielt für die Musik nur insofern eine Rolle, als sie in den späteren Gebrauch des Wortes einging. Erst durch die deutsche R. (das Substantiv begegnet erstmals bei Novalis), deren Repräsentanten bald als „Romantiker" bezeichnet wurden, war die Voraussetzung dafür gegeben, in Analogie dazu von einer musikalischen R. zu sprechen. Ihre Physiognomie tritt jedoch erst seit den 1830er Jahren deutlicher hervor, und sie endet als Epoche im strengen Sinn bereits um 1850. Die Impulse aus dieser frühen und eigentlichen Phase der musikalischen R. haben allerdings weitergewirkt.

Die Anwendung des R.-Begriffs auf die Musik verweist einerseits auf einen inneren, wenngleich zeitlich phasenverschobenen Zusammenhang zwischen der romantischen Bewegung in Dichtung, Kunsttheorie und Philosophie und der musikalischen R., andererseits auf die Tatsache, daß es die musikgeschichtliche Situation nahelegte, die neuen Richtungen in der Musik um und nach 1830 unter einen Begriff zu subsumieren, mit dem man eine deutliche Gegenposition zur Musik insbesondere der Wiener Klassiker (J. Haydn, W. A. Mozart und L. van Beethoven) zu beziehen bzw. kenntlich zu machen vermochte. Die Antithese „klassisch – romantisch" war bereits im 18. Jh.

(England) geläufig und hatte im Gegensatz zwischen deutscher R. und „Weimarer Klassik" (Fr. von Schiller, J. W. von Goethe) eine neue, aktuelle Dimension erhalten. Doch für die Romantiker selbst und vorab für G. Fr. W. Hegel (*Ästhetik,* 1818–29), der ihnen in seinem Denken allerdings fern stand, war auch noch der ältere, über J. G. Herder und Chr. M. Wieland vermittelte Wortgebrauch gültig, mit dem der antiken „klassischen" die europäisch christliche „romantische" Kunst entgegengesetzt wurde. Zur terminologischen Verwirrung trug weiterhin bei, daß in der R. ein Musikbegriff entwickelt wurde, der auf das Wesen der Musik schlechthin abzielte und auf Musik Anwendung finden konnte, die man als den Inbegriff von Musik ansah. So erschien Hoffmann – der einzige der romantischen Dichter, der einen tieferen Einblick in die Musik seiner Zeit hatte und selbst Komponist war – die Instrumentalmusik von Haydn, Mozart und vor allem die von Beethoven als die Verkörperung der „romantischen" Musik, weil er in ihr den höchsten Begriff von Musik überhaupt erfüllt fand. („Sie [sc. die Instrumentalmusik] ist die romantischste aller Künste, – fast möchte man sagen, allein *rein* romantisch." Die Begründung lautete wie folgt: „Die Musik schließt dem Menschen ein unbekanntes Reich auf; eine Welt, die nichts gemein hat mit der äußern Sinnenwelt … und in der er alle durch Begriffe bestimmbaren Gefühle zurückläßt, um sich dem Unaussprechlichen hinzugeben.") Es wäre schon unkritisch, die Musik der R. durch den romantischen Musikbegriff für hinreichend definiert zu halten. Gänzlich irreführend aber ist es, diejenige Musik, die von den Romantikern ihrem Musik- und Kunstideal entsprechend als „romantisch" empfunden wurde, umstandslos der musikalischen R. zuzuschlagen. Folgerichtig hätte man die eigentlich romantische Musik (etwa die R. Schumanns oder C. M. von Webers), die erst im Rückblick und in Abhebung von der Wiener Klassik als solche erkannt worden war, von der R. auszuschließen. Da die Musik schlechthin für die Romantiker (z. B. Wackenroder, Hoffmann) vielfach als der Inbegriff einer umfassenden, gänzlich in der Gefühlssphäre beheimateten, transzendierend-unstofflichen Kunst galt, hat der romantische Kunstbegriff, von dem das 19. Jh. nie loskam, das Verständnis jeglicher Musik geprägt. In A. Schopenhauers Definition der Musik als der Manifestation des reinen Willens, somit des „Dings an sich" jenseits der Erscheinungen und Begriffe kulminierten die romantischen Musikvorstellungen. Zwar kommt dem im Kern romantischen Musik- und Kunstbegriff des 19. Jh. die universale Bedeutung, die ihm beigelegt wurde, nicht zu, doch steht außer Zweifel, daß wesentliche ästhetische Vorstellungen der R. in die (im engeren Sinne) romantische Musik und überhaupt in die Musik des 19. Jh. Eingang gefunden haben. R. Wagners ideelle Konzeption des Musikdramas als alle Künste übergreifendes Kunstwerk („Gesamtkunstwerk") geht auf Ideen der deutschen Romantiker zurück (z. B. Verschmelzung der Gattungen und Künste, Utopismus, Sakralisierung des Kunstwerks), ohne daß man doch Wagners Musikdramen der R. zuweisen könnte. – Es ist jedenfalls tunlich, zwischen R. als mehr oder minder klar umrissener Epoche der Musik und R. als Bündel von Kriterien zu unterscheiden, die der romantischen Musik vorzugsweise zukommen, ohne an den Epochenbegriff gebunden zu sein.

Die romantische Welterfahrung, die sich auch (und zwar exemplarisch) in der Musik des 19. Jh. manifestierte und die ihre erste maßgebliche Formulierung in Poesie und Theorie der literarischen R. erhielt, blieb unverlierbar und griff weit über die romantische Epoche hinaus. Der Bezugsrahmen für R. in jeglichem Sinne aber hat (schon wegen der zeitlichen Priorität) die Vorstellungswelt der poetisch-philosophischen R. zu sein, zumal da die literarische Komponente aus der musikalischen R. nicht wegzudenken ist und obwohl die R. als europäische Gesamterscheinung gerade in der Musik eine vollkommene Erfüllung fand.

Sollen indessen die Bezeichnungen R. und romantisch mehr sein als eine begrifflich verschwommene Übereinkunft, dann wären sie aufzufüllen mit Gehalten, die aus der Reflexion des Epochenbegriffs R., aus musikalisch-satztechnischen Kriterien und aus der genaueren Bestimmung des Verhältnisses (der Konvergenz oder Nicht-Konvergenz) von musikalischer und literarischer R. resultieren müßten. Ferner hätten die Aspekte hervorzutreten, die die romantische Musik als Gegenentwurf zur Wiener Klassik und als fundamentalen Neuansatz des musikalischen Denkens, somit der europäischen Musik erscheinen lassen. Hier müssen auch die von der Literaturwissenschaft angeregten Überlegungen einbezogen werden, mit den nicht nur zeitlich ineinandergreifenden Epochenbezeichnungen „Biedermeier" und „Vormärz" (ca. 1815–48) weitere Perspektiven in Betracht zu ziehen, die, ohne auf den Begriff der R. festgelegt zu sein, doch auch andere, bisher weniger berücksichtigte Tendenzen der romantischen Musik bzw. der Musik zwischen ca. 1830–50 ins Auge fassen. Allerdings wäre es ebenso willkürlich wie unzweckmäßig, den Begriff zugunsten von soziologisch-historischen Gesichtspunkten fallenzulassen, die den spezifisch romantischen Ansatz der Musik im

19. Jh. nicht mehr thematisieren. Wenngleich nicht alle Erscheinungen in der Musik seit 1800 unter R. subsumiert werden können und die neue romantische Musik auf einem Boden erwächst, der um 1800 neben und z. T. im Schatten der Wiener klassischen Musik bereitet wurde, so trifft doch H. Heines Wort vom „Ende der Wolfgang Goetheschen Kunstperiode“ um 1830 insofern auch auf die Musik zu, als mit dem Tode Beethovens (1827) und Fr. Schuberts (1828) ein musikalisches Zeitalter endete und der R. in der deutschen und französischen Musik alle Möglichkeiten eröffnet wurden. Daß zeitweise neben der Wiener Klassik, aber ohne innere Beziehung zu ihr, sich romantische Tendenzen in der Musik bemerkbar machten, sollte nicht dazu verführen, eine „klassisch-romantische Stilepoche“ zu postulieren, in der notwendigerweise die Abgrenzungen unscharf werden.

Romantische Epoche. Die erste Phase der bedeutenden bürgerlichen Musik insbesondere in Deutschland zwischen ca. 1830–50 kann aufgrund wesentlicher gemeinsamer Kriterien als R. bezeichnet werden. Sie faßte bereits früher Fuß in der deutschsprachigen Oper, die ihrerseits „romantische“ Ansätze in der Stoffwahl des deutschen Singspiels seit den 70er Jahren des 18. Jh. aufnahm, und kulminierte in Webers *Der Freischütz* (1821). Vernehmlich kündigten sich die Konturen der deutschen romantischen Oper jedoch schon an in manchen Werken von L. Spohr (z. B. *Faust*, 1816; *Jessonda*, 1823), Hoffmann (*Undine*, 1816) u. a. Wiewohl der Charakter einer nationalen Oper, die alle Register der Natur-, Geister- und vor allem Sagen-R. zog, schon in den späteren Werken Webers (*Euryanthe*, 1823; *Oberon*, 1826) überlagert wurde vom musikalischen Idiom der beherrschenden französischen und italienischen Oper, blieb die romantische Physiognomie noch kenntlich in den Opern von H. Marschner (*Der Vampir*, 1828; *Hans Heiling*, 1833) und, biedermeierlich gefärbt, bei A. Lortzing und Fr. von Flotow. Aber auch Wagner begann mit Werken, in denen der Typus der deutschen romantischen Oper nochmals emphatisch beschworen wurde und zu sich selber fand (*Der fliegende Holländer*, 1843; *Tannhäuser*, 1845; *Lohengrin*, 1850). Durch die neue stimmungs- und bildauslösende Funktion von Harmonie und Klangfarbe wurden bereits im *Freischütz* (vor allem in der „Wolfsschluchtszene“) jene Sphären und Vorstellungen vermittelt, die seitdem untrennbar mit dem R.-Begriff verbunden sind: die Evokation des blinden Waltens oder Seins von unergründlichen, jedenfalls irrationalen Natur- und Schicksalskräften, das Übernatürliche, der mythische Sagengrund und die märchenhafte Vergangenheit, die zum Symbol eines utopisch-ursprünglichen Zustands wird. Hinzu kamen der volkstümlich-nationale Ton eines insgeheim oder offenkundig Liedhaften und der Gestus des chevaleresken Aufschwungs. Die Musik wurde durchlässig für Stimmungen und szenische Bilder, die aus romantischen Motiven und Seelenlagen hervorgingen.

Die lyrisch nach innen gewendete, romantisch inspirierte Poetisierung, d. h. Entgrenzung der Tonsprache erreicht in der Musik von Schumann eine Vollendung, die sich als reine Bekundung der R. ausnimmt. Sie hat ihren Anfang und ihr Zentrum in der durch die Literatur (Jean Paul, Hoffmann) angeregten Klaviermusik (Klavierzyklen, u. a.: *Papillons*, op. 2, 1828–32; *Carnaval*, op. 9, 1834–35; Fantasiestücke, op. 12, 1832–37; *Kinderszenen*, op. 15, 1838; *Kreisleriana*, op. 16, 1838) und in den Liedern, in denen Dichtung der R. und Musik buchstäblich verschmolzen, z. B. im *Liederkreis*, op. 24 (Text Heine, 1849), in *Myrthen*, op. 25 (1840) und im *Liederkreis*, op. 35 (J. von Eichendorff, 1840). Lied und Klavierstück blieben auch weiterhin von spezifisch romantischer Haltung und Formulierung geprägt. Daß sich Schumanns R. vorab im „lyrischen Klavierstück“ (↗Charakterstück) entfaltete (einem Typus ursprünglich eher anspruchslos unterhaltender Musik im privaten Kreis, die am Rande der großen Musik bereits um 1800 greifbar wird), ist nicht zuletzt ein Zeichen für die radikale Abwendung von Gattungen und Strukturen der Wiener klassischen Musik. Auch im romantischen Lied, dessen Poesie bei Schumann wesentlich aus der Klavierbegleitung hervorgeht, ist gegenüber den Liedern von Schubert der Neuansatz fundamental. Schubert und Schumann gehören in ihren Liedern (und Klavierstükken) verschiedenen musikalischen Welten an. Dagegen hat Schumann Anregungen aus dem vorschubertschen Lied aufgenommen. Durch romantisch-poetische Gehalte von innen heraus verwandelt, bieten sich Schumanns Symphonien (1841–51), das Klavierkonzert op. 54 (1. Satz 1841, 2. und 3. Satz 1845) und die Sonaten dar. Mit der Oper *Genoveva* (1850) suchte er sich auch die Bühne zu erschließen. Genuin romantisch ist in der Musik von Schumann einerseits die Tendenz zur Entgrenzung und Gattungsverschmelzung im Zeichen eines übergreifenden poetischen Idioms und konvergierend mit Friedrich von Schlegels Idee einer „progressive[n] Universalpoesie“ (116. Athenäumsfragment), in der es darum ginge, „alle getrennten Gattungen … zu vereinigen …“, die Barrieren zwischen den Künsten zu überspringen. Andererseits gehört die Abkehr von komplexen, vielgliedrigen Architekturen zugunsten des im zeitenthobenen Augenblick entfalteten „Einfalls“, der sich gegen „Verarbeitung“ sträubt, zu den wesentlichen Merkmalen der musikalischen Romantik. Die Auflösung bisher gültiger musikalischer Ordnungen und Bauweisen vollzieht sich in der Absicht, der Musik neue, musiküberschreitende Gehalte zuzuführen, demzufolge mit dem Willen zu neuer Erfüllung der musikalischen Bauelemente, deren Erstarrung nach Beethovens Tod manifest geworden war. Seitdem ist Musik als Bekundung eines „Unaussprechlichen“ aufgefaßt worden.

Durch Schumann und Fr. Chopin wurde in der Klaviermusik der lyrische Eigenwert des Klangs und der figurativen Virtuosität für die Vermittlung des Poetischen entdeckt. Der Schumannschen R. in zentralen Bereichen der Komposition z.T. zeitlich vorgelagert ist der romantische Klassizismus von F. Mendelssohn Bartholdy, dem manches aus der Opern- und Instrumentalmusik von Hoffmann, Spohr u.a. noch zuzurechnen wäre. Vor allem in Mendelssohn Bartholdys *Liedern ohne Worte* (1830–45), in der Musik zum *Sommernachtstraum* (1842; Ouvertüre schon 1826), aber gleichermaßen in anderen Werken scheint im virtuosen Umgang mit geprägten Idiomen eine sublime Stimmungspoesie auf, deren Grundton elegisch und gefühlvoll ist, jedoch stets den Zauber des Maßvollen ausstrahlt. Romantisch belichtete Brillanz und die Eleganz des weltstädtischen Salons gehen in seiner Musik eine charakteristische Verbindung ein. Reflexe von Natur- und Landschaftsbildern sind in den Hauptwerken ebenso wesentliche Elemente wie die Vorstellung des schwerelosen Elfentreibens. Die engstens mit Bestrebungen der literarischen R. verknüpfte Entdeckung und Verklärung der Musik der Vergangenheit (z.B. Palestrina-Renaissance), an denen bereits Hoffmann kunsttheoretisch (*Alte und neue Kirchenmusik,* 1814) und praktisch-kompositorisch wesentlich beteiligt war, wurde in vollem Umfang erst durch Mendelssohn Bartholdy für die kompositorische Phantasie nutzbar gemacht. Die von ihm dirigierte erste Aufführung der Matthäus-Passion von J. S. Bach in Berlin (1829) war eine Tat romantisch-vergangenheitsbewußten Geistes. Den Boden hatte indessen C. Fr. Zelters Wirken an der Berliner Singakademie bereitet. Und überhaupt ist es kennzeichnend, daß die Romantiker bei Komponisten in die Schule gingen, die mit den Wiener Klassikern keine unmittelbare Berührung hatten. Die Zentren der musikalischen R. befanden sich vorzugsweise in Nord- und Mitteldeutschland (Berlin, Dresden, Leipzig).

In Frankreich entfaltete sich eine R. eigenen Rechts in der Klaviermusik von Chopin (*Études,* op. 10; 1829–32; *Études,* op. 25, 1832–36; *Préludes,* op. 28, 1836–39; Mazurkas, Nocturnes, Balladen; Konzerte e-moll, op. 11, 1830, und f-moll, op. 21, 1829). Auch im virtuosen Aufschwung ist seine Musik fast immer durchdrungen von Melancholie und Fatalismus. Noch mehr als bei Schumann ist in den Werken Chopins, die von Schumann begeistert begrüßt wurden, der subjektive Gestus und der Reflex auf ein leidend sensibles Ich spürbar, das sich in romantischer Sehnsucht verzehrt. Eine spezifisch französische R. repräsentiert außerdem die Instrumentalmusik von H. Berlioz. Schlüsselwerke wie die *Symphonie fantastique* (1830), *Harold en Italie* (1834), die Symphonie dramatique *Roméo et Juliette* (1839) u.a. zielten auf Kontamination der Gattungen durch Aufnahme dichterischer oder aus Dichtungen der Weltliteratur (W. Shakespeare, Vergil, Goethe, Lord Byron) abgeleiteter und neu interpretierter Thematik. Sie eröffneten Regionen der hochgespannten, unerfüllbaren Sehnsucht, des Rausches, des Schweifens in Traumwelten und der visionären Phantastik, als deren Subjekt das neue (romantische) Bild des Künstlergenies hervortritt. Das hybride Genre der Programmusik und der symphonischen Dichtung – letztere insbesondere durch Fr. Liszt geprägt und propagiert, später bedeutend durch R. Strauss aufgegriffen – ist trotz beträchtlicher Abweichungen von den Zielsetzungen des Kreises um Mendelssohn Bartholdy und Schumann romantischen Ursprungs oder wurde doch von Ideen der R. befruchtet.

Insofern als sich die italienische und französische Oper zwischen 1830 und ca. 1850 mit Vorliebe romantischen Stoffen zuwandte und auch die Musik sich der Sphären von Geheimnis, Todesträchtigkeit, der Leidensschwere sowie des unauflösbaren Konflikts zwischen emphatischer Ich-Überhöhung und Schicksalsverstrickung bemächtigte, sind romantische Einschläge unüberhörbar. Vorab V. Bellinis weich-elegisches Melos, das aber nicht weniger die anfeuernde Leidenschaft kennt, ist stets als genuine R. begriffen worden. Sie begegnet ebenfalls noch in den Opern G. Donizettis, trat dann aber im Frühwerk von G. Verdi wieder in den Hintergrund. Eher sekundär sind gleichfalls die romantischen Züge in der französischen Großen Oper (G. Meyerbeer, D. Fr. E. Auber), obwohl die Tendenz zum Mondänen in der R. stets latent vorhanden waren. Stand dort der szenische, dekorative Aufwand romantischer Verinnerlichung entgegen, so ließ bei Verdi der dramatisch unerbittliche Nerv seiner Musik Romantisches nur am

Rande aufkommen. Über das Schicksalsdrama und das historisch-symbolische Drama ist, aufs Ganze gesehen, auch die Oper des 19. Jh. mit der europäischen R. verknüpft, die in Frankreich mit François René de Chateaubriand (*Génie du Christianisme,* 1802), Alphonse de Lamartine, V. Hugo, A. de Musset und Ch. Baudelaire, in Italien mit A. Manzoni und Giacomo Leopardi sowie in England mit Samuel Taylor Coleridge, Byron, Percy Bysshe Shelley und John Keats einen geistigen Umschwung bewirkt hatte.

R. als Welterfahrung. Trotz divergierender Richtungen und Erscheinungsformen waren die romantischen Impulse bis zur Mitte des 19. Jh. derart umfassend und vielfach miteinander verkettet, daß mit gebotener Vorsicht von einer romantischen Epoche gesprochen werden kann, in der freilich auch Gegenbewegungen zum Zuge kamen. Obwohl bis zum Beginn des 20. Jh. und darüber hinaus romantische Gehalte und Einstellungen immer wieder und in manchen Werken exemplarisch zum Durchbruch kamen (von Wagners *Tristan und Isolde,* 1857–59, über J. Brahms, A. Bruckner und G. Mahler bis zu A. Schönberg, z.B. *Verklärte Nacht,* 1899, ausdrücklich vor allem in den Werken von H. Pfitzner), ist das Netz der Beziehungen zu locker gewebt, als daß hinreichend begründet von „Spätromantik" oder „Neuromantik" die Rede sein könnte. Die romantische Welt- und Seinserfahrung löste sich von ihrer Bindung an eine Epoche. Daß R. letztlich der Fixierung auf eine zeitlich begrenzte und geographisch lokalisierte Epoche widerstrebt, geht wohl auf ihre innersten Beweggründe zurück: Aufhebung realer Zeitlichkeit, d.h. Zurücknahme jener Elemente, die objektive Zeitordnungen setzten (z.B. in der Musik der Wiener Klassiker), Niederlegung der Grenzen zwischen den Künsten und Brückenschlag zum utopischen Reich der überwirklichen „Poesie" (daher Ungegenwärtigkeit), Beschwörung der Vergangenheit als fernes Idealbild (verklärte Ferne), Tendenz zur Entmaterialisierung (Entrückung) des Tons (überhaupt der Kunstmittel), daraus folgend die Sublimierung, Spiritualisierung, über die sich die Idee der Kunstreligion Eingang verschaffte, Absage an die Aufklärung (Nachtsymbolik), Einbruch des Irrationalen. Ferner sind folgende Kriterien zu nennen: Emphase und Gebrochenheit, Tendenz zur „offenen" Form (das inwendig Fragmentarische), die Subjektivierung jeglicher Erfahrung bzw. die Verlegung aller Gegebenheiten ins verabsolutierte Subjekt, so daß jede künstlerische Aussage als Reflex eines Erlebnisses auf das Subjekt anmutet. Daraus folgt die intendierte Aufhebung auch der Grenze zwischen Dingwelt und Ich, damit aber die Desintegration und Selbstauflösung des Subjektes („Sehnsucht nach dem Tode", Th. Mann). Mit der Ineinssetzung von Ich und Welt („Selbst dann bin ich die Welt!", *Tristan,* 2. Akt) und mit der Erlösung durch Selbstauflösung schlug Wagner im *Tristan* das Grundthema der R. an, verlieh ihm jedoch ungeahnt neue Dimensionen. Aus der romantischen Herstellung „künstlicher Paradiese" (Baudelaire) ergab sich die Idee des „l'art pour l'art", deren Überwindung eine der Haupttendenzen in den künstlerischen Aktionen der Gegenwart ist. Die Gegenkräfte gegen das Romantische, die sich in der 2. Hälfte des 19. Jh. allenthalben regten (Brahms, Bruckner, Mahler) und bis in die konstruktivistischen Richtungen in der Kunst des 20. Jh. zu verfolgen sind, standen stets im Zeichen einer Wiedergewinnung von Objektivität, Realität und Entmachtung des willkürlich Subjektiven.

Lit.: E. KURTH, Romantische Harmonik u. ihre Krise in Wagners „Tristan" (Be – L 1920, Nachdr. Hil 1968); E. ISTEL, Die Blütezeit der musikal. R. in Deutschland (L – B [2]1921); F. STRICH, Dt. Klassik u. R. oder Vollendung u. Unendlichkeit (o.O. 1922, [5]1962); G. BECKING, Zur musikal. R., in: DVfLG 2 (1924); DERS., Klassik u. R., in: Kgr.-Ber. Leipzig 1925 (L 1926); W. KAHL, Lyrische Klavierstücke der R. (St 1926); R. BENZ, Die dt. R. (L 1927, St [2]1956); A. SCHMITZ, Das romantische Beethovenbild (B – Bonn 1927); R. ULLMANN – H. GOTTHARDT, Gesch. des Begriffs R. in Deutschland (B 1927) (= Germanische Studien VI/50); F. SCHULTZ – H. J. LÜTHI, R., in: Reallexikon der Literaturgesch., hrsg. v. P. Merker – W. Stammler, III (B 1928–29); E. BÜCKEN, Die Musik des 19. Jh. bis z. Moderne (Pd 1929) (= Hdb. der Musikwiss. o. Nr.); H. ECKARDT, Die Musikauffassung der frz. R. (Kas 1935) (= Heidelberger Stud. z. Musikwiss. 3); H. FUNCK, Musikal. Biedermeier, in: DVfLG 14 (1936); E. BÜKKEN, R. u. Realismus, in: FS A. Schering (B 1937, Nachdr. Hil 1973); A. SCHERING, Kritik des romantischen Musikbegriffs, in: Jb. Peters 44 (1937); A. DAMERINI, Classicismo e romanticismo nella musica (Fi 1942); R. DUMESNIL, La musique romantique française (P 1945); W. REICH, Musik in romantischer Schau (Bas 1946); A. EINSTEIN, Music in the Romantic Era (NY 1947), dt. Übers.: Die R. in der Musik (Mn 1950); R. BENZ, Die Welt der Dichter (o.O. 1949) Kap. R. u. Musik; M. JACOB, Die Musikanschauung im dichterischen Weltbild der R. (Diss. Fr 1949); E. STAIGER, Dichtung u. Musik in der R., in: Universitas 4 (1949); E. MANNACK, Die Bedeutung der lyrischen Einlage für die Entwicklung des Kunstvolksliedes. Ein Beitr. z. Gesch. der romantischen Lyrik (Diss. L 1955); H. BESSELER, Das musikal. Hören der Neuzeit (B 1959) (= Ber. über die Verhandlungen der sächsischen Akad. der Wiss. zu Leipzig, Philos.-hist. Klasse 104/6); G. KNEPLER, Die Bestimmung des Begriffs „R.", in: Kgr.-Ber. Warschau 1960; K. STEPHENSON, R. in der Tonkunst (Kö 1961) (= Das Musikwerk 21); F. BLUME, R. in: MGG XI; H. ENGEL, Die Grenzen der romantischen Epoche u. der Fall Mendelssohn, in: FS O. E. Deutsch (Kas 1963); E. LICHTENHAHN, Über einen Ausspruch Hoffmanns u. über das Romantische in der Musik, in: Musik u. Gesch. FS L. Schrade (ebd. 1963); P. RUMMENHÖLLER, R. u. Gesamtkunstwerk, in: Beitr. z. Gesch. der Musikanschauung im 19. Jh., hrsg. v. W. Salmen (Rb 1965) (= Studien z. Musikgesch. des 19. Jh. 1); A. HENKEL, Was ist eigentlich romantisch?, in: FS J. R. Alewyn (o.O. 1967); G. ABRAHAM, Slavonic and Romantic Music (Lo 1968); K. MAURER, Ästhetische Entgrenzung u. Auflösung des Gattungsgefüges in der europäischen R. u. Vorromantik, in: Poetik u. Hermeneutik 3 (1968); Begriffsbestimmung der R., hrsg. v. H. PRANG (Da 1968) (= Wege der Forsch. 150); The Romantic Period in Germany, hrsg. v. S. PRAWER (ebd. 1970); The Romantic Tradition in Germany, hrsg. v. R. TAYLOR (ebd. 1970); S. GOSLICH, Die dt. romantische Oper (Tutzing 1975); E. J. DENT, The Rise of Romantic Opera, hrsg. v. W. Dean (C 1976) (Vorlesungen 1937–38); W. WIORA, Vermeintliche u. wirkliche Gemeinsamkeiten einer Epoche. Zur Musikgesch. des 19. Jh., in: Beitr. z. Problem des Stilpluralismus, hrsg. v. W. Hages – N. Knopp (Mn 1977); C. DAHLHAUS, Die Idee der absoluten Musik (Kas – Mn 1978); DERS., Die Musik des 19. Jh. (Wie – Laaber 1980); E. LICHTENHAHN, Musikal. Biedermeier u. Vormärz, in: Schweizer Beitr. z. Musikwiss. 4 (1980).

S. KUNZE

ROMANUS-BUCHSTABEN (lat.: litterae significativae = bezeichnende Buchstaben), in der Neumen-Notation des Gregorianischen Gesangs verwendete Zusatzzeichen zur Verdeutlichung des Melodieverlaufs oder der Vortragsweise (↗Notenschrift). Sie sind in der Regel die Anfangsbuchstaben bestimmter lateinischer Wörter, die Vortragsanweisungen darstellen, z. B. a = altius (höher), c = cito (schnell; auch: celeriter), d = deprimatur (herabziehen), e = equaliter (gleichmäßig), i = iusum (tiefer; auch: inferius), l = levare (mindern), m = mediocriter (gemäßigt), s = sursum (in die Höhe), t = trahere (in die Länge ziehen; auch: tenere), x = expectare (warten). Diese genannten Buchstaben kommen im 9.–11. Jh. häufig in Hss. aus St. Gallen, Metz und Chartres vor, sind jedoch auch in Hss. englischer Provenienz nachweisbar, wie z. B. im *Winchester-Tropar* (11. Jh.). Notker Balbulus erweitert diese Zeichen in der ihm zugeschriebenen Abhandlung *Epistola de musica* zu einem vollständigen Alphabet. R.-B. heißen sie seit Schubiger (1858) nach dem Mönch Romanus (8. Jh.), der sie, wie Ekkehard IV. von St. Gallen im 11. Jh. berichtet, „erfunden" haben soll.

Lit.: A. SCHUBIGER, Die Sängerschule St. Gallens vom 8. bis zum 12. Jh. (Einsiedeln 1858, Nachdr. Hil 1966).

ROMANZE (von lat. romanice = in romanischer Volkssprache verfaßt; frz. u. span.: romance). – **1)** Bz. für eine Form des erzählenden Liedes in Spanien, dessen äußere Gestalt in 8silbigen, jeweils geradzahlig assonierenden Zeilen *(Abenámar, Abenámar, / moro de la morería, / el día que tú naciste / grandes señales había)* möglicherweise auf assonierende Langzeilen verweist, die aus den Traditionen der Volksepik (cantares de gesta; ↗Chanson de geste) bekannt sind. Als spezifisch span. Variante der europäischen Ballade ist die seit dem 14. Jh. dokumentierbare Gattung mit der Ausdehnung des span. Herrschaftsbereiches in alle 5 Kontinente eingedrungen. Auf den auch dabei gewonnenen volksliedhaften Charakter verweist die Bezeichnung Romancero, die in verschiedenen Sprachen eine Sammlung von Volksliedern – oder sogar, wie bei H. Heine, von Kunstliedern – mit erzählender Intention bedeutet.

Im allgemeinen unterteilt man die R.n in folgende Gruppen: 1. die *romances viejos* (alte R.n), zu denen auch die *romances noticieros*, die über bestimmte zeitgenössische Ereignisse berichten, gehören; 2. die *romances juglarescos* (Spielmanns-R.n) und 3. die *romances artificiosos* (Kunst-R.n), die sich vielfach in der Variante des *romance novelesco* (fiktionale R.) manifestieren. Als besondere Spielart der historisch inspirierten R. bildet sich im Verlauf der Maurenkriege der Typ des *romance fronterizo* (Grenz-R.) aus, in dem Vorfälle, die sich an der Grenze zwischen christlichem und maurischem Gebiet abspielten, festgehalten werden. Nach dem Fall von Granada 1492 wird er als *romance morisco* (Mauren-R.) zum bevorzugten Ort der aufblühenden Maurophilie, die den einstigen Gegner literarisch zum edlen Helden oder Liebhaber verklärt. In archaischem Sprachduktus setzen die R.n gewöhnlich in der Mitte der zu schildernden Ereignisse ein und eröffnen sie dem Leser oder Hörer durch ihren strengen, knappen und andeutenden Ausdruck, den Ramón Menéndez Pidal mit der Formulierung „saber callar a tiempo" (= rechtzeitig schweigen können) umschrieb.

Auch wenn die Blütezeit der R.n im 16. und 17. Jh. liegt – alle großen Autoren des sog. span. Goldenen Zeitalters pflegten sie –, reicht ihre Wirkung, besonders auch durch ihre Wiederentdeckung und Sammlung im 19. und 20. Jh., bis in die span., port. und lateinamerik. Literatur der Gegenwart.

Die musikalische Gestaltung der R. lehnt sich zunächst an kirchentonale Strukturen an, verändert sich aber im Laufe der Zeit in folgender Weise: Zunächst wurden je 2 8silbige Zeilen auf eine Melodie gesungen, mit einem ersten offenen und einem zweiten endgültigen Schluß. Beispiele dafür finden sich bei Fr. Salinas, *De musica* (1577). Seit dem Ende des 15. Jh. hat die traditionelle R. eine Melodie für 4 Zeilen, die nach J. del Encina (1496) auch die Textstruktur etwa durch die Art und Weise der Refrainverwendung nach 4, 8 oder 16 Versen wesentlich mitbestimmt. Dies konnte so weit gehen, daß sich die R.n nicht mehr von den lyrischen Chansons unterscheiden. W.-D. LANGE

2) Bz. für ein literarisches und musikalisches Genre aus Frankreich (erste Erklärungen im Akademiewörterbuch 1718, im *Dictionnaire de Trévoux* 1743 und in der großen Enzyklopädie 1765). J.-J. Rousseau definiert die R. 1767 in seinem *Dictionnaire de musique* sinngemäß als (Lied-)Weise, auf die ein gleichnamiges, in Strophen gegliedertes Gedicht gesungen wird, das zumeist eine tragische Liebesgeschichte zum Inhalt hat. Der Text der R.

muß nach Rousseau einfach und bewegend, in etwas altertümlichem Geschmack geschrieben sein; die musikalische Begleitung hat diesem Charakter der sprachlichen Gestalt Rechnung zu tragen. Rousseau selbst gibt bereits in seinem *Devin du village* (1752) das Musterbeispiel für eine solche Gestaltung *(Dans ma cabane obscure).* Von nun an bleibt die R. bis ins 19. Jh. fester und charakteristischer Bestandteil der ↗Opéra-comique in ihren verschiedenen Ausprägungen von Fr. J. Gossec über L. Cherubini und É. N. Méhul bis zu Fr. A. Boieldieu und D. Fr. E. Auber. Sie findet im frühen 19. Jh. Eingang dann nicht nur in die frz. Grand Opéra, sondern auch in die it. Oper. Bekannte R.n aus diesem Bereich finden sich bei G. Rossini, V. Bellini, G. Donizetti (z. B. *Una furtiva lagrima* aus *L'elisir d'amore*) und nicht zuletzt bei G. Verdi *(Celeste Aida* aus *Aida).*
Auch außerhalb der Oper wird die R. in Frankreich im späten 18. Jh. eine überaus beliebte Form des Sologesangs mit Klavier, gattungsgeschichtlich eine Art Pendant zum gleichzeitigen ↗Lied in Deutschland. Seine führenden Vertreter sind Rousseau und bis zur Revolutionszeit und zum Empire die Hauptmeister der Opéra-comique. Die bedeutende Rolle der R. bleibt während der Restauration gewahrt. Unter den wichtigen R.n-Komponisten dieser Zeit findet sich auch eine Frau, P. Duchambge. Nach 1830 kommt es zu einer wahren Inflation frz. R.n in Einzel- und Sammelausgaben (publiziert u. a. von Henri Romagneri, seit 1829), aber auch nach und nach zu einer textlichen und musikalischen Verflachung der Gattung, an deren Stelle nun das ↗Chanson die Gunst des anspruchsvollen Publikums gewinnt.
In Deutschland wird im Bereich der Bühnenwerke die R. – mit ähnlichem Charakter wie in Frankreich – zunächst im Singspiel heimisch (vgl. die R. des Pedrillo *Im Mohrenland gefangen war* in W. A. Mozarts *Entführung*), dann im 19. Jh. in der romantischen Oper (z. B. R. des Ännchen *Einst träumte meiner sel'gen Base* in C. M. von Webers *Freischütz*) und in der Komischen Oper (z. B. R. des Fenton *Horch, die Lerche singt im Hain* in O. Nicolais *Lustigen Weibern von Windsor*).
Seit der Einführung der R. nach span. Vorbild in die dt. Lyrik durch J. W. L. Gleim (um 1756) und seit ihrer Pflege durch J. G. Herder und nachfolgend u. a. durch J. W. von Goethe und die Dichter der dt. Romantik (oft mit unklarer terminologischer Abgrenzung gegen die ↗Ballade und das Lied) gibt es auch Sololieder, denen R.n zugrunde liegen, und zwar häufig ohne einen Hinweis darauf im Titel. Die Bezeichnung R. erscheint eigens u. a. bei J. Fr. Reichardt (*Göthe's Lieder, Oden, Balladen und Romanzen,* 1809), in einzelnen Liedern von Fr. Schubert *(Romanze des Richard Löwenherz)* und bei R. Schumann (4 Slgen. op. 45, 49 mit *Die beiden Grenadiere,* 53, 64), der mehrere Sammlungen R.n auch für Chor a cap. schrieb.
3) Bz. für ein Instrumentalstück mit meist kantabler, liedähnlicher Melodik und mit ruhigem Zeitmaß. Instrumentale R.n gibt es seit der 2. Hälfte des 18. Jh., so bei W. A. Mozart als Mittelsatz der Konzerte für Horn KV 447 und für Klavier KV 466 und der *Kleinen Nachtmusik.* Einzelne R.n schrieb L. van Beethoven (für Violine und Orchester, op. 40 und 50). In dieser Tradition stehen im späteren 19. Jh. einige ähnlich besetzte R.n von A. Dvořák (op. 11), M. Bruch (op. 42), J. Svendsen (op. 26) und M. Reger (op. 50). Die Bz. R. erscheint schließlich im 19. Jh. auch für lyrische Klavierstücke, so bei Schumann (op. 28).

G. MASSENKEIL

Ausg. u. Lit.: **Zu 1):** L. SPITZER, Zur Kunstgestalt einer span. R., in: ders., Romanische Stil- u. Literaturstud. II (Marburg 1931, Nachdr. Da 1961); R. MENÉNDEZ PIDAL, Romancero hispánico, hispano-portugués, americano y sefardí. Teoría y historia, 2 Bde. (Ma 1953); M. QUEROL GAVALDÁ, Importance hist. et nationale du romance, in: Musique et poésie au XVI siècle (P 1954); DERS., El romance polifónico en el siglo XVII, in: Anuario Mus. 10 (1955); Romances y letras a tres vozes, hrsg. v. DEMS. (Ba 1956) (= MMEsp 18); Romancero tradicional de las lenguas hispánicas, hrsg. v. M. GOYRI – R. MENÉNDEZ PIDAL, 2 Bde. (Ma 1975–63); U. BÖHMER, Die R. in der span. Dichtung der Gegenwart (Bonn 1965); U. KNOKE, Die span. Maurenromanze (Gö 1966); D. CATALÁN, Siete siglos de romancero, historia y poesía (Ma 1969); J. SAGE, R. (1), in: Grove[6] XVI. – **Zu 2):** H. GOUGELOT, Catalogue des romances françaises parues sous la Révolution et l'Empire, 2 Bde. (Melun 1937–43); DERS., La romance française sous la Révolution et l'Empire, 2 Bde. (ebd. 1938–43). – **Zu 3):** W. KAHL, R. (D), in: MGG XI.

ROMBERG, dt. Musikerfamilie des 18./19. Jh., der zahlreiche bekannte Instrumentalisten in 3 Generationen entstammten. Der 1. Generation gehörten an die Brüder **Anton** (1742–1814, Fagottist) und **Gerhard Heinrich** (1745–1819, Klarinettist), beide Mitglieder der kurfürstlichen Kapelle in Münster (Westf.) von 1776 bis zur Auflösung 1803. – In der 2. Generation wurden berühmt: **1) Bernhard Heinrich,** * 11. oder 12. 11. 1767 Dinklage, † 13. 8. 1841 Hamburg, Violoncellist und Komponist. Er und sein Vetter Andreas (s. u. 2) traten gemeinsam bereits 7jährig mit großem Erfolg auf und unternahmen mit ihren Vätern Konzertreisen als Wunderkinder. 1790–93 spielten sie – gleichzeitig mit L. van Beethoven – in der Bonner Hofkapelle, 1793–95 und 1797–99 im Hamburger Theaterorchester. Vermutlich 1796 konzertierten sie in Wien mit Beethoven und wurden von J. Haydn gefördert. 1801 trennten sich ihre Wege. R. ging über Paris nach Berlin, wo er 1805–19 Mitglied der Hofkapelle (seit 1815 als Kapellmeister) war. In der Folgezeit reiste er wieder als Virtuose. Er war der bedeutendste deutsche Cellist seiner Zeit und Gründer der deutschen Cellistenschule. Sein Spiel vereinigte italienische und französische Grifftechniken (L. Boccherini, J.-L. Duport) mit einem kräftigen, auch lange Töne tragenden Strich. Seine Konzerte und Konzertstücke sind noch heute grundlegende Studienwerke. – R.s Bruder **Anton** (1774–1842) war 1793–1802 Fagottist in Münster, 1808–19 in den Kapellen der Fürsten Kinsky und Lobkowitz in Wien und lebte dann als Virtuose in München. Seine Schwester **Angelika** (1775–?) gehörte als Sängerin ebenfalls der Münsteraner Kapelle an.

WW: Kammermusik, u.a. 11 Streichquartette; Streichtrios; Klv.-Trios; Duos für V. u. Vc., Vc. u. Kb. – Zahlr. Werke für Vc. u. Klv., Vc. u. a. Instr., Vc. u. Orch. darunter 10 Konzerte, op. 2, 3, 6, 7, 30, 31, 44, 48, 56 u. 75; Concertino für 2 Hörner, op. 41; 4 Symphonien, op. 23, 28, 53, u. die *Kindersinfonie*, op. 62; 2 Ouvertüren. – Opern, u. a.: *Ulisses und Circe*, UA: Berlin 1807; *Rittertreue*, UA: ebd. 1817; ferner Ballettmusik. – *Méthode de violoncelle* (B 1840); Etüden für Vc.

2) Andreas Jacob, * 27. 4. 1767 Vechta, † 10. 12. 1821 Gotha. Sohn und Schüler von Gerhard Heinrich R. (s.o.), teilte er bis 1801 den Lebensweg seines Vetters (s.o. 1). Er ging 1802 nach Hamburg und kam dort auch als Dirigent und Komponist zu hohem Ansehen. 1809 erhielt er die Ehrendoktorwürde der Universität Kiel. 1815 wurde er als Nachfolger L. Spohrs Hofkapellmeister in Gotha. R.s Kammermusikwerke sind bis heute in der Hausmusik verbreitet; seine Chorballade *Das Lied von der Glocke* war lange in den bürgerlichen Chorvereinigungen des 19./20. Jh. überaus beliebt.

WW: Zahlr. Werke für V. solo; Sonaten für V. u. Klv.; Kammermusik, darunter Duos für V. u. Vc. (z.T. zus. mit B. H. R.); 19 Streichquartette sowie Einzelstücke für Streichquartett; 20 V.-Konzerte, davon 5 gedruckt; Doppelkonzert für V. u. Vc., 2 V., V. u. Klar.; 4 Symphonien. – Zahlr. geistliche u. weltliche Kompositionen, u.a. *Das Lied von der Glocke*, op. 25 (1808); *Monolog der Jungfrau von Orléans*, op. 38; *Der Graf von Habsburg*, op. 43; *Sehnsucht*, op. 44 (alle nach F. Schiller); Lieder. – Ferner 8 Opern.

In der 3. Generation wirkten **Karl** (1811–97), Sohn von 1), und **Ciprian Friedrich** (1807–65), Sohn von 2), als Violoncellisten, **Heinrich Maria** (1802–59), ebenfalls Sohn von 2), als Violinist und Kapellmeister in St. Petersburg.

Ausg.: **Zu 1):** 3 Sonaten für 2 Vc., op. 43, hrsg. v. F. GRÜTZMACHER (L o.J., Nachdr. 1954); dass. für Vc. u. Klv., hrsg. v. R.-A. SCHUBERT (Bremen 1949). – Sämtliche Konzerte in Einzelausg., hrsg. v. F. GRÜTZMACHER (L o.J., zahlr. Nachdr.); dass., hrsg. v. C. SCHRÖDER (Brau o.J.); dass., hrsg. v. J. KLENGEL (L o.J., zahlr. Nachdr.); Konzert, op. 3 (mit Klv.-A.), hrsg. v. H. MÜNCH-HOLLAND (L – F 1952, Neudruck 1964); Variationen, op. 50, Concertino, op. 51, Variationen, op. 61, hrsg. v. J. STUTSCHEWSKI (L – F 1952); Divertimenti, op. 42, 46 u. 65, hrsg. v. DEMS. (ebd. 1958). – *Méthode de violoncelle*, revidiert v. J. DE SWERT – H. GRÜNFELD (B um 1890); Etüden, hrsg. v. W. SCHULZ (L 1936); einzelne daraus in: 24 leichte Etüden, ausgew. v. DEMS. (L 1956).

Lit.: F. ROCHLITZ, A. R., in: Für Freunde der Tonkunst I (L ³1868); H. SCHÄFER, B. R. (Bonn 1931) (mit Werk-Verz.); K. STEPHENSON, A. R. (H 1938) (mit vollständigem Werk-Verz.); W. PAPE, Die Entwicklung des Violoncellospiels im 19. Jh. (Diss. Saarbrücken 1962); W. ECKHARDT, Die Violoncelloschulen v. J. J. F. Dotzauer, F. A. Kummer u. B. R. (Rb 1968) (= Kölner Beitr. z. Musikforsch. 51).

G. SCHUHMACHER

ROMBERG, Sigmund (Zsigmond), * 29. 7. 1887 Nagy Kanizsa (Ungarn), † 10. 11. 1951 New York; amerik. Komponist ung. Herkunft. Nach einer Ingenieurausbildung wurde er Kompositionsschüler von R. Heuberger in Wien. 1906 übersiedelte er in die USA, wurde von dem Produzenten J. J. Shubert verpflichtet und arbeitete als Komponist, Arrangeur, musikalischer Bearbeiter und Dirigent für die von Shubert produzierten Operetten, Revuen und Musicals. Nach ersten Erfolgen schrieb R. etwa 60 Operetten, Revuen und Musicals sowie Musik für Hollywood-Filme und dirigierte ein eigenes Konzertorchester. R.s Buch- und Textautoren waren u.a. Harold Atteridge, Otto Harbach, O. Hammerstein (II), Dorothy Fields und Irving Caesar. Zu seinen Welterfolgen gehören die Lieder *Will You Remember, Golden Days, The Desert Song, One Alone, Softly As In A Morning Sunrise* und *Lover Come Back To Me.*

WW (Operetten u. Musicals, UA in New York): *Maytime*, UA: 1917; *Poor Little Ritz Girl*, UA: 1920; *Blossom Time*, UA: 1921; *The Student Prince in Heidelberg*, UA: 1924; *The Desert Song*, UA: 1926; *Cherry Blossoms*, UA: 1927; *Rosalie*, UA: 1928; *The New Moon*, UA: 1928; *Nina Rosa*, UA: 1930; *May Wine*, UA: 1935; *Up in Central Park*, UA: 1945; *My Romance*, UA: 1948.

ROME, Harold Jacob, * 27. 5. 1908 Hartford (Connecticut); amerik. Komponist und Textdichter. Er studierte Jura und später Architektur an der Yale University, nahm daneben Klavier- und Kompositionsunterricht und spielte im Tanzorchester der Universität. 1934 ging er nach New York und schrieb Melodien und Texte für Revue-Produktionen und Vaudeville-Stars. Bereits seine erste eigene Revue für ein Amateurensemble, *Pins and Needles* (1937), eine Satire auf die amerikanische Gesellschaft, wurde die damals erfolgreichste Broadway-Show. Vor und nach dem 2. Weltkrieg schrieb R. zahlreiche Revuen und Musicals, in denen entweder aktuelle politische Themen aufgegriffen (etwa das Rassenproblem in *Call Me Mister*, 1946) oder andere gesellschaftliche Mißstände kritisiert wurden (*I Can Get it for You Wholesale*, 1962). Auch mit rein unterhaltenden Musicals erzielte R. große Erfolge, vor allem mit *Wish You Were Here* (1952), *Fanny* (1954; nach Marcel Pagnols *Marius*-Trilogie) und mit der Western-Parodie *Destry Rides Again* (1959). 1972 wurde in London sein Musical *Gone with the Wind* uraufgeführt.

Lit.: S. GREEN, The World of Musical Comedy (NY 1960, revidiert Lo 1968); S. SCHMIDT-JOOS, Das Musical (Mn 1965); D. EWEN, Great Men of American Popular Song (Englewood Cliffs 1970).

ROMEO UND JULIA, Die Familien Montecchi und Capuleti, oder: Romeo und Julia *(I Capuleti e i Montecchi),* Oper in 4 Akten von Vincenzo Bellini (1801–35), Text von Felice Romani. Ort und Zeit der Handlung: Verona, 13. Jahrhundert. UA: 11. 3. 1830 in Venedig (Teatro La Fenice); dt. EA: 1. 10. 1831 in Dresden; EA in dt. Sprache: 18. 6. 1832 in Berlin (Königstädtisches Theater).

Romanis literarische Vorlage ist bis heute unbekannt. Gegenüber Shakespeares gleichnamigem Drama ist das Personal rigoros verringert und der dramatische Konflikt zugeschärft: Für Romeo wird Tebaldo zum doppelt motivierten Gegenspieler, der einerseits Romeos Mord an Julias Bruder rächen und andererseits den verhaßten Nebenbuhler um Julias Gunst beseitigen will. Diese Konstellation unterstreicht Bellini durch die Wahl der Rollenfächer: dem Heldentenor Tebaldo steht der eher lyrisch konzipierte, als Hosenrolle entworfene Mezzosopran Romeo gegenüber. Stilistisch nimmt sich die Oper mit strophisch gegliederten Chornummern und Arien und deutlicher Abgrenzung der einzelnen Nummern voneinander konventionell aus: Das Schema von Rezitativ und geschlossener Nummer, in der die affektiven Höhepunkte einer Emotionenskala gestaltet werden, bleibt gewahrt. Die gigantische Ausweitung der formalen Anlage und die Bereicherung der traditionellen Solo-Cabaletta durch Ensemblesatz vermitteln den Eindruck „moderner" musikalischer Szenen. Auf Kampfaktionen und Massenszenen hat Bellini offensichtlich bewußt verzichtet; deren Ergebnisse werden in reflektierenden Soli der Betroffenen gespiegelt; exquisiter musikalischer Lyrismus begründet sich in diesen Szenen stets aus der dramatischen Konzeption. – Bellini verwendete bei der Komposition Teile aus seiner erfolglosen Oper *Zaira* und eine Nummer aus *Adelson e Salvini.* Das Publikum war bei der UA begeistert. Seit der Aufführung in Bologna (27. 10. 1832) ersetzte man jedoch den letzten Akt auf Anraten der Sängerin Maria Malibran durch die entsprechende Szene aus N. Vaccais Oper (1825) mit gleichem Libretto. Erst im Dezember 1895 wurde in Neapel die Originalfassung wiederhergestellt. J. SCHLÄDER

ROMEO UND JULIA *(Roméo et Juliette),* Große Oper in 5 Akten von Charles Gounod (1818–93), Text von Jules Barbier und Michel Carré nach W. Shakespeares gleichnamigem Drama. Ort und Zeit der Handlung: Verona, im 14. Jahrhundert. UA: 27. 4. 1867 in Paris (Théâtre Lyrique), dt. EA (in dt. Sprache): 30. 11. 1867 in Dresden.

Acht Jahre nach seiner *Faust*-Oper brachte Gounod mit *Romeo und Julia* zum zweiten Mal einen Bühnenklassiker in musikdramatischer Umsetzung heraus. Der Erfolg dieses Werkes (es ist König Gustav XV. von Schweden und Norwegen gewidmet) bestätigte einmal mehr, daß der von der Dramenvorlage in die Oper hinüberreichende Ruhm die Theaterkassen zu füllen vermag: 322 Aufführungen in Folge verzeichnete das Théâtre Lyrique, bevor 1888 die Opéra-Comique das Werk übernahm und im folgenden Jahrzehnt 500mal spielte. – Originell ist die Kombination von Ouvertüre und Prolog: Für einen kurzen A cappella-Chor, der die Ouvertüre unterbricht (alle Protagonisten sind daran beteiligt), hebt sich der Vorhang; die Librettisten faßten in den 12 Prologversen Shakespeares Prologe zum 1. und 2. Akt (jeweils Sonette) sowie die Schlußsentenz des Prince of Venice (Figur mit chorischer Funktion im Sinne der griechischen Tragödie) zusammen. Die vorweg erfolgende Bekanntgabe der Handlung schließt aktionsbedingte Spannung im Drama weitgehend aus, was eine intensivere Ausleuchtung psychologischer (bei Shakespeare überdies moralisch-ethischer) Aspekte ermöglicht. So tritt hinter der Darstellung des komplexen Themas Liebe jede weitere Komponente zurück: Shakespeares Drama erscheint zu einer nicht immer schlüssigen Szenenfolge gerafft, in der Gefühle und Aktionen, die nicht direkt auf die Liebe der beiden Protagonisten einwirken, konsequent eliminiert wurden. Gounods Musik zeichnet feinsinnig psychologisierend die Charaktere, wobei sie in jeder Situation gefällig und eingängig bleibt. Bekannte Einzelnummern sind Mercutions *Ballade de la Reine Mab,* Julias Koloraturarie *Je veux vivre dans le rêve* und das Madrigal *Ange adorable* (Roméo/Juliette).
R. QUANDT

ROMEO UND JULIA *(Romeo i Dschulietta),* Ballett in 3 Akten mit 13 Bildern, mit Prolog und Epilog von Sergei Prokofjew (1891–1953), op. 64, nach W. Shakespeares gleichnamigem Drama. Libretto: S. Prokofjew und S. Radlow. UA: 30. 12. 1938 in Brünn; Choreographie: Ivo Vana Psota. Russische EA: 11. 1. 1940 in Leningrad (Kirow-Theater); Choreographie: Leonid M. Lawrowski. Dt. EA: 1948 in Berlin (Deutsche Staatsoper); Choreographie: Tatjana Gsovsky.

Prokofjews künstlerisch-kompositorische Gestaltung des Romeo und Julia-Stoffs unterscheidet sich wesentlich von anderen für das Tanz-Theater konzipierten Werken: „Mit einer sinnfälligen psychologischen Motivierung der dramatischen Kollisionen und charakteristischen musikalischen Porträts" (I. Nestjew) beabsichtigt der Komponist, die vorgezeichnete Haltung affektuos-dramatisch auszudeuten. Die expressive, kontrastreiche Klangsprache der sinfonisch durchgestalteten Komposition vermag aufgrund ihrer sublimen Instrumentierung zum einen die pantomimisch-gestischen Szenen, zum anderen – in weitgehend melodiös geprägten Partien – den solistisch-virtuosen Tanz wie auch die tänzerisch-illustrativen Episoden (Zeremonieller Tanz, Tanz der fünf Paare, Tanz der Mandolinen, Tanz mit den Lilien) zu kommentieren. Überdies bewirkt die Leitmotivtechnik eine Akzentuierung der musikdramatischen Momente, die den Konfliktsituationen der psychologisierten Handlung zugeordnet sind. – Der Geschehnisablauf ist, abweichend von der literarischen Quelle, um einige bezeichnende Szenen (Karnevalsfest, Trauerzug und Bestattung des Tybalt, Morgenserenade, Tanz der Lilien) erweitert, die zumeist als choreographische Attraktionspunkte realisiert werden. – L. Lawrowski, der als bedeutendster Choreograph der UdSSR vielfach geehrt wurde, inszenierte dieses Ballett in einer Choreographie, die jahrelang als Modell-Interpretation unangetastet tradiert wurde, bis sich vielbeachtete Choreographen wie F. Ashton (Kopenhagen 1955), J. Cranko (Verona 1958 und Stuttgart 1963), K. MacMillan (London 1965), O. Winograd (Nowosibirsk 1967), J. Neumeier (Frankfurt am Main 1971) und E. Walter (Düsseldorf, Duisburg 1972) um neue choreographische Inszenierungen bemühten. G. LUDIN

ROMEO UND JULIA AUF DEM DORFE, Lyrisches Drama in sechs Bildern von Frederick Delius (1862–1934), Text vom Komponisten nach der gleichnamigen Novelle (1856 in *Die Leute von Seldwyla*) von Gottfried Keller. Ort und Zeit der Handlung: Seldwyla (Schweiz), Mitte des 19. Jh.; UA: 21. 2. 1907 in Berlin (Komische Oper).

Weniger die Kontinuität des Geschehens denn die Stimmungsbilder einzelner Handlungsstationen suchte Delius poetisch und musikalisch darzustellen: Konsequent erscheint dieser ästhetischen Konzeption gemäß das Verweilen bei lyrischer Kontemplation innerhalb der sechs Bilder, deren kompositorisches Gefüge eine Anordnung in drei Akten und einem Prolog erkennen läßt. Die Hauptfiguren aus Kellers Novelle, zwei verfeindete Bauern, ihre Kinder, deren unglückliche Liebe zum gemeinsamen Selbstmord führt, sowie die mysteriöse Gestalt des „Schwarzen Geigers", der das junge Paar zu einem Vagabundenleben zu überreden sucht, wurden von Delius nicht einfach nachgezeichnet: Über situationsgebundene Affektdarstellung hinaus erscheinen sie als Charaktertypen und Repräsentanten einander kontrastierender Lebenshaltungen symbolisch stilisiert. Der Dominanz des Lyrischen entsprechend zeichnet sich die musikalische Faktur durch weitgespannte, zumeist kantabel wohlklingende Melodien in spätromantischer, z. T. impressionistischer Harmonisierung aus, wobei Delius chromatische Überladungen vermied. Die gelungene Verbindung von dezentem Intellektualismus und klangsinnlicher Ausdrucksintensität mag eine Hauptursache dafür sein, daß das Werk zu Delius' größtem Erfolg wurde. W. A. MAKUS

ROMERO, Mateo, genannt Maestro Capitán (möglicherweise nach seinem Vater, der im spanischen Heer in Flandern diente), * 1575 oder 1576 Lüttich, † 10. 5. 1647 Madrid; span. Komponist ndl. Herkunft. Er war seit 1593 Sänger und 1598–1633 als Nachfolger von Ph. Rogier Kapellmeister der königlichen Kapelle in Madrid. 1605 empfing er die Priesterweihe und erhielt 1644 den Ehrentitel eines Hofkaplans von Portugal. R., einer der letzten Niederländer im spanischen Hofdienst, hat entscheidend zur Verbreitung des neuen Stils in Spanien beigetragen.

WW (hsl. erhalten): Messen für 4–9 St., teilweise mit B. c.; 10 Motetten, meist für 8 St. u. B. c., teilweise mit V. – Etwa 35 weltl. Gesänge, meist für 3–4 St., teilweise mit B. c., 22 davon im *Cancionero de La Sablonara* (Bayer. Staatsbibl. München).

Ausg.: *Cancionero musical y poético del siglo XVII (Cancionero de La Sablonara)*, hrsg. v. J. AROCA (Ma 1916); 6 weltl. Werke in: Música barroca española I, hrsg. v. M. QUEROL GAVALDÁ (1970) (= MMEsp 32).

Lit.: M. QUEROL, La producción musical del compositor M. R., in: Renaissance muziek, 1400–1600. FS R. B. Lenaerts (Löwen 1969); P. BECQUART, Au sujet de M. R. (Rosmarin), in: AMl 25 (1970); R. A. PELINSKI, Die weltl. Vokalmusik Spaniens am Anfang des 17. Jh. (Tutzing 1971) (= Münchner Veröff. z. Musikwiss. 20).

RÖMHILD, Johann Theodor (Theodorich), * 23. 9. 1684 Salzungen bei Eisenach (Thüringen), begraben 26. 10. 1756 Merseburg; dt. Komponist. Er war Schüler von Johann Jacob Bach in Ruhla und seit 1697 von J. Schelle und J. Kuhnau an der Thomasschule in Leipzig, wo er seit 1705 studierte. 1708 wurde er Kantor in Spremberg (Lausitz), 1715 Director Musices in Freystadt (Niederschlesien), ging 1726 als Hofkapellmeister erneut nach Spremberg und 1731 nach Merseburg, wo er ebenfalls als Hofkapellmeister und seit 1735 als Domorganist wirkte. R.s umfangreiches Kantatenschaffen ist noch weitgehend unerforscht. Seine Passion nimmt in der Geschichte der Gattung eine Sonderstellung ein, da in ihr ausschließlich der wörtliche Bibeltext vertont ist, der nur durch Gemeindechoräle unterbrochen wird.

WW (hsl. erhalten): 2 Messen; Magnificat; mehr als 200 Kirchenkantaten; eine Matthäuspassion.

Ausg.: Matthäuspassion, hrsg. v. K. PAULKE (L 1921); 2 Solokantaten, hrsg. v. H. RÖMHILD (Kas 1950, B 1955); Solokantate *Ich hab genug und bin vergnügt* für Sopran, Solo-V. u. B.c., hrsg. v. O. DÖRFER (B 1957).

Lit.: K. PAULKE, J. T. R., in: AfMw 1 (1918/19); H. RÖMHILD, Die Matthäus-Passion v. J. T. R., in: Mf 9 (1956).

RÖMISCHE SCHULE, Bz. für einen Kreis von Komponisten, der, von Rom und der päpstlichen Kapelle (Capella pontifica) ausgehend, im Rahmen der allgemeinen Bestrebungen der Katholischen Reform gegen Mitte des 16. Jh. die mehrstimmige katholische Kirchenmusik (Messe, Motette, Psalmvertonung usw.) reformiert hat. Kennzeichen dieser Reform sind: Textverständlichkeit, Bindung an den Gregorianischen Gesang, kirchliche Würde im Ausdruck und klar gegliederte, der Vokalpolyphonie der ↗Franko-flämischen Schule verpflichtete Satzgestaltung. Bereits die Humanisten hatten Textverständlichkeit gefordert. Die kirchenmusikalische Reform, die durch das Konzil von Trient 1562/63 beschlossen und durch die Kardinalskommission 1564/65 geregelt wurde, griff diese Forderung auf. Messen wurden durch die Päpstliche Kapelle aufgeführt eigens zu dem Zweck, ihre Textverständlichkeit zu prüfen („ad ... probandum, si verba intelligerentur"). Die Wirkung dieser kirchlichen Bemühungen wird z.B. in G. Animuccias Vorrede zu seinen Messen von 1567 deutlich, in der die Bedeutung guter Textverständlichkeit hervorgehoben wird („verba ut ipsa, quibus populi erga Deum pietas continetur, apertius audiantur"). In der Folge weicht die Mehrtextigkeit der Gleichtextigkeit; außerdem wird in der Komposition eine klare, ausdrucksbestimmte, deutliche Deklamation angestrebt; diese wird bei dichtem Text durch homophon deklamierende Partien erreicht, während bei wenig Text der polyphone Stil beibehalten werden kann. Dadurch wird eine der Wortgestalt angepaßte Akzentuierung und Rhythmisierung der Komposition und somit eine Vereinfachung des musikalischen Satzes bewirkt. Die kirchenmusikalische Reform führt auch zu erneuter Auseinandersetzung mit dem liturgischen Gesang. Erstrebtes Ziel ist eine einheitliche Choralfassung. Diese erscheint 1614 als *Editio Medicea* und bleibt bis zur *Editio Vaticana* 1903 in Gebrauch (↗Choralausgaben). Angesehene Komponisten mehrstimmiger Satzkunst wie G. P. da Palestrina, F. Anerio, Fr. Soriano und A. Zoilo beteiligen sich an den Bestrebungen dieser Choralreform. Ihre Verbundenheit mit dem Choral kommt nun darin zum Ausdruck, daß dieser wieder vorwiegend zur thematischen Grundlage ihrer Werke wird. Daraus resultiert eine allgemeine enge Bindung der geistlichen Mehrstimmigkeit an den Gregorianischen Gesang. Die Bemühungen um Textdeutlichkeit und Bindung an den Gregorianischen Gesang führen zu einer klar gegliederten polyphonen Satzgestaltung, in der die harmonischen Schwerpunkte geordnet und artifizielle C.f.- und Kanon-Technik zugunsten einer zur Homophonie neigenden vereinfachten Satzweise zurückgedrängt werden, während die Forderung nach kirchlicher Würde im Ausdruck (pia gravitas) eine Darstellung der Affekte durch Wort- und Textausdeutung, die z.B. in der ↗Venezianischen Schule ungehindert zur Entfaltung kommt, verhindert. – Die Bezeichnung R. geht offenbar zurück auf die 1580 von G. M. Nanino in Rom gegründete Kompositionsschule, die sich die Ausbildung im ↗a cappella-Satz zum Ziel gesetzt hat und einen großen Anteil daran trägt, daß der Kompositionsstil G. P. da Palestrinas als bedeutendsten Vertreters der R. zum Inbegriff und Vorbild der mehrstimmigen katholischen Kirchenmusik und ↗Palestrinastil allmählich zum Synonym für den Stil der R. und für ↗a cappella-Stil allgemein wurde (und bis ins 20. Jh. hinein auch geblieben ist; ↗Cäcilianismus). Den Nährboden für die Erneuerungen der R. hatten u.a. C. Festa, Clemens non Papa, G. Animuccia, Chr. Morales und B. Escobedo vorbereitet, ferner waren vor allem V. Ruffo, C. Porta, G. Asola, G. Ingegneri, J. von Kerle, G. M. und G. B. Nanino, A. Stabile, F. und G. Fr. Anerio, Fr. Soriano, Fr. Guerrero und T. L. de Victoria an den Reformbestrebungen beteiligt und somit Mitglieder der R., auch wenn manche unter ihnen nicht (nur) in Rom gewirkt haben. – In der 1. Hälfte des 17. Jh. durchsetzen allmählich Elemente der Monodie und des Konzertstils den Stil der römischen Komponisten. A. Agazzari, Gr. Allegri, A. Cifra, Fr. Foggia u.a. bemühen sich z.B. um Darstellung der Affekte, P. Agostini, A. M. Abbatini, V. Mazzocchi, O. Benevoli u.a. wenden sich bevorzugt der ↗Mehrchörigkeit zu. Seit der 2. Hälfte des 17. Jh. setzt mit den kirchenmusikalischen Werken von E. Bernabei, G. P. Colonna, G. A. Bernabei, A. Lotti, B. Marcello u.a. eine Rückbesinnung auf den reinen Stil der R. ein. Sie findet ihren Niederschlag im 17.–18. Jh. in den theoretischen Lehrwerken z.B. von A. Berardi (*Arcani musicali,* 1690) und J. J. Fux (*Gradus ad Par-*

nassum, 1725), gipfelt im 19. Jh. in der Palestrina-Renaissance des musikalischen ↗Historismus und anschließend daran auch in der Musiktheorie, so bei J. G. H. Bellermann (*Der Contrapunkt,* 1862) und Kn. Jeppesen (*Kontrapunkt,* 1930).

Lit.: O. URSPRUNG, Die kath. Kirchenmusik (Pd 1931); H. OSTHOFF, Einwirkungen der Gegenreformation auf die Musik des 16. Jh., in: Jb. Peters 41 (1934); H. LEICHTENTRITT, The Reform of Trent and its Effect on Music, in: MQ 30 (1944); K. G. FELLERER, Church Music and the Council of Trent, in: MQ 39 (1953); L. FEININGER, Die kath. Kirchenmusik in Rom zw. 1600 u. 1800, in: Kgr.-Ber. Kassel 1962 (Kas 1963); K. G. FELLERER, Art. Rom, C III: Das Zeitalter Palestrinas, in: MGG XI; F. HABERL, Die Kirchenmusik beim Konzil v. Trient u. Jacobus von Kerle, in: MS 85 (1965); DERS., Jacobus de Kerle e le sue „Preci speciali" per il Concilio di Trento, in: Quadrivium 7 (1966); Gesch. der kath. Kirchenmusik, hrsg. v. K. G. FELLERER, 2 Bde. (Kas 1972–76).

B. R. SUCHLA

RONDE (frz., von lat. rotundus = rund über altfrz. rëont, roont). – **1)** Vor 1300 Bz. für ein französisches Tanzlied aus der Gruppe der Rücklaufformen. Die Benennung scheint sich sowohl auf den ↗Rundtanz wie auf die formale Anlage von Musikstücken („nach Art eines Kreises") zu beziehen. Im 18. und 19. Jh. taucht der Begriff öfter in der Opéra-comique auf (A.-E.-M. Grétry, *L'épreuve villageoise;* A. Boieldieu, *Le petit chaperon rouge;* A. Adam, *Le postillon de Lonjumeau* u. a.). Die R. de table ist ein Trinklied in Refrain-Form. – **2)** Frz. Bz. für die ganze Note.

RONDEAU, Rondo. – 1) R. (frz., von lat. rotundus = rund über altfrz. rëont und ronde) bezeichnet im Musikschrifttum des 13. Jh. – ebenso wie der synonyme Ausdruck Rondel – ein formal rundgeschlossenes Lied (↗Rundformen) in frz. Sprache. Der Begriff bezieht sich zunächst nicht ausschließlich auf das später kodifizierte R.-Prinzip, sondern umfaßt, ähnlich der lat. Wortform ↗Rondellus, auch andere Arten von Refrainformen. So finden sich unter den 16 Rondels des Adam de la Halle neben 14 typischen R.-Formen im späteren Sinne auch 2 Kompositionen, die eindeutig den Aufbau von ↗Virelai bzw. ↗Ballade zeigen. In Entsprechung dazu findet sich die Aufzeichnung in Kreisform, die die Rundform auch graphisch verdeutlichen soll, nicht nur für das R. (z. B. Baude Cordier, *Tout par compas suy composés,* Hs. Chantilly, Musée Condé, 1047, fol. 12), sondern auch für die Ballade (Anonymus, *En la maison Dedalus,* Hs. Berkeley, Univ. Libr. olim Philipps Coll. 4450, p. 62). Die ältesten als Rondel bezeichneten, 1st. überlieferten Stücke (Einschübe im *Roman de la Rose* des Jean Renart, um 1200) weisen eine 6zeilige Form auf: Nach einer Textzeile erscheint ein gleichreimender Refrainvers; diesem folgen 2 weitere Textzeilen, deren erste den Reim beibehält; endlich schließen sich 2 Refrainzeilen an, von denen die erste den Binnenrefrain wiederholt, während die zweite den Reim der letzten Textzeile aufgreift. Die Musik korrespondiert mit dem Text:

Musik:	α α	α β	α β
Text:	a A	a b	A B

(Griechische Buchstaben bezeichnen die Melodieabschnitte, lateinische Buchstaben den Reim; Großschreibung kennzeichnet die Refrainverse.) R.x dieses Typs finden sich ferner z. B. im *Lai d'Aristote* (vor 1230) des Henri d'Andeli (Beispiel nach Fr. Gennrich, Formenlehre, 1932, S. 61 f.):

Um 1300 findet eine Präzisierung des Begriffs statt. Johannes de Grocheo definiert den (bei ihm noch als „cantilena rotunda" oder „rotundellus" bezeichneten) R.-Typus jetzt als eine Form, „die nach Art eines Kreises in sich selbst zurückläuft". Von einer solchen Form soll man nur sprechen, wenn die einzelnen Abschnitte „keine von der Weise des Refrains abweichende Melodik haben", d. h., wenn die Melodik des Refrains die musikalische Grundsubstanz der ganzen Komposition darstellt. Im Vergleich zu dem oben angeführten Beispiel des 6zeiligen Rondels erscheint die Form nun durch Voranstellung des Refrains erweitert und durch die Entsprechung von Anfang und Schluß stärker abgerundet. Die refrainfreien Verszeilen der Gedichtform werden „additamenta" (= Zusätze) genannt, wodurch die dominierende Stellung des Refrains noch deutlicher wird. Den Grundtypus stellt nun das 8zeilige R. dar, das sich bei Guillaume d'Amiens, Adam de la Halle, J. de Lescurel und als Einschub in den literarischen Werken *Cleomadés, Roman du Chastelain de Couci* und *Roman de Fauvel* häufig findet. Dementsprechend nennt Eustache Deschamps 1392 in der *Art de dictier et de*

fere chansons, balades, virelais et rondeaulx das 8zeilige R. „rondel sangle" (simple = einfach). Die Norm wurde aber auch vielfach abgewandelt, so daß es z. B. auch das R. mit 10, 12, 16 („rondel double"), 21 und 23 Zeilen gibt. Die Zahl der Reime bleibt in der Regel auf zwei beschränkt.

	Refrain		Additamentum	Halbrefrain	Additamentum		Refrain		
Melodie:	α	β	α	α	α	β	α	β	
Text:	A	B	a	A	a	b	A	B	(8zeilig)
	AB	BA	ab	AB	ab	ba	AB	BA	(16zeilig)
	AAB	BA	aab	AAB	aab	ba	AAB	BA	(21zeilig)

Die Texte behandeln vor allem die höfische Liebe, aber auch vereinzelt religiöse Themen.
Im 14. Jh. entwickelt sich das R. zur mehrstimmigen Form. Ausgehend von Ansätzen bei Adam de la Halle und Lescurel, wird es gemeinsam mit der Ballade die wichtigste Form der von G. de Machaut und seinen Nachfolgern im Stil des Kantilenensatzes gepflegten, mehrstimmigen weltlichen Musik. Zunächst übertraf das R. die Ballade an Zahl und Bedeutung, doch mit Anbruch des 15. Jh. kehrt sich das Verhältnis um.
Nach dem Tod Machauts vollzieht sich eine Trennung von Musik und Dichtung. Die Komponisten vertonen nun die Texte anderer Dichter, zugleich wird die musikalische Struktur differenzierter (↗Ars subtilior). Die weitere Entwicklung wird durch Komponisten wie B. Cordier, J. Cesaris, J. Legrant gefördert, vor allem aber durch G. Binchois mit 47 3st. und G. Dufay mit 59 3- und 4st. R.x bestimmt. Hier weist die textierte, von den übrigen Stimmen deutlich abgehobene Oberstimme eine klar gegliederte, liedhafte Melodik auf, wie der Beginn des folgenden R.s von Binchois zeigt (nach CMM 37):

Als letzte bedeutende Vertreter der R.-Komposition sind J. Ockeghem und A. Busnois zu nennen. Gegen Ende des 15. Jh. löst sich die musikalische Gestaltung der Liedformen von der Textstruktur; der Refrain der Dichtung verliert seine formbestimmende Bedeutung und die Gedichte in Refrainform werden als freie Chansons vertont.

B. R. SUCHLA

2) Seit dem 17. Jh. entwickelt sich in Frankreich vor allem in der Instrumentalmusik ein anderer Typus der Rundform, der sich stärker auf den musikalischen Kontrast gründet. Es handelt sich dabei um die mehrmalige Wiederholung eines zentralen Formabschnitts (A), Refrain, R. oder Grand Couplet genannt, der von kontrastierenden, jeweils neu gestalteten Zwischenpartien, den Couplets (B, C, D usw.), abgelöst wird. In der Strukturformel stellt sich der Aufbau folgendermaßen dar: A B A C...A. Der in der Haupttonart stehende „Refrain" kehrt in der Regel notengetreu und untransponiert wieder, er hat meist die Form einer 8- oder 16taktigen Periode mit Halb- und Ganzschluß. Die Couplets verlassen die Grundtonart, entweder allmählich modulierend oder abrupt durch Transposition; ihre Motivik kann vom Hauptteil abgeleitet sein oder neue Gedanken entwickeln. Die Zahl der Couplets ist nicht festgelegt, sie schwankt z. B. bei Fr. Couperin zwischen einem (so in *Les Abeilles*, Ordre 1) und 8 Couplets (in *Passacaille* aus Ordre 8). Eine unmittelbare Beziehung zwischen dem R. des Barocks und dem altfrz. R.-(Rondel-)Typus ist nicht nachgewiesen und auch wenig wahrscheinlich, eher ließen sich Einflüsse von seiten der ↗Ritornell-Formen der it. Oper annehmen. Vor allem durch J.-B. Lully wurde das R. ein wichtiges Gestaltungsmittel für die Ballettmusik und die Vokalformen der Oper (Chöre und Airs en rondeau). Durch die sinnfällige Wirkung des Prinzips „Wiederholung nach Kontrast" war es möglich, auch heterogene Teile zu einer übergeordneten Einheit, etwa einer ausgedehnten Opernszene, zusammenzufassen. Die Ausbildung der Vielfalt des Formtypus und die Verfeinerung seiner Struktur erfolgte jedoch vornehmlich in der Klaviermusik (J. Champion de Chambonnières, L. und Fr. Couperin, J.-Ph. Rameau). Eine besondere Bedeutung erhielt das Prinzip für die Tanzformen, deren sämtliche Typen, vom Menuet bis zur Chaconne, vorwiegend „en rondeau" gestaltet wurden.
3) In der 1. Hälfte des 18. Jh. gehört das R. in ganz Europa zum vertrauten und gängigen Formenrepertoire, auch in der Sonata und im Concerto. Mit der Assimilation des Prinzips erfolgte auch eine sprachliche Angleichung des Begriffs: von der Mitte des Jahrhunderts an bürgerte sich allmählich

die italianisierte Wortform „Rondo" ein. Ein Bedeutungsunterschied ist zunächst nicht erkennbar (W. A. Mozart hat, wie viele andere, beide Bezeichnungen nebeneinander für gleichartige Formen benutzt). In der Folgezeit verbindet sich aber mit dem Begriff „Rondo" primär die Vorstellung eines vorwiegend als Finale mehrsätziger Formen verwendeten, beschwingten Instrumentalsatzes in Rundform. Kennzeichnend für den vom Anmutig-Heiteren bis zur Ausgelassenheit reichenden „Buffo"-Charakter dieses Rondotyps, sind die gelegentlich zugefügten Ausdrucksbezeichnungen wie grazioso, giocoso, con spirito oder capriccioso. Die andersartigen stilistischen Voraussetzungen der Epoche blieben nicht ohne Wirkung auf die Struktur. Durch Kombination mit anderen Gestaltungsprinzipien entstanden aus der verhältnismäßig einfachen Reihungsform der französischen R.x (auch *Kettenrondo* genannt) differenziertere Formen. Eine besondere Stellung nehmen hier die großen, als Rondo bezeichneten Fantasien von C. Ph. E. Bach ein. Er behielt zwar den äußeren Rahmen des Kettenrondos bei, veränderte aber die Form von innen heraus durch neue Gestaltungsmittel wie Motivfortspinnung oder -abwandlung, weit ausgreifende Modulationen und durch eine für die Gattung ungewöhnliche Expressivität.

In der 2. Hälfte des 18. Jh. entwickeln sich neue Modelle als Varianten des Kettenrondos: das *Bogenrondo* mit gleichsam zentralsymmetrischer Anordnung der Teile: A B A C A B A, wobei also auch ein Couplet wiederholt wird (Mozart, Streichquartett G-Dur, KV 80), und das *Variationsrondo* A B A' C A". Hier wird der Hauptgedanke bei jeder Wiederkehr leicht abgewandelt, ohne jedoch in seiner Substanz verändert zu werden (J. Haydn, Scherzando aus der Klv.-Sonate cis-moll, Hob. XVI:36). Der A-Teil der Rondoformen wird jetzt als Thema oder Hauptsatz bezeichnet, wodurch seine Bedeutung unterstrichen wird; das Couplet heißt nun auch ↗Episode.

Eine wesentliche Wandlung erfährt das Rondo unter dem Einfluß des im klassischen Stil dominierenden Sonatenprinzips. Das aus der Verbindung der beiden Gestaltungsprinzipien hervorgegangene *Sonatenrondo* hat folgenden Grundriß:

Rondo:						
A	B	A	C	A	B	A
Thema	1. Couplet	Themen-Wiederholung	2. Couplet	Themen-Wiederholung	1. Couplet	Themen-Wiederholung
tonales Zentrum	tonaler Gegenpol	tonales Zentrum	entfernte Tonarten	tonales Zentrum		
Sonate:						
Exposition			Durchführung	Reprise		(Coda)

Die Entsprechungen zur Sonatenform betreffen den harmonischen Spannungsverlauf und die übergeordnete Dreiteilung der Form, die das 2. Couplet (C) zum Mittelteil ausweitet und den darauffolgenden Abschnitten die Funktion einer Reprise im Sinne der Sonate verleiht. Ist dieser Mittelteil als selbständiger Kontrast ausgebildet, so bewahrt der Satz deutlich den Charakter des Bogenrondos (L. van Beethoven, Klv.-Sonate E-Dur, op. 14, 1, III). Formen, in welchen der C-Teil zur Durchführung im Sinne thematisch-motivischer Arbeit umgewandelt erscheint (Mozart, Klaviertrio B-Dur, KV 502, 3. Satz), stehen der Sonate näher. Das einzige Relikt und zugleich Kriterium der Rondoform ist hier die Themenwiederholung zwischen 1. und 2. Couplet. Jedoch wahrt auch das Sonatenrondo, vor allem durch die periodisch-symmetrische Gestaltung seiner Themen, den verbindlichen Grundcharakter der Gattung. Neben der Hauptgruppe der Finalrondos findet sich das Prinzip auch gelegentlich in langsamen Sätzen, im (Charakter-)Stück für Klavier und in Vokalformen.

In den Sonaten, Quartetten und Symphonien des 19. Jh. wurde das Rondo als „Kehraus" von dem Typus des überhöhenden Steigerungs-Finales abgelöst, hielt sich aber weiterhin in der serenadenhaften Kammermusik (Fr. Schubert, J. Brahms), in der virtuosen (Salon-)Musik und im Solokonzert von F. Mendelssohn Bartholdy bis zu B. Bartók. Zahlreichen Klavierkompositionen der Romantik liegt – ohne ausdrückliche Bezeichnung – das Rondoprinzip zugrunde. Im 20. Jh. erfuhr der Formtypus eine Neubelebung nicht nur in traditionsbezogener Musik (G. Mahler, P. Hindemith, S. Prokofjew u.v.a.), sondern auch in atonalen und zwölftönigen Kompositionen (A. Schönberg, A. Berg, A. Webern).

Keine Beziehung zum Themenrundlauf des Rondos hat ein so bezeichneter Arientyp der it. Oper seit der 2. Hälfte des 18. Jh., der aus der Kombination eines langsamen und eines schnellen Teils besteht und als Vorläufer der zweiteiligen Arie (mit Stretta oder Cabaletta) des 19. Jh. anzusehen ist. Er findet sich vor allem in den Opern von N. Piccinni, auf den diese Form zurückgehen soll, von G. Sarti und Mozart (u.a. *Ah non sai,* KV 416; *Per pietà* aus *Così fan tutte,* KV 588). Zur Unterscheidung vom Refrain-Rondo wird oft die Schreibweise „Rondò“ verwendet. E. PLATEN

Lit.: **Zu 1):** F. GENNRICH, R.x, Virelais u. Balladen aus dem Ende des XII., des XIII. u. dem ersten Drittel des XIV. Jh. mit den überlieferten Melodien, I: Texte (Dresden 1921), II: Materialien, Literaturnachweise, Refrainverz. (Gö 1927), III: Das altfrz. R. u. Virelai im 12. u. 13. Jh. (Langen 1963); DERS., Grundriß einer Formenlehre des ma. Liedes (Hl 1932, Nachdr. Tü 1970); G. REANEY, Concerning the Origins of the R., Virelai and Ballade Forms, in: MD 6 (1952); W. APEL, R.x, Virelais and Ballades in French Thirteenth Century Songs, in: JAMS 7 (1954); G. REANEY, The Ms. Chantilly, Musée Condé 1047, in: MD 8 (1954); G. REANEY, The Ms. Oxford, Bodleian Library, Canonici Misc. 213, in: MD 9 (1955); DERS., The Development of the R., Virelai and Ballade Forms from Adam de la Hale to Guillaume de Machaut, in: FS K. G. Fellerer (Rb 1962); F. GENNRICH, R. (A: Das einstimmige R. des MA), in: MGG XI; G. REANEY, R. (B: Das mehrstimmige R. des MA), in: ebd.; N. PIRROTTA, On Text Forms from Ciconia to Dufay, in: FS G. Reese (NY 1966); N. E. WILKINS, A 15th Century Repertory from the Codex Reina (1966) (= CMM 37); DERS., The Post-Machaut Generation of Poet-musicians, in: Nottingham Medieval Studies 12 (1968); DERS., One Hundred Ballades, R.x and Virelais from the Late Middle Ages (C 1969); W. DÖMLING, Die mehrst. Balladen, R.x u. Virelais v. Guillaume de Machaut (Tutzing 1970); F. RECKOW, Rondellus/r., rota, in: HMT (1972); Die Quellen-Hss. zum Musiktraktat des Johannes de Grocheo. Faks.-Ausg., hrsg. v. E. ROHLOFF (L 1972); N. WILKINS, R. (I), in: Grove[6] XVI. – **Zu 2):** W. CHRZANOWSKI, Das instr. R. u. die Rondoformen im 18. Jh. (Diss. L 1911); F. PIERSIG, Das Rondo (B o.J., Wb [2]1957) (= Musikal. Formen in hist. Reihen 4); S. CLERCX, La forme du rondo chez C. Ph. E. Bach, in: RMie 19 (1935); R. VON TOBEL, Die Formenwelt der klass. Instrumentalmusik (L 1935); M. BEDBUR, Die Entwicklung des Finales in den Symphonien v. Haydn, Mozart u. Beethoven (Diss. Kö 1953); H. ENGEL, R.-Rondo, in: MGG XI; P. BARFORD, The Keyboard Music of C. Ph. E. Bach (Lo 1965); M. S. COLE, Sonata-Rondo. The Formulation of a Theoretical Concept in the 18th and 19th Centuries, in: MQ 55 (1969); DERS., The Vogue of the Instr. Rondo in the Late 18th Century, in: JAMS 22 (1969); DERS., Rondos, Proper and Improper, in: ML 51 (1970); DERS., Czerny's Illustrated Description of the Rondo or Finale, in: MR 36 (1975); E. W. MURPHY, The Sonata-Rondo Form in the Symphonies of G. Mahler, in: ebd.

E. PLATEN – B. R. SUCHLA

RONDELLUS (von lat. rotundus = kreisrund). – **1)** In der Musiklehre des 13. Jh. ein Sammelbegriff für ↗Rundformen, die durch Wiederaufgreifen des Anfangs im übertragenen Sinne kreisförmig gestaltet sind. Das Wort ist in diesem Stilbereich weitgehend synonym mit Rondel und ↗Rondeau (1), doch können bis ins 14. Jh. auch Kompositionen mit einfacher Refrain-Wiederholung wie ↗Virelai oder ↗Ballade darunter verstanden werden. – **2)** In seiner *Summa de speculatione musicae* (um 1320) beschreibt W. Odington mit dem Begriff R. das satztechnische Prinzip des „rotierenden“ Stimmtausches in textierten und untextierten Stücken, wobei sein Beispiel nach der Strukturformel

b c a
c a b
a b c

angelegt ist. Für Kompositionen des 13./14. Jh. über einen Tenor-C. f. mit Stimmtausch nur in den Oberstimmen ist Odingtons R.-Begriff nicht belegt (F. Reckow); F. L. Harrison und E. Apfel bezeichnen solche Werke als R.-motet (bzw. R.-conductus). Dagegen gibt es zahlr. C.f.-freie Rondelli nach der Art der Definition Odingtons seit dem St-Martial-Repertoire, besonders häufig nach der Mitte des 13. Jh. in England. Stimmtausch findet sich auch in der ↗Chasse.

Lit.: F. L. HARRISON, Rota and R. in Engl. Medieval Music, in: Proc. R. Mus. Assoc. 86 (1959/60); E. APFEL, Beitr. zu einer Gesch. der Satztechnik v. der frühen Motette bis Bach, 2 Bde. (Mn 1964–65); R. FALCK, R., Canon and Related Types before 1300, in: JAMS 25 (1972); F. RECKOW, R., rondeau, rota, in: HMT (1972).

RONDO, italienische Wortform, die von der Mitte des 18. Jahrhunderts an gleichbedeutend mit der französischen Bezeichnung ↗Rondeau verwendet wird, im weiteren Verlauf der Formengeschichte jedoch eine eigene, vom einfachen Rondeau-Typus abweichende strukturelle Bedeutung annimmt (↗Rondeau 3).

RONSARD, Pierre de, * 11.9. 1524 La Poissonnière bei Vendôme, † 27. 12. 1585 Touraine; frz. Dichter und einer der Hauptvertreter des ↗Humanismus in seinem Land. R., der „Dichterprinz“, wie er genannt wird, begründete in Paris um 1550 mit 7 Gleichgesinnten die Dichtergruppe Pléiade (so genannt nach der antiken Bezeichnung für die 7 Töchter des Atlas und der Pleione). Zu ihr gehörten u. a. J. A. du Bellay und J. A. de Baïf, und sie bekannte sich zur Wiederbelebung des antiken Geistes in der französischen Dichtung. In diesem Zusammenhang strebte R., der von Jugend auf mit der Musik vertraut war, eine enge Verbindung mit der Musik an: gemäß antikem Vorbild (z. B. der ↗Ode) sollte Lyrik die Schöpfung eines Dichter-Musikers und generell eine gesungene Dichtung sein und nach Möglichkeit durch die Laute, also ein der antiken Lyra ähnliches Instrument, begleitet werden. R.s Gedanken in dieser Hinsicht sind überliefert im Vorwort der *Mellanges* (P 1560, [2]1572) und im *Abrégé de l'art poétique françois* (1565), darunter die beiden wichtigsten Regeln für gesungene Poesie: strophische Regelmäßigkeit und Wechsel von männlichem und weiblichem Reim, ferner die Forderung, den Aufbau des Textes bei der Vertonung genau zu beachten. – R. hat seit 1550 einen großen Teil seiner Dichtungen – vor allem sind es Sonette, Chansons, Oden und Hymnen – für die Komposition bestimmt. Die frühesten Vertonungen (von P. Certon, Cl. Goudimel, Cl. Janequin und Marc-Antoine de Muret) finden sich in *Les Amours de P. de Ronsard* (hrsg. v. N. du Chemin, = RISM 1552⁶). In der Folge wurde R. rasch der meistvertonte Dichter seiner Zeit mit mehr als 350 Gedichten in Werken von etwa 50 Komponisten, darunter O. di Lasso, J. Mauduit (mit einem Requiem auf den Tod R.s), G. Costeley, Cl. le Jeune. Kompositionen ausschließlich mit Texten R.s veröffentlichten in der 2. Hälfte des 16. Jh. u. a. P. Clèreau, A. de Bertrand, G. Boni und François Regnart. Das Interesse der Komponisten an R. ließ Anfang des 17. Jh. nach und erwachte erst wieder im 19. Jh.; einzelne Lieder nach R. schrieben u. a. R. Wagner, Fr. Martin, A. Roussel, Fr. Poulenc, P. Dukas, A. Casella.

Ausg. (nur Sammeldrucke mit Komp. nach R.): *Poésies de P. de R.*, v. F. Regnart (P 1902) (= EXPERT Maîtres XV); *La Fleur des Musiciens de P. de R.*, hrsg. v. H. EXPERT (P 1923); *Les Amours de P. de R.*, v. A. de Bertrand, 4 Bde. (P 1920–27) (= EXPERT Monuments IV–VII). – Nachdrucke: H. ↗Expert.

Lit.: L. PERCEU – G. THIBAULT, Bibliogr. des poésies de P. de R. mises en musique au XVIᵉ siècle (P 1941), dazu: M. FRANCON, in: MD 3 (1949); R. LEBÈGUE, R. et la musique, in: Musique et poésie au XVIᵉ siècle (P 1953); G. COHEN, R., Sa vie et son œuvre (P 1956); B. JEFFERY, The Idea of Music in R.'s Poetry, in: R. the Poet, hrsg. v. T. Cave (Lo 1973). B. R. SUCHLA

RÖNTGEN, Julius, * 9. 5. 1855 Leipzig, † 13. 9. 1932 Bilthoven bei Utrecht; ndl. Komponist, Dirigent und Pianist. R. war ein Sohn des Violinisten **Engelbert R.** (* 30. 9. 1829 Deventer, † 12. 12. 1897 Leipzig), der von 1853 bis zu seinem Tod (seit 1873 als 1. Konzertmeister) im Gewandhausorchester in Leipzig spielte. Seine Ausbildung erhielt Julius R. in Leipzig. 1869 trat er beim Niederrheinischen Musikfest in Düsseldorf mit einem Violinduo erstmals als Komponist hervor. 1873–74 weilte er als Klavierbegleiter von J. Stockhausen in Cannstatt, seit 1877 lebte er in Amsterdam. Dort wurde er 1878 Klavierlehrer an der Musikschule, dem späteren Konservatorium (seit 1884), das er 1912–24 leitete. Daneben dirigierte er u. a. 1886–98 den Toonkunst-Chor und eine Zeitlang die Felix-Meritis-Konzerte. Mit seinen Söhnen **Julius R.** (Violinist, * 20. 5. 1881 Amsterdam, † 23. 1. 1951 Bilthoven) und **Engelbert R.** (Violoncellist, * 12. 8. 1886 Amsterdam, † 7. 9. 1958 's-Hertogenbosch) bildete er das R.-Trio, genoß aber auch als Solist großes Ansehen. R. war mit J. Brahms und E. Grieg, der ihm die *Lyriske stykker*, op. 54 (1891), widmete, befreundet.

Schriften: *Grieg* (Den Haag 1930, ²1954). – R. war Hrsg. v.: *J. Brahms im Briefwechsel mit Th. W. Engelmann* (B 1918) (= Bd. 13 v.: J. Brahms, Briefwechsel B 1907–22, Nachdr. Tutzing 1974).

Lit.: J. H. VON DER MEER, in: Mededelingen Gemeentemuseum van Den Haag 10 (1955).

ROPARTZ, Joseph Guy, * 15. 6. 1864 Guingamp (Côtes-du-Nord), † 22. 11. 1955 (ebd.); frz. Komponist. Nach abgeschlossenem Jurastudium und kurzem Unterricht am Pariser Conservatoire wurde er 1886 Orgel- und Kompositionsschüler von C. Franck. 1894–1919 leitete er das Konservatorium und die Symphoniekonzerte in Nancy, 1919–29 in Straßburg. Dann zog er sich in die Bretagne zurück und widmete sich ausschließlich der Komposition. 1949 wurde er als Nachfolger von R. Hahn Mitglied der Adadémie. R.' Kompositionen sind stark von der Volksmusik und dem geistigen Klima seiner bretonischen Heimat bestimmt, was sich besonders auch in den Programmen seiner symphonischen Dichtungen bekundet.

WW: **1) Instr.-WW:** Zahlr. Klv.- u. Org.-Werke; Kammermusik, darunter Streich- u. Klv.-Trios u. 6 Streichquartette. – Für Orch.: 5 Symphonien, darunter 1: über einen bretonischen Choral (1893), 3: mit Chören (1905); *La cloche des morts* (1887); *Dimanche breton* (1893); *La chasse du prince Arthur* (1912); *Sérénade champêtre* (1932). – **2) Vokal-WW:** Zahlr. Klav.-Lieder, Liederzyklen mit Orch., u. a. *Le rêve sur le sable* (1913); *Les heures propices* (1927); 2 Messen für Chor u. Org. (1921, 1923); 2 Psalmen u. Requiem für Soli, Chor u. Orch. – **3) Bühnen-WW:** Drame lyrique *Le pays*, UA: Paris 1913; ferner 2 Ballette u. Bühnenmusik.

Lit.: J. IBERT, Notice sur la vie et les travaux de G. R. (P 1956); C. CHAMFRAY, in: Le courrier musical de France (1964) Nr. 7 (mit Biogr. u. Werk-Verz.); Bibl. Nat., Exposition G. R., Kat. bearb. v. S. WALLON (P 1964); Livre du centenaire de J. G. R. (P 1966); E. DJEMIL, J. G. R. ou la recherche d'une vocation (Le Mans 1967).

ROQUÉ ALSINA, Carlos, * 19. 2. 1941 Buenos Aires; argentinischer Komponist und Pianist. Er studierte 1952–60 Musiktheorie, Klavier und Dirigieren in Buenos Aires, ist jedoch als Komponist Autodidakt. 1959–64 war er Mitglied der Agrupación Nueva Música Buenos Aires, dann 2 Jahre Stipendiat der Ford Foundation in Berlin, wo er 1965 auch mit L. Berio zusammenarbeitete. 1966–68 war er am Center of the Creative and Performing Arts der University of Buffalo (N. Y.) tätig, 1967–68 als Leiter einer Meisterklasse für zeitgenössische Klaviermusik. Danach lebte er wieder in Berlin, seit 1972 in Paris, und konzertiert als Dirigent und Pianist in Europa und ganz Amerika.

WW: 4 Stücke für Klv. (1958, 1960, 1962–65, 1969); *Requiem y aleluya*, op. 5 (1960) für Sopran, 5 Instr. u. 10 Schlaginstr.; *Oratorio*, op. 11 (1964) für 3 Solisten, 4 Schauspieler u. 3 kleine Instrumentalensembles; *Funktionen*, op. 14 (1965) für 9 Spieler; musikal. Szene *Text*, op. 15 (1966) für Pos., 3 Schlaginstr. u. gem. Chor; *Text II*, op. 16 (1966) für 5 Solisten u. SingSt mit Verstärker; *Trio 1967*, op. 19 für Vc., Pos. u. Schlagzeug; *Textes 1967*, op. 20 für Ensemble; *Symptom*, op. 21 (1969) für Orch.: *Überwindung* (1970) für 4 Solisten u. Orch.; *Rendezvous*, op. 24 (1970) für 4 Instrumentalisten; *Schichten*, op. 27 (1971) für Kammerorch.; *Approach*, op. 30 (1973) für 2 Solisten u. großes Orch.

RORE, Cyprian (Cipriano) **de,** * 1516 Mecheln oder Machelen (Brabant), † September oder Oktober 1565 Parma; franko-flämischer Komponist. Über R.s Jugend und musikalische Ausbildung ist nichts bekannt. 1535 reiste er nach Venedig, wo 1642 sein erstes Madrigalbuch erschien. 1542–46 war er unter A. Willaert Sänger an San Marco und seit 1547 Kapellmeister am Hof von Herzog Ercole II. in Ferrara. 1558 und 1559 reiste er nach Flandern, um seine Eltern zu besuchen. Auf der 2. Heimreise erreichte ihn die Nachricht vom Tod des Herzogs. Als dessen Nachfolger Alfonso II. ihn nicht in seinen Dienst übernahm, folgte er 1560 einem Ruf der Margarete von Parma, Statthalterin der Niederlande, nach Brüssel und ging 1561 an den Hof ihres Gemahls, Herzog Ottavio Farneses, in Parma. Nach dem Tod Willaerts wurde R. als dessen Nachfolger 1563 zum Kapellmeister an San Marco bestimmt. Wegen der schwierigen Verhältnisse in der Kapelle gab R. das Amt jedoch bereits im Juli 1564 wieder auf und kehrte nach Parma zurück. Eine 1558 oder 1559 entstandene und von Herzog Albrecht V. von Bayern initiierte Prachthandschrift (Bayer. Staatsbibl. München, Mus. Ms. B.) – ein Gegenstück zu Mus. Ms. A. mit den Bußpsalmen O. di Lassos – enthält außer 26 Motetten R.s auch sein Porträt von Hans Mielich.

WW (die Individualdrucke meist mit zahlreichen Aufl.): **1) Weltliche WW:** Madrigale für 4 St. (Ferrara 1550); 4 Bücher Madrigale für 5 St. (V 1542, 1544, 1552, 1557); 4st. *Madrigali spartiti et accomodati d'ogni sorte d'instrumento perfetto* (V 1577); weitere Madrigale sowie 6 Chansons in vielen Sammeldrucken 1547–91, auch in Lautentabulaturen. – **2) Geistliche WW:** Motetten für 5 St. (V 1545); *Sacrae cantiones* für 5 St. (An 1573); *Sacrae cantiones* für 5–7 St. (V 1595); weitere Motetten in Sammeldrucken der Zeit besonders in 1544, 1544[6], 1549[8], 1563[4], 1570[2]; *Passio ... secundum Ioannem* für 4 St. (P 1557); 5 Messen für 5 u. 7 St. in Sammeldrucken u. hsl. erhalten.

Obwohl R.s Ruhm vor allem auf seinen Madrigalen beruht, ist es seine Kirchenmusik, die uns die Grundlagen seines Stils offenbart. Die Verwandtschaft mit Josquin des Prés ist unverkennbar; 3 seiner 5 Messen sind Parodiemessen über Motetten von Josquin. In den Psalmen und in der Passion pflegt er den traditionellen Stil, während die deutlich von Willaert beeinflußten Motetten eine Mittelstellung zwischen den liturgischen Werken im strengen Stil und den Madrigalen einnehmen. Neben liturgischen und biblischen Texten verwendet R. häufig auch lateinische Dichtungen zeitgenössischer Humanisten; in dieser Wahl bekundet sich ein Streben nach größeren Ausdrucksmöglichkeiten wie auch der außerliturgische Gebrauch der Motette. Auf dem Gebiet des Madrigals gehört R. zu den berühmtesten italienischen Meistern seiner Zeit; er galt als „Cypriano il divino". Sein Œuvre läßt hier eine gewisse Entwicklung erkennen. Die ersten Madrigalbücher verwenden vor allem Texte von Fr. Petrarca, darunter solche aus dessen *Vergine* und das berühmte *Alla dolce ombra.* Die späteren Sammlungen enthalten Texte zeitgenössischer Dichter, u. a. von Antonio Molino, Girolamo Parabosco und Alfonso d'Avalos, von dem der Text zu einem der bekanntesten und am häufigsten parodierten Madrigale von R., *Anchor che col partire*, stammt. Dieses Madrigal von nuancenreicher Klanglichkeit, ausdrucksreicher und bildhafter Tonsprache weist bereits auf die spätere Vorherrschaft der einzelnen Textworte gegenüber der Einheit der musikalischen Struktur hin. Jedoch sprengt R. noch nicht die Grenzen des 5st. Madrigals. Experimente gibt es bei ihm nicht, ausgenommen höchstens die *Calami sonum ferentes* für 4 Männerstimmen, in der jede Stimme ein chromatisch aufsteigendes Hexachord intoniert. Die Werke aus R.s Reifezeit zeigen einen neuen, wenn auch nicht revolutionären Stil. R.s Madrigale waren weit verbreitet. Die Sammlung der 4st. von 1557 gehört zu den bekanntesten Beispielen der frühen instrumentalen Ensemblemusik. In der Geschichte des Madrigals steht der flämische Meister am Ursprung der letzten Blüte.

Ausg.: Opera omnia, hrsg. v. B. MEIER, bisher 7 Bde. (R 1959ff.) (= CMM 14). – Die Passion, in: Oberit. Figuralpassionen des 16. Jh., hrsg. v. A. SCHMITZ (Mz 1955); 3 Madrigale, hrsg. v. W. WIORA (Wb – B 1930, NA Wb 1955) (= Chw 5); Madrigale für 3–4 St., hrsg. v. G. SMITH (Northampton/Mass. 1945) (= Smith College Music Arch. 6).

Lit.: A. EINSTEIN, The Italian Madrigal, 3 Bde. (Princeton/N.J. 1949, Nachdr. 1970) (in Bd. III 5 Madrigale); A. H. JOHNSON, The Masses of C. de R., in: JAMS 6 (1953); DERS., The Liturgical Music of C. da R. (1954) (= Diss. Yale Univ.) (mit Verz. der Motetten); L. D. NUERNBERGER, The Five-Voice Madrigals of C. de R., 2 Bde. (1963) (= Diss. Univ. of Michigan); O. MISCHIATI, Nota bibliogr. su C. de R., in: Chigiana 22, N.S. 2 (1965); H. BECK, Grundlagen des venezianischen Stils bei A. Willaert u. C. de R., in: Renaissance-muziek 1400–1600. FS R. B. Lenaerts (Löwen 1969); B. MEIER, Staatskompositionen v. C. de R., in: TVer 21/2 (1969); D. HARRAN, R. and the „Madrigale cromatico", in: MR 34 (1973); H. CH. WOLFF, Die Madrigale des C. de R. auf Texte des Francesco Petrarca u. ihre Gesangsverzierungen, in: Quadrivium 15 (1974); J. E. OWENS, C. de R. a Parma (1560–1565), Nuovi documenti, in: RIMus 11 (1976); R. G. LUOMA, Relationship Between Music and Poetry (C. de R.'s „Quando signor lasciaste"), in: MD 31 (1977); A. H. JOHNSON, R., in: Grove[6] XVI.

R. B. LENAERTS

ROSALIE, Vetter Michel, Schusterfleck, seit etwa

1750 Bezeichnungen für eine ästhetisch unbefriedigende ein- oder mehrmalige tonale oder reale Sequenzierung eines mehrtaktigen Melodieabschnitts, wie sie damals musterhaft in dem italienischen Volkslied *Rosalia mia cara* gegeben war:

Der 2. Name deutet auf das Lied *Gestern abend war Vetter Michel da,* das im Mittelteil eine R. enthält:

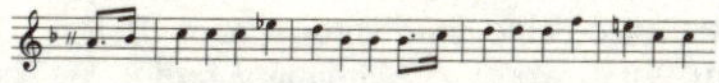

Als Schusterfleck charakterisierte L. van Beethoven ausdrücklich eine Stelle in dem Walzer von A. Diabelli, der seinen Variationen op. 120 zugrunde liegt:

ROSBAUD, Hans, * 22. 7. 1895 Graz, † 29. 12. 1962 Lugano; östr. Dirigent. Er studierte am Hochschen Konservatorium in Frankfurt am Main. 1921–29 leitete er die Musikhochschule und die städtischen Symphoniekonzerte in Mainz, war 1928–37 Leiter der Musikabteilung und Kapellmeister am Sender Frankfurt sowie Dirigent der Museumsgesellschaft, 1937–41 GMD in Münster, 1941–44 in Straßburg und 1945–48 Chefdirigent der Münchner Philharmoniker. 1948 übernahm er die Leitung des Südwestfunk-Orchesters Baden-Baden, das er zu einem Klangkörper von europäischem Ruf formte. Mit ihm führte R. – auch bei den ↗Donaueschinger Musiktagen – viele zeitgenössische Werke auf. Er war zudem ein herausragender Mozart-Dirigent, was nicht zuletzt seine von Anfang an regelmäßige Mitwirkung bei den Opernaufführungen der Festspiele von Aix-en-Provence bezeugt. 1957 übernahm R. auch die Leitung des Zürcher Tonhalle-Orchesters. Ein Glanzpunkt seiner Karriere und der neueren deutschen Operngeschichte war die konzertante und szenische Uraufführung von A. Schönbergs *Moses und Aron* 1954 (NWDR Hamburg) bzw. 1957 (Zürich).

Lit.: J. HÄUSLER, H. R. Wegbereiter der neuen Musik, in: Neue Musik in der Bundesrepublik Deutschland. Dokumentation, hrsg. v. E. Thomas (Mz 1963); H. STROBEL, in: Das Orchester 11 (1963).

ROSCHDESTWENSKI, Gennadi Nikolajewitsch, * 4. 5. 1931 Moskau; sowjetrussischer Dirigent. Er studierte 1949–54 bei seinem Vater, Nikolaj Anossow (Dirigieren), und L. Oborin (Klavier) am Moskauer Konservatorium. 1951–60 war er Dirigent und 1965–70 Chefdirigent am Bolschoi-Theater in Moskau und 1961–74 Chefdirigent des Großen Fernseh- und Rundfunkorchesters der UdSSR. 1974–77 leitete er die Stockholmer Philharmonie, seit 1974 das Orchester des Moskauer Musikalischen Kammertheaters und 1978–81 auch das Orchester von BBC London. Außerdem lehrt R. seit 1976 am Moskauer Konservatorium. R. zählt zu den bedeutendsten sowjetischen Dirigenten unserer Zeit. Seine Dirigierkunst zeichnet sich durch intellektuelle und emotionale Durchdringung des Werks, plastische Herausarbeitung von Details und eine ausgefeilte und präzise Stabführung aus. Ohne die klassischen Komponisten zu vernachlässigen, setzt er sich ausdrücklich für P. Hindemith, A. Schönberg, A. Berg, B. Martinů, Fr. Poulenc, D. Milhaud, A. Honegger und sowjetische Komponisten, insbesondere S. Prokofjew und Dm. Schostakowitsch, ein. Unter seiner Leitung wurden einige Werke von R. Schtschedrin uraufgeführt.

Schriften: *Dirischorskaja applikatura* (Die Applikatur des Dirigenten) (Leningrad 1974); *Mysli o musyke* (Gedanken über Musik) (Mos 1975).

E. STÖCKL

ROSÉ, Arnold Josef, * 24. 10. 1863 Jassy, † 25. 8. 1946 London; östr. Violinist. Nach seinem Violinstudium bei Karl Heißler am Wiener Konservatorium war R. 1881–1938 Konzertmeister des Wiener Hof- bzw. Staatsopern-Orchesters, 1888–96 auch bei den Bayreuther Festspielen. Außerdem lehrte er als Professor für Violine 1909–24 an der Musikakademie in Wien. 1882 gründete er ein eigenes Streichquartett, das bald legendären Ruf erlangte. Neben zyklischen Darbietungen der Quartette L. van Beethovens und J. Brahms' spielte das Quartett häufig auch Uraufführungen. Bahnbrechend war das Eintreten für die Kammermusikwerke A. Schönbergs (Uraufführungen: *Verklärte Nacht,* op. 4, 1902; 1. Streichquartett, op. 7, 1907 und 2. Streichquartett, op. 10, 1908).

Lit.: A. BOULT, R. and the Vienna Philharmonic, in: ML 32 (1951); J. HARTNACK, Große Geiger unserer Zeit (Mn 1967); F. SAMOHYL, Die Wiener Streicherschule, in: ÖMZ 24 (1969); A. Schönberg-Gedenkausstellung, hrsg. v. E. HILMAR (W 1974).

ROSE, Leonard Joseph, * 27. 7. 1918 Washington, † 16. 11. 1984 Croton-on-Hudson (N. Y.); amerik. Violoncellist. Er studierte 1934–38 am Curtis Institute of Music in Philadelphia, war 1938–39 Mitglied des NBC Symphony Orchestra, 1939–43 des Cleveland Orchestra und 1943–51 des New York

Philarmonic Orchestra. Seit 1951 war R. ausschließlich als Solist tätig und unternahm ausgedehnte Konzertreisen durch Europa und Amerika. 1951–62 lehrte er am Curtis Instute of Music.

ROSEINGRAVE, Thomas, * 1688 Winchester, † 23. 6. 1766 Dunleary bei Dublin; engl. Komponist und Organist. Er war der Sohn des Organisten Daniel R. (um 1650–1727), der seit 1698 an der St. Patrick's und der Christ Church Cathedral in Dublin tätig war. R. besuchte dort seit 1707 das Trinity College und setzte seine musikalische Ausbildung mit einem Stipendium 1709 in Italien fort. In Venedig lernte er D. Scarlatti kennen und folgte diesem nach Rom und Neapel. 1714 oder 1715 nach England zurückgekehrt, lebte er zunächst in London, wo er sich besonders für die Werke Scarlattis einsetzte und 1720 dessen Oper *Narciso* mit je 2 eigenen Arien und Duetten aufführte (Lo o. J.). Zwischen 1725 und 1744 war er Organist an St. George's und erlangte durch seine Improvisationen und als Lehrer hohes Ansehen. Später lebte er in Hampstead und schließlich in Dublin, wo 1753 seine (hsl. erhaltene) Oper *Phaedra and Hippolitus* zur Aufführung kam. R.s Namen ist vor allem mit dem Beginn der starken englischen Scarlatti-Verehrung seiner Zeit verbunden. – Sein Bruder Ralph R. (um 1695–1747) war ebenfalls Organist und seit 1726/27 Nachfolger seines Vaters an den beiden Dubliner Kirchen.

WW: Für Cemb. bzw. Org.: *Suits of Lessons* (Lo um 1725); *Voluntaries and fugues* (Lo 1728); *Doubles fugues* (Lo 1750); *Celebrated concerto* (Lo 1770); *Solos* für Fl. u. Cemb. (Lo 1730). – R. gab in erweiterter Form die *Esercizi* von Scarlatti heraus als *Suites de pièces pour le clavecin* (Lo 1739) bzw. als *Suits of lessons* (ebd.). – Hsl. erhalten sind 11 Anthems.

Ausg.: Lessons 1, 2, 5 u. 7, hrsg. v. H. COATES (Lo 1936–37); *Voluntaries and fugues*, hrsg. v. A. V. BUTCHER (Lo o. J.); 10 Orgelstücke, hrsg. v. P. WILLIAMS (Lo 1961); einzelne Orgel- u. Cemb.-Kompositionen, hrsg. v. D. STEVENS (Univ. Park/Pa. 1964) (= The Penn State Music Series 2); Anthem *Arise, Shine* für Soli, Chor u. Orch., Klv.-A. hrsg. v. P. M. YOUNG (Lo 1968); Sonate Nr. 1 a-moll für Fl. u. B.c., hrsg. v. R. PLATT (Lo 1970).

Lit.: W. SHAW – G. GIFFORD, R., in: Grove[6] XVI.

ROSE-MARIE, amerik. Musical von Rudolf Friml (1879–1972) und Herbert Stothart, Buch und Songtexte von Otto Harbach und Oscar Hammerstein (II). Ort und Zeit der Handlung: Saskatchewan in den Rocky Mountains Kanadas und das Château Frontenac in Quebec, in den 20er Jahren. UA: 2. 9. 1924 in New York (Imperial Theater), 557 Vorstellungen. Verfilmt 1928, 1936 und 1954. Die Liebesgeschichte zwischen der Sängerin Rose-Marie La Flamme und Jim Kenyon von der berittenen Polizei, den „Mounties", vor der gewaltigen Naturkulisse Kanadas und dem eleganten Hintergrund des Château Frontenac war ein Wagnis, denn ein Mörder spielte eine entscheidende Rolle. Die Musik aber begeisterte sowohl die New Yorker als auch die Londoner, wo *Rose-Marie* im Drury Lane Theatre zum am längsten gezeigten Musical des Jahrzehntes wurde. Bekannte Songtexte sind *Rose-Marie, Indian Love Call* und *Only A Kiss.*

R. WALLRAF

ROSENBERG, Hilding Constantin, * 21. 6. 1892 Bosjökloster (Malmöhus län), † 19. 5. 1985 Stockholm; schwedischer Komponist. Er studierte in Stockholm Klavier und Komposition. 1920–21 unternahm er eine Studienreise nach Berlin, Dresden, Wien, wo er A. Schönberg und J. M. Hauer kennenlernte, und nach Paris. Anfang der 30er Jahre erhielt er Dirigierunterricht von H. Scherchen und war 1932–34 Kapellmeister an der Königlichen Oper in Stockholm. Anschließend widmete er sich vor allem der Komposition, war aber auch als Dirigent, z. T. mit eigenen Werken, und als Kompositionslehrer tätig. 1957 wurde ihm von der Universität Uppsala die Ehrendoktorwürde verliehen. Zu seinen Schülern gehörten K.-B. Blomdahl, Sv.-E. Bäck und I. Lidholm.

WW: **1) Instr.-WW:** 12 Streichquartette (1920–56). – Für Orch.: 7 Symphonien: 1 (1917, 2. Fassung 1919); 2: *Sinfonia grave* (1928/35); 3: *De fyra livsåldrarna* (Die vier Lebensalter) (1939); 4: *Johannes uppenbarelse* (Die Offenbarung Johannes') (1940); 5: *Örtagårdsmästaren* (Der Gärtner) (1944); 6: *Sinfonia semplice* (1951); 7 (1968); *The Louisville Concert* (1954); 2 V.-Konzerte (1924, 1951) u. ein Klv.-Konzert (1950); Konzert für Str. (1966). – **2) Vokal-WW:** Oratorien: *Den heliga Natten. Juloratorium* (Die Heilige Nacht. Weihnachtsoratorium) (1936); *Perserna* (Die Perser) (1937); *Huvudskalleplatsen* (Golgatha) (1938); *Svensk Lagsaga* (1941–42). – **3) Bühnen-WW:** Opernoratorium *Josef och hans bröder* (1945–48) (nach Th. Manns Josef u. seine Brüder). – Opern: *Resan till Amerika* (Die Reise nach Amerika), UA: Stockholm 1932; *Marionetter*, UA: ebd. 1939; *Lycksalighetens ö* (Die Insel der Glückseligkeit), UA: ebd. 1945; *Kasper's fettisdag* (Kaspers Fastnacht), UA: Schwedischer Rundfunk 1954; *Porträttet*, UA: Stockholm 1956; lyrische Komödie *Hus med dubbel ingång* (Das Haus mit zwei Türen), UA: ebd. 1970. – Ballette: *Yttersta domen* (Das jüngste Gericht) (1929); *Orfeus i sta'n* (Orpheus in der Stadt) (1938); *Salome* (1964); *Kain och Abel* (1964); *Sönerna* (1966); *Babels Torn* (Der Turmbau zu Babel) (1968).

R. war eine der zentralen Persönlichkeiten der neueren schwedischen Musik. Neben G. Nystroem und Moses Pergament machte auch er Werke moderner Komponisten, u. a. von A. Schönberg, B. Bartók, A. Honegger und P. Hindemith, in Schweden bekannt. Sein eigenes Schaffen zeichnet sich gattungsmäßig und stilistisch durch eine große Spannweite aus. Frühzeitig von Stenhammar und J. Sibelius beeinflußt, setzte er sich später auch mit A. Schönberg auseinander, so in den letzten Quartetten, in denen er eine persönlich geprägte, gemäßigte Zwölftontechnik verwendet. Einige Kompositionen lassen auch Einflüsse G. P. da Palestrinas, H. Purcells und der nordischen Romantik erkennen.

Lit.: M. PERGAMENT, H. R. (Sto 1956); B. WALLNER, in: Nutida musik 2 (1958/59); dass. dt., in: Musikrevy 14 (1959); B. WALLNER, R. och 20-talet, in: Nutida musik 15 (1971).

ROSENFELD, Gerhard, * 10. 2. 1931 Königsberg; dt. Komponist. Er studierte 1952–57 in (Ost-)Berlin Musiktheorie und bei R. Wagner-Régeny Komposition an der Deutschen Hochschule für Musik und war 1958–61 Meisterschüler von H. Eisler und Leo Spies an der Deutschen Akademie der Künste. 1961–64 war R. u.a. Lehrbeauftragter an der Deutschen Hochschule für Filmkunst in Potsdam. Seit 1964 ist er freischaffend tätig und wurde mehrfach ausgezeichnet. 1973 erhielt er den Kunstpreis der DDR. In der Bundesrepublik Deutschland wurde er insbesondere durch die Karlsruher Erstaufführung (27. 2. 1982) seiner Oper *Das Spiel von Liebe und Zufall* bekannt.

WW: **1) Instr.-WW:** Klv.-Sonate (1969). – Kammermusik: Nonett (1967); 2 *Quartettinos* (1969, 1973) für Streichquartett; 5 *Nocturnos* für Ob., Vc. u. Harfe (1973). – Für Orch.: Divertimento für Kammerorchester (1962); Sinfonietta in G (1964); *Fresken* (1969); *Reger-Variationen* (1973); Konzerte für: V. (1964, 1973); Vc. (1969); Klv. (1970); Harfe u. Kb. (1971); Fl. (1972). – **2) Vokal-WW:** *Fabeln* für gem. Chor a cap. (1963); Konzert für Alt u. Orch. (1971); *Kleist-Briefe* für Bar. u. Orch.; *Zuflucht der Nachtvögel* für Sopran, Chor, Ob. u. Schlagzeug. – **3) Opern:** *Das alltägliche Wunder,* UA: Stralsund 1973; *Der Mantel,* UA: Weimar 1978; *Das Spiel von Liebe und Zufall,* UA: Potsdam 1980. – Ferner Filmmusik.

ROSENKAVALIER, DER, Komödie für Musik in 3 Akten von Richard Strauss (1864–1949), op. 59, Text von Hugo von Hofmannsthal (1874–1929). Ort und Zeit der Handlung: Wien, um 1740. UA: 26. 1. 1911 in Dresden (Hofoper).

„Ein dicker, älterer, anmaßender Freier, vom Vater begünstigt, wird von einem jungen hübschen ausgestochen." So umschreibt Hofmannsthal bündig den Inhalt dieser Wiener Maskerade. Ursprünglich lautete der Titel *Ochs auf Lerchenau,* und der Liederjan vom Lande ist auch die eigentliche Zentralfigur des Werkes. Hofmannsthal karikiert die Ständesprache der Zeit, mischt das Höfische mit dem Bürgerlichen und Ländlichen und schreibt dennoch ein Werk nebenan der Weltpolitik, in dem sich die Spannungen des theresianischen Wien nicht artikulieren. Schon in der ausschließlichen Wahl von Interieurs für den Geschehensablauf (Schlafzimmer, Empfangszimmer, das „Beisl", ein Séparée) kehrt sich das Private hervor. Die Wiederbelebung der Hosenrolle mit dem *Figaro*-Gag, daß sich Oktavian zum Mädchen zurückverkleidet, ist Relikt; das Heikle der Bett-Szene zu Beginn der Oper ist Boucher mit den Augen des 20. Jh. gesehen. – *Der Rosenkavalier* bezeugt Straussens Abkehr von der Moderne und vom futuristischen Denken. „Ich will Freude bereiten", äußerte sich der Komponist 1924 gegenüber R. Rolland. Wagners Leitmotivtechnik, bereichert durch die Mittel der charakteristischen Umgestaltung, bleiben seiner Tonsprache erhalten, aber in der Rückkehr zur Gesangsoper und zu geschlossenen Formen, in der Aufnahme des Walzers als Mittel des Lokalkolorits, unbeschadet des Anachronismus, enthüllt Strauss ein restauratives Element. *Der Rosenkavalier* ist ein entschiedener Bruch mit der bisher eingeschlagenen Richtung in *Salome* und *Elektra.* Strauss verwendet das moderne symphonische Orchester seiner Zeit, wenngleich reduziert gegenüber dem *Elektra*-Orchester, belebt den versunkenen Klang des Bassetthorns aus dem 18. Jh., setzt aber gleichzeitig Klavier, Harmonium und Celesta dagegen: Rokoko als Fin-de-siècle-Oper. Nicht anders kehrt sich die Ambivalenz der Stilmittel im Gegenüber von Walzer und furiosem Fugato (Beginn 3. Akt) hervor. Im Frauenterzett (Schluß 3. Akt) *Hab' mir's gelobt* gelingt Strauss die raffinierte Liierung von Volksliedton, Herzenslyrik und Salonprätention. Das Thema für den berühmten Walzer im 2. Akt entlehnte Strauss dem *Dynamidenwalzer* op. 173 von Joseph Strauß. – *Der Rosenkavalier* wurde umjubelt. Man nennt ihn den letzten großen Welterfolg der Oper überhaupt. H. BECKER

ROSENMÜLLER, Johann (Giovanni Rosenmiller), * um 1619 Ölsnitz (Vogtland), † vermutlich 10. (begraben 12.) 9. 1684 Wolfenbüttel; dt. Komponist. Er trat um 1640 in die Universität Leipzig ein und wurde bald darauf Stellvertreter des Thomaskantors Tobias Michael und 1651 Organist an der Nikolaikirche, mußte aber 1655 eines Skandals wegen (Verdacht der Homosexualität) die Stadt verlassen. Vermutlich über Hamburg kam er 1658 nach Venedig, wo er steigendes Ansehen als Komponist erlangte (1673–74 war hier J. Ph. Krieger sein Schüler) und seit 1678 am Ospedale della Pietà tätig war. 1682 wurde er nach Wolfenbüttel berufen, um die 1667 aufgelöste Hofkapelle wiederaufzubauen, starb aber nach nur kurzer Tätigkeit. Sein Nachfolger wurde J. Theile.

WW: **1) Vokal-WW:** *Kern-Sprüche, Mehrentheils aus heiliger Schrifft* für 3–7 St. u. B.c., teilw. mit Violen, 2 Tle. (L 1648, 1652/53); gedruckt wurden ferner 12 Gelegenheitsgesänge, meist Begräbnisgesänge für 5 St., darunter *Valet- und Trost-Lied (Welt ade ...)* (L 1649) u. *Letzte Ehre (Alle Menschen müssen sterben)* (L 1652); hsl. sind erhalten (meist in Berlin, Staatsbibl., Slg. Bokemeyer): einzelne Missae breves u. Messesätze sowie *Nunc dimittis* für 4–8 St., Str. u. B.c.; Lamentationen für SingSt u. B.c.; etwa 170 Geistliche Konzerte mit dt. u. lat. Text für 1–8 St. u. B.c., oft mit 5 Str. – **2) Instr.-WW:** *Paduanen, Alemanden, Couranten, Ballet-*

ten, Sarabanden für 3 Instr. u. B.c. (L 1645); *Studenten-Music* für 3 u. 5 Violen u. B.c. (3- bis 8sätzige Suiten) (L 1654); *Sonate da camera cioè sinfonie, alemande, correnti, balletti, sarabande* für 5 Streichinstr. u. B.c. (V 1667, ²1670); Sonaten für 2–5 Instr. u. B.c. (ohne Tanzsätze) (Nü 1682); einzelne weitere Instr.-WW hsl.

Mit D. Buxtehude und J. Pachelbel war R., der populärste von ihnen, einer der produktivsten und musikgeschichtlich bedeutendsten dt. Komponisten der 2. Hälfte des 17. Jahrhunderts. Seine Instrumentalmusik verbindet dt. Kontrapunktik mit it. Klangsinnlichkeit und vermittelt zwischen der Suiten- und Ensemblekunst der Schein-Scheidt-Generation und der Triosonatenkomposition nach der Art A. Corellis. In der Kirchenmusik R.s bekundet sich in Besetzung, Form und Ausdruck die ganze Vielfalt des konzertierenden Stils in dt. und it. Tradition. R.s besondere Aufmerksamkeit galt der ↗Dialog-Komposition. J. S. Bach verwendet einen Satz von R. *(Welt ade, ich bin dein müde)* als Schlußchoral seiner Kantate 27. Von R. ist auch der Text des evangelischen Kirchenliedes *Alle Menschen müssen sterben.*

Ausg.: *Lamentationes Jeremiae,* hrsg. v. F. HAMEL (Hannover 1929) (= Nagels MA 27–28); einzelne geistl. Konzerte: *Das ist meine Freude,* hrsg. v. A. ADRIO (B 1957); *Lieber Herre Gott,* hrsg. v. F. LÄNGIN (Kas 1964); 17 aus den beiden Teilen der *Kern-Sprüche,* hrsg. v. D. KRÜGER bzw. A. TUNGER (Hohenheim 1960–68). – *Sonate da camera,* hrsg. v. K. NEF (1904) (= DDT 18); 2 Triosonaten, hrsg. v. F. SAFFE (Hannover 1928) (= Nagels MA 29); 2 Suiten aus *Studenten-Music,* hrsg. v. F. HAMEL (1929) (= ebd. 61); Sonaten (1682), hrsg. v. E. PÄTZOLD, 12 H.e (B 1954–56).

Lit.: F. HAMEL, Die Psalmkompositionen J. R.s (Str 1933, Baden-Baden ²1973) (= Slg. musikwiss. Abh.en 11); A. LEHMANN, Die Instrumentalwerke v. J. R. (Diss. L 1965); TH. ANTONICEK, J. R. u. das Ospedale della Pietà in Venedig, in: Mf 22 (1969); H. KÜMMERLING, Katalog der Sammlung Bokemeyer (Kas 1970); K. J. SNYDER, R.'s Music for Solo Voice, 2 Bde. (1970) (= Diss. Yale Univ.); DIES., R., in: Grove⁶ XVI.

ROSENTHAL, Albi (Albrecht), * 5. 10. 1914 München; engl. Musikantiquar dt. Herkunft. Er emigrierte 1933 nach England und studierte in London Kunstgeschichte am Warburg Institute sowie Paläographie am British Museum. 1937 gründete er ein eigenes Antiquariat, das bald auf ältere Musik spezialisiert war; 1942–54 hatte diese Firma ihren Sitz in Oxford, wo R. bei E. Wellesz musikwissenschaftliche Studien betrieb. 1955 übernahm er als Inhaber und Leiter das Musikantiquariat Otto Haas in London (vormals Leo Liepmannssohn), das er zu einem bedeutenden Umschlagsplatz musikalischer Handschriften „von Monteverdi bis Webern" aufbaute.

Schriften: *Le manuscrit de la Clayette retrouvé,* in: Ann. Mus. 1 (1953); *English Music* (zus. mit J. A. Westrup – F. L. Harrison) (O 1955) (= Ausstellungskat. der Bodleian Library); *A Bibliography of E. Wellesz,* in: MQ 42 (1956); *Two Unknown 17th Century Music Editions,* in: Collectanea historiae musicae 2 (1956); *The „Music Antiquarian",* in: FAM 5 (1958); *A Hitherto Unpublished Letter of C. Monteverdi,* in: Essays Presented to E. Wellesz (O 1966); *Otto Haas, Antiquarian Bookseller* 1874–1955, in: Brio 3 (1966).

ROSENTHAL, Manuel, * 18. 6. 1904 Paris; frz. Dirigent und Komponist. Er studierte 1918–23 am Pariser Conservatoire Violine und Kontrapunkt und war seit 1926 einer der wenigen Schüler von M. Ravel, mit denen dieser auch eng befreundet war. Als Dirigent wirkte er hauptsächlich in Paris (beim Rundfunkorchester seit dessen Gründung 1934, an der Opéra und Opéra-Comique) sowie 1948–51 in Seattle (USA) und 1964–67 in Lüttich. 1962 wurde er Leiter der Orchesterklasse am Pariser Conservatoire. Er setzte sich besonders für zeitgenössische Werke (u. a. von I. Strawinsky, B. Bartók und P. Hindemith) ein. Seine eigenen Werke sind überwiegend neoklassizistisch. Sie umfassen Symphonien u. a. Orchesterwerke, zahlreiche Klavier- und Orchesterlieder, weltliche und geistliche Chorwerke, 3 Opern und 2 Ballette. R. wurde 1981 in Paris mit dem Maurice-Ravel-Preis ausgezeichnet, den vor ihm u. a. B. Britten erhalten hatte.

ROSENTHAL, Moritz, * 7. 12. 1862 Lemberg, † 3. 9. 1946 New York; poln. Pianist. Er war 1872–74 Schüler von K. Mikuli am Konservatorium seiner Heimatstadt, danach von R. Joseffy in Wien sowie 1876–78 von Fr. Liszt in Weimar und studierte 1878–84 Philosophie an der Wiener Universität. Danach wurde er zum Königlich Rumänischen Hofpianisten und zum k.k. Kammervirtuosen in Wien ernannt. 1888 trat er erstmals in den USA auf, die er 1938 zu seiner Wahlheimat machte. R. wird eine elegante Interpretationstechnik nachgerühmt, speziell sein Chopin-Spiel hat ihm hohes Ansehen eingebracht.

Schrift: *Schule des höheren Klavierspiels. Technische Studien bis zur höchsten Ausbildung* (B 1892).

Lit.: W. H. HELLES, Rhythmic Nuance in Chopin Performances Recorded by M. R., I. Friedman and I. J. Paderewski (1964) (= Diss. Univ. of Illinois); E. B. BARNETT, An Annotated Translation of M. R.'s F. Liszt „Memories and Reflections", in: Current Musicology (1972) Nr. 13.

ROESER, Valentin, * um 1735 (?) in Deutschland, † nach 1782 Paris; dt. Komponist und Klarinettist. Nach H. Riemann (DTB 16) war er ein Schüler von J. Stamitz. 1762 ging er nach Paris. Er trat zunächst in den Dienst des Fürsten von Monaco und 1769 in den des Herzogs von Orléans. Er wurde schnell durch seine Kompositionen berühmt. Vor allem aber bahnte er den Weg für einen deutschen Einfluß in Frankreich. Er machte in Paris die Schriften von Fr. W. Marpurg, L. Mozart und die Kompositionen von J. Stamitz bekannt.

WW (in Paris gedruckt): **1) Kompositionen:** Sonaten u. a. Stücke (Bearb. v. Opernarien) für Cemb. oder Klv., teilweise mit V., für 2 V., für 2 V. u. Baß; *Sonates à trois* (solistisch oder orchestral), op. 1 (1762); mehrere Slgen. Symphonien. – Bearb. v. Opernarien für SingSt u. Cemb. oder Klv. – **2) Unterrichts-WW:** *Essai d'instruction à l'usage de ceux qui composent pour la clarinette et le cor* (P 1764); *Gammes et duos* jeweils für Fl. (1777), Ob. (1777), Klar. (1769), Fag. (1769) bzw. Serpent (1772); R. übersetzte *Die Kunst das Clavier zu spielen* v. Fr. W. Marpurg als *L'art de toucher le clavecin selon la manière perfectionnée des modernes* (1764) u. die Violinschule v. L. Mozart als *Méthode raisonnée pour apprendre à jouer du violon* (1770).

Ausg.: *Essai d'instruction* (1764), Faks.-Ausg. (G 1972).

Lit.: B. S. BROOK, R., in: MGG XI.

ROSETTE, Rose (engl.: rose; frz.: rose, rosette, rosace; it.: rosa; span.: rosa, roseta), Bz. für ein meist kreisrundes, durchbrochen gearbeitetes Schalloch aus Holz, Elfenbein oder Pergament auf Zupfinstrumenten (Laute) und besaiteten Tasteninstrumenten. Vermutlich von orientalischen Saiteninstrumenten übernommen, war die R. nicht nur ein besonders dekoratives Element kostbarer Instrumente, sondern diente häufig auch als Markenzeichen eines bestimmten Herstellers.

ROSETTI, Francesco Antonio, ↗ Rösler, Franz Anton.

ROSE VON STAMBUL, DIE, Operette in 3 Akten von Leo Fall (1873–1925), Text von J. Brammer und A. Grünwald. Ort u. Zeit der Handlung: Konstantinopel (türkischer Name: Stambul) und die Schweiz, um 1914. UA: 2. 12. 1916 in Wien (Theater an der Wien). Verfilmt: 1919 und 1952.

Vor dem zeitgeschichtlichen Hintergrund, der Verbindung der europäischen Mittelmächte mit der Türkei, wird eine für die Operette typische harmlose Liebesgeschichte erzählt: Die schöne Kondja liebt (unbekannterweise) den Dichter André Lery, wird aber gegen ihren Willen mit Achmed Bey verheiratet, der jedoch, wie sich schließlich herausstellt, mit Lery identisch ist. Bestimmt durch das gewählte Ambiente, versucht Fall, seinen charakteristischen Walzerkompositionsstil klangfarblich dem orientalischen Sujet anzupassen. Kernstück und bekannteste Nummer des Werkes ist Achmeds Walzerlied *O Rose von Stambul,* eingebettet in das Finale des 1. Aktes. Weite Melodiebögen in den Finali bieten weiträumige Steigerungen auf einem farbig instrumentierten Untergrund. Weitere weltberühmt gewordene Lieder dieser Operette, die Fall einen seiner durchgreifendsten Erfolge bescherte, sind *Schöne Kondja Güll, Das Glück nach der Mode, Fridolin, ach wie dein Schnurrbart sticht* und *Die Lilly vom Ballett.* – Im Theater an der Wien war *Die Rose von Stambul* nach Fr. Lehárs *Lustiger Witwe* die meistgespielte Operette (500 Aufführungen in Folge). In den Spielplänen deutschsprachiger Bühnen ist sie dagegen heute nur noch selten vertreten. B. DELCKER

ROSIER, Carl (Carolus) **Natalis** (Charles Noël), getauft 26. 12. 1640 Lüttich (?), † vor dem 12. 12. 1725 Köln; franko-flämischer Komponist und Violinist. Er wurde 1664 Violinist und später Vizekapellmeister am Hofe des Kölner Kurfürsten Maximilian Heinrich in Bonn und ließ sich 1675 in Köln nieder. Um 1683–99 lebte er auch in den Niederlanden. 1699 wurde er Domkapellmeister und 1701 dazu Ratskapellmeister in Köln und bestimmte seitdem weithin das Musikleben Kölns.

WW: 2 Bücher *Cantiones sacrae* für 3–4 St., 2 V. u. B.c.: *In fletu solatium* (Kö 1667) u. *Motetta* (Kö 1668); *Pièces choisies à la manière italienne* für 2 Fl. oder V. u. B.c. (A 1691); *14 Sonates* für V., Ob. u.a. Instr. mit B.c. (A um 1700); 22 Tänze für 3 Instr. ohne B.c. in RISM 1679[8]; 12 Motetten u. 18 Messen hsl. erhalten.

Ausg.: Ausgew. Instrumentalwerke, hrsg. v. U. NIEMÖLLER (1957) (= Denkmäler rheinischer Musik 7).

Lit.: U. NIEMÖLLER, C. R. ... Kölner Dom- u. Ratskapellmeister (Kö 1957) (= Beitr. z. rheinischen Musikgesch. 23); K. W. NIEMÖLLER, Kirchenmusik u. reichsstädtische Musikpflege im Köln des 18. Jh. (Kö 1960) (= ebd. 39).

ROSIN, Armin O(tto), * 21. 2. 1939 Karlsbad; dt. Posaunist. Er erhielt ersten Unterricht von seinem Vater Otto Sylvester R., der selbst Posaunist war, besuchte 1960–63 die Münchner Musikhochschule und studierte Gesang und Dirigieren sowie 1963–68 an der Universität Erlangen-Nürnberg Musikwissenschaft. Als Soloposaunist spielte er 1961–66 bei den Bamberger Symphonikern, seit 1968 beim Südfunk-Sinfonie-Orchester in Stuttgart. R. war 1967–70 Gründungsmitglied des „ars-nova-ensembles" des Bayerischen Rundfunks und schloß sich 1970 dem Edward Tarr Brass Ensemble und als Nachfolger von V. Globokar dem Kölner Ensemble für Neue Musik an. Seit 1975 lehrt er an der Stuttgarter Musikhochschule. R. trat u. a. in Luzern bei den Musikfestwochen, in Donaueschingen (Musiktage), beim „Warschauer Herbst" und bei den Berliner Festwochen als Solist auf und spielt vor allem zeitgenössische Musik.

ROSLAWEZ, Nikolai Andrejewitsch, * 23. 12. 1880 (4. 1. 1881) Duschatin (Gouvernement Tschernigow, heute Oblast Brjansk), † 23. 8. 1944 Moskau; sowjetrussischer Komponist. Nach Abschluß des Moskauer Konservatoriums (1912) und Kompositionsstudien u. a. bei S. Wassilenko wirkte er aktiv in der Assoziation für Moderne Musik (ASM) mit und redigierte 1924 die Zeitschrift *Musykalnaja kultura.* 1931–33 lebte er in

Taschkent, kehrte Ende der 1930er Jahre nach Moskau zurück und unterrichtete am Musikalischen Polytechnikum und in Kursen für Militärkapellmeister. R. schuf in Rußland die ersten Werke in Zwölftontechnik (Violinsonate, 1913; Romanzenzyklus auf Worte russischer Dichter, 1913–14; *Poem* für Violine und Klavier, 1915). In Anlehnung an A. Schönberg formulierte er zwischen 1913–15 sein „neues System der Tonorganisation" mit Tonkomplexen („synthetischen Akkorden") als Grundlage. Auf dieser Basis schrieb er 1919–24 eine Reihe bedeutender Orchester- und Kammermusikwerke.

WW: **1) Kompositionen:** 5 Klv.-Sonaten; 5 V.- u. 2 Vc.-Sonaten; 3 Klv.-Trios; 5 Streichquartette; Quintett für Harfe, Ob., 2 Va. u. Vc. – Für Orch.: Symphonie (1922); symphonische Dichtungen *Tschelowek i more* (Der Mensch u. das Meer, nach Ch. Baudelaire) (1921) u. *Konez sweta* (Das Ende der Welt, nach P. Lafargue) (1922); ferner ein V.-Konzert (1924). – Für Chor u. Orch.: Kantatenoper *Nebo i semlja* (Himmel u. Erde, nach G. Byron) (1912) u. die Kantate *Oktjabr* (1927). – Ballett *Pachta* (Die Baumwolle), UA: Taschkent 1933. – **2) Schriften:** *O samom sebe i swojom twortschestwe* (Über mich u. mein Schaffen), in: Sowremennaja musyka 1 (1924).

Lit.: L. SABANEYEFF, Modern Russian Composers (NY 1927, Nachdr. Freeport/N.Y. 1967); D. GOJOWY, N. A. Roslavec, ein früher Zwölftonkomponist, in: Mf 22 (1969); DERS., Neue sowjetische Musik der 20er Jahre (Laaber 1980). E. STÖCKL

RÖSLER (Rössler), **Franz Anton** (Frantisek Antonín; er nannte sich selbst Francesco Antonio Rosetti), * um 1750 in der Gegend von Leitmeritz (Nordböhmen), † 30. 6. 1792 Schwerin; böhmischer Komponist und Kapellmeister. Er brach ein Theologiestudium vorzeitig ab, um sich ganz der Musik zu widmen. 1773 trat er als Kontrabassist in die Kapelle des Grafen (seit 1774 Fürsten) von Oettingen-Wallerstein ein, deren Kapellmeister und Chorregent er 1785 oder 1786 wurde. Um 1782 hielt er sich in Paris auf, wo er häufig mit Chr. W. Gluck und N. Piccinni zusammentraf, und konzertierte 1783 mit großem Erfolg in Ansbach und Mainz. 1789 wurde er Hofkapellmeister des Herzogs von Mecklenburg-Schwerin in Ludwigslust. 1791 führte er einige Werke in Berlin auf und im selben Jahr in Prag ein (nicht erhaltenes) Requiem zum Tod W. A. Mozarts.

WW: **1) Instr.-WW:** Im Druck (teilweise in Sammeldrucken) erschienen: *Duos faciles* u. Sonaten für 2 V.; Sonaten für Cemb. od. Klv. u. V.; Sonaten u. Divertissements für Cemb., V. u. Vc.; Streichquartette; Sextett für V., Fl., 2 Hörner, Va. u. Baß; für Orch.: etwa 40 Symphonien u. *Symphonies concertantes;* Konzerte: 5 für Klv., etwa 10 für Fl., 4 für Klar., 15 für Horn, 6 für 2 Hörner, 8 für Fag. – *Parthias* u. a. Werke für Harmoniemusik. – **2) Vokal-WW:** Oratorien *Der sterbende Jesus* (W 1786) u. *Jesus in Gethsemane*, UA: 1790 (hsl. erhalten); ferner einige weitere geistliche WW: Drama für Soli, Chor u. Orch. *Das Winterfest der Hirten* (1789); Vaudeville mit Orch. *La matinée des artistes* (sämtlich hsl.); zahlr. Lieder mit Klv. in Sammeldrucken der Zeit.

R.s Schaffen, zumal seine Instrumentalmusik, nimmt einen in vieler Hinsicht eigenständigen Platz in der Musik zur Zeit J. Haydns und Mozarts ein. Seine Zeitgenossen rühmten vor allem seine Behandlung der Bläser im Orchestersatz und in der Kammermusik als „meisterhaft" und „himmlisch" und bewunderten in seinen Kompositionen den „angenehm schmeichelnden und süß-tändelnden Ton". Von besonderem Reiz ist bei R. auch heute noch die solistische Verwendung des Horns.

Ausg.: Ausgew. Sinfonien, hrsg. v. O. KAUL (L 1912, revidierte NA Wie 1968) (= DTB 12/1) (mit thematischem Verz. u. Biographie); Ausgew. Kammermusikwerke nebst einem Instrumentalkonzert, hrsg. v. DEMS. (L 1925) (= DTB 25); Pastoral-Sinfonie für kleines Orch., hrsg. v. H. SCHULTZ (L 1936); Klar.-Konzert Es-Dur, hrsg. v. F. KNEUSSLIN (Bas 1971) (= Für Kenner u. Liebhaber 42); Ob.-Konzert C-Dur, hrsg. v. R. J. KOCH (F 1972).

Lit.: L. SCHIEDERMAIR, Die Blütezeit der Öttingen-Wallersteinschen Hofkapelle, in: SIMG 9 (1907/08); O. KAUL, A. Rosetti. Sein Leben u. seine Werke (Diss. Mn 1911), Teildruck als: Die Vokalwerke A. Rosettis (Mn 1911); E. MURRAY, A. Rosetti (1750–92) and His Symphonies (1973) (= Diss. Univ. of Michigan).

ROSPIGLIOSI, Giulio (als Papst Clemens IX.), * 28. 1. 1600 Pistoia, † 9. 12. 1669 Rom; it. Librettist. Nach theologischen, philosophischen und juristischen Studien in Pisa kam er in jungen Jahren nach Rom, wo er in den Dienst der Fürstendynastie Barberini trat, in deren Theater die meisten seiner Operndichtungen aufgeführt wurden. Nach Nuntiusjahren in Spanien (1644–55) war er bis zu seiner Wahl zum Papst (1667) päpstlicher Staatssekretär. Während seines Pontifikats erlebte die römische Oper einen ungeahnten Aufschwung.

WW (Libretti; mit Angabe der ersten Vertonung u. der UA in Rom): *Il Sant'Alessio* (S. Landi, 1632); *Erminia sul Giordano* (M. Rossi, 1633); *Santa Teodora* (V. Mazzocchi u. M. Marazzoli, 1633); *Chi soffre speri* (dies., 1939); *L'Innocenza difesa* (Mazzocchi, 1641); *Il palazzo incantato d'Atlante* (L. Rossi, 1642); *Dal male il bene* (A. M. Abbatini u. Marazzoli, 1653); *La vita umana* (Marazzoli, 1656); *La comica del cielo* (Abbatini, 1668).

R.s Libretti, die meistens von Musikern der Barberini vertont worden sind, zeichnen sich durch ausgeprägte Charakterdarstellung der handelnden Personen und durch die Beibehaltung der Einheit der Handlung aus, wodurch sie sich von der zeitgenössischen Rappresentazione sacra deutlich unterscheiden. Die Dichtungen entsprechen den Erfordernissen der Bühne wie auch der Musik. Durch die Einführung komischer Rollen in der Oper *Il Sant'Alessio* hat er die musikalisch-poetische Gattung der komischen Oper angeregt, als deren erster Prototyp sein *Chi soffre speri* anzusehen ist. Der spanische Einfluß, besonders der von P. Calderón de la Barca und F. Lope de Vega, ist in seinen Dichtungen unverkennbar.

Lit.: I. KÜFFEL, Die Libretti G. R.s (Papst Clemens IX.). Ein Kap.

Heinrich SCHÜTZ: Ölgemälde von Christoph Spetner aus der Universitätsbibliothek in Leipzig.

Franz SCHUBERT: Gemälde von W. A. Rieder (Foto: Andrea Vohrer).

Robert SCHUMANN: Gemälde von J. F. Klima (Foto: Andrea Vohrer).

Dmitri SCHOSTAKOWITSCH zählt zu den bedeutendsten russischen Komponisten unseres Jahrhunderts (Foto: Catherina Simon, Wien).

frühbarocker Operngesch. in Rom (Diss. W 1968); M. K. MURATA, Operas for the Papal Court with Texts by G. R. (1975) (= Diss. Univ. of Chicago). H. J. MARX

ROSSEAU, Norbert Oscar Claude, * 11. 12. 1907 Gent, † 1. 11. 1975 ebd.; belgischer Komponist und Violinist. Er erhielt in früher Kindheit Violinunterricht bei einem Zigeuner in Genua und lebte 1915–32 in Italien. 1925–28 studierte er an der Accademia di S. Cecilia in Rom Komposition, Klavier und Orgel und vervollkommnete sich noch bei O. Respighi. Eine Kriegsverletzung beendete 1940 R.s erfolgreich begonnene Konzerttätigkeit, und er lebte danach wieder in Belgien. R. schrieb Werke von großer stilistischer Vielfalt, er verwendete auch elektronische Musik und serielle Techniken, die er als „harmonisch-dodekaphonisches System" bezeichnete.

WW: Kammermusik- u. Orch.-Werke, darunter *Sinfonia liturgica* mit Chor (1963); Konzerte für Va. (1965) u. Horn (1967). – Klv.-Lieder u. Liederzyklen; weltl. u. geistl. Chorwerke, darunter Johannespassion (1965) für Soli u. Chor a cap.; Oratorien: *L'an mille* (1946); *Maria van den Kerselaar* (1952); *Il paradiso terrestre dal Purgatorio di Dante* (1967); *Missa solemnis* für 8 St. u. Kontrabässe (1953); Elektron. Messe mit choreograph. Bewegungen (1966). – Oper *Sicilienne* (1946); Konzertoper *Les violons du prince* (1954); Ballette *Le dernier rendezvous* (1946) u. *Juventa* (1957).

ROSSELLINI, Renzo, * 2. 2. 1908 Rom, † 13. 5. 1982 Monte Carlo; it. Komponist und Musikkritiker. Er studierte in Rom und leitete 1933–40 das Liceo musicale in Varese. Später lehrte er am Konservatorium in Pesaro, seit 1956 an der Accademia di S. Cecilia in Rom. 1973 wurde er künstlerischer Leiter der Oper von Monte Carlo. R. wurde bekannt als Musikkritiker des *Messaggero* von ausgesprochen antimoderner Haltung, was auch seine zahlreichen Kompositionen bezeugen. Er schrieb Oratorien, 7 Opern, 4 Ballette sowie Musik zu Bühnenwerken und Filmen u. a. seines Bruders, des berühmten Regisseurs Roberto Rossellini.

ROSSETER, Philip, * 1567 oder 1568, † 5. 5. 1623 London; engl. Komponist. Er war Lautenist des Königs Jakob I. und auch Direktor einer Theatergruppe. Er ist vor allem ein Vertreter des englischen Lautenliedes (↗Ayre) zur Zeit seiner Blüte. In den Gesängen des *Booke of Ayres* ist, worauf R. eigens im Vorwort hinweist, die Lautenpartie weitgehend akkordisch-homorhythmisch gehalten, während R.s früher veröffentlichte Lautenstücke eine fugierte Satzweise zeigen.

WW: *A Booke of Ayres* (Lo 1601) (enthält 21 Gesänge v. R. u. 21 v. Th. Campian); *Lessons for the Consort* für 6 Instr. (Lo 1609, unvollständig erhalten); in Sammeldruck 1596[20] u. Hss. (u. a. im ↗Fitzwilliam Virginal Book, intavoliert v. G. Farnaby) ein Prelude u. einige Pavanen u. Gagliarden.

Ausg.: R.s Gesänge aus *Booke of Ayres*, hrsg. v. E. H. FELLOWES, revidiert v. TH. DART (Lo 1966) (= The Engl. Lute-Songs I/8–9); *A Booke of Ayres* 1601, hrsg. v. D. GREER (Menston 1970) (= Engl. Lute Songs 36).

Lit.: M. SCHNEIDER, Die Anfänge des B.c. u. seiner Bezifferung (L 1918, Nachdr. Farnborough 1971); E. H. FELLOWES, Engl. Madrigal Verse, 1588–1632 (Lo 1920, ²1929), 3. Aufl. revidiert u. erweitert v. F. W. STERNFELD – D. GREER (O 1967); CH. VLAM – TH. DART, R.s in Holland, in: GalpinJ 11 (1958); D. GREER, What Is a Day, An Examination of the Words and Music, in: ML 43 (1962); I. HARWOOD, Ph. R., Lessons for Consort (1609), in: The Lute Society Journal 7 (1965).

ROSSETTI (Rossetto, Roseto), **Stefano,** * Nizza; it. Komponist des 16. Jahrhunderts. Er hielt sich um 1559 auf der ägäischen Insel Chios auf und war dann Kapellmeister in Novara und seit 1564 in Florenz, wo er auch im Dienst des Kardinals Ferdinando de' Medici stand. 1579/80 war er wahrscheinlich Organist am Hof in München.

WW: Je 1 Buch Madrigale für 4 St. (V 1560), für 5 St. (V 1560) u. für 6 St. (V 1566); *Musica nova* für 5 St. (R 1566) (unvollständig erhalten); Madrigalzyklus *Il lamento di Olimpia ... con una canzone* für 4–10 St. (V 1567); *Novae quaedam sacrae cantiones* für 5–6 St. (Nü 1573).

Ausg.: *Novae ... cantiones* u. die 4st. Madrigale (1560) (New Haven/Conn. 1973 u. 1977) (= PRMRen 15 u. 26); ein Madrigal, in: 5 Madrigale auf Texte v. F. Petrarca, hrsg. v. B. MEIER (Wb 1962) (= Chw 88).

ROSSI, Luigi (Aloysius de Rubeis), * 1597 Torremaggiore (Foggia), † 19. 2. 1653 Rom; it. Komponist, Lautenist und Sänger. Er war in Neapel Schüler von J. de Macque und ließ sich danach in Rom nieder, wo er 1621–40 im Dienst von Marc'Antonio Borghese stand. 1633 wurde er zum Organisten an S. Luigi dei Francesi in Rom ernannt, 1635 mit seiner Frau, der Harfenistin Costanza de Ponte, nach Florenz an den Hof Ferdinando II de' Medici eingeladen, wo er großen Erfolg hatte. 1642 trat er als Virtuoso da camera in die Dienste des Kardinals Antonio Barberini, ein Jahr später wurde in dessen Palazzo sein erstes dramatisches Werk, *Il palazzo incantato* (mit den beiden berühmten Kastraten L. Vittori und M. A. Pasqualini in den tragenden Frauenrollen) aufgeführt. Nach dem Tode des Barberini-Papstes Urban VIII. (1644) mußten die Barberini Rom verlassen und wurden in Frankreich vom Kardinal Mazarin aufgenommen. 1646 folgte ihnen eine Gruppe von italienischen Musikern, unter ihnen auch R., der den Auftrag erhielt, ein Werk zu schreiben, das das Gepränge des römischen musikalischen Theaters repräsentieren sollte: Es entstand der *Orfeo,* die erste in Frankreich gegebene italienische Oper. Bei seinem Frankreichaufenthalt 1648–49 wurde R. mit Mazarin und dessen Gefolge von der Fronde verfolgt und mußte in die Provence flüchten. Die letzten Jahre lebte er wieder in Rom.

WW (ausschließlich hsl. erhalten): **1) Vokal-WW:** It. Kantaten: 263 für 1 St., 84 für 2 St., 28 für 3 St., 4 für 4 St. u. B.c.; einige lat. Gesänge für 1–4 St. u. B.c. – Oratorien: *Giuseppe figlio di Giacobbe; Oratorio per la Settimana santa.* – **2) Bühnen-WW:** *Il palazzo incantato d'Atlante* (Libr.: G. Rospigliosi), UA: Rom 1642; *Orfeo* (Libr.: F. Buti), UA: Paris 1647.

R.s Name ist nicht nur mit der Entwicklung der frühen Oper verbunden – der *Orfeo* war nicht ohne Einfluß auf die französische Oper in ihren Anfängen –, sondern vor allem mit der Geschichte der italienischen ↗ Kantate zwischen St. Landi und G. Carissimi. Es handelt sich in der überwiegenden Mehrzahl der erhaltenen Werke um Solokantaten, unter denen sich auch etwa 20 Klagegesänge (Lamenti) befinden. An der Ausprägung der Arienformen und des Belcanto im 17. Jh. hat R. einen wichtigen Anteil.

Ausg.: Solokantate *Io lo vedo,* in: DAVISON-APEL, Anth. 2; *Il palazzo incantato,* hrsg. v. H. M. BROWN (NY 1977) (= Italian Opera 1640–1770 2).

Lit.: H. GOLDSCHMIDT, Stud. z. Gesch. der it. Oper im 17. Jh. 1 (L 1901, Nachdr. Hil – Wie 1967); A. GHISLANZONI, L. R. (Mi 1954) (= Storia della musica II/5) (mit Werk-Verz.); E. CALUORI, Themat. Verz. der Kantaten v. L. R. (1965) (= The Wellesley Cantata Index Ser. 3); G. MINGHETTI, Ricerche sul „Palagio … d'Atlante" di L. R., in: Quadrivium 10 (1969); E. CALUORI, The Cantatas of L. R. Analysis and Thematic Index (Epping 1981).

ROSSI, Mario, * 29. 3. 1902 Rom; it. Dirigent. Er studierte bis 1925 am Conservatorio di Musica S. Cecilia in Rom Komposition und Dirigieren. 1923–26 wirkte er als Chorleiter, dann bis 1936 als Maestro sostituto am Augusteo-Orchester in Rom und unterrichtete daneben 1931–36 am Conservatorio. 1937–44 war R. Dirigent am Teatro Comunale in Florenz sowie Leiter des Maggio Musicale Fiorentino. 1946–69 leitete er das Symphonieorchester der RAI in Turin, das er zu einem der erfolgreichsten Orchester Italiens ausgebildet hat. In R.s Tätigkeit sind viele Uraufführungen zu verzeichnen, u. a. von Werken von G. Petrassi. Seine Interpretationen sind berühmt für ihre spannungsvolle und textgetreue Darstellung. R. ist Mitglied der Accademia Nazionale di S. Cecilia in Rom und der Accademia Filarmonica in Bologna.

ROSSI, Michelangelo (Michel Angelo del Violino), * um 1601/02 Genua, begraben 7. 7. 1656 Rom; it. Violinist, Organist und Komponist. Er wurde 1620 Organist in Genua, trat 1624 in die Dienste des Kardinals Maurizio von Savoyen in Rom, studierte bei G. Frescobaldi und ließ 1633 im Palazzo Barberini seine Oper *Erminia sul Giordano* aufführen. 1638 trat er in den Dienst der Familie d'Este in Modena, wurde 1639 Kapellmeister in Forlì und lebte vermutlich seit 1640 wieder in Rom. R.s *Erminia* ist ein wichtiges Ereignis in der frühen römischen Operngeschichte und im Mäzenatentum der Familie Barberini. Die Werke für Tasteninstrumente stehen in der unmittelbaren Tradition der Kunst G. Frescobaldis.

WW: *Toccate e correnti d'intavolatura d'organo e cimbalo* (R um 1640, ²1657); einige weitere Org.-Werke hsl. erhalten. – Oper *Erminia sul Giordano* (Libr.: nach T. Tasso v. G. Rospigliosi), UA: Rom 1633 (R 1637).

Ausg.: Works for Keyboard, hrsg. v. J. R. WHITE (Dallas/Tex. 1966) (= Corpus of Early Keyboard Music 15); *Erminia sul Giordano,* Faks.-Ausg. (Bol o. J.) (= Bibl. musica Bononiensis IV/12).

Lit.: J. H. PETERSON, The Keyboard Works of M. R. (1975) (= Diss. Univ. of Illinois); A. SILBIGER, The Roman Frescobaldi Tradition, c. 1640–1670, in: JAMS 33 (1980).

ROSSI, Salomone (Salamone) **de',** * um 1570 Mantua, † um 1630 ebd. (?); it. Violinist und Komponist. Er entstammte einer jüdischen Familie und genoß die in Mantua unter der Herrschaft der Gonzaga den Juden gewährte Toleranz. Etwa 1587–1628 war er Violinist an der herzoglichen Kapelle und arbeitete 1590–1612 mit Cl. Monteverdi zusammen. Nach dem Tod des letzten Gonzaga und dem Einfall der österreichischen Truppen in das Herzogtum Mantua (1630) mußten die Juden aus der Stadt flüchten; damit verliert sich auch die Spur von R., vielleicht starb er noch im selben Jahr an der Pest.

WW (in Venedig gedruckt, teilweise mit mehreren Nachdrukken): *Canzonette* für 3 St. (1589); 5 Bücher Madrigale für 5 St., 2–4 mit B.c. (1600, 1602, 1603, 1610, 1622); Madrigale für 4 St. u. B.c. (1610); *Madrigaletti* für 2 St. u. B.c. (1628). – *Salmi e cantici ebraici* für 4–8 St., Originaltitel: *Hashirim asher lish'lomo* (1622/23). – 4 Bücher *Sinfonie e gagliarde …* bzw. *Varie sonate, sinfonie …* für 2 Violen u. Chitarrone (1607, 1608, 1623, 1622).

R.s Schaffen verdient in mehrfacher Hinsicht Aufmerksamkeit. Die Madrigale, insgesamt in Satztechnik und Ausdruck eher traditionell als fortschrittlich im Sinne des neuitalienischen Stils, enthalten gleichwohl als früheste Werke dieser Gattung und noch vor den Madrigalen Monteverdis eine B.c.-Stimme. Die hebräischen Psalmen von 1622 gelten als das bekannteste und ausgeprägte Beispiel für die seltene Verbindung von italienischer Kunstmusik und jüdischem Synagogalgesang. Sie enthalten Elemente sowohl der venezianischen Mehrchörigkeit als auch des Kanzonetten- und Ballettostils eines G. Gastoldi. R.s instrumentale Ensemblemusik zeigt eine Vorliebe für die Variation über ostinate Melodien, die z. T. aus der Volksmusik – auch der jüdischen – entstammen.

Ausg.: 6 Duette, in: L. LANDSHOFF, Alte Meister des Belcanto 4–5 (L 1927); *Sinfonie, gagliarde, canzoni,* 1607–08, 3 Bde., für Str. (oder Blockfl.) u. B.c., hrsg. v. F. RIKKO – J. NEWMAN (NY 1965–71); *Hashirim asher lish'lomo* (The Songs of Solomon), 2 Bde., hrsg. v. F. RIKKO (NY 1967); 15 Canzonetten für 3 Blockfl.

(aus dem Druck v. 1589), hrsg. v. J. NEWMAN (Wilhelmshaven 1968).

Lit.: E. BIRNBAUM, Jüdische Musiker am Hofe zu Mantua v. 1542–1628 (W 1893, engl. erweitert 1978); A. EINSTEIN, S. R. as Composer of Madrigals, in: Hebrew Union College Annual 23 (1950/51); J. NEWMAN, The Madrigals of S. de R. (1962) (= Diss. Columbia Univ.); I. ADLER, La pratique musicale savante dans quelques communautés juives en Europe aux XVIIe et XVIIIe siècles, 2 Bde. (P 1966); J. NEWMAN – F. RIKKO, A Thematic Index to the Works of S. R. (Hackensack/N.J. 1972).

ROSSIGNOL, LE, Lyrisches Märchen von I. Strawinsky; dt. Titel: Die ↗Nachtigall.

ROSSINI, Gioachino (Gioacchino, Giovachino) **Antonio,** * 29. 2. 1792 Pesaro, † 13. 11. 1868 Passy bei Paris; it. Komponist. Er war der Sohn des Kornettisten und Trompeters Giuseppe Antonio R. († 1839), der in Pesaro auch als Schlachthofinspektor fungierte, und der Bäckerstochter Anna Giudarini († 1824), die eine schöne Gesangstimme besaß. 1800 zog die Familie nach Rom, wo Gioachino ersten Musikunterricht erhielt, 1802 nach Lugo und 1806 nach Bologna, wo er am Liceo Musicale Violoncello und Klavier, später bei Stanislao Mattei Kontrapunkt studierte. Beeindruckt besonders von den Werken J. Haydns, W. A. Mozarts und D. Cimarosas, schrieb er in Bologna um 1809 seine erste (vorläufig noch zurückgehaltene) Oper *Demetrio e Polibio.* 1810 verließ er das Liceo Musicale und komponierte für das Teatro S. Moisè in Venedig die Oper *La cambiale di matrimonio* (1810), die sogleich ein großer Erfolg wurde. 2 Jahre später debütierte er mit *La pietra del paragone* an der Mailänder Scala und festigte mit den Opern der folgenden Zeit für Venedig bzw. Mailand (u.a. *Tancredi* und *L'italiana in Algeri*) seinen Ruf. 1815 schrieb R. für das Teatro S. Carlo in Neapel (und für die spanische Sängerin Isabella Colbran in der Titelrolle) die Oper *Elisabetta, regina d'Inghilterra,* mit der seine Reifezeit mit Werken vor allem für Neapel und Rom einsetzte. R. erhielt 1816 vom Teatro Argentina in Rom den Auftrag für eine Oper, deren Sujet er sich selbst aussuchen konnte; seine Wahl von P. A. Beaumarchais' *Le barbier de Séville* rief bei der Uraufführung von *Il barbiere di Siviglia* das Mißfallen der Anhänger von G. Paisiellos gleichnamiger Opera buffa hervor, das aber den mit der zweiten Aufführung einsetzenden Siegeszug des Werkes nicht aufhalten konnte. Es folgte eine Reihe von Opern *(Otello, La Cenerentola, La gazza ladra, Mosè in Egitto, La donna del lago),* die R.s Rolle als führenden Komponisten Italiens bestätigte. 1822 heiratete er Isabella Colbran. Im selben Jahr reiste er nach Wien, wo er, auf der Höhe seines Ruhms, von Fürst Metternich beauftragt wurde, für den in Verona tagenden Rat der Nationen 4 Kantaten zu schreiben. In Wien besuchte er auch L. van Beethoven. Mit *Semiramide* (1823) endete R.s italienischer Lebensabschnitt; 1824 übernahm er in Paris die Leitung des Théâtre-Italien. Seine französische Schaffenszeit begann 1825 mit der szenischen Kantate *Il viaggio a Reims* zur Krönung König Karls X. Neben Neufassungen und Umtextierungen früherer Werke *(Le siège de Corinthe, Moïse et Pharaon)* entstanden hier R.s letzte musikalische Bühnenwerke, *Le comte Ory* (1828) und *Guillaume Tell* (1829). Mit ihnen endete im wesentlichen der Schaffensweg R.s, wenn man absieht von dem Stabat mater (1830 in Auftrag gegeben, aber erst 1842 fertiggestellt) sowie kleineren Vokal- und Instrumentalstücken, deren Druck R. als „Alterssünden" nicht gestattete, und der *Petite messe solennelle* von 1864. Dieser Sachverhalt ist so eklatant wie im letzten unerklärlich. Jedenfalls vollzog sich sein weiteres Leben fernab der Bühne und abseits der großen musikalischen Ereignisse seiner Zeit, für die er bereits Geschichte geworden war. Seit 1831 machte ihm ein schweres Nervenleiden zu schaffen; 1836 erhielt er von der französischen Regierung eine Pension auf Lebenszeit und begab sich nach Italien. In Bologna leitete er von 1839 bis zu den politischen Unruhen 1848 ehrenamtlich als Consule perpetuo (seit 1845 als Direktor) das Liceo Musicale. 1845 hatte er Olympe Pélissier geheiratet, mit der er seit 1832 zusammenlebte (von Isabella Colbran war er 1837 geschieden worden). 1855 kehrte R. endgültig nach Paris zurück und verbrachte die weiteren Lebensjahre in einem Landhaus in Passy bei Paris, das ein begehrter gesellschaftlich-kultureller Salon wurde. R. galt als Gourmet; „Tournedos Rossini" sind noch heute Bestandteil der feinen Küche. In Passy besuchte ihn 1860 R. Wagner und berichtete darüber in *Eine Erinnerung an Rossini* (Gesammelte Schriften 8). Nach dem Tod wurde er auf dem Pariser Friedhof Père Lachaise beigesetzt und 1897 nach S. Croce in Florenz überführt. Durch testamentarische Verfügung wurde 1882 in Pesaro ein Konservatorium gegründet, das seit 1940 R.s Namen trägt. In Pesaro existiert seitdem auch eine „Fondazione R." zur praktischen und wissenschaftlichen Pflege seines Werks.

WW: **1) Instr.-WW:** Klv.-Werke, u.a. *Quatre mendiants et quatre hors d'œuvres; Album pour les enfants adolescents; Album pour les enfants dégourdis; Album de chaumière; Album de château; Miscellanée pour piano; Quelques riens pour album.* – Kammermusik u. Orch.-Werke: 6 *Sonate a quattro* (um 1804); 5 Duette für 2 Hörner (um 1806); Ouvertüre in D (1808); *Variazioni a più stromenti obbligati* für 2 V., Va., Vc., Klar. u. Orch. (1809); Variationen in C für Klar. u. Orch. (1810); Thema u. Variationen für Fl., Klar., Horn u. Fag. (1812). – **2) Vokal-WW:** Arien; Lieder u. Stücke für mehrere St. bzw. Chor, u.a. *Les soirées musicales* (P 1835); *Album italiano; Album français; Morceaux réservés; Mis-*

cellanée de musique vocale; Messen, darunter *Petite messe solennelle* (1863, Neufassung 1867); Stabat mater (1830–42); Tantum ergo (1847); Kantaten, u.a. *Il pianto di Armonia sulla morte di Orfeo* (1808); *Didone abbandonata* (= *La morte di Didone,* 1811); *Egle ed Irene* (1814); *L'Aurora* (1815); *Le nozze di Teti e di Peleo* (1816); *Giovanna d'Arco* (1832, Neufassung 1852). – 3) **Bühnen-WW:** Opere buffe u. semiserie: *La cambiale di matrimonio* (Libr.: G. Rossi), UA: Venedig 1810; *L'equivoco stravagante* (Libr.: G. Gasparri), UA: Bologna 1811; *L'inganno felice* (Libr.: G. Foppa), UA: Venedig 1812; *La scala di seta* (Libr.: ders.), UA: ebd. 1812; *La pietra del paragone* (Libr.: L. Romanelli), UA: Mailand 1812; *L'occasione fa il ladro* (Libr.: L. Prividali), UA: Venedig 1812; *Il signor Bruschino, ossia Il figlio per azzardo* (Libr.: Foppa), UA: ebd. 1813; *L'italiana in Algeri* (Libr.: A. Anelli), UA: ebd. 1813; *Il turco in Italia* (Libr.: F. Romani), UA: Mailand 1814; *Il barbiere di Siviglia* (= *Almaviva ossia L'inutile precauzione*) (Libr.: C. Sterbini nach Beaumarchais), UA: Rom 1816; *La gazzetta* (Libr.: G. Palomba u. A. L. Tottola), UA: Neapel 1816; *La Cenerentola* (Libr.: G. Ferretti), UA: Rom 1817; *La gazza ladra* (Libr.: G. Gherardini), UA: Mailand 1817; *Matilde di Shabran* (Libr. Ferretti), UA: Rom 1821; *Il viaggio a Reims, ossia L'albergo del giglio d'oro* (Libr.: L. Balocchi), UA: Paris 1825; *Adina* (Libr.: G. Bevilacqua-Aldobrandini), UA: Lissabon 1826. – Opere serie: *Demetrio e Polibio* (Libr.: V. Viganò-Mombelli nach P. Metastasio), UA: Rom 1812; *Ciro in Babilonia ossia La caduta di Baldassare* (Libr.: F. Aventi), UA: Ferrara 1812; *Tancredi* (Libr.: G. Rossi nach F.-M. Voltaire), UA: Venedig 1813; *Aureliano in Palmira* (Libr.: G.-F. Romanelli), UA: Mailand 1813; *Sigismondo* (Libr.: Foppa), UA: Venedig 1814; *Elisabetta, regina d'Inghilterra* (Libr.: G. Schmidt), UA: Neapel 1815; *Torvaldo e Dorliska* (Libr.: Sterbini), UA: Rom 1815; *Otello, ossia Il moro di Venezia* (Libr.: F. Berio nach W. Shakespeare), UA: Neapel 1816; *Armida* (Libr.: Schmidt nach T. Tasso), UA: ebd. 1817; *Adelaide di Borgogna* (Libr.: ders.), UA: Rom 1817; *Mosè in Egitto* (Libr.: A. L. Tottola), UA: Neapel 1818; *Ricciardo e Zoraide* (Libr.: Berio), UA: ebd. 1818; *Ermione* (Libr.: Tottola), UA: ebd. 1819; *Edoardo e Cristina* (Libr.: Schmidt), UA: Venedig 1819; *La donna del lago* (Libr.: Tottola nach W. Scott), UA: Neapel 1819; *Bianca e Faliero ossia Il consiglio dei tre* (Libr.: F. Romani), UA: Mailand 1819; *Maometto II* (Libr.: C. Della Valle), UA: Neapel 1820; *Zelmira* (Libr.: Tottola), UA: ebd. 1822; *Semiramide* (Libr.: Rossi), UA: Venedig 1823. – Frz. Opern: *Le siège de Corinthe* (Libr.: L. Balocchi u. A. Soumet, Neufassung v. *Maometto II*), UA: Paris 1826; *Moïse et Pharaon ou Le passage de la Mer Rouge* (Libr.: Balocchi u. E. de Jouy, Neufassung v. *Mosè in Egitto*), UA: ebd. 1827; *Le comte Ory* (Libr.: E. Scribe u. Ch. G. Delestre-Poirson), UA: ebd. 1828; *Guillaume Tell* (Libr.: H. Bis u. Jouy nach F. von Schiller), UA: ebd. 1829.

R. steht mit seinem Schaffen, dessen Mittelpunkt die Oper bildet, an der Schwelle vom 18. zum 19. Jahrhundert. Auf der einen Seite rückwärts gewandt, führte er – vom Sonderfall der Wiener Klassik abgesehen – die italienischen Gattungen der Opera seria, Opera buffa und der eine Zwischenstufe einnehmenden Opera semiseria zu einem Höhepunkt und Abschluß, auf der anderen Seite legte er die Grundlagen für die gesamte Entwicklung der italienischen Oper einschließlich der G. Verdis, für die die Unterordnung der Sprache unter die Musik und ein belcantistisches Ideal eine zentrale Rolle spielt. Auch bei deutschen Opern (z. B. *Fierabras* von Fr. Schubert oder *Die lustigen Weiber von Windsor* von O. Nicolai) ist der Einfluß R.s unverkennbar. Ein wichtiges Moment musikalischen Ausdrucks sah R. in einer differenzierten, äußerst beweglichen Rhythmik. Vom Gesang hatte er eine so klare Vorstellung, daß er den Sängern keine Freiheit der Improvisation, die bis dahin allgemein üblich war, mehr ließ; R. war es, der mit *Elisabetta* (1815) als erster alle auszuführenden Verzierungen festlegte und damit die Melodik bis ins einzelne durchorganisierte. Typisch für R.s Satztechnik ist ein Rezitativ, in dem das Orchester die Führung übernimmt, während die Singstimme in raschen Tonwiederholungen oder kleinen Intervallen deklamiert. Eine weitere, unverkennbare Eigenheit R.s ist die souveräne Handhabung des Crescendos, die vor allem in den Ouvertüren – in der Regel aus einem Thema entwickelte Sätze in der Folge schnell–langsam – und großen Ensembleszenen mächtige Steigerungen bringt.

Unbestrittenes Meisterwerk auf dem Gebiet der Opera buffa ist der *Barbiere,* der bis heute seine Frische bewahrt hat. Mit dieser Oper löste R. das Problem musikalischer Konversation und Aktion auf so brillante Weise, wie es vielleicht nur einem Italiener oder der italienischen Oper möglich ist. Geistreicher Witz und treffliche Charakterisierungskunst (z. B. Verleumdungsarie des Basilio) kennzeichnen diese Partitur, in der die Buffatechnik einen virtuosen Höhepunkt erreicht. Dieser Oper gegenüber treten die anderen komischen Opern etwas in den Hintergrund, wenngleich auch ihnen viele Kostbarkeiten Rossinischer Erfindungskraft zu eigen sind.

Übersehen wird häufig, daß R. von seinen Zeitgenossen vor allem als ein Komponist von Opere serie gefeiert wurde. Auf diesem Gebiet betrat R. Neuland, das auch für die kommende Generation von hoher Bedeutung wurde. Nach *Otello* und *Mosè* wandte er sich mit *La donna del lago* (1819) von den bisher beliebten Stoffen aus der französischen und italienischen klassischen Literatur ab und in W. Scotts Verserzählung *The Lady of the Lake* einem „romantischen“ Stoff zu; die Natur als pastorales, idyllisches Moment bildet nun ein wichtiges dramaturgisches Element (z. B. Arie der Elena *Oh mattutini albori*). Große Ensembleszenen wie das Finale des 1. Aktes mit großem Orchester, Banda auf der Bühne, individuell behandelte Solisten und 3 gleichzeitig gegenübergestellte Chöre stellen ein großes Vorbild für die Oper der Folgezeit dar. Mit seiner französischen Oper *Guillaume Tell* lieferte R. einen entscheidenden Beitrag zur Großen Oper. Dem Schillerschen *Wilhelm Tell* entsprechend, entstand ein dramatisches Werk in großzügiger Anlage, vielfältiger Gestaltungsweise, Individualisierung der Personen und einem Kolorit, das durch brillante Instrumentation

erreicht wird. *Guillaume Tell* bedeutet eine wichtige Stufe von der Oper der Vergangenheit zu der eines G. Meyerbeer, G. Verdi und R. Wagner.
Die nicht für die Bühne bestimmten Kompositionen R.s, Instrumental- und Vokalwerke, fanden lange Zeit kaum Beachtung, zumal sie teilweise als „Péchés de vieillesse" von R. nicht veröffentlicht wurden. Eine Ausnahme bildet das Stabat mater, das seit langem häufiger in öffentlichen Konzerten aufgeführt wird und wegen seiner opernhaften Elemente voller Belcanto in der Vertonung der berühmten Sequenz (↗Stabat mater) einen Sondertypus darstellt. Neuerdings gewinnt in Konzert und Kirche auch R.s *Petite messe solennelle* an Beliebtheit, die ihm nach seinem eigenen Bekunden gerade in ihrer Einfachheit – „Peu de science, un peu de cœur" – aus der Seele sprach.

Ausg.: GA, hrsg. v. PH. GOSSETT – A. ZEDDA (Pesaro 1979 ff.), bisher erschien I/21: *La gazza ladra.* – Quaderni Rossiniani, hrsg. v. A. BONACCORSI (ebd. 1954 ff.), bisher 19 Bde. (Klv.-, Kammermusik- u. Orch.-Werke, Kantaten, Kirchenmusik). – *La Cenerentola,* Faks.-Ausg. des Autographs, hrsg. v. PH. GOSSETT (Bol 1969) (= Bibl. musica Bononiensis IV/92); *Il barbiere di Siviglia,* hrsg. v. A. ZEDDA (Mi 1969); Faks.-Ausg. der autographen Partitur bzw. der Erstdrucke v. *Elisabetta, Otello, Mosè, Ricciardo ..., Maometto II, Zelmira, Semiramide, Le Siège de Corinthe, Moïse, Le comte Ory* u. *Guillaume Tell,* hrsg. v. PH. GOSSETT – CH. ROSEN (NY 1980) (= Early Romantic Opera 7–17).

Lit.: **1) Periodica u. Briefwechsel:** Boll. del Centro Rossiniano di Studi 1 (1955/56) – 5 (1959/60), N.S. 1 ff. (1967 ff.); G. R., hrsg. v. A. BONACCORSI (Fi 1968) (= „Hist. musicae cultores" Bibl. 24). – G. CARPANI, Le Rossiniane ossia Lettere musico-teatrali (Padua 1824, Nachdr. Bol 1969) (= Bibl. musica Bononiensis III/10b); Lettere inedite, hrsg. v. A. ALLMAYER (Siena 1892); Lettere inedite, hrsg. v. G. MAZZATINTI (Imola 1892); Lettere, hrsg. v. DEMS. – F. u. G. MANIS (Fi 1902); Ausgew. Briefe, übers. u. hrsg. v. W. KLEFISCH (B – W 1947); F. LIPPMANN, Autographe Briefe R.s u. Donizettis in der Bibl. Massimo, in: Anal. Mus. 19 (1979). – **2) Biographien u. umfassende Darstellungen:** STENDHAL (M.-H. Beyle), Vie de R. (detaillierte Angaben ↗Stendhal); A. SANDBERGER, Rossiniana, in: ZIMG 9 (1907/08); E. ISTEL, Rossiniana, in: Mk 10 (1910/11) – 11 (1911/12); G. RADICIOTTI, G. R., 3 Bde. (Tivoli 1927–29); J.-G. PROD'HOMME, R. and His Works in France, in: MQ 17 (1931); F. TOYE, R., A Study in Tragicomedy (Lo – NY 1934, ²1954, Nachdr. NY 1963); R. BACCHELLI, R. e esperienze rossiniane (Tn 1941, ³1954, NA Mi 1959, Nachdr. NY 1963); G. RONCAGLIA, R. (Mi 1946, ²1953) (= Storia della musica I/5) (mit Lit.-Verz.); L. ROGNONI, R. (Parma 1956, erweitert Tn 1968, NA Tn 1977) (= Bibl. di cultura mus. 6); F. SCHLITZER, Rossiniana, in: Quaderni dell'Accad. Chigiana 35 (Siena 1956); L. CAUSSOU, G. R. (P 1967); H. WEINSTOCK, R. (NY – Lo 1968); J. HARDING, R. (Lo 1971, NY 1972); R. ZANETTI, G. R. (Mi 1971); F. LIPPMANN, R. – und kein Ende, in: Studi musicali 10 (1981). – **3) Zu den Werken:** H. FALLER, Die Gesangskoloratur in R.s Opern u. ihre Ausführung (Diss. B 1935); M. CURTISS, Bizet, Offenbach, and R., in: MQ 40 (1954); G. CONFALONIERI, Storia della musica, II: Sviluppi e reazioni del rossinismo (Mi 1958), revidiert u. hrsg. v. A. Mandelli (Fi – Mi 1968); J. W. KLEIN, Verdi's „Otello" and R.'s, in: ML 45 (1964); PH. GOSSETT, R.'s Operas and Their Printed Librettos, in: Kgr.-Ber. Ljubljana 1967; R. CELLETTI, Il vocalismo it. da R. a Donizetti, I: R., in: Anal. Mus. 5 (1968); F. D'AMICO, L'opera teatrale di G. R. (R 1968); M. H. TARTAK, The Italian Comic Operas of R. (1968) (= Diss. Univ. of California); F. LIPPMANN, V. Bellini u. die it. Opera seria seiner Zeit (1969) (= Anal. Mus. 6); D. ROSEN, La „Messa" a R. e il „Requiem" per Manzoni, in: RMI 4 (1969) – 5 (1970); PH. GOSSETT, The Operas of R. Problems of Textual Criticism in 19th Century Opera, 2 Bde. (1970) (= Diss. Princeton Univ.); DERS., The „candeur virginale" of „Tancredi", in: MT 112 (1971); W. SZMOLYAN, R.s Opern in Wien, in: ÖMZ 28 (1973); PH. GOSSETT, The Tragic Finale of „Tancredi" (Pesaro 1977).

D. THOMA

RÖSSLER, Franz Anton, ↗Rösler.

ROST, Nikolaus, ↗Rosthius

ROSTAL, Max, * 7. 8. 1905 Teschen (Östr.-Schlesien); engl. Violinist östr. Herkunft. Er studierte bei A. Rosé in Wien und C. Flesch in Berlin, ging 1927 als Konzertmeister zum Philharmonischen Orchester Oslo, wurde 1928 Assistent von Flesch und erhielt 1930 eine Professur an der Musikhochschule Berlin. 1934 wählte er England zu seinem ständigen Aufenthaltsland. Er unterrichtete 1944–58 an der Guildhall School of Music in London und lehrte seit 1957 an der Musikhochschule Köln, seit 1958 auch am Konservatorium in Bern. R., der prominenteste Bewahrer der Flesch-Tradition, gilt als einer der herausragenden Violinpädagogen unserer Zeit mit vielen namhaften Schülern. Er schrieb *Ludwig van Beethoven. Die Sonaten für Klavier und Violine* (Mn – Z 1981).

ROSTAND, Claude Charles Louis, * 3. 12. 1912 Paris, † 9. 10. 1970 Villejuif (Val-de-Marne); frz. Musikforscher und Musikkritiker. Er studierte an der Sorbonne in Paris Literatur und Jura (Dr. jur.) und nahm gleichzeitig privat Unterricht in Musiktheorie und Musikgeschichte sowie in Klavier. R. war Conférencier der Jeunesses Musicales und seit 1957 Vorstandsmitglied, seit 1958 auch Vizepräsident der SIMC. Seit 1961 schrieb er als Musikkritiker für *Figaro littéraire, Le monde* und *New York Times* und veröffentlichte auch zahlreiche Aufsätze in *Melos* und *Musical America.* R. war nach R. Rolland der beste Kenner der deutschen (auch zeitgenössischen) Musik in Frankreich.

Schriften: *L'œuvre de G. Fauré* (P 1945, dt. Lindau 1950); *Les chefs-d'œuvre du piano* (P 1950); *Les chefs-d'œuvre de la musique de chambre* (P 1952); *La musique française contemporaine* (P 1952, ²1957); *Entretiens avec D. Milhaud* (P 1952, dt. H 1954); *Entretiens avec F. Poulenc* (P 1954); *Brahms,* 2 Bde. (P 1954); *O. Messiaen* (P 1957); *Liszt* (P 1960); *Entretiens avec I. Markevitch* (P 1959); *La musique allemande* (P 1960); *R. Strauss* (P 1964); *H. Wolf* (P 1967); *A. Webern* (P 1969); *Dictionnaire de la musique contemporaine* (P 1970).

ROSTHIUS (Rost), **Nikolaus,** * um 1542 Weimar, † 22. 11. 1622 Kosma bei Altenburg; dt. Komponist. Er wurde 1568 Mitglied, 1569 Kapellmeister der Weimarer Hofkapelle. 1578–79 ist er als Musiklehrer in Linz a.d. Donau nachweisbar, 1579 immatrikulierte er sich in Heidelberg, wo er dann in kurpfälzischen Diensten stand, 1593–1601 war er Kapellmeister in Altenburg. Seit 1602 wirkte er als Pfarrer in Kosma. R. ist vor allem bekannt durch seine Auferstehungs-Historie (↗Historia).

WW: *Fröliche neue teutsche Gesäng* für 4–6 St. (F 1583); *XXX. Newer lieblicher Galliardt mit schönen lustigen Texten* für 4 St. (Erfurt 1593); *Cantiones selectissimae* für 6–8 St. (Gera 1613–14); ferner einige Gelegenheitsgesänge, auch in Sammeldrucken der Zeit; hsl. erhalten: *Die trostreiche Historie von der fröhlichen Auferstehung ... Jesus Christi* (1598).

Ausg.: Ein 4st. Lied in: A. SCHERING, Gesch. der Musik in Bsp.en (L 1931, Nachdr. 1954); Auferstehungs-Historie, in: Hdb. der dt. ev. Kirchenmusik, I/3 u. 4, hrsg. v. K. AMELN – CH. MAHRENHOLZ – W. THOMAS (Gö 1974).

ROSTROPOWITSCH, Mstislaw Leopoldowitsch, * 27. 3. 1927 Baku (Aserbaidschan); russ. Violoncellist, Pianist, Dirigent und Komponist. Er studierte 1943–48 am Moskauer Konservatorium, dem er seit 1956 bis zu seiner Übersiedlung in den Westen (1974, ausgebürgert 1978) selbst als Lehrer angehörte. 1963–66 unterrichtete er auch am Konservatorium von Leningrad; 1964 wurde er Vorsitzender der Jury des Tschaikowsky-Wettbewerbs. Seine Kammermusikpartner im Klavierduo bzw. -trio waren E. Gilels, Sw. Richter, L. Kogan und D. Oistrach. Als Violoncellist zählt R. zu den bedeutendsten Instrumentalisten unserer Zeit. B. Britten, A. Chatschaturjan, S. Prokofjew, H. Sauguet, Dm. Schostakowitsch u. a. haben ihm Werke gewidmet. Seit 1968 macht sich R. auch als Dirigent einen stark beachteten Namen; 1977 trat er als Nachfolger von A. Dorati die Leitung des National Symphony Orchestra in Washington (D.C.) an. Zu verdanken ist ihm die Wiederentdekkung und Schallplatteneinspielung der Erstfassung von Dm. Schostakowitschs *Lady Macbeth von Mzensk* (1978). Bekannt wurde R. schließlich als Klavierbegleiter, besonders seiner Frau, der Sängerin Galina Wischnewskaja. Als Komponist trat er u. a. mit 2 Klavierkonzerten (1944, 1946), einem Streichquartett und weiterer Kammermusik hervor. In Paris findet regelmäßig ein M. R.-Violoncello-Wettbewerb statt.

Lit.: L. S. GINSBURG, M. R. (Mos 1963); J. ORLOWA, M. R. (ebd. 1964); T. GAJDAMOWITSCH, M. R. (ebd. 1969); A. BLYTH, M. R. Talks, in: Gramophone 54 (1976/77).

ROSVAENGE (Roswaenge), **Helge Anton,** * 29. 8. 1897 Kopenhagen, † 17. 6. 1972 München; dänischer Sänger (Tenor). Er studierte Chemie, ließ dann in Kopenhagen und Berlin seine Stimme ausbilden und debütierte 1921 in Neustrelitz als Don José in G. Bizets *Carmen.* Nach Engagements in Altenburg (1922–24), Basel (1924–26) und Köln (1926–29) wurde er 1929 Mitglied der Berliner Staatsoper, wo er bis Kriegsende der führende Tenor im italienischen Fach war. Er sang regelmäßig in Wien und München, und Gastspiele führten ihn u. a. nach London, Mailand, Kopenhagen und Stockholm. Bei den Salzburger Festspielen 1937 sang er unter A. Toscanini, und bei den Bayreuther Festspielen 1934 und 1936 trat er als Parsifal auf. Seine glanzvollen Rollen waren italienische Partien des 19. Jh. sowie der Florestan in L. van Beethovens *Fidelio.* 1948–57 war er Mitglied der Wiener Staatsoper, gastierte aber daneben häufig an der Deutschen Staatsoper Berlin und war dann seit den 60er Jahren als Gesangspädagoge in München tätig. R. schrieb Autobiographien unter den Titeln *Skratta Pajazzo* (Kop 1945; dt. Übers.: *Lache, Bajazzo,* W 1953) und *Mach es besser, mein Sohn* (L 1962, ^{3}1964) sowie eine *Leitfaden für Gesangsbeflissene* (Mn 1964).

Lit.: R. CELLETTI, I grandi voci (R 1964); F. TASSIÉ, H. R. (Au 1975); J. DENNIS, H. R., in: The Record Collector 23 (1976).

ROTA (lat., = Rad), in der Musik des Mittelalters Bz. für eine im satztechnischen Sinne „rundlaufende" Form (↗Rundformen), besonders in der Art eines Zirkel- oder Kreiskanons, oft auch in kreisförmiger Anordnung aufgezeichnet. Belegt ist der Begriff u. a. in der Aufführungsanweisung des Sommerkanons *Sumer is icumen in* (um 1300): „Hanc rotam cantare possunt quatuor socii". Bezeichnungen gleicher Bedeutung sind ↗Radel und ↗Round.

Lit.: F. RECKOW, Rondellus, rondeau, r., in: HMT (1972).

ROTA (Ruotta, Rotta), **Andrea,** * um 1553 Bologna, † Juni 1597 ebd.; it. Komponist. Wahrscheinlich studierte er mehrere Jahre in Rom. Von 1583 bis zu seinem Tode wirkte er als Kapellmeister an S. Petronio in Bologna.

WW: Madrigale für 4 St. (V 1592); 2 Bücher Madrigale für 5 St. (V 1579, 1589); 2 Bücher Motetten 5–10 St. (V 1584, 1595); Messen für 4–6 St. (V 1595). – Weitere Madrigale u. Motetten in Sammeldrucken der Zeit u. hsl. erhalten.

Ausg.: Ein Madrigal für 5 St., *Dixit Dominus* für 8 St. u. Agnus Dei für 7 St., in: TORCHI Arte Mus. I; *Missa Qual è più grand amore* für 4 St., hrsg. v. G. VECCHI (Bol 1962); die 4st. Madrigale von 1592, hrsg. v. E. DESDERI (Brescia – Kas 1964) (= Le opere dei musicisti bolognesi 2).

Lit.: O. MISCHIATI, R., in: MGG XI.

ROTA, Nino, * 3. 12. 1911 Mailand, † 10. 4. 1979 Rom; it. Komponist. Er studierte bei A. Orefice, I. Pizzetti und 1925–26 bei A. Casella in Rom. Seit 1939 unterrichtete er Harmonielehre am Konservatorium in Bari, dessen Leitung er 1950 übernahm. R. ist in Italien als Komponist hochangesehen. Seine Werke sind primär melodisch bestimmt und zielen auf unmittelbaren und unkomplizierten musikalischen Ausdruck. Erfolg hatten außer Filmmusik vor allem die Opern *Il cappello di paglia di Firenze* (Der Florentinerhut; UA: Palermo 1955) und *La visita meravigliosa* (UA: ebd. 1970).

WW: Kammermusik; Orchesterwerke, darunter Konzerte für Klv. (1960, 1979); Str. (1964); Pos. (1967); Vc. (1973); Fag. (1977). – 3 Oratorien; geistl. u. weltl. Chorwerke; mehrere Opern; Ballette, darunter *La strada* (nach dem Film von Federico Fellini); Musik zu sämtlichen (etwa 80) Filmen von Fellini sowie zu Filmen u.a. von Lucino Visconti und Franco Zeffirelli.

Lit.: F. D'AMICO, R., in: Grove[6] XVI.

ROTE KÄPPCHEN, DAS, Komische Oper in 3 Akten von Karl Ditters von Dittersdorf (1739–99), Text vom Komponisten (?) nach Filippo Livignis *Giannina e Bernadone* (1781). UA: 26. 5. 1790 in Breslau.

Ein Abschnitt der Handlung ist Boccaccios *Decamerone* entlehnt: Der jungen hübschen Hedwig gelingt es, ihren grundlos eifersüchtigen Ehemann, den Dorfschulzen, mit einer List aus dem Haus zu locken. Mit dem Kauf einer roten Kappe, die ihrem Besitzer die Zuneigung aller Frauen sichern soll, wird der Dorfschulze in die Lage versetzt, die Treue seiner Hedwig zu prüfen; alles wendet sich zum Guten. Die schablonenhafte Gestaltung des Librettos findet ihr Pendant in Dittersdorfs Komposition. Dennoch gelingt eine humorvolle, treffende musikalische Charakterisierung der Handlungsträger, weshalb dieses Werk einen weiteren Schritt in Richtung auf die deutsche Spieloper darstellt. – Chr. A. Vulpius bearbeitete für eine Aufführung in Weimar 1791 den Text als zweiaktiges Werk und fügte den Untertitel *Hilft's nichts, so schadet's nichts* hinzu. Über das Lied des als Händler verkleideten Leutnants Felsenberg *(Es war einmal ein alter Mann)* schrieb Beethoven 13 Klaviervariationen (WoO 66). K. LANGROCK

ROTER MOHN *(Krasny mak),* Ballett in 3 Akten mit 8 Bildern von Reinhold Glière (1874–1956). Libretto und Dekoration: M. Kurilko. UA: 14. 6. 1927 in Moskau (Bolschoi-Theater). Choreographie: W. Tichomirow und L. Lastschilin.

Als „Revolutionsballett" und als „Meilenstein in der Geschichte der russischen Tanzkunst" (B. Schwarz) apostrophiert, stellt dieses Werk die künstlerische Glorifizierung der sowjetischen sozialreformerischen Ideale dar, die in den 20er Jahren dieses Jahrhunderts propagiert wurden. Die Handlung des Balletts weist sich als sozialpolitische Parabel aus: In einem chinesischen Hafen revoltiert ein sowjetischer Kapitän mit Hilfe seiner Mannschaft gegen den Hafenkommandeur, der die im Hafen arbeitenden Kulis terrorisiert. Als Zeichen seiner solidarischen Gesinnung reicht der Kapitän den Kulis eine rote Mohnblume. Trotz mehrerer Mordanschläge, die der Kommandeur gegen den sowjetischen Rebellen ausführen läßt, kann der Kapitän dennoch unbeschadet den Hafen verlassen. Als ihm die chinesische Tänzerin Tao Hoa, die ihn liebt, zum Abschied eine rote Mohnblume schenken will, wird sie hinterhältig ermordet. – Gerade der Spannungsgegensatz zwischen lyrisch verhaltenen und expressiv tänzerischen Szenen wird in einer musikalisch farbigen Komposition illustriert, deren differenzierte Instrumentation fernöstlich kolorierte Klangbilder ermöglicht. Einzelne Nummern (z.B. der *Tanz der russischen Matrosen*) wurden auch unabhängig von der gesamten Ballettmusik international beachtet. Obgleich das Werk mit großem Erfolg uraufgeführt wurde und in den zwei folgenden Jahren nahezu 300 Aufführungen stattfanden, schuf Glière aus politischen und aus künstlerisch-musikalischen Gründen 1949 und 1955 zwei weitere Fassungen, die letzte mit dem Titel *Rote Blume* (Krasny zwetok). G. LUDIN

ROTHENBERGER, Anneliese, * Mannheim; dt. Sängerin (Sopran). Sie debütierte nach ihrer Ausbildung an der Mannheimer Musikhochschule 1943 am Stadttheater Koblenz und sang 1946–56 an der Hamburgischen Staatsoper. Nach 2 Spielzeiten (1956–58) an der Deutschen Oper am Rhein in Düsseldorf-Duisburg wurde sie 1958 Mitglied der Wiener Staatsoper. Während der 50er und 60er Jahre gastierte sie an den bedeutenden Opernbühnen Europas und Nordamerikas, insbesondere seit 1953 häufig beim Edinburgh Festival, seit 1954 regelmäßig bei den Salzburger Festspielen sowie seit 1960 mehrmals an der Mailänder Scala und an der Metropolitan Opera in New York. 1957 war sie in Salzburg maßgeblich an der Uraufführung von R. Liebermanns *Schule der Frauen* beteiligt. Ihre größten Erfolge hatte sie in den lyrischen und Koloraturpartien des deutschen Repertoires, vor allem in Werken von W. A. Mozart und R. Strauss. In den 70er Jahren zog sie sich nach und nach von der Opernbühne zurück, trat statt dessen stärker als Film- und Operettensängerin in Erscheinung und ist seit einigen Jahren in zahlreichen Unterhaltungssendungen des Fernsehens erfolgreich. 1972 erschien eine Autobiographie *Melodie meines Lebens* (Mn 1972).

Lit.: W.-E. VON LEWINSKI, A. R. (Velber 1968) (mit Diskographie).

ROTHER, Artur Martin, * 12. 10. 1885 Stettin, † 22. 9. 1972 Aschau (Chiemgau); dt. Dirigent. Er studierte Orgel bei seinem Vater, Komposition bei H. Kaun in Berlin sowie Musikwissenschaft in Tübingen und Berlin und wurde 1906 Solorepetitor am Staatstheater Wiesbaden und bald darauf Chordirektor und 1. Kapellmeister. 1907–14 war er Assistent bei den Bayreuther Festspielen, 1927–34 GMD in Dessau. 1938–58 wirkte er am Deutschen Opernhaus Berlin (1. Kapellmeister und GMD); außerdem war er 1946–49 Chefdirigent des Berliner Rundfunks. R. ist auch als Komponist u. a. mit Kammermusik, Liedern und Bühnenmusik hervorgetreten.

ROTROUENGE (provenzalisch: retroencha, retroensa, retrooncha), Bz. für eine Gattung der mittelalterlichen Lyrik Nord- und Südfrankreichs mit nicht-onomatopoëtischem Binnen- oder Endrefrain. Trotz der geringen Anzahl der überlieferten Stücke läßt sich eine exakte Strukturierung der mit anderen Tanzliedern wie Rondeau, Virelai und Ballade verwandten Form aufgrund des variantenreichen Strophenbaus schwer durchführen. Die ältesten erhaltenen Beispiele des volkstümlich inspirierten Genres stammen aus dem letzten Drittel des 12. Jh. und sind in altfranzösischer Sprache abgefaßt. Von den 8 mit Notation überlieferten R.s stammen 5 von Gontier de Soignies aus dem Hainaut (literarische Aktivität zwischen 1180–1190 und 1210–1220) und dem Pariser (?) Richard de Semilly (literarische Aktivität um 1200) sowie 3 von dem Provenzalen Guiraut Riquier.

Ausg. u. Lit.: F. GENNRICH, Die altfrz. R. (Hl 1925); DERS., R., in: MGG XI; P. BEC, Note sur la r. médiévale, in: Mélanges de langues et de littérature romanes. FS C. Th. Gossen (Be – Lüttich 1976).
W.-D. LANGE

ROTTA. – **1)** Als provenzalische (und latinisierte) Form des altfranzösischen rote (mhd. rotte, galloromanisch chrota, chrotta) Bz. für einen im frühen und hohen Mittelalter häufig genannten und abgebildeten Typ der Zither, der wie eine Harfe gehalten wird; der einem gleichschenkligen Dreieck in der Form angenäherte Schallkasten ist 1- oder 2seitig mit bis zu 30 Saiten (am häufigsten 7–12) bespannt, die meist ohne Plektrum gezupft werden. Die frühesten Bildbelege stammen aus dem 8. Jh.; möglicherweise ist die von Isidor von Sevilla genannte „cythara barbarica" (Gerbert Scr. I, 23) bereits ein der R. ähnliches Instrument. Die R. ist in ganz Mitteleuropa mit Ausnahme Englands nachgewiesen und diente besonders als Begleitinstrument anspruchsvoller Gesänge wie Tropen, liturgischer und weltlicher Sequenzen und Lais. – **2)** Als vereinzelt seit dem 14. Jh. auftretende italienische Wortform Rotta Bz. für einen schnellen Nachtanz, der vom langsamen Haupttanz variativ abgeleitet ist, so in den Estampien *Lamento di Tristano* und *La Manfredina* der Hs. London BrM Add. 29987. In der höfischen Tanzsammlung des italienischen Tanzmeisters M. F. Caroso *Il Ballarino* (1581) wird mit R. ein im 6/8-Takt stehender Tanz oder allgemein eine Tanzvariation *(La rotta in saltarello, La rotta in gagliarda* u. a.) bezeichnet.

Lit.: **Zu 1):** H. STEGER, David rex et propheta (Nü 1961) (= Erlanger Beitr. z. Sprach- u. Kunstwiss. 6); DERS., Die Rotte, in: DVfLG 35 (1961); DERS., Philologia musica. Sprachzeichen, Bild u. Sache im literarisch-musikal. Leben des MA, Lire, Harfe, Rotte u. Fidel (Mn 1971) (= Münstersche MA-Schriften 2).

ROTULUS, Rotula (lat., = Rädchen, Rolle; Diminutiv von rota = Rad), frühmittelalterliche Bz. für die Schriftrolle aus Papyrus oder Pergament (seltener aus Leder), die älteste Form des abendländischen Buches. Pergamentrollen als Überlieferungsträger einstimmiger und mehrstimmiger Musik sind vielfach überliefert, darunter einige Rotuli it. Herkunft mit Choralmelodien aus dem 10. bis 13. Jh., einige frz. Herkunft mit 2- und 3st. Conductus, Motetten und Kanons aus dem 14. Jh. sowie einige engl. Herkunft mit 2- und 3st. geistlicher Musik aus dem 14. und 15. Jahrhundert.

Lit.: M. AVERY, The Exultet Rolls ..., 2 Bde. (Princeton/N.J. 1936); R. H. HOPPIN, A Musical R. of 15th Century, in: RBMie 9 (1955); D. STEVENS, A Recently Discovered Engl. Source ..., in: MQ 41 (1955); R. H. HOPPIN, Some Remarks apropos of Pic, in: RBMie 10 (1956); F. L. HARRISON, Music in Medieval Britain (Lo 1958, 21963).
B. R. SUCHLA

ROTZSCH, Hans-Joachim, * 25. 4. 1929 Leipzig; dt. Sänger (Tenor) und Dirigent. Er studierte 1949–53 am Institut für Kirchenmusik der Hochschule für Musik Orgel, Klavier und Gesang und wirkte danach als erfolgreicher Konzert- und Oratoriensänger im In- und Ausland. Seit 1962 ist er auch Lehrbeauftragter an der Leipziger Musikhochschule und leitete 1963–72 den Leipziger Universitätschor, den er zu einem der besten Laienchöre der DDR entwickelte. 1972 wurde R. als Nachfolger von E. Mauersberger Thomaskantor.

ROUART, LEROLLE & CIE., frz. Musikverlag; gegr. 1905 in Paris von Alexis Rouart (1869–1921), der sich 1908 mit Jacques Lerolle (* 1880), einem Vetter von E. Chausson, assoziierte. Der Verlag publizierte Werke der meisten zeitgenössischen französischen Komponisten, darunter Chausson (fast das gesamte Œuvre), H. Duparc (die berühmten *Mélodies*), Ch. Koechlin, G. Pierné, A. Roussel, E. Satie, A. Honegger, Fr. Poulenc und G. Auric. 1942 ging die Firma an Salabert über.

ROUGET DE LISLE (Rouget de l'Isle; eig. nur Rouget), **Claude-Joseph,** * 10. 5. 1760 Lons-le-Saunier, † 26. (oder 27.) 6. 1836 Choisy-le-Roy; frz. Offizier und Komponist. Er wurde 1791 als Hauptmann nach Straßburg versetzt, wo er im April 1792 bei Beginn des 1. Koalitionskriegs die 6 Strophen und die Melodie des *Chant de guerre pour l'armée du Rhin* schrieb. Dieses Lied fand rasche Verbreitung und wurde von den Freiwilligen der Stadt Marseille im Juli 1792 bei ihrem Einzug in Paris gesungen. Seitdem hieß es *Marseillaise* und erklang auf allen Schlachtfeldern der Französischen Revolution. Ein Erlaß des Konvents erhob es 1795 zur ↗Nationalhymne. Während sie im Kaiserreich und zur Zeit der Restauration in den Hintergrund trat, erklang sie wieder in den Revolutionsjahren 1830 und 1848, wurde 1879 erneut zur französischen Nationalhymne erklärt und erhielt 1887 in der Bearbeitung und Instrumentation von A. Thomas ihre offizielle Fassung. R. schrieb weitere Revolutionsgesänge, veröffentlichte eine Sammlung von 24 *Hymnes, chansons ou romances* mit obligater V. (P um 1796), 50 *Chants français* (P 1825) und verfaßte einige Opernlibretti. – ↗Revolutionsmusik.

Lit.: G. DE FROIDCOURT, Grétry, R. de l'I. et la Marseillaise (Lüttich 1945); F. CHAILLEY, La Marseillaise. Étude critique sur les origines, in: Annales historiques de la Révolution française 32/3 (P 1960).

ROUND (engl., = rund). – **1)** Bz. für einen vokalen Zirkelkanon zu 3 oder mehr Stimmen (↗Kanon; ↗Radel), in dem die Stimmen nacheinander im Einklang oder in der Oktave beginnen, wobei die Einsätze in jeweils gleichem Abstand über das gesamte R. verteilt sind und stets wieder in ihren Anfang einmünden, also „rundherum gehen" (going round) (↗Rundformen). Erstmals belegt ist dieser Typus des R. um 1515 (Hs. London, British Museum, Add. 31922). Es wurde – vor allem in seiner frivolen Ausprägung als ↗Catch – vom 16. bis 18. Jh. als Unterhaltungsmusik in geselliger Runde gepflegt. – **2)** Seit dem 17. Jh. ist in England R. oder Roundel auch als Bz. für einen im Kreis ausgeführten ↗Rundtanz nachgewiesen. J. Playford hat 13 Beispiele in *The English Dancing Master* (1651) veröffentlicht.

Lit.: C. L. DAY – E. B. MURRIE, English Song-Books, 1651–1702 (Lo 1940); J. STEVENS, Rounds and Canons from an Early Tudor Song-Book, in: ML 32 (1951); J. VLASTO, An Elizabethan Anthology of Rounds, in: MQ 40 (1954); M. DEAN-SMITH, Playford's „English Dancing Master" (Lo 1957); F. L. HARRISON, Music in Medieval Britain (Lo 1958, [2]1963). B. R. SUCHLA

ROUSSEAU, Jean, * 1. 10. 1644 Moulins, † um 1700 (?); frz. Gambist, Komponist und Musiktheoretiker. Er lebte seit 1676 in Paris, war Schüler des Gambisten Sainte-Colombe und wurde selbst einer der bedeutendsten Gambisten seiner Zeit. Bekannt ist er geblieben durch einen *Traité de la viole,* in dem Geschichte und Spielweise der Viole dargelegt wird. Von Interesse ist vor allem der 3. Abschnitt, der die verschiedenen Verzierungen behandelt. Erfolg hatte in Frankreich auch R.s Gesangslehre *(Méthode claire ...),* die allerdings von dem einflußreichen B. de Bacilly abgelehnt wurde. Kompositionen R.s sind verlorengegangen.

Schriften: *Méthode claire, certaine et facile pour apprendre à chanter la musique* (P 1678, 6. Aufl. A um 1710, Nachdr. G 1976); *Traité de la viole* (P 1687, Nachdr. A 1965 u. G 1975).

Lit.: F. LESURE, Une querelle sur le jeu de la viole en 1688, J. R. contre Demachy, in: RMie 46 (1960); R. A. GREEN, Annotated Translation and Commentary of the Works of J. R. (1979) (= Diss. Indiana Univ.); A. ERHARDT, J. R.s „Traité de la Viole" (Mn – Salzburg 1980) (= Musikwiss. Schriften 6) (Faks., Übers. u. Kommentar); J. A. SADIE, The Bass Viol in French Baroque Chamber Music (Ann Arbor/Mich. 1981).

ROUSSEAU, Jean-Jacques, * 28. 6. 1712 Genf, † 2. 7. 1778 Ermenonville (Oise); frz. Schriftsteller, Philosoph und Komponist. Er war als Musiker Autodidakt und kam nach einem bewegten Leben in der Schweiz und in Italien 1741 nach Paris. Dort legte er 1742 der Académie des Sciences sein *Projet concernant de nouveaux signes pour la musique* vor, in dem die Noten durch Ziffern ersetzt werden. Die Schrift löste eine dauernde Gegnerschaft von J.-Ph. Rameau aus, die sich in mehreren literarischen Disputen bekundete. 1743 ging R. als Sekretär des Grafen Montaigu nach Venedig, wo sich ihm die italienische Musik tief einprägte. 1745 wieder in Paris, führte er trotz Rameaus Widerstand einen Teil seines (nicht vollständig erhaltenen) Opéra-ballet *Les muses galantes* bei La Poupliniére auf. 1748–50 verfaßte R. die musikalischen Artikel für die *Encyclopédie* D. Diderots. Auf Rameaus Kritik (*Erreurs sur la musique ...,* 1755) erwiderte R. ebenso scharf (*Examen des deux principes,* 1755). Inzwischen gehörte R. nach der Aufführung von *Devin du village* (↗Dorfwahrsager) zu den prominentesten französischen Musikern seiner Zeit. Der Erfolg dieses Werkes, das den entscheidenden Schritt von der Opera buffa zur ↗Opéra-comique bedeutet, beruhte auf dem „Accent de la nature" und auf dem volkstümlichen Ton seiner Airs und Tänze. In der Folgezeit sah der ↗Buffonistenstreit R. leidenschaftlich auf der Seite der italienischen Musik, namentlich in der *Lettre sur la musique française* (1753). Die wichtigsten Werke der späteren Jahre sind das *Dictionnaire de la musique* (1768), kein umfassend fachlich informierendes Sachlexikon, sondern die alphabetisch geordnete Summe musikästhetischen

Raisonnements, und die Scène lyrique ↗ *Pygmalion,* mit dem die Geschichte des ↗ Melodrams beginnt.

WW: **1) Kompositionen:** *Canzoni da batello: Chansons italiennes* (P 1753); *Les consolations des misères de ma vie* (P 1781) (Airs, Romanzen u. Duos); weitere Gesänge separat, in Sammeldrukken der Zeit u. hsl. erhalten; 5 lat. Solomotetten mit B.c. bzw. Instr. (hsl.). – Intermède *Le devin du village,* UA: Fontainebleau 1752 (P 1753), dazu *6 Nouveaux airs* (P 1778); Scène lyrique *Pygmalion* (1762–65) (zus. mit Henri Coignet); ferner einige Instrumentalstücke. – **2) Schriften** (nur die die Musik betreffenden): *Projet concernant de nouveaux signes...* (G 1781); *Dissertation sur la musique moderne* (P 1743); *Lettres sur la musique française* u. *Lettre d'un symphoniste de l'Académie royale de musique à ses camarades de l'orchestre* (P 1753); *Examen de deux principes avancés par M. Rameau dans... ,Erreurs sur la musique dans l'Encyclopédie'* (P 1755); *Dictionnaire de musique* (P 1768 u.ö., auch engl.). Die meisten angegebenen u. weitere kleinere Schriften erschienen in 4 Bden. erstmals im Rahmen der Œuvres complètes (P 1788–93) sowie in den zahlreichen weiteren Werkausgaben.

R., dessen philosophische Ideen das europäische Geistesleben vielfältig beeindruckt haben, war mit seinem musikalischen Œuvre ebenfalls von großer Ausstrahlung. Auch dieses, gleichermaßen bewundert wie abgelehnt, ist beherrscht von dem „Retour à la nature", das ihn engagiert den Primat der Melodie und des Gesangs verfechten ließ, und dies in einer Zeit, in der der Siegeszug der Instrumentalmusik schon längst begonnen hatte. Für R. ist Instrumentalmusik der Vokalmusik untergeordnet; jeder nicht gesungenen Musik fehlt der Ausdruck, und die Harmonie hat nur die Aufgabe, die Melodie zu begleiten. So kommt er im *Dictionnaire* zu der extremen Auffassung, die angenehmste Harmonie sei das Unisono, der einstimmige Gesang, und „wenn uns dabei die Akkorde fehlen, dann nur deshalb, weil unser Geschmack verdorben ist". Bei aller Einseitigkeit, wie sie sich hier symptomatisch bekundet, ist R. – direkt oder indirekt – in der Geschichte der Musikauffassung des 19. Jh. überall dort von Bedeutung, wo von der Natur und dem Natürlichen die Rede ist.

Ausg.: *Airs à 2 clarinettes,* hrsg. v. H. BECKER (L 1954) (= Coll. Mus. 106); Romanze *Echo,* in: F. NOSKE, Das außerdt. Sololied (Kö 1958) (= Das Musikwerk 16); *Les muses galantes,* 1. Akt, Klv.-A., hrsg. v. S. BAUD-BOVY (G 1962); *Dictionnaire de la musique,* Faks.-Ausg. (Hil – NY 1969).

Lit.: A. POUGIN, J.-J. R. musicien (P 1901); J. TIERSOT, J.-J. R. (P 1912, ²1920); G. TAYLOR, R.'s Conception of Music, in: ML 30 (1949); S. BAUD-BOVY, R. musicien (Neuchâtel 1963); J. MITTENZWEI, R.s Auffassung v. der Musik als einer Sprache der Natur u. der Leidenschaften, in: Das Musikal. in der Lit. (Hl 1962); R. COTTE, Bemerkungen über das Verhältnis J.-J. R.s zur Musik, in: BzMw 5 (1963); TH. W. HUNT, The „Dictionnaire de musique" of J.-J. R. (1967) (= Diss. North Texas State Univ.); W. EISENMANN, Wer komponierte den „Devin du village", in: SMZ 112 (1972); S. BAUD-BOVY, J.-J. R. et la musique française, in: RMie 40 (1974); W. ARLT, Natur u. Gesch. in der Musik in der Anschauung des 18. Jh. J.-J. R. u. J. N. Forkel, in: Melos/NZ 2 (1976); J. H. BATLAY, J.-J. R., Compositeur de chansons (P 1976); J. F. STRAUSS, J.-J. R., Musician, in: MQ 64 (1978). – ↗ Buffonistenstreit, ↗ Melodram.

ROUSSEL, Albert Charles Paul Marie, * 5. 4. 1869 Tourcoing (Nord), † 23. 8. 1937 Royan; frz. Komponist. Er absolvierte in Paris die École Navale, fuhr als Marinefähnrich zur See und widmete sich nur in seiner Freizeit der Musik. Während eines längeren Urlaubs besuchte er 1893 das Konservatorium in Roubaix, wo er sich seiner Berufung als Komponist bewußt wurde. Er nahm seinen Abschied von der Marine und studierte in Paris bei E. Gigout Orgel und Komposition. 1898 wurde er Schüler von V. d'Indy an der Schola Cantorum und war 1902–14 dort selbst Professor für Kontrapunkt. In dieser Zeit waren u.a. E. Satie, E. Varèse und (privat) B. Martinů seine Schüler. Sein Durchbruch als Komponist geschah im wesentlichen mit dem *Poème de la forêt* (1908 in Brüssel aufgeführt). Entscheidende Anregungen für sein Schaffen empfing er von einer Reise (1909–11) nach Indien und Kambodscha. Nach dem 1. Weltkrieg ließ er sich in Perros-Guirec nieder und lebte seit 1922 auf seinem Landsitz „Vasterival" am Meer (bei Vasengeville, Seine-Maritime). Sein Schaffen fand schnell allgemeine Anerkennung, was sich auch in den zahlreichen Festlichkeiten aus Anlaß seines 60. Geburtstags 1929 niederschlug. Ein besonderes Ereignis für ihn war seine Teilnahme an der Aufführung der im Auftrag von S. Kussewitzki geschriebenen 3. Symphonie in den USA. Kurz vor seinem Tod zog sich R., der an Angina pectoris litt, nach Royan zurück.

WW: **1) Instr.-WW:** Für Klv.: Zahlr. Klv.-Stücke, u.a.: *Des heures passent,* op. 1 (1898); Suite, op. 14 (1909–10); Kammermusik, u.a.: Impromptu für Harfe, op. 21 (1919); 2 Sonaten für Klv. u. V., op. 11 (1908) u. op. 28 (1924); Duo für Fag. u. Vc. oder Kb. (1925); Trios: für Klv., V. u. Vc., op. 2 (1902); für Fl., Va. u. Vc., op. 40 (1929); für V., Va. u. Vc., op. 59 (1937); Streichquartett, op. 45 (1932); Serenade für Fl., V., Va., Vc. u. Harfe (1925); Divertissement, op. 6 (1906) für Fl., Ob., Klar., Fag., Horn u. Klv. – Für Orch.: *Hochzeitsmarsch* (1893); *Résurrection,* op. 4 (1903); 4 Symphonien: *Le poème de la forêt,* op. 7 (1906), op. 23 (1921), op. 42 (1930), op. 53 (1934); symphonische Dichtung *Pour une fête de printemps,* op. 22 (1920); Suite F-Dur, op. 33 (1926); Concerto, op. 34 (1927); *Petite suite,* op. 39 (1929); Klv.-Konzert, op. 36 (1927); Sinfonietta, op. 52 (1934); *Rapsodie flamande,* op. 56 (1936); Concertino für Vc. u. Orch., op. 57 (1936). – **2) Vokal-WW:** Zahlr. Lieder für SingSt u. Klv.; *Madrigal aux muses,* op. 25 (1923) für 3 Frauenst. a cap.; *Évocations,* op. 15 (1911) für Soli, Chor u. Orch.; *Le bardit des francs* (1926) für 4st. Männerchor a cap. oder mit Blechbläsern u. Schlagzeug; Psalm 80, op. 37 (1928) für Tenor, Chor u. Orch. – **3) Bühnen-WW:** Opern: *La naissance de la lyre,* op. 24, UA: Paris 1925; *Le testament de la tante Caroline,* UA: Olmütz 1936; Opéra-ballet *Padmâvatî,* op. 18, UA: Paris 1923. – Ballette: *Le festin de l'araignée,* op. 17, UA: Paris 1913; *Bacchus et Ariane,* op. 43, UA: ebd. 1931; *Aenéas,* op. 54, UA: Brüssel 1935.

R. verdankt die Grundlagen seines Schaffens vor allem Gigout, dem Schüler der École Niedermeyer, wo das Studium des Gregorianischen Chorals die Richtung mehr zu einer modalen Konzeption des musikalischen Satzes wies als die tonalen Methoden des Conservatoire (in das R. wegen seines Alters nicht aufgenommen werden konnte). Das spätere Studium bei d'Indy weckte bei R. die Bereitschaft zu nonkonformistischen harmonischen Tendenzen. Gleichzeitig erlebte er das schnelle Aufblühen der Kunst von Cl. Debussy, deren Einfluß im *Poème de la forêt*, in den *Évocations* und im *Festin de l'araignée* deutlich wird. Die Kriegsjahre brachten dann einen Bruch mit dem Impressionismus, der sich in *Padmâvatî* ankündigt und seit der 2. Symphonie vollzogen ist. R.s kompositorische Entwicklung mündet schließlich in die Fülle einer individuellen musikalischen Sprache. Als einer der ersten in seiner Zeit verwendete er exotische Tonleitern (z. B. indische in der 2. Violinsonate), von denen gelegentlich auch seine Harmonik bestimmt ist. Diese weist Klänge und Klangfolgen auf, die unabhängig von tonaler Konzeption sind. Polytonalität wird sozusagen als Würze gebraucht, während insgesamt tonale Zentren erkennbar bleiben. Atonalität im Sinne A. Schönbergs lehnte R. als „artifiziell" ab. Die Werke R.s sind nicht zuletzt gekennzeichnet durch den Gebrauch vielfältiger außergewöhnlicher Rhythmen und Taktarten, z. B. $5/4$, $7/4$, $10/8$ (= $6/8 + 4/8$). Insgesamt hat R. einen hohen Rang in der Musikgeschichte des 20. Jh. als einer der interessantesten Vertreter des französischen Neoklassizismus.

Lit.: RM 10 (1928/29) Sonder-Nr. – L. VUILLEMIN, A. R. (P 1924); A. HOÉRÉE, A. R. (P 1938); R. BERNARD, A. R. (P 1948); M. PINCHERLE, A. R. (G 1957); B. DEANE, A. R. (Lo 1961); J. M. EDDINS, The Symphonic Music of A. R. (1966) (= Diss. Florida State Univ.); A. SURCHAMP, A. R. (P 1967); A. HOÉRÉE, A. R. (P o.J.); F. LESURE, A. R. (P 1969) (Ausstellungskat. der Bibl. Nat.); R. CRICHTON, R.'s Stage Works, in: MT 110 (1969); N. CONTI – C. MARCHESANI, in: Musicalia 1 (1970) (mit Verz. der gedruckten Werke u. Diskographie); J. W. STEVENS, The Complete Songs for Voice and Piano of A. R. (1976) (= Diss. Univ. of Maryland); N. DEMUTH, A. R. (Westport/Conn. 1979).

ROUSSIER, Pierre-Joseph, * 1716 oder 1717 Marseille, † 18. 8. 1792 Écouis (Normandie); frz. Musiktheoretiker. Er war Priester und begann sich erst spät mit Musiktheorie zu beschäftigen. 1737 ist er in den Almanachs von Lyon als Lehrer für Komposition und Vokalmusik verzeichnet. Er betrachtete es als seine Hauptaufgabe, die Lehre von J.-Ph. Rameau zu vertiefen und allgemein zu verbreiten. Seine Zeitgenossen warfen ihm Unkenntnis der Harmonielehre vor.

Schriften: *Traité des accords et de leur succession* (P – Ly 1764); *Observations sur différens points d'harmonie* (G – P 1765); *Mémoire sur la musique des anciens* (P 1770); *L'harmonie pratique ou exemple pour le traité des accords* (P – Ly 1775); *Mémoire sur la nouvelle harpe de M. Cousineau* (P 1782); *Mémoire sur le nouveau clavecin chromatique de M. de Laborde* (P 1782).

Ausg.: *Mémoire sur la musique des anciens*... Faks.-Ausg. (NY 1966) (= MMMLF II/41); *Mémoire sur le nouveau clavecin, Mémoire sur la nouvelle harpe* u. *Traité des accords*, in: Textes sur les instruments de musique au XVIIIe siècle (G 1972).

Lit. G. BIRKNER, R., in: MGG XI; R. D. OSBORNE, The Theoretical Writings of Abbé P.-J. R. (1966) (= Diss. Ohio State Univ.).

ROVETTA, Giovanni, * um 1596 Venedig, † 23. 10. 1668 ebd.; it. Sänger und Komponist. R. war als Mitglied des Knabenchors an S. Marco in Venedig Schüler von Cl. Monteverdi; er wurde Mönch und Priester, 1623 an S. Marco Sänger, 1627 Vizekapellmeister und 1644 nach dem Tode von Monteverdi Kapellmeister. In seinen geistlichen und weltlichen Werken pflegt R. den geringstimmigen konzertierenden Stil unter dem unverkennbaren Einfluß Monteverdis. Allerdings erscheinen monodische Partien selten, obligate Instrumente nur in den Madrigalen. – Ein Neffe R.s, **Giovanni Battista** (Giambattista), im Unterschied zu einem Onkel auch **Rovettino** genannt († 1691), war unter dem Namen Volpe ebenfalls an S. Marco in Venedig tätig: als Hilfsorganist (seit 1645), 1. Organist (seit 1678) und als Kapellmeister in der Nachfolge von G. Legrenzi (1690).

WW: 3 Bücher *Madrigali concertati* für 2–8 St. u. B.c., teilweise mit V. (V 1629, 1640, 1645). – 4 Bücher *Motetti concertati* für 2–4 St. u. B.c. (V 1635, 1639, 1647, 1650) (mehrere Aufl. u. Auswahlausg.); *Salmi concertati* für 5–6 St. u. B.c., teilweise mit V., veröff. mit *Canzoni per sonar* (V 1626); *Messa, e salmi concertati* für 5–8 St., 2 V. u. B.c. (V 1639); *Salmi* u. a. (Messensätze) für 3–4 St., 2 V. u. B.c. (V 1642); *Salmi* für 8 St. u. B.c. (V 1644); eine Passion ist hsl. erhalten, geistliche Werke auch in zahlr. Sammeldrucken 1620–69.

Lit.: J. ROCHE, R., in: Grove[6] XVI; J. H. MOORE, Vespers at St. Marks, 1625–1675. Music of A. Grandi, G. R. and F. Cavalli (Epping/Essex 1980).

ROWICKI, Witold, * 26. 2. 1914 Taganrog (Südrußland); poln. Dirigent und Violinist. Er studierte Violine und Komposition in Krakau sowie 1942–44 Dirigieren bei R. Hindemith, nachdem er bereits 1938 Violinlehrer am Krakauer Konservatorium geworden war. 1945 stellte er ein Symphonieorchester für den Rundfunksender Kattowitz auf und war 1950–55 Leiter der heutigen Nationalphilharmonie Warschau, die er 1958 wiederum übernahm und deren künstlerischer Direktor er heute ist. Mit Nachdruck setzt sich R. für die Förderung der zeitgenössischen Musik seines Landes ein. Den „Warschauer Herbst" hat er zu einem bedeutenden Forum junger Komponisten gemacht. Häufig gastiert er auch im Ausland.

Lit.: L. TERPIŁOWSKI, W. R. (Krakau 1961).

ROYER, Joseph-Nicolas-Pancrace, * um 1705 Turin (?), † 11. 1. 1755 Paris; frz. Cembalist, Komponist und Dirigent. 1725 kam er nach Paris und leitete 1730–33 das Orchester der Opéra, wurde 1734 Mitglied der königlichen Kapelle und 1746 Maître de musique des Enfants de France, Generalinspekteur der Opéra und 1753 Maître de musique de la Chambre du Roi. Seit 1748 leitete er das Concert spirituel. Von seinen Werken hatte das Opéraballet *Zaïde* langanhaltenden Erfolg.

WW: *Pièces de clavecin* (P 1746); Ode *La fortune* u. Motette *Venite exultemus* für Bar. u. Instr. (P o.J. bzw. hsl. erhalten). – Bühnen-WW (UA in Paris und dort gedruckt bzw. hsl. erhalten): Opéras-comiques: *Le fâcheux veuvage* (1725); *Crédit est mort* (1726); Tragédie lyrique *Pyrrhus* (1730); Opéras-ballets: *Zaïde* (1739); *Le pouvoir de l'amour* (1743); *Almasis* (1750).

Ausg.: *Pièces de clavecin*, Faks.-Ausg. (G 1981) (= Clavecinistes français du XVIIIe siècle 14).

RÓZSA, Miklós, * 18. 4. 1907 Budapest; amerik. Komponist ung. Herkunft. Er studierte 1925–29 Komposition bei H. Grabner und Musikwissenschaft bei Th. Kroyer in Leipzig. 1931 ging er nach Paris, 1935 nach London und 1940 nach Hollywood. 1945–65 lehrte er Komposition an der University of Southern California in Los Angeles. Wie bei B. Bartók und Z. Kodály greifen R.s Werke vielfach auf Melodik und Rhythmik ungarischer Volksmusik zurück.

WW: Für Klv.: Variationen (1932); *Kaleidoscope*, op. 19 (1945), Orch.-Fassung op. 19a (1957); Sonate (1948); *Trio sérénade* (1927) für V., Va. u. Vc.; Streichquartett, op. 22 (1950); Klv.-Quintett (1928). – Für Orch.: Thema, Variationen und Finale (1933); *Capriccio, pastorale e danza* (1938); Konzertouvertüre (1957); *Notturno ungharese*, op. 28 (1965); *Tripartita*, op. 33 (1973); Sinfonia concertante (1966) für V., Vc. u. Orch.; Konzerte für: V. (1953); Klv., op. 31 (1967); Vc., op. 32 (1969). – Motetten: *Hienieden alles hat seine Stunde / To Everything There is a Season* (1948) für 8st. gem. Chor u. Org. ad lib.; *Die Eitelkeiten des Lebens / The Vanities of the Life* (1965) für 4st. gem. Chor u. Org. ad lib.

Lit.: R. M. LARSON, Stylistic Characteristics in „a cappella" Composition in the United States, 1940–53 (1953) (= Diss. Northwestern Univ.).

RÓZSAVÖLGYI (eig. Rosenthal). – **1) Márk,** * 1789 (1787?) Balassagyarmat, † 23. 1. 1848 Pest; ung. Violinist und Komponist. Er studierte in Prag und gab zahlreiche Konzerte in Wien und Ungarn. 1837–38 gehörte er dem Nationaltheater in Pest an. R. war der letzte, der Verbunkos in ihrer ursprünglichen Fassung spielte, und der erste Komponist von Csárdás. Er schrieb ungarische Tänze für 1 oder 2 V. oder für Klv., Salontänze (Körtánc, Társas tánc) und Melodien, die teils einzeln, teils in Anthologien der Zeit erschienen (NA von N. Kör unter dem Titel *Nemzeti zenetár*, 1844), sowie eine Oper, *Visegrádi kincskeresök* (Die Schatzsucher von Visegrád, UA: Pest 1839). – **2) Gyula,** Sohn von 1), * 1822, † 1861; ung. Musikverleger. Er gründete 1850 in Budapest den Musikverlag R. & Comp. (R. és Társa), den ersten in Ungarn, der Filialen in Wien, Berlin, Leipzig und London unterhielt. Die Firma widmete sich besonders der Verbreitung der ungarischen Musik (E. von Dohnányi, B. Bartók, Z. Kodály u.a.). 1949 wurde sie verstaatlicht.

Ausg.: **Zu 1):** Erster ung. Gesellschaftstanz, hrsg. v. F. BÓNIS (W 1965) (= Diletto musicale 175).

Lit.: E. MAJOR, R., in: Zenei Lexikon (Budapest 1965); F. BÓNIS, R. M., a „csárdás atyja", in: Népszabadság 31 (1973); Z. RÉTI, R. M. (Budapest 1975).

RÓŻYCKI (Rositzky, Ruziski), **Jacek Sebastian** (?) (Hyacinthus), * um 1625/35 Łęczyca bei Łódź, † vor 1707; poln. Komponist. Er wurde um 1640 Musiker, nach 1662 Leiter der königlichen Kapelle und um 1697, nach der Thronbesteigung Kurfürst Augusts des Starken von Sachsen als König von Polen, Kapellmeister der vereinigten Kapellen von Warschau und Dresden.

WW (hsl. erhalten) u. Ausg.: 13 lat. Hymnen für 4 St. a cap., hrsg. v. A. CHYBIŃSKI – B. RUTKOWSKI (War 1929, [2]1947) (WDMP 3); *Magnificemus in cantico* für 2 St. u. B.c. (1674), hrsg. v. A. CHYBIŃSKY (War 1938, [2]1968) (= ebd. 16); *Exsultemus omnes* für 3 St. u. B.c., hrsg. v. Z. M. SZWEYKOWSKI (War 1961, [2]1966) (= ebd. 44); Magnificat für Soli, Chor, Instr. u. B.c. (1688), hrsg. v. DEMS. (War 1964) (= ebd. 54); *Confitebor* für 4 St., 2 V. u. B.c., hrsg. v. DEMS. (War 1966) (= ebd. 60); *Iste sanctus* für 3 St., Instr. u. B.c., in: Muzyka staropolska, hrsg. v. H. FEICHT (War 1966); ferner *Dixit Dominus* für Soli, Chor, Instr. u. B.c.; *Fidelis servus* für 5 St., 2 V. u. B.c.

Lit.: Z. M. SZWEYKOWSKI, Kapelmistrz herbu Doliwa, in: Ruch muzyczny 10 (1966); M. PERZ, R., in: Grove[6] XVI.

RÓŻYCKI, Ludomir, * 6. 11. 1884 Warschau, † 1. 1. 1953 Kattowitz; poln. Komponist. Er studierte am Konservatorium Warschau Komposition bei Z. Noskowski und 1905–07 in Berlin bei E. Humperdinck, wo sich auch R. Strauss für ihn einsetzte. 1907–12 war er in Lemberg Kapellmeister an der Oper und Lehrer am Konservatorium, lebte bis 1918 wieder in Berlin und dann in Warschau, wo er 1930 Kompositionslehrer am Konservatorium wurde. Seit 1945 lehrte er an der Musikhochschule Kattowitz. R.s Werke – sie verbrannten im 2. Weltkrieg, und er schrieb sie später neu – stehen in der Tradition des 19. Jahrhunderts.

WW: Klv.-Stücke; Kammermusik. – Für Orch.: *Anhelli*, op. 22 (1909); *Warszawianka* (1910); *Mona Lisa Gioconda*, op. 29 (1910); *Pietà* (1942); *Warszawa wyzwolana* (1950); Lieder. – Opern: *Bolesław Smiały*, UA: Lemberg 1909; *Meduza*, UA: Warschau 1912; *Eros i Psyche*, UA: Breslau u. Warschau 1917; *Casanova*, UA: Warschau 1923; *Beatrice Cenci*, UA: ebd. 1927; *Młyn diabelski*, UA: Posen 1931; *Lili che spiewac*, UA: ebd. 1933. – Ballette: *Pań Twardowski*, UA: Warschau 1921; *Apollo i dziewzcyna* (1938).

Lit.: J. KAŃSKI, L. R. (Krakau 1955); I. TURSKA, „Pań Twardowski" L. Różyckiego (Krakau 1959) (= Mala bibl. baletowa 2); Z. LISSA, R., in: MGG XI; Z. FOLGA, „Boleslaw Smiały" L. Różyckiego jako dramat muzyczny, in: R. Wagner a polska kultura muzyczna, hrsg. v. K. Musiol (Kattowitz 1964).

RUBATO (it.), Kurzform für ↗Tempo rubato.

RUBBRA, Charles Edmund, * 23. 5. 1901 Northampton, † 14. 2. 1986; engl. Komponist. Er studierte Komposition an der Universität Reading u. am Royal College in London bei G. Holst u. bei R. O. Morris und lehrte selbst 1947–68 an der Oxford University, seit 1961 auch an der Guildhall School of Music in London. R. gilt in England als einer der prominentesten Komponisten seiner Generation, vor allem wegen seiner Symphonien, die ihn nach ihrer Zahl und ihrem künstlerischen Gewicht als den bedeutendsten Vertreter dieser Gattung neben und nach R. Vaughan Williams erweisen. Kennzeichen seines symphonischen Stils ist eine dichte thematische und kontrapunktische Arbeit. R.s besonderes Interesse galt auch der katholischen Kirchenmusik.

WW: **1) Instr.-WW:** Introduktion u. Fuge für Klv., op. 19 (1928); V.-Sonate, op. 60 (1946); Praeludium u. Fuge über ein Thema v. C. Scott für Org., op. 69 (1950); 8 Praeludien für Klv., op. 131 (1967); Streichquartette: op. 35 (1933); op. 73 (1952); op. 112 (1962), op. 150 (1977). – Für Orch.: 11 Symphonien: 1: op. 44 (1935–37), 2: op. 45 (1937), 3: op. 49 (1939), 4: op. 51 (1941), 5: op. 63 (1947–48), 6: op. 80 (1954), 7: op. 88 (1957), 8: op. 132 (1966–68), 9: *Sinfonia sacra* mit Soli u. Chor, op. 140 (1972), 10: *Sinfonia da camera*, op. 145 (1974), 11: op. 153 (1979); Konzerte für: Klv., op. 85 (1959), u. V., op. 103 (1962). – **2) Vokal-WW:** 5 Lieder *The Jade Mountain* (nach chines. Gedichten) für hohe St. u. Harfe, op. 116 (1963); *La belle dame sans merci* für Chor u. Orch., op. 12 (1925); *Ballad of Tristram* für Bar. u. Orch., op. 26 (1930); *Ode to the Queen* für Alt u. Orch., op. 83 (1951); Suite *In die et nocte* (nach ma. lat. Texten) für Chor u. Orch., op. 129 (1965); zahlr. kirchenmusikal. Werke u. A cappella-Chöre. – **3) Schriften:** *Holst. A Monography* (Monaco 1947); *Counterpoint. A Survey* (Lo 1960); *Casella* (Lo 1964).

Lit.: E. PAYNE, Some Aspects of R.'s Style, in: MR 16 (1955); H. OTTAWAY, E. R. and His Recent Works, in: MT 107 (1966); DERS., R.'s Symphonies, in: MT 112 (1971); M. DAWNEY, in: Composer (1971) Nr. 39 (mit Werk-Verz. ab op. 95); G. K. LYNE, E. R. The Man and His Choral Works (1976) (= Diss. Univ. of Northern Colorado).

RUBEBE ↗Rebec.

RUBERT (Rubbert), **Johann Martin,** * 1615 Nürnberg, † 1677 oder 1680 Stralsund; dt. Organist u. Komponist. Nach Tätigkeiten in Passenberg (Vogtland) und Hamburg (wo er zum Kreis um J. Rist gehörte) wirkte er seit 1646 als Organist an der Nikolaikirche in Stralsund.

WW: *Friedens-Freude*, Arien für 2 St., 2 V. u. B.c. (H 1645); *Musicalische Arien* für 2–3 St., 2 V. u. B.c. (Stralsund 1647) (unvollständig erhalten); *Musicalische Seelen-Erquickung ... auff besondere Dialogen Arth* für 1–3 St., 2–5 Violen u. B.c. (ebd. 1664); ferner einige gedruckte Gelegenheitsgesänge; 1st. geistl. Lieder in Sammeldrucken der Zeit.

Ausg.: 1st. Lieder in: J. ZAHN, Die Melodien der dt. ev. Kirchenlieder I (Gütersloh 1889, Nachdr. Hil 1963); 1 Lied in: H. J. MOSER, Corydon (Brau 1933, Nachdr. Hil 1966).

Lit.: H. ENGEL, R., in: MGG XI; W. BRAUN, Musik am Hof des Grafen Anton Günther v. Oldenburg, in: Oldenburger Balkenschild (1963) Nrn. 18–20.

RUBIN, Marcel, * 7. 7. 1905 Wien; östr. Komponist. Er war 1923–25 Kompositionsschüler von Fr. Schmidt in Wien und 1925–31 von D. Milhaud in Paris und absolvierte danach ein Jurastudium (1933 Dr. jur.) in Wien. Zusammen mit Friedrich Wildgans gründete und leitete er hier die Konzertreihe „Musik der Gegenwart". 1938 nach Paris emigriert und 1942–46 in Mexiko als Korrepetitor tätig, kehrte er 1947 nach Wien zurück, wo er als freischaffender Komponist lebt und bis 1969 Musikkritiken für die *Volksstimme* und das *Österreichische Tagebuch* schrieb. 1964 erhielt er den Professorentitel. Seine Kompositionen zeigen in der Polytonalität Einflüsse von Milhaud, in der Rhythmik und Instrumentation von I. Strawinsky und Dm. Schostakowitsch.

WW: Kammermusik, darunter 2 Streichtrios u. 2 -quartette; für Orch.: 6 Symphonien; Konzerte für: V (1941), Kb. (1970), Trp. (1972), Fag. (1976); Variationen über ein frz. Revolutionslied (1976) u. über einen Bach-Choral (1978). – Klv.-Lieder u. -Liederzyklen u.a. nach G. Apollinaire, A. Rimbaud, J. W. Goethe, C. F. Meyer; Oratorium *Die Albigenser* (1957–61); *O ihr Menschen. Heiligenstädter Psalm* (1977) für Bar., Chor u. Orch. (Text u.a. aus dem Heiligenstädter Testament von L. van Beethoven). – Bühnen-WW: Tanzstück *Die Stadt* (1933) (nach M. Gorki) für Sprecher u. Kammerorch.; komische Oper *Kleider machen Leute*, UA: Wien 1973. – R. schrieb ferner *A. Berg u. die Zukunft der Schönberg-Schule*, in: MuGes 5 (1955); *Webern u. die Folgen*, in: ebd. 10 (1960).

Lit.: H. KRONES, M. R. (W 1975) (= Östr. Komponisten des 20. Jh. 22); M. R. Ausstellungs-Kat. der Östr. Nationalbibl. (W 1981).

B. A. KOHL

RUBINI, Giovanni Battista, * 7. 4. 1794 Romano bei Bergamo, † 3. 3. 1854 Bergamo; it. Sänger (Tenor). Er debütierte 1814 in Pavia und errang 1816 am Teatro S. Carlo in Neapel, wo er bis 1831 engagiert war, seine ersten Triumphe. Außerdem sang er 1818 an der Mailänder Scala, 1824 in Wien neben dem berühmten Bariton L. Lablache und 1825/26 am Théâtre Italien in Paris, wo er in G. Rossinis *Cenerentola* Aufsehen erregte. 1831–43 trat er abwechselnd in London und Paris auf. Gastpiele führten ihn 1843 und 1844 auch nach St. Petersburg, Deutschland und Holland. R. wirkte bei den Uraufführungen von 4 Opern V. Bellinis mit: *Bianca e Fernando* (Neapel 1826), *Il pirata* (Mailand 1827), deren Hauptrolle der Komponist für ihn geschrieben hatte, *La sonnambula* (Mailand 1831) und *I puritani* (Paris 1835). Weitere Glanzrollen von R., der als „il re dei tenori" gefeiert wurde, waren G. Rossinis Otello und der

Edgardo in G. Donizettis *Lucia di Lammermoor.* R. schrieb eine Gesanglehre, *12 Lezioni di canto,* und eine kleine Liedsammlung, *L'addio.*

Lit.: C. TRAINI, Il cigno di Romano, G.B.R. (Bergamo 1954); DERS., G.B.R., re dei tenori (ebd. 1954); E. GARA, G.B.R. in „La Scala" (Mi 1955); DERS., G.B.R. nel centenario della morte (Bergamo 1968).

RUBINSTEIN. – 1) Anton Grigorjewitsch, * 16. (28.) 11. 1829 Wychwatinez bei Balta (Podolien), † 8. (20.) 11. 1894 Peterhof bei St. Petersburg; russ. Pianist, Dirigent und Komponist. Nach erstem Unterricht bei seiner Mutter wurde er von Alexandr Villoing in Moskau weiter ausgebildet und gab mit 9 Jahren sein erstes öffentliches Konzert. 1840 kam er mit Villoing nach Paris, erhielt dort weitere Anleitung durch Fr. Liszt und unternahm dann eine Konzertreise durch England, die Niederlande, Skandinavien, Deutschland und Österreich. 1844–46 studierte er Komposition bei S. Dehn in Berlin. 1848 kehrte er nach Rußland zurück und ließ sich in St. Petersburg nieder, wo er als Pianist der Großfürstin Jelena Pawlowna und als Opernkomponist rasch bekannt wurde. Nach einer Europareise 1854–58, die seinen Ruf endgültig festigte, unterstützte er 1859 die Gründung der Petersburger Russischen Musikgesellschaft, die er selbst leitete, und gründete 1862 das Kaiserliche Konservatorium in St. Petersburg, dessen Direktor er bis 1867 war. Anschließend unternahm er bis 1886 Konzertreisen durch Europa. In diese Zeit fallen die berühmten „Historisch klassischen Konzerte", die R. in Zyklen von je 7 Konzerten in St. Petersburg, Moskau, Berlin, Leipzig, Wien, London und Paris veranstaltete. 1871–72 leitete er die Wiener Gesellschaftskonzerte und konzertierte 1872–73 mit H. Wieniawski in den USA. Eine Konzertreise, die als Schlußpunkt seiner Virtuosenlaufbahn gedacht war, führte ihn 1885–87 noch einmal durch ganz Europa. Danach leitete er 1887–90 erneut das St. Petersburger Konservatorium und zog sich 1891 nach Dresden zurück.

WW: **1) Instr.-WW:** Zahlr. Klv.-Werke zu 2 u. 4 Händen; 3 Sonaten für V. u. Klv.; 1 Sonate für Va. u. Klv.; 1 Klv.-Quartett u. 2 Klv.-Quintette. – Für Orch.: 6 Symphonien: F-Dur (1850), C-Dur (1851), A-Dur (1855), d-moll (1874), g-moll (1880), a-moll (1886); 5 Klv.-Konzerte: e-moll (1850), F-Dur (1851), G-Dur (vor 1854), d-moll (1864), Es-Dur (1874); 2 Vc.-Konzerte. – **2) Vokal-WW:** Zahlr. Lieder; Werke für Chor u. Orch., darunter die Oratorien *Das verlorene Paradies* (nach J. Milton), UA: Weimar 1855, als geistliche Oper Düsseldorf 1875; *Der Turmbau von Babel* (1869); *Christus* (1893), UA als geistliche Oper: Bremen 1895. – **3) Bühnen-WW:** Opern: *Dmitri Donskoj,* UA: St. Petersburg 1852; *Sibirskije Ochotniki* (Die sibirischen Jäger), UA: Weimar 1854; *Demon* (Der Dämon) (nach M. J. Lermontow), UA: Berlin 1875; *Sulamith,* UA: Hamburg 1883; *Moses* (1892). – **4) Schriften:** *Awtobiografitscheskija wospominanija* (Erinnerungen), in: Russ. starina (1889), November-H., engl. Übers.: *Autobiography of A. R. 1829–1889* (Boston 1890), Nachdr. in: Studies in Music 42 (NY 1969), dt. Übers.: *Erinnerungen aus 50 Jahren. 1839–1889* (L 1893, [2]1895); *Die Musik und ihre Meister* (L [4]1892, russ. Mos 1891, Neudruck 1921); *A. R.s Gedankenkorb,* hrsg. v. H. Wolff (L 1897), russ. Ausg.: *Mysli i aforismy* (St. Petersburg 1903), wiederabgedruckt in: Sowjetskaja musyka 2 (1941).

Vorwiegend von F. Mendelssohn Bartholdy, R. Schumann und G. Meyerbeer beeinflußt, trägt R.s Œuvre kaum nationale Züge, doch darf seine Bedeutung für die Ausbildung einer eigenständigen russischen Musik nicht unterschätzt werden. Das symphonische Schaffen P. Tschaikowskys und A. Borodins ist ohne R. kaum denkbar. Als Pianist eine fast legendäre Gestalt, schuf er die noch heute verbindlichen Grundlagen sämtlicher russischer Pianistenschulen. Die technische Perfektion seines Spiels, in der ihm nur Fr. Liszt ebenbürtig war, verband sich mit einem leidenschaftlichen und tief empfundenen Vortrag.

2) Nikolai Grigorjewitsch, Bruder von 1), * 2. (14.) 6. 1835 Moskau, † 23. 3. 1881 Paris; russ. Pianist und Dirigent. Er studierte 1844–46 Klavier bei Th. Kullak und Komposition bei S. Dehn in Berlin. 1846 kehrte er nach Moskau zurück. 1858 trat er erstmals öffentlich als Pianist auf. 1859 wurde er Präsident der von ihm gegründeten Moskauer Russischen Musikgesellschaft, deren Konzerte er seit 1860 dirigierte, und leitete seit 1866 das von ihr neugegründete Konservatorium. R. war ein enger Freund P. Tschaikowskys, für dessen Werke er sich entschieden einsetzte. Zu seinen Schülern gehörten S. Tanejew, A. Siloti und E. von Sauer.

Lit. (im folgenden gilt die Abk. „R." auch für andere Transkriptionsformen): **Zu 1):** Cat. der im Druck erschienenen Compositionen v. A. R. (L 1889); A. SOUBIES, A. R. (P 1894); A. HERVEY, A. R. (Lo 1913, 1922); C. PREISS, A. R.s pianistische Bedeutung (L 1914); I. GLEBOW (= B. A. Assafjew), A. G. R. (Mos 1929); C. DRINKER BOWEN, „Free Artist". The Story of A. and N. R. (NY 1931) (mit Bibliogr. v. E. Albrecht); O. BENNIGSEN, The Brothers R. and their Circle, in: MQ 25 (1939); L. A. BARENBOIM, A. G. R., 2 Bde. (Mos 1957–62); M. GOLDSTEIN, Ein unbekanntes Werk A. R.s, in: MuGes 13 (1963); DERS., Zwei Zeugnisse des jungen A. R., in: BzMw 6 (1964); G. ABRAHAM, in: Slavonic and Romantic Music (Lo 1968). – **Zu 2):** C. DRINKER BOWEN, s.o.; A. SOWLOWZOW, N. R. (Mos – Leningrad 1946); M. A. BELAKIREW, Perepiska s N. G. R. om i M. P. Beljajewym, hrsg. v. W. A. Kisseljow (Mos 1956); L. KORABELNIKOWA, Stroitel musykalnoj Moskwy, in: Sowjetskaja musyka 24 (1960).

RUBINSTEIN, Arthur (Artur), * 28. 1. 1887 Łódź, † 20. 12. 1982 Genf; amerik. Pianist poln. Herkunft. Schon 1890 als Wunderkind entdeckt, wurde er unter der Obhut von J. Joachim seit 1897 in Berlin von dem Liszt-Schüler Heinrich Barth ausgebildet und trat 1899 mit W. A. Mozarts Klavierkonzert KV 488 erstmals öffentlich auf. 1904 spielte er in Paris und unternahm 1906 seine erste Tournee in die USA. Weitere Reisen führten ihn nach Österreich, Italien und Rußland und 1911 nach London, wo er während des 1. Weltkriegs mit dem Geiger E. Isaye auftrat. 1914 tat R. den Schwur, nie wieder in Deutschland aufzutreten; er hielt ihn im Prinzip bis zum Tod. 1932 zog er sich längere Zeit zur weiteren Vervollkommnung seines Spiels zurück und profilierte sich auf einer Amerika-Tournee 1937 endgültig als einer der großen Pianisten des 20. Jh.; u. a. setzte er neue Maßstäbe werkgetreuer Chopin-Interpretation. Schon früh hatte er sich einen Namen auch mit dem Spiel zeitgenössischer Werke gemacht; K. Szymanowski, I. Strawinsky, Fr. Poulenc, M. de Falla, H. Villa-Lobos schrieben Werke von immenser Virtuosität für ihn. R. konzertierte bis 1976 und spielte unzählige Schallplattenaufnahmen ein. Er war bekannt auch als witziger Bonvivant, was nicht zuletzt seine beiden Autobiographien bezeugen: *My Young Years,* dt. Übers.: *Erinnerungen. Die frühen Jahre* (Lo bzw. F 1973), und *My Many Years,* dt. Übers.: *Mein glückliches Leben* (Lo bzw. F 1980).

Lit.: B. GAVOTY – R. HAUERT, A. R. (Monaco 1955, dt. G 1955); H. SZTOMPKA, A. R. (Krakau 1966); W.-E. VON LEWINSKI, A. R. (B 1967); A. FORSEE, A. R. King of the Keyboard (NY 1969); S. M. CHENTOVA, A. R. (Mos 1971).

RUBINSTEIN, Ida Lwowna, * 5. 10. 1888 Charkow, † 20. 9. 1960 Vence bei Nizza; russ. Tänzerin. I. R. war eine Schülerin von M. Fokin, wirkte 1909–11 bei den Ballets Russes von S. Diaghilew mit und gründete dann eine eigene Truppe. Sie kreierte die Rolle des Sébastien in *Le Martyre de Saint Sébastien* von Cl. Debussy und regte die Komposition weiterer Bühnenwerke an, bei deren Uraufführung sie ebenfalls mitwirkte: *Boléro* (M. Ravel, UA 1928), zu dem sie das Libretto schrieb, *Amphion* (A. Honegger, UA 1931), *Perséphone* (I. Strawinsky, UA 1934) und *Jeanne d'Arc au bûcher* (A. Honegger, UA 1938).

Lit.: S. LIFAR, Histoire du Ballet russe (P 1950); S. GRIGORIEFF, The Diaghilew Ballet 1909–1929 (Lo 1953); B. KOCHNO, Diaghilew and the Ballets Russes (NY 1970).

RUCKERS, flämische Cembalobauerfamilie in Antwerpen. – **1) Hans** (Joannes) der Ältere, * um 1550 Mecheln, † zwischen Juli 1597 und Dezember 1599 Antwerpen. Er war Cembalobauer und Orgelrestaurator und wurde 1579 Mitglied der Künstlergilde St. Lukas in Antwerpen. – **2) Hans** (Joannes) der Jüngere, Sohn von 1), getauft 15. 1. 1578 Antwerpen, † Anfang 1643 ebd. Er wurde 1611 in die St. Lukas-Gilde aufgenommen und betreute seit 1615 die Klavichorde und Spinette am Brüsseler Hof und die Orgel der St. Jakobskirche. – **3) Andreas** der Ältere, Sohn von 1), getauft 30. 8. 1579 Antwerpen, † um 1654 ebd. Die von ihm heute bekannten Instrumente entstanden zwischen 1608 und 1644. – **4) Andreas** der Jüngere, Sohn von 3), getauft 31. 3. 1607 Antwerpen, † nach 1667 ebd. Er eröffnete um 1643/44 eine eigene Werkstatt, in der mindestens bis 1667 Instrumente gefertigt wurden. – **5) Christian.** Er wirkte um 1600. Sein Verwandtschaftsverhältnis zu den Vorgenannten ist ungeklärt. Die beiden von ihm erhaltenen Virginale stammen aus der Zeit um 1620. – Die Familie R. baute 6 Instrumentengattungen: 1. einmanualige Cembali, 2. zweimanualige Cembali, deren unteres Manual oft mit einem Transpositionsmechanismus versehen ist, 3. Cembali mit eingebautem Oktavvirginal, 4. rechteckige Virginale, 5. Doppelvirginale mit einem Oktavvirginal, das man auch auf dem Hauptinstrument aufstellen kann, 6. hexagonale Spinette, von denen jedoch nur ein Exemplar erhalten ist. Einige Instrumente sind innen mit gefirnißtem, bedrucktem Papier versehen. Die Deckelinnenseite mehrerer Instrumente wurden von bedeutenden Künstlern, u. a. auch Peter Paul Rubens, bemalt; von diesen ist jedoch keines erhalten. Die R.-Cembali waren wegen ihres unvergleichlichen Klanges berühmt und fanden, bes. in England, weite Verbreitung.

Lit.: J. H. VAN DER MEER, Beitr. z. Cemb.-Bau der Familie R., in: Jb. des Staatl. Inst. für Musikforsch. Preußischer Kulturbesitz (B 1971); A. BERNER, Der R.-Bestand des Berliner Musikinstrumenten-Museums. Bemerkungen zu den Konstruktionen, in: Colloquium Restauratieproblemen van Antwerpen Klavicimbels (An 1971); J. LAMBRECHTS-DOUILLEZ, H. R. and his Workshop, in: Der klangliche Aspekt beim Restaurieren von Saitenklavieren (Gr 1973); J. LAMBRECHTS-DOUILLEZ – G. GRANT O'BRIEN, R., in: Grove[6] XVI (mit Verz. sämtlicher erhaltenen Instr.).

RÜCKERT, Johann Michael Friedrich, * 16. 5. 1788 Schweinfurt, † 31. 1. 1866 Neuseß bei Coburg; dt. Dichter. Unter dem Einfluß des Orientalisten Joseph von Hammer wandte er sich nach anfänglichem Studium der Rechte und Sprachwissenschaft arabischer, türkischer und persischer Literatur zu. Nur vorübergehend beruflich tätig als Redakteur in Stuttgart und Professor für Orientalistik in Erlangen (1826) und Berlin (1841–48), lebte er zurückgezogen auf dem Gut seiner Frau. Seine Nachdichtungen orientalischer und asiatischer Lyrik und Epik waren weit verbreitet. Charakteristisch für R.s stark gedanklich geprägte und wenig erlebnishafte Dichtung ist die Polarität von virtuoser Sprachartistik, vor allem in der sprachlichen Umsetzung orientalischer Dichtungsformen, und biedermeierlich quietistischer Grundhaltung des Inhalts. Sie wirkt bis in die Textwahl der Vertonungen verschiedener Komponisten hinein.

WW (in der Vertonung von): F. Schubert, 4 Lieder; C. Loewe, 11

Lieder; R. Schumann, 18 Lieder, darunter *Liebesfrühling*, op. 37; J. Brahms, 7 Texte; H. Wolf, 3 Lieder; G. Mahler, *Kindertotenlieder* u. *Lieder aus letzter Zeit*; R. Strauss, 15 Lieder u. Hymne für 16 St. a cap. sowie *Eine Deutsche Motette* für gem. Chor a cap.

Ausg.: F. R.s Werke, hrsg. v. C. BEYER, 6 Bde. (L 1897).

Lit.: H. PRANG, F. R., Geist u. Form der Sprache (Schweinfurt 1963); U. ELSNER, Die geistlichen Lieder J. Ch. Hohnbaums u. dessen Einfluß auf F. R., in: FS E. Saffert (ebd. 1970); R. GERLACH, Mahler, R. u. das Ende des Liedes, in: Jb. des Staatl. Inst. für Musikforsch., Preußischer Kulturbesitz (B 1975). S. KROSS

RÜCKPOSITIV, ein Teilwerk der ↗Orgel, das in einem eigenen Gehäuse in der Emporenbrüstung – hinter dem Organisten – angebracht ist. Durch diese exponierte Stellung ist das R. besonders zu alternierendem Spiel mit dem ↗Hauptwerk wie auch zur Solostimmenführung geeignet. Das 19. Jh. bevorzugte einen homogenen Gesamtklang der Orgel und lehnte das R. ab; seit etwa 1930 wird es wieder häufig gebaut.

RUDHYAR, Dane (eig. Daniel Chennevière), * 23. 3. 1895 Paris, † 13. 9. 1985 San Francisco; amerik. Komponist, Maler und Schriftsteller frz. Herkunft. Er studierte in Paris an der Sorbonne u. am Conservatoire. 1915 war er Sekretär Auguste Rodins u. ging 1916 in die USA. An der Metropolitan Opera in New York wurden 1917 seine choreographischen Tondichtungen *Poèmes ironiques* und *Vision végétale* aufgeführt. Für die symphonische Dichtung *Soul Fire* (1920) erhielt er den Preis des Los Angeles Philharmonic Orchestra. Später wandte er sich der orientalischen Musik und Philosophie und vor allem der Astrologie zu. Seine Schriften veröffentlichte er unter dem hinduistischen Namen Rudhyar. R. gehörte zu den ersten Komponisten, die in den USA an die Entwicklung der europäischen Musik nach dem 1. Weltkrieg anknüpften. Mit E. Varèse und H. Cowell gründete er die Int. Composers' Guild.

WW: **1) Kompositionen:** Klv.-Stücke; Kammermusik; Lieder für Klv.- u. Instrumentalbegleitung. – Für Orch.: *Poèmes ironiques* (1917); *Vision végétale* (1917); *Dithyramb* (1917); symphonische Dichtung *Soul Fire* (1920); 6 *Syntonies* (1920–59); symphonische Trilogie *The Surge of Fire* (1925); *Sinfonietta* (1928); *Threnody* (1929); *Threshold of Light* (1934); *Epithalamium* (1934); *Eclogue* (1934); *Prophetic Rite* (1934); *Triphthong* (1949); *Emergence* (1953); ferner Filmmusik. – **2) Schriften:** *C. Debussy et son œuvre* (P 1913); *The Rebirth of Hindu Music* (Madras 1928); *Art as a Release of Power* (NY 1930); *Liberation through Sound* (1931); *Modern Man's Conflicts* (1948).

Lit.: P. ROSENFELD, An Hour with American Music (Philadelphia 1929); A. MORANG, D. R., Pioneer in Creative Synthesis (NY 1939); American Composers on American Music, hrsg. v. H. COWELL (NY [2]1962); J. SHERE, D. R. (San Jacinto/Cal. 1972) (Privatdruck).

RUDOLPH, Johann Joseph, ↗Rodolphe.

RUDOLPH Johann Joseph Rainer, Erzherzog von Österreich, * 8. 1. 1788 Florenz, † 23. 7. 1831 Baden bei Wien; östr. Komponist und Musikmäzen. R. kam 1790 nach Wien, als sein Vater, Leopold II. von Habsburg, zum Kaiser gekrönt wurde. Er schlug die geistliche Laufbahn ein, wurde 1805 Koadjutor und 1819 Erzbischof von Olmütz. Seit 1803/04 war er Klavier-, später auch Kompositionsschüler von L. van Beethoven, den er seinerseits tatkräftig förderte. Zusammen mit den Fürsten Kinsky und Lobkowitz gewährte er ihm seit 1809 eine beträchtliche Ehrenpension. Beethoven widmete dem Erzherzog mehrere bedeutende Werke, so die beiden Klavierkonzerte in G-Dur und in Es-Dur und die Klaviersonate op. 81 a, *Les adieux*, die auf dessen 9monatige Abwesenheit 1809/10 infolge der Kriegsereignisse Bezug nimmt. Die *Missa solemnis* war für R.s Inthronisation als Erzbischof bestimmt, wurde aber erst 3 Jahre später vollendet. Seit 1814 war R. Schirmherr der ↗Gesellschaft der Musikfreunde in Wien; ihr vermachte er auch testamentarisch seine große Musiksammlung. Seine eigenen Kompositionen (hauptsächlich Kammermusik für und mit Klavier), die das Vorbild des Lehrers erkennen lassen, befinden sich in Kremsier, der ehemaligen Residenz der Erzbischöfe von Olmütz.

Ausg.: Klar.-Trio Es-Dur, hrsg. v. D. KLÖCKER – W. GENUIT (Lo 1969); Klar.-Sonate, op. 2, hrsg. v. H. VOXMAN (Lo 1973).

Lit.: TH. VON FRIMMEL, Beethoven-Hdb. 2 (L 1926, Nachdr. Hil 1968); K. VETTERL, Der musikal. Nachlaß Erzherzogs R. im erzbischöflichen Archiv zu Kremsier, in: ZfMw 9 (1926/27); D. W. MACARDLE, Beethoven and the Archduke R., in: Beethoven-Jb. 4 (1959/60); G. CROLL, Die Musikslg. des Erzherzogs R., in: Beethoven-Stud. (W 1970). B. A. KOHL

RUDORFF, Ernst Friedrich Karl, * 18. 1. 1840 Berlin, † 31. 12. 1916 ebd.; dt. Pianist und Komponist. Er studierte 1852–57 Klavier und Komposition bei W. Bargiel, 1852–54 Violine bei L. Ries und war 1858 noch kurze Zeit Klavierschüler von Clara Schumann. Nach einem Philosophie- und Philologiestudium in Berlin und Leipzig besuchte er das Leipziger Konservatorium. 1865–69 lehrte er am Kölner Konservatorium, war 1869–1910 Professor für Klavier an der Berliner Musikhochschule und leitete 1880–90 als Nachfolger von M. Bruch den Sternschen Gesangverein. 1910 erhielt er die Ehrendoktorwürde der Universität Tübingen. R.s Kompositionen stehen in der Nachfolge F. Mendelssohn Bartholdys, R. Schumanns und C. M. von Webers. Er gab die Partitur von Webers *Euryanthe* (1866) heraus und war Mitarbeiter der bei Breitkopf & Härtel erschienenen Gesamtausgaben von W. A. Mozart und Fr. Chopin.

WW: **1) Kompositionen:** Zahlr. Klv.-Werke; Kammermusik; 3

Symphonien; Ouvertüre zu *Der blonde Ekbert* v. L. Tieck; *Romantische Ouvertüre;* 2 Serenaden; Lieder u. Chorwerke. – **2) Schriften:** *Aus den Tagen der Romantik* (L 1938); *J. Brahms*, in: SMZ 97 (1957). – Ferner war R. Hrsg. v.: *Briefe v. C. M. v. Weber an H. Lichtenstein* (Brau 1900).

Lit.: J. BRAHMS, Briefwechsel III, hrsg. v. W. Altmann (B 1908, ²1912) (Korrespondenz mit R.); Briefe von und an J. Joachim, gesammelt u. hrsg. v. J. JOACHIM – A. MOSER, III (B 1913); I. FELLINGER, R., in: Rheinische Musiker 3 (Kö 1964) (= Beitr. zur rheinischen Musikgesch. 58).

RUDZIŃSKI, Witold, * 14. 3. 1913 Siebicz (Litauen); poln. Komponist und Musikschriftsteller. Er studierte 1931–36 an der Universität Wilna, war am Konservatorium Kompositionsschüler von T. Szeligowski und setzte 1938–39 seine Ausbildung in Paris bei Nadia Boulanger und Ch. Koechlin und am Institut Grégorien fort. Anschließend lehrte er an den Konservatorien in Wilna (1939–42) und Łódź (1945–47), leitete 1947–48 die Musikabteilung im Kultusministerium in Warschau und war 1948–49 künstlerischer Direktor der Warschauer Philharmonie und der Oper. 1950–56 redigierte er die Zeitschrift *Muzyka* und wurde 1957 Professor am Warschauer Konservatorium.

WW: **1) Instr.-WW:** Klv.-Stücke; Variationen u. Fuge für Schlagzeug (1966); Largo, Arie u. Variationen für Harfe (1968); *Fantazja Góralska* (1970) für Gitarre; *Duo concertante* (1976) für Schlagzeug; Sonate für Harfe (1977); Sonate für V. u. Klv. (1937); Partita für Vc. u. Klv. (1940); Sonate für Va. u. Klv. (1946); 2 Streichquartette (1935, 1943); Quintett für Fl. u. Str. (1940); Bläsernonett (1947). – Für Orch.: Divertimento für Str. (1940); 2 Symphonien (1938, 1944); *Uwertura bałtycka* (1948); *Obrazy Swiętokrzyskie* (Bilder aus dem Heiligen-Kreuz-Gebirge) (1965); *Uwertura góralska* (1970); Concerto grosso für Schlagzeug u. 2 Streichorch. (1970). – **2) Vokal-WW:** Lieder; 2 *Portraits de femmes* (1960) für Solo-St. u. Streichquartett; Kantate *Chłopska droga* (1952); Melodram *Dach świata* (Das Dach der Welt) (1960); die Oratorien *Gaude mater Polonia* (1966) u. *Lipce* (1968); *Requiem ofiarom wojen* (Requiem für die Opfer der Kriege) (1971). – **3) Bühnen-WW:** Opern: *Janko muzykant*, UA: Bytom 1953; *Komendant Paryza* (Der Kommandant v. Paris), UA: Posen 1960; *Odprawa posłów greckich* (Die Verabschiedung des griech. Gesandten), UA: Krakau 1962; *Sulamita* (1964); Komische Oper *Żołta szlafmyca* (Die gelbe Schlafmütze) (1969); *Chłopi* (Die Bauern) (1972). – **4) Schriften:** Aufsätze; *Muzyka dla wszystkich* (Musik für Jedermann) (Krakau 1948, ²1967); *Warsztat kompozytorski Béli Bartóka* (Bartóks musikal. Technik) (Krakau 1964); ferner eine Biographie von S. Moniuszko (Krakau 1954, ⁴1972).

Lit.: B. SCHÄFFER, Almanach der zeitgen. poln. Komponisten (Krakau 1956) (poln.); B. KACYNSKI, in: Ruch muzycny 16 (1972).

RUFER, Josef Leopold, * 18. 12. 1893 Wien, † 7. 11. 1985 Berlin; östr. Musikforscher. Er war Kompositionsschüler von A. von Zemlinsky in Prag und 1919–22 von A. Schönberg in Wien, dem er 1925 als Assistent nach Berlin folgte. Nach Schönbergs Emigration (1933) war er u. a. 1938–40 als Musikkritiker für die *Berliner Morgenpost* tätig. 1945–48 leitete er das von ihm gegründete Internationale Musikinstitut in Berlin, wirkte 1950–69 als Lehrbeauftragter für Musiktheorie an der Freien Universität Berlin, außerdem 1956–69 als Lehrer für Theorie und Zwölftonkomposition an der dortigen Musikhochschule. 1957–59 war er Lektor des Verlags Bote & Bock.

Schriften: *Die Komposition mit zwölf Tönen* (B 1952, Kas ²1966); *Musiker über Musik* (Da 1956); *Das Werk A. Schönbergs* (Kas 1959, ²1974, engl. Lo 1962); *A. Schönberg*, in: SMZ 105 (1965); *Schönberg, gestern, heute und morgen*, in: Aspekte der Neuen Musik. FS H. H. Stuckenschmidt (Kas 1968); *Noch einmal Schönbergs Opus 16*, in: Melos 36 (1969); *Die Grundgestalt in Schönbergs Musik*, in: Kgr.-Ber. Wien 1974. – Ferner ist R. Hrsg. der Schönberg-GA (W – Mz 1966 ff.) (zus. mit C. Dahlhaus, R. Stephan u. I. Vojtěch) u. gab 1947–50 (zus. mit Stuckenschmidt) die Zschr. *Stimmen* heraus.

Lit.: A. Schönberg. Ausstellungs-Kat., hrsg. v. E. HILMAR (W 1974).

RUFFATTI, Fratelli R, it. Orgelbaufirma in Padua. Sie wurde 1936 von den Brüdern **Alessio** (* 1909), **Antonio** (* 1912) und **Giuseppe R.** (* 1907), Schüler von Domenico Malvestio, in Padua gegründet. Inhaber der Firma sind heute Antonio R. und seine beiden Söhne **Francesco R.** (* 1945) und **Piero R.** (* 1943). Der Werkstatt entstammen mehr als 400 Orgeln in vielen italienischen Städten, in anderen europäischen Ländern und in Übersee, darunter: Fatima (Portugal), Santuario de Nossa Senhora (1952; 5 Man., 115 Reg.); Montréal, École de Musique V. d'Indy (1964; 4 Man., 60 Reg.); Louisville, Kentucky/USA (1967; 3 Man., 50 Reg.); Dom zu Trapani (1968; 3 Man., 51 Reg.); Beloit, Wisconsin/USA (1968; 3 Man., 32 Reg.). R. restaurierte auch Orgeln in Venedig (Chiesa dei Derelitti, Chiesa ex Zitelle, Chiesa dell'Ospedaletto), Malamocco (Nacchini-Orgel), Modena, S. Pietro (Facchetti-Orgel, 1524), und San Marino, Chiesa Parrocchiale.

RUFFO, Vincenzo, * um 1510 Verona, † 9. 2. 1587 Sacile bei Udine; it. Komponist. Er war 1521–34 Mitglied der Scuola degli Accoliti am Dom von Verona und empfing 1531 die Priesterweihe. 1542–46 stand er im Dienst des Marchese Alfonso d'Avalos in Mailand, war 1551–52 Maestro di musica der Accademia Filarmonica in Verona, wo er seit 1554 auch als Maestro di cappella del Duomo nachweisbar ist, 1563–73 Domkapellmeister in Mailand, 1573–77 in Pistoia und 1580 bis zu seinem Tod in Sacile. Zu seinen Schülern zählen G. M. Asola und möglicherweise A. Gabrieli und M. A. Ingegneri.

WW: **1) Geistliche WW:** Messen für 5 St. (1557), für 4 St. *ad ritum Concilii Mediolani* (1570), für 6 St. *(Quarto libro) conforme al decreto del ... Concilio di Trento* (1574), für 5 St. *secondo la forma* *del Concilio di Trento* (Brescia 1580); *Missae Borromeae* für 5 St. (1592); Motetten für 5 St. (1542), für 6 St. (1555); *Sacrae modulationes* für 6 St. (1583); *I sacri e santi salmi* (zur Komplet) für 4 St. (1568); *Salmi suavissimi et devotissimi* für 5 St. (1574); Magnificat für 5 St. (1578); Karwochenresponsorien für 5 St. (1586) (unvollständig erhalten); 2 Passionen hsl. erhalten, mehrere Werke auch in Sammeldrucken 1544–91. – **2) Weltliche WW** (teilweise mit mehreren Aufl.): 3 Bücher Madrigale für 4 St.: 1 *a note negre* bzw. *Madrigali cromatici* (1545), 2 (1555), 3 (1560); 4 Bücher Madrigale für 5 St.: 1 (1553), 2 (1554), 3 (1555), 4 *Opera nuova di musica, intitolata Armonia celeste* (1556); Madrigale für 6–8 St. (1554); Madrigale in zahlreichen Sammeldrucken 1544–93 sowie in Lautentabulaturen (z. B. v. V. Galilei). – **3) Instrumental-WW:** *Capricci in musica* für 3 St. (1564).

R., einer der herausragenden italienischen Komponisten zwischen 1540 und 1580 und stilistisch in der Nachfolge A. Willaerts stehend, war neben C. de Rore ein wichtiger Vertreter des Madrigals. Er pflegte besonders auch die neue rhythmisch differenzierte Schreibweise „a note nere" (↗Madrigal). In seinem kirchenmusikalischen Schaffen nehmen die nach 1570 veröffentlichten Messen eine Sonderstellung ein. Unter dem Einfluß des Kardinals Carlo Borromeo (1560–84 Erzbischof von Mailand und einer der Hauptträger der Katholischen Reform in Italien) folgt hier R. ausdrücklich den Weisungen des Trienter Konzils und verwirklichte durch eine strikt homorhythmische Schreibweise dessen Forderung nach klarer Verständlichkeit des Textes. Wichtig für die Geschichte der frühen Instrumentalmusik sind R.s *Capricci:* als erster Beleg für die Verwendung dieses Terminus zur Bezeichnung textloser Kompositionen (↗Capriccio).

Ausg.: GA, bisher erschienen: Messen (1570), hrsg. v. G. VECCHI (Bol 1963); 2 Messesätze u. 1 Madrigal in: TORCHI Arte Mus. I; *Missa sine nomine*, hrsg. v. R. J. SNOW (Cincinnati 1958) (= Musica liturgica II/1); 1 Madrigal in: A. Willaert e i suoi discendenti, hrsg. v. G. F. MALIPIERO (V 1963) (= Collana di musiche Veneziane inedite o rare 6); 4 Sätze aus *Capricci in musica*, hrsg. v. B. THOMAS (Lo 1972) (= Italian Instrumental Music of the Renaissance I); 3 Messen, hrsg. v. L. LOCKWOOD (Madison/Wisc. 1978) (= RRMRen 32).

Lit.: L. TORRI, V. R. madrigalista e compositore di musica sacra del secolo XVI, in: RMI 3 (1896) - 4 (1897); A. EINSTEIN, The Italian Madrigal (Princeton 1949, Nachdr. 1970) (mit 3 Komp. R.s); DERS., V. R.s „Opera nova di musica", in: JAMS 3 (1950); W. WTORCZYK, Die Madrigale V. R.s (Diss. B 1955) (mit biographischer Skizze u. Verz. der Madrigalkomp.); L. LOCKWOOD, V. R. and Musical Reform after the Council of Trent, in: MQ 43 (1957); A. SCHMITZ, Bemerkungen zu V. R.s Passionskomp., in: Miscelánea. FS H. Anglès II (Ba 1961); L. H. LOCKWOOD, The Counter-Reformation and the Masses of V. R. (V 1970).

RUGE (Rugge, Rugi, Ruggi, Rouge Romano), **Filippo,** * um 1725 Rom, † April 1767 Paris (?); it. Flötist und Komponist. Er hielt sich vermutlich in London auf, wo zwischen 1751 und 1754 Sammlungen für und mit Flöte erschienen, und ist seit 1753 in Paris nachweisbar. Mit seiner Frau, einer begabten Sängerin, wurde er in den Salon von La Pouplinière eingeladen. Seit 1755 veranstaltete er eigene Hauskonzerte und erwarb im selben Jahr für 10 Jahre das allgemeine Privileg zur Veröffentlichung von Instrumentalwerken. Besonderen Erfolg erzielte er mit der Symphonie *La nova tempesta,* die mehrmals im Concert spirituel aufgeführt wurde. 1757–61 stand R. in den Diensten des Marquis de Seignelay. Danach verliert sich seine Spur. Eine mehr als 400 (darunter etwa 40 autographe) Instrumental- und Vokalwerke umfassende Sammlung aus dem Schloß von Seignelay wurde 1953 aufgefunden und befindet sich heute in den USA (San Francisco State College Library, Frank V. de Bellis Collection).

WW: **1) Instr.-WW:** Sonaten bzw. *Solos, Duets* u. ä. für 2 Fl. oder V., für Fl. oder V. u. B.c., für 2 Fl. oder V. u. B.c. oder für 3 V. ohne B.c.; *Concertos* für Fl., 2 V., Va., Vc. u. B.c. (sämtlich Lo o. J.); weitere Kammermusik für u. mit Fl. hsl. erhalten; für Orch.: *Sei sinfonie* (P 1756); Sinfonia *La nova tempesta*, in: *6 Sinfonie da vari autori*, hrsg. v. R. selbst (P 1761). – **2) Vokal-WW:** 2 Slgen. Duette für 2 Soprane u. B.c. mit 2 Fl. ad lib., 1: *Au dessert* (P 1755), 2: *L'Après soupée* (P vor 1762) (enthält auch 6 *Canzonette* für SingSt u. B.c.); weitere Sologesänge hsl. erhalten.

R. galt bei seinen Zeitgenossen als bedeutender Flötist. Trotz seines hohen technischen Könnens zeigen ihn seine Kompositionen für dieses Instrument in erster Linie als lyrisch empfindenden Musiker. Die im italienischen Stil geschriebenen Symphonien lassen auch die französische Vorliebe für programmatische Musik erkennen, so Titel und Satzbezeichnungen wie *La tempesta, La nova tempesta, A la cabriolet,* und vermitteln so zwischen französischem und italienischem Geschmack.

Lit.: M. BRENET, Les concerts en France sous l'ancien régime (P 1900, Nachdr. 1969); B. S. BROOK, La symphonie française dans la seconde moitié du XVIIIe siècle, 3 Bde. (P 1962) (in Bd. III die Symphonie „La nova tempesta"); The Breitkopf Thematic Catalogue, 1762–1787, hrsg. v. DEMS. (NY 1966); J. LA RUE – M. W. COBIN, The Ruge-Seignelay Catalog. An Exercise in Automated Entries, in: Elektronische Datenverarbeitung in der Musikwiss., hrsg. v. H. Heckmann (Rb 1967).

RUGGIERI (Rugieri, Ruggeri, Rugièr, Ruger, Rugeri, Rudger), it. Geigenbauerfamilie des 17. Jahrhunderts. – **1) Francesco detto il Per,** † nach 1720 Cremona (?). Er war ein Schüler von N. Amati und eröffnete in Cremona eine eigene Werkstatt. Seine (1645–1718 mit seinem Namen signierten) Instrumente sind deutlich von Amati beeinflußt. – **2) Vincenzo detto il Per,** vermutlich Sohn von 1). Er wirkte zwischen 1685 und 1735 in Cremona. Fürst Lichnowsky schenkte L. van Beethoven eine Viola (1690) von R. (heute im Beethovenhaus in Bonn). – **3) Giacinto Giovanni Battista,** Sohn von 1). Er war ein Schüler seines Vaters und wirkte nachweislich 1692–1700 in Cremona. Da die ihm zugeschriebenen Instrumente entweder mit Giacinto R. oder mit Giovanni Battista R., niemals aber mit allen beiden Vornamen signiert sind, handelt es sich möglicherweise um 2 verschiedene Geigenbauer. – **4) Antonio,** der nicht mehr mit dem Zusatz „detto il Per" signierte, ist 1718–26 als Geigenbauer in Cremona nachweisbar.

Lit.: W. L. VON LÜTGENDORFF, Die Geigen- u. Lautenmacher vom MA bis z. Gegenwart (F 1904, [6]1922, Nachdr. Tutzing 1968); R. VANNES, Essai d'un dictionnaire universel des luthiers (P 1932, [2]1951), Nachdr. als: Dictionnaire universel des luthiers (1972), Suppl. (1959); F. HAMMA, Meisterwerke it. Geigenbaukunst (St 1933); W. HENLEY, Dictionary of Violin and Bow Makers (Brighton 1959–60); W. SENN, R., in: MGG XI.

RUGGIERI (Ruggeri, Rugieri), **Giovanni Maria;** it. Komponist des beginnenden 18. Jahrhunderts. R. scheint hauptsächlich in Venedig gewirkt zu haben, wo zwischen 1696 und 1713 etwa 10 Opern zur Uraufführung kamen und er auch Instrumentalwerke veröffentlichte. 1715 ist er als Kapellmeister in Pesaro nachweisbar.

WW: **1) Instr.-WW:** Kammersonaten für 2 V. oder andere Instr. u. B.c.; *Bizzarie armoniche*, op. 1 (V 1689); *Scherzi geniali*, op. 2 (1690); *Suonate da chiesa* für 2 V. oder andere Instr. u. B.c.; op. 3 (1693); op. 4 (1697). – **2) Vokal-WW** (vollständiges Verz. bei A. Gentili, s. u. Lit.): *Cantate* mit B.c. mit u. ohne V., op. 5 (1706); kirchenmusikal. Werke sind hsl. erhalten. – 10 Opern, deren Aufführung nachgewiesen ist, sind verloren.

Ausg.: *Sonate da chiesa*, op. 3 (1949ff.) (= Hausmusik 64–67, 122–123, 129, 135, 141–142); *Sonata prima* e-moll u. *Sonata seconda* h-moll, hrsg. v. L. NOWAK (W 1970) (= Diletto musicale Nr. 421–422).

Lit.: A. GENTILI, La raccolta Mauro Foà nella Biblioteca nazionale di Torino, in: RMI 34 (1927); M. CHIESA, R., in: MGG XI.

RUGGIERO (it.), eine der bekanntesten ostinaten Baßformeln (↗Ostinato). Sie ist seit der Mitte des 16. Jh. nachweisbar und wurde in der 1. Hälfte des 17. Jh. überaus häufig in Vokal- und Instrumentalkompositionen verwendet. Aus Italien, wahrscheinlich aus Neapel, stammend, gelangte sie aber bald in andere europäische Länder, besonders nach Spanien und England. Der R.-Baß lautet in seiner bekanntesten Form

Nach A. Einstein geht der R., ebenso wie die ↗Folia, die ↗Romanesca, die *Aria di Genova* usw., auf eine volkstümliche (den gebildeten Kreisen Italiens bekannte und sich dort im 16. Jh. ausbreitende) Praxis zurück, die darin bestand, auf epische oder erzählende Texte zu singen. Seit seinem Erscheinen 1516 wurde L. Ariostos *Orlando furioso,* der in „Ottave" (in Strophen zu 8 Elfsilblern) gedichtet ist, häufig als Vorlage in diesem Sinne benutzt. Diese Praxis beruhte auf der Improvisation einfacher Melodien, die 2 Verse umfaßten und in den folgenden Verspaaren wiederholt und variiert wurden; daraus ergab sich schließlich die Ausprägung von Baßmodellen. Nach Einstein lag der ursprünglichen Melodie, die ohne jede Begleitung gesungen wurde, bereits implizit ein Baß zugrunde, der sich im Laufe des 16. Jh. verselbständigte und feste Gestalt annahm, seit man die „Ottave" und die „Strambotti" in Begleitung von Laute und Theorbe vortrug. Der Name R. stammt möglicherweise aus dem Textanfang einer Ottava des *Orlando furioso: Ruggier, qual sempre fui tal esser voglio / Fin alla morte, e più, se più si puote* (XLIV, 61). Die Struktur des oben notierten Modells spiegelt die des aus 2 Elfsilblern bestehenden Distichons wider: 11 Silben Tonika → Dominante und 11 Silben Dominante → Tonika. Das R.-Schema wurde in der Folge auch in anderen Vokalkompositionen über dasselbe Versschema verwendet: z. B. in Bernardo Tassos *Vostro fui, vostro son e sarò vostro* in der Vertonung von S. d'India (*Musica a due voci sopra l'aria di R.* aus den *Musiche de cantar solo I,* 1609). Ebenso ist es in Kompositionen *(Scherzi)* von A. Cifra nachweisbar. Gelegentlich wird R. durch den Terminus „Fedele" ersetzt, etwa in *Aria sopra Fedele* anstelle *Aria sopra Ruggiero.* Eines der frühesten Beispiele für die Verwendung dieser Melodie als Baß findet sich bei D. Ortiz (*Quinta pars in fa,* in: *Tratado de glosas,* 1553). V. Galilei hat Ruggieri in Lautentabulatur übertragen. R.-Variationen für Tasteninstrumente komponierten J. de Macque, G. M. Trabaci, Asciano Majone, G. Frescobaldi (z. B. *Partita sul R.* und *Capriccio Fra Jacopino sopra l'aria di R.* aus Toccate I, 1615; *Capricci,* 1624). Von T. Merula ist eine *Canzon R.* bekannt (*Canzoni* III, 1637). Das Modell wurde auch von S. Rossi (*Sonata sopra l'aria di R.,* 1613), G. B. Vitali u. a. benutzt.

Lit.: A. EINSTEIN, Die Aria di R., in: SIMG 13 (1911/12); R. CASIMIRI, G. Frescobaldi, autore di opere vocali sconosciute, in: Note d'archivio 10 (1933); DERS., L'Aria di R., in: ebd.; O. GOMBOSI, Italia, patria del basso ostinato, in: Rass. Mus. 8 (1934); A. EINSTEIN, Ancora sull'aria di R., in: RMI 41 (1937); E. T. FERAND, Die Improvisation in der Musik (Z 1938); D. PLAMENAC, An Unknown Violin Tablature of the Early 17th Century, in: Papers of the American Musicological Society (1941); H. SPOHR, Stud. z. it. Tanzkomp. um 1600 (Diss. Fr 1956); J. M. WARD, Music for a Handful of Pleasant Delites, in: JAMS 10 (1957); DERS., R., in: MGG XI; C. M. SIMPSON, The British Broadside Ballad and its Music (New Brunswick 1966). – ↗Ostinato.

M. CAPPELLI

RUGGLES, Carl (Charles) **Sprague,** * 11. 3. 1876 East Marion (Massachusetts), † 24. 10. 1971 Bennington (Vermont); amerik. Komponist. Er studierte Violine, Musiktheorie und Komposition. 1908–12 leitete er in Winona/Minn. das von ihm gegründete Winona Symphony Orchestra und unterrichtete dort auch an der Mar d'Mar School of Music. Seit 1917 lebte er als freischaffender Komponist in New York, gab daneben Kompositionsunterricht und trat auch als Dirigent hervor. 1920 wurde erstmals eine Komposition von ihm gedruckt *(Toys)*. 1938–42 leitete er eine Kompositionsklasse an der University of Miami (Fla.). In den beiden letzten Jahrzehnten seines Lebens widmete er sich fast ausschließlich der Malerei. 1954 wurde er Mitglied des National Institute of Arts and Letters und erhielt 1960 die Ehrendoktorwürde der University of Vermont.

WW: *Mood* (um 1918) für V. u. Klv. – *Portals* (1925, revidiert 1929, 1941 u. 1952/53) für 13 Str. – Für Orch.: *Men and Angels* (1920); *Men and Mountains* (1924, revidiert 1936, 3. Satz auch 1941); *Sun-Treader* (1926–31); *Organum* (1944–47). – *Toys* (1919) u. *A Clear Midnight* (1919) (Text: W. Whitman) für St. u. Klv.; Zyklus *Vox clamans in deserto* (1923) für Sopran u. kleines Orch.; *Evocations* (1935–43, revidiert 1954), 4 Gesänge für Klv.; *Exaltation* (1958), *Congregation in unison* für einst. Gesang u. Org.

R. zählt neben Ch. Ives und H. Cowell zu den Pionieren der neueren amerikanischen Musik. Kennzeichnend für R.' Stil sind eine extrem chromatische Harmonik mit einer eigenwilligen, A. Berg verwandten atonalen Faktur und eine weiträumige Melodik in strenger Polyphonie. Der auch sich selbst gegenüber äußerst kritische Komponist vernichtete fast alle seine frühen Werke. Für seinen „dissonanten Kontrapunkt" benutzte R. ein die serielle Technik vorwegnehmendes, doch nicht mit ihr identisches Verfahren der Komposition mit 3-Ton-Gruppen für die Parameter Melodie und Harmonie.

Lit.: T. E. PETERSON, The Music of C. R. (1967) (= Diss. Univ. of Washington); J. SAECKER, C. R. in Winona (1967) (= Diss. Winona State College); J. KIRKPATRICK, The Evolution of C. R. A Chronicle Largely in his Own Words, in: Perspectives of New Music 6 (1968); S. E. GILBERT, The „Twelve-Tone-System" of C. R. A Study of the „Evocations for Piano", in: JMTh 14 (1970); DERS., C. R. and Total Chromaticism, in: Yearbook for Inter-American Musical Research 7 (1971); C. SEEGER, In memoriam C. R., in: Perspectives of New Music 10 (1972); N. M. ARCHABAL, C. R. Composer and Painter (1975) (= Diss. Univ. of Minnesota); J. TENNEY, The Chronological Development of C. R.'s Melodic Style, in: Perspectives of New Music 16 (1977/78).

B. A. KOHL

RUHNKE, Martin, * 14. 6. 1921 Köslin (Pommern); dt. Musikforscher. Er studierte 1949–53 an der Universität Kiel bei Fr. Blume, promovierte 1954 mit der Dissertation *Joachim Burmeister. Ein Beitrag zur Musiklehre um 1600* zum Dr. phil. und wurde im selben Jahr Assistent am Musikwissenschaftlichen Institut der Freien Universität Berlin (1961 Privatdozent). 1961 habilitierte er sich mit der Schrift *Beiträge zu einer Geschichte der dt. Hofmusikkollegien im 16. Jh.*, übernahm 1964 das musikwiss. Ordinariat an der Universität Erlangen-Nürnberg (1986 emeritiert) und war 1968–74 Präsident der Gesellschaft der Musikforschung. R. redigiert seit 1960 die Telemann-Ausgabe.

Schriften: *J. Burmeister...* (Kas 1955); *Beiträge zu einer Geschichte der dt. Hofmusikkollegien im 16. Jh.* (B 1963); *M. Hauptmann und die Wiederbelebung der Musik J. S. Bachs*, in: FS F. Blume (Kas 1963); *Lassos Chromatik und die Orgelstimmung*, in: Convivium musicorum. FS W. Boetticher (B 1974); *Die Librettisten des Fidelio*, in: Opernstud. FS A. A. Abert (Tutzing 1975); *Das it. Rezitativ bei den dt. Komponisten des Spätbarock*, in: Anal. Mus. 17 (1976); *Musikalisch-rhetorische Figuren und ihre musikalische Qualität*, in: Ars musica, musica scientia. FS H. Hüschen (Kö 1980); *Grenzen aufführungspraktischer Freiheiten (in Händels G. Cesare)*, in: Werk u. Wiedergabe (Bayreuth 1980) (= Thurnauer Schriften z. Musiktheater 5); *Telemanns Hamburger Opern und ihre it. und frz. Vorbilder*, in: HJbMw 5 (1981); *Telemann-Werkverzeichnis, Instr.-Werke* I (Kas 1982); *O. di Lasso, Exaudi, Domine*, in: Chormusik u. Analyse, hrsg. v. H. Poos (Mz 1982). – Editionen: *J. Burmeister, Musica poetica* (1955) (= DMI I/10); *A. P. Coclico, Consolationes piae – musica reservata* (Lippstadt 1958) (= EDM 42); *G. Ph. Telemann, Lukas-passion 1728* (Kas 1964) (= G. Ph. T., Musikal. Werke 15); *G. Ph. Telemann, Six Quatuors ou Trios* (Kas 1981) (= ebd. 25); *F. Gasparini, Il Bajazet*, in: Die Oper, hrsg. v. H. Becker (Mn 1981).

RÜHRSTÜCK, spezieller Typus des bürgerlichen Trauerspiels und der Tragikomödie, in dem die dramatischen Effekte in Rührseligkeit ausarten, meist aufdringlich moralisierend wirken und der tragische Ausgang der Handlung ins Versöhnliche gewendet wird. Stofflich weist das R. Beziehungen zum bürgerlichen Drama und Familienstück auf. In Frankreich entstand es in den 40er Jahren des 18. Jh. als „Comédie larmoyante" (D. Diderot), in England gab der empfindsame Roman (S. Richardson) dazu entscheidende Anregungen. In Deutschland pflegten vornehmlich Chr. F. Gellert, dann August Wilhelm Iffland und A. Fr. von Kotzebue, im späten 19. Jh. Roderich Benedix und Charlotte Birch-Pfeiffer diesen Dramentypus mit Erfolg. In die Oper fanden Stoffwelt und Gestaltungselemente des R.s vermehrt Ende des 18. und vor allem im 19. Jh. Eingang, so etwa in G. Paisiellos *Nina*, in G. Donizettis *Schlafwandlerin* und *Linda di Chamounix*, aber auch noch in W. Kienzls *Evangelimann*. J. SCHLÄDER

RÜHRTROMMEL ↗Trommel.

RUIMONTE (Rimonte), **Pedro,** * um 1550 Saragossa (?), † Beginn des 17. Jh. Brüssel (?); span. Komponist. Er war zunächst Kapellmeister an der Kathedrale von Saragossa, kam 1598 nach Flandern und wurde 1603 Maître de musique de la chambre von Erzherzog Albert und Isabella am

Brüsseler Hof. Etwa 1614 kehrte er nach Spanien zurück, hielt sich aber 1618 erneut in Brüssel auf.

WW: *Missae sex* für 4–6 St. (An 1604); *Cantiones sacrae* für 4–7 St. (An 1607) (unvollständig erhalten); *El Parnaso español de madrigales y villancicos* für 4–6 St. (An 1614); hsl. erhalten: Motette *Sancta Maria, succurre miseris* für 8 St.; ferner 1 Requiem u. weitere Messen u. Motetten.

Ausg.: 3 Villancicos in: J. W. WOLDT (s.u. Lit.).

Lit.: J. W. WOLDT, Spanish Madrigals. The Madrigals of Morales, Flecha, Valenzola, Brudieu, and Rimonte (Diss. NY 1950); R. STEVENSON, Sixteenth and Seventeenth Century Resources in Mexico I, in: FAM 1 (1954); E. RUSSEL, P. R. in Brussels (1600–1614), in: Anuario Mus. 28/29 (1973/74); DERS., The Villancicos in P. R.'s „Parnaso español", in: Festival Essays for P. Alderman (Provo/Utah 1976).

RUIZ DE RIBAYAZ, Lucas, * Santa María de Ribarredonda bei Burgos; span. Gitarrist des 17. Jahrhunderts. Er stand im Dienst der Grafen von Lemos und Andrade und des Marqués von Villafranca. Später wurde er zum Priester geweiht. R. ist durch seine Sammlung *Luz y norte musical para caminar por las cifras de la guitarra española y arpa* … (Ma 1672, ²1677) bekannt, die neben Details zur Technik des Gitarrespiels eine große Zahl spanischer Hof- und Volkstänze enthält.

Lit.: R. STRIZICH, Ornamentation in Spanish Baroque Guitar Music, in: Journal of the Lute Society of America 5 (1972); DERS., A Spanish Guitar Tutor. R. de R.'s „Luz y norte musical", in: ebd. 7 (1974).

RUMÄNIEN, bewohnt von einem romanischen Volk dakoromanischer Herkunft, bestand bis ins 19. Jh. aus den Fürstentümern Transsylvanien, Walachei und Moldau. 1859 wurde in der Moldau und in der Walachei Alexandru Ioan Cuza zum Fürsten gewählt, 1861 entstand daraus eine Realunion. Auf dem Berliner Kongreß 1878 erfolgte die Anerkennung der Unabhängigkeit R.s. 1881 Königreich, wurde sein Territorium 1918 um das alte Dakien erweitert. 1947 wurde R. Volksrepublik und 1965 Sozialistische Republik. R. galt jahrhundertelang als Drehscheibe zwischen westeuropäischer und orientalischer Kultur und fand auf musikalischem Gebiet bis zur Gründung einer nationalen Schule in der Mitte des 19. Jh. nur schwer zu einem eigenen Weg.

Die Volksmusik. Die rumänische Volksmusik entstand während der Ethnogenese (6.–8. Jh.), wurde im Mittelalter deutlich ausgeprägt und zeichnet sich gleichzeitig durch Einheitlichkeit und durch Vielfalt aus. Drei literarische und musikalische Gattungen lassen sich unterscheiden: die lyrische (↗Doină, Bocet oder Totenklage, Wiegenlied), die epische (Ballade, Hochzeitsgedicht und ↗Colinda) und die dramatische Gattung (kirchliches und weltliches Theater, Weihnachtsmysterienspiel, Maskentänze, Marionettentänze u.a.). Die Volksmusik kann man je nach ihrer Aufgabe in 2 große Kategorien aufteilen: die brauchtumsgebundene Musik, die oft einen rituellen Charakter hat und im Zusammenhang mit dem Lebenslauf (Taufe, Hochzeit, Beerdigung) oder der Arbeit des Menschen steht, und eine von solchen Anlässen unabhängige Volksmusik, vor allem mit pastoralem Charakter (z.B. Posaunensignale, Tänze, Balladen, Doină oder Klagelieder). Der Gesang kann syllabisch (Klagelieder, Weihnachtslieder, rituelle Gesänge) und melismatisch sein (Doină, Balladen), die Intonation temperiert oder nicht, je nach den verschiedenen Singweisen (nasal, guttural, Brust- oder Kopfstimme). Die stark unterschiedlichen Tonsysteme bestehen aus penta-, hexa-, heptatonischen oder ultradiatonischen Skalen (von 8 bis 11 Tönen). Auch der Rhythmus kann in verschiedene ursprüngliche Systeme eingeordnet werden: 1. syllabischer „giusto"; 2. „parlando rubato"; 3. „aksak" oder hinkender Rhythmus; 4. rhythmische Systeme aus Kinderliedern (Verse von 2 bis 13 Silben). Was die Formen der Volksmusik R.s angeht, handelt es sich um freie (Improvisation) und festgelegte (strophische). Sie bildeten sich im Mittelalter heraus und sind in Zyklen gruppiert (Jahreszeiten, Familienfeste). Der Gesang wird oft von Flöte, Dudelsack oder heute vom Taragot begleitet. Die städtische Volksmusik hat einen eigenen Charakter. Sie entstand an den adligen Höfen und in den Klöstern und entwickelte sich im 18. Jh. in den Vorstädten, wo die ↗Lăutari einzelne Viertel besaßen. Im 19. Jh. schufen Lăutari wie Barbu Lăutaru, Dumitrache Ochialbi, Sava Pădureanu, Angheluaş Dinicu ein spezielles Repertoire, das sich weiterentwickelte und zu einem kunstvollen Stil bei der Interpretation traditioneller Stücke führte.

Aus der geographischen Lage im Schnittpunkt zweier Zivilisationen erklärt sich die große Vielfalt der Volksmusikinstrumente in Rumänien. Sie umfassen Pseudoinstrumente (Fischschuppe, Grashalm, Birkenrinde, Getreidehalm), Idiophone (Glocken, Maultrommel, Duruitoare [eine Rassel], Toacă, Sucitoare), Membranophone (Dobă, Darabană, Buhai), Aerophone (Posaune, Flöte, Schalmei, Panflöte Nai, Dudelsack, Querpfeife Surla, Klarinette, Taragot und Harmonikainstrumente) und Chordophone (Zither, Cobză, Gitarre, das Hackbrett Ţambal, Violine, Violoncello und Kontrabaß).

Die liturgische Musik. Die für den orthodoxen Ritus bestimmte Musik entwickelte sich im Zusammenhang mit der Entstehung der rumänischen Volksgruppe. Für den sog. Chorstuhlgesang griff man zunächst auf das Lateinische und später auf das Griechische zurück, während das Slawische die offizielle Sprache der fürstlichen Kanzleien war. Allein der christliche Kultus südlich der Donau übernahm den Gesang in der slawischen Sprache. Jedoch wurde der psalmodische Gesang, vor allem in griechischer Sprache, auf dem Territorium R.s beibehalten. Der ursprüngliche psalmodische Gesang, der in den rumänischen Klöstern entstanden war, darf aber nicht mit der bulgarischen Musik verwechselt werden, die ihn nicht beeinflußte. So wurden im Kloster von Cozia in der Oltenia die Pripele oder Tropare von Filothei (14. Jh.) geschaffen, während sich im Kloster von Putna in der Moldau die sog. Psaltichie, eine von Eustathius gegründete rumänische orthodoxe Schule (15.–16. Jh.), entwickelte. Der Druck liturgischer Bücher in rumänischer Sprache seit dem 16. Jh. führte zu Beginn des 18. Jh. zum allgemeinen Gesang in der Volkssprache. Zwar veränderte der Charakter der Sprache die melodische Linie der alten Gesänge, doch lediglich die Schöpfungen der großen Psalmodisten des 18. Jh. (Filothei sin Agăi Jipei, Radu Duma Braşovean, Naum Rîmniceanu) konnten der ursprünglichen Kirchenmusik neue Gestalt verleihen. In dieser Zeit entstanden auch die ersten Kirchenchöre für 4 Männerstimmen. Nach der Reform der byzantinischen Musik von 1814 breitete sich das neue System in den rumänischen Fürstentümern aus, indes die auf Macarie Ieromonahul zurückgehende und von Anton Pann und Dimitrie Suceveanu fortgesetzte Initiative zur Einführung der Volkssprache in die Kirchengesänge eine radikale Veränderung der psalmodischen Musik mit sich brachte, die sich nach und nach auch im Banat und in Transsylvanien ausbreitete. In Transsylvanien entwickelte sich der Byzantinische Gesang parallel zum Gregorianischen.

Über eine längere Zeitspanne hinweg fand im 16. Jh. auch die Orgelmusik in R. weite Verbreitung, und einige Virtuosen (Hieronymus Ostermayer) und Komponisten (Gabriel Reilich, Daniel Croner, Johannes Sartorius) erfreuten sich großer Berühmtheit in ganz Europa. In einer für die Entstehung volkstümlicher und religiöser Musik günstigen Umgebung und in Beziehung zur Kunst der Renaissance und des Barock in Europa erschienen die ersten Zeugnisse einer nationalen Kunst. Die Werke des Lautenisten B. Bakfark im 16. Jh., des Komponisten und Organisten Ioan Căianul im 17. Jh. und des Musiktheoretikers und Komponisten Dimitrie Cantemir im 18. Jh. gelten als frühe Belege einer rumänischen Kunstmusik.

Die nationale Schule (1830–1918). Ihre Entstehung ist mit den politischen Ereignissen am Anfang und in der Mitte des 19. Jh., der Revolution von 1848 und der Vereinigung der rumänischen Fürstentümer 1859 verbunden und steht im Zusammenhang mit der Emanzipation des neuen Donaustaates. Wenn auch die Persönlichkeit G. Enescus erst später in Erscheinung tritt als die Vertreter anderer nationaler Schulen, wie z. B. M. Glinka in Rußland, B. Smetana in Böhmen, Fr. Chopin in Polen und E. Grieg in Norwegen, so genießt doch R. spätestens seit dem frühen 20. Jh. mit Komponisten der Enescu-Generation internationale Anerkennung. Zu den Wegbereitern dieser Entwicklung gehören u. a. Anton Pann (1796–1854), Ioan Cartu (1820–75), Carol Miculi (1821–97), Alexandru Flechtenmacher (1823–98), George Ucenescu (1830–96), Eduard Wachmann (1836–1908), Isidor Vorobchievici (1836–1903) und Eduard Caudella (1841–1924). Nach 1870 trat die erste, in den Konservatorien von Jassy (1860) und Bukarest (1864) ausgebildete Musikergeneration hervor: u. a. Gavriil Musicescu (1841–1903), George Ştephănescu (1842–1925), Constantin Dimitrescu (1847–1928) und Ciprian Porumbescu (1853–83). Eine entscheidende Rolle spielten auch der Musikkritiker Nicolae Filimon (1819–65) und der Musikforscher Teodor T. Burada (1839–1923).

Unter der Herrschaft des Fürsten Cuza (1859–66) erlebte R. einen kulturellen Aufschwung, der u. a. eine Gesangvereinsbewegung in den Städten und Dörfern nach sich zog. Diese erlangte im Banat und in Transsylvanien mit den „Rumänischen Musik- und Gesangvereinen" wirkliche Eigenständigkeit. Die Gründung der Nationaltheater in Jassy, Bukarest und Craiova (vor 1855) und der rumänischen Philharmonischen Gesellschaft in Bukarest (1868) förderte das Entstehen entsprechender Werke. 1848 wurde in Jassy die erste rumänische Operette (*Baba Hîrca* von A. Flechtenmacher) und in Bukarest das erste Opernfragment (*Michael vor der Schlacht von Călugăreni* von J. A. Wachmann) aufgeführt; 1869 schrieb Ştephănescu seine 1. Symphonie; 1870 wurde das erste nationale Ballett (*Die goldene Dame* von Ludwig Wiest) dargeboten. Damit waren die Grundlagen für ein eigenständiges Musiktheater geschaffen. Im Bereich der Kammer- und Vokalmusik entstand – unter besonderer Berücksichtigung der Romanze – eine Reihe bedeutender Werke, die auch traditionelle folkloristische Elemente aufweisen.

Die Zeit von 1877 bis 1918 ist durch die Schaffung einer einheitlichen nationalen Musikkultur geprägt und mit den Namen von Enescu (1881–1955) und zahlreicher anderer Komponisten, die im Land ausgebildet wurden, ihr Studium jedoch im Ausland abschlossen, verbunden. Die Tatsache, daß fast alle Komponisten gleichzeitig ausübende Musiker waren (Chorleiter, Dirigenten, auch von Militärkapellen, Leiter von Theaterensembles), begünstigte die schnelle Entstehung einer rumänischen nationalen Schule. Zahlreiche Interpreten wurden nun auch international bekannt: die Geiger Enescu und Eduard Caudella, die Pianisten Clara Haskil, George Boskoff, Aurelia Cionca, der Violoncellist Dimitrie A. Dinicu und der Flötist Adolph Terschak. Eine bedeutende Gesangsschule öffnete vielen rumänischen Sängern und Sängerinnen den Weg zu den berühmtesten Bühnen der ganzen Welt: so u.a. Hariclea Darclée, Elena Teodorini, Charlotta Leria, Zîna de Nori, Nuovina, Alma Gluck, Dumitru Popovici-Bayreuth, Grigore Gabrielescu, Giovanni Dimitrescu und Littman-Litta. Die Bukarester Oper wurde 1877 gegründet. Gleichzeitig ist eine geradezu leidenschaftliche Vorliebe für die Operette feststellbar. Dank einiger hervorragender Ensembles, wie z. B. das Ensemble Constantin Grigoriu in Bukarest, konnte das gesamte klassische und moderne Repertoire aufgeführt werden. Die Gründung von Musikzeitschriften (*Musicul Român*, 1861; *Lyra Română*, 1879; *România musicală*, 1890; *Cultura*, 1911) und der ersten Musikverlage, die Bemühungen um Folklore-Sammlungen (D. Vulpian, Tiberiu Brediceanu, Dumitru Georgescu Kiriac, Ion Vidu, B. Bartók) und um eine Originalkonzeption der ländlichen Volksmusik (Kiriac) veränderten das Musikleben völlig. Das Studium der traditionellen Musik vervielfachte die Möglichkeiten im Hinblick auf die formale Gestaltung (Weihnachtslieder, Doină, Ballade) und satztechnische Mittel: Gebrauch des Orgelpunkts und des „Ison" (einer Begleitstimme), Kombination verschiedenartiger Rhythmen, Klangkulminationen mit Unisoni und modaler Harmonik. Außerdem entdeckten Komponisten wie Gh. Dima (1847–1925), I. Vidu (1863–1931), D. G. Kiriac (1866–1928), Teodor Teodorescu (1876–1920) durch das Studium der psalmodischen Musik musikalische Urelemente, die auf Mikrointervallen, Kadenzformeln und rhythmischer Ungebundenheit beruhen.

Die Zeit zwischen 1918 und 1944. Die Zeit zwischen den beiden Weltkriegen ist die der Integration R.s in die internationale Musik. Sie bedeutet eine Öffnung für die gesamteuropäische Kultur, ebenso wie ein Interesse für neue Satztechniken und die verschiedenen ästhetischen Strömungen. In diesem Kontext bemühten sich die rumänischen Komponisten um die Schaffung einer nationalen Kunst mit universeller Bedeutung. Die Melodik befreite sich von den klassischen, oft sogar von den folkloristischen Mustern und gewann damit an Expressivität. Die Kantilene richtet sich nach einer akzentuierteren, tonalen oder noch häufiger modalen Chromatik aus. Typisch rumänische Gefühle, wie „dor" (= Sehnsucht), aus dem die pastorale Lyrik entstand, fanden eine charakteristische Ausdrucksweise. Die vertiefte Beschäftigung mit der Volksmusik bereicherte die Rhythmik und den musikalischen Satz: Gebrauch des „parlando rubato", der Polyrhythmik, der Isorhythmie, alternierender Rhythmen, Rückgriff auf Polymodalität und Polytonalität (Zeno Vancea, Paul Constantinescu, Matei Socor, Constantin Silvestri). Die Verwendung des „Ison" und von Melodien psalmodischen Ursprungs verleiht der rumänischen Musik einen besonderen Klangcharakter, der vielleicht archaisierend, aber doch von einer unleugbaren Originalität ist. Auch in der Wahl der Klangfarben bemühten sich die Komponisten um eine spezifisch rumänische Färbung; dies erweist der Gebrauch der Flöte bei Enescu, des Hackbretts bei M. Jora und P. Constantinescu, des Dudelsacks bei S. Drăgoiu, der Holzbläser bei Mihaïl Andricu. Darüber hinaus wird die Klangpalette durch Mikrointervalle, nicht temperierte Töne, Violinglissandi, Improvisations- und Variationsverfahren bereichert. Die Gattungen erhalten ihre endgültige Form: das Ballett mit *La piaţă* von Jora, die Oper mit *Năpasta* von Drăgoiu und *Oedipe* von Enescu, die symphonische Dichtung und die Programmusik (Enescu, Constantinescu, Theodor Rogalski, Jora, Filip Lazăr, M. Mihalovici, Ion Nonna Otescu, Marţian Negrea) sowie die Kammermusik mit ihrem Hauptwerk, der 3. Sonate für Klv. und V., op. 25, von Enescu. Die rumänische Musikwissenschaft zeichnet sich, nach der Pioniertätigkeit von T. Burada im 19. Jh., vor allem auf dem Gebiet der Byzantinistik (I. D. Petrescu), der Ästhetik (Dimitrie Cuclin) und der Historiographie (George Breazul) aus. C. Brăiloiu legte mit der Schrift *Esquisse d'une méthode de folklore musical* (1931) die Grundlagen der rumänischen Musikethnologie. Nach dem 1. Weltkrieg entwikkelte sich ein dynamisches Musikleben mit staatlichen Institutionen (Opern, Philharmonien, Konservatorien, Komponistenvereinigungen, Volksmusikarchiven, Rundfunkanstalten, Kirchenmusikakademien, Militärmusikschule usw.) und mit privaten Theatertruppen, Symphonie- und Kammermusikensembles und Chören. Damals traten die ersten weltbekannten Dirigenten auf: Enescu, Ionel Perlea, G. Georgescu, Egizzio Massini. Die traditionelle Gesangsschule wurde durch Florica Cristoforeanu, Viorica Ursuleac, Maria Cebotari, Dimitrie Onofrei, Nae Leonard fortgeführt. Unter den Instrumentalisten ragen als außergewöhnliche

Talente heraus: der Pianist D. Lipatti, der Kontrabassist Joseph Prunner und weiterhin Enescu als Geiger.

Die Gegenwart. Die Errichtung der Volksdemokratie 1944 führte im Musikleben zu einem überraschenden Aufschwung. In der ersten Zeit (1944–55) fanden fundamentale Reformen statt: Erziehung und Förderung echter Talente aus dem Volk, Reorganisation des Unterrichts an den Elementar-, Sekundar- und Oberschulen durch den Staat, Gründung des Komponistenverbandes, des Instituts für Volksmusik und des für Kunstgeschichte, der staatlichen Philharmonieorchester (etwa 20), der Opernhäuser (10), der Chöre und staatlichen Volksensembles. Die Verwirklichung dieses Programms führte nach 1955 zu einem gleich hohen Ansehen im Lande wie im Ausland. Mit Nachdruck behauptet sich R. auf dem Gebiet des Gesangs (Arta Florescu, Elena Cernei, Nicolae Herlea, Virginia Zeani, Viorica Cortez, Ileana Cotrubaş, Emilia Petrescu, Ludovic Spiess, Eugenia Moldoveanu), der Instrumentalmusik (Valentin Gheorghiu, Lola Bobescu, Ion Voicu, Radu Aldulescu, Aurelian Octav Popa), der Inszenierung (Jean Rînzescu), des Dirigierens (Constantin Silvestri, S. Celibidache, Ion Baciu, Marin Constantin, Iosif Conta) und auf dem Gebiet der Volksmusik (Maria Tănase, Gheorghe Zamfir).

Das heutige Musikschaffen ist gleichermaßen geprägt von einem dem Marxismus verpflichteten Humanismus wie von einem starken Patriotismus in Verbindung mit Freiheitsdrang und der Bemühung um die Erhaltung des traditionellen Gedankenguts. Die Dynamisierung des Klanges (*Arcade* von Aurel Stroe), die Verbindung von Ein- und Mehrstimmigkeit, Orgelpunkte und „Ison“ (*Ison* von Ştefan Niculescu, Doru Popovici), der kunstvolle Einsatz aleatorischer Mittel aus der Volksmusik (Anatol Vieru, Konzert für Violoncello) verleihen der rumänischen Musik Vitalität und Originalität. Der Rückgriff auf Archetypen der Volksmusikformen gibt den Werken von Sigismund Toduţă, Paul Constantinescu, Tiberiu Olah, Alexandru Paşcanu, Theodor Grigoriu, Myriam Marbé eine Kraft, die den alten dakischen Geist beschwört. Klage, Ballade, Tanz mit „strigături“ (eine Art geschriener Vers) führten in Werken wie *Vox maris* von Enescu, *Nachtszenen* von Vieru, *Ode für die Kinder der Welt* von Sabin Pautza zum Gebrauch von Vierteltönen und indeterminierten Klängen (Klagen, Schreie, Rufe, Flüstern). Die Klangfarbe verschiedener Volksinstrumente regte Mihai Moldovan zu interessanten Übertragungen in die Vokalmusik *(Tulnice)* an. Die Behandlung der Rhythmik verdankt ihre vielfachen Nuancierungsmöglichkeiten weiterhin der Volksmusik. Repräsentativ dafür stehen Kompositionen von Jora (das Ballett *Întoarcerea din adîncuri*), Ion Dumitrescu (Streichquartett), P. Constantinescu (Klavierkonzert und die Oper *O noapte furtunoasă*), Gheorghe Dumitrescu (Oratorien; die Opern *Ion Vodă* und *Decebal*), Liviu Glodeanu (*Kindersuite*, op. 9) und Marţian Negrea (Suite *Prin munţii Apuseni*).

Die Musik der Jahre 1970–80 ist durch die Einbeziehung modernster Techniken in die traditionelle Kompositionsweise der nationalen Schule – insbesondere die Enescus – charakterisiert. Das Hauptinteresse gilt der Symphonie, so z. B. bei den Komponisten Wilhelm Berger, Pascal Bentoiu, Ştefan Niculescu, A. Vieru, Gh. Dumitrescu, Doru Popovici, Liana Alexandra und Dumitru Bughici. Wesentliches Kennzeichen ist das Fehlen eines übertriebenen Avantgardismus, obwohl Bemühungen um das instrumentale Theater (N. Brânduş, Iancu Dumitrescu, Sorin Vulcu) oder die elektronische Musik (Dan Buciu, Dinu Petrescu) nicht gescheut werden. Die stärksten Impulse gehen jedoch von der Folklore aus, die nach wie vor eine unerschöpfliche Quelle für die rumänischen Komponisten darstellt.

Die heutige musikwissenschaftliche Forschung in R. wird getragen hauptsächlich durch Zeno Vancea, Sigismund Toduţa, Tiberiu Alexandru, Octavian Lazăr Cosma, Vasile Tomescu, Gheorghe Ciobanu und Viorel Cosma.

Lit. (wenn nichts anderes angegeben, in Bukarest erschienen): **1) Ausg.** (nur Volksmusik u. ä.): J. A. WACHMANN, Romania, 4 Bde. (W 1848–59); H. EHRLICH, Airs nationaux roumains (W 1850); CH. MIKULI, 48 Airs nationaux roumains, 4 Bde. (Leopol 1850–54); A. PANN, Spitalul amorului (1850–52); D. VULPIAN, Volksmusik, 7 Bde. (1885–1908); B. BARTÓK, Cîntece populare româneşti din Comitatul Bihor (1913); DERS., Volksmusik der Rumänen von Maramureş (Mn 1923); S. DRĂGOI, 303 Colinde (Craiova 1930); B. BARTÓK, Melodien der rumänischen Colinde (W 1935, Nachdr. Mz 1968); S. DRĂGOI, 122 Melodii pop. depe Valea Almăjului (1937); G. BREAZUL, Colinde (Craiova 1938); D. G. KIRIAC, Cîntece populare româneşti (1960); T. BREDICEANU, Melodii populare din Banat (1972); T. MÎRZA, Folclor muzical din Bihor (1974); GH. CIOBANU, Izvoare ale muzicii româneşti (1975); G. PANTIRU, Lecţionarul de la Iaşi (1981). – **2) Nachschlagewerke:** V. COSMA, Muzicieni români (1970); D. CARAMAN-FOTEA – F. LUNGU, Disco. Ghid-Rock (1977); D. BUGHICI, Dicţionar de forme şi genuri muzicale (1978); V. COSMA, România muzicala (1980). – **3) Studien:** T. BREDICEANU, Histoire et état actuel des recherches sur la musique roumaine, in: Art populaire II (P 1923); M. G. POSLUŞNICU, Istoria muzicii la Români (1928); T. BREDICEANU, Histoire de la musique roumaine en Transylvanie (1938); G. BREAZUL, Patrium Carmen (Craiova 1941) (rumän.); L. CASSINI, Music in Rumania (Lo 1954); T. ALEXANDRU, Instrumentele muzicale ale poporului român (1956); E. COMIŞEL, La ballade populaire roumaine, in: Studia Memoriae B. Bartók Sacra (1956, [3]1958) (frz.); R. GHIRCOIAŞIU, Contribuţii la istoria muzicii româneşti (1963); D. POPOVICI, Muzica corală românească (1966); G. BREAZUL, Pagini din istoria muzicii româneşti, 5 Bde. (1966–82); C. BRĂILOIU, Opere, hrsg. v. E. Comişel, 5 Bde. (1967); E. COMIŞEL, Folclor muzical (1967); Z. VANCEA, Creaţia muzicală românească în sec. XIX–XX, 2 Bde. (1968); P. BRÂNCUŞI, Istoria muzicii româneşti (1969); D. POPOVICI, Muzica românească contemporană (1970); P. BRÂNCUŞI – N. CĂLINOIU, Muzica în România Socialistă (1973); V. TOMESCU, Histoire des relations musicales entre la France et la Roumanie (1973); O. L. COSMA, Hronicul muzicii româneşti, 4 Bde. (1973–76); T. T. BURADA, Opere, hrsg. v. V. Cosma, 4 Bde. (1974–80); P. BRÂNCUŞI, Muzica românească şi marile ei primeniri, 2 Bde. (1978–80); T. ALEXANDRU, Romanian Folk Music (1980); V. COSMA, Zweitausend Jahre Musik auf dem Boden Rumäniens (1980); V. TOMESCU, Musica dacoromana, 2 Bde. (1981–82) (frz.). V. COSMA

RUMBA, lateinamerikanischer Gesellschafts- und Turniertanz afrokubanischer Herkunft in geradem Takt (2/4, 4/4, 2/2). Der um 1914 in New York eingeführten und zu Anfang der 30er Jahre besonders verbreiteten R. haftete aufgrund der besonderen Hüft- und Beckenbewegungen der Tanzenden lange der Ruch des Obszönen an. Sie hat ein recht schnelles Tempo (MM ♩ = ca. 160–200; die moderne R.-↗Bolero, die man häufig einfach R. nennt, ist erheblich langsamer) und eine Unterteilung des 4/4-Taktes in unregelmäßig betonte Achtel (z. B.  oder 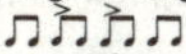), die von Perkussionsinstrumenten, zumeist ↗Maracas und ↗Claves, ausgeführt werden. Geübte Tänzer folgen diesen Figuren mit ihren Schritten und Körperbewegungen, Anfänger hingegen erlernen in der Regel eine einfache, rhythmisch exakt binäre Schrittfolge (quick – quick – slow). Die Partner haben dabei auf eine gewisse Distanz zueinander zu achten; in freien Variationen können sie sich auch voneinander trennen. Zu den Standardfiguren der R. gehören Salut Cubaine, Marche Cubaine, Écart und Enroulé – Déroulé. – Verwandte Tänze sind ↗Carioca und ↗Conga. Aus der Verbindung von Danzón, R. und Swing entstand der ↗Mambo. Eine bekannte R. war in den 50er Jahren *Besame mucho* von Velasquez. In stilisierter Form findet sich der Tanz gelegentlich auch in der Kunstmusik (D. Milhaud, *La création du monde,* 2. Klavierkonzert).

RUMBAKUGELN ↗Maracas.

RUMMELPOTT ↗Reibtrommel.

RUMMENHÖLLER, Peter, * 22. 4. 1936 Wuppertal; dt. Musikforscher. Er studierte Musikwissenschaft, Germanistik und Philosophie an der Universität Saarbrücken (1963 Dr. phil. mit einer Dissertation über M. Hauptmann) sowie Klavier und Musiktheorie. Anschließend konzertierte er als Solist und Klavierbegleiter (u.a. von M. Gendron), war 1964–71 Dozent für Musiktheorie, Musikgeschichte und Musiksoziologie an der Musikhochschule in Stuttgart und wurde 1972 als Professor für Musikwissenschaft an die Pädagogische Hochschule in Berlin (heute Hochschule der Künste) berufen. R. gründete 1970 die *Zeitschrift für Musiktheorie* (ZfMth) und leitete den 1. Internationalen Kongreß für Musiktheorie. Schwerpunkte in Forschung und Lehre sind Musiksoziologie und Musiktheorie. In seinen Schriften, Vorträgen, Rundfunksendungen und (kommentierten) Konzerten ist er bestrebt, Musik als übergreifende kulturwissenschaftliche und geistesgeschichtliche Erscheinung zu vermitteln.

Schriften: *M. Hauptmann als Theoretiker* (Wie 1963); *Romantik u. Gesamtkunstwerk,* in: Beitr. z. Musikanschauung im 19. Jh. (Rb 1965) (= Stud. z. Musikgesch. des 19. Jh. 1); *Musiktheoretisches Denken im 19. Jh.* (1967) (= ebd. 12); *Möglichkeiten neuester Chormusik,* in: Einfluß der technischen Mittler auf die Musikerziehung unserer Zeit (Mz 1968); *Das Klavier als Pionierinstr. der neueren abendländischen Musikgesch.,* in: Musik u. Bildung 6 (1969); *Zum Begriff des Klassizismus,* in: Beitr. z. Theorie der Künste im 19. Jh. 2 (F 1972); *Einführung in die Musiksoziologie* (Wilhelmshaven 1978); *Verfremdete Kadenz. Zur Harmonik F. Liszts,* in: ZfMth 9 (1978); *Das Verhältnis der Musik zur Natur,* in: Universitas 34 (1979); *„Unterhaltung" in der Musik,* in: NZ 141 (1980); *Der Dichter spricht. R. Schumann als Musikschriftsteller* (Kö 1980); *Botschaft von Meister Raro. Zum Verständnis von R. Schumann heute,* in: NZ 142 (1981). – R. ist Hrsg. von *Beispielsammlung für die Analyse tonaler Musik* (St 1972) u. *Ber. über den 1. Int. Kongreß für Musiktheorie* (St 1972).

RUNDFORMEN. In zahlreichen auf das lat. rota (= Rad) bzw. rotundus (= rund) zurückgehenden musikalischen Begriffen (lat. rondellus; frz. ronde, rondel, rondeau; it. rotondello, rondo; engl. round, roundel; dt. Radel, Rundgesang, Rundel u.a.) wird in unterschiedlicher Hinsicht auf den Vorgang eines zeitlichen oder räumlichen Rundlaufs hingewiesen, entweder mit Bezug auf den formalen Ablauf (1.), die satztechnische Gestaltung (2.) oder die praktische Ausführung (3.) der so bezeichneten Kompositionen.

1. In struktureller Hinsicht handelt es sich um ein Urprinzip formaler Gestaltung, das einer kaum übersehbaren Zahl von Formtypen und Einzelformen abendländischer und außereuropäischer Musik zugrunde liegt. Es beruht auf der mehrfachen Wiederkehr eines Formteils im Wechsel mit anderen, neu gestalteten Abschnitten, also auf einer Reihung von konstanten und variablen Elementen. Der wiederkehrende Formabschnitt kann zentraler Hauptbestandteil der Form sein – er bildet dann in der Regel Anfang und Schluß (A B A C ... A) – oder den Charakter eines Anhangs bzw. einer Überleitung als ↗Refrain oder ↗Ritornell haben (A R B R ... R). In der europäischen Musik begegnet das Prinzip in verschiedenen Ausprägungen und mit unterschiedlichen Bezeichnungen als

↗Rondellus, Rondel, Rundgesang, Refrain-Form, Ritornell-Form und nimmt in den beiden Versionen des ↗Rondeau und im Rondo den Charakter fest umrissener Formtypen an. Als frühester Beleg gilt eine Definition des Johannes de Grocheo (aus *De musica,* um 1300), der von der als „cantilena rotunda“ oder „rotundellus“ bezeichneten Form sagt, daß sie „nach Art eines Kreises in sich selbst zurückläuft und auf gleiche Weise beginnt und abschließt“. Diese Beschreibung schließt auch Stücke mit nur einmaliger Wiederaufnahme des Anfangs ein, doch verwendet man für diesen Formtypus (ABA) heute sinnvoller den Begriff der Rahmen- oder Reprisenform.

2. Das Bild eines rundlaufenden musikalischen Vorgangs kann sich auch auf die kanonische Satztechnik beziehen, wenn die – zeitlich verschobenen – Stimmen jeweils wieder in ihren Anfang einmünden und so „ad infinitum“ rotieren:

a b c a…
a b c a b…
a b c a b c…

Diese Vorstellung klingt an in den mittelalterlichen Begriffen ↗Rota, ↗Rondellus (2), Rode, ↗Round (1) oder ↗Radel, ebenso in den entsprechenden kontrapunktischen Fachtermini Kreis- oder Zirkelkanon. Formen dieser Art sind oft auch in kreisförmiger Anordnung aufgezeichnet.

3. Musik kann auch im räumlichen Sinne in Beziehung zur Kreisform stehen, wenn die Ausführenden tanzend bzw. singend einen Ring bilden. Auf diesen Ursprung sind Begriffe wie ↗Ronde (1), ↗Round (2) und ↗Rundtanz zurückzuführen. Häufig, vor allem beim Musizieren im geselligen Kreise, sind rundlaufende Form und Ausführung identisch.

Komponisten der Gegenwart haben sich auf z.T. eigenwillige Weise mit dem Problem der räumlich-zeitlichen Kreisform befaßt. Zu erwähnen ist hier vor allem K. Stockhausens *Zyklus* für einen Schlagzeuger Nr. 9 (1959).

Lit.: F. RECKOW, Rondellus, rondeau, rota, in: HMT (1972).

RUNDFUNK, zusammenfassende Bz. für ↗Fernsehen und ↗Hörfunk.

RUNDTANZ, allgemeine Bz. für Volks- und Kunsttänze, deren Ablauf in Paaren oder in der Kette durch die Bewegung im Kreis bestimmt wird (↗Rundformen). In den musiktheoretischen Quellen ist der Terminus nicht ausdrücklich erwähnt, wohl aber die analogen Begriffe der frz. ↗Ronde (13. Jh.) und des engl. ↗Round (17. Jh.). Deutsche Theoretiker im 18. Jh. sprechen vom „Frantzösischen Ringel-Tantz“ (J. G. Walther) oder vom „Kreiz- oder Circul-Tantz“ (Fr. E. Niedt). Zu den Rundtänzen zählen im Mittelalter der ↗Reigen sowie neben der erwähnten Ronde auch die gleichartigen Tresque und Carole, seit dem 17. Jh. Weller, Ländler, Kontratanz (↗Contredanse), Polka, Schottischer, Deutscher, Mazurka, Galopp, viele Arten des Walzers sowie zahlreiche weitere kreisförmig getanzte Formen auch außerhalb Europas. Als Fachausdruck wird der Begriff R. heute vor allem im Schrifttum der Musikethnologie verwendet.

Lit.: R. WOLFRAM, Die Volkstänze (Salzburg 1951); Fachausdrücke Volkstanz (St 1971); R. LANGE, The Nature of Dance (Lo 1975).

RUPERT VON DEUTZ (Rupertus Tuitiensis), OSB, * um 1070, † zwischen 1129 und 1135 Deutz (heute Köln-Deutz); dt. Theologe und Gelehrter. R. war 1120–29 Abt des Klosters St. Heribert in Deutz und wurde als Verfasser einiger theologischer, liturgischer und historischer Schriften sowie von Hymnen bekannt. In seiner liturgischen Abhandlung *De divinis officiis* und in dem *Commentarius in Regulam Sancti Benedicti* behandelt R. den Gregorianischen Gesang als Teil des Gottesdienstes. Das Kapitel *De musica* seiner theologischen Schrift *De Trinitate et operibus Spiritus Sancti* beschreibt Aufgabe und Sinn der Musik, die „famula divinae sapientiae“, d.h. Dienerin der göttlichen Weisheit, zu sein habe; Musik kann sich somit nur im Dienst an Gott erfüllen.

Lit.: H. ABERT, Die Musikanschauung des MA u. ihre Grundlagen (Hl 1905, Nachdr. Tutzing 1964); M. MAGRASSI, Teologia e storia nel pensiero di Ruperto di Deutz (R 1959); H. HÜSCHEN, Rupertus von Deutz, in: MGG XI. B. R. SUCHLA

RUPP, Émile, * 24. 7. 1872 Ottoschwanden (Schwarzwald), † 30. 7. 1948 Straßburg; frz. Organist dt. Herkunft. Er studierte am Konservatorium in Straßburg, bei J. Rheinberger in München und bei Ch.-M. Widor in Paris. 1897–1939 wirkte er in Straßburg als Organist an St. Paul, 1914–39 auch an der Konsistorial-Synagoge, und war während des 2. Weltkriegs Organist in Nîmes. R. widmete sich der Orgelbaukunde und war mit A. Schweitzer Initiator der „elsässischen Orgelreform“.

Schriften: *Die Orgel der Zukunft,* in: ZfIb 27 (1906) – 30 (1909); *Die Entwicklungsgeschichte der Orgelbaukunst* (Einsiedeln 1929, Nachdr. Hil 1981).

RUPPEL, Karl Heinrich, * 5. 9. 1900 Darmstadt, † 8. 9. 1980 München; dt. Musikkritiker. Durch E. Kleiber für die Musik begeistert, studierte R. bis 1923 Musikwissenschaft an den Universitäten Frankfurt a.M., Freiburg i.Br. und München.

1928–44 wirkte er in Köln, Wien, zuletzt in Berlin als Feuilletonredakteur der *Kölnischen Zeitung,* war 1945–50 Schauspieldirektor des Württembergischen Staatstheaters Stuttgart und schrieb seither vornehmlich für die *Süddeutsche Zeitung,* daneben auch für die *Neue Zürcher Zeitung* und mehrere Rundfunkanstalten.

Schriften: *Musik in Deutschland* (Mn 1952); *Musica Viva* (Mn 1952); *Musik in unserer Zeit* (Mn 1960); *Musiker der Gegenwart. Komponisten, Dirigenten, Solisten* (Gütersloh 1962); *Orffs großes Welttheater,* in: Melos 32 (1965); *P. Hindemith,* in: ebd.; *Skrjabin heute,* in: Musica 26 (1972); *Eine kuriose Idee. Erinnerung an eine frühe Begegnung mit C. Orff,* in: FS L. Strecker (Mz 1973); *J. Cranko, der Gestalter einer neuen Ballettkunst der Gegenwart,* in: Universitas 28 (1973); *Große Stunden der Musik* (Mn 1975). – R. verfaßte ferner das Libretto zu M. Mihalovicis Oper *Die Heimkehr* (nach G. de Maupassant), UA: München 1953, sowie das Szenario zu dessen Ballett *Thésée au labyrinthe,* UA: Braunschweig 1957. J. DORFMÜLLER

RUSALKA, Lyrisches Märchen in 3 Akten von Antonín Dvořák (1841–1904), Text von Jaroslav Kvapil. Orte der Handlung: Wiesen am Ufer eines Sees, Schloßpark. UA: 31. 3. 1901 in Prag (Nationaltheater); dt. EA (in dt. Sprache): 5. 10. 1929 in Stuttgart.
Kvapil verstand sein Textbuch „nicht als bloßes Opernlibretto“, sondern als eigenständigen dichterischen Entwurf. Er benutzte Elemente aus F. H. K. Fouqués *Undine,* Hans Christian Andersens *Kleiner Seejungfrau,* der altfranzösischen Melusinensage und Gerhard Hauptmanns *Versunkener Glocke* und entwarf in der Nixe Rusalka das Bild einer liebenden, verzeihenden und verzichtenden Frau, die die natürlich-reine Liebe verkörpert. Dvořák stützte das dramaturgische Konzept dieses symbolistischen Librettos durch eine Musik, in der die dramatischen Elemente der Bühnenhandlung und die expressiven Valenzen gleichermaßen integriert sind. Träger der musikdramatischen Handlung ist der symphonisch strukturierte Orchestersatz, in dem die Welt der Naturgeister und der Menschen harmonisch, klangfarblich und thematisch gegeneinander abgesetzt werden. Die Leitmotive sind oftmals semantisch mehrdeutig; das einzige Personalmotiv (Rusalka-Motiv) fungiert als Spiegel für die aktuellen seelischen Stimmungen der Nixe. Lyrisch-affektiv geprägte Soli (das bekannteste ist Rusalkas Lied an den Mond) sind in das leitmotivische Geflecht eingelagert; sie werden nur in Einleitungen, Zwischenspielen und Ausleitungen motivisch-thematisch mit der Handlungsebene verknüpft. In *Rusalka* realisierte Dvořák konsequent den Typus des lyrischen Musikdramas. J. SCHLÄDER

RUSHING, Jimmy (James Andrew), * 26. 8. 1903 Oklahoma City (Oklahoma), † 8. 6. 1972 New York; amerik. Jazzsänger. R. trat seit 1925 als Bluessänger auf, war 1935–50 bei Count Basie engagiert und trug dort als Meister des modernen Jazzblues wesentlich zum Profil der Band bei. Von 1950 an bis in die 60er Jahre unternahm R. fortlaufend Tourneen mit wechselnden Besetzungen, u. a. auch mit den Bands von Basie und Benny Goodman und eigenen Formationen. Er schrieb die Texte zu *Good Morning Blues* und *Goin' to Chicago Blues.*

RUSLAN UND LUDMILLA *(Ruslan i Ljudmila),* Große Oper in 5 Akten von Michail Glinka (1804–57), Text – unter Mitwirkung von K. Bachturin, N. Kukolnik, M. Gedeonow und M. Markewitsch – von Walerian Schirkow und dem Komponisten nach Alexander Puschkins gleichnamigem Poem (1820). Ort und Zeit der Handlung: Rußland, in sagenhafter Vergangenheit. UA: 27. 11. (9. 12.) 1842 in St. Petersburg (Bolschoi-Theater); dt. EA (in dt. Sprache): 17. 11. 1950 in Ost-Berlin (Staatsoper).
Puschkins turbulente Erzählung vom Recken Ruslan, der manch phantastisches Abenteuer zu bestehen hat, bevor er wieder mit seiner geliebten Ludmilla vereinigt wird, muß wegen ihres volkstümlichen Sujets und Tons auf Glinka große Faszination ausgeübt haben; als Vorlage für eine schlüssige, im konventionellen Sinne „dramatische“ Opernhandlung – um deren Kontur auch noch eine Vielzahl von Textautoren bemüht war – schien sie aber kaum tauglich, zumal diese Dichtung substantiell vom ironisierenden Spiel mit genuin epischen Darstellungsstrategien lebt. Die unbekümmerte Arbeitsweise des Komponisten, der Teile des lange Zeit unfertigen Librettos ohne Rücksicht auf das Ganze vertonte, berechtigte ebenfalls nicht zu der Hoffnung, daß dieses Werk ein Markstein der russischen Musikgeschichte werden könnte. Gleichwohl: Der Blick für die spezifische Möglichkeit der Oper, gerade märchenhafte Stoffe in einer nur lockeren Bilderkette darzubieten, ließ sich allmählich schärfen; und auf Grund ihrer unerschöpflichen musikalischen Reichtümer – hier seien zumindest die Ouvertüre, die Entführungsszene, der Persische Chor sowie der Marsch des Zauberers Tschernomor genannt – galt die *Ruslan*-Partitur nachfolgenden Generationen schon bald als nicht versiegender Quell künstlerischer Inspiration. E. FISCHER

RUSSALKA, Oper in 4 Akten von Alexander Dargomyschski (1813–69), Text vom Komponisten nach Alexander Puschkins gleichnamigem Dra-

menfragment (1837). UA: 4. (16.) 5. 1856 in St. Petersburg (Theater-Zirkus); dt. EA (Gastspiel der Kaiserlich-Russischen Hof-Oper): 6. 6. 1908 in Berlin (Kroll-Oper).
In Nymphen verwandelte junge Frauen, deren Geliebte erst im Reich der Nixen endgültig zu ihnen finden, hatten schon im frühen 19. Jh. auch auf der russischen Opernbühne eine Heimstatt gefunden. Puschkin griff jenen urromantischen Motivkomplex wieder auf. Diese Sujetvariante – der Text war vermutlich bereits als Libretto konzipiert – gab Dargomyschski manche Gelegenheit, Chöre mit nationalem Kolorit organisch dem dramatischen Geschehen einzupassen; darüber hinaus wird ihn Puschkins psychologisch differenzierte Zeichnung der handelnden Figuren wohl dazu angeregt haben, die Charaktere nicht nur in formal geschlossenen Partien, sondern zudem mit Hilfe eines ausdrucksstarken, sich der natürlichen Sprechweise anschmiegenden „melodischen Rezitativs" musikalisch lebensvoll zu präsentieren. Nach der Petersburger Neueinstudierung (1865) – und mit einer werkeigenen Ausstattung versehen (1867) – blieb die zuvor erfolglose Komposition für Jahrzehnte eines der in Rußland beliebtesten Repertoirestücke. E. FISCHER

RUSSELL, Pee Wee (Charles Ellsworth), * 27. 3. 1906 St. Louis (Missouri), † 15. 2. 1969 Alexandria (Virginia); amerik. Jazzmusiker (Klarinette). Er spielte Mitte der 20er Jahre mit Bix Beiderbecke und Frank Trumbauer, später mit Musikern des Chicago-Jazz wie Red Nichols, Bud Freeman, Bobby Hackett und Eddie Condon. In den 50er und 60er Jahren trat er meist mit den Gruppen von Eddie Condon und George Wein auf. R. war ein origineller Vertreter des alten Dixieland. Kennzeichnend für seinen nicht virtuosen, aber ausdrucksstarken Stil war besonders der Wechsel von Growltönen (↗Growl) und harten ↗Attacken. R. hat auch Kompositionen des Modern Jazz, u.a. von Thelonious Monk und Ornette Coleman, interpretiert.

RUSSISCHE HÖRNER, Bz. für ein Ensemble mit ausschließlich in Rußland verwendeten weitmensurierten Naturhörnern, die gerade, geknickt oder gebogen aus Metall oder Holz in verschiedenen Größen gefertigt wurden. Auf den erstmals 1751 in St. Petersburg – von Leibeigenen – vorgeführten R. wurden jeweils nur 1–3 Töne gespielt, die im Zusammenklang der über 30 Hornisten einen Umfang von mehreren Oktaven ergaben. Zum Repertoire der sich bis zur Mitte des 19. Jh. größter Beliebtheit erfreuenden russischen Hornmusik gehörten vor allem Märsche und Tänze.

RUSSLAND. Volksmusik. Das (groß)russische, das weißrussische und das ukrainische Volkslied wurzelt im Liedgut der Ostslawen und weist daher gemeinsame Züge auf. Im wesentlichen lassen sich das alte bäuerliche Brauchtumslied, das im 15.–17. Jh. entstandene lyrische oder erzählende „gedehnte" Lied (protjaschnaja pesnja) und das im 18. und 19. Jh. aufblühende „städtische" Lied unterscheiden. Typisch für das zur älteren Überlieferung gehörende, mit dem Jahres- und Lebensablauf verbundene Brauchtums- und Arbeitslied wie auch für die Byline (bylina), den großrussischen epischen Gesang, ist eine engräumige und formelhafte Melodiebildung. Demgegenüber wird das lyrische „gedehnte" Lied durch großen Ambitus, Intervallsprünge, eine plastische Melodieführung und mehrstimmigen Vortrag gekennzeichnet. Einzelne Vokale und Interjektionen *(ach, ech, ej, da)* werden melismatisch „ausgesungen" (wnutrislogowaja raspewnost). Das ukrainische historische Lied, die Duma, wird auf der Bandura begleitet. Das „gedehnte" Lied tritt im russischen Norden (an der Pinega und Wologda), im Nowgoroder Raum und am Don in der Form der sog. Varianten- oder Bauernpolyphonie (podgolosotschnaja polifonija = „Unterstimmen"-Polyphonie) auf, d. h., die improvisierten Nebenstimmen imitieren die Hauptstimme, ohne dabei ihre melodische und rhythmische Selbständigkeit einzubüßen. Typisch sind subdominantische Klangwirkungen. Im „städtischen" Lied mischen sich Elemente des Bauerngesangs mit der aus dem Westen eindringenden Mehrstimmigkeit mit akkordischem Gerüst. Strophenlieder herrschen vor, sie werden auf der 7saitigen Gitarre oder Balalaika begleitet. Die jüngste Entwicklungsform sind die Tschastuschka, scherzhafte Vierzeiler, die zur Ziehharmonika (Garmonika, Garmon) oder Balalaika gesungen werden. Melodik und Harmonik des „städtischen" Lieds beeinflußten das Revolutionslied und dieses seinerseits wieder das nach 1917 gepflegte Massenlied.
Die melodische Struktur des russischen Volkslieds beruht offenbar auf einer Terzschichtung. Häufiger wird die große Terz als Zentralintervall von 2 kleinen umgeben (d–f–a–c), seltener die kleine von 2 großen (c–e–g–h). Dies würde das Schwanken zwischen Dur und Moll und auch die Tatsache erklären, daß in älteren Liedern der Grundton und die Oktave nicht funktionsgleich sind. Im ukrainischen Lied dient die erhöhte 4. Stufe als Leitton zum obersten Melodieton; das Vorkommen der übermäßigen Sekunde in Melodien mit kleiner Terz weist auf orientalischen Einfluß hin. Typisch für das russische Volkslied, insbesondere das „ge-

dehnte" Lied, sind Instabilität des Grundtons und Variabilität der einzelnen Tonstufen. Bei grundsätzlich diatonischer Struktur kommt es in Moll zur Veränderung der 6., manchmal auch der 2. Stufe, in Dur der 6., 7. und 4. Stufe.
Die Spielleute des alten R. (skomorochi) begleiteten ihren Gesang auf dem Gudok (2- bis 3saitiges Streichinstrument), der ↗Domra oder dem Wargan (Dudelsack). Schon für das 6. Jh. bezeugte der byzantinische Historiker Theophylaktos die zur osteuropäischen Gruppe des Psalteriums gehörende ↗Gusli als Lieblingsinstrument der Ostslawen. Der blinde ukrainische Epensänger, der Kobsar (oder Lirnik) erhielt seinen Namen nach dem Instrument, das er spielte (Kobsa, ↗Bandura; Lira = Dreh- bzw. Radleier). Im 18. Jh. kam die ↗Balalaika in Gebrauch. Benutzt werden Längsflöten (Dudka, Sopel oder Sopilka), Doppelflöten (Swirel, Dwoitschatka) und im Raum Brjansk und Kursk eine archaische Panflöte (Kugikly, Kuwikly, Zewniza). Die in Weißrußland verbreitete Schaleika ist ein Rohrblattinstrument mit Schallbecher. Die hölzerne Hirtentrompete Roschok begegnet im Gebiet von Wladimir, die Trembita, eine 2–3 m lange und 25–30 mm starke Holztrompete, vornehmlich bei den in den Karpaten siedelnden Huzulen.
Kirchenmusik. Mit dem Christentum übernahm die Kiewer Rus 988 aus Byzanz auch dessen liturgischen Gesang (allerdings in kirchenslawischer Übersetzung), das System der 8 Kirchentöne und das Verbot der Instrumentalmusik. Die russischen Singmeister bedienten sich einer von der byzantinischen abweichenden linienlosen Notation, die verwendeten Zeichen hießen krjuk (= Haken, nach der Form der Zeichen) oder snamja (= Zeichen). Wegen der Ungenauigkeit dieser Notation spielte die mündliche Überlieferung durch geschulte Sänger und Chorleiter, die Domestiki (von griech. domestikos = Vorsänger) oder Golowtschiki (von russ. golowa = Haupt, Leiter), eine wichtige Rolle. Diese schmolzen allmählich Elemente des Volksgesangs in den einstimmigen liturgischen Chorgesang ein. Praktiziert wurde einmal der Snamenny raspew (Gesang nach Zeichen), auch Stolp-Gesang genannt (stolpowoje penije; Stolp bezeichnet die 8 Kirchentöne mit dazugehörigem Text), mit vorherrschend syllabischem Aufbau der ruhig dahinfließenden rezitativartigen Melodien und zum anderen der Kondakariengesang (kondakarnoje penije; von griech. kontakion = Hymnus), der hauptsächlich in den Kathedralen benutzt wurde. Die komplizierte Kondakarien-Notation (↗Notenschrift) ist nicht entschlüsselt, die Gesangsweise lediglich anhand byzantinischer Aufzeichnungen aus dem 12./13. Jh. in allgemeinen Umrissen erschlossen worden. Mit dem Zerfall der Kiewer Rus in Teilfürstentümer im 12. Jh. bildeten sich neue Gesangsschulen u. a. in Tschernigow, Nowgorod, Pskow, Galitsch, Smolensk, Polozk, Jaroslawl, Wladimir und Rostow Weliki heraus. Nach der Zerstörung Kiews durch die Tataren (1240) fungierte Nowgorod als Bewahrerin des altrussischen Kulturguts, doch entwickelte sich Moskau nach dem Sieg über die Tataren (1380) und dem Erstarken des Moskauer Großfürstentums im 15. Jh. rasch zum führenden russischen Kulturzentrum. 1479 wurde der Sängerchor des Zaren (chor gossudarewych pewtschich djakow) gegründet, dem die musikalische Ausgestaltung feierlicher Gottesdienste, bei denen der Zar zugegen war, und die Mitwirkung bei Staatszeremonien oblag. Bedeutung erlangte daneben der 1589 gegründete Chor des Patriarchen (chor patriarschich pewtschich djakow), der 1710 (oder nach anderen Angaben 1721) reorganisiert wurde und bis zu seiner Auflösung (1919) Synodalchor hieß. Der Moskauer Singmeister I. Schaidurow erfand im 16. Jh. die sog. roten Zeichen (kinowarnyje pomety), d. h. mit roter Farbe über die krjuki geschriebene Buchstaben zur Markierung der genauen Tonhöhe, doch veränderte eine von A. Mesenez geleitete Kommission das Neumenbild in der Mitte des 17. Jh. noch einmal. In dieser Form blieb es bei den Altgläubigen bis heute in Gebrauch. Im 16. Jh. begründete der aus Nowgorod stammende Sawwa Rogow eine Moskauer Sängerschule, die seine Schüler Iwan Nos und Fjodor Christianin zu hoher Blüte führten. Berühmt war auch Rogows Bruder Wassili, seit 1589 Metropolit zu Rostow. Es entstanden neue Varianten des Snamenny raspew, so z. B. der feierliche Put-Gesang. Etwa in der Mitte des 17. Jh. verbreitete sich der 2- und 3st. „Zeilen"-Gesang (strotschnoje penije; stroka = Zeile) mit der Melodiestimme in der Mitte. Die ukrainischen Gesangsmeister, die nach dem erneuten Zusammenschluß der Ukraine mit R. (1654) verstärkt aus dem Kiewer Raum in die Chöre des Zaren und Patriarchen nach Moskau geholt wurden, führten die Mehrstimmigkeit (partesnoje penije; von lat. partes = Stimmen) und das Notensystem auf 5 Linien mit quadratischer Form der Notenköpfe (kijewskoje snamja) ein, das in der Ukraine schon im 16. Jh. in Gebrauch war. Im einfachen 3st. Partesgesang singt die erste Stimme den C.f., die benachbarte Stimme begleitet in parallelen Terzen, der Baß sucht die Grundtöne. Seinen Höhepunkt erreichte diese Gesangsart im 4–12st. geistlichen Chorkonzert. Mit den theoretischen Grundlagen des konzertierenden Partesstils be-

faßte sich Nikolai Dilezki in der *Musikijskaja grammatika* (Mos 1679). Unter seiner Anleitung bildete sich eine Moskauer Komponistenschule mit Wassili Titow als bedeutendstem Vertreter heraus. Im 18. Jh. entwickelte sich die Kapelle des Zaren (seit 1713 in St. Petersburg, seit 1763 Kaiserliche Hofsängerkapelle genannt) zum führenden Organ des russischen Kirchengesangs. Der Italiener Fr. Araja, der 1737 die Leitung übernahm, führte den italienischen Stil ein, der sich dann in ganz R. verbreitete. Ihn pflegten in ihren Kompositionen Dm. Bortnjanski, A. Wedel sowie die Sarti-Schüler St. Degtjarjow und Stepan Dawydow. Seit Bortnjanski (Direktor 1796–1825) war der Leiter der Hofsängerkapelle gleichzeitig auch der einzige Zensor für die gesamte Kirchenmusik in Rußland. Unter A. Lwow (1837–61) wurden die Kirchengesänge nach den Prinzipien des deutschen protestantischen Chorals harmonisiert, im *Obichod* (einer Art *Liber usualis*) zusammengefaßt und für verbindlich erklärt. Dieser als Petersburger zu bezeichnende Gesangsstil blieb bis zur Gegenwart bestimmend. Seine Merkmale sind strenge Vierstimmigkeit, C.f. in der Oberstimme, Begleitung durch eine andere Stimme in Terzen oder Sexten, Vorliebe für den Dominantseptakkord. Diesen Stil pflegten die Komponisten A. Lwow, Pjotr Turtschaninow, Gawriil Lomakin, G. Lwowski und Alexandr Archangelski. Zu Beginn des 20. Jh. errang der Moskauer Synodalchor unter Stepan Smolenski und Alexandr Kastalski ein der Hofsängerkapelle ebenbürtiges Niveau. Mit der Veröffentlichung der Liturgie op. 41 von P. Tschaikowsky (1879) umging der Verleger P. Jürgenson das bis dahin herrschende Zensurmonopol der Hofsängerkapelle und spornte damit die Komponisten an, für die Kirche zu schreiben. A. Kastalski, Pawel Tschesnokow, Wassili Kalinnikow, Alexandr Nikolski, N. Tolstjakow u.a. begründeten eine betont nationale Richtung. Doch nur wenige Kirchenkompositionen weltlicher Tonsetzer (M. Glinka, A. Aljabjew, P. Tschaikowsky, A. Arenski, N. Rimski-Korsakow, A. Gretschaninow u.a.) haben sich in der liturgischen Praxis behaupten können.

Die Anfänge der Kunstmusik bis Glinka. Über Jahrhunderte unterdrückte in R. das religiös-asketische Denken die Herausbildung einer weltlichen Kunstmusik. Angeregt durch polnische und ukrainische Vorbilder, verbreiteten sich im 17. Jh. der Kant (von lat. cantus), der zunächst von der Geistlichkeit auf religiöse, später vom städtischen Mittelstand auf weltliche Texte gesungen wurde, und die ihm nahestehende Psalma. Beide Formen (3st. Strophenlieder mit 2 in parallelen Terzen geführten Oberstimmen und harmonisch stützendem Baß) bildeten den Übergang vom kirchlichen zum weltlichen Musizieren. Ende des 16. Jh. tauchten in der Residenz die ersten Cembali auf. Unter Zar Alexei Michailowitsch (1645–76) wirkte am Moskauer Hof der polnische Organist und Orgelbauer S. Gutowsky. In der 2. Hälfte des 17. Jh. entstanden die ersten Militärkapellen. Chöre und Instrumentalmusik waren fester Bestandteil der auf biblischen Stoffen fußenden Schuldramen, die das erste russische Hoftheater 1672–76 unter der maßgeblichen Mitwirkung des aus Merseburg gebürtigen Johann Gottfried Gregori auf die Bühne brachte. Bemerkenswert ist die Aufführung des *Ballet... von dem Orpheo und der Eurydice* von H. Schütz 1673 in Moskau (nur der Text ist erhalten). Peter der Große förderte die Rezeption westeuropäischen Kulturguts, die jedoch nur eine schmale Oberschicht erfaßte. Hohe Würdenträger (A. Menschikow, F. Golowin u.a.) hielten eigene Orchester. Es entwickelte sich der panegyrische Kant (Würdigung großer Zeitereignisse, Siege u.ä.), 1740–60 blühte der lyrische Kant (kurant oder korant). 1702–06 führte die in Danzig angeworbene Truppe von Johann Christian Kunst (1703–06 von Otto Fürst weitergeführt) im ersten öffentlichen Theater in Moskau deutsche Singspiele und Haupt- und Staatsaktionen mit Gesangseinlagen auf. Der musikfreudigen Zarin Anna Iwanowna (1730–40) schickte der Kurfürst von Sachsen Friedrich August I. eine italienische Truppe, die sich 1731–33 in R. aufhielt und mit G. A. Ristoris *Calandro* im Dezember 1731 die erste Oper aufführte. 1733–35 weilte eine in Italien angeworbene Gesellschaft von 32 Mitgliedern in St. Petersburg und gab Intermezzi und komische Opern. Eine 1735 in St. Petersburg angekommene neue Truppe mit Fr. Araja und D. Dall'Oglio sowie erstmals auch mit Tänzern eröffnete im Januar 1736 mit Arajas *La forza dell'amore e dell'odio* die Ära der Opera seria in Rußland. Anläßlich der Krönung der Zarin Jelisaweta Petrowna fand 1742 in Moskau die Aufführung von J. A. Hasses *La clemenza di Tito* mit dem Prolog *La Russia afflitata e reconsolata* (Text: J. Stählin; Musik: Dall'Oglio) statt. Stählins prunkvolle Inszenierung wurde zum Vorbild für die Opernaufführungen bei Hofe, gleichzeitig schuf er den Typ des musikalischen Huldigungsschauspiels für den Zaren, das sich bis Ende des 18. Jh. behauptete. 1755 wurde mit *Cephal i Prokris* von Araja (Text: A. Sumarokow) die erste russische Oper aufgeführt. Die von der Truppe G. B. Locatellis 1757–59 in Rußland vorgestellte Opera buffa verdrängte die erstarrte Opera seria bei Hofe erst in den 70er Jahren des

18. Jahrhunderts. Neben ihr gewann die französische, deutsche und auch englische komische Oper Bedeutung. Eine deutsche Truppe gab in St. Petersburg 1745–91 (mit Unterbrechungen) u. a. Singspiele von J. A. Hiller, die französische Gesellschaft vorrangig zeitgenössische Opéras-comiques. Ballad operas und kleine Opern von Th. Arne, S. Arnold, Ch. Dibdin u. a. pflegte eine seit 1770 in Petersburg auftretende englische Truppe. Unter Katharina II., die selbst Opernlibretti verfaßte und Kompositionen anregte, kam es zu einer Glanzzeit der italienischen Oper mit V. Manfredini (in Rußland 1758–69 und 1798–99), B. Galuppi (1765–68), G. Paisiello (1776–83), D. Cimarosa (1787–91), T. Traëtta (1768–75), G. Sarti (1784–1802) und V. Martín y Soler (1788–1806). Zu den ersten Opern auf russische Texte zählt u. a. H. Raupachs *Alceste* (1758). Ballettmusik komponierten D. M. G. Angiolini und J. Starzer. In den 50er Jahren des 18. Jh. schuf J. Mareš die ausschließlich von Leibeigenen ausgeführte russische Hornmusik (↗russische Hörner), die sich bis zur Mitte des 19. Jh. größter Beliebtheit erfreute. Viele russische Aristokraten besaßen in der 2. Hälfte des 18. Jh. Leibeigenentheater (in Moskau gab es etwa 50). N. Scheremetjews Theater in Ostankino (heute Museum), in dem häufig Opernaufführungen stattfanden, zählte um 1790 zu den bestausgestatteten Bühnen Europas. Trotz der starken ausländischen Konkurrenz setzten sich im letzten Drittel des 18. Jh. Michail Matinski, W. Paschkewitsch, J. Fomin und Michail Sokolowski mit volkstümlichen komischen Opern durch, in deren Libretti und Musikidiom sie in reichem Maße Brauchtums- und Genreelemente einbezogen. Um die Aufführung dieser Stücke hat sich der deutsche Kaufmann Karl Knipper, der 1779 in St. Petersburg das „Freie russische Theater" eröffnete, verdient gemacht. Bortnjanski vertiefte sowohl in seinen der Opéra-comique nahestehenden musikalischen Bühnenwerken wie auch in seiner Konzertanten Symphonie und in der Kammermusik das lyrische Element und schuf eine Verbindung von galant-sentimentalem und klassischem Stil in Rußland. Ende des 18. Jh. brach die Entwicklung der russischen komischen Oper ab, an ihre Stelle trat das amüsante, possenartige Genre, gepflegt vor allem von Nikolai Titow und Daniil Kaschin. Ausgelöst durch die in Rußland im 19. Jh. einsetzende romantische Strömung in der Kunst, entstanden märchenhaft-phantastische Opern. *Lesta, dneprowskaja rusalka* (Lesta, die Dnjeprnixe, 1803–07) von St. Dawydow, eine erweiterte Umarbeitung von F. Kauers *Donauweibchen,* sowie *Ilja-bogatyr* (Der Recke Ilja, 1807) von C. Cavos waren große Publikumserfolge. Weite Verbreitung fand seit 1812 das aus Paris übernommene Vaudeville (russ. auch opera-vaudeville), das Komponisten wie Cavos, A. Werstowski, A. Aljabjew, Friedrich Scholtz, Ludwig Wilhelm Maurer und einige andere dem russischen Geschmack anpaßten. Ungeheuren Erfolg bei seinen Zeitgenossen hatte mit seinen romantischen Opern Werstowski. *Askoldowa mogila* (Askolds Grab, 1835) erlebte in 25 Jahren 400 Aufführungen. Das 1. russ. Oratorium schrieb Degtjarjow (*Minin i Poscharski,* 1812).

Die frühesten Volksliedsammlungen brachten Wassili Trutowski (1776–95) und I. Pratsch – N. Lwow (1790) heraus. In der Mitte des 18. Jh. begegnet in den Liedersammlungen der Typ der instrumental begleiteten Rossijskaja pesnja (= russ. Lied, im Unterschied zu den italienischen und französischen Opernarien). Äußerst populär wurde die vermutlich 1759 von Grigori Teplow veröffentlichte Sammlung 3st. Lieder *Meschdu delom besdelije ili sobranije rasnych pesen* (Ein Mußestündchen oder Sammlung verschiedener Lieder). Bereicherung erfuhr die Rossijskaja pesnja zu Beginn des 19. Jh. in den Liedern von Kaschin. Auf der Grundlage dieses Genres entstand die Romanze, für deren stilistische Ausbildung auch das großrussische und ukrainische Volkslied, der ukrainische Volkstanz, die sentimentale französische Romanze, die italienische Arienmelodik und das in R. sehr beliebte Zigeunerlied maßgebend wurden. Frühe Vertreter dieses Liedgenres waren Fjodor Dubjanski und Józef Kozłowski. Eine Blüte erlebte die Romanze im ersten Viertel des 19. Jh. in den Kompositionen von Alexei Schilin, Nikolai und Sergei Titow, A. Aljabjew, Josif Genischta und A. Werstowski, der als erster romantische Balladen (dramatitscheskije kanty) schrieb. Außerordentlicher Beliebtheit erfreuten sich die Romanzen von Alexandr Warlamow (sein *Roter Sarafan* wurde auch im Ausland bekannt), Alexandr Guriljow, Pjotr Bulachow und Alexandr Dubuque. Die siebensaitige Gitarre war als Solo- und Begleitinstrument sehr populär. Für sie schrieben Andrei Sichra, Semjon Axjonow und Michail Wyssozki.

Die ersten Violinsonaten (und gleichzeitig ersten Notendrucke) in R. stammen von G. Verocai (1735–38) und L. Madonis (1738). Der Violinvirtuose I. Chandoschkin begründete eine eigenständige russische Violinliteratur. Der Klavierkomposition (Sonaten, Variationen auf Volkslieder) widmeten sich neben Bortnjanski, Trutowski, Kaschin, Schilin, Iwan Laskowski und dem nach eigenen nationalen Lösungen suchenden Lew Guriljow auch die in Rußland lebenden deutschen

Musiker J. W. Häßler und J. G. Palschau. Anton Ferdinand Tietz läßt in seinen Streichquartetten (erste Zeugnisse dieser Gattung in Rußland) gelegentlich Elemente des russischen Volkslieds und des sentimentalen städtischen Lieds anklingen. Volksliedthemen liegen der 1790 in Moskau gedruckten *Sinfonie russe composée sur l'airs Ukrainiens* (Komponist unbekannt) zugrunde. Die stilistischen Grundlagen der russischen Symphonik bildeten sich im Rahmen der Ouvertüre zu Opern und Schauspielen heraus. Selbständige, für den Konzertsaal bestimmte Werke (Ouvertüren u.a. von Andrei Jessaulow und A. Aljabjew) entstanden erst im ersten Drittel des 19. Jh.; J. Kozłowski schrieb u.a. auch Orchesterpolonaisen (z.T. mit Chor).

In öffentlichen Konzerten traten seit 1781 neben gastierenden Künstlern (G. Pugnani, I. Jarnowick, G. J. Vogler u.a.) und den in R. lebenden ausländischen Musikern (J. W. Häßler, J. Th. Nehrlich, später J. Field, D. Steibelt, Charles Mayer, A. Henselt u.a.) bald auch einheimische Solisten (I. Chandoschkin, Schilin, Kaschin, Dubuque u.a.) auf. 1772–77 bestand in St. Petersburg die Liebhabervereinigung „Musik-Club", 1778–92 die „Neue Musikgesellschaft", seit 1792 die „Musikvereinigung", der, wie auch der 1802 gegründeten „Petersburger Philharmonischen Gesellschaft", zahlreiche deutsche Musikliebhaber angehörten (Uraufführung von Beethovens *Missa solemnis,* 1824). L. Euler veröffentlichte in St. Petersburg 1739 mit *Tentamen novae theoriae musicae* die erste musiktheoretische Arbeit in Rußland. Sein Kollege Jakob Stählin legte mit den 1769–70 in deutscher Sprache publizierten Nachrichten über das Theater, das Ballett und die Musik in R. den Grundstein für die russische Musikgeschichtsschreibung. 1818 druckte G. Heß de Calvé in Charkow die zweibändige *Teorija musyki* (russ. Übersetzung nach dem deutschen Manuskript von R. Gonorski), das erste umfassende Werk über Musik in Rußland. Die russische Fassung von Johann Leopold Fuchs' *Praktischer Anleitung zur Komposition* (1830) war hier das erste Lehrbuch dieser Art.

Von M. Glinka bis 1914. Mit *Iwan Sussanin* (1836) und *Ruslan i Ljudmila* (1842) begründete Glinka die russische nationale Oper. Ähnlich wie A. Puschkin in der russischen Literatur, gelang ihm in der Musik eine Synthese von westlichen Anregungen und spezifisch russischen Elementen. A. Dargomyschski setzte diese Richtung in *Russalka* (1855) fort. Auf den unveränderten Text von Puschkin entwickelte er im *Kamenny gost* (Der steinerne Gast, 1869) einen deklamierenden Opernstil. Die Komponisten des „Mächtigen Häufleins", auch ↗Gruppe der Fünf genannt, A. Borodin, N. Rimski-Korsakow, M. Balakirew, C. Cui und M. Mussorgski, führten die nationale Richtung in der Oper zu einem Höhepunkt. Mussorgski erreichte mit seiner im Volkslied wurzelnden und von Impressionen gesättigten Musiksprache elementare Gewalt. Den Gegenpol zum „Mächtigen Häuflein" bildete der traditionsverpflichtete Anton Rubinstein. Gewissermaßen zwischen diesen Polen stand P. Tschaikowsky, der mit *Eugen Onegin* (1877) und *Pique dame* (1890) Meisterwerke der lyrisch-psychologischen Oper schuf. In den 40er Jahren des 19. Jh. war es noch einmal zu einem Aufblühen der italienischen Oper gekommen, doch drängten die Bühnenwerke Mussorgskis, Rimski-Korsakows, Rubinsteins, Tschaikowskys und Borodins die Italiener allmählich zurück (Auflösung der italienischen Truppe in Petersburg 1885). Bemerkenswert war das Wirken des Petersburger Deutschen Theaters, das 1799–1844 ein Opernensemble besaß. Als einziges Petersburger Theater gab es Beethovens *Fidelio* (1834/35) und eine äußerst geglückte Aufführung von Aubers *Die Stumme von Portici* (1835).

Die eigenständige russische Symphonik entsprang aus Glinkas Spanischen Ouvertüren (1845 und 1848) und besonders aus der *Kamarinskaja* (1848). Glinkas Gestaltungsprinzipien aufgreifend, schufen Tschaikowsky und Borodin den russischen symphonischen Stil. Anregungen für die formale Gestaltung und thematische Verarbeitung fanden sie zweifellos auch in den ersten 3 Symphonien von Rubinstein, die vor Tschaikowsky und Borodin geschrieben worden waren. Bedeutende symphonische Werke stammen von Wassili Kalinnikow und A. Glasunow. Eine besondere Vorliebe zeigten die Komponisten des „Mächtigen Häufleins" und Tschaikowsky für programmatische Kompositionen. Parallel zur Symphonik entwickelte sich das Instrumentalkonzert, dessen herausragender Vertreter im 19. Jh. Tschaikowsky war. Entscheidende Impulse für diese Gattung gingen von Rubinstein aus. Erste Zeugnisse einer nationalen Kammermusik waren die Streichquartette von Borodin und Tschaikowsky sowie dessen Klaviertrio. Wichtige Beiträge zur russischen Klavierliteratur stammen aus der Feder von Tschaikowsky (u.a. Sonate op. 37, 1878), Rubinstein, Balakirew (*Islamei,* 1869 u.a.), Mussorgski (*Bilder einer Ausstellung,* 1874), S. Ljapunow und A. Ljadow. Orientalisches Kolorit charakterisiert einige Werke von Rimski-Korsakow (*Scheherazade,* 1888), Borodin (*Polowezer Tänze* aus *Fürst Igor,* 1890) u.a. – Tschaikowsky begründete eine Moskauer Komponistenschule (S. Tanejew, A. Arenski, später

S. Rachmaninow, A. Skrjabin und N. Medtner). In St. Petersburg wurden die Ideen des „Mächtigen Häufleins“ Ende des 19. Jh. von Rimski-Korsakow und seinen Schülern Fj. Akimenko, Felix und Sigismund Blumenfeld, Glasunow, Ljadow, N. Tscherepnin u.a. im Kreis um den Mäzen und Musikverleger M. Beljajew fortgeführt. Zu Beginn des 20. Jh. bestimmten das musikalische Denken in R. der stärker der Tradition verpflichtete Rachmaninow und der mystisch-expressionistische, isoliert stehende Skrjabin, dessen Harmonik letztlich in ein atonales System einmündete (*Prométhée,* 1910).
Bedeutung für das Musikleben erlangten in St. Petersburg die „Symphonische Gesellschaft“ (1840–50) und die „Konzertgesellschaft“ (gegr. 1850) sowie in Moskau die „Musikalische Adelsversammlung“ (gegr. 1834) und die „Russische Chorgesellschaft“ (1878–1915). 1859 wurde auf Initiative von Anton Rubinstein in St. Petersburg die „Kaiserliche russische Musikgesellschaft“ (RMO) mit Abteilungen u.a. in Moskau (1860), Kiew (1863), Kasan (1864), Charkow (1871), Tiflis (1883) und Odessa (1884) ins Leben gerufen. Aus ihren Musikklassen gingen die ersten russischen Konservatorien in St. Petersburg (1862) und Moskau (1866) hervor. – Den Grundstein für die russische Musikkritik und Musikwissenschaft legte in den 20er und 30er Jahren des 19. Jh. W. Odojewski. Bedeutende Musikkritiker waren A. Serow, H. Laroche und W. Stassow. Nikolai Findeisen machte sich als Musikforscher verdient; er gab auch die Zeitschrift *Russkaja musykalnaja gaseta* (1894–1918) heraus.

Von 1914 bis zur Gegenwart. Während des 1. Weltkriegs waren Skrjabin, Ljadow und Tanejew gestorben, Glasunow und Rachmaninow als Komponisten verstummt. Gleichzeitig entwickelten sich die kraftvollen Talente von I. Strawinsky (Symphonie op. 1, 1907 u.a.) und S. Prokofjew (*Symphonie classique* op. 25, 1917 u.a.), und N. Mjaskowski schrieb seine ersten bedeutenden Werke (1. Symphonie, 1908). Die Oktoberrevolution von 1917 vollzog tiefgreifende Veränderungen im Musikleben. Eine Reihe von ausübenden Musikern und Komponisten verließ ihre Heimat zeitweise (Prokofjew bis 1932) oder für immer (Strawinsky, Rachmaninow, Gretschaninow, Tscherepnin). R. Glière, M. Ippolitow-Iwanow, Glasunow, S. Wassilenko, Alexandr Kastalski, Alexandr Gedike und viele andere Komponisten der älteren Generation setzten sich aktiv für die Durchsetzung der Leninschen These „Die Kunst gehört dem Volke“ ein. Allerdings entbrannte um die musikalischen Ausdrucks- und Gestaltungsmittel eine lebhafte Diskussion, die gleichzeitig eine Auseinandersetzung mit den modernen Strömungen in Westeuropa war und zur Bildung kontroverser musikalischer Gruppierungen führte. Während die „Assoziation für moderne Musik“ (ASM; 1924–31) die Musiksprache der Avantgarde propagierte, bemühten sich die „Russische Assoziation proletarischer Musiker“ (RAPM; 1923–32), das „Schöpferische Kollektiv der Kompositionsstudenten am Moskauer Konservatorium“ (PROKOLL; 1925–28) sowie die „Vereinigung revolutionärer Komponisten und Musiker“ (ORKIMD; 1925–32) um die Schaffung eines für breite Massen verständlichen Musikguts. Es entstanden die populären Massenlieder von Dmitri Wassiljew-Buglai, Klimenti Kortschmarjow, Michail Krassew und Grigori Lobatschow sowie Massenchöre von Alexandr Dawidenko, Marian Kowal, Viktor Bely, Boris Schechter und Nikolai Tschemberdschi. Große Bedeutung wurde der musikalischen Aufklärungsarbeit und der „künstlerischen Selbsttätigkeit“ (chudoschestwennaja samodejatelnost) in Chor-, Lied- und Tanzensembles beigemessen. Da Musik in der neuen Gesellschaft auch als Mittel der politischen Agitation und Erziehung verstanden wurde, das gesellschaftliche Probleme nicht nur widerspiegeln, sondern auch lösen helfen sollte, wandten sich die Komponisten Sujets aus der sowjetischen Wirklichkeit und revolutionären Vergangenheit zu. Die ersten Versuche dieser Art waren Opern von A. Paschtschenko (*Der Adleraufstand,* 1925), Wladimir Deschewow (*Eis und Stahl,* 1930) und Lew Knipper (*Nordwind,* 1930) sowie das Ballett *Roter Mohn* von Glière (1927). Erfolg hatte der damals noch im Ausland lebende Prokofjew mit der Oper *Die Liebe zu den drei Orangen* (Leningrad 1926, Moskau 1927). In der Oper *Die Nase* (1930) noch kühner Experimentator, offenbarte sich Dm. Schostakowitsch in *Lady Macbeth von Mzensk* (1934; später als *Katerina Ismailowa*) bereits als reifer Meister mit einer individuell geprägten modernen Musiksprache. Die durch diese Oper 1936 ausgelöste Kritik (Prawda-Artikel „Chaos statt Musik“), der zufolge sie vom Spielplan abgesetzt wurde, sowie ähnliche Beanstandungen 1948 im Zusammenhang mit Wano Muradelis Oper *Die große Freundschaft* wirkten sich auf die Entwicklung der sowjetischen Musik, insbesondere die Oper, negativ aus. Aus dem Repertoire verschwanden damals auch die Werke der radikalen Avantgardisten N. Roslawez und A. Mossolow. Von der Kritik unangefochten blieben die Opern *Im Sturm* von T. Chrennikow (1939), *Semjon Kotko* (1940) und die opera-buffa-artige *Verlobung im Kloster* (1946) von Prokofjew,

Colas Breugnon von Dm. Kabalewski (1938) und der vorwiegend auf liedhafter Melodik basierende *Stille Don* von Iwan Dserschinski (1935). Mit den Ereignissen des 2. Weltkriegs stehen Prokofjews *Ein wahrer Mensch* (1948) und Kabalewskis *Die Familie des Taras* (1947) in Zusammenhang. Auf der Bühne bewährten sich Juri Schaporins *Dekabristen* (1953), Prokofjews *Krieg und Frieden* (Endfassung 1952) und W. Schebalins komische Oper *Der Widerspenstigen Zähmung* (nach Shakespeare; 1957). 1958 wurde die Kritik an Schostakowitsch und Muradeli in einem Beschluß des ZK der KPdSU zurückgenommen. Die Wiederaufführung von *Katerina Ismailowa* (1963) war ein bedeutsames Ereignis des sowjetischen Musiktheaters. Die Oper der 60er/70er Jahre hielt an bewährten Gestaltungsprinzipien fest: Kombination von Volksliedelementen mit mannigfaltigen musikalischen Ausdrucksmitteln, Chorszenen als wichtiger Bestandteil der Operndramaturgie. Heroische Begebenheiten aus dem 2. Weltkrieg (Viktor Trambizki, *Die Spitzenklöpplerin Nastja,* 1963; Kyrill Moltschanow, *Der unbekannte Soldat,* 1967; Moisei Wainberg, *Die Madonna und der Soldat,* 1975), die Festigung der Sowjetmacht (Sergei Slonimski, *Wirineja,* 1967) sowie historische Sujets (Andrei Petrow, *Peter I.,* 1975) bestimmten die Thematik. Bemerkenswert ist die Tonsprache in Rodion Schtschedrins *Nicht nur Liebe* (1961; Charakterisierung des sowjetischen Kolchosdorfs durch stilisierte Tschastuschkamelodik und Volksinstrumentenspiel) und *Die toten Seelen* (nach Gogol, 1977; melodisches Rezitativ auf der Basis des epischen Volksgesangs). In der letzten Zeit verstärkte sich das Interesse für die Kammeroper (Juri Buzko, *Aufzeichnungen eines Verrückten,* 1967, und *Weiße Nächte,* 1970; Alexandr Cholminow, *Der Mantel,* 1971, u.a.).

Die sowjetische Symphonik fand ihre bedeutendsten Vertreter in Mjaskowski (27 Symphonien, 1908–50; 19. für Blasorchester, 1939), Prokofjew (7 Symphonien, 1917–52) und Schostakowitsch (15 Symphonien, 1925–71), der in den 30er Jahren zum führenden sowjetischen Komponisten aufrückte. Daneben taten sich Wladimir Schtscherbatschow (5 Symphonien, 1914–45), Kabalewski (4 Symphonien, 1932–56), Schebalin (5 Symphonien, 1925–62) und Knipper (20 Symphonien, 1942–1973) hervor. An Schostakowitsch und Prokofjew knüpften Wainberg (11 Symphonien, 1942–69), Nikolai Peiko (3. und 4. Symphonie, 1957, 1965), Wadim Salmanow (2. Symphonie, 1959), Chrennikow (3. Symphonie, 1974) und in besonders origineller Weise Boris Tschaikowski (2. Symphonie, 1962) an. Die Suche nach neuen Ausdrucksmitteln kennzeichnet die 2. Symphonie (25 Präludien, 1965) von Schtschedrin sowie die 3. und 4. Symphonie von Boris Tischtschenko (1966, 1974). Mit den *Ausgelassenen Gassenhauern* (1963) und dem Konzert für Orchester (1967) schufen Schtschedrin bzw. Andrei Eschpai eine Art volkstümliche Symphonik. Die Suite und Ouvertüre auf Liedweisen verschiedener Völker der Sowjetunion pflegten u.a. Schechter, Nikolai Rakow, Wassilenko und Ippolitow-Iwanow. Herausragende Instrumentalkonzerte schufen Schostakowitsch und Prokofjew. Klangliche Raffinesse sowie die Verwendung aleatorischer und serieller Techniken kennzeichnen die Instrumentalkonzerte u.a. von Schtschedrin, Tischtschenko, A. Schnittke.

Die sowjetische Operette hoben Isaak Dunajewski (*Die Brautwerber,* 1927) und Nicolai Strelnikow (*Die Leibeigene,* 1927) aus der Taufe. Den von Strelnikow geschaffenen Typ der lyrischen Operette führten Schtscherbatschow (*Der Tabakskapitän,* 1943), Juri Miljutin (*Tumult der Jungfrauen,* 1945) und Anatoli Nowikow (*Der Linkshänder,* 1957) fort. Dunajewskis ungeheurer Erfolg in der Sowjetunion beruht auf äußerst leicht einprägsamen Melodien, einer reizvollen, vom Jazz mitbestimmten Harmonik und Rhythmik sowie der Wahl der Sujets aus dem sowjetischen Alltag. Als Vorbild für *Die Hochzeit in Malinowka* von Boris Alexandrow (1937) und Alexei Rjabows *Der Jahrmarkt von Sorotschinzy* (1936) diente das volkstümliche musikalische Lustspiel. Der Operette wandten sich auch Schostakowitsch (*Moskau-Tscherjomuschki,* 1959), Kabalewski (*Der Frühling singt,* 1957), Eschpai (*Keiner ist glücklicher als ich,* 1968) u.a. zu.

Die Ballettmusik bereicherten B. Assafjew (*Die Flamme von Paris,* 1932; *Der Springquell von Bachtschissarai,* nach Puschkin, 1934 u.a.), A. Krein (*Laurensija,* 1939), Prokofjew (*Romeo und Julia,* nach Shakespeare, 1938; *Aschenbrödel,* 1945; *Die steinerne Blume,* 1954) und Glière (*Der eherne Reiter,* nach Puschkin, 1949). Auch in der Folgezeit entlehnten sowjetische Ballettkomponisten ihre Sujets mit Vorliebe aus den Werken der Weltliteratur, so Schtschedrin (*Anna Karenina,* nach L. Tolstoi, 1972), Tischtschenko (*Jaroslawna,* nach dem „Igorlied", 1974) und Chrennikow (*Liebe für Liebe,* nach Shakespeares *Viel Lärm um nichts,* 1976). Groteske, Humor und Lyrik verbinden sich in Petrows *Erschaffung der Welt* (nach Zeichnungen von J. Effel, 1971). Zeitgenössischen Themen sind Wladimir Wlassows *Asel* (1967) und Eschpais *Angara* (1976) gewidmet.

Für die musikalische Gestaltung historischer

Stoffe wurden seit den 30er Jahren in zunehmendem Maße Kantate und Oratorium genutzt. Monumentale Kompositionen schufen Prokofjew (*Alexander Newski,* 1938), Schaporin (*Auf dem Schnepfenfeld,* 1939) und Kowal (*Jemeljan Pugatschow,* 1939; 1942 Oper). Als Meister des chorsymphonischen Genres wies sich insbesondere Georgi Swiridow aus (*Poem zum Andenken an S. Jessenin,* 1956; *Pathetisches Oratorium,* 1959; *Es schneit,* 1965 u.a.). An ihn knüpften Wadim Wesselow (*Sohn der Erde,* 1962) und Wladimir Rubin (*Ein Sonntag im Juli,* Oratorienoper, 1970) an. Die heroische russische Vergangenheit spiegeln Schostakowitsch in *Die Hinrichtung St. Rasins* (1964) und Ljuzian Prigoschin in *Die Mär von Igors Heerfahrt* (1966) wider.

Die Kammermusik der 20er Jahre wird charakterisiert durch den Einfluß des späten Skrjabin (Klaviersonaten von Samuil Feinberg), formales Experimentieren (Leonid Polowinkin) und die filigrane Verarbeitung romantischer Stilelemente (Klaviersonaten von Anatoli Alexandrow). Seit den 30er Jahren vollzog sich eine Annäherung an das symphonische Genre. Meisterwerke schuf Schostakowitsch mit dem Klavierquintett (1940) und dem Klaviertrio (1944). Nationale Merkmale und meisterhafte polyphone Verarbeitung kennzeichnen die 13 Streichquartette Mjaskowskis (1929–49), die 9 Werke Schebalins (1923–62, das 5. Quartett auf slawische Themen) und die 15 Quartette Schostakowitschs (1938–74). Boris Tschaikowski (bisher 6 Quartette, 1954–76) übernahm von Schostakowitsch die sparsame Dosierung der musikalischen Mittel. Melodien der Völker des Nordkaukasus verarbeitete Prokofjew (2. Quartett, 1941). Die sowjetischen Komponisten schufen eine umfangreiche Klavierliteratur. Wegweisende Werke waren u.a. die 9 Sonaten von Prokofjew (1907–47) und Schtschedrins 24 Präludien und Fugen (1970). Experimentelle Züge finden sich in den für verschiedene Besetzungen geschriebenen Kammermusikwerken von Sergei Slonimski, Galina Ustwolskaja, Tischtschenko, Prigoschin, Schnitke und Edisson Denissow.

In den 30er Jahren entstanden zahlreiche populäre Marschlieder, feierliche Hymnen, balladenartige Lieder, lyrische und Scherzlieder von Dunajewski, Alexandr Alexandrow, Wladimir Sacharow, Matwei Blanter, Daniil und Dmitri Pokrassow, Viktor Bely, Schostakowitsch und Knipper. In neuerer Zeit wird das Liedgenre von Alexandra Pachmutowa, Eschpai, Petrow, Serafim Tulikow, Eduard Kolmanowski u.a. gepflegt. Der 2. Weltkrieg ließ eine unübersehbare Zahl von Kampfliedern, patriotischen und lyrischen Gesängen von Anatoli Nowikow, Boris Mokroussow, W. Solowjow-Sedoi, Sigismund Kaz, Mark Fradkin u.a. entstehen. Als Meister des Klavierlieds (Romanze) taten sich insbesondere Schaporin (Puschkin- und Blok-Zyklus), Mjaskowski (Lermontow-Zyklus), Anatoli Alexandrow, Juri Kotschurow, Schebalin, Schostakowitsch, Swiridow, Sara Lewina, Peiko, Tschaikowski und Waleri Gawrilin hervor.

Die Kunstmusik in den Unionsrepubliken. Die Entwicklung der sowjetischen Musik wird von den Komponisten der einzelnen Unionsrepubliken in zunehmendem Maße mitgetragen. Da diese in ihren Werken Merkmale von Volksmusikkulturen verallgemeinerten, die z.T. erhebliche strukturelle und klangliche Unterschiede aufweisen, bereicherten sie die Klangwelt der sowjetischen Musik. Die Herausbildung der Kunstmusik vollzog sich bei den einzelnen Völkern der Sowjetunion nicht synchron. In den zentralasiatischen Republiken (Kirgisien, Kasachstan, Usbekistan, Turkmenien, Tadschikistan) wurde eine eigene Kunstmusik unter der aktiven Mitgestaltung russischer und ukrainischer Tonsetzer erst in den 30er und 40er Jahren geschaffen. Dabei wurden die bis dahin in diesen Ländern unbekannten musikalischen Gattungen, wie Symphonie, Oratorium, Oper, Ballett u.a., aus der europäischen Musik übernommen. Zentren der Entwicklung der Kunstmusik wurden die staatlichen Opern- und Balletttheater und Philharmonien der Republikshauptstädte. – **Armenien.** Nach Opern von T. Tschuchadschjan (*Arschak II.,* 1868, vollständige Aufführung 1945) und A. Tigranjan (*Anusch,* 1912) schuf A. Spendiarow mit *Almast* (1930) den Prototyp der nationalen armenischen Oper und begründete mit den *Skizzen von der Krim* (1903, 1912) und *Drei Palmen* (1905) die armenische Symphonik. Der Oper wandten sich in der Folgezeit K. Sakarjan, A. Stepanjan, A. Aiwasjan, L. Chodscha-Einatow, A. Mailjan, A. Tigranjan (*Dawid-Bek,* 1950), A. Babajew, G. Armenjan, A. Terterjan und A. Arutjunjan (*Sajat-Nowa,* 1969) zu. In der symphonischen Musik kam es seit den 30er Jahren zu einem Aufschwung mit Werken von A. Chatschaturjan, A. Stepanjan, R. Stepanjan, A. Doluchanjan, A. Babajew, E. Oganesjan, D. Ter-Tatewosjan, K. Orbeljan, A. Adschemjan und Arutjunjan. Chatschaturjan wurde insbesondere durch seine Ballette (*Gajane,* 1942; *Spartak,* 1956) und seine Instrumentalkonzerte auch außerhalb der Sowjetunion bekannt. – **Aserbaidschan.** Die aserbaidschanische Kunstmusik begründete U. Hadschibekow mit seinen auf den rhapsodieartigen Mugamen basierenden Opern (*Leili und Medschnun,* 1908) und der auch außerhalb der Sowjetunion bekannt gewordenen Operette *Handels-*

mann aus Liebe (1913). Opern schrieben in der Folgezeit M. Magomajew (*Schach Ismail,* 1916; *Nergis,* 1935), Dsch. Dschangirow, S. Aleskerow, R. Mustafajew, I. Mamedow, K. Karajew und F. Amirow (*Sewil,* 1953). Das symphonische Genre bestellten Karajew, Amirow, Sultan Hadschibekow, Ch. Mirsasade, A. Melikow, W. Adigesalow, T. Bakichanow und A. Gadschijew. – **Estland.** Die estnische Kunstmusik begründeten zu Beginn des 20. Jh. A. Lemba, Artur Kapp, A. Läte, R. Tobias und M. Lüdig. M. Saar, J. Aavik und C. Kreek schufen den estnischen Chorstil. Als Opernkomponisten machten sich Eugen und Villem Kapp, G. Ernesaks, R. Päts, V. Ojakäär, V. Tormis, E. Tamberg, V. Reiman, E. Tubin, L. Auster u.a. verdient. Symphonien schufen H. Eller, Artur, Villem und Eugen Kapp, J. Rääts (7 Symphonien, 1957–73), H. Ilves, H. Rosenvald (8 Symphonien, 1957–74) und A. Marguste. A. Pärt verwendete u.a. serielle Techniken. – **Georgien.** Nach einer frühen Oper von Meliton Balantschiwadse (*Die hinterlistige Tamara,* 1897) und nationalen Opern von D. Arakischwili, W. Dolidse und S. Paliaschwili (1919–28) entwickelte sich seit den 40er Jahren ein reiches Opernschaffen mit Werken von I. Tuskija, Andrei Balantschiwadse, A. Schawersaschwili, A. Andriaschwili, A. Matschawariani, A. Kereselidse, Sch. Asmaiparaschwili, Sch. Mschwelidse (*Der Gehilfe des großen Meisters,* 1961) und O. Taktakischwili (*Mindija,* 1961; *Der Raub des Monds,* 1977). An das von A. Balantschiwadse mit *Das Herz der Berge* (1936) begründete nationale Ballett knüpften Sch. Taktakischwili, D. Toradse, A. Kereselidse, S. Zinzadse (*Der Dämon,* 1961), R. Gabitschwadse (*Hamlet,* 1971) u.a. an. Erste symphonische Werke schrieben Arakischwili, Dolidse und Paliaschwili (1911–28), in den letzten Jahrzehnten wurde die Symphonie das dominierende Genre in der georgischen Musik. Ihr widmeten sich u.a. I. Tuskija, I. Gokieli, K. Megwinet-Uchuzesi (6 Symphonien, 1927–45), Andriaschwili, D. Arakischwili, N. Gudiaschwili, G. Kiladse, Mschwelidse (5 Symphonien, 1943–74), Balantschiwadse, Matschawariani, O. Taktakischwili, G. Kantscheli (5 Symphonien, 1967–76). Bemerkenswert sind die Instrumentalkonzerte und Streichquartette von Zinzadse. – **Karelien.** Die ersten Kompositionen stammen von K. Rautio (*Karelische Hochzeit,* symphonische Bilder, 1926) und L. Teplizki (Suite auf karelische Themen, 1939). R. Pergament schuf mit *Kumocha* (1949) die nationale Oper, G. Sinissalo mit *Recken des Waldes* (1948) die erste Symphonie. Weitere karelische Komponisten sind R. Rautio, A. Golland, S. Leontschik, E. Patlajenko, P. Kosinski und G. Wawilow. – **Kasachstan.** Die kasachische Kunstmusik wurde von den russischen Tonsetzern E. Brussilowski (*Kys-Schibek,* Oper, 1934; 3.–7. Symphonie, 1944–69 u.a.) und W. Welikanow (*Kalkaman und Mamyr,* Ballett, 1938) aus der Taufe gehoben. Wichtige Vertreter der kasachischen Komponistenschule sind L. Chamidi, A. Schubanow, M. Tulebajew (*Birschan und Sarah,* Oper, 1946), B. Baikadamow, M. Muchamedschanow, E. Rachmadijew, G. Schubanowa (*Enlik-Kebek,* 1972) u.a. K. Kuschamjarow begründete mit der Oper *Nasugum* (1956), zwei Symphonien (1971, 1974) und anderen Werken die Kunstmusik der in Kasachstan lebenden Uiguren. – **Kirgisien.** Die erste kirgisische Oper *Aitschurek* (1939) stellt eine Gemeinschaftskomposition von W. Wlassow, W. Fere und dem Kirgisen A. Maldybajew dar. Den Grundstein für die Symphonik legten in den 40er/50er Jahren N. Rakow, Fere und Wlassow. Daran knüpften die nationalen Komponisten A. Tulejew, T. Ermatow, A. Dschanybekow und M. Abdrajew an. – **Lettland.** Bemerkenswert ist eine lettische Organistenschule (O. Šepskis, A. Ore, L. Bētiņš, A. Jurjāns, J. Sermukslis, P. Jozuus, A. Kalniņš). In den 20er Jahren entstanden die ersten Opern von Alfred Kalniņš sowie Jāzeps und Jānis Mediņš. Als Meister des Chor- und Sololieds wiesen sich E. Dārziņš, E. Melngailis, J. Zālītis, N. Alunāns, A. Abele, Jāzeps, Jānis und Jēkabs Mediņš und J. Vītoliņš aus. Dem symphonischen Schaffen widmeten sich u.a. J. Ivanovs (16 Symphonien, 1933–74), A. Skulte (6 Symphonien, 1954–77), P. Barisons, Jānis und Imants Kalniņš, J. Ķepītis, R. Grīnblats, R. Kalsons. – **Litauen.** Der Begründer der litauischen Kunstmusik war der als Maler und Komponist gleich bedeutende M. Čiurlionis. Die erste Oper (*Birutē,* 1906) und zahlreiche Operetten stammen von M. Petrauskas. Opern schrieben in der Folgezeit A. Račiūnas, V. Klova, B. Dvarionas, V. Paltanavičius, V. Laurušas, V. Baumilas, B. Gorbulskis, K. Banaitis, J. Juzeliunas und A. Klenickis. Im symphonischen Schaffen taten sich Račiūnas (8 Symphonien, 1933–74), Dvarionas, Juzeliunas, J. Bašinskas, A. Rekašius u.a. hervor. Beachtung verdient das Violinkonzert von Dvarionas. – **Moldawien.** Die Begründer der Kunstmusik waren in den 40er Jahren St. Njaga und E. Koka. Der Oper widmeten sich D. Gerschfeld, A. Styrtscha (*Heroische Ballade,* 1960) und S. Tkatsch, dem Ballett u.a. E. Lasarew, W. Sagorski und A. Mjular. Das symphonische Genre bestellten L. Gurow, S. Lobel (7 Symphonien, 1949–75), W. Poljakow (7 Symphonien, 1944–66) und Njaga. – **Tadschikistan.** Nach Opern von S. Balassanjan (*Der Wosse-*

Aufstand, 1939), A. Lenski, I. Rogalski und S. Urbach entstanden seit 1960 selbständige musikalische Bühnenwerke von S. Schachidi, Sch. Saifiddinow, D. Dustmuchammedow, S. Chamrajew und A. Odinajew. Aus suitenartigen Kompositionen über tadschikische Liedweisen von Lenski, Rogalski, F. Salijew, T. Schachidi u. a. entsprang die tadschikische Symphonik mit ihren Hauptvertretern Odinajew, Dustmuchammedow, F. Bachor, M. Atojew und J. Mamedow. – **Turkmenien.** Mit *Sochre und Tachir* (1941) schuf der russische Komponist A. Schaposchnikow die erste usbekische Oper. Eine Reihe von weiteren Werken dieser Gattung entstand in Gemeinschaftsarbeit mit russischen und ukrainischen Komponisten (K. Kortschmarjow, Ju. Meitus, A. Snosko-Borowski, A. Schtogarenko, B. Schechter und A. Schaposchnikow). Selbständige Opern datieren aus den 60er Jahren (A. Agadschikow, D. Nuryjew, W. und N. Muchatow). Weitere turkmenische Komponisten sind A. Kulijew und Tsch. Nurymow. – **Ukraine.** Die ukrainische Kunstmusik entstand in der 2. Hälfte des 19. Jh. (N. Lyssenko, P. Sokalski, S. Gulak-Artemowski u. a.) und wurde im 20. Jh. von B. Ljatoschinski (Kiew) und St. Ljudkewitsch (Lemberg) zu einem Höhepunkt geführt. Der Oper wandten sich vor allem G. Maiboroda und Ju. Meitus zu, die in der letzten Zeit dominierende Gattung der Symphonie wurde von L. Rewuzki, G. Taranow (9 Symphonien, 1947–75), D. Klebanow, W. Kireiko, J. Ischtschenko, E. Stankowitsch u. a. gepflegt. – **Usbekistan.** Die ersten usbekischen Opern waren – beginnend mit *Farchad und Schirin* von W. Uspenski (1937) und *Buran* von S. Wassilenko und M. Aschrafi (1939) – Gemeinschaftsarbeiten einheimischer und russischer Komponisten (R. Glière, A. Koslowski, N. Roslawez u. a.). Selbständige Opern stammen von M. Aschrafi (*Dilorom,* 1958, u. a.), S. Judakow, S. Babajew sowie R. und I. Chamrajew. Das erste usbekische Ballett *Die Baumwolle* (1933) schrieb Roslawez. Nach ersten Versuchen in den 30er/40er Jahren (M. Burchanow, T. Sadykow u. a.) entwickelte sich seit den 50er Jahren eine eigenständige Symphonik (D. Sakirow, G. Kadyrow, B. Gienko, I. Akbarow, R. Chamrajew, M. Machmudow und M. Tadschijew). – **Weißrußland.** Die ersten Kompositionen (N. Aladow, N. Tschurkin, E. Tikozki) entstanden in den 20er Jahren. Den Grundstein für die nationale Oper legten um 1940 Tikozki, A. Turenkow und A. Bogatyrjow, für die Symphonik G. Pukst (6 Symphonien, 1934–59).

Eine nationale Kunstmusik entwickelten auch einige weitere Völker, vorwiegend im Rahmen der Autonomen Sowjetrepubliken, die über Philharmonien und nationale Musiktheater verfügen (z. B. die Tataren in Kasan, die Baschkiren in Ufa, die Komi in Syktywkar, die Osseten in Ordschonikidse, die Mari in Joschkar-Ola, die Burjaten in Ulan-Ude, die Kabardiner in Naltschik und die Jakuten in Jakutsk). Eine nationale Oper besitzen die Komi (Musikdrama *Der Aufstand von Ust-Kulom* von A. Woronzow, 1942; die Opern *Gewitter über Ust-Kulom* von G. Dechtjarow, 1960, und *Am Ilytsch* von J. Perepeliza, 1971 u. a.), die Dagestaner (*Chotschbar* von G. Gassanow, 1943; *Die Bergbewohner* von Sch. Tschalajew, 1970), die Mordwinen (*Litowa,* Musikdrama, 1943, und *Nesmejan und Lamsur* von L. Kirjukow, 1944), die Jakuten (*Njurgun Bootur der Ungestüme* von G. Litinski und M. Schirkow, 1947), die Burjaten (erste Opern in den 40er Jahren von den Russen M. Frolow, W. Moroschkin, S. Rjausow und L. Knipper; selbständige Werke: *Am Ursprung der Quelle* von B. Jampilow, 1960; Operntrilogie von D. Ajuschejew, 1958–1967, u. a.), die Udmurten (*Natal* von G. Korepanow, 1961; Opern von G. Korepanow-Kamski, L. Wassiljew u. a.), die Mari (*Akpatyr* von E. Sapajew, 1963), die Osseten (*Asau* und *Ollana* von I. Gabarajew, 60er Jahre) sowie die Kabardiner und Balkarier (*Madina* von M. Balow und Ch. Kardanow, 1970). Eine reiche Operntradition besitzen die Tataren und Baschkiren. Dsch. Faisis Musikkomödien *Die Pantöffelchen* (1942) und *Die Möwen* (1944) sowie N. Schiganows Oper *Dschalil* (1957) erfreuen sich großer Popularität. Lyrische Opern stammen von M. Musafarow (*Galijabanu,* 1940), Ch. Walliullin (*Samat,* 1957) und Faisi (*Die nichtabgeschickten Briefe,* 1960). Die baschkirische nationale Oper begründete M. Walejew (*Chakmar,* 1940), ihr folgten Werke von A. Eichenwald, N. Tschemberdschi, S. Ismagilow, N. Sabitow, R. Murtasin und Ch. Achmetow (*Die Zeitgenossen,* 1970). Bedeutung erlangte das nationale Ballett bei den Jakuten, Burjaten, Baschkiren, Udmurten, Komi, Dagestanern und Kabardinern. *Schurale* (1945) des tatarischen Komponisten F. Jarullin wurde auch im Ausland bekannt. Besondere Aktivität auf dem Gebiete der Symphonik entfalteten die Tataren nach ersten Anfängen in den 20er Jahren seit der 2. Hälfte der 40er Jahre mit Symphonien von N. Schiganow (10 Symphonien, 1937–79), A. Monasypow (4 Symphonien, 1962–78), M. Musafarow, A. Walliullin, F. Achmetow und Instrumentalkonzerten von I. Jakubow, Musafarow und R. Beljalow.

Institutionen. In der Sowjetunion gab es 1979 42 Opern- und Balletttheater, von denen die bedeutendsten das Bolschoi-Theater und das Musiktheater „Stanislawski-Nemirowitsch-Dantschenko“ in Moskau sowie das Kirow-Theater in Leningrad sind, 29 Operettentheater, 135 Philharmonien, 44 Symphonieorchester und 61 Kammerorchester bzw. Kammermusikensembles. Zu den besten Symphonieorchestern zählen das Staatliche Symphonieorchester der UdSSR, das Akademische Symphonieorchester der Leningrader Philharmonie und das große Rundfunk-Symphonieorchester. Bedeutende Chöre sind die Leningrader Akademische Kapelle „M. Glinka“ (hervorgegangen aus der Hofsängerkapelle), der Akademische Russische Staatschor der UdSSR, die Russische Chorkapelle „A. Jurlow“ und der Russische Volkschor „M. Pjatnizki“. Staatliche Volksinstrumentenensembles gibt es in allen Unions- und Autonomen Republiken. Nach dem Vorbild des Lied- und Tanzensembles der Sowjetarmee (Alexandrow-Ensemble) entstanden zahlreiche ähnliche Kollektive in allen Teilen der UdSSR. Berühmt wurden das Beethoven-, Tanejew- und Borodin-Quartett sowie das Violinistenensemble des Bolschoi-Theaters. Neben regelmäßigen Theater- und Konzertaufführungen finden bedeutende Festivalveranstaltungen statt: Moskauer Sterne (seit 1964), Russischer Winter (Moskau, seit 1964), Weiße Nächte (Leningrad, seit 1964), Allunionsfestival der Kammermusik (Vilnius, seit 1967) und Orgelmusik (Vilnius, seit 1968). – Für die Heranbildung des Musikernachwuchses standen in der UdSSR 1979 6256 Musikschulen, 236 Musikfachschulen und 20 Konservatorien zur Verfügung. Die musikwissenschaftliche Forschung wird an den Konservatorien, in der Musikabteilung des Instituts für die Geschichte der Künste (Moskau), im Institut für Theater, Musik und Kinematographie (Leningrad) sowie in den entsprechenden Institutionen der Akademie der Wissenschaften der Unionsrepubliken betrieben. Zu den bedeutenden sowjetischen Musikforschern zählen u.a. B. Assafjew (I. Glebow), Ju. Keldysch, T. Liwanowa, B. Jarustowski, W. Protopopow, Ju. Kremljow, I. Jampolski, B. Steinpreß, L. Ginsburg. Wichtige Autographe russischer Komponisten, Briefe, Erstausgaben von Partituren und Noten sowie etwa 2000 Musikinstrumente der Völker der UdSSR werden im Glinka-Museum der Musikkultur (Moskau) aufbewahrt. Dem 1932 gegründeten Sowjetischen Komponistenverband gehörten 1980 2156 Komponisten und Musikwissenschaftler an. Dem Verband steht der Musikverlag „Sowjetski kompositor“ (Moskau) zur Verfügung, der Noten und Musikbücher ediert; er gibt auch die Zeitschriften *Sowjetskaja musyka* und *Musykalnaja schisn* heraus. Ihm untersteht der 1939 eingerichtete Musikfond für Folkloreexpeditionen, Notendrucke u. ä.

Lit.: **1) Umfassende Darstellungen:** O. VON RIESEMANN, Monographien z. russ. Musik, 2 Bde. (Mn 1923–26); L. SABANEJEW, Istorija russkoi musyki (Mos 1924), dt. Übers.: Gesch. der russ. Musik (L 1926); N. F. FINDEISEN, Otscherki po istorii musyki w Rossii s drewneischich wremjon do konza XVIII weka, 2 Bde. (Mos – Leningrad 1928–29); G. ABRAHAM, Studies in Russian Music (Lo 1935, ²1969); DERS., M. D. CALVOCORESSI, Masters of Russian Music (Lo 1936); G. ABRAHAM, On Russian Music (Lo 1939), dt. Übers. (Auswahl): Über russ. Musik (Bas 1947); Istorija russkoi musyki, hrsg. v. M. S. PEKELIS, 2 Bde. (Mos – Leningrad 1940); Istorija russkoi musyki w notnych obraszach, hrsg. v. S. L. GINSBURG, 3 Bde. (ebd. 1940–52, Mos ²1968–69); JU. W. KELDYSCH, Istorija russkoi musyki, 3 Bde. (Mos – Leningrad 1947–54), dt. Übers.: Gesch. der russ. Musik I (L 1956); A. VON ANDREEVSKI, Dilettanten u. Genies, Gesch. der russ. Musik (B – Wunsiedel 1951); Musique russe, hrsg. v. P. SOUVTCHINSKY, 2 Bde. (P 1953–54); R. A. LEONHARD, A History of Russian Music (Lo 1956); Istorija russkoi musyki, hrsg. v. N. W. TUMANINA, 3 Bde. (Mos 1957–60); K. LAUX, Die Musik in R. u. in der Sowjetunion (B 1958); Musykalnoje nasledstwo, 4 Bde. (Mos 1962–76); G. R. SEAMAN, History of Russian Music (NY – O 1967); R. HOFMANN, Histoire de la musique russe (P 1968). – **2) Volksmusik:** A. A. CHWILJA, Ukrainska narodna pisnja (Kiew 1936); W. DANCKERT, Das osteuropäische Volkslied (B 1939); C. STIEF, Studies in the Russian Historical Song (Kop 1953); C. W. MEYER, Tonale Verhältnisse u. Melodiestruktur im ostslawischen Volkslied (L 1956); K. WERTKOW – G. BLAGODATOW – E. JASOWIZKAJA, Atlas musykalnych instrumentow narodow SSSR (Mos 1963); W. I. ELATOW, Ladowyje osnowy belorusskoi narodnoi musyki (Minsk 1964); A. BELKIN, Russkije skomorochi (Mos 1975); T. W. POPOWA, Osnowy russkoi narodnoi musyki (Mos 1977). – **3) Kirchenmusik:** D. W. RASUMOWSKI, Zerkownoje penije w Rossii, 3 Bde. (Mos 1867–69); O. VON RIESEMANN, Die Notationen des altruss. Kirchengesangs (L 1909); W. M. METALLOW, Otscherk istorii prawoslawnowo zerkownowo penija w Rossii (Mos ⁴1915); J. VON GARDNER, Ukasatel russkoi i inostrannoi literatury po woprossam russkowo zerkownowo penija (Mn 1958); M. M. VELIMIROVIĆ, Stand der Forsch. über kirchenslawische Musik, in: Zschr. für slawische Philologie 31 (1963); M. V. BRAŽNIKOV, Zur Terminologie der altruss. Vokalmusik, in: BzMw (1969); C. FLOROS, Universelle Neumenkunde, 3 Bde. (Kas 1970). – **4) Zur Musik in einzelnen Epochen: a)** Von den Anfängen der Kunstmusik bis 1914: J. VON STÄHLIN, Zur Gesch. des Theaters in R., in: M. J. J. Haigold's Beylagen z. Neuveränderten R. I (Riga – Mitau 1769); DERS., Nachrichten von der Tanzkunst u. Balletten in R., in: ebd. II (Riga – L 1770); DERS., Nachrichten von der Musik in R., in: ebd.; alle drei Schriften Stählins als Nachdr. hrsg. u. kommentiert v. E. STÖCKL (L 1982); R. H. NEWMARCH, The Russian Opera (Lo 1914); J. GREGOR – R. FÜLOP-MILLER, The Russian Theatre (Philadelphia 1929); K. SCHINDLER, A Century of Russian Song. From Glinka to Rachmaninoff (NY 1939); R. HOFMANN, Un siècle d'opéra russe. De Glinka à Strawinsky (P 1946); R.-A. MOOSER, Annales de la musique et des musiciens en Russie au XVIIIe siècle, 3 Bde. (G 1948–51); Verz. der in Deutschland seit 1868 erschienenen Werke russ. Komponisten (L 1949); M. COOPER, The Russian Opera (Lo 1951); B. M. JARUSTOWSKI, Dramaturgija russkoi opernoi klassiki (Mos 1952), dt. Übers.: Die Dramaturgie der klass. russ. Oper (B 1957); T. N. LIWANOWA, Russkaja musykalnaja kultura XVIII weka, 2 Bde. (Mos 1952–53); J. A. KREMLJOW, Russkaja mysl o musyke, 3 Bde. (Leningrad 1954–60); W. A. WASSINA-GROSSMAN, Russki klassitscheski romans XIX weka (Mos 1956); B. WOLMAN, Russkije petschatnyje noty XVIII weka (Leningrad 1957); D. LEHMANN, Rußlands Oper u. Singspiel in der 2. Hälfte des 18. Jh. (L 1958); A. GOSENPUD, Musykalny teatr w Rossii ot istokow do Glinki (Leningrad 1959); L. RAABEN, Instrumentalny ansambl w russkoi musyke (Mos 1961); A. D. ALEXEJEW, Russkaja fortepiannaja musyka (Mos 1963); V. J. SEROFF, Das mächtige Häuflein (Z 1963); JU. W. KELDYSCH, Russkaja musyka XVIII weka (Mos 1965); T. N. LIWANOWA, Opernaja kritika w Rossii, 2 Bde. (Mos 1966–73) (Bd. 1 zus. mit W. W. Protopopow); I. GLEBOW, Russkaja musyka XIX i natschala XX weka (Leningrad 1968); A. D. ALEXEJEW, Russkaja fortepiannaja musyka. Konez XIX – natschalo XX weka (Mos 1969); A. GOSENPUD, Russki operny teatr XIX weka, 3 Bde. (Leningrad 1969–73); B. WOLMAN, Russkije notnyje isdanija XIX – natschala XX weka (ebd. 1970); JU. V. KELDYŠ, Die Symphonie in R., in: Die Welt der Symphonie, hrsg. v. U. von Rauchhaupt (H 1972); Pamjatniki russkowo musykalnowo iskusstwa, 6 Bde. (Mos 1972–77); Musykalnaja estetika Rossii XI–XVIII wekow, hrsg. v. A. I. ROGOW (Mos 1973); A. GOSENPUD, Russki operny teatr na rubesche XIX–XX wekow i F. Schaljapin. 1890–1904 (Leningrad 1974); DERS., Russki operny teatr meschdu dwuch rewoljuzi 1905–17 (ebd. 1975). – **b)** Von 1914 bis z. Gegenwart: E. BRAUDO, Die Musik in der Sowjetunion, in: Frankfurter Ausstellungskat. (1927); A. POUGIN, Modern Russian Composers (Lo 1930); Z. NEJEDLÝ, Sovětská hudba, 2 Bde. (Pr 1936–37); N. SLONIMSKY, Music since 1900 (NY 1938); G. ABRAHAM, Eight Soviet Composers (Lo 1943); B. JAGOLIN, Die Musik in der Sowjetunion (B – L 1946); J. I. SLONIMSKI, Sowjetski balet (Mos – Leningrad 1950); G. A. ORLOW, Sowjetski fortepianny konzert (Leningrad 1954); A. CHOCHLOWKINA, Sowjetskaja oratorija i kantata (Mos 1955); Sowjetskaja simfonitscheskaja musyka (Leningrad 1955) (Sammelbd.); J. CHOCHLOW, Sowjetski skripitschny konzert (Mos 1956); Istorija russkoi sowjetskoi musyki, hrsg. v. A. D. ALEXEJEW – W. A. WASSINA-GROSSMAN u. a., 4 Bde. (Mos 1956–63); M. JANKOWSKI, Sowjetski teatr operetty (Mos – Leningrad 1962); A. GOSENPUD, Russki sowjetski operny teatr 1917–41 (Leningrad 1963); L. RAABEN, Mastera sowjetskowo kamerno-instrumentalnowo ansamblja (ebd. 1964); V. GIBELLI, Storia della musica sovietica, 2 Bde. (Pavia 1964–65); F. K. PRIEBERG, Musik in der Sowjetunion (Kö 1965); J. BAKST, A History of Russian-Soviet Music (NY 1966); E. FRID, Musyka w sowjetskom kino (Leningrad 1967); L. RAABEN, Sowjetski instrumentalny konzert (ebd. 1967); L. POLJAKOWA, Sowjetskaja opera (Mos 1968); W. A. WASSINA-GROSSMAN, Mastera sowjetskowo romansa (Mos 1968); S. D. KREBS, Soviet Composers and the Development of Soviet Music (Lo 1970); B. JARUSTOWSKI, Otscherki po dramaturgii opery XX weka I (Mos 1971); B. SCHWARZ, Music and Musical Life in Soviet Russia (Lo 1972); A. D. ALEXEJEW, Sowjetskaja fortepiannaja musyka. 1917–45 (Mos 1974); Is proschlowo sowjetskoi musykalnoi kultury, 2 Bde. (Mos 1975–76); L. RAABEN, Sowjetski instrumentalny konzert. 1968–75 (Leningrad 1976). – **5) Die Musik in den Unionsrepubliken: a)** Übergreifende Darstellungen: E. EMSHEIMER, Musikethnographische Bibliogr. der nichtslawischen Völker in R., in: AMl 15 (1943); Antologija klassitscheskoi musyki narodow SSSR, hrsg. v. S. L. GINSBURG, II–III (Mos 1956–57); W. M. BELJAJEW, Otscherki po istorii musyki narodow SSSR, 2 Bde. (ebd. 1962–63); S. L. GINSBURG, Musykalnaja literatura narodow SSSR (Mos – Leningrad 1963, [2]1970); V. S. VINOGRADOV, Die musikal. Entwicklung im sowjetischen Osten, in: BzMw (1967); Istorija musyki narodow SSSR, 5 Bde. (Mos 1970–74); Istorija i sowremennost. Problemy musykalnoi kultury narodow Usbekistana, Turkmenii i Tadschikistana (Mos 1972) (Aufsatz-Slg.); I. WYSGO-IWANOWA, Simfonitscheskoje twortschestwo kompositorow Srednei Asii i Kasachstana (Leningrad – Mos 1974); Kompository sojusnych respublik, hrsg. v. M. I. NESTJEW, 2 Bde. (Mos 1976–77). – **b)** Armenien: K. KEWOKKIAN, Musique populaire arménienne (P 1931); G. TIGRANOW, Armjanski musykalny teatr, 2 Bde. (Eriwan 1956–60); M. ARUTJUNJAN, Musykalnaja kultura Armjanskoi SSR (Mos 1957); R. A. ATAJAN, Die armenische Notenschrift, in: BzMw (1968); M. MURADJAN, Armjanskaja musyka w XIX i natschale XX wekow (Eriwan 1970). – **c)** Aserbaidschan: U. GADSCHIBEKOW, Osnowy aserbaidschanskoi narodnoi musyki (Baku 1945, Mos [2]1957); L. KARAGITSCHEWA, Musykalnaja kultura Aserbaidschanskoi SSR (Mos 1956); K. KASIMOW, Musyka Aserbaidschana (Baku 1960). – **d)** Estland: E. ARRO, Gesch. der estnischen Musik (Tartu 1933); L. ROISMAN, Organnaja kultura Estonii (Mos 1960); A. VAHTER – L. NORMET, Music in the Estonian S.S.R. (Tallinn 1965, dt. 1968); J. AAVIK, Gesch. der estnischen Musik, 4 Bde. (Sto 1965–69); M. TOPMAN, Musik in Estland gestern u. heute (Tallinn 1978). – **e)** Georgien: A. BEGISCHANOWA – G. TSCHIKWADSE, Musykalnaja kultura Grusinskoi SSR (Leningrad 1957); V. A. GVACHARIJA, Zu Fragen der georgischen Musik, in: BzMw (1962); G. TSCHIKWADSE, Grundtypen der Mehrstimmigkeit im grusinischen Volkslied, in: ebd. (1968). – **f)** Karelien: G. I. LAPTSCHINSKI, Musyka Sowjetskoi Karelii (Petrosawodsk 1970). – **g)** Kasachstan: B. G. ERSAKOWITSCH, Musykalnaja kultura Kasachskoi SSR (Mos 1954, [2]1957); P. MOMYNOW, Kasachskoje opernoje iskusstwo (Alma-Ata 1963); B. G. ERZAKOVIČ, A. Eichhorn, dt. Musiker u. Folkloresammler in Turkestan, in: BzMw (1967). – **h)** Kirgisien: W. S. WINOGRADOW, Musyka Sowjetskoi Kirgisii (Mos 1939); Istorija kirgisskowo iskusstwa (Frunse 1971). – **i)** Lettland: J. VĪTOLIŅŠ, Latviešu tautas mūzika, 4 Bde. (Riga 1958–73); L. KĀRKLIŅŠ, Simfoniskie darbi latviešu mūzika (ebd. 1973); V. BRIEDE-BULAVINOVA, Latviešu opera (ebd. 1975); L. APKALNS, Lettische Musik (Wie 1977). – **j)** Litauen: J. GAUDRIMAS, Musykalnaja kultura Sowjetskoi Litwy. 1940–60 (Leningrad 1961); DERS., Is istorii litowskoi musyki. 1861–1917, 2 Bde. (Mos 1964, Leningrad 1972); DERS., Tarybu Lietuvos kompozitoriai ir muzikologai (Vilnius 1971). – **k)** Moldawien: Musykalnaja kultura Sowjetskoi Moldawii (Mos 1965) (Aufsatz-Slg.); S. S. STOLJAR, Moldawskaja sowjetskaja simfonija (Kischinjow 1967). – **l)** Tadschikistan: Musykalnaja schisn Sowjetskowo Tadschikistana, 2 Bde. (Duschanbe 1974–75). – **m)** Turkmenien: W. M. BELJAJEW – W. A. USPENSKI, Turkmenskaja musyka (Mos 1928); L. SINJAWER, Musykalnaja kultura Turkmenskoi SSR (Mos 1955, [2]1957). – **n)** Ukraine: L. B. ARCHIMOWITSCH U. A., Musykalnaja kultura Ukrainy (Mos [2]1961); M. K. BOROWIK, Ukrainski radjanski kamerno-instrumentalni ansambl (Kiew 1968); M. M. GORDIJTSCHUK, Ukrainska radjanska simfonitschna musika (ebd. 1969); J. O. STANISCHEWSKI, Ukrainski radjanski musitschni teatr. 1917–67 (ebd. 1970); DERS., Ukrainski radjanski baletni teatr (ebd. 1975). – **o)** Usbekistan: JE. JE. ROMANOWSKAJA, Usbekskaja instrumentalnaja musyka (Taschkent 1948); J. RADSCHABI, Usbekskaja narodnaja musyka, 9 Bde. (ebd. 1955–62); A. EICHHORN, Musykalnaja folkloristika w Usbekistane, hrsg. v. W. M. BELJAJEW (ebd. 1963); J. PEKKER, Usbekskaja opera (Mos 1963); N. JANOW-JANOWSKAJA, Musyka usbekskowo kino (ebd. 1969); Istorija usbekskoi sowjetskoi musyki, 2 Bde. (ebd. 1972–73); L. AWDEJEWA, Balet w Usbekistane (ebd. 1973). – **p)** Weißrußland: S. NISNEWITSCH, Belorusskaja simfonitscheskaja musyka (Minsk 1959); B. S. SMOLSKI, Belorusski musykalny teatr (ebd. 1963); J. M. TSCHURKO, Belorusski balet (ebd. 1966); I.-S. NISNEWITSCH, Otscherki po istorii sowjetskoi belorusskoi musykalnoi kultury (Mos – Leningrad 1966, [2]1969); G. G. KULESCHEWA, Belorusskaja sowjetskaja opera (Minsk 1967); K. I. STEPANOWITSCH, Belorusski konzert (ebd. 1968).

E. STÖCKL

RUSSOLO, Luigi, * 1. 5. 1885 Portogruaro (Venezien), † 4. 2. 1947 Cerro di Laveno (Varese); it. Komponist und Maler. R., der sich seit 1909 der futuristischen Bewegung Filippo Tommaso Marinettis zuwandte (↗Futurismus), trat 1911–13 zunächst als Maler hervor. 1913 veröffentlichte er ein futuristisches Musik-Manifest, *L'arte dei rumori,* und demonstrierte seit diesem Jahr in skandalumwitterten Konzerten in Modena, Genua, Paris und

Mailand selbstkonstruierte mechanische und elektrische Geräuschinstrumente „Intonarumori" (= Lärmtöner). Mit ihnen wollte er ursprünglich das traditionelle Orchester erweitern, das er nun in 6 Geräuschgruppen einteilte, und „im Geiste die Geräusche der Metallrollos vor Ladenfenstern, von zuschlagenden Türen, das Schlurfen und Drängen der Menge, die Massenunruhe der Bahnhöfe, Stahlwerke, Fabriken, Druckpressen, Kraftwerke und Untergrundbahnen orchestrieren. Auch sollten die Geräusche des modernen Krieges nicht vergessen werden". Die Verwendung dieser Geräusche diente nicht einer naturalistischen Nachahmung, sondern der stilistischen Erweiterung des Instrumentariums. 1927–32 lebte R. auf der Flucht vor dem Faschismus in Paris, wo seine Erfindungen die Anerkennung von M. Ravel, D. Milhaud, A. Honegger und I. Strawinsky und vor allem von E. Varèse erfuhren. Seit 1921 hatte er dort bereits in mehreren Konzerten mit seinen Versuchen von Viertel- und Achteltonmusik und der Präsentation seines Russolophons durch Varèse (1929) Aufsehen erregt. 1932 ging er für einige Jahre nach Spanien und lebte danach wieder in Italien, wo er sich seit 1941 erneut der Malerei und dem Okkultismus zuwandte. Seine Instrumente wurden während des 2. Weltkrieges bei der Auslagerung in Paris zerstört und sind heute kaum rekonstruierbar.

WW: **1) Kompositionen** (1913–16): *Convegno dell'automobili e dell'aeroplani* (Stelldichein der Automobile und Flugzeuge); *Combattimento nell'oasi; Il Risveglio di una città* (Erwachen einer Stadt); *Si pranza sulla terrazza dell'Hotel* (bzw. *dell'Kursaal*) (Man speist auf der Hotelterrasse). – **2) Schriften:** *L'arte dei rumori* (Mi 1913), dt. Übers. in: Melos 7 (1928), Nachdr. in: ebd. 37 (1970); *L'arco enarmonico*, in: Fiamma 2 (Mi 1926); *Al di là della materia* (Mi 1938, ²1961).

Lit.: M. ZANOVELLO RUSSOLO, R. l'uomo, l'artista (Mi 1958); R. J. PAYTON, The Futurist Musicians: F. B. Pratella and L. R. (1974) (= Diss. Univ. of Chicago); G. F. MAFFINA, L. R. e l'arte dei rumori (Tn 1978).

B. A. KOHL

RUST. – 1) Friedrich Wilhelm, * 6. 7. 1739 Wörlitz bei Dessau, † 28. 2. 1796 Dessau; dt. Violinist und Komponist. Er studierte 1758–62 an der Universität Halle und nahm daneben auch Unterricht bei W. Fr. Bach. 1762 trat er in den Dienst des Fürsten Leopold III. von Anhalt-Dessau und bildete sich bei K. Hoeckh in Zerbst und während eines Aufenthaltes in Berlin 1763–64 bei Fr. Benda (Violine) und C. Ph. E. Bach (Komposition) weiter. 1765–66 begleitete er den Fürsten auf einer Italienreise, nahm Violinunterricht bei G. Tartini und G. Pugnani und lernte G. Benda kennen. 1766 reorganisierte er im Auftrag Leopolds das Musikleben in Dessau, unterrichtete seit 1774 dort am neugegründeten Philanthropin und wurde 1775 Musikdirektor des Fürsten und Leiter des Theaters.

WW: **1) Instr.-WW:** Sonaten, Var. u. Einzelstücke für Klv. bzw. Cemb.: Sonaten für V. (solo u. mit Begleitung); Sonaten für Va. u. für Va. d'amore; Kammermusik, häufig mit Laute oder Harfe. – **2) Vokal- u. Bühnen-WW:** Zahlr. weltliche u. geistliche Vokalwerke, u.a. Lieder, Chöre, weltliche u. geistliche Kantaten in Sammeldrucken der Zeit. – **3) Bühnen-WW:** Operette *Der blaue Montag* (Dessau 1777); Melodramen *Inkle und Yarido* (B 1777) u. *Colma;* Bühnenmusiken *Fingal in Lochlin* u. *Inamorula* (Dessau 1782); Pastorale *Koryalas u. Lalage* (1786).

Seinem Wesen nach ist R. ganz der musikalischen Empfindsamkeit seiner Zeit verhaftet. Hinzu treten einerseits konservative Züge (Sonaten in Suitenform für Violine solo, Kompositionen für und mit Laute und Viola d'amore noch nach 1790), andererseits eine bedeutende Originalität, vor allem in den Klaviersonaten, die ihn auf der Höhe der musikalischen Entwicklung seiner Zeit zeigen.

2) Wilhelm Karl, Sohn von 1), * 29. 4. 1787 Dessau, † 18. 4. 1855 ebd.; dt. Pianist, Organist und Musikpädagoge. Er war Schüler seines Vaters, studierte seit 1805 an der Universität in Halle und bildete sich in der Musik bei G. D. Türk weiter. 1807 ließ er sich in Wien nieder, wo ihn L. van Beethoven, der vor allem sein Bach-Spiel schätzte, als Klavierlehrer empfahl. 1819–27 war er Organist der protestantischen Kirche in Wien und lebte dann als Klavierlehrer in Dessau. Er schrieb Orgel- und Klavierstücke. – **3) Wilhelm,** Enkel von 1), * 15. 2. 1822 Dessau, † 2. 5. 1892 Leipzig; dt. Organist und Musikforscher. Er studierte Orgel und Klavier bei seinem Onkel Wilhelm Karl R. und 1840–43 Komposition bei Fr. Schneider. 1849 ließ er sich als Musiklehrer in Berlin nieder, wurde 1861 Organist an der Lukaskirche, leitete 1862–74 die Bach-Gesellschaft und lehrte seit 1870 am Sternschen Konservatorium. 1878 wurde er Organist und 1880 Kantor der Thomaskirche in Leipzig. R. gab Arien von Chr. W. Gluck und 1855–81 26 Bände der Gesamtausgabe der Werke Bachs (seit 1858 als Hauptredakteur) heraus, die für die moderne Editionspraxis wegweisend wurden (↗Gesamtausgaben). Die den einzelnen Bänden vorangestellten Artikel erweisen ihn neben Ph. Spitta als einen der besten Bach-Kenner des 19. Jahrhunderts. Als Komponist trat R. mit Klavierstücken, Orgelwerken und geistlicher Musik hervor. Er bearbeitete auch Werke seines Großvaters.

Ausg.: **Zu 1):** 12 Klv.-Sonaten, hrsg. v. V. D'INDY (P o.J. [vor 1914]); 2 Sonaten für Laute u. V., hrsg. v. H. NEEMANN (B 1926); 2 Sonaten für Va. u. Klv., hrsg. v. W. BORISSOWSKY (L 1935); Sonate für Viola d'amore, hrsg. v. DEMS. (L 1937); Werke für Klv. u. Streichinstr. (7 Sonaten u. Duos, 1 Trio, 1 Quartett), hrsg. v. M. SCHNEIDER – R. CZACH (B – Wb 1939) (= EDM, LD Mitteldeutschland I); Sonate für Va. u. 2 Hörner, hrsg. v. K. JANETZKI (L 1950); Sonate für V. u. Klv. oder Harfe, hrsg. v. DEMS. (L 1953); Duett Es-Dur für 2 V., hrsg. v. P. BORMAN (H 1953) (= Meisterduette der Frühklassik); Sonate D-Dur für 2 V., hrsg. v. W. HÖCKNER (Locarno 1965); Sonate F-Dur für Vc. u. B.c., hrsg. v. F. GÖTHEL (Mz 1969) (= Cello-Bibl. 112).

Lit.: E. PRIEGER, F. W. R., ein Vorläufer Beethovens (Kö 1894) (mit Werk-Verz.); R. CZACH, F. W. R. (Essen 1927); W. S. NEWMAN, The Sonata in the Classic Era (Chapel Hill/N.C. 1963, Lo – NY 1972); Thayer's Life of Beethoven, hrsg. v. E. FORBES (Princeton/N.J. 1964, [2]1967, NA Lo – NY 1972).

RUTE (engl.: twig brush, rod; frz.: fouet; it.: spazzola; span.: cepillo, escobilla), ursprünglich eine Gerte, die als Schlegel der Großen Trommel gebraucht wurde, heute ein Reisigbündel, das an einem Ende mit Draht zu einem Handgriff zusammengebunden ist. Die R. erzeugt einen zischenden Klang, der sich von dem des Besens unterscheidet. Vorgeschrieben wurde sie u.a. von W. A. Mozart *(Die Entführung aus dem Serail)*, G. Mahler (2., 3., 6. Symphonie) und R. Strauss *(Elektra, Die Frau ohne Schatten)*.

RUTINI, Giovanni Marco (Giovanni Maria, Giovanni Marco Placido), * 25. 4. 1725 Florenz, † 22. 12. 1797 ebd.; it. Komponist. Er war in Neapel Kompositionsschüler von L. Leo und hielt sich 1748 und 1753 in Prag, 1758–61 in St. Petersburg auf, wo er u.a. Klavierlehrer der späteren Zarin Katharina II. (der Großen) war. 1761 wieder in Italien, war er noch Schüler von Padre Martini und wurde 1762 Mitglied der Accademia Filarmonica in Bologna. Später ließ er sich in Florenz nieder, führte in mehreren italienischen Städten seine Opern auf und war 1766–74 Kapellmeister in Modena. R. ist mit seinen Cembalosonaten, über die sich L. Mozart lobend äußerte (Brief an den Sohn vom 18. 8. 1771), ein bisher wenig beachteter Vorläufer J. Haydns und W. A. Mozarts auf dem Gebiet der Klaviermusik. – Sein Sohn **Ferdinando R.** (1767–1827) war Kapellmeister in verschiedenen italienischen Städten und schrieb etwa 30 Buffoopern.

WW: **1) Instrumental-WW:** Im Druck erschienen (Nü um 1748–1770; Bol bzw. Fi 1774–84) 17 Slgen. Sonaten für Cemb., op. 1–14, davon einige mit V. obligat oder ad lib.; *Divertimenti facili e brevi* für Cemb. zu 4 Händen. – **2) Vokal- u. Bühnen-WW:** Im Druck erschienen mehrere Solokantaten mit Instr. – Von den 16 Opern, deren Aufführung nachgewiesen ist, sind hsl. erhalten: *Semiramide*, UA: Prag 1753; *I matrimoni in maschera*, UA: Cremona 1763; *L'Olandese in Italia*, UA: Florenz 1765; *L'amore industrioso*, UA: Venedig 1765; *Le contese domestiche*, UA: Florenz 1767; *L'amor per rigiro*, UA: Cajano 1773; *Vologeso*, UA: Florenz 1775; *Gli sponsali di Faloppa*.

Ausg.: *3 Sonate da cimbalo e violino obbligato* op. 14, Faks.-Ausg. (Mi 1933); 1 Cemb.-Sonate, in: Six Keyboard Sonatas from the Classic Era, hrsg. v. W. S. NEWMAN (Evanston/Ill. 1965); 6 Cemb.-Sonaten op. 3, Cemb.-Konzert D-Dur u. je 6 Cemb.-Sonaten op. 5 u. 6, hrsg. v. H. ILLY, 4 Bde. (R 1965–67) (= Musiche vocali e strumentali sacre e profane dei secoli XVII, XVIII, XIX, Bd. 30–33); *Sei sonate per cembalo* op. 8 (Fi 1774), Faks.-Ausg. (Bol 1969) (= Biblioteca musica Bononiensis IV); 1 Rondo für Cemb., Faks.-Ausg., in: DERS., Una rara Opera ... (s.u. Lit.-Verz.).

Lit.: F. TORREFRANCA, Il primo maestro di W. A. Mozart, in: RMI 40 (1936); L. F. TAGLIAVINI, R., in: MGG XI; W. S. NEWMAN, The Sonata in the Classic Era (Chapel Hill, N. C. 1963, revidiert Lo – NY 1972); G. BALDUCCI, La figura e l'opera di G. M. R. (Diss. Fi 1964); H. ILLY, Una rara Opera di G. M. R., in: NRMI 3 (1969) (mit Faks.-Ausg. eines Rondos für Cemb.); C. LOMBARDI, A Revision of the Instr. Cat. and an Examination of the Form-Types of the Six Sonatas for Cemb. op. 10 of G. M. R. (Diss. NY 1972); F. MEINERO, Le sonate di G. M. R. (Diss. Tn 1975); G. PESTELLI, Mozart e R., in: Anal. Mus. 18 (1978).

RUYNEMAN, Daniel, * 8. 8. 1886 Amsterdam, † 25. 7. 1963 ebd.; ndl. Pianist und Komponist. Er studierte am Konservatorium Amsterdam (M. De Jong, B. Zweers) und gehörte 1918 zu den Gründern der späteren niederländischen Sektion der IGNM. 1930–40 war er Chefredakteur der Zeitschrift *De moderne muziek* und 1947–50 Generalsekretär der IGNM. Ausgehend von dem französischen Impressionismus, setzte sich R. seit 1950 zunehmend mit neueren Satztechniken auseinander und wurde einer der Vertreter der musikalischen Avantgarde in den Niederlanden.

WW: **1) Instr.-WW:** Klv.-Stücke; Sonate für V. solo (1925); Streichquartett (1946); Bläserquintett *Nightingales* (1949); *Hieroglyphen* (1918) für 3 Fl., Celesta, Harfe, 2 Mandolinen, 2 Gitarren, Cup-Bells (v. R. erfundenes Instr.) u. Klv.; *Symphonie brève* (1927); 2. Symphonie (1953); *Amatarasu* (1953) für Str.; *Gilgamesj* (1963) für Orch. – **2) Vokal-WW:** Lieder; *De Roep* (Der Ruf) (1918) für Chor; *Sonate* (1931) für Kammerchor; *Réflexions* (1959) für Sopran, 5 Instr. u. Schlagzeug; *Die Weise von Liebe und Tod des Kornetts Christoph Rilke* (1951) für Sprecher u. Orch. – **3) Bühnen-WW:** Opern: *De gebroeders Karamasoff* (1928); ferner vollendete R. M. Mussorgskis Oper *Le mariage* (1930) (nach Gogol). – R. schrieb: *De componist Jan Ingenhoven* (A 1938).

Lit.: A. PETRONIO, D. R. et son œuvre (Lüttich 1922); W. PAAP, Nederlandse componisten van deze tijd XIII. D. R., in: Mens en Melodie 5 (1950); J. WOUTERS, D. R., in: Sonorum speculum 11 (1962); E. A. G. BRAUTIGAM, In memoriam D. R., in: ebd. 16 (1963); P. OP DE COUL, Unveröff. Briefe v. A. Berg u. A. Webern an D. R., in: TVer 22 (1972).

RUZICKA, Peter, * 3. 7. 1948 Düsseldorf; dt. Komponist. R. studierte 1963–68 Klavier, Oboe und Musiktheorie am Hamburger Konservatorium und vervollkommnete sich in Komposition später noch bei H. W. Henze in Rom und bei H. Otte in Bremen. 1968–76 studierte er Jura und Musikwissenschaft in München und Hamburg und promovierte 1977 zum Dr. jur. an der Freien Universität Berlin. Seit 1972 tritt R. auch als Dirigent auf und wurde 1980 Intendant des Radio-Symphonieorchesters Berlin.

WW: **1) Kompositionen:** 3 Nachtstücke *Ausgeweidet die Zeit ...* (1969) für Klv.; *Zeit* (1975) u. *Z-Zeit* (1975) für Org.; *Sonate per violoncello* (1969); *Introspezione* (1970), Dokumentation für Streichquartett; *... Fragment ...* (1970), 5 Epigramme für Streichquartett; *Antifone-Strofe* (1970) für 25 Solostr. u. Schlagzeug; *In processo di tempo ...* (1971), Materialien für 26 Instrumentalisten u. Vc.; *Stress* (1972) für 8 Schlagzeuggruppen; *Versuch* (1970–74), 7 Stücke für Str.; *Metastrofe* (1971), Versuch eines Ausbruchs für

87 Instrumentalisten; *Feed Back* (1972), Musik für 4 Orch.-Gruppen; *Torso* (1973), Materialien für 3 Orch.-Gruppen; *Befragung* (1974), 5 Stücke für Orch.; *Emanazione* (1975), Variationen für Fl. u. 4 Orch.-Gruppen; *Abbrüche* (1977–78), 9 Phasen für Orch.; *... den Impuls zum Weitersprechen erst empfinge* (1981), Musik für Va. u. Orch. – *Sinfonia* (1971) für 25 Solostr., 16 Vokalisten u. Schlagzeug; *Gestalt und Abbruch* (1979), 7 Fragmente für St. – *Outside – Inside* (1972), 2 Modelle für musikal. Theater. – **2) Schriften:** *Befragung des Materials. G. Mahler aus der Sicht aktueller Kompositionsästhetik,* in: Musik u. Bildung (1973); *Die Problematik eines ewigen Urheberpersönlichkeitsrechtes mit besonderer Berücksichtigung des Schutzes musikalischer Werke* (Diss. B 1977). – Editionen: *G. Mahler, Klavierquartett,* 1876 (H 1973); *Mahler. Eine Herausforderung* (Wie 1977).

R. versteht das Schreiben von Musik „letztlich als gesellschaftliches Phänomen" und gewinnt qualitative Kriterien aus der sozio-ökonomischen Struktur seiner Umwelt. Dabei geht es vor allem um eine kritische Reflexion des Materials, wodurch beim Hörer Denkprozesse eingeleitet und gefördert werden sollen.

Lit.: C. KÜHN, Das Zitat in der Musik der Gegenwart (H 1972); H. KRELLMANN, Komposition als Moment der Verweigerung. Gespräch mit dem Komponisten P. R., in: Musica 30 (1976).

B. A. KOHL

RYBA, Jakub (Jakob) **Šimon Jan** (Johann), * 26. 10. 1765 Přeštice (Böhmen), † 8. 4. 1815 (durch Selbstmord) Rožmitál (Böhmen); böhmischer Komponist. Er studierte 1781–84 am Lehrerseminar in Prag und lebte seit 1788 als Schulmeister und Kirchenmusikdirigent in Rožmitál. Beide Funktionen übte er bis zu seinem Tod aus. Den wichtigsten Teil seiner Werke, die er zunächst unter Pseudonymen (Fisch, Poisson, Peace, Rybaldini, Rybaville) veröffentlichte, bilden die Pastourellen (darunter als bekannteste *Hej, mistře*); sie weisen Einflüsse des tschechischen Volksliedes auf und lassen das Streben nach einer national eigenständigen Musik erkennen. R. gehörte auch zu den ersten, die die tschechische Sprache im Kunstlied verwendeten. In seinem Musiktraktat *Počátkové a všeobecní základové ke všemu umění hudebnímu (Anfängliche und allgemeine Grundsätze zur gesamten Musikkunst,* postum Pr 1817) hat er eine tschechische Musikterminologie entwickelt.

WW: Etwa 90 Messen, davon einige in tschechischer Sprache, und weitere kirchenmusikal. Werke; mehr als 50 Pastourellen (sämtlich hsl.). – *12 böhmische Lieder* u. *Neue böhmische Lieder* für SingSt u. Klv. (Pr 1800 u. 1808). – Hsl. erhalten sind ferner einige Kammermusikwerke, 1 Symphonie u. Konzerte für V., für Vc. u. für Horn sowie autobiographische Schriften.

Ausg.: *Pastoralmesse* (1796), hrsg. v. J. HERCL (Pr – H 1973); *Quartetto in C* für Fl., V., Va., Vc., hrsg. v. M. KLEMENT (Pr 1980) (= Musica viva historica 46).

Lit.: G. L. DLABACŽ, Allgemeines hist. Künstler-Lexikon II (Pr 1815, Nachdr. 1973); I. JANÁČKOVÁ, J. J. R. o svém hudebním zivote (Pr 1946) (mit Verz. der vor 1801 entstandenen Werke); J. NĚMEČEK, J. J. R. (Pr 1963) (mit thematischem Kat. der Werke u. Ausg., Bibliogr. u. Diskographie).

RYSANEK, Leonie, * 14. 11. 1926 Wien; östr. Sängerin (Sopran). Sie studierte am Wiener Konservatorium. 1949 debütierte sie als Agathe in C. M. von Webers *Freischütz* in Innsbruck, ging 1950 nach Saarbrücken, wurde 1952 Mitglied der Bayerischen Staatsoper in München und 1954 auch der Wiener Staatsoper (1968 östr. Kammersängerin). L. R. zählt zu den herausragenden Vertreterinnen des lyrisch-dramatischen Fachs in ihrer Generation. Gastspiele führten sie vor allem in Wagner-, Strauss- und Puccini-Rollen an die bedeutenden Opernhäuser Europas und an die Metropolitan Opera in New York. Nachdem sie 1951 bei den ersten Bayreuther Festspielen nach dem Krieg als Sieglinde im *Ring* Aufsehen erregte, sang sie dort 1958 und 1959 die Senta und die Elsa und wurde für 1982 als Kundry verpflichtet.

Lit.: W. BOLLERT, Künstler v. heute. L. R., in: NZfM 11 (1956); G. GUALERZI, R., L., in: Le grandi voci, hrsg. v. R. Celletti (R 1964); H. ROSENTHAL, L. R., in: Great Singers of Today (Lo 1966).

RZEWSKI, Frederic Anthony, * 13. 4. 1938 Westfield (Massachusetts); amerik. Komponist. Er studierte 1954–58 Kontrapunkt und Instrumentation an der Harvard University in Cambridge (Mass.) und anschließend bis 1960 Komposition sowie u.a. Philosophie an der Princeton University in New Jersey. Seither tritt er als Pianist auf und lehrte 1963, 1964 und 1970 bei den Kölner Kursen für Neue Musik; seit 1962 arbeitete er zeitweilig mit S. Bussotti zusammen. Mit Allan Bryant, Alvin Curran und Jon Phetteplace gründete er in Rom 1966 das Ensemble Musica Elettronica Viva (MEV), das (1967/68 auch auf Europa-Tournee) Werkformen in Live-Elektronik als Kollektiv-Komposition und Gruppen-Improvisation unter Beteiligung des Publikums und mit teilweise traditionellem Instrumentarium aufführte. Seit 1971 lebt R. in New York und engagiert sich bes. für eine politisch orientierte Musik.

WW: **1) Kompositionen:** Klv.-Stücke; *Last Judgement* (1969) für Pos.; *Variations on No Place to Go but Around* (1974) u. *The People United will Never be Defeated* (1975) für Klv.; *Composition for 2* (1964); *Falling Music* (1971) für Klv. u. Tonband; Oktett (1962); *Nature morte* (1965) für Bläser, Trp., Horn, V., Vc., Org., Klv., Harfe u. 5 Schlagzeuger; *Les moutons de Panurge* (1969) für beliebige Instr. – *Street Music* u. *Symphony for Several Performers* (1968). – Requiem (1963–68) für Chor u. Kammerensemble; *Monuments* (1970) für St. u. Klv.; *Attica* (1972) für Ensemble u. Sprecher; *Two Poems by O. R. Castillo* (1972) für Klv. u. Sprecher; Lieder *No Progress without Struggle* (1974). – **2) Schriften:** *„Zuppa" e altri processi,* in: Nuova musica (1969); *Perfomance: Indeterminate Performance* u. *Prose Music,* in: Dictionary of Contemporary Music, hrsg. v. J. Vinton (NY 1973).

B. A. KOHL

S

S, s, Abk. für: **1)** Sopran; Solo; Subdominante. – **2)** Segno in Dal S. (D. S.) bzw. in Al S. = al segno. – **3)** sinistra in m.s. = mano sinistra (it., = linke Hand). – **4)** subito in v.s. = volti subito (it., = wende schnell um).

SABANEJEW, Leonid Leonidowitsch, * 19. 9. (1. 10.) 1881 Moskau, † 3. 5. 1968 Antibes (Alpes-Maritimes); russ. Komponist und Musikforscher. Er studierte Physik und Mathematik an der Universität und Klavier, Komposition (S. Tanejew) und Instrumentation (N. Rimski-Korsakow) am Konservatorium in Moskau. Seit 1906 widmete er sich ganz der Musik, war als Kritiker und Komponist in Moskau und St. Petersburg tätig und leitete 1921–26 das von ihm gegründete Staatsinstitut für Musikwissenschaft in Moskau. 1926 emigrierte er, hielt sich in Deutschland, Frankreich, England und in den USA auf und ließ sich zuletzt in Frankreich nieder. S.s Name ist vor allem mit seinen Schriften verbunden, in denen er sich auch als einer der ersten für A. Skrjabin einsetzte.

WW: **1) Kompositionen:** Zahlr. Klv.-Stücke; 2 Sonaten für V. u. Klv. (1917, 1927); 2 Klv.-Trios (1907, 1924); Symphonische Dichtung *Flots d'azur* (1936); etwa 40 Lieder; Oratorium *The Revelation* (1940); Ballett *L'aviatrice*, UA: Paris 1928. – **2) Schriften:** *Prometheus von A. Skrjabin*, in: Der blaue Reiter, hrsg. v. W. Kandinsky – F. Marc (Mn 1912, NA 1965); *Die nat. jüdische Schule in der Musik* (russ. Mos 1924, dt. W – L 1927); *Istorija russkoj musyki* (Geschichte der russ. Musik) (Mos 1924, dt. L 1926); *Modern Russian Composers* (Lo – NY 1927, Nachdr. NY 1975); *Music for the Films* (Lo 1935).

SABATA, Victor de, ↗De Sabata.

SABBATINI, Galeazzo, * um 1595 Pesaro (?), † 6. 12. 1662 ebd.; it. Komponist. Er war vermutlich Schüler von V. Pellegrini in Pesaro, wurde dort 1626 Domkapellmeister und ging 1630 als Hofkapellmeister nach Mirandola, wo er noch 1636 nachweisbar ist. 1641 wurde er Kanonikus am Dom von Pesaro und wenig später Generalvikar. A. Kircher erwähnt seine Generalbaßlehre lobend in der *Musurgia universalis* (1650).

WW: Kompositionen: 5 Bücher *Madrigali concertati* für 2–5 St. u. B.c. (V 1625, 1626, 1627, 1630, 1636); 2 Bücher *Sacrae Laudes* (Motetten) für 2–5 St. u. B.c. (V 1626, 1637); *Deiparae Virginis laudes* (Litaneien) für 3–6 St. u. B.c. (V 1638); *Sacre lodi ... a voce sola* mit B.c. (V 1640). – Theoretisches Werk: *Regola facile, e breve per sonare sopra il basso continuo* (V 1628 u.ö.)

Lit.: F. T. ARNOLD, The Art of Accompaniment from a Thorough-Bass (Lo 1931), Nachdr. mit neuer Einleitung v. D. Stevens, 2 Bde. (NY 1965–66).

SABBATINI, Luigi Antonio, OFM, * 24. 10. 1732 Albano Laziale bei Rom, † 29. 1. 1809 Padua; it. Komponist und Musiktheoretiker. Er trat Anfang der 50er Jahre in Bologna in den Franziskanerorden ein, war bis 1764 Schüler von Padre Martini und wirkte seit 1766 als Kapellmeister am Dom in Marino (Lazio), seit 1772 an SS. Apostoli in Rom und seit 1786 an S. Antonio in Padua. S. wurde hauptsächlich als Musiktheoretiker bekannt, der die Tradition der vor ihm in Padua tätigen Fr. A. Vallotti, F. A. Calegari und G. Tartini fortsetzte.

WW: **1) Kompositionen:** Zahlr. kirchenmusikal. Werke, teilweise im A cap.-Stil mit u. ohne Org., teilweise konzertant mit Str. u. Org. (ausschließlich hsl. erhalten). – **2) Schriften:** *Notizie sopra la vita e le opere del P. F. A. Vallotti* (Padua 1780); *Elementi teorici della musica colla pratica dei medesimi in duetti e terzetti a canone*, 3 Bde. (R 1789–90, ²1795); *La vera idea delle musicali numeriche segnature* (V 1799); *Trattato sopra le fughe musicali* (ebd. 1802). – Erhalten sind mehr als 200 Briefe S.s an Martini.

Ausg.: *La vera idea delle musicali numeriche segnature* u. *Trattato sopra le fughe musicali* (Bol 1969) (= Biblioteca musica Bononiensis II/65 a–b).

Lit.: A. DE LA FAGE, Essais de diphtérographie, ou notices, descriptions, analyses, extraits (P 1864, Nachdr. 1964); E. COLOMBIANI, Catalogo della collezione d'autografi lasciata alla R. Accademia filarmonica di Bologna (Bol 1881, Nachdr. 1969); U. PROTA-GIURLEO, S., in: MGG XI; Die Tonkünstler-Porträts der Wiener Musiksammlung v. A. Fuchs, hrsg. v. R. SCHAAL (Wilhelmshaven 1970).

SABINO. – 1) Giovanni Maria, * Ende des 16. Jh. Turi (Provinz Bari), † April 1649 Neapel; it. Komponist. Nach seiner musikalischen Ausbildung in Neapel wurde er zum Priester geweiht und lehrte 1622–26 am Conservatorio della Pietà dei Turchini. Seit 1627 war er Kapellmeister und Organist an mehreren Kirchen in Neapel. 1634 übernahm er als Nachfolger von G. Lombardi das Organistenamt an S. Annunziata. S. war ein namhafter Lehrer. Zu seinen Schülern gehörten u.a. Gr. Strozzi, G. Salvatore und Fr. Provencale. – **2) Antonino** (Antonio), Bruder von 1), † Juli 1650 Neapel; it. Organist und Komponist. Er war seit 1635 Organist und später Kapellmeister an der Kirche S. Annunziata in Neapel. 1642 wurde er Kapellmeister am Conservatorio dei Poveri di Gesù Cristo. Ein anderer Bruder, **Francesco**, hatte einen hervorragenden Ruf als Gesanglehrer.

WW: **Zu 1):** *Salmi di compieta* für 4 St. u. B.c. (1620); 2 Bücher Motetten für 2–4 St. u. B.c.: *Il primo libro* ... (Neapel [2]1627), *Il secondo libro* ... (ebd. 1626); *Psalmi de vespere* für 4 St. u. B.c. (1627); einige weitere Werke in Sammeldrucken der Zeit (1624–25) u. hsl. erhalten.

SACCHINI, Antonio Maria Gaspare Gioacchino, * 14. 6. 1730 Florenz, † 6. 10. 1786 Paris; it. Komponist. Er war Schüler von Fr. Durante am Conservatorio S. Maria di Loreto in Neapel, war seit 1756 dort Maestrino und 1761–63 Secondo maestro und machte sich mit mehreren Opere serie einen Namen. Anschließend lebte er mehrere Jahre in Rom und schrieb für das Teatro Valle eine Reihe von Opere buffe, die in ganz Europa bekannt wurden. 1768–72 war er Direktor des Conservatorio dell'Ospedaletto in Venedig und widmete sich nun auch der geistlichen Musik. Auf einer Deutschlandreise 1770 schrieb er 2 weitere Opern für die Höfe in München und Stuttgart. 1772–82 hielt er sich in London auf und errang mit neuen Opern am Haymarket Theatre glänzende Erfolge. Dennoch kam er zuletzt in große finanzielle Schwierigkeiten und entzog sich den Gläubigern durch seine Abreise nach Paris. Dort geriet er ohne eigene Schuld in die Rivalität zu N. Piccinni, in der er sich nur kurze Zeit behaupten konnte. Königin Marie-Antoinette protegierte ihn zunächst, versagte S. aber wegen wachsender Kritik 1785 die versprochene Aufführung seiner soeben vollendeten Oper *Oedipe à Colone* am Hof von Versailles. Die tiefe Enttäuschung darüber soll, seinem Schüler H. Berton zufolge, zum Tod von S. beigetragen haben.

WW: **1) Instrumental-WW:** 2 Slgen. Sonaten für Cemb. oder Klv. mit V. (Lo um 1779); Trios für 2 V. u. Baß (Lo um 1775); Streichquartette (Lo 1778); gedruckt wurden ferner 1 Ouvertüre u. 1 Symphonie. – **2) Vokal- u. Bühnen-WW:** Zahlreiche Messen u.a. kirchenmusikal. Werke (hsl.); im Druck: einige Duette u. einzelne Arietten. – Opern: Von den über 40 Opern, deren Aufführung nachgewiesen ist, sind erhalten (gedruckt als *Favourite Songs* bzw. als vollständige Partitur): *Olimpiade*, UA: Padua 1763, mit frz. Text Paris 1777; *Il gran Cidde*, UA: Rom 1764, mit frz. Text als *Cimène*, Fontainebleau 1783; *Lucio Vero*, UA: Neapel 1764; *Il Creso*, UA: ebd. 1765; *La contadina in corte*, UA: Rom 1766, mit dt. Text Wien 1767; *L'isola d'amore*, UA: Rom 1766, mit frz. Text als *La colonie*, Paris 1775; *Armida*, UA: Mailand 1772, mit frz. Text als *Renaud*, Paris 1783; UA in London: *Tamerlano* (1773), *Perseo* u. *Nitteti* (1774); *Montezuma* (1775); *Erifile* u. *L'amore soldato* (1778); *Enea e Lavinia* (1779); *Mitridate* (1781); UA in Versailles bzw. Paris: *Dardanus* (1784); *Oedipe à Colone* (1786); *Alvire et Evelina* (1788, vollendet v. J.-B. Rey); ferner Stücke für Pasticci. Zahlreiche Einzelstücke aus verschiedenen Opern wurden auch separat veröffentlicht.

Nach der Meinung von Ch. Burney (1770) war S. mit N. Jommelli, B. Galuppi und N. Piccinni einer der 4 großen italienischen Opernkomponisten dieser Zeit. Besondere Bewunderung fand die ausdrucksvolle, kantable und natürliche Melodik seiner dem neapolitanischen Stil verpflichteten Seria- und Buffa-Arien. Die späten französischen Opern S.s gehören zur Gattung der Tragédie lyrique. Sie sind – namentlich der *Oedipe* – eine wichtige Station auf dem Weg von Chr. W. Glucks Reformoper zur späteren Grand opéra in der Art von G. Spontini.

Ausg.: 1 Cemb.-Sonate in: G. TAGLIAPIETRA, Antologia di musica antica e moderna per il pianoforte (Mi 1932); Ouvertüre zu *Oedipe à Colone*, hrsg. v. A. DE ALMEIDA (P 1961) (= L'offrande musicale I); *Oedipe à Colone*, Nachdr. der 2. Aufl. (Bol 1970) (= Bibl. musica Bononiensis VI/17).

Lit.: A. JULLIEN, La cour et l'opéra sous Louis XVI, Marie-Antoinette et S. (P 1878, Nachdr. G 1976); F. ROSE, A. M. S., in: ZfMw 11 (1928/29); F. SCHLITZER, A.S. (Siena 1955); W. S. NEWMAN, The Sonata in the Classic Era (Chapel Hill/N.C. 1963, revidiert Lo – NY 1972); H.-B. DIETZ, Zur Frage der musikal. Leitung des Cons. di Santa Maria di Loreto in Neapel im 18. Jh., in: Mf 25 (1972); E. A. THIERSTEIN, Five French Operas of S. (Diss. Cincinnati 1974).

SACHE MAKROPULOS, DIE *(Več Makropulos)*, Oper in 3 Akten von Leoš Janáček (1854–1928), Text vom Komponisten nach der gleichnamigen Komödie (1922) von Karel Čapek. Ort und Zeit der Handlung: Prag, 1902. UA: 18. 12. 1926 in Brünn; dt. EA (in dt. Sprache): 14. 2. 1929 in Frankfurt am Main.

Janáček setzt sich in seiner vorletzten Oper, die er selbst einmal mit der paradox scheinenden Definition „moderne historische Oper" (im Unterschied zu Wagner, bei dem nur die Kostüme historisch seien) charakterisierte, mit dem alten Wunsch des Menschen auseinander, das Leben nach Belieben zu verlängern. Die 1575 geborene Griechin Elina Makropulos versucht nach 300 Jahren, als die Wirkung des lebenverlängernden Elixiers nachläßt, das Rezept für das alchimistische Wundermittel wieder in die Hand zu bekommen. Erst im Sterben akzeptiert sie den Tod als Erlösung aus einem übersättigten Dasein ohne Hoffnungen, ohne Erwartungen, ohne Liebe. Die im ersten Eindruck vielleicht herb-spröde wirkende Tonsprache stellt wohl den Kulminationspunkt in Janáčeks Bemühen um eine musikalische Charakterisierungskunst dar, die hier zu fast psychogrammatischer Luzidität führt – dies gilt in hervorragender Weise für die Zeichnung der gleichermaßen faszinierenden wie abstoßenden Protagonistin. Bemerkenswert ist die Tatsache, daß der Komponist selbst der kleinsten „Nebenrolle" die gleiche Aufmerksamkeit widmete wie seiner Heldin. Trotz der perfektionistisch-naturalistischen Prosodie kommt in dieser Oper die autonome, stilisierend-distanzierende Qualität der Musik eindrucksvoll zur Geltung. R. QUANDT

SACHER, Paul, * 28. 4. 1906 Basel; Schweizer Dirigent. Er gründete 1926 das Basler Kammerorchester sowie 1928 den Basler Kammerchor, mit denen er sich schnell internationale Anerkennung erwarb, und 1933 die Schola Cantorum Basiliensis (heute eine Abteilung der Musikakademie Basel), die er bis 1969 auch leitete. Als Mäzen und Dirigent ist S. seit langem eine bedeutende Persönlichkeit im europäischen Musikleben. Auf seine Anregung hin entstanden zahlreiche (oft ihm auch gewidmete) Kompositionen, deren UA er dirigierte. Es sind dies namentlich: B. Bartók, *Musik für Saiteninstrumente, Schlagzeug und Celesta* (1936) und *Divertimento* für Streichorchester (1939), A. Honegger, Symphonien Nr. 2 (1941) und Nr. 4 (mit dem auf S. anspielenden Titel *Deliciae Basilienses,* 1946), Fr. Martin, *Petite symphonie concertante* (1945) und Violinkonzert (1951), R. Strauss, *Metamorphosen* (1945) und I. Strawinsky, *Concerto in D* für Streichorchester (1946) sowie Werke von C. Beck, B. Britten, W. Burkhard, A. Casella, W. Fortner, H. W. Henze, P. Hindemith, E. Krenek, B. Martinů, G. Petrassi und M. Tippett. S. erhielt 1951 von der Universität Basel die Würde eines Dr. phil. h.c.; zu seinem 70. Geburtstag wurde er mit einer Festschrift geehrt: *Musikhandschriften aus der Sammlung P. S.* (hrsg. v. E. Lichtenhahn – T. Seebass, Bas 1976).

Lit.: W. SCHUH, Kompositionsaufträge, in: Alte u. Neue Musik. Das Basler Kammerorch. unter Leitung v. P. S. 1926–51 (Z 1952), II: 1926–76 (Z 1977); DERS., Der Dirigent P. S., in: 20 Jahre Collegium musicum Zürich (Z 1962); H. OESCH, in: Melos 29 (1962); A. ROSENTHAL, Music Manuscripts in Basle, in: MT 116 (1975); Dank an P. S., hrsg. v. M. ROSTROPOWITSCH (Z 1976); P. S. zum 70. Geburtstag, in: SMZ 116 (1976); Aus P. S.s Briefwechsel mit A. Honegger, in: ÖMZ 31 (1976); M. STEEGMANN, Mut zum Ungewohnten. P. S. im Gespräch, in: Musik + Medizin (1976).

SACHS, Curt, * 29. 6. 1881 Berlin, † 5. 2. 1959 New York; dt. Musikforscher. Zunächst Kunsthistoriker (Promotion 1904 in Berlin), wandte er sich – als Schüler von O. Fleischer, J. Wolf und H. Kretzschmar – 1909 ganz der Musikwissenschaft zu. Seit 1919 leitete und reorganisierte er in Berlin die Staatliche Instrumentensammlung und lehrte als Privatdozent und Professor an der Universität sowie auch an der Musikhochschule und an der Akademie für Kirchen- und Schulmusik. S. emigrierte 1933 und ging nach Paris, wo er am Musée de l'Homme und an der Sorbonne wirkte und die *Anthologie sonore,* eine für die damalige Zeit einzigartige Schallplattenreihe mit älterer Musik, produzierte. Seit 1937 lebte er in den USA, bis 1957 Professor an der New York University, seit 1953 auch an der Columbia University und an anderen amerikanischen Hochschulen. Er war mehrfacher Ehrendoktor, darunter der FU Berlin. S. gehört zu den großen Forscherpersönlichkeiten, denen die neuere Musikwissenschaft Impulse und Pioniertaten auf vielen Gebieten verdankt.

Schriften: *Musikgesch. der Stadt Berlin bis zum Jahre 1800* (B 1908, Nachdr. Hil 1979); *Musik und Oper am kurbrandenburgischen Hof* (B 1910, Nachdr. Hil 1976); *Real-Lexikon der Musikinstrumente* (B 1913, Nachdr. Hil 1962, 2. Nachdr. 1979); *Systematik der Musikinstrumente* (zus. mit E. M. von Hornbostel), in: Zschr. für Ethnologie 46 (1914), engl. in: GalpinJ 14 (1961); *Handbuch der Musikinstrumentenkunde* (L 1920, 2. Nachdr. Hil 1971); *Die Musikinstrumente des Alten Ägyptens* (B 1921); *Das Klavier* (B 1923); *Musik des Altertums* (Breslau 1924, ²1934, Nachdr. Hil 1980); *Die Musik der Antike* (Pd 1928); *Geist und Werden der Musikinstrumente* (B 1929, Nachdr. 1975); *Vergleichende Musikwissenschaft in ihren Grundzügen* (L 1930, Hei ²1959, Wilhelmshaven ³1974); *Eine Weltgeschichte des Tanzes* (B 1933, Nachdr. Hil 1976); *The Rise of Music in the Ancient World* (NY 1943), dt. Übers.: *Die Musik der Alten Welt in West und Ost,* hrsg. v. J. Elsner (B 1968); *The Commonwealth of Art* (NY 1946); *Our Musical Heritage* (NY 1948, ²1955); *Rhythm and Tempo* (NY 1953); *Griechische Musik und der Orient,* in: Musica 12 (1958); *Primitive and Medieval Music. A Parallel,* in: JAMS 13 (1960); *The Wellsprings of Music, An Introduction to Ethnomusicology* (Lei – Den Haag 1962, Nachdr. 1977).

Lit.: H. ALBRECHT, C. S. zum 75. Geburtstag, in: Mf 9 (1956); K. HAHN, Verz. der wiss. Arbeiten v. C. S., in: AMl 29 (1957); E. HERTZMANN, C. S., in: JAMS 12 (1959); H. HICKMANN, C. S. zum Gedächtnis, in: Mf 12 (1959); C. S. SMITH, C. S., in: AMl 31 (1959); The Commonwealth of Music, hrsg. v. G. REESE – R. BRANDEL (Lo – NY 1965), darin u. a.: H.-H. DRÄGER, C. S. as an Ethnomusicologist.

SACHS, Hans, * 5. 11. 1494 Nürnberg, † 19. 1. 1576 ebd.; dt. Meistersinger. S. begann 1508 eine Schusterlehre und unternahm 1510 weite Wanderungen durch Deutschland und Teile Österreichs. Bei einem Aufenthalt in Nürnberg erlernte er 1513 bei Lienhard Nunnenbeck den Meistersang. 1515 ließ er sich endgültig in Nürnberg nieder, erhielt 1520 den Meisterbrief und gehörte zu den angesehensten Mitgliedern der Nürnberger Meistersingerzunft. 1551–60 war er Spielleiter der Meistersingerbühne und 1555–61 Merker der Singschule. S. war ein begeisterter Anhänger M. Luthers, wie sein Gedicht *Die Wittenbergisch Nachtigall* und seine geistlichen Lieder aus dem Jahre 1526 bezeugen.

Er hat ein riesiges dichterisches Werk hinterlassen, hinter dem seine musikalische Leistung weit zurücktritt. Gleichwohl ist er die populärste Gestalt des ↗Meistersangs geworden, nicht zuletzt durch R. Wagner, der in den *Meistersingern von Nürnberg* aus der historischen Figur einen Künder der Wagnerschen Kunstreligion macht.

WW (Verz. der Quellen bei A. v. Keller – E. Goetze, s. u. Ausg.): Autograph überliefert sind mehr als 6000 Dichtungen, und zwar 18 Bde. mit 1903 „Sprüchen" (Gedichte, Lustspiele, Schwänke, Tragödien) und 16 Bde. mit „Liedern" (1983 geistliche Lieder in Meistertönen u. 2314 weltliche Meistergesänge). Von den 301 Tönen zu seinen Liedern stammen nur 13 von S. selbst: *Silberweise, Hohe Bergweise, Morgenweise* (auch als *Gesangweise* bekannt), *Kurzer Ton, Langer Ton, Neuer Ton* (auch als *Bewährter Ton* bekannt), *Rosenton* (auch als *Klingender Ton* oder *Spruchweise* bekannt) u. *Überlanger Ton.* Von S.' Werken erschien bereits 1568–79 eine Folioausg. in 5 Bden., 1612ff. eine Quartausgabe.

Ausg.: GA (nur der Spruchbücher), hrsg. v. A. von Keller – E. Goetze, 26 Bde. (Tü 1870–1908, Nachdr. Hil 1964). – Ausg. der Melodien: C. Mey, Der Meistergesang in Gesch. u. Kunst (L [2]1901); G. Münzer, Das Singebuch des A. Puschmann nebst den Originalmelodien v. M. Beheim u. H. S. (L 1906, Nachdr. Hil 1970); *Silberweise* u. *Klingender Ton,* in: F. Gennrich, Troubadours, Trouvères, Minne- u. Meistergesang (Kö 1951, [2]1960) (= Musikwerk 2); 15 Meisterlieder, in: Meistergesang, hrsg. v. B. Nagel (St 1965); The Early Meisterlieder of H. S., hrsg. v. F. H. Ellis (Bloomington 1974).

Lit.: H. Genée, H. S. u. seine Zeit (L 1894, Nachdr. Niederwalluf 1971); Die Nürnberger Meistersingerprotokolle, 2 Bde., hrsg. v. K. Drescher (Tü 1897, Nachdr. Hil 1963); H. U. Wendler, H. S., ein dt. Volksdichter. Eine Einführung in Leben u. Werk (Hl 1953); E. Geiger, Der Meistergesang des H. S. (Be 1956); Der dt. Meistergesang, hrsg. v. B. Nagel (Da 1967) (= Wege der Forsch. 148); L. L. George, The Cessation of Meisterlieder Production in H. S. (1971) (= Diss. Michigan State Univ.); H. Brunner, H. S., in: Fränkische Klassiker, hrsg. v. W. Bühl (Nü 1971); B. Könneker, H. S. (St 1971) (mit ausführlicher Bibliogr.); H. S. u. Nürnberg. H. S. zum 400. Todestag, hrsg. v. H. Brunner – G. Hirschmann – F. Schnelbögl (Nü 1976); N. Holzberg, H.-S.-Bibliogr. (Nü 1976); K. Wedler, H. S. (L 1976).

SACK, Erna Dorothea Luise, * 6. 2. 1898 Berlin (-Spandau), † 2. 3. 1972 Mainz; dt. Sängerin (Sopran). Sie erhielt ihre Ausbildung in Prag und Berlin, debütierte 1928 als Altistin in Berlin, sang aber schon 1930–32 als Koloratursopran am Bielefelder Stadttheater. Nach weiteren Engagements in Wiesbaden (1932–34) und Breslau (1934/35) kam sie 1935 an die Dresdner Staatsoper, an der sie im selben Jahr die Isotta in der Uraufführung der *Schweigsamen Frau* von R. Strauss sang. Gastspiele führten sie nach Mailand, London, Paris, Wien, zu den Salzburger Festspielen und in die USA. Auch nach dem Krieg unternahm sie noch Konzertreisen, u. a. nach Japan und in die USA sowie in die europäischen Musikzentren. Ihre außerordentliche Koloraturtechnik und ihr enormer Stimmumfang (bis zum c^4), auch durch zahlreiche Schallplattenaufnahmen dokumentiert, trugen ihr den Beinamen „deutsche Nachtigall" ein.

SACKPFEIFE, Dudelsack (engl.: bagpipe; frz.: cornemuse; it.: cornamusa, piva, zampogna; span.: gaita), Bz. für alle Rohrblattinstrumente mit einem Windsack, der aus Tierhaut (Ziegen-, Kalbs- oder Schaffell, seltener Schweinehaut, Hundefell) oder aus einer Tierblase (↗Platerspiel), in jüngerer Zeit auch aus Gummi (z. B. Schlauch eines Autoreifens) besteht. Die Fellseite der Haut wird, je nach Herkunft der S., nach außen oder nach innen gekehrt; nicht benötigte Öffnungen werden zugebunden und abgedichtet. Am Windsack sind eine oder mehrere Tüllen befestigt, in die die Pfeifen gesteckt werden. Die Anzahl der Pfeifen und die Art der benutzten Rohrblätter ist, je nach Herkunftsgebiet, verschieden. Das Instrument hat immer eine, seltener auch 2 Melodiepfeifen (↗Diple, ↗Musette, ↗Phagotum, ↗Zampogna) mit 3–8 Grifflöchern und 1–5 Bordunpfeifen oder Stimmer, die unverändert auf je einem Ton – meistens auf der Oberquinte und/oder dem Grundton der Melodiepfeifenskala bzw. deren Oktaven – erklingen. Die Grifflöcher der Melodiepfeifen sind offen, seltener mit Klappen versehen. Die technisch vollkommensten S.n haben ein ausgebildetes Klappensystem (Musette; Irish Union Pipe oder Uilleann Pipe aus Irland und Northumbrian Small-pipe aus England). Die Bordunpfeifen werden je nach Typ unterschiedlich am Windsack befestigt. Bei einigen S.n ist ein Stimmer engparallel in den gleichen Holzblock gebohrt wie die Melodiepfeife oder fest mit ihr verbunden (Diple) bzw. neben dieser in die gleiche Tülle gesteckt (↗Cabrette). Bei den meisten S.n mit einer oder mit mehreren Bordunpfeifen werden sie in eine gemeinsame oder in mehrere getrennte Tüllen gesteckt und meistens über die Schulter oder in die Armbeuge des Spielers gelegt. Bei der Irish Union Pipe, die ausschließlich im Sitzen gespielt wird, liegen die in einer Tülle angebrachten Bordunpfeifen und die sog. Regulators – Pfeifen, mit denen zusätzlich entsprechende Akkordtöne gespielt werden können – auf dem Oberschenkel des Spielers. Nur die italienische Zampogna hat alle 5 oder 6 Pfeifen in einer einzigen Tülle. Die in die einzelnen Pfeifen eingesetzten Rohrblätter sind entweder einfache Aufschlagzungen oder Gegenschlagzungen, d. h. Doppelrohrblätter. In Westeuropa sind die S.n am weitesten verbreitet, die eine konisch gebohrte Melodiepfeife mit Doppelrohrblatt und eine oder mehrere überwiegend zylindrisch gebohrte Bordunpfeifen mit einfachen Rohrblättern haben, während die östlichen S.n-Typen häufig mit einfachen Rohrblättern in allen Pfeifen ausgestattet sind. Seltener sind S.n, die in allen Pfeifen Doppelrohrblätter haben (Musette, Zampogna).

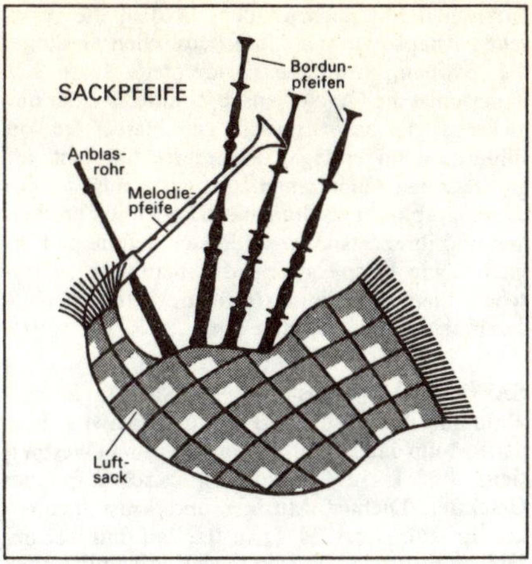

Der Spieler füllt den Windsack mit Luft entweder durch ein Mund- oder Anblasrohr oder mit Hilfe eines Blasebalgs (Musette, Cabrette, ↗Duda, Irish Union Pipe, Northumbrian Small-pipe), den er unter einem Arm hält. Die im Windsack gesammelte Luft leitet er durch Armdruck in die Pfeifen. Setzt der Musiker das Mundrohr ab, so wird ein Zurückströmen der eingeblasenen Luft durch ein Leder- oder Kunststoffläppchen verhindert, das sich von innen gegen das Mundrohr preßt. Der Klang der S. ist abhängig von der Innenbohrung der Pfeifen und von der Art und Härte der verwendeten Rohrblätter. Jeder S.-Typ hat daher eine andere Klangfarbe und Lautstärke. Neben sehr lauten Instrumenten wie der schottischen S. gibt es solche, die so leise klingen, daß sie als Kammermusikinstrumente bezeichnet werden können (Musette, Irish Union Pipe, Northumbrian Small-pipe). Bis auf wenige Ausnahmen ist allen S.n der Bordunklang gemeinsam, zu dem eine zwar im Tonumfang begrenzte, aber meist kunstvoll ornamentierte Melodie erklingt.

Über Entstehung und Art der Verbreitung der S. läßt sich nichts Bestimmtes aussagen, bekannt war sie vermutlich schon in der Antike (griech.: askaulos; lat.: tibia utricularis). Seit dem Hochmittelalter läßt sie sich in vielen europäischen Ländern nachweisen. Sie ist jedoch auch in Vorderindien ebenso bekannt wie in den vorderasiatischen und nordafrikanischen Ländern. In Europa wie auch in anderen Gebieten war sie vor allem ein Hirten- und Bauerninstrument, außer in Schottland, wo sie bis heute als Militärinstrument gespielt wird. Im späten Mittelalter gehörte sie zu den Instrumenten der Spielleute und wurde sogar im 18. Jh. in Frankreich für kurze Zeit ein Instrument der Salons (Musette). In vielen Ländern wird sie heute noch gespielt (u.a. in Süditalien, Mittel- und Westfrankreich [Cabrette, Chabreta; Loure; Biniou], Nordspanien, Griechenland, Bulgarien [Gajda], Rumänien, Jugoslawien, der Tschechoslowakei, Ungarn, Irland, England und Schottland), während sie in anderen Gebieten vor allem durch das Akkordeon verdrängt wurde. In den letzten Jahren ist das Interesse an der S. wieder gestiegen; so u.a. auch in Deutschland, Belgien und den Niederlanden.

Lit.: W. H. GRATTAN FLOOD, The Story of the Bagpipe (Lo 1911); P. BRÖMSE, Flöten, Schalmeien u. S.n Südslawiens (W 1937); E. WINTERNITZ, Musical Instruments and their Symbolism in Western Art (New Haven – Lo 1979); A. BAINES, Bagpipes (O 1960, ²1973); T. H. PODNOS, Bagpipes and Tunings (Detroit 1974); F. COLLINSON, The Bagpipe. The History of a Musical Instrument (Lo – Boston 1975); The Bagpipes in Europe I–II, hrsg. v. R. DE MAEYER (1976–78) (= The Brussels Museum of Musical Instruments Bulletin 6–8; W. GARVIN, The Irish Bagpipes. Their Construction and Maintenance (Dundonald 1978); J. H. VAN DER MEER, S., in: MGG XVI (mit ausführlicher Bibliogr.); V. ATANASSOW, Die technischen Möglichkeiten der S. in Bulgarien, in: Studia instrumentorum musicae popularis 6 (Sto 1979); A. BUCKLEY, Considerations in a Stylistic Analysis of Uilleann Piping, in: ebd.; C. KADEN, Zur Spieltechnik der ung. S., in: ebd.; A. TROJANOWICZ, Zur Spieltechnik der poln. S.en, in: ebd.; G. HABENICHT, Rumänische Sackpfeifenspieler in Vergangenheit u. Gegenwart, in: ebd. 7 (1981); J. MARKL, Sackpfeifer u. Geiger in Böhmen, in: ebd. M. BRÖCKER

SACQUEBOUTE (frz.; möglicherweise aus altfrz. sacquer = ausziehen und bouter = stoßen; engl.: sackbut; span.: saccabuche), bis ins 18. Jh. in Frankreich und England gebräuchliche Bz. für die ↗Posaune.

SACRA RAPPRESENTAZIONE ↗Rappresentazione sacra.

SACRATI, Francesco Paolo, * um 1600 Parma, † 20. 5. 1650 Modena; it. Komponist. 1641–44 ist er als Impresario am Teatro nuovissimo in Venedig und seit 1649 als Hofkapellmeister des Herzogs von Modena nachweisbar. S. gehört zu den ersten venezianischen Opernkomponisten. Sein gesamtes Werk, sowohl die in Venedig aufgeführten Opern wie auch 2 in Venedig gedruckte Madrigalbücher (1–4 St.), ist verloren. Die Oper *La finta pazza* (V 1641), die aber möglicherweise nicht von ihm allein stammt, war die erste in Frankreich (Paris 1645) aufgeführte italienische Oper.

Lit.: H. GOLDSCHMIDT, Stud. z. Gesch. der it. Oper im 17. Jh. I (L 1901, Nachdr. Hil – Wie 1967); N. PELICELLI, Musicisti in Parma, in: Note d'archivio 10 (1933); C. SARTORI, Un fantomicato compositore, in: NRMI 5 (1971); L. F. CORAL, Music in English Auction Sales 1676–1750 (Diss. Lo 1974).

SACRE DU PRINTEMPS, LE, Ballett von I. Strawinsky; dt. Titel: Das ↗ Frühlingsopfer.

SADIE, Stanley John, * 30. 10. 1930 London; engl. Musikforscher. Er studierte 1947–50 privat Komposition und 1950–56 Musikwissenschaft am Gonville and Caius College in Cambridge und promovierte 1958 zum Ph. D. 1957–58 lehrte er als Professor am Trinity College of Music in London, schrieb seit 1964 Kritiken für *The Times* und *The Gramophone* (beide London) und ist seit 1967 Mitherausgeber von *The Musical Times.* 1970 mit der Neuherausgabe des *New Grove Dictionary of Music and Musicians* (Grove^{6}) beauftragt, schloß er das 20bändige Werk 1980 ab. S. ist seit 1978 mit der amerikanischen Musikforscherin und Cellistin **Julie Anne Vartress,** * 26. 10. 1948 Eugene (Oregon), verheiratet. Sie schrieb u. a. *The Bass Viol in French Baroque Chamber Music* (Ann Arbor 1981).

Schriften: *The Wind Music of J. Ch. Bach,* in: ML 37 (1956); *British Chamber Music 1720–1790* (C 1958); *Concert Life in 18th Century England,* in: Proc. R. Mus. Assoc. 85 (1958/59); *The Chamber Music of Boyce and Arne,* in: MQ 46 (1960); *Handel* (Lo 1962, ^{3}1966); *The Opera Guide* (Lo 1964); dass. als: *The Pan Book of Opera* (Lo 1964, ^{3}1971); dass. als: *Opera. A Modern Guide* (Lo 1971); *Mozart* (Lo 1966); *Beethoven* (Lo 1967, ^{2}1974); *Handel* (Lo 1968); *Handel Concertos* (Lo 1972); *Music in the Home 1760–1800,* in: Athlone History of Music in Britain IV, hrsg. v. R. Fiske (Lo 1981).

SADKO, Oper in 7 Bildern von Nikolai Rimski-Korsakow (1844–1908), Text unter Mitwirkung Wladimir Stassows und Wladimir Belskis vom Komponisten nach Motiven aus altrussischen Legenden, Märchen und Sagen. UA: 26. 12. 1897 (7. 1. 1898) in Moskau (Privattheater); dt. EA (in dt. Sprache): 10. 4. 1947 in Ost-Berlin (Staatsoper). Die Welt des Wunderbar-Übernatürlichen, die musikalisch durch leitmotivische Verknüpfungen und tonmalerische, hoch chromatische Partien hervorgehoben wird, ist für Sadko – wie schon für Lewko in der *Mainacht* – keineswegs gegenüber der „Wirklichkeit" abgegrenzt. Dank seinen Liedern bezaubert er die Meeresprinzessin Wolchowa (sie verwandelt sich letztlich in einen Fluß, der Nowgorod, zum Segen der Handelsstadt, einen Weg zur See eröffnet) und erlangt mit ihrer Hilfe unermeßlichen Reichtum. Aus der Entscheidung, einen legendären Sänger der archaischen Zeit, der ihn bereits während der 60er Jahre zu einem *Musikalischen Bild* (op. 5) inspiriert hatte, nun zur zentralen Figur dieser farbenprächtig ausgestalteten Opernhandlung zu wählen, zog Rimski-Korsakow weiterreichende Konsequenzen für die Struktur des Werks, das er zutreffend als *Opera-Bylina* charakterisierte: Einesteils war er bemüht, jenen rezitativischen Stil nachzubilden, in dem die russischen Rhapsoden einst ihre heroischen Gesänge, die Bylinen, vortrugen. Andernteils fügte der Komponist die Geschehensabschnitte zu einer nur lockeren, gleichsam „episch" gereihten Folge von Bildern; denn er legte besonderes Gewicht auf großräumige Chorszenen, die eher musikalisch-choreographisch als dramatisch konzipiert erscheinen und ihrerseits kleinere, in sich gerundete Formen – wie beispielsweise das berühmte „exotische" Lied des Inders (das sog. *Hindulied*) – vereinheitlichend umschließen. E. FISCHER

SAFĪADDĪN (vollständiger Name: S.'Abdalmu'min ibn Yūsuf ibn Fāẖir al-Urmawī al-Bagdādī), * um 1225 wahrscheinlich Urmia (Westpersien), † 28. 1. 1294 Bagdad; persisch-arabischer Gelehrter, Dichter, Musiker und Musiktheoretiker. Er studierte 1234–42 in Bagdad und war anschließend bis 1258 Kopist der Privatbibliothek des letzten 'Abbāsiden-Kalifen al-Musta'ṣim († 1258). Nach der Eroberung Bagdads (1258) durch den Mongolen Hülägü trat er in dessen Dienst und erlangte seine Gunst. Später wurde er Leiter des Schreibbüros der Familie des Ministers, der Ğuwainī, nach deren Sturz 1284 er verarmte, in Schuldhaft geriet und im Gefängnis starb. S.s Bedeutung gründet vor allem auf den musiktheoretischen Schriften, dem *Kitāb al-Adwār* (Buch der Zyklen) und dem weltberühmten Traktat *ar-Risāla aš-Šarafīya fī n-nisab at-ta'lifīya* (Abhandlung von Šarafaddin über die Proportionen der [Töne und ihrer] Zusammensetzung), in denen er das persisch-arabische Tonsystem darstellt und die Oktave in 17 Tonstufen unterteilt; diese Theorie ist in der westlichen Welt als „Systematists Theory" bekannt geworden.

Ausg.: *Kitāb al-Adwār,* hrsg. v. HUSAIN 'ALĪ MAHFŪS (Bagdad 1961).

Lit.: R. G. KIESEWETTER, Die Musik der Araber (L 1842, Nachdr. Wie 1968); H. G. FARMER, History of Arabian Music (Lo 1929, Nachdr. 1967); DERS., The Sources of Arabian Music (Bearsden 1940, revidiert Lei 1965); E. NEUBAUER, Musik zur Mongolenzeit in Iran u. den angrenzenden Ländern, in: Der Islam 45 (1969); H. HICKMANN, Die Musik des arabisch-islamischen Bereichs (Lei 1970) (= Hdb. der Orientalistik I/4); G. WRIGHT, S., in: Grove^{6} XVI.

SAFONOW, Wassili Iljitsch, * 25. 1. (6. 2.) 1852 Izjurskaja staniza (Kaukasus), † 27. 2. 1918 Kislowodsk; russ. Dirigent und Pianist. Er erhielt seine pianistische Ausbildung in St. Petersburg vor allem von Th. Leschetizky und war als Dirigent Autodidakt. Seit 1880 konzertierte er in Rußland und Westeuropa (u. a. mit dem Cellisten K. Dawydow), 1880–85 lehrte er Klavier am St. Petersburger,

1885–1905 am Moskauer Konservatorium, das er seit 1889 als Nachfolger von S. Tanejew auch leitete. Als Dirigent wirkte er 1889–1905 und 1909–11 in Moskau (Symphoniekonzerte der Kaiserlichen Russischen Musikgesellschaft) und 1906–09 in den USA als Chef des New York Philharmonic unmittelbar vor G. Mahler. Durch seine Uraufführungen von Werken P. Tschaikowskys, A. Glasunows, A. Skrjabins, R. Glières, A. Gretschaninows und S. Wassilenkows trug er zur Entwicklung der russischen Symphonik bei. Bedeutende russische Pianisten waren seine Schüler, darunter A. Skrjabin und N. Medtner.

Schriften: *Nowaja formula* (Mos 1916; engl. Lo 1916), dt. Übers. v. W. Rehberg unter dem Titel: *Neue Formeln für das Klavierspiel* (Mz 1931).

Lit.: A. ALEXEJEW, Russkije pianisty (Mos 1948); J. RAWITSCHER, W.I. S. (Mos 1959). E. STÖCKL

SAINETE (span., = Schwank), in Spanien seit dem 18. Jh. Bz. für ein kurzes einaktiges Bühnenwerk mit Musik, das bei der Aufführung der Comedias als Zwischenspiel zwischen den Akten (jornadas) oder als Schlußstück diente. Es stellte komische, burleske, ironische oder auch satirische Szenen aus dem volkstümlichen Alltagsleben dar. Als Schöpfer des S. gilt Ramón de la Cruz y Cano (1731–94), der auch der Musik darin eine führende Rolle zuwies. Der S. erfreute sich in der 2. Hälfte des 18. Jh. außerordentlich großer Beliebtheit in ganz Spanien und wurde besonders in Madrid gepflegt (die Städtische Bibliothek bewahrt über 500 S.s, alle hsl. und unveröffentlicht, auf). Die meisten sind anonym, der Rest stammt von Dichtern, die auch Tonadillas geschrieben haben. Zu den bedeutendsten S.-Komponisten gehören u.a. Antonio Guerrero, Bl. de Laserna, P. Esteve y Grimau, L. Misón, A. Rosales, P. del Moral, José Castel und Ventura Galbán. Die Zahl der Musiknummern ist unterschiedlich (1–8); häufig sind es Tanzlieder und Stücke wie Seguidillas, Cuatros, Minués, Pastorelas, Villancicos, Bailetes, Marchas und Jotas. Gegen Ende des 19. Jh. geht der S. in der Gattung des ↗Género chico auf.

Lit.: J. SUBIRÁ, Hist. de la música teatral en España, in: Colección Labor (Ba 1945); I. A. MONTES, S., in: Enciclopedia dello spettacolo VIII (R 1961); J. SUBIRÁ, La musica nel s., in: ebd.; H. KINDERMANN, Theatergesch. Europas V (Salzburg 1962).

SAINTE-COLOMBE (genannt Monsieur de S.); frz. Gambist der 2. Hälfte des 17. Jahrhunderts. Er war ein berühmter Baßgambenvirtuose. Er verbesserte die Technik seines Instruments und fügte ihm eine 7. Saite hinzu. Zu seinen Schülern gehörten die bedeutendsten Gambisten seiner Zeit, darunter M. Marais, der 1701 ein *Tombeau pour Monsieur de Sainte-Colombe* schrieb, so daß S. spätestens 1701 gestorben ist. Die Kathedrale von Durham besitzt die Hs. einer mit „Monsieur de Saint-Colombe le fils“ signierten Suitensammlung eines Sohnes von S., der sich 1713 in London aufhielt; weitere Angaben über diesen Komponisten fehlen.

WW (hsl.): 67 *Concerts à 2 violes égales.*

Ausg.: Die *Concerts,* hrsg. v. P. HOOREMAN (P 1973).

Lit.: M. URQUHART, Style and Technique in the „Pièces de violes“ of M. Marais (1970) (= Diss. Univ. of Edinburgh); J. A. SADIE, The Bass Viol in the French Baroque Chamber Music (Ann Arbor 1981).

SAINT-ÉVREMOND, Charles de Marguetel de Saint-Denis, Seigneur de, getauft 5. 1. 1614 Saint-Denis-le-Gast, † 20. 9. 1703 London; frz. Schriftsteller. Er studierte am Jesuiten-Kolleg in Paris, schlug dann die militärische Laufbahn ein und wurde 1652 General (Maréchal de camp). Wegen einer polemischen Schrift gegen Mazarin, *Lettre sur le Traité des Pyrénées* (1661), fiel er in Ungnade, emigrierte zunächst nach Holland und 1670 nach England. In London entfaltete er literarische Aktivität von großer Anziehungskraft und blieb auch dort, als König Ludwig XIV. ihn rehabilitierte.

WW: S. selbst hielt nur die *Comédie des Académistes* und die *Maximes* (1668) für veröffentlichungswürdig und mißbilligte die ohne sein Wissen zustande gekommenen, z.T. fehlerhaften Publikationen. Erst postum erschienen die auf autographen Quellen basierenden *Œuvres meslées,* hrsg. v. P. DES MAIZEAUX – P. SILVESTRE, 5 Bde. (A 1705ff. mit zahlreichen Neuaufl.), darin die Werke für u. über Musik: *Sur les opéra;* Comédie *Les Opéra; Idylle en musique; Sur Boisset; Éclaircissement sur … la musique des Italiens; À M. Lulli;* Scène en musique *Les noces d'Isabelle; Sur les joueurs … de bassette … de Mme Mazarin* (Parodie einer Szene aus dem *Roland* von J.-B. Lully).

S., ein über seine Zeit hinaus bekannter Freigeist, Moralist und Gesellschaftskritiker – seine Hauptwerke sind die *Comédie des Académistes* (1646) und *Conversation du maréchal d'Hocquincourt avec le Père Canaye* (1654) –, beschäftigte sich auch mit Fragen der Kunst und des Theaters. In seiner Schrift (in Briefform) *Sur les opéra* (1677) setzt er sich für eine Opernart ein, in der „Schwüre, Gebete, Opferhandlungen … für Gesang bestimmt“ sind, während „Gespräch, Intrigen, Aktion Angelegenheit der rezitierenden Schauspieler sind und lächerlich aus dem Mund von Musikern wirken“. Ähnlich wie die ersten Opernkomponisten fordert S., daß es „Aufgabe des Musikers ist, dem Befehl des Dichters zu folgen“. In einer Zeit, die der italienischen Gesangskunst huldigte, setzte er den Ausspruch „Solus Gallus cantat“ gegen die gängige öffentliche Meinung.

Ausg.: Œuvres en prose, Ausw.-Ausg., hrsg. v. R. TERNOIS (P 1962) (= Publications de la Soc. des textes français modernes 1).

Lit.: C. GILDON, The Life of Mr. Th. Betterton … With the

Judgment of S., upon the Italian and French Music and Operas (Lo 1710, Faks.-Nachdr. 1970); I. LOWENS, S., Dryden, and the Theory of Opera, in: Criticism 1 (1959); R. TERNOIS, S., gentilhomme normand, in: Annales de Normandie 10 (1960).

SAINT-FOIX, Marie Olivier Georges du Parc Poulain, Comte **de,** * 2. 3. 1874 Paris, † 26. 5. 1954 Aix-en-Provence; frz. Musikforscher. Er studierte Jura, wurde später Schüler von V. d'Indy an der Schola Cantorum in Paris und widmete sich, ermutigt durch Th. de Wyzewa, seit 1900 ganz der Musik. S. war Mitgründer der Société Française de Musicologie, die er 1929–31 leitete. Sein Hauptwerk, eine kritische Mozart-Biographie, hat der Mozart-Forschung neue Perspektiven eröffnet und gehört bis heute zu den Standardwerken.

Schriften: *Schobert, un maître inconnu de Mozart,* in: ZIMG 10 (1908–09) (zus. mit Th. de Wyzewa); *W. A. Mozart,* 5 Bde. (P 1911–46) (Bde. 1 u. 2 zus. mit dems.); *Contribution à l'histoire de la symphonie française vers 1750,* in: AM (1911, 1912) (zus. mit L. de La Laurencie); *Chronologie de l'œuvre instrumentale de J. B. Sammartini,* in: RMI 27 (1920); *Clementi, Forerunner of Beethoven,* in: MQ 17 (1931); *Les symphonies de Mozart* (P 1932, ²1948); *A Musical Traveller, G. G. Ferrari,* in: MQ 25 (1939).

Lit.: M. PINCHERLE, In memoriam G. de S., in: RMI 36 (1954).

SAINT-GEORGES, Joseph Boulogne, Chevalier **de,** * 1739 auf Guadeloupe, † 9. oder 10. 6. 1799 Paris; frz. Violinist und Komponist. S., Sohn eines französischen Beamten und einer Negerin, kam mit 13 Jahren nach Paris. Außerordentlich und vielseitig sportlich begabt, wurde er einer der besten Degenfechter in Europa. Nach einer kurzen Zeit als Gendarme de la garde du roi wurde die Musik sein Hauptinteressengebiet. Er studierte wahrscheinlich Komposition bei Fr. J. Gossec und Violine bei J.-M. Leclair. Als Gossec 1769 das Concert des Amateurs gründete, wurde S. dort einer der führenden Violinisten und 1773 – als Nachfolger Gossecs, der seinerseits die Leitung des Concert spirituel übernahm – Dirigent des Orchesters. Auch als Komponist spielte er lange Jahre eine bedeutende Rolle im Pariser Musikleben. S. soll es auch gewesen sein, der 1786 mit J. Haydn über dessen 6 „Pariser" Symphonien verhandelt hat. 1791 begann er eine neue Karriere im Dienst der Revolution, zuerst als Hauptmann, schließlich als Oberst und Brigadechef. 1797 in den Zivilstand zurückgekehrt, war er dann wieder als Komponist und ausübender Künstler tätig.

WW: **1) Instr.-WW** (alle in Paris gedruckt): Sonaten für V. (1781) u. für Cemb. u. V. (1781); 3 Bücher Streichquartette bzw. *Quatuors concertants* (1773, 1777, 1785); für Orch.: 2 Symphonien, op. 11 (1779) (Nr. 2 = Ouvertüre zu *L'amant anonyme*); *Symphonies concertantes* für 2 V., op. 9, op. 12 (1777) u. op. 13 (1782), für 2 V. u. Va., op. 10 (1779); 12 V.-Konzerte, op. 2–5, 7–8 u. ohne Opuszahl (1773–82). – **2) Vokal- u. Bühnen-WW:** *A symphony and six Italian canzonets* für SingSt u. Klv. (Lo o.J.), weitere einzelne Gesänge hsl. oder in Sammeldrucken der Zeit. – Von den 7 Opern, deren Aufführung nachgewiesen ist, ist vollständig nur erhalten: *L'amant anonyme,* UA: Paris 1780.

Ausg.: *Symphonie concertante* G-Dur, op. 13, in: B. S. BROOK, La symphonie française dans la seconde moitié du XVIIIe siècle III (P 1962).

Lit.: B. S. BROOK, The Symphonie concertante, An Interim Report, in: MQ 47 (1961); E. DERR, J. B., Chevalier de S., Black Musician and Athlete in Galant Paris (Ann Arbor 1972).

SAINT-LÉON (eig. Michel), **Charles Victor Arthur,** * 17. 9. 1821 Paris, † 2. 9. 1870 ebd.; frz. Tänzer, Choreograph, Violinist und Komponist. S. war Schüler seines Vaters, der als Hoftanzmeister in Stuttgart wirkte, und studierte Violine bei J. Mayseder und N. Paganini. 1835 trat er in München unter dem Namen S. erstmals als Tänzer auf, vervollkommnete sich aber 1837–38 noch bei Fr. D. Albert an der Pariser Opéra und unternahm dann Tourneen durch Europa. Seit 1837 begann er auch zu komponieren und brachte 1843 in Rom sein – von ihm auch choreographiertes – Ballett *La vivandiera ed il postiglione* zu Aufführung, das er für die Tänzerin **Fanny Cerrito** geschrieben hatte, mit der er später (1845–51) verheiratet war. 1853 wirkte er in Paris bei dem Ballett *Le lutin de la vallée* am Théâtre Lyrique als Choreograph, Tänzer und Violinist mit. 1854–56 trat er mit großem Erfolg in Lissabon auf und war 1859–69 als Nachfolger von J. Perrot Ballettmeister des Kaiserlichen Theaters in St. Petersburg. Nach Frankreich zurückgekehrt, choreographierte er in Paris 1870 sein letztes Werk, L. Delibes' *Coppélia.* Er wurde auch durch die Veröffentlichung einer neuen Tanznotenschrift (*La Sténochorégraphie,* 1852; ↗Choreographie) bekannt.

WW: **1) Kompositionen:** Für V.: zahlr. Salonstücke m. Klv., Fantasien u. Variationen über Opernthemen, Konzert e-moll (1845). – Ballett *La vivandiera ed il postiglione* (Choreographie: S.-L.), UA: Rom 1843. – **2) Choreographien:** *Le lutin de la vallée* (Musik: J. F. E. Gautier, Libr.: Carré u. Alboize), UA: Paris 1853; *Coppélia* (Musik: L. Delibes, Libr.: Ch.-L. É. Nuitter), UA: ebd. 1870. – Ferner Musik oder Choreographien zu mehr als 25 weiteren Balletten. – **3) Schrift:** *La Sténochorégraphie ou L'art d'écrire promptement la danse* (P 1852).

Lit.: I. GUEST, The Ballet of the Second Empire 1847–58 (Lo 1953–55); DERS., F. Cerrito (Lo 1956).

SAINT-LUC, Laurent oder **Jacques Alexandre,** * 1663 Brüssel; wallonischer Komponist und Lautenist. Er war Schüler seines Vaters Jacques de S. (1616–84), wurde Lautenist der Chambre du roi Ludwigs XIV. und trat 1700 in den Dienst des Prinzen Eugen von Savoyen in Wien.

WW: 2 Bücher *Suittes pour le luth avec un dessus et une basse ad lib.;* mehr als 150 Stücke für Laute und 172 Stücke für Laute, V. u. B.c. hsl. erhalten.

Ausg.: Einige Stücke für u. mit Laute, in: Östr. Lauten-Musik zw. 1650–1720, hrsg. v. A. KOCZIRZ (1919) (= DTÖ 50).

SAINT-MARTIAL, die dem hl. Martialis (3. Jh.) geweihte Benediktinerabtei in Limoges (Mittelfrankreich; gegründet 848, aufgelöst 1791), von der Mitte des 9. bis zum Beginn des 13. Jh. ein Zentrum ein- und mehrstimmiger Musikpflege. Bis Ende des 12. Jh. wurde hier das einst. Repertoire von Sequenz und Tropus gepflegt, das in 24 Hss. in diastematischen aquitanischen Neumen (↗Notenschrift, dort auch ein Faks.-Ausschnitt aus einer Hs.) überliefert ist. Von diesen, die heute mit einer Ausnahme alle in Paris (Bibl. Nat.) liegen, sind nachweislich nur die Hss. lat. 1120, 1121, 1240 für S. geschrieben worden, während die anderen 21 Hss. vermutlich an anderen Orten in Limoges oder Umgebung entstanden sind. Im 12. und zu Beginn des 13. Jh. wurde eine neue Gattung der einst. Musik gepflegt, und zwar ein lateinisches geistliches oder weltliches Strophenlied, zunächst ↗Versus, später ↗Conductus genannt. Daraus entwickelte sich ein ausgedehntes Repertoire 2st. Gesänge. Dieses enthält, aufgezeichnet (nach Art einer Partitur) zum größten Teil wiederum in diastematischen aquitanischen Neumen in den Hss. Paris, Bibl. Nat. lat. 1139, 3549, 3719 und London, British Museum, Add. 36881, im Codex Calixtinus (Santiago de Compostela) sowie im jüngeren sog. Cambridger Liederbuch, neben den Versus auch 2st. Sequenzen, Tropen, Responsorien, untropierte Benedicamus-Domino-Sätze u.ä., deren Anlage im Ansatz der des Repertoires von ↗Notre-Dame entspricht.

Ausg. (Texte u. Melodien): G. M. DREVES – C. BLUME – H. M. BANNISTER, Analecta hymnica medii aevi 7 (L 1889), 47 (ebd. 1905), 49 (ebd. 1906) u. 53 (ebd. 1911); P. WAGNER, Die Gesänge der Jacobus-Liturgie z. Santiago de Compostela aus dem sog. Codex Calixtinus (Freiburg i. Ü. 1931); G. PRADO, Liber Sancti Jacobi. Codex Calixtinus II (Santiago de Compostela 1944); O. SCHUMANN, Die jüngere Cambridger Liederslg., in: Studi medievali, N. S. 16 (1943–50); G. WEISS, Introitus-Tropen, I: Das Repertoire der südfranzösischen Hss. des 10. u. 11. Jh. (Kas 1970) (= Monumenta monodica medii aevi 3).

Lit.: J. HANDSCHIN, Über die mehrst. Musik der St-Martial-Epoche (Habil.-Schrift Bas 1924); W. APEL, From S. to Notre Dame, in: JAMS 2 (1949); R. L. CROCKER, The Reportery of Proses at S. de Limoges in the 10th Century, in: ebd. 11 (1958); J. CHAILLEY, L'école musicale de S. de Limoges jusqu'à la fin du XIe siècle (P 1960); DERS., Art. Limoges, in: MGG VIII; G. SCHMIDT, Strukturprobleme der Mehrstimmigkeit im Repertoire v. S., in: Mf 15 (1962); B. STÄBLEINS, S., in: MGG XI; H. HUSMANN, Tropen- u. Sequenzenhandschriften (Mn – Duisburg 1964) (= RISM B/V/1); L. TREITLER, The Polyphony of S., in: JAMS 17 (1964); DERS., The Aquitanian Repertory of Sacred Monody in the 11th and 12th Centuries (1967) (= Diss. Princeton Univ. 1967); S. A. FULLER, Hidden Polyphony – a Reappraisal, in: JAMS 24 (1971); C. ROEDERER, Can we Identify an Aquitanian Chant Style?, in: ebd. 27 (1974); A. E. PLANCHART – S. FULLER, S., in: Grove[6] XVI.

B. R. SUCHLA

SAINT MARTIN-IN-THE-FIELDS, Academy of St. Martin-in-the-Fields, engl. Kammerorchester. Es wurde 1959 von N. Marriner gegründet und nach einer Kirche in London benannt. Den Grundstock bildet ein Ensemble von Streichern (10 Violinen, 2 Bratschen, 2 Violoncelli, 1 Kontrabaß), das nach Bedarf mit bis zu 7 Holzbläsern, 4 Blechbläsern und 1 Pauke ergänzt wird. Die Musiker gehören meist größeren Londoner Orchestern an. Das Ensemble, das früher einmal wöchentlich in St. Martin-in-the-Fields öffentlich spielte, tritt heute etwa 3 Monate pro Jahr zu Proben und Konzerten zusammen, unternimmt regelmäßig auch Auslandstourneen und genießt – auch durch zahlreiche Schallplattenaufnahmen – großes internationales Ansehen. Seit 1980 wird es von der Primgeigerin Iona Brown geleitet. Die Academy steht technisch wie musikalisch auf einem außerordentlich hohen Niveau und setzt sich in den als historisch werkgetreu intendierten Aufführungen „Transparenz und Leichtgewicht" zum Ziel der Orchesterinterpretation. Das Repertoire umfaßt die von einem Ensemble dieser Zusammensetzung und Größenordnung ausführbare Literatur von der Barockzeit bis in das 20. Jahrhundert. Neben der Academy besteht auch der Chorus of St. Martin-in-the-Fields, der sich überwiegend aus Stimmführern Londoner Konzertchöre zusammensetzt (26 Soprane, 20 Alte, 12 Tenöre, 14 Bässe).

B. A. KOHL

SAINT-SAËNS, Charles Camille, * 9. 10. 1835 Paris, † 16. 12. 1921 Algier; frz. Komponist, Organist und Pianist. Nach dem Tod des Vaters (1835) wuchs S. bei der Mutter und einer Großtante auf, die seine vielseitigen Anlagen förderten. Mit 2½ Jahren erhielt er Klavierunterricht, begann mit 3½ Jahren zu komponieren, lernte mit 7 Jahren Latein und beschäftigte sich wenig später mit Mathematik, Astronomie und Archäologie. 1848 setzte er seine Ausbildung am Pariser Conservatoire fort und wurde hier zunächst Schüler von Fr. Benoist (Orgel) und 1851 von Fr. Halévy (Komposition). Nachdem er 1851 den 1. Preis im Orgelspiel am Conservatoire erhalten hatte, wurde er 1853 Organist an St-Merry. 1857–77 wirkte er an Ste-Madeleine. Daneben leitete er 1861–65 die Klavierklasse an der École Niedermeyer. In diesen Jahren hatte er seine ersten Erfolge als Komponist. 1867 wurde beim offiziellen Wettbewerb der Weltausstellung in Paris seine Kantate *Les noces de Prométhée* mit dem 1. Preis ausgezeichnet. Zusammen mit R. Bussine gründete S. nach der Niederlage Frankreichs 1871 die Société nationale de musique, die unter dem Motto „Ars gallica" für eine eigenständige französische Musikkultur eintrat und insbesondere die zeitgenössische Orchester- und Kammermusik nachhaltig förderte. Großer Wertschätzung erfreute sich S. seit seiner ersten Reise nach London (1871) in England. Für die Philharmonic Society schrieb er 1886 die 3. Symphonie, für das Gloucester Festival 1913 das Oratorium *The Promised Land.* In den letzten 3 Jahrzehnten seines Lebens unternahm er ausgedehnte Reisen, die ihn u.a. in den Fernen Osten, nach Süd- und Nordamerika sowie nach Nordafrika führten. Seit 1881 war S. Mitglied der Académie des Beaux-Arts, seit 1900 Großoffizier und seit 1913 Träger des Großkreuzes der Ehrenlegion. Von den Universitäten Cambridge (1893) und Oxford (1907) wurde ihm die Ehrendoktorwürde verliehen. Zu seinen Schülern gehören G. Fauré und A. Messager.

WW: **1) Instr.-WW: a)** Für Klv.: 6 Etüden, op. 52 (1877); *Souvenir d'Ismaïlia,* op. 100 (1895); 6 Etüden, op. 111 (1899); 6 Etüden für die linke Hand, op. 135 (1912); 6 Fugen, op. 161 (1920); *Variations sur un thème de Beethoven,* op. 35 (1874) für 2 Klv. – **b)** Für Org.: 2 Fantasien: ohne Opuszahl (1857) u. op. 101 (1895); 6 Präludien u. Fugen: op. 99 (1894) u. op. 109 (1898). – **c)** Kammermusik: Sonaten mit Klv.: für V.: op. 75 (1885) u. op. 102 (1896); für Vc.: op. 32 (1872) u. op. 123 (1905); für Ob., op. 166 (1921); für Klar., op. 167 (1921); für Fag., op. 168 (1921); *Allegro appassionato,* op. 43 (1875) für Vc. u. Klv. (auch für Vc. u. Orch.); 2 Klaviertrios: op. 18 (1863) u. op. 92 (1892); 2 Streichquartette: op. 112 (1899) u. op. 153 (1918); Klv.-Quartett, op. 41 (1875); Klv.-Quintett, op. 14 (1855); Septett für Trp., 2 V., Va., Vc., Kb. u. Klv., op. 65 (1881); *Le carnaval des animaux,* ohne Opuszahl (1886) für 2 Klv., Flöte, Klar., 2 V., Va., Vc., Kb., Glockenspiel u. Xylophon (1922). – **d)**: Für Orch.: 5 Symphonien, 1: Es-Dur, op. 2 (1853); 2: a-moll, op. 55 (1859); 3: c-moll, op. 78 (1886) (mit Orgel); o. Nr.: A-Dur (1850) u. F-Dur *Urbs Roma* (1856). – 4 Symphonische Dichtungen: *Le rouet d'Omphale,* op. 31 (1872); *Phaéton,* op. 39 (1873); *Danse macabre,* op. 40 (1874); *La jeunesse d'Hercule,* op. 50 (1877). – *Suite algérienne,* op. 60 (1880). – **e)** Für Solo-Instr. u. Orch.: 5 Klv.-Konzerte, 1: D-Dur, op. 17 (1858); 2: g-moll, op. 22 (1868); 3: Es-Dur, op. 29 (1869); 4: c-moll, op. 44 (1875); 5: F-Dur, op. 103 (1896). – *Wedding Cake,* op. 76 (1885) für Klv. u. Orch.; *Africa,* op. 89 (1891) für dass. – 3 V.-Konzerte, 1: A-Dur, op. 20 (1859) (P 1868); 2: C-Dur, op. 58 (1858) (P 1879); 3: h-moll, op. 61 (1880). – *Introduction et Rondo capriccioso* a-moll, op. 28 (1863) für V. u. Orch.; *Havanaise* E-Dur, op. 83 (1887) für dass. – 2 Vc.-Konzerte, 1: a-moll, op. 33 (1872); 2: d-moll, op. 119 (1902); *Morceau de concert* f-moll, op. 94 (1887) für Horn u. Orch. – **2) Vokal-WW: a)** Geistliche WW: *Messe solennelle,* op. 4 (1855) für Soli, Chor, Orch. u. Org.; *Messe de Requiem,* op. 54 (1878) für Soli, Chor u. Orch.; Oratorien: *Oratorio de Noël,* op. 12 (1858); *Le déluge,* op. 45 (1875); *The Promised Land* (1913); ferner 36 Motetten. – **b)** Weltliche WW: 119 Lieder für SingSt u. Klv., u. a. *Mélodies persanes,* op. 26 (1870); 20 Lieder für SingSt u. Orch.; Kantaten, u. a. *Les noces de Prométhée,* op. 19 (1867) u. *La lyre et la harpe,* op. 57 (1879). – **3) Bühnen-WW: a)** Opern: *La princesse jaune* (Libr.: L. Gallet), UA: Paris 1872; *Le timbre d'argent* (Libr.: J. Barbier, M. Carré), UA: ebd. 1877; *Samson et Dalila* (Libr.: F. Lemaire), UA: Weimar 1877; *Étienne Marcel* (Libr.: Gallet), UA: Lyon 1879; *Henry VIII* (Libr.: L. Détroyat, A. Silvestre), UA: Paris 1883; *Proserpine* (Libr.: Gallet nach A. Vacquerie), UA: ebd. 1887; *Ascanio* (Libr.: ders. nach P. Meurice), UA: ebd. 1890; *Phryné* (Libr.: L. Augé de Lassus), UA: ebd. 1893; *Les barbares* (Libr.: V. Sardou, P. B. Gheusi), UA: ebd. 1901; *Hélène* (Libr.: S.), UA: Monte Carlo 1904; *L'ancêtre* (Libr.: Augé de Lassus), UA: ebd. 1906; *Déjanire* (Libr.: S. nach Gallet), UA: ebd. 1911. Ferner vollendete S. die Oper *Frédégonde* v. E. Guiraud (Libr.: Gallet), UA: Paris 1895. – **b)** Andere Bühnen-WW: Bühnenmusiken zu: *Antigone* (Meurice, Vacquerie nach Sophokles), UA: Paris 1894; *Déjanire* (Gallet), UA: Béziers 1892; *Parysatis* (J. Dieulafoy), UA: ebd. 1902; *On ne badine pas avec l'amour* (A. de Musset), UA: Paris 1917. – Ballett *Javotte,* UA: Lyon 1896. – Ferner Filmmusik zu *L'assassinat du Duc de Guise* (H. Lavedan), UA: Paris 1908. – **4) Schriften u. Dichtungen** (wenn nichts anderes angegeben, in Paris erschienen): *Harmonie et mélodie* (1885, ^{9}1923, dt. B 1902, ^{2}1905); *Rimes familières* (1890) (Gedichte); *La crampe des écrivains* (1892); *Problèmes et mystères* (1894), revidiert u. erweitert als *Divagations sérieuses* (1922); *Portraits et souvenirs* (1899, ^{3}1909); *Essai sur les lyres et cythares antiques* (1902); *Le Roi Apépi* (1903); *École buissonnière. Notes et souvenirs* (1913, engl. NY 1919, Nachdr. 1971); *Au courant de la vie* (1914); *Germanophilie* (1916); *Les idées de M. V. d'Indy* (1919). – **5) Editionen:** L. van Beethoven, Klv.-Konzerte u. Fantasie op. 80 für Klv., Chor u. Orch.; M.-A. Charpentier, Bühnenmusik zu: *Le malade imaginaire; Les clavecinistes français,* 4 Bde. (zus. mit L. Diémer u. a.); Ch. W. Gluck, *Armide* (1873), *Orphée et Eurydice* (1889) u. *Écho et Narcisse* (1902); F. Liszt, *Rhapsodies hongroises* u. *Méphisto-Valse;* W. A. Mozart, Sämtliche Klv.-Werke, 3 Bde.; *J. Ph. Rameau, Œuvres complètes* (1895–1914).

Das Œuvre von S. zeichnet sich durch bemerkenswerte Vielseitigkeit aus und umfaßt alle zu seiner Zeit gepflegten Gattungen. Besondere Bedeutung kommt in seinem Schaffen der an die Tradition der Wiener Klassik anknüpfenden Kammer- und Orchestermusik zu (seine erste – zu Lebzeiten nicht veröffentlichte – Symphonie schrieb er mit 15 Jahren). In den zu dieser Gruppe zählenden Kompositionen zeigt sich von den 60er Jahren an ein Experimentieren mit den überlieferten Formen, wie z. B. im 2. Klavierkonzert und im 1. Violoncellokonzert. Bei der Verknüpfung der Sätze verwendete S. in einer Reihe von Werken die Technik der Thementransformation. Dies gilt u. a. für das 4. Klavierkonzert und die 3. Symphonie (mit Orgel). Neben Kompositionen, die der Gattungstradition der Wiener Klassik verpflichtet sind, stehen solche, die von Ideen der Neudeutschen Schule und der französischen Musik seiner Zeit geprägt sind. Mit *Le rouet d'Omphale, Phaéton, Danse macabre* und *La jeunesse d'Hercule* führte S. die von Fr. Liszt geschaffene Gattung der Symphonischen Dichtung in Frankreich ein. Zugleich gewinnen seit den 70er Jahren Exotismen an Bedeutung (*Mélodies persanes; La princesse jaune; Suite algérienne; Africa; Souvenir d'Ismaïlia;* 5. Klavierkonzert). Den *Carnaval des animaux,* heute eines der bekanntesten Werke von S., in dem er Kompositionen u. a. von G. Rossini, H. Berlioz, F. Mendelssohn Bartholdy, J. Offenbach und seine eigene *Danse macabre* parodiert, hat er zu Lebzeiten nicht zur Veröffentlichung freigegeben. Unter seinen 12 Opern war neben dem auf Vermittlung von Liszt in Weimar 1877 unter E. Lassen uraufgeführten Hauptwerk *Samson et Dalila* vor allem *Henry VIII* (1883) besonders erfolgreich. Mit *L'assassinat du Duc de Guise* (1908) schrieb S. die erste Filmmusik zu einem Spielfilm. S., dessen hohes kompositorisches Können auch von seinen Gegnern anerkannt wurde, zählt zu den bedeutendsten französischen Komponisten seiner Zeit. Neben seinen Schriften zur Musik, in denen er anfangs für die Musik R. Wagners eintrat und später heftige Kritik an dessen Kulturphilosophie und am Wagnerkult übte, verfaßte S. Abhandlungen zur Philosophie, Astronomie und Archäologie sowie Gedichte und Schauspiele. Zusammen mit Ch. Malherbe betreute er die Gesamtausgabe der Werke von J.-Ph. Rameau.

Ausg.: Ausgewählte Schriften: P. AGUÉTANT, S. par lui-même. D'après des lettres (P 1937); S. et R. Rolland. Lettres inédites, hrsg. v. J. BONNEROT, in: RMie 39–40 (1957); C. S. – G. Fauré, Correspondance, hrsg. v. J.-M. NECTOUX (P 1973); C.-C. S., Musikal. Reminiszenzen, dt. hrsg. v. R. ZIMMERMANN (L 1978, Wilhelmshaven 1979) (= Reclams Universalbibl. 741 bzw. Taschenbücher z. Musikwiss. 53).

Lit.: **1) Werkverzeichnisse:** Catalogue général et thématique des œuvres de C. S. (P 1897, revidiert 1908); D. M. FALLON, C. S. Works, in: Grove[6] XVI. – **2) Biographien:** C. BELLAIGUE, C. S. (P 1889); O. NEITZEL, C. S. (B 1899); R. ROLLAND, C. S., Musiciens d'aujourd'hui (P 1908, dt. Mn 1925 u. NA B 1972); J. BONNEROT, C. S. (P 1914, revidiert [2]1922); A. HERVEY, S. (Lo 1921, NY 1922, Nachdr. Freeport/N.Y. 1969); W. LYLE, C. S. (NY 1923, Nachdr. Westport/Conn. 1971); G. SERVIÈRES, S. (P 1923, revidiert [2]1930); A. DANDELOT, La vie et l'œuvre de S. (ebd. 1930); J. HANDSCHIN, C. S. (Z 1930) (= Neujahrsblatt der Allgemeinen Musikges. 118); J. CHANTAVOINE, C. S. (P 1947); J. HARDING, S. and His Circle (Lo 1965). – **3) Zu einzelnen Werken u. Werkgruppen:** S. T. RATNER, The Piano Works of C. S. (1972) (= Diss. Univ. of Michigan); D. M. FALLON, The Symphonies and Symphonic Poems of C. S. (1973) (= Diss. Yale Univ.); P. C. POLLEI, Virtuoso Style in the Piano Concertos of C. S. (1975) (= Diss. Florida State Univ.); E. R. HARKINS, The Chamber Music of C. S. (1976) (= Diss. New York Univ.). D. ALTENBURG

SAINT-SEVIN, Joseph Barnabé, ↗L'Abbé.

SAISON IN SALZBURG, Operette in 5 Bildern von Fred Raymond (d.i. Friedrich Vesely) (1900–54), Text von M. Wallner und K. Feltz. Ort und Zeit der Handlung: Salzburg und Umgebung, etwa 1930. UA: 31. 12. 1938 in Kiel (Vereinigte Stadttheater). Verfilmt mit frei abgewandelter Handlung: 1939 und 1952.

Lokalkolorit und Fremdenverkehrstreiben des Salzburger Landes bilden das Ambiente für eine Allerweltshandlung: Es geht um die Liebe, die bekanntlich durch den Magen geht. Raymond versuchte, mit dieser Revue-Operette die stilistische Linie der Kompositionen von R. Benatzky (z.B. *Im weißen Rößl*) und P. Abraham weiterzuführen. Mangelnde Originalität und zahlreiche Klischees beschwören eine „Heurigen-Atmosphäre" herauf, die auf Popularität abzielt. Die Musik gibt sich volkstümlich; zahlreiche Nummern sind im Ländler-Stil komponiert, aber es fehlen auch nicht die Modetänze Slowfox, Foxtrott und English Waltz. Die Beliebtheit der Operette ist bis heute nahezu ungebrochen. Einzelne Nummern wurden zu Erfolgsschlagern: *Saison in Salzburg, Salzburger Nockerln, süß wie die Liebe und zart wie ein Kuß, Wenn der Toni mit der Vroni, Und die Musik spielt dazu.* B. DELCKER

SAITE (engl.: string; frz. corde; it.: corda; span.: cuerda), Bz. für den aus einem langen und dünnen zylindrischen Körper bestehenden Klangerreger der ↗Chordophone, der – an zwei Endpunkten befestigt – zwischen diesen in Schwingung versetzt werden kann. Dies geschieht durch Zupfen mit den Fingern oder mit einem Plektrum (↗Zupfinstrumente), durch Anstreichen (↗Streichinstrumente), durch Anschlagen (↗Hackbrett, ↗Klavier) oder durch Anblasen (↗Äolsharfe). S.n können aus Därmen, Haaren, Naturfasern, Seide, synthetischen Kunststoffen oder aus Metall angefertigt werden. Der Klang einer S. hängt vom verwendeten Material ab, ihre Grundfrequenz von der Länge, der Spannung und der Masse der S., die durch die Dichte des jeweiligen Materials und durch die Dicke, d.h. durch den Querschnitt der S. bestimmt wird. Die Grundfrequenz, d.h. die Tonhöhe einer S., ist umgekehrt proportional zur S.n-Länge, proportional zur Quadratwurzel ihrer Spannung und umgekehrt proportional zur Quadratwurzel ihrer Masse.

S.n aus Naturfasern (z.B. Hanf, Bambus) wurden früher gelegentlich auch in Europa verwendet, finden sich jedoch heute nur noch in außereuropäischen Kulturen. S.n aus Roßhaaren waren einst sehr weit verbreitet und sind heute noch in Asien und bei ganz wenigen Volksmusikinstrumenten in Europa (↗Gusla) anzutreffen. Auch S.n aus Seide waren in Europa bekannt, jedoch seltener gebräuchlich. Sie werden bis heute in Ostasien, vor allem in China, benutzt. In Europa wie in Vorderasien und im ganzen Mittelmeergebiet waren seit der Antike vor allem S.n aus zusammengedrehten Tierdärmen üblich. Zur Herstellung von Darm-S.n benutzt man Katzen-, Ziegen- oder Schaf- bzw. Lammdarm. Für eine S. werden mehrere Darmstränge zusammengedreht, deren Anzahl davon abhängt, welche Länge, Dicke und Spannung eine S. haben soll. So benötigt man z.B. für die höchste S. einer Mandoline nur 2, für die a^1-Saite der Violine 3–4, für eine Kontrabaß-S. dagegen zwischen 80 und 120 Darmstränge. Um bei festgelegter Länge und Spannung einer S. eine andere Grundfrequenz zu erreichen, ohne daß der Querschnitt zu groß, die S. also zu dick und dadurch zu unelastisch wird, benutzt man seit dem 17. Jh. das Umspinnen der S.n mit Kupfer- oder Silber-, gelegentlich auch Golddraht. Man erhöht so die Masse der S., ohne ihre Elastizität zu beeinträchtigen. Darm-S.n verstimmen sich sehr schnell vor allem wegen ihrer Anfälligkeit für Temperaturschwankungen, weshalb heute zunehmend S.n aus Kunststoffen wie Perlon oder Nylon (bei Gitarren, seltener bei Streichinstrumenten) benutzt werden. Seit wann man Draht-S.n herstellen kann, ist nicht genau bekannt, sie sind jedoch in Asien und in den mediterranen Ländern seit langem weit verbreitet. In Europa wurden sie vermutlich erst seit dem 10. Jh. hergestellt und sind seit dem 14. Jh. in größerem Ausmaß verwendet worden. Metall-S.n lassen sich aus verschiedenen Metallen wie u.a. Messing, Kupfer, Silber oder Eisen – seit 1834 auch aus Gußstahl – herstellen und werden zu Drähten gezogen (früher auch geschmiedet). – Bei einigen Saiteninstrumenten werden Metall-S.n auch als Resonanz- oder ↗Aliquot-S.n aufgezogen, die lediglich beim Anstreichen oder Anzupfen der Spiel-S.n erklingen (↗Baryton, ↗Gădulka, ↗Lyra Viol, ↗Viola d'amore).

Lit.: G. E. FISCHER, Versuche über die Schwingungen gespannter S.n (B 1924); H. BOUASSE, Cordes et membranes (P 1926); C. SACHS, Geist u. Werden der Musikinstr. (B 1929, Nachdr. Buren 1975); W. ALBRECHT, Vom Schafdarm zur S., in: ZfIb 60 (1940); E. LEIPP, Sonorité du violon, de l'alto, du violoncelle (P 1952); DERS., Acoustique et musique (P 1971); D. ABBOTT – E. SEGERMAN, Gut Strings, in: Early Music 4 (1976); F. HELLWIG, Strings and Stringing. Contemporary Documents, in: GalpinJ 29 (1976); C. PAGE, References to String Materials in some Medieval Texts (ca. 1050–1430). An annotated anthology, in: Fellowship of Makers and Restorers of Historical Instruments 14 (1976) April-H.; F. HUBBARD, String, in: Grove[6] XVIII. M. BRÖCKER

SAITENHALTER (engl.: tailpiece; frz.: cordier; it.: cordiera; span.: cordal), eine Vorrichtung zur Befestigung der Saiten am unteren Ende des Resonanzkörpers eines Saiteninstruments. Bei europäischen Instrumenten, vor allem bei den Streichinstrumenten, sind die S. meist keilförmige Holzplatten mit leicht geschweiften Längsseiten aus Ebenholz oder aus Buchsbaum, die oft kunstvoll gestaltet oder mit Einlegearbeiten versehen sind. Durch ein Loch im unteren, schmalen Ende des S.s wird eine Darm-, Kunststoff- oder Metallschnur gezogen, die an einem in der Zarge eingesetzten Knopf befestigt ist. Am breiteren Ende des S.s sind in kleinen Löchern die Saiten des Instruments verknotet, die vom S. aus über einen Steg zu den Wirbeln verlaufen. Die Beschaffenheit des S.s hängt von der Spannung des Saitenbezugs ab. Er ist z.B. bei Metallsaiten mit hoher Spannung oft ebenfalls aus Metall. Anstelle eines S.s werden manchmal die Saiten direkt durch Löcher in Decke und Zarge geführt und verknotet oder an einem an der Zarge angebrachten Holzklotz befestigt. Bei schwacher Spannung des Bezugs wird auch ein sog. Querriegel, eine auf die Decke geleimte Leiste, zur Befestigung der Saiten benutzt (↗Gitarre, ↗Laute).

SAITENINSTRUMENTE ↗Chordophone.

SAKRAMENTSGESÄNGE, Bz. für Lob- und Dankgesänge, die zur Anbetung und Verehrung des in den eucharistischen Gestalten von Brot und Wein anwesenden Christus Jesus gesungen werden. Die eucharistische Frömmigkeit blieb im 1. Jt. ganz auf die Eucharistiefeier beschränkt. So sang man zur Kommunionausteilung Antiphonen (↗Communio), Psalmen (v.a. den 34. und 145. Ps.) und Hymnen. Folgenreich waren im 13. Jh. die liturgische Neuerung der Elevatio – die Erhebung der Hostie sofort nach den Einsetzungsworten über das Brot (zum ersten Mal bezeugt in Paris um 1200) –, zu der eucharistische Antiphonen, Hymnen, später in Frankreich sog. ↗Élévations gesungen wurden, und die Einführung des Fronleichnamsfestes (1264). Schnelle Verbreitung fanden sakramentale Prozessionen innerhalb und außerhalb des Kirchenraumes (erstmals in Köln um 1275), bei denen das eucharistische Brot in einer Monstranz mitgeführt wurde. Ebenso setzten sich rasch eucharistische Andachten durch sowie der sakramentale Segen, der am Ende einer Messe, eines Chorgebetes oder einer volkstümlichen Andacht mit der Monstranz gegeben wurde. Wegweisend und formbildend wurden die von Thomas von Aquin verfaßten bzw. ihm zugeschriebenen S.: ↗*Lauda Sion* (21. Strophe *Ecce panis angelorum*), ↗*Pange lingua* (5. Strophe ↗*Tantum ergo*), *Sacris solemniis* (6. Strophe *Panis angelicus*), *Verbum supernum* (5. Strophe *O salutaris hostia*). Aus dem Repertoire des Gregorianischen Gesangs sind die folgenden Gesänge noch von Bedeutung geworden: *Ave verum corpus, O sacrum convivium, O adoranda Trinitas, O anima Christi sanctifica,* ↗*Te Deum.* Abgesehen vom *Tantum ergo,* das in der Regel vor jedem sakramentalen Segen mit Versikel und Oration gesungen wird, können alle S. bei jeder Form eucharistischer Verehrung verwendet werden. Bei der großen Bedeutung der S. für die Liturgie wundert es nicht, daß die meisten Kirchenkomponisten Werke zur eucharistischen Verehrung geschrieben haben: u.a. H. Dumont, J. A. Hasse, J. Stamitz, W. A. Mozart, A. Bruckner, C. Franck, H. Schroeder. Unter den vielen deutschen Sakramentsliedern verdienen das spätmittelalterliche *Gott sei gelobet und gebenedeiet* und das aus dem 18. Jh. stammende *Das Heil der Welt* besondere Erwähnung.

Lit.: P. BROWE, Die Verehrung der Eucharistie im MA (Mn 1933); E. LENGELING, Aussetzung des Allerheiligsten, in: Unser Gottesdienst, hrsg. v. A. Kirchgässner (Fr 1960); H. B. MEYER, Die Elevation im Dt. MA u. bei M. Luther, in: Zschr. für kath. Theologie 85 (1963); Lauda Sion. Betrachtungen u. Bilder zu Eucharistischen Hymnen, hrsg. v. A. BAUER – W. GROSS (St 1981).

W. BRETSCHNEIDER

SALA, Giuseppe, it. Notendrucker, der von 1676 bis 1715 in Venedig tätig war. Er war zunächst Mitarbeiter von N. Monferrato, übernahm nach dessen Tod (1685) die Leitung des Unternehmens und druckte vor allem Werke von G. Legrenzi, A. Caldara, Fr. A. Bonporti, B. Marcello und A. Corelli.

WW: Sammeldruck *L'armonia sonora* (Sonaten nicht genannter Komp.) für 2 V. u. B.c. (V 1682); *Indice delle opere di musica sin hora stampate da G. S.* (V um 1715).

Lit.: C. SARTORI, Le origini di una casa editrice veneziana, in: FAM 7 (1960); DERS., Un catalogo di G. S. del 1715, in: ebd. 13 (1966).

SALA, Nicola, * 7. 4. 1713 Tocco-Caudio (Benevent), † 31. 8. 1801 Neapel; it. Komponist. Er war 1732–40 Schüler von N. Fago und L. Leo am Conservatorio della Pietà dei Turchini in Neapel, wo er, seit 1787 als „secondo maestro", seit 1793 als „primo maestro", bis 1799 unterrichtete und im Bereich der Neapolitanischen Schule einen großen Einfluß als Lehrer hatte. Zu seinen Schülern zählen G. Farinelli, Valentino Fioravanti, St. Pavesi und G. Spontini. S.s Ruhm verbreitete sich noch einige Jahrzehnte nach seinem Tod in Frankreich, vor allem durch A.-É. Choron, der den Kontrapunkttraktat 1809 neu herausgab.

WW: Mehrere kirchenmusikal. Werke; Oratorium *Giuditta ossia La Betulia liberata* (1780) (sämtlich hsl. erhalten). – 5 Opern, davon vollständig erhalten: *Demetrio,* UA: Neapel 1762, und *Mérope,* UA: ebd. 1769. – *Regole del contrappunto pratico,* 3 Bde. (Neapel 1794) (mit zahlreichen Fugen u.a. Stücken).

Ausg.: Frz. Übers. der *Regole ...,* in: A. CHORON, Principes de composition des écoles d'Italie (P 1808).

SALABERT, frz. Musikverlag, gegr. 1886 in Paris von **Édouard S.** (1838–1903). Bis 1918 verlegte die Firma hauptsächlich Militärmusik, danach außer Operetten- und Filmmusik zunehmend Werke der ernsten Musik, u.a. von G. Auric, R. Hahn, J. Ibert, G. Pierné, D. Milhaud, J. Rivier, G. Enescu, A. Jolivet. S. erwarb seit 1923 mehrere französische Musikverlage, darunter ↗Rouart, Lerolle & Cie. und ↗Senart.

Lit.: S.-Kat. Jeune école contemporaine (P 1969), Suppl. (1972).

SALAD DAYS, engl. Musical von Julian Slade (* 1930), Buch und Songtexte von Dorothy Reynolds und Julian Slade. Ort und Zeit der Handlung: ein Park in London, Gegenwart. UA: 5. 8. 1954 in London (Vaudeville Theatre), 2283 Vorstellungen.

Jane und Timothy, ein jungverheiratetes Paar, begegnen im Park einem Landstreicher, der ihnen für ein paar Monate sein Klavier anvertraut. Kaum ist der Tramp verschwunden, beginnt das Instrument von selbst zu spielen und bewirkt damit, daß alle Menschen, die es hören, zu tanzen beginnen. – Das Musical steht an 3. Stelle auf der Liste der Long-Runs im Londoner West-End. Bekannte Songs sind u.a.: *I Sit In The Sun, Look At Me, I'm Dancing!, We're Looking For A Piano, The Time Of Your Life.*

R. WALLRAF

SALAS Y CASTRO, Esteban, * 25. 12. 1725 Havanna, † 14. 7. 1803 Santiago de Cuba; kubanischer Komponist. Er war 1764–1813 Kapellmeister an der Kathedrale von Santiago, wo er die Musikpflege völlig umgestaltete. 1790 wurde er zum Priester geweiht. S. war ein angesehener Pädagoge und Philosoph sowie ein fruchtbarer Komponist. Sein Stil erinnert an den der Neapolitanischen Schule und insbesondere an G. B. Pergolesi.

WW (hsl. erhalten): Zahlreiche kirchenmusikal. Werke (Messen, Requiems, Salve Regina, Psalmen, Passionen); Passionsoratorium *Las siete ultimas palabras;* 30 Villancicos; Tonadillas u. Autos sacramentales.

Lit.: A. CARPENTIER, La música en Cuba (Mexico City 1946); P. HERNÁNDEZ BALLAGUER, Obras de E.S. (Santiago de Cuba 1960).

SALES (Sale), **Franz** (François), * um 1550 (?) Namur, † 15. 7. 1599 Prag; franko-flämischer Komponist. Er war 1580 im Dienst der Höfe in Hechingen und München, 1580–87 Tenor an der Innsbrucker Hofkapelle, 1587–91 Kapellmeister am Frauenkloster in Hall in Tirol, 1591–99 Tenor an der kaiserlichen Kapelle in Prag, die damals unter der Leitung von Ph. de Monte stand. Den Hauptbestand seiner Werke bilden die Meßproprien. – S.' Bruder **Nikolaus** (vor 1550–1606) war seit 1565 Mitglied der Stuttgarter Hofkapelle.

WW: *Patrocinium musices,* Messen für 5–6 St. (Mn 1589); *Sacrae cantiones* für 5–6 St. (Pr 1593); 3 Bücher *Officia Missalia* für 5–6 St. (Pr [2]1596, 1594, 1596); *Patrocinium musices* (Motette und Messe *Exultandi tempus est)* für 5 St. (Mn 1597); *Dialogismus de amore Christi sponsi erga ecclesiam sponsam* für 8 St. (Pr 1598); *Oratio ad SS. B. V. Mariam, Wenceslaum, Albertum ...* für 6 St. sowie *Salutationes ad B. V. Mariam ...* für 4–8 St. (Pr 1598); *Canzonette, vilanelle et napolitane per cantar et sonare con il liuto et altri simili istromenti* für 3 St. (Pr 1598).

Ausg.: Etwa 30 geistliche Kompositionen u. die Messe *Exultandi tempus est,* in: R. J. VAN MALDEGHEM, Trésor Musical I–VI (1865–70).

Lit.: H. FEDERHOFER, S., in: MGG XI.

SALES, Pietro Pompeo, * um 1729 Brescia, † 21. 11. 1797 Hanau; it. Komponist. Er studierte an der Universität Innsbruck und reiste kurze Zeit mit einer italienischen Operntruppe. 1755–68 leitete er die Hofkapelle des Augsburger Fürstbischofs Joseph Landgraf von Hessen. Mit dessen Nachfolger Klemens Wenzeslaus von Sachsen, der gleichzeitig Kurfürst und Erzbischof von Trier war, kam S. 1769 als Hofkapellmeister an die Residenz Ehrenbreitstein, die 1786 nach Koblenz verlegt wurde. Konzertreisen (auch mit seiner Frau Franziska Blümer, einer vorzüglichen Altistin) führten ihn u.a. mehrmals nach London. 1794 floh er mit dem Hof vor den Franzosen nach Hanau. Unter S. erlebte die kurtrierische Hofkapelle kurz vor ihrer Auflösung vor allem auf dem Gebiet der Kirchenmusik und der Oratorienaufführungen eine Blütezeit. In seinen Kompositionen verbindet S. nach zeitgenössischem Zeugnis italienische Kantabilität mit deutscher satztechnischer Gründlichkeit.

WW: 2 Messen, davon eine zur 1000-Jahrfeier der Abtei Ottobeuren, u. einige Motetten; Oratorien: *Oratorio per la festa del Santo Natale* (1756); *Giuseppe riconosciuto* (1780); *Gioas re di Giuda* (1781). – Von 7 nachweislich aufgeführten Opern sind hsl. erhalten *L'isola disabitata*, UA: Augsburg 1758; *Le nozze di Amore e di Notizia*, UA: München 1765; *L'Antigono*, UA: ebd. 1769; *Achille in Sciro*, UA: ebd. 1774; *Il re pastore*. – Hsl. erhalten sind ferner einzelne Arien sowie einige Symphonien u. Konzerte.

Lit.: F. Collignon, P. P. S. (Diss. Bonn 1923); A. Layer, P. P. S., in: MGG XI; G. Bereths, Die Musikpflege am kurtrierischen Hofe zu Koblenz-Ehrenbreitstein (Mz 1964) (= Beitr. z. mittelrhein. Musikgesch. 5).

SALICUS, Neume, ↗Notenschrift.

SALIERI, Antonio, * 18. 8. 1750 Legnago Veneto (Verona), † 7. 5. 1825 Wien; it. Komponist. Er erhielt seinen ersten Unterricht (Cembalo und Violine) von seinem Bruder Francesco. Nach dem Tod seiner Eltern kam S. nach Venedig, wo er, protegiert von der Familie Mocenigo, Unterricht in Gesang bei Ferdinando Pacini und in Generalbaß bei G. Pescetti bekam. In Venedig lernte er Fl. Gaßmann kennen, der ihn 1766 mit nach Wien nahm und für seine weitere Ausbildung sorgte. 1767 lernte er P. Metastasio kennen, später auch Chr. W. Gluck. 1770 ging S.s erste erhaltene Opera buffa *Le donne letterate* in Szene. Nach Gaßmanns Tod (1774) wurde S. an dessen Stelle Kammerkompositeur und Kapellmeister der italienischen Oper. 1778 erhielt er einen Ruf nach Italien. Hier schrieb er anläßlich der Eröffnung der Mailänder Scala am 3. 8. 1778 die Opera seria *L'Europa riconosciuta*. Nach Wien zurückgekehrt, wurde er von Kaiser Joseph II. beauftragt, für das deutsche Nationalsingspiel *Die Rauchfangkehrer* zu schreiben. Den Höhepunkt seiner künstlerischen Laufbahn erreichte S. an der Pariser Oper, wo er das Erbe Glucks antrat. Sein größter Erfolg wurde hier *Tarare*, ein Werk, das richtungsweisend für die französische Große Oper nach der Art von G. Meyerbeer werden sollte. S. hat dem Wiener Hof über 50 Jahre gedient, davon 36 Jahre als Hofkapellmeister (1. 3. 1788 – 1. 3. 1824). Zu den großen Leistungen S.s zählen die vorbildliche Verwaltung der Hofkapelle und des Kapellarchivs, die soziale Fürsorge für die Kapellmitglieder und die Förderung des künstlerischen Nachwuchses. 1790 wurde S. von Kaiser Leopold II. von der Operndirektion befreit. Nach 1804 hat S. wenig komponiert, vornehmlich schrieb er in dieser Zeit geistliche Musik und Gesellschaftsmusik. Zwischen 1810 und 1820 trat er mit organisatorischen Tätigkeiten hervor: Er verfaßte die Statuten des Konservatoriums des Österreichischen Kaiserstaates, war Gründungsmitglied der ↗Gesellschaft der Musikfreunde und unterstützte Mitglieder der Tonkünstlersozietät.

WW: 1) **Instr.-WW:** Klv.-Sonate; Bläserquintett B-Dur; Menuette; Märsche; Orgelkonzert (1775); 2 Klv.-Konzerte C-Dur u. B-Dur (1773); Konzerte für Fl. u. Ob. (1774) sowie für V., Ob. u. Vc. (1770); 2 Symphonien D-Dur u. Serenaden B-Dur, C-Dur, F-Dur. – 2) **Vokal-WW:** a) Weltliche WW: Chöre; 28 *Divertimenti vocali;* 40 *Scherzi armonici vocali;* Kanons; Quintette; Quartette; Terzette; Duette u. Arien; Kantaten: *Habsburg; Der Tiroler Landsturm* u. *La riconoscenza de' Tirolesi*. – b) Geistliche WW: 2 Requiems (das 2. unvollendet); 6 Messen; 14 Gradualien; 31 Offertorien; 9 Psalmen; 2 Litaneien; 9 Hymnen; 6 Motetten; 17 Introitus; Oratorien: *La passione di Gesù Cristo; Gesù al Limbo; Il trionfo della Gloria e della Virtù; Le jugement dernier*. – 3) **Bühnen-WW** (in Klammern die UA; wenn nichts anderes angegeben, in Wien): *Le donne letterate* (1770); *L'amore innocente* (1770); *Don Chisciotte alle nozze di Gamace* (1770); *Armida* (1771); *La moda ossia I scompigli domestici* (1771); *La fiera di Venezia* (1772); *La secchia rapita* (1772); *Il barone di rocca antica* (1772); *La locandiera* (1773); *La calamità de' cuori* (1774); *La finta scema* (1775); *Delmita e Daliso* (1776); *L'Europa riconosciuta* (Mailand 1778); *La scuola de' gelosi* (Venedig 1778); *Il talismano* (Mailand 1779, umgearbeitet Wien 1788); *La partenza inaspettata* (Rom 1779); *La dama pastorella* (Rom 1780), umgearbeitet als: *La cifra* (1789); *Der Rauchfangkehrer oder Die unentbehrlichen Verräter ihrer Herrschaften aus Eigennutz* (1781); *Semiramide* (München 1782); *Il ricco d'un giorno* (1784); *Les Danaïdes* (Paris 1784); *La grotta di Trofonio* (1785); *Prima la musica e poi le parole* (1786); *Les Horaces* (Paris 1786); *Tarare* (ebd. 1787); *Axur, Re d'Ormus* (1788); *Il pastor fido* (1789); *Catilina* (nicht aufgeführt); *Il mondo alla rovescia* (1795); *Palmira, Regina di Persia* (1795); *Eraclito e Democrito* (1795); *Il moro* (1796); *Falstaff ossia Le tre burle* (1799); *Cesare in Farmacusa* (1800); *Angiolina ossia Il matrimonio per sussurro* (1800); *Annibale in Capua* (Triest 1801); *La bella selvaggia* (nicht aufgeführt); *Die Neger* (1804).

S.s kompositorisches Schaffen erstreckt sich sowohl auf Oper, Kirchenmusik und Gesellschaftsmusik als auch auf Instrumentalmusik. Er hat die ganze Palette der Opernformen seiner Zeit ausgenutzt. In *Armida* befreit er sich von der konventionellen Opera seria, in *Tarare* sprengt er die Ketten der Tragédie lyrique. S.s Kirchenmusik ist dem venezianischen Kirchenstil und, nach 1788, der Wiener kirchenmusikalischen Tradition verpflichtet.

Von den Zeitgenossen wurde S. sehr geschätzt. Er hatte Kontakt mit J. Haydn, August Wilhelm Iffland, J. Fr. Reichardt, I. von Mosel, J. N. Mälzel, Christian Graf von Haugwitz, J. von Sonnleithner und Fr. Rochlitz. S.s Lehrtätigkeit ist eine große Bedeutung beizumessen. Er hat nachweislich über 60 Schüler unterrichtet, unter ihnen L. van Beethoven, J. N. Hummel, Fr. Liszt, W. A. Mozart (Sohn) und Fr. Schubert. Beethoven widmete S. seine Violinsonaten op. 12 und schrieb über das Duett *La stessa, la stessissima* aus S.s *Falstaff* die Klaviervariationen WoO 73 (1799). Ein Zeichen für S.s Ruhm und Nachruhm ist schließlich die Tatsache, daß sich auch die Legende seiner Person bemächtigte. Die umstrittene Rivalität zwischen ihm und Mozart führte sogar zu der absurden Verdächtigung, er habe Mozart vergiftet. N. Rimski-Korsakow komponierte 1898 eine Oper *Mozart und Salieri* (nach A. Puschkin).

Ausg.: **1) Instr.-WW:** Sinfonia *La grotta di Trofonio*, hrsg. v. G. PICCIOLI (Mi 1961) (= Collezione di musiche sinfoniche del secoli XVIII e XIX o. Nr.); Sinfonie Nr. 19 D-Dur, hrsg. v. W. LEBERMANN (Mz 1970) (= Concertino 128); *Picciola serenata* für Bläserquintett B-Dur, hrsg. v. R. ANGERMÜLLER (W 1978). – **2) Vokal-WW:** 15 Kanons, hrsg. v. F. JÖDE, in: Der Kanon (Wb 1937). – *Justorum animae*, hrsg. v. A. SCHNERICH (Au 1905) (= Denkmäler liturg. Tonkunst 6); *De profundis* (Ps. 129), hrsg. v. L. DITÉ (Au 1937) (= ebd. 7). – **3) Bühnen-WW:** *Les Danaïdes*, hrsg. v. G. LEFÈVRE (P o. J.) (= Chefs-d'œuvres de l'opéra français classiques 2); *Tarare*, hrsg. v. DEMS. – A. POUGIN (P o.J.) (= ebd. 4); *Les Danaïdes*, Faks.-Ausg. (Bol 1969) (= Bibl. musica Bononiensis IV/18); dass., Faks.-Ausg., hrsg. v. D. ARNOLD (Lo 1971); *Tarare*, hrsg. v. R. ANGERMÜLLER (Mn 1978) (= Die Oper 2/1 u. 2/2).

Lit.: I. VON MOSEL, Über das Leben u. die Werke des A. S. (W 1827); A. VON HERMANN, A. S. Eine Stud. z. Gesch. seines künstlerischen Wirkens (W 1897); R. NÜTZLADER, S. als Kirchenmusiker (Diss. W 1924); G. MAGNANI, A. S. Musicista Legnaghese (Legnago 1934); R. ANGERMÜLLER, S. als Hofkapellmeister, in: ÖMZ 25 (1970); DERS., A. S. Sein Leben u. seine weltlichen Werke unter besonderer Berücksichtigung seiner „großen“ Opern, 3 Bde. (Mn 1971–74); DERS. – R. OFNER, Aspekte Salierischer Kirchenmusik, in: Mitteilungen der Int. Stiftung Mozarteum 21 (1973); E. E. SWENSON, A. S. A Documentary Biography (1974) (= Diss. Cornell Univ.); R. ANGERMÜLLER, S.s Gesellschaftsmusik, in: Anal. Mus. 17 (1976); DERS., Reformideen v. Du Roullet u. Beaumarchais als Opernlibrettisten, in: AMl 48 (1976); DERS., A.S. Fatti e documenti (Legnago 1985).

R. ANGERMÜLLER

SALINAS, Francisco de, * 1. 3. 1513 Burgos, † 13. 1. 1590 Salamanca; span. Organist und Musiktheoretiker. Von Kindheit an blind, erhielt er früh Orgelunterricht, studierte später aber auch an der Universität Salamanca alte Sprachen. 1538 folgte er im Dienst des Erzbischofs Pedro Sarmiento von Compostela diesem nach Rom und widmete sich dort dem Studium der antiken und mittelalterlichen Musiktheoretiker. 1553–58 war er Organist des Herzogs von Alba, des Vizekönigs von Neapel. Dann wirkte er als Domorganist an den Kathedralen von Sigüenza (1559–63) und León (1563–67) und lehrte 1567–87 Musik an der Universität Salamanca. S. ist der Verfasser eines Traktats *De musica libri septem* (Salamanca 1577, [2]1592), der in den Büchern 1–4, G. Zarlino weiterführend, die Proportionen und musikalischen Intervalle, die Modi und Toni und in den Büchern 5–7 Rhythmus und ↗Metrum behandelt. S. exemplifiziert hier seine Aussagen, die u. a. auf Augustinus' *De musica* beruhen, vielfach auch an span., it. und frz. Versen und ihren Melodien. Die wiedergegebenen Incipits und Refrains sind eine einzigartige Quelle für den Volksgesang des 16. Jh. in den romanischen Ländern.

Ausg.: *De musica*, Faks.-Ausg., hrsg. v. M. S. KASTNER (Kas 1958) (= DMl I/13).

Lit.: C. V. PALISCA, S., in: MGG XI; A. DANIELS, The De musica ... of Salinas (= Diss. Univ. of Southern Calif.); J. M. ÁLVAREZ PÉREZ (1962), El organista F. de S. Nuevos datos para su biografía, in: Anuario Mus. 18 (1963); M. GARCÍA MATOS, Pervivencia ... de canciones populares recogidas ... por S., in: ebd.

SALIZIONAL (von lat. salix = Weide, Weidenflöte), Bz. für ein offenes und eng mensuriertes labiales Orgelregister in 16'-, 8'- und 4'-Lage.

SALLÉ, Marie, * 1707, † 27. 7. 1756 Paris; frz. Tänzerin. Nach ihren Studien bei Françoise Prevost und an der Pariser Opéra debütierte sie dort offiziell 1727 in *Les amours des dieux* von J.-J. Mouret, war allerdings zuvor schon wiederholt aufgetreten und hatte sich gegen Marie-Anne Cupis de Camargo – als deren Rivalin sie galt – behaupten können. Berühmtheit erlangte sie, als sie 1734 in London ihr Ballett *Pygmalion* choreographierte und in dieser Inszenierung zugleich ihre kostümreformerischen Vorstellungen realisierte: Erstmalig trat sie in einer stilisierten griechisch-antiken Musselintunika auf, zudem mit offenen Haaren und barfuß. Damals hat man diese Neuerungen wohl toleriert, aber nicht aufgegriffen; ihre Ideen wirkten erst Jahrzehnte später. Wegen ihrer expressiven Darstellungskunst enthusiastisch gefeiert, wurde M. S. u. a. von Fr. M. Voltaire, J. G. Noverre, David Garrick und insonderheit von G. Fr. Händel bewundert, der sogar eigens für sie die Musik zu mehreren Balletten komponierte, die er ihr auch widmete.

Lit.: E. DACIER, Une danseuse de l'opéra sous Louis XV. Mademoiselle S. (P 1909, Nachdr. 1972); C. W. BEAUMONT, Three French Dancers of the XVIIIth Century (Lo 1934); P. MIGEL, M. S., in: The Ballerinas (NY 1972).

G. LUDIN

SALMEN, Walter, * 20. 9. 1926 Paderborn; dt. Musikforscher. Er studierte an den Universitäten

Heidelberg und Münster, wo er 1949 promovierte, und war 1950–55 Assistent am Deutschen Volksliedarchiv in Freiburg im Breisgau. 1959 habilitierte er sich an der Universität Saarbrücken und wurde dort 1963 zum Professor, 1964 zum Wissenschaftlichen Rat ernannt. 1966–73 Direktor des Musikwissenschaftlichen Instituts der Universität Kiel, leitet er seit 1973 das der Universität Innsbruck. Schwerpunkte in S.s Veröffentlichungen sind das deutsche Volkslied und die Sozialgeschichte der älteren Musik.

WW: **1) Schriften:** *Das Lochamer Liederbuch* (L 1951) (= Slg. musikwiss. Einzeldarstellungen 18); *Die Schichtung der mittelalterlichen Musikkultur in den ostdeutschen Grenzlagen* (Kas 1954); *Das Erbe des ostdeutschen Volksgesangs* (Wü 1956); *Herder und Reichardt*, in: Herder-Stud. (Wü 1960); *Der fahrende Musiker im europäischen Mittelalter* (Kas 1960) (= Die Musik im alten u. neuen Europa 4); *Geschichte der Musik in Westfalen bis 1800*, 2 Bde. (Kas 1963–67); *Musikgeschichte Schleswig-Holsteins in Bildern* (Neumünster 1971) (zus. mit H. W. Schwab); *Musikleben im 16. Jh.* (L 1976) (= Musikgesch. in Bildern III/9); *Bilder z. Gesch. der Musik in Österreich* (1979) (= Innsbrucker Beitr. z. Musikwiss. III/1). – **2) Editionen:** *Musikanhang zu: Die Lieder Oswalds von Wolkenstein* (Tü 1962, [2]1975) (= Altdt. Textbibl. 55); *J. F. Reichardt, Goethes Lieder, Oden, ... mit Musik*, 2 Bde. (Mn 1964–70) (= EDM 58–59); *Das Lochamer Liederbuch* (Wie 1972) (= DTB Sonderbd. 2) (zus. mit Ch. Petzsch); *Die süddeutsche östr. Orgelmusik im 17. u. 18. Jh.* (I 1980).

Lit.: Beitr. z. Volksmusik in Tirol, hrsg. v. W. DEUTSCH (I 1978) (mit vollständigem Schriftenverz.).

SALMENHAARA, Erkki, * 12. 3. 1941 Helsinki; finnischer Komponist und Musikforscher. Er studierte Komposition 1958–63 an der Sibelius-Akademie in Helsinki und 1963 in Wien bei G. Ligeti sowie Musikwissenschaft 1960–65 an der Universität Helsinki. Bereits seit 1966 dort als Lektor tätig, promovierte er 1969 und wurde 1975 zum Professor ernannt. S. ist seit 1969 Vizepräsident der Finnischen Gesellschaft für Musikwissenschaft und war 1974–78 Präsident der Gesellschaft des Symphonieorchesters Finnland sowie 1974–76 des Finnischen Komponistenverbands.

WW: **1) Kompositionen:** Für Klv.: 4 Sonaten (1966–80); Thema und Variationen über den Namen E. Tawaststjerna (1976). – Für Org.: Toccata (1965); Ricercata (1971). – Für Orch.: 4 Symphonien (1962, 1963–66, 1964, 1972); symphonische Dichtung *La fille en mini-jupe* (1967); Hornkonzert (1973); *Poem* (1975) für V. u. Streichorch.; Introduktion und Choral (1978) für Org. u. Orch.; Concerto für 2 V. u. Orch. (1980); Adagio für Ob. u. Str. (1981). – **2) Vokal-WW:** *Requiem profanum* (1969) (nach Baudelaire, Espriu u. der Charta der Menschenrechte); *Missa profunda* (1977); *Selene* (1977), 4 Gesänge für St. u. Klv. – **3) Bühnen-WW:** Oper *Portugallin nainen* (Die Portugiesin) (1970–72) (nach R. Musil); *Satumyisessa metsässä* (Im Märchenwald) (1974) für St. u. Klv. – **4) Schriften:** *Das musikalische Material und seine Behandlung in den Werken „Apparitions", „Atmosphère" und „Requiem" von G. Ligeti* (He 1969) (= Acta musicologica Fennica 2); dass. (Rb 1969) (= Forschungsbeitr. z. Musikwiss. 19); *Studien zu den Sinfonien v. J. Brahms* (He 1979); *Über die Volksmusik in der neueren finnischen Kunstmusik*, in: HJbMw 4 (1980).
J. DORFMÜLLER

SALMHOFER, Franz, * 22. 1. 1900 Wien, † 22. 9. 1975 ebd.; östr. Komponist und Dirigent. Er studierte in Wien Klarinette, Klavier, Komposition (Fr. Schreker, Fr. Schmidt) und Musikwissenschaft (G. Adler). 1929–39 war er Dirigent am Burgtheater, für das er die Musik zu zahlreichen Stücken schrieb, 1945–55 Direktor der Staatsoper (im Theater an der Wien) und 1955–63 der Volksoper. S. hinterließ ein reichhaltiges Werk neoromantischer Prägung.

WW: **1) Instr.- u. Vokal-WW:** Klv.-Stücke; Sonate u. Charakterstücke für V. u. Klv.; Sonate für Va. u. Klv.; Streichtrio; 6 Streichquartette; Klv.-Quartett; Kammersuite (1923); symphonische Dichtung *Der geheimnisvolle Trompeter* (1924) (nach W. Whitman) für Sprecher u. Orch.; 2 Symphonien (1948–55); Trp.-Konzert (1922); V.-Konzert (1950); *Symphonischer Prolog* (1966). – Lieder, darunter der Zyklus *Das heitere Herbarium* (1951). – **2) Bühnen-WW** (soweit nichts anderes angegeben, in Wien uraufgeführt): Ballette: *Das lockende Phantom*, UA: 1927; *Der Taugenichts in Wien*, UA: 1930; *Österreichische Bauernhochzeit*, UA: 1933; *Weihnachtsmärchen* (nach Johann u. Josef Strauß), UA: 1933. – Opern: *Dame im Traum*, UA: 1935; *Iwan Tarassenko*, UA: 1938; *Das Werbekleid*, UA: Salzburg 1943; *Dreikönig* (1945), UA: 1970. – Musik zu ca. 300 Theaterstücken, darunter Musik zu *Faust* v. J. W. von Goethe u. zu Dramen v. W. Shakespeare. – Ferner Filmmusik.

Lit.: H. ULLRICH, Fortschritt u. Tradition (W 1956).

SALMON (Salomon), Karel (Karl), * 13. 11. 1897 Heidelberg, † 15. 1. 1974 Beit-Zayit bei Jerusalem; israelischer Komponist. Er studierte an der Universität seiner Heimatstadt und an der Akademie der Künste in Berlin, wo er Schüler von R. Strauss war. 1933 übersiedelte er nach Palästina, war Leiter der Musikabteilung des israelischen Radios seit dessen Gründung (1936) bis 1949, gründete 1938 das israelische Rundfunksymphonieorchester und war auch als Sänger und Dirigent tätig. In seinen Kompositionen greift S. oft auf Volkslieder und -tänze zurück.

WW: Für Orch.: *Ali be'er* (Wohlan, stimmt an!) (1937); symphonische Suite über griechische Themen (1943); Klv.-Konzert (1947); *Yerushalayim* (1948) für Carillon u. Orch.; 2. Symphonie *Leilot K'na'an* (Die Nächte v. Kanaan) (1949); *Israeli Youth Symphony* (1950); Tanzrhapsodie *Dalya* (1954). – Opern: Marionettenoper *David and Goliath* (1930, revidiert 1956); *Nedarim* (Die Witwen) (1954–55); *Viermal Methusalem* (1965–66).

SALOME, Oper in einem Akt von Richard Strauss (1864–1949), op. 54, Text nach der gleichnamigen Dichtung von Oscar Wilde, dt. von Hedwig Lachmann. Freie Nachdichtung, die auf biblischen Berichten bei Markus und Matthäus fußt. UA: 9. 12. 1905 in Dresden.

Salome begründete Straussens Ruhm als führender Komponist der modernen Oper seiner Zeit. Den deutschen Text hat Strauss keineswegs wörtlich übernommen, sondern erheblich gekürzt, gelegentlich durch Umstellungen und Wortwiederholungen kompositionsgerecht variiert. Obwohl Strauss die Leitmotivtechnik Wagners beibehält, löst er sich mit dieser Partitur entschieden von Wagners Konzeption des Musikdramas. Mehrere große, in sich geschlossene Szenenblöcke werden z.T. durch instrumentale Zwischenspiele verknüpft und in einem monumentalen Rahmen zu einer einzigartigen musikdramatischen Geschlossenheit verbunden. Salomes *Tanz der sieben Schleier*, ein nachkomponiertes furioses Notturno, ist das Resümee des Geschehens und zugleich dessen Prophetie, keineswegs eine Balletteinlage. In diesem Tanz entschlüsselt Strauss das Kernmotiv der Oper: die Wandlung der leichtfertigen Prinzessin zur hoffnungslos Liebenden. Salome tanzt sich vom begehrlichen Mädchen zur liebenden Frau. Strauss findet in der Partitur mit seinem riesigen Orchester und einem großen Geräuschensemble die Balance zwischen blühend schöner Melodik und hart geschichteter Harmonik und befleißigt sich einer Musiksprache, die gelegentlich die Grenzen der Tonalität streift. Kennzeichnend für Straussens Stil ist die Ausgewogenheit zwischen polyphoner Satztechnik und total chromatisierter Harmonik, in die in kluger Klangregie tonale Inseln (Jochanaan-Motiv; Liebesmotiv der Salome) eingesprengt sind. – Strauss bürdete mit seiner Partitur dem Dresdner Ensemble ungewohnte Schwierigkeiten auf, und man zweifelte ernsthaft, ob sie sich bewältigen ließen; der befürchtete Skandal aber blieb aus. Der Erfolg der mit Spannung erwarteten UA war durchschlagend: *Salome* trat einen Triumphzug durch die Welt an und wirkte bahnbrechend für die moderne Oper. Bis heute gehört sie zum festen Repertoirebestand aller Opernhäuser von Rang. H. BECKER

SALOMON, Johann Peter, getauft 20.2. 1745 Bonn, † 25.11. 1815 London; dt. Violinist und Komponist. Er wurde 1758 Mitglied der Kapelle des Kurfürsten Clemens August in Bonn, 1764 Konzertmeister des Prinzen Heinrich von Preußen – eines Bruders Friedrichs des Großen – in Rheinsberg, wo er eine kleine französische Operntruppe unterhielt. 1772 ging er nach Paris. 1781 ließ er sich in London nieder. S. war zunächst Violinist eines Streichquartetts, wurde dann 1. Violinist und Solist der Professional Concerts und konnte seit 1783 Subskriptionskonzerte organisieren. Er begeisterte sich für die Musik W. A. Mozarts und J. Haydns und vermochte 1790 letzteren zu überreden, nach London zu reisen, um dort seine neuen Werke aufzuführen. S. regte Haydn auch zur Komposition der *Schöpfung* an und bestellte die 12 „Londoner" Symphonien und dessen letzte Streichquartette, die auf S.s besondere Spieltechnik abgestimmt waren.

WW: 6 Sonaten u. 6 *Solos* für V. u. Vc. (P 1782, Lo 1782); *24 Symphonies de Haydn en Quintetti* (P o.J.); Oratorium *Hiskias*. – Opern: *Les recruteurs*, UA: Rheinsberg 1771; *Le séjour du bonheur*, UA: ebd. 1773; *Titus*, UA: ebd. 1774; *La reine de Golconde*, UA: ebd. 1776.

Lit.: C. F. POHL, Mozart u. Haydn in London (W 1867, Nachdr. Farnborough 1971); H. C. R. LANDON, The Symphonies of J. Haydn (Lo – NY 1955); A. TYSON, S.'s Will, in: Stud. z. Musikgesch. des Rheinlandes 3. FS H. Hüschen (Kö 1965) (= Beitr. z. rheinischen Musikgesch. 62); H. UNVERRICHT, Die Kompositionen J. P. S.s, in: ebd.; DERS., in: Rheinische Musiker 4 (Kö 1966) (= ebd. 64).

SALONMUSIK. Salon ist seit dem 17. Jh. in Frankreich (später auch in anderen europäischen Ländern) die Bz. für das Empfangszimmer privater Häuser sowie auch für den Kreis von Personen gleichen Standes und gleicher Bildung, die sich dort zur Unterhaltung zusammenfinden. Die frz. Salons, im 17.–18. Jh. eine Einrichtung von oft hohem literarhistorischem Rang, gewannen im 19. Jh. eigene musikalische Bedeutung, nicht zuletzt im Zusammenhang mit der Ausbreitung des Klaviers im öffentlichen und häuslichen bürgerlichen Musizieren. Die repräsentativsten Salons in Paris waren seit den 1830er Jahren die von George Sand und Marie d'Agoult (↗Chopin, ↗Liszt). Nach ihrem Vorbild entstanden Salons u.a. auch in Berlin, Wien und Dresden. Zahlreiche Virtuosen unterschiedlichen Niveaus ließen sich hier hören und feiern. Gespielt wurden nicht so sehr die Werke klassischer und moderner Komponisten, die für uns den Kern der Klaviermusik (↗Klavier) ausmachen. Vielmehr entstand ein eigens dem Ambiente der Salons angepaßtes Repertoire, das bereits in der Zeit selbst als S. bezeichnet wurde und außerhalb der Salons oft (so namentlich bei R. Schumann) als kompositorisch und ästhetisch minderwertig klassifiziert wurde. Es sind dies Stücke von kurzer Dauer, von leichter Spielbarkeit, aber wirkungsvoller Brillanz (wie man es nannte): Opernparaphrasen (von Frédéric Burgmüller, J. Bayer, Arnold Krug), -potpourris (Joseph Küffner), Modetänze (Walzer, Polka, Mazurka, Quadrille), Romanzen, Humoresken und Charakterstücke mit meist naiv-pittoresken oder sentimentalen Titeln und Programmen, wie z.B. *Silberfischchen, Am Rande der Quelle, Sehnsucht am Meer*, oder als besonders berühmte Pièces *Die Mühle im Schwarzwald* und *Petersburger Schlittenfahrt* von Richard Eilenberg und das *Gebet einer Jungfrau* von Thekla Badarzewska. S. dieser Art erschien in unübersehbarer Zahl und mit außergewöhnlich hohen Auflagen. Sie zielte generell auf Unterhaltung, nicht auf Bildung, wie das für

die etwa gleichzeitig mit ihr und als pädagogische Gegenkraft zu ihr entstandene ↗Hausmusik gilt. Einen Sonderfall bildeten im 19. Jh. die russischen Salons, in denen neben Werken bedeutender zeitgenössischer Komponisten S. mit Elementen der slawischen Volksmusik gespielt wurde, so von Michel Karpow, Alexandr Tinjakow, Alexandr Kopylow, Pjotr Pantschenko, Eduard Napravnik und Boleslas Grodski.
Keinen unmittelbaren Bezug zu den Salons haben die sog. Salonorchester und -kapellen, die Ende des 19. Jh. für Unterhaltungs- und Tanzmusik in Kurorten, in Hotels, Gärten, Cafés, auch auf Schiffen entstanden und wie es sie bis heute in allen europäischen Ländern noch gibt. Die Besetzungen waren unterschiedlich: in Berlin Klv., Harmonium, 1. und 2. Violine, Va., Vc., Kb., Fl., Klar., Kornett, Pos. und Schlagzeug, in Paris ohne 2. Violine, Va. und Harmonium, in Wien ohne Kornett, mit dem Stehgeiger im Vordergrund, der den Part des „Violino obligato" spielte. Eine Sonderform ist hier die ↗Schrammelmusik. Größere Ensembles um und nach 1930 umfaßten bis zu 20 Spieler. Charakteristisch für die von Salonorchestern gespielte Musik ist, daß in der Regel davon keine Partitur existiert. Statt dessen gibt es eine sog. Klavierdirektionsstimme (auch Pianoconductor-Stimme genannt); der Pianist übernimmt dabei den Part fehlender Stimmen. Das Repertoire bestand aus Bearbeitungen (von Stücken aus Opern und Operetten) und eingängigen Werken der Salon- und ↗Unterhaltungsmusik. Bekannt wurden mit originaler S. u.a. E. Waldteufel, Wilhelm Rohde, Franz von Blon, Albert W. Ketèlbey *(Auf einem persischen Markt)* und Georges Boulanger. Als Bearbeiter sind vor allem L. Weninger und L. Alder zu nennen; aber auch A. Schönberg, A. Berg und Webern gehören in diesen Zusammenhang mit ihren Bearbeitungen von Walzern von Johann Strauß. In den Hintergrund gedrängt wurde die S. im öffentlichen Musikleben zum einen durch das Aufkommen mechanischer Musikwerke in der Unterhaltungsbranche (Orchestrion, Pianola u.a.), zum anderen durch die nationalsozialistische Rassenverfolgung, da sich unter den Salonmusikern viele Juden und Zigeuner befanden. Nach 1945 kam es in Italien, Österreich und in den osteuropäischen Ländern, auch in den Niederlanden und in Deutschland vereinzelt zu einer Wiederbelebung. In den 30er Jahren entstand aber auch eine eigene Pflege der S. durch den Rundfunk im Rahmen der Unterhaltungsmusik. Als Komponisten waren besonders erfolgreich Franz Doelle, Ernst Fischer *(Südlich der Alpen)*, Theo Mackeben, G. Haentzschel, Hans Bund, Werner Bochmann; bekannte Orchesterleiter waren Bernhard Etté, Dajos Bélà, Adalbert Lutter.
Die S. des 19. und der 1. Hälfte des 20. Jh. findet seit einigen Jahren zunehmend Interesse, und zwar nicht nur als Gegenstand der Nostalgie, sondern auch im Zusammenhang mit der wissenschaftlichen Erforschung der ↗Trivialmusik unter kompositorisch-satztechnischen und sozialgeschichtlichen Aspekten.

Lit.: I. FELLINGER, Die Begriffe „Salon" u. „S." in der Musikanschauung des 19. Jh., in: Stud. z. Trivialmusik des 19. Jh. (Rb 1967) (= Stud. z. Musikgesch. des 19. Jh. 8); H. CH. WORBS, S., in: ebd.; DERS., Le Tribut à la Mode. Die Anfänge der S., in: NZfM 132 (1971); J. KESTING, Salon – Thesen z. einem gesellschaftlichen Ort der Musik im 19. Jh., in: Musik u. Bildung 9 (1977); W. GIESELER, S., in: Zschr. für Musikpädagogik 6 (1981).

D. SCHORTEMEIER

SALONORCHESTER ↗Salonmusik.

SALPINX (griech.), Bz. für ein Blechblasinstrument der griechischen Antike mit langgestreckter, eng mensurierter, leicht konischer Röhre aus Bronze oder Eisen, einem glockenähnlichen Schallstück und einem eingesetzten Kesselmundstück aus Horn oder Knochen. Nach Homer *(Ilias)* und den Tragikern des 5. Jh. v. Chr. wurde die S. vor allem als Signalinstrument im Krieg, bei Opfern, Spielen oder festlichen Aufzügen gebraucht. Die überlieferten Darstellungen lassen erkennen, daß die S. schräg nach unten meist nur mit einer Hand gehalten wurde und daß die Spieler wie beim ↗Aulos eine ↗Phorbeia trugen. Für die Kunstmusik der griechischen Antike hatte das Instrument allerdings wenig Bedeutung. Die S. wurde vermutlich aus Vorderasien in Griechenland eingeführt. Bei den Tragikern wird sie häufig als Instrument der Tyrrhener (Etrusker) bezeichnet, was jedoch nicht bedeutet, daß diese es erfunden hätten. Der Mythos schrieb die Erfindung der S. der Kriegsgöttin Pallas Athene zu, die in Argos auch als Athena S. verehrt wurde.

Lit.: M. WEGNER, Das Musikleben der Griechen (B 1949); DERS., Griechenland (L 1963) (= Musikgesch. in Bildern II/4); B. AIGN, Die Gesch. der Musikinstr.e des ägäischen Raumes bis um 700 vor Christus (Diss. F 1963); D. PAQUETTE, L'instrument de musique à travers la céramique de la Grèce antique (Diss. Dijon 1968); L. VORREITER, Musikinstr.e der Etrusker ..., in: Arch. für Musikorganologie 3 (1978) – 4 (1979).

SALTARELLO (it., = kleiner Sprung; von lat. saltare = springen), seit dem 14. Jh. Bz. für einen lebhaften Springtanz im Dreiertakt. Die früheste Quelle, in der Saltarelli ohne choreographische Anweisungen in Notation vorliegen, ist eine italienische Handschrift von ca. 1400 (London, British Library, Add. 29987). Die 4 dort verzeichneten Saltarelli haben die gleiche formale Struktur wie die

Estampie und bestehen aus 4 sich variiert wiederholenden Abschnitten (sog. Puncti; ↗Punctus). Im 15. Jh. unter dem Namen Pas de breban bekannt, gehörte der Tanz der Familie der ↗Basse danse an mit einer Anzahl von Doppelschritten, gelegentlich unterbrochen von Einzelschritten und Verbeugungen. Gemeinsam mit der ↗Galliarde, von der sich der S. nur in der Ausführungsart unterscheidet, bilden im 16. Jh. diese beiden Tänze den Hauptbestandteil des Tanzrepertoires. Unter den Bezeichnungen sauterelle, tordion, tourdion, Hupfauf, Proporz, Sprung, Spryngerdanntz, Chorea oder Nachtanz wird der S. innerhalb der paarig angeordneten Tänze an einen Passamezzo oder eine Pavane angehängt, wobei sein harmonisch-melodischer Verlauf auf demselben Gerüst beruht, wie der ihm voraufgegangene Tanz. Seit dem 17. Jh. in den Bereich der Volksmusik verdrängt, findet sich ein S. in stilisierter Form als Rondofinale der 4. („Italienischen") Symphonie von F. Mendelssohn Bartholdy (1833) wieder.

Lit.: TH. ARBEAU, Orchésographie (Langres 1588, Nachdr. NY 1966); C. SACHS, Eine Weltgesch. des Tanzes (B 1933, Nachdr. Hil 1976); O. GOMBOSI, About Dances and Dance Music in the Late Middle Ages, in: MQ 27 (1941); L. MOE, Dance Music in Printed Italian Lute Tablatures (1507–1611) (1956) (= Diss. Harvard Univ.); G. REANEY, The Manuscript British Museum, Additional 29987 (Lo), in: MD 12 (1958); I. BRAINARD, Bassedanse, Bassadanza and Ballo in the 15th Century, in: Dance History Research, hrsg. v. J. Kealiinohomoku (NY 1970); F. CRANE, On Performing the Lo Estampies, in: Early Music 7 (1919).

G. BUSCH-SALMEN

SALTUS DURIUSCULUS (lat., = etwas zu harter Sprung), in der musikalischen ↗Figuren-Lehre des 17. Jh. (Chr. Bernhard) Bz. für den Sprung in ein „unnatürliches" Intervall (Tritonus, verminderte Quarte, Septime), wie er häufig bei Worten aus den Sinn- und Affektbereichen Klage, Schmerz, Schrecken u. ä. erscheint, z. B. im Einleitungssatz von J. S. Bachs Kantate 159 *Sehet, wir gehen hinauf nach Jerusalem* (vgl. auch das Beispiel für den ↗Passus duriusculus):

Ein aufschlußreiches Beispiel aus dem Bereich der (wortgebundenen) Instrumentalmusik ist Bachs Choralvorspiel *Durch Adams Fall;* die ständigen Saltus duriusculi im Pedal weisen (nach Schmitz) auf die besondere Art dieses Falles hin:

Lit.: A. SCHMITZ, Die Bildlichkeit der wortgebundenen Musik J. S. Bachs (Mz 1950, Laaber [2]1977).

SALVE REGINA ↗Marianische Antiphonen.

SALZEDO, Carlos León, * 6. 4. 1885 Arcachon (Gironde), † 17. 8. 1961 Waterville (Maine); amerik. Harfenist und Komponist frz. Herkunft. Er begann seine Studien an der École Ste-Cécile in Bordeaux (1891–94) und setzte sie am Pariser Conservatoire bei Ch. A. de Bériot (Klavier) und Alphonse Hasselmans (Harfe) fort. 1901 erhielt er für jedes dieser Instrumente einen 1. Preis. 1909–13 war er Harfenist an der Metropolitan Opera in New York und ließ sich in den USA fest nieder. S. edierte 1921–32 die von ihm gegründete *Eolian Review* und gründete 1921 mit E. Varèse die International Composers' Guild. 1924 wurde er Professor am Curtis Institute of Music in Philadelphia und gründete 1931 die S. Harp Colony in Camden (Me.), Sommerkurse, die von Harfenisten aus der ganzen Welt besucht wurden; dort lehrte er bis zu seinem Tode. S.s zahlreiche Harfenkompositionen bemühen sich um neue Klangeffekte und verlangen vor allem Glissandi, wofür das Stück *Whirlwind* ein typisches Beispiel ist.

Schriften: *Modern Study of the Harp* (NY 1919); *The Harpist's Daily Dozen* (NY 1927); *Method for the Harp* (NY 1927); *The Art of Modulating, for Harpists, Organists and Pianists* (NY 1943).

SAMBA (port., von semba, afrikanische Bz. für Tanz in der Sprache des Sambesi- und Kongogebiets), ursprünglich Sammelname für zahlreiche afrobrasilianische Rundtänze. Seit den 20er Jahren existiert die S. auch als schneller lateinamerikanischer Paartanz (MM ♩ = ca. 200–216) mit kleinen Schritten auf dem Platz in der Folge schnell – schnell – langsam sowie rollenden Hüftbewegungen, die diagonal vorwärts und rückwärts ausgeführt werden. Als Turniertanz kennt die S. höchst virtuose Variationen (z. B. die S.-Rolle), bei denen sich die Partner auch voneinander lösen. Die S.-Musik verfügt über verschiedene typisch rhythmische Patterns, die überwiegend von Perkussionsinstrumenten ausgeführt werden, z. B.

SAMBUCA (lat.; griech. sambykē, vermutlich von chaldäisch sabka, sabekka, hebräisch sebaka abgeleitet). – **1)** Einer der zahlreichen Namen für eine antike, aus Vorderasien in Griechenland und Rom eingeführte Harfe, die ohne Plektrum mit den Fingern gezupft wurde. Aus einigen Quellen geht hervor, daß sie eine dreieckige Form hatte und mit 4 Saiten bezogen war. Ihr Klang wird als hoch und schrill beschrieben. Darstellungen zeigen, daß die S. überwiegend von Frauen (Musen) gespielt wurde. In römischer Zeit stammten die Harfenistinnen (sambucistriae) vor allem aus Syrien. – **2)** Bz. für eine kleine Flöte aus Holunder (lat. sambucus). – **3)** Als S. lincea Bz. für ein 1618 von Fabio Colonna (Fabio Linceo) erfundenes enharmonisches Cembalo mit 50 Doppelsaiten und 8 Tastenreihen übereinander.

Lit.: **Zu 1):** R. HERBIG, Griech. Harfen, in: Mitt. des Dt. Archäologischen Inst.s, Athenische Abt., 54 (1929); M WEGNER, Das Musikleben der Griechen (B 1949); G. WILLE, Musica Romana (A 1967); L. VORREITER, Harfen der Hellenen u. Italiker im Altertum, in: Arch. für Musikorganologie 3 (1978) – 4 (1979). – **Zu 3):** F. COLONNA, La S. lincea, ovvero del istrumento perfetto libri III (Neapel 1618).

SAMMARTINI (Martini, Martino, San Martini, San Martino, Sammartini, S. Martini, Saint-Martin, St. Martini). – **1) Giuseppe** (der „Londoner"), * 6. 1. 1695 Mailand, † vor 23. 11. 1750 London; it. Oboist und Komponist. Er war wahrscheinlich Schüler seines Vaters, des französischen Oboisten Alexis Saint-Martin (* um 1660), der erst in Turin, dann in Mailand tätig gewesen war. S. ist seit 1711 als Oboist nachweisbar (sein erstes gedrucktes Oboenkonzert erschien in Amsterdam 1717), seit 1720 am Teatro Regio in Mailand. Vermutlich 1728 übersiedelte er nach London. S. wurde rasch als ausgezeichneter Lehrer bekannt und spielte im Orchester des King's Theatre. Er konzertierte u.a. in Hicksford's Room (1732–44) sowie in Cambridge und wirkte bei G. Fr. Händels Oratorienaufführungen mit. 1736 wurde er Musiklehrer und Kapellmeister im Hause des Prinzen Frederick of Wales (dem op. 1 und 3 gewidmet sind), wo er bis zu seinem Tode verblieb.

WW (wenn nichts anderes angegeben, in London gedruckt): Je 6 *Concerti grossi* für 2 V., Va. u. Vc. sowie 2 V. u. Baß, op. 2 u. 5 (1728); 12 Sonaten für 2 Fl. u. Baß, op. 1, 2 H.e (1736, auch P 1743); 12 Sonaten für 2 V., Vc. u. Cemb. ad lib., op. 3 (1743); 6 Sonaten oder Duette für 2 Fl., op. 1 (1750); 8 Ouvertüren für 2 Hörner, 2 Trp., Pk., 2 V. u. Vc. sowie 2 V., Va. u. Vc., op. 7 (1752); 6 *Grand Concertos* für Ob., 2 V. u. Vc. sowie 2 V., Va. u. B.c., op. 8 (1752); *G. St. Martinis*(4) *Concertos* für Cemb. (oder Org.) u. Str., op. 9 (1754); 8 Ouvertüren u. 6 *Grand Concertos*, op. 10 (1756); 6 *Concertos*, op. 11 (um 1756); 6 Solos für Fl. (oder V., Ob.) u. B.c., op. 13 (um 1760). – Werke ohne Opuszahl: 12 Triosonaten für 2 Fl. (oder V.) u. Baß (1727); *Pieces in 6 Solos* für 2 Vc. (1748); 6 Sonaten für Fl. u. Vc. (oder B.c.) (um 1762); *6 Solos for a German Flute* (oder V.) (1764). – Weitere Werke in Sammeldrucken der Zeit; zahlr. Sinfonien, Ob.- u. Fl.-Sonaten, Trios u. Solos, ferner ein Pastorale *The Judgment of Paris*, 9 Kantaten u. einzelne Arien sind hsl. erhalten.

S., dessen Werke auch nach seinem Tode noch in großer Zahl aufgeführt wurden, wurzelt noch in der Überlieferung des Barocks, wendet sich aber in vielen Einzelheiten dem Übergangsstil in Richtung auf die Vorklassik zu. Mit seiner Concertinobesetzung von 2 Violinen, Viola und Violoncello leistete er einen wichtigen Beitrag zur Frühgeschichte des Streichquartetts.

2) Giovanni Battista (der „Mailänder"), Bruder von 1), * wahrscheinlich 1700/01 Mailand, † 15. 1. 1775 ebd.; it. Organist, Oboist und Komponist. Er war wahrscheinlich Schüler seines Vaters und seit 1720 Oboist im Teatro Ducale in Mailand. Als hochangesehener Organist und führender Musiker Mailands wurde er dort 1726 stellvertretender, 1728 1. Kapellmeister der Congregazione del SS. Entierro an S. Fedele, war 1761–75 in 8, 1775 in 11 Kirchen tätig und trat mit einer Reihe von Opern hervor. Kaum ein kirchliches oder weltliches Fest fand ohne seine Mitwirkung statt. S. war Mitgründer der Accademia Filarmonica in Mailand; als Lehrer gesucht (u.a. war Chr. W. Gluck 1737–41 sein Schüler), hatte er auch Kontakte zu J. Chr. Bach, L. Boccherini und W. A. Mozart.

WW: 12 Sonaten für 2 V. u. Baß, op. 2 (P 1742); 6 Sonaten für Vc. u. B.c., op. 4 (P 1742); 6 Sonaten für 2 V. u. B.c., op. 1 (Lo 1744); 3 Konzerte für 2 Hörner, 2 V., Vc. u. Baß, op. 2 (Lo um 1747); je einmal 12 u. 6 Sonaten für 2 V. u. B.c., op. 5 (P 1751, 1756); 6 *Concerti grossi* für 2 V. concertante, 2 V., Va., Vc. u. Baß, op. 6 (Lo 1757); 6 Solos für Fl. (oder V.) u. B.c., op. 8 (Lo 1759); *6 Sonate a tre stromenti*, op. 7 (P 1760); *6 Sonatas call'd notturni's* für 2 V. u. B.c., op. 9 (Lo 1762); *A Third Set of Six Sonates or Duets* für 2 Fl. (oder V.), op. 11 (Lo 1763); *An Overture and 2 Grand Concertos* für 2 Ob., 2 Hörner, V. solo, 2 V., Va., Vc. u. Kb., op. 4 (Lo 1766). – Werke ohne Opuszahl: *6 Sonaten* für Vc. u. B.c. (P um 1727); 21 Quartette für 3 V. (Fl. u. 2 Vc. oder 2 V.) u. B.c. (1763–67); 6 Sonaten für Cemb. (Lo – P 1766); 6 Quintette für 3 V., Va. u. Baß (1773); weitere Werke in Sammeldrucken der Zeit. – 4 weltliche u. 8 geistliche Kantaten; 2 Oratorien; Messensätze. – Ferner die Opern *Memet* (1732); *L'ambizione superata dalla virtù* (1734); *L'Agrippina, moglie di Tiberio* sowie 2 Ballette (verschollen).

S.s Stellung „zwischen den Stilen" ist durch 3 Werkgruppen gekennzeichnet: eine erste mit starker Verwurzelung im Barock, eine zweite (seit ca. 1740) mit Annäherung an die Vorklassik und eine dritte (seit ca. 1759) mit ausgebildeten Stilmerkmalen, die auf die Wiener Klassik weisen. In der Entwicklung von A. Vivaldi bis zur Mannheimer Schule, zu J. Haydn und W. A. Mozart fällt ihm eine führende Rolle zu, nicht zuletzt durch die zahlreichen Kompositionen, die über adelige Gönner und Protektoren nach Süddeutschland und Österreich gelangten.

Ausg.: **Zu 1):** Sonate a-moll für Vc. u. B.c., hrsg. v. H. RUF (Mz 1966) (= Cello-Bibl. 105); Sonate G-Dur für Ob. (oder Fl., V.) u. B.c., op. 13 Nr. 4, hrsg. v. DEMS. (Mz 1968) (= Ob.-Bibl. 20); Ob.-Konzert Es-Dur, hrsg. v. H. TÖTTCHER (H 1968); Concerto I A-Dur für Cemb. (oder Org.), 2 V. u. B.c., hrsg. v. H. ILLY (Kas 1971) (= Hortus Mus. 196). – **Zu 2):** V.-Konzert Nr. 2 C-Dur u. Symphonie G-Dur, 2 H.e, hrsg. v. der Haydn Society (Boston 1953); Sinfonia F-Dur, hrsg. v. N. JENKINS (F – NY 1953); Magnificat für Soli, Chor u. Orch., hrsg. v. DEMS. (Lo – NY 1957); 4 Sinfonie, hrsg. v. DEMS. (New Haven/Conn. 1963) (= Coll. mus. 6); The Symphonies of G. B. S., hrsg. v. B. D. CHURGIN, I: The Early Symphonies (C/M 1968) (= Harvard Publications in Music 2); Sinfonia A-Dur, hrsg. v. W. LEBERMANN (Mz 1970) (= Concertino 129); Sinfonie Nr. 1–3, alle G-Dur, hrsg. v. N. ZIMPEL (Adliswil 1973).

Lit.: **Zu 2):** R. SONDHEIMER, G. B. S., in: ZfMw 3 (1920/21); G. BARBLAN, S. e la scuola sinfonica milanese, in: Musicisti lombardi ed emiliani, hrsg. v. A. Damerini – G. Roncaglia (Siena 1958) (= Accad. Mus. Chigiana 15); DERS., Contributo alla biogr. di G. B. S. alla luce dei documenti, in: FS E. Schenk (= StMw 25) (1962); B. D. CHURGIN, The Symphonies of G. B. S., 2 Bde. (1963) (= Diss. Harvard Univ.); DIES., New Facts in S. Biography. The Authentic Print of the String Trios, op. 7, in: JAMS 20 (1967); DIES. – N. JENKINS, Thematic Cat. of the Works of G. B. S. (C/M – Lo 1976); N. JENKINS, The Vocal Music of G. B. S., in: Chigiana 24 (1977); M. MARLEY, The Sacred Cantatas of G. B. S. (1978) (= Diss. Univ. of Cincinnati). W. KOLNEDER

SAMSON UND DALILA *(Samson et Dalila),* Oper in 3 Akten (4 Bildern) von Camille Saint-Saëns (1835–1921), Text von Ferdinand Lemaire nach der Bibel (Buch der Richter). Ort und Zeit der Handlung: Gaza und Palästina, um 1150 v. Chr. UA (in dt. Sprache): 2. 12. 1877 in Weimar. Von den 16 Opern des Komponisten konnte sich allein *Samson und Dalila* in den Spielplänen behaupten. Saint-Saëns plante zunächst, den bekannten Bibelstoff als Oratorium zu vertonen, gab jedoch dem Drängen seines Librettisten nach und arbeitete das Werk zur Oper aus. Deutlich tragen der 1. und 3. Akt, insbesondere in den großen Chorblöcken, noch oratorische Züge, während der zentrale 2. Akt (Peripetie des Dramas: Dalila verführt Samson) markante Gestaltungsmittel der Grand opéra aufweist. Parallel zu dieser Mischung von Gattungselementen setzt Saint-Saëns Stilmittel aus verschiedensten Musikepochen ein: aus der Gregorianik einstimmige Psalmodie (Männerchöre), aus dem Barock große vierstimmige Fugensätze und aus der Romantik intrikate, vielschichtige Harmonik. In diesem Sinne eklektizistisch, zeugt die Oper von meisterhafter Beherrschung der bekannten musikalischen Formen, des Aufbaus von Opernstrukturen und des Einsatzes gattungstypischer Topoi durch den Komponisten. Dalilas weltberühmtes *Ah réponds à ma tendresse (Ach! siehe mich vor Wonne beben),* nach dem Vorbild der Grand opéra eine Solonummer, die zur dramatischen Szene ausgeweitet wird (Schlüsselszene im Duett mit Samson), erinnert in Themenkopf, Rhythmik und dramatischer Situation auffällig an das Duett (Raoul/Valentine) *Tu l'as dit (Dieses Wort)* aus Meyerbeers *Hugenotten.*
R. QUANDT

SAMUEL-HOLEMAN, Eugène, *3. 11. 1863 Brüssel, † 25. 1. 1942 Etterbeek bei Brüssel; belgischer Komponist. Er studierte in Gent und war hauptsächlich als Pianist und Dirigent in Frankreich tätig. S. beschäftigte sich schon vor A. Schönberg mit der Atonalität. Sein Monodram *La jeune fille à la fenêtre* weist auf E. Satie voraus.

WW: Klv.-Stücke; Streichquartett *Une vie* (1914); eine Symphonie; Konzert für Harfe u. Orch.; Lieder; Te Deum; *La jeune fille à la fenêtre* (1904) für Mezzosopran, Ob., Horn, Harfe u. Streichquartett, UA: Paris 1914.

SANCES (Sanci), **Giovanni Felice,** * um 1600 Rom, begraben 12. 11. 1679 Wien; it. Sänger und Komponist. Er war 1609–14 Schüler des Collegium Germanicum in Rom und ist 1614 als Sänger in Rom, später in Bologna und Venedig nachweisbar. Seit 1636 war er als Tenorist Mitglied der kaiserlichen Hofkapelle in Wien, bei der er 1649 Vizekapellmeister und 1669 als Nachfolger von Antonio Bertali Hofkapellmeister wurde. S. gehört zu den ersten Komponisten, die mehrteilige Sologesänge ausdrücklich als Kantate bezeichneten.

WW (soweit nichts anderes angegeben, in Venedig gedruckt): **1) Geistliche Vokal-WW:** Motetten für eine St. u. B.c. (1638), für 1–4 St. u. B.c. (1638); *Antiphonae e letanie della Beata Vergine* für 2–8 St. u. B.c. (1640); Motetten für 2–5 St. u. B.c. (1642); *Salmi concertati* für 8 St. u. B.c. (1643); *Salmi brevi concertati* für 4 St. u. B.c. (1647); *Antiphonae sacrae Beatae Virginis Mariae* für Solost. u. B.c. (1648). – Hsl. erhalten: Sepolcro-Oratorien: *Le lachrime di S. Pietro* (1666); *Le sette consolationi di Maria vergine* (1670); *Il trionfo della croce* (1671); *Il paradiso aperto per la morte di Cristo* (1672). – **2) Weltliche Vokal-WW:** *Cantade ... a voce sola* für Solost. u. B.c. (1633); *Cantade* für 2–3 St. u. B.c. (1633); *Cantate e arie* für 1–2 St. u. B.c. (1636); *Capricci poetici* für 1–3 St. u. B.c. (1649); *Trattenimenti musicali per camera* für 2–5 St., Violen u. B.c. (1657). – Zahlr. weitere weltliche Vokalwerke hsl. erhalten. – **3) Bühnen-WW:** 6 Opern, davon hsl. erhalten: *Mercurio esploratore,* UA: Wien 1662; *Apollo deluso,* UA: ebd. 1669; *Aristomene Messenio,* UA: ebd. 1670.

Ausg.: 2 Stücke aus: *Cantate e arie* (1636), hrsg. v. K. JEPPESEN (Kop 1949) (= La flora 2–3).

Lit.: P. WEBHOFER, G. F. S. Biographisch-bibliogr. Unters. u. Studie über sein Motettenwerk (I 1965); Die Musiker im Archivbestand des Kaiserlichen Obersthofmeisteramtes (1637–1705), 3 Bde., hrsg. v. H. KNAUS (W 1967–69); E. RASCHL, Die weltlichen Vokalwerke des G. F. S. (Diss. Gr 1968); I. BARTELS, Die Instrumentalstücke in Oper u. Oratorium der frühvenezianischen Zeit (Diss. W 1970); T. D. CULLEY, Jesuits and Music I (R 1970).

SANCTUS (lat., = heilig), in der römisch-katholischen Liturgie der 4. Teil des Ordinarium missae. Der Text setzt sich zusammen aus dem biblischen Ruf der himmlischen Serafim (nach Jes 6, 3; daher auch „Hymnus seraphicus") *Sanctus, Sanctus, Sanctus Dominus Deus Sabaoth. Pleni sunt caeli et terra gloria tua* und dem Ruf der Volksscharen beim Einzug Jesu in Jerusalem (Mt 21,9 nach Ps 117,26) *Benedictus qui venit in nomine Domini;* beide Teile schließen refrainartig mit der Akklamation *Hosanna in excelsis* (Mt 21,9).

Das S., das – nach dem Vorbild des jüdischen Synagogalgesangs – bereits Teil der urkirchlichen Eucharistiefeier war, hat spätestens seit dem 4. Jh. seinen festen Platz im Hochgebet der Messe unmittelbar nach der Präfation (die mit der Doppelpunktwendung *sine fine dicentes:* endet). Gesungen wurde das S. in ältester Zeit (und entsprechend seinem Charakter insgesamt als ↗Akklamation) von der Gemeinde, später mehr und mehr vom Klerus, nicht jedoch von der Schola cantorum (wie etwa das ↗Kyrie). An choralen S.-Melodien sind aus dem 11.–16. Jh. 231 überliefert (nach J. P. Thannabaur, s. u. Lit.), davon etwa ⅓ tropiert. Aus diesem Bestand wurden 18 in die Choralmessen der *Editio Vaticana* aufgenommen, dazu 3 ad lib. und das S. der Totenmesse. Die älteste Melodie und zugleich die einfachste in ihrer nahezu syllabischen Textierung ist das S. der Missa XVIII. Alle anderen Melodien sind sehr viel stärker melismatisch, vor allem bei den Worten *Sanctus* und *Hosanna.* Darin bekundet sich einerseits ein dem ↗Jubilus ähnlicher Charakter, andererseits wohl aber auch die Entfernung vom Wesen der Akklamation als eines Volksgesangs. Der chorale Vortrag des S. geschah denn auch bis zum 2. Vatikanischen Konzil in der Regel im Wechsel von Vorsänger und Schola. Nach der Neuordnung der Meßliturgie wird das S. heute „von allen gemeinsam mit dem Priester" vorgetragen (*Meßbuch,* 1978, Allgemeine Einführung). Dabei sind auch deutsche S.-Melodien beliebt; zahlreiche stehen im *Gotteslob* (u. a. von E. Quack). Von ihnen zu unterscheiden sind S.-Lieder mit einem das liturgische S. paraphrasierenden Text. Das bekannteste Beispiel ist das vielfach bearbeitete *Heilig ... ist der Herr* aus der *Deutschen Messe* von Fr. Schubert. Zu nennen ist hier auch M. Luthers S.-Lied *Jesaja dem Propheten das geschah* (textlich eine Paraphrase von Jes 6,1–4, wo auch der S.-Text steht, s. o.). Die Einbeziehung des S. in den mehrstimmigen Gesang der Messe ist später als für andere Teile des Ordinariums bezeugt. Vereinzelte Beispiele (auch Satzpaare S. – Agnus Dei) stammen aus dem frühen 14. Jh., und seit G. de Machaut gehört das S. fest zur Messe als musikalischer Gattung und nimmt an ihrer Entwicklung teil. Generell tritt das ↗Benedictus meist als selbständiger Satz in Erscheinung. Aber auch für sich genommen, hat der 1. Teil des S., zumal in der Orchestermesse seit dem 17. Jh. eine eigene Geschichte. Sie läßt sich vor allem danach beurteilen, ob und wie der akklamatorische Charakter des Textes ausgedrückt wird. So gibt es S.-Vertonungen, in denen dies durch den Eindruck lauten Jubels deutlich wird (z. B. in der h-moll-Messe von J. S. Bach). Andere hingegen sind so konzipiert, daß sie wie ein demütig-andächtiges Gebet klingen (so in den Messen Beethovens).

Ausg.: Anal. Hymn. 47 (L 1905) (Texte von S.-Tropen).

Lit.: P. WAGNER, Einf. in die Gregorianischen Melodien I u. III (L 1911–21, Nachdr. Hil – Wie 1962); J. A. JUNGMANN, Missarum sollemnia, 2 Bde. (Fr [5]1962); P. J. THANNABAUR, Das einst. S. der röm. Messe in der hsl. Überlieferung des 11. bis 16. Jh. (Mn 1962); DERS., S., in: MGG XI; K. LEVY, The Byzantine S. and Its Modal Tradition in East and West, in: Ann. Mus. 6 (1963).

G. MASSENKEIL

SANDBERGER, Adolf, * 19. 12. 1864 Würzburg, † 14. 1. 1943 München; dt. Musikforscher und Komponist. Er studierte seit 1881 Komposition und Musikwissenschaft in München, Berlin und Würzburg, wo er 1887 promovierte. Nach einer Studienreise durch Europa war er 1889–94 Konservator der Musikabteilung der Bayerischen Staatsbibliothek München und lehrte nach der Habilitation 1894 an der Universität München (1900 Extraordinarius, 1904 Ordinarius, 1930 emeritiert). 1900 gründete er die *Denkmäler der Tonkunst in Bayern* (DTB), die er bis 1931 leitete. Zum 50. Geburtstag wurde er mit einer Festschrift geehrt (Mn 1918). S., der in seiner Zeit auch als Komponist bekannt war, hat mit seinen Forschungen und als akademischer Lehrer zur Entwicklung der modernen Musikforschung in Deutschland maßgebend beigetragen. Viele seiner Schriften und Editionen sind bis heute grundlegend.

WW: **1) Kompositionen:** Klv.-Stücke, Klv.-Trio, op. 20 (L 1921); Streichquartette: d-moll, op. 9, u. e-moll, op. 15 (L 1899); Orch.-Werke; Lieder; Chöre; Opern *Ludwig der Springer,* op. 12 (Mn 1894) u. *Der Tod des Kaisers,* op. 23 (unvollendet, Vorspiel gedruckt). – **2) Schriften:** *Leben und Werke des Dichtermusikers P. Cornelius* (L 1887) (= Diss. Wü 1887); *Beiträge zur Geschichte der bayerischen Hofkapelle unter O. di Lasso* I u. III (L 1894–95); *Bemerkungen zur Biographie H. L. Hasslers und seiner Brüder* (= DTB 5) (1904); *Ausgewählte Aufsätze zur Musikgesch.* I (Mn 1921) (u. a. über O. di Lasso, J. Haydn, G. Rossini), II (Mn 1924) (Forschungen, Stud. u. Kritiken zu Beethoven u. zur Beethoven-Lit.) (Mn 1924); *Zur venetianischen Oper,* in: Jb. Peters 31 (1924); *Zu Mozarts Münchner und Mannheimer Aufenthalten,* in: Neues Mozart-Jb. 1 (1941). – **3) Editionen** mit wichtigen Einleitungen: *O. di Lasso, Sämtliche Werke,* 21 Bde. (L 1894–1927) (zus. mit F. X. Haberl, unvollständig); *E. F. dall'Abaco, Ausgewählte Werke* I–II (1900, 1908) (= DTB 1 u. 9/1); *J. K. Kerll, Ausgewählte Werke* I (1901) (= DTB 2/2); *Neues Beethoven-Jahrbuch,* 10 Bde. (1924–42).

Lit.: L. SCHIEDERMAIR, A. S., in: AfMw 8 (1943); DERS., in: Musikal. Begegnungen (Kö – Krefeld 1948).

SANDERLING, Kurt, * 19. 9. 1912 Arys (Ostpreußen); dt. Dirigent. Er bereitete sich weitgehend durch Privatstudien auf seinen Beruf vor und erhielt eine erste Anstellung 1931 als Korrepetitor an der Städtischen Oper Berlin. 1936–41 war er Dirigent am Moskauer Rundfunk und 1941–60 bei der Leningrader Philharmonie. 1945–47 wirkte er als Lehrer am dortigen Konservatorium. 1960–77 war S. Chefdirigent des Städtischen Sinfonie-Orchesters Berlin und 1965–67 auch Dirigent der Staatskapelle Dresden. Zuletzt ist S. vor allem als Gastdirigent hervorgetreten.

SANDERS, Pharoah (Farrell), * 13. 10. 1940 Little

Rock (Arkansas); amerik. Jazzmusiker (Tenorsaxophon, Bandleader). Er spielte seit 1962 bei namhaften Musikern des Avantgardejazz wie Don Cherry und Sun Pa, trat dann 1966 der Gruppe von John Coltrane bei und wurde ein hervorragender Mitspieler von dessen ekstatisch-hymnischem Free Jazz. Nach dessen Tod (1967) stand S. im Zentrum des Interesses. In den 70er Jahren jedoch wich sein spezifisches Pathos einem gefälligen Popjazz. Das Aufgreifen der – für den Jazz neuartigen – sog. Pendelharmonik weist aber wieder auf seine avantgardistische Vergangenheit hin.

SANDERS, Robert L., * 2. 7. 1906 Chicago, † 26. 12. 1974 Debray Beach (Florida); amerik. Komponist. Nach dem Besuch des Bush Conservatory in Chicago erhielt er 1925 ein Stipendium für ein Kompositionsstudium an der amerikanischen Akademie in Rom, wo O. Respighi einer seiner Lehrer war. Nach seiner Rückkehr in die USA (1929) unterrichtete er am Bush (später Chicago) Conservatory, dessen Orchester er 1936–38 auch leitete, sowie 1930–38 an der Meadville Theological School und 1935–38 an der University of Chicago. 1936–47 war S. Dekan der School of Music an der University of Indiana in Bloomington und 1947–54 Leiter der Musikabteilung des Brooklyn College of Music in Brooklyn (N.Y.), wo er bis 1972/73 als Professor für Musik tätig war.

WW: **1) Instr.-WW:** Klv.-Stücke; Sonaten mit Klv.: 2 für V. (1928, 1961), Vc. (1931), Pos. (1945), Horn (1958) u. Klar. (1969); ein Streichquartett; Rhapsodie für Fl., Ob., Klar. u. Fag. (1945); Suite für Blechbläserquartett (1949); Quintett für Blechbläser (1942). – Für Orch.: Suite (1926–28); *Saturday Night* (1933); V.-Konzert (1932–36); 3 *Little Symphonies*, 1: G-Dur (1939), 2: B-Dur (1954), 3: D-Dur (1963); *Symphony for Band* (1943); Symphonie A-Dur (1954–55); Konzert für Blechbläser (1962). – **2) Vokal-WW:** Zahlr. Lieder, Chöre u. Hymnen; *The Mystic Trumpeter* (1941) (nach W. Whitman) für Bar., Sprecher, gem. Chor, Sprechchor u. Orch.; Kantate *Celebration of Life* (1956) für Sopran, Chor u. Orch.; *Song of Myself* (1968) (nach W. Whitman) für Sopran, Sprecher, Chor, Blechbläserchor u. Schlagzeug. – **3) Bühnen-WW:** Choreographische Orch.-Suite *Scenes of Poverty and Toil* (1935), auch als: *The Tragic Muse;* choreographisches Drama *L'Ag'ya*, UA: Hollywood 1944.

SANDRIN, Pierre (eig. Pierre Regnault), * um 1490 (?) St-Marcel bei Paris (?), † nach 1561 in Italien (?); frz. Komponist. Er war 1539 Dekan des Kapitels von St-Florent-de-Roye in der Picardie. 1547 ist er als Mitglied der Chapelle Royale bezeugt, gehörte aber anscheinend bereits seit 1543 zu den Musiciens du roi. S. hatte mehrere kirchliche Benefizien und ist 1549–60 als Sänger und Kanonikus der Chapelle Royale verzeichnet. 1554 war er Kapellmeister des Kardinals Ippolito d'Este von Ferrara, des französischen Gesandten in Rom, und hielt sich 1560 in Paris und 1561 in Rom auf; dann verliert sich seine Spur. S. schrieb etwa 50 Chansons, veröffentlicht in vielen Sammeldrucken 1538–67, deren Erfolg sich nicht zuletzt an den zahlreichen Bearbeitungen in frz., dt. und span. Lauten-, Gitarren-, Vihuela- und Orgeltabulaturen ablesen läßt. Er gilt auch als der erste frz. Komponist, in dessen Chansons it. Einfluß spürbar ist (z. B. *Puisque vivre en servitude*).

Ausg.: GA, hrsg. v. A. SEAY (R 1968) (= CMM 47).

Lit.: F. LESURE, Un musicien d'Hippolyte d'Este, P. S. (Fi 1956) (= Collectanea historiae musicae 2); H. M. BROWN, Music in the French Secular Theatre 1400–1555 (C/M 1963); F. DOBBINS, „Doulce Mémoire". A Study of the Parody Chanson, in: Proc. R. Mus. Assoc. 96 (1969/70).

SÄNGERBÜNDE, Bz. für Zusammenschlüsse von Chorvereinigungen auf regionaler und nationaler Ebene. Die bürgerlich-liberale Zielsetzung der Anfang des 19. Jh. aufblühenden ↗Männerchöre, die nationale Einigung und eine soziale Integration der Volksschichten voranzutreiben, führte zur Darstellungs- und Begegnungsform des Sängerfestes. Allgemeine deutsche Sängerfeste fanden statt in Würzburg (1845), Köln (1846), Lübeck (1847) und Nürnberg (1861). Seit 1830 hatten sich schon mehrere Vereine zu gebietsweisen S.n zusammengeschlossen. Die Abgeordneten von 41 S.n gründeten 1862 in Coburg den Deutschen Sängerbund (DSB), der seit 1865 (Dresden) bis zur Gegenwart zentrale Sängerbundesfeste veranstaltet. Die 1927 eingerichtete Nürnberger Sängerwoche wurde als Deutsche Sängerbundeswoche bzw. als Essener Chortage auch nach dem 2. Weltkrieg fortgesetzt mit dem Ziel, neue anspruchsvolle Kompositionen für Männerchor vorzustellen. 1945 wurde ein Weiterbestehen des DSB von den Militärbehörden zunächst untersagt, 1949 wurde aber in Göppingen die Wiedergründung des DSB von einzelnen Landessängerbünden vollzogen. Gleichzeitig öffnete sich der DSB neben Männerchören auch gemischten Chören, Frauen-, Jugend- und Kinderchören. In den 15000 Vereinen des DSB sind heute ca. 600000 aktive Chormitglieder vereinigt.

Nach der Aufhebung des Sozialistengesetzes wurde 1892 in Berlin die „Liedergemeinschaft der Arbeiter-Sängervereinigungen Deutschlands" gegründet, die sich 1908 zum Deutschen Arbeiter-Sängerbund (DAS) erweiterte; 1933 wurde der DAS von den Nationalsozialisten aufgelöst. Sein Rechtsnachfolger ist der 1947 gegründete Deutsche Allgemeine Sängerbund (DAS), der 1949 eine Sängerbundeswoche in Nürnberg veranstaltete. Heute umfaßt der DAS ca. 1400 Mitgliedsvereine. Die Verbände DSB und DAS sind Mitglied in der

Dachorganisation der Chorverbände in der Bundesrepublik Deutschland, der 1950 in Detmold gegründeten Arbeitsgemeinschaft Deutscher Chorverbände (ADC), der folgende weitere Verbände angeschlossen sind: Verband Deutscher Oratorien- und Kammerchöre (VDOK), Allgemeiner Cäcilienverband für die Länder der dt. Sprache (Verband der kath. Kirchenchöre), Verband ev. Kirchenchöre Deutschlands, Internationaler Arbeitskreis für Musik (IAM), Arbeitskreis für Musik in der Jugend (AfM). Die ADC veranstaltet Chorleiterlehrgänge und die jährliche Verleihung der Zelter-Plakette.
Der DSB ist Mitglied in der Arbeitsgemeinschaft Europäischer Chorverbände (AGEC), in der Chorverbände aus 11 europäischen Ländern zusammengeschlossen sind. Die AGEC veranstaltet seit 1960 internationale Konzerte, Dirigentenkurse und Jugendtreffen (Trossingen 1978).

Lit.: Der Dt. Sängerbund 1862–1912 (o.O. 1912); W. FILLIES, Die Arbeitersängerbewegung. Ein Beitr. z. Klassengesch. der Arbeiterschaft (Diss. Rostock 1922); Jb. des Dt. Sängerbundes 1–10 (1926–35/36), dann 11 ff. (1952 ff.); R. KÖTZSCHKE, Gesch. des dt. Männergesanges, hauptsächlich des Vereinswesens (Dresden 1926); Das dt. Sängerbuch, hrsg. v. F. J. EWENS (Marburg 1930); Gesch. des Dt. Sängerbundes 1912–1937 (B 1937); A. ECKHARDT, Das Männerchorwesen in der Bundesrepublik Deutschland nach 1945 (Diss. Mz 1977); B. KÜNNEKE, Der Dt. Sängerbund (F 1978).

A. ECKHARDT

SANSA, Mbira, Likembe, afrikanisches Zupfidiophon. Die S. ist in ganz Afrika, bes. aber in Zentral- und Südafrika, in verschiedenen Größen und Formen verbreitet. Sie besteht aus einem hölzernen Klangkörper, auf dem zwischen 3–52 abgestimmte, z.T. in mehreren Reihen übereinanderliegende Zungen aus Eisen, Holz oder Rohr befestigt sind. Zur Klangverstärkung wird der Holzkorpus häufig auf Kalebassen, Fässer u.ä., die als zusätzliche Resonatoren dienen, gesetzt. Der Spieler zupft die Lamellen der S. mit Daumen und Zeigefinger beider Hände. Kennzeichen der S.-Musik sind verschiedene Arten sowohl realer als auch bloß scheinbarer (linearer) Mehrstimmigkeit sowie komplexe rhythmische Strukturen.

Lit.: P. BERLINER, The Soul of Mbira (Berkeley – Los Angeles 1978).

SANTA CRUZ WILSON, Domingo, * 5. 7. 1899 La Cruz (Provinz Valparaíso); chilenischer Komponist. Er war zunächst Diplomat, studierte dann aber bei C. del Campo y Zabaleta in Madrid. Seit 1927 widmete er sich ausschließlich der Musik. 1928–53 lehrte er am Nationalkonservatorium von Santiago. Er war Dekan der Fakultät der Schönen Künste an der Universidad de Chile und 1944–53 deren Vizerektor. S. hat große Verdienste vor allem um die Rezeption älterer Musik (u.a. J. S. Bachs) und um Aufbau und Organisation der Musikerziehung in Chile. 1956–58 war er Präsident des International Music Council.

WW: 1) **Instr.-WW:** Klv.-Stücke; 3 Streichquartette; Bläserquintett, op. 33 (1960). – Für Orch.: 4 Symphonien, 1: op. 22 (1946, revidiert 1970), 2: op. 25 (1948) für Streichorch., 3: op. 34 (1965), 4: op. 35 (1968). – Variationen in 3 Sätzen, op. 20 (1943) für Klv. u. Orch.; *Sinfonia concertante*, op. 21 (1945) für Fl. u. Orch. – **Vokal-WW:** Lieder; zahlr. Werke für Chor a cap.; *Endechas*, op. 32 (1960) für Tenor u. 7 Instr.; *Egloga*, op. 26 (1949) für Sopran, Chor u. Orch.; *Oratorio Ieremiae prophetae*, op. 37 (1970) für Chor u. Orch.

Lit.: Werkverz., in: Compositores de América I (Washington/D.C. 1955, Nachdr. 1962); N. SLOMINSKY, Music of Latin America (NY 1945, Nachdr. 1972); V. SALAS VIU, La creación musical en Chile (Santiago 1952); Sonder-H. S. (= Rev. Mus. Chilena VIII/42) (1952); R. STEVENSON, Chilean Music in the S. C. Epoch, in: Inter-American Music Bulletin (1968).

SANTA MARÍA (Sancta Maria), Fray **Tomás de** (Thomas de), * um 1510/20 Madrid, † 1570 Ribadavia (Nordwestspanien); span. Komponist und Musiktheoretiker. Er war Organist am Dominikanerkloster S. Pablo in Valladolid. Seine musikgeschichtliche Bedeutung beruht auf dem *Libro llamado Arte de tañer fantasía, assi para tecla como para vihuela* (Valladolid 1565). Das 1. Buch behandelt mit zahlreichen Notenbeispielen die musikalische Theorie und Praxis (Notation, Elemente des Cantus planus und des Cantus figuratus, Kirchentöne, Spieltechnik des Clavichords); der 2. Teil ist satztechnischen Verfahren gewidmet (Dissonanz- und Konsonanzbehandlung, Glosas und Variationen, kontrapunktische Regeln etc.).

Ausg.: *Libro llamado Arte de tañer*..., Faks.-Ausg., hrsg. v. D. STEVENS (Farnborough 1971). – Fabordónes, in: Psalmodia modulata a diversis auctoribus, hrsg. v. F. PEDRELL (Ba – L 1896, Nachdr. NY 1971) (= Hispaniae schola musica sacra 6); 23 Stücke aus *Arte de tañer*..., in: Antología de organistas clásicos, siglos XVI–XVII, hrsg. v. L. VILLALBA MUÑOZ (Ma 1914, ²1971); T. de S.-M., Anmut u. Kunst am Klavichord, dt. Übers. v. E. HARICH-SCHNEIDER – R. BOADELLA (L 1937); 5 Stücke für Tasteninstr., in: A. Schlick, Hommage à l'Empereur Charles-Quint, hrsg. v. M. S. KASTNER (Ba 1954); 8 Fantasías, in: Anthologie de l'orgue des primitifs à la Renaissance, hrsg. v. P. FROIDEBISE (P 1957); 26 Fantasías aus *Arte de tañer*..., in: T. de S.-M., Œuvres transcrites de l'Arte de tañer..., hrsg. v. DEMS. (P 1961) (= Orgue et liturgie 49); 25 Fantasías, in: T. de S.-M., 25 Fantasías del Arte de tañer..., hrsg. v. J.-L. AZPAIZU (Ma 1965).

Lit.: O. KINKELDEY, Org. u. Klv. in der Musik des 16. Jh. (L 1910, Nachdr. Hil – Wie 1968); E. HARICH-SCHNEIDER – R. BOADELLA, Zum Klavichordspiel bei T. de S.-M., in: AfMf 2 (1937); S. RUBIO, La polifonía clásica (El Escorial 1956, engl. 1972); C. JACOBS, The Performance Practise of Spanish Renaissance Keyboard Music (Diss. NY 1962); W. E. HULTBERG, S.-M.s „Libro llamado..." A Critical Evaluation (1964) (= Diss. Univ. of Southern California); H. LANGE, A Tutor by S. M., in: Dolmetsch Foundation Bull. 14 (1968); D. POULTON, „How to play with good style" by T. de S. M., in: The Lute Soc. Journal 12 (1970); M. KUGLER, Die Musik für Tasteninstr. im 15. u. 16. Jh. (Wilhelmshaven 1975) (= Taschenbücher zur Musikwiss. 41).

SANTI, Nello, * 22. 9. 1931 Adria (Venezien); Schweizer Dirigent it. Herkunft. Er studierte in Padua Komposition und debütierte dort am Teatro Verdi als Dirigent. Seit 1958 ist er ständiger Dirigent am Opernhaus in Zürich, wo er mit J. Massenets *Werther* 1979 seine 50. Einstudierung vorstellte. Daneben dirigierte S. in den großen Musikzentren der Welt, u.a. an der Covent Garden Opera in London und bei den Salzburger Festspielen (1960), an der Metropolitan Opera in New York (1962) sowie als ständiger Gast an der Hamburgischen Staatsoper, der Wiener Staatsoper, der Bayerischen Staatsoper in München und am Opernhaus Köln. Weitere Stationen seiner Tätigkeit waren u.a. auch Paris und Genf.

SANTINI, Fortunato, * 5. 1. 1778 Rom, † 14. 9. 1861 ebd.; it. Musiksammler. Er wurde 1801 zum Priester geweiht und lebte zuletzt in einem Kloster in Rom. Entscheidend vom Geist der kirchenmusikalischen ↗ Restauration bestimmt, sah er seine Lebensaufgabe im Sammeln, Kopieren und Spartieren vor allem von Messen, Motetten u.a. liturgischen Werken des 16./17. Jahrhunderts. So erwarb er sich – auch durch Tausch mit anderen gleich interessierten Sammlern wie C. Proske und A. Bottée de Toulmon' – eine umfangreiche Bibliothek von etwa 4500 Musik-Mss. und 1100 -Drucken, die bis heute eine der wichtigsten Quellen namentlich für die lateinische Kirchenmusik des 17. Jh. bildet. S. selbst veröffentlichte bereits 1820 in Rom einen *Catalogo* seiner Sammlung. Diese wurde nach seinem Tod 1862 von dem Diözesanmuseum in Münster (Westf.) erworben, befand sich 1923–46 als Leihgabe in der dortigen Universitätsbibliothek und ist heute im Priesterseminar in Münster aufgestellt. – S. war auch mit F. Mendelssohn Bartholdy, Fr. Liszt und O. Nicolai bekannt. Durch Übersetzungen der Texte von Werken J. S. Bachs, G. Fr. Händels und C. H. Grauns ins Lateinische bzw. Italienische trug er zu deren Verbreitung in Italien bei.

Lit.: J. KILLING, Kirchenmusikal. Schätze der Bibl. des Abbate F. S. (Düsseldorf 1911); J. HÜNTEMANN, Die Messen der S.-Bibl. zu Münster i. W. (Diss. Mr 1928); F. SMEND, Zur Kenntnis des Musikers F. S., in: Westfälische Studien. FS A. Böhmer (L 1928); K. G. FELLERER, F. S. als Sammler u. Bearbeiter Händelscher Werke, in: Händel-Jb. 2 (1929); DERS., Verz. der kirchenmusikal. Werke der S.schen Slg., in: KmJb 26–31 (1931–38) (unvollständig); DERS., Bachs Johannes-Passion in der lat. Fassung F. S.s, in: FS M. Schneider (L 1955); V. FÉDOROV, À propos de quelques lettres de S. à Bottée de Toulmon, in: FS K. G. Fellerer (Rb 1962); DERS., V. V. Stasov chez l'abbate F.S. à Rome, in: FS A. van Hoboken (Mz 1962); R. EWERHART, Die Bischöfliche S.-Bibl., in: Das schöne Münster 35 (1962).

SANTINI, Gabriele, * 20. 1. 1886 Perugia, † 13. 11. 1964 Rom; it. Dirigent. Er studierte in seiner Heimatstadt und in Bologna, wo er mit einem Diplom in Komposition abschloß, und debütierte 1906 am Teatro Costanzi in Rom. Acht Jahre wirkte S. am Teatro Colón in Buenos Aires und dirigierte im gleichen Zeitraum auch in Rio de Janeiro, New York und Chicago. 1925 wurde er von A. Toscanini an die Mailänder Scala berufen, wo er bis 1929 tätig war. 1929–33 dirigierte er an der Oper in Rom und kehrte dann wieder an die Scala zurück. 1944–47 wirkte er als künstlerischer Leiter der Oper in Rom. Weitere Stationen waren das Teatro S. Carlo in Neapel, die Pariser Opéra (1951), der Maggio Musicale Fiorentino und zuletzt (1960–64) noch einmal die Mailänder Scala.

SANTOLIQUIDO, Francesco, * 6. 8. 1883 San Giorgio a Cremano (Neapel), † 26. 8. 1971 Anacapri (Insel Capri); it. Komponist. Nach seinem Studium in Rom lebte er in Tunesien und seit 1933 in Anacapri. 1929 wurde er Mitglied der Accademia Nazionale di S. Cecilia in Rom. Seine Instrumentalwerke stehen unter dem Einfluß Cl. Debussys, seine Opern in der Tradition des Verismo.

WW: **1) Instr.-WW:** Klv.-Stücke; Stücke und eine Sonate für V. u. Klv. (1924); ein Streichquartett; 2 Stücke für Bläserquintett. – Für Orch.: *Crepuscolo sul mare* (1909); *La notte sahariana* (1912); *La danzatrice araba* (1912); *Il profumo delle oasi sahariani* (1915); 2 Symphonien, 1: F-Dur (1916), 2: D-Dur (vor 1928); *La sagra dei morti* (1920); *Acquarelli* (1923); *Le grotte di Capri* (1925); *Alba di gloria* (1939); *Santuari asiatici* (1957). – **2) Vokal- u. Bühnen-WW:** Lieder; Kantate *L'ultima visione di Cassandra* (1908) für Sopran, Frauenchor u. Orch.; *Messa facile* (1925) für Chor u. Orch. – Mimodram *La bajadera dalla maschera gialla*, UA: Rom 1923; Opern: *La favola di Helga*, UA: Mailand 1910; *Ferhuda*, UA: Tunis 1919; *L'ignata* (1921); *La porta verde*, UA: Bergamo 1953.

Lit.: A. DE ANGELIS, L'Italia musicale di oggi. Dizionario dei musicisti (R 1928) (mit Werk-Verz.); F. BONURA u. a., Cronistoria della prima rappresentazione dell'opera „Ferhuda" (ebd. 1936).

SANTORO, Cláudio, * 23. 11. 1919 Manáos (Staat Amazonas); brasilianischer Komponist und Dirigent. Er studierte bei H. J. Koellreutter (Komposition) in Rio de Janeiro sowie bei Nadia Boulanger (Komposition) und Eugène Bigot (Dirigieren) in Paris. 1951–53 war er Musikdirektor des Radio-Club do Brasil in Rio, 1953–54 Chefdirigent des Brasilianischen Symphonieorchesters und wurde 1956 künstlerischer Leiter beim Radio Ministério da Educação e Cultura. Als Titularprofessor an der Universität Brasilia (1962–65) richtete er die dortige Musikabteilung ein. Seit 1970 lehrte er Komposition und Dirigieren an der Musikhochschule Heidelberg-Mannheim. 1979 kehrte er nach Brasilia zurück, wo er wieder an der Universität und als Dirigent tätig ist. S. ging von der Zwölftontechnik aus, wandte sich aber 1948 von ihr ab und benutzte Elemente aus der Volksmusik.

WW: **1) Instr.-WW:** Zahlr. Klv.-Stücke; *Mutationem* I–VI

(1968–72) für versch. Soloinstr. u. Tonband; *Divertimento für junges Publikum u. Orch.* (1972); 8 Symphonien, 1: für 2 Streichorch. (1940), 2 (1945), 3 (1947–48), 4: *Da paz* (1953), 5 (1955), 6 (1957), 7: *Brasilia* (1959–60), 8 (1963); *Interações assintóticas* (1969) für Orch.; Konzerte für: Klv. (1951, 1960); V. (1958); Vc. (1961). – **2) Vokal- u. Bühnen-WW:** Zahlr. Lieder u. Chöre; *Cantata elegiaca* (1970) für Chor u. Orch. – Ballette: *Icamiabas* (1959); *Zuimaaluti,* UA: Rio de Janeiro 1960; *Preludios,* UA: Brasilia 1962.

Lit.: Composers of the Americas (Washington/D.C. 1963) (= Pan American Union 9); E. LONDON, Four Scores by S., in: Yearbook for Inter-American Musical Research 7 (1971); G. BÉHAGUE, S., in: Grove⁶ XVI.

SANṬŪR (pers., von griech. psalterion), **Sanṭīr** (arab.), eine Zither mit trapezförmigem Resonanzkörper, die in der Türkei, vor allem aber im Irak und in Persien verbreitet ist, wo sie ein außerordentlich virtuos gespieltes Instrument der Berufsmusiker darstellt. Der irakische S. verfügt über 69–92 parallel zu den Längsseiten des Trapezes gezogene Messing- oder Stahlsaiten, von denen jeweils 3 bzw. 4 Saiten auf einen Ton gestimmt sind, so daß das Instrument 23 Saitenchöre hat. Durch 3 verschieden lange, auf beiden Seiten parallel zu den Schrägseiten angebrachte Stege werden die Saiten so geteilt, daß sich ein Tonumfang von G bis a^2 ergibt. Da alle vorhandenen Saiten die gleiche Stärke haben, sind die verschiedenen Tonhöhen nur durch unterschiedliche Spannung der einzelnen Saitenchöre zu erreichen. Im Unterschied zum irakischen hat der persische S. nur 18 Saitenchöre und 2 Reihen von Stegen. Die Saiten eines S. werden mit 2 löffelförmigen Holzklöppeln geschlagen; der Klang des Instruments ist metallisch, weil die Drahtsaiten über Holzstege verlaufen, die an der Auflagefläche der Saite mit Metall versehen sind. Der S., von den Arabern im Mittelalter in Europa eingeführt, ist bis heute als ↗Hackbrett, in Ungarn als ↗Cimbalom bekannt. Zu Beginn des 18. Jh. gelangte der S. auch nach Ostasien und ist z.B. in China noch heute als Yang k'in, als „Fremde Zither", bekannt.

Lit.: H. HASSAN TOUMA, Die Musik der Araber (Wilhelmshaven 1975) (= Taschenbücher z. Musikwiss. 37); S. QASSIM HASSAN, Les instruments de musique en Irak et leur rôle dans la soc. traditionnelle (P 1980). M. BRÖCKER

SANZ, Gaspar, * 1640 Calanda (Aragón), † 1710 Madrid; span. Gitarrist. Er studierte Musik, Theologie und Philosophie an der Universität Salamanca, ging danach zur Vervollkommnung seiner Organistenausbildung nach Neapel und wurde durch die besten Instrumentalisten seiner Zeit, vor allem von Lelio Colista, in das Gitarrenspiel eingeführt. Nach seiner Rückkehr nach Spanien wurde er der Gitarrenlehrer von Don Juan d'Austria, dem natürlichen Sohn König Philipps IV., für den er eine *Instrucción de música sobre la guitarra española y método desde sus primeros rudimentos hasta tañerla con destreza* (Saragossa 1674, ²1697) schrieb, die zahlreiche Volkslieder und spanische Tänze enthält.

Ausg.: *Instrucción de música ...*, Faks. der Ausg. v. 1674 u. 1697, hrsg. v. L. GARCÍA-ABINES (Saragossa 1966). – *Canarios* sowie Suiten e-moll u. g-moll für Gitarre, hrsg. v. L.-J. AZPIAZU (Bas 1959); *Matachin* u. *Jácara* aus *Instrucción de música ...*, in: G. REICHERT, Der Tanz (Kö 1965) (= Das Musikwerk 27).

Lit.: R. HUDSON, Further Remarks on the Passacaglia and Ciacona, in: JAMS 23 (1970); S. MURPHY, The Tuning of the Five-Course Guitar, in: GalpinJ 23 (1970); R. STRIZICH, Ornamentation in Spanish Baroque Guitar Music, in: Journal of the Lute Society of America 5 (1972); R. DE ZAYAS, G. S., A Transcription of his Complete Works for the Guitar, in: The Consort 31 (1975).

SANZOGNO, Nino, * 13.4. 1911 Venedig, † 4.5. 1983 Mailand; it. Dirigent. Er begann seine Studien in seiner Heimatstadt, studierte seit 1935 bei H. Scherchen in Brüssel Dirigieren sowie bei G. Fr. Malipiero Komposition und gehörte als Violinist dem Guarnieri-Quartett an. Dann übernahm er die musikalische Leitung des Teatro La Fenice in Venedig, wurde später Dirigent des Orchesters der RAI sowie der Mailänder Scala, deren Orchesterchef er 1962–65 war. Durch Gastspielreisen machte S. auch außerhalb seines Landes auf sich aufmerksam. In Darmstadt war er wiederholt Dozent der Sommerkurse für Orchesterdirigieren. S. ist auch als Komponist hervorgetreten.

SAPPHO, * spätestens um 630 v.Chr. vermutlich Eresos auf Lesbos, † (in hohem Alter) Mytilene auf Lesbos; griech. Dichterin. Sie gehörte dem Adel in Mytilene an und mußte 603–595 v. Chr. aus politischen Gründen nach Sizilien gehen. Schon zu Lebzeiten war sie hochberühmt. Ihre Gedichte, mit einer Ausnahme nur fragmentarisch überliefert, wurden, nach den verwendeten Versmaßen geordnet, durch alexandrinische Gelehrte in 9 Büchern gesammelt, von denen das 9. als *Epithalamia* (↗Epithalamion) bezeichnet ist. Doch auch die Bücher 1–8 enthielten Epithalamia, daneben Götterhymnen (↗Hymnus), Liebeslieder, Preislieder u.ä. Sämtliche Gedichte waren zum musikalischen Vortrag (↗Ode) bei festlichem Anlaß (Götterfesten, Hochzeiten usw.) oder im geselligen Kreis für Chor, Einzelgesang (↗Monodie) oder Wechselgesang bestimmt. S. führte den lyrischen Gesang, der, durch sie und ihren Zeitgenossen Alkaios von Lesbos ausgehend, bald in ganz Griechenland Pflege fand, zu höchster Vollendung. Die Nachwelt hat ihr daher den Ehrennamen „Zehnte Muse" verliehen. – Das von S. vornehmlich verwendete Metrum, die „sapphische Strophe" (11-Silbler: – ∪ – ∪ – ∪∪ – ∪ – ∪), führte

Fr. G. Klopstock in die deutsche Metrik ein. Bekannt wurde es später auch durch das Lied *Sapphische Ode* von J. Brahms (Text von H. Schmidt). Die S.-Verehrung des 19. Jh. bezeugt ferner die gleichnamige Oper von Ch. Gounod (1851).

Ausg.: E. Diehl, Ant. Lyrica Graeca I/4 (L ²1936); E. Lobel – D. L. Page, Poetarum Lesbiorum fragmenta (O 1955); M. Treu, S., griech. u. dt. (Mn 1968).

Lit.: M. Wegner, in: MGG XI; G. M. Kirkwood, Early Greek Monody. The History of a Poetic Type (Lo – Ithaca 1974).

B. R. SUCHLA

SAPPHO *(Sapho),* Oper in 3 Akten von Charles Gounod (1818–93), Text von Émile Augier. Ort und Zeit der Handlung: Olympia, zur Zeit der Spiele, um 590 v. Chr. UA: 16. 4. 1851 in Paris (Opéra).

Gounods erste Oper basiert auf einer Legende, die sich um das Leben der antiken Dichterin Sappho rankt: Die im poetischen Wettstreit mit Alkaios (ebenfalls eine historische Gestalt) siegreiche Titelheldin unterliegt der intriganten Nebenbuhlerin Glycère im Bemühen um die Gunst Phaons und stürzt sich – hier änderte Augier den Ort der Handlung gegenüber der Legende ab – von einem Felsen ins Meer. Die Oper erzielte bei der UA einen Achtungserfolg, und auch verschiedene Umarbeitungen – zuletzt 1858 zu einer vieraktigen Version – konnten dem musikdramatischen Erstling Gounods keinen Verbleib in den Spielplänen sichern. Dramatisch noch keineswegs überzeugend und musikalisch noch deutlich an den großen Vorbildern der Zeit orientiert, weist das Werk doch auch bereits auf die Qualitäten späterer Gounod-Opern voraus: auf den melodischen Reichtum und – vornehmlich in der Schlußszene – auf die lyrisch-intensive Spannung. So beeindrucken in *Sappho* vor allem die meditativen Abschnitte. R. QUANDT

SARABANDE (von span. carauanda oder zarabanda), seit dem 17. Jh. Bz. für einen Schreittanz im ¾- oder ³⁄₂-Takt mit charakteristischer Betonung der 2. Zählzeit: 3/4 ♩ ♩. ♪ | ♩ 𝅗𝅥 |

Jüngsten Forschungen folgend, stammt der anfänglich als obszön beschriebene und abgelehnte Tanz als einer der ersten aus Mittelamerika, dem später weitere Gesellschaftstänze folgten. Nach Spanien eingeführt, wurde das Singen des Tanzliedes *Zarabanda* bei Peitschen- und Galeerenstrafen verboten (königliches Edikt vom 3. 8. 1583). Bereits 1618 ging die S. jedoch, allen Verboten zum Trotz, in das Tanzrepertoire des spanischen, 1625 in das des französischen Hofes ein. Erst um die Mitte des 17. Jh. verlor sie ihre übermütige Lebhaftigkeit und wurde der Rhythmus in der bis heute bekannten Weise festgelegt. Als Teil der Instrumentalsuite steht die S. seitdem gewöhnlich korrespondierend mit der ↗Allemande an 3. Stelle als eine „gravitätische … etwas kurtze Melodie, welche allezeit zum Tantzen des ¾, zum Spielen aber bisweilen den ³⁄₂ Tact, langsam geschlagen, und zwey Reprisen hat" (J. G. Walther, *Musicalisches Lexicon,* 1732). Über die Tanzschritte und die Choreographie dieses Tanzes geben erst nach 1700 edierte Tanzlehrwerke Auskunft. A. Feuillets *Recueil de dances* (1700) und das anonym erschienene Lehrbuch *Maître de danse* (1705), das, mit I. H. P. gezeichnet, vermutlich aus der Feder Johann Raschs stammt, sind die ersten mit lesbarer Tanzschrift versehenen genauen Beschreibungen, nach denen die S. als Danse haute die Beherrschung der hohen, theatralischen Armhaltung (port de bras) verlangte und, „gemeiniglich Solo und frey" ausgeführt, mit Kreuzschritten (ronds de jambe) begonnen wurde. Die Ausführung der schnellen Version der S., wie sie seit der Zeit von Miguel de Cervantes neben der ernsten, langsamen üblich war, erforderte von den Tänzern große Geschicklichkeit. Im Gegensatz zu den meisten höfischen Tänzen, die erst durch ihre Stilisierung in der „Entfunktionalisierung" und Kunstmusik ihre musikalische Hochblüte erreichten, nachdem ihre getanzte Realität schon vergessen war, erlebte die S. ihre musikalische Aufwertung zur Zeit des Tanzes selbst. Durch die französischen Clavecinisten, D. Buxtehude oder in ihrer Spätphase G. Fr. Händel und J. S. Bach erhielt sie als Musikstück mit Bezeichnungen wie „S. douce", „S. gracieuse" oder „S. d'amour" anmutige, zarte Prägung.

Als früheste gedruckte Quelle gilt die *Nuova inventione d'intavolatura* (Fi 1606) von G. Montesardo, an die sich eine Reihe von weiteren Veröffentlichungen anschloß, etwa die Sammlung *Terpsichore* von M. Praetorius (1612). Die musikalische Struktur dieser frühen S. war an das harmonische Gerüst I IV I V gebunden. Die Temponahme schwankte zwischen Vivace, Andante, Adagio und Largo und wurde erst zum Ende des 17. Jh. gemessen, feierlich. Charakteristisch ist die folgende S. von G. Fr. Händel, der die S. zunächst in seinen Opern (berühmt *Lascia ch'io pianga* aus *Rinaldo*), später in seinen Instrumentalwerken verwendete:

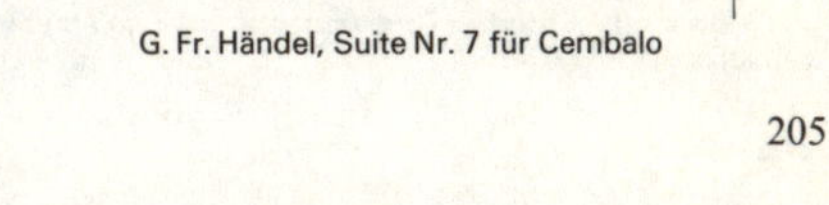

G. Fr. Händel, Suite Nr. 7 für Cembalo

J. S. Bachs 40 S.n, die bei Wahrung des Grundrhythmus als langsame Sätze sich vom Tanzgestus weit entfernen und eigene Prägung haben, werden zuweilen wiederholt oder variativ verändert.

J. S. Bach, Partita Nr. 6

Nach Bach und Händel kam die S. außer Gebrauch, so daß J.-J. Rousseau schrieb: „Cette danse n'est plus en usage si ce n'est dans quelques vieux opéras français" (1767). Erst im 19. und 20. Jh. besann man sich wieder historisierend dieses Tanzes, insbesondere, wenn es darum ging, iberisches Lokalkolorit oder höfisches Milieu nachzuzeichnen. In den Kompositionen etwa von D. Fr. E. Auber, E. Grieg, E. Satie, C. Saint-Saëns, Cl. Debussy, A. Roussel oder I. Strawinsky erhält die S. erneut entweder manieriert-feierliche Züge oder wird zum Mittel demaskierender Parodie oder Ironie, wie vielfach bei derartigen Rückbesinnungen.

Lit.: F. M. BOEHME, Gesch. des Tanzes in Deutschland, 2 Bde. (L 1886, Nachdr. Wie 1967); C. SACHS, Eine Weltgesch. des Tanzes (B 1933, Nachdr. Hil 1976); P. NETTL, The Story of Dance Music (NY 1947, Nachdr. 1970); R. STEVENSON, The First Dated Mention of the S., in: JAMS 5 (1951); D. DEVOTO, La folle s., in: RMie 45/46 (1960); R. STEVENSON, The S. A Dance of American Descent, in: Inter-American Music Bull. 30 (1962); DERS., The Mexican Origines of the S., in: ebd. 33 (1963) (mit Lit.-Verz.); DERS., S., in: JAMS 14 (1963); DERS., S., in: MGG XI; P. NETTL, The Dance in Classical Music (Lo 1964); D. DEVOTO, De la zarabanda à la s., in: Rech. Mus. 6 (1966); K. H. TAUBERT, Höfische Tänze, ihre Gesch. u. Choreographie (Mz 1968).

G. BUSCH-SALMEN

SARACINI, Claudio (genannt Il Palusi), * 1. 7. 1586 Siena, † nach 1649 ebd. (?); it. Komponist. Aus einer Adelsfamilie stammend, unternahm er zahlreiche Reisen durch Europa und stand mit Adels- und Künstlerkreisen in Florenz, Bologna und Modena sowie mit Cl. Monteverdi in Venedig in Verbindung. Er wurde auch als Sänger und Lautenist geschätzt. S. zählt mit S. d'India zu den herausragenden Meistern der frühen weltlichen Monodie. Seine Werke (meist Solomadrigale) sind durch starken Ausdruck, beruhend auf freier Dissonanzbehandlung, extensiver Chromatik und ungewöhnlicher Rhythmik, gekennzeichnet.

WW: *Le musiche ... madrigali et arie* für 1–2 St. u. B.c. (V 1614) (mit 3 Stücken für Theorbe); *Le seconde* bzw. *terze, quinte* u. *seste musiche* (V 1620–24).

Ausg.: *Le seconde musiche*, Faks.-Ausg., hrsg. v. S. A. LUCIANI (Siena 1933); 3 Stücke aus *Le seconde musiche*, hrsg. v. V. FRAZZI (ebd. 1934).

Lit.: B. SZABOLCSI, Benedetti u. S., Beitr. z. Gesch. der Monodie (Diss. L 1923); S. A. LUCIANI, C. S., in: Musica d'oggi 15 (1933); N. FORTUNE, Italian Secular Monody 1600–1635, in: MQ 39 (1953); S. A. LUCIANI, C. S., in: Chigiana 11 (1954); B. SZABOLCSI, A melódia története (Budapest 1950), engl. Übers.: A History of Melody (ebd. 1966); DERS., S., in: MGG XI.

SARANGI, indisches Saiteninstrument. – ↗ Indien.

SARASATE Y NAVASCUÉZ, Pablo Martín Melitón de, * 10. 3. 1844 Pamplona, † 20. 9. 1908 Biarritz; span. Violinist. S. gab mit 7 Jahren in La Coruña sein erstes öffentliches Konzert, war später Schüler von M. Rodríguez in Madrid, und setzte 1856–59 seine Ausbildung bei D. Alard am Pariser Conservatoire fort. Anschließend durchlief er eine glänzende Karriere als Violinvirtuose; Konzertreisen führten ihn bis in den Orient und nach Amerika. 1860 gründete er in Paris mit Turban (später A. Parent), Louis van Waefelghem und Jules Delsart ein Streichquartett. S.s Spiel zeichnete sich aus durch vollendet schöne und reine Tongebung, makellose Technik und klare Ausgewogenheit in der Gestaltung. É. Lalo schrieb für ihn die *Symphonie espagnole*, M. Bruch das 2. Violinkonzert und die *Schottische Phantasie*, C. Saint-Saëns sein *Concertstück*, das *Rondo capriccioso* und das Violinkonzert in h-moll und A. Mackenzie die *Pibrock*-Suite für Violine und Orchester. Seine eigenen Werke, darunter am bekanntesten die *Zigeunerweisen*, op. 20 (für Klavier bzw. Orchester), sind besonders durch die spanische Folklore inspiriert.

WW: Für V. u. Klv. (z. T. bearb. für V. u. Orch.): *Zigeunerweisen*, op. 20 (L 1878); *Spanische Tänze*, op. 21 (B 1879); *Caprice basque*, op. 24 (L 1881); *Sérénade andalouse*, op. 28 (B 1883); *Jota de San Fermín*, op. 36 (B 1894); *Introduction et fandango*, op. 40 (B 1898); *Introduction et tarantelle*, op. 43 (L 1899); Konzertfantasien, u.a. über: *Carmen* (G. Bizet), *Der Freischütz* (C. M. von Weber) u. *Don Giovanni* (W. A. Mozart). – Für 2 V. u. Klv.: *Navarra*, op. 33 (B 1889). – Für V. u. Orch.: *La chasse*, op. 44 (L 1901); *Nocturne-sérénade*, op. 45 (L 1901).

Lit.: J. ALTADILL, Memorias de S. (Pamplona 1909); A. MOSER, Gesch. des Violinspiels (B 1923, erweitert [2]1966–67); L. ZÁRATE (= Y. Bourget), S. (Ba 1945); G. WOOLLEY, P. de S. His Historical Significance, in: ML 36 (1955); A. SAGARDIA, P. S. (Plasencia 1956, [2]1964); C. FLESCH, Erinnerungen eines Geigers (Fr 1960, [2]1961); J. J. MENA MATEOS, P. S. His Life (NY 1963).

SARDANA, katalanischer Volkstanz im $\frac{2}{4}$- oder $\frac{6}{8}$-Takt, der auch im Baskenland und in der französischen Provinz Roussillon Eingang fand. Die S. wird als ↗Reigen einer größeren Gruppe auf Straßen und Plätzen getanzt, und zwar mit 2 Schrittfolgen: einer kurzen (curts) mit 2, und einer langen (llargs) mit 4 Schritten. Bei der kurzen Schrittfolge halten die Tänzer die Arme nach unten, bei der langen nach oben, wobei der Tanz einen lebhafteren Charakter erhält. Aus choreographischen Gründen muß die Taktzahl bei den einzelnen Figuren ungerade sein.

Die Anfänge der S. sind nicht bekannt. Man weiß nur, daß sie in ihrer jetzigen Form auf einen primitiven Tanz (der vom Contrepas abgeleitet ist) zurückgeht. Er bestand aus 8 Takten mit kurzen Schritten und 16 Takten mit langen Schritten. Man nannte das die „S. corta" oder „ampurdanesa" (d.h. aus Ampurdán, einer Gegend im Norden von Katalonien). Es war J. Ventura, der in der 2. Hälfte des 19. Jh. die begrenzten choreographischen und musikalischen Möglichkeiten der älteren S. erweiterte. So entstand die „S. larga" mit den oben genannten Kennzeichen, die nun auch für ein reicher besetztes, auf der ↗Cobla beruhendes Instrumentalensemble bestimmt war. Die heute üblichen Tanzschritte legte Miguel Pardàs fest. Als Komponisten solcher S.s sind zu nennen – außer Ventura – Julio Garreta, P. Casals, E. Toldrà und J. Manén.

Lit.: J. LLONGUERAS, Per la nostra s. (Ba 1933); A. CAPMANY, La s. a Catalunya (ebd. 1948); H. BESSELER, Katalanische Cobla u. Alta-Tanzkapelle, in: Kgr.-Ber. Basel 1949 (Kas 1951); A. BAINES, Shawms of the S. Cobla, in: GalpinJ 5 (1952); J. MIRACLE, Llibre de la s. (Ba 1953); H. PÉPRATX-SAISSERET, La sardane (Perpignan 1956); A. DE LARREA PALACÍN – M. CUNNINGHAM, Spain, Folk Music, in: Grove[6] XVII.

SARGENT, Sir **Harold Malcolm,** * 29. 4. 1895 Ashford (Kent), † 3. 10. 1967 London; engl. Dirigent. Nach dem Studium am Royal College of Organists in London wurde er 1911 2. Organist an der Peterborough Cathedral, ging 1914 als Organist nach Melton Mowbray und promovierte 1919 an der Universität Durham zum Dr. of Music. 1921 trat er mit einer eigenen Komposition erstmals als Dirigent auf, leitete 1926–28 das Llandudno Orchestra, dirigierte 1927–30 bei S. Diaghilews Ballets Russes und übernahm 1928 die musikalische Direktion der Royal Choral Society. 1947 erhielt er den Adelstitel. 1950–57 war er Chefdirigent des BBC Symphony Orchestra. An der Royal Academy of Music lehrte er von 1923 bis zu seinem Tod Orchester-Dirigieren. Konzertreisen führten ihn in alle Welt, 1954 mit dem BBC Orchestra nach Deutschland. Er schrieb *The Outline of Music* (zus. mit M. Cooper, Lo 1962, NY 1963).

Lit.: PH. MATTHEWMAN, Sir M. S. (Lo 1959); CH. REID, M. S., A Biography (Lo 1968, NY 1970).

SAROD, indisches Saiteninstrument. – ↗Indien.

SARON, 5–9töniges Metallophon des indonesischen Gamelan-Orchesters, das man auf Java in 3, auf Bali (dort auch Gangsa genannt) in 4 Größen baut. Die bronzenen Platten des S., dessen Umfang meist nur 1 Oktave beträgt, sind auf einem reich verzierten Holzkasten befestigt. Nur noch auf Bali werden jeweils 2 S. um ein geringes Intervall gegeneinander verstimmt, so daß Schwebungen entstehen. Man schlägt die Platten des S. mit einem hammerförmigen Schlegel aus Holz oder Horn und dämpft den Nachklang durch Auflegen der Finger. Auf den tieferen S. spielen die Musiker in der Regel die Kernmelodie, auf den höheren deren Varianten.

SARRETTE, Bernard, * 27. 11. 1765 Bordeaux, † 11. 4. 1858 Paris; frz. Musikliebhaber. Als Hauptmann der Garde Nationale gründete er 1789 in Paris aus 45 Militärmusikern das Musikkorps dieser Truppe. 1792 errichtete er eine Musikschule; Lehrer waren frühere Musiker der Garde. Diese Schule, die 1793 den Namen Institut National de Musique erhielt und 1795 in das Conservatoire umgewandelt wurde, sollte die Musiker für die Korps der französischen Armee ausbilden. 1796–1814 war S. ihr Direktor und entfaltete in ihrem Rahmen eine rege Aktivität; u. a. gründete er die Concerts du Conservatoire und einen Stipendienfonds für Schüler der Gesangklassen.

Lit.: C. PIERRE, B. S. et les origines du Conservatoire nat. de musique et de déclamation (P 1895); J. TIERSOT, Les origines du Conservatoire, in: Le Ménestrel 61 (1895); Le Conservatoire nat. de musique et de déclamation, documents historiques et administratifs (P 1900); W. KOLNEDER, Die Entstehung des Pariser Kons., in: Musikerziehung 20 (1966/67).

SARRO (Sarri, Sarra), **Domenico Natale,** * 24. 12. 1679 Trani (Apulien), † 25. 1. 1744 Neapel; it. Komponist. Eigenen Aussagen zufolge lebte er seit 1685 in Neapel und war Schüler am Conservatorio di S. Onofrio. Das früheste aufgeführte Werk ist die geistliche Oper *L'opera d'amore,* die er 1702 für die Arciconfraternità della SS. Trinità dei Pellegrini geschrieben hatte. 1703 wurde er in Vertretung A. Scarlattis 2. Kapellmeister am Hof von Neapel, wo er 1706 seine Oper *Candaule, Re di Lidia* zur Aufführung brachte. Als Neapel 1707 durch die Österreicher erobert wurde, verlor S. seine Stellung, konnte sie aber nach Scarlattis Tod 1725 wieder antreten und rückte 1737 zum Hofkapellmeister auf. Seit 1728 war er außerdem Stadtkapellmeister. Von S. wurden zwischen 1702 und 1743 in Neapel etwa 60 Bühnenwerke aufgeführt, von denen *Didone abbandonata* (Neapel 1724) die erste Vertonung dieses später noch häufig verwendeten Librettos von P. Metastasio ist. S. gehört zu den Meistern der frühen Neapolitanischen Schule. Einflüsse seines Schaffens finden sich bei L. Leo, J. A. Hasse und G. B. Pergolesi.

WW: Im Druck erschien ein *Coro de' Massimini* für SingSt u. B.c., in: A. Marchese, *Tragedie Cristiane* (Neapel 1729). – Hsl. erhalten: Opern (wenn nichts anderes angegeben, UA in Neapel): *Le gare generose tra Cesare e Pompeo* (1706); *Il Vespasiano* (1707); *Armida al campo* u. *Arsace* (1718); *Ginevra* (1720); *Lucio Vero* u. *La Partenope* (1722); *Didone abbandonata* (1724); *Tito Sempronio* (1725); *Siroe* (1727); *Artemisia* (1731); *Achille in Sirio* (1737); UA in Rom: *Il Valdemaro* (1726); *Berenice* (1732). – Ferner einige Kantaten, Arien, kirchenmusikal. Werke u. ein Fl.-*Concerto* (Sonate).

Ausg.: Sonate a-moll für Fl., Str. u. Cemb., hrsg. v. R. MEYLAN (Mn 1969); *Arsace* (NY 1977) (= It. Opera 1640–1770, 22).

Lit.: H. HUCKE, Die beiden Fassungen der Oper „Didone abbandonata" v. D. S., in: Kgr.-Ber. Hamburg 1956 (Kas – Bas 1957); U. PROTA-GIURLEO, D. S., in: Archivi 26 (1959); H. HUCKE, Die neapolitanische Tradition in der Oper, in: Kgr.-Ber. New York 1961, Bd. I (Kas 1961); DERS., Sarri, in: MGG XI; M. F. ROBINSON, Naples and Neapolitan Opera (Lo – O 1972).

SARRUSOPHON, ein von dem französischen Militärkapellmeister W. Sarrus entwickeltes und nach ihm benanntes Doppelrohrblattinstrument aus Metall mit konischer Röhre und 18 Klappen, das, 1856 patentiert, von dem Instrumentenbauer P. L. Gautrot in Paris gebaut wurde. Das S., ursprünglich dazu bestimmt, die Oboe im Militärorchester zu ersetzen, konnte diese jedoch nicht verdrängen, weil es durch seine weiter mensurierte Röhre einen volleren und härteren Klang hatte als die Oboe. Das S. wurde als Familie mit 6, später mit 9 Instrumenten, vom Sopranino- bis zum Kontrabaßinstrument, gebaut. Zur besseren Verwendung im Militärorchester hatten alle S.e den gleichen Fingersatz und, mit einer Ausnahme, die B- oder Es-Stimmung der Saxophone. Die hohen S.e fanden kaum Anklang, die tieferen wurden jedoch vor allem in der französischen Militärmusik bis ins 20. Jh. hinein gespielt. Im Orchester diente das Kontrabaß-S. in C gelegentlich als Ersatz für das Kontrafagott und wurde von einigen Komponisten ausdrücklich vorgeschrieben, so von C. Saint-Saëns, J. Massenet *(Esclarmonde)*, M. Ravel *(Rapsodie espagnole)* und Fr. Delius *(Eventyr)*.

Lit.: H. BECKER, S., in: MGG XI.

SARTI (Sardi), **Giuseppe**, getauft 1. 12. 1729 Faenza, † 28. 7. 1802 Berlin; it. Komponist. S. war Schüler von Padre Martini in Bologna und 1748–51 Kapellmeister am Dom in Faenza, wo er 1751 seine erste Oper, *Pompeo in Armenia*, aufführen ließ. 1753 wurde er von A. Mingotti als Kapellmeister von dessen Operntruppe nach Kopenhagen engagiert und übernahm 1755 auch das Amt des Kapellmeisters am Hof König Frederiks V. von Dänemark. Er beteiligte sich dort an Versuchen zur Schaffung einer Dänischen Nationaloper. Nach einem Italienaufenthalt 1765–67 kehrte er nach Kopenhagen zurück und wirkte in seinen vorherigen Stellungen, bis politische Intrigen 1775 seine Entlassung herbeiführten. 1775–79 leitete er als Nachfolger A. Sacchinis das Conservatorio dell'Ospedaletto in Venedig, war dann bis 1784 Domkapellmeister in Mailand und seit 1784 als Nachfolger G. Paisiellos Komponist und Hofkapellmeister der Zarin Katharina II. in St. Petersburg. Wiederum aufgrund von Intrigen verlor er 1786 seine Ämter zugunsten D. Cimarosas und trat daraufhin in den Dienst des Fürsten Potemkin. 1792 wurde er als Leiter des Konservatoriums nach St. Petersburg zurückberufen und wirkte seit 1793 wieder als Hofkomponist. Nach dem Tod des Zaren Paul I. kehrte er nach Italien zurück und starb bei einem Zwischenaufenthalt in Berlin. Seine Einführung des sog. „Petersburger Kammertons" trug ihm 1794 die Ehrenmitgliedschaft der Petersburger Akademie der Wissenschaften ein.

WW: **1) Instrumental-WW:** Gedruckt wurden Sonaten für Cemb. oder Klav., für V. oder Fl. u. B.c., für C. u. Cemb. oder Klv.; 3 Symphonien; hsl. erhalten u. a. zahlreiche weitere Symphonien. – **2) Vokal-WW:** Gedruckt wurden zahlreiche einzelne it. Kantaten u. Arien; hsl. erhalten (teilweise autograph in it. u. russ. Bibliotheken): Messen u. Messesätze, Requiem für König Ludwig XVI. (1793); Magnificats, Te Deum, Psalmen u. a. lat. Kirchenmusik; russ. Kirchenmusik a capp.; russ. Gloria u. Te Deum, beides für 2 Chöre, Orch., russ. Hörner, Kanonen u. Feuerwerk (letzteres Werk zur Einnahme der Stadt Ochakow durch Potemkin). – **3) Bühnen-WW:** Von den etwa 70 Opern, deren Aufführung nachgewiesen ist, ist etwa die Hälfte (teilweise autograph, einzelne Opern ganz oder in Auszügen auch gedruckt) erhalten, darunter *Ciro riconosciuto*, UA: Kopenhagen 1756; *Tronfolgen i Sidon* (dän. Text), UA: ebd. 1771; *Le gelosie villane*, UA: Venedig 1776; *Medonte*, UA: Florenz 1777; *Giulio Sabino*, UA: Venedig 1781; *Fra i due litiganti il terzo gode*, UA: Mailand 1782 (später aufgeführt auch unter den Titeln *I pretendenti delusi*, *I rivali delusi*, *Le nozze di Dorina*, *Dorina contrastata*, dt. als: *Im Trüben ist gut fischen*); *I finti eredi*, UA: St. Petersburg 1785; *Armida e Rinaldo*, UA: ebd. 1786. Unter den nicht erhaltenen Opern S.s befindet sich auch *Natschalnoje uprawlenije Olega* (Die Anfänge der Herrschaft Olegs) (Text: Zarin Katharina II.), dazu schrieb S. eine Vorrede *(Éclaircissement sur la musique ... pour Oleg)* u. a. über seine Verwendung des griech. Tonsystems in diesem Werk; sie ist veröffentlicht in: G. Pasolini Zanelli, G. S. (Faenza 1883). – Von S. stammen auch zwei Lehrwerke: *Trattato del basso generale* u. *Regole* (hsl. erhalten).

S. war ein hochbefähigter und sehr produktiver Komponist, der dem musikalischen Geschmack seiner Zeitgenossen offenbar voll entsprach. In den Opern kommt die Frische und Unmittelbarkeit zahlreicher musikalischer Ideen und Gestaltungsmittel allerdings nicht recht zur Geltung gegenüber einer harmonischen und kontrapunktischen Sprache von konventioneller Simplizität. Von besonderem Reiz sind die Accompagnato-Rezitative mit ihrer differenzierten und ausdrucksvollen Orchesterbehandlung. Die Beliebtheit mancher Opern S.s bezeugt sich auch im Schaffen W. A. Mozarts, der über die Arie *Come un agnello* aus *Fra i due litiganti…* Klaviervariationen komponierte (KV 454a = 460, Echtheit umstritten) und die gleiche Arie in der Tafelmusik (Finale 2. Akt) seines *Don Giovanni* zitiert. S.s Kirchenmusik verschiedenster Besetzungen entstand meist zu bestimmten Gelegenheiten. Sie umfaßt auch Werke mit russischem Text.

Lit.: D. LEHMANN, Zwischen S. u. Rasumowski. Mozart im russ. Musikleben des 18. Jh., in: Acta Mozartiana 2 (1955); P. u. E. BADURA-SKODA, Zur Echtheit v. Mozarts S.-Variationen KV 460, in: Mozart-Jb. 1959; O. E. DEUTSCH, S.s Streitschrift gegen Mozart, in: ebd. 1962–63; R. JONES, A Performing Edition and Discussion of G. S.'s Te Deum in D (Diss. Stanford Univ. 1966); W. J. MITCHELL, G. S. and Mozart's Quartet K 421, in: Current Musicology (1969); D. DI CHIERA, S., in: Grove[6] XVI (mit Werk-Verz.).

SARTORI, Claudio, * 1. 4. 1913 Brescia; it. Musikforscher. Er studierte an den Universitäten Padua und Straßburg. 1938–42 war er Vizebibliothekar am Konservatorium in Bologna und seit 1943 am Conservatorio di Musica G. Verdi in Mailand, wo er seit 1965 an der Biblioteca Nazionale die Abteilung zur Erforschung der italienischen Musikquellen leitet. Außerdem arbeitete er als Musikkritiker für italienische und ausländische Zeitschriften und Periodica. S. ist heute einer der führenden europäischen Musikbibliographen und weithin auch als Lexikograph bekannt.

Schriften: *La notazione italiana del Trecento* (Fi 1938); *Il R. Conservatorio „G. B. Martini" di Bologna* (ebd. 1942); *Bibliografia delle opere musicali stampate da O. Petrucci* (ebd. 1943); *Monteverdiana,* in: MQ 38 (1952); *Bibliografia della musica strumentale italiana stampata in Italia fino al 1700,* 2 Bde. (ebd. 1952–68); *Monteverdi* (Brescia 1953); *Josquin Des Prés, cantore del Duomo di Milano 1459–1472,* in: Ann. Mus. 4 (1956); *Catalogo delle musiche della Cappella del Duomo di Milano* (Mi 1957); *Organs, Organ-builders, and Organists in Milan,* in: MQ 43 (1957); *Dizionario degli editori musicali italiani* (Fi 1958); *Puccini* (Mi 1958); *Assisi. La Cappella della Basilica di S. Francesco. Catalogo del fondo musicale nella Biblioteca comunale di Assisi* (ebd. 1962); *Mozart in Brescia,* in: ML 47 (1966); *Commemorazione di O. de Petrucci* (Fossombrone 1966); *Un fantomico compositore per un'opera che forse non era un'opera,* in: NRMI 5 (1971); *La Strepponi e Verdi a Parigi nella morsa quarantottesca,* in: ebd. 8 (1974); *G. Carissimi. Catalogo delle opere attribuite* (Mi 1975). – Ferner gab S. heraus: *Puccini Symposium* (Mi 1959); *Dizionario Ricordi della musica e dei musicisti* (ebd. 1959); *L'enciclopedia della musica,* 4 Bde. (ebd. 1963–64); *Bibliografia della musica italiana vocale profana pubblicata dal 1500 al 1700* (Ge 1978).

SARTORIO, Antonio, * 1630 Venedig, † 30. 12. 1680 ebd.; it. Komponist. Er war 1666–75 Kapellmeister von Herzog Johann Friedrich von Braunschweig-Lüneburg in Hannover. Während dieser Zeit unternahm er mehrere Reisen nach Venedig, wo er 1676 Vizekapellmeister an S. Marco wurde. S. ist ein noch wenig bekannter Vertreter der Venezianischen Oper in der 2. Hälfte des 17. Jahrhunderts. Beachtenswert sind seine Lamento-Arien und die Arien mit obligater Trompete.

WW: *Salmi… a due cori* mit B.c. (V 1680); weitere kirchenmusikal. Werke sowie einzelne Kantaten u. Arien hsl. erhalten. – 13 Opern (hsl.), darunter *Gl'amori infruttuosi di Pirro,* UA: Venedig 1661; *Adelaide,* UA: ebd. 1672; *L'Orfeo,* UA: ebd. 1672; *La Flora,* UA: ebd. 1680.

Ausg.: Sinfonia zu *L'Adelaide,* hrsg. v. M. BETHAN, in: Nagels MA (Hannover 1938); 2 Arien aus *L'Adelaide* u. 1 Arie aus *Antonino e Pompejano,* in: H. C. WOLFF, Die Oper I (Kö 1971) (= Das Musikwerk 38); 3 Messesätze sowie 7 weitere kirchenmusikal. Werke, hrsg. v. E. H. TARR (St 1976); *L'Adelaide,* hrsg. v. H. M. BROWN (NY 1977) (= It. Opera 1640–1770 8).

Lit.: O. MISCHIATI, S., in: MGG XI; E. H. TARR, S., in: Grove[6] XVI.

SARTORIUS (latinisiert aus Schneider), **Erasmus,** * 1577 Schleswig, † 17. 10. 1637 Hamburg; dt. Musiktheoretiker. Er war seit 1586 Chorknabe am Hof von Gottorp, studierte später in Rostock und wurde dort 1603 oder 1604 Kantor der Marienkirche. 1605 kam er als Kantor des Johanneum nach Hamburg. Es ist bezeugt, daß er dort in den 4 Hauptkirchen mit städtischen Musikern Aufführungen veranstaltete.

WW: *Belligerasmus, id est historia belli exorti in regno musico* (H 1622, [3]1639 als *Musomachia,* hrsg. v. P. Lauremberg) (Gegenüberstellung der Musia choralis und figuralis in Form einer Fabel); *Institutionum musicarum tractatio* (H 1635), daran anschließend: *Fugae aliquot* für 2–8 St.

Ausg.: 12 Kanons, hrsg. v. F. JÖDE, in: Der Kanon I (Wb 1943).

Lit.: M. RUHNKE, S., in: MGG XI.

SARTORIUS (Schneider, Schneickher), **Paul,** getauft 16. 11. 1569 Nürnberg, † 28. 2. 1609 Innsbruck; dt. Komponist. Er war Schüler von L. Lechner in Nürnberg, studierte später vermutlich bei R. Giovannelli in Rom und war seit spätestens 1594 Organist der Kapelle des Erzherzogs Maximilian II. von Österreich in Mergentheim und seit 1602 bis zu seinem Tod in Innsbruck.

WW: **1) Geistliche WW:** *Missae tres* für 8 St. (Mn 1599); *Sonetti spirituali* für 6 St. (Nü 1601); *Sacrae cantiones* für 6–12 St. (Nü 1602). – Hsl. erhalten sind weitere kirchenmusikal. Werke. – **2) Weltliche WW:** Madrigale für 5 St. (V 1600); *Neue Teutsche Liedlein, nach art der Welschen Canzonette* für 4 St. (Nü 1901).

Lit.: K. A. ROSENTHAL, S. – Megerle – Biechteler, Komponisten oder Bearbeiter?, in: ZfMw 15 (1932/33); W. SENN, Musik u. Theater am Hof zu Innsbruck (I 1954); F. KRAUTWURST, S., in: MGG XI.

SARUM USE (engl.), die modifizierte Form der römischen Liturgie, die nach der Kodifizierung der Gottesdienstordnung durch Bischof R. Poore († 1237) an der Kathedrale von Salisbury (Sarum) gebräuchlich wurde. Die liturgischen Sonderformen des S. förderten die Herausbildung einer eigenen englischen, wohl ursprünglich von der Normandie beeinflußten Prägung des Gregorianischen Gesangs. Bis zum späten Mittelalter hatte der S. andere insulare Eigentraditionen (u.a. Use of Hereford, Bangor, York) in fast allen Diözesen in England, Irland und Wales verdrängt. In der englischen Mehrstimmigkeit diente die Sarum-Fassung des Chorals als üblicher Cantus firmus. Der S. beeinflußte vermutlich auch die Frühgeschichte des ↗Requiem in den Niederlanden und in Frankreich. – Liturgische Erneuerungen im heutigen Großbritannien berücksichtigen mancherorts wieder Einzelheiten des Sarum-Ritus.

Ausg.: Missale ad usum ... praeclarae ecclesiae Sarum, hrsg. v. F. H. DICKINSON (Burntisland 1861–83); Breviarium ad usum ... ecclesiae Sarum, hrsg. v. F. PROCTER – C. WORDSWORTH (1879–86); Graduale Sarisburiense, hrsg. v. W. H. FRERE (Lo 1894, Nachdr. Farnborough 1966); The Use of Sarum, I: The Sarum Customs, II: The Ordinal and Tonal, hrsg. v. DEMS. (Cambridge 1898–1901); Antiphonale Sarisburiense, hrsg. v. DEMS. (Lo 1901, Nachdr. Farnborough 1966).

Lit.: F. L. HARRISON, Music for the Sarum Rite, in: Ann. Mus. 6 (1958/63); R. W. PFAFF, New Liturgical Feasts in Later Medieval England (O 1970). G. NITZ

SÁS ORCHASSAL, Andrés, * 6. 4. 1900 Paris, † 26. 7. 1967 Lima; peruanischer Komponist und Violinist belgischer Abstammung. Er studierte Violine, Kontrapunkt und Musikgeschichte am Brüsseler Conservatoire und wurde 1924 Violinlehrer der Academia Nacional de Música y Declamación in Lima. 1928–29 leitete er in Ninive (Belgien) die von ihm gegründete Musikschule, kehrte 1929 nach Lima zurück und gründete dort mit seiner Frau, der peruanischen Pianistin Lily Rosay, 1930 die Academia de Música Sás-Rosay. 1954 wurde er Professor für Komposition am Conservatorio Nacional de Música. S., der gelegentlich auch als Dirigent in Erscheinung trat, widmete sich der Erforschung der Indianermusik in Perú und verwendet in seinen Kompositionen Melodien der Folklore seines Landes.

WW: Zahlr. Klv.-Werke, darunter 2 Slgen. *Aires y danzas del Perú* (1930, 1945); Streichquartett (1938). – Für Orch.: *Canción india* (1927); *Poema indio* (1941); *La Parihuana* (1946). – Klv.-Lieder, darunter *Canciones simbólicas* (1931); *Canciones románticas peruanas* (1931–41); *Canciones indias del Perú* (1946). – Mehrere Ballette.

Lit.: Compositores de América/Composers of the Americas II (Washington/D.C. 1956, Nachdr. 1962).

SATIE, Erik Alfred Leslie, * 17. 5. 1866 Honfleur, † 1. 7. 1925 Paris; frz. Komponist. Er wuchs bei seinen Großeltern in Honfleur auf und erhielt ersten Musikunterricht durch den Organisten Vinot, einen Schüler der École Niedermeyer. Da dieser auch als Unterhaltungskomponist tätig war, kam S. schon als Kind mit der in Frankreich nicht seltenen Verbindung von Kirchen- und Unterhaltungsmusik in Berührung, die auch für ihn selbst wichtig wurde. Nach dem Tod der Großmutter ging S. zu seinem Vater nach Paris, der dort einen Musikverlag und eine Buchhandlung führte. 1879 machte S. die Aufnahmeprüfung für das Conservatoire, wurde aber nach 3 Jahren ausgeschlossen, weil er sich nicht um den Klavierpreis bemüht hatte. 1886 zog er sich bei einem Militärdienst in Arras vorsätzlich eine Bronchitis zu und wurde deshalb entlassen. Er studierte nun für sich die französische Baukunst der Gotik. Angeregt durch die Neugotik, versuchte er auch in der Musik eine Wiederbelebung der mittelalterlichen Konstruktionsprinzipien. Er schrieb die *Quatre Ogives* (Spitzbögen), in denen er Kirchentonarten verwendete und auf Taktstriche und dynamische Zeichen verzichtete, und nahm damit teil an der neogregorianischen Bewegung, die zur Choralreform von Solesmes führte. 1887 zog er nach Montmartre und wurde Klavierspieler in den Cabarets „Chat Noir" und „Auberge du Clou". Die in dieser Zeit entstandenen *Trois Gymnopédies* beziehen sich dem Titel nach auf Tänze im antiken Sparta (Gymnopädien), sind aber dem Stil nach langsame Walzer. So widmete sich schon der junge S. gleichzeitig der Kirchen- und Cabaretmusik. 1890 lernte er Joséphin Péladan kennen und wurde der Hauskomponist des Rosenkreuzerordens. Zu Péladans Bühnenstück *Le fils des étoiles* schrieb er Préludes, trennte sich aber 1892 von ihm. 1891 begegnete er Cl. Debussy, mit dem ihn viele Jahre hindurch eine mehr oder weniger enge Freundschaft verband. Im Anschluß an ein gemeinsames Gespräch soll S. die *Trois morceaux en forme de poire* zusammengestellt haben. 1898 zog er in das Arbeiterviertel Arcueil, wo er bis zu seinem Tod wohnte. Fast täglich begleitete er Chansonniers in Montmartre und komponierte auch selbst viele Chansons, die zum größten Teil noch ungedruckt sind. 1905–08 besuchte er als Kontrapunktschüler von V. d'Indy und A. Roussel die Schola Cantorum in Paris. 1912 begann mit den *Trois Préludes flasques pour un chien* die Serie von fast 50 Klavierstücken mit Titeln, deren Vorbild die Gattung des Cabaretchansons ist. In Zusammenarbeit mit J. Cocteau, Pablo Picasso und S. Diaghilew entstand das Ballett *Parade,* dessen Premiere 1917 zu einem großen Skandal und einer sich daran anschließenden Gerichtsverhandlung führte. Für eine Gruppe von jungen Musikern wurde die Musik von *Parade* jedoch so zukunftweisend, daß sie sich zu den „Nouveaux jeunes“ und 1918 zur ↗Groupe des Six zusammenschlossen und S. als ihr Vorbild ansahen. 1918 schrieb S. nach Dialogen von Platon *Socrate* und bezog sich damit wie mit den *Gymnopédies* und den *Gnossiennes* (Lieder aus Knossos) noch einmal auf jene antikisierende Modeströmung, die in Frankreich Style néo-grec genannt wird. Gemeinsam mit D. Milhaud führte er 1920 in der Galerie Barbazanges *Musique d'ameublement* auf. Seine letzten Werke waren die Ballette *Mercure* (in Zusammenarbeit mit Picasso und L. Massine) und *Relâche* nach einem Szenario von F. Picabia, getanzt von den Ballets Suédois. In der Pause wurde der Film *Entr'acte* von René Clair mit der Musik *Cinéma* von S. uraufgeführt.

WW: **1) Instr.-WW:** Für Klv. zu 2 Händen: *Allegro* (1884); *Quatre Ogives* (1886); *Trois Gymnopédies* (1888), auch für Orch.; 3 Sarabandes (1887), auch für Orch.; *3 Gnossiennes* (1890), auch für Orch.; *Gnossiennes* Nr. 4, 5, 6 (1891–97), auch für Orch.; *Première Pensée Rose + Croix* (1891); *Hymne* (1891); *Sonnerie de la Rose + Croix* (1892); *Danses gothiques* (1893); *4 Préludes* (1893); *Pages mystiques* (1892–95); *Prélude de la porte héroïque du ciel* (1894); *Messe des pauvres* (1895), auch für Org. u. für Orch.; *Pièces froides* (1897); *Nouvelles pièces froides* (o. J.); *Préludes en tapisserie* (1906); *Passacaille* (1906), auch für Orch.; *Trois Préludes flasques pour un chien* (1912); *Véritables préludes flasques pour un chien* (1912); *Croquis et agaceries d'un gros bonhomme en bois* (1913); *Descriptions automatiques* (1913); *Embryons desséchés* (1913); *Chapitres tournés en tous sens* (1913); *Vieux sequins et vieilles cuirasses* (1914); *Enfantines* (1913); *Heures séculaires et instantanées* (1914); *Sports et divertissements* (1914); *Les trois valses distinguées du précieux dégouté* (1914); *Les pantins dansent* (1914), auch für Orch.; *Avant-dernières pensées* (1915); *Sonatine bureaucratique* (1917); *5 Nocturnes* (1919). – Für Klv. zu 4 Händen: *Trois morceaux en forme de poire* (1890–1903), auch für Orch.; *Aperçus désagréables* (1908); *En habit de cheval* (1911). – Für V. u. Klv.: *Choses vues à droite et à gauche* (1912). – **2) Vokal-WW:** Für SingSt u. Klv.: *3 Mélodies* (1886); *3 autres mélodies* (1886); *3 Poèmes d'amour* (1914); *3 Mélodies* (1916); *4 petites mélodies* (1920); *Ludions* (1923). – Für SingSt u. Orch.: *Je te veux* (1900); *Tendrement* (1900); *La diva de l'Empire* (1900); *Socrate* (1918). – **3) Bühnen-WW:** *Le fils des étoiles* (1891) (Libr.: Péladan); *Geneviève de Brabant* (1899) (Libr.: C. de Latour); *Jack in the box* (1899); *Le piège de Méduse* (1913) (Libr.: E. S.); *5 Grimaces* (1914) (Libr.: J. Cocteau). – Ballette: *Uspud* (1892); *Parade* (1917); *Mercure* (1924); *Relâche* (1924); Filmmusik: *Cinéma* (1924). – **4) Schriften:** *Cartulaire de l'Église Métropolitaine d'art de Jésus Conducteur* (1895); *Mémoires d'un amnésique: Ce que je suis* (1912); *La journée du musicien* (1913); *L'intelligence et la musicalité chez les animaux* (1914); *Éloge des critiques* (1921); *Recoins de ma vie* (1924); *Cahiers d'un Mammifère* (1921); *Écrits*, hrsg. v. O. Volta (P 1977).

Durch die Orientierung an der Gregorianik bildete S. eine Schreibweise aus, die ihn in seiner Zeit als Einzelgänger erscheinen läßt: aus wenigen, in der Reihenfolge austauschbaren Elementen setzte er Klangbänder ohne Dynamik, ohne Metrum, ohne Entwicklung, ohne Leittonspannung und ohne durch Harmonik hervorgerufene Ausdrucksfärbungen zusammen, von beliebiger Länge, mit 840 Wiederholungen *(Vexations)* oder „perpétuel“ *(Tango)*. Indem S. damit Musik des Cabarets, des Zirkus, des Café concert, des Jazz, Kinder- und Studentenlieder verband, entstand klingender Zustand oder musikalisches Klima. Die Verschmelzung der Stilsphären macht den unverwechselbaren Klang seiner Musik aus. In seinen Schriften ironisierte S. erbarmungslos die Musiktradition und den Musikbetrieb seiner Zeit. Nachdem es einige Jahrzehnte still um S. war, ist inzwischen dank der Bemühungen von J. Cage seine Bedeutung für die Gegenwart unumstritten.

Lit.: P. D. TEMPLIER, E. S. (P 1932); R. H. MYERS, E. S. (Lo 1947); R. SHATTUCK, The Banquet Years (Lo 1959); P. GOWERS, S.'s Rose-Croix Music (1891–95), in: Proc. R. Mus. Assoc. 92 (1965/66); G. WEHMEYER, S.s Instantaneismus, in: FS K. G. Fellerer (Kö 1973); DIES., E. S. (Rb 1974) (= Stud. z. Musikgesch. des 19. Jh. 36); O. VOLTA, E. S. (P 1979); DIES., L'Ymagier d'E. S. (P 1979); A. GUARNIERI CORAZZOL, E. S. tra ricerca e provocazione (V 1979); E. S. (1980) (= Musik-Konzepte 11).

G. WEHMEYER

SATTEL (amerik.: frog; engl.: nut; frz.: sillet; it.: sella; span.: ceja), ein bei Saiteninstrumenten am oberen Ende des Griffbretts unterhalb des Wirbelkastens eingelassenes Holz- oder Elfenbeinstück mit Kerben, durch die die Saiten über das Griffbrett zum Saitenhalter verlaufen. Die unverkürzte, leere Saite schwingt von diesem sog. Oberen, Griffbrett- oder Kleinen S. bis zum Steg oder Querriegel auf der Decke. Durch Aufsetzen der jeweiligen Finger (auch im ↗Barré-Griff) in einer bestimmten Lage ergibt sich bei bundfreien Instrumenten ein künstlicher S., der die betreffenden Saiten entsprechend verkürzt (bei Bundinstrumenten bewirkt das Aufsetzen, daß der nächste Bund wie ein S. wirkt). Eine ähnliche Funktion hat auch der verschiebbare ↗Capotasto. Als Unteren oder Großen S. bezeichnet man die bei Streichinstrumenten (Violine, Viola) angebrachte, leicht erhöhte Holzverstärkung am unteren Deckenrand des Resonanzkörpers, über die die Schnurbefestigung des Saitenhalters zum Knopf in der Zarge gezogen ist.

SATZ. – 1) Seit dem 18. Jh. Bz. für eine dem Sinn faßliche, formal geschlossene musikalische Ereigniseinheit, die wie der sprachliche Satz einen vollständigen Sinn darstellt. Die dem Satz entsprechenden sprachlich-musikalischen Einheiten nennt man im 16. Jh. Soggetto, im 17. und 18. Jh. auch ↗Periode und im 19. und 20. Jh. auch Phrase. In der Musiktheorie des 18. und 19. Jh. ist der S. eine zentrale Kategorie. Man erörtert im Rahmen der S.-Theorie die Gliederung der Musiksprache der ↗Klassik, im Kern die Syntax des instrumentalen Tonkunstwerks. Das Hauptinteresse gilt dabei der Frage, wie ein ausgewogenes, rhythmisches Verhältnis zwischen zwei Sätzen beschaffen ist. H. Chr. Koch (1787) spricht dem Verhältnis zweier gleich langer oder gleich gewichtiger Sätze rhythmische Qualität zu. H. Riemann (1903), der seine Theorie von Beethovens S.-Bau ableitet, verbindet das Prinzip der Polarität mit dem der Steigerung: er unterstellt den ersten S., den er Vordersatz nennt, der Dynamik des zweiten, den er Nachsatz nennt. Das ganze Gebilde nennt er eine Periode. Der normale, „natürliche" S. umfaßt 4 Takte; die Norm kann in mannigfaltiger Weise modifiziert werden. A. B. Marx (1837) rechnet neben den geschlossenen Sätzen mit offenen Ereignissen, den „Gängen". Riemann glaubt dagegen, alle sinnvoll verfaßte Musik artikuliere sich in Sätzen und Perioden. W. SEIDEL

2) Bz. für einen selbständigen Teil eines zyklischen Werkes, z. B. einer Symphonie, Sonate oder Suite. – **3)** Bz. für das (mehrstimmig) „Gesetzte", Komponierte. In diesem Sinne spricht man z. B. vom 2-, 3- und 4stimmigen S., homophonen und polyphonen S., strengen oder freien S., gelegentlich auch vom – nach der Besetzung sich richtenden – vokalen bzw. instrumentalen S. und vom Klavier- und Orchestersatz. In dieses Bedeutungsfeld gehört auch der Begriff ↗Satzlehre. Eine andere Nuance in diesem Zusammenhang hat S. zur Bz. des für ein Ensemble gleichartiger Instrumente „Gesetzten" (z. B. Streicher-, Holzbläser-, Saxophon-, Posaunensatz).

SATZLEHRE, die Unterweisung in den kompositorischen Prinzipien, die historischer oder gegenwärtiger Musik zugrunde liegen. S. verkörpert, ohne die theoretische Fundierung aussparen zu können, den praxisorientierten Bereich von ↗Musiktheorie; war aber S. (musica prattica) im Mittelalter die Kehrseite einer primär spekulativen Theorie, so gewann sie im 20. Jh. als Handwerkslehre den Vorrang gegenüber Reflexionen über Wesen und Erscheinung von Musik. S. synonym für ↗Harmonielehre zu gebrauchen, die in der heutigen musiktheoretischen Ausbildung dominiert, bedeutet eine Verengung; sie behandelt darüber hinaus nicht nur den Kontrapunkt, sondern hat auch Ergebnisse der Formenlehre oder Fragen der Metrik einzubeziehen.

Voraussetzung und zugleich Bestandteil von S. ist die umfassende Analyse musikalischer Werke. Entsprechende Regeln, von deren identischen Merkmalen abstrahiert, werden zu Wegweisern für den tätigen Nachvollzug anhand eigener Satzübungen; musikalisches Denken und Verstehen, Stilkenntnis, Urteilsfähigkeit und handwerkliche Schulung sind dabei gleichermaßen Ziele.

Maßgeblich für S. ist die Ausrichtung an konkreten musikalischen Modellen, nicht an abstrakten Dogmen und Systemen. Ihre jeweilige Begrenzung auf genau definierte historische, stilistische und formale Situationen vermittelt dabei zwischen der Individualität des Einzelwerks und dem übergreifenden geschichtlichen Kontext. C. KÜHN

SAUER, dt. Orgelbaufirma mit Sitz in Frankfurt an der Oder. Sie wurde 1857 von **Wilhelm S.** (* 31. 3. 1831, † 9. 4. 1916) gegründet, der das Unternehmen bis gegen Ende des 19. Jh. zu einer der führenden europäischen Orgelbauwerkstätten ausbaute und zahlreiche repräsentative Instrumente im spätromantisch-orchestralen Stil erbaute, die besonders von K. Straube geschätzt wurden, u. a. Berlin, St. Thomas (1869; 4 Man., 52 Reg.); Leipzig, Thomaskirche (1883; 3 Man., 63 Reg., 1908 auf 88 Reg. erweitert), Bremen, Dom (1894; 3 Man., 65 Reg.), Berlin, Kaiser-Wilhelm-Gedächtnis-Kirche (1894; 3 Man., 80 Reg.), Berlin, Dom (1904; 4 Man., 113 Reg.). 1910–16 wurde der Betrieb von Paul Walcker geleitet, es entstand u. a. die größte Orgel Europas in der Jahrhunderthalle Breslau (1913; 5 Man., 200 Reg.). 1916 ging das Unternehmen in den Besitz der Fa. E. F. Walcker, Ludwigsburg, über. Bis zum Ende des 2. Weltkriegs wurden u. a. gebaut: Breslau, St. Maria Magdalena (1922; 4 Man., 84 Reg.), Kopenhagen, St. Petri (1938; 3 Man., 42 Reg.), Breslau, St. Elisabeth (1941; 4 Man., 91 Reg.). Seit 1966 wird der Betrieb, der seit 1972 als VEB Frankfurter Sauer-Orgelbau firmiert, von Gerhard Spallek geleitet. Unter zahlreichen Konzertsaalorgeln, die auch in die UdSSR geliefert werden, ist bes. die des Staatl. Rundfunkkomitees Ost-Berlin zu nennen (1958; 4 Man., 80 Reg.).

Lit.: H. J. FALKENBERG, W. S., in: Ars organi 24 (1976).

H. J. BUSCH

SAUER, Emil George Konrad, (seit 1917) Ritter **von,** * 8. 10. 1862 Hamburg, † 27. 4. 1942 Wien; östr. Pianist. S. war 1879–81 Schüler von N. Rubinstein am Konservatorium in Moskau und 1884–85 von Fr. Liszt in Weimar. Musiktheoretischen Unterricht erhielt er von A. F. Riccius. Zwischen 1882 und 1936 konzertierte er in Europa und Amerika und machte sich vor allem als Liszt- und Chopin-Interpret einen Namen. Daneben leitete er mit Unterbrechungen seit 1901 eine Meisterklasse am Wiener Konservatorium. Elly Ney war seine bedeutendste Schülerin. S. schrieb Klavierkonzerte, Sonaten, Etüden und Lieder und gab Kompositionen von J. Brahms, Fr. Chopin, Fr. Liszt und

D. Scarlatti sowie klavierpädagogische Werke von Th. Kullak, Johann Pišna und Louis Plaidy heraus. Er schrieb auch *Meine Welt* (B – St 1901).

Lit.: W. NIEMANN, Meister des Klv. (B 1919).

SAUGUET, Henri (Pseudonym für Henri-Pierre Poupard), * 18. 5. 1901 Bordeaux; frz. Komponist. Er war Kompositionsschüler von J. Canteloube in Montauban. Nach dem 1. Weltkrieg gründete er mit J. M. Lizotte und Louis Émié eine Komponistengemeinschaft, die sich „Groupe des Trois" nannte, und stand in Briefwechsel mit D. Milhaud, der ihn zu eigenen Kompositionsversuchen ermutigte. Auf seinen Rat hin ließ sich S. 1921 in Paris nieder, wo ihn Milhaud bei E. Satie und Ch. Koechlin einführte. Bei Koechlin bildete er sich in der Komposition weiter und gründete 1923 die École d'Arcueil, deren Schirmherrschaft Satie übernahm. 1924 machte er mit dem Ballett *Roses* erstmals öffentlich als Komponist auf sich aufmerksam. Nach einem Ballettauftrag Ida Rubinsteins *(David)* konnte er sich seit 1928 ganz der Komposition widmen. Zu seinen wichtigsten Werken gehören das Ballett *Les Forains* (1945), die *Symphonie expiatoire* und das 2. Streichquartett. Daneben wird S. auch als Musik- und Theaterkritiker geschätzt. 1969 wurde er Präsident der Société des auteurs et compositeurs dramatiques und 1975 Mitglied der Académie des Beaux-Arts. Außerdem ist er Offizier der Ehrenlegion und Ehrenmitglied der American Academy of Arts and Letters.

WW (soweit gedruckt, alle in Paris erschienen): **1) Instr.-WW:** Stücke u. eine Sonate (1925) für Klv.; 2 Streichquartette (1941, 1948); zahlr. weitere Kammermusik. – Für Orch.: 4 Symphonien, 1: *Symphonie expiatoire* (1945), 2: *Les saisons* (1949) für Sopran, Kinderchor u. Orch., 3 (1954), 4: *Troisième âge* (1971). – 3 Klv.-Konzerte (1933, 1948, 1963); ein V.-Konzert (1953). – Zahlr. weitere symphonische Werke. – **2) Vokal-WW:** Zahlr. Lieder; *Énigme* (1932) (Text: H. Heine) für Sopran u. Orch.; Kantate *Le cornette* (1951, revidiert 1967) (Text nach R. M. Rilke) für Bar. u. Orch.; Oratorium *Chant pour une vieille meurtrie* (1967) für Soli, Chor u. Orch. – **3) Bühnen-WW:** Opern: *Le plumet du Colonel,* UA: Paris 1924; *La contrebasse* (nach A. P. Tschechow), UA: ebd. 1931; *La chartreuse de Parme* (nach Stendhal), UA: ebd. 1939, revidiert Grenoble 1968; *Les caprices de Marianne,* UA: Aix-en-Provence 1954; *Le pain des autres* (1967–74) (nach I. S. Turgenjew). – Ballette: *Les roses* (1924); *La chatte,* UA: Monte Carlo 1927; *David,* UA: Paris 1928; *Les forains,* UA: ebd. 1945; *Les cinq étages,* UA: Basel 1957; *La dame aux camélias* (nach A. Dumas), UA: Berlin 1957; choreographische Kantate *Plus loin que la nuit et le jour* für Tenor u. Chor a cap., UA: Bordeaux 1961. – Ferner Musik für Schauspiel, Rundfunk, Fernsehen u. Film.

Lit.: M. SCHNEIDER, H. S. (P 1959) (= Musiciens d'aujourd'hui 3); J. ROY, Présences contemporaines. Musique française (P 1962) (mit Werkverz. u. Bibliogr.); F. Y. BRIL, H. S. (P 1967) (= Musiciens de tous les temps 33) (mit Schriften v. S.).

SAUTER, Eddie (Edward Ernest), * 2. 12. 1914 Brooklyn (New York), † 21. 4. 1981 Nyack (New York); amerik. Jazzmusiker (Bandleader und Arrangeur). S. begann zunächst als Trompeter in mehreren Swingbands, erregte dann als Arrangeur der Red Norvo Band Aufsehen und prägte seit 1940 mit seinen ausgefallenen Arrangements den Klang vieler Orchester, u. a. von Benny Goodman und Woody Herman. Unter dem Einfluß von Stefan Volpe verband S. zunehmend Elemente zeitgenössischer Konzertmusik mit dem Jazz. 1952 gründete er zusammen mit Bill Finegan das „Sauter-Finegan Orchestra", das von der Fachwelt bewundert, vom Musikmanagement jedoch abgelehnt wurde. 1957–59 leitete S. die Big Band des SWF in Baden-Baden, kehrte danach in die USA zurück, arbeitete dort erneut mit Finegan zusammen und war bis kurz vor seinem Tod als Arrangeur und Komponist für den Rundfunk tätig. Seine originellen Sounds und ungewöhnlichen Instrumentierungen genießen weiterhin großes Ansehen.

SAUTILLÉ (frz., = gesprungen, gehüpft), **Springbogen,** Bz. für eine geworfene Strichart, bei der der Bogen auf einer möglichst kurzen Strecke mit großer Geschwindigkeit aufgesetzt wird und aufgrund seiner Elastizität abprallt bzw. ins Springen gerät (↗spiccato). Die Sprunghöhe und Bogenführung richtet sich vorwiegend nach der Geschwindigkeit der auszuführenden Passage. Die Aufsatz- bzw. Kontaktstelle hängt dagegen von der Bogentechnik der jeweiligen Streichinstrumente ab: bei der Violine und Viola wird die obere Hälfte bzw. die Mitte, beim Violoncello und Kontrabaß die untere Hälfte bzw. die Mitte des Bogens bevorzugt. Als Spielanweisung wird der Springbogen folgendermaßen angegeben:

W. A. Mozart, Violinkonzert D-Dur, KV 218, Rondo

SAUVEUR, Joseph, * 24. 3. 1635 La Flèche, † 9. 7. 1716 Paris; frz. Mathematiker und Akustiker. S. war bis zu seinem 7. Lebensjahr stumm und zeitlebens taub. Er kam 1670 nach Paris, lehrte seit 1686 Mathematik am Collège de France und wurde 1696 Mitglied der Académie des Sciences. S. begründete die Akustik als eigenständige wissenschaftliche Disziplin. Nach dem wissenschaftlichen Vorbild der Arbeiten Isaac Newtons über die Optik und auf der Grundlage der musikalischen Forschungen R. Descartes' und M. Mersennes gelangte S. zu wichtigen Ergebnissen für die musikalische Praxis. Er entwickelte eine Methode zur Bestimmung der genauen Schwingungszahl eines Tones, erklärte als erster wissenschaftlich das Phänomen der ↗Obertöne, wobei er den Begriff des „Grundtons" einführte, und stellte systematisch die temperierten Musiksysteme dar.

Schriften (diese und weitere Schriften S.s sämtlich gedruckt in: Mémoires de l'Académie royale des sciences, hrsg. v. Fontenelle, P 1704–16): *Principes d'acoustique et de musique* (1701, Nachdr. 1973); *Applications des sons harmoniques à la composition des jeux d'orgue* (1702).

Lit.: J. HANDSCHIN, Der Toncharakter (Z 1948); L. AUGER, Un fondateur de l'acoustique, J. S. (P 1956); R. E. MAXHAM, The Contributions of J. S. 1653–1716 to Acoustics (1976) (= Diss. Univ. of Rochester); U. SIRKER, J. S.s musikakustische Untersuchungen, in: Ars musica, musica scientia. FS H. Hüschen (Kö 1980).

SAUZAY, Charles Eugène, * 14. 7. 1809 Paris, † 24. 1. 1901 ebd.; frz. Violinist. S. war am Pariser Conservatoire Schüler von Fr. Baillot (Violine) und A. Reicha (Komposition). Später spielte er in dem berühmten Streichquartett von Baillot bis zu dessen Auflösung (1840). 1840 wurde er Soloviolinist König Louis-Philippes, später Leiter der 2. Violinen im Orchester Napoleons III. und lehrte 1860–92 am Pariser Conservatoire.

WW: **1) Kompositionen:** 24 Etüden *Les deux modes* für V. solo (P 1911); *Études et préludes harmoniques*, op. 14 für V. (mit Begleitung einer 2. V.); Ballettmusik zu *Le Sicilien* v. Molière (1881). – **2) Schriften:** *Études sur les quatuors de Haydn, Mozart et Beethoven* (P 1861); *L'école d'accompagnement* (ebd. 1869, Nachdr. 1972); *Le violon harmonique* (ebd. 1889).

Lit.: E. VAN DER STRAETEN, The History of the Violin II (Lo 1933, Nachdr. 1968); B. FRANÇOIS-SAPPEY, La vie musicale à Paris à travers les „Mémoires" d'E.S. (1809–1901), in: RMie 60 (1974); F. RAUGEL, Autour de S., de Boëly et de Reber, in: Rech. Mus. 15 (1975).

SAVAGE, William, * 1720 London (?), † 27. 7. 1789 ebd.; engl. Sänger und Komponist. S. war Schüler von J. Chr. Pepusch und Fr. Geminiani. Um 1740 wurde er Organist in Finchley (Middlesex), um 1744 Gentleman der Chapel Royal in London und 1747 oder 1748 dort Vicar Choral und Master of the Choristers an der St. Paul's Cathedral. S., ein enger Freund von G. Fr. Händel, war ein bekannter Bassist und wurde als Lehrer außerordentlich geschätzt. Er schrieb Anthems, Oden, Lieder, Kantaten, Duette, Rounds, Catches, Kanons und einige Violinkompositionen.

Lit.: H. G. FARMER, A Forgotten Composer of Anthems, in: ML 17 (1936) (mit Werk-Verz.); W. DEAN, Handel's Dramatic Oratorios and Masques (Lo 1959).

SAVART, Maßeinheit für Intervallverhältnisse, genannt nach dem französischen Physiker F. Savart (* 30. 6. 1791 Mézières, † 16. 3. 1841 Paris). 301,03 S. entsprechen einer Oktave (Frequenzverhältnis 2:1); allgemein wird das Verhältnis zweier Frequenzen f_1 und f_2 gemäß der Formel $1000 \cdot \lg (f_1 : f_2)$, also als ↗Logarithmus des Frequenzverhältnisses, definiert. Die Einheit S. ist heute nur noch von historischem Interesse und durch das ↗Cent (1 S. = 3,99 Cent) weitgehend ersetzt.

SÆVERUD, Harald Sigurd Johan, * 17. 4. 1897 Bergen; norwegischer Komponist. Er studierte 1916–20 in Bergen und 1921–22 an der Musikhochschule in Berlin und nahm 1935 noch Dirigierunterricht bei Cl. Krauss. Seit 1923 wurde er als Komponist bekannt. Nach dem 2. Weltkrieg trat er im In- und Ausland häufiger auch als Dirigent eigener Werke in Erscheinung. S., der zu den wichtigsten norwegischen Komponisten der neueren Zeit zählt, erhält für seine Verdienste als Komponist seit 1955 einen staatlichen Ehrensold. Zu seinem 70. Geburtstag wurde er mit einer Festschrift geehrt (*H. S.*, hrsg. v. G. Nystroem u.a., Oslo 1967, mit Werk-Verz. bis op. 45).

WW (alle in Oslo erschienen): **1) Instr.-WW:** Für Klv.: 5 Capricen, op. 1 (1918–19); Sonate g-moll, op. 3 (1921); *Lette stykker* (Leichte Stücke), op. 14 (1939); 6 Sonatinen, op. 30 (1948–50). – Streichquartett (1969). – Für Orch.: *Marcia solenne*, op. 46 (1967); *Sonata jubilata*, op. 47 (1968); *Fanfare og hymne*, op. 48 (1970); *Mozart-Motto-Sinfonietta*, op. 50 (1972). – 9 Symphonien: 1: op. 2 (1920), 2: op. 4 (1922, revidiert 1934), 3: op. 5 (1926), 4: op. 11 (1937), 5: *Quasi una fantasia*, op. 16 (1941), 6: *Sinfonia dolorosa*, op. 19 (1942), 7: *Salme*, op. 27 (1945), 8: *Minnesota*, op. 40 (1958), 9: (1966). – Konzerte mit Orch.: für Vc., op. 7 (1929); für Ob., op. 12 (1938); für Klv., op. 31 (1950); für V., op. 37 (1956); für Fag. (1963); für Kb. (1973). – **2) Bühnen-WW:** Musik z. *Peer Gynt* v. H. Ibsen, op. 28, UA: Oslo 1948; Ballett *Ridder Blåskjeggs mareritt* (Ritter Blaubarts Alptraum), op. 42, UA: ebd. 1960 (auch als Orch.-Suite).

Lit.: S. LIND, H. S., in: Nordisk musikkultur 1 (1952) (mit Werk-Verz.); J. DORFMÜLLER, Studien z. norwegischen Klaviermusik der 1. Hälfte des 20. Jh. (Kas 1969) (= Marburger Beitr. z. Musikforsch. 4); N. GRINDE, Norsk musikkhistorie (Oslo 1971); C. BADEN, H. S. 80 år (ebd. 1977).

SAVIONI, Mario, * um 1608 Rom, † 22. 4. 1685 ebd.; it. Sänger und Komponist. Er war Schüler von V. Ugolini und 1621–23 Mitglied der Cappella Giulia. 1642 trat er als Kontraaltist in die Cappella Sistina ein, die er 1659 und 1668 auch leitete. S. genoß als Sänger, Lehrer und Kantatenkomponist einen beachtlichen Ruf.

WW (alle in Rom gedruckt): *Concerti morali e spirituali* für 3 St. u. B.c. (1660); *Madrigali morali e spirituali* für 5 St. u. B.c. (1668); *Madrigali e concerti* für 3 St. u. B.c. (1672); *Motetti a voce sola* (1667). – Zahlreiche Kantaten sind hsl. erhalten.

Ausg.: 5 Kantaten in: I. R. EISLEY, The Secular Cantatas of M. S. (s.u. Lit.); 6 Stücke, hrsg. v. DEMS., in: Series of Early Music 3

(Bryn Mawr/Pa. 1970); 5 Madrigale aus *Madrigali morali* (1668) für 5 St. u. B.c., hrsg. v. DEMS. (Wb 1972) (= Chw 113); 13 Motetten (1972) (= Smith College Music Archives 16).

Lit.: I. R. EISLEY, The Secular Cantatas of M. S. (1964) (= Diss. Univ. of California), Teilabdruck als: M. S. (Wellesley/Mass. 1964) (= The Wellesley Ed. Cantata Index Series 2).

SAWALLISCH, Wolfgang, * 26. 8. 1923 München; dt. Dirigent. S. studierte bei W. Ruoff (Klavier) und H. Sachsse (Theorie), danach seit 1946 bei J. Haas an der Staatlichen Musikhochschule München und zuletzt bei H. Rosbaud und I. Markevitch. Seine Laufbahn begann er 1947 am Stadttheater Augsburg, ging 1953 als GMD nach Aachen und 1958 in gleicher Funktion an das Hessische Staatstheater in Wiesbaden. Seit 1960 häuften sich Ämter und Aufgaben. Er schloß mit dem Opernhaus in Köln einen Vertrag, wirkte bis 1963 auch an der dortigen Musikhochschule als Lehrer, war 1960–70 Chefdirigent der Wiener Symphoniker und 1961–73 GMD der Hamburger Philharmoniker. 1970 übernahm er die Leitung des Orchestre de la Suisse Romande und ist seit 1971 auch GMD der Bayerischen Staatsoper in München. Als Gastdirigent trat S. bei den Salzburger und (seit 1957) Bayreuther Festspielen, an der Mailänder Scala, in Berlin, Tokio und Rom auf. Er genießt auch als Klavierbegleiter prominenter deutscher Sänger einen ausgezeichneten Ruf.

SAX, belgische Familie von (Blas-)Instrumentenbauern. – **1) Charles Joseph,** * 1. 2. 1791 Dinant (Belgien), † 26. 4. 1865 Paris. Er gründete 1815 in Brüssel einen Handwerksbetrieb, der sich bald eines sehr guten Rufes erfreute. König Wilhelm I. der Vereinigten Niederlande machte ihn 1819 zum Armeelieferanten. Obwohl als Hersteller von Blechblasinstrumenten gerühmt, baute er auch Holzblasinstrumente, Violinen und Gitarren und verbesserte die Harfe und das Klavier. Durch die Revolution von 1830 erlitt sein Betrieb schwere Schäden. 1853 ließ er sich in Paris nieder. – **2) Adolphe** (eig. Antoine Joseph), Sohn von 1), * 6. 11. 1814 Dinant, † 4. 2. 1894 Paris. Nach einem Flöten- und Klarinettenstudium am Brüsseler Konservatorium trat er in den väterlichen Betrieb ein, den er 1835–42 selbst leitete. 1838 erhielt er das Patent für eine Baßklarinette, und um 1840 erfand er das nach ihm benannte Saxophon sowie 1843 das Saxhorn. 1842 übersiedelte er nach Paris. Um seine ersten Patente – insgesamt besaß er etwa 40 – begann 1843 eine lange Reihe von Kämpfen und Prozessen, die ihn und seine Gegner mehrmals an den Rand des Ruins brachten. S.' allwöchentliche Konzerte in der Rue St-Georges errangen lebhaften Erfolg und wurden auch von hochgestellten Persönlichkeiten gerne besucht. 1857 wurde er Professor für Saxophon am Pariser Conservatoire; 1871 wurde die Klasse aus finanziellen Gründen jedoch aufgelöst (und erst 1942 wieder eingerichtet). In Anerkennung seiner Arbeiten erhielt er 1869 die „große (französische) Staatsbürgerschaft". 1875–90 war S. Musikdirektor der Pariser Opéra und der Opéra-Comique.

Lit.: **Zu 2):** A. REMY, La vie tourmentée d'A. S. (Bru 1939); L. KOSCHNITZKY, A. S. and His Saxophone (o. O. 1949, NY [2]1964); R. E. CROUCH, The Contributions of A. S. to the Wind Band (1968) (= Diss. Florida State Univ.); M. HAINE, A. S. Sa vie, son œuvre, ses instruments de musique (Bru 1980).

SAXHORN, Bz. für ein 1843 von A. Sax in Paris entwickeltes ↗ Bügelhorn, das er, im Gegensatz zu der verwirrenden Vielfalt anderer Entwicklungen im Blechblasinstrumentenbau dieser Zeit, zu einer Familie mit charakteristischen Merkmalen ausbaute: weite konische Mensur, gleiche Anlage der 3–4, später auch 6 Ventile, mehr oder weniger tiefe Kessel von Trompetenmundstücken und gleiche äußere Gestalt mit nach oben gerichtetem Schalltrichter. Später baute Sax Sopran- und Altsaxhörner auch wieder in Trompetenform. Die S.-Familie bestand zunächst aus 7, später aus 9 Instrumenten, vom Sopranino in Es bis zum Subkontrabaß in B. Alle Instrumente hatten eine leichte Ansprache, eine in diesem Maße bis dahin unbekannte Reinheit der Intonation vor allem chromatischer Töne und einen sehr homogenen Klang, der sich vor allem auch im Zusammenspiel mehrerer Saxhörner zeigte. Trotz ihrer hervorragenden Klangqualitäten fanden die Saxhörner im Symphonie- und Opernorchester kaum Verwendung, gehörten jedoch schon bald in der französischen und später auch in der englischen Militärmusik zur Standardbesetzung der Militärkapellen.

Lit.: G. KASTNER, Manuel général de musique militaire (P 1848, Nachdr. 1973–74); A. BAINES, Brass Instruments and Their History (Lo 1974). – ↗Sax.

SAXOPHON, Bz. für ein von A. Sax um 1840/41 erfundenes, 1846 patentiertes Blasinstrument, das, obwohl aus Metall, zu den Holzblasinstrumenten gezählt wird, weil es wie die Klarinette mit einem einfachen, an einem schnabelförmigen Mundstück befestigten Rohrblatt angeblasen wird. Das Instrument hat ein sehr weites, konisch-parabolisches Rohr mit 18–21 teils offenen, teils geschlossenen Klappen. Wegen des konischen Rohrverlaufs überbläst das S. in die Oktave und nicht wie die Klarinette in die Duodezime. Das S. wird in 7 Größen, vom Sopranino bis zum Kontrabaß, seltener bis zum Subkontrabaß gebaut. Nur die beiden höchsten Instrumente, das Sopranino- und das Sopran-S., haben ein gerades Rohr. Vom Alt-S. abwärts sind bei allen Instrumenten die unteren Rohrabschnitte von einem U-förmigen Teil aus nach oben aufgebogen und am Ende leicht trichterförmig erweitert. Je nach Länge des Rohres ist der obere Teil als Mundstückrohr fast rechtwinklig (Alt-S.) oder leicht S-förmig abgebogen (Tenor-S.), schleifenförmig geschwungen und abgebogen (Bariton-S.) oder parallel zum Hauptrohr abwärts, dann U-förmig geknickt wieder aufwärts geführt und am Ende abgebogen (Baß-S.). Die S.e haben einen Tonumfang von 2 Oktaven und einer Quinte oder Sexte und gehören zu den ↗transponierenden Instrumenten. Sie werden stets im Violinschlüssel notiert. Außer dem selten verwendeten Sopranino-S. in Es (klingend des^1–ges^3/as^3) oder in F (es^1–b^3) und dem ebenfalls wenig benutzten Baß-S. in B (As$_1$–d^1) oder C (B$_1$–es^1) sind die heute gebräuchlichsten Instrumentengrößen Sopran-, Alt-, Tenor- und Baritonsaxophon.

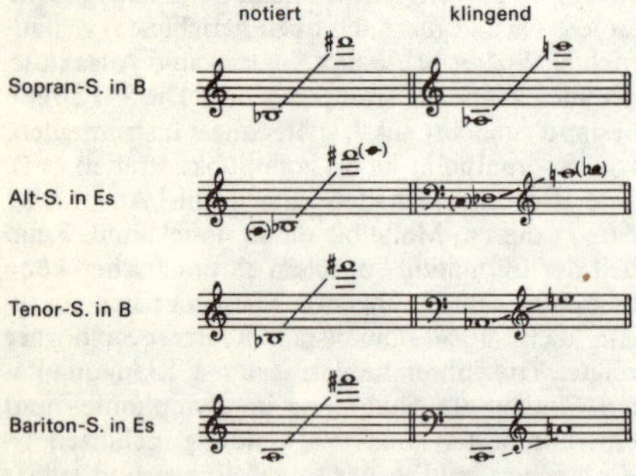

Neben der vor allem für die Harmoniemusik wichtigen Stimmung der S.e in B und Es gab es besonders auch für die Verwendung im Symphonie- und Opernorchester S.e in C- und F-Stimmung: Sopran-S. in C (klingend b–es^3), Alt-S. in F (es–b^2), Tenor-S. in C (B–f^2), Bariton-S. in F (Es–b^1) und Baß-S. in C (B$_1$–es^1).

Alle Instrumente der S.-Familie haben einen metallischen und leicht nasalen Ton, jedes Instrument hat jedoch sehr unterschiedliche, charakteristische Klangeigenschaften: Der Klang des Sopranino ist scharf und durchdringend, der des Sopran-S.s bereits weniger hart, aber kräftig, während der des Alt-S.s, des bevorzugten Soloinstruments der Gruppe, weich und voll ist. Tenor- und Bariton-S. haben einen warmen, tragfähigen und vollen Klang. Das Baß-S. dagegen klingt eher stumpf und weniger kräftig. Die Baß-, Kontrabaß- und Subkontrabaßinstrumente sprechen schwer an, brauchen sehr viel Atem und sind wegen ihrer Größe recht unhandlich.

Erstmals öffentlich vorgestellt wurde das S. 1844 bei der Aufführung einer von H. Berlioz für 6 S.e arrangierten *Hymne* und in G. Kastners Oper *Le dernier roi de Juda.* Trotz der begeisterten Beurteilung durch Komponisten wie Berlioz, G. Meyerbeer, G. Bizet u.a. wurde das S. im 19. Jh. nur selten im Orchester eingesetzt, so z. B. von A. Thomas *(Hamlet, Françoise de Rimini),* J. Massenet *(Hérodiade, Werther),* Bizet (*Arlésienne*-Suite), C. Saint-Saëns *(La jeunesse d'Hercule, Henri VIII)* und V. d'Indy (*Fervaal, Chant varié* für S., Viola und Orch.). Ein komplettes S.-Quartett mit Sopran-, Alt-, Bariton- und Baß-S. in C- und F-Stimmung schrieb R. Strauss in der *Sinfonia domestica* vor. Als Soloinstrument setzte es Cl. Debussy (Rhapsodie für Alt-S. und Klavier) ein. Im Unterschied zur Kunstmusik wurden S.e bereits 1845 in die französischen Militärkapellen aufgenommen, erst 2, dann 4, bis schließlich zur vollständigen Besetzung einer Harmoniemusik 19 S.e gehörten. Außer in Deutschland, wo sie erst nach dem 1. Weltkrieg auftraten, wurden S.e sehr schnell auch in die Militärkapellen der Niederlande, Belgiens, Großbritanniens und der USA übernommen. Vor allem in den USA machte J. Ph. Sousa durch zahlreiche Konzerte die S.e so bekannt, daß sie, um 1900 zunächst Instrumente der Schlagermusik, seit etwa 1920 zunehmend auch als Jazzinstrumente gespielt wurden, als Soloinstrumente zuerst das Sopran-S. (Sidney Bechet, später John Coltrane), dann das Alt-S. (Johnny Hodges, Benny Carter, Charlie Parker, E. Mangelsdorff), das Tenor-S. (Coleman Hawkins, Stan Getz, Lester Young, Jimmy Giuffre, John Coltrane) und das Bariton-S. (Gerry Mulligan, Bud Shank, Jimmy Giuffre). In den Big Bands wurden 3–4 (2 Alt-, 1–2 Tenor-) S.e eingesetzt. Berühmt wurde besonders der 1948 für das Orchester von Woody Herman entwickelte „Four Brothers-Klang" mit 3 Tenor-S.en und 1 Baritonsaxophon. Der 4st., später 5st. S.-Satz, zu dem oft noch eine Klarinette dazukam (Glenn Miller; Duke Ellington, *Liberian Suite*), wurde auch in die Unterhaltungsmusik übernommen. Die Jazzmusiker machten das S. nicht nur bekannt, sondern regten z.T. auch seine Verwendung in der Kunstmusik an. So lassen sich die S.-Partien in E. Kreneks *Jonny spielt auf,* in I. Strawinskys *Ebony Concerto* oder in G. Gershwins *Porgy and Bess* direkt auf den Einfluß der Jazzmusik zurückführen. Unabhängig davon verwendeten nun aber auch andere Komponisten S.e, u.a. P. Hindemith *(Cardillac),* A. Webern (Quartett für V., Klar., Tenor-S. und Klv., op. 22), A. Berg (*Lulu*-Suite), A. Honegger

(Jeanne d'Arc au bûcher), S. Prokofjew *(Leutnant Kische; Romeo und Julia),* B. Britten *(Billy Budd)* und H. W. Henze (*Antifone* für 4 Fl., 4 S.e, 2 Trp., 2 Pos. und Schlagwerk). Solistisch eingesetzt wurde das S. von P. Hindemith (Konzertstück für 2 Alt-S.e), A. Glasunow (Quartett für 4 S.e; S.-Konzert), J. Ibert (*Concertino da camera* für Alt-S. und kleines Orch.), H. Villa-Lobos (*Fantasia* für S. und Kammerorch.), H. Badings (S.-Konzert) und G. Raphael (Concertino für S.).

Lit.: J. KOOL, Das S. (L 1931); M. MULE, Enseignement du s.e (P 1943); M. PERRIN, Le s.e, son histoire, sa technique et son utilisation dans l'orchestre (P 1955, Nachdr. 1977); J. E. BERENDT, Der Saxophonsatz als Instr., in: Variationen über Jazz (Mn 1956); F. HAUCK, Neue Saxophonschule (Mz 1959); H. KOLLER, S.-Schule (W 1962); A. MAYEUR – M. PERRIN, Nouvelle grande méthode de s.e (P 1963); R. DRUET – G. GOURDET, L'école française du s.e, 3 Bde. (o. O. 1963); L. KOCHNITZKY, A. Sax and His s.e (NY ²1964); J. M. LONDEIX, 125 ans de musique pour s.e (P 1971); K. VENTZKE – C. RAUMBERGER, Die S.e (F 1979). – ↗Sax.

M. BRÖCKER

SAYGUN, Ahmed Adnan, * 7. 9. 1907 Izmir; türkischer Komponist und Musikethnologe. Er studierte 1928–31 in Paris bei E. Borrel sowie an der Schola Cantorum bei P. Le Flem und V. d'Indy Komposition und lehrte dann Kontrapunkt in Ankara sowie 1936–39 Komposition am Konservatorium in Istanbul, seit 1946 am Konservatorium in Ankara. S.s Musik basiert auf der Folklore seines Landes, der er auch Schriften und Aufsätze widmete.

WW: **1) Instr.-WW:** Für Klv.: Sonatine (1938), 10 Etüden; Partita für V. solo; Sonaten mit Klv.: für Vc. (1935) u. für V. (1941); Quartett für Klar., Saxophon, Schlagzeug u. Klv. (1933); 3 Streichquartette (1947, 1958, 1967); Bläserquintett. – Für Orch.: 4 Symphonien; Konzerte für Klv. u. für V. – **2) Vokal- u. Bühnen-WW:** Klv.- u. Orchesterlieder; Oratorium *Yunus Emre* (1946). – Opern (alle in Ankara uraufgeführt): *Özsoy* (1934); *Taşbebek* (1934); *Kerem* (1953); *Köroğlu* (1973), Ballet-féerie *Gilgameş*. – **3) Schriften:** *Bartók in Turkey,* in: MQ 37 (1951); *Ethnomusicologie turque,* in: AMl 32 (1960); La genèse de la mélodie, in: FS Z. Kodály (1962) (= Studia musicologica 3); *Quelques réflexions sur certaines affinités des musiques folkloristiques turque et hongroise,* in: Studia musicologica 5 (1963).

SAYVE, Lambert (Lampertus) **de,** * 1548 oder 1549 Parfondvaux bei Lüttich (?), † zwischen 16. und 28. 2. 1614 Linz a. d. Donau; franko-flämischer Komponist. Einer Musikerfamilie entstammend, von der 11 Mitglieder um 1600 im Dienste der Habsburger nachweisbar sind, wurde er 1562 Erzherzoglicher, später Kaiserlicher Kapellmeister. 1568 war er Sänger in der von Ph. de Monte geleiteten Kapelle Kaiser Maximilians II. und 1569–77 Singmeister am Stift Melk. 1577–83 war S. „Capeln-Singer-Knaben-Preceptor" bei der Kapelle des Erzherzogs Karl in Graz; seit 1583 wirkte er als Kapellmeister des Erzherzogs Matthias, des späteren Kaisers. S.s Schaffen, ausgehend von der niederländischen Tradition, mündet in die venezianische Mehrchörigkeit.

WW: *Canzoni a la napolitana* für 5 St. (W 1582); *Teutsche Liedlein* für 4 St. (W 1602, Wb ²1611); *Sacrae symphoniae* für 4–16 St. (Klosterbruck/Böhmen 1612); einige weitere geistliche Werke hsl. u. in Sammeldrucken 1568 u. 1604–05 erhalten.

Ausg.: 3 Kanzonen, in: It. Musiker u. das Kaiserhaus 1567–1625, hrsg. v. A. EINSTEIN (1934) (= DTÖ 77); *Teutsche Liedlein,* hrsg. v. F. BLUME (Wb 1938) (= Chw 51); eine Messe, in: Ndl. u. it. Musiker der Grazer Hofkapelle Karls II., hrsg. v. H. FEDERHOFER (1954) (= DTÖ 90); 4 Motetten, hrsg. v. G. REBSCHER (Wb 1960) (= Chw 86).

Lit.: R. BRAGARD, L. de S. (Lüttich 1934); H. OSTHOFF, Die Niederländer u. das dt. Lied (B 1938); H. FEDERHOFER, L. de S. an der Grazer Hofkapelle, in: RBMie 3 (1949); G. REBSCHER, L. de S. als Motettenkomponist (Diss. F 1959); E. SCHENK, Zur Lebens- u. Familiengesch. v. L. de S., in: FS H. Osthoff (Tutzing 1961); J. QUITIN, À propos de trois musiciens liégois du 16e siècle: Petit Jean de Latre, J. Mangon et Mathieu de Saye, in: Musicae Scientiae Collectanea. FS K. G. Fellerer (Kö 1973); DERS., S., in: Grove⁶ XVI.

SCACCHI, Marco, * 1602 Gallese bei Viterbo, † um 1685 ebd.; it. Komponist und Musiktheoretiker. Er war in Rom Schüler von G. Fr. Anerio, trat 1623 in Warschau in den Dienst König Sigismunds III. von Polen und war seit 1628 Hofkapellmeister. Krankheitshalber kehrte er 1649 in seine Heimatstadt zurück, wo er nur noch unterrichtete (u. a. A. Berardi). In einem langjährigen Kunststreit zwischen den Danziger Organisten C. Förster (I) und P. Siefert stellte sich S. auf die Seite Försters und des italienischen konzertierenden Stils. Seinem *Cribrum musicum,* in dem er mit zahlreichen Beispielen vor allem italienischer und polnischer Komponisten Sieferts *Psalmen Davids* (1640) scharf kritisierte, folgten dessen *Anticribratio musica* (1645) und S.s *Judicium* … (mit Briefen u.a. von H. Schütz). Von S. stammen auch die an Cl. Monteverdi anschließende vielzitierte Charakterisierung des Wort-Ton-Verhältnisses der ↗Seconda pratica „ut oratio sit domina harmoniae" *(Cribrum musicum)* und die früheste Definition der musikalischen Stile des 17. Jh. (hsl. Brief an den Danziger Katharinenkantor Christoph Werner, um 1648). Unmittelbare Einflüsse S.s zeigen sich in den Traktaten von Chr. Bernhard.

WW: **1) Kompositionen:** Messen für 4 St. (R 1633); *Madrigali ... concertati* für 5 St. u. B.c. (V 1634, unvollst. erh.); einige weitere Werke hsl., darunter dt. Kontrafakturen it. Madrigale, u. in RISM 1646$^{3\ u.\ 4}$. – **2) Theoretische WW:** *Cribrum musicum ad triticum Syfertinum* (V 1643) (enthält auch Komp. S.s); *Judicium cribri musici* (War 1649); *Breve discorso sopra la musica moderna* (War 1649).

Ausg.: Brief an C. Werner, in: E. KATZ, Die musikal. Stilbegriffe (Fr 1926); *Breve discorso*, engl. Übers., in: C. V. PALISCA, M. S's Defense of Modern Music, in: Words and Music (C/M 1972); Madrigale, hrsg. v. Z. M. SZWEYKOWSKI (Krakau 1979).

Lit.: C. V. PALISCA, S., in: MGG XI; H. FEDERHOFER, S.s „Cribrum musicum" 1643 u. die Kompositions-Lehre v. Ch. Bernhard, in: FS H. Engel (Kas 1964); C. DAHLHAUS, Cribrum musicum. Der Streit zw. S. u. Siefert, in: Norddt. u. nordeuropäische Musik (Kas 1965) (= Kieler Schriften z. Musikwiss. 16); Z. M. SZWEYKOWSKI, M. S.'s Opinions on Art Music, in: Quadrivium 11 (1970); DERS., „Ah dolente partita". Monteverdi – S., in: ebd. 12 (1971); DERS., Musica moderna w ujęciu M. Scacchiego. Z dziejów teorii muzyki w XVII wieku (Krakau 1977).

SCALABRINI, Paolo, * 1713 Lucca oder Bologna, † 1803 oder 28. 2. 1806 Lucca; it. Komponist. Er kam 1742 mit der Theatertruppe der Brüder Mingotti nach Graz; es folgten Operntourneen durch Österreich, Deutschland und nach Kopenhagen. 1748–53 war er dort als Nachfolger von J. A. Scheibe und Vorgänger G. Sartis Kapellmeister der königlichen Kapelle Dänemarks. 1768 wieder in Kopenhagen, erhielt er 1775 seinen alten Posten nach der Entlassung Sartis wieder. Nach dem Tod seiner Frau, der Sängerin Grazia Melini, kehrte er 1781 nach Italien zurück. S. gilt als einer der Schöpfer der dänischen Oper. Sein *Koerlighed uden strømper* (UA: Kopenhagen 1773) wurde noch bis 1847 gespielt.

WW (ausschließlich hsl. erhalten): Opern (außer dem genannten Werk): *Den forliebte Skildrer* (nach Molière), UA: Kopenhagen 1756; *Oraklet*, UA: 1776 ebd.; ferner zahlreiche einzelne it. Arien sowie 6 Symphonien.

Lit.: E. H. MÜLLER, A. u. P. Mingotti (Dresden 1917) (mit Verz. der Werke S.s); T. KROGH, Zur Gesch. des dänischen Singspiels im 18. Jh. (Kop 1924).

SCALA DECEMLINEALIS, Scala musicalis (engl.: scale of music, gam; frz.: gamme d'Arétin, échelle générale, échelle, portée générale), das Zehnliniensystem, war seit Schaffung der Notenschrift durch Guido von Arezzo (um 1050) das ganze Mittelalter hindurch und weiterhin bis zur endgültigen Ablösung der Vokalpolyphonie durch die verselbständigte Instrumentalmusik im späteren 17. Jh. das grundlegende und wichtigste graphische Hilfsmittel zur Darstellung des Gesamtvokalbereichs und dessen diatonischen Aufbaus sowie zur Vermittlung und Verdeutlichung der wichtigsten musikalischen Elementarbegriffe und -vorgänge, wie zur Aufzeichnung mehrstimmiger Musik allgemein. Die S. besteht, wie der Name sagt, aus einem System von 10 parallel verlaufenden Linien, auf denen am Anfang von unten nach oben, abwechselnd auf die Linie und in den Zwischenraum, die Tonbuchstaben Γ (Gamma) A B C D E F G a b c d e f g aa bb cc dd ee, also eine fortlaufende diatonische Reihe von 20 Tönen, später zumeist nur die Claves signatae (Schlüssel) Γ, F, C, G und dd zur Kennzeichnung der Lage der Einzeltöne eingetragen wurden. Sie diente sowohl didaktischen Zwecken, insbesondere der Erklärung und Veranschaulichung der sich überschneidenden Lagen des ↗Hexachords bei der ↗Solmisation oder der Intervallverhältnisse, wie auch der Kompositionspraxis selbst beim Entwurf neuer Stücke oder zum Studium fremder, nur in Stimmen überlieferter Werke (↗Tabula compositoria).

Auf der Scala decemlinealis notierter Anfang eines Stückes von H. Isaac aus H. Fabers *Explicatio compendiosa de signis musicalibus* (anonyme Hs. der Dt. Staatsbibl. Berlin, hier nach S. Hermelink, *Dispositiones modorum*, Tutzing 1960). Die Stimmen sind in verschiedenen Farben geschrieben: Discantus rot, Altus grün, Tenor schwarz, Bassus rot.

Übertragung:

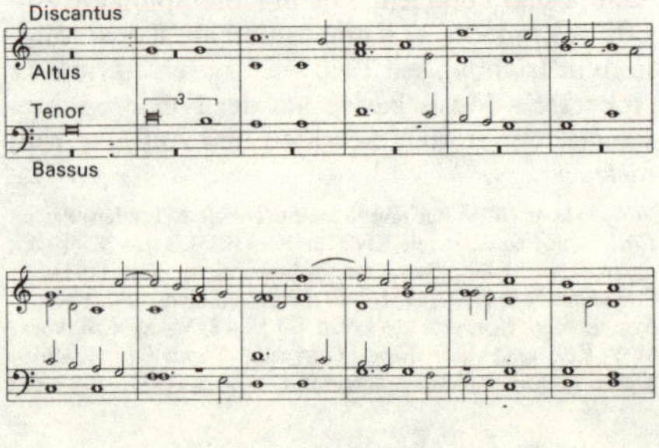

Von Anfang an wurde – bezeichnend für die Musikanschauung der betreffenden Epochen generell – betont, daß mit der S. innerhalb des theoretisch unbegrenzten Tonbereichs der gesamte musikalisch nutzbare Ausschnitt erfaßt sei, da dieser dem von den Singstimmen erreichbaren Bereich vollständig entspreche. So heißt es bei G. Dreßler (*Praecepta musicae poeticae*, um 1563): „Intra scalam, quae ex 10 lineis constat, totum harmoniae corpus includatur", und Th. Morley (*A Plaine and Easie Introduction to Practicall Music*, 1597) meint: „That compass (20 notes) was the reach of most voices, so that under *Gam* the voice seemed as a kind of humming, and above *ee* a kind of constrained shrieking". Um die Mitte des 16. Jh. begannen die Komponisten damit, die S. in bestimmten Fällen durch Versetzung der Schlüssel um ein Spatium nach unten zu transponieren. Diese Technik bewirkte gewisse Veränderungen der Satzstruktur mit klanglichen Konsequenzen in den erstellten Kompositionen und führte bei der Aussetzung der Einzelstimmen zu den sog. ↗Chiavetten. Beschreibungen und Abbildungen der S. finden sich bis gegen Ende des 17. Jh. in fast allen musiktheoretischen Traktaten und Lehrbüchern.

Lit. ↗Chiavette, ↗Tabula compositoria. S. HERMELINK

SCALETTA, Orazio, * 2. Hälfte des 16. Jh. Crema (Lombardei), † (an der Pest) 1630 Padua; it. Komponist und Musiktheoretiker. Er ist als Kapellmeister in Mailand (1585), Lodi (1590), Bergamo (1595), Crema (1601–08), Salò am Gardasee (1608–11) und wieder in Bergamo (1615) nachweisbar. 1590 lernte er in Venedig G. Gabrieli kennen, dessen Musik S.s Schaffen beeinflußte. S. ist vor allem als Theoretiker von Interesse; seine *Scala di musica*, eine bis zum Ende des 17. Jh. weitverbreitete musikalische Elementarlehre, reflektiert die Prinzipien der Seconda pratica (↗Prima pratica).

WW (wenn nichts anderes angegeben, in Venedig gedruckt): **1) Geistliche WW:** *Sacra armonia* (1610) für 4–8 St. u. B.c.; *Timpano celeste* (1611) für 1–4 St. u. B.c.; *Messa et il vespro a 3 v. … con alcuni motetti … a 1–3 v.* (Mi 1615). – **2) Weltliche WW:** 4 Bücher Madrigale, 1: für 5 St. (1585), 2: *Amorosi pensieri* (1590) für 5 St., 3: *Diletto musicale* (1593) für 4 St., 4: *Affettuosi affetti* (1604) für 6 St.; *Vilanelle alla romana* (1590) für 3 St.; *Effetti d'amore*, (1595), Kanzonetten für 4 St.; *Cetra spirituale* (Mi 1605) für 2–3 St. u. B.c. – **3) Theoretische WW:** *Scala di musica molto necessaria per principianti* (1585, mehr als 30 Aufl. bis 1698); *Primo scalino della scala di contrappunto* (Mi 1622).

Aussg.: *Scala di musica*, Faks.-Ausg. (1976).

Lit.: A. GEDDO, Bergamo e la musica (Bergamo 1958); W. DÜRR, S., in: MGG XI; J. ROCHE, Music at S. Maria Maggiore, Bergamo 1614–1643, in: ML 47 (1966).

SCANDELLO (Scandelli, de Scandellis), **Antonio** (Antonius), * (17. 1. ?) 1517 Bergamo, † 18. 1. 1580 Dresden; it. Komponist. Einer adligen norditalienischen Familie entstammend, ist er 1541 als Zinkenist an S. Maria Maggiore in Bergamo nachgewiesen, später im Dienst des Kardinals Madruzzi in Trient. 1549 holte ihn Kurfürst Moritz von Sachsen an die kurz vorher von J. Walter gegründete Dresdner Hofkantorei, wo er 1566 Vizekapellmeister, 1568 als Nachfolger von M. Le Maistre Kapellmeister wurde. Er festigte den Ruf der Kapelle weiterhin und war auch als Lehrer sehr geschätzt.

WW: **1) Geistliche WW:** *Missa super Epitaphium … Mauritii* (1553) für 6 St. (Nü 1558); *Newe schöne außerlesene Geistliche Deudsche Lieder* für 5–6 St. (Dresden 1575); *Gaudij paschalis Iesu Christi … in … resurrectionis ejus laetam celebrationem relatio historica* (1568) u. *Passio … nach dem H. Evangelisten Iohannes* (1568), beide postum hrsg. v. S. Besler (Breslau 1612 bzw. 1621); gedruckt ferner einige Gelegenheitsgesänge. – **2) Weltliche WW:** *Canzoni napoletane* für 4 St. (Nü 1566); *Neue Teutsche Liedlein* für 4–5 St. (Nü 1568); *Newe und lustige Weltliche Deudsche Liedlein* für 4–6 St. (Dresden 1570). – Weitere geistliche u. weltliche Werke auch hsl. und in zahlr. Sammeldrucken bis zur Mitte des 17. Jh., auch in Intavolierungen für Laute.

S.s Bedeutung als Komponist beruht gleichermaßen auf den weltlichen wie den geistlichen Werken. Mit den *Canzoni neapoletane*, dem ersten deutschen Druck dieser Art, ebnete er der italienischen Villanellenkunst den Weg in Deutschland, die er später selbst mit der C.f.-Technik des älteren deutschen Liedes verschmolz. Auf italienische Tradition verweist auch die Anlage von S.s Passion mit der mehrstimmigen Vertonung sämtlicher Partien außer dem Evangelistenbericht (↗Passion). Vorbildlich bis hin zu H. Schütz wurde ebenfalls S.s Auferstehungshistorie (↗Historia).

Ausg.: Johannes-Passion, in: O. KADE (s. u. Lit.), die Rezitationstöne in: Hdb. der dt. ev. Kirchenmusik I/3, hrsg. v. K. AMELN – CH. MAHRENHOLZ – W. THOMAS – C. GERHARD (Gö 1937); Auferstehungshistorie, in: ebd. I/3–4; dies. (St 1960) (= Geistliche Chormusik II/8); *Missa super Epitaphium Mauritii*, hrsg. v. L. HOFFMANN-ERBRECHT (Wb 1957) (= Chw 65); zahlr. praktische Einzelausg.

Lit.: O. KADE, Die ältere Passionskomposition bis zum Jahre 1631 (Gütersloh 1893, Nachdr. Hil 1971); I. BECKER-GLAUCH, Die Bedeutung der Musik für die Dresdener Hoffeste (Kas – Bas 1951) (= Musikwiss. Arbeiten 6); D. HÄRTWIG, S., in: MGG XI; R. CASPARI, Liedtradition im Stilwandel um 1600 (Mn 1971) (= Schriften z. Musik 13).

SCANDICUS, Neume, ↗Notenschrift.

SCARLATTI (Scarlata). – **1) Pietro Alessandro Gaspare,** * 2. 5. 1660 Palermo, † 22. 10. 1725 Neapel; it. Komponist. Er wurde mit 12 Jahren von seinen Eltern nach Rom geschickt, wo er seine musikalische Ausbildung erhielt. Aufgrund des Erfolges seiner in Rom und auch andernorts aufgeführten Oper *Gli equivoci nel sembiante* (1679) ernannte ihn die in Rom lebende Königin Christine von

Schweden zum Kapellmeister. 1679–82 war er Kapellmeister am Oratorio S. Marcello und danach an S. Gerolamo della Carità. 1683 verließ er Rom wahrscheinlich auf Einladung des Vizekönigs von Neapel, wo er zunächst Leiter einer Truppe am Teatro S. Bartolomeo war und 1684 Hofkapellmeister und damit mittelbar Nachfolger P. A. Zianis wurde. Diese Stelle hatte er, von einer kurzen Unterbrechung Anfang 1688 abgesehen, bis 1703 inne. Es folgte eine längere Zeit ohne befriedigende Anstellung. Ein Versuch, mit dem Florentiner Hof in engere Verbindung zu treten, mißlang. Bis 1708 war er vorwiegend in Rom, zunächst als Substitut, seit 1707 auch als Kapellmeister an S. Maria Maggiore. 1708 kehrte er als Hofkapellmeister nach Neapel zurück. 1715 wurde er, auf Vorschlag des Papstes, zum Ritter geschlagen. 1717–22 war er wieder in Rom; von dort erlebte er auch den Erfolg seiner Opera buffa *Il trionfo dell'onore,* die nach der Uraufführung in Neapel 18mal wiederholt werden mußte. Seine letzten 3 Lebensjahre verbrachte er zurückgezogen wieder in Neapel.

WW: **1) Instr.-WW:** Zahlr. Toccaten u.a. Kompositionen für Cemb.; Sonaten u. Suiten für mehrere Instr.; 12 *Sinfonie di concerto grosso* (um 1715); 6 *Concerti* für 2 V., 2 Vc. u. Str. (Lo 1740?). – **2) Vokal-WW** (fast ausschließlich hsl.): 16 Messen; über 100 Motetten; etwa 800 it. Kantaten für 1–2 St. u. B.c., teilweise mit Instr.; einige Madrigale. – 22 Oratorien, darunter *Agar ed Ismaele esiliati; La Giuditta* (2 Fassungen); *S. Maria Maddalena de' Pazzi; Il Sedecia; Cain ovvero Il primo omicidio; La SS. Trinità;* ferner eine lat. Johannes-Passion. – **3) Bühnen-WW:** Von den 77 nachweislich aufgeführten Opern sind 40 erhalten, darunter *L'Ericlea,* UA: Neapel 1700; *La principessa fedele,* UA: ebd. 1710; *Il Tigrane,* UA: ebd. 1715; *Telemaco,* UA: ebd. 1718; *Marco Attilio Regolo,* UA: Rom 1719; *La Griselda,* UA: ebd. 1721; ferner 18 Serenate.

S. gehört keiner bekannten Schulrichtung an. Es ist so gut wie nichts über seine Lehrer und auch nur wenig über seine Schüler bekannt (sicher ist allerdings, daß er seinen Sohn Domenico und J. A. Hasse unterrichtet hat). Zweifellos hat sein Werk zur Ausbildung der Neapolitanischen Schule beigetragen, doch kann weder er als Haupt dieser Schule noch sein Werk als charakteristisch für diese gelten. S.s umfangreiches Opernschaffen stellt gewissermaßen ein Bindeglied zwischen venezianischer und neapolitanischer Oper dar. Noch in die frühe venezianische Oper weist sein expressives, am Ideal des „imitar le parole" orientiertes Rezitativ zurück. S. wurde deswegen 1728 von J. D. Heinichen angegriffen. Die von ihm verwendeten gebundenen Formen sind variabel: Selbst die Da capo-Arie ist – ebenso wie der ihr zugrunde liegende Affekt – stets auf die Situation der Szene bezogen und in ihrer Anlage nie schematisch. Bezeichnend dafür sind S.s liedhafte Buffoarien, die oft folkloristische Elemente aufweisen. Seine Ensemblesätze sind im Kern zweistimmig, Oberstimme und Baß dialogisieren; zu beiden tritt oft eine 2. Oberstimme hinzu, die zur ersten meist parallel geführt ist. In S.s kirchenmusikalischen Werken und den Oratorien hingegen verhält es sich anders: Häufig greift er hier auf den Stilus gravis zurück, 3. und 4. Stimmen treten gleichwertig zu den beiden Hauptstimmen. W. DÜRR

2) Giuseppe Domenico, Sohn von 1), * 26. 10. 1685 Neapel, † 23. 7. 1757 Madrid; it. Komponist. Sein Vater leitete die musikalische Ausbildung, bei der sich früh S.s Begabung zeigte. Seit 1701 wirkte er als Organist und Komponist an der neapolitanischen Hofkapelle. Er begann Opern und Kirchenmusik zu schreiben, die das normale Betätigungsfeld der Komponisten seiner Zeit darstellten. Mit 20 Jahren lernte er in Venedig G. Fr. Händel, Fr. Gasparini und A. Vivaldi kennen. 1709–15 war er in Rom als Dirigent und Opernkomponist tätig; in dieser Zeit wurde er auch mit dem Werk A. Corellis bekannt. 1713–19 war S. als Kapellmeister an der Cappella Giulia im Vatikan tätig. 1719 verließ er seine Heimat, die er nur noch 1724 und 1728 besuchen sollte, und ließ sich zunächst in Portugal nieder. Hier wurde seine künstlerische Entwicklung in ganz neue Bahnen gelenkt. Anfangs, 1720–28, war er Hofkapellmeister des Königs von Portugal in Lissabon, wo er die Infantin Maria Barbara im Cembalospiel unterrichtete und ihr 1728 nach ihrer Heirat mit dem Thronfolger Ferdinand VI. nach Spanien folgte. Bis zu seinem Tode lebte S. am spanischen Hof in Madrid. Er war dort anscheinend sehr angesehen; der Hof brachte für ihn sowie für seinen Landsmann, den Kastraten Farinelli, viel Geld auf.

WW: etwa 550 Sonaten für Cemb. sowie 8 Sonaten für Cemb. u. B.c. Primärquellen sind Hss. hauptsächlich in Parma u. Venedig. Der 1. Druck sind die 30 *Essercizi per gravicembalo* (Lo 1738), an die sich zahlreiche in Auswahl und Inhalt unterschiedliche weitere Drucke u.a. in London, Amsterdam, Paris anschließen (vgl. auch ↗Roseingrave). Die Zählung der Sonaten erfolgt heute in der Regel durch die Angabe „K." (z.B. K. 123) entsprechend dem Verz. in R. Kirkpatrick (s.u. Lit.). – Von S. sind ferner erhalten (häufig mit zweifelhafter Zuschreibung) 17 Sinfonien für verschiedene instr. Besetzung und kirchenmusikalische Werke sowie it. Kantaten für 1–2 St. u. B.c., teilweise mit Instrumenten.

Im Unterschied zu seinen Zeitgenossen J.-Ph. Rameau, G. Fr. Händel und J. S. Bach hat sich S.s musikalische Schöpferkraft nach seinem Weggang aus Italien fast ganz auf das Tasteninstrument konzentriert. Man könnte an Fr. Chopin denken. Beiden bot das Tasteninstrument allein das Fundament ihrer schöpferischen Entfaltung; dabei ist die technische Beherrschung des Klaviers eine selbstverständliche Voraussetzung. Bekannt ist ein Wettstreit S.s 1709 mit Händel, aus dem beide gleichermaßen als Sieger hervorgingen. Nach Ch. Burney hat S. zwar behauptet, seine Werke seien auf jedem beliebigen Instrument ausführbar, aber es besteht überhaupt kein Zweifel, daß er sie gerade für das Tasteninstrument konzipiert hat. Außerdem ist sein virtuoses Spiel, das viele strenge Kompositionsregeln weit hinter sich läßt, spezifisch das eines Cembalisten.

Ungefähr 550 Sonaten für Tasteninstrument sind von S. bekannt; mit wenigen Ausnahmen sind sie einsätzig. Formal können sie als aus dem Zusammenhang der Suite herausgelöste Tanzsätze betrachtet werden. Wenn S. auch oft genug eine solche Anlage durchbricht und harmonisch wie spieltechnisch zu freier Improvisation greift, lassen sich dennoch vielfach die rhythmischen Modelle einer Allemande, Courante, Sarabande, Gigue oder eines Menuetts erkennen. Auch die Toccata hat ihre Spuren hinterlassen. Die Kunst S.s besteht darin, alle diese Typen in der kleinen Form der Sonate verschmolzen zu haben. Ihre 2teilige Anlage läßt imitatorische Elemente zu, begünstigt aber ebenso moderne Stilmomente wie die der Entwicklung, des Kontrastes oder eines besonderen Typus der Reprise. S.s Sonaten, die einen neuartigen Klavierstil repräsentieren, gehören zum großen musikalischen Erbe Italiens. W. GERSTENBERG

Ausg.: **Zu 1): 1) Instr.-WW:** *Concerto grosso*, hrsg. v. A. SCHERING (L 1928); Sonate F-Dur für Fl., 2 V. u. B.c., hrsg. v. K. G. FELLERER (Mr 1930); 5 Sinfonien, hrsg. v. R. MEYLAN (Kas 1950ff.) (= Hortus Mus. 48, 116, 125, 146, 168); 7 Sonaten für Fl., Str. u. B.c., hrsg. v. L. BETTARINI, in: Collezione settecentesca Bettarini 1 (Mi 1969); Sinfonie Nr. 6–11 für Fl. u. Streichorch., hrsg. v. R.-J. KOCH (F 1973). – **2) Vokal-WW:** *Missa ad usum Cappellae Pontificae* (1706), hrsg. v. J. A. BANK (A 1951); Gli Oratori di A. S., hrsg. v. L. Bianchi, bisher 5 Bde. (R 1964ff.), mit den genannten Oratorien außer: *La SS. Trinità*, hrsg. v. G. PICCIOLI (Bologna 1953), u. *S. Maria Maddalena*, hrsg. v. G. GUERINI (Mi 1961); Johannes-Passion, hrsg. v. E. HANLEY (New Haven 1955) (= Coll. Mus. 1), dies., hrsg. v. O. DEFFNER (St 1966). – *Su le sponde del Tebro*, hrsg. v. B. PAUMGARTNER (Hei 1956); 4 Kantaten, hrsg. v. G. TINTORI (Mi 1958); *Lascia, deh lascia*, hrsg. v. R. JAKOBY (Kö – NY 1968); *Io son pur solo* u. *Lontan dalla sua Clori*, hrsg. v. M. BOYD (Kas 1972); *Correa nel seno amato*, hrsg. v. O. DRECHSLER (ebd. 1974). – **3) Bühnen-WW:** The Operas of A. S., hrsg. v. D. J. GROUT u. a. (C/M 1974ff.), mit den genannten Opern außer: *Telemaco*, Faks.-Ausg., hrsg. v. H. M. BROWN (NY 1978) (= Italian Opera 1640–1700 23); *La Griselda* auch hrsg. v. O. DRECHSLER (Kas 1960). – **Zu 2):** Opere complete per clavicembalo, hrsg. v. A. LONGO, 11 Bde. (Mi 1906–08); Sixty Sonatas, hrsg. v. R. KIRKPATRICK (NY 1953); Complete Keyboard Works in Facs., hrsg. v. DEMS., 18 Bde. (NY – Lo 1971–72); Sonates, (GA) hrsg. v. K. GILBERT, 11 Bde. (P 1971–78); ferner einzelne praktische Auswahl-Ausg., darunter Sonaten, hrsg. v. H. KELLER – W. WEISMANN, 3 Bde. (L 1966); *Essercizi per gravicembalo*, Faks.-Ausg. (Farnborough 1967). – Stabat mater für 10 St. u. Org., hrsg. v. R. NIELSEN – B. SOMMA (P 1956); Salve regina für Sopr., Str. u. B.c., hrsg. v. R. EWERHART (Kö 1960); Salve regina für 2 St. u. B.c. u. *Amenissimi prati* für Baß u. B.c., hrsg. v. L. HAUTUS (Kas 1971).

Lit.: **Zu 1):** A. LORENZ, A. S.s Jugendoper, 2 Bde. (Au 1927); C. SARTORI, Gli S. ... note e documenti sulla vita e sulle opere (Siena 1940); DERS., Gli S. a Napoli, nuovi contributi, in: RMI 46 (1942); O. TIBY, La famiglia S., in: MD 1 (1947); M. FABBRI, A. S. e il Principe Fernando de' Medici (Fi 1961); E. HANLEY, A. S.'s Cantate da camera. A Bibliographical Study (1963) (= Diss. Univ. of New Haven/Conn.); M. BOYD, Form and Style in S.'s Chamber Cantatas, in: MR 25 (1964); D. J. GROUT, La „Griselda" di Zeno e il libretto dell'opera di S., in: NRMI 2 (1968); J. A. WESTRUP, A. S.'s „Il Mitridate Eupatore" 1707, in: New Looks at Italian Opera. FS D. J. Grout (Ithaca/N.Y. 1968); L. BIANCHI, Carissimi, Stradella, S. e l'oratorio musicale (R 1969); R. PAGANO – L. BIANCHI, A. S. (Tn 1972); R. STROHM, Hasse, S., Rolli, in: Anal. Mus. 15 (1975); G. G. JONES, A. S.s „Il Ciro", in: HJbMw 3 (1978); D. J. GROUT, A. S. An Introduction to His Operas (Berkeley 1979). – **Zu 2):** A. LONGO, D. S. e la sua figura nella storia della musica (Neapel 1913); G. F. MALIPIERO, D. S., in: MQ 13 (1927); W. GERSTENBERG, Die Klavierkompositionen D. S.s (Rb 1933, Nachdr. 1968); R. BENTON, Form in the Sonatas of D. S., in: MR 13 (1952); R. KIRKPATRICK, D. S. (Princeton/N.J. 1953, [6]1970), erweitert dt., 2 Bde. (1972); DERS., D. S.'s Choral Music (C/M 1957); DERS., S., in: MGG XI; G. PESTELLI, Le sonate di D. S. Proposta di un ordinamento cronologico (1967); J. L. SHEVELOFF, The Keyboard Music of D. S. A Revaluation of the Present State of Knowledge in the Light of the Sources, 3 Bde. (1970) (= Diss. Brandeis Univ.); L. HAUTUS, Beitr. z. Datierung der Klavierwerke D. S.s, in: Mf 26 (1973); S. CHOI, Newly Found 18th-Century Manuscripts of D. S.'s Sonatas and Their Relationship to Other 18th and Early 19th-Century Sources (1974) (= Diss. Univ. of Wisconsin).

W. DÜRR – W. GERSTENBERG

SCAT, Bz. für eine spezielle Art des Jazzgesangs, deren Wurzeln in der Praxis afrikanischer bzw. afro-amerikanischer Kultmusik liegen. Im S. werden Silben ohne erkennbaren Wortsinn aneinandergereiht. Ursprünglich ein emphatisches Ausdrucksmittel, dient er seit etwa den 1940er Jahren der Darstellung weitgehend instrumentalisierter stimmlicher Virtuosität. Als stilbildende S.-Vokalisten gelten u.a. Louis Armstrong, Ella Fitzgerald und Dizzy Gillespie.

SCHACHBRETT (engl.: chekker; frz.: échiquier; span.: exaquier), Bz. für ein vom 14. bis ins 16. Jh. häufig erwähntes Instrument, das in keiner Quelle genau beschrieben wird. So gab es zahlreiche Deutungsversuche vor allem des Namens, der allerdings nicht, wie erst angenommen, auf eine Ähnlichkeit des Instruments mit dem Schachbrett zurückzuführen ist. Offenbar handelte es sich um ein besaitetes Tasteninstrument, wie aus einem Brief Johanns I. von Aragón (1388) hervorgeht, der es als ein der Orgel ähnliches, mit Saiten klingendes Instrument beschreibt, das daher mehrfach als ↗Claviziterium gedeutet wurde. 1488 jedoch erscheint in den Rechnungsbüchern des französischen Hofes ein Betrag für „un eschiquier ou manichordion", also für ein S. oder ↗Clavichord, was jedoch nicht bedeutet, daß S. und Clavichord immer identisch waren, denn in den Quellen werden diese Namen oft getrennt für 2 verschiedene Instrumente aufgeführt.

Lit.: E. M. RIPIN, Towards an Identification of the Chekker, in: GalpinJ 28 (1975); C. PAGE, The Myth of the Chekker, in: Early Music 7 (1979); E. M. RIPIN, Chekker, in: Grove[6] IV.

SCHACHT, Theodor Freiherr **von,** * 1748 Straßburg, † 20. 6. 1823 Regensburg; dt. Komponist. Er war 1766–71 Schüler von N. Jommelli in Stuttgart und kam dann als „Hofkavalier" nach Regensburg. Fürst Carl Anselm von Thurn und Taxis ernannte ihn 1773 zum Intendanten der Hofmusik und beauftragte ihn mit der Komposition und Leitung einer italienischen Oper (1774–78 und 1784–86). Seit 1786 war er Administrator und Musikdirektor der Hofkapelle. 1805 ging er nach Wien, wo er sich als Kirchenmusiker einen Namen machte und 1809 von Napoleon den Auftrag für die Komposition von 6 großen Messen erhielt. 1812 kehrte er nach Deutschland zurück. Die rund 200 Kompositionen S.s umfassen außer zahlreichen kirchenmusikalischen Werken Kammermusik, eine Sammlung mit 84 Kanons, Symphonien, Klavier-, Oboen-, Klarinetten- und Harfenkonzerte, 4 Ballette, Melodramen sowie mehrere italienische und deutsche Opern.

Lit.: S., in: Encyclopädie der gesammten musikal. Wissenschaften oder Universal-Lexikon der Tonkunst VI, hrsg. v. G. SCHILLING (St 1838, Nachdr. Hil 1974); S. FÄRBER, Das Regensburger Fürstlich Thurn u. Taxissche Hoftheater u. seine Oper (Rb 1936); J. LA RUE, A New Figure in the Haydn Masquerade, in: ML 11 (1959).

SCHADAEUS (Schade), **Abraham,** * 1566 Senftenberg (Lausitz), † 10. 10. 1626 Finsterwalde (Lausitz); dt. Kantor. Nach Studien an der Universität Frankfurt an der Oder (1584–87/88 ?) hatte er verschiedene pädagogische Posten inne, 1588–92 in Meißen, 1592–1603 in Bautzen, 1603–11 in Speyer, 1613–14 in Torgau und 1614–17 wieder in Bautzen. S. ist mit seinen Sammeldrucken ein wichtiger Vermittler der italienischen Motettenkunst des 16. und frühen 17. Jh. in Deutschland. Er ist darin vergleichbar mit J. Donfrid, der in seinen Sammlungen das Vorbild S.' erkennen läßt.

WW: Sammeldrucke *Promptuarium musicum, sacras harmonias sive motetas... exhibens* für 5–8 St., mit B.c. v. C. Vincentius, 4 Teile: 1–3 (Str 1611, 1612, 1613), 4, hrsg. v. C. Vincentius (ebd. 1617).

Lit.: J. G. KRANER, S., in: MGG XI; P. WINTER, Der mehrchörige Stil (F 1964); F. E. MÜLLER, Neue Untersuchungen z. Biographie v. A. S., in: BzMw 8 (1966); R. SCHMITT, Unters. zu J. Donfrids Sammeldrucken ... (Diss. Bonn 1974); O. RIEMER, S., in: Grove[6] XVI.

SCHÄFFER, Bogusław Julien, * 6. 6. 1929 Lemberg (Lwów); poln. Komponist, Musiktheoretiker und -schriftsteller. Er studierte in Krakau am Konservatorium Violine und Komposition bei A. Malawski sowie an der Universität Musikwissenschaft bei Zd. Jachimecki und Jozef Reiss. Seit 1963 gehört er dem Lehrkörper des Krakauer Konservatoriums an und wurde 1965 Mitarbeiter des Experimentalstudios des polnischen Rundfunks in Warschau sowie 1967 Chefredakteur der Zeitschrift für Neue Musik *Forum musicum.* S. vertritt mit seinem kompositorischen Schaffen wie in seinen Schriften die Strömungen der polnischen Avantgarde. Sein Buch *Nowa muzyka* behandelt zum erstenmal in Polen jene Probleme, die durch die zeitgenössischen musikalischen Techniken entstehen.

WW: **1) Instr.-WW: a)** Für Soloinstr.: Für Klv.: *Dispositionen* a–c (1955–70); *Modelle* 1–9 (1956–76); 5 *Fragmente* (1970) für Gitarre; *Conglomeration* (1970) für Schlagzeug; *Variants* (1971) für Ob.; *Interview* (1972) für V.; *Evocazioni* (1972) für Kb.; *a Sa* (1973) für elektrisches Clavichord; *a Dieu* (1973) für Pos.; *Self-Expression* (1978) für Vc. – Für Tonband: *Synthistory* (1973); *Poetries* (1978). – **b)** Für 2 Instr.: *Projekt* (1970) für Instr. u. Tonband; für 2 Klv.: 15 *Elemente* (1971) u. *Blues III* (1978). – **c)** Für 3 Instr.: 2 Streichtrios (1962, 1971); Konzert für 3 Klv. (1972); *Neues* (1972) für 3 V.; *Blues I* (1972) für 2 Klv. u. Tonband. – **d)** Für 4 u. mehr Instr.: 6 Streichquartette (1954–73); *Spectra* (1970) für 5 Instr.; *Variants* (1971) für Bläserquintett; *Sgraffito* (1971) für Fl., Vc. bzw. Kb., Harfe u. 2 Klv.; *Mare* (1971) für Klv. u. 9 Instr.; *Blues II* (1972) für Jazzensemble; *Mikropieces* (1972) für Vc. u. 6 Spieler; *Iranian Set* (1976); *Vaniniana* (1978); *Heideggeriana* (1979). – **e)** Für Orch.: Jazzkonzert (1969); *Texte* (1971); Symphonie (1973); *Tentative Music* (1973) für 159 Instr.; Ouvertüre *Warsaw* (1975); *Romuald Traugutt* (1976); *Gravesono* (1977) für Bläser u. Schlagzeug; *Kesukaan* (1978) für 13 Streichinstr. – **f)** Für Soloinstr. u. Orch.: *Collage and Form* (1963) für 8 Jazzmusiker u. Orch.; V.-Konzert (1963); Klv.-Konzert (1967); *Experimenta* (1971) für 2 Klv. (ein Spieler) u. Orch.; *Confrontations* (1972) für beliebiges Soloinstr. u. Orch.; *Jangwa* (1979) für Kb. u. Orch. – **2) Vokal-WW:** 3 Lieder für SingSt u. Klv. (Texte v. W. Shakespeare, J. W. von Goethe u. J. Joyce) (1949); *Guillaume Apollinaire Poetry* (1949) für Sopran u. Orch.; Kantate für 60 SingSt u. Orch. (1966); *Bergsoniana* (1972) für Sopran, Fl., Horn, Kb., Klv. u. Tonband; *Missa elettronica* (1975) für Knabenchor u. Tonband; *Miserere* (1978) für Sopran, Chor, Tonband u. Orch. – **3) Bühnen-WW, Happenings u. andere szenische Kompositionen:** *Non-stop* (1960) für Klv.; *TIS MW2* (1963) für 8 Spieler; Rundfunkoper *Monodrama* (1968) (Fernsehversion als: A Talk with a Young Man); *Communicazione audiovisiva* (1970) für 5 Spieler; *Scenario* (1970) für 3 Spieler; *Dreams of Schäffer* (nach E. Ionesco) (1972) für Ensemble; *Twilight* (1972); *Conceptual Music* (1972); *Negative Music* (1972); *ba/vo* (1972) für Balletteuse u. Sopran; *Free Form* (1972) für 5 Instr. – Ferner Bühnen- u. Filmmusik. – **4) Schriften:** *Nowa muzyka. Problemy współczesnej techniki kompozytorskiej* (Krakau 1958, erweitert [2]1969) (mit dt. Zusammenfassung); *Klasyci dodekafonii* (Die Klassiker der Zwölftontechnik), 2 Bde. (ebd. 1961–64); *Präexistente u. inexistente Strukturen,* in: Kgr.-Ber. Kassel 1962 (Kas 1963); *Super-Parametric Composing. Its Communicative and Semiological Consequences,* in: Kgr.-Ber. Rom 1972; *Wstęp do kompozycji/Introduction to Composition* (War 1975) (zweisprachig). – Ferner gab S. heraus: *Leksykon kompozytorów XX wieku* (Lexikon der Komponisten des 20. Jh.), 2 Bde. (Krakau 1964–66) (zus. mit M. Hanuszewska – A. Traskowski – Z. Wachowicz).

Lit.: B. POCIEJ, O twórczości B. Schäffera, in: Muzyka 9 (1964) (mit dt. Zusammenfassung); DERS., Argument for the Existence of Music. B. S.'s Work, in: Poland (1966) Nr. 12; Composer's

Workshop. B. S., in: Polish Music 7 (1969); B. POCIEJ, The Art of B. S., in: Polish Perspectives 14 (1971) (auch dt.); DERS. – J. HODOR, B. S. and His Music (Glasgow 1974); E. KARKOSCHKA, Über B. S. ..., in: Melos/NZ 2 (1976); K. FESSMANN, Bergson zu Klang gebracht, in: ebd. 3 (1977).

SCHAEFFER, Pierre, * 14. 8. 1910 Nancy; frz. Rundfunkingenieur, Klangforscher und Komponist. Er erprobte 1942–44 als Leiter eines der Résistance verbundenen Versuchsstudios in Beaune neue Formen der musikalisierten Radiorezitation und des experimentellen Hörspiels (*La coquille à planètes,* produziert 1943/44) und organisierte 1944 die Radioarbeit während des Befreiungskampfes in Paris, deren erhaltene Schallplattenaufzeichnungen zu den wichtigsten Dokumenten der Radiogeschichte gehören. 1948 entwickelte er in den Studios des ORTF die ↗Musique concrète als erste typisch radiophone Musik: Er sendete ein „Concert de bruits", 5 Geräuschetüden aus technisch manipulierten Schallplattenfragmenten unterschiedlicher Herkunft (z.B. Außenaufnahmen mit Lokomotiven und Eisenbahnwaggons in der *Étude aux chemins de fer,* Mischungen von Sprache und Alltagsgeräuschen mit Musik aus verschiedenen Erdteilen in der *Étude pathétique*). 1949 begann eine mehrjährige Zusammenarbeit mit dem Komponisten Pierre Henry, deren bekanntestes Ergebnis eine Zwischenform zwischen Musik und Hörspiel, ein großes „experimentelles Radiostück", wurde: die *Symphonie pour un homme seul* (1949/50), eine vielsätzige Lautsprechersymphonie mit technisch manipulierten Instrumental-, Geräusch- und Stimmaufnahmen, in die (ähnlich wie zuvor in *La coquille à planètes*) auch traumatische Kriegsreminiszenzen einbezogen sind. Seit 1950 standen S. auch Tonbandgeräte und moderne Klangverarbeitungsgeräte zur Verfügung, was die Produktion und Verarbeitung neuartiger Klänge wesentlich erleichterte. 1951 übernahm S. die Leitung einer am Rundfunk installierten Forschungsgruppe für Musique concrète und musikalische Grundlagenforschung. Mit der Arbeit an einer neuen Musiklehre entwickelte sich auch ein neuer, in Schnitt und Montage stärker abstrahierender Kompositionsstil (*Étude aux sons animés* und *Étude aux allures,* 1958; *Étude aux objets,* 1959). 1975 komponierte S. erstmals auch mit elektronischen Klangobjekten, die teilweise nachträglich visualisiert wurden (*Le trièdre fertile,* 1975/76). 1968 wurde S. Professor für experimentelle Musik am Pariser Conservatoire. Eine knappe Zusammenfassung seiner Musique concrète ist *Bilude* für Klv. und Tonband (1979), das ein Bach-Praeludium mit konkreten Geräuschen und Zitaten aus eigenen Kompositionen überlagert.

WW: **1) Kompositionen:** Musique concrète (außer den genannten): *Étude aux tourniquets, Étude au piano I, dite Étude violette,* u. *II, dite Étude noire, Étude pathétique, dite Étude aux casseroles,* u. *Concertino diapason* (alle 1948); *Suite pour 14 instruments,* 5 Sätze (1949). – Ballett *Nocturne aux chemins de fer* (1959); Filmmusik, u.a. *Masquerage* (1952); Funkmusik *Les paroles dégelées* (1952); Bühnenmusik *Phèdre,* UA: 1959, Konzertfassung 1961. – **2) Schriften:** *À la recherche d'une musique concrète* (P 1952); *Traité des objets musicales* (P 1966); *La musique concrète* (P 1967, ²1973), dt. Übers.: *Musique concrète. Von den Pariser Anfängen um 1948 bis zur elektroakustischen Musik heute* (St 1974); *De la musique concrète à la musique même,* in: RM (1977) Nrn. 303 u. 305.

Lit.: M. PIERRET, Entretiens avec P. S. (P 1969); S. BRUNET, P. S. (P 1969); M. CHION – G. REIBEL, Les musiques électroacoustiques (Aix-en-Provence 1976) (Lit.-Verz., Diskographie); R. FRISIUS, Musik aus dem Lautsprecher, in: Sequenzen 5/6 (St 1976) (mit Schallplatte); DERS., Musique concrète, in: Musik im Alltag, hrsg. v. R. Brinkmann (Mz 1981). R. FRISIUS

SCHAEFFNER, André, * 7. 2. 1895 Paris, † 11. 8. 1980 Paris; frz. Musikethnologe. Er war in Paris Schüler der École du Louvre, der École Pratique des Hautes Études und der Schola Cantorum (Achille Philip, V. d'Indy) und wurde Musikkritiker, 1920 beim *Ménestrel* und 1922 bei der *Revue musicale.* 1929 gründete er am Musée de l'Homme in Paris eine Abteilung für Musikethnologie, die er bis 1965 leitete. 1931–58 unternahm er Forschungsreisen in das westliche Afrika. 1948–58 war er Vizepräsident, 1958–61 Präsident der Société Française de Musicologie. S. schrieb zahlreiche Artikel für die Enzyklopädien von A. Lavignac und Roland-Manuel sowie für die Zeitschriften *Contrepoint, Rassegna musicale,* die *Revue de musicologie* und das *Journal des africanistes.*

WW: **1) Schriften:** *Le jazz* (P 1926) (zus. mit A. Cœuroy); *I. Stravinsky* (P 1931); *Origine des instruments de musique* (P 1936), Nachdr. mit erweiterter Bibliogr. bis 1965 (Den Haag u.a. 1968); *Les Kissi. Une société noire et ses instruments de musique* (P 1951); *Variations sur deux mots. Polyphonie, hétérophonie,* in: RBMie 20 (1966); *Correspondance baudelairiane,* in: Quaderni della Rass. Mus. 4 (1968); *La musique noire d'un continent à un autre* (P 1969) (= La musique dans la vie 2); *Communications imaginaires ou africaines,* in: Échanges et communications. FS C. Lévi-Strauss (P – Den Haag 1970); *Au fil des esquisses du „Sacre",* in: RMie 57 (1971). – Ferner zahlr. lexikalische Art. – **2) Editionen:** *Dictionnaire de musique* (P ³1931) (frz. Ausg. des RIEMANN ML); *F. Couperin, Musique de chambre, I: Concerts royaux 1722* (P 1933) (= Œuvres complètes 7), *II: Les goûts réunis ou Nouveaux concerts 1724* (P 1933) (= ebd. 8); *F. Nietzsche, Lettres à P. Gast* (Monaco 1957); *Segalen et C. Debussy* (ebd. 1962) (zus. mit A. Joly-Segalen).

Lit.: B. KRADER, Bibliography of the Works of A. S., in: Ethnomusicology 2 (1958).

SCHAFFRATH, Christoph, * 1709 Hohnstein bei Dresden, † 17. 2. 1763 Berlin; dt. Komponist. Er lebte zunächst als Cembalist und Komponist in Polen, kam dann nach Dresden und trat um 1736 in die Kapelle des späteren Königs Friedrich II. von Preußen in Rheinsberg, seit 1740 in Berlin, ein.

Als C. Ph. E. Bach 1741 als 1. Cembalist Anstellung fand, wurde S. Cembalist und Kammermusiker der Prinzessin Amalie.

WW: 6 Duette für V. oder Fl. u. Cemb., op. 1 (Nü 1746); 6 Sonaten für Cemb., op. 2 (Nü 1749); 6 Sonaten für 2 Fl. u. Baß (L vor 1763) (nur Nr. 1 erhalten). – Weitere Werke hsl. u. in Sammeldrucken der Zeit erhalten.

Ausg.: Cemb.-Sonate in A, hrsg. v. H. FISCHER – F. OBERDÖRFFER (B 1936) (= Dt. Klv.-Musik des 17. u. 18. Jh. 9); Trio C-Dur für 3 V., hrsg. v. H. NEEMANN (L 1939) (= Coll. Mus. 71); Sonate für Va. da gamba u. Cemb., hrsg. v. DEMS. (L 1942, [2]1948) (= Kammersonaten 15); Symphonie A-Dur für Streichorch. u. B.c., hrsg. v. M. SCHNEIDER (L 1954) (= Mittel- u. norddt. Kammersinfonien 6); Duette mit obligatem Tasteninstr. bzw. Laute oder Harfe: D-Dur für Fl. (V.), B-Dur für Ob. (Fl., V.), f-moll für Fag., D-Dur für Vc., einzeln hrsg. v. H. RUF (Wilhelmshaven 1969–72).

Lit.: F. W. MARPURG, Hist.-kritische Beyträge z. Aufnahme der Musik (B 1754–78, Nachdr. Hil 1970); H. MERSMANN, Beitr. z. Aufführungspraxis der vorklass. Kammermusik in Deutschland, in: AfMw 2 (1920); H. ULDALL, Das Klv.-Konzert der Berliner Schule (L 1928); E. STILZ, Die Berliner Klv.-Sonate z. Z. Friedrichs des Großen (B 1930); The Breitkopf Thematic Catalogue 1762–87, hrsg. v. B. S. BROOK (NY 1966, Lo 1968); K. J. LOUWENAAR, The Keyboard Concertos of Ch. S. (1974) (= Diss. Eastman School of Music).

SCHALJAPIN, Fjodor Iwanowitsch, * 1. (13.) 2. 1873 Ometewa (Gouvernement Kasan), † 12. 4. 1938 Paris; russ. Sänger (dramatischer Baßbariton). Er debütierte nach einer kurzen Ausbildungsphase in Tiflis dort als Mephisto in *Faust* von Ch. Gounod, sang dann in St. Petersburg (1894) sowie an Satta Mamontows Privattheater in Moskau und kam 1899 an das Moskauer Bolschoi-Theater. S. wurde danach rasch über Rußland hinaus bekannt und debütierte schon 1901 an der Mailänder Scala als Mefistofele in A. Boitos gleichnamiger Oper. 1907 gastierte er erstmals an der Metropolitan Opera in New York, 1910 sang er die Titelpartie bei der Uraufführung von J. Massenets *Don Quichotte* in Monte Carlo. Während des 1. Weltkriegs wirkte er ausschließlich in Rußland; nach 1920 verließ er seine Heimat und gehörte 1921–28 der Metropolitan Opera in New York an. Danach ließ er sich in Paris nieder und gastierte bis 1937 in den europäischen Musikzentren. Seine Glanzpartie war der Boris Godunow in der gleichnamigen Oper von M. Mussorgski, zu deren Verbreitung in Europa und Amerika er viel beigetragen hat; daneben glänzte er u. a. neben den Mephisto-Partien bei Ch. Gounod und A. Boito als Basilio in G. Rossinis Oper *Il barbiere di Siviglia.* S. gilt bis heute als eine der eindrucksvollsten Sängerpersönlichkeiten der jüngeren Operngeschichte und als Inbegriff eines russischen Bassisten. Stationen aus seinem Leben hat er in 2 Autobiographien (*Pages from My Life,* NY 1926, dt. Übers.en: *Mein Werden,* B 1928, *Meine Jugend,* Z 1949, *Lied meiner Jugend,* B 1958; *Man and Masks,* NY 1932, dt. Übers.: *Ohne Maske,* B 1933) selbst beschrieben.

Lit.: F. I. S., hrsg. v. E. A. GROSCHEWA, 2 Bde. (Mos 1957–58, [3]1976 ff.), daraus dt.: M. Gorki, Mein Freund Fjodor (Tü 1970); C. HOPKINSON, Diaghilev, Chaliapin and Their Contracts, in: MR 25 (1964); J. FESCHOTTE, Ce géant, F. Chaliapine (P 1968); J. GOURY, F. Chaliapine (P 1970) (mit Diskographie); W. DRANKOW, Priroda talanta Schaljapina (Leningrad 1973).

SCHALK. – 1) Franz, * 27. 5. 1863 Wien, † 3. 9. 1931 Edlach (Niederösterreich); östr. Dirigent. Er war 1875–81 Schüler von J. Hellmesberger (Violine), Julius Epstein (Klavier) und A. Bruckner (Musiktheorie) am Konservatorium der Gesellschaft der Musikfreunde in Wien und wirkte danach als Dirigent in Czernowitz, Reichenberg, 1890–95 in Graz sowie 1895–98 am Deutschen Landestheater in Prag. Berühmt durch seine Wagner-Aufführungen, trat er 1898 an der Covent Garden Opera in London auf, 1898/99, 1907 und 1911 an der Metropolitan Opera in New York sowie 1899 in Berlin. 1900 wurde er 1. Kapellmeister an der Wiener Hofoper, deren Leitung er 1918–29 (1919–24 zusammen mit R. Strauss) innehatte. In diese Zeit fällt auch die Uraufführung von Strauss' *Frau ohne Schatten* (1919). 1904–21 leitete S. auch die Konzerte der Gesellschaft der Musikfreunde und 1909–19 die Dirigentenklasse an der Musikakademie in Wien. Unter seiner Leitung erlebte die Wiener Oper wiederum eine Glanzperiode, nicht zuletzt durch die Aufführung zahlreicher zeitgenössischer Opern. Auf symphonischem Gebiet trat er von Anfang an unbeirrt für A. Bruckner ein, nachdem er dessen 5. Symphonie (in einer eigenen Bearbeitung) 1894 in Graz uraufgeführt hatte. S. machte auch die Motetten und Passionen J. S. Bachs durch regelmäßige Aufführungen in Wien bekannt. 1930 erhielt er den neu geschaffenen Titel GMD. Postum erschienen von ihm *Briefe und Betrachtungen* (hrsg. v. L. Schalk, W 1935, darin auch Briefe von J. S.). – **2) Josef,** Bruder von 1), * 24. 3. 1857 Wien, † 7. 11. 1900 ebd.; östr. Pianist. Er studierte 1877–80 bei Epstein und Bruckner am Konservatorium der Gesellschaft der Musikfreunde in Wien, wo er 1884 Professor für Klavier wurde. Als künstlerischer Leiter des Wiener akademischen Wagner-Vereins seit 1887 sowie in mehreren Aufsätzen setzte er sich besonders für H. Wolf und A. Bruckner ein; Wolf widmete den Brüdern S. seine Eichendorff-Lieder. S.s Bearbeitungen von Symphonien Bruckners, meist für Klavier 4händig und teilweise zusammen mit F. Löwe oder mit seinem Bruder entstanden, trugen maßgeblich zu deren früher Verbreitung und Durchsetzung bei.

Schriften: *H. Wolf und sein italienisches Liederbuch* (B 1899); mehrere Aufsätze, u. a. über Bruckner, in: Bayreuther Blätter (1884–96).

Lit.: A. GÖLLERICH – M. AUER, A. Bruckner, 4 Bde. (Rb 1922–37, ²1938, Nachdr. Kas 1974); A. Bruckner und seine Wiener Umwelt. Katalog der Ausstellung in der ÖNB (W 1979). – **Zu 1):** L. NOWAK, in: ÖMZ 18 (1963); J. KORN, Die Wiener Oper unter R. Strauss u. F. S. (Diss. W 1964); M. CARNER, F. S. and R. Heger, in: Recorded Sound (1970) (mit Diskographie); F. WILLNAUER, G. Mahler u. die Wiener Oper (W 1979). – **Zu 2):** TH. LEIBNITZ, J. S. Ein Wagnerianer zw. A. Bruckner u. H. Wolf, in: Bruckner-Jb. 1 (Linz 1980) (mit Verz. der Schriften).

B. A. KOHL

SCHALL, in der Akustik Bz. für die von einem schwingenden Erreger (S.-Quelle) ausgehenden und in einem elastischen (festen, flüssigen oder gasförmigen) Medium sich wellenförmig ausbreitenden Schwingungen. Eine S.-Welle ist insbesondere gekennzeichnet durch ihre Schwingungsfrequenz (0–20 Hz = Infra-S., 20–20000 Hz = Hör-S., über 20000 Hz = Ultra-S., ↗Hörfläche), ihre Ausbreitungsgeschwindigkeit (in Luft 340 m/s, in Wasser 1450 m/s, in Stahl 5200 m/s), die S.-Wellenlänge (S.-Geschwindigkeit: Frequenz), die Größe der Druckschwankungen (↗Schalldruck) und die Geschwindigkeit der um ihre Ruhelage schwingenden Teilchen (S.-Schnelle). Die S.-Welle breitet sich in einem homogenen Medium (z. B. Luft, Wasser) geradlinig aus, wird jedoch beim Auftreffen auf ein Hindernis beeinflußt durch ↗Reflexion, Beugung (Umgehen eines gegenüber der S.-Wellenlänge kleinen Hindernisses, als wäre dieses nicht vorhanden), Brechung (Richtungsänderung beim Übergang in ein Medium mit anderer Dichte bzw. S.-Geschwindigkeit), Absorption (Umwandlung der S.-Energie in Wärme durch Reibung der Luftteilchen in porösen Materialien oder beim Auftreffen auf mitschwingende Materialien, z. B. dünne Holzplatten, S.-Absorber). Durch entsprechende Einzelmaßnahmen und deren gezielte Kombination wird eine zweckorientierte ↗Raumakustik erreicht. Hierbei von Bedeutung ist auch die S.-Dämmung, also die akustische Trennung zweier Räume. Hierzu wird die in einem Raum vorhandene S.-Energie durch Absorption und Reflexion am Übergang in den benachbarten Raum weitgehend gehindert.

SCHALL, Claus Nielsen, * 28. 4. 1757 Kopenhagen, † 10. 8. 1835 Kongens Lyngby; dänischer Violinist und Komponist. S. wurde 1772 Tanzeleve und 1776 Ballett-Repetitor am Königlichen Theater in Stockholm. 1775 trat er als Violinist in die Hofkapelle ein, wurde 1779 Königlicher Hofviolinist. Seit 1792 war er Konzertmeister und 1818–34 Kapellmeister an der Oper sowie seit 1795 auch Komponist der höfischen Ballettmusik. S. hatte auf seinen Reisen in Prag W. A. Mozart und in Paris G. B. Viotti (1789) und L. Cherubini (1817) kennengelernt, dessen Requiem er 1821 in Kopenhagen dirigierte. Seine Kompositionen weisen deutlich Einflüsse von Chr. W. Gluck, A.-E.-M. Grétry und Mozart auf.

WW: **1) Instr.- u. Vokal-WW:** Werke für Klv. od. Cemb.; 6 Solos für V. u. B.c., op. 1 (Lo o. J.); 6 *Duos concertants* für 2 V. (H o.J.); 60 *Engelske danse*, für 2 V., 2 Fl. oder Ob., 2 Hörner u. B.c., 5 H. (Kop 1787–91); *Arier, viser, sange og andre smaa handstykker* für 2 Fl. oder 2 V. (Kop 1791–97); eine Symphonie; V.-Konzert Nr. 5 (P o.J.). – Für SingSt u. Klv.: *Blandede compositioner* (o.J.); 10 Lieder (H o.J.). – **2) Bühnen-WW** (alle in Kopenhagen uraufgeführt und gedruckt): Singspiele: *Claudine von Villa bella* (Libr. nach J. W. von Goethe) (1787); *Chinafarerne* (Die Chinafahrer) (1792); *Domherren i Milano* (Libr.: N. T. Bruun nach A. Duval), UA: 1802; *De tre Galninger*, UA: 1816. – Ca. 20 Ballette (alle nach Libretti u. mit Choreographien v. V. Galeotti). – Ferner schrieb S. einige Lehrwerke.

Lit.: T. KROGH, Zur Gesch. des dänischen Singspiels im 18. Jh. (Kop 1924); J. FRIEDRICH, C. S. als dramatischer Komp. (Diss. B 1930); N. SCHIØRRING, S., in: MGG XI; N. M. JENSEN, Den danske romance 1800–50 (Kop 1964) (mit dt. Zusammenfassung); K. A. BRUUN, Dansk musiks historie fra Holberg-tiden til C. N. S. I (Kop 1969).

SCHALLAUFZEICHNUNG, die Aufzeichnung eines Schallereignisses auf einem Trägermedium, wie z. B. Band, Platte, Karte, dient der Speicherung zur späteren Wiedergabe. Früheste Versuche von praktischer Bedeutung sind seit etwa Mitte des 19. Jh. bekannt. Bereits 1830 machte der Göttinger Physiker Wilhelm Weber die Schwingungsnatur von Tönen deutlich, indem er mit der Zunge einer angeschlagenen Stimmgabel über eine berußte Glasplatte strich. 1840 wurde die Glasplatte von den Franzosen Wertheim durch eine rotierende Scheibe und von J. M. C. Duhamel durch einen Zylinder ersetzt. 1857 legte Léon Scott um die Walze eine berußte Papiermanschette und zeichnete darauf Tonschwingungen in „Seitenschrift" (mit seitlichen Schwingungsauslenkungen) auf (patentiert als Phon-Autograph). 1877 folgten durch Charles Cros die schriftliche Hinterlegung einer Idee, aufgezeichnete Schwingungslinien photographisch-galvanoplastisch auf das Trägermaterial zu übertragen, und 3 Tage später die Vorführung eines funktionsfähigen ↗Phonographen durch Thomas Alva Edison. Der entscheidende Anstoß für die spätere, großtechnische Herstellung von bespielten Tonträgern (↗Schallplatte) kam 1887 jedoch von dem seit 1870 in den USA lebenden Emile Berliner (1851–1929). Bis zur Großserienfertigung von Schellackplatten nach den Gramophone-Patenten von Berliner (etwa seit 1897) wurden Geräte und Aufzeichnungen in nennenswertem Umfang für Diktierzwecke, als Münzautomaten und für Schaustellungen verwendet.

Erst danach wurde das Aufnehmen von Musik und das Hören von aufgenommener Musik zu Hause zum Hauptzweck (z.B. 1913 erste Aufnahme von L. van Beethovens 5. Symphonie mit den Berliner Philharmonikern unter A. Nikisch auf 4 doppelseitig bespielten Platten).
Wichtigste Voraussetzung für die S. ist die Aufnahme. In den Anfängen der S.-Technik fand beides gleichzeitig in einem Arbeitsgang statt, d.h., der Aufzeichnungsträger der Aufnahme war gleichzeitig das Endprodukt (Walzen und Platten vor Beherrschung der Vervielfältigungstechnik). Nach deren Einführung wurden die Aufzeichnungsträger (Wachs, Lackfolie, ↗Tonband usw.) zu Zwischenträgern (oder Zwischenspeichern), von denen dann erst industriell das Endprodukt gewonnen wird. Für die Aufnahme muß das Schallereignis (Geräusch, Töne, Klänge) zunächst aus seinem ursprünglich akustischen Zustand in eine für das Speichermedium (Träger) geeignete Darstellung umgewandelt werden. Dies geschieht heute mittels sog. Wandler, also über das ↗Mikrophon (akustisch-elektrische Wandlung) und den Schneidkopf, auch Schreiber genannt, der in das Original (Lackfolie, Metallscheibe) die Rille einschneidet bzw. mechanisch, kapazitiv oder optisch eine Digitalspur niederlegt (elektrisch-mechanische, kapazitive bzw. optische Wandlung). In den Anfängen der akustischen Aufnahmepraxis wurde das Schallereignis mittels Trichter und Rohr- bzw. Schlauchleitungen unmittelbar einer mit dem Schreibstift oder Schneidstichel gekoppelten Membran zugeführt. Zwischen 1923 und 1925 wurden Trichter und akustische Schneiddose durch das Mikrophon und den elektromagnetischen Schreiber abgelöst, wodurch erstmals die Mischung einer größeren Zahl von Mikrophonkanälen und die Aufnahme schwierigerer Werke mit verbesserter Detailerkennbarkeit möglich wurde. Die Entwicklungen der Magnettonbandtechnik führten seit 1946 (erstmals bei der Deutschen Grammophon Gesellschaft, DGG) zur Ablösung der bis dahin verbreiteten Wachsschneidtechnik. Die Möglichkeit, Tonbänder nahezu beliebig zu stückeln (schneiden, „cutten"), beeinflußte die Aufnahmepraxis fundamental und setzte die Entwicklung von Darbietungen und Stilarten frei (insbesondere im Bereich der Unterhaltungs- und Popmusik), die ohne das Tonband nicht existieren könnten. Ebenfalls von Bedeutung für die Entwicklung der S. war die Art der Klangperspektive: bis etwa 1958 wurde einkanalig aufgenommen (Mono), obwohl Panorama-Darstellungen (Stereo, 2 und mehr Kanäle) bereits aus frühen elektroakustischen Versuchen bekannt waren (1881 von C. Ader, Pariser Oper; 1942 Stereo Magnetophon Reichsrundfunk; 1943 erste Stereo-Tonbandaufnahmen mit W. Gieseking und Klavierwerken von L. van Beethoven in Berlin). Die Grundlagenpatente von A. D. Blumlein 1931 und internationale Normvereinbarung führten schließlich zur Einführung von Stereoaufnahmetechnik (seit 1950, DGG), handelsüblichen Stereo-Tonbändern (1954, Electric & Musical Industries Ltd., EMI) und Platten (seit 1958). Quadrophonie wurde um 1970 erstmals von der Firma Vanguard vorgestellt. Zur Aufzeichnung wurden sowohl „diskrete" (4 echte, unabhängige Kanäle) als auch „Matrix"-Verfahren (Verschachtelung von 4 in 2 Stereo-Kanäle) vorgeschlagen.
Die S. bei einer heutigen Aufnahme kann in folgende Arbeitsgänge aufgeteilt werden: Die Schalldarbietung (Musik, Wort, Geräusch etc.) wird auf einen Primärtonträger, in der Regel ein Tonband, aufgenommen. Dabei wird entweder schon im Echtzeit-Mischverfahren das endgültige Klangbild eingestellt und aufgezeichnet (akustisch-musikalisch in natura ausgewogene Darbietungen) – auch üblich in der Frühzeit der Aufnahmepraxis und beim sog. Direktschnitt –, oder das Klangbild wird in mehrere Kanäle aufgeteilt, die (jeder für sich oder in Gruppen vorgemischt) zunächst auf einer Mehrkanalmaschine aufgezeichnet werden (akustisch-musikalisch in natura unausgewogene, sehr komplexe oder unvollständige Darbietungen). Letztere Technik gestattet nachträglich weitgehende Korrekturen und Ergänzungen unter Erhaltung guter Klangqualität. Das endgültige Klangbild entsteht dabei während der abschließenden Abmischung.
Am Ende des Aufnahmevorganges entsteht das Originalband, von dem in der Regel Sicherheitskopien und mancherorts auch Produktionskopien hergestellt werden. Entweder Original oder Produktionskopie sind Ausgangspunkt der industriellen Fertigung von handelsüblichen, bespielten Tonträgern. Bis etwa 1978 waren die gängigen Aufzeichnungsverfahren analog, d.h., das elektrische, mechanische oder magnetische Ebenbild der akustischen Schwingung wird unmittelbar in seiner Verlaufsform festgehalten (gespeichert). Im Zuge der Computerentwicklung sind jedoch Techniken möglich geworden, die es gestatten, diese Verlaufsform in digitale Zahlenausdrücke zu übersetzen, sog. Codierung. Die Codierung der Toninformation besorgen sog. Analog/Digital(A/D)- und Digital/Analog(D/A)-Wandler. In ihnen wird die momentane Amplitude (Schwingungsweite) des analogen Signalverlaufs einige zigtausendmal je Sekunde gemessen, der gefundene

Wert durch eine Binärzahl ausgedrückt und deren digitales Codewort ausgegeben. Die Rückwandlung (D/A) erfolgt sinngemäß umgekehrt. Da es nur noch auf die Richtigkeit der Zahlen ankommt, spielen (analoge) Störungen des Trägers wie Rauhigkeit (Rauschen, Knistern, Knacken, Rumpeln) sowie Gleichlauffehler (Jaulen, Wimmern) keine Rolle mehr. Als Qualitätskriterien hingegen gelten bei der digitalen S. folgende Grundvoraussetzungen: die Tonfrequenzbandbreite sollte mindestens 20 Hz – 16 kHz umfassen. Hinsichtlich der Abtastrate (engl.: sampling rate), bei der der Momentanwert der Tonamplitude je Sekunde gemessen wird, kann ab 32000mal je Sekunde das System für Musikzwecke als ausreichend gelten. Für die Quantisierung – die Anzahl der Pegelstufen, in die ein Tonsignal zwischen dem lautesten und dem leisesten Wert zerlegt wird – sind für professionelle Zwecke $2^{16} = 65536$ (= 16 bit) Abstufungen ausreichend. Strenger als in der herkömmlichen Analogtechnik ist außerdem in der Digitaltechnik die Standardisierung aller Eckdaten zwingende Voraussetzung für die Austauschbarkeit von Tonträgern.

Analoge, seit Ende der 70er Jahre auch digitale S. ist eine der wichtigsten Säulen des Rundfunk- und Fernsehbetriebes; sie ist das Fundament des Weltgeschäftes mit aufgenommener Musik. – Beim Tonfilm gibt es außer diesen Aufzeichnungsmöglichkeiten noch heute das Lichttonverfahren, bei dem Schallwellen in Lichtschwankungen umgewandelt und auf einer lichtempfindlichen Filmschicht aufgezeichnet werden. Mittels einer Fotozelle können diese Schwankungen in tonfrequente Spannungsschwankungen zurückgewandelt und über Lautsprecher wiedergegeben werden.

P. K. BURKOWITZ

SCHALLBECHER, Schalltrichter, Stürze (engl.: bell; frz.: pavillon; it.: paviglione, campana; span.: pabellón, campana), Bz. für das mehr oder weniger stark konisch erweiterte Endstück von Blech- und Holzblasinstrumenten.

SCHALLDRUCK, in der Akustik Bz. für diejenigen dem konstanten Luftdruck überlagerten Druckschwankungen, die als Hörschall in Erscheinung treten. Technische Maßeinheit ist das Mikrobar (μbar). Entsprechend dem annähernd logarithmischen Empfindungsverlauf unserer Sinnesorgane (Verdoppelung des Reizes ruft jeweils etwa gleiche Empfindungsunterschiede hervor) wird der S. meist im logarithmischen Maß (↗Dezibel) angegeben. Bezogen auf die absolute Hörschwelle von 1000 Hz beim Menschen (↗Hörfläche, ↗Lautstärke), kann der geringste wahrnehmbare S. folgendermaßen definiert werden: $0\ dB = 20\ \mu N/m^2$ oder $2 \cdot 10^{-4}$ μbar. Bei 1000 Hz sind auch die Zahlenwerte für den S.-Pegel und ↗Phon definitionsgemäß gleich. Die Schmerzgrenze liegt bei etwa 130 dB = 630 μbar.

SCHALLÖCHER, bei Saiteninstrumenten verschieden geformte, dem Schwingungsausgleich dienende Einschnitte in der Decke des Resonanzkörpers. Bei Violininstrumenten sind die S. f-förmig, bei Violeninstrumenten c-förmig und bei Lauten, Gitarren, Cembali und anderen besaiteten Tasteninstrumenten rund (teils mit Rosette).

SCHALLPLATTE, Bz. für einen scheibenförmigen Tonträger

Zur Geschichte. Die erste abspielfähige S. war die 1878 patentierte *Tiefenschriftplatte* von Thomas Alva Edison. Als wichtige Verbesserung gilt ein 1885 von Dr. Chichester, A. Bell und Charles Somner Tainter patentiertes Verfahren, bei dem mittels eines scharfkantigen Stichels in eine wachsbeschichtete Pappscheibe eine Tiefenschrift-Rille von innen nach außen geschnitten wird. Der entscheidende Anstoß für die spätere, großtechnische Herstellung (Schellackplatten seit 1897 mit 78 Umdrehungen pro Minute, U/min) kam jedoch von Emile Berliner (1851–1929), einem seit 1870 in den USA lebenden Deutschen, durch seine 1887 patentierten photogalvanoplastischen Methoden für die Übertragung von Seitenschriftaufzeichnung aus einer Wachsschicht in die Unterlage durch Ätzen *(Seitenschriftplatte).* 1889 demonstrierte er sein Gramophone in Gegenwart von Werner von Siemens vor dem Elektrotechnischen Verein Berlin; die ersten Geräte und Platten wurden von einer Spielzeugfabrik in Thüringen gefertigt.

Die seit 1897 hergestellten Schellackplatten gab es bis in die frühen 60er Jahre. Erste Langspielplatten (LP) aus Bakelite mit 20 Minuten Spielzeit je Seite brachte schon Edison 1912 auf den Markt. Noch akustisch aufgenommen, konnten sie nach 1924 mit der Lautstärke der elektrisch aufgenommenen Platten jedoch nicht konkurrieren. Elektrisch geschnittene LP-Versuche, die nicht mehr ausgewertet wurden, überließ Edison nur noch seinem Sohn Charles. Die heute übliche LP aus PVC führte Peter Goldmark (CBS = Columbia Broadcasting System) Anfang 1948 ein. Die Mikrorille mit stark reduzierter Auslenkung für lange Spieldauer war schon 1923 F. L. Dyer patentiert worden (DRP 483272). Neben der von CBS propagierten 30-cm-Langspielplatte (anfänglich auch 25 cm) mit 33⅓ U/min führte RCA (= Radio Corporation of

America) Ende 1948 die 17-cm-S. mit 45 U/min (sog. Single) ein, die sich als Variante für kurze Spielzeiten bewährt hat. Eine Steuerung des Rillenabstandes je nach Größe der Auslenkungen und damit Verlängerung der Spielzeit ohne Vergrößerung des Plattendurchmessers wurde erstmals von der Columbia Graphophone Co. Ltd. vorgeschlagen und in Deutschland 1929 patentiert. Weiterführende Verfahren wurden 1942 von Eduard Rhein (Füllschrift), 1950 von G. Schöttler und A. Schaaf (variable Micrograde) angegeben.

Die Herstellung von Schallplatten. Zur Fertigung dieser Platten wird zunächst vom Originalband oder der Produktionskopie (↗Schallaufzeichnung) auf eine Lackfolie oder anderes geeignetes Material überspielt. Die Überspielung geschieht auf einer drehbankähnlichen Einrichtung (Schneidmaschine), die an einem entsprechend dem Rillenabstand über die Folie bewegten Ausleger einen elektromagnetischen Schneidkopf trägt, dessen im Rhythmus der Tonschwingungen bewegter Schneidstichel in die Lackoberfläche eine Rillenspirale einschneidet, deren Verlauf genau die Bewegungen des Schneidstichels mitmacht. Die gesamte Toninformation ist in diesen Bewegungen (Auslenkungen) enthalten. Sie wird vollständig zurückgewonnen, wenn die Abtastspitze des Tonabnehmers den Bewegungen der Rille folgt und sie auf das eingebaute Wandlerelement überträgt. Die gesamte nachfolgende Plattenfertigung dient lediglich der industriellen Vervielfältigung dieser ersten Rillenoberfläche. Sie wird dazu durch Metallisierung elektrisch leitfähig gemacht. Darauf wird in einem galvanischen Bad eine Kupfer- oder Nickelschicht aufgetragen. Nach Erreichen genügender Schichtdicke wird die so entstandene Metallscheibe, die das Rillenabbild jetzt erhaben trägt, der sog. Vater (oder das Negativ) von der Folie abgetrennt. Von diesem „Vater" wird auf ähnliche Weise eine „Mutter" (oder Positiv) gewonnen, die, da als erste der Fertigungsstufen abspielbar, sorgfältig geprüft wird (die Folie wird vor der Verarbeitung wegen Beschädigungsgefahr nicht abgespielt). Neuerdings kann auch direkt in Metall geschnitten werden (Teldec-DMM-Verfahren). Erst von der „Mutter" werden je nach zu erwartender Auflage die entsprechende Anzahl Preßmatrizen gezogen, wobei von jeder Matrize mehrere hundert bis einige tausend Pressungen hergestellt werden. Zum Pressen wird entsprechend den beiden Plattenseiten auf die obere und untere Preßform der Presse je eine Matrize gespannt, ein Preßmasseklоß samt Etiketten dazwischengelegt und durch Schließen der Presse unter Hitze und Druck die S. ausgeformt. Statt Papieretiketten werden auch Bedruckverfahren angewendet. Auf dieser herkömmlichen S. ist die Aufzeichnung analog zum Schwingungsverlauf der Töne enthalten.

Zur Technologie auf Schallplatten. Grundlagen für Stereophonie in einer Plattenrille hat im wesentlichen A. D. Blumlein (EMI) 1931 geschaffen. Sogenannte Trägerverfahren gaben vor allem 1925 RCA (Modulation beider Kanäle auf einer Trägerwelle oberhalb 20 kHz) und 1955 Decca (Modulation des 2. Kanals auf einer Trägerwelle) an. Durchgesetzt hat sich schließlich die auf Blumlein beruhende, von der Firma Westrex seit 1957 angewendete und in einer internationalen Absprache (Eindhoven 1960) vereinbarte 45°/45° Schneidnorm. Erste handelsübliche Stereoplatten nach dieser Norm erschienen seit 1958 in den USA. Besonders um die Weiterentwicklung dieser Technik haben sich verdient gemacht die Teldec und die Gerätefirmen G. Neumann (Berlin) und Ortofon (Kopenhagen). Während einer Übergangszeit seit etwa 1978 (Nippon-Columbia-DENON seit 1972) werden auch Digitalaufnahmen nach Analogrückwandlung auf herkömmliche S.n überspielt. Weitere Produktarten sind die sog. Audio-Liebhaber- (engl.: audiophile) Platten. Unter ihnen haben Bedeutung erlangt die Direktschnitt-Platten (unmittelbare Aufnahme ohne Zwischenträger; nur geeignet für ausgeglichene, nicht korrekturbedürftige Darbietungen) sowie mit halber Drehzahl überspielte Platten (engl.: halfspeed mastering). Während dieser Überspielung wird auch die Tonhöhe halbiert. Der Schneidkopf kann dadurch kritischen, hohen Tonlagen besser folgen. Allerdings werden umgekehrt die tiefsten Tonlagen entsprechend benachteiligt.

Für die herkömmliche S. bietet sich mit Beginn der 80er Jahre als Nachfolgesystem die Digitalplatte an. Bei ihr ist der analoge Aufzeichnungsprozeß abgelöst durch eine geeignete (z.B. laseroptisch oder kapazitiv oder mechanisch bewirkte) Aufzeichnung von sog. bit-Mustern, einer Art Ja-Nein-Zuständen, ähnlich Morsezeichen. Länge und Abstand dieser Zeichen entsprechen dabei einer digitalen Codierung, durch welche die gesamte Toninformation ausgedrückt ist. Beim Wiederherauslesen kommt es nur noch auf genaue Übereinstimmung dieser digital codierten Zeichen (Zahlen) an. Codieren, Aufzeichnen, Auslesen und Korrigieren geschieht dabei mit den Mitteln der Computer-Technologie (↗Schallaufzeichnung).

Die Schallplatte als Medium und Handelsobjekt. S.n jeder Art sind – neben Magnettonband – heute ein unentbehrliches Medium für die Vermittlung von Kultur, Unterhaltung und Bildung sowohl im öffentlichen (Rundfunk, Fernsehen, Lehre, Dokumentation) als auch im privaten Bereich für Heimgebrauch und bei sonstigen kommerziellen Veranstaltungen. Das – z.T. nach rein kommerziellen Gesichtspunkten aufgebaute – Angebot vieler S.n-Firmen ist heute jedenfalls nahezu unübersehbar (z. B. in der ↗ Rock music). ↗ Schallplattenverzeichnisse bieten lediglich eine erste Orientierungshilfe. Andererseits ist die Vielfalt des Angebotes ein Spiegelbild der Entwicklung der S.n-Industrie, die etwa den folgenden Abriß ergibt.

Aus den Anmeldungen und Gründungen Berliners sowie den technischen Beiträgen von Eldrige R. Johnson und künstlerisch-geschäftlichen Aktivitäten der Brüder Gaisberg, W.B. Owen, A. Clark, F. Seamon entstanden 1893 die United States Gramophone Co., 1894 die Berliner Gramophone Co. und 1895/96 die National Gramophone Co. Während die mit dem Walzen-↗ Phonographen operierenden Firmen mangels industrieller Vervielfältigungstechniken an Beachtung verloren, gewannen die Hersteller von Seitenschriftplatten zunehmend an Bedeutung. Besonders zwei Gruppierungen ragen heraus, die bis 1918 im wesentlichen die Märkte beherrschten: The Gramophone Company Ltd. (erste Handelsmarke „Angel"), die im Auftrag Berliners 1897 durch W. B. Owen gegründet wurde, und die Victor Talking Machine Co., die 1901 E. R. Johnson gründete. Durch Umgründungen, Fusionen und Zukäufe entstanden daraus 1928 die CBS, 1930 die RCA-Victor und 1931 die EMI, mit weiterhin zunehmend häufig wechselnden Katalogverbindungen.

Die 1898 durch E. Berliners Bruder Joseph in Hannover als Deutsche Grammophon Gesellschaft mbH (DGG) gegründete Fertigungsniederlassung von The Gramophone Ltd. wurde 1915 als Feindvermögen konfisziert und an die 1895 gegründeten Polyphon Musikwerke Leipzig veräußert; als Ersatz gründeten die EMI 1925 die Electrola, nachdem sie bereits die 1897 gegründete Carl Lindström AG 1931 über die Fusion mit der Columbia Graphophon Co. Ltd. erworben hatten. Die DGG wurde 1937 von der Telefunken GmbH und 1941 von Siemens übernommen. Durch Halbteilung der Anteile der DGG und der 1950 gegründeten Philips Phonographische Industrie zwischen Siemens und Philips (1962) entstand 1972 die Polygram GmbH/BV. Im Hinblick auf Technik und Repertoire haben auch noch folgende Firmen Anteil an der Geschichte der S. (unter Angabe des Gründungs- bzw. Fusionsdatums):

1899 Consolidated Talking Machine Co. (erstmalige Verwendung der Handelsmarke „His Master's Voice")
1899 Pathé Frères
1900 International Zonophone Co., Berlin
1903 International Talking Machine Co., Berlin (Odeon)
1915 Scranton Button Works (erstes Lohnpreßunternehmen)
1915 The Parlophone Co.
1920 Brunswick-Balke-Collender Co.
1920 Polydor
1928 The Decca Gramophone Co. Ltd. (mit Duophone Co.)
1929 fusioniert zu The Decca Record Co. Ltd.
1932 Telefunken-Platte GmbH
1934 Decca Record Co. (USA)
1941 Capitol Records Inc.
1946 Lied der Zeit Schallplatten GmbH
1947 MGM Records Inc., Mercury Record Corp.,
— London Gramophone Corp., seit 1953/54 London Records Inc.
1949 Westminster Records Inc.
— Archiv Produktion der DGG
1950 Concert Hall Records Inc. (erste „Billigpreis"-Marke)
— Teldec (Gründung durch AEG-Telefunken und Decca Ltd.)
1953 Angel Records Inc.
1956 EMI: Übernahme von Capitol und Loslösung von RCA;
— Austria Vanguard (Amadeo)
1957 Literarisches Archiv der DGG
1958 Ariola Eurodisc GmbH (Tochter des Bertelsmann-Konzerns)
1960 Harmonia Mundi Schallplatten GmbH
1962 Wergo Schallplatten GmbH, 1971 Übernahme durch Schott's Söhne
1971 BASF Schallplatten GmbH
1972 Electrola und C. Lindström fusionieren zu EMI-Electrola GmbH

Von Bedeutung für die Entwicklung der S. sind außerdem die Firmen Time Records (die erste Marke mit nur avantgardistischen Aufnahmen), Vox Schallplatten GmbH (die den ersten deutschen Rundfunksender zur Hälfte besaß) und Tri-Ergon (die als erste Tonfilm als Zwischenträger verwendete). Darüber hinaus haben S.n-Produktionen einiger Verlage wie Herder (Christophorus), Möseler (Camerata), Schwann (Musica Sacra, Schulmusikreihen) und Supraphon inzwischen wesentlichen Anteil am Angebot mit älterer Musik.

P. K. BURKOWITZ

SCHALLPLATTENVERZEICHNIS, Diskographie (griech., von diskos = Stein- oder Metallscheibe; engl.: discography; frz.: discographie), Bz. für eine Liste oder einen Katalog von Schallplattenveröffentlichungen. Ursprung und weiteste Verbreitung hat es bis heute als Produktions- und Lagerverzeichnis einer Herstellerfirma oder des Handels, und zwar als Gesamtkatalog (mit dem vollständigen Repertoire oder Lieferprogramm einer Firma), als Auswahlkatalog oder als Nummernliste (nach Bestellnummern geordnet mit Kurztiteln). Aus Gründen der Aktualität erscheint das kommerzielle S. in der Regel periodisch. Dies gilt auch für firmenunabhängige Gesamtverzeichnisse, die zeitschriftenartig oder in Katalogform Händlern und Käufern einen Überblick über lieferbare Schallplatten geben. Beim retrospektiven S. gibt es neben enzyklopädischen Werken, die

größere Zeitabschnitte lückenlos zu erfassen suchen, Personal- und Themendiskographien, in denen die Aufnahmen eines Interpreten, der Werke eines Komponisten, einer bestimmten Gattung etc. umfassend nachgewiesen werden. Unter diesen Verzeichnissen nehmen die zur Jazzmusik einen besonderen Rang ein, da sie Quellenwerke zur Geschichte dieser Musik und ihrer Repräsentanten darstellen. Personal- und Themendiskographien können als reine Titellisten oder als „catalogue raisonné" mit kommentierenden und wertenden Anmerkungen zu den Schallaufnahmen angelegt sein. Analog zur bibliographischen Arbeitsweise werden hier „diskographische" Regeln angewendet (bei der Titelbeschreibung, bei Angaben des Inhalts, der technischen Daten etc.).
S.se, die über entsprechende Bestände in Archiven und Bibliotheken informieren, sind verhältnismäßig selten, jedoch erfüllen Nationaldiskographien, die in erster Linie dem möglichst vollständigen Nachweis der Schallplattenproduktion eines Landes dienen, zugleich die Funktion von Bestandskatalogen der nationalen Phonotheken.

S.-Auswahl: **1) Verz. lieferbarer Schallplatten:** Schwann. Long Playing Cat. (Boston/Mass. 1948ff.); Die Langspielplatte, seit 1960: Bielefelder Kat. (Bielefeld 1952ff.); Der große dt. Schallplattenkat. (Lüdenscheid 1964ff.). – **2) Enzyklopädien:** R. D. DARRELL, The Gramophone Shop Encyclopedia of Recorded Music (NY 1936, ^{3}1948); F. F. CLOUGH – G. J. CUMMING, The World's Encyclopaedia of Recorded Music (Lo 1952). – **3) Personal- u. Themendiskographien:** Opern auf Schallplatten 1900–1962 (W 1974); B. RUST, Jazz Records, 1897–1942, 2 Bde. (New Rochelle/N.Y. ^{4}1978); H. SMIDTH OLSEN, W. Furtwängler. A Discography (San Francisco ^{2}1979); J. M. NECTOUX, G. Fauré, 1900–1977, in: Bibl. Nat. ... Phonographies 1 (P 1979). – **4) Bestandsverz. v. Archiven u. Bibliotheken:** The National Union Cat.-Music and Phonorecords (Washington 1956ff.); Die ersten vier Jahrzehnte unseres Jh. im Spiegel einer Berliner Schallplattenslg. (Kat. der Slg. Sarneck) (F 1966). – **5) Nationaldiskographien:** Suomalaisten äänilevyjen luettelo (Cat. of Finnish Records) (He 1967ff.); Dt. Bibliographie. Schallplatten-Verz., seit 1978: Dt. Bibliogr. Musiktonträger-Verz. (B 1974ff.).

Lit.: L. FOREMAN, Systematic Discography (Lo 1974); D. E. COOPER, Int. Bibliography of Discographies, Classical Music and Jazz & Blues, 1962–1972, in: Keys to Music Bibliographies 2 (Littleton/Conn. 1975); Bibliography of Discographies, I: Classical Music, 1925–1975, hrsg. v. M. H. GRAY – G. D. GIBSON, II: Jazz, hrsg. v. D. ALLEN (NY – Lo 1977ff.); B. RUST, B. Rust's Guide to Discography (Westport/Conn. – Lo 1980). H. LANZKE

SCHALMEI (von gr. kalamos bzw. lat. calamus = Rohr, Schilf). – **1)** Im weitesten Sinne nach der Systematik der Musikinstrumente von E. von Hornbostel und C. Sachs Sammel-Bz. für alle Blasinstrumente mit einfachen oder doppelten Rohrblättern, die aus verschiedenen Rohrholzarten oder in neuerer Zeit häufig auch aus Kunststoff angefertigt werden (↗Rohrblattinstrumente, ↗Zunge). S.en sind also sowohl die betreffenden Instrumente des Orchesters (↗Klarinette, ↗Saxophon, ↗Oboe, ↗Fagott u.a.) als auch die in der europäischen Volksmusik (↗Bombarde, ↗Ciaramella, ↗Piffero, ↗Tárogató) und in außereuropäischen Kulturen (↗Zurna) gespielten Rohrblattinstrumente. Der Röhrenkörper von S.en besteht meistens aus Holz oder Rohr, seltener aus Metall und hat eine zylindrische oder eine konische Innenbohrung. Die Grifflöcher sind, je nach Entwicklungsstand, offen oder mit Klappen versehen. Die Rohrblätter werden beim Spiel zwischen die Lippen oder ganz in die Mundhöhle genommen (sog. Windkapselansatz). Bei einigen Instrumenten befinden sie sich unter einer aufgesetzten Windkapsel, in die der Spieler hineinbläst (↗Cornamusa, ↗Krummhorn, Schryari; ↗Windkapselinstrumente). Die meisten S.en bestehen nur aus einer einzigen Röhre, es gibt jedoch auch Instrumente mit 2 oder 3 Einzel-S.en, die gleichzeitig von einem Spieler angeblasen werden (↗Arghūl, ↗Aulos, ↗Diple, ↗Hornpipe, ↗Launéddas, ↗Tibia). Eine andere Art der Windzufuhr ist die Verbindung von einer oder mehreren S.en mit einer Blase (↗Platerspiel) oder mit einem Balg (↗Sackpfeife). S.en waren bereits in den Hochkulturen des Alten Orients und in der griechisch-römischen Antike (Aulos, Tibia) sehr beliebt und sind bis heute weltweit verbreitet. – **2)** S. im engeren Sinne (engl.: shawm; frz.: chalemie; it.: ciaramella; span.: chirimía) ist – ausgenommen das französische ↗Chalumeau, seit dem 17. Jh. ein Instrument mit einfachem Rohrblatt – vom späten Mittelalter an die Bz. für ein hochklingendes, meistens mit ↗Pirouette ausgestattetes Doppelrohrblattinstrument mit konischer Röhre und 6–7 Grifflöchern (einige auch mit Klappen). Die S. läßt sich seit dem späten 13. Jh. in Europa nachweisen. Während des 14. Jh. entstanden bereits Instrumente in tieferen Lagen, und im 15./16. Jh. wurde die S. zur Familie der ↗Bomharte oder Pommer ausgebaut, deren Diskantinstrument jedoch weiterhin als S. bezeichnet wurde. – **3)** Bei der Orgel eine offene Lingualpfeife zu 8′ und 4′ mit trichterförmigem Aufsatz. Gelegentlich wird sie konisch und mit Kegelaufsatz als S.-Regal gebaut und heißt Pedalregister zu 4′ oder 2′, auch ↗Kornett bzw. Singend Kornett.

Lit. Zu **1)** u. **2)**: E. VON HORNBOSTEL – C. SACHS, Systematik der Musikinstr., in: Zschr. für Ethnologie 46 (1914); G. KINSKY, Doppelrohrblattinstr. mit Windkapsel, in: AfMw 7 (1925); D. BARTHA, Die avarische Doppelschalmei v. Jánoshida, in: Acta Archaeologica Musei Nationalis Hungarici 14 (Budapest 1934); P. BRÖMSE, Flöten, S.en u. Sackpfeifen Südslawiens (Brünn 1937); P. BATE, Shawm and Oboe Embouchure, in: GalpinJ 8 (1955); A. BAINES, Woodwind Instruments and Their History (Lo 1957, ^{3}1967); W. FREI, S. u. Pommer, in: Mf 14 (1961); J. RIMMER, The „Tibia pares" of Mook, in: GalpinJ 29 (1976). M. BRÖCKER

SCHAPORIN, Juri Alexandrowitsch, * 27. 10. (8. 11.) 1887 Gluchow (Gouvernement Tschernigow), † 9. 12. 1966 Moskau; sowjetruss. Komponist. Er studierte 1906–08 Philologie an der Universität Kiew und nahm daneben Kompositionsunterricht. 1908 ging er nach St. Petersburg, studierte bis 1912 Jura an der Universität und 1913–18 bei Nikolai Sokolow am Konservatorium. 1919–34 wirkte er als Komponist und musikalischer Leiter an verschiedenen Leningrader Schauspielhäusern. 1926–30 war er Vorsitzender der Leningrader Sektion der „Assoziation für moderne Musik" (ASM) und Leiter des Musikverlags „Triton" und 1932–36 stellvertretender Vorsitzender des Leningrader Komponistenverbands. Seit 1936 lebte S. in Moskau, wo er wichtige Ämter im Komponistenverband übernahm (seit 1952 Verbandssekretär) und seit 1939 als Professor für Komposition am Konservatorium lehrte. In seiner Oper und in den Liedern knüpft S. an P. Tschaikowsky und S. Rachmaninow an. In den symphonischen Kantaten verbindet er, A. Borodins herbe Tonsprache fortführend, epische, dramatische und lyrische Elemente zu einer monumentalen Einheit.

WW: **1) Instr.-WW:** 2 Klv.-Sonaten (1924–27); humoristische Suite *Blocha* (Der Floh) (1926); Symphonie, UA: Moskau 1933 (mit Chor, unveröff.). – **2) Vokal-WW:** Lieder nach Gedichten v. A. Puschkin, F. Tjutschew, A. Blok, T. Schewtschenko, A. Fet u.a.; Chöre a cap. nach Texten v. M. Lermontow, N. Nekrassow u.a.; *Shar-ptiza* (Der Feuervogel) (1923–24) für SingSt u. 7 Instr. – Für Chor u. Orch.: Symphonische Kantate *Na pole kulikowom* (Auf dem Schnepfenfeld) (nach A. Blok u. M. Losinski), UA: Moskau 1939; Oratorium *Skasanie o bitwe sa russkuju semlju* (Mär von der Schlacht um die russische Erde) (Text nach M. Losinski, K. Simonow, A. Surkow u. S. Severzew), UA: ebd. 1944; symphonischer Zyklus *Woina i mir* (Krieg und Frieden) (1956) für Solo-St., Chor u. Orch.; Kantate *Dokole korschunu krushit* (Solange der Geier kreist) (1963). – **3) Bühnen-WW:** Oper *Dekabristy* (Die Dekabristen) (nach Motiven v. A. Tolstoi), UA: Moskau 1953; ferner Schauspiel- und Filmmusik.

Lit.: E. GROSCHEWA, J. S. (Mos 1957); I. REMESOW, Kantaty i oratorii J. A. Schaporina (ebd. 1960); I. MARTYNOW, J. S. (ebd. 1966); S. D. KREBS, Soviet Composers and the Development of Soviet Music (Lo 1970); D. GOJOWY, Neue sowjet. Musik der 20er Jahre (Laaber 1980).

E. STÖCKL

SCHARF, Scharff (latinisiert: Acuta), eine gemischte Stimme der Orgel, in der Regel mit 3–5 Chören von prinzipalischer Mensur auf 1′- oder ⅔′-Basis in einem Nebenmanual disponiert. Im 19. Jh. enthielt der S. gelegentlich Terzchöre, neuerdings nur noch sehr selten (Terzian-S.).

SCHARWENKA. – 1) Ludwig Philipp, * 16. 2. 1847 Samter bei Posen, † 16. 7. 1917 Bad Nauheim; dt. Komponist. Er kam 1865 nach Berlin und studierte an der Kullakschen Neuen Akademie, wo er selbst seit 1868 unterrichtete. Als sein Bruder 1881 das S.-Konservatorium gründete, wurde er dort Theorie- und Kompositionslehrer und 1891 in dessen Vertretung Codirektor neben Hugo Goldschmidt.

WW: Klv.-Stücke, auch 4händig; Kammermusik; für Orch.: *Arkadische Suite*, op. 76 (L 1887); *Dramatische Phantasie*, op. 108 (L 1900); 2 Symphonien, op. 96 u. 115; *Sinfonia brevis;* V.-Konzert, op. 95 (L 1895). – Lieder; Chöre, darunter *Herbstfeier; Sakuntala* für Soli, Chor u. Orch. (L 1884); Oper *Roland* (1915) (unveröff.).

2) Franz Xaver, Bruder von 1), * 6. 1. 1850 Samter bei Posen, † 8. 12. 1924 Berlin; dt. Pianist und Komponist. Er studierte seit 1865 an der Kullakschen Neuen Akademie in Berlin, unterrichtete dort 1868–74, machte sich gleichzeitig als Pianist bekannt und unternahm seit 1874 ausgedehntere Konzerttourneen durch Europa. 1881 gründete er in Berlin das nach ihm benannte S.-Konservatorium. 1891–98 hielt er sich in den USA auf, wo er zahlreiche Konzerte gab und in New York ein ebenfalls unter seinem Namen gegründetes Konservatorium leitete. 1893 wurde das S.-Konservatorium mit dem von Klindworth vereinigt; 1898 übernahm S. erneut die Direktion. Erinnerungen veröffentlichte er unter dem Titel *Klänge aus meinem Leben* (L 1922; mit Werk-Verz.).

WW: Für Klv.: zahlr. Einzelstücke u. technische Studien; 2 Sonaten, 1: cis-moll, op. 6 (L 1872), 2: Es-Dur, op. 36 (Bremen 1878); 2 Balladen; Variationen. – Kammermusik: Sonate für V. u. Klv., op. 2 (L 1872); Sonate für Vc. u. Klv., op. 46; 2 Klv.-Trios, op. 1 u. 45; Klv.-Quartett, op. 37 (Bremen 1877). – Symphonie c-moll, op. 60 (L 1885); 4 Klv.-Konzerte, 1: b-moll, op. 32 (Bremen 1876), 2: c-moll, op. 56 (L 1881), 3: cis-moll, op. 80, 4: f-moll, op. 82. – Ferner schrieb S.: *Methodik des Klavierspiels* (L 1908, ²1916) (= Handbücher der Musiklehre 3) (zus. mit A. Spanuth).

Lit.: H. LEICHTENTRITT, Das Konservatorium Klindworth-S. (B 1931). – **Zu 1):** H. KRETZSCHMAR, Führer durch den Konzertsaal I (L ⁴1913) (über die Symphonien u. Suiten S.s); PH. S., Autobiographische Skizze, in: NMZ 38 (1917). – **Zu 2):** C. R. SUTTONI, F. X. S., Piano Concerto No. 1 (NY 1971) (Vorwort).

SCHAT, Peter, * 5. 6. 1935 Utrecht; ndl. Komponist. Er studierte Komposition bei K. van Baaren in Den Haag, dann bei M. Seiber in London und bei P. Boulez in Basel und war später am Studio für Elektronische Musik in Amsterdam tätig. 1958 machte er auf dem IGNM-Festival durch ein Septett (1957) auf sich aufmerksam und zählt heute zu den bedeutendsten Vertretern der niederländischen Avantgarde. Mit seinem 1966 auf dem Holland Festival uraufgeführten *Het labyrinth* versuchte er die Idee eines totalen Theaters zu verwirklichen.

WW (alle in Amsterdam gedruckt): **1) Instr.-WW:** Für Klv.: *Inscripties* (1959) u. *Anathema* (1969); *Hypothema* (1969) für Elektronik; *Introductie en adagio* (1965) für Streichquartett; Septett für Fl., Ob., Baßklar., Horn, Vc., Klv. u. Schlagzeug (1957); Bläseroktett (1959); *Improvisations and Symphonies* (1960) für Bläserquintett; 2 *Entelechien* (1961); *First Essay on Electrocution* (1966) für V., Gitarre u. Schlagzeug; *Thema* (1970) für Ob., 18

Blasinstr., 4 elektrische Gitarren u. elektrische Org. – Für Orch.: *Mozaïeken* (1959); *Concerto da camera* (1960) für 2 Klar., Klv., Schlagzeug u. Str.; Symphonie Nr. 1 (1978); *On Escalation* (1968) für 6 Schlagzeuger u. Orch. – **2) Vokal-WW:** *Canto general* (1974) für Mezzosopran, V. u. Klv.; *De briefscène* (1976) für Mezzosopran, Tenor u. Klv.; *Kind en kraai* (1977) für Sopran u. Klv.; *To you* (1972) für Mezzosopran, 9 elektrische Gitarren, 4 elektrische Klv., 2 elektrische Org. u. Elektronik; *Cryptogramen* (1959) für Bar. u. Orch.; *Mei '75* (1975) für Mezzosopran, Bar., Chor u. Orch.; *Houdini symfonie* (1976) für Sopran, Mezzosopran, Tenor, Bar., Chor u. Orch. – **3) Bühnen-WW:** Opern: *Het labyrinth* (1961–62) (Libr.: L. de Boer nach L. P. Boon), UA: Amsterdam 1966; *Reconstructie* (1969) (Libr.: H. Mulisch, H. Claus); *Houdini* (1974–76) (Libr.: A. Mitchell), UA: ebd. 1977. – *Het vijde seizoen* (1973) für St., Instr. u. Elektronik; Ballett *I am Houdini* (1976) für Tenor, Chor u. 2 Klv.

Lit.: N. SCHUYT, S.'s Improvisations and Symphonies for Wind Quartet, in: Sonorum speculum (1961) Nr. 7; K. VAN BAAREN, Entelechie I by P. S., in: ebd. (1961) Nr. 9; R. DE LEEUW, S.'s Labyrinth. An Opera of Sorts, in: ebd. (1966) Nr. 27; P. SCHAT, Labyrinth. A Kind of Opera, in: Opera 66, hrsg. v. C. Osborne (Lo 1966); E. VERMEULEN, Zitatenkompositionen v. L. Andriessen u. P. S., in: Sonorum speculum (1968) Nr. 35; E. VERMEULEN, S., in: Mens en melodie 34 (1979).

SCHAUSPIELDIREKTOR, DER, Komödie mit Musik in einem Akt von Wolfgang Amadeus Mozart (1756–91), KV 486, Text von Gottlieb Stephanie dem Jüngeren. UA: 7. 2. 1786 in Wien (Orangerie des Schlosses Schönbrunn); dt. EA: 14. 10. 1797 in Weimar, gemischt mit J. W. v. Goethes *Theatralischen Abenteuern* (= Übertragung des *L'Impresario in angustie* von D. Cimarosa, Text: Donati), inszeniert von Chr. A. Vulpius.

Die Idee zu dieser Parodie, die gemeinsam mit A. Salieris *Prima la musica e poi le parole* zu Ehren des Generalgouverneurs der Niederlande im Rahmen eines pompösen Hoffestes aufgeführt wurde, stammt von Kaiser Joseph II.: ein Theaterstück über die Streitigkeiten und Eifersüchteleien der Sänger beim Aufstellen einer Operntruppe. Die Werkbezeichnung gibt den Charakter des Stückes exakt wieder: es handelt sich um ein Sprechstück mit musikalischen Einlagen (Ouvertüre, 2 Arien, ein Terzett und ein Vaudeville-Finale). Die Arien sind nach italienischer Manier mit Stretta geschrieben und stellen (wie die Ensembles) an die Sänger höchste technische Anforderungen. Dramaturgisch bleiben sie jedoch reine Einlagen, während Terzett und Finale musikdramatisch gedacht sind. – Mozart erhielt für die Komposition 50 Dukaten vom Kaiser, Salieri für sein Werk immerhin 100. Beide Werke wurden am 11., 18. und 25. 2. 1786 bei öffentlichen Aufführungen im Kärntnerthortheater mit stürmischem Beifall aufgenommen.
J. SCHLÄDER

SCHAUSPIELMUSIK ↗Bühnenmusik.

SCHEBALIN, Wissarion Jakowlewitsch, * 29. 5. (11. 6.) 1902 Omsk, † 28. 5. 1963 Moskau; sowjetruss. Komponist. Er studierte am Moskauer Konservatorium (N. Mjaskowski), wo er dann seit 1928 selbst lehrte (1935 Professor) und 1942–48 auch Direktor war. 1941 wurde ihm der Doktorgrad in Kunstwissenschaft verliehen, und 1948–51 war er Lehrer am Institut für Militärkapellmeister. Als Komponist knüpfte S. an P. Tschaikowsky, M. Mussorgski und (bes. in den Streichquartetten) S. Tanejew an, verarbeitete außerdem Elemente der Tonsprache A. Borodins (1. Symphonie, 1925) und des französischen Impressionismus (2. Symphonie, 2. Streichquartett, Klaviersonate u. a.). Einflüsse westeuropäischer avantgardistischer Strömungen traten in den 1940er Jahren zugunsten national geprägter Ausdrucksmittel zurück. S.s poetische Begabung bekundet sich in seinen Liedern und Chören (er schrieb selbst Gedichte und verwendete für den Heine-Zyklus eigene Übersetzungen). S. hat wesentlich zur Heranbildung einer neuen sowjetischen Komponistengeneration beigetragen. Zu seinen Schülern gehört u. a. T. Chrennikow.

WW: **1) Instr.-WW:** Klv.-Sonate (1927); 3 Sonatinen (1929) für Klv.; Sonate (1940) für V. u. Va.; Sonate (1954) für Va. u. Klv.; Streichtrio (1924, 2. Fassung 1934); Klv.-Trio (1949); 9 Streichquartette (1923–62), darunter Nr. 5 (1942) (über slawische Themen). – Für Orch.: 5 Symphonien (1925, 1929, 1934, 1935, 1962); 3 Ouvertüren: 1. (1934), 2. (1936) (auf Themen der Mari), 3. (1941) (Russische); 2 Suiten (1934–35); Ballettsuite *Shaworonok* (Die Lerche) (1943); Sinfonietta über russ. Volkslieder (1949); Concertinos für Waldhorn u. Orch. (1930) u. für V. u. Orch. (1931); V.-Konzert (1940). – **2) Vokal-WW:** Zahlr. Lieder nach Gedichten von A. Puschkin, M. J. Lermontow, H. Heine, A. Blok, S. Jessenin u. a.; Chöre a cap. (1949) (nach Versen v. Puschkin); Kantate *Sini mai* (Blauer Mai) (1930); dramatische Symphonie *Lenin* (nach W. Majakowski) für Rezitator, Soli, Chor u. Orch., UA: Moskau 1933; Kantate *Moskwa* (1946). – **3) Bühnen-WW:** Musikal. Komödie *Shenich is possolstwa* (Der Bräutigam aus der Botschaft), UA: Swerdlowsk 1942; Komische Oper *Ukroschtschenije stroptiwoi* (Der Widerspenstigen Zähmung) (nach W. Shakespeare), UA: Moskau 1957; Oper *Solnze nad stepju* (Sonne über der Steppe), UA: ebd. 1958. – Ferner Massenlieder, Schauspiel-, Funk- u. Filmmusik. – **4) Schriften:** *Literaturnoje nasledije, wospominanija, perepiska, stat'i, wystuplenija* (Mos 1975). – Außerdem vollendete u. orchestrierte S.: die Oper *Sorotschinskaja jamarka* (Der Jahrmarkt von Sorotschinzy) v. M. Mussorgski u. die symphon. Ouvertüre über 2 russ. Lieder v. M. Glinka. Auch an der GA der Werke Glinkas wirkte er mit.

Lit.: I. F. BELZA, W. J. S. (Mos – Leningrad 1945); W. J. S., Stat'i, wospominanija, materialy (Mos 1970); S. D. KREBS, Soviet Composers and the Development of Soviet Music (Lo 1970); D. GOJOWY, Neue sowjetische Musik der 20er Jahre (Laaber 1980).
E. STÖCKL

SCHECK, Gustav, * 22. 10. 1901 München, † 19. 4. 1984 Freiburg; dt. Flötist. Er studierte Musikwissenschaft (W. Gurlitt), Musiktheorie (J. Müller-Blattau, H. Erpf) u. Flöte (Richard Roehler) in Freiburg im Breisgau. Danach war er als Orchestermusiker tätig, zuletzt 1929–34 als Soloflötist am Staatstheater in Hamburg. 1930 gründete er mit A. Wenzinger (Gambe) den Kammermusikkreis Scheck-Wenzinger, dem sich 1935 der Cembalist Fr. Neumeyer anschloß. Mit diesem Ensemble führte S. als erster in Deutschland Barockmusik mit historischen Instrumenten auf und erwarb sich damit bedeutende Verdienste um die Wiederbelebung älterer Musik. Konzertreisen führten das Ensemble durch Europa, in die Türkei, bis nach Indien und in die Sowjetunion. 1934–45 unterrichtete S. Flöte an der Musikhochschule in Berlin (1942 Professor). 1946 gründete er zusammen mit Gurlitt die Staatliche Hochschule für Musik in Freiburg, die er bis 1964 als Direktor leitete. 1950 wurde ihm von der Universität Freiburg für seine Verdienste um die Alte Musik die Ehrendoktorwürde verliehen. S. schrieb das Buch *Die Flöte und ihre Musik* (Mz 1975).

SCHEIBE, Johann Adolph, getauft 5. 5. 1708 Leipzig, † 22. 4. 1776 Kopenhagen; dt. Musiktheoretiker und Komponist. S., ein Sohn des Orgelbauers Johann S. (* um 1680, † 3. 9. 1748 Leipzig), studierte seit 1725 Jura an der Universität Leipzig und bildete sich daneben als Musiker aus. 1736 ließ er sich in Hamburg nieder und gab auf G. Ph. Telemanns Anregung hin 1738–40 die Wochenschrift *Der critische Musicus* heraus. 1740 wurde er Kapellmeister des Markgrafen Friedrich Ernst von Brandenburg-Kulmbach und 1744 am königlichen Hof in Kopenhagen. Bereits 1748 pensioniert, ließ er sich in Sonderburg nieder, wo er eine Schule gründete, war aber als Komponist bis 1769 für den dänischen Hof tätig. Er übersetzte auch aus dem Dänischen ins Deutsche, u. a. Ludvig Holbergs satirisches Epos *Peder Paars.*

WW: **1) Kompositionen:** Im Druck erschienen: *Neue Freymaurer-Lieder* u. *Vollständiges Liederbuch der Freymaurer* (Kop 1749 u. 1776); *Tragische Kantaten* für 1–2 St. u. Klv. *nebst einem Sendschreiben ... vom Recitativ* (Kop – L 1765 u. öfter); *Kleine Lieder für Kinder zur Beförderung der Tugend,* 2 Teile (Flensburg – L 1768). – **2) Theoretische WW:** *Der critische Musicus,* 2 Teile (H 1738–40, erweitert L ²1745); *Eine Abhandlung von den musicalischen Intervallen u. Geschlechtern* (H 1739); *Lebenslauf, v. ihm selbst entworfen,* in: J. Mattheson, Grundlage einer *Ehrenpforte* (H 1740); *Thusnelde, ein Singspiel ... mit einem Vorberichte von der ... Beschaffenheit guter Singspiele* (L – Kop 1749); *Abhandlung vom Ursprunge u. Alter der Musik* (Altona – Flensburg 1754); *Über das Rezitativ,* in: *Der critische Musicus* 97–117 u. in: Bibl. der schönen Wiss. u. freien Künste 11–12 (1764–65); *Über die musical. Composition,* I. Teil: *Die Theorie der Melodie u. Harmonie* (L 1773) (mehr nicht erschienen). – Hsl. erhalten: *Compendium musices theoretico-practicum* (um 1730).

S., der in seiner Zeit auch als Komponist einen hervorragenden Ruf genoß, ist einer der bedeutendsten deutschen Musiktheoretiker und -ästhetiker des 18. Jahrhunderts. Er markiert hier vor allem den Einfluß der französischen Aufklärung. Einer seiner Hauptgedanken war die Meinung, die Musik solle eine „vernünftige Nachahmung" der Natur sein. Eine wichtige Rolle in seinem Denken spielen auch die Begriffe „Rührung" und „Empfindung" (↗Empfindsamkeit). Mit seinen Schriften ist S. ein wichtiger Vertreter einer neuen Musikauffassung, die sich wesentlich von derjenigen der Barockzeit unterscheidet, wie sie auch noch das Werk J. S. Bachs prägt. So ist es nicht erstaunlich, daß S. sich kritisch über Bach äußert und dessen Musik teilweise als „schwülstig" bezeichnet (*Der critische Musicus* I, 6, 1738).

Ausg.: *Compendium musices,* in: P. BENARY, Die dt. Kompositionslehre (s. u. Lit.); *Der critische Musicus,* Faks.-Ausg. (Hil – NY 1970); *Lebenslauf,* s. Ausg. bei ↗Mattheson.

Lit.: P. BENARY, J. A. S.s Compendium Musices, in: Mf 10 (1957); DERS., Die dt. Kompositionslehre des 18. Jh. (L 1961); I. WILHELM, J. A. S. German Musical Thought in Transition (1963) (= Diss. Univ. of Illinois); G. J. SKAPSKI, The Recitative in J. A. S.'s Literary and Musical Work (1963) (= Diss. Univ. of Texas); J. BIRKE, C. Wolffs Metaphysik u. die zeitgen. Lit.- u. Musiktheorie. Gottsched, S., Mizler (B 1966); H. KELLER, J. A. S. u. J. S. Bach, in: Musik u. Verlag. FS K. Vötterle (Kas 1968); G. J. BUELOW, In Defence of J. A. S. against J. S. Bach, in: Proc. R. Mus. Assoc. 101 (1974/75); DERS., S., in: Grove⁶ XVI.

SCHEIDEMANN, Heinrich, * um 1596 Wöhrden (Schleswig-Holstein), † Anfang 1663 Hamburg; dt. Organist und Komponist. S. war 1611–14 Schüler von J. P. Sweelinck in Amsterdam und wurde spätestens 1629 Nachfolger seines Vaters David S. an der Orgel der Katharinenkirche in Hamburg. Mit seinen Orgelwerken (Choralbearbeitungen, Praeambula, Motettenkolorierungen) ist S. der wichtigste Vertreter der Sweelinck-Schule. Er hat die Entwicklung der norddeutschen Orgelmusik bis hin zu D. Buxtehude maßgeblich beeinflußt. Charakteristisch für seinen Orgelstil ist die Verbindung des kontrapunktischen Satzes mit der Technik der Kolorierung, die auf die Klangmöglichkeiten der norddeutschen Barockorgel ausgerichtet ist.

WW: Instrumental-Werke (nur hsl. erhalten, hauptsächlich Tabulaturen): Für Org.: Präludien, Toccaten u. Fugen, 7 Magnificatbearb., Choralbearb. – Für Cemb.: Tänze, z.T. mit Variationen. – Vokalwerke: Lieder für SingSt u. B.c., nach Texten von J. Rist, davon gedruckt: *Neue himmlische Lieder,* 5. Teil (Lüneburg 1651) u. *Die verschmähte Eitelkeit* (ebd. 1658).

Ausg.: Orgelwerke. Sämtl. überlieferten Komp., 1: Choralbearb., 2: Magnificat-Bearb., 3: Praeambeln, Fugen, Fantasien, Canzonen u. Toccaten, hrsg. v. G. FOCK – W. BREIG (Kas 1967–71); 15 Präludien u. Fugen für Org., hrsg. v. M. SEIFFERT (L 1925) (= Organum IV/1); 9 Stücke für Org., in: Die Lüneburger Orgeltabulatur, hrsg. v. M. REIMANN (F 1957) (= EDM 36); 10 Choralbearb., in: 46 Choräle für Org. v. J. P. Sweelinck u. seinen dt. Schülern, hrsg. v. G. GERDES (Mz 1957) (= Musikal. Denkmäler 3).

Lit.: G. GERDES, Die Choralvar. J. P. Sweelincks u. seiner Schüler (Diss. Fr 1956); W. BREIG, Die Orgelwerke v. H. S. (Wie 1967) (= Beih. z. AfMw 3) (mit vollständigem Verz.).

SCHEIDT, Samuel, getauft 3. 11. 1587 Halle an der Saale, † 24. 3. 1654 ebd.; dt. Komponist. Von 1603 bis 1608, dem vermuteten Zeitpunkt seines Aufenthaltes bei J. P. Sweelinck in Amsterdam, war S. Organist an der hallischen Moritzkirche. 1609 wurde er Organist am Hof des Administrators des lutherischen Erzstifts Magdeburg in Halle, wo seit etwa 1615 auch M. Praetorius als Kapellmeister wirkte, und war auch als Orgelexperte tätig. 1619 oder 1620 wurde er Kapellmeister am Hof von Halle, wo 1620 sein erstes Werk im Druck erschien. Berühmt wurde S. 1624 mit der *Tabulatura nova.* Um die Stimmen der hier vereinigten Kompositionen deutlich voneinander zu trennen, wählte er anstelle des niederländischen oder englischen Klaviersystems die in Deutschland noch wenig bekannte italienische Klavierpartitur, in der jede Stimme ihr eigenes 5-Linien-System hat. Der 1. und 2. Teil enthalten u. a. Variationen, Fantasien und Tanzsätze, der 3. Musik für den evangelischen Gottesdienst. Nach der Auflösung der hallischen Hofhaltung 1625 infolge der Kriegsereignisse erhielt S. 1628 das eigens für ihn geschaffene Amt eines Director musices an der städtischen Hauptkirche St. Marien und war von nun an die maßgebliche Musikerpersönlichkeit in Halle. Als er aber gegen den Rektor Chr. Gueinzius die musikalische Verfügungsgewalt über die Chorschüler der hallischen Lateinschule beanspruchte, scheiterte er und wurde 1630 stellungslos. Seitdem lebte er als „privatus" und gewissermaßen „freischaffend" vom Vertrieb der 4 Teile seiner *Geistlichen Konzerte.* Als 1642 in Halle wieder eine Hofkapelle errichtet wurde, kam es kurze Zeit auch zu einer lockeren Zusammenarbeit mit Scheidt.

WW: **1) Instr.-WW:** Für Tasteninstr.: *Tabulatura nova,* 3 Teile. (H 1624); *Tabulatur-Buch, Hundert geistliche Lieder u. Psalmen* (Görlitz 1650). – *Paduana, galliarda, couranta, alemande, intrada, canzonetto* für 4–5 Instr. u. B.c. (H 1621), dazu 2 weitere Teile als *Ludorum musicorum secunda* bzw. *quarta pars* für 4–7 bzw. 3–4 Instr. u. B.c. (H 1622 u. 1627); *70 Symphonien auff Concerten manir* für 2 V. u. B.c. (L 1644–45); weitere Werke hsl. u. in Sammeldrucken erhalten. – **2) Vokal-WW:** *Cantiones sacrae* für 8 St. (H 1620); *Pars prima concertuum sacrorum* für 2–12 Instr. u. B.c. (H 1622); *(Neue) Geistliche Concerten* für 2–6 St. u. B.c., 4 Teile (Hl – L – Erfurt 1622, 1631, 1635, 1640); im Druck erschienen ferner einzelne Gelegenheitsgesänge; zahlr. Gesänge sind hsl. u. in Sammeldrucken der Zeit erhalten.

S. betrachtete sich als Anwalt der „reinen alten Komposition und reinen Regeln" (Brief an H. Baryphonus vom 26. 1. 1651). Sein erhaltenes Werk, das sich etwa zu gleichen Teilen aus Vokal- und Instrumentalmusik zusammensetzt und das in überwiegendem Maße der Liedbearbeitung gewidmet ist, spiegelt diese Haltung. Er übernahm zwar die technischen Errungenschaften der Musik seiner Zeit: die besonders in England und durch J. P. Sweelinck entwickelten klavieristischen Spielfiguren, das aus Italien stammende und durch M. Praetorius fortgeführte vokale Konzertieren zwischen Solisten, die Vereinigung und Kontrastierung mit obligaten instrumentalen Stimmen, gewisse Formen des Ziergesangs und des affektvollen und bildlichen Wortausdrucks. Aber S. verband diese zeitgemäßen Gestaltungsmittel fast stets mit einer äußerst kunstvollen, mitunter sogar ein wenig manieriert wirkenden Stimmführung. In den „Vorimitationen" seiner geistlichen Konzerte finden sich viele Kanons oder kanonische Gebilde, Augmentationen, Diminutionen und Stimmenvertauschungen im doppelten Kontrapunkt. Da diese Künste besonders rein in seinen Instrumentalwerken auftreten, scheinen sie einer primär textindifferenten Werkauffassung zu entspringen, die S. der kompositorischen Schulung bei Sweelinck verdankt haben mag. Jedenfalls zeigen die Fantasien und Fugen der *Tabulatura nova* eine ganz ähnliche kontrapunktische Themenbehandlung wie die Fantasien des großen Niederländers. Die Variationen S.s, besonders die Choralvariationen, folgen jedoch viel strenger den „reinen Regeln" als die entsprechenden Arbeiten Sweelincks. In dem konsequenten Ausbau eines Lehrbuchwissens in den wichtigsten Bereichen der damaligen Musik, auch in dem noch jungen ↗ geistlichen Konzert und in Werken für Tasteninstrumente, beruht S.s Sonderstellung in der Gruppe der 3 großen „S" (Schütz, Schein, Scheidt) und in seiner Zeit überhaupt.

Obwohl S. fast ununterbrochen in Halle gelebt und sich in seinen Choralbearbeitungen und den Parodien alter Motetten vor allem nach der liturgischen und künstlerischen Tradition dieser Stadt gerichtet hat, haben seine Kompositionen weithin anregend gewirkt. Seine Choralkonzerte bereiteten der späteren Choralkantate die Bahn. Mit seiner *Tabulatura nova* erweiterte er die Spiel- und Ausdrucksmöglichkeiten auf Tasteninstrumenten u. a. durch Einführung einer hier als neuartig geltenden Phrasierung (die „Imitatio Violistica") und durch mannigfaltige Gestaltung der harmonischen und kontrapunktischen Sequenz. In dieser Sammlung bewies S., daß virtuos-konzertantes Musizieren auch auf der Grundlage thematischer Konzentration möglich war. Er setzte damit zugleich technische und kompositorische Maßstäbe, die erst durch J. S. Bach in Mitteldeutschland überboten wurden. – S.s Bruder **Gottfried** (1593–1661), ebenfalls Schüler von Sweelinck, wirkte als Organist und Kapellmeister am Altenburger Hof. Er schrieb Gelegenheitsgesänge und Choralvariationen.

Ausg.: GA, hrsg. v. G. HARMS – CH. MAHRENHOLZ u. a., 16 Bde. (H 1923–62, L 1971 ff.) (enthält die vollständige Ausg. sämtlicher oben genannter Drucke). – *Tabulatura nova,* hrsg. v. M. Seiffert (1892) (= DDT 1); (Görlitzer) *Tabulatur-Buch,* hrsg. v. F. DIETRICH (Kas 1941, Nachdr. 1954); dass., hrsg. v. CH. MAHRENHOLZ (L 1941); *Alamanda* mit 10 Var. für Org. od. Cemb., hrsg. v. O. MISCHIATI (Mz 1967); zahlr. Einzelausg. – Die Choralvariationen von G. S. in: 46 Choräle … hrsg. v. G. GERDES (Mz 1957) (= Musikal. Denkmäler 3).

Lit.: CH. MAHRENHOLZ, S. S. (L 1924, Nachdr. Farnborough 1968); DERS., S., in: MGG XI; E. GESSNER, S. S.s geistliche Konzerte (B 1961); W. BRAUN, S. S.s Bearb. alter Motetten, in: AfMw 19/20 (1962/63); W. BREIG, Zu den hsl. überlieferten Liedvariationen von S.S., in: Mf 22 (1969); A. ADRIO, S. S.s Cantiones Sacrae, in: Kerygma u. Melos. FS Ch. Mahrenholz (Kas 1970). – ↗Choralbearbeitung; ↗Orgel. W. BRAUN

SCHEIN, Johann Hermann, * 30. 1. 1586 Grünhain (Sachsen), † 19. 11. 1630 Leipzig; dt. Komponist und Dichter. S. verlor früh seine Eltern, wurde 1599 Kapellknabe in Dresden und 1604 Schüler der Landesschule in Pforta. 1608 begann er als fürstlicher Stipendiat ein Jurastudium an der Universität in Leipzig. Außerdem studierte er hier die „freien Künste". 1613–15 war er auf dem Schloß zu Weißenfels Hauslehrer und Leiter der „Haußmusic" seines ehemaligen Mitschülers in Pforta, Gottfried von Wolffersdorff, auf dessen Empfehlung hin er 1615 als Hofkapellmeister nach Weimar berufen wurde. Seinem damaligen Dienstherrn, Herzog Johann Ernst, widmete S. das *Banchetto Musicale* von 1617. Bereits 1616 wurde er als Nachfolger von S. Calvisius Thomaskantor in Leipzig. Seinem neuen Vorgesetzten übergab der „Director musices" 1618 die *Opella nova* I und 1623 das *Israels Brünnlein.* Mit S. Scheidt und mit H. Schütz stand S. in freundschaftlichen Beziehungen. Zu seinem Tod schrieb Schütz eine Trauermotette.

WW (wenn nichts anderes angegeben, in Leipzig gedruckt, z. T. in mehreren Aufl.): **1) Geistliche WW:** *Cymbalum Sionium sive Cantiones sacrae* für 5–12 St. (1615); *Das Te Deum Laudamus* (1618) für 24 St.; *Opella nova, Geistlicher Concerten* für 3–6 St. u. B.c., 2 Teile (1618–26); *Fontana d'Israel, Israels Brünnlein,* für 5–6 St. u. B.c. (1623); *Cantional Oder Gesangbuch Augspurgischer Confession* für 4–6 St. (1627, ²1645 [erweitert]). – **2) Weltliche WW:** *Venus Kräntzlein … oder Neue weltliche Lieder* für 5 St. (Wittenberg 1609) (darin auch Stücke für Instr.); *Musica boscareccia* für 3 St. u. B.c., Teil 1 (1621, ⁶1643), 2 (1626), 3 (1628), alle 3 Teile auch mit geistlichem Text als *Musica boscareccia sacra* (Erfurt 1644–51); *Diletti pastorali, Hirten Lust* für 5 St. u. B.c. (1624); *Studenten-Schmauß* für 5 St. u. B.c. (1626). – **3) Instr.-WW:** *Banchetto musicale* für 5 Instr. (1617). – Zahlr. weitere geistliche Werke einzeln u. in Sammeldrucken der Zeit erhalten.

Trotz seines verhältnismäßig frühen Todes im Alter von 44 Jahren hat S. seine Zeitgenossen mit Instrumentalmusik, weltlichen Gesängen über meist eigene Texte und mit seiner Kirchenmusik tief und nachhaltig beeinflußt. Im *Banchetto musicale* von 1617 versuchte S., durch die Anordnung im Druck, durch Tonartengleichheit und motivische Entsprechungen jeweils 3 5st. Sätze (Padouana, Gagliarda, Courante) und die 4st. Allemande mit ihrem Nachtanz (Tripla) fest miteinander zu verbinden (vgl. ↗Suite). Stärkere Anregungen gingen von seinem weltlichen Vokalwerk aus, das für Mitteldeutschland etwa dieselbe Bedeutung besaß wie für Italien die entsprechenden Arbeiten von Cl. Monteverdi. Die konzertierenden Villanellen der *Musica boscareccia* waren außerordentlich populär; sie erlebten 5 Auflagen und wurden 1644 auch teilweise mit geistlichen Texten versehen. In den deutschen Madrigalen der *Diletti pastorali* von 1624 verbinden sich italienische Affekt- und Wortdarstellung mit liedhafter Formung. S.s frühestes geistliches Werk, das *Cymbalum Sionium,* steht im Zwiespalt zwischen dem altertümlichen Pathos der Lasso-Nachfolge und einer neuen homophonen Beweglichkeit und Klanglichkeit. In den *Opella nova* sind die Eigenarten des Viadanaschen Concerto in die Vertonungen deutscher Kirchenlieder eingegangen. Das Streben nach Textausdeutung führte mitunter zur Veränderung oder zur Aufgabe der Choralweise. Die freien Vertonungen von Prosatexten im 2. Teil dieser Sammlung und die 5st. geistlichen Madrigale des *Israels Brünnleins* von 1623 zeigen die frühbarocke Expressivität auf einem in Deutschland kaum überbotenen Höhepunkt. In den großen Konzerten der *Opella nova* I und in einzelnen nur hsl. verbreiteten Werken mit Sinfonien, Ritornellen und Sologesang folgte S. den Spuren von M. Praetorius.

Ausg.: GA, hrsg. v. A. PRÜFER u.a., 8 Bde. (L 1901–23); Neue Ausg. sämtlicher Werke, hrsg. v. A. ADRIO, bisher 7 Bde. (Kas 1963 ff.). – 15 Chorlieder, in: Das Chorbuch 4–6, hrsg. v. F. JÖDE (Wb – B 1927–31); Der 116. Psalm, hrsg. v. A. ADRIO, in: Chw 36 (1935); Geistliche Konzerte. *Opella nova* I (1618), hrsg. v. P. HORN (St 1964) (= Das Chorwerk alter Meister 12); mehrere Einzelausg., hrsg. v. DEMS. (St o.J.) (= Das geistl. Konzert, verschiedene Nrn.).

Lit.: A. PRÜFER, J. H. S. (L 1895) (mit Werkverz.); DERS., J. H. S. u. das weltliche dt. Lied (L 1908) (= BIMG II/7), Nachdr. (Niederwalluf 1973); H. RAUHE, Dichtung u. Musik im weltlichen Vokalwerk J. H. S.s (Diss. H 1959); W. GURLITT, Ein Autorenprivileg für J. H. S. v. 1628, in: FS K. G. Fellerer (Rb 1962); W. RECKZIEGEL, Das Cantional v. J. H. S. (B 1963) (= Berliner Stud. z. Musikwiss. 5); A. ADRIO, Die Drucker u. Verleger der musikal. Werke J. H. S.s, in: Musik u. Verlag. FS K. Vötterle (Kas 1968); E.-O. GÖRING, „S., ein hoher Mann, S., ein hoher Nam'", in: Credo musicale. FS R. Mauersberger (Kas 1969); S. SØRENSEN, J. H. S.s „Opella nova", in: Renaissance muziek, 1400–1600. FS R. B. Lenaerts (Löwen 1969); R. CASPARI, Liedtradition im Stilwandel um 1600 (Mn 1971) (= Schriften z. Musik 13); H. GLAHN, J. H. S.s Kantional „in die Tabulatur transponiert v. J. Vockerodt, Mühlhausen 1649", in: FS J. P. Larsen (Kop 1972). – ↗Geistliches Konzert; ↗Choralbearbeitung. W. BRAUN

SCHEIT, Karl, * 21. 4. 1909 Schönbrunn (Schlesien); östr. Gitarrist. Er studierte Violine am Konservatorium in Linz und bis 1929 Gitarre an der Akademie für Musik und Darstellende Kunst in Wien, unternahm dann Konzertreisen durch Europa, zuletzt bis in den Nahen und Fernen Osten. 1932–38 war er Lehrer für Gitarre an der Bundeserziehungsanstalt in Wien, danach bis 1958 am Konservatorium der Stadt Wien und seit 1933 auch an der Wiener Musikakademie, wo er noch heute tätig ist. S. gab ältere Gitarrenmusik sowie klassische und zeitgenössische Kompositionen für Sologitarre und Ensembles mit Gitarre heraus. Mit Erwin Schaller veröffentlichte er ein *Lehrwerk für Gitarre* (5 H.e, Karlsbad 1936; in 3 H.en, W 1939, engl. Lo 1951).

SCHEITHOLZ, Scheitholt, eine Kastenzither mit 1–2 Melodie- und mehreren Bordunsaiten. Die Melodiesaiten, die entweder über ein aufgeleimtes Griffbrett mit Bünden oder über direkt in die Decke eingelassene Bünde gezogen sind, werden mit den Fingern, häufiger aber mit einem Stäbchen niedergedrückt. Dies beschreibt bereits M. Praetorius, der auch erwähnt, daß die Saiten mit dem Daumen angezupft werden (*Syntagma musicum* II, 1619). Häufig benutzte man dazu jedoch auch ein Plektrum. Das S. war in Deutschland nur bis ins 19. Jh. hinein bekannt, hielt sich in anderen Ländern jedoch bis heute. – ↗Dulcimer, ↗Épinette des Vosges, ↗Hummel, ↗Zither.

SCHELLE, Johann, getauft 6. 9. 1648 Geising (Erzgebirge), † 10. 3. 1701 Leipzig; dt. Komponist. S. war 1655–57 unter H. Schütz Sopranist der kurfürstlichen Kapelle in Dresden und 1657–64 Sänger der Herzoglichen Kapelle in Wolfenbüttel. 1670 wurde er Kantor an der Stadtschule in Eilenburg auf Empfehlung von S. Knüpfer, dem er 1677 als Thomaskantor in Leipzig nachfolgte. In diesem Amt war er der Vorgänger von J. Kuhnau. Von S.s fast ausschließlich geistlichen Werken verdienen die Evangelienkantaten besondere Erwähnung. In der Verbindung von motettischen, konzertierenden und rezitativischen Abschnitten und in der Einfügung von solistischen und chorischen Lied- und Choralversen verkörpern sie den Typus der „gemischten" ↗Kantate.

WW: 31 Lieder für SingSt u. B.c. (zus. mit J. C. Pezel), in: J. Feller, Devotus studiosus oder Der Andächtige Student (L 1682). – Hsl. erhalten: 2 lat. u. 45 dt. geistliche Gesänge meist für 5 St., 5 Instr. u. B.c., auch mit Ripienochor, 5 Solokantaten unter der Autorenbezeichnung J. Schell.

Ausg.: 4 Kantaten, in: S. Knüpfer, J. S., J. Kuhnau. Ausgew. Kirchenkantaten, hrsg. v. A. SCHERING (1918) (= DDT 58/59); *Christus ist des Gesetzes Ende* für 8 St., hrsg. v. K. STRAUBE (L 1929) (= Ausgew. Gesänge des Thomanerchores II/23); *Actus musicus auf Weyh-Nachten / Vom Himmel hoch* für Sopran, Tenor, Chor, Str., Bläser u. B.c., hrsg. v. F. WANEK (Mz 1970); 6 Kantaten für Baß, 2 V. u. B.c., hrsg. v. A. DÜRR (Kas 1971).

Lit.: F. GRAUPNER, Das Werk des Thomaskantors J. S. (Wb 1929); B. BASELT, Der „Actus Musicus auf Weyh-Nachten" des Leipziger Thomaskantors J. S., in: Wiss. Zschr. der M.-Luther-Univ. Halle-Wittenberg, Ges.- u. sprachwiss. Reihe 14 (1965); M. S. MORRIS, Four Choral Cantatas by J. S. (1971) (= Diss. Univ. of Tennessee); R. A. MURRAY, The German Church Music of J. S. (1971) (= Diss. Univ. of Michigan).

SCHELLEN (engl.: jingles, bells; frz.: grelots; it.: sonagli; span.: cascabeles), im Unterschied zur gegossenen ↗Glocke aus Metallblech gehämmerte Idiophone. Tier-S. haben in der Regel einen Klöppel und meistens eine bestimmte Tonhöhe, während Roll-S. mit unbestimmter Tonhöhe Gefäßrasseln sind, die aus kleinen, meist geschlitzten hohlen Blechkugeln bestehen. Ein loses Steinchen oder Metallkügelchen in den S. erzeugt schon bei geringer Bewegung ein metallisches Klingeln. S. sind sehr alt; sie hatten in vielen Kulturen magische Bedeutung. Außer als Tier-S. (Kuh, Ziege) sind vor allem Roll-S. noch heute in verschiedener Verwendung bekannt: als Besatz am Pferdegeschirr oder am Narrenkostüm, als am Körper befestigtes, im Orchester in der Hand gehaltenes S.-Band oder als Bestandteil der ↗Schellentrommel und des ↗Schellenbaums.

Lit.: E. EMSHEIMER, Schwedische Schellenmagie, in: Studia instrumentorum musicae popularis 5 (Sto 1977); B. GEISER, S. u. Glocken in Tierhaltung, Volksbrauch und Volksmusik der Schweiz, in: ebd. M. BRÖCKER

SCHELLENBAUM, Halbmond (engl.: Turkish crescent, Chinese pavilion, Jingling Johnny; frz.: chapeau oder pavillon chinois; it.: cappello oder padiglione cinese, mezzaluna; span.: chinesco, cimbalero), Bz. für ein Militärmusikinstrument, das aus einer senkrecht gehaltenen Stange besteht, an der sich waagerecht ein oder mehrere, meist halbmondförmige, an ihren äußeren Enden mit mindestens 2 Roßschweifen versehene Teile sowie ein einem chinesischen Hut ähnliches Gebilde befinden. Alle Teile sind mit zahlreichen Schellen und Glöckchen behängt. Die Spitze bildet ebenfalls ein Halbmond oder bei europäischen Instrumenten oft ein Wappentier. Der einer Militärkapelle vorangetragene S. wird durch Schütteln zum Klingen gebracht. Er ist türkischen Ursprungs und war – an den Roßschweifen erkennbar – Standarte und Instrument der ↗Janitscharenmusik. Im 16. Jh. wurde der S. durch die Türkenkriege in Europa bekannt und gehört seit dem 18. Jh., in England und Frankreich bis ins 19. Jh., in Deutschland bis zur Gegenwart zur Militärmusik. M. BRÖCKER

SCHELLENBERG, Arno Eugen, * 16. 11. 1903

Berlin, † 20. 3. 1983 Dresden; dt. Sänger (Bariton). Er studierte an der Musikhochschule Berlin und debütierte 1929 in Düsseldorf. 1930/31 sang er am Kölner Opernhaus und war dann 1932–67 Mitglied der Dresdener Staatsoper. 1933 und 1944 leitete er Gesangskurse am Salzburger Mozarteum und lehrte seit 1950 als Professor an der Musikhochschule in (Ost-)Berlin. S. gastierte an den bedeutenden europäischen Musikzentren und bei den Salzburger Festspielen. Er machte sich besonders als Mozart-Sänger einen Namen.

SCHELLENTROMMEL, Tamburin (engl.: tambourine; frz.: tambour de basque, bedon; it.: tamburello; span.: tamboril, pandero), ein Schlaginstrument, das aus einem runden, 6–10 cm hohen Holz-, seltener Metallreifen besteht. Der Rahmen hat einen Durchmesser von 20–30 cm und ist auf einer Seite mit einer Membran bespannt. Seltener sind S.n mit 2 Fellen und viereckigem Rahmen (↗Duff, ↗Pandero). Die S. ist mit einzeln oder paarweise angeordneten kleinen Metallplättchen oder Schellen besetzt, die entweder an der Innen- oder Außenseite des Rahmens befestigt, oder in Schlitzen im Rahmen eingesetzt sind. Die S. wird durch Schlagen mit den Fingern oder mit der ganzen Hand auf das Fell oder auf den Rand, durch Reiben der Membran oder durch Schütteln gespielt. Die S. war bereits im Alten Orient bekannt und ist noch heute weit verbreitet (↗Daira). Im Orchester wird sie vor allem dann eingesetzt, wenn z.B. der spanische, zigeunerische oder exotische Charakter der Musik betont werden soll, wie bei C. M. von Weber *(Preziosa)*, H. Berlioz *(Ouverture du Carnaval romain)*, G. Bizet *(Carmen)*, N. Rimski-Korsakow *(Capriccio espagnol, Scheherazade)*, P. Tschaikowsky *(Nußknacker-Suite)*, M. Ravel *(Rapsodie espagnole)*, Cl. Debussy *(Ibéria)*, I. Strawinsky *(Petruschka)*. M. BRÖCKER

SCHEMELLI, Georg Christian, * um 1680 Herzberg, † 5. 3. 1762 Zeitz; dt. Kantor. S. war Schüler der Thomasschule in Leipzig und wirkte später als Schloßkantor in Zeitz. Er ist der Autor des *Musicalischen Gesangbuchs* (L 1736), zu dessen 69 Melodien J. S. Bach den Generalbaß schrieb (BWV 439–507). Von Bach stammen nachweislich auch die 3 Melodien zu *Dir, dir, Jehova will ich singen, Komm, süßer Tod* und *Vergiß mein nicht,* während die Zuschreibung des bekannten *Ich steh an deiner Krippen hier* u. a. Lieder an ihn fraglich ist.

Ausg.: Lieder aus S.s Gesangbuch, hrsg. v. F. WÜLLNER (L 1892) (= Bach, GA 39); J. S. Bach, Gesänge z. S.s „Musikal. Gesangbuch“, hrsg. v. M. SEIFFERT (B 1925, Kas [2]1935).

Lit.: A. SCHERING, Bach u. das S.sche Gesangbuch, in: Bach-Jb. 21 (1924); F. HAMEL, Die Kompositionen J. S. Bachs im S.schen Gesangbuch, in: ZfMw 12 (1929/30).

SCHENCK (Schenk), **Johannes** (Johann, Joan, Jan), getauft 3. 6. 1660 Amsterdam, † nach 1712; ndl. Gambist und Komponist. Nur wenige Einzelheiten aus seinem Leben sind bekannt. Vermutlich lebte er zunächst in Amsterdam. 1796 wurde er Kammermusiker am Düsseldorfer Hof des Kurfürsten Johann Wilhelm von der Pfalz (Jan Wellem) und erhielt dort weitere wichtige Ämter. S. ist ein Meister der virtuosen Gambenmusik (↗Viola da gamba), vor allem in der englischen Tradition.

WW (alle in Amsterdam gedruckt): **1) Instr.-WW:** *Uitgevondene tyd en kunst-oeffeningen,* Sonaten für Gambe u. B.c. (1688); *Scherzi musicali* für Gambe u. B.c. ad lib. (1692); Sonate für V. u. Violone od. Cemb. (1693); *Le nymphe di Rheno* für 2 Gamben (um 1700); *L'écho du Danube* für Gambe, teilw. mit B.c. (vor 1706). – **2) Vokal-WW:** *Eenige gezangen uit de opera van Bacchus en Venus* für SingSt u. B.c. (1687); *C. van Eekes koninklyke harpliederen* für 2 St., 2 Gamben u. B.c. (nach 1693); *Zangswyze uitbreiding over't Hooglied van Salomon* für SingSt u. B.c. (1697).

Ausg.: *Scherzi musicali,* hrsg. v. H. LEICHTENTRITT (A – L 1907); *Le nymphe di Rheno,* hrsg. v. K. H. PAULS (1956) (= EDM 44); Gambenkompositionen v. J. S. u. C. Höffler, hrsg. v. DEMS. (1973) (= EDM 67).

Lit.: K. H. PAULS, Der kurpfälzische Kammermusikus J. S., in: Mf 15 (1962); DERS., in: Mf 19 (1966).

SCHENK, Erich, * 5. 5. 1902 Salzburg, † 11. 10. 1974 Wien; östr. Musikforscher. S. studierte seit 1920 Musikgeschichte bei A. Sandberger in München und promovierte 1925 mit einer Dissertation über G. A. Paganelli. Später hörte er noch bei G. Adler und R. Lach in Wien und bei A. Schering und J. Wolf in Berlin. 1925–26 war er Bibliothekar und Lehrer am Mozarteum in Salzburg, habilitierte sich 1929 in Rostock und gründete dort 1936 das Musikwissenschaftliche Institut der Universität. 1938 erhielt er als Nachfolger von R. Lach einen Ruf an die Universität Wien, wo er bis zu seiner Emeritierung 1971 lehrte. S. war seit 1964 Präsident der Gesellschaft zur Herausgabe der DTÖ und seit 1973 Präsident der Österreichischen Gesellschaft für Musikwissenschaft. Zu seinem 60. und 70. Geburtstag wurden ihm Festschriften gewidmet: StMw 25 (1962) (mit Verz. der Veröff.) sowie *De ratione in musica* (Kas 1975).

WW: **1) Schriften:** *Barock bei Beethoven,* in: FS L. Schiedermair (B – Bonn 1927); *J. Theiles „harmonischer Baum“,* in: FS M. Seiffert (Kas 1938); *Johann Strauß* (Pd 1941); *950 Jahre Musik in Österreich* (W 1946); *Kleine Wiener Musikgesch.* (W 1947); *Die it. Triosonate* (Kö 1955) (= Das Musikwerk 7); *W. A. Mozart* (W – Z 1955); *Der Aufenthalt R. Schumanns in Wien 1838–39,* in: R. Schumann, hrsg. v. H. J. Moser – E. Rebling (L 1956); *Ausgewählte Aufsätze, Reden u. Vorträge* (W 1967) (= Wiener musikwiss. Beitr. 7); *Corelli u. Telemann,* in: Chigiana 4 (1967); *Berlioz in Wien,* in: ÖMZ 24 (1969); *Dt. Suitengut in hausmusikal. Überlieferung,* in: FS W. Vetter (L 1969); *Die emphatische None,* in:

FS B. Szabolcsi (1969) (= Studia musicologica 11); *Die außerit. Triosonate* (Kö 1970) (= Das Musikwerk 35); *Ein „Singfundament" v. H. I. F. Biber*, in: FS H. Husmann (Mn 1970); *Über Tonsymbolik in Beethovens „Fidelio"*, in: Beethoven-Studien (W 1970); *Zur Beethovenforsch. der letzten 10 Jahre*, in: AMl 42 (1970). – **2) Editionen:** Werke von J. J. Fux, G. Muffat, H. I. von Biber, L. Tomasini u. a. in den Bden. 85, 89, 96, 97, 106/107 u. 124 der DTÖ. – Ferner zahlr. Einzelausg., u. a. in *Diletto musicale*.

Lit.: F. GRASBERGER, E. S. Nachruf, in: Almanach der Östr. Akad. der Wiss. 125 (1975); O. WESSELY, E. S. 1902–74, in: Mf 28 (1975); N. TSCHULIK, E. S. als Musikkritiker, in: ÖMZ 32 (1977).

SCHENK, Johann Baptist, * 30. 11. 1753 Wiener Neustadt, † 29. 12. 1836 Wien; östr. Komponist. Nach erstem Unterricht bei A. Tomaselli, Domsänger in Wiener Neustadt, und bei A. Stoll, Regens chori in Baden bei Wien, wurde S. 1774 Schüler von G. Chr. Wagenseil in Wien. Nach dessen Tod 1777 war er als Musiklehrer und freischaffender Komponist tätig und errang mit seinen von der italienischen Opera buffa beeinflußten Singspielen größere Popularität. 1793–94 war er Kontrapunktlehrer L. van Beethovens, hielt sich aber zurück, um den gleichzeitigen und offenbar oberflächlichen Unterricht J. Haydns nicht bloßzustellen.

WW (vorwiegend hsl. erhalten): **1) Instr.-WW:** Kammermusik, darunter ein Quartett F-Dur für Fl., 2 Englischhörner u. Fag.; 10 Symphonien; Konzerte u. Konzertstücke für versch. Soloinstr. u. Orch., darunter 3 Harfenkonzerte (1784–88). – **2) Vokal-WW:** Lieder, auch mit Instr.; *13 Kanons nebst Coda* (1812) für 3 St.; geistliche Vokalwerke, darunter eine Messe D-Dur u. ein Stabat mater Es-Dur; weltliche Kantaten. – **3) Bühnen-WW:** Zahlr. Singspiele, darunter *Der Dorfbarbier* (Libr.: P. u. J. Weidmann), UA: Wien 1798. – **4) Schriften:** *Grundsätze des Generalbasses in Beispielen* (1816); *Autobiographische Skizze* (1830).

Ausg.: *Autobiographische Skizze*, in: StMw 11 (1924); *Der Dorfbarbier*, hrsg. v. R. HAAS, in: DTÖ 34/66 (1927, Nachdr. 1960); Quartett F-Dur, hrsg. v. H. STEINBECK (W 1968).

Lit.: H. FEDERHOFER, S., in: MGG XI; P. BRANSCOMBE, S., in: Grove[6] XVI.

SCHENK, Otto, * 12. 6. 1930 Wien; östr. Regisseur. Er studierte in Wien am Reinhardt-Seminar und bis zur 1. Staatsprüfung Jura an der Universität, begann als Schauspieler am Volkstheater und am Theater in der Josefstadt und machte 1953 mit Schauspielinszenierungen an Wiener Kellertheatern erstmals als Regisseur auf sich aufmerksam. Mit Einstudierungen an der Volksoper und Staatsoper Wien wandte sich S. auch der Opernregie zu und inszenierte bei den Wiener Festwochen (A. Berg, *Lulu*, 1962), bei den Salzburger Festspielen (W. A. Mozart, *Die Zauberflöte*, 1963), an der Metropolitan Opera in New York (L. van Beethoven, *Fidelio*, 1970), an der Mailänder Scala (W. A. Mozart, *Le nozze di Figaro*, 1974), am Covent Garden in London (G. Verdi, *Un ballo di maschera*, 1975) sowie an den führenden deutschen Opernbühnen: München (R. Strauss, *Der Rosenkavalier*, 1975), Berlin, Stuttgart und Frankfurt am Main. Außerdem arbeitet S. für Film und Fernsehen.

SCHENKER, Heinrich, * 19. 6. 1868 (nicht 1867) Wiśniowczyk (nicht Podhayce) (Galizien, jetzt UdSSR), † 13. 1. 1935 Wien; östr. Musiktheoretiker. Er studierte am Wiener Konservatorium, wo er Schüler A. Bruckners war, und an der dortigen Universität, die er 1890 als Dr. jur. verließ. Zunächst trat er als Komponist, Musikschriftsteller und Liedbegleiter, u. a. J. Messchaerts, hervor, widmete sich aber seit etwa 1905 ganz dem Studium der Meisterwerke von J. S. Bach bis J. Brahms. Ohne feste Stellung unterrichtete er privat bis zu seinem Lebensende Musiktheorie und Klavier in Wien.

Schriften: *Ein Beitrag zur Ornamentik als Einführung zu Ph. E. Bachs Klavierwerken* (W o. J., [2]1908, Nachdr. 1954), engl. Übers. in: Music Forum 4 (1976); *Neue musikalische Theorien und Phantasien*, I: *Harmonielehre* (St 1906, Nachdr. W 1978, engl. 1954, Nachdr. 1973); II/1–2: *Kontrapunkt* (St – B 1910, W – L 1922); III: *Der freie Satz* (W 1935, revidiert [2]1956, engl. 1979); *Beethovens Neunte Sinfonie* (W 1912, Nachdr. 1969); *Der Tonwille* 1–3 (W 1921–24), daraus Nachdr.: *Beethoven. V. Sinfonie* (1969); *Das Meisterwerk in der Musik* 1–3 (Mn 1925–30, Nachdr. Hil 1974); *Fünf Urlinie-Tafeln* (W 1932, [2]1969). – S. war ferner Hrsg. v.: *C. Ph. E. Bach, Klavierwerke* (W 1902); *J. S. Bach, Chromatische Phantasie u. Fuge* (W 1910); *L. van Beethoven, Die letzten Sonaten, mit Einführung u. Erläuterung* (W 1913–21, revidiert 1971–72) u. *Sämtliche Klaviersonaten* (W 1934, Nachdr. 1975); *J. Brahms, Oktaven und Quinten*, Faks.-Ausg. (W 1933).

Ausgehend von einer Kritik an der Musiktheorie, Herausgeberpraxis und zeitgenössischen Musik, entwickelte S. einen neuen Tonalitätsbegriff, der Harmonik und Stimmführung verknüpft. Ein neugefaßter Stufenbegriff und die Übertragung von Prinzipien des strengen Satzes auf den freien Satz führten zur Konzeption einer Schichtenlehre, die das Kunstwerk aus Vorder-, Mittel- und Hintergrund bestehend erklärt. Der motivisch-thematische Verlauf des Vordergrundes wird als „Auskomponierung" von Stufen höherer Ordnung (Schichten) mittels Stimmführungsklängen sowie als „Prolongation" satztechnisch einfacherer kontrapunktischer Gebilde gedeutet und über den Mittelgrund auf den Hintergrund zurückgeführt. Dieser wurzelt im „Ursatz" als Horizontalisierung des Tonikadreiklanges mittels eines fallenden Terz-, Quint- oder Oktavzuges der Oberstimme, auch „Urlinie" genannt, und der Baßbrechung I–V–I, die jene kontrapunktiert. S. verstand seine Lehre, die u. a. W. Furtwängler und P. Hindemith beeinflußte, nicht als spekulative Musiktheorie, sondern als praktische Anleitung zu einem besseren Hörverständnis. Sie findet in seinem bedeutendsten Werk, *Der freie Satz*, systematische Darstellung.

Lit.: O. JONAS, Das Wesen des musikal. Kunstwerks. Eine Einführung in die Lehre H. S.s (W 1934, revidiert ²1972); F. SALZER, Structural Hearing (NY 1952, revidiert ²1962, dt. 1957); A. FORTE, S.'s Conception of Musical Structure, in: JMTh 3 (1959); S. SLATIN, The Theories of H. S. in Perspective (1967) (= Diss. Columbia Univ.); L. LASKOWSKI, H. S. An Annotated Index to Analyses of Musical Works (NY 1978); D. BEACH, A S. Bibliography, in: JMTh 13 (1969) u. 23 (1979); K.-O. PLUM, Unters. zu H. S.s Stimmführungsanalyse (Rb 1979) (= Kölner Beitr. z. Musikforsch. 102); H. FEDERHOFER, Akkord u. Stimmführung in den musiktheoretischen Systemen v. H. Riemann, E. Kurth u. H. S. (W 1981); D. BEACH, The Current State of Schenkerian Research, in: AMl 57 (1985); H. FEDERHOFER, H. S. (Hil 1985).

H. FEDERHOFER

SCHERBAUM, Adolf, * 23. 8. 1909 Eger; dt. Trompeter. Er studierte 1923–29 am Konservatorium in Prag und später noch bei Dengler in Wien. 1929 wurde er Solotrompeter am Landestheater in Brünn, 1939 Mitglied der Deutschen Philharmonie in Prag, 1941 1. Solotrompeter des Berliner Philharmonischen Orchesters und 1945 des Rundfunkorchesters in Preßburg (Bratislava), wo er auch am Konservatorium lehrte. Aus politischen Gründen übersiedelte er 1951 nach Hamburg und war dort bis 1966 1. Solotrompeter beim Rundfunk-Orchester des NDR. 1961 gründete er ein Barock-Ensemble. 1966 wurde er Professor an der Staatlichen Hochschule für Musik in Saarbrücken. S.s Solistenkarriere begann mit der Neukonstruktion der sogenannten Bach-Trompete (Clarino). In der Zeit unmittelbar nach dem 2. Weltkrieg galt er als der führende deutsche Trompeter, der u. a. mit seinem Spiel des Soloparts in J. S. Bachs 2. Brandenburgischen Konzert neue Maßstäbe setzte.

SCHERCHEN, Hermann, * 21. 6. 1891 Berlin, † 12. 6. 1966 Florenz; dt. Dirigent und Komponist. Er war weitgehend Autodidakt und spielte 1907–10 als Bratschist im Blüthner-Orchester und im Berliner Philharmonischen Orchester. 1911 trat er mit der Uraufführung von A. Schönbergs *Pierrot lunaire* erstmals als Dirigent auf. 1914 übernahm er das Symphonie-Orchester in Riga, wurde aber nach Kriegsausbruch interniert. Nach Berlin zurückgekehrt, gründete er 1919 die Neue Musikgesellschaft, die Zeitschrift *Melos* und das S.-Quartett. 1920 wurde er Lektor an der Berliner Musikhochschule, 1921 Dirigent des Leipziger Konzertvereins, war 1922–23 Leiter der Frankfurter Museumskonzerte, mit Unterbrechungen 1922–47 Dirigent der Abonnementskonzerte in Winterthur (Schweiz) sowie 1928–33 GMD und 1928–31 Chefdirigent des Ostfunks in Königsberg. Nach 1933 lebte S. im Ausland. Neben seiner Tätigkeit als Gastdirigent gab er 1933–36 in Brüssel die Zeitschrift *Musica viva* heraus, war 1944–50 musikalischer Oberleiter von Radio Beromünster, eröffnete 1954 in Gravesano ein elektro-akustisches Studio und leitete 1959–60 die Nordwestdeutsche Philharmonie in Herford. 1954–62 war er Herausgeber der *Gravesaner Blätter*, in denen er sich mit Grenzgebieten von Musik und Technik auseinandersetzte. S. war eine herausragende Persönlichkeit als Dirigent Neuer Musik. Allen Stilen und Techniken aufgeschlossen, trat er auch für gewagte Experimente ein. Als vorbildlich galten seine Interpretationen von Werken der 2. Wiener Schule sowie von L. Dallapiccola, P. Hindemith, S. Prokofjew und I. Strawinsky.

WW: **1) Kompositionen:** Streichquartett E-Dur, op. 1 (1920); Klv.-Trio a-moll; Klv.-Sonate, op. 5; Heine-Lieder, op. 2; *Le Tsigane dans la lune* für Alt u. V. – **2) Schriften:** *Lehrbuch des Dirigierens* (L 1929, Mz ²1956); *Das moderne Musikempfinden, I: Vom Wesen der Musik* (Z 1946); *Musik für jedermann* (Winterthur 1950, Rb 1955).

Lit.: A. MOLES, Das elektroakustische Inst. H. S. in Gravesano, in: Gravesaner Blätter 2 (1956); H. GOLDSCHMIDT, H. S. Gedanken u. Aufzeichnungen, in: MuGes 16 (1966); H. CURJEL, Gedenkreden auf H. S. (Z 1967); ... alles hörbar machen. Briefe eines Dirigenten 1920–1939, hrsg. v. E. KLEM (B 1976); E. DOWNES, H. S., ein Porträt, in: Melos/NZ 4 (1978).

SCHERER, Sebastian Anton, * 3. 10. 1631 Ulm, † 26. 8. 1712 ebd.; dt. Komponist und Organist. S. wurde 1653 Vice-Organist am Münster in Ulm, 1668 dort Director musices am Collegium musicum und Lehrer der Kapellknaben und übernahm 1671 als Nachfolger seines Schwiegervaters Tobias Eberlin, dessen Schüler er auch gewesen war, das Amt des Münsterorganisten.

WW: *Musica sacra* für 3–5 St., Instrumente u. B.c. (Ulm 1657) (enthält Messen, Psalmen u. Motetten); *Operum musicorum secundum* (Ulm 1664) (*Intonationes* u. *Toccatae* für Cemb. oder Org.); *Traur- und Klaggesang* für 5 St. u. B.c. (Ulm 1664); Sonaten für 2 V., Va. da gamba u. B.c. (Ulm 1680).

Ausg.: Œuvres d'orgue (1907) (= GUILMANT-PIRRO 8).

Lit.: K. BLESSINGER, Stud. z. Ulmer Musikgesch. im 17. Jh., insbesonders über Leben u. Werk S. A. S.s (Ulm 1913).

SCHERING, Arnold, * 2. 4. 1877 Breslau, † 7. 3. 1941 Berlin; dt. Musikforscher. Er wurde 1896 Violinschüler von J. Joachim und studierte seit 1898 Musikwissenschaft an den Universitäten Berlin (O. Fleischer, C. Stumpf), München (A. Sandberger) und Leipzig (H. Kretzschmar), wo er 1902 promovierte. Er war dann als Musikkritiker und Herausgeber der *Neuen Zeitschrift für Musik* (1903–05) tätig und habilitierte sich 1907 in Leipzig. Seit 1915 Professor, ging er 1920 als Ordinarius an die Universität Halle, 1928 an die Universität Berlin, beide Male als Nachfolger von H. Abert. Zu seinem 60. Geburtstag wurde er durch eine Festschrift geehrt (hrsg. v. H. Osthoff, B 1937, mit Schriftenverz., Nachdr. Hil 1973). S. hat in seinen Arbeiten über J. S. Bach, über das Oratorium und über die musikalische Aufführungspraxis sowie in seinen Editionen Grundlegendes und bis heute Gültiges geleistet. Umstritten geblieben sind lediglich seine brillant formulierten Deutungen Beethovenscher Instrumentalwerke als verborgener Ausdruck von Texten Fr. Schillers und W. Shakespeares (↗Hermeneutik).

Schriften: *Geschichte des Instrumentalkonzerts bis auf die Gegenwart* (L 1905, Nachdr. Hil – Wie 1972); *Geschichte des Oratoriums* (L 1911, Nachdr. Hil – Wie 1966); *Musikalische Bildung u. Erziehung zum musikalischen Hören* (L 1911, [4]1924); *Die niederländische Orgelmesse im Zeitalter des Josquin* (L 1912, Nachdr. Buren 1971); *Studien zur Musikgeschichte der Frührenaissance* (L 1914); *Tabellen zur Musikgeschichte* (L 1914), Nachdr., erweitert u. hrsg. v. H. J. Moser (Wie 1962); *Musikgeschichte Leipzigs II: 1650–1723* (L 1926); *Aufführungspraxis alter Musik* (L 1931, Nachdr. Wie 1969 u. Wilhelmshaven 1975); *Geschichte der Musik in Beispielen* (L 1931, Nachdr. 1972); *Beethoven in neuer Deutung* (L 1934); *Beethoven u. die Dichtung* (B 1936, Nachdr. Hil 1973); *J. S. Bachs Leipziger Kirchenmusik* (L 1936, Nachdr. Wie 1968); *Zur Erkenntnis Beethovens* (Wü 1938); *Das Symbol in der Musik*, hrsg. v. W. Gurlitt (L 1941); *Musikgeschichte Leipzigs III: J. S. Bach u. das Musikleben Leipzigs im 18. Jh. 1723–1800* (L 1941); *Über Kantaten J. S. Bachs*, hrsg. v. F. Blume (L 1942, [2]1950); *Vom musikalischen Kunstwerk*, hrsg. v. dems. (L 1949, [2]1951) (Schriften 1937–41); *Humor, Heldentum, Tragik bei Beethoven*, hrsg. v. H. Osthoff (Str 1955); *Vom Wesen der Musik*, hrsg. v. K. M. Komma (St 1974) (Ausgewählte Aufsätze). S. war 1904–39 Hrsg. des Bach-Jb. – Editionen: WW von H. Schütz (Weihnachtshistorie, als Ganzes v. S. entdeckt, L 1909 als Bd. 17 der GA), J. A. Hasse, S. Knüpfer, J. Schelle, J. Kuhnau, J. Pezel (in DDT 20, 58/59 u. 63); *Instrumentalkonzerte dt. Meister* (1907) (= ebd. 29/30); zahlr. Einzelausg. u.a. von WW J. S. Bachs, G. Ph. Telemanns.

Lit.: W. GURLITT, Nachwort, in: A. Schering, Das Symbol ... (1941) (s. o. Schriften), wiederabgedruckt in: DERS., Musikgesch. u. Gegenwart (Wie 1966) (= Beihefte z. AfMw 2); H. OSTHOFF, in: AfMf 6 (1941); DERS., S., in: MGG XI; A. FORCHERT, S.s Beethovendeutung u. ihre methodischen Voraussetzungen, in: Beitr. z. musikal. Hermeneutik (Rb 1975).

SCHERZ. Über die Frage, ob das Medium Musik zum Ausdruck des Scherzhaften, Witzigen seinem Wesen nach überhaupt tauglich sei, waren erst die Theoretiker des 19. Jh. geteilter Meinung. So vertritt z. B. A. Schopenhauer die Auffassung, der Musik sei ihrem Wesen nach „alles Lächerliche eigentlich fremd“. Demgegenüber hat E. Bücken Überraschungskomik (mit Beispielen von C. Ph. E. Bach und J. Haydn) und Überraschungshumor (bei W. A. Mozart und L. van Beethoven) unterschieden. Gemeint sind allerdings stets solche scherzhaften Wirkungen, die nicht außermusikalischen Ursprungs sind, wie etwa theatralische Effekte (z. B. das sukzessive Abtreten des um Urlaub bittenden Orchesters in Haydns sog. „Abschieds“-Symphonie oder der Auftritt berittener und schießender Gendarmen in G. Muffats Suite *Indissolubilis amicitia*), komische Anspielungen mit Hilfe von Tonbuchstaben nach Art des Soggetto cavato (z. B. M. Regers Violinsonate op. 72 mit der Thematik ES-C-H-A-F-E, A-F-F-E im Kopfsatz), die Vertonung von auf Komik oder Gelächter bezogenen Worten oder Texten (z. B. in humoristischen Kantaten oder komischen Bühnenwerken), der zur Bewirkung musikalischer Komik angewandte Einsatz von Zitaten (z. B. in *Jeux de cartes* von I. Strawinsky, wo Rossini mit humoristischem Effekt zitiert wird), Notationsscherze (z. B. in D. Schnebels *Glossolalie*, deren Kuhglockenpartie in Choralnotation gehalten ist), tonmalerische Wirkungen mit Bezug auf literarisch komische Vorlagen (z. B. G. Ph. Telemanns *Don Quichotte*-Suite oder *Till Eulenspiegels lustige Streiche* von R. Strauss) sowie die scherzhaft verzerrende oder witzig verfremdende Karikatur bekannter Musikwerke oder Stile (↗Parodie). Demgegenüber existieren zahlreiche Beispiele musikalischer Komik, die zumeist auf der geistvollen Enttäuschung der Hörerwartung durch dynamisch, rhythmisch, melodisch, instrumental, der formalen Gliederung nach oder stilistisch Inadäquates bewirkt werden. Daß das Repertoire solcher Musikwerke bei weitem die schon in Titel oder Satzbezeichnung als scherzhaft (z. B. durch „Plaisanterie“, „Lustige Suite“, „Scherzo“, „Humoreske“, „Musikalischer Spaß“ u.a.) gekennzeichneten Stücke übersteigt, zeigt schon ein Blick auf komische Wirkungen etwa in den Werken von J. Haydn, wo sich neben drastischen Späßen (z. B. in der Symphonie „mit dem Paukenschlag“) auch sehr sublime Formen rein musikalischen Humors finden (z. B. in den Streichquartetten op. 33, denen man daher auch den Beinamen „Gli scherzi“ gegeben hat). R. CADENBACH

SCHERZANDO (it., = scherzend), Anweisung für einen dem Wortsinn entsprechenden Vortrag bzw. als Zusatz zu einer Satzbezeichnung, z. B. *Allegretto scherzando* im 2. Satz von L. van Beethovens 8. Symphonie.

SCHERZO (it., = Scherz, Spaß). – **1)** In der italienischen Musik des 17. Jh. ursprünglich Bz. für die Vertonung von Scherzgedichten (scherzi) zum Singen und Spielen in lockerer und eingängiger Setzweise. Cl. Monteverdis *Scherzi musicali* (1607) sind zwar nicht die frühesten Stücke dieser Art, doch wurden sie richtungweisend für die Gattung (u.a. bei A. Cifra, 1613; A. Brunelli, 1614; B. Marini, 1622). Daneben bildete sich schon früh ein rein instrumentaler Seitenzweig aus (A. Troilo, 1608; G. A. Cangiasi, 1614), der vor allem in Deutschland weiterentwickelt wurde (J. M. Rubert, 1650; J. J. Walther, *Scherzi da Violino solo*, 1676; J. Schenck, *Scherzi musicali per la Viola da*

gamba, um 1698) und in dieser Tradition bis zu G. Ph. Telemanns *Scherzi melodici* (1734) reicht. Bezieht sich der Begriff zunächst mehr auf die lokkere satztechnische Schreibart der Kompositionen, so verlagert sich die Bedeutung später auf deren Affekt. Bei Einzelsätzen im 18. Jh. zeigt die Überschrift S. (ähnlich wie Burlesca oder Harlequinade) bzw. die Anweisung *scherzando* oder *scherzoso* einen „anmutig scherzenden, munteren Ausdruck" an und fordert eine entsprechende Vortragsweise. In diesem Sinne sind zahlreiche Kompositionen J. Haydns bezeichnet; dazu gehören auch die „Scherzi" aus dessen Streichquartettserie op. 33, die nach Form und Stil noch nicht als Vorläufer der Gattung des S.s gewertet werden können. – **2)** Seit Ende des 18. Jh. gilt das S. als ein Satztypus, der als lebhafter Binnensatz in zyklischen Formen an die Stelle des ↗Menuetts treten kann. Seine Einführung geht auf L. van Beethoven zurück (erster Beleg ist das etwa 1790 entstandene S. des Klaviertrios Es-Dur, WoO 38). Der neue Typus übernimmt vom klassischen Menuett den Dreiertakt, die zweiteilige, in der Substruktur periodische Anlage und die da capo-förmige Gesamtstruktur (mit Trio-Mittelteil), unterscheidet sich aber durch schnellere Bewegung (Zählzeit wird der ganze Takt), pointierte Rhythmik, kleingliedrige Motivik sowie insgesamt durch eine gewisse „Sprunghaftigkeit" in Melodik und Formverlauf. In manchen unkonventionellen Menuettsätzen J. Haydns und W. A. Mozarts sind einzelne dieser Stilmomente schon vorgebildet, in Beethovens S.-Sätzen erscheinen sie zusammengefaßt und in verschiedenen kompositionstechnischen Modellen ausgeprägt: als rhythmisch-metrisches Verwirrspiel (Streichquartett op. 18, 6), als kapriziöser Motivwirbel (Streichquartett op. 18, 2), als rasche Folge gegensätzlicher Gestalten (Klaviersonate op. 28) oder als rastloser motorischer Bewegungsablauf (3. Symphonie). Die Form des Hauptteils wird ausgeweitet, an die Stelle periodischer Reihung tritt freie Fortspinnung, imitierende Setzweise oder thematische Verarbeitung. Dagegen nimmt das Trio häufig die Regelmäßigkeit der Menuettstruktur als ruhigen Kontrast wieder auf.
Beethoven hat das Scherzando-Element vereinzelt auch auf den Typus des langsamen Satzes übertragen, entweder als mehrfachen Einschub in eine Adagio-Struktur (Serenade op. 8, 4. Satz) oder in Art einer Mischform, in der ein bedächtig schreitender Satz durch Stilelemente des S.s (Staccato-Artikulation, Tonrepetitionen, Melodiesprünge) aufgelockert wird (8. Symphonie *Allegretto scherzando*). Neben dem dominierenden S.-Typus griff Beethoven gelegentlich auch wieder auf das konventionelle „Grazioso"-Menuett als Innensatz zurück (Streichquartett op. 59, 3).
Im 19. Jahrhundert werden die schon bei Beethoven angedeuteten Tendenzen zur Ausweitung der Form des S. weiterentwickelt: bei Fr. Schubert zur Sonatenform, bei R. Schumann durch ein weiteres Trio zum Rondo und bei F. Mendelssohn Bartholdy zum durchkomponierten Formablauf. Der Ausdrucksbereich erstreckt sich nun vom „leggierissimo" dahinhuschenden *Elfenreigen* (Mendelssohn Bartholdy, H. Berlioz) bis zum beklemmenden *Totentanz* (G. Mahler). A. Bruckner gelangt in seinen symphonischen S.-Sätzen zu einer Verbindung von Scherzando- (im Hauptteil) und Tanz-Charakter (im ländlerartigen Trio). Vereinzelt begegnet das S. auch als selbständige Form (Fr. Chopin, J. Brahms). Durch neue Ausdrucksmittel bereichert, ist das S. als Satztypus, wenngleich gelegentlich unter anderer Bezeichnung, auch noch im 20. Jahrhundert lebendig (B. Bartók, I. Strawinsky, Dm. Schostakowitsch).

Lit.: **Zu 1):** L. SCHRADE, Monteverdi. Creator of Modern Music (NY 1950, Nachdr. 1969); A. SOPART, C. Monteverdis „Scherzi musicali" 1607 u. ihre Beziehungen z. „S."-Begriff in der it. Barocklyrik, in: AfMw 38 (1981). – **Zu 2):** G. BECKING, Stud. z. Beethovens Personalstil. Das Scherzothema (L 1921); A. ADRIO, Menuett u. S., in: Der Musikerzieher 36 (1940); W. KAHL, S., in: MGG XI; J. GMEINER, Menuett u. S. (Tutzing 1979); W. STEINBECK, Ein wahres Spiel mit musikal. Formen. Zum S. L. van Beethovens, in: AfMw 38 (1981). E. PLATEN

SCHEURLEER, Daniel François, * 13. 11. 1855 Den Haag, † 6. 2. 1927 ebd.; ndl. Musikforscher. Von Beruf Bankier, stellte S. eine wertvolle Musikbibliothek und eine umfangreiche Sammlung europäischer und exotischer Musikinstrumente zusammen, die er als Privatmuseum 1920 der Öffentlichkeit zugänglich machte. Die Instrumentensammlung und der größte Teil seiner Bibliothek ging nach seinem Tod an das Gemeente Museum, das Quellenmaterial zum einstimmigen niederländischen Gesellschaftslied an die Koninklijke Bibliotheek in Den Haag über. S. war von 1896 bis zu seinem Tod Präsident der Vereniging voor Nederlands Muziekgeschiedenis, an deren Werkausgaben (J. P. Sweelinck, J. Obrecht, Josquin des Prés) er wesentlichen Anteil hatte, außerdem Vorsitzender der 1921 von ihm gegründeten Union musicologique zur Förderung der durch den 1. Weltkrieg unterbrochenen internationalen Zusammenarbeit. Die Universität Leiden verlieh ihm 1910 die Ehrendoktorwürde. Zu seinem 70. Geburtstag wurde er mit einer Festschrift geehrt (Den Haag 1925).

Schriften: *De Souterliedekens* (Lei 1898); *Mozartiana* (Den Haag 1903); *Het muziekleven in Nederland in de tweede helft der 18e eeuw in verband met Mozart's verblijf aldaar* (ebd. 1909); *Het muziekleven van Amsterdam in de 17de eeuw* (ebd. 1911); *Het muziekleven te 's-Gravenhage in de tweede helft der 18e eeuw* (ebd. 1911); *Catalogus der muziekbibliotheek van D. F. S.* (ebd. 1893–1910, ³1923–25); *Nederlandse liedboeken* (ebd. 1912–23).

SCHIASSI, Gaetano Maria, * 10. 3. 1698 Bologna, † 1754 Lissabon; it. Komponist. Er war Mitglied der Accademia Filarmonica in Bologna, Violinist der Kapelle des Herzogs Alderano Cybo Malaspina und später Musiker des Landgrafen von Darmstadt. 1726–36 wurden in Bologna und in anderen italienischen Städten 10 Opern von ihm aufgeführt (davon nur eine erhalten). Seit 1735 bis zu seinem Tod wirkte er als Kapellmeister der königlichen Kapelle in Lissabon. Sein während dieser Zeit mit Padre Martini in Bologna geführter Briefwechsel berichtet über seine Tätigkeit als Komponist, Lehrer und Sänger in Lissabon und enthält interessante Einzelheiten über das Musikleben Lissabons um die Mitte des 18. Jahrhunderts.

WW: Sonaten für V. u. B.c. (Bol 1724); *Trattimenti musicali per camera* (ebd. 1724) für V. u. Vc. oder Cemb.; 12 V.-Konzerte (A 1737); *Pastorale per il Ss Natale;* Oper *Il Demofoonte* (Libr.: P. Metastasio), UA: Venedig 1735.

Ausg.: Weihnachtssinfonie *(Pastorale per il Ss Natale)*, hrsg. v. W. UPMEYER (B 1928, NA 1964); V.-Konzert, hrsg. v. DEMS. (Hannover 1933) (= Nagels MA 101).

Lit.: G. VECCHI, S., in: MGG XI; A. SCHNOEBELEN, S., in: Grove⁶ XVI.

SCHIBLER, Armin, * 20. 11. 1920 Kreuzlingen, † 7. 9. 1986 Zürich; Schweizer Komponist. Er war Schüler von P. Müller-Zürich und W. Burkhard am Zürcher Konservatorium und bildete sich weiter in London (M. Tippett) und 1949–53 bei den Darmstädter Ferienkursen (W. Fortner, R. Leibowitz, E. Krenek und Th. W. Adorno). Seit 1944 war er Hauptlehrer für Musik am Kantonalen Gymnasium in Zürich. S., der schon sehr früh zu den bekanntesten Schweizer Komponisten gehörte, war zunächst stark an Burkhard orientiert, wandte sich dann der Zwölftontechnik zu und entwickelte schließlich eine sehr persönliche Schreibweise, die an kein bestimmtes System gebunden ist.

WW (soweit erschienen, in Wiesbaden gedruckt): **1) Instr.-WW:** Klv.-Stücke; 4 Streichquartette (1945, 1951, 1958, 1960); *Recitativi e danze* (1964) für Streichquintett. – Für Orch.: 3 Symphonien (1946, 1953, 1957); *Fantasia Helvetica* (1960) für Blasorch.; 6 Stücke *Iam manet ultima spes* für Streichorch. – Konzerte: für Horn (1956); für V. (1960); für Schlagzeug (1960); für Trp. (1960); für Klv. (1962); für Fag. (1967). – *Concerto 1959* für Trp., Horn, Pos., Klv., Harfe, Schlagzeug u. Streichorch.; *Concert pour la jeunesse* (1963) für Klv., Schlagzeug (5 Spieler) u. Streichorch. – **2) Vokal-WW:** Zahlr. Klv.- u. Orch.-Lieder; *Jochanaan* (1967) für Sprechst. u. 7 Instr.; Zyklus *Huttens letzte Tage* (1968) (nach C. F. Meyer) für tiefe St. u. Orch.; *Epitaph auf einen Mächtigen* (1974) für 16 St. u. Klv. – Für Chor: Oratorium *Media in vita* (1958); *Orpheus. Die Unwiederbringlichkeit des Verlorenen* (1968) für 2 Sprechst., Sopran, Frauenstimmen u. Orch. – **3) Bühnen-WW:** Opern: *Der spanische Rosenstock* (Libr. nach W. Bergengruen), UA: Bern 1950; *Der Teufel im Winterpalais* (1953) (Libr. nach dems.); *Die späte Sühne* (1954) (Libr. nach C. F. Meyer), UA: Zürich 1955, als: *Die Füße im Feuer.* – Ballette: Ballettoper *Das Jubilaeumsbett* (1958), als Ballettburleske *Blackwood & Co.* für Sänger u. Tänzer, UA: Zürich 1962; *Concert pour le temps présent* (1960), UA: Genf 1964 (auch für 9 Instr.). – Kammerballette: *Le prisonnier,* UA: Mainz 1955; *Curriculum vitae,* UA: Saarbrücken 1962. – *Antoine und Carmela* (1965) für Schauspieler, Sänger u. Instrumente; *Gilgamesch. Die Mauer von Uruk* (1969ff.) für Sprech- u. Singstimmen, Sprecherchor, Chor, Orch. u. Tonband. – **4) Schriften:** *Neue Musik in dritter Generation* (Amriswil 1953); *Selbstporträt,* in: Musik der Zeit (1953) Nr. 10; *Zur Oper der Gegenwart* (Amriswil 1956); *Pädagogische Fragen im Bereich der Neuen Musik,* in: SMZ 100 (1960); *Zur musikalischen Struktur von „Huttens letzte Tage",* in: SMZ 110 (1970).

Lit.: K. H. WÖRNER, A. S. (Amriswil 1953) u. in: Musica 7 (1953); P. MIEG, A. S., in: 40 Comp. suisses; H. GALLI, in: Musica sacra 84 (1964) (zu: „Media in vita").

SCHICHT, Johann Gottfried, * 29. 9. 1753 Reichenau bei Zittau, † 16. 2. 1823 Leipzig; dt. Komponist. S. ging 1776 zum Jurastudium nach Leipzig, wechselte aber zur Musik und spielte seit 1776 als Violinist in J. A. Hillers Großem Konzert, später in dessen Musikübender Gesellschaft und seit 1781 in den von Hiller gegründeten Gewandhauskonzerten. 1785 wurde er als Nachfolger Hillers Gewandhauskapellmeister und Musikdirektor der Neukirche. 1802 gründete er die Leipziger Singakademie und wurde 1810 Thomaskantor. S. hat sich um die Musikpflege in Leipzig verdient gemacht und trat besonders auch für die Werke J. S. Bachs ein. Auf seine Initiative geht die Einrichtung der bis heute stattfindenden Sonnabend-Vespern in der Thomaskirche zurück. H. Marschner war sein Schüler.

WW: **1) Kompositionen:** Klv.-Stücke, u.a. Sonaten u. Capricen; ein Klv.-Konzert; Kantaten; Motetten; Messen; *Der 100. Psalm* (nach M. Mendelssohn); 4 Te Deum: Oratorien: *Die Feier des Christen auf Golgatha; Moses auf Sinai; Das Ende des Gerechten; Allgemeines Choral-Buch* (L 1819). – **2) Schriften:** *Grundregeln der Harmonie nach dem Verwechslungssystem* (L 1812); *Über das Aussprechen des Deutschen im Gesang,* in: AmZ 17 (1815).

Lit.: G. HEMPEL, S., in: MGG XI.

SCHICKSALSTAG, DER, Opéra-comique von J. Fr. E. Halévy; dt. Titel: Der ↗Blitz.

SCHIEDERMAIR, Ludwig, * 7. 12. 1876 Regensburg, † 30. 4. 1957 Bensberg bei Köln; dt. Musikforscher. S. erhielt seine erste theoretische und praktische Musikausbildung bei A. Sandberger und A. Beer-Walbrunn in München und promovierte 1901 an der Universität Erlangen im Fach Geschichte. Später setzte er seine musikwissenschaftlichen Studien bei H. Riemann in Leipzig und H. Kretzschmar in Berlin fort und habilitierte sich 1906 in Marburg. 1910 ging er an die Universität Bonn, wurde dort 1915 außerordentlicher Professor und 1920 Ordinarius. 1927 gründete er das Beethoven-Archiv in Bonn, das er bis 1945 leitete. Zu S.s 60. Geburtstag erschien die Festschrift *Beethoven und die Gegenwart* (hrsg. v. A. Schmitz, B 1937) und zum 80. Geburtstag die Festschrift *Studien zur Musikgeschichte des Rheinlandes* (hrsg. v. W. Kahl – H. Lemacher – J. Schmidt-Görg, Kö 1956 = Beitr. zur rheinischen Musikgesch. 20).

Schriften: *G. Mahler* (L 1901); *Beiträge zur Gesch. der Oper um die Wende des 18. u. 19. Jh., S. Mayr,* 2 Bde. (Habil.-Schrift L 1907–10, Nachdr. 1973); *Bayreuther Festspiele im Zeitalter des Absolutismus* (L 1908); *Einführung in das Studium der Musikgesch.* (Mn 1918, Bonn [4]1947); *Mozart* (Mn 1922, Bonn [2]1948); *Der junge Beethoven* (L 1925, Nachdr. Hil 1979); *Die dt. Oper* (L 1930, Nachdr. 1971); *Musik am Rheinstrom* (Kö 1947); *Musikalische Begegnungen* (Kö 1948). – Er gab heraus: *Die Briefe W. A. Mozarts u. seiner Familie,* 5 Bde. (Mn – L 1914); *Rheinische Sinfonien* (Düsseldorf 1951) (= Denkmäler rheinischer Musik 1).

Lit.: K. STEPHENSON, L. S., in: Rheinische Musiker 4 (Kö 1964) (= Beitr. z. rheinischen Musikgesch. 64); K. R. BRACHTEL, Ein Bayerischer Musikgelehrter, in: Bayerland 64 (1967); S. KROSS, L. S., in: Bonner Gelehrte (Bonn 1968).

SCHIEFERDECKER (Schiefferdecker), **Johann Christian,** * 10. 11. 1679 Teuchern bei Weißenfels, † 5. 4. 1732 Lübeck; dt. Organist und Komponist. Er besuchte 1692–97 die Thomasschule in Leipzig und brachte dort im Jahre 1700 während seiner Studienzeit an der Universität 2 Opern (*Justinus, Medea,* beide verloren) zur Aufführung. 1702 ging er als Akkompagnist an die Hamburger Oper, für die er 1702 3 weitere (ebenfalls verlorene) Opern, *Alarich, Victor* und *Der königliche Printz Regnerus,* schrieb. Um 1704 ließ er sich in Lübeck nieder und wurde 1707 Organist an der Marienkirche als Nachfolger D. Buxtehudes, dessen Tochter Anna Margaretha er im selben Jahr heiratete. Für die von Buxtehude eingeführten Abendmusiken schrieb er 22 Werke, die aber nicht erhalten sind.

WW: *Musicalische Concerte* für 3 V., 3 Ob. u. B.c. (H 1715); 2 einzelne Hochzeitsarien für Tenor u. Instrumente (Lübeck 1707); einige Orgelwerke sowie weitere geistliche Werke sind hsl. erhalten, darunter 3 Solokantaten für Baß, eine *Missa brevis* u. *Heilig ist der Herr Zebaoth,* für 4st. Chor, 2 V., 2 Violen u. B.c.

Ausg.: *Meine Seele erhebt den Herren,* für Org., in: Orgelchoräle um J. S. Bach, hrsg. v. G. FROTSCHER (1937) (= EDM, RD 9); *Heilig ist der Herr Zebaoth,* hrsg. v. B. GRUSNICK (Kas 1959).

Lit.: J. HENNINGS – W. STAHL, Musikgesch. Lübecks, II: Geistliche Musik (Kas – Bas 1952); H. CH. WOLFF, Die Barockoper in Hamburg 1678–1738 (Wb 1957).

SCHIERI, Fritz (Friedrich) **Franz,** * 27. 3. 1922 München; dt. Komponist und Dirigent. Er war bis 1946 Schüler von J. Haas an der Musikhochschule in München und setzte dann seine Ausbildung an der Musikhochschule in Stuttgart fort (Schulmusik-Staatsexamen). 1948–59 war er Dozent für Theorie und Chordirigieren an der Musikhochschule in Köln, wurde 1959 Professor für Chordirigieren an der Musikhochschule in München und 1972 erstmals deren Präsident (3mal wiedergewählt bis 1981). 1967–73 leitete er die Subkommission „Psalmodie und Gemeindehoren" bei der Vorbereitung des katholischen Einheitsgesangbuchs *Gotteslob,* seit 1980 die Internationalen Meisterkurse für Chorleitung in Trier.

WW: **1) Kompositionen:** *Deutsche Ordinariumsmesse* (Fr 1956), Neufassung als: *Deutsche Messe* I (Fr 1980); *Droste-Chorbuch* nach Gedichten aus A. von Droste-Hülshoff, *Geistliches Jahr* (Wb 1959); Propriumsgesänge der Fronleichnamsmesse Cibavit zum Eucharistischen Weltkongreß (Hei 1960); Deutsche Proprien des gesamten Kirchenjahres (Mn 1965 ff.); *Nordische Balladen* (Mn 1966); Osterproprien (Dülmen 1971); Chorzyklus *Abschied und Trost* (nach I. Seidel) (Mn 1976); Psalm 22 für gem. Chor u. konzertierende Org. (1978). – **2) Schriften:** *Über das Dirigieren asymmetrischer Rhythmen,* in: FS H. Mersmann (Kas 1957); *Grundlagen der Chorerziehung und Chorleitung,* in: Hdb. der Schulmusik (Rb 1962, Neufassung 1976); *Regelbuch für die Orations- und Lektionstöne in deutscher Sprache* (Fr 1969) (zus. mit E. Quack). – Editionen: *Christophorus-Chorwerk,* 45 H.e (Fr 1954–62).

J. DORFMÜLLER

SCHIGANOW, Nasib Gajasowitsch, * 2. (15.) 1. 1911 Uralsk; sowjettatarischer Komponist. S. studierte in Moskau 1931–35 an der Gebietsmusikfachschule, dann bis 1938 am Konservatorium. Mit seiner Oper *Katschkün* wurde 1939 das Tatarische Opern- und Balletttheater in Kasan eröffnet. Seit 1949 lehrt er dort (1953 Professor) am neugegründeten Konservatorium, dessen Rektor er auch war. S. ist Sekretär des Komponistenverbandes der UdSSR und der RSFSR sowie Vorsitzender des Komponistenverbandes der Tatarischen ASSR. Er gehört zu den führenden tatarischen Komponisten. Sein Schaffen, in dem Elemente der tatarischen Volksmusik und moderne Stilmittel zu einem eigengeprägten Musikidiom verschmelzen, ist vor allem der Oper und Symphonik gewidmet.

WW: **1) Instr.- u. Vokal-WW:** Sonatine (1935) für Klv., Streichquartett (1935); 10 Symphonien (1937–79); Symphonische Dichtung *Kürlai* (1946); Suite über tatarische Themen (1949); Ouvertüre *Nafisä* (1952); *Symphonische Novellen* (1964); *Symphonische Lieder* (1965); zahlr. Lieder mit Klv.-Begleitung. – **2) Bühnen-WW:** Opern (alle in Kasan uraufgeführt): *Katschkün* (Der Flüchtling) (1939); *Irek* (Die Freiheit) (1940); *Altüntschetsch* (Das Mädchen mit dem goldenen Haar) (1941, 2. Fassung 1944); *Ildar* (1942), 2. Fassung als: *Dshinu jülü* (Der Siegesweg) (1954); *Tüljak* (1945), 2. Fassung als: *Tüljak und Susülu* (1967); *Schagür* (Der Dichter) (1947); *Namus* (Die Ehre) (1950); *Musa Dschalil* (1957). – Ballette: *Fatüch* (1943); *Sügra,* UA: Kasan 1946; *Sügra und Nsheri,* UA: ebd. 1970. – Ferner Filmmusik. Er schrieb auch Zeitschriftenartikel, insbesondere in *Sowjetskaja musyka.*

Lit.: J. GIRSCHMAN, N. S. (Mos 1957).

E. STÖCKL

SCHIKANEDER, Emanuel (eig. Johannes Josephus Schickeneder), * 1.9. 1751 Straubing (Bayern), † 21.9. 1812 Wien; dt. Librettist und Impresario. Er war seit 1773 Sängerschauspieler bei verschiedenen Wanderbühnen, führte 1778–84 ein eigenes Reisetheater, war 1784–86 Impresario (Kärntnerthor-Theater) und Schauspieler in Wien und 1786–87 Prinzipal einer Singspieltruppe. 1787–89 leitete er das Hoftheater Regensburg, 1789–1802 in Wien das Theater auf der Wieden. In diese Zeit fällt auch sein größter Ruhm, der aber schnell verblaßte. 1807–09 übernahm S. die Leitung des städtischen Theaters in Brünn, kehrte schließlich nach Wien zurück und starb in Armut. Sein Name ist bis heute in erster Linie mit W. A. Mozarts *Zauberflöte* verbunden, zu der er das Libretto – und sich selbst darin die Rolle des Papageno – schrieb. Bei der UA sang ein Bruder S.s, Urban (1746–1818), die Partie des 1. Priesters.

WW: 46 Dramen u. Lustspiele; 9 Sprechstücke mit Musik; 44 Opern- u. Singspiellibretti, darunter zu: W. A. Mozart, *Die Zauberflöte* (1791); F. X. Süßmayer, *Der Spiegel von Arkadien* (1794); J. Wölfl, *Der Höllenberg* (1795); P. von Winter, *Das Labyrinth* (1798, vom Stoff her die Fortsetzung der *Zauberflöte*). – Eine Ausw. seiner Sprechstücke erschien unter dem Titel *Sämtliche theatralischen Werke*, 2 Bde. (W 1792).

Lit.: E. KOMORZINSKY, E. S. (W 1951); E. J. DENT, E. S., in: ML 37 (1956); W. SENN, S.s Weg zum Theater, in: Acta Mozartiana 9 (1962); W. SCHUH, „Il Flauto magico", in: FS F. Blume (Kas 1963); E. M. BATLEY, E. S., in: ML 46 (1965); J. CHAILLEY, „La flûte enchantée", Opéra maçonnique (P 1968, NY 1971, Lo 1972); H. A. KOCH, Das Textbuch der „Zauberflöte", in: Jb. des Freien Dt. Hochstifts 1969; J. ASCHER, „Die Zauberflöte" u. „Die Frau ohne Schatten". Ein Vergleich zw. zwei Operndichtungen der Humanität (Be 1972); G. FIERZ, Mozarts „Zauberflöte" unter neuen Aspekten. Das Libretto S.s im Vergleich ..., in: Acta Mozartiana 24 (1977).

SCHILDT, Melchior, * 1592 oder 1593 Hannover, † 18.5. 1667 ebd.; dt. Organist und Komponist. S. war seit 1609 bis vermutlich 1612 Schüler von J. P. Sweelinck in Amsterdam. 1623–26 wirkte er als Organist der Hauptkirche in Wolfenbüttel und 1623–29 am Hof König Christians IV. von Dänemark in Kopenhagen. 1629 übernahm er als Nachfolger seines Vaters das Organistenamt an der Marktkirche in Hannover. Trotz der geringen Zahl der überlieferten Werke zählt S. neben den Sweelinck-Schülern H. Scheidemann und J. Praetorius (II) zu den Begründern der norddeutschen Orgelschule in der 2. Hälfte des 17. Jahrhunderts.

WW (hsl. erhalten): Für Tasteninstr.: 2 Praeambeln; 4 Choralbearb.; Magnificat; Variationen *Gleich wie das Feuer* u. *Paduana Lachrymae*. – *Ach mein herzliebstes Jesulein* für Sopr., 2 V. u. B.c.

Ausg.: 2 Praeambeln, hrsg. v. M. SEIFFERT (L 1925) (= Organum IV/2); 3 Orgelchoräle, in: 46 Choräle für Org. v. J. P. Sweelinck u. seinen dt. Schülern, hrsg. v. G. GERDES (Mz 1957) (= Musikal. Denkmäler 3); *Ach mein herzliebstes Jesulein*, hrsg. v. W. BREIG (Kas 1964); Choralbearb., hrsg. v. DEMS. (Kö 1968) (= Die Org. II/24); Variationen über *Gleich wie das Feuer* u. *Paduana Lachrymae*, in: Lied- u. Tanzvariationen der Sweelinck-Schule, hrsg. v. DEMS. (Mz 1969).

Lit.: W. BREIG, S., in: MGG XI; DERS., S., in: Grove[6] XVI.

SCHILLER, Johann Christoph Friedrich von, * 10.11. 1759 Marbach, † 9.5. 1805 Weimar; dt. Dichter, Philosoph und Historiker. Die Beziehungen S.s und seines literarischen Werkes zur Musik lassen sich durch biographische Ereignisse und Begegnungen, durch Äußerungen zur Musikanschauung in Verbindung mit der allgemeinen Ästhetik seiner Zeit sowie durch die musikalische Rezeption in Vertonungen bzw. Anregungen zu Kompositionen erschließen und belegen. S. sammelte seine ersten musikalischen Eindrücke seit 1766 in Ludwigsburg am Hof Herzog Karl Eugens von Württemberg. Aufführungen spätbarocker Opern (bis 1769 von N. Jommelli geprägt) und Ballette (geschrieben und choreographiert von J. G. Noverre) führten bei ihm zu einer großen Abneigung gegen diese Kunstgattung aufgrund ihres höfisch-herrschaftlichen Prunks und des Virtuosentums. Diese erfahrenen Zeichen des Absolutismus beeinflußten Inhalt und Aufbau seiner frühen Dramen und den vor 1780 entstandenen Text zur „lyrischen Operette" *Semele*. S. war mit dem schwäbischen Liederkomponisten R. Zumsteeg und mit J. A. Streicher befreundet, später auch mit Christian Gottfried Körner, der sein Berater in allen musikalischen Fragen wurde. In die Jahre 1787–94 fallen die Beschäftigung mit der Philosophie I. Kants und mit der griechischen Kultur, die Heirat mit Charlotte von Lengefeld (1790), einer nach S.s eigenen Aussagen guten Pianistin, sowie Verbindungen zu der Sängerin Corona Schröter, dem Musikschriftsteller J. Fr. Rochlitz und zu J. Fr. Reichardt, dem S. seit 1796 allerdings feindlich gegenüberstand. Entscheidend für die letzten Lebensjahre wurden der Umzug der Familie nach Weimar (1799), die Freundschaft mit J. W. von Goethe und Wilhelm von Humboldt und die Begegnung mit C. Fr. Zelter (1802).

Wesen und Wirkung von Musik beschäftigten S. demnach sein ganzes Leben. Seine Neigungen galten eher der Vokalmusik. In der Vorstellung, daß ein Gedicht in einfacher, möglichst strophischer Begleitung zu vertonen sei, traf er sich mit Goethes Liedästhetik. Von großer, freilich oft schwer faßbarer Bedeutung ist der Einfluß der Musik auf S.s Werke, etwa in der rhythmischen Gestaltung seiner Lyrik, in der Klangmalerei von Worten und Wortverbindungen, in der arienartig steigernden Anlage von frühen Dramenmonologen oder in Form- und Strukturparallelen zwischen literarischer und musikalischer Komposition (vgl.

R. Buchwald). Gesangseinlagen und Möglichkeiten für Bühnenmusik finden sich in den meisten Dramen. Bei Balladen und Gedankenlyrik wird eine Vertonung miteinbezogen. S.s Musikanschauung und -ästhetik entfaltet sich seit 1790 in Schriften, Briefen und Rezensionen, besonders in *Über Anmut und Würde* (1793), in den *Briefen über die ästhetische Erziehung des Menschen* (1795) sowie in Briefen an Körner und Goethe, und ist nur in Verbindung mit der durch J. G. Herder, Goethe und Kant geprägten allgemeinen Ästhetik zu verstehen. Wie die Einzelkünste nur einseitig zu wirken vermögen, so ist nach S. die Musik ganz auf die Sinne, auf Gefühl und Empfindung ausgerichtet. Sie ist für ihn zugleich dichterischer Anstoß. Als Ausgleich zum Primat der Empfindung in der Musik soll ihre ästhetische Form dienen, so daß in einem Kunstwerk auch allgemein „der Inhalt nichts, die Form aber alles" bewirkt. Die Einheit von Form und Inhalt, ihre Wirkungen auf das Ganze des Menschen wie auf einzelne Kräfte bestimmen die Gesetzmäßigkeit klassischer Kunst. Um so erstaunlicher ist daher S.s geringes Verständnis für J. Haydn und W. A. Mozart (Haydns *Schöpfung* bezeichnete er als „charakterlosen Mischmasch"), in deren Werken seine Ästhetik in die kompositorische Praxis umgesetzt erscheint.

Kompositionen nach WW S.s: **a)** Opern (in der chronologischen Reihenfolge der Dramen): S. Mercadante, *I briganti* (1836); G. Verdi, *I masnadieri* (1847); G. Klebe, *Die Räuber* (1957); E. Lalo, *Fiesque* (1866); Verdi, *Luisa Miller* (1849) u. *Don Carlos* (1867); J. Weinberger, *Wallenstein* (1937); G. Donizetti, *Maria Stuarda* (1834); Verdi, *Giovanna d'Arco* (1845); P. Tschaikowsky, *Die Jungfrau von Orleans* (1881); E. N. von Reznicek, *Die Jungfrau von Orleans* (1887); G. Rossini, *Guillaume Tell* (1829); Z. Fibich, *Die Braut von Messina* (1884). – **b)** Ouvertüren: R. Schumann, zu: *Die Braut von Messina;* J. Rheinberger, zu: *Demetrius.* – **c)** Vokal-WW: Einzelne Klv.-Lieder v. J. F. Reichardt, F. Schubert (u.a. *Gruppe aus dem Tartarus*), R. Schumann (u.a. *Der Handschuh*), R. Strauss, H. Reutter u.a. – Chor-WW mit u. ohne Orch. v. L. van Beethoven (Ode – übrigens v. S. nicht als solche bezeichnet – *An die Freude* im Finale der 9. Symphonie); *Das Lied von der Glocke* in Vertonungen v. A. Romberg, M. Bruch, V. d'Indy, W. Vogel; *Nänie* v. J. Brahms, H. Götz, C. Orff; J. Haas, *Schillerhymnus* (1957); H. Reutter, *Triptychon* (1959). – **d)** Orch.-WW: F. Liszt, *Die Ideale* (1857); F. Smetana, *Wallensteins Lager* (1858–59); V. d'Indy, Trilogie *Wallenstein* (1885).

Lit.: R. BUCHWALD, S. (L 1937, NA Wie 1953–54, 1959); E. FORNEBERG, W. A. Mozart, Lebens- u. Werkstil. Synästhetisch-typologischer Vergleich mit Bach–Beethoven u. Goethe–S. (Wb 1956); I. HÄUSLER, Die Dramen S.s als Grundlage für Opernlibretti (Diss. W 1956); G. BIANQUIS, En marge de la querelle des Xénies. S. et Reichardt, in: Études germaniques 14 (1959); W. SEIFFERT, Ch. G. Körner, ein Musikästhetiker der dt. Klassik (Rb 1960); J. LIEBNER, Der Einfluß S.s auf Verdi, in: Kgr.-Ber. Kassel 1962 (Kas 1963); W. SALMEN, J. F. Reichardt (Fr 1963); P. MICHELSEN, Stud. z. S.s „Räubern", in: Jb. der dt. Schillerges. 8 (1964); M. C. IVES, Musical Elements in S.'s Concept of Harmony, in: German Life and Letters 18 (1964/65); R. M. LONGYEAR, S. and Music (Chapel Hill/ N.C. 1966); L. K. GERHARTZ, Die Auseinandersetzungen des jungen G. Verdi mit dem literarischen Drama (B 1968); C. DAHLHAUS, Ethos u. Pathos in Glucks „Iphigenie auf Tauris", in: Mf 27 (1974); V. CISOTTI, S. e il melodramma di Verdi (Fi 1975); H. FÄHNRICH, S.s Musikalität u. Weltanschauung (Hil 1977).

H. JUNG

SCHILLING, Friedrich Gustav, * 3. 11. 1805 Schwiegershausen (heute Osterode/Harz), † März 1880 Crete (Nebraska); dt. Musikschriftsteller. Er studierte 1823–26 Theologie an den Universitäten Göttingen und Halle/Saale; 1830 wurde er nach der Promotion Direktor der Stöpelschen Musikschule in Stuttgart, an der er bis 1836 blieb. Seither widmete er sich, 1840 zum Hofrat ernannt, intensiven musikhistorischen und -theoretischen Forschungen. Wegen hoher Verschuldung emigrierte S. 1857 in die USA. S.s bekanntestes Werk wurde seine *Encyclopädie*, die im biographischen Bereich viele seltene Informationen enthält.

Schriften: *Allgemeine Generalbaß-Lehre* (Da 1839, [3]1854); *Der Pianist und die Kunst des Klavierspiels* (Osterode 1843, [2]1854); *Akustik oder die Lehre vom Klang* (St 1848, [2]1856). – S. gab heraus: *Encyclopädie der gesammten musikalischen Wissenschaften oder Universal-Lexikon der Tonkunst*, 6 Bde. u. Suppl.-Bd. (St 1835–42, [2]1847, Nachdr. Hil 1974) (zus. mit G. W. Fink, J. A. G. Heinroth, A. B. Marx, F. de la Motte Fouqué u. G. Ch. Grasheim); *Jahrbuch des National-Vereins für Musik und ihre Wissenschaft* (Karlsruhe 1839–43).

SCHILLINGER, Joseph Moyseyevich, * 19. (31.) 8. 1895 Charkow, † 23. 3. 1943 New York; amerik. Musiktheoretiker und Komponist ukrainischer Herkunft. Nach seinem Studium am Konservatorium in St. Petersburg (1914–18) lehrte er 1918–22 an der Musikakademie in Charkow, dann am Institut für Musikerziehung in Leningrad, wo er das erste russische Jazzorchester gründete. 1928 ließ er sich in New York nieder, war dort bis 1932 Mitarbeiter von L. Theremin und lehrte an der New School for Social Research sowie am Teachers College der Columbia University. S. entwickelte ein auf streng mathematischen Grundlagen aufgebautes Kompositionssystem, mit dessen Hilfe er eine Reihe amerikanischer Komponisten, unter ihnen G. Gershwin, unterrichtete.

WW: **1) Kompositionen:** Für Klv.: 5 Stücke, op. 12 (1922); *L'excentriade*, op. 14 (1924); *Sonata Rhapsodie*, op. 17 (1925). – Sonate für V. u. Klv., op. 9 (1921). – Für Orch.: *Cortège oriental*, op. 11 (1921–24); symphonische Rhapsodie *Oktjabr* (Oktober), op. 19 (1927); *First Airphonic Suite* (1929) für Thereminovox Aetherophon u. Orch.; *North Russian Symphony* (1930) für Akkordeon u. Orch. – **2) Schriften:** *Kaleidophone. New Resources of Melody and Harmony* (NY 1940, Nachdr. 1967); *The Schillinger System of Musical Composition*, hrsg. v. L. Dowling – A. Shaw (NY 1941, [3]1946, Nachdr. 1977); *The Mathematical Basis of Arts* (NY 1948, Nachdr. 1976); *Encyclopedia of Rhythms* (NY 1966, Nachdr. 1976).

Lit.: V. DUKE, Gershwin, S., Dukelsky. Some Reminiscences, in: MQ 33 (1947); F. SCHILLINGER, J. S. A Memoir (NY 1949, Nachdr. 1976); J. MYHILL, Musical Theory and Musical Practice, in: The Journal of Aesthetics and Art Criticism 14 (1955/56); J.

BACKUS, Pseudo-Science in Music, in: JMTh 4 (1960); D. GOJOWY, Neue sowjet. Musik der 20er Jahre (Laaber 1980).

SCHILLINGS, Max von, * 19. 4. 1868 Düren, † 24. 7. 1933 Berlin; dt. Komponist und Dirigent. Nach Musikunterricht in Bonn nahm S. an der Universität München ein Studium in Jura, Germanistik und Kunstgeschichte auf. Auch aufgrund seiner Verbindungen mit R. Strauss wandte er sich schon bald ausschließlich musikalischer Betätigung als Dirigent und Komponist zu. 1892 war er bei den Bayreuther Festspielen als Repetitor und Bühnenassistent, 1902 als Chordirektor tätig. 1903 erfolgte seine Ernennung zum Professor. Mit der Einweihung des Stuttgarter Opernhauses (1908) übernahm S. als Hofkapellmeister und GMD dessen Leitung. 1912 wurde er vom König von Württemberg in den persönlichen Adelsstand erhoben; 1910–20 war er Vorsitzender des Allgemeinen Deutschen Musikvereins. 1919–25 leitete S. als Intendant die Preußische Staatsoper in Berlin; danach führten ihn zahlreiche Gastspiele, besonders mit seiner letzten Oper *Mona Lisa* und mit dem Orchestermelodram *Das Hexenlied,* ins Ausland (u. a. auch in die USA). 1932 wurde S. Präsident der Berliner Akademie der Künste, 1933 Intendant der Städtischen Bühnen in Berlin.

WW: 1) Instr.-WW: a) Für Klv.: *Vier Clavierstücke,* op. 36 (1931). – **b)** Kammermusik: Improvisation, op. 5 (1895) u. *Drei schlichte Weisen,* op. 18 (1903) für V. u. Klv.; Streichquartett c-moll, op. 1b (1887, revidiert 1905); Streichquintett Es-Dur, op. 32 (1915–16). – **c)** Für Orch.: 2 symphonische Fantasien *Meergruß* u. *Seemorgen,* op. 6 (1895); *Festlicher Marsch,* op. 27 (1898) für Militärorch. (1910); Tongedicht *Ein Zwiegespräch,* op. 8 (1897) mit V.- u. Vc.-Solo; *Symphonischer Prolog zu Sophokles' „König Ödipus",* op. 11 (1900); *Tanz der Blumen* (1930). – V.-Konzert, op. 25 (1909). – **2) Vokal-WW: a)** Für SingSt u. Klv.: zahlr. Lieder auf Texte v. K. Stieler, N. Lenau, H. Heine, O. Ernst, F. Evers, M. Boelitz, G. Falke, F. Hebbel, K. Spitteler u. C. Brentano (op. 2, 1889; op. 4, 1896; op. 7, 1897; op. 13, 1902; op. 14, 1902; op. 16, 1902; op. 17, 1903; op. 19, 1903; op. 23, 1907). – **b)** Für SingSt u. Orch.: *Abenddämmerung,* op. 1a (1889) (Heine) für mittlere St., V. u. kleines Orch.; *Dem Verklärten,* op. 21 (1905) (F. von Schiller) für Bar., gem. Chor u. großes Orch.; *Glockenlieder,* op. 22 (1907) (Spitteler); *Hochzeitslied,* op. 26 (1910) (J. W. von Goethe) für Sopran, Bar., gem. Chor u. Orch.; *Die Perle,* op. 33 (1918) (Goethe) u. *Vier Zwiegespräche,* op. 34 (1919) für Sopran, Tenor u. Orch. – **c)** Für Männerchor a cap.: *2 patriotische Gesänge,* op. 29 (1913); 2 Chorlieder, op. 30 (1913); *Erschaffen und Beleben,* op. 35 (1920) (Goethe). – **3) Bühnen-WW: a)** Opern: *Ingwelde,* op. 3, UA: Karlsruhe 1894; *Der Pfeifertag,* op. 10, UA: Schwerin 1899; *Moloch,* op. 20, UA: Dresden 1908; *Mona Lisa,* UA: Stuttgart 1915. – **b)** Bühnenmusik zu Aeschylos' *Orestie,* op. 12 (1901) u. zu Goethes *Faust,* 1. Teil, op. 24 (1908). – Melodramen mit Orch.-Begleitung: *Kassandra* u. *Das Eleusische Fest,* op. 9 (1898) (Schiller); *Das Hexenlied,* op. 15 (1902) u. *Jung Olaf,* op. 28 (1911) (E. v. Wildenbruch).

S. gehörte zeit seines Lebens zu den berühmtesten Persönlichkeiten des deutschen Musiklebens. Für seinen eleganten und deutlich an R. Wagner orientierten Stil schätzten ihn auch Komponisten wie R. Strauss und H. Pfitzner als Fachkollegen hoch. Sein Melodram *Das Hexenlied* erreichte eine ungewöhnlich hohe internationale Popularität. Aufgrund der Tatsache, daß S.' Kompositionen auch im Dritten Reich überaus häufig gespielt wurden, wobei er post mortem zu Unrecht zum Vorkämpfer des Nationalsozialismus propagiert wurde, brach die Rezeption seiner Werke nach 1945 in Deutschland fast völlig ab.

Lit.: J. BECK, M. v. S., Gesamtverz. seiner Werke (B 1933). – R. LOOS, M. S. (L 1909) (= Monographien moderner Musiker 3); A. RICHARD, M. S. (Mn 1922) (= Zeitgen. Komp. 7); W. RAUPP, M. v. S. Der Kampf eines deutschen Künstlers (H 1936); F. v. LEPEL, M. v. S. u. seine Oper „Mona Lisa" (B 1954); Gedenkschrift M. v. S., hrsg. v. J. GEUENICH – K. STRAHN (Düren 1968) (= Beitr. z. Gesch. des Dürener Landes 10); D. KÜHN, M. v. S., in: Löwenmusik. Essays (F 1979). R. CADENBACH

SCHIMMEL, Wilhelm Schimmel Pianoforte-Fabrik GmbH, gegr. 1885 in Leipzig von **Wilhelm S.** (1854–1947), seit 1930 mit Sitz in Braunschweig, wo **Arno Wilhelm S.** (* 11. 12. 1898 Leipzig, † 21. 6. 1961 Braunschweig) und danach **Nikolaus Wilhelm S.** (* 14. 9. 1934) die Leitung der Firma übernahmen. Seit 1971 produziert das Unternehmen auch unter den Markennamen Érard, Gaveau und Pleyel und in der dem Unternehmen angeschlossenen Pianoforte-Fabrik May GmbH in Berlin (West). Etwa ein Drittel der in der Bundesrepublik Deutschland gebauten Klaviere entfällt heute auf die aus der Pianoforte-Fabrik S. hervorgegangene Unternehmensgruppe.

SCHINDLER, Anton Felix, * 13. 6. 1795 (1798 ?) Meedl bei Mähr.-Neustadt, † 16. 1. 1864 Bockenheim bei Frankfurt a. M.; dt. Musiker und Musikschriftsteller. Er war als Dirigent und Violinist in Wien, Pest, Münster (Westfalen) und Aachen tätig und lebte schließlich als Musiklehrer in Bockenheim. Entscheidend für sein Leben wurde, daß er 1822–24 und in den letzten Lebensmonaten als Adlatus von L. van Beethoven wirkte, was ihn zu der ersten Beethoven-Biographie veranlaßte. Er war im Besitz vieler Briefe und Hss. und der (angeblich 400, von ihm zum Teil vernichteten) Konversationshefte des Komponisten. Diesen Nachlaß verkaufte er 1846 an die Königliche Bibliothek in Berlin. S.s Bedeutung beruht einzig auf seinen Schriften zur Biographie Beethovens und zur Aufführungspraxis seiner Werke. Während zahlreiche Irrtümer und unrichtige Tatsachenbehauptungen S.s schon früh bemerkt und korrigiert wurden, blieben seine Unterstellungen ästhetischer und musiktheoretischer Art lange unbezweifelt und fanden in der Sekundärliteratur bis heute weite Verbreitung. Erst in jüngster Zeit wurde der Nachweis erbracht, daß die Gespräche in den Konversationsheften Beethovens, auf die sich S. zur Stützung seiner Angaben berief, fingiert sind. Die betreffenden Eintragungen wurden von ihm selbst lange nach Beethovens Tod hinzugefügt. Seine Fälschungen erstrecken sich auch auf Einzelheiten des eigenen Lebenslaufs und auf das Verhältnis zu Beethoven. In seinem rigiden Anspruch als einzig kompetenter Interpret Beethovens hat er sich fortwährend mit den bedeutendsten Komponisten und Künstlern seiner Zeit (u.a. F. Ries, L. Spohr, R. Schumann, Fr. Liszt, R. Wagner und J. Brahms) auseinandergesetzt, oft in peinlicher Polemik.

Schriften: *Biographie von L. van Beethoven* (Mr 1840, [2]1845 [mit zwei Nachträgen], [3]1860 [neu bearb. u. ergänzt] u.ö.), engl. Übers., kommentiert u. hrsg. v. D. W. MacArdle: *Beethoven as I Knew Him* (Lo 1966); *Beethoven in Paris* (Mr 1842) (später der Beethoven-Biographie beigegeben); *Für Verehrer u. Studierende von Beethovens Klaviermusik* (F 1849); *Aesthetik der Tonkunst* (ungedruckt; Ms. im Beethoven-Archiv, Bonn). – Zahlr. Zeitschriftenaufsätze, Rezensionen u. Konzertberichte, z.T. als bezahlte Anzeigen veröffentlicht.

Lit.: A. W. THAYER – H. DEITERS – H. RIEMANN, 5 Bde. (B bzw. L 1866–1908 u. ö., Nachdr. Wie 1972); D. W. MACARDLE, A. F. S. Friend of Beethoven, in: MR 24 (1963); P. STADLEN, S.'s Beethoven Forgeries, in: MT 118 (1977); D. BECK – G. HERRE, A. S.s fingierte Eintragungen in den Konversationsheften, in: Zu Beethoven. Aufsätze u. Annotationen, hrsg. v. H. Goldschmidt (B 1979).

S. BRANDENBURG

SCHIPPERS, Thomas, * 9. 3. 1930 Kalamazoo (Michigan), † 15. 12. 1977 New York; amerik. Dirigent. Er studierte am Curtis Institute of Music in Philadelphia, an der Yale University in New Haven (Conn.) und an der Juilliard School of Music in New York. Der Erfolg mit C. Menottis Oper *The Consul* (1950) brachte S. Gastverpflichtungen in Paris und London ein. Seit 1951 gehörte er der New York City Opera an, dirigierte 1955 erstmals die New York Philharmonic und stand auch am Pult der Mailänder Scala. An der Metropolitan Opera in New York war er ständiger Dirigent, seit 1958 auch Dirigent des Festival dei due Mondi in Spoleto, seit 1970 Musikdirektor des Cincinnati Orchestra. 1963 hatte S. in Bayreuth *Die Meistersinger von Nürnberg* dirigiert. 1972 wurde er Professor of Music am College-Conservatory der University of Cincinnati.

SCHIRMER, G. Schirmer Inc., amerik. Musikverlag, gegr. von **Friedrich Gustav Emil S.** (I), * 19. 9. 1829 Königsee (Sachsen), † 5. 8. 1893 Eisenach. Er kam 1837 nach New York, trat als Lehrling bei der Musikhandelsfirma Kerksieg & Bruesing ein und wurde 1854 deren Manager, 1861 zusammen mit Bernard Beer Mitinhaber des Hauses, das seitdem als „Beer & Schirmer" firmierte, und übernahm es 1866 als Alleininhaber von „G. Schirmer Inc." Seine beiden Söhne **Rudolph Edward S.** (I) (1859 bis 1919) und **Gustave S.** (II) (1864–1957) sowie sein Enkel **Gustave S.** (III) (1890–1965) wurden die Nachfolger. 1957 übernahm **Rudolph Tauhert** (* 1900) die Geschäftsleitung unter Assistenz von Rudolph Edward S.s (I) Sohn **Rudolph Edward S.** (II) (* 1919). Gustave S. (II) richtete 1885 mit der Boston Music Company einen selbständigen, seit 1891 als Filiale angeschlossenen Verlag ein. 1964 übernahm S. auch die Associated Music Publishers (AMP). Der Katalog des Verlages umfaßt etwa 40000 Titel, erschienen in verschiedenen Reihen, u.a. *Collection of Operas* (1892 ff.), *Library of Musical Classics* (1894 ff.), *The Golden Treasury* (1905 ff.) und *Schirmer's Scholastic Series* (1917 ff.), geistliche Musik, Volksmusik (bes. in der *American Folk Song Series*), Werke von Ernest Bloch, E. Granados, K. Husa, Ch. M. Loeffler, A. Schönberg und H. Villa-Lobos sowie amerikanischer Komponisten (S. Barber, L. Bernstein, E. Carter, P. Creston, P. Grainger, V. Herbert, Ch. Ives, L. Kirchner, G. C. Menotti, G. Schuller, W. Schuman u.a.). Seit 1915 gibt S. die Zeitschrift *The Musical Quarterly* (MQ) heraus. Außerdem veröffentlichte der Verlag *Baker's Biographical Dictionary of Musicians* (1900, [6]1978). Heute gehört das Haus der Crowell-Collier-Macmillan-Gruppe.

Lit.: One Hundred Years of Music in America, hrsg. v. P. H. LANG (NY 1961); H. HEINSHEIMER, Gestaltwandel des amerik. Musikverlags, in: FS L. Strecker (Mz 1973).

SCHISKE, Karl Hubert Rudolf, * 12. 2. 1916 Raab (heute Győr, Ungarn), † 16. 6. 1969 Wien; östr. Komponist. Er studierte Klavier und Komposition sowie in Wien Musikwissenschaft (A. Orel und E. Schenk), wo er 1942 mit der Dissertation *Zur Dissonanzverwendung in den Symphonien A. Bruckners* promovierte. Seit 1952 lehrte er Komposition (seit 1968 als ordentlicher Professor) an der Wiener Musikakademie. In seinen Kompositionen verwendet S. freie Tonalität, Polytonalität und serielle Organisationsprinzipien.

WW: **1) Instr.-WW:** Für Klv.: Sonate, op. 3 (1936); *Drei Stücke nach Volksweisen*, op. 35 (1951). – Sonate für Klv. zu 4 Händen, op. 29 (1949). – Für Org.: *Variationen über ein eigenes Thema*, op. 10 (1938); Triosonate, op. 41 (1954) (auch für 3 Melodieinstr.); Choralpartita, op. 46 (1957). – *Drei Stücke für Gloria*, op. 32 (1951) für V. solo; Sonate für V. u. Klv., op. 18 (1943–48); *Musik*, op. 27 (1948) für Klar., Trp. u. Va.; 2 Streichquartette, 1: e-moll, op. 4 (1936), 2: op. 21 a (1945); Bläserquintett, op. 24 (1945); Sextett für Klar., Streichquartett u. Klv., op. 5 (1937). – Für Orch.: 5 Symphonien, 1: op. 16 (1942), 2: op. 26 (1948), 3: op. 31 (1951), 4: op. 44 (1955), 5: op. 50 (1965); 2 Konzerte für Streichorch., 1: op. 14 (1941), 2: op. 21 b (1945); *Synthese*, op. 47 (1958) für 16 Instr.; Klv.-Konzert, op. 11 (1938–39); V.-Konzert, op. 33 (1951–52). – **2) Vokal-WW:** Lieder; für Chor: Messe *Cunctipotens genitor Deus*, op. 43 (1954) (mit Org. ad lib.); Oratorium *Vom Tode* (1949) für 4 Solost., Chor, Orch. u. Org.; *Candida*, op. 45 (1956) für Sopran, gem. Chor u. 16 Instr.

Lit.: A. OREL, Zur Formbildung in der „Neuen Musik", in: FS W. Fischer (I 1956) (= Innsbrucker Beitr. z. Kulturwiss., Sonder-H. 3); F. SAATHEN, in: Melos 23 (1956); K. ROSCHITZ, K. S. (W 1970) (= Östr. Komponisten des 20. Jh. 26).

SCHISMA (griech., = Spaltung), in der Akustik Bz. für die nicht mehr hörbare Differenz zwischen pythagoreischem und syntonischem ↗Komma, die in Cent ausgedrückt (23,46 – 21,506 Cent =) 1,954 Cent beträgt. Das S. entspricht der Differenz zwischen der reinen großen Terz (4. und 5. Teilton: c¹–e¹) und der verminderten Quart aus der 8. Quinte und 5. Oberoktave über dem Grundton (gis³–c⁴). – In der Musiktheorie bis zum 19. Jh. hatte S. eine andere Bedeutung. So definierte u.a. J. G. Walther (*Musicalisches Lexicon*, 1732) das S. als die Hälfte des syntonischen Kommas, Diaschisma als dessen 4. Teil.

Lit.: M. VOGEL, Die Lehre v. den Tonbeziehungen (Bonn 1971) (= Orpheus-Schriftenreihe z. Grundfragen der Musik 16).

SCHJELDERUP, Gerhard Rosenkrone, * 17. 11. 1859 Kristiansand, † 29. 7. 1933 Benediktbeuren; norwegischer Musikschriftsteller und Komponist. Er kam 1878 nach Paris, studierte dort Violoncello bei A. Franchomme sowie Komposition bei J. Massenet und A. Savard. Dann vervollkommnete er seine Studien in Deutschland und begeisterte sich hier für die Ideen R. Wagners. 1892–1916 lebte er in Dresden, arbeitete anschließend als Musikkritiker in Oslo und ging 1920 nach München; seit 1923 wohnte er in Benediktbeuren.

WW: **1) Kompositionen:** Klv.-Stücke; 2 Streichquartette; 2 Symphonien (1887, 1924). – Lieder, Chöre, Werke für Chor u. Orch. – Opern: *Østenfor sol og vestenfor måne* (Jenseits Sonne u. Mond) (1889–90), UA: München 1890 (nur 1. Akt); *Sonntagsmorgen* (1891–92), UA: ebd. 1893; *Norwegische Hochzeit* (1894), UA: Prag 1900, als *Bruderovet* Oslo 1919; *En hellig aften* (Ein heiliger Abend) (1895), UA: Oslo 1915; *Vaarnat* (Frühlingsnacht) (1906–07), UA: Dresden 1908, revidiert u. erweitert als *Stjernenætter* (Sternennächte); *Opal*, UA: ebd. 1915; *Sturmvøgel*, UA: Schwerin 1926. – Ballett *Wunderhorn*, UA: Oslo 1905; ferner Bühnenmusik. – **2) Schriften:** *E. Grieg og hans verker* (Kop 1903, dt. L 1908) (mit W. Niemann); *R. Wagner* (Kop 1907, dt. L 1913); *Norges musikkhistorie* (Oslo 1921) (mit O. M. Sandvik).

Lit.: O. M. SANDVIK, G. S., in: SMZ 88 (1948); G. SCHJELDERUP, G. S. En norsk operakomponists liv og wirke (Oslo 1976).

SCHLÄGEL ↗Schlegel.

SCHLAGER, ein Gesangsstück bzw. Bz. für diejenige Trivialmusik, die – als Erzeugnis der Unterhaltungsindustrie – die weitaus größte Breitenwirkung sowohl im deutschen Sprachraum wie im internationalen Maßstab hat und den Erfolg zu ihrer Legitimation benötigt.

Zur Terminologie. Die Bezeichnung „Schlager" ist nach 1850 in Wien für textierte Musiknummern in Operetten aufgekommen, die durch-„schlagenden" Erfolg hatten. War demnach der S. ursprünglich Bestandteil eines größeren Ganzen, der sich dann publikumsbedingt verselbständigte, so wandelte sich schließlich die Erfolgsbezeichnung in eine Gattungsbezeichnung, indem – vor allem nach 1900 – der Versuch unternommen wurde, von vornherein Einzelstücke in Erfolgsabsicht zu fertigen. Dieser Wandel vollzog sich unter dem maßgeblichen Einfluß der Musikindustrie und der tontragenden Massenmedien (zunächst Schallplatte und Rundfunk, später auch Film, Fernsehen und Tonkassette). Das Entstehen der Gattung S. ließ nun wiederum das Bedürfnis aufkommen, Einzelstücke, die sich aufgrund ihrer Erfolgsqualitäten tatsächlich durchsetzen, etikettenartig zu benennen. Das geschieht mit der Bezeichnung „Hit", der englischen Übersetzung des deutschen „Schlager". Mit der englischen Wendung „Evergreen" wird ebenfalls der Erfolg zum Maßstab einer Benennung, denn das so gekennzeichnete Stück ist derjenige S., der die übliche Kurzlebigkeit deutlich überdauert. („Schnulzen" heißen Stücke mit stark ausgeprägter Sentimentalität.) – Als Phänomen der Industriekultur hat der S. keine echten Parallelen in der Musikgeschichte; er füllt das Vakuum aus, das die absterbende Volksmusik einerseits und die zunehmend esoterische Kunstmusik andererseits haben entstehen lassen. Mit dieser Einschränkung gehört der S. zu einem sachlich-historischen Feld der Popularmusik, auf dem er sich mit Volkslied, Gassenhauer, Bänkelsang, Liedermacherproduktion, Song und Chanson berührt.

Kriterien des Schlagers. Die den neueren S. unterscheidenden Merkmale lassen sich annähernd so fassen: 1. Sind beim Volkslied Gebrauchs- und Tauschwert ununterschieden, so hat der S. Warencharakter, d.h. er ist eine ökonomisch determinierte Musik, deren Herstellung (Produktion), Vertrieb (Distribution) und Aufnahme (Konsumtion) den Gesetzen des Marktes unterliegen. Konsequenz ist die strikte Orientierung der Autoren am Konsumenten und seinen Bedürfnissen (Zielgruppenanalyse), damit aber auch die Förderung von Modetrends und Kurzlebigkeit. – 2. Der S. hat eine massenmediale Existenz, denn er ist nur in den tontragenden Massenmedien ökonomisch präsent, die außerdem seine musikalischen Eigenarten prägen, ja gewährleisten. (Der gesungene Text ist lediglich ein „Skelett"; zum vollen Erscheinungsbild gehören das klangliche „Drumherum" und die Eigentümlichkeiten des Interpreten.) – 3. Als industriell gefertigtes Massenprodukt, das – eingepaßt in den ökonomischen Regelkreis – den Marktmechanismen unterworfen ist, liegt dem

Schlager das Prinzip der Arbeitsteiligkeit zugrunde. So arbeiten etwa bei der Schlagerschallplatte nach präzisen Fertigungs- und Absatzplänen Hand in Hand: Produzent, Textlieferant, Komponist, Arrangeur, Studiotechniker, Interpret, Graphiker, Marketing-Spezialist, Diskjockey u.a. – 4. Marktorientierung, massenmediale Existenz auf Tonträgern und Arbeitsteiligkeit verraten das Desinteresse des S.s an Kunstwerknormen. Darum sind die Bestimmungen des Musikwerks seit der Wiener Klassik – Originalität, Integrität, Qualität – unzulänglich für eine Musik mit derart offener Identität. Diesen Gegebenheiten sucht die Komponententheorie Rechnung zu tragen (H. Rauhe 1974, 17ff., siehe Lit.) und zugleich die Schrittfolge bei Produktion und Distribution des S.s zu berücksichtigen: Primärkomponenten sind die Summe des notationsmäßig Fixierbaren (Melodik, Rhythmik, Harmonik), Sekundärkomponenten die durch Arrangement erzielte Farbqualität (Instrumente, Stimmen), Tertiärkomponenten das mittels Studiotechnik verklanglichte Endprodukt (Playback, Klangmanipulationen, Bandabmischung), Quartärkomponenten die Mittlerelemente zum Konsumenten (Coververpackung, Hitparade, Schaufensterwerbung). – 5. Das als offene Identität erarbeitete Klangerzeugnis S. ist entscheidend vom Interpreten, seinem Image und seiner Attraktivität abhängig – so sehr, daß Interpret und Musik in der Erwartung des Konsumenten in eins fallen und die Branche einer solchen Erwartung mit Image-Montage und „maßgeschneidertem" Titel entgegenkommt. Diese Interpretenbezogenheit des S.s ist marktrelevant; die Unterhaltungsindustrie macht sich die Wirkung der personalisierten Musik S. denn auch konsequent zunutze (Starkult, Fanclubs). – 6. Die Wirkungsweise des S.s als in Thematik, Klang und Ausführung personalisierte Musik erklärt vor allem seine Kompensationsfunktion für den Konsumenten. Im Kompensieren individueller und sozialer Defizite in der Realität – als Fördern von Wohlbehagen und Unterdrücken von Unbehagen („Unterhaltung") – liegen seine sozialpsychologischen Möglichkeiten (Identifikationsangebot, Projektion unerfüllter Wünsche, Stimulans), Chancen, die letztlich auch über den ökonomischen Stellenwert der Ware S. entscheiden.

Charakteristika des Schlagers. Auf dem Hintergrund der unterscheidenden Merkmale werden die formalen Eigenarten des neueren S.s verständlich: S. sind kurze Einzelstücke, deren Durchschnittsdauer der Länge einer Single-Seite entspricht (17-cm-Schallplatte mit 1 Titel von 3–4 Minuten Dauer je Plattenseite), um Eingängigkeit zu gewährleisten. Generell gilt Textgebundenheit; sie wird nur da aufgegeben (etwa im Medley für Tanzzwecke), wo der Bekanntheits- und Beliebtheitsgrad eines S.s das Wiedererkennen der Melodie zum Aha-Erlebnis werden läßt. Da der Unterhaltungseffekt sich steigern läßt, wenn die Verwendbarkeit breit ist, sind Tanzbarkeit und Stimmungsqualität unverzichtbar. Dem arbeitsteiligen Herstellungsverfahren und dem Desinteresse an den Normen des Musikwerks entsprechen Standardisierung und Klischeebildung. Angesichts der starken Abhängigkeit der Branche von Modeerscheinungen lassen sich Typologien nur unter Vorbehalt entwikkeln, etwa volkshaft-naiv, melodisch-expressiv, motorisch-suggestiv (S. in Deutschland, 1972, 41ff., siehe Lit.).

Der Schlagertext. Der Durchschnittsschlager bietet seinen Text in gebundener Sprache, also in gereimten Zeilen, die strophisch organisiert sind. Das geschieht in Anlehnung an Coupletformen, d.h. als antithetische Zweiteilung in Strophe (V, auch „Vorstrophe" oder „Vers") und Refrain (R, auch „Chorus"), durchweg: R V^1 R V^2 R [...]. Der Refrain ist dominierend, wie sich in seiner Anordnung und in seiner Einprägsamkeit zeigt; denn er enthält das Motto oder die inhaltserschließende Schlagzeile. Die Sprachskala reicht von Lyrismen pseudoromantischen Zuschnitts bis zu burschikos-saloppen Alltagswendungen. In gezielter Mischung aus Abstraktheit (die jedem einen breiten Assoziationsspielraum läßt) und Konkretheit (die jedem unmittelbaren Zugang sichert) werden Standardthemen aus Alltag und Traumwelt behandelt. Überaus gering ist der dabei verwendete Bestand an Reizwörtern (vor allem Liebe, Glück, Herz, Welt, Leben, Traum, Sonne, Himmel).

Die Musik des Schlagers. Wichtigstes Element des S.s ist die Melodik (während die Dynamik völlig vernachlässigt wird). Die Dur-Moll-Tonalität steht nie in Frage. Rhythmische Eingängigkeit und Regelmäßigkeit fordert der S. als potentielle Tanzmusik. Die Anregungen gewinnt der Rhythmus aus den Tanzmoden. Eingängigkeit bedingt aber auch formale Regelmäßigkeit. So sind Liedformmodelle und Periodenaufriß gängige Orientierungsquellen (insbesondere beim mitsingefähigen Refrain). Bis in die 60er Jahre war eine Art Standardform vorherrschend:

A A B A (= Refrain) + C C' (= Strophe). –
8+8+8+8 Takte   8+8 Takte

Der Image-Vielfalt der Interpreten entspricht eine stimmliche Vielfalt, die das Flair des Persönlich-Individuellen simuliert. Diese Vielfalt reicht vom pervertierten Belcanto (mit Operettenursprung) bis zur Rauheit (in Anlehnung an außereuropäische

Stimmideale wie das Shouting). Die Starrolle des Interpreten zwingt hingegen zu einer gewissen Konformität in der Klangregie. So wird der Sänger meistens von einer Rhythmusgruppe begleitet, die musikalisch alle wichtigen Grundfunktionen erfüllt und fallweise durch zusätzliche Instrumente und einen Backgroundchor Ergänzung findet. Dies geschieht unter Nutzung der Raumakustik (Vorder- und Hintergrund) mit Nahwirkung des Stars zum Hörer. – Das Klangbild beherrschen die Sekundär- und Tertiärkomponenten (zuungunsten der Primärkomponenten). Auf diese Weise entsteht ein luxuriöser „Sound", der völlig den Bedingungen der Studiotechnik unterliegt, also nicht mit dem Mischklang des neueren Symphonieorchesters verglichen werden darf. Selbst in eher äußerlichen Gestaltungsverfahren wie bei nicht-modulatorischen Rückungen (Aufhellung, Steigerung) und Fadeout-Schlüssen (ad infinitum-Wirkung) ist die Arbeit des Studiotechnikers zur unabdingbaren Voraussetzung geworden.

Lit.: TH. W. ADORNO, Einleitung in die Musiksoziologie. Zwölf theoretische Vorlesungen (F 1962); H. CH. WORBS, Der S. Bestandsaufnahme, Analyse, Dokumentation (Bremen 1963); S. in Deutschland. Beitr. z. Analyse der Popularmusik u. des Musikmarktes, hrsg. v. S. HELMS (Wie 1972); H. RAUHE, Popularität in der Musik. Interdisziplinäre Aspekte musikal. Kommunikation (Karlsruhe 1974) (= MuGes. 13/14); W. MEZGER, S. Versuch einer Gesamtdarstellung unter besonderer Berücksichtigung des Musikmarktes der Bundesrepublik Deutschland (Tü 1975) (= Unters. des Ludwig-Uhland-Inst. der Univ. Tübingen 39); D. KAYSER, S. Das Lied als Ware. Unters. zu einer Kategorie der Illusionsindustrie (St 1975, [2]1976); K. J. KEMMELMEYER – R. WEHMEIER, Der S. Hdb. für Unterricht u. Praxis (Rb 1976) (= Bosse Musik Paperback 8); R. BRINKMANN, Einige generelle Aspekte der Terminusgesch. „S.", in: Kgr.-Ber. Berkeley 1977; Das Große S.-Buch. Dt. S. 1800 – heute, hrsg. v. M. SPERR (Mn 1978).

J. HUNKEMÖLLER

SCHLAGGITARRE, im Bereich des Jazz Bz. für eine Gitarre mit oft asymmetrisch geformtem Korpus, dessen Boden und Decke leicht gewölbt sind. Das Instrument hat 6 in einer Wirbelplatte an hinterständigen Wirbeln befestigte und mit seitlichen Metallschrauben gestimmte Stahlsaiten, deren große Spannung eine Verstärkung des Halses, meist mit Stahleinlagen, und eine Befestigung der Saiten an einem Saitenhalter statt einem Querriegel erfordert. Die S. wird mit einem Plektrum gespielt, weshalb auf der Decke ein Schlagbrett zum Schutz der Deckenoberfläche angebracht ist. In der Unterhaltungsmusik wird heute überwiegend die ↗Elektrogitarre verwendet.

SCHLAGINSTRUMENTE, Perkussionsinstrumente (engl.: percussion instruments; frz.: instruments à percussion; it.: strumenti a percussione; span.: instrumentos de percusión), im weitesten Sinne Bz. für alle in der Musik verwendeten Objekte, mit denen durch Stampfen (Stampfrohr), Schütteln (Rassel, Sistrum), Schrapen (Guiro, Washboard) oder Schlagen ein Geräusch oder ein Ton erzeugt werden kann. Letztere Art der Klangerzeugung ist die am weitesten verbreitete; sie wird, je nach Instrumententyp, als Aufschlag, z. B. mit der Hand oder mit einem Schlegel (Trommel), oder als Gegenschlag (Kastagnetten, Becken) ausgeführt. Die meisten S. sind ↗Idiophone (↗Lithophone, ↗Metallophon) oder ↗Membranophone. Aber auch einige ↗Chordophone sind zu den S.n zu zählen (Hackbrett, Hammerklavier, Tambourin 2). Zu unterscheiden sind S. mit unbestimmter Tonhöhe (Schellen, Klappern, Maracas, Trommeln) und die mit bestimmter oder veränderbarer Tonhöhe (Pauke, Glocke, Glockenspiel, Xylophon). S. gehören zum frühesten Kulturgut nahezu aller Völker und existieren in einer unübersehbaren Vielfalt von Formen. Sie werden je nach Kultur auch im kultischen Bereich als Lärm- und als Rhythmusinstrumente eingesetzt.

Lit.: ↗Schlagzeug. M. BRÖCKER

SCHLAGOBERS, Heiteres Wiener Ballett in 2 Aufzügen von Richard Strauss (1864–1949), op. 70. UA: 9. 5. 1924 in Wien (Staatsoper) (Choreographie: Heinrich Kröller; Bühnenbild und Kostüme: Ada Nigrin); dt. EA: 1924 in Breslau.

Die Handlung dieses Balletts weckt Assoziationen an die szenische Disposition in J. Bayers *Puppenfee* und in P. Tschaikowskys *Nußknacker;* die als Divertissement dargebotene Szenenfolge ist ausschließlich durch ihre Unterhaltungsfunktion bestimmt und entbehrt jeglichen dramaturgisch-choreographischen Raffinements: Firmlinge besuchen in Begleitung ihrer Paten eine Wiener Konditorei und schlemmen genießerisch Süßigkeiten und Backwerk mit Schlagsahne. Ein Firmling verdirbt sich an diesen kulinarischen Genüssen den Magen, so daß der Arzt ihm Bettruhe verordnet. In seinen Fieberträumen begegnet dem Kranken ein imposantes Aufgebot seltsamer Phantasiegeschöpfe: Prinzessin Pralinee und ihr Hofstaat, dazu noch Weihnachtsstollen, Kaffeestriezel und Schlagobers defilieren – zu einer heiteren, beschwingten, illustrativen Musik – in einer traditionellen Reihe von Tanzformen (Marsch, Menuett, Gavotte, Polka und Walzer). – Als Auftragswerk für die Wiener Staatsoper komponiert, wurde dieses „Repräsentationsballett", das selbst Strauss als „läppische Konditorei-Angelegenheit" apostrophierte, im Rahmen der Festlichkeiten zum 60. Geburtstag des Komponisten uraufgeführt. Neben der Konzeption der banalen Handlung provozierten auch die hohen Produktionskosten die Kritik der Presse, die dieses „Wiener Milliardenballett“ (E. Kraus) als „Rückfall in die Harmlosigkeit des alten Divertissements“ ablehnte. G. LUDIN

SCHLAGZEUG (engl.: percussion; frz.: batterie; it.: percussione; span.: percusión), zusammenfassende Bz. für alle ↗Schlaginstrumente, heute aufgrund der Begriffsvieldeutigkeit häufig durch die Bz. „Perkussion“ ersetzt, auch umgangssprachlicher Ausdruck für ein Kombinationsinstrumentarium, d.h. die beliebige Zusammenstellung der unterschiedlichsten Schlaginstrumente. Das S. bildet neben den Streich- und Blasinstrumenten eine der Hauptgruppen des Orchesters. Einen Sonderfall stellen die Pauken dar, die in der Praxis im allgemeinen nicht zum S. gerechnet werden, historisch begründet durch die Tatsache, daß seit dem 17. Jh. die allein einem Fürsten unterstehenden Feldtrompeter und Pauker in Sonderfällen zu Repräsentationszwecken auch für die Kirchenmusik und die Oper herangezogen wurden. Das S. im engeren Sinne fand seit dem 18. Jh. als ↗Janitscharenmusik Eingang in die Kunstmusik und wurde seit Mitte des 19. Jh. zunehmend stärker erweitert, so durch Mallet-Instrumente (Stabspiele) wie das ↗Glokkenspiel, ↗Xylophon, ↗Vibraphon, ↗Marimbaphon, Tubaphon, ↗Röhrenglocken und ↗Gong, akzessorische Orchesterinstrumente wie ↗Triangel, ↗Kastagnetten, ↗Rute, ↗Amboß, ↗Schellen, ↗Peitsche und ↗Ratsche, Folkloreinstrumente vor allem aus dem asiatischen, afrikanischen und lateinamerikanischen Bereich sowie Effektinstrumente wie z.B. Windmaschinen, Donnerblech, Vogelstimmen, Kindertrommel, Metallfolien oder Autohupe.

Im internationalen Sprachgebrauch wird heute das S. als *Set-up* bezeichnet, das von einem einzigen Perkussionisten gespielt wird. Allgemein wird die von I. Strawinsky vorgeschriebene Kombination (Kleine Trommel mit Saiten, 2 Kleine Trommeln ohne Saiten, Rührtrommel, Große Trommel, Becken, Schellentrommel, Triangel) in *L'histoire du soldat* (1918) als Beginn der Set-up-Entwicklung angenommen. Die heutige Definition des Begriffes Set-up beinhaltet, daß ein Spieler aus kompositorisch notwendigen Gründen das Kombinationsinstrumentarium bedienen muß, um die vorgeschriebenen musikalischen und motorischen Abläufe realisieren zu können und zu gewährleisten. Dies gilt vor allem für die solistische und kammermusikalische Literatur, z.B. in D. Milhaud, *La création du monde* (5 Pk.; Große Trommel mit Becken, Tambourin de provence, Rührtrommel, Kleine Trommel, Becken, Holzblock, Metallblock, Schellentrommel), B. Bartók, *Sonata for Two Pianos and Percussion* (3 Pk.; Xylophon, 2 Kleine Trommeln, Große Trommel, Becken, Tamtam, Triangel, Beckenpaar = 2 Spieler), K. Stockhausen, *Zyklus für einen Schlagzeuger* (Marimbaphon, Vibraphon, Kleine Trommel, 4 Tom-Toms, Guiro, 2 Schlitztrommeln, 2 Becken, Triangel, Hi-hat, Schellen, 4 Almglocken, Kuppelgong, Tamtam), Siegfried Fink, *Alternation* (4 Pk.; Bongos, 2 Becken, Hi-hat, Triangel, Tamtam, Claves), oder Joan Guinjoan, *Tension-Relax* (3 Pk.; Große Trommel, Rührtrommel, Tom-Tom, 3 Bongos, Kleine Trommel, Schellentrommel, Becken, Hi-hat, 3 Almglocken, Triangel, Gong, Tamtam, 3 Tempelblocks, Ratsche). Die Realisierung dieser Partituren setzt eine bestimmte räumliche Anordnung der verschiedenen Schlaginstrumente voraus, die in Form eines Diagrammes (↗Notenschrift) den Partituren beigegeben ist (Beispiel aus: J. Guinjoan, *Tension-Relax*):

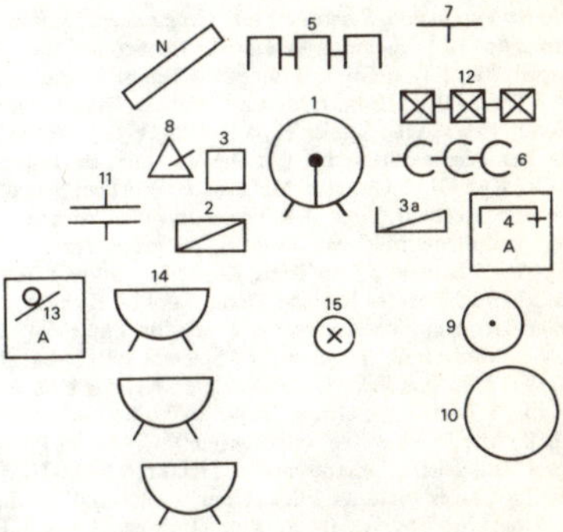

1 Große Trommel, 2 Kleine Trommel, 3 Tom-Tom, 3a Rührtrommel, 4 Schellentrommel, 5 Bongos, 6 Almglocken, 7 Becken, 8 Triangel, 9 Gong, 10 Tamtam, 11 Beckenmaschine, 12 Tempelblocks, 13 Ratsche, 14 Pauken, 15 Spielposition, A Ablage, N Noten.

Eine spezielle Form des Kombinationsinstrumentariums ist das umgangssprachlich meist als Schlagzeug bezeichnete *Drum-set* (international gebräuchlicher Begriff; da die bekannten englischen Bezeichnungen auch für die einzelnen Instrumente des Drum-set angewendet werden, sind sie im folgenden vorangestellt) eine feststehende Kombination, bestehend aus Snare-drum (Kleine Trommel), Bass-drum (Große Trommel), Small & large Tom-Tom (kl. und gr. Tom-Tom), Hi-hat (Beckenmaschine) und Cymbal (Becken). Die Grundkombination des Drum-set wird durch die sich stetig wandelnden Stil- und Spielkriterien von den einzelnen „Drummern“ beliebig ergänzt und erweitert durch die Hinzunahme von mehreren

Becken und Tom-Toms, Gongs, Tempelblocks, Roto-timbales und anderen Schlaginstrumenten. – Die Geschichte des Drum-set ist eng verbunden mit dem Jazz. Da dieser sehr stark durch die Improvisation geprägt ist, werden die Interpreten im Jazz zu stilbildenden Musikern, wie im Bereich des Drum-set oder der Drums z.B. Baby Dodds, Gene Krupa, Kenny Clarke, Max Roach, Luis Bellson, Billy Cobham und Steve Gadd. – Das Drum-set ist in der Orchesterliteratur in den Partituren zahlreicher Operetten und Musicals zu finden, aber auch z.B. bei Milhaud, *La création du monde*, und R. Liebermann, *Concerto for Jazzband and Symphony Orchestra*.

Musik für und mit Perkussion. Die Werke für und mit Perkussion lassen sich in verschiedene Sparten einteilen. Das nachstehende Verzeichnis stellt eine bezeichnende Auswahl aktueller Kompositionen mit Angabe von Komponist, Werktitel und verwendeten Instrumenten dar (im folgenden wird Xylophon mit Xyl., Marimbaphon mit Mar., Vibraphon mit Vib., Glocke mit Gl., Trommel mit Tr., Triangel mit Trgl. und Becken mit Bck. abgekürzt):

1. Solo für Perkussion: Siegfried Fink, *Conga negro* für Folkloreinstrumente; H. Lachenmann, *Intérieur* für Set-up (Mar., Vib., Glasspiel, Pk., 2 Tom-Toms, 2 Bongos, 4 Tempelblöcke, 2 Tamtams, 3 Trgl., 4 Bck., Hi-hat); Martin Gümbel, *Überschreitungen* für Set-up (Mar., Vib., Schlitz-Tr., 5 Holzblock-Tr., 2 Holz-Tom-Toms, Bambusstäbe, Ratsche, Peitsche, Tamtam, Buckelgong, 4 Alm-Gl., Kuh-Gl., 3 Crotales, Metallstäbe, Schellen, Vibra-Slap, indische Glöckchen); Fink, *Machine-drums* für Drum-set.

2. Perkussionsensemble: B. Hummel, *5 Szenen* für 2 Spieler (Mar., Vib., 3 Bongos, 2 Tom-Toms, Kleine Tr., Guiro, 5 Tempelblöcke, 2 Holzblock-Tr., Ratsche, Gong, 6 Bck., 2 Kuh-Gl., Trgl., Schellen-Tr.); Heinrich Konietzny, *Triade* für 3 Spieler (3 Bck., Xyl., Vib., Mar.); Fink, *Top-kapi* für 4 Spieler (Xyl., 2 Mar., 3 Pk., Kleine Tr., 2 Bongos, Bck., Trgl.); W. Hiller, *Katalog V* für 5 Spieler (4 Pk., 3 Tom-Toms, Große Tr., Rühr-Tr., Kleine Tr., 3 Bongos, Bck., Mar., Vib., 2 Xyl., Glockenspiel); C. Chávez Ramírez, *Toccata* für 6 Spieler (indianische Tr., 2 Kl. Tr., 2 Rühr-Tr., 3 Pk., Große Tr., Claves, Maracas, 2 Bck., Gong, Tamtam); V. Firth, *Encore in Jazz* für 7 Spieler (Mar., Vib., Drum-set, 4 Pk., 3 Tom-Toms, Bongos, Conga-Tr., Kuh-Gl.); X. Lambro, *Dance barbaro* für 8 Spieler (8 Pk., 4 Bongos, 2 Kleine Tr., 2 Conga-Tr., Große Tr., kreolische Timbales, 2 Tom-Toms, Claves, Bck., Crotales, Gong, Schellen-Tr., 2 Maracas).

3. Perkussion in der Kammermusik: A. Tscherepnin, *Sonatina* für Klv. und 3 Pk.; J. Guinjoan, *Prisma* für Klv., Vib. und Mar.; Josep Soler, *Noche oscura* für Org., Mar., Vib., Gongspiel, Crotales, 5 Tempelblöcke, Bck., Tamtam; B. Bartók, *Sonata* für 2 Klv., 3 Pk., Xyl., 2 Kleine Tr., Große Tr., Bck., Trgl., Tamtam, Bck.-Paar; H. W. Henze, *El Cimarrón* für Bar., Fl., Gitarre und Perkussion (Mar., Vib., 2 Zimbeln, Steal-drum, Muschelspiel, Bambusrohre, 3 Kuh-Gl., Conga-Tr., Claves, Matraca, 2 Donnerbleche, Vogelpfeife, 3 Bongos, 13 Tom-Toms, 4 Log-drums, 8 Bambus-Tr., Marimbula, Kleine Tr., Große Tr., 2 Tamtams, 3 Bck., Maracas, Guiro, 3 Kin); P. Boulez, *Le marteau sans maître* für Alt, Gitarre, Fl., Va. und 3 Perkussionisten (Vib., Xylorimba, 2 Tamtams, Gong, 2 Bck., 2 Alm-Gl., 2 Bongos, Trgl., Kleine Tr.); J. Cage, *Amores* für Prepared piano und 3 Perkussionisten (9 Tom-Toms, 7 Holzblock-Tr., Pood rattle).

4. Soloperkussion mit Orchester: Xavier Benguerel, Konzert für S. u. Orch.; P. Creston, Concertino für Mar. u. Orch.; Fink, Concertino für Vib. u. Str.; Klaus Hashagen, *Mobile Szenen* für S. u. Orch.; Hummel, *Pentafonia* für S. u. Streichorch.; A. Jolivet, Konzert für S. u. Orch.; D. Milhaud, Konzert für S. u. kleines Orch.; Soler, *Requiem* für S. u. Orch.; Werner Thärichen, Konzert für Pk. u. Orch.

5. Perkussion im Orchester: W. A. Mozart, *Die Entführung aus dem Serail* (2 Pk.; Große Tr., 2 Bck., Trgl.); R. Strauss, *Don Quixote* (Pk.; Bck., Große Tr., Kleine Tr., Glöckchen, Schellen-Tr., Windmaschine); I. Strawinsky, *L'oiseau de feu* (4 Pk.; Xyl., Große Tr., Kleine Tr., Schellen-Tr., Trgl., Bck.); P. Hindemith, *Symphonische Metamorphosen über Themen von C. M. von Weber* (4 Pk.; Große Tr., Kleine Tr., Rühr-Tr., Tom-Tom, Schellen-Tr., Trgl., Gong, Bck.-Paar, Bck., Röhren-Gl., Glockenspiel); B. Britten, *The Young Person's Guide to the Orchestra* (4 Pk.; Xyl., Kleine Tr., Große Tr., Bck., Trgl., Gong, Kastagnetten, Peitsche, Holzblock-Tr., Schellen-Tr.); Strawinsky, *Le sacre du printemps* (6 Pk.; Große Tr., Schellen-Tr., Tamtam, Trgl., Guiro, Crotales); C. Orff, *Carmina Burana* (5 Pk.; 3 Glockenspiele, Xyl., 3 Röhren-Gl., 4 Bck., Bck.-Paar, Schellen, Trgl., Tamtam, Schellen-Tr., 2 Kleine Tr., Große Tr.).

Lit.: B. SPINNEY, Encyclopedia of Percussion Instruments and Drumming (Hollywood 1955); H. KUNITZ, Die Instrumentation, Bd. 10: S. (L 1960); J. BLADES, Orchestral Percussion. Technique (Lo 1961); W. STAUDER – R. GÜNTHER – CH. CASKEL, S., in: MGG XI; E. B. GANGWARE, The History and Use of Percussion Instruments in Orchestration (1962) (= Diss. Northwestern Univ.); W. KOTOŃSKI, Instrumenty perkusyjne we współczesnej orkiestrze (Krakau 1963), dt. Übers.: Schlaginstr.e im modernen Orch. (Mz 1968); M. ABRAMS, Modern Techniques for the Progressive Drummer (Lo 1966); G. AVGERINOS, Hdb. der Schlag- u. Effektinstr.e (F 1967) (= Fachbuchreihe Das Musikinstr. 19); R. S. BRINDLE, Contemporary Percussion (NY 1969); K. PEINKOFER – F. TANNIGEL, Hdb. des S.s (Mz 1969, ²1981 [erweitert]); J. BLADES, Percussion Instruments and Their History (Lo 1970, ²1975); F. DUPIN, Lexique de la percussion (P 1971); E. KARKOSCHKA, Zu einer Systematik der Schlaginstr.e, in: Mf 25 (1972); J. BLADES, Early Percussion Instruments from the Middle Ages to the Baroque (Lo 1976); J. HOLLAND, Das S. (Unterägeri 1981).

S. FINK

SCHLAUE FÜCHSLEIN, DAS *(Příhody lišky bystroušky)*, Oper in 3 Akten von Leoš Janáček (1854–1928), Text vom Komponisten nach Rudolf Těsnohlídeks Tiernovelle *Die Abenteuer des Füchsleins Schlaukopf*. Ort und Zeit der Handlung: Im Schwarzgrund und in einem mährischen Dorf, irgendwann. UA: 16. 11. 1924 in Brünn; dt. EA (in dt. Sprache): 13. 2. 1927 in Mainz, dt. bearbeitet von Max Brod.

Als Fortsetzungsgeschichte für das Feuilleton der Brünner Tageszeitung *Lidové noviny* hatte Těsnohlídek seine Fabel zu Zeichnungen von Stanislav Lolek geschrieben. Bilder, 10 Einzelepisoden aus dem Leben des Füchsleins, bestimmen auch die Struktur dieser Oper. Geschickt werden Charaktere und Handlung im menschlichen Bereich analog gesetzt zu den Waldtieren und deren Leben; beide Ebenen werden zu einer märchenhaften Fabel verflochten, aus der die Lehre des Werkes vom zyklischen Wiederbeginn allen Lebens in der Natur hergeleitet wird. – Janáček schrieb keine Ouvertüre, sondern leitete die einzelnen Bilder mit musikalischen Charakter- und Naturskizzen ein, denen das Ballett der Tiere szenisch heiteres Leben verleiht. Alle diese Szenen sind mit sparsamen

Mitteln nuancenreich instrumentiert und rechtfertigen die häufig verwendete Bezeichnung ‚ein tschechischer Sommernachtstraum'. R. QUANDT

SCHLEGEL, Schlägel (engl.: stick, beater; frz.: baguette, mailloche; it.: bacchetta, battente; span.: baqueta), Bz. für ein zum Spiel von ↗Schlaginstrumenten (z. B. Pauke, Trommel) benutztes, für jedes Instrument speziell ausgebildetes Werkzeug, das aus einem längeren Stiel aus Holz, Elfenbein, Rohr u. ä. mit einem Kopf besteht, dessen Form und Material (Holz, Filz, Leder, Kork, Hartgummi, Schwamm) je nach Instrument und gewünschtem Klang unterschiedlich ist. Die S. von ↗Cimbalom, ↗Hackbrett und ↗Xylophon heißen Klöppel.

SCHLEIFER (engl.: slide), im 18. Jh. Bz. für einen ↗Vorschlag von 2 oder 3 Tönen. Beispiel eines 2tönigen S. (nach C. Ph. E. Bach, *Versuch über die wahre Art,* 1753):

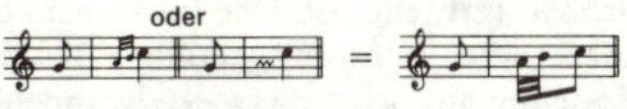

In der frz. Cembalomusik heißt dieser S. Coulé (synonym damit gelegentlich ↗Port de voix double, auch tierce coulé, coulement). Er wird folgendermaßen notiert, wobei der Anfangston auch ausgehalten werden kann:

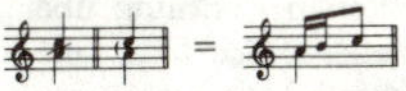

In der it. Vokalmusik des 17. Jh. gibt es eine ähnliche Verzierung, die Esclamazione (↗Exclamatio). Der 3tönige S. entspricht dem↗Doppelschlag von unten.

SCHLEIFLADE, Bz. für die älteste und vor 1850 sowie seit 1950 wieder am weitesten verbreitete Form der Windlade bei der ↗Orgel.

Lit.: W. SUPPER, Die wichtigsten Windladenarten, in: Acta organologica 3 (1969).

SCHLESINGER, Name zweier Musikverlage. – **1) Schlesinger'sche Buch- und Musikalienhandlung,** gegr. 1810 von **Adolph Martin** (eig. Abraham Moses) **S.,** * 4. 10. 1769 Sülz (Schlesien), † 11. 10. 1838 Berlin, der schon vor 1795 als „Bücherkommissionär" in Berlin Musikalien verkauft hatte. Zunächst veröffentlichte er Werke Berliner Komponisten, später Kompositionen von G. Spontini, F. Mendelssohn Bartholdy, C. Loewe und C. M. von Weber, dessen wichtigster Verleger er wurde. Dank seines Geschäftssinns konnte er das Unternehmen sehr rasch ausbauen und vergrößern. Er knüpfte Beziehungen an mit L. van Beethoven (dessen Originalausgaben u. a. von op. 108 bis 111, 132 und 135 bei S. erschienen) und C. Fr. Zelter und druckte 1830 die erste Teilausgabe von J. S. Bachs Matthäuspassion. Außerdem wurden von ihm verschiedene Zeitschriften herausgegeben, u. a. *Freimüthiger* (1803 ff.), dessen Supplement der Ausgangspunkt für die (Berliner) *Allgemeine musikalische Zeitung* (1824 ff.) war, das *Berliner Konversationsblatt* (1827 ff.) und das *Berliner Kunstblatt* (1828 ff.). Sein Sohn **Heinrich S.,** * 1810 Berlin, † 14. 12. 1879 ebd., übernahm den Verlag 1844 als Eigentümer. Er verlegte auch Werke u. a. von H. Berlioz, P. Cornelius, Fr. Liszt und Fr. Chopin, konnte aber 1864 den Konkurs der Firma nicht verhindern; sie wurde 1865 von R. ↗Lienau aufgekauft. – **2) Maurice Schlesinger,** gegr. 1821 von Adolph Martin S.s Sohn **Maurice** (Moritz) **Adolphe** (eig. Mora Abraham) **S.,** * 30. 10. 1798 Berlin, † 25. 2. 1871 Baden-Baden, der 1819 nach Paris gekommen war. Seine ersten Publikationen datieren vom Juli 1821. S. führte in Frankreich die Werke Beethovens, J. N. Hummels und Webers ein und verlegte französische zeitgenössische Musik (Berlioz, G. Meyerbeer, Fr. Halévy, A. Adam). 1834 gründete er die *Gazette musicale de Paris,* die bald mit der von Fr.-J. Fétis herausgegebenen *Revue musicale* vereinigt wurde und unter dem Titel *Revue et gazette de la vie musicale en France* (1835–80) erschien; Mitarbeiter waren u. a. Berlioz, Fétis, George Sand, R. Schumann und R. Wagner. 1846 ging der Verlag an ↗Brandus über.

Lit.: M. UNGER, L. van Beethoven u. seine Verleger (B 1921); H.-M. PLESSKE, Bibliogr. des Schrifttums z. Gesch. dt. u. östr. Musikverlage, in: Beitr. z. Gesch. des Buchwesens 3, hrsg. v. K.-H. Kalhöfer – H. Rötzsch (L 1968). – **Zu 1):** FS A. M. S. – R. Lienau 1810–1960, hrsg. v. R. ELVERS (B 1960). – **Zu 2):** C. HOPKINSON, A Dictionary of Parisian Music Publishers 1700–1950 (Lo 1954); I. MAHAIM, Nouvelle version d'une lettre apocryphe de Beethoven à l'éditeur M. S. de Paris, in: SMZ 99 (1959); A. TYSON, M. S. as a Publisher of Beethoven, 1822–27, in: AMl 35 (1963).

SCHLICK, Arnolt, * um 1460 in der Kurpfalz (Heidelberg ?), † nach 1521 Heidelberg; dt. Organist und Komponist. Von Jugend auf blind, wurde er um 1485 kurpfälzischer Hoforganist in Heidelberg und spielte vermutlich bei den Krönungsfeierlichkeiten für König Maximilian I. in Frankfurt am Main (1486) die Orgel. 1490–91 hielt er sich in den Niederlanden auf. Als außerordentlich gerühmter Fachmann in Orgelfragen wurde er nach Straßburg gerufen, wo er 1491 die große Orgel des Münsters abnahm, sowie später nach Hagenau (1503, 1510, 1520), Speyer (1505) und Neustadt an der Weinstraße (1516). 1495 traf er auf dem Reichstag zu Worms mit S. Virdung zusammen. Das Archiv des Heidelberger Hofes erwähnt S. 1509 unter den auf Lebenszeit im Dienste des

Pfälzer Kurfürsten stehenden Personen. S. veröffentlichte mit dem *Spiegel der Orgelmacher vnd Organisten* (1511) den ersten der Orgel gewidmeten Traktat in deutscher Sprache, in dem das Instrument von seiner technischen Seite aus (Bau, Registrierung, Stimmung, Aufstellung) behandelt wird. Seine Kompositionen veröffentlichte er im folgenden Jahr als *Tabulaturen etlicher lobgesang vnd lidlein* (1512), die zu den ersten Tabulaturdrucken überhaupt gehören. Die Sammlung enthält 14 3- und 4st. Stücke für Orgel, darunter ein Salve Regina in 5 Sätzen, 12 2st. Lieder für Gesang und Laute sowie 3 3st. Liedsätze für Laute allein. 2 weitere 4st. Lieder von S. finden sich in E. Öglins *Gesangkbüchern* (1512). 1516 hielt sich S. in Torgau am Hofe des Kurfürsten von Sachsen auf, wo er P. Hofhaymer begegnete. Im folgenden Jahr widmete ihm A. Ornitoparchus das 4. Buch *(Contrapunctus)* seines *Micrologus musicae activae.* 1520 nahm S. vielleicht an den Krönungsfeierlichkeiten für König Karl V. in Aachen teil; dem Fürstbischof von Trient widmete und sandte er 8 Kanons sowie ein 2st. und ein 10st. Stück, die er wohl bei diesem Anlaß gespielt hat. Unter den Organisten des ausgehenden 15. und beginnenden 16. Jh. nimmt S. eine Sonderstellung ein. Ungeachtet seines Ruhmes hat er anscheinend keine Schüler gehabt. Seine durchaus eigenständigen Orgelwerke entbehren fast ganz jener üppigen Ornamentik, wie sie für Hofhaymer und dessen Schüler typisch ist. Sie verarbeiten vielmehr Cantus firmi in langen Notenwerten, wie es in der Generation J. Ockeghems und J. Obrechts üblich war, und lassen eine gründliche Kenntnis des niederländischen Kontrapunkts erkennen.

WW: *Tabulaturen etlicher lobgesang vnd lidlein vff die orgeln uñ lauten* (Mz 1512); *Spiegel der Orgelmacher vnd Organisten* (Speyer 1511). – Ferner hsl. erhalten: Für Orgel: 8 *Canones sine pausis* über *Gaude, Dei genitrix* (1520); *Ascendo ad patrem meum.* – 2 Lieder für 4 St. (1512).

Ausg.: *Spiegel der Orgelmacher,* hrsg. v. R. EITNER, in: MfM 1 (1869); dass., in modernes Deutsch übertragen v. E. FLADE (Mz 1931, Kas [2]1951); dass., Faks.-Ausg. u. Übertragung, hrsg. v. P. SMETS (Mz 1959). – *Tabulaturen etlicher lobgesang,* Übertragung, hrsg. v. G. HARMS (H 1924, [2]1937); dass., Faks.-Ausg. (L – Kas 1977); *Ascendo ad patrem,* in: R. LUNELLI, Contributi trentini alle relazioni musicali ..., in: AMl 21 (1949); Orgelkompositionen, hrsg. v. R. WALTER (Mz 1970).

Lit.: R. KENDALL, Notes on A. S., in: AMl 11 (1939); W. BRAUN, Ein Hallesches Exemplar v. A. S.s „Spiegel ...", in: Mf 7 (1954); S. KASTNER, Rapports entre S. et Cabezón, in: La musique instrumentale de la Renaissance, hrsg. v. J. Jacquot (P 1955); H. H. LENNEBERG, The Critic Criticized. S. Virdung and His Controversy with A. S., in: JAMS 10 (1957); G. PIETZSCH, Quellen u. Forsch. z. Gesch. der Musik am kurpfälzischen Hof z. Heidelberg (Mz 1963); H. HUSMANN, Zur Charakteristik der S.schen Temperatur, in: AfMw 24 (1967); W. THOMAS – J. J. K. RHODES, S., Praetorius and the History of Organ-Pitch, in: OYb 2 (1971).

M. HONEGGER

SCHLIPPENBACH, Alexander von, * 7. 4. 1938 Berlin; dt. Jazzmusiker (Pianist, Bandleader). Er spielte 1963–64 im Ensemble von Gunter Hampel, das den neuen Jazz in Deutschland vorbereitete, wurde 1965 Mitglied des Quintetts von M. Schoof und hat seit demselben Jahr auch eigene Gruppen, die einen oft kompromißlosen, spezifisch mitteleuropäischen Free Jazz interpretieren. Besonders bekannt wurde S. als Leiter des „Globe Unity Orchestra", das als erste Formation in der Jazzgeschichte Free Jazz in Big Band-Besetzung spielte. Als Pianist kommt S. von Cecil Taylors unorthodoxem und energiegeladenem Free Jazz-Stil her. Eine bekannte Schallplatteneinspielung von S. ist *Globe Unity* (1965).

SCHLITZTROMMEL, Bz. für ein Holzidiophon – es gehört organologisch nicht zur Gattung der ↗Trommel –, das in Ostasien, Ozeanien, Afrika und Südamerika in den verschiedensten Formen und Größen verbreitet ist. Das Instrument besteht aus einem Stück eines ausgehöhlten Baumstammes, dessen relativ schmale Oberseite mit ein oder mehreren schlitzförmigen Öffnungen versehen ist. Beim Spielen wird auf die Ränder dieser Schlitze geschlagen, je nach deren Dicke sich unterschiedliche Tonhöhen erzielen lassen. Die S. ist ein wichtiges Kultinstrument; früher diente sie aber auch der Nachrichtenübermittlung über weite Entfernungen. In neuerer Zeit findet die S. gelegentlich auch Aufnahme in das europäische Orchester.

Lit.: A. STEINMANN, Über anthropomorphe S.n in Indonesien, in: Anthropos 33 (1938); W. HEINITZ, Probleme der afrikanischen Trommelsprache, in: Beitr. z. Kolonialforsch. 4 (1943); E. HERMANN, Schallsignalsprachen in Melanesien u. Afrika (1943) (= Nachrichten v. der Akad. der Wiss. in Göttingen, Phil.-hist. Klasse 5); W. GRAF, Einige Bemerkungen z. S.-Verständigung in Neuguinea, in: Anthropos 45 (1950); H. FISCHER, Schallgeräte in Ozeanien (Str – Baden-Baden 1958) (= Slg. musikwiss. Abh.en 36); C. LAUFER, Gebräuche bei Herstellung einer melanesischen S., in: Anthropos 56 (1961).

SCHLOEZER, Boris Fjodorowitsch (Fédorovitch) **de,** * 8. 12. 1881 Witebsk, † 7. 10. 1969 Paris; frz. Philosoph und Musikschriftsteller russ. Herkunft. Er studierte Soziologie in Moskau, Brüssel und Paris, wo er 1901 mit einer Dissertation über *L'égoïsme* promovierte. Seit 1903 lebte er in Rußland als Musikschriftsteller und -kritiker. 1921 ließ er sich endgültig in Frankreich nieder und war mehrere Jahre Redaktionssekretär der *Revue musicale.* Als Berichterstatter der *Nouvelle revue française* (1921–57) beschäftigte er sich vorwiegend mit philosophischen und ästhetischen Fragen der zeitgenössischen französischen Musik.

Schriften: *A. Skrjabin* (B 1923) (russ., frz. P 1975); *I. Strawinsky* (P 1929); *Gegenwartsströmungen der russischen Musik,* in: Von neuerer Musik (Kö 1925); *Introduction à J. S. Bach* (P 1947), dt.

als: *Entwurf einer Musikästhetik* (H 1964); *Problèmes de la musique moderne* (zus. mit M. Scriabine) (P 1959, NA 1972) (= Arguments 12); *Musique et peinture non figurative*, in: Revue d'esthétique 15 (1962); *Présence du passé*, in: La musique et ses problèmes contemporains 1953–63 (P 1963) (= Cahiers de la Compagnie M. Renaud – J.-L. Barrault 41); *Confrontation*, in: RBMie 20 (1966).

Lit.: U. BÄCKER, Frankreichs Moderne v. C. Debussy bis P. Boulez. Zeitgesch. im Spiegel der Musikkritik (Rb 1962) (= Kölner Beitr. z. Musikforsch. 21); D. BANCROFT, Stravinsky and the „NRF" (1920–29), in: ML 55 (1974).

SCHLUSNUS, Heinrich, * 6. 8. 1888 Braubach am Rhein, † 18. 6. 1952 Frankfurt am Main; dt. Sänger (Bariton). Er war zunächst Postbeamter in Frankfurt am Main und erhielt auch dort seinen ersten Gesangsunterricht. 1915 debütierte er in Hamburg als Heerrufer in R. Wagners *Lohengrin*. Über Nürnberg (1915–17) gelangte er 1917 an die Berliner Staatsoper, der er bis 1945 angehörte und deren führender Verdi-Bariton er wurde. 1918 gab er seinen ersten Liederabend in Berlin und galt bald als der bedeutendste deutsche Liedinterpret seiner Zeit (mit insgesamt über 2000 Konzerten). Neben zahlreichen Konzerttourneen war er 1927–28 an der Chicago Opera engagiert; 1933 sang er bei den Bayreuther Festspielen den Amfortas im *Parsifal*. Nach dem 2. Weltkrieg war S. überwiegend als Opern- und Konzertsänger in Frankfurt am Main tätig. 1949 unternahm er eine ausgedehnte Tournee durch Südafrika; 2 Jahre später hatte er seinen letzten Bühnenauftritt im Stadttheater Koblenz. Zu den bedeutendsten Opernpartien des besonders beim deutschen Publikum beliebten Sängers gehörten Wolfram in Wagners *Tannhäuser* sowie G. Verdis Rigoletto und Germont *(La Traviata)*.

Lit.: E. VON NASO, H. S. – Mensch u. Sänger (H 1957, ²1962, NA F 1965); H. GAPPENACH, H. S., in: Rheinische Musiker 7 (Kö 1972) (= Beitr. z. rheinischen Musikgesch. 97). CH. LEHNIGK

SCHLÜSSEL, einfache Bz. für ↗Notenschlüssel.

SCHLÜSSELFIEDEL, Schlüsselharfe, ↗Nyckelharpa.

SCHLUSSGRUPPE, Bz. für die dritte, letzte Einheit innerhalb der Exposition oder Reprise einer Sonatensatzform. Die S. folgt der Ausbreitung des Seitensatzes und faßt die Exposition oder Reprise ein. Sie besteht meist aus neuem Material von geringer thematischer Prägnanz und ist auf die Kadenz hin ausgerichtet. In großen Kompositionen kann die S. weit auskomponiert werden. Fr. Schubert verweilt beispielsweise gerne darin; seine S.n haben bisweilen den Charakter eines lang ausgedehnten Abschieds.

Lit.: ↗Sonatensatzform.

SCHLÜTER, Wolfgang, * 12. 11. 1933 Berlin; dt. Jazzvibraphonist. Er war 1956–63 Mitglied der Combo von Michael Naura und wurde bald zur ersten Garde der internationalen Vibraphonisten gerechnet. Nach einigen Unterbrechungen spielt S. heute wieder mit Naura beim NDR Hamburg zusammen. Wie Naura verbindet S. die Erfahrung von Cool Jazz und Hard Bop mit den erweiterten Formen und Harmonien des neuen Jazz.

Lit.: J. E. BERENDT, Kleine Gesch. des dt. Nachkriegsjazz, in: Ein Fenster aus Jazz (F 1977).

SCHMELTZL (Schmältzl), **Wolfgang,** * zwischen 1500 und 1505 Kemnath (Oberpfalz) (?), † nach 1561 St. Lorenzen am Steinfeld (Niederösterreich); dt. Musiker und Dichter. Nach seinem Studium an der Wiener Universität wurde er 1523 Kantor in Amberg (Oberpfalz) und ließ sich nach Reisen durch Deutschland in Österreich nieder. Um 1540 ist er als Lehrer am Schottenstift in Wien, später als Kapellsänger an St. Salvator und schließlich 1557–66 als Priester an St. Lorenzen am Steinfeld nachweisbar. – Mit S.s Liederbuch von 1544 beginnt in Deutschland die Geschichte des ↗Quodlibets, das hier auch zum ersten Mal als musikalische Gattungsbezeichnung erscheint. Unter den überwiegend anonymen Gesängen befinden sich möglicherweise auch Werke von S. selbst.

WW: *Guter, seltzamer, und künstreicher teutscher Gesang, sonderlich ettliche Quodlibet, Schlacht, und der gleichen* für 4–5 St.; (Nü 1544); ferner zahlr. Schuldramen.

Ausg.: 22 Stücke in: R. EITNER (s. u. Lit.); ein Quodlibet, in: A. SCHERING, Gesch. der Musik in Beispielen (L 1931, Nachdr. 1972).

Lit.: R. EITNER, Das dt. Lied des XV. u. XVI. Jh., in: MfM 8 (1876); W. CRECELIUS, W. S., in: MfM 13 (1881); F. SPENGLER, W. S. (W 1883); E. BIENENFELD, W. S., sein Liederbuch 1544 u. das Quodlibet des XVI. Jh., in: SIMG 6 (1904/05).

SCHMELZER (Schmeltzer, Schmelzer von Ehrenruef), **Johann Heinrich,** * um 1620/23 wahrscheinlich Scheibbs (Niederösterreich), † zwischen 29. 2. und 20. 3. 1680 Prag; östr. Violinist und Komponist. Er wurde 1649 Mitglied der kaiserlichen Hofkapelle in Wien, 1671 Vizekapellmeister und 1679 Hofkapellmeister. Als Violinist genoß S. europäischen Ruhm. Seine Virtuosität findet kompositorisch in den Violinsonaten einen deutlichen Niederschlag. S. war aber auch der bedeutendste Wiener Ballettkomponist des 17. Jh. Manche seiner Tänze zeigen durch Titel wie *Aria viennese, Gavotta styriaca, bavarica* oder *tedesca* die Übernahme von Volksmelodien. – S.s Sohn **Andreas Anton,** * 26. 11. 1653 Wien, † 13. 10. 1701 ebd., war 1671–93 Violinist der Wiener Hofkapelle.

WW: **1) Instr.-WW:** *Sonatae unarum fidium, seu a violino solo*

(Nü 1664); *Duodena selectarum sonatarum* (Nü 1659) (Triosonaten); *Sacro-profanus concentus musicus* für 2–8 Instr. u. B.c. (Nü 1662); *Arie per il balletto a cavallo* (W 1667) (Ballettmusik zu A. Bertali, *Contesa dell'aria e dell'acqua*). – 150 Ballettsuiten u. 80 Sonaten für 2–8 Instr. hsl. erhalten. – **2) Vokal-WW** (alle hsl.): 11 Messen; 7 Offertorien; 2 Salve Regina u.a. kirchenmusikal. Werke; 3 it. Sepolcro-Oratorien, eine it. Serenata und eine dt. Festmusik; 2 dt. Lieder.

Ausg.: Eine Messe, in: Messen ... des 17. Jh., hrsg. v. G. ADLER (1918) (= DTÖ 49); Ballettmusik u. 2 dt. Lieder, in: Wiener Tanzmusik in der 2. Hälfte des 17. Jh., hrsg. v. P. NETTL (1921) (= DTÖ 56); 3 Tänze, in: Dt. Bläsermusik v. Barock bis z. Klassik, hrsg. v. H. SCHULTZ (1941, Nachdr. 1961) (= EDM 14); *Duodena selectarum sonatarum* u.a. Werke, hrsg. v. E. SCHENK (1963) (= DTÖ 105); *Sacro-profanus concentus musicus*, hrsg. v. DEMS. (1965) (= DTÖ 111/112).

Lit.: H. FEDERHOFER, S., in: MGG XI; R. FLOTZINGER, J. H. S.s Sonata „Lanterly", in: StMw 26 (1964); A. KOCZIRZ, Zur Lebensgesch. J. H. S.s, in: ebd.; P. NETTL, Östr. Folklore des 17. Jh. Eine Zusammenfassung, in: Musa–Mens–Musici. Gedenkschrift W. Vetter (L 1969).

SCHMID, elsässische Musiker des 16.–17. Jahrhunderts. – **1) Bernhard** der Ältere, * um 1535 wahrscheinlich Straßburg, † 1592 ebd. Er wurde 1562 Organist der Thomaskirche und des Münsters in Straßburg. 1592 übergab er diesen Posten an seinen Sohn und war einige Monate noch Organist an St-Pierre-le-Jeune in Straßburg. S. war einer der besten „Koloristen" seiner Zeit (↗Kolorierung). Seine Orgeltabulatur enthält im 1. Buch Motetten (fast ausschließlich von O. di Lasso), im 2. Buch dt., frz. und einige it. weltliche Gesänge (u.a. ebenfalls von Lasso) sowie it. und dt. Tanzsätze.

WW: *Zwey Bücher einer neüen kunstlichen Tabulatur auff Orgel und Instrument* (Str 1577).

2) Bernhard der Jüngere, Sohn von 1), getauft 1. 4. 1567 Straßburg, † vor dem 5. 11. 1625 ebd. Er war 1589–92 Organist an der Thomaskirche in Straßburg und wurde 1592 der Nachfolger seines Vaters als Organist am Münster. Ermutigt durch den Erfolg des Sammelwerkes seines Vaters veröffentlichte er auch eine Orgeltabulatur. Als Autoren sind viele Italiener vertreten (am häufigsten A. und G. Gabrieli) und einige wenige Deutsche (Gr. Aichinger, Chr. Erbach, H. L. Haßler).

WW: *Tabulatur Buch Von Allerhand auserlesenen, Schönen, Lieblichen Praeludijs, Toccaten, Motteten, Canzonetten, Madrigalien unnd Fugen* (Str 1607).

Ausg.: **Zu 1):** Ausgew. Stücke, in: W. MERIAN, Der Tanz in den dt. Tabulaturbüchern (s.u. Lit.); eine Galliarde, in: A. SCHERING, Gesch. der Musik in Beispielen (L 1931, Nachdr. 1972); *Passamezzo* u. *Saltarello*, in: W. AULER, Spielbuch für die Kleinorg. I (L 1952); 3 Stücke, in: Cantantibus organis 6 u. 8, hrsg. v. E. KRAUS (Rb 1958–62). – **Zu 2):** *Gagliarda quinta*, in: W. AULER, Spielbuch für die Kleinorg. I (L 1952); *Tabulatur Buch ...*, Faks.-Ausg. (Bol 1969) (= Biblioteca musica Bononiensis IV/52); dass., Faks.-Ausg. (NY o.J.) (= MMLF 20).

Lit.: W. MERIAN, Der Tanz in den dt. Tabulaturbüchern (L 1927, Nachdr. Hil – Wie 1968); C. W. YOUNG, The Keyboard Tabulatures of B. S., Father and Son (1957) (= Diss. Univ. of Illinois); DERS., Keyboard Music to 1600, in: MD 16 (1962); DERS., S., in: MGG XI.

SCHMIDLIN (Schmidli), **Johannes,** * 22. 5. 1722 Zürich, † 5. 11. 1772 Wetzikon (Kanton Zürich); Schweizer Pastor und Komponist. Er war vermutlich Schüler von J. C. Bachofen und Mitglied des Collegium musicum „auf dem Music-Saal beim Fraumünster". In seiner ersten Stelle als Vikar in Dietlikon (1744–54) veröffentlichte er sein Hauptwerk, *Singendes und Spielendes Vergnügen Reiner Andacht*, eine Sammlung geistlicher Gesänge nach dem Vorbild des *Halleluja* von Bachofen, die, gleich jenem, sehr verbreitet war. Als Pastor der sehr großen Gemeinde Wetzikon-Seegräben (seit 1754) wurde S. zum Initiator einer echten musikalischen Erneuerungsbewegung und gründete 1755 den ersten ländlichen Gesangverein sowie 1756 ein Collegium musicum nach dem Züricher Vorbild. Mit seinen Liedsammlungen und seinen *Schweizerliedern mit Melodien* trug S. zur Verbreitung des Klavierliedes in der Schweiz bei und begründete eine Schweizer Liedschule, vergleichbar der Berliner Schule. Zu seinen direkten und indirekten Schülern gehören J. H. Egli, H. G. Nägeli und G. Weber.

Lit.: E. REFARDT, S., in: Hist.-Biographisches Musikerlexikon der Schweiz (L – Z 1928); M. JENNY, S., in: MGG XI (mit Verz. der zahlr. Slgen.).

SCHMIDSEDER, Ludwig, * 24. 8. 1904 Passau, † 21. 6. 1971 München; dt. Komponist. Während seiner Ausbildung zum Bankkaufmann nahm er Klavierunterricht am Münchner Konservatorium. 1926 ging er nach Rio de Janeiro, übte dort verschiedene Berufe aus und war schließlich Kapellmeister an Bord eines Dampfers des Lloyd Brasileiro. 1930 kehrte er nach Deutschland zurück und arbeitete als Barpianist in Berlin. Seit 1935 wirkte er ganz als freischaffender Komponist (u.a. auch für das Berliner Metropol-Theater). Bekannt wurde S. vor allem durch seine Schlager (u.a. *Habanera* und *Gitarren spielt auf*) und Wiener Lieder (u.a. *Ich trink' den Wein nicht gern allein* und *Ich hab' die schönen Maderln net erfunden*), daneben aber auch durch Filmmusik (u.a. zu *Uwe Karsten* und *Ich hab' mich so an dich gewöhnt*) und zahlreiche Operetten. S., der auch als Film- und Fernsehkomiker auftrat, veröffentlichte Autobiographisches unter dem Titel *... und das ist mir passiert* (Nü 1959), ferner einige Kochbücher.

WW: Operetten: *Viola*, UA: Leipzig 1937; *Heimkehr nach Mittenwald*, UA: Dresden 1937; *Melodie der Nacht*, UA: Berlin 1939; *Die oder keine*, UA: Berlin 1939; *Frauen im Metropol*, UA:

ebd. 1942; *Linzer Torte,* UA: Linz 1942; *Glück in Monte Carlo,* UA: Salzburg 1947; *Walzerkönigin,* UA: Wien 1948; *Abschiedswalzer,* UA: ebd. 1949; *Mädel aus der Wachau,* UA: Linz 1951.

SCHMIDT, Franz, * 22. 12. 1874 Preßburg, † 11. 2. 1939 Perchtoldsdorf bei Wien; östr. Komponist. Er studierte nach anfänglichem Musikunterricht durch seine Mutter und Ludwig Burger in Preßburg seit 1890/91 Komposition bei R. Fuchs sowie Violoncello bei F. Hellmesberger am Wiener Konservatorium. Nach der Reifeprüfung (1896) fand er im Oktober desselben Jahres Anstellung als Violoncellist im Hofopernorchester, dem er bis 1914 angehörte. Zugleich wurde er Mitglied der Wiener Philharmoniker, aus deren Verband er jedoch bereits 1911 ausschied. Seit 1901 unterrichtete er außerdem Violoncello am Konservatorium (seit 1914 Akademie für Musik und darstellende Kunst), wo er 1914 eine Ausbildungsklasse für Klavier sowie 1922 eine solche für Kontrapunkt und Komposition übernahm. Krankheitshalber trat S. Anfang 1937 in den Ruhestand.

WW: **1) Instr.-WW:** Toccata d-moll (1938) u. eine Romanze für Klv. – Für Org.: Fantasie u. Fuge D-Dur (1924); 3 Praeludien u. Fugen, Es-Dur (1925), C-Dur (1927) u. A-Dur; 6 Choralvorspiele (1926, 1933, 1934); 4 kleine Praeludien u. Fugen, Es-Dur, c-moll, G-Dur u. D-Dur (1928); Toccata u. Fuge As-Dur (1935). – 3 kleine Fantasiestücke für Vc. u. Klv. (1892); 2 Streichquartette (1925, 1929); 3 Klv.-Quintette (1926, 1932, 1938). – Für Orch.: 4 Symphonien (1899, 1913, 1928, 1933); Zwischenspiel und Karnevalsmusik aus *Notre Dame* (1903); *Variationen über ein Husarenlied* (1931); Klv.-Konzert *Konzertante Variationen über ein Thema von Beethoven* (1923); Klv.-Konzert (1934). – **2) Vokal-WW:** Oratorium *Das Buch mit sieben Siegeln* (1937); Kantate *Deutsche Auferstehung,* vollendet v. Robert Wagner (1939). – **3) Bühnen-WW:** Opern *Notre Dame,* UA: Wien 1914, u. *Fredigundis,* UA: Berlin 1922.

Als Komponist und Pianist überwiegend Autodidakt, entwickelte S. seinen persönlichen Stil im Spannungsfeld klassisch-romantischer Tradition und expressionistischem Zeitgeist, überschritt jedoch die Schwelle zur Atonalität hin nicht. S.s Schaffensschwerpunkt liegt auf der absoluten Musik. Sein bodenständiges, aus deutschen, slawischen und ungarischen Quellen geprägtes Musikantentum sowie die Vorliebe für Themen- und Gruppenvariation entfalten sich in den Orchester- und Kammermusikwerken innerhalb des überlieferten Formkanons, dessen 4sätzigen Zyklus S. in der 4. Symphonie zu einem einzigen Satz umgestaltet hat. Auch in den Werken für Orgel, sein Lieblingsinstrument, tritt die Variation beherrschend in den Vordergrund, z.B. in der auch für Orchester bearbeiteten Chaconne cis-moll. Als Gegner der Orchesterorgel bevorzugte S. mechanische Traktur und verlangte Klangklarheit zwecks objektiver Gestaltung der Polyphonie. Trotz origineller Einfälle und Einzelzüge konnten sich die beiden Bühnenwerke aufgrund von Schwächen der Textvorlage nicht durchsetzen. Immerhin fand *Notre Dame* zahlreiche Aufführungen, u.a. in Wien, Budapest, Berlin, Dresden und Bern. Das berühmte Zwischenspiel dieser Oper mit seinem vollen, von Zigeunerweisen durchsetzten Orchesterklang erlangte als selbständiges Konzertstück Weltruhm. Kernstück von S.s Schaffen bildet *Das Buch mit sieben Siegeln,* eine Ausdeutung der Apokalypse, zu der neben Soli, Chor und Orchester auch die Orgel als selbständiger Klangkörper tritt. Dieses vom Komponisten selbst kommentierte Werk (A. Liess, 1951, S. 106ff. [siehe Lit.]) bildet einen bedeutenden und originellen Beitrag zur Geschichte des dt. Oratoriums im 20. Jh.

Lit.: A. LIESS, F. S. Leben u. Schaffen (W 1951); H. HAUPT, Verz. des Schrifttums über F. S., in: Musikerziehung 8 (1955); C. NEMETH, F. S. Ein Meister nach Brahms u. Bruckner (Z – L – W 1957); N. TSCHULIK, F. S. (W 1972) (= Östr. Komponisten des 20. Jh.s 18); Stud. z. F. S., hrsg. v. O. BRUSATTI (W 1976).

R. FEDERHOFER-KÖNIGS

SCHMIDT, Hans-Christian, * 6. 7. 1942 Breslau; dt. Musikpädagoge. Er studierte Schulmusik, Musikwissenschaft, Musikpsychologie, Germanistik, Psychologie und Pädagogik in Mainz, Freiburg und Köln, wo er 1974 promovierte. Seit 1980 ist er Professor an der Universität Osnabrück. Schwerpunkte seiner Arbeit sind die Beschäftigung mit der Rezeption von Neuer Musik und Musik in den Massenmedien, besonders im Fernsehen und Film, sowie die Entwicklung von Konzepten der Didaktik und Methodik im Musikunterricht. S. ist seit Jahren auch als freier Autor an ARD-Rundfunkanstalten, am Institut für Film und Bild (FWU) in München und an Zeitungen tätig.

Schriften: *Jugend u. Neue Musik* (Kö 1975) (= Diss. Kö 1974); *Musik in den Massenmedien Rundfunk u. Fernsehen* (Mz 1976); *Filmmusik* (Kas 1982) (mit 2 LP). – Ferner didaktische Kommentare z. der Schallplattenreihe *Opus musicum,* u.a. *Programmusik, Die Sinfonie, Rockmusik* u. *Die Oper* (Kö 1972–81).

SCHMIDT, Harvey Lester, * 12. 9. 1929 Dallas (Texas); amerik. Komponist. Er studierte an der University of Texas, schrieb Revuen für das dortige Universitätstheater und debütierte 1960 erfolgreich in New York mit dem Musical *The Fantasticks* (nach Edmond Rostands Schauspiel *Les Romantiques;* Buch und Songtexte von Tom Jones). Seine Stücke gehören seit den 70er Jahren zu den erfolgreichsten und am längsten gespielten amerikanischen Musicals.

WW: Musicals: *The Fantasticks,* UA: New York 1960; *110 in the Shade,* UA: ebd. 1963, dt. EA als: *40 Grad im Schatten,* Kassel 1971; *I Do! I Do!,* UA: New York 1966; *Celebration,* UA: ebd. 1969.

SCHMIDT, Joseph, * 4. 3. 1904 Dawideny (Bukowina), † 16. 11. 1942 Gyrenbad bei Zürich; dt. Sänger (lyrischer Tenor) rumänischer Herkunft. Er erhielt ersten Gesangsunterricht am Wiener Konservatorium und studierte in Berlin bei G. Weißenborn, doch aufgrund seiner geringen Körpergröße (ca. 1,50 m) trat er nie auf einer Opernbühne auf. Weltweite Popularität und Anerkennung erlangte er durch Rundfunk- und Schallplattenaufnahmen; er debütierte im Berliner Rundfunk 1928 als Vasco da Gama in G. Meyerbeers Oper *L'Africaine*. Außerdem war er in einer Reihe von Filmen (u.a. *Ein Lied geht um die Welt, Ein Stern fällt vom Himmel* und *Heut' ist der schönste Tag in meinem Leben*) und als Konzertsänger überaus erfolgreich. Als Jude mußte er Deutschland nach 1933 verlassen, blieb bis 1938 in Österreich, gab 1937–38 zweimal Gastspiele in den USA und sang in den ersten Kriegsjahren in den Niederlanden, Belgien und Frankreich, von wo er 1942 in die Schweiz floh. Er starb in einem Schweizer Internierungslager.

Lit.: C. RITTER, Ein Lied geht um die Welt. Ein J.-S.-Buch (Rothenburg ob der Tauber 1961); K. u. G. NEY-NOWOTNY, Ein Stern fiel vom Himmel. J.S. Das Leben u. Sterben eines Unvergeßlichen (W 1967); H. THIELEN, J.S., in Fono forum 9 (1981).

SCHMIDT, Leopold, * 15. 3. 1912 Wien, † 12. 12. 1981 ebd.; östr. Musikethnologe. Er studierte seit 1930 an der Universität Wien, wo er 1935 promovierte und sich 1940 habilitierte. 1936 wurde er wissenschaftlicher Angestellter des Österreichischen Museums für Volkskunde, 1952 zu dessen Direktor (gleichzeitig Professor) und 1967 in Anerkennung seiner Arbeiten zum Wirklichen Hofrat ernannt. Seit 1952 redigierte S. die *Jahrbücher des östr. Volksliedwerkes,* die *Österreichische Zschr. für Volkskunde* und die *Veröffentlichungen des Österreichischen Museums für Volkskunde.*

Schriften: *Formprobleme der dt. Weihnachtsspiele* (Emsdetten 1937) (= Die Schaubühne 20) (= Diss. W 1935); *Wiener Volkskunde* (W 1949); *Burgenländische Volkskunde 1951–55* (Eisenstadt 1956) (= Wiss. Arbeiten aus dem Burgenland 9); *Das dt. Volksschauspiel. Ein Handbuch* (B 1962); *Gesch. der östr. Volksliedsammlung im 19. und 20. Jh.,* in: Beitr. z. östr. Volksliedkunde, hrsg. v. W. Wünsch (Gr 1967); *Volksgesang u. Volkslied* (B 1970); *Volkskunde in Niederösterreich,* 2 Bde. (W 1966–72); *Volksliedforschung für das Burgenland. Forschungsstand u. Standortbestimmung,* in: Jb. des Östr. Volksliedwerkes 24 (W 1975); *J. Haydn. Volksgesang u. Volkslied,* in: J. Haydn u. die Lit. seiner Zeit, hrsg. v. H. Zeman (Eisenstadt 1976); *Goethe u. das Volkslied auf dem Theater,* in: Jb. des Wiener Goethe-Vereins 81–83 (W 1979); *Wandlungen des Volksgesangs in unserem Jahrhundert,* in: Jb. des Östr. Volksliedwerkes 29 (1980).

SCHMIDT, Trudeliese, * 7. 11. 1943 Saarbrücken; dt. Sängerin (Alt). Sie studierte in Saarbrücken und Rom und debütierte 1965 am Stadttheater ihrer Heimatstadt. Nach einem Engagement in Wiesbaden wurde sie 1969 Mitglied der Deutschen Oper am Rhein in Düsseldorf-Duisburg; seit 1971 singt sie auch regelmäßig an der Bayerischen Staatsoper in München und an der Hamburgischen Staatsoper. Durch Auftritte und Gastspiele in Europa und Japan wurde sie als ausgezeichnete Interpretin der Opern von W. A. Mozart und R. Strauss auch international bekannt. 1975 wirkte sie erstmals bei den Bayreuther Festspielen mit.

SCHMIDT-BOELCKE, Werner, * 28. 7. 1903 Warnemünde, † 6. 11. 1985 München; dt. Dirigent. Er studierte am Sternschen Konservatorium in Berlin u. a. bei R. Breithaupt (Klavier) und Gustav Bumcke (Komposition). Danach dirigierte er an den Meinhard-Bernauer-Bühnen in Berlin (1923–26) und im Phoebus-Palast in München (1926–28). 1928–30 war er Chefdirigent aller Emelka-Lichtspiel-Theater (u.a. Capitol Berlin, Phoebus-Palast München), in denen große Orchester die Begleitmusik zu Stummfilmen spielten. Seit 1928 arbeitete er auch für den Berliner Rundfunk. 1934–44 war S. Chefdirigent des Berliner Metropol-Theaters. Nach dem Krieg wurde er zunächst Director of Light Music bei Radio Hamburg, 1947 Dirigent bei Radio München (später Bayerischer Rundfunk). 1949–68 leitete er das Münchner Rundfunkorchester.

WW: Musik zu Stummfilmen: *Die Mühle von Sanssouci* (1925); *Die Heilige und ihr Narr* (1928); *Katharina Knie* (1929); für das ZDF: *Alraune; Variété; Sturm über Asien.* – Tonfilme: *Johannisnacht* (1933); *Gefährliche Jagd* (1950).

SCHMIDT-GADEN, Gerhard Alfred Josef, * 19. 6. 1937 Karlsbad; dt. Chorleiter und Stimmbildner. Er erhielt an der Münchner Musikhochschule eine Kapellmeisterausbildung und studierte 1956–59 Chorleitung bei K. Thomas in Leipzig sowie Gesang bei H. Rosvaenge, Otto Iro und Mario Tonelli. Mit 18 Jahren gründete er den Singkreis Bad Tölz (seit 1956 „Tölzer Knabenchor"), dessen ausschließlicher Leiter S. seit 1969 ist. Mit diesem inzwischen weltberühmten Chor unternimmt er regelmäßig Tourneen im In- und Ausland. Dazu kommen Produktionen für Funk, Fernsehen und Schallplatte (zahlreiche Schallplattenpreise) sowie Auftritte bei bedeutenden Festspielen (u.a. Bayreuth, Salzburg, Edinburgh und München). Der Chor wirkte auch bei den Uraufführungen von Krz. Pendereckis *Lukaspassion* (1966) und von dessen *Utrenja* (1971) mit. S. arbeitete eng mit C. Orff zusammen. Er dirigierte die Gesamtaufnahme des Orff-Schulwerks. Seit 1966 hat er einen Lehrauftrag am Salzburger Mozarteum.

SCHMIDT-GARRE, Helmut, * 23. 6. 1907 Düsseldorf; dt. Musikschriftsteller und Komponist. Er studierte Musikwissenschaft bei R. von Ficker an der Universität Wien, an der er 1930 mit einer Dissertation über *Die Organa der Notre-Dame-Schule* promovierte, sowie Komposition bei A. Berg und Instrumentation bei E. Wellesz. Seit 1932 lebt er in München, wo er seit 1947 als Musikkritiker des *Münchner Merkur* tätig ist.

WW: **1) Kompositionen:** Klv.-Quintett (1936); Konzert für Streichorch. (1939); Musik für Trp., Klar. u. Klv. (1940). – **2) Schriften:** *Die 3- und 4-stimmigen Organa* (Kas 1933); *Harmonielehre* (Mn 1950) (zus. mit W. Gebhardt u. W. Jacobi); *Oper. Eine Kulturgeschichte* (Kö 1963); *Ballett. Vom Sonnenkönig bis Balanchine* (Velber 1966); *Exotismus in der Musik,* in: NZfM 129 (1968); *Debussy und Maeterlinck ...,* in: ebd. 130 (1969); *Mallarmé u. der Wagnérisme,* in: ebd.; *Offenbach u. das Zweite Kaiserreich gehören zusammen,* in: ebd.; *E. A. Poes Musikästhetik,* in: ebd. 132 (1971); *Der Horror vacui in der Musik des 19. Jh.,* in: ebd. 134 (1973); *Von Shakespeare bis Brecht. Dichter u. ihre Beziehungen zur Musik* (Wilhelmshaven 1979).

SCHMIDT-GÖRG, Joseph, * 19. 3. 1897 Rüdinghausen (Kreis Hörde, heute Dortmund), † 3. 4. 1981 Bad Neuenahr; dt. Musikforscher. Er studierte an der Universität Bonn (L. Schiedermair und A. Schmitz), wo er 1926 promovierte und sich 1930 mit der ungedruckten Arbeit *Die Mitteltontemperatur* habilitierte (1938 Ernennung zum außerordentlichen Professor). 1927 wurde er Assistent des neugegründeten Beethoven-Archivs in Bonn, dessen Direktor er dann 1945–72 war. 1948–66 leitete er als Ordinarius das Musikwissenschaftliche Seminar der Universität. Schwerpunkte der Forschungen von S. waren die liturgische Einstimmigkeit des Mittelalters, die Musik der Niederländer sowie Leben und Werk L. van Beethovens. Zum 60. und 70. Geburtstag wurde er durch Festschriften geehrt: Festschrift S., hrsg. v. D. Weise (Bonn 1957), und *Colloquium amicorum,* hrsg. v. S. Kross – H. Schmidt (ebd. 1967) (mit Verz. der Schriften).

WW: **1) Schriften:** *Die Messen des Clemens non Papa* (Diss. Bonn 1926), Auszüge in: ZfMw 9 (1926/27); *Unbekannte Manuskripte zu Beethovens weltlicher u. geistlicher Gesangsmusik* (Bonn 1928); *Katalog der Handschriften des Beethoven-Hauses und Beethoven-Archivs Bonn* (ebd. 1935); *N. Gombert* (ebd. 1938, Nachdr. Tutzing 1971); *Musik der Gotik* (Bonn 1946); *Missa solemnis* (ebd. 1948); *Beethoven. Die Gesch. seiner Familie* (ebd. – Mn 1964); *Die Messe* (Kö 1967) (= Das Musikwerk 30); *L. van Beethoven* (Bonn – H – Br 1969) (zus. mit H. Schmidt); *Des Bonner Bäckermeisters G. Fischer Aufzeichnungen über Beethovens Jugend* (Bonn – Mn 1971); *Entwicklung u. Aufgaben der Beethoven-Forschung,* in: Beethoven-Symposion Wien 1970 (W 1971); *Verleger, Verlegenheiten. Ein besonderes Kapitel bei Beethoven,* in: FS L. Strecker (Mz 1973); *Zur Struktur u. Rhythmik der frühen Sequenzen,* in: Musicae scientiae collectanea. FS K. G. Fellerer (Kö 1973); *Die Wichtigkeit der Wasserzeichen für die Datierung von Beethoven-Briefen,* in: Beitr. z. Musikdokumentation. FS F. Grasberger (Tutzing 1975). – **2) Editionen:** *N. Gombert, Opera omnia,* 10 Bde. (1951 ff.) (= CMM 6); *Beethoven, Drei Skizzenbücher zur Missa solemnis. 1. Ein Skizzenbuch aus den Jahren 1819/20* (Bonn 1952); *Beethoven, Dreizehn unbekannte Briefe an J. Gräfin Deym, geb. Brunsvik* (ebd. 1957); *Hildegard v. Bingen, Lieder* (Salzburg 1969) (zus. mit P. Barth – I. Ritscher). – S. begründete und leitete 1961–72 die neue Beethoven-GA u. gab selbst Bd. VII/7 heraus *(Kadenzen zu Klavierkonzerten),* er war ferner Hrsg. des *Beethoven-Jahrbuchs* 1–8 (Bonn 1954 ff.).

Lit.: E. PLATEN, J. S.-G., in: Mf 34 (1981).

SCHMIDT-ISSERSTEDT, Paul Hans Ernst, * 5. 5. 1900 Berlin, † 28. 5. 1973 Holm bei Hamburg; dt. Dirigent. Nach Violin- und Musiktheorieunterricht studierte er Musikwissenschaft an den Universitäten Berlin, Heidelberg und Münster (Westf.), wo er 1923 mit der Dissertation *Die Einflüsse der Italiener auf die Instrumentation der Mozartschen Jugendopern* promovierte. 1920–23 war er in Berlin Kompositionsschüler von Fr. Schreker und begann 1923 seine künstlerische Laufbahn am Stadttheater Barmen-Elberfeld als Korrepetitor. Bis 1928 war er dort Kapellmeister, 1928–31 in Rostock, 1931–33 in Darmstadt, 1935–42 1. Kapellmeister der Hamburgischen Staatsoper und 1943–45 Operndirektor am Deutschen Opernhaus Berlin (1944 GMD). 1945–71 wirkte er als Chefdirigent des Sinfonie-Orchesters des NWDR (später NDR); daneben leitete er 1955–64 auch das Philharmonische Orchester Stockholm. S. ist mit einer Oper, mit Bühnenmusik, Orchesterwerken, Kammermusik und Liedern auch als Komponist hervorgetreten.

SCHMIEDER, Wolfgang, * 29. 5. 1901 Bromberg; dt. Musikforscher. Er studierte Musikwissenschaft (Th. Kroyer, H. J. Moser) an der Universität in Heidelberg, wo er 1927 promovierte und bis 1930 Assistent am Musikwissenschaftlichen Seminar war. Nach seinem Fachexamen für den wissenschaftlichen Bibliotheksdienst wurde er 1931 Bibliothekar an der Technischen Hochschule in Dresden. 1933–42 arbeitete er als Archivar und Musikbibliothekar im Musikverlag Breitkopf & Härtel in Leipzig und war zeitweise auch journalistisch tätig. 1942–63 wirkte S. als Bibliotheksrat und Leiter der von ihm gegründeten Musikabteilung an der Staats- und Universitätsbibliothek in Frankfurt am Main und ließ sich dann in Freiburg im Breisgau nieder. S.s musikbibliographische Arbeiten, darunter das *Bach-Werke-Verzeichnis* (BWV) sind grundlegend. Zu seinem 70. Geburtstag wurde er mit der Festschrift *Quellenstudien zur Musik* (hrsg. v. K. Dorfmüller – G. von Dadelsen, F 1972) geehrt.

Schriften: *Zur Melodiebildung in Liedern von Neidhart von Reuental* (Diss. 1927), Teildruck in: StMw 17 (1930); *Das Archiv des Hauses Breitkopf & Härtel,* in: AmZ 65 (1938); *J. S. Bach als Briefschreiber,* in: Bach-Jb. 37 (1940–48); *Die Handschriften J. S. Bachs,* in: Bach-Gedenkschrift, hrsg. v. K. Matthaei (Z 1950);

Thematisch-systematisches Verzeichnis der musikalischen Werke von J. S. Bach. Bach-Werke-Verzeichnis (L 1950, Wie [6]1969); *Das Bach-Schrifttum 1945–52*, in: Bach-Jb. 40 (1953); *Bibliographie des Musikschrifttums 1950/51–1958/59* (F 1954–64); *Musikbibliographie*, in: AfMw 12 (1955); *Das Bach-Schrifttum 1953–57*, in: Bach-Jb. 45 (1958); *57 unveröffentlichte Briefe und Karten von R. Strauss in der Staats- und Universitätsbibliothek Frankfurt am Main*, in: FS H. Osthoff (Tutzing 1961); *Kataloge der Herzog-August-Bibliothek Wolfenbüttel*, XII–XIII: *Musik: alte Drucke bis etwa 1750* (F 1967). B. A. KOHL

SCHMITT, Florent, * 28. 9. 1870 Blâmont (Meurthe-et-Moselle), † 17. 8. 1958 Neuilly-sur-Seine; frz. Komponist. Er studierte in Nancy bei Henry Hess und Gustave Sandré und bei A. Lavignac, André Gédalge, J. Massenet und G. Fauré am Pariser Conservatoire. 1900 errang er mit seiner Kantate *Sémiramis* den Prix de Rome. Von Rom aus unternahm er zahlreiche Reisen durch Europa und den Vorderen Orient, was sich vielfältig auch in seinen Kompositionen und ihren Titeln niederschlägt. S. lebte den größten Teil seines Lebens freischaffend; 1921–24 war er Direktor des Conservatoire in Lyon, wo er Harmonielehre unterrichtete, und 1929–39 Musikredakteur der Zeitung *Le Temps*. 1936 wurde er als Nachfolger von P. Dukas Mitglied der Académie; seit 1938 war er Präsident der Société Nationale de Musique.

WW: **1) Instr.-WW:** *Reflets d'Allemagne*, op. 28 (1905) für Klv. zu 4 Händen; Klv.-Quartett *Hasards*, op. 96 (1939); Saxophonquartett, op. 102 (1941); Streichquartett, op. 112 (1942); *Quatuor pour presque tous les temps* für V., Vc., Fl. u. Klv., op. 134 (1956); Klv.-Quintett, op. 51 (1908); *Suite en rocaille* für Fl., V., Va., Vc. u. Harfe, op. 94 (1934). – Für Orch.: *En été*, op. 10 (1894); *Feuillets de voyage*, op. 26 (1903–13); *Musique de plein air*, op. 44 (1904); *Le palais hanté*, op. 49 (1904) (nach E. A. Poe); *Trois rapsodies*, op. 53 (1904) (auch für 2 Klv.); *Puppazzi*, op. 36 (1907) (auch für Klv.); *Rêves*, op. 65 (1915); *In memoriam*, op. 72 (1922); *Danse d'Abisag*, op. 75 (auch als Ballett); *Çançunik*, op. 79 (1927); *Kermesse-valse*, op. 80 (1928); *Suite sans esprit de suite*, op. 88 (1937) (auch für Klv.); *Scènes de la vie moyenne*, op. 124 (1952) (auch für Klv.); 2. Symphonie (1958); Symphonisches Gedicht *Sélamlik* für Harmoniemusik, op. 48 (1906); *Dionysiaques* für Blasorch., op. 62 (1913); *Symphonie concertante* für Klv. u. Orch., op. 82 (1931); *Enfants* für Klv. u. kleines Orch., op. 94 (1938); *Janiana* für kleines Orch., op. 101 (1941). – **2) Vokal-WW:** Scène lyrique *Sémiramis* für Sopr. u. Orch., op. 14; *Psaume XLVII* für Sopran, Chor, Orch. u. Org., op. 38 (1904); Messe für Chor u. Org., op. 138 (1958). – Ferner zahlr. Lieder für SingSt u. Klv., a cap.-Chöre sowie Werke für Soli, Chor u. Orch. – **3) Bühnen-WW:** Dramma muto *La tragédie de Salomé*, op. 50, UA: Paris 1907; Ballette: *Le petit elfe Ferme-l'œil*, op. 73, UA: Paris 1924; *Danse d'Abisag*, UA: ebd. 1925; *Reflets* (nach *Reflets d'Allemagne*), UA: ebd. 1932; *Oriane et le prince d'amour*, op. 83, UA: ebd. 1938. – Ferner die Filmmusiken *Salammbô* (nach G. Flaubert), op. 76 (1927) (auch separat als Orch.-Werk) u. *Essais de locomotives*, op. 103 (1943).

S. hat ein umfangreiches, aber nur teilweise veröffentlichtes Œuvre hinterlassen, das nahezu alle musikalischen Gattungen mit Ausnahme der Oper und des Oratoriums umfaßt. Seine Tonsprache ist von reicher Inspiration und Phantasie, von großer kompositorischer Raffinesse und ausgeprägtem Formsinn, der an klassischen französischen Vorbildern geschult ist. S. weiß sich hier als Erbe von Fr. Chopin und G. Fauré und als Verwandter von E. Chabrier. Charakteristisch ist in seinen Werken, daß weitgehend der Rhythmus die Komposition bestimmt. Oft beherrscht eine Art rhythmischer Keimzelle, meist von einfachster Gestalt, geradezu unerschütterlich den ganzen Satz, aber der Komponist vermeidet jede Einförmigkeit, etwa durch das Miteinander von Zweier- und Dreierrhythmen, durch den Übergang von einem traditionellen $^2/_4$- zu einem ungewöhnlichen $^{15}/_8$-Takt, durch die Kombination von $^3/_1$-, $^2/_4$-, $^5/_4$-, $^7/_4$-Takten. Damit erhält die Melodik eine große rhythmische Lebendigkeit. In seiner Harmonik bindet sich S. an kein System. Ausgehend von Dur- und Moll-Dreiklängen, erreicht er durch Gegen- oder Parallelbewegung kühne Akkordfortschreitungen; seine Tritonushäufungen erinnern an I. Strawinsky, die Chromatik an A. Schönberg. S. ist auch ein Meister der Instrumentation. In den Orchesterwerken beherrscht er sowohl den gigantischen wie den leichten, delikaten Klang.

S. war an der Schwelle des 20. Jh. ein kühner, genialer Neuerer. Sein *Psaume* von 1904, um hier nur ein bezeichnendes Werk zu nennen, in gleicher Distanz zu R. Wagner wie zu Cl. Debussy konzipiert, kündigt eine neue Entwicklung der französischen Musik an, die durch spätere Werke wie *Ariane et Barbe-Bleu* von P. Dukas, *L'oiseau de feu* und *Petruschka* von Strawinsky, *Daphnis et Chloé* von M. Ravel und das Schaffen von A. Honegger markiert wird. Durch sie ist freilich auch der Nachruhm S.s – wie es scheint, zu Unrecht – in den Schatten gestellt worden.

Lit.: P. O. FERROUD, Autour de F. S. (P 1927); Y. HUCHER, F. S. (P 1953); M. MARCERON, F. S. (P 1959); Y. HUCHER – M. RAVEAU, L'œuvre de F. S. (P 1960); E. BONDEVILLE, F. S. (P 1970).

SCHMITT, Joseph (eig. Georgius Adamus Josephus), * 18. 3. 1734 Gernsheim am Rhein, † 28. 5. 1791 Amsterdam; dt. Komponist und Musikverleger. S. trat 1753 in das Zisterzienserstift Eberbach bei Eltville (Rheingau) ein und empfing 1757 die Priesterweihe. Er war vor 1758 vermutlich Kompositionsschüler von C. Fr. Abel in Dresden. 1772 verließ er den Konvent und wirkte als Komponist, Musikverleger, Musiklehrer und seit 1788 als erster Dirigent der Felix-meritis-Konzerte in Amsterdam. S. wurde in der Literatur häufig mit Carl Joseph Baldner verwechselt, der sich nach S.s Tod in Amsterdam niederließ und sich dort Schmidt nannte. Die frühen Werke von S. weisen deutlich Merkmale der Mannheimer Schule auf, während er später zunehmend Anregungen des Wiener klassischen Stils empfing, den er durch seine Tätigkeit als Musikverleger kennengelernt hatte. Mehrere seiner Kammermusikwerke und Symphonien galten lange Zeit als Kompositionen von J. Haydn.

WW (z. größten Teil in Amsterdam gedruckt): Zahlr. Kammermusikwerke für Streichinstr., z.T. auch mit Fl.: Duos, Trios, Quartette u. Quintette; Concertino für 7 Instr. (vor 1775). – Für Orch.: 19 Symphonien; Marsch (um 1785); Concerto grosso (vor 1778); Konzert für 2 Fl. u. Orch. (vor 1783). – *Melodijen tot de evangelische gezangen voor godzoekende christenen* (1783). – Ferner hsl.: 4 Messen, ein Requiem u. ein Te Deum.

Ausg.: Konzert für 2 Fl. u. Orch., hrsg. v. A. GOTTRON (Hei 1961); Symphonie D-Dur u. Streichtrio G-Dur, Faks.-Ausg., hrsg. v. W. HÖCKNER (St o.J.); Flötentrio G-Dur, hrsg. v. DEMS. (Kop – F o.J.).

Lit.: A. DUNNING, J. S., Leben u. Komp. (A 1962) (= Beitr. z. mittelrheinischen Musikgesch. 1); DERS., J. S., in: Musik u. Musiker am Mittelrhein 1 (Mz 1974) (= ebd. 20).

SCHMITTBAUER (Schmittbaur), **Joseph Aloys,** * 8. (?) 11. 1718 Bamberg, † 24. 10. 1809 Karlsruhe. S. war Schüler von N. Jommelli in Stuttgart und seit 1753 Musiker (1762 Konzertmeister, 1765 Kapellmeister) der Rastatter Hofkapelle bis zu deren Auflösung 1771. 1772 wurde er Konzertmeister in Karlsruhe, war 1775–77 Domkapellmeister in Köln, wo er trotz des nur kurzen Aufenthaltes das Musikleben nachhaltig beeinflußte, und kehrte 1777 als Kapellmeister nach Karlsruhe zurück. 1804 trat er in den Ruhestand, erhielt aber 1806 noch ehrenhalber den Titel eines Oberkapellmeisters. Sein Sohn **Ludwig Joseph S.** folgte ihm im Amt nach. Auch seine anderen beiden Söhne, **August S.** und **Nepomuk S.,** waren Mitglieder der Karlsruher Hofkapelle. S. machte sich auch als Virtuose auf der Glasharmonika bekannt, deren Tonumfang er von 2 auf 4 Oktaven erweiterte. Seine berühmteste Schülerin war Mariane Kirchgeßner, für die er eigens ein Instrument baute.

WW: Klv.-, Org.- u. Cemb.-Stücke; Stücke für Glasharmonika; Kammermusik für Blas- u. Streichinstr., darunter zahlr. Fl.-Quartette; Symphonien u. Konzerte. – Lieder u. Chöre; Messen, ein Requiem u. eine Matthäuspassion für Chor u. Orch.; weltliche u. geistliche Kantaten; Singspiele.

Lit.: P. MIES, Zur Kirchenmusik der Kölner Domkapellmeister J. A. S. u. F. I. Kaa, in: KmJb 37 (1953); K. W. NIEMÖLLER, J. A. S., in: Rheinische Musiker 2 (Kö 1962) (= Beitr. z. rheinischen Musikgesch. 53) (mit Werkverz. u. Bibliogr.); DERS., Das Schaffen J. A. S.s u. seine Würdigung im 18. Jh., in: FS K. G. Fellerer (Rb 1962); F. LÄNGIN, J. A. S., in: Ekkhart-Jb. 1969.

SCHMITT-WALTER, Karl, * 23. 12. 1900 Germersheim (Pfalz), † 14. 1. 1985 Kreuth; dt. Sänger (Bariton). Er studierte am Konservatorium in Nürnberg sowie 1923–24 noch bei R. Trunk in München, debütierte 1923 in Nürnberg u. kam über Oberhausen (1924), Saarbrücken (1925), Dortmund (1926–28) und Wiesbaden (1929–35) 1935 an das Deutsche Opernhaus in Berlin (1938 Kammersänger). 1950–64 war er Mitglied der Bayerischen Staatsoper in München, wo er auch eine Professur für Gesang an der Musikhochschule innehatte, und wirkte 1962 als Gesanglehrer an Det Kongelige Teater in Kopenhagen. Gastspiele führten ihn an die bedeutenden Bühnen Europas und Amerikas, außerdem zu den Salzburger Festspielen und nach Bayreuth, wo er 1956–60 stimmlich und darstellerisch als Beckmesser herausragte.

SCHMITZ, Arnold, * 11. 7. 1893 Sablon bei Metz, † 1. 11. 1980 Mainz; dt. Musikforscher. Er studierte 1912–14 und 1918–20 Musikwissenschaft in München, Berlin und Bonn, wo er 1919 promovierte (mit *Untersuchungen über des jungen R. Schumanns Anschauungen vom musikalischen Schaffen*) und sich 1921 habilitierte (mit einer Schrift über *Kölner Jesuiten-Musik*). 1923–29 lehrte er an der Universität Bonn (1928 Professor), 1925–29 auch am Konservatorium in Dortmund, folgte 1929 einem Ruf an die Universität Breslau und 1946 an die neueröffnete Universität in Mainz, wo er das Musikwissenschaftliche Institut gründete und zweimal als Rektor amtierte. 1961 emeritiert, vertrat er noch 1964–67 den Lehrstuhl seines Faches an der Universität Basel. S. wurde 1954 Mitglied der Akademie der Wissenschaften und der Literatur in Mainz und 1957 Korrespondierendes Mitglied der österreichischen Akademie der Wissenschaften. Die meisten Schriften von S. wurden grundlegend, so vor allem für die Beethovenforschung und -rezeptionsgeschichte und für die Kenntnis der musikal. Rhetorik (↗Figuren).

Schriften: *Beethovens „Zwei Prinzipe“* (B – Bonn 1923); *Cherubinis Einfluß auf Beethovens Ouvertüren,* in: Neues Beethoven-Jb. 2 (1925); *Beethoven* (Bonn 1927); *Das romantische Beethovenbild* (B – Bonn 1927); *Ein schlesisches Cantional aus dem 15. Jh.,* in: AfMf 1 (1936); *Zur Frage nach Beethovens Weltanschauung u. ihrem musikal. Ausdruck,* in: Beethoven u. die Gegenwart. FS L. Schiedermair (B – Bonn 1937); *Die Bildlichkeit der wortgebundenen Musik J. S. Bachs* (Mz 1950, Laaber [2]1977); *Die oratorische Kunst J. S. Bachs,* in: Kgr.-Ber. Lüneburg 1950 (Kas 1952), Wiederabdruck in: J. S. Bach, hrsg. v. W. Blankenburg (Da 1970) (= Wege der Forsch. 170); *Zur motettischen Passion des 16. Jh.,* in: AfMw 16 (1959); *Zum Verständnis des Gloria in Beethovens „Missa solemnis“,* in: FS F. Blume (Kas 1963); *A. Bruckners Motette „Os justi“,* in: Epirrhosis. FS C. Schmitt, I (B 1968). – Ferner gab S. heraus: *Oberitalienische Figuralpassionen des 16. Jh.* (Mz 1955) (= Musikal. Denkmäler 1).

Lit.: G. STRECKE, in: Schlesien 3 (1958); H. J. MARX, A. S., in: Rheinische Musiker 7 (Kö 1972) (= Beitr. z. rheinischen Musikgesch. 97); G. MASSENKEIL, A. S., in: Mf 34 (1981).

SCHMITZ, Eugen, * 12. 7. 1882 Neuburg an der Donau, † 10. 7. 1959 Leipzig; dt. Musikforscher. S. studierte bei A. Sandberger und Th. Kroyer an der

Universität München und promovierte 1905 mit der Dissertation *Der Nürnberger Organist J. Staden.* 1905–08 war er als Musikkritiker für die *Allgemeine Zeitung* und die *Münchener Zeitung* tätig. 1909 habilitierte er sich in München, wurde 1914 als Direktor des Mozarteums nach Salzburg berufen, ging aber 1915 nach Dresden, wo er Musikredakteur der *Dresdner Nachrichten,* seit 1916 Dozent für Musikwissenschaft (1918 Professor) an der Technischen Hochschule und seit 1924 auch Lehrer am Konservatorium war. 1939–53 leitete er die Musikbibliothek Peters in Leipzig.

Schriften: *H. Wolf* (L 1906); *R. Strauss als Musikdramatiker* (Mn 1907); *R. Wagner* (L 1909); *Geschichte der Kantate u. des geistlichen Konzerts, I: Geschichte der weltlichen Solokantate* (L 1914, Nachdr. Hil – Wie 1966); *G. P. Palestrina* (L 1914, ²1954); *O. di Lasso* (L 1915, ²1954); *Das Madonnen-Ideal in der Tonkunst* (L 1920); *Das mächtige Häuflein* (L 1955) (= Musikbücherei für jedermann 4); *Unverwelkter Volksliedstil. J. A. P. Schulz* (L 1956). – S. gab heraus *J. Staden, Ausgewählte Werke* (1906–07) (= DTB 7/1 u. 8/1), sowie einzelne Werke von L. Spohr; bekannt wurde insbesondere auch seine Neubearb. von *E. Naumann, Illustrierte Musikgeschichte* (St ²1908, ¹⁰1934).

SCHMITZ, Hans-Peter, * 5. 11. 1916 Breslau; dt. Flötist und Musikforscher. Nach Studien an der Musikhochschule Berlin und an der Universität Halle, wo er 1941 promovierte, war S. 1943–50 Soloflötist beim Berliner Philharmonischen Orchester. 1953 wurde er Professor für Flöte an der Nordwestdeutschen Musikakademie in Detmold und 1971 an der Hochschule der Künste in Berlin (Emeritierung 1982).

Schriften: *Querflöte und Querflötenspiel in Deutschland während des Barockzeitalters* (Kas 1952, ²1958); *Die Kunst der Verzierung im 18. Jh.* (Kas 1955, ³1973); *Flötenlehre* (Kas 1955, ¹⁰1981); *Aufführungspraxis. Bemerkungen zum Verhältnis Interpretation – Komposition in Vergangenheit und Gegenwart,* in: NZfM 4 (1973). – Editionen: *J. J. Quantz, Versuch ...* (Kas 1953, ⁴1968); *G. F. Händel, 11 Sonaten für Fl. u. bezifferten Baß* (Kas 1955) (= Hallische Händel-Ausg. IV/3); *J. S. Bach, Werke für Fl.* (Kas 1963) (= Neue Bach-Ausg. VI/3); ferner Flötenmusik, u. a. von C. Ph. E. Bach, F. Couperin, F. Kuhlau, A. Mahault, F. Ries und C. Tessarini.

SCHNABEL (engl.: beak; frz.: bec; it.: becco; span.: boquilla), Bz. für das schnabelförmige Mundstück der Blockflöte (frz.: flûte à bec, dt. auch S.-Flöte), der Klarinette und des Saxophons.

SCHNABEL, Artur, * 17. 4. 1882 Lipnik bei Biała, † 15. 8. 1951 Morschach (Schwyz); östr. Pianist und Komponist. Er studierte 1888–97 Klavier bei Th. Leschetizky und Hans Schmitt und Musiktheorie bei E. Mandyczewski. Schon in jungen Jahren machte er sich vor allem als Beethoven- und Schubert-Interpret in aller Welt einen Namen und konzertierte seit 1921 u. a. in Amerika, Australien und im Nahen Osten. 1925–33 leitete er eine Meisterklasse an der Staatlichen Hochschule für Musik in Berlin. 1933 emigrierte er nach England und ließ sich 1939 in New York nieder. 1940 wurde er Lektor an der Universität von Chicago und 1943 an der Universität von Michigan in Ann Arbor. S. trat auch mit eigenen, von A. Schönberg beeinflußten Kompositionen hervor.

Schriften: *Reflections on Music* (Manchester 1933); *Music and the Line of Most Resistance* (Princeton/N. J. 1942, Nachdr. NY 1969); Autobiographie *My Life and Music* (Lo 1961, NY 1963), NA zus. mit *Reflections on Music* (Gerrards Cross 1970, NY 1972).

Lit.: C. SAERCHINGER, A. S. (Lo 1957, NY 1958, Nachdr. Westport/Conn. 1973); K. WOLFF, The Teaching of A. S., A Guide to Interpretation (Lo – NY 1972); Sonder-H. S. (1973/74) (= The Piano Quarterly 22) (mit Werk-Verz., Bibliogr. u. Diskographie).

SCHNABEL, Joseph Ignaz, * 24. 5. 1767 Naumburg am Queis (Schlesien), † 16. 6. 1831 Breslau; dt. Kirchenmusiker. Er kam 1797 nach Breslau, spielte bis 1804 als Konzertmeister im Theaterorchester und wurde 1805 Domkapellmeister. Außerdem leitete er verschiedene Konzertreihen und war seit 1812 auch Universitätsmusikdirektor und Leiter des Instituts für Kirchenmusik. In seiner Amtszeit erlangte die Musik am Breslauer Dom eine beachtliche Blüte. S.s kompositorisches Schaffen umfaßt hauptsächlich instrumentalbegleitete Kirchenmusik. Mit ihr begründete er eine speziell schlesische Tradition (gelegentlich als „Breslauer Schule" bezeichnet), die weithin unabhängig von restaurativen Tendenzen (↗Cäcilianismus) noch bis zum 2. Weltkrieg lebendig war. S.s Name ist heute bekannt vor allem durch die Weihnachtspastorella *Transeamus usque Bethlehem,* die von ihm arrangiert wurde. – S.s Bruder **Michael** (1775–1842) war Klarinettist am Theater in Breslau und gründete dort eine Klavierfabrik, die von seinen Söhnen weitergeführt wurde.

Ausg.: *Transeamus,* Urtextausg., hrsg. v. R. WALTER (Dülmen 1973) (= Silesia cantat 5).

Lit.: H. E. GUCKEL, Kath. Kirchenmusik in Schlesien (L 1912, Nachdr. Walluf 1972); H. FUHRICH, Der Breslauer Domkapellmeister J. I. S., in: Schlesien 12 (1967); H. UNVERRICHT, J. I. S., in: Schlesische Lebensbilder 5 (Wü 1968).

SCHNADERHÜPFL, Schnadahüpfl, eine seit dem Ende des 18. Jh. literarisch belegte, aber zweifellos in ältester Tradition stehende Liedform im Ostalpengebiet. In benachbarten Gebieten auch G'sangl, G'stanzl, G'setzl, Schleiferlied, Schnitzliedla, Landlerlied genannt, wurde das S. meist (ursprünglich wohl ausschließlich) als Einleitung zum Ländler oder selbständig als Tanzbegleitung, -lied und Singtanzstrophe, in zunehmendem Maße auch sonst bei geselligem Beisammensein auf bekannten (Ländler-) Melodien improvisiert. Es ist meist einstrophig, vierzeilig, achttaktig, harmonisch äußerst einfach (fast ausschließlich Dur-Tonika und Dominante), in langsamem ¾-Takt und dem Inhalt nach erotisch, spöttisch, satirisch oder epigrammatisch. Durch den sich oft ergebenden Singstreit mehrerer Beteiligter (z. B. Rivalen, Bursch-Mädchen), durch Tanzketten, Teilwiederholungen, Da capo, aber auch durch die Verbindung mit ↗Jodeln und Händeklatschen (Paschen) können sich auch mannigfaltige größere Formen ergeben.

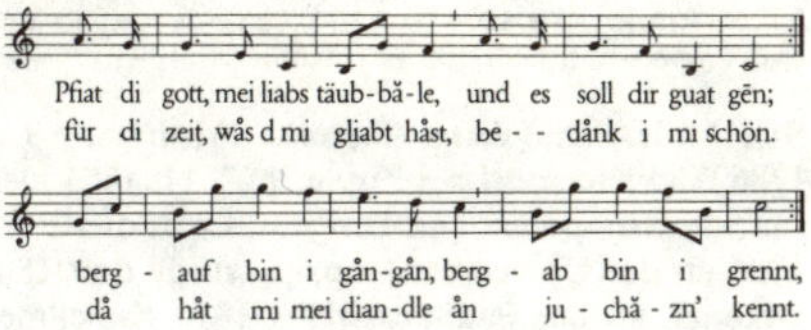

Lit.: H. DERBEL, Das S. nach dem gegenwärtigen Stand der Slg. u. Forsch. (Diss. W 1949); L. RÖHRICH – R. W. BREDNICH, Dt. Volkslieder II (Düsseldorf 1967); Hdb. des Volksliedes, hrsg. v. R. W. BREDNICH – L. RÖHRICH – W. SUPPAN, 2 Bde. (Mn 1973–75).

SCHNARRWERK ↗Rohrwerk.

SCHNEBEL, Dieter, * 14. 3. 1930 Lahr (Baden); dt. Komponist, Theologe und Musikschriftsteller. Er studierte 1949–52 an der Musikhochschule in Freiburg i. Br. Klavier, Musiktheorie (E. Doflein) und Musikgeschichte und seit 1952 evangelische Theologie, Philosophie und Musikwissenschaft (W. Gerstenberg) an der Universität Tübingen, wo er 1955 mit *Studien zur Dynamik A. Schönbergs* promovierte. 1957 wurde er Pfarrer und Religionslehrer in Kaiserslautern und 1963 Religionslehrer in Frankfurt am Main. 1970–76 wirkte er als Lehrer für Religion und Musik in München, wo er 1972 eine Arbeitsgemeinschaft für Neue Musik für Schüler und Studenten ins Leben rief. Seit 1977 ist S. Professor für Musikwissenschaft und Musikerziehung an der Hochschule der Künste in Berlin. Gemeinsam mit dem Regisseur Achim Freyer setzt er dort seine praktische Arbeit mit Studenten fort.

WW: **1) Kompositionen:** „Versuche“: *Analysis* (1953) für Saiteninstr. u. Schlagzeug; *Stücke* (1954–55) für Streichquartett; *Fragment* (1955) für Kammerensemble u. St.; *Compositio* (1955–56, 1964) für Orch. – „Für Stimmen (... Missa est)“: *dt 31₆* (1956–58) für 12 Vokalgruppen; *amn* (1958, 1966–67) für 7 Vokalgruppen (Sprechchor); *:! (madrasha 2)* (1958, 1967–68, Neufassung 1970) für 3 Chorgruppen; *Choralvorspiele I/II* (1966, 1968–69) für Org., Nebeninstr. u. Tonband. – „Projekte“: *raum – zeit y* (1958–) für unbestimmte Anzahl von Instrumentalisten; *Das Urteil* (1959) (nach F. Kafka) für denaturierte Instr., naturierte SingStn, sonstige Schallquellen u. Publikum; *Glossolalie* (1959–60) für Sprecher u. Instrumentalisten bzw. (1960–61) für 3–4 Sprecher u. 3–4 Instrumentalisten. – „Abfälle I“: *réactions* (1960–61) für einen Instrumentalisten u. Publikum; *Visible music I* (1960–62) für einen Dirigenten u. einen Instrumentalisten. – „Abfälle II“: *Stoj* (1964–) für 3 Instr.; *lections* (1964–74) für 4 Sprecher u. Zuhörer. – „Modelle (Ausarbeitungen)“: *nostalgie* (1962), Solo für einen Dirigenten; *espressivo* (1961–63), Musikdrama für einen Klavieristen; *concert sans orchestre* (1964) für einen Pianisten u. Publikum; *fall-out* (1965–), Passion für einen Vokalisten u. Publikum; *anschläge-ausschläge* (1965–66), szenische Variationen für 3 Instr. – „Radiophonien“: *Hörfunk* (1969–70); *No* – (1979–80), ein Hör-Spiel. – „Räume“: *ki-no* (1963–67), Nachtmusik für Projektoren u. Hörer; *Mo-No* (1969), Musik zum Lesen; *Gehörgänge* (1972), Konzept einer Musik für forschende Ohren; *Drei-Klang* (1976–77) für 3 versch. u. räumlich getrennte Ensembles. – „Produktionsprozesse“: *Maulwerke* (1968–74) für Artikulationsorgane u. Reproduktionsgeräte; *Handwerke-Blaswerke* (1977–) für Spielorgane; *Orchestra* (1974–77) für mobile Musiker; *Pan* (1978) für Fl. u. Begleitung; *Thanatos-Eros* (1979), symphonische Improvisationen für Orch.; *Körper-Sprache* (1979–80), Organkomposition für 3–9 Ausführende. – „Bearbeitungen“: *Bach-Contrapuncti* (1972–76) für St.n; *Schubert-Phantasie* (1977–78) für geteiltes großes Orch.; *Wagner-Idyll* (1980) für Kammerensemble. – „Tradition“: *In motu proprio* (1975), Kanon à 7 für gleichartige Instr.; *Diapason* (1977), Kanon à 13 für ungleichartige Instrumentalgruppen; *B-Dur-Quintett* (1976–77) für Streichquartett u. Klv. – **2) Schriften:** *Denkbare Musik,* in: Schriften 1952–72, hrsg. v. H. R. Zeller (Kö 1972); *Mauricio Kagel. Musik, Theater, Film* (Kö 1970). – **3) Editionen:** K. Stockhausen, Texte I–III (Kö 1962–71).

Von A. Schönberg und A. Webern ausgehend, gelangte S. zur seriellen Musik, dann zur kollektiven Komposition und machte später die optisch-gestischen Momente der Musik bzw. des Musizierens zum Hauptinhalt seiner Werke. In seinen jüngsten Kompositionen ist er um eine neue Aneignung und Neugestaltung musikalischer Überlieferung („Tradition“) bemüht. Als Theologe von K. Barth und in seiner Musikanschauung von Th. W. Adorno und H.-K. Metzger stark beeinflußt, beschäftigte sich S. mit den Schriften von K. Marx, S. Freud und E. Bloch, die für seine freie Handhabung des musikalischen Materials und sein gesellschaftliches Engagement richtungsweisend wurden. In den meisten seiner Kompositionen wird das Konzept einer psychoanalytisch fundierten Musik deutlich. Vorbilder sind E. Varèse, L. Nono, J. Cage, P. Boulez und besonders K. Stockhausen.

Lit.: H. VOGT, Neue Musik seit 1945 (St 1972, ²1975); U. STÜRZBECHER, Das große Fragezeichen hinter einer gesellschaftspolitischen Funktion der Musik, in: Melos 39 (1972); C. GOTTWALD, Bausteine zu einer Theorie der Neuen Vokalmusik, in: FS L. Strecker (Mz 1973); E. KARKOSCHKA, S.s Musik zum Lesen, in: Melos 41 (1974); DERS., Unters. an Mo-No ... u. Nicht-Analysierbarkeit als willkommenes Nebenprodukt, in: Analyse (Herrenberg 1976); P. FALTIN, Ästhetisierung der Sprache, dargestellt an D. S.s Madrasha II, in: Melos/NZ 4 (1978); H.-K. METZGER, Musik wozu. Lit. zu Noten I, hrsg. v. R. Riehn (F 1980); D. S., hrsg. v. H.-K. METZGER – R. RIEHN (Mn 1980) (= Musik-Konzepte 16) (mit Werk- u. Lit.-Verz.).

B. A. KOHL

SCHNECKE (engl.: scroll; frz.: volute; it.: chiocciola, voluta; span.: caracol, voluta), die den ↗Wirbelkasten verschiedener Saiteninstrumente abschließende Verzierung, die sich seit dem 14. Jh. allmählich herausbildete und dann lange Zeit neben anderen Formen, wie dem geschnitzten Menschen- oder Tierkopf, verwendet wurde. Für die Violinen-Familie läßt sich die bis heute allgemein übliche S. erst nach 1600 nachweisen. Auch bei anderen Saiteninstrumenten wurden gelegentlich S.n benutzt, so z.T. bei der Viola da gamba, beim Trumscheit, der Drehleier oder dem Épinette des Vosges.

SCHNEEFLÖCKCHEN. Ein Frühlingsmärchen *(Snegurotschka. Wessennjaja skaska),* Oper in einem Vorspiel und 4 Akten von Nikolai Rimski-Korsakow (1844–1908), Text vom Komponisten nach Alexander Ostrowskis gleichnamigem Drama (1873). UA: 29. 1. (10. 2.) 1882 in St. Petersburg (Marientheater); dt. EA (in dt. Sprache): 27. 9. 1923 in Berlin (Volksoper).
Für die Bauern, die im idealisiert dargestellten Land des gütigen Zaren Berendei leben, gehört die Macht personifizierter Naturkräfte noch zur konkret erfahrbaren Realität. Angesichts solch einer ganz ursprünglichen kosmischen Einheit erscheint die tragische Dimension des Schicksals von Schneeflöckchen aufgehoben; denn das reine Naturwesen, die Tochter des Winters und der Frühlingsfee, muß – nachdem es erfahren hat, was menschliche Liebe heißt – vergehen, wenn Jarilo, der Sonnengott, erneut seine Herrschaft antreten soll. Diesem symbolträchtigen Opernstoff wandte sich Rimski-Korsakow zu, um jenen Weg fortzusetzen, den er bereits mit seiner ersten Märchenoper, der *Mainacht,* eingeschlagen hatte. Seine Interessen für die heidnischen Mythen und das Brauchtum des russischen Volkes nun inniglich mit seiner Neigung zu pantheistischen Vorstellungen verbindend, schuf der Komponist hier in ausgereiftem, sehr individuellem Stil ein Werk von großer künstlerischer Geschlossenheit. Dies bezeugen die breit angelegten Chöre und Tanzszenen ebenso wie der Strom lyrisch-kantabler Melodien, in die vielfältige volkstümliche Elemente eingeschmolzen sind, oder auch die sparsam, aber höchst sensibel eingesetzten instrumentatorischen Kunstmittel. E. FISCHER

SCHNEIDER, Hortense Catherine- (Caroline) **Jeanne,** * 30. 4. 1833 Bordeaux, † 6. 5. 1920 oder 1922 Paris; frz. Sängerin (Sopran). Sie debütierte 1846 in Bordeaux, schloß sich 1853 für 2 Jahre einer Truppe in Agen an und ging dann nach Paris, wo 1855 J. Offenbach auf sie aufmerksam wurde und sie an die Bouffes-Parisiens engagierte. Dort trat sie noch im selben Jahr erfolgreich in 2 seiner Operetten auf. Seit 1856 war sie am Théâtre des Variétés und 1858–64 am Théâtre du Palais-Royal engagiert. 1864 zog Offenbach sie wieder an die Variétés und schrieb für sie die meisten Hauptrollen seiner dort aufgeführten Operetten; ihre größten Triumphe feierte sie in *La belle Hélène* (Die schöne Helena, 1864), *La grande-duchesse de Gérolstein* (1867) und *La Périchole* (1868). Nach weiteren Erfolgen in Paris, in London und in Rußland zog sich S., die Operettendiva der Grande Époque, 1878 von der Bühne zurück.

Lit.: M. ROUFF – TH. CASEVITZ, H. S. La vie de fête sous le Second Empire. H. S. (P [2]1930). – ↗Offenbach.

SCHNEIDER, Johann Christian Friedrich, * 3. 1. 1786 Altwaltersdorf bei Zittau, † 23. 11. 1853 Dessau; dt. Komponist und Dirigent. Er studierte seit 1805 an der Universität Leipzig, wurde dort 1807 Organist an der Paulinerkirche, 1810 Kapellmeister der Operntruppe Sekonda, 1813 Organist an der Thomaskirche, 1816 Leiter der Singakademie und 1817 Musikdirektor am Stadttheater. Seit 1820 wirkte er als Hofkapellmeister in Dessau, wo er auch eine Musikschule gründete und von wo sich sein Ruhm in ganz Deutschland verbreitete.

WW: 42 Klv.-Sonaten; Kammermusik; 23 Symphonien; 20 Ouvertüren; 7 Klv.-Konzerte; Lieder, Chöre, Kantaten; 16 Oratorien, u.a. *Das Weltgericht* (1819); 7 Opern. – S. schrieb ferner einige Lehrwerke.

S. pflegt in seinem gesamten vielfältigen Schaffen die Tonsprache des ausgehenden 18. Jh. gediegen-handwerklich und unberührt vom romantischen Geist seiner Zeit. Sein *Weltgericht* galt jahrzehntelang als Inbegriff eines deutschen Oratoriums und kongenial mit J. Haydns *Schöpfung.* Es verlor erst durch die Wiederbelebung der Passionen J. S. Bachs und durch die Oratorien F. Mendelssohn Bartholdys an Ansehen. – S.s Brüder **Johann Gottlob** (1789–1864) und **Johann Gottlieb** (1797–1856) waren angesehene Organisten in Leipzig, Görlitz und Dresden bzw. in Sorau und Hirschberg. Sein Sohn **Theodor** (1827–1909) war als Violoncellist, dann als Kantor in Dessau, später als Kantor und KMD in Chemnitz tätig.

Ausg.: Arie des Raphael aus *Das Weltgericht,* in: G. MASSENKEIL, Das Oratorium (Kö 1970) (= Das Musikwerk 37); Fantasie u. Fuge c-moll v. J. Gottlob S., in: Orgelwerke der Bach-Schule, hrsg. v. M. WEYER (Bad Godesberg 1976); *Das Weltgericht,* Faks.-Ausg. des Originaldrucks, hrsg. v. V. KALISCH – TH. KOHLHASE (1981) (= EDM 94).

Lit.: A. SCHERING, Gesch. des Oratoriums (L 1911, Nachdr. Hil 1966); H. LOMNITZER, Das musikal. Werk F. S.s ..., insbesondere die Oratorien (Diss. Marburg 1961); M. GECK, F. S.s „Weltgericht“, in: Stud. z. Trivialmusik des 19. Jh. (Rb 1967) (= Stud. z. Musikgesch. des 19. Jh. 8).

SCHNEIDER, Marius, * 1. 7. 1903 Hagenau (Elsaß), † 10. 7. 1982 Marquartstein; dt. Musikforscher. S. studierte u. a. in Berlin (bei J. Wolf), wo er 1930 promovierte. 1934 wurde er Assistent von E. von Hornbostel am Phonogramm-Archiv in Berlin, das er seit 1934 leitete. Seine Habilitation wurde 1937 aus politischen Gründen rückgängig gemacht. Nach Teilnahme am 2. Weltkrieg wurde er 1944 Direktor der von ihm gegründeten Abteilung für Musikethnologie am Instituto Español de Musicología in Barcelona und dort 1947 Lehrbeauftragter des Consejo superior de investigaciones científicas an der Universität. Von 1955 bis zu seiner Pensionierung 1968 lehrte er als Professor für Musikethnologie an der Universität Köln und 1968–70 noch an der Universität Amsterdam. Mit seinen weitgespannten Schriften war S. zu seiner Zeit einer der führenden deutschen Vertreter der Vergleichenden Musikwissenschaft.

Schriften: *Die Ars nova des 14. Jh. in Frankreich u. Italien* (Wb 1931); *Geschichte der Mehrstimmigkeit*, 1: *Die Naturvölker*, 2: *Die Anfänge in Europa* (B 1934–35), Nachdr. in 1 Bd., dazu Teil 3: *Die Kompositionsprinzipien u. ihre Verbreitung* (Tutzing 1968); *Singende Steine. Rhythmus-Stud. an drei katalanischen Kreuzgängen* (Kas 1955); *Primitive Music*, in: Ancient and Oriental Music, hrsg. v. E. Wellesz (Lo 1957) (= New Oxford History of Music I); *Die musikalischen Grundlagen der Sphärenharmonie*, in: AMl 32 (1960); *Wurzeln u. Anfänge der abendländischen Mehrstimmigkeit*, in: Kgr.-Ber. New York 1961, I (Kas 1961); *Die Natur des Lobgesangs* (Kas – Bas 1964); *Außereuropäische Folklore u. Kunstmusik* (Kö 1972) (= Das Musikwerk 44); *Die Gattung in der Musik der Naturvölker*, in: Gattungen der Musik in Einzeldarstellungen. Gedenkschrift L. Schrade I (Be – Mn 1973).

Lit.: R. A. GÜNTHER, S., in: Grove[6] XVI.

SCHNEIDER, Max, * 20. 7. 1875 Eisleben, † 5. 5. 1967 Halle/Saale; dt. Musikforscher. Er begann nach dem Studium der Musikwissenschaft und Musiktheorie in Leipzig (H. Riemann, S. Jadassohn) als Theaterkapellmeister, war dann 1907–14 Assistent an der Königlichen Bibliothek Berlin und seit 1909 auch Lehrer für Instrumentation und Partiturspiel am Akademischen Institut für Kirchenmusik (1913 Professor). 1915–28 lehrte er Musikwissenschaft an der Universität Breslau und am dortigen Institut für Kirchenmusik und promovierte 1917 in Berlin. 1928 wurde er Ordinarius an der Universität Halle und dort erst 1960 emeritiert. S. hat wichtige Arbeiten vor allem zur Aufführungspraxis der Musik des 17./18. Jh. und über die Quellen der Werke von J. S. Bach veröffentlicht. Zum 60., 80. und 85. Geburtstag wurden ihm Festschriften gewidmet, hrsg. von H. J. Zingel (Hl 1935), von W. Vetter (L 1955) und von W. Siegmund-Schultze (L 1960).

Schriften: Verschiedene Studien in den Bach-Jbb. 3, 4, 7, 8 (1906–11); *Der Generalbaß J. S. Bachs*, in: Jb. Peters 21 (1914/15); *Bach-Genealogie* (1915) (= Veröff. der Neuen Bach-Ges. 16); *Die Begleitung des Secco-Rezitativs um 1750*, in: Gluck-Jb. 3 (1917); *Die Anfänge des Basso continuo u. seiner Bezifferung* (L 1918, Nachdr. Farnborough 1971); *Die Besetzung der vielstimmigen Musik des 16. u. 17. Jh.*, in: AfMw 1 (1918/19); *K. Straube als Erwecker der alten Musik*, in: FS K. Straube (L 1943). – Editionen: *J. Mattheson, Grundlage einer Ehrenpforte* (B 1910, Nachdr. Kas 1969); *D. Ortiz, Tratado de glosas* (B 1913, Kas [3]1967) (mit dt. Übers.); *G. Ph. Telemann, Der Tag des Gerichts* u. *Ino* (1907) (= DDT 28); *L. Mozart, Ausgewählte Werke* (1908) (zus. mit M. Seiffert) (= DTB 9/2); *R. Keiser, Der hochmütige... Croesus* u. *Erlesene Sätze aus L'Inganno fedele* (1912) (= DDT 37/38); *Altbachisches Archiv*, 2 Bde. (1935) (= EDM, RD 1–2). S. war ferner Hrsg. des *Händel-Jb.* (1955–67) u. Mithrsg. der *Musikgesch. in Bildern* (L 1961 ff.)

Lit.: H. CH. WOLFF, in: Musica 14 (1960); W. RACKWITZ, in: Händel-Jb. 8/9 (1967/68); W. SIEGMUND-SCHULTZE, in: AMl 40 (1968); DERS., in: BzMw 10 (1968).

SCHNEIDER, Michael, * 4. 3. 1909 Weimar; dt. Organist und Kirchenmusiker. Er studierte 1927–30 an der Musikhochschule in Weimar und 1930–31 am Kirchenmusikalischen Institut in Leipzig, ferner an den Universitäten Jena, München und Köln, wo er 1940 im Fach Musikwissenschaft promovierte. 1931–34 war er Stadtorganist und Orgellehrer an der Musikhochschule in Weimar, 1934–35 Organist und Kantor an St. Matthäus sowie seit 1935 Orgellehrer an der Akademie der Tonkunst in München und 1936–41 Leiter der Abteilung für Evangelische Kirchenmusik und Orgellehrer an der Musikhochschule in Köln, wo er zeitweise auch den Bachverein dirigierte. Nach dem Krieg wirkte er als Kirchenmusikdirektor an St. Markus und Lehrer an der Musikhochschule in München und 1951–58 als Professor für Orgel und Leiter der Abteilung für Evangelische Kirchenmusik an der Nordwestdeutschen Musikakademie in Detmold. 1958–65 lehrte er an der Musikhochschule in Berlin und seit 1965 erneut an der Musikhochschule in Köln, wo er bis 1975 die Abteilung für Ev. Kirchenmusik leitete. Durch Konzerte und Lehrtätigkeit im Ausland genießt S. auch internationales Ansehen. Zu seinem 65. Geburtstag wurde ihm eine Festschrift gewidmet (B 1974).

Schriften: *Die Orgelspieltechnik des frühen 19. Jh. in Deutschland, dargestellt an den Orgelschulen der Zeit* (Rb 1941, Nachdr. 1968); *Begegnungen mit J. N. David u. seinem Werk*, in: Ex Deo nascimur. FS J. N. David, hrsg. v. G. Sievers (Wie 1970). – S. komponierte auch Choralvorspiele für Orgel. B. A. KOHL

SCHNEIDER, Willy, * 5. 9. 1905 Köln; dt. Sänger (Baß-Bariton). Er begann seine Ausbildung 1929 in Köln, sang seit 1930 im Kölner Rundfunkchor und wurde durch die Hörfunksendung *Der frohe Samstagnachmittag* rasch im Bereich der Unterhaltungsmusik populär. Das unverkennbare Timbre seiner Stimme und der im besten Sinne sentimentale Stil seines Vortrags hat vor allem vielen Wein- und Rheinliedern zu bleibender Beliebtheit verholfen, z.B. *Wenn das Wasser im Rhein gold'ner Wein wär', Man müßte nochmals 20 sein, Schütt' die Sorgen in ein Gläschen Wein.* Dieser Erfolg bekundet sich auch in zahlreichen Schallplatten seit 1935, die millionenfach verkauft wurden (3 goldene Schallplatten). S.s sängerische Aktivität – auch in manchen volkstümlichen Fernsehsendungen – ist bis heute ungebrochen.

SCHNEIDERHAN, Wolfgang Eduard, * 28.5. 1915 Wien; östr. Violinist. Er studierte in Prag (O. Ševčík) und in Wien und gab 11jährig sein erstes öffentliches Konzert. Seit 1932 war er Konzertmeister der Wiener Symphoniker und 1937–49 der Wiener Philharmoniker. Außerdem lehrte er als Professor für Violine 1938–50 an der Wiener Musikakademie und 1938–56 auch am Salzburger Mozarteum. 1938–51 war er Primarius des S.-Quartetts. 1949 trat er am Luzerner Konservatorium die Nachfolge von C. Flesch und G. Kulenkampff an und gründete mit E. Fischer und E. Mainardi ein Klaviertrio, das bis 1960 bestand. Mit dem Pianisten C. Seemann spielte er 1952–66 im Duo. Als Solist erlangte er Weltruf vor allem durch die Interpretation von Werken W. A. Mozarts und L. van Beethovens. S. ist mit der Sängerin I. Seefried verheiratet.

Lit.: F. FASSBIND, W. S., I. Seefried (Be 1960); W. S. zum 60. Geburtstag. Werden u. Wirken, Aufgaben in Luzern, in: Luzerner Ansprachen 1970–74 (Wie 1975).

SCHNEIDT, Hanns-Martin, * 6.12. 1930 Kitzingen am Main; dt. Dirigent. S. erhielt an der Leipziger Thomasschule u.a. Klavier- und Theorieunterricht bei G. Ramin, studierte 1949–55 an der Münchner Musikhochschule Kirchenmusik, Dirigieren und Komposition und an der dortigen Universität Musikwissenschaft. Gleichzeitig war er Kantor und Organist der Münchner Erlöserkirche. 1955 wurde er Direktor der Berliner Kirchenmusikschule, leitete seither die Spandauer Kantorei und gründete den Bach-Chor an der neuen Kaiser-Wilhelm-Gedächtniskirche sowie das Berliner Bach-Collegium. 1963 übernahm S. als GMD in Wuppertal die Leitung des Symphonieorchesters und des Chores der Konzertgesellschaft und ist seit 1975 auch musikalischer Oberleiter des Opernhauses. 1971 wurde er Professor für Dirigieren an der Musikhochschule in Hamburg; gleichzeitig begann seine Zusammenarbeit mit den Regensburger Domspatzen. S. konzertiert als Gastdirigent im In- und Ausland. Er erhielt viele Schallplattenpreise und 1980 den Von-der-Heydt-Preis der Stadt Wuppertal. Als Komponist trat er mit Orchester-, Chor- und Orgelwerken sowie mit Kammermusik hervor.

Lit.: I. HERMANN, H.-M. S., ein residenzfreudiger Dirigent, in: Das Orch. 20 (1972).
J. DORFMÜLLER

SCHNELLER (frz.: pincé renversé; engl.: inverted/upper mordent), eine von C. Ph. E. Bach (*Versuch über die wahre Art*, 1753) so bezeichnete Verzierung, die in der Ausführung dem ↗Pralltriller entspricht. Die frz. und engl. Bezeichnungen weisen darauf hin, daß sie auch als umgekehrter ↗Pincé bzw. ↗Mordent verstanden wurde.

SCHNITGER (Schnitker), **Arp,** * 2. 7. 1648 Schmalenfleth bei Golzwarden (Oldenburg), beerdigt 28.7. 1719 Hamburg-Neuenfelde; dt. Orgelbauer. Nach dem Abschluß einer Tischlerlehre bei seinem Vater wurde er 1666–76 bei seinem Vetter Berendt Huess in Glückstadt (Schleswig-Holstein) im Orgelbau ausgebildet und beteiligte sich nach Ende der Lehre an dem von Huess übernommenen Bau der Orgeln von St. Cosmae und St. Wilhadi in Stade. Nach dessen Tod (1676) vollendete er allein die Orgel von St. Cosmae (1678). 1682 übersiedelte er nach Hamburg. Die Orgeln S.s führen den von Hans Scherer, G. Fritzsche und Huess entwickelten norddeutschen Orgelbau zu seinem Höhepunkt; charakteristisch für sie sind vor allem die Geschlossenheit der einzelnen Werke (Hauptwerk, Brustwerk, Rückpositiv usw. und Pedal) und die reiche Ausstattung mit Aliquot- und Zungenstimmen.

Aus der Werkstatt S.s stammen etwa 160 Werke, die sich vorwiegend in Norddeutschland, Berlin und Magdeburg und Umgebung und in den Niederlanden befinden, weitere in England, Rußland, Spanien und Portugal. Nur wenige Instrumente sind in originalem und dabei einigermaßen spielbarem Zustand erhalten: Cappel bei Bremerhaven (ursprünglich Hamburg, St. Johannis-Kloster, 1679–80; 2 Man., 30 Reg.), Steinkirchen bei Hamburg (1685–87; 2 Man., 28 Reg.), Hamburg, St. Jacobi (1689–93; 4 Man., 60 Reg.), Uithuizen (Provinz Groningen, 1699–1701; 2 Man., 28 Reg.) und Groningen, Aa-Kerk (ursprünglich Akademiekerk, 1700–02; 3 Man., 33 Reg.); Norden, St. Ludgeri (1686–88; 4 Man., 46 Reg.; wird z.Z. originalgetreu restauriert).

Von S.s vier Söhnen, die alle bei ihm den Orgelbau lernten, führten **Franz Caspar** (1693–1729) und seine Nachkommen die Werkstatt bis 1799 in Holland weiter; bis 1863 befand sie sich dann in den Händen der Familie Freytag. Franz Caspar S. baute die Orgeln in Zwolle, St. Michael (1719; 4 Man., 63 Reg.), und Alkmaar, St. Laurens (1723 bis 1725; 3 Man., 56 Reg.) (beide erhalten).

Lit.: G. FOCK, A. S. u. seine Schule (Kas 1974).

SCHNITTKE (Snitke), **Alfred Garrijewitsch,** * 24.11. 1934 Engels an der Wolga (Bezirk Saratow); sowjetruss. Komponist und Musiktheoretiker dt. Abstammung. S. studierte bis 1958 Komposition, Kontrapunkt und Instrumentation am Moskauer Konservatorium und war dort 1958–61 Aspirant und 1961–72 Lehrer für Instrumentation, Partiturspiel, Kontrapunkt und Komposition. Seither lebt S. als freischaffender Komponist in Moskau. 1980 war er Gastprofessor an der Musikhochschule in Wien.

WW: **1) Instr.-WW:** Klv.-Stücke; Sonate Nr. 1 (1963) u. Nr. 2 ... *quasi una sonata* (1968) für V. u. Klv.; *Dialog* (1965) für Vc. u. 7 Instr.; Sonate für Vc. u. Klv. (1978); 2 Streichquartette (1966, 1981). – Für Orch.: *Poema o kosmose* (Dichtung vom Kosmos) (1961); *pianissimo* (1968); 3 Symphonien (1969–72, 1978–80, 1981); 3 V.-Konzerte (1957–62, 1966, 1978); 2 Klv.-Konzerte (1960, 1979); Konzert für Ob., Harfe u. Str. (1970); Concerto grosso (1977) für 2 V., Cemb. u. 21 Str. – Elektronische Musik *Potok* (Der Strom) (1969). – **2) Vokal-WW:** Oratorium *Nagasaki* (1958) für Mezzosopran, Chor u. Orch.; Kantate *Pesni wojny i mira* (Lieder von Krieg und Frieden) (1959) für Sopran, Chor u. Orch.; *Golossa prirody* (Stimmen der Natur) (1972), Vokalise für 10 Frauenst. u. Vibraphon; Requiem (1974–75) für Soli, Chor u. Instr.; *Der Sonnengesang* (1976) für Chor u. Instr. (dt.); *Minnesang* (1980–81) für 52 Choristen. – **3) Bühnen-WW:** Oper *Odinnadtsataya zapoved* (Das 11. Gebot) (1962); *Sholtyi swuk* (Gelber Klang) für Pantomimen, 9 Musiker, Tonband u. Lichtprojektoren, UA: 1975 Sainte-Baume-en-Provence. – Ferner Bühnen- u. Filmmusik. – S. verfaßte auch eine Reihe musiktheoret. Arbeiten.

Die Werke der frühen Schaffensperiode S.s sind von programmusikalischen Elementen geprägt. Stilistisch beeinflussende Pole sind C. Orff und A. Schönberg. Die daran anschließende Phase absoluter Musik (etwa 1962–66) wird abgelöst von einer Hinwendung zu melodisch-thematisch klar bestimmten, in ihrer satztechnischen Entwicklung äußerst vielschichtigen Texturen. S. bezeichnet diese unter dem Einfluß G. Mahlers und B. A. Zimmermanns entwickelte pluralistische Schreibweise als „Technik verschiedener Stile“. Sie verwendet neben traditionellen Formen etwa des Barock auch sonoristische oder koloristische Verfahren (Cluster, Glissandi). Harmonisch greift S. auf eine freie Zwölftontechnik mit tonalen Zentren zurück. Oberstes Gesetz ist ihm die „Natürlichkeit“ einer Komposition. Die Symphonie Nr. 1 verwendet auch Mittel des instrumentalen Theaters.

Lit.: Aufsatzfolge, in: Sowjetskaja muzyka 38 (1974). B. A. KOHL

SCHNORR VON CAROLSFELD, Ludwig, * 2. 7. 1836 München, † 21. 7. 1865 Dresden; dt. Sänger (Tenor). Er war Sohn des bekannten Malers Julius S., studierte am Leipziger Konservatorium und wurde 1854 von E. Devrient an das Hoftheater in Karlsruhe engagiert. 1860 ging er nach Dresden und errang schnell Berühmtheit, vor allem auch in Opern von R. Wagner *(Tannhäuser, Lohengrin)*. Wagner, der ihn 1862 kennenlernte und nach eigenem enthusiastischem Bekunden künstlerisch ein „innigstes Einverständnis“ mit ihm empfand, gewann ihn für die Uraufführung seines *Tristan* in München (1865). Die Isolde sang S.s Frau **Malvina Garrigues** (1825–1904), eine Schülerin von M. García und ebenfalls in Dresden engagiert. Kurz vor seinem Tod (6 Wochen danach) gab S. noch mit Wagner ein Privatkonzert vor König Ludwig II.

Lit.: R. WAGNER, Meine Erinnerungen an L. S. von C., in: Gesammelte Schriften u. Dichtungen 8 (L 1873 u.ö.); C. H. N. GARRIGUES, Ein ideales Sängerpaar (Kop 1937); O. SCHNEIDER, in: ÖMZ 20 (1965).

SCHNUCKENACK REINHARDT, * 1921 Weinsheim (Pfalz); dt. Jazzmusiker (Violine). Wie Django Reinhardt ist auch S. ein Mitglied des weitverzweigten Reinhardt-Clans der Sinti. Von seinem Vater erhielt er ersten Violinunterricht, spielte bereits mit 14 Jahren in einer Kapelle, u.a. auch bei den Reichssendern Frankfurt und Saarbrücken. Anschließend besuchte er 2 Jahre das Mainzer Konservatorium. Mit dem von ihm gegründeten S. R.-Quintett produziert S. seit 1967 Schallplatten und unternimmt Tourneen durch Deutschland, Österreich, Frankreich und die Schweiz. Die Musik S.s basiert auf der Folklore der Zigeuner, wird aber auch von der ungarischen und rumänischen Volksmusik und vom Swing in der Tradition Django Reinhardts geprägt.

SCHNYDER VON WARTENSEE, Franz Xaver, * 18. 4. 1786 Luzern, † 27. 8. 1868 Frankfurt a. M.; Schweizer Komponist. Nach Klavier- und Kompositionsstudien in Wien war er kurze Zeit Gesanglehrer am Pestalozzi-Institut in Yverdon. Seit 1817 lebte er in Frankfurt und entfaltete dort eine lange und reiche pädagogische und kompositorische Tätigkeit. 1847 gründete er in Zürich eine noch heute existierende Stiftung zur Förderung wissenschaftlicher und künstlerischer Publikationen. Mit seinen damals sehr beliebten Kompositionen galt S. als einer der gediegensten Kontrapunktiker. Bekannt war er auch als Glasharmonika-Virtuose.

WW: **1) Instr.-WW:** Für Klv.: Inventionen, Fugen, Kanons, Scherzi, Tanzstücke u. 2 Sonaten; Sonate für V. u. Klv. (1825); Fantasie *Der durch Musik überwundene Wütrich* für Glasharmonika u. Streichquartett. – Für Orch.: 5 Symphonien (1813–68); Konzert für 2 Klar. u. Orch. (1819). – **2) Vokal-WW:** Zahlr. Lieder für SingSt u. Klv.; Duette u. Quartette; Werke für Männerchor, darunter *Die Mordnacht von Luzern* (1811) u. das Oratorium *Zeit und Ewigkeit* (1838) (nach F. G. Klopstock) mit Orch.; geistliche Chorwerke. – **3) Bühnen-WW:** Opern, darunter *Fortunat mit dem Säckel* (1827–28), UA: Frankfurt am Main 1831; Operette *Heimweh und Heimkehr* (1854), UA: Zürich 1855. – **4) Schriften:** *System der Rhythmik* (F 1862); *Formenlehre der Instrumentalmusik* (F 1862); *Lebenserinnerungen* (Z 1887). – Ferner schrieb S. zahlr. Beitr. für Zschr. u. *Gedichte* (L 1869).

Ausg.: *Wanderers Nachtlied* (nach J. W. von Goethe) für gem. Chor (Z 1938); 6 Lieder (nach L. Uhland), hrsg. v. W. SCHUH (Z 1941); Scherzo u. Andante für Klv., in: W. FREY – W. SCHUH, Schweizer Klaviermusik (Z [2]1957); 3. Symphonie B-Dur (1848), hrsg. v. P. O. SCHNEIDER (Kas 1973) (= Schweizerische Musikdenkmäler 9). – *Erinnerungen*, hrsg. v. W. SCHUH (B – Z 1940); S. von W. u. H. G. Nägeli, Briefe, hrsg. v. P. O. SCHNEIDER (Z 1955, 1962).

Lit.: W. SCHUH, S. u. Th. Fröhlich als Liederkomp. (Z 1940); M. HERRMANN, Erinnerungen an X. S. von W. im Nachlaß eines Südfranzosen, in: SMZ 102 (1962); H. P. SCHANZLIN, Briefe des Haydn-Schülers Neukomm an den Schweizer Komp. S., in: FS A. van Hoboken (Mz 1962); P. O. SCHNEIDER, in: MGG XI; DERS., Romantischer Kontrapunkt, in: SMZ 108 (1968); W. VOGEL, Kuriosum oder genialische Intuition?, in: SMZ 112 (1972).

SCHOBERT, Johann, * um 1740 wahrscheinlich in Schlesien, † 28. 8. 1767 Paris; dt. Komponist und Cembalist. S. war möglicherweise Musiklehrer in Straßburg, bevor er sich 1760 oder 1761 in Paris niederließ und als Kammercembalist in den Dienst des Prinzen de Conti trat. Wegen seiner virtuosen Spielweise gehörte er bald zu den gesuchtesten Pianisten der Pariser Salons. J. B. Laborde (*Essai* ..., 1780) beschreibt ihn als Musiker von angenehmem und bescheidenem Auftreten und außergewöhnlicher Begabung. Durch die Originalität seines Stils hat S. die Klaviermusik seiner Zeit in Technik und Ausdruck sehr beeinflußt. Insbesondere gehören seine Werke zu den stärksten künstlerischen Eindrücken, die W. A. Mozart bei seinem ersten Parisaufenthalt 1763/64 empfangen hat. Der 2. Satz seines Klavierkonzerts KV 39 ist die Adaption eines Sonatensatzes von Schobert.

WW (zum größten Teil in Paris gedruckt, teilweise mit mehreren Aufl.): 27 Sonaten für Cemb. mit V. obligat oder ad lib., op. 1–5, 8, 14, 17, 19, 20 (Echtheit v. op. 20 zweifelhaft); 7 *Sonates en trio* bzw. Trios für Cemb. mit V. u. Baß ad lib., op. 6 u. 16; 3 *Sonates en quatuor*, op. 7 für Cemb. mit 2 V. u. Vc. ad lib.; 6 *Sinfonies*, op. 9 u. 10 für Cemb. mit V. u. 2 Hörnern ad lib.; 5 Konzerte für Cemb. u. Orch., op. 11, 12, 15, 18.

Ausg.: Ausgewählte Werke, hrsg. v. H. RIEMANN (1909, revidiert 1958) (= DDT 39) (mit wichtigem Vorwort); Triosonate F-Dur, hrsg. v. M. SCHUMACHER (Hannover 1937) (= Nagels MA 134); Trio Es-Dur, op. 6/1, hrsg. v. A. KARSCH (1958) (= ebd. 197); 6 Symphonien, op. 9 u. 10, hrsg. v. G. BECKING – W. KRAMOLISCH (Kas 1960) (= EDM, Sonderreihe 4).

Lit.: G. DE SAINT-FOX, J. S., in: RM (1922); H. TH. DAVID, J. S. als Sonatenkomp. (Kas 1928); K. A. FISCHER, S. u. Schubart, in: ZfMw 16 (1934); E. REESER, De klaviersonate met vioolbegeleiding in het Parijsche muziekleven (Rotterdam 1939); H. D. TURRENTINE, J. S. and French Clavier Music (1962) (= Diss. Univ. of Iowa); E. REESER, S., in: MGG XII.

SCHOECK, Othmar, * 1. 9. 1886 Brunnen, † 8. 3. 1957 Zürich; Schweizer Komponist. Als Jugendlicher befaßte sich S. zunächst mit Malerei, begann aber 1905 am Konservatorium in Zürich das Musikstudium bei F. Hegar und K. Attenhofer, das er 1907 auf Einladung M. Regers bei diesem in Leipzig fortführte. Bereits im folgenden Jahr kehrte S. in die Schweiz zurück und nahm eine Tätigkeit als Chorleiter auf (1909–16 Männerchor Aussersihl, 1911–18 Lehrergesangverein Zürich); daneben wirkte er oft als Pianist bei Aufführungen seiner Werke mit. 1918 wurde er Leiter der St. Galler Symphoniekonzerte und fand nun Zeit, sich verstärkt dem Komponieren zu widmen. Ein Herzanfall zwang S. 1944 weitgehend zur Aufgabe seiner Pianistentätigkeit. Zahlreiche Auszeichnungen und Musikpreise belegen die weite Anerkennung seines Werks. 1936 wurde in Bern eine S.-Festwoche veranstaltet; 1959 konstituierte sich die O. S.-Gesellschaft.

WW: **1) Instr.-WW:** Klv.-Stücke; *Ritornelle und Fughetten*, op. 68 (1953) für Klv.; 3 Sonaten für V. u. Klv.: 1, D-Dur (1905, revidiert 1952); 2, op. 16 (1908); 3, op. 46 (1931); Sonate für Vc. u. Klv. (1957); 2 Streichquartette: 1, op. 23 (1913) u. 2, op. 37 (1923). – Für Orch.: *Suite in As*, op. 59 (1945) für Streichorch.; pastorales Intermezzo *Sommernacht*, op. 58 (1954) für dass.; Konzerte mit Streichorch.: für Vc., op. 61 (1947) u. für Horn, op. 65 (1951); Serenade, op. 1 (1906–07) für kleines Orch.; Ouvertüre zu *William Ratcliff* (1908) für großes Orch.; *Festlicher Hymnus*, op. 64 (1950) für dass.; V.-Konzert, op. 21 (1911–12). – **2) Vokal-WW: a)** Sologesänge: Mit Klv.: ca. 380 Lieder, u. a. nach Texten v. N. Lenau (*3 Schilflieder*, op. 2, 1905; op. 5, 1907; aus op. 24a), H. Hesse (op. 8, 1907; aus op. 24b; op. 44), J. v. Eichendorff (op. 10, 1907; op. 12, 1908; aus op. 20, 1914; op. 30, 1918; in op. 51, 1943) u. J. W. v. Goethe (op. 19a, 1914; *Lieder aus dem West-östlichen Diwan*, op. 19b, 1906–15; *Der Gott und die Bajadere*, op. 34, 1921). – Mit anderen Instr. oder mit Orch.: *Notturno*, op. 47 (1933) (nach Lenau-Keller) für Bar. u. Streichquartett; *Gaselen*, op. 38 (1923) (nach Keller) für Bar., Fl., Ob., Baßklar., Trp., Schlagzeug u. Klv.; *Elegie*, op. 36 (1919) (nach Lenau – Eichendorff) mit Kammerorch.; *Lebendig begraben*, op. 40 (1926) (nach Keller) für Bar. u. Orch.; *Befreite Sehnsucht*, op. 66 (1952) (nach Eichendorff) für SingSt u. Orch.; *Nachhall*, op. 70 (1954–55) (nach Lenau – M. Claudius) für dass. – **b)** Chorwerke: Für Männerchor u. Orch.: *Der Postillon*, op. 18 (1909) (nach Lenau); *Kantate*, op. 49 (1933) (nach Eichendorff); *Für ein Gesangsfest im Frühling*, op. 54 (1942) (nach Keller). – Für gem. Chor u. Orch.: *Dithyrambe*, op. 22 (1911) (nach Goethe); *Trommelschläge*, op. 26 (1915) (nach W. Whitman). – **3) Bühnen-WW:** Bühnenmusik u. Gesänge zu Goethes Singspiel *Erwin und Elmire*, op. 25, UA: Zürich 1916; Szene u. Pantomime *Das Wandbild*, op. 28, UA: Halle 1921; dramatische Kantate *Vom Fischer und syner Fru*, op. 43 (Text v. P. O. Runge nach den Gebrüdern Grimm), UA: Dresden 1930. – Opern: Komische Oper *Don Ranudo*, op. 27 (Libr.: A. Rüeger nach L. Holberg), UA: Zürich 1919; *Penthesilea*, op. 39 (Libr.: S. nach H. v. Kleist), UA: Dresden 1927; *Venus*, op. 32 (Libr.: A. Rüeger nach Pr. Mérimée), UA: Zürich 1929; *Massimila Doni*, op. 50 (Libr.: ders. nach H. Balzac), UA: Dresden 1937; *Das Schloß Dürande*, op. 53 (Libr.: H. Burte nach Eichendorff), UA: Berlin 1943.

Schon die während seiner Studienzeit entstandene *Serenade* begründete S.s Ruhm; seine besondere Stellung unter den Komponisten des 20. Jh. beruht jedoch auf dem umfangreichen Liedschaffen, in welchem er mit reicher Melodiefindung das „Melos des Verses in klingende Erscheinung" überführt und damit dem Vorbild von H. Wolf folgt. Durch die frühe Entscheidung für den Vorrang des Melodischen in seinem Werk konnte S. vom Studium bei dem Kontrapunktiker Reger kaum profitieren. In seinem Bemühen, sich gegen zeitgemäße, durch R. Wagner, R. Strauss und Cl. Debussy geprägte Stilrichtungen zu stellen, griff S. Gestaltungselemente von Fr. Schubert und R. Schumann auf; für seine Opern wurde die aus dem Singspiel erwachsene deutsche Oper W. A. Mozarts zum Ausgangspunkt. 3 Schaffensperioden lassen sich bei S. voneinander abgrenzen: die Werke bis etwa 1916 (fast ausschließlich klavierbegleitete Lieder) sind in Harmonik und lyrischer Melodiebildung Bekenntnisse zur Frühromantik; in der mittleren Periode (bis etwa 1943) erzielt S. einen gesteigerten Ausdruck durch Polyrhythmik und Bitonalität mit bifunktionaler Harmonik *(Penthesilea),* während die Begleitung in seinen späten Werken nur sparsam ausgeformt ist. S. ist einer der letzten Lyriker und damit Vollender der Romantik, dennoch wird der ihm in der Schweiz als Ehrung gegebene, doch Epigonentum andeutende Titel „unser Schubert" nur einem Teil seines Schaffens gerecht; u.a. in seinem Bekenntniswerk *Lebendig begraben* wird deutlich, daß er auch die Stilmittel der Neuen Musik den Erfordernissen des Ausdrucks gemäß anzuwenden vermochte.

Lit.: W. VOGEL, Thematisches Verz. der Werke v. O. S. (Z 1956); H. CORRODI, O. S. (Frauenfeld 1930, revidiert ³1956); W. SCHUH, O. S. (Z 1934); O. S., Festgabe der Freunde, hrsg. v. DEMS. (Erlenbach – Z 1936); DERS., Schweizerische Musik der Gegenwart (ebd. 1948); H. CORRODI, O. S.s Songs, in: ML 29 (1948); Schweizerische Komponisten, hrsg. v. H. LINDLAR (Bonn 1955) (= Musik der Zeit 10); 40 Comp. suisses; O. S.-Sonderheft in: SMZ 96 (1956); A. W. MARTIN, O. S. u. der schweizerische Geist (St. Gallen 1957); Publikation z. 75. Geburtstag v. O. S. (Be 1961); W. VOGEL, O. S. im Gespräch (Z 1965); DERS., O. S. in Selbstzeugnissen u. Zeitgenossenberichten (Z – Fr 1976); S. TILTMAN-FUCHS, O. S.s Liederzyklen für SingSt u. Orch., Studien z. Wort-Ton-Verhältnis (Rb 1976) (= Kölner Beitr. z. Musikforsch. 86).

K. LANGROCK

SCHOCK, Rudolf, * 4. 9. 1915 Duisburg, † 13. 11. 1986 Düren; dt. Sänger (Tenor). Er studierte in Köln, Hannover und Berlin und war zunächst Chorsänger am Duisburger Opernhaus. Über Braunschweig (1937–40), Berlin-Charlottenburg (1943–44), Hannover (1945–46) und Berlin (Staatsoper und Städtische Oper) kam er 1947–56 an die Hamburgische Staatsoper mit Gastverpflichtungen in Wien und München. S. sang an den bedeutenden Bühnen Europas sowie bei den Salzburger und Bayreuther Festspielen (1959 als Walther in den *Meistersingern).* 1954 wirkte er bei der UA von R. Liebermanns *Penelope* mit. S. war lange durch seine stimmliche Gestaltung und seine äußere Erscheinung der Star der deutschen Operette (oft zusammen mit der Sopranistin Margit Schramm). Seine Popularität bezeugte sich auch in zahlreichen Schallplattenaufnahmen sowie in Ausstattungsfilmen *(Du bist die Welt für mich, Schön ist die Welt)* und Fernsehsendungen.

Lit.: F. HERZFELD, R. S. (B 1962) (= Rembrandt-Reihe 42).

SCHOFAR (hebräisch), ein Blasinstrument der Juden, das aus einem Widderhorn mit abgeschnittener Spitze, die als Anblasöffnung dient, besteht. Das runde oder spiralförmig gedrehte Tierhorn wird durch Erwärmung formbar gemacht, dann flach gedrückt und am Ende hakenförmig aufgebogen. Der S. ist das einzige Instrument, das bereits im AT mehrfach erwähnt und bis heute in den Synagogen gespielt wird. – ↗Israel.

SCHÖFFER, Peter, genannt der Jüngere, * zwischen 1475 und 1480 Mainz, † Anfang Januar 1547 Basel; dt. Buchdrucker. Er war Schüler seines Vaters Peter S. des Älteren in Mainz und veröffentlichte dort mit der Tabulatur von A. Schlick 1512 seinen ersten selbständigen Druck. 1518 eröffnete er in Worms eine Werkstatt, verlagerte aber erst 1520 sein ganzes Geschäft dorthin, und war 1529–39 in Straßburg tätig, wo er 1534–37 mit M. Apiarius zusammenarbeitete. Seit 1539 wirkte er als Buchstabengießer in Basel, gab aber während eines Aufenthaltes in Venedig 1541–42 auch dort mehrere nichtmusikalische Drucke heraus. S. gehört zu den ersten Musikdruckern in Deutschland. Er übernahm das Notendruckverfahren von O. Petrucci.

WW: Individualdrucke: A. Schlick (1512), J. Walter (3 Ausg. des *Geistlichen Gesangbüchleins* bzw. *Wittembergischen Gesangbüchleins* 1525, 1534, 1537), S. Dietrich (1534, 1535, 1537), J. Frosch (1535), ferner eine einzelne Motette v. A. von Wildenfels (1526); Sammeldrucke: Deutsche Lieder RISM 1513[2 u. 3], 1515[3], 1536[8], *Cantiones* 1539[8].

Ausg. (nur v. den Sammeldrucken; für die Individualdrucke siehe bei den einzelnen Komp.): 1513[2]: Faks.-Ausg. (Mn 1909), Liedsätze (Hannover o.J.) (= Nagels MA 97), 15 Deutsche Lieder ..., hrsg. v. ... K. HASSE (Wb o.J.) (= Chw 29); 65 Lieder aus 1536[8], hrsg. v. H. J. MOSER (Wie 1967).

Lit.: J. BENZING, P. S., in: JbLH 4 (1958/59); W. SENN, Das Sammelwerk „Quinquagena Carminum" aus der Offizin P. S.s d.J., in: AMl 36 (1964); J. BENZING, S., in: MGG XII.

SCHÖFFLER, Paul, * 15. 9. 1897 Dresden, † 21. 11. 1977 Amersham (Buckinghamshire); dt. Sänger (Baß-Bariton). S. studierte bei Waldemar Staegemann am Dresdener Konservatorium, bei E. Grenzebach in Berlin und bei Mario Sammarco in Mailand und debütierte 1925 als Heerrufer in R. Wagners *Lohengrin* an der Dresdener Staatsoper, wo er bis 1937 engagiert war. Anschließend wurde er Mitglied der Wiener Staatsoper. Als Gast trat er an den großen Bühnen Europas und Amerikas auf sowie bei den Salzburger und Bayreuther Festspielen und beim Maggio Musicale Fiorentino. S., der als Heldenbariton ein umfangreiches Repertoire beherrschte, sang 1947 die Titelrolle bei der Uraufführung von G. von Einems Oper *Dan-*

tons Tod und 1952 den Jupiter in der Uraufführung von R. Strauss' *Die Liebe der Danae.*

Lit.: H. CHRISTIAN, P. S. (W 1967).

SCHOLA CANTORUM (lat., = Sängerschule; kurz auch Schola), die mit der musikalischen Ausgestaltung der Pontifikalliturgie und der Ausbildung von Kantoren betraute Institution des päpstlichen Hofes in Rom, wird erstmals in der 2. Hälfte des 7. Jh. bezeugt. Einige spätere Quellen nennen als ihre Initiatoren Papst Silvester I. (314–335), andere wiederum Papst Gregor I., auf den möglicherweise die Gründung und Reorganisation einer Vorgängerinstitution zurückgeht. Nach den *Ordines Romani* des 7./8. Jh. besteht die S. aus einer Gruppe von Knaben und 7 Erwachsenen: 4 Subdiakonen – die auch Prior (Primicerius), Secundus (Secundicerius), Tertius scholae und Archiparaphonista (dieser hatte die Leitung inne) genannt wurden – und 3 Paraphonisten (↗Paraphonia). Den einzelnen Mitgliedern der S. fielen im Laufe der Zeit neben liturgischen Aufgaben auch außermusikalische zu, die sie innerhalb der Organisation des päpstlichen Hofes wahrnahmen. Dies galt besonders für die Stellung des Priors, die im 12. Jh. mit der Bischofswürde verbunden war.
Während des päpstlichen Exils in Avignon (seit 1305) verlor die S. an Bedeutung zugunsten der ↗Kapelle, der Sänger und Komponisten aus dem niederländisch-französischen Raum angehörten. Die Bulle Urbans V. von 1370 löste die alte S. endgültig auf.
In der Neuzeit lebte vereinzelt der alte Begriff auf, so als Titel der 1896 von V. d'Indy, A. Guilmant und Ch. Bordes gegründeten berühmten Pariser Kirchenmusikschule und für die 1934 von P. Sacher gegründete „Schola Cantorum Basiliensis", die Abteilung für ältere Musik an der Musik-Akademie der Stadt Basel, sowie als Name des bekannten Konzertchores „Schola Cantorum Stuttgart" (Leitung: Cl. Gottwald).
Im modernen liturgischen Sprachgebrauch versteht man unter Schola (oder Choralschola) – im Unterschied zum Kirchenchor – eine Sängergruppe, die im römisch-katholischen Gottesdienst gregorianische Melodien vorträgt bzw. (allgemeiner) einstimmig im Wechsel mit der Gemeinde singt oder den Volksgesang anführt.

Lit.: F. X. HABERL, Die römische „s.c.", in: VfMw 3 (1887), separat (L 1888, Nachdr. Hil 1971) (= Bausteine für Musikgesch. 3); H. HUCKE, Die Tradition des Gregor. Gesangs in der römischen S., in: Kgr.-Ber. Wien 1954; J. SMITS VAN WAESBERGHE, Neues über die S., in: ebd.; S. CORBIN, L'Église à la conquête de sa musique (P 1960); A. ADAM – R. BERGER, Pastoralliturg. Handlexikon (Fr 1980).

SCHOLLUM, Robert, * 22. 8. 1913 Wien; östr. Komponist. Er studierte an der Wiener Musikakademie und am Neuen Wiener Konservatorium. 1932–38 war er als Lehrer, Konzertorganist und Pianist tätig. Nach Kriegsteilnahme und schwerer Verwundung ließ er sich in Linz nieder, wo er vielseitige Aktivitäten als Musiker, Organisator und Musikpädagoge entfaltete. 1959 wurde er Professor an der Wiener Musikakademie und leitete daneben eine Gesangsklasse am Prager Konservatorium. Als Komponist pflegte S. eine neoklassizistische Schreibweise, die er seit den 50er Jahren mit einer freien Zwölftontechnik verband.

WW: **1) Instr.-WW:** Org.-Stücke, darunter *Toccata in Betrachtungen des Kreuzweges* (1975); Sonaten mit Klv.: für Fag. (1949), für Va. d'amore (1950), für Klar. (1950), für Va. (1950), für V. (1950). – Konzertstück *Die Ameisen* (1974) für Vc. u. Klv.; *Mosaik* (1967) für Ob., Schlagzeug u. Klv., 2 Streichquartette (1949, 1966); 5 Stücke für Bläserquintett (1970). – Für Orch.: 5 Symphonien (1953–55, 1958–59, 1962, 1964, 1969); 8 *Augenblicke* (1956–57); *Kontraste* (1957); *Konturen* (1958) für Streichorch.; *Gespräche* (1959) für Kammerorch.; *Spiele* (1970); *Rufe* (1972). – 2 V.-Konzerte (1944, 1961); ein Vc.-Konzert (1954). – **2) Vokal- u. Bühnen-WW:** Lieder; für Chor u. Orch.: *Im Frühtau zu Berge* (1950); *Psalm* 122 (1957); *Psalm-Kommentare* (1969) für Chor u. Instr.; *Chorfantasie* (1971) (nach Dante) für Soli, Chor, Klv. u. Orch. – Opern: *Mirandolina* (1945–46) (nach C. Goldoni); *Oper* (unveröff.); Kammeroper *Nacht der Verwandlung,* UA: Linz 1952. – **3) Schriften:** *Musik in der Volksbildung* (W 1962); *E. Wellesz* (W 1964) (= Östr. Komp. des 20. Jh. 2); *Die Wiener Schule* (W 1969); *Anmerkungen zur Liedgestaltung bei Beethoven,* in: Beethoven-Almanach 1970, hrsg. v. E. Tittel (W 1970); *Singen als menschliche Kundgebung* (W – Mn 1970); *Stilistische Elemente der frühen Webern-Lieder,* in: Kgr.-Ber. Wien 1972 (Kas 1973); *Das österreichische Lied des 20. Jahrhunderts* (Tutzing 1977) (= Publikationen des Inst. für östr. Musikdokumentation 3). – Ferner zahlr. Beitr. in „Musikerziehung" u. in ÖMZ. – S. gab heraus: *Das kleine Jazzbuch* (Salzburg 1970) (zus. mit J. Fritz u.a.).

Lit.: H. VOGG, in: ÖMZ 11 (1956); W. SZMOLYAN, Neue Werke v. R. S., in: ÖMZ 28 (1973).

SCHOLZE, Johannes Sigismund, ↗Sperontes.

SCHOEMAKER, Maurice (Maurits), * 27. 12. 1890 Anderlecht bei Brüssel, † 24. 8. 1964 Etterbeck bei Brüssel; flämischer Komponist. Er war Kompositionsschüler von P. Gilson und schloß sich der 1925 von Schülern Gilsons gegründeten Gruppe der Synthétistes an. Mit einem Erstlingswerk, der Symphonischen Dichtung *Vuurwerk,* hatte er überraschenden Erfolg. S. blieb prinzipiell dem Konzept der Synthétistes, d.h. einer impressionistischen Tonsprache, verbunden, bereicherte diese aber später durch Verwendung neuerer Ausdrucksmittel. Eine wichtige Rolle spielt dabei auch die flämische Folklore. Neben seiner kompositorischen Tätigkeit war S. Leiter der belg. Vereinigung für Urheberrechte (SABAM) und des Cebedem.

WW: Klv.-Sonate (1934); Sonate für Vc. solo (1940); *Tombeau de Chopin* (1949) für 2 Klv.; *Sonate du souvenir* (1953) für Vc. u.

Klv.; Klv.-Trio (1934); *Suite champêtre* (1940) für 3 Holzbläser; Klv.-Quartett (1945). – Für Orch.: Symphonische Dichtung *Vuurwerk* (1922); *Brueghelsuite* (1928); *Kammersymphonie* (1929); *De legende van de Heer Halewijn* (1930); *Vlaamse rapsodie* (1931); *Suite in rococostijl* (1936); *Sinfonia breve* (1938); *Scènes espagnoles* (1943). – Opern: *Swane* (1933) (Libr.: E. De Bom nach S. Streuvels), UA: Antwerpen 1955; *De toverviool* (Die Zaubergeige) (1954) (Libr.: A. Van de Velde); 2 Ballette; ferner zahlr. Bühnenmusiken; Lieder u. Chöre.

Lit.: F. DE WEVER, P. Gilson et les synthétistes (Bru 1949); A. CORBET, Catalogue van werken van belgische comp., 12: M. S. (Bru 1954).

SCHÖNBACH, Dieter, * 18. 2. 1931 Stolp (Pommern); dt. Komponist und Regisseur. Er studierte seit 1949 Komposition bei G. Bialas und Chorleitung bei K. Thomas an der Nordwestdeutschen Musikakademie in Detmold sowie Komposition bei W. Fortner an der Musikhochschule in Freiburg im Breisgau. 1959 ging er als Leiter der Schauspielmusik nach Bochum, 1968 nach Münster (Westf.) und 1973 an das Stadttheater in Basel. S. schrieb mit *Die Geschichte von einem Feuer* die erste Multimedia-Oper.

WW: **1) Instr.-WW:** Klv.-Stücke; Kammermusik, u.a. Streichquartett (1957). – Für Orch.: 4 Stücke, 1: *Farben u. Klänge* (1958) (in memoriam W. Kandinsky), 2: *Ritornelle* (1961), 3: *Pour Varsovie* (1963), 4: *entré* (1964); *Variationen in Tala* (1961); *Canzona da sonar 1* für Streichorch. (1965). – Konzert für Trp. u. Kammerorch. (1957) (nach A. Scarlatti); Klv.-Konzert (1958). – **2) Vokal-WW:** Für Sopran u. Instrumente: *Canticum psalmi resurrectionis* (1957); Konzert *Come S. Francesco predicò agli uccelli* (1959); *Canticum psalmi ad laudes* (1964). – *Chant liturgique. Hommage à Pérotin* (1964) für Chor u. Orch. – **3) Bühnen- u. Multimedia-WW:** Oper *Die Geschichte von einem Feuer* (Libr.: E. Borchers) (zus. mit E. Kieselbach), UA: Kiel 1968, Neufassung Münster 1969. – *Canzona da sonar 5* (1968) für Sopran u. Environment; *Hymnus I* (1970) für Sprecher, Sänger, Chöre, Popgruppe, Tonbänder u. Multivision; Multimedia-Show *Der Sturm* (nach W. Shakespeare) (zus. mit Kieselbach) für Sprecher, Musiker, Tonbänder u. Multivision, UA: Wiesbaden 1970; Multimedia-Show anläßlich der Olympischen Spiele *Hymnus II – Morgen nach dem Feuer* für Sprecher, Sänger, Chöre, 3 Popgruppen, Tonbänder u. Multivision, UA: München 1972; Kammerspektakel *Come S. Francesco II* für Sprecher, Sänger, Tänzer, Multivision u. Kammerorch., UA: Münster 1979. – S. schrieb: *Neue Aspekte für das totale Theater,* in: Melos 38 (1971).

Lit.: H. KRELLMANN, Die verschmolzenen Medien, in: Musica 24 (1970); D. GOJOWY, Die U-Bahn fährt plötzlich durch Wasser, in: Melos 41 (1974). B. A. KOHL

SCHÖNBERG (Schoenberg), **Arnold Franz Walter,** * 13. 9. 1874 Wien, † 13. 7. 1951 Los Angeles; östr. Komponist. S., in der Musik im wesentlichen Autodidakt, erhielt erst als Erwachsener von A. von Zemlinsky (seinem späteren Schwager) Kontrapunktunterricht. Bereits in jungen Jahren schrieb er Kammermusik, die deutlich stilistisch von der Musik J. Brahms' und R. Wagners beeinflußt ist. Nach dem Tod seines Vaters Samuel arbeitete er zunächst 1891–95 in einer Bank, leitete danach die Chorvereinigung der Metallarbeiter von Stockerau bei Wien und instrumentierte Operetten. Bald nach seiner Heirat mit Mathilde von Zemlinsky (1901) übersiedelte er nach Berlin und arbeitete als Dirigent an Ernst von Wolzogens literarischem Kabarett „Überbrettl". In Berlin wurde R. Strauss auf ihn aufmerksam; dieser zeigte sich besonders von den *Gurreliedern* beeindruckt; er vermittelte dem jungen S. den Liszt-Preis sowie einen Lehrauftrag am Sternschen Konservatorium. 1903 kehrte S. nach Wien zurück und unterrichtete an der Reformschule von Eugenie Schwarzwald. A. Berg, E. Stein, A. Webern und E. Wellesz zählten zu seinen ersten Privatschülern. G. Mahler, damaliger Direktor der Wiener Hofoper, wurde zu seinem Freund und Gönner. Doch Aufführungen der Werke S.s, etwa des Streichsextetts *Verklärte Nacht* durch das Ensemble von Arnold Rosé, fanden bei der Kritik kein Verständnis. Im Saal der „Vereinigung schaffender Tonkünstler", die S. zusammen mit Zemlinsky 1904 gegründet hatte und deren Ehrenpräsident G. Mahler war, dirigierte S. selbst 1905 die Uraufführung seiner symphonischen Dichtung *Pelleas und Melisande.* Mehr und mehr wurde er in den Wintermonaten durch seine Unterrichtstätigkeit vielfach vom Komponieren abgehalten. Er nutzte daher vor allem seine Sommeraufenthalte in Gmunden, Mödling und am Tegernsee zur Komposition neuer Werke. 1907 begann er zu zeichnen und malen; 1910 wurden seine Werke im Rahmen einer Ausstellung des „Blauen Reiter" in München der Öffentlichkeit vorgestellt. Bei den Wiener Uraufführungen der 1. *Kammersymphonie* (1907) und des 2. Streichquartetts (1908) kam es zu lautstarken Mißfallenskundgebungen des Publikums. 1910 leitete S. Kompositionskurse an der Wiener Musikakademie. 1911 beendete er seine *Harmonielehre* und ließ sich erneut in Berlin nieder, wo er Unterstützung durch F. Busoni und O. Fried sowie durch die Kritiker Alfred Kerr und Max Marschalk fand. Er leitete Kurse am Sternschen Konservatorium und hatte zahlreiche Privatschüler, darunter E. Steuermann. In Berlin fand 1912 die Uraufführung des *Pierrot lunaire* statt. Bis zum 1. Weltkrieg unternahm S. als Dirigent mehrere Konzertreisen durch Deutschland und Österreich. Ersten internationalen Erfolg errang er in London mit den *Fünf Orchesterstükken* (1912) und in Wien mit den *Gurreliedern* (1913). Ein Konzert in Wien mit Werken von S., Berg und Webern endete 1913 mit einem Skandal. Im Laufe des 1. Weltkriegs wurde S. zweimal zum Wehrdienst in der österreichischen Armee einberufen. 1917 konnte er nach Wien zurückkehren; er leitete Kompositionsseminare und gründete 1918 den „Verein für musikalische Privataufführungen", in dem seine Schüler Berg, Steuermann, Webern, H. Eisler, R. Kolisch, Erwin Ratz und J. Rufer zu seinen engsten Mitarbeitern zählten. 1920 dirigierte S. eigene Werke in Prag, Mannheim und Amsterdam. In Amsterdam leitete er 1920–21 auch Kurse in Musiktheorie. 1921–24 entstanden die ersten Werke in der neuen Zwölftontechnik. Ein Jahr nach dem Tod seiner Frau Mathilde (1923) heiratete er Gertrud Kolisch, und 1925 übernahm er als Nachfolger von Busoni die Meisterklasse für Komposition an der Preußischen Akademie der Künste in Berlin. Während seines Berliner Aufenthalts entstand u.a. die unvollendete Oper *Moses und Aron.* 1930–33 unternahm S. zahlreiche Reisen nach Südeuropa.

Im Mai 1933 verließ S. Deutschland und wurde kurz danach von der nationalsozialistischen Regierung „beurlaubt". Zuerst ging er nach Frankreich und kehrte zum jüdischen Glauben zurück, nachdem er mit 18 Jahren zum Protestantismus übergetreten war. Im Herbst 1933 emigrierte er in die USA, nahm Professuren am Malkin Conservatory in New York und in Boston an und ließ sich 1934 in Los Angeles nieder. 1935 wurde er an die University of Southern California und 1936 an die University of California in Los Angeles berufen. Diesen Lehrstuhl behielt er bis zu seinem 70. Lebensjahr. 1940 hatte er die amerikanische Staatsbürgerschaft erhalten. Die meisten der im amerikanischen Exil entstandenen Werke basieren auf der Zwölftontechnik; zu den Werken mit stark erweiterter Tonalität zählen die 2. *Kammersymphonie,* die S. bereits 1906 begonnen hatte, *Kol nidre,* die Variationen für Orgel d-moll und die Variationen für Blasorchester g-moll. Ebenfalls in Amerika entstanden theoretische und pädagogische Schriften sowie die Sammlung der Essais und Vorträge (hrsg. unter dem Titel *Style and Idea*). 1950 hatte S. eine Einladung zu den Internationalen Ferienkursen für Neue Musik in Darmstadt angenommen. Doch sein Herzleiden zwang ihn, die Reise abzusagen. Ein Jahr später starb er an einem Schlaganfall. Bis zuletzt hatte er in Brentwood Park an den Texten der *Modernen Psalmen* gearbeitet.

WW: **1) Instr.-WW:** 6 Stücke für Klv. zu 4 Händen (1896); 3 Klv.-Stücke (1896); *Drei Klavierstücke,* op. 11 (1909); *Sechs kleine Klavierstücke,* op. 19 (1911); *Fünf Klavierstücke,* op. 23 (1920–23); Klv.-Suite, op. 25 (1921–23); 2 Klv.-Stücke, op. 33 (1928, 1931); *Variationen über ein Rezitativ* für Org., op. 40 (1941); Fantasie, op. 47 (1949) für V. u. Klv.; Streichtrio, op. 45 (1946); 5 Streichquartette: D-Dur (1897); d-moll, op. 7 (1904–05); fis-moll, op. 10 (1907–08) mit Sopran, bearb. für Streichorch. (1929); op. 30 (1927) u. op. 37 (1936); Bläserquintett, op. 26 (1924); *Verklärte Nacht* für Streichsextett, op. 4 (1899) (Fassung für Streichorch. 1917, revidiert 1943); Suite für Klar., Es-Klar., Baßklar., V., Va., Vc. u. Klv., op. 29 (1926); 1. *Kammersymphonie* für 15 Instr., op. 9 (1906, revidiert 1923) (auch für Orch. 1922 u. 1935); 2. *Kammersymphonie* für 18 Instr., op. 38 (1906–11), Endfassung für chorische Streicherbesetzung u. Bläser (1939), davon Fassung für 2 Klv. (1942); symphonische Dichtung *Pelleas und Melisande,* op. 5 (1902–03, revidiert 1913 u. 1918); *Fünf Orchesterstücke,* op. 16 (1909, reduzierte Fassung 1949); Orch.-Variationen, op. 31 (1926); *Begleitungsmusik zu einer Lichtspielszene (Drohende Gefahr, Angst, Katastrophe),* op. 34 (1930); Suite G-Dur für Streichorch. (1934); V.-Konzert, op. 36 (1936); Klv.-Konzert, op. 42 (1942); Thema und Variationen, op. 43 (1943) für Blasorch. (auch für symphonisches Orch.). – Instrumentierungen: J. S. Bach, 2 Choralvorspiele für Org. (1922) u. Praeludium und Fuge Es-Dur für Org. (1928); J. Brahms, Klv.-Quartett g-moll (1937); G. F. Händel, Concerto grosso, op. VI/7 (1933); C. Loewe, *Der Nöck;* G. Monn, Vc.-Konzert g-moll (1912) u. Cemb.-Konzert (1932), bearb. für Vc., Cemb. u. Orch.; ferner J. Strauß, *Kaiserwalzer,* bearb. für Fl., Klar., Streichquartett u. Klv. (1925). – **2) Vokal-WW:** Lieder mit Klv.: ohne Opuszahl (1893–1908?); op. 1, 2 u. 3 (um 1899–1903); op. 6 (1903–05); 2 Balladen, op. 12 (1907); 2 Lieder, op. 14 (1908); *Fünfzehn Gedichte aus „Das Buch der hängenden Gärten" von S. George,* op. 15 (1908–09); 3 Lieder, op. 48 (1933); 6 Lieder mit Orch., op. 8 (1903–04); *Herzgewächse,* op. 20 (1911) (Text: M. Maeterlinck) für Sopran, Harfe, Celesta u. Harmonium; 4 Lieder, op. 22 (1913–16) (Text: R. M. Rilke, E. Dawson) für Sopran u. Orch.; Serenade, op. 34 (1920–23) für Klar., Baßklar., Mandoline, Gitarre, V., Va., Vc. u. tiefe Männerst. – Melodramen: *Pierrot lunaire,* op. 21 (1912) (Text: A. Giraud) für Sprechst., Fl. (oder Piccolofl.), Klar. (oder Baßklar.), V. (oder Va.), Vc. u. Klv.; *Kol nidre,* op. 39 (1938) für Sprecher, Chor u. Orch.; *Ode to Napoleon,* op. 41 (1942) (Text: Lord Byron) für Sprecher, Streichquartett (oder Streichorch.) u. Klv.; *A Survivor from Warsaw,* op. 46 (1947) für Sprecher, Chor u. Orch.; *Moderner Psalm,* op. 50 C (1950) für Sprecher, Chor u. Orch. (unvollendet). – Chorwerke: Für Chor a cap.: *Friede auf Erden,* op. 13 (1907); *Vier Stücke,* op. 27 (1925); *Drei Satiren,* op. 28 (1925); 3 dt. Volkslieder (1928); *Sechs Stücke,* op. 35 (1929–30) für Männerchor a cap.; *Drei Chöre* (dt. Volkslieder aus dem 15./16. Jh.), op. 49 (1948); *Dreimal tausend Jahre,* op. 50 A (1940); *De profundis* (Psalm 130), op. 50 B (1950); *Gurrelieder* (1900–11) für Soli, Chor u. Orch.; Oratorium *Die Jakobsleiter* (1917–22) (unvollendet); Praeludium, op. 44 (1945) für Chor u. Orch.; 30 Kanons, z.T. a cap. oder mit Instr. – **3) Bühnen-WW:** Monodram *Erwartung,* op. 17 (1909) (Libr.: M. Pappenheim), UA: Prag 1924; musikal. Drama *Die glückliche Hand,* op. 18 (1908–13), UA: Wien 1924; Oper *Von Heute auf Morgen,* op. 32 (1928–29) (Libr.: M. Blonda), UA: Frankfurt 1930; Oper *Moses und Aron* (1930–32) (unvollendet), UA: Zürich 1957, daraus: *Der Tanz um das goldene Kalb.* – **4) Schriften:** *Harmonielehre* (W 1911, ^{3}1922, ^{7}1966, engl. NY 1947); *Structural Functions of Harmony* (NY 1954, ^{2}1969), dt. Übers.: *Die formbildenden Tendenzen der Harmonie* (Mz 1957); *Models for Beginners in Composition* (NY 1942, ^{3}1947, dt. W 1972); *Grundlagen der musikalischen Komposition* (1948), engl. Originalversion: *Fundamentals of Composition* (Lo 1967); *Die Lehre vom Kontrapunkt* (geplant 3 Bde., nur der 1. vollendet) (1942); *Der musikalische Gedanke und die Logik, Technik und Kunst seiner Darstellung* (1934–36) (unvollendet); *Instrumentationslehre* (1949) (unvollendet); *Style and Idea* (NY 1950, erweitert Lo 1975), dt. Übers.: *Stil und Gedanke,* hrsg. v. I. Vojtěch (F 1976) (= Gesammelte Schriften 1).

Obwohl S.s Stil und Kompositionstechnik die abendländische Musik wesentlich veränderte, setzt er doch die klassische und romantische Tradition europäischer Musik fort. Die stark von Chromatik bestimmte Harmonik seiner ersten Lieder und Kammermusikwerke ist typisch für den musikalischen Stil nach R. Wagner. Sie beherrscht auch die Musik von Mahler, H. Pfitzner, M. Reger,

R. Strauss und H. Wolf. Charakteristisch für S.s Musikästhetik ist das Streichsextett *Verklärte Nacht* (1899). Es entstand nach einem Gedicht von Richard Dehmel und beschreibt ein Gespräch zwischen Liebenden. Naturalistische und romantische Stilmerkmale vermischen sich; die symphonische Dichtung der Neudeutschen Schule wurde hier in den Bereich der Kammermusik übertragen; eine Überfülle von Themen wurde in einer einsätzigen Form verarbeitet. Der gleiche erotische Stimmungsgehalt wird in den Liedern op. 1–3 sichtbar. Aus dem lyrischen Gefühlsgehalt entwickelt sich bei S. die große Form. Gedichte von Jens Peter Jacobson dienten ihm als Textgrundlage zu den *Gurreliedern,* einem Werk, das ganz in der Tradition der Spätromantik steht; dies wird auch an der Besetzung deutlich: 5 Solisten, ein Erzähler, drei 4st. Männerchöre, ein 8st. gemischter Chor, ein Orchester mit 50 Bläsern, 8- bis 10fach unterteilten Streichern, 6 Pauken, großem Schlagwerk, 4 Harfen und Celesta. Die drei Teile des Werkes werden durch Zwischenspiele miteinander verbunden. Harmonik im Stil Wagners und polyphoner Satz mit häufiger Imitatorik stehen im Dienst einer expressiven Musik spätromantischen Charakters. Die symphonische Dichtung *Pelleas und Melisande* gehört zum Bereich der Programmusik. Sie zeichnet sich durch genaueste Verarbeitung musikalischer Motive, Quartenakkorde sowie neue Klangfarben (erste Glissandis in den Posaunen) aus. Mit diesem extrem kontrapunktischen Werk endet S.s erste Schaffensperiode.

Im 1. Streichquartett d-moll und in der 1. *Kammersymphonie* (1906) faßt S. 4 Teile in einem Satz zusammen. Die *Kammersymphonie,* eine Synthese aus Symphonie und Konzert, wurde für 15 Instrumentalsolisten geschrieben; Quartenakkorde und Ganztonmelodien stehen hier einer funktionalen Harmonik und konsonanten Dreiklängen gegenüber. Trotz konsonanter Akkorde am Ende der Perioden werden die Grenzen der Tonalität weit überschritten. Die Auflösung der tonalen Harmonik wird im 2. Streichquartett fortgesetzt, insbesondere in den beiden letzten Sätzen, in denen eine Singstimme zu den Instrumenten hinzutritt. Um 1908/09 war dieser Auflösungsprozeß vollzogen; die Dissonanz hat sich emanzipiert (etwa in den George-Liedern, op. 15). S. versucht, bis dahin gültige ästhetische Grundsätze zu überwinden. Mit den *Drei Klavierstücken* op. 11 und den *Fünf Orchesterstücken* zeigt er eine konzentrierte, äußerst sensible Melodiesprache, die sich in den Opern *Erwartung* und *Die glückliche Hand* zum Instrument wahrer Psychogramme entwikkelt. S. hat zu diesem Zeitpunkt einen Stil totaler Freiheit erreicht, in dem keine traditionelle Regel mehr gültig ist. Die *Sechs kleinen Klavierstücke* op. 19 komprimieren diese Musiksprache zu Kleinstformen, an die später Webern anknüpfte. 1912 komponierte S. auf Bitten der Schauspielerin Albertine Zehme 21 Melodramen nach dem *Pierrot lunaire* von Albert Giraud. In diesem Werk für unterschiedliche Kombinationen von 8 Instrumenten (die Flöte alterniert mit der Piccoloflöte, die Klarinette mit der Baßklarinette, die Violine mit der Viola) versucht S., seinen neuen Musikstil in überlieferte Formen zu integrieren (2- oder 3teilige Liedform, Walzer, Barkarole, Fuge, Krebskanon, Passacaglia). Abweichend vom traditionellen Melodram notiert er die Sprechstimme mit ganz präzisem Rhythmus und zeigt dabei genau jedes Anheben und Senken der Stimme an. In variierter Form taucht diese Art der Notation auch in seinen weiteren Melodramen auf, etwa in der *Ode to Napoleon.* – Während des 1. Weltkriegs entstanden die 4 Lieder op. 22; daneben begann die Arbeit an Text und Musik des Oratoriums *Die Jakobsleiter.* In beiden Werken verwendete S. zum erstenmal Themen, die aus 12 verschiedenen Tönen bestehen. Ausgehend von dieser noch freien totalen Chromatik, erarbeitete er bis ins Jahr 1921 seine Zwölftontechnik (↗Zwölftonmusik); sie kam durch ihren Systemcharakter einer durch das Fehlen von tonalen Bezügen drohenden Anarchie zuvor. Erste Zwölftonkompositionen sind die Suite op. 25 für Klv. sowie Teile der *Fünf Klavierstücke* op. 23 und der Serenade op. 24. Es folgten zahlreiche weitere Zwölftonkompositionen, etwa das Bläserquintett, in dem die Reihe der 12 Töne und ihre 3 Abwandlungen (Umkehrung, Krebs, Umkehrung des Krebses) zu den Themen der 4 Sätze einer Sonate werden. Pseudotonale Reihen verwendet S. in den *Vier Stücken* für gem. Chor op. 27 und in den *Drei Satiren* op. 28, einer Polemik gegen folkloristische und neoklassizistische Elemente in der Musik (besonders bei I. Strawinsky). Die letzten in Europa komponierten Werke verkörpern die strenge Zwölftontechnik in Reinform: das 3. Streichquartett, die Variationen für Orch. op. 31, die Oper *Von Heute auf Morgen* sowie die unvollendete Oper *Moses und Aron,* zu der S. selbst den Text schrieb (wie zu den *Sechs Chören* a cappella op. 35).

In Amerika versuchte S. in einigen Kompositionen seine Erfahrungen mit der Zwölftontechnik an einer stark ausgeweiteten Tonalität zu erproben (Suite für Streichorch. G-Dur, *Kol nidre,* dem eine jüdische liturgische Melodie zugrunde liegt). Im Violinkonzert, dem 4. Streichquartett und dem Klavierkonzert behandelt S. die Zwölftontechnik weit weniger streng. In den nach 1942 entstandenen Werken spiegeln sich mehr und mehr das Leiden über eine von Krieg und Massenmord heimgesuchte Welt sowie S.s religiöses Suchen wider, das an den Geist von *Moses und Aron* anknüpft. Die sarkastische *Ode to Napoleon* endet ironischerweise in Es-Dur; sie enthält konsonante Dreiklänge, die streng der Zwölftonreihe entnommen sind. Zu den letzten Werken S.s zählen das Streichtrio, die Kantate *A Survivor from Warsaw* (mit der liturgischen Melodie des *Sch'ma Jisroel*) sowie 3 durch das AT inspirierte Chorwerke (das letzte blieb Fragment).

Ausg.: GA, hrsg. v. J. RUFER, in Verbindung mit C. Dahlhaus – R. Stephan – I. Vojtěch, unter Mitarbeit v. R. Hoffmann – R. Kolisch – L. Stein – E. Steuermann, 2 Reihen, A: vollendete u. aufführbare unvollendete Werke, Klv.-A., Bearb.; B: Frühfassungen, unvollständige Werke, Skizzen, Entwürfe, Kritische Berichte (W – Mz 1966ff.), vgl. dazu: R. STEPHAN, in: FS L. Strecker (Mz 1973). – Gesammelte Schriften I, hrsg. v. I. VOJTĚCH (F 1976ff.).

Lit.: E. WELLESZ, A. S. (L – W – Z 1921); Sonder-H.e der Musikblätter des Anbruch zum 50. Geburtstag (W 1924), zum 60. Geburtstag (W 1934); A. S., hrsg. v. M. ARMITAGE (NY 1937); Sonder-H. zum 70. Geburtstag (= MQ 30, 1944); Stimmen, Sonder-H. zum 75. Geburtstag (B 1949); R. LEIBOWITZ, S. et son école (P 1947); H. H. STUCKENSCHMIDT, A. S. (Z 1951, [2]1957); Briefe v. A. S., ausgewählt v. E. STEIN (Mz 1958); J. RUFER, Das Werk A. S.s (Kas 1959); W. REICH, A. S. (W 1968); R. BRINKMANN, A. S.: Drei Klavierstücke op. 11. Studien zur frühen Atonalität bei S. (Wie 1969) (= Beihefte z. AfMw 7); DERS., S. u. George. Interpretation eines Liedes, in: AfMw 26 (1969); D. REXROTH, A. S. als Theoretiker der tonalen Harmonik (Diss. Bonn 1971); H. H. STUCKENSCHMIDT, S. – Leben, Umwelt, Werk (Z 1974); G. SCHUBERT, S.s frühe Instrumentation. Unters. z. den Gurreliedern, zu op. 5 u. op. 8 (Baden-Baden 1975); G. MANZONI, A. S. (Mi 1975); CH. ROSEN, A. S. (NY 1975); M. MACDONALD, S. (Lo 1976); CH. SMALL, S. (Lo 1977); Ber. über den 1. Kongreß der Int. S.-Ges., hrsg. v. R. STEPHAN (W 1978); S., in: Brockhaus Riemann Musiklexikon II (Wie–Mz 1979) (bes. Lit.-Verz.); D. NEWLIN, S. Remembered. Diaries and Recollections 1938–1976 (NY 1980); C. W. NEIGHBOUR, S., in: Grove[6] XVI (bes. WW- u. Lit.-Verz.); U. THIEME, Stud. z. Jugendwerk A. S.s (Rb 1980) (= Kölner Beitr. z. Musikforsch. 107); A. SERRAVEZZA, Critica e ideologia nel „Moses und Aron“, in: RIMus 15 (1980); A. S., hrsg. v. H.-K. METZGER – R. RIEHN (Mn 1981) (= Musik-Konzepte. Sonderbd. [3]); P. STADLEN, S.'s Speech-Song, in: ML 62 (1981).
H. H. STUCKENSCHMIDT

SCHÖNE GALATHEE, DIE, Operette in einem Akt von Franz von Suppè (1819–95), Text von Poly Henrion (d.i. Leopold Kohl von Kohlenegg). Ort und Zeit der Handlung: Zypern, in der Antike. UA: 9. 9. 1865 in Wien (Carltheater).

Antike Mythenstoffe bilden die Grundlage dieser Fabel, deren Handlung von vier Figuren getragen wird: Pygmalion, Galathee, Mydas und Ganymed. Hinter der vordergründigen Liebesintrige verbirgt sich die eher philosophisch anmutende Frage nach der Gefährdung für den Künstler, der seine Ideale Realität werden läßt. Das Erwachen der Galathee, *Aurora ist erwacht im Strahlenschein* (ein ausgesprochen lyrisches Stück), die Auftrittsmazurka des Mydas, *Meinem Papa Zastrolos,* und Ganymeds *So klassisch sind wir nicht* sind ebenso wie das Trinklied und das Quartett *Nur zum Küssen sind die Frauen auf der Welt* musikalische Höhepunkte dieser Operette. – Bei der Komposition des Werkes wurde Suppè beeinflußt von den Aufführungen von J. Offenbachs Werken (vor allem der *Schönen Helena*) in Wien am Carltheater; sein Einakter trug ihm den Beinamen „Wiener Offenbach“ ein. Später wurde die Operette (ohne sonderlichen Erfolg) zu einem abendfüllenden Werk ausgeweitet. Nur noch selten gespielt, zählt *Die schöne Galathee* neben der *Fledermaus* von J. Strauß bis heute zu den wichtigsten Wiener klassischen Operetten.
B. DELCKER

SCHÖNE HELENA, DIE *(La belle Hélène),* Opéra bouffe in 3 Akten von Jacques Offenbach (1819–80), Text von Henri Meilhac und Ludovic Halévy. Ort und Zeit der Handlung: Sparta und Nauplia, vor dem Trojanischen Krieg. UA: 17. 12. 1864 in Paris (Variétés); EA in dt. Sprache: 17. 3. 1865 in Wien (Theater an der Wien); dt. EA: 13. 5. 1865 in Berlin (Friedrich Wilhelmstädtisches Theater).

Offenbachs zweite weltberühmte Antiken-Travestie nach *Orpheus in der Unterwelt* sollte von Anfang an mehr sein als eine sinnenfrohe Parodie der griechischen Sage. Karikierende Anspielungen auf das frivole Leben im Paris des Zweiten Kaiserreichs und auf die einem Tanz auf dem Vulkan gleichende politische Situation in Europa (dafür spricht nicht zuletzt der ursprüngliche Plan, den Dichter Homer nach dem Vorbild der englischen Korrespondenten als Kriegsberichterstatter auftreten zu lassen) stellen eine weitere Komponente des Werkes dar. Die Wahl des Stoffes (der zunächst geplante Titel *La prise de Troie* verweist auf die seit 1863 in Paris gespielten *Trojaner* von H. Berlioz) und ein in der Endfassung nicht realisierter Abschnitt mit einer *Tannhäuser*-Parodie weisen auf einen dritten bedeutenden Aspekt des Werkes: die ironisch kritisierende Auseinandersetzung mit der Grand Opéra. Die in Offenbachs Werk erkennbare Grundregel „Je sinnloser der Text, desto bombastischer das Ensemble“ ist ein boshaft-witziger Fingerzeig auf eine der Schwächen der „seriösen“ Vorbilder, und mit den vielen kleinen Melodram-Szenen gelingt hier zusätzlich ein subtiler Seitenhieb auf die großen Antiken-Opern Chr. W. Glucks. Binnen weniger Wochen wurden sämtliche Nummern dieser Buffa zu Schlagern, die Ouvertüre, das Urteil des Paris *Au mont Ida (Auf dem Berge Ida),* die Couplets der Könige *Ces rois remplis de vaillance (Ich bin Ajax, Held im*

Kriege) und der Walzer *Je crains leur fureur (Entflieh ihrer Wut).* R. QUANDT

SCHÖNHERR, Max, * 23. 11. 1903 Marburg an der Drau (heute Maribor/Jugoslawien), † 13. 12. 1984 Baden bei Wien; österreichischer Dirigent, Komponist und Musikschriftsteller. Nach dem Studium am Grazer Konservatorium war er zunächst Kontrabassist, dann Korrepetitor und Kapellmeister am Opernhaus in Graz. 1929–31 wirkte er als Kapellmeister am Theater an der Wien und am Wiener Stadttheater sowie 1933–38 an der Wiener Volksoper. Seit 1931 dirigierte er beim Sender Wien, daneben aber auch die Orchester anderer Rundfunkanstalten und die Wiener Symphoniker. 1952 wurde ihm der Professorentitel, 1954 der Joseph-Marx-Preis für Komposition verliehen. S. widmete sich vor allem der Unterhaltungsmusik und der Wiener Operette. 1973 promovierte er an der Universität Wien mit einer Dissertation über C. M. Ziehrer. Von seinen Werken wurde bes. das Ballett *Hotel Sacher* bekannt.

WW: **1) Kompositionen:** Klv.-Stücke; Kammermusik; Orch.-Werke, darunter: Suiten *Wiener Tagebuch* (1960), *Slawisches Panorama* (1961) u. *Festa musicale* (1966); *Bauernmusi aus Österreich* (1936); *Tänze aus Österreich* (1937); Ouvertüre *Das Mädl aus der Vorstadt* (1961); ein Concertino für Klv. u. Orch. (1964). – Lieder. – Operetten: *Deutschmeisterkapelle,* UA: Wien 1958; *Bombenwalzer* (nach J. Strauß), UA: BR 1967; Kindermusical *Flori quietschvergnügt,* UA: Wien 1958; Ballett *Hotel Sacher,* UA: Wien 1957. – **2) Schriften:** *Das Jahrhundert des Walzers,* I: *J. Strauß-Vater. Ein Werkverzeichnis* (W 1954) (zus. mit K. Reinöhl); *Inventar des C. M. Ziehrer-Archives ...* (W 1969); *F. Lehár. Bibliographie zu Leben und Werk* (W 1970); Kompendium zu Bd. 1–120 der DTÖ (Gr 1974); *Modelle der Walzerkomposition,* in: ÖMZ 21 (1976).

Lit.: E. HILMAR, in: Mitteilungen des Steirischen Tonkünstlerbundes (1964) Nr. 17/18.

SCHOOF, Manfred, * 6. 4. 1936 Magdeburg; dt. Jazzmusiker (Trompete, Flügelhorn, Kornett; Bandleader, Komponist). Er studierte Klavier und Trompete 1955–57 an der Musikakademie in Kassel und 1958–63 an der Musikhochschule in Köln und gehörte 1963–65 zur Gruppe von Gunter Hampel, die den neuen Jazz in Deutschland wesentlich vorbereitete. 1965 gründete S. ein eigenes Quintett, zu dem A. von Schlippenbach gehörte, und beteiligte sich 1965–66 an dessen „Globe Unity"; er tritt heute mit eigenen Formationen auf und gilt als führender Trompeter des Free und New Jazz in Deutschland. Charakteristisch für S. sind heftige Attacken im Diskant; er hat jedoch auch den lyrisch gedämpften Ton von Miles Davis in den Ausdrucksbereich des neuen Jazz übertragen. B. A. Zimmermann schrieb den Jazzpart in seiner Oper *Die Soldaten* für die Gruppe von S. und sein Trompetenkonzert für S. als Solisten.

SCHOP, Johann, * um 1590 Hamburg oder Niedersachsen (?), † Sommer 1667 Hamburg; dt. Violinist und Komponist. Er war Mitglied der Hofkapellen von Wolfenbüttel (1615) und Kopenhagen (1615–19). Seit 1621 wirkte er als 1. Violinist und später als Leiter der Ratsmusik in Hamburg und erwarb sich mit seinen Kirchenkonzerten und auf Kunstreisen (u.a. 1634 mit H. Schütz und H. Albert) hohes Anschen. Einige seiner Gesänge wurden als Kirchenlieder bekannt. Seine Instrumentalwerke stehen in der Tradition der von W. Brade und Th. Simpson vermittelten englischen Violinmusik. – S.s Söhne **Johann** (* 1626, † nach 1670) und **Albert** (* 1632, † nach 1667) waren ebenfalls Musiker.

WW (alle in Hamburg gedruckt): *Neue Paduanen, Galliarden, Allmanden, Balletten, Couranten, und Canzonen* für 3–6 Instr. u. B.c., 2 Tle. (1633, 1635); 19 Tänze, in: RISM 1646[11]. – *Geistliche Concerte* für 1–4 u. 8 St. u. B.c. (1644); einige gedruckte Gelegenheitskompositionen; zahlr. 1st. geistliche Lieder mit B.c., vor allem nach Texten v. J. Rist (Lüneburg 1641–42 u.ö.), darunter die noch heute im Ev. Kirchengesangbuch befindlichen *Ermuntre dich, mein schwacher Geist, Hilf Herr Jesu, O Ewigkeit, du Donnerwort, Sollt ich meinem Gott nicht singen* u. *Werde munter, mein Gemüte.*

Ausg.: Geistliches Konzert *Vom Himmel hoch,* hrsg. v. A. STRUBE (Han 1930) (= Nagels MA 69); 2 geistl. Konzerte, hrsg. v. DEMS., in: Mit Freuden zart (B – Da 1953); eine Courante, in: Nederlandse klaviermuziek uit de 16[e] en 17[e] eeuw, hrsg. v. A. CURTIS (A 1961) (= Monumenta Musica Neerlandica 3).

Lit.: A. MOSER, J. S. als Violinkomp., in: FS H. Kretzschmar (L 1918); K. STEPHENSON, J. S. (Diss. Hl 1924); S. FORNAÇON, J. S., in: Der Kirchenmusiker 6 (1955).

SCHOPENHAUER, Arthur, * 22. 2. 1788 Danzig, † 21. 9. 1860 Frankfurt am Main; dt. Philosoph. Nach dem Studium der Naturwissenschaft und Philosophie in Göttingen (wo besonders Gottlob Ernst Schulze ihn zum Studium von Platon und I. Kant anhielt) und Berlin (1811, u.a. bei Johann Gottlieb Fichte) promovierte S. 1813 in Jena mit einer Dissertation *Über die vierfache Wurzel des Satzes vom zureichenden Grunde.* Auf das erste Erscheinen seines Hauptwerks *Die Welt als Wille und Vorstellung* (L 1819, ^{3}1859 [endgültige Fassung]) folgte 1820 die Habilitation samt einer Dozentur in Berlin, wo S. in scharfer Opposition, aber auch im starken Schatten G. W. Fr. Hegels lehrte. Nach Vorlesungsunterbrechungen durch mehrere Reisen, lange Krankheit und daran anschließende Kur zog sich S., enttäuscht über die immer noch ausbleibende Anerkennung der Fachwelt, 1831 nach Frankfurt zurück, wo er bis zu seinem Ende als Privatgelehrter blieb.

Für einen Zugang zu S.s Musikphilosophie ist ein Blick auf sein philosophisches Gesamtsystem nötig, das auf der Unterscheidung Kants zwischen

„Erscheinung" (der Welt menschlicher Erfahrung) und „Ding an sich" (der Welt jenseits oder unabhängig von dieser Erfahrung) basiert. Während Kant allerdings den Gesamtbereich von Erfahrung, Wissen und Philosophie auf die Erscheinungswelt eingeschränkt sah, setzte S. das Willensprinzip als den hinter den belebten und unbelebten Dingen als Wesen der Welt wirkenden und dem Prinzip der Kausalität der Natur heterogenen letzten Grund aller Bewegung, Veränderung und – als Wille zum Leben – aller organischen, psychischen und geistigen Vorgänge an: Für uns also ist nach S. die Welt „unsere Vorstellung", an sich aber ist sie „Wille". – Bietet nun die Kunst überhaupt die Möglichkeit zur Darstellung der den Vorstellungen zugrunde liegenden Ideen (im Sinne Platons), so gibt die Musik ein tönendes Bild des Willens selbst. Dadurch gewinnt sie im System der Künste eine einzigartige Stellung: Nächst der Philosophie wird sie gar zu einem Mittel des Verständnisses des tiefsten Wesens der Welt („In der von mir aufgestellten Reihe der Künste bilden Architektur und Musik die beiden äußersten Enden"), denn die anderen Künste reden „vom Schatten", die Musik aber „vom Wesen selbst". – Es gehört zu den Eigentümlichkeiten der äußerst nachhaltigen Rezeption von S.s metaphysischer Musikästhetik (z.B. durch Fr. Nietzsche, R. Wagner, R. Steiner, L. Tolstoi, H. Pfitzner oder Th. Mann), daß sich niemand an dem Widerspruch störte, in dem sie zu S.s Pessimismus und seiner Lehre von der Verneinung des an sich blinden und bösen Weltwillens steht, dessen unmittelbarer Ausdruck die Musik ja sein soll. Auch der an autodidaktisch betriebener Generalbaßlehre (nach J. B. Logiers 1827 erschienenem Lehrbuch) orientierte Parallelisierungsversuch des musikalischen Stimmengefüges (von „Grundbaß" bis Melodiestimme) zum kategorialen Stufenbau der Welt (von anorganischer Materie bis zum Geistwesen Mensch) ist so weder musikhistorisch noch im Sinne philosophischer Systematik akzeptabel. Immerhin hat S. öfters betont, daß er die Wahrheit seiner Musikanschauungen eher „empfinde", als daß er sie beweisen könne.

Ausg.: Der hsl. Nachlaß, hrsg. v. A. HÜBSCHER, 5 Bde. in 6 Teilen (F 1966–75); Sämtliche Werke, hrsg. v. W. FRH. VON LÖHNEYSEN, 5 Bde. (St – F 1960–65); Sämtliche Werke, neu bearb. u. hrsg. v. A. HÜBSCHER, 7 Bde. (Wie [2]1946–50, Neudr. 1972).

Lit.: F. J. WAGNER, Beitr. z. Würdigung der Musiktheorie S.s (Diss. Bonn 1910); L. D. GREEN, S. and Music, in: MQ 16 (1930); H. PFITZNER, Mein Bekenntnis zu S., in: 25. Jb. der S.-Ges. (1938); J. BAKST, A Comparative Study of Philosophy of Music in the Work of S., Nietzsche and Tolstoi (Diss. NY 1942); V. BENNETT, Refering to S., in: MR 11 (1950); W. ROTH, S.s Metaphysik der Musik u. sein musikal. Geschmack (Diss. Mz 1951); H. HARTMANN, S. u. die Musikphilos., in: Musica 14 (1960); G. SCHNITZLER, Die Musik in S.s Philos., in: Musik u. Zahl, hrsg. v. dems. (Bonn 1976) (= Orpheus Schriftenreihe zu Grundfragen der Musik 17); R. WEYERS, A. S.s Philosophie der Musik (Rb 1976) (= Kölner Beitr. z. Musikforsch. 88).

R. CADENBACH

SCHORR, Friedrich, * 2. 9. 1888 Nagyvárad (Ungarn), † 14. 8. 1953 Farmington (Connecticut); amerik. Sänger ung. Herkunft (Baßbariton). Er studierte bei Adolf Robinson in Brünn sowie am Wiener Konservatorium und debütierte 1912 in Graz als Wotan in R. Wagners *Ring des Nibelungen.* 1916–18 sang er in Prag, anschließend in Köln und ging 1924 an die Metropolitan Opera in New York, der er bis 1943 angehörte. Außerdem war er 1923–31 an der Berliner Staatsoper und 1924–33 an der Londoner Covent Garden Opera engagiert; 1925–31 sang er den Wotan bei den Bayreuther Festspielen. Nach Beendigung seiner Bühnenlaufbahn (1943) lebte er in New York. S. gilt aufgrund seiner überragenden Gestaltung des Wotan, Hans Sachs und Fliegenden Holländers als der bedeutendste Wagner-Interpret seiner Generation und in der Frühzeit der Schallplatte.

SCHOSTAKOWITSCH. – 1) Dmitri Dmitrijewitsch, * 12. (25.) 9. 1906 St. Petersburg, † 9. 8. 1975 Moskau; sowjetrussischer Komponist. Nachdem sich frühzeitig seine außergewöhnliche musikalische Begabung gezeigt hatte, wurde S. 1919 ins Petrograder Konservatorium aufgenommen; von A. Glasunow wohlwollend gefördert, beendete er dort 1923 bzw. 1925 die Studien bei Leonid Nikolajew (Klavier) und M. Steinberg (Komposition). Trotz verheißungsvoller Ansätze zu einer Pianistenkarriere legte er den Hauptakzent auf die weitere Entwicklung seiner schöpferischen Fähigkeiten; hierin bestärkte ihn der triumphale Erfolg der 1926 uraufgeführten 1. Symphonie, seiner Diplomarbeit. Die Tendenzen der westeuropäischen Moderne keineswegs scheuend, war S. bestrebt, sich mit avantgardistischen Werken – und vor allem im Bereich des Theaters und Kinos – für die Ideale der sozialistischen Revolution zu engagieren. Daß ihm die Partei Anfang 1936 in zwei polemischen *Prawda*-Artikeln „linksabweichlerische", „kleinbürgerlich-dekadente" Positionen vorwerfen ließ, mußte ihn deshalb bestürzen. Angesichts der allgewaltigen stalinistischen Willkürherrschaft lösten jene „Diskussionsbeiträge" eine tiefgreifende Krise aus, die S. aber – zumindest nach außen hin – dank seiner begeistert aufgenommenen 5. Symphonie im November 1937 überwand. Sogar als Dozent durfte er jetzt am Konservatorium seiner Heimatstadt wirken. 1941, nach der deutschen Invasion, trieb S. im belagerten Leningrad die Niederschrift der 7. Symphonie voran, die seinen Namen bald weltberühmt machte, weil sie zum rechten Zeitpunkt (amerik. EA: 19. 7. 1942 unter A. Toscanini) als Symbol für die moralische Überlegenheit und Siegesgewißheit der Sowjetunion verstanden werden konnte. Im neu entfesselten Kampf wider den „Formalismus" sah sich der Komponist, obgleich mehrfach Träger von Stalin-Preisen, 1948 nochmals heftig attackiert. S. verzichtete auf seine Lehrtätigkeit, die er, inzwischen nach Moskau übergesiedelt, auch hier ausgeübt hatte; er profilierte sich mit affirmativen Werken *(Über unserer Heimat strahlt die Sonne)* und hielt problematischere bewußt zurück (das 1. Violinkonzert oder den Liederzyklus *Aus jüdischer Volkspoesie*). Erst der Tod J. Stalins (1953) erschloß ihm einen allmählich wachsenden Freiraum. Das aktuelle Schaffen des überragenden, im In- und Ausland höchst geehrten Repräsentanten der sowjetischen Musik wurde nunmehr fast unwidersprochen akzeptiert; parallel dazu erreichte S. ebenso behutsam wie zielsicher die Rehabilitation seines frühen Œuvres, z. B. der 2. bis 4. Symphonie und der Opern *Lady Macbeth* und *Die Nase.* Seine Loyalität bewies er gerade während dieser Zeit: 1957–68 war er Sekretär des Komponistenverbands der UdSSR und übernahm – ungeachtet seiner bereits fortschreitenden gesundheitlichen Hinfälligkeit – 1962 die Pflichten eines Deputierten des Obersten Sowjet, dem er bis zum Lebensende angehörte. In welch hohem Maße das komplizierte Wechselverhältnis zwischen Kunst und Politik für die persönliche wie schöpferische Entwicklung S.s von Bedeutung war, erfuhr eine breitere Öffentlichkeit aus seinen Erinnerungen, die Solomon Wolkow nach Gesprächen – und möglicherweise mit eigenen Akzentsetzungen – aufgezeichnet hatte und postum im Westen publizierte (dt. Übers.: *Zeugenaussage,* H 1979).

WW: **1) Instr.-WW: a)** Für Klv.: 2 Sonaten: op. 12 (1926) u. op. 61 (1942); 5 Präludien (1920–21); *Tri fantastischeskich tanza* (3 phantastische Tänze), op. 5 (1922); *Aforismy* (Aphorismen), 10 Stücke, op. 13 (1927); 24 Präludien, op. 34 (1932–33); *Detskaja tetrad* (Notenbuch eines Kindes), op. 69 (1944–45); 24 Präludien u. Fugen, op. 87 (1950–51). – Für 2 Klv.: Suite fis-moll, op. 6 (1922); Concertino, op. 94 (1953). – **b)** Kammermusik: Sonate für V. u. Klv., op. 134 (1968); Sonate für Va. u. Klv., op. 147 (1975); Sonate d-moll für Vc. u. Klv., op. 40 (1934); 2 Klv.-Trios: op. 8 (1923) u. op. 67 (1944); 15 Streichquartette (1938–74); Klv.-Quintett g-moll, op. 57 (1940); 2 Stücke (Präludium u. Scherzo) für Streichoktett, op. 11 (1924–25). – **c)** Für Orch.: 15 Symphonien: 1: f-moll, op. 10 (1924–25); 2: H-Dur, *Oktjabrju* (An den Oktober), op. 14 (1927), mit Schlußchor (Text: A. Besymenski); 3: Es-Dur, *Perwomaiskaja* (Der 1. Mai), op. 20 (1929), mit Schlußchor (Text: S. Kirsanow); 4: c-moll, op. 43 (1935–36), UA: 1961; 5: d-moll, op. 47 (1937); 6: h-moll, op. 54 (1939); 7: C-Dur *(Leningrad),* op. 60 (1941); 8: c-moll, op. 65 (1943); 9: Es-Dur, op. 70 (1945); 10: e-moll, op. 93 (1953); 11: g-moll, *1905 god* (Das Jahr 1905), op. 103 (1957); 12: d-moll, *1917 god* (Das Jahr 1917), op. 112 (1961); 13: b-moll, op. 113 (1962), mit Baßsolo u. Chor (Text: Je. Jewtuschenko); 14: op. 135 (1969), für Sopran, Baß u. Kammerorch. (nach Gedichten v. F. García Lorca, G. Apollinaire, W. Küchelbecker u. R. M. Rilke); 15: A-Dur, op. 141 (1971); *Prasdnitschnaja uwertjura* (Festliche Ouvertüre), op. 96 (1954); Ouvertüre über russ. u. kirgisische Themen, op. 115 (1963); symphonische Dichtung *Oktjabr* (Oktober), op. 131 (1967). – **d)** Konzerte: 2 Klv.-Konzerte: c-moll, op. 35 (1933), für Klv., Trp. u. Streich-Orch.; F-Dur, op. 102 (1957); 2 V.-Konzerte: a-moll, op. 77 (1947–48), UA: 1955; cis-moll, op. 129 (1967); 2 Vc.-Konzerte: Es-Dur, op. 107 (1959); op. 126 (1966). – **2) Vokal-WW: a)** Für SingSt u. Klv.: 4 Romanzen nach Gedichten A. Puschkins, op. 46 (1936); 6 Romanzen nach engl. Dichtungen, op. 62 (1942), Orch.-Fassung als op. 140 (1971); *Is jewreiskoi narodnoi poesii* (Aus jüdischer Volkspoesie), op. 79 (1948), UA: 1955, Orch.-Fassung als op. 79a (1963); 4 Monologe nach Worten Puschkins, op. 91 (1952); *Satiry. Kartinki proschlowo* (Satiren. Bilder aus der Vergangenheit), op. 109 (1960) (nach S. Tschjorni); 6 Gedichte v. M. Zwetajewa, op. 143 (1971), Orch.-Fassung als op. 143a (1973); Suite nach Worten v. Michelangelo Buonarroti, op. 145 (1974), Orch.-Fassung als op. 145a (1974); *Tschetyre stichotworenija kapitana Lebjadkina* (4 Gedichte des Hauptmanns Lebjadkin), op. 146 (1975) (nach Dostojewski). – 7 Romanzen nach Gedichten v. A. Blok für SingSt, V., Vc. u. Klv., op. 127 (1967). – Für SingSt u. Orch.: 2 Fabeln v. I. Krylow, op. 4 (1922); 6 Romanzen nach Texten japanischer Dichter, op. 21 (1928–32). – **b)** *Wernost* (Treue), 8 Balladen für Männerchor a cap., op. 136 (1970); 10 Gesänge für gem. Chor a cap., nach Worten revolutionärer Dichter, op. 88 (1951). – Oratorium *Pesn o lessach* (Das Lied von den Wäldern), op. 81 (1949) (Text: Je. Dolmatowski); Kantate *Nad rodinci naschei solnzesijajet* (Über unserer Heimat strahlt die Sonne), op. 90 (1952) (Text: ders.); *Kasn Stephana Rasina* (Die Hinrichtung des S. Rasin), op. 119 (1964) (Text: Je. Jewtuschenko) für Soli, Chor u. Orch. – **3) Bühnen-WW: a)** Opern: *Nos* (Die Nase), op. 15 (1927–28), szenische UA: Leningrad 1930, Wiederaufführung: Moskau 1974; *Ledi Makbet Mzenskowo ujesda* (Lady Macbeth von Mzensk), op. 29 (1930–32), UA: Leningrad 1934, überarbeitet als: *Katerina Ismailowa,* op. 29/114 (1956), UA: Moskau 1963; *Igroki* (Die Spieler) (1941–42) (Fragment), UA (konzertant): Leningrad 1978, vollendet v. K. Meyer (1981), UA: Wuppertal 1983. – Operette: *Moskwa-Tscherjomuschki* (dt. Titel: *Alle helfen Lidotschka*), op. 105 (1958), UA: Moskau 1959. – **b)** Ballette: *Solotoi wek* (Das goldene Zeitalter), op. 22 (1927–30), UA: Leningrad 1930; *Bolt* (Der Bolzen), op. 27 (1930–31), UA: ebd. 1931; *Swetly rutschei* (Der helle Bach), op. 39 (1934–35), UA: ebd. 1935. – **c)** Bühnenmusik, u. a. zu: W. Majakowski, *Klop* (Die Wanze), op. 19 (1929); W. Shakespeare, *Hamlet,* op. 32 (1931–32) u. *König Lear,* op. 58a (1940). – **d)** Filmmusik: mehr als 30 Filme, darunter: *Nowy Wawilon* (Das Neue Babylon), op. 18; *Slatyje gory* (Goldene Berge), op. 30; *Owod* (Die Pferdebremse), op. 97; *Hamlet,* op. 116. – **4) Bearbeitungen:** Transkriptionen; Neuinstrumentierungen, u. a. von M. Mussorgskis Opern *Boris Godunow* u. *Chowanschtschina* sowie von R. Schumanns Vc.-Konzert a-moll.

Gewöhnlich arbeitete S. ungemein rasch und verzichtete auf nachträgliche Korrekturen. Daraus mag einesteils die merkliche Ungleichmäßigkeit des vielgestaltigen Œuvres resultieren; andernteils gelangen ihm auf diese Weise anerkannte, unmittelbar überzeugende Schöpfungen von großer Geschlossenheit, und zwar in den meisten Gattungen, denen er sich zuwandte. Denn etliche kammermusikalische Werke und Liederzyklen sowie die Opern stehen den Leistungen auf seinem ureigenen Gebiet, dem souveränen Umgang mit der Klangfülle des Orchesters, kaum nach. Sein stilistisches Repertoire läßt mannigfache Einflüsse erkennen. Die Welt L. van Beethovens, M. Mussorgskis und G. Mahlers war ihm ebensowenig fremd wie diejenige S. Prokofjews oder P. Hindemiths; selbst Zwölfton-Strukturen erscheinen zuweilen als thematische Komponenten. Derartig heterogene Elemente wußte S. zu einer durchaus individuellen Tonsprache zu verschmelzen; sie eröffnete ihm im Spannungsfeld progressiver und traditionalistischer Tendenzen ein breites Spektrum von Möglichkeiten, tiefgründigen Reflexionen, dem bis zum Grotesken reichenden Heiter-Humoristischen, aber auch der aufrüttelnden Emphase Ausdruck zu verleihen. Aufgrund solcher hochpathetischen Gesten, die den westlichen Hörer oftmals schal anmuten, sollten S. freilich weder eine opportunistische Bereitschaft zum Kotau noch eine aufgezwungene „Regression" zugeschrieben werden. Er war der erste bedeutende Komponist Rußlands, dessen Persönlichkeit sich gänzlich unter den Bedingungen des nachrevolutionären Staates entfaltete; trotz aller kulturpolitischen Restriktionen stand für ihn die „sowjetische" Grundhaltung seines Schaffens prinzipiell außer Frage. „Linientreue" Oratorien, programmatisch gebundene Symphonien oder seine Beschäftigung mit dem Genre der „leichten" Musik dürften deshalb primär das unbefangene Bemühen um eingängige und „parteiliche" Werke dokumentieren, in denen S. seine künstlerische Integrität nie preisgab.

2) Maxim, Sohn von 1), * 10. 5. 1938 Leningrad; sowjetrussischer Dirigent. Am Moskauer Konservatorium studierte er zunächst Klavier (bei der Aufnahmeprüfung trug er das ihm gewidmete 2. Konzert seines Vaters vor), wechselte dann aber in die Dirigentenklasse über. Er begann seine Laufbahn 1963, trat vor allem als Interpret der Werke seines Vaters hervor und wurde 1971 zum Leiter des Staatlichen Rundfunk-Symphonie-Orchesters berufen. Im Frühjahr 1981 emigrierten er und sein Sohn, der Pianist **Dmitri S.,** in die USA.

Ausg.: **Zu 1):** Sobranije sotschineni (Gesammelte Werke), 42 Bde. (Mos 1979ff.).

Lit. („S." gilt für sämtliche Namensschreibungen): **Zu 1):** N. SLONIMSKY, D. D. S., in: MQ 28 (1942); I. MARTYNOW, D. D. S. (Mos 1946, dt. B 1947); A. WERTH, Musical Uproar in Moscow (Lo 1949, Nachdr. Westport/Conn. [2]1977); R.-M. HOFMANN, D.S. L'homme et son œuvre (P 1963); D. D. S. Notografitscheski i bibliografitscheski sprawotschnik, hrsg. v. E. SADOWNIKOW (Mos [2]1965); L. A. MASEL, Über den Stil D. S.s, in: BzMw 9 (1967); A. GENTILUCCI, S. anno 1925, in: NRMI 4 (1970); N. KAY, S. (Lo 1971); J. SINKEWITSCH, S.s erste Musik zu „Hamlet", in: Kunst u. Lit. 20 (1972); K. MEYER, S. (Krakau 1973, dt. L 1980); K. KÖRNER, S.s Vierte Symphonie, in: AfMw 31 (1974); N. O'LOUGHLIN, S.'s String Quartets, in: MT 115 (1974); E. KRÖPLIN, Das Opernschaffen D. S.s. Ein Beitr. z. Entwicklung des sozialistischen Musiktheaters (Diss. L 1975); G. SCHNEERSON, So war es mit S.s Siebenter, in: Kunst u. Lit. 23 (1975); D.S. Statji i materialy, hrsg. v. DEMS. (Mos 1976); P. E. DYER, Cyclic Techniques in the String Quartets of D. S. (1977) (= Diss. Florida State Univ.); D. S. A Complete Catalogue, hrsg. v. M. MACDONALD (Lo 1977); H. DANUSER, D. S.s musikal.-politisches Revolutionsverständnis (1926–27). Zur Ersten Klaviersonate u. z. Zweiten Symphonie, in: Melos/NZ 4 (1978); H. OTTAWAY, S. Symphonies (Lo 1978); S. VOLKOV, D. S. and „Tea for Two", in: MQ 64 (1978); R. BLOKKER – R. DEARLING, The Music. of D. S. – The Symphonies (Lo 1979); D. S. o wremeni i o sebe, hrsg. v. G. PRIBEGINA (Mos 1980), engl. Ausg.: D. S. – About Himself and His Times, hrsg. v. L. GRIGORJEW – J. PLATEK (Mos 1981); S. CHENTOWA, Eine unbekannte Oper v. D. S.: „Das Märchen v. Popen u. seinem Knecht Flegel", in: MuGes 30 (1980); D. S., Briefe an einen Studenten, hrsg. v. D. GOJOWY, in: NZ 142 (1981); D. U. L. SOLLERTINSKY, Pages from the Life of D. S. (Lo 1981).

E. FISCHER

SCHOTT, B. Schott's Söhne, dt. Musikverlag in Mainz, gegründet von **Bernhard S.,** getauft 19. 8. 1748 Eltville, † 27. 4. 1809 Heidesheim bei Mainz. S. hatte von seinem Vater den Notenstich erlernt und 1762–64 in Straßburg eine Lehre als Kupferstecher, Schriftgießer und Drucker absolviert. Reisen in die Niederlande, nach Frankreich und England dienten seiner Vervollkommnung. Eine gründliche musikalische Ausbildung erhielt er in Mainz und (1761/62) in Mannheim bei I. Holzbauer, Fr. X. Richter und Chr. Cannabich. 1769 erwarb er an der Universität Mainz den Magistergrad. 1768 hatte er in Mainz eine Notenstecherei eröffnet und bald darauf eine Offizin zum Druck von Musikalien, aus der sich 1770 der Verlag entwickelte. Am 14. 6. 1780 erhielt S. durch den Kurfürst-Erzbischof von Mainz, Joseph von Erthal, das „privilegium exclusivum" als alleiniger Hofmusikstecher. 1792/93 erbaute er in Mainz den noch heute bestehenden Verlagssitz. Zunächst veröffentlichte S. vornehmlich Ausgaben, die der lokalen Nachfrage entsprachen, daneben Werke der Mannheimer Schule, bis die Verbindung zu Musikzentren wie Wien und Paris zustande kam. Bereits 1799 übernahm er als erster Musikverleger die Technik der Lithographie (1796). Neben dem Vertrieb seiner eigenen Veröffentlichungen unterhielt er, wie damals üblich, ein Kommissionslager für Musikalien; er handelte darüber hinaus mit Musikinstrumenten, Schreibwaren und zeitweilig sogar mit Rhein- und Burgunderwein. – Den derzeitigen Firmennamen begründeten die Söhne **Johann Andreas S.** (1781–1840) und **Johann Joseph S.** (1782–1855), die nach dem Tode von B. S. 1809 den Verlag übernahmen und erweiterten. Mit der Errichtung von Filialen in Antwerpen (später nach Brüssel verlegt als „Schott Frères"), Paris, London (Schott & Co., Ltd.), Rotterdam, Leipzig, Sidney und schließlich Frankfurt am Main wuchs das Unternehmen rasch zu internationalem Ansehen. Herausragend in der Verlagstätigkeit in dieser Periode war die Veröffentlichung von L. van Beethovens Spätwerk (u.a. 9. Symphonie und *Missa solemnis*). Hinzu kamen italienische und französische Opern, Virtuosen- und Salonmusik sowie musiktheoretische Werke und Musikzeitschriften (u.a. 1824–1848 *Caecilia*). – In 3. Generation wurde **Franz Philipp S.** (1811–1874), Sohn von Johann Andreas S., 1855 Firmeninhaber. Ihm verdankt der Verlag die Verbindung mit R. Wagner. Bei S. erschienen *Die Meistersinger, Der Ring des Nibelungen* und *Parsifal.* Als ehrenamtlicher Bürgermeister (1867–72) stand Franz S. in hohem Ansehen; er förderte das örtliche Musikleben u.a. durch eine Stiftung zur Gründung des Städtischen Orchesters und übereignete die an den Verlag gerichteten Beethoven-Briefe der Stadtbibliothek. – Bereits zu Lebzeiten hatten Franz und Betty S. (1820–75), die kinderlos waren, als Miterben und Verlagsleiter **Ludwig Strecker** (I) (1853–1943) eingesetzt, der die bestehenden Verbindungen mit Wagner und seinem Umkreis (Fr. Liszt, P. Cornelius, E. Humperdinck) sowie H. Wolf weiterführte und ausbaute. – Seine Söhne **Ludwig Strecker** (II) (1883–1978) und **Willi Strecker** (1884–1958), seit 1952 mit **Heinz Schneider-Schott** (* 1906), dem Schwiegersohn von L. Strecker, bestimmten das weitere Verlagsgeschehen, das in besonderer Weise durch die Förderung des kompositorischen Schaffens im 20. Jh. und durch die Veröffentlichung von Notenausgaben und Büchern für alle Bereiche der musikalischen Berufspraxis und des Laienmusizierens geprägt ist. 1955 wurde auch der von H. Scherchen gegründete ARS-VIVA-Verlag, dessen Programm vorwiegend zeitgenössische Musik enthält, übernommen. Stellvertretend für die große Zahl von Komponisten, deren Werke durch S. betreut werden, seien genannt I. Strawinsky, P. Hindemith, K. A. Hartmann, C. Orff, W. Egk, H. Reutter, W. Fortner, H. Sutermeister, M. Tippett, J. Françaix, H. Genzmer, Gy. Ligeti, H. W. Henze, Krz. Penderecki, A. Reimann, Conrad Beck, H. Holliger, L. Nono, Klaus Huber, W. Goehr, W. Killmayer, D. Schnebel und B. A. Zimmermann. – Gegenwärtig (1982) wird der Verlag durch ein Gremium von 3 Geschäftsführern geleitet: **Ludolf Freiherr von Canstein** (* 1925), **Peter Hanser-Strecker** (* 1942), Enkel von Ludwig Strekker (II), und **Jürgen Luczak** (* 1944) als Nachfolger von Günther Schneider-Schott (* 1939, Sohn von H. Schneider-Schott, als Geschäftsführer ausgeschieden 1980). Gemeinsam mit Tochtergesellschaften in Großbritannien (Schott & Co., Ltd., London), den USA (Schott Music Corp., New York) und Japan (Nihon Schott KK.) wird ein umfassendes Verlagsprogramm entwickelt und international vertreten: Werke zeitgenössischer Komponisten (neue Verlagsautoren u.a.: H.J. von Bose, J. Casken, E. Cowie, V. D. Kirchner, D. Müller-Siemens, E. Naoumoff, T. Takemitsu); Werke aller Stilepochen in aufführungspraktischen Ausgaben (*Edition Schott,* Einzelausgaben, verschiedene Instrumentalreihen); *Urtext-Edition* (mit Universal Edition, Wien); Studien- und Taschenpartituren der Edition Eulenburg (gegr. 1874, 1957 von S. übernommen); Unterrichtswerke; musikwissenschaftliche Editionen (u.a. Gesamtausgaben von P. Hindemith, A. Schönberg und R. Wagner); *Riemann Musiklexikon;* Buchveröffentlichungen *(SCHOTT · Musikwissenschaft);* Chormusik; Musikbücher; Zeitschriften *(NZ Neue Zeitschrift für Musik, Musik und Bildung, Das Orchester);* Schallplatten (WERGO). Der Verlag unterhält einen eigenen Herstellungsbetrieb und, in ungebrochener Tradition seit den Verlagsanfängen, eine Notenstecherei.

Lit.: Elf ungedruckte Briefe Liszts an S., hrsg. v. E. Istel, in: Mk 5 (1905–06); W. ALTMANN, R. Wagners Briefwechsel mit seinen Verlegern, II: Briefwechsel mit B. S.'s S.n (L 1911); M. UNGER, Zu Beethovens Briefwechsel mit B. S.'s S.n, in: Neues Beethoven-Jb. 3 (1927); L. STRECKER, R. Wagner als Verlagsgefährte (Mz 1951); E. LAAFF, B. Schott's Söhne, in: MGG XII; FS für einen Verleger (L. Strecker), hrsg. v. C. DAHLHAUS (Mz 1973); H.-CH. MÜLLER, B. S., Hofmusikstecher in Mainz. Die Frühgesch. seines Musikverlages bis 1797 (Mz 1977); DERS., B. S., in: Personen u. Wirkungen. Biographische Essays (Mz 1979). L. FRIEDRICH

SCHOTTISCH, Ecossaisewalzer, Bz. für einen geradtaktigen, aus der Écossaise entstandenen Rundtanz mit dem rhythmischen Grundmuster 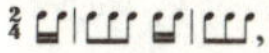, der wie ein schneller Walzer ausgeführt wird. Im deutschsprachigen Raum war er seit dem Eindringen des walzermäßigen Drehens (zw. 1830–40) sehr beliebt, teilte sich dann aber seine Beliebtheit mit der Polka, dem Boarischen oder der Boarisch-Polka, die in den Alpenländern immer noch getanzt werden.

Lit.: R. WOLFRAM, Die Volkstänze (Salzburg 1951).

SCHRADE, Leo, * 13. 12. 1903 Allenstein (Ostpreußen), † 21. 9. 1964 Spéracèdès (Alpes-Maritimes); amerik. Musikforscher dt. Herkunft. Er studierte Musikwissenschaft in Heidelberg, München (A. Sandberger) und Leipzig (Th. Kroyer), promovierte dort 1927 und habilitierte sich 1929 in Königsberg. 1932–37 lehrte er an der Universität Bonn, nach seiner Emigration 1938 in die USA an der Yale University in New Haven (Conn.), die durch ihn in Forschung und Lehre zu einem bedeutenden Zentrum der Musikwissenschaft wurde. 1958 folgte S. einem Ruf als Ordinarius an die Universität Basel. 1962/63 hatte er die Norton-Professur für Poetik an der Harvard University inne. S. war einer der weltweit prägenden Musikologen seiner Generation. Seine Arbeiten umfassen in ungewöhnlicher musik- und geistesgeschichtlicher Breite Quellenforschung und -publikation, Rezeptions- und Epochendeutung und nicht zuletzt den Essay über große Musiker, eine wissenschaftliche Gattung, die von S. mitbegründet wurde. Er wurde zum 60. Geburtstag durch eine FS *Musik und Geschichte – Music and History* geehrt (Kö 1963, Lo 1965). Als Gedenkschrift erschien der Sammelband *Gattungen der Musik in Einzeldarstellungen I* (hrsg. v. W. Arlt u.a., Be – Mn 1973).

Schriften: *Die ältesten Denkmäler der Orgelmusik als Beitrag zu einer Geschichte der Toccata* (Mr 1928); *Die handschriftliche Überlieferung der ältesten Instrumentalmusik* (Lahr 1931), 2. Aufl., hrsg. v. H. J. Marx (Tutzing 1968); *Die Stellung der Musik in der Philosophie des Boethius*, in: Archiv für Gesch. der Philosophie 41 (1932); *Von der „Maniera" der Komposition in der Musik des 16. Jh.*, in: ZfMw 16 (1934); *Beethoven in France* (New Haven – Lo 1942, dt. Be – Mn 1976); *Monteverdi. Creator of Modern Music* (NY – Lo 1950–51, ²1964, Nachdr. 1972); *Sulla natura del ritmo barocco*, in: RMI 56 (1954); *Bach. The Conflict Between the Sacred and the Secular* (NY 1954, Nachdr. 1973); *La représentation d'Edipo Tiranno au Teatro Olimpico ...* (P 1960); *W. A. Mozart* (Be – Mn 1964); *Strawinsky, die Synthese einer Epoche*, in: Universitas 17 (1962), Wiederabdruck in: Melos 38 (1971); *Tragedy in the Art of Music* (C/M 1964), dt. Übers.: *Vom Tragischen in der Musik* (Mz 1967); Gesammelte Aufsätze *De Scientia Musicae Studia atque Orationes*, hrsg. v. E. Lichtenhahn (Be – Mn 1967). – Editionen: *L. Milan, Libro de musica* (1927) (= PäM 2); *S. Virdung, Musica getutscht*, Faks.-Ausg. (Kas 1931); *Polyphonic Music of the 14th Century*, 4 Bde. (Monaco 1956–58) (mit separaten *Commentary Notes*).

Lit.: Nachrufe in den Jahrgängen 1964 v. AfMw, AMl, NZfM, Melos u. 1965 v. JAMS u. Mf; L.S. in Memoriam (Be – Mn 1966), darin: A. SCHMITZ, L. S. als Musikforscher.

SCHRAMM, Pianohaus M. J. S. – Cembalobau Karl Maendler, gegr. 1860 als Pianohaus von dem Klavierbauer Max Josef Schramm in Memmingen. 1870 wurde die Firma nach München verlegt und nach Heirat (1898) seiner Tochter Susanne S. mit **Karl Maendler** (* 22. 3. 1872 München, † 2. 8. 1958 ebd.) um die Herstellung von Cembali, Spinetten und Clavichorden erweitert. S.s erstes, nach historischen Vorbildern gebautes Cembalo brachte K. Maendler 1907 heraus, der 1923 auch ein sog. Bach-Klavier mit veränderbarer Anschlagsstärke und zuletzt Xylophone für das Orff-Schulwerk produzierte. Seit 1956 wird die Firma von **Ernst Zucker** (* 1903) geleitet.

SCHRAMMEL, Johann, * 22. 5. 1850 Neulerchenfeld bei Wien, † 17. 6. 1893 Wien; östr. Violinist und Komponist. Er studierte Violine zunächst bei Ernst Melzer, dann am Wiener Konservatorium bei Karl Heissler und J. Hellmesberger (1862–66). Danach spielte er in den Orchestern des Wiener Harmonietheaters und des Theaters in der Josephstadt, nach seinem Militärdienst (1866–70) im Salonorchester von K. Margold. Zusammen mit dem Baßgitarristen Anton Strohmayer war er Mitglied des von seinem Bruder **Josef S.** (* 3. 3. 1852 Wien, † 24. 11. 1895 ebd.) 1878 gegründeten Schrammel-Trios, das später zum Quartett erweitert wurde (↗Schrammelmusik). Für dieses Ensemble schrieb er zahlreiche Tänze, Märsche und Lieder. Sein *Wien bleibt Wien* (1887) zählt bis heute zu den populärsten österreichischen Märschen.

SCHRAMMELMUSIK, ein Typ der Wiener Volks- und Unterhaltungsmusik, benannt nach den Brüdern *Josef* und *Johann Schrammel.* Diese gründeten 1878 ein Trio (2 Violinen und Baßgitarre, gespielt von *Anton Strohmayer*), das 1886 durch den Klarinettisten *Georg Dänzer* zum Quartett erweitert wurde. In dieser Form wurde das „Schrammel-Quartett" schon bald auch außerhalb Wiens populär. Gastspielreisen führten es u.a. nach Deutschland (1888, 1889) und anläßlich der Weltausstellung 1893 nach Chicago (allerdings ohne die Brüder Schrammel). Nach dem Tod von Dänzer (1893) wurde die Klarinette durch das Akkordeon ersetzt. Neben dieser „klassischen" Besetzung gibt es heute auch das Schrammel-Duo (Gitarre, Akkordeon) sowie das -Trio (Violine, Gitarre, Akkordeon). Das Repertoire der S. beruht auf alten Wiener Volksweisen, die von den Brüdern Schrammel und von Dänzer gesammelt, bearbeitet und herausgegeben wurden (*Alte österreichische Volksmelodien aus der Zeit 1800–1860 gesammelt und harmonisiert*, 3 H.e, W 1890), sowie auf neuen Kompositionen (Märsche, Tänze, Lieder). Am bekanntesten ist S. nach wie vor als Begleitmusik zu Heurigenliedern.

Lit.: W. KREIDLER, Die volkstümlichen Tanzmusikkapellen des dt. Sprachgebietes (Habil.-Schrift F 1941); H. MAILLER, Schrammel-Quartett (W 1943); R. A. MOISSL, Die Schrammel-Dynastie (St. Pölten 1943); A. WITESCHNIK, Musik aus Wien (W 1949); K. DIEMAN, Die S. (Gr 1981).

SCHREIBERWIESE, DIE, Opéra-comique von L. J. F. Hérold; hauptsächlich gespielt als: Der ↗Zweikampf.

SCHREIER, Peter, * 29. 7. 1935 Meißen; dt. Sänger (Tenor). Er war Schüler des Dresdner Kreuzchors und trat lange Jahre als Altsolist auf. 1955 sang er zum ersten Mal öffentlich die Evangelistenpartie in J. S. Bachs *Johannespassion.* Nach dem Gesangs- und Dirigierstudium an der Musikhochschule Dresden wurde er Mitglied des Nachwuchsstudios an der dortigen Staatsoper und debütierte dort nach kleineren solistischen Aufgaben

1960 als Tamino in W. A. Mozarts *Zauberflöte.* 1961 wurde er nach Dresden, 1963 an die Deutsche Staatsoper Berlin verpflichtet (im gleichen Jahr Ernennung zum Kammersänger). Gastspiele führten ihn seitdem vor allem in Mozartpartien nach Wien, Mailand, Buenos Aires und seit 1967 regelmäßig zu den Salzburger Festspielen, doch beeindruckte er auch in Wagner-Partien (David, Loge). S.s außergewöhnlicher Rang beruht zudem auf seiner Kunst des Lied- und Oratoriengesangs. Auf beiden Gebieten ist er heute der prominenteste deutsche Tenor, dessen stimmliche und ausdrucksmäßige Gestaltung besonders der Passionen Bachs höchstes Niveau hat. Über 140 Schallplatten bezeugen seine Popularität. Seit mehreren Jahren tritt S. häufig auch als Konzertdirigent in Erscheinung.

Lit.: G. SCHMIEDEL, P. S. Eine Bildbiogr. (L 1979, NA B 1981).

SCHREKER, Franz, * 23. 3. 1878 Monaco, † 21. 3. 1934 Berlin; östr. Komponist. Um die durch den frühen Tod des Vaters bedingte Not der Familie zu lindern, mußte er bereits als 14jähriger musikalischen Unterricht erteilen. Ein Stipendium ermöglichte ihm eine umfassende Ausbildung in der Kompositionsklasse von R. Fuchs am Wiener Konservatorium (1897–1900). Mehrere seiner frühen Kompositionen wurden preisgekrönt. Seinen ersten großen Erfolg errang S. 1908 mit der für die Wiener Kunstschau verfaßten Musik zu Oscar Wildes *Der Geburtstag der Infantin.* Im selben Jahr gründete er den Philharmonischen Chor, mit dem er bis 1920 zahlreiche zeitgenössische Werke zur Uraufführung brachte. Der endgültige Durchbruch gelang ihm mit der ersten großen Oper *Der ferne Klang* (1912). 1920 wurde S. als Direktor an die Berliner Musikhochschule berufen, wo u.a. E. Krenek, K. Rathaus, Grete von Zieritz, A. Hába und H. Schmidt-Isserstedt zu seinen Schülern gehörten. 1932 mußte er unter politischem Druck sein Amt aufgeben; seine letzte Oper, *Der Schmied von Gent,* ging bei ihrer Uraufführung im Tumult nationalsozialistischer Störtrupps unter. 1933 verlor er auch seine Professur an der Preußischen Akademie der Künste. Er erlitt einen Schlaganfall, an dessen Folgen er starb.

WW: **1) Instr.-WW:** Klv.-Stücke; V.-Sonate F-Dur (1897). – Für Orch.: Symphonie a-moll, op. 1 (1899); symphonische Ouvertüre *Ekkehard,* op. 12 (1902); *Romantische Ouvertüre* (1904); *Vorspiel zu einem Drama* (1914); *Kammersymphonie* für 23 Soloinstr. (1916); *Kleine Suite* für Kammerorch. (1928); *Vier kleine Stücke* (1931); *Vorspiel zu einer großen Oper* (1933). – **2) Vokal-WW:** Zahlr. Lieder für SingSt u. Klv. nach Texten v. D. Leen, F. von Saar, P. Heyse, Th. Storm, M. Holm, N. Lenau, W. Whitman u.a. (1895–1926); *Der 116. Psalm,* op. 6 (1901) für Frauenchor, Orch. u. Org.; *Schwanensang,* op. 11 (1902) für Chor u. Orch. – **3) Bühnen-WW:** Opern: *Flammen,* UA: Wien 1902; *Der ferne Klang,* UA: Frankfurt am Main 1912; *Das Spielwerk und die Prinzessin,* UA: ebd. 1913; *Die Gezeichneten,* UA: Frankfurt am Main 1918; *Der Schatzgräber,* UA: ebd. 1920; *Irrelohe,* UA: Köln 1924; *Der singende Teufel,* UA: Berlin 1928; *Der Schmied von Gent,* UA: ebd. 1932; *Christophorus,* UA: Freiburg im Breisgau 1978. – Ferner Tanzspiele sowie die Pantomime *Der Geburtstag der Infantin,* UA: Wien 1908.

S.s Œuvre ist in seiner Gesamtheit ein Spiegelbild der stilistischen Wandlungen, die sich nach der Jahrhundertwende vollzogen. Stehen die frühen Kompositionen noch unter dem akademisch-konservativen Einfluß seines Lehrers Fuchs, so gelangte S. nach Abschluß seines Studiums zu einer aktuellen musikalischen Sprache. Die Opern *Der ferne Klang, Die Gezeichneten* und *Der Schatzgräber* sind gekennzeichnet durch florale Themen, kühne Harmonik und eine üppige orchestrale Farbenpracht. Die Kunst des Jugendstils findet in S.s Musik ihre Entsprechung: Motivische Verknüpfungen, thematische Metamorphosen entspringen ebenso den Prinzipien dieser Kunst wie die außergewöhnlichen Formen der großen Orchesterwerke *Der Geburtstag der Infantin, Vorspiel zu einem Drama* und *Kammersymphonie.* Nach dem 1. Weltkrieg wandelte sich S.s Schreibweise. Namentlich die Opern *Christophorus, Der singende Teufel* und *Der Schmied von Gent* sowie die *Kleine Suite* für Kammerorch. und *Vier kleine Stücke* für großes Orch. lassen in der Reduktion der orchestralen Mittel, der Transparenz der Stimmführung und der bisweilen äußerst strengen Kontrapunktik konstruktivistische Einflüsse der Neuen Sachlichkeit erkennen.

Lit.: P. BEKKER, F. S. Stud. z. Kritik der modernen Oper (B 1919); R. S. HOFFMANN, F. S. (L – W 1921); J. KAPP, F. S. Der Mann u. sein Werk (Mn 1921); G. NEUWIRTH, F. S. (W 1959); H. SCHREKER-BURES – H. H. STUCKENSCHMIDT – W. OEHLMANN, F. S. (W 1970) (= Östr. Komponisten des 20. Jh. 17); G. NEUWIRTH, Die Harmonik in der Oper „Der ferne Klang" v. F. S. (Rb 1972) (= Stud. z. Musikgesch. des 19. Jh. 27); Briefwechsel A. Schönberg – F. S., hrsg. v. F. C. HELLER (Tutzing 1974); F. S. – Am Beginn der Neuen Musik, hrsg. v. O. KOLLERITSCH (Gr 1978); F.-S.-Symposion, hrsg. v. E. BUDDE – R. STEPHAN (B 1980); E. VAN DEN HOOGEN, Die Orchesterwerke F. S.s in ihrer Zeit (Rb 1981). E. VAN DEN HOOGEN

SCHREMS, Theobald, * 17. 2. 1893 Mitterteich (Oberpfalz), † 15. 11. 1963 Regensburg; dt. Chordirigent. Nach dem Theologiestudium in Regensburg und der Priesterweihe (1917) studierte er Musik privat bei Joseph Renner in Regensburg sowie 1922–24 an der Münchener Akademie der Tonkunst (J. Pembaur). 1920–24 war S. Musikpräfekt des Seminars Obermünster in Regensburg und wurde dort 1924 Domkapellmeister. Er studierte gleichzeitig noch Musikwissenschaft in Berlin und in Freiburg/Schweiz (P. Wagner), wo er 1928 mit *Die Geschichte des gregorianischen Gesanges* *in den protestantischen Gottesdiensten* promovierte. Nach dem 2. Weltkrieg gründete er das Musikgymnasium der Regensburger Domspatzen, die unter seiner Leitung berühmt wurden. S. lehrte außerdem als Professor an der Kirchenmusikschule in Regensburg. Zu seinem 70. Geburtstag wurde er mit einer Festschrift geehrt (*Musicus-Magister*, hrsg. v. G. P. Köllner, Rb 1963).

Lit.: H. WAGENER, Th. S. Zur Bibliogr. des Schrifttums, in: MS 86 (1966).

SCHRÖDER, Friedrich Hermann Dietrich, * 6. 8. 1910 Näfels (Kanton Glarus), † 25. 9. 1972 Berlin; Schweizer Komponist, Arrangeur und Dirigent. Er war nach dem Studium an der Universität Münster und an der Berliner Musikhochschule (1929–33) seit 1934 als Arrangeur und 2. Kapellmeister am Berliner Metropoltheater tätig. Der Durchbruch als Komponist gelang ihm mit der Musik zu den Filmen *Sieben Ohrfeigen* und *Gasparone* (beide 1937; mit den Schlagern *Ich tanze mit dir in den Himmel hinein* und *Ich werde jede Nacht von Ihnen träumen*). Es entstand die Musik zu zahlreichen weiteren Filmen und eine Reihe von Schlagern, z.T. in Zusammenarbeit mit P. Kreuder. Während des 2. Weltkriegs schrieb S. seine erfolgreichste Operette *Hochzeitsnacht im Paradies* (daraus die Evergreens *Ein Glück, daß man sich so verlieben kann* und *Es kommt auf die Sekunde an*). Weitere Evergreens von S. sind *Man müßte Klavier spielen können* und *Liebling, was wird nun aus uns beiden* (beide aus dem Film *Immer nur Du*, 1941) sowie der Tango *Gnädige Frau, wo war'n Sie gestern* (1939).

WW: Saxophon- u. Klv.-Stücke; Ouvertüren; Suiten. – Operetten: *Hochzeitsnacht im Paradies*, UA: Berlin 1942; *Nächte in Shanghai*, UA: ebd. 1947; *Chanel Nr. 5*, UA: ebd. 1948; *Die große Welt*, UA: Wiesbaden 1951; *Isabella*, UA: Mannheim 1953; *Das Bad auf der Tenne*, UA: Nürnberg 1955; *Die Jungfrau von Paris* (nach K. Millöckers *Jungfrau von Belleville*), UA: Wien 1969. – Zahlr. Filmmusik, u.a. zu: *Kleiner Mann ganz groß* (1938); *Lockende Sterne* (1952); *Charleys Tante* (1955); *Frühstück im Doppelbett* (1963).

SCHROEDER, Hermann, * 26. 3. 1904 Bernkastel, † 7. 10. 1984 Bad Orb; dt. Komponist. Er studierte katholische Theologie u. Musikwissenschaft in Innsbruck sowie seit 1926 Schulmusik (Edmund Joseph Müller), Komposition (H. Lemacher, W. Braunfels), Dirigieren (H. Abendroth) u. Orgel (H. Bachem) an der Musikhochschule in Köln. 1930–81 lehrte er in Köln, zunächst an der Rheinischen Musikschule, später an der Musikhochschule, wo er 1948 Professor für Musiktheorie, Komposition und Chorerziehung wurde und 1958–61 stellvertretender Direktor war. Außerdem war er Lektor an den Universitäten Bonn (1946–72) und Köln (1956–61) sowie 1938–39 Domorganist in Trier und leitete 1946–61 den Kölner Bachverein. Seit 1981 wirkte er als Dozent an der Katholischen Kirchenmusikschule Regensburg. S. erhielt mehrere Preise. 1974 verlieh ihm die Universität Bonn die Würde eines Dr. phil. h. c.

WW: **1) Instr.-WW:** Für Org.: 3 Sonaten (1957, 1966, 1969); Partita *Veni creator spiritus* (1959); *Cunctipotens genitor Deus* (1964); 3 Streichtrios (1933, 1942, 1976); 5 Streichquartette (1940, 1954, 1963, 1970, 1978); Bläsersextett (1975). – Für Orch.: Symphonie d-moll (1940); Konzerte für: Vc. (1937); Org. (1938); Klv. (1955); Ob. (1955); V. (1956); Fl. (1958); 2 V. (1965); Va. (1973); Klar. (1974); Trp. (1977). – **2) Vokal-Werke:** Geistliche Motetten; Kantaten; Lieder mit u. ohne Instr. – Chorzyklus *Römische Brunnen* (1950); *Carmen mysticum* (1952) (nach Faust I–II) für Chor u. Orch. – *Missa Ambrosiana* (1959); *Missa figuralis* (1960); *Missa syllabica* (1962); *Missa Eucharistica* (1962); *Missa melismatica* (1963); *Mass to Honor S. Cecilia* (1966); *Ordinarium Gregorianum* (1967). – Für Soli u. gem. Chor: Te Deum (1932); Johannespassion (1964); Matthäuspassion (1965). – **3) Bühnen-WW:** Oper *Hero und Leander* (1952). – **4) Schriften** (zus. mit H. Lemacher): *Lehrbuch des Kontrapunkts* (Mz 1950, [4]1962); *Generalbaßübungen* (Düsseldorf 1954, [2]1965); *Harmonielehre* (Kö 1958, [8]1974); *Formenlehre der Musik* (Kö 1962, [2]1968).

S.s Tonsprache ist streng tonal und versteht sich nach eigener Bekundung als „Bindung an das kirchentonartliche Melos im Zwölftonraum bei gleichzeitiger Wahrung der Relativität der Intervallwerte". Das Gesamtwerk S.s umfaßt alle vokalen und instrumentalen Gattungen und Satztechniken traditioneller Art in herkömmlicher Besetzung. Schwerpunkte sind im Bereich des Geistlichen die liturgisch gebundene Musik (Choralbearbeitungen für Orgel, Messen, Motetten, Liedsätze für gemischten, Frauen- und Männerchor, Propriumsvertonungen für Solosänger), im Bereich des Weltlichen auf instrumentalem Gebiet die Kammermusik in verschiedensten Besetzungen (teils ad libitum), auf vokalem Gebiet die Volksliedbearbeitung. Der Titel „Gebrauchsmusik" trifft S.s Absichten dann einigermaßen zutreffend, wenn man darunter nicht nur das Sich-Orientieren am Bedarf und an den Bedürfnissen des Marktes sowie an den Möglichkeiten der Realisierung solcher Kompositionen – häufig genug durch „Kenner und Liebhaber" –, sondern auch jene Ebene von Niveau und Anspruch versteht, die die Mitte darstellt zwischen Virtuosentum und Intellektualismus einerseits und modischem Zeitgeist und Trivialem andererseits.

Lit.: H. SCHROEDER, H. S., in: Rheinische Musiker 2 (Kö 1962) (= Beitr. z. rheinischen Musikgesch. 53); R. KEUSEN, Die Org.- u. Vokalwerke v. H. S. (Kö 1974) (= ebd. 102). R. KEUSEN

SCHRÖDER-DEVRIENT, Wilhelmine, * 6. 12. 1804 Hamburg, † 26. 1. 1860 Coburg; dt. Sängerin (Sopran). Sie war eine Tochter des Baritons Friedrich Schröder (1744–1816), des ersten deutschen

Don Giovanni-Darstellers, und der Schauspielerin Sophie Schröder (1781–1868), der bedeutendsten Tragödin ihrer Zeit. S. wurde zunächst ebenfalls Schauspielerin, debütierte 1821 als Pamina in W. A. Mozarts *Zauberflöte* in Wien, wo sie auch unter C. M. von Weber sang, vor allem aber 1822 L. van Beethovens *Fidelio* zum endgültigen Durchbruch verhalf. Die einzigartige Darstellung der Leonore begründete und festigte in der Folge S.s europäischen Ruhm, der sie nach Dresden, Berlin, Paris und London führte. Erfolg hatte sie auch als Donna Anna (W. A. Mozart, *Don Giovanni*), in den Titelrollen von Euryanthe (Weber), Norma (Bellini) und Olympie (G. Spontini) sowie als Desdemona (G. Rossini, *Otello*). In Dresden wurde ihr Auftreten als Leonore 1829 für R. Wagner zu einem Erlebnis, das seine eigene musikalisch-dramatische Konzeption des Bühnengesangs maßgeblich beeinflußte. Die S. sang dann auch bei den Uraufführungen (1842–45) die Rollen des Adriano in Wagners *Rienzi,* der Senta im *Fliegenden Holländer* und der Venus im *Tannhäuser.* 1847 stand sie zum letzten Mal auf der Bühne und musizierte danach nur noch im privaten Kreis. Der Doppelname S. rührt her von ihrer 1. Ehe (1823–28) mit dem Schauspieler Karl Devrient (1797–1872), einem Bruder des Sängers und Schriftstellers E. Devrient. Die S., die erste Vertreterin des deutschen hochdramatischen Soprans, kannte und beeindruckte viele bedeutende Künstler ihrer Zeit, außer den genannten H. Berlioz, F. Mendelssohn Bartholdy, R. und Clara Schumann und J. W. von Goethe. Ihre Faszination beruhte insgesamt auf ihrer Kunst der sängerischen Deklamation und einer hinreißenden mimischen Darstellung, in der die Zeitgenossen eine ideale Verbindung von Geist und Seele empfanden.

Lit. (auch zu K. Devrient): W. SCHRÖDER-DEVRIENT, Memoiren einer Sängerin (Altona 1861), engl. Übers.: Pauline. Memoirs of a Singer (Lo – NY 1898, Nachdr. Los Angeles 1967) (Echtheit zweifelhaft); R. WAGNER, Über Schauspieler u. Sänger, in: Gesammelte Schriften 9 (L 1872 u. ö.); C. HAGEMANN, W. S.-D. (B 1904, ²1947); J. BAB, Die Devrients (B 1932); H. KÜHNER, Große Sängerinnen der Klassik u. Romantik (St 1954); DERS., S.-D., in: MGG XII.

SCHRÖTER, Corona Elisabeth Wilhelmine, * 14. 1. 1751 Guben, † 23. 8. 1802 Ilmenau; dt. Sängerin (Sopran). Sie war Schülerin ihres Vaters, des Oboisten Johann Friedrich S. (1724–1814), und J. A. Hillers in Leipzig. Dort debütierte sie 1765 als Konzertsängerin und erlangte rasch Berühmtheit. J. Fr. Reichardt verehrte und förderte sie besonders. Nach Höhepunkten auf einer Konzertreise 1772 in die Niederlande und nach England ließ ihre Stimme jedoch nach. Um so mehr wurde nun ihre Schauspielkunst bewundert, obwohl sie zeitlebens nur in Liebhaberaufführungen auftrat. 1776 berief J. W. von Goethe, der sie 1767 kennen und schätzen gelernt hatte, C. S. als Kammersängerin nach Weimar, wo sie am „Musenhof" lange ein auch wegen ihrer geistigen Anmut und der Grazie ihrer äußeren Erscheinung gefeierter Glanzpunkt blieb. Mit Goethe als Orest spielte sie 1779 die Titelrolle in der Uraufführung der (Prosa-)*Iphigenie,* und sie vertonte als erste dessen Erlkönig. Seit 1787 war sie auch mit Fr. von Schiller befreundet. Ihre Lieder (gedruckt Weimar 1786 u. 1794) verweisen in ihrer Simplizität auf das Vorbild von J. A. P. Schulz, sind aber insgesamt dilettantisch. – C. S.s Brüder **Johann Samuel S.** (1752 oder 1750–1788) und **Johann Heinrich S.** (1762 bis nach 1782) waren ebenfalls Musiker. Bekannt wurde der Ältere in London als Organist der German Chapel und Musikmeister der Königin Charlotte. Er veröffentlichte Sonaten und Konzerte für und mit Cembalo. J. B. Cramer war sein Schüler; seine Witwe Rebecca war eine kurze Zeit mit J. Haydn befreundet, der ihr die Trios Hob. XV: 24–26 widmete.

Ausg.: C. S., *25 Lieder in Musik gesetzt,* Faks.-Ausg., hrsg. v. L. SCHMIDT (L 1907). – J. S. S., Klv.-Konzert C-Dur, op. 3/3, hrsg. v. K. SCHULTZ-HAUSER (Mz 1964) (= Concertino 130).

Lit.: W. BRENNECKE – CH. CUDWORTH, S., in: MGG XII; K. WOLFF, J. S. S., in: MQ 44 (1958).

SCHRÖTER, Heinz, * 2. 5. 1907 Berlin, † 2. 1. 1974 Teheran; dt. Pianist und Komponist. Er studierte in Leipzig und Frankfurt am Main. Seit 1933 trat er überwiegend als Kammermusikspieler und Liedbegleiter auf. 1937–44 leitete er eine Meisterklasse für Klavier an der Landesmusikschule in Darmstadt, 1945–53 die Kammermusikabteilung und dann die Hauptabteilung Musik beim Hessischen Rundfunk in Frankfurt am Main, wo er 1949 die „Wochen für Neue Musik" ins Leben rief. 1957 ging er als Professor für Klavier an die Musikhochschule Köln, deren Direktor er bis 1972 war. Seit 1959 spielte er mit M. Rostal (Violine) und G. Cassado, später S. Palm (Violoncello) als „Kölner Trio". Mit diesem wie auch als Solist unternahm S., der bes. als Mozart- und Debussy-Interpret geschätzt war, viele Auslandstourneen, zuletzt in den Nahen und Fernen Osten. Als Komponist trat S. mit Klavierstücken und -trios hervor.

Lit.: G. SCHWEIZER, S., in: Musica 8 (1954); F. HOMMEL, S., in: NZfM 135 (1974).

SCHRÖTER, Leonhart, * um 1532 Torgau, † um 1601 Magdeburg; dt. Komponist. Er war 1561 bis spätestens 1576 Kantor an der Lateinschule in Saalfeld, später Hofbibliothekar in Wolfenbüttel und 1576–95 als Nachfolger von M. Agricola und G. Dreßler Kantor der Altstädtischen Lateinschule in Magdeburg. S. pflegte hauptsächlich die verschiedenen Arten der Choralbearbeitung. Vor allem seine Weihnachtslieder gehören in der ev. Kantoreipraxis unserer Zeit zum festen Bestand.

WW: 55 geistliche Lieder (Titel nicht erhalten) für 4 St. (Wittenberg 1562); *Cantiones suavissimae* für 4 St., 2 Bde. (Erfurt 1576–80); Te Deum für 2 4st. Chöre (Magdeburg 1576); *Te Deum laudamus* (ebd. 1584) für 8 St.; *Neue Weinacht Liedlein* für 4 u. 8 St. (Helmstedt 1586/87); *Hymni sacri* für 6 St. (Erfurt 1587). – Weitere geistliche Werke u. Gelegenheitsgesänge (teilweise unvollständig) in Einzeldrucken bzw. hsl. erhalten.

Ausg.: Te Deum, in: A. W. AMBROS – O. KADE, Gesch. der Musik 5 (revidiert L [3]1911); *Neue Weinacht Liedlein*, hrsg. v. B. ENGELKE (L 1914, [3]1953); Der 127. Psalm, hrsg. v. G. HOFMANN (Kas 1933, [3]1953); 2 *Hymni sacri*, in: Antiqua Chorbuch I/2 (Mz 1951–52); zahlreiche praktische Ausg.

Lit.: C. VON WINTERFELD, Der ev. Kirchengesang (L 1843–47, Nachdr. Hil 1966) (dort 3 Hymnen); G. HOFMANN, L. S. (Diss. Fr 1932); DIES., Die freien Komp. L. S.s, in: ZfMw 16 (1934); M. GECK, S., in: MGG XII; H. HAASE, Der erste herzogliche Bibliothekar. Bemerkungen über ... L. S., in: Wolfenbütteler Beitr. aus den Schätzen der Herzog August Bibl. 1 (F 1972).

SCHTOGARENKO, Andrei Jakowlewitsch, *2. (15.) 10. 1902 Nowyje Kaidaki (Gouvernement Jekaterinoslaw [heute Dnjepropetrowsk]); sowjet-ukrainischer Komponist. Er erhielt 1912–16 Klavierunterricht an der Musikfachschule in Jekaterinoslaw und war 1921–27 Musiklehrer an Schulen in Dnjepropetrowsk. 1926–30 leitete er das von ihm gegründete „1. ukrainische Harmonikaorchester des Komsomol". 1936 absolvierte S. das Konservatorium in Charkow in der Kompositionsklasse. 1954–68 war er Direktor des Tschaikowsky-Konservatoriums in Kiew (seit 1960 Professor für Komposition) und übernahm 1968 den Vorsitz im Ukrainischen Komponistenverband. Traditionen der ↗Gruppe der Fünf und der Klassiker der ukrainischen Musik (insbesondere M. Lyssenko und Nikolai Leontowitsch) sowie Elemente der ukrainischen Volksmusik kombiniert S. mit modernen Ausdrucksmitteln. Charakteristisch für die Werke der großen Form ist die Neigung zum Monumentalen und Pathetischen.

WW: **1) Instr.-WW:** Stücke für Klv., V. u. Vc.; *Armjanskije eskisy* (Armenische Skizzen) (1960) für Streichquartett; *Molodjoschnoje trio* (Jugendklaviertrio) (1961). – Für Orch.: 4 Symphonien, 1: *Simfonija-skaska* (Symphonisches Märchen) (1947), 2 (1966), 3: *Kijewskaja* (Kiewer Symphonie) (1972), 4: *Molodjoschnaja* (Jugendsymphonie) (1976); Suite *Pamjati Lesi Ukrainki* (Zum Andenken an Lesja Ukrainka) (1951); *Pamjati towarischtscha* (Zum Andenken an den Kameraden) (1965) für Streichorch.; konzertante Suite *Partisanskije kartiny* (Partisanenbilder) (1957) für Klv. u. Orch.; *Molodjoschnaja poema* (Jugendpoem) (1959); *Molodjoschnaja sjuita* (Jugendsuite) (1959) für Streichorch.; *Pamjati kobsarja* (Zum Andenken an den Kobsar) (1960) für Streichorch.; *Pionerskaja sjuita* (Pioniersuite) (1966); *Divertissement* (1967) für Fl. u. Orch.; V.-Konzert (1969). – **2) Vokal-WW:** Klv.-Lieder; *Schenskije portrety* (Frauenportraits) (1950) für Chor; für Chor u. Orch.: Kantatenpoem *O kanalnych rabotach* (Von den Kanalarbeiten) (1936); symphonische Kantate *Ukraina moja* (Meine Ukraine) (1943); Kantate *Moskwa* (1948); chorsymphonisches Poem *Rossija* (1950).

Lit.: G. WINOGRADOW, A. S. (Kiew 1973) (ukrainisch).

E. STÖCKL

SCHTSCHEDRIN, Rodion (Robert) **Konstantinowitsch,** * 16. 12. 1932 Moskau; sowjetruss. Komponist. Er war 1945–50 Schüler der Moskauer Chorschule und studierte dann am Moskauer Konservatorium, das er 1955 in Komposition (Ju. Schaporin) und Klavier abschloß. Er beteiligte sich an Folkloreexpeditionen in Weißrußland (1951) und im Wologda-Gebiet (1953). 1955–59 war S. Aspirant und 1964–69 Kompositionslehrer am Moskauer Konservatorium. Seitdem ist er freischaffender Komponist und tritt gelegentlich auch als Interpret seiner Klavierwerke auf. Seit 1962 fungiert S. als Sekretär des Komponistenverbands der UdSSR und seit 1973 als Vorsitzender des Komponistenverbands der RSFSR. In seinen Werken verbindet S. organisch Folkloreelemente und traditionelle musikalische Ausdrucksmittel mit modernen Kompositionsverfahren (einschließlich serieller und aleatorischer Techniken).

WW: **1) Instr.-WW:** Für Klv.: Sonate (1962); 24 Praeludien u. Fugen (1963–70); *Polifonitscheskaja tetrad* (Polyphones Heft) (1972). – Suite für Klar. u. Klv. (1952); 2 Streichquartette (1951, 1954); Klv.-Quintett (1952); Kammersuite für 20 V., Harfe, Akkordeon u. Kb. (1961). – Für Orch.: Symphonische Dichtung *Powest o nastojaschtschem tscheloweke* (Erzählung vom wahren Menschen) (1950); 2 Suiten aus dem Ballett *Konjok-Gorbunok* (1956, 1963); 2 Symphonien (1958, 1965); 2 Orch.-Konzerte *Osornyje tschastuschki* (Ausgelassene Gassenhauer) (1963) u. *Swony* (Klänge) (1968); 3 Klv.-Konzerte (1954, 1966, 1973); Ouvertüre *Simfonitscheskije fanfary* (Symphonische Fanfaren) (1967). – **2) Vokal-WW:** Lieder u. Chöre; Kantaten *Dwadzat wossem* (Achtundzwanzig) (1953) u. *Bjurokratiada* (Bürokratiade) (1963) für Soli, Chor u. Orch.; *Poetorija* (Poetorium) (1968) für Rezitator, Frauenst., Chor u. Orch.; Oratorium *Lenin w serdze narodnom* (Lenin im Herzen des Volkes) (1969). – **3) Bühnen-WW:** Opern: *Ne tolko ljubow* (Nicht nur Liebe), UA: Moskau 1961; *Mjortwyje duschi* (Die toten Seelen, nach N. Gogol), UA: ebd. 1977. – Ballette: *Konjok-Gorbunok* (Das bucklige Pferdchen), UA: Moskau 1960; *Karmen-sjuita* (Carmen-Suite, nach G. Bizets Oper), UA: ebd. 1967; *Anna Karenina* (nach L. Tolstoi), UA: ebd. 1972.

Lit.: H. GERLACH, in: MuGes 22 (1972); DIES., in: Musik in der Schule 24 (1973); S. NEEF, in: Theater der Zeit 28 (1973).

E. STÖCKL

SCHUBART, Christian Friedrich Daniel, * 24. 3. 1739 Obersontheim (Schwaben), † 10. 10. 1791 Stuttgart; dt. Dichter, Musikschriftsteller und Komponist. Er wuchs in Aalen (Württ.) auf und studierte eine Zeitlang in Erlangen evangelische Theologie; musikalisch war er Autodidakt. Nach Tätigkeiten als Organist und Musiklehrer in Geislingen an der Steige und Ludwigsburg mußte er 1773 wegen seines losen Lebenswandels Württemberg verlassen und reiste als Rezitator und musikalischer Vortragskünstler durch Süddeutschland. In Augsburg gründete er 1774 die Zeitschrift *Deutsche Chronik,* in der er Themen aus Politik, Literatur und Schönen Künsten gewandt und teilweise scharf polemisch behandelte und seiner Kritik an tatsächlichen oder vermeintlichen Mißständen freien Lauf ließ. Wegen seiner Angriffe auf Fürsten und Kirche wurde S. 1777 auf Weisung des Herzogs Karl Eugen nach Württemberg gelockt und ohne Verurteilung 10 Jahre lang auf dem Hohenasperg gefangengehalten. Nach der Entlassung war er Hof- und Theaterdichter in Stuttgart.

WW: **1) Kompositionen:** *Etwas für Clavier und Gesang* (Speyer 1783) (4 Sonaten für Klv. zu 2 u. zu 4 Händen u. 1 Lied); Klv.-Variationen (ebd. 1788); Trios für 2 V. u. Baß (P o. J.). – Ca. 80 Lieder u. Balladen für SingSt u. Klv., davon 47 nach eigenen Dichtungen, gedruckt in S.s Schriften und in Slgen. der Zeit sowie hsl. erhalten. – **2) Schriften u. Dichtungen:** *Deutsche Chronik* (Au 1774ff.), fortgesetzt als *Vaterländische Chronik* (1787), *Vaterlandschronik* (1788–89) u. *Chronik* (1790–91); *Musicalische Rhapsodien* (St 1786); *Ideen zu einer Ästhetik der Tonkunst* (1784–85), hrsg. v. Ludwig S. (W 1806); *Leben u. Gesinnungen, von ihm selbst im Kerker aufgesetzt,* 3 Bde. (St 1791–93). Mehrere Gedichte S.s wurden im 19. Jh. vertont, u.a. *Die Forelle* v. F. Schubert.

S. verkörpert als „Originalgenie" (Gottfried August Bürger) in seiner gesamten menschlichen und künstlerischen Existenz den „Sturm und Drang" und war in seiner Zeit als der „Gefangene vom Hohenasperg" geradezu eine Symbolfigur freiheitlichen Denkens in Politik und Literatur. Als Musiker beeindruckte S. unmittelbar vor allem durch sein freies Phantasieren am Klavier. Von seinen Kompositionen überlebten ihn lange seine Lieder, die meist dem „Melos des Volksgesanges" verpflichtet sind. Musikgeschichtlich am bedeutsamsten ist er jedoch durch seine *Ideen ...* (in der Gefangenschaft entstanden). Sie sind ein Schlüsselwerk der neuen Ästhetik des musikalischen Ausdrucks und Empfindens am Vorabend der deutschen Romantik.

Ausg.: Gesammelte Schriften u. Dichtungen, hrsg. v. L. S. (St 1839–40, Nachdr. 1972); *Musicalische Rhapsodien,* hrsg. v. P. A. MERBACH (L 1924); ein Lied daraus, in: H. J. MOSER, Das dt. Sololied u. die Ballade (Kö 1957) (= Das Musikwerk 14); S.s Werke (B – Wr 1965); *Ideen zu einer Ästhetik der Tonkunst,* Nachdr. mit Vorbemerkungen u. Reg. v. F.-M. KAISER (Hil – Da 1969); Strophen für die Freiheit. Eine Ausw. aus den Werken u. Briefen, hrsg. v. P. HÄRTLING (St 1976); *Leben u. Gesinnungen,* Nachdr. mit Nachwort v. C. TRÄGER (L 1980).

Lit.: R. HAMMERSTEIN, Ch. F. D. S., ein schwäbisch-alemannischer Dichter-Musiker der Goethezeit (Diss. Fr 1943); O. SCHIMPF, Ch. F. D. S. u. das dt. Lied (Diss. Marburg 1950); H. H. EGGEBRECHT, Das Ausdrucks-Prinzip im musikal. Sturm u. Drang, in: DVfLG 29 (1955); E. THORN, Genius in Fesseln. Ch. F. D. S.s Leben (Geislingen [2]1956); R. HAMMERSTEIN, S., in: MGG XII.

SCHUBAUR, Johann Lukas, getauft 23. 12. 1749 Lechfeld (Schwaben), † 15. 11. 1815 München; dt. Komponist. Er wuchs als Waise im Kloster Zwiefalten auf, ging in Augsburg zur Schule und studierte in Neuburg an der Donau Theologie. Ein Noviziat im Kloster Wiblingen mußte er aus gesundheitlichen Gründen abbrechen und studierte dann Medizin in Wien. Nach kurzer Tätigkeit in Neuburg 1775 ließ er sich in München nieder und erlangte dort hohes Ansehen als Arzt und im öffentlichen Gesundheitswesen. Als Komponist Autodidakt, war er in München und auch andernorts mit einigen Singspielen sehr erfolgreich.

WW: Singspiele: *Die Dorfdeputierten* (Libr.: G. E. Heermann nach C. Goldoni), UA: ebd. 1783; *Die treuen Köhler* (Libr.: G. E. Heermann), UA: ebd. 1786.

Lit.: E. REIPSCHLÄGER, S., Danzi u. Poissl als Opernkomp. (Diss. Rostock 1911); W. SIEBER, J. L. S. als Sinfonie-Komp., in: Oberpfälzer Dokumente z. Musikgesch. (Rb 1976).

SCHUBERT, Franz Peter, * 31. 1. 1797 Wien, † 19. 11. 1828 ebd.; östr. Komponist. Er war das 12. Kind des Volksschullehrers in der damaligen Wiener Vorstadt Himmelpfortgrund, Franz Theodor S. (1763–1830). Schon mit 11 Jahren war S.s musikalisches Genie derart gefestigt, daß sein erster Musiklehrer, der Regens chori der Lichtentaler Pfarrkirche, Michael Holzer, nach eigenem Eingeständnis ihm nichts mehr beibringen konnte, was jener nicht schon gewußt habe. Nach spielend bestandener Aufnahmeprüfung erhielt er 1808 eine Freistelle in der Hofkapelle, wo er als kaiserlicher Sängerknabe eine kostenlose Gymnasialerziehung im sog. Stadtkonvikt genoß. Dort regte sich der kompositorische Schaffensdrang so gebieterisch, daß er den Zwang des von Geistlichen geführten Anstaltslebens immer schwerer ertrug. Bald kam es zu den ersten Konflikten mit dem Vater, der ihm vergeblich das Komponieren verbot. Den einzigen Lichtblick in dem düsteren Internat bot die reiche musikalische Aktivität. Das Schülerorchester, für das S. u.a. seine ersten Symphonien komponierte, stand auf bemerkenswerter Höhe und erfreute sich eines großen Ansehens bei der bürgerlichen Bevölkerung wie bei Hof. Als Konzertmeister fungierte dort sein bester Freund, Joseph von Spaun, als Dirigent der Hoforganist Wenzel Ruzicka, bei dem er überaus rasche Fortschritte im Kompositionsunterricht machte. Seit 1813 durfte er zweimal wöchentlich das freudlose Gebäude am Universitätsplatz verlassen, um höhere Kompositionslehre bei A. Salieri zu erhalten. Als zuständigem Hofkapellmeister war diesem das ungewöhnliche Talent nicht verborgen geblieben. Nun versuchte er es in die Bahnen eines Opernkomponisten nach bewährtem italienischem Vorbild zu lenken. Trotz zahlreicher Anläufe hat S. indes auf keinem Gebiet so gründlichen Schiffbruch erlitten wie auf dem der Oper; auf keinem Gebiet hat er größeren Einfluß gewonnen wie auf dem des von Salieri verachteten deutschen Klavierliedes. So hat sich S., bei aller Achtung und Verehrung, die er für seinen Mentor bis zu dessen Lebensende (1825) bewahrte, nicht in Anlehnung, sondern im Widerstand gegen seinen Lehrer entwickelt. Dieser früherwachten Selbständigkeit sind solche jugendliche Meisterwerke wie *Gretchen am Spinnrade*(Oktober 1814) und der *Erlkönig*(Herbst 1815) zu verdanken. In dieser Zeit setzte der Strom seines Liedschaffens ein, in seinem Ausmaß dem Ausbruch eines Vulkans vergleichbar (1815–16: über 250 Lieder). Mit den eifrig verschlungenen Gedichten der deutschen Literatur versorgten ihn seine Freunde aus dem Konvikt, dem er sich Ende 1813 fluchtartig entzogen hatte. Nach anderthalbjähriger Schnellausbildung an der Präparandie zu St. Anna trat er als 2. Schulgehilfe bei seinem Vater in den Dienst. Aber auch diesem suchte er so bald wie möglich zu entrinnen. Schon 1816 hatte er sich vergeblich um eine Musiklehrerstelle in der Provinz beworben. 1817 zog er zu einem neuerworbenen Lebensfreund, Franz von Schober, bei dem er die Ungebundenheit des freien Künstlerlebens zum erstenmal kennenlernte. Doch sollte sie vorerst kein ganzes Jahr dauern. Vor die Alternative gestellt, ins Vaterhaus zurückzukehren oder seinen Broterwerb als privater Musiklehrer zu suchen, nahm er 1818 eine Hausmusiklehrerstelle bei dem ungarischen Grafen Johann Esterházy an, dessen beide Töchter er normalerweise in Wien unterrichtete und zweimal auf deren ungarischen Landsitz begleitete (1818 und 1824). Mit seinen Kompositionen konnte er sich sein ganzes Leben lang nicht über Wasser halten. So mußte er, um seine wirtschaftliche Unabhängigkeit zu behaupten, Schutz im Freundeskreis suchen, der ihn vor dem Schlimmsten bewahrte. Der Rückzug auf den engen, wohlabgeschirmten Freundeskreis war aber auch politisch ein typischer Zug der Zeit, als namentlich nach den Karlsbader Beschlüssen (1819) die Restauration einen umfassenden Vernichtungsfeldzug gegen die freiheitlich gesinnte Intelligenz besonders in Österreich einleitete, dem auch einige der besten Freunde S.s zum Opfer fielen. So kam die politische Misere zu der wirtschaftlichen, und hinzu kam persönliches Unglück in der Beziehung zu Frauen mit der düsteren Kehrseite einer Geschlechtskrankheit, von der er nicht mehr vollständig geheilt wurde. Den Liederzyklus *Die schöne Müllerin* hat S. 1823 zum Teil im Krankenhaus komponiert. Im Vollgefühl seiner geistigen und künstlerischen Kräfte sehen wir S. etwa seit 1825, als er in Begleitung seines Beschützers J. M. Vogl, des ersten „Schubertsängers“, dessen oberösterreichische Heimat während der Sommermonate besuchte. Hier, wie auch 2 Jahre später in der Steiermark und deren Hauptstadt Graz, durfte er es erleben, wie seine Kompositionen in den führenden bürgerlichen Musikkreisen Österreichs verbreitet und gepflegt wurden. In Wien erfolgte der Durchbruch zur unbestrittenen Anerkennung erst im März 1828, als er sein erstes öffentliches Konzert gab, ausschließlich mit eigenen Werken. (Bis dahin hatte es nur die „Schubertiaden“ in Privathäusern gegeben.) Aber der Erfolg kam zu spät. Noch im selben Jahr wurde S., im Vollbesitz seiner Schaffenskraft, doch durch das chronische Leiden körperlich geschwächt, von einer akuten, vermutlich typhoiden Erkrankung dahingerafft.

WW (Angabe der D-Nrn. nach O. E. Deutsch, F. S. Themat. Verz. seiner Werke in chronolog. Folge, Kas 1978 [= 2. Aufl. von: S. Thematic Catalogue of all his Works in Chronological Order, Lo 1951]): **1) Instr.-WW: a)** Für Klv.: 15 vollständig erhaltene Sonaten: E-Dur, D 157 (1815); C-Dur, D 279 (1815); As-Dur, D 557 (1817); e-moll, D 566 (1817); H-Dur, D 575 (1817); a-moll, D 537 (1817); Es-Dur, D 568 (1817); a-moll, D 784 (1823); a-moll, D 845 (1825); A-Dur, D 664 (1819 oder 1825); D-Dur, D 850 (1825); G-Dur, D 894 (1826); c-moll, D 958 (1828); A-Dur, D 959 (1828); B-Dur, D 960 (1828); ferner: Fragment einer Sonate C-Dur „Reliquie“, D 840 (1825); Fantasie C-Dur „Wanderfantasie“, D 760 (1822); 6 Moments musicaux, D 780 (1828); 4 Impromptus, D 899 (1827?); 4 Impromptus, D 935 (1827); Menuette, Dt. Tänze, Ländler, Walzer sowie Ecossaisen u. a. Klv.-Stücke. – Für Klv. zu 4 Händen: Rondos D-Dur, D 608 (1818) u. A-Dur, D 951 (1828); Sonaten B-Dur, D 617 (1816) u. C-Dur, D 812 (1824); *Divertissement à la hongroise*, D 818 (1824?); *Divertissement sur des motifs originaux français*, D 823 (1826); Fantasie f-moll, D 940 (1828); Allegro a-moll „Lebensstürme“, D 947 (1828); ferner Märsche, darunter Militärmarsch D-Dur, D 733 Nr. 1 (1818); Ouvertüren u. Variationen. – **b)** Kammermusik: Für V. u. Klv.: 4 Sonaten: D-Dur, D 384 (1816); a-moll, D 385 (1816); g-moll, D 408 (1816); A-Dur, D 574 (1817); Rondo h-moll, D 895 (1816); Fantasie C-Dur, D 934 (1827); Variationen über *Trockene Blumen* aus *Die schöne Müllerin* für Fl. u. Klv., D 802 (1824); Sonate für Arpeggione u. Klv. a-moll, D 821 (1824). – 4 Klv.-Trios: B-Dur, D 28 (1812); Es-Dur „Notturno“, D 897 (1828?); B-Dur, D 898 (1828?); Es-Dur, D 929 (1827); Streichtrio B-Dur, D 581 (1817). – 15 vollständig erhaltene Streichquartette: g-moll/B-Dur, D 18 (1812); C-Dur, D 32 (1812); B-Dur, D 36 (1813); C-Dur, D 46 (1813); B-Dur, D 68 (1813); D-Dur, D 74 (1813); Es-Dur, D 87 (1813); D-Dur, D 94 (1812?); B-Dur, D 112 (1814); g-moll, D 173 (1815); E-Dur, D 353 (1816); Quartettsatz c-moll, D 703 (1820); a-moll, D 804 (1824); d-moll „Der Tod und das Mädchen“, D 810 (1824); G-Dur, D 887 (1826); Adagio u. Rondo concertante für Klv.-Quartett F-Dur, D 487 (1816); Quintett für Klv., V., Va., Vc. u. Kb., A-Dur „Forellenquintett“, D 667 (1819); Streichquintett (mit 2 Vc.) C-Dur, D 956 (1828); Oktett für Klar., Fag., Horn, 2 V., Va., Vc. u. Kb. F-Dur, D 803 (1824). – **c)** Für Orch.: 8 Symphonien: 1: D-Dur, D 82 (1813); 2: B-Dur, D 125 (1815); 3: D-Dur, D 200 (1815); 4: c-moll „Tragische“, D 417 (1816); 5: B-Dur, D 485 (1816); 6: C-Dur, D 589 (1818); 7: h-moll „Die Unvollendete“, D 759 (1822) (bisher 8.); 8: C-Dur, D 944 (1825–28) (bisher 7. oder 9.); 8 Ouvertüren, darunter 2 „im it. Stile“ D-Dur, D 590 u. C-Dur, D 591 (1817); Concerto für V. u. Orch. D-Dur, D 345 (1816); Rondo für V. u. Streichorch. A-Dur, D 438 (1816). – **2) Vokal-WW: a)** Lieder (Textdichter in Klammern): *Gretchen am Spinnrade*, D 118 (1814); *Schäfers Klagelied*, D 121 (1814); Rastlose Liebe, D 138 (1815); *Nähe des*

Geliebten, D 162 (1815) (sämtlich J.W. von Goethe); *An den Mond,* D 193 (1815) (L. Hölty); *Die Liebe* (Freudvoll und leidvoll), D 210 (1815); *Meeres Stille,* D 216 (1815); *Wandrers Nachtlied* (Der du von dem Himmel bist), D 224 (1815); *Der Fischer,* D 225 (1815); *Heidenröslein,* D 275 (1815); *Mignon,* D 321 (1815); *Erlkönig,* D 328 (1815) (sämtl. Goethe); *Lied eines Schiffers an die Dioskuren,* D 360 (1816) (J. Mayrhofer); *Der König in Thule,* D 367 (1816) (Goethe); *Jägers Abendlied,* D 368 (1816); *An Schwager Kronos,* D 369 (1816) (sämtl. Goethe); *Des Mädchens Klage,* D 389 (1816) (F. von Schiller); *Seligkeit,* D 433 (1816) (Hölty); *Fragment aus dem Aeschylus,* D 450 (1816) (Übers.: Mayrhofer); *Gesänge des Harfners aus „Wilhelm Meister",* D 478–480 (1816) (Goethe); *Der Wanderer,* D 489 (1816) (G. Ph. Schmidt); *Wiegenlied,* D 498 (1816) (anon.); *Der Alpenjäger,* D 524 (1817) (Mayrhofer); *Der Tod und das Mädchen,* D 531 (1817) (M. Claudius); *Ganymed,* D 544 (1817) (Goethe); *An die Musik,* D 547 (1817) (F. von Schober); *Die Forelle,* D 550 (1816–21) (Ch. F. D. Schubart); *Liebhaber in allen Gestalten,* D 558 (1817) (Goethe); *Frühlingsglaube,* D 686 (1820) (L. Uhland); *Geheimes,* D 719 (1821); *Mignon I – II,* D 726–727 (1821) (sämtlich Goethe); *Sei mir gegrüßt,* D 741 (1821) (F. Rückert); *Der Musensohn,* D 764 (1822); *Am Flusse,* D 766 (1822) (beide Goethe); *Auf dem Wasser zu singen,* D 774 (1823) (F. L. Graf zu Stolberg-Stolberg); *Du bist die Ruh,* D 776 (1823); *Lachen und Weinen,* D 777 (1823) (beide Rückert); *Wandrers Nachtlied* (Über allen Gipfeln ist Ruh), D 768 (1824) (Goethe); *Im Abendrot,* D 799 (1824 oder 1825) (K. Lappe); *Ellens Gesang III* (Ave Maria! Jungfrau mild), D 839 (1825) (W. Scott); *Wiegenlied,* D 867 (1826?); *Der Wanderer an den Mond,* D 870 (1826) (beide J. G. Seidl); *Gesänge aus „Wilhelm Meister",* D 877 (1826) (Goethe); *Ständchen* (Horch, horch! die Lerch im Ätherblau), D 889 (1826); *Gesang* (Was ist Silvia, saget an), D 891 (1826) (beide W. Shakespeare); *Auf dem Strom,* D 943 (1828) (L. Rellstab) mit Horn; *Der Hirt auf dem Felsen,* D 965 (1828) (W. Müller u. H. von Chézy?) mit Klar.; *Die Taubenpost,* D 965A (1828); Liederzyklen: *Die schöne Müllerin,* D 795 (1823); *Winterreise,* D 911 (1827) (beide W. Müller); „Schwanengesang" (Titel nicht von S.), *13 Lieder nach Gedichten von Rellstab und Heine,* D 957 (1828). – **b)** WW für Chor u. Orch., mehrst. Gesänge u. a.: 6 Messen für Soli, Chor u. Orch.: F-Dur, D 105 (1814); G-Dur, D 167 (1815); B-Dur, D 324 (1815); C-Dur, D 452 (1816); As-Dur, D 678 (1822); Es-Dur, D 950 (1828); Dt. Messe für Chor mit Org. oder Bläsern F-Dur, D 872 (1827); Stabat mater (Jesus Christus schwebt am Kreuze) f. Soli, Chor u. Orch., D 383 (1816) (nach F. G. Klopstock); ferner Salve regina, Tantum ergo u. Offertorien. – *Das Dörfchen,* D 641 (1819) (G. A. Bürger) für 2 Tenöre u. 2 Bässe; *Sehnsucht,* D 656 (1819) für 2 Tenöre u. 3 Bässe; *Im Gegenwärtigen Vergangenes,* D 710 (1821) für 2 Tenöre u. 2 Bässe; *Gesang der Geister über den Wassern,* D 714 (1821) (sämtlich Goethe), 5 Fassungen, zuletzt für 4 Tenöre, 4 Bässe, 2 Va., 2 Vc. u. Kb.; *Nachtgesang im Walde,* D 913 (1827) für Männerchor u. 4 Hörner; *Hymnus an den heiligen Geist,* D 948 (1828) für 2 Tenöre, 2 Bässe u. 4st. Männerchor, 2. Fassung mit Bläsern. – *Gott im Ungewitter, Gott der Weltschöpfer* u. *Hymne an den Unendlichen,* D 985, 986 u. 232 (1815) für gem. Quartett u. Klv.; *Nachthelle,* D 892 (1826) f. Tenor, Männerchor u. Klv.; *Miriams Siegesgesang,* D 942 (1828) f. Sopran, gem. Chor u. Klv.; *Ständchen,* D 920 bzw. 921 (1827) f. Alt, Männer- oder Frauenchor u. Klv. – **3) Bühnen-WW:** Singspiele: *Der Spiegelritter,* D 11 (1811?) (Fragment), UA: Weilheim (Obb.) 1975; *Der vierjährige Posten,* D 190 (1815), UA: Dresden 1896; *Fernando,* D 220 (1815), UA: Magdeburg 1918; *Claudine von Villa Bella,* D 239 (1815) (nur der 1. u. Teile des 2. Aktes sind erhalten), UA: Wien 1978; *Die Freunde von Salamanka,* D 326 (1815), UA: Halle/Saale 1928; *Die Zwillingsbrüder,* D 647 (1819), UA: Wien 1820; *Die Verschworenen (Der häusliche Krieg),* D 787 (1823), UA: Frankfurt a.M. 1861. – Opern: *Des Teufels Lustschloß,* D 84 (1814), UA: Potsdam 1978; *Die Bürgschaft,* D 435 (1816) (3. Akt nur unvollständig erhalten); *Alfonso und Estrella,* D 732 (1822), UA: Weimar 1854; *Fierabras,* D 796 (1823), fragmentarische UA: Karlsruhe 1897, vollständige UA: Augsburg 1982. – Ferner Bühnenmusik zu: *Die Zauberharfe,* D 644 (1820), UA: Wien 1820; *Rosamunde,* D 797 (1823), UA: ebd. 1823.

Das Lebenswerk S.s wird vielfach unter die deutsche (und österreichische) Romantik eingereiht, der man das Aufblühen solcher Gattungen wie des Liedes oder der entsprechenden Klavierstücke (Moments musicaux, Impromptus usw.) oder der lyrischen Tanzsammlungen zuschreibt. Daß diese Leistungen S.s in die Zeit der Romantik fallen, ist unbestritten; doch wird man sie deshalb nicht ohne weiteres als romantisch bezeichnen dürfen. Die Romantik in Deutschland und Österreich war ein legitimes Kind der Restauration. Ihrer entscheidenden Tendenz in Kunst und Wissenschaft, der Verklärung der politischen Ohnmacht, hat S. trotz vielfacher Anfechtungen in seinem engsten Freundeskreis sich gerade nicht unterworfen. Sonst hätte er sich auch nicht so unerschütterlich zu Goethe und Beethoven hingezogen fühlen können. Vom ersten nahm er es ohne Kränkung hin, eine Sendung Lieder (darunter *Heidenröslein* und *Erlkönig*) ohne Begleitschreiben zurückgeschickt zu erhalten; und für den zweiten ging seine Verehrung so weit, daß er sich ihm nicht zu nähern wagte, obwohl er ihm in Wien bei den verschiedensten Gelegenheiten begegnen konnte. Das durch Goethe gesetzte dichterische Leitbild hat sich ihm allerdings etwa seit 1820 immer mehr in Richtung auf den „Weltschmerz" und die „romantische Ironie" verschoben (J. Mayrhofer, Wilhelm Müller, H. Heine), nach Heine „unter dem Geisteszwang aller Art der einzige Ausweg, welcher der Ehrlichkeit noch übriggeblieben". Das subtile und oft verzweiflungsvolle Ringen in der deutschen (und österreichischen) Lyrik um die bedrohten Reste der Freiheit und der intakten Menschlichkeit hat S. in seinem Liederschaffen mit höchstem persönlichem Engagement mitvollzogen. Daher die vollkommene Einheit von Melodie und geistiger Haltung in seinen Liedern, daher die vom Inhalt erzwungene Tendenz zum durchkomponierten Lied mit seinem vollwertigen Äquivalent des variierten Strophenlieds. Beiden Typen der Gattung hat er auf diese Weise zu einem hoch individualisierten Eigenleben verholfen, so daß sie bis in den Anfang des 20. Jahrhunderts als unerreichtes Vorbild wirken konnten. Hinzu kam der Einfluß Beethovens, vor allem seiner modernen instrumentalen Denkweise. Man spielt und hört S.s Klavierbegleitung falsch, wenn man darin nur den pittoresken Aspekt wahrnimmt (etwa in dem *Lindenbaum*). Stets handelt es sich bei ihm um gedanklich-motivische Arbeit, die dem Klaviersatz

seine relative Selbständigkeit sichert. Der Höhepunkt dieser Methode ist in den 24 Liedern seiner *Winterreise* erreicht. Gleichzeitig wird S.s „Begleitung“ immer sparsamer, lakonischer, unter Eliminierung aller sekundärer Elemente (Heine-Lieder). Die beiden Grundhaltungen in der Musik, die vokale und die instrumentale, gehen immer dichtere Wechselbeziehungen ein.
Diese klassische Leistung würde es eigentlich von selbst verbieten, S. in erster Linie als Liederkomponisten zu betrachten. Trotz des universalen Erfolgs der „Unvollendeten Symphonie“, der Ouvertüre und der Entr'acte-Stücke zu dem Schauspiel *Rosamunde*, der sog. Wanderer-Fantasie und der lyrischen Klavierstücke hat es jedoch mehrerer Generationen bedurft, ehe S. als Instrumentalkomponist volle Gerechtigkeit widerfuhr. Trotz verdienstlichen Vorstößen vor allem durch R. Schumann und J. Brahms hat man ihn allzulange nur an den Maßstäben Beethovens gemessen. Das Neuartige, die vollendete Synthese mit dem Liedprinzip, hat man nicht als ebenbürtige Qualität gelten lassen wollen. Wahrscheinlich wird dieses Vorurteil erst ganz fallen, wenn der S.-Forschung der Nachweis gelungen sein wird, daß der ihm wichtigste Teil seiner Liedertexte von S. noch ein 2. Mal in den großen und kleinen Instrumentalformen gestaltet worden ist. Aus diesem geheimen Band erklärt sich das hohe ästhetische Moment des „Poetischen“ in seinem Instrumentalstil. Insofern weist das Schubert-Bild auch unserer Zeit noch beträchtliche „weiße Flecken“ auf.
Eine erhebliche Korrektur dürfte auch die Darstellung seiner künstlerischen Laufbahn erfahren. Bereits vor den ersten Gesängen nach Friedrich von Matthisson, Fr. von Schiller und J. W. von Goethe hat der junge S. in seinen ersten Streichquartetten – zumal in Nr. 7 B-Dur, D 112, einen Monat vor *Gretchen am Spinnrad* geschrieben – eine Höhe erreicht, welche die Genieleistungen in der vokalen Sphäre erst begreiflich macht. Bis Ende 1816 trat dann allerdings, nicht zuletzt unter dem Einfluß der ersten Liebe, das lyrische Liedschaffen gebieterisch in den Vordergrund. 1817 wandte sich S. vor allem den Problemen der Klaviersonate zu, die er nun ebenfalls seinem Lyrismus unterwirft. Den Höhepunkt dieses letzten Abschnittes seiner überquellenden juvenilen Schaffensperiode erreichte er mit der im Sommer 1819 geschriebenen Sonate A-Dur D 664 und dem Forellenquintett. Stilistisch fällt an dieser mehrfach in sich gegliederten Periode vor allem der ungestaute, sich mühelos regenerierende melodische Fluß auf, mit seiner typisch Schubertischen Beseelung. Er geht zusammen mit einem intakten, ungebrochenen Lebensgefühl, das sich die schöpferische Naivität mit aller Kraft zu bewahren versucht.
Von 1820 bis 1825 spannt sich die 2. Schaffensperiode, biographisch gezeichnet durch den Einbruch einer heftigen Bewußtseinskrise. Werkgeschichtlich ist sie zunächst zu beschreiben durch S.s anspruchsvolle fehlgeschlagene Aspirationen auf dem Gebiet der Oper, dann durch die großangelegte Vokalkomposition von der Messe in As-Dur über das (unvollendete) Oratorium *Lazarus* bis zu den verschiedenen Genres des mehrstimmigen weltlichen Gesanges, wie dem *Gesang der Geister über den Wassern* (Goethe); im Lied wird der Weg von Goethe über Fr. Rückert, August von Platen, Wilhelm Müller *(Die schöne Müllerin)*, Ernst Schulze zu W. Scott zurückgelegt. Die wichtigsten Instrumentalwerke dieser Periode sind der Streichquartettsatz c-moll (1820), die h-moll-Symphonie und die sog. Wanderer-Fantasie (1822), die Streichquartette a-moll und d-moll (1824), das Oktett (1824), die Klaviersonaten a-moll (1823), C-Dur und a-moll (1825). Die Anzahl der Werke geht merklich zurück, dafür gewinnen sie an Gewicht. Zum Unterschied von der juvenilen Periode sind sie durchgehend von einem tiefen Konflikt gezeichnet, den S. mit den Worten umschrieben hat: „Wollte ich Liebe singen, ward sie mir zum Schmerz; und wollte ich wieder Schmerz nur singen, so ward er mir zu Liebe! So zerteilten mich die Liebe und der Schmerz.“ Es war der moderne Konflikt des „Weltrisses, der mitten durch den Künstler ging“ (Heine), den S. als erster in Tönen gestaltete. Der unlösliche Konflikt drängt ihn zu harmonischen Wagnissen, in denen er selbst Beethoven hinter sich läßt und sich nicht zufällig mit Berlioz berührt (Terzverwandtschaften, Alterierung, Enharmonik). Der charakteristische Dur-Moll-Antagonismus, der sich schon in der 1. Periode anbahnte, wird zu einem typischen, inhaltsbedingten Element des Schubert-Stils.
In der 3. Schaffensperiode nimmt die Entwicklung an Gradlinigkeit und Geschwindigkeit noch zu. Deutlich heben sich die zentralen Werke von den peripheren ab. Als entscheidende Zäsur kann der erwähnte Sommeraufenthalt 1825 in Oberösterreich angesehen werden. Hier entstehen die Klaviersonate D-Dur und die lange vermißte „Gasteiner Symphonie“, die nach neueren Untersuchungen (Brown, Goldschmidt, Reed) identisch mit der großen C-Dur-Symphonie ist, die S. im März 1828 überarbeitete. Auch die beiden Klaviertrios op. 99 (1826) und 100 (1827) gehören in diesen Komplex, der einen für S. neuen, heroisch gestrafften Zug annimmt. Die Gegenseite ist freilich immer schärfer vom Schmerz gezeichnet. Vom Streichquartett G-

Dur (1826) über die *Winterreise* (1827) und die Heine-Lieder bis zum Streichquintett C-Dur (1828) zieht sich, unabhängig vom instrumentalen oder vokalen Genre, eine direkte Linie. Die große Es-Dur-Messe (1828) nimmt beide Grundtendenzen (nicht ohne vielsagende Selbstzitate) in sich auf. In diese Periode fällt auch ein persönlich gefärbter Klavierstil voll subtiler Beziehungen, die Sonate G-Dur (1826), die 3 Sammlungen Impromptus (1827–28), die 4händige f-moll-Fantasie (1828) und die 3 postumen Klaviersonaten (1828). Das Schwanken zwischen heroischer Ermannung und romantischer Ironie im zitierten Sinne Heines sprechen für das kritisch geschärfte, immer untergründigere Lebensgefühl des Komponisten, das uns auch in seinen Selbstzeugnissen dieser Periode begegnet. Zeigen sie S. auch auf der vollen Höhe der Meisterschaft, so erbrachten sie doch keinesfalls einen Abschluß. Daß der Einunddreißigjährige sich selbst weit davon entfernt fühlte, beweist die Tatsache, daß er sich noch 14 Tage vor seinem Tod bei S. Sechter, damals der ersten Wiener Autorität auf dem Gebiet der Musiktheorie, für das Studium der Fuge angemeldet hatte.

Ausg.: GA, hrsg. v. E. MANDYCZEWSKI u.a., 40 Bde. (L 1884–97), Nachdr., 19 Bde. (Wie 1965); Neue S.-Ausg., hrsg. v. der Int. S.-Ges. unter der Leitung v. W. DÜRR u.a. (Kas 1967 ff.), bisher 30 Bde. bzw. Teil-Bde. – Faks.-Ausg.: *Die Winterreise* (Kas 1966); Eine altschottische Ballade für 2 St. u. Klv., hrsg. v. I. KECSKEMÉTI (Budapest 1971); Sechzehn Goethe-Lieder, hrsg. v. P. HAUSCHILD (1978); *Schäfers Klagelied*, hrsg. v. F. GRASBERGER (Gr 1978); *Erlkönig*, hrsg. v. J. R. TURNER (NY 1978); *Schwanengesang*, hrsg. v. W. DÜRR (Hil 1978); Drei Symphonie-Fragmente, hrsg. v. E. HILMAR (Kas 1978) (= DMI II/6); Sinfonie in h-moll „Die Unvollendete", hrsg. v. W. DÜRR – CH. LANDON (Mn – Salzburg 1978) (= Publ. der Slgen. der Ges. der Musikfreunde in Wien 3); Piano Sonata in G major, hrsg. v. H. FERGUSON (Lo 1980) (= British Library Music Facs. 2).

Lit.: **1) Werk-Verzeichnisse:** Thematisches Verz. der gedruckten Werke S.s, hrsg. v. G. NOTTEBOHM (W 1874); O. E. DEUTSCH, F. S. Die Dokumente seines Lebens u. Schaffens, I (Details siehe im Art. über diesen Autor), NA in dt. Sprache, hrsg. v. W. DÜRR – A. FEIL – CH. LANDON – W. ADERHOLD (Kas 1978) (= Neue S.-Ausg. VIII/4); E. HILMAR, Verz. der S.-Hss. in der Wiener Stadt- u. Landbibl. (Kas 1978) (= Cat. Musicus 8). – **2) Bibliographien:** W. KAHL, Verz. des Schrifttums über F. S. 1828–1928 (Rb 1938) (= Kölner Beitr. z. Musikforsch. 1); A. H. KING, S. A Symposium, hrsg. v. G. Abraham (Lo 1946, 21952, Nachdr. 1969). – **3) Dokumente, Briefe, Schriften und Aufzeichnungen:** O. E. DEUTSCH, F. S., II/1: Die Dokumente seines Lebens (Mn 1914, NA Kas 1964, 21980) (= Neue S.-Ausg. VIII/5), III: Sein Leben in Bildern (Mn 1913), IV: S., Die Erinnerungen seiner Freunde (L 1957, 21966); O. E. DEUTSCH, F. S., Briefe u. Schriften (Mn – L 1919, W 41954); DERS., S.s Tagebuch (W – NY 1928); O. BRUSATTI, S. im Wiener Vormärz. Dokumente 1829–1848 (Gr 1978); F. S. Ausstellungskat. (W 1978); F. S. u. seine Zeit, Ausstellungskat. (W 1978). – **4) Biographien u. umfassende Darstellungen:** H. KREISSLE VON HELLBORN, F. S. (W 1861, 21865, Nachdr. Hil 1978); A. KOLB, F. S. (Sto 1941, Erlenbach 31968, Gütersloh 1964); B. PAUMGARTNER, S. (Z 1943, 41974); A. HUTCHINGS, S. (Lo 1945, 21956, revidiert 31964, Nachdr. 1973); A. EINSTEIN, S. (NY 1951, Nachdr. 1971, dt. Z 1952); W. VETTER, Der Klassiker S., 2 Bde. (L 1953); H. GOLDSCHMIDT, F. S. (B 1954, L 71980); M. J. E. BROWN, S. (Lo 1958, 21961, dt. Wie 1969); H. GOLDSCHMIDT, Die Frage der Periodisierung im Schaffen S.s in: BzMw 1 (1959); TH. W. ADORNO, S., in: Moments musicaux (F 1964); A. FEIL, Stud. zu S.s Rhythmik (Mn 1966); D. SCHNEBEL, Auf der Suche nach der befreiten Zeit. Vers. über S., in: NZfM 131 (1970), dass., in: Denkbare Musik, hrsg. v. H. R. ZELLER (Kö 1972); J. REED, S., The Final Years (Lo – NY 1972); C. DUMONT, S. (Brau 1978); H. J. FRÖHLICH, S. (Mn 1978); R. KLEIN, Begriff u. Gesch. der Schubertiaden, in: ÖMZ 33 (1978); B. MASSIN, F. S. (P 1978); R. WERBA, S. u. die Wiener (W 1978); H. OSTERHELD, F. S. Schicksal u. Persönlichkeit (St 1978). – **5) Zu einzelnen Werken u. Werkgruppen: a)** Klv.- u. Kammermusik: W. KAHL, Das lyrische Klavierstück S.s, in: AfMw 3 (1931); H. KÖLTZSCH, F. S. in seinen Klaviersonaten (L 1927, Nachdr. Hil 1976); R. VON HOORICKX, F. S., List of the Dances in Chronological Order, in: RBMie 25 (1971); E. SAMS, S.'s Piano Duets, in: MT 117 (1976). – H.-M. SACHSE, F. S.s Streichquartette (Diss. Mr 1959); A. A. ABERT, Rhythmus u. Klang in S.s Streichquintett, in: FS K. G. Fellerer (Rb 1962); J. A. WESTRUP, S. Chamber Music (Lo – Seattle 1969); R. A. COOLIDGE, Form in the String Quartets of F. S., in: MR 32 (1971). – **b)** Orch.-WW: E. LAAFF, F. S.s Sinfonien (Wie 1933); A. SCHERING, F. S.s Symphonie in h-moll u. ihr Geheimnis (Wü 1939); O. E. DEUTSCH, The Discovery of S.'s Great C Major Symphony, in: MQ 38 (1952); E. LAAFF, S.s große C-Dur-Symphonie, in: FS F. Blume (Kas 1963); M. J. E. BROWN, S.'s „Italian Overtures", in: MR 26 (1965); S. KUNZE, S., Symphonie h-moll (Mn 1965) (= Meisterwerke der Musk 1); M. J. E. BROWN, S. Symphonies (Lo 1970, Seattle/Wash. 1971); C. DAHLHAUS, Stud. zu romantischen Symphonien. Zur musikal. Syntax in S.s „Unvollendeter", in: Jb. des Staatl. Inst. für Musikforsch. (1972); J. REED, How the „Great" C Major Was Written, in: ML 56 (1975); H. GOLDSCHMIDT, Der 1. Satz der großen C-Dur-Sinfonie, in: BzMw 21 (1979). – **c)** Lieder: M. BAUER, Die Lieder F. S.s (L 1915, Nachdr. Niederwalluf 1972); M. J. E. BROWN, S.'s „Winterreise", in: MQ 39 (1953); H. H. DRÄGER, Zur Frage des Wort-Ton-Verhältnisses im Hinblick auf S.s Strophenlied, in: AfMw 11 (1954); TH. G. GEORGIADES, Das „Wirtshaus" v. S. u. das Kyrie aus dem gregor. Requiem, in: FS R. Benz (H 1954); A. LIESS, J. M. Vogl, Hofoperist u. Schubertsänger (Gr 1954); T. THOMAS, „Der Doppelgänger" v. F. S., in: AfMw 11 (1954); W. MAINKA, Das Liedschaffen F. S.s in den Jahren 1815 u. 1816 (Diss. B 1958); J. KRAMARZ, Das Rezitativ im Liedschaffen F. S.s (Diss. B 1959); E. G. PORTER, S.'s Song Technique (Lo 1961); G. SPIES, Stud. zum Liede F. S.s. Vorgesch., Eigenart u. Bedeutung der Strophenvariierung (Diss. Tü 1962); P. HAUSCHILD, Stud. z. Liedmelodie F. S.s (Diss. L 1963); TH. G. GEORGIADES, S., Musik u. Lyrik (Gö 1967); E. SCHWARMATH, Musikal. Bau u. Sprachvertonung in S.s Liedern (Tutzing 1969) (= Münchner Veröff. z. Musikgesch. 17); E. SEIDEL, Ein chromatisches Harmonisierungsmodell in S.s „Winterreise", in: AfMw 26 (1969); H. H. EGGEBRECHT, Prinzipien des S.-Liedes, in: ebd. 27 (1970); G. ESTERMANN, Die Klavierbegleitung im Sololied bei S. u. Schumann (Diss. I 1971); D. FISCHER-DIESKAU, Auf den Spuren des S.-Lieds. Werden, Wesen, Wirkung (Wie 1971); H. GOLDSCHMIDT, Welches war die urspr. Reihenfolge in S.s Heine-Liedern, in: Jb. Peters 1972 (1974); A. FEIL, F. S., Die schöne Müllerin, Winterreise, mit einem Essay „W. Müller u. die Romantik" v. R. Vollmann (St 1975); G. MOORE, S.s Liederzyklen (Tü 1975); P. GRADENWITZ, F. S.s Psalmkompositionen. Zur Erstveröff. des 13. Psalms (D 663), in: ÖMZ 33 (1978); F. NEUMANN, Musikal. Syntax u. Form im Liederzyklus „Die schöne Müllerin" v. F. S. (Tutzing 1978); R. VAN HOORICKX, A S. Song Rediscovered, in: MT 121 (1980). – **d)** Chor-WW: R. S. STRINGHAM, The Masses of F. S. (1964) (= Diss. Cornell Univ.); A. NIEMEYER, F. S.s „Lazarus"-Fragment, in: Kgr.-Ber. Leipzig 1966 (Kas 1970). – **e)** Bühnen-WW: G. R. CUNNINGHAM, F. S. als Theaterkomponist (Diss. Fr 1974). – **6) Ikonographie:** O. E. DEUTSCH, Die hist.

Bildnisse F. S.s (W 1922); A. OREL, F. S., sein Leben in Bildern (L 1939); M. SCHNEIDER, S. (P 1947), dt. Übers.: F. S. in Selbstzeugnissen u. Bilddokumenten (Reinbek 1958, [2]1965); J. WECHSBERG, S. His Life, His Work, His Time (Lo 1977, dt. Mn 1978).

H. GOLDSCHMIDT

SCHUBERT, Heino, * 11. 4. 1928 Glogau (Schlesien); dt. Komponist und Organist. Er studierte 1947–53 an der Nordwestdeutschen Musikakademie Detmold u.a. bei G. Bialas, Michael Schneider und K. Thomas (Reifeprüfung Dirigieren 1949, Staatsexamen Schulmusik 1953) sowie 1954–57 an der Musikhochschule Freiburg (u.a. Komposition bei H. Genzmer; Abschluß mit dem Kirchenmusikstaatsexamen). Seit 1957 war er als Kantor und Organist in Heidelberg, 1961–81 als Domorganist in Essen tätig; gleichzeitig lehrte er an der Folkwanghochschule Essen und an der Musikhochschule Köln. 1978 übernahm S. eine Professur für Tonsatz und Komposition an der Universität Mainz (Fachbereich Musikerziehung). Für sein Schaffen wurde er mehrfach ausgezeichnet (Rompreis, 1958; Künstlergilde Esslingen am Neckar, 1961; Stuttgarter Katholikentag, 1964).

WW: **1) Instr.-WW:** Für Org.: Fantasie über Ite missa est (Mz 1964); *Magnificat-Triptychon* (Mz 1967); *Dormi, bel bambin* (Mülheim 1968); *Stücke über gregorianische Themen* (Fr 1970); Antiphonen (1981); für Klv.: *Sonata brevis* (B 1958); Bläserquintett (Mülheim 1959); Concertino für Bläser u. Orch. (Kö 1975); Nocturne für Fl. u. Org. (Wie 1977); Sonata da chiesa für Pos. u. Org. (1979). – **2) Vokal-WW:** 9 Messen, u.a. Missa in E (Kö 1952); *Orgelsolomesse* (Fr 1953); *Paulus-Messe* (Mr 1965); *Missa choralis* (Mr 1967); 12 Kantaten, u.a. *Gott sei gelobet* (Rb 1963); *Psalmus* für Chor u. Bläser (Mr 1969); *Psalmenkantate* (Dülmen 1979); 8 Dt. Proprien; *Neues Psalmbuch; Psalmi* für Sopran u. Orgel; Weltliche Zyklen, u.a. 4 Chöre nach H. Hesse (Mz 1960); *Auf dem Hochzeitsmarkt von Janoshida* für Chor u. Instr. (Mn 1963); *5 Hymnische Gesänge* für Alt, Männerchor, Bläser, Klv. u. Schlagzeug (Mülheim 1966); *Weihnachts-Triptychon* (Mz 1967); *Die kleinen Jahreszeiten* (Mz 1980).

Lit.: Autobiographie, in: Zeitgen. Schlesische Komponisten 1, hrsg. v. G. PANKALLA – G. SPEER (Dülmen 1973) (mit vollständigem Werkverz.).

SCHUBERTH. – 1) Julius Ferdinand Georg, * 14. 7. 1804 Magdeburg, † 9. 6. 1875 Leipzig; dt. Musikverleger. Er war der Sohn des Oboisten **Gottlob S.** (1778–1846), der seit 1804 in Magdeburg und seit 1833 in Hamburg tätig war. 1819 trat er als Lehrling in das Magdeburger Verlagshaus Heinrichshofen ein und eröffnete 1826 in Hamburg eine Buch- und Musikalienhandlung, die bald florierte. Zweigstellen wurden 1832 in Leipzig und 1850 in New York eröffnet. 1854 überließ er seinem Bruder **Friedrich Wilhelm August S.** (1817 bis nach 1890) die Leitung des Hamburger Hauses. Sein Verlag veröffentlichte u.a. Werke von F. Mendelssohn Bartholdy, Fr. Chopin, R. Schumann und Fr. Liszt. Diese Firma wurde 1891 vom Leipziger Verlag F. Siegel aufgekauft. – **2) Karl** (Carl) **Eduard,** Bruder von 1), * 25. 2. 1811 Magdeburg, † 22. 7. 1863 Zürich; dt. Violoncellist und Komponist. Er studierte 1825–28 in Dresden Violoncello und war bis 1833 1. Violoncellist am Stadttheater in Magdeburg. 1834–36 unternahm er mehrere Konzerttourneen, u.a. nach Paris und London. Nach Erfolgen in St. Petersburg wurde er 1836 dort Direktor der philharmonischen Konzerte, Universitätsmusikdirektor und Inspektor der Hoftheaterschule. Er veröffentlichte vor allem Kammermusik und Werke für Violoncello und Orchester. Ein weiterer Bruder, **Ludwig** (Louis) (1806–50), wirkte als Dirigent ebenfalls in St. Petersburg und trat auch als Komponist von Kammermusik- und Klavierwerken hervor.

Lit.: K. STEPHENSON, S., in: MGG XII; H.-M. PLESSKE, Bibliogr. des Schrifttums z. Gesch. dt. u. östr. Musikverlage, in: Beitr. z. Gesch. des Buchwesens 3, hrsg. v. K.-H. Kahlhöfer – H. Rötzsch (L 1968); Briefe F. Berwalds an J. F. S., in: Musik u. Verlag. FS K. Vötterle (Kas 1968).

SCHUCH, Ernst Edler **von,** * 23. 11. 1846 Graz, † 10. 5. 1914 Kötzschenbroda bei Dresden; östr. Dirigent. Er begann 1867 als Musikdirektor in Lobes Theater in Breslau, ging danach nach Würzburg (1868–70) und Graz (1870–71) und kam über Basel (1871) 1872 an die Dresdner Hofoper, zuerst als Musikdirektor, seit 1873 als Kapellmeister (alternierend mit Julius Rietz, später mit Fr. Wüllner, in der Leitung der Hofoper) und seit 1882 als alleiniger Operndirektor (1889 GMD). Er war einer der führenden Dirigenten seiner Zeit, besonders zugewandt den zeitgenössischen Werken und dem Schaffen R. Wagners (eine Einladung, in Bayreuth zu dirigieren, lehnte er ab). Dabei konzentrierte er sich ganz auf die Arbeit in Dresden. Glanzpunkte waren hier seine Uraufführungen der R. Strauss-Opern *Feuersnot, Salome, Elektra* und *Der Rosenkavalier.* – S.s Tochter **Lisel** (Elisabeth) **von S.** (* 12. 12. 1891) war wie ihre Mutter Clementine Proska - von S. eine bekannte Opern- und Konzertsängerin (Koloratursopran). Sie debütierte 1913 als Violetta in Wiesbaden und war 1914–35 in Dresden engagiert.

Lit.: F. VON SCHUCH, R. Strauss, E. von S. u. Dresdens Oper (L [2]1953); E. KRAUSE, R. Strauss, E. von S. u. Dresden, in: R.-Strauss-Ehrung, hrsg. v. W. Höntsch (= Blätter der Staatstheater Dresden 1963/64); F. GÖTHEL, S., in: MGG XII.

SCHUCHTER, Gilbert Christoph, * 12. 9. 1919 Salzburg; östr. Pianist und Dirigent. Er studierte Klavier am Mozarteum in Salzburg und an der Musikhochschule Berlin sowie Dirigieren (K. Thomas, Cl. Krauss). Nachdem er mit W. Furtwängler und dem Berliner Philharmonischen Orchester gespielt hatte, trat S. in fast allen Ländern Europas mit namhaften Dirigenten und Orchestern auf, u. a. 1976 und 1979 in der UdSSR. Als Dirigent war er u. a. in Salzburg, am Teatro Colón in Buenos Aires und zuletzt (1981) in Kairo tätig. S., Professor am Mozarteum in Salzburg, wurde vor allem als Mozart- und Schubert-Interpret bekannt (erste Platteneinspielung des gesamten Klavierwerks von Schubert).

SCHUH, Oscar Fritz, * 15.4. 1904 München, † 22. 10. 1984 Großgmain (Salzburg); östr. Regisseur. Nach Engagements u. a. in Darmstadt, Gera u. Prag (Deutsches Theater) wirkte er 1932–40 an der Hamburgischen Staatsoper sowie seit 1940 an der Wiener Staatsoper u. später auch am Burgtheater in Wien. 1946 führte er erstmals Regie bei den Salzburger Festspielen. 1953 wurde er Direktor des Theaters am Kurfürstendamm in Berlin, 1959 Generalintendant der Städtischen Bühnen Köln (mit Lehrtätigkeit an der Musikhochschule Köln) und war 1963–68, als Nachfolger von Gustaf Gründgens, Intendant des Deutschen Schauspielhauses Hamburg. Regie führte S. u. a. auch an der Mailänder Scala, am Teatro dell'Opera in Rom, in Neapel, Venedig (Biennale) und Zürich. Bei den Salzburger Festspielen inszenierte er die Uraufführungen von G. von Einems *Dantons Tod* (1947) und *Der Prozeß* (1953), Fr. Martins *Der Zaubertrank* (1948), C. Orffs *Antigonae* (1940), R. Liebermanns *Penelope* (1954), *Die Schule der Frauen* (1957) sowie W. Egks *Irische Legende* (1955). In Salzburg veranstaltete er seit 1972 das auf Laienspiele früherer Jahrhunderte zurückgehende Straßentheater und das weitgefächerte „Fest in Hellbrunn". Grundzug von S.s Inszenierungskonzept, in dessen Mittelpunkt die Opern W. A. Mozarts standen, war das geistige Theater, äußeres Merkmal der illusionslose Raum der Bühne.

Schriften: *Salzburger Dramaturgie* (Salzburg 1951, NA 1969); *Bühne als geistiger Raum* (Bremen 1963) (zus. mit F. Willnauer).

SCHUH, Willi, * 12. 11. 1900 Basel, † 4. 10. 1986 Zürich; Schweizer Musikforscher. Er studierte Komposition u. Musikwissenschaft in München u. Bern und promovierte dort 1927 (bei E. Kurth). 1928–65 war er Musikkritiker der *Neuen Zürcher Zeitung,* seit 1944 auch deren Musikredakteur, 1941–68 zudem Chefredakteur der *Schweizerischen Musikzeitung.* 1930–44 lehrte er auch am Konservatorium Zürich. S.s besonderes Interesse galt R. Strauss und der Musik der 1. Hälfte des 20. Jahrhunderts. Zu seinem 80. Geburtstag erschien die Festschrift *Art nouveau, Jugendstil u. Musik,* hrsg. v. J. Stenzl (Z 1980).

WW (wenn nichts anderes angegeben, in Zürich gedruckt): **1) Schriften:** *Formprobleme bei H. Schütz* (L 1928) (= Slg. musikwiss. Einzeldarstellungen 8); *O. Schoeck* (1934); *O. Schoeck, Verzeichnis sämtlicher Werke* (L 1936); *Kritiken und Essays,* I: *Über Opern von R. Strauss* (1947); II: *Zeitgenössische Musik* (1947); III: *Schweizer Musik der Gegenwart* (1948); IV: *Von neuer Musik* (1955); *Renoir und Wagner* (1959); *R. Strauss, Gesamtverzeichnis* (Lo 1964) (zus. mit E. Roth); *Umgang mit Musik* (1970, ²1971) (enthält frühere Art., z. T. überarbeitet, u. Verz. der Veröff.); *C. Beck* (Amriswil 1972) (zus. mit D. Larese); *R. Strauss. Jugend und frühe Meisterjahre* (1976); *Straussiana aus vier Jahrzehnten* (Tutzing 1981) (= Veröff. der R.-Strauss-Ges. 5). – **2) Editionen:** *Die Briefe R. Wagners an J. Gauthier* (1936); *R. Strauss, Betrachtungen und Erinnerungen* (1949, revidiert ²1957); *R. Strauss, H. von Hofmannsthal, Briefwechsel* (1952, erweitert ⁴1970); *I. Strawinsky, Leben u. Werk, von ihm selbst* (1955); *Schweizer Musiker-Lexikon* (1964, Suppl. 1965) (zus. mit H. Ehinger u. a.); *R. Strauss u. W. S., Briefwechsel* (1969).

Lit.: A. BRINER – P.-A. GAILLARD, in: SMZ 106 (1966); P. SACHER, in: SMZ 109 (1969); J. STENZL, in: SMZ 115 (1975).

SCHUHPLATTLER, Bz. für einen vorwiegend in Oberbayern und Tirol beheimateten, zur Gruppe der Ländlertänze gehörenden Werbetanz, bei dem die Männer durch Schlagen auf Oberschenkel, Fußabsätze und Knie („Platteln") oder Heben der Tänzerin im Vordergrund stehen. Erste Schilderungen des S.s stammen aus dem Ende des 18. Jh. und weisen ihn als Einzelpaartanz aus. Etwa 100 Jahre später wurde er im Zuge der Trachten- und Volkstumspflege zum Gruppenpaartanz, teilweise sogar zum reinen Männertanz. Wo er heute noch, besonders von Vereinen, aufgeführt wird, gilt er meist als touristische Attraktion, bei der die Showelemente dominieren.

Lit.: F. FIEDLER, Der S. (Mn 1911); R. ZODER, Der S., in: Das Volkslied in Altbayern u. seine Sänger (Mn 1952); K. HORAK, der S. in Tirol, in: Jb. des Östr. Volksliedwerkes 10 (1961); F. HEGENBARTH, Die hohe Kunst des Schuhplattelns (Mn 1977); W. DEUTSCH – M. SCHNEIDER, Volksmusik im Alpenland (Thaur 1978); K. HORAK, S. aus Tirol (I 1980). S. SCHUTTE

SCHUKE, Alexander Schuke, seit 1972 **VEB Potsdamer Schuke-Orgelbau,** gegr. 1820 in Potsdam von Gottlieb Heise (1785–1848) und fortgeführt von Carl Ludwig Gesell (1809–1867), Carl Eduard Gesell (1845–1894), **Carl Alexander S.** (1870–1933) und **Hans-Joachim S.** (* 7. 1. 1908, † 20. 7. 1979). **Karl Ludwig Alexander S.** gründete eine eigene Firma (siehe den folgenden Artikel). Wichtige Orgeln S.s aus der Zeit nach dem 2. Weltkrieg sind: Magdeburg, Dom (Remter) (1949). Mühlhausen, St.-Blasius-Kirche (1958; 3 Man., 42 Reg., nach Plänen von J. S. Bach); Berlin, Humboldt-Universität (1958; 2 Man., 20 Reg.); Moskau, Konservatorium (1959; 2 Man., 26 Reg.); Berlin, Paul-Gerhardt-Kirche (1960; 2 Man., 24 Reg.); Gotha, St. Margarethen (1961; 3 Man., 36 Reg.); Wilna, Philharmonie (1963; 3 Man., 52 Reg.); Jena, Stadtkirche (1963; 3 Man., 51 Reg.); Tiflis (1964; 3 Man., 40 Reg.) und Leipzig, St. Thomas (1966–67; 3 Man., 47 Reg.); Leipzig, Neues Gewandhaus (1981; 4 Man., 89 Reg.). Die Firma restaurierte auch historische Orgeln, u.a. Stralsund, St. Marien (Friedrich Stellwagen, 1659), und Brandenburg, Dom (Joachim Wagner, 1723).

Lit.: TH. M. LANGNER, S., in: MGG XII; P. WILLIAMS, The S. Organ in St. Thomas, Leipzig, in: OYb 2 (1971).

SCHUKE, Berliner Orgelbauwerkstatt GmbH, dt. Orgelbaufirma, gegr. 1950 in West-Berlin von **Karl S.** (* 6. 11. 1906 Potsdam, † 7. 5. 1987 Berlin), der zuvor Mitinhaber der Orgelbauanstalt A. Schuke in Potsdam (siehe den vorangehenden Artikel) gewesen war, als Zweigbetrieb dieser Firma, der seit 1953 selbständig ist. Von S. stammen u. a. folgende Orgeln, die zum Teil auch moderne Orgelkomponisten inspirierten: Berlin, Musikhochschule (1955; 4 Man., 70 Reg.) und „Zum Heilsbronnen" (1958; 3 Man., 40 Reg.); Mülheim, St. Petri (1958–59; 4 Man., 58 Reg.); Wolfenbüttel, Hauptkirche St. Marien (1959; 4 Man., 53 Reg.; Gehäuse von G. Fritzsche, 1624); Frankfurt am Main, Dreikönigskirche (1961; 3 Man., 47 Reg.); Berlin, Kaiser-Wilhelm-Gedächtniskirche (1962; 4 Man., 63 Reg.); Hamburg-Wellingsbüttel, Lutherkirche (1962; 3 Man., 37 Reg.); Braunschweig, Dom St. Blasii (1962; 4 Man., 55 Reg.); Berlin, Philharmonie (1965; 4 Man., 84 Reg.); Tokio, Konzertsaal NHK (1973; 5 Man., 90 Reg.); Seoul, City Hall (1978; 6 Man., 97 Reg.); Frankfurt, Alte Oper (1981; 3 Man., 60 Reg.).

SCHULDRAMA ↗Schuloper.

SCHULE DER FRAUEN, DIE *(School For Wives),* Opera buffa in einem Akt von Rolf Liebermann (* 1910), Text von Heinrich Strobel nach Molières *L'école des femmes* (1622). Ort und Zeit der Handlung: Paris, nach dem Tode Molières (1673). UA (in engl. Sprache): 3. 12. 1955 in Louisville/Kentucky; EA in dt. Sprache: 17. 8. 1957 in Salzburg; dt. EA: 18. 10. 1957 in Duisburg.
Die Louisville Orchestra Society erteilte Liebermann den Auftrag zu dieser Oper mit einigen Auflagen: eine Aufführungsdauer von maximal 50 Minuten, für Gesangsschüler realisierbare Partien, kleines Orchester, englische Sprache (der H. Strobel nicht mächtig war). Nach der erfolgreichen UA, die als „Wiedergeburt der Spieloper" bejubelt wurde, erweiterten Liebermann und Strobel die Oper auf abendfüllende Länge (3 Akte). – Molière selber begutachtet auf der Bühne, „wie diese jungen Leute meine alte Komödie als Oper zugerichtet haben". Er kommentiert die Handlung und schlüpft in die auf der Bühne nicht realisierten Rollen. Der Komponist griff die geistvollen Anspielungen aus der Librettovorlage auf und schuf eine mitreißende, melodiöse Tonsprache voller parodistisch eingesetzter Zitate. Das Werk schließt mit einem Sextett, das textlich (gleichsam als Moral) auf einem Satz von Beaumarchais gründet: *Voulez-vous donner de l'esprit à une sotte, enfermez-la! (Willst du den Verstand eines einfältigen Mädchens wecken, dann sperre es ein!).*

K. LANGROCK

SCHULHOFF, Erwin (Ervín), * 8. 6. 1894 Prag, † 18. 8. 1942 im Konzentrationslager Wülzburg bei Weißenburg (Bayern); tschechischer Komponist. Er studierte an den Konservatorien in Prag (1904–06), Leipzig (1908–10) und Köln (1911–14) und nahm außerdem Unterricht bei M. Reger und Cl. Debussy. 1913 erhielt er den Mendelssohn-Preis für Klavier und 1918 für Komposition. Nach dem 1. Weltkrieg lebte er als freischaffender Pianist und Komponist, 1935–38 war er in der ČSR beim Rundfunk angestellt. Zu seinem Schutz erhielt er 1938 die sowjetische Staatsbürgerschaft. S. setzte sich für die neuesten Musikströmungen ein, u. a. für die Vierteltonmusik von A. Hába. Seine eigenen Kompositionen sind deutlich durch den Neoklassizismus und vor allem durch den Jazz beeinflußt. Er pflegte eine zunehmend populäre Schreibweise im Sinn des sozialist. Realismus.

WW: **1) Instr.-WW:** Stücke für Klv.; Sonate für V. u. Klv. (1926); *Hot-Sonate* (1930) für Altsaxophon u. Klv.; 2 Streichquartette (1924, 1925). – Für Orch.: 6 Symphonien, 1–5 (1925–38), 6: *Symfonie svobody* (Freiheitssymphonie) (1941). – Konzert für Streichquartett u. Bläser (1930); ein Klv.-Konzert (1922). – **2) Vokal- u. Bühnen-WW:** Zahlr. Lieder; Jazzoratorium *HMS Royal Oak* (1930); Kantate *Manifest* (1932) für Chor u. Orch. (Text nach K. Marx). – Opern: *Don Juans Bestimmung* (1928); *Plameny* (Flammen) (1927–28), UA: Brünn 1932. – Ballette: *Ogelala* (1923), UA: Dessau 1925; *Die Mondsüchtige,* UA: Würzburg 1927.

Lit.: V. MUSIL – G. HOFMEYER, Bibliogr. Verz. der Werke v. E. S. (B 1967); E. S. ... (Erinnerungen, Stud. u. Dokumente), hrsg. v. V. STARÁ (Pr 1958) (mit Werk-Verz.); J. JIRÁNEK, Die tschechische proletarische Musik in den 20er u. 30er Jahren, in: BzMw 4 (1962). I. VOJTĚCH, A. Schönberg, A. Webern, A. Berg. Unbekannte Briefe an E. S., in: MMus 8 (1965); V. MUSIL, in: Mitt. der dt. Akad. der Künste 5 (1967); J. LUDOVÁ, in: Hudební věda 10 (1973) (über E. S. als Pianist, mit dt. Zusammenfassung).

SCHULLER, Gunter A., * 22. 11. 1925 New York; amerik. Komponist, Hornist und Dirigent. S. studierte 1941–43 an der Manhattan School of Music Horn und Musiktheorie, blieb als Komponist aber Autodidakt. 1943–45 war er 1. Hornist der Cincinnati Symphony und 1945–59 des Metropolitan Opera Orchestra in New York. 1963–65 lehrte er beim Berkshire Music Festival in Tanglewood

ROMEO UND JULIA von Sergei Prokofjew ist zum modernen Ballett-Klassiker geworden (Foto: Österreichischer Bundestheaterverband / Axel Zeininger).

EIN SOMMERNACHTSTRAUM von Benjamin Britten zeichnet vor allem lyrisch-zarte Stimmungsbilder (Foto: Österreichischer Bundestheaterverband / Axel Zeininger).

SCHWANENSEE von Peter I. Tschaikowsky in der ungewöhnlich modernen Präsentation durch das Cullberg Ballett (Foto: Wiener Festwochen/L. Leslie-Spinks).

(Mass.) sowie 1964–66 als Professor an der School of Music der Yale University in New Haven (Conn.). Seit 1967 ist S. Präsident des New England Conservatory of Music in Boston. Er rief u. a. die Konzertreihen „20th Century Innovations" an der Carnegie Recital Hall ins Leben. Die Northeastern University in Boston und die University of Illinois in Urbana verliehen ihm die Ehrendoktorwürde. Von der seriellen Musik ausgehend, entwickelte S. später einen von ihm mit dem (auch von der Fachliteratur übernommenen) Terminus „third stream" bezeichneten Stil, der Elemente der Symphonik und des Jazz verbindet.

WW: **1) Instr.-WW:** Sonaten für: Vc. (1946); Ob. (1951) mit Klv.; Klar. u. Baßklar. (1949); Quartett für 4 Kb. (1947); 2 Streichquartette (1957, 1965); *Conversations* (1959) für Jazz- u. Streichquartett; *Night Music* (1962) für improvisierende Baßklar., Gitarre, 2 Kb. u. Trommeln; *Lines and Contrasts* (1960) für 16 Hörner; *Music from „Yesterday in Fact"* (1963) für Jazzquintett, Fl., Baßklar., Horn, V. u. Vc.; *Sonata serenata* (1978) für Klar., V., Vc. u. Klv. – Für Orch.: Symphonie für Blechbläser u. Schlagzeug (1950); *Symphonic Tribute to Duke Ellington* (1955); Symphonie (1965); *Shapes and Designs* (1969); Konzerte für: Horn (1944); Vc. (1945); Klv. (1962); Kb. (1968); 2 Klv. *Colloquy* (1968); Renaissance-Instr. *Museum Piece* (1970); V. (1976); Harfe (1977); *Atonal Jazz Study* (1948); *Twelve by Eleven* (1955) sowie *Transformation* (1956) für Jazz-Orch.; *Deaï* (1978) für 2 Orch. – **2) Bühnen-WW:** Opern: *The Visitation* (nach F. Kafka), dt. Übers.: *Die Heimsuchung*, UA: Hamburg 1966; Kinderoper *The Fishermen and His Wife* (Libr.: J. Updike nach Gebrüder Grimm), UA: Boston 1970. – Ballette: *Variants*, UA: New York 1960; *The Five Senses*, UA: 1967. – **3) Schriften:** *Horn Technique* (Lo 1962); *The History of Jazz*, I: *Early Jazz* (NY 1968); *American Performance and New Music*, in: Perspectives of New Music 1 (1962/63); *Composing for Orchestra*, in: ebd. 9/10 (1971).

Lit.: Werk-Verz., in: Composers of the Americas 10 (Washington 1964); E. W. SCHWEITZER, Generation in String Quartets of Carter, Sessions, Kirchner and S. (1966) (= Diss. Univ. of Rochester); H. SCHNEIBER, in: Beitr. 1968/69 (Kas 1969). B. A. KOHL

SCHULMUSIK ↗ Musikunterricht.

SCHULOPER, Bz. für ein musikdramatisches Werk, das aufgrund inhaltlicher Kriterien und der Reduktion spieltechnischer Anforderungen für die Aufführung durch Jugendliche im Schulalter besonders geeignet erscheint und in dem der pädagogische Aspekt von zentraler Bedeutung ist. Formal reichen die der S. zugeordneten Gattungen (Liederspiel, Tanzspiel, Laienspiel mit Musik, szenisches Spiel für Kinder, Jugendsingspiel, szenische Kantate, Lehrstück) vom Sprechstück mit musikalischen Einlagen (Lied, Chor, Tanz, Instrumentalmusik) bis zur durchkomponierten Oper.

Ausgangspunkt für die S. war das Schuldrama der mittelalterlichen Kloster- und Domschulen, das primär der Erlernung der lateinischen Sprache diente. Der zusätzlich belehrende und erbauliche Charakter der Spiele wurde durch die Verwendung von Musik vertieft (z. B. in den 6 Lehrstücken der Hrotsvith von Gandersheim, 10. Jh.). Im Zeitalter des Humanismus orientierte sich das Schuldrama entscheidend am antiken Drama. Dementsprechend wurde der musikalische Anteil auf Chöre an den Aktschlüssen sowie auf Tanzeinlagen beschränkt. In den Chorsätzen diente der metrisch-skandierende Textvortrag der Einprägung und Veranschaulichung antiker Versmaße (so z. B. in Dramen von K. Celtis und J. Reuchlin). Im 16. Jh. gelangte überdies in protestantischen Ländern das deutschsprachige Schuldrama als konfessionelles Tendenzstück zur Blüte. Mit Beginn der Gegenreformation entwickelte sich im Bereich des Jesuitentheaters ein neuer Dramentypus, der zwar von Schülern und Studenten getragen wurde, sich aber durch immer größeren szenischen Aufwand (Musik, Tanz, Malerei, Architektur, komplizierte Bühnenmaschinerie) zunehmend zu einem barokken Gesamtkunstwerk entwickelte. Neben pädagogischen Tendenzen (sittlich-religiöse und weltmännisch-gewandte Erziehung) gaben Belehrung und der gegenreformatorische Missionierungsgedanke dem Jesuitendrama die entscheidenden Impulse. Zentren jesuitischer Theaterkultur waren München und vor allem Wien, wo das Jesuitendrama in den durch Kaiser Leopold I. geförderten Huldigungsspielen der „Ludi Caesarei", zu denen auch breiteste Volksschichten Zugang hatten, seinen Höhepunkt erreichte. Unter den wenigen erhaltenen musikalischen Belegen für diesen Dramentypus findet sich J. K. Kerlls *Pia et fortis mulier* (1677). Anhand des Quellenmaterials wird deutlich, daß meist nur die allegorischen Zwischenhandlungen, die sich aus den Aktschlußchören des Humanistendramas entwickelt hatten, musikalisch durchgestaltet waren. Im Unterschied zum Jesuitendrama zeichnet sich das Benediktinerdrama, dessen Zentrum die Benediktiner-Universität Salzburg war, durch größere Freizügigkeit in der künstlerischen Gestaltung und in der Stoffwahl aus. Aus kurzen selbständigen musikalischen Szenen entwickelte sich hier im Verlauf einer etwa 150jährigen Geschichte eine selbständige Opernform, deren Akte verschränkt mit den Akten des lateinischen Sprechstücks aufgeführt wurden. Zu den bedeutendsten Komponisten des ebenfalls durchweg von Jugendlichen dargebotenen Benediktinerdramas zählen H. I. Fr. Biber, J. E. Eberlin, A. C. Adlgasser, M. Haydn und W. A. Mozart (*Apollo et Hyacinthus*, KV 38). Mit Aufkommen des Berufstheaters wurden schulische Aufführungen im späten 18. und während des gesamten 19. Jh. in den Hintergrund gedrängt, doch gab die Kinder- und Märchenoper des 19. Jh. wesentliche Impulse für die Entwicklung der eigentlichen S.

nach 1900. Im ersten Drittel des 20. Jh. waren vor allem die musikalische Jugendbewegung, die Reformpädagogik und die Laienspielbewegung für die Ausprägung der Form von entscheidender Bedeutung. Die S. des 20. Jh., die traditionelle und zeitgenössische Musikpraxis einbezieht und in der allgemein didaktische und speziell musikpädagogische Aspekte strukturbestimmend sind, spiegelt gelegentlich auch politisch-weltanschauliche Tendenzen wider. Zu den herausragenden Komponisten und Autoren gehören P. Hindemith (*Wir bauen eine Stadt*, 1930), B. Brecht und K. Weill, P. Dessau, C. Bresgen (*Der Igel als Bräutigam*, 1949).

Lit.: W. FLEMMING, Gesch. des Jesuitentheaters in den Landen dt. Zunge (B 1923); E.-J. LUTZ, Das Schulspiel (Mn 1957); E. KINDERMANN, Theatergesch. Europas (Salzburg 1957–74); H. BROCK, Musiktheater in der Schule. Eine Dramaturgie der S. (L – Wie 1960); H. BRAUN, Unters. z. Typologie der zeitgen. Schul- u. Jugendoper (Rb 1963) (= Kölner Beitr. z. Musikforsch. 27); W. LONGARDT, Musikal. Schulspielerziehung auf neuen Wegen, in: Musik im Unterricht, Ausg. B, 54 (1963) H. 9 (mit weiteren Beitr. z. S. sowie einem Verz. v. S.n); S. DAHMS, Das Musiktheater des Salzburger Hochbarocks, I: Das Benediktinerdrama (Salzburg 1974); H. BOBERSKI, Das Theater der Benediktiner an der alten Univ. Salzburg 1617–1778 (W 1978) (= Theatergesch. Österreichs VI/1). S. DAHMS

SCHULTZ (Schultetus), **Johannes,** getauft 26. 6. 1582 Lüneburg, beerdigt 16. 2. 1653 Dannenberg; dt. Komponist. S. war seit 1605 bis zu seinem Tod Organist in Dannenberg.

WW: *40 Neuwe Ausserlesene Schöne liebliche Paduanen, Intraden und Galliard* für 4 St. (H 1617); *Thesaurus musicus continens cantiones sacras* für 3–16 St. (Lüneburg 1621); *Musicalischer Lüstgarte* für 2–8 St. vokal u. instr. (ebd. 1622); *Glückselig Fried und Freudenreich Musicalisch Neu Jahres Wunsch* für 4–8 St. (H 1645) (7 Motetten); ferner eine 8st. Hochzeitsmotette.

Ausg.: *Musicalischer Lüstgarte*, hrsg. v. H. ZENCK (1937) (= EDM, LD Niedersachsen 1); *Paduanen u. Intraden* (1617), hrsg. v. H. MÖNKEMEYER (Wilhelmshaven 1969) (= Consortium o. Nr.).

Lit.: R. SIEBECK, J. S., in: BIMG II/12 (1913); R. CASPARI, Liedtradition im Stilwandel um 1600 (Mn 1971).

SCHULTZE, Christoph, * kurz vor Weihnachten 1606 Sorau, † 26. 8. 1683 Delitzsch bei Leipzig; dt. Komponist. Nachdem er sein Philosophie- und Medizinstudium aus finanziellen Gründen abbrechen mußte, war er 1628–33 Kantor an der Neumarktkirche in Halle an der Saale und dann in Delitzsch. S.s Passion ist eine der letzten Choralpassionen in der Tradition von J. Walter.

WW: *Collegium musicum ... charitativum*, dt. geistliche Gesänge nach *Madrigalen art* für 5 St. u. B. c. (L 1647); *Das bittere Leiden und Sterben* ... für 4–6 St. (L 1653) (Lukas-Passion; nur Turbasätze mehrst.); etwa 30 2st. Gesänge in Slgen. v. Benjamin Praetorius (L 1659–64); weitere kirchenmusikal. Werke hsl. erhalten. – Lehrwerk *Anfang und Unterweisung ... in der Singekunst* (L 1649).

Ausg.: Lukas-Passion, in: Hdb. der dt. ev. Kirchenmusik I/3 u. 4, hrsg. v. K. AMELN – CH. MAHRENHOLZ – W. THOMAS (Gö 1974).

Lit.: A. WERNER, Zur Musikgesch. v. Delitzsch, in: AfMw 1 (1918/19); W. BRAUN, Zur Passionspflege in Delitzsch unter Ch. S., in: ebd. 10 (1953); DERS., S., in: MGG XII.

SCHULTZE, Norbert Arnold Wilhelm Richard (Pseudonyme: Frank Norbert, Peter Kornfeld, Henri Iversen), * 26. 1. 1911 Braunschweig; dt. Komponist. S. studierte Dirigieren, Komposition und Klavier an der Musikhochschule Köln. 1931–32 war er Mitglied des Münchner Studentenkabaretts *Vier Nachrichter*, 1932–33 Chordirektor und Korrepetitor am Heidelberger Stadttheater und 1933–34 Kapellmeister am Landestheater Darmstadt. 1934–35 arbeitete er als Aufnahmeleiter für die Telefunken-Schallplatten-Gesellschaft. Seit 1936 ist er als freischaffender Komponist für Bühne, Film und Fernsehen tätig und leitete 1953–68 einen eigenen Musik- und Bühnenverlag. S. wurde 1961 Präsident des Verbandes deutscher Bühnenschriftsteller und -komponisten. Zu seinen bekanntesten Werken gehören die Märchenoper *Schwarzer Peter* (Hamburg 1936; daraus: *Ach ich hab' in meinem Herzen*) und das Lied *Lili Marleen* (1938; Text von Hans Leip), das in der Interpretation von Lale Andersen (seit 1941 über den Soldatensender Belgrad), Marlene Dietrich und Vera Lynn weltbekannt wurde.

WW: Oper: *Das kalte Herz*, UA: Leipzig 1943; Fernsehoper: *Peter der dritte*, UA: ZDF 1964; Ballette: *Struwwelpeter*, UA: Hamburg 1937; *Max und Moritz*, UA: Hamburg 1938; *Maria im Walde*, UA: Wien 1940. – Musical: *Käpt'n Bay-Bay*, UA: Hamburg 1950. – Operette: *Regen in Paris*, UA: Nürnberg 1957. – Außerdem zahlr. Filmmusik.

SCHULZ, Johann Abraham Peter, getauft 31. 3. 1747 Lüneburg, † 10. 6. 1800 Schwedt/Oder; dt. Komponist und Musikschriftsteller. Er ging 1765 unter dem Eindruck der älteren Berliner Komponisten-Generation nach Berlin und wurde dort Schüler J. Ph. Kirnbergers. 1768–82 reiste er im Dienst polnischer Adliger durch Europa. Nach Berlin zurückgekehrt, wirkte er als Redakteur, später auch als Autor an J. G. Sulzers *Allgemeiner Theorie der schönen Künste* mit. 1776–78 war er Musikdirektor am neuen Königlichen französischen Theater. 1780 trat er in Rheinsberg in den Dienst des Prinzen Heinrich, geriet in dessen z. T. politisch motivierte künstlerische Gegensätze zum Berliner Hof und ging daher als Hofkapellmeister und Kodirektor des Königlichen Theaters nach Kopenhagen, mußte das Amt aber 1795 wegen fortschreitender Tuberkulose aufgeben.

WW: **1) Kompositionen:** Klv.-Stücke; *Gesänge am Clavier* (B 1779); *Lieder im Volkston*, 3 Teile (1782, 1785, 1790); *Religiöse*

Lieder und Oden (H 1786); weitere Lieder einzeln gedruckt u. in Slgen. der Zeit. – 3 Passionsoratorien; Kantaten u. Motetten. – 9 dt. u. dänische Opern u. Singspiele, darunter *Høstgildet* (1790). – **2) Schriften:** Artikel über musikal. Begriffe mit den Anfangsbuchstaben S–Z, in: J. G. Sulzer, Allgemeine Theorie der schönen Künste (B 1771, ²1792–94, Nachdr. Hil 1967–70); *Die wahren Grundsätze zum Gebrauch der Harmonie* (unter dem Namen Kirnbergers) (B – Königsberg 1773, Nachdr. Hil 1970); *Gedanken über den Einfluß der Musik auf die Bildung eines Volkes* (Kop 1790); *Fragmente einer eigenen Lebensbeschreibung*, in: C. von Ledebur, Tonkünstler-Lexicon Berlins (B 1861, Nachdr. Tutzing 1965).

S. war ein Meister der kleinen Vokalformen. Große Wirkung hatten vor allem seine 3 Hefte *Lieder im Volkston* und die darin formulierten ästhetischen Ziele, das Lied müsse „mehr volks- als kunstmäßig zu singen" sein und stets den „Schein des Bekannten" wahren. Seine Vertonung von M. Claudius' *Der Mond ist aufgegangen* gilt in dieser Hinsicht als besonders charakteristisch. Von S. stammt ferner die Melodie zu *Ihr Kinderlein, kommet*. Große Wirkung zeigte S.' Tätigkeit in Dänemark. Er brachte die Bauernbefreiung als Sujet auf die Bühne (Singspiel *Høstgildet*) und wurde mit seiner volksnahen Melodik zum Initiator einer eigenständigen dänischen Musik.

Ausg.: 6 Klv.-Stücke, op. 1, hrsg. v. W. HILLEMANN (Mz 1934); *Lieder im Volkston*, hrsg. v. K. F. HIRSCHMANN (Mz 1941); Sonate D-Dur für V. u. Cemb., hrsg. v. W. HILLEMANN (Wilhelmshaven 1961); 4 Klv.-Stücke aus op. 1, hrsg. v. W. FRICKERT (L – F 1971); Musik zu Racines „Athalie", hrsg. v. H. GOTTWALD (Mz 1977) (= EDM 71).

Lit.: O. RIESS, J. A. P. S.' Leben, in: SIMG 15 (1913/14); M. FRIEDLÄNDER, Das dt. Lied im 18. Jh. (B – St 1902, NA 1970); M. SEIFFERT, J. A. P. S.' „dänische Oper", in: AfMw 1 (1918/19); E. SCHMITZ, Unverwelkter Volksliedstil. J. A. P. S. u. seine „Lieder im Volkston" (L 1956); G. HAHNE, Briefwechsel zw. J. A. P. S. u. J. H. Voss (Kas – Bas 1960); J. MAINKA, J. A. P. S. u. die musikal. Entwicklung im Zeitalter v. Sturm u. Drang (1970) (= Habil.-Schrift Humboldt-Univ., Ost-Berlin). S. KROSS

SCHUMAN, William Howard, * 4. 8. 1910 New York; amerik. Komponist. Er studierte am Malkin Conservatory in New York, besuchte 1933–37 das Teachers College der Columbia University und nahm 1936–38 noch Kompositionsunterricht bei Roy Harris. S. Koussewitsky brachte mit dem Boston Symphony Orchestra 1939 S.s *American Festival Overture* zur Aufführung, die ihn bekannt machte, und 1941 seine 3. Symphonie. 1935–45 lehrte er am Sarah Lawrence College, war 1945–62 Präsident der Juilliard School of Music in New York, wo er 1946 das Juilliard String Quartet gründete, außerdem 1944–45 Direktor und 1945–62 Berater für den Verlag Schirmer. 1962–69 war S. Präsident des Lincoln Center for the Performing Arts in New York und leitete seit 1970 die Videorecord Corporation of America. Er erhielt die Ehrendoktorwürde mehrerer amerikanischer Universitäten.

WW: **1) Instr.-WW:** Klv.-Stücke; 4 Streichquartette (1936, 1937, 1939, 1950). – Für Orch.: 10 Symphonien, 1: für 18 Instr. (1935), 2 (1937), 3 (1941), 4 (1941), 5: für Str. (1943), 6 (1948), 7 (1960), 8 (1962), 9: *Le fosse ardeatine* (1968), 10: *American Muse* (1976). – *American Festival Overture* (1939); *Circus Overture* (1944); *New England Triptych* (1956); 5 Stücke *Voyage* (1972). – Klv.-Konzert (1942); V.-Konzert (1947, revidiert 1954, 1958–59). – **2) Vokal-WW:** Für Chor a cap.: *4 Canonic Choruses* (1932–33); *Pioneers!* (1937) für 8 St.; *Choral Etude* (1937); *Mail Order Madrigals* (1971); Choralfantasie *To Thy Love* (1973). – Für Chor u. Orch.: *Prologue* (1939); *This is Our Time* (1940); *A Free Song* (1942) (Text: W. Whitman); Kantate *Casey at the Bak* (1976) mit Sopran solo (bearb. nach der Oper *The Mighty Casey*). – *Concerto on old English Rounds* (1974) für Va., Frauenchor u. Orch. – **3) Bühnen-WW:** Oper *The Mighty Casey*, UA: Hartford/Conn. 1953. – Ballette: *Undertow*, UA: New York 1945; *Night Journey*, UA: Cambridge/Mass. 1947; *Judith*, UA: Louisville 1950; *Voyage for a Theater*, UA: New York 1953; *The Witch of Endor*, UA: ebd. 1965.

S. gilt seit der 3. Symphonie als einer der führenden amerikanischen Komponisten. Seine Schreibweise verbindet Elemente des Jazz und der amerikanischen Folklore, verwendet aber auch ältere Kompositionsverfahren wie Ostinato- und Fugentechnik. Polytonale Harmonik, weite Melodiebögen, Beschränkung des motivisch-thematischen Materials und lebhafte, unregelmäßige Rhythmen sind weitere Kennzeichen seines sehr persönlichen Stils.

Lit.: Werkverz., in: Composer of the Americas 5 (Washington/D.C. 1959, Nachdr. 1964). – L. BERNSTEIN, W. S., in: Modern Music 19 (1942); N. BRODER, The Music of W. S., in: MQ 31 (1945); F. R. SCHREIBER – V. PERSICHETTI, W. S. (NY 1954) (mit Bibliogr.); R. F. GOLDMAN, in: MQ 49 (1963); R. EVETT, in: MQ 51 (1965); M. J. GRIFFIN, Style and Dimension in the Choral Works of W. S. (1972) (= Diss. Univ. of Illinois).

SCHUMANN, Clara Josephine, geborene Wieck, * 13. 9. 1819 Leipzig, † 20. 5. 1896 Frankfurt am Main; dt. Pianistin und Komponistin. Von ihrem Vater, dem Klavierpädagogen Fr. Wieck, zur brillanten Pianistin herangebildet, trat sie bereits seit 1828 öffentlich in Konzerten auf und unternahm seit 1832 mit großem Erfolg Konzertreisen durch ganz Europa. Erste Kompositionen bewegen sich noch ganz im Rahmen brillanter Variationen und Vortragsstücke für Klavier. Erweiterte Studien in musikalischer Satzlehre und Instrumentation schlagen sich in deutlicher gedanklicher Vertiefung nieder. Die gegen erbitterten Widerstand des Vaters, der sich um den Ertrag seiner pädagogischen Bemühungen betrogen glaubte, gerichtlich erzwungene Verbindung mit R. Schumann (1840) und der Einfluß von dessen Vorstellungen über Literarisierung und Romantisierung von Musik ließen sie zur bedeutendsten Pianistin des 19. Jh. reifen. Über Jahrzehnte hinweg prägte sie die Aufführungstradition klassischer und romantischer Klavierliteratur. Auch ihren nur noch wenigen Kompositionen wuchs eine neue Dimension zu. Cl. S. unterrichtete 1878–92 am Hochschen Konservatorium in Frankfurt am Main.

WW: Für Klv.: Variationen, Tänze u. Charakterstücke, op. 1–8 (1830–36); Konzert a-moll, op. 7 (1836); 3 Praeludien u. Fugen, op. 16 (1845); Klv.-Trio g-moll, op. 17 (1846); Concertino (1847). – 3 Lieder, op. 12; je 6 Lieder, op. 13 u. op. 23.

Bis zur künstlerischen Selbstverleugnung umsorgte und stabilisierte sie den geistig gefährdeten Robert S. und erwirtschaftete trotz 8 Geburten in 10 Jahren durch ihre Konzerte weitgehend die finanzielle Basis der Ehe. Ihre eiserne Selbstdisziplin sicherte die Existenz der Familie auch nach Schumanns Rheinsturz. Erst aus dieser Zeit datiert die wechselseitige Zuneigung zwischen ihr und dem 14 Jahre jüngeren J. Brahms, die in eine lebenslange, oft schwierige Freundschaft zu überführen beide sich schwertaten. Ihr und Brahms die geistige Zerrüttung von R. S. anzulasten, entbehrt jeder historischen Grundlage.

Ausg.: 3 kleine Klavierstücke, hrsg. v. R. MARCIANO (W – Mn 1979) (= Diletto musicale 812).

Lit.: B. LITZMANN, C. S. Ein Künstlerleben nach Tagebüchern u. Briefen, 3 Bde. (L 1902–08, Nachdr. Hil – Wie 1971); C. S., J. Brahms, Briefe aus den Jahren 1853–1896, 2 Bde., hrsg. v. DEMS. (L 1927, Nachdr. Hil 1970); K. STEPHENSON, C. S. (Bonn 1969); K. HÖCKER, Das Leben v. C. S., geb. Wieck (B 1975); F. MUNTE, R. u. C. S. in Hamburg, in: Brahms-Stud. 2 (H 1977); Briefe u. Notizen R. u. C. S.s, hrsg. v. S. KROSS (Bonn 1978).

S. KROSS

SCHUMANN, Elisabeth, * 13. 6. 1888 Merseburg, † 23. 4. 1952 New York; amerik. Sängerin dt. Herkunft (Sopran). Sie studierte in Dresden, Berlin und in Hamburg, wo sie 1909 an der Staatsoper debütierte. 1914/15 gastierte sie an der Metropolitan Opera in New York, kehrte 1917 nach Hamburg zurück und war 1919–37 Mitglied der Wiener Staatsoper. In den 20er Jahren sang sie außerdem regelmäßig am Covent Garden in London, bei den Salzburger Festspielen sowie an der Bayerischen Staatsoper in München. 1938 mußte sie Österreich verlassen und ging über London in die USA, wo sie aber nur noch selten auftrat und hauptsächlich als Gesangspädagogin wirkte. E. S. wurde besonders als Mozart- und Strauss-Sängerin sowie als hervorragende Liedinterpretin geschätzt.

Lit.: H. G. OWEN – J. CONE, E. S., in: Record Collector 7 (1952) (mit Diskographie); E. PURITZ, The Teaching of E. S. (Lo 1956); Le grandi voci, hrsg. v. R. CELLETTI (R 1964) (mit Diskographie); A. MATHIS, E. S., in: Opera 24–25 (1973–74).

SCHUMANN, Robert Alexander, * 8. 6. 1810 Zwickau, † 29. 7. 1856 Endenich bei Bonn; dt. Komponist. Sein Vater besaß in Zwickau einen kleinen Verlag und betätigte sich auch selbst als Schriftsteller. Von ihm scheint S. die Neigung zur Literatur, von der Mutter die Musikalität geerbt zu haben. Seit dem 7. Lebensjahr erhielt er Klavierunterricht und schrieb als Zwölfjähriger die ersten Kompositionen. Ebenso früh und ausgeprägt zeigte sich seine dichterische Begabung in einer Reihe von Gedichten und Aufsätzen. Während seiner Schulzeit in Zwickau lernte er die zeitgenössische Klaviermusik, die Symphonien und Kammermusikwerke der Wiener Klassik und die Lieder Fr. Schuberts kennen. Nach dem Tod seines Vaters (1826) folgte er zunächst dem Wunsch seiner Mutter und verzichtete auf eine musikalische Laufbahn. 1828 schrieb er sich in die juristische Fakultät der Universität Leipzig ein und wechselte im folgenden Jahr an die Universität Heidelberg. 1830 gab seine Mutter jedoch ihre Zustimmung zum Beruf des Musikers. S. kehrte nach Leipzig zurück. Während seiner Studienzeit hatte er die Musik nicht gänzlich vernachlässigt. In Leipzig hatte er Klavierunterricht bei Fr. Wieck genommen und mehrere Klavierstücke, ein Klavierquartett und Lieder komponiert. Seine Musikauffassung hatte deutlichere Konturen angenommen: Er verachtete die zunehmende Seichtheit in Konzertsaal und Oper, hegte tiefe Verehrung für die großen Werke der älteren Meister, insbesondere der noch kürzlich blühenden Wiener Klassik, und ersehnte eine brüderliche Vereinigung mit all jenen, die wie er danach trachteten, „die Poesie der Kunst" wieder zu Ehren zu bringen. 1831 nahm er 6 Monate Kompositionsunterricht bei dem Orchesterleiter H. Dorn, bildete sich dann allein weiter und studierte vor allem die Werke J. S. Bachs. So lebte er eine Zeitlang bescheiden, aber unabhängig. Da S. weder für eine Dirigentenlaufbahn noch für eine Lehrtätigkeit Neigung empfand, entschloß er sich, Konzertpianist und Komponist zu werden. Klavierübungen mit Hilfe einer von ihm selbst erfundenen mechanischen Vorrichtung führten zu einer Überdehnung der Sehne des 4. Fingers der rechten Hand. So widmete er sich ausschließlich der Komposition und einer Tätigkeit als Musikrezensent. 1834 gründete er mit mehreren Teilhabern die *Neue Zeitschrift für Musik* (NZfM), die er 10 Jahre lang redigierte. In zahlreichen, häufig in Konversationsform gestalteten Artikeln vertrat er dieselben Ziele, die er auch als Komponist verfolgte. Das Spektrum seiner Aufsätze reichte von poetischen Lobeshymnen (Fr. Chopin, op. 2, 1831) bis zu rigorosen Analysen (H. Berlioz, *Symphonie fantastique,* 1835); auch brandmarkte er die Schwächen des Musiklebens, wie etwa die Seichtheit reinen Virtuosentums (G. Meyerbeer, *Les Huguenots,* 1837). Seine politischen Ideale stimmten mit den künstlerischen überein: er war liberal, aber niemals radikal. 1848 sprach er vom „Frühling des Volkes" und begrüßte die politische Freiheit. Ge-

walt lehnte er grundsätzlich ab. Er kritisierte den Chauvinismus in Deutschland und war in seiner Jugend ein überzeugter Weltbürger. Erst in den letzten Lebensjahren scheint er Nationalismus als erste Pflicht empfunden zu haben.
S. hatte sich während seiner Ausbildung bei Fr. Wieck in dessen Tochter Clara verliebt, die selbst eine außerordentlich begabte Pianistin war. Ihr gemeinsamer Wunsch zu heiraten, stieß jedoch auf den Widerstand des Vaters. Erst nach erbittertem Kampf – S. strengte eine Verleumdungsklage gegen Wieck an – konnte die Hochzeit schließlich 1840 angesetzt werden. Die an sich harmonische Verbindung, aus der 8 Kinder hervorgingen, brachte ernstliche Probleme mit sich. Schon bald und nicht ohne Neid mußte S. feststellen, daß er neben der berühmt gewordenen Clara kaum beachtet wurde. Er empfand wenig Neigung, sie auf ihren großen Konzerttourneen zu begleiten. Auch wuchsen seine Schwierigkeiten, eine große Familie zu unterhalten, in dem Maße, wie er im Grunde darauf bedacht war, das Musikleben zu ändern und zu verbessern. Aber S. war schwach und meist zum Nachgeben bereit. Viele langgehegte Projekte wurden nie verwirklicht. Im Winter 1838/39 hielt er sich in Wien auf mit der festen Absicht, hier die NZfM herauszugeben, doch nichts geschah. Auch seine Pläne, nach London, Paris oder New York auszuwandern, wurden nie in die Tat umgesetzt. Hinzu kam die beunruhigende Sorge um seine Geisteskrankheit, die 1833 manifest geworden war. Die Anfälle und die damit einhergehenden Wahnvorstellungen, Hörbehinderungen und Arbeitsstörungen wurden häufiger. Dennoch kam es erst in den letzten Jahren zum Verfall seiner geistigen Fähigkeiten. Sehr wahrscheinlich ist, daß sowohl die wachsende Einsamkeit als auch seine Abhängigkeit von der Familie den inneren Kampf mitbedingten, der dann die Krankheit auslöste.
Im Mai 1844, nach der Rückkehr von einer längeren Konzertreise durch Rußland, auf der er Clara begleitet hatte, gab S. seine Mitarbeit bei der NZfM auf und ging, um eine erneute schwere Krise zu vermeiden, noch im Dezember desselben Jahres in das ruhigere Dresden, wo er sich unbelastet von offiziellen Ämtern ganz der Komposition widmen konnte. 1847 leitete er einen Männerchor, 1848 einen gemischten Chor. Im September 1850 nahm er schweren Herzens die Stelle des Städtischen Musikdirektors in Düsseldorf an, welche die Leitung eines Orchesters und eines Chores sowie eine gewisse Anzahl von Konzerten vorsah. Wenige Jahre später, im Februar 1854, erlitt er die schwerste Krise seiner Krankheit. Unter dem Eindruck von Halluzinationen stürzte er sich in den Rhein. Er überlebte, wurde aber in eine Heilanstalt in Endenich bei Bonn eingeliefert. Hier lebte er noch etwas mehr als 2 Jahre. In lichten Augenblikken komponierte er gelegentlich oder empfing Freunde, namentlich J. Brahms. Clara und die Kinder sah er nicht mehr. Erst kurz vor seinem Tod ließen die Ärzte Clara kommen. S. starb während ihres Besuchs in Endenich.

WW: **1) Instr.-WW: a)** Für Klv.: *Papillons*, op. 2 (1829–31) (L 1832); Toccata C-Dur, op. 7 (1829–32) (1834); *Thème sur le nom d'Abegg varié* (Abegg-Var.), op. 1 (1830) (L 1831); 6 *Intermezzi*, op. 4 (1832) (1833); 20 *Albumblätter*, op. 124 (1832–45) (Elberfeld 1854); 6 Konzertetüden nach Capricen v. N. Paganini, op. 3 (1833) (1835); *Carnaval, scènes mignonnes sur quatre notes*, op. 9 (1834–35) (L 1837); 1. Sonate fis-moll, op. 11 (1833–35) (L 1836); 2. Sonate g-moll, op. 22 (1833–38) (L 1839); 12 *Études symphoniques* (Symphonische Etüden), op. 13 (1834–37) (W 1837); *Concert sans orchestre* f-moll, op. 14 (1835–36) (W 1835, revidiert 1853 als 3. Sonate); Phantasie C-Dur, op. 17 (1836) (L 1839); 14 *Bunte Blätter*, op. 99 (1836–49) (Elberfeld 1852); *Davidsbündlertänze*, op. 6 (1837) (L 1838); 8 *Phantasiestücke*, op. 12 (1837) (L 1838), darunter Nr. 2, *Aufschwung*, u. Nr. 5, *In der Nacht; Kinderszenen*, op. 15 (1838) (L 1839); *Kreisleriana*, op. 16 (1838) (W 1838, [2]1850 [revidiert]); *Arabeske* C-Dur, op. 18 (1838) (1839); 8 *Novelletten*, op. 21 (1838) (L 1839); *Blumenstück* Des-Dur, op. 19 (1839) (1839); 4 *Nachtstücke*, op. 23 (1839) (W 1840); 5 Fantasiebilder *Faschingsschwank aus Wien*, op. 26 (1839) (W 1841); 3 *Romanzen*, op. 28 (1839) (1840); *Album für die Jugend*, op. 68 (1848) (L 1849); 4 Märsche, op. 76 (1849); *Waldszenen*, op. 82 (1848–49) (L 1851); Variationen über ein eigenes Thema (1854) (1939). – Für Pedalflügel bzw. Orgel: 6 Stücke in Kanonform, op. 56 (1845) (1845); 4 *Skizzen*, op. 58 (1845) (1846); 6 Fugen über den Namen B-A-C-H, op. 60 (1845) (1846) (auch für Org.). – Für Klv. z. 4 Händen: *Bilder aus dem Osten*, op. 66 (1848) (L 1849). – Für 2 Klv.: Andante u. Variationen B-Dur, op. 46 (1843) (L 1844). – **b)** Kammermusik: mit Klv.: 3 V.-Sonaten, 1: a-moll, op. 105 (1851) (L 1852), 2: d-moll, op. 121 (1851) (L 1853), 3: a-moll (1853) (1956); *Phantasiestücke*, op. 73 (1849) für Klar. bzw. V. oder Vc. (Kas 1849); 3 Romanzen, op. 94 (1849) für Ob. bzw. V. oder Klar. (Bonn 1851); 5 *Stücke im Volkston*, op. 102 (1849) für Vc. bzw. V. (1851); *Märchenbilder*, op. 113 (1851) für Va. bzw. V. (1852); 3 Klv.-Trios, 1: d-moll, op. 63 (1847) (L 1848), 2: F-Dur, op. 80 (1847) (L 1850), 3: g-moll, op. 110 (1851) (L 1852); *Märchenerzählungen*, op. 132 (1853) für Klar. bzw. V., Va. u. Klv. (1854); Klv.-Quartett Es-Dur, op. 47 (1842) (L 1845); Klv.-Quintett Es-Dur, op. 44 (1842) (L 1843). – 3 Streichquartette, op. 41 (1842) (L 1843), 1: a-moll, 2: F-Dur, 3: A-Dur. – **c)** Für Orch.: 4 Symphonien, 1: B-Dur („Frühlingssymphonie"), op. 38 (1841) (L 1841), 2: C-Dur, op. 61 (1845–46) (L 1848), 3: Es-Dur („Rheinische"), op. 97 (1850) (Bonn 1851), 4: d-moll, op. 120 (1841, revidiert 1851) (L 1853); Symphonie g-moll (1832–33) (1972) (nur 3 Sätze vollendet); Ouvertüre, Scherzo und Finale, op. 52 (1841) (1846). – Ouvertüren zu: *Die Braut von Messina* (F. von Schiller), op. 100 (1850–51) (1851); *Julius Cäsar* (W. Shakespeare), op. 128 (1851); *Hermann und Dorothea* (J. W. von Goethe). – Klv.-Konzert a-moll, op. 54 (1841–45) (L 1846); Vc.-Konzert a-moll, op. 129 (1850) (L 1854); V.-Konzert d-moll (1853) (L 1937). – Konzertstücke mit Orch.: für 4 Hörner, op. 86 (1849) (L 1851); Introduktion und Allegro apassionato G-Dur für Klv., op. 92 (1849) (1852); Introduktion und Allegro D-Dur für Klv., op. 134 (1853) (1855). – **2) Vokal-WW: a)** Für SingSt u. Klv.: *Liederkreis*, op. 24 (1840) (Text: H. Heine) (L 1840); *Myrthen*, op. 25 (Text: J. W. von Goethe, Heine, F. Rükkert u. a.) (L 1840); *Lieder u. Gesänge* I, op. 27 (1840) (L 1849); *Zwölf Gedichte*, op. 35 (1840) (Text: J. Kerner) (L 1841); *Liederkreis*, op. 39 (1840) (Text: J. von Eichendorff) (L 1842); *Frauenliebe u. -leben*, op. 42 (1840) (Text: A. von Chamisso) (L 1843);

Dichterliebe, op. 48 (1840) (Text: Heine) (L 1844); Ballade *Belsazar*, op. 57 (1840) (Text: Heine) (1846); *Romanzen u. Balladen* I–IV, op. 45, 49, 53, 64 (1840, 1847) (Text: Eichendorff, Heine, E. Mörike u. a.) (1843–47); *Lieder u. Gesänge aus Wilhelm Meister*, op. 98a (1841) (Text: Goethe) (L 1851); *Lieder u. Gesänge* II, op. 51 (1842) (L 1850); *Liederalbum für die Jugend*, op. 79 (1849) (L 1849). – **b)** Für mehrere SingSt: zahlr. Duette, Terzette u. Quartette mit Klv., darunter *Spanisches Liederspiel* für 1–4 SingSt, op. 74 (1849) (Text: E. Geibel nach span. Dichtern); zahlr. Gesänge für Männer-, Frauen- bzw. gem. Chor, mit u. ohne Instr.; u. a. *Romanzen u. Balladen* für gem. Chor I–IV, op. 67, 75, 145, 146; *Ritornelle in canonischen Weisen*, op. 65 (Text: Rückert) für Männerchor. – **c)** Für Soli, Chor u. Orch.: *Das Paradies u. die Peri*, op. 50 (1841–43) (Text nach *Lalla Rookh* v. Th. Moore), UA: Leipzig 1843 (L 1844); *Szenen aus Goethes Faust* (1844–53), UA: Köln 1862 (B 1858); *Requiem für Mignon*, op. 98b (1849) (Text nach *Wilhelm Meister* v. Goethe), UA: Düsseldorf 1850 (L 1851); *Der Rose Pilgerfahrt*, op. 112 (1851) (Text: M. Horn), UA: ebd. 1851 (L 1852); Balladen *Der Königsohn*, op. 116 (1851) (Text: L. Uhland) (L 1853) u. *Des Sängers Fluch*, op. 139 (1852) (Text: R. Pohl nach Uhland) (Elberfeld 1858). – Für Chor u. Orch.: Messe, op. 147 (1852) (Winterthur 1862); Requiem, op. 148 (1852) (ebd. 1864). – **3) Bühnen-WW:** Oper *Genoveva*, op. 81 (1847–48) (Libr.: R. Reinick u. S. nach F. Hebbel u. L. Tieck), UA: Leipzig 1850 (L 1850); Bühnenmusik z. *Manfred* (Lord Byron) (1848–49), UA: Leipzig 1852 (1853). – **4) Schriften:** Zahlr. Kritiken u. Art. über Musik; ferner Gedichte, Dramen u. a. (z. größten Teil noch unveröff.).

Von den noch unveröffentlichten und kaum erforschten Jugendwerken abgesehen, lassen sich in S.s Œuvre 2 große, jeweils 10 Jahre umfassende Perioden unterscheiden. Am Beginn der 1. Periode stehen die zwischen 1830 und 1833 komponierten Klavierstücke (op. 1–5, 7–8 und 10). Mit den *Études symphoniques* op. 13 (1834–37) zeigt sich S. bereits in seiner vollen Meisterschaft. Aus dieser Zeit stammen auch die meisten Werke, die seinen Ruhm begründeten: die Klavierstücke op. 6, 9, 11–28, die Lieder op. 27–57 (138 Lieder allein im Jahr 1840), die Symphonien Nr. 1 und 4, der 1. Satz eines Klavierkonzertes, die 3 Streichquartette, die Klavierquintette, das Klavierquartett. Zu Lebzeiten hatte S. einen kleinen Kreis Gleichgesinnter um sich geschart, die wie er durch die Kraft des Wortes und der Musik das Banale, Mittelmäßige, Verbrauchte und Veraltete bekämpften und eine neue Epoche zu begründen suchten. S. nannte diese Gruppe, die in seiner Einbildungskraft ins Unendliche wuchs und auch Chopin und H. Berlioz mit einschloß, gern „Davidsbündler", denn sie würden ihm – David – helfen, Goliath, die Welt der Philister, zu besiegen. Das Finale seines op. 9 trägt den Titel *Marche des Davidsbündler contre les Philistins.* Es enthält einen alten Tanz als Symbol der in den Wirbel der aufständischen Jugend hineingerissenen Vergangenheit. Aber es ist auch ein Marsch im Dreivierteltakt: David und seine Truppe wollen Goliath tanzend und lachend besiegen. Damit erhält das Ganze auch den Anschein des Komödiantischen. Bei den *Davidsbündlertänzen*, op. 6, ist der Schluß der insgesamt 18 Stücke jeweils mit den Buchstaben F oder E oder auch mit beiden versehen. Auch viele seiner Aufsätze sind so signiert. Es handelt sich dabei um Zeichen für 2 imaginäre Gestalten: Florestan und Eusebius. Florestan, strahlend und mitreißend, ist ein Musiker, der die Zukunft vorwegnimmt, der Neue, Außergewöhnliche. Eusebius dagegen erscheint träumerisch und nachlässig, nachdenklich und verschlossen, ironisch lächelnd. Für S. repräsentieren sie zwei entgegengesetzte Seelenzustände, und er läßt die beiden gern verschieden reagieren – in Worten oder in Musik. Dennoch war es mehr als bloßes Spiel. S. versuchte auf diese Weise, die Fülle seiner Gefühle quasi dialektisch auszudrücken. So führte er auch eine dritte Person, Meister Raro, als Bindeglied zwischen F und E ein. Etwas von der Ironie des jungen H. Heine ist hier in die Musik eingegangen.

Die Werke dieser Periode tragen vor allem den Charakter des Unerwarteten. Überraschungseffekte resultieren etwa aus dem Wechsel kurzer, kontrastierender Stücke, wie er für die meisten Klavierwerke und Liederzyklen kennzeichnend ist. In der *Dichterliebe* heben sich die ironischen Lieder (Nr. 3, 6, 9, 11, 15, 16) sehr deutlich von den anderen, mehr lyrisch gehaltenen, ab, wodurch sich gleichsam die Beleuchtung ändert. Dieses Prinzip findet sich manchmal auch innerhalb ein und desselben Stückes (op. 21, Nr. 5). Diese Überraschungseffekte wirken sich auch auf andere Elemente der musikalischen Struktur belebend aus. So wird die bei S. meist periodische Melodiebildung häufig durch geistreiche rhythmische Verwicklungen unterbrochen und aufgelockert. Märsche oder Melodien wechseln vom 2/4-Takt zum 3/4-Takt. In den Liedern setzt das Klavier die Periode der Singstimme fort oder leitet selbst zu einer neuen über. Häufig werden die Themen aus einer oft kapriziös anmutenden Aneinanderreihung kurzer, meist eintaktiger Motive gebildet; umgekehrt finden sich auch sehr schlichte, volksliedhafte Melodien. Die traditionelle Harmonik wird durch chromatische Führung der Mittelstimmen, durch Ausweichungen oder überraschende Modulationen gleichsam gebrochen. Auch hier, wie in den Vorspielen und Nachspielen, erhält der Klavierpart eine ganz neue Eigenständigkeit. Die einzelnen Teile eines Werkes sind meist nur locker miteinander verbunden; lediglich vereinzelt erscheinen motivische Bruchstücke. Dies gilt auch für die Variationen, in denen sich kaum etwas von der konstruktivistischen Weise L. van Beethovens findet, wie im übrigen seine in Sonatenform gebildeten Stücke in mancher Hinsicht eher einer Fantasie gleichen. So scheint es auch nicht bloßer Zufall, daß der 1. Satz des Klavierkonzertes ursprünglich eine Fantasie war und daß manche Kompositionen aus erst später zusammengefügten Teilen bestehen. Es waren vielmehr die Dichter, deren Werke er vertonte, und die Schriftsteller, die er bevorzugte (Jean Paul und E. T. A. Hoffmann), welche gleichsam den poetischen Rahmen seines Werkes bildeten und dessen Zusammenhang gewährleisteten. Auch Erinnerungen (Clara, seine Freunde) vermischen sich darin. So entstand eine sehr persönliche und ironischerweise doch fremd erscheinende Welt.

Die Krise der Jahre 1843–44 ist nicht allein durch S.s Krankheit zu erklären. Die Bilanz der bisherigen musikalischen und literarischen Aktivitäten mußte S. zur Einsicht zwingen, daß die unverschämten Genies, wie er die Davidsbündler nannte, ihr Programm nicht erfolgreich durchgesetzt hatten. Er beklagte schon 1836 das Desinteresse der Verleger, und sein Freund J. von Wasielewski war der Meinung, daß S. selbst die Kosten für die Edition seiner Werke aufbringen müsse. Seine Kompositionen wurden kaum gespielt. Sie seien nicht nach dem Geschmack des Publikums, schrieb er 1840 an Fr. Liszt, der in Leipzig mit Ausschnitten aus dem *Carnaval* nicht den üblichen Beifall erhalten hatte. S.s Namen wurde nur selten in Zeitschriften und Zeitungen genannt. 1839 vertraute er seinem Lehrer Dorn an, daß die Welt ihn vollkommen ignoriere. Er konnte nun nicht einmal mehr davon träumen, daß die Davidsbündler die Welt, die Welt der Musik oder auch nur Leipzig verändern konnten. Im Vergleich zu den Problemen, die politische Wirren und die industrielle Entwicklung mit sich brachten, schien das Programm von Florestan und Eusebius tatsächlich etwas unzeitgemäß. Doch setzte sich S. noch 1853 die vollkommene Beherrschung der traditionellen Formen als Ziel. Außer Plänen zu einer Oper, die ihn seit 1842 unentwegt beschäftigten, wandte er sich mit *Das Paradies und die Peri* (1843) und mit Szenen aus J. W. von Goethes *Faust* (1844) dem weltlichen Oratorium zu. 1848 vollendete er seine einzige Oper, *Genoveva.* Er fand in dieser Zeit auch zur Kirche zurück, wie er Ende 1849 an einen Freund schrieb. 1850 widmete er sich kontrapunktischen Studien. Seit 1851 versuchte er sich an einer der epischen, rezitierten oder gesungenen Ballade verwandten Form mit Klavier- oder Orchesterbegleitung. 1852 entstand eine lateinische Messe und ein lateinisches Requiem. S. hatte aufgehört, die Welt zu verachten. Er schrieb, was ihm die Stunde eingab (1849 etwa 20, meist bedeutende Werke). Einige Stücke lassen noch die dualistische Philosophie von Eusebius und Florestan erkennen, so die 2. und 3. Symphonie, der 2. und 3. Satz des Klavierkonzerts, zahlreiche Klavierstücke und einige Lieder sowie die 4 Märsche op. 76, die in zeitlicher Nähe zu den revolutionären Ereignissen des Jahres 1849 stehen. Die unruhige Bewegung, namentlich in den Klavierwerken, spiegelt am deutlichsten die subjektive Befindlichkeit des Komponisten, so im 1. und 3. Satz der Violinsonate op. 105, im 1. Satz der Violinsonate op. 121, im 1. Satz des Klaviertrios op. 110 (alle 1851 entstanden) und in der *Faust*-Ouvertüre (1853). Kennzeichnend sind hier kurze, nervöse, unregelmäßig gebildete Motive und gedrängte Sechzehntel-Bewegungen. Unklar ist, ob sich darin mehr seine psychische Verwirrtheit oder eine Auseinandersetzung mit der Realität spiegelt. Obwohl sich S. auch mit größeren Stoffen *(Faust, Manfred)* beschäftigte, verband er sie nicht mit modernen Problemen, wie der Zeitgeist es forderte. Die Trauer um Vergangenes, die Sehnsucht nach häuslichem Frieden sowie das allen Menschen immanente Streben nach Höherem waren die Angelpunkte, um die sein Denken kreiste. Dies erklärt zu einem gewissen Grade auch, warum S. das von kritischem Sinn und tiefem Verständnis des Tragischen erfüllte Spätwerk H. Heines vernachlässigte, obwohl er einige dem *Lyrischen Intermezzo* und dem *Buch der Lieder* entnommene Gedichte in unvergleichlicher Weise vertont hatte. S. schien den „Weltriß" (Heine) nicht zu bemerken, war Problemen gegenüber indifferent – sogar in bezug auf die Form – und begnügte sich mit der Vertonung geradezu geschmackloser Texte (wie *Das Paradies und die Peri* und *Der Rose Pilgerfahrt*) und ziemlich schwacher Gedichte von Emmanuel Geibel und L. Uhland von oft alltäglicher Sentimentalität. So setzte sich bei S. in den letzten 10 Lebensjahren eine neue Art zu komponieren durch, die sich im übrigen schon 1840, in der großen Periode des Liedes (Nr. 5 und 7 aus *Frauenliebe und -leben,* Duett aus *Familiengemälde* op. 34, Nr. 4), manifestiert hatte. Auch in den Chören der Messe und des Requiem finden sich bereits Stücke, die in ihrer banalen, gefühlsseligen, keine Überraschungen bereithaltenden Melodik in vollkommenem Gegensatz zur 1. Periode stehen. Damit ist die Zähmung von Florestan und Eusebius, ihre Anpassung an die bürgerliche Gesellschaft, vollzogen.

Ausg.: **1) Kompositionen:** GA, hrsg. v. C. SCHUMANN, J. BRAHMS u.a., 31 Bde. (L 1879–93), Nachdr., 21 Bde. (Lo 1967–68). – Skizzenbuch R. S.s z. Jugendalbum, hrsg. v. L. WINDSPERGER (Mz 1924); V.-Konzert d-moll, hrsg. v. G. SCHÜNEMANN (Mz 1937); 3. V.-Sonate a-moll (1853), hrsg. v. O. W. NEIGHBOUR (Lo 1956); *Album für die Jugend,* op. 68, Faks.-Ausg., hrsg. v. G. EISMANN (L 1956); Klv.-Werke, nach Eigenschriften u. Originalausg., hrsg. v. O. VON IRMER (Mn 1959ff.); Symphonie g-moll (1832–33), hrsg. v. M. ANDRAE (F 1972). – **2) Schriften:** Gesammelte Schriften, 4 Bde. (L 1854), 2 Bde., hrsg. v. M. KREISIG (L [5]1914, Nachdr. Farnborough 1969). – Schriften über Musik u. Musiker, hrsg. v. H. SCHULZE (L 1955, [2]1965); R. S.s Moskauer Gedichte, hrsg. v. G. EISMANN, in: BzMw 1 (1959). – **3) Briefe, Aufzeichnungen u. Dokumente:** Jugendbriefe, hrsg. v. C. SCHUMANN (L 1885, [4]1910, engl. Lo 1888, Nachdr. St. Clair Shores/Mich. 1970); H. ERLER, R. S.s Leben aus seinen Briefen geschildert (B 1886–87, [3]1927); S.s Briefe in Ausw., hrsg. v. K. STORCK (St 1906, engl. Lo 1907, Nachdr. NY 1971); F. JANSEN, Der Briefwechsel zw. R. Franz u. R. S., in: Mk 8 (1908/09); Der junge S. Dichtungen u. Briefe, hrsg. v. A. SCHUMANN (L 1910); R. S. in seinen Werken u. Briefen, hrsg. v. W. BOETTICHER (B 1942); Erinnerungen an F. Mendelssohn Bartholdy. Nachgelassene Aufzeichnungen, Faks.-Ausg., hrsg. v. G. EISMANN (Zwickau 1947, [2]1948 [revidiert]); R. S., ein Quellenbuch über sein Leben u. Schaffen, 2 Bde., hrsg. v. DEMS. (L 1956); W. SCHWARZ, R. S. u. der dt. Osten. Aus unveröffentlichten Tagebuchaufzeichnungen, Briefen u. Ber., in Musik des Ostens 2 (Kas 1963); Tagebücher, GA, 3 Bde., hrsg. v. G. EISMANN, bisher I: 1827–38 (L 1971); K. GEIRINGER, Schumanniana im Besitz v. J. Brahms, in: Convivium musicorum. FS W. Boetticher (B 1974); Briefe u. Notizen R. und Clara S.s, hrsg. v. S. KROSS (Bonn 1978).

Lit.: **1) Werkverzeichnisse:** A. DÖRFFEL, Thematisches Verz. sämtlicher im Druck erschienener Werke R. S.s (L 1860, erweitert [4]1868, Nachdr. Lo 1966); G. EISMANN, Nachweis der int. Standorte v. Notenautographen R. S.s, in: Sammelbde. der R.-S.-Ges. 2 (L 1966); An Alphabetical Index to „R. S. Werke", hrsg. v. M. OCHS (Ann Arbor/Mich. 1967); An Alphabetical Index to the Solo Songs of R. S., hrsg. v. W. J. WEICHLEIN (ebd. 1967); K. HOFMANN, Die Erstdrucke der Werke v. R. S. (Tutzing 1979). – **2) Periodica, Bibliographien u. Sammelwerke:** Sammelbde. der R.-S.-Ges., 2 Bde. (L 1961, 1966). – S. A Symposium, hrsg. v. G. ABRAHAM (Lo 1952); F. MUNTE, Verz. des deutschsprachigen Schrifttums über R. S. 1856–1970 (H 1972) (= Schriftenreihe z. Musik o. Nr.); R. S. The Man and His Music, hrsg. v. A. WALKER (Lo 1972, [2]1976 [revidiert]). – **3) Biographien u. umfassende Darstellungen, Werke über biographische Details, Erinnerungen:** W. J. VON WASIELEWSKI, R. S. (Dresden 1858, L [4]1906 [erweitert], engl. Boston 1871, Nachdr. 1975); A. REISSMANN, R. S. (B 1865, [3]1879); F. LISZT, R. S., in: Gesammelte Schriften IV (L 1882, Nachdr. Hil 1978); PH. SPITTA, Ein Lebensbild R. S.s (L 1882); F. G. JANSEN, Die Davidsbündler. Aus R. S.s Sturm- u. Drangperiode (L 1883, Nachdr. Walluf 1973); W. J. VON WASIELEWSKI, Schumanniana (Bonn 1883); E. HANSLICK, Aus meinem Leben I (B 1894, [4]1911, Nachdr. Farnborough 1971); DERS., R. S. in Endenich, in: Am Ende des Jh. (B 1899), engl. Übers.: The Collected Mus. Criticism (Farnborough 1971); H. ABERT, R. S. (B 1903, [4]1920); E. SCHUMANN, R. S., ein Lebensbild meines Vaters (L 1931); W. KORTE, R. S. (Pd 1937); E. BÜCKEN, R. S. (Kö 1940); W. BOETTICHER, R. S. (Diss. B 1941); P.-W. REHBERG, R. S. (Z 1954, [3]1969); A. BOUCOURECHLIEV, S. (P 1956), dt. Übers.: R. S. in Selbstzeugnissen u. Bilddokumenten (Reinbek 1958, [4]1970); E. FLECHSIG, Erinnerungen an R. S., in: NZfM 117 (1956); H. SCHULZE, R. S. (B 1956); P. M. YOUNG, Tragic Muse. The Life and Works of R. S. (Lo 1957), dt. Übers.: R. S. (L 1968, [2]1971); G. EISMANN, Das S.-Haus in Zwickau (Weimar 1958); W. BOETTICHER, R. S. u. seine Verleger, in: Musik u. Verlag. FS K. Vötterle (Kas 1968); K. LAUX, R. S. (L 1972); D. FISCHER-DIESKAU, R. S. Singen u. Verstummen (St 1981). – **4) Zu einzelnen musikal. Werkgruppen u. Werken: a)** Instr.-WW: Klaviermusik: R. STEGLICH, R. S.s Kinderszenen (Kas 1949); E. LEIPOLD, Die romantische Polyphonie in der Klaviermusik R. S.s (Diss. Erlangen 1954); H. HOPF, Stilistische Voraussetzungen der Klaviermusik R. S.s (Diss. Gö 1957); W. BOETTICHER, Neue textkritische Forsch. an R. S.s Klavierwerk, in: AfMw 25 (1968); DERS., Zur Zitatpraxis in R. S.s frühen Klavierwerken, in: Speculum Musicae Artis. FS H. Husmann (Mn 1970); L. LESZNAI, R. S., Kinderszenen op. 15, in: Studia musicologica 13 (1971); J. D. THÄLE, Die Klaviersonate bei Mendelssohn Bartholdy, Chopin, S. u. Liszt (Diss. Hl 1973); W. BOETTICHER, R. S.s Klavierwerke I (Wilhelmshaven 1976) (= Quellenkat. z. Musikgesch. 9) (zu op. 1–6). – S. WALSH, S. and the Organ, in: MT 111 (1970). – Kammermusik: O. NEIGHBOUR, S.s 3. Violinsonate, in: NZfM 117 (1956); E. MELKUS, Eine vollständige 3. Violinsonate S.s, in: ebd. 121 (1960); A. MOLNÁR, Die beiden Klv.-Trios in d-moll v. S., op. 63 u. Mendelssohn, op. 49, in: Sammelbde. der R.-S.-Ges. 1 (L 1961); S. HELMS, Der Melodiebau in der Kammermusik R. S.s, in: NZfM 131 (1970); F. KRUMMACHER, Schwierigkeiten des ästhetischen Urteils über hist. Musik, in: FS E. Pepping (B 1971) (zu op. 47); J. WESTRUP, The Sketch for S.'s Piano Quintet op. 44, in: Convivium musicorum. FS W. Boetticher (B 1974); H. KOHLHASE, Die Kammermusik R. S.s, 3 Bde. (H 1979) (= Hamburger Beitr. z. Musikwiss. 19). – Orchesterwerke: G. ABRAHAM, S.'s „Jugendsinfonie" in G Minor, in: MQ 37 (1951); W. SEIBOLD, S.-Sinfonien schlecht instrumentiert?, in: NZfM 126 (1965); M. R. MANIATES, The D Minor Symphony of R. S., in: FS W. Wiora (Kas 1967); A. GEBHARDT, R. S. als Symphoniker (Rb 1968) (= Forschungsbeitr. z. Musikwiss. 20); E. VOSS, R. S.s Sinfonie g-moll, in: NZfM 133 (1972); A. G. ZLOTNIK, Orchestration Revisions of R. S., 2 Bde. (1972) (= Diss. Indiana Univ.); G. HELDT, Bemerkungen z. einem ungeliebten Konzert. R. S.s Konzert d-moll für V. u. Orch. op. postum., in: Stud. z. Musikgesch. des Rheinlandes 5 (Kö 1978); H. GAL, S. Orchestral Music (Seattle/Wash. 1979); M. JUST, S., Symphonie Nr. 4 d-moll (Mn 1981). – **b)** Vokal- u. Bühnen-WW: Lieder: W. EDELMANN, Über Text u. Musik in R. S.s Sololiedern (Diss. Mr 1950); F. FELDMANN, Zur Frage des „Liederjahres" bei R. S., in: AfMw 9 (1952); R. U. RINGGER, Zu Eichendorff-S.s „Liederkreis", in: SMZ 106 (1966); E. SAMS, The Songs of R. S. (Lo – NY 1969, [2]1975); A. SCHNEIDER, R. S. u. H. Heine (1970) (= Diss. Humboldt-Univ., Ost-Berlin); G. ESTERMANN, Die Klavierbegleitung im Sololied bei Schubert u. S. (Diss. I 1971); S. WALSH, The Lieder of S. (Lo 1971, NY 1972); D. SCHNEBEL, Vokalkomp. bei S. u. nachher, in: ders., Denkbare Musik (Kö 1972); H. KNAUS, Musiksprache u. Werkstruktur in R. S.s „Liederkreis" (Mn 1973) (= Schriften z. Musik 27); A. MAYEDA, Das Reich der Nacht in den Liedern R. S.s, in: FS E. Schenk (Kas 1975); K. SCHLAGER, Erstarrte Idylle. S.s Eichendorff-Verständnis im Lied op. 39/7 (Auf einer Burg), in: AfMw 33 (1976); R. E. HALLMARK, The Genesis of S.'s „Dichterliebe" (Ann Arbor 1979). – Chor- u. Bühnen-WW: D. MINTZ, S. as an Interpretor of Goethe's „Faust", in: JAMS 14 (1961); H. CH. WOLFF, S.s „Genoveva" u. der Manierismus des 19. Jh., in: Beitr. z. Gesch. der Oper, hrsg. v. H. Becker (Rb 1969) (= Stud. z. Musikgesch. des 19. Jh. 15); S. POPP, Unters. z. R. S.s Chorkompositionen (Diss. Bonn 1971); E. SAMS, S. and Faust, in: MT 113 (1972); G. PROBST, R. S.s Oratorien (Wie 1975); L. SIEGEL, A Second Look at S.'s „Genoveva", in: MR 36 (1975); L. ZANONCELLI, „Manfred" da Byron a S.: una metamorfosi, in: Studi musicali 10 (1981). – **c)** Zu einzelnen weiteren Aspekten in den Komp.: W. GURLITT, R. S. in seinen Skizzen gegenüber Beethoven, in: Kgr.-Ber. Wien 1927, Nachdr. in: DERS., Musikgesch. u. Gegenwart I (Wie 1966) (= Beih. z. AfMw 1); D. KÄMPER, Z. Frage der Metronombezeichnungen R. S.s, in: AfMw 21 (1964); M. HONSA, Synkope, Hemiole u. Taktwechsel in den Instrumentalwerken R. S.s (Diss. I 1965); G. EISMANN, Zu R. S.s letzten Komp., in: BzMw 10 (1968); E. SAMS, The Tonal Analogue in S.'s Music, in: Proc. R. Mus. Assoc. 96 (1969/70); S. KEIL, Unters. z. Fugentechnik in R. S.s Instrumentalschaffen (H 1973) (= Hamburger Beitr. z. Musikwiss. 11); E. LICHTENHAHN, Die Bedeutung des Dichterischen im Werk R. S.s (Diss. Basel 1974). – **5) Zu den Schriften, zu S.s Musikästhetik u. Musikanschauung:** A. SCHMITZ, Unters. über des jungen R. S.s Anschauungen v. musikal. Schaffen (Diss. Bonn 1919), Teildrucke in: ZfMw 2 (1919/20) u. 3 (1920/21); H. HEYER, R. S. als Musikkritiker, in: FS … der

Gewandhauskonzerte 1781–1956 (L 1956); H. HOMEYER, Grundbegriffe der Musikanschauung R. S.s (Diss. Mr 1956); M. ELSSNER, Zum Problem des Verhältnisses v. Musik u. Wirklichkeit in den musikästhetischen Anschauungen der Schumannzeit (Diss. Hl 1964); E. A. LIPPMAN, Theory and Practice in S.'s Aesthetics, in: JAMS 17 (1964); L. B. PLANTINGA, S.'s View of „Romantic", in: MQ 52 (1966); DERS., S. as a Critic (New Haven 1967); TH. A. BROWN, The Aesthetics of R. S. (NY 1968, Nachdr. Westport/Conn. 1975, Lo 1969); C. DAHLHAUS, Klassizität, Romantik, Modernität. Zur Philosophie der Musikgesch. im 19. Jh., in: Die Ausbreitung des Historismus über die Musik, hrsg. v. W. Wiora (Rb 1969) (= Stud. z. Musikgesch. des 19. Jh. 14); A. SCHNEIDER, Literarische Einflüsse auf R. S.s ästhetische Anschauungen, in: DJbMw 17 (1972); W. KIRSCH, R. S.s Chopin-Bild, in: Melos/NZ 4 (1978); R. D. GREEN, R. S. als Lexikograph, in: Mf 32 (1979); P. RUMMENHÖLLER, Der Dichter spricht. R. S. als Musikschriftsteller (Kö 1980); B. APPEL, S.s Davidsbund. Geistes- u. sozialgesch. Voraussetzungen einer romantischen Idee, in: AfMw 38 (1981). – **6) Zur Ikonographie:** E. MÜLLER, R. S. Eine Bildnisstudie (Olten 1950); G. EISMANN, R. S. Eine Biographie in Wort u. Bild (L 1956, ²1971); R. PETZOLD – E. CRASS, R. S. Sein Leben in Bildern (L 1956, ²1961); A. BOUCOURECHLIEV, R. S. in Selbstzeugnissen u. Bilddokumenten (Reinbek 1958, ⁴1970). – **7) Zur Rezeptionsgeschichte:** M. SCHOPPE, S. im Spiegel der Tageslit. Ein Beitr. z. Erforschung der S.-Rezeption zw. 1830 u. 1956, 2 Bde. (Diss. Hl 1968); E. BRODY, S.'s Legacy in France, in: Studies in Romanticism 13 (1974).

SCHÜNEMANN, Georg, * 13. 3. 1884 Berlin, † 2. 1. 1945 ebd.; dt. Musikforscher. Er studierte Flöte am Sternschen Konservatorium, Musikwissenschaft an der Universität Berlin, wo er 1907 promovierte. Zunächst mehrere Jahre als Orchesterflötist tätig, habilitierte er sich 1919 an der Universität Berlin und wurde 1920 Professor und stellvertretender Direktor der Berliner Musikhochschule, die er von 1932 bis zu seiner fristlosen Entlassung 1933 auch leitete. Wenig später übernahm er die Leitung der Musikinstrumentensammlung und 1935 die Direktion der Musikabteilung der Preußischen Staatsbibliothek Berlin. S. war in den 20er Jahren maßgeblich an der Neuordnung der schulischen Musikerziehung in Deutschland unter L. Kestenberg beteiligt. Bekannt wurde er auch durch seine Übersetzung der Texte von Opern W. A. Mozarts.

WW: **1) Schriften:** *Gesch. des Dirigierens* (L 1913, Nachdr. Hil – Wie 1965); *Gesch. der dt. Schulmusik* (L 1928, Kö ³1968); *Musikerziehung,* I: *Die Musik in Kindheit u. Jugend, Schule u. Volk* (L 1930); *C. F. Zelter, der Begründer der preußischen Musikpflege* (B 1932); *C. F. Zelter* (B 1937); *Beethovens Studien zur Instrumentation,* in: Neues Beethoven-Jb. 8 (1938); *Die Violine* (H 1940); *Gesch. der Klavier-Musik* (B 1940); NA, hrsg. v. H. Gerigk (Münchberg 1953, H ²1956); *Die Singakademie zu Berlin* (Rb 1941). – **2) Editionen:** *J. C. F. Bach, Die Kindheit Jesu, Die Auferweckung des Lazarus* (1917) (= DDT 56); *Das Lied der dt. Kolonisten in Rußland* (Mn 1923, Nachdr. Hil 1975); *Musiker-Handschriften von Bach bis Schumann,* Faks.-Ausg. (B 1936, engl. Übers. [erweitert] 1968); *Trompetenfanfaren, Sonaten u. Feldstücke des 16.–17. Jh.* (1936) (= RD 7); *L. van Beethovens Konversationshefte* (B 1941–43).

Lit.: E. PREUSSNER, G. S., in: Mf 1 (1948); K.-H. KÖHLER, Die Editionstätigkeit der Musikabt. in Gesch. u. Gegenwart, in: BzMw 4 (1962); J. WULF, Musik im Dritten Reich (Gütersloh 1963).

SCHUPPANZIGH, Ignaz, * 20. 11. 1776 Wien, † 2. 3. 1830 ebd.; östr. Violinist. S. war der Primarius eines Streichquartetts in Wien, das 1794–99 von Fürst Lichnowsky und 1808–16 von Graf Rasumowski unterhalten wurde und das seit 1804 überhaupt als erstes Ensemble dieser Art öffentlich auftrat. S. leitete eine Zeitlang auch die Wiener Augartenkonzerte und wurde 1824 Mitglied der Hofkapelle und 1828 musikalischer Direktor des Kärntnerthor-Theaters. Seit etwa 1796 war er mit L. van Beethoven bekannt und wirkte bei der ersten Aufführung der Streichquartette op. 59, 95, 127, 130 und 132 mit. Zusammen mit dem Komponisten spielte er erstmals die Klaviertrios op. 70 und 97 und dirigierte das Orchester bei der Uraufführung der 9. Symphonie und von Teilen der *Missa solemnis* in Beethovens großer Akademie am 7. 5. 1824. Wegen seiner Korpulenz wurde S. von Beethoven oft verspottet. Auf sie spielen auch ein kleiner Scherzgesang *Lob auf den Dicken,* WoO 100 *(„Schuppanzigh ist ein Lump"),* und der Kanon *Falstafferel, lass' dich sehen,* WoO 184, an.

Lit.: TH. VON FRIMMEL, Beethoven-Hdb. II (L 1926, Nachdr. Hil – Wie 1968); E. FORBES, S., in: Grove⁶ XVI.

SCHURICHT, Carl, * 3. 7. 1880 Danzig, † 7. 1. 1967 Corseaux-sur-Vevey (Schweiz); dt. Dirigent. Er studierte von 1901–03 bei E. Rudorff und E. Humperdinck an der Berliner Hochschule für Musik, war anschließend Volontärkapellmeister in Mainz, dann Kapellmeister in Kreuznach, Dortmund, Goslar und Zwickau. 1909 wurde er Dirigent des Rühlschen Oratorienvereins in Frankfurt, 1912 1. Kapellmeister und später GMD in Wiesbaden, wo er lange das städtische Konzertleben prägte. 1944 ging er in die Schweiz, wirkte als Gastdirigent und erlangte zunehmenden Ruf eines der führenden europäischen Konzertdirigenten. Er dirigierte u. a. das Concertgebouworkest, das Orchester des Pariser Conservatoire, das Orchestre de la Suisse Romande sowie die Wiener und Berliner Philharmoniker. Als Komponist schrieb er u. a. kleinere Stücke für Klavier und Orchester.

Lit.: F. WOHLFARTH, in: NZfM 118 (1957); W. TAPPOLET, in: SMZ 107 (1967).

SCHÜRMANN (Schurmann, Scheuermann), **Georg Kaspar** (Caspar), * 1672 oder Anfang 1673 Idensen bei Hannover, † 25. 2. 1751 Wolfenbüttel; dt. Komponist. Als Kirchen- und Opernsänger lernte er seit 1693 die Werke von J. S. Kusser, R. Keiser und A. Steffani kennen. 1697 wurde er

Kapellmeister am Hof von Herzog Anton Ulrich von Braunschweig-Lüneburg in Wolfenbüttel, der ihn 1701 zu weiterer Ausbildung nach Venedig schickte. Seit 1703 war er dann Hofkapellmeister in Meiningen, wo der Schwiegersohn des Herzogs residierte, und von 1707 bis zu seinem Tod erneut in Wolfenbüttel. Die Kapelle, der zeitweise auch C. H. Graun, Georg Österreich und J. A. Hasse angehörten, führte während der Sommer- und Wintermesse in Braunschweig regelmäßig Opern auf, von denen bis 1730 die meisten von S. selbst stammten. Was sich davon erhalten hat, weist S. als einen bedeutenden Vertreter der frühen deutschen Oper neben Keiser aus. Charakteristisch für seine Schreibweise ist kontrapunktische Gediegenheit und eine Neigung zu volkstümlicher Melodik.

WW: Von den etwa 20 nachweislich in Braunschweig aufgeführten Opern sind hsl. vollständig oder teilweise erhalten: *Salomon* (1701); *Leonilde* (1704); *Das verstöhrte Troja* (1706); *Giasone* (1707); *Porsenna* (1718); *Heinrich der Vogler*, 1. Teil (1718); *Die getreue Alceste* (1719); *Ixion* (1722); Pasticcio *Ludovicus Pius* (1726) (zus. mit C. H. Graun u.a.). – Hsl. erhalten ferner ca. 10 Kirchenkantaten.

Ausg.: Teile aus *Ludovicus Pius*, hrsg. v. H. SOMMER (1890) (= PGfM 17); eine Suite aus *Die getreue Alceste* u. 3 Arien, hrsg. v. G. F. SCHMIDT (Wb 1934).

Lit.: G. F. SCHMIDT, Die frühdt. Oper u. die musikdramatische Kunst G. C. S.s, 2 Bde. (Rb 1933–34); G. CROLL, S., in: MGG XII.

SCHUSTER, Joseph, * 11. 8. 1748 Dresden, † 24. 7. 1812 ebd.; dt. Komponist. Er reiste als Begleiter von J. G. Naumann 1765 nach Italien und wurde 1772 Kirchenkompositeur am Dresdner Hof. Auf 2 weiteren Italienreisen (1774–77 und 1778–81) errang er Erfolge als Opernkomponist (u.a. mit *Didone abbandonata* 1776 in Neapel). In den 80er Jahren des 18. Jh. spielte er als Lehrer, Dirigent und Opernkomponist neben Naumann eine wichtige Rolle im Dresdner Musikleben. Sein Einakter *Der Alchymist* war bis ins 19. Jh. weit über Dresden hinaus eines der beliebtesten Singspiele. S.s Klavier-Violin-Duette *(Divertimenti)* haben nach eigenem Bekunden W. A. Mozart zu seinen Mannheimer Violinsonaten angeregt; von S. stammen die früher Mozart zugeschriebenen „Mailänder" Streichquartette KV Anh. 210–213.

WW: **1) Instr.-WW:** Gedruckt wurden *Recueil de petites pièces* für Klv. z. 4 Händen u. *Petites pièces* für Cemb. od. Klv. u. V. (Dresden o.J.); hsl. erhalten: Divertimenti u.a. Stücke für 1 u. 2 Cemb.; *Divertimenti da camera* für Cemb. u. V. (um 1777); 5 Streichquartette, 3 davon identisch mit den „Mailänder" Quartetten (s.o.). – **2) Vokal-WW:** Gedruckt wurden *Lob der Musik* für Soli, Chor u. Orch. (L 1784) u. einige Gelegenheitsgesänge; hsl. erhalten: zahlr. Lieder u. Arien; 19 Messen und zahlr. weitere kirchenmusikal. Werke. – Oratorien (in Dresden aufgeführt): *La passione di Gesù Cristo* (1778); *La Betulia liberata* (1796); *Gioas re di Giuda* (1803). – **3) Bühnen-WW** (hsl. erhalten, UA in Dresden): 4 Seria- und 12 Buffa-Opern, darunter *Rübezahl ossia Il vero amore* (1789); Singspiele *Der Alchymist oder Der Liebesteufel* (1778); *Die wüste Insel* (UA: Leipzig 1779).

Ausg.: *La Savoyarde*, aus *Receuil de petites pièces*, in: A. KREUTZ, Vermischte Handstücke (Mz 1938); *Divertimento da camera* D-Dur, in: R. ENGLÄNDER, Die Dresdner Instrumentalmusik ... (s. u. Lit.); Singspiel *Der Alchymist*, hrsg. v. DEMS. (Kas 1958); 6 *Divertimenti da camera* für V. u. Cemb., hrsg. v. W. PLATH, 3 H.e (Kas 1971–73) (= Nagels MA 229, 232, 233).

Lit.: R. ENGLÄNDER, Die Opern J. S.s, in: ZfMw 10 (1927/28); DERS., Die Echtheitsfrage in Mozarts Violinsonaten KV 55–60, in: Mf 8 (1955); DERS., Die Dresdner Instrumentalmusik in der Zeit der Wiener Klassik (Uppsala – Wie 1956) (mit thematischem Verz. der V.-Sonaten); L. FINSCHER, Mozarts „Mailänder" Streichquartette, in: Mf 19 (1966).

SCHUSTERFLECK ↗ Rosalie.

SCHÜTZ (lat. Sagittarius), **Heinrich,** getauft 9. 10. 1585 Köstritz bei Gera (Thüringen), † 6. 11. 1672 Dresden; dt. Komponist. Er stammte väterlicherseits aus angesehener, ursprünglich fränkischer Familie, die später in Chemnitz (Sachsen), dem heutigen Karl-Marx-Stadt, und schließlich in Weißenfels ansässig wurde. Sein Vater Christoph S. war zunächst Stadtschreiber in Gera, siedelte jedoch um 1578 als Gutsverwalter und Pächter des Gasthauses „Zum Goldenen Kranich" in das benachbarte Köstritz über. Die Mutter Euphrosyne geb. Bieger war die Tochter eines Geraer Bürgermeisters, eine jüngere Schwester von ihr die Mutter des Komponisten H. Albert. 1591 übernahm Christoph S. in Weißenfels das großväterliche Erbteil, das „Gasthaus zum Schützen" samt umfangreichen Ländereien. Hier empfing der junge Heinrich seinen ersten Musikunterricht bei dem Stadtkantor Georg Weber. 1598 lernte ihn auf einer Durchreise Landgraf ↗ Moritz von Hessen als begabten Diskantisten kennen. Sein Wunsch, ihn in die Kasseler Hofkapelle übernehmen zu können, ging jedoch erst im August 1599 in Erfüllung. In Kassel besuchte S. das 1599 vom Landgrafen gegründete Collegium Mauritianum, in dem er eine umfassende humanistische Bildung empfing. Hofkapellmeister und somit zugleich Lehrer von S. war damals G. Otto, der aus der Tradition des lutherischen Erzkantors J. Walter kam. Für S. war freilich wesentlicher das Bekanntwerden mit dem reichen Notenrepertoire der Hofkapelle, vor allem mit der motettischen Kunst O. di Lassos und seiner Schule. Ohne die Musik L. Lechners z. B. sind gewisse Züge von S.' späterem Schaffen nicht erklärbar. Wann S. Kassel verlassen hat, ist nicht bekannt. Möglicherweise hat er bereits vor 1608, dem Jahr des Beginns seines juristischen Studiums in Marburg, in Frankfurt an der Oder und Jena studiert. Der Musik sich als Lebensaufgabe zu widmen, war seine Absicht auch noch nicht, als Landgraf Moritz ihn 1609, verbunden mit einem Stipendium, zu einem einjährigen Studienaufenthalt nach Venedig zu G. Gabrieli sandte. Das Stipendium wurde danach noch um 2 Jahre verlängert; ein 4. Jahr blieb S. dann noch auf Kosten der Eltern in der Lagunenstadt, ein untrügliches Zeichen für die Ergiebigkeit des dortigen Studiums. Erst nach dem Tod von G. Gabrieli (August 1612), der ihm als Zeichen seiner Wertschätzung einen Ring vermachte, kehrte er im Frühjahr 1613 nach Deutschland zurück. Es waren vor allem die dramatisch-affektbetonte Ausdruckskunst des Madrigals und die per choros-Praxis der Venezianer, die S. in Italien aufgegriffen hatte, wie seine beiden ersten Werksammlungen, die dem Landgrafen Moritz gewidmeten italienischen Madrigale (1611) und die *Psalmen Davids* (1619), zeigen. Nach seiner Rückkehr sollte S. auf Wunsch seiner Eltern sein juristisches Studium fortsetzen, was auch möglicherweise für kurze Zeit in Leipzig geschehen ist. Gleichzeitig aber bemühte sich der hessische Landgraf weiter um ihn, indem er ihn 1613 zum 2. Hoforganisten in Kassel ernannte. Als sein Privatsekretär folgte S. seinem Gönner im gleichen Jahr nach Dresden, wo er 1614 schon wieder bei Tauffeierlichkeiten am dortigen Hof unter der Leitung von M. Praetorius mitwirkte. Seitdem haben Landgraf Moritz und der sächsische Kurfürst Johann Georg I. miteinander um S. gerungen (der betreffende Briefwechsel ist erhalten), bis schließlich der Kurfürst die Oberhand behielt. Am 12. 2. 1617 wurde S. zum Hofkapellmeister in Dresden bestellt. Als solcher hatte er die Oberaufsicht und weitgehend auch die Leitung der Kapelle bei den zahlreichen gottesdienstlichen, kammermusikalischen und Repräsentationsaufgaben. 1619 heiratete er die Tochter Magdalene des sächsischen Landes-Rentmeisters Wildeck. Aus der Ehe gingen nur 2 Töchter hervor; denn bereits 1625 wurde S. Witwer und blieb es bis an sein Lebensende. Auch beide Töchter gingen dem Vater im Tode voraus, Anna Justina 1638 und Euphrosyne 1655, so daß S. später immer mehr vereinsamte.

S.' frühe Dresdener Zeit war durch fruchtbare Tätigkeit ausgefüllt. Als Opus 3 erschien 1623 die Auferstehungshistorie, mit der er die von J. Walter um 1550 begonnenen regelmäßigen Aufführungen biblischer Historien fortsetzte und zugleich, mit Ausnahme der Passionen, durch Einbeziehung von Instrumenten bereicherte. Die 1625 erschienenen lateinischen Motetten *der Cantiones sacrae* (op. 4), zu einem guten Teil über Andachtstexte aus der mittelalterlichen Mystik (das Werk ist dem katholischen Fürsten J. U. von Eggenberg gewidmet), gehören vorwiegend in den Bereich der religiösen Kammermusik. Vor allem für die Andacht im Familienkreis, zu dem einige Kapellknaben gehörten, war der sogenannte Becker-Psalter (op. 5, 1628) bestimmt, eine Vertonung des Reimpsalters von C. Becker (1602) mit eigenen Melodien in homophonen Sätzen; nach eigenem Bekunden (im Vorwort) hat S. dabei besonderen Trost nach dem frühen Tod seiner Frau gefunden. Neben diesen gezählten Werksammlungen entstanden in jenen Jahren mancherlei Gelegenheitswerke, so ein (verschollenes) Werk anläßlich des Besuches von Kaiser Matthias in Dresden (1617), 2 Kompositionen anläßlich der Huldigung der schlesischen Stände vor dem Kurfürsten in Breslau (1621), die Trauerode zum Tode der Herzogin Sophie von Sachsen (1623) und das *Da pacem* (1627) zum Kurfürstentag in Mühlhausen (Thüringen). Im selben Jahr wurde auch S.' nicht erhaltene Oper *Daphne*, die erste deutsche Oper (nach M. Opitz' Übersetzung von O. Rinuccinis gleichnamigem Pastoraldrama) auf Schloß Hartenstein in Torgau anläßlich der Hochzeit der ältesten Tochter des Kurfürsten aufgeführt. Zur Hochzeit seines Bruders Georg schuf er 1619 das Konzert *Siehe, wie fein und lieblich ists* und zum Tod von A. M. Wildeck eine Bearbeitung der 18 Strophen des Liedes *Ich hab mein Sach Gott heimgestellt* unter dem Titel *De vitae fugacitate* (1625). Um 1619 komponierte er auf Veranlassung von B. Großmann neben verschiedenen anderen Komponisten den 116. Psalm als Motettenzyklus für ein Sammelwerk (Jena 1623).

Von August 1628 bis gegen Ende 1629 hielt sich S. ein 2. Mal in Venedig auf, um mit seinem Schüler Chr. Kittel neues Notenmaterial zu beschaffen, vor allem aber um bei Cl. Monteverdi den neuen, von diesem selbst als „seconda prattica" bezeichneten italienischen Stil, den in Verbindung mit der Oper und dem geistlichen Konzert gewonnenen „Stile oratorio" oder „recitativo" (Rede- und rezitierender Stil), kennenzulernen. Die erste Frucht dieser 2. Reise war der 1629 in Venedig erschienene Teil I der *Symphoniae sacrae* (geistliche Konzerte mit obligaten Instrumenten) über lateinische, mit einer Ausnahme alttestamentliche Texte. Die folgenden Jahre in der Heimat stehen dann für S. völlig unter den Auswirkungen des 30jährigen Krieges. 1630 stirbt sein Freund J. H. Schein an der Pest, zu dessen Gedächtnis er die Motette *Das ist je gewißlich wahr* komponierte. Konnte er in diesem Jahr bei der Hundertjahrfeier der Confessio Augustana wahrscheinlich noch ein größeres Werk aufführen (Einzelheiten sind nicht bekannt), so geriet bald danach die Hofkapelle in – ihre Exi-

stenz bedrohende – Personalschwierigkeiten. Wenn S. damit die ohne obligate Instrumente gesetzten *Kleinen geistlichen Conzerte* (1636/39) begründete, dann machte er freilich aus der Not eine Tugend; denn gerade mit diesen Werken schuf er besonders eindrucksvolle Kompositionen „In stylo oratorio“. 1636 erschienen auch noch die einzigartigen *Musicalischen Exequien*, die Begräbnismusik für den ihm nahestehenden Heinrich Posthumus von Reuß über von diesem selbst zusammengestellte Bibel- und Kirchenliedtexte.
Im Hinblick auf die schwierigen Dresdner Verhältnisse in den 1630er Jahren mußte es S. sehr gelegen kommen, von König Christian von Dänemark zur Leitung seiner Hofkapelle bei der Hochzeit des Kronprinzen mit Johann Georgs Tochter Magdalene Sibylle beauftragt zu werden. Daher hielt er sich von Ende 1633 bis Frühjahr 1635 in Kopenhagen auf. Bei einem Zwischenaufenthalt in Hamburg hat er von dort wahrscheinlich auch Amsterdam besucht. Damals kann Rembrandts „Bildnis eines Musikers“, mit ziemlicher Sicherheit ein Porträt von S., entstanden sein. Bei der Kopenhagener Hochzeit führte er u.a. den *Gesang der Venuskinder* (1634) auf. Ein weiteres Mal weilte S. vom Spätsommer 1637 bis Frühherbst 1638 und schließlich ein 3. Mal 1642–44 am dänischen Hof. In all den Jahren war er vorübergehend auch beratend an den Fürstenhöfen von Gera, Weimar, Zeitz und Hannover tätig. Eine besonders enge Verbindung unterhielt er zum Wolfenbütteler Hof, dem S. als Oberkapellmeister „von Haus aus“ diente, wie wahrscheinlich auch dem (ebenfalls welfischen) Hof von Celle. Aus diesen weitreichenden Beziehungen geht das hohe Ansehen, das er zu seiner Zeit genoß, hervor. Um so unverständlicher erscheint die geringe Förderung durch seinen Arbeitgeber Johann Georg I. Auch das Kriegsende von 1648 änderte daran kaum etwas. Von 1645 an datieren wiederholte Petitionen um Besserstellung der Kapellmitglieder. Kein Wunder, daß S. mit Vollendung des 60. Lebensjahres um seine Pensionierung, wenn auch vorerst vergeblich, zu bitten beginnt. Bedeutungsvoll ist das „Memorial“, das er in Verbindung mit einem Lebensbericht 1651 an den Kurfürsten richtete. Trotz aller Widrigkeiten hielt seine Schaffenskraft jedoch unvermindert an. Um 1645 wahrscheinlich entstand die nur hsl. Vertonung der *Sieben Worte …;* 1647 und 1650 erschienen die *Symphoniae sacrae* II und III und dazwischen 1648 die *Geistliche Chormusik*, die berühmte 5- bis 7st. deutsche Motettensammlung. Erst nach dem Tod von Johann Georg I. 1656 (S. hat für ihn eine Trauermusik komponiert) wurde ihm von dessen Nachfolger Johann Georg II. die Pensionierung gewährt. Er durfte in seiner Heimatstadt Weißenfels wohnen, blieb aber Oberkapellmeister. Die Zustände der Kapelle besserten sich nun allmählich, so daß S. weiterhin sinnvolle kompositorische Aufgaben hatte. Auf die *12 Geistlichen Gesänge*, eine Sammlung schlichter gottesdienstlicher Kompositionen (1657), die Chr. Kittel zum Druck beförderte, und die 2., erweiterte Auflage des Becker-Psalters (1661) folgten noch die *Weihnachtshistorie* (1664), die 3 in der Grundigschen Hs. überlieferten Passionen nach Lukas, Johannes und Matthäus und als letztes Werk eine Vertonung des umfangreichen 119. Psalms, die erst jüngst wieder entdeckt worden ist, mit einer Komposition von Psalm 100 und einem 8st. Magnificat im Anhang (1671). Kurz nach Vollendung des 87. Lebensjahres starb S., von dessen nächsten Angehörigen ihn nur eine Enkelin überlebte. Der von Oberhofprediger M. Geier als Anhang zur Leichenpredigt verfaßte Lebenslauf vermittelt einen tiefen Einblick in das schicksalsvolle Leben des Verstorbenen, auf dessen Grabstein die Worte „Saeculi sui Musicus excellentissimus“ standen. Aus der großen Zahl seiner Schüler ragen M. Weckmann und Chr. Bernhard, der nach S.' Wunsch für ihn eine Sterbemotette komponierte, bes. hervor. Bernhards Kompositionslehre vermittelt neben it. Einflüssen wohl auch den Unterricht, den er bei S. genossen hat.

WW (SWV = S.-Werke-Verz., hrsg. v. W. Bittinger, Kas 1960, Supplement in: S.-Jb.1, Kas 1979): **1) Gedruckte Werke mit Opus-Zahlen** (wenn nichts anderes angegeben, in Dresden erschienen): *Il primo libro di madrigali*, op. 1 (18 für 5 u. eines für 8 St.) (V 1611); *Psalmen Davids sampt etlichen Motetten und Concerten*, op. 2 (16 für 8 u. mehr St. u. B.c.) (1619); *Historia … der Auferstehung … Jesu Christi*, op. 3 für SingSt, Instr. u. B.c. (1623); *Cantiones sacrae*, op. 4 (40 lat. Motetten für 4 St., eine für 3 St. sowie B.c. ad lib.) (Freiberg 1625); *Psalmen Davids … in Teutsche Reimen … durch C. Beckern*, op. 5 (102 Sätze für 4 St.) (1628); *Symphoniae sacrae* I, op. 6 (20 geistl. Konzerte für 3–6 St. mit Instr. u. B.c.) (V 1629); *Musicalische Exequien* für 6 u. 8 St. u. B.c., op. 7 (1636); *Kleine geistliche Conzerte* I u. II, op. 8 u. 9 (24 u. 31 für 1–5 St. u. B.c.) (L 1636, 1639); *Symphoniae sacrae* II u. III, op. 10 u. 12 (27 für 3–5 St. mit Instr. u. B.c. sowie 21 für 4–8 St. mit Instr. u. B.c., z.T. mit Complementchor ad lib.) (1647, 1650); *Geistliche Chormusik*, op. 11 (29 Motetten für 5–7 St., 4 mit Instr.) (1648); *12 geistliche Gesänge* für 4 St., op. 13 (1657); *Psalmen Davids … durch C. Beckern*, op. 14 (160 Sätze für 4 St.) (1661) (= Neubearb. v. op. 5). – **2) Sonstige gedruckte Werke:** … *Wol dem, er ein Tugendsam Weib* (1618), Konzert zur Hochzeit v. J. Avenarius u. D. Börlitz (SWV 20); *Haus und Güter erbet man von Eltern*, zur Hochzeit v. M. Thoma u. A. Schultze (1618) (SWV 21); *Siehe, wie fein und lieblich ists*, zur Hochzeit für G. Schütz u. A. Grosse (1619) (SWV 48); *Syncharma musicum*, Konzert zur Huldigung der schlesischen Stände für 12 St. u. B.c. (SWV 49); *Das ist mir lieb* (Ps. 116), in: Angst der Hellen und Friede der Seelen, hrsg. v. B. Grossmann (Jena 1623) (SWV 51); *Kläglicher Abschied …*, zum Tode der Herzogin Sophie von Sachsen für 1 St. u. B.c. (Freiberg 1623) (SWV 52); Aria De vitae fugacitate *Ich hab mein Sach Gott heimgestellt* zur Trauerfeier v. Anna Maria Wildeck für 5 St. u. B.c. (ebd. 1625) (SWV 94); *Glück* *zu dem Helikon* für 2 St. u. B.c., in: I. Theil Teutscher Villanellen (1627) (SWV 96); *O der großen Wundertaten* für 4 St., 2 Instr. u. B.c. (Kop 1634) (SWV 278); *Fürstliche Gnade zu Wasser und zu Lande* für 1 SingSt, 2 Instr. u. B.c. (Gotha 1647) (SWV 368); 2 Motetten *Herr, nun lässest du deinen Diener in Frieden fahren* für 6 St. u. B.c. (zum Tode v. Johann Georg I.) (1657) (SWV 432/433), *Wie wenn der Adler sich aus seiner Klippe schwingt* für SingSt u. B.c. (zur Verlobung v. Magdalene Sibylle, der Witwe des dänischen Kronprinzen, mit Herzog Friedrich Wilhelm von Sachsen-Altenburg) (1651) (SWV 434); *Historia der Geburth ... Jesu Christi* für Soliloquenten, Chor, Instr. u. B.c. (nur z. T. gedruckt) (1664) (SWV 435 u. 435a). – **3) Hsl. überlieferte Werke:** Dialogo per la Pascua *Weib, was weinest du* (um 1645?) für 4 St. u. B.c. (SWV 443); *Es gingen zweene Menschen hinauf* (um 1640–50) für 4 St. u. B. c. (SWV 444); *Gesang der drei Männer im Feuerofen* (1652?) für 5 St., Instr. u. B.c. (SWV 448); *Ach, Herr, du Schöpfer aller Ding* (zw. 1615 u. 27) für 5 St. u. B.c. (SWV 450); *Hodie Christus natus est* (1640–50) für 6 St. u. B.c. (SWV 456); *Ich weiß, daß mein Erlöser lebt* (vor 1628?) für 6 St. (SWV 457); *Ich bin die Auferstehung* (1620) für 8 St. (SWV 646); *Da pacem* (1627) (für den Kurfürstentag in Mühlhausen) für 4 St., Instr. u. B.c. (SWV 465); *Vater Abraham, erbarme dich* (1640–50) für 5 St., Instr. u. B.c. (SWV 477); *Die sieben Worte ... Jesu Christi* (um 1645) für 5 St., Instr. u. B.c. (BWV 478); *Historia des Leidens und Sterbens Jesu Christi nach Matthäus* (1665); ... *nach Lucas* (um 1653?); ... *nach Johannes* (1665); alle 3 Passionen hsl. überliefert v. J. Z. Grundig (vor 1697) (SWV 479–81); Ps. 119 mit Ps. 100 u. Magnificat (1671) für 8 St. (SWV 482–494).

Verglichen z.B. mit dem Werk J. S. Bachs, ist das Œuvre von S. nicht besonders umfangreich, auch wenn die Zahl der verschollenen Kompositionen auf etwa ein Drittel veranschlagt wird. Jedoch gibt es kaum einen zweiten Meister in der Musikgeschichte, der mit solch geistiger Konzentration komponiert hat wie er. Das Schwergewicht seines Schaffens lag einseitig bei der geistlichen Musik und hierbei wiederum bei der vokalen. Mit Ausnahme der italienischen Madrigale (eine Art Meisterstück am Ende der Lehrzeit) hat S. ausschließlich gottesdienstliche Kompositionen in die mit Opus-Zahlen versehenen Hauptwerke eingereiht. Bezeichnend ist auch das Fehlen jedweder eigenständigen Instrumentalmusik, insbesondere von Orgelwerken. Die Kunst von S. ist ausschließlich sprachbezogen. Dies aber vollzieht sich im historischen Schnittpunkt der zu Ende gehenden Epoche der Motette und der beginnenden des geistlichen Konzerts. Beiden Zeitaltern war S. sein Leben lang verpflichtet. Bedeutungsvoll ist, daß er sich in seinem Spätwerk seit der *Geistlichen Chormusik* noch wieder bewußt der unzeitgemäßen Motette und auch dem motettischen Satz in den Passionen, nachdem anderswo längst die instrumental begleitete Generalbaßpassion eingeführt war, zugewandt hat. Mit den Errungenschaften beider musikgeschichtlichen Epochen verfolgte S. jedoch das gleiche Ziel, den Dienst am Wort. Monteverdis Satz „Oratio Harmoniae Domina absolutissima" (die Rede ist die uneingeschränkteste Herrin der Musik) hat sich S. in der Weise besonders zu eigen gemacht, daß er neben dem Affekt eines Textes zugleich dessen Sinngehalt zum Ausdruck brachte. Hierbei erwies sich die Begegnung von lutherisch-humanistischer Bildung mit dem frühbarocken italienischen Musikideal als überaus fruchtbar. Die Verschmelzung beider Geisteswelten in seinem Schaffen gehört zu den bedeutendsten Ereignissen der älteren Musikgeschichte. Das Maß der Vergeistigung erscheint bei keinem zweiten kompositorischen Werk so groß wie bei S., ohne daß dabei das vitale musikantische Element zurückgedrängt worden ist. Mit zunehmendem Alter trat die Verinnerlichung seiner Kunst immer mehr hervor; affektbetonte Klanglichkeit machte mystischer Hintergründigkeit Platz. Vielfach sind S.' Möglichkeiten der musikalischen Sprachbehandlung, die sich, sehr bezeichnend, in Verbindung mit der deutschen Sprache entwickelt hat, gewesen. Sie reichen von der schlichten Deklamation über Tonmalerei und dramatische Wortgestaltung bis zur musikalischen Textdeutung und künstlerischen Entfaltung dessen, was hinter den Worten steht. Seine Musik läßt auf ihrem Gipfel nicht nur das, was z.B. Jesus und die Apostel gesagt haben, erklingen, sondern zugleich erahnen, mit welchem Unterton dies geschah. Die geistliche Musik von S. ist daher weithin eine Predigt sui generis, was am stärksten in der *Geistlichen Chormusik* und den *Symphoniae sacrae* III, dem Höhepunkt von S.' Schaffen, hervortritt. Solche Kompositionsweise schließt ein hohes Maß persönlicher Durchdringung der vertonten Texte ein. Jedoch das, was in einem frühen Werk wie den *Cantiones sacrae* mit der Bevorzugung mystischer Texte als Subjektivismus verstanden werden kann, ordnet sich mit zunehmender Reife mehr und mehr dem (vor allem neutestamentlichen) Bibelwort und zuweilen auch dem Kirchenlied unter. Das De tempore-Lied hat bei S. allerdings keine Vorrangstellung gehabt, und die Kirchenliedweisen ließ er selten unangetastet, weil auch sie dem Grundanliegen der Textausdeutung unterworfen wurden. Daher hat er auch niemals einen nach dem Kirchenjahr geordneten Jahrgang von Kompositionen geschaffen, sondern die Vertonung selbstgewählter, u.U. unter homiletischen Gesichtspunkten zurechtgelegter oder mit anderen Schriftstellen kombinierter Perikopen (vgl. z.B. SWV 401 und 408) vollzogen. Demzufolge hat sich bei ihm die Ablösung der die gottesdienstliche Lesung unterbrechenden Motette durch die an diese sich anschließende Figuralmusik ergeben, die sich hernach im Zeitalter J.S. Bachs mit der Kantate als gottesdienstliche „Hauptmusik" präsentiert.

Ausg.: H. S., Sämtliche Werke 1–16, hrsg. v. PH. SPITTA (L 1885–94), 17 u. 18 (Suppl. 1 u. 2), hrsg. v. A. SCHERING – H.

SPITTA (L 1909–27), Nachdr. in 13 Bden. (Wie 1968–74); NA sämtlicher Werke, hrsg. v. der Int. H. S.-Ges. (Kas 1928ff.), bisher 24 Bde., auch Einzelausg. – Stuttgarter S.-Ausg., bisher Bd. 8: *Musikal. Exequien* (1973), u. 13: *12 Geistliche Gesänge* (1971); H. S., Gesammelte Briefe u. Schriften, hrsg. v. E. H. MÜLLER (Rb o.J.) (enthält auch die Vorreden); H. S., *Glückwünschung des Apollinis und der neun Musen*, Faks. des Textbuches (Kas 1929); Autobiographie *Memorial* 1651 (Kas 1936); dass., Faks.-Ausg. v. H. KRAUSE-GRAUMNITZ (L (1972); M. GEIER, Kurtze Beschreibung des Herrn H. S.ens Lebens-Lauff, Faks.- Ausg. v. D. Berke (Kas ²1972); *Dialogo per la Pascua*, Faks.-Ausg. v. W. BITTINGER (Kas 1965); Ch. Bernhard, Die Kompositionslehre H. S.'..., hrsg. v. J. MÜLLER-BLATTAU (L 1926, ²1963).

Lit.: Bibliogr. des S.-Schrifttums v. R. BRUNNER, 1926–50, in: S.-Jb. 3 (Kas 1981), 1951–75, in: ebd. 1 (Kas 1979). – **1) Gesamtdarstellungen:** C. VON WINTERFELD, J. Gabrieli u. sein Zeitalter (B 1834, Nachdr. Hil 1965); PH. SPITTA, H. S.' Leben u. Wirken, in: Musikgesch. Aufsätze (B 1894, Nachdr. Hil 1976); A. PIRRO, H. S. (P 1913); A. EINSTEIN, H. S. (Kas 1928); F. BLUME, H. S. 1585–1672, in: Die großen Deutschen I (B 1935); H. J. MOSER, H. S. Sein Leben u. sein Werk (Kas 1936, ²1954); W. GURLITT, H. S. 1585–1672, in: Die großen Deutschen V (B 1957); H. H. EGGEBRECHT, H. S., Musicus poeticus (Gö 1959); W. HAACKE, H. S. Eine Schilderung seines Lebens u. Wirkens (Königstein 1960); K. GUDEWILL, H. S., in: MGG XII; O. BRODDE, H. S. Weg u. Leben (Kas 1972); H. S. u. seine Zeit in Bildern, zusammengestellt u. erläutert v. R. PETZOLD sowie mit einer Einführung v. D. BERKE (Kas 1972); H. EPPSTEIN, H. S. (Neuhausen – St 1975); J. RIFKIN, H. S., in: Grove⁶ XVII. – **2) Periodica:** Programmh.e der H. S.-Feste der Neuen bzw. Int. S.-Ges (1928ff.); Sagittarius 1–4 (Kas 1966, 1969, 1970, 1973); S.-Jb., hrsg. v. W. BREIG (Kas 1979ff.). – **3) Spezielle Stud. (nach 1975):** K. GUDEWILL, Der „Gesang der Venuskinder" v. H. S. (1634), in: Ber. u. Beitr. der Schleswig-Holsteinischen Landesbibl. (Kiel 1978); F. KRUMMACHER, Die Choralbearb. in der prot. Kirchenmusik zw. Praetorius u. Bach (Kas 1978); K. GUDEWILL, Zum Verhältnis von Sprache u. Vertonung in der Geistl. Chormusik von H. S., in: FS B. Grusnick (Neuhausen – St 1981); H. S. u. seine Zeit, hrsg. v. W. BLANKENBURG (Da 1983) (= Wege der Forsch. 614) (mit Beitr. vieler Autoren). W. BLANKENBURG

SCHÜTZE, Rainer, * 27. 2. 1925 Heidelberg; dt. Cembalo- und Clavichordbauer. S. war zunächst Holzschnitzer und Schreiner, verbrachte 1944–49 in russischer Gefangenschaft und studierte dann bis 1954 Architektur in Karlsruhe. 1954 gründete er in Heidelberg eine Cembalo- und Clavichordwerkstatt und beschäftigte sich vor allem mit dem Bau historischer Instrumente. 1956 unternahm er die Rekonstruktion eines französischen Cembalos nach Blanchet. Bei der Entwicklung seiner Instrumente berücksichtigt S. auch Einflüsse des Klavierbaus im 19. Jahrhundert. Er wurde mehrfach ausgezeichnet (u.a. Bayerischer Staatspreis Goldmedaille 1956, Ehrenurkunden der Weltausstellungen Brüssel 1959 und Montreal 1967).

SCHWANENSEE *(Lebedinoje Osero)*, Ballett in 4 Akten von Peter I. Tschaikowsky (1840–93), op. 20. Libretto: W. P. Begitschew und Wassily Geltzer. UA der 1. Fassung: 20. 2. (4. 3.) 1877 in Moskau (Bolschoi-Theater); Choreographie: Julius Reisinger. UA der 2. Fassung: 15. 1. (27. 1.) 1895 in St. Petersburg (Marien-Theater); Choreographie: Marius Petipa und Lew Iwanow; dt. EA: 1938 in Dessau.

Als ballethistorischer Kulminationspunkt in der Entwicklung jener traditionsreichen, im 19. Jahrhundert entstandenen Handlungsballette, repräsentiert gerade dieses Werk das klassische russische Tanztheater. Auch hier basiert die Handlung auf einem bekannten Märchensujet: eine verzauberte Prinzessin wird durch die aufopfernde, vorbehaltlose Liebe eines jungen Prinzen erlöst. Nachdem das Ballett zunächst erfolglos geblieben war, schufen Petipa (1. und 3. Akt) und Iwanow (2. und 4. Akt) ein neues choreographisches Konzept, das seitdem als Originalchoreographie tradiert wird. Korrespondierend zu Tschaikowskys sinfonisch durchkomponierter, von Leitmotiven geprägter Musik, bietet sich in diesem Werk – zum erstenmal in der Geschichte der Gattung – die durchgeformte, nach leitmotivischen Prinzipien gestaltete Choreographie dar: bestimmte, dem Handlungsverlauf zugeordnete choreographische Entsprechungen verbinden – vielfältig variiert – die tänzerischen Figuren, Elemente sowie die expressiv-gestischen Darstellungsformen. Gleichermaßen zeichnet diese Konzeption die konkrete tänzerische Gestaltung sowohl der repräsentativen Divertissement-Szenen mit effektvoll instrumentierten Charaktertänzen (Csárdás, Bolero, Tarantella, Mazurka) als auch die der exponierten Solo-Szenen (Pas de deux) vor, in denen sich die dramaturgisch-choreographischen Attraktionspunkte der Handlung finden. – In seiner tänzerisch-kompositorischen Farbigkeit und Vielförmigkeit umfaßt dieses Ballett wesentliche Stilmöglichkeiten, die auf die weitere Entwicklung der klassizistischen wie auch neoromantischen Moderne nachhaltigen Einfluß ausgeübt haben. G. LUDIN

SCHWÄRMER (it.: bombo), Bz. für eine vorwiegend in der Instrumentalmusik des 17. und 18. Jh. häufig vorkommende, aus raschen Tonwiederholungen bestehende Figur. J. G. Walter (*Musicalisches Lexicon*, 1732) gibt folgendes Beispiel für den S. an:

SCHWARZ, Hanna, * Hamburg; dt. Sängerin (Alt). Sie studierte in Essen und Hannover, wo sie 1970 debütierte, und wurde 1973 Mitglied der Hamburgischen Staatsoper. Gastspiele führten sie u.a. nach Berlin, Paris, London, Rom und in die Vereinigten Staaten; seit 1975 singt sie auch regelmäßig bei den Bayreuther Festspielen und gehört heute zu den herausragenden deutschen Vertreterinnen ihres Faches. Wichtige Rollen sind Dorabella (W. A. Mozart, *Così fan tutte*), Erda und Fricka (R. Wagner, *Ring*) und Oktavian (R. Strauss, *Rosenkavalier*). Auch als Konzertsängerin hat H. S. internationale Erfolge zu verzeichnen.

SCHWARZE DOMINO, DER *(Le Domino noir)*, Opéra-comique in 3 Akten von Daniel François Esprit Auber (1782–1871), Text von Eugène Scribe. Ort und Zeit der Handlung: Madrid, 19. Jahrhundert. UA: 2. 12. 1837 in Paris (Opéra-Comique), dt. EA (in dt. Sprache): 16. 6. 1838 in Berlin (Hofoper).
Horace de Massarena hat auf einem Maskenball die als Domino kostümierte Stiftsdame Angèle kennengelernt; die auf beiden Seiten erwachte Zuneigung findet durch verschiedene Zufallskonstellationen Erfüllung mit der Heirat des Paars. – Als eines der Spätwerke Aubers häufig mit dem Hinweis auf nachlassende Schaffenskraft des Meisters abgetan, ist *Der schwarze Domino* dennoch eine der erfolgreichsten Opern des Komponisten: Bereits ein halbes Jahr nach der UA hatte das Werk europäische Verbreitung gefunden, und in der Opéra-Comique gab man schon am 3. 4. 1882 die 1000. Aufführung. Die entscheidende Neuerung liegt im Libretto: Scribe, der, wie in den meisten seiner Textbücher, auch hier die Aufstellung der Personen in den Tableaux nicht dem Zufall überließ, sondern exakte Pläne vorgab, führte mit dieser Arbeit die Überraschungskomödie in die Opéra-comique ein, in welcher die drei Aufzüge des verwickelten Intrigenspiels als Teile einer Scharade aufgefaßt werden und die Lösung bis zum letzten Augenblick hinausgezögert wird. Angesichts des rasch wechselnden Geschehens auf der Bühne wählte Auber, wie Berlioz es beschrieb, „gedrängte Formen, kurze Melodien" und eine „singspielartige Richtung". Das Übermütig-Tänzerische dominiert in dieser Oper. R. QUANDT

SCHWARZE SPINNE, DIE, Oper in 2 Akten von Willy Burkhard (1900–55), op. 80, Text von Robert Faesi und Georgette Boner nach der gleichnamigen Erzählung (1842) von Jeremias Gotthelf. Ort und Zeit der Handlung: ein Bauerndorf vor mehr als 700 Jahren. UA: 28. 5. 1949 in Zürich; dt. EA: 30. 5. 1960 in Kassel.
Eine Tauffeier bildet den Rahmen für die Erzählung vom zweimaligen Pakt der Bauern, insbesondere der Lindauerin Christine (durch einen Kuß des Teufels in die Schwarze Spinne verwandelt), mit dem Teufel und die Überwindung des Bösen nach großen Opfern: Vor 600 Jahren erkauften die Bauern die Befreiung von der Fron durch das Versprechen einer ungetauften Seele, 200 Jahre später wurde das gebannte Böse durch den Übermut der Knechte wiederum freigesetzt. – Gemäß seiner Definition von Oper als „Bühnenstück, bei dem die Musik einen führenden Anteil hat", schuf Burkhard in seinem einzigen Werk, das dieser Gattung zuzurechnen ist, eine Kombination von Sprechstück, Tanz- und Musikdrama. Ballett und Pantomime prägen die Ebene der visionären Binnenhandlung; der Erzähler (in der Rolle des Großvaters) stellt die Verbindung zur Rahmenhandlung her. In der Schlußszene werden beide Handlungsebenen verknüpft: der Täufling, um dessentwillen sich die Gesellschaft versammelt hat, ist das vor der Spinne gerettete Kind. Dieser dramatische Bogen wird musikalisch durch das Aufgreifen thematischen Materials aus der Einleitung in der Schlußszene nachvollzogen. Neben Polytonalität in den Chören verwendet der Komponist traditionelle Stilmittel wie tonmalerische Personencharakteristik und Volksliedmelodien in den Tanzszenen. Eine Umarbeitung mit gestraffter Rahmenhandlung gelangte am 30. 5. 1954 in Zürich zur Erstaufführung. K. LANGROCK

SCHWARZE SPINNE, DIE, Oper in 2 Teilen von Josef Matthias Hauer (1883–1959), op. 62, Text von Hans Schlesinger nach der gleichnamigen Erzählung (1842) von Jeremias Gotthelf. UA: 23. 5. 1966 in Wien (Theater an der Wien).
Hauer konzipierte dieses Werk als „Mysterienspiel"; die 1932 fertiggestellte Partitur überschrieb er mit „Deutsches Singspiel". In der Textfassung, die auf der 1. Episode in Gotthelfs Erzählung beruht, ist neben Christine (hier: Jesabel) der die Bauern zur Fron zwingende Graf der Haupthandlungsträger (vgl. den Inhalt im gleichnamigen Werk von W. Burkhard). Das Lehrhafte der Erzählung wird anstelle der Rahmenhandlung durch die neugeschaffene Figur eines Narren hervorgehoben. Die wichtigsten Züge der visionären und symbolistischen Handlung werden nach der Darstellung auf der Bühne vom Schloßgesinde kommentiert. In der Komposition folgt Hauer konsequent seinem selbst formulierten Zwölftongesetz, einer Art dodekaphonem Rotationsverfahren. Nach seiner „von jedem zu erlernenden" Technik ist die gesamte Oper – bis auf das fünfstimmige Vorspiel – streng vierstimmig „harmonisiert", für die Vokalsoli und einzelne Instrumentalstimmen benutzt er eine aus den Akkorden entwickelte „Urmelodie", der Chorsatz bleibt weitgehend auf die vorgegebene Akkordik beschränkt und erreicht somit häu-

fig archaische, deklamatorische Aussagekraft. Trotz Betonung der Kompositionstechnik gelingt es Hauer, musikdramatisch eindrucksvolle Wirkungen zu erzielen. K. LANGROCK

SCHWARZKOPF, Elisabeth, * 9. 12. 1915 Jarotschin (Posen); dt. Sängerin (Sopran). Sie studierte bei Maria Ivogün und wurde 1938 Mitglied der Städtischen Oper Berlin, wo sie u. a. die Musette in G. Puccinis *La Bohème* sang. 1943 wurde sie an die Wiener Staatsoper engagiert und begann dort nach dem Krieg ihre internationale Karriere. Hauptorte waren außer Wien die Salzburger Festspiele und London. In ihrem breiten Repertoire bildeten die Opern von W. A. Mozart und R. Strauss das Zentrum; lange galt S. stimmlich und darstellerisch als ideale Verkörperung der Gräfin im *Figaro* und der Marschallin im *Rosenkavalier.* 1951 sang sie die Anne Trulove bei der UA von I. Strawinskys *The Rake's Progress* in Venedig. 1971 beendete sie ihre Bühnenlaufbahn. E. S.s Weltrang beruht in gleichem Maße auch auf ihren Leistungen als bedeutende Liedersängerin ihrer Generation. Schwerpunkte sind hier die Werke von Fr. Schubert, H. Wolf und R. Strauss. Ihr Können wird durch eine große Zahl von Schallplatten bezeugt, die oft in Zusammenarbeit mit ihrem Mann Walter Legge, dem künstlerischen Direktor der EMI, entstanden.

Lit.: B. GAVOTY, E. S. (F 1957) (= Die großen Interpreten 20); A. PORTER, S., in: Grove[6] XVII.

SCHWARZ-SCHILLING, Reinhard, * 9. 5. 1904 Hannover, † 9. 12. 1985 Berlin; dt. Komponist. S. studierte seit 1922 Komposition und Klavier an der Akademie der Tonkunst in München und 1925–27 an der Musikhochschule Köln und 1927–29 bei H. Kaminski in Ried. 1929–35 wirkte er als Dirigent eines Kammerchores und Orgellehrer in Innsbruck und danach als freischaffender Komponist in Feldafing. 1938 wurde er Kompositionslehrer an der Berliner Musikhochschule (1955 Professor) und übernahm 1969 auch die Leitung der Kompositionsklassen. Konzertreisen führten ihn 1960 und 1967 nach Nordamerika sowie 1972 nach Japan und Südkorea, wo er als Gastprofessor für Komposition an der Seoul National University lehrte. – S. fühlte sich in seinem überwiegend vokalen Schaffen, das teilweise auch das Laienmusizieren berücksichtigt, der Tradition J. S. Bachs und A. Bruckners, unmittelbar auch dem Einfluß von W. Braunfels und Kaminski verpflichtet. Seine Musik ist tonal gebunden und zeigt eine Vorliebe zu kontrapunktischer Arbeit.

WW: Klv.- u. Org.-Stücke; Streichquartett f-moll (1932). – Für Orch.: Partita (1935); V.-Konzert (1953); *Sinfonia diatonica* (1957); Symphonie in C (1963). – Für Chor a cap.: *Dominabitur* (1933) sowie 3 lat. Motetten *Pater noster, Venite ad me, O sacrum convivium* (1933); *Vom Baum des Lebens* (1950) (Text: H. Hesse); *Grenzen der Menschheit* (1953) (Text: J. W. Goethe); *Missa „In terra pax"* (1956); 4 Psalmmotetten *Exaudi, Domine, vocem meam* (1974) für gem. Chor; ferner Liederzyklen, Liedsätze u. Chorlieder. – *Lob der Mutter* (1950) für Sopran, Alt, 3st. gem. Chor u. Streichorch.; *O Heiland, reiß die Himmel auf* (1958) für 2st. Frauenchor, Sopransolo, V., Va. u. Org.; Kantate *Laetare Jerusalem* (1958) für 6st. gem. Chor, Streichorch. u. 2 Trp.

Lit.: A. BERNER, R. S. (B 1964) (mit Werk-Verz.).

SCHWARZWALDMÄDEL, Operette in 3 Akten von Léon Jessel (1871–1942), Text von August Neidhart. Ort und Zeit der Handlung: St. Christoph im Schwarzwald, vor dem 1. Weltkrieg. UA: 25. 8. 1917 in Berlin (Komische Oper). Verfilmt: 1920, 1927 und 1950.

Die Volksoperette *Schwarzwaldmädel* brachte nach Erfolgen im Bereich der Salonmusik für Jessel den Durchbruch auf der Operettenbühne. Die Handlung entspricht dem tradierten Klischee: Der ältliche Witwer Blasius Römer verzichtet auf seine Magd Bärbele und überläßt sie einem Jüngeren. Die volkstümlich gezeichneten Figuren und das anheimelnde heimatliche Milieu (Neidhart betrieb für die lebensechte Darstellung Studien bei Schwarzwälder Bauern) trugen ebenso zur Popularität der Operette bei wie die bewußt einfach gehaltene musikalische Gestaltung. Die moderne Tanzmusik wird wirkungsvoll mit volksliedhaften Themen verknüpft; Melodien wie *Erklingen zum Tanze die Geigen; Malwine, ach Malwine, du bist wie eine Biene* und das Ensemble *Mädle aus dem schwarzen Wald* sind Beispiele für den volkstümlichen Kompositionsstil. – Der große Erfolg dieses Werkes, das noch in der Vorbereitungsphase bei den Darstellern auf heftigsten Widerstand stieß, konnte von Jessel durch keine seiner nachfolgenden Kompositionen wiederholt werden; bis heute ist das Werk eine der am häufigsten gespielten Operetten geblieben. B. DELCKER

SCHWEBUNG, in der Akustik Überlagerung von Schwingungen annähernd gleicher Frequenz. Das menschliche Ohr hat nur eine begrenzte Fähigkeit, die Tonhöhen (Frequenzen) zweier hintereinander klingender Töne sehr ähnlicher Frequenz zu unterscheiden (↗Gehör). Erklingen beide Töne jedoch gleichzeitig, so wird diese Fähigkeit durch die ↗Interferenz beider Schwingungen um ein Vielfaches gesteigert: Haben zu einem bestimmten Zeitpunkt beide Schwingungen eine maximale Auslenkung in gleicher Richtung, fällt wegen der etwas verschiedenen Frequenz einige Zeit später die maximale Auslenkung der einen Schwingung mit einer entgegengerichteten Auslenkung der anderen zusammen. Dieser Vorgang heißt S. und bewirkt eine periodische Veränderung der Lautstärke: im einen Fall (Auslenkungen in gleicher Richtung) addieren sich beide Einzelamplituden, im anderen Fall subtrahieren sie sich und ergeben Null, wenn beide Amplituden gleich sind. Die Frequenz der S. ist gleich der Differenz der Frequenzen der beiden Einzelschwingungen. Frequenzdifferenzen bis herab zu 1 Hz werden so als deutlich hörbare Lautstärkeveränderungen wahrgenommen; bei einigen Orgelregistern (z.B. Vox humana, Vox coelestis) wird dies als ein dem ↗Vibrato entsprechender Effekt ausgenutzt. Bei Frequenzdifferenzen größer als etwa 8 Hz wird die S. nicht mehr als solche empfunden; die Lautstärkeveränderungen folgen zu schnell aufeinander, und es entsteht der Eindruck der Unsauberkeit (von Bedeutung für die gehörsmäßige Kontrolle beim Stimmen von Instrumenten). Liegt die Frequenz der S. deutlich im hörbaren Bereich (größer als 16 Hz), so wird diese Frequenz als ↗Kombinationston mitgehört.

H. ALBRECHT

SCHWEDEN. Frühzeit. Die vorgeschichtlichen Ursprünge der schwedischen Musik sind unbekannt. Zu den ältesten Quellen zählen Luren aus der Bronzezeit (1500–500 v.Chr.) und Reste eines Leierinstrumentes. Felsenbilder, schriftliche Zeugnisse bei römischen Autoren und in der späteren altnordischen Literatur belegen die Musikausübung in vorchristlicher Zeit. Wie diese Musik geklungen hat, wissen wir nicht; vermutlich hatte sie auch magische Funktionen.

Christliches Mittelalter. Nachdem im 9. Jh. die christliche Mission (Ansgar) S. erreicht hatte und die katholische Kirche ihre Stellung nach und nach festigen konnte (seit 1164 selbständige Kirchenprovinz), ist seit der Mitte des 11. Jh. auch die Kirchenmusik in S. nachweisbar, die ebenso wie die weltliche Musik sehr lange einstimmig gepflegt wurde. Erst seit dem 15. Jh. sind Zeugnisse mehrstimmiger Musikausübung bekannt. In der liturgischen Musik dominierte anfänglich eine englische Tradition, die aber bald durch die römische ersetzt und in der Folge in den Klöstern in nahezu unveränderter Form weitergetragen wurde. Das liturgische Repertoire umfaßte vor allem Sequenzen, Hymnen und Reimoffizien. – Über die weltliche Musik ist nur wenig bekannt; u.a. sind Beschreibungen verschiedener Tänze überliefert, wie z.B. die antiphonal ausgeführte höfische Ballade französischen Ursprungs, die bis ins 19. Jh. als Volkslied gesungen wurde. Mittelalterlichen Ursprungs ist sehr wahrscheinlich auch der noch heute lebendige melismatische Falsettgesang in den Kuhreigen-Melodien schwedischer Senner.

Wasazeit und Zeit der Großmacht Schwedens (1520–1718). Während der Regierung von Gustav I. Wasa (1523–60) wurde die Reformation in S. eingeführt. Damit wurde auch die musikalische Verbindung mit der katholischen Kirche aufgelöst (das Pergament der alten liturgischen Bücher wurde u.a. zu Einbanddecken der staatlichen Rechenschaftsbücher verwendet). Erste Grundlegungen für die Ausformung einer protestantischen Kirchenmusik finden sich in der *Svenska mässan* (1531). Bestrebungen, einen einheimischen Gemeindegesang zu entwickeln, wurden aber erst mit dem *Koralpsalmboken* (1697), einer Sammlung 1st. Lieder mit B.c., verwirklicht.

Weltliche Kunstmusik hatte ihren Platz vor allem am Hofe anläßlich verschiedener Festlichkeiten. Seit 1526 finden sich Namen von Musikern in den Akten; aufgrund dieser Quellen kann die Gründung einer Hofkapelle um diese Zeit datiert werden, die sich aus Musikern verschiedener Länder zusammensetzte. Aus den Quellen geht ebenfalls hervor, daß König Erik XIV. die Ausbildung schwedischer Musiker förderte. Bedeutende musikalische Pflegestätten waren auch die Kathedralschulen. Dies belegen u.a. die dort aufbewahrten Notensammlungen, die zahlreiche mehrstimmige Vokalwerke des 15. und 16. Jh. enthalten und z.T. als Kriegsbeute nach S. gekommen sind. Viele dieser Werke sind auch tatsächlich aufgeführt worden. Die größte Sammlung ist die sog. Düben-Sammlung. Sie wurde während der 2. Hälfte des 17. Jh. von G. (I) Düben zusammengetragen und ist vor allem mit der Musikpflege am Hofe und in der deutschen Gemeinde in Stockholm verknüpft. Düben wirkte dort als Kapellmeister und Organist und gehört mit seinem Vater Anders zu den wenigen und bedeutenden schwedischen Komponisten des 16. und 17. Jahrhunderts. Von den ausländischen Komponisten, die in Schweden in dieser Zeit wirkten, sind zu nennen: V. Albrici, der Instrumentalmusik und als erster einen schwedischen Text – ein Vater unser (*Fadher wår,* 1654) – vertonte, und Pierre Verdier, der u.a. Ballette für Hoffestlichkeiten schrieb; daneben auch Chr. Geist und Chr. Ritter.

Das 18. Jahrhundert. Die umfassenden politischen Veränderungen nach dem Untergang der schwedischen Großmacht 1718 brachten auch Umgestaltungen im Musikleben S.s mit sich. Der Königshof blieb zwar weiterhin die wichtigste musikalische Pflegestätte, doch gewann daneben die bürgerliche Gesellschaft an immer größerer Bedeutung. In diesen Zusammenhang gehören u.a. die Gründung der Gesellschaft „Utile Dulci“ mit einem „Musikalischen Areopag“ und die Veranstaltungen öffentlicher Konzerte in Stockholm, die erstmals 1731 von der Hofkapelle unter Mitwirkung von Amateuren durchgeführt wurden. Als Kapellmeister wirkte damals J. H. Roman, der bedeutendste schwedische Komponist seiner Zeit. Neben Instrumentalmusik schrieb er auch Vokalwerke in schwedischer Sprache (u. a. *Svenska messan*).

Der Oper kam im Musikleben S.s lange eine relativ untergeordnete Rolle zu; sie blieb vor allem mit den Festlichkeiten am Hofe verknüpft. Einen Aufschwung erhielt sie schließlich durch Gastspiele ausländischer Opernensembles: u.a. einer französischen Truppe und 1755 einer italienischen unter der Leitung von Fr. A. Uttini, der seit 1767 in Stockholm als Hofkapellmeister wirkte und zur Einrichtung eines festen Opernensembles (1773) beitrug. In diese Richtung gingen vor allem die Bemühungen des kulturell überaus regen Königs Gustav III. (1771–92). Er strebte die Schaffung einer nationalsprachigen Oper an, die in vieler Hinsicht den Ideen Chr. W. Glucks verpflichtet war. Unter ihm wurde die Königliche Musikakademie gegründet (1771), die als Ausbildungsstätte eine wichtige Rolle für die Musikpflege übernahm.

Zu den nun zahlreicher werdenden schwedischen Komponisten des 18. Jh. gehören – neben Roman – Hinrich Philip Johnsen (1717–79; Bühnenmusik, Instrumentalwerke und Lieder), Ferdinand Zellbell (1719–80); u. a. eine Oper und Instrumentalwerke), J. J. Agrell (1701–65; bedeutende Klavierwerke), Arvid Niclas von Höpken (1710–78; Bühnenwerke), J. Wikmanson (1753–1800; Streichquartette und Klavierwerke) und Olof Ahlström (1756–1835; Lieder und Klavierstücke), der sich auch als erster Musikverleger in S. betätigte. Große Bedeutung für das schwedische Musikleben während des 18. Jh. hatten auch weiterhin ausländische Musiker: J. G. Naumann, Johann Christian Friedrich Haeffner, G. J. Vogler und vor allem J. M. Kraus (1756–92), der die zentrale Musikerpersönlichkeit der gustavianischen Zeit wurde. Als wichtiger Liedkomponist des 18. Jh. in S. gilt Carl Michael Bellman (1740–95).

Das 19. Jahrhundert. Das Musikleben S.s zu Beginn des 19. Jh. ist vor allem durch die verstärkte Einflußnahme des Bürgertums gekennzeichnet. Dies äußerte sich u.a. in einer Dezentralisierung des Musiklebens durch das Hervortreten anderer Städte (neben der Hauptstadt Stockholm) als aktive Musikzentren, in denen zahlreiche Musikvereine gegründet wurden (u.a. in Göteborg 1809 und in Malmö um 1820). Das aktive bürgerliche Musikleben führte zwar eine beachtenswerte Verbreitung der Musikpflege mit sich; es blieb jedoch auch von einem hemmenden Dilettantismus geprägt. Der Schwerpunkt des Musizierens lag lange auf einer etwas einseitigen Pflege von Gesellschafts-, Chor- und Sololied. Daneben widmeten sich aber einige Kreise bereits früh der Kammermusikpflege, aus der 1849 die sog. Mazersche Quartettgesellschaft hervorging. Der Einfluß nationalromantischer Ideen führte zum verstärkten Interesse für die Volksmusik, die in Sammlungen aufgezeichnet wurde (*Svenska folkvisor* 1814–17, hrsg. von E. G. Geijer und A. A. Afzelius, musikalisch bearbeitet von J. Chr. Fr. Haeffner). Kennzeichnend für die Kompositionen, die in dieser Zeit entstanden, ist neben dem Anknüpfen an die Tradition der Wiener Klassik eine Orientierung an der deutschen musikalischen Romantik, u.a. an den Werken von L. Spohr, C. M. von Weber und F. Mendelssohn Bartholdy. Zu den Komponisten dieser Richtung zählen u. a. auch E. G. Geijer (1783–1847; Lieder, Chorsätze und Kammermusik) und A. Fr. Lindblad (1801–78; Symphonien, Streichquartette und eine Oper). Eine Sonderstellung im schwedischen Musikleben nahm Fr. Berwald (1796–1868) ein, dessen hervorragende Instrumentalwerke zur Zeit ihres Entstehens allerdings keinen rechten Anklang fanden. Um die Mitte des 19. Jh. führten Studienreisen einige junge Komponisten u.a. nach Leipzig, wo sie die neuen Strömungen innerhalb der deutschen Musik, vor allem die Werke R. Schumanns, kennenlernten. Dies schlug sich besonders in der Lied- und in der Kammermusikkomposition nieder. Einer dieser Komponisten war Ludvig Norman (1831–85), der auch bedeutend als Dirigent und Reorganisator des schwedischen Musiklebens wirkte, ein anderer A. Söderman (1832–76), der als die zentrale Gestalt einer nationalen schwedischen Romantik gilt. Seine Musik, die sich u.a. durch ideenreiche Behandlung des Volkstons auszeichnet, diente vorbildhaft für viele schwedische Komponisten. Der musikalische Stil Fr. Liszts und R. Wagners gewann besonders in der Ballade (Söderman, W. Peterson-Berger u.a.) und in der Oper (Johan Andreas Hallén) an Bedeutung. Von traditioneller Haltung und an französische Einflüsse anknüpfend (u.a. an Ch. Gounod) sind die Lieder und Opern von Ivar Christian Hallström (1826–1901). Zu nennen ist hier schließlich E. Sjögren (1856–1918), der sich seit den 70er Jahren zunächst an der Leipziger Schule orientierte, bald jedoch unter dem Eindruck französischer Komponisten seine Musiksprache bereicherte.

Die Zeit von 1890 bis 1920. Die 90er Jahre sind eine überaus charakteristische Zeitspanne in der schwedischen Musik; die wichtigsten Ideen und Stilströmungen der vorangegangenen Zeit werden zusammengefaßt und vertieft. Vor allem W. Stenhammar (1871–1927) und H. Alfvén (1872–1960) schufen bedeutende Instrumentalkompositionen (Orchesterwerke und Kammermusik). Innerhalb der Vokalmusik gelangte bei ihnen das Lied zu einem Höhepunkt. In diesem Zusammenhang ist auch besonders W. Peterson-Berger (1867–1942) zu erwähnen. In der Zeit nach der Jahrhundertwende traten u.a. der auch als Pädagoge bedeutende Harald Fryklöf (1882–1919) und Sigurd von Koch (1879–1919) mit Liedern und Kammermusik hervor. In den frühen Jahren des 20. Jh. folgten u.a. T. Rangström (1874–1947) mit Liedern und Instrumentalwerken und K. Atterberg (1887–1974) mit u.a. folkloristisch inspirierten Symphonien.

Die Zeit nach 1920. Bei allen bisher genannten Komponisten blieben im wesentlichen die verschiedenen Richtungen der romantischen Epoche vorherrschend. Erst in den Jahren nach dem 1. Weltkrieg kam das schwedische Musikleben in verstärkte Berührung mit den aktuellen Strömungen des europäischen Kontinents. Dies führte in den 1920er Jahren u.a. zu einer intensiven Auseinandersetzung zwischen Traditionalisten und Fortschrittlichen. Natanael Berg (1879–1957), Moses Pergament (1893–1977) und Edwin Kallstenius (1881–1967) gehörten zu denen, die neue Stilmittel verwendeten. Während dieser Zeit trat auch H. Rosenberg (* 1892) mit seinen ersten Werken auf. Der Umschwung der Stiltendenzen fand vor allem seinen Niederschlag in einer neoklassizistischen Richtung mit L. E. Larsson (* 1910), D. Wirén (* 1905) und Erland von Koch (* 1910), der auch die folkloristische Tradition weiterführt. Die konzertant-neoklassizistische Richtung wurde wesentlich vertieft und erweitert von G. Nystroem (1890–1966) und G. de Frumerie (* 1908). Zur zentralen Gestalt der modernen Musik in den 30er und 40er Jahren wurde indes Rosenberg, der auch als Pädagoge einen großen Einfluß auf jüngere, in den 40er Jahren erstmals hervortretende Komponisten ausübte. Zu diesen gehören u.a. K.-B. Blomdahl (1916–1968), Sv.-E. Bäck (* 1919) und I. Lidholm (* 1921), die zusammen mit einigen Gleichgesinnten den Måndagsklub (Montagsklub) bildeten, in dem u.a. P. Hindemiths Kompositionslehre studiert wurde. Diese Gruppe stellte gewissermaßen die Vorkämpfer einer neuen musikalischen Entwicklung S.s nach dem 2. Weltkrieg dar, die sich jedoch später in verschiedene Richtungen aufspaltete. Zu ihnen gehört auch A. Petterson (1911–80), der in seinen Symphonien an eine G. Mahler und Dm. Schostakowitsch folgende Tradition anknüpfte. Zahlreiche Komponisten studierten nach 1945 im Ausland (Schola Cantorum in Basel, Internationale Ferienkurse für Neue Musik in Darmstadt). Die stilistische Entwicklung in den 50er Jahren verläuft im wesentlichen in zwei Richtungen: einerseits gibt es einen „radikalen" Stil mit der Verwendung insbesondere von seriellen und pointillistischen Stilmitteln, wie er durch B. Hambraeus (* 1928) und B. Nilsson (* 1937) repräsentiert wird. Die andere Richtung zeigt traditionalistische Tendenzen; ihre Vertreter sind u.a. Gunnar Bucht (* 1927), Hand Eklund (* 1927) und Maurice Karkoff (* 1927). Die genannten Komponisten sind jedoch nur wenige von vielen innerhalb einer vielschichtigen musikalischen Entwicklung, die in den letzten Jahren neue Impulse durch zeitgenössische polnische, italienische und französische Musik erhalten hat. An Bedeutung gewannen in neuester Zeit auch Sten Broman (* 1902), Sigfried Naumann (* 1919), Lars Johan Werle (* 1926), Jan Bark (* 1934), K.-E. Welin (* 1934), Folke Rabe (* 1935) und Jan W. Morthenson (* 1940).

Musikinstitutionen. Das heutige Musikleben S.s weist ein vielfältiges Bild auf. Einige Organisationen spielen eine besonders aktive Rolle: so die schwedische Sektion der IGNM „Ny musik" und die Stockholmer Sektion „Fylkingen" (gegr. 1933), die sich um die Vermittlung Neuer Musik bemühen. „Nutida musik" (neuzeitliche Musik) heißt eine Konzertreihe und eine im Anschluß daran erscheinende Zeitschrift, die 1954 begründet wurde und seit 1957 vom Rundfunk getragen wird. Ein Studio für elektronische Musik ist dem Rundfunk angeschlossen. Seit 1964 wurde durch staatliche Unterstützung versucht, Konzertveranstaltungen im ganzen Land durchzuführen („Rikskonserter"); seit 1968 ist dies eine feste Einrichtung. Die führenden Orchester finden sich in Stockholm (Konsertföreningens Orkester, gegr. 1902), Göteborg (gegr. 1905) und Malmö (gegr. 1925). Die einzige ständige Opernbühne ist das Königl. Theater in Stockholm (gegr. 1773); bedeutend ist auch das Schloßtheater Drottningholm, das als einziges originale Ausstattung des 18. Jh. besitzt. Hier werden in den Sommermonaten Opern und Singspiele aufgeführt. Andere Bühnen, wie das Große Theater in Göteborg und das Stadttheater in Malmö, nehmen zeitweise Opern und Operetten in ihre Spielpläne auf. Internationalen Ruf genießt heute der Stockholmer Kammerchor unter der Leitung von Eric Ericson.

Berufliche Musikausbildung vermittelt die Musikhochschule in Stockholm; andere Konservatorien befinden sich in Göteborg und Malmö. Die private

Musikschule in Edsberg dient speziell den Erfordernissen des Rundfunks. Es gibt ferner viele regionale Musikschulen für die Laienausbildung. Der bisher einzige musikwissenschaftliche Lehrstuhl in S. besteht (seit 1947) an der Universität Uppsala. Die dortige Universitätsbibliothek (gegr. 1620) enthält reiche musikalische Schätze, darunter die Düben-Sammlung (s. o.). Gelehrt wird Musikwissenschaft aber auch an den Universitäten Lund (seit 1947), Stockholm (seit 1960) und Göteborg (seit 1967). In Stockholm befinden sich weitere für die Musikgeschichte S.s wichtige Institutionen: Die Bibliothek der Königlichen Musikakademie (eine der größten Musikbibliotheken Europas), das Musikhistoriska museet (gegr. 1899; mit bedeutenden Instrumentensammlungen) und das Svensk musikhistorisk arkiv (gegr. 1965; ein musikalisches Dokumentationszentrum).

Lit.: **1) Bibliographien, Periodica:** Å. DAVIDSSON, Bibliografi över svensk musiklitteratur 1800–1945 (Uppsala 1948, NA 1980); STMf (1919ff.) (mit jährlicher Bibliogr. der schwed. musikwiss. Lit.); Studia musicologica Uppsaliensia (Uppsala 1952ff.). – **2) Tondenkmäler-Ausg.:** Monumenta musicae Svevicae (Kas 1966ff.), bisher 1 Bd. WW v. J. H. Roman u. 12 Bde WW v. F. Berwald. – **3) Ausg. v. Volksmusik:** E. G. GEIJER – A. A. AFZELIUS – J. C. F. HAEFFNER, Svenska folkvisor från forntiden, 4 Bde. (Sto 1814–16, Uppsala [4]1957–60); Svenska vallvisor och hornlåtar, hrsg. v. R. DYBECK (Sto 1846, Nachdr. 1974); 420 svenska danspolskor (Polkas), hrsg. v. A. G. ROSENBERG (Sto 1876–82, Nachdr. 1969); Svenska barnvisor och barnrim (Kinderlieder), hrsg. v. J. NORDLANDER (St 1886, Nachdr. 1971); Svenska låtar, hrsg. v. N. ANDERSSON, 24 Bde. (Sto 1922–40, Nachdr. 1974); Svenska medeltids ballader, hrsg. v. B. R. JONSSON (Sto 1962). – **3) Studien:** T. NORLIND, Die Musikgesch. S.s in den Jahren 1630–1730, in: SIMG 1 (1899–1900); W. NIEMANN, Die Musik Skandinaviens (L 1906); C.-A. MOBERG, Über die schwedischen Sequenzen (Uppsala 1927); DERS., Musik u. Musikwiss. an den schwedischen Universitäten, in: Mitt. der Int. Ges. für Musikwiss. 1–2 (1929–30); DERS., Der gregor. Gesang in S. während der Reformationszeit, in: KmJb 27 (1932); B. WESTER, Orgelbaukunst in S. v. 1600–1800, in: MuK 4 (1932); S. WALIN, Beitr. z. Gesch. der schwedischen Sinfonik (Uppsala 1941); C.-A. MOBERG, Från kyrko- och hovmusik till offentlig konsert (ebd. 1942, Nachdr. 1970); DERS., Die liturgischen Hymnen in S. I (ebd. 1947); E. SALVÉN, Dances of Sweden (Lo 1949); B. WALLNER, La musique en Suède (Sto 1951); I. BENGTSSON, Schwedische Musik des 20. Jh., in: Melos 23 (1956); E. ERICI, Eine kurze schwedische Orgelgesch. im Lichte des heutigen Bestandes, in: MuK 26 (1956); C.-A. MOBERG, Das Musikleben in S., in: Kgr.-Ber. Hamburg 1956 (Kas 1957); B. WALLNER, Modern Music in Scandinavia, in: European Music in the 20th Century, hrsg. v. H. Hartog (Lo 1957, [2]1961); R. ENGLÄNDER, Die Gustavianische Oper, in: AfMw 16 (1959); J. HORTON, Scandinavian Music. A Short History (Lo 1963); J. LING, Svensk folkmusik (Sto 1964, [4]1974); S., in: MGG XII; B. WALLNER, Scandinavian Music after the Second World War, in: MQ 51 (1965); B. PLEIJEL u. a., Schwedische Musik einst u. heute (Sto 1970); C.-A. MOBERG, Studien z. schwedischen Volksmusik (Uppsala – Sto 1971) (= Studia musicologica Uppsaliensia. Nova series 5); I. BENGTSSON, Musikwiss. in S., in: BzMw 14 (1972); G. BERGENDAL, 33 svenska komponister (Sto 1972); A. LÖNN, Trends and Tendencies in recent Swedish Musicology, in: AMl 44 (1972); F. K. PRIEBERG, Musik als sozialpolitische Erscheinung, Beispiel S., in: Melos 39 (1972); Music for Sweden, hrsg. v. H. SJÖGREN (Sto 1972); M. TEGEN, Svensk musikhistoria (Sto 1972); C. M. CNATTINGIUS, Contemporary Swedish Music (Sto 1973); Tradition and Progress in Swedish Music, hrsg. v. B. PLEYEL (Sto 1973); T. UPPSTRÖM, Pianister i Sverige (Sto 1973); B. WALLNER, Musiksvenska (Sto 1973); A. AULIN – H. CONNOR, Svensk musik, 2 Bde. (Sto 1974–77); J. H. YOELL, The Nordic Sound. Explorations into the Music of ..., Sweden (Boston 1974); S. JACOBSSON, Musiken i Sverige (Västerås 1975); M. JERSILD, Skillingstryck. Studier i svensk folklig vissång före 1800 (Sto 1975); F. K. PRIEBERG, Musik u. Musikpolitik in S. (Herrenberg 1976); Sweden, in: Grove[6] XVIII. – **4) Nachschlagewerk:** Sohlmans musiklexikon, 4 Bde. (Sto 1948–1952), 5 Bde. ([2]1975–79).

A. HELMER

SCHWEGEL, Schwiegel, Schwägel (von ahd. swëgala). – **1)** Seit dem frühen 13. Jh. bekannte Bz. für Quer- und Längsflöten, im engeren Sinne früher für eine engmensurierte zylindrische Einhandflöte (↗Galoubet), heute vor allem in Österreich Bz. für die ↗Querpfeife. – **2)** Orgelregister mit überwiegend zylindrisch gebauten offenen Labialpfeifen mittelweiter Mensur zu 4′, 2′ und 1′, seltener zu 8′.

Lit.: **Zu 1):** E. BENEDIKT, Zur Gesch. der alpenländischen volkstümlichen Querpfeife u. a. Flöten, in: Tibia 7 (1982).

SCHWEIGSAME FRAU, DIE, Komische Oper in 3 Akten von Richard Strauss (1864–1949), op. 80, Text von Stefan Zweig nach *Epicoene* von Ben Jonson. Ort und Zeit der Handlung: Zimmer des Sir Morosus in einem Vorort Londons, etwa 1780. UA: 24. 6. 1935 in Dresden (Staatsoper).

Zweig schloß die Lücke, die der Tod H. von Hofmannsthals 1929 für R. Strauss gerissen hatte, und erfüllte des Komponisten Wunsch, endlich einmal ein rechtes Intrigenstück schreiben zu wollen. Zweig greift über das übliche Buffa-Schema des 18. Jahrhunderts, nach dem ein wohlhabender alternder Hagestolz von einer gerissenen schmucken Maid und deren Geliebtem geprellt wird, weit hinaus und füllt das alte Opernschema mit Figuren, „die uns menschlich interessieren, nicht bloß erheitern" (Zweig). Das Stück spielt in einer einzigen Dekoration. Strauss verwendet normale Orchesterbesetzung: „Unter 50 Mann Orchester componiere ich überhaupt nicht!" – Der altbewährte Wechsel von Dialogabschnitten mit geschlossenen Formen wird durch vielfältige Übergänge souverän geschlossen und verdichtet. Die Aufgabe, „ob Seccorecitativ, ob gesprochener Dialog", löst Strauss durch einen ariosen Sprechgesang und die Verwendung variabler Möglichkeiten des Melodrams, d. h. gesprochener Texte zu paraphrasierenden Instrumentaleinwürfen und Begleitfiguren. Strauss setzt voraus, daß seine Hörer sich gut in der musikalischen Literatur auskennen, da die Oper von zahlreichen Zitaten und melodischen Anspielungen, die oftmals nur als Ähnlichkeiten hervortreten, durchzogen ist. Das mehrfach wiederkehrende

Kopfmotiv des Liedes *Freut Euch des Lebens* gibt dem Werkganzen ein inhaltsbezogenes Leitmotiv: die Weisheit des Alters. „Wie schön ist doch die Musik, aber wie schön erst, wenn sie vorbei ist": der Schlußmonolog des alten Kapitäns Morosus ist die Ansprache des siebzigjährigen Strauss an sein Publikum.
Die Zusammenarbeit mit dem jüdischen Dichter Zweig brachte Strauss in offenen Konflikt mit den neuen Herren des Dritten Reiches. Die UA konnte nur durch eine Sondergenehmigung des „Führers" erreicht werden. Als Strauss bemerkte, daß man den Namen des Dichters auf den Plakaten weggelassen hatte, fügte er unter der Androhung, umgehend abzureisen, den Namen wieder hinzu. Hitler und Goebbels erschienen daraufhin nicht zur Premiere, deren glänzender Erfolg unter den einschränkenden Maßnahmen der Offiziellen nicht gedeihen konnte. Das befreiende Lachen des Morosus erstarb. Erst nach dem Kriege fand *Die Schweigsame Frau* auf den Bühnen ihre Sprache wieder. H. BECKER

SCHWEITZER, Albert, * 14. 1. 1875 Kaysersberg (Oberelsaß), † 4. 9. 1965 Lambarene (Gabun); elsässischer Theologe, Organist, Musikforscher und Arzt. Nach dem Studium der evangelischen Theologie und der Philosophie vor allem in Straßburg promovierte er dort 1899 zum Dr. phil. (mit der Arbeit *Die Religionsphilosophie Kants*), 1900 zum Lic. theol., habilitierte sich neben seiner Tätigkeit als Prediger an St. Nikolai für neutestamentliche Exegese und machte sich einen Namen durch seine Leben-Jesu-Forschung. Bereits in jungen Jahren war S. mit der Musik vertraut und erwarb sich eine gründliche Ausbildung im Orgelspiel (E. Münch, 1893–98 Ch.-M. Widor) und Musiktheorie (G. Jacobsthal). Wegweisend wurden für ihn die langjährige Zusammenarbeit mit Münch, zumal in dessen Straßburger Aufführungen von Passionen und Kantaten J. S. Bachs, und die Begegnung mit dem Werk und der Kunstanschauung R. Wagners (zahlreiche Besuche in Bayreuth seit 1896). Beides führte ihn zu seiner berühmten Bach-Monographie, die auf Anregung Widors und in 2 Stufen entstand: zuerst französisch, dann eigenständig deutsch. Sie bedeutet eine Wende in der Bach-Auffassung, indem S. erstmals das Wort-Ton-Verhältnis als zentrales Problem erkannte und als Wesenszug der musikalischen Sprache Bachs in den Vokal- und choralgebundenen Orgelwerken das „Malerische", d.h. die Bildlichkeit und Symbolhaftigkeit, beschreibt. Er wendet sich dabei ausdrücklich gegen Ph. Spitta und seine Darstellung Bachs als absoluten Musikers. Große Bedeutung erlangte S., der sich auch mit Problemen der Aufführungspraxis Bachscher Werke beschäftigte und sein Leben lang als Organist konzertierte, als einer der Initiatoren (mit É. Rupp) der „Elsässischen Orgelreform", die die deutsche ↗Orgelbewegung stark beeinflußte.
Bereits 1905 hatte S. ein Medizinstudium begonnen, das er 1912 abschloß. Von nun an sah er die Tätigkeit als Missionsarzt als seine Lebensaufgabe an. 1913 errichtete er in Lambarene in der damaligen französischen Kolonie (heute Republik) Gabun (Äquatorialafrika) ein Urwaldkrankenhaus, wo er seit 1924 ständig lebte. S.s aufopfernder humanitärer Einsatz, dessen leitender Gedanke die religiös-ethisch motivierte „Ehrfurcht vor dem Leben" war, fand zunehmend und weltweit Beachtung. 1953 wurde er mit dem Friedensnobelpreis ausgezeichnet.

Schriften (nur die musikwiss. u. autobiographischen): *J. S. Bach, le musicien-poète* (P – L 1905, Nachdr. Lau 1950), dt. erweitert als *J. S. Bach* (L 1908, Wie [10]1979); *Deutsche u. französische Orgelbaukunst u. Orgelkunst* (L 1906, Nachdr. Wie 1962), erweitert mit *Nachwort über den gegenwärtigen Stand des Orgelbaues* (L [2]1927, Wie [3]1968); *Internationales Regulativ für Orgelbau,* in: Kgr.-Ber. Wien 1909 (W – L 1909) (zus. mit F. X. Mathias) (auch als Einzeldruck). – *Zwischen Wasser u. Urwald* (Be 1921); *Aus meiner Kindheit u. Jugendzeit* (Be – Mn 1924, NA Mn 1952); *Aus meinem Leben u. Denken* (L – Be 1931, NA H 1974). – S. gab heraus: *J. S. Bach, Complete Organ Works,* 8 Bde. (NY 1912–67) (zus. mit Ch.-M. Widor u. E. Nies-Berger).

Ausg.: Gesammelte Werke, hrsg. v. R. GRABS, 5 Bde. (Mn 1974). – Music in the Life of A. S., hrsg. v. CH. R. JOY (NY 1951, revidiert Lo 1953, Boston 1959) (Schriftenauswahl in engl. Übers.).

Lit. (nur das musikwiss. Œuvre betreffend): R. QUOIKA, A. S.s Begegnung mit der Org. (B 1954, [2]1958); W. PICHT, A. S. (H 1960); A. S., sein Denken u. sein Weg, hrsg. v. H. W. BÄHR (Tü 1962), darin u.a. L. SCHRADE, Die Ästhetik S.s. Eine Interpretation Bachs; F. MOREL, A. S. als Musiker, in: A. S., Mensch u. Werk (Be 1959); H. KLOTZ, A. S. in memoriam, in: AMl 37 (1965); R. QUOIKA, Ein Orgelkolleg mit A. S. (Freising 1970); E. R. JACOBI, A. S. u. die Musik (Wie 1975).

SCHWEITZER, Anton, getauft 6. 6. 1735 Coburg, † 23. 11. 1787 Gotha; dt. Komponist. Er war 1745 Chorknabe in Hildburghausen und wenig später Viola- und Violoncellospieler in der dortigen Hofkapelle. 1758 studierte er als herzoglicher Stipendiat bei J. Fr. Kleinknecht in Bayreuth. In Hildburghausen spätestens 1764 zum Kammermusiker avanciert, setzte er 1764–66 seine Studien in Italien fort und wurde nach seiner Rückkehr Kammerkomponist und Kapellmeister am inzwischen eingerichteten Hoftheater in Hildburghausen. Nach dessen Auflösung 1769 wurde S. Musikdirektor der Seylerschen Theatergesellschaft, mit der er Norddeutschland (u.a. Hamburg, Lübeck, Hannover) bereiste und in deren Dienst er erstmals als Opernkomponist hervortrat. 1772 ließ sich die Truppe in Weimar, 1774 in Gotha nieder. Nach

Auflösung des Gothaer Hoftheaters wurde S. als Nachfolger G. Bendas herzoglich-gothaischer Kapelldirektor.

WW: Eine Symphonie (A o.J.), 2 weitere Symphonien hsl. – Bühnen-WW: Von etwa 15 nachweislich aufgeführten Opern, Singspielen, Monodramen u.ä. sind vollständig oder teilweise erhalten (als Klv.-A. oder hsl.): *Elysium*, UA: Celle oder Hannover 1770; *Apollo unter den Hirten*, UA: Halberstadt 1770; *Die Dorfgala* (Libr.: C. M. Wieland) u. *Aurora* (Libr.: ders.), UA: Weimar 1772; *Alceste* (Libr.: ders.) u. *Die Wahl des Herkules*, UA: ebd. 1773; *Polyxena*, UA: Gotha 1775; *Rosemunde* (Libr.: ders.), UA: Mannheim 1780. Einige Bühnen- u. 46 Ballettmusiken sind verschollen. – Vokal-WW: *Grabgesang* für SingSt u. Klv. (Gotha 1783); hsl. erhalten sind einige it. u. dt. Kantaten u. eine Messe.

Mit seinem Eintritt in die Seylersche Gesellschaft stieß S. unmittelbar in den Brennpunkt der Bemühungen um ein deutsches National-Singspiel. Seine *Dorfgala* (1772) knüpft im wesentlichen an den Stil J. A. Hillers an, enthält jedoch auch parodistische Elemente. Das Werk wurde ein Erfolgsstück und taucht vereinzelt auch noch nach der Jahrhundertwende in Spielplänen auf. Von S.s gemeinsam mit Ch. M. Wieland unternommenen Versuchen, eine „ernsthafte" deutsche Oper zu schaffen, verhalf ihm *Alceste* (1773) zu Ruhm und Ansehen, wogegen *Rosemunde* (1780) schnell in Vergessenheit geriet. Stilistisch stehen beide Opern mit Ausnahme persönlich gefärbter Secco-Rezitative im Ausdrucksbereich der neapolitan. Oper.

Lit.: J. G. MAURER, A. S. als dramatischer Komponist (L 1912) (= BIMG II/11); A. A. ABERT, Der Geschmackswandel auf der Opernbühne, in: Mf 6 (1953); W. PFANNKUCH, S., in: MGG XII.

W. PFANNKUCH

SCHWEIZ. Unter S. wird im folgenden das geographische Gebiet der S. verstanden, wie es seit 1848 festgelegt ist. Die kulturellen und politischen Eigentümlichkeiten, welche die S. und ihre Geschichte auszeichnen – 4 Landessprachen, Verschiedenheit deutscher, französischer und italienischer Stämme, Zugehörigkeit zu sehr verschiedenen Bistümern im Mittelalter, konfessionelle Unterschiede seit der Reformation, föderative Demokratie –, und in neuerer Zeit eine wie überall zu beobachtende musikalisch-stilistische Vielfalt verbieten es, von einer homogenen, im nationalen Sinn „schweizerischen" musikgeschichtlichen Leistung zu sprechen, selbst dann, wenn auf schweizerischem Boden einzelne musikgeschichtliche Phänomene erstmals nachgewiesen werden können. Eben diese Vielfalt prädestiniert die S. andererseits gerade dazu, gegenüber Einflüssen verschiedenster „ausländischer" Provenienz offen zu sein.

Vorgeschichte. Antike. Aus der Zeit der vorrömischen Besiedlung des Landes fehlen direkte musikgeschichtliche Belege. Etwas besser präsentiert sich die Quellenlage wenigstens für die S. in römischer Zeit: hier sind immerhin Mundstücke von Tuben und einige bildliche Musikdarstellungen erhalten; weiteren Aufschluß können Zeugnisse bringen, die aus außerschweizerischen Gebieten sinngemäß auf schweizerische übertragen werden. – Vorchristliches scheint, wenn auch im einzelnen nur schwer faßbar, noch in der Volksmusik nachzuleben. So dürften sich etwa im sog. St. Margarethenlied und im ↗Alpsegen Elemente erhalten haben, die offenbar älter sind als die in deren Texten in den Vordergrund tretende christliche Ausrichtung.

Mittelalter bis zur Reformation. Die Christianisierung und Missionierung ist im Gebiet zuerst der romanischen, erst später, offenbar besonders unter irischem Einfluß, auch der nordalpinen alemannischen S. erfolgt. Die französischsprachigen Regionen, insbesondere das Rhonetal, haben sich damit zunächst den Usancen des Gallikanischen Kirchengesangs angepaßt; möglicherweise hat in dem in Frankreich erhaltenen St-Denis-Offizium ein ursprünglich gallikanisches Offizium auf den hl. Mauritius überlebt, das aus dem Kloster St-Maurice im Wallis übernommen worden wäre. Im italienischen und vielleicht auch im rätischen Bereich ist der Ambrosianische Gesang gepflegt worden; im Gegensatz zu allen andern Gebieten, deren chorale Eigenarten in karolingischer Zeit der vereinheitlichenden „Gregorianisierung" haben weichen müssen, hat sich der Ambrosianische Gesang in wenigen Gemeinden des Tessins noch länger, teilweise bis in unser Jahrhundert, halten können. Im alemannischen Gebiet sind besonders die Klöster St. Gallen, Rheinau, Einsiedeln und Engelberg wichtig geworden; die Bedeutung St. Gallens als europäischen Zentrums musikalischen Schaffens ist zwar nicht mehr so unbestritten wie früher, doch ragt das Kloster in jedem Fall durch seine besondere, auch literarische ↗Sequenz- und ↗Tropus-Tradition hervor.

Das früheste Zeugnis für Mehrstimmigkeit liegt in einer Einsiedler Abschrift der *Musica enchiriadis* des 10. Jh. vor; einen ebenfalls indirekten Hinweis bietet der Zürcher Ordo des Conrad von Mure, um 1260. Bei Notre-Dame-Fragmenten in Basel und Solothurn ist eine Entstehung auf schweizerischem Boden unwahrscheinlich; hingegen sind verschiedene Sätze des sog. retrospektiven Stils aus Klöstern seit dem 13. Jh. erhalten. Besonders ist hier auf die Engelberger Handschrift 314 von 1372 hinzuweisen, die auch eine eigene provinzielle Abwandlung französischen Motettenstils des 13. Jh. bewahrt. Aus dem 14. Jh. haben „ausländische" Chanson- und Motettenfragmente, aus dem 15. indirekte Zeugnisse für „französische" polyphone

Werke sowie zufällig gestreute Messen-, Motetten- und Cantio-Kompositionen in Manuskripten etwa in Lausanne, Basel und Bern überlebt; für die Zeit vor und nach 1500 darf auf den kurz in Genf wirkenden A. Brumel, dann auf den Berner Kreis um B. Frank, später auch J. Wannenmacher und C. Alder hingewiesen werden, deren Werke z.T. erhalten sind. – Das Orgelspiel ist, besonders seit dem 15. Jh., gut bezeugt; Kompositionen sind erst mit dem frühen 16. Jh., etwa in den Tabulaturbüchern Bonifacius Amerbachs und Fr. Sichers, nachweisbar. – Eine nicht unbedeutende Rolle scheint dem Minnesang zugekommen zu sein, etwa mit Rudolf von Fenis, Konrad von Würzburg oder Meister Boppe; leider sind zu Johannes Hadlaubs allein in der sog. Manessischen Handschrift (↗Heidelberger Liederhandschrift) enthaltenen Dichtungen keine Melodien überliefert. – Stadtpfeifer sind, so gut wie Militärmusiker, fast in allen Städten bezeugt; ausführliche Untersuchungen liegen erst vereinzelt vor.

16.–18. Jahrhundert. Die 1460 gegründete Universität Basel hat ein reges geistiges Leben gedeihen lassen; darauf ist auch die Blüte der Buchdruckerei zurückzuführen, die, schon im späten 15. Jh., eine schöne Zahl liturgischer Bücher, nach der Jahrhundertwende einen berühmten Obrecht-Messen-Druck sowie eine Reihe musikalischer Lehrbücher herausgebracht hat, in deren Tradition sich schließlich auch Glareanus mit seinem *Dodecachordon* (1547) einreiht; an dessen Bedeutung reichen andere, auch außerhalb Basels veröffentlichte Lehrbücher eines Auctor Lampadius, L. Bourgeois, Johannes Fries, S. Mareschall oder, im 17. Jh., Nikolaus Zerleder nicht heran. – Wohl stärker als der Humanismus hat freilich die Reformation die schweizerische Musikgeschichte bestimmt; die unter Zwingli und Calvin durchgebrochene Bewegung hat in den reformierten Gebieten zu besonderen kirchenmusikalischen Restriktionen geführt, was erklärt, warum in den altgläubig gebliebenen Regionen die Musikgeschichte ungebrochener verlaufen ist. An die Stelle des einstimmigen Chorals oder der mehrstimmigen Messe und Motette tritt nun der Psalmengesang der reformierten Gemeinde: er ist, einstimmig und seit der Einführung der Lobwasserschen Übersetzung des Genfer Psalters (↗Hugenottenpsalter) mit den Sätzen Cl. Goudimels auch mehrstimmig, seit dem späten 16. Jh. fast überall eingebürgert und hat sich, gegen manche anderen Gesangbücher, ziemlich unbestritten bis zur Wende zum 19. Jh. halten können. Im deutschsprachigen Gebiet ist vor dem Lobwasser-Psalter eine im wesentlichen von Konstanz ausgehende Gesangbuch-Tradition bestimmend; im französischsprechenden Bereich sind, schon in der Mitte des 16. Jh., Bourgeois, G. Franc und vor allem Goudimel an der Bereitstellung von Psalmvertonungen wesentlich beteiligt. Der seit der Abschaffung der Orgel bestehende Verzicht auf Instrumentales in der Kirche wird empfunden, besonders seit dem Aufkommen der bürgerlichen Musikkollegien der reformierten deutschsprachigen S., zu Beginn des 17. Jh.; bereits seit dem 16. Jh. sind Bläser in den Kirchen bezeugt, und im Laufe des 18. und 19. Jh. findet die Orgel, breit gestreut, wieder Einzug in den Kirchen. – Weltliche Musik ist im 16. Jh., wie die Überlieferung zeigt, besonders in kunstsinnigen Bürgerhäusern, wie demjenigen B. Amerbachs in Basel, oder, vorzüglich mit Lautenmusik, in Studentenkreisen beheimatet. Die genannten, etwas späteren Collegia musica fördern zunächst vor allem geistliche, seit der Mitte des 17. Jh. zunehmend auch weltliche Musik; aus ihnen sind im 18. und 19. Jh. die teilweise noch heute bestehenden privaten Konzertorganisationen hervorgewachsen. – Die Musik der Altgläubigen hat im 16. Jh. nur in den Ausländern Manfred Barbarini Lupus in Locarno und St. Gallen und H. Herpol in Freiburg i. Ü. nennenswerte Meister gefunden; die größte aus der S. stammende Begabung, L. Senfl, hat schon in jugendlichem Alter die Heimat verlassen. Mit dem 17. Jh. springen die intensiven Beziehungen ins Auge, welche mit Süddeutschland unterhalten werden. Es sind vor allem Klosterkonventualen am Werk, wie Johann Benn oder Felician Suevus, deren vokal-instrumentale Gebrauchsmusik für die Kirche freilich das Niveau erstklassiger Vergleichsliteratur aus Deutschland nicht erreicht. Im späteren 18. Jh. hebt sich schließlich ein Innerschweizer Komponistenkreis hervor, mit Fr. J. L. Meyer von Schauensee, Franz Dominik Stalder und Constantin Reindl, denen man auch symphonische und Singspielmusik verdankt. In den innerschweizerischen, besonders vom Jesuitenorden gepflegten Schauspielen des 16.–18. Jh. ist die Musik ebenfalls vertreten; das gilt übrigens schon für die dem 16. Jh. vorangehenden geistlichen Passions- und Osterspiele. – Das 18. Jh. hat der S., außer etwa mit der bereits zu dessen Beginn verstorbenen Randfigur H. Albicastros, keinen über den Durchschnitt herausragenden Instrumentalmeister geschenkt; dieses Bild ändert sich auch nicht, nachdem sich die bürgerlichen Musikkollegien in der 2. Jahrhunderthälfte der Vorklassik öffnen: einzig auf den in Genf wirkenden Violinisten Gaspard Fritz muß hingewiesen werden. In der Wirkung bedeutsamer als die vorklassische Instrumentalmusik ist wohl die von den Zürcher Kleinmeistern J. Schmidlin,

J. H. Egli und Johann Jakob Walder ausgeübte Liedkomposition geworden; musikalisch orientiert etwa am Vorbild der Berliner Liederschule, spiegelt sie in den Texten bereits etwas vom vaterländischen Charakter, der für das Lied des 19. Jh. bestimmend geworden ist. Schließlich ist, wegen ihrer beträchtlichen musikgeschichtlichen Wirkung, auf die allerdings vereinzelte Persönlichkeit J.-J. Rousseaus und seine Verdienste um Singspiel und musikalische Lexikographie hinzuweisen.

19. und 20. Jahrhundert. Mit dem 19. Jh. setzt eine Bewegung ein, welche die Musik in möglichst breite Bevölkerungskreise vorzutreiben sucht. Eine besondere Bedeutung kommt hier dem Zürcher H. G. Nägeli zu, der, von pädagogischen Gedanken Johann Heinrich Pestalozzis und von vaterländischen Idealen angeregt, an der Popularisierung des Musiklebens, auch des damals neuen, bis heute lebenden Männerchorwesens, entscheidend beteiligt ist; im französischsprachigen Bereich hat, etwas später, Jean Bernard Kaupert gewissermaßen Nägelis Aufgabe erfüllt. Das Lied ist, als Solo- oder Chorkomposition – wie in Deutschland –, in der S. im 19. Jh. von zentraler Bedeutung geworden; die starken Impulse, die es vom Volkslied her empfangen hat, sind, besonders ausgesprochen etwa beim Kleinmeister Ferdinand Fürchtegott Huber, nicht zu übersehen. Auch die Gründungen der überkantonalen Schweizerischen Musikgesellschaft (1808) und des Eidgenössischen Sängervereins (1842) muß man von solchem Popularisierungsbestreben her sehen. – An bemerkenswerten Meistern der Romantik sind einzig der früh verstorbene Th. Fröhlich zu nennen, der Instrumental- und Vokalmusik mit gleicher Hingebung berücksichtigt hat, sowie X. Schnyder von Wartensee, der in seinem symphonischen Werk das Vorbild J. Haydns erkennen läßt, übrigens den größeren Teil seines Lebens in Deutschland zugebracht hat. Das nun in fast allen Städten der S. aufblühende allgemeine Musikleben kennt eine große Zahl von tüchtigen, als Komponisten, Praktiker und Pädagogen tätigen Musikern, die hier zu nennen aber wenig sinnvoll ist, da sie über eine lokale Bedeutung vielfach nicht hinausgekommen sind. Erst der im späteren 19. Jh. in Basel aktive H. Huber sowie der ihm im 20. Jh. folgende H. Suter, in Zürich besonders O. Schoeck, haben mit kammermusikalischen, symphonischen, Opern- und Oratorienwerken das Schaffen schweizerischer Komponisten über die Landesgrenzen hinaus bekannt gemacht. Ihnen folgen die vertrauten Namen eines A. Honegger, C. Beck, Fr. Martin oder W. Burkhard, wobei jeder von diesen sich in eigener Weise mit neueren, zum Teil auch mit dodekaphonen Stilen auseinandersetzt; durch seine intensive Beschäftigung mit der Rhythmik hat É. Jaques-Dalcroze in Genf weite Bedeutung gewonnen und eigentlich schulbildend gewirkt. Als Mäzen und Dirigent hat P. Sacher in Basel zahlreiche Komponisten gefördert. Heute bestimmt eine junge Generation begabter Komponisten (H. Holliger, Kl. Huber, R. Kelterborn, Hans-Ulrich Lehmann, R. Suter und andere) das Bild zeitgenössischen Musikschaffens mit, nicht nur in der S. selbst, sondern auch im Ausland; dabei werden alle musikalischen Gattungen von instrumentaler und vokaler Musik gleichermaßen gepflegt.

Volksmusik. Die S. besitzt ein reiches Volksliedrepertoire, das freilich je nach Sprachgebiet erheblich differiert und, wie das im deutschsprachigen Bereich schon die vielen hochdeutschen Texte zeigen, stark auch von außerschweizerischen Einflüssen geprägt ist. Wie alt dieses Repertoire im einzelnen ist, läßt sich schwer beurteilen; von hohem Alter ist gewiß der Alpsegen und der ↗Kuhreigen. Eine intensiv gepflegte – aber nicht allein schweizerische – Besonderheit vokaler Volksmusik ist das ↗Jodeln. Volkstümliches Singen wird heute vielfach in entsprechenden Chorvereinigungen gepflegt. – Instrumentale Volksmusik lebt vor allem in Ländlern und Märschen, die von entsprechenden Kapellen und Musikvereinen gepflegt werden; die Besetzung der Ländlerkapellen umfaßt ursprünglich etwa Violine, Klarinette, Kontrabaß, allenfalls auch Hackbrett, später auch Trompete; Marschmusik wird bei bestimmten Gelegenheiten und an bestimmten Orten von Pfeifer-Trommler-Vereinigungen, in der Regel aber von den üblichen Blasmusikvereinen gespielt. Das ↗Alphorn gehört nicht hierzu; es ist in der S. ursprünglich, wie der Name schon sagt, auf das alpine Gebiet beschränkt und wird, wenn überhaupt, nur in ein reines Alphorn-Ensemble einbezogen. – Volkslied und instrumentale Volksmusik sind, mindestens in städtischen Regionen, im Rückgang begriffen; diesen vermögen die Sänger-, Jodel- und Blasmusikfeste einigermaßen aufzuhalten.

Musikorganisation. Art und Eindringlichkeit der obligatorischen, in den Schulen gebotenen Musikerziehung differiert infolge der kantonal geregelten Schulhoheit sehr. Einheitlicher sind die an den meist im 19. Jh. gegründeten Konservatorien vorgeschriebenen Ausbildungswege für angehende Berufsmusiker, obwohl es sich hier oft um private, allerdings meist staatlich unterstützte Institute handelt; für Musik der Zeit vor dem 19. Jh. besteht in der Schola Cantorum Basiliensis eine eigene Pflege- und Ausbildungsstätte. – Die größeren Städte, teilweise auch die drei Rundfunksender besitzen je ein, wenn nicht mehrere Symphonie- und Kammerorchester sowie größere Chorvereinigungen; auch diese, wie die bestehenden Konzertorganisationen, sind weitgehend private Einrichtungen. Ausübende Musiker sind zur Wahrnehmung ihrer Interessen in Verbänden und Organisationen zusammengeschlossen: für Musiklehrer sei etwa an den Schweizerischen Musikpädagogischen Verband, für Komponisten an den Schweizerischen Tonkünstlerverein erinnert. – Die Musikwissenschaft ist mit eigenen Lehrstühlen an den Universitäten Basel, Bern, Freiburg i. Ü., Genf und Zürich vertreten; die mit mehreren lokalen Sektionen fast die ganze S. erfassende Schweizerische Musikforschende Gesellschaft trägt durch Vorträge und Publikationen ebenfalls zur Förderung der Musikwissenschaft bei.

Lit.: **1) Tondenkmäler u. Periodica:** Schweizerische Musikdenkmäler (Bas 1955, Kas 1967ff.), bisher 9 Bde. erschienen; Schweizerische Musikzeitung (SMZ); Schweizer Jb. für Musikwiss. – **2) Allgemeines:** E. REFARDT, Hist.-Biographisches Musikerlexikon der S. (L – Z 1928); A.-E. CHERBULIEZ, Die S. in der dt. Musikgesch. (Frauenfeld – L 1932); Schweizer Musikbuch, 2 Bde. (Z 1939); A.-E. CHERBULIEZ, Gesch. der Musikpädagogik in der S. (o. O. 1944); Musica Aeterna II (Z 1948); E. REFARDT, Musik in der S. (Be 1952); Musica 12 (1959) H. 7/8 (= Sonderh. S.); E. REFARDT, Bibliogr., in: Mitteilungsblatt Nr. 33 u. 34 der Schweizerischen Musikforsch. Ges. (1962, 1963); Schweizer Musiker-Lexikon (Z 1964); K. VON FISCHER – A. GEERING – H. P. SCHANZLIN – H. EHINGER – E. MOHR, S., in: MGG XII. – **3) Mittelalter bis zur Reformation:** A. SCHUBIGER, Die Pflege des Kirchengesanges u. der Kirchenmusik in der dt. katholischen S. (Einsiedeln 1873); Die Schweizer Minnesänger, hrsg. v. K. BARTSCH (Frauenfeld 1886); J. HANDSCHIN, Angelomontana polyphonica, in: SJbMw 3 (1928); A. GEERING, Minnesang in der S., in: SMZ 87 (1947); DERS., Die Organa u. mehrst. Conductus in den Hss. des dt. Sprachgebietes (Be 1952); kleinere Aufsätze, in: FS J. Handschin (Be – St 1957); J. STENZL, Repertorium der liturg. Musikhss. der Diözesen Sitten, Lausanne u. Genf I (Fribourg 1972); M. STAEHELIN, Neue Quellen z. mehrst. Musik des 15. u. 16. Jh. in der S., in: Schweizer Beitr. z. Musikwiss. 3 (1978). – **4) 16.–18. Jh.:** H. WEBER, Gesch. des Kirchengesanges in der dt. reformierten S. seit der Reformation (Z 1876); K. NEF, Die Collegia musica in der dt. reformierten S. (L 1897); A. NEF, Das Lied in der dt. S. Ende des 18. u. Anfang des 19. Jh. (Z 1909); O. EBERLE, Theatergesch. der innern S. (Königsberg 1929); W. VOGT, Die Messe in der S. im 17. Jh. (Diss. Bas 1940); E. NIEVERGELT, Die Tonsätze der deutschschweizerischen reformierten Kirchengesangbücher im 17. Jh. (Z 1944); H. P. SCHANZLIN, Die schweizerische Kirchenmusik des 17. Jh. im Überblick, in: Der Chorwächter 82 (1957); W. JERGER, Zur Musikgesch. der deutschsprachigen S. im 18. Jh., in: Mf 14 (1961); M. JENNY, Gesch. des dt.-schweizerischen ev. Gesangbuches im 16. Jh. (Bas 1962). – **5) 19. u. 20. Jh.:** A. NIGGLI, Die Schweizerische Musikges. (Z – L 1886); E. REFARDT, Die Musik der schweizerischen Centenarfestspiele, in: SMZ 60 (1920); R. HUNZIKER, H. G. Nägeli (Winterthur 1924); Der Schweizerische Tonkünstlerverein im 2. Vierteljh. seines Bestehens (Z – L 1925); G. BUCKY, Die Rezeption der Schweizerischen Musikfeste (1808–1867) in der Öffentlichkeit (Diss. Z 1934); E. ISLER, 25 Jahre schweizerischer Musik (1914–1939), in: SMZ 79 (1939); R. THOMANN, Der Eidgenössische Sängerverein 1842–1942 (Z 1942); J. BURDET, Les origines du chant choral dans le canton de Vaud (Lau 1946); 40 Schweizer Komponisten der Gegenwart (Amriswil 1956); Schweizer Komponisten unserer Zeit (Z 1975). – **6) Volksmusik:** A. L. GASSMANN, Zur Tonpsychologie des Schweizer Volksliedes (Z 1936); C. CAMINADA, Das rätoromanische St. Margaretha-Lied, in: Schweizerisches Arch. für Volkskunde 36 (1937/38); H. IN DER GAND, Volkstümliche Musikinstr. in der S., in: ebd.; R. FELLMANN, Schulungsgrundlage für Jodlerinnen u. Jodler (Luzern [4]1962). – **7) Musikorganisationen:** H. P. SCHANZLIN, Musikwiss. in der S., in: AMl 30 (1958); W. MÜLLER VON KULM, Zum Nachwuchsproblem, in: SMZ 101 (1961); P. MEYLAN, La situation de nos compositeurs et de nos interprètes en Suisse, en France et en Allemagne, in: Feuilles musicales 14 (1961); H. LAVATER, Die Ausbildung des Berufsmusikers in der S. (Z 1962).

M. STAEHELIN

SCHWEIZERFAMILIE, DIE, Singspiel in 3 Akten von Joseph Weigl (1766–1846), Text von Ignaz Franz Castelli vermutlich nach *La famille suisse* von Saint-Just und François Adrien Boieldieu (Paris 1797). Ort u. Zeit der Handlung: auf dem Landgut des Grafen Wallstein in Deutschland, Ende des 18. Jahrhunderts. UA: 14. 3. 1809 in Wien (Kärntnerthortheater); dt. EA: Januar 1810 in Dessau.

Die rührselige Geschichte von Emmeline, die aus Heimweh in geistige Umnachtung fällt, wird in einem idyllischen und vornehmlich von Sentimentalität geprägten Ambiente erzählt. Weigls berühmtestes Werk gehört in die Reihe der besonders zu Beginn des 19. Jahrhunderts sehr beliebten Alpen- bzw. Gebirgsopern. Charakteristisch für dieses Genre ist der Rückgriff auf folkloristisches Melodiegut. So vollzieht sich Emmelines Heilung von ihrer Geistesverwirrung zu den Klängen einer Kuhreigen-Melodie, die der Basler Mediziner Theodor Zvingers als *Cantilena Helvetica* 1710 aufzeichnete. Diese Heilungsszene ist als weitausgreifendes Melodram gestaltet. Ansonsten verbleibt die Komposition in den Bahnen des deutschen Singspiels; allerdings schrieb Weigl (abweichend von der kompositorischen Tradition dieses Gattungstypus) effektvolle große Ensembles, die an den Aktschlüssen zu Finali ausgebaut sind. – *Die Schweizerfamilie* war ein europäischer Erfolg. Am 6. 2. 1827 wurde das Werk als *Emmeline ou La famille suisse* (Musik-Arrangement von P. Crémont) auch in Paris öffentlich aufgeführt.

J. SCHLÄDER

SCHWEIZERPFEIFE, Schweizerflöte. – 1) ältere Bz. für die ↗Querpfeife. – **2)** Orgelregister mit überblasenden Labialpfeifen, meist als 4′, 2′ oder 1′, selten als 8′.

SCHWELLER, bei Orgel und Harmonium eine Vorrichtung zur kontinuierlichen Veränderung der Dynamik. Zu unterscheiden ist zwischen dem bei der Orgel oberhalb der Pedalklaviatur in Form eines Trittes angebrachten S. zur Bedienung des ↗Schwellwerkes und dem Registerschweller

(↗Crescendowalze). Durch diesen können die Register in einer festgelegten Reihenfolge sukzessiv ein- bzw. ausgeschaltet werden, bei der Orgel meist mittels einer vom Fuß zu drehenden Walze, beim Harmonium durch Kniehebel.

SCHWELLTON ↗Messa di voce.

SCHWELLWERK, ein Teilwerk der Orgel, das in einem allseits geschlossenen Gehäuse (Schwellkasten) steht, dessen Vorderseite aus einer Jalousie mit beweglichen Klappen besteht (Jalousieschweller). Diese können vom Spieler durch eine Trittvorrichtung geöffnet bzw. geschlossen und dadurch dynamische Veränderungen bei unveränderter Registrierung ermöglicht werden. Entstanden ist das S. aus dem ↗Echowerk und ist erstmals bei spanischen und englischen Orgeln des 18. Jh. nachweisbar. In der französischen Orgel des 19. und 20. Jh. erlangt es seine größte Bedeutung als stark besetztes „Récit expressif".

SCHWEMMER, Heinrich, * 28. 3. 1621 Gumpertshausen bei Hallburg (Unterfranken), † 26. 5. 1696 Nürnberg; dt. Komponist. Er lebte seit 1641 in Nürnberg, wo er Musikunterricht von J. E. Kindermann erhielt. Seit 1650 war er Musiklehrer an Nürnberger Schulen und wurde 1656 Director chori musici an der Frauenkirche. S. war bekannt vor allem als Komponist von Gelegenheitsmusik.

WW: Im Druck erschienen etwa 50 einzelne Begräbnisgesänge meist für SingSt, 3 Violen u. B.c. (Nü 1655–84) sowie zahlr. geistliche Lieder für SingSt u. B.c. (in Liederbüchern); hsl. erhalten sind mehrere lat. Motetten für 5–6 St., Instr. u. B.c.

Ausg.: Ein geistliches Konzert, hrsg. v. M. SEIFFERT, in: DTB 6/1 (1905); 2 Lieder, in: Begräbnisgesänge Nürnberger Meister ..., hrsg. v. H. FEDERHOFER (Gr 1955) (= Musik Alter Meister 3).

Lit.: J. ZAHN, Die Melodien der dt. ev. Kirchenlieder (Gütersloh 1888–93, Nachdr. Hil 1963); H. E. SAMUEL, The Cantata in Nuremberg during the 17th Century (1963) (= Diss. Cornell Univ.); DERS., S., in: MGG XII.

SCHWENCKE (Schwenke). – **1) Christian Friedrich Gottlieb,** * 30. 8. 1767 Wachenhausen (Harz), † 27. 10. 1822 Hamburg; dt. Pianist, Organist und Komponist. Er war Schüler von Kirnberger und Fr. Marpurg in Berlin, machte sich als glänzender Organist und Pianist bekannt und studierte 1787 in Leipzig und 1788 in Halle Mathematik und Philosophie. 1789 wurde er als Nachfolger von C. Ph. E. Bach Musikdirektor der 5 Hamburger Hauptkirchen und Kantor am Johanneum. Seit 1799 schrieb er für die *Allgemeine musikalische Zeitung,* gründete 1801 eine Musikalienhandlung und 1805 eine Musikalische Akademie für private Aufführungen. S. trug sehr zur Verbreitung der Werke W. A. Mozarts in Hamburg bei.

WW: 3 Klv.-Sonaten (Hl 1789); 6 Fugen für Org. (L o.J.); 3 Sonaten für V. u. Klv. (B 1792); 2 Klv.-Konzerte; ein Ob.-Konzert; Lieder u. Chöre; 2 Oratorien u. zahlr. weitere geistliche Werke; Bühnenmusik. – Ferner Bearb. v. Chorwerken anderer Komp.; Art. für die AmZ sowie Editionen.

2) Johann Friedrich (Fritz), Sohn von 1), * 30. 4. 1792 Hamburg, † 28. 9. 1852 ebd.; dt. Organist, Violoncellist, Klarinettist und Komponist. Er wurde 1829 Organist an der Nikolaikirche in Hamburg, mußte dieses Amt aus gesundheitlichen Gründen bald wieder aufgeben und widmete sich der Komposition und dem Unterricht.

WW: Zahlr. Choralvorspiele u. Nachspiele für Org.; ein Septett für 5 Vc., Kb. u. Pauken; *Choral Buch zum Hamburgischen Gesangbuch* (1832, zahlr. Aufl.); zahlr. weitere Liedbearb.; ferner Bearb. v. Werken anderer Komp., u.a. L. van Beethoven u. L. Spohr.

3) Karl (Carl), Sohn von 1), * 7. 3. 1797, † 7. 1. 1870 Nußdorf bei Wien (?); dt. Pianist und Komponist. L. van Beethoven, mit dem er 1824 in Wien zusammentraf, schrieb für ihn den Kanon *Schwenke dich ohne Schwänke* (WoO 187).

WW: 6 *Divertissements* für Klv. (L o.J.); 3 Sonaten für Klv. z. 4 Händen (ebd.); eine Sonate für V. u. Klv. (ebd.); 3 Streichquartette (P o.J.); eine Symphonie, Klv.-A. (H o.J.); ferner eine Messe.

4) Friedrich Gottlieb, Sohn von 2), * 15. 12. 1823 Hamburg, † 11. 6. 1896 ebd.; dt. Pianist, Organist und Komponist. Er war Schüler seines Vaters und wurde nach kurzer Konzerttätigkeit 1852 dessen Nachfolger als Organist der Nikolaikirche.

WW: Zahlr. Choralvorspiele für Org.; 2 Fantasien für Org., Trp., Pos. u. Pauken; zahlr. Lieder; geistliche Gesänge für Frauenchor u. Orgel.

Lit.: C. (Karl) S., Erinnerungen, hrsg. v. H. BENRATH (H 1901).

SCHWENKEDEL, frz. Orgelbaufirma, gegr. 1924 in Straßburg von **Georges S.,** * 17. 9. 1885 Laichingen (Württemberg), † 3. 3. 1958 Straßburg, der zuvor bei den Firmen Weigle in Echterdingen, Klais in Bonn, Seifert in Köln, Walcker in Ludwigsburg, Goll in Luzern und Roethinger in Straßburg gearbeitet hatte. Gegenwärtig wird das Unternehmen von seinem Sohn **Curt S.,** * 15. 5. 1914 Luzern, geleitet, der bei Gonzalez in Châtillon und Metzler in Zürich ausgebildet wurde. Aus der Werkstatt S. stammen zahlreiche Orgeln im Elsaß, z.B. in Straßburg, Konservatorium (1964; 3 Man., 43 Reg.), sowie in Toul, Kathedrale (1963; 4 Man., 64 Reg.).

SCHWERE JUNGEN – LEICHTE MÄDCHEN, Musical von Fr. Loesser; Originaltitel: ↗Guys and Dolls.

SCHWESTER ANGELICA *(Suor Angelica),* Oper in 1 Aufzug von Giacomo Puccini (1858–1924), Text von Gioacchino Forzano. Ort

und Zeit der Handlung: Italien, Ende des 17. Jahrhunderts. UA (als 2. Teil von *Il trittico*): 14. 12. 1918 in New York (Metropolitan Opera); EA in dt. Sprache: 20. 10. 1920 in Wien; dt. EA (in dt. Sprache): 2. 2. 1921 in Hamburg.
Die Nonne Angelica begeht Selbstmord, als sie erfährt, daß ihr uneheliches Kind aus der Zeit vor ihrem Eintritt ins Kloster nicht mehr lebt. Kurz vor ihrem Tode erscheinen ihr die Mutter Gottes und das Kind in einer beglückenden Vision. Die Darstellung dieses Psychodramas bleibt zwei der drei großen Szenenkomplexe vorbehalten, in die sich der Einakter gliedern läßt; der erste Werkabschnitt stellt ein nahezu ereignisloses Genrebild dar, in dem die klösterliche Atmosphäre geschildert wird als eine Verbindung von Idylle und Düsterkeit. Hypersensibilität gegenüber im normalen Alltagsleben belanglosen Details und die Zuflucht zu teils zwanghaft quälenden, teils beruhigenden religiösen Riten kennzeichnen das Leben der Nonnen, das Puccini – seine ältere Schwester lebte in einem Kloster, wo er sie öfters besuchte – sehr gut kennengelernt hatte. Die Koppelung von Genrebild und Psychodrama in einem relativ kurzen Werk verlangte vom Komponisten ein Höchstmaß an satztechnisch-handwerklichem Können in der Gestaltung der häufigen Übergänge; Puccini meisterte diese schwierige Aufgabe mit Virtuosität. Als stimmungsmäßiges Bindeglied diente ihm dabei sakrales Kolorit, das – vor allem die Melodieführung und die oft herb-diatonische Harmonik bestimmend – unaufdringlich, gleichsam als „Hintergrundkonstante" die musikalische Sprache des Werkes prägt.
W. A. MAKUS

SCHWINDL (Schwindel), **Friedrich,** * 3. 5. 1737 Amsterdam (?), † 7. 8. 1786 Karlsruhe; ndl. Cembalist, Flötist, Violinist und Komponist. Nach einem Aufenthalt in Böhmen ist er 1762 als Konzertdirektor des Grafen Wied-Runkel und 1763 als Virtuoso da camera des Grafen Colloredo nachweisbar. Konzertreisen führten ihn nach London und Paris. In den 70er Jahren hatte er wechselnde Stellungen und trat vor allem in der Schweiz auf, wo er in Genf eine Musikschule gründete. 1780 wurde er Konzertmeister der Karlsruher Hofkapelle.

WW: Zahlr. Kammermusikwerke, u.a. Trios u. Quartette; zahlr. Symphonien, davon 28 in Amsterdam, Den Haag, Paris u. London gedruckt; Duette für 2 SingSt; Chöre; eine Messe Es-Dur; Oratorium *Die Pilgrime auf Golgatha* (1772).

Ausg.: Quartett für Fl. u. 3 Streichinstr., hrsg. v. G. LENZEWSKI (B 1926) (= Musikschätze der Vergangenheit o. Nr.); Symphonie F-Dur, op. 1/6, Faks.-Ausg., hrsg. v. W. HÖCKNER (Zwenkau 1932); Symphonie F-Dur, hrsg. v. A. CARSE (Lo 1937); eine Symphonie, hrsg. v. H. HÖCKNER (Brau 1939).

Lit.: R. MÜNSTER, S., in: MGG XII; A. DOWNS, The Symphonies of F. S. (1973) (= Diss. New York Univ.).

SCHWINGUNG, Bz. für die zeitlich periodische Änderung einer physikalischen Größe. Die Schallschwingung ist eine periodische Bewegung von Masseteilchen (Luft, Saite, Membran, Resonanzkörper u. a.) um eine Ruhelage, aus der die Masseteilchen durch äußere Einwirkung (Streichen, Zupfen, Schlagen, Blasen u. a.) ausgelenkt, durch mechanische Kräfte des schwingungsfähigen Systems aber immer wieder zurückgelenkt werden. Einfachste S.s-Form ist die ↗Sinusschwingung. Alle komplexen Klänge lassen sich als Überlagerung von Sinus-S.en darstellen (↗Fourieranalyse), so z. B. die Sägezahn- und die Rechteck-S., die annähernd den S.s-Verlauf von Streich- bzw. Blechblasinstrumenten wiedergeben:

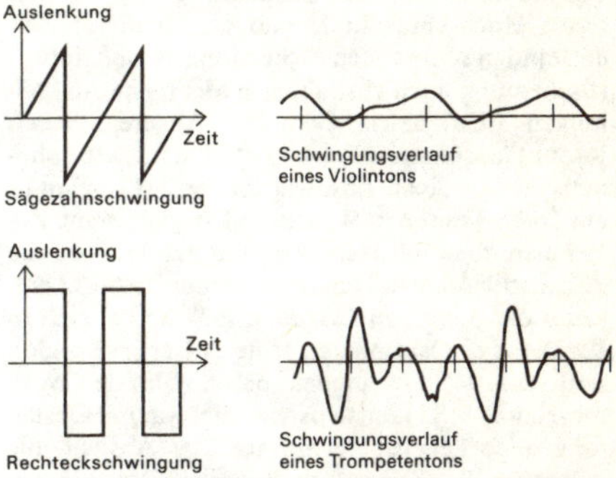

Wichtigste Kriterien zur Kennzeichnung einer S. sind: ↗Frequenz; Periode (zeitlicher Abstand zwischen nächstliegenden gleichen Bewegungszuständen); Elongation (die momentane Auslenkung eines schwingenden Teilchens gegenüber dessen Ruhelage); ↗Amplitude (größte Auslenkung); Schnelle (größte Geschwindigkeit beim Durchlaufen der Ruhelage) und ↗Phase. Als Schallwelle (↗Welle) bezeichnet man die räumliche Ausbreitung einer Schall-S. in einem schwingungsfähigen Medium.

SCHWIRRHOLZ (engl.: bullroarer; frz.: rhombe; it.: tavoletta sibilante; span.: zumbador), Bz. für ein flaches Holz-, Knochen- oder Eisenblatt, das an einer Schnur durch die Luft gewirbelt wird. Das S. hat meistens eine längliche, an den Enden spitz zulaufende Form. Größe (15–75 cm), Material, Form und Verzierung wechseln je nach Herkunft des Instruments. Der durch das Herumwirbeln erzeugte Ton ist mehr ein Brummen, dessen Höhe von der Größe des S.es, der Länge der Schnur und der Geschwindigkeit der Bewegung abhängt. In Europa bereits aus prähistorischer Zeit bekannt, ist das S. heute noch in Ozeanien, Afrika und Südamerika zu finden. Bei Initiationsriten und anderen Zeremonien eingesetzt, wird sein Klang oft als Stimme der Geister oder der Ahnen verstanden. In vielen Regionen benutzt man das S. auch, um Tiere von Pflanzungen fernzuhalten. – ↗Instrument.

Lit.: M. SCHNEIDER, S., in: MGG XII. M. BRÖCKER

SCHWITTERS, Kurt Hermann Eduard Karl Julius, * 20. 6. 1887 Hannover, † 8. 1. 1948 Kendal bei Ambleside; dt. Maler, Bildhauer, Graphiker, Bühnengestalter und Dichter. S. besuchte 1908–09 die Kunstgewerbeschule in Hannover, dann bis 1914 die Königliche Kunstakademie in Dresden und studierte 1918–19 Architektur an der Technischen Hochschule in Hannover. Zu dieser Zeit entstanden seine ersten expressionistischen, futuristischen und auch abstrakten Bilder (erste Ausstellungen 1920) sowie Gedichte. Angeregt durch Raoul Hausmann, schrieb er 1921 sein erstes phonetisches Gedicht, *fmsbwtäzän*. 1922–23 nahm er am Dada-Treffen in Weimar teil, begann seine Zusammenarbeit mit Hans Arp und gab 1923–32 die Zeitschrift *Merz* in Hannover heraus. 1926–32 entstand die *Sonate in Urlauten*. 1937 ließ er sich in Lysaker bei Oslo nieder, lebte später in London und seit 1945 in Langdale bei Ambleside (Westmoreland). – S.' künstlerisches Ziel war die Gestaltung aller Lebensbereiche, mit der Absicht, die „Grenzen der Kunstarten zu verwischen". In seinen Bildgedichten, Collagen, Montagen, Objektpoesien, Architekturplastiken und seiner Environmentkunst wurde er Vorbild avantgardistischer Kunstrichtungen. S. verstand Kunst als Spiel. Seinen Produkten, geformt aus zufällig gefundenen Abfällen und Materialien, gab er den Namen „Merz"-Kunst (aus „Commerz"). In der Musik fanden seine Anregungen verhältnismäßig spät eine Resonanz bei St. Reich und T. Riley. Seine *Ursonate*, ein Sprechtext, besteht aus 4 Sätzen und sollte mit einer eigens dafür entwickelten Notenschrift fixiert werden; sie beruht auf einer neuartigen Verbindung von Sprachlauten und musikalischem Rhythmus und zeichnet sich durch klare Struktur und suggestive Wirkung aus.

Ausg.: K. S. Das literarische Werk, 5 Bde. (Kö 1973–81).

Lit.: R. HAUSMANN, Courrier Dada (P 1958); S. THEMERSON, K. S. in England (Lo 1958); K. STEINITZ, K. S. Erinnerungen aus den Jahren 1918–1930 (Z 1963); W. SCHMALENBACH, K. S. (Kö 1967); F. LACH, Der Merz-Künstler K. S. (Kö 1971); K. S., in: Text/Kritik (Mn 1972) Nr. 35/36; E. NÜNDEL, K. S. (Reinbek 1981). B. A. KOHL

SCORDATURA, Cordatura (it., = Verstimmung, d. h. Umstimmung von Saiten), Bz. für eine Einstimmungsart bei Saiteninstrumenten – die von der normalen Stimmung (Accordatura) abweicht –, um das Spiel ungewöhnlicher Akkorde zu ermöglichen und/oder eine Änderung der Klangfarbe durch Änderung der Saitenspannung zu erzielen. Die S. der Violine war vor allem im späten 17. und frühen 18. Jh. z. B. bei J. Fischer, H. Schmelzer, insbesondere H. I. Fr. Biber, J. G. Pisendel, A. Vivaldi und J. S. Bach (Violine und Violoncello) beliebt, doch stellt schon der seit dem 16. Jh. vorkommende Gebrauch, den tiefsten Chor der Laute um einen Ton herabzustimmen (↗Abzug), eine S. dar. Die S. wird zu Beginn einer Komposition durch Angabe eines Akkordes festgelegt; die einzelnen Akkordtöne geben die Stimmung der Saiten an:

In diesem Beispiel aus der 2. „Mysteriensonate" von Biber werden die g- und d¹-Saite um jeweils einen Ton auf a bzw. e¹ heraufgestimmt; die a¹- und e²-Saite behalten ihre Stimmung. In der Komposition selbst werden die Tonhöhen jedoch so notiert, als ob das Instrument nicht umgestimmt wäre. Dadurch ergibt sich eine Diskrepanz zwischen Schreibweise und Klang.

Nicht als S., sondern vielmehr als Accordatura muß die Praxis des 18. Jh. bezeichnet werden, die Viola d'amore und das Englisch Violet (die bis etwa 1750 in ihrer Stimmung nicht festgelegt waren) nach der jeweils vorkommenden Tonart (z. B. im C-Dur-, D-Dur- usw. Akkord) einzustimmen, während der Brauch, alle Saiten um das gleiche Intervall höher oder tiefer zu stimmen, d. h. die normal übliche Stimmung um ein bestimmtes Intervall genau zu transponieren (vgl. z. B. W. A. Mozart, *Symphonie concertante* Es-Dur, KV 364, Soloviola; N. Paganini, Violinkonzert Es-Dur, op. 6), als Transpositions-S. betrachtet werden kann. Die S. kommt im 20. Jh. im allgemeinen selten vor (z. B. bei G. Mahler, Z. Kodály, I. Strawinsky und B. Bartók), ist jedoch speziell in der Gitarrenmusik nach wie vor gebräuchlich.

Lit.: A. MOSER, Die Violin-Skordatur, in: AfMw 1 (1918/19); E. LESSER, Zur S. der Streichinstr., in: AMl 4 (1932); T. RUSSELL, The Violin „S.", in: MQ 24 (1938); D. D. BOYDEN, Ariosti's Lessons for Viola d'Amore, in: MQ 32 (1946); H. KRÜGER, Die Verstimmung auf Saiten-Instrumenten, in: Kgr.-Ber. Köln 1958 (Kas 1958); D. D. BOYDEN, S., in: MGG XII; F. TRAFICANTE, Lyra Viol Tunings, in: AMl 42 (1970); J. TRAINOR, S. its Origin and Development, in: The Strad 83 (1972/73); D. D. BOYDEN, S., in: Grove⁶ XVII. B. R. SUCHLA

SCOTT, Cyril Meir, * 27. 9. 1879 Oxton (Cheshire), † 31. 12. 1970 Eastbourne (Sussex); engl. Komponist und Schriftsteller. Er studierte bereits als 12jähriger und erneut seit 1895 am Hochschen Konservatorium in Frankfurt am Main. 1898 ließ er sich als Klavierlehrer in Liverpool nieder. Er machte zunächst als Neuerer auf sich aufmerksam und wurde während der Weltkriege auch auf dem Kontinent häufig aufgeführt. Heute finden lediglich noch einige Lieder und Charakterstücke für Klavier, die ihm den Beinamen „English Debussy" eintrugen, weitere Beachtung. S., der sich u.a. mit Philosophie, Mystizismus und Okkultismus beschäftigte, war auch mit seinen Schriften sehr erfolgreich.

WW: **1) Kompositionen:** Stücke für Klv.; Klv.-Quartett (1903); 4 Streichquartette (1920, 1958, 1960, 1968). – Für Orch.: 3 Symphonien (1900, 1903, 1939); *Heroic Suite* (1900); Konzerte für: Klv. (1915); V. (1928); Vc. (1930); Cemb. u. Kammerorch. (1938) sowie Ob. u. Str. (1948). – Oratorium *Nativity Hymn* (1913) für Soli, Chor u. Orch. – Oper *The Alchemist,* UA: Essen 1925; Ballett *The Incompetent Apothecary. A Breughel Comedy* (1922); etwa 100 Lieder. – **2) Schriften:** *The Philosophy of Modernism* (L 1917); *My Years of Indiscretion* (Lo 1924); *Music. Its Secret Influences Throughout the Ages* (Lo 1933, ⁵1952, erweitert Lo 1958, Lo – NY 1969); Autobiographie *Bone of Contention* (Lo – NY 1969).

Lit.: A. E. HULL, C. S. Composer, Poet and Philosopher (Lo 1918); C. PALMER, C. S. Centenary Reflections, in: MT 120 (1978).

SCOTT, Tony (eig. Anthony Sciacca), * 17. 6. 1921 Morristown (New Jersey); amerik. Jazzmusiker (Klarinette, Saxophon, Flöte) und Bandleader. Seit Mitte der 40er Jahre spielte S. in bedeutenden Bands und versuchte, konsequent Klang und Phrasierung seines Hauptinstrumentes, der Klarinette, dem Modern Jazz anzugleichen. Seit 1954 leitet er mehrere eigene Gruppen und war 1959–65 ununterbrochen in Ostasien, wo er vor allem auf die Jazzszene in Indonesien einen nachhaltigen Einfluß ausübte. S., der auf der Klarinette eine sogenannte „Mischphrasierung" zwischen Swing und Modern Jazz hören läßt, hat seinen Stil wesentlich mit Elementen asiatischer Musik durchsetzt. Hervorzuheben sind sein Timing und seine belcantistische Tonbildung.

Lit.: N. SHAPIRO – H. HENTOFF, Jazz erzählt (Mn 1962); G. ENDRESS, Jazz Podium. Musiker über sich selbst (St 1980).

SCOTT, Sir **Walter,** * 15. 8. 1771 Edinburgh, † 21. 9. 1832 Schloß Abbotsford (Berwickshire); schottischer Dichter und Schriftsteller. Er war seit 1792 Advokat und seit 1806 1. Sekretär des Gerichtshofes in Edinburgh und erhielt 1820 den Adelstitel. S. ist als Begründer der Gattung des historischen Romans von hoher literargeschichtlicher Bedeutung. Seine Verserzählungen und Prosaromane (Novels) vermittelten seiner Zeit ein Bild von der Geschichte und Kultur Schottlands, das bald zum festen literarischen Bestand in ganz Europa wurde und auch den Stoff zu zahlreichen Opernlibretti lieferte. Einzelne Songs aus den Werken wurden in Übersetzung auch als Klavierlieder vertont, so auch von Fr. Schubert. Am bekanntesten davon wurde sein *Ave Maria,* das Lied Ellens aus *The Lady of the Lake.* Von S. stammen auch die Texte einiger schottischer, irischer und walisischer Lieder, die L. van Beethoven für die Sammlung des schottischen Musikfreundes George Thomson arrangierte (op. 108, WoO 152–156).

WW (mit den bekanntesten Kompositionen, die darauf beruhen): 3 Verserzählungen, u.a. *The Lady of the Lake* (G. Rossini, *La donna del lago,* 1819; F. Schubert, 7 Lieder). – 28 Prosaromane, u.a. *Waverley* (Ouvertüre v. H. Berlioz, 1828); *Guy Mannering* (F. A. Boieldieu, *La dame blanche,* 1825); *Old Mortality* (V. Bellini, *I puritani,* 1835); *Rob Roy* (F. von Flotow, *Rob Roy,* 1836); *The Bride of Lammermoor* (G. Donizetti, *Lucia di Lammermoor,* 1835); *Ivanhoe* (H. Marschner, *Der Templer und die Jüdin,* 1829; Schubert, *Romanze des Richard Löwenherz*); *Kenilworth* (Donizetti, *Elisabetta al castello di Kenilworth,* 1829); *The Fair Maid of Perth* (G. Bizet, *La jolie fille de Perth,* 1867). – Ferner Balladen, Gedichte, Übersetzungen (u.a. von J. W. von Goethes *Götz von Berlichingen*).

Lit.: C. G. ZUG, Sir W. S., R. Jamieson and the New „Minstrelsy", in: ML 57 (1976); J. MITCHELL, The W. S. Operas. An Analysis ... (Birmingham/Ala. 1978); R. FISKE, S., in: Grove⁶ XVII.

SCOTTO, it. Musikverlegerfamilie. – **1) Ottaviano** (I), † 23. 12. 1498 Venedig. Er war seit 1480 in Venedig als Verleger tätig und druckte 1481 das erste Missale mit Noten. Er verwendete dabei bewegliche Typen ähnlich wie später O. Petrucci. 1484 gab S. die Druckerei auf, während der Verlag bestehenblieb und nach seinem Tod von seinem Neffen **Amadio** († um 1539 Venedig) weitergeführt wurde. – **2) Ottaviano** (II), ein anderer Neffe des Verlagsgründers, † 1552 Venedig, widmete sich wieder dem Notendruck und arbeitete mit A. Antico zusammen, benutzte aber das ältere Verfahren des Holzschnitts. – **3) Gerolamo** (Girolamo), Bruder von 2), † 3. 9. 1572 Venedig. Er übernahm das Haus 1539 und führte es zu großem Erfolg. Bis 1572 erschienen bei S., der nun nach dem Verfahren Petruccis arbeitete, fast 170 Sammeldrucke, überwiegend Madrigale. Als Autoren sind nahezu alle Meister der Willaert-Schule vertreten, außerdem O. di Lasso. S. druckte auch Motetten (u.a. von G. P. da Palestrina) und Lautentabulaturen (u.a. von Francesco da Milano) sowie den *Fronimo Dialogo* von V. Galilei (1568). S.s Tätigkeit ist allerdings auch gekennzeichnet durch die selbst vor Raubdrucken nicht zurückschreckende Konkurrenz zu der in der gleichen Stadt ansässigen Offizin von Gardano, was zwar zu einer enormen Produktion und Verbreitung italienischer Musik führte, aber auf Kosten der drucktechnischen Qualität ging. S. machte sich auch als Komponist einen Namen und veröffentlichte 1541–72 mehrere Bücher 2-, 3- und 4st. Madrigale und *Canzoni alla napolitana.* Nach seinem Tode führte sein Neffe **Marchiò S.** die Firma weiter und druckte unter der Bezeichnung Erede di Girolamo S. zahlreiche weltliche und geistliche Werke, u. a. von Palestrina. Die letzten bei S. erschienenen Werke waren Neuausgaben von dessen 7. und 8. Messenbuch (1609).

Lit.: C. SARTORI, S., in: MGG XII; DERS., La famiglia degli editori S., in: AMI 36 (1964).

SCOTTO, Renata, * 24. 2. 1933 Savona; it. Sängerin (Sopran). Sie studierte in Mailand, debütierte dort 1953 am Teatro Nuovo als Violetta in G. Verdis *La Traviata* und trat schon im nächsten Jahr an der Mailänder Scala auf. In der Folge sang sie an den bedeutenden Opernbühnen Italiens, gastierte seit Anfang der 60er Jahre mit großem Erfolg am Covent Garden in London, an der Wiener Staatsoper, in Paris und an der Metropolitan Opera in New York und zählt seither zu den führenden Vertreterinnen ihres Fachs. Schwerpunkte ihres Repertoires sind die lyrischen und lyrisch-dramatischen Partien der italienischen Oper des 19. Jh.

Lit.: R. CELLETTI, S. R., in: Le grande voci (R 1964); E. GARA, R. S., in: Opera 22 (1971).

SCOTTO, Vincent Baptiste, * 22. 4. 1874 Marseille, † 15. 11. 1952 Paris; frz. Komponist. Er lernte früh Gitarre und schrieb schon als Kind erste Chansons, die er auch selbst interpretierte. Nach dem Erfolg seines Chansons *La petite Tonkinoise* (1906) ging er nach Paris und gehörte bald zu den erfolgreichsten Chansonkomponisten. Seine etwa 4000 Chansons schrieb er u. a. für die Mistinguett, Maurice Chevalier, Josephine Baker, Tino Rossi und Edith Piaf. Zu nennen sind: *Rosalie, elle est partie, Ah! si vous voulez d'amour* (1907), *Sous les ponts de Paris* (1913, Text von Jean Rodor), *Laissez-moi vous aimer, J'ai deux amours* (1930), *Le plus beau de tous les tangos du monde* (1934) und *La java bleu* (1938). Außerdem schrieb er zahlreiche Revueoperetten, darunter *Suzy* (Toulouse 1912), *Au pays du soleil* (Paris 1933), *Violettes impériales* (Paris 1948) und *La danseuse aux étoiles* (1950), und die Musik zu über 50 Filmen. S. war Ritter der Ehrenlegion. Lebenserinnerungen veröffentlichte S. unter dem Titel *Souvenirs de Paris* (P 1947).

SCOTUS ERIUGENA ↗Johannes Scotus.

SCRIBE, Augustin Eugène, * 24. 12. 1791 Paris, † 27. 2. 1861 ebd.; frz. Schriftsteller. S., einer der populärsten frz. Dramatiker der 1. Hälfte des 19. Jh., schrieb etwa 350 Bühnenwerke vom Vaudeville bis zum Trauerspiel, von denen die Comédies (darunter am bekanntesten *Le verre d'eau,* 1840) dem bürgerlichen Geschmack zur Zeit der Restauration besonders entsprachen. S. hatte einen sicheren Sinn für Publikumswirksamkeit in der Auswahl und dramaturgischen Gestaltung seiner Stoffe. Das gilt nicht minder für seine ↗Libretti, mit denen er die Geschichte der französischen ↗Oper mehr als andere Literaten seiner Zeit prägte. Bezeichnend hierfür ist vor allem das Schaffen von D. Fr. E. Auber und G. Meyerbeer.

WW: Etwa 130 Libretti zu Opéras-comiques, Grands opéras u. Opéras-bouffes (teilweise zus. mit anderen Autoren), darunter *La dame blanche* (Fr. A. Boieldieu, 1825); *La Muette de Portici* (1828); *Manon Lescaut* u. *Fra Diavolo* (1830), *Le Domino noir* (1837) (sämtlich Auber); *Robert le diable* (1831), *Les Huguenots* (1838), *Le prophète* (1849), *L'Africaine* (1865) (sämtlich Meyerbeer); *La juive* (J. Fr. Halévy, 1835); *La Favorite* (G. Donizetti, 1840). – Weitgehend auf S. beruhen ferner die Libretti zu: G. Rossini, *Le comte Ory* (1828); V. Bellini, *La Sonnambula* (1831); G. Donizetti, *L'Elisir d'amore* (1832); G. Verdi, *Il ballo in maschera* (1855) u. *Les vêpres siciliennes* (1855).

Lit.: H. BECKER, G. Meyerbeers Mitarbeit an den Libretti seiner Opern, in: Kgr.-Ber. Bonn 1970 (Kas 1973); K. S. PENDLE, E. S. and French Opera of the 19th Century, 2 Bde. (1970) (= Diss. Univ. of Illinois), dass. gekürzt in: MQ 57 (1971); DIES., S., Auber, and „The Count of Monte Christo", in: MR 34 (1973); H. W. HEINSHEIMER, Libretti am laufenden Band, E. S., in: NZfM 135 (1974); C. N. SMITH, S., in: Grove[6] XVII (mit vollst. Verz. der Libretti).

SDp, Abk. für Subdominantparallele. – ↗Subdominante.

SEARLE, Humphrey, * 26. 8. 1915 Oxford, † 12. 5. 1982 London; engl. Komponist und Musikschriftsteller. Er studierte 1937 am Royal College of Music in London und 1937–38 am Wiener Konservatorium sowie privat bei A. von Webern. 1938 wurde er Mitarbeiter beim Musikprogramm der BBC, wo er nach dem Krieg 1946–48 als Programmleiter tätig war. 1947–49 war er Generalsekretär der IGNM und 1951–57 musikalischer Berater beim Sadler's Wells Ballet. 1965 wurde er Professor für Komposition am Royal College of Music in London, lehrte 1964–65 als Gastprofessor an der Stanford University und 1968–72 an der Staatlichen Hochschule für Musik in Karlsruhe. S. verwendet seit 1946 die Zwölftontechnik, wobei seine Schreibweise mehr an A. Schönberg als an den neueren Richtungen nach A. Webern geschult ist. Seine Werke zeigen insgesamt einen hohen Grad an Emotionalität und Expressivität.

WW: **1) Instr.-WW:** *Toccata alla passacaglia* (1956) für Org. – *Concertante* (1954) für Klv., Str. u. Schlagzeug. – Für Orch.: 2 Suiten (1942, 1944); 5 Symphonien (1953, 1957, 1960, 1962, 1964); 2 Klv.-Konzerte (1944, 1955); *Labyrinth* (1971); *Fantasia on British Airs* (1976) für 5 Blasorch.; *Tanesis* (1979). – **2) Vokal-WW:** *Jerusalem* (1970) für Sprecher, Tenor, Chor u. Orch.; *Kubla Khan* (1973) für Tenor, u. Orch.; *Dr. Faustus* (1977) für Soli, Chor u. Orch. – **3) Bühnen-WW:** Opern: *The Diary of a Madman* (nach N. Gogol), UA als: *Tagebuch eines Irren*, Berlin 1958; *The Photo of the Colonel* (nach E. Ionescos *Tueur sans gages*), UA als: *Das Photo des Generals*, Frankfurt a. M. 1964. – Ballett *Dualities*, UA: Wiesbaden 1963. – **4) Schriften:** *The Music of Liszt* (Lo 1954, ^{2}1966); *Twentieth Century Counterpoint* (Lo 1954); *Ballet Music. An Introduction* (Lo 1958, ^{2}1973); *Twentieth-Century Composers*, III: *Britain, Scandinavia and the Netherlands* (Lo 1972) (zus. mit R. Layton).

Lit.: M. RAYMENT, S. Avant-garde or Romantic?, in: MT 105 (1964); F. ROUTH, Contemporary British Music (Lo 1972).

SEBASTIANI, Johann, * 30. 9. 1622 bei Weimar, † Frühjahr 1683 Königsberg; dt. Komponist. Er erhielt seine Ausbildung wahrscheinlich in Italien und ließ sich 1650 in Königsberg nieder, wo er seit 1661 Domkantor und 1663–79 Hofkapellmeister war. Einzig von Belang ist S.s (Generalbaß-)↗Passion. Sie ist dadurch gekennzeichnet, daß in den Einzelreden die Bindung an den choralen Passionston aufgegeben ist zugunsten einer den Sinn und das Gewicht der Worte ausdrückenden rezitativischen Monodie (die Worte des Evangelisten und Christi werden von 2 Violen bzw. Gamben begleitet). Das Werk enthält auch instrumentale Ritornelle und kurze betrachtende solistische Strophenlieder (hier Arien genannt).

WW: *Das Leyden und Sterben Jesu Christi* (Matthäus-Passion) (Königsberg 1672); *Parnass-Blumen oder Geist- und weltliche Lieder*, 2 Teile (H – Wb 1672 u. 1675); zahlr. Gelegenheitsgesänge.

Ausg.: Matthäus-Passion, hrsg. v. F. ZELLE (1904) (= DDT 17).

Lit.: W. BRAUN, J. S. (1622–83) u. die Musik in Königsberg, in: Norddt. u. nordeuropäische Musik (Kas 1965).

SECCO (it., = trocken). – **1)** Abgekürzt für Recitativo secco; ↗Rezitativ. – **2)** Gelegentlich Anweisung für einen dem Wortsinn entsprechenden Vortrag, z. B. beim Klavierspiel das Spiel ohne Pedal.

SECHTER, Simon, * 11. 10. 1788 Friedberg (Böhmen), † 10. 9. 1867 Wien; östr. Musikpädagoge und Komponist. Er studierte u. a. bei A. Koželuch in Wien, war 1810–25 Musiklehrer am Blindeninstitut in Wien, wurde 1824 Hoforganist und 1851 Lehrer für Harmonielehre und Komposition am Konservatorium der Musikfreunde. S. war eine der großen Lehrerpersönlichkeiten seiner Zeit. Zu seinen Schülern gehörten Fr. Schubert, H. Vieuxtemps und A. Bruckner. Mit seinem Hauptwerk *Die Grundsätze der musikalischen Composition*, das im wesentlichen die Fundamentalbaßtheorie J.-Ph. Rameaus weiterführt (↗Basse fondamentale), begründete S. ein im 19. Jh. weitverbreitetes System der ↗Harmonielehre, das als Gegenpol zu der Funktionstheorie H. Riemanns gelten kann. Bruckner verwendete es für seinen eigenen Unterricht. Als Komponist war S. enorm fruchtbar, erlangte aber keine Bedeutung.

WW: Etwa 8000 (meist ungedruckte) Kompositionen nahezu aller musikal. Gattungen, darunter 35 Messen, mehrere Opern und Oratorien. – Mehrere Lehrwerke, darunter *Die Grundsätze der musikalischen Composition*, 3 Bde. (W 1853–54).

Lit.: E. TITTEL, S. S. als Kirchenkomponist (Diss. W 1935); W. ZELENY, Die hist. Grundlagen des Theoriesystems v. S. S. (Diss. W 1938); U. THOMSON, Voraussetzungen u. Artung der östr. Generalbaßlehre zw. Albrechtsberger u. S. (Diss. W 1960); H. KIER, S. S. Zum 100. Todestag des östr. Kirchenmusikers u. Theoretikers, in: MS 88 (1968); W. REICH, S. S. im eigenen Wort, in: NZfM 132 (1971); L. NOWAK, Ein Doppelautograph S. – Bruckner, in: Symbolae Historiae Musicae. FS H. Federhofer (Mz 1971).

SECHZEHNFUSS, Tonhöhen-Bz. bei Orgelregistern, die sich auf die theoretische Länge der tiefsten Pfeife bezieht, nämlich 16 Fuß (16′ = 4,80 bis 5,20 m). Alle Register, die beim Anschlagen der Taste C die untere Oktave C_1 erklingen lassen, heißen 16′-Register. In diesem Sinne wird der Begriff auch beim Cembalo gebraucht. Ferner spricht man von der 16′-Lage, wenn ein Instrument eine Oktave tiefer klingt als notiert (z. B. der Kontrabaß).

SECHZEHNTELNOTE (amerik.: sixteenth note; engl.: semiquaver; frz.: double croche; it.: semicroma; span.: semicorchea), Bz. für eine Note, deren Wert 1/16 einer ganzen Note ausmacht. Das Notenzeichen für die alleinstehende S. (♬) – für S.n mit Balken ↗Noten – ist aus dem Zeichen für die Semifusa entstanden. Die der S. entsprechende Pause ist die Sechzehntelpause.

SECHZEHNTELPAUSE (engl.: semiquaver rest; frz.: quart de soupir; it.: pausa di semicroma; span.: silencio de semicorchea), Bz. für eine Pause (𝄿), die der Dauer einer Sechzehntelnote entspricht.

SECONDA PRATICA, Seconda prattica (it., = zweite Art), eine in Gegenüberstellung zur ↗Prima pratica geprägte Bz., die 1605 von Cl. Monteverdi im Vorwort zu seinem 5. Madrigalbuch unter Bezug auf seine Kontroverse mit G. M. Artusi als Synonym für Moderna Musica verwendet wird. 1607 greift G. C. Monteverdi in seiner *Dichiarazione*, einem Nachwort zu den *Scherzi musicali* seines Bruders Claudio, die Bz. S. wieder auf und bestimmt diese als eine seit der 2. Hälfte des 16. Jh. immer mehr gepflegte Kompositionsart, die zugunsten von Deklamation, Textausdeutung und Affektdarstellung irreguläre Intervalle und eine im Gegensatz zu den Regeln des strengen Satzes freie Dissonanzbehandlung aufweist. Als Komponisten der S. nennt G. C. Monteverdi C. de Rore, Gesualdo, E. de' Cavalieri, A. Fontanelli, G. de' Bardi, G. del Turco, M. A. Ingegneri, L. Marenzio, G. de Wert, L. Luzzaschi, J. Peri und G. Caccini. Obwohl der Kompositionsstil der S. vorwiegend am Madrigal und an der Monodie entwickelt wurde, ist er im 17. Jh. an keine Gattung mehr gebunden.

Lit.: H. F. REDLICH, C. Monteverdi, I: Das Madrigalwerk (B 1932, Nachdr. Hil 1976); L. SCHRADE, Monteverdi. Creator of Modern Music (NY 1951, Nachdr. 1969); C. V. PALISCA, V. Galilei's Counterpoint Treatise. A Code for the S., in: JAMS 9 (1956); D. ARNOLD, S. A Background to Monteverdi's Madrigals, in: ML 38 (1957); W. WITZENMANN, Stile antico e stile nuovo nella musica sacra di C. Monteverdi, in: RIMus 2 (1967); C. V. PALISCA, The Artusi-Monteverdi Controversy, in: The Monteverdi Companion, hrsg. v. D. Arnold – N. Fortune (Lo 1968); J. ROCHE, Monteverdi and the Prima Prattica (Lo 1968); A. GIANUARIO, Proemio all'„oratione" di Monteverdi, in: RIMus 4 (1969); K. G. FELLERER, Der Stilwandel in der abendländischen Musik um 1600 (Kö – Opladen 1972); C. V. PALISCA. M. Scacchi's Defense of Modern Music 1649, in: FS A. Tilman Merritt (C 1972); DERS., Prima prattica, in: Grove⁶ XV. B. R. SUCHLA

SECONDA VOLTA (it., = das zweite Mal; Abk. II^{da} bzw. 2.), ↗Prima volta.

SEDAINE, Michel Jean, * 4. 7. 1719 Paris, † 17. 5. 1797 ebd.; frz. Dichter und Librettist. Er war von Beruf Steinmetz, trat aber seit 1752 als Dichter (u.a. von Vaudevilles und historischen Dramen) hervor. Berühmt wurde er lediglich mit seinen Libretti über idyllische und historische Sujets, die zur frühen Blüte der Opéra-comique beitrugen. Vertont wurden sie vor allem von Fr. A. Philidor, P.-A. Monsigny und A.-E.-M. Grétry. Zu nennen sind hier hauptsächlich dessen *Richard Cœur de Lion* (1773) und *Guillaume Tell* (1791), beide zum Typ der sog. Revolutionsoper gehörend.

Lit.: L. P. ARNOLDSON, S. et les musiciens de son temps (P 1934).

SEEFRIED, Irmgard, * 9. 10. 1919 Köngetried (Schwaben); östr. Sängerin dt. Herkunft (Sopran). Sie studierte am Konservatorium in Augsburg, debütierte 1939 am Opernhaus in Aachen und wurde 1943 Mitglied der Wiener Staatsoper. Nach dem 2. Weltkrieg begann ihre internationale Karriere mit Auftritten u.a. bei den Salzburger Festspielen, an der Mailänder Scala, an der Covent Garden Opera in London und an der Metropolitan Opera in New York. Konzertreisen führten sie auch bis nach Indien, Japan, Australien und Südafrika. In den 50er Jahren wurde S. international als hervorragende Mozart-Interpretin und Liedgestalterin geschätzt. Neben Mozart-Partien waren auch die Rollen der Agathe (C. M. von Weber, *Der Freischütz*), Madame Butterfly (in G. Puccinis gleichnamiger Oper) und Eva (R. Wagner, *Die Meistersinger*) Glanzpunkte ihres Repertoires. I. S. ist seit 1948 mit dem Violinisten W. Schneiderhan verheiratet. H. W. Henze widmete dem Ehepaar die *Ariosi* für Sopran, Violine und Orchester (UA: Edinburgh 1964) und Fr. Martin *Maria-Triptychon* für dieselbe Besetzung (UA: Luzern 1968).

Lit.: F. FASSBIND, W. Schneiderhan, I. S. (Be 1960); E. WERBA, I. S., in: Opera 17 (1966); J. SCHUMANN, I. S. Diskographie, in: Fono-forum 9 (1974).

SEEMANN, Carl, * 8. 5. 1910 Bremen, † 26. 11. 1983 Freiburg; dt. Pianist. Er studierte 1928–33 Kirchenmusik am Leipziger Konservatorium u. entschied sich nach Organistentätigkeit in Flensburg und Verden 1936 für die Pianistenlaufbahn. 1936–42 war er auch Lehrer an der Nordmarkschule in Kiel, 1942–44 Leiter der Klavier-Abteilung an der Landesmusikschule Straßburg und übernahm 1946 die Klavierklasse an der Musikhochschule Freiburg im Breisgau (1964–74 Direktor). 1972–80 war S. Vizepräsident des Deutschen Musikrats. Seine Konzerte in der ganzen Welt haben ihm den Ruf eines der führenden Pianisten und eines der bedeutendsten Mozart-Interpreten seiner Generation eingebracht. Mit Wolfgang Schneiderhan bildete er 1952–66 ein Duo.

Lit.: Interview mit C. S., in: Zschr. für Musikpädagogik 4 (1979).

SEGER (Seeger, Segert, Sekert, Czegert, Zekert u.a.), **Josef Ferdinand Norbert,** * 21. 3. 1716 Řepín bei Mělník (Böhmen), † 22. 4. 1782 Prag; böhmischer Organist und Komponist. S. studierte Philosophie an der Universität in Prag. Seine musikalische Laufbahn begann er als Sänger an St. Jacob unter B. M. Černohorský, der ihn vermutlich unterrichtete. Später wurde er 2. Violinist an St. Martin, 1741 Organist an der Theinkirche und 1745 an der Kreuzherrenkirche. S. galt als einer der besten Organisten in Prag und war weit über Böhmen hinaus bekannt. Kaiser Joseph II., der ihn 1781 dort hörte, ernannte ihn 1782 zum Kaiserlichen Hoforganisten, doch starb S. vor Erhalt des Anstellungsdekretes. Obgleich zu Lebzeiten keines seiner Werke gedruckt wurde, war er vor allem mit seinen Orgelkompositionen einer der wichtigsten böhmischen Meister des 18. Jh., dessen Einfluß bis ins 19. Jh. zu verfolgen ist. Von seinen Schülern sind J. Mysliveček und A. Koželuch zu nennen.

Ausg.: Praeludium, 2 Fugen u. eine Toccata, in: Orgelwerke altböhm. Meister II, hrsg. v. R. QUOIKA (Wie 1953); Orgelkompositionen, hrsg. v. J. RACEK – V. BĚLSKÝ, 2 Bde. (Pr 1961–62) (= MAB 51 u. 56).

Lit.: H. KELLETAT, Zur Gesch. der dt. Orgelmusik in der Frühklassik (Kas 1933); R. QUOIKA, Die Generalbaßimprovisation nach J. S., in: Kgr.-Ber. Wien 1956 (Gr–Kö 1958); J. SMOLKA, Varhanní fugy na témata J. S. Bacha, připisvané J. Segrovi, in: Opus musicum 1 (1969).

SEGNO (it., = Zeichen; Abk.: S.), heute mit folgenden graphischen Zeichen 𝄋 bzw. § oder 𝄌 verbundene Anweisung für den Beginn einer Wiederholung (dal segno) bzw. für ihren Schluß (al segno).

SEGOVIA Y TORRES, Andrés, * 21. 2. 1893 Linares (Andalusien); span. Gitarrist. Das Gitarrenspiel erlernte er autodidaktisch und erregte als 16jähriger bei seinem ersten öffentlichen Auftritt in Granada schon großes Aufsehen. 1915 konzertierte er in Paris, 1928 in den USA. Seither unternahm er Konzertreisen in die ganze Welt und wurde der führende Interpret seines Instruments, dem er neues Ansehen erwarb. Zeitgenössische Komponisten, u.a. A. Roussel, M. Castelnuovo-Tedesco und H. Villa-Lobos, schrieben Stücke für ihn. Er selbst erweiterte die Gitarrenliteratur durch Transkriptionen älterer Lauten- und Vihuela-Kompositionen und Bearbeitungen von Werken J. S. Bachs, G. Fr. Händels, J. Haydns, W. A. Mozarts, Fr. Chopins und R. Schumanns. Neben seiner Konzerttätigkeit lehrte S. u.a. an der Accademia Musicale Chigiana in Siena, an den Universitäten in Berkeley und Santiago de Compostela. In engl. Sprache erschien *An Autobiography of the Years 1893–1920* (NY 1977).

Lit.: B. GAVOTY – R. HAUERT, A. S. (Monaco 1955, dt. G 1955); V. BOBRI, The S. Technique (NY 1972); C. USILLUS, A. S. (Ma 1973); A. S., hrsg. v. G. CLINTON (Lo 1978).

SEGRETO DI SUSANNA, IL, Intermezzo von E. Wolf-Ferrari; dt. Titel: ↗Susannens Geheimnis.

SEGUIDILLA (span.), eine literarische und musikalische Form, die sich weiter Verbreitung erfreut und in zahlreichen Volksliedern und -tänzen Spaniens und Lateinamerikas vorkommt. Sie besteht aus 4 abwechselnd sieben- und fünfsilbigen Versen (sog. Copla). Die geradzahligen (langen) Verse sind reimlos, die ungeradzahligen sind durch unvollkommenen Reim miteinander verknüpft. Gelegentlich werden am Ende 3 Verse – 2 kurze rahmen einen langen ein – hinzugefügt, die wiederum einen unvollkommenen Reim nach sich ziehen. Obwohl diese Art des Vierzeilers bereits im 13. Jh. anzutreffen ist, begegnet der Begriff S. erst am Ende des 16. Jh.; er geht vermutlich auf „seguida" zurück, womit das wenig ehrenhafte Milieu von Soldaten und ihren Gefolgsleuten sowie deren Beschützern bezeichnet wird. Seguida hieß außerdem ein alter, offensichtlich sehr lebhafter Tanz. Ganz allgemein kann man die S. als schnellere Abart des ↗Bolero im 3/8- oder 3/4-Takt charakterisieren. Sie umfaßt ein instrumentales Vorspiel und ein Zwischenspiel (Falseta) zwischen den einzelnen Strophen; es gibt jedoch starke lokale Varianten. Als authentischste S. gilt die aus der Mancha (S. manchegas). Bei der S. gitana (= Zigeuner-S.) schwankt der Rhythmus zwischen 3/4- und 6/8-Takt; die langsamere S. bolera erinnert stark an den gleichnamigen Tanz, dessen Vorstufe sie vermutlich darstellt. Eine metrische Variante mit irregulärem Refrain (Estribillo) stellt die S. chamberga dar. Als Bühnentanz gewann die S. besondere Bedeutung im 17. und 18. Jh.; ein Intermedium von Armesto y Castro (1697) weist ihr die Funktion eines Finales in allen kürzeren Stücken zu. In die Kunstmusik fand die S. Eingang u.a. bei I. Albéniz, M. Glinka und G. Bizet (*Carmen*: S. *Près des rempart – Draußen am Wald von Sevilla*).

Lit.: F. HANSSEN, La s., in: Anales de la Universidad de Santiago de Chile 125 (1909), Nachdr. in: Estudios 1 (Santiago de Chile 1958); J. RODRÍGUEZ MATÉO, La copla y el canto popular en Andalucía (Sevilla 1946); M. FRENK ALATORRE, De la s. antiqua a la moderna, in: FS A. Castro (O 1965); B. JEFFERY, F. Sor, S.s for Voice and Guitar or Piano (Lo 1976) (Vorwort); J. SAGE, S., in: Grove[6] XVII.

SEIBER, Mátyás György, * 4. 5. 1905 Budapest, † 24. 9. 1960 in der Nähe von Johannesburg (Südafrika); engl. Komponist ung. Herkunft. Er studierte 1919–25 Violoncello und Komposition an der Musikakademie in Budapest. Später ließ er sich in Frankfurt am Main nieder, übernahm 1928 die Leitung der von ihm angeregten, neugegründeten Jazzklasse am Hochschen Konservatorium und dirigierte an der Frankfurter Opernbühne. 1935 ging er nach London, lehrte seit 1942 am Morley College und gründete 1945 den Kammerchor Dorian Singers. 1949 fand er mit der Kantate *Ulysses* erstmals größere Beachtung. Seine Werke sind besonders durch Einflüsse B. Bartóks und A. Schönbergs sowie durch eine beständige Auseinandersetzung mit der Jazzmusik gekennzeichnet, bleiben aber in Wahl und Anwendung musikalischer Techniken stets frei und unabhängig. Als Kompositionslehrer genoß S. vor allem in Großbritannien einen hervorragenden Ruf.

WW: 3 Streichquartette (1925, 1941, 1952); *Permutazione a cinque* (1958) für Bläserquintett; 2 „Jazzolettes" für 4 Bläser, Klv. u. Schlagzeug (1932). – Für Orch.: *Transylvanian Rhapsody* (1941); *Tre pezzi* (1957) für Vc. u. Orch. – Kantate *Ulysses* (1949) (nach J. Joyce); *Cantata secularis* (1953); Kammerkantate nach Joyce' *Portrait of the Artist as a Young Man* (1957). – Ballett *The Invitation*, UA: London 1960. – Ferner die Schrift *The String Quartets of B. Bartók* (Lo 1945, dt. Bonn 1954).

Lit.: Ung. Komponisten, hrsg. v. H. LINDLAR (Bonn 1954) (= Musik der Zeit 9); G. SCHWEIZER, Zw. Bartók u. Schönberg. Das Bild M. S.s, in: ZfM 116 (1955); J. S. WEISSMANN, Die Streichquartette v. M. S., in: Melos 22 (1955) – 23 (1956); H. WOOD, The Music of M. S., in: MT 111 (1970).

SEIDEL, Elmar, * 7. 6. 1930 Frankenstein (Schlesien); dt. Musikforscher und Komponist. Er studierte 1949–53 an der Nordwestdeutschen Musikakademie in Detmold Komposition bei G. Bialas, anschließend bei O. Messiaen in Paris und Musikwissenschaft bei H. Osthoff an der Universität in Frankfurt am Main, wo er 1962 mit der Dissertation *Die Enharmonik in den harmonischen Großformen Fr. Schuberts* promovierte. Seit 1961 wirkt S. als Dozent für Tonsatz am Staatlichen Hochschulinstitut für Musik in Mainz (1973 Professor).

WW: **1) Kompositionen:** Klv.- u. Kammermusik, u. a. Fantasie für 3 Holzbläser u. Schlagzeug (1952) u. Skizzen für Streichquartett; ferner Lieder nach Gedichten v. G. Trakl u. Bühnenmusik. – **2) Schriften:** *Die Harmonielehre H. Riemanns,* in: Beitr. z. Musiktheorie d. 19. Jh., hrsg. v. M. Vogel (Rb 1966) (= Studien z. Musikgesch. d. 19. Jh. 4); *Ein chromatisches Harmonisierungsmodell in Schuberts „Winterreise"*, in: AfMw 26 (1969); *Eine Wiener Harmonie- und Generalbaßlehre der Beethoven- und Schubertzeit,* in: FS H. Federhofer (Mz 1971); *Bemerkungen zum 2. Pièce en Trio des Livre d'Orgue v. O. Messiaen,* in: MS 93 (1973); *Zur Kirchenmusik von Cornelius,* in: P. Cornelius als Komponist ..., hrsg. v. H. Federhofer – K. Oehl (Rb 1977) (= Stud. z. Musikgesch. d. 19. Jh. 48); *Über den Zusammenhang zw. der sog. Teufelsmühle und dem 2. Modus mit begrenzter Transponierbarkeit in Liszts Harmonik,* in: Kgr.-Ber. Eisenstadt 1978 (Mn 1981).

SEIDEL, Wilhelm, * 5. 1. 1935 Freiburg im Breisgau; dt. Musikforscher. Er studierte in Freiburg seit 1955 an der Musikhochschule (Staatsexamen für Schulmusik 1962) und an der Universität (u. a. bei R. Hammerstein und H. H. Eggebrecht) sowie seit 1964 an der Universität Heidelberg, wo er 1965 promovierte und sich 1975 habilitierte (1980 Professor); 1982 wurde er Professor für Musikwissenschaft an der Universität Marburg. 1980 übernahm er – mit Martin Just – die Schriftleitung der *Musikforschung.* S.s Hauptinteresse gilt Problemen des musikalischen Rhythmus und der Form.

Schriften: *Die Lieder L. Senfls* (Be – Mn 1969) (= Neue Heidelberger Studien z. Musikwiss. 2); *Über Rhythmustheorien der Neuzeit* (ebd. 1975) (= ebd. 7); *Rhythmus. Eine Begriffsbestimmung* (Da 1976) (= Erträge der Forsch. 46); *Beethoven, 1. Sinfonie* (Mn 1979) (= Meisterwerke der Musik 17); *Über Prinzipien der Formentheorie,* in: Jb. des Staatl. Inst. f. Musikforsch. Preußischer Kulturbesitz 1978 (B 1980); *Rhythmus. Eine Begriffsmonographie,* in: HMT (1980).

SEIDENSTRÜMPFE *(Silk Stockings),* amerik. Musical von Cole Porter (1892–1964), Buch von George S. Kaufman, Leueen MacGrath und Abe Burrows, Texte von Cole Porter. Musical nach der Komödie *Ninotschka* von Melchior Lengyel. Ort und Zeit der Handlung: Paris und Moskau, zu Beginn der 30er Jahre. UA: 24. 2. 1955 in New York (Imperial Theater); EA in dt. Sprache: 5. 10. 1974 in Linz (Landestheater); dt. EA: 5. 10. 1975 in Kassel (Hessisches Landestheater). 1957 verfilmt.
Ninotschka ist eine hübsche sowjetische Funktionärin, die mit dem Auftrag nach Paris kommt, einen russischen Komponisten, der nach einem Konzert dortgeblieben ist, zurückzuholen. Dieser komponiert inzwischen für einen Film des amerikanischen Produzenten Steve Canfield, dessen Charme es gelingt, aus der Partei-Ideologin Ninotschka eine lebenslustige Frau zu machen. Trotzdem erfüllt sie ihren Auftrag und kehrt nach Moskau zurück. Mit Liebe, List und Tücke schaffen es aber alle Beteiligten, endlich in ihrer geliebten Weltstadt Paris zu leben. – Bekannte Songs sind: *Paris Loves Lovers, It's A Chemical Reaction That's All* und *All of You.* R. WALLRAF

SEIFERT, dt. Orgelbauerfamilie. **Ernst S.** (1855–1928) gründete 1885 eine Werkstatt in Köln, die zahlreiche große Instrumente im Rheinland baute, u. a. in Neuss (St. Quirinus, 1906; 3 Man., 78 Reg.) und in Kevelaer (Wallfahrtsbasilika, 1907; 4 Man., 122 Reg.). Eine 1906 in Kevelaer gegründete Filiale wurde seit 1928 selbständig geführt, zunächst von **Romanus S.** (1883–1960) und dann von seinem Sohn **Ernst S.** (* 1910), der Romanus Seifert & Sohn firmierte. Hier entstanden u. a. die Orgeln in Duisburg (St. Ludger, 1937; 4 Man., 78 Reg.), Berlin (St. Matthias, 1958; 4 Man., 74 Reg.) und Xanten (Dom, 1975; 3 Man., 45 Reg.). 1936 wurde in Bergisch-Gladbach ein weiteres Unternehmen gegründet, das 1961 wieder mit dem Kölner Stammhaus vereinigt und bis zu seinem Erlöschen 1981 von **Helmut S.** (* 1916) geleitet wurde.

Lit.: G. KLEIN, Die große S.-Orgel der Marienbasilika zu Kevelaer, in: Ars organi 29 (1981).

SEIFFERT, Max, * 9. 2. 1868 Beeskow an der Spree, † 13. 4. 1948 Schleswig; dt. Musikforscher. Er studierte an der Universität Berlin bei Ph. Spitta und promovierte 1891. Anschließend arbeitete er als Privatgelehrter. 1903–14 war er Chefredakteur der SIMG. Außerdem lehrte er seit 1909 an der Musikhochschule und an der Akademie für Kirchen- und Schulmusik in Berlin. 1921 wurde er kommissarischer Leiter des von ihm gegründeten Instituts für musikwissenschaftliche Forschungen in Bückeburg, das er seit dessen Verlegung nach Berlin als Staatliches Institut für Deutsche Musikforschung bis 1942 leitete. S. hat vor allem als Herausgeber musikalischer Werke des deutschen und niederländischen Barocks maßgeblich zur Entwicklung der deutschen Musikwissenschaft in der 1. Hälfte des 20. Jh. beigetragen. Zu seinem 70. Geburtstag wurde er mit der Festschrift *Musik und Bild* (hrsg. v. H. Besseler, Kas 1938) geehrt.

WW: **1) Schriften:** *J. P. Sweelinck u. seine direkten dt. Schüler* (L 1891), auch in: VfMw 7 (1891); *Gesch. der Klaviermusik* I (L 1899, Nachdr. Hil 1966); *Bildzeugnisse des 16. Jh. für die instrumentale Begleitung des Gesanges*, in: AfMw 1 (1918/19); *J. Krieger, Verz. seiner erhaltenen ... Vokalwerke* (B 1919); ferner zahlr. Aufsätze, vor allem zur dt. Musikgesch. des 17./18. Jh. – **2) Editionen:** *J. P. Sweelinck*, GA, 10 Bde. (Den Haag – L 1895–1901, Nachdr. Farnborough 1968); in DDT: 9 Bde. mit Werken von D. Buxtehude, J. Krieger, J. Pachelbel, S. Scheidt (als 1. Bd. der Reihe, 1892), G. Ph. Telemann, Fr. Tunder, J. G. Walther u. F. W. Zachow sowie *Thüringische Motetten ... des 19. Jh.*; in DTB: 4 Bde. mit Werken v. J. u. J. Ph. Krieger, L. Mozart u. J. Pachelbel; zahlr. weitere Einzelausg., darunter *D. Buxtehude, Orgelwerke*, 3 Bde. (L 1903–39, Nachdr. Wie 1952).

Lit.: H. ALBRECHT, M. S. zum Gedächtnis, in: MuK 18 (1948); W. BLANKENBURG, M. S., in: Mf 2 (1949); F. STEIN, M. Reger u. M. S., in: Musica 12 (1958).

SEITENBEWEGUNG, Bz. für das Fortschreiten einer ↗Stimme bei liegenbleibender zweiter Stimme:

Die S. unterscheidet sich sowohl von der ↗Gegenbewegung als auch von der ↗Parallelbewegung.

SEITENSATZ, seit dem 19. Jh. (A. B. Marx, 1847) Bz. für den zweiten Teil innerhalb der Exposition oder Reprise einer ↗Sonatensatzform oder eines Sonaten-↗Rondos. Der S., der meist mit einem Gedanken von thematischer Prägnanz, dem sog. zweiten Thema, beginnt, ist der Ansatz einer weitgespannten, bisweilen virtuosen Ausbreitung, die vor dem Eintritt der Schlußgruppe durch kräftige Kadenzen abgeschlossen wird. Die formale Qualität des S.es ergibt sich aus seinem Verhältnis zum ↗Hauptsatz. Im klassischen S. vollendet sich die tonale Entfaltung der Exposition, in Dur der Schritt von der Tonika zur Dominante, in Moll der von der Tonika zur Tonikaparallele. Oft, so in Sonaten von J. Haydn, werden beide tonalen Positionen durch Varianten ein und desselben Themas besetzt. L. van Beethoven betont dagegen den thematischen Kontrast und vergrößert bisweilen den tonalen Abstand zwischen Haupt- und Seitensatz. Seine Seitensätze sind oft kantabel. In Sonatensatzformen des 19. Jh. werden Hauptsatz und S. dynamisch unterschieden; die Dynamik des S.es ist milder als die des Hauptsatzes; oft ist der S. langsamer, und gelegentlich unterscheidet sich seine Taktart von der des Hauptsatzes (z. B. bei J. Brahms, 3. Symphonie, 1. Satz).

Lit.: ↗Sonatensatzform. W. SEIDEL

SEIXAS, José António Carlos de, * 11. 6. 1704 Coimbra, † 25. 8. 1742 Lissabon; port. Organist und Komponist. Er wurde 1718 als Nachfolger seines Vaters Domorganist in Coimbra und 1720 Organist der königlichen Kapelle in Lissabon, deren Leitung 1721 D. Scarlatti übernahm. S. gilt als der bedeutendste Komponist für Tasteninstrumente im 18. Jh. in Portugal. Vor allem seine Sonaten zeigen eine auch gegenüber Scarlatti große Eigenständigkeit in der formalen und satztechnischen Gestaltung. Der größte Teil seines (urspr. autograph erhaltenen) umfangreichen Œuvres (Barbosa Machado nennt 1742 eine Zahl von über 700 „Tocatas", d. h. Sonaten für Tasteninstrumente) ist vermutlich während des Lissaboner Erdbebens von 1755 vernichtet worden.

Ausg.: 80 Sonaten für Tasteninstr., hrsg. v. M. S. KASTNER (1965) (= Portugaliae musica A/10); Ouvertüre D-Dur u. Sinfonia B-Dur, hrsg. v. P. SALZMANN (1969) (= ebd. 16–17).

Lit.: J.-P. SARRAUTTE, Un compositeur portugais au XVIIIe siècle, C. S., in: Arquivos do Centro cultural português 1 (1969); K. F. HEIMES, C. S., Zum Quellenstud. seiner Klaviersonaten, in: AfMw 28 (1971).

SÉJAN, Nicolas, * 19. 3. 1745 Paris, † 16. 3. 1819 ebd.; frz. Organist und Komponist. Er war 1760–82 Organist an verschiedenen Pariser Kirchen, 1783–91 an St-Sulpice und 1790–91 an der Chapelle Royale. 1789 wurde er Professor für Orgel an der École Royale de Chant, verlor dieses Amt während der Revolution und war 1795–1802 Professor für Orgel am neugegründeten Pariser Conservatoire. 1806 wurde er Organist an St-Louis-des-Invalides und erneut an St-Sulpice und erhielt 1814 seine frühere Stellung in der Chapelle Royale. – S.s Bruder **Edmé-Philibert S.** (um 1754–1792) wirkte ebenfalls als Organist in Paris. Sein Sohn **Louis-Nicolas S.** (1786–1849) wurde 1819 sein Nachfolger an St-Sulpice und an St-Louis-des-Invalides. Er schrieb eine Oper *Fénella*, Kammermusik und Orgelwerke.

WW: 2 Bücher Sonaten für Cemb. u. V. ad lib. (P 1772 u. 1784); *Recueil de pièces* für Cemb. oder Klv. *dans le genre gracieux ou gay* (P 1784); *Religion républicaine* für 3 Männer-St. (P 1794).

Ausg.: *Religion républicaine*, in: J. SEMPÉ, France qui chante (P 1945); eine Sonate in: Six Keyboard Sonatas from the Classic Era, hrsg. v. W. S. NEWMAN (Evanston/Ill. 1965); *Prélude et fugue sur le Kyrie du 1er ton de H. du Mont*, von L.-N. S., in: F. RAUGEL, Les maîtres français de l'orgue 1 (P o. J.).

Lit.: G. FAVRE, N. S. (1745–1819), in: RMie 17 (1936).

SEKLES, Bernhard, * 20. 3. 1872 Frankfurt am Main, † 8. 12. 1934 ebd.; dt. Komponist. S. war Schüler am Hochschen Konservatorium in Frankfurt am Main. 1893–94 volontierte er als Kapellmeister an der Heidelberger und 1895–96 an der Mainzer Oper. 1896 wurde er Theorie- und Kompositionslehrer am Hochschen Konservatorium, das er von 1923 bis zu seiner Entlassung 1933 auch leitete. Zusammen mit M. Seiber richtete er dort die erste Jazzklasse in Europa ein. Zu seinen Schülern gehörten P. Hindemith und H. Rosbaud.

WW: Klv.-Stücke; Sonate für Vc. u. Klv.; Passacaglia u. Fuge für Streichquartett, op. 23; Streichquartett, op. 31; Serenade für 11 Instr., op. 14. – Symphonische Dichtung *Aus den Gärten der Semiramis*, op. 19; 3 Sätze *Sommergedicht* für großes Orch.; Orchestervorspiel *Der Dybuk*, op. 35; Symphonie, op. 37. – Opern: *Scheherazade*, UA: Mannheim 1917; *Die zehn Küsse*, UA: Frankfurt a. M. 1926; Tanzspiel *Der Zwerg und die Infantin*, UA: ebd. 1913; burleskes Traumspiel *Die Hochzeit des Faun*, UA: Wiesbaden 1921.

SEKUNDAKKORD, eigentlich Sekundquartsextakkord, im weitesten Sinn Bz. für die 3. Umkehrung jedes Septakkords mit der Septime im Baß. Im 17.–18. Jh. erscheint der S. häufig in einer bestimmten Akkordfolge:

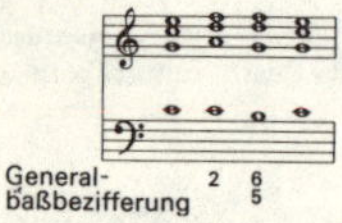

Viele Beispiele dafür finden sich vor allem in der französischen Musik seit J.-B. Lully; berühmt ist auch der Anfang des 1. Praeludiums aus J. S. Bachs *Wohltemperiertem Clavier* I. Der S. kann hier als Umkehrung des Akkords der Sixte ajoutée (f a c d) gedeutet werden. – Im engeren Sinn ist der S. die 3. Umkehrung des Dominantseptakkords.

SEKUNDE (von lat. secunda = die zweite). – **1)** Bz. für die 2. Stufe der diatonischen Tonleiter. – **2)** Bz. für das Intervall zweier Töne. In der musikalischen Praxis unterscheidet man die *große S.* (z. B. c – d), die *kleine S.* (c – des), die *übermäßige S.* (c – dis) und die *verminderte S.* (cis – des). Die große S. entspricht einem großen Ganzton, die kleine S. einem diatonischen Halbton.

SELLE, Thomas, * 23. 3. 1599 Zörbig bei Bitterfeld, † 2. 7. 1663 Hamburg; dt. Komponist. Er studierte vermutlich seit 1622 an der Universität Leipzig, wurde 1624 Lehrer in Heide, 1625 Rektor in Wesselburen und 1634 Kantor in Itzehoe. Seit 1641 war er in Hamburg Kantor des Johanneums und Musikdirektor der 4 Hauptkirchen. Mit den kleinen geistlichen Konzerten gehört S. – der erste namhafte Hamburger Kantor – zu den frühen Vertretern dieser Gattung in Norddeutschland. Seine Passionen sind dadurch gekennzeichnet, daß in ihnen der chorale Lektionston rhythmisiert und mit B.c. versehen ist und daß sie instrumentale Zwischenspiele enthalten. Sie bilden damit eine Vorstufe zur oratorischen ↗Passion.

WW: **1) Geistliche WW:** 7 Slgen. mit lat. u. dt. geistlichen Konzerten für 1–5 St. u. B.c., teilweise mit Cappella fidicinia (unterschiedliche Titel) (H 1627–46); einige Gelegenheitsgesänge; 1st. Lieder mit B.c., in: J. Rist, *Sabbathische Seelenlust* (Lüneburg 1651 u. 1659), sowie in dessen *Neue Musikalische Fest-Andachten* (ebd. 1655); hsl. erhalten sind je eine Matthäus- u. Johannespassion u. eine Auferstehungshistorie. – **2) Weltliche WW:** 5 Slgen. mit dt. Gesängen für SingSt u. B.c. u. für 3 St., teilweise mit Instr. (H 1624–36).

Ausg.: 6 geistliche Konzerte, bearb. v. A. EGIDI (B 1929); Johannespassion für 6 Soli, 6st. Chor, Instr. u. B.c., hrsg. v. R. GERBER (Wb 1933) (= Chw 26).

Lit.: S. GÜNTHER, Die geistliche Konzertmusik v. Th. S. nebst seiner Biogr. (Diss. Gießen 1935); J. BIRKE, Die Passionsmusiken v. Th. S. (1599–1663) (Diss. H 1957); W. BRAUN, Th. S.s Lasso-Bearb., in: KmJb 47 (1963).

SELLNER, Gustav Rudolf, * 25. 5. 1905 Traunstein (Oberbayern); dt. Regisseur und Theaterleiter. Er wirkte 1924–38 als Schauspieler, Dramaturg und Regisseur in Oldenburg und Göttingen und als Generalintendant in Hannover. Weitere Stationen waren Kiel und Essen, dann Darmstadt, wo er 1951–61 das Staatstheater leitete. Anschließend wirkte er 1961–72 als Generalintendant der Deutschen Oper Berlin. Bereits in Darmstadt entwikkelte S. sein Konzept eines symbolhaft-stilisierten Theaters, mit dem er der „Seinsstruktur des Menschen" nachspürte. Äußeres Zeichen seiner Einstudierungen wurde die Bühne ohne direkte Ortsbestimmung. Auf dem Gebiet der Oper widmete er sich vor allem der Moderne. Er brachte neue Stücke von B. Britten, A. Schönberg, D. Milhaud, H. W. Henze, L. Dallapiccola und C. Orff heraus. Als freischaffender Regisseur inszenierte er u.a. bei den Salzburger Festspielen und an den Bühnen in Stuttgart, Hamburg und Wien.

Schrift: *Theatralische Landschaft* (Bremen 1962) (mit W. Wien).

Lit.: H. KAISER, Vom Zeittheater z. S.-Bühne (Da 1961); G. HENSEL, Ein Jahrzehnt S.-Theater in Darmstadt (ebd. 1962); R. BAYR, Delphischer Apollon (Salzburg 1966); P. LUDWIG, Licht-Bilder, 1951–1976. 26 Jahre Theater in Darmstadt. S., Hering, Beelitz (Da 1976).

SEMANTIK, neben Syntax, Sigmatik und Pragmatik ein Teilbereich der ↗Semiotik, die Bedeutungsrelation der Zeichen betreffend. S. ist ein in musikalischer Hinsicht unklarer Begriff, da fraglich ist, ob Musik eine im strengen Sinne durchgehende semantische Dimension hat. S. steht oft synonym für Gehalt, Inhalt oder Sinn.

SEMIBREVIS (lat., von s. nota oder s. figura = die halbe kurze Note), Notenwert der Mensuralnotation (↗Notenschrift), dargestellt durch das rautenförmige Zeichen ◆. Die S. besitzt seit dem 2. Drittel des 13. Jh. zunächst den Wert einer halben ↗Brevis (■ = ◆◆, d. h. in modernen Noten bei

Verkürzung 4:1 ♩ = ♪♪). Seit Franco (um 1280) gilt die S. jedoch wie Brevis und ↗Longa als selbständiger Notenwert, der zweierlei Wert haben kann, nämlich als S. minor den Wert eines dritten Teils, als S. maior den Wert von ⅔ Teilen des Tempus. Eine Brevis kann sich demnach in 2 ungleiche (■ = ◆◆ d. h. ♩ = ♪♩ (3) oder ♩ = ♩♪ (3)) oder 3 gleiche Semibreven (■ = ◆◆◆ d. h. ♩ = ♪♪♪ (3)) aufteilen. Ende des 13. Jh. erweitert sich die Anzahl der Semibreven innerhalb eines Tempus auf 6, 8, 9 und 12. Schließlich wird zu Beginn des 14. Jh. die S. in Minima und Semiminima unterteilt (↗Prolatio). Seit dem späten 15. Jh. wird die S. (Zeichen: ◇, Pause: 𝄼) im Integer valor notarum zur Bezugseinheit des Tactus. Aus ihr ging die heutige ganze Note (𝅝), aus der S.-Pause die ganze Pause hervor.

Lit.: C. DAHLHAUS, Zur Entstehung des modernen Taktsystems im 17. Jh., in: AfMw 18 (1961); R. BOCKHOLDT, S. minima u. Prolatio temporis, in: Mf 16 (1963); F. A. GALLO, La teoria della notazione in Italia della fine del XIII all'inizio del XV secolo (Bol 1966); W. FROBENIUS, S., in: HMT (1971). B. R. SUCHLA

SEMIFUSA (lat.), der kürzeste Notenwert in der Mensuralnotation des 16. und 17. Jh. (Zeichen: 𝅘𝅥𝅯, Zeichen der dazugehörigen Pause: 𝄿). Die S. gilt die Hälfte einer ↗Fusa. Aus dem Noten- und Pausenzeichen haben sich die modernen Zeichen für die Sechzehntelnote und die Sechzehntelpause entwickelt (↗Noten).

SEMIMINIMA (lat.), aus der Unterteilung der ↗Minima hervorgegangener Notenwert, der bereits seit dem 14. Jh. in der Mensuralnotation (↗Notenschrift) verwendet wird (Zeichen: ♩, später 𝅘𝅥𝅮). Die auch später in der weißen Mensuralnotation überwiegend verwendete ausgefüllte Form bildet die Vorstufe zur Viertelnote, die ihr entsprechende Pause (𝄽) die Vorstufe zur Viertelpause.

SEMI-OPERA (engl.), Bz. für einen englischen Operntypus mit musikalischen Szenen und gesprochenen Dialogen, der im 17. Jh. vor allem von Thomas Betterton entwickelt und u.a. von John Dryden fortgeführt wurde. Die Bezeichnung findet sich insbesondere bei Werken von H. Purcell, seinen Zeitgenossen und Nachfolgern, die als ↗Masques zwischen die Akte der gesprochenen Theaterstücke eingeschoben wurden (z.B. Purcells *King Arthur* und *Dioclesian*), um sie von durchkomponierten Opern zu unterscheiden. Die S., die zunächst eine Art Kompromiß zwischen Masque und gesprochenem Theater darstellte, wurde im 18. Jh. die bevorzugte Unterhaltungsgattung in England. Auch zahlreiche ↗Ballad operas wurden nun als S. bezeichnet.

Lit.: E. J. DENT, Foundations of English Opera (C 1928, Nachdr. 1965); J. BUTTREY, The Evolution of English Opera between 1656 and 1695 (1967) (= Diss. Univ. of Cambridge); R. FISKE, English Theatre Music in the 18th Century (Lo 1973); C. A. PRICE, Musical Practices in the Restoration Plays with a Catalogue of Instrumental Music in the Plays 1663–1712 (1974) (= Diss. Harvard Univ.).

SEMIOTIK, Semiologie (selten Semasiologie, von griech. sēma = Zeichen). Die S. ist in ihrem Kern die Wissenschaft (oder Lehre) von den Zeichen und -systemen, ist heute jedoch zersplittert in eine Vielzahl divergierender Theorien und Praktiken. Strittig ist vor allem die Reichweite des Zeichenbegriffs und seine genaue begriffliche Bestimmung. Die Abwendung vom Zeichenbegriff Ferdinand de Saussures als (statischer) Einheit von „signifiant" (Bezeichnendes) und „signifié" (Bezeichnetes) und die Hinwendung zum Zeichenbegriff von Charles Peirce als einer (dynamischen) triadischen Relation, die den Zeichenbenutzer einbezieht, hat zugleich eine Ausweitung der semiotischen Forschung mit sich gebracht.

Zentrum semiotischer Praxis und Theoriebildung ist der Prozeß der Semiose, der grundsätzlich offen ist und sich immer dann ereignet, wenn ein materielles Etwas als Zeichen für etwas anderes aufgefaßt wird. Zweifellos ist die Semiose eine grundlegende Erscheinung des menschlichen Lebensvollzugs, der semiotische Standpunkt wird jedoch überzogen, wenn die Semiose zum Grundgesetz menschlicher Kultur, menschlicher Sinn- und Bedeutungsgebung erhoben wird. S. bläht sich dann auf zu einer Theorie der Kultur als Kommunikation (U. Eco).

Die Entwicklung der S. der Musik geschah zunächst, in den 1960er Jahren, unter dem Eindruck und in Abhängigkeit der damals herrschenden Linguistik, teils im Banne des Strukturalismus (R. Jakobson, N. Ruwet). Die Phonologie galt als Musterdisziplin. Aus heutiger Sicht kann die Anwendung des phonologischen Modells in der Musikanalyse jedoch als gescheitert bezeichnet werden. Die entscheidenden Stationen linguistischer Theoriebildung bis hin zur Transformations- und Generativen Grammatik waren jeweils auch Kristallisationspunkte semiotisch-linguistischen Denkens im Bereich der Musik. Obwohl das generative Grammatikmodell auch heute noch eine gewisse Anziehungskraft besitzt, ist doch insgesamt der linguistische Einfluß auf die S. zurückgegangen und die Pilotfunktion der Linguistik in Frage gestellt.

Ein in der linguistisch orientierten S. der Musik oft behandeltes Problem ist der Vergleich zwischen Sprache und Musik, und zwar als Systemvergleich, der historische Aspekte fast ausschloß.

Neben den eher formalanalytisch ausgerichteten S.-Konzeptionen gab es von Anfang auch und in den 1970er Jahren verstärkt Ansätze, die die Frage nach der Bedeutung von Musik in den Vordergrund rückten bzw. auf ihren semiotischen Grund zu gelangen versuchten (Chr. L. Boiles, C. Deliėges, M. Imberty, A. Schaff). Sosehr zunächst Hoffnung bestand, das uralte Problem der Bedeutung von Musik (↗Semantik), der Sinnvermittlung, nun auf wissenschaftlich sicherem Boden bearbeiten zu können, stellten sich doch sehr schnell Probleme grundsätzlicher Art ein, da die Bezeichnungsrelation in der Musik offensichtlich fehlt. Da nicht aufzuweisen ist, wofür Musik als Zeichen steht, wird des öfteren von der paradoxen Formel des sich selbst bezeichnenden Zeichens Gebrauch gemacht oder aber der Vergleich mit Sonderformen der natürlichen Sprache oder anderen semiotischen Systemen gesucht. Die musikalische Semantik wird besonders intensiv durch marxistische (materialistische) Semiotiker betrieben und dabei in Verbindung mit der Intonationstheorie gebracht (J. Volek, J. Jiránek).

Die erste Gesamtkonzeption einer S. der Musik hat J. J. Nattiez vorgelegt, führender Kopf der „Groupe de recherches en sémiologie musicale" an der Universität Montreal. Ansatzpunkte zu einer Kritik der S. der Musik aus wissenschaftstheoretischer, musikhistorischer und ästhetischer Sicht sind vor allem von P. Faltin, T. Kneif und R. Schneider entwickelt worden.

Lit.: R. JAKOBSON, On Visual and Auditory Signs, in: Phonetica 11 (1964); DERS., Musikwiss. u. Linguistik, in: Selected Writings II (Den Haag 1971); P. FALTIN, Widersprüche bei der Interpretation des Kunstwerkes als Zeichen, in: IRASM 3 (1972); N. RUWET, Langage, musique, poésie (P 1972); T. KNEIF, Musik u. Zeichen. Aspekte einer nichtvorhandenen musikal. S., in: Musica 27 (1973); DERS., Some Non-Communicative Aspects in Music, in: IRASM 5 (1974); M. IMBERTY, Perspectives nouvelles de la sémantique musicale expérimentale, in: Musique en jeu 17 (1975); J. NATTIEZ, Fondements d'une sémiologie de la musique (P 1975); P. FALTIN, Musikal. Bedeutung. Grenzen u. Möglichkeiten einer semiotischen Ästhetik, in: IRASM 9 (1978); R. SCHNEIDER, S. der Musik (Mn 1980); Die Zeichen. Neue Aspekte der musikal. Ästhetik II, hrsg. v. H. W. HENZE (F 1981).

R. SCHNEIDER

SEMIRAMIS *(Semiramide)*, Opera seria in 2 Akten von Gioacchino Rossini (1792–1868), Text von Gaetano Rossi nach Voltaires gleichnamiger Tragödie (1748). Ort und Zeit der Handlung: Babylon, um 805 v. Chr. UA: 3. 2. 1823 in Venedig (Teatro La Fenice), dt. EA (in it. Sprache): März 1824 in München, EA in dt. Sprache: 6. 3. 1826 in Budapest.

In dieser überaus erfolgreichen Oper, seiner letzten in Italien (im Auftrag des Teatro La Fenice), entstandenen, setzt sich Rossini, wie über 40 seiner komponierenden Landsleute, mit dem Semiramis-Stoff auseinander. Die Varianten der Sagen, die sich um die schon zu ihren Lebzeiten legendäre Witwe des Königs Ninos rankten, ergeben ein fast unüberschaubares Bild. Nach der motivisch von *Ödipus* (Inzest) bis *Hamlet* (Geist des ermordeten Vaters fordert den Sohn zur Rache auf) reichenden (und somit Jahrhunderte der Stofftradition umspannenden) Version Rossinis wählt die an der Ermordung des Königs mitschuldige Semiramis unwissentlich den eigenen Sohn Ninias, der als Offizier namens Arsace an den Hof zurückgekehrt ist, zum Gatten. Die inzestuöse Situation wird erkannt und gelöst, Arsace rächt seinen Vater an dessen Mörder Assur – entgegen der literarischen Vorlage – und tritt die Thronfolge an. – Ein Problem bei Aufführungen des Werkes resultiert aus der Tatsache, daß neben dem dramatischen Koloratursopran der Semiramis (in der UA: Isabella Colbran) ein Contralto mit brillanter Befähigung zum Koloraturgesang für die Hosenrolle des Arsace (UA: Teresa Mariani) gefordert wird und daß neben diesen von allen namhaften Sängerinnen geschätzten Partien zusätzlich ein Koloraturtenor und ein Koloraturbaß zu besetzen sind. Bemerkenswert sind Rossinis Experimente mit dem Orchesterklang; besonders effektvoll wirkte für Zeitgenossen die Banda auf der Bühne, die der Oper den Vorwurf Stendhals einbrachte, sie gehöre eher nach Königsberg oder Berlin. – Als beliebtes Konzertstück aus dieser typischen Opera seria wird die Ouvertüre häufig gespielt. R. QUANDT

SEMITONIUM (von lat. semi = halb und tonus = [Ganz-]Ton), in der Musiktheorie bis in das 18. Jh. Bz. für den ↗Halbton. So unterscheidet noch J. G. Walther (1732) bei der Teilung eines Ganztones: S. majus = der große unvollkommene Ton (z. B. cis – d) und S. minus = der kleine unvollkommene Ton (z. B. c–cis).

SEMJON KOTKO, Oper in 5 Akten von Sergei Prokofjew (1891–1953), op. 81, Text unter Mitarbeit des Komponisten von Walentin Katajew nach dessen 1937 erschienener Erzählung *Ja, syn trudowowo naroda* (Ich, der Sohn des werktätigen Volkes). Ort und Zeit der Handlung: Südliche Ukraine, im Jahre 1918. UA: 23. 6. 1940 in Moskau (Stanislawski-Theater); dt. EA (in dt. Sprache): 26. 5. 1962 in Karl-Marx-Stadt.

Semjon Kotko kehrt aus dem Weltkrieg zurück; da überfallen Konterrevolutionäre sein Heimatdorf. Bei den Partisanen nimmt er jetzt erneut den Kampf auf: um die Befreiung der Ukraine und um seine Braut Sofja, deren wohlhabender und zaristisch gesonnener Vater seine Tochter keinem Proletarier geben will. Mit der Vertonung dieses Sujets hoffte Prokofjew, sich als „sowjetischer" Künstler zu behaupten. Der Erfolg blieb ihm jedoch versagt: Abgesehen von dem äußerlichen Problem, daß die Darstellung deutscher Invasoren 1940 unerwünscht war, hatte er in dieser „zeitgemäßen" Oper wohl zu viel von seiner artistischen Individualität und musikalischen Modernität bewahrt. Er benutzte zwar plakative Gestaltungsmittel, mochte aber – im Gegensatz zu den ideologischen Forderungen nach „Einfachheit" und „Parteilichkeit" – nicht den Anspruch preisgeben, daß seine Komposition mit ihrem dichten Netz motivischer Verflechtungen durchaus als komplexes und künstlerisch-autonomes Gebilde verstanden werden müsse. Erst 1960, nach einer Neuinszenierung in Perm, ist dieses Werk für das „sozialistische" Musiktheater akzeptabel geworden. E. FISCHER

SENALLIÉ (Senaillé, Senaillié, Senallier, Senaillier), **Jean-Baptiste,** * 23. 11. 1687 Paris, † 15. 10. 1730 ebd.; frz. Violinist und Komponist. Er war Schüler von J.-B. Anet und wurde 1713 Nachfolger seines Vaters Jean S. bei den 24 Violons du roi. 1717 begleitete er den Grafen de Caylus nach Italien und trat am Hof des Herzogs von Modena auf, wo er als Schüler von T. Vitali bis 1719 blieb. 1720 kehrte er nach Paris zurück und spielte 1728–30 am neugegründeten Concert spirituel. S. war mit seinen technisch nicht sehr anspruchsvollen, aber wohlklingenden, melodisch graziösen Violinsonaten ein Wegbereiter für die im 18. Jh. aufblühende französische Violinmusik.

WW: 5 Bücher Sonaten für V. u. B.c. (P 1710, 1717, 1716, 1721, 1727).

Ausg.: V.-Sonate d-moll, hrsg. v. H. RUF (Mz 1968) (= V.-Bibl. 26); Introduktion u. Allegro spiritoso für Klar. u. Klv., hrsg. v. R. DE SMET (Lo 1972).

Lit.: A. L. KISH, J. B. S. His Life, His Time and His Music (1964) (= Diss. Bryn Mawr College, Bryn Mawr/Pa.); G. BEECHEY, J. B. S. (1687–1730) and His Sonatas for V. and Continuo, in: The Strad 74 (1974).

SENART, Maurice, * 29. 1. 1878 Paris, † 23. 5. 1962 ebd.; frz. Musikverleger. Zusammen mit B. Roudanez gründete S. 1908 einen Verlag, den er seit 1912 allein leitete. 1941 ging die Firma an die Éditions Salabert über. Bei S. erschien der größte Teil der frühen Werke von A. Honegger; weitere von S. verlegerisch betreute Komponisten des 20. Jh. sind Chr. Koechlin, G. Migot, G. Fr. Malipiero, J. Rivier, M. Delannoy und T. Harsányi. Musikgeschichtlich bedeutsam ist S.s *Les monuments de la musique française au temps de la Renaissance* (hrsg. v. H. ↗Expert, 10 Bde., 1924–29).

SENEFELDER, Johann Nepomuk Franz Aloys, * 6. 11. 1771 Prag, † 26. 2. 1834 München; dt. Drucker, Schauspieler und Theaterschriftsteller. 1796 entwickelte S. das Verfahren der Lithographie und gründete in diesem Jahr in München eine Notendruckerei, in der noch im selben Jahr der erste lithographische ↗Notendruck hergestellt wurde. 1799 wurde das neue Verfahren – Druck vom polierten Stein, wobei das gegenseitige Abstoßen von Wasser und fettiger Farbe ausgenutzt wird – in den Verlagshäusern Schott (Mainz), André (Offenbach) und Breitkopf & Härtel (Leipzig) eingeführt.

Schriften: *Musterbuch über alle lithographischen Kunstmanieren* (Mn 1808); *Vollständiges Lehrbuch der Steindruckerei* (Mn 1818), Nachdr. als: *Lehrbuch der Lithographie u. des Steindrucks* (Mn 1921).

Lit.: C. WAGNER, A. S. (L 1914, ²1943); L. DUSSLER, Die Incunabeln der dt. Lithographie 1796–1821 (B 1925, Hei ²1955); E. METZGER, Weltruhm aus bayerischen Steinplatten. A. S., der dt. Erfinder der Steindruckkunst (L 1942); Bild vom Stein (Mn 1961) (Ausstellungskat.); A. S. (Offenbach 1971) (Ausstellungskat.); F. H. MAN, Hommage à S. (Mn 1971) (Ausstellungskat.).

SENESINO (eig. Francesco Bernardi), * um 1680 Siena, † vor dem 27. 1. 1758 ebd. (?); it. Sänger (Alt, Kastrat). Er debütierte auf der Opernbühne 1707/08 in Venedig, sang in den folgenden Jahren in Bologna, Genua und Neapel und wurde so berühmt, daß er 1717 mit der enormen Gage von 7000 Talern nach Dresden engagiert wurde. 1720 wegen Insubordination entlassen, ging er an das King's Theatre nach London, wo er bis 1728 in sämtlichen Opern auftrat, so auch in denen von G. Fr. Händel. Die tragenden Altpartien darin – darunter die Titelrolle in *Giulio Cesare,* 1724 – waren S. sozusagen auf die Stimme geschrieben, doch kam es oft zu Auseinandersetzungen zwischen Händel und ihm. Schließlich gehörte auch S. zu denjenigen, die 1733 mit der Opera of Nobility ein gegen Händel gerichtetes Konkurrenzunternehmen gründeten. Er sang dort bis 1736 und teilte sich den Ruhm mit Farinelli. Nach Italien zurückgekehrt, trat er noch bis 1740 auf. S.s Gesangskunst war in seinen Glanzzeiten in ganz Europa legendär; bekannt war er aber auch durch seine Eitelkeit und seine Starallüren.

SENFL (Senfli, Sennfel), **Ludwig,** * um 1486 Basel, † zwischen 2. 12. 1542 und 10. 8. 1543 München; dt. Komponist. S. kam bereits als Kind in die Kapelle König Maximilians I. (1496) und wurde dort von deren Leiter, dem Hofkomponisten H. Isaac, in die Musik eingeführt. Dieser Kapelle, die den König und späteren Kaiser regelmäßig auf seinen Reisen – so nach Augsburg, Wien und Konstanz – zu begleiten pflegte, gehörte er mit kurzen Unterbrechungen und in verschiedenen Positionen mehr als 20 Jahre an. Im Gefolge von Isaac reiste er vielleicht auch nach Italien, insbesondere nach Florenz. Jedenfalls zeigte sich S. in einem autobiographischen Lied (*Lust hab ich ghabt zuer Musica*, GA 2, Nr. 36) Isaac tief verpflichtet; dieser wie auch Josquin des Prés haben sein gesamtes musikalisches Schaffen am stärksten beeinflußt. Nach Isaacs Tod (1517) trat S. als Sänger und „Notator" der kaiserlichen Kapelle für einige Zeit an dessen Stelle. Als Kaiser Maximilian 1519 starb, wurde die Kapelle im folgenden Jahr aufgelöst. Für S. begann damit eine unstete und ungewisse Zeit. Als ersten gedruckten Motetten-Band in Deutschland konnte er den *Liber selectarum cantionum* (Au 1520) veröffentlichen (er enthält außer eigenen Werken vor allem repräsentative Motetten hochangesehener Komponisten der Zeit: P. de La Rue, Isaac, Josquin des Prés, J. Obrecht). Schließlich trat S. 1523 in den Dienst Herzog Wilhelms IV. in München, dessen Hofkapelle er 20 Jahre als „Musicus intonator" oder auch als „Musicus primarius" leitete. S., der während des Konstanzer Reichstages (1507/08) vielleicht Kleriker wurde, zeigte später zumindest deutliche Zeichen der Sympathie für die Reformation. Auch Korrespondenzen mit M. Luther (1530–33) und Herzog Albrecht von Preußen (1526–40) bezeugen reformatorische Neigungen. Von München aus unterhielt er Verbindungen zu so verschiedenen Gelehrten und Humanisten wie Joachim Vadianus, Glareanus, S. Minervius, dem Musiktheoretiker S. Heyden und dem Verleger H. Ott; nach L. Zacconi (1592) sind S.s Werke in München noch lange nach seinem Tod berühmt gewesen. Mit einiger Sicherheit läßt sich annehmen, daß L. Daser, der als Kapellmeister in München und vor allem in Stuttgart wirkte, sein Schüler war.

WW: Im Druck erschienen *Liber selectarum cantionum* für 4–6 St. (Au 1520), *Varia carminum genera* für 4 St. (Nü 1534) u. einige weitere Einzeldrucke; zahlreiche Werke sind in etwa 60 vornehmlich dt. Sammeldrucken 1512–90 (u.a. von P. Schöffer, H. Ott, Chr. Egenolff, G. Forster, G. Rhau, Montanus-Neuber) u. – weitaus überwiegend – hsl. erhalten: 7 Messen (eine davon mit zweifelhafter Zuschreibung); 130 einzelne Meßpropriumsgesänge; 56 Vesperpropriumsgesänge; Magnificatvertonungen, mehrst. Psalmtöne; über 100 Motetten; etwa 280 dt. Lieder; ferner lat. Oden u. Carmina; zahlr. Intavolierungen für und mit Laute und Org. in dt. Tabulaturdrucken des 16. Jh.

Es entspricht niederländischer Tradition, daß S.s musikalisches Lebenswerk Messen, Motetten und Lieder umfaßt. Das Latein der Liturgie bleibt den geistlichen Werken vorbehalten, das deutsche Lied repräsentiert das weltliche Repertoire. S.s geistliches Hauptwerk kulminiert in der Komposition von Ordinarium und Proprium der Messe, in Magnificats, Psalmodien, Hymnen und Responsorien, ferner Vertonungen von Orationen, Salutationen, Texten aus dem Alten Testament und den Evangelien sowie in einigen Psalmen. Traditionell bevorzugt seine Kunst die Bindung an einen Cantus firmus (Cantus prius factus), in der Regel liturgischer Herkunft. Die Missa dominicalis *L'homme armé* (GA 1, Nr. 1) illustriert überzeugend, wie nahe geistliche und säkulare Welt einander sind: der gregorianische Cantus firmus des Ordinarium missae wird durchgehend mit der Melodie einer damals weitverbreiteten Chanson kombiniert. Allgemein steht S.s kunstreicher kontrapunktischer Satz auf der Höhe seiner Zeit.

Den von seinem Lehrer Isaac im Auftrag des Konstanzer Domkapitels (1508) polyphon gesetzten *Choralis Constantinus* (postum 1550–55 gedruckt) ergänzte er ebenbürtig mit zahlreichen Sätzen (hsl. unter dem Titel *Opus musicum* in den Münchener Chorbüchern überliefert).

Nach dem Brauch der Zeit hat S. eine Reihe antiker und humanistischer Dichtungen für den Schulunterricht metrisch homophon ausgesetzt. Die deutschsprachigen Lieder entstammen literarisch, häufig aber auch melodisch, dem Repertoire der Hofweisen oder dem Volkslied (Liebes- und humanistische Bildungslyrik, Schicksale menschlichen Daseins); einige dieser überwiegend tenorgebundenen Lieder bekennen sich zum christlichen Glauben, andere rügen in spätmittelalterlicher Manier sittliche oder gesellschaftliche Zustände der Zeit.

Beschränkt sich die künstlerische Resonanz S.s auch vorwiegend auf den deutschen Sprachraum, so hat hier seine Musik um so tiefer eingewirkt.

Ausg.: L. S.s Werke, hrsg. v. TH. KROYER (Motetten u. Magnificat) (L 1903) (= DTB 3/2); L. S. Sämtliche Werke, hrsg. v. Staatl. Inst. für Dt. Musikforsch. u. v. der Schweizerischen Musikforschenden Ges., später von dieser allein (L – Wb 1936ff., Nachdr. 1962), 1: Messen, hrsg. v. E. LÖHRER – O. URSPRUNG; 2, 4–7: Lieder, hrsg. v. A. GEERING – W. ALTWEGG; 3, 8–11: Motetten, hrsg. v. W. GERSTENBERG; Einzelausg. auch in Neuausg. von Sammeldrucken der oben angegebenen Verleger.

Lit.: TH. KROYER, L. S.s Leben u. Wirken, in: DTB 3/2 (s.o.); E. LÖHRER, Die Messen v. L. S. (Diss. Z 1938); A. GEERING, Textierung u. Besetzung in S.s Liedern, in: AfMf 4 (1939); H. BIRTNER, Sieben Messen von L. Senfl, in: AfMf 7 (1942); H. ZENCK, L. S. zur 400. Wiederkehr seines Todesjahres, in: Deutsche Musikkultur 8 (1943/44); W. GERSTENBERG, Motetten- u. Liedstil bei L. S., in: Kgr.-Ber. Basel 1949 (Kas 1951); G. R. PÄTZIG, Liturg. Grundlagen u. hsl. Überlieferung v. H. Isaacs „Choralis Constantinus" (Diss. Tü 1956); W. GERSTENBERG, Senfliana, in: FS H. Osthoff (Tutzing 1961); A. GEERING, S., in: MGG XI; M. BENTE, Neue Wege der Quellenkritik u. die Biogr. L. S.s (Wie 1968); W. SEIDEL, Die Lieder L. S.s (Be – Mn 1969).

W. GERSTENBERG

SENZA MISURA (it., = ohne Takt), Vortrags-Bz.

für die Ausführung eines Abschnittes oder einer Kadenz ohne strenges Zeitmaß bzw. für eine rhythmisch freie Ausgestaltung (Synonym zu ↗ad libitum). Die Rückkehr zum festgelegten Zeitmaß wird durch *a tempo* angegeben.

SENZA TEMPO (it.), Vortrags-Bz. für die Ausführung eines Abschnittes oder einer Kadenz ohne bestimmtes Zeitmaß (Synonym zu ↗ad libitum). Die Rückkehr zum festgelegten Tempo wird durch *a tempo* angegeben.

SEPTAKKORD, Bz. für Vierklänge aus 3 übereinanderliegenden Terzen bzw. aus Grundton, Terz, Quinte und Septime. Nach ihrem Intervallgefüge ergeben sich so verschiedene S.e (z. B. d f a c, d f as c, d fis a cis). Der ↗Dominantseptakkord wird oft abkürzend S. genannt. In dur-moll-tonaler Musik kommt dem verminderten S., als ausdrucksstarkem und zu schneller ↗Modulation geeignetem Akkord, besondere musikalische Bedeutung zu; er ist, mit dem Rahmenintervall der verminderten Septime, aus drei kleinen Terzen aufgebaut (z.B. d f as ces).

SEPTETT (engl.: septet; frz.: septuor; it.: septetto, settimino; span.: septeto, septimino), analog zu Quartett, Quintett usw. eine Komposition für 7 solistische Instrumente (meist gemischte Bläser- und Streicherbesetzung) oder 7 Singstimmen, im allgemeinen auch Bz. für das entsprechende Vokal- oder Instrumentalensemble (letzteres bis ins 19. Jh. häufig auch Septuor genannt). Kompositionen und Besetzungen für 7 Stimmen sind in der Vokal- und Instrumentalmusik des 16. und 17. Jh., schließlich im Bereich der ↗Harmoniemusik und des ↗Divertimentos im 18. Jh. keine Seltenheit. Als Kammermusikgattung ist das S. jedoch erst seit der Wiener Klassik bekannt (L. van Beethoven, S. für Klar., Horn, Fg., V., Va., Vc., Kb., op. 20). Im Anschluß daran entstanden S.e von C. Kreutzer (op. 62) und Fr. Berwald (1828?) und solche mit anderer Besetzung, z. B. von J. N. Hummel (S. d-moll für Klv., Fl., Ob., Horn, Va., Vc., Kb., 1816; *S. militaire* für Klv., Fl., Klar., Trp., V., Vc., Kb., 1829), L. Spohr (S. op. 147 für Klv., Fl., Klar., Horn, Fg., V., Vc.), C. Saint-Saëns (S. op. 65 für Trp., Klv. und Str.), P. Hindemith (S. für Fl., Ob., Klar., Baßklar., Fg., Horn u. Trp., 1948) und I. Strawinsky (Klv., Klar., Horn, Fg., V., Va., Vc., 1953). Als S.e können auch nicht eigens so bezeichnete Werke gelten wie M. Ravels Introduktion und Allegro (für Fl., Klar., Harfe und Streichquartett), L. Janáčeks *Concertino* (1925), A. Schönbergs Suite op. 29 und D. Schnebels *In motu proprio* oder I. Yuns *Musik für 7 Instrumente.*

SEPTIME (von lat. septima = die siebente). – **1)** Bz. für die 7. Stufe der diatonischen ↗Tonleiter. – **2)** Bz. für das Intervall zweier Töne. In der musikalischen Praxis unterscheidet man die *große S.* (z. B. c–h), die *kleine S.* (c–b), die *übermäßige S.* (c–his) und die *verminderte S.* (c–heses). Ein wenig kleiner als die kleine S. ist die Natur-S., das Intervall zwischen dem 4. und 7. Partialton (↗Obertöne, ↗I). Die S. ist Rahmenintervall für den ↗Septakkord. Einem Durdreiklang hinzugefügt, wird die kleine S. zur charakteristischen Dissonanz: sie macht ihn zum ↗Dominantseptakkord, verleiht ihm also dominantische Funktion. Als mixolydische S. bezeichnet, ist die kleine S. aus der Sicht der Dur-Moll-Tonalität das charakteristische Intervall des 7. Modus (↗Kirchentöne).

SEPTOLE (engl.: septuplet; frz.: septolet), Gruppe oder Folge von 7 Noten gleichen Werts, deren Dauer 2, 4 oder 6 metrisch gleichwertigen Noten entspricht. Sie wird durch eine unter oder über die Noten gesetzte „7" gekennzeichnet. Das folgende Beispiel (aus J. Brahms Klavierkonzert Nr. 2) zeigt die Verbindung von S. und ↗Sextole.

SEQUENZ (von lat. sequentia = Folge). – **1)** Bz. für eine Gattung der liturgischen Monodie des Mittelalters, die im Grundbestand des ↗Gregorianischen Gesangs noch nicht enthalten ist. Die S. erweitert das ↗Proprium missae und wird im Lese- und Gebetsgottesdienst zwischen den Lesungen, nach dem ↗Alleluia gesungen, mit dem sie ursprünglich in Verbindung stehen konnte. Sie gehört zu den deutenden und schmückenden Erweiterungen in literarischer und musikalischer Form, die die römische Liturgie nördlich der Alpen erfährt, und ist in dieser Hinsicht dem ↗Tropus vergleichbar. Inhalt, Gedanklichkeit, Bildwelt, Prosa oder strophische Form der S.-Dichtung geben Zeugnis von der Theologie und der Sprachkunst des lateinischen Mittelalters im Rahmen klösterlicher Kultur.

Die musikalische Form ist von der „fortschreitenden Repetition" gekennzeichnet: Innerhalb einer Folge von verschiedenen Melodiezeilen wiederholt sich jede Zeile, so daß eine Reihung von Doppelversikeln entsteht. Beginn und Abschluß dieser Reihe sind durch das Fehlen des Parallelversikels markiert:

Beginn der Sequenz *Hanc concordi famulatu* (Text: Notker Balbulus, Melodie: *Concordia*)

Schema:		
	Melodie	α ββ γγ ...
	Text	a bc de ...

Berlin, Staatsbibl. Preuß. Kulturbesitz mus. ms. 40078, 257v - 258v

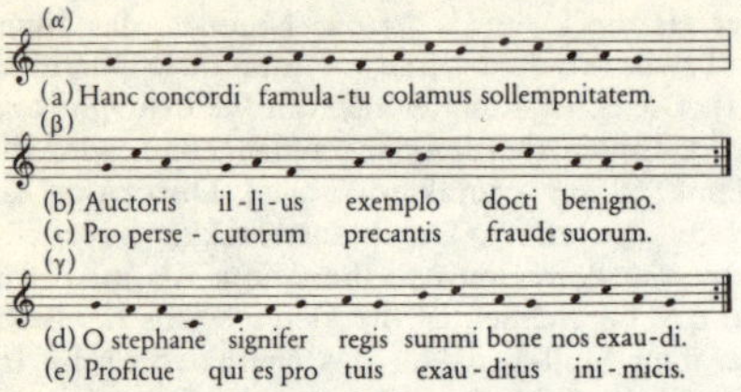

Varianten dieses Formschemas bestehen darin, daß die Versikel-Wiederholung entfällt – dies führt zur aparallelen Sequenz – oder daß ein Versikel mehrfach wiederholt wird bzw. ein Versikel im Verband mit anderen im Gefüge der S. im „doppelten Cursus" wiederkehrt. Dies sind formale Kennzeichen der archaischen S., von der 5 Melodien erschlossen sind. Über die genannten Varianten öffnet sich die S. zur Großform des ↗Lai, der geistliche und weltliche Stoffe aufnehmen kann.

Der Terminus „sequentia" erscheint erstmals in einer um 800 entstandenen Handschrift aus dem Kloster Blandinusberg bei Gent in Verbindung mit 6 Alleluia-Versen der Messe. Nach dem Zeugnis des karolingischen Liturgikers Amalar von Metz († um 850) bezeichneten die Cantores die erweiterte Wiederholung der textlosen Jubilatio auf dem auslautenden *a* des ↗Alleluia nach dem Vers als „sequentia". In südfranzösischer, süddeutscher, mailändischer und altrömischer Überlieferung steht der Name „melodiae" für diese Vokalisen. Um 880 schreibt der erste bedeutende S.-Dichter, Notker Balbulus aus dem Kloster St. Gallen, im Vorwort zu seiner S.-Sammlung *(Liber hymnorum),* er habe nach französischem Vorbild die „longissimae melodiae", die sich seinem Gedächtnis schwer einprägten, mit Text versehen, in der Weise, daß er einzelne Melodiebewegungen syllabisch textierte. Notker bezeugt für seine Zeit textlose Melismen, die im 10. Jh. überliefert sind. In südfranzösischen Hss. tragen sie die Bz. „prosa", wenn ihnen Text unterlegt ist.

An diesem Punkt ihrer Geschichte steht die S., soweit sie auf Melodien ohne Text zurückgeführt werden kann, im größeren Zusammenhang der syllabischen Textierung von primär textfreien Melismen, aus denen auch die melogenen Tropen hervorgegangen sind. Im Gegensatz zum ↗Tropus profiliert sich die S. von Anfang an zu einer eigenen Gattung, die neben dem Alleluia der Messe steht und nicht notwendig aus einer Alleluia-Jubilatio hervorgegangen sein muß. Bis etwa 1050 bildet sich ein Standardrepertoire von S.-Melodien heraus, deren jeweilige Versikelfolgen als feste Schemata mit Eigennamen wie *Adorabo, Concordia, Mater, Graeca, Duo tres* u.a. gekennzeichnet sind und in westfränkischer, ostfränkischer und angelsächsischer Überlieferung mit mehreren Texten erscheinen. In der jüngeren S., wie sie von dem in der Augustinerchorherren-Abtei St-Victor in Paris tätigen Adam von St-Victor († 1192 oder 1177) vertreten wird, bleibt das musikalische Muster der Folge von Doppelversikeln erhalten. Die Kunstprosa der frühen S.-Dichtung wandelt sich jedoch zu einheitlichen Strophenformen mit festen Silbenzahlen, regelmäßiger Akzentfolge und Endreimen:

Beginn der Sequenz *Lux iocunda lux insignis* (Text: Adam von St-Victor)

Schema:						
	Melodie	α	α'	β	β'	...
	Text	A	B	C	D	
		8x 8x 7y	8x 8x 7y	8x 8x 7y	7x 7x 7y	...

Paris, Bibl. Nat. lat. 14452, 167v - 168v

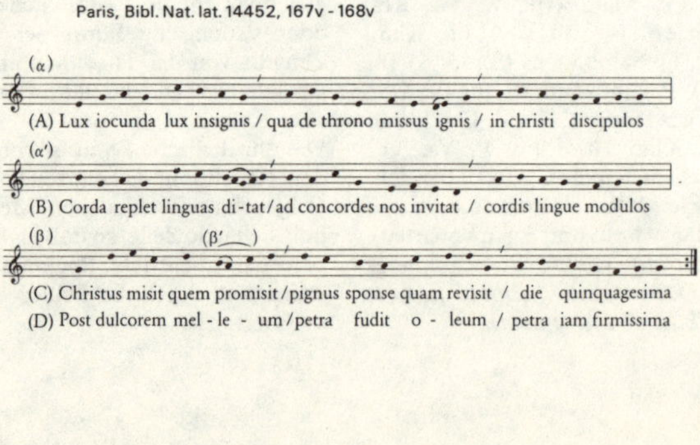

Kann die ältere S. weitgehend unter dem Aspekt der Textierung einer vorgegebenen Melodie betrachtet werden, so ist die jüngere S. unter dem Einfluß der formstrengen rhythmischen Dichtung zu sehen. Als Folge davon löst sich die individuelle musikalische Struktur aus Langzeilen in ein Kaleidoskop formelhafter, in der Reihenfolge vertauschbarer Kleinglieder auf, die den Zeilen der Strophe entsprechen.
In S.-Handschriften des 13.–16. Jh. mischt sich älteres Repertoire vorwiegend ostfränkischer Provenienz mit Beispielen der jüngeren S. aus französischen, süddeutschen und österreichischen Klöstern. Regionales Neuschaffen, oft im Zusammenhang mit gereimten Alleluia-Versen und Reimoffizien, tritt hinzu. Nicht selten wird man die Melodien zu neuen Texten auf ältere Schemata zurückführen können, so daß die Anzahl der mittelalterlichen S.-Melodien sicher geringer sein wird als die der Texte.
Den Bestrebungen des Konzils von Trient (1545–63) mußten auch die S.en weichen. Übrig blieben nur – vgl. auch das *Graduale Romanum* von 1908 – 5: ↗Dies irae, ↗Lauda Sion, ↗Stabat mater, ↗Veni Sancte Spiritus und ↗Victimae paschali laudes. Davon enthält das Graduale nach dem 2. Vatikanischen Konzil das Dies irae nicht mehr.
Weder sekundäre Zeugnisse wie Ekkehards *Casus Sancti Galli* noch die S.-Texte selbst, die häufig zum Singen auffordern und Namen von Instrumenten und Termini für die Mehrstimmigkeit enthalten, erlauben eine eindeutige Aussage zur ursprünglichen Vortragsweise. Die doppelte Notierung der frühen S. als textloses Melisma und als textierte Prosa oder Sequentia – in westfränkischer Überlieferung in getrennten Faszikeln, in ostfränkischen Hss. unmittelbar nebeneinander – hat zu weiteren Vermutungen über die Art des S.-Gesangs Anlaß gegeben. Die später belegbare alternierende Ausführung der Parallelversikel, ähnlich dem Absingen von Hymnenstrophen oder Psalmversen, dürfte für die Zeit, in der die S. als neue und eigenständige Gattung in das Proprium missae eintrat, nicht die Regel gewesen sein.
In Frage steht auch die mehrstimmige Ausführung. Für den zweistimmigen Vortrag einer (archaischen) S. bietet bereits die nach der Mitte des 9. Jh. entstandene ↗Musica enchiriadis ein Beispiel; auch in einem der beiden Winchester-Tropare (Anfang des 11. Jh.) finden sich S.-Melodien mit Unterstimme im Note-gegen-Note-Satz. In den nachfolgenden Jahrhunderten steht die S. nicht mehr im Zentrum der Entwicklung des polyphonen Satzes, da die kunstvolle Mehrstimmigkeit an den solistischen Choralpartien ansetzt und auf die Ordinariumsgesänge übergeht. Gleichwohl hat die Vertonung der oben genannten 5 S.en jeweils ihre eigene Geschichte. K. SCHLAGER

2) In Melodielehre und Satztechnik bedeutet S. (engl.: sequence; frz.: marche harmonique oder marche d'harmonie; it.: progressione; span.: progresión) die Versetzung einer musikalischen Gestalt auf eine höhere oder tiefere Tonstufe. Die Vielfalt der S.en unterschiedlichster Erscheinungsform läßt sich gliedern:
1. nach der Beschaffenheit des versetzten Modells in *melodische* (Figuren, Passagen) bzw. *motivische* (thematische Substanz in Gestalt von Motiven, Phrasen, Halbsätzen) und in *harmonische* S.en (Akkordverbindungen). Bei letzteren wird häufig nicht nur das Harmoniefundament, sondern das gesamte Satzgefüge mit allen Einzelstimmen verlagert (harmonisch-melodische S.en).
2. nach dem jeweiligen Prinzip der Versetzung (der „Progression") in *diatonische* (in den natürlichen Stufen der Tonart fortschreitende), *akkordische* (innerhalb einer Harmonie versetzte)

J. S. Bach, Violinkonzert E-Dur, BWV 1042, 1. Satz

und *chromatische* (in Halbtonschritten vorrükkende) S.en.

M. Reger, Streichquartett d-moll, op. 74, 4. Satz

Eine S. heißt *real*, wenn bei der Verlagerung auf eine andere Tonstufe alle Intervallbeziehungen des Modells exakt übernommen werden, was auch die Verwendung tonartfremder Töne erfordert. Sie wird *tonal* genannt, wenn die Intervalle infolge der Beschränkung auf tonarteigenes Material nur relativ gewahrt bleiben, kleine Sekunden und Terzen (k) usw. also durch große (g) beantwortet werden:

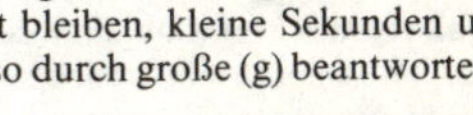

reale Sequenz

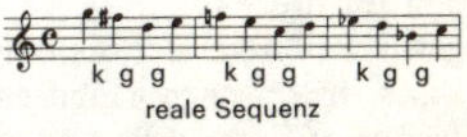

tonale Sequenz

Die tonale S. stellt als eine Wiederholung, die durch Versetzung auf andere Stufen der Tonart gewisse, dem Hörer „natürlich" scheinende Abwandlungen erfährt, die einfachste und sinnfälligste Art melodischer Weiterführung dar. Dagegen ist die reale S. ein Mittel der allmählichen, gelegentlich auch überraschenden Modulation; ihre unbedenkliche und dilettantische Verwendung wird jedoch als ↗Rosalie oder Schusterfleck abgelehnt. Wird ein Modell öfter als zweimal und konsequent nach einem bestimmten Versetzungsprinzip verlagert, so spricht man auch von einer S.-Kette. Allzu häufige Sequenzierung birgt die Gefahr der Mechanisierung, die allerdings in ↗Etüden auch absichtlich als didaktisches Mittel eingesetzt sein kann. Als formdynamisches Element werden S.en hauptsächlich in überleitenden, steigernden oder improvisatorischen Formabschnitten verwendet. Die motivische S. kann auch das Strukturelement eines Themas bilden:

L. van Beethoven, Streichquartett B-Dur, op. 130, 2. Satz

Die Grenzen zur Imitation, zur kontrastierenden Transposition und zur motivischen Abwandlung sind oft schwer zu bestimmen. Von besonderer Bedeutung ist die *Quintschritt-S.*, ein harmonisches Modell, das in Quintfällen der Akkordgrundtöne alle Stufen der Tonart durchschreitet und das in der Musik des 18. Jh. unterschiedlichsten Fortspinnungspartien als Fundament diente.

G. Fr. Händel, Orgelkonzert d-moll, op. 7, 4, 1. Satz

Als ein Urprinzip konstruktiver Melodiegestaltung kommen S.-Bildungen schon in der Frühzeit der abendländischen Musik vor, namentlich in Tanzformen und Koloraturen. Während die strenge Kontrapunktlehre S.en als Behinderung einer freien Entfaltung des Melos ablehnt, sind sie in affektbetonter Polyphonie ein bedeutsames Mittel textbezogenen Ausdrucks.

So zählen gewisse Formen der diatonischen S. zu den musikalisch-rhetorischen ↗Figuren: die mehrfach aufsteigende ↗Climax oder Gradatio als Steigerung sowie die einmalig steigende oder fallende Epizeuxis als nachdrückliche Hervorhebung. Für die Musik des Barock ist die S. das stilprägende Grundelement der ↗Fortspinnung. In der Kompositionstechnik der Wiener Klassik haben tonale wie modulierende S.en vor allem in Durchführungs- und Überleitungsteilen eine wichtige Funktion; die Romantik bediente sich der realen oder chromatischen S. als Mittel raschen harmonischen Farbwechsels. Selbst in der die Wiederholung meidenden nichttonalen Musik des 20. Jh. findet die modifizierte S. vereinzelt als Ausdrucksmittel für Schlicht-Volkstümliches sinnfällige Verwendung (A. Berg, *Wozzeck;* Violinkonzert). E. PLATEN

Lit.: **Zu 1)** (auch Ausg.): Anal. Hymn., 55 Bde., hrsg. v. G. M. DREVES – C. BLUME – H. M. BANNISTER (L 1886–1922, Nachdr. F 1961) (bes. Bde. 7–10, 34, 37, 39, 40, 42, 44, 53, 55); E. MISSET – P. AUBRY, Les proses d'Adam de St-Victor (P 1900, Nachdr. G 1980); W. VON DEN STEINEN, Notger der Dichter u. seine geistige Welt (Be 1948, Nachdr. 1960); H. HUSMANN, Tropen- u. Sequenzenhandschriften (Mn 1964) (= RISM B V/1); N. DE GOEDE, The Utrecht Prosarium (A 1965) (= Monumenta monodica Neerlandica 6); B. STÄBLEIN, S., in: MGG XII; R. L. CROCKER, The Sequence, in: Gattungen der Musik in Einzeldarstellungen. Gedenkschrift L. Schrade (Be – Mn 1973); B. STÄBLEIN, Hussiana, in: FS W. Senn (Mn – Salzburg 1975); B. GILLINGHAM, A History of the Polyphonic Sequence in the Middle Ages (1976) (= Diss. Univ. of Washington); H. VOGT, Die S.en des Paderborner Graduale Abdinghof u. die S.en der Bursfelder Kongregation, in: KmJb 60 (1976); L. W. BRUNNER, The Sequences of Verona. Biblioteca Capitolare CVII and the Italian Sequence Tradition (1977) (= Diss. Univ. of North Carolina, Chapel Hill); R. L. CROCKER, The Early Medieval Sequence (Berkeley/Calif. – Los Angeles – Lo 1977); W. DALGLISH, A Polyphonic Sequence from Rouen, in: ML 59 (1978); K. H. KOHRS, Die aparallelen S.en (Mn – Salzburg 1978) (= Beitr. z. Musikforsch. 6); B. STÄBLEIN, Einiges Neue z. Thema „archaische S.“, in: FS G. von Dadelsen (St 1978); M. HUGLO, On the Origins of the Troper-Proser, in: Journal of the Plainsong & Mediaeval Music Soc. 2 (1979); N. VAN DEUSEN, The Sequence Repertory of Nevers, in: Forum musicologicum II (Winterthur 1980); Eight Sequences for St. Benedict and St. Scholastica, hrsg. v. D. HILEY (1980); R. L. CROCKER – J. CALDWELL, S., in: Grove[6] XVII. – **Zu 2):** E. ERGO, Verhandeling over de Sequensen of harmonische Progressies (A 1898); M. DUNN, Elgar's Use of Sequence, in: ML 19 (1938); B. SZABOLCSI, Bausteine zu einer Gesch. der Melodie (Budapest 1959); H. ERPF, Form u. Struktur in der Musik (Mz 1967); R. B. LENAERTS, Zur Ostinato-Technik in der Kirchenmusik der Niederländer, in: FS B. Stäblein (Kas 1967); E. WERNER, Nature and Function of the Sequence in Bruckner's Symphonies, in: FS D. Plamenac (Pittsburgh 1969).

K. SCHLAGER – E. PLATEN

SERAFIN, Tullio (Tulio), * 1. 9. 1878 Rottanova di Cavarzere (Venezien), † 3. 2. 1968 Rom; it. Dirigent. Er studierte am Mailänder Konservatorium, war Violinist und debütierte 1898 als Dirigent. Seine erste feste Anstellung erhielt er 1900 in Ferrara und wurde 1909 an die Mailänder Scala engagiert. 1923–34 stand er auch am Pult der Metropolitan Opera in New York. 1935 kehrte S. nach Italien zurück; seine Hauptwirkungsstätten waren die Opernhäuser in Mailand und Rom. Vielbeachtete Aufführungen dirigierte er in den 50er Jahren auch in Chicago und London und blieb bis in sein hohes Alter hinein tätig. S., einer der prominenten Dirigenten seiner Zeit, war beteiligt an der weltweiten Neubelebung der Belcanto-Oper des 19. Jh.

nach dem 2. Weltkrieg und verhalf der Callas zum Durchbruch in den USA. Er brachte auch viele zeitgenössische Opern in Italien und in den USA zur Premiere. S. schrieb (zus. mit A. Toni) *Stile, tradizioni e convenzioni del melodramma italiano del Settecento e dell'Ottocento* (2 Bde., Mi 1958–64).

SERAFINO DE' CIMINELLI DALL'AQUILA (Serafino Aquilano), * 6. 1. 1466 Aquila, † 10. 8. 1500 Rom; it. Dichter. Er stand im Dienst des Kardinals Ascanio Sforza in Rom (seit 1484), der aus der Biographie Josquins des Prés bekannt ist, der Isabella d'Este in Mantua (etwa 1491–94), der Beatrice d'Este in Mailand und schließlich des Cesare Borgia in Rom (seit 1499). In seinem Schaffen, das stark von der ↗Petrarca-Rezeption bestimmt war, widmete sich S. vor allem der Gattung des ↗Strambotto und wurde dessen wichtigster Vertreter. S.s Gedichte, die bis 1516 etwa 20 postume Aufl. erfuhren, wurden u.a. von H. Isaac, B. Tromboncino, M. Cara und G. Fogliano vertont.

Lit.: W. RUBSAMEN, Literary Sources of Secular Music in Italy (ca. 1500) (Berkeley/Calif. 1943, Nachdr. 1972); DERS., The Changing Patterns of Secular Italian Vocal Music from Justiniana to Madrigal, in: Chanson and Madrigal 1480–1530, hrsg. v. J. Haar (C/M 1964); B. BAUER-FORMICONI, Die Strambotti des S. dall'A (Mi 1967).

SERASSI, it. Orgelbauerfamilie des 18.–19. Jh., die in 5 Generationen in Bergamo ansässig war. Das Unternehmen wurde gegründet 1730 von **Giuseppe S.**, „il vecchio" (1694–1760), und weitergeführt von seinem Sohn **Andrea Luigi S.** (1725–99), dessen Sohn **Giuseppe Antonio** „il giovane", (1750–1817), und dessen Söhnen **Carlo (I)** (1777–1849) und **Giacomo** (1790 bis nach 1865), jetzt unter der Firmenbezeichnung „Fratelli S." Mit der folgenden Generation erlosch die Firma 1870, nachdem sie über 700 Orgeln in ganz Italien gebaut hatte. Die größte Bedeutung erlangte sie im 19. Jh.; zahlreiche Instrumente sind noch heute – z.T. restauriert – erhalten, z.B. in Tenda. G.A.S. verfaßte auch mehrere orgelkundliche Schriften, u.a. *Sugli organi. Lettere a G. S. Mayr, P. Bonfichi e C. Bigatti* (Bergamo 1810, Nachdr. 1973).

Lit.: R. LUNELLI, Der Orgelbau in Italien (Mz 1956); L. F. TAGLIAVINI, S., in: MGG XII.

SERAUKY, Walter Karl-August, * 20. 4. 1903 Halle/Saale, † 20. 8. 1959 ebd.; dt. Musikforscher. Er studierte in Leipzig und in Halle (A. Schering), wo er 1929 promovierte und sich 1932 habilitierte. 1940 wurde er dort außerplanmäßiger Professor, 1949 an der Universität Leipzig ordentlicher Professor.

Schriften: *Die musikalische Nachahmungsästhetik im Zeitraum von 1700–1850* (Mr 1929) (= Diss. Hl 1929); *Wesen und Aufgaben der Musiksoziologie*, in: ZfMw 16 (1934), wiederabgedruckt in: Texte z. Musiksoziologie, hrsg. v. T. Kneif (Kö 1975); *Musikgeschichte der Stadt Halle*, 3 Bde. (Hl – B 1935–43, Nachdr. Hil 1971) (= Beitr. z. Musikforsch. 1, 6 u. 8–9); *G. F. Händel*, III–IV (Kas 1956–58).

Lit.: W. VETTER, In memoriam W. S., in: Mf 13 (1960).

SERENADE (von it. sereno = heiter, unbewölkter Himmel und al sereno = im Freien; seit der Mitte des 16. Jh. mit sera = Abend in Verbindung gebracht), zunächst Bz. für eine formal und besetzungsmäßig nicht festgelegte Freiluftmusik zu einem bestimmten Anlaß. Im Deutschen wird die instrumentale S. von der vokalen oder vokal-instrumentalen ↗Serenata unterschieden, während im Italienischen, Französischen und Spanischen die Begriffe jeweils sprachlich identisch sind. So stellen die ersten Kompositionen von A. Striggio (1555) 6st. Madrigale mit Volksliedzitaten dar, und auch die 6st. S. von O. Vecchi (1590) ist ein Vokalsatz. In den Umkreis der instrumentalen S. gehören Bräuche in Deutschland, bei Hochzeiten vor dem Haus der Braut durch Stadtpfeifer ein Ständchen bringen zu lassen. Sätze in schreitendem Rhythmus werden für Auf- und Abzug der Musiker neben tänzerischen, liedhaften und formal unbestimmten wesentlich; volkstümliche Zitate oder Anklänge unterstreichen den unterhaltenden Charakter. H. I. Fr. Biber veröffentlichte 1673 eine S., deren 1. Satz mit S. bezeichnet ist; der *Ciacona* (4. Satz) liegt der Nachtwächterruf mit Gesang zugrunde, eine *Retirada* (Abzug) steht am Schluß. Seit dem späten 17. Jh. verschwimmt der Begriff der S. hinsichtlich des unterhaltenden Charakters mit den italienischen Bezeichnungen ↗Divertimento, Ballo, ↗Kassation, ↗Notturno usw. und deutschen Titeln des Barocks wie *Abendmusik, Zeitvertreiber, Ergetzlichkeit, Grillenvertreiber* usw., die alle in Satzzahl und -art frei sind. Während Kassation und S. im 18. Jh. Elemente der Kammer- und Orchestermusik enthalten, verbleibt das Divertimento, in der Regel mit solistisch besetzten Streichern, bis zu J. Haydn und W. A. Mozart im kammermusikalischen Bereich. Die Kassationen Mozarts wurden Professoren der Universität nach Semesterabschluß als ↗Ständchen dargebracht und gehören als Finalmusik dem Umkreis der S. an. Während die Freiluftmusik G. Fr. Händels *(Wassermusik, Feuerwerksmusik)* durch ↗Ouvertüre und Tänze der französischen ↗Suite verwandt ist, werden in der S. auch konzertante und sonatenhafte Sätze bedeutsam. Die Einbeziehung von Tänzen ist, anders als bei der Suite, sehr frei. Reine Bläsermusik mit freier Satzfolge begegnet seit dem frühen 18. Jh. unter den Titeln *Feldmusik*

(J. Ph. Krieger, 1704), *(Feld-)Partita, Partie* und *Parthia* bis zu Haydns und Mozarts Werken. Die S. wurde in Österreich und Böhmen, besonders in Salzburg und Wien, in der 2. Hälfte des 18. Jh. zu einer Besonderheit gesellschaftsbezogener Musik für Adel und gehobenes Bürgertum. Zu den frühesten Zeugnissen dafür gehört eine volkstümliche S. mit 9 Sätzen von Augustin Holler (um 1760); Komponisten wie L. Mozart, M. und J. Haydn, V. Pichl, K. Ditters von Dittersdorf, G. M. Monn, G. Toeschi u. a. folgten. Bezeichnenderweise schuf W. A. Mozart, in dessen Werk diese Tradition der S. gipfelt, den größten Teil seiner S.n, Kassationen, Notturni und Divertimenti in der Salzburger Zeit. Wenn auch die Gattungsbegriffe dort an Schärfe verlieren, wo die Werke nach Art der Sätze und Besetzung sich nähern, ist doch die S. als nach Anlaß, Satzzahl und Besetzung ranghöchste Gattung anzusehen. Allein spielende Bläser (Partita) standen im Rang den Streichern nach; einzeln spielende Streicher bildeten Kammermusik. Jedoch sind Mozarts große Bläserpartiten KV 361 = 370a, 375 und 384a = 388 hochentwickelte Kammermusik jenseits der Freiluftmusik. In seinen S.n verbindet sich Unterhaltendes, oft mit Lied- oder Tanzmelodien durchsetzt, mit symphonischer Kompositionsweise. So sind z. B. in den S.n KV 203 = 189b, 204 = 213a und 250 = 248b (Haffner-S.) 2- bzw. 3sätzige Violinkonzerte enthalten; von einigen S.n ist überliefert, daß sie in gekürzter Form zu Mozarts Zeit als Symphonien aufgeführt wurden.

Mit L. van Beethovens Werken op. 8 (für V., Va., Vc.) und op. 25 (Fl., V., Va.) ändert sich der Begriff der S. und bezeichnet nun weniger streng gearbeitete Kammermusik, im Septett op. 20 und Fr. Schuberts Oktett D 806 ist der Titel S., an den die Werke nach Satzfolge und Besetzung anknüpfen, nicht mehr enthalten. Auch in den Orchester-S.n nach der Wiener Klassik beinhaltet S. einen der Symphonie gegenüber geringeren Anspruch sowie Freizügigkeit in Satzwahl und Besetzung (J. Brahms, op. 11 und 16). In der 2. Hälfte des 19. Jh. wurden S.n für Streichorchester beliebt (R. Volkmann, P. Tschaikowsky, E. Elgar, A. Dvořák, J. Suk, J. Sibelius); Bläserserenaden schrieben Dvořák (op. 44 mit Vc. und Kb.) und R. Strauss. Die S.n op. 77a und 141a (beide für Fl., V., Va.) und op. 95 (für Orchester) von M. Reger bilden den Abschluß der auch von der Romantik gepflegten Tradition. Einzelstücke für Klavier oder andere Instrumente beziehen sich auf das Ständchen. A. Schönbergs S. bezieht die Singstimme ein, ebenso B. Britten in der S. für Tenor, Horn und Streicher. In der Klavier- und Kammermusik wurden im 20. Jh. die S.n von I. Strawinsky (in A für Klavier; Oktett), W. Zillig (4 S.n in verschiedenen Besetzungen) und H. W. Henze (Vc. solo) bedeutsam. – Im Bereich der Unterhaltungsmusik ist die S. seit dem 19. Jh. stark vertreten; im 20. Jh. entstanden zahlreiche S.n für Zupf- und Blasorchester im Laienmusizieren.

Lit.: G. HAUSSWALD, Mozarts S.n (L 1951, NA Wilhelmshaven 1973); R. HESS, S., Cassation, Notturno u. Divertimento bei M. Haydn (Diss. Mz 1963); G. HAUSSWALD, Die Orchesterserenade (Kö 1970) (= Das Musikwerk 34). G. SCHUHMACHER

SERENATA (it., = Serenade), in den Anfängen gleichbedeutend mit ↗Serenade, bezeichnet im Italienischen und Spanischen seit dem 17. Jh. ein meist solistisch gesungenes, von einem Zupfinstrument begleitetes ↗Ständchen; in diesem Sinne wurde die S. auch in die Oper (z. B. W. A. Mozart, *Don Giovanni*) übernommen. Im engeren Sinne ist unter S. eine vokal-instrumentale Huldigungsmusik zu Krönungen, Hochzeit, Geburts- und Namenstag usw. zu verstehen. Oft waren es allegorische Opern mit Fürstenverherrlichung, die zum Typus der Opera seria gehören (z. B.: J. J. Fux, *Costanza e fortezza*, zum Geburtstag der Kaiserin Elisabeth Christine, Gemahlin Karls VI., Prag 1723; W. A. Mozart, *La clemenza di Tito*, zur Krönung Kaiser Leopolds II., ebd. 1791). Andere Titel der Zeit sind Azione oder Festa teatrale und Scena da camera. An kleineren Höfen und bei geringeren Anlässen waren es kantatenartige Werke, zu denen auch J. S. Bachs weltliche Kantaten BWV 30a, 36a, 66a, 134a, 173a, 184a, 193a, 194a, 206, 208, 213–215 und 249a gehören. Aufgrund des allegorischen Handlungssujets sind 10 von ihnen als Dramma per musica bezeichnet. Mit den Auswirkungen der Frz. Revolution verschwand die Serenata.

Lit.: A. EINSTEIN, Mozart (NY 1945, dt. Sto 1947, revidiert Z 1953, NA F 1968); A. DÜRR, Die Kantaten v. J. S. Bach (Kas – Mn 1971); K. HORTSCHANSKY, „Il Re Pastore". Zur Rezeption eines Librettos in der Mozart-Zeit, in: Mozart-Jb. 1978/79; J.-H. LEDERER, Zu Form, Terminologie u. Inhalt v. Mozarts theatralischen Serenaden, in: ebd. G. SCHUHMACHER

SERIELLE MUSIK ist Musik, deren Tonmaterial durch mehrere Serien (Reihen) oder durch eine Zahlenreihe strukturiert ist. Eine Zahlenreihe entsteht meist durch Substitution unter eine Ton- oder Intervallreihe oder eine Reihe von bestimmten anderen Toneigenschaften (↗Parameter). Jede Eigenschaft eines Tones (in einem Musikwerk) kann durch eine Reihe für eine Komposition vorgeordnet werden. Die Bestimmung dessen, was im Einzelfall als selbständige, d. h. isolierbare und mithin durch eine Reihe determinierbare Toneigenschaft anzusehen ist, ist Sache des Komponisten. Auch

Eigenschaften des gesamten Tonsatzes (Umfang, Ambitus, Tondichte, Einsatzabstände usf.) können durch Reihen geregelt werden. Da nicht gleichzeitig sämtliche Eigenschaften sowohl der Einzeltöne als auch des Tonsatzes reguliert werden können, ist eine Auswahl durch den Urheber des Werkes erforderlich. Diese Auswahl und die Feststellung der erwünschten Skala (Stufenzahl, Abstand der Einzelgrößen), von welchen dann die Reihen abgeleitet werden, ist Sache des Komponisten; es ist ein Teil seiner schöpferischen Tätigkeit.

In der ↗Zwölftonmusik Schönbergscher Prägung waren lediglich die Tonqualitäten durch eine Reihe, die „Zwölftonreihe", vorgeordnet, nicht aber die anderen Eigenschaften (wie Tonhöhe [d. i. Oktavlage], Klangfarbe, Dauer, Artikulation, Lautstärke usf.). Diese Eigenschaften mußten, um durch Reihen reguliert werden zu können, skaliert werden; es mußten verschiedene Werte fixiert werden, die sich in eine etwa einer Tonleiter vergleichbare Folge bringen lassen. Erstrebt wurden, entsprechend der Zahl der Tonqualitäten in unserem zwölfstufig temperierten Tonsystem, vielfach zwölfstufige Skalen. Wird eine jede Eigenschaft des Tons auf diese Weise durch Reihen verselbständigt, wird sie kompositorisch unabhängig von den anderen Eigenschaften, verfügbar. Welcher Art dann die Programme sind, nach denen die Reihen gebildet und diese dann zueinander in Beziehung gesetzt werden, entscheidet der Komponist, selbst dann, wenn er auch dafür eine Formel ersinnt. Das klassische Werk der ersten Phase der S. ist P. Boulez' *Structure I* für 2 Klv. (1952), ein Werk, in welchem zwölfstufige Skalen für Tonqualitäten, Dauern, Stärkegrade und Anschlagsarten verknüpft werden. K. Stockhausen verwendet in *Kontra-Punkte* (1953) u. a. eine Skala von nur 6 Intensitätsgraden. Es ist möglich, die aufgestellten Reihen so miteinander zu verknüpfen, daß stets die gleiche Elementkombination entsteht – so O. Messiaen in seinem *Mode de valeurs et d'intensités* (1949) – oder daß sich keine Elementkombination wiederholt, wie bei L. Nono in *Incontri* für Kammerensemble (1955). Überhaupt verwendete Nono seitdem längere Zeit dieselbe Zwölftonreihe, um seine besondere Aufmerksamkeit anderen Parametern widmen zu können.

Die Musik, die auf derartigen Elementreihen (oder den aus ihnen gewonnenen Zahlenreihen) besteht, wurde früher „punktuelle Musik" genannt. Geht die Regulierung des Tonsatzes nicht von Elementreihen aus, sondern von Reihen, die Eigenschaften des Satzes regulieren, so entsteht das, was früher „statistische Musik" hieß. Werden etwa die Länge und der Ambitus eines Abschnitts einer Komposition reguliert, dazu auch die (räumliche und zeitliche) Dichte der Füllung – wie in Stockhausens *Gruppen für drei Orchester* –, so liegt ein gänzlich anderes Programm vor, als wenn man, wie Boulez in *Structure II* (1956–61), Tongruppen (= Akkorde) miteinander multipliziert, d. h. auf jedem Ton des als Multiplikant dienenden Klanges der Akkord des Multiplikators errichtet wird. Wird ein viertöniger Klang mit einem dreitönigen multipliziert, so entsteht ein Zwölfklang, wobei sich allerdings mit großer Wahrscheinlichkeit Oktaven ergeben werden. Ein solcher Klang regelt dann die tonräumliche Dichte der verfügbaren Töne. Selbstverständlich können dergleichen Programme auch durch außermusikalische Dinge angeregt sein, durch mathematische Formeln, durch Permutationsschemata – so in E. Kreneks *Sestina* (1958) – u. a. Der Zweck all dieser Operationen war es, die Musik von den Resten der traditionellen Tonsprache zu befreien und die Idee einer gänzlich rationalen Musik zu realisieren. Die Musik sollte aufhören, „Tonsprache" zu sein. Eine bes. Rolle spielte dabei die elektronische Musik. Beachtete Werke serieller Musik schufen im Anschluß an A. Webern und O. Messiaen seit etwa 1950 M. Babbitt, L. Berio, P. Boulez, K. Goeyvaerts, E. Krenek, Br. Maderna, Bo Nilsson, L. Nono, H. Pousseur, K. Stockhausen, Y. Xenakis und B. A. Zimmermann. Manche Komponisten wandten sich seit 1958 von der S. wieder ab.

Lit.: Gravesaner Blätter, hrsg. v. H. SCHERCHEN (1955/56–1961/62, 1964/65–1966); die Reihe. Information über S., 8 H.e (W 1955–62); Darmstädter Beitr. z. Neuen Musik (Mz 1958ff.). – TH. W. ADORNO, Dissonanzen (Gö 1956, [4]1969); DERS., Musikal. Schriften, I: Klangfiguren, II: Quasi una fantasia (B – F 1959–63); C. DAHLHAUS, Zur Problematik der S., in: Frankfurter H. 14 (1959); N. RUWET, Contradictions du langage sériel, in: RBMie 13 (1959); E. KRENEK, Extents and Limits of Serial Techniques, in: MQ 46 (1960); A. PH. BASART, Serial Music (Berkeley/Calif. – Los Angeles 1961, Nachdr. 1976); R. STEPHAN, Hörprobleme Serieller Musik, in: Veröff. des Instituts für Neue Musik u. Musikerziehung Darmstadt 3 (B 1962); Y. Xenakis, La musique stochastique, in: Revue d'esthétique 15 (1962); K. STOCKHAUSEN, Texte, 4 Bde. (Kö 1963–78); H. EIMERT, Grundlagen der musikal. Reihentechnik (W 1964); P. BOULEZ, Relevés d'apprenti, hrsg. v. P. Thévenin (P 1966); R. HEINEMANN, Unters. z. Rezeption der S. (Rb 1966) (= Kölner Beitr. z. Musikforsch. 43); K. BOEHMER, Zur Theorie der offenen Form in der Neuen Musik (Da 1967); E. B. CARLSON, A Bio-Bibliographical Dictionary of Twelve-Tone and Serial Composers (Metuchen/N. J. 1970); Die Musik der sechziger Jahre, hrsg. v. R. STEPHAN (Mz 1972) (= Veröff. des Instituts für Neue Musik u. Musikerziehung Darmstadt 12); H. H. EGGEBRECHT, Punktuelle Musik, in: Zur Terminologie im 20. Jh. (St 1974); W. GIESELER, Komp. im 20. Jh. (Celle 1975); E. W. READE, A Study of Rhythm in the Serial Works of I. Stravinsky (1975) (= Diss. Indiana Univ.); L. KOBLYAKOV, P. Boulez „Le marteau sans maître". Analysis of Pitch Structure, in: ZfMth 8 (1977); CH. M. SCHMIDT, Brennpunkte der Neuen Musik (Kö 1977); P. GRIFFITHS, Serialism, in: Grove[6] XVII.

R. STEPHAN

SERINETTE (von frz. serin = Zeisig bzw. serin de canarie = Kanarienvogel), **Merline** (von frz. merle = Amsel), lautmalerisch auch **Pionne, Turlutaine,** Bz. für ein kleines mechanisches Instrument (↗mechanische Musikwerke), bei dem eine Handkurbel ein Gebläse und eine mit Stiften und Stiftbrücken ausgestattete Holz- oder Metallwalze in Bewegung setzte, so daß auf den meist nur 8 bis 13 Flötenpfeifen Melodien erklangen (↗Drehorgel). Vor allem in Frankreich, aber auch in anderen Ländern wurde die S. in der 2. Hälfte des 18. Jh. dazu benutzt, in Käfigen gehaltenen Vögeln Melodien beizubringen. Später war sie auch ein beliebtes Kinderinstrument.

Lit.: A. CHAPUIS, Les automates figures artificielles d'hommes et d'animaux (Neuchâtel 1950); DERS., Histoire de la boîte à musique et de la musique mécanique (Lau 1955); A. BUCHNER, Mechanical Musical Instruments (Pr 1959); DERS., Bird Instruments, in: Grove⁶ II. M. BRÖCKER

SERKIN. – 1) Rudolf, * 28. 3. 1903 Eger; amerik. Pianist. Er war Klavierschüler von Richard Robert und Kompositionsschüler von J. Marx und A. Schönberg in Wien und gab dort mit 12 Jahren sein erstes öffentliches Konzert. Seine Solistenlaufbahn begann er 5 Jahre später in Berlin. In Deutschland wurde er vor allem als Duopartner des Violinisten A. Busch bekannt. 1933 wanderte er in die USA aus, trat erstmals beim Coolidge-Festival in Washington auf und ging seit 1934 immer wieder auf Konzertreisen; u. a. spielte er 1939 mit dem New York Philharmonic Orchestra unter A. Toscanini. Seit Anfang der 60er Jahre war S. auch wieder in Deutschland zu hören. Als Lehrer wirkte er seit 1939 am Curtis Institute of Music in Philadelphia, das er 1968–76 leitete. S., einer der bedeutendsten Pianisten dieses Jahrhunderts, gehört insbesondere zu den führenden Interpreten klassischer und romantischer Musik. Sein Beethoven-Spiel setzte höchste Maßstäbe. – **2) Peter,** Sohn von 1), * 24. 7. 1947 New York; amerik. Pianist. Er studierte bei seinem Vater am Curtis Institute of Music in Philadelphia, trat schon 10jährig öffentlich auf und spielte als 14jähriger (1962) zusammen mit seinem Vater W. A. Mozarts Konzert für 2 Klaviere mit dem Cleveland Orchestra. Danach begann seine internationale Karriere. S. setzt sich vornehmlich für zeitgenössische Werke ein.

Lit.: **Zu 1):** J. KAISER, Pianisten in unserer Zeit (Mn 1965, ²1972).

SERMISY, Claudin (Claude) **de,** * um 1495, † 13. 9. 1562 vermutlich Paris; frz. Komponist. S. ist 1508 als Sängerknabe der Ste-Chapelle und seit 1515 als Sänger der Königlichen Kapelle unter Ludwig XII. und Franz I. nachweisbar. Um 1520 erhielt er eine Präbende an Notre-Dame-de-la-Ronde in Rouen, die er 1524 zugunsten einer anderen in Cambron bei Abbeville aufgab. Um 1532 wieder in Paris, wurde er Sous-maître und als solcher Leiter der Königlichen Kapelle und 1533 Kanonikus der Ste-Chapelle. Sein zeitgenössischer Ruhm war groß; P. Certon, der S. bereits 1542 ein Motettenbuch gewidmet hatte, schrieb auf seinen Tod eine *Déploration* (in *Les Meslanges,* 1570).

WW: **1) Geistliche WW:** 13 4st. Messen (Parodiemessen), davon 7 in Einzeldrucken (P 1556–68); etwa 70 meist 4st. Motetten, gedruckt in 2 Individualdrucken (P 1542 u. 1555) u. in zahlr. Sammeldrucken des 16. Jh. (u. a. v. Attaingnant, Rhau, Montanus-Neuber); Magnificatvertonungen; Matthäus-Passion für 4 Männerst.; Lamentationen für 4 St. – **2) Weltliche WW:** Etwa 169 Chansons, ausschließlich in Sammeldrucken, namentlich in nahezu sämtlichen Chansonslgen. von Attaingnant 1528–50. – Zahlr. geistl. u. weltl. Werke erschienen auch in vielen Lautentabulaturen des 16. Jh.

S.s Hauptleistung liegt in der Ausprägung und reichen Pflege eines speziellen Typs der französischen ↗Chanson in der 1. Hälfte des 16. Jh., der sogenannten Pariser Chanson. Ihre Charakteristika sind Kürze der Form, Vierstimmigkeit, ausgeglichenes Verhältnis zwischen oberstimmenbetonten homorhythmischen und imitatorisch aufgelokkerten Partien sowie ein eher emphatischer als tonmalerischer Textausdruck. S.s Chansons waren zu seiner Zeit überaus populär; sie wurden auch zu instrumentalen Tänzen umgeformt und erhielten auch geistliche Texte. Es gibt sogar ein bekanntes deutsches evangelisches Kirchenlied *(Was mein Gott will, das gscheh allzeit),* dem die Melodie einer Chanson von S. zugrunde liegt *(Il me suffit).* Aus dem kirchenmusikalischen Schaffen verdienen namentlich die Passion und die Lamentationen Erwähnung, da sie zu den ganz wenigen Werken dieser Gattungen in ihrer Zeit in Frankreich gehören.

Ausg.: Opera omnia, hrsg. v. G. ALLAIRE – I. CAZEAUX (1970ff.) (= CMM 52), bisher erschienen: 1 (1970) (Magnificat), 2 (1972) (Passion u. Lamentationen), 3 u. 4 (1974) (sämtliche Chansons); einzelne Motetten in: Treize livres de motets parus chez P. Attaingnant an 1534 et 1535, hrsg. v. A. SMIJERS – A. T. MERRITT (P – Monaco 1934–63); die Lamentationen auch in: Mehrst. Lamentationen aus der ersten Hälfte des 16. Jh., hrsg. v. G. MASSENKEIL (Mz 1965) (= Musikal. Denkmäler 6); P. Attaingnant, Transcriptions of Chansons for Keyboard, hrsg. v. A. SEAY (1961) (= CMM 20).

Lit.: S. FORNAÇON, C. de S., in: MuG 9 (1955); G. G. ALLAIRE, The Masses of C. de S. (1960) (= Diss. Boston Univ.); I. A.-M. CAZEAUX, The Secular Music of C. de S., 2 Bde. (1961) (= Diss. Columbia Univ.); G. G. ALLAIRE, Les messes de C. de S., in: RMie 52 (1967); D. HEARTZ, „Au pres de vous". Claudin's Chanson and the Commerce of Publishers' Arrangements, in: JAMS 24 (1971); I. CAZEAUX, S., in: Grove⁶ XVII.

SEROCKI, Kazimierz, * 3. 3. 1922 Thorn (Toruń) † 9. 1. 81 Warschau; poln. Komponist. Nach seinem Studium am Konservatorium in Łódź (Komposition bei K. Sikorski) setzte S. nach Kriegsende als Schüler von Nadja Boulanger (1947/48) seine Ausbildung in Paris fort. Bis 1951 trat er in Europa als Konzertpianist auf, widmete sich jedoch danach der Komposition. Als Vizepräsident des polnischen Komponistenverbandes (seit 1954) gehörte er zu den Begründern des Festivals „Warschauer Herbst". Wie die meisten poln. Komponisten seiner Generation ging S. von folkloristischen Tendenzen aus, gelangte aber – auch unter dem Einfluß der Darmstädter Ferienkurse für Neue Musik, an denen er 1957–59 teilnahm – schon bald zu den neuen Techniken des Serialismus, der Aleatorik und der Gruppenkomposition.

WW: **1) Instr.-WW: a)** Für Klv.: *Suita preludiów* (1952); Kindersuite *Krasnoludki* (Heinzelmännchen) (1953); Sonate (1955); *A piacere* (1963). – **b)** Kammermusik: Suite für 4 Pos. (1953); Sonatina für Pos. u. Klv. (1954); Tanz für Klar. u. Klv. (1954); *Continuum.* Sextett für Perkussionsinstrumente (1970); *Swinging Music* für Klv., Klar., Pos. u. Vc. (1970); *Fantasmagoria* für Klv. u. Schlagzeug (1971); *Impromptu fantasque* für Blockfl., Mandoline, Gitarre, Klv. u. Schlagzeug (1973); *Arrangements* für 1–4 Blockfl. (1975). – **c)** Für Orch.: *Triptych* für Kammerorch. (1949); 1. Symphonie (1952); Konzert für Pos. u. Orch. (1953); *Sinfonietta* für 2 Str.-Orch. (1953); *Musica concertante* (1958); *Epizody* für Str. u. 3 Schlagzeug-Gruppen (1959); *Segmenti* (1961); *Freski symfoniczne* (1964); *Forte e piano* für 2 Klv. u. Orch. (1967); *Dramatic Story* (1970); *Fantasia elegiaca* für Orgel u. Orch. (1972); *Concerto alla cadenza* für Blockfl. u. Orch. (1974); *Ad libitum* (1977); *Pianophonie* für Klv., elektronische Klangumformung u. Orch. (1978). – **2) Vokal-WW:** 3 *Melodie kurpiowskie* für Soprane, Tenöre u. Kammerorch. (1949); 2. Symphonie für Sopran, Bariton, Chor u. Orch. (1953); *Serce nocy* (Herz der Nacht) (1956), Liederzyklus (nach K. I. Galczyński) für Bariton u. Orch.; *Oczy powietrza* (Augen der Luft) (1957), Liederzyklus (nach J. Przyboś) für Sopran u. Orch.; *Niobe* (1966) (nach K. I. Galczyński) für 2 Sprecher, Chor u. Orch.; *Poezje* (Gleichnisse) (1969) (nach T. Różewicz) für Sopr. u. Kammerorch.

Lit.: J. M. CHOMIŃSKI, Muzyka Polski Ludowej (War 1968).

R. CADENBACH

SEROW, Alexander Nikolajewitsch, * 11. (23.) 1. 1820 St. Petersburg, † 20. 1. (1. 2.) 1871 ebd.; russ. Komponist und Musikkritiker. Er war zunächst Rechtsanwalt. In der Musik Autodidakt, begann er in den 40er Jahren zu komponieren und war seit 1851 als Musikkritiker tätig. S. gehörte zu den wichtigsten Persönlichkeiten des russischen Musiklebens in der 2. Hälfte des 19. Jahrhunderts. Als Komponist knüpfte er an die von M. Glinka und A. Dargomyschski eingeleitete Entwicklung einer nationalen russischen Oper an, wurde aber auch von G. Meyerbeer und R. Wagner beeinflußt, den er leidenschaftlich verehrte und als einer der ersten in Rußland propagierte. Am bedeutendsten ist seine letzte und unvollendete Oper *Wraschkaja sila,* in der der russische Volksgesang eine wichtige Rolle spielt. Als Publizist war S. mit Wl. F. Odojewski der Begründer der russischen Musikkritik. Seine Schriften sind von starker Eigenart geprägt und oft polemisch, so auch gegen die ↗Gruppe der Fünf, der S. gleichwohl viele künstlerische Anregungen zu geben vermochte.

WW: Opern: *Judif* (Judith), UA: St. Petersburg 1863; *Rogneda,* UA: ebd. 1865; *Wraschkaja sila* (Des Feindes Macht), UA: ebd. 1871 (vollendet v. N. Solowjow u. V. S. Serowa).

Ausg.: Isbranyje statji (Ausgew. Aufsätze), 2 Bde., hrsg. v. G. N. CHUBOY (Mos 1950–57), dt. Übers. v. Bd. I: Aufsätze z. Musikgesch., hrsg. v. N. NOTOWICZ (B 1955); Pisma (Briefe), hrsg. v. I. SMIRNOWA, in: Sowjetskaja musyka 27 (1963).

Lit.: O. VON RIESEMANN, Monographien z. russ. Musik I (Mn 1923, Nachdr. Hil 1971); D. LEHMANN, Der russ. Komponist u. Musikforscher A. N. S. u. sein Mozart-Bild, in: Kgr.-Ber. Wien 1956 (Gr – Kö 1958); DERS., S., in: MGG XII; G. ABRAHAM, The Operas of S., in: Essays. FS E. Wellesz (O 1966).

SERPENT (von frz. serpent = Schlange; it.: serpentone; span.: serpentón), ein schlangenförmig gewundenes, mit einem Kesselmundstück aus Elfenbein oder Horn (seltener Metall) gespieltes Blasinstrument mit weiter konischer Röhre. Wie der ↗Zink (als dessen Baßinstrument er gilt) besteht der S. aus 2 aus einem Holzstück (gewöhnlich Nußbaum) herausgeschnittenen Teilen, die ausgehöhlt und zusammengeleimt, dann mit Leder über-

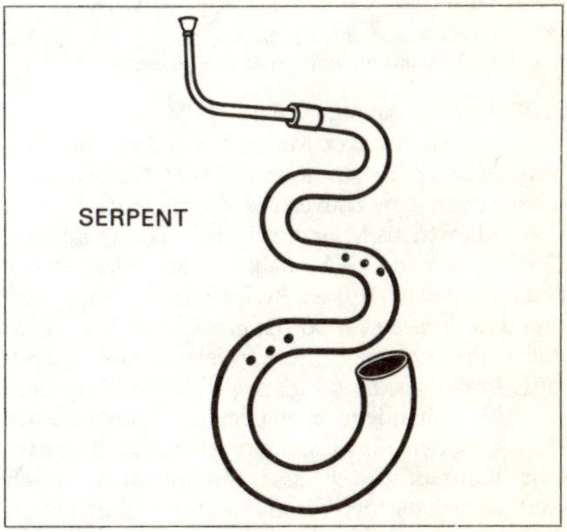

zogen werden. Der S. hatte 6, in zwei Gruppen angeordnete Grifflöcher und stand je nach Länge des Instrumentes (zwischen 180–240 cm) in B, in C oder in D. Um 1800 hatte das Instrument 3–4, später dann bis zu 14 Klappen. Die Schwierigkeiten, den S. sauber zu intonieren, blieben jedoch. 1788 konstruierte J. J. Régibo (in Lille) einen S. mit fagottähnlicher Form, der zur Entwicklung der Baßhörner führte. Der S. wurde vermutlich gegen Ende des 16. Jh. entwickelt, ob aber in Italien oder in Frankreich, ist umstritten. In Frankreich war er vom 17. bis zum Ende des 19. Jh. ein Kircheninstrument. Daneben wurde der S. bis ins 19. Jh. auch in den Militärkapellen Frankreichs, Belgiens, Englands und Deutschlands gespielt, dann aber durch die ↗Ophikleïde ersetzt.

Lit.: R. MORLEY-PEGGE – P. BATE, S., in: Grove⁶ XVII.

M. BRÖCKER

SERRANO Y RUIZ, Emilio, * 13. 3. 1850 Vitorio, † 8. 4. 1939 Madrid; span. Komponist. Er studierte Klavier und Komposition am Konservatorium in Madrid, wo er 1894–1920 selbst als Professor für Komposition lehrte. Außerdem war er jahrzehntelang Maestro de cámera der Infantin Doña Isabel, 1895–98 künstlerischer Leiter des königlichen Theaters Madrid, wo er sich auch mit eigenen Werken für eine nationale spanische Oper einsetzte.

WW: **1) Kompositionen:** Klv.-Suite *Las narraciones de la Alhambra;* Streichquartett h-moll (1908). – Für Orch.: Symphonie Es-Dur (1887); symphonische Dichtung *La primera salida de Don Quijote* (1908); Klv.-Konzert. – *Canciones del hogar* für SingSt u. Orch. – Opern: *Mitridates,* UA: Madrid 1882; *Doña Juana la loca,* UA: ebd. 1890; *Irene de Otranto,* UA: ebd. 1891; *Gonzalo de Córdoba,* UA: ebd. 1898; *La maja de rumo,* UA: Buenos Aires 1910; ferner die Zarzuela *La Bejarana,* UA: Madrid 1924 (zus. mit F. Alonso). – **2) Schriften:** *Prontuario teórico de la armonia* (Ma 1884); *Estado actual de la música en el teatro* (Ma 1901).

Lit.: J. SUBIRÁ, Las cinco óperas del Académico D. E. S., in: Bol. de la Real Academia de Bellas Artes de S. Fernando (1962).

SERRE, Jean Adam, * 14. 11. 1704 Genf, † 22. 3. 1788 ebd.; Schweizer Maler, Chemiker und Musiktheoretiker. Er studierte 1723–27 Naturwissenschaften an der Universität Genf, lebte in den 1740er Jahren als Miniaturmaler in Wien und kam 1751 nach Paris. 1752 nahm er im *Mercure de France* mit dem Aufsatz *Réflexions sur la supposition d'un troisième mode en musique* zu Ch. M. de Blainvilles Konzept eines „troisième mode" Stellung. In den *Essais sur les principes de l'harmonie* (P 1753) behandelte er allgemeine Probleme der Harmonielehre, insbesondere aber das Rameausche Konzept des ↗Basse fondamentale. Nach Genf zurückgekehrt, veröffentlichte er dort *Observations sur les principes de l'harmonie* (1763), die sich kritisch mit den Musikschriften von J. le Rond d'Alembert, Fr. Geminiani und G. Tartini auseinandersetzen. S. hat J.-J. Rousseau, J. B. de Laborde und A. Hiller beeinflußt.

Ausg.: *Essais sur les principes de l'harmonie ...*, Faks.-Ausg. (NY 1967) (= MMMLF II/52); dass., Nachdr. (Hil 1971); *Observations sur les principes de l'harmonie ...*, Faks.-Ausg. (NY 1967) (= MMMLF II/53).

Lit.: E. R. JACOBI, S., in: MGG XII.

SERVAIS. – 1) Adrien François, * 6. 6. 1807 Hal bei Brüssel, † 26. 11. 1866 ebd.; belgischer Violoncellist und Komponist. Er studierte Violoncello am Brüsseler Conservatoire und ging dann nach Paris, wo er als Solist großen Erfolg hatte, und unternahm zwischen 1833 und 1848 ausgedehnte Konzertreisen durch Europa. Von 1848 bis zu seinem Tod war er Professor für Violoncello am Brüsseler Conservatoire. S., der als „Paganini des Violoncells" bezeichnet wurde, veröffentlichte auch Kompositionen für sein Instrument.

2) François (Franz) **Mathieu,** Sohn von 1) (adoptiert?, möglicherweise illegitimer Sohn von Fr. Liszt), * 1846 St. Petersburg, † 14. 1. 1901 Asnières bei Paris; belgischer Violoncellist, Dirigent und Komponist. S. studierte bei F. Kufferath in Brüssel und erhielt 1873 für seine Kantate *La Mort du Tasse* den belgischen Prix de Rome. Er unternahm Konzertreisen und lebte einige Zeit bei Liszt in Weimar. 1889–1891 war er Dirigent am Théâtre de la Monnaie in Brüssel. Seine Oper *L'Apollonide* (Texte von Leconte de Lisle) wurde unter dem Titel *Jôn* 1899 in Karlsruhe aufgeführt. Außerdem schrieb er Orchesterwerke und Lieder. – Sein Bruder **Joseph** (1850–85) war ebenfalls Violoncellist und 1872–85 Professor am Brüsseler Conservatoire.

Lit.: W. PAPE, Die Entwicklung des Vc.-Spiels im 19. Jh. (Diss. Saarbrücken 1962).

SERVA PADRONA, LA, Intermezzo von G. B. Pergolesi; dt. Titel: Die ↗Magd als Herrin.

SERVICE (engl.), Bz. für feststehende vertonte Teile der anglikanischen Liturgie, die z. T. aus der römisch-katholischen Messe bzw. dem Offizium ins Englische übernommen wurde. Dazu gehören vor allem der Morning S., die Holy Communion und der Evening S. (Vesper). Die komponierten Teile des Morning Prayer umfassen die Cantica *Te Deum* und *Benedictus* oder, zu bestimmten Zeiten des Kirchenjahrs, das *Benedicite* und das *Jubilate.* Die Holy Communion folgt in musikalischer Hinsicht der ↗Messe; manchmal fehlt ihr das Benedictus und das Agnus Dei, und sie schließt mit dem Gloria. Die musikalischen Teile der Vesper umfassen die Cantica *Magnificat* und *Nunc dimittis,* die zu bestimmten Zeiten durch die Psalmen *Cantate Domino* und *Deus miseratur* ersetzt werden. Die zyklische Vertonung (oft in einer Tonart) aller dieser Teile wird innerhalb der ↗Cathedral music als Great S. (Großer S.) oder Full S. bezeichnet. Kompositionen dieser Art schufen an der Wende zum 17. Jh. vor allem W. Byrd, O. Gibbons, Th. Morley und Th. Tomkins. Andere Komponisten vertonten häufig lediglich einzelne Gesänge dafür. Solche Short S.s stammen u. a. von Th. Tallis und W. Mundy.

Lit.: D. STEVENS, Tudor Church Music (NY 1955, [2]1961); G. HENDRIE – R. STEVENSON, S., in: MGG XII; R. T. DANIEL – P. LE HURAY, The Sources of English Church Music 1549–1660 (Lo 1972) (= Early English Church Music, Suppl. 1–2); N. TEMPERLEY, The Music of the English Parish Church (C 1979); P. LE HURAY, S., in: Grove[6] XVII.

SESINI, Ugo, * 19. 1. 1899 Trapani, † 27. 2. 1945 Konzentrationslager Mauthausen; it. Musikforscher. Er studierte 1921–23 in Rom an der Universität (1921 Dr. phil.), an der Scuola superiore di Musica Sacra (P. Ferretti) und am Conservatorio (Komposition bei O. Respighi) und vervollkommnete seine Choralstudien noch in Solesmes. 1931 in Rom habilitiert, war er 1933–38 Bibliothekar am Liceo musicale Bologna, 1939–43 am Conservatorio S. Pietro in Neapel und lehrte auch an den Universitäten dieser Städte.

Schriften: *La notazione comasca del Codice Ambrosiano E. 68 sup.* (Mi 1932); *Decadenza e restaurazione del canto liturgico* (Mi 1933); *Le melodie trobadoriche nel canzionere provenzale della Biblioteca Ambrosiana,* in: Studi medievali nuova serie 12 (1939) bis 15 (1942); *La romana cantilena* (R 1942); *Catalogo della Biblioteca del Liceo Musicale G. B. Martini di Bologna,* V: *Libretti d'opera in musica* (Bol 1943); *Poesia e musica nella latinità cristiana dal III al X secolo,* hrsg. v. G. Vecchi, in: Nuova bibl. italiana 6 (Tn 1948) (mit Schriften-Verz.).

Lit.: C. SARTORIO, U. S., in: Mf 2 (1949).

SESQUIALTERA (von lat. sesqui [semique] und altera = zwei und die Hälfte). – **1)** (auch Sesquialter). Bei der Orgel ein den ↗gemischten Stimmen zugehöriges Register, das sich aus Quinte und Terz (2⅔′ und 1⅗′, auch 1⅓′ und ⅘′) zusammensetzt. Die S. ist ein ausgesprochenes Soloregister (in Verbindung mit einem 8′), das charakteristisch für den niederländischen und deutschen Orgelbau ist und sich besonders zur Hervorhebung eines kolorierten C. f. eignet. In der klassischen englischen Orgel ist S. eine Mixtur, meist mit der Terz. – **2)** Abk. für Proportio sesquialtera (oder hemiola), ↗Proportion, ↗Hemiole.

SESSIONS, Roger Huntington, * 28. 12. 1896 Brooklyn (N.Y.), † 16. 3. 1985 Princeton (N.J.); amerik. Komponist. Er studierte bis 1915 an der Harvard University in Cambridge (Mass.), bis 1917 an der Yale School of Music in New Haven (Conn.) bei H. Parker und dann bei E. Bloch in New York, mit dem er als Assistent an das Cleveland Institute of Music ging. 1925–33 hielt er sich hauptsächlich in Europa auf, veranstaltete aber 1928–31 mit A. Copland Konzerte zeitgenössischer Musik in New York. In die USA zurückgekehrt, lehrte er 1935–44 an der Princeton University, war 1944–52 Professor of Music an der University of California in Berkeley, 1953–56 Conant Professor an der Princeton University, 1966–67 Bloch Professor in Berkeley, 1968–69 Norton Professor an der Harvard University und dann Kompositionslehrer an der Juilliard School of Music in New York. S. war Mitglied vieler Akademien und erhielt die Ehrendoktorwürde mehrerer Universitäten.

WW: **1) Instr.-WW:** 3 Klv.-Sonaten (1936, 1946, 1965); 2 Streichquartette (1936, 1951); *Canons* (1971) für Streichquartett; Streichquintett (1958). – Für Orch.: 8 Symphonien (1927, 1947, 1957, 1958, 1963, 1966, 1967, 1968); V.-Konzert (1935); Klv.-Konzert (1956); Doppelkonzert für V., Vc. u. Orch. (1971); Concertino für Kammerorch. (1972). – **2) Vokal-WW:** Psalm 140 für Sopran u. Org. (oder Orch.) (1963); Kantate *When Lilacs Last in the Dooryard Bloom'd* (1970) (Text: W. Whitman) für Sopran, Alt, Bar., Chor u. Orch. – **3) Bühnen-WW:** Opern: *The Trial of Lucullus,* UA: Berkeley 1947; *Montezuma,* UA: Berlin 1964. – **4) Schriften:** *The Musical Experience of Composer, Performer, Listener* (Princeton/Mass. 1950, Nachdr. 1971); *Harmonic Practice* (NY 1951); *Reflections on the Music Life in the United States* (NY 1956); *Questions About Music* (C/M 1970) (= The Ch. E. Norton Lectures: 1968–69).

Obwohl S. sich bei einem breiteren Publikum nicht durchsetzen konnte, gilt er als einer der bedeutendsten Komponisten in den USA. Kennzeichnend für seine Kompositionen sind eine chromatische und dissonanzenreiche Harmonik, komplizierte Rhythmen und eine bisweilen streng wirkende Kontrapunktik im Rahmen meist klassischer Formschemata. Häufig verwendete er eine freie Zwölftontechnik.

Lit.: A. BAGNATI – L. A. WRIGHT, R. H. S. A Selective Bibliogr. and a Listing of His Compositions, in: Current Musicology (1973) Nr. 15; R. D. HENDERSON, Tonality in the Pre-Serial Instrumental Music of R. S. (1975) (= Diss. Univ. of Rochester); A. OLMSTEAD, R. S. A Personal Portrait, in: Tempo (1978) Nr. 127; C. J. OJA, The Copland-S. Concerts and Their Reception in the Contemporary Press, in: MQ 65 (1979).

SE-TĀR (persisch, = Dreisaiter), ein heute meist 4saitiges Saiteninstrument, das den seit der Antike bekannten und im Vorderen Orient verbreiteten Lauteninstrumenten ähnelt. Der kleine, birnenförmige Resonanzkörper ist aus Holz gefertigt; die Metallsaiten laufen über 26 Bünde zu 2 seitenständigen und 2 vorderständigen Wirbeln. Im Unterschied zur Langhalslaute ↗Tār zupft man die Saiten der S. mit den Fingernägeln; ihr Ton ist daher und wegen des kleinen Korpus relativ schwach.

SETER, Mordecai, * 26. 2. 1916 Noworossisk am Schwarzen Meer; israelischer Komponist. Er lebt seit 1926 in Palästina, studierte 1932–37 an der École Normale de Musique in Paris bei P. Dukas, Nadia Boulanger und I. Strawinsky. Nach Israel zurückgekehrt, lehrte er in Tel Aviv am Music Teachers' College und später an der Rubin-Akademie der Universität (1972 Professor). In seinen Kompositionen verbindet S. Elemente der alten hebräischen Liturgie, der polyphonen Musik des 16. Jh.

und orientalische Folklore. Für das Oratorium *Tiqqun Hatzot*, in dem er reichen Gebrauch von jemenitischen Melodien macht, wurde er 1962 mit dem Prix d'Italia und 1965 mit dem Israelischen Staatspreis ausgezeichnet.

WW: **1) Instr.-WW:** Zahlr. Klv.-Stücke, u.a. *Sine nomine* (1973) u. 3 Fughettas (1973); Klv.-Trio (1973); Trio für Klar., Vc. u. Klv. (1974); 4 Streichquartette (1975, 1976, 1976, 1977); Quintett für Fl., Harfe u. Klv.-Trio (1975). – Für Kammerorch.: *Yemenite Diwan* (1967); Variationen (1967); *Saperi* (1968). – Für Orch.: Sinfonietta (Divertimento) (1958, revidiert 1967); Fantasia (1964, revidiert 1968); *Quartetto sinfonico* (1976) (= Orch.-Fassung des 4. Streichquartetts). – **2) Vokal-WW:** *Sabbath Cantata* (1940) für Sopran, Alt, Tenor, Baß, Chor u. Str. (oder Org.); Oratorium *Tiqqun Hatzot* (Mitternachtsvigil) (1961) für Tenor, 3 Chöre u. Orch.; *Jerusalem* (1966, revidiert 1967–68) für Chor, Bläser u. Orch.; *Saperi* (1967–68) für Jugendchor u. Jugendkammerorch. – **3) Bühnen-WW:** Ballette: *The Legend of Judith*, UA: Tel Aviv 1962; *Part Real Part Dream*, UA: New York 1964; *Jephthah's Daughter*, UA: Tel Aviv 1965; *Stone of Destiny*, UA: ebd. 1974.

Lit.: Y. W. COHEN, Werden u. Entwicklung in der Musik in Israel (Kas 1976).

SETZERREGISTRATUR, Setzerkombination, ↗Kombination.

ŠEVČÍK, Otakar, * 22. 3. 1852 Horažďovice (Böhmen), † 18. 1. 1934 Písek (Böhmen); tschechischer Violinist. Nach dem Studium in Prag und jeweils kürzeren Tätigkeiten in Salzburg und Wien lehrte er Violinspiel an den Konservatorien in Kiew (1875–92), Prag (1892–1906 und 1919–21) und an der Akademie für Musik in Wien (1909–18). 1925 ließ er sich in Písek nieder, das durch ihn und seine Sommerkurse eine große Anziehungskraft auf Geiger aus aller Welt ausübte. Š. entwickelte eine besondere Methode des Violinspiels („Halbtonmethode") und veröffentlichte zahlreiche Studienwerke mit Übungsstücken, die bis heute in der geigerischen Ausbildung weithin grundlegend, wegen der „Vernachlässigung des musikalischen Inhalts zugunsten technischer Momente" (C. Flesch) aber auch umstritten sind.

WW: *Schule der Violin-Technik*, op. 1 (Pr 1881); *Schule der Bogentechnik* (L 1895); *40 Variations faciles pour le violon* (L o.J.); *Lagenwechsel und Tonleiter-Vorstudien* (L 1895); *Doppelgriff-Vorstudien in Terzen, Sexten, Oktaven und Dezimen* (L 1901); *Triller-Vorstudien und Ausbildung des Finger-Anschlages* (L 1901); *Violin-Schule für Anfänger* (L 1904–08). – *Böhmische Tänze und Weisen* für V. u. Klv., op. 10 (L 1898–1903).

Lit.: N. KUBAT, O. Š. (Pr 1956); A. MINGOTTI, Wie übt man Š.s Meisterwerke für V.? Eine Anleitung zum Stud. (Kö 1956); Z. VÝBORNÝ, S., in: MGG XII; J. KRATINA, O. Š., sein Leben, Werk u. Vermächtnis für heute, in: Violinspiel u. Violinmusik in Gesch. u. Gegenwart (W 1975) (= Beitr. z. Aufführungspraxis 3).

SÉVERAC, Marie-Joseph-Alexandre Déodat de, * 20. 7. 1872 Saint-Félix de Caraman en Lauragais (Haute-Garonne), † 24. 3. 1921 Céret (Pyrénées-Orientales); frz. Komponist. Er begann in Toulouse zunächst ein Jurastudium, wechselte 1893 an das dortige Konservatorium und setzte seine musikalische Ausbildung 1897–1907 an der Schola Cantorum in Paris bei V. d'Indy, Ch. Bordes, A. Guilmant und I. Albéniz fort. Seit 1909 lebte er in Céret. S., „musicien-paysan", wie er sich nannte, entwickelte in seinen Kompositionen empfindsam-poetische Stimmungsbilder der französischen Landschaft des Languedoc, dessen Folklore ganz in seinen Stil eingeschmolzen erscheint. Am wichtigsten ist sein Klavierschaffen.

WW: **1) Instr.-WW:** Klv.-Stücke, u.a.: *Le chant de la terre* (1900); *En Languedoc* (1904); *Baigneuses au soleil* (1908); *Cerdaña* (1910–11); *En vacances* (1912); *Sous les lauriers roses* (1918). – Symphonische Dichtungen, darunter: *Nymphes au crépuscule* (1901) u. *Triptyque* (1909). – **2) Vokal-WW:** Lieder, u.a.: *2 mélodies sur des paroles occitanes de P. Esticu* (P 1913); *2 mélodies en langue d'oc* (1910); Motetten. – **3) Bühnen-WW:** *Le coeur du moulin*, UA: Paris 1909; *La fille de la terre*, UA: Coursan 1913; *Héliogabale*, UA: Béziers 1910.

Lit.: B. SELVA, D. de S. (P 1930); J. CANTELOUBE, S. (P 1950); E. BRODY, The Piano Works of D. de S. A Stylistic Analysis (1964) (= Diss. New York Univ.); DERS., D. de S. A Mediterranean Musician, in: MR 29 (1968).

SEVERI, Francesco, * Ende des 16. Jh. Perugia, † 25. 12. 1630 Rom; it. Sänger (Kastrat) und Komponist. Er war Schüler von Ottavio Catalani, trat in den Dienst des Kardinals Borghese und wurde 1613 Mitglied der Päpstlichen Kapelle, der er bis Ende seines Lebens angehörte. S.s *Salmi passaggiati* von 1615, eine der wichtigsten Quellen für die Aufführungspraxis vokaler Musik im frühen 17. Jh., enthalten Beispiele für den solistischen Psalmengesang in den 8 Kirchentönen, wobei die üblicherweise improvisiert ausgeführten Verzierungen ausgeschrieben sind.

WW: *Salmi passaggiati ... nella maniera che si cantano in Roma sopra i falsi bordoni di tutti i tuoni ecclesiastici ...* (R 1615); Arien für 1–3 St. (R 1626) (verschollen).

Ausg.: 10 Kanzonetten, in: O. CHILESOTTI, Canzonette del seicento con la chitarra, in: RMI 16 (1909); *Sicut erat*, in: K. G. FELLERER, Die Monodie (Kö 1968) (= Das Musikwerk 31).

Lit.: H. GOLDSCHMIDT, Die it. Gesangsmethode des 17. Jh. (Breslau 1890, ²1892); M. KUHN, Die Verzierungskunst in der Gesangs-Musik (L 1902) (= BIMG I/7); A. BEYSCHLAG, Die Ornamentik der Musik (L 1908, ²1953); C. TIMMS, A Transcription and Detailed Study of F. S.'s Salmi Passaggiati (Diss. Lo 1967).

SEXT (lat.), ursprünglich die 3. der ↗Horen im ↗Offizium der römisch-katholischen Kirche. Mit Non und Terz ist sie heute zu den sog. kleinen Horen zusammengefaßt.

SEXTAKKORD, Bz. der ↗Harmonielehre für die 1. Umkehrung eines Dur- oder Molldreiklangs, bei der die Terz zum Baßton wird (in C-Dur: e g c; in c-moll: es g c); der Begriff S. leitet sich von dem

Rahmenintervall der Sexte (e/es – c) ab. Von den 3 möglichen Formen eines Dreiklangs – Grundstellung, S., ↗Quartsextakkord – ist der S. klanglich am empfindlichsten, da er auf die sensible Terz gestellt ist, die über das Tongeschlecht entscheidet. Für das ↗Rezitativ ist der Dur-S. ein charakteristischer Anfangsakkord. Im ↗Generalbaß ist der S. (Bezifferung: 6) jeder Akkord aus Baßton, Terz und Sexte.

SEXTE (von lat. sexta = die sechste). – **1)** Bz. für die 6. Stufe der diatonischen ↗Tonleiter. – **2)** Bz. für das Intervall zweier Töne. In der musikalischen Praxis unterscheidet man die *große S.* (z. B. c – a), die *kleine S.* (c – as), die *übermäßige S.* (c – ais) und die *verminderte S.* (c – asas). Die große S. in einer Mollskala wird auch dorische S. genannt, da sie aus der Sicht der Dur-Moll-Tonalität das charakteristische Intervall des 1. Modus ist (↗Kirchentöne). Die S. ist Rahmenintervall für den Sextakkord. Charakteristisch für die große S. ist ein emphatischer Ausdrucksgehalt, der sie bei affektbetonten Werken der Kunstmusik, z. B.

L. van Beethoven

bei emotional geprägten Volksliedern (z. B. *In einem kühlen Grunde*) wie auch beim Schlager zum bevorzugten Auftakt macht; bezeichnend für diesen Charakter ist umgekehrt die Tatsache, daß im Kontrapunkt des 15. und 16. Jh. Sprünge aufwärts neben der Oktave nur bis zur kleinen S. erlaubt waren. Der affekthafte Sprung zur kleinen S. macht die musikalische Figur der ↗Exclamatio aus. Einem Dur- oder Molldreiklang hinzugefügt, wird die große S. zu einer charakteristischen Dissonanz: sie verleiht ihm als ↗Sixte ajoutée subdominantische Funktion (z. B. b d f g = Subdominante von F-Dur). Parallel geführte S.n der Außenstimmen sind konstitutiv für den ↗Fauxbourdon.

SEXTETT (engl.: sextet; frz.: sextuor; it.: sestetto; span.: sexteto), analog zu Quartett, Quintett eine Komposition für 6 solistische Instrumente oder Singstimmen, im allgemeinen auch Bz. für das entsprechende Vokal- oder Instrumentalensemble. Die Vokal- (insbesondere Madrigale) und Instrumentalmusik (Consort- und Tanzmusik) des 16. und 17. Jh. ist reich an Beispielen für 6stimmige Besetzungen. Im 18. Jh. entstanden vor allem im Umfeld von ↗Divertimento, ↗Harmoniemusik und ↗Serenade zahlreiche Kompositionen für entsprechend besetzte (Bläser-)Ensembles. Bedeutende Werke dieser Art schrieben vor allem J. Haydn und W. A. Mozart, und noch L. van Beethovens S. op. 71 für Bläser (2 Klar., 2 Hörner, 2 Fg.) steht in dieser Tradition. In neuerer Zeit komponierte L. Janáček seine Suite *Mládi* für 6 Bläser (Fl., Ob., Klar., Baßklar., Horn und Fg.). Das Streich-S. steht im Zusammenhang mit der Entwicklung des Streichquartetts und nimmt seinen Anfang bei L. Boccherini (Besetzung: 2 V., 2 Va., 2 Vc.). In der Folge schufen Streich-S.e L. Spohr, J. Brahms (op. 18 u. 36), A. Dvořák (op. 48), N. Rimski-Korsakow, A. Borodin, M. Reger (op. 118), A. Schönberg (*Verklärte Nacht* op. 4) und B. Martinů. Die Entwicklung der S.e für gemischte Instrumentalbesetzung (Streicher und Bläser) geht wiederum auf das Divertimento (vor allem Boccherini und Mozart, *Ein musikalischer Spaß,* KV 522) bzw. auf das durch 2 Hörner erweiterte Quartett der Mannheimer Schule zurück. Die letztere Besetzung wählte auch Beethoven in seinem S. op. 81 b. Das erste Beispiel für die Kombination von Klavier und 5 Instrumentalisten ist das Klavier-S. op. 110 von F. Mendelssohn Bartholdy (Klv., V., Va, Vc., Kb.), dem später die S.e von H. Pfitzner (op. 55) und Kompositionen von A. Roussel *(Divertissement),* Fr. Poulenc und M. de Falla (*Concerto* für Cemb., Fl., Ob., Klar., V., Vc.) folgten. Im Umkreis des S.s stehen auch Werke wie D. Milhauds 6. Kammersymphonie (für Vokalquartett, Ob. u. Vc., 1923), K. Stockhausens *Kreuzspiel* (für Ob., Baßklar., Klv. u. 3 Schlagwerkspieler), H. Sutermeisters Serenade Nr. 2 (für Bläser) oder R. Kelterborns *Varianti* (Fl., Klar., Trp., V., Va., Vc.).

SEXTOLE (engl. und frz.: sextolet; it.: sestina), Gruppe oder Folge von 6 Noten gleichen Wertes, deren Dauer 2 oder 4 metrisch gleichwertigen Noten entspricht. Die S. wird in der Regel durch eine unter oder über die Noten gesetzte „6“ gekennzeichnet. Die Ausführung der S. als doppelte ↗Triole  oder als 3 × 2 Noten  ist häufig aus der Notierung nicht erkenntlich. Das folgende Beispiel für eine S. stammt aus der 9. Symphonie von A. Dvořák:

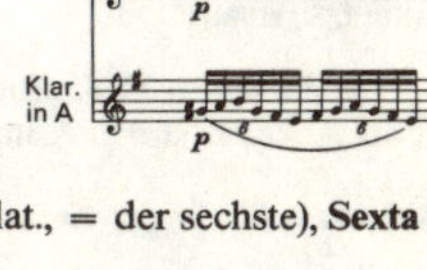

SEXTUS (lat., = der sechste), **Sexta vox,** in der 6-

und mehrstimmigen Vokal- oder Instrumentalmusik des 16. Jh. eine 6., lagenmäßig (ebenso wie ↗Quintus) nicht festgelegte Stimme, die sich im Umfang jeweils einer der 4 Hauptstimmen Superius, Altus, Tenor und Bassus bewegt.

SEYDELMANN, Franz, * 8. 10. 1748 Dresden, † 23. 10. 1806 ebd.; dt. Komponist. Er war Schüler von J. G. Naumann in Dresden, mit dem er als kurfürstlicher Stipendiat 1765 für 3 Jahre nach Italien reiste. 1768 nach Dresden zurückgekehrt, wurde er 1772 kurfürstlicher Kirchencompositeur und 1778 kurfürstlicher Kapellmeister. Beide Ämter teilte er mit J. Schuster. Zu ihren Aufgaben gehörte auch die Betreuung der geistlichen Musik in der katholischen Hofkirche und das „Accompagnement der Opera buffa".

WW: Im Druck erschienen: 6 Sonaten für Cemb. oder Klv. zu 4 Händen (L 1781); 3 Sonaten für Cemb. oder Klv. mit V.-Begleitung (Dresden 1785); 3 Sonaten für Cemb. u. Fl. (ebd. o. J.); Singspiel *Arsene* (L 1779). – Hsl. sind erhalten: 6 Cemb.-Sonaten; Lieder; geistliche Duos; mehrere Kantaten sowie 6 Opern.

Lit.: R. CAHN-SPEYER, F. S. als dramatischer Komponist (L 1909) (mit Werk-Verz.).

SEYFRIED, Ignaz Xaver, Ritter **von,** * 15. 8. 1776 Wien, † 27. 8. 1841 ebd.; östr. Komponist. Er studierte 1792–93 Philosophie an der Universität in Prag, dann Jura an der Universität in Wien, wo er auch Klavierunterricht bei W. A. Mozart und L. Koželuch sowie Kompositionsunterricht bei J. G. Albrechtsberger und P. von Winter erhielt. 1797–1801 war er Kapellmeister an E. Schikaneders Freihaus-Theater, dann bis 1826 am Theater an der Wien. Seit 1803 war er mit Beethoven befreundet und dirigierte 1805 die beiden Aufführungen der 2. Fassung des *Fidelio.* Seine Äußerungen über Beethoven sind von großem biographischem Wert. Als Komponist war S. in seiner Zeit bekannt vor allem durch seine Bühnenwerke und (szenischen) Oratorien.

WW: Kammermusik u. Orch.-Werke; zahlr. kirchenmusikal. Werke; geistl. Dramen (Oratorien). – Bühnen-WW: Opern, Singspiele, Pasticci, Bühnenmusik, Ballette. – Er schrieb *L. van Beethoven's Studien im Generalbasse, Contrapuncte und in der Compositions-Lehre* (W 1832), 2. Aufl. hrsg. v. H. H. Pierson (H 1853, Nachdr. Hil 1967), darauf beruhend u. Irrtümer berichtigend: G. Nottebohm, Beethoven's Studien I (L – Winterthur 1873, Nachdr. 1971). S. besorgte auch eine GA der Schriften v. J. G. Albrechtsberger u. schrieb Artikel u. a. in der AmZ und in G. Schilling, Encyclopädie ... oder Universal-Lexicon der Tonkunst (1835–38).

Lit.: TH. V. FRIMMEL, Beethoven-Hdb. II (L 1926, Nachdr. Hil – Wie 1968); H. JANCIK, S., in: MGG XII.

sf., sfz., Abk. für ↗sforzato bzw. sforzando; *sffz* oder *sff* steht als Abk. für sforzatissimo.

SFORZATO, forzato (it., = erzwungen, verstärkt; seltener sforzando, forzando; Abk.: *sf, sfz* bzw. *fz*), Vortrags-Bz. für ein plötzliches Verstärken bzw. starkes Hervorheben des bezeichneten Einzeltones oder Akkords. In dieser Funktion ist s. seit dem 19. Jh. gleichbedeutend mit *rinforzato* (↗rinforzando). Es gibt auch die Steigerungsform sforzatissimo *(sffz, sff)* bzw. forzatissimo *(ffz)* sowie die Angabe *sforzato piano* (Abk.: *sfp*), für einen Akzent mit darauffolgendem Piano.

SGAMBATI, Giovanni, * 28. 5. 1841 Rom, † 14. 12. 1914 ebd.; it. Pianist, Dirigent und Komponist. Er studierte seit 1849 am Konservatorium in Trevi, kehrte 1860 nach Rom zurück, machte sich rasch als Pianist bekannt und wurde 1862 Schüler von Fr. Liszt, der ihn schätzte und förderte. Als Dirigent führte S. erstmals in Italien L. van Beethovens 3. Symphonie und dessen 5. Klavierkonzert sowie die Dante-Symphonie Liszts auf. 1869 begleitete er Liszt nach Deutschland und lernte 1876 in Rom R. Wagner kennen, auf dessen Empfehlung hin mehrere seiner Werke in Deutschland erschienen. Zusammen mit Ettore Pinelli gründete er 1877 in Rom das der Accademia Nazionale di S. Cecilia angegliederte Liceo Musicale (später Conservatorio), wo er bis zu seinem Tod als Klavierlehrer tätig war. S. ist einer der wenigen italienischen Komponisten seiner Zeit von Bedeutung außerhalb der Oper und fast ausschließlich auf dem Gebiet der Instrumentalmusik.

WW: Zahlr. Klv.-Werke, darunter 6 Nocturnes; 2 Streichquartette, op. 12 (1882); 2 Klv.-Quintette, f-moll op. 4 (1866) u. B-Dur op. 5 (um 1876). – Klv.-Konzert g-moll, op. 15 (1882); Symphonie D-Dur, op. 16 (1886); *Andante solenne* (Te Deum), op. 21 (um 1890) für Org. u. Orch. – Requiem (1897–98) für Bar., Chor u. Orch., op. 38; *La sirène* für Mezzosopran u. Orch.

Lit.: F. VOLBACH, G. S., Kat. seiner hauptsächlichsten Werke ... mit ausführlichen Erläuterungen, Kritiken v. Aufführungen u. einer Einleitung (Mz 1913); A. CASELLA, G. S., in: ML 6 (1925); M. RINALDI, Il sogno di G. S., in: I grandi anniversari del 1960 (Siena 1960) (= Accad. mus. Chigiana 17).

SHAKESPEARE, William, getauft 26. 4. 1564 Stratford-on-Avon (Warwickshire), † 23. 4. 1616 ebd.; engl. Dichter. In seinen Werken spielt die Musik mehr als bei anderen Dramatikern der Neuzeit eine bedeutsame Rolle. Dies zeigt sich zum einen in den über 100 Liedern (Songs), die in vielfältiger Weise Personen, Situationen und Handlungen charakterisieren. Ihr Einsatz ist zum Teil davon abhängig, ob die S. verfügbaren Schauspieler auch oder vorwiegend Sänger waren (wie die berühmten Clowndarsteller William Kemp und Robert Armin) oder ob sie nicht singen konnten (wie Robert Burbage, dessen Rollen Hamlet, Othello und Lear daher keine Songs enthalten). Im einzelnen handelt es sich um Zitate, Anspielungen und Parodien von damals bekannten Liedern, die bei S. allerdings nicht eigens angegeben werden, die aber etwa zu einem Drittel mit Hilfe zeitgenössischer Quellen zu identifizieren sind, u.a. gilt dies für Desdemonas Lied von der Weide in *Othello.* Zum anderen gibt es in den Dramen S.s zahlreiche Hinweise auf Instrumentalmusik, die als Bühnenmusik z.B. zur Begleitung von Aufzügen und Kampfszenen, aber auch (meist unsichtbar) als Ausdruck übernatürlicher und magischer Ereignisse und Kräfte fungieren kann. Gelegentlich finden sich auch konkrete Hinweise auf bestimmte Instrumentengruppen, z.B. auf einen „whole consort" von Oboen (anstelle des üblicheren „broken consort", ↗Consort) für ein unheimliches und auf zart klingende Instrumente für ein zauberhaftes Kolorit. – Kompositionen zu Stücken S.s aus dessen Lebenszeit sind nicht bekannt. Aus den Jahrzehnten nach seinem Tod sind einige von J. Wilson erhalten. Im übrigen spielen die Werke S.s in der englischen und kontinentalen Musik des 17./18. Jh. nur eine periphere Rolle. Zu nennen sind hier einzelne Songs von Th. Morley, die gemeinsame Musik von J. Banister, G. B. Draghi, P. Humfrey, Pietro Reggio und M. Locke für eine Bearbeitung des *Tempest* (1674), die Musik zum gleichen Drama von John Weldon (um 1710); H. Purcells *The Fairy Queen* enthält keine Texte von S., obwohl das Drama selbst auf dem *Midsummer Night's Dream* beruht. Die eigentliche S.-Rezeption in der europäischen Musik beginnt erst im späten 18. Jh., bekundet sich dann aber im 19. Jh. in reichem Maße.

WW nach S.: Opern (ohne Angabe des Librettisten und des Grads der Anlehnung; in alphabetischer Reihenfolge der Dramen S.s): *Comedy of Errors:* St. Storace, *Gli equivoci* (1726), R. Rogers, Musical *The Boys from Syrakuse* (1938); *Hamlet:* A. Thomas (1868); *King Lear:* A. Reimann, *Lear* (1978); *Macbeth:* G. Verdi (1865); *Measure for Measure:* R. Wagner, *Das Liebesverbot* (1835/36); *The Merry Wives of Windsor: Falstaff* von A. Salieri (1799), A. Adam (1856) u. G. Verdi (1893), *Die lustigen Weiber*... v. K. Ditters von Dittersdorf (1796) u. O. Nicolai (1849), R. Vaughan Williams, *Sir John in Love* (1929); *A Midsummer Night's Dream:* C. M. von Weber, *Oberon* (1826); *Much Ado About Nothing:* H. Berlioz, *Béatrice et Bénédict* (1852), B. Britten (1960); *Othello:* G. Rossini (1816), G. Verdi (1888); *The Rape of Lucrezia:* B. Britten (1946); *Romeo and Juliet:* V. Bellini, *I Capuleti e i Montecchi* (1830), H. Sutermeister (1940); *The Taming of the Shrew:* H. Götz, *Der Widerspenstigen Zähmung* (1874), C. Porter, Musical *Kiss me Kate* (1948); *The Tempest:* Fr. Martin, *Der Sturm* (1956); *Troilus and Cressida:* W. Zillig (1951); *Twelfth Night:* Fr. Smetana, *Viola* (1874, 1883–84, Fragment); *Winter's Tale:* H. Goldmark, *Ein Wintermärchen* (1907). – Ballette: S. Prokofjew, *Romeo und Julia* (1938); B. Blacher, *Hamlet* (1950). – Bühnenmusik: F. Mendelssohn Bartholdy, *Ein Sommernachtstraum* (1843); ferner Werke v. E. Humperdinck, W. Braunfels, A. Honegger, E. Krenek sowie v. zahlr. engl. Komponisten des 19. u. 20. Jh. (detailliertes Verz. in Grove[5]). – Vokal-WW: H. Berlioz, *La Mort d'Ophélie,* dazu: *Marche funèbre pour ... Hamlet* (1852); einzelne Klavierlieder u. Liederzyklen, u.a. v. Fr. Schubert *(Was ist Silvia),* C. Loewe, R. Schumann, J. Brahms, R. Strauss, M. Castelnuovo-Tedesco *(33 Songs),* M. Tippet *(Songs for Ariel),* W. Fortner *(S.-Songs).* – Instr.-WW (Ouvertüren u. symphonische Dichtungen): Fr. Smetana, *Richard III.;* P. Tschaikowsky, *Romeo und Julia, Der Sturm* u. *Hamlet* (1869–88); P. Dukas, *Roi Lear* (1883); R. Strauss, *Macbeth* (1886).

Lit.: G. H. COWLING, Music on the Shakespearean Stage (C 1913, Nachdr. NY 1976); C. WILSON, S. and Music (Lo 1922, Nachdr. NY 1977); S., in: Grove[5] VII; F. W. STERNFELD, Music in S.an Tragedy (Lo 1953, [2]1967); Songs from S.'s Tragedies, hrsg. v. DEMS. (Lo 1964); DERS., S., in: MGG XII; I. NÄF, Die Lieder in S.s Komödien. Gehalt u. Funktion (Be 1976); F. W. STERNFELD – E. W. WHITE, S., in: Grove[6] XVII.

SHAKUHACHI (japanisch), Bz. für eine nach einem alten japanischen Maß (= 54,5 cm) benannte Längsflöte chinesischen Ursprungs, die aus Bambus besteht und am unteren Ende leicht aufgebogen ist. Sie wird am Rand geblasen und hat 5 Grifflöcher, davon ein Daumenloch. Die damit gespielten Töne ergeben die pentatonische Skala d^1, f^1, g^1, a^1, c^2 (d^2), aber durch Halbdeckung der Löcher, durch unterschiedlichen Atemdruck und durch Veränderung des Anblaswinkels können die fehlenden Töne erzeugt werden. Da das Instrument leicht überbläst, hat es einen Tonumfang von 3 Oktaven plus einer Quarte. Die S. wird hauptsächlich unbegleitet als Soloinstrument gespielt.

M. BRÖCKER

SHAMISEN (japanisch), Bz. für eine japanische Langhalslaute mit viereckigem Resonanzkörper, sehr langem, bundlosem Hals und 3 Seiden- oder Nylonsaiten, die mit einem Plektrum angezupft werden. Die leicht nach außen gewölbten Zargen werden aus 4 Holzteilen zusammengesetzt. Decke und Boden des Instruments bestehen aus Katzen- oder Hundeleder. Von den 3 Saiten, die von einem Saitenhalter aus über den Steg auf der Decke zum Wirbelkasten verlaufen, sind nur die beiden höchsten über einen Metallsattel direkt unterhalb des Wirbelkastens geführt, die tiefste Saite dagegen ist durch eine kleine Vertiefung gezogen, so daß sie direkt auf dem Hals aufliegt; sie ergibt, da sie, angezupft oder nur mitschwingend, ständig auf dem Hals aufschlägt, den für das S. charakteristischen Klang. Ein ähnlicher Effekt wird auf andere Weise auch auf der ↗Biwa erzielt. Das S. wurde vermutlich, über die Riukiu-Inseln aus China kommend, im 16. Jh. in Japan eingeführt. Außer in der Volksmusik erhielt das Instrument in der Theatermusik des ↗Bunraku und des ↗Kabuki eine führende Rolle. Je nach Art der Musik wird es unterschiedlich gebaut, gestimmt und gespielt, so wechseln u.a. Länge und Stärke des Halses, die Dicke der Saiten und die Art der benutzten Plektren.

Lit.: S., in: Grove[6] XVII; W. P. MALM, Japan, in: ebd. IX.

M. BRÖCKER

ŚHANĀĪ, Bz. für ein Blasinstrument in ↗Indien.

SHANKAR, Ravi, * 7. 4. 1920 Benares; indischer Sitārspieler und Komponist. Er studierte 1936–44 Gesang und Sitār bei seinem Schwiegervater Ustaad Allaudin Khan († 6. 9. 1972). 1944 ging er erstmals auf Konzertreise, gründete 1949 am Sender All-India Radio das Indian National Orchestra, und war bis 1956 Rundfunkmusikdirektor. 1963 eröffnete S. in Bombay die „Kinnara"-School of Music und 1965 eine gleiche Einrichtung in Los Angeles. In Westeuropa war u.a. der Violinist Y. Menuhin sein Duopartner. S. schrieb Musik für Filme, die auf den Festspielen von Berlin, Cannes und Venedig ausgezeichnet wurden. Zum 100. Geburtstag R. Tagores (1961) komponierte er das Ballett *Samanya Kshati* nach dessen gleichnamiger Dichtung. Er schrieb *My Music, My Life* (Lo – NY 1968, dt. Mn 1968).

Lit.: J. KUCKERTZ, Die klass. Musik Indiens u. ihre Aufnahme in Europa im 20. Jh., in: AfMw 31 (1974).

SHANTY, Chanty (engl., vermutlich von frz. chanter = singen), im allgemeinen Sprachgebrauch ein Seemannslied. Ursprünglich wurde das S. zu bestimmten seemännischen Arbeiten, die synchrones Einsetzen von Muskelkraft erfordern, gesungen. Brauch und Liedgut entstanden auf den Großseglern der brit. und amerik. Handelsmarine (wogegen auf Kriegsschiffen nach Exerzierreglement und mit militärisch-musikalischen Signalen gearbeitet wurde); sie wurden von Seeleuten aller Nationen (besonders von Deutschen und Skandinaviern) übernommen und mit Elementen ihrer eigenen Sprache vermischt. Shanties stehen im geraden oder im 6/8-Takt und haben meist Refrainform im Wechsel von Vorsänger (shantyman) und Chor. Ihre Struktur wird z.T. von ihrer Funktion bestimmt:

1. *Hauling shanties* zum „Anholen" der Leinen des Takelwerks unter starkem Kraftaufwand, mit einem Wechsel kurzer Solo- und Chorzeilen, wobei die Taktakzente der Chorpartien jeweils das Zeichen für den Arbeitsvorgang darstellen. Manche Refrains gipfeln in einem gemeinsamen heftigen Ausruf („a-way", „hol an"), der die höchste Anspannung aller Kräfte hörbar unterstützt.

2. *Walkaway-* oder *Stamp and go shanties,* beim Segelsetzen unter leichten Bedingungen, wobei man das „laufende Gut" nicht Hand über Hand „anholte", sondern durch gemeinsames Fortschreiten hochzog. Sie sind weniger stark akzentuiert und werden durchweg chorisch ausgeführt.

3. *Capstan shanties* zu den mehr monotonen Bewegungsvorgängen an Ankerwinden oder Schiffspumpen. Charakteristisch für diesen Typus ist ein zweimaliger kurzgliedriger Solo-Chor-Wechsel mit anschließendem längerem Chorvers *(Bound for the Rio Grande, On the Banks of Sacramento).*

Mit Einführung der Maschinenschiffahrt verlor das S. als Arbeitslied seinen Sinn, bestand jedoch in Form von mehrstimmigen Arrangements oder mit Instrumentalbegleitung als Darbietungsmusik weiter und ist heute Ausdruck einer stark geschönten musikalischen Seemannsromantik. Das echte S. ist vor allem in den umfangreichen Sammlungen englischer Forscher bewahrt.

Ausg.: E. B. WHALL, Ships, Sea Songs and Shanties (Glasgow 1910, [3]1927); R. TERRY, The S.-Book, 2 Teile (L 1921–26); R. BALTZER, Knurrhahn. Slg. dt. und engl. Seemannslieder u. Shanties, 2 Bde. (Kiel 1936); S. HUGILL, Shanties from the Seven Seas (L – NY 1961); H. STROBACH, Shanties (Rostock [4]1978).

Lit.: R. TERRY, Sailor Shanties, in: ML 1 (1920); H. WHATES, The Background of Sea Shanties, in: ML 18 (1937). E. PLATEN

SHARP (engl., = scharf, hoch), im englischsprachigen Raum in Verbindung mit einem Tonbuchstaben Bz. für die Erhöhung des betreffenden Tons. So entspricht F sharp (auch als Tonarten-Bz. mit dem Zusatz major oder minor) dem dt. Fis (Dur oder Moll).

SHARP, Cecil James, * 22. 11. 1859 London, † 28. 6. 1924 ebd.; engl. Volksmusiksammler. Nach seinem Studium in Cambridge lebte er mehrere Jahre in Australien, wo er eine Musikschule gründete. 1892 kehrte er wieder nach Großbritannien zurück, leitete 1896–1905 das Hampstead Conservatory of Music und widmete sich seit etwa 1900 der englischen Volksmusik; 1911 gründete er die English Folk Dance Society. Seine Arbeiten und die Förderung, die er anderen zuteil werden ließ, stehen am Anfang musikethnologischer Forschung in Großbritannien und in den USA.

Schriften u. Editionen: *English Folk Song. Some Conclusions* (Lo 1907, [4]1965); *Country Dance Tunes,* 11 Teile (Lo 1909–23); *The Sword Dances of Northern England,* 3 Teile (Lo 1911–13), NA v. Teil 3 (Lo 1977); *English Folk Songs* (Lo 1920, [2]1950); *C. S.s Collection of English Songs,* hrsg. v. M. Karpeles (Lo 1973).

Lit.: A. H. FOX STRANGWAYS – M. KARPELES, C. S. (Lo 1933, [2]1955), NA v. M. Karpeles als: C. S., His Life and Work (Lo 1967).

SHAW, Artie (eig. Arthur Arshawsky), * 23. 5. 1910 New York; amerik. Jazzmusiker (Klarinette, Bandleader). Er trat seit Mitte der 30er Jahre als Soloklarinettist und Bandleader auf und verwendete in seinen verschiedenen Formationen auch immer wieder Streicher. S. galt als der schärfste Konkurrent von Benny Goodman, er förderte trotz erheblicher Widerstände farbige Musiker wie die Sängerin Billie Holiday und den Trompeter Roy Eldridge. In den 40er und dann noch einmal in den 50er Jahren trat er besonders mit seiner Combo „Gramercy Five" hervor. Seit 1960 war S. Präsident einer Produktionsgesellschaft. Sein größter Big Band-Erfolg war *Begin the Beguine.* Als Solist war S. berühmt für seine brillante Technik und seinen schönen Ton. Eine seiner bekanntesten Kompositionen wurde die Erkennungsmelodie seiner Band *(Nightmare).* Er schrieb *The Trouble with Cinderella* (NY 1952, ²1963, Lo 1955) und *I love You, I Hate You Drop Dead'* (1965).

Lit.: W. F. VAN EYLE, Discography of A. S. (Zaandam 1966); T. PALMER, All You Need is Love (dt. Mn – Z 1977).

SHAW, George Bernard, * 26. 7. 1856 Dublin, † 2. 11. 1950 Ayot St. Lawrence (Herts.); irischer Schriftsteller. S.s Mutter war Musikerin, und er wuchs im Hause eines Gesanglehrers auf und wurde früh mit der italienischen Oper des 19. Jh. vertraut, war aber musikalischer Autodidakt. Bevor er mit seinen Dramen zu literarischem Ruhm gelangte, war er in London Musikkritiker des Abendblattes *Star* (1888–90, unter dem Pseudonym „Corno di Bassetto") und des Wochenblattes *World* (1890–94). Er urteilte und verurteilte leidenschaftlich und hemmungslos subjektiv in einer anschaulichen und pointierten Sprache voll Witz und Sarkasmus. Sein Idol war W. A. Mozart, aber am meisten fesselte ihn R. Wagner und dessen *Ring des Nibelungen,* den er in *The Perfect Wagnerite* analysiert. Die Beurteilung dieses Werkes, das er als ein „drama of today" bezeichnet, ist in vielem einzigartig, so in der Einbeziehung in die Gesellschaftskritik des engagierten Sozialisten S., die freilich die Wagner-Auffassung der kommenden Jahrzehnte nicht beeinflußte. Der Dramatiker S. gewann eine eigene Bedeutung dadurch, daß sein *Pygmalion* die Vorlage zu dem Musical *My Fair Lady* von Fr. Loewe (1956) wurde. Musik zu Filmen nach Stücken S.s schrieben u. a. A. Honegger (*Pygmalion,* 1938), W. Walton (*Major Barbara,* 1941), G. Auric (*Caesar and Cleopatra,* 1945) und R. R. Bennett (*The Devil's Disciple,* 1959).

WW (nur die Schriften zur Musik): *The Perfect Wagnerite* (Lo 1898, ⁴1923, Nachdr. NY 1967, 1972), dt. Übers.: *Wagner-Brevier,* hrsg. v. J. KAISER (F 1973); Gesammelte Kritiken als: *Music in London 1890–94,* 3 Bde. (Lo 1932, Nachdr. Lo 1956, NY 1973), Auszüge daraus (dt.), hrsg. v. H. H. Stuckenschmidt (F 1957); *London Music in 1888–89 as Heard by Corno di Bassetto …* (Lo 1937, NY 1937, Nachdr. 1961, 1973), dt. Übers.: *Musikfeuilletons des Corno di Bassetto,* hrsg. v. E. KLEMM (L 1972); *How to Become a Musical Critic,* hrsg. v. D. H. LAWRENCE (Lo 1960).

Lit.: E. J. DENT, „Corno di Bassetto", in: Musik der Zeit 4 (Bonn 1953); E. GÜNSBERGER, G. B. S. u. die Musik (Diss. W 1958); R. ANDERSON, S., in: Grove⁶ XVII (mit weiteren NA von Kritiken S.s).

SHEARER (geborene King, verheiratete Kennedy), **Moira,** * 17. 1. 1926 Dunfermline (Schottland); schottische Tänzerin. Sie war Schülerin der Mayfair School, der Legat School und der Sadler's Wells School, debütierte 1941 beim International Ballet und wurde ein Jahr später vom Sadler's Wells Ballet engagiert. Gleichermaßen wird sie als virtuose Technikerin wie auch als expressive Interpretin gerühmt, die vor allem mit ihren Filmen (*The Red Shoes,* 1948; *Tales of Hoffmann,* 1951; *Story of Three Loves,* 1952; *The Man Who Loved Redheads,* 1955) internationalen Erfolg erlangte.

Lit.: P. CROWLE, M. S. (Lo 1949, NY 1950, NA NY 1954); H. FISHER, M. S., in: Dancers of To-day (Lo 1951, ³1958).

G. LUDIN

SHEARING, George Albert, * 13. 8. 1919 London; angloamerik. Jazzpianist. S., von Geburt an blind, spielte eine Zeitlang in einem Blindenorchester, übersiedelte 1947 in die USA, wurde rasch bekannt und machte Anfang der 50er Jahre mit seinem Quintett aus Klavier, Vibraphon, Gitarre, Baß und Schlagzeug weit über den Jazz hinaus Furore. Durch Unisonospiel der Melodieinstrumente und durch die Blockakkorde von S. entstand ein unverwechselbarer Sound. S., der vorübergehend auch mit einer Big Band spielte und immer wieder als Solist mit Symphonieorchestern auftritt – er gilt als guter Mozart-Interpret –, bevorzugt bis heute die Combo, aber auch Trio- und Solospiel, wobei er jetzt farbiger wirkt als früher. Auffallend ist seine neuerliche Neigung zur geschmackvoll ausgefeilten Miniatur. Seine bekannteste Komposition ist *Lullaby of Birdland.* An Schallplatteneinspielungen sind *Windows* (1977) und *Gettin' in the Swing of Things* (1979) zu nennen.

Lit.: N. SHAPIRO – H. HENTOFF, Jazz erzählt (Mn 1962).

SHEPP, Archie, * 24.5. 1937 Fort Lauderdale (Florida); amerik. Jazzmusiker (Tenor-, Sopransaxophon, Bandleader). Er arbeitete Ende der 50er Jahre zusammen mit Cecil Taylor u. a. an einer Revolutionierung des Jazz, einer spezifischen „Black music" mit gesellschaftspolitischem Bezug. Seit 1960 trat er als Avantgardist in Erscheinung, spielte u. a. mit John Coltrane und Marion Brown in namhaften Aufnahmen des Free Jazz. Noch Anfang der 70er Jahre radikaler Anhänger der Black Power-Bewegung, löste er sich Mitte der 70er Jahre vom Free Jazz und der Politisierung und berief sich musikalisch wie verbal auf die Jazztradition (Charlie Parker, Coleman Hawkins). S., heute eher ein Neokonservativer, hat dennoch nichts von seiner Expressivität verloren, sein Stil läßt sich als „Free Bop" bezeichnen, eine Synthese aus Bebop und Free Jazz. Seine bekannteste Schallplatteneinspielung ist *Things Have God to Change* (1971).

Lit.: E. JOST, Free Jazz, in: Die Story des Jazz, hrsg. v. J. E. Berendt (St 1975).

SHEPPARD, John, * um 1515, † um 1560; engl. Komponist. Er war zwischen 1542 und 1556 „Informator choristarum" am Magdalen College in Oxford und seit 1552 Gentleman der Chapel Royal. Als solcher nahm er auch an der Krönung Königin Elisabeths I. 1559 teil. S. ist mit seinem ausschließlich geistlichen Schaffen ein bedeutender Vertreter vor allem der lateinischen liturgischen Musik, wie sie in der Frühzeit der Anglikanischen Kirche noch gepflegt wurde.

WW (hsl. erhalten): 3 Messen; Magnificats; zahlr. lat. Psalmen, Hymnen, Responsorien u.a. Offiziumskomp.; engl. Services u. Anthems.

Ausg.: Collected Works, bisher erschienen 1: Office Responds and Varia, hrsg. v. D. WULSTAN (O 1978).

SHIELD, William, * 5. 3. 1748 Swalwell (Durham), † 25. 1. 1829 Brightling (Sussex); engl. Komponist. Er war Orgelschüler von Ch. Avison, wirkte dann aber als Violinist und leitete seit 1763 die Abonnementskonzerte in Newcastle. 1773 wurde er 2. Violinist im King's Theatre am Haymarket in London. Nach dem Erfolg seiner ersten Oper *The Flitch of Bacon* (1778) wurde er und blieb bis 1807 Hauskomponist der Covent Garden Opera. In London traf er 1791 auch mit J. Haydn zusammen. Seit 1817 war er Master of the King's Music. S. war einer der Vertreter der englischen Comic Opera (mit gesprochenem Dialog). Seine Werke dieser Art enthalten üblicherweise auch Kompositionen anderer Komponisten. Bemerkenswert sind sie wegen der für die damalige Zeit außergewöhnlichen Verwendung von irischen u.a. Volksliedern. In S.s Kammermusik gibt es Sätze im 5/4-Takt.

WW: Duette für 2 Fl. (Lo 1777 u. um 1780); Streichtrios (Lo 1796); Streichquartette (Lo um 1782). – Mehrere Slgen. u. Einzeldrucke v. Songs, Canzonets u.a. Gesängen. – Etwa 40 Opern u. Ballette, die auch im Druck erschienen, darunter *The Poor Soldier*, UA: London 1783. – Lehrwerke: *An Introduction to Harmony* (Lo 1800); *Rudiments of Thoroughbass* (Lo 1815).

Ausg.: *The Poor Soldier*, hrsg. v. W. BRASMER – W. OSBORNE (Madison/Wis. 1978) (= Recent Researches in American Music 6).

Lit.: R. FISKE, S., in: Grove⁶ XVII.

SHIFRIN, Seymour, * 28. 2. 1926 Brooklyn (New York), † 26. 9. 1979 Boston; amerik. Komponist. Er studierte 1942–45 bei W. Schuman und 1947–49 an der Columbia University in New York. Nach einer Lehrtätigkeit an der University of California in Berkeley (1952–66) wurde er 1966 Professor an der Brandeis University in Waltham (Mass.). Er war Mitherausgeber der Zeitschrift *Perspectives of New Music*, in der Camillo Spies 1979 eine Komposition auf seinen Tod veröffentlichte *(Lament)*. Seine Musik verrät Klangsinn und hohe Ausdruckskraft.

WW: Klv.- u. V.-Stücke; 4 Streichquartette (1949, 1962, 1966, 1967); *In Eius Memoriam* (1968) für Fl., Klar., V., Vc., Englisch Horn, Va. u. Klv. – Für Orch.: *Music for Orchestra* (1948); *Chamber Symphony* (1953); 3 Orch.-Stücke (1958). – Lieder u. a cap.-Chöre; *Give Ear, O Ye Heavens* (1959) für Chor u. Org.; *Cantata to Sophoclean Choruses* (1957) für Chor u. Orch.; *Satires of Circumstance* für Mezzo-Sopr. u. Instr. (1964).

Lit.: D. LEWIN (zum 2. Streichquartett), in: Perspectives of New Music 2 (1963/64); M. BOYKAN (zu „Satires of Circumstance"), in: ebd. 5 (1966/67).

SHIMMY (engl., = Hemd), Bz. für einen geradtaktigen, dem ↗Foxtrott verwandten, aber wesentlich rascheren Gesellschaftstanz amerikanischer Herkunft, der etwa 1920–25 ein auch in Europa beliebter Modetanz wurde. Charakteristisch für diesen Tanz ist das Schütteln der Schultern und des ganzen Körpers. Einen S. enthält z.B. P. Hindemiths *Suite 1922*.

SHINOHARA, Makoto, * 10. 12. 1931 Osaka; japanischer Komponist. Er studierte 1952–54 an der Musikhochschule in Tokio Komposition, Klavier und Dirigieren, 1954–59 Komposition am Pariser Conservatoire (T. Aubin und O. Messiaen) sowie 1962–64 an der Musikhochschule Köln (B. A. Zimmermann und G. M. Koenig). Außerdem arbeitete er in den elektronischen Studios in München (1960–62), Köln (1962–64, Assistent von K. Stockhausen), Utrecht (1965–66), der Columbia University in New York (1971–72) und des japanischen Rundfunks NHK in Tokio (1974). Sein Schaffen bezieht auch Elemente der japanischen Musik ein.

WW: Sonate (1958) für V. u. Klv.; *3 Pièces concertantes* (1959) für Trp. u. Klv.; *Obsession* (1960) für Ob. u. Klv.; *Alternance* (1962) für Schlagzeug; *Tendance* (1963, revidiert 1969) für Klv.; *Consonance* (1967) für 6 Instr.; *Reflexion* (1970) für Ob.; *Rencontre* (1972) für einen Schlagzeuger u. Tonband; *Tayutai* (1972) für Koto; *Kyūdō* (1973) für Shakuhachi u. Harfe; *Relations* (1973) für einen Flötisten u. einen Pianisten; *Egalisation* (1976) für 25 Instr. – Für Orch.: *Solitude* (1961); *Visions II* (1970); *Elevation* (1976). – *Personnage* (1968) für einen Sänger, Beleuchtung u. Tonband. – Elektronische Musik: *Broadcasting* (1964); *Visions I* (1965); *Mémoires* (1966); *City Visit* (1971).

SHIRLEY-QUIRK, John, * 28. 8. 1931 Liverpool; engl. Sänger (Bariton). Nach seinem Studium in Liverpool bei A. Carnegie und in London bei Roy Henderson debütierte er 1961 bei der English Opera Group in London und sang im selben Jahr in Cl. Debussys Oper *Pelléas et Mélisande* erstmals beim Glyndebourne Festival. Durch B. Britten, dessen Werk in seinem Repertoire einen breiten Raum einnimmt, gefördert, wurde er bald über England hinaus bekannt und gastierte an allen bedeutenden Opernbühnen Europas. 1973 wurde er Mitglied der Metropolitan Opera in New York. S. genießt auch als Oratoriensänger ein hohes Ansehen.

SHŌ, japanische, dem chinesischen Sheng (↗China) sehr ähnliche ↗Mundorgel mit einer hölzernen becherförmigen Windkammer, in der 17 Bambuspfeifen, je nach ihrer Länge symmetrisch in kreisförmiger Anordnung, stecken. Zwei der Pfeifen sind stumm, die anderen haben durchschlagende Metallzungen (↗Harmonika-Instrumente, ↗Zunge), die durch das Schließen eines Grifflochs direkt oberhalb der Windkammer zum Schwingen gebracht werden. Unabhängig von der Gesamtlänge der einzelnen Pfeifen wird die jeweils gewünschte Tonhöhe dadurch erreicht, daß die Pfeifen an der Innenseite, von außen nicht sichtbar, entsprechend lang aufgeschnitten sind. Der Musiker kann durch Ziehen (Einatmen) und Blasen (Ausatmen) ohne Unterbrechung spielen. Das S. gehört insbesondere zu den Instrumenten des ↗Gagaku, in dem es als Akkordinstrument eingesetzt wird. Folgende 11 Akkorde sind in der traditionellen Musik des Gagaku gebräuchlich:

Die unteren Töne der Akkorde sind zugleich die Haupttöne der von der Hichiriki (Oboe) vorgetragenen Melodie. – ↗Japan. M. BRÖCKER

SHORTER, Wayne, * 25. 8. 1933 Newark (New Jersey); amerik. Jazzmusiker (Sopran-, Tenorsaxophon). Er spielte zunächst konventionellen Modern Jazz, kam dann 1964 zu Miles Davis, wurde bald herausragender Solist in dessen Konzept mit modalem Jazz und vollzog mit ihm auch seit 1968 die Hinwendung zum Jazzrock. Anfang der 70er Jahre verließ S. die Davis-Gruppe und gründete zusammen mit Joe Zawinul die Gruppe „Weather Report", die mit ihrer geschmackvoll aufbereiteten Musik zur erfolgreichsten Jazzrockformation der 70er Jahre wurde. Die phrasierungstechnisch geschmeidigen Improvisationen von S. lassen erkennen, daß er das Erbe von John Coltrane auf eine neue, melodiöse Art weiterführt.

SHOUT, Shouting (engl., = lautes Schreien, Rufen), in zahlreichen Gattungen afroamerikanischer Musik Bz. für eine verbreitete Gesangsart religiösen Ursprungs. Die bis zur Ekstase reichende S.-Praxis stützt sich meist auf einen Rezitationston und wenige Nebentöne. Zu den weiteren Kennzeichen gehören Hot-Intonation und Blueselemente. – In der Übertragung dieser Praxis auf instrumentales Musizieren entsteht eine harte, rhythmisch spannungsvolle Spielweise, die über eine Palette prägnanter musikalischer Topoi verfügt. Diese wiederum haben der Rock music entscheidende Impulse gegeben. Als Repräsentanten des S. im Jazz gelten u. a. der Sänger Joe Turner und der Saxophonist Eddie „Mr. Cleanhead" Vinson.

SHOWBOAT, amerik. Musical von Jerome Kern (1885–1945), Buch und Songtexte von Oscar Hammerstein II., nach dem gleichnamigen Roman von Edna Ferber. Ort und Zeit der Handlung: die Hafenstadt Natchez am Mississippi, auf dem Showboat „Cotton Blossom" und in Chicago, zwischen 1890 und 1927. UA: 27. 12. 1927 in New York (Ziegfeld Theater; 575 Vorstellungen). EA in dt. Sprache: 30. 10. 1970 in Freiburg im Breisgau. 1929, 1936 und 1951 verfilmt.

Das Musical *Showboat* wurde durch die Einheit von Buch, Texten und Musik zum ersten wirklich modernen Vertreter des Genres. Auf einem Mississippi Showboat verliebt sich die Kapitänstochter Magnolia in den Spieler Gaylord Ravenal. Sie verläßt das Schiff, heiratet ihn und folgt ihm nach Chicago. Ihr Mann verläßt sie, und sie muß den Lebensunterhalt für sich und ihre Tochter Kim als Nachtclubsängerin verdienen. Nach vielen Jahren kehrt sie auf das Showboat zurück, trifft dort Ravenal, und sie finden wieder zueinander. In einer Nebenhandlung – der Liebe einer Negerin zu einem Weißen – wurden zum erstenmal auf der Musicalbühne Rassenvorurteile attackiert. Viele der Melodien wurden populär, so z. B. *Ol'Man River, Make Believe, Bill.* R. WALLRAF

SHUFFLE, triolischer Begleitrhythmus des Swing-Stils 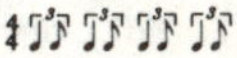 (MM ♩ = ca. 132–184). Anders als in der ebenfalls ternären Achtelbewegung des Boogie-Woogie liegt im S. die Betonung auf der vollen Taktzeit. Dadurch entsteht eine stark beschwingte Wirkung, die den großen Erfolg dieses Rhythmus in der Tanzmusik begründete. Man findet ihn auch im Rhythm & Blues und Rock and Roll sowie in den von diesen Stilen abgeleiteten jüngeren Entwicklungen.

SI (urspr. sy), Tonsilbe, die seit dem 17. Jh. die 7. Stufe der diatonischen Tonleiter bezeichnet und später durch das ↗H abgelöst wurde. Ihr Ursprung geht auf das 16. Jh. zurück und wird von L. Zacconi (1622), Anselme de Flandres und von Frans

Sweerts (1628) H. Waelrant zugeschrieben. Grund für die Einführung des Si liegt in der Aufgabe des ↗Solmisations-Systems mit seinen 3 ↗Hexachorden zugunsten des Oktavsystems. – Im Französischen, Italienischen und Spanischen ist Si der Ton ↗H.

SIBELIUS, Jean (Johan) **Julius Christian** (Jean nannte er sich nach einem Onkel), * 8. 12. 1865 Hämeenlinna (schwedisch Tavastehus), † 20. 9. 1957 Järvenpää bei Helsinki; finnischer Komponist. Aus einer zur schwedischsprechenden Minorität gehörenden Familie der finnischen Oberschicht stammend, lernte S. Finnisch erst als Gymnasiast. Seit 1874 erhielt er Klavier-, seit 1880 Violinunterricht (Gustav Levander); mit 10 Jahren begann er zu komponieren. Nach 1jährigem Jurastudium wandte er sich 1886 ganz der Musik zu und studierte Violine und Komposition (bei Martin Wegelius, dem Gründer und Direktor des Konservatoriums, der heutigen S.-Akademie Helsinki). S., der Violinvirtuose werden sollte, sammelte als Solist und als 2. Violinist des Konservatoriumsquartetts praktische Erfahrung und komponierte Kammermusik (bis op. 4). Als Stipendiat 1889 in Berlin und 1890 in Wien studierte er u. a. bei R. Fuchs und K. Goldmark; wichtiger als diese Studien waren die Kenntnisnahme der blühenden Musikpflege beider Städte sowie Musikerfreundschaften wie die (in Helsinki begonnene) mit F. Busoni. Immerhin veranlaßte der vielbeschäftigte Goldmark S. zu ersten orchestralen Arbeiten: 1892 wurde in Helsinki die Symphonie *Kullervo* mit Chor u. Soli erfolgreich uraufgeführt. Sibelius' Patriotismus wurde durch die Familie seiner Frau Aino Järnefeldt, die er 1892 geheiratet hatte, wesentlich gefördert; mehrere Reisen, vor allem die Europatournee nach Paris (1900), bei der S. das Helsinki-Symphonieorchester begleitete, festigten sein Ansehen als Zentralfigur nationalfinnischer Musik. Die 4 Legenden (1895 ff.), die 1. Symphonie (1899) und besonders die Tondichtung *Finlandia* (1899–1900) wurden zum Symbol finnischen Unabhängigkeitsstrebens in Zeiten russischer Unterdrückung. S., der seit 1892 am Konservatorium Helsinki gelehrt hatte, erlangte 1897 dank staatlicher Unterstützung eine bescheidene Unabhängigkeit. Seit 1898 hatte Breitkopf & Härtel die deutschen Rechte und publizierte zahlreiche seiner Werke. Als Dirigent eigener Werke, aber auch als Komponist stellte S. nach 1926 jegliche Aktivität ein. Künstlerische Isolation, persönliche Vereinsamung und sein schon in früheren Jahren problematischer Alkoholismus trugen zu diesem Verstummen bei.

WW: **1) Instr.-WW:** Für Klv.: Sonate F-Dur, op. 12 (1893); 3 Sonatinen, op. 67 (1912); 100 kleinere Klv.-Stücke; *Malinconia*, op. 20 (1901) für Vc. u. Klv.; Sonatine für V. u. Klv., op. 80 (1915); über 20 kleinere Stücke für V. u. Klv. – 2 Streichquartette B-Dur, op. 4 (1889) u. d-moll, *Voces intimae*, op. 56 (1909). – Für Orch.: *Cassazione*, op. 6 (1895); Tanzintermezzo, op. 45b (1910); Impromptu, op. 87a (1917); 3 Orch.-Stücke, op. 96 (1920); symphonische Dichtungen *En saga* (Eine Sage), op. 9 (1892, revidiert 1901); *Vårsång* (Frühlingslied), op. 16 (1894); Lemminkäinen-Suite, op. 22: *Lemminkäinen u. die Jungfrauen auf Saari* (1895), *Lemminkäinen in Tuonela* (1895), *Der Schwan von Tuonela* (1893), *Lemminkäinen zieht heimwärts* (1895); *Finlandia*, op. 26 (1899, revidiert 1900); *Dryaden* (Die Dryade), op. 45a (1910); *Pohjolan tytär* (Pohjolas Tochter), op. 49 (1906); *Pan und Echo*, op. 53 (1906, revidiert 1909); *Nattlig ritt och soluppgång* (Nächtlicher Ritt u. Sonnenaufgang), op. 55 (1909); *Barden* (Der Barde), op. 64 (1913); *Aallottaret* (Die Okeaniden), op. 73 (1914); *Tapiola*, op. 112 (1925); Orch.-Suiten: *Karelia*, op. 11 (1893); *Scènes historiques I*, op. 25, (1899) u. *II*, op. 66 (1912); *Suite caractéristique*, op. 100 (1922); Symphonien: e-moll, op. 39 (1899); D-Dur, op. 43 (1901–02); C-Dur, op. 52 (1904–07); a-moll, op. 63 (1911); Es-Dur op. 82 (1915–19, revidiert 1919); d-moll, op. 104 (1923); C-Dur, op. 105 (1924); Trauermarsch *In memoriam*, op. 59 (1909). – V.-Konzert d-moll, op. 47 (1903, revidiert 1905); 2 Serenaden für V. u. Orch. D-Dur u. g-moll, op. 69 (1922–23); *Ernste Melodien* für V. oder Vc. u. Orch., op. 77 (1914–15); Humoresken für V. u. Orch., op. 87b u. 89 (1917). – Für Streichorch.: *Rakastava* (Der Liebende), op. 14 (1911) (urspr. für Männerchor); *Romance* C-Cur, op. 42 (1903); *Canzonetta*, op. 62a (1911); *Suite mignonne*, op. 98a (1921) für 2 Fl. u. Str.; *Suite champêtre*, op. 98b (1921). – **2) Vokal-WW:** Zahlr. Klv.-Lieder, darunter Weihnachtslieder, op. 1 (1895–1913). – Für SingSt u. Orch.: *Arioso*, op. 3 (1893); *Koskenlaskijan morsiamet* (Des Fährmanns Bräute), op. 33 (1897); *Luonnotar* (nach *Kalevala)*, op. 70 (1913). – Für Chor u. Orch.: *Kullervo*, op. 7; *Sandels*, op. 28 (1898); *Tulen synty* (Die Geburt des Feuers), op. 32 (1902); *Vapautettu kuningatar* (Die befreite Königin), op. 48 (1906); Marsch des finnischen Jägerbataillons, op. 91a (1917); *Oma maa* (Unser Land), op. 92 (1918); *Jordens sång* (Das Lied der Erde), op. 93 (1919); *Maanvirsi* (Die Hymne der Erde), op. 95 (1920); *Väinön virsi* (Väinös Lied), op. 110 (1926). – **3) Bühnen-WW:** Oper *Jungfrun i tornet* (Die Jungfrau im Turme), UA: Helsinki 1896. – Bühnenmusik zu: A. Järnefelt, *Kuolema* (Der Tod; *Valse triste* u. Kranichszene), op. 44 (1903); M. Maeterlinck, *Pelléas et Mélisande*, op. 46 (1905); A. Strindberg, *Svanelivit* (Schwanenweiß), op. 54 (1908); P. Knudsen, *Scaramouche*, op. 71 (1913); H. von Hofmannsthal, *Jedermann*, op. 83 (1916); W. Shakespeare, *The Tempest*, op. 109 (1926).

Als Orchesterkomponist begann S. mit Programmmusik: *En saga* (1892) eröffnete die Reihe der Tondichtungen, deren mythologischer Hintergrund Gestalten und Ereignisse des finnischen Nationalepos *Kalevala* bilden; folkloristische Anleihen hat S. dabei indessen musikalisch nie gemacht. Einen Schwerpunkt in seinem Schaffen bilden die 7 Symphonien: Nach der üppigen, Tschaikowsky nahen 1. Symphonie (1899) erfolgte eine ständige Straffung der Gestaltungsweise; der noch sehr romantisch getönten 2. folgten die klassizistisch knappe 3. und die herbe, außerordentlich konzentrierte 4. Mit den 3 letzten Symphonien lieferte S. singuläre Beiträge in gänzlich individuellem Vokabular, das von zentraleuropäischen Aktualitäten wie P. Hindemith, I. Strawinsky oder gar A. Schönberg gleichermaßen weit entfernt scheint, ohne andererseits als spätromantischer Stilüberhang disqualifiziert werden zu dürfen. Internationale Anerkennung gewann auch das Violinkonzert op. 47.

S.' Liedproduktion enthält ebenfalls etliche Erfolgsstücke: Anders als in den meist finnischsprachigen Chorwerken bevorzugte S. hier schwedische Lyriker wie Johan Ludvig Runeberg; op. 50 enthält 6 deutsche Texte (u. a. Richard Dehmel). Wegen einer unentwickelten Klavieridiomatik haben Lieder wie *Svarta rosor* (Schwarze Rose) erst in der Orchesterversion größeren Erfolg erzielt; das „Tonpoem" für Sopran und Orchester *Luonnotar* nimmt eine Sonderstellung ein.

Von spezifisch finnischem Interesse blieben die zahlreichen Chorwerke mit und ohne Orchester. *Kullervo* bildete 1892 den verheißungsvollen symphonischen Auftakt; patriotische, akademische und *Kalevala*-Kantaten (op. 32) folgten. Männerchöre sind, skandinavischer Chortradition folgend, in großer Zahl vertreten. Aus der Kammermusik, einem von S. zunächst bevorzugtem Gebiet, ragt das Streichquartett *Voces intimae* heraus.

Dauernde Erfolge errang S. in England und den USA, wo sich Sir Th. Beecham und S. Kussewitzky, später auch L. Bernstein für seine Werke einsetzten. Im deutschsprachigen Bereich blieb, abgesehen von fragwürdiger Glorifizierung in der Hitler-Zeit, durchschlagender Erfolg aus, trotz der Bemühungen von H. Rosbaud, H. von Karajan und L. Maazel. Th. W. Adorno und R. Leibowitz scheuten vor ebenso massiven wie erstaunlich niveaulosen Attacken auf S. nicht zurück.

Lit.: **1) Werk-Verz., Bibliographien u. Periodica:** The Works of J. S., hrsg. v. L. SOLANTERÄ (He 1955); A. HEMMING, Luettelo J. S. ta ja hänen teoksiaan käsittelvästä kirjallisuudesta (Verz. der Arbeiten über J. S. u. seine Kompositionen) (He 1958); F. BLUM, J. S., An International Bibliography … (Detroit/Mich. 1965) (= Detroit Studies in Music Bibliographies 8). – H. E. JOHNSON, J. S., The Recorded Music (He 1957) (engl., finnisch u. schwedisch). – S.-Mitteilungen, hrsg. v. der Dt. S.-Ges. (Wie 1958ff). – **2) Biographien u. umfassende Darstellungen:** R. NEWMARCH, J. S. (engl. L 1905), dt. v. L. Kirschbaum (1906); W. NIEMANN, J. S. (L 1917); K. EKMAN, J. S. (He 1935, revidiert 1956, engl. Lo 1936, Nachdr. Westport/Conn. 1972); R. NEWMARCH, J. S. (Boston 1939); O. DOWNES, S. (He 1945); M. SIMILÄ, Sibeliana (He 1945–54); S. LEVAS, J. S., 2 Bde. (He 1957–60), engl. Übers. gekürzt als: S., A Personal Portrait (Lo 1972, Lewisburg/Pa. 1973); H. E. JOHNSON, S. (Lo – NY 1959); E. TANZBERGER, J. S. (Wie 1962, ²1965) (mit Werk-Verz.); R. LAYTON, S. (Lo – NY 1965, ²1979); I. ORAMO, J. S. (He 1965, schwed. Sto 1967) (Bildbiographie); E. TAWASTSTJERNA, J. S., 4 Bde. (He 1965ff., schwed. Sto 1968ff., engl. Lo 1976ff.); M. VIGNAL, J. S. (P 1965); R. LAYTON, S. and His World (Lo 1970). – **3) Zu den einzelnen Werken u. Werkgruppen:** J. KROHN, Der Formenbau in den Symphonien v. J. S. (He 1942); V. HELASVUO, S. and the Music of Finland (He 1952, ²1957); R. LEIBOWITZ, S., Le plus mauvais compositeur du monde (Lüttich 1955); S. PARMET, Sibeliusken sinfoniat (He 1955, engl. Lo 1959, 1965); E. TAWASTSTJERNA, Sibeliusken pianosävellykset (He 1955), engl. Übers.: The Pianoforte Compositions of S. (He 1957); DERS., Ton och tolkning … (Ton u. Erläuterung. S.-Studien) (Sto 1957); N.-E. RINGBOM, S., Symphonien, Symphonische Tondichtungen, Violinkonzert, Voces intimae. Analytische Beschreibung (He – Wie 1957); J. ROSAS, Otryckta kammarmusikverk av J. S. (Ungedruckte Kammermusikwerke v. J. S.) (Åbo 1961) (= Acta Acad. Aboensis Humaniora XXIII/4); H. HOLLANDER, Stilprobleme in den Symphonien v. S., in: Musica 19 (1965); E. SALMENHAARA, „Tapiola" Sävelruno … (Die Tondichtung „Tapiola" als Vertreter für S.' Spätstil) (He 1970) (= Acta musicologica Fennica 4); E. BRÜLL, Der Klassiker S., in: MuGes 21 (1971); F. TAMMARO, L'„imperativo" nella musica di S., in: NRMI 8 (1974); DERS., S. e il silenzio di „Tapiola", in: RMI 12 (1977).

M. WEYER

SICHER, Fridolin, * 6. 3. 1490 Bischofszell (Thurgau), † 13. 6. 1546 ebd.; Schweizer Organist. Er studierte Theologie in seiner Heimatstadt und Musik bei H. Bucher in Konstanz. Um 1515/16 wurde er Organist an der Stiftskirche von St. Gallen. 1531 erhielt er eine Pfründe an der Kapelle St. Michael in Ensisheim (Elsaß). 1537 kehrte er wieder nach Bischofszell zurück; er nannte sich 1545 Chorherr in Bischofszell und Organist in St. Gallen. Von S. ist in der dortigen Stiftsbibliothek eine (1503–31 entstandene) Sammlung mit 176 Stücken in deutscher Tabulatur erhalten. Sie umfaßt – zum liturgischen Gebrauch bestimmt – Transkriptionen von meist geistlichen Vokalwerken (von H. Isaac, Josquin des Prés, A. Busnois, Gaspar van Weerbeke, M. Agricola, L. Compère, J. Obrecht, A. Brumel, P. de La Rue, J. Mouton, P. Hofhaymer, H. Buchner, H. Kotter u. a.) und von ihm selbst einige Praeludien und Fantasien sowie ein *Resonet in laudibus.*

Ausg.: 13 Stücke, in: H. J. MOSER – F. HEITMANN, Frühmeister der dt. Orgelkunst (L 1930, Wie ²o. J.); *Ecce Maria genuit*, in: Die Org. im Kirchenjahr III, hrsg. v. E. KRAUS (Rb 1964) (= Cantantibus organis 12).

Lit.: W. R. NEF, Der St. Galler Organist F. S. u. seine Orgeltabulatur, in: SJbMw 7 (1938); TH. A. WARBURTON, F. S.'s Tablature, A Guide to a Keyboard Performance of Vocal Music (1969) (= Diss. Univ. of Michigan).

SICILIANO, Siciliana (it., = sizilianisch), Bz. für Stücke im 6/8- oder 12/8-Takt mit punktierten Rhythmen (charakteristisch vor allem ♪. ♬ ♩ ♪) und mit durchgehender Betonung der Taktschwerpunkte, so daß sich eine tänzerische Bewegung ergibt. Die einzelnen melodischen Abschnitte können auf- und abtaktig beginnen. Das Tempo ist in der Regel mäßig, das Tongeschlecht meist Moll mit häufiger Verwendung des neapolitanischen Sextakkords. Der Terminus S. ist im literarischen Bereich bereits im 14. Jh. bezeugt, bezeichnet im 16. Jh. eine besondere Strophenform, die Ottave siciliane (↗Strambotto) und gibt in diesem Sinn auch einigen *Arie siciliane* bzw. *Arie di cantar siciliano* den Namen (z. B. bei O. Petrucci, 1505, später bei Giovanni Stefani, 1618, und C. Milanuzzi,

1625). Die genaue Beziehung des S. zu Sizilien, sein Ursprung im musikalischen Bereich und seine Verbindung zu den Tänzen des 16.–17. Jh. sind ungeklärt.

Der S. tritt um 1700 in der europäischen Musik voll in Erscheinung. Er wird zum musikalischen Topos, ist verwandt mit der ↗Pastorale und erreicht seine Blüte in der 1. Hälfte des 18. Jahrhunderts. In der Vokalmusik entsteht der Typus der Aria a la siciliana, wie er in den Opern von A. Scarlatti erstmals ausgeprägt ist und nun zum festen Bestand der neapolitanischen Oper, Kantate und den davon beeinflußten Oratorien und kirchenmusikalischen Werken gehört. G. Fr. Händel hat in seinen Opern fast 50 S.-Arien geschrieben, sie aber üblicherweise nur ausnahmsweise als solche eigens bezeichnet. Bekannte Beispiele finden sich ferner in seinen Oratorien (*He shall feed His flocks – Er weidet seine Herde* und *How beautiful are the feet of Him – Wie lieblich ist der Boten Schritt* im *Messiah*) und in den Kantaten und oratorischen Werken von J. S. Bach (*Mein teurer Heiland* in der *Johannespassion, Erbarme dich* in der *Matthäuspassion*).

Um 1700 findet der S. Eingang auch in die Instrumentalmusik aller Besetzungen, so in die Suite und (als langsamer Satz) in das Concerto grosso und in die Sonate. Nahezu alle Hauptvertreter dieser Gattungen machen von ihm Gebrauch, doch oft auch ohne ausdrückliche Bz. als S. oder „alla Siciliana". Charakteristisch ist etwa das folgende Beispiel von G. Ph. Telemann:

Der S. findet seinen Niederschlag auch in der Musiktheorie des 18. Jh., so in den Lexika von S. de Brossard, J. G. Walther, bei J. Mattheson und J. J. Quantz.

Eine weiterführende Stilisierung des S. läßt sich noch über die Mitte des 18. Jh. hinaus beobachten: bei J. Haydn in der *Schöpfung* (Arie *Nun beut die Flur das frische Grün*) und im Streichquartett Hob. III:35 (Adagio), bei W. A. Mozart im *Idomeneo* (Chor *Placido è il mar*), in der Klaviersonate KV 189e = 180 und im Klavierkonzert A-Dur KV 488 (jeweils die Mittelsätze). Spätere Beispiele für Wandlung und Wiederbelebung des S. sind das Finale des 1. Aktes von G. Meyerbeers *Robert le diable,* die 7. Variation der Haydn-Variationen von J. Brahms, der 3. Entr'acte der Bühnenmusik *Pelléas et Mélisande* von G. Fauré, Nr. 5 aus den *6 Stücken für Orgel* op. 47 von M. Reger und die *Serenata* der Pulcinella-Suite von I. Strawinsky.

Lit.: E. J. DENT, A. Scarlatti (Lo 1905), NA hrsg. v. F. Walker (Lo – NY 1960); O. TIBY, Il problema della „Siciliana" dal Trecento al Settecento, in: Boll. del Centro di Studi Filologici e Linguistici Siciliani 2 (1954); DERS., La siciliana nella musica d'arte. Conclusione sul problema della datazione, in: A. Favara, Corpus di musiche populari siciliane (ebd. 1957); W. SIEGMUND-SCHULTZE, Der S. bei Händel, in: Händel-Jb. 3 (1957); I. HERRMANN-BENGEN, Tempobezeichnungen. Ursprung, Wandel im 17. u. 18. Jh. (Tutzing 1959) (= Münchner Veröff. z. Musikgesch. 1); D. FINKE-HECKLINGER, Tanzcharaktere in J. S. Bachs Vokalmusik (Trossingen 1970); H. JUNG, Die Pastorale. Stud. z. Gesch. eines musikal. Topos (Be – Mn 1980).

SIEBEN TODSÜNDEN DER KLEINBÜRGER, DIE *(Les sept péchés capitaux),* Ballett mit Gesang in 7 Bildern, mit Prolog und Epilog. Text: Bertolt Brecht (1898–1956); Musik: Kurt Weill (1900–1950). UA: 7. 6. 1933 in Paris (Théâtre des Champs-Élysées), Choreographie: George Balanchine; dt. EA: 6. 4. 1960 in Frankfurt am Main, Choreographie: Tatjana Gsovsky.

Als getanzte und gesungene Parabel präsentiert sich die Geschichte des Tanzgirls Anna: In sieben Jahren reist Anna durch sieben Städte und verdient so viel Geld, daß es ihrer Familie möglich wird, in Louisiana ein Haus zu bauen. Nur durch den Verlust ihrer Identität vermag Anna die finanziellen Forderungen der Familie zu erfüllen. Wissentlich begeht sie die sieben Todsünden, um „reich und glücklich zu werden". – Die moralische Quintessenz der Handlung wird mit Hilfe eines dramaturgischen Kunstgriffs in bildhafter Anschaulichkeit erläutert: Anna ist in zwei, jeweils als „Schwester" benannte Personen psychologisch aufgespalten. Anna I (Sängerin), die sich selbst als „praktisch und bei Verstand" charakterisiert, kommentiert den Lebenswandel ihrer „schönen und etwas verrückten" Schwester Anna II (Tänzerin). – Aus der künstlerischen Verknüpfung von Lehrdichtung, Musikmoritat und Ballettpantomime resultiert das weitgefächerte Spektrum musikalischer Stilmittel und Kompositionstechniken; neben Elementen der zeitgenössischen Tanzmusik sind sowohl folkloristische Zitate als auch Allusionen an Kaffeehausmusik und den Kirchenchoral konstitutiv. – Für das Debüt von „Les ballets 1933" komponiert, fand das Werk außergewöhnliche Beachtung. Insonderheit wurde die tänzerische und gesangliche Präsentation durch die beiden Hauptdarstellerinnen – Tilly Losch und Lotte Lenya – hervorgehoben.

G. LUDIN

SIEBER, Johann Georg (Jean-Georges), * 2. 2. 1738 Reiterswiesen (Unterfranken), † 13. 1. 1815

Paris; frz. Hornist und Musikverleger dt. Herkunft. Er kam 1758 nach Paris, war 1762–63 Mitglied des Orchesters der Comédie-Française, 1767–85 der Opéra und spielte 1777–86 auch im Orchester des Concert spirituel. 1770/71 eröffnete er in Paris einen Musikverlag und gab Werke von J. Chr. Bach, der Familie Stamitz, K. D. von Dittersdorf, G. M. Cambini, C. A. Campioni, G. B. Viotti, P. Gaviniès und Fr. J. Gossec sowie von W. A. Mozart (u.a. Erstdruck der „Mannheimer" Violinsonaten und der „Pariser" Symphonie) und J. Haydn heraus. Nach seinem Tod übernahm sein Sohn **Georges-Julien S.** (1775–1847) die Firma, die bis etwa 1820 publizierte.

Lit.: C. JOHANSSON, French Music Publishers' Cat. of the Second Half of the XVIIIth Century (Sto 1955); A. DEVRIÈS, Les éditions musicales S., in RMie 55 (1969).

SIEFERT (Syfert, Sivert, Sibert), **Paul,** getauft 28. 6. 1586 Danzig, † 6. 5. 1666 ebd.; dt. Organist und Komponist. Er war 1607–09 zusammen mit S. Scheidt Schüler von J. P. Sweelinck in Amsterdam und wirkte dann als Organist an der Marienkirche in Danzig sowie 1611–16 an der Altstädtischen Kirche in Königsberg. 1616–23 gehörte er der Warschauer Hofkapelle an. Seit 1623 war er wieder Organist an der Marienkirche in Danzig. S. zeigt in seinen Werken eine deutliche Distanz zum konzertierenden Stil italienischer Prägung, was M. Scacchi zu einer scharfen Kritik seiner *Psalmen Davids* veranlaßte. Diese Kontroverse stand im Zusammenhang mit dem langjährigen auch persönlichen Streit S.s, der als „böser, zänkischer Mensch" bekannt war, mit dem an der gleichen Kirche tätigen C. Förster (dem Älteren).

WW: *Psalmen Davids nach französischer Melodey* (d. h. mit den Melodien des Goudimel-Psalters) für 4–8 St., Instr. u. B.c., 2 Teile (Danzig 1640 u. 1651); *Canticum ... Te Deum* für 5 St. u. B.c. (ebd. 1642); einige Org.-Werke hsl. – Schrift *Anticribratio musica ad avenam Scacchinam* (Danzig 1645).

Ausg.: Choralvariation *Puer natus est,* in: 46 Choräle für Org. v. J. P. Sweelinck u. seinen dt. Schülern, hrsg. v. G. GERDES (Mz 1957) (= Musikal. Denkmäler 3); *Singet ein neues Lied dem Herren* u. *Lobt den Herren inniglich,* in: Danziger Kirchenmusik, hrsg. v. F. KESSLER (Neuhausen – St 1973); *Canzon a 8,* in: Danziger Instrumentalmusik des 17. u. 18. Jh., hrsg. v. DEMS. (ebd. 1979).

Lit.: C. DAHLHAUS, Cribrum musicum. Der Streit zw. Scacchi u. S., in: Norddt. u. nordeuropäische Musik, hrsg. v. DEMS. – W. WIORA (Kas 1963) (= Kieler Schriften z. Musikwiss. 16); W. NITSCHKE, Zu P. S.s Psalmen, in: Kgr.-Ber. Bonn 1970 (Kas 1973).

SIEGEL, C. F. W. Siegel, ↗Kistner & Siegel.

SIEGEL. – 1) Ralph (Rudolf) **Maria,** * 8. 6. 1911 München, † 2. 8. 1972 ebd.; dt. Komponist, Sänger, Textdichter und Musikverleger. Sohn des Duisburger GMD Rudolf S., studierte in Köln, Florenz, Rom und Berlin (u.a. bei E. Toch) und war Sänger in München (am Theater am Gärtnerplatz) sowie in Berlin (Metropol-Theater und Admiralspalast). 1946–49 leitete er als Oberspielleiter das Neue Theater in Augsburg und war daneben Regisseur am Corso-Theater in Berlin und am Deutschen Theater in München. 1948 gründete S. die **Ralph Maria Siegel Musikverlage.** Diese Firma, die zahlreiche Einzelverlage umfaßt und besonders Schlager und Unterhaltungsmusik produziert, leitete er bis zu seinem Tod. Bekannt wurde S. vor allem durch Schlager wie *Unter der roten Laterne von St. Pauli, Reite, kleiner Reiter, Sing ein Lied, wenn du mal traurig bist* und *Ich hab noch einen Koffer in Berlin* sowie durch (ca. 2500) Schlagertexte, u. a. zu *Capri-Fischer, Moulin rouge, Chiantilied, Schau mich bitte nicht so an.*

WW: Operetten u. Musicals, u. a.: *Der Mann im Frack,* UA: Oberhausen 1931; *Alles für Eva,* UA: Berlin 1933; *Liebes-Olympiade,* UA: Düsseldorf 1935; *Liebeszauber,* UA: Berlin 1936; *Holde Aida,* UA: Nürnberg 1937; *Frechheit siegt,* UA: München 1942; *Blumen für Gloria,* UA: Augsburg 1948; *Herr Kayser und die Nachtigall,* UA: Wiesbaden 1960; *Charley's Tante,* UA: München 1967; *Polaria in Afrika,* UA: Freiburg 1969. – Ferner Filmmusik.

2) Ralph, Sohn von 1), * 30. 9. 1945; dt. Komponist und Musikverleger. Er übernahm 1972 die Firma seines Vaters (heute „Musikedition Siegel") und wurde binnen kurzem einer der erfolgreichsten deutschen Schlagerkomponisten und -produzenten. Er schrieb u.a. für Udo Jürgens *(Griechischer Wein),* Katja Ebstein *(Theater)* und die Gruppe „Dschingis Khan". 1982 erhielt sein Lied *Ein bißchen Frieden* den „Grand Prix Eurovision".

SIEGFRIED, Musikdrama von R. Wagner; 2. Tag der Tetralogie Der ↗Ring des Nibelungen.

SIEGL, Otto, * 6. 10. 1896 Graz, † 9. 11. 1978 Wien; östr. Komponist. Er studierte in Graz (u.a. bei E. Kornauth) und war seit 1921 als Violinist, Dirigent und Musikkritiker zunächst in Leoben, Graz und Wien tätig, dann in verschiedenen deutschen Städten. Seit 1933 lehrte er an der Musikhochschule Köln (1935 Professor), 1948–67 an der Wiener Musikakademie. Nach anfänglicher Hinwendung zur Atonalität kehrte er zur Tonalität zurück und verwendete häufig kirchentonale Wendungen und polytonale Harmonik.

WW: Org.-Festmesse (1949); 5 Streichquartette; 2 Streichquintette (1940, 1954); Bläserquintett (1972). – 2 Symphonien (1958, 1959); je ein Fl.- u. Vc.-Konzert (1955, 1957); ferner Kammerkonzerte für Klv. u. Orch. (1960) sowie für Fl., Klar. u. Streichorch. (1968). – *Missa Mysterium magnum* (1926) für Chor; *Missa parva* (1953) für Soli, Chor u. Org.; *Missa humilitatis* (1959); Kantaten: *Eines Menschen Lied* (1931) für Soli, gem. Chor u. Orch.; *Klingendes Jahr* (1933) für Sopran, Männerchor, Klv. u. Streichorch.;

Wort und Wunder (1955) für Sopran, gem. Chor u. Orch.; ferner das Oratorium *Stern des Lebens* (1959) für Soli, gem. Chor, Org. u. Orch.; zahlreiche Männerchöre.

Lit.: W. SUPPAN, O. S. (W 1966) (= Östr. Komponisten des 20. Jh. 9).

SIEGMUND-SCHULTZE, Walther, * 6. 7. 1916 Schweinitz (Niederlausitz); dt. Musikforscher. Er studierte 1935–39 an der Universität Breslau (u.a. bei A. Schmitz), an der er 1940 mit einer Arbeit über W. A. Mozart promovierte, und war nach 1945 an der Universität Halle an der Saale tätig (u.a. bei Max Schneider), an der er sich 1951 habilitierte und seit 1954 als Professor lehrt, seit 1956 zugleich als Direktor des Musikwissenschaftlichen Instituts. Seit 1955 ist S. Wissenschaftlicher Sekretär der G.-Fr.-Händel-Gesellschaft und Schriftleiter des *Händel-Jahrbuchs;* seit 1958 ist er auch mit der Editionsleitung der *Hallischen Händel-Ausgabe* beauftragt. 1968 wurde er Vizepräsident des Verbandes der Komponisten und Musikwissenschaftler der DDR. S. ist mit seinen thematisch vielfältigen Schriften und als akademischer Lehrer einer der führenden Musikforscher und Musikerzieher der DDR.

Schriften: *Die Musik Bachs* (L 1953); *G. F. Händel. Leben und Werk* (L 1954, [3]1962, NA 1981); *Mozarts Melodik und Stil* (L 1957); *Grundprobleme der Musikforschung: Musikwissenschaft als Gesellschaftswissenschaft,* in: Wiss. Zschr. der M.-Luther-Univ. Halle-Wittenberg, Ges.- u. sprachwiss. Reihe 9 (1960); *Zu einigen Grundfragen der Musikästhetik,* in: ebd. 11 (1962); *Vielfalt und Einheit des Eislerschen Stils,* in: ebd. 14 (1965); *J. Brahms* (L 1966, NA 1980); *Die Musik der sozialistischen Länder (außer DDR)* (Hl 1967); *Ziele und Aufgaben der sozialistischen Musikerziehung* (L 1967, [3]1975); *Das Musikschaffen der DDR* (Hl 1969); *Zur Abbild-Problematik in der Musik,* in: MuGes 21 (1971); *Die Arienwelt des „Messias“,* in: FS J. P. Larsen (Kop 1972); *L. van Beethoven* (L 1975, NA 1981); *J. S. Bach* (L 1976); *Handbuch der Musikerziehung* (L 1976); zahlr. Aufsätze zu Werk u. Wirkungsgeschichte G. F. Händels in den Händel-Jbb. u. in den Ber. über die wiss. Konferenzen zu den einzelnen Händelfestspielen der DDR. – Editionen: die Bde I/6, I/31 u. II/32 der *Hallischen Händel-Ausg.* J. DORFMÜLLER

SIEPI, Cesare, * 10. 2. 1923 Mailand; it. Sänger (Baß). Er studierte am Mailänder Konservatorium, debütierte 1941 in Schio (Venezien) als Sparafucile in G. Verdis *Rigoletto* und wurde nach dem Krieg 1946 Mitglied der Mailänder Scala. Innerhalb weniger Jahre zählte er zu den führenden Bassisten seiner Zeit. 1951 sang er erstmals an der Metropolitan Opera in New York, 1966 wurde er – neben seiner Verpflichtung an der Mailänder Scala – auch Mitglied der Wiener Staatsoper und war in den 50er Jahren eine der herausragenden Erscheinungen der Salzburger Festspiele. Gastspiele führten ihn ferner an alle bedeutenden Bühnen Europas und Amerikas. Im Zentrum seines Repertoires standen Partien aus Opern W. A. Mozarts (Don Giovanni, Figaro) und G. Verdis (König Philipp in *Don Carlos*), auch der Mephistopheles in Ch. Gounods *Faust.*

Lit.: G. GUALERZI, S., in: Le grandi voci, hrsg. v. R. Celletti (R 1964) (= Scenario I) (mit Diskographie).

SIGHT (engl., = Anblick), Bz. für ein Verfahren des Singens aus dem Stegreif, das in engl. Diskanttraktaten der 1. Hälfte des 15. Jh. (u.a. L. Power, Pseudo-Chilston; auch J. Hothby) gelehrt wird. Danach sollte der Sänger bei Beachtung genauer Regeln für die Wahl der erlaubten Zusammenklänge imstande sein, einen Discantus zu einem C.f. zu improvisieren und sich dabei stets die gesungenen Töne als Notation auf dem Vierliniensystem des C.f. vorstellen. Bewegte sich die Diskantstimme im selben Raum wie der C.f., deckte sich die Höhe der erklingenden Töne (in voice) mit der Höhe der vorgestellten notierten Töne (in sight). Für diejenigen Stimmlagen, die jedoch den Raum des C.f. nach oben oder nach unten überschritten, wurde ein Transpositionssystem erdacht. Jede Stimmlage (degree of discant, Mene, Treble, Quatreble, Countertenor und Counter) verfügte über einen festgelegten Tonraum und durfte eine bestimmte Auswahl an Konsonanzen (acordis) zum C.f. bilden. So standen z.B. dem Treble-Sänger die Quinte, Sexte, Oktave, Dezime und Duodezime, die er sich aber als Notation eine Oktave tiefer vorzustellen hatte, zur Wahl; begann er also mit der real erklingenden Quinte über dem C.f., hatte er sich diese als notierte Quarte unter dem C.f. zu denken. Der hohe Quatreble (Knabenstimme) mußte bei der Improvisation eine gedachte Duodezimtransposition nach unten, der tiefe Counter eine Quintentransposition nach oben vornehmen:

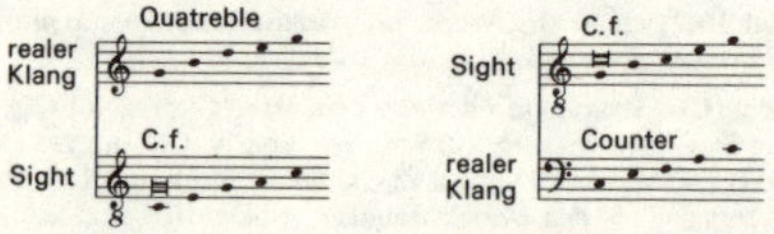

Das zunächst kompliziert erscheinende S.-System eignet sich vorzüglich als Hilfsmittel bei der Erschließung eines weiten Gesamtambitus – immer ein zentrales Anliegen der typisch englischen klanglichen Auffassung. Hier spiegelt sich auf der Ebene der Stegreifausführung jene Hervorhebung klangräumlicher Aspekte, die dann in der Kunstmusik etwa des *Eton Choirbooks* schriftlich fixiert begegnet. – Im erweiterten Sinn beinhaltet der Terminus S. nicht nur die Leseweise mit Transposition, sondern auch die Stimmlage (degree) und die diskantierende Stimme selbst.

Lit.: S. B. MEECH, Three 15th-Century Engl. Musical Treatises..., in: Speculum 10 (1935); M. F. BUKOFZER, Gesch. des engl. Diskants u. des Fauxbourdons... (Str 1936) (= Slg. musikwiss. Abh.en 21); TH. G. GEORGIADES, Engl. Diskanttraktate aus der 1. Hälfte des 15. Jh. (Mn 1937) (= Schriftenreihe des Musikwiss. Seminars der Univ. München 3); S. W. KENNEY, „Engl. Discant" and Discant in England, in: MQ 45 (1959); B. TROWELL, Faburden and Fauxbourdon, in: MD 13 (1959); DERS., S., in: Grove[6] XVII.
G. NITZ

SIGNALE sind neben optischen vor allem akustische Zeichen als Ersatz für sprachliche Mitteilungen. Die S. müssen den Empfängern bekannt sein. Praktische Bedeutung hatten musikalische S. bei der Jagd (↗Jagdsignale), der Post, der Feuerwehr sowie besonders im militärischen Bereich. Heute sind S. nur noch bei der Jagd und bei einzelnen Gelegenheiten im militärischen Bereich üblich. Musikalische S. bestehen aus 2 oder mehreren Tönen. Entscheidend sind das Intervallverhältnis der Töne und der Rhythmus; die absolute Tonhöhe spielt bei S.n keine Rolle. Die Anzahl der Töne wie auch der Rhythmus werden von der Bedeutung eines Signals mitgeprägt. Ein Haltesignal z. B. besteht aus nur 2 Tönen in langen Notenwerten; ein Aufmunterungssignal dagegen aus mehreren kurzen Tönen. Für die Erzeugung von S.n werden Instrumente benutzt, die besonders durchdringend, eindeutig wahrnehmbar und leicht zu handhaben sind: kleine Trommeln, Hörner (Jagdhorn, Posthorn) und Trompeten. Ferner werden heute für akustische S. noch Pfeifen, Martinshörner, Glokken und Klingeln sowie im Schiffsverkehr das Typhon (preßluftbetriebene Pfeife) verwendet.
Für höfische und militärische Zwecke sind Trompeten-S. aus dem 16. und 17. Jh. überliefert. Es sind dies Spielstücke, bestehend aus 5–9 „Posten" mit je 14 Takten, sowie einfache Feld-S.: *Eingang* (Wecken), *Satteln* (Aufbruch), *Aufs Pferd, Wache, Marsch* (Abmarsch) und *Zur Fahne.* Daneben wurden S. für die Infanterietruppen zunächst nur durch Trommeln und Pfeifen gegeben. In Preußen ließ König Friedrich Wilhelm II. für die Infanterietruppen des durchdringenden Klanges wegen ↗Halbmonde einführen. Das Signalreglement für die preußischen Truppen von 1787 enthielt die 8 S. *Marsch, Halt und sammelt euch, Chargirt, Stopft, Haltet euch rechts, Haltet euch links, Schwärmt* und *Retraite* (weitere Signalreglements von 1801, 1810/11, 1833 und 1888 mit etwa 20 S.n). Seit 1889 waren S. aus taktischen Gründen für das Gefecht verboten. Sie wurden nur noch im „Standortdienst" und für den „Inneren Dienst" zugelassen; seit der Einführung der drahtlosen Sprechverbindung haben musikalische S. keinen praktischen Wert mehr. Bei der Post gibt es seit 1903 offiziell keine S. mehr. Im militärischen Bereich werden aus Traditionsbewußtsein heute noch folgende S. verwendet: *Flaggenparade,* ↗Zapfenstreich und *Posten* im Großen Zapfenstreich.
Auch in der Kunstmusik werden vereinzelt S. verwendet. Zu unterscheiden ist zwischen S.n, deren Bedeutungen bekannt sind oder aus dem Zusammenhang heraus bekannt werden (z. B. die französische Retraite in *La damnation de Faust* von H. Berlioz, die österreichische Retraite in der Ouvertüre *Die leichte Kavallerie* von Fr. von Suppé oder das Signal zur Ankunft Don Fernandos im *Fidelio* von L. van Beethoven), und Themen bzw. Motiven, die nach Art von S.n melodisch und rhythmisch aufgebaut sind, jedoch keine echten S. sind, z. B. L. van Beethoven, Klaviersonate op. 57 (Appassionata); W. A. Mozart, Hornkonzert KV 412 (2. Satz).

Lit. u. Ausg.: Trompetenfanfaren, Sonaten u. Feldstücke, hrsg. v. G. SCHÜNEMANN (Kas 1936) (= EDM 7); H. WALTER, Das Posthornsignal bei Haydn u. a. Komponisten des 18. Jh., in: Haydn-Stud. IV/1 (Mn 1976); P. C. MARTEN, Die Musik der Spielleute des altpreußischen Heeres (Osnabrück 1976); D. PREUSS, Signalmusik (Diss. B 1980).
B. HÖFELE

SIGNALHORN, ein für die Übermittlung musikalischer ↗Signale geeignetes ↗Naturhorn.

SIKORSKI, dt. Musik- und Bühnenverlag, gegründet 1935 von Hans Carl S. (1899–1972) in Berlin, seit 1945 mit Hauptsitz in Hamburg. Das Unternehmen firmiert heute als „Musikverlage Hans Sikorski" mit zahlreichen Einzelfirmen, die Tanz- und Unterhaltungsmusik herausbringen. Demgegenüber umfaßt die „Edition S." hauptsächlich Chor- und Unterrichtswerke sowie zeitgenössische Kompositionen. S. vertritt auch für die Bundesrepublik Deutschland im Bereich der Musik die Staatsverlage der UdSSR.

Lit.: Musikverlage in der Bundesrepublik Deutschland u. in West-Berlin (Bonn 1965).

SIKORSKI, Kazimierz, * 28. 6. 1895 Zürich; poln. Komponist und Musikpädagoge. Er studierte Komposition in Warschau, Lemberg und Paris sowie Musikwissenschaft und Philosophie in Warschau und lehrte seit 1926 Harmonielehre, Kontrapunkt, Instrumentation und Komposition an den Musikhochschulen in Posen, Warschau (seit 1927), Łódź (seit 1945) und seit 1951 wieder in Warschau, wo er 1957–66 auch als Rektor amtierte. 1953–59 war er Präsident des polnischen Komponistenverbands. Zahlreiche namhafte polnische Komponisten der Gegenwart waren S.s Schüler, darunter T. Baird, A. Malawski und K. Serocki.

WW: 1) **Kompositionen:** Streichsextett d-moll, op. 6 (1930). – 4 Symphonien (1919, 1921, 1953, 1971); Konzerte für: Klar. (1947);

Fl. (1957); Trp., Streichorch., 4 Pk., Xylophon u. Tamtam (1959); *Koncert polifoniczny* (1965) für Fag. u. Orch.; Ob. (1967); Pos. (1973). – Stabat mater für Baß, gem. Chor u. Org. (1943), Fassung für Soli, Chor u. Orch. (1950); *Vox humana* (1971) für gem. Chor, 2 Klv., 12 Blechbläser, 4 Gongs u. 4 Tamtams (1971). – **2) Schriften:** *Instrumentoznawstwo* (Instrumentenkunde) (War 1932, Krakau [2]1950, [3]1975); *Harmonia*, 3 Bde. (War 1948–49), dass. in einem Bd. (War 1955) sowie in 2 Bde.n (War 1960, [4]1972); *Kontrapunkt*, 3 Bde. (War 1953–57).

Lit.: Z. LISSA, Koncert romantyczny K. Sikorskiego, in: Muzyka 2 (1951).

SILBERMANN, dt. Orgelbauerfamilie. – **1) Andreas,** * 16. 5. 1678 Kleinbobritzsch (Sachsen), † 16. 3. 1734 Straßburg. S. erlernte das Tischlerhandwerk und arbeitete um 1700 bei dem Pfälzer Orgelbauer Fr. Rinck (Ring). 1701 ließ er sich in Straßburg nieder, wo er 1703 das Bürgerrecht erwarb. Nachdem er dort gemeinsam mit seinem Bruder Gottfried die Orgel des Margarethenklosters gebaut hatte (1703), arbeitete er 1704–06 bei Fr. Thierry in Paris. Er baute 1703–33 insgesamt 34 Orgeln und Positive, die zum größten Teil repräsentativ sind für den klassischen französischen Orgelbau. Davon sind erhalten: Marmoutier (1710; 2 Man., 20 Reg.); Straßburg, Münster (1716; 3 Man., 39 Reg., davon einige erhalten); Altdorf (1730; 2 Man., 16 Reg.); Ebersmünster (1732; 3 Man., 29 Reg.); Königsbrück (1732; 1 Man., 8 Reg., jetzt in Wintzenbach); Rosheim, St. Peter und Paul (3 Man., 22 Reg.). – **2) Gottfried** (I), Bruder von 1), * 14. 1. 1683 Kleinbobritzsch, † 4. 8. 1753 Dresden. Er wurde 1702–09 bei seinem Bruder in Straßburg ausgebildet, kehrte dann nach Sachsen zurück und ließ sich in Freiberg nieder. Seine Instrumente (sie enthalten anders als diejenigen seines Bruders Andreas kein Rückpositiv) wurden von vielen zeitgenössischen Komponisten ausdrücklich gerühmt, so auch von J. S. Bach, der besonders die „donnernden Bässe" und den „Silberglanz" der Dresdner Orgeln lobte. S.s bedeutendster Schüler war der Orgelbauer Z. Hildebrandt. S. wurde bekannt auch durch seine Cembali und durch das von ihm weiterentwickelte ↗Cembal d'amour.

Von den nachgewiesenen 37 Orgeln und 8 Positiven sind im wesentlichen erhalten: Freiberg/Sachsen, Dom (1710–14; 3 Man., 45 Reg.); Pfaffroda (1714; 1 Man., 14 Reg.); Niederschöna (1715–16; 1 Man., 14 Reg.); Freiberg, St. Jacobi (1716–17; 2 Man., 20 Reg.); Großkmehlen (1717–18; 2 Man., 22 Reg.); Freiberg, St. Johannis, seit 1938/39 im Dom (1719; 1 Man., 14 Reg.); Rötha, St. Georgen (1718–21; 2 Man., 23 Reg.); Rötha, St. Marien (1721–22; 1 Man., 11 Reg.); Forchheim (1724–26; 2 Man., 20 Reg.); Oederan (1723–27; 2 Man., 24 Reg.); Dittersbach (1726; 1 Man., 14 Reg.); Helbigsdorf (1726–28; 2 Man., 17 Reg.); Glauchau, St. Georg (1728–30; 2 Man., 27 Reg.); Reinhardtsgrimma (1729–30; 2 Man., 20 Reg.); Crostau (1732; 2 Man., 21 Reg.); Freiberg, St. Petri (1733–35; 2 Man., 32 Reg.); Ponitz (1735–37; 2 Man., 27 Reg.); Großhartmannsdorf (1738–41; 2 Man., 21 Reg.); Zöblitz (1738–42; 2 Man., 20 Reg.); Fraureuth (1739–42; 2 Man., 20 Reg.); Etzdorf, seit 1939 im Dom zu Bremen (1745; 1 Man., 8 Reg.); Nassau bei Frauenstein (1745–48; 2 Man., 19 Reg.); Dresden, Kath. Hofkirche (1750–55; 3 Man., 47 Reg.; von Z. Hildebrandt und S.s Neffen Johann Daniel [I] – s. u. – vollendet).

3) Johann Andreas, Sohn von 1), * 24. 6. 1712 Straßburg, † 11. 2. 1783 ebd. Er war Schüler seines Vaters und am Bau von dessen letzten Instrumenten beteiligt. 1741 besuchte er seinen Onkel Gottfried S. in Freiberg, dessen Stil sich in seinen Werken seither deutlich bemerkbar macht (schärfere Intonation des Plenums, häufige Verwendung der Sifflöte 1'). Teilweise unter Mitwirkung seiner Brüder Johann Daniel (I) (s.u.), **Gottfried** (II) (1722–62) und **Johann Heinrich** (1727–99) sowie seines Sohnes **Johann Daniel** (II) (1745–1770) erbaute S. 57 Orgeln. Die wichtigsten, die seinen Ruhm begründeten, befanden sich in der Neuen Kirche (Temple Neuf) in Straßburg und im Benediktinerkloster St. Blasien (Schwarzwald). Erhalten sind: Straßburg, St. Thomas (1741; 3 Man., 42 Reg.); St. Quirin (1746; 2 Man., 15 Reg.); Marmoutier (Erweiterung 1746; 3 Man., 27 Reg.); Soultz (1750; 3 Man.); Arlesheim (1761; 3 Man., 34 Reg.); Bettenhofen (1767; 3 Man., 34 Reg., jetzt in Colmar, Dominikanerkloster); Ettenheimmünster (1769; 2 Man., 22 Reg.); Gries (1781; 1 Man., 13 Reg.). S., der auch eine reiche lokalhistorische Aktivität entfaltete, hinterließ 5 Bände mit Notizen, die eine wertvolle Quelle speziell zum elsässischen Orgelbau des 18. Jh. sind. – Sein Bruder **Johann Daniel** (I) (1717–66) ging 1751 von Straßburg nach Freiberg zu Gottfried (I) und übernahm nach dessen Tod die Werkstatt. Nachfolger von Johann Andreas in Straßburg wurde sein Sohn **Johann Josias** (1765–86). Nach dessen frühem Tod folgten **Conrad Sauer sen.** (1735–1802), später dessen Sohn **Conrad Sauer jun.** (1775–1828), schließlich **Martin Wetzel** (1794–1888).

Lit.: J. WÖRSCHING, Die Orgelbauerfamilie S. in Straßburg (Mz 1941, [2]1960); H. KLOTZ, S., in: MGG XII; DERS. – H. SCHOTT, S., in: Grove[6] XVII. – **Zu 1):** J. WÖRSCHING, Die Orgelwerke der Abteien Mauersmünster u. Ebersmünster (Mz 1956); M. SCHAEFER, L'orgue S. d'Altorf, in: Annuaire de la Soc. d'Hist. et d'Archéologie de Molsheim et environs (1971); DERS., Der Orgelbauer A. S., in: Sächsische Heimatblätter 3 (1979). – **Zu 2):** E. FLADE, G. S. (L 1926, [2]1952); U. DÄHNERT, Die Orgeln G. S.s in Mitteldeutschland (L 1953); CH. MAHRENHOLZ, Grundsätze der Dispositionsgestaltung des Orgelbauers G. S., in: AfMw 16 (1959); U. PAPE, Die S.-Orgel im Bremer Dom, in: Ars Organi (1964); W. MÜLLER, Auf den Spuren G. S.s (B – Kas 1968, [5]1978); U. DÄHNERT, Hist. Orgeln in Sachsen (F 1980). – ↗Lottermoser (Schriften-Verz.). – **Zu 3):** M. SCHAEFER, Découverte d'un orgue S. à Gries, in: Rev. d'Alsace 101 (1962); R. WALTER, Der Orgelbau für die Fürstabtei St. Blasien 1772/75, in: Musicae sacrae ministerium. FS K. G. Fellerer (Kö 1962); A. HOHN, Die Orgel des J. A. S. ... in Ettenheimmünster, in: ZfIb 17 (1963); M. SCHAEFER, Les anciennes orgues de l'église St-Étienne de Mulhouse, in: Bull. du Musée Historique de Mulhouse (1966); DERS., Les anciennes orgues S. du Temple-Neuf à Strasbourg, in: La musique en Alsace, hier et aujourd'hui (Str 1970); A. HOHN, Die Orgeln J. A. S.s, in: Acta Organologica 4 (1970); M. SCHAEFER, L'orgue S. de l'église ... de Molsheim, in: Annuaire de la Soc. d'Hist. et d'Archéologie de Molsheim et environs (1971).

M. SCHAEFER

SILCHER, Philipp Friedrich, * 27. 6. 1789 Schnait (Württemberg), † 26. 8. 1860 Tübingen; dt. Komponist, Dirigent und Volksliedsammler. Er war 1807 Lehrer in Schorndorf und später in Ludwigsburg. Nach einer Begegnung mit C. M. von Weber beschloß er, sich ganz der Musik zu widmen, und studierte seit 1815 bei C. Kreutzer und J. N. Hummel in Stuttgart. 1817 wurde er Universitätsmusikdirektor und Lehrer am evangelischen Stift in Tübingen, gründete dort 1829 die Akademische Liedertafel und 1839 den Oratorienverein.

WW (meist in Tübingen od. Stuttgart gedruckt): Mehrere Slgen. dt. u. ausländischer Volkslieder für 1 od. 2 St. u. Klv. od. Git. bzw. für 4 St. – Zahlr. Slgen. Lieder für Männerchor (3- od. 4st.); *Der Tod des Aias* für Baß, Männerchor u. Orch. (1852); *Kinderlieder für Schule u. Haus*, 6 H.e (1841–60); *Gesänge für die Jugend* (1845–60); zahlr. Klv.-Lieder, darunter: *Hohenstaufenlieder* (1839); *Melodien aus Beethovens Sonaten u. Sinfonien*, 3 H.e (um 1840); mehrere Slgen. geistl. Gesänge u. Choräle für Chor; ferner einige Instr.-Werke. – Schriften: *Gesch. des ev. Kirchengesanges* (Tü 1844); *Harmonie- und Compositions-Lehre* (Tü 1851, [2]1859).

S.s Lebensaufgabe war die Herausgabe und Bearbeitung von Volksliedern im Dienst einer musikalischen Volksbildung, die an den Ideen Heinrich Pestalozzis und H. G. Nägelis orientiert war. Damit wurde S. einer der Begründer des deutschen Laienchorwesens (↗Männerchor). Seine Volksliedsätze für gemischten Chor und Männerchor sind bis heute der Inbegriff ihrer Art. Manche seiner eigenen Lieder sind selbst Volkslieder geworden (*Alle Jahre wieder; Ich weiß nicht, was soll es bedeuten; Ännchen von Tharau; Zu Straßburg auf der Schanz).* Beliebt bis weit ins 20. Jh. waren auch S.s Transformationen von Beethovenschen kantablen Instrumentalsätzen zu Klavierliedern samt ihren späteren chorischen Bearbeitungen: ein heute kaum mehr ästhetisch befriedigendes Beispiel für die Beethovenrezeption und -popularisierung des 19. Jahrhunderts. – Seit 1956 existiert in S.s Geburtshaus ein wissenschaftliches S.-Archiv.

Ausg.: Ausgew. Werke, 10 H.e, hrsg. v. H. J. DAHMEN (Kas 1960).

Lit.: A. BOPP, F. S. (St 1916); A. LÄMMLE, F. S. (Mühlacker 1956); P. MIES, F. S.s Liedbearb. Beethovenscher Melodien, in: Beethoven-Jb. 3 (1957/58); H. J. DAHMEN – PH. HARDENRAUCH, S., Bilder aus seinem Leben (St 1960); H. J. DAHMEN, S., in: MGG XII.

SILJA, Anja (eig. Anna Silja Regina Langwagen), * 17. 4. 1940 Berlin; dt. Sängerin (Sopran). Sie erhielt bereits mit 8 Jahren Gesangsunterricht und trat mit 10 Jahren öffentlich auf. 1956 debütierte sie an der Städtischen Oper Berlin als Rosina in G. Rossinis *Barbier* und kam über Braunschweig und Stuttgart 1959 an die Frankfurter Oper. Entscheidend wurde in den folgenden Jahren ihre Zusammenarbeit mit Wieland Wagner, die zu einer aufsehenerregenden Karriere führte, nachdem sie 1960 erstmals bei den Bayreuther Festspielen als Senta aufgetreten war. Umgekehrt entsprach A. S. in idealer Weise Wagners Konzeption eines modernen Musiktheaters. Dabei zeigte sie eine ungewöhnliche Breite des Repertoires vom Koloratur- bis zum hochdramatischen Fach und überzeugte stimmlich und darstellerisch in den großen Wagnerrollen (Senta, Elsa, Elisabeth-Venus, Brünnhilde, Isolde) wie als Leonore, Rosina, Salome, Lulu, Marie *(Wozzeck),* ja sogar als Konstanze. A. S. gastierte an den bedeutendsten Bühnen Europas und der USA und wirkte bei zahlreichen Schallplatteneinspielungen mit. Sie ist mit dem Dirigenten Chr. von Dohnányi verheiratet.

Lit.: J. HEINZELMANN, A. S. (B 1965); W. SCHWINGER, A. S., in: Opera 20 (1969).

SILK STOCKINGS, Musical von Cole Porter; dt. Titel: ↗Seidenstrümpfe.

SILLS, Beverly (eig. Belle Silverman), * 25. 5. 1929 Brooklyn (New York); amerik. Sängerin (Sopran). Sie debütierte 1948 an der Philadelphia Civic Opera als Micaela in G. Bizets *Carmen* und sang in den 50er und 60er Jahren fast ausschließlich in den USA. In Europa machte sie erst 1969 nach einem sensationellen Erfolg an der Mailänder Scala in G. Rossinis *L'assedio di Corinto* auf sich aufmerksam und zählt seither international zu den herausragenden Vertreterinnen des Koloraturfachs. Glanzrollen ihres Repertoires sind die Sopranpartien der Opern G. Rossinis, G. Donizettis und V. Bellinis. Seit 1980 ist B. S. Direktoriumsmitglied der New York City Opera. Eine Autobiographie erschien unter dem Titel *Bubbles. A Self-Portrait* (Indianapolis/Ind., 1976).

Lit.: H. WEINSTOCK, in: Opera 21 (1970); J. B. STEANE, The Grand Tradition (Lo 1974).

SILOTI (Ziloti), **Alexander Iljitsch,** * 27. 9. (9. 10.) 1863 auf dem väterlichen Gut bei Charkow, † 8. 12. 1945 New York; russ. Pianist und Dirigent. Er studierte 1876–81 bei N. Gr. Rubinstein und P. Tschaikowsky am Moskauer Konservatorium, trat als Pianist 1880 in Moskau erstmals öffentlich auf, vervollkommnete sich 1883–86 noch bei Fr. Liszt in Weimar und zählte seither zu den bedeutendsten Vertretern der Liszt-Schule. 1888–91 lehrte er am Moskauer Konservatorium, lebte dann als Konzertpianist in Frankfurt am Main, Antwerpen und seit 1897 in Leipzig, dirigierte 1901–02 die Moskauer Philharmonischen Konzerte und 1903–17 ein eigenes Orchester in St. Petersburg. 1919 emigrierte er über Deutschland nach London und ließ sich 1922 in New York nieder, wo er seine glänzende Virtuosenlaufbahn fortsetzte und 1925–42 an der Juilliard School of Music unterrichtete. S. bevorzugte Werke der russischen Schule und des französischen Impressionismus. S. Rachmaninow war sein Schüler.

Lit.: A. I. S., Wospominanija i pisma, hrsg. v. L. N. Raaben (Leningrad 1963); K. LAUX, Die Musik in Rußland u. in der Sowjetunion (B 1958). B. A. KOHL

SILVA, Andreas de, Komponist des frühen 16. Jh. von wahrscheinlich spanischer Herkunft. Er ist 1519–20 als Kapellsänger Papst Leos X. und 1522 am Hof in Mantua nachweisbar.

WW: Hsl. u. in Sammeldrucken: 6 Messen für 4 St.; über 35 Motetten für 3–6 St.; Te Deum für 4 St.; einige weltl. Vokalwerke.

Ausg.: GA, hrsg. v. W. KIRSCH, 3 Bde. (R 1970–77) (= CMM 49).

Lit.: W. KIRSCH, Ein nahezu unbekannter Meister aus der 1. Hälfte des 16. Jh., in: Anal. Mus. 2 (1965); DERS., S., in: MGG XII; DERS., Die Motetten des A. de S. (Tutzing 1977) (= Frankfurter Beitr. z. Musikwiss. 2).

SILVANI, Giuseppe Antonio, * 21. 1. 1672 Bologna, † 1726 ebd.; it. Komponist. Er war Schüler von G. P. Colonna, seit 1697 Kapellmeister an der Confraternità dei Poveri und seit 1702 bis zu seinem Tod an S. Stefano in Bologna. 1711 übernahm er mit seinem Bruder **Matteo S.** den 1665 gegründeten Musikverlag seines Vaters **Marino S.** († 1711 Bologna) und veröffentlichte wie dieser Werke der Bologneser Schule sowie eigene Kompositionen. Seit 1716 führte er den Verlag alleine.

WW (sämtlich in Bologna gedruckt): *Messe brevi concertate* für 4 St. u. B.c. mit Ripienochor (1711); *Messe brevi* für 4 St. u. B.c. (1720); Motetten für SingSt u. B.c. (1713), für 2–3 St., 2 V. u. B.c. (1716), für 8 St. u. B.c. (1711); Stabat mater u.a. für 8 St. u. B.c. (1708); *Inni sacri* für SingSt, 2 V. u. B.c. (1702), für 4 St. mit u. ohne B.c. (1705); 2 Bücher *Litanie concertate* für 4 St., 2 V. u. B.c. mit Ripienochor (1702, 1725); Karwochenresponsorien für 4 St. u. B.c. (1704); Turbasätze zu 2 Passionen u.a. Karwochengesänge für 4 St. u. B.c. (1724); *Sacre Lamentazioni* für SingSt u. B.c. (1725); *Cantate morali, e spirituali* für 1–3 St., 2 V. u. B.c. (1707).

Lit.: C. SARTORI, Dizionario degli editori musicali italiani (Fi 1958).

SILVA VALDÉS, Jesús, * 31. 5. 1914 Morelia (Michoacán); mexikanischer Gitarrist. Er studierte am Conservatorio Nacional de Música in Mexico City, war dort zunächst Gitarrenlehrer an der Musikhochschule der Universidad Nacional Autónoma, leitete seit 1956 die Gitarrenkurse der Accademia Musicale Chigiana in Siena und lehrte seit 1962 an der School of Music in Brooklyn (N. Y.). Später übernahm er als Professor in Residence eine Gitarrenklasse an der School of Arts in Winston-Salem (N. C.). Konzertreisen durch die USA, Kanada und Europa machten ihn international als Gitarrenvirtuosen bekannt. Viele mexikanische Komponisten (M. Ponce u.a.) schrieben für ihn Gitarrenkompositionen.

SILVER, Horace (eig. Ward Martin Tavares), * 2.9. 1928 Norwalk (Connecticut); amerik. Jazzpianist. Seit Anfang der 50er Jahre spielte S. mit namhaften Musikern des Modern Jazz zusammen, wurde bald ein begehrter Begleiter und leitet seit 1956 eigene, z.T. hervorragend besetzte Gruppen. S. vertritt einen rhythmisch stark akzentuierten Hard-Bop und trug wesentlich dazu bei, die Soulelemente der Gospelmusik im Jazz zu etablieren. Bekannte Kompositionen sind *Nica's dream, Opus de Funk* und *Song for my father.*

SILWESTROW, Valentin Wassiljewitsch, * 30. 9. 1937 Kiew; sowjetukrainischer Komponist. Er begann seine Ausbildung 1952 an der Abendmusikschule in Kiew, studierte 1955–58 Architektur und dann bis 1964 Komposition am Konservatorium. 1963–65 lehrte er Klavier am Musikstudio der Universität und 1965–69 am Musikstudio der Gesellschaft der Ukraine. Vorwiegend Instrumentalkomponist und in erster Linie Symphoniker, schuf S. eine Reihe interessanter Werke, die von der Suche nach neuen Ausdrucksmitteln, Formen und Besetzungen gekennzeichnet sind.

WW: **1) Instr.-WW:** Für Klv.: 2 Sonaten (1960, 2. Fassung 1972; 1975); *Klassitscheskaja sonata* (Klassische Sonate) (1963); *Detskaja musyka* (Kindermusik) (1973); *Musik im altmodischen Stil* (1973). – Kammermusik: Streichquintett (1961); Trio für Fl., Trp. u. Celesta (1962); *Drama* (1971) für Klv.-Trio; Streichquartett (1974). – Für Orch.: 4 Symphonien (1963, 2. Fassung 1974; 1965; 1966; 1976); *Klassitscheskaja uwertjura* (Klassische Ouvertüre) (1964); *Monodija* (Monodie) (1965) für Klv. u. Orch.; *Meditazija* (Meditation) (1972) für Vc. u. Kammerorch.; Serenade für Streichorch. (1978). – **2) Vokal-WW:** Kantate für Sopran u. Kammerorch. (1973) (Text v. F. Tjutschew u. A. Blok); *Tichije pesni* (Leise Lieder) (1977) (nach Gedichten v. A. Puschkin, M. Lermontow, T. Schewtschenko u.a.) für Bar. u. Klv.; Kantate für gem. Chor a cap. (1977) (Text v. T. Schewtschenko). – Ferner Filmmusik.

Lit.: B. SCHWARZ, Music and Musical Life in Soviet Russia 1917–1970 (Lo 1972). E. STÖCKL

SIMILE (it., = ähnlich, in gleicher Weise), synonym zu segue gebrauchte Bz. als Anweisung für die Fortsetzung einer bestimmten Figur bzw. Ausführungsart, die bis dahin ausgeschrieben ist.

SIMIONATO, Giulietta, * 12. 5. 1910 Forlì; it. Sängerin (Mezzosopran). G. S. erhielt ihre Ausbildung in Florenz und Mailand und debütierte 1938

in Florenz in I. Pizzettis Oper *L'Orseolo.* 1939 wurde sie Mitglied der Mailänder Scala, sang seit 1956 auch an der Wiener Staatsoper und seit 1959 an der Metropolitan Opera in New York. Bis in die späten 60er Jahre gastierte sie bei den Salzburger Festspielen, beim Maggio Musicale in Florenz, beim Holland Festival und an den bedeutenden Opernbühnen Europas und Amerikas. Schwerpunkte ihres weitgespannten Repertoires waren vor allem Verdi-Partien, G. Bizets *Carmen* sowie einige Partien aus Opern G. Rossinis.

Lit.: S., in: Le grandi voci, hrsg. v. R. CELLETTI (R 1964) (= Scenario I) (mit Operndiskographie); G. GUALERZI, G. S., in: Opera 2 (1964).

SIMON BOCCANEGRA, Oper in einem Prolog und 3 Akten von Giuseppe Verdi (1813–1901), Text von Fr. M. Piave und Arrigo Boito nach einem span. Drama von A. García Gutiérrez. Ort und Zeit der Handlung: Genua und Umgebung, Mitte des 14. Jahrhunderts. UA: 12. 3. 1857 in Venedig (Teatro La Fenice); EA der Endfassung (Umarbeitung Arrigo Boito): 24. 3. 1881 in Mailand (Teatro alla Scala); EA in dt. Sprache: 18. 11. 1882 in Wien.
Der Handlung liegt die historische Fehde der Guelfen und Ghibellinen zugrunde, die auch Schiller in der *Verschwörung des Fiesco zu Genua* frei gestaltet hat. Die Oper, die Verdi aus Termingründen rasch arbeiten mußte, blieb bei der UA ohne Resonanz; auch an der Mailänder Scala fiel sie 1859 durch und verschwand aus dem Repertoire. 1880 gelang es Giulio Ricordi, Verdi zur Umarbeitung zu bewegen. Verdi gestaltete das Werk grundlegend um, opferte viele Nummern, komponierte ganze Teile neu und strich auch das Korsaren-Ballett im 1. Akt. Das instrumentierte Secco der Erstfassung wurde restlos beseitigt und durch eine flexiblere Accompagnato-Technik ersetzt. Jetzt, inmitten der Arbeit an *Otello*, fand Verdi die musikalischen Mittel einer aus it. Tradition gewachsenen musikdramatischen Sprache, die den Nummernschematismus auflöste. Auch in harmonischer Hinsicht hat Verdi sich den modernen Entwicklungen nicht verschlossen und manchen instrumentatorischen Einfall der französischen Operntradition nachgebildet. Ist die Erstfassung noch in der Nähe des *Troubadour* zu sehen, so wird in der Endfassung der Weg zu *Otello* deutlich. Allerdings nimmt Verdi, da er einige alte, wirkungsträchtige Teile der Partitur beließ, spürbare Stilbrüche zwischen der alten Fassung und den neu geschaffenen Teilen in Kauf. H. BECKER

SIMONEAU, Léopold, * 3. 5. 1918 Quebec; kanadischer Sänger (Tenor). S. begann als Chorsänger in Quebec, studierte später in New York und debütierte 1947 an der dortigen City Opera. In den 50er und 60er Jahren war er Mitglied der Opéra-Comique in Paris und gastierte daneben häufig an der Wiener Staatsoper, an der Mailänder Scala und bei den Salzburger Festspielen. S. sang vor allem die lyrischen Partien des französischen Opernrepertoires, galt aber auch als hervorragender Mozart-Interpret. Er ist mit der Sopranistin **Pierrette Alarie** (* 9. 11. 1921) verheiratet.

Lit.: Le grandi voci, hrsg. v. R. CELLETTI (R 1964).

SIMPLICIUS SIMPLICISSIMUS. Drei Szenen aus seiner Jugend, Oper in 3 Teilen von Karl Amadeus Hartmann (1905–63), Text nach Grimmelshausen von Hermann Scherchen, Wolfgang Petzet und dem Komponisten. Ort und Zeit der Handlung: Mitteldeutschland, im Dreißigjährigen Krieg. Ursendung: März 1948 im Bayerischen Rundfunk; UA (szenisch): 20. 10. 1949 in Köln.
In der ersten Fassung mit dem Titel *Des Simplicius Simplicissimus Jugend. Bilder einer Entwicklung aus dem deutschen Schicksal,* die bereits 1936 vollendet war, verwendete Hartmann ein solistisch besetztes Kammerorchester und erreicht damit ein hohes Maß an Textverständlichkeit. Seine einzige Oper ist, wie alle Werke, ein expressives Bekenntniswerk; in der Figur des Simplicius ist die Idee des reinen Menschentums verkörpert. Die dramatischen Elemente der Textvorlage werden von einem Sprechchor berichtet, also nicht in die dargestellte Ereignisfolge einbezogen. In der Neufassung (UA: 9. 7. 1957 in Mannheim) wurde der musikalische Anteil erhöht. Die Grundstimmung des Werkes wird z. B. durch den im Vorspiel zum 2. Teil eingewobenen Choralsatz J. S. Bachs *Nun ruhen alle Wälder* intensiv zum Ausdruck gebracht. K. LANGROCK

SIMPSON, Christopher, * 1610 vermutlich Westonby bei Egton, † 1669 vermutlich Scampton Holborn (Lincolnshire); engl. Gambist, Musiktheoretiker und Komponist. Er diente während des Bürgerkrieges 1643–44 im königlichen Heer und lebte später in Scampton (Lincolnshire), u.a. bei dem mit ihm befreundeten Sir Robert Bolles, dessen Sohn er im Gambenspiel unterrichtete. Mit seinem Hauptwerk *The Division-violist* galt S. schon zu Lebzeiten als der bedeutendste englische Autor auf diesem Gebiet. Er behandelt hier die Technik des Gambenspiels (↗Viola da gamba) und die Komposition und Improvisation von ↗Divisions.

WW: **1) Kompositionen:** Hsl. erhalten bzw. in den theoretischen Werken gedruckt sind zahlr. Airs, Fantasien u.a. Stücke für 1–2

Instr., Baß-Viole u. B.c. – 2) **Theoretische WW:** *The Division-violist, or An Introduction to the Skill of Musick* (Lo 1659), 2. Aufl. als: *Chelys minuritionum artificio exornata – The Division-viol, or the Art of Playing Extempore on a Ground* (Lo 1665, [3]1712); *The Principles of Practical Musick* (Lo 1665), 2. Aufl. erweitert als: *A Compendium of Practical Musick* (Lo 1667 mit zahlr. weiteren Aufl. bis zur 2. Hälfte des 18. Jh.); ferner Anmerkungen in den v. J. Playford hrsg. Aufl. von Th. Campians The art of setting or composing ...

Ausg.: *The Division-viol,* Faks.-Ausg. der 2. Aufl., hrsg. v. N. DOLMETSCH (Lo – NY 1955); *A Compendium of Practical Musick,* Faks.-Ausg. der 2. Aufl., hrsg. v. PH. J. LORD (O 1970); 4 Stücke für Va. da Gamba, in: A. EINSTEIN, Zur dt. Lit. für Va. da Gamba im 16. u. 17. Jh. (L 1905) (= BIMG II/1).

Lit.: M. MEREDITH, Ch. S. and the Consort of Viols, 3 Bde. (1969) (= Diss. Univ. of Wales) (mit Ausg. v. Tänzen, Suiten u. Fantasien).

SIMPSON (Sympson), **Thomas,** getauft 1. 4. 1582 Milton-next Sitting-Gourne (heute Milton Regis), † wahrscheinlich nach 1630; engl. Gambist und Komponist. Er war 1608–10/11 Musiker bzw. Violist des Kurfürsten Friedrich IV. in Heidelberg, wirkte zwischen etwa 1615 und 1621 am Hof des Grafen Ernst III. von Holstein-Schaumburg in Bückeburg und 1622–25 am Hof von König Christian IV. von Dänemark. S. hat – ähnlich wie sein Landsmann W. Brade – mit seinen Tänzen für ↗Consort die deutsche Instrumentalmusik und die Entwicklung der Suite nicht unerheblich beeinflußt.

WW: *Opusculum neuwer Pavanen, Galliarden, Couranten, unnd Volten* für 5 Violen (F 1610); *Opus Newer Paduanen* ... für 5 Instr. (H 1617); *Taffel Consort ... von allerhand neuen lustigen musicalischen Sachen* für 4 Instr. u. B.c. (H 1621); die Slgen. enthalten auch Werke anderer Komponisten.

Ausg.: 3 Stücke, in: Jacobean Consort Music, hrsg. v. TH. DART – W. COATES (Lo 1955) (= Mus. Brit. 9); 3 Tänze, in: G. REICHERT, Der Tanz (Kö 1965) (= Das Musikwerk 27); 2 Paartänze, hrsg. v. E. HETTRICK (NY 1970); Tänze für Blockfl.-Quintett, hrsg. v. DEMS. (NY 1971).

Lit.: G. OBERST, Engl. Orchestersuiten um 1600 (Wb 1929) (darin 9 Stücke); C. D. S. FIELD, S., in: Grove[6] XVII.

SIMROCK, dt. Musikverlag. Er wurde 1793 in Bonn von **Nikolaus S.** (1751–1832) gegründet, der seit 1775 als Hornist in der kurfürstlichen Hofkapelle spielte und seit 1780 mit Musikalien und Instrumenten handelte. 1802–11 unterhielt S.s Bruder **Henri S.** (1754–1839) eine Filiale in Paris, und S.s Sohn **Peter Joseph S.** (1792–1868) eröffnete 1812 eine Filiale in Köln und übernahm nach dem Tod des Vaters die Gesamtleitung. Der Nachfolger, **Friedrich August S.** (1837–1901), verlegte den Firmensitz 1870 nach Berlin. 1929 ging die Firma unter altem Namen an **Anton J. Benjamin** in Leipzig über, gehörte seit 1938 zur Sikorski-Gruppe, gelangte 1951 wieder in den Besitz von Benjamin und hat heute ihren Sitz in Hamburg und London. Das Programm umfaßte in der Anfangszeit vor allem Klavierauszüge und kammermusikalische Arrangements populärer deutscher und französischer Opern, ferner – meist als Nachdrucke – Kammer- und Klaviermusik. Durch die Reihe „à grand orchestre" (Ouvertüren und Symphonien) wurde der Katalog seit 1807 bedeutend erweitert und deckte nach und nach alle Sparten der Musik. Auch profilierte sich der Verlag mit Originalausgaben von J. Haydn, L. van Beethoven, C. M. von Weber, R. Schumann und F. Mendelssohn Bartholdy und erlangte in der 2. Hälfte des 19. Jh. mit Werken von J. Brahms, A. Dvořák und M. Bruch seine größte Bedeutung.

Lit.: S.-Jb., hrsg. v. E. H. MÜLLER, 1 (B – L 1928), 2 (1929), 3 (1934); W. OTTENDORFF-SIMROCK, Das Haus S. (Ratingen 1954); TH. A. HENSELER, Das musikal. Bonn im 19. Jh., in: Bonner Geschichtsblätter 13 (1959); K. STEPHENSON, J. Brahms und F. S. Weg einer Freundschaft (H 1961); H. UNVERRICHT, Die Simrockdrucke von Haydns Londoner Sinfonien, in: Beitr. z. Rheinischen Musikgesch. 52 (1963); S. BRANDENBURG, Die Gründungsjahre des Verlags N. S. in Bonn, in: ebd. 116 (1978).

S. BRANDENBURG

SINATRA, Frank (Francis) **Albert,** * 12. 12. 1915 Hoboken (New Jersey); amerik. Sänger und Filmschauspieler. 1938 trat er erstmals in einer Radiosendung auf, wurde 1939 von Harry James als Sänger in seinem Orchester engagiert und sang 1940–42 bei Tommy Dorsey. In den 40er Jahren war S. der populärste Sänger und einer der erfolgreichsten Entertainer des Showbusiness in Amerika. Er produzierte Schallplatten und wirkte in Filmen mit (u. a.: *Anchor's Aweigh,* 1945; *On the Town,* 1949). Nachdem Anfang der 50er Jahre seine Popularität nachzulassen schien, gelang ihm mit dem Film *Verdammt in alle Ewigkeit* (1953), für den er mit dem Oscar ausgezeichnet wurde, ein Comeback. Es folgten zahlreiche weitere Filme (u.a. *Guys and Dolls,* 1955; *The Man with the Golden Arm,* 1955; *High Society,* 1956; *Can-Can,* 1960; *Come blow your horn,* 1962; *The Detective,* 1967), Fernsehshows und zahlreiche Tourneen. 1971 wollte sich S. aus dem Showbusiness zurückziehen, trat jedoch 1974 in Las Vegas erneut auf, ging ein Jahr später auf Europa-Tournee und kam auch nach Deutschland. Zu seinen bekanntesten Songs gehören: *All the Way, The Lady is a Tramp, Three Coins in the Fountain, Witchcraft, I've Got You Under My Skin, Love and Marriage, Only the Lonely, High Hopes, How Deep Is the Ocean, Nice'n Easy, Strangers in the Night, I'll Never Smile Again* und *Night and Day.*

Lit.: E. J. KAHN junior, The Voice. The Story of an American Phenomenon (NY – Lo 1947); R. DOUGLAS-HOME, S. (NY – Lo 1962); A. SHAW, S. Twentieth Century Romantic (NY 1968), NA als: S. Retreat of the Romantic (Lo 1969); A. I. LONSTEIN – V. R.

MARINO, The Complete S. (Ellenville/N.Y. 1970) (mit Diskographie sowie Verz. der Film-, Fernseh-, Bühnen- u. Rundfunkauftritte); G. RINGGOLD – C. MCCARTY, The Films of F. S. (NY 1971); K. BARNES, S. and the Great Song Stylists (Shepperton/Middlesex 1972); Songs by S., 1939–70, hrsg. v. B. HAINSWORTH (Bramhope 1973); J. HARVEY, Monsieur S. (P 1976); A. SCADUTO, F. S. (Lo 1976); E. WILSON, S. (Lo 1976); J. RIDGEWAY, The Sinatrafile (Birmingham 1977); A. FRANK, S. (Lo 1978).

SINDING, Christian August, * 11. 1. 1856 Kongsberg, † 3. 12. 1941 Oslo; norwegischer Komponist. Er studierte 1874–79 am Leipziger Konservatorium (u. a. bei C. Reinecke und S. Jadassohn) und vervollkommnete sich 1880–82 noch in Dresden, München und Berlin, wo er sich auch in späteren Jahren häufig aufhielt. 1889 machte er in Leipzig erstmals als Komponist auf sich aufmerksam (Klavierquartett op. 5) und wurde in der Folge schnell bekannt. Er lebte meist in Oslo, erhielt 1880–1910 vom norwegischen Staat ein Stipendium und seit 1910 eine ständige Gage. 1920/21 lehrte er an der Eastman School of Music in Rochester (N.Y.).

WW: Für Klv.: *Frühlingsrauschen*, op. 32, Nr. 3 (1896); Sonate, op. 91 (1909); Variationen für 2 Klv. (1884). – Kammermusik: 4 V.-Sonaten, op. 12 (1894); op. 27 (1895); op. 73 (1905); *Sonate im alten Stil*, op. 99 (1909); 3 Klv.-Trios, op. 23 (1893); op. 64 (1902); op. 87 (1908); Streichquartett, op. 70 (1904); Klv.-Quintett, op. 5 (1884). – Für Orch.: 4 Symphonien: op. 21 (1890), op. 83 (1907), op. 121 (1921), *Vinter og vaar* (Winter und Frühling), op. 129 (1936). – Konzerte: für Klv.: op. 6 (1890); op. 91 (1909); für V.: op. 45 (1898); op. 60 (1901); op. 119 (1917). – Konzertstücke für V. u. Orch.: Suite, op. 119; *Abendstimmung*, op. 120 (1915). – Etwa 250 Lieder.

S.s umfangreiches Schaffen mit der Kammermusik für und mit Klavier und den Liedern als Schwerpunkten läßt sich insgesamt am ehesten als spätromantisch klassifizieren. Individuell sind gelegentlich abrupte Modulationen, zumal in den frühen Werken, im Klavierquartett, im Klavierkonzert op. 6 und in der 1. Symphonie, mit denen S. bei seinen Zeitgenossen als Modernist galt, dann auch die Einbeziehung eines nordischen Kolorits. Nicht zu überhören ist in den Klavierwerken die Nähe zur Salonmusik. Dies bekundet bes. die Beliebtheit des *Frühlingsrauschens*, an das heute außerhalb Norwegens nahezu allein S.s Ruhm gebunden ist.

Lit.: Ø. GAUKSTAD, En S.-bibliografi, in: Norsk musikkgranskings arbok (Oslo 1938); N. PAULSEN, En analyse ev S.s første fiolinkonsert (Diss. Oslo 1962); G. RUGSTAD, S.s pianokvintett, in: Studia musicologica norvegica 1 (1968); DERS., Ch. S. En biografisk og stilistisk studie (Oslo 1979).

SINFONIA (it.), seit Anfang des 17. Jh. Bz. für ein – relativ kurzes – Instrumentalstück innerhalb eines größeren Vokalwerks (Oper, geistl. Chorwerke versch. Genres), später auch in zyklischen Instrumentalformen (Suite). Vereinzelt bedeutet S. auch ein Ensemble von Instrumenten oder Instrumentalmusik schlechthin. Im Gegensatz zum ↗Ritornell, das funktional oder auch motivisch enger mit den gesungenen Abschnitten verknüpft ist, hat die S. als Form mehr Eigenständigkeit. M. Praetorius (*Syntagma musicum* III, 1619) weist auf ihre hauptsächliche Bestimmung als instrumentale Einleitung (zu einem größeren Zusammenhang oder auch zu einer Einzelform) hin und hebt ihren „gravitätischen" Charakter hervor. Die Weiterentwicklung führte einerseits zur mehrteiligen ↗Ouvertüre (Opern-S.), andererseits zur ausgearbeiteten, selbständigen Instrumentalform (↗Symphonie). In der geistlichen Vokalmusik hielt sich die traditionelle Bedeutung als instrumentales Vor- oder Zwischenspiel bis zur Mitte des 18. Jh. (z. B. in den Kantaten bzw. Oratorien von J. S. Bach und G. Fr. Händel).

SINFONIA CONCERTANTE, Concertante (it.), gleichbedeutend mit dem frz. Ausdruck ↗Symphonie concertante; in der 2. Hälfte des 18. Jh. vor allem im dt. Sprachgebiet verwendete Bz. für eine Orchesterkomposition mit mehreren (2–9) solistisch hervortretenden Instrumenten. Das Gestaltungsprinzip der S. entspricht generell der (klassischen) Konzertform und nicht, wie die Wortbildung nahelegt, einer symphonischen Struktur in konzertierender Setzweise.

SINFONIETTA, Diminutiv zu it. Sinfonia, aber nicht in Italien entstanden. Zuerst in frz. Form von N. Rimski-Korsakow verwendet (*Symphoniette sur des thèmes russes*, 1884–85), erscheint die Bz. seit dem frühen 20. Jh. öfters als Titel von Orchesterwerken. Sie verweist in der Regel auf eine gegenüber der Symphonie des 19. Jh. kleinere Ausdehnung und/oder Besetzung, so bei S. Prokofjew (op. 5, 1909/14), P. Hindemith (*Lustige Sinfonietta*, 1916, und S. in E, 1950), L. Janáček (1926), A. Roussel (op. 52, 1932), B. Britten (op. 1, 1932), G. Raphael (S., 1938), Fr. Poulenc (S., 1947). Ein Sonderfall ist M. Regers S. op. 90 (1905): von großer Ausdehnung und Besetzung, aber in Abkehr von der traditionellen Symphonik nach Regers eigenen Worten „urfidel, sehr witzig" im Charakter.

SINGAKADEMIE ist eine alte Bz. für eine Vereinigung von Musikliebhabern zur Pflege insbesondere geistlicher Chormusik. Die Aufführungen fanden als ↗Akademie statt, die Chorarbeit wurde durch theoretischen und praktischen Unterricht ergänzt. Die erste S. gründete C. Fr. Fasch 1791 in Berlin, die noch heute besteht. Die Zusammenkünfte fanden in der Akademie der Künste statt, bis für die S. 1827 ein eigenes Gebäude entstand. Unter Faschs Nachfolger C. Fr. Zelter erhielt die S. ihr spezifisches Gepräge als Pflegestätte älterer und dieser nahestehender zeitgenössischer Musik, z. B. von Zelter und F. Mendelssohn Bartholdy. Zu diesem Zweck gliederte Zelter der S. auch ein instrumentales Collegium musicum an. Die Bach-Pflege der S., oftmals in Bearbeitungen, bereitete mit der Aufführung der Matthäuspassion von J. S. Bach 1829 durch Mendelssohn Bartholdy die Bach-Renaissance vor, die Entdeckung H. Schütz' schloß sich an. Als liberale bürgerliche Vereinigung nahm die S. am kirchlichen Leben nicht teil, prägte jedoch im 19. Jh. weite Bereiche des Musiklebens, besonders die Kantaten- und Oratorienpflege. Der historischen Einstellung Zelters folgte eine der Romantik nahestehende und die neudeutsche Musik ablehnende Haltung. Erst nach 1900 wurden unter Georg Schumann auch Werke von Fr. Liszt, A. Bruckner, G. Verdi und M. Reger musiziert. Nach dem Berliner Vorbild wurden S.n 1815 in Frankfurt an der Oder durch E. Petersen und C. W. Spieker, 1818 in Frankfurt am Main durch J. N. Schelble und 1825 in Breslau durch J. Th. Mosewius gegründet.

Lit.: J. TH. MOSEWIUS, Die Breslauische S. in den ersten 25 Jahren ihres Bestehens (Breslau 1850); M. BLUMNER, Gesch. der S. zu Berlin (B 1891); D. KAWERAU, Die Säcularfeier der S. zu Berlin (B 1891); R. GROEPER, 120 Jahre Städtische S. Frankfurt/ Oder, in: Die Musikpflege 6 (1935); G. SCHÜNEMANN, Die S. zu Berlin (Rb 1941); Die S. zu Berlin. FS z. 175jährigen Bestehen, hrsg. v. W. BOLLERT (B 1966); M. GECK, Die Wiederentdeckung der Matthäus-Passion im 19. Jh. (Rb 1967) (= Stud. z. Musikgesch. des 19. Jh. 9); S. GROSSMANN-VENDREY, F. Mendelssohn Bartholdy u. die Musik der Vergangenheit (Rb 1969) (= ebd. 17).

G. SCHUHMACHER

SINGBEWEGUNG ↗Jugendmusik.

SINGENDE SÄGE (engl.: musical saw; frz.: scie musicale), eine seit der Mitte des 19. Jh. als Musikinstrument benutzte Handsäge mit Griffen an jedem Ende. Das etwa 1 m lange Sägeblatt, gegen die Knie oder die Oberschenkel gestützt und am anderen Ende mit der linken Hand festgehalten, wird entweder mit einem Bogen an der ungezackten Seite angestrichen oder mit einem weichen Schlegel angeschlagen. Die verschiedenen Tonhöhen lassen sich durch mehr oder weniger starke Krümmung des Blattes erzielen, das gleichsam wimmernde Vibrato durch leichte Bewegungen der linken Hand oder des Stützbeines. Der Klang der S. ist eigentümlich durchdringend. In der 2. Hälfte des 19. Jh. war sie vor allem in Varietés zu hören, bis in die 20er Jahre des 20. Jh. auch noch in Unterhaltungsorchestern. Sie hielt sich vereinzelt bis heute als Instrument von Straßenmusikern.

M. BRÖCKER

SINGLE ↗Schallplatte.

SINGSPIEL. Der Begriff des S.s besitzt keine klare Definition. Einerseits wird er als recht vager Oberbegriff für verschiedene Formen von meist heiteren, aber auch ernsten, kunstvollen wie volkstümlichen Sprechstücken mit Musikeinlagen verwendet, andererseits betrifft er speziell die Gattung des deutschsprachigen S.s, die in der 2. Hälfte des 18. Jh. und im frühen 19. Jh. ihre überzeugendste Ausprägung fand. Der Sache nach kennt schon das geistliche Spiel des Spätmittelalters singspielartige Einlagen, ohne daß sie deshalb als solche bezeichnet werden. Als S.e oder als singspielartig werden dann die in verschiedenen europäischen Ländern zu findenden Vor- und Nebenformen der Oper (mit einer akzessorischen Rolle der Musik) zusammengefaßt: die Farsa, Commedia con musica (seit dem 15. Jh.), Entremés, ↗Zarzuela (17. Jh.), ↗Tonadilla (18. Jh.) in Spanien; die Favola boscareccia und Vorformen der Madrigalkomödie im weiten Feld der Commedia dell'arte (16. Jh.) in Italien; nicht näher bezeichnete Vorläufer der ↗Ballad opera (seit dem späten 16. Jh.) in England; französisierte it. Formen (17. Jh.); diverse National-S.e im 19. und 20. Jahrhundert. Historisch früh belegbar ist der Terminus „Singetspile" beim Nürnberger Jakob Ayrer († 1605), der in der Tradition der Fastnachtspiele von H. Sachs steht, in seinen volkstümlichen komischen Zwischenspielen mit Musikeinlagen aber an das Vorbild der englischen Komödianten und deren „Jiggs" anknüpft. Im Deutschland des 17. Jh. waren musikalische Einlagen in Theaterstücken von der derben Komödie bis zum Jesuitendrama durchaus üblich. Übersetzungen von it. oder frz. Opern ins Deutsche kommen seit der 2. Hälfte des 17. Jh. zunehmend häufiger vor. In der für die Geschichte des dt. Musiktheaters wichtigen Periode der Hamburger Oper von 1693 bis 1738 wurden nicht nur it. und frz. Opern verdeutscht, sondern auch selbständige Werke geschaffen, die im musikwissenschaftlichen Schrifttum meist als „frühdeutsche Oper" und nicht als S. klassifiziert werden. Die breite und lange Tradition, das dt. Theater durch Anleihen bei it., frz. und engl. Vorbildern literarisch und auch musikalisch zu bereichern, bildete den Nährboden, die Zielsetzung einer bewußt deutschen Dramatik brachte im 18. Jh. den unmittelbaren Anstoß für die Entwicklung zu einem selbständigen dt. Singspiel. Die wichtigsten Pflegestätten waren Berlin, Leipzig und Wien. Schon im späten 17. Jh. wurden an den Höfen von Berlin und Wien im Rahmen sog. „Wirtschaften" (Karneval-Maskeraden im volkstümlichen Stil) ausdrücklich so bezeichnete S.e aufgeführt. Hamburger Schauspieler führten 1729 mit viel Erfolg in Berlin

SAMSON UND DALILA von Camille Saint-Saëns mit Agnes Baltsa und Plácido Domingo (Foto: Österreichischer Bundestheaterverband / Axel Zeininger).

Katia RICCIARELLI, Sopran, wurde weltweit berühmt durch ihre Interpretation der Glanzrollen italienischer Opern (Foto: Sony Classical).

Frederica von STADE, Mezzosopran, ist vor allem als Cherubino und Oktavian international geschätzt (Foto: Sony Classical).

Rudolf SCHOCK, Tenor, war durch seine zahlreichen Auftritte auch in Film und Fernsehen einer der populärsten Sänger seiner Generation (Foto: EMI).

S.e von G. Ph. Telemann auf; 1743 wurde eine dt. Version der Ballad opera Charles Coffeys *The devil to pay* als *Der Teufel ist los* in Berlin aufgeführt, die daraufhin in den Bearbeitungen von Chr. F. Weiße und Johann Georg Standfuß (1752 in Leipzig) und vor allem dann von J. A. Hiller (1766 zur Eröffnung des Leipziger Stadttheaters) zum durchschlagenden Erfolg wurde. Hier anknüpfend, konnte Hiller zum Schöpfer des dt. S.s sui generis (*Lottchen am Hofe, Liebe auf dem Lande, Jagd*) werden, für das eine Ausdruckshaltung volkstümlicher Anspruchslosigkeit (in bewußter Distanz zur herrschenden it. Oper und in gewisser Anlehnung an die frz. Opéra-comique) bezeichnend ist. Eher kleine Liedformen als große Arien wurden gewählt; auf die gehobene Deklamation im Rezitativ wurde zugunsten gesprochener Prosadialoge verzichtet; den Schluß bildeten meist vaudevilleartige Rundgesänge. Inhaltlich setzte sich in Text und Musik ein Ton der Innigkeit und des Märchenhaften durch, der in Bezeichnungen wie der der „romantisch-comischen Oper" für Hillers *Lisuart und Dariolette* (1766) zum Ausdruck kommt. Trotz der Einförmigkeit des Hillerschen S.s setzte J. Fr. Reichardt in seinen Liederspielen bewußt diese Tradition fort. Das Niveau der Texte in derlei S.en suchte J. W. von Goethe zu heben (*Jery und Bätely, Erwin und Elmire, Claudine von Villa Bella*). Während aber die volkstümlichen S.e von J. André, J. G. Naumann, Chr. G. Neefe und Anton Schweitzer aus den 70er Jahren eher schlicht gehalten sind, erreicht G. Benda in seinen etwa gleichzeitigen Stücken (*Walder, Julie und Romeo, Der Holzhauer*) eine sehr viel plastischere musikalische Gestaltung, die freilich nur durch eine starke Anlehnung an die it. Opera buffa möglich wurde.

Ein viel bunteres Bild vermittelt die Alt-Wiener Volkskomödie seit Anfang des 18. Jh. (J. A. Stranitzky; G. Prehauser; J. J. F. von Kurz-Bernardon, für dessen *Neuen krummen Teufel* J. Haydn 1758 die Musik komponierte). Der musikalische Anteil war von Anbeginn groß und, wie aufgrund erhalten gebliebener „Teutscher Comedie Arien" aus der Jahrhundertmitte anzunehmen ist, bodenständiger als im nord- und mitteldeutschen Singspiel. In kulturpolitischer Absicht gründete Kaiser Joseph II. 1777 für das offizielle Burgtheater das „deutsche Nationalsingspiel" (zur selben Zeit in München Gründung der „Nationalschaubühne"). Die dafür geschriebenen Stücke von I. Umlauff (*Die Bergknappen*, 1778) stellen musikalisch ein Gemisch von Volkstümlichem, Buffoneskem und anspruchsvoll Opernhaftem dar. Die S.-Produktion der folgenden Jahre nahm sehr zu (Fr. Aspelmayer, J. Bartha, Fl. Gaßmann, Chr. W. Gluck, C. d'Ordoñez, G. von Pasterwitz, J. M. Ruprecht, M. Ulbrich). Nach einem Jahrzehnt des „National-S.s" fand das Wiener S. wieder zurück ins angestammte Milieu der Vorstadtbühnen (A. Gyrowetz, Fr. A. Hoffmeister, K. Ditters von Dittersdorf, F. Kauer, W. Müller, J. B. Schenk, Fr. Schubert, Fr. X. Süßmayr, Fr. Teyber, J. Weigl, P. Wranitzky) und behielt seine Eigenart im wesentlichen bei. Einen Sonderfall bilden die einschlägigen Werke W. A. Mozarts: Er begann in *Bastien und Bastienne* (1768) mit einer Rousseau-Nachahmung, fand für die unvollendet gebliebene *Zaide* (1779) einen unbeholfen aufklärerischen Text vor, schuf mit der *Entführung aus dem Serail* (1782) das bedeutendste dt. S. und weitete mit der von ihm selbst als „teutsche Oper" bezeichneten *Zauberflöte* (1791) die Buntscheckigkeit eines Wiener S.s zum Welttheater. Mit der *Zauberflöte* war der Beweis für die Möglichkeit einer eigenständigen dt. Oper erbracht, die sich in den romantischen Opern C. M. von Webers, H. Marschners und L. Spohrs endgültig vom locker gefügten, heiteren Genre löste. Der Ausgangspunkt des Wiener S.s, die Wiener Volkskomödie, fand in den Zauberspielen und Possen F. Raimunds und J. Nestroys (Musik von A. und W. Müller, J. Drechsler, C. Kreutzer) einen Höhepunkt an literarischer Qualität; der akzessorische musikalische Anteil erscheint wiederum von allen Opernansprüchen befreit. Über Nestroy führt die Entwicklung unmittelbar weiter zur Wiener Operette. Die als S. bezeichneten Bühnenstücke von J. Bittner (*Lori, Mondnacht*), W. Kienzl (*Hans Kipfel*) und E. Künneke (*Das Dorf ohne Glocke, Liselott, Die lockende Flamme*) aus dem ersten Drittel des 20. Jh. stellen ein Gemisch aus Operette und Reminiszenzen auf das alte dt. S. dar.

Lit.: V. HELFERT, Zur Gesch. des Wiener S.s, in: ZfMw 5 (1922/23); H. GRAF, Das Repertoire der öffentlichen Opern- u. Singspielbühnen in Berlin seit dem Jahr 1771 (B 1934); K. WESSELER, Unters. z. Darstellung des S.s auf der dt. Bühne des 18. Jh. (Diss. masch. Kö 1955); Die frühdt. Oper u. ihre Beziehungen zu Italien, England u. Frankreich (1981) (= HJbMw 5). – ↗Benda; ↗Hiller, J. A.; ↗Oper. G. GRUBER

SINIGAGLIA, Leone, * 14. 8. 1868 Turin, † 16. 5. 1944 ebd.; it. Komponist. Nach seiner Ausbildung am Liceo musicale in Turin studierte er bei E. Mandyczewski in Wien und bei A. Dvořák in Prag. S. war mit J. Brahms und G. Mahler befreundet. Seit 1902 sammelte er piemontesische Volkslieder (insgesamt etwa 500), gab davon 6 Hefte unter dem Titel *Vecchie canzoni popolari del Piemonte* sowie Bearbeitungen für verschiedene Besetzungen heraus. Auch S.s Kompositionen sind durch die Folklore seines Landes beeinflußt.

WW: Vc.-Sonate, op. 41 (1923); V.-Sonate, op. 44 (1936); *Variazioni sopra un tema di Brahms,* op. 22 (1901) für Streichquartett; Streichquartett, op. 27 (1902). – Für Orch.: *Danze piemontesi,* op. 31 (1903); Ouvertüre *Le baruffe chiozzotte,* op. 32 (1907–08) (nach C. Goldoni); Suite *Piemonte,* op. 36 (1909); *Lamento in memoria di un giovane artista,* op. 38 (1910–11); *Rapsodia piemontese,* op. 26 (1900) für Vc. u. Orch.; *Sonata* für Vc. u. Orch. (L 1954).

Lit.: E. DESDERI, L. S., in: RMI 48 (1946); L. ROGNONI, L. S., in: Musicisti piemontesi e liguri (Siena 1959) (= Accad. mus. Chigiana 16).

SINOPOLI, Giuseppe, * 1. 12. 1946 Venedig; it. Komponist und Dirigent. S. studierte 1965–71 am Konservatorium in Venedig, besuchte seit 1968 die Darmstädter Ferienkurse (Br. Maderna, K. Stockhausen) und war 1972 noch Dirigierschüler von H. Swarowsky an der Wiener Musikakademie. 1971 promovierte er im Fach Medizin an der Universität Padua. 1972–75 war er Professor für zeitgenöss. Musik am Konservatorium in Venedig und lehrte 1973 in Siena sowie 1976 in Darmstadt. Seit 1978 tritt S. auch als Dirigent hervor.

WW: **1) Kompositionen:** Elektronische Musik: *Doutes* (1960) für prepared piano, Fl., Va., 3 Verstärkerkanäle u. Tonband; *25 studi elettronici su tre parametri* (1968); *Musica per calculatori analogici* (1969); *Isoritmi* (1971) u. *Volte Isoritmi II* (1972). – *Sonata* für Klv. (1973–75); Streichquartett (1977); *Opus Ghimel* (1971) für Kammerorch.; *Numquid* (1972) für Kammer-Ensemble; Kammer-Konzert für Klv. u. Instr.-Ensemble (1977–78); für Orch.: *Opus Daleth* (1970–71); Klv.-Konzert (1974–75); *Tombeau d'Armor I* (1974); *Pour un livre à Venise* (1975); *Tombeau d'Armor II* (1977); *Tombeau d'Armor III* (1978) für Vc. u. Orch. – Kantate *Opus Schir* (1971) für Mezzosopran u. Instr.; *Symphonie imaginaire* (1972–73) für 3 Solost., 10 Kinderst., 3 Chöre u. 3 Orch.; Requiem *Hash-shirim* (1976) für gem. Chor a cap. – Oper *Lou Salomé* (Libr.: K. D. Gräwe), UA: München 1981. – **2) Schriften:** *Die junge Generation äußert sich über Strawinsky,* in: Melos 38 (1971); *Von Darmstadt nach Wien,* in: Zwischen den Kulturen (F 1979) (= Neue Aspekte der musikal. Ästhetik 1).

Nach Anfängen in serieller Musik, später auch von Br. Maderna und Fr. Donatoni beeinflußt, entwikkelte S. seit den 70er Jahren unter dem Eindruck der Schriften von Teilhard de Chardin und Jacques Monod und der Musik G. Mahlers und A. Bergs eine expressionistische Schreibweise mit tonalen Zentren in dichtem Klangflächensatz, in dem der Melodie besondere Bedeutung zukommt.

Lit.: E. SCHERZER, Gespräch mit G. S., in: HiFi (1981).

B. A. KOHL

SINUSSCHWINGUNG (von lat. sinus = Krümmung), einfachste Form einer ↗Schwingung, graphisch als Sinuskurve darstellbar:

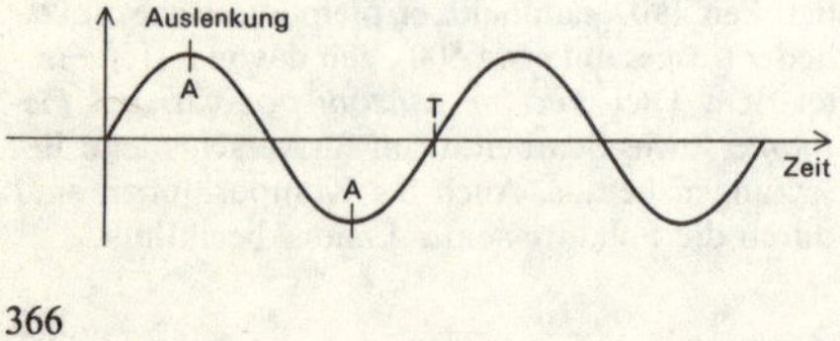

Die S. ist definiert durch ihre maximale Auslenkung (die ↗Amplitude A) und die Dauer einer Periode (T). Die Anzahl von Perioden pro Sekunde nennt man ↗Frequenz; eine Periode pro Sekunde ist 1 ↗Hertz.

SINUSTON, Bz. für einen Ton, dessen Schwingungsverlauf genau der ↗Sinusschwingung entspricht. Nur auf elektronischem Weg lassen sich Sinustöne in reiner Form erzeugen; sie werden u.a. als Material in der elektronischen Musik verwendet. Alle in der Natur vorkommenden Töne, Klänge und Geräusche lassen sich als komplexe, aus Sinustönen verschiedener Frequenzen zusammengesetzte Schwingungsvorgänge darstellen (↗Fourieranalyse).

SIR JOHN IN LOVE *(Der verliebte Sir John),* Oper in 4 Akten von Ralph Vaughan Williams (1872–1958), Text vom Komponisten nach W. Shakespeares Komödie *The Merry Wives of Windsor* (*Die lustigen Weiber von Windsor,* 1597). Ort und Zeit der Handlung: Windsor, um 1400. UA: 21. 3. 1929 in London (Royal College of Music).

Neben O. Nicolais *Die lustigen Weiber von Windsor* und G. Verdis *Falstaff* zählt diese Oper Vaughan Williams' zu den gelungensten musikalischen Bearbeitungen von Shakespeares Komödie, deren Text nahezu vollständig übernommen wurde; einige Lieder – zumeist Volksweisen oder Zitate aus der Kunstmusik – fügte der Komponist dort hinzu, wo ihm aus dramaturgischen und hörpsychologischen Gründen eine Arie oder ein Chor angebracht erschien. Die Texte der Lieder haben zumeist keinen eindeutigen dramatischen Sinnbezug, sondern dienen eher der Stimmungsmalerei. Diese entspricht dem lyrischen Grundcharakter des gesamten Werkes, bei dem allein durch die musikalische Faktur das Hauptgewicht vom Ironisch-Kritischen und Witzigen auf das Besinnlich-Hintergründige verlegt wird. Spätromantisch-impressionistische Harmonik, bewußtes Streben nach herber melodischer Schönheit, Kantabilität der Vokalparts sowie sorgsame instrumentatorische Atmosphäreschilderung vor allem durch den solistischen Einsatz von Bläsern verbindet Vaughan Williams zu einem Werkstil ausgesprochenen Wohlklangs – ohne dabei Figurencharakteristik und Affektdarstellung zu vernachlässigen.

W. A. MAKUS

ŠIROLA, Božidar, * 20. 12. 1889 Zakanje, † 10. 4. 1956 Zagreb; jugoslawischer Komponist und Musikforscher. Er studierte Komposition bei Ivan

Zajc in Zagreb, promovierte 1921 bei R. Lach an der Universität Wien über den Volksgesang Istriens und war dann hauptsächlich als Volksmusikforscher tätig. 1935–41 war er in Zagreb Direktor der Musikakademie und 1941–45 Leiter des ethnographischen Museums. Š. ist besonders durch seine für die kroatische Musik der Zwischenkriegszeit typischen Liederzyklen und durch das beim IGNM-Fest in Frankfurt am Main 1927 uraufgeführte Oratorium über die Heiligen Kyrill und Method bekannt geworden.

WW: Kammermusik für u. mit Klv.; 13 Streichquartette; Bläseroktett *Spomen iz Slovenije* (Erinnerung an Slowenien) (1926); für Orch.: Symphonie (1945); Sinfonietta (1939) für Streichorch.; *Concerto da camera* (1927) für 2 Fl. u. Kammerorch.; *Sinfonia concertante* (1952) für Klv. u. Orch.; V.-Konzert (1953). – Lieder u. Chöre; Kantaten; 6 Messen; 8 Oratorien. – 5 Opern; 2 Operetten; 2 Ballette; Bühnenmusik. – Š. veröffentlichte mehrere Bücher über kroatische Volksmusik u. -instrumente und eine Slg. kroatischer Volkslieder.

Lit.: K. KOVAČEVIĆ, Hrvatski kompozitori i njihova djela (Zagreb 1960); J. ANDREIS, Music in Croatia (ebd. 1974).

SIRVENTES (altprovenzalisch; wahrscheinlich über sirven = Gefolgsmann von lat. servire = dienen), Bz. für ein politisches oder satirisches Lied der Troubadours. Es unterscheidet sich in formaler Hinsicht nicht von der ↗Canso, der es im allgemeinen auch seine Melodie entlehnt; seine verschiedenen ↗Coblas weisen die gleichen Eigentümlichkeiten auf, allerdings ohne metrische Besonderheiten. Die Texte behandeln vorzugsweise politisch-historische (z.B. bei Bertran de Born) oder moralisch-didaktische Themen (Peire Cardenal); sie können aber auch gezielt schmähen (Peire d'Auvergne) oder sich zu Fragen der literarischen Wertung äußern (Monge de Montaudon). Von Minnesängern und Spielleuten vorgetragen, die die Immunität des Gastrechts genossen, boten sie von Fall zu Fall die Möglichkeit, persönliche Angriffe vorzutragen oder Botschaften zu übermitteln. Die Anlässe für die einzelnen S. werden in einigen Liederhandschriften ausführlich erläutert; manchmal erscheinen sie dort auch nach Gruppen angeordnet. Nur geringe Unterschiede bestehen zwischen S.-canso, S. joglaresc und S.-descort (etwa bei Peire Cardenal oder Guilhem Augier Novella).

In Nordfrankreich wird das S. als *Serventois* gepflegt (z.B. von Thibaut de Bar und Jacques de Cysoing). Die ersten Serventois sind deutlich von ihren provenzalischen Vorbildern beeinflußt; gegen Ende des 13. Jh. näherte sich die Gattung jedoch zusehends der religiösen Dichtung an: So gebraucht Rutebeuf den Begriff zur Bezeichnung eines geistlichen Loblieds. Das deutsche Gegenstück zum S. ist der ↗Spruch, dessen Themenvielfalt provenzal. Vorbild entspricht (Walther von der Vogelweide, Der Marner, Reinmar von Zweter).

Lit.: A. KOLSEN, Zwei provenzalische S. nebst einer Anzahl Einzelstrophen (Hl 1919); J. STOROST, Ursprung u. Entwicklung des altprovenzalischen S. bis auf Bertrand de Born (Hl 1931); A. ADLER, Das politische S., in: Grundriß der romanischen Lit. des MA VI/1 (Hei 1968); P. BEC, Nouvelle anth. de la poésie occitane au Moyen Age (Avignon 1970); F. PIROT, A propos de la matière antique dans les „Ensenhamens-S." au Jongleur, in: Actes du Ve Congrès Int. de Langue et Littérature d'Oc, Paris 1974; E. KÖHLER, Die S.-Kanzone. „Genre bâtard" oder legitime Gattung?, in: Vermittlungen. Romanistische Beitr. zu einer hist.-soziologischen Literaturwiss. (Mn 1976); D. RIEGER, Gattungen u. Gattungsbezeichnungen der Trobadorlyrik. Unters. zum altfrz. S. (Tü 1976).
W.-D. LANGE

SISTRUM (lat., von griech. seistron = etwas Geschütteltes), Bz. für Stab- oder Rahmenrasseln (↗Rassel) mit Rasselkörpern in Form von Metallringen oder -plättchen, Muscheln, Fruchtschalen u.ä., die beim Schütteln des Instruments ein klirrendes Geräusch erzeugen. Einfache Sistren bestehen häufig nur aus einem Stab, an dem entsprechende Rasselkörper befestigt sind. Eine entwikkelte Form stellte das bereits seit dem 3. Jt. v.Chr. in Mesopotamien und vor allem in ↗Ägypten bekannte Rahmen-S. mit Handgriff dar, das in verschiedenen Formen existierte. In Ägypten war das S. ein Tempelinstrument und gehörte zunächst zum Kult der Göttin Hathor, später zum Isiskult, durch den es auch im griechisch-römischen Kulturraum verbreitet wurde. Bis in jüngste Zeit wurde das S. noch in den Gottesdiensten der koptischen Kirche und der äthiopischen Christen benutzt. Außerdem ist es bis heute bei einigen Völkern Schwarzafrikas, bei den Malaien und bei den Melanesiern bekannt.

Lit.: L. KLEBS, Die versch. Formen des S.s, in: Zschr. für ägyptische Sprache u. Altertum 67 (1931); H. HICKMANN, Eine Sonderform des griech. S.s, in: Musa – Mens – Musici. Gedenkschrift W. Vetter (L 1969).
M. BRÖCKER

SITĀR, Bz. für eine Langhalslaute in ↗Indien.

SIXTE AJOUTÉE (frz.) heißt bei J.-Ph. Rameau (1737) die dem Dreiklang der Subdominante hinzugefügte „charakteristische Dissonanz" der großen Sexte, z.B. in D-Dur:

Als Dissonanz faßt Rameau dieses – an sich konsonante – Intervall jedoch nur dann auf, wenn der dem Dreiklang hinzugefügte Ton stufenweise aufwärts weitergeführt wird, d.h., wenn auf den „Accord de la S." der Dreiklang der Tonika folgt:

Folgt jedoch der Dreiklang der Dominante, dann versteht Rameau den hinzugefügten Ton nicht als Dissonanz, sondern als Grundton (son fondamental) eines Septakkordes. Dieser hat – nach Rameau – wie alle Septakkorde dominantische Bedeutung, z. B. in D-Dur:

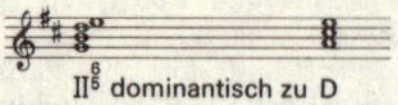

II$^{6}_{5}$ dominantisch zu D

Im Unterschied zu Rameau versteht H. Riemann den Akkord mit Quinte und Sexte auf der IV. Stufe der Tonleiter immer subdominantisch. Außerdem lehrt Riemann, auch den Dreiklängen der Tonika und Dominante große Sexten hinzuzufügen. Dies entspricht der Harmonik des späten 19. und frühen 20. Jh.; vgl. den Schlußakkord c-e-g-a von G. Mahlers *Lied von der Erde* (1907/08). In ähnlicher Weise ist die S. im 20. Jh. überaus charakteristisch für die Unterhaltungsmusik und den Jazz.

Lit.: J.-PH. RAMEAU, Génération harmonique (P 1737, Nachdr. NY 1968), engl. Übers.: D. HAYES, Rameau's Theory of Harmonic Generation (1968) (= Diss. Stanford Univ.); H. RIEMANN, Hdb. der Harmonielehre (L [6]1918). E. SEIDEL

SIZILIANISCHE VESPER, DIE *(Les vêpres siciliennes; I vespri siciliani),* Oper in 5 Akten von Giuseppe Verdi (1813–1901), Text von Eugène Scribe und Charles Duveyrier. Ort und Zeit der Handlung: Sizilien im Jahre 1282. UA: 13. 6. 1855 in Paris (Opéra); dt. EA (in dt. Sprache): 14. 3. 1857 in Darmstadt.

Den stofflichen Hintergrund des Werkes bildet der Aufstand der Sizilianer unter dem Arzt Giovanni da Procida gegen die französischen Okkupanten unter Karl I. von Anjou, der am 30. März 1282 während der Ostermontagsvesper ausbrach. Verdi war mit Scribes Libretto unzufrieden und arbeitete lustlos; am liebsten hätte er den Vertrag mit der Pariser Opéra gelöst. Trotz erkennbaren Bemühens, sich dem großflächigen Stil der französischen Grand-Opéra anzupassen, trotz breiter Chor-Finali und Balletteinlagen schreibt Verdi eine italienische Oper. Zur charakteristischen Differenzierung der Tempi und zur gestischen Nuancierung, wie sie die Oper in Paris kennzeichnen, kann Verdi sich nicht verstehen. Tarantella und Siziliana liefern ihm die rhythmischen Muster zur Gewinnung von „Couleur locale", aber die tänzerische Einlage liegt dem Meister des Belcanto und des straffen Brios wenig. Schon die Ouvertüre, die sich als Konzertstück verselbständigte, vermittelt die Ambivalenz zwischen flächig-orchestraler Präsentation und blühenden Ariosi. Verdis erste Oper für Frankreich erlebte bis 1865 nur 62 Aufführungen, was im Vergleich zu den gewohnten Spitzenerfolgen in Paris wenig ist. Die italienische Zensur bereitete Schwierigkeiten, so daß die Oper in Italien zunächst als *Giovanna de Guzman* (Parma) und *Batilde di Turenna* erschien und erst 1861 (Mailand) unter ihrem Originaltitel aufgeführt werden konnte. H. BECKER

SJÖGREN, Johan Gustaf Emil, * 16. 6. 1853 Stockholm, † 1. 3. 1918 ebd.; schwedischer Komponist. Er studierte 1869–74 Klavier, Orgel und Musiktheorie am Stockholmer Konservatorium sowie 1879–80 Kontrapunkt, Komposition und Orgel in Berlin. Seit 1881 war er als Organist in Stockholm tätig und unternahm daneben 1883–86 ausgedehnte Studienreisen nach Dänemark, Deutschland und Frankreich. 1901–14 hielt er sich häufig in Paris auf, wo er zahlreiche Konzerte gab. S. zeichnete sich vor allem als Liederkomponist aus. Sein Schaffen bildet ein Bindeglied zwischen Fr. Liszt, R. Wagner sowie dem Dänen P. E. Lange-Müller und modernen Strömungen in der schwedischen Musik. Ausweitung der Tonalität und Klangfülle sind ebenso charakteristisch für seine Werke wie ein starker lyrischer Einschlag.

WW: Kammermusik für u. mit Klv. bzw. Org.; *Festspiel* für Orch. (1892); ca. 190 Lieder für SingSt u. Klv.; *Hymner och psalmer* für Soli, Chor u. Org. (1909). – Für Chor u. Orch.: *Islandsfärd* (1884); *Bacchanal* (1887); Kantate *Vid invigningen av St. Johanneskyrka* (1890). – Ferner Werke für Männerchor.

Ausg.: Samlade sånger, 4 Bde. (Sto 1949–53); 5 V.-Sonaten, hrsg. v. A. MANGEOT (Sto 1957).

Lit.: N. BRODÉN, Förteckning över E. S.s tryckta kompositioner, in: STMf 1 (1919), dt. Übers. als: Verz. der gedruckten Komp. E. S.s (L 1919). – C. G. NYBLOM, E. S. (Sto 1916); Gedenkschrift E. S., hrsg. v. G. NORLÉN u. a. (Sto 1918); S. S. SVENSSON, E. S.s vokala lyrik, in: STMf 17 (1935); B. SJÖGREN, Om och med E. S., in: Musikrevy 6 (1951) u. 7 (1952); A. HELMER, Svensk solosång 1850–90 (Sto 1972).

SKALA ↗Tonleiter.

SKALKOTTAS, Nikolaos (Nikos), * 21. 3. 1904 Chalkis (Euböa), † 20. 9. 1949 Athen; griech. Komponist. Er studierte in Athen Violine, dann 1925–31 in Berlin Violine (W. Heß) und Komposition (P. Kahn, Ph. Jarnach, A. Schönberg). Seit 1933 lebte S. in Athen, wo er in verschiedenen Orchestern als Violinist tätig war. Von Schönberg und A. Berg beeinflußt, schrieb S. Werke – von denen nur wenige zu Lebzeiten erschienen – sowohl in Zwölftontechnik als auch in freier Atonalität; im Rhythmus ist das Vorbild I. Strawinskys unverkennbar.

WW: Für Klv.: 32 Stücke (1940–41); 4 Suiten, I (1936), II–IV (1940); Duo für V. u. Va. (1938); Sonate für V. u. Klv. (1940); für Vc. u. Klv.: *Bolero* (1945), Sonatine (1949); Klv.-Trio (1936); 8 Variationen über ein griech. Volksthema für Klv.-Trio (1938); 4 Streichquartette (1928, 1929, 1935, 1940). – Für Orch.: 2 symphonische Suiten (1935, 1944–49); 36 griech. Tänze (1931–36, revidiert 1948–49); 10 Skizzen für Streichorch. (1940) (auch für Streichquartett); Ouvertüre *I epistrofi tu Odissefs* (Die Heimkehr des Odysseus) (1942–43); *Klassiki simfonia* (Klassische Symphonie) (1947) für Blasorch. u. Kb.; Sinfonietta (1948); *I thalassa* (Das Meer) (1949). – 4 Klv.-Konzerte (1931, 1937–38, 1938–39, 1948); ein V.-Konzert (1937–38). – Ferner Bühnenmusik, Lieder u. Chöre; zahlr. weitere Werke unveröff.

Lit.: C.-H. BACHMANN, in: ÖMZ 14 (1959); J. PAPAIOANNOU, S., in: MGG XII; TH. ANTONIOU, N. S., in: SMZ 109 (1969); J. PAPAIOANNOU, The Return of Ulysses, in: MT 110 (1969).

ŠKERJANC, Lucijan Marija, * 17. 12. 1900 Graz, † 27. 2. 1973 Ljubljana; jugoslawischer Komponist und Musikschriftsteller. Er studierte Komposition in Ljubljana, Prag, Wien (J. Marx) und Paris (V. d'Indy) und in Basel Dirigieren (F. Weingartner). 1940–70 war er Kompositionslehrer an der Musikakademie in Ljubljana, 1950–55 dort Intendant der Slowenischen Philharmonie. Š. orientierte sich vor allem am Impressionismus und verwendete gelegentlich Zwölftontechnik.

WW: Für Klv.: 12 Praeludien (1954); Sonate (1956); 4 *Dithyrambic Pieces* (1960) für V. u. Klv.; ein Klv.-Trio (1935); 5 Streichquartette (1917, 1921, 1925, 1935, 1945); ein Bläserquintett (1925); ein Streichquintett (1945). – Für Orch.: 5 Symphonien (1931, 1938, 1940, 1941, 1943); Praeludium, Arie und Finale (1926); 4 Ouvertüren (1926, 1933, 1941, 1961); *Suita v starem slogu* (Suite im alten Stil) (1928); Sinfonietta (1958). – Konzerte für: 2 Klv. (1940), V. (1944), Fag. (1953), Harfe (1955), Klar. (1960), Horn (1962), Klv. linke Hand (1963). – Film- u. Bühnenmusik. – Zahlr. Lieder; Chöre; Kantate *Sonetni venec* (Sonettkranz) (1949). – Ferner einige musiktheoretische Lehrwerke.

Lit.: P. ŠIVIC, in: Zvuk (1970) (z. Klv.-Werk); D. CVETKO, in: ebd. (1973).

SKIBINE, George, * 17. 1. 1920 Jasnaja Poljana (Ukraine), † 14. 1. 1981 Dallas; amerik. Tänzer u. Choreograph ukrainischer Herkunft. Schüler u. a. von S. Lifar u. M. Fokin, debütierte er 1946 in New York in Fokins *Les Sylphides* mit der Musik von Fr. Chopin. Anschließend war er bei international bekannten Kompanien (Marquis de Cuevas in Monte Carlo, Colonel de Basil's Ballets Russes, Ballet Theatre) als 1. Solotänzer engagiert. Gemeinsam mit seiner Frau, der Solotänzerin Marjorie Tallchief, war er 1958–62 als Ballettmeister an der Pariser Opéra tätig, bevor er als Choreograph und künstlerischer Direktor 1964–66 das Harkness Ballet und seit 1969 das Dallas Civic Theatre in Dallas (Tex.) betreute.

Lit.: M. GLOTZ, G. S. (P 1955); I. LIDOVA, G. S., in: Les saisons de la danse (1970) H. 24 (mit Verz. der Choreographien).

SKIFFLE, ursprünglich Bz. für ein volkstümliches afroamerikanisches Musizieren auf einfachen, oft selbst gebauten Instrumenten (Mundharmonika, Banjo, Gitarre, Kazoo, Tea-Box-Bass, Löffel u. a.). In den großen Städten des Nordens der USA dient S.-Musik dem Zweck häuslicher Geselligkeit. Das Repertoire besteht überwiegend aus Blues- und Ragtimestücken. In den 50er Jahren des 20. Jh. gewann der S., von Großbritannien ausgehend, Popularität auch auf dem europäischen Kontinent und entwickelte sich rasch zu einer Domäne von Amateurmusikern.

SKRJABIN (Scriabine), **Alexander Nikolajewitsch,** * 25. 12. 1871 (6. 1. 1872) Moskau, † 14. (27.) 4. 1915 ebd.; russ. Komponist und Pianist. Die Mutter, eine begabte Pianistin, war sehr früh gestorben, und der Vater weilte als Diplomat im Ausland. So wuchs S. bei seiner Tante auf. Sie umsorgte ihn, ließ aber auch seine musikalischen Fähigkeiten mit Bedacht fördern. 1888 wurde er ins Moskauer Konservatorium aufgenommen, wo ihn hauptsächlich S. Tanejew (Komposition) und W. Safonow (Klavier) unterrichteten. Nach dem höchst erfolgreichen Studienabschluß (1892) trat S. bald als Pianist wie als Komponist hervor. Entscheidende Impulse erhielt seine Karriere kurz darauf durch M. Beljajew, der nun für ihn internationale Tourneen organisierte und seine Werke verlegerisch betreute. 1898 übernahm S. an seiner ehemaligen Ausbildungsstätte eine Klavierprofessur, die er 5 Jahre später niederlegte, um sich uneingeschränkt seinem Schaffen und – als Interpret eigener Kompositionen – dem Konzertieren widmen zu können. Gemeinsam mit Tatjana Schljozer (de Schloezer), um derentwillen er sich von seiner Frau und den 4 Kindern lossagte und die er 1905 heiratete, lebte er nun längere Zeit im Westen, zunächst in der Schweiz; 1908 übersiedelte er dann nach Brüssel. Seinen wachsenden Ruhm wußte er, dank einer ausgedehnten Gastspielreise (1906/07) auch in der Neuen Welt, stetig zu festigen. Zugleich beschäftigte sich S., von jeher ein ausgesprochener Egozentriker, immer entschiedener mit theosophisch-spekulativen Konzeptionen. In Moskau, wohin er 1910 zurückgekehrt war, arbeitete er schließlich enthusiastisch an den Vorstudien zu einem kultischen „Mysterium", einem gigantischen „Gesamtkunstwerk". Durch seinen plötzlichen Tod – ein Lippengeschwür hatte zu einer Blutvergiftung geführt – blieb es ihm erspart, das unweigerlich drohende Scheitern jener übersteigerten Pläne ertragen zu müssen.

WW: **1) Kompositionen: a)** Für Klv.: 10 Sonaten: 1: f-moll, op. 6 (1892), 2: *Sonate-Fantaisie* gis-moll, op. 19 (1892–97), 3: fis-moll, op. 23 (1897–98), 4: Fis-Dur, op. 30 (1901–03), 5: op. 53 (1907), 6: op. 62 (1911–12), 7: op. 64 *(Messe blanche)* (1911–12), 8: op. 66 (1912–13), 9: op 68 (1912–13) *(Messe noire)*, 10: op. 70 (1913); 15 Poèmes, darunter: *Poème tragique* u. *Poème satanique*, op. 34 bzw. 36 (1903); *Poème-Nocturne*, op. 61 (1911–12); *Maska (Masque)* u. *Strannost (Étrangeté)*, op. 63 (1912); *K plameni (Vers la* *flamme),* op. 72 (1914); 15 Slgen. v. (insgesamt 83) Préludes; 23 Etüden (op. 8, 42, 65); 8 Impromptus (1892–95); 23 Mazurkas; Walzer: f-moll, op. 1; As-Dur, op. 38; *Quasi valse,* op. 47; *Allegro appassionato* es-moll, op. 4; *Allegro de concert* b-moll, op. 18; Polonaise b-moll, op. 21; Fantasie h-moll, op. 28; Scherzo C-Dur, op. 46; *Feuillet d'album,* op. 58; Gruppen von Klv.-Stücken, u.a.: Prélude u. Nocturne für die linke Hand, op. 9 (1894); *Feuillet d'album, Poème fantasque* u. *Prélude,* op. 45 (1904–05); *Prélude, Ironies, Nuances* u. *Étude,* op. 56 (1907); *Schelanije (Désir)* u. *Laska w tanze (Caresse dansée),* op. 57 (1907); *Poème* u. *Prélude,* op. 59 (1910–11); 2 Tänze: *Girljandy (Guirlandes)* u. *Mratschnoje plamja (Flammes sombres),* op. 73 (1914). – **b)** Für Orch.: Symphonisches Allegro d-moll (1896–99); *Metschty (Rêverie)* e-moll, op. 24 (1898); 3 Symphonien: 1: E-Dur, op. 26 (1899–1900), Schlußsatz mit Mezzosopran, Tenor u. gem. Chor (Text v. Komp.), 2: c-moll, op. 29 (1901), 3: c-moll, *Boschestwennaja poema (Poème divin),* op. 43 (1902–04); *Poema extasa (Poème de l'extase),* op. 54 (1905–08); *Prometei. Poema ognja (Prométhée. Poème du feu),* op. 60 (1908–10) mit Klv., Org., vokalisierendem Chor u. Farben-Klv. – **2) Schriften:** Dichtungen, u.a. *Poema extasa (Le Poème de l'extase)* (G 1906) und *Predwaritelnomu deistwiju* (Vorbereitende Handlung); philos. Aufzeichnungen.

Vor allem die Musik Fr. Chopins, dessen Œuvre gleichfalls markant von der Bevorzugung des „eigenen" Instruments geprägt wird, bildete das Substrat für S.s erste Schöpfungen. Schon bald zeigte sich freilich die Bereitschaft, übernommene Vorbildstrukturen originell zu modifizieren. Eingebettet in die Empfindungswelt des Fin de siècle, dokumentieren die Werke jener Epoche – die konzis angelegten Préludes ebenso wie die ausladenden frühen Symphonien –, daß hier zielstrebig die artistischen Möglichkeiten der spätromantischen Tonsprache erprobt wurden. Deren Grenzen rückten allmählich in den Blick, als S. während einer äußerst fruchtbaren Schaffensphase, die mit der 4. Klaviersonate einsetzte, über ein bereits sehr individuell disponiertes Repertoire musikalischer Ausdrucksmittel zu verfügen begann. Folgerichtig weiterschreitend, gelangte er letztlich (wie im *Prométhée,* dem er den berühmten ↗mystischen Akkord zugrunde legte) sogar bis zur Dissoziation der tradierten funktionalen Tonalität: die späten Werke sind kaum mehr durch harmonische Finalität bestimmt. Aus der Dialektik von gleichsam zeitenthobenem Verharren und formimmanenter Energie resultiert der Eindruck, dort sei tatsächlich jene „Ekstase" künstlerisch konkretisiert, die das Denken und Gestalten des Komponisten stets umkreisten. Wegen seiner ausgesprochenen Neigungen zur Synästhesie, zum Meditativen und zu introvertierter Spekulation blieb S. ohne merklichen Einfluß auf die nachfolgende musikgeschichtliche Entwicklung, die von gänzlich andersartigen Vorstellungen und Ideen geleitet wurde. Erst in jüngerer Zeit fand sein Œuvre in zunehmendem Maße wieder Beachtung, und mit Recht gilt er nun, wenn auch nicht als Wegbereiter, so doch als entschiedener Vorläufer der Neuen Musik.

Ausg.: Polnoje sobranije sotschineni dlja fortepiano (GA der Klv.-Werke) (Mos 1947–53); Sapiski A. N. Skrjabina, in: Russkije propilei VI, hrsg. v. M. O. GERSCHENSON (Mos 1919).

Lit. („S." steht für alle Schreibweisen): A. SKRJABIN, Prometheische Phantasien, übers. v. O. von Riesemann (St 1924, Nachdr. Mn 1968); DERS., Pisma, hrsg. v. A. W. Kaschperow (Mos 1965). – A. E. HULL, A Great Russian Tone-poet: S. (Lo 1916, Nachdr. NY 1970); M. MONTAGU-NATHAN, Handbook to the Piano Works of A. S. (Lo ²1922); Z. LISSA, Geschichtliche Vorform der Zwölftontechnik, in: AMl 7 (1935); B. PASTERNAK, Ich kannte S., in: Melos 26 (1959); C.-CH. VON GLEICH, Die sinfon. Werke von A. S. (Bilthoven 1963); Z. LISSA, Zur Genesis des „Prometheischen Akkords" bei A. N. S., in: Musik des Ostens 2 (Kas 1963); A. A. ALSCHWANG, Die Stellung S.s in der Gesch., in: BzMw 6 (1964); H. FÖRSTER, Die Form in den sinfonischen Werken A. N. S.s (Diss. L 1964); P. DICKINSON, S.'s Later Music, in: MR 26 (1965); F. BOWERS, S. – A Biography of the Russian Composer, 2 Bde. (Tokio – Palo Alto/Calif. 1969); C. DAHLHAUS, Struktur u. Expression bei A. S., in: Musik des Ostens 6 (Kas 1971); L. HOFFMANN-ERBRECHT, A. S. u. der russ. Symbolismus, in: ebd.; A. FORCHERT, Bemerkungen zum Schaffen A. S.s. Ordnung u. Ausdruck an den Grenzen der Tonalität, in: FS E. Pepping (B 1971); M. KELKEL, Les esquisses musicales de l'Acte Préalable de S., in: RMie 57 (1971); CH. RÜGER, Ethische Konstanz u. stilistische Kontinuität im Schaffen A. N. S.s unter besonderer Berücksichtigung seiner Klavierkompositionen (Diss. L 1971); G. EBERLE, A. S. – Wandlungen in der Bewertung des musikal. Werks, in: NZ 133 (1972); H. STEGER, Grundzüge der musikal. Prinzipien A. S.s, ebd.; W. VOGEL, Zur Idee des „Prometheus" von S., in: SMZ 112 (1972); D. W. SHITOMIRSKIJ, Die Harmonik S.s, in: Convivium Musicorum. FS W. Boetticher (B 1974); H. STEGER, Materialstrukturen in den fünf späten Klaviersonaten A. S.s (Rb 1977); G. EBERLE, Zwischen Tonalität u. Atonalität. Studien zur Harmonik A. S.s (Mn 1978); M. KELKEL, A. S. – Sa vie, l'ésotérisme et le langage musical dans son œuvre (P 1978); H. MACDONALD, S. (Lo 1978); H. STEGER, Der Weg der Klaviersonate bei A. S. (Mn 1979); M. BROWN, S. and Russian „Mystic" Symbolism, in: 19th Century Music 3 (1979/80); D. MAST, S. – verlorene Originalität um die Jahrhundertwende?, in: NZ 141 (1980); DERS., Struktur u. Form bei A. N. S. (Mn 1981).

E. FISCHER

ŠKROUP (Škraup). – **1) František Jan,** * 3. 6. 1801 Osice bei Pardubice (Böhmen), † 7. 2. 1862 Rotterdam; tschechischer Komponist und Dirigent. Er schrieb mit *Dráteník* (1826) die erste tschechische Oper. 1837–57 war er als 1. Kapellmeister am Ständetheater in Prag tätig und setzte sich dort für die frühe Verbreitung der Opern von R. Wagner ein. 1860 wurde er Dirigent an der Oper in Rotterdam. Von S.s Schaffen ist die Bühnenmusik zu *Fidlovačka* (1834) hervorzuheben, in der das Lied *Kde domov můj* (Wo ist meine Heimat) vorkommt, das 1918 der Grundstock der tschechischen Nationalhymne wurde. – **2) Jan Nepomuk,** Bruder von 1), * 15. 9. 1811 Osice, † 5. 5. 1892 Prag; tschechischer Dirigent und Komponist. Er war 1848–87 Chordirigent der St. Veits-Kathedrale in Prag.

WW: **Zu 1):** Klv.-Stücke; Kammermusik, darunter 3 Streichquartette; Ouvertüren für Orch. – Dt. u. tschechische Lieder u. Chöre; dt. Kantaten; eine Messe für Chor u. Orch. – 10 Opern u. Singspiele, darunter tschechisch: *Dráteník* (Der Drahtbinder), UA: Prag 1826; *Oldřich a Božena* (Udalrich u. Božena), UA: ebd. 1828; *Libušin sňatek* (Libussas Hochzeit), UA: ebd. 1835; *Draho-*

míra, UA: Prag 1848 (dt.); *Der Meergeuse*, UA: ebd. 1851; *Columbus* (1855), UA: ebd. 1942. – Ferner gab S. heraus: *Věnec ze zpěvů vlastieneckých* (Vaterländischer Liederkranz) (Pr 1835–44) (Slgen. tschech. Lieder v. versch. Komp.) (zus. mit J. K. Chmelenský). – **Zu 2):** Orch.-WW, u. a. *Slavná ouvertura* (Festouvertüre) (1842). – Lieder; für Chor: zahlr. Motetten u. Psalmen; 10 Messen; 1 Requiem. – *Švédové v Praze* (Die Schwedinnen in Prag) (1844); *Der Liebesring* (1860); *Vineta* (1861).

Ausg.: **Zu 1):** *Fidlovačka*, Klv.-A., hrsg. v. K. SOLE (Pr 1952); *Věnec ze zpěvů vlasteneckých*, hrsg. v. J. PLAVEC (Pr 1960).

Lit.: I. BELZA, Ceská klasická hudba (Pr 1961). – **Zu 1):** J. PLAVEK, F. Š. (Pr 1941); DERS., W. A. Mozart a F. Š., in: Zprávy Bertramky (1959) H. 16. – **Zu 2):** E. LÉBLOVÁ, in: MMus 2 (1957); J. PLAVEK, in: Hudební rozhledy 14 (1961).

SKULTE, Ādolfs, * 15. (28.) 10. 1909 Kiew; sowjetlettischer Komponist. Er studierte am Konservatorium in Riga (bei J. Wihtol), wo er dann seit 1946 selbst lehrte (1952 Professor). 1952–56 war er Vorsitzender des Lettischen Komponistenverbandes. In Anlehnung an Wihtol zeigen S.s symphonische Werke bevorzugt programmatischen Charakter. Kennzeichnend für seine Musiksprache ist ein reich kolorierter Orchesterklang.

WW: **1) Instr.-WW:** Klv.-Stücke; Klv.-Sonate (1934); Streichquartett (1935). – Für Orch.: 6 Symphonien, 1: *Par mieru* (Für den Frieden) (1954); 2: *Ave sol!* (1959) mit Chor; 3: *Kosmiskā* (Kosmische Symphonie) (1963); 4: *Jaunatnes* (Jugendsymphonie) (1965); 5: (1974); 6 (1977); symphonische Dichtungen *Viļņi* (Wellen) (1934) u. *Rītausmā* (Morgendämmerung) (1936); *Horeogrāfiskā poēma* (Choreographisches Poem) (1957). – **2) Vokal-WW:** Klv.-Lieder u. Chöre; für Chor u. Orch.: *Riga* (zum 750jährigen Jubiläum der Stadt) (1951); *Mums viena partija* (Die Partei allein) (1961); *Atbalss* (Echo) (1969); Oratorium *Noslauki asaras, Dzimtene-Māt* (Trockne deine Tränen, mütterliche Heimat) (1975). – **3) Bühnen-WW:** Oper *Princese Gundega*, UA: Riga 1971. – Ballette: *Brīvības sakta* (Brosche der Freiheit), UA: Riga 1951, 2. Fassung 1955; *Negaiss pavasarī* (Frühlingsgewitter), UA: ebd. 1967.

Lit.: L. KRASINSKAJA, A. S. (Mos 1959). E. STÖCKL

SLADE, Julian Penkivil, * 28. 5. 1920 London; engl. Komponist, Texter und Librettist. In der Komposition Autodidakt, arbeitete er 1951–54 als musikalischer Leiter der Bristol Old Vic Company und schrieb Musik für Schauspiele und Musicals. Zusammen mit Dorothy Reynolds als Colibrettistin und Cotexterin schrieb er das Musical *Salad Days* (1954), das einen Londoner Aufführungsrekord von 2283 Vorstellungen erreichte. Seitdem arbeitet S. freischaffend.

WW: Musicals (UA in London): *Salad Days* (1954); *Free as Air* (1957); *Follow That Girl* (1960); *Hooray for Daisy* (1960); *Wildest Dreams* (1961); *Vanity Fair* (1962); *Nutmeg and Ginger* (1972); *The Pursuit of Love* u. *Trelawny* (1972).

SLAVENSKI (eig. Štolzer), **Josip,** * 11. 5. 1896 Čakovec, † 30. 11. 1955 Belgrad; jugoslawischer Komponist. Er studierte an den Konservatorien in Budapest (Z. Kodály) und Prag (V. Novák), 1924 wurde er Musiklehrer und unterrichtete seit 1937 an der Musikakademie in Belgrad (1945 Professor). Für die künstlerische Orientierung von S., der keiner Schule angehörte und keiner der Strömungen der Neuen Musik folgte, war die Begegnung mit B. Bartók und Kodály entscheidend. Die Musik der Balkanvölker regte ihn zu der für ihn typischen rhythmischen Vielfalt und Polyrhythmik an. Charakteristisch ist auch eine Melodik, die oft archaisierende pentatonische Wendungen enthält. S.s freie polyphone Schreibweise weist häufig überraschende dissonante Wendungen auf; er verwendet sowohl Dur- und Molldreiklänge als auch polytonale Klangverbindungen.

WW: Klv.-Sonate (1924); *Slavenska sonata* (1924) für V. u. Klv.; *Sonata religiosa* (1919–25) für V. u. Org.; 4 Streichquartette (1923, 1928, 1938, um 1949). – *Prasimfonija* (Ursymphonie) (um 1918–26); *Balkanofonija* (1927); *Simfonijski epos* (1941–45); V.-Konzert (1927). – Lieder, Chöre u. Kantaten sowie *Simfonija orienta (Religiofonija)* (1934) für Soli, Chor u. Orch. – Bühnenmusik.

Lit.: M. GRAF, in: Das Orchester 13 (1965); D. CVETKO, Veze J. Slavenskog sa S. Ostercom, in: Arti musices 3 (1972) (mit engl. Zusammenfassung); B. BUJIĆ, Thematic Structure in J. S.'s First String Quartet, in: Muzikološki zbornik 14 (1978).

SLÉNDRO, Bz. für die neben ↗Pélog gebräuchliche 5tönige Tonskala der javanischen und sundanesischen Musik (↗Indonesien), auf der die Modi Paṭet nem, Sanga und Manjuro beruhen. Das S.-System gilt bei den Javanern als erregend, strahlend, lebendig und männlich.

SLEZAK, Leo, * 18. 8. 1873 Mährisch-Schönberg, † 1. 6. 1946 Rottach-Egern am Tegernseee; östr. Sänger (Heldentenor). Er studierte in Brünn und Paris (J. de Reszke), debütierte 1896 am Stadttheater Brünn als Lohengrin und kam nach Engagements an der Königlichen Oper in Berlin und in Breslau 1901 an die Wiener Hof- (später Staats-) Oper, deren Mitglied er bis zum Ende seiner Bühnenlaufbahn (1934) blieb. Er gastierte u. a. in Paris, Mailand und London, wurde 1909 für 3 Spielzeiten an die Metropolitan Opera in New York verpflichtet und zählte zu den herausragenden Sängererscheinungen seiner Zeit. Seine Hauptrollen waren in Wagner-Opern Tannhäuser, Lohengrin und Walther von Stolzing, in Verdi-Opern Manrico, Radames und Otello. In späteren Jahren wurde er ebenso als Liedersänger gefeiert. Nach Beendigung seiner Sängerlaufbahn wirkte S., unverkennbar auch durch seine Korpulenz, in zahlreichen Filmen mit (erste Sprechrolle als Filmschauspieler in *Der Frauendiplomat*). Sein Sinn für Humor fand schließlich in mehreren autobiographischen Büchern einen bezeichnenden Niederschlag. – S.s Sohn **Walter** (1902–83) wurde ein bekannter Theater- und Filmschauspieler in den USA.

Schriften: *Meine sämtlichen Werke* (B 1922, Reinbek 1959, [11]1970) u. *Der Wortbruch* (B 1928, Reinbek 1959, [10]1971), beide Werke in einem Bd. (B 1935); *Rückfall* (B 1940, Reinbek 1962, [6]1969); *Mein Lebensmärchen* (Mn 1948, F 1958, Mn 1965, [5]1972).

Lit.: L. KLINGENBERGER, L. S. (W 1910); W. SLEZAK, What Time's the Next Swan? (NY 1962), dt. Übers.: Wann geht der nächste Schwan? (Mn 1964, [6]1968); J. DENNIS, L.S., in: Record Collector 15 (1964) (mit Diskographie); Mein lieber Bub. Briefe eines besorgten Vaters, hrsg. v. W. SLEZAK (Mn 1966).

SLONIMSKY, Nicolas (Nikolai Leonidowitsch), * 15. (27.) 4. 1894 St. Petersburg; amerik. Musikforscher, Dirigent und Komponist russ. Herkunft. Er studierte zunächst am Konservatorium seiner Heimatstadt, emigrierte über Paris 1923 in die USA und besuchte die Eastman School of Music in Rochester (N. Y.). 1925–27 war er Sekretär von S. Kussewitzky in Paris und Boston. Seitdem setzte er sich als Dirigent des Harvard University Orchestra (bis 1930) und des Boston Chamber Orchestra (bis 1934) für die Avantgarde ein (besonders für Ch. Ives, H. Gilbert und H. Cowell). Als Lecturer war er u.a. am Colorado College (1940, 1947–49) und an der University of California in Los Angeles (1964–67) tätig. S. gilt in den USA als Nestor der biographischen Musiklexikographie.

Schriften (wenn nichts anderes angegeben, in New York erschienen): *Music Since 1900* (1937, [4]1971); *Music of Latin America* (1945, Nachdr. 1972); *The Road to Music* (1947, [3]1966); *Thesaurus of Scales and Melodic Patterns* (1947); *A Thing or Two About Music* (1948, Nachdr. Westport/Conn. 1972); *Modern Composition in Rumania*, in: MQ 51 (1965); *New Music in Greece*, in: ebd.; *Lexicon of Musical Invective. Critical Assaults on Composers Since Beethoven's Time* (1953, Nachdr. Seattle/Wash. 1969). – S. war ferner Hrsg. v.: *O. Thompson, International Cyclopedia of Music and Musicians* ([4–7]1946–56); *Baker's Biographical Dictionary of Musicians* ([5]1958), Suppl. (1971, revidiert [6]1978); *H. Leichtentritt, Music of the Western Nations* (C/M 1956).

SLOWFOX ↗Foxtrott.

SMAREGLIA, Antonio, * 3. 5. 1854 Pula (Istrien), † 15. 4. 1929 Grado; it. Komponist. Er erhielt seine Ausbildung 1873–77 am Mailänder Konservatorium und gelangte durch seinen Einakter *Caccia lontana* (1875) und die symphonische Dichtung *Eleonora* (1877) zu frühem Ruhm. Seit etwa 1900 unterrichtete er am Konservatorium in Triest. S.s fast ausschließlich der Oper gewidmetes Schaffen hatte nur ein lokal begrenztes Echo und wurde weitgehend von den Opern G. Puccinis und der „Giovane Scuola Italiana" übertönt.

WW: Opern: *Caccia lontana*, UA: Mailand 1875; *Preziosa*, UA: ebd. 1879; *Bianca di Cervia*, UA: ebd. 1882; *Rè Nala*, UA: Venedig 1887; *Il vassallo di Szigeth*, UA: Wien 1889; *Cornelio Schut*, UA: Prag 1893, revidiert als: *Pittori fiamminghi*, UA: Triest 1928; *Nozze istriane*, UA: Triest 1895; *La falena*, UA: Venedig 1897; *Oceàna*, UA: Mailand 1914; *L'Abisso*, UA: ebd. 1914.

Lit.: M. SMAREGLIA, A. S. (Pola 1934); E. PERPICH, A. S. (Diss. Triest 1960); S. BENCO, Ricordi di A. S. (Duino 1968).

SMEND. – 1) Julius, * 10. 5. 1857 Lengerich (Westf.), † 7. 6. 1930 Münster (Westf.); dt. Theologe und Musikforscher. Er war 1882–85 Hilfsprediger in Bonn und nach weiterer Pfarrtätigkeit 1893–1914 Professor für praktische Theologie in Straßburg und seit 1914 in Münster (Westf.). Zusammen mit A. Mendelssohn und Fr. Spitta gab S. in seiner Bonner Zeit den Anstoß zur Wiederentdeckung der Werke von H. Schütz und war später maßgeblich an der Entwicklung eines evangelischen Bach-Verständnisses beteiligt.

Schriften: *Die ev. dt. Messen bis zu Luthers Deutsche Messe* (Gö 1896); *Der ev. Gottesdienst* (Gö 1904); *Luther u. Bach* (L 1917).

2) Friedrich, Sohn von 1), * 26. 8. 1893 Straßburg, † 10. 2. 1980 Berlin; dt. Theologe und Musikforscher. Er war Bibliothekar in Münster und Berlin (1923–45 Preuß. Staatsbibliothek). Seit 1945 lehrte er dort an der Kirchlichen Hochschule (1949 Professor, 1954–57 auch Rektor). Seine Forschungen galten fast ausschließlich J. S. Bach und sind weithin grundlegend geworden. S. wurde 1951 D. theol. der Universität Heidelberg und 1954 Dr. phil. h.c. der Universität Mainz. Zu seinem 60. Geburtstag erschien eine Festschrift (B 1963).

Schriften: *Bachs Matthäus-Passion*, in: Bach-Jb. 25 (1928); *Bachs h-moll-Messe*, in: ebd. 34 (1937); *Luther und Bach* (B 1947); *J. S. Bachs Kirchen-Kantaten* (B 1947–49, [2]1950); *J. S. Bach bei seinem Namen gerufen* (Kas 1950); *Bach in Köthen* (B 1951); *Goethes Verhältnis zu Bach* (B – Da 1955); er gab heraus *Bach, h-moll-Messe* (Kas 1955) (= NBA II/1) mit wichtigem Kritischem Bericht (ebd. 1956). – *Bach-Stud.* Gesammelte Reden u. Aufsätze, hrsg. v. Ch. Wolff (Kas 1969).

Lit.: **Zu 2):** G. VON DADELSEN, F. S.s Ausg. der h-moll-Messe v. J. S. Bach, in: Mf 12 (1959); A. DÜRR, F. S. (1893–1980), in: Mf 33 (1980).

SMETANA, Bedřich (Friedrich), * 2. 3. 1824 Leitomischl (heute Litomyšl; Ostböhmen), † 12. 5. 1884 Prag; tschechischer Komponist. Schon früh erteilte der Vater, Pächter einer Brauerei in Leitomischl, ihm den ersten Musikunterricht. Mit 6 Jahren trat S. bereits öffentlich als Pianist auf, wenig später begann er zu komponieren (*Galopp*, 1832). Gleichwohl strebte der Vater für den Sohn keine Wunderkindkarriere, sondern eine gute Allgemeinbildung an. Nach dem Abschluß des Gymnasiums entschied sich S. endgültig für die Musik. Seit 1844 studierte er in Prag bei Josef Proksch Komposition und wurde im selben Jahr Klavierlehrer der Familie von Graf Leopold Thun. 1848 gründete er in Prag eine eigene Musikschule. Auf Empfehlung des Pianisten Alexander Dreyschock reiste er 1856 nach Göteborg. Dort ließ er sich nach mehreren erfolgreichen Konzerten als Musiklehrer nieder und übernahm die Leitung der Måndagssångövningssällskapet (seit 1857 Harmoniska Sällskapet). Wesentliche Anregungen vermittelte ihm die Begegnung mit Fr. Liszt, dem er 1848 seine *Six morceaux caractéristiques* gewidmet hatte und mit dem er bereits 1856 in Prag zusammengetroffen war. 1857 wohnte er in Weimar der Uraufführung von Liszts symphonischer Dichtung *Die Ideale* und der *Faust-Symphonie* bei. Noch im selben Jahr begann S. mit der Komposition seiner ersten symphonischen Dichtung *Richard III.*, der bald *Wallensteins Lager* und *Hakon Jarl* folgten. 1861 kehrte S. in seine Heimat zurück. Begeistert für die nationale tschechische Bewegung nahm er 1862 die Arbeit an seiner ersten Oper *Die Brandenburger in Böhmen* auf, um sich an dem für eine tschechische Nationaloper ausgeschriebenen Wettbewerb zu beteiligen. 1863 wurde er Vorsitzender der neugegründeten Musiksektion der Kunstvereinigung (Umělecká beseda). 1863–65 leitete er den Gesangverein Hlahol und wirkte 1864–65 als Musikreferent der Zeitung *Národní listy*. Nach dem überwältigenden Erfolg seiner Oper *Die Brandenburger in Böhmen* wurde er 1866 Kapellmeister des tschechischen Theaters (des sogenannten Interimstheaters). Während seiner Tätigkeit in diesem Amte trat S. im besonderen für die Werke zeitgenössischer tschechischer Komponisten ein. 1874 wurde er taub und mußte die musikalische Leitung des Theaters niederlegen. Im selben Jahr komponierte er die erste symphonische Dichtung seines Zyklus *Mein Vaterland*, den er 1879 mit *Blaník* vollendete. Nach dem Einsetzen seiner Taubheit entstanden ferner die Opern *Der Kuß*, *Das Geheimnis* und *Die Teufelswand* sowie die beiden Streichquartette. Seine als Festspiel konzipierte Oper *Libussa* wurde 1881 anläßlich der Einweihung des Nationaltheaters zur Uraufführung gebracht. Zusammen mit der 100. Aufführung seiner Oper *Die verkaufte Braut* im Mai und der enthusiastisch gefeierten Uraufführung seines Zyklus *Mein Vaterland* im November 1882 bildet dieses Ereignis den krönenden Höhepunkt seines in den letzten Lebensjahren von Tragik gekennzeichneten Wirkens für die tschechische Musik.

WW: **1) Instr.-WW: a)** Für Klv.: *Galopp* (1832); *Galopp di bravoura* (1840); *Bagatelles et impromptus* (1844); Sonate g-moll (1846); *Six morceaux caractéristiques*, op. 1 (1847–48); *Sechs Stammbuch-Blätter*, op. 2 (1848–50); *Hochzeitsszenen* (1849); *Stammbuch-Blätter*, op. 3 (1851–56); *Trois polkas de salon*, op. 7 (1854); 8 *Skizzen*, op. 4 u. op. 5 (1856–57); *Macbeth a čarodějnice* (Macbeth u. die Hexen) (1859); *Konzert-Etüde*, op. 12 (1859); *Souvenir de Bohême en forme de polka* (1859–60); *Fantaisie concertante sur des chansons nationales tchèques* (1862); *Rêves (Sny)*. 6 *Morceaux caractéristiques* (1875); *České tance* (Böhmische Tänze) (1877). – **b)** Kammermusik: Klaviertrio g-moll, op. 15 (1855, revidiert 1857); Streichquartett e-moll, *Z mého života* (Aus meinem Leben) (1876); *Z domoviny* (Aus der Heimat), 2 Stücke für V. u. Klv.; Streichquartett d-moll (1882–83). – **c)** Für Orch.: symphonische Dichtungen: *Richard III.* (nach Shakespeare), op. 11 (1857–58); *Wallensteins Lager* (nach F. von Schiller), op. 14 (1858–59); *Hakon Jarl* (nach A. G. Oehlenschläger), op. 16 (1860–61); Zyklus *Má vlast* (Mein Vaterland), 1: *Vyšehrad* (1872–74), 2: *Vltava* (Die Moldau) (1874), 3: *Šárka* (1875), 4: *Z českých luhů a hájů* (Aus Böhmens Hain u. Flur) (1875), 5: *Tábor* (1878), 6: *Blaník* (1879). – *Jubel-Ouvertüre*, op. 4 (1848–49, revidiert 1883); *Triumph-Symphonie* E-Dur, op. 6 (1853–54, revidiert 1881); 2 Ouvertüren zu Puppenspielen: *Doktor Faust* (1862) u. *Oldřich a Božena* (1863); *Pochod k slavnosti Shakespearově* (Festmarsch zur Shakespearefeier) (1864); *Slavnostní předehra* (Festouvertüre) (1868) (zur Grundsteinlegung des Nationaltheaters); *Pražský karneval* (Prager Karneval) (1883). – **2) Vokal-WW:** 11 Lieder, darunter 5 *Večerní píšne* (Abendlieder) (1879); zahlr. Chorwerke, u.a.: *Píseň svobody* (Lied der Freiheit) für einst. Chor u. Klv. (1848); *Česká píseň* (Tschechisches Lied), 3 Fassungen: op. 17 (1860) für Männerchor, (1868) für gem. Chor u. Klv. sowie (1878) für gem. Chor. u. Orch.; *Tři jezdci* (Die drei Reiter) (1862) für Männerchor; *Píseň na moři* (Lied auf dem Meer) (1877) für Männerchor. – **3) Bühnen-WW** (UA in Prag): Opern: *Braniboři v Čechách* (Die Brandenburger in Böhmen) (1862–63) (Libr.: K. Sabina), UA: 1866; *Prodaná nevěsta* (Die verkaufte Braut) (Libr.: ders.), UA: 1866, endgültige Fassung UA: 1870; *Dalibor* (Libr.: J. Wenzig u. E. Špindler), UA: 1868; *Libuše* (Libussa) (Libr.: dies.), UA: 1881; *Dvě vdovy* (Zwei Witwen) (Libr.: E. Züngel nach F. Mallefille), UA: 1874, endgültige Fassung UA: 1878; *Hubička* (Der Kuß) (Libr.: E. Krásnohorská nach K. Světlá), UA: 1876; *Tajemství* (Das Geheimnis) (Libr.: E. Krásnohorská), UA: 1878; *Čertova stěna* (Die Teufelswand) (Libr.: dies.), UA: 1882.

S., aus dessen Œuvre die Oper *Die verkaufte Braut*, der Zyklus *Mein Vaterland* und die beiden Streichquartette nach seinem Tode Eingang in das internationale Repertoire gefunden haben, ist der Begründer der tschechischen Nationalmusik. Nach seiner Rückkehr aus Schweden trat er als Pianist, Dirigent, Kritiker, Organisator des Musiklebens und als Komponist unermüdlich für eine eigenständige tschechische Musikkultur ein. Seinen Opern liegen, abgesehen von *Die zwei Witwen*, ausschließlich tschechische Sujets zugrunde. Als eigentliche Hauptwerke seines Opernschaffens betrachtete S. die heroisch-tragische Oper *Dalibor*, die ihn in den Ruf brachte, Wagnerianer zu sein, und das Festspiel *Libussa*. Läßt *Dalibor* Verwandtschaft sowohl mit L. van Beethovens *Fidelio* als auch mit R. Wagners *Tristan* erkennen, so geht *Libussa* auf den tschechischen Mythos von der legendären Dynastie der Přemysliden zurück und gipfelt in Libussas Prophezeiung vom einstigen Ruhm des tschechischen Volkes. – S.s symphonisches Schaffen nach der *Jubel-Ouvertüre* und der *Triumph-Symphonie* ist wesentlich geprägt von Liszts Idee der symphonischen Dichtung. Mit dem aus 6 Teilen bestehenden Zyklus *Mein Vaterland* schuf er in der monumentalen Verherrlichung des

Mythos *(Vyšehrad, Šárka)*, der Landschaft *(Die Moldau, Aus Böhmens Hain und Flur)* und der Geschichte *(Tábor, Blaník)* seiner Heimat gleichsam ein Nationalepos in Tönen. S.s Klaviermusik zeigt teils Einflüsse von R. Schumann und Fr. Chopin, teils von Liszt und ist in den späteren Kompositionen, insbesondere was die Tendenz betrifft, die Polka zu „idealisieren", von den Bemühungen um einen eigenständigen tschechischen Stil gekennzeichnet. In seinem Streichquartett e-moll, *Aus meinem Leben,* übertrug S. das Prinzip des Dichtens in Tönen auf die Kammermusik und stellte 4 Abschnitte seines Lebens dar, im letzten Satz die „Erkenntnis der elementaren Kraft, die in der nationalen Musik ruht", und den Beginn seiner Taubheit.

Ausg.: **1) Kompositionen:** GA (Souborná díla B. Smetany), hrsg. v. der S.-Ges. unter Leitung v. Z. NEJEDLÝ, bisher erschienen I: Jugendwerke bis 1843 (Pr 1924); II–IV: *Prodaná nevěsta* (Die verkaufte Braut) (Pr 1932–36). – Studijní vydání del B. Smetany (Stud.-Ausg. der Werke B. S.s), hrsg. v. F. BARTOŠ – J. PLAVEC u.a., bisher 13 Bde. erschienen (Pr 1940ff.). – Klavírní dílo B. Smetany (Die Klavierwerke B. S.s), hrsg. v. M. OČADLÍK u. a., bisher 5 Bde. erschienen (Pr 1944–73). – B. S. Písně (Lieder), hrsg. v. J. PLAVEC (Pr 1962). – **2) Briefe u. Tagebücher:** K. TEIGE, Dopisy Smetanovy (S.s Briefe) (Pr 1896); F. BARTOŠ, S. ve vzpomínkách a dopisech (Pr 1939, [9]1954), dt. als: S. in Briefen u. Erinnerungen (Pr 1954).

Lit.: **1) Werkverzeichnisse u. Bibliographien:** K. TEIGE, Příspěvky k životopisu a umělecké činnosti mistra B. Smetany, I: Skladby Smetanovy (S.s Werke) (Pr 1893); H. SÉQUARDTOVÁ, Soupis rukopisů B. Smetany (Ein Verz. der Mss. B. S.s), in: Sborník Musea B. Smetany 1 (Pr 1959); M. OČADLÍK, Soupis dopisů B. Smetany (Ein Verz. der Briefe B. S.s), in: Miscellanea musicologica 15 (1960); R. BUDIŠ – V. KAFKOVÁ, B. S. výběrová bibliografie (B. S.: Ausgew. Bibliogr.) (Pr 1963); J. F. BENNETT, S. on 3000 Records (Blandford 1974). – **2) Biographien u. umfassende Darstellungen:** O. HOSTINSKÝ, B. S. a jého boj o moderní českou hudbu (B. S. u. sein Kampf um die moderne tschechische Musik) (Pr 1901, [2]1941); Z. NEJEDLÝ, Smetaniana (Pr 1922); DERS., B. S., 4 Bde. (Pr 1924–33), erweiterte 2. Aufl. in 7 Bd.en (Pr 1950–56); DERS., B. S. Doba zrání (Die Reifezeit) (Pr 1924, [2]1962); V. HELFERT, Tvůrčí rozvoj B. Smetany (Pr 1924, [3]1953), dt. Übers.: Die schöpferische Entwicklung Friedrich S.s (L 1956); E. RYCHNOVSKY, S. (St – B 1924); B. KARÁSEK, B. S. (Pr 1966, dt. Pr 1967); B. LARGE, S. (Lo – NY 1970); J. CLAPHAM, S. (Lo 1972); K. HONOLKA, B. S. in Selbstzeugnissen u. Bilddokumenten (Reinbek 1978). – **3) Zu einzelnen Werken und Werkgruppen:** Z. NEJEDLÝ, Zpěvohry Smetanovy (S.s Opern) (Pr 1908); O. ZICH, Symfonické básně Smetanovy (S.s symphonische Dichtungen) (Pr 1924); PR. PRAŽÁK, Smetanovy zpěvohry (S.s Opern), 4 Bde. (Pr 1948); G. SCHUFFENHAUER, Die tschechoslowakische Volksmusik u. ihr Einfluß auf die Opern F. S.s (Diss. B 1957); V. FELIX, Smetanova harmonie, 3 Bde. (Diss. Pr 1960); V. HUDEC, Zum Problem des „Lisztartigen" in S.s symphonischen Dichtungen, in: Studia musicologica 5 (1963); M. OČADLÍK, B. S.s Beziehungen zu F. Schubert, in: Musica – Mens – Musici. Gedenkschrift W. Vetter (L 1970); V. KARBUSICKÝ, Beethoven u. S. Stilanalytische u. soziologische Notizen, in: Kgr.-Ber. Bonn 1970 (Kas 1973); V. KYAS, Die harmonische Struktur v. Tomášeks lyrischen Klavierstücken. Zur Frage der Entstehung v. S.s Kompositionsstil, in: Sborník prací filosofické fakulty brněnské university 8 (1973); J. JIRÁNEK, Das Problem der Beziehung v. Musik u. Wort im Schaffen B. S.s, in: Colloquium Musik u. Wort Brünn 1969 (Brünn 1973); J. CLAPHAM, Dalibor. An Introduction, in: Opera 27 (1976); B. LARGE, S.'s Brandenburgers, in: MT 119 (1978); A. GOEBEL, F. S., „Das Brautpaar". Ein Beitr. z. Charakterstück im 19. Jh., in: Musik u. Bildung 14 (1982).

D. ALTENBURG

SMETANA-QUARTETT (eig. Smetanovo kvarteto), tschechisches Streichquartett, gegr. 1943 von Studenten des Prager Konservatoriums unter dem Namen Kvarteto české konservatoře (Quartett des tschechischen Konservatoriums), trat 1945 in Prag erstmals unter seinem jetzigen Namen an die Öffentlichkeit. Bis 1947 spielte das Ensemble mit *Jaroslav Rybenský* (* 12. 1. 1923 Bojanov, Kreis Chrudim) als Primarius, *Lubomír Kostecký* (* 5. 6. 1922 Ostrau), 2. Violine, *Václav Neumann,* Viola, und *Antonín Kohout* (* 12. 12. 1919 Lubná, Kreis Rakornik), Violoncello. 1947 trat *Jiří Novák* (* 5. 9. 1924 Horní Jelení, Kreis Paradubice) an die Stelle von Rybenský, der Neumann ablöste. 1955 nahm *Milan Skampa* (* 4. 6. 1928 Prag) die Position des erkrankten Rybenský ein. Werke von A. Dvořák, B. Smetana und L. Janáček, der Wiener Klassik und der zeitgenössischen Musik nehmen im Repertoire einen Hauptrang ein.

SMIJERS, Albertus Antonius, * 19. 7. 1888 Raamsdonksveer (Nordbrabant), † 15. 5. 1957 Utrecht; ndl. Musikforscher. Er studierte in Haaren Theologie (1912 Priesterweihe), in Amsterdam Musik und in Wien (G. Adler) Musikwissenschaft (1917 Promotion). 1929–33 lehrte er am Konservatorium in Amsterdam. 1930 wurde er auf den neuerrichteten Lehrstuhl für Musikwissenschaft an der Universität Utrecht berufen.

Schriften: *K. Luython als Motetten-Komponist* (Diss. W 1917, gedruckt A 1923) (= TVer 11); *Die kaiserliche Hofmusik-Kapelle von 1543–1619,* in: StMw 6–8 (1919–21); *Josquin des Prez,* in: Proc. Mus. Assoc. 53 (1927); *De Missa Carminum van J. Hobrecht,* in: TVer 17 (1951). – S. war Hrsg. v.: *Werken van Josquin des Prés* (A 1921–57) (fortgesetzt v. M. Antonowycz); *Treize livres de motets parus chez P. Attaingnant,* 7 Bde. (P 1934–62, abgeschlossen v. A. T. Merritt); *Algemeene muziekgeschiedenis* (Utrecht 1938–[4]1947); *J. Obrecht, Opera omnia,* 3 Bde. (A 1953–56); *Van Ockeghem tot Sweelinck,* 7 Bde. (A 1939–56).

Lit.: E. REESER, A. S. zum Gedächtnis, in: Mf 11 (1958).

SMITH, Bessie (Elizabeth), * 15. 4. 1898 Chattanooga (Tennessee), † 26. 9. 1937 Clarksdale (Mississippi); amerik. Bluessängerin. Sie wurde 1910 von Ma Rainey verpflichtet, trat in Shows auf, hatte 1919 eine eigene Revue und begann 1923 mit einer Serie außerordentlich erfolgreicher Schallplattenaufnahmen, u. a. mit Cootie Williams, Fletcher Henderson und Louis Armstrong. 1926 auf dem Gipfel ihres Ruhms, trat sie in dem Film *St. Louis Blues* auf. Eine veränderte Publikumshaltung und die Wirtschaftskrise, aber auch ihr Alkoholkonsum führten 1930 zu ihrem Abstieg. Sie trat nur noch in Theatern von zweifelhaftem Ruf auf und sang 1933 zum letztenmal auf Schallplatte. 1936 deutete sich noch ein Comeback an; 1937 wurde ihr die Hauptrolle in einer Show angeboten, doch verunglückte sie auf einer Fahrt nach Memphis tödlich. Nicht belegt werden kann das Gerücht, daß sie als Negerin auf den Stufen eines „weißen" Krankenhauses verbluten mußte. Trotz des äußeren Rahmens vieler ihrer Auftritte, wie Show und Revue, bewegte sich die Gesangskunst von B. S. außerhalb der Glamoursphäre. Mit ihrer sonor-rauchigen Stimme erfüllte sie den Vaudeville-Blues mit einer weit über das Metier hinausgehenden Kraft des Ausdrucks. Das Elementare und bisweilen Würdige ihres Gesangs trug ihr den Ehrentitel „Kaiserin des Blues" ein.

Lit.: P. OLIVER, B. S. (Lo 1959) (= Kings of Jazz 3) (dt. St 1960) (= Kings of Jazz 4); N. SHAPIRO – H. HENTOFF, Jazz erzählt (Mn 1962); CH. ALBERTSON, Bessie (NY 1972); A. POLILLO, Jazz, Gesch. u. Persönlichkeit der afro-amerik. Musik (Mn 1978).

SMITH, Jimmy James Oscar, * 8. 12. 1925 Norristown (Pennsylvania); amerik. Jazzorganist. Er studierte Klavier und Kontrabaß und gründete 1955 ein eigenes Trio, mit dem er bald sehr erfolgreich war. Während der 60er Jahre trat er auch als Solist in Big Bands auf, begleitete das Vokalensemble „The Supremes" und 1969 den Pianisten Erroll Garner. In der Jazzszene der 70er Jahre blieb er allerdings etwas im Hintergrund. S. gilt als führender Organist des konventionellen Modern Jazz. Sein Verdienst ist es, die Phrasierungen von Blasinstrumenten und den Sound einer Big Band als neue Spielmöglichkeit für die Orgel erschlossen zu haben, in der er viele Nachahmer fand.

SMITH (Schmidt). – **1) John Christopher** (Johann Christoph) (I), * 17. 3. 1683 Kitzingen, † Januar 1763 London; dt. Musikverleger. 1719 begleitete er G. Fr. Händel, den er in Halle kennengelernt hatte, nach London, unterstützte vielfältig dessen Opernaufführungen und war auch als Musikverleger tätig. – **2) John Christopher** (Johann Christoph) (II), Sohn von 1), * 1712 Ansbach, † 3. 10. 1795 Bath; engl. Komponist. Er war Schüler von G. Fr. Händel, Th. Roseingrave und J. Chr. Pepusch, trat seit 1732 als Opernkomponist hervor und unternahm 1746–50 Reisen nach Holland, Frankreich und Italien. Nach London zurückgekehrt, assistierte er Händel als Cembalist und Organist bei dessen Oratorienaufführungen, die er nach Händels Tod einige Jahre fortsetzte. 1754 wurde er Organist an der Foundling Hospital Chapel und war 1762–72 Master of Music der Prinzessin von Wales. 1774 zog er sich nach Bath zurück.

WW: **Zu 2):** Suiten u. Sonaten für Cemb., op. 1–5 (Lo 1732–63). – Oratorien *Judith* (1758); *Paradise Lost,* UA: London 1760; *Jehosaphat* (1764). – 7 erhaltene Opern, darunter *Teraminta,* UA: London 1732; *Ulysses,* UA: ebd. 1733; *The Fairies* u. *The Tempest* (nach W. Shakespeare), UA: ebd. 1755 bzw. 1756; ferner einige Kantaten u. ä.

Ausg.: **Zu 2):** Orch.-Suite (aus *Ulysses*), hrsg. v. F. BUCK (H 1961).

Lit.: **Zu 1):** J. S. HALL, J. Ch. S., Handel's Friend and Secretary, in: MT 96 (1955); DERS., J. Ch. S. and His Residence in London, in: Händel-Jb. 3 (1957). – **Zu 2):** W. COXE, Anecdotes of G. F. Handel and J. Ch. S. (Lo 1799, Nachdr. Lo 1980); M. SANDS, The Problem of „Teraminta", in: ML 33 (1952); A. D. MCCREDIE, J. Ch. S. as a Dramatic Composer, in: ML 45 (1964); G. BEECHEY, The Keybord Suites of J. Ch. S. (1712–95), in: RBMie 24 (1970); A. G. WILLIAMS, Stanley, Smith and Teraminta, in: ML 60 (1979).

SMITH, John Stafford, getauft 30. 3. 1750 Gloucester, † 21. 9. 1836 London; engl. Organist, Sänger und Komponist. Er war Schüler von W. Boyce in London, wurde 1761 Chorknabe, 1784 Gentleman und 1802 Organist der Chapel Royal und war 1805–17 Master of the Children. S. war als Komponist von Catches, Canons, Glees und Oden zu seiner Zeit sehr beliebt. Die Melodie der Nationalhymne der USA, *The Star-Spangled Banner,* ist seinem Lied *To Anacreon in Heaven* entlehnt. Bekannt wurde er auch als Sammler und Herausgeber älterer Musik und als Berater von J. Hawkins. Seine Sammlung *Musica antiqua* (Lo 1812) mit Werken des 12. bis 18. Jh. ist eine Pioniertat früher englischer Musikforschung.

SMITS VAN WAESBERGHE, Joseph, SJ, * 18. 4. 1901 Breda, † 9. 10. 1986 Amsterdam; ndl. Musikforscher. Nach dem Studium der Philosophie u. Theologie sowie der Musik war er Musikdirektor an den Jesuitenkollegs in Nijmegen und Amsterdam und lehrte dann Gregorianik an den Konservatorien in Rotterdam (1939–43) und Amsterdam und lehrte dann Gregorianik an den Konservatorien in Rotterdam (1939–43) und Amsterdam (1944–60). 1947 habilitierte er sich an der Universität Amsterdam und lehrte dort bis 1971 (1957 Professor). S. war vor allem auf dem Gebiet der Musiktheorie einer der führenden Mediävisten. Zum 60. und 75. Geburtstag wurde er durch Festschriften geehrt: *Organicae voces* (hrsg. v. P. Fischer, A 1963) und *Dia-Pason* (hrsg. v. C. J. Maas – M. U. Dchouten-Glass, Buren 1976).

Schriften: *Muziekgeschiedenis der middeleeuwen,* 2 Teile (Tilburg 1936–39, 1939–47); *Het Gregoriaans* (A 1943, engl. Sto 1946, dt. Sto 1946); *Muziek en drama in de middeleeuwen* (A 1943, ²1954); *School en muziek in de middeleeuwen* (A 1949); *Cymbala (Bells in the Middle Ages)* (R 1951, NA Lo 1961) (= MSD 1); *Das gegenwärtige Geschichtsbild der mittelalterlichen Musik,* 11 Folgen, in: KmJb 46–58/59 (1962–75); *Musikerziehung. Lehre und Theorie der Musik im Mittelalter* (L 1969) (= Musikgesch. in Bildern III/3); *Einige Regeln der lateinischen rhythmischen Prosa in mittelalterlichen Traktaten*, in: Musicae Scientiae Collectanea. FS K. G. Fellerer (Kö 1973). – Editionen: *J. Afflighemensis, De musica cum tonario* (1950) (= CSM 1); *Guidonis Aretini Micrologus* (1955) (= ebd. 4).

SMOLA, Emmerich, * 8. 7. 1922 Bergreichenstein (Westböhmen; heute: Kašperské Hory); dt. Dirigent. Er studierte Musik in Prag und war zunächst als Kontrabassist tätig. Seit 1948 leitet er in Kaiserslautern das Unterhaltungsorchester (heute: Rundfunkorchester) des SWF. S. ist einer der bekanntesten deutschen Rundfunkdirigenten. Sein besonderes künstlerisches Profil verdankt er nicht zuletzt der Originalität seiner Programme, die von Volksmusik und Volkslied bis zur Oper ein weites Spektrum der Unterhaltungsmusik umfassen. 1986 wurde S. zum Professor ernannt.

SMORZANDO (it., = verlöschend), Vortrags-Bz., die ein äußerstes ↗diminuendo bei gleichzeitigem ↗ritardando fordert (Synonym zu ↗morendo).

SMYTH, Dame **Ethel Mary,** * 23. 4. 1858 London, † 8. 5. 1944 Woking (Surrey); engl. Komponistin. Sie studierte am Konservatorium in Leipzig und privat bei H. von Herzogenberg, in dessen Haus sie die namhaftesten zeitgenössischen Komponisten, darunter E. Grieg, P. Tschaikowsky und J. Brahms, kennenlernte. Mehrere in Deutschland und England aufgeführte Opern sowie eine Messe trugen ihr bald den Ruf der führenden Komponistin ihrer Zeit ein. Nach 1910 lebte sie vorwiegend in England, wo sie aktiv die Suffragettenbewegung unterstützte. 1919–39 trat sie zunehmend auch mit meist autobiographischen Schriften hervor.

WW: Kammermusik; Orch.- u. Vokal-Werke, darunter eine Messe (1891, revidiert 1925). – Opern: *Fantasio* (nach A. de Musset), UA: Weimar 1898; *Der Wald*, UA: Berlin 1902; *The Wreckers*, UA: Leipzig 1906; *The Boatswain's Mate*, UA: London 1916; *Fête galante*, UA: Birmingham 1923.

Lit.: C. S. JOHN, E. S. (Lo 1959) (mit Werk-Verz.).

SÖDERMAN, Johan August, * 17. 7. 1832 Stockholm, † 10. 2. 1876 ebd.; schwed. Komponist. Er studierte 1847–51 am Konservatorium in Stockholm, war dann als Komponist für die Theatergesellschaft von Edvard Stjernström tätig, der ihn 1856–57 zur weiteren Ausbildung an das Leipziger Konservatorium schickte. 1860 wurde er Chormeister und 1862 2. Kapellmeister der Stockholmer Oper. 1869–70 besuchte er als Stipendiat erneut Deutschland. S. wurde vor allem durch seine Orchesterballaden bekannt (↗Schweden).

WW: Kammermusik; Messe; Chöre; Balladenkompositionen mit Orch.: *Tannhäuser* (1857); *Die verlassene Mühle* (1857); *Mummelsee; Der arme Peter* (1867); *Der schwarze Ritter* (1874); Balladenkompositionen mit Chor: *Die Wallfahrt nach Kevlaar* (1866). – Ferner Operetten u. Bühnenmusik.

Lit.: G. JEANSON, A. S. (Sto 1926); K. NYBLOM, A. S. (Sto 1928).

SOGGETTO (it., = Subjekt; von lat. subiectum = das Zugrundeliegende; engl.: subject; frz.: sujet; span.: sujeto). Die it. Wortform wird vor allem in der Kompositionslehre des 16. Jh. verwendet und bezeichnet hier eine Tonfolge in größeren Notenwerten, die einem polyphonen Satzgefüge als tragendes Element dient. In der Regel handelt es sich dabei um schon vorhandenes Melodiegut, das dem Gregorianischen Gesang (S. di canto fermo) oder einer mehrstimmigen Komposition (S. di canto figurato) entnommen ist; ein nicht entlehnter S. wurde S. di inventione propria genannt. Da ein S. meist in die Tenorstimme gelegt wurde, benutzte man später auch das Wort Tenor in gleicher Bedeutung; Entsprechendes gilt für den Terminus ↗Cantus firmus.

Der (oder auch das) S. gab häufig einer Komposition ihren individuellen Namen (*Missa O quam suavis, Missa L'homme armé* von J. Obrecht). Eine besondere Stellung hatte der S. sopra voci musicali; hier entsprach der S. einem mit ↗Solmisations-Silben (ut, re, mi, fa, sol, la) bezeichneten Leiterausschnitt des ↗Hexachord-Systems (*Missa la sol fa re mi* von Josquin des Prés). Ein S. cavato dalle parole (d.h. ein den Wörtern entnommener S.) wurde aus der Entsprechung zwischen den Vokalen eines Textes und den Solmisationssilben gewonnen. Dabei galt folgende Zuordnung: a = fa oder la, e = re, i = mi, o = sol, u = ut. So verwendet Josquin des Prés in einer dem Herzog Ercole von Ferrara gewidmeten Messe den der lat. Namensform entsprechenden S.:

d	c	d	c	d	f	e	d
re	ut	re	ut	re	la	mi	re
Her-	cu-	les	Dux	Fer-	ra-	ri-	ae

Vereinzelt wurden auch Konsonanten einbezogen (v = vt = ut, f = fa usw.), z. B. für das Motto „Vive le roi“ in einer anderen Messe Josquins, die König Ludwig XII. gewidmet ist:

c	e	c	d	d	g	e
ut	mi	vt	re	re	sol	mi
V-	i-	v-	e	le	ro-	i

Im Verlauf der Entwicklung wandelte sich die Bedeutung des Begriffs vom „vorgeformten Konstruktionselement“ zur „thematisch-motivischen Substanz“.

So erhält das Wort S. beim ↗Kanon die Bedeutung einer Führungsstimme (guida). In den ↗Motetten des 16. Jh. bezeichnet man die textgeprägten musikalischen Gedanken, die imitatorisch „durch die Stimmen geführt“ werden, als Soggetti. In der Folgezeit übertrug man diese Bedeutung auf die thematischen Bildungen der imitatorischen Instrumentalformen (↗Ricercar, ↗Kanzone, ↗Capriccio u. a.) und schließlich auf das „Thema“ der ↗Fuge (im deutschsprachigen Bereich wurde hierfür vorwiegend die lat. Wortform subiectum = ↗Subjekt gebraucht).

G. B. Martini hat in seiner Kontrapunktlehre (1775) die Bedeutung des Wortes S. eingeschränkt auf einen bestimmten Thementyp „von mittlerer Ausdehnung, üblicherweise nicht kürzer als 1½ Takte und innerhalb des tempo ordinario …“ (vgl. Beispiel im Artikel Fuge).

Die neuere musikwiss. Literatur verwendet den Begriff S. gelegentlich für melodische Bildungen mit Themafunktion in der Musik des Barock, die im Vergleich zum „klassischen“ Thema eher typischen als individuellen Charakter haben.

Lit.: A. THÜRLINGS, Die „soggetti cavati dalle vocali“ in Huldigungskompositionen u. die Herculesmesse des Lupus, in: Kgr.-Ber. Basel 1906; S. SCHMALZRIEDT, Subiectum/soggetto/sujet/Subjekt, in: HMT. E. PLATEN

SÖHNGEN, Oscar, * 5. 12. 1900 Barmen, † 28. 8. 1983 Berlin; dt. Theologe und Musikforscher. Er studierte seit 1919 in Bonn (Dr. phil. 1922) und Marburg (Lic. theol. 1924), war seit 1926 Pfarrer in Köln und wurde 1932 Referent für Kirchenmusik und kirchliche Kunst beim Evangelischen Oberkirchenrat Berlin (1936 Oberkonsistorialrat, 1951 Vizepräsident der Evangelischen Kirche der Union). Gleichzeitig lehrte S. 1935–70 an der Hochschule für Musikerziehung und Kirchenmusik (später Hochschule für Musik) Berlin (1959 Professor). S. war Vorsitzender der Evangelischen Gesellschaft für Liturgieforschung. Sein Wirken für die zeitgenössische Kirchenmusik und ihre theologische Begründung, für die Institutionalisierung eines hauptberuflichen Kirchenmusikerstandes sowie sein maßgeblicher Anteil an der Schaffung des neuen Kirchengesangbuchs sind von grundlegender Bedeutung. Zum 60., 70. und 80. Geburtstag wurde er durch Festschriften geehrt.

Schriften: *Kirche u. zeitgenössische Kirchenmusik* (Kas 1932); *Säkularisierter Kultus* (Gütersloh 1950); *Fragen u. Aufgaben der katholischen Kirchenmusik*, in: Theologische Literaturzeitung 75 (1950); *Die Wiedergeburt der Kirchenmusik* (Kas 1953); *Kämpfende Kirchenmusik. Die Bewährungsprobe im III. Reich* (B 1954); *Handbuch zum Evangelischen Kirchengesangbuch*, 4 Bde. (B 1954–70) (zus. mit Ch. Mahrenholz); *Wandel u. Beharrung* (B 1965) (Aufsatzslg., mit Bibliogr.); *Theologie der Musik* (Kas 1967); *Erneuerte Kirchenmusik* (B 1975); *Musica sacra zwischen Gestern u. Morgen* (B 1979, ²1981).

Lit.: J. STALMANN, in: Mf 23 (1969); W. POSTH, in: Der Kirchenmusiker 21 (1970). J. DORFMÜLLER

SOL, die fünfte ↗Solmisations-Silbe, die im mittelalterlichen ↗Hexachord-System je nach Transposition die Töne g, c oder d bezeichnete. Im Französischen, Italienischen und Spanischen Bz. für den Ton G.

SOLAL, Martial, * 23. 8. 1927 Algier; frz. Jazzpianist. S. kam 1950 nach Paris, spielte zunächst mit französischen Orchestern, dann auch mit bedeutenden amerikanischen Jazzmusikern wie Kenny Clarke, Jay Jay Johnson und Oscar Pettiford. Seit den 60er Jahren leitete er eigene Trios, trat in den 70er Jahren aber auch als Solist hervor. S. gehört zu den führenden europäischen Jazzpianisten. Er setzt den virtuosen Stil des Swingpianisten Art Tatum mit den komplexeren Mitteln des Modern Jazz fort.

SOLDATEN, DIE, Oper in 4 Akten von Bernd Alois Zimmermann (1918–70), Text vom Komponisten nach dem gleichnamigen Schauspiel (1776) von Jakob Michael Reinhold Lenz. UA: 15. 2. 1965 in Köln.

Die Geschichte der Marie Wesener, einer Bürgerstochter, die sich mit einem Offizier von Stand einläßt, betrogen wird und, ihre Familie mit ins Unglück reißend, auf der Straße endet, steht in Lenzens Drama gleichgewichtig neben einem zweiten, breit ausgesponnenen Handlungsstrang, in dem das Treiben der zwangsweise unbeweibten Soldaten geschildert wird. Der Komponist übernahm nur einige dieser Offiziers-Szenen und akzentuierte dadurch stärker das Schicksal der Marie. Im 4. Akt aber suchte auch er den Zusammenhang zwischen den individuell-privaten Konflikten und dem eigentlich zugrunde liegenden gesellschaftlichen Defekt nachdrücklich ins Bewußtsein zu heben: Mit Hilfe vielfältigster akustischer und visueller Kunstmittel wird dort die Vergewaltigung des Menschen durch den Menschen versinnbildlicht; der Einzelfall erscheint nun zum Exemplum für die generelle Inhumanität der Welt erhoben. Während Zimmermann sich in diesen Schlußszenen den Konzeptionen eines „Totalen Theaters“ zuwandte, dokumentieren die erheblich ausgedehnteren anderen Akte, daß er mit seiner streng seriell disponierten Tonsprache gerade die Strukturgesetze der Gattung „Oper“ souverän zu erfüllen wußte. Weniger eine radikale Innovation, sondern vielmehr die bewußte Rückbindung an tradierte Gestaltungsstrategien prägt somit dieses Schlüsselwerk der modernen Musikdramatik, dessen Rang bereits durch eine beachtliche Reihe von Neuinszenierungen bestätigt worden ist. E. FISCHER

SOLDATENLIED. Sein Text handelt von dem Leben, dem Alltag oder den Tugenden der Soldaten. Oft erinnert er auch an frühere Soldaten-Generationen und beschreibt das gemeinsame Schicksal aller Soldaten. S.er stehen in gradem Takt (meist 4/4) und sind hauptsächlich für den Gesang während des Marschierens oder auch in geselliger Runde bestimmt.

Der Ursprung des deutschen S.es liegt in der Landsknechtszeit des 16. Jh.; die Texte dieser ersten Lieder beschreiben den Stand der Landsknechte und deren Taten (z.B. *Wir zogen in das Feld*). Im 17. und 18. Jh. stehen die Leistungen erfolgreicher Truppenführer im Mittelpunkt der Textinhalte (z.B. *Prinz Eugen, der edle Ritter*). Mit der Bildung von Volksheeren während der Freiheitskriege des 19. Jh. und danach entstanden auch S.er, deren Texte bei den Soldaten Gemeinschaftsgefühl sowie Vaterlands- und Freiheitsliebe wecken sollten. Im 20. Jh. nehmen die Texte der S.er meist Bezug auf die Pflichten der Soldaten oder auf bestimmte Waffengattungen (Panzer-, Flieger-, U-Boot-Lied u.a.). Die gebräuchlichsten S.er der Bundeswehr sind heute: *Der mächtigste König im Luftrevier; Die blauen Dragoner, die reiten; Ein Heller und ein Batzen; Ein Tiroler wollte jagen; Heute an Bord, morgen geht's fort; Heute wollen wir marschier'n; Ob's stürmt oder schneit; Regiment sein Straßen zieht; Vom Barette schwankt die Feder; Wir fliegen durch silberne Weiten; Wir lagen vor Madagaskar; Wir lieben die Stürme.*

Liederbücher der Dt. Bundeswehr: Liederbuch für Soldaten (Wb u.a. 1956); Liederbuch der Bundeswehr (ebd. 1958); Hell klingen unsre Lieder (ebd. 1962); Singfibel für Soldaten (Bonn 1963); Hell klingen unsere Lieder (Bamberg 1976).

Lit.: E. SCHROEDER, Das hist. Volkslied des 30jährigen Krieges (Diss. Marburg 1916); R. GÖTTSCHING, Das S. (B 1937) (= Musikal. Formen in hist. Reihen 20); W. HANSEN, Das S., in: Die dt. Soldatenkunde, hrsg. v. B Schwertfeger – E. O. Volkmann (L 1937); W. ELBERS, Das dt. S. im 1. Weltkrieg u. seine publizistische Bedeutung (Diss. Mz 1963). B. HÖFELE

SOLER, Antonio, getauft 3. 12. 1729 Olot (Provinz Gerona), † 20. 12. 1783 Kloster S. Lorenzo in El Escorial bei Madrid; span. Komponist. Er wurde 1736 in die Singschule des Klosters Montserrat aufgenommen, war seit etwa 1750 Kapellmeister an der Kathedrale in Lérida, trat 1752 in das Hieronymitenkloster El Escorial ein und versah dort das Organisten- und Chormeisteramt. 1752–57 war er noch Schüler von D. Scarlatti. Selbst unterrichtete er die Infanten Don Antonio und Don Gabriel de Bourbon.

WW: Über 100 Klv.-Sonaten, davon gedruckt *27 Sonatas para clave* (Lo 1796 ?); zahlr. Orgelstücke; 6 Konzerte für 2 Org. (oder Cemb.); 6 Quintette für Str. u. obligate Org. (oder Cemb.). – Etwa 300 kirchenmusikal. Werke, darunter Messen, Motetten, Psalmen, Hymnen, Magnificat, Litaneien, Lamentationen, Responsorien, Sequenzen sowie geistliche Kantaten (Villancicos). – Schriften: *Llave de la modulación, y antigüedades de la música* (Ma 1762); *Satisfacción a los reparos precisos hechos por Don A. Roel del Rio a la „Llave de la modulación"* (Ma 1765).

S. hat gleichermaßen mit seinen Vokal- und Instrumentalwerken einen bedeutsamen Platz in der spanischen Musikgeschichte inne. In Forschung und Praxis haben seit vielen Jahren vor allem die Sonaten und Konzerte Beachtung gefunden. S.s Schreibweise zeigt hier eine deutliche Distanz zu der entsprechenden Entwicklung im übrigen Europa und ist charakterisiert u.a. durch die Reihung sozusagen kurzatmiger Motive und Perioden ohne ausgeprägte Entwicklung und Fortspinnung. Gelegentlich finden sich Elemente aus volkstümlichen spanischen Liedern und Tänzen. Als Theoretiker vermittelt S. wertvolle Aufschlüsse über die zeitgenössische Praxis der Modulation namentlich in der Klaviermusik.

Ausg.: Conciertos para dos instrumentos de tecla Nr. 1–6, hrsg. v. M. S. KASTNER (Ba 1952–62), NA, 2 Bde. (Mz 1972); Sonatas para instrumentos de tecla, hrsg. v. S. RUBIO (Ma 1957 ff.), bisher erschienen Bde. 1–7 mit 120 Sonaten. – Zahlr. Vokalwerke, hrsg. v. F. MARVIN (W 1967–70). – *Llave de la modulación* 1762, Faks.-Ausg. (NY 1967) (= MMMLF II/42).

Lit.: K. F. HELMES, A. S.'s Keyboard Sonatas (Pretoria 1969); S. RUBIO, A. S. Catálogo Crítico (Ma 1980).

SOLFÈGE (frz., von it. solfeggio), im engeren Sinne gleichbedeutend mit ↗Solfeggio, im weiteren Sinne ein für Frankreich charakteristisches Unterrichtsfach in der musikalischen Ausbildung. Es umfaßt – unter vielfältiger Verwendung des Solfeggierens – Gehörbildung, Musikdiktat, Vom-Blatt-Singen und -Spielen und elementare Musiklehre.

SOLFEGGIO (it., Plural Solfeggi; dt. auch Solfeggien), in der Lehre und Praxis des ↗Gesangs ein Übungsstück, dessen einzelne Töne syllabisch auf die entsprechenden ↗Solmisations-Silben (daher der Name) bzw. dessen Tonfolgen melismatisch auf einzelne Solmisations-Silben gesungen, „solfeggiert" werden. Ein Stück, das auf Vokale gesungen, „vokalisiert" wird, heißt ↗Vokalise. In vielen Fällen können solche Stücke sowohl solfeggiert als auch vokalisiert werden. Solfeggi bestehen aus kürzeren oder längeren Tonfolgen (Intervalle, Skalen, Akkordbrechungen, Verzierungen u. ä.) bzw. gestalteten Melodien oder Ausschnitten aus Arien und Liedern, unbegleitet oder mit Klavier. In der Frühzeit der it. Gesangskunst wurden Solfeggi nur selten schriftlich fixiert (z. B. im Sammeldruck *Solfeggiamenti, et ricercari a due voci* (R 1642 = RISM 1642[6]). Erst seit der 2. Hälfte des 18. Jh. entsteht ein reiches Repertoire gedruckter S.-Sammlungen mit Paris als Haupterscheinungsort, darunter *Solfèges d'Italie,* hrsg. von P. Levesque – L. Bêche (1772 u.ö., nach Arien neapolitanischer Komponisten), G. Crescentini, *Solfeggi ed esercizi vari* (um 1810), G. Rossini, *Gorghetti e solfeggi* (1827); zu nennen sind ferner die Studienwerke von Giovanni Marco Bordogni, T. Vaccai, G. Concone, Theodor Hauptner u.a. Vereinzelt gibt es aber auch Solfeggi, die in ihrem künstlerischen Rang über das rein Technische hinausreichen, so von W. A. Mozart (KV 385b = 393, 1782 für seine Frau komponiert). In der neueren Gesangsausbildung, zumindest in Deutschland, hat das S. an Bedeutung verloren.

Lit.: H. BIEHLE, Die Stimmkunst, 2 Bde. (L 1931–32); O. JANDER, S., in: Grove[6] XVII.

SOLILOQUENTEN (von lat. solus = allein und loqui = reden), summarische Bz. für die einzeln redenden Personen in der deutschen ↗Passion (Petrus, Pilatus, Judas u.a.), im Unterschied zu Christus, ↗Evangelist und ↗Turba und ohne Rücksicht darauf, wie die S. kompositorisch in Erscheinung treten (solistisch oder chorisch).

SOLMISATION (von lat. solmisatio oder solmizatio; auch: solmifatio, solfatio, solfisatio, solfasatio, solfatura), Bz. für die auf Guido von Arezzo zurückgehende Methode, zur Einstudierung eines Gesangs und zur Stimmbildung alle Tonstufen auf Silben zu singen. Diese Methode wurde für das europäische MA verbindlich (↗Guidonische Hand). Ihr Demonstrationsobjekt ist seit Guidos *Epistola de ignoto cantu* der Hymnus zum Fest Johannes' des Täufers *Ut queant laxis:*

In diesem bilden die Anfangstöne jeder Halbzeile (mit Ausnahme der Zeile *Sancte Johannes*) einen aufsteigenden Sechstonausschnitt (c–a; ↗Hexachord) aus dem diatonischen System (↗Tonsystem), und jeder der 6 Tonstufen wird die Anfangssilbe der entsprechenden Halbzeile zugewiesen: c = *ut;* d = *re;* e = *mi;* f = *fa;* g = *sol;* a = *la.* Die so gekennzeichnete Sechstonreihe besteht aus den Ganztonschritten ut–re, re–mi und fa–sol, sol–la und einem in der Mitte liegenden Halbtonschritt (mi–fa). In Analogie zu der Reihe c–a (Hexachordum naturale) mit dem Halbtonschritt e–f als Mittelpunkt werden die gleich gebauten Reihen f–d (Hexachordum molle) und g–e (Hexachordum durum) um die Halbtöne a–b und h–c gruppiert. In der Folge (13./14. Jh.) wird der Tonraum Γ–ee (G–e²) in insgesamt 7 Sechstonreihen eingeteilt (dargestellt nach Hieronymus de Moravia und Engelbert von Admont):

ee							*la*
dd						*la*	*sol*
cc						*sol*	*fa*
bb						♭ *fa*	♮ *mi*
aa					*la*	*mi*	*re*
g					*sol*	*re*	*ut*
f					*fa*	*ut*	
e				*la*	*mi*		
d			*la*	*sol*	*re*		
c			*sol*	*fa*	*ut*		
b			♭ *fa*	♮ *mi*			
a		*la*	*mi*	*re*			
G		*sol*	*re*	*ut*			
F		*fa*	*ut*				
E	*la*	*mi*					
D	*sol*	*re*					
C	*fa*	*ut*					
B	♮ *mi*						
A	*re*						
Γ	*ut*						

Dieses S.s-System beschreibt jeden einzelnen Ton in seiner Beziehung zu den ihn umgebenden Ganz- und Halbtonschritten, indem jeder Tonbuchstabe gemäß seiner Lage im Tonsystem durch eine, zwei oder drei S.s-Silben charakterisiert wird: Γ ut, A re usw.; C fa ut, D sol re usw.; G sol re ut, a la mi re usw. Der Schüler lernt somit durch die S. das diatonische Tonsystem kennen: Will er eine Melodie solmisieren, muß er neben dem System auch die ↗Mutation, d.h. den Hexachordwechsel, beherrschen. Um der vermehrten und häufigen Verwendung von akzidenteller Chromatik ein theoretisches Fundament zu verleihen, wird gegen Ende des 13. Jh. die Zahl der Hexachorde erweitert, indem die Sechstonreihe ut re mi fa sol la auf jede Stufe des diatonischen Systems transponierbar wird. Somit kann jeder im Tonsystem mögliche Halbtonschritt als mi–fa dargestellt werden (1 = Ganzton-, ½ = Halbtonschritt; transponiert auf a):

Durch Mutation und Transposition verliert das System der S. seine Übersichtlichkeit. Daher setzen im 15. Jh. zahlreiche Reformbestrebungen ein mit dem Ziel, die Silbenzahl zu erweitern und somit Mutation und Transposition unnötig zu machen. Von diesen Reformbestrebungen unberührt, bleiben ↗Soggetti über S.s-Silben vor allem in den Meßkompositionen der ↗Franko-flämischen Schule beliebt: Berühmte Beispiele sind die Messen *Mi-mi* von J. Ockeghem, *La sol fa re mi, L'homme armé super voces musicales* und *Hercules Dux Ferrariae* von Josquin des Prés sowie *Ut re mi fa sol la* von G. P. da Palestrina. – Die erste Reform unternimmt 1482 B. Ramos de Pareja. Für chromatische Melodien hält er an den S.s-Silben fest, einfache Dur-Melodien aber will er nach den 8 Silben *psal-li-tur per vo-ces is-tas* singen lassen, die die Durtonleiter vollständig wiedergeben. Die franko-flämischen Sängerschulen des 16. Jh. führen über dem *la* eines Hexachords die Silbe *sy* für den Halbton, die Silbe *ho* für den Ganzton ein, während demgegenüber z. B. A. Banchieri 1614 die Silben *bi* und *ba* vorschlägt. Um und nach 1600 wird in der deutschen Musiktheorie (bei Calvisius, Lippius, Baryphonus u. a.) als Ersatz für die S. die Bocedisation (oder Bobisation) gelehrt mit den als Voces belgicae bezeichneten 7 Tonsilben *bo ce di ga lo ma ni (ni = h* bzw. *e)* bzw. *bo ce di ga lo ma pa (pa = b* bzw. *es).* 1623 veröffentlicht D. Hitzler in seiner *Newen Musica* die als Bebisation bezeichnete Tonsilbenskala *la be ce de me fe ge la.* Die chromatischen Töne sollen in dieser Skala durch Änderung des Vokals *e* in *i* (*be* in *bi, ce* in *ci* usw.) angezeigt werden. Damit stellt die Bebisation den ersten Versuch dar, chromatische Töne in ein S.s-System aufzunehmen:

				ci		di			fi		gi	
la		bi	ce		de		mi	fe		ge		la
	be					me						
a	b	h	c	cis	d	dis es	e	f	fis	g	gis	a

Auf C. H. Graun geht die Damenisation zurück, die aus den 7, die diatonischen Stammtöne bezeichnenden Tonsilben *da me ni po tu la be* besteht. Die chromatische Erniedrigung bzw. Erhöhung soll durch Anhängen von *as* oder *es* an die Silbenkonsonanten angezeigt werden. Aufgrund ihrer Unsanglichkeit und ihrer schlechten stimmbildenden Eigenschaften konnten sich indessen weder die Bebisation noch die Damenisation als Ersatz für die S. durchsetzen. Eine Alternative zur S. wird im 17. Jh. das Clavisieren (von lat. ↗Clavis; auch: Abecedieren), d.h. das Singen aller Intervalle nur nach den Tonbuchstaben. Erst 1892 gelingt es C. A. Eitz, mit Hilfe des ↗Tonwortsystems einen konsequenten und gut durchdachten Ersatz für die S. zu schaffen. Dennoch findet im deutschen Sprachbereich seit Beginn des 20. Jh. lediglich die auf dem englischen ↗Tonic Sol-fa beruhende ↗Tonika-Do-Methode allgemeine Verbreitung. Auch das Tonsilbensystem Münnichs, die Jale-Methode mit den Grundsilben *ja le mi ni ro su wa ja,* eine Verbindung der Eitzschen Tonwort- und der Tonika-Do-Methode konnte sich nicht durchsetzen. – ↗Solfeggio.

Lit.: GERBERT Scr.; COUSSEMAKER Scr.; G. LANGE, Zur Gesch. der S., in: SIMG 1 (1899/1900); R. MÜNNICH, Jale. Ein Beitr. z. Tonsilbenfrage (Lahr 1930, Wb ²1957); E. PREUSSNER, Solmisationsmethoden im Schulunterricht des 16. u. 17. Jh., in: FS F. Stein (Brau 1939); I. LOHR, S. u. Kirchentonarten (Bas 1943, ²1948); W. WIORA, Zum Problem des Ursprungs der ma. S., in: Mf 9 (1956); C.-A. MOBERG, Die Musik in Guido von Arezzos Solmisationshymne, in: AfMw 16 (1959); M. RUHNKE, S., in: MGG XII; J. SMITS VAN WAESBERGHE, Musikerziehung. Lehre u. Theorie der Musik im MA (L 1969) (= Musikgesch. in Bildern III/3); G. G. ALLAIRE, The Theory of Hexachords, Solmization and the Modal System. A Practical Application (R 1972) (= MSD 24); S. KLEINMANN, La s. mobile de J.-J. Rousseau à J. Curwen (P 1974); D. LEWIN, On the Interval Content of Invertible Hexachords, in: JMTh 20 (1976); A. HUGHES – E. GERSON-KIWI, S., in: Grove⁶ XVII.
B. R. SUCHLA

SOLO (it., = allein), im Italienischen dem Wortsinn entsprechende Besetzungsangabe (z. B. flauto s.; vgl. auch ↗tasto solo). S. ist eines der Worte, die im Zuge der Vorherrschaft it. musikalischer Termini seit dem 17. Jh. auch in anderen europäischen Sprachen heimisch geworden sind. Im dt. Sprachgebrauch findet es sich adjektivisch in Angaben wie Flöte solo (entsprechend flauto solo, vgl. aber frz. flûte seul), dann als bestimmende Angabe in zusammengesetzten Begriffen wie Solokantate, -konzert, -suite, -stimme, -instrument. Schließlich spricht man substantivisch von dem S. (Plural: den Soli) und meint damit in Solokonzerten die (meist an seinem Beginn jeweils eigens so bezeichneten) vom Soloinstrument beherrschten Abschnitte eines Solokonzerts im Unterschied zu den ↗Tutti-Stellen.

SOLOMON (eig. Solomon Cutner), * 9. 8. 1902 London; engl. Pianist. Seinen ersten Unterricht erhielt er von einer Schülerin Clara Schumanns, Mathilde Veine, und trat 8jährig mit dem 1. Klavierkonzert von P. Tschaikowsky in der Queen's Hall in London erstmals öffentlich auf. Nach Konzertreisen durch Europa vervollkommnete er seine Ausbildung bei M. Dupré in Paris und begann 1923 seine eigentliche Karriere. Während des 2. Weltkrieges unternahm er Tourneen zur Betreuung von Soldaten. S. besaß „die Überlegenheit Schnabels, die Feinheit Giesekings und den Elan Rubinsteins" (G. Moore). Sein hochsensibles, durchgeformtes, auf vordergründige Virtuosität verzichtendes Spiel stellte er völlig in den Dienst einer authentischen Interpretation. Mit Z. Francescatti und P. Fournier bildete er ein bedeutendes Trio. 1965 mußte er sich wegen einer schweren Erkrankung aus dem Konzertleben zurückziehen.

Lit.: G. MOORE, Am I Too Loud? (Lo – NY 1962), dt. Übers.: Bin ich zu laut? (Tü 1963 u. ö.).

SOLOMOTETTE, moderne Bz. für eine zu Beginn des 17. Jh. parallel zur weltlichen ↗Monodie in Italien ausgebildete Form des Sologesangs („Motetto a voce sola") mit B.c. (z.T. zusätzlich mit 2 Violinen) auf lat. Texte. Ihre Entwicklung vollzieht sich im Spannungsfeld von konzertierender ↗Motette und Solo-Madrigal bzw. ↗Kantate. Die S.n L. Viadanas (in den *Cento concerti ecclesiastici,* 1602: Ausgangspunkt der Gattung) und seiner Nachfolger (A. Agazzari, G. Fr. Anerio, C. Caproli u.a.) und Cl. Monteverdis *Nigra sum* (1610) und die lat. *Arianna*-Kontrafaktur *Pianto della Madonna* (1640) markieren die Grenzpunkte, wobei allerdings Mischformen im Laufe des 17. Jh. die Regel waren. Zentren der S. waren in der Frühzeit (1600 – um 1640) Oberitalien und dort vor allem Venedig mit Viadana, A. Grandi, I. Donati, Monteverdi u.a., in einer 2. Phase (1640 – um 1670) Rom mit G. Carissimi, B. Graziani u. a. und Bologna mit M. Cazzati. Lief die frühe S. in Ausdehnung und formaler Anlage parallel zur weltlichen Monodie unter Zugrundelegung zum größten Teil noch kurzer liturgischer oder biblischer Texte bzw. Textparaphrasen, so entwickelte sie sich in der Blütezeit um die Mitte des 17. Jh. in Anlehnung an die gleichzeitige weltliche Kantate zu ausgedehnten Stücken mit Bevorzugung längerer, speziell zu diesem Zweck verfaßter geistlicher Texte, die häufig den Ausdruck subjektiver Frömmigkeit zeigen, z.T. aber auch dialogischen Charakter haben und damit den Zusammenhang der S. mit der gleichzeitigen Dialog- und Oratorienkomposition belegen. Nach 1670–80 wurde die S. zwar von vielen Komponisten in Anlehnung an den zeitgenössischen Oratorien- und Opernstil, z.T. unter Einbeziehung zahlreicher Instrumente, weitergepflegt (u.a. von G. B. Bassani, C. Pallavicino, A. Lotti, A. Scarlatti, Fr. Durante, A. Vivaldi, J. J. Fux), verlor jedoch im Vergleich zur Opern-, Kantaten-, Oratorien- und Messenproduktion stark an Bedeutung. In Frankreich erlebte die S. um 1700 u. a. bei A. Campra eine kurze Blütezeit, oft als ↗Élévation. Ein Ausläufer der Gattung ist W. A. Mozarts S. *Exultate jubilate* (KV 165).

Lit.: A. ADRIO, Die Anfänge des geistlichen Konzerts (B 1935); J. WARREN, The „Motetti a voce sola" of M. Cazzati (1967) (= Diss. Southern Baptist Theological Seminary); C. HOWE, Solo Motets of B. Graziani (1978) (= Diss. Pittsburgh Univ.); A. V. JONES, The Motets of G. Carissimi (Diss. O 1979); D. ARNOLD, The Solo Motet in Venice (1625–1775), in: Proc. R. Mus. Ass. 106 (1979/80).

S. SHIGIHARA

SOLOWJOW-SEDOI (Pseudonym, eig. Solowjow), **Wassili Pawlowitsch,** * 12. (25.) 4. 1907 St. Petersburg, † 2. 12. 1979 Leningrad; sowjetrussischer Komponist. Er absolvierte 1936 das Leningrader Konservatorium, leitete während des 2. Weltkrieges das von ihm gegründete Fronttheater „Jastrebok" und war in verschiedenen Künstlergruppen tätig. 1948–64 war er Vorsitzender der Leningrader Abteilung des Komponistenverbands, 1957–74 Sekretär des Komponistenverbands der UdSSR und seit 1960 Sekretär des Komponistenverbands der RSFSR. Vor allem S.s Lieder sind in der Sowjetunion außerordentlich beliebt und wurden auch im Ausland bekannt. Insbesondere an die Tschastuschka (Scherzlied in Strophenform) und die populäre Kunst der Harmonikaspieler anknüpfend, gelangen S. frische Marschweisen ebenso wie innige Lieder.

WW: Klv.-Stücke u. Kammermusik; Werke für Orch. – Über 400 Lieder; versch. Liedzyklen; Werke für SingSt u. Orch. – Funkoperette *Choroschaja pogoda* (Gutes Wetter) (1934). – Ballette: *Taras Bulba* (nach N. Gogol), UA: Leningrad 1940; dass., 2. Fassung, UA: ebd. 1955; *W port woschla „Rossija"* (Die „Rossija" ist eingelaufen), UA: ebd. 1963. – Operetten u. musikal. Komödien: *Werny drug* (Ein wahrer Freund), UA: Kuibyschew 1945; *Samoje sawetnoje* (Das Teuerste), UA: Moskau 1952; *Olimpijskije swjosdy* (Olympiasterne), UA: Leningrad 1962; *Wossemnadzat let* (18 Jahre), UA: ebd. 1967; *U rodnowo pritschala* (Im Heimathafen), UA: Odessa 1970; *Schil-byl Schelmenko* (Es war einmal Schelmenko), UA: Tarnopol 1978. – Ferner Film-, Schauspiel- u. Hörspielmusik. – Schrift: *Sa musykalnuju prawdu epochi. Statji, sametki, wystuplenija* (Für die musikal. Wahrheit unserer Epoche. Aufsätze, Notizen, Reden) (Mos – Leningrad 1972).

Lit.: A. SOCHOR, W. P. S.-S. Pesennoje twortschestwo (Mos – Leningrad 1952); J. KREMLJOW, W. P. S.-S. Otscherk schisni i twortschestwa (Leningrad 1960); W. P. S.-S. Noto-bibliografitscheski sprawotschnik, hrsg. v. D. PERSON (Mos – Leningrad 1978).

E. STÖCKL

SOLTI, Sir **Georg** (György), * 21. 10. 1912 Budapest; dt. Dirigent ung. Herkunft (seit 1972 britischer Staatsbürger). Er war Schüler von B. Bartók, E. von Dohnányi (beide Klavier) und Z. Kodály (Komposition) an der Liszt-Akademie in Budapest, später in der Schweiz noch bei F. von Weingartner (Dirigieren). 1930–39 war er Kapellmeister an der Staatsoper Budapest, 1936–37 auch Assistent A. Toscaninis in Salzburg. 1939 ging er aus politischen Gründen in die Schweiz, wo er beim Concours International in Genf 1942 den 1. Preis für Klavier errang. Nach 2jähriger Tätigkeit beim Schweizer Radio-Orchester wirkte er 1946–51 als GMD an der Bayerischen Staatsoper in München und festigte seinen Ruf durch bedeutende Einstudierungen. 1952–61 war er GMD und Operndirektor an den Städtischen Bühnen Frankfurt am Main und dirigierte die Konzerte des Museumsvereins. 1961 übernahm er die Leitung der Covent Garden Opera in London, die er während 10jähriger Tätigkeit zu höchster künstlerischer Leistung führte. 1969 übernahm er außerdem das Chicago Symphony Orchestra und war 1971–75 Chefdirigent des Orchestre de Paris sowie 1973–79 musikalischer Leiter der Pariser Opéra. Seit 1979 ist er Chefdirigent und künstlerischer Direktor des London Philharmonic Orchestra, mit dem er bereits seit 1971 oft konzertierte. S. gastiert bei vielen Orchestern der alten und der neuen Welt. Sein Ansehen als einer der bedeutendsten Dirigenten der Gegenwart beruht auch auf zahlreichen international ausgezeichneten Schallplattenaufnahmen.

Lit.: P. ROBINSON, S. (Lo 1979).

SOMFAI, László, * 15. 8. 1934 Jászladány (Szolne, Ungarn); ung. Musikforscher. Er studierte Musikwissenschaft an der Fr.-Liszt-Hochschule in Budapest (Promotion 1959), war 1958–62 Musikbibliothekar an der Nationalbibliothek, wurde 1963 Wissenschaftlicher Mitarbeiter und 1972 Leiter des Bartók-Archivs im Musikwiss. Institut der Ungarischen Akademie der Wissenschaften. Seit 1969 lehrt er an der Fr.-Liszt-Hochschule in Budapest (1980 Professor). Vor allem mit seinen Haydn- und Bartók-Arbeiten genießt S. hohes internationales Ansehen.

Schriften: *A klasszikus kvartetthangzás megszületése Haydn vonósnégyeseiben* (Diss. Budapest 1960) (= Musikwiss. Stud. 8); *Haydn als Opernkapellmeister,* 2 Bde. (ebd. 1960) (zus. mit D. Bartha); *J. Haydn. Sein Leben in zeitgenössischen Bildern* (Kas 1966); *A. Webern* (Budapest 1968); *The London Revision of Haydn's Instrumental Style,* in: Proc. R. Mus. Assoc. 100 (Lo 1974); *J. Haydn zongoraszonátái* (Budapest 1979); *Manuscript versus Urtext. The Primary Sources of Bartók's Works,* in: Studia musicologica 23 (1981); *Tizennyolc Bartók-tanulmány* (Budapest 1981); S. ist ferner Hrsg. v.: *Documenta Bartókiana* (Budapest 1972ff.) H. 5ff. – Editionen: *Ch. W. Gluck, Il re pastore* (Kas 1969) (= GA III/8); *W. A. Mozart, „Prager" Sinfonie* (ebd. 1971) (= NMA IV/11/8). J. DORFMÜLLER

SOMIS, Giovanni Battista * 25. 12. 1686 Turin, † 14. 8. 1763 ebd.; it. Violinist und Komponist. Er wurde 1696 Violinist der herzoglichen Kapelle, studierte seit 1703 bei A. Corelli in Rom und kehrte 1707 nach Turin zurück, wo er zum Konzertmeister und Soloviolinisten avancierte. Er war als Virtuose vor allem wegen seiner Präzision und „majestätischen" Bogenführung berühmt und gilt als Begründer einer piemontesischen Geigerschule mit starker Ausstrahlung nach Frankreich. J.-M. Leclair, G. Guillemain, G. Pugnani und F. Giardini waren seine Schüler. Als Komponist wurde er durch seine Sonaten bekannt; sie stehen in Satzfolge (meist langsam – schnell – schnell) und -form zwischen der barocken Sonata da camera und der vorklassischen Solosonate. – S.' Bruder **Lorenzo Giovanni** (Ardy) (1688–1775) machte sich in Turin und Paris gleichfalls als Violinist und Komponist von Violinsonaten und -konzerten und Triosonaten einen Namen.

WW: 4 Slgen. *Sonate da camera* für V. u. Vc. oder Cemb. (A um 1717, Tn 1723, P 1726 u. 1733); 2 Slgen. *Sonate a tre (Trattenimenti per camera* bzw. *Ideali trattenimenti da camera)* für 2 V. (oder Fl. oder Violen) u. Vc. oder Cemb. (P 1733 u. o. J.); Sonaten für Vc. u. Baß (P um 1740); weitere Sonaten u. V.-Konzerte hsl.

Ausg.: *Sonate da camera* op. 2, hrsg. v. M. ABBADO (Mi 1976) (= Monumenti mus. it. 3).

Lit.: F. GHISI, G. e L. S., musicisti piemontesi, in: Chigiana 20 (1963); B. SCHWARZ, S., in: Grove[6] XVII.

SOMMER, Vladimír, * 28. 2. 1921 Dolní Jiřetín (Böhmen); tschechischer Komponist. Er studierte 1946–50 bei P. Bořkovec an der Prager Musikakademie, wo er seit 1955 selbst als Kompositionslehrer tätig war. 1960 wurde er Dozent und 1968 Professor für Musiktheorie an der Prager Universität. Als Komponist ist er von S. Prokofjew, I. Strawinsky und A. Honegger beeinflußt.

WW: Sonaten für 2 V. (1948), für Klv. (1977); 2 Streichquartette (1957, 1965); für Orch.: Praeludium *Antigona* (1957); Konzerte für V. (1950), Klv. (1952), Vc. (1977). – Jugendlieder u. -chöre; *Kantáta o Gottwaldovi* (1949); *Vokální symfonie* (nach F. Kafka, N. Dostojewski u. a.) (1958); *Symfonia da requiem* (1972) für Mezzosopr., Chor u. Orch. – Ferner zahlr. Filmmusiken.

Lit.: J. MATEJCEK, Heutige Komponisten im Porträt, in: Musica 11 (1957); A. NĚMCOVA, S., in: Grove[6] XVII.

SOMMERNACHTSTRAUM, EIN *(A Midsummer Night's Dream),* Oper in 3 Akten, op. 64, von Benjamin Britten (1913–1976), Text vom Komponisten und Peter Pears nach W. Shakespeares gleichnamigem Schauspiel (um 1595). Ort und Zeit der Handlung: bei Athen in mythischer Vergangenheit. UA: 11. 6. 1960 in Aldeburgh; dt. EA (in dt. Sprache): 21. 2. 1961 in Hamburg

Zwei Paare, Hermia und Lysander, Helena und Demetrius, werden erst glücklich vereint, nachdem sie ein tragikomisches Labyrinth für sie unerklärlicher Gefühlswandlungen durchschritten haben, hervorgerufen durch den Elfenkönig Oberon und seinen Diener, die in teils guter, teils schalkhafter Absicht Verwirrung stiften: Der Saft einer Zauberblume, den sie in die Augen ihrer Opfer träufeln, bewirkt, daß der jeweils Betroffene sich in den ersten Menschen verliebt, der ihm begegnet. Der Text der Komödie wurde fast wörtlich von Shakespeare übernommen; die Originalvorlage wurde lediglich von 5 auf 3 Akte gestrafft. Die humorvollen literarischen Geniestreiche Shakespeares vollzog Britten musikalisch mit: So ist z. B. die Tragödie, die von derb-biederen englischen Handwerkern (mit englischen Namen) zu Ehren des Herzogs Theseus aufgeführt wird, eine brillante Parodie auf Stilelemente der italienischen Oper. Neben dem musikalischen Humor prägt jedoch vorrangig die Nachzeichnung von lyrisch-zarten und z. T. verklärend-apotheotischen Stimmungsbildern die Klangsprache des Werkes; dies gilt für die stets tonale Harmonik mit sehr sparsamem Einsatz greller Dissonanzwirkungen wie für das Instrumentarium, das durch die Verbindung von vollem Streicherklang mit Bläsern, 2 Harfen, Cembalo und Celesta gezielt auf die Darstellung von „Wald"-Atmosphäre abgestimmt ist.

W. A. MAKUS

SONAGRAPH, Bz. für ein in der Elektroakustik zur Klanganalyse verwendetes Gerät, das eine Spektralanalyse unter Einbeziehung des Zeitverlaufs ermöglicht. Der S. liefert hierzu ein Sonagramm auf Papierstreifen oder (bei modernen Geräten) auf einem Bildschirm: dieses zeigt in der horizontalen Achse den Zeitablauf, in der vertikalen die auftretenden Frequenzen (meist Frequenzbereiche im Terzabstand), deren Amplitude wiederum erscheint als mehr oder minder starke Schwärzung auf dem Papierstreifen bzw. Helligkeit auf dem Bildschirm. So entsteht ein partiturähnliches Bild waagrechter Linien verschiedener Helligkeit, aus dem sich der zeitliche Verlauf der einzelnen Spektralanteile ablesen läßt. Moderne digitale Speicher oder die Video-Aufzeichnung der Meßergebnisse gestatten zudem die zeitlupenartige Analyse auch kurzzeitiger Schallereignisse, wie Einschwingvorgänge oder Geräusche. Der S. ist ein wichtiges Hilfsmittel der Musikethnologie, wird aber gelegentlich auch zur Analyse von Kunstmusik herangezogen.

Lit.: W. GRAF, Zum klanglichen Ausdruck in Beethovens „Fidelio", in: Beethoven-Studien (W 1970) (= Östr. Akad. der Wiss., Veröff. der Komm. für Musikforsch. 11).

SONATA DA CAMERA (it., = Kammersonate), seit T. Merulas *Canzoni ovvero sonate concertate per chiesa e camere* im Unterschied zur Sonata da chiesa bekannte Bz. für die funktional an den höfischen bzw. privaten Rahmen gebundene ↗Sonate des 17. Jahrhunderts. – ↗Suite.

SONATA DA CHIESA (it., = Kirchensonate), seit T. Merula (↗Sonata da camera) bekannte Bz. für die an den gottesdienstlichen Rahmen gebundene ↗Sonate des 17. Jahrhunderts.

SONATE (von lat. sonare = klingen), seit dem 16. Jh. Bz. für instrumentale Kompositionen. Die S. zählt mit der Sinfonia und dem Concerto zu den Gattungen, in denen sich der Aufstieg der Instrumentalmusik zu einer autonomen Kunst vollzieht. Im 16. Jh., in der Epoche der klassischen Vokalpolyphonie, ist sie peripher. Seit den 80er Jahren des 17. Jh. nimmt die S. zwar Form an und an Bedeutung zu, gleichwohl steht sie im Schatten der vokalen Gattungen. Sie ist vielfach die Sache von Spezialisten (A. Corelli und E. F. dall'Abaco). Erst im 18. Jh. und vollends in der Wiener Klassik wird sie zu einer Hauptgattung der musikalischen Produktion. Im 19. und 20. Jh. verblaßt die Bedeutung der Gattung. Die Zahl der Belege nimmt ab; aber es entstehen große und gewichtige Einzelwerke.

Es ist schwierig, eine allgemeingültige Definition der S. zu geben. Denn ihre Geschichte ist lang, und die Kompositionen, die S. genannt worden sind, nehmen sich sehr verschiedenartig aus. W. S. Newman umschreibt die S. durch 6 Merkmale. Demnach ist sie grundsätzlich selbständige Instrumentalmusik, absolute Musik ohne Programm, Konzert- oder Unterhaltungsmusik ohne bestimmte soziale Funktion, solistische oder Kammermusik für wenige Spieler, sie hat zyklische Form und großräumig angelegte Satzformen. Daß es S.n gibt, die ausnahmsweise dem einen oder anderen Kriterium widersprechen, schmälert den Wert der Orientierungshilfe nicht, die Newmans Definition ist. Ausnahmen von der Regel finden sich vor allem in den Randzonen der S.n-Geschichte. In Cl. Monteverdis *Sonata sopra Sancta Maria* wird der C.f. hineingesungen. S.n mit Programmen gibt es in allen Epochen (J. Kuhnau, *Musicalische Vorstellung einiger Biblischer Historien;* L. van Beethoven, Klaviersonate op. 81a, *Les Adieux;* M. Clementi, S. *Didone abbandonata,* op. 50, 3; Fr. Lizst, *Fantasia quasi sonata d'après une lecture du Dante*). Funktional gebunden sind S.n des 17. Jh., vor allem Kirchen-S.n, die anstelle einer Meßkomposition oder während der Wandlung (↗Élévation) gespielt worden sind. Chorisch besetzt wurden die S.n G. Gabrielis und seiner Nachahmer. Einsätzige S.n gibt es in der Frühgeschichte der Gattung, im 18. Jh. (D. Scarlatti) sowie im 19. und 20. Jh. (Lizst und A. Berg). Kleine, miniaturartige S.n finden sich in der Frühklassik (J. Haydn, frühe Sonaten), aber auch später; man nennt sie dann meist ↗Sonatinen.

17. Jahrhundert. Wie fast alle Gattungen der Instrumentalmusik lehnt sich die S. in ihrer Frühgeschichte auch an die damals herrschende Vokalmusik an und übernimmt ihre Satz- und Kunsttechniken. M. Praetorius (1619) meint, S.n seien auf motettische Art zu setzen, prächtig und gravitätisch. Die motettische Art stellt sich in Imitationen und Fugen sowie in einem breiten und gewichtigen Duktus dar. A. Kircher (1650) zählt die S. zu den Formen des fantastischen Stils, eines Stils, dessen fantastischer Charakter in der Freiheit vom Wort besteht. Die Emanzipation der Musik vom Wort aber verlangt die Entwicklung eigenmusikalischer, dem Instrumentalstil angemessener Formen und Themen. Sie geschaffen zu haben, ist die Leistung des 17. Jahrhunderts.

Bis in die 1680er Jahre ist die S. ein „Klingstück", dessen Form und Stil nicht normiert ist. Die Zahl der Stimmen schwankt. In der Frühgeschichte dominiert der vielstimmige Satz, der bisweilen, so in der Orchester-S. G. Gabrielis, chorisch ausgeführt wurde. Davon setzt sich der solistische, 4- oder 3stimmige Satz ab. Beliebt ist der Triosatz, der sich aus 2 gleichberechtigten Oberstimmen und dem Generalbaß zusammensetzt. Er entsteht schon um 1600. Gegen Ende des 17. Jh. tritt in Trio-S.n bisweilen eine der Oberstimmen hervor (H. Purcell). Die generalbaßbegleitete Solo-S., die bis dahin selten ist, kommt auf (Corelli, op. 5). Offen ist auch die Besetzung. Stimmen können entfallen (G. B. Vitali, S.n op. 11). Der Cembalist kann, wenn ein Melodieinstrument fehlt, dessen Part übernehmen, ein Verfahren, das J. S. Bach in seinen Violin- und Flöten-S.n, die an sich Trio-S.n sind, von vornherein vorschreibt. Die Oberstimmen werden in der Regel von Violinen ausgeführt, gelegentlich vom Zink. Die S. des Barock ist im wesentlichen Violinmusik. Im Zusammenhang mit ihrer Geschichte wird das moderne Violinspiel – das Kantilenenspiel, die Doppelgrifftechnik und das virtuose Figurenspiel – ausgebildet. Zu den Melodieinstrumenten tritt der ↗Generalbaß.

Die S. des Barock versammelt viele Stile und Formen. Sie nimmt die Fugentechnik der Vokalpolyphonie, den Tanz, die Ostinato- und die Liedvariation sowie die Usancen des freien präludierenden Stils auf. Die frühen S.n sind meist vielteilig, bestehen aus vielen kleinen, in Takt und Duktus verschiedenen Abschnitten, die weder das Format noch die Selbständigkeit von Sätzen haben. In dem Maße, in dem das Format dieser Abschnitte wächst und ihr Charakter sich ausbildet, nimmt ihre Zahl ab und ihr Eigenwert zu. In den 60er und 70er Jahren des 17. Jh. ordnet man die verschiedenen Satz- und Bewegungscharaktere. Corelli bringt sie auf 2 zyklische Formen: auf die der Kirchen-S. (Sonata da chiesa) und die der Kammer-S. (Sonata da camera). Sie bestehen meist aus 3 oder 4 Sätzen verschiedenen Charakters. Ihre Themen sind meist kleingliedrig, satz- und spielgerecht. Die Kirchen-S. beginnt mit einem langsamen gravitätischen Satz. Diesem schließt sich ein locker gefügter fugierter zweiter Satz an. An dritter Stelle erklingt ein langsamer Satz, oft mit Sarabandencharakter, und zum Schluß ein geschwinder im Giguenrhythmus. Der dritte und vierte Satz sind, wie Tänze zumeist, oft zweiteilig. Die Kammer-S. ist freier; sie besteht oft nur aus drei Sätzen, die das Schema schnell – langsam – schnell realisieren, manchmal auch das Schema langsam – schnell – schnell. Tanzsätze sind häufig. Nach 1700 verliert der Unterschied zwischen der Kirchen- und Kammer-S. an Bedeutung. Die S. des Barock dient, wo sie nicht wie die Kirchen-S. auf einen bestimmten Ort verwiesen ist, der Unterhaltung und dem Zeitvertreib. Sie erklingt in der fürstlichen Kammer, im bürgerlichen Haus und bei studentischen Zusammenkünften. Sie entsteht in Italien und verbreitet sich in ganz Europa; lange wird sie in Deutschland gepflegt (J. J. Quantz, Chr. W. Gluck).

18. Jahrhundert. Zu einer zentralen Gattung der Komposition wird die S. im Laufe des 18. Jh.: Sie ist die Gattung, in der sich der Instrumentalstil der Wiener Klassik am mannigfaltigsten darstellt. H. Chr. Koch (1793) hielt sie für fähig, alle Charaktere und Empfindungen auszudrücken, dies im Gegensatz zur Symphonie, die auf glänzende und feurige Charaktere festgelegt sei. Er vernahm in der S. den nuancierten Ausdruck eines oder einiger weniger Individuen, in der Symphonie dagegen den allgemeinen Ausdruck einer „chorischen" Versammlung.

Koch unterstellt dem Begriff S. alle solistisch besetzten Gattungen der Instrumentalmusik, Solo-S.n, Duos, Trios, Quartette usw. Doch veröffentlicht man unter diesem Titel im allgemeinen nur Solo-S.n, Duos und gelegentlich Trios (W. A. Mozarts Klaviertrio B-Dur, KV 502, erschien unter dem Titel S.). Inbegriff der klassischen S. ist die Klaviersonate. Sie kommt in den 30er/40er Jahren des 18. Jh. auf. Sie ist zunächst noch für das Cembalo bestimmt, später für das Clavichord und in der Hochklassik für das Hammerklavier. Manche Klavier-S.n werden durch Streicher begleitet, durch eine Violine und ein Violoncello zumeist. Diese Praxis erscheint in den 60er Jahren und war besonders in Frankreich beliebt. S.n für Klavier

und Violine, in denen der Violinpart ein wesentlicher, den Charakter der Komposition mitprägender Teil ist, gibt es schon in den 50er Jahren (F. de Giardini, op. 3, und Ferdinando Pellegrini, op. 4). Mozart komponiert seine ersten S.n dieser Art 1778 in Mannheim. Die ersten S.n für Violoncello und Klavier von Bedeutung schreibt Beethoven.
Die S. des 18. Jh. dient vor allem dem privaten Musizieren. Sie ist geschrieben für Dilettanten, für Kenner und Liebhaber. Noch Beethoven hat nur wenige seiner Klavier-S.n in öffentlichen Konzerten gespielt, erst in den 30er Jahren des 19. Jh. nehmen Virtuosen seine S.n in ihre Programme auf.
Die S. spiegelt alle Phasen, in denen der klassische Instrumentalstil in Erscheinung getreten ist: den galanten Stil (B. Galuppi und G. B. Sammartini), den empfindsamen (C. Ph. E. Bach) und den hochklassischen Stil (Haydn, Mozart, Beethoven). Im Laufe ihrer Geschichte wächst ihr eine Ausdruckskraft, Sinnfülle und Formvollendung zu, die den hervorragenden Stücken den Rang eines autonomen musikalischen Kunstwerks sichern. Die S. setzt die Ausdrucksqualitäten voraus, die die Musik in der zweiten Hälfte des 18. Jh. als Ergebnis eines zwei Jahrhunderte währenden Lernprozesses erschlossen hat. Sie malt Affekte, stellt Empfindungen dar, ja sie wird, im Sinne der Ausdrucksästhetik des Sturm und Drang, als unmittelbarer Ausdruck der menschlichen Gefühlsbewegung gehört und begriffen. Die S. ist diejenige unter den zentralen Gattungen der Zeit, in der der individuelle Ausdruck den größten Raum hat; aber sie überläßt diesen Ausdruck gleichwohl nicht sich selbst, wie das die freie Fantasie tut. Sie bindet die Empfindungslaute in vieler Hinsicht, vor allem rhythmisch und formal, und hebt sie so ins „Gedankliche". Die klassische S. sondert wie die S. des Barock die verschiedenen musikalischen Bewegungscharaktere in einzelnen Sätzen. Sie unterstellt jeden Satz einem Takt und einer Bewegung. Sie faßt die wichtigen musikalischen Gedanken rhythmisch und gibt so dem flüchtigen Empfindungsausdruck gleichsam eine bildhaft feste Gestalt. Und sie unterwirft alle Ereignisse, alle Gedanken und Gänge, dem Gesetz der formalen Ganzheit, weist ihnen ihren Platz in dem Organismus zu, den der S.n-Zyklus darstellt. Die S. verallgemeinert, veredelt, idealisiert den musikalischen Ausdruck: bietet den sinnlichen Klang in sittlicher Fassung, taktvoll und beherrscht als musikalischen Charakter. Dadurch, daß die flüchtigen musikalischen Empfindungslaute und Figuren formal gefaßt werden, wächst ihnen Stabilität und Anschaulichkeit zu. Sie vergehen nicht mit dem Moment ihrer Entstehung, sondern werden Teil einer die ganze S. übergreifenden formalen Gestalt. Die Formkultur, die in der S. aufkommt, beruht auf einer hochentwickelten musikalischen Syntax, einem reichen Schatz an Satzformen und „Gängen" (A. B. Marx). Die Sätze sind stabil, zumal wenn sie rhythmisch angelegt sind. In Sätzen artikulieren sich meist die Themen, diejenigen Gebilde, in denen die musikalische Gedanklichkeit ihre prägnanteste Gestalt annimmt. Die Gänge sind labil. Sie verbinden die Sätze miteinander, bilden Zwischenstücke und Durchführungspartien. Die klassischen Formen basieren auf der Balance stabiler und labiler, geschlossener und offener Einheiten. Die formal und ästhetisch labilen Partien, deren größte die konflikthafte Durchführung des S.n-Satzes ist, werden grundsätzlich durch stabile eingefaßt. Von größter Bedeutung für die S. ist der Hauptgedanke des ersten Satzes. Er bestimmt in hohem Maße den Gedankengang mit, der ihm folgt. Er beeinflußt die Gestalt der Neben- und Gegenthemen, die Überleitungen, Ausbreitungen und Durchführungen, ja sogar den Charakter der folgenden Sätze. Ist das Hauptthema eines ersten Satzes beispielsweise kühl und gedanklich, so fordert es einen sentimentalen langsamen Satz; und der Gegensatz von musikalischer Reflexion und Sentimentalität sucht den Ausgleich in der Heiterkeit eines geistreichen Finales (so in Haydns Klavier-S. C-Dur, Hob. XVI: 50).
So hoch die Formkultur der klassischen S. ist, sie folgt keinem Formschema. Die heute geläufige Theorie der Formen und besonders der ↗Sonatensatzform ist ein Produkt der nachklassischen, klassizistischen Musiktheorie. Das 18. Jh., namentlich Koch, bietet keine Formenlehre, sondern nur eine Theorie der Form. Es begreift die Form als den Ausdruck eines natürlichen und vernünftigen Empfindungs- oder Gedankenganges und nicht als ein leeres Schema, das mechanisch auszufüllen wäre. Die meisten klassischen S.n bestehen aus 3 Sätzen. Diese unterscheiden sich in der Bewegung, in der Taktart, in der Tonart, in der Form und im Charakter. Der erste Satz ist schnell; er bevorzugt den 4/4- und den 3/4-Takt; er steht in der Tonika. Er verwirklicht meist die Sonatensatzform und ist ernsthaft. Der zweite Satz ist langsam; er kann alle gebräuchlichen Taktarten realisieren und steht auf einer Nebentonart, in S.n des Durgeschlechtes meist auf der Subdominante, in solchen des Mollgeschlechtes meist auf der Tonikaparallele. Er wirkt aufgrund seiner langsamen Bewegung traurig, oft sogar schmerzlich. Vielfach ist auch er im Sinne der Sonatensatzform verfaßt; die durchführende Mitte ist dabei im allgemeinen sehr kurz. Der dritte Satz ist wie der erste geschwind, oft auch

geschwinder als dieser. Er bevorzugt kleine, leichte Taktarten, den ¾-, den ⁶⁄₈- und den ¢-Takt. Er kehrt zur Tonika zurück und hat oft die Form eines ↗Rondos oder eines einfachen S.n-Satzes. Er ist heiter und fröhlich. In süddeutschen S.n hat er manchmal die Bewegung des Menuetts. Das Schwergewicht des Zyklus liegt meist auf dem alles bestimmenden Anfang. Ausnahmen vom Normalfall der zyklischen Form, etwa ein Variationssatz am Beginn der S. (so etwa in der Klv.-S. A-Dur KV 331 von Mozart), sind Zeichen eines außerordentlichen musikalischen Charakters. Neben der dreisätzigen Norm gibt es eine zweisätzige, die sog. italienische Satzanordnung; sie vereint 2 schnelle Sätze verschiedenen Charakters. Beethoven erweitert in seinen großen S.n die dreisätzige Form um das Menuett oder das Scherzo und gleicht sie der Symphonie und dem Streichquartett an.
Den höchsten Grad der formalen Organisation hat im allgemeinen der erste Satz, der im Sinne der Sonatensatzform verfaßt wird. Ihr Grundriß liegt schon in frühklassischen S.n fest. Die Prägnanz seiner Gedanken, die Bedeutung der überleitenden Gänge und die Technik ihrer Ausarbeitung und Durchführung wächst mit dem Format. Haydn besetzt die thematischen Zeiten der Exposition, den Haupt- und den Seitensatz, oft mit ein und demselben Gedanken. Manche seiner frühen S.n-Sätze sind zweiteilig. Darin bilden die Durchführung und die Reprise eine Einheit, die die Exposition abwandelt, meist so, daß der Hauptsatz, der im zweiten Teil von der Dominante ausgeht, durch Sequenzen erweitert und in Nebentonarten, meist in die Tonika- oder Dominantparallele, geführt wird und die Reprise der Tonika mit dem Eintritt des Seitensatzes zusammenfällt (Klavier-S. G-Dur, Hob. XVI: 13). Auch in weitausgeschriebenen Klavier-S.n, in denen die Mitte eigens gefaßt wird, treibt Haydn keine thematische Arbeit im strengen Sinne des Wortes. Er begnügt sich damit, die konventionellen Tonordnungen zu realisieren: in großformatigen Werken, wie in der S. C-Dur (Hob. XVI: 50), weicht er in entlegene Tonarten aus, hier nach As-Dur. Mozart und Beethoven konzentrieren die Form aufs Thematische. Sie besetzen die verschiedenen tonalen Ebenen der Exposition durch kontrastierende Themen. Dabei vergrößert Beethoven bisweilen auch den tonalen Abstand zwischen Haupt- und Seitensatz; in der Klavier-S. op. 31, 1 stellt er dem Hauptsatz in G-Dur einen Seitensatz gegenüber, der in H-Dur beginnt, nach h-moll übergeht und die Dominante D-Dur nur im Vorbeigehen berührt. Die thematischen und tonalen Kontraste, zu denen in manchen S.n (op. 53, 1. Satz) noch ein metrischer kommt, steigern die Bedeutung der vermittelnden, überleitenden Partien. Beethoven verbindet sie eng mit den Themen, vor allem mit dem Hauptgedanken, und legt sie dynamisch an; bisweilen so, daß wie in der S. op. 31, 2 in den dynamischen Partien des Überleitungssatzes die für den Satz entscheidenden Ereignisse erklingen, Ereignisse, die den Rang thematischer Partien haben. Beethoven organisiert zudem die Mitte der Form, die Durchführung, neu. Er verläßt die alten Modulationswege. Er wandelt nicht nur die exponierten Themen ab, treibt nicht nur figurative Arbeit, sondern übernimmt die Technik der thematischen Arbeit, die ursprünglich eher im Streichquartett und in der Symphonie ihren Platz hatte, in die Klavier-S. (vgl. op. 28, 1. Satz).
Für die Konstitution der zyklischen Form kommt neben dem Anfangs- dem Schlußsatz die größte Bedeutung zu. Auch wenn er wie der erste Satz die Sonatensatzform realisiert, ist er in der Regel leichter als dieser. Mozart legt ihn allerdings bisweilen so weitläufig an und organisiert seine Form so hoch, daß sich Anfangs- und Schlußsatz die Waage halten (so in der Klavier-S. KV 311). Beethoven vermag durch den Einsatz außerordentlicher Mittel, durch weit auskomponierte Coden oder den Einsatz des fugierten Stils die Dynamik des Formverlaufs so zu führen, daß der Zyklus erst am Ende, im letzten Satz, seinen Höhepunkt erreicht (op. 53 und 106). Die Form des zweiten Satzes und gegebenenfalls des Menuetts oder Scherzos ist nicht so differenziert wie die der Rahmensätze. Der langsame Satz realisiert oft eine einfache Sonatensatzform ohne ausgeprägte Mitte, bisweilen die des Rondos oder einer Variationsreihe. Das Menuett und das Scherzo haben die überschaubare, von A. B. Marx so genannte Liedform.
19. und 20. Jahrhundert. Im 19. und 20. Jh. nimmt die Bedeutung der S. ab. Sie gilt als eine achtbare, aber herkömmliche Form. Ihr Verhältnis zu manchen neuen Tonsprachen, so zur romantischen Klavierpoesie oder zur expressionistischen Klavierprosa, ist problematisch. Die klassische S. verzichtet um der Geschlossenheit des großen Ganzen willen auf ein Übermaß an Expression, Originalität und Charakteristischem. Sie bildet den musikalischen Gedankengang anhand der Form und die Form anhand des musikalischen Gedankengangs, ein Verfahren, das dem 19. Jh. organisch vorkam. Die musikalischen Qualitäten, die die Musik nach Beethoven und Fr. Schubert entwikkelt, ihre Liebe fürs Poetische, Pathetische, aber auch fürs Virtuose, sperren sich gegen eine Form, die zugunsten der formalen Ganzheit Mäßigung verlangt. Die Form der neuen Musik ist die des

kurzen lyrischen Stücks, die Variation, die Fantasie und die Etüde. Wo man gleichwohl S.n schreibt, folgt man dem herkömmlichen Schema, das nun deutlich als Schema hervortritt; denn die lyrischen Episoden, die es ausfüllen, erfüllen es nicht, begründen die große Form innerlich nicht. Fr. Chopin bildet die Exposition der S. in b-moll aus Sätzen, die so unterschiedlich sind, daß der Kontrast in Beziehungslosigkeit überzugehen droht. Die Durchführung versucht, die Kluft gewaltsam zu überbrücken. Zugleich schwächt die lyrische Kantabilität des Seitensatzes das Verlangen nach dem langsamen Satz und damit die zyklische Form. Liszt begegnet der Krise der S., indem er die Trennung zwischen ihren Zeiten und Teilen aufhebt und alle Satzcharaktere in einem an ein Hauptmotiv gebundenen Werk vereint (S. in h-moll). J. Brahms bleibt bei der überlieferten Form. Er entwickelt sie organisch und bestimmt die Zeiten der Form weniger harmonisch und thematisch als dynamisch. Aber er spricht eine musikalische Sprache, die ihren Charakter und ihre Ausdruckskraft auf die Fassungskraft der Form abstimmt.

Auch im 20. Jh. orientieren noch viele Komponisten ihren musikalischen Gedankengang an der herkömmlichen Sonatenform: die Epigonen des 19. Jh., Neoklassizisten (P. Hindemith), aber auch Vertreter der Atonalität (H. Eisler). Das Formschema wird hier zum Gerüst einer neuen Klanglichkeit. Form und Materie stehen sich dabei entweder unvermittelt gegenüber wie in den Klavier-S.n von A. Skrjabin. Oder die Form wird, wie das Cl. Debussy in seinen späten S.n tut, auf die Freiheit der Tonsprache abgestimmt. Auch I. Strawinsky versucht, etwa mit seiner S. aus dem Jahr 1924, die klassisch-romantische Form zu überspielen und ein freies Klingstück zu schaffen. Aber erst die S. der seriellen Musik ist ein Klingstück, das die „platzanweisende Form“ nicht mehr realisiert (P. Boulez).

Lit.: O. KLAUWELL, Gesch. der S. (L 1899); W. FISCHER, Zur Entwicklungsgesch. des Wiener klass. Stils, in: StMw 3 (1915); DERS., Instrumentalmusik v. 1600–1750, in: Hdb. der Musikgesch., hrsg. v. G. Adler (F ^{2}1930, Nachdr. 1961); K. WESTPHAL, Die romantische S. als Formproblem, in: SMZ 74 (1934); E. SCHENK, Die it. Triosonate (Kö 1955) (= Das Musikwerk 7); W. S. NEWMAN, A History of the Sonata Idea, 3 Bde., I: The Sonata of the Baroque Era (Chapel Hill/N. C. 1959, revidiert ^{2}1966, Lo ^{3}1968); II: The Sonata in the Classic Era (ebd. 1963); III: The Sonata since Beethoven (ebd. 1969), revidierte NA, 3 Bde. (NY – Lo 1972); F. GIEGLING, Die Solosonate (Kö 1960) (= Das Musikwerk 15); F. RITZEL, Die Entwicklung der „Sonatenform“ im musiktheoretischen Schrifttum des 18. u. 19. Jh. (Wie 1968); E. SCHENK, Die außeritalienische Triosonate (Kö 1970) (= Das Musikwerk 35); CH. ROSEN, The Classical Style. Haydn, Mozart, Beethoven (Lo 1971, ^{2}1972); H. FLADT, Zur Problematik traditioneller Formtypen in der Musik des frühen 20. Jh. (Mn 1974); CH. ROSEN, Sonata Forms (NY – Lo 1980). W. SEIDEL

SONATENSATZFORM, Sonatenform (so bei A. B. Marx), Bz. für die höchstorganisierte Form der klassisch-romantischen Instrumentalmusik. Sie wird grundsätzlich durch die ersten Sätze instrumentaler Zyklen, Sonaten, Quartette, Konzerte und Symphonien realisiert, oft auch durch ihre Schluß- und langsamen Sätze. Die hochklassische S., so wie sie sich etwa in den frühen Klaviersonaten von L. van Beethoven darstellt, besteht aus 3 großen Abschnitten: aus der Exposition, der Durchführung und der Reprise. Dabei treten Durchführung und Reprise der Exposition als Einheit gegenüber; grundsätzlich werden deshalb die Exposition einerseits sowie Durchführung und Reprise andererseits wiederholt. Die Exposition setzt mit dem Hauptsatz ein, der das erste Thema auf der Tonika einführt. Ihm folgt eine Überleitung, die motivisch oft am Hauptsatz anknüpft und zur Tonart des Seitensatzes hinführt. Der Seitensatz, der das zweite Thema vorträgt, steht in Sonaten, die in einer Durtonart komponiert wurden, auf der Dominante, in solchen, die in einer Molltonart komponiert wurden, auf der Tonikaparallele. Die Charaktere der Themen kontrastieren: Ist das erste Thema vorwärtsdrängend und energisch, so ist das zweite meist verweilend und entspannt. Dem zweiten Thema schließt sich oft unmittelbar eine lange Ausbreitung an, die manchmal in virtuosen Passagen gipfelt und durch eine kräftige Kadenz abgeschlossen wird. Die Exposition endet mit einer kurzen anhangartigen Schlußgruppe auf der Tonart des Seitensatzes. Die Mitte der S., die Durchführung, ist (so H. Riemann) die Phase des Konflikts: der modulierenden thematischen Arbeit. In der Regel ist sie kürzer als die Exposition. Oft ist die Durchführung dreiphasig. Die erste Phase bildet die Brücke zwischen der Exposition und dem Kern der Durchführung. Die zweite stellt ein motivisches Modell auf und wiederholt es auf verschiedenen Tonstufen. Die dritte Phase verbindet den Kern der Durchführung mit der Reprise. Sie leitet zur Tonika zurück. Die Reprise wiederholt die Exposition, bleibt aber in der Tonika, vereint also alle wesentlichen Gedanken des Satzes in der Haupttonart. Oft werden in der Reprise Motive des Hauptsatzes durchführungsartig entwickelt. Große Sätze enden meist mit einer Coda; sie beginnt, als wäre sie eine zweite Durchführung, und endet mit einem vielgliedrigen System von Kadenzen. Gelegentlich geht Kopfsätzen in S.en eine langsame Einleitung voran.

Die Theorie des 18. und 19. Jh. hat die S. nicht von den übrigen einfacheren Formen abgesondert, sondern darin den höchsten und differenziertesten Ausdruck eines allgemein geltenden Formprinzips gesehen. So können die kleinen und bescheideneren Formen, etwa die Form des Menuetts und der zweiteiligen Sonate, der Sonata bipartita, als ihre Vorbilder verstanden werden. Die zweiteilige Sonate stellt der Exposition einen zweiten Teil gegenüber, der Durchführung und Reprise in einem ist. Der zweite Teil, der eingangs meist den Hauptgedanken auf der Dominante vorträgt, moduliert in eine oder mehrere Nebentonarten, ehe er auf die Tonika zurückkommt. Oft verbindet sich der Eintritt der Tonika mit dem des Seitensatzes.

Die S. des 18. Jh. kann als die höchste Entfaltung eines tonalen Modells verstanden werden. Die Exposition stellt im Hauptsatz die Tonika, im Seitensatz die Dominante dar, oft, so J. Haydn, in den gleichen thematischen Gestalten. Die Durchführung weicht in naheliegende Nebentonarten aus. Die Reprise bekräftigt die Tonika. Beethoven betont dagegen die musikalische Gedanklichkeit. Die Themen, ihr Verhältnis und die Dynamik ihrer Motive, werden formbestimmend. Sie erfassen die Überleitungen und beschäftigen die Durchführung. Die Durchführung wird zum Zentrum des Satzes. Die Konzentration kleiner und kleinster Motive führt eine große Ereignisdichte herbei. In ihrem Gefolge werden ferne und fernste Tonarten erreicht. Die thematische Arbeit ist Ausdruck einer höchsten Spannung und Dramatik.

Das 19. Jh., schon Fr. Schubert, erweitert die Exposition bisweilen um einen dritten Bereich. Hier wird die S. weniger als die Emanation eines tonalen Ordnungsmodells oder als die Darstellung eines thematisch-motivischen Prozesses denn als die Entwicklung eines organisch-dynamischen Prozesses begriffen. Für die Zeiten der Form ist deshalb vor allem ihr dynamischer Charakter kennzeichnend. Die Exposition wird so als Evolution verstanden, deren dynamischer Ansatz über Durchführung und Reprise hinweg bis in die Coda hinein gespannt wird (z. B. bei A. Bruckner).

Lit.: H. CH. KOCH, Versuch einer Anleitung z. Composition, 3 Teile (Rudolstadt – L 1782–93, Nachdr. Hil 1969); A. B. MARX, Die Lehre v. der musikal. Komp., 4 Bde. (L 1837–47); H. RIEMANN, Große Kompositionslehre, 3 Bde. (B – St 1902–13); R. SONDHEIMER, Die formale Entwicklung der vorklass. Sinfonie, in: AfMw 4 (1922); E. KURTH, Bruckner, 2 Bde. (B 1925, Nachdr. Hil 1971); F. SALZER, Die Sonatenform bei Schubert, in: StMw 15 (1928); K. WESTPHAL, Die Sonate als Formproblem der modernen Musik, in: Monatsschrift für moderne Musik 11 (1929); DERS., Der Begriff der Form in der Wiener Klassik (L 1935, Nachdr. Giebing 1971); R. TOBEL, Die Formenwelt der klass. Instrumentalmusik (Be 1935); L. RATNER, Harmonic Aspects of Classic Form, in: JAMS 2 (1949); E. RATZ, Einführung in die musikal. Formenlehre (W 1951, ³1973); A. MITSCHKA, Der Sonatensatz in den Werken v. J. Brahms (Gütersloh 1961); F. RITZEL, Die Entwicklung der „Sonatenform" im musiktheoret. Schrifttum des 18. u. 19. Jh. (Wie 1969); CH. ROSEN, Sonata Forms (NY – Lo 1980). W. SEIDEL

SONATINE (it.: Sonatine, Diminutiv von Sonate), Bz. für eine kleine Sonate. Im Barock versteht man darunter ein kurzes Instrumentalstück. Es unterscheidet sich nicht wesentlich von der ↗Sonate. Es kann homophon oder fugiert sein und als Einleitung zu oder Ritornell in einem größeren Werk dienen. – In dem Maße, in dem die klassische Sonate groß und schwierig wird, wächst der Bedarf an leicht faßlichen und spielbaren Sonaten für den Instrumentalunterricht und musizierende Liebhaber ohne große Fertigkeiten. Schon W. A. Mozart und L. van Beethoven haben solche Werke komponiert (Mozart, *Sonata facile,* KV 545; Beethoven, op. 49 und 79). In der Spätphase der Klassik nennt man sie ausdrücklich S. (M. Clementi, A. Diabelli, J. L. Dussek, Fr. Kuhlau). Im weiteren Verlauf des 19. Jh. gibt es nur noch vereinzelt S.n, so bei A. Dvořák (für V. u. Klv., op. 100). Häufiger erscheint der Titel S. erst wieder seit dem Beginn des 20. Jh. für sonatenartige Kompositionen, die sich von der großen Sonate des 19. Jh. absetzen und knappe, klassizistische Maße aufweisen, z. B. für Klavier bei M. Reger, F. Busoni, B. Bartók, S. Prokofjew und H. Genzmer, für Flöte und Klavier bei P. Boulez und C. Beck.

SONDHEIM, Stephen, * 22. 3. 1930 New York; amerik. Komponist und Songtexter. S.s frühes Interesse am Musiktheater wurde durch O. Hammerstein II gefördert. Als erstes professionelles Werk legte er die Bühnenmusik zu *Girls Of Summer* (1956) vor und wurde dann von L. Bernstein als Songtexter für dessen *West Side Story* herangezogen. S. arbeitete vor allem mit dem Produzenten und Regisseur Harold Prince zusammen und schrieb für ihn Musik und Songtexte mehrerer Musicals. Er erhielt mehrfach den Tony Award, ferner den New York Drama Critic's Circle Award und den Drama Desk Award.

WW: Musicals: **1) Songtexte zu:** L. Bernstein, *West Side Story* (1956); J. Styne, *Gypsy* (1959); R. Rodgers, *Do I Hear a Waltz* (1965); M. Rodgers, *The Mad Show* (1966). – **2) Musik u. Songtexte zu:** *A Funny Thing Happened on the Way to the Forum* (1962); *Anyone Can Whistle* (1964); *Company* (1970); *Follies* (1971); *A Little Night Music* (1973); *Pacific Overtures* (1976); *Sweeney Todd* (1980); *Merrily We Roll Along* (1981).

Lit.: C. ZADAN, S. & Co. (NY 1974).

SONE ↗Lautstärke.

SONETT (zu it. sonetto = Tönchen, kleiner Ton; von lat. sonus = Klang, Schall über den altfrz. Diminutiv sonet, der durch provenzalische Vermittlung in der Bedeutung „Lied" in das Italienische eindrang; die moderne Bedeutung ist seit dem 13. Jh. belegbar), eine aus 14 Elfsilblerzeilen bestehende, in 2 Quartette und 2 Terzette gegliederte Gedichtform mit strengem, die Strophenordnung unterstreichendem Reimschema (z. B. abba abba cde cde). Das um 1230 am Hof Kaiser Friedrichs II. in Sizilien entstandene S., dessen erste Beispiele unter dem Namen des kaiserlichen Protonotars Giacomo da Lentini überliefert sind, war in seiner Frühzeit aufgrund seines rational-gelehrten Ursprungs offenbar nicht für Vertonungen bestimmt. Es war, mit den Worten Hugo Friedrichs, „eine Vernunft der Formen, ein Formenspiel der Vernunft. Es entstand ein sängerisches Gebilde des Denkens. Sängerisch, aber nicht für den Gesang bestimmt“. Der Kontrast zwischen dem bevorzugten Gegenstand dieser Textform – Glück oder Verzweiflung der Liebe – und der metrisch gebändigten Gestalt des S.s erscheint wie der Ausdruck des Wunsches, elementare Leidenschaften diskursiv zu bezwingen. Der historische Bogen von Sizilien, Dante und Petrarca, Ronsard, Du Bellay oder Shakespeare bis zu den Dichtungen Georges, Rilkes oder Brechts gründet so, zeitlos und essentiell, auf Sublimierung und Sehnsucht zugleich. Die Vertonungen von S.en Petrarcas durch J. Fr. Reichardt, Fr. Schubert, Fr. Liszt oder H. Pfitzner machen die gattungsinhärente Spannung zwischen Geist und Passion über die Worte hinaus deutlich.

Lit.: W. Mönch, Das S. (Hei 1955); H. Friedrich, Epochen der it. Lyrik (F 1964); J.-U. Fechner, Das dt. S. (Mn 1969); W.-D. Lange, Louise Labé – sonnet XXII, in: Die frz. Lyrik, hrsg. v. H. Hinterhäuser, I (Düsseldorf 1975); H.-J. Schlüter, S. (St 1979).

W.-D. LANGE

SONG (engl.). Die auch im deutschen Sprachgebrauch seit den 20er Jahren des 20. Jh. verwendete Bz. S. wird einerseits in einer allgemeinen Bedeutung gebraucht, hat aber andererseits in verschiedenen Gruppen unterschiedliche Bedeutungen erfahren. Im angelsächsischen Sprachgebiet wird S. generell als das Produkt der Zusammenführung von Wort und Musik verstanden. Verschiedene Gattungen werden durch spezielle Bezeichnungen unterschieden (Air, Ballad usw.). Die Gattungen altüberlieferten laienhaften Singens werden unter den Begriff Folk music subsumiert. ↗ Folksong gilt als eine unglückliche Übersetzung des deutschen „Volkslied“ und wird – im Englischen stärker als im Nordamerikanischen – vermieden (die Bearbeitungen englischer, schottischer, walisischer und irischer Lieder von L. van Beethoven – im deutschen Titel *Volkslieder* genannt – heißen z. B. in englischen Ausgaben S.s).

Vor allem durch B. Brechts *Dreigroschenoper* (1928) kam die Bezeichnung S. in den deutschen Sprachgebrauch. Brecht verwendet ihn neben Lied, Ballade und Moritat bei fließenden Übergängen in einer spezifischen Bedeutung, nämlich für jene sozialkritischen Gesänge, die weniger private Situationen darstellen („Lied“ der Polly) oder Ereignisse schildern (Zuhälter-„Ballade“), sondern eher Tatbestände grundsätzlich interpretieren (Kanonen-„Song“). Den musikalischen S.-Stil prägten vor allem die Brecht-Vertoner K. Weill und H. Eisler: rezitativische Melodik, ausgeprägte Rhythmik mit gelegentlichem Jazzeinfluß. Das führt zu einer Art Sprechgesang, der Textverständlichkeit und damit nicht nur emotionale, sondern auch rationale Wirkung erzielt. Auch der Bänkelsang des 19. Jh. beeinflußte den S.-Stil. Die Übergänge zum Chanson sind fließend, doch ist die Thematik der Chansons meist privater; es verzichtet eher auf moralische Nutzanwendung und zeigt textlich-musikalisch eine mehr lyrische Diktion. Nach 1945 wurde der Begriff S. zunächst auf das traditionelle Liedgut englischer, irischer und nordamerikanischer Herkunft angewandt. Mit dieser Bezeichnung und diesen Liedern wollte man den in der Zeit des Nationalsozialismus korrumpierten deutschen Volksliedern ausweichen. Im engeren Sinn des sozialkritischen Liedes kam die Bezeichnung S. auch für deutschsprachige Lieder seit den frühen 60er Jahren in Gebrauch (Fr. J. Degenhardt, *Bänkelsongs*, 1963; W. Grasshoff, *Songs für Mündige*). Anregend waren die Topical S.s (Pete Seeger) der Newport-Festivals (1959–1967) und der Bürgerrechtsbewegung seit 1960. In die kommerzielle, sentimental-populäre Unterhaltungsmusik (Schlager) hat die Bezeichnung S. kaum Eingang gefunden. Gelegentlich findet sie sich bei Gruppen, die, wie die Beatles, auch aktuelle (topical) Lieder produzieren oder durch diesen anspruchsvolleren Terminus ihre Produktion aufwerten möchten. S. ist auch die Bezeichnung für eine seit 1974 in der Bundesrepublik Deutschland bestehende Arbeitsgemeinschaft der Liedermacher. Die Wiederentdeckung der älteren deutschen Tradition brachte den Begriff „Lied“ nach 1970 wieder stärker zur Geltung.

Lit.: H. Kotschenreuther, K. Weill (B 1962); K. Riha, Moritat, Song, Bänkelsang (Gö 1965); R.-U. Kaiser, Das Songbuch (Ahrensburg – P 1967); Protestfibel. Formen einer neuen Kultur, hrsg. v. dems. (Be – Mn – W 1968); G. Geppert, S.s der Beatles. Texte u. Interpretationen (Mn 1968); Protestsong, hrsg. v. W. Sellhorn (B 1968); S.-Magazin Int. Essener S.-Tage 1968, hrsg. v. H. M. Broder (u. a.) (Essen 1968); AG-S. Dokumentation Treffen in Wiesbaden 1981, hrsg. v. S. Rögner (F 1981).

E. KLUSEN

SONNAMBULA, LA, Melodramma von V. Bellini; dt. Titel: Die ↗ Nachtwandlerin.

SONNECK, Oscar George Theodore, * 6. 10. 1873 Lafayette (heute Jersey City/New Jersey), † 30. 10.

1928 New York; amerik. Musikforscher. Er studierte an den Universitäten Heidelberg und München (A. Sandberger). Nach seiner Rückkehr in die USA (1899) widmete er sich dem Studium der amerikanischen Musik in der Kolonial- und Revolutionszeit. 1902 übernahm er die Leitung der Musikabteilung der Library of Congress in Washington, an der er ein hochbedeutendes Archiv von Opernpartituren und -libretti anlegte. 1917 schied er dort aus, trat in den Verlag Schirmer in New York ein und wurde 1921 dessen Vizepräsident. Seit 1915 gab er die von ihm mitgegründete Zeitschrift *The Musical Quarterly* (MQ) heraus.

Schriften: *F. Hopkinson ... and J. Lyon ...* (NY 1905, Nachdr. 1967); *Early Concert-Life in America* (1907, Nachdr. Wie 1969); *Early Opera in America* (NY 1915, Nachdr. 1963); *Suum cuique, Essays in Music* (1916); *Miscellaneous Studies in the History of Music* (NY 1921, Nachdr. 1968); *Beethoven Impressions by His Contemporaries* (NY 1926, Nachdr. 1967). Ferner zahlr. bibliogr. Veröff. der Library of Congress, u.a. zur Klassifikation v. Musikalien u. Musikbüchern, Kataloge von Opern, Orch.-Werken, darunter grundlegend *Cat. of Opera Librettos Printed Before 1800*, 2 Bde. (Washington/D.C. 1914, Nachdr. NY 1964).

Lit.: N. BRODER, S., in: MGG XII; H. W. HITCHCOCK, After 100 Years. The Editorial Side of S. (Washington/D.C. 1975).

SONNLEITHNER (Sonnleitner), östr. Juristen- und Musikerfamilie. – **1) Christoph,** * 28. 5. 1734 Szegedin, † 25. 12. 1786 Wien, promovierte in Wien zum Dr. jur., war Rechtsanwalt und schrieb 36 Streichquartette (hauptsächlich für Kaiser Joseph II.), Symphonien (für Fürst Nikolaus Esterházy) und Kirchenmusik. – **2) Joseph,** Sohn von 1), * 3. 3. 1766 Wien, † 26. 12. 1835 ebd., war als Nachfolger von A. Kotzebue Hoftheatersekretär und schrieb u. a. das Libretto zu L. van Beethovens *Fidelio.* 1812 wurde er einer der Mitgründer der Gesellschaft der Musikfreunde in Wien. – **3) Ignaz von,** Bruder von 2), * 30. 7. 1770 Wien, † 27. 11. 1831 ebd., promovierte 1794 zum Dr. jur. und wurde Rechtsanwalt sowie Professor für Handelswissenschaften. 1815–24 fanden in seinem Hause Soireen statt, bei denen auch neue Kompositionen von Fr. Schubert (*Prometheus, Gesang der Geister über den Wassern* u. a.) erklangen. – **4) Leopold von,** Sohn von 3), * 15. 11. 1797 Wien, † 4. 3. 1873 ebd., promovierte 1819 zum Dr. jur. und wurde 1842 Hof- und Gerichtsadvokat. Er war ein Freund von Schubert und seinem Kreis und veranlaßte die Veröffentlichung der ersten Schubert-Lieder. Auch half er O. Jahn bei der Vorbereitung seiner Mozart-Biographie.

Lit.: TH. FRIMMEL, Beethoven-Hdb. I (1926, Nachdr. Hil 1968); O. E. DEUTSCH, L. von S.s Erinnerungen an die musikal. Salons des vormärzlichen Wien, in: ÖMZ 16 (1961); J. BIANCHI, 4 unveröff. Briefe v. L. von S., in: StMw 31 (1980).

SONTAG (eig. Sonntag, später Gräfin S. von Lauenstein), **Henriette Gertrude Walpurgis,** * 3. 1. 1806 Koblenz, † 17. 6. 1854 Mexico City; dt. Sängerin (Sopran). Sie entstammte einer Schauspieler- und Sängerfamilie und sang seit 1822 in Wien, wo C. M. von Weber sie in G. Rossinis *La donna del lago* hörte und daraufhin für die Titelpartie bei der UA der *Euryanthe* (1823) engagierte. In Wien wirkte sie auch bei der UA von L. van Beethovens 9. Symphonie und von Teilen der *Missa solemnis* 1824 mit. 1825–27 gehörte sie dem Königstädtischen Theater in Berlin an, wo man geradezu von einem „Sontagfieber" ergriffen war, was sich auch in einem satirischen Roman von L. ↗Rellstab *(Henriette oder Die schöne Sängerin)* niederschlug. 1826 begeisterte H. S. das Pariser Publikum vor allem als Rosina in G. Rossinis *Barbiere* und wurde 1828 auch in London enthusiastisch gefeiert. Nach ihrer Heirat mit dem sardischen Legationsrat Graf Rossi zog sie sich 1830 von der Bühne zurück, trat jedoch seit 1849 mit unvermindertem Können wieder auf und knüpfte vor allem in Brüssel, Paris, London und in den USA an ihre alten Erfolge an. H. S. gehört mit der fast gleichaltrigen Wilhelmine Schröder-Devrient zu den großen deutschen Primadonnen ihrer Zeit. Ihre Domäne war das italienische Koloraturfach; gerühmt wurden die frappante Präzision ihrer quasiinstrumental geführten umfangreichen Stimme und die unvergleichliche Mezza voce. Zahlreiche Komponisten und Dichter verehrten sie und bezeugten ihre auffallende Schönheit, so Rossini, Beethoven, H. Berlioz, J. W. von Goethe, ironisch auch H. Heine anläßlich ihres Londoner Comeback: „Die Sontag, die dem Grab entsteigt, begrüßt Raketenlärm – die alte Leier" (*Romancero,* 1849).

Lit.: E. PIRCHAN, H. S., die Sängerin des Biedermeier (W 1946); H. KÜHNER, Große Sängerinnen der Klassik u. Romantik (St 1954); F. RUSSELL, Queen of Song. The Life of H. S. (NY 1964); H. KÜHNER, S., in: MGG XII.

SONUS (lat., = Ton, Klang, verwandt mit ↗Tonus), seit der Antike generell Bz. für alles Hörbare, das sowohl amorph (z. B. Schall, Geräusch, Getöse) als auch prägnant (z. B. Ton, Laut, Klang) sein kann. Daneben bedeutet S. metonymisch für ↗Vox speziell die Stimme oder Sprache von Mensch und Tier (bei Horaz z. B. die Stimme des Schwans [s. cycni]) und alles, was durch diese erzeugt wird (z. B. Wort, Rede, Gesang). Die umfassende Bedeutung von S. verflachte im Laufe der Zeit. J. G. Walther (*Musicalisches Lexicon,* 1732) z. B. kennt S. nur noch in der Bedeutung von Klang. B. R. SUCHLA

SONZOGNO, it. Verlag, gegr. Ende des 18. Jh. von **Giovanni Battista S.,** wurde 1861 von **Edoardo**

S., * 21. 4. 1836 Mailand, † 14. 3. 1920 ebd., übernommen, der 1874 dem Unternehmen einen Musikverlag (Casa Musicale S.) angliederte. Er beauftragte den Komponisten Amintore Galli mit der Edition billiger, für jedermann erschwinglicher Musikausgaben. S. veröffentlichte auch Opern- und Operettenarrangements und erwarb für Italien die Rechte französischer Opern (u.a. von G. Bizets *Carmen*) und Operetten. Das Unternehmen setzte sich auch entscheidend für den Verismo ein, veranstaltete seit 1889 Wettbewerbe für Opern – 1889 wurde P. Mascagnis *Cavalleria rusticana* preisgekrönt – und übernahm in sein Verlagsprogramm die Werke von Mascagni, J. Giordano, R. Leoncavallo, Fr. Cilea u.a. 1923 wurde die Firma, die heute als „Società per Azioni S." firmiert, verkauft; sie steht derzeit unter der Leitung von **Enzo Ostali** (* 1913).

SOPRAN (it. soprano, so auch im frz. u. engl. Sprachgebrauch; von mittellat. superanus = darüberstehend). – **1)** Seit dem 15. Jh. Bz. für die höchste Stimme im gemischtstimmigen Vokalsatz, zunächst nur vereinzelt (neben den gebräuchlicheren Bz.en ↗Discantus, ↗Cantus, ↗Superius; vgl. auch Dessus, Tiple, Treble), seit dem 18. Jh. allgemein üblich. – **2)** Bz. für die hohe Frauen- und Knabenstimme. Ihr Regelumfang in mehrstimmigen Vokalwerken reicht von h–a²; ihre Notierung erfolgt bis ins 19. Jh. generell im C-Schlüssel auf der 1. Linie, der deshalb auch S.-Schlüssel genannt wird (↗Chiavette), seitdem im Violinschlüssel. In der Geschichte des ↗Gesangs seit 1600, der Oper und der von ihr geprägten Gattungen (↗Kantate u.a.) haben der S. und die professionelle S.-Sängerin (zeitweise auch der S.-↗Kastrat) eine konstituierende Bedeutung. Meist ist die weibliche Hauptpartie einer Oper für S. geschrieben und so konzipiert, daß sie wesentlich den Publikumserfolg mitträgt, was sich nicht zuletzt auch in dem Primadonnenwesen niederschlägt. Bereits im 17. Jh. kam es in S.-Partien in Oper und Kantate zu einer beträchtlichen Erweiterung des Tonumfangs nach unten und oben; extreme Höhe findet sich in späterer Zeit etwa bei W. A. Mozart (Königin der Nacht in der *Zauberflöte* bis f³). Die Entwicklung der Oper führte im 18. Jh. mehr als bei den anderen Stimmlagen zu einer Differenzierung der S.-Partien in musikalischer und dramaturgischer Hinsicht, die in der Bühnenpraxis verschiedene S.-Stimmfächer entstehen ließ, die wiederum jeweils durch Unterschiede in Stimmtimbre, -charakter, -reife und -kraft sowie im Spielvermögen gekennzeichnet sind. Im deutschen Sprachgebrauch sind dies – neben ↗Koloratursopran, ↗Mezzosopran und ↗Soubrette – (mit den bekanntesten Rollen): a) Lyrischer S.: Pamina (Mozart, *Zauberflöte*), Undine (A. Lortzing), Micaëla (G. Bizet, *Carmen*), Liu (G. Puccini, *Turandot*), Cardillacs Tochter (P. Hindemith); Des Bauern Tochter (C. Orff, *Die Kluge*); b) jugendlich-dramatischer S.: Elvira (Mozart, *Don Giovanni*), Agathe (C. M. von Weber, *Freischütz*), Elisabeth (R. Wagner, *Tannhäuser*), Elsa *(Lohengrin)*, Desdemona (G. Verdi, *Otello*), Jenufa (L. Janáček); c) dramatisches Zwischenfach: Leonore (L. van Beethoven, *Fidelio*), Venus (Wagner, *Tannhäuser*), Sieglinde *(Walküre)*, Elisabetta (Verdi, *Don Carlos*), Aida (Verdi), Tosca (Puccini), Marschallin (R. Strauss, *Rosenkavalier*), Arabella (Strauss), Marie (A. Berg, *Wozzeck*); d) hochdramatischer S.: Isolde, Brünnhilde (Wagner), Elektra (Strauss). In der Praxis ist es allerdings oft so, daß Sängerinnen im Laufe ihrer Karriere mehrere der genannten Fächer singen. – **3)** S. bezeichnet, gleichbedeutend mit Diskant (↗Discantus), in Verbindung mit bestimmten Instrumentennamen das Instrument mit der höchsten Tonlage der betreffenden Instrumentenfamilie, z. B. S.-Blockflöte, S.-Saxophon. G. MASSENKEIL

SOR (Sors), **Joseph Fernando Macari,** getauft 14. (13.?) 2. 1778 Barcelona, † 10. 7. 1839 Paris; span. Gitarrist und Komponist. Er besuchte die Chorschule des Klosters Montserrat, schlug dann die Offizierslaufbahn ein und arbeitete zeitweise in der Verwaltung in Málaga und Barcelona. Als Anhänger der Franzosenherrschaft mußte er nach deren Ende 1813 das Land verlassen und ging, nunmehr ausschließlich als Virtuose und Komponist tätig, über Paris nach London. Von mehreren Balletten, die hier zur Aufführung kamen, wurde *Cendrillon* ein großer Erfolg und erklang auch bei der Eröffnung des Bolschoi-Theaters in Moskau 1823 mit S.s Frau Félicité Hullin in der Titelrolle. 1826 kehrte S. von Moskau nach Paris zurück und konnte seinen Ruhm als einer der bedeutendsten Gitarrenkomponisten seiner Zeit festigen.

WW: Sonaten, Divertimentos, Variationen, Walzer u.a. Stücke für Gitarre (65 Opuszahlen); zahlr. Gesänge mit Gitarre; Ballette. – *Méthode pour la guitare* (Bonn 1830 u.ö., auch engl., davon Nachdr. NY 1971).

Ausg.: Ausgew. Gitarrenwerke (Mz o.J.) (= Schott's Gitarre-Arch. o. Nr.); 9 Etuden u. 4 Menuette, hrsg. v. B. MIRANDA (P 1961) (= Album de guitare 13); 24 *Études choisies*, hrsg. v. N. ALFONSO (Bru 1970); *Seguidillas for Voice and Guitar*, hrsg. v. B. JEFFERY (Lo 1976).

Lit.: C. MARINI, La musica per chitarra di F. S., in: Il convegno mus. 1 (1964) (mit Werk-Verz.); H. RADKE, in: MGG XII; B. JEFFERY, F. S. Composer and Guitarist (Lo 1977); S., in: A. LEDHUY – H. BERTINI, Encyclopédie pittoresque de la musique, übers. v. W. Moser, in: G + L 1 (1979) – 2 (1980).

SORDINO, it. Bz. für ↗Dämpfer.

SORDUN. – **1)** Bz. für ein dem ↗Kortholt ähnliches Doppelrohrblattinstrument ohne Windkapsel. – **2)** Bei der Orgel Bz. für eine Zungenstimme mit gedecktem, kurzem und weitem Becher in 16'- oder 32'-Lage.

SORGE, Georg Andreas, * 21. 3. 1703 Mellenbach (Thüringen), † 4. 4. 1778 Lobenstein (Thüringen); dt. Komponist und Musiktheoretiker. Er war seit 1721 Hof- und Stadtorganist sowie Lehrer in Lobenstein. 1747 wurde er zum 15. Mitglied von L. Chr. Mizlers „Societät der musikalischen Wissenschaften" gewählt. Als Komponist bekennt sich S. ausdrücklich zum italienischen Stil (so in den J. S. Bach gewidmeten Sonatinen der *Clavier Übung*). Einen eigenen Platz hat er in der Geschichte der Musiktheorie als einer der Entdecker der ↗Kombinationstöne und Vertreter einer von J.-Ph. Rameau und Fr. W. Marpurg unabhängigen Akkordlehre. In Fragen der musikalischen Temperatur schloß er sich A. Werckmeister an.

WW: **1) Kompositionen:** Für Cemb. bzw. Cemb. oder Org.: *Clavier Übung* (18 Sonatinen nach *Italiaenischen Gusto*), 3 Teile (Nü 1738 – um 1743); *Clavier Übung* (24 Praeludien in allen Tonarten), 4 Teile (Nü 1739–42); 24 *kurtze Praeludia* (Nü um 1746); *Sonaten ... im neuern Styl* (Nü um 1749); *Sonatinen, Fantasien, Toccatinen u. Sinfonien ... im neuern Styl* (Nü 1751); *Wohl-gewürtzte Klangspeisen* (Partiten) (Nü o.J.); *Vorspiele vor bekannten Choral-Gesängen* (Nü o.J.); weitere WW hsl. erhalten. – **2) Schriften** (mit Ausg.): *Anweisung zur Stimmung u. Temperatur* (H 1744); *Vorgemach der musicalischen Composition, oder ... Anweisung zum General-Bass*, 3 Bde. (Lobenstein 1745–47); *Zuverlässige Anweisung Claviere u. Orgeln ... zu temperieren u. zu stimmen* (L – Lobenstein 1758); *Compendium harmonicum* (Lobenstein 1760), hrsg. v. F. W. Marpurg als *Anleitung zum Generalbass u. zur Composition* (B 1760); *Anleitung zur Fantasie* (Lobenstein 1767); *Der in der Rechen- u. Messkunst wohlerfahrene Orgelbaumeister* (ebd. 1773), Faks.-Ausg., hrsg. v. P. Smets (Mz 1932); *Die geheimgehaltene Kunst von Mensuration von Orgel-Pfeiffen* (hsl.), Faks.-Ausg. u. engl. Übers. v. C. O. Bleyle (Buren 1979) (= Bibl. organologica 33).

Lit.: F. OBERDÖRFFER, S., in: MGG XII; R. FRISIUS, Unters. über den Akkordbegriff (Diss. Gö 1970).

SORIANO (Suriano), **Francesco,** * 1548 oder 1549 Soriano bei Viterbo, † 19. 7. 1621 Rom; it. Komponist. Er war als Chorknabe an S. Giovanni in Laterano Schüler von G. M. Nanino und G. P. da Palestrina. 1574 zum Priester geweiht, wirkte er seit 1580 als Kapellmeister an verschiedenen römischen Kirchen (u.a. an S. Maria Maggiore 1587–99 und 1601–03) und 1581–86 am Hof in Mantua, zuletzt am Petersdom (1603–20). S. gehört mit seinen im wesentlichen geistlichen Werken zum Kern der ↗Römischen Schule in der unmittelbaren stilistischen Tradition Palestrinas. Mit F. Anerio war er auch maßgeblich an der Redaktion der *Editio Medicaea* (↗Choralausgaben) beteiligt.

WW: 2 Bücher Madrigale für 5 St. (V 1581, R 1592), 1 Buch für 4 St. (R 1601). – Motetten für 8 St. (R 1597); Messen für 4–8 St. (R 1609) (darin eine 8st. Fassung von Palestrinas *Missa Papae Marcelli*); *Canoni, et oblighi ... sopra L'Ave maris Stella* für 3–8 St. (R 1610); *Psalmi et motecta* für 8–16 St. u. B.c. (V 1616); *Passio D. N. Jesu Christi secundum quatuor Evangelistas* für 4 St. (nur die direkten Reden) u.a. Gesänge (R 1619); Werke auch in zahlr. Sammeldrucken 1574–1616.

Ausg.: G. F. Anerio and F. S. Two Settings of Palestrina's Missa Papae Marcelli, hrsg. v. H. J. BUSCH (Madison 1973) (= RRMBar 16).

Lit.: P. KAST, S., in: MGG XII (mit Verz. der älteren Ausg.); S. P. KNISELEY, The Masses of F. S. (Gainesville 1967); DERS., S., in: Grove[6] XVII.

SORTISATIO, sortisare (lat., von sors = Los), eine vom 15.–17. Jh. in der deutschen Musiktheorie (z. B. bei A. Ornitoparchus, H. Faber, G. Dressler, J. Nucius und J. Thuringus) gebräuchliche Bz. für die ↗Improvisation (↗Contrappunto alla mente) im Gegensatz zur schriftlichen Ausarbeitung (↗Komposition; ↗Res facta) eines ↗Kontrapunkts. Der Terminus S. und adäquate Wortbildungen wie „ad sortem cantare" oder „sortisieren" betonen das Zufällige eines über einem ↗Cantus firmus aus dem Stegreif entstehenden und daher zuweilen von den Regeln des strengen Kontrapunkts abweichenden mehrstimmigen Satzes. Demzufolge betrachtet Nucius die S., die bei Faber neben der Compositio, d.h. der schriftlichen Ausarbeitung eines mehrstimmigen Satzes, als Teil der Musica poetica (↗Musica) gilt, lediglich als Usus, d.h. eine aus bloßer Aneignung und Gewohnheit erlangte Fertigkeit, nicht aber als Ars, d.h. Kunst. Auch noch bei J. G. Walther (*Musicalisches Lexicon,* 1732) findet sich diese Gegenüberstellung von S. (= Contrapunctus usualis) und Contrapunctus artificialis.

Lit.: W. GURLITT, Der Begriff der S. in der dt. Kompositionslehre des 16. Jh., in: TVer 16 (1942), wiederabgedruckt in: Musikgesch. u. Gegenwart 1 (Wie 1966) (= Beih.e z. AfMw 1); E. T. FERAND, Improvised Vocal Counterpoint, in: Ann. Mus. 4 (1956).

B. R. SUCHLA

SOSTENUTO (it., = gehalten, zurückhaltend; Abk.: sost.), urspr. analog zu ↗Tenuto ergänzende Angabe zu einer Tempovorschrift (z. B. Andante sostenuto).

SOTIN, Hans, * 10. 9. 1939 Dortmund; dt. Sänger (Baß). Er erhielt seine Ausbildung bei Friedrich Wilhelm Hetzel sowie an der Dortmunder Musikhochschule bei Dieter Jacob und debütierte 1962 in Eutin. Nach einem Engagement in Essen (1963/64) wurde er 1964 Mitglied der Hamburgischen Staatsoper und 1973 auch der Wiener Staatsoper. 1972 sang er erstmals bei den Bayreuther Festspielen (Fafner im *Siegfried*). Gastspiele führten ihn seitdem an alle bedeutenden Bühnen

Europas. Seine größten Erfolge hatte er in Opern von W. A. Mozart und R. Wagner. Auch als Oratorien- und Konzertsänger hat sich S. einen internationalen Namen gemacht.

SOTO DE LANGA, Francisco, * 1534 oder 1538 Langa bei Burgos, † 25. 9. 1619 Rom; span. Komponist. Er war seit 1562 Sopranist der päpstlichen Kapelle in Rom (1575 Priesterweihe). 1566 schloß er sich der Bruderschaft des F. Neri an und wurde deren erster Komponist. Seine Lauden, in denen auch volkstümliche Melodien verwendet werden, gehörten lange zum Grundrepertoire des Gesangs der Oratorianer.

WW: 5 Bücher *Laudi spirituali* für 3–4 St. (teilweise anonym) (R bzw. Ferrara 1583–93); Lauden auch in den Slgen. RISM 1599[6] u. 1600[4].

Lit.: D. ALALEONA, Storia dell'oratorio musicale in Italia (Mi [2]1945) (mit 2 Laude); E. J. DENT, The Laudi spirituali in the XVIth and XVIIth Cent., in: Proc. R. Mus. Assoc. 43 (1916/17) (mit 5 Laude).

SOTTO VOCE (it., = unter der Stimme, leise, gedämpft; Abk.: s. v.), Vortragsanweisung in Vokalpartien, die oft in Beziehung steht zum Inhalt des zu singenden Textes oder zu einer bestimmten dramatischen Situation (z. B. W. A. Mozart, *Le nozze di Figaro,* Finale 4. Akt, Schluß: *Ah tutti contenti*). Im übertragenen Sinn wird s.v. auch in der Instrumentalmusik besonders der Wiener Klassik verwendet, so z. B. in L. van Beethovens späten Streichquartetten.

SOUBRETTE, ursprünglich Bz. für die Bedienstete, die Zofe in der frz. Komödie des 18. Jh., dann von dort in den dt. Sprachgebrauch übernommen für entsprechende Rollen in der Opera buffa, im Singspiel und in der Operette. Diese Rollen sind in der Regel für ↗Sopran geschrieben, aber ohne die Bz. S. von seiten des Komponisten (mit Ausnahme der modernen Operette). Sie erfordern in der Bühnenpraxis einen speziellen (leichten) Stimmcharakter und ein spezielles (komödiantisches) Spielvermögen. Musikalisch und darstellerisch bildet meist die S. mit dem Tenorbuffo ein Paar. Die bekanntesten S.n-Rollen sind: bei W. A. Mozart Blondchen, Zerlina, Despina und Papagena; ferner Marzelline (L. van Beethoven, *Fidelio*), Ännchen (C. M. von Weber, *Freischütz*) sowie bei A. Lortzing Marie *(Zar und Zimmermann)* und Gretchen *(Wildschütz).* Sonderfälle – man spricht hier von der Koloratur-S. – sind die Partien Rosina (G. Rossini, *Il barbiere*), Olympia (J. Offenbach, *Les contes d'Hoffmann*) und Zerbinetta (R. Strauss, *Ariadne*). Während im Laufe des 19. Jh. die S. aus der Oper fast völlig verschwindet, gehört sie seit J. Strauß (z. B. Adele in der *Fledermaus*) fest zur Operette. Hier gibt es auch die sog. Tanz-S., die aber primär kein Stimmfach ist, sondern nach tänzerischer Begabung besetzt wird.

SOUL (engl., = Seele), Kurzform für Soul-Music. Die Bz. deckt kein stilistisch in sich geschlossenes Idiom, sondern ein Bündel von Elementen aus ↗Gospelsong (Aretha Franklin) und ↗Rhythm & Blues (Ray Charles), die als „schwarze" Stimulantien von der Mitte der 50er bis zu Beginn der 60er Jahre über den ↗Hardbop (Horace Silver) vorübergehend in den ↗Jazz eindrangen (Soul- oder Funk-Jazz) und seit Mitte der 60er Jahre auch in die ↗Rock music einfließen.

Lit.: The Poetry of S., hrsg. v. A. X. NICHOLAS (NY 1971); A. SHAW, The World of S. (NY 1971); I. HOARE, The S. Book (Lo 1975).

SOUND (engl., = Ton, Klang), auch im dt. Sprachgebrauch heimische Bz. für den charakteristischen Klang eines Ensembles im Jazz und in der Popmusik. Der S. ist eine Summe von Gegebenheiten des Arrangements und der Aufnahmetechnik und hat eine Schlüsselfunktion in der kommerziellen Verbreitung dieser Musik.

SOUND OF MUSIC, THE, amerik. Musical von Richard Rodgers (1902–1979), Buch von Howard Lindsay und Russel Crouse nach den Memoiren der Baronin Maria Augusta von Trapp *The Story of the Trapp Family Singers* und dem Wolfgang-Liebeneiner-Film *Die Trapp-Familie.* Gesangstexte von Oscar Hammerstein II. Ort und Zeit der Handlung: Salzburg und Umgebung zu Beginn des Jahres 1938. UA: 16. 11. 1959 in New York (Lunt Fontanne Theater).
Die letzte Zusammenarbeit zwischen Rodgers und Hammerstein entsprang der Idee des Regisseurs Vincent Donehue, der Mary Martin für die Rolle der jungen Postulantin vom Salzburger Nonnbergkloster verpflichten konnte, die von ihrer Äbtissin mit der Erziehung der sieben Kinder des verwitweten Barons Trapp betraut wird. Maria gewinnt die Herzen der Kinder und die Liebe des Barons. Sie heiratet ihn, kurz bevor er sich entschließt, vor den einmarschierenden Truppen Hitlers nach Amerika zu emigrieren, wo die Familie als die „Trapp Family Singers" zu einem Begriff wurden. Bekannte Songs sind: *The Sound of Music, My Favourite Things* und *Edelweiss.* R. WALLRAF

ŠOUREK, Otakar, * 1. 10. 1883 Prag, † 15. 2. 1956 ebd.; tschechischer Musikforscher. Von Beruf Ingenieur, wandte er sich 1906 der Musikkritik zu und widmete sich seit 1910 fast ausschließlich dem Studium von Leben und Werk A. Dvořáks.

Schriften: *Život a dílo A. Dvořáka* (Leben u. Werk A. Dvořáks), 4 Bde. (Pr 1916–33, ²1922–57, Bde. I u. II ³1954–55, dt. W 1935); *Skladby Dvořákovy/Dvořáks Werke* (B 1917), erweitert v. J. Burghauser als *A. Dvořák. Thematický katalog* (Pr 1960, dt. Kas – L 1960); *Dvořákovy symfonie* (Dvořáks Symphonien) (Pr 1922, ³1948); *Dvořák ve vzpomínkách a dopisech* (Dvořák in Erinnerungen u. Briefen), 2 Bde. (Pr 1938, ⁹1951, dt. 1954); *Dvořákovy skladby komorní* (Dvořáks Kammermusik) (Pr 1943, ²1949, dt. 1954); *Dvořákovy skladby orchestrální* (Dvořáks Orchesterwerke), 2 Bde. (Pr 1944–46, dt. 1954). – Ferner: *Smetanova „Má vlast"* (Smetanas „Mein Vaterland") (Pr 1940); *Komorní skladby B. Smetany* (B. Smetanas Kammermusik) (Pr 1945); *R. Karel* (Pr 1946); *J. Suk* (Pr 1954); *O některých janáčkovských problémech edičních* (Über einige Editionsprobleme bei Janáček), in: Musikologie 3 (1955).

Lit.: F. OESER, O. Š., in: Musica 10 (1956).

SOURIS, André, * 10. 7. 1899 Marchienne-au-Pont (Hennegau), † 12. 2. 1970 Paris; belgischer Dirigent, Komponist und Musikforscher. Er studierte in Brüssel und Paris, war 1937–46 Dirigent beim belgischen Rundfunk, 1944–48 Leiter der Musikabteilung des Séminaire des Arts in Brüssel und 1949–64 Professor für Harmonielehre am Brüsseler Konservatorium. 1947 gründete er die Zeitschrift *Polyphonies.* In Wort und Werk setzte er sich in seinem Lande entscheidend für die aktuellen Tendenzen neuer Musik ein.

WW: **1) Kompositionen:** *Choral, Marsch* u. *Galopp* (1925) für 2 Trp. u. 2 Pos.; *Collage* (1928) für Orch.; *Avertissement* für 3 Sprecher u. Schlagzeug; Kantate *Le marchand d'images* (1944); *L'autre voix* (1947) für Sprecher u. 5 Instr.; *Cinque laude* für Chor u. Kammerorch. (1962); *Triptyque pour un violon* für Sprecher, Mezzosopran, 2 Alt, 2 Bar., Baß, Org. u. Schlagzeug (1963); *Concert flamand* für 4 Holzbläser (1965); Bühnen- u. Filmmusik. – **2) Editionen:** *Corpus des luthistes français* (P 1960 ff.) (= Le chœur des muses, Serie Les luthistes, o. Nr.).

Lit.: CH. VAN DEN BORREN, Pour A. S., in: RBMie 20 (1966); L. VAN DEUREN, Les œuvres d'A. S., in: ebd.

SOUSA, John Philip, * 6. 11. 1854 Washington (D. C.), † 6. 3. 1932 Reading (Pennsylvania); amerik. Komponist und Dirigent port.-dt. Herkunft. Ersten Musikunterricht (Violine und Solfège) erhielt er am Esputa Conservatory of Music in Washington und war danach Lehrling in der US Marine Band, in der sein Vater Posaune spielte. Daneben studierte er Musiktheorie und Komposition bei George Felix Benkert. Nach seinem Militärdienst gehörte er verschiedenen Theaterorchestern an und trat als Dirigent auf. Seit 1876 war er in Philadelphia Theaterviolinist, Musiklehrer, Arrangeur und Komponist. 1880–92 leitete er die US Marine Band und gründete danach eine eigene Band, die bis 1931 bestand. Jährliche Tourneen durch die USA, 4 Reisen durch Europa (1900–05) sowie eine Welttournee (1910–11) verhalfen ihm und seiner Band zu weltweiter Popularität. S. komponierte Operetten, Suiten, Fantasien und Lieder. Berühmt wurde er jedoch durch seine Märsche, deren patriotisches Flair eine Zeit widerspiegelt, in der Amerika zur Großmacht aufstrebte.

WW: **1) Kompositionen:** 11 Suiten; 20 Fantasien; 136 Märsche, u. a. *Hands Across the Sea; King Cotton; Nobles of the Mystic Shrine; The Pride of the Wolverines; Semper fidelis; The Stars and Stripes Forever; The Thunderer;* zahlr. Arrangements; 70 Lieder. – Operetten, u. a.: *The Smugglers* (1882); *El capitán* (1896); *The Bridge Elect* (1897); *The Charlatan* (1898); *The Free Lance* (1906); *The American Maid* (1913). – **2) Schriften:** Autobiographie *Marching Along* (Boston 1928).

Lit.: P. E. BIERLEY, J. P. S. American Phenomenon (NY 1973); DERS., J. P. S. A Descriptive Cat. of His Works (Urbana/Ill. 1973); W. B. STACY, J. P. S. and His Band Suites (Ann Arbor/Mich. 1974).

SOUSA CARVALHO, João de, * 22. 2. 1745 Estremoz, † 1798 Alentejo; port. Komponist. Nach einem Italienaufenthalt wurde er 1767 Musiklehrer am Seminário Patriarcal in Lissabon. Er brachte seit 1769 in Lissabon eine Reihe von italienischen Opere serie heraus und gilt als führender Komponist seiner Zeit in Portugal.

WW (hsl. erhalten): 14 Opern, darunter *L'amore industrioso,* UA: 1769; *L'Eumene,* UA: 1773. – Zahlr. kirchenmusikal. Werke u. Sonaten für Cemb.

Ausg.: Die Ouvertüren zu den genannten Opern, in: Portugaliae Musica B 2 (Lis 1960) bzw. in L'offrande musicale 19 (P 1965).

Lit.: R. STEVENSON, Carvalho, in: Grove⁶ III.

SOUSAPHON, Bz. für eine Baßtuba in Es oder B (eine Sonderform des ↗Helikons) mit kreisrunder, über die linke Schulter gelegter Windung (Helikon), mit in der Regel 3 Ventilen und einem nach vorn gerichteten, weit ausladenden Schallbecher. Das Instrument wurde seit 1892 auf Anregung von J. Ph. Sousa gebaut. Seit den 60er Jahren werden S.e auch aus Kunststoff hergestellt. Bis heute wird das S. vor allem in Militärkapellen in den USA, vereinzelt auch in Europa, verwendet.

SOUTERLIEDEKENS (flämisch, = Psalmliedchen), Titel der ältesten ndl. Versübersetzung der 150 Psalmen mit Melodien (An 1540 mit mehr als 30 Aufl. bis 1613). Diese stammen überwiegend aus ndl. Volksliedern, deren Textincipit und vollständige Weise jeweils bei den einzelnen Psalmen angegeben ist, so daß die S. auch eine wichtige Quelle für das ältere ndl. Volkslied darstellt. Mehrere ndl. Komponisten schrieben mehrstimmige Bearbeitungen der S., darunter Clemens non Papa.

Ausg.: *Souterliedekens,* Faks.-Ausg., hrsg. v. D. F. SCHEURLEER (Den Haag 1892).

Lit.: D. F. SCHEURLEER, De S. (Lei 1894); E. MINCOFF-MARRIAGE, S. (Lei 1922); H. BRUINSMA, The S. and Its Relation to Psalmody in the Netherlands (1949) (= Diss. Univ. of Michigan);

S. J. LENSELINK, De Nederlands psalmberijmingen van de S. tot Datheen (Assen 1959).

SOUTH PACIFIC, amerik. Musical von Richard Rodgers (1902–1979). Buch von Oscar Hammerstein II und Joshua Logan nach den Erzählungen *Our Heroine* und *Fo'Dolla,* aus der Sammlung *Tales of the South Pacific* von James Albert Michener. Gesangstexte von Oscar Hammerstein II. Ort und Zeit der Handlung: zwei Inseln im Süd-Pazifik während des 2. Weltkrieges. UA: 7. 4. 1949 in New York (Majestic Theater). Verfilmt 1958.

Aus zwei Kurzgeschichten des mit dem Pulitzer-Preis ausgezeichneten Michener-Buches konstruierten die Autoren des Musicals die abenteuerliche Geschichte einer amerikanischen Nachrichtenexpedition auf eine Pazifikinsel, um Angriffe der Japaner auf die Marinetruppen zu erkennen. Die mutige Darstellung von Kriegsgreueln und die entschiedene Stellungnahme gegen Rassenvorurteile, die Qualität von Libretto, Songtexten und manchmal opernhafter Musik brachten dem Musical zahlreiche Auszeichnungen ein, u.a. den Pulitzer-Preis für Drama, den Drama Critics Circle Award, sieben Tony-Awards und neun Donaldson-Preise. Bekannte Songs sind: *Some Enchanted Evening, Bali Ha'i I'm Gonna Wash That Man Right Out Of My Hair, I'm in Love with a Wonderful Guy* und *Younger than Springtime.*

R. WALLRAF

SOUZAY, Gérard (eig. Gérard Marcel Tisserand), * 8. 12. 1920 Angers; frz. Sänger (Bariton). Nach seiner Gesangsausbildung u.a. bei Pierre Bernac und Claire Croiza in Paris wurde er seit 1945 rasch als Konzertsänger berühmt und trat seit 1960 gelegentlich auch als Opernsänger auf. 1956 wirkte er bei der UA von I. Strawinskys *Canticum sacrum* in Venedig mit und gastierte 1965 als Graf in W. A. Mozarts *Figaro* an der Metropolitan Opera in New York. S. verfügt über einen hohen lyrischen Bariton von zwingender Intensität im Wort- und Gefühlsausdruck. Mit seinen (auch auf zahlreichen Schallplatteneinspielungen, meist zusammen mit dem Pianisten Dalton Baldwin dokumentierten) Interpretationen von Werken französischer und deutscher Komponisten (Fr. Schubert, R. Schumann, H. Wolf, G. Mahler) gilt er als der bedeutendste französische Liedersänger der Gegenwart.

SOZIALISTISCHER REALISMUS ist ein in der marxistischen Ästhetik in Übertragung von der Literatur und der Bildenden Kunst auch für die Musik postuliertes Ideal einer Kunst, deren Realitätsgehalt mehr in einem tätigen Aneignungsprozeß und in parteilicher Wiedergabe der Wirklichkeit gesehen wird als in deren getreuer, mechanischer Kopierung. Wesentliche theoretische Voraussetzung ist der Gedanke der Widerspiegelung, der von Wladimir Lenin (seit 1909) als allgemeines erkenntnistheoretisches Prinzip gefordert wurde und der in der Ästhetik als Variante des Abbild- und Nachahmungsprinzips erscheint. Sofern die Musik als die Kunst betrachtet wird, die von der Realität (unter der bei Lenin die objektive und nicht die gesellschaftliche Wirklichkeit verstanden wird) am weitesten entfernt steht und die Wirklichkeit z.B. durch Tonmalereien nur beiläufig unmittelbar darzustellen in der Lage ist, ergibt sich eine Schwierigkeit, die G. Lukács (1963) in dem ersten und einzigen System einer Ästhetik auf marxistisch-leninistischer Grundlage so zu lösen versucht, daß er für die Musik eine „gedoppelte Mimesis" (Widerspiegelung) annimmt: Die Musik bilde das menschliche Empfindungsleben ab, das seinerseits Abbild der objektiven Realität sei. – Mehr als der Bereich der Tonmalereien stehen die musikalische Affekt- und Gefühlsdarstellung sowie die ↗Intonationstheorie im Vordergrund. Die Begriffe Mimesis, Nachahmung, Darstellung, Abbild, Ausdruck, Intonation usw. gehen häufig ineinander über – eine Schwierigkeit, die durch die Doppelbedeutung des in diesem Zusammenhang zentralen russ. Wortes „obraz" als zugleich „Bild" und „Gestalt" noch vergrößert wird. Von einem S. in der Musik kann jedenfalls nur gesprochen werden, wenn ästhetisch auch für sie der Primat des Inhalts vor der Form gilt. Geschichtlich fußt der S., dessen Theorie seit den 1930er Jahren existiert, auf dem Mitte des 19. Jh. in Gegenrichtung gegen Klassik und Romantik als solchen bezeichneten (bürgerlichen) Realismus in Kunst und Musik, daneben auf dem russischen Realismus des 19. Jh., woher insbesondere das moralisch-politische Engagement des S. bezogen ist (C. Dahlhaus, 1982). Die Theorie des S. tritt mit dem Anspruch auf, eine Kunstrichtung insgesamt und nicht nur die einer bestimmten Epoche zu erklären. Im engeren Sinne jedoch gelten in der Musik als Beispiele des S. vorzüglich Werke, die im kommunistischen Machtbereich seit der Oktoberrevolution entstanden sind und das „sozial Typische" zum Ausdruck bringen. Als Musik des S. werden neben Stücken eindeutig politisch-funktionaler Musik (z.B. Revolutionskantaten, propagandistische Musik) Werke wie die Symphonien S. Prokofjews und Dm. Schostakowitschs in der UdSSR und das Schaffen H. Eislers und P. Dessaus in der DDR angesehen. – Die Auseinandersetzungen um den S. greifen über das Ästhetische hinaus und sind von dem Hintergrund der ideologischen und politischen Differenzen unter den Weltmachtblöcken kaum abzulösen: „Lieber keine Kunst mehr als s. R." (Th. W. Adorno, 1970). Gegnern wie Adorno, die von der Unmöglichkeit eines Realismus in der Kunst heute ausgehen, erscheint der S. wegen seines Hangs zu agitatorischer Schlichtheit als ästhetische Regression; in ihren Augen verfälscht das Prinzip S. die Wirklichkeit, statt ein wahres Bild von ihr zu geben. Doch ist der Streit um die Doktrin des S. in den letzten Jahren auf beiden Seiten abgeflaut, und hervorstechende Musikwerke, die auf den Begriff S. gebracht werden könnten, ohne ihn auszuhöhlen, scheinen nicht mehr entstanden zu sein.

Lit.: G. LUKÁCS, Die Eigenart des Ästhetischen (Neuwied 1963); TH. W. ADORNO, Ästhetische Theorie (F 1970, NA 1973); H. A. BROCKHAUS, Probleme der Realismustheorie, in: Sammelbde. z. Musikgesch. der DDR II (B 1971); C. DAHLHAUS, Musikal. Realismus (Mn 1982). A. RIETHMÜLLER

SOZIOLOGIE DER MUSIK ↗Musiksoziologie.

Sp, Abk. für Subdominantparallele. – ↗Subdominante.

SPANGENBERG. – 1) Johann, * 29. 3. 1484 Hardegsen bei Göttingen, † 13. 6. 1550 Eisleben; dt. Theologe und Musiker. Er studierte Theologie an der Universität Erfurt, wurde 1521 der erste evangelische Pastor seiner Heimatstadt und war 1524–46 Hauptprediger an St. Blasien in Nordhausen. 1546 wurde er Pfarrer in Eisleben und Superintendent der Grafschaft Mansfeld.

WW: Mehrere Bde. lutherische Kirchenlieder, u. a. *Cantiones ecclesiasticae Latinae* (Magdeburg 1545) (darin die Melodie des ev. Chorals *O Lamm Gottes unschuldig*). – Traktat *Quaestiones musicae in usum scholae Northusianae* (Nü 1536, zahlr. Neuaufl.).

2) Cyriac (Cyriacus), Sohn von 1), * 7. 6. 1528 Nordhausen, † 7. 2. 1604 Straßburg; dt. Theologe und Musiker. Er hörte an der Universität Wittenberg Vorlesungen M. Luthers und Ph. Melanchthons. Nach dem Tod seines Vaters wurde er Prediger in Mansfeld, 1553 Diakon und 1559 Hofprediger. Wegen theologischer Streitigkeiten mußte er 1574 sein Amt aufgeben. Nach einem Aufenthalt in Sangershausen und Straßburg war er bis 1590 Pfarrer in Schlitz bei Fulda; 1595 kehrte er nach Straßburg zurück.

Schriften: *Christliches Gesangbüchlein* (Eisleben 1568) (darin die Melodie des Chorals *Christe, du bist der helle Tag*); *Der gantze Psalter Davids* (F 1582); *Von der edlen und hoch-berühmten Kunst der Musica ... wie auch vom Auffkommen der Meister-Sänger* (1598, Ms.). – Ferner mehrere Schuldramen mit Musik.

Ausg.: *Von der Musica und den Meistersängern*, hrsg. v. A. VON KELLER, in: Bibl. des literarischen Ver.s in Stuttgart LXII (St 1861, Nachdr. Hil 1966).

Lit.: B. NAGEL, Meistersang (St 1962, [2]1971) (= Slg. Metzler 12); F. ONKELBACH, S., in: MGG XII.

SPANIEN. Die Geschichte der Musik in S. ist eng an die wechselvollen Ereignisse der politischen Geschichte gebunden: 7 aufeinanderfolgende Invasionen hinterließen auf der Iberischen Halbinsel ihre Spuren. Als älteste Quellen, die auf eine Musikpraxis hindeuten, haben sich nur einige Felsmalereien erhalten, auf denen uns die Bewohner des damaligen S. eine Andeutung ihrer vermutlich magischen Tänze vermitteln. Mehr Spuren stammen von Phöniziern, Griechen und Römern: Töpferwaren, Bildhauerei, Denkmäler und Bruchstücke von Instrumenten geben Hinweise auf musikalische Betätigungen. Während die karthagischen und hellenischen Kolonien Randbereiche der Mutterländer blieben, baute Rom seine Herrschaft über Hispania fest aus und teilte es in Provinzen auf (die Keimzellen künftiger unabhängiger Königreiche, wie sie sich noch heute in den bischöflichen Jurisdiktionen wiedererkennen lassen). S. zog zutiefst seinen Nutzen aus der römischen Kultur und gab der Metropole mehrere Kaiser – Trajan, Hadrian, Alexander Severus, Mark Aurel und Diokletian wurden in S. geboren oder stammten aus span. Familien –, ebenso auch viele Literaten, u. a. die beiden Seneca, Martial, Lukan und Quintilian, später vor allem auch Prudentius und Juvencus, die zu den bedeutendsten Dichtern der christlichen Antike zählen.

Mittelalter. Zu Beginn dieses Zeitabschnitts nahmen die barbarischen Eindringlinge die Kultur des romanisierten S. an, das ihnen eine romanische Sprache aufzwang, und Sevilla wurde dank Isidor (um 560–636) eines der bedeutendsten kulturellen Zentren Europas. Die Musik nimmt im Werk dieses Bischofs, des größten Enzyklopädisten des Mittelalters, einen bevorzugten Platz ein. In seinen Traktaten legt er neben dem Vermächtnis der antiken Theoretiker erstmals auch seine eigenen liturgischen und praktischen Erfahrungen dar. Nach der Vernichtung des westgotischen Reiches durch die erste arabische Invasion (711) entstand mit Córdoba ein unabhängiges Emirat, das nicht nur alles weitertrug, was der Orient an reichster Kultur bot, sondern auch bis dahin unbekannte dichterisch-musikalische Formen verbreitete.

Am höchsten in diesem Abschnitt des Mittelalters war die liturgische Musik ausgebildet: ebenso wie in anderen Zentren Italiens und Frankreichs entwickelte sich auch in S. eine eigene Liturgie, die eigentlich spanisch bzw. westgotisch heißen müßte, die man jedoch mozarabisch (↗Mozarabischer Gesang) nennt; zu Unrecht, denn der Terminus könnte an die Existenz arabischer Elemente in einem vor dem Einzug der Araber abgeschlossenen Repertoire glauben lassen. Diese nach ihrem Zentrum Toledo auch toledanisch genannte Liturgie wurde durch den Beschluß des 4. Konzils, das 633 in dieser Stadt abgehalten wurde, in ganz S. verbreitet. Sie ist, was die Texte angeht, die am besten erhaltene der westlichen Liturgien; ihre Hss. sind viel zahlreicher, vollständiger und reicher überliefert als die der gallikanischen Liturgie. Ende des 11. Jh. wurde sie durch den römischen Ritus ersetzt. Vermutlich blieb sie nur in Toledo und einigen Kirchen, die sie wenig später aufgaben, etwas länger erhalten. Die Texte und einige Melodien wurden dort noch im 15. Jh. aufgezeichnet. Das bedeutendste und umfangreichste Zeugnis der ma. Einstimmigkeit in S. sind die *Cantigas de Santa Maria* des Königs ↗Alfonso el Sabio (2. Hälfte 13. Jh., ↗Cantiga). Das früheste erhaltene Beispiel weltlichen Singens sind die *Cantigas de amigo* des galicischen Troubadours Martín Códax (13. Jh.). In Katalonien – das bereits zur Zeit Karls des Großen unter französischem Einfluß und abseits der span. Praxis stand – entwickelten sich in dieser Zeit im Zusammenhang mit Tropen und Sequenzen eine spezielle Art des liturgischen Dramas, die Consueta, und geistliche Spiele, die bis heute fortleben, wie etwa der „Gesang der Sibylle" und das „Marienmysterium", das in Elche (Alicante) aufgeführt wird. Beispiele geistlicher Tänze sind in dem katalanischen *Llivre Vermell* (14. Jh.) erhalten.

Den Beitrag S.s in der Geschichte der frühen Mehrstimmigkeit stellt der sog. Codex Calixtinus (um 1170), eine Art Handbuch für die Pilgerfahrt nach Santiago de Compostela, dar. Darin sind etwa 20 2- und 3stimmige Kompositionen erhalten (↗Organum). Auch aus der Spätphase der Notre-Dame-Epoche und der ↗Ars antiqua gibt es eine bedeutende span. Quelle, eine Hs. des Klosters Las Huelgas.

15. und 16. Jahrhundert. In diese Zeit fällt die Ausbildung einer typisch span. Richtung innerhalb der Mehrstimmigkeit. Diese stand im Gegensatz zur komplizierten Kontrapunktik der zeitgenössischen franko-flämischen Komponisten und zeigt eine geschmeidige Einbindung des Textes in einen fast homophonen Satz, der dem des ↗Hugenottenpsalters recht nahe steht. Doch hinter dieser Einfachheit verbergen sich häufig Kunstfertigkeiten, und manche Melodie erweist sich als 3st. Kanon, der auch als Krebs gesungen werden kann. Text und Musik sind stark vom Volkstümlichen beeinflußt, wie dies etwa Fr. de Salinas in seinem Traktat *De musica* bezeugt, der Incipits von Volksliedern des 16. Jh. enthält.

Der Aufschwung der span. Musik im 16. Jh., das man als deren goldenes Zeitalter bezeichnen kann, geht insbesondere von den Kapellen der Kathedralen aus, findet aber auch im Werk der ersten großen einheimischen Musiktheoretiker, darunter B. Ramos de Pareja, seinen Niederschlag. Auf dem Gebiet der Kirchenmusik vertreten vor allem Cr. de Morales und Fr. Guerrero die andalusische Schule, deren kompositorischer Elan nach der Auffassung italienischer Zeitgenossen ihrem „maurischen Blut" entstammt. Die beiden genannten bilden mit T. L. de Victoria, der aber, eng mit der ↗Römischen Schule verbunden, mit G. P. da Palestrina und O. di Lasso zugleich einer der bedeutendsten Meister der klassischen Vokalpolyphonie war, das große Triumvirat der span. Musik. Auch die weltliche Kunstmusik erlebte eine Blüte, die sich im Werk einiger kastilischer und katalanischer Komponisten widerspiegelt, u. a. bei J. Vasquez, den beiden Flecha, die vor allem als Komponisten von ↗Ensaladas bekannt wurden, A. Vila, J. Brudieu sowie in den vielen anonymen Kompositionen der zeitgenössischen Liederhandschriften (↗Cancionero). Einen hohen europäischen Rang hat im 16. Jh. in S. die ↗Vihuela- und ↗Orgel-Musik. Vihuela-Tabulaturen stammen u.a. von L. de Milan, L. de Narváez, A. de Mudarra, E. de Valderrábano, D. Pisador, M. de Fuenllana und E. Daza. Sie bezeugen die neue Kunst der Variation und Improvisation (↗Diferencia, ↗Tiento) und enthalten Stücke für Singstimme mit vollständig notierter Begleitung (u.a. Romanzen und ↗Villancicos). Die spanische Orgelmusik nimmt seit 1540 eine führende Stellung in Europa ein. Ihr Repräsentant ist A. de Cabezón. Seine Kunst strahlte auch auf die engl. Virginalisten aus, nachdem er sich im Gefolge König Philipps II. 1554–56 in England aufgehalten hatte.

17. Jahrhundert. In dieser Zeit wird die Kirchenmusik in einigen regionalen Schulen (Katalonien, Valencia, Aragón und Kastilien) weiterhin gepflegt, auch die weltliche Mehrstimmigkeit zeigt sich in Blüte – etwa im *Cancionero de la Sablonara* –, und Komponisten von einigem Rang wie z. B. J. Pujol, J. Cererols und J. B. Comes entfalten ein reiches Schaffen. Doch hat der europäische Ruhm nun deutlich nachgelassen. Zwei wichtige Sachverhalte sind gleichwohl zu nennen: die Ablösung der Vihuela durch die Gitarre, wie dies etwa die Werke von J. C. Amal und G. Sanz belegen, und die im Vergleich zu den anderen europäischen späte und nur vereinzelte Rezeption der it. Oper. Das einzige erhaltene Beispiel in diesem Zusammenhang ist bezeichnenderweise mit dem Namen P. Calderón de la Barca verbunden (*Celos aun de aire matan* mit der Musik von J. Hidalgo).

18. Jahrhundert. Erst in diesem Jh. erlangte die it. Musik größere Bedeutung in S. sowohl im kirchlichen und geistlichen Bereich (↗Villancico) wie auch in dem der ernsten Oper. Gleichzeitig entsteht aber im heiteren Genre unter Einbeziehung volkstümlicher Elemente in Text und Musik die eigentümliche Gattung der ↗Zarzuela mit A. Rodríguez de Hita als Hauptvertreter. Einige Spanier wurden außerhalb ihrer Heimat als Opernkomponisten italienischer Prägung berühmt, u.a. D. Terradellas und V. Martín y Soler. Andererseits wurden zwei bedeutende Italiener, die zeitweise in S. wirkten, von diesem Land nicht unerheblich künstlerisch geprägt: D. Scarlatti und L. Boccherini. Schließlich ist das 18. Jh. auch die Zeit, in der zahlreiche volkstümliche Gebräuche, Tänze (z.B. ↗Fandango), Gesänge und Kostüme die Form annahmen, in der sie uns bis heute bekannt sind.

19. und 20. Jahrhundert. In der 1. Hälfte des 19. Jh. treten zahlreiche span. Künstler wiederum in erster Linie im Ausland hervor: die Gitarristen D. Aguado y García und F. Sor, die Opernkomponisten J. Chr. de Arriaga y Balzola und M. García, der vor allem als Sänger und Gesangspädagoge (u.a. seiner Töchter María Felicitá Malibran und Pauline Viardot-García) bekannt wurde. Einige bedeutende Instrumentalisten der 2. Hälfte des 19. Jh., der Gitarrist Fr. Tárrega und der Geiger P. de Sarasate, waren um die Schaffung eines Nationalstils bemüht. Dieser prägt sich gleichermaßen in der Opera seria (R. Canicer, Baltasar Saldoni, Mariano Soriano Fuertes und vor allem M. H. Eslava y Elizando) wie in der Zarzuela (Fr. A. Barbieri) aus. Eine zentrale Persönlichkeit in dieser Entwicklung ist F. Pedrell. Regionale Bedeutung hatten im 19. Jh. in Katalonien J. A. Clavé, in der 1. Hälfte des 20. Jh. dort Ll. Millet, E. Morera und A. Vives, in Kastilien F. Olmeda de San José. Durch I. Albéniz, E. Granados, vor allem aber durch M. de Falla und J. Turina erlangte S. wieder internationalen Ruf. Weitere wichtige Komponisten des 20. Jh. sind E. Esplá, M. Blancafort, F. Mompou und R. Gerhard. E. und R. Halffter Jiménez, G. Pittaluga, S. Bacarisse, J. Bautista und J. Rodrigo zählen zu den fortschrittlichen Komponisten S.s, während L. de Pablo Costales und Cr. Halffter die Avantgarde vertreten.

Musikinstitutionen. Die beiden Pole des künstlerischen Lebens in S. sind Madrid und Barcelona. Bildet Madrid das politische Zentrum, kann Barcelona auf eine lange Tradition, vor allem im Bereich des Theaters, zurückblicken: hier wurden die Opern R. Wagners erstmals aufgeführt, und das dortige Gran Teatro del Liceo blieb die einzige Bühne der Halbinsel (die Oper von Madrid wurde 1925 geschlossen und dient nur noch als Konzertsaal). Barcelona ist auch in Forschung und mit grundlegenden Publikationen das Zentrum der span. Musikwissenschaft, das mit Namen wie Pedrell, Anglés und Querol verbunden ist. Außerdem befinden sich in Barcelona wichtige Sammlungen (Zentralbibliothek) und Musikverlage. Weiterhin ist es Sitz der wichtigsten Gesellschaft für Neue Musik: des „Círculo M. de Falla" (gegründet 1947), der durch die Gruppe „Música abierta" abgelöst wurde. Die Orchester Kataloniens (das Orquesta Municipal in Barcelona wurde von J. Lamonte de Grignon und P. Casals gegründet), von Madrid (mit Dirigenten wie Fernández Arbós, Enrique Jordá, Pérez Casas, Ataúlfo Argenta und R. Frühbeck de Burgos) und die der Großstädte (Valencia, Bilbao) bezeugen die künstlerische Aktivität des Landes. Zu den herausragenden Festivals und Sommerkursen zählen die Woche der mittelalterlichen Musik in Estella (Navarra) und die Kurse für Interpretation in Santiago de Compostela. Der Chorgesang wird besonders in Katalonien und im gesamten Baskenland gepflegt. Die bekanntesten Vereinigungen sind der „Orfeó Catalá" in Barcelona, der Chor des Klosters Montserrat, der „Coro Donostiarra" in San Sebastian und der Chor von Pamplona. – Das nationale Konservatorium befindet sich in Madrid, ähnliche Einrichtungen gibt es gleichfalls in wichtigen Städten, u.a. auch Jugendmusikschulen. Unter den span. Interpreten ragen insbesondere die Gitarristen heraus. Die große Schule des 19. Jh. beginnt mit A. Segovia und brachte viele Virtuosen hervor: u.a. R. Sainz de la Maza und N. Yepes. Außergewöhnliche Virtuosen waren die Cellisten P. Casals und G. Cassadó; international bekannt ist auch der Harfenist N. Zabaleta. Den fast legendären Ruf des baskischen Tenors Julián Gayarre erreicht heute Pl. Domingo, und Sängerinnen wie V. de Los Angeles, M. Caballé und T. Berganza erlangten Weltruhm.

Lit.: **1) Tondenkmälerausg.: a)** Kunstmusik: Lira sacro-hispana, hrsg. v. H. ESLAVA, 10 Bde. (Ma 1869); Hispaniae schola musica sacra, hrsg. v. F. PEDRELL, 8 Bde. (L – Ba 1894–98, Nachdr. NY 1976); Teatro lírico española anterior al siglo XIX, hrsg. v. DEMS., 5 Bde. (La Coruña 1897–98); Publicacions del Departamento de Música de la Bibl. de Catalunya, hrsg. v. H. ANGLÉS – J. SUBIRA u. a., 18 Bde. (Ba 1921–43); Mestres de l'Escolanía de Montserrat, hrsg. v. D. PUJOL (Montserrat 1930–36); Monumentos de la música española (MMEsp), bisher 39 Bde. (Ma – Ba 1941 ff.); Romances y villancicos españoles del siglo XVI, hrsg. v. J. BAL Y GAY (Mexico City 1945); Antología polifónica sacra. Autores españoles, siglo XVI (Ma 1954–56); Silva ibérica, hrsg. v. M. S. KASTNER (Mz 1954–65); Spanish Organ Masters after A. de Cabezón, hrsg. v. W. APEL (1971) (= Corpus of Early Keyboard Music 14). – ↗Cancionero. – **b)** Volksmusik: Cancionero musical popular español, hrsg. v. F. PEDRELL, 4 Bde. (Valls 1919–22, Neudruck 1936); E. LÓPEZ CHAVARRI, Música popular español (Ba 1927, ²1940); K. SCHINDLER, Folk Music and Poetry of Spain and Portugal (NY 1941); J. HIDALGO MON-

TOYA, Folklore musical español (Ma 1974); ferner zahlr. regionale Slgen. – **2) Studien zur Musik: a)** Allgemeine u. umfassende Darstellungen: J. SUBIRÀ, Historia de la música española e hispano-americana (Ba 1953, dt. Z 1957); S., in: MGG XII; M. VALLS GORINA, Historia de la música catalana (Ba 1969); T. MARCO, La música de la España contemporánea (Ma 1970); A. LIVERMORE, A Short History of Spanish Music (Lo – NY 1972); A. FERNÁNDEZ-CID, La música española en el siglo XX (Ma 1973); D. GOJOWY, S. rückt ins Blickfeld, in: Melos 41 (1974); A. LIVERMORE, Historia de la música española (Barral 1974); L. E. POWELL, A History of Spanish Piano Music (Bloomington/Ind. 1980); R. STEVENSON, Spain, in: Grove[6] XVII (mit umfassendem Lit.-Verz.). – **b)** Spezielle Stud.: siehe Schriftenverz. v. H. Anglès; R. STEVENSON, Spanish Music in the Age of Columbus (Den Haag 1960); DERS., Spanish Cathedral Music in the Golden Age (Berkeley 1961); G. HABERKAMP, Die weltliche Vokalmusik in S. um 1500 (Tutzing 1968); D. PRECIADO, Folklore español, música, danza y ballet (Ma 1969); T. MARCO, Música española de vanguardia (Ma 1970); M. HAMILTON, Music in Eighteenth Century Spain (NY 1971); C. JACOBS, The Spanish Frontier Ballad, in: MQ 58 (1972); F. SOPEÑA IBÁÑEZ, La música en el Museo del Prado (Ma 1972); A. HOWELL, Symposium on 17th-Century Music Theory. Spain, in: JMTh 16 (1972); G. DODERER, Orgelbau u. Orgelmusik des 16.–18. Jh. auf der iberischen Halbinsel, in: MS 92 (1972); J. LEÓN TELLO, La teoría española de la música en los siglos XVII y XVIII (Ma 1974); J. KATZ, The Traditional Folk Music of Spain, in: YbFMC 6 (1974); M. DEL CARMEN GÓMEZ, Neue Quellen mit mehrst. geistlicher Musik des 14. Jh. in S., in: AMl 5 (1978); I. FERNÁNDEZ DE LA CUESTA, Manuscritos y fuentes musicales en España (Ma 1980); L. E. POWELL, A History of Spanish Piano Music (Bloomington 1980); M. QUEROL, Die Musikwiss. in S. (1964–79), in: AMl 52 (1980). – Zentrales Publikationsorgan zur span. Musikgeschichte ist das *Anuario Musical* (Ba 1946 ff.).
D. DEVOTO

SPANISCHE STUNDE, DIE *(L'heure espagnole)*, Comédie musicale in einem Akt von Maurice Ravel (1875–1937), Text von Franc-Nohain (d.i. Maurice Legrand). Ort und Zeit der Handlung: Toledo, 18. Jh. UA: 19. 5. 1911 in Paris (Opéra-Comique), EA in dt. Sprache: 6. 6. 1924 in Prag, dt. EA: 5. 2. 1925 in Hamburg.

Nicht intellektueller Schöngeist, nicht die wohlgefüllte Brieftasche, sondern schiere physische Kraft gibt den Ausschlag in dieser heiter-frivolen Version vom Urteil des Paris mit umgekehrten Vorzeichen: Einmal wöchentlich verläßt der Uhrmacher Torquemada seinen Laden für eine Stunde, um die Ratsuhren zu regulieren. Conception, seine liebeshungrige Gattin, macht derweil ihrem Namen Ehre und empfängt potentielle Kandidaten für ein Schäferstündchen. Mit instinktiver Sicherheit entscheidet sie sich endlich für die animalische „Überzeugungskraft" eines Eselstreibers. – Ravel griff Elemente der Oper des 18. Jh. auf, indem er den Buffostil jener Epoche (Parlando) adaptierte. Zudem setzt er das Kolorit der spanischen Volksmusik (Tangorhythmen) effektvoll ein und arbeitet mit originellen Klangwirkungen (Verwendung eines Sarrusophons), um treffsicher die Atmosphäre des Uhrmacherladens auch musikalisch sinnfällig werden zu lassen. Mit sparsamen Mitteln gelingt die musikalische Charakterzeichnung der fünf Akteure; deren Gefühlsregungen werden präzise beobachtet und in eine Affektfolge umgesetzt, die den vom Text vorgegebenen Ausdruckskategorien überzeugend entspricht.
R. QUANDT

SPANISCHE TROMPETEN, bei der Orgel Zungenstimmen mit waagrecht angeordneten Pfeifen im Prospekt. Ursprünglich im spanischen Orgelbau seit dem 17. Jh. verbreitet, fanden sie unter dem Namen „chamade" (= Jagdsignal) auch in Frankreich im 18. und 19. Jh. gelegentlich Eingang; seit der Mitte des 20. Jh. werden sie im internationalen Orgelbau häufig gebaut.

SPARTIEREN (von it. spartire = verteilen), Bz. für das Zusammenschreiben von Einzelstimmen zu einer ↗Partitur.

SPEE VON LANGENFELD, Friedrich, SJ, * 25. 2. 1591 Kaiserswerth (Rhein), † 7. 8. 1635 Trier; dt. Theologe und Dichter. Seit 1610 Mitglied des Jesuitenordens, wirkte er nach dem Studium der Philosophie in Trier, Fulda und Würzburg als Lehrer an den Ordensschulen in Speyer, Worms und Mainz (1618–23), wo er 1622 zum Priester geweiht wurde, Paderborn (1624–26 und 1629–31) und Köln. S.s öffentliche Anprangerung der Hexenprozesse, der auch die zunächst anonym veröffentlichte *Cautio criminalis* (1631) diente, führten zu seiner Amtsenthebung und Versetzung nach Trier. Dort widmete er seine Kräfte der Krankenpflege und starb im Verlauf der Kriegsereignisse (Eroberung Triers durch die kaiserlichen Truppen). Erst 14 Jahre später wurde er von seinem Orden rehabilitiert. S.s Gedichtsammlung *Trutz Nachtigal* ist in ihrer an den lateinischen Hymnen orientierten Sprache und in ihrer tiefen Empfindung der belebten und unbelebten Natur eines der bedeutendsten Zeugnisse der deutschen Barockliteratur. Indem dieses Werk mit den religiösen Erneuerungsbestrebungen der rheinischen Jesuiten in Zusammenhang steht, gab es maßgebliche Impulse für die Entstehung des nachreformatorischen katholischen deutschen ↗Kirchenlieds und der geistlichen Hausmusik. Liedtexte S.s (sie befinden sich auch in allen Kölner ↗Gesangbüchern des 17. Jh.) sind bis heute lebendig geblieben. Allgemein bekannt wurden *O Heiland, reiß die Himmel auf, Zu Bethlehem geboren* und *Bei stiller Nacht.* Ob S. selbst Melodien verfaßt hat, ist ungeklärt. Als Komponist kommt u.a. J. Gippenbusch in Betracht.

WW: *Cautio criminalis seu de processibus contra Sagas* (Rinteln 1631, [2]1632); *Güldenes Tugent-Buch* (Kö 1649 u.ö.); *Trutz-Nachtigal oder Geistlichs-Poetisch Lust-Waldlein* mit 24 Melodien für

SingSt u. B.c. (Kö 1649, [5]1683 u. ö.). Heute noch gebräuchliche kath. Kirchenlieder: *Dich liebt, o Gott, mein ganzes Herz, Ihr Freunde Gottes allzugleich, Ist das der Leib, Herr Jesu Christ, Laßt uns erfreuen herzlich sehr, Tu auf, tu auf, du schönes Blut, Unüberwindlich starker Held.*

Ausg.: *Trutz Nachtigal,* Faks.-Ausg. (Mn 1929) (nur Text); dass., hrsg. v. G. O. ARLT, in: Neudrucke dt. Lit.-Werke des XVI. u. XVII. Jh. (Hl 1936, Nachdr. 1937); die Melodien in: A. SCHMITZ, Monodien der Kölner Jesuiten aus der ersten Hälfte des 17. Jh., in: ZfMw 4 (1921/22); F. S. Die anonymen geistl. Lieder vor 1623, hrsg. v. M. HÄRTING (B 1971).

Lit.: A. SCHMITZ, s.o.; J. GOTZEN, Über die Trutz Nachtigall v. F. v. S. u. die Verbreitung ihrer Melodien, in: KmJb 37 (1953); W. LIPPHARDT, S., in: MGG XII; K. KELLER, Beitr. z. niederrheinischen Kulturgeschichte ... über Weyer, S., Grevius ... (Geldern 1970); J. OVERATH, S., in: Rheinische Musiker 8 (Kö 1974) (= Beitr. z. rheinischen Musikgesch. 111) (mit detailliertem Lit.-Verz.).

SPEER, Georg Daniel, * 2. 7. 1636 Breslau, † 5. 10. 1707 Göppingen; dt. Komponist und Schriftsteller. Nach ausgedehnten Reisen durch Osteuropa und den Balkan, die in seinen literarischen Werken ihren Niederschlag finden, ist S. 1665–67 als Stiftsmusiker in Stuttgart nachweisbar. In der Folgezeit hielt er sich in verschiedenen württembergischen Städten auf und wirkte 1673–89 und seit 1694 als Lehrer und Kantor an der Lateinschule in Göppingen. In der Zwischenzeit war er wegen einer politischen Streitschrift vorübergehend inhaftiert und strafweise in Waiblingen tätig. S. verkörpert wie J. Beer, W. C. Printz und J. Kuhnau den Typus des auch schriftstellerisch tätigen barocken Musikers. Seine Quodlibets und der *Grundrichtige ... Unterricht* sind von hohem Wert für die Kenntnis der deutschen instrumentalen Musizierpraxis seiner Zeit.

WW: Geistliche Arien bzw. Cantiones sacrae für verschiedene Besetzungen u. B.c., teilweise mit Instr.: *Evangelische Seelen-Gedancken,* 2 Tle. (St 1681, Ulm 1682); *Philomela angelica* (V ? 1688); *Jubilum coeleste* (St 1692); *Choral Gesang-Buch* für 2 St. mit Cemb. od. Org. (St 1692); Quodlibets für 1–3 St., 2 V. u. B.c. (unter verschiedenen Pseudonymen): *Recens Fabricatus Labor, Oder Neugebachene Taffel-Schnitz* (F 1685); *Musicalischer Leuthe-Spiegel* (o.O. 1687); *Musicalisch-Türckischer Eulen-Spiegel* (Günz 1688). – *Grundrichtiger ... Unterricht der musicalischen Kunst* (Ulm 1687), erweitert mit dem Untertitel *Vierfaches musicalisches Kleeblatt* (ebd. 1697) (mit zahlr. musikal. Beispielen). Ferner mehrere (anonym oder unter Pseudonymen gedruckte) Novellen, darunter *Ungar. oder Dacianischer Simplicissimus* (o.O. 1683).

Ausg.: 7 Bläserstücke, in: Dt. Bläsermusik v. Barock bis z. Klassik, hrsg. v. H. SCHULTZ (Hannover 1941, Kas [2]1961) (= EDM 14); *Eulenspiegel,* hrsg. v. L. BALLOVÁ (Bratislava 1971). – *Ungar. ... Simplicissimus,* hrsg. v. R. URBANEK (Breslau 1906, [2]1925).

Lit.: B. HANSEN, D. S., 1687, über den Klavierunterricht, in: SMZ 193 (1963); Z. FALVY, S., Mus.-Türckischer Eulen-Spiegel, in: Studia musicologica 12 (Budapest 1970); M. N. SIRMAN, The Wind Sonatas in D. S.'s „Musicalisch-türckischer Eulen-Spiegel" of 1688 (1972) (= Diss. Madison Univ.).

SPEKTRALANALYSE. Die S., auch Frequenz- bzw. Klang- und Geräuschanalyse, basiert auf der von Jean-Baptiste Fourier (1768–1830; ↗Fourieranalyse) entdeckten Tatsache, daß jede beliebige periodische Schwingung mit der Frequenz f in eine endliche oder unendliche Reihe (Obertonreihe) von Sinusschwingungen mit den Frequenzen f, 2f, 3f, ... zerlegt werden kann (Linienspektrum), jeder nichtperiodische, also jeder einmalige Schwingungsvorgang (Knack, Geräusch, Einschwingvorgang eines Tons) dagegen stets in eine unendlich große Anzahl dicht nebeneinander liegender Frequenzkomponenten (kontinuierliches Spektrum). Das Ergebnis einer solchen (experimentellen oder rechnerischen) Analyse ist ein ↗Spektrum. Da ein einzelnes Spektrum nur einen sehr kurzen Zeitabschnitt charakterisiert, werden auch aus mehreren Spektren Mittelwertspektren gebildet. Neben verschiedenen, nur noch wissenschaftsgeschichtlich interessierenden Analyseverfahren (Ohr-, Stimmgabelresonatoren u.a.) und konventionellen (elektrischen) Verfahren (Suchtonanalyse, Durchlauf-, Parallelfilter u.a.) können S.n heute mit modernen Technologien in Digitaltechnik mit geringem experimentellem Aufwand mit großer Exaktheit und Schnelligkeit (Echtzeitanalyse) ausgeführt werden.

M. DICKREITER

SPEKTRUM. Ein akustisches S. ist die grafische Darstellung des Ergebnisses einer ↗Spektralanalyse. Dabei wird ein Klang oder Geräusch in die den einzelnen Teiltönen (↗Obertöne) oder bestimmten Frequenzbereichen entsprechenden Komponenten zerlegt. Das S. wird in einem Koordinatensystem dargestellt, bei dem auf der waage-

Darstellung eines Klanges als Spektrum:

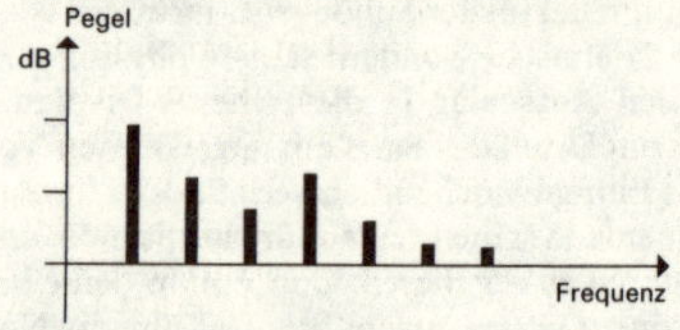

rechten Achse die Frequenz entweder linear in Hertz (Hz) oder logarithmiert in Terzen oder Oktaven aufgetragen wird; auf der senkrechten Achse wird die Stärke der Frequenzkomponenten wieder entweder linear, z. B. als Schalldruck, oder logarithmiert als Schalldruckpegel aufgetragen. Die jeweilige Darstellungsform hängt vom Analyseverfahren und vom Darstellungsziel ab. Spektren werden oft vereinfachend idealisiert. Sie erlauben Aussagen über den Frequenzbereich von Musikinstrumenten, über Teiltonstrukturen (Hervortreten oder Fehlen von Teiltönen, Formanten), über unharmonische Teiltöne, über Geräuschanteile u.a. – ↗ Frequenzspektrum. M. DICKREITER

SPENCER, Kenneth, * 25.4. 1911 Los Angeles, † 26.2. 1964 bei einem Flugzeugabsturz in den Lake Pontchartrain (Louisiana); amerik. Sänger (Baß). Er studierte vor allem an der Eastman School of Music in Rochester und erregte erstmals 1941 mit einem Liederabend in New York Aufsehen. 1946 feierte er nach weiterem Gesangstudium am Broadway große Erfolge in J. Kerns Musical *Showboat*, aus dem der Song *Ol'Man River* zeitlebens sein Glanzstück blieb. 1949 kam S. zum ersten Mal nach Europa und lebte zuletzt in Wuppertal. Zumal in Deutschland war er durch seine Interpretation von Negro Spirituals der populärste Negersänger seiner Zeit. Er sang häufig auch Werke des klassischen Liederrepertoires und trat gelegentlich als Opernsänger (z.B. als Sarastro in W. A. Mozarts *Zauberflöte*) und in Filmen auf.

SPENDIAROW (Spendiarjan), **Alexander Afanasjewitsch,** * 20.10. (1.11.) 1871 Kachowka (Krim), † 7.5. 1928 Jerewan; armenischer Komponist und Dirigent. S. absolvierte 1895 ein Jurastudium an der Universität Moskau, war 1892–94 Kompositionsschüler von Nikolai Klenowski in Moskau und 1896–1900 von N. Rimski-Korsakow in St. Petersburg. Später lebte er als Dirigent, Komponist und Musikpädagoge auf der Krim und übernahm 1924 die Orchesterklasse am Konservatorium in Jerewan. Das Armenische Opern- und Balletttheater, das 1939 seinen Namen erhielt, wurde 1933 mit S.s Oper *Almast* eröffnet. Sie gilt heute als Prototyp der armenischen nationalen Oper. Mit den *Skizzen von der Krim* und *Drei Palmen* ist S. auch Begründer der armenischen Symphonik. Seine Tonsprache verbindet Stilmittel der russischen klassischen Musik mit Elementen der armenischen Volksmusik.

WW: **1) Instr.-WW:** Für Orch.: Konzertouvertüre (1900); *Krymskije eskisy* (Skizzen v. der Krim); 2 Suiten (1903–12); symphonisches Bild *Tri palmy* (Drei Palmen) (1905) (nach M. Lermontow); Konzertwalzer (1907); *Jerewanskije etjudy* (Jerewaner Studien) (1925). – **2) Vokal-WW:** Lieder, Melodramen u. Chöre nach Worten v. Puschkin, M. Lermontow, M. Gorki, A. Golenischtschew-Kutusow, A. Tschechow, A. Maikow u.a., sowie Bearbeitungen v. armenischen, russ. u. ukrainischen Volksliedern. – Kantate *Pamjati W. Stassowa* (Zum Gedenken an W. Stassow) (1907) für Chor u. Klv. – Für SingSt u. Orch.: *Rybak i feja* (Der Fischer u. die Fee) (1902) (Text v. M. Gorki); *Beda-propowednik* (Beda, der Prediger) (1907) (Text v. J. Polonski); heroisches Lied *Tuda, tuda, na pole tschesti* (1914); Konzertarie *K Armenii* (An Armenien) (1915) (Text v. I. Jonisjan); *Garib bibul* (1925) (nach Sajat-Nowa). – Für Chor u. Orch.: *Nesschataja polosa* (Ungemähter Streifen) (1902) (Text v. N. Nekrassow). – **3) Bühnen-WW:** Heroisch-patriotische Oper *Almast* (1916–28), UA: Moskau 1930 (1939 v. M. Steinberg ergänzt). – **4) Schriften:** *Awtobiografija* (Autobiographie), in: Sowjetskaja musyka (1938) H. 4; *Pisma* (Briefe), hrsg. v. K. Grigorjan (Jerewan 1962).

Ausg.: Polnoje sobranije sotschinenij (GA), 11 Bde. (Jerewan 1943–71).

Lit.: M. SPENDIAROWA, A. S. (Mos 1964); DIES., Letopis schisni i twortschestwa A. S. (Jerewan 1975); A. S. Statji i issledowanija (ebd. 1973) (Sammelbd.). E. STÖCKL

SPERGER, Johannes Matthias, * 23.3. 1750 Feldsberg (Niederösterreich), † 13.5. 1812 Ludwigslust bei Schwerin; dt. Kontrabassist und Komponist. S. studierte in Wien bei J. G. Albrechtsberger. Er stand im Dienst des Kardinals Batthyáni in Preßburg (1777–83) und der Grafen Erdödy in Fidisch bei Ebebrau (1783–86) und wirkte von 1789 bis zu seinem Tod als 1. Kontrabassist an der Hofkapelle des Herzogs von Mecklenburg-Schwerin in Ludwigslust. S. war ein herausragender Virtuose auf seinem Instrument und unternahm zahlreiche Konzertreisen.

WW: Streichquartette (B 1792); hsl. erhalten: weitere Kammermusikwerke; 45 Symphonien; Serenaden u.ä.; 18 Konzerte für Kb., einzelne Konzerte für Fl., Fag., Trp., Horn, Va., Vc. – Ferner Vokalwerke u. 2 musiktheoret. Abh.en.

Ausg.: Kb.-Konzert A-Dur (L – B 1956) (= Pro Musica 174); Sonate für Va. u. Kb., hrsg. v. R. MALARIĆ (W 1967) (= Diletto mus. 272); Rondo für Fl., 2 Hörner, V., Va. u. Kb., hrsg. v. DEMS. (W 1971) (= ebd. 371); Duetto für 2 Fl., in: H. UNVERRICHT, Die Kammermusik (Kö 1972) (= Das Musikwerk 46); Cassatio für 2 Hörner u. Str. (W 1980) (= Diletto musicale 663).

Lit.: H. FEDERHOFER, Musiktheoretische Schriften aus J. M. S.s Besitz, in: FS J. Racek (Brünn 1965); A. MEIER, Konzertante Musik für Kb. in der Wiener Klassik (Giebing 1969, ²1973); A. PLANYAVSKY, Gesch. des Kb. (Tutzing 1970).

SPERONTES (Pseudonym für Johannes Sigismund Scholze), * 20.3. 1705 Lobendau (Schlesien), † 28.9. 1750 Leipzig; dt. Dichter. S. studierte Jura in Leipzig, wo er später untergeordnete Stellungen in der Justiz innehatte, und gab dort seit 1734 die *Singende Muse an der Pleisse* heraus, eine Sammlung von Strophenliedern mit B.c. mit Texten, die meist von S. selbst stammen. Als Melodien wählte S. bekannte Weisen, häufig aus französischen Tänzen (Polonaisen, Menuette, Arien, Märsche, Murkies). Der große Erfolg dieser Sammlung führte zu einem enormen Aufschwung der deutschen Liedproduktion während des ganzen 18. Jahrhunderts.

WW: S. gab heraus: *Singende Muse an der Pleisse in 2. mahl 50 Oden* (L 1736 u.ö.) mit 3 Fortsetzungen (1742, 1743, 1745), in 1 Bd. (Breslau 1751).

Ausg.: *Singende Muse*, hrsg. v. E. BUHLE (L 1909) (= DDT 35/36); dass., Faks.-Ausg. (L 1964).

Lit.: D. HÄRTWIG – U. HÄRTWIG, S., in: MGG XII.

SPERRHAKE, dt. Cembalo- und Klavierbaufirma. Sie wurde 1943 von **Kurt S.** (* 1909) in Passau gegründet, spezialisierte sich seit 1949 auf den Bau von Cembali, Spinetten und Clavichorden und hat bis heute rund 14000 Instrumente hergestellt. Das Programm umfaßt zur Zeit 13 Modelle vom Tisch- oder Reiseclavichord bis zum Konzert-Cembalo mit 4 Registern. Die Geschäftsleitung liegt seit 1968 in den Händen von K. S.s Sohn **Horst S.** (* 1940).

SPEZIALE, LO, Dramma giocoso von J. Haydn; dt. Titel: Der ↗Apotheker.

SPHÄRENHARMONIE, in Antike und MA Teilgebiet der Musica mundana, der Lehre von der Musik des Weltalls (↗Musica). Nach antiken Zeugnissen soll Pythagoras die Lehre von der S. begründet haben. Ihr liegt die pythagoreische Anschauung des zahlhaft geordneten Kosmos einerseits (↗Pythagoras) und der Musik als allgemeiner Proportionenlehre andererseits zugrunde. In diesem umfassenden Verständnis überschreitet die Musik den irdischen Bereich und erstreckt sich auf die harmonischen Gesetzmäßigkeiten der Gestirnbewegungen. Den Planeten auf ihren jeweiligen Umlaufbahnen werden Töne zugeordnet, die sich zu Skalen zusammenfügen. Über die Vermittlung des Boëthius (*De institutione musicae* I,27) gingen aus der antiken Überlieferung insbesondere die Planetenskalen des Cicero und des Nikomachos in die musiktheoretischen Schriften des Mittelalters ein. Die unterschiedlichen Modifikationen der S. – als Ausnahmeerscheinung bei Johannes Scotus (9. Jh.) zu einem grundsätzlich variablen System entwickelt – lassen sich in 2 Modellen zusammenfassen: Zum einen ging man von den Distanzen zwischen den Planeten aus und übertrug das akustische Grundgesetz der Abhängigkeit der Tonhöhe von der Saitenlänge auf die unterschiedlichen Tonhöhen innerhalb der Planetenskala; zum andern setzte man bei den unterschiedlichen Umlaufgeschwindigkeiten der Planeten an und legte damit die Abhängigkeit der Tonhöhe vom Schwingungsvorgang zugrunde.

Seit dem 13. Jh. läßt sich die Tendenz nachweisen, die Lehre von der S. als zentrales Thema der Musica mundana in Frage zu stellen und sie schließlich abzulehnen. Der Hauptgrund für die Auseinandersetzung liegt in der Aristoteles-Rezeption des 13. Jh., wodurch die Diskussion erst ermöglicht wurde. Aristoteles' Argumentation (*De caelo* II, 9), die aus physikalischer Sicht beim Schallvorgang ansetzt, wird größtenteils von den Musiktheoretikern übernommen und gegen die mathematische Anschauung der Pythagoreer verwandt. Im weiteren Verlauf des Mittelalters scheint die Frage der S. bedeutungslos zu werden. Erst in der Renaissance wird der Gedanke des harmonisch geordneten Kosmos (Johannes Kepler, *Harmonices mundi* III) wieder aufgegriffen.

Lit.: R. BRAGARD, L'harmonie des sphères selon Boèce, in: Speculum 4 (1929); J. CHAILLEY, L'harmonie des sphères, in: L'Art musical 3 (1938); B. MÜNXELHAUS, Pythagoras musicus (Bonn 1976) (= Orpheus-Schriftenreihe zu Grundfragen der Musik 19); DIES., Aspekte der musica disciplina bei Eriugena, in: Jean Scot Erigène et l'histoire de la philosophie (P 1977).

B. MÜNXELHAUS

SPICCATO (it., = abgesetzt; Abk.: spicc.), Bz. für eine geworfene Strichart auf wechselndem Bogenstrich. Der Bogen wird dabei zwischen den einzelnen Tönen von der Saite gehoben. Im schnellen Tempo geht das S. in den Springbogen (↗sautillé) über. Als Vortragsanweisung wird es – wie der Springbogen – durch Punkte über den Noten angegeben. In Kompositionen des 17. und 18. Jh. wurde s. lediglich als Gegensatz zu legato – also als Anweisung zum deutlichen Trennen der Töne – gebraucht, nicht jedoch als Strichart-Vorschrift.

SPIEGELFUGE ↗Fuge.

SPIEGELKANON, Umkehrungskanon, ↗Kanon.

SPIELDOSE (engl.: musical box; frz.: boîte à musique; it.: scatola musicale; span.: caja de música), ein kleines ↗mechanisches Musikwerk, das gegen Ende des 18. Jh. entwickelt wurde. Die ersten S.n hatten eine mit Stiften besetzte Scheibe, die jedoch schon zu Beginn des 19. Jh. durch einen Zylinder ersetzt wurde. Die auf dem Zylinder angebrachten Stifte reißen die Zähne eines Metallkamms an, dessen Töne um so tiefer sind, je weiter die Zähne eingeschnitten werden. Die S. erklingt entweder durch das Drehen einer Handkurbel oder durch Aufziehen einer eingebauten Federmechanik, die den Zylinder in Bewegung setzt. Kleine S.n können nur eine kurze Melodie wiedergeben; ihr Klang ist stets gleichbleibend. Daher gab es bald zahlreiche Versuche, S.n mit größeren klanglichen wie melodischen Möglichkeiten zu entwickeln. Man stattete sie u.a. mit kleinen Glocken, Trommeln oder mit durchschlagenden Zungen aus. Auch konstruierte man S.n mit auswechselbaren Metallkämmen oder mit austauschbaren Zylindern. In der 2. Hälfte des 19. Jh. wurden S.n, seit etwa 1835 auch als Kinderspielzeug, in großen Mengen hergestellt, verloren jedoch ihre Beliebtheit mit der Erfindung des ↗Phonographen. Die S. wurde von Schweizer Uhrmachern entwickelt; neben einzelnen Herstellern in Böhmen, Wien oder Leipzig, insbesondere aber in Genf und Sainte-Croix gab es während des 19. Jh. eine große Anzahl von Firmen, die S.n bauten. Eine große Sammlung alter S.n befindet sich heute in einem Museum für mechanische Musikinstrumente in L'Auberson bei Sainte-Croix. Noch immer werden in der Schweiz, in jüngster Zeit aber auch in Japan, S.n hergestellt, die sich in den letzten Jahren wieder zunehmender Beliebtheit erfreuen.

Lit.: G. WEBB, The Cylinder Musical Box Handbook (Lo 1970); D. TALLIS, Musical Boxes (Lo 1971); Au temps des boîtes à musique (Lau 1972); A. ORD-HUME, Musical Box (Lo 1980); DERS., Restoring Musical Boxes (Lo 1980). – ↗Mechanische Musikwerke.

M. BRÖCKER

SPIELE, Poème dansé von Cl. Debussy; Originaltitel: ↗Jeux.

SPIELER, DER *(Igrok),* Oper in 4 Akten von Sergei Prokofjew (1891–1953), op. 24, Text vom Komponisten nach Fjodor Dostojewskis gleichnamigem Roman (1867). Ort und Zeit der Handlung: imaginäre Stadt Roulettenburg (bei Spa), im Jahre 1865. UA (in frz. Sprache: *Le joueur):* 29. 4. 1929 in Brüssel (Théâtre de la Monnaie); dt. EA (in dt. Sprache): 21. 11. 1956 in Darmstadt; szenische EA in der Originalsprache: 7. 4. 1974 in Moskau (Bolschoi-Theater).

Die literarische Vorlage kam den künstlerischen Interessen des jungen „Futuristen" Prokofjew ungemein entgegen. Dostojewskis Figuren – die dem Spiel verfallenen Aristokraten oder Alexei und Polina, die in jener gespenstischen Welt füreinander verloren sind – boten vielfältige Anregungen, derart exzentrische Charaktere in einer nervös-motorischen, dissonanzgeschärften Tonsprache zu präsentieren und dabei die morbide Atmosphäre Roulettenburgs sarkastisch herauszuarbeiten. Zudem begünstigten die geschliffenen, dem Roman entlehnten Prosadialoge, daß der Komponist die Vokalpartien strikte einem lebendigen deklamatorischen Stil unterwarf. Gerade durch diesen Sprechgesang, das adäquate Ausdrucksmedium für innere Gespanntheit und extreme psychische Schwankungen, wird der Gesamteindruck eines hoch bewegten Geschehens verstärkt, das retardationslos auf den dramaturgischen Kulminationspunkt, die Spielbankszene des 4. Akts, zutreibt. – Nach der Februarrevolution wurde die Petersburger Premiere des 1915–16 entstandenen Werks abgesagt. Die Brüsseler Inszenierung der inzwischen revidierten Komposition blieb die einzige zu Prokofjews Lebzeiten. Einen Platz im Musikleben seiner Heimat fand die Oper erst 1963 (dank einer Rundfunk- und Schallplatten-Produktion).

E. FISCHER

SPIELER, DIE *(Igroki),* Oper (Fragment) von Dmitri Schostakowitsch (1906–75), Text: Nikolai Gogols gleichnamige Komödie (1842). UA: 18. 9. 1978 in Leningrad; dt. EA (in dt. Sprache): 18. 10. 1981 in Ost-Berlin (Staatsoper) (beide Aufführungen konzertant).

Zum Schluß der Gogol-Komödie erkennt der „integre", von seinem „Berufsethos" durchdrungene Falschspieler Icharew, daß er – nicht am Kartentisch, sondern in der nur vorgegaukelten „Wirklichkeit" selbst – das Opfer eines raffinierten „Spiels" geworden ist: „Die Welt besteht nun einmal aus lauter Betrug." Diese Maxime kennzeichnet die Grundtendenz einer doppelbödigen, scharfsinnig konstruierten Handlung, die den – mit Gogol geistesverwandten – Satiriker Schostakowitsch unmittelbar inspirierte. Die im Dezember 1941 aufgenommene Arbeit an der Partitur, die bald das erste Drittel der literarischen Vorlage umfaßte, brach dieser jedoch nach wenigen Monaten ab. Bei dem Versuch, das ganze Drama (dem Urbild des *Steinernen Gastes* folgend) ohne Modifikationen zu vertonen, mögen sich Schwierigkeiten ergeben haben; im übrigen hätte solch eine Oper – und zwar nicht nur während des Krieges – ihrem Schöpfer gewiß den neuerlichen Vorwurf des Formalismus oder Nihilismus eingetragen. – Fast vier Jahrzehnte später unternahm es der poln. Komponist und Schostakowitsch-Forscher Krzysztof Meyer, das Werk zu vollenden.

SPIELLEUTE. – 1) Bz. für die fahrenden Musiker des Mittelalters (↗Spielmann). – **2)** In der Militärmusik und im ↗Spielmannszug Bz. für die Trommler und Pfeifer.

SPIELMANN (ahd.: spiliman; mhd.: spilman; niederdeutsch: spelman; Mehrzahl: Spielleute), neben einer Vielzahl schillernder Wortprägungen und fünf in den Volks- und Gelehrtensprachen geläufigen Grundwörtern (lat. joculator [frz. ↗Jongleur], mimus, histrio, scurra; slawisch igrec bzw. igrez) Bz. für einen Berufsmusiker, dessen Haupttätigkeit im europäischen Mittelalter nahezu alle musikalisch-tänzerischen Dienstleistungen für alle Schichten der Bevölkerung umfaßte. Gemeinsam mit Gauklern, Tänzern und Springern warteten die Spielleute bei Festen, Feiern und anderen Gelegenheiten mit bunten Folgen diverser Equilibristennummern auf, spielten zum Tanz auf, waren unerläßlich bei Staatsaktionen oder bei der Arbeit. S. und Spielweib gibt es bis in die Gegenwart (z. B. in Mazedonien). Sie verfügten über das gängige Tanzrepertoire, weshalb sie als Tanzführer oder virtuose Akrobaten gesucht waren, wie bis in die jüngste Zeit in Varieté und Zirkus. Erst kürzlich ist es gelungen, das breite Spektrum ihrer Tätigkeiten anhand von bildlichen Quellen darzustellen und ihre Präsenz bis um 1500 nahezu allerorten zu belegen. Nach dieser Zeit wurden sie von ↗Stadtpfeifern oder Musikerzünften (↗Zunft) aus ihren Aufgaben verdrängt. Ständelose Spielleute waren den Widersprüchen ihrer Zeit wie keine andere Berufsgruppe ausgeliefert. Im Urteil vieler mittelalterlicher Theologen wie Musiktheoretiker, die die Musik als „instituta ad laudem Dei" verstanden, waren sie „verführerische Lockvögel" („ministri Satanae"), die mit ihrem aufreizenden Auftreten das Volk vom sittsamen Lebenswandel abhielten. Zahlungskräftiger Brotgeber dieser Musiker war die aristokratische Oberschicht, die sie zwar aus ihrem gesellschaftlichen Leben verdrängte, auf sie jedoch nicht verzichten konnte bei der Vielzahl repräsentativer und geselliger Verpflichtungen eines standesgemäßen Lebens. Die weitestgehend usuell tradierte spielmännische Instrumental- und Vokalmusik, die in nur wenigen spätmittelalterlichen Aufzeichnungen dokumentierbar ist, besteht aus Tanznotaten von Estampien, Saltarelli, Trotti und Liedern, deren Gerüstnotation eine vollständige musikalische Realität erst durch improvisiertes Aus- und Umgestalten erhält, über das der S. als Vorsänger, Vortänzer und Instrumentalist verfügte. „Auf allerlei Instrumenten", vor allem der Fiedel, der Sackpfeife, Flöteninstrumenten oder Trommeln, allein oder in Gruppen zu spielen, war er gewöhnt, im Mittelpunkt des Geschehens zu stehen und auf den Anruf „Spillmann, mach uff" sein Spiel zu beginnen. Im Laufe der Jahrhunderte zum Musikanten der untersten Schichten abgesunken, kam das Wort S. in der Dichtung des 19. Jh. als Metapher für freies, der Natur nahes Leben wieder auf; durch die ↗Jugendbewegung wurde erneut versucht, es mit einem historistisch orientierten Inhalt zu füllen.

Lit.: W. SALMEN, Der fahrende Musiker im europäischen MA (Kas 1960); Mittelalterliche Spielmannsmusik, hrsg. v. W. FREI (Kas 1960); Z. FALVY, Spielleute im ma. Ungarn, in: Studia musicologica 1 (1961); J. T. BOKUM, De dansen van het trecento (Utrecht 1967); G. R. RASTALL, Secular Musicians in Late Medieval England (1968) (= Diss. Univ. Manchester); J. E. SPRUIT, Van vedelaars, trommers en pijpers (Utrecht 1969); E. A. BOWLES, Musikleben im 15. Jh. (L 1977); R. ZGUTA, Russian Minstrels. A Hist. of the Skomorokki (O 1978); J. BUMKE, Mäzene im MA (Mn 1979); M. CURSCHMANN, Spielmannsdichtung, in: Reallexikon der dt. Lit.-Gesch. IV (B 1979); R. NELLI, Troubadours et trouvères (P 1979); R. HAMMERSTEIN, Tanz u. Musik des Todes (Be 1980); H. KÄSTNER, Harfe u. Schwert. Der höfische S. bei Gottfried von Straßburg (Tü 1981); W. MEZGER, Hofnarren im MA (Konstanz 1981); G. BUSCH, Ikonographische Stud. z. Solotanz im MA (I 1982); W. SALMEN, Der S. im MA (I 1982).

G. BUSCH-SALMEN

SPIELMANNSZUG, im militärischen Bereich erst seit 1933 gebräuchliche Bz. für eine kleine Instrumentengruppe aus 4–8 Trommeln und mehreren ↗Querpfeifen. Zuvor wurde dafür ausschließlich die Bz. Spielleute verwendet. Trommler und Pfeifer sind als sog. Spil bei den Infanterietruppen bereits im 16. Jh. erwähnt. Das Spil begleitete stets die Fahne einer militärischen Einheit und umrahmte mit kleinen Spielstücken festgelegte Tagesereignisse wie Wecken und Zapfenstreich, Vergatterung der Wachen, Ausmärsche u.a. Daneben mußten die Trommler, genannt Tamboure, bei Übungen und im Felde militärische Befehle in Signale umsetzen. Jede Kompanie hatte deswegen ihre eigenen Spielleute, die jedoch seit etwa 1739 der fachlichen Aufsicht eines Regimentstambours unterstanden. Aus dem Regimentstambour ging der „Tambourmajor" (Leiter eines S.es) hervor. Eine systematische Ausbildung der Spielleute verfügte König Friedrich Wilhelm I. 1724 mit der Gründung des Militärwaisenhauses in Potsdam, die mit Unterbrechung bis 1788 durchgeführt wurde. Danach wurden zur Befehlsübermittlung anstelle von Trommeln nach und nach Hörner verwendet. Die nahezu 100 Jahre währende Zeit der Tamboure als Signalisten war damit vorbei. Dennoch überdauerte der mit Trommeln und Pfeifen rhythmisch und melodisch einfachste Musik darbietende Musikzug bis ins 20. Jh., und die künstlerisch immer vollkommener werdenden Militärmusikkorps (Blasorchester) konnten ihn ebensowenig verdrängen wie die moderne Nachrichtentechnik. In der Bundeswehr werden Trommler und Pfeifer heute nur noch in Nebenfunktion ausgebildet, die den bei der Aufführung des Großen ↗Zapfenstreichs unentbehrlichen S. bilden. – Im zivilen Bereich ist S. die Bz. für ein größeres Instrumentenensemble, das erstmals im Zusammenhang mit der Turnerbewegung des 19. Jh. gebildet wurde. Im 20. Jh., besonders nach 1945, entstanden vor allem in Nordwestdeutschland zwei Typen (auch Tambourkorps genannt) mit folgender instrumentaler Besetzung: 1. verschieden große Trommeln (ohne Blasinstrumente); 2. Spielmannsflöten (erweiterter Flötenchor mit kleinen, mittleren und großen Flöten) und Trommeln, gelegentlich auch Große Trommeln, Becken und Glockenspiele. Ferner wird dem S. auch das sog. Fanfarenkorps, besetzt mit ↗Fanfaren-Trompeten und Pauken (ersatzweise auch hohe Trommeln), u.ä. zugerechnet. Spielmannszüge sind normalerweise in die Blasmusikvereine integriert. Nach 1945 entstand auch im deutschen Turnerbund eine entsprechende Organisation.

Ausg.: Der Spielmann (Spielstücke für Signalhornkorps, Tambourkorps u. Fanfarenkorps), hrsg. v. F. DEISENROTH, H.e 1–6 (Wie 1963 ff.).

Lit.: G. ROSSBERG, Ratschläge z. Unterweisung der Spielleute u.

Musikkorps (B [2]1903); H. SCHMIDT, Der S. (B o.J. [1935]); Die fachliche Ausbildung der Spielleute in der Bundeswehr, bearb. v. F. DEISENROTH – F. MASUHR (Bonn 1968); P. C. MARTEN, Die Musik der Spielleute des altpreußischen Heeres (Osnabrück 1976); E. STOCKMANN, Funktion u. Bedeutung v. Trommeln u. Pfeifen im dt. Bauernkrieg, in: BzMw 21 (1979). B. HÖFELE

SPIELSCHRANK ↗Spieltisch.

SPIELTISCH, die Vereinigung aller dem Spieler zugänglichen Bedienungselemente der ↗Orgel (Klaviaturen, Registerzüge, Spielhilfen, Notenpult, Orgelbank) in Form einer Konsole, die direkt an das Gehäuse der Orgel angebaut oder häufiger in einiger Entfernung von ihm aufgestellt ist. Bei der elektrischen Traktur ist die Verbindung zwischen S. und Orgel durch Kabel hergestellt, so daß der S. prinzipiell in beliebiger Entfernung von der Orgel aufgestellt und auch fahrbar angelegt sein kann. Ist der S. schrankförmig mit verschließbaren Türen in das Orgelgehäuse eingebaut (so in der Regel bei Instrumenten mit mechanischer Traktur), spricht man von einem Spielschrank.

SPIEL VOM ENDE DER ZEITEN – NACHTWACHE *(De temporum fine comoedia – Vigilia),* Text und Musik von Carl Orff (1895–1982). UA: 20. 8. 1973 in Salzburg (im Rahmen der Festspiele; Leitung: Herbert von Karajan).
Das Werk ist die künstlerische Gestaltung einer religiös-philosophischen Phantasie, die Darstellung einer Vision vom Ende der Menschheitsgeschichte: Gott erscheint nicht als strafender Rächer, sondern als gütiger Erlöser, der die Menschen nicht über ihre Zeitlichkeit hinaus in ewiger Verdammnis leiden läßt. Die Figuren fungieren als Träger der beiden gegensätzlichen Dogmentraditionen: die Sibyllen als Prophetinnen des Unheils, die Anachoreten als Vertreter einer humanistisch-rationalistisch geläuterten religiösen Auffassung und schließlich Luzifer (eine Sprechrolle), der die Erlösung der Menschheit durch ihre Geistwerdung ermöglicht, indem er seine Sündhaftigkeit bekennt und somit zum alten Status der Gottesnähe zurückfindet; somit werden Elemente christlicher Apokalyptik und antiker Mythologie miteinander verschmolzen. – In der musikalischen Sprache setzte Orff den in früheren Bühnenwerken bereits ausgeformten Weg weiter fort: die Darstellung des Phantastisch-Überpersönlichen durch bewußte Reduktion melodisch-satztechnischer Gestaltung zugunsten größtmöglicher Eindringlichkeit und – gleichsam als gegenläufige Tendenz – sensibelste und aufwendigste Differenzierung der Klangfarben durch die Verbindung von im traditionellen europäischen Orchester gebräuchlichen und außereuropäischen Instrumenten. Besonderes Gewicht erhält die klangliche Auffächerung der rhythmischen Struktur durch ein 75 Teile umfassendes Schlagwerk. Die sinnliche Fülle des Farbenspektrums ist gleichermaßen Darstellungsmedium und Widerpart der Intellektualität des dramaturgischen Konzepts. W. A. MAKUS

SPIEL VON SEELE UND KÖRPER, DAS, Geistliches Spiel von E. de' Cavalieri; Originaltitel: ↗Rappresentazione di anima e di corpo.

SPIESS (eig. Spieß), **Meinrad** (Taufname Matthäus), OSB, * 24. 8. 1683 Honsolgen bei Buchloe (Schwaben), † 12. 6. 1761 Irsee bei Kaufbeuren; dt. Komponist. S. trat 1701 in die Benediktinerabtei in Irsee ein und empfing 1706 die Priesterweihe. Anschließend wurde er Schüler von G. A. Bernabei in München und wirkte 1712–49 als Musikdirektor der Abtei in Irsee. S., Mitglied von L. Chr. Mizlers „Societät der musikalischen Wissenschaften", galt vor allem als Autorität auf dem Gebiet der Musiktheorie. Sein Traktat ist einer der spätesten Belege für die musikalische Figurenlehre.

WW: *Antiphonarium Marianum* für 2 St., 2 V. u. B.c. (Kempten 1713); *Cithara Davidis,* Vesperpsalmen (Konstanz 1717); *Cultus latreutico-musicus,* Messen u. Requiems (ebd. 1719); *Laus dei,* Offertorien (Mindelheim 1723); *Hyperdulia musica,* Lauretanische Litaneien (Au 1726) (außer *Antiphonarium* alle für 4 St., Str. u. B.c.). – Sonaten für 2 V. u. B.c. (Au 1734). – *Tractatus musicus compositorio-practicus* (Au 1745, [2]1746).

Lit.: A. GOLDMANN, in: MGG XII; E. FEDERL, Der „Tractatus musicus" des Pater M. S., in: FS B. Stäblein (Kas 1967); H.-J. IRMEN, M. S. u. sein Begriff der Musica u. Musica sacra, in: MS 90 (1970).

SPINACINO, Francesco, * Fossombrone, † nach 1507 Venedig (?); it. Lautenist. Er lebte vermutlich in Venedig. Von ihm stammt die früheste gedruckte Lautentabulatur: *Intabulatura de lauto,* 2 Bücher (V 1507). Sie enthält 52 teilweise reich verzierte Intavolierungen (überwiegend von Chansons niederländischer Komponisten der Josquin-Generation, darunter 6 Stücke für 2 Lauten), 2 Basses danses und 27 Ricercari, ferner eine Singanweisung *(Regula pro illis qui canere nesciunt).*

Ausg.: Faks.-Ausg., hrsg. v. F. LESURE (G 1980).

Lit.: H. C. SLIM, The Keyboard Ricercar and Fantasia in Italy ... (1960) (= Diss. Harvard Univ.); H. M. BROWN, Instrumental Music Printed Before 1600 (C/M 1965) (mit Verz. einzelner Ausg.); H. L. SCHMIDT, The First Printed Lute Books, F. S.'s „Intabulatura de Lauto", 2 Bde. (1969) (= Diss. Univ. of North Carolina); R. MEYLAN, La technique de transcription au luth de F. S., in: Schweizerische Beitr. z. Musikwiss. 1 (1972).

SPINETT (von lat. spina = Dorn, Kiel der Cembalomechanik; engl.: spinet; frz.: épinette; it.: spinetta; span.: espineta), in neuerer Zeit im allgemeinen Bz. für ein kleines, in der Regel einmanualiges und einchöriges ↗Cembalo, das sich von diesem durch seine Größe, seine äußere Form und seinen Saitenverlauf unterscheidet. Im Gegensatz zum flügelförmigen Cembalo und zum rechteckigen ↗Virginal hat das S. einen polygonalen, meist fünfeckigen, an einer Seite häufig auch geschwungenen Grundriß, und die Saiten verlaufen nicht wie beim Cembalo parallel zu den Tasten, sondern quer oder schräg zu den Tastenhebeln, wobei die längsten Saiten am weitesten von der Tastatur entfernt liegen. S.e werden in verschiedenen Größen gebaut. Die größeren Instrumente stehen der Stimmung nach gewöhnlich in der 8′-Lage, kleinere wie das Quint-S. klingen eine Quinte und das noch kleinere, dreieckige Oktav-S., auch Klein-Instrument oder Spinettino genannt, eine Oktave höher.

SPINNER, Leopold, * 26. 4. 1906 Lemberg (heute Lwow), † 12. 8. 1980; engl. Komponist östr. Abstammung. S. studierte Komposition 1926–30 bei P. A. Pisk und 1935–38 bei A. Webern. Auf dem IGNM-Festival 1932 trat er mit einem Streichtrio zum ersten Mal an die Öffentlichkeit. 1934 erhielt er für seine Symphonie den Emil-Hertzka-Preis. 1939 emigrierte er nach England, wo er als Lehrer, seit 1958 auch als Lektor tätig war. Die Klangökonomie seiner Werke, das Festhalten an der Zwölftönigkeit und zahlreiche stilistische Momente zeigen enge Beziehungen zur Musik Weberns. Mit der Ausweitung der orthodoxen Dodekaphonie und seiner Vorliebe für asymmetrische Reihenbildungen entwickelte S. einen expressiven, eigenständigen Stil.

WW: **1) Instr.-WW:** Streichtrio (1932); Streichquartett, op. 1 (1936); Quintett für Klar., Harfen, Fag., Gitarre u. Kb., op. 14 (1936); Sonatine für Vc. u. Klv., op. 25 (1973). – Konzert für Klv. u. Kammerorch., op. 4 (1947); Symphonie für Kammerorch., op. 28 (1979). – Für Orch.: Symphonie (1934); Konzert, op. 12 (1957); Praeludium und Variationen, op. 18 (1962); *Ricercata*, op. 21 (1965). – **2) Vokal-WW:** Kantate auf Texte Hölderlins für Sopran, Chor u. Orch., op. 11 (1955); *Cantata on German Texts*, op. 20 (1964); 2 Lieder für Sopran u. 6 Instr., op. 24 (1971) (nach R. M. Rilke). – **3) Schriften:** *A Short Introduction to the Technique of Twelve-Tone Composition* (Lo 1960).

Lit.: D. DREW – L. SPINNER, 12 Questions for L. S., in: Tempo 99 (1972); M. GRAUBART, The Music of L. S., in: ebd. 109 (1974); DERS., L. S. Later Music, in: ebd. 110 (1974).

SPIRITUAL ↗Negro spiritual.

SPISAK, Michał, * 14. 9. 1914 Dabrowa Górnicza, † 29. 1. 1965 Paris; poln. Komponist. Er studierte 1933–36 Violine und Komposition am Konservatorium in Kattowitz, war danach Kompositionsschüler von Kazimierz Sikorski in Warschau und seit 1937 von Nadia Boulanger in Paris, wo er sich niederließ. 1953 erhielt er den 1. Preis beim Internationalen Kompositionswettbewerb Reine Élisabeth in Belgien. S. gehörte zu den führenden avantgardistischen Musikern Polens.

WW: Klv.-Stücke; *Duetto concertante* (1949) für Va. u. Fag.; Streichquartett (1951). – 2 konzertante Symphonien (1947, 1956); *Concerto giocoso* (1957) für Kammerorch.; Konzerte für Fag. (1944) u. Klv. (1947). – 3 *Préludes* (1953) für Sopran u. Fl.; Kantate *Pędrek Wyrzutek* (Das Findelkind) (1962) für Sprecher, Baß, Kinderst., Kinder- u. Männerchor.

Lit.: A. MITSCHA, M. S. Wspomnienie, in: Zeszyty naukowe 10 (1969).

SPITTA. – **1) Karl Johann Philipp,** * 1. 8. 1801 Hannover, † 28. 9. 1859; dt. Theologe. Er ist der Dichter zahlreicher Glaubenslieder (*Psalter und Harfe,* 1833), von denen einige noch heute im Ev. Kirchengesangbuch vertreten sind. – **2) Julius August Philipp,** Sohn von 1), * 27. 12. 1841 Wechold bei Hoya, † 13. 4. 1894 Berlin; dt. Musikforscher. Er studierte klassische Philologie in Göttingen (1864 Dr. phil.); hier lernte er auch J. Brahms kennen, mit dem ihn eine lebenslange Freundschaft verband. 1865 legte er in Dorpat das russische Staatsexamen ab und war als Lehrer in Reval, Sondershausen und Leipzig tätig. Nach dem Erscheinen des 1. Bandes seiner Bach-Biographie 1875 wurde er als Professor für Musikgeschichte an die Universität Berlin berufen und wurde auch Direktor der Hochschule für Musik und Ständiger Sekretär der Akademie der Künste in Berlin. Hier gehörten u.a. auch O. Fleischer, M. Friedlaender, A. Sandberger, P. Wagner und J. Wolf zu seinen Schülern. Mit der Bach-Monographie als Hauptwerk hat S. der Musikforschung neue Maßstäbe gegeben, indem er Methoden der klassischen Philologie auch auf musikalische Bereiche übertrug und damit objektivierbare Stil- und Quellenkriterien entwickelte. Die von ihm mitbegründete *Vierteljahrsschrift für Musikwissenschaft* wurde schnell zur führenden Fachzeitschrift; die *Denkmäler Deutscher Tonkunst* gehen entscheidend auf seine Initiative zurück.

Schriften: *Ein Lebensbild R. Schumanns* (L 1862); *J. S. Bach,* 2 Bde. (L 1873–80, Wie – Da [5]1962); *Zur Musik. Aufsätze* (B 1892); *Musikgeschichtliche Aufsätze* (B 1894, Nachdr. Hil 1976); *Die Musica enchririadis und ihr Zeitalter,* in: VfMw 5 (1889). – Editionen: *H. Schütz, Werke,* 16 Bde. (L 1885–94); *D. Buxtehude, Orgelwerke,* 3 Bde. (L 1876–77); *Musikal. Werke Friedrichs des Großen,* 4 Bde. (L 1889, Nachdr. NY 1967).

3) Friedrich Adolf Wilhelm, Sohn von 1), * 10. 1. 1852 Wittingen, † 7. 6. 1924 Göttingen; dt. Theologe und Kirchenmusiker. Er war nach dem Studium in Göttingen und Erlangen 1880 Pfarrer in Oberkassel bei Bonn, habilitierte sich an der Bonner Universität und wurde 1887 Professor für Theologie, Liturgik und Kirchenmusik in Straßburg. 1918–24 lehrte er in Göttingen. In der Verbindung von Theologie und Kirchenmusik hat S. als Hymnologe (Gesangbuch für Elsaß-Lothringen, 1899) wegweisend gewirkt. Zusammen mit A. Mendelssohn und J. Smend war er bereits in seiner Bonner Zeit an der Wiederbelebung der Werke von H. Schütz beteiligt und begründete mit Smend die *Monatsschrift für Gottesdienst und kirchliche Kunst.*

Schriften: *H. Schütz* (Hildburghausen 1886); *Die Passionen nach den vier Evangelien v. H. Schütz* (L 1886); *Über den Chorgesang im Evangelischen Gottesdienste* (Str 1889); *Studien zu Luthers Liedern* (Gö 1907); *Das Deutsche Kirchenlied* (B 1912).

4) Heinrich Arnold Theodor, Sohn von 3), * 19. 3. 1902 Straßburg, † 23. 6. 1972 Lüneburg; dt. Musikpädagoge und -forscher. Er studierte in Göttingen (1924 Dr. phil.) und Berlin und lehrte seit 1932 dort an der Akademie für Kirchen- und Schulmusik, seit 1957 an der PH Lüneburg. S. veröffentlichte Schriften über Schütz und trat als Komponist mit Kirchenmusik, Orchester- und Chorwerken hervor. Seine Lieder *Heilig Vaterland* und *Erde schafft das Neue* waren im nationalsozialistischen Deutschland sehr populär.

Ausg.: **Zu 2):** J. Brahms. Briefwechsel mit Ph. S. u. O. Dessoff, hrsg. v. C. KREBS (B 1920) (= Brahms Briefwechsel 16); Briefe S.s an H. Riemann, in: Jb. Peters 43 (1936).

Lit.: H. SPITTA, S., in: MGG XII. – **Zu 2):** F. BLUME, J. S. Bach im Wandel der Gesch. (Kas 1947); R. HEINZ, Geschichtsbegriff u. Wissenschaftscharakter der Musikwiss. in der 2. Hälfte des 19. Jh. (Rb 1968) (= Stud. z. Musikgesch. des 19. Jh. 11); C. DAHLHAUS, Gesch. u. ästhetische Erfahrung, in: Die Ausbreitung des Historismus über die Musik (Rb 1969); (= ebd. 14).

G. SCHUHMACHER

SPITZHARFE, Harfenett, auch Flügel-, Tisch- oder Zwitscherharfe (it.: arpanetta), ein im 17./18. Jh. weit verbreitetes kleines Psalterium in Flügelform, das senkrecht auf den Schoß, auf einen Tisch oder seltener auf den Boden gestellt wurde. Die S. war auf beiden Seiten des Resonanzkastens mit Messing- und Stahlsaiten bezogen, die jeweils von einer Hand des Spielers angezupft wurden.

SPOHR, Louis (Ludewig), * 5. 4. 1784 Braunschweig, † 22. 10. 1859 Kassel; dt. Violinist, Komponist und Dirigent. S. wurde 1799 Violinist der Braunschweiger Hofkapelle, reiste 1802–03 mit seinem Lehrer Fr. Eck nach St. Petersburg und unternahm 1804–05 die erste eigene Konzertreise. 1805–12 leitete er die Gothaer Hofkapelle. Großen Erfolg, auch als Komponist, hatte S. als Dirigent der Musikfeste Frankenhausen (1810, 1811) und Erfurt (1812). Als inzwischen anerkannt bester deutscher Violinist war er 1813–14 in Wien Kapellmeister am Theater an der Wien; die hier entstandene Oper *Faust* (1816 Prag) wurde sein erster Bühnenerfolg. 1815–17 bereiste er mit seiner Frau, der Harfenistin Dorette S., geborene Scheidler (1784–1834), Deutschland, die Schweiz und Italien; Aufführungen des 1816 entstandenen Violinkonzertes op. 47 („*in modo di scena cantante*") machten seinen Namen international bekannt. 1817–19 leitete S. als Kapellmeister die Frankfurter Oper und unternahm 1820–21 Konzertreisen nach England und Frankreich. 1822 wurde er Hofkapellmeister in Kassel, wo unter seiner Leitung das Musikleben und speziell die Oper eine Blütezeit erlebte. S. pflegte fast das gesamte Bühnenrepertoire seiner Zeit, trat auch mit frühen Aufführungen von Werken R. Wagners hervor (1843 *Der fliegende Holländer,* 1853 *Tannhäuser*), leitete Abonnementskonzerte und führte im Rahmen alljährlich stattfindender Oratorienaufführungen mehrfach J. S. Bachs *Matthäuspassion* auf. Zwischen 1826 und 1845 dirigierte er wiederholt auf deutschen Musikfesten, zwischen 1839 und 1853 auch in England. *Jessonda* (1823 Kassel) wurde sein zweiter großer Opernerfolg. 1832 erschien S.s berühmtgewordene *Violinschule.* 1836 heiratete er in 2. Ehe die Pianistin Marianne Pfeiffer (1807–92). Anläßlich seines 25jährigen Dienstjubiläums in Kassel wurde er 1847 zum GMD ernannt; gleichwohl hatte er zunehmend unter Spannungen mit dem Hof zu leiden und wurde 1857 gegen seinen Willen pensioniert.

WW: **1) Instr.-WW:** Klv.-Stücke; Kammermusik, u. a.: 14 Duos für 2 V.; Duo, op. 13 für V. u. Va.; 5 Klv.-Trios; 35 Streichquartette (1807–57); 7 Streichquintette (1813–1850); Streichsextett, op. 140; 4 Doppelquartette: d-moll, op. 65 (1823); Es-Dur, op. 77 (1827); e-moll, op. 77 (1833); g-moll, op. 136 (1847); Oktett, op. 32 (1814); Nonett, op. 31 (1813) für Bläser u. Str. – 10 Symphonien, 1: Es-Dur, op. 20 (1811); 2: d-moll, op. 49 (1820); 3: c-moll, op. 78 (1829); 4: f-moll, op. 86 *Die Weihe der Töne* (1832); 5: c-moll, op. 102 (1838); 6: G-Dur, op. 116 *Historische Symphonie* (1840); 7: C-Dur, op. 121 *Irdisches und Göttliches* (1842) für 2 Orch.; 8: G-Dur, op. 137 (1847); 9: h-moll, op. 143 *Die Jahreszeiten* (1850); 10: Es-Dur (1857). – 3 Ouvertüren; 17 V.-Konzerte, darunter e-moll, op. 38 (1814), sowie a-moll, op. 47 *In modo di scena cantante* (in Form einer Gesangszene) (1816), u. d-moll, op. 55 (1820); 4 Klar.-Konzerte; 5 konzertante Symphonien; Quadrupelkonzert a-moll, op. 131 (1845); ferner 20 virtuose Werke für V. u. Orch. – **2) Vokal-WW:** Etwa 100 Klv.-Lieder; Duos mit Klv. u. Chorstücke; *Missa,* op. 54 (1820) für 2 Chöre a cap.; *Offertorium* (1815) für Soli, Chor u. Orch.; dramatische Kantate *Das befreite Deutschland* (1814); Oratorien: *Das jüngste Gericht,* UA: Erfurt 1812; *Die letzten Dinge,* UA: Kassel 1826; *Des Heilands letzte Stunden,* UA: ebd. 1835; *Der Fall Babylons,* UA: Norwich 1842. – **3) Bühnen-WW:** *Die Prüfung* (1806); *Alruna* (1808); *Der Zweikampf mit der Geliebten* (Libr.: J. Schink), UA: Hamburg 1811; *Faust* (Libr.: J. C. Bernard), UA: Prag 1816, Neufassung, EA: London 1852; *Zemire und Azor* (Libr.: J. J. Ihlée), UA: Frankfurt 1819; *Jessonda* (Libr.: E. Gehe), UA: Kassel 1823; *Der Berggeist* (Libr.: G. Döring), UA: ebd. 1825; *Pietro von Abano* (Libr.: K. Pfeiffer), UA: ebd. 1827; *Der Alchymist* (Libr.: ders.), UA: ebd. 1836; *Die Kreuzfahrer* (Libr.: L. u. M. Spohr nach A. von Kotzebue), UA: ebd. 1845. – **4) Schriften:** *Violinschule* (W 1832); *Selbstbiographie,* 2 Bde. (Kas – Gö 1860–61).

Im Schaffen S.s, eines der bedeutendsten Vertreter einer deutschen Romantik im Sinne Fr. Schuberts und F. Mendelssohn Bartholdys, sind klassizistische Bewahrung der Form und romantisches Streben nach Ausdruck miteinander verschmolzen. S.s kompositorische Vorbilder waren neben W. A. Mozart das frz. Virtuosenkonzert P. Rodes und die Opern L. Cherubinis und É. N. Méhuls, wozu in Kammermusik und Oper später noch Einflüsse A. J. Rombergs und G. Spontinis traten. Seine Melodik verbindet (oft violinistisch-brillantes) Pathos mit lyrischer Empfindung. Die Harmonik ist in hohem Maße chromatisiert; häufiges Verschleiern der Tonart und spannungsvolle Alterationsakkordik machen S. zu einem unmittelbaren Vorgänger R. Wagners, auf den auch eine Art Leitmotivik im *Faust* (neben E. Th. A. Hoffmanns *Undine* die erste „romantische" deutsche Oper), das Prinzip der Durchkomposition in *Jessonda* und der Verzicht auf Nummern-Gliederung in *Der Berggeist* vorausweisen. S.s Violinkonzerte, in denen er am meisten einen eigenen Stil entwickelte, gipfeln in op. 38 (e-moll) und 47 (a-moll); die Klarinettenkonzerte Es-Dur und e-moll gelten als die bedeutendsten Werke ihrer Gattung nach W. A. Mozart. Aus seinen Symphonien ragen die 3. und die 5. heraus. Im Bereich klassische Form bewahrender pseudoprogrammatischer Symphonik ist die 4. *(Die Weihe der Töne)* das am meisten eigengeprägte und zukunftweisende Werk. S.s an W. A. Mozart orientierte Kammermusik erreicht nach den Werken der Wiener Jahre (Oktett und Nonett) ihren Höhepunkt in den vier Doppelquartetten. Als Violinist war S. der Schöpfer einer bedeutenden deutschen Geigerschule, als Gesamtpersönlichkeit eine unbestrittene Autorität seiner Zeit.

Ausg.: Ausgew. Werke, hrsg. v. F. U. LEINERT (Kas 1949ff.); Neue ausgew. Werke, hrsg. v. F. GÖTHEL – H. HOMBURG (Kas 1963ff.). – Messe für 5 Soli u. Doppelchor, hrsg. v. O. BIBA (Altötting o.J.) (= Musica sacra des 19. Jh. 2). – L. S. Selbstbiogr., hrsg. v. E. SCHMITZ (Kas 1954–55); dass. als: Lebenserinnerungen, hrsg. v. F. GÖTHEL (Tutzing 1968); L. S. Briefwechsel mit seiner Frau Dorette, hrsg. v. DEMS. (Kas 1957).

Lit.: H. GLENEWINKEL, Verz. des musikal. Nachlasses v. L. S., in: AfMw 1 (1919); F. GÖTHEL, Das V.-Spiel L. S.s (Diss. B 1935); S. GOSLICH, Beitr. z. Gesch. der dt. romantischen Oper (Diss. B 1936); H. HEUSSNER, Die Symphonien L. S.s (Diss. Marburg 1956); DERS., L. S. u. W. A. Mozart, in: Mozart-Jb. (1957); H. HOMBURG, L. S.s erste Aufführung der Matthäus-Passion in Kassel, in: MuK 28 (1958); FS L. S. (Wr 1959); D. M. MAYER, The Forgotten Master. The Life and Time of L. S. (Lo 1959); D. GREINER, L. S.s Beitr. z. dt. romantischen Oper (Diss. Kiel 1960); H. HOMBURG, L. S. u. die Bach-Renaissance, in: Bach-Jb. 47 (1960); H. HEUSSNER, Der Hofkapellmeister L. S., in: FS H. Engel (Kas 1964); A. A. ABERT, Webers „Euryanthe" u. S.s „Jessonda" als große Opern, in: FS W. Wiora (Kas 1967); G. DRECHSLER, Lieder S.s u. textgleiche Kompositionen der Zeit (Diss. I 1971); L. GORRELL, The Songs of L. S., in: MR 39 (1978); C. MÖLLERS, L. S., in: Musica 34 (1980).

W. PFANNKUCH

SPONDEUS ↗Metrum.

SPONTINI, Gaspare Luigi Pacifico, * 14. 11. 1774 Maiolati (heute Maiolati Spontini, Prov. Ancona), † 24. 1. 1851 ebd.; it. Komponist. Er studierte Kontrapunkt bei N. Sala und G. Tritto am Conservatorio della Pietà dei Turchini in Neapel. Seine erste Opera buffa *Li puntigli delle donne* schrieb S. noch während seiner Ausbildung als Auftragswerk für das Teatro Pallacorda in Rom im Karneval 1796. Ihr Erfolg bewog N. Piccinni, ihn als Schüler anzunehmen. Unter seinem Einfluß schuf S. in der Nachfolge G. Paisiellos und D. Cimarosas zahlreiche Opern, die seinen Namen bald in ganz Italien bekannt machten. 1803 ging S. nach Paris. Nach anfänglichen Mißerfolgen mit Opern im komischen Genre wandte er sich mit *Milton* (1804) unter dem Einfluß der Opern Chr. W. Glucks, L. Cherubinis und É. N. Méhuls erstmals einem historischen Stoff zu. Der Erfolg des Werkes verschaffte ihm die Protektion der Kaiserin Josephine; durch die Kantate *L'eccelsa gara* anläßlich der Schlacht bei Austerlitz gewann er auch die Gunst Napoleons. Den internationalen Durchbruch erzielte er mit *La Vestale* (*Die Vestalin,* 1807), die ihm einen von Napoleon gestifteten Preis von 10000 Livres für die beste Oper des Jahrzehnts eintrug; ebenso begeistert wurde *Fernand Cortez* (1809) aufgenommen. Nach der Rückkehr der Bourbonen versuchte S. vergebens, mit *Olimpie* (1819) an diese Erfolge anzuknüpfen. 1820 übernahm er auf Wunsch des preußischen Königs Friedrich Wilhelm III. als „Erster Capellmeister und General-Musikdirector" (erstmalige Verleihung dieses Titels) die Leitung der Berliner Hofoper, der er durch mustergültige Aufführungen seiner eigenen und der Opern Glucks, W. A. Mozarts und L. van Beethovens internationale Anerkennung sicherte. Hauptwerk der Berliner Zeit ist die historisch-romantische Oper *Agnes von Hohenstaufen,* doch blieb ihr ein über Berlin hinausgehender Erfolg versagt. Nach dem Tod des Königs war S.s Stellung in Berlin nicht mehr zu halten; 1841 wurde er aus dem Hofdienst entlassen. Nach vergeblichen Versuchen, in Paris wieder Fuß zu fassen, zog er sich nach Maiolati zurück.

WW: **1) Instr.-WW:** Für Orch.: Divertissement *Les charmes d'une fête* (W o.J.); 4 Fackeltänze, auch bearb. für Klv. (B o.J.); weitere WW hsl. – **2) Vokal- u. Bühnen-WW:** Im Druck (meist in Paris) erschienen zahlr. Lieder u. Romanzen sowie Duette mit Klv.; für Chor u. Orch. bzw. Klv.: *Preußischer Volksgesang* (B 1818), auch bearb. für Orch.; Chant de guerre *Les cimbres* (B o.J.); einige weitere Gesänge hsl. – Opern: *Li puntigli delle donne,* UA: Rom 1796; *Adelina Senese, ossia L'amore segreto,* UA: Venedig 1797; *L'eroismo ridicolo,* UA: Neapel 1798; *Teseo riconosciuto,* UA: Florenz 1798; *La Finta filosofa,* 1. Fassung, UA: Neapel 1799, 2. Fassung: Paris 1804; *Gli Elisi elusi,* UA: Palermo 1800; *La petite maison* u. *Milton* (Libr.: V. J. E. Jouy u. M. Dieulafoy), UA: Paris 1804; *Julie, ou Le pot des fleurs* (Libr.: A. G. Gars), UA: ebd. 1805; *Tout le monde a tort,* UA: ebd. 1806; *La vestale* (Libr.: Jouy), UA: ebd. 1807; *Fernand Cortez* (Libr.: ders. u. A. d'Esménard), UA: 1809, 2 weitere Fassungen ebd. 1817 u. Berlin 1832; *Pélage, ou Le Roi de la paix,* UA: Paris 1814; *Les dieux rivaux,* UA: ebd. 1816; *Olimpie* (Libr.: Dieulafoy u. C. Brifaut), UA: ebd. 1819, dt. Neufassung als *Olimpia* (Libr.: E. Th. A. Hoffmann), UA: Berlin 1821; Festspiel *Lalla Rookh* (Libr.: S. H. Spicker, nach T. Moore), UA: ebd. 1822; *Nurmahal, oder Das Rosenfest von Kaschmir* (Libr.: C. H. Herklotz, nach T. Moore), UA: ebd. 1822; *Alcidor* (Libr.: ders., nach G. M. Théaulon de Lambert), UA: ebd. 1825; *Agnes von Hohenstaufen* (Libr.: S. B. E. Raupach), 1. Fassung, UA: ebd. 1827, 2. Fassung: ebd. 1829, 3. Fassung: ebd. 1837. – Ballettmusik zu A. Salieri, *Les Danaides* (1817).

In der Verschmelzung der musikalischen Errungenschaften seiner italienischen Periode (Auflokkerung und Dramatisierung der Da capo-Arie, Verbindung der Introduktions- und Finale-Nummern zu rondoartig gegliederten Szenen) mit den musikdramatischen Idealen Glucks hatte S. bereits in *Milton* den Prototyp der klassizistisch-historischen Oper geschaffen. Die kraftvollen Impulse, die die *Vestalin* aus der französischen Revolutionsoper empfangen hatte, ihr heroisches Pathos, gepaart mit tiefer, echter Empfindung (Szene der Julia und Liebesduett Julia-Licinio aus dem 2. Akt) ließen diesen Operntyp in den Augen der Zeitgenossen zum adäquaten musikalischen Ausdruck des Geistes der Kaiserzeit werden; in S. sah man ihren musikalischen Repräsentanten. Von diesem Ruf konnte und wollte er sich nicht lösen. Auch die äußerlich so glanzvolle Stellung in Berlin kann nicht darüber hinwegtäuschen, daß mit der Restauration S.s Stern zu sinken begann. Die provinzielle Enge Berlins, Querelen mit der Theaterverwaltung, mangelhafte Kenntnis der deutschen Sprache und sein Unverständnis der jungen deutschen Opernromantik trieben ihn vollends in die künstlerische Isolation und lähmten seine Schaffenskraft. Trotz der Ernsthaftigkeit seines Kunstanspruchs, der von bedeutenden Zeitgenossen wie R. Wagner und H. Berlioz nie bestritten wurde, trotz der Größe der Konzeption, die *Agnes von Hohenstaufen* in die Nähe der Musikdramen Wagners rückt, verhinderte das Festhalten an klassizistischen Stilprinzipien, daß von S.s Berliner Opern Impulse auf die Operngeschichte ausgingen.

Ausg.: Documenti Spontiniani inediti, hrsg. v. A. BELARDINELLI (Fi 1955); *La Vestale, Fernand Cortez* u. *Olympie,* Faks.-Ausg. der gedruckten Orig.-Partitur (NY – Lo 1980) (= Early Romantic Opera 42–44).

Lit.: K. SCHUBERT, S.s it. Schule (Str 1932) (= Slg. musikwiss. Abh.en 4); Atti del primo congresso internazionale di studi Spontiniani 1951 (Fabriano 1954); A. GHISLANZONI, G. S. (R 1951); P. FRAGAPANE, S. (Bol 1954); F. SCHLITZER, „La finta filosofa" di G. S. (Neapel 1957); H. ENGEL, Wagner u. S., in: AfMw 12 (1955); D. LIBBY, S.'s Later Operas (1969) (= Diss. Princeton Univ.); S. DÖHRING, S.s Berliner Opern, in: Stud. z. Musikgesch. Berlins im frühen 19. Jh. (Rb 1980) (= Stud. z. Musikgesch. des 19. Jh.).

J. WILDGRUBER

SPRECHEN, Sprechgesang. Die Möglichkeit der Einbeziehung von gesprochenem Text in die musikalische Komposition eröffnen nicht nur ↗Melodram und ↗Monodram, sondern auch andere Gattungen wie Bühnenmusik, Kantate, Oratorium oder Filmmusik. Der klassische Gebrauch von Sprechpartien, wie er z.B. in den Melodramen G. A. Bendas, in Bühnenmusik von L. van Beethoven (zu Goethes *Egmont*) oder R. Schumann (zu Byrons *Manfred)* oder in dem lyrischen Monodram *Lélio, ou le retour à la vie* von H. Berlioz vorliegt, rechnet mit gegebenenfalls auch auf der Bühne agierenden Rezitatoren, deren Sprechpartien musikalisch untermalt werden. Dagegen weist die Rolle des Sprechers z.B. in den *Chansons de Bilitis* von Cl. Debussy oder in S. Prokofjews musikalischem Märchen *Peter und der Wolf* viel stärker auf den dominierenden Anteil des musikalischen Verlaufs hin. Tritt in der Regel beim ↗Lehrstück die Bedeutung des Musikalischen hinter den Textsinn zurück, so liegt das Gegenteil zumeist in Kompositionen vor, in denen die Sprechpartie fest und nicht selten in streckenweise exakter Notation in den musikalischen Verlauf eingearbeitet ist (z.B. in einigen Werken A. Schönbergs, Krz. Pendereckis oder B. A. Zimmermanns). Peter Michael Brauns Komposition *Kashima K.k.* für Tenor und Streicher stellt ein gutes neueres Beispiel für ein Gesangsstück mit umfangreichen Sprechpartien dar. Im Sprechchor, wie er im Hörspiel, im – besonders antikisierenden – Sprechtheater oder vereinzelt auch in neueren Chorwerken vorkommt, werden Texte von mehreren Personen nach rhythmischen oder melodischen Vorgaben zugleich (z.T. nach Stimmlagen differenziert) oder sukzessiv getrennt (Dialog, Kanon) vorgetragen.

Unter *Sprechgesang* versteht man heute gewöhnlich die Art der Deklamation, die durch die notierte Festlegung gewisser rhythmischer oder melodischer Elemente in unterschiedlichem Grad zwischen Gesang und Sprechen steht. Demgemäß unterscheidet man zwischen (Tonhöhen punktuell treffendem) Sprechton und (Tonhöhen fixierendem) Gesangston. Daß die Grenze zwischen beiden Deklamationsformen von den verschiedenen Komponisten, die sich des Sprechgesangs bedient haben, unterschiedlich gezogen wurde, belegen die äußerst vielfältigen Notationsformen. Sie reichen von der bloß andeutungsweisen Festlegung gewisser metrischer oder rhythmischer Details bis zur noch feinste Ausdrucksnuancen fixierenden Notierung von „Gesang im Sprechton". Nach Schönbergs Realisationsanweisungen zu *Pierrot lunaire* (1912) erfordert eine „Sprechmelodie", daß der Ausführende „den Rhythmus haarscharf so einhält, als ob er sänge", und sich davor hütet, „in eine singende Sprechweise zu verfallen", denn „der Gesangston hält die Tonhöhe unabänderlich fest, der Sprechton gibt sie zwar an, verläßt sie aber durch Fallen oder Steigen sofort wieder".

Exakter Rhythmus bei approximativer Tonhöhe

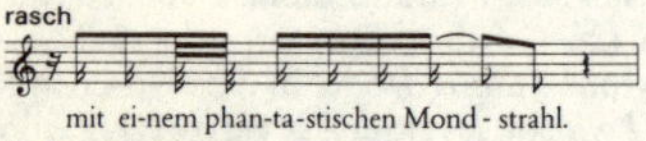

(tonlos geflüstert)

A. Schönberg, *Pierrot lunaire*, op. 21

A. Berg, *Lulu*

Sprechgesang im Sinne Schönbergs

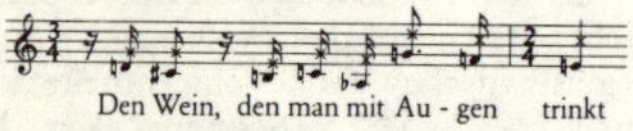

A. Schönberg, *Pierrot lunaire*, op. 21

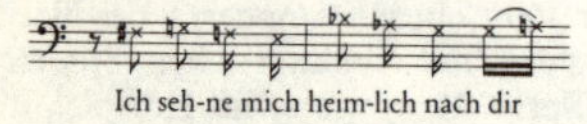

T. Baird, *Goethe-Briefe* (1970)

Übergang von „halb gesungen" („mit etwas Gesangsstimme") in Gesang

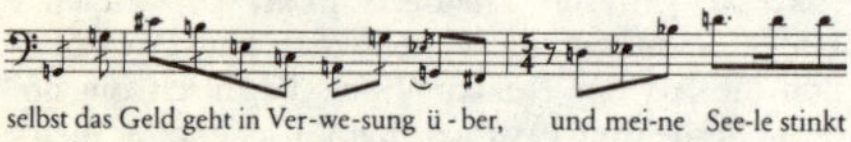

A. Berg, *Wozzeck*

Rhythmisch mehr oder weniger gebundene Deklamation

M. von Schillings, *Das Hexenlied*, op. 44

SPRECHGESANG, heute Bz. für eine zwischen Gesang und ↗Sprechen stehende Art der Deklamation.

Lit.: P. STADLEN, Schoenberg's Speech-Song, in: ML 62 (1981).

SPRINGBOGEN ↗Sautillé.

SPRINGER, Docke (engl.: jack; frz.: sautereau; it.: saltarello; span.: macillo), Bz. für einen aus beweglicher Zunge, aus der der Kiel („Plektrum") herausragt, und Dämpfungsvorrichtung bestehenden Teil der Kielmechanik von ↗Cembalo, ↗Claviziterium, ↗Spinett und ↗Virginal. Der Kiel reißt von unten die Saite an.

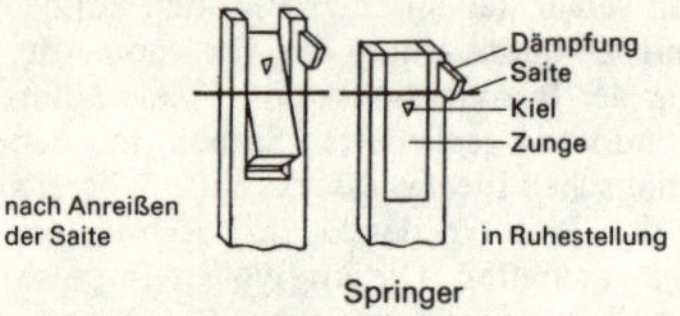

Springer

SPRINGLADE ↗Orgel.

SPRUCH. Auf Karl Simrock (1833) zurückgehende Bz. für eine Gattung der mittelhochdeutschen Lyrik, die in Verbindung zum (Minne-)↗Lied und zum ↗Leich steht. Unterschieden werden 2 Arten: 1. der gesprochene „Sprech-S." in vierhebigen Reimpaaren ohne Stropheneinteilung mit lehrhafter Grundhaltung und zuerst mündlicher, später auch schriftlicher Verbreitung, ohne Gesang bzw. Vertonung; 2. der gesungene, sog. lyrische „Sang-S.", strophisch gegliedert und häufig mit Melodien überliefert. Im Unterschied zur Minnelyrik ist die inhaltliche Thematik der S.-Dichtung weitgespannt und reicht von der Beschreibung persönlicher Ereignisse über politische Stellungnahmen bis zu Problemen der Religion, der Philosophie und der allgemeinen Moral. Zeigen die frühen Sprüche, etwa die unter dem Namen des älteren Spervogel oder Herger überlieferten, noch die Stanzenform, so gleicht Walther von der Vogelweide, der Vollender der Gattung, durch die Verwendung der Barform (AAB) und ihrer Erweiterung (z. B. AABBC) S. und Lied formal einander an. Bei Walther sind mehrere Strophen häufig zu einem „Ton" (z. B. Reichston, Ottenton, Wiener Hofton) zusammengefaßt. Entsprechend dem auf Erkenntnis, Lehre oder Ermahnung gerichteten Inhalt haben die zu den Sprüchen komponierten Melodien „nur der schlichten Aussage zu dienen" (E. Jammers). Sie sind rezitativisch, d. h. prägnant syllabisch gestaltet und gehen aus den beiden Quellen der „heimischen Fallzeile" (Melodie beginnt mit Quinte oder Oktave und senkt sich zum Grundton) und der gregorianischen Lektionstöne mit kleinem Schlußmelisma hervor. Bei Walther sind 4 eigene Melodien zu Spruchtönen erhalten (26,3; 16,36; 20,16; 11,30; Zählung nach K. Lachmann), teils nur fragmentarisch, teils aus Quellen des Meistersinger-Repertoires erschlossen. Die enge Verbindung von metrisch-textlichem und musikalischem Aufbau zeigt am besten Walthers Spruch 20,16 *Mir ist verspart der sælden tor* und seine sog. Hof- und Wendelweise: 2 Terzinenstollen mit neunzeiligem gereimtem Abgesang entsprechen die Wiederholung der Stollenmelodie und ein durchkomponierter Abgesang.

Lit.: K. SIMROCK, Gedichte Walthers von der Vogelweide (B 1833); E. JAMMERS, Ausgew. Melodien des Minnesangs (Tü 1963); Mhd. Spruchdichtung, hrsg. v. H. MOSER (Da 1972) (= Wege der Forsch. 154). H. JUNG

SQUARCIALUPI, Antonio (eig. Antonio del Bessa), * 27. 3. 1416 Florenz, † 10. 7. 1480 ebd.; it. Organist. Er war seit 1432 am Dom von Florenz tätig und einer der bedeutendsten Organisten seiner Zeit. Er erfreute sich der besonderen Gunst Lorenzo de' Medicis und stand im Briefwechsel mit G. Dufay. Werke von ihm sind nicht erhalten. In seinem Besitz befand sich eine als S.-Codex bekannte Hs. (heute in Florenz, Biblioteca Medicea-Laurenziana Pal. 87) des frühen 15. Jh.; sie enthält 354 Madrigale, Caccie und Ballate von Giovanni da Cascia, Jacopo da Bologna, Nicolaus de Perugia, Bartolino da Padova, Fr. Landino, Andreas de Florentia u. a. und ist die umfangreichste und jüngste Quelle der ↗Trecento-Musik.

Ausg.: Der S.-Codex, hrsg. v. J. WOLF – H. ALBRECHT (Lippstadt 1955).

Lit.: B. BECHERINI, Communications sur A. S., in: Kgr.-Ber. Köln 1958; F. D'ACCONE, A. S. alla luce di documenti inedite, in: Chigiana 23, N. S. 3 (1966). – ↗Trecento.

SQUARE DANCE (von engl. square = Viereck), die populärste Form des nordamerikanischen, ländlichen Volkstanzes, die im 19. Jh. aus der Quadrille entstand. Jeweils 4 Paare stehen sich im „square" gegenüber und führen meist von einem Ausrufer angekündigte Tanzfiguren aus, für die es neben dem „running" der englischen Tradition kaum generelle Kodifizierungen gibt. Sie weisen divergierende regionale Eigentümlichkeiten auf und haben bei zahlreichen anderen Tänzen europäischer Herkunft Anleihen gemacht. Das Tempo des S. liegt etwa im Bereich des für den Marsch üblichen. Im S. werden überwiegend populäre Melodien (z. B. *Turkey in the Straw*) mit periodischen Strukturen, einfachen Akkorden und deutlichen Akzentuierungen auf starker Taktzeit verwendet. Die jeweilige Besetzung der Band variiert ebenfalls und bezieht vor allem volkstümliche Instrumente wie Geige („fiddle"), Banjo, Gitarre, Akkordeon usw. ein.

Lit.: J. A. HARRIS – A. PITTMAN – M. SWENSON, Handbook of Folk. Square and Social Dance (Minneapolis 1950, [2]1955); R. KRAUS, S. of Today (NY 1950); G. GOWING, The Square Dancer's Guide (NY 1957); D. N. u. H. KENNEDY, American Square Dancing (NY [2]1965) (1. Aufl. als: Square dances of America).

STAATSKAPELLE DRESDEN, eines der ältesten und angesehensten dt. Orchester. Ihr Vorläufer ist die Dresdner Hofkapelle (gegründet 1548 als Hofkantorei unter J. Walter, wozu später Instrumentalisten traten), die unter H. Schütz (1615–72) europäischen Ruhm erlangte. Sie war seit 1667 (Einweihung des ersten festen Opernhauses in Dresden) für die Aufführung der Opern verantwortlich, seit dem Übertritt König Augusts des Starken zum Katholizismus (1697) auch für die Kirchenmusik an der Hofkirche. Dies blieb so bis ins 20. Jahrhundert. Im 18. Jh. bedeutete das Dresdner Wirken von J. A. Hasse (1733–63) eine Blütezeit der italienischen Oper in Deutschland, die auch das Orchester in ganz Europa berühmt machte (Abbildung mit der damaligen Sitzordnung der Musiker: ↗Orchester). Starke Impulse gingen in der Folgezeit (1786–1801) von J. G. Naumann aus, im 19. Jh. vor allem von C. M. von Weber (1816–26), C. G. Reißiger (1826–53; unter ihm gab es keine italienischen Opernaufführungen mehr) und R. Wagner (1843–48). Das Ensemble hieß jetzt „Königliche Musikalische Kapelle". Eine neue Glanzzeit brachte 1872–1914 das Wirken von E. von Schuch, unter dem u. a. viele Opern von R. Strauss zur Uraufführung gelangten. Die weitere Entwicklung der Dresdner Oper und seines Orchesters, das in dieser Zeit den Namen „Sächsische Staatskapelle" trug, ist durch bedeutende Dirigentenpersönlichkeiten geprägt: Fr. Reiner (1914–21), Fr. Busch (1922–33), K. Böhm (1933–43). Es gab weiterhin Uraufführungen von Opern R. Strauss', ferner von F. Busoni, P. Hindemith, H. Sutermeister, K. Weill. Die 1923 gegründete „Orchesterschule der Sächsischen Staatskapelle" wurde 1937 in das Dresdner Konservatorium (1856 gegr., seit 1952 Musikhochschule) eingegliedert. Der Nationalsozialismus brachte auch für die S. Einschränkungen im Repertoire und zudem direkte Eingriffe. So wurde Busch 1933 fristlos entlassen, nachdem er durch Lärmen an einer *Rigoletto*-Aufführung gehindert wurde, weil er jüdische Musiker halten wollte. 1937 wurde die Tätigkeit an der Hofkirche verboten, 1944 erfolgte die Auflösung im Zuge des „totalen Krieges". Doch bereits am 16. 7. 1945 konnte das Orchester, jetzt als „Dresdner Staatskapelle“, in einem ehemaligen Tanzsaal wieder öffentlich spielen. 1948 zog sie mit der Oper in das neuaufgebaute Große Haus, bis die Semperoper wieder eröffnet wird. Die S. veranstaltet seit dem 19. Jh. regelmäßig auch Symphoniekonzerte, seit 1969 im neuerbauten Kulturpalast am Altmarkt. Dirigenten seit dem 2. Weltkrieg waren J. Keilberth (1945–50), R. Kempe (1950–52), Fr. Konwitschny (1953–55), O. Suitner (1960–64), K. Sanderling (1964–67). Seit 1975 ist der Schwede Herbert Blomstedt (* 11. 7. 1927 Springfield/Mass.) Leiter des Orchesters. Seine Mitglieder pflegen seit der Gründung des „Tonkünstler-Vereins“ 1854 auch in einer eigenen Konzertreihe Kammermusik, wobei besonders auch zeitgenössische Werke aufgeführt werden.

Lit.: M. FÜRSTENAU, Zur Gesch. der Musik u. des Theaters am Hofe zu Dresden, 2 Teile (Dresden 1861–62, Nachdr. Hil – NY 1971, L 1971); O. SCHMID, Die Sächs. Staatskapelle in Dresden (1548–1923) u. ihre Konzerttätigkeit (Dresden 1923); H. SCHNOOR, Dresden. 400 Jahre dt. Musikkultur (ebd. 1948); Dresdner Kapellbuch (1548–1948), hrsg. v. G. HAUSSWALD (ebd. 1948); K. LAUX, Die Dresdner Staatskapelle (L 1964); S., hrsg. v. E. STEINDORF – D. UHRIG (B 1973); Dresden. Musen u. Menschen, hrsg. v. M. SEYDEWITZ (B [3]1975). B. A. KOHL

STAATSMOTETTE, eine auf A. W. Ambros zurückgehende Bz. für Kompositionen des 13. bis 16. Jh., die zu Ereignissen des politischen oder dynastischen Lebens aufgeführt wurden. Als integrierender Bestandteil der „Staatsmusik“ (Ambros) hatten sie die Funktion, zur Steigerung des feierlichen Gepränges beizutragen, und sie waren jeweils nur für den einmaligen Anlaß bestimmt. Dabei handelte es sich um Zeremonien verschiedenster Art: Krönungen, Siegesfeiern, Vertragsabschlüsse, Einzüge, Triumphzüge, Hochzeiten, Prinzentaufen, Huldigungen, Staatsbegräbnisse usw.

S.n gibt es bereits im Repertoire der Notre-Dame-Schule, der Ars antiqua und der Ars nova. Im 14. Jh. erfuhr die S. eine erste Hochblüte in der Form der isorhythmischen ↗Motette, die sich laut Aussage des Theoretikers Johannes de Grocheo besonders an eine gebildete Hörerschaft wandte. Eine musikalische Kennerschaft war häufig auch im 15. und 16. Jh. ihre charakteristische Voraussetzung.

Im Schaffen der niederländischen Komponisten von G. Dufay bis O. di Lasso hat die S. breiten Raum eingenommen. Obwohl keine ausschließlich ihr zuzuordnende Tonsprache geschaffen wurde, so findet man dennoch spezifische Charakteristika: Hervorhebung des Primär-Klanglichen, Komplizierung des Satzes und eine engere Verbindung zwischen Klang und Grundaffekt der Komposition. Die lateinischen Texte bedienen sich oft antiker Metrik. Als am Ende des 16. Jh. die Motette im Schaffen der Komponisten an Bedeutung verlor, verschwand auch die S. allmählich. Andere Musizierformen, wie Oper, Kantate und reine Instrumentalmusik, übernahmen ihre Funktion bei der feierlichen Gestaltung von Staatsfesten.

Lit.: A. DUNNING, Die S. 1480–1555 (Utrecht 1969, [2]1970).
A. DUNNING

STAATSTHEATER, szenische Komposition, Musik und Text von Mauricio Kagel (* 1931). UA: 25. 4. 1971 in Hamburg.

Das Stück besteht aus 9 Teilen: (1) *Repertoire* (szenisches Konzertstück), (2) *Einspielungen* (Musik für Lautsprecher), (3) *Ensemble* (für 16 Stimmen), (4) *Debüt* (für 60 Stimmen), (5) *Saison* (Sing-Spiel in 65 Bildern), (6) *Spielplan* (Instrumentalmusik in Aktion), (7) *Kontra-Danse* (Ballett für Nicht-Tänzer), (8) *Freifahrt* (gleitende Kammermusik), (9) *Parkett* (konzertante Massenszenen). Der traditionelle Werkbegriff im Sinne einer geschlossenen, kompositorisch völlig fixierten res facta ist auf S. nicht anwendbar; vielmehr handelt es sich um einen Improvisationsrahmen: Die einzelnen Teile bieten dem szenischen und musikalischen Leiter eine Vielzahl von Aktionen und musikalischen Abläufen, die sowohl gleichzeitig als auch nacheinander relativ frei kombiniert werden können; festgelegt sind lediglich die Stellung von *Repertoire,* das, sofern es aufgeführt wird, immer zu Beginn stehen soll, sowie die maximale Aufführungsdauer des gesamten Stückes von etwa 100 Minuten. Diese zeitliche Begrenzung bedeutet den Zwang zur Auswahl, da nicht alle von Kagel in der „Partitur“ aufgezeichneten Einzelaktionen und -musiken in der genannten Zeit realisiert werden können.

Leitvorstellung der Kombination soll sein, ein „musiktheatralisches Kontinuum“ zu erreichen. Da eine zielstrebig konstruierte Handlung fehlt, wird dieses Kontinuum nach rein abstrakt-ästhetischen Kriterien erstellt, d.h. sowohl nach primär sinnlichen (etwa bei der Abfolge von Klängen oder Bewegungsabläufen) als auch nach bewußt vage gehaltenen semantischen (etwa in der Verknüpfung von Symbolgehalten einzelner Aktionen). Nicht nur die geschlossene Handlung, sondern die gesamte Illusionshaftigkeit der Gattung „Oper“ ist aufgehoben: Gleichsam seziert erscheinen in der Fülle szenischer Miniaturen Requisiten und Stilelemente aus allen Epochen der Gattungsgeschichte auf der Bühne „vor“-geführt; die Klangerzeugung ist nicht Mittel der Affektdarstellung, sondern eigenständiges Darstellungsobjekt, wobei Ton und Geräusch sowie natürliche und künstliche Klangquellen völlig gleichberechtigt miteinander verbunden sind. Auch in der musikalischen und sprachlichen Detailgestaltung ist das Prinzip der Reduktion auf bewußt a-logisch zu reihende Strukturelemente zu beobachten: Gesungen werden nicht Wörter und Sätze, sondern Vokalisen und freie Lautkombinationen; gespielt werden (etwa in *Einspielungen*) nicht Melodien, sondern Intervalle.

Das in diesem Sinne „analytische" *Staatstheater* ist somit eine Verbindung von Parodie und Lehrstück, von intellektuell distanzierter, wohlreflektierter Kritik an der institutionalisierten Gattung „Oper" mit z.T. ulkhaft-humorvollem Spiel – ein Feuerwerk der Phantasie, für das Kagel 1972 in Rom den 1. Preis der Internationalen Gesellschaft für zeitgenössische Musik erhielt. W. A MAKUS

STABAT MATER DOLOROSA (lat., = es stand die schmerzhafte Mutter), die Anfangsworte eines mittelalterlichen Reimgebets, das 20 Strophen zu je 3 Zeilen (8+8+7 Silben) umfaßt und wahrscheinlich im 13. Jh. entstand. Wer der Dichter war, läßt sich nicht mit Sicherheit sagen, genannt wurden zwei Franziskaner, der hl. Bonaventura (1221–74) und Jacopone da Todi; jedenfalls hat das S. seinen Ursprung in der franziskanischen Passions- und Marienfrömmigkeit. Als Gebet für die private Andacht war es sehr verbreitet, bevor es als ↗Sequenz in die Votivmesse zur schmerzhaften Mutter aufgenommen wurde. 1727 wurde das Fest der Sieben Schmerzen Mariens offiziell vorgeschrieben. Seitdem ist das S. Sequenz in der Messe und – unterteilt in 3 Abschnitte – Hymnus im Stundengebet dieses Festes. Eine Choralmelodie erhielt die Sequenz erst im 19. Jh. durch Dom Fonteinne (Solesmes); die dem Hymnus unterlegte Melodie ist älter. Zahlreiche volkssprachliche Kirchenlieder gehen auf das S. zurück, z.B. *Christi Mutter stand mit Schmerzen.* Eine der frühesten mehrstimmigen Vertonungen ist die strophisch gebaute 4st. Lauda von I. Dammonis, erschienen in Petruccis *Laude* I (V 1508). Unter den frühen englischen Vertonungen ist die 6st. Komposition von John Browne (um 1490) hervorzuheben. Die 5st. Motette von Josquin des Prés benutzt als Tenor die Chansonmelodie *Comme femme desconfortée* von G. Binchois. Berühmt und bis ins 19. Jh. in Rom bevorzugt war die 8st. Vertonung des S. von G. P. da Palestrina. Im 18. Jh. entstand eine große Zahl von Kompositionen mit Instrumentalbegleitung, denn das S. wurde nicht nur am Fest der Sieben Schmerzen Mariens, sondern auch bei vielen anderen Feierlichkeiten in der Passionszeit aufgeführt, vor allem im Rahmen der Kreuzwegandacht. Die größte Nachwirkung hatte das S. für Sopran, Alt und Streicher von G. B. Pergolesi. Es wurde 1736 für eine Kirche in Neapel geschrieben und sollte die ältere Komposition A. Scarlattis für die gleiche Besetzung ablösen. Einige Berühmtheit erlangten ebenfalls die Kompositionen von E. d'Astorga (um 1707), A. Steffani (1727), A. Caldara und T. Traëtta. Die Vertonung des S. von Marchese de Ligneville beeindruckte den jungen W. A. Mozart. Viele dieser S.-Vertonungen bewahren in Besetzung und stilistischer Haltung den Charakter der privaten Andacht. Im 19. Jh. hingegen nehmen die Vertonungen Umfang und Charakter von im Konzertsaal aufzuführenden Oratorien an. Das gilt für die Kompositionen von G. Rossini (1841) und A. Dvořák (1877). Fr. Liszt machte das S. zum Kernstück seines Oratoriums *Christus* (1862–67), den ersten Vers verwandte er außerdem in seiner *Via Crucis* (1878–79). Beiden Werken liegt die Melodie des Hymnus zugrunde. G. Verdis knappe Vertonung in den *Quattro pezzi sacri* (1898) entfernt sich vom Oratorium und leitet über zu den Vertonungen des 20. Jh., von denen als Beispiele die Werke von Fr. Poulenc (1950), R. Kubelík (1968) und Krz. Penderecki (1962) genannt seien.

Lit.: P. MIES, S., in: KmJb 27 (1932); F. X. HABERL, Stabat Mater, in: MS 76 (1956); Monumenta Monodica Medii Aevi I: Hymnen 1, hrsg. v. B. STÄBLEIN (Kas – Bas 1956); A. ROBERTSON, Requiem: Music of Mourning and Consolation (NY ²1968).

M. MARX-WEBER

STÄBLEIN, Bruno, * 5. 5. 1895 München, † 6. 3. 1978 Erlangen; dt. Musikforscher. S. studierte 1914–18 Musik und Musikwissenschaft in München (A. Sandberger und Th. Kroyer), wo er 1918 promovierte. Anschließend wirkte er bis 1926 als Korrepetitor und Kapellmeister (zuletzt Landestheater Coburg), legte dann die Staatsprüfungen für das Lehramt der Musik ab und war 1931–45 am Alten Gymnasium Regensburg tätig. 1945 gründete S. das Institut für Musikforschung an der Philosophisch-Theologischen Hochschule Regensburg, das er seit 1953 leitete, habilitierte sich 1946 in Erlangen und wurde dort 1956 Professor und Vorstand des Musikwissenschaftlichen Seminars (1963 emeritiert), wo er ein Mikrofilm-Archiv mittelalterlicher Musik-Hss. gründete. Zu seinem 70. Geburtstag wurde er mit einer Festschrift geehrt (hrsg. von M. Ruhnke, Kas 1967).

Schriften: *Musicque de Joye. Studien zur Instrumentalmusik des 16. Jh.* (Diss. Mn 1918); *Alt- und neurömischer Choral,* in: Kgr.-Ber. Lüneburg 1950 (Kas 1952); *Zur Entstehung der gregorianischen Melodien,* in: KmJb 36 (1952); *Die mittelalterlichen liturgischen Weisen im Gesangbuch der Böhmischen Brüder von 1531,* in: Mf 5 (1952); *Von der Sequenz zum Strophenlied,* in: ebd. 7 (1954); *Die Unterlegung von Texten unter Melismen,* in: Kgr.-Ber. New York 1961, I (Kas 1961–62); *Zum Verständnis des „klassischen" Tropus,* in: AMl 35 (1963); *Zur Musik des Ludus de Antichristo,* in: FS J. Müller-Blattau (Saarbrücken 1966); *Kann der gregorianische Choral im Frankenland entstanden sein?*, in: AfMw 24 (1967); *O. von Wolkenstein und seine Vorbilder*, in: Beitr. der philologisch-musikwiss. Tagung Neustift/Brixen 1973 (I 1974); *Paternoster-Tropen*, in: FS F. Haberl (Rb 1977); *Einiges Neue zum Thema „archaische" Sequenz*, in: FS G. von Dadelsen (St 1978). – Editionen: *Monumenta Monodica Medii Aevi*, I: *Hymnen* (Kas 1956); II: *Die Gesänge des altrömischen Grad. Vat.lat.* 5319 (Kas 1970) (zus. m. M. Landwehr-Melnicki); *Schriftbild der einstimmigen Musik* (L 1975) (= Musikgesch. in Bildern III/4).

STABREIM, Alliteration, eine in der altgermanischen und althochdeutschen Dichtung verwendete Form des ↗Reims, die durch den Gleichklang des Anlauts zweier oder mehrerer Hebungssilben eines Verses gekennzeichnet ist. Es ist R. Wagner, der unter Berufung auf die alte Dichtung den S. zu einem tragenden Element seiner neuen Tonsprache seit dem *Ring* gemacht hat. Im Text dient er ihm dazu, Wörter, die in ihrem Ausdruck und Inhalt ähnlich oder verwandt sind, auch lautmäßig zu verbinden und so dem Gefühl zu erschließen (vgl. *Oper und Drama*, 2. Teil, Kap. VI). Dementsprechend bestimmt der S. bei Wagner grundsätzlich die Führung der Singstimmen, indem die stabgereimten Wörter rhythmisch und melodisch vielfältig akzentuiert werden. Nahezu jede Phrase im *Ring* ist so gestaltet. Ein offenkundiges Beispiel ist die folgende Stelle aus dem *Rheingold*, 2. Szene, die auch leitmotivisch genutzt wird.

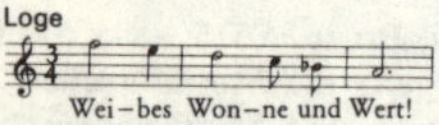

Lit.: C. DAHLHAUS, Wagners Begriff der „dichterisch-musikalischen Periode, in: Beitr. z. Gesch. der Musikanschauung im 19. Jh. (Rb 1965) (= Stud. z. Musikgesch. des 19. Jh. 1).

STABSPIEL ↗Xylophon.

STACCATO (it., = abgestoßen, getrennt; Abk.: stacc.), seit dem 17. Jh. eine durch das Wort selbst oder durch einen Punkt oder Keil über bzw. unter der Note angezeigte, dem Wortsinn entsprechende Vortragsbezeichnung (Gegensatz: ↗Legato). Beim Singen und Spielen eines Blasinstruments wird das S. durch Unterbrechen des Atemstroms erzeugt, beim Klavierspiel durch einen kurzen Anschlag. Beim Spiel von Streichinstrumenten wird das S. entweder mit wechselndem Strich – kräftiger ausgeführt als S. martelé bzw. ↗martellato bezeichnet – oder (in schnellem Tempo) häufig auf einem Bogen ausgeführt (S. volant = fliegendes S.). Im Unterschied zu den geworfenen Stricharten ↗sautillé und ↗spiccato wird der Bogen beim S. jedoch nicht abgehoben. Im 18. Jh. wurden die Bz.en spiccato und S. synonym gebraucht.

STADE, Frederica von, * 1. 6. 1945 Somerville (New Jersey); amerik. Sängerin (Mezzosopran). Sie studierte am Mannes College of Music in New York, debütierte dann 1970 an der Metropolitan Opera mit kleineren Rollen und erzielte 1973 an der Pariser Opéra als Cherubin in W. A. Mozarts *Figaro* unter G. Solti ihren Durchbruch zu einer internationalen Karriere (Salzburger Festspiele, Glyndebourne und Holland Festival, Covent Garden in London, Mailänder Scala). Mittlerweile zählt sie in Opern von W. A. Mozart, G. Rossini und R. Strauss sowie als Interpretin vor allem französischer Liedkompositionen zu den führenden Vertreterinnen ihres Fachs.

STADEN. – **1) Johann,** getauft 2. 7. 1581 Nürnberg, begraben 15. 11. 1634 ebd.; dt. Organist und Komponist. Er war seit 1604 im Dienste des Markgrafen Christian in Bayreuth und ist später in Kulmbach nachweisbar. 1610 kehrte er nach Nürnberg zurück. Hier wirkte er an mehreren Kirchen als Organist, schließlich von 1618 bis an sein Lebensende an St. Sebaldus und trug wie die anderen Inhaber dieses Amtes im 16./17. Jh. entscheidend zur Blüte des Nürnberger Musiklebens bei. J. E. Kindermann war sein Schüler.

WW (alle in Nürnberg gedruckt): **1) Weltliche WW:** *Neue teutsche Lieder* für 3–5 St. (1606), für 4 St. (1609); *Venus Kräntzlein Neuer… Lieder* für 4–5 St. (1610). – **2) Geistliche WW:** *Neue Teutsche Geistliche Gesäng* für 3–8 St. (1609); *Harmoniae sacrae*, 2 Tle., 1: für 3–8 St., teilweise mit B.c. (1616), 2: für 1–12 St u. B.c. (1621); *Hauss-Music* für 4 St., 4 Tle. (1623–28) in 1 Bd. (1646); *Kirchen-Music*, 2 Tle., 1: für 2–14 St. u. B.c. (1625), 2: für 1–7 St. u. B.c. (1626); *Harmoniae novae* für 3–12 St. u. B.c. (1628); *Hertzenstrost-Musica* für 1 St. u. B.c. (1630); *Musicalischer Freuden- und Andachtswecker* für 4–6 St. (1630); *Hertzens Andachten* für 4 St. (1631); *Geistlicher Music-klang* für 1 St. u. B.c. (1633); ferner einzelne Gelegenheitsgesänge. – **3) Instr.-WW:** *Neue Pavanen, Galliarden, Curranten* für 4–5 Instr. (1618); *Operum musicorum… pars prima* (Tanzsätze, Sonaten, Symphoniae) für 3–8 Instr. u. B.c. (1643).

In seinen weltlichen Vokalwerken folgt S. in der Aneignung des italienischen Villanellenstils dem Vorbild seines älteren Landsmanns H. L. Haßler; mit den geistlichen ist er einer der ersten deutschen evangelischen Komponisten, die sich vom Stile antico lösen und dem geringstimmigen und mehrchörigen konzertierenden Stil und der Monodie zuwenden. Schließlich hat S. mit seinen Tanzsätzen, Symphoniae und Sonaten einen wichtigen Beitrag auch zur instrumentalen Ensemblemusik geleistet.
2) Sigmund Theophil (Gottlieb), Sohn von 1), getauft 6. 11. 1607 Kulmbach, begraben 30. 7. 1655 Nürnberg; dt. Organist und Komponist. Er war seit 1627 Stadtpfeifer in Nürnberg und seit 1634 auch Organist an St. Lorenz.

WW (alle in Nürnberg gedruckt); *Seelen-Music… Geist- und*

Trostreicher Lieder für 4 St. u. B.c. (1644); *Musicalische Friedens-Gesänge* für 3 St., 2 V. u. B.c. (1651); zahlreiche Gelegenheitsgesänge. – *Das Geistliche Waldgedicht oder Freudenspiel, genannt Seelewig* (1644) (= 4. Teil der *Frauenzimmer-Gesprächspiele* v. G. Ph. Harsdörffer); weitere Lieder in anderen Teilen dieses Werkes u. in Sammeldrucken der Zeit erhalten.

Anders als sein Vater war er von ausgeprägt konservativer Haltung. Sein *Seelewig* wird gelegentlich als die erste erhaltene deutsche Oper bezeichnet. Er ist ein durchkomponiertes Schäferspiel mit Strophenliedern und verbindenden rezitativischen Abschnitten, die freilich in Satzweise und Ausdruck mit dem it. Stile recitativo kaum etwas gemeinsan haben, so daß das Werk in der Geschichte der Oper nur eine periphere Bedeutung hat.

Ausg.: **Zu 1):** Ausgew. Werke, hrsg. v. E. SCHMITZ, 2 Bde. (1906–07) (= DTB 7/1 u. 8/1); 15 Tanzsätze, hrsg. v. K. SANNWALD (Han 1936, ²1959) (= NMA 119); 6 Sätze in: 22 altdt. Tanzsätze, hrsg. v. R. STEGLICH (Han 1932, ²1955) (= ebd. 80); einzelne dt. Lieder in zahlr. praktischen Ausg. – **Zu 2):** *Seelewig*, hrsg. v. R. EITNER, in: MfM 13 (1881); ein Abschnitt daraus in A. SCHERING, Gesch. der Musik in Beispielen (L 1932, Nachdr. 1954); The „Tugendsterne" of Harsdörffer and S., hrsg. v. J. HAAR (R 1965) (= MSD 14).

Lit.: H. E. Samuel, S., in: MGG XII. – **Zu 2):** J. HAAR, Astral Music ... The „Tugendsterne" of Harsdörffer and S., in: MD 16 (1962); P. KELLER, New Light on the „Tugendsterne" of Harsdörffer and S., in: MD 25 (1971); DERS., Die Oper Seelewig v. S. Th. S. u. G. Ph. Harsdörffer (Be 1977) (= Publikationen der Schweizer. Musikforschenden Ges. II/29).

STADER, Maria, * 5. 11. 1911 Budapest; Schweizer Sängerin (Sopran). Sie kam 4jährig in die Schweiz, studierte 1933–38 vor allem bei Ilona Durigo in Zürich und debütierte 1939 als Konzertsängerin. In den 40er Jahren wandte sie sich auch dem Operngesang zu (trat allerdings selten auf der Bühne auf) und erlangte insbesondere als Mozart-Interpretin Weltruf, was auch durch zahlreiche Schallplattenaufnahmen dokumentiert ist. 1969 zog sie sich aus dem Konzertleben zurück und lehrte Gesang am Konservatorium in Zürich.

Schriften: *J. S. Bach. Arie „Aus Liebe will mein Heiland sterben", Matthäus-Passion* (Z 1967) (= Wie Meister üben 3) (mit Biographie u. Diskographie); Autobiographie *Nehmt meinen Dank* (Mn 1979).

STADLER, Anton Paul, * 28. 6. 1753 Bruck an der Leitha, † 15. 6. 1812 Wien; östr. Klarinettist und Bassetthornspieler. Er war mit seinem Bruder **Johann Nepomuk,** * 6. 5. 1755, † 2. 5. 1804 Wien, im Dienste des Fürsten Golizyn, des russischen Gesandten am Wiener Hof. 1783 wurden beide Mitglieder der „Kaiserlichen Harmonie" und 1787 der Hofkapelle. S. war seit etwa 1784 mit W. A. Mozart befreundet. Ihre Beziehungen verstärkten sich mit dem Eintritt S.s in die Freimaurerloge „Zum Palmbaum" (1785), der auch Mozart angehörte. S. begleitete Mozart 1791 nach Prag, wo er bei den ersten Aufführungen von *La clemenza di Tito* die Soloklarinette bzw. das Solobassetthorn spielte. Mozart schrieb für ihn das Klarinettenquintett KV 581 und das -konzert KV 622. S., der auch als Komponist mit Stücken für seine Instrumente hervorgetreten ist, trug wesentlich zur Verbesserung des Bassetthorns und der Klarinette bei.

Lit.: E. HESS, A. S.s „Musick Plan", in: Mozart-Jb. 1962/63; G. CROLL – K. BIRSAK, A. S.s „Bassettklar." u. das „Stadler-Quintett" KV 581, in: ÖMZ 24 (1969).

STADLER, Maximilian (eig. Johann Carl Dominic), OSB, * 4. 8. 1748 Melk, † 8. 11. 1832 Wien; östr. Komponist. Er trat 1766 in Melk in den Benediktinerorden ein (1772 Priesterweihe) und war 1775–83 Theologieprofessor in Melk, wurde 1784 dort Prior, 1786 Abt von Lilienfeld, 1789 von Kremsmünster. 1791 verließ er das Kloster und lebte seit 1796 in Wien (1803 säkularisiert und Ehrendomherr in Linz). Der Abbé S., wie er genannt wurde, war vielseitig musikalisch tätig, in Wien als Komponist berühmt vor allem durch sein Oratorium *Die Befreiung von Jerusalem.* Er war bekannt mit J. Haydn, W. A. Mozart und L. van Beethoven. Dieser schrieb auf ihn den Scherzkanon (WoO 178) *Signor Abate ... vieni e datemi la benedizione! Hol Sie der Teufel, wenn Sie nicht kommen!* Später wurde S. von Konstanze Mozart zur Ordnung des Mozartschen Nachlasses herangezogen, und er war auch an der Kollationierung und Redaktion des Originalmanuskripts des Requiems beteiligt. Für dessen Echtheit setzte er sich in einem Streit mit G. Weber ein, was ihm die begeisterte Zustimmung Beethovens verschaffte (Brief vom 6. 2. 1826).

WW: **1) Kompositionen:** Geistl. Vokalwerke, u. a. 10 Messen, ein Requiem (1821); Oratorium *Die Befreiung von Jerusalem* (1816) (Text nach H. u. M. von Collin); Lieder, weltl. Kantaten u. Singspiele. – **2) Schriften:** *Eigenhändig geschriebene Selbst-Biographie des Hochwürdigen Herrn M. Stadler* (um 1820) (Ms.); *Materialien zur Geschichte der Musik unter den österreichischen Regenten* (um 1820) (Ms.); *Vertheidigung der Echtheit des Mozartschen Requiems* (W 1825, Nachtrag 1826).

Ausg.: *Eigenhändig geschriebene Selbst-Biographie*, hrsg. v. R. HAAS, in: Mozart-Jb. 1957; *Materialien zur Geschichte der Musik*, hrsg. v. K. WAGNER (Kas 1974).

Lit.: L. FINSCHER, M. S. u. Mozarts Nachlaß, in: Mozart-Jb. 1960/61; G. CROLL, Eine zweite, fast vergessene Selbstbiographie v. Abbé S., in: ebd. 1964; DERS., Briefe z. Requiem, in: ebd. 1967; K. WAGNER, Abbé S.s Musikgesch., in: ÖMZ 24 (1969); DERS., Abbé M. S. (Kas 1974).

STADLMAIR, Hans, * 3. 5. 1929 Neuhofen an der Krems (Oberösterreich); dt. Dirigent und Komponist östr. Herkunft. Er studierte Violine am Brucknerkonservatorium in Linz sowie Komposition (Alfred Uhl) und Dirigieren (Cl. Krauss) an der Musikakademie in Wien. Danach war er als Violinist und Bratschist bei den Wiener Symphonikern und im Orchester der Wiener Staatsoper tätig. Seit 1952 studierte er in Stuttgart Komposition bei J. N. David an der Musikhochschule und war Assistent Hans Müller-Krays beim Südfunk-Sinfonie-Orchester. 1956 wurde S. Leiter des Münchener Kammerorchesters, mit dem er seither auch zahlreiche Reisen in alle Welt unternommen hat. 1972 erhielt er den österreichischen Professorentitel. Sein kompositorisches Schaffen (Werke für und mit Orgel, für Kammerorchester, Chorwerke und Lieder) ist hauptsächlich von der polyphon-expressiven Haltung und konstruktiven Dichte seines Lehrers David sowie von A. Webern geprägt.

STADLMANN, östr. Geigenbauerfamilie. – **1) Daniel Achatius,** * um 1680 Goisern (Oberösterreich), † 27. 10. 1744 Wien. Er arbeitete vermutlich bei dem Wiener Lautenmacher Heinrich Kramer, dessen Tochter er 1707 heiratete. In seiner Bauweise lehnte er sich an die hochgewölbten Instrumente J. Stainers an. – **2) Johann Joseph,** Sohn von 1), * 1720 (?) Wien, † 27. 12. 1781 ebd. Er führte die Werkstatt seines Vaters weiter und wurde 1750 zum Hoflautenmacher ernannt. – **3) Michael Ignaz,** Vetter oder Neffe von 2), * um 1756 Wien, † 9. (10.?) 3. 1813 ebd. Seit 1772 selbständig tätig, wirkte er 1776–81 als Adjunkt bei der Hofkapelle und wurde dort 1784 (oder 1782) Hoflautenmacher und Kontrabassist. Als einer der ersten Wiener Geigenbauer übernahm er von A. Stradivari die flachgewölbte Bauweise.

Lit.: F. PROCHART, Der Wiener Geigenbau im 19. u. 20. Jh. (Tutzing 1979) (= Wiener Veröff. z. Musikwiss. 16).

STADLMAYR, Johann, * um 1570 Freising (?), † 12. 7. 1648 Innsbruck; dt. Komponist. Er stand seit 1603 im Dienst des Fürsterzbischofs von Salzburg und war seit 1607 Kapellmeister am Hof des Erzherzogs Maximilian II. in Innsbruck, der ihn außerordentlich schätzte. Nach dessen Tod und der Auflösung der Kapelle (1618) blieb S. in Innsbruck und wurde 1623 dort wieder Hofkapellmeister. In seinem reichen, ausschließlich kirchenmusikalischen Œuvre, das anfänglich vom Stil der Römischen Schule ausgeht, prägt sich zunehmend der konzertierende Stil nach der Art der Venezianer und L. Viadanas aus, freilich ohne exponierte Verwendung der Monodie.

WW (wenn nicht anders angegeben, in Innsbruck gedruckt): Messen für 8 St. u. B.c. (1610), für 12 St. u. B.c. (1616), für 4–5 St. u. B.c. (1641); *Missae concertatae* für 6 St. u. B.c. (1631), für 10–12 St., Instr. u. B.c. (1642), für 9 St. u. B.c. (An 1643), sämtlich mit Ripienochor; *Musica super cantum Gregorianum* (Propriumsvertonungen) für 5 St. u. B.c. ad lib., 2 Tle. (Ravensburg 1625–26); *Apparatus musicus sacrarum cantionum* für 6–24 St., Instr. u. B.c. (1645); Magnificats (unter verschiedenen Titeln) für 5–8 St. (Mn 1603), für 4 St. (Passau 1608), für 8 u. 12 St. u. B.c. (1614), für 12 St. u. B.c. (1618); *Hymni* für 4 St. u. B.c. (1628); Psalmen für 2–3 St., 2 V. u. B.c. sowie für 6 St. u. B.c. (1640), für 4 St. u. B.c. mit Ripienochor u. Instr. ad lib. (1641). Einige Werke auch in Sammeldrukken 1604–38.

Ausg.: Hymnen, hrsg. v. J. E. HABERT (1896) (= DTÖ 5); 8 Magnificat-Sätze, hrsg. v. H. H. JUNKERMANN (Madison/Wis. 1974).

Lit.: W. SENN, S., in: MGG XII; H. H. JUNKERMANN, The Magnificats of J. S. (1966) (= Diss. Ohio State Univ.); DIES., S., in: Grove[6] XIII.

STADTPFEIFER, seit dem 14. Jh. nachgewiesene und seit dem 16. Jh. in deutschsprachigen Ländern übliche Bz. für in städtischen Diensten stehende Berufsmusiker. Die vom 16. bis 18. Jh. (z. T. bis ins 20. Jh.) gleichfalls verwendeten Termini „Stadtmusicus", „Stadtmusikant", „Ratsmusicus", „Ratsmusikant", „Musicus instrumentalis", „Kunstpfeifer" und „Zinkenist" sowie vor allem in Mitteldeutschland und in Österreich „Hausmann" und „Thurner" (= Türmer) gehen z.T. auf regionale Traditionen zurück und deuten nicht selten berufs- und sozialgeschichtlich bedingte Unterschiede an. In städtischen Diensten stehende Musiker sind in Italien seit dem 12., in Deutschland seit dem 13. Jh. urkundlich belegt. Vorzugsweise handelte es sich zunächst um Trompeter, daneben aber, insbesondere im deutschsprachigen Bereich, auch um andere, als „pfiffer" u.ä. bezeichnete Instrumentalisten. – Größere Städte wie Augsburg, Basel, Leipzig, Lübeck und Nürnberg hielten vom 16. bis 18. Jh. in der Regel 4–9 S. in ihren Diensten; in kleineren Städten wurde das Amt von einem Meister zusammen mit Gesellen und Lehrjungen ausgeübt. (Den Stadtpfeifereien entsprechende Einrichtungen gab es in weiten Teilen Europas.) Im Zusammenhang mit dem Niedergang des Zunftwesens und dem Aufkommen des öffentlichen Konzerts sowie des Liebhabermusizierens wurden die Stadtpfeifereien im ausgehenden 18. und frühen 19. Jh. teils aufgelöst, teils in die von einem Musikdirektor geleitete „Stadtmusik" oder „Stadtkapelle" umgewandelt.

Die Verpflichtungen der städtischen Instrumentalisten umfaßten zunächst, vor allem in Italien, das „Ausblasen" von Ratsbeschlüssen. Hinzu kamen die Teilnahme an Prozessionen, das Aufwarten bei Ratsveranstaltungen, das Abblasen vom Rathaus bzw. Turm zu bestimmten Stunden des Tages sowie die Mitwirkung in der Kirchenmusik und bei brauchtümlichen Festen. In kleineren Städten war im 16.–18. Jh. das Stadtpfeiferamt oft mit dem Türmeramt vereinigt. Zum Ausgleich für ein relativ geringes Grundgehalt war den S.n, z.T. zusammen mit anderen in der Stadt ansässigen Musikergrup-

pen (z. B. Rollbrüdern und Hautboisten), gewöhnlich das Recht der alleinigen Musikaufwartung bei Bürgerfeiern im Gerichtsbereich der Stadt eingeräumt, um sie vor der Konkurrenz fahrender und „ungelernter“ Musikanten zu schützen. Vom 16. bis 18. Jh. zählten die Stadtpfeifereien zusammen mit den Kurrenden und Kantoreien zu den maßgeblichen Institutionen der öffentlichen Musikpflege in den Städten. Das Repertoire dieser Instrumentalmusiker entsprach der Vielfalt der Aufgaben und reichte vom einfachen Signal bis zur Motette, vom Tanzsatz bis zur Kantate. Während die Hofmusiker sich seit dem 16. Jh. in zunehmendem Maße spezialisieren konnten, wurde von S.n erwartet, daß sie möglichst alle gebräuchlichen Instrumente beherrschten. Bevorzugt waren im 16.–18. Jh. Zink, Posaune und (Zug-)Trompete. Daneben hatte ein städtischer Musiker gewöhnlich 2–5 weitere Instrumente erlernt, sowohl Blas- als auch Streich- und Zupf-, seltener Tasteninstrumente. Im Laufe der Jahrhunderte ist – wechselnden Klangidealen entsprechend – ein Wandel im Instrumentarium der S. zu beobachten. So lösten im 18. Jh. die neu aufkommenden Querflöten, Waldhörner und Klarinetten die älteren Doppelrohrblattinstrumente ab.
Die Stadtpfeifereien waren zunftähnlich organisiert und zeichneten sich durch ein geregeltes Ausbildungswesen aus (3–5 Jahre Lehrzeit, 3–5 Jahre Gesellenzeit, dann Bewerbung um eine Meisterstelle). Die Stellenbesetzung erfolgte nach Probespiel. Als S. haben u. a. die Komponisten T. Susato, W. Brade, H. L. Haßler, J. Schop, S. Th. Staden, D. Speer, J. Chr. Pezel, J. Scheiffelhut, Fr. W. Zachow, G. Reiche und J. J. Quantz sowie die Vorfahren von J. S. Bach gewirkt.

Lit.: H.-W. SCHWAB, S., in: MGG XVI; D. ALTENBURG, Zum Repertoire der Türmer, S. u. Ratsmusiker im 17. u. 18. Jh., in: Ber. über die zweite int. Fachtagung z. Erforsch. u. Förderung der Blasmusik Uster 1977 (Tutzing 1979) (= Alta musica 4); S. ŽAK, Musik als Ehr u. Zier im ma. Reich (Neuss 1979); M. WOLSCHKE, Von der Stadtpfeiferei zu Lehrlingskapelle u. Sinfonieorch. Wandlungen im 19. Jh. (Rb 1981) (= Stud. z. Musikgesch. des 19. Jh. 59).
D. ALTENBURG

STAEHELIN, Martin, * 25. 9. 1937 Basel; Schweizer Musikforscher. Er studierte in Basel zunächst klassische Philologie an der Universität und Schulmusik an der Musik-Akademie (1963 Diplom für das Lehramt), daneben Flöte (1962 Diplom), dann Musikwissenschaft (L. Schrade, A. Schmitz) und promovierte 1967. 1971 habilitierte er sich an der Universität Zürich und leitete nebenamtlich seit 1963 das Schweizerische Volksliedarchiv in Basel. 1976–83 war S. Direktor des Beethovenarchivs in Bonn, wo er auch an der Universität lehrte (1977 Prof.). 1976 erhielt er die Dent Medal der Royal Music Association. Seit 1983 ist S. Ordinarius an der Universität Göttingen.

Schriften: *Zum Egenolff-Diskantband der Bibliothèque Nationale in Paris,* in: AfMw 23 (1966); *P. de la Rue in Italien,* in: ebd. 27 (1970); *Der Grüne Codex der Viadrina* (1970) (= Abh. der Akad. der Wiss. u. der Lit. Mainz 10); *Die Messen H. Isaacs,* 3 Bde. (Be – St 1977); *Aus der Welt der frühen Beethoven-Forschung. A. Fuchs in Briefen an A. Schindler,* in: Musik. Edition, Interpretation. Gedenkschrift G. Henle (Mn 1980); *Another Approach to Beethoven's Last String Quartet Œuvre. The Last String Quartet of 1826/27,* in: The String Quartets of Haydn, Mozart, and Beethoven (C/M 1980); *Horaz in der Musik der Neuzeit,* in: Gesch. des Textverständnisses ... (Wb 1981) (= Wolfenbütteler Forsch. 12); *Beethoven u. die Tugend,* in: Divertimento für H. J. Abs (Bonn 1981); *„Ah, fuggi il traditor“. Bemerkungen z. zweiten Donna-Elvira-Arie in Mozarts „Don Giovanni“,* in: FS H. Becker (Laaber 1982). – Edition: *H. Isaac, Messen,* 2 Bde. (Mz 1971–73) (= Musikal. Denkmäler 7–8). – S. war 1976–83 Editionsleiter der *Beethoven-GA* u. Hrsg. des *Beethoven-Jb.*

STAINER, Jakob, * spätestens 1617 Absam (Tirol), † Okt./Nov. 1683 ebd.; östr. Geigenbauer. Er lernte 1634–40 in Italien und ließ sich später in Absam nieder. Von dort aus reiste er zum Verkauf seiner Instrumente u. a. nach Salzburg, München und Venedig und stand seit 1658 im Dienst des Tiroler Landesherrn Erzherzog Ferdinand Karl, seit 1669 Kaiser Leopolds I. S. arbeitete für zahlreiche weltliche und geistliche Höfe und war der bedeutendste nichtitalienische Geigenbauer. Sein Ruhm und Nachruhm in ganz Europa sind vielfältig bezeugt, und bis zum späten 18. Jh. galt der helle, weiche, als silbrig und anmutig empfundene Klang der S.-Geigen als unerreichtes Ideal. Erst dann begann man, den Klang italienischer Geigen höher zu schätzen. Obwohl S. keine direkten Schüler hatte, wurde er der Begründer einer Tiroler Geigenbauschule. Stark beeinflußt von ihm war in Wien D. Stadlmann.

Lit.: W. SENN, J. S. (I 1951); DERS., in: Grove⁶ XVIII. – ↗Geigenbauer.

STAMITZ, dt. Violinisten- und Komponistenfamilie böhmischer Herkunft mit Ursprung in Marburg an der Drau (heute Jugoslawien). – **1) Johann Wenzel Anton,** getauft 19. oder 17. 6. 1717 Deutsch-Brod, begraben 30. 3. 1757 Mannheim. Nach Musikunterweisung bei seinem Vater Anton Ignaz S., Chormeister in Deutsch-Brod, besuchte er 1728–34 das Jesuitengymnasium in Iglau und 1734–35 die Universität Prag. Wahrscheinlich 1741 trat er als Violinist in die Hofkapelle des Kurfürsten Karl Theodor von der Pfalz in Mannheim ein (↗Mannheimer Schule) und war dort bereits 1744 mit einem Gehalt von 900 Gulden der höchstbezahlte Musiker. 1745 wurde S. Konzertmeister, 1750 Direktor der Instrumentalmusik. Für 1751 ist eine Reise nach Paris zu vermuten, wo in diesem Jahr eine Symphonie von S. aufgeführt wurde und wo seine Werke seitdem zum Inbegriff eines neuen, als typisch deutsch empfundenen Stils wurden. 1753 erschien in Paris M. Grimms *Petit prophète de Boemisch Broda,* mit dem offenbar S. gemeint war, in der Absicht, eine Vereinigung der durch Chr. W. Gluck geschaffenen Neuerungen in der Oper mit denen der Instrumentalmusik zu propagieren. Belegt ist dann mit Sicherheit ein Pariser Aufenthalt S.' für 1754–55. Er wohnte in Passy und leitete das Orchester von A. Le Riche de la Pouplinière. In Paris wurden von nun an auch die meisten seiner Werke gedruckt.

WW: Im Druck erschienen: 6 *Sonates à trois parties concertantes,* solistisch oder orchestral zu spielen, op. 1 (P um 1753) u. 4 *Trios à trois parties concertantes,* op. 2 (P 1761) (beides sog. Orchestertrios); je 6 Symphonien, op. 3 (P 1757), op. 4 (P 1758), op. 5 (P 1760) (darin je eine Symphonie v. F. Beck, G. Ch. Wagenseil u. F. X. Richter), op. 7 u. 8 (P 1763); 6 V.-Konzerte, op. 9 (P 1764); 6 Konzerte für Cemb., Org. oder Pianoforte, op. 10 (Lo o.J.) (nur Solo-St. erhalten); 3 Symphonien, op. 11 (P 1760).

Zu Lebzeiten mehr als Violinist, Lehrer und Orchestererzieher anerkannt, wird S. als Komponist erst seit H. Riemanns Entdeckung der Mannheimer Schule (1902) gewürdigt. Vor 1745 noch traditionell, zeigen die Werke danach als Neuerung die regelmäßige Verwendung von Hörnern und Klarinetten, die zahlreiche Orchestercrescendi unterstützen und als Füllstimmen den Generalbaß überflüssig machen. In den späten Symphonien erhalten sie thematisch-solistische Partien. Ungewöhnlich und originell ist die Dynamik (Akzente auf unbetonten Taktteilen), die besonders von den norddeutschen Zeitgenossen als unnatürlich angesehen wurde. Die Melodiebildung zeichnet sich durch kleingliedrige, auch ungeradtaktige Periodisierung und großintervallige Gesten aus und ist von kräftiger und rhythmisch prägnanter Motivik. 1. und 2. Thema sind gegensätzlich gebaut, wobei das 2. Thema häufig die für S. charakteristische Synkopenbildung aufweist, die in der nächsten Generation Allgemeingut des empfindsamen Stiles wird. Motivische Arbeit und dialogisierender Stil sind bei S. vor allem in den Ecksätzen zu finden. Als erster verwendet er in der Symphonie konsequent das Menuett, was von der norddeutschen Musikkritik stark getadelt wurde. Seine Finalsätze (meist Presto oder Prestissimo) sind von mitreißendem Schwung; Trommelbässe und Tremolo in den Mittelstimmen und Sprünge über den Oktavbereich hinaus in der Oberstimme verlangen eine gewandte Bogentechnik.

2) Carl Philipp, Sohn von 1), getauft 8. 5. 1745 Mannheim, † 9. 11. 1801 Jena. Er war Schüler seines Vaters und spielte bereits mit 17 Jahren als Violinist im Mannheimer Orchester. 1770 reiste er nach Paris, wo er erfolgreich konzertierte und im folgenden Jahr die Stelle eines Dirigenten und Komponisten beim Herzog Louis de Noailles erhielt. 1777 begann er ein unstetes Wanderleben als Virtuose in England, den Niederlanden und Deutschland (Berlin). Erst 1794/95 ließ er sich in Jena nieder. S. hat sich besonders auf dem Gebiet der konzertanten Symphonie hervorgetan. Seine Symphonien und Solokonzerte zeigen am deutlichsten den galanten und empfindsamen Stil der 2. Generation der Mannheimer Schule.

WW: Kammermusik, u. a.: V.-Sonaten, 30 Duos für V. u. Va.; 30 Trios für Fl. (oder V.), V. u. Baß; 6 Streichquartette, 6 Klar.-Quartette. – Über 50 Symphonien; 38 konzertante Symphonien u. über 60 Solokonzerte.

3) Anton Thadäus Johann Nepomuk, Bruder von 2), getauft 27. 11. 1750 Deutsch-Brod, † nach dem 27. 10. 1796 wahrscheinlich Paris (Charenton?). Von seinem Bruder und Chr. Cannabich zum Violinisten ausgebildet, wurde er 1764 Mitglied des kurpfälzischen Hoforchesters, ging aber mit seinem Bruder 1770 nach Paris, wo er – abgesehen von einigen Konzertreisen (u. a. nach Wien) – blieb und 1778–80 auch den jungen R. Kreutzer unterrichtete. Zahlreiche eigene Violinduos dienten seiner Unterrichtstätigkeit.

WW: Über 50 Streichquartette. – 15 Symphonien; 6 Doppelkonzerte bzw. konzertante Symphonien; etwa 15 V.-, einige Va.- u. 5 Klv.-Konzerte.

Ausg.: In DTB 3/1, 7/2 u. 8/2 (Titel u. Hrsg. ↗Mannheimer Schule) Orch.-Trio u. 7 Symphonien v. J. S. sowie Symphonie v. C. S.; in DTB 15 u. 16 Triosonate u. Bläserquartett v. J. S., Streichtrio u. Orch.-Quartett v. C. S. sowie Streichtrio u. -quartett v. A. S.; je 1 Fl.-Konzert von J., C. u. A. S., in: Fl.-Konzerte der Mannheimer Schule, hrsg. v. W. LEBERMANN (1964) (= EDM 51). – **Zu 1):** 8 Orch.-Trios, hrsg. v. H. RIEMANN (L 1903–11) (= Coll. mus. 1–6, 7, 48); *Missa solemnis* in D u. *O salutaris hostia,* in: Kirchenmusik der Mannheimer Schule, 2. Ausw., hrsg. v. E. SCHMITT (1980) (= DTB N.F. 3). – **Zu 2):** Zahlr. Kammermusik- u. Orch.-Werke in praktischen Ausgaben (detailliert in Grove[6]). – **Zu 3):** Je ein Fl.- u. Va.-Konzert (Mz 1967 u. 1970) (= Concertino o. Nr.).

Lit.: H. RIEMANN, in den genannten Bden. v. DTB, dort auch thematische Kat.e der Kammermusik- u. Orch.-WW v. J., C. u. A. S.; E. K. WOLF – F. KAISER, S., in: Grove[6] XVIII; ↗Mannheimer Schule. – **Zu 1):** P. GRADENWITZ, J. S., I: Das Leben (Brünn 1936), II: Thematischer Kat. (hsl.); DERS., The S. Family, in: Notes 7 (1949/50); DERS., J. S. als Kirchenkomponist, in: Mf 11 (1958); H.-R. DÜRRENMATT, Die Durchführung bei J. S. (Be 1969); P. ANDRASCHKE, Formbildung in den Anfangssätzen der späten Symphonien v. J. S., in: Kgr.-Ber. Brünn 1970; F. NOSKE, Zum Strukturverfahren in den Sinfonien v. J. S., in: Musicae Scientiae Collectanea, FS K. G. Fellerer (Kö 1973); W. HAENEL, Die Sinfonie v. S. in ihrer gesellschaftl. Bedingtheit (Diss. Fr 1976); H. SCHARSCHUCH, J. S., in: AfMw 33 (1976); E. K. WOLF, The Symphonies of J. S. (Utrecht 1981). – **Zu 2):** F. KAISER, C. S. ... Biographische Beitr., die symphonischen Werke, thematischer Kat. der Orchesterwerke (Diss. Marburg 1962). – **Zu 3):** W. LEBERMANN, Biogr. Notizen über J. A. Fils, J. A. S., C. J. u. J. B. Toeschi, in: Mf 19 (1966).

R. WÜRTZ

STAEMPFLI, Edward, * 1. 2. 1908 Bern; Schweizer Komponist. Er studierte bei W. Maler und Ph. Jarnach in Köln sowie bei P. Dukas in Paris, wo er 1920–39 lebte. 1951 ging er nach Heidelberg, 1954 nach Berlin. Sein Schaffen bezieht seit 1949 die Zwölftontechnik ein und übernahm später auch serielle Techniken.

WW: **1) Instr.-WW:** Klv.-Werke; 6 Streichquartette (1926–62); 2 Bläserquintette; ein Septett (1956); *Großes Mosaik* (1966) für 2 Klv. u. 11 Instr.; *Mosaik II* (1973) für Bläser u. Klv. – Für Orch.: 7 Symphonien (1931–45); 4 Konzerte für Klv., 3 für V., 1 Fl.-Konzert. – **2) Vokal-WW:** Liederzyklus *Traumschalmei* (1970) für SingSt u. Klv.; *Gedanken über die Zeit* (1973) (Text: P. Fleming) für Sopran, Fl., Ob., Harfe, Schlagzeug u. Klv.; *Solo la muerte* (1973) (Text: P. Neruda) für Bar., gem. Chor u. 7 Spieler; Oratorien: *Der Spiegel der Welt* (1950); *Wenn der Tag leer wird* (1967) (Text: N. Sachs); *Zions Klage und Tröstung* (1970); *L'avventura d'un povero Christiano* (1973). – **3) Bühnen-WW:** Opern: *Ein Traumspiel* (1943); *Medea* (1954) (Libr. nach F. Grillparzer); Ballette: *Choreographisches Divertimento,* UA: Zürich 1945; *Die Prinzessin und der Schweinehirt,* UA: Basel 1944; *Spannungen,* UA: Bielefeld 1962.

Lit.: E. S. Werk-Verz. (Z 1968). – E. STAEMPFLI, E. S. (Bonn 1955) (= Musik der Zeit 10); H. EHINGER, E. S., in: 40 Schweizer Komp. der Gegenwart (Amriswil 1956); H. H. STUCKENSCHMIDT, in: SMZ 108 (1968).

STANDARDTÄNZE ↗Turniertanz.

STÄNDCHEN nennt J. Chr. Adelung „eine kurze Musik, welche man vor einem Hause oder Fenster stehend bringet" (Grammatisch-kritisches Wörterbuch, ^{2}1801). In den romanischen Sprachen mit Serenata bzw. Sérénade gleichbedeutend, ist es im deutschen Sprachgebrauch im Gegensatz zu höfischer Huldigungsmusik eine private Angelegenheit geblieben und gilt für instrumentale und vokale Musik, die selten eigens zu dem Anlaß komponiert wurde. Früheste Belege sind aus dem 17. Jh. als ursprünglich studentischer Brauch für die mitteldeutschen Universitätsstädte bekannt. Die Übertragung in den bürgerlichen Bereich hat bis in die Gegenwart bei Chören und Instrumentalgruppen große Bedeutung. In Literatur und bildender Kunst wird das S. hauptsächlich einer Frau dargebracht. In diesem Sinne sind Kunstlieder, Chöre und Klavierstücke von Fr. Schubert, R. Schumann, J. Brahms, H. Wolf, R. Strauss, L. Delibes, G. Fauré u.a. entstanden, wobei die Klavierbegleitung in der Figuration häufig Zupfinstrumente imitiert. Ein S. an dramaturgisch zentraler Stelle enthält R. Wagners Oper *Die Meistersinger von Nürnberg* (2. Akt, Beckmesser: *Den Tag seh' ich erscheinen* mit Sachs als „Merker").

G. SCHUHMACHER

STANFORD, Sir **Charles Villiers,** * 30. 5. 1852 Dublin, † 29. 3. 1924 London; irischer Komponist. Er studierte seit 1870 am Queen's College in Cambridge, 1874–76 bei C. Reinecke in Hamburg und bei Fr. Kiel in Berlin. 1885–1902 leitete er den London Bach Choir und 1901–10 das Leeds Triennal Festival. Seit Gründung des Royal College of Music in London (1883) lehrte er dort bis zu seinem Tode Komposition. 1887 wurde er Professor für Musik an der Universität Cambridge. S. trug zusammen mit H. Parry und E. Elgar gegen Ende des 19. Jh. wesentlich zur Erneuerung der englischen Musik bei. Eine ganze Komponistengeneration (u.a. G. Holst und R. Vaughan Williams) wurde durch ihn entscheidend beeinflußt. Von seinen eigenen Kompositionen hat sich lediglich einiges im Repertoire der anglik. Kirchenmusik gehalten.

WW (etwa 200 Opuszahlen): **1) Instr.-WW:** Klv.- u. Org.-Stücke; Kammermusik; für Orch.: 7 Symphonien (1875–1911); *Irish Dances; 6 Irish Rhapsodies;* 3 Klv.-Konzerte; 2 V.-Konzerte; Klar.-Konzert (1902); *Irish Concertino* (1919) für V., Vc. u. Orch. – **2) Vokal-WW:** a) Geistl. Werke: Zahlr. kirchenmusikalische Werke; Oratorien *The Three Holy Children* (1885) u. *Eden* (1891). – b) Weltl. Werke: Lieder für eine u. mehrere SingSt; Werke für Chor u. Orch., darunter *The Revenge* (1886), *The Voyage of Maeldune* (1889) u. *Phaudrig Crohoore* (1896). – **3) Bühnen-WW:** Opern: *The Veiled Prophet of Khorassan,* UA: Hannover 1881 als: *Der verschleierte Prophet; Savonarola,* UA: Hamburg 1884; *The Canterbury Pilgrims* (Libr. nach G. Chaucer), UA: London 1884. – Komische Opern: *Shamus O'Brien,* UA: London 1896; *Much Ado about Nothing* (Libr. nach W. Shakespeare), UA: ebd. 1901; *The Critic* (Libr. nach R. B. Sheridan), UA: ebd. 1916.

Lit.: H. P. GREENE, Ch. V. S. (Lo 1935); H. WILKINSON, The Vocal and Instrumental Technique of Ch. V. S. (1959) (= Diss. Univ. of Rochester); F. HUDSON, S., in: MGG XIII; DERS., A Revised and Extended Catalogue of the Works of Ch. V. S., in: MR 37 (1976); DERS., S., in: Grove^{6} XVIII.

STANISLAWSKI (eig. Alexejew), **Konstantin Sergejewitsch,** * 5. (17.) 1. 1863 Moskau, † 7. 8. 1938 ebd.; sowjetruss. Schauspieler, Regisseur, Theaterleiter und -theoretiker. Nach Gesang- und Schauspielunterricht und erster Bühnentätigkeit wurde er 1885 Mitdirektor am Konservatorium der Russischen Musikgesellschaft. 1888 gründete er die Gesellschaft für Kunst und Literatur mit Opernklasse und 1898 das Moskauer Künstlertheater (MCHAT), dem 1914 ein Opernstudio, 1918 das Opernstudio des Bolschoi-Theaters (seit 1926 selbständig) und 1935 ein operndramatisches Studio angeschlossen wurde. Mit Anton Tschechows *Möwe* (1898) gelang S. der Durchbruch zum beispielgebenden und schulemachenden naturalistischen Theater. Seine Abkehr von äußerlicher Wirkung und das Hinwenden zu natürlichem Spiel in milieugerechten Bühnenbildern übertrug er auch auf seine Opernarbeit, für die er die Musik zur Grundlage der Regie erhob. Zu seinen bedeutendsten Operninszenierungen (zw. 1921–28) zählen *Werther* von J. Massenet, *Eugen Onegin* von P. Tschaikowsky und *La Bohème* von G. Puccini.

Schriften: *Moja schisn w isskusstwe* (Mos 1926), dt. als: *Mein Leben in der Kunst* (B 1951); *Rabota aktjora nad soboi* (Mos 1938, ²1951), dt. Übers.: *Die Arbeit des Schauspielers an sich selbst*, 2 Bde. (B 1961–62); *Rabota aktjora nad rolju* (Mos o.J.), dt. Übers.: *Die Arbeit des Schauspielers an der Rolle* (B 1955), auch als *Theater, Regie und Schauspieler* (H 1958) (= Rowohlts dt. Enzyklopädie 68).

Lit.: K. E. ANTAROWA, Studioarbeit mit S. (B 1952); G. W. KRISTI, S.s Weg z. Oper (B 1954); P. RUMJANZEV, S. i opera (Mos 1969); O. SOBOLEWSKAJY, S.s Opernarbeit, in: Jb. der Komischen Oper Berlin 12 (1970/72); S. – reformator opernowo isskusstwa. Materialy, dokumenty, hrsg. v. JU. S. KALASCHNIKOW (Mos 1977).

STANLEY, John, * 17. 11. 1713 London, † 19. 5. 1786 ebd.; engl. Organist und Komponist. Mit 2 Jahren erblindet, erhielt er früh Unterricht bei J. Reading und M. Greene. Mit 11 Jahren wurde er Organist an der Londoner Allerheiligenkirche und 1726 an St. Andrew's in Holborne. 1729 wurde er „Bachelor of Music" der Universität Oxford und 1734 einer der Organisten an der Temple Church. 1760 beteiligte er sich mit J. Chr. Smith an der Fortsetzung der bis dahin von G. Fr. Händel geleiteten Aufführungen von dessen Oratorien. Als „Master of the Kings Band of Music" König Georgs III. wurde S. 1779 Nachfolger von W. Boyce. S.s Orgelwerke sind charakteristisch für den Stilwandel im 19. Jh. und werden auch heute noch häufig gespielt.

WW: **1) Instr.-WW** (alle in London gedruckt, meist mit mehreren Nachdr.): *Voluntaries* für Org. (oder Cemb.), op. 5–7 (1748, 1752, 1754); *Solos* für Fl., V. oder Cemb., op. 1 (1740), op. 4 (1745); *Concertos* für 7 Instr., op. 2 (1742), bearb. für Org. oder Cemb. (um 1745); *Concertos* für Org. oder Cemb. u. Str., op. 10 (1775). – **2) Vokal- u. Bühnen-WW:** *English Songs* (1741); *Cantatas* für SingSt u. Instr., op. 3 (1742), op. 8 (1748) u. op. 9 (1751); ferner einzelne Songs in engl. Magazinen sowie mehrere Anthems hsl.; Oratorien: *Jephtha*; *Zimri* (1760); *The Fall of Egypt*, UA: London 1774. – Opern: Pastorale *Arcadia, or The Shepherd's Wedding*, UA: London 1761; *Teraminta* (vgl. auch J. C. Smith).

Ausg.: Op. 5–7, Faks.-Ausg., hrsg. v. D. VAUGHAN, 3 Bde. (Lo 1957), hrsg. v. G. PHILIPS (Lo 1967) (= Tallis to Wesley 27–29); op. 1 u. 4, hrsg. v. G. PRATT (Lo 1973), hrsg. v. G. CALDWELL (Lo 1974); op. 2, hrsg. v. G. FINZI (Lo 1949); 3 Konzerte aus op. 10, hrsg. v. P. LE HURAY (Lo 1967–74); 4 Fl.-Sonaten, hrsg. v. B. WEIGART (Mz 1972) (= Il flauto traverso 70–71).

Lit.: G. FINZI, J. S., in: Proc. R. Mus. Assoc. 77 (1950/51); J. WILSON, J. S., Some Op. Numbers and Editions, in: ML 39 (1958); T. FROST, The Cantatas of J. S., in: ML 53 (1972); B. COOPER, New Light on J. S.'s Organ Music, in: Proc. R. Mus. Assoc. 101 (1974/75); G. WILLIAMS, The Life and Works of J. S. (Diss. Reading 1977).

STANTIPES (lat.), ↗Estampie.

STANZE (zu it. stanza = Aufenthalt, Zimmer, „Reimgebäude") bedeutet allgemein Strophe, besonders aber die it. Achtzeilerstrophe (Ottave rime) mit 8 Elfsilblern. Die S., die seit dem 13. Jh. in weltlicher und geistlicher Dichtung belegt ist, wird in der Renaissance die nahezu obligatorische Form für die romanische Epik (L. Ariosto und T. Tasso in Italien, Luis Vaz de Camões in Portugal, F. Lope de Vega Carpio in Spanien). Nach Deutschland gelangte diese Form mit der Übersetzung von Tassos *Gerusalemme liberata* durch Dietrich von dem Werder (1626) und wurde hier im 18.–19. Jh. selbständig weitergepflegt. In Frankreich bezeichnet Stance(s) ein elegisches, moralisch-didaktisches oder religiöses Gedicht (etwa von Philippe Desportes oder François de Malherbe), das als Air de cour vielfach vertont wurde. Die Stances aus Pierre Corneilles *Cid* wurden von M.-A. Charpentier in Musik gesetzt.

Lit.: L. MAURICE-AMOUR, Les musiciens de Corneille, in: RMie 37 (1955); D. JANIK, Gesch. der Ode u. der „Stances" von Ronsard bis Boileau (Bad Homburg – B 1967). W.-D. LANGE

STARCK, Ingeborg, ↗Bronsart von Schellendorf.

STARKER, Janos, * 5. 7. 1924 Budapest; amerik. Violoncellist ung. Herkunft. Er trat 10jährig erstmals als Solist öffentlich auf. Nach dem Abschluß seiner Studien an der Budapester Musikhochschule und der Wiener Musikakademie wurde er 1945 1. Solovioloncellist an der Budapester Staatsoper. 1946 verließ er Ungarn, 1948 ließ er sich in den USA nieder. Dort war er 1948–49 1. Solovioloncellist beim Dallas Symphony Orchestra, 1949–53 beim Orchester der Metropolitan Opera in New York und 1953–57 beim Chicago Symphony Orchestra. 1958 wurde er Professor an der Indiana University in Bloomington. Konzerttourneen führten ihn durch Europa und Amerika.

STARZER, Joseph, * 1726 oder 1727 Wien, † 22. 4. 1787 ebd.; östr. Komponist und Violinist. Er spielte seit 1752 im Orchester des französischen Theaters in Wien, für das er einige Ballette schrieb. 1758 begleitete er Fr. Hilverding nach Rußland und arbeitete seit 1768 in Wien mit J. G. Noverre und G. Angiolini zusammen. In der Tonkünstler-Societät nahm er eine führende Stellung ein und unterstützte entscheidend die historisierenden Bemühungen von G. van Swieten, auf dessen Veranlassung er 1779 G. Fr. Händels *Judas Maccabaeus* aufführte.

WW: Kammermusik; Symphonien u. Divertimenti; ein V.-Konzert; Oratorium *La passione di Gesù Cristo* (1778); Singspiele, darunter: *Die drei Pächter* (1778) u. *Die Wildschützen* (1782); mehr als 20 Ballette, darunter: *Adelheid von Ponthieu*, UA: St. Petersburg 1797, u. *Gli Orazi e i Curiazi*, UA: Wien 1776.

Ausg.: 2 Divertimenti, in: DTÖ 15/2 (1909); V.-Konzert F-Dur, hrsg. v. P. ANGERER (W 1964) (= Diletto musicale 82).

Lit.: L. BRAUN, Die Ballettkomp. v. J. S., in: StMw 13 (1926); R.-A. MOOSER, Opéras, intermezzos, ballets, cantates, oratorios joués en Russie durant le XVIIIᵉ siècle (G 1945, ²1955, ³1964).

STASSOW, Wladimir Wassiljewitsch, * 2. (14.) 1. 1824 St. Petersburg, † 10. (23.) 10. 1906 ebd.; russ. Kritiker und Musikschriftsteller. Nach dem Studium an der Rechtsschule in St. Petersburg wurde er 1845 dort Bibliothekar an der Kaiserlichen Bibliothek und 1872 Direktor an deren Kunstabteilung. 1851 reiste er als Sekretär des Fürsten Demidow nach Italien, wo er in der Bibliothek F. Santinis seltene Musik-Hss. kopierte. S., von enzyklopädischem Wissen beherrscht, war als Vertreter der Ästhetik der russischen revolutionären Demokraten eine zentrale Persönlichkeit in der Geistesgeschichte seines Landes mit starken Auswirkungen bis hin zur Gegenwart. Er setzte sich auf musikalischem Gebiet besonders für die ↗Gruppe der Fünf ein, deren Bezeichnung als das „Mächtige Häuflein" von ihm stammt.

Schriften: *L'abbé Santini et sa collection musicale à Rom* (Fi 1854); *M. I. Glinka*, in: Russki westnik (1857); *Über einige neue Formen der heutigen Musik*, in: NZfM 49 (1858); *M. P. Mussorgski*, in: Westnik Jewropy (1881); *Nascha musyka za poslednije 25 let* (Die russ. Musik der letzten 25 Jahre), in: ebd. (1883); *A. P. Borodin*, 2 Bde. (St. Petersburg 1889, frz. P 1893); *List, Schuman i Berlios w Rossii* (Liszt, Schumann u. Berlioz in Rußland), in: Sewerny westnik (1889); *N. A. Rimski-Korsakow*, in: ebd. (1890).

Ausg.: Sobranije sotschineni (Gesammelte Werke), 4 Bde. (St. Petersburg 1894–1906); Isbrannyje sotschinenija (Ausgew. Werke), hrsg. v. S. N. GOLDSTEIN, 2 Bde. (Mos – Leningrad 1937, Nachdr. Mos 1952); Selected Essays on Music, hrsg. v. G. ABRAHAM (Lo 1968); Statji o musyke (Aufsätze über Musik), hrsg. v. N. SIMAKOWA – W. W. PROTOPOPOW, 5 Bde. (Mos 1974–80).

Lit.: A. K. LEBEDEW – A. W. SOLODOWNIKOW, W. W. S. (Mos 1976).

STAUFFER, Teddy (eig. Ernest Henry), * 2. 5. 1909 Morat am Murtensee (Schweiz); Schweizer Jazz- und Unterhaltungsmusiker (Bandleader, Saxophon, Violine). Er gründete 1929 die Swing-Band „T. S. und seine Teddies" (international aufgetreten als „T. S. and His Original Teddies"), spielte in Gleiwitz, dann in Berlin und erweiterte die Formation zu einer Big Band. Vermutlich wegen seiner „Verjazzung" des Horst-Wessel-Liedes mußte S. Deutschland verlassen; er ging 1940 nach Amerika und ließ sich in Acapulco nieder, während die „Original Teddies" von Eddie Brunner übernommen wurden. S.s Band spielte stilechten Swing, aber auch vom Swing beeinflußte Unterhaltungsmusik aller Art. Sie gab vielen talentierten deutschen Musikern Gelegenheit, den durch die Kulturpolitik des Naziregimes erschwerten Kontakt zur internationalen Jazzszene nicht völlig zu verlieren. Herausragender Solist der Band war der Klarinettist und Saxophonist Ernst Höllerhagen. Zu den charakteristischen Swingtiteln der Band gehört *Christopher Columbus*. Eine Autobiographie erschien unter dem Titel *Es war und ist ein herrliches Leben* (B 1968).

STECH, Willi, * 29. 11. 1905 Krefeld, † 28. 4. 1979 Ehrenstetten (Baden); dt. Pianist und Dirigent. Er studierte an der Musikhochschule Köln Klavier (u.a. bei E. Erdmann) und Komposition (Ph. Jarnach) und unternahm seit 1928 Konzertreisen im In- und Ausland. Seit 1933 Referent, später Abteilungsleiter am Deutschlandsender, wurde er als Dirigent des „Deutschen Tanz- und Unterhaltungsorchesters" populär, das er mit Fr. Grothe nach dem Vorbild der „Goldenen Sieben" gegründet hatte. 1951 wurde S. Dirigent des Kleinen Unterhaltungsorchesters des SWF in Freiburg i. Br., das sich durch eine bestechend aparte klangliche Nuancierung auszeichnete und mit dem er oft auch als Solist musizierte. Nach dessen Auflösung (1970) gründete er das „Große Orchester W. S." Mit ungewöhnlich breitgefächertem Repertoire bemühte sich S. zeitlebens, den Bewertungsunterschied zwischen U- und E-Musik auszugleichen.

STEFANI, Jan, * zwischen 1746 und 1748 Prag, † 24. 2. 1829 Warschau; poln. Komponist und Violinist tschech. Herkunft. Er studierte in Italien und wurde 1765 in Wien Violinist im Orchester des Grafen Kińsky und dann Mitglied der Hofkapelle. 1771–96 war er Konzertmeister der Hofkapelle des letzten polnischen Königs Stanislaus August Poniatowski und etwa gleichzeitig Kapellmeister an der St. Johannes-Kathedrale. 1799–1811 spielte er im Orchester des Nationaltheaters. S. ist einer der ersten poln. Komponisten, der in seinen Opern poln. Stoffe sowie Lieder und Tänze aus Polen verwendete.

WW: 6 Partitas für Blasinstr.; Messen, Oratorien u. a. Vokalwerke; 11 poln. Opern, u. a.: *Cud mniemany czyli Krakowiacy i górale* (Das vermeintliche Wunder oder Die Krakauer u. die Bergbauern), UA: Warschau 1794; *Wdzieczni poddani* (Die dankbaren Untertanen), UA: ebd. 1796; *Drzewo zaczarowane* (Der Zauberbaum), UA: ebd. 1797; *Frozyna* (Euphrosyne), UA: ebd. 1806; *Rotmistrz Gorecki* (Stallmeister Gorecki), UA: ebd. 1807.

STEFANO, Giuseppe di, ↗Di Stefano.

STEFFAN, Joseph Anton (Josef Antonín Štěpán, Giuseppe Antonio Steffani), getauft 14. 3. 1726 Kopidlno (Böhmen), † 12. 4. 1797 Wien; böhmischer Komponist. Er studierte bei G. Chr. Wagenseil, war seit 1766 „Clavier-Meister" am kaiserlichen Hof in Wien, wurde aber 1775 wegen zunehmender Erblindung pensioniert. Er machte als erster das Klavierlied in Österreich heimisch. Bedeutender sind wohl seine Klavierwerke. Im heutigen Musikleben kaum bekannt, behaupten sie dank ihrer individuellen Formgebung und Ausdrucksqualitäten einen beachtenswerten Platz in der Musik der Wiener Vorklassik.

WW (sämtlich in Wien gedruckt): **1) Instr.-WW:** Für Cemb. od. Klav.: Divertimenti u. Sonaten, op. 1–3 (1756–63); 3 einzelne Sonaten (1777–76); *Preludi per diversi tuoni* (1762); *Cadenze, fermade, et capricci* (1783); Variationen (1785); hsl. erhalten weitere WW für u. mit Klv. u. Klv.-Konzerte. – **2) Vokal-WW:** *Sammlung Deutscher Lieder* 1, 2 u. 4 (1778–82); Stabat mater (1782); hsl. einige weitere WW sowie Singspiel *Der Doktor Daunderlaun.*

Ausg.: Lieder, in: M. FRIEDLÄNDER, Das dt. Lied im 18. Jh. (St – B 1902, Nachdr. Hil 1962), u. in: Das Wiener Lied ..., hrsg. v. M. ANSION – I. SCHLAFFENBERG (1920) (= DTÖ 54); Klv.-Werke, hrsg. v. J. RACEK – D. ŠETKOVÁ, 2 Bde. (Pr 1964–68) (= MAB 64 u. 70); Capricci für Klv., hrsg. v. A. WEINMANN (Mn 1971); 2 Klv.-Konzerte, hrsg. v. H. PICTON (O 1976 u. Madison 1980).

Lit.: D. ŠETKOVÁ, S., in: MGG XII; DIES., Klavírní dílo J. A. Štěpána (Das Klv.-Werk v. J. A. S.) (Pr 1965); H. PICTON, The Life and Works of J. A. S. (1976) (= Diss. Univ. of Hull).

STEFFANI, Agostino, * 25. 7. 1654 Castelfranco (Veneto), † 12. 2. 1728 Frankfurt am Main; it. Komponist. Er wurde 1767 in Padua von dem Kurfürsten Ferdinand Maria von Bayern entdeckt und erhielt seine musikalische Ausbildung bei J. K. von Kerll in München und bei E. Bernabei in Rom. Als dieser 1674 Hofkapellmeister in München wurde, ging S. mit ihm und erhielt am Hof eine Anstellung als Organist. Nach theologischen Studien in Rom und München und nach einer Kunstreise 1678 nach Italien wurde er 1680 zum Priester geweiht und 1681 von dem neuen Kurfürsten Max Emanuel in München zum Direktor der Kammermusik am Hof ernannt. Auf diesem Posten wurde S. schnell ein erfolgreicher Opernkomponist und fungierte auch als Geheimdiplomat des Kurfürsten, was sein weiteres Leben entscheidend beeinflußte. Als er nach dem Tod Bernabeis 1687 nicht als dessen Nachfolger in München in Betracht kam, wurde er 1688 Opernkapellmeister am Hof in Hannover, wo er bis 1697 jährlich mindestens eine neue Oper komponierte und wiederum diplomatische Missionen erfüllte, u.a. seit 1695 in Brüssel am Hof des Bayerischen Kurfürsten, der dort Statthalter war, und im Zusammenhang mit dem spanischen Erbfolgestreit 1700–02. In diese Zeit fällt S.s letzte Schaffensphase als Komponist (Kammerduette). Vor allem erlangte er jetzt hohes Ansehen bei dem Kurfürsten Johann Wilhelm von Pfalz-Neuburg in Düsseldorf. Von ihm wurde er mit wichtigen Ämtern und Aufgaben betraut, u.a. war er 1703 Geheimer Rat und Regierungspräsident in Düsseldorf, 1703–05 Rektor, dann Kanzler der Universität Heidelberg und vermittelte 1708–09 in Rom im Streit zwischen Kaiser und Papst; er traf dort auch mit G. Fr. Händel zusammen, ohne daß es freilich zu näheren künstlerischen und persönlichen Beziehungen kam. Inzwischen hatte S. die Komposition fast völlig aufgegeben und widmete sich, nachdem er 1706 zum Titularbischof von Spiga geweiht worden war, 1709–22 ausschließlich seiner Tätigkeit als Päpstlicher Vikar für Deutschland mit Sitz in Hannover, unermüdlich auf Reisen im Dienst missionarischer und Verwaltungsaufgaben. 1723–25 hielt er sich noch einmal in Italien, dann wieder in Deutschland auf und starb auf der Rückreise in seine Heimat.

WW: **1) Vokal-WW:** *Psalmodia vespertina* für 8 St. u. B.c. (R 1674); *Sacer Ianus* für 2–3 St. u. B.c. (Mn 1685). – Hsl. erhalten u. in einigen Sammeldrucken: etwa 80 it. Solokantaten u. Arien mit B.c., teilw. auch mit Instr.; etwa 75 it. Kammerduette mit B.c. – **2) Opern** (UA in Klammern): für München: *Marco Aurelio* (1681); *Servio Tullio* (1686); *Alarico il Baltha* (1687); *Niobe* (1688); für Hannover: *Henrico Leone* (1689), dt. bearb. v. G. C. Schürmann, Braunschweig 1716; *La lotta d'Ercole* (1689); *La superbia d'Alessandro* (1690); *Orlando generoso* (1691); *Le rivali concordi* (1692); *La libertà contenta* (1693); *Baccanali* u. *I trionfi del fato* (1695); für Düsseldorf: *Arminio* (1707); *Amor vien dal destino* u. *Il Tassilone* (1709). – Ferner *Sonate da camera* für 2 V., Va. u. Baß (A um 1705) u. die Schrift *Quanta certezza habbia da suoi principii la musica* (A 1695), dt. v. A. Werckmeister als: *Musikalisches Sendschreiben* (Quedlinburg – Aschersleben 1699, Mühlhausen ²1760).

S.s musikgeschichtlicher Rang beruht in erster Linie auf seinen Kammerduetten (↗Duett 1). Sie sind in der vielfältigen Verbindung von kontrapunktischer Arbeit und strömendem Bel canto der Inbegriff ihrer Gattung und bezeugen die Vorliebe der Zeit für diese Art vokaler Kammermusik im höfischen und privaten Musizieren. S.s Bühnenwerke nehmen insofern eine Sonderstellung innerhalb der italienischen Oper auf deutschem Boden ein, als in ihnen – zumal in der Einbeziehung von Balletten und Tanzelementen – der französische Einfluß deutlich ist, nachdem S. in Paris 1687 wahrscheinlich selbst Werke von J.-B. Lully gehört hatte. S.s zeitgenössischer Ruhm und sein Nachruhm waren beträchtlich und bekunden sich sogar noch bei E. Th. A. Hoffmann (Novelle *Das Majorat*).

Ausg.: *Alarico*, hrsg. v. H. RIEMANN (1911) (= DTB 11/2) (mit grundlegender Bibliogr. der Opern); Ausgew. Stücke aus S.s Opern, hrsg. v. DEMS. (1912) (= DTB 12/2) (mit Einleitung: „A. S. als Opernkomp."); *Heinrich der Löwe*, hrsg. v. TH. W. WERNER (Hannover 1926); Stabat mater, hrsg. v. H. SIEVERS (Wb 1956); *Tassilone*, hrsg. v. G. CROLL (Düsseldorf 1958) (= Denkmäler rheinischer Musik 8); *Le rivali concordi*, hrsg. v. H. M. BROWN (NY 1977) (= It. Opera 1640–1770 14).

Lit.: A. EINSTEIN, A. S., in: KmJb 23 (1910); TH. W. WERNER, A. S.s Operntheater in Hannover, in: AfMf 3 (1938); W. BAXTER JR., A. S. (1957) (= Diss. Univ. of Rochester); G. CROLL, A. S. Stud. z. Biographie, Bibliogr. der Opern u. Turnierspiele (Habil.-Schrift Mr 1961); DERS., Zur Chronologie der „Düsseldorfer" Opern A. S.s, in: FS K. G. Fellerer (Rb 1962); A. LUALDI, A. S. diplomatico per forza, in: Musiche it. rare e vive, hrsg. v. A. Damerini – G. Roncaglia (Siena 1962) (= Accad. musicale Chigiana 19); PH. KEPPLER, A. S.'s Hannover Operas and a Rediscovered Catalogue, in: Studies in Music. FS O. Strunk (Princeton/N. J. 1968); C. TIMMS, Revisions in S.'s Chamber Duets, in: Proc. R. Mus. Assoc. 96 (1969/70); DERS., Handel and S., in: MT 114 (1973).

STEG (engl.: bridge; frz.: chevalet; it.: ponticello; span.: puente, puentecillo), Bz. für ein schmales, balken- oder keilförmiges, meist im rechten Winkel zu den Saiten auf der Decke von Saiteninstrumenten stehendes Holzstück, über das die Saiten gezogen sind. Der S. hält nicht nur die Saiten in der gewünschten Entfernung von der Decke und vom Griffbrett des Instruments, sondern ist gleichzeitig auch einer der beiden Begrenzungspunkte für den schwingenden Teil der Saite (↗Sattel). Außerdem überträgt er die Saitenschwingungen auf die Decke des Resonanzkörpers und ist damit von großer Bedeutung für den Klang eines Instruments, der auch durch die Form, das Material und das Gewicht des S.es entscheidend beeinflußt werden kann. Der S. wird je nach Instrumententyp verschiedenartig gestaltet und angebracht. Bei einigen Zupfinstrumenten mit flachen Decken und geringer Saitenspannung (↗Gitarre, ↗Laute) besteht er aus einem niedrigen, auf die Decke geleimten Querriegel mit kleinen Löchern, in denen die Saiten alle im gleichen Abstand von der Decke verknotet werden; dieser Querriegel ist also zugleich S. und ↗Saitenhalter. Bei Streichinstrumenten stehen die S.e senkrecht auf der Decke und sind vor allem bei Instrumenten der Violinenfamilie und bei den Viole da gamba mit ihren Füßen genau der Deckenwölbung angepaßt sowie kunstvoll geschnitzt und ausgesägt. Bei einigen Streichinstrumenten der Volksmusik (↗Gădulka) ist der S. mit einem Fuß durch ein Schalloch bis zum Boden geführt und dient somit gleichzeitig als ↗Stimmstock. Die S.e auf Streichinstrumenten haben unterschiedliche Höhe und Wölbung (Oberkanten); diese sind abhängig von dem gewünschten Abstand der Saiten über dem Griffbrett, von der Saitenspannung, aber auch davon, ob nur eine oder mehrere Saiten gleichzeitig angestrichen werden sollen. Bei den meisten Saiteninstrumenten ist nur ein S. für alle Saiten vorgesehen, bei einigen Instrumenten jedoch hat jede einzelne Saite einen eigenen verschiebbaren S. (↗Koto). Das einsaitige ↗Trumscheit hat einen nicht festgeleimten S. mit 2 ungleich langen Füßen, von denen der längere beim Anstreichen der Saiten auf die Decke schlägt und ein knatterndes Geräusch verursacht. Der S. auf besaiteten Tasteninstrumenten besteht aus einer Leiste, die die Saitenschwingungen auf den Resonanzboden überträgt. M. BRÖCKER

STEGLICH, Rudolf, * 18. 2. 1886 Ratsdamnitz (Pommern), † 8. 7. 1976 Scheinfeld (Mittelfranken); dt. Musikforscher. Er studierte an der Universität Leipzig (H. Riemann), an der er 1911 promovierte, und war als Journalist tätig (1919–29 Musikreferent des *Hannoverschen Anzeigers*). 1930 habilitierte er sich an der Universität Erlangen, an der er bis 1956 lehrte, seit 1934 als Professor und Vorstand des Musikwissenschaftlichen Seminars; außerdem unterrichtete er 1935–44 am Städtischen Konservatorium und an der Wirtschaftshochschule Nürnberg. S.s Aufmerksamkeit galt besonders der Musik des 17.–18. Jh.; Hauptakzente setzte er in der Bach- und Händel-Forschung.

WW: **1) Schriften:** *Die Quaestiones in musica. Ein Choraltraktat* (L 1911) (= BIMG II/10); *Die elementare Dynamik des musikalischen Rhythmus* (L 1930); *J. S. Bach* (Pd 1935); *G. F. Händel* (L 1939, ²1959); *Wege zu Bach* (Rb 1949) (= Dt. Musikbücherei 65); *Der erste Contrapunctus der „Kunst der Fuge" J. S. Bachs*, in: FS M. Schneider (L 1955); *Über die „kantable Art" der Musik J. S. Bachs* (Z 1957); *Motivischer Dualismus u. thematische Einheit in Beethovens 9. Symphonie*, in: FS H. Besseler (L 1961); *Tanzrhythmen in der Musik J. S. Bachs* (Wb 1962); *J. S. Bach über sich selbst und im Urteil der Mit- und Nachwelt*, in: FS H. Engel (Kas 1964); *Über einige Merkwürdigkeiten in J. S. Bachs Werken*, in: DJbMw 9 (1964). – **2) Editionen:** *C. Ph. E. Bach, Die preußischen Sonaten* u. *Die württembergischen Sonaten* (1927–28) (= Nagels MA 6, 15, 21, 22) sowie Werke v. G. Fr. Händel, J. M. Pfeiffer, V. Rathgeber u. verschiedene Sammelausg. in Nagels MA; *J. Chr. Bach, Sechs Quintette* (1935) (= EDM 3); *C. Ph. E. Bach, Vier Orch.-Sinfonien* (1942) (= ebd. 18). S. war ferner Hrsg. u. a. v. Händel-Jb. (1928–35), AfMf (1936–40) und begründete zusammen mit M. Schneider die Hallische Händel-Ausg., in der er selbst die Bde. IV/1 *(Klaviermusik I)* und II/39 *(Xerxes)* besorgte (1955, 1959).

STEIBELT, Daniel Gottlieb, * 22. 10. 1765 Berlin, † 20. 9. (2. 10.) 1823 St. Petersburg; dt. Komponist und Pianist. Als Sohn eines Unteroffiziers, der 1768 Klavierbauer wurde, wurde er von dem späteren König Friedrich Wilhelm II. von Preußen gefördert und erhielt Unterricht in Klavier und Musiktheorie von J. Ph. Kirnberger. Vom Vater zum Soldatenberuf bestimmt, desertierte er 1784. Ein unstetes Leben führte ihn nun als Klaviervirtuose und Komponist quer durch Europa, u. a. mehrmals für einige Jahre nach Paris: 1790–96, 1800–02 (dabei leitete er die erste, nicht sehr erfolgreiche Pariser Aufführung von J. Haydns *Schöpfung*), 1805–08, bis er sich 1809 in St. Petersburg niederließ, wo er schließlich Direktor der französischen Oper war. S. machte viel von sich reden und galt zeitweise als Schwindler. 1800 begegnete er in Wien L. van Beethoven, der ihn, gereizt durch S.s herablassendes Wesen, durch sein Spiel zum Verlassen des Saales trieb. Als Komponist war S. eine Zeitlang mit seinen zahlreichen Klavierwerken und mit der Oper *Roméo et Juliette* (UA: Paris 1793) sehr in Mode. Er gilt auch als einer der Hauptvertreter der Klavier-Etüde.

WW: Für Klv.: über 130 Sonaten, zahlr. Charakterstücke, z.T. mit Begleitung durch ein Melodieinstr. (vorwiegend V., Vc. bzw. Fl.), darunter *L'incendie de Moscou* nach dem Einmarsch Napoleons in Moskau; 50 Etüden, op. 78; Kammermusik, darunter 3 Streichquartette, op. 17, ein Klv.-Quartett, op. 51 u. 3 Klv.-Quintette, op. 28. – Für Orch.: Symphonien u. Ouvertüren; 8 Klv.-Konzerte, davon Nr. 8 mit Chor. – Lieder; einige Opern u. Ballette. – *Méthode de pianoforte* (P 1805).

Ausg.: *Grande sonate*, op. 64 für Klv., hrsg. v. A. FARRENC (P 1872, Nachdr. NY 1977).

Lit.: G. MÜLLER, D. S., sein Leben u. seine Klv.-Werke (Str 1933, Nachdr. Baden-Baden 1973) (= Slg. musikwiss. Abh.en 10); K. A. HAGBERG, D. S.'s Cendrillon. A Critical Edition... (Rochester 1975) (= Diss. Eastman School of Music).

STEIG, Jeremy, * 23. 9. 1942 New York; amerik. Jazzflötist. Er hat etwa seit 1957 Kontakt zum Jazz, spielte dann aber mehr und mehr mit Rockmusikern zusammen. In den 60er Jahren gründete er die Gruppe „Jeremy and the Satyrs", die mit ihrer Synthese von Jazz und Rock keine Publikumsresonanz fand und wieder aufgelöst werden mußte. Seit 1969 hatte S. Erfolg im Zusammenspiel mit jazzorientierten Gruppen wie der niederländisch-deutschen „Association P. C."; großes Aufsehen, auch bei seinen Kollegen von der Konzertmusik, erregte 1973 sein Auftritt beim „Flute Summit" anläßlich der Donaueschinger Musiktage. In der 2. Hälfte der 70er Jahre trat S. oft mit dem Kontrabassisten Eddie Gomez im Duo auf. Was Roland Kirk auf der Flöte schon vorgeformt hat, hat S. systematisch fortgesetzt: Stimme, Atem, Funktionsgeräusche des Instruments, Zwischen- und Obertöne werden in den Ablauf der Improvisationen organisch miteinbezogen und verleihen der Flöte einen neuen Klang.

STEIGLEDER, Johann Ulrich, getauft 22. 3. 1593 Schwäbisch-Hall, † 10. 10. 1635 Stuttgart; dt. Organist und Komponist. Er war Enkel des Stuttgarter Hoforganisten Utz S. († 1581) und Sohn und Schüler von Adam S. (1561–1633, ebenfalls Hoforganist, dann 1595–1625 Organist am Ulmer Münster). Er übernahm 1627 das Hoforganistenamt in Stuttgart, nachdem er bereits seit 1617 dort an der Stiftskirche und vorher in Lindau (St. Stephan) tätig gewesen war. S. ist mit H. L. Haßler und J. K. von Kerll ein beachtenswerter Meister der süddeutschen Orgelmusik des frühen 17. Jh.

WW: *Ricercar tabulatura* (St 1624) (12 Ricercare in Partitur); *Tabulatur Buch* (Str 1627) (40 Variationen über den Choral *Vater unser im Himmelreich);* ferner einige einzelne Vokalsätze.

Ausg.: Die beiden Slgen., hrsg. v. W. APEL, 2 Bde. (R 1968–69) (= Corpus of Early Keyboard Music 13). – Motette *Veni Sancte Spiritus* v. Utz S., hrsg. v. C. GOTTWALD (St 1963) (= Die Motette 457).

Lit.: E. EMSHEIMER, J. U. S. (Kas 1928); H. KELLER, J. U. S. (St 1942); U. SIEGELE, S., in: MGG XII; G. B. SHARP, S., in: Grove[6] XVII (mit Angaben über einige Werke v. Adam S.).

STEIN, Fritz (Friedrich) **Wilhelm,** * 17. 12. 1879 Gerlachsheim (Baden), † 14. 11. 1961 Berlin; dt. Dirigent und Musikforscher. Nach abgeschlossenem Theologiestudium studierte er auf Anregung von Ph. Wolfrum in Leipzig Musik (A. Nikisch, K. Straube) und Musikwissenschaft (H. Riemann), bevor er 1906 als Universitäts-MD nach Jena ging. Dort wurde er nach der Promotion (1910) in Heidelberg auch 1913 der erste Vertreter der Musikwissenschaft (1913 Professor). 1918–23 wirkte er in Kiel als Organist an St. Nikolai, seit 1920 als Professor für Musikwissenschaft an der Universität (1928 Ordinarius). 1933–45 leitete er die Berliner Musikhochschule. S. verkörperte die seltene Verbindung von öffentlicher Dirigententätigkeit und akademischer Lehre und Forschung. Besonders setzte er sich für das Werk von M. Reger ein, mit dem ihn seit seiner Jenaer Zeit auch eine enge persönliche Freundschaft verband. – S.s Sohn **Max Martin S.** (* 27. 7. 1911), studierte Klavier in Leipzig (u. a. bei E. Fischer) und lehrte 1939–44 in Breslau, seit 1947 am Konservatorium Düsseldorf (1973 Prof.). Er konzertiert viel mit Werken Regers und schrieb *Der heitere Reger* (Wie [2]1971).

WW: **1) Schriften:** *Zur Gesch. der Musik in Heidelberg* (Hei 1912, [2]1921); *M. Reger* (Pd 1939); *Themat. Verz. der im Druck erschienenen Werke von M. Reger* (L 1953); *Zum Problem der „Jenaer Symphonie"*, in: Kgr.-Ber. Köln 1958 (Kas 1959). – **2) Editionen:** *N. Bruhns, Gesammelte Werke*, 2 Bde. (Brau 1937–39) (= LD Schleswig-Holstein); *G. J. Werner, Musikal. Instrumentalkalender* (Kas 1956) (= EDM 31); *M. Reger, Sologesänge mit Klavier* (Wb 1955–59) (= Reger-GA 31–33); *A. Pfleger, Geistliche Konzerte*, 2 Bde. (Kas 1961–64) (= EDM 50 u. 64).

Lit.: H. WIRTH, S., in: Grove[6] XVIII.

STEIN, Horst Walter, * 2. 5. 1928 Elberfeld; dt. Dirigent. Er studierte 1946–48 an der Kölner Musikhochschule und kam über Wuppertal 1951 als Kapellmeister an die Hamburgische Staatsoper. 1955–61 war er Staatskapellmeister und GMD der Deutschen Staatsoper in Berlin, 1961–63 stellvertretender GMD in Hamburg sowie 1963–70 Operndirektor und GMD am Nationaltheater in Mannheim. 1970 wurde er als ständiger 1. Gastdirigent an die Wiener Staatsoper berufen. 1972–77 wirkte er als GMD der Hamburgischen Staatsoper und war daneben auch Professor an der Musikhochschule. Seither wirkt S., der heute künstlerischer Leiter des Orchestre de la Suisse Romande ist, als Gastdirigent der Deutschen Oper in Berlin und dirigiert regelmäßig an den bedeutenden Musikzentren der Welt. In seinem weitgefächerten Repertoire nimmt das Schaffen R. Wagners eine zentrale Rolle ein. Seit 1969 dirigiert er auch bei den Bayreuther Festspielen; eine von ihm geleitete und von R. Liebermann inszenierte Aufführung des *Parsifal* in Genf (1982) fand große Beachtung.

STEIN, dt.-östr. Orgel- und Klavierbauerfamilie des 18.–19. Jahrhunderts. – **1) Johann Georg Andreas,** * 6. 5. 1728 Heidelsheim (Baden), † 29. 2. 1792 Augsburg. Er lernte das Orgelbauerhandwerk bei seinem Vater Johann Georg S. (1687–1754) und arbeitete 1748–49 in Straßburg bei J. A. Silbermann sowie 1749–50 in Regensburg bei Fr. J. Späth. 1751 ließ er sich in Augsburg nieder, wo er 1755–57 mit seinem Bruder Johann Heinrich S. die Orgel in der Barfüßerkirche baute (1944 zerstört). Später konzentrierte er sich auf den Bau von ↗ Klavieren, mit denen er europäischen Ruhm erlangte und die durch eine neuartige (sog. deutsche) Mechanik gekennzeichnet sind. W. A. Mozart war 1777 in Augsburg von den Instrumenten S.s hell begeistert (Brief vom 17. 10.); sie beeinflußten auch seine Klavierkompositionen. – **2) Maria Anna** (Nannette), Tochter von 1), * 2. 1. 1769 Augsburg, † 16. 1. 1833 Wien. Sie war Pianistin und konzertierte schon als Kind (mit zum Lachen reizendem „curiosem Effect", wie Mozart am 24. 10. 1777 schreibt). Nach dem Tod des Vaters führte sie mit ihrem Bruder Matthäus die Werkstatt weiter, und zwar nach ihrer Heirat mit dem Pianisten J. A. ↗ Streicher in Wien, wo beide später in enger Beziehung zu L. van Beethoven standen. – **3) Matthäus (Matthias) Andreas,** Bruder von 2), * 12. 12. 1776 Augsburg, † 6. 5. 1842 Wien. Er trennte sich 1802 von seiner Schwester und gründete eine eigene Klavierbaufirma, die sein Sohn Carl Andreas S. (1797–1863) weiterführte. – Ein anderer Bruder, **Andreas Friedrich S.** (1784–1809), war Schüler von J. G. Albrechtsberger und machte sich in Wien als Pianist und Klavierkomponist einen Namen.

Lit.: E. HERTZ, J. A. Stein (Wb – B 1937); F. GÖTHEL, S., in: MGG XII (dort auch Angaben über von J. A. S. erfundene Instr., die sich nicht durchsetzten); L. WEGELE, in: Lebensbilder aus dem Bayer. Schwaben 9 (Mn 1966). – ↗ Klavier.

STEINBERG, William (eig. Hans Wilhelm), * 1. 8. 1899 Köln, † 16. 5. 1978 New York; amerik. Dirigent dt. Herkunft. Er studierte an der Musikhochschule Köln (H. Abendroth) und begann seine Laufbahn 1920 als Assistent von O. Klemperer am Kölner Opernhaus (1924 1. Kapellmeister), ging 1925 als Operndirektor und Dirigent der Symphoniekonzerte an das Deutsche Landestheater nach Prag und leitete 1929–33 als GMD die Oper und die Museumskonzerte von Frankfurt am Main. Seines Postens enthoben, emigrierte S. 1936 nach Palästina, wo er (zus. mit Br. Huberman) das Palestine Orchestra (später Israel Philharmonic Orchestra) gründete und es bis 1938 leitete. 1938–41 war er Dirigent des NBC Symphony Orchestra in New York und 1944 der Oper in San Francisco, 1945–52 des Philharmonic Orchestra von Buffalo, übernahm 1952 die Leitung des Pittsburgh Symphony Orchestra und war außerdem 1958–59 ständiger Dirigent des London Philharmonic Orchestra sowie 1969–72 Leiter des Boston Symphony Orchestra.

Lit.: H. STODDARD, Symphony Conductors of the USA (NY 1957).

STEINBRECHER, Alexander, * 16. 6. 1910 Brünn, † 6. 4. 1982 Wien; östr. Komponist. Nach seinem Studium in Brünn und Prag schrieb er zahlreiche Singspiele und Operetten, zu denen er stets selbst die Texte verfaßte. Daneben arbeitete er als Komponist und Texter für das Kabarett, schrieb Ballette und Bühnenmusik, u.a. für zahlreiche Neuinszenierungen des Wiener Burgtheaters, dessen 1. Kapellmeister er seit 1946 war. Zu den bekanntesten Werken S.s, der seit 1929 in Wien lebte, zählen die beiden Lieder *Unter einem Regenschirm am Abend* (aus *Meine Nichte Susanne*) und *Ich kenn' ein kleines Wegerl im Helenental* (aus *Brillanten aus Wien*).

WW: Lust- u. Singspiele (UA in Wien): *Der Schneider im Schloß,* UA: 1936; *Die Gigerln von Wien,* UA: 1939; *Die Theres' und die Hoheit,* UA: 1941; *Meine Nichte Susanne,* UA: 1943; *Brillanten aus Wien,* UA: 1943; *Seitensprünge,* UA: 1947; *Entweder-Oder,* UA: 1949.

STEINECKE, Friedrich Heinrich Wolfgang, * 22. 4. 1910 Essen, † 23. 12. 1961 Darmstadt; dt. Musikkritiker und -organisator. Er studierte an den Musikhochschulen in Essen und Köln sowie an den Universitäten in Köln und Kiel, wo er 1934 promovierte. Seit 1934 war er als Musikkritiker in Essen (*Rheinisch-Westfälische Zeitung,* bis 1939), Berlin (*Deutsche Allgemeine Zeitung,* bis 1944) und Düsseldorf (*Mittag,* 1939–44 und seit 1949) tätig. 1945–48 wirkte er als Kulturreferent in Darmstadt, wo er seit 1946 das von ihm gegründete Kranichsteiner Musikinstitut und die ↗ Internationalen Ferienkurse für Neue Musik leitete.

Schriften: *Das Parodieverfahren in der Musik* (Diss. Kiel 1934), gedruckt als: *Die Parodie in der Musik* (Wb 1934, Nachdr. 1970) (= Kieler Beitr. z. Musikwiss. 1); *Kranichstein. Geschichte, Idee, Ergebnisse* (Mz 1961) (= Darmstädter Beitr. z. Neuen Musik 4). – S. war Hrsg. v.: *7 Jahre Internationale Ferienkurse für Neue Musik* (Da 1952); *Darmstädter Beiträge zur Neuen Musik* 1–3 (Mz 1958–60); *Neue Musik in der Bundesrepublik Deutschland* I (F 1958), II (Mz 1959), III (B 1960), IV (Kas 1961).

Lit.: P. BOULEZ – W. FORTNER – B. MADERNA – L. NONO – K. STOCKHAUSEN, In memoriam W. S., in: Melos 29 (1962).

STEINER, Rudolf, * 27. 2. 1861 Kraljevec (Kroatien), † 30. 3. 1925 Dornach (Solothurn); östr. Philosoph. Er begründete die Anthroposophie, die er als zusammenfassende sinnliche und übersinnliche Welt- und Menschenkenntnis versteht. Nach Studium der Mathematik und Naturwissenschaften in Wien war er seit 1882 Herausgeber von J. W. von Goethes naturwissenschaftlichen Schriften, 1890–97 Mitarbeiter am Goethe- und Schiller-Archiv in Weimar sowie 1897–1900 Redakteur in Berlin *(Magazin für Literatur, Dramaturgische Blätter)*. Seit 1900 vertrat er die Anthroposophie, 1902–12 innerhalb der Theosophischen Gesellschaft, von der er sich 1913 trennte und seitdem im Rahmen der Anthroposophischen Gesellschaft mit Zentrum in Dornach wirkte. Im Zusammenhang mit reicher künstlerischer Betätigung (Architektur, Malerei, Dramen) schuf er gemeinsam mit seiner Frau Marie S. (1867–1948) die Bewegungskunst der „Eurythmie“: Lauteurythmie als sichtbare Sprache und Toneurythmie als sichtbarer Gesang und Musik sollen evidente Synästhesie von Wort oder Ton und Bewegung vermitteln. Innerhalb der von S. begründeten Waldorfpädagogik wird Musik intensiv gepflegt und Eurythmie als Pflichtfach gelehrt.

WW u. Ausg.: GA (Dornach 1955ff.), bisher etwa 290 Bde., darin: *Kunst u. Kunsterkenntnis. Vorträge* (1888–1921) (= GA Bd. 271); *Das Wesen des Musikalischen u. das Tonerlebnis im Menschen. Vorträge* (1906–23) (= GA Bd. 283); *Das Künstlerische in seiner Weltmission* (1923) (= GA Bd. 276); *Eurythmie als sichtbarer Gesang* (1924) (= GA Bd. 278); *Die Entstehung und Entwickelung der Eurythmie* (1965) (= GA Bd. 277a).

Lit. (nur die Musik betreffenden anthroposophisch orientierten Stud.): E. BINDEL, Die Zahlengrundlagen der Musik im Wandel der Zeiten, 3 Bde. (St 1950–53); B. WALTER, Von der Musik u. v. Musizieren (F 1957); W. DÖRFLER, Das Lebensgefüge der Musik (Dornach 1975); H. E. LAUER, Die Entwicklung der Musik im Wandel der Tonsysteme (Bas 1976); H. PFROGNER, Lebendige Tonwelt (Mn 1976); F. OBERKOGLER, R. Wagner. Vom Ring zum Gral (St 1978); K. VON BALTZ, R. S.s musikal. Impulse (Dornach 1981).

CH. LINDENBERG

STEINERNE GAST, DER *(Kamenny gost)*, Oper in 3 Akten von Alexander Dargomyschski (1813–69), Text: Alexander Puschkins gleichnamige, 1839 postum erschienene „kleine Tragödie“. Ort der Handlung: Spanien. UA: 16. (28.) 2. 1872 in St. Petersburg (Marientheater).

Im engen Kontakt mit M. Balakirews Kreis der jungen „Novatoren“ – und ebenso wie sie auf der kompromißlosen Suche nach einer höheren „Wahrheit“ des musikalischen Ausdrucks – unternahm der bereits schwerkranke, aber geradezu enthusiasmierte Dargomyschski noch einmal den Versuch, der Weiterentwicklung einer nationalen Opernkunst neue Impulse zu geben. Während der letzten Monate seines Lebens vertonte er Puschkins eigenständige Adaptation des Don-Juan-Stoffes und verwirklichte dabei eine Werkkonzeption, die nicht nur nachfolgende Generationen russischer Komponisten oftmals inspirierte, sondern zu den richtungweisenden Experimenten der Gattungsgeschichte überhaupt gehört: Ein vollständiges – wenn auch nur knapp dimensioniertes – Drama diente Dargomyschski unmittelbar als „Libretto“; er verzichtete konsequent auf größere musikalisch-autonome Formen (lediglich die beiden Liedeinlagen der Laura bilden hier eine wohlbegründete Ausnahme), weil das „gekünstelte“ Wiederholen von Textworten ausgeschlossen bleiben sollte; die vorgegebenen Verse gestaltete Dargomyschski vielmehr im „natürlichen“ Stile jenes „melodischen Rezitativs“ aus, dessen künstlerische Möglichkeiten er schon in seiner *Russalka* erprobt hatte. – Der Komponist hinterließ einen fast vollständigen Klavierauszug, der von C. Cui ergänzt wurde; N. Rimski-Korsakow besorgte die (1898 neuerlich revidierte) Instrumentierung des ganzen Werks. E. FISCHER

STEINGRAEBER & SÖHNE, dt. Klavierfabrik. Sie wurde 1852 in Bayreuth von dem aus einer thüringischen Klavierbauerfamilie stammenden **Eduard Steingraeber** (* 20. 8. 1823 Rudolstadt, † 14. 12. 1906 Bayreuth) gegründet. Die Entwicklung des Unternehmens zur größten Klavierbaufirma Bayerns wurde durch die Einrichtung der Bayreuther Festspiele begünstigt. Im Auftrag R. Wagners stellte sie ein 4töniges Gralsglocken-Klavier für die Tempelszenen im *Parsifal* her (bis 1974 mit Unterbrechungen eingesetzt) und wurde Lieferant und Pfleger der Instrumente im Festspielhaus und in der Villa Wahnfried. 1892 traten Eduards Söhne **Georg** und **Burkhard** in die Firma ein, die 1920 durch Burkhards Schwiegersohn **Heinrich Herrmann** und 1951 dessen Neffen **Heinrich Schmidt** weitergeführt wurde. Seit 1980 wird das Unternehmen von Schmidts Sohn **Udo** geleitet.

Lit.: Zum 75jährigen Bestehen der Hofpianoforte- u. Flügelfabrik Steingräber & Söhne, Bayreuth (Bayreuth 1927).

STEINMEYER, dt. Orgelbaufirma. Sie wurde 1847 in Öttingen (Bayern) von **Georg Friedrich S.** (* 21. 10. 1819, † 22. 2. 1901) gegründet. Seine Nachfolger waren **Johannes S.** (* 27. 6. 1857, † 2. 7. 1928) und **Hans S.** (* 16. 8. 1889, † 3. 1. 1970). Gegenwärtig wird das Unternehmen von **Fritz S.** (* 8. 12. 1918) geleitet. Die Firma baute mehr als 2000 Orgeln, u. a. Passau, Dom (1928; 5 Man., 208 Reg.), Trondheim, Dom (1929; 4 Man., 139 Reg.), Ottobeuren, Abtei (Marienorgel, 1957; 5 Man., 82 Reg.), Hamburg, St. Michael (1960; 5 Man., 85 Reg.), Herkulessaal der Münchener Residenz (1962; 4 Man., 75 Reg.), Meistersingerhalle Nürnberg (1963; 4 Man., 86 Reg.), Kongreßhalle Augsburg (1972; 4 Man., 65 Reg.).

Lit.: H. FISCHER – TH. WOHNHAAS, G. F. S. (1819–1901) und sein Werk (F 1978) (= Veröff. der Ges. der Orgelfreunde 66).

STEINSPIEL ↗ Lithophone.

STEINWAY & SONS, amerik. Klavierfabrik. Sie wurde 1853 in New York von **Heinrich Engelhard Steinweg** (* 1792 Wolfshagen, † 1871 New York) gegründet, der bereits in Deutschland eine Werkstatt geführt hatte (↗ Grotrian-Steinweg). Zu den Mitarbeitern des Unternehmens gehörten auch seine ebenfalls ausgewanderten Söhne **Christian Carl Gottlieb** (1829–65), **Johann Heinrich Engelhard** (1830–65), **Johann Heinrich Wilhelm** (1835–96) und **Georg August Albert** (1840–77). Nachdem die Firma 1855 in New York ein Klavier mit einem aus einem Stück gegossenen Eisenrahmen vorgestellt und 1856 den ersten Flügel gebaut hatte, nahm sie einen raschen Aufschwung. 1866 eröffnete Steinway in New York einen eigenen Konzertsaal, die Steinway Hall, und gründete eine Konzertagentur, die viel zur Berühmtheit u.a. von A. Rubinstein, I. Paderewski und Fr. Kreisler beitrug. Niederlassungen wurden gegründet in London (1875) und Berlin (1909) sowie vor allem ein Zweigwerk (1880) und ein Verkaufshaus (1904) in Hamburg. Der erste Generaldirektor aller europäischen Niederlassungen war seit 1909 **William R. Steinway.** 1923–28 wurde in Hamburg eine zweite Fabrik gebaut. Nach schweren Zerstörungen während des 2. Weltkriegs konnte die Produktion in Hamburg 1949 wieder aufgenommen werden (1953 dort Eröffnung des Steinway-Hauses). Das Unternehmen ging – unter Beibehaltung des Firmennamens – 1972 in den Besitz von CBS (Columbia Broadcasting System Inc., New York) über. Die Instrumente der Firma S., insbesondere die Konzertflügel, gehören von Anfang an dank ihrer Tonqualität, ihrer hervorragenden Mechanik und ihrer Dauerhaftigkeit zu den Spitzenfabrikaten und finden sich heute in aller Welt. – Seit 1946 gibt es in Hamburg auch einen Steinway-Verlag.

Lit.: S. News (NY 1953 ff.); C. EHRLICH, S., in: Grove⁶ XVIII.

STENDHAL (Pseudonym von Marie-Henri Beyle), * 23. 1. 1783 Grenoble, † 23. 3. 1842 Paris; frz. Schriftsteller. S. veröffentlichte unter dem Pseudonym Alexandre César Bombet *Lettres écrites de Vienne en Autriche, sur le célèbre compositeur J. Haydn, suivies d'une vie de Mozart, et de considérations sur Métastase et l'état présent de la musique en France et en Italie* (P 1814). Dieses Werk, ein geistvolles Plagiat eines Buches von G. A. Carpani (der ihn 1815 deswegen öffentlich beschuldigte), enthält sehr originelle Gedanken und Urteile über die Musik. 1814 hörte S. in Mailand G. Rossinis *Tancredi* und wurde ein begeisterter Anhänger des Komponisten. Die *Vie de Rossini* entwirft trotz gelegentlicher Irrtümer im Detail ein sehr lebendiges Bild der Opernwelt im 19. Jahrhundert.

Schriften: *Lettres écrites* ... (P 1814), Neuaufl. als *Vies de Haydn, Mozart et Métastase* unter dem Pseudonym S. (P 1817), engl. übers. u. hrsg. v. R. N. Coe (Lo – NY 1972), Neudr. der Neuaufl. als *S. et la musique,* mit einer Einleitung v. R. Rolland (P 1914), dt. v. L. Andro (W 1921); *Vie de Rossini,* zunächst engl. als *Memoirs of Rossini* (Lo 1824), Neuaufl. als *The Life of Rossini* (Lo 1956), revidiert (Lo – NY 1972), frz. Ausg., erweitert, 2 Bde. (P 1824, NA v. H. Prunières P 1923), dt. v. A. Wendt (L 1824).

Lit.: J. W. KLEIN, S. as Music Critic, in: MQ 29 (1943); J. P. HARTHAN, S. and Music, in: ML 27 (1946).

STENHAMMAR, Karl Wilhelm Eugen, * 7. 2. 1871 Stockholm, † 20. 11. 1927 ebd.; schwedischer Pianist, Dirigent und Komponist. Er studierte in Stockholm und Berlin, blieb aber als Komponist im wesentlichen Autodidakt. Nach ausgedehnter Konzerttätigkeit, auch als Ensemblespieler mit dem Aulin-Quartett, war er 1904–06 künstlerischer Leiter der Neuen Philharmonischen Gesellschaft in Stockholm, dirigierte 1907–22 das neugegründete Göteborgs Orkesterförening und 1924–25 das Orchester des Königlichen Opernhauses in Stockholm. Das schwedische Musikleben verdankt ihm wesentliche Impulse. Als Komponist war S. zunächst von der Spätromantik geprägt; später lassen sich Impulse bemerken, die von seinem Studium des strengen Kontrapunkts (erst 1909) ausgehen.

WW: **1) Instr.-WW:** Für Klv.: 3 Fantasien (1895); *Sensommarnätter* (Spätsommernächte) (1914). – Kammermusik: 6 Streichquartette: C-Dur (1894), c-moll (1896), F-Dur (1897–1900), a-moll (1904–09), *Serenade* C-Dur (1910), d-moll (1916); ein Quartett f-moll (1897) wurde vom Komponisten zurückgezogen. – Für Orch.: 2 Symphonien (1903, 1911–15); Serenade (1911, überarbeitet 1919); 2 Konzerte für Klv.: b-moll (1893), d-moll (1904–07). – **2) Bühnen-WW:** Opern: *Gildet på Solhaug* (Das Fest in Solhaug) (1892–93); *Tirfing* (1897–98). – Ferner über 60 Lieder für Gesang u. Klv.

Lit.: B. WALLNER, W. S. och kammarmusiken, in: STMf 34, 35, 43 (1952, 1953 u. 1961) (schwedisch); DERS., W. S.s strakkvartettskisser, in: FS A. Moberg (Sto 1961); DERS., „... något slags midvinterdröm“. Om W. S. och den nationalromantiska orkesterrappsodin, in: STMf 59 (1977).

ŠTĚPÁN, Josef Antonín, ↗ Steffan, Josef Anton.

STEPHAN, Gustav-Adolf Carl Rudolf, * 3. 4. 1925 Bochum; dt. Musikforscher. S. studierte an den Universitäten Heidelberg und Kiel, promovierte dort 1950, habilitierte sich 1963 an der Universität Göttingen und wurde 1967 Ordinarius und Institutsdirektor an der Freien Universität Berlin. Seitdem leitet S. die Berliner Forschungsstelle der

Schönberg-Gesamtausgabe, wurde 1970 Vorstandsmitglied der Internationalen Schönberg-Gesellschaft und war gleichzeitig bis 1976 1. Vorsitzender des Instituts für Neue Musik und Musikerziehung Darmstadt. Seit 1980 ist er Präsident der Gesellschaft für Musikforschung. S. ist einer der wenigen deutschen Musikforscher, die sich von Anfang an entschieden und grundlegend mit der Musik der Gegenwart auseinandergesetzt haben. Für seine Verdienste um die Erforschung der Wiener Schule zeichnete ihn der Staat Österreich 1981 mit dem Großen Goldenen Ehrenzeichen aus.

Schriften: *Die Tenores der Motetten ältesten Stils* (Diss. Gö 1950); *Neue Musik. Versuch einer kritischen Einführung* (Gö 1958, ²1973); *Antiphonar-Studien* (Habil.-Schrift Gö 1963); *Zum Problem der Tradition in der neuesten Musik*, in: Stud. z. Tradition in der Musik. FS K. von Fischer (Mn 1973); *G. Mahler, Werk und Interpretation. Autographe, Partituren, Dokumente* (Kö 1979); *A. Zemlinsky. Ein unbekannter Meister der Wiener Schule* (Kiel 1978) (= Kieler Vorträge z. Theater 4); *Adorno und Hindemith*, in: Stud. z. Wertungsforsch. 12 (1979); *Bruckner und Mahler*, in: Bruckner-Jb. 2 (Linz 1981). – S. war ferner Hrsg. v.: *Veröffentlichungen des Instituts für Neue Musik und Musikerziehung* (Da – B 1965–68, Mz 1971 ff.); *A. Schönberg, Sämtliche Werke* (Mz – W 1968 ff.); *A. Schönberg, Die Grundlagen der musikalischen Komposition* (W 1979); *P. Hindemith, Dramatische Versuche* (Mz 1982) (GA I/6). J. DORFMÜLLER

STEPHAN, Rudi, * 29. 7. 1887 Worms, † 29. 9. 1915 (gefallen) bei Tarnopol (Ostgalizien); dt. Komponist. Er studierte am Hochschen Konservatorium in Frankfurt am Main und später bei R. Louis in München. In den wenigen Jahren, die ihm verblieben, schuf S. ein Œuvre, das in der konzentrierten Abkehr von der Harmonik der Wagner-Nachfolge und vom Klangzauber des Impressionismus ein Markstein auf dem Weg zur Neuen Musik in Deutschland war. S.s ästhetische Position zeigt sich auch in dem die traditionelle Gattungsterminologie umgehenden Titel seiner Instrumentalwerke *(Musik für ...)*. Auch damit hat er vorbildlich gewirkt, während sein Schaffen selbst heute kaum mehr einer größeren Öffentlichkeit präsent ist.

WW: *Musik für 7 Saiteninstr.* (1911); *Musik für Orch.* (1912); *Musik für Geige u. Orch.* (1913); *Liebeszauber* (1913) für Bar. u. Orch.; 16 Klv.-Lieder; Oper *Die ersten Menschen* (1914), UA: Frankfurt am Main 1920.

Lit.: K. HOLL, R. S. Studie z. Entwicklungsgesch. der Musik am Anfang des 20. Jh. (Saarbrücken 1920, Mz ²1922); A. MACHNER, Zwischen gestern u. heute. Ein Wort für R. S., in: Musica 8 (1954); K. HOLL in: NZfM 126 (1965); A. D. MCCREDIE, The Munich School and R. S. (1887–1915). Some Forgotten Sources and Byways of Musical Jugendstil and Expressionism, in: MR 29 (1968).

STEPHANI. – 1) Hermann, * 23. 6. 1877 Grimma (Sachsen), † 3. 12. 1960 Marburg/Lahn; dt. Musikforscher, Dirigent und Komponist. Nach seinem Studium am Leipziger Konservatorium und an der Universität München, wo er 1902 promovierte, war S. bis 1921 als Chorleiter tätig (Sonderburg, Flensburg und Eisleben). Danach lehrte er als Akademischer MD in Göttingen und kurz darauf in Marburg, wo er sich habilitierte und bis 1946 wirkte. – S. setzte sich für die sogenannte „Einheitspartitur“ ein, in der alle Instrumente im – gegebenenfalls oktavversetzten – G-Schlüssel notiert werden. Als Komponist trat er hauptsächlich mit Vokalwerken hervor.

WW: **1) Kompositionen:** Orch.-Werke; Chöre; etwa 500 Lieder u. Kanons. – **2) Schriften:** *Partituren*, in: ZIMG 2 (1901), vgl. dazu in: Mk 4 (1906/07) u. AMz 35 (1938); *Das Erhabene, insonderheit in der Tonkunst* (L 1903, ²1907); *Der Charakter der Tonarten* (Rb 1923); *Grundfragen des Musikhörens* (L 1926); *Zur Psychologie des musikalischen Hörens* (Rb 1956) (= Forschungsbeitr. z. Musikwiss. 4).

2) Martin, Sohn von 1), * 2. 11. 1915 Eisleben, † 9. 6. 1983 Detmold; dt. Dirigent. S. studierte bei seinem Vater und in Berlin, war Chorleiter in Marburg und leitete 1951–63 die Konzertgesellschaft Wuppertal (1959 GMD). Seit 1957 lehrte er an der Detmolder Nordwestdeutschen Musikakademie (1958 Professor), deren Direktor er 1959 als Nachfolger W. Malers wurde. Neben seiner umfangreichen Lehrtätigkeit und Verpflichtungen als Gastdirigent widmete sich S. regelmäßig dem Frankfurter Caecilienverein (bis 1959), der Bielefelder Konzertgesellschaft und dem Landesjugendorchester Nordrhein-Westfalen (seit 1960).

Schriften: *Hindemiths Apotheose der Gesetzmäßigkeit als Wagnis des Glaubens an „Die Harmonie der Welt“*, in: Musik als Lobgesang. FS W. Ehmann (Da 1964). – Ferner besorgte M. S. die NA v. *E. Schwickerath, Chorübungen II* (H 1953).

Lit.: **Zu 1):** H. HEUSSNER, H. S. zum Gedächtnis, in: Mf 16 (1961). – **Zu 2):** A. MAYERHOFER, FS zum 100jährigen Bestehen des Städtischen Orch. Wuppertal (Wuppertal 1962).

R. CADENBACH

STEPHANIE, Johann Gottlieb, der Jüngere, * 19. 2. 1741 Breslau, † 23. 1. 1800 Wien; östr. Bühnendichter und Regisseur. Er studierte Jura an der Universität in Halle an der Saale und wirkte mit seinem Bruder **Christian Gottlob** (dem Älteren, 1734–98) als Regisseur und Dramaturg an den Hoftheatern in Wien. Er schrieb Übersetzungen von Libretti für A.-E.-M. Grétry, Fl. Gaßmann, G. Paisiello und N. Piccinni sowie eigene Texte für Singspiele und für das Sprechtheater, die u. a. von J. Starzer, Fr. X. Süßmayer, Fr. Teyber und I. Umlauff vertont wurden. Am bekanntesten sind seine Libretti zu W. A. Mozarts *Die Entführung aus dem Serail* und *Der Schauspieldirektor* sowie zu K. Ditters von Dittersdorfs *Doctor und Apotheker.* Christian Gottlob ist lediglich als Herausgeber zweier Liedersammlungen bekannt, in denen auch

1768 W. A. Mozarts Lieder *An die Freude*, KV 43 b = 53, und *Daphne*, KV 46 c = 52, zuerst erschienen.

Lit.: K. M. PISAROWITZ, S., in: MGG XII.

STEREOPHONIE (griech., = Raumklang), Bz. aus der Elektroakustik für ein Übertragungsverfahren, bei dem in der ↗elektroakustischen Übertragungskette (Mikrophon–Verstärker–Lautsprecher) 2 Kanäle verwendet werden, um eine räumlich differenzierte Tonübertragung zu ermöglichen. Am Aufnahmeort wandeln 2 ↗Mikrophone oder Mikrophongruppen den ↗Schalldruck in eine Wechselspannung um, die über 2 getrennte Verstärker 2 Lautsprechern zugeführt und wieder in Schalldruck umgewandelt wird. Mit Hilfe der S. ist man in der Lage, die in der Natur vorhandenen Laufzeit- und Intensitätsdifferenzen zu übertragen und damit bei der Wiedergabe ein in Tiefe, Breite und Durchsichtigkeit wesentlich plastischeres Klangbild zu erzeugen, als dies bei der Monophonie möglich ist. Ebenso lassen sich Richtung und Bewegungsvorgänge von Schallereignissen darstellen. Die Wiedergabe von Stereosignalen ist über Lautsprecher („raumbezogene" S.) und Kopfhörer („kopfbezogene" S.) möglich, wobei die Wiedergabebedingungen bereits bei der Aufnahme zu berücksichtigen sind. Bei dem mit Kopfhörern arbeitenden „Kunstkopfverfahren" werden in einem dem menschlichen Kopf nachgebildeten Kunstkopf am Ende der Gehörgänge zwei Mikrophone untergebracht, deren Signale bei der Wiedergabe den beiden Kopfhörersystemen zugeführt werden. Somit werden die Einflüsse des Abhörraums eliminiert, und der Hörer ist in den Aufnahmeort einbezogen. Dieses Verfahren eignet sich daher besonders für originalgetreue Schallübertragung; es wird teilweise auch im Hörspiel angewendet. Die raumbezogene S. hingegen ist für jene Fälle vorzuziehen, in denen es um die Herstellung und künstlerische Gestaltung eines vom Original abweichenden oder dieses verbessernden Klangbildes geht. – ↗Quadrophonie.

Lit.: Hdb. der Tonstudiotechnik (Mn – NY ³1979).

STERKEL, Johann Franz Xaver, * 3. 12. 1750 Würzburg, † 12. 10. 1817 ebd.; dt. Pianist und Komponist. Er studierte in Würzburg Theologie, wurde 1774 zum Priester geweiht und 1778 als Hofkaplan und Organist nach Mainz berufen. Nach einem Italien-Aufenthalt 1779–82 auf Kosten des Kurfürsten wurde er in Mainz Kanonikus und war 1793–97 Hofkapellmeister. Nach der Besetzung der Stadt durch die französischen Truppen lebte er zunächst in Würzburg, später in Regensburg und schließlich 1810/11 als Großherzoglicher Hofmusikdirektor in Aschaffenburg. S. stand als Komponist à la mode und Pianist bei seinen Zeitgenossen in hohem Ansehen. Von S.s Instrumentalwerken hat insbesondere L. van Beethoven für die Gestalt und Verarbeitung seiner Themen und Motive in den frühen Sonaten und Symphonien viel gelernt. Er hatte S. 1791 in Mergentheim kennengelernt und ihm dort seine Righini-Variationen in der Art S.s „mit der größten Zier und brillanten Leichtigkeit" vorgespielt (Brief von Nikolaus Simrock an A. Schindler).

WW: **1) Instr.-WW:** Klv.-Stücke zu 2 u. 4 Händen; zahlr. Sonaten für Klv. mit V.- oder V.- u. Vc.-Begleitung; 5 Trios für Klv., V. u. Vc.; Quartett für Klv. u. Streichinstr.; Streichquintett; 10 Symphonien; 2 Ouvertüren; 6 Klv.-Konzerte. – **2) Bühnen-WW:** Oper *Il Farnace*, UA: Neapel 1782. – Ferner 16 Lied-Slgen., Kanzonetten, Airs u. it. Duette.

Ausg.: V.-Sonate, op. 18/2, in: Mannheimer Kammermusik des 18. Jh. II, hrsg. v. H. RIEMANN (1915) (= DTB 16); Streichquintett G-Dur, hrsg. v. A. GOTTRON (Hei 1959); 6 Duette für V. u. Va., op. 8, hrsg. v. W. LEBERMANN (Mz 1969) (= V.-Bibl. 29); Ausgew. Stücke für Klv., hrsg. v. W. FRICKERT (Z 1971).

Lit.: A. SCHMITZ, Beethovens „Zwei Prinzipe" (B – Bonn 1923); TH. VON FRIMMEL, Beethoven-Hdb. II (L 1926, Nachdr. Hil – Wie 1968); A. SCHARNAGL, J. F. X. S. (Wü 1943); DERS., J. F. X. S., in: MGG XII; A. GOTTRON, Mainzer Musikgesch. v. 1500 bis 1800 (Mz 1959); R. FUHRMANN, Mannheimer Klv.-Kammermusik, 2 Bde. (Diss. Marburg 1963); H. UNVERRICHT, Drei Briefe v. J. F. X. S. an seine Verleger, in: Mitt. der Arbeitsgemeinschaft für mittelrheinische Musikgesch. (1974), Nr. 29.

STERN, Isaac, * 21. 7. 1920 Kriminiesz (Ukraine); amerik. Violinist russ. Herkunft. Er studierte 1928–31 am Konservatorium in San Francisco, dann bei Louis Persinger und 1932–37 bei Naoum Blinder. Sein erstes öffentliches Konzert gab er 1936 unter der Leitung von P. Monteux. 1937 trat er erstmals in der New Yorker Carnegie Hall auf und ist seit 1943 einer der führenden amerikanischen Violinisten. S. konzertiert mit den großen Orchestern der Welt und steht bis heute immer wieder im Mittelpunkt bedeutender Festspiele. 1956 unternahm er erstmals eine Konzertreise in die UdSSR, während er Deutschland unter Hinweis auf die Verbrechen des Nationalsozialismus nach wie vor meidet. 1960–61 bildete er mit Eugène Istomin und Leonard Rose ein Klaviertrio. Außerdem spielte er im Duo mit P. Casals. 1973 gehörte er zu den Gründern des Music Centre in Jerusalem. S. genießt vor allem als Beethoven- und Brahms-Interpret hohes Ansehen, spielt aber auch Werke neuerer Komponisten, u.a. von P. Hindemith, B. Bartók, A. Berg und S. Prokofjew.

Lit.: B. SCHWARZ, S., in: Grove⁶ XVIII.

STERN, Julius, * 8. 8. 1820 Breslau, † 27. 2. 1883 Berlin; dt. Chorleiter und Musikpädagoge. S. studierte in Berlin, Dresden und Paris, wo er als Leiter des deutschen Gesangvereins bekannt wurde. 1846 nach Berlin zurückgekehrt, leitete er dort 1847–74 den Sternschen Gesangverein und gründete 1850 mit Th. Kullak und A. B. Marx das später so genannte Sternsche Konservatorium, das rasch eine der bedeutendsten musikalischen Ausbildungsstätten in Deutschland wurde (seit 1945 Konservatorium der Stadt Berlin). S. machte sich auch als Herausgeber älterer Musik bekannt.

Lit.: TH. M. LANGNER, S., in: MGG XII.

STERNBERG, Erich Walter, * 31. 5. 1891 Berlin, † 15. 12. 1974 Tel Aviv; israelischer Komponist. Nach einem Rechtsstudium an der Universität Kiel studierte er Komposition (H. Leichtentritt) und Musikgeschichte (H. Abert). Bereits 1924 wurde er nach der Uraufführung seines 1. Streichquartetts in Berlin schlagartig bekannt. 1931 ging er nach Palästina und wurde Lehrer am Konservatorium in Tel Aviv. Er gehört zu den Gründern des Israel Philharmonic Orchestra (1936) und war Präsident der israelischen Sektion der IGNM seit deren Gründung 1938 bis 1954. Seine wichtigsten Werke haben biblische Sujets.

WW: **1) Instr.-WW:** V.-Sonate (1955). – Für Orch.: *Joseph u. seine Brüder* (Lo 1939); *Die zwölf Stämme Israels* (Mz 1942); Symphonie *Tewat Noah* (Die Arche Noahs) (1960). – **2) Vokal-WW:** *David u. Goliath* (1927) für Bar. u. 11 Instr.; *Sichot haruach* (Gespräche mit dem Wind) für Alt u. Orch. (1956); *Hechalil bemerchakim* (Die ferne Flöte) für Alt u. Fl. (1958); Oratorium *Techiat Israel* (Die Auferstehung Israels) (1959); *Tefilot* (Gebete der Demut) für Alt u. Kammerorch. (1962); *Die Opferung Isaaks* für Sopran u. Orch. (1965); Liebeslieder für Chor u. Orch. (1968); *Das Erbarmen* für Bar. u. Streichorch. (1969); *Mein Bruder Jonathan* für Sopran, Alt, Baß u. Streichorch. (1969). – Ferner die Kinderoper *Doctor Doolittle* (1937).

Lit.: Y. W. COHEN, Werden u. Entwicklung der Musik in Israel (Kas 1976) (Teil II der revidierten Ausg. v. M. Brod, Die Musik Israels).

STEUERMANN, Edward (Eduard), * 18. 6. 1892 Sambor bei Lemberg, † 11. 11. 1964 New York; amerik. Pianist und Komponist poln. Herkunft. S. studierte 1911–14 Klavier bei F. Busoni und Komposition bei A. Schönberg in Berlin. 1912 wirkte er bei der Uraufführung von dessen *Pierrot lunaire* mit und gehörte seither zum engsten Freundeskreis des Komponisten, von dem er später viele Klavierwerke uraufführte. Seit 1918 war er in Wien neben A. Webern und A. Berg „Vortragsmeister" und der führende Pianist in Schönbergs „Verein für musikalische Privataufführungen". 1932–36 lehrte er am Jüdischen Konservatorium in Krakau, emigrierte 1937 in die USA, unterrichtete dort 1948–52 an der Philadelphia Music Academy und seither an der Juilliard School of Music in New York. Neben den Werken Schönbergs hat sich S. besonders für das Klavierschaffen A. Bergs und A. Weberns, der ihm die Variationen op. 27 widmete, aber auch für A. Skrjabin, F. Busoni, Cl. Debussy, M. Ravel und M. Reger eingesetzt. Seine eigenen Werke sind in freier Atonalität oder in Zwölftontechnik geschrieben.

WW: Klv.-Suite; Klv.-Trio; 2 Streichquartette; Suite für Kammerorch. (1964); Lieder; *Auf der Galerie* (1964) (nach F. Kafka) für Chor u. Orch. – S. bearb. A. Schönbergs *Verklärte Nacht*, op. 4, Kammersymphonie, op. 9, *Erwartung*, op. 17, *Die glückliche Hand*, op. 18 und Konzert für 2 Klv., op. 42. – Er gab heraus *A. Schönberg, Werke für Klavier zu 2 Händen* (Mz 1969) (= GA A/4) (zus. mit R. Brinkmann).

Lit.: G. SCHULLER, A Conversation with S., in: Perspectives of New Music 3 (1964/65); M. STUBENRAUCH, In memoriam E. S., in: ÖMZ 20 (1965); A. Schönberg, Ausstellungskat., hrsg. v. E. HILMAR (W 1974); M. MYERS, in: Notes 31 (1974).

B. A. KOHL

STEV, Volksliedgattung in ↗ Norwegen.

STEVENS, Denis William, * 2. 3. 1922 High Wycombe (Buckinghamshire); engl. Musikforscher. Er studierte am Jesus College in Oxford (R. O. Morris und E. Wellesz), war zunächst Violinist und Bratschist im Philharmonia Orchestra und 1949–54 Mitarbeiter der BBC in London. 1955–56 lehrte er in den USA (Cornell Univ., Columbia Univ.), 1956–61 an der Royal Academy of Music in London und dann erneut in den USA, seit 1965 an der Columbia University in New York. S. war Präsident und künstlerischer Leiter der Accademia Monteverdiana und Mitgründer der Ambrosian Singers, mit denen er als Leiter Tourneen unternahm. S., stets bedacht auf eine enge Verbindung von Wissenschaft und Praxis, ist einer der führenden englischen Musikologen besonders auf dem Gebiet der englischen Musik des 16.–17. Jh. und als Monteverdi-Forscher.

WW: **1) Schriften:** *The Mulliner Book. A Commentary* (Lo 1952); *Th. Tomkins* (Lo 1957); *Tudor Church Music* (NY 1955 u. ö., Nachdr. NY 1973); *L'interprétation de la musique de C. Monteverdi*, in: Le „Baroque" musical. (P 1963) (= Les colloques de Wégimont 4); *Music in Honour of St Thomas of Canterbury*, in: MQ 56 (1970); *Monteverdi's Necklace*, in: MQ 59 (1973); *A History of Song* (Lo 1971); *C. Monteverdi. Sacred, Secular and Occasional Music* (NY 1977); *Musicology. A Practical Guide* (NY 1981) (= Y. Menuhin Music Guides o. Nr.); – **2) Editionen:** *The Mulliner Book* (Lo 1951, ²1954) (= Mus. Brit. 1); *Th. Tallis, Complete Keyboard Works* (Lo 1953, ²1962); *Altenglische Orgelmusik manualiter* (Kas 1953); *R. Carver, Opera omnia* (1959) (= CMM 16); *C. Monteverdi, Il ballo delle ingrate* (Lo 1960); *C. Monteverdi, Vespers* (Lo 1961); *R. Fayrfax, Missa „Tecum principium"* (Wb 1966) (= Chw 97).

STEVENSON, Robert Murrell, * 3. 7. 1916 Melrose (New Mexico); amerik. Musikforscher. Er studierte an der University of Texas in El Paso, dann an der Yale University bei L. Schrade, promovierte 1942 in Komposition an der Rochester

University und führte seine Studien bei I. Strawinsky an der Harvard University in Boston (Mass.) und bei J. A. Westrup an der Oxford University zum Abschluß. 1941–43 und 1946 lehrte er an der University of Texas sowie 1946–49 am Westminster Choir College in Princeton (N. J.). 1949 wurde S. Assistant Professor und 1961 Professor an der University of California in Los Angeles. S. schrieb grundlegende Arbeiten über die Musikgeschichte Spaniens und Lateinamerikas.

Schriften: *Music in Mexico. A Historical Survey* (NY 1952, NA 1971); *La música en la catedral de Sevilla 1478–1606* (Los Angeles 1954); *Cathedral Music in Colonial Peru* (Lima 1959); *J. Bermudo* (Den Haag 1960); *Spanish Cathedral Music in the Golden Age* (Berkeley/Calif. 1961, Nachdr. Westport/Conn. 1976); *Protestant Church Music in America* (NY 1966); *Music in Aztec and Inca Territory* (Berkeley/Calif. 1968); *Renaissance and Baroque Sources in the Americas* (Washington/D.C. 1970); *Foundations of New World Opera* (Lima 1974); *A Guide to Caribbean Music History* (Washington 1975). – Editionen: *Christmas Music from Baroque Mexiko* (Berkeley 1974); *17th-century Villancicos from a Puebla Convent Archive* (Lima 1974); *Latin American Colonial Music Anthology* (Washington 1975); *T. de Torrejón y Velasco: La púrpura de la rosa* (Lima 1976); *Vilancicos portugueses* (Lis 1976).

STEWART, Rex William, * 22. 2. 1907 Philadelphia, † 7. 9. 1967 Los Angeles; amerik. Jazzmusiker (Trompete, Kornett). In den 20er Jahren bis 1932 trat er immer wieder in der Band von Fletcher Henderson auf, war 1934–44 einer der Solisten in der Band von Duke Ellington und spielte seit 1948 mit vielen deutschen Swing- und Dixielandmusikern zusammen. Anfang der 50er Jahre arbeitete er als Programmgestalter beim Rundfunk in New York und ging 1956/57 wieder als Musiker in die „Szene" zurück. S. war anfänglich von Bix Beiderbeckes lyrisch getragenem Stil beeinflußt, übernahm dann von Bubber Miley die Anwendung von Dämpfern und die Growl-Technik. Kennzeichnend für ihn wurden die durch das nur halb heruntergedrückte Ventil entstehenden „Quetschtöne" und die sogenannten „sprechenden Effekte" und insgesamt flüssige und ideenreiche Improvisationen.

Lit.: N. SHAPIRO – N. HENTOFF, Jazz erzählt (Mn 1962).

STEWART, Thomas James, * 29. 8. 1928 San Saba (Texas), amerik. Sänger (Bariton). Er studierte an der Juilliard School of Music in New York, trat zunächst als Konzertsänger auf und debütierte als Escamillo in G. Bizets *Carmen* 1957 an der Städtischen Oper Berlin, der er bis 1964 angehörte. 1966 wurde er an die Metropolitan Opera in New York verpflichtet; daneben gastierte er vor allem in Paris, Wien, am Covent Garden in London, bei den Salzburger Festspielen und 1960–75 regelmäßig bei den Bayreuther Festspielen, wo er besonders als Amfortas *(Parsifal)* und Wotan *(Ring des Nibelungen)* beeindruckte. Er ist mit der Sopranistin Evelyn Lear verheiratet.

DAS GROSSE LEXIKON DER MUSIK

8

DAS GROSSE LEXIKON DER MUSIK

in acht Bänden

herausgegeben von
Marc Honegger und Günther Massenkeil

Achter Band

Štich – Zylis-Gara

Herder
Freiburg · Basel · Wien

DAS GROSSE LEXIKON DER MUSIK
herausgegeben von Günther Massenkeil, Bonn

auf der Grundlage des
DICTIONNAIRE DE LA MUSIQUE
herausgegeben von Marc Honegger, Straßburg,
Verlag Bordas, Paris

Redaktionelle Bearbeitung der deutschen Ausgabe:
Karin Andrae, Hamburg; Christian Berger, Kiel; Charles Biegala, Baden-Baden; Marianne Bröcker, Bonn; Marie-Agnes Dittrich, Hamburg; Ursula Eckart-Bäcker, Aachen; Ingela Flotzinger, Graz; Maria Franke, Au bei Freiburg i. Br.; Maximilian Herbstmeier, München; Thomas B. H. Knospe, Kiel; Dieter Kroll, Oststeinbek bei Hamburg; Ulrich Kurth, Kiel; Dieter Möller, Hamburg; Ulrike Patow, Hamburg; Friedemann Pods, Kiel; Barbara Progscha-Weiner, Hamburg; Gertrud Rinderle, Kirchzarten; Peter Ruschenburg, Hamburg; Roswitha Schlager, Erlangen; Angelus Seipt, Köln; Jerg Trescher, Freiburg i. Br.; Petra Weber-Bockholdt, München; Elisabeth Winkler, Graz; Wolfgang Winkler, Graz

sowie die Lexikonredaktion des Verlages Herder

Sonderausgabe für den
Zweiburgen Verlag

Herstellung: Freiburger Graphische Betriebe 1992
ISBN 3-451-22921-8

Allgemeine Abkürzungen

Abb.	Abbildung
Abh.	Abhandlung
Abk.	Abkürzung
Abt.	Abteilung
Acad., Accad.	Academia, Académie, Accademia
a cap., a capp.	a cappella
ad lib.	ad libitum
AG.	Aktien-Gesellschaft
ahd.	althochdeutsch
Akad.	Akademie
amerik.	amerikanisch
anglik.	anglikanisch
Anh.	Anhang
Anm.	Anmerkung
Anon.	Anonymus
anon.	anonym
Ant., Anth.	Antologia, Anthologie
Arch.	Archiv
Art.	Artikel
Assoc., assoc.	Association, associé, associated
AT	Altes Testament
Auff.	Aufführung
Aufl.	Auflage
Ausg.	Ausgabe
ausgew.	ausgewählt
Ausw.	Auswahl
Bar.	Bariton
B.c.	Basso continuo
Bd., Bde.	Band, Bände
bearb., Bearb.	bearbeitet, Bearbeitung
Beitr.	Beitrag, Beiträge
Ber.	Bericht
bes.	besonders
Bibl.	Bibliothek
Bibliogr., bibliogr.	Bibliographie, bibliographisch
Bol., Boll.	Boletin, Bolletino
Br.	Bratsche
Bsp.	Beispiel
Bull.	Bulletin
Bz.	Bezeichnung
bzw.	beziehungsweise
C.	Cantus
ca.	circa
Cat.	Catalog
Cemb.	Cembalo
C.f.	Cantus firmus
Ch.	Chor
Cie.	Compagnie
Co.	Compagnie
Cod.	Codex
dB	Dezibel
ders., dies., dass.	derselbe, dieselbe, dasselbe
d. h.	das heißt
d. i.	das ist
Diss.	Dissertation
Diss. masch.	Dissertation maschinen-geschrieben
Doz.	Dozent
dt.	deutsch
EA	Erstaufführung
ebd.	ebenda
ed., Ed.	edidit, Edition
eig.	eigentlich
engl.	englisch
Enz.	Enzyklopädie
etc.	et cetera (= und so weiter)
ev.	evangelisch
f.	für
f., ff.	folgend, folgende
f., fol.	Folio
Fag.	Fagott
Faks.	Faksimile
Fl.	Flöte
folkl.	folkloristisch
Forsch.	Forschungen
frz.	französisch
FS	Festschrift
GA	Gesamtausgabe
Gb.	Generalbaß
gegr.	gegründet
gem.	gemischt

Ges.	Gesellschaft
Gesch.	Geschichte
Ggs.	Gegensatz
GmbH.	Gesellschaft mit beschränkter Haftung
GMD	Generalmusikdirektor
gregor.	gregorianisch
griech.	griechisch
H.	Heft
Hdb.	Handbuch
Hist., hist.	Historia, historisch
hl.	heilig
Hrsg., hrsg.	Herausgeber, herausgegeben
Hs(s)., hsl.	Handschrift(en), handschriftlich
Hz	Hertz
Inc.	Incorporated
Inst.	Institut
Instr., instr.	Instrument, instrumental
int.	international, internazionale
it.	italienisch
Jb., Jbb.	Jahrbuch, Jahrbücher
Jg.	Jahrgang
Jh(h).	Jahrhundert(e)
Jt.	Jahrtausend
Kap.	Kapitel
Kat.	Katalog
kath.	katholisch
Kb.	Kontrabaß
KG.	Kommandit-Gesellschaft
Kgr.-Ber.	Kongreß-Bericht
Klar.	Klarinette
klass.	klassisch
Klv.	Klavier
Klv.-A.	Klavier-Auszug
KMD	Kirchenmusikdirektor
Kod.	Kodex
Komp.	Komponist, Komposition
Kons.	Konservatorium
Kpm.	Kapellmeister
lat.	lateinisch
Libr.	Libretto
Lit.	Literatur
liturg.	liturgisch
LP	Longplay, Long Player, Langspielplatte
Ltd.	Limited
lyr.	lyrisch
MA, ma.	Mittelalter, mittelalterlich
Man.	Manuale
MD	Musikdirektor
MH	Musikhochschule
mhd.	mittelhochdeutsch
Mitt.	Mitteilung(en)
Ms(s).	Manuskript(e)
musikal.	musikalisch
Musikwiss., musikwiss.	Musikwissenschaft, musikwissenschaftlich
NA	Neuausgabe
Nachdr.	Nachdruck
nat.	national
ndl.	niederländisch
N.F.	Neue Folge
nhd.	neuhochdeutsch
Nr(n).	Nummer(n)
N.S.	Neue Serie
NT	Neues Testament
Ob.	Oboe
OFM	Ordo Fratrum Minorum (Franziskaner)
OHG	Offene Handelsgesellschaft
o.J.	ohne Jahr
o.Nr.	ohne Nummer
o.O.	ohne Ort
op.	opus
Orch.	Orchester
Org.	Orgel
OSB	Ordo Sancti Benedicti (Benediktiner)
Östr., östr.	Österreich, österreichisch
Philos., philos.	Philosophie, philosophisch
Pk.	Pauke
Plur.	Plural
poln.	polnisch
port.	portugiesisch
Pos.	Posaune
Präs.	Präsident
Prof.	Professor
prot.	protestantisch
Prov.	Provinz
Ps(s).	Psalm(en)
pseud.	pseudonym
Reg.	Register
rel.	religiös
Rev.	Revue, Revista
Riv.	Rivista
russ.	russisch
S.	Seite(n)
SA	Société Anonyme
Sb.	Sitzungsbericht(e)
Sing.	Singular
SingSt	Singstimme
SJ	Societas Jesu (Jesuiten)
Slg(en).	Sammlung(en)
s.o.	siehe oben
Soc.	Societá, Société
SOCist	Sacer Ordo Cisterciensis (Zisterzienser)
sog.	sogenannt
span.	spanisch
St., st.	Stimme(en), stimmig
staatl.	staatlich
städt.	städtisch
Str.	Streicher
Stud.	Studien
s.u.	siehe unten
Suppl.	Supplement
Syn., syn.	Synonym, synonym
Trp.	Trompete
TU	Technische Universität
u.	und
UA	Uraufführung
u.a.	und andere, unter anderem

u. ä.	und ähnliches	veröff.	veröffentlicht
Übers.	Übersetzung	versch.	verschiedene
ung.	ungarisch	Verz.	Verzeichnis
Univ.	Universität	vgl.	vergleiche
Unters.	Untersuchung(en)	Vorb.	Vorbereitung
unveröff.	unveröffentlicht	Vorw.	Vorwort
u. ö.	und öfter		
urspr.	ursprünglich	wahrsch.	wahrscheinlich
usf., usw.	und so fort, und so weiter	Wiss., wiss.	Wissenschaft, wissenschaftlich
u. v. a.	und viele andere, unter vielen anderen	WW	Werke (meist Auswahl)
V.	Violine	z.	zu, zum, zur
v.	von	zahlr.	zahlreich(e)
v.	voce, voice, voix (Sing. u. Plur.)	z. B.	zum Beispiel
		zeitgen.	zeitgenössisch
Va.	Viola	Zschr.	Zeitschrift
Var.	Variation	z. T.	zum Teil
Vc.	Violoncello	zus.	zusammen
Ver.	Verein	zw.	zwischen
Veröff.	Veröffentlichung(en)	z. Z.	zur Zeit

Abkürzungen oft verwendeter Verlagsorte

A	Amsterdam	H	Hamburg	NY	New York
An	Anvers (Antwerpen)	He	Helsinki	O	Oxford
Au	Augsburg	Hei	Heidelberg	P	Paris
B	Berlin	Hil	Hildesheim	Pa	Palermo
Ba	Barcelona	Hl	Halle/Saale	Pd	Potsdam
Bas	Basel	I	Innsbruck	Pr	Prag
Be	Bern	Kas	Kassel	R	Roma (Rom)
Bol	Bologna	Kö	Köln	Rb	Regensburg
Brau	Braunschweig	Kop	Kopenhagen	St	Stuttgart
Bru	Bruxelles (Brüssel)	L	Leipzig	Sto	Stockholm
C	Cambridge	Lau	Lausanne	Str	Strasbourg (Straßburg)
C/M	Cambridge/Mass.	Lei	Leiden	Tn	Torino (Turin)
Ch	Chicago	Lis	Lisboa (Lissabon)	Tou	Tournai
Da	Darmstadt	Lo	London	Tü	Tübingen
E	Edinburgh	Ly	Lyon	V	Venezia (Venedig)
Erl	Erlangen	Ma	Madrid	W	Wien
F	Frankfurt am Main	Mi	Milano (Mailand)	War	Warschau
Fi	Firenze (Florenz)	Mn	München	Wb	Wolfenbüttel
Fr	Freiburg im Breisgau	Mos	Moskau	Wie	Wiesbaden
G	Genf	Mr	Münster	Wr	Weimar
Gö	Göttingen	Mz	Mainz	Wü	Würzburg
Gr	Graz	Nü	Nürnberg	Z	Zürich

S

ŠTICH, Jan Václav (Johann Wenzel), genannt Giovanni Punto, * 28. 9. 1746 Žehušice bei Čáslav (Böhmen), † 16. 2. 1803 Prag; böhmischer Hornist und Komponist. Er wurde in Prag und Dresden ausgebildet, floh 1766 aus der Leibeigenschaft des Grafen J. Thun, reiste konzertierend durch Europa und galt bald als der bedeutendste Virtuose auf seinem Instrument. 1769–74 war er Mitglied der kurfürstlichen Hofkapelle in Mainz. 1778 trat er in Paris auf, wo W. A. Mozart für ihn den Hornpart seiner Sinfonia concertante KV 297b = Anh. 9 schrieb. 1782 wurde er Kammermusiker des Grafen von Artois (des nachmaligen frz. Königs Karl X.), 1788 ging er nach London und 1789 erneut nach Paris, wo er 1796–98 Direktor des Théâtre des Variétés Amusantes war. Anschließend kam er über München 1800 nach Wien und lernte L. van Beethoven kennen, der für ihn die Hornsonate op. 17 komponierte und sie mit ihm im selben Jahr aufführte. Š.s Kompositionen schöpfen die damaligen Klangmöglichkeiten des Horns voll aus.

WW: Für u. mit Horn: Duos; Trios; Quartette; Quintette; 1 Sextett, 14 Horn-Konzerte (vielleicht Bearbeitungen von Werken anderer Komponisten). – Ferner 6 Violoncello-Sonaten mit B.c.; Fl.-Trios; Fl.-Quartette; 1 Klar.-Konzert; 2 Hymnen für Soli, Chor u. Orch. sowie eine *Seule et vraie méthode pour apprendre facilement les éléments des 1er et 2e cors* (P 1798).

Ausg.: 2 Quartette für Horn, V., Va. u. Vc., hrsg. v. A. GOTTRON (Kas 1951 u. 1960) (= Hortus Mus. 93 u. 171).

Lit.: G. J. DLABACŽ, Allgemeines hist. Künstler-Lexikon (Pr 1815, Nachdr. 1973); R. MORLEY-PEGGE, The French Horn (Lo 1960, ²1973); M. POŠTOLKA, S., in: MGG XII; H. A. FITZPATRICK, The Horn and Horn-Playing and the Austro-Bohemian Tradition 1680–1830 (Lo 1970).

STICHERON (von griech. stichos = Vers), in der byzantinischen Kirchendichtung und Musik Bz. für eine einstrophige Hymne. Wie die Troparia (↗Troparion), so wurden auch die Stichera ursprünglich zwischen den Versen eines Psalmes, also in Verbindung mit der Stichologie (daher der Name S.), gesungen. Die Stichera machen das Hauptkorpus des in der Messe und im Offizium gesungenen Repertoires aus. Ihre Melodien sind in bestimmten Hss., den sog. Sticherarien, enthalten, die vom 10. Jh. an in großer Zahl überliefert sind. Das vollständige Sticherarion umfaßt die Stichera der Menäen, des Triodion, Pentekostarion und des Oktoechos. Diese gliedern sich nach ihrer Struktur, ihrer Bestimmung, ihrem Inhalt und ihrem liturgischen Ort in Familien: Die *Stichera idiomela* haben eine eigene metrische Struktur und Melodie, während die *Stichera prosomoia* im metrischen Bau und in der Melodie einem Modell folgen. Die *Stichera anastasima* kreisen um die Auferstehung des Herrn; die *Theotokia* und die *Stichera dogmatika* gelten der Theotokos (= Gottesgebärerin); die *Staurotheotokia* sind Klagelieder der Theotokos unter dem Kreuz. Die *Stichera heothina* werden im Orthros (Morgengottesdienst) gesungen, die *Stichera doxastika* in Verbindung mit der kleinen Doxologie, die *Stichera aposticha* mit vereinzelten Psalmversen. Der bedeutendste Dichter von Stichera ist Johannes Damascenus. Andere Meloden des 8./9. Jh. sind Andreas von Kreta, Kosmas von Jerusalem, Theodoros Studites und Theophanes Graptos. Zahlreiche Idiomela, Theotokia und Staurotheotokia stammen von Kaiser Leo VI. – ↗Byzantinischer Gesang.

Lit.: E. WELLESZ, A Hist. of Byz. Music and Hymnography (O ³1963); C. FLOROS, Universale Neumenkunde, 3 Bde. (Kas 1970); G. AMARGIANAKIS, An Analysis of Stichera in the Deuteros Modes, 2 H.e (Kop 1977).

C. FLOROS

STIEDRY, Fritz, * 11. 10. 1883 Wien, † 9. 8. 1968 Zürich; amerik. Dirigent östr. Herkunft. Er studierte Komposition bei E. Mandyczewski am Wiener Konservatorium und promovierte zum Dr. jur. an der Universität. Auf Empfehlung G. Mahlers war er 1907–08 Assistent E. von Schuchs an der Hofoper in Dresden, seit 1914 1. Kapellmeister an der Staatsoper in Berlin, 1924–25 Direktor der Wiener Volksoper, dann Konzertdirigent und ging 1928 an die Städtische Oper Berlin, an der er 1929–33 als musikalischer Leiter wirkte. 1933–37 leitete er die Leningrader Philharmonie, emigrierte 1938 in die USA und war 1946–58 einer der leitenden Dirigenten an der Metropolitan Opera in New York, wo er sich vor allem als Mozart-, Wagner- und Verdi-Dirigent profilierte. S. setzte sich besonders für A. Schönberg ein, zu dessen persönlichem Freundeskreis er gehörte.

STIEFEL ↗Lingualpfeifen.

STIL (engl., frz.: style; it.: stile; span.: stilo). Das Wort geht auf lat. stilus (und nicht aufs Griechische) zurück, wo es statt in seiner ursprünglich konkreten Bedeutung „Griffel" schon bald abstrakt als Terminus der Rhetorik auftrat, der den gewandten und angemessenen sprachlichen Ausdruck auf die ihm gemäßen Stoffe und Situationen bezog und dann etwa nach stilus humilis, mediocris und gravis einteilte. – Daneben wandte die antike Rhetorik aber auch schon einen S.-Begriff an, der erst im 18. Jh., besonders in musiktheoretischem Zusammenhang, wieder entwickelt wurde: statt für das Verhältnis zwischen Beredsamkeit (elocutio) und Sache oder Thema stand stilus für den Bezug einer bestimmten elocutio auf ihren jeweiligen Autor (oder eine Autorengruppe).
Während der Terminus im Deutschen als Fremdwort zur Bz. der literarischen Darstellungsweise schon seit dem 15. Jh. belegt ist, gelangt er über it. ↗Stile recitativo erst im Lauf des 17. Jh. in die dt. musiktheoretische Fachsprache (z.B. bei M. Praetorius 1619, Chr. Bernhard um 1660). Bis ins 18. Jh. hinein wird er neben dem schon länger gebräuchlichen lat. Fremdwort stilus (bzw. in irriger Etymologie als stylus: so z.B. Stylus gravis, Stylus antiquus, Stylus ecclesiasticus) z.T. in Synonymität zur ebenfalls aus dem Italienischen entlehnten Maniera (↗Manier) verwandt (↗Stile antico, Stile moderno, ↗Stile concitato, ↗Stile rappresentativo u.a.). Zwar dauert dieser Gebrauch des Terminus, der mit der Sache auch das Wort aus dem Italienischen übernahm – oder auch aus dem Französischen (↗galanter Stil), wobei es zu der bis ins 20. Jh. hinein gebräuchlichen Schreibweise Styl kam –, noch lange an, jedoch entwickelt sich im 18. Jh. ein typisch kunstwiss. S.-Begriff, der sich aus dem Abstand zwischen J. A. Scheibes völlig wertfreier Definition, der Stylus sei eine gewisse Manier des musikalischen Vortrags (*Critischer Musicus,* 1745), und der Auffassung J. J. Winckelmanns oder J.W. von Goethes ermessen läßt, die zwischen S. und Manier geradezu einen Gegensatz sahen. Damit wird der S. eines Komponisten, einer Epoche, einer Region, einer Schule oder auch, erneut, einer Gattung (z.B. durch den Anspruch des symphonischen S.s) mehr und mehr zu einer kunstwissenschaftlichen Wertungskategorie. Galt J. G. Walther der Personal-S. noch als „die Art und Weise, welche eine jede Person besonders vor sich zu componieren hat" (*Musicalisches Lexicon,* 1732), oder Scheibe als das, „wodurch sich immer ein Komponist vom anderen unterscheidet" (*Critischer Musicus,* 1745), so treten zur selben Zeit Ansätze eines stark wertenden S.-Begriffs auf, wie z.B. bei G. E. Lessing, der ausschließlich die Wahrheit als Quelle allen glänzenden S.s gelten lassen wollte. Umgekehrt gilt Stillosigkeit (ebenfalls sowohl umgangssprachlich als auch in kunstwissenschaftlichem Zusammenhang) als schwerwiegender Vorwurf. M. Reger, der einmal bei G. Meyerbeer und G. Mahler „das Fehlen jeglichen S.s" moniert, begründet dieses Verdikt im Sinne des erwähnten Gegensatzes zwischen Manier und S.: beide arbeiteten eben bloß „mit Affektmitteln äußerlicher Natur". Die wissenschaftstheoretische Trennung von erklärenden (Natur-) und verstehenden (Geistes-)Wissenschaften sowie die systematische Ausbildung einer spezifisch geisteswiss. Methodik, wie sie im 19. Jh. einsetzt, rükken den S.-Begriff ins Zentrum kunstwiss. Forschung. Musikwissenschaft wird von Forschern wie G. Adler, E. Bücken oder P. Mies wesentlich als geisteswiss. orientierte S.-Forschung betrieben: durch historische Analyse der Musikwerke und ihres dokumentarischen Charakters bildet die Erkenntnis des (Epochen-)S.s die eigentliche Aufgabe musikwiss. Forschung. Die Methodik einer musikalischen S.-Kunde, wie sie etwa E. Bücken und P. Mies 1923 beschrieben, beruht auf einem S.-Begriff, der wertfrei scheint: „S. ist die Summe aller … konstant auftretenden musikalischen Formung." Sie vollzieht sich in 2 grundsätzlichen Schritten: 1. Isolierung der einzelnen S.-Momente und 2. „möglichst vollständige Übersicht über das Auftreten des isolierten Faktors im betrachteten Umkreis". Auch der völlig positivistisch orientierte S.-Begriff, den Z. Lissa vorgebracht hat, betont das Moment der Invarianz von S. unter stärkerer Einbeziehung des biographischen Kontexts: „S. ist die Art, in der man sich eines Komplexes technischer Mittel bedient, die für eine bestimmte Zeit und für ein bestimmtes Milieu typisch sind" (*Fragen der Musikästhetik,* 1954). An welchen konkreten Gestaltungsfaktoren nun S.-Momente unterscheidbar werden, ist ein systematisches Problem, das dem einer Definition der substantiellen Momente vom Inbegriff der Musikwerke in der Musikgeschichte gleichkäme. Die immer wieder einmal unternommenen Kategorisierungsversuche zeigen, daß für den S.-Begriff, wird er als systematisches Problem

verstanden, dasselbe gilt wie für den Begriff der ↗Musik selbst: Zwar sind S.-Begriffe stets notwendig, wo es um musikwiss. Charakterisierung des (geschichtlichen) Gegenstands geht; sie betreffen jedoch der Möglichkeit nach alle Dimensionen ihres Gegenstands: Form und Inhalt, Satztechnik und Aufführungspraxis, Material, Bedeutung, Gattung und Funktion, möglicherweise selbst noch die Sprache, in der man über Musik redet.

Lit.: A. RIEGL, Stilfragen (B 1893); G. ADLER, Der S. in der Musik (L 1911); W. R. WORRINGER, Abstraktion u. Einfühlung Ein Beitr. z. Stilpsychologie (Mn 1911); H. WÖLFFLIN, Kunstgeschichtl. Grundbegriffe (Mn 1915); K. MEYER, Zum Stilproblem in der Musik, in: ZfMw 5 (1922/23); E. BÜCKEN – P. MIES, Grundlagen, Methoden u. Aufgaben der musikal. Stilkunde. Ein Versuch, in: ebd.; E. KATZ, Die musikal. Stilbegriffe des 17. Jh. (Diss. Fr 1926); M. FRIEDLAND, Zeitstil u. Persönlichkeitsstil in den Variationswerken der musikal. Romantik (L 1930) (= Slgen. musikwiss. Einzeldarstellungen 14); G. ADLER, Style-Criticism, in: MQ 20 (1934); H. ROSENBERG, On the Analysis of Style, in: AMl 9 (1937); R. H. ROWEN, Some 18th Century Classifications of Musical Style, in: MQ 33 (1947); W. WEISBACH, Stilbegriffe u. Stilphänomene. Vier Aufsätze (W 1957); J. S. ACKERMANN, A Theory of Style, in: Journal of Aesthetics 20 (1962); Z. LISSA, Über die nationalen S.e, in: BzMw 6 (1964); W. VETTER, H. Wölfflin u. die musikal. Stilforschung, in: FS H. Engel (Kas 1964); L. CROCKER, A Hist. of Musical Style (NY 1966); S. KUNZE, S., in: RIEMANN ML Sachteil; A. HOPF, Die Struktur des ästhetischen Urteils (Mn 1968); E. SHAPER, The Concept of Style. The Sociologist's Key to Art?, in: Brit. Journal of Aesthetics 9 (1969); J. DE LARUE, Guidelines for Style Analysis (NY 1970); K. G. FELLERER, Der Stilwandel in der abendländ. Musik um 1600 (Kö-Opladen 1972); S. KUNZE, Zur Kritik des Stilbegriffs in der Musik, in: Kgr.-Ber. Kopenhagen 1972 (Kop 1972); G. HAUSSWALD, Musikal. Stilkunde (Wilhelmshaven 1973); C. DAHLHAUS, Musik als Text, in: Dichtung u. Musik, hrsg. v. C. Schnitzler (St 1979).

R. CADENBACH

STILE ANTICO (it., = alter Stil), ein im 17. Jh. geprägter Begriff zur Bz. einer vokalen Satzweise, die am ↗Kontrapunkt G. P. da Palestrinas orientiert ist. Er setzt das Bewußtsein eines modernen Stils voraus, wie er durch die um 1600 zuerst in Italien zur Geltung kommenden neuen musikalischen Gestaltungskräfte der ↗Monodie und des ↗Concerto determiniert ist. Synonyma des S. (und seiner lat. Entsprechung Stilus antiquus) sind im 17./18. Jh. u.a. Stylus bzw. Contrapunctus gravis, Stile a cappella (↗a cappella), Stylus motecticus, Stylus praenestinus, ↗Prima pratica sowie die entsprechenden it. und dt. Bezeichnungen, darunter seit dem 19. Jh. bes. auch ↗Palestrinastil.

Lit.: CH. WOLFF, Der S. in der Musik J. S. Bachs (Wie 1968) (= Beih.e z. AfMw 6).

STILE CONCERTATO, konzertierender Stil, als Gegenbegriff zu ↗Stile antico oder Stile a cappella (↗a cappella) zusammenfassende Bz. für eine vokale und vokal-instrumentale Satzweise vornehmlich des 17. Jh., die auf dem ↗Concerto-Prinzip in seinen vielfältigen Ausprägungen beruht.

STILE CONCITATO (it., = erregter Stil), eine Satzweise, die von Cl. Monteverdi erfunden wurde, um erregte Vorgänge, wie etwa einen Kampf, musikalisch zu schildern oder um speziell den Affekt des Zornes auszudrücken. Er ist charakterisiert durch schnelle Tonwiederholungen in Sechzehnteln und/oder die Folge daktylischer Rhythmen (♪♫ ♪♫ usw.). Die frühesten Belege finden sich in Monteverdis *Combattimento di Tancredi e Clorinda* (1624):

Dieses Werk ist gedruckt im 8. Madrigalbuch (1638), dessen *Madrigali guerrieri* weitere Beispiele enthalten und in dessen Vorrede sich Monteverdi programmatisch zum S. äußert. Er wird in der Folgezeit bis ins 18. Jh. hinein von zahlreichen Komponisten (u.a. J. S. Bach, G. Fr. Händel) in ähnlichem Textzusammenhang in weltlicher und geistlicher Vokalmusik verwendet.

STILE RAPPRESENTATIVO (it., = dargestellter, darstellender Stil), umfassende Bz. – so erstmals in der Vorrede zu G. Caccinis *Euridice* (1600) – für die monodische Schreibweise der frühen Oper. Was bereits in den ersten Werken grundsätzlich angelegt ist, hat dann Cl. Monteverdi zukunftweisend weitergeführt: die dreifache Differenzierung des S. in eine erzählende, eine den Wortsinn und -affekt ausdrückende und eine ariose ↗Monodie (Stile recitativo im engeren Sinn bzw. Stile narrativo, Stile espressivo und Stile arioso, wobei die zeitgenössische Terminologie weder eindeutig noch einheitlich ist). Während sich früh längere Abschnitte im durchgehenden Stile arioso beobachten lassen (die als Vorläufer der ↗Arie zu gelten haben), wechseln Stile narrativo und Stile espressivo oft auf engstem Raum miteinander ab entsprechend dem erzählenden oder expressiven Charakter des Textes. Satztechnische Grundlage für beide Stilarten ist die syllabische Deklamation über den gehaltenen Tönen des B.c. Ein klassisches Beispiel ist die Szene der Botin aus Monteverdis *Orfeo* (1607) mit ihrem Stilwechsel im Verlauf der folgenden Stelle:

Die Ausgangssituation (Euridice pflückt mit ihren Gefährtinnen Blumen) ist bis Takt 6 im Stile narrativo gehalten (weitgehend diatonische Melodik mit regulärer Dissonanzbehandlung). Ab Takt 7, wenn von der Schlange und ihrem Biß und dem Erbleichen Euridices die Rede ist, wechselt und intensiviert sich auch der musikalische Ausdrucksstil (freiere Dissonanzbehandlung, schnelle Modulation nach E-Dur, abrupter Einsatz von g-moll: all dies übrigens erklärbar im Sinne der musikalischen Figurenlehre).

Nach Monteverdi (der den Terminus Genere rappresentativo ausdrücklich zur Kennzeichnung seines *Combattimento di Tancredi e Clorinda* verwendet; ↗Stile concitato) und unter seinem Einfluß wird der S. ein zentrales Element der Oper und aller Sologesangformen des 17. Jh., bevor sich aus ihm das ↗Rezitativ entwickelt.

STILE RECITATIVO (it., = rezitierter, rezitierender Stil), sowohl im weiteren Sinn und gleichbedeutend mit ↗Stile rappresentativo verwendete Bz. für die Monodie der frühen Oper als auch im engeren Sinn (synonym: Stile narrativo) Bz. für die erzählenden Partien darin. Bezeichnung und wesentliche textlich-musikalische Elemente des S. gehen im Verlauf des 17. Jh. in das ↗Rezitativ über.

STILL, William Grant, * 11. 5. 1895 Woodville (Mississippi), † 3. 12. 1978 Los Angeles; amerik. Komponist. S. studierte am Oberlin Conservatory, bei G. Chadwick in Boston und bei E. Varèse in New York. Seine *Afro-American-Symphony* (1931) ist das erste symphonische Werk eines Komponisten schwarzer Hautfarbe. Ebenso ist S. der erste Neger, der ein namhaftes amerikanisches Orchester leitete (Hollywood Bowl, 1936) und für Radio, Film und Fernsehen schrieb. Seine Werke (5 Symphonien sowie andere Orchesterwerke, Chorwerke, mehrere Ballette und Opern) sind durch die amerikanische Folklore, insbesondere durch das Negro Spiritual, beeinflußt und fanden durch die Spontaneität des musikalischen Ausdrucks lebhafte Resonanz. S. erhielt die Ehrendoktorwürde mehrerer amerikanischer Universitäten.

Lit.: Werk-Verz. in: Bol. interamericano de música (1959) Nr. 14, u. in: Composers of the Americas 5 (Washington/D.C. 1959, Nachdr. 1964); R. R. SIMPSON, W. G. S. The Man and His Music (1964) (= Diss. Michigan State Univ.); W. G. S. and the Fusion of Cultures in American Music, hrsg. v. R. B. HAAS (Los Angeles 1972).

STIMMBÄNDER ↗Stimme.

STIMMBILDUNG ↗Stimme.

STIMMBOGEN, Inventionsbogen (engl.: crook, shank; frz.: corps (ton) de rechange; it.: ritorto; span.: tonillo), Bz. für zusätzliche Rohrabschnitte, die bei Blechblasinstrumenten (Naturhorn, -trompete) eingesetzt werden, um die Länge der schwingenden Luftsäule und damit die Höhe des Grundtons zu verändern. Stimmbögen bestehen entweder aus kreisrund gebogenen Rohrstücken, die zwischen Mundstück und -rohr eingesetzt werden, oder aus U-förmigen, austauschbaren Teilstücken der Rohrwindung. – ↗Horn 2).

STIMMBRUCH, Mutation, Mutierung (von lat. mutatio = Änderung), Bz. für den durch rasches Wachsen des Kehlkopfes und hormonale Vorgänge bedingten Stimmwechsel während der Geschlechtsreife. Der Übergang von der Knaben- zur

Männerstimme (oft Mutation von einer Sopran- zur Baßstimme und von einer Alt- zur Tenorstimme) ist wesentlich auffälliger, schneller und tatsächlich als „Bruch" hörbar, während der Übergang von der Mädchen- zur Frauenstimme sich langsamer und in viel geringerem Umfang vollzieht. Die künstliche Verhinderung des S.s bei männlichen Sängern durch Entfernung der Keimdrüsen war im 16.–17. Jh. die Voraussetzung für den ↗Kastraten-Gesang.

STIMMBUCH – CHORBUCH. Im musikwissenschaftlichen Sprachgebrauch komplementäre Begriffe für die Aufzeichnungsform mehrstimmiger Kompositionen des 15.–18. Jahrhunderts. Stimmbuch (S.) ist die Bz. für eine Hs. oder einen Druck, der nur eine einzige Vokal- oder Instrumentalstimme einer oder mehrerer Kompositionen enthält. Demgegenüber sind in einem Chorbuch (Ch.) alle Stimmen auf einem „Lesefeld", das die beiden aufgeschlagenen Seiten umfaßt, blockweise je für sich (also nicht untereinander wie bei der ↗Partitur) notiert, so daß die Stimmen von allen Sängern gleichzeitig gelesen werden können. Die Ch.-Notierung hat ihren Ursprung in der Aufzeichnungsweise der ↗Motette des 13. Jh. und bleibt für die Kirchenmusik in allen europäischen Ländern bis um 1600 vorherrschend. In der Regel, wie sie etwa in den Werken der Niederländer gegeben ist, sind die Stimmen folgendermaßen auf das verso- (links) und recto- (rechts) Blatt notiert:

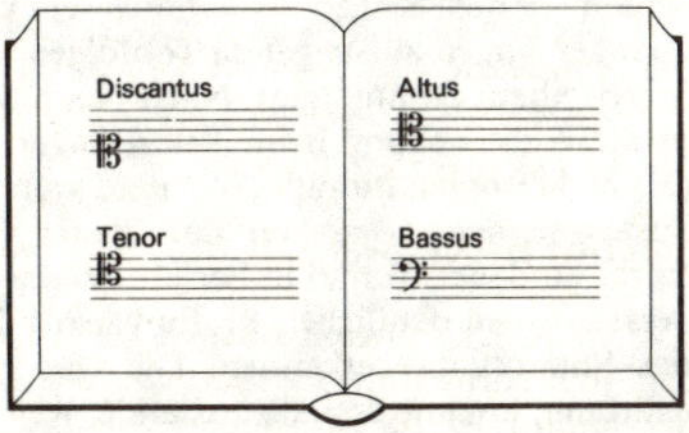

In deutschen Quellen erscheint oft der Tenor auf dem recto-, der Bassus auf dem verso-Blatt. Die S.-Notierung ist jünger als die Ch.-Notierung. Sie hat ihr frühestes Zeugnis in dem ↗Glogauer Liederbuch (um 1480), ist zunächst auf deutsche Hss. mit weltlicher und geistlich-nichtliturgischer Musik beschränkt, gewinnt aber nach der Verbreitung des Notendrucks in allen Ländern zunehmend an Bedeutung gegenüber der Ch.-Notierung und wird vollends in der Musik des 17. Jh. die Normalform der musikalischen Aufzeichnung von geistlicher und weltlicher Ensemblemusik, während gleichzeitig die Bedeutung der Partitur zunimmt. Für die Überlieferung der Musik vom 18. Jh. ab spricht man nun auch nicht mehr von Stimmbüchern, sondern von Einzelstimmen (so etwa bei Orchester- und Chorstimmen und in der Kammermusik).

Lit.: H. ALBRECHT – H. BESSELER, Chorbuch, in: MGG II; L. FINSCHER, Stimmbuch, in: MGG XII; J. MOREHEN, Partbooks, in: Grove[6] XVII.

STIMME. – 1) Das menschliche Organ zur Klangerzeugung und ein Grundelement jeglicher Musik. Generell sind zu unterscheiden eine Sprech-, Ruf-, Sing- und Flüsterstimme. Davon nutzbar im musikalischen Sinn ist in erster Linie die Sing-S. (↗Gesang), gelegentlich aber auch die anderen Stimmarten (↗Sprechen).
Wesentlich für die Stimmbildung (Phonation) ist, daß sie durch Regelungs- und Rückkoppelungssysteme des zentralen und peripheren Nervensystems gewährleistet wird. Bis jetzt sind 3 dieser Systeme, über die wir die Stimmbildung kontrollieren und korrigieren, nachgewiesen: 1. akustische Wahrnehmung durch die Luftleitung, 2. akustische Wahrnehmung durch die Knochenleitung und 3. ein taktilkinästhetisches System unter der Beteiligung nervöser Elemente in der Schleimhaut und in den beteiligten Muskeln. Die Abläufe der Ein- und Ausgänge auf den 3 zentralorganischen Stufen lassen sich folgendermaßen schematisch verdeutlichen:

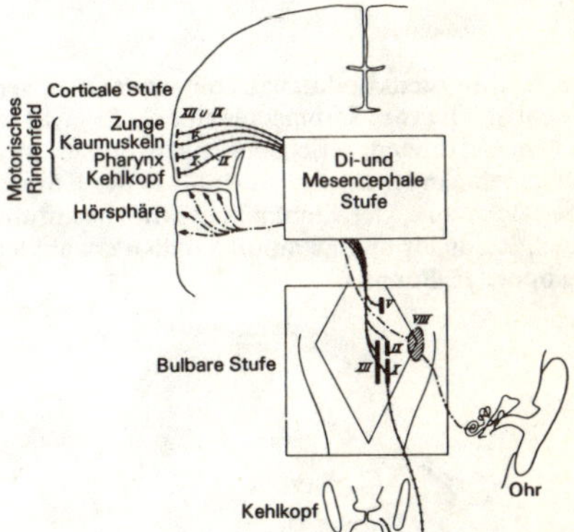

Auf den Kehlkopf wirkt der X. Hirnnerv (nervus vagus) mit je einem oberen und unteren Kehlkopfast. Der letztgenannte Nerv (nervus recurrens) hat für die Beweglichkeit der Stimmlippen die größte Bedeutung.
Die in der Wirklichkeit äußerst komplizierten und komplexen Steuerungssysteme wirken gleichzeitig

auf die Atmung, Stimm- und Lautbildung und ermöglichen beispielsweise das Nachsingen oder eine Stimmkorrektur beim Mitsingen in der Zeitspanne von nur etwa 6 msec. Darüber hinaus kann experimentell nachgewiesen werden, daß unwillkürliche Kehlkopfbewegungen nicht nur beim Anhören, sondern auch beim inneren Vorstellen von Musik zustande kommen. Diese registrierbaren Bewegungen sind abhängig von der Musikalität der untersuchten Personen.

Stimmerzeugung. Bei der Stimmbildung ist der Kehlkopf als Geräuschgenerator einerseits mit dem Atemrohr (Lungen, Bronchialraum, Luftröhre) und andererseits mit dem Ansatzrohr (Rachen-, Mund-, Nasen- und Nasennebenhöhlen) gekoppelt:

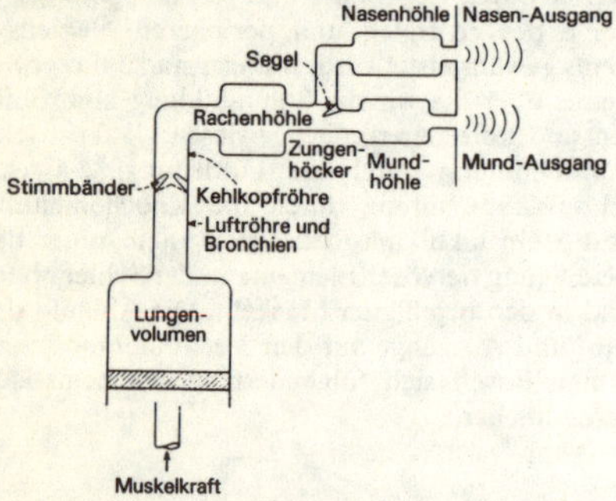

Das Organsystem ist durchaus mit einer Orgel vergleichbar. Die vom Stimmgenerator als Engpaß im System ausgehenden Schwingungen breiten sich mit abnehmender Energie auch längs der Körperoberfläche aus. Der Stimmklang wird beeinflußt durch Resonanz und Dämpfung in den erwähnten gekoppelten Räumen.

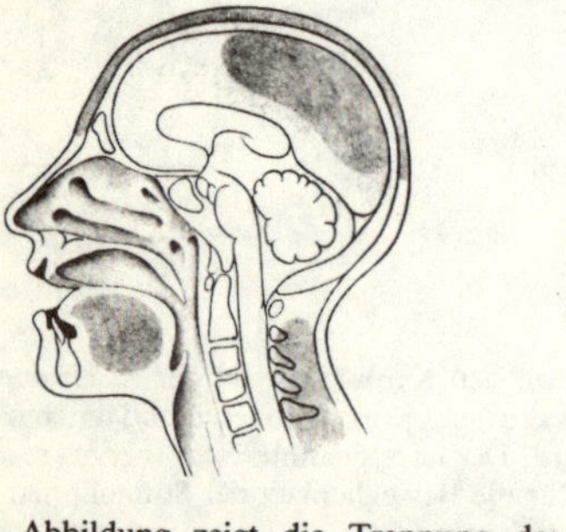

Die obige Abbildung zeigt die Trennung des Mund- und Nasenraumes durch den harten und den beweglichen weichen Gaumen. Bei ungenügend angehobenem Gaumensegel, wie dargestellt, ist der Stimmklang offen genäselt. Unterhalb der Zunge ist auf der Abbildung der Kehldeckel angeschnitten. Seine funktionelle Stellung entscheidet neben Auf- und Abwärtsbewegungen des Gesamtorgans über das „offene" und „gedeckte" Singen. Die Stimmerzeugung ist abhängig von der Bereitstellung genügender Luftmengen und -drucke in der Ausatmungsphase im Rahmen der Sing- und Sprechatmung. Für den Sänger ist die Atemstütze wichtig. Diese allein leitet eine gesangshygienische und ästhetische Atemregulierung, wobei durch eine bewußte Verlangsamung der Ausatmung, unter Kontrolle des Muskelempfindens und des Drucksinns, das Stützen der Tongebung erreicht wird. Das Stützen (Appoggiare) zeigt eindrucksvoll die enge Verbundenheit der Atmung mit dem Kehlkopf und dem Ansatzrohr. Der Kehlkopf (Larynx) besteht aus Knorpeln, Bändern und der inneren und äußeren Kehlkopfmuskulatur. Dieser myoelastische Apparat ist am Knochen des Zungenbeins „aufgehängt" und außerordentlich beweglich. Das Organ steigt beim Schlucken und bei der Einatmung in die Höhe und senkt sich bei der Ausatmung. Bei unausgebildeten (Natur-)S.n wird bei hohen Tönen der Kehlkopf nach oben gehoben und sinkt bei tiefen Tönen. M. Nadoleczny beschreibt diesen Vorgang folgendermaßen: Je besser geschult eine S. sei, desto kleiner sei im allgemeinen die Kehlkopfbewegung, namentlich beim Aufwärtssingen, während die Einstellbewegung nach unten vor dem Singen beträchtlich sein kann. Gute Sänger singen aufsteigende Tonfolgen meist mit tiefgestelltem Stimmorgan. Nach Nadoleczny erfolgt diese Tiefstellung beim Kunstsänger häufig, aber nicht immer, bewußt. Während kein starrer Zusammenhang zwischen der Stellung des Kehlkopfs und der Tonhöhe besteht, kann man andererseits einen deutlichen Einfluß seiner Lage auf das Stimmtimbre erkennen. Die veränderte Klangfärbung kommt deshalb zustande, weil sich zugleich mit den Kehlkopfbewegungen auch die Dimensionen des oberen Kehlraums ändern.

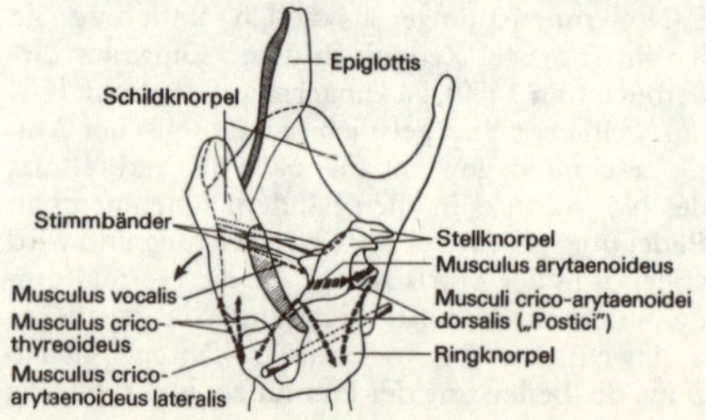

Die vorstehende Abbildung zeigt den Aufbau des Kehlkopfknorpels, einschließlich des Kehldeckels (Epiglottis), und schematisch die Lage der Stimmbänder, vorn fest mit dem Schildknorpel verbunden, hinten beweglich mit den symmetrischen Stellknorpeln, sowie die Funktionen der wichtigsten Muskeln. Zur besseren Darstellung ist das linke obere Schildknorpelhorn abgetragen.

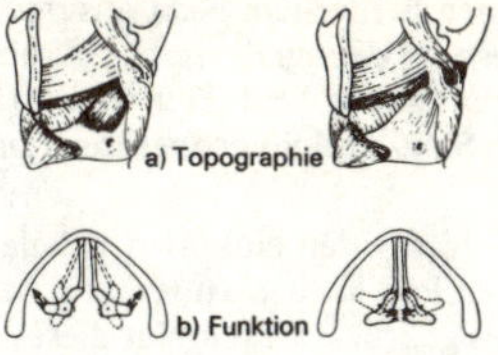

Die Abbildung verdeutlicht schematisch die Funktion der Stellknorpel in ihren Gelenken und der anhängenden Stimmbänder bzw. Stimmlippen, wenn man sich den eigentlichen Stimmuskel (musculus vocalis) ergänzt vorstellt. Die Stellknorpel können in ihren Gelenken jeweils kippende und gleitende Bewegungen ausführen, unter anderem um die Spannung des Stimmuskels zu verändern. Die Stimmritze (Glottis) zeigt in gestrichelten Linien die Atmungsstellung, in den ausgezogenen Linien unter Verkürzung links oder Verlängerung rechts in der Abbildung die Phonationsstellung.
Die Stimmbildung erfolgt unter den Bedingungen der aerodynamischen und klassischen muskuloelastischen Theorie der Stimmerzeugung. Ein bestimmtes Ausatmungsvolumen von einem bestimmten Luftdruck bewegt die durch das Zentralnervensystem eingestellten elastischen Stimmlippen zu selbsterregten Schwingungen. Die Einstellungsbewegungen vor Phonationsbeginn werden nervös gesteuert. Die Stimmritze ist im allgemeinen zunächst geschlossen und wird durch eine subglottische Luftdruckerhöhung gesprengt. Die dann durch die Glottis strömende Luft bewirkt durch die Sprengung an der Stimmlippenoberseite und durch nachfolgendes Ansaugen der Schleimhaut an der Unterseite der Stimmlippen während der Schwingungen Öffnungs- und Schließungsphasen (Bernoullisches Gesetz). Unter den Bedingungen der Brust-S. ist mit Ausnahme des Anlautens tiefer Töne die Stimmritze geschlossen, der Stimmuskel entspannt, und die Schwingungen sind langsam und ausladend. Mit steigender Tonhöhe strecken sich die Stimmlippen und spannen sich stärker an. In der Mittel-S. kann man einen fast parallelen Verlauf der Stimmlippen feststellen. Deutlich verschieden ist das Schwingungsverhalten in der Kopf-S. bzw. dem ↗Falsett. Jetzt bleibt die Stimmritze offen, die Stimmlippen sind straff gespannt und schwingen mit kleiner bis kleinster Amplitude. Beim Falsetton schwingt nur der mittlere Rand der Stimmlippe, während der wesentlich größere, seitwärts gelegene Teil der Stimmlippe sich nicht bewegt. Bei der menschlichen S. handelt es sich nicht um Sinusschwingungen, sondern um komplizierte Schwingungen, die erzeugt werden (↗Fourieranalyse). Ein Klang ist danach charakterisiert als eine Superposition von Sinusschwingungen, deren Frequenzen in einem ganzteiligen Verhältnis zueinander stehen (sog. Harmonische, die in ihrer Folge die Naturtonreihe oder Obertonreihe bilden bzw. Grundton und ↗Formanten). Gute Sänger zeichnen sich durch einen ausgeprägten 3000 Hz-Formanten aus.

Stimmleistungen. Nach der Art der Stimmgebung unterscheidet man Flüstern, Räuspern, Husten, Sprechen, Rufen, Singen und Jodeln. Für die Sprech-, Ruf- und Sing-S. sind die Art des Stimmeinsatzes und Absetzen der S. von besonderer Bedeutung. Verschiedene akustische Eindrücke entstehen bei den 3 Möglichkeiten einer genauen Koordination des subglottischen Luftdruckes und der entsprechenden Bewegungsabläufe im Bereich der Stimmlippen: 1. Der für die dt. Sprache charakteristische harte oder feste Stimmeinsatz (z.B. „ab"). Die Glottis wird rasch fest geschlossen, die subglottische Druckkurve steigt steil an, und die Phonation beginnt im Extremfall mit einem Glottisschlag als Ausdruck der Sprengung. 2. Der für die frz. Sprache charakteristische weiche oder leise Stimmeinsatz (z.B. „Manier"). Die Glottis schließt sich langsamer, zunächst zu einem elliptischen Spalt. Durch den allmählich verstärkten Atemdruck, sichtbar durch ein langsameres und weniger steiles Ansteigen der Druckkurve, erfolgen gleichmäßig zunehmende Stimmlippenschwingungen. Diese Art wird beim Gesang seit jeher bevorzugt. 3. Der gehauchte Stimmeinsatz (z.B. „Haus"). Die Annäherung der Stimmlippen vollzieht sich langsam, und man hört ein leises Hauchgeräusch, das rasch und ohne Unterbrechung in die anklingende S. übergeht. Die glottische Einsatzbewegung ist biphasisch, der subglottische Druck steigt langsam in flache Kurvenform an. Der vollständige Verschluß der Glottis erfolgt deutlich verzögert. Entsprechend den Stimmeinsätzen sind 3 Arten des Absetzens der Stimmbildung zu beobachten: Beim harten Absetzen öffnet sich die Glottis rasch unter steilem Abfall des subglottischen Drucks. Beim weichen Absetzen klingt die Stimmgebung nach langsamerer Öffnung der Glottis ohne Geräusch allmählich aus. Beim gehauchten Absetzen öffnet

sich die Glottis langsam, und es ist ein anschließendes Hauchgeräusch hörbar.
Bezüglich der Stimmstärke unterscheidet man piano, mezzoforte und forte. Neben den akustischen Eindrücken sind Schalldruckmessungen zu fordern. Die Stimmstärke hat einen deutlichen Einfluß auf die hohen Obertöne. Bei Schwelltönen (crescendo) wird eine deutliche Verstärkung der Amplituden bei erhöhtem subglottischem Druck beobachtet, dem die elastische Spannung der Stimmlippen entgegenwirkt. Die Stimmumfänge der menschlichen S. reichen vom F_1 (43 Hz) bis zum e^4 (2607 Hz) unter Einbeziehung laryngealer Pfeiftöne bis g^4 (3100 Hz). R. Schilling fand, hochgerechnet auf unsere Bevölkerung, in etwas mehr als der Hälfte der untersuchten Stimmen einen Umfang von 2–2½ Oktaven, bei einem Viertel einen Umfang von 1⅓–2 Oktaven und bei etwa einem Sechstel einen Umfang von mehr als 2½ Oktaven. Die extremen Werte, kleiner als 1⅓ Oktaven und größer als 3 Oktaven, betragen je 1–4%.
Die Sing-S.n von Männern und Frauen teilt man ein in ↗Baß, ↗Bariton und ↗Tenor bzw. ↗Alt, ↗Mezzosopran und ↗Sopran. Diese unterscheiden sich in stimmphysiologischer Sicht nicht nur durch die Verteilung der Register, die vorherrschende Klangfarbe, die Lage des Umfangs, sondern auch durch die mittlere Sprechstimmlage. Die mittlere Sprechstimmlage liegt bei Bässen meist um G und A, bei Baritonen meistens um B und c und bei Tenören meistens um c. Bei den Sängerinnen liegt sie normalerweise eine Oktave höher. Die Altistinnen und Mezzosoprane sprechen meist um a, die Soprane am häufigsten um h oder c^1. Wenn es auch keine absolut gültigen Regeln einer Zuordnung zur Stimmgattung gibt, so steht die durchschnittliche mittlere Sprechstimmlage doch in einem bestimmten Verhältnis zur Stimmgattung und bewegt sich an der unteren Grenze des Stimmumfanges. Ein weiterer Hinweis ergibt sich aus der Breite und Länge der Stimmlippen. Soprane und Tenöre verfügen im allgemeinen über kurze und breite Stimmlippen, Alt-S.n und Bässe haben meist schmale und lange Stimmlippen. Beim ↗Vibrato einer schönen S. zeigen die Schwankungen der Stimmstärke nur eine kleine Amplitude. Sie wiederholen sich 5,6–6,6mal in der Sekunde. Die Unterschiede der Intensität betragen in jeder Phase des normalen Vibratos 2–3 dB, diejenigen der Tonhöhe einen Halbton. Die Tonhaltedauer auf dem Vokal o in der Sprechstimmlage sollte bei berufsmäßigem Sprechen und Singen bei Frauen 18 sec, bei Männern 24 sec nicht unterschreiten. Die Stimmgebung und -leistung wird beeinflußt vom Körperbau, der Konstitution, dem endokrinen Stoffwechsel, dem Stimmgebrauch, dem Alter und der psychosomatischen Ausgangssituation. Die Zusammenhänge von S. und Stimmung sind altbekannt. Groß sind die stimmlichen Unterschiede bei freudiger oder gedrückter Grundstimmung in allen Altersstufen. Schon der Säugling bekundet Mißempfindungen mit harten, Freude und Zufriedenheit mit weichen Stimmeinsätzen.
Die Möglichkeiten der Stimmhygiene und Stimmpflege werden bei weitem nicht ausgeschöpft. Auf diesen Umstand deuten die hohen Zahlen der Leistungsverminderung und Heiserkeit (Berufsdysphonie) bei Sing- und Sprechberufen hin.

E. LOEBELL

2) Bz. sowohl für den einzelnen vokalen oder instrumentalen Part in einem musikalischen Satz wie auch für das gedruckte Exemplar dieses Parts. Von der Höhe zur Tiefe hin sind in Vokalwerken Sopran-, Alt-, Tenor- und Baß-S.n zu unterscheiden; Instrumental-S.n werden nach dem jeweiligen Instrument (z. B. Klavier-S., Flöten-S.) benannt, wobei auch hier die tragende, tiefste S. Baß-S. heißt. Ihrer Plazierung entsprechend fungieren S.n als Ober-, Mittel- oder Unterstimmen. Die funktionale Hierarchie dieser S.n – ihre Abstufung als Führungs-, Begleit-, Haupt-, Neben- oder bloße Füll-S. – ist historischen Wandlungen unterworfen: Im ma. ↗Organum wird die ↗Vox principalis von der Vox organalis unterschieden. Im organalen Zusammenhang werden die Ober-S.n ↗Duplum, ↗Triplum und Quadruplum genannt, die C.f.-tragende S. ↗Tenor. Hinzu trat schließlich der ↗Contratenor (der sich später in Alt und Baß aufspaltete) und als Ober-S. der Diskant (↗Sopran). Andere Bz.en der S.n tauchen im Zusammenhang mit dem ↗Faburdon und ↗Fauxbourdon und auch im 5–6st. Satz (↗Quintus, ↗Sextus, ↗Vagans) auf. Im 17. Jh. werden in Verbindung mit dem konzertierenden Stil Concerto-, Principal-, Solo-, Ripieno- und Tutti-S.n unterschieden. Satztechnisch gleichberechtigt sind die S.n etwa in der ↗Fuge; von ihrer Trennung in ↗Melodie und Begleitung bzw. von einer Einbeziehung in die thematische Arbeit gehen die Gattungen der Wiener Klassik aus. Ein sich durchdringendes Gewebe von S.n kennzeichnet die Musik des ↗Impressionismus. Noch bis in das 18. Jh. hinein war es Brauch, auch instrumentale Werke nicht in ↗Partitur, sondern in Einzel-S.n zu publizieren. Vorbild dafür waren die vokalen Stimmbücher im Unterschied zu Chorbüchern, die auf gegenüberliegenden Seiten je 2 Chor-S.n enthielten.

C. KÜHN

Lit.: **Zu 1):** M. NADOLECZNY, Unters. über den Kunstgesang (B 1923); DERS., Physiologie der S. u. Sprache, in: Hdb. der Hals-, Nasen-, Ohren-Heilkunde, hrsg. v. A. Denker – O. Kahler, I (B

1925); R. ZIMMERMANN, Die Messung der Stimmlippenlänge bei Sängern u. Sängerinnen, in: Arch. für Sprachheilkunde u. Stimmheilkunde u. angewandte Phonetik 2 (1938); A. PREISSLER, Stimmumfänge u. -gattungen der menschl. S., in: Arch. für Sprach- u. Stimmphysiologie 3 (1939); R. LUCHSINGER, Stimmphysiologie u. Stimmbildung (W 1951); H. LULLIES, Physiologie der S. u. Sprache, in: O. Ranke, Physiologie des Gehörs (Hei 1953); K. F. FRÜH – K. HARTLIEB, Kybernetische Vorgänge bei der Stimmgebung, in: Zschr. für Naturforsch. 16 (1961); H. COBLENZER – F. MUHAR, Die Phonationsatmung, in: Wiener Klinische Wochenschrift 48 (1965); H. GUNDERMANN, Die Berufsdysphonie (L 1970); E. LOEBELL, Neue Ergebnisse der Elektroglottographie, in: Verhandlungen des IX. HNO-Weltkongresses, Exc. Med. (1970); R. LUCHSINGER, Die S. u. ihre Störungen, in: ders. – G. E. Arnold, Hdb. der Stimm- u. Sprachheilkunde I (W 1970); F. WINCKEL, Die akust. Grundlagen der Stimmbildung, in: ebd.; H. COBLENZER – F. MUHAR, Atem u. S. (W 1976); M. HEINEMANN, Hormone u. S. (L 1976); G. BÖHME, Methoden z. Unters. der Sprache, des Sprechens u. der S. (St 1978); W. SEIDNER – J. WENDLER, Die Sängerstimme. Phoniatr. Grundlagen der Gesangsausbildung (Wilhelmshaven 1978); G. HABERMANN, S. u. Sprache (St 1978); M. HIRANO, Clinical Examination of Voice (W – NY 1981); O. LACINA, Versuch einer Klassifikation der Gesangstimmenfehler, in: Folia phoniatrica 34 (1982).

STIMMFÄCHER, in der Bühnenpraxis seit dem 19. Jh. übliche Kategorie für die Zuordnung der einzelnen Stimmgattungen zu bestimmten Opernrollen entsprechend stimmlicher und körperlich-darstellerischer Gegebenheiten und Erfordernisse (vgl. die jeweiligen Bezeichnungen in den Artikeln ↗Sopran, ↗Mezzosopran, ↗Alt, ↗Tenor, ↗Bariton und ↗Baß). Diese sehr differenzierte Facheinteilung hat ihre grundsätzliche Bedeutung in der ↗Gesang-Ausbildung und im Besetzungswesen der Opernhäuser, das bis zur Gegenwart hin eine zunehmende Spezialisierung aufweist. Die Problematik der S. liegt in ihrer Abgrenzung gegeneinander. Zahlreich sind sowohl die Fälle, in denen ein Sänger oder eine Sängerin mehrere Fächer (auch in verschiedenen Stimmgattungen) im Laufe der Karriere oder gleichzeitig beherrscht, als auch Fälle, in denen eine klare Zuordnung zu einem bestimmten Fach nicht möglich ist. Schließlich ist zu berücksichtigen, daß auch die Zuordnung vieler Opernpartien zu S.n problematisch ist.

STIMMFÜHRUNG, Bz. für die Art und Weise, wie zu verschiedenen Zeiten und in unterschiedlichen Satzarten sowohl die einzelne ↗Stimme (2) wie auch der Verbund mehrerer Stimmen in ihrem linearen Fortgang geführt werden. Das Fortschreiten in ↗Gegen-, ↗Parallel- und ↗Seitenbewegung zählt ebenso dazu wie die Weiterführung eines Dominantseptakkordes oder die Behandlung harmoniefremder Töne.

Für die ↗Homophonie kann modellhaft an der ↗Kadenz (1) skizziert werden, wie die S. die horizontale Verbindung von Klängen reguliert. Dem „Gesetz des nächsten Weges“ folgend, schreiten die Stimmen stufenweise fort, lassen gleiche Töne in derselben Stimme liegen (a) und vermeiden durch Gegenbewegung offene ↗Parallelen (b):

G. Fr. Händel

Für die ↗Polyphonie kann andererseits am ↗Kontrapunkt demonstriert werden, daß die lineare S. zugleich den Zusammenklang und die wechselseitige Bezogenheit der Stimmen berücksichtigt. Die S. zielt auf den Ausgleich von Bewegungsrichtungen (1), meist auf gegenläufiges, weil selbständigeres Fortschreiten im Tonraum (2) und verlangt Auflösung einer Dissonanz in die ↗Konsonanz (3):

Orlando di Lasso

Wegen der historisch-stilistisch und nach Satztypen unterschiedlichen Prinzipien lassen sich jedoch keine Regeln fixieren, die für die S. grundsätzlich verbindlich und allgemein gültig sind.

STIMMGABEL (engl.: tuning fork; frz.: diapason à branches; it.: diapason, corista; span.: diapasón de horquilla), ein Gerät aus Stahl in Form einer zweizinkigen Gabel, das 1711 von dem englischen Trompeter John Shore erfunden worden sein soll. S.n gibt es in verschiedenen Tonhöhen. Zu Stimmzwecken wird der Ton a¹ (↗Stimmton) verwendet.

STIMMKREUZUNG, Bz. für das gegenseitige Über- bzw. Untersteigen zweier Stimmen unterschiedlicher Stimmlage, die dadurch ihre angestammte Position als höhere bzw. tiefere Stimme preisgeben, z. B.:

Josquin des Prés

STIMMLAGEN sind die verschiedenen Tonbereiche der menschlichen Stimme, für die heute die (nicht gleichzeitig entstandenen) Bezeichnungen ↗Sopran, ↗Mezzosopran, ↗Alt, ↗Tenor, ↗Bariton und ↗Baß üblich sind. Diese gelten auch für die entsprechenden Stimmen im satztechnischen Sinn. Man spricht hier gelegentlich von den „Lagenstimmen“ (↗Stimme 2).

STIMMSTOCK (engl.: soundpost; frz.: âme; it.: anima; span.: alma), Bz. für ein Fichtenholzstäbchen, das bei Streichinstrumenten senkrecht zwischen Decke und Boden eingesetzt ist. Der S. wird leicht versetzt unter einem Fuß des ↗Steges angebracht, und zwar an der Seite, an der die höchste Saite über den Steg geführt ist. Der S. hat verschiedene Funktionen: er fängt, wie der ↗Baßbalken unter dem anderen Fuß des Steges, einen Teil des Druckes ab (der durch die Saitenspannung auf den Steg und von diesem auf die Decke ausgeübt wird) und überträgt insbesondere die Saitenschwingungen von der Decke auf den Boden. Gutes Holz, der richtige Durchmesser, vor allem aber die richtige Position des S.s sind für den Klang eines Streichinstruments ausschlaggebend; die Geigenbauer bezeichnen ihn deshalb auch als Stimme oder Seele. M. BRÖCKER

STIMMTAUSCH, Bz. für das Verfahren, 2 oder mehr Stimmen wechselseitig ihren Platz als Ober-, Mittel- oder Unterstimme einnehmen zu lassen:

J. S. Bach, Invention E-Dur

S. ist grundlegend für den engl. ↗Rondellus des 14. Jh. sowie im doppelten oder mehrfachen ↗Kontrapunkt. – ↗Pes.

STIMMTON, Normalstimmton (engl.: standard pitch; frz.: diapason normal; it.: diapason; span.: diapasón normal), Bz. für den Bezugston (a^1, auch **Kammerton** genannt) zum Einstimmen der Instrumente. Er wird in der Praxis meist mit Hilfe der ↗Stimmgabel, neuerdings auch durch elektronische Tonerzeuger angegeben. Bemühungen um eine einheitliche Festlegung des S.s und seiner Höhe erfolgten erst im 19. Jh., zuerst durch die Deutsche Naturforscherversammlung 1834 (440 Hz), dann durch eine frz. Regierungskommission 1858 (435 Hz), der u.a. D. Fr. E. Auber, H. Berlioz, G. Meyerbeer, A. Thomas und J. Fr. Halévy angehörten (1859 setzte aber Adelina Patti für ihre Mitwirkung in Meyerbeers *Dinorah* eine tiefere Stimmung durch, um ihre Stimme zu schonen). Den Vorschlag von 435 Hz (bei einer Temperatur von 15° C) bestätigte eine internationale S.-Konferenz 1885 in Wien. Seit 1939 hat man sich in verschiedenen Standardisierungsvereinigungen auf 440 Hz geeinigt, wenn auch in der Praxis bis heute diese Norm häufig überschritten wird.
Diese Entwicklung des S.s hat im Zusammenhang mit der modernen Instrumentenkunde und der Erforschung der historischen ↗Aufführungspraxis die unterschiedlichen Höhen der älteren Stimmungen zum Bewußtsein gebracht. Generell kann man für die Stimmungen von 1500 bis 1600 Differenzen von etwa 4 bzw. 3 Halbtönen nach unten bzw. oben, um 1750 von etwa 2 Halbtönen, um 1850 von etwa 1 Halbton jeweils nach unten und oben annehmen. Im einzelnen sind u.a. die folgenden S.-Höhen nachzuweisen: Orgel der Dresdner Sophienkirche z.Z. J. S. Bachs: 415,5 Hz; Stimmgabel G. Fr. Händels: 422,5 Hz; Stimmgabel W. A. Mozarts: 421,6 Hz; 1858: Turin 445 Hz, Paris 449 Hz, Mailand 451 Hz; 1880: New York (Fa. Steinway) 457 Hz.
Im 17./18. Jh. waren die Stimmungshöhen nicht nur örtlich verschieden (z.B. Pariser, Wiener, Berliner, St. Petersburger Stimmung), sondern auch für bestimmte Aufführungsbereiche. So gab es den Kammerton (für instrumentale Kammermusik), den bis zu einem Ganzton tieferen Operton, ihm gegenüber den höheren Chorton oder Kapellton (für die Orgel und die von ihr begleitete Figuralmusik) und den noch höheren Cornett-Ton.

Lit.: A. MENDEL, Pitch in the 16th and Early 17th Century, in: MQ 34 (1948); LL. S. LLOYD, Brit. Standard Musical Pitch, in: MR 11 (1950); W. LOTTERMOSER – H. J. VON BRAUNMÜHL, Beitr. z. Stimmtonfrage, in: Acustica 3 (1953); A. MENDEL, On the Pitches in Use in Bach's Time, in: MQ 41 (1955); Norm-S. DIN 1317, Blatt 1–3 (B – Kö 1957–62); H.-G. DAEHN, Wohin treibt der Kammerton?, in: NZfM 132 (1971), vgl. dazu: E. F. W. ALTWEIN, in: ebd.; A. MENDEL, Pitch in Western Music since 1500. A Re-examination, in: AMl 50 (1978); DERS., S., in: MGG XVI.

STIMMUNG. – 1) Im musikalischen Sinn ist S. die Festlegung der Tonhöhen aller Töne eines ↗Tonsystems. Die Prinzipien eines Tonsystems bestimmen Anzahl und Verwandtschaft der Töne, aber nicht die akustisch exakte Tonhöhe; dies legt die S. bzw. ↗Temperatur fest. Einem bestimmten Tonsystem können durchaus verschiedene S.en, einer S. verschiedene Temperaturen zugeordnet werden. Während das Tonsystem theoretisches Konstrukt ist, ist die jeweilige S. mit der Musik der Zeit und dem jeweiligen Klangideal eng verbunden. Zur Festlegung der Tonhöhen wird zunächst der Bezugston aller anderen Töne, z.B. der Kammerton a^1 (↗Stimmton), in seiner Höhe festgelegt. Trotz Normung auf 440 Hz liegt er heute meist darüber; früher schwankte seine Tonhöhe zeitlich

und geographisch sehr stark. Im Gegensatz zur heutigen Normal-S. versteht man heute unter alter oder tiefer S. einen Kammerton von 415 Hz, der gis[1] in Normal-S. entspricht. Nach der Festlegung der absoluten Tonhöhe werden die einzelnen Töne relativ zum Kammerton durch Stimmen oder die Konstruktion der Instrumente „bestimmt". Bei bundfreien Streichinstrumenten sowie beim Singen wird die jeweilige Tonhöhe weitgehend erst bei der Aufführung festgelegt; damit wird die S. flexibel und ordnet sich dem Gestaltungswillen des Musikers unter, sie wird Teil der Interpretation. Besonders bei den besaiteten Tasteninstrumenten (Cembalo, Klavier u.a.) sowie bei der Orgel wird die S. durch das Stimmen festgelegt; wegen der dabei möglichen Genauigkeit sowie der Unmöglichkeit, die Tonhöhe während des Spielens zu korrigieren, werden die Unterschiede, die Vor- und Nachteile sowie die Probleme der verschiedenen S.en sowie ihrer Temperaturen insbesondere bei diesen Instrumenten, vornehmlich aber beim Cembalo und bei der Orgel, wirksam. Die jeder S. immanenten Probleme – eine ideale S. gibt es nicht, auch nicht für eine bestimmte Stilepoche – bilden zugleich den fruchtbaren Keim für eine ständige Veränderung der S.en im Sinne der historischen Entwicklung der Musik. Dieser Prozeß wurde im 19. Jh. durch die allgemeine Einführung der sog. gleichschwebend temperierten S. (↗Temperatur) beendet. Erst die Rückbesinnung auf die historische Aufführungspraxis hat zur neuerlichen Verwendung historischer S.en geführt. Eng verwandt – und teilweise gleichbedeutend mit S. benutzt – ist der Begriff der Temperatur. Es ist jedoch sinnvoll, den Begriff S. auf die 3 grundsätzlichen und in ihrer Qualität und Klangästhetik sehr unterschiedlichen Prinzipien der Festlegung der Tonhöhen innerhalb der Musik seit dem Mittelalter anzuwenden, den Begriff Temperatur jedoch auf die sehr vielfältigen Varianten dieser Stimmungen. Unsere heutige sog. gleichschwebend temperierte S. kann allerdings in diesem Sinne einerseits als selbständige S., andererseits als aus der pythagoreischen S. abgeleitete Temperatur betrachtet werden, schließlich auch – historisch richtig – als Temperatur der reinen Stimmung. In der abendländischen Musik gibt es seit dem MA folgende S.en: 1. im MA bis etwa 1500 die pythagoreische S., 2. von 1500 bis etwa 1650, aber auch noch später, die mitteltönige S. und 3. zwischen etwa 1650 und 1800 die reine S. in einer größeren Zahl von Temperaturen, danach die gleichschwebend temperierte S. oder gleichschwebende Temperatur.
1. Bei der *pythagoreischen S.* sind 11 reine Quinten (Schwingungsverhältnis 3 : 2 entsprechend 702 ↗Cent) aneinandergereiht, die 12., den ↗Quintenzirkel schließende Quinte ist äußerst unrein (678 Cent) und musikalisch unbrauchbar;

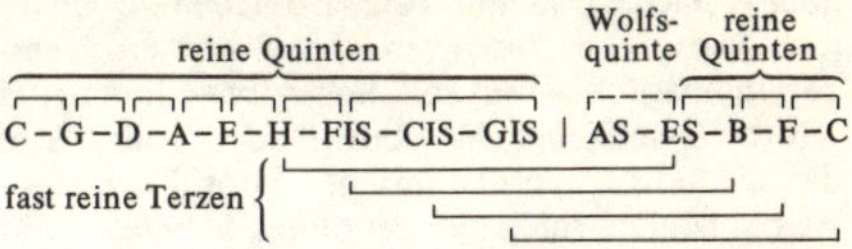

solche sehr unreinen Quinten werden Wolfsquinten genannt. Die Wolfsquinte wird normalerweise zwischen Gis/As und Es gelegt, kann aber prinzipiell an jeder Stelle im Quintenzirkel stehen. Die sie einschließenden 4 Terzen (s.o.) sind nur geringfügig unrein (384 zu 386 Cent), die übrigen 8 Terzen des Tonsystems sind zu groß und werden als pythagoreische Terzen bezeichnet (81 : 64 zu 5 : 4 bzw. 408 Cent zu 386 Cent). Diese S. eignet sich für die vorwiegend einstimmige und mehrstimmig quintbetonte Musik des Mittelalters, wirkt bei harmonisch-mehrstimmiger Musik jedoch unrein.
2. Die *mitteltönige S.* geht im Gegensatz zur pythagoreischen S. nicht von reinen Quinten, sondern von reinen großen Terzen (5 : 4 oder 386 Cent) aus. Dies entspricht dem neuen Klangstil der Musik im Zeitalter der Renaissance, in der der Dreiklang zum prägenden Merkmal der harmonischen Polyphonie wird. Das Streben nach Terzreinheit der S. geht aber zwangsläufig auf Kosten der Quintreinheit der S.; somit ist diese S. klangästhetisch grundsätzlich anders als die pythagoreische S. orientiert. Die Bz. mitteltönig geht darauf zurück, daß diese S. im Gegensatz zur reinen S. nur einen Ganzton kennt, der in seiner Größe zwischen den beiden verschieden großen Ganztönen der reinen S. liegt. Die S. hat 8 reine Terzen. 11 von den 12 Quinten sind mitteltönig, d.h. zu klein (696 zu 702 Cent), die 12. Quinte ist als Wolfsquinte (Gis/As – Es) mit 735,5 Cent wesentlich zu groß. In einem engen Tonartenbereich um C-Dur besticht diese S. durch große Reinheit, aber auch durch spannungsarme Klangstatik. Modulationen sind praktisch kaum möglich.

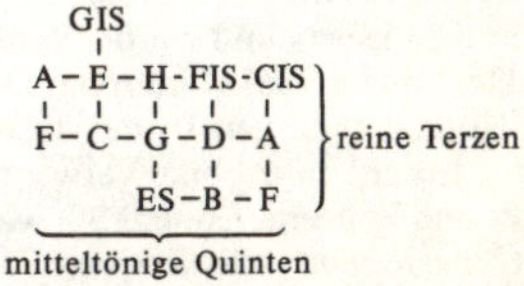

3. In der *reinen S.* sind sowohl Quinten als auch Terzen reine ↗Intervalle. Allerdings erweist sich eine solche S. als Utopie. Bereits in der diatoni-

schen C-Dur-Tonleiter muß D verdoppelt werden, damit sich sowohl mit A als auch mit G eine reine Quinte bzw. Quarte einstellt. Geht man aber z.B. über A nach D, so muß beim Erreichen des nächsten Tons auch dieser verdoppelt werden, wenn das Intervall rein sein soll. So ergibt sich ein sich selbst vervielfachendes, abdriftendes Tonsystem, das schon in seiner diatonischen Form nicht realisierbar ist. Die Intervalle der reinen S. beruhten in der Antike auf dem Prinzip der einfachen Zahlenproportion, im Barock auf dem der Obertöne. Für die Verwirklichung der reinen S. heute setzt sich bes. der Musikwissenschaftler M. Vogel ein.

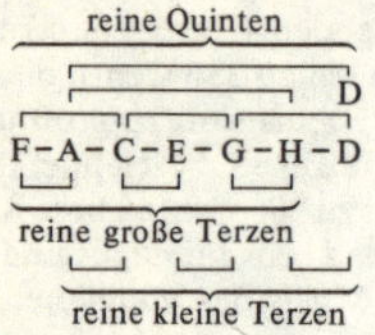

2) S. im psychischen Sinn – als Niederschlag freudiger oder trauriger Erlebnisse – steht vielfältig in Beziehung zum musikalischen Schaffen und Hören (↗Affektenlehre). In ganz bestimmter Weise kommt dies im (speziell deutschen) „Stimmungslied“ zum Ausdruck.

Lit.: **Zu 1):** W. DUPONT, Gesch. der musikal. Temperatur (Kas 1935); E. BINDEL, Die Zahlengrundlagen der Musik im Wandel der Zeiten, 3 Bde. (St 1950–53); J. M. BARBOUR, Tuning and Temperament. A Historical Survey (East Lansing 1953); C. DAHLHAUS, „Reine“ oder „adäquate“ S.?, in: AfMw 39 (1982). – ↗Temperatur. M. DICKREITER

STIMMZUG (engl.: slide; frz.: coulisse; it.: pompa; span.: corredera), ein ausziehbares, erstmals von Haltenhof 1781 (Hanau) beim Waldhorn eingesetztes Verbindungsstück an Blechblasinstrumenten, das zur Korrektur der Stimmung dient und das in verbesserter Form auch bei Ventilinstrumenten verwendet wird.

STOBAEUS (Stobeus, Stoboeus), **Johann(es)**, * 6. 7. 1580 Graudenz, † 11. 9. 1646 Königsberg; dt. Komponist. Er war 1599–1608 Schüler von J. Eccard in Königsberg und wurde dort 1602 Bassist in der Hofkapelle, 1603 Kantor der Domkirche und 1626 Hofkapellmeister. In der Tradition seines Lehrers Eccard und ohne Verwendung von Generalbaß und konzertierendem Stil war S. einer der Hauptvertreter der verschiedenen Formen der Choralbearbeitung in Norddeutschland. Er stand in enger Verbindung mit den Mitgliedern der Königsberger Dichterschule um Simon Dach; H. Albert war sein Schüler.

WW: *Die Teutsche Litaney ... neben etlichen Geistlichen Liedern* für 5 St. (Königsberg 1610); *Cantiones sacrae* u. Magnificats für 4–10 St. (F 1624); *Geistliche Lieder auf gewöhnliche preussische Kirchen Melodeyen* für 5 St. (Danzig 1634); *Preussische Festlieder* (in der Ordnung des Kirchenjahrs) für 5–8 St., 2 Teile (Elbing 1642, Königsberg 1644) (die 3 letzten Slgen. mit Liedern v. Eccard). – Gedruckt wurden mehr als 140 Gelegenheitsgesänge (meist zu Hochzeiten u. Beerdigungen); zahlr. Werke hsl.

Ausg.: J. Eccard – J. S., *Preussische Festlieder,* hrsg. v. G. W. TESCHNER (L 1858); einige daraus auch in: Preußische Festlieder ..., hrsg. v. J. MÜLLER-BLATTAU (1939) (= EDM, LD Ostpreußen u. Danzig 1); ferner zahlr. praktische Ausg.

Lit.: A. MAYER-REINACH, Zur Gesch. der Königsberger Hofkapelle in den Jahren 1578–1720, in: SIMG 6 (1904/05); L. KAMIENSKI, J. S. (Posen 1928); H. HAASE, Eine wichtige Quelle für J. S. Grudentinus. 6 Sammelbde. aus Königsberger Beständen zu Göttingen, in: FS F. Blume (Kas 1963); D. HÄRTWIG, S., in: MGG XII.

STOCHASTISCHE MUSIK ist ein von I. Xenakis eingeführter Begriff für aleatorische, d.h. den Gesetzen der Wahrscheinlichkeit unterliegende Musik (im Sinne des mathematischen Stochastik-Begriffs von Jacob Bernoulli, *Ars conjectandi,* 1713). Xenakis hat Modelle von Kompositionen, die auf der Basis von Wahrscheinlichkeitsberechnungen ausgeführt wurden, publiziert und kommentiert: zunächst Konstruktionen musikalischer Massenstrukturen (z.B. Scharen von Tonlinien, d.h. Glissandoschwärme, im Orchesterstück *Metastasis,* 1954, oder Scharen von Ton- oder Geräuschpunkten im Orchesterstück *Pithoprakta,* 1956). In *Achorripsis* für kleines Orchester (1957) verwendete er eine Vektor-Matrix, die die Häufigkeiten in allen Abschnitten und Klangschichten nach Maßgabe mathematischer Formeln regulierte. Im Streicherstück *Syrmos* (1959) werden auch Gestalttypen in die Wahrscheinlichkeitsverteilungen einbezogen (z.B. Pizzicatowolken und Netze paralleler Glissandi). Stochastische Modelle hat Xenakis auch in elektroakustischer Tonbandmusik verwendet (z.B. *Analogique B,* 1959). Die logische Konsequenz der mathematisch formalisierten Komposition war für Xenakis die computergesteuerte Herstellung von Partituren (z.B. *ST/10-1, 080262* für Kammerensemble, 1962 berechnet auf dem Computer IBM 7090) und Klängen (z.B. Basismaterial zu *La légende d'Eer,* 1977). Konzeptionen stochastischer Musik stehen für Xenakis im engen Zusammenhang mit außermusikalischen bzw. musikübergreifenden Aspekten: mit einer Philosophie, die einerseits auf die vorsokratische Ontologie zurückgreift und andererseits die moderne Ablösung des deterministischen Denkens durch Wahrscheinlichkeitsmodelle berücksichtigt; mit der zunehmenden Verbreitung statistischer Produktions- und Rezeptionsweisen in Malerei und Architektur; mit der Analyse nur statistisch faßbarer Massenphänomene in der Natur (z. B. bei Unwettern oder bei Ansammlungen von Grillenschwärmen) oder im menschlichen Zusammenleben (z. B. massenpsychologische Phänomene von Krieg und Aufruhr).

Lit.: ↗Xenakis. R. FRISIUS

STOCKFLÖTE (ung.: czakan), eine im 19. Jh. besonders in den Donauländern als Volksmusikinstrument verbreitete Schnabel- oder Querflöte in Form eines Spazierstocks mit abschraubbarem unterem Teil. Andere Instrumente dieser Form waren Stockklarinette, -oboe und -trompete. Wesentlich komplizierter konstruiert ist die ↗Stockgeige.

STOCKGEIGE, eine um die Mitte des 18. Jh. von Johann Wilde in St. Petersburg erfundene Geige in Form eines Spazierstocks. Die S. hat keinen Hals und Wirbelkasten; die Saiten sind auf Metallschrauben aufgezogen, die mit einem Schlüssel bewegt werden. Zum Spielen wird ein Teil der Stockwandung, die auch den Bogen bedeckt, abgenommen, der übrige Hohlkörper dient als Resonator, der Griff als Kinnhalter.

STOCKHAUSEN, Julius, * 22. 7. 1826 Paris, † 22. 9. 1906 Frankfurt am Main; dt. Sänger und Dirigent. Er studierte vor allem bei M. García in Paris und London, wo er starke Eindrücke von Jenny Lind empfing. 1857/58 sang er an der Opéra-Comique in Paris, war in der Folgezeit aber nur als Konzertsänger tätig. Daneben entfaltete er eine rege Dirigiertätigkeit als Leiter der Philharmonischen Konzerte und der Singakademie in Hamburg (1862–67) und des Sternschen Gesangvereins in Berlin (1874–78). 1869–70 war er Gesanglehrer und Kammersänger am Stuttgarter Hof, lehrte 1878 am Hochschen Konservatorium in Frankfurt am Main und leitete seit 1879 dort eine eigene Gesangschule. S. war der bedeutendste Oratorien- und Liedersänger seiner Zeit. Berühmt war seine Interpretation der *Schönen Müllerin* und der *Winterreise* von Fr. Schubert. Besonders setzte er sich für die Lieder von J. Brahms ein, deren eigentümliche Kantabilität in nicht geringem Maße von S.s Können beeinflußt zu sein scheint; eigens gewidmet sind ihm die *Magelone-Romanzen.* S. wirkte auch bei der UA des *Deutschen Requiems* (1868) mit. Er war gleichfalls als Gesangspädagoge in Deutschland maßgeblich und veröffentlichte einschlägige Werke, darunter *Gesangs-Methode* (L 1884) und *Gesangsunterrichtsmethode,* 2 Bde. (L 1885–86).

Lit.: J. WIRTH-STOCKHAUSEN, J. S., der Sänger des dt. Liedes (L 1927); DIES., F. Chrysanders Briefe an J. S., in: Mf 7 (1957); E. F. KRAVITT, The „Lied“ in 19th Century Concert Life, in: JAMS 18 (1965); J. R. JOINER, The Vocal Principles of Garcia as Represented by His Pupils: Battaille, Marchesi, and S. (1979) (= Diss. Louisiana State Univ.).

STOCKHAUSEN, Karlheinz, * 22. 8. 1928 Mödrath bei Köln; dt. Komponist. Er studierte 1947–51 an der Musikhochschule in Köln (Schulmusik, Klavier und Komposition) und besuchte 1951 erstmals die Darmstädter Ferienkurse für Neue Musik, wo er durch O. Messiaen und Karel Goeyvaerts erste Beispiele „punktueller Musik“ kennenlernte. Wenig später entstand das punktuelle Kammermusikstück *Kreuzspiel,* dessen UA 1952 in Darmstadt einen Skandal hervorrief. 1952 bildete sich S. bei O. Messiaen am Pariser Conservatoire und bei P. Schaeffer in dessen Studio für Musique concrète fort. 1953 nach Köln zurückgekehrt, wurde er Mitarbeiter am Studio für Elektronische Musik des WDR und 1963 dessen künstlerischer Leiter. Außerdem war er seit 1953 Dozent bei den Darmstädter Ferienkursen, ferner am Konservatorium in Basel, 1965 an der University of Pennsylvania in Philadelphia und 1966–67 an der University of California in Davis. 1971–77 war er Professor für Komposition an der Kölner Musikhochschule. Seit 1958 unternahm er Auslandstourneen als Dirigent eigener Werke.

Von Anfang an widmete sich S. neben der Arbeit im elektronischen Studio der Komposition von Instrumentalmusik. Ein bereits in Paris begonnener Zyklus von *Klavierstücken* wurde weitergeführt (I–IV: 1952/53; V–X: 1954/55, IX und X beendet 1961; XI: 1956). Mit dem Ensemblestück *Kontra-Punkte* (1952/53) beginnt die endgültige Loslösung von der rein punktuellen Musik und die Entwicklung neuartiger Möglichkeiten, Töne und Geräusche in sogenannten „Gruppenformen“ auf verschiedenen Ebenen gliedernd zusammenzufassen. Im Bläserquintett *Zeitmaße* (1955/56) verbinden sich streng ausnotierte Rhythmen mit verschiedenartigen rhythmischen Freiheiten der einzelnen Spieler. Die komplizierten Rhythmusstrukturen in den *Gruppen* für 3 Orchester (1955–57) sind so gestaltet, daß sich die Orchester oft in verschiedenen Tempi überlagern. Im Zusammenspiel ergibt sich plastische „Musik im Raum“, wie sie in der ungefähr gleichzeitig entstandenen Tonbandmusik *Gesang der Jünglinge* (1955–56) auskomponiert ist, wo S. elektronische Klänge mit Tonbandaufnahmen einer Knabenstimme verbindet, die apokryphe Bibeltexte singt. Damit hat S. in seiner Tonbandmusik erstmals die Beschränkung auf rein elektronische, konstruktiv-synthetisch erzeugte Klangmaterialien aufgegeben. Diesen Weg setzt er auch in späteren Tonbandstücken fort: in *Kontakte* (1958/59) mischt er neuartige elektronische Klänge mit bekannten Klangfarben verschiedener Schlaginstrumente (neben der Fassung für Tonband allein gibt es eine Konzertfassung für Tonband, Klavier und Schlagzeug). Zu dieser extrem geräuschhaften Tonbandmusik schafft S. einige Jahre später ein rein instrumentales Gegenstück: die *Mikrophonie I,* in der Tamtamklänge mit verschiedenartigen Materialien erzeugt und mit Mikrophonen, Filtern und Reglern teils verstärkt, teils technisch verfremdet werden. So entstehen radikale Geräuschstrukturen, wie sie bei S. sonst nur in Aufnahmen improvisatorisch relativ freier Stücke vorkommen (z.B. *Aus den sieben Tagen,* 1968, in live-elektronischen Aufführungen). Elektronische Klänge werden im Tonbandstück *Telemusik* (1966) mit Aufnahmen traditioneller Musik verschiedener Länder und Kontinente kombiniert, in *Hymnen* (1966–67) mit Nationalhymnen und atmosphärisch untermalenden, teils auch stark verfremdeten Geräuschaufnahmen (z.B. Volksmassen, Jazz- und Folkloremusik). In *Sirius* (1975–77) verbindet S. elektronische Klangstrukturen mit leicht nachsingbaren Melodieverläufen, an denen auch Sänger und Instrumentalisten beteiligt sind. Die Veränderungen, die S.s elektronische Musik erfahren hat, spiegeln sich auch in seinen instrumentalen und vokalen Stükken – am deutlichsten in der Kantate *Momente* (1962–64/69). Abstrakte Strukturen werden mehr und mehr in plastische Gestalten verwandelt und mit anderen Elementen assoziativ verknüpft: Harmonien, rhythmische und melodische Gestalten verbinden sich mit Texten und Szenen, die Musikalisches außermusikalisch ausdeuten. Seit *Mantra* für 2 elektronisch transformierte Klaviere (1970) legt S. seinen Stücken nicht nur klar erkennbare Melodien zugrunde, sondern arbeitet auch stark mit herausgehobenen programm-musikalischen Bedeutungen, z.B. als Gebetsritus (*Inori* für Orchester und Beter, 1974), als Allegorie der Jahreszeiten *(Sirius)* oder Wochentage (im 1977 begonnenen 7-Tage-Zyklus *Licht*).

WW (in chronologischer Reihenfolge; Numerierung stammt vom Komponisten): **1) Kompositionen:** *Chöre für Doris* a cap. Nr. $\frac{1}{11}$ (1950) (nach P. Verlaine); 3 Lieder für Alt u. Kammerorch. Nr. $\frac{1}{10}$ (1950); Choral a cap. Nr. $\frac{1}{9}$ (1950); Sonatine für V. u. Klv. Nr. $\frac{1}{8}$ (1951); *Kreuzspiel* Nr. $\frac{1}{7}$ (1951) für Ob., Baßklar., Klv. u. 3 Schlagzeuger; *Formel* Nr. $\frac{1}{6}$ (1951) für Orch.; Musique concrète *Étude* Nr. $\frac{1}{5}$ (1952); *Spiel* Nr. $\frac{1}{4}$ (1952) für Orch.; *Schlagquartett* Nr. $\frac{1}{3}$ (1952) für Klv. u. 3×2 Pk., Neufassung als: *Schlagtrio* (1973); *Punkte* Nr. $\frac{1}{2}$ (1952) für Orch., Neufassung (1962); *Kontra-Punkte* Nr. 1 (1952–53) für Fl., Klar., Baßklar., Fag., Trp., Pos., Klv., Harfe, V. u. Vc.; *Klavierstücke I–IV* Nr. 2 (1952–53); elektronische Musik *Studie I* u. *II* Nr. 3/I u. 3/II (1953–54); *Klavierstücke V–X* Nr. 4 (1954–55), endgültige Fassung v. *IX* u. *X* (1961); *Zeitmaße* Nr. 5 (1955–56) für 5 Holzbläser; *Gruppen* Nr. 6 (1955–57) für 3 Orch.; *Klavierstück XI* Nr. 7 (1956); elektronische Musik *Gesang der Jünglinge* Nr. 8 (1955–56); *Zyklus* Nr. 9 (1959) für einen Schlagzeuger; *Carré* Nr. 10 (1959–60) für 4 Orch. u. Chöre; *Refrain* Nr. 11 (1959) für 3 Spieler (Klv., Celesta u. Schlagzeug); *Kontakte* Nr. 12 (1959–60) für elektronische Klänge, Fassung mit Klv. u. Schlagzeug als Nr. $12\frac{1}{2}$; als musikal. Theater *Originale* Nr. $12\frac{2}{3}$, UA: Köln 1961; *Momente* Nr. 13 (1962–64/69) für Sopran, 4 Chorgruppen u. 13 Instrumentalisten, „Donaueschinger Version" (1965), „Europaversion" (1972); „2 × 7 Seiten für Ausarbeitungen" *Plus-Minus* Nr. 14 (1963); *Mikrophonie I* Nr. 15 (1964) für Tamtam, 2 Mikrophone, 2 Filter u. Regler, „Brüsseler Version" als Nr. $15\frac{1}{2}$; *Mixtur* Nr. 16 (1964) für Orch., Ringmodulatoren u. Sinusgeneratoren, Fassung für kleine Besetzung als Nr. $16\frac{1}{2}$ (1967); *Mikrophonie II* Nr. 17 (1965) für 12 Sänger, Hammondorg. u. 4 Ringmodulatoren; *Stop* Nr. 18 (1965) für Orch., „Pariser Version" als Nr. $18\frac{1}{2}$ (1969) für 18 Spieler in 6 Gruppen, „Londoner Version" (1973); *Solo* Nr. 19 (1965–66) für ein Melodieinstr. mit Rückkopplung (1 Spieler mit 4 Assistenten, 6 Versionen); elektronische Musik *Telemusik* Nr. 20 (1966); *Adieu* Nr. 21 (1966) für Bläserquintett; elektronische u. konkrete Musik *Hymnen* Nr. 22 (1966–67), Fassung mit Solisten als Nr. $22\frac{1}{2}$, Dritte Region der *Hymnen* als Nr. $22\frac{2}{3}$ (1969) mit Orch.; *Prozession* Nr. 23 (1967) für Tamtam, Va., Elektronium, Klv., Mikrophone, Filter u. Regler; *Stimmung* Nr. 24 (1968) für Alt, 2 Tenöre u. Baß, „Pariser Version" als Nr. $24\frac{1}{2}$; *Kurzwellen* Nr. 25 (1968) für 6 Spieler; „15 Kompositionen, Mai 1968" *Aus den sieben Tagen* Nr. 26 (1968), 1: *Richtige Dauern* für etwa 4 Spieler, 2: *Unbegrenzt,* 3: *Verbindung,* 4: *Treffpunkt,* 5: *Nachtmusik,* 6: *Abwärts,* 7: *Aufwärts,* alle für Ensemble, 8: *Oben und unten,* Theaterstück für Mann, Frau, Kind u. 4 Instr., 9: *Intensität,* 10: *Setz die Segel zur Sonne,* 11: *Kommunion für Ensemble* für Ensemble, 12: *Litanei* für Sprecher oder Chor, 13: *Es* u. 14: *Goldstaub* für Ensemble, 15: *Ankunft* für Sprecher u. Sprechchor; *Spiral* Nr. 27 (1968) für einen Solisten mit Kurzwellenempfänger; *Dr. K.*-Sextett Nr. 28 (1969) für Fl., Va., Vc., Baßklar., Klv. u. Schlagzeug (Vibraphon u. Glokken); *Fresco* Nr. 29 (1969) für 4 Orch.-Gruppen; *Pole für 2* Nr. 30 (1969–70); *Expo* für 3 Nr. 31 (1969–70); *Mantra* Nr. 32 (1970) für 2 Pianisten; „17 Texte für Intuitive Musik" *Für kommende Zeiten* Nr. 33 (1968–70), 1: *Übereinstimmung* für Ensemble, 2: *Verlängerung,* 3: *Verkürzung,* 4: *Über die Grenze* für kleineres Ensemble, 5: *Kommunikation* für kleines Ensemble, 6: *Intervall* für Klv.-Duo zu 4 Händen, 7: *Außerhalb,* 8: *Innerhalb* u. 9: *Anhalt* für kleines Ensemble, 10: *Schwingung* für Ensemble, 11: *Spektren* für kleines Ensemble, 12: *Wellen* sowie 13: *Zugvogel* für Ensemble, 14: *Vorahnung* für 4–7, 15: *Japan* u. 16: *Wach* für Ensemble, 17: *Ceylon* für kleines Ensemble; „Parkmusik für 5 Gruppen" *Sternklang* Nr. 34 (1971); *Trans* Nr. 35 (1971) für Orch. (u. Tonband); „13 Musikalische Bilder für Solisten u. Duos" *ALPHABET für Liège* Nr. 36 (1972), daraus *„Am Himmel wandre ich …"* als Nr. $36\frac{1}{2}$ (1972) für 2 SingSt; *Ylem* Nr. 37 (1972) für 19 Spieler/Sänger; „Anbetungen für 1 oder 2 Solisten u. Orch." *Inori* Nr. 38 (1973–74), dazu „musikal. Analyse v. INORI" *„Vortrag über HU"* als Nr. $38\frac{1}{2}$ (1972) für eine Sängerin oder einen Sänger; *„Atmen gibt das Leben …"* Nr. 39 (1974–77) Chor-Oper mit Orch. (oder Tonband); *Herbstmusik* Nr. 40 (1974) für 4 Spieler, daraus das Schlußduett „Laub und Regen" als Nr. $40\frac{1}{2}$ (1974) für Klar. u. Va.; *Musik im Bauch* Nr. 41 (1975) für 6 Schlagzeuger u. Spieluhren, danach „12 Melodien der Sternzeichen" *Tierkreis,* Version für ein Melodie- u./oder Akkordinstr. Nr. $41\frac{9}{10}$, Version für SingSt u. Akkordinstr. Nr. $41\frac{8}{9}$, Version für Kammerorch. Nr. $41\frac{7}{8}$ (1977); *Harlekin* Nr. 42 (1975) für Klar.; *Der kleine Harlekin* Nr. $42\frac{1}{2}$ (1975); *Sirius* Nr. 43 (1975–77), elektronische Musik u. Trp., Sopran, Baßklar. u. Baß; *Amour* Nr. 44 (1976), fünf Stücke für Klar.; *Jubiläum* Nr. 45 (1977) für Orch.; *In Freundschaft* Nr. 46 (1977–78) für Fl. oder Klar. (oder Ob., Horn, Bassetthorn, V. oder Va.); *Der Jahreslauf* Nr. 47 (1977) für Tänzer u. Orch. (Szene aus dem Zyklus *Licht*); *Michaels Reise um die Erde* Nr. 48 (1978) für Trp. u. Orch. (Szene aus *Licht*); *Michaels Jugend* Nr. 49 (1978–79) für Tenor, Sopran, Baß, Trp., Bassetthorn, Pos., moduliertes Klv., 3 Tänzer, Tonband mit Chor u. Orch. (3 Szenen aus *Licht*): *Kindheit* Nr. $49\frac{1}{2}$, *Mondeva* Nr. $49\frac{2}{3}$, *Examen* Nr. $49\frac{3}{4}$. – **2) Schriften:** S.s gesammelte Schriften erscheinen als I: *Texte zur elektronischen und instrumentalen Musik,* hrsg. v. D. Schnebel (Kö 1963); II: *Texte zu eigenen Werken, zur Kunst anderer. Aktuelles,* hrsg. v. dems. (Kö 1964); III: *Texte zur Musik 1963–70,* hrsg. v. dems. (Kö 1971); IV: *Texte zur Musik 1970–77,* hrsg. v. Ch. von Blumröder (Kö 1978).

Lit.: K. H. WÖRNER, K. S. Werk u. Wollen 1950–1962 (Rodenkirchen 1962, engl. Berkeley – Lo 1973) (= Kontrapunkte 6); U. DIBELIUS, Moderne Musik 1945–1965 (Mn 1966); K. BOEHMER, Zur Theorie der offenen Form in der Neuen Musik (Da 1967); R. GEHLHAAR, Zur Komposition Ensemble. Kompositionsstudio K. S. 1967 (Mz 1968) (= Darmstädter Beitr. z. Neuen Musik 11); J. HÄUSLER, Musik im 20. Jh. (Bremen 1969); F. RITZEL, Musik für ein Haus. Kompositionsstudio K. S. 1968 (Mz 1970) (= Darmstädter Beitr. z. Neuen Musik 12); G. O. KOCH, Zw. Mystik u. Technik. K. S., in: HiFi Stereophonie (1971) H. 6, dazu Entgegnung S.s in H. 9; R. FRISIUS, K. S.s Hymnen (St 1971) (= Curriculum Musik 1); D. SCHNEBEL, Denkbare Musik, hrsg. v. H. R. Zeller (Kö 1972); W. BUROW, S.s Studie II (F 1973); J. PURSE, The Spiral in the Music of K. S., in: Main Currents in Modern Thought 30 (New La Rochelle 1973); R. FRISIUS, Klangstrukturen u. Formverläufe, in: Musik u. Bildung 6 (1974) H. 1; C. CARDEW, S. Serves Imperialism (Lo 1974); W. M. STROH, Zur Soziologie der elektronischen Musik (Berg – Z 1975); J. HARVEY, The Music of S. (Lo 1975); R. MACONIE, The Works of K. S. (Lo – NY 1976); H. HENCK, S.s Klavierstück IX, in: Musik u. Zahl, hrsg. v. G. Schnitzler (Bonn 1976) (= Orpheus-Schriftenreihe z. Grundfragen der Musik 17); DERS., K. S.s Klavierstücke X (Herrenberg 1976, NA Kö 1980); Feedback-Papers Nr. 16 (= S.-H.) (Kö 1978); R. FRISIUS, Notation u. Komposition, mit Schallplatten (St 1980); DERS., Komposition als Versuch der strukturellen u. semantischen Synthese. K. S. u. sein Werk-Projekt LICHT, in: Neuland 2, hrsg. v. H. Henck (Kö 1982); K. STOCKHAUSEN, Wille z. Form u. Wille z. Abenteuer (Gespräch mit R. Frisius), in: ebd.

R. FRISIUS

STOCKMANN, Erich, * 10. 3. 1926 Stendal; dt. Musikethnologe. Er studierte 1946–52 an den Universitäten Greifswald und Berlin und ist seither am Institut für deutsche Volkskunde der Deutschen Akademie der Wissenschaften Berlin tätig (seit 1960 als Arbeitsleiter der von ihm aufgebauten Abteilung Volksmusik). 1962 gründete er die Study Group of Folk Music Instruments im Rahmen des International Folk Music Council (IFMC), dessen Vizepräsident er 1975 wurde. Seit 1957 Lehrbeauftragter an der Humboldt-Universität Berlin, habilitierte er sich 1980. S. ist mit der Musikethnologin **Doris S.,** geborene Mehnert (* 3. 11. 1929 Dresden), verheiratet.

Schriften: *Der musikalische Sinn der elektro-akustischen Musikinstrumente* (Diss. B 1953); *Des Knaben Wunderhorn in den Weisen seiner Zeit* (B 1958) (= Veröff. des Inst. für dt. Volkskunde 16). – S. ist Hrsg. von: *Studia instrumentorum musicae popularis* (Sto 1969ff.), darin von ihm selbst: *Zur Typologie der Volksmusikinstrumente* (1, 1969) u. *Die Darstellung der Arbeit in der instrumentalen Hirtenmusik* (3, 1974); *Hdb. der europäischen Volksmusikinstrumente* (L 1968ff.) (zus. mit E. Emsheimer); *Musikethnolog. Jahresbibliogr. Europas seit 1966* (Preßburg 1967ff.); *Sowjet. Volkslied- u. Volksmusikforschung* (B 1967) (= Veröff. des Inst. für dt. Volkskunde 37). J. DORFMÜLLER

STOCKMEIER, Wolfgang, * 13. 12. 1931 Essen; dt. Komponist und Organist. Er studierte 1949–57 an den Musikhochschulen in Essen und Köln, wo er 1957 an der Universität im Fach Musikwissenschaft promovierte. 1960 wurde er an die Musikhochschule Köln berufen (1962 Professor für Theorie, Orgelspiel und -improvisation, 1974 Leiter des Instituts für Evangelische Kirchenmusik), war außerdem 1961–73 Lektor am Musikwissenschaftlichen Institut der Universität Köln und lehrte an den Landesmusikschulen Düsseldorf (1968–73) und Herford (1973/74). Seit 1941 als Organist tätig (seit 1964 in Langenberg, 1970 KMD), übt S. eine internationale Konzerttätigkeit aus und spielte bisher über 60 Schallplatten ein (u. a. Sämtliche Orgelwerke von J. S. Bach). Als Komponist war S. zunächst von P. Hindemith beeinflußt, setzte sich aber seit 1957 zunehmend mit der Dodekaphonie auseinander, deren Prinzipien er unter dem Gesetz organischen Wachstums individuell abwandelt und mit avantgardistischen Techniken kombiniert.

WW: **1) Kompositionen:** Zahlr. Orgel-Werke, u. a.: 6 Sonaten (1965–82); *Symphonia sacra* (1971); Suite (1976); *Pro* (1979); Kammermusik. – *Collage* für Orch. (1977); 2 Konzerte für Org. u. Orch. (1965–1973). – Vokal-Werke, darunter die Oratorien *Jona* (1973); *Historien* (1979); *Christus* (1982). – **2) Schriften:** *Die deutsche Orgelsonate der Gegenwart* (Diss. Kö 1958); *Musikalische Formprinzipien* (Kö 1967); *Die Programmusik* (Kö 1970) (= Das Musikwerk 36); *K. Straube als Reger-Interpret,* in: M. Reger. Ein Symposium (Wie 1974). – S. war Hrsg. v.: *J. Haydn, Sinfonien 1773–74* (Mn 1966) (= GA I/7) u. *Sinfonien 1775–76* (1970) (= ebd. I/8) (zus. mit S. Gerlach); *S. Karg-Elert, Sinfonische Kanzonen* 1–3 (Mn 1978ff.).

Lit.: G. SCHUHMACHER, Zur Geschichtlichkeit der ev. Kirchenmusik im 20. Jh., in: MuK 39 (1969); J. DORFMÜLLER, Orgelmusik in der Auseinandersetzung mit der Dodekaphonie, in: ebd. 44 (1974); DERS., Die C.-f.-Toccata nach 1960, in: ebd. 52 (1982).

J. DORFMÜLLER

STÖHR, Richard, * 11. 6. 1874 Wien, † 11. 12. 1967 Montpelier (Vermont); östr. Komponist und Musikpädagoge. 1898 beendete er sein Medizinstudium, wandte sich dann aber der Musik zu und war Kompositionsschüler von R. Fuchs am Wiener Konservatorium, wo er 1904–38 Harmonielehre, Kammermusik, Kontrapunkt und Musikdidaktik lehrte (1915 Professor). 1939 emigrierte er in die USA, wo er bis 1941 am Curtis Institute of Music in Philadelphia und 1941–50 am St. Michael's College in Winoosci (Vermont) unterrichtete.

WW: **1) Kompositionen:** Klv.-Stücke; Kammermusik; 4 Symphonien; *Vermont-Suite;* je ein Trp.- u. Org.-Konzert; Lieder, Chorwerke u. 3 Opern. – **2) Schriften:** *Praktischer Leitfaden der Harmonielehre* (W 1909, [14]1928, [21]1963); *Musikalische Formenlehre* (L 1911), NA zus. mit H. Gal u. A. Orel als: *Formenlehre der Musik* (L 1933, [2]1954); *Praktischer Leitfaden des Kontrapunkts* (H 1911); *Praktische Modulationslehre* (L 1915); *Über die Grundlagen musikalischer Wirkungen* (L 1924); *Fragen und Aufgaben aus der Harmonielehre* (W 1931).

Lit.: H. SITTNER, R. S., Mensch, Musiker, Lehrer (W 1965) (mit Werk-Verz.).

STOKOWSKI, Leopold Anthony, * 18. 4. 1882 London † 13. 9. 1977 Nether Wallop (Hampshire); amerik. Dirigent. Er studierte bei H. Parry und Ch. V. Stanford am Royal College of Music in London, wurde 1903 Bachelor of Music am Queen's College in Oxford und vervollständigte seine Ausbildung später noch in Berlin, München und Paris. Zunächst Organist in London und New York, trat er als Dirigent erstmals 1908 in Paris auf. 1909 übernahm er das Cincinnati Symphony Orchestra und leitete 1912–36 das Philadelphia Orchestra, das er zu Weltgeltung führte. Später dirigierte er u.a. 1942–43 das NBC Symphony Orchestra, 1944–45 das New York City Symphony Orchestra und 1949–50 das New York Philharmonic-Symphony Orchestra. 1962 gründete er das American Symphony Orchestra, das er bis 1973 leitete. 1970 wurde er ständiger Dirigent des London Symphony Orchestra. Als Gast trat er in aller Welt auf. S. stand auch der zeitgenössischen Musik aufgeschlossen gegenüber. 1931 dirigierte er in Philadelphia die amerikanische Erstaufführung von A. Bergs *Wozzeck.* Berühmt wurden seine – umstrittenen – Orchesterbearbeitungen von Orgelwerken J. S. Bachs. Er veröffentlichte *Music for All Us* (NY 1943).

Lit.: E. ARIAN, Bach, Beethoven and Bureaucracy. The Case of the Philadelphia Orch. (1971) (= Diss. Univ. of Alabama); S., Essays in Analysis of His Art, hrsg. v. E. JOHNSON (Lo 1973) (mit Verz. bedeutender Aufführungen, Transkriptionen u. Diskographie); A. CHASINS, L. S. A Profile (NY 1979).

STOLLEN ↗ Bar.

STOLTZER (Stolczer, Scholczer u.ä.), **Thomas,** * um 1475 Schweidnitz, † März 1526 bei Znaim (Südmähren); dt. Komponist. Über S.s Jugend ist nichts bekannt. Seine musikalische Ausbildung verdankt er H. Finck. 1519 wird er als Priester mit einer Pfründe an St. Elisabeth in Breslau erstmals aktenkundig; gleichzeitig sorgte er als „Vicarius discontinuus" am dortigen Dom für die musikalische Ausgestaltung der hohen kirchlichen Festtage. Seine Kompositionen wurden im ganzen deutschsprachigen Raum schnell bekannt. Schon vor 1520 rühmte der Wiener Humanist Joachim Vadian S.s leichte musikalische Auffassungsgabe, die ihn befähigte, fremde Stücke sofort nach Gehör aufzuschreiben. Auf Wunsch von Königin Maria berief ihn König Ludwig II. im Mai 1522 als Kapellmeister an den ungarischen Königshof nach Ofen. Die Hochzeitsfeierlichkeiten des Königspaares hatte er bereits im Januar 1522 musikalisch umrahmt. In Ofen baute S. eine relativ große, aus deutschen und ungarischen Sängern bestehende Kapelle auf, deren hoher Leistungsstand die neu entstandenen, z.T. von Königin Maria angeregten Kompositionen widerspiegeln. In dem einzigen von S.s Hand erhaltenen Dokument, einem Brief vom 23. Februar 1526 an Herzog Albrecht von Preußen in Königsberg, erwähnt er seinen soeben vollendeten 37. Psalm und deutet den Wunsch an, in dessen Dienste zu treten. Wenige Wochen später fand S., offensichtlich auf einer Reise nach Prag, in der Taja bei Znaim den Tod.

WW (in 30 dt. Sammeldrucken, vor allem 1532–70, und in zahlr. Hss.): 4 Messen (ohne Credo); 26 Motetten oder Motettenzyklen zum Proprium Missae; 15 Responsorien- oder Antiphonen-Motetten; 43 Hymnen; 5 Vesperpsalmen im Falsobordonesatz; 18 Psalmmotetten; 5 Magnificats; 14 weltl. u. geistl. dt. Lieder; 8 Instrumentalstücke; 5 sonstige Sätze.

Der Schwerpunkt von S.s Schaffen, das alle musikalischen Formen der Zeit umfaßt, liegt in der Breslauer Zeit zunächst auf der liturgischen Gebrauchsmusik, in Ofen stärker auf der freien geistlichen Erbauungsmusik in Gestalt der Psalmmotette, die keinen festen Platz in der Messe besaß. Wesentlich jünger als sein Lehrer Finck, lehnte sich S. entschiedener und früher an den franko-flämischen Motettenstil um 1500 an, verleugnete aber in der Beibehaltung des Cantus firmus und in der malerisch-affektiven Wortvertonung seine deutsche Herkunft auch in den letzten Schaffensjahren nicht. Sätze wie die klanglich voll ausgewogene, ganz aus dem Text gestaltete und dennoch Cantus firmus-bezogene Motette *O admirabile commercium* wurden noch am Ende des 16. Jh. durch Drucke verbreitet und musiziert. Seine zwischen 1524 und 1526 entstandenen, z.T. von Königin Maria erbetenen Vertonungen der Psalmen 12, 13, 37 und 86 auf der Grundlage des Luthertextes dokumentieren in ihrer herben klanglichen Eigenart und ihrem reichlichen Gebrauch von musikalischen Figuren und tiefschürfenden Symbolen den ersten Höhepunkt einer spezifisch deutschen Polyphonie und bilden ein würdiges musikalisches Gegenstück zur Kunst eines Albrecht Dürer, Veit Stoß und Tilman Riemenschneider. Diese ersten großen geistlichen Kompositionen in einer Nationalsprache markieren zugleich die von der Reformation eingeleitete Wende zur Benutzung der Volkssprache im Rahmen der Liturgie, und noch 2 Generationen später wurden sie im lutherischen Mitteldeutschland als Muster des neuen Komponierens schlechthin angesehen. Musikalisches Neuland betrat S. auch mit seinen *Octo Tonorum Melodiae,* 8 5stimmigen Instrumentalsätzen in den 4 authentischen und 4 plagalen Kirchentönen.

Ausg.: 4 dt. Lieder u. Psalm 13, in: Newe deudsche geistliche Gesenge ... durch G. Rhau, hrsg. v. J. WOLF (L 1908) (= DDT 34); 12 dt. Lieder, in: Das dt. Gesellschaftslied in Östr. v. 1480–1550, hrsg. v. L. NOWAK (W 1930) (= DTÖ 72); 40 Hymnen u. 14 lat.

Psalmen, in: Th. S., Sämtliche lat. Hymnen u. Psalmen, hrsg. v. H. ALBRECHT – O. GOMBOSI (L 1931) (= DDT 65); 3 Messen u. 10 Motetten sowie 8 Instr.-Stücke, in: Th. S., Ausgew. Werke, hrsg. v. H. ALBRECHT (L 1942, Nachdr. F 1962) (= EDM 22); 39 Hymnen, in: G. Rhau, Sacrorum hymnorum liber primus 1–2, hrsg. v. R. GERBER (L 1942–43, Nachdr. Lippstadt 1961) (= EDM 21 u. 25); Ostermesse, hrsg. v. L. HOFFMANN-ERBRECHT (Wb 1959) (= Chw 74); Sämtliche Psalmmotetten, in: Th. S., Ausgew. Werke 2, hrsg. v. DEMS. (F 1969) (= EDM 66); *Missa paschalis* u. Motetten, in: ebd. 3, hrsg. v. DEMS. (1982) (= EDM 99).

Lit.: H. J. MOSER, Th. S.s Psalm „Noli aemulari", in: ZfMw 14 (1931/32); K. L. HAMPE, Die dt. Psalmen des Th. S. (Diss. Posen 1943), Auszug, in: Musik des Ostens 1 (1962); L. HOFFMANN-ERBRECHT, Th. S.s „Octo Tonorum Melodiae", in: AfMw 14 (1957); DERS., Th. S. Leben u. Schaffen (Kas 1964) (mit Werk-Verz.); W. DEHNHARD, Die dt. Psalmmotette in der Reformationszeit (Wie 1971) (= Neue Musikgesch. Forsch. 6); L. HOFFMANN-ERBRECHT, Stoltzeriana, in: Mf 27 (1974); DERS., Dt. Musiker um 1500 in Osteuropa, in: Dt. Musik im Osten (Kö – W 1976); DERS., Dt. Musik in Böhmen u. Ungarn um 1525. Zur Gestaltung u. zum Symbolgehalt der dt. Psalmmotetten Th. S.s, in: Die musikal. Wechselbeziehungen Schlesien-Östr. (Dülmen 1977); W. STEUDE, Unters. z. mitteldt. Musiküberlieferung u. Musikpflege im 16. Jh. (L 1978); L. HOFFMANN-ERBRECHT, Henricus Finck – musicus excellentissimus (1445–1527) (Kö 1982).

L. HOFFMANN-ERBRECHT

STOLZ, Robert Elisabeth, * 25. 8. 1880 Graz, † 27. 6. 1975 Berlin; östr. Komponist und Dirigent. Er studierte bei R. Fuchs in Wien und bei E. Humperdinck in Berlin, wurde 1897 Korrepetitor in Graz, 1898 2. Kapellmeister in Marburg/Drau, 1902 1. Kapellmeister in Salzburg und 1903 Kapellmeister am Deutschen Theater in Brünn. Nach einer Begegnung mit J. Strauß (1899) wandte er sich ganz der leichten Muse zu und schrieb im selben Jahr seine erste Operette, *Studentenulk* (UA Marburg 1899). 1907 wurde S. Dirigent am Theater an der Wien: er leitete dort die populärsten Wiener Operetten seiner Zeit. Nach ersten Erfolgen in Deutschland (*Servus, Du!*, 1911) wurde er international bekannt durch das Lied *Hallo, du süße Klingelfee* (1919) und die Operette *Tanz ins Glück* (UA Wien 1920). Seit 1924 war S. in Berlin tätig, wo er sich schnell als einer der besten Komponisten von Musik zu Filmen profilierte. 1938 emigrierte er über Paris in die USA und schrieb dort hauptsächlich Musik für Hollywood-Filme. 1946 kehrte er nach Wien zurück. S. komponierte bis in sein hohes Alter, dirigierte Konzerte und nahm zahlreiche Schallplatten auf.

WW: Klv.-Stücke; Walzer u. Märsche. – Über 2000 Lieder, Chansons u. Schlager, darunter: *Salomé* (1919) (der erste europäische Foxtrott); *Mein Liebeslied muß ein Walzer sein* u. *Die ganze Welt ist himmelblau* (1930) (als Einlagen für R. Benatzkys *Im weißen Rößl); Im Prater blüh'n wieder die Bäume; Adieu, mein kleiner Gardeoffizier; Wenn die kleinen Veilchen blühn.* – Etwa 65 Operetten u. Musicals, u. a.: *Wenn die kleinen Veilchen blühn,* UA: Den Haag 1932; *Venus in Seide,* UA: Zürich 1932; *Der verlorene Walzer,* UA: Zürich 1933; *Grüezi,* UA: ebd. 1934, als: *Himmelblaue Träume,* UA: Berlin 1935, Neufassung als: *Hochzeit am Bodensee,* UA: Bregenz 1969; *Frühling im Prater,* UA: Wien 1949; *Trauminsel,* UA: Bregenz 1962; *Frühjahrsparade,* UA: Wien 1964; *Wiener Café,* UA: Graz 1965. – Ferner Musik zu etwa 100 Filmen.

S. zählt zu den erfolgreichsten und vielseitigsten Vertretern der Wiener Unterhaltungsmusik unseres Jahrhunderts. Er war ein Meister der „kleinen", liebenswürdig-amüsanten Operette und des Wiener Lieds. Auf dem Gebiet des Chansons verwendete er als einer der ersten moderne Tanzrhythmen. Viele seiner Lieder wurden Evergreens. Autobiographische Notizen und Erinnerungen an S. erschienen als *Servus, Du!* (Mn 1980).

Lit.: W.-D. BRÜMMEL – F. VON BOOTH, R. S., Melodie eines Lebens (H 1967); O. HERBRICH, R. S. König der Melodie (W – Mn 1975); A. LANG, Melodie aus Wien. R. S. u. sein Werk (W – Mn 1980); R. S. Werkverz., hrsg. v. S. PFLICHT (Mn 1981).

M. HERBSTMEIER

STOLZE, Gerhard Wolfgang, * 1. 10. 1926 Dessau, † 11. 3. 1979 Garmisch-Partenkirchen; dt. Sänger (Tenor). Er studierte bei W. Bader und R. Dittrich in Dresden und debütierte 1949 an der Dresdener Staatsoper. 1953–61 war er Mitglied der Städtischen Oper Berlin, dann der Wiener Staatsoper und gastierte an den großen Bühnen Europas und an der Metropolitan Opera New York. Regelmäßig sang er in Salzburg und bei den Bayreuther Festspielen (seit 1952), dort mit besonderem Erfolg als David, Loge und Mime. S. wirkte auch bei Uraufführungen zeitgenössischer Opern – u. a. von W. Egk, G. Klebe, Fr. Martin und C. Orff – mit.

STÖLZEL (Stöltzel, Stölzl), **Gottfried Heinrich,** * 13. 1. 1690 Grünstädtel (Erzgebirge), † 27. 11. 1749 Gotha; dt. Komponist. Er war Schüler von J. Kuhnau, studierte 1707–10 in Leipzig und wirkte 1710–12 als Musiklehrer in Breslau. 1713 reiste er nach Italien und anschließend nach Prag, Bayreuth und Gera. 1719 wurde er Hofkapellmeister in Gotha und war seit 1739 Mitglied von L. Chr. Mizlers „Societät der musikal. Wissenschaften".

WW: **1) Instr.-WW:** *Enharmonische Sonata* für Cemb; etwa 20 Triosonaten; 3 Quartette; je 2 Konzerte für Fl. u. für Ob., 1 Konzert für 2 Ob. d'amore; 4 Concerti grossi. – **2) Vokal-WW:** Etwa 440 Kirchenkantaten; 3 Passionsoratorien; zahlr. Messen (nur Kyrie – Gloria) u. a. lat. Kirchenmusik; etwa 30 weitl. Kantaten, darunter 17 Solokantaten. – Ferner mehrere musiktheoret. Schriften hsl., darunter *Abhandlung vom Recitativ.*

S. war nach dem vielfältigen Urteil seiner Zeitgenossen einer der großen dt. Komponisten des ausgehenden Barock. Aus seinem ursprünglich sehr umfangreichen Schaffen, von dem nur ein kleiner Teil (u. a. ohne die etwa 20 dt. Opern) ausschließlich hsl. überliefert ist, ragen die Instrumentalkonzerte und die Kirchenkantaten heraus. Beide Werkgruppen vereinen in unterschiedlicher Weise dt. kontrapunktische Gediegenheit mit it. Stilelementen (Kantabilität, gefällige Melodik).

Ausg.: *Concerto grosso a quattro chori*, in: Instrumentalkonzerte dt. Meister, hrsg. v. A. SCHERING (1907) (= DDT 29/30), dass., hrsg. v. G. DARVAS (F 1972); *Enharmonische Sonate*, hrsg. v. E. W. BÖHME (Kas 1936); Ob.-Konzert D-Dur, hrsg. v. H. TÖTTCHER (H 1954), u. F-Dur, hrsg. v. H. WINSCHERMANN (Wb – Z 1963); mehrere Triosonaten in den Slgen. Collegium musicum u. Nagels Musikarchiv. – Solokantaten *Aus der Tiefe rufe ich*, hrsg. v. A. ADRIO (B 1948, ²1957), u. *Lob und Dank*, hrsg. v. H. ALBRECHT (Lippstadt 1954) (= Organum I/29); Weihnachtskantate, hrsg. v. DEMS. (ebd. 1953) (= ebd. I/28).

Lit.: A. FETT, Musikgesch. der Stadt Gotha (Diss. Fr 1952) (mit Werk-Verz.); W. STEGER, G. H. S.s „Abh. v. Recitativ" (Diss. Hei 1962); F. HENNENBERG, Das Kantatenschaffen v. G. H. S., 2 Bde. (L 1976) (= Beitr. z. musikwiss. Forsch. in der DDR 8); P. HUTH, G. H. S. ... Bemerkungen zu seinem Instrumentalschaffen, in: Die Einflüsse einzelner Interpreten u. Komponisten des 18. Jh. auf das Musikleben ihrer Zeit (Blankenburg 1980).

STOMP (amerik., = aufstampfen), zunächst eine auf ständiger Wiederholung bestimmter rhythmischer Abläufe beruhende afroamerik. Tanzform, aus der sich später im Jazz eine Spielweise entwikkelte, bei der einer fortlaufenden Melodie ein ostinates rhythmisches Pattern unterlegt wird. Dieses sog. S.-Pattern entsteht meist aus einem Melodiefragment, wird – im Unterschied zum ↗Riff – melodisch ständig verändert und erklingt entweder für die Dauer einzelner Chorusse oder des ganzen Stücks.

STOPFEN, eine um die Mitte des 18. Jh. aufgekommene Praxis der Hornisten, die rechte Hand in die Stürze des Horns zu schieben. Durch unterschiedliche Handhaltung kann so der Grundton des Horns verändert und die Naturtonreihe des Instruments (durch zusätzliche diatonische und chromatische Zwischentöne) erweitert werden. Darüber hinaus dient das S. auch zur Dämpfung. Bei anderen Blechblasinstrumenten wird dies durch besondere ↗Dämpfer erzielt.

STOP-TIME (engl.), ↗Break.

STORACE, Bernardo, it. Komponist des 17. Jahrhunderts. Er ist 1664 als Vizekapellmeister des Senats von Messina nachweisbar. Seine *Selva di varie composizioni d'intavolatura per cimbalo ed organo* (V 1664) ist ein wichtiges italienisches Zeugnis für die Variation über Tanzmelodien in der Zeit unmittelbar nach G. Frescobaldi.

Ausg.: *Selva di varie composizioni*, hrsg. v. B. HUDSON (R 1965) (= Corpus of Early Keyboard Music 7).

Lit.: R. A. HUDSON, The Development of It. Keyboard Variations on the „Passacaglio" and „Ciaccona" from Guitar Music in the 17th Century (1967) (= Diss. Univ. of California).

STORACE. – 1) Stephen, * 4. 4. 1762 London, † 19. 3. 1796 ebd.; engl. Komponist. Er war Schüler seines Vaters, des aus Italien stammenden Kontrabassisten Stefano S., und seit 1776 des Conservatorio S. Onofrio in Neapel, ging dann mit seiner Schwester und mit dem Tenor M. Kelly nach Wien, wo er seine ersten beiden Opern zur Aufführung brachte und mit W. A. Mozart befreundet war. 1787 kehrte er nach London zurück und wurde 1789 Komponist des Drury Lane Theatre. Seine im gleichen Jahr dort aufgeführte Oper *The Haunted Tower* war einer der größten Opernerfolge des 18. Jh. in England. Ähnliches gilt auch für *The Pirates* (1792).

WW: 4 it. u. 14 engl. Opern (hsl. oder gedruckt als Klv.-A.), darunter außer den genannten: *Gli equivoci* (Libr.: L. da Ponte nach Shakespeare), UA: London 1786; *No Song, No Supper*, UA: ebd. 1790. Zahlr. Songs u. Arien aus den Opern erschienen separat. – *Canzonetts* für SingSt u. Cemb. (Lo um 1786); *Lamentation of Marie Antoinette ... on the morning of her execution* (Lo 1793). – 5 Slgen. Sonaten u. a. Stücke für Cemb. (Lo 1784–90).

2) Ann (Nancy), Schwester von 1), * 27. 10. 1765 London, † 24. 8. 1817 ebd.; engl. Sängerin (Sopran). Sie debütierte 15jährig in Italien als Opernsängerin und feierte 1783–87 in Wien Triumphe, nicht zuletzt durch ihr Auftreten in komischen Rollen. Bei der UA des *Figaro* 1786 sang sie die Susanna, und Mozart schrieb für sie die Konzertarie *Ch'io mi scordi di te – Non temer* (KV 505), als sie 1787 mit ihrem Bruder und Kelly nach London zurückkehrte. Sie sang dort noch bis 1808.

Ausg.: **Zu 1):** *No Song, No Supper*, hrsg. v. R. FISKE (Lo 1959) (= Mus. Brit. 16).

Lit.: R. FISKE, S., in: MGG XII; K. u. I. GEIRINGER, S. u. N. S. in Wien, in: ÖMZ 34 (1979); R. FISKE, S., in: Grove⁶ XVIII.

STOUTZ, Edmond de, * 18. 12. 1920 Zürich; Schweizer Dirigent. Er studierte zunächst Jura, dann Violoncello, Klavier, Oboe, Schlagzeug und Komposition in Zürich, Salzburg und Wien. 1952–54 war er Cellist und Schlagzeuger im Tonhalle-Orchester in Zürich, gründete 1954 das Zürcher Kammerorchester und unternahm als künstlerischer Leiter dieses Ensembles zahlreiche Konzertreisen. 1962 gründete er auch den Zürcher Konzertchor, den er ebenfalls leitet. S. widmet sich besonders der Musik des 18. und 19. Jh.

STRADELLA, Alessandro, * 1. 10. 1644 Rom, † 25. 2. 1682 Genua; it. Komponist. Er stammte aus einer adligen römischen Familie und war möglicherweise Schüler von E. Bernabei. 1655 ist er als Sänger an S. Marcello del Crocifisso bezeugt; später stand er kurze Zeit im Dienst der Familie Colonna und der in Rom lebenden Königin Christine von Schweden. Seit 1665 machte er sich als Komponist von Bühnenwerken und geistlicher

Musik einen Namen, war aber auch bekannt durch seine zahlreichen Liebesaffären und mußte 1669 wegen eines Betrugsskandals kurze Zeit Rom verlassen. In dieser Zeit wurde er bekannt mit Filippo Acciaiuoli, der 1671 in Rom das erste öffentliche Operntheater gründete, wo dann auch bis 1673 mehrere Intermezzi S.s aufgeführt wurden. 1675 entstand sein nach eigenem Bekunden bestes Werk, das Oratorium *S. Giovanni Battista.* 1677 mußte er, diesmal endgültig, Rom verlassen. In Venedig entführte er die junge Adlige Ortensia Grimani nach Turin und wurde bei einem Überfall durch Bedienstete ihrer Familie schwer verletzt. Nach seiner Gesundung ging er nach Genua; hier wurden 1678 3 Opern von ihm aufgeführt. Wiederum im Zusammenhang mit einer Liebesaffäre fiel er dort einem Mordanschlag zum Opfer. S.s abenteuerliches Leben gab im 19. Jh. den Anlaß zu zahlreichen Dichtungen und Opernlibretti, von denen Fr. W. Rieses *Alessandro Stradella* in der Vertonung von Fr. von Flotow (1844) bis heute das bekannteste Werk ist.

WW (fast ausschließlich hsl. erhalten): **1) Instr.-WW:** 12 Sinfonien u. Sonaten für V. u. B.c., 19 für 2 V. bzw. V. u. Vc. u. B.c.; 3 weitere Sonaten, davon 1 für Trp. u. 8 Violen; 1 Toccata für Cemb. – **2) Vokal- u. Bühnen-WW:** Messe für 16 St. u. B.c.; etwa 20 Motetten für 1–6 St. u. B.c., teilweise mit 2 V. – Oratorien: *S. Giovanni Battista; Ester; S. Giovanni Crisostomo; S. Editta; S. Pelagia; Susanna* (1681). – Etwa 400 it. Kantaten für 1–3 St. u. B.c. (die Hälfte davon mit zweifelhafter Zuschreibung), darunter 290 Solokantaten; etwa 20 Arien u. Kanzonetten. – Opern: *Il Trespolo tutore,* UA: Genua um 1677; *La forza dell'amor paterno,* UA: ebd. 1678; *Le gare dell'amor eroico,* UA: ebd. 1679; *Il moro per amore,* UA: Rom 1695; *Il Corispero.* – Ferner 26 Intermezzi, Prologe u.a. Kurzopern.

S. ist auch mit seinen Kompositionen in der italienischen Musikgeschichte der 2. Hälfte des 17. Jh. eine außergewöhnliche Persönlichkeit. In allen Gattungen hat er die römische Tradition individuell umgeformt. Am auffälligsten zeigt sich dies darin, daß sich in seinen instrumentalen und vokalen Werken (u. a. in Arien des *S. Giovanni Battista*) zum ersten Mal die Aufteilung eines 8st. Streicherensembles in ein Concertino und ein Concerto grosso findet. Diese (von S. auch ausdrücklich als solche bezeichnete) Besetzung weist unmittelbar auf das ↗Concerto grosso als Gattung und auf A. Corelli hin, mit dem S. in seiner römischen Zeit auch persönlich in Verbindung stand.

Ausg.: E. F. McCrickard, A. S.'s Instr. Music, 2 Bde. (1971) (= Diss. Univ. of North Carolina) (mit thematischem Kat. u. Ausg. v. 12 Werken); 3 Sonaten, hrsg. v. E. H. Tarr (P 1972); 3 Sinfonien, hrsg. v. dems. (P 1972). – D. W. Daniels, A. S.'s Oratorio S. Giovanni Battista, 2 Bde. (1963) (= Diss. State Univ. of Iowa); 1 Arie daraus, in: G. Massenkeil, Das Oratorium (Kö 1970) (= Das Musikwerk 37); *La forza dell'amor paterno,* hrsg. v. A. Gentili (R 1931); 4 Arien, in: La Flora I, hrsg. v. K. Jeppesen (Kop 1949).

Lit.: H. Hess, Die Opern A. S.s (L 1906) (= BIMG II/3); G. Roncaglia, Il genio novatore di A. S. (Modena 1941); O. Jander, A Catalogue of the Manuscripts of Compositions by A. S. ... (Wellesley 1960, ²1962); ders., A. S. and his Minor Dramatic Works (1962) (= Diss. Harvard Univ.); ders., Thematisches Verz. der Kantaten, 2 Bde. (1969) (= Wellesley Edition Cantata Index Series 4); L. Bianchi, Carissimi, S., Scarlatti e l'oratorio musicale (R 1969); H.-B. Dietz, Musikal. Struktur u. Architektur im Werke A. S.s, in: Anal. Mus. 9 (1970); C. Gianturco, The Operas of A. S. (Diss. C 1970); K. A. Chaikin, The Solo Soprano Cantatas of A. S. (1975) (= Diss. Stanford Univ.); E. F. McCrickard, Temporal and Tonal Aspects of A. S.'s Instr. Music, in: Anal. Mus. 19 (1979).

STRADIVARI, Giacomo Antonio, * 1644 oder 1648/49 Cremona, † 18. 12. 1737 ebd.; it. Geigenbauer. S. war Schüler von N. Amati, machte sich vermutlich 1667 selbständig, arbeitete aber bis 1680 noch mit Amati zusammen. Nach einer von Amati beeinflußten 1. Phase – die Instrumente vor 1690 wurden „amatizzati" genannt – entwickelte S. bis um 1700 ein eigenes Modell von größerem Format, das er mit einem heißeren Lack behandelte. Um 1700 setzt die Phase seiner reifen Meisterschaft ein, in der die bis heute weltberühmten Geigen von fülligem Wohlklang und harmonischer Form entstanden. Sie erhielten häufig die Namen der Virtuosen, die sie spielten (Paganini, Viotti, Vieuxtemps, Boissier), oder anderer bekannter Eigentümer. S.s berühmtestes Instrument ist die „Messias", deren Namensgebung darauf zurückgeht, daß ihr damaliger Besitzer, der Mailänder Händler Luigi Tarisio, den Verkauf dieser Violine zwar wiederholt ankündigte, sich aber nicht von ihr trennen konnte. Die klangliche Schönheit der S.-Violinen beruht vor allem auf Bauweise, Wahl des Holzes und Zusammensetzung des Lackes. S. fertigte insgesamt über 1100 Instrumente, davon (heute bekannt) 540 Violinen, 50 Violoncelli und 12 Violen. Letztere erreichten jedoch nicht die Qualität der übrigen Instrumente.

Lit.: W. H. A. F. u. A. Hill, A. S. His Life and Works (Lo 1902, Nachdr. NY 1963); A. Alexandre, Les S. (P 1945); G. Ottani, S. (Mi 1945); W. Henly, A. S. His Life and Instr., hrsg. v. C. Woodcock (Brighton 1961); P. Frisoli, The „Museo Stradivariano" in Cremona, in: GalpinJ 24 (1971); K. Goodking, Violin Iconography of A. S. (Larchmont/N. Y. 1972); S. F. Sacconi, I „segreti" di S. (Cremona 1972, dt. F 1976); G. R. Jones, A. S. and His Craft. A Story of the Master's Life (NY 1973).

STRAMBOTTO (it., von mittellat. strambus = unregelmäßig), in der it. Lyrik des 15. Jh. und später (dort auch Rispetto genannt) Bz. für eine achtzeilige Strophe oder eine Stanze mit 8 elfsilbigen Versen mit dem Reimschema ab ab ab ab (Ottava siciliana) bzw. ab ab ab cc (toskanische Ottava). Zu den bekanntesten Dichtern zählen u.a. L. Giustiniani und Serafino dall'Aquila. Musikalisch weist der S. Ähnlichkeiten zur ↗Frottola auf (beide stehen in den hsl. und gedruckten Quellen häufig zusammen), unterscheidet sich von dieser jedoch durch größere melodische Beweglichkeit. In der Regel ist der S. ein Strophenlied, wobei nur die ersten beiden Verse vertont wurden. In den Frottole-Sammlungen O. Petruccis gibt es (seit dem 4. Buch, 1505) auch durchkomponierte Strambotti.

STRANZ, Ulrich, * 10. 5. 1946 Neumarkt-St. Veit (Oberbayern); dt. Komponist. Er studierte 1966–72 Violine und Komposition (Fr. Büchtger, G. Bialas) an der Münchener Musikhochschule und arbeitete anschließend im Studio für elektronische Musik am Institut für Sonologie der Universität Utrecht. Seit 1974 lebt er als freischaffender Komponist in Zürich und war 1980–81 Stipendiat der Deutschen Akademie in der Villa Massimo in Rom. S. gelangte von einer konstruktiven Reihentechnik zu einer melodisch bestimmten Schreibweise mit tonalitätsbedingten harmonischen Spannungen, die jedoch nicht auf funktionalen Gesetzmäßigkeiten beruhen. Sein Schaffen trägt Züge eines Stilpluralismus und ist eigenen Aussagen zufolge von Bialas, K. Stockhausen, G. Ligeti und O. Messiaen beeinflußt.

WW: *Anabasis* (1970) für Klv.; 2 Streichquartette (1976, 1981). – Für Orch.: *Klangbild* (1976); *Szene* (1980); *Contrasubjekte* (1980) für Streichorch.; *Tachys* (1974) für Orch. u. Solo-Str.; *déjà vu* (1973) für Ob. d'amore u. Kammerorch.; *Musik für Klavier und Orchester* (1978); *Auguri* (1981) für Va. u. Orch.

Lit.: C. KÜHN, Gespräch mit U. S., in: Musica 32 (1978); D. DE LA MOTTE, Zur Situation junger dt. Komponisten, in: Avantgarde, Jazz, Pop (Mz 1978) (= Veröff. des Inst. für Neue Musik u. Musikerziehung 18).

STRATAS, Teresa (eig. Anastasia Strataski), * 26. 5. 1936 Toronto; kanadische Sängerin griechischer Abstammung (Sopran). Sie studierte bei Irene Jessner in Toronto und debütierte dort 1958 bei der Canadian Opera Company als Mimi in G. Puccinis *La Bohème.* Schon 1959 sang sie erstmals an der Metropolitan Opera in New York, 1962 auch an der Mailänder Scala. In den 60er und 70er Jahren gastierte sie im lyrisch-dramatischen Fach an den großen Opernbühnen Europas und Amerikas, u. a. in Wien, Moskau und Berlin sowie bei den Salzburger Festspielen.

STRATTNER, Georg Christoph, * um 1644 Gols (Ungarn), beerdigt 11. 4. 1704 Weimar; dt. Komponist. S. war Schüler seines Vetters S. Capricornus, wurde 1659 Kapellknabe und 1661 Altist an der Stuttgarter Hofkapelle, 1666 Kapellmeister am Hof in Durlach (Baden) und 1682 an der Barfüßerkirche in Frankfurt am Main, wo er bereits seit 1675 als Komponist in Erscheinung getreten war. 1692 aus der Stadt verwiesen, erhielt er 1694 eine Stelle als Tenorist und 1695 als Vizehofkapellmeister in Weimar. Von seinen Werken ist nur wenig überliefert, darunter eine Kantate *Sehet doch, ihr Menschenkinder,* die zur Vorgeschichte des deutschen Passionsoratoriums gehört.

WW: Etwa 20 Kirchenkantaten sind hsl. erhalten; zahlr. 1st. Kirchenlieder in Gesangbüchern der Zeit; mehrst. Lieder mit B.c.

Ausg.: 14 Lieder für 3 St., hrsg. v. F. NOACK, in: Die Kirchenmusik I/12, 14 u. 15 (Langensalza 1920).

Lit.: E. NOACK, G. Ch. S. Sein Leben u. seine Werke (Diss. B 1921), Auszüge, in: AfMw 4 (1921).

STRAUBE, Montgomery Rufus Karl Siegfried, * 6. 1. 1873 Berlin, † 27. 4. 1950 Leipzig; dt. Organist und Chordirigent. S. war seit 1888 Schüler von H. Reimann und wurde 1895 dessen ständiger Vertreter an der neuen Sauer-Orgel der Kaiser-Wilhelm-Gedächtniskirche in Berlin und 1897 Organist am St. Willibrordi-Dom in Wesel. Seither machte er sich als Konzertorganist in ganz Deutschland bekannt. In Frankfurt a. M. begann 1898 die lebenslange Freundschaft mit M. Reger, dessen Orgelwerke er fast alle uraufgeführt hat. 1903–18 war er in Leipzig Organist an der Thomaskirche, 1918–39 Thomaskantor, und übernahm 1903 die Leitung des Bach-Vereins, nach dessen Zusammenlegung mit dem Gewandhauschor (1920) er bis 1932 auch die Gewandhauschorkonzerte dirigierte. 1907 wurde er Lehrer (1908 Professor) für künstlerisches Orgelspiel am Landeskonservatorium, an dem er 1919–41 auch das von ihm gegründete Kirchenmusikalische Institut der Evangelisch-lutherischen Landeskirche leitete. Zu seinem 70. Geburtstag wurde er mit der Festschrift *Gaben der Freunde* (L 1943) geehrt.

WW: **1) Schriften:** *M. Reger,* in: Mitteilungen der M.-Reger-Ges. 4 (St 1924); *Rückblick und Bekenntnis,* in: Bach-Gedenkschrift 1950, hrsg. v. K. Matthaei (Z 1950), dass. auch in: Briefe eines Thomaskantors (s. u. Lit.). – **2) Editionen:** *F. Liszt, Orgelkompositionen,* 2 Bde. (L 1904); *Alte Meister. Eine Sammlung deutscher Orgelkompositionen aus dem 17. und 18. Jh.* (L 1904), N. F., 2 Bde. (L 1929); *J. S. Bach, Sämtliche Orgelwerke* II (L 1913), IV (L 1950); *Ausgewählte Gesänge des Thomanerchors zu Leipzig* (L 1924–36).

S. zählt zu den bedeutenden Musikerpersönlichkeiten des 20. Jahrhunderts. Als Organist vertrat er bis etwa 1913 die romantisch-expressive Auffassung in der Tradition der Wagner-Liszt-Zeit, die sich in einer agogisch und dynamisch fein differenzierten Anschlags- und Phrasierungstechnik zeigte. Durch G. Ramin auf die Schnitger-Orgel in St. Jacobi zu Hamburg aufmerksam gemacht, setzte er sich zunehmend für das barocke Klangideal ein und gab mit der Einweihung der neuerbauten Praetorius-Orgel in der Universität Freiburg i. Br.

der ↗Orgelbewegung entscheidende Impulse. Obwohl S. sich vor allem den Werken J. S. Bachs und M. Regers widmete, hatte er eine nahezu vollständige Kenntnis auch der zeitgenössischen Orgelliteratur. Seinem unermüdlichen Wirken ist es zu verdanken, daß die Orgelmusik heute als eine autonome Gattung im öffentlichen Konzertleben anerkannt ist. Als Chordirigent machte er mit der Gesamtaufführung der Kirchenkantaten Bachs (1931–37) und durch die erstmalige Verwendung der originalen „kleinen" Besetzung in Motetten und Oratorien bei den Bachfesten auf sich aufmerksam.

Lit. u. Brief-Ausg.: K. S. Briefe eines Thomaskantors, hrsg. v. W. GURLITT – H.-O. HUDEMANN (St 1952, gekürzt B 1959); M. Reger, K. S. Briefzeugnisse einer Freundschaft, hrsg. v. M. MEZGER, in: Württembergische Blätter für Kirchenmusik 40 (1973). – G. ROBERT-THORNOW, M. Reger u. K. S. (Gö 1907, NA L 1929); J. WOLGAST, K. S. (L 1928); M. MEZGER, Bachs Amt u. Erbe im Thomaskantorat v. K. S., in: Theologia viatorum 8 (1961/62); F. HÖGNER, Persönliche Erinnerungen an K. S., in: Gottesdienst u. Kirchenmusik (1972); L. DOORMANN, Das Vermächtnis K. S.s als Bachspieler, in: MuK 43 (1973); F. HÖGNER, K. S. u. die mißbrauchte Musikphilologie, in: MuK 44 (1974); K. S. Wirken u. Wirkung, hrsg. v. CH. u. I. HELD (B 1976) (mit unveröff. Briefen u. Dokumenten; vgl. ↗Reger. B. A. KOHL

STRAUS (eig. Strauss), **Oscar Nathan,** * 6. 3. 1870 Wien, † 11. 1. 1954 Bad Ischl; östr. Komponist und Dirigent. Er studierte in Wien bei Hermann Grädener und 1891–93 bei M. Bruch in Berlin. Bis 1899 war er Kapellmeister in Preßburg, Brünn, Teplitz, Mainz und Hamburg. 1900 wurde er als Pianist und Komponist an das neu gegründete Kabarett „Überbrettl" von Ernst von Wolzogen in Berlin verpflichtet, wo er mit Chansons wie *Die Musik kommt* und *Der lustige Ehemann* erste Erfolge verzeichnen konnte. Mit seiner Operette *Ein Walzertraum* erlangte er 1907 in Wien Weltruhm. 1939 mußte er emigrieren und lebte in Paris, New York und Hollywood. Nach dem Krieg ließ er sich in Bad Ischl nieder, setzte seine Tätigkeit als Dirigent fort und schrieb weitere Operetten sowie Filmmusiken (u. a. zu Max Ophüls Film *Der Reigen,* 1950). Zusammen mit Fr. Lehár, L. Fall und E. Eysler gehört S. zu den wichtigsten Vertretern des sogenannten „Silbernen Zeitalters" der Wiener Operette. Ausgehend von J. Offenbachs satirischen Werken und geprägt von der klassischen Wiener Operette, schrieb S. Walzeroperetten mit viel Witz und melodischer Eleganz, in denen er auch zahlreiche neue Tanzrhythmen verwendete.

WW: Klv.-Stücke; Kammermusik; Orch.-Werke; etwa 500 Chansons u. Chöre. – Operetten, u. a.: *Der tapfere Soldat,* UA: Wien 1908; *Rund um die Liebe,* UA: ebd. 1914; *Liebeszauber,* UA: Berlin 1916; *Der letzte Walzer,* UA: ebd. 1920; *Die Teresina,* UA: ebd. 1925; *Eine Frau, die weiß, was sie will,* UA: ebd. 1932; *Drei Walzer,* UA: Zürich 1935; *Die Musik kommt,* UA: ebd. 1948, revidiert als: *Ihr erster Walzer,* UA: München 1950; *Rozena,* UA: ebd. 1952; Ballette, darunter: *Colombine,* UA: Berlin 1904; *Die Prinzessin von Brabant,* UA: Wien 1912.

Lit.: B. GRUN, Prince of Vienna (Lo 1955, NY 1957).

STRAUSS (eig. Strauß; Straus), **Christoph,** * um 1575/80 Wien(?), † zwischen 1. und 20. 6. 1631; östr. Komponist und Organist. Er war Organist an der Hofkirche St. Michael in Wien, wurde 1614 Pfleger der kaiserlichen Besitzung Kattenburg und 1617 kaiserlicher Vizekapellmeister, wurde aber nach dem Tod Kaiser Matthias' (1619) entlassen. Spätestens seit 1626 wirkte er als Domkapellmeister an St. Stephan in Wien.

WW: *Nova ac diversimoda sacrarum cantionum compositio,* Motetten für 5–10 St. u. Instr. (W 1613); *Missae* für 8–20 St. mit Instr. u. B. c. (W 1631).

Ausg.: *Missa pro defunctis* für instr. u. vokalen Doppelchor, in: 3 Requiem für Soli, Chor u. Orch. aus dem 17. Jh., hrsg. v. G. ADLER (W 1923) (= DTÖ 59).

Lit.: P. W. GANO, The Masses of Ch. S. (1971) (= Diss. Univ. of California).

STRAUSS (eig. Strauß), Wiener Musikerfamilie des 19. Jh., deren großes Verdienst es ist, im Anschluß an Traditionen aus dem 18. Jh. am Zusammenhang zwischen Unterhaltungs- und Kunstmusik festgehalten und der zeitgenössischen Trivialisierung und Sentimentalisierung der Tanz- und Operettenmusik widerstanden zu haben. Damit führte sie vor allem die zentral von ihr gepflegte Gattung des Wiener Walzers auf ein hohes künstlerisches Niveau und zur Weltberühmtheit. – **1) Johann Baptist** (Vater), * 14. 3. 1804 Wien, † 25. 9. 1848 ebd. Er widmete sich nach einer abgeschlossenen Buchbinderlehre (1822) der Musik und spielte in den Ensembles Michael Pamers und J. Lanners Bratsche und Violine. 1825 heiratete er Anna Streim und gründete eine eigene Kapelle, für die er selbst Tänze schrieb, ohne zuvor Kompositionsunterricht erhalten zu haben (später war er Schüler von I. von Seyfried). Für seine außergewöhnliche Karriere spricht die 1822 erfolgte Ernennung zum Kapellmeister des 1. Bürgerregiments, für das er Märsche schrieb, und 1836 die zum Ehrenbürger von Wien. Seit 1833 unternahm er erfolgreiche Konzertreisen durch Österreich und Westeuropa. Sein rastloses Leben und seine ekstatische Arbeitsweise führten zum körperlichen Zusammenbruch, der zur Einschränkung der Konzertreisen zwang, aber auch zur Zerrüttung seines Familienlebens. Nach Lanners Tod (1843) erhielt S. in der Wiener Unterhaltungsmusikszene bald in seinem Sohn Johann einen neuen Rivalen. Bei der Revolution 1848 ergriff er die Partei der Kaiserlichen *(Radetzky-Marsch, Jellacic-Marsch).*

WW: 149 Walzer; 34 Quadrillen; 29 Galopps; 16 Märsche; 14 Polkas; Fantasien; Potpourris u. etwa 50 Tänze ohne Opuszahlen.

S.' Aufführungsstil zeichnete sich durch Akkuratesse und Vitalität aus und muß eine mitreißende Wirkung ausgeübt haben. Als Komponist gab er seinen Walzern eine Standardform in der von Introduktion und Coda umrahmten 5teiligen sog. Walzerkette. Der musikalische Satz ist durchsichtig, kleingliedrig, harmonisch einfach und von melodischer und rhythmischer Delikatesse. Sein *Radetzky-Marsch* ist zusammen mit dem Kaiser-Walzer und dem Walzer *An der schönen blauen Donau* seines Sohnes Johann zu einer Art musikalischer Allegorie Altösterreichs geworden.

2) Johann Baptist (Sohn), Sohn von 1), * 25. 10. 1825 Wien, † 3. 6. 1899 ebd. Er ließ sich gegen den erklärten Willen seines Vaters zum vielseitigen Musiker ausbilden (in Komposition u.a. bei J. Drechsler), mit dem Ziel, dem Vater nachzueifern. 1844 debütierte er erfolgreich mit einer eigenen Kapelle. Der äußere Lebensweg gestaltete sich ähnlich dem des Vaters, nur in noch größeren Dimensionen. 1846 begann er Konzertreisen innerhalb Österreichs, weitete sie später über große Teile Europas aus. Seit 1855 verbrachte er 16 Jahre lang jeden Sommer in Pawlowsk bei St. Petersburg, woran viele seiner Kompositionen erinnern. Auftritte bei Weltausstellungen und eine spektakuläre Amerikatournee mit einem Mammutkonzert in Boston anläßlich der 100jährigen Unabhängigkeit der USA bestätigten seinen Weltruhm. S. wurde zeit seines Lebens bewundert, im Alter mit Ehren überhäuft und von Musikern selbst so gegensätzlicher Art wie R. Wagner und J. Brahms hochgeschätzt.

WW (etwa 470 Op.-Zahlen): 159 Walzer, darunter: *Morgenblätter* (1846); *An der schönen blauen Donau* (1867); *Geschichten aus dem Wienerwald* (1868); *Wein, Weib und Gesang* (1869); *Wiener Blut* (1876); *Rosen aus dem Süden* (1880); *Frühlingsstimmen* (1883); *Kaiser-Walzer* (1888); *Seid umschlungen, Millionen* (1892); 117 Polkas, u.a.: *Annen-Polka* (1852); *Tritsch-Tratsch-Polka* (1858); *Im Pawlowskwalde (Im Krapfenwaldl)* (1868); *Pizzicato-Polka* (1869) (zus. mit Josef S.); *Neue Pizzicato-Polka* (1893); 32 Galopps u. Polkas schnell; 31 Polkas Mazur; 74 Quadrillen; 43 Märsche sowie zahlr. weitere Tänze ohne Opuszahlen; Fantasien. – 17 Operetten u. komische Opern (UA in Wien), darunter: *Die Fledermaus*, UA: 1874; *Eine Nacht in Venedig*, UA: 1883; *Der Zigeunerbaron*, UA: 1885; *Wiener Blut* (unvollendet, bearb. v. A. Müller), UA: 1899; ferner Ballettmusik.

Als Operettenkomponist führte S. die vom Wiener Singspiel über J. Offenbach und Fr. von Suppé sich herleitende Tradition zu einem Höhepunkt, erzielte jedoch nur mit wenigen Operetten dauernden Erfolg. Besonders schmerzlich traf ihn der Durchfall seiner Oper *Ritter Pázmán* in der Hofoper (1892). Selbst die *Fledermaus* kam bei ihrer ersten Aufführung in Wien nicht an, erst in Berlin und Paris wurde sie zum Erfolg. S.' einzigartiger Rang als Walzer- und überhaupt als Tanzkomponist ist stets anerkannt worden. In einer für die Gründerzeit anachronistischen, andererseits für die Wiener traditionsbewußte Gesellschaft bezeichnenden Weise gelang S. eine Synthese zwischen der vitalen, leicht gefügten Tanzmusik seines Vaters und Lanners mit dem künstlerischen Anspruch, der sich von der Wiener Klassik herleitete. Die Heiterkeit dieser Musik steht zwischen forcierter Lustigkeit und triefender Trivialität in Äquidistanz, aber auch noch genügend fern der gründerzeitlichen Monumentalität wie der gebrauchsmusikalischen Dutzendware.

3) Josef, Bruder von 2), * 20. 8. 1827 Wien, † 22. 7. 1870 ebd. Er mußte nach einer erfolgversprechenden Laufbahn als Techniker auf Drängen seiner Familie 1853 für seinen erkrankten älteren Bruder einspringen und wurde, zunächst gegen seinen Willen, Musiker. S. war von ernster, bescheidener Wesensart, seine hochgradige Sensibilität neigte stärker als die seines Bruders zu Depressionen und Hypochondrie. Wenn er auch immer in dessen Schatten blieb, erreichte er doch als Komponist und Dirigent große Erfolge. Seine Kompositionen enthalten in ihrer stärkeren Neigung zu elegischer Innigkeit einen von Johann S. unterscheidbaren Ton. Walzer wie *Dorfschwalben aus Österreich*, *Delirien* oder *Sphärenklänge* stehen den besten Werken seines Bruders nicht nach.

4) Eduard, Bruder von 2) und 3), * 15. 3. 1835 Wien, † 28. 12. 1916 ebd. Ähnlich wie sein Bruder Josef wurde er von seiner Familie dazu gedrängt, Musiker zu werden. Seit 1859 trat er als Dirigent auf und leitete die berühmte S.-Kapelle mit seinen Brüdern alternierend, nach Josefs Tod allein mit weltweitem Erfolg; 1901 mußte er sie nach 78jährigem Bestehen auflösen. Eine Autobiographie erschien unter dem Titel *Erinnerungen* (L – W 1906).

Ausg.: **Zu 1):** GA, Klv.-A., 7 Bde., hrsg. v. J. S. (Sohn) (L 1889, Nachdr. NY o.J.); 8 Walzer, hrsg. v. H. GÁL (W 1928) (= DTÖ 68). – **Zu 2):** GA, hrsg. v. J. RACEK, 50 Bde. geplant (W 1967 ff.); 3 Walzer, hrsg. v. H. GÁL (W 1925) (= DTÖ 63). – **Zu 3):** Ausw., 6 Bde., hrsg. v. C. PFLEGER (L 1906, Nachdr. NY o.J.); 3 Walzer, hrsg. v. H. BOTSTIBER (W 1931) (= DTÖ 74).

Lit.: Verz. der sämtlichen im Druck erschienenen Kompositionen v. J. S. (Vater), J. S. (Sohn), Josef S. u. E. S., hrsg. v. CH. FLAMME (L 1898, Nachdr. Wie 1972); H. JÄGER-SUSTENAU, J. S. Der Walzerkönig u. seine Dynastie. Familiengesch., Urkunden (W 1965); K. PAHLEN, J. S. Die Walzerdynastie (Mn 1975); M. HÜRLIMANN, Die Walzer-Dynastie S. in Zeugnissen ihrer selbst u. ihrer Zeitgenossen (Z 1976). – **Zu 1):** M. SCHÖNHERR – K. REINÖHL, J. S. Vater. Ein Werkverz. (Lo 1954); A. WEINMANN, Verz. sämtlicher Werke v. J. S. Vater u. Sohn (W 1956) (= Beitr. z. Gesch. des Alt-Wiener Musikverlages I/2). – H. E. JACOB, J. S. u. das 19. Jh. (A 1937); dass., als: J. S. Vater u. Sohn. Die Gesch. einer musikal. Weltherrschaft (Reinbek 1953, NA Bremen 1960). – **Zu 2):** J. S. schreibt Briefe, hrsg. v. A. STRAUSS (W 1926); J. S. Brevier. Aus Briefen u. Erinnerungen, hrsg. v. W. REICH (Z 1950). – J. S., Wirken, Ausstrahlung, Ausstellungskat. Wien, Musikslg. der Östr. Nationalbibl., Inst. für Östr. Musikdokumentation (1975). – R. SPECHT, J. S. (B 1909); E. DECSEY, J. S. (St 1922, W ²1948); E. SCHENK, J. S. (Pd 1940); H. WEIGEL, J. S. oder die Stunde der Operette, in: Flucht vor der Größe (W 1960, Nachdr. 1970); K. PAHLEN, Der Walzerkönig J. S. (Z 1961); M. PRAWY, J. S., Weltgesch. im Walzertakt (W 1975). – **Zu 3):** A. WEINMANN, Verz. sämtlicher Werke v. Josef u. E. S. (W 1967) (= Beitr. z. Gesch. des Alt-Wiener Musikverlages I/3); F. MAILER, J. S., Genie wider Willen (Mn 1977). G. GRUBER

STRAUSS, Richard Georg, * 11. 6. 1864 München, † 8. 9. 1949 Garmisch-Partenkirchen; dt. Komponist. Der Vater, Franz S., war als 1. Hornist ein prominentes Mitglied des Münchener Hoforchesters und seit 1871 Professor an der Königlichen Musikschule. Er bewunderte die klassische Musik und war ein entschiedener Gegner R. Wagners. Seine Frau Josephine, geborene Pschorr, stammte aus einer wohlhabenden Familie. S.' musikalische Ausbildung begann früh, seit 1868 lernte er Klavier, seit 1872 Violine, 1875–80 hatte er Kompositionsunterricht bei Friedrich Wilhelm Meyer. Ein Konservatorium hat S. nie besucht. Seit 1881 wurden verschiedene seiner Kompositionen, darunter eine Symphonie d-moll, in München öffentlich aufgeführt. Nach dem Abitur am Ludwigsgymnasium (1882) besuchte S. einen Winter lang philosophische und kulturgeschichtliche Vorlesungen an der Universität München. Wichtiger jedoch waren für ihn die Mitwirkung als Violinist in dem von seinem Vater geleiteten Münchner Orchester-Verein „Wilde Gung'l", einem noch heute existierenden privaten Liebhaberorchester, und die Freundschaft mit dem 3 Jahre älteren Komponisten L. Thuille. Den Winter 1883/84 verbrachte S. in Berlin, wo er H. von Bülow kennenlernte, der sich nachdrücklich für den jungen Komponisten einsetzte. Bülow vermittelte S. eine Stelle als 2. Kapellmeister der Hofkapelle in Meiningen (1885/86). Hier lernte S. die Praxis des Orchesterdirigierens kennen, zumal er schon bald, nach Bülows Rücktritt von der Leitung der Hofkapelle, das Orchester selbständig leiten mußte. In Meiningen lernte S. A. Ritter kennen, der ihn, „den bisher streng classisch Erzogenen ... endgültig zum Zukunftsmusiker gestempelt hat, indem er ihm die kunstgeschichtliche Bedeutung der Werke und Schriften Wagners und Liszts erschloß". Als 3. Kapellmeister in München (1886–89) lernte S. die Sopranistin Pauline de Ahna († 13. 5. 1950) kennen, die er 1894 heiratete. Wieder durch Vermittlung Bülows kam S. 1889 als 2. Kapellmeister an das Hoftheater in Weimar. Im selben Jahr lernte er Cosima Wagner kennen und wirkte erstmals als musikalischer Assistent bei den Bayreuther Festspielen. In Weimar leitete S. 1894 die Uraufführung seiner ersten Oper *Guntram,* kurz danach kehrte er als 2. Kapellmeister (neben H. Levi, dessen Nachfolger er 1896 wurde) ans Münchener Hoftheater zurück. Den Schwerpunkt seiner in München nicht unumstrittenen Arbeit bildeten Aufführungen der Opern R. Wagners und W. A. Mozarts. 1898 folgte er einem Ruf nach Berlin als 1. Hofkapellmeister in der Nachfolge F. von Weingartners. S.' Tätigkeit konzentrierte sich zunächst auf die Oper, erweiterte sich aber zusehends um Konzerte mit dem Berliner Tonkünstlerorchester, mit den Berliner Philharmonikern und der Berliner Hofkapelle. Das ihm 1908 verliehene Amt eines GMD der Berliner Hofoper legte S. schon 2 Jahre später wegen seiner vielfältigen anderen Verpflichtungen nieder, blieb aber der Oper durch einen Gastvertrag verbunden, der erst 1918 beendet wurde. In den 20 Jahren seiner Berliner Tätigkeit hatte S. zahlreiche Gastspielreisen unternommen – u.a. 1904 in die USA – und sich intensiv um die berufsständischen Interessen der Musiker gekümmert. Seine Bemühungen um eine Neuordnung des Urheberrechts auf dem Gebiet der Musik bewirkten die Gründung der GEMA (1915). Waren bis 1898 die meisten seiner symphonischen Dichtungen entstanden, so verlagerte sich in den Berliner Jahren der Schwerpunkt seines Schaffens ganz auf die Oper. 1901 war seine zweite Oper *Feuersnot* in Dresden unter der Leitung E. von Schuchs uraufgeführt worden. Die Dresdner Hofoper hat in den folgenden Jahren nahezu alle Opern von S. herausgebracht, auch noch nach dem Tode von Schuchs (1914). Seit 1906 arbeitete S. eng mit dem Dichter H. von Hofmannsthal zusammen. Insgesamt 10 Bühnenwerke sind das Ergebnis dieser Zusammenarbeit, die bis zum Tode des Dichters (1929) andauerte und im umfangreichen Briefwechsel zwischen dem Dichter und dem Komponisten in einzigartiger Weise dokumentiert ist. 1919 wurde S. Leiter der Wiener Staatsoper und dirigierte 1922 zum ersten Mal bei den Salzburger Festspielen, zu deren Initiatoren er gehörte. Wie in Berlin kam es auch in Wien zu Konflikten wegen S.' zahlreicher auswärtiger Verpflichtungen. 1924 legte er die Leitung der Wiener Staatsoper nieder und widmete sich seitdem nur mehr der Komposition und seinen Engagements als Gastdirigent. 1933 berief ihn die nationalsozialistische Führung zum Präsidenten der neugeschaffenen Reichsmusikkammer. S., zeitlebens politisch uninteressiert, aber engagiert für die berufsständischen Belange der Musiker, nahm das Amt an, „um Gutes zu tun und größeres Unheil zu verhüten", was ihm später sehr verübelt wurde. Doch schon 1935 mußte er das Amt niederlegen wegen der Zusammenarbeit mit dem jüdischen Schriftsteller St. Zweig, der S. das Libretto für *Die schweigsame Frau* geschrieben hatte. Neuer Librettist für S. wurde J. Gregor, mit dem er 4 Opern ausarbeitete. Die letzte dieser Opern, *Die Liebe der Danae,* erlebte wegen der kriegsbedingten Schließung der Theater (1944) vor Kriegsende nur noch eine Generalprobe in Salzburg. Von den Nationalsozialisten wegen seines internationalen Prestiges notgedrungen geduldet, durfte S. dennoch nicht mehr in die Schweiz ausreisen. Nach dem Krieg zog er sich bis 1949 in die Schweiz zurück. An den Ehrungen zu seinem 85. Geburtstag in München konnte er kurz vor seinem Tod noch teilnehmen.

WW: **1) Instr.-WW:** Klv.-Stücke; Kammermusik; Musik für Bläserensemble. – Für Orch.: Festmarsch Es-Dur, op. 1 (1876); Symphonie f-moll, op. 12 (1884); symphonische Fantasie *Aus Italien,* op. 16 (1886); Tondichtung nach N. von Lenau *Don Juan,* op. 20 (1888); Tondichtung nach W. Shakespeare *Macbeth,* op. 23 (1886, Neufassung 1890); Tondichtung *Tod und Verklärung,* op. 24 (1889); *Till Eulenspiegels lustige Streiche. Nach alter Schelmenweise, in Rondeauform für großes Orchester gesetzt,* op. 28 (1895); Tondichtung nach F. Nietzsche *Also sprach Zarathustra,* op. 30 (1896); *Don Quixote. Fantastische Variationen über ein Thema ritterlichen Charakters,* op. 35 (1897); Tondichtung *Ein Heldenleben,* op. 40 (1898); *Sinfonia domestica,* op. 53 (1903); *Eine Alpensymphonie,* op. 64 (1915); *Metamorphosen,* Studie für 23 Solostreicher (1945). – Konzert Es-Dur für Waldhorn mit Orch. oder Klv.-Begleitung, op. 11 (1883); *Parergon zur Sinfonia domestica* für Klv. (linke Hand) u. Orch., op. 73 (1925); 2. Konzert für Horn u. Orch. (1942); Konzert für Ob. u. kleines Orch. (1945); Duett-Concertino für Klar. u. Fag. mit Streichorch. u. Harfe (1947). – **2) Vokal-WW** (Textdichter in Klammern): Etwa 150 Klv.-Lieder in 30 Zyklen, von denen S. selbst viele orchestriert hat, darunter: 8 Lieder, op. 10 (1883) (H. von Gilm); 4 Lieder, op. 27 (1894) (K. Henckell, H. Hart, J. H. Mackay), darin *Morgen;* 3 Lieder, op. 29 (1895) (O. J. Bierbaum), darin *Traum durch die Dämmerung;* 5 Gedichte, op. 46 (1900) (F. Rückert); 5 Lieder, op. 48 (1900) (Bierbaum, Henckell), darin *Freundliche Vision;* 6 Lieder, op. 56 (1905) (J. W. von Goethe, Henckell, C. F. Meyer, H. Heine), darin *Blindenklage* u. *Frühlingsfeier;* 12 Gesänge *Krämerspiegel,* op. 66 (1918) (A. Kerr); 6 Lieder, op. 68 (1918) (C. Brentano); *Vier letzte Lieder* (1948) für Sopr. u. Orch. (H. Hesse, J. von Eichendorff). – Chor-WW: *Wandrers Sturmlied* für 6st. Chor u. Orch., op. 14 (1884) (Goethe); 2 Gesänge für 16st. Chor a cap., op. 34 (1897) (F. von Schiller, Rückert); *Eine deutsche Motette* (Rückert) für 16st. Chor u. 4 Soli, op. 62 (1913); Liederzyklus *Die Tageszeiten* (Eichendorff) für Männerchor u. Orch., op. 76 (1928). – **3) Bühnen-WW:** Opern: *Guntram,* op. 25, UA: Weimar 1894, Neubearb. ebd. 1940; *Feuersnot,* op. 50 (Libr.: E. von Wolzogen), UA: Dresden 1901; *Salome,* op. 54 (nach O. Wilde), UA: Dresden 1905; *Elektra,* op. 58 (Libr.: H. von Hofmannsthal), UA: ebd. 1909; *Der Rosenkavalier,* op. 59 (Libr.: ders.), UA: ebd. 1911; *Ariadne auf Naxos,* op. 60 (Libr.: ders.), UA: Stuttgart 1912, neue Bearb. UA: Wien 1916, 3. Fassung als: *Der Bürger als Edelmann,* UA: Berlin 1918; *Die Frau ohne Schatten,* op. 65 (Libr.: ders.), UA: Wien 1919; *Intermezzo,* op. 72 (Libr.: R. S.), UA: Dresden 1924; *Die ägyptische Helena,* op. 75 (Libr.: Hofmannsthal), UA: ebd. 1928, Neubearb. (Libr.: L. Wallerstein), UA: Salzburg 1933; *Arabella,* op. 79 (Libr.: Hofmannsthal), UA: Dresden 1933; *Die schweigsame Frau,* op. 80 (Libr.: S. Zweig nach B. Jonson), UA: ebd. 1935; *Friedenstag,* op. 81 (Libr.: J. Gregor), UA: München 1938; *Daphne,* op. 82 (Libr.: ders.), UA: Dresden 1938; *Die Liebe der Danae,* op. 83 (Libr.: ders. nach Hofmannsthal), UA: Salzburg 1952; *Capriccio,* op. 85 (Libr.: C. Krauss u. R. S.), UA: München 1942. – Ballette: *Josephs-Legende,* op. 63, UA: Paris 1914; *Schlagobers,* op. 70, UA: Wien 1924. – **4) Bearbeitungen:** Ch. W. Gluck, *Iphigenie auf Tauris,* UA: Weimar 1900; L. van Beethoven, *Die Ruinen von Athen,* ein Festspiel mit Tänzen u. Chören. Musik unter teilweiser Benutzung des Balletts *Die Geschöpfe des Prometheus* v. L. van Beethoven, UA: Wien 1924. – S. gab auch heraus in erweiterter Form die *Instrumentationslehre von H. Berlioz,* 2 Bde. (L 1905, NA 1955).

Das Leben von S. war gekennzeichnet durch ungewöhnlich zahlreiche Ehrungen und großen wirtschaftlichen Erfolg. Die rastlose Tätigkeit als international berühmter Dirigent kam der Verbreitung seines Werkes zugute, zwang ihn aber auch zu einer planvollen Arbeitseinteilung, damit die Komposition nicht zu kurz kam. Das Gesamtwerk von S. gliedert sich in zwei zeitlich aufeinanderfolgende Hauptgruppen: die symphonischen Dichtungen von der frühen symphonischen Fantasie *Aus Italien* (1886) bis zu *Ein Heldenleben* (1898) – nur die *Sinfonia domestica* und *Eine Alpensymphonie* entstanden später – und die dramatischen Werke von *Guntram* (1894) bis *Capriccio* (1941). In der Jugend sowie im Spätwerk spielen daneben noch Werke für kleinere instrumentale Besetzungen eine Rolle. Sein Leben lang hat S. außerdem die Gattung Lied gepflegt. Kirchenmusik jedoch hat er, der dem Christentum distanziert gegenüberstand, nicht geschrieben. In seiner Jugend an klassischen Vorbildern geschult, zu denen neben W. A. Mozart L. Spohr, F. Mendelssohn Bartholdy und R. Schumann gehörten, öffnete sich S. unter dem Einfluß Alexander Ritters der Lisztschen Vorstellung von der poetischen Idee, die dem einzelnen Werk die ihr entsprechende – immer neue – Form schaffen müsse. Die Musik der symphonischen Dichtungen soll der Ausdruck eines „wahrhaft poetischen Inhalts" sein, der sich nur in Tönen darstellen läßt. Für seine symphonischen Dichtungen entwarf sich S. ein poetisches Programm als formbildendes Gerüst, für den Hörer empfahl er das Programm als einen – freilich auch entbehrlichen – Anhaltspunkt. Mit *Don Juan* (in Anlehnung an Nikolaus Lenau, 1888) begann eine Reihe von Meisterwerken, von denen jedes einzelne neue Aspekte von S.' vielschichtiger Persönlichkeit und von seinem überlegenen handwerklichen Können beleuchtet. *Till Eulenspiegel* und *Don Quixote* zeigen S.' ausgeprägten Sinn für humoristische Wirkungen: Ihnen dienen die – oft provozierend gemeinten – tonmalerischen Effekte und die parodistische Verwendung überlieferter Formen (Variation, Rondo). Autobiographische Züge tragen die in ihrer Gegensätzlichkeit aufeinander bezogenen Werke *Ein Heldenleben* und *Sinfonia domestica.*

Als kühne Neuerung empfanden die Zeitgenossen die differenzierte Anwendung eines immer weiter ausgebauten Orchesterapparates, vor allem die Selbständigkeit der Bläserstimmen, sowie die zwar im tonalen Rahmen bleibende, aber durch frei behandelte Dissonanzen, Rückungen, auch bitonale Stellen erweiterte Harmonik – Kühnheiten, die der psychologischen Zeichnung der Figuren dienen. In den beiden vertonten Dramen *Salome* und *Elektra* werden sie in den Dienst „schärfster Personencharakteristik" und der Schilderung extremer Seelenzustände gestellt. *Salome* und *Elektra* begründeten S.' Ruhm als Opernkomponist und sind ein Höhepunkt nicht nur in S.' Schaffen, sondern auch in der Geschichte der modernen Oper überhaupt. In den folgenden Jahren der intensiven Zusammenarbeit mit Hofmannsthal versuchte S. das Ideal einer modernen heiteren Oper in der Nachfolge von Mozarts Buffoopern und Singspielen zu verwirklichen. Nach dem *Rosenkavalier*, in dem die feine Charakterisierung der Personen durch ihre Sprache ihr Pendant findet in der musikalischen Zeichnung der Figuren (Thematik, Wahl der Tonarten), sind Hofmannsthal und S. diesem Ideal in der *Ariadne* wohl am nächsten gekommen. Neben den heiteren Sujets, die auch nach Hofmannsthals Tod das Opernschaffen von S. bestimmten (z. B. *Die schweigsame Frau*), nimmt die in Symbolen sprechende Märchenoper *Die Frau ohne Schatten* eine Sonderstellung ein. Zusehends reduzierte S. in seinen späteren Opern den Orchesterapparat und vereinfachte die Harmonik – mehr Transparenz sollte die Sänger verständlich bleiben lassen über dem polyphonen Orchester. Die S. lebenslang beschäftigende Frage nach dem Verhältnis von Text und Musik in der Oper wurde das Thema seines letzten dramatischen Werkes, des *Capriccio*.

Die meisten seiner Lieder schrieb S. in den Jahren, in denen seine Frau öffentlich in Liederabenden auftrat (1885–1906). Er bevorzugte zeitgenössische Gedichte, war nicht besonders kritisch in der Textwahl, bemühte sich aber unter dem Einfluß Ritters um eine sorgfältige Deklamation. Viele seiner Lieder hat er selbst orchestriert und damit die damals beliebte Gattung des Orchesterliedes bereichert. Einen Höhepunkt dieser Gattung bilden seine *Vier letzten Lieder* auf ernste Texte von J. von Eichendorff und H. Hesse, seine letzte Komposition.

S. galt in seinen jüngeren Jahren als kühner Revolutionär, der nicht nur mit der *Salome* heftigen Widerspruch erregte. In späteren Jahren als Traditionalist angesehen, nach dem 2. Weltkrieg sogar als reaktionär verschrien, verdient S. eine neue Wertung seiner Bedeutung für die Musikgeschichte.

Lit.: **1) Werk-Verz., Bibliographien, Dokumente:** E. H. MUELLER VON ASOW, R. S. Thematisches Verz., vervollständigt u. hrsg. v. A. Ott – F. Trenner, 3 Bde. (W – Mn 1959–74) (= AV); R.-S.-Bibliogr., I: 1882–1944, bearb. v. O. Ortner, hrsg. v. F. GRASBERGER (W 1964), II: 1944–64, hrsg. v. G. BROSCHE (W 1973); R. S., Dokumente seines Lebens u. Schaffens. Ausw. u. verbindender Text v. F. TRENNER (Mn 1954); DERS., Die Skizzenbücher v. R. S. aus dem R.-S.-Arch. in Garmisch (Tutzing 1977); R. S. Dokumente, Aufsätze, Aufzeichnungen, Vorworte, Reden, Briefe, hrsg. v. E. KRAUSE (L 1980). – **2) Briefwechsel:** R. S. – H. von Hofmannsthal. Briefwechsel, hrsg. v. F. STRAUSS – A. STRAUSS (W 1926), NA v. W. Schuh (Z 1952), jeweils ergänzt (Z [2]1955, [3]1964, [4]1970); R. S. et R. Rolland, Correspondance, Fragments de journal, hrsg. v. G. SAMAZEUILH (P 1951, NA 1959); H. von Bülow, R. S. Briefwechsel, hrsg. v. W. SCHUH – F. TRENNER (Bonn 1953) (= R. S.-Jb. 1954); R. S. Briefe an die Eltern 1882–1906, hrsg. v. W. SCHUH (Z 1954); R. S. u. J. Gregor. Briefwechsel 1934–1949, hrsg. v. R. TENSCHERT (Salzburg 1955); R. S. u. S. Zweig, Briefwechsel, hrsg. v. W. SCHUH (F 1957); R. S. u. C. Krauss, Briefwechsel, hrsg. v. DEMS. – G. K. KENDE (Mn [2]1964); Die Welt v. R. S. in Briefen (Der Strom der Töne trug mich fort), hrsg. v. F. GRASBERGER (Tutzing 1967); G. Mahler, R. S. Briefwechsel, hrsg. v. H. BLAUKOPF (Mn – Z 1980). – **3) Biographien u. umfassende Darstellungen:** M. STEINITZER, R. S. (B 1911, [17]1927); E. KRAUSE, R. S. Gestalt u. Werk (L 1955, [4]1970); N. DEL MAR, R. S. A Critical Commentary on His Life and Works, 3 Bde. (Lo 1962–72, [2]1978); W. DEPPISCH, R. S. in Selbstzeugnissen u. Bilddokumenten (Reinbek 1968); M. KENNEDY, R. S. (Lo 1976); W. SCHUH, R. S. Jugend u. frühe Meisterjahre. Lebenschronik 1864–1898 (Z 1976). – **4) Zu einzelnen Aspekten, Werken u. Werkgruppen:** R. GERLACH, Don Juan u. Rosenkavalier. Stud. zu Idee u. Gestalt einer tonalen Evolution im Werk R. S.' (Be 1966) (= Publikationen der Schweizerischen Musikforschenden Ges. II/13); W. MANN, R. S. Das Opernwerk (Mn 1967); W. GRUHN, Die Instrumentation in den Orchesterwerken v. R. S. (Diss. Mz 1968); K. D. GRÄWE, Sprache, Musik u. Szene in „Ariadne auf Naxos" v. H. von Hofmannsthal u. R. S. (Diss. Mn 1969); A. JEFFERSON, The Lieder of R. S. (Lo 1971, NY [2]1972); A. A. ABERT, R. S., Die Opern. Einführung u. Analyse (Velber 1972); D. G. DAVIAU – G. J. BUELOW, The Ariadne auf Naxos of H. von Hofmannsthal and R. S. (Chapel Hill/N. C. 1975) (Studies in Germanic Languages and Literature 80); CH. E. ERWIN, R. S.'s „Ariadne auf Naxos". An Analysis of Musical Style Based on a Study of Revisions (1976) (= Diss. Yale Univ.); B. A. PETERSEN, „Ton u. Wort". The Lieder of R. S. (Ann Arbor 1979); K. ALBRECHT, Unters. z. Schaffensprozeß von R. S. (Diss. Bochum 1979); W. WINTERHAGER, Unters. z. sog. „Conversationsstil" in der Oper unter besonderer Berücksichtigung des Bühnenschaffens von R. S. (Diss. ebd. 1980); Große dt. Dirigenten (B 1981); W. SCHUH, Straussiana aus vier Jahrzehnten (Tutzing 1981) (= Veröff. der R.-S.-Ges. 5); CH. E. ERWIN, R. S.'s Presketch Planning for „Ariadne of Naxos", in: MQ 57 (1981).

M. MARX-WEBER

STRAWINSKY, Igor Fjodorowitsch, * 5. (17.) 6. 1882 Oranienbaum, † 6. 4. 1971 New York; russ. Komponist, seit 1936 frz., später (1945) amerik. Staatsbürger. Sein Vater Fjodor Ignatiewitsch (1843–1902), gleich hervorragend als Sänger (Baß) wie als Charakterdarsteller, war ein berühmtes Mitglied des Marientheaters in St. Petersburg. S. studierte zunächst Jura, wandte sich dann aber doch unter der Anleitung von N. Rimski-Korsakow dem Kompositionsstudium zu, das er 1905–08 mit Sorgfalt und Fleiß absolvierte. Seine frühen Werke (u. a. Symphonie op. 1) zeigen keine Eigenart, erst die ersten Orchesterwerke modernen Zuschnitts, das *Scherzo fantastique* und die Fantasie *Feu d'artifice*, zeigen den brillanten Instrumentator, der über das Vorbild seines Lehrers und seiner russischen Zeitgenossen hinauszugehen willens war. S. Diaghilew, damals Leiter einer russischen Ballett-Compagnie, hörte S.s *Feu d'artifice* und gab dem jungen Mann einen Auftrag. Mit dem 1910 in Paris zuerst aufgeführten Ballett *Der Feuervogel* hatte S. sogleich größten Erfolg, den er später mit *Petruschka* noch überbot. *Feuervogel* ist noch ein Märchenballett russ. Tradition, voll rhythmischen Lebens und Farbenglanzes, *Petruschka* bringt Neues: das Mechanische (das Maschinelle mit seiner essentiellen Präzision) und das Volkstümliche (der Jahrmarkt während der Butterwoche). Sehr im Gegensatz dazu stehen die offen symbolistischen Werke S.s: die Verlaine- und Balmont-Vertonungen (vor allem das Männerchorwerk *Swesdoliki*), die nur wenig bekannt geworden sind. Dazu gehört auch das Ballett *Le sacre du printemps*, das in Paris am 29. 5. 1913 einen beispiellosen Skandal verursachte. Der Inhalt: Menschenopfer zur Weihe des Frühlings, ist symbolisch zu verstehen, der Inhalt der Skythenmode der Zeit verpflichtet – er ist das Werk von S. und dem Maler Nikolas Roerich – mußte in Paris als barbarisch empfunden werden, ebenso die Musik mit ihrer (in einigen Teilen) vorbildlosen rhythmischen Technik und der harten Vorherrschaft der Dissonanz. Bevor S. 1914 eine 1908 begonnene Oper, *Le rossignol* (eine russ. Märchenoper), beendet hatte, freilich mit gänzlich veränderten tonsprachlichen Mitteln, lernte er bereits im Dezember 1912 A. Schönbergs *Pierrot lunaire* kennen, wonach er die 3 japanischen Lieder, die tatsächlich eine Grenze markieren, komponierte. Jetzt entstanden nur mehr instrumentale und vokale Miniaturen: 3 Quartettstücke, Lieder mit Klv. oder Instrumenten. Das große Werk, das als vokales Gegenstück zu *Le sacre du printemps* geplant gewesen sein mag, *Les noces* (1912 begonnen), konnte nicht beendet werden und blieb einige Jahre liegen. In den kleinen Stücken klingt Volkstümliches und Populäres an, wird die Erinnerung an die Kindheit beschworen; musikalisch werden die elementaren Konstellationen von Motiven, Figuren, Gesten ohne ihren traditionellen Zusammenhang erforscht. Auch Neues kommt dazu, der Ragtime und vor allem eine neue, bescheidenere Auffassung von der Aufgabe der Kunst. In der Schweiz, wo er seit Kriegsbeginn lebte, seit der russischen Revolution seiner Einkünfte verlustig gegangen, versuchte S. mit Künstlerfreunden eine Wanderbühne zu aktivieren. *Die Geschichte vom Soldaten* (1918), das erzählte, gespielte und getanzte Märchen vom Soldaten, der seine Seele dem Teufel verpfändet, eine Prinzessin gewinnt, schließlich aber doch zur Hölle fahren muß, ist eine Folge instrumentaler Miniaturen, deren Elementares selbst in den virtuosen Stücken sichtbar wird. Niedere volkstümliche Gebrauchsmusik (Märsche, Tänze, Choräle) bilden das Fundament, die entwickelte rhythmische Technik dient der Darstellung. Das Märchen, das nun kein speziell russisches mehr ist, erscheint in eigenartiger Verfremdung. Mit der Tradition der Ausdrucksmusik und mit den unmittelbare Wirkung hervorbringenden Kunstmitteln hat S. gebrochen. Die Vollendung von *Les noces*, deren alte Instrumentation er verwirft, sieht ein aus 4 Klv. und Schlagzeug bestehendes „Orchester" vor (neu instrumentiert 1921–23). – Der Auftrag Diaghilews, ein Ballett nach Musik G. B. Pergolesis zu arrangieren, führt S. mit *Pulcinella* zu etwas Neuem, der systematischen Verfremdung musikalischer Vorlagen: Die alten Musikstücke – sie stammen, wie wir heute wissen, zumeist nicht von Pergolesi – werden nicht einfach modernisiert, S. legt vielmehr durch verschiedene Methoden ihre Konstruktionsprinzipien bloß. Er hat diese „Bearbeitung" dann noch mehrfach weiter bearbeitet, z. B. zweimal auf verschiedene Weise für V. und Klv. (1925, 1931), und so ein Kompendium seiner Verfahrensweisen geliefert, die dann, in der neoklassizistischen Ära, auch auf eigene musikalische Gedanken angewandt wurden. Der Übergang zu diesem Neoklassizismus, der nach S.s Übersiedlung nach Frankreich (1920) erfolgte, vollzog sich im *Octuor* für Blasinstr. (1923), im Konzert für Klv. mit Bläserbegleitung (1924) und in der Sonate für Klv. (1924). In diesen Werken verbindet sich die Vorliebe für Bläser (um Espressivo zu vermeiden) mit dem Klavier (mit seiner unpersönlichen Mechanik) und dem Außenhalt, den die Übernahme älterer Satztypen und Charaktere, vor allem der Bach-Zeit, gewährt. In dieser Schaffensphase, die ein Vierteljahrhundert währte – bis zur Oper *The Rake's Progress* (1948–51) –, hat S. seine Verfahren entwickelt und z. T. reduziert, auch sehr verschiedenartige Vorbilder (C. M. von Weber, P. Tschaikowsky, G. Rossini, J.-B. Lully usf.) gewählt. Hauptwerke wurden das Opernoratorium *Oedipus Rex* (1927), die Psalmensymphonie (1931), das Violinkonzert (1931), das Konzert für 2 Klv. allein (1935) und 2 Symphonien (in C, 1939; in *Three Movements*, 1945). In Paris geriet S. zeitweilig unter den Einfluß des Dichters J. Cocteau, stand auch Pablo Picasso, den er schon 1915 in Rom kennengelernt hatte, nahe und war insgesamt im Pariser Kunstleben integriert. Das Jahr 1939 brachte eine Zäsur: Tod der Mutter, schwere Krankheit und Übersiedlung in die USA, wo er durch den Ausbruch des 2. Weltkriegs überrascht wurde. (Er hielt dort seine Harvard-Vorlesungen *Poétique musicale.*) Von großer Bedeutung wurde für S., nach einer stattlichen Reihe von Nebenwerken, die Komposition der lateinischen Messe (mit Blasinstr., 1947), die an mittelalterliche Vorbilder (etwa G. de Machaut) und eigene ältere Werke, insbesondere *Die Geschichte vom Soldaten,* anknüpft. Die Hinwendung zu den Kirchentonarten war eine Vorstufe zur Auseinandersetzung mit der Musik Schönbergs und A. Weberns. Nach der triumphalen UA von *The Rake's Progress* in Venedig (1951) wurden S.s Kontakte zu Europa wieder enger, vor allem zu Venedig, für dessen Markusdom er seine geistlichen Hauptwerke *Canticum sacrum* (1955) und *Threni* (1958) schuf. Seit 1952, dem Entstehungsjahr des Septetts, hat S. sich der Reihentechnik genähert, schließlich eine eigene Version derselben entwickelt. Sie ist zwar im Vergleich zur Methode Schönbergs sehr einfach, entspricht aber der ganz anderen Klangvorstellung des russischen Meisters. Eine Ballettmusik wie die zu *Agon,* die zwölftönige und modale Partien verknüpft, zeigt jedenfalls eine beachtliche Vielfalt an Satzcharakteren. – Durch die modifizierende Übernahme der Methoden der Wiener Schule hat S. jedenfalls ein eigenartiges und auf seine Weise bedeutendes Spätwerk geschaffen und mit ihm seine proteusartige Wandlungsfähigkeit, die bei einem Meister seines Ranges wohl beispiellos ist, erwiesen.

Seit den frühen 20er Jahren ist S. vielfach auch als Pianist, später auch mit seinem Sohn Soulima an zwei Klavieren und als Begleiter des Violinisten S. Dushkin, für den er zahlreiche Werke geschrieben hat, aufgetreten, später vielfach als Dirigent eigener Werke. S. hat sein Interpretationsideal unpersönlicher Präzision vielfach verwirklicht. Als Schriftsteller hat er in seiner *Chronique de ma vie* seine Überzeugungen, die ihn während seiner Pariser Zeit beherrschten, dargelegt, diese dann vielfach, in Zusammenarbeit mit Roland-Manuel, in seinen Harvard-Vorlesungen vertieft. Als Denker stand er auch unter dem Einfluß von Pierre Souvtchinsky. In seiner Spätzeit half ihm R. Craft, der ihn vielfach anregte, indem er ihn u.a. mit den neuen Entwicklungen der Musik seit 1950 vertraut machte, seine Werke dirigierte und kommentierte.

WW: **1) Instr.-WW: a)** Für Solo-Instr.: *Trois pièces* (1919) für Klar.; *Élégie* (1944) für Va. – **b)** Für Klv.: Sonate fis-moll (1904); *Quatre études* (1908); *Trois mouvements de Pétrouchka* (1921); *Piano-Rag-Music* (1919); 8 leichte Fünftonstücke *Les cinq doigts* (1921); Sonate (1924); *Sérénade en la* (1925); *Tango* (1940). – Für Klv. zu 4 Händen: *Trois pièces faciles* (1915); *Cinq pièces faciles* (1917). – Für 2 Klv.: *Concerto* (1935); Sonate (1944). – **c)** Kammermusik: *Suite d'après ... Pergolesi* (1925) für V. u. Klv.; *Duo concertant* (1932) für V. u. Klv.; *Suite italienne* (1932) (nach *Pulcinella*) für Vc. u. Klv.; *Epitaphium* (1959) für Fl., Klar. u. Harfe. – Für Streichquartett: *Trois pièces* (1914); *Concertino* (1920); *Double canon* (1959); *Septet* (1953) für Klv., Horn, Fag., Klar., V., Va., Vc.; *Octuor* (1923, revidiert 1952) für Bläser. – **d)** Für Orch.: Symphonie Es-Dur, op. 1 (1905–07); *Scherzo fantastique,* op. 3 (1908); *Feu d'artifice,* op. 4 (1908); symphonische Dichtung *Le chant du rossignol* (1917) nach der Oper *Le rossignol,* später auch als Ballett; *Ragtime* (1918) für 11 Instr.; *Symphonies d'instruments à vent* (1920) (zum Gedächtnis C. Debussys); 2 Suiten (1917–25) (nach den Klv.-Stücken zu 4 Händen); *Quatres Études pour orchestre* (1929), Nrn. 1–3 nach den *Trois pièces* für Streichquartett, Nr. 4 nach der *Étude pour pianola;* „Concerto in Es" *Dumbarton Oaks* (1938) für Kammerorch.; *Symphonie in C* (1940); *Danses concertantes* (1941–42) für Kammerorch.; *Zirkuspolka* „für einen jungen Elefanten" (1942); *Four Norwegian Moods* (1942); *Scènes de ballet* (1944); *Scherzo à la Russe* (1944); *Symphony in Three Movements* (1945); *Ebony Concerto* (1945); *Concerto* D-Dur „Basler Konzert" (1946) für Streichorch.; *Greeting Prelude* (1955) (P. Monteux zum 80. Geburtstag); *Variations „Aldous Huxley in memoriam"* (1963–64). – **e)** Für Solo-Instr. u. Orch.: *Concerto* für Klv. u. Bläser (1924, revidiert 1950); Capriccio für Klv. u. Orch. (1929, revidiert 1949); *Concerto* D-Dur (1931) für V. u. Orch.; *Movements* (1958–59) für Klv. u. Orch. – **2) Vokal-WW: a)** Für SingSt u. Klv.: *Deux mélodies,* op. 6 (1907); Pastorale (1908) (ohne Worte); *Deux poèmes de P. Verlaine,* op. 9 (1910); *Deux poèmes de K. Balmont* (1911, revidiert 1947); *Trois petites chansons „Souvenirs de mon enfance"* (1913); *Trois poésies de la lyrique japonaise* (1913); *Trois histoires pour enfants* (1915–17); *Quatre chants russes* (1918); *The Owl and the Pussy-Cat* (1966). – **b)** Für SingSt mit Instr. oder Orch.: *Le faune et la bergère,* op. 2 (1906) (nach A. Puschkin) für Mezzosopran u. Orch.; *Pribaoutki* (Scherzlieder) (1914) für mittlere St. u. 8 Instr.; *Berceuses du chat* (1916) für mittlere St. u. 3 Klar.; *Three Songs from W. Shakespeare* (1953) für hohe St., Fl., Klar. u. Va.; *In Memoriam Dylan Thomas* (1954) für hohe St. mit Streichquartett u. 4 Pos.; *Four Songs for Voice, Flute, Harpe, and Guitar* (1954) (= Bearb. der *Quatre chants russes*); Anthem *The Dove Descending Breaks the Air* (1962); geistl. Ballade *Abraham and Isaac* (1964) für Bar. u. Kammerorch.; *Elegy for J. F. K.* (1964) für mittlere St. u. 3 Klar. – **c)** Für Chor a cap.: *Quatre chants paysans* (1914–17), dass., für 4 Hörner bearb. (1954); *Pater noster* (1926); *Credo* (1932); *Ave Maria* (1934). – **d)** Für Chor mit Instr. oder Orch.: Kantate *Le roi des étoiles* (Swesdoliki) (1911) (nach K. Balmont) für Männerchor u. Orch.; *Symphonie de psaumes* (Psalmensymphonie) (1930, revidiert 1948) für Chor u. Orch.; Kantate *Babel* (1944) für Sprecher, Männerchor u. Orch.; Messe für Chor u. Bläser (1948); *Cantata* (1952) für Sopran, Tenor, Frauenchor u. Instr.; *Canticum sacrum. Ad honorem Sancti Marci nominis* (1955) für Tenor, Bar., Chor u. Orch.; *Threni. Id est Lamentationes Jeremiae Prophetae* (1958) für Soli, Chor u. Orch.; Kantate *A Sermon, a Narrative and a Prayer* (1961) für Alt, Tenor, Sprecher, Chor u. Orch.; *Introitus „T. S. Eliot in memoriam"* (1965) für Chor u. Kammerorch.; *Requiem Canticles* (1966) für Chor u. Orch. – **3) Bühnen-WW:** Opern: *Mavra* (Libr.: B. Kochno nach A. Puschkin) (1922); Opern-Oratorium *Oedipus Rex* (Libr.: S. u. J. Cocteau) (1927); Melodram *Perséphone* (Text: A. Gide) (1934); *The Rake's Progress* (Libr.: W. H. Auden u. Ch. Kallman) (1949–51); *The Flood. A Musical Play* (1962). – Ballette: *L'oiseau de feu* (Feuervogel) (1910, revidiert 1945); burleske Szenen *Pétrouchka* (1911, revidiert 1947); Tableau de la Russie païenne *Le sacre du printemps* (1911–13, revidiert 1947); lyrisches Märchen *Le rossignol* (1909–14) (nach Ch. Andersen); Burleske *Renard* (1917); *Pulcinella* (1920) (Musik nach G. B. Pergolesi); russ. Tanzszenen *Les noces* (1912–23); *Apollon musagète* (1928, revidiert 1947); *Le baiser de la fée* (1928, revidiert 1950) (in memoriam P. Tschaikowsky); *Jeu de cartes* (1936); *Orpheus* (1947);

Agon (1954–57). – **4) Schriften:** *Chroniques de ma vie*, 2 Bde. (P 1935, ²1962), dt. Übers.: Erinnerungen (Z – B 1937); *Poétique musicale sous forme de six leçon* (C/M 1942), dt. Übers.: Musikal. Poetik (Mz 1949, ²1960, ³1966), dass. in: I. S., Leben und Werk, von ihm selbst (Z – Mz 1957); *Conversations with Strawinsky* (Lo 1959) (zus. mit R. Craft); *Memories and Commentaries* (Lo 1960), dt. Übers., in: I. S., Gespräche mit R. Craft (Mz 1961); *Retrospectives and Conclusions* (NY 1969) (zus. mit R. Craft), dt. Übers.: I. S. u. R. Craft, Erinnerungen u. Gespräche (F 1972). – **5) Briefe:** Selected Correspondence, hrsg. v. R. CRAFT, I (Lo 1982).

Lit.: **1) Bibliographien u. Werk-Verz.:** S.-Bibliogr., hrsg. v. P. D. MAGRIEL, 2., revidierte Aufl., in: S. in the Theatre, hrsg. v. M. Ledermann (NY 1949, Lo 1951, Nachdr. NY 1975); Boosey & Hawkes, I. S. Ein vollständiges Verz. seiner veröff. Werke (engl., frz., dt.) (Lo 1957); E. W. WHITE, S. The Composer and His Works (Lo 1966, ²1979) (grundlegend); C. SPIES, Editions of S.'s Music, in: Perspectives on Schoenberg and S., hrsg. v. B. BORETZ – E. T. CONE (Princeton/N.J. 1968, ²1972); I. F. S., A Practical Guide to Publications of his Music, hrsg. v. D.-R. DE LERMA (Kent 1974). – **2) Biographien u. umfassende Darstellungen:** B. DE SCHLOEZER, I. S., in: Von Neuer Musik (Kö 1925); H. FLEISCHER, S. (B 1931); A. SCHAEFFNER, S. (P 1931); A. TANSMAN, I. S. (P 1948); C. F. RAMUZ, Souvenirs sur I. S. (P 1929, dt. B – F o.J.); R. VLAD, S. (Tn 1958); R. CRAFT, S. (Mn 1962); I. S., hrsg. v. O. TOMEK (Kö 1963); Schoenberg and S., hrsg. v. B. BORETZ – A. T. CONE (Princeton/N.J. 1968); M. DRUSKIN, I. S. Persönlichkeit, Schaffen, Aspekte (russ. Leningrad 1974, erweitert ²1979, dt. L 1976); D. MÖLLER, J. Cocteau u. I. S. (H 1981); W. DÖMLING, I. S. in Selbstzeugnissen u. Bilddokumenten (Reinbek 1982); TH. HIRSBRUNNER, S. in Paris (Laaber 1982); H. LINDLAR, Lübbes S. Lexikon (Bergisch Gladbach 1982); Ausgewählte Essays, hrsg. v. DEMS. (F 1982). – **3) Zu einzelnen Werken u. Werkgruppen:** R. CRAFT – A. PIOVESAN – R. VLAD, Le musiche religiose di I. S. (V 1957) (mit Werk-Verz.); H. LINDLAR, I. S.s sakraler Gesang (Rb 1957); H. SCHARSCHUCH, Analyse zu I. S.s „Sacre du printemps". Stud. zu Entstehung u. Gesch. des Leittonklanges zw. 1400 u. 1940 (Rb 1960); H. HUCKE, Die musikal. Vorlagen zu I. S.s „Pulcinella", in: FS H. Osthoff (Tutzing 1969); E. STAEMPFLI, S.s „Symphonies d'instruments à vent", in: Melos 36 (1969); L. SOMFAI, Symphonies of Wind Instruments, in: Studia musicologica 14 (1972); B. M. WILLIAMS, Time and the Structure of S.'s „Symphony in C", in: MQ 59 (1973); D. GUTKNECHT, S.s zwei Fassungen des „Apollon musagète", in: Musicae scientiae collectanea. FS K. G. Fellerer (Kö 1973); D. ZIMMERSCHIED, I. S., Symphonie de psaumes, in: Perspektiven Neuer Musik, hrsg. v. dems. (Mz 1974); H. KIRCHMEYER, S.s russ. Ballette. „Der Feuervogel", „Petruschka", „Le sacre du printemps" (St 1974); N. JERS, I. S.s späte Zwölftonwerke, 1958–1966 (Rb 1976) (= Kölner Beitr. z. Musikforsch. 89); A. FORTE, The Harmonic Organisation of the Rite of Spring (New Haven – Lo 1978); M. TRAPP, Stud. zu S.s „Gesch. v. Soldaten" ... (Rb 1978) (= Kölner Beitr. z. Musikforsch. 96); A. TRAUB, S., „L'histoire du soldat" (Mn 1981).

R. STEPHAN

STRECKER, Heinrich Josef, * 24. 2. 1893 Wien, † 28. 6. 1981 Baden bei Wien; östr. Komponist und Dirigent. Nach dem Kompositionsstudium in Wien (1926–30) war er als Theaterkapellmeister tätig. Bekannt wurde S. vor allem durch seine Wienerlieder (*Ja, ja der Wein ist gut*, 1923; *Drunt' in der Lobau*, 1928; *Sing mir das Lied noch einmal*, 1937).

WW (wenn nichts anderes angegeben, UA in Wien): Singspiele: *Es war in Wien vor 100 Jahren*, UA: 1928; *Loreley*, UA: 1929; *Erzherzog Johann*, UA: 1930; *Mutterl*, UA: 1931; *Die Kleine vom Zirkus*, UA: 1931; *Ännchen von Tharau*, UA: Breslau 1932; *Mädel aus Wien*, UA: 1932; Operette *Der ewige Walzer*, UA: Bremen 1937.

STREET BAND, Bz. für eine aus der Marching Band entstandene Ensembleform, die als wichtigster Vorläufer der klassischen Band des New Orleans Jazz gilt. In der S. entwickelten sich die Funktion der Sections sowie die typische Besetzung des alten Jazz, die die Spielweise der Marching Band zu jazzmäßiger Praxis tendierend abwandelte (Variantenbildungen vorgegebener Melodien, strophische Variation), jedoch weder emphatischen Gebrauch von Blue notes noch den Bluesstimmenablauf kannte. Weiterhin bildete die S. das Responsorialprinzip nicht voll aus und verfolgte ein noch stärker linear orientiertes Spielideal als die Jazzband. In Form volkstümlicher Blasmusik hielt sie sich regional im Süden der USA bis in die heutige Zeit hinein, während der Jazz geradezu weltweite Verbreitung gefunden hat.

STREET CRY ↗ Worksong.

STREHLER, Giorgio, * 14. 8. 1921 Barcola (Triest); it. Regisseur und Theaterleiter. Er gründete mit dem Regisseur und Kritiker Paolo Grassi 1947 in Mailand das „Piccolo Teatro", das im selben Jahr mit Maxim Gorkis *Nachtasyl* eröffnet wurde und heute rund 14000 Abonnenten hat. 1972 wurde S. künstlerischer Berater der Salzburger Festspiele, 1977 auch der Mailänder Scala. S. betreibt eine außergewöhnlich intensive Vorbereitung seiner Einstudierungen. In Leseproben wird das Ensemble mit der Problematik des Stücks bekanntgemacht. Mit seinen Bühnenbildnern, insbesondere Luciano Damiani und Ezio Frigerio, werden Stil und Zielrichtung der Inszenierung festgelegt, deren Hauptwesenszug die gesellschaftskritische Ausleuchtung im Sinne von B. Brecht ist. Für S. hat das Theater eine erzieherische Funktion. Mit zahlreichen Operninszenierungen hat S. auch sein ausgeprägtes Verhältnis zum Musiktheater belegt, erfährt damit aber zum Teil heftige Kritik, so etwa, wenn er in R. Wagners *Lohengrin* (1981) die Ritter in naziähnlichen Uniformen auftreten läßt.

Inszenierungen: A. Honegger, *Jeanne d'Arc au bûcher* (Mailand 1945); G. Verdi, *La Traviata* (ebd. 1948); ders., *Macbeth* (ebd. 1975); ders., *Simon Boccanegra* (ebd. 1976); A. Berg, *Lulu* (Venedig 1949); R. Strauss, *Ariadne auf Naxos* (Mailand 1950); B. Brecht. K. Weill, *Die Dreigroschenoper* (ebd. 1956 u. 1973); I. Strawinsky, *L'histoire du soldat* (ebd. 1957); W. A. Mozart, *Die Entführung aus dem Serail* (Salzburg 1965); ders., *Die Zauberflöte* (ebd. 1974); R. Wagner, *Lohengrin* (Mailand 1981). – S. schrieb *Per un teatro umano. Pensieri scritti, parlati e attuati* (Mi 1974) (= I fatti e le idee 280), dt. Übers.: *Für ein menschlicheres Theater. Geschriebene, gesprochene und verwirklichte Gedanken* (F 1975).

Lit.: E. GAIPA, G. S. (Bol 1960).

STREICH, Rita, * 18. 12. 1920 Barnaul bei Nowosibirsk, † 20. 3. 1987 Wien; dt. Sängerin (Sopran). Sie studierte u. a. bei Erna Berger und Maria Ivogün, debütierte 1943 in Aussig, sang 1946–50 an der Berliner Staatsoper, 1951–55 an der Städtischen Oper Berlin und 1956–72 an der Wiener Staatsoper. Während ihrer 30jährigen Karriere gastierte sie an den internationalen Musikmetropolen, mit besonderem Erfolg am Covent Garden in London, an der Metropolitan Opera in New York und bei den Festspielen in Salzburg, Glyndebourne, Bayreuth und Aix-en-Provence. Schwerpunkte ihres umfangreichen Repertoires waren die Partien für Koloratursopran der Opern W. A. Mozarts und R. Strauss', doch feierte sie glänzende Erfolge auch als Konzert- und Liedersängerin. Anfang der 70er Jahre beendete sie ihre Laufbahn und lehrte seit 1974 an der Folkwang-Hochschule in Essen.

STREICHER, Johann Andreas, * 13. 12. 1761 Stuttgart, † 25. 5. 1833 Wien; dt. Pianist, Komponist und Klavierbauer. S. war ein Mitschüler von Fr. Schiller und floh mit diesem 1782 nach Mannheim, wo er als Klavierlehrer lebte. 1794 heiratete er die Pianistin **Maria Anna** (Nannette) ↗**Stein,** die Tochter des Klavierbauers J. A. Stein, die das väterliche Unternehmen im selben Jahr nach Wien verlegte. Nachdem ihr Bruder M. Stein 1802 dort eine eigene Firma gegründet hatte, führte sie mit ihrem Mann das Unternehmen als „Nannette S. née Stein". Es entwickelte die Stein-Tradition maßgeblich weiter (↗Klavier) und nahm bald eine führende Stellung in Wien ein. Die S.s unterhielten auch einen musikalischen Salon von großer Wirkungsbreite. Mit L. van Beethoven waren sie bis zu dessen Tod eng befreundet; Nannette kümmerte sich eine Zeitlang um sein Hauswesen. S. veröffentlichte einige Klavierwerke. Postum erschien die Schrift *Schillers Flucht* (St – Au 1836). – S.s Firma wurde seit 1833 mit weiter steigendem Erfolg von seinem Sohn **Johann Baptist** (1796–1871), von 1859 bis zu ihrer Schließung 1896 von dessen Sohn **Emil** (1836–1916) geleitet. Sein Sohn **Theodor** (1874–1940) war in den ersten Dezennien des 20. Jh. als Komponist von Klavierliedern bekannt.

Lit.: TH. FRIMMEL, Beethoven-Hdb. II (L 1926, Nachdr. Hil 1968); W. SZMOLYAN, Die Dynastie Stein – S. – André, in: ÖMZ 27 (1972).

STREICHERCHOR, streichende Stimmen, Streicher, Bz. für eng mensurierte Labialpfeifen der Orgel, deren Klang dem der Streichinstrumente ähnelt; dazu zählen z. B. Geigenprinzipal, Gambe, Viola, Violon, Cello, Fugara und Salizional.

STREICHINSTRUMENTE (eingeengt auf Bogeninstrumente; engl.: bowed instruments; frz.: instruments à archet; it.: strumenti ad arco; span.: instrumentos de arco) sind ↗Chordophone oder ↗Idiophone, bei denen die Klangerzeugung durch Anstreichen von Saiten oder anderem Material mit einem (Streich-)Bogen, Reibstab oder durch ein Rad erfolgt. Der erzeugten Reibung wegen zählen die S. bei genauer instrumentenkundlicher Einordnung zu den ↗Friktionsinstrumenten. Sie stellen aber auch, abgesehen von neueren Instrumentenentwicklungen, nach der Art ihrer Tonbildung die jüngste Instrumentengruppe dar, denn sie lassen sich nicht vor dem 10. Jh. nachweisen. Unter der Sammel-Bz. Streicher (engl.: strings; frz.: instruments à cordes) werden die im modernen Orchester als Gruppe oder in der Kammermusik eingesetzten S. ↗Violine, ↗Viola, ↗Violoncello und ↗Kontrabaß zusammengefaßt.

STREICHKLAVIER, Sammel-Bz. für äußerlich Klavieren oder Flügeln ähnliche besaitete Tasteninstrumente, deren Saiten jedoch angestrichen wurden. Dies konnte entweder durch mehrere senkrechte Scheibenräder (Geigenwerk), durch Walzen oder Zylinder oder durch kreisförmige Streichbogen oder Streichbänder (Bogenflügel) geschehen. Die Anstreichvorrichtungen wurden entweder mit einem Pedal oder mit einer Handkurbel in Drehbewegung versetzt. Sie strichen beim Niederdrücken der Tasten nur die entsprechenden, z. B. mit kleinen Häkchen an Bogen oder Rad herangezogenen Saiten an. Die Konstruktion des S.s war der Versuch, aus der ↗Drehleier ein real mehrstimmig spielbares Streichinstrument zu entwikkeln. Erste Skizzen zu einer „Viola organista" finden sich bei Leonardo da Vinci, die ersten S.e baute seit 1575 H. Heyden in Nürnberg. Die Abbildung seines „Nürnbergischen Geigenwercks" sowie der 2. Teil seines Traktats *Musicale instrumentum reformatum* (1610) ist bei M. Praetorius (*Syntagma musicum* II, 1619) abgedruckt. Das einzige erhaltene Instrument dieser Zeit, ein spanisch-flämisches S. von Raymundo Truchado (1625), befindet sich heute im Musikinstrumentenmuseum in Brüssel. Noch bis ins frühe 20. Jh. gab es zahlreiche Versuche, S.e zu konstruieren, die jedoch nur vorübergehend Beachtung fanden. M. BRÖCKER

STREICHQUARTETT (engl.: string quartet; frz.: quatuor à cordes; it.: quartetto d'archi; span.: cuarteto de cuerda) ist einerseits eine Besetzungsangabe, die ein solistisches Ensemble von 2 Violinen, Viola und Violoncello meint, andererseits eine kammermusikalische Gattung für diese Besetzung, die seit dem 2. Drittel des 19. Jh. als die im Rang höchste innerhalb der Kammermusik angesehen wird.

Die Gattung S. entwickelte sich in der Mitte des 18. Jh.; ihre Voraussetzungen reichen jedoch zurück ins 16. und 17. Jh.: in den musiktheoretischen Bereich, der seit G. P. da Palestrina die Vierstimmigkeit als das vollkommenste Prinzip des musikalischen Satzes ansah, die zudem den menschlichen Stimmgattungen Sopran, Alt, Tenor und Baß entsprach. Vorformen des S.s sind die oberitalienischen Concerti und Sinfonie a quattro von G. Tartini und G. B. Sammartini, die sich vom Generalbaß gelöst haben, sind weiter die Triosonaten und erweiterten Sonate a quattro, die es in Italien, Frankreich und Mitteldeutschland zu Beginn des 18. Jh. gab, und schließlich die süddeutschen Quartettsinfonien und Quartettdivertimenti (Fr. Tuma, G. M. Monn). Die Loslösung vom Generalbaß und die beginnende Homogenität des Gesamtklangs sind satztechnische Prinzipien, die das Entstehen der neuen Gattung ermöglichten. Gleichwohl ist die Entstehung kein Prozeß, sondern eine bewußte Erfindung, die unabhängig voneinander den Komponisten J. Haydn und L. Boccherini zuzuschreiben ist.

Die zentrale Bedeutung Haydns für die Ausbildung des klassischen S.-Typus wurde schon zu dessen Lebzeiten erkannt; mit den zwischen 1755–59 entstandenen S.en op. 1 und 2 fußt er zwar noch auf der süddeutschen Divertimentomusik, aber spätestens seit den 1769/70 komponierten S.en op. 9 (die S.e op. 3 sind als Werke von Roman Hoffstetter nachgewiesen worden) läßt sich Stimmigkeit des Satzes, polyphone Vertiefung der Homophonie, Ausgleich konzertanter Elemente und motivischer Arbeit, Einbeziehung des durchbrochenen Satzes, Erweiterung und Konzentration der Formen, Differenzierung und Individualisierung der Satzcharaktere und zyklische Bindung der Sätze zueinander konstatieren. Die S.e sind viersätzig, der Formenreichtum bleibt zwar beim stets experimentierenden Haydn erhalten, gewinnt aber feste Konturen. Wirkt sich in den 1771 und 1772 entstandenen S.en op. 17 und 20 experimentelle Vielfalt und dramatischer Ausdruck eher dissoziierend aus, markieren die 1781 komponierten S.e op. 33 (die Haydn selbst als „auf eine gantz neue Art“ gesetzt bezeichnet) so etwas wie die Idealform klassischer S.-Komposition. „Höchste Konzentration der Arbeit, größter Reichtum der Gestalten bei strenger Begrenzung des Materials, einfache Klarheit der Form bei subtiler Feinheit des Details, klar überschaubare Gruppierung, Zielstrebigkeit der Entwicklung und höchste Mannigfaltigkeit in strengster Einheit“ (L. Finscher) machen diese neue Art aus, die von nun an für das Komponieren von S.en Verbindlichkeit erhält. In seinen weiteren 8 S.-Zyklen hat Haydn den hier erreichten Standard entwickelt und variiert, aber nicht mehr einschneidend verändert – op. 33 war Anknüpfungspunkt sowohl für W. A. Mozart wie für L. van Beethoven.

Boccherinis S.e entstanden seit 1761: anders als bei Haydn gibt es keine kontinuierliche Entwicklung, die Form steht von Anfang an bereits in satztechnischer Vollendung da. Ein voll entwickelter vierstimmiger Satz, charakteristische Tonfälle und konzertante Instrumentenbehandlung prägen alle 91 S.e, die Boccherini 1761–1804 komponierte.

Mozarts S.e entstanden zwischen 1770 und 1790; nach Jugendwerken sind es die 6 Haydn gewidmeten S.e KV 387, 421, 428, 458, 464, 465 (entstanden zwischen 1782 und 1785), die – an Haydns op. 33 orientiert – als Frucht „langer und mühseliger Arbeit“, wie es in der Widmung heißt, Mozarts Rang als Quartettkomponist ausmachen. Ergänzt werden sie durch die S.e KV 499 (1786) und KV 575, 589 und 590 (1789–90), die das Bild eines formal eher konservativen, aber im Detail außergewöhnlich einfallsreichen und kunstvollen Quartettstils bestätigen und abrunden.

Beethovens frühe S.e op. 18 (1798–99) fußen auf Haydn und Mozart; um so gewaltiger ist die Entwicklung über die großräumig-konzertanten S.e op. 59 (1805–06), die subjektiv-individuellen op. 74 (1809) und op. 95 (1810) bis hin zu den spröden, komplizierten, in der Radikalität der Tonsprache inkommensurablen Spätwerken op. 127, 130, 131, 132, 135 und der Großen Fuge op. 133, die Beethoven zwischen 1822 und 1826 schrieb und die wie ein erratischer Block das ganze 19. Jh. beunruhigten. Neben diesen Hauptwerken gibt es zwischen 1770 und 1830 eine Fülle von Quartettkompositionen von Klein- und Nebenmeistern; denn die Gattung war zur Mode geworden, galt als vorbildlich für hausmusizierende Dilettanten und brachte so auch zahlreiche Trivialstücke, Bearbeitungen und Arrangements hervor. Die Spielarten des Quatuor brillant mit solistischer erster Violine und des Quatuor d'airs connus (also Opernbearbeitungen) fanden besonders in Frankreich und England Verbreitung, während das Quatuor concertant, Haydnschen Satzstrukturen verpflichtet, im Umkreis der Wiener Klassik reüssierte. Zugleich wandelte sich der soziale Ort: seit etwa 1815 gab es mehr und mehr professionelle Ensembles, und seit 1830 setzten sich S.-Konzerte durch: die Einheit von Spieler und Zuhörer, die schon Beethovens op. 59 leugnete, löste sich auf: die anspruchsvoller und komplexer werdenden Stücke verlangten den spezialisierten Interpreten.

Hatte sich Schubert mit seinen späten S.en c-moll, D 703 (1820), a-moll, D 804, d-moll, D 810 (1824) und G-Dur, D 887 (1826) noch neben Beethoven und eher zum Lyrisch-Intimen tendierend behaupten können, so wich die Quartettkomposition des 19. Jh. dem Vorbild eher aus: Komponisten wie L. Spohr und G. Onslow schrieben konzertante S.e; lediglich F. Mendelssohn Bartholdy (7 S.e zwischen 1823 und 1847) setzte sich mit Beethovens Spätwerk auseinander. In Deutschland blieb das S. eine hochgeachtete, aber eher sporadisch bedachte Gattung: so u. a. bei R. Schumann (3 S.e op. 41, 1842), J. Brahms (3 S.e op. 51 und 67, 1873–75), M. Reger, H. Wolf und H. Pfitzner. Dafür spielte sie in den nationalen Schulen eine große Rolle (A. Dvořák, B. Smetana, P. Tschaikowsky, N. Rimski-Korsakow, A. Borodin, A. Rubinstein, S. Tanejew, A. Glasunow), in den nordischen Ländern (E. Grieg, N. W. Gade, J. Sibelius), in Frankreich (C. Franck, É. Lalo, G. Fauré, Cl. Debussy, M. Ravel) und – weniger umfangreich – in Italien (G. Donizetti, G. Verdi, G. Sgambati).

In der ersten Hälfte des 20. Jh. rückt das S. erneut in den kompositorischen Mittelpunkt: die S.e von B. Bartók, L. Janáček, A. Schönberg, A. Berg und A. Webern sind nicht nur individuell ausgeformte Einzelwerke, sie stehen auch wieder für den Rang der Gattung als Ort kompositorischen Experiments und neuer Form, Struktur- und Klangentwicklung. Auch auf P. Hindemith trifft dies zu, und eine ganze Reihe von Komponisten (D. Milhaud, E. Wellesz, H. Villa-Lobos, G. Fr. Malipiero, Dm. Schostakowitsch) schrieb umfangreiche Werkzyklen. Daneben sind I. Strawinskys Quartettstücke eher Versuche, sich aus der Tradition zu lösen. Nach 1945 führte die experimentelle Tendenz, die der Gattung weiterhin anhing, zumal zu einer Ausweitung der klanglichen und klangfarblichen Spektren des S.s (P. Boulez, *Livres*, 1949; Krz. Penderecki, S.e 1960, 1968; H. Lachenmann, *Gran Torso*, 1971), schließlich auch zu einer formalen Ausweitung bis in aleatorische (Fr. Evangelisti, *Aleatorio*, 1959; W. Lutosławski, S., 1964) und zufallsgesteuerte Bereiche hinein und hält die Strukturen in hyperkomplexen Formen in der Schwebe zwischen festen und scheinbar zufälligen Abläufen (M. Kagel, 1967; G. Ligeti, 1968). In den letzten Jahren dagegen wird eine Tendenz zur formalen Rückbesinnung (S.e von M. Trojahn, 1976; U. Stranz, 1976; W. Rihm) spürbar, ebenso eine bewußte semantische Füllung durch Erweiterung des Klangspektrums (L. Nono, *Diotima;* H. Zender, *Hölderlin lesen*) bis hin zur Ergänzung des Ensembles durch Elektronik (George Crumb, T. de Leeuw, Enrique Raxach).

Seit dem zweiten Drittel des 19. Jh. haben sich mehr und mehr feste, spezialisierte Quartettensembles herausgebildet: war es für Beethoven das Schuppanzigh-Quartett, so für Mendelssohn und Schumann das Müller-, für Brahms das Joachim- und das Hellmesberger-Quartett, für Schönberg und Hindemith das Rosé-, das Kolisch- und das Amar-Quartett. Waren diese Ensembles in der Regel auf einen engeren geographischen und kulturellen Raum beschränkt, so hat das Zeitalter der Massenmedien dazu geführt, daß führende Quartettensembles unserer Zeit (Amadeus-Quartett, Juilliard String Quartet, LaSalle Quartet, Quartetto Italiano, Alban Berg-, Guarneri- und Melos-Quartett, Tokyo String Quartet) weltweit bekannt geworden sind. Schallplatte und Rundfunk übernehmen immer mehr eine Repertoirepflege, die das öffentliche Konzert nur noch in Ausnahmefällen leistet – von der Präsentation und Durchsetzung neuerer Quartettwerke ganz zu schweigen.

Lit.: N. M. D. HERTER, String Quartet Playing (NY 1925); M. PINCHERLE, Les instruments du quatuor (P 1927); W. ALTMANN, Hdb. für S.spieler, 4 Bde. (B 1928–31, Nachdr. Wilhelmshaven 1972); A. E. HULL, The Earliest Known String Quartet, in: MQ 15 (1929); W. W. COBBET, Cyclopedic Survey of Chamber Music, 3 Bde. (Lo 1929, ²1964); H. MERSMANN, Die Kammermusik, 4 Bde. (L 1930–33) (= Führer durch den Konzertsaal 3); F. BLUME, Haydns künstlerische Persönlichkeit in seinen S.en, in: Jb. Peters 38 (1931); E. HEIMERAN – B. AULICH, Das stillvergnügte S. (Mn 1936, ¹⁸1978); U. LEHMANN, Dt. u. it. Wesen in der Vorgesch. des klass. S. (Wü 1939); I. MAHAIM, Beethoven. Naissance et renaissance des derniers quatuors de Beethoven, 2 Bde. (G 1958); L. FINSCHER, Zur Sozialgesch. des klass. S.s, in: Kgr.-Ber. Kassel 1962 (Kas 1963); DERS., S., in: MGG XII; H. ULRICH, Chamber Music (NY ²1966); J. KERMAN, The Beethoven Quartets (Lo 1967); P. BORCIANI, Il quartetto (Mi 1973); L. FINSCHER, Stud. z. Gesch. des S.s, I: Die Entstehung des klass. S.s (Kas 1974) (= Saarbrücker Stud. z. Musikwiss. 3); R. BARRET-AYRES, J. Haydn and the String Quartet (Lo 1974); A. SCHAFFNER, The Modern String Quartet in America before 1800, in: MR 40 (1979); W. KONOLD, Das S. Von den Anfängen bis F. Schubert (Wilhelmshaven 1980); F. SCHNEIDER, Das S.schaffen in der DDR bis 1970 (L 1980). W. KONOLD

STREICHZITHER, ein 1823 von J. Petzmayer (Wien) entwickeltes Streichinstrument mit herzförmigem Korpus ohne Hals. Auf der Decke ist in der Mitte ein mit festen Bünden ausgestattetes Griffbrett befestigt, neben dem sich auf jeder Seite ein Schalloch befindet. Das beim Spielen auf einen Tisch gelegte Instrument hat 3–4, mit einem Bogen angestrichene Metallsaiten. Der Klang der S. ist zart und leicht näselnd. Andere Hersteller bauten auch S.n mit Hals und mit zum Teil phantasievollen, manchmal violinenähnlichen Korpusformen.

STREISAND, Barbra, * 24. 4. 1942 New York; amerik. Schauspielerin und Sängerin. Sie nahm

Schauspielunterricht in New York, arbeitete als Barsängerin und machte durch erste Fernsehauftritte auf sich aufmerksam. Der Durchbruch gelang ihr 1962 mit dem Musical *I Can Get It for You Wholesale* von H. Rome. Ihren Ruf als hervorragende Musicaldarstellerin festigte sie in Jules Stynes Musical *Funny Girl* (1964). Für die Verfilmung dieses Musicals wurde sie 1968 mit dem Oscar ausgezeichnet. B. S., die heute zu den profiliertesten Künstlern des Showbusiness zählt, produzierte zahlreiche Schallplatten, veranstaltete Tourneen, trat in Fernsehshows auf und wurde durch viele Filmrollen weltweit bekannt (*Hello Dolly,* 1969; *On a Clear Day You Can See Forever,* 1969; *The Owl and the Pussycat,* 1971; *What's Up, Doc?,* 1972; *Up the Sandbox,* 1973; *The Way we Were,* 1973; *For Pete's Sake,* 1974).

STREPPONI, Giuseppina, it. Sängerin; sie heiratete 1859 G. ↗Verdi.

STRETTA (it., = Druck), Bz. für den im Tempo beschleunigten Schlußabschnitt eines Aktfinales in der (speziell it.) Oper des 18./19. Jh., dort wird gelegentlich auch die ↗Cabaletta als S. bezeichnet. In Art der S. ist seit L. van Beethoven häufig ebenfalls die ↗Coda von Schlußsätzen der Instrumentalmusik im Tempo gesteigert.

STRIGGIO (Strigi, Strigia). – **1) Alessandro** (I), * um 1535 Mantua, † 29. 2. 1592 ebd.; it. Komponist. Er entstammte einer adligen Familie und wirkte seit etwa 1560 am Hof der Medici in Florenz als Komponist zahlreicher Intermedien u.a. festlicher Gelegenheitswerke (nicht erhalten). Dort stand er auch mit V. Galilei und weiteren Mitgliedern der Camerata Fiorentina in Verbindung. Mannigfache kompositorische Aufgaben erhielt er von den Höfen in Ferrara und Mantua, wo er seit etwa 1584 lebte, zuletzt als Gran cancelliere (Schatzkanzler).

WW: 5 Bücher Madrigale für 5 St. (V [2]1560, 1570, 1596, 1596, 1597), 2 Bücher für 6 St. (V 1560, 1571); *Il cicalamento delle donne al bucato* (Das Geschwätz der Frauen beim Waschen), u. *La caccia* für 4–7 St. (V 1567), NA *con il gioco di primiera* für 5 St. (V 1569); Madrigale auch in zahlr. Sammeldrucken 1557–94 sowie in Lautentabulaturen 1568–99; hsl. erhalten ist eine 5st. *Missa in diebus illis* u. die Motette *Ecce beatam lucem* für 40 St. u. B.c. (für die Hochzeit des Herzogs Albrecht v. Bayern 1568).

S., der auch als virtuoser Lira da gamba-Spieler berühmt war, gehörte zu den bekanntesten Madrigalkomponisten seiner Zeit, freilich ohne daß seine Werke die satztechnische und ausdrucksmäßige Kühnheit anderer seiner Altersgenossen zeigen. Bemerkenswert sind dagegen die drastisch-heiteren Elemente in der Sammlung von 1567, die eine Vorstufe zu den Madrigalkomödien von O. Vecchi und A. Banchieri darstellt.

2) Alessandro (II), Sohn von 1), * 1573 (?) Mantua, † 6. 6. 1630 Venedig. Er ist 1589 als Violenspieler am Florentiner Hof bezeugt, studierte später Jura in Mantua und stand dann dort im Dienst der Gonzaga, seit 1611 als Sekretär des Herzogs Vincenzo I. Er wurde zum Grafen und Marchese erhoben und war zuletzt wie sein Vater Gran cancelliere. In enger Beziehung stand er zu Cl. Monteverdi, für den er das Libretto zum *Orfeo* (1607) und zu *Tirsi e Clori* schrieb und mit dem er auch nach dessen Weggang von Mantua befreundet blieb (Briefwechsel teilweise erhalten).

Ausg.: **Zu 1):** 5 Madrigale, in: TORCHI, Arte Mus. I; *Il cicalamento,* hrsg. v. B. SOMMA (R 1947) (= Capolavori polifonici del secolo XVI 4).

Lit.: **Zu 1):** R. J. TADLOCK, A. S. Madrigalist, in: JAMS 11 (1958); DERS., The Early Madrigals of A. S., 2 Bde. (1959) (= Diss. Univ. of Rochester/N.Y.) (mit Übertragung der Madrigale v. 1570 u. 1571); DERS., S., in: MGG XII. – **Zu 2):** ↗Monteverdi.

STRINGENDO (it., = drängend; Abk.: string.), Vortrags-Bz., die eine dem Wortsinn entsprechende, allmähliche Beschleunigung des Tempos fordert; häufig synonym mit ↗accelerando gebraucht.

STROBEL, Heinrich Edmund August, * 31. 5. 1898 Regensburg, † 10. 8. 1970 Baden-Baden; dt. Musikschriftsteller. Er studierte bei A. Sandberger und Th. Kroyer in München, promovierte 1922, war seit 1921 Musikkritiker in Erfurt und Berlin (1927–33 *Berliner Börsenkurier,* 1934–38 *Berliner Tageblatt*) und 1933–34 sowie erneut seit 1946 Herausgeber der Zeitschrift *Melos.* Während des 2. Weltkrieges lebte er im Exil in Frankreich und übernahm 1946 die Leitung der Musikabteilung des neugegründeten SWF in Baden-Baden. In dieser Eigenschaft hatte er entscheidenden Einfluß auf die Gestaltung der ↗Donaueschinger Musiktage und war damit eine Schlüsselfigur in der Förderung der zeitgenössischen Musik. 1956–69 war S. Präsident der IGNM. 1961 erhielt er die Würde eines Dr. phil. h.c. der Universität Basel.

Schriften: *P. Hindemith* (Mz 1928, völlig überarbeitet [3]1948); *C. Debussy* (Z 1940, [5]1961, frz. P 1942, span. Ma 1966); *P. Hindemith. Zeugnis in Bildern* (Mz 1955, erweitert [2]1961); *I. Strawinsky* (Z – Fr 1956, engl. NY 1955, Nachdr. 1973); *I. Strawinsky, Poétique musicale,* dt. Übers.: *Musikal. Poetik* (Mz 1949); *Die Einheit der modernen Kunst,* in: Prisma der gegenwärtigen Musik, hrsg. v. J. E. Berendt u. J. Uhde (H 1959), auch in Melos 30 (1963); *Deutsche Musik zw. den Weltkriegen* u. *Deutschland seit 1945* sowie *Vier Jahrzehnte dt. Musiktheater,* in: Melos 30 (1963); *Die dt. Musik nach 1945,* in: Universitas 19 (1964); *I. Strawinsky u. seine Kunstauffassung,* in: ebd. 20 (1965); *Reflexionen über Debussy,* in: Melos 33 (1966), *Libretti für Rolf.* FS für R. Liebermann (H 1970, auch in: Melos 37, 1970). – Für R. Liebermann schrieb S. die Libretti *Leonore 40/45* (1951), *Penelope* (1954) u. *Schule der Frauen* (1957).

Lit.: Sonder-H. H. S. (1968) (= Melos 35, H. 5); In memoriam H. S., in: Melos 37 (1970); H. OESCH, Das „Melos" u. die Neue Musik (Mz 1973).

STROBEL, Valentin (II), getauft 18. 10. 1611 Halle, † nach 1669 Straßburg; dt. Lautenist und Komponist, wie sein Vater Valentin S. (I) (um 1575–1640). Er wurde 1629 Hoflautenist in Darmstadt und kam über Stuttgart (1634) an den Hof des Markgrafen von Baden-Durlach, der ihn nach Verlegung seines Hofes in die Nähe von Straßburg dort bis 1638 beschäftigte. S. Chappuzeau (1671) zufolge spielte S. mit einer „délicatesse merveilleuse". Als Komponist war er von der in Frankreich modisch gewordenen Spielweise des ↗Style brisé beeinflußt.

WW: *Melodien ... Über Teutsche Wältliche Lieder* für SingSt, 2 V. u. B.c., 2 Teile (Str 1652 u. 1654); 4 Tänze für Instr. u. B.c., in: RISM 1658[4]; Tanzsätze u.a. Stücke für Org., Laute u. Angelica hsl. erhalten.

Lit.: H. RADKE, S., in: MGG XII.

STROHFIDEL, volkstümliche Bz. für ↗Xylophon.

STROPHE (von griech. strophē = Wendung), Bz. für eine Einheit, die eine bestimmte, formal spezifizierte Versmenge zusammenfaßt. Es besteht ein enger Zusammenhang zwischen strophisch gebauter Dichtung und der musikalischen Gattung ↗Lied; insbesondere die Unterscheidung zwischen (einfachem und variiertem) Strophenlied und durchkomponiertem Lied (z. B. bei Schuberts Vertonungen) gilt dem strophischen Bau einer Dichtung hinsichtlich seiner kompositorischen Behandlung. Historisch entwickelt sich die S. besonders aus Gesang und Bewegung innerhalb der griech. Chorlyrik. Im Zusammenhang mit der humanistischen Wiederentdeckung der antiken Literatur und ihrer formalen und inhaltlichen Adaptation durch die Volkssprachen im 16. Jh. führte P. de Ronsard das Wort neu in die europäische Literatur ein; seine Verwendung in Deutschland geht auf M. Opitz zurück. In ihrer mehr als 2000jährigen Geschichte hat die S. im Rahmen der einzelnen Nationalliteraturen eine formale Vielfalt erreicht, die sie an beliebigem Ort zu einem zentralen Element der Evolution literarischer Formen und Inhalte macht. Dies dokumentieren nicht zuletzt die zahlreichen, höchst unterschiedlichen Kriterien folgenden Bezeichnungen zur präzisen Bestimmung der S. in den einzelnen Literaturen; z. B. die alkäische, asklepiadeische und sapphische S. in Griechenland, die ambrosianische (↗Hymnus), die ↗Vaganten-, ↗Stabat mater- und ↗Kanzonen-S. im europäischen Mittelalter, in Italien S.n mit den Bezeichnungen Capitolo, None rime, Sestine, Siziliane, ↗Stanze, ↗Strambotto, Terzine (3 Verszeilen mit weiterführendem Reim) und ↗Villanella, die Chevy-Chase-S. in England, die Nibelungen-, Gudrun- und Volkslied-S. in Deutschland.
Die S. wird nach der Gruppierung der einzelnen Verse definiert, die aufgrund festgelegter Kombinationsmöglichkeiten (Assonanz, ↗Reim, ↗Metrum) zusammengehören. Vers und S. sind als strukturierte Einheiten wahrzunehmen: Während den Vers Rhythmus und Silbenbetonung bestimmen, ergibt sich die Struktur der S. aus einem bestimmten Anordnungssystem von Gleichklängen und Metren. Das Reimsystem einer S. muß verschiedenen Bedingungen genügen: es muß die Versfolge einer Spannung unterwerfen, die erst in der letzten Zeile aufgelöst wird (z. B. Kreuzreim, umschlingender Reim), und es muß in sich kohärent und vollständig sein, d. h., jeder Reimzeile hat eine korrespondierende Antwortzeile zu entsprechen. Nicht abgeschlossene Gruppen wie Dreizeiler – Reimfolge aba – sind daher ebensowenig als S.n anzusehen wie z. B. paarreimige (aa bb cc) grammatisch selbständige Einheiten; auch dann nicht, wenn diese im Druckbild voneinander abgesetzt sind.
Dichtungsgeschichtlich fällt die Auflösung der S. als grammatisch, semantisch, metrisch und klanglich organisierter Einheit mit der des Verses zusammen.

Lit.: W. TH. ELWERT, Frz. Metrik (Mn 1961, [4]1978); DERS., It. Metrik (Mn 1968); D. KORZENIEWSKI, Griech. Metrik (Da 1968); R. BAEHR, Einführung in die frz. Verslehre (Mn 1970); K. PLENIO, Bausteine z. altdt. Strophik (Da 1971); U. MÖLK – F. WOLFZETTEL, Répertoire métrique de la poésie lyrique française des origines à 1350 (Mn 1972); F. SCHLAWE, Die dt. Strophenformen. Systematisch-chronologisches Reg. z. dt. Lyrik 1600–1950 (St 1972); J. MAZALEYRAT, Éléments de métrique française (P 1974); A. H. TOUBER, Dt. Strophenformen des MA (St 1975); H. J. FRANK, Hdb. der dt. Strophenformen (Mn – W 1980).

W.-D. LANGE

STROPHE UND ANTISTROPHE. – 1) Aus den Chorliedern des griechischen Dramas geläufige Bz., die auf die konkreten Tanzbewegungen des Chores zurückzuführen ist: Auf den Vortrag einer Strophe folgte eine Antistrophe, die von einer entsprechenden Wendung des Chores begleitet war. Versschema und Melodie bleiben dabei innerhalb eines Paares weitgehend identisch. Im Laufe ihrer Entwicklung gelangte die attische Tragödie zu äußerst komplizierten Verknüpfungen der Strophenpaare (z. B. bei Aischylos). – Die auch in Renaissance und Barock intensiv gepflegte Pindarische Ode ist wesentlich durch das Wechselspiel zwischen Strophe und Antistrophe charakterisiert, das in einer thematisch ausgleichenden Epode jeweils seinen Ruhepunkt findet. – **2)** In der Rhetorik wird die Bz. Antistrophe synonym mit Epiphora für ein stilistisches Verfahren verwandt, bei dem man eine besondere Wortfolge oder ein ausdrucksstarkes Einzelwort jeweils am Schluß mehrerer aufeinanderfolgender Sätze wiederholt. W.-D. LANGE

STROSS, Wilhelm Carl, * 5. 11. 1907 Eitorf (Sieg), † 18. 1. 1966 Rottach-Egern; dt. Violinist. S. studierte bei Br. Eldering und H. Abendroth am Kölner Konservatorium, war seit 1934 Professor für Violine an der Akademie der Tonkunst in München, lehrte 1951–54 an der Kölner Musikhochschule und dann erneut in München. Neben ausgedehnter solistischer Tätigkeit gehörte er 1931–33 dem Elly-Ney-Trio an, spielte 1936–38 im Duo mit Cl. Arrau und war Primarius des S.-Quartetts, das vor allem mit der Aufführung von Werken der Klassik und Romantik große Beachtung fand. Seit 1942 trat S. eine Zeitlang auch mit einem eigenen Kammerorchester auf.

STROUSE, Charles Louis, * 7. 6. 1928 New York; amerik. Komponist. S. studierte an der Eastman School of Music in Rochester (1947 Bachelor of Music) und war Kompositionsschüler von N. Boulanger und A. Copland. Er schrieb zahlr. Songs für Revuen und Broadway Musicals, die sich meist mit amerik. Zeitproblemen befaßten. Sein bevorzugter Songtexter war Lee Adams. Von seinen Filmmusiken waren die zu *Bonnie and Clyde, The Night They Raided Minsky's* und *There Was A Crooked Man* besonders erfolgreich.

WW: Songs für Revuen, u. a. für *Shoestring Revue* (1955); *Shoestring '57* (1957); Musicals: *Bye, Bye Birdie* (1960); *All American* (1962); *Golden Boy* (1964); *It's a Bird, It's a Plane, It's Superman* 1966); *Applause* (1970); *Six* (1971); *I and Albert*, UA: London 1972; *Annie* (1977); *A Broadway Musical* (1978). – Ferner schrieb S. symphonische Werke und Kammermusik.

STROZZI. – **1) Giulio,** * 1583 Venedig, † 31. 3. 1652 ebd.; it. Dichter. Er war Jurist, wirkte als Apostolischer Protonotar in Rom und lebte seit 1620 in Venedig. Hier gründete er 2 Akademien und entfaltete in ihrem Rahmen eine reiche literarische Tätigkeit. Als Librettist war er an den Anfängen der venezianischen Oper entscheidend beteiligt. Seine Libretti (u. a. für Cl. Monteverdi, Fr. Manelli, Fr. Sacrati) sind erhalten; von der Musik existiert nur noch Fr. Cavallis *Veremonda* (unter S.s Anagramm L. Zorzisto). Texte von ihm enthalten die Madrigale von G. Rovetta, N. Fontei und Barbara S. – **2) Barbara,** Adoptivtochter von 1), * 6. 8. 1619 Venedig, † nach 1664 vermutlich ebd.; it. Komponistin. Sie war Schülerin von Cavalli und spielte als Sängerin eine führende Rolle in den Akademien ihres Vaters. Ihre Werke sind ein bemerkenswertes Zeugnis für die Entwicklung des ↗Madrigals in seiner Spätzeit und seine Verbindung mit der Monodie.

WW: Madrigale für 2–5 St. u. B.c. (V 1644); 3 Bücher Arien, Arietten bzw. Kantaten für 1 St. u. B. c. (1657, 1659, 1664), 3 Bücher für 1–3 St. u. B. c. (1651, 1654, 1655).

Ausg.: **Zu 2):** Ariette di Francesca Caccini e B. S., hrsg. v. B. SOMMA (R 1930); 2 Arietten in: K. JEPPESEN, La Flora II (Kop 1949).

Lit.: **Zu 1):** bei den genannten Komponisten. – **Zu 2):** E. ROSAND, B. S. ... The Composer's Voice, in: JAMS 31 (1978).

STROZZI, Gregorio, * Anfang 17. Jh. San Severino (Lukanien), † nach 1687 Neapel (?); it. Komponist. Er war Priester und wurde 1634 als Nachfolger seines Lehrers G. M. Sabino Organist der Kirche S. Annunziata in Neapel. Von seinen Werken sind die *Capricci da sonare cembali et organi* (Neapel 1687) eine interessante Quelle für die zeitgenössischen Gattungen der Musik für Tasteninstrumente.

WW: Passionssätze (Turbae) u. a. Karwochengesänge für 4 St. u. B.c. (R 1655); *Elementorum musicae praxis* für 2 St. (Neapel 1683); *Capricci da sonare* für Cemb. u. Org. (ebd. 1687).

Lit.: U. PROTA-GIURLEO, Due campioni della scuola musicale napoletana del XVII secolo, in: L'organo 3 (1962); W. APEL, Die südit. Clavierschule des 17. Jh., in: AMl 34 (1962); B. HUDSON, S., in: Grove[6] XVIII.

STROZZI, Piero, * um 1550 Florenz, † nach 1. 9. 1609 ebd.; it. Komponist. S. war mit G. Strozzi verwandt und G. Bardi befreundet (↗Camerata Fiorentina) und fungiert als dessen Gesprächspartner in V. Galileis *Dialogo della musica antica e della moderna* (Fi 1581). Von seinen Kompositionen (u. a. zur Hochzeit Francescos de' Medici 1579) sind nur 3 einzelne Gesänge hsl. und in Sammeldrucken erhalten.

Ausg.: 1 Madrigal aus *Carro della notte*, in: F. GHISI, Alle fonti della monodia (Mi 1940).

Lit.: ↗Camerata Fiorentina, ↗Medici.

STRUB, Max, * 28. 9. 1900 Mainz, † 23. 3. 1966 Detmold; dt. Violinist. S. trat bereits mit 13 Jahren öffentlich auf und studierte seit 1916 bei Br. Eldering am Konservatorium in Köln. 1921–22 war er Konzertmeister in Stuttgart, dann an der Dresdener Staatsoper, 1925–28 Professor an der Musikhochschule in Weimar und dann bis 1934 1. Konzertmeister der Staatskapelle Berlin. 1932–45 lehrte er zunächst als Assistent, später als Nachfolger C. Fleschs an der Berliner Musikhochschule. Seit 1947 leitete er Meisterklassen für Violine und für Interpretation und Kammermusik an der Nordwestdeutschen Musikakademie in Detmold (1957 Professor). Als Kammermusiker fand er mit seinem 1936 gegründeten Streichquartett (Otto Schad, 2. Violine, Franz Beyer, Viola, Hans Münch-Holland, Violoncello) vor allem in Deutschland große Beachtung. Außerdem spielte er 1934–40 im Trio mit E. Ney und L. Hoelscher.

Lit.: H. GROHE, in: Mitt. der H.-Pfitzner-Ges. 16 (1966).

STRUNGK (Strunck), **Nicolaus Adam,** getauft 15. 11. 1640 Braunschweig, † 23. 9. 1700 Dresden; dt. Komponist und Violinist. Er war der Sohn des Braunschweiger Organisten Delphin S. (1601–94), von dem sich einige Orgelchoräle hsl. erhalten haben und von dem 40 Generalbaßlieder gedruckt wurden (F um 1670). 1660–61 war er Violinist in Celle, hielt sich 1661–65 in Wien auf, wurde dann Kammermusiker in Hannover und 1679 Rats- und Dommusikdirektor in Hamburg. Hier war er bis 1683 mit 9 Opern am Gänsemarkttheater erfolgreich. 1682 ging er als Hofkammerkomponist erneut nach Hannover, schließlich 1688 an den Hof nach Dresden (1692–97 Kapellmeister als Nachfolger von C. Pallavicino). Von hier aus gründete er 1793 ein Opernhaus in Leipzig, an dem bis zu seinem Tod 8 eigene Opern aufgeführt wurden.

WW (hsl. erhalten): Capricci u. a. Stücke für Tasteninstr.; Airs für 2 Fl. u. B.c.; je 1 Triosonate u. Sonate für 6 Instr. u. B.c.; 7 lat. u. dt. Motetten für 1–4 St. u. B.c., teilweise mit Instr. – Von den mindestens 18 nachweislich aufgeführten Opern sind erhalten 36 Arien aus *Esther* (UA: Hamburg 1680) (nur SingSt u. B.c. ohne Instr.) u. *Antiope* (UA: Dresden 1689; 1. u. 2. Akt v. Pallavicino).

S., von dessen Opernschaffen sich kaum etwas erhalten hat, zeigt in seinen Orgel- bzw. Cembalowerken deutliche Einflüsse von G. Frescobaldi. Diese gehören zu den wenigen Beispielen für den strengen kontrapunktischen Stil in dieser Zeit in Norddeutschland und wurden von J. S. Bach und G. Fr. Händel geschätzt. Als Violinist galt S. bei seinen Zeitgenossen als Meister der Scordatura.

Ausg.: 6 Capricci (eines davon als Werk v. G. Reutter d. Ä.), in: Wiener Klv.- u. Orgelwerke aus der zweiten Hälfte des 17. Jh., hrsg. v. H. BOTSTIBER (1906) (= DTÖ 27); 2 Doppelfugen für Org., hrsg. v. M. SEIFFERT (L 1962) (= Organum IV/18); Triosonate, hrsg. v. DEMS. (L 1951) (= ebd. III/18); Sonate für 6 Instr., hrsg. v. F. STEIN (Kas 1953) (= Hortus Mus. 103); 14 Arien aus *Esther*, in: H. CH. WOLFF, Die Barockoper in Hamburg (Wb 1957).

Lit.: F. BEREND, N. A. S. 1640–1700. Sein Leben u. seine Werke ... (Diss. Mn 1913); F. W. RIEDEL, Quellenkundliche Beitr. z. Gesch. der Musik für Tasteninstr. in der 2. Hälfte des 17. Jh. (Kas 1960); D. HÄRTWIG, S., in: MGG XIII.

STRUNK, William Oliver, * 22. 3. 1901 Ithaca (New York), † 24. 2. 1980 Grottaferrata bei Rom; amerik. Musikforscher. Er studierte 1917–19 an der Cornell University in Ithaca (N. Y.) und 1927–28 in Berlin (J. Wolf) und war 1928–37 Bibliothekar (seit 1934 Leiter) der Musikabteilung der Library of Congress in Washington. 1937–66 lehrte er an der Princeton University (N. Y.). Er war Mitgründer und 1959–60 Präsident der American Musicological Society. Seit 1966 lebte er in Italien. S. war einer der bedeutendsten amerikanischen Musikologen seiner Zeit mit einem weitgespannten Œuvre, in dem zunehmend die Erforschung der byzantinischen Musik einen bevorzugten Platz einnimmt. Er wurde geehrt durch die FS *Studies in Music History,* hrsg. v. H. Powers (Princeton 1968).

Schriften: *State and Resources of Musicology in the United States* (Washington/D. C. 1932); *Source Readings in Music History* (NY 1950, Paperbackausg. 1965); *The Classification and Development of the Early Byzantine Notations,* in: Atti del congresso internazionale di musica sacra (R 1950); *The Notation of the Chartres Fragment,* in: Ann. Mus. 3 (1955); *Die Gesänge der byzantinisch-griech. Liturgie,* in: Gesch. der kath. Kirchenmusik 1, hrsg. v. K. G. Fellerer (Kas 1972); *Essays on Music in the Byzantine World* (NY o.J.); *Essays on Music in the Western World* (NY 1974).

STUCK, Jean-Baptiste, genannt Batistin, * um 1680 Livorno, † 8. 12. 1755 Paris; frz. Violoncellist und Komponist dt. Herkunft. Er kam um 1700 nach Paris und machte sich 1706 durch einen (den 1.) Kantatenband bekannt, worin er sich als Musiker des Herzogs von Orléans bezeichnet. Später wurde er Mitglied der königlichen Kapelle, spielte im Orchester der Opéra und trat auch im Concert spirituel auf. Als Violoncellist trug S. maßgeblich zur Popularität dieses Instruments in Frankreich bei. Von seinen Kompositionen verdienen am ehesten die Kantaten Beachtung, in denen er frz. und it. Geschmack zu verbinden suchte.

WW: 4 Bücher *Cantates françoises* für 1–2 St., B. c. u. Instr. (P 1706, 1707, 1711, 1714). – Opern: *Méléagre,* UA: Paris 1709; *Manto la fée,* UA: Paris 1711; *Polydore,* UA: Paris 1720; Air für die Oper *Thétis et Pélée* v. P. Collasse (P 1708).

Lit.: M. BARTHÉLEMY, Les cantates de J.-B. S., in: Rech. Mus. 2 (P 1961/62); S. MILLIOT, in: Rech. Mus. 9 (1969).

STUCKENSCHMIDT, Hans Heinz, * 1. 11. 1901 Straßburg; dt. Musikforscher und Musikkritiker. S. war 1920–27 freischaffend u.a. in Hamburg, Wien, Paris und Berlin tätig und 1928-29 als Musikkritiker bei der dt. Zeitung *Bohemia* in Prag. 1931–33 studierte er bei A. Schönberg in Berlin und ging wegen Schreibverbotes 1934 erneut nach Prag, wo er bis 1942 u.a. für das *Prager Tagblatt* schrieb. 1946 kehrte er nach Berlin zurück, leitete das Studio für Neue Musik beim RIAS Berlin, wurde Musikkritiker der *Neuen Zeitung* und 1948 Lehrbeauftragter für Musikgeschichte an der Technischen Universität (1953 Professor, Emeritierung 1967). Daneben schrieb S. u.a. für die *Frankfurter Allgemeine Zeitung* und die *Neue Zürcher Zeitung.* 1974 wurde er Mitglied der Akademie der Künste West-Berlin, 1977 Ehrendoktor der Universität Tübingen. Seit 1932 war S. verheiratet mit der besonders durch Schönberg-Interpretationen hervorgetretenen Sopranistin **Margot Lefèbre** (1901–81). Zum 65. Geburtstag wurde er mit der FS *Aspekte der Neuen Musik* (hrsg. v. W. Burde, mit Bibliographie v. H. Poos, Kas 1968) geehrt.

Schriften: *A. Schönberg* (Z 1951, ²1957); *Neue Musik* (B 1951) (= Zw. den beiden Weltkriegen 2); *Glanz und Elend der Musikkritik* (B 1957); *Strawinsky und sein Jh.* (B 1957) (= Anmerkungen z. Zeit 5); *Schöpfer der Neuen Musik* (F 1958, Mn 1962); *B. Blacher* (B 1963) (mit Werkverz. v. H. Kunz); *Oper in dieser Zeit. Europäische Opernereignisse aus 4 Jahrzehnten* (Velber 1964); *J. N. David. Betrachtungen zu seinem Werk* (Wie 1965); *M. Ravel. Variationen über Person und Werk* (F 1966); *F. Busoni. Zeittafel eines Europäers* (Z 1967); *Musik des 20. Jh.* (Mn 1969); *Kriterien und Grenzen der Neuheit,* in: Das musikal. Neue u. die Neue Musik, hrsg. v. H.-P. Reinecke (Mz 1969); *Die Musik, der Mensch und die Menschen,* in: Kölner Zschr. für Soziologie u. Sozialpsychologie 21 (1969); *Was ist Musikkritik? Gedanken zur Vernichtung des Kunsturteils durch Soziologie,* in: Stud. z. Wertungsforschung 2 (Gr 1969); *Kritik und Irrtum,* in: FS für einen Verleger (= L. Strecker) (Mz 1973); *Schönbergs Berliner Jahre 1926–33,* in: A. Schönberg, Ausstellungskat. (W 1974) (Autobiogr.); *Zum Hören geboren. Ein Leben mit der Musik unserer Zeit* (Mn 1979); *Margot. Bildnis einer Sängerin* (Mn 1981).

J. DORFMÜLLER

STUDENTENLIED, Bz. für ein Ständelied mit Volksliedcharakter. Komponisten wie L. Senfl, O. di Lasso und J. Eccard schufen im 16. Jh. erstmals Chorwerke, die auf S.ern basieren. Bedeutende Sammlungen solcher Gesänge stammen im 17. Jh. von J. Jeep, E. Widmann, J. H. Schein, H. Albert, Chr. Clodius und A. Krieger und bilden das unterhaltende Musiziergut der studentischen Collegia musica (↗Collegium musicum). Nach deren Niedergang kam es um die Mitte des 19. Jh., angeregt durch die Männerchorbewegung und die Gründung von Studentenverbindungen, zu einer Wiederbelebung des S.es, die sich in der großen Zahl von nun erscheinenden Kommers- und Liederbüchern widerspiegelt. Am bedeutendsten ist das 1858 erstmals erschienene *Lahrer Commersbuch,* das seitdem 159 Auflagen erlebte und bis heute akademischen Verbindungen als Gesangsvorlage bei Kneipe, Totengedenken, Rezeption und Kommers, der feierlichen Kneipe, dient. Daneben gibt es viele weitere Liederbücher. Ihr Repertoire ist nur zum Teil spezifisch studentisch, es überschneidet sich, ähnlich wie das der Vereinsliederbücher des 19. Jh., mit anderen Ständeliedern (z. B. Soldaten- und Jägerlied) und verschiedenen Volksliedarten.

Ausg.: Dt. Studentenlieder, hrsg. v. G. SCHERER (L 1856, Nachdr. Z 1978); Allgemeines Dt. Commersbuch, hrsg. v. H. SCHAUENBURG – F. SILCHER – F. ERK (Lahr 1858 u. ö., Nachdr. Mn ²1975); Dt. Burschenlieder, hrsg. v. K. STEPHENSON (Lahr 1953).

Lit.: F. HARZMANN, In dulci jubilo. Aus der Naturgesch. des dt. Kommersbuches (Mn 1924); K. STEPHENSON, Zur Soziologie des S.es, in: Kgr.-Ber. Wien 1956 (Gr – Kö 1958); DERS., Der heutige Student u. das S. (Kas – Bas 1959) (= Musikal. Zeitfragen 7).

H. SCHRÖDER

STUDENT PRINCE IN HEIDELBERG, THE, amerik. Operette von S. Romberg, Buch und Gesangstexte von Dorothy Donnelly nach dem Schauspiel *Old Heidelberg* von Rudolf Bleichmann, das wiederum auf dem deutschen Stück *Alt Heidelberg* von Wilhelm Meyer-Forster basierte, nach dessen Erzählung *Karl Heinrich.* Ort und Zeit der Handlung: Heidelberg, im Jahre 1860. UA: 1. 12. 1924 New York (Al Jolson Theater); 608 Vorstellungen. Verfilmt 1927 und 1954 (mit Mario Lanza in der Titelrolle).

Der Studentenprinz Karl Franz muß seiner großen Liebe zur Kellnerin Kathie entsagen, um König zu werden; und als er später nach Heidelberg zurückkehrt, stellt er fest, daß sich die Zeit nicht mehr zurückdrehen läßt. Die Romanze des Prinzen hatte die längste Laufzeit aller Operetten und Musicals der 20er Jahre am Broadway. 25 Jahre lang lief sie über fast alle Bühnen Amerikas und brachte den Brüdern Shubert als Produzenten und den Autoren ein Vermögen ein. Fast alle Lieder wurden populär, besonders: *Golden Days, Drinking Song, Deep In My Heart, Dear* und *Serenade.*

R. WALLRAF

STUFE, Bz. für die Stelle, die ein Ton innerhalb der siebenstufigen diatonischen ↗Tonleiter einnimmt. – ↗Stufenbezeichnung.

STUFENBEZEICHNUNG, in der ↗Harmonielehre ein Bezeichnungssystem für Akkorde und Akkordfolgen, das seit dem 19. Jh. mit der ↗Funktionsbezeichnung konkurriert. Die Funktionsbezeichnung zielt darauf ab, die Funktion von Akkorden und ihre Beziehung zum tonalen Zentrum der ↗Tonika zu erkennen und zu chiffrieren. Die S. will dagegen deutlich machen, wie Akkorde in ihrem schrittweisen Fortgang zusammenhängen. Römische Ziffern kennzeichnen – beginnend mit der I. Stufe der Tonika – die sieben Stufen der diatonischen Tonleiter und die auf ihnen errichteten Dreiklänge; in C-Dur:

S. Sechter, im 19. Jh. Repräsentant der Stufentheorie (Fundamentschrittheorie), war auf J.-Ph. Rameaus Lehre von der ↗Basse fondamentale zurückgegangen, nach welcher der Zusammenhang zwischen Akkorden durch die Abfolge ihrer

Grundtöne garantiert wird. In der gebräuchlichen S. treten Zahlen hinzu, welche – in Anlehnung an den ↗Generalbaß – die jeweilige Akkordform vom Baßton her benennen: I^6 bezeichnet demnach den ↗Sextakkord des Dreiklanges der I. Stufe; darin vermischen sich ein grundtöniges (I) und baßtöniges (6) Denken.

STUFENGANG nennt P. Hindemith, im Anschluß an H. Schenkers Terminologie (dort Bz. für eine Folge von den Harmonieverlauf bestimmenden Gerüstakkorden), die Reihenfolge von Grundtönen, „welche die Akkordlasten größerer harmonischer Zusammenhänge tragen". Die im S. sich ausprägenden tonalen Zentren garantieren nach Hindemith harmonische Logik und Verständlichkeit.

Lit.: H. SCHENKER, Harmonielehre (St – B 1906); P. HINDEMITH, Unterweisung im Tonsatz, I: Theoretischer Teil (Mz 1937, ²1940).

STUMM, dt. Orgelbauerfamilie. **Johann Michael S.** (1683–1747) gründete um 1715 in Rhaunen-Sulzbach (Hunsrück) eine Werkstatt, die von 5 aufeinanderfolgenden Generationen bis etwa 1920 weitergeführt wurde. Die wichtigsten Mitglieder der Familie sind außer dem Gründer dessen Söhne **Johann Philipp** (1705–1776) und **Johann Heinrich** (1715–1788). Im 18. Jh. gehörten die S.s zu den bedeutendsten Orgelbauern in Südwestdeutschland. Von ihren insgesamt etwa 400 Orgeln sind die berühmtesten in Kirchheimbolanden (1745; 3 Man., 37 Reg.) und Amorbach (1782; 3 Man., 46 Reg.) verändert erhalten; originalgetreu restauriert wurden u. a. die Orgeln in Rhaunen (1723; 1 Man., 13 Reg.), Oberlahnstein (1742; 2 Man., 21 Reg.) und Sulzbach (1746; 2 Man., 23 Reg.).

Lit.: F. BÖSKEN, Die Orgelbauerfamilie S. aus Rhaunen-Sulzbach u. ihr Werk (Mz 1960, ²1981); J. EPPELSHEIM, Die S.-Orgel der ehem. Abtei Amorbach, in: Mf 24 (1971); DERS., Stud. zum Orgelbau der Familie S. in Rhaunen-Sulzbach (Habil.-Schrift Mn 1972).

STUMME VON PORTICI, DIE *(La muette de Portici),* Große historische Oper in 5 Akten von D. Fr. E. Auber, Text von E. Scribe und Germain Delavigne. Ort und Zeit der Handlung: Neapel und Portici bei Neapel, Sommer 1647. UA: 29. 2. 1828 Paris (Opéra); dt. EA (in dt. Sprache): 16. 10. 1828 Rudolstadt.

In dieser bedeutendsten seiner Opern setzte sich Auber mit einem revolutionären Stoff auseinander, der auf die historischen Ereignisse des neapolitanischen Fischeraufstands von 1647 zurückgeht. Bereits 1706 war mit R. Keisers *Masagniello furioso* erstmalig eine musikdramatische Version des Stoffes an die Öffentlichkeit gelangt. Erschien der Führer der Aufständischen, Masaniello (d.i. Tommaso Aniello), in diesem älteren Werk noch als wahnsinniger Tyrann – was der Historie nahekommt –, so wurde er in Aubers Oper zwar zu einem Volkshelden und Befreier (deutliche Einflüsse von Schillers *Wilhelm Tell,* 1804), der zugleich aber auch auf Rache an Alfonso, dem Sohn des Vizekönigs, sinnt (Alfonso hatte Fenella, die stumme Schwester Masaniellos, verführt). Die revolutionäre Substanz des Stoffes ging trotz jener romantizistischen Abschwächung bei Auber nicht verloren: 1830 gab die Aufführung der *Stummen* in Brüssel das Signal zu dem Aufstand, der zur Loslösung der belgischen Provinz von den Niederlanden und zur Unabhängigkeit Belgiens führte. – Für die Entwicklung der Grand Opéra bedeutete dieses Werk einen Kulminationspunkt. Ohne Vorbild war bis dahin die Stringenz der tragischen Entwicklung. Eingängige Melodien, die vom Charakter der italienischen Volksmusik geprägt sind, werden – sinntragend variiert – eingesetzt: so weitet sich die volksliedhafte Barcarole zum Kampflied, der friedliche Marktchor zur Musik der bedrohlichen Massenszene – erst M. Mussorgski schuf wieder Volkschöre von solcher dramatischen Gewalt.

R. QUANDT

STUMPF, Friedrich Carl, * 21. 4. 1848 Wiesentheid (Unterfranken), † 25. 12. 1936 Berlin; dt. Psychologe, Akustiker und Musikforscher. Er studierte in Würzburg und Göttingen, habilitierte sich dort 1870 in Philosophie, wurde 1873 Professor in Würzburg, 1879 in Prag, 1884 in Halle, 1889 in München und 1893 in Berlin, wo er im selben Jahr das Psychologische Institut und 1900 mit seinen Schülern O. Abraham und E. M. von Hornbostel das für die Entwicklung der ↗Musikethnologie bedeutsame Phonogrammarchiv gründete. In seinem Hauptwerk *Tonpsychologie* (der Begriff stammt von ihm) formulierte S., anknüpfend an H. von Helmholtz' tonpsychologisch orientierte Lehre von den Tonvorstellungen, die erste systematisch entwickelte ↗Musikpsychologie. Zwar war seine elementaristische Theorie der Konkordanz und Diskordanz von Akkorden bald zu revidieren (u. a. durch F. Kruegers Konsonanztheorie von 1899), jedoch kann S. als Begründer der Vergleichenden Musikwissenschaft gelten.

Schriften: *Tonpsychologie,* 2 Bde. (L 1883–90. Nachdr. Hilversum 1965); *Musikpsychologie in England,* in: VfMw 1 (1885); *Lieder der Bellakula-Indianer,* in: ebd. 2 (1886); *Die pseudoaristotelischen Probleme über Musik,* in: Abh.en der Preuß. Akad. der Wiss., Phil.-hist. Klasse 3 (B 1897) (auch separat); *Gesch. des Konsonanzbegriffes* 1, in: Abh.en der Bayer. Akad. der Wiss., Phil.-Philol. Klasse 21 (Mn 1897) (auch separat); *Die Anfänge der Musik* (L 1911); Beitr. in Zusammenarbeit mit E. M. v. Hornbostel in: Sammel-Bde. für vergleichende Musikwiss. (Mn 1922–23); *Die Sprachlaute … nebst einem Anh. über Instrumentalklänge* (B 1926). – Er gab heraus: *Beitr. z. Akustik u. Musikwiss.*, 9 Hefte (L 1898–1924), darin von ihm selbst: *Konsonanz u. Dissonanz*, in: 1 (1898); *Neueres über Tonverschmelzung*, in: 2 (1898); *Differenztöne u. Konsonanz*, in: 4 (1906) u. 6 (1911); *Beobachtungen über Kombinationstöne*, in: 5 (1909); *Konsonanz u. Konkordanz*, in: 6 (1911).

Lit.: J. HANDSCHIN, Der Toncharakter (Z 1948); H. HUSMANN, Verschmelzung u. Konsonanz (Den Manen C. S.s), in: DJbMw 1 (1957); H. BESSELER, Das musikal. Hören der Neuzeit (B 1959); A. WELLEK, Musikpsychologie u. Musikästhetik (F 1963, Bonn ²1975).

STURM, DER, Oper in 3 Aufzügen von Frank Martin, Text von W. Shakespeare in der dt. Übersetzung von A. W. Schlegel. Ort der Handlung: die Zauberinsel des Prospero. UA: 17. 6. 1956 Wien (Staatsoper).

Das Zurücktreten des dramatischen Elements hinter die lyrisch-epische Grundhaltung des Werkes erlaubt dem Publikum – den Intentionen Shakespeares gemäß –, sich vom Geschehen auf der Bühne zu distanzieren. Martins einzige Oper ist durchkomponiert, doch sind innerhalb der einzelnen Auftritte unterschiedliche Handlungskonstellationen durch differenzierte Gewichtung von Harmonik, Melodik oder Rhythmik deutlich voneinander abgegrenzt. Durch Instrumentation und Stimmenregister sind die Personen charakterisiert. Am wenigsten konventionell ist die Rolle des Ariel angelegt: dieser wird von einem Tänzer dargestellt, der Gesangspart ist einem Chor zugewiesen, lautmalerische „luftige" Motive, vorgetragen von einem Kammerorchester, verdeutlichen sein Wesen. (In der Neufassung, UA: Genf 1967, ist Ariel, der größeren Textverständlichkeit wegen, als Sprechrolle angelegt.) Die Verknüpfung von tonartgebundener Akkordik bei kantabler Führung der Gesangsstimmen (die Partie des Caliban etwa ist mit Mitteln der Zwölftontechnik komponiert) gab Anlaß zu der Bezeichnung dieser Komposition als „Synthese Martinscher Ausdrucksformen".

K. LANGROCK

STÜRZE ↗Schallbecher.

STURZENEGGER, Richard, * 18. 12. 1905 Zürich, † 24. 10. 1976 Bern; Schweizer Violoncellist und Komponist. Er studierte am Zürcher Konservatorium, 1924–27 bei P. Casals und Nadia Boulanger an der École Normale in Paris und dann bei E. Toch und E. Feuermann in Berlin. 1929–35 war er Solovioloncellist der Dresdner Philharmonie, seit 1935 der Bernischen Musikgesellschaft und 1935–49 Mitglied des Berner Streichquartetts. 1954–63 leitete er eine Meisterklasse am Zürcher Konservatorium und war 1963–77 Direktor des Berner Konservatoriums, an dem er bereits seit 1935 gelehrt hatte. Zu seinem 70. Geburtstag wurde S. mit einer Festschrift geehrt (*Variationen*, hrsg. v. E. Hochuli, Be 1975).

WW: **1) Instr.-WW:** Sonate (1934) für Vc. allein; 3 Tänze (1932) u. Sonate (1950) für Vc. u. Klv.; Streichtrio (1937); Klv.-Trio (1964); 2 Streichquartette (1940 u. 1974). – Für Orch.: *Triptychon* (1951); *Fresco* für Streichorch. (1965); 4 Konzerte für Vc. (1933–74); Konzert *3 Gesänge Davids* für V. u. Streichorch. (1963). – **2) Vokal-WW:** *8 Texte Michelangelo Buonarrotis* (nach R. M. Rilke) (1944) für Bar. u. Streichquartett; *Omaggio* (nach Torquato Tasso) (1945–48); *Uelisbrunner Liturgie* (1953) für Chor a cap.; *Cantico di San Francesco* (1945) für Solostimmen, Chor, Harfe u. Streichorch.; Suite für Bar. u. Vc. (nach P. Verlaine) (1973); *Passion nach den Evangelisten Lukas u. Johannes* (1975) für 5 St. – **3) Bühnen-WW:** *Der Frauenschuh* (1945), choreograph. Legende für Sopran, Baß, Harfe u. Streichquartett; *Richardis* (1949), Festspiel für Chor, Blasorch. u. Org.; Oper *Atalante* (1968).

Lit.: P. MIEG, R. S., in: 40 Comp. Suisses; DMS (mit Werk-Verz.); R. S., Werk-Verz. (Z 1970); A. RUBELI, R. S. Passion nach den Evangelisten Lukas u. Johannes, in: SMZ 116 (1976).

STUTSCHEWSKY, Joachim (Jehojachin), * 26. 1. (7. 2.) 1891 Romny (Ukraine), † 14. 11. 1982 Tel Aviv; israelischer Violoncellist und Komponist. Er studierte 1900–12 am Leipziger Konservatorium (J. Klengel). 1913/14 war er Solocellist in Jena, 1914–24 Solist, Ensemblespieler und Lehrer in Zürich und 1924–38 in Wien Mitglied des Wiener Streichquartetts. 1938 ging er nach Palästina und wirkte dort bis 1948 als Inspektor der Musik in der Kulturabteilung des jüdischen Nationalrates. Gelegentlich unternahm er in- und ausländische Konzertreisen. S. gehörte zu den Initiatoren einer auf der jüdischen Volksmusik basierenden eigenständigen nationalen Kunstmusik, die er auch in seinen eigenen Werken zu realisieren versuchte.

WW: **1) Kompositionen:** *Three for Three* (1972) für 3 Vc.; *Hassidic Fantasy* (1972) für Klar., Vc. u. Klv.; symphonische Dichtung *Safed* (1964) für Orch.; Kammerkantate *Jemama bašimša* (Im Spiegel durch 24 Stunden) (1960) für Sprecher, Sopran, Tenor u. Instr. – **2) Schriften:** *Mein Weg zur jüdischen Musik* (W 1935); *Musical Folklore of Eastern Jewry* (Tel Aviv 1959). – S. war Hrsg. von: *Studien zu einer neuen Spieltechnik auf dem Violoncell*, 3 Bde. (Mz 1927); *Das Violoncellspiel. Etüden*, 4 Bde. (Mz 1931).

Lit.: J. S.'s Seventieth Anniversary Cat. of Works (Tel Aviv 1961).

STYLE BRISÉ (frz., = gebrochener Stil), ursprünglich Bz. für die bei Zupfinstrumenten (insbesondere Laute und Gitarre) „gebrochene" Ausführung eines Akkords als ↗Arpeggio, dann auch für die kontinuierliche ↗Figuration von Akkordfolgen in bestimmten Satztypen der frz. Lautenmusik des 17. Jh. (z. B. bei D. Gaultier). Die Übertragung dieser Satztechnik auf Tasteninstrumente (u. a. durch L. Couperin, J. Champion de Chambonnières, J. H. d'Anglebert) wurde als „Style luthé" (z. B. bei Fr. Couperin), später als S. bezeichnet. Beispiele dafür finden sich nicht nur für

Cembalo (so etwa das 1. Praeludium aus J. S. Bachs *Wohltemperiertem Clavier* I), sondern auch für Violine und für Violoncello (bei J. S. Bach z. B. das *Prélude* der 1. Cellosuite). Ein neueres Beispiel der Adaption des S. von der Gitarre aufs Klavier bildet der Satz *Aragón* aus der *Suite española* (1886) von I. Albéniz, der dann in der Bearbeitung für Gitarre unter dem Titel *Leyenda* berühmt wurde.

STYNE, Jule Kervin (eig. Julius Stein), * 31. 12. 1905 London; amerik. Komponist und Pianist. Er trat schon früh als Konzertpianist mit den Symphonieorchestern von Chicago und Detroit auf, studierte seit 1914 am Chicago College of Music (Klavier, Komposition), seit 1927 an der Northwestern University und arbeitete später als Bandleader, Gesangslehrer und Arrangeur in Hollywood. Seit 1941 schrieb er Filmmusik, meist mit dem Texter Sammy Cahn (u. a. zu *Three Coins in a Fountain,* 1954), und 1944 das erste seiner 20 Bühnenmusicals, die teilweise verfilmt wurden.

WW (Musicals): *High Button Shoes,* UA: New York 1947; *Gentlemen Prefer Blondes,* UA: ebd. 1949; *Gypsy,* UA: ebd. 1959; *Funny Girl,* UA: ebd. 1964; *Fade Out – Fade In,* UA: ebd. 1964; *Sugar,* UA: ebd. 1972; *Lorelei,* UA: ebd. 1974.

Lit.: D. EWEN, Popular American Composers (NY 1962), Suppl. (1972).

SUBBASS, Untersatz, bei der Orgel gedacktes Pedalregister in 32′- oder 16′-Lage.

SUBDOMINANTE, Bz. der ↗Harmonielehre für die 4. Stufe einer Dur- oder Mollskala und den auf ihr errichteten Dreiklang; der Begriff S. (Unterdominante), der auf J.-Ph. Rameau zurückgeht, benennt sie als Quinte unter der ↗Tonika. Mit der Tonika und ↗Dominante bildet die S. die Hauptfunktionen einer Tonart (↗Kadenz). Gern an melodischen Höhepunkten eingesetzt, ist für die S. – in der ↗Funktionsbezeichnung als S (Dur) bzw. s (Moll) abgekürzt – der „Klanggehalt“ (W. Maler) charakteristisch:

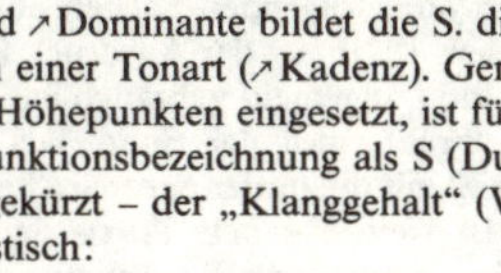

Subdominantische ↗Funktion erhält jeder Dur- oder Molldreiklang durch die hinzugefügte große Sexte (↗Sixte ajoutée, z. B. g h d e̩ = S von D-Dur).

SUBIRÁ PUIG, José (Pseudonym Jesús A. Ribó), * 20. 8. 1882 Barcelona, † 6. 1. 1980 Madrid; span. Musikforscher. Er studierte Musik bei E. Serrano am Konservatorium und Jura (1904 Staatsexamen, 1923 Dr. jur.) an der Universität und wandte sich 1917 endgültig und freischaffend der Musikwissenschaft zu. 1944 wurde er Sekretär, 1950 Direktor der Madrider Abteilung am neugegründeten Instituto Español de Musicología in Madrid und 1953 Mitglied der Real Academia de Bellas Artes de San Fernando in Madrid (1954 deren Bibliothekar). S.s Hauptinteresse galt der ↗Tonadilla u. a. Bereichen der spanischen Musikgeschichte.

Schriften: *La tonadilla escénica,* 3 Bde. (Ma 1928–30), ergänzt durch die selbständige Veröff. *Tonadillas teatrales inéditas. Libretos y partituras* (Ma 1932); *La opera en los teatros de Barcelona,* 2 Bde. (Ba 1946, Nachdr. 1978); *Catálogo musical de la Bibl. Nacional de Madrid,* 3 Bde. (Ba 1946–51) (zus. mit H. Anglés); *Historia de la música* (Ba 1950, revidiert ²1965) (zus. mit H. Anglés); *Historia de la música española e hispano-americana* (Ba 1943), dt.: *Musikgesch. v. Spanien, Portugal, Lateinamerika,* übers. v. A.-E. Cherbuliez (Z 1957); *Catálogo de la Sección de música de la Biblioteca Municipal de Madrid,* bisher Bd. I: *Teatro menor. Tonadillas y sainetes* (Ma 1965); *Un panorama histórico de lexicografía musical,* in: Anuario Mus. 25 (1970); *Temas musicales madrileños* (Ma 1971) (= Bibl. de estudios madrileños 12); *F. Pedrell y el teatro musical español,* in: Anuario Mus. 27 (1972). – S. gab heraus die Slg. *La tonadilla escénica* (Tonadillas aus der 2. Hälfte des 18. Jh., mit 24 H., ein Werk je H., abgeschlossen) (Ma 1970–73).

Lit.: Anuario Mus. 16 (1963) (S. gewidmet, mit ausführlicher Bibliogr.); J. M. LLORENS, Necrología, in: ebd. 23/25 (1978/80).

SUBJEKT (von lat. subiectum = das Zugrundeliegende; engl.: subject; frz.: sujet; it.: soggetto; span.: sujeto). – **1)** In der Kontrapunktlehre des 16. Jh. ist S. synonym mit ↗Soggetto als Bz. für eine Tonfolge, die einem polyphonen Tonsatz als Gerüststimme (↗Cantus firmus, ↗Tenor) dient. – **2)** In der ↗Fuge und ihren frühen Nebenformen (↗Ricercar, ↗Kanzone, ↗Capriccio, ↗Tiento u. a.) hat der Begriff S. die Bedeutung eines Themas. Entsprechend wird eine Gegenstimme von thematischer Bedeutung ↗Kontrasubjekt genannt. – **3)** Im 18./19. Jh. bezeichnet man mit S. allgemein den Hauptgedanken einer Komposition.

SUBSEMITONIUM MODI (lat., = Unterhalbton der Tonart), in der Musiktheorie des 15. bis 18. Jh. Bz. für den als Leitton zur Finalis strebenden Halbton.

SUCCENTOR (lat., = Nachsänger), im Mittelalter Bz. für den Vertreter des ↗Praecentors.

SUCHOŇ, Eugen, * 25. 9. 1908 Pezinok; slowakischer Komponist. Er studierte in Preßburg und 1931–33 bei V. Novák am Prager Konservatorium. Anschließend lehrte er in Preßburg an der Musikakademie, seit 1948 an der pädagogischen Fakultät der Universität, 1954–60 an der Pädagogischen Hochschule und 1959–74 als Professor für Musiktheorie an der Universität. S. ist ein bedeutender

Vertreter einer national inspirierten slowakischen Musik. Seine Werke der letzten Dezennien zeigen die zunehmende Verwendung dodekaphoner Techniken.

WW: 1) **Instr.-WW:** Klv.-Musik; Klv.-Quartett (1933); Streichquartett (1931); *Baladická suita* (Baladeske Suite) (1935); Serenade (1932/33) für Streichorch., für Bläserquintett (1956); Ouvertüre zum Drama *Kráľ Svätopluk* (König Svätopluk) (1935). – *Rapsodická suita* für Klv. u. Orch. (1965); Fantasie u. Burleske (1933–48) für V. u. Orch. (1956); *Metamorfózy* (1935) für Orch.; *Symphonische Phantasie BACH* für Org., Streicher u. Schlagzeug (1972). – 2) **Vokal-WW:** Melodram *Kontemplation* (1964) für Sprecher u. Klv.; *O horách* (Von den Bergen) (1934–42) für Männerchor; *Žalm zeme Podkarpatskej* (Psalm des Karpatenlandes) (1938) für Tenor, gem. Chor u. Orch.; *Piesne z hôr* (Lieder aus den Bergen) (1943) für Sopran, Tenor u. Orch. – Zahlr. Lieder. – Oper *Krútňava* (Der Seelenwirbel, auch *Katrena*), UA: Preßburg 1949, Klv.-Auszug (1952). – Filmmusik. – Ferner mehrere musiktheoret. Schriften.

Lit.: O. DONOVALOVÁ, Charakteristika postáv v Suchoňovej opere Krútňava', in: Hudobnovedné štúdie 5 (1961) (mit dt. u. russ. Zusammenfassung); L. BURLAS, Jednota a vývoi v diele E. Suchoňa, in: Musicologica slovaca 1 (1969) (mit dt. Zusammenfassung); E. HAIMS, Zur Oper „Krútňava", in: Opus musicum 4 (1972).

SUDER, Joseph, * 12. 12. 1892 Mainz, † 13. 9. 1980 München; dt. Komponist und Dirigent. Er studierte 1912–14 (Komposition bei Fr. Klose, Musikwissenschaft bei Th. Kroyer u. A. Sandberger) in München. Dort war er 1923–60 als Schulmusiker tätig, leitete 1925–28 den Orchesterverein, lehrte 1929–34 an der Volkshochschule und seit 1951 am Polytechnikum.

WW: Klv.-Sonate (1918); 2 Sonaten (1919, 1949) für V. u. Klv.; 3 Streichquartette (1919, 1939, 1967); Klv.-Quartett (1936); Kammersymphonie (1924); Sarabande u. Fuge (1942) für 6 Blechbläser. – *Symphonische Musik* (Nr. 1, 1942; Nr. 2, 1963) für Orch.; Klv.-Konzert (1923–58). – Etwa 50 Klv.-Lieder; Chöre; Messe *Dona nobis pacem* (1947) für gem. Chor a cap. – Monodram *Urlicht*, op. 36 (1941); Oper *Kleider machen Leute* (Libr. v. S. nach G. Keller), UA: Coburg 1964. – Schrift *Entwicklungsmöglichkeiten des Sonatensatzes* (Mn 1952).

Lit.: K. R. DANLER, Musik in München (Mn 1971).

SUISA, Abk. von *Suisse Auteurs,* die Schweizerische Gesellschaft für die Rechte der Urheber musikalischer Werke. Sie ist Mitglied der Internationalen Vereinigungen der urheberrechtlichen Verwertungsgesellschaften ↗CISAC und BIEM.

SUITE (frz., = Folge), im allgemeinen Sinne eine Folge von selbständigen Instrumentalsätzen, die als geschlossen aufzuführendes Ganzes konzipiert ist. Aus formtheoretischer Sicht ist die S. der Prototyp einer „lockeren" zyklischen Form, deren Teile – von Ausnahmen abgesehen – weniger direkt aufeinander bezogen sind als etwa die Sätze einer Sonate oder einer Symphonie. Dementsprechend ist das Formprinzip der S. in bezug auf die Anzahl und Funktion der Teile generell nicht auf eine Norm festzulegen, wenn sich auch im Laufe der Entwicklung innerhalb gewisser zeitlicher und räumlicher Grenzen formale Konventionen bildeten. Die S. hat ihren Ursprung im Tanz und ist zugleich wesentlicher Ausgangspunkt einer eigenständigen Instrumentalmusik. Der lockeren, in der Frühzeit oft mit improvisatorischer Variation verbundenen Struktur entspricht der grundsätzlich heitere und unterhaltende Ausdruckscharakter der S.n-Kompositionen.

Zur Terminologie. Die Bildung komplexer, abwechslungsreicher Tanzzyklen durch Aneinanderreihung verschiedenartiger Einzeltänze ist seit dem 15. Jh. in Theorie und Praxis belegt, jedoch blieben sowohl das Prinzip als auch der daraus hervorgehende Formtyp lange Zeit ohne genaue begriffliche Bestimmung. Noch im 17. Jh., als mehrsätzige Tanzfolgen längst zum vertrauten Repertoire gehörten, war es in Ermangelung eines verbindlichen Oberbegriffs üblich, den Formverbund durch Aufzählung aller Einzeltänze umständlich zu umschreiben, z. B. bei I. Posch: *Allerley Neuer Paduanen und Gagliarden ... Deßgleichen Intraden und Couranten* (1621). Im Verlaufe der Entwicklung bildeten sich für solche Tanzzyklen in den verschiedenen Ländern unterschiedliche Bezeichnungen: Balletto, Ritornell, Partita, Partie, Sonata da camera, Lesson, Sett, Ordre und Ouverture. Der Terminus S. taucht schon früh auf, meint aber zunächst einfach eine „Folge gleichartiger Tanztypen" (so die *suytte de branles* bei É. Du Tertre, 1557), später auch „die einer Einleitung folgenden Sätze" (so noch J. G. Walther 1723 bei der Erklärung der Ouverture, die „gleichsam die Thür zu den Suiten oder folgenden Sachen aufschließt"). Erst seit dem 18. Jh. ist der Ausdruck S. im Sinne der Definition allgemein gebräuchlich.

Vor- und Frühformen der Suite. Als Ausgangspunkt der S. gilt die in der europäischen Tanzmusik des MA weitverbreitete Praxis der Kombination zweier gegensätzlicher Tanztypen zu einer 2teiligen Kontrastform: auf einen geraden Schreittanz folgt ein ungeradtaktiger Springtanz, der meist durch „Reduktion" der 4 Zählzeiten des geschrittenen Tanzes auf 3 improvisiert wurde. Im deutschen Sprachbereich nannte man das Kontrastpaar Dantz – Nachdantz bzw. Proportz oder Hoftanz – Hoppertanz bzw. Hupfauf, in Italien Pavane bzw. Passamezzo – Saltarello, in Frankreich Basse danse – Pas de Brabant oder Tourdion, in England Pavan – Galliard. Ein erster schriftlicher Nachweis findet sich in einer it. Hs. aus dem 14. Jh. (BrM, Add. 29987) mit 2 Estampien (*La Manfredina* und *Lamento di Tristano*), denen jeweils eine Rotta als variierter Nachtanz folgt. Die improvisatorische Praxis solcher Zweiergruppen reicht jedoch mit Sicherheit weiter zurück. Aus dem 15. Jh. kennt man Belege einer Ausweitung des Variationsprinzips zu 3- oder 4teiligen Tanzzyklen. Domenico da Piacenza lehrt in seinem Traktat *De la arte di ballare ed danzare* (1416) eine Grundmelodie (tenore) auf 4 verschiedene Arten zu rhythmisieren und daraus einen Tanzzyklus zu bilden. Die frühen Musikdrucke zu Beginn des 16. Jh. spiegeln solche Praxis in ausgearbeiteten Sätzen wider: O. Petruccis Lautentabulaturen von 1507/08 enthalten im 4. Buch mehrere Pavanen mit „ihrem" Saltarello und „ihrer" Piva; ein frz. Pendant sind die 1530 bei P. Attaingnant veröffentlichten *18 Basses-danses garnies de recoupes et tordions.*

P. Attaingnant, Basse danse *La Brosse* und Nachtänze

In allen angeführten Beispielen ist die Zyklenbildung eng mit dem Variationsprinzip verknüpft. Daneben wandte man auch ein gleichsam gegensätzliches Verfahren an: die Zusammenstellung eines Zyklus durch Auswahl von Tänzen aus einem Repertoire. Als Fundus dienten dafür diejenigen Sammelwerke, in denen sich die Tänze systematisch nach Typen geordnet vorfanden. Th. Arbeau gibt in seiner *Orchésographie* (1589) Empfehlungen für die Anordnung solcher Folgen. Die derart aus vorgegebenem Material arrangierten Tanzfolgen hatten keine gemeinsame melodisch-harmonische Substanz, doch achtete man bei der Zusammenstellung auf die tonartliche Einheit der Sätze einer Folge, ein Merkmal, das für die S. bis ins 18. Jh. verbindlich blieb.

Die Suite im 17. und 18. Jahrhundert. Mit der wachsenden Bedeutung der Instrumentalmusik nach 1600 erhalten auch die Tanzformen ein größeres Gewicht: neben die Gebrauchsmusik tritt die Darbietung als Selbstzweck, das kompositorische Element drängt das Improvisatorische zurück. In den Jahren zwischen 1709 und 1721 zeigt sich in Deutschland nicht nur eine ungewöhnliche Produktivität im Bereich der Tanzkompositionen für Instrumentalensemble, es erfolgt darüber hinaus ein bedeutsamer Schritt in Richtung auf eine Stabilisierung der Form. Der Titel zu P. Peuerls Sammelwerk *Newe Padouan, Intrada, Däntz unnd Galliarda* (1611) ist nicht nur Inhaltsangabe, sondern zeigt eine verbindliche Folge von 4 Tänzen an, die miteinander durch gleiche Tonart und melodische Substanzgemeinschaft verknüpft sind. Noch weiter in der satztechnischen Ausarbeitung dieses Typus der Variationen-S. geht J. H. Schein in seinem *Banchetto musicale* (1617), wo er im Vorwort darauf hinweist, daß die 20 Zyklen in der gleichbleibenden Reihenfolge Padouana, Gagliarda, Courente, Allemande und Tripla (= Nachtanz) „in tono und inventione einander fein respondieren."

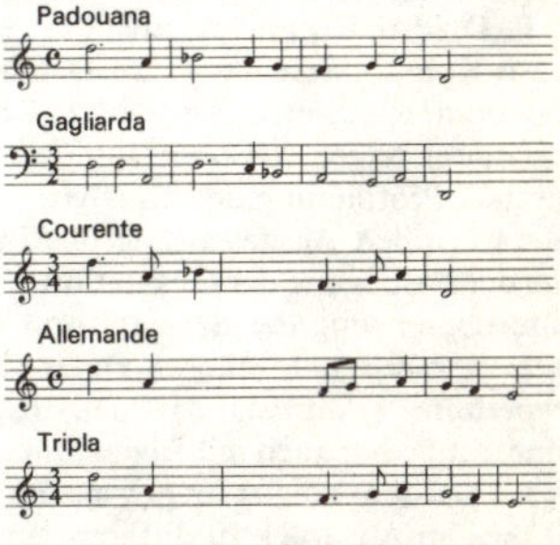

J. H. Schein, Incipits der 10. Tanzfolge aus dem *Banchetto musicale*

Die Variationen-S. war jedoch nicht das Ziel, sondern nur eine, wenn auch bedeutsame Durchgangsphase in der Geschichte der Gattung.

In der Folgezeit ist weniger das Streben nach motivischer Einheitlichkeit als vielmehr die Tendenz zur Normierung der Satzfolge festzustellen, wobei das Kontrastpaar Schreittanz–Springtanz die Ausgangsbasis darstellt. Das zu Anfang des 17. Jh. häufig verwendete Kernstück Paduane–Galliarde, zu dem die Courante und meist noch 1 bis 2 weitere Tänze (Allemande, Intrade, Ballett oder Volte) hinzutraten, wurde bald abgelöst von der Dreiergruppe Allemande–Courante–Sarabande (so bei W. Lawes, um 1620; Fr. de Chancy, 1629; A. M. Bartolotti, 1640; J. Rosenmüller, 1645, und anderen). Durch Einbeziehen der aus England stammenden ↗Gigue (Jig) – bei J. J. Froberger zunächst an zweiter Stelle, bald aber als lebhafter Abschluß – formierte sich von der Mitte des 17. Jh. an ein fester 4sätziger Grundbestand: Allemande–Courante–Sarabande–Gigue, bestehend aus dem doppelten Bewegungskontrast: gemessen–lebhaft und langsam–schnell. Durch Voranstellung einer gewichtigen Introduktion (Sinfonia, Sonata, Praeludium) und „Einmischung" von „Galanterien", wie man die lockeren frz. Tanzformen damals nannte, konnte dieser Formkern nach Belieben erweitert werden. In dieser bei aller Stabilität doch flexiblen Anordnung gewann die S., zumindest in der deutschen Klaviermusik, die Bedeutung eines Formtypus. Wichtige Beiträge dazu schufen – außer Froberger – J. A. Reincken, D. Buxtehude, G. Böhm, J. Kuhnau, J. Krieger. In Italien führte eine entsprechende Entwicklung in der Kammermusik für Streicher zur Sonata da camera mit einem „Preludio" und einer nicht normierten Folge von 3 weiteren Sätzen (Allemanda, Corrente, Giga oder auch Gavotta, Sarabanda und freie Formen). Neben A. Corelli, dem führenden Vertreter dieses Kompositionsstils, sind zu nennen Fr. A. Bonporti, A. Caldara, E. F. Dall'Abaco und A. Vivaldi.

Die frz. S.n-Komponisten des 17. Jh. (J. Champion de Chambonnières, J.-Fr. d'Andrieu, L. Couperin, N. A. Lebègue) zeigen stärkeres Interesse an der rhythmischen Profilierung der Tanztypen oder an der phantasievollen Ausgestaltung des Einzelsatzes als an der Festlegung der Gesamtform. Sie kennen keine Begrenzung der Satzzahl und reichern ihre *Suites de pièces* mit weiteren Tänzen aus dem Ballettrepertoire (Bourrée, Menuet, Rigaudon, Chaconne u. a.), aber auch mit freien Stücken (Air, Plainte) an. Darüber hinaus suchen sie die traditionellen Tänze im Ausdruck zu differenzieren (Allemande gay, Courante grave oder tendre). Das mit der S. verschwisterte Variationsprinzip gewinnt mit den „Doubles" (variierten Wiederholungen) wieder neue Bedeutung, oft sind die Tänze in Form eines Rondeau angelegt. Unmittelbarer hat Frankreich die Gattung der Orchester-S. beeinflußt, nicht so sehr durch originäre Beiträge als durch die aus Balletten oder Opern zusammengestellten Tanzfolgen, vor allem aus den Theatermusiken J.-B. Lullys *(Suite des symphonies des vieux ballets de M. de Lully ...)*. Den zu einem bunten Strauß geordneten Tanzstücken wurde als „point d'attraction" eine pompöse ↗Ouvertüre (im frz. Stil) vorangestellt. Die effektvolle Form wurde hauptsächlich in Deutschland interessiert aufgegriffen und zu einer eigenen Gattung entwickelt. Wie J. C. Horn in seinem *Parergon musicum* (1664) beziehen sich etliche andere Komponisten im Titel ihrer als Ouverturen bezeichneten S.n ausdrücklich auf den frz. Stil (J. S. Kusser, Ph. H. Erlebach, G. Muffat, J. C. F. Fischer).

Im 18. Jh. beschleunigt sich der in der Geschichte der S. stetig zu beobachtende Prozeß der Wendung von einer Begleitmusik zu Tanz oder Tafel zur eigenwertigen Kunstform. Er führt in der frz. Klaviermusik zu den *Ordres* von Fr. Couperin. Hier treten die Tanzformen immer mehr zurück hinter ausgedehnte Folgen von Charakterstücken mit bildhaften, humoristischen, manchmal schwer zu deutenden Überschriften. Die für den Tanz wesensbestimmende symmetrische und klar konturierte Struktur löst sich hier auf in Klang, Kolorit und Ornamentik. In bezug auf die Gesamtstruktur gehen Couperins *Ordres* auf ein früheres Stadium der Entwicklung zurück: sie sind eher Sammlungen als Zyklen.

Im Gegensatz dazu kann man im S.n-Werk J. S. Bachs die Vollendung der S. sehen. Wie bei anderen Formen hat es Bach auch hier unternommen, die Möglichkeiten des Typus systematisch zu ergründen, und hat Grundlegendes geschaffen. Ausgehend von den 4 traditionellen Stammsätzen, hat er in mehreren Werkserien Modelle für eine zyklische Struktur der S. aufgestellt. Die 6 Französischen S.n sind die „Norm". Allemande–Courante–Sarabande–Gigue, wobei vor dem letzten Satz nach damaligem Brauch jeweils eine der „freien" Formen („Menuetten, Bourréen und andere Galanterien") eingeschoben ist. Den 6 S.n für Violoncello wie den 6 Englischen S.n ist zusätzlich ein Prélude vorangestellt, bei den 6 Partiten aus der *Clavier Übung* wechseln als Einleitungssätze Praeludium, Sinfonia, Fantasia, Ouverture, Praeambulum und Toccata, und bei den 3 Partiten für Violine solo ist jeder Zyklus nach einem individuellen Prinzip angelegt. Darüber hinaus hat Bach auch in der Gestaltung der Einzelsätze durch satztechnische Meisterschaft und harmonische Phantasie Maßstäbe gesetzt. In seinem Schaffen kommen – mit Ausnahme der Improvisation – sämtliche geschichtlich wirksam gewordenen Wesenszüge der S. in vertiefter Weise zur Geltung: die Lockerheit der Form in der flexiblen zyklischen Anlage, das variative Element in subtilen motivischen Beziehungen und durch Double-Varianten, der Unterhaltungswert der Gattung, der hier wörtlich zur „Gemüths-Ergoezung" dienen soll, aber auch it. Kantabilität und frz. Verzierungskunst. Weniger exemplarisch, aber ebenso bedeutsam sind einige weitere Einzelwerke, dazu zählen auch die 4 Orchester-Ouvertüren. Kennzeichnend für Bachs Formdenken ist auch die Übertragung des

S.n-Prinzips auf andere Gattungen (Kantate BWV 194; 1. *Brandenburgisches Konzert*, BWV 1046). Verbindet sich bei Bach mit der S. die Vorstellung von Ernst und Würde, so bei G. Ph. Telemann die von Anmut und Heiterkeit. Seine S.n in kammermusikalischer und Orchester-Besetzung verwerten deutlich frz. Anregungen. Sie enthalten neben den Tänzen zahlreiche originelle Charakterstücke, die manchmal zu – meist komischen – Programm-S.n zusammengefaßt sind *(Burlesque de Quixotte, La bourse, Wasser-Ouverture)*. Telemanns *Ouverture pour … Louis VIII … d'Hessen-Darmstatt* von 1765 ist eine der letzten Kompositionen der Gattung überhaupt.

Die Suite nach 1750. Mit den großen Komponisten des Spätbarock (zu denen auch J.-Ph. Rameau und G. Fr. Händel mit individuellen S.n-Beiträgen zu zählen sind) und vielen gediegenen Meistern mittleren Ranges (J. Chr. Graupner, J. Fr. Fasch, J. D. Zelenka u.a.) schließt die Geschichte der S. im Sinne einer aus Tanzformen zusammengesetzten, geistvoll unterhaltenden Darbietungsmusik ab. Ihre Funktion wird von der 2. Hälfte des 18. Jh. an von der Gattung der Divertimenti, Serenaden und Kassationen übernommen. An deren Abstammung von der S. erinnern die Vielzahl der Sätze und die häufig über die allgemeine Norm hinausgehende Verwendung von Tanzformen (mehrere Menuette, Polonaise, Marsch u.a.). Die alte Bz. Partita überdauert in der Bedeutung „Divertimento für Bläserbesetzung" (↗Harmoniemusik), so etwa in W. A. Mozarts *Gran Partita* KV 361 für 13 Instrumente oder L. van Beethovens *Parthia* (Oktett) op. 103. In bezug auf die Gesamtform dominieren hier jedoch Gestaltungsprinzipien des Sonatenzyklus (mit Sonatensatz, Variationen, Liedform, Rondo usw.). Von nun an verbinden sich mit jeder Neukomposition des älteren S.n-Modells historisierende Assoziationen zur Musik der Vergangenheit. Dies gilt für Mozarts Klavier-S. im Händel-Stil (KV 399) ebenso wie für E. Griegs Zyklus *Aus Holbergs Zeit*, op. 40; für Fr. Lachners Suiten (im alten Stil) genauso wie für M. Ravels *Tombeau de Couperin*. Selbst A. Schönbergs in Zwölftontechnik geschriebene S.n op. 25 und op. 29 sind in der Neuformulierung historischer Modelle ein Sinnbild für den Zusammenhang mit der Tradition.

Dennoch bleibt auch nach 1750 das allgemeine Prinzip der S., das als lockere Reihungsform vor allem dem kompositorischen Denken des 19. Jh. entgegenkommt, in 3 Typen, die unterschiedliche Aspekte der Gattung hervorheben, erhalten. In der ersten Kategorie wird das Element des Tänzerischen fortgeführt, etwa in den vielen Serien von Gebrauchstänzen (Menuette, Deutsche Tänze, Ländler) der Wiener Klassiker, die durch eine Coda formal zusammengefaßt und abgerundet werden. Eine Ausarbeitung dieses Prinzips findet sich später in den Wiener-Walzer-Zyklen (sog. Walzerketten) mit Introduktion und Coda von J. Lanner, J. Strauß Vater und Sohn u.a. Neben den vielen nicht zum zyklischen Vortrag bestimmten Tanzsammlungen des 19. Jh. (Walzer, Mazurkas) trifft man vereinzelt auf zusammengehörige Folgen (R. Schumann, *Davidsbündlertänze*). Mit zunehmender Bedeutung nationaler Stilformen tritt die Tanz-S. als Begriff wie als Form wieder in den Vordergrund (A. Dvořák, Grieg, E. Granados). In einer anderen Gruppe von S.n sind Instrumentalsätze aus Bühnenwerken zwecks konzertanter Wiedergabe zu Zyklen zusammengefaßt, wobei die Musik aus der Abhängigkeit von Ballett oder Drama in die Selbständigkeit entlassen wird (u.a. bei: Fr. Schubert, *Rosamunde;* G. Bizet, *L'Arlésienne;* Grieg, *Peer Gynt;* L. Delibes, *Coppélia;* P. Tschaikowsky, *Der Nußknacker*). Schließlich bildet das 19. Jh. die bei den frz. Clavecinisten schon vorgeprägte Programm-S. zum besonderen Typus aus. Hier sind Charakterstücke als „Szenen" oder „Bilder" unter einem übergreifenden poetischen oder realistischen Titel zusammengeschlossen. Ein wichtiger Ausgangspunkt für dieses Genre, das nicht immer ausdrücklich als S. bezeichnet ist, ist die Klaviermusik Schumanns (*Carnaval; Kinderszenen; Kreisleriana* u.a.).

Die hier zum Ausdruck kommende „tondichterische" Haltung wird von späteren Komponisten aufgenommen. Bevorzugte Themenbereiche sind, neben Motiven aus Dichtung und bildender Kunst, Folklore und Exotik (J. Raff, *Italienische Suite;* C. Saint-Saëns, *Suite algérienne;* J. Massenet, *Scènes de féeries;* M. Mussorgski, *Bilder einer Ausstellung;* N. Rimski-Korsakow, *Scheherazade;* M. Reger, *Böcklin-Suite*). Für die seit Mitte des 19. Jh. zunehmenden Bestrebungen der „Neuerer", sich von dem als lastendes Erbe empfundenen Formenkanon der klassischen Sonate und Symphonie freizumachen, bot das freizügige Gestaltungsprinzip der S. ein geeignetes Mittel.

Dem im 19. Jh. eingeleiteten Prozeß einer Aufspaltung des S.n-Begriffs in Typen unterschiedlicher Beschaffenheit und Bestimmung folgt im 20. Jh. die Auflösung des Formtypus. Zwar bestehen die Genres des 19. Jh. zunächst weiter: die S. von Tanzformen (B. Bartók, Z. Kodály, P. Hindemith), die Programm-S. (O. Respighi, D. Milhaud, S. Prokofjew, H. Eisler) und dazu die kaum überschaubare Zahl der aus Balletten, Opern oder Filmen zusammengestellten Zyklen. Es gibt auch Ansätze, mittels Austauschs der alten durch moderne Tänze eine zeitgemäße S. zu schaffen: im Bereich des Jazz (Duke Ellington) oder des Gesellschaftstanzes (E. Künneke), in der Kammermusik meist mit parodistischem Unterton (I. Strawinsky, P. Hindemith). Ein charakteristischer neuer Typus der S. hat sich dadurch aber nicht ausgebildet. In den mehrsätzigen Formen der „Neuen Musik“, die teils mit assoziationsreichen Überschriften (*Incantations, Portraits, Metamorphosen* u.ä.), teils in nüchterner Abstraktion als „Musik“ oder „Stücke“ bezeichnet sind, läßt sich das Prinzip der S. nur noch als Reduktion auf seinen allgemeinen Kern erkennen. So löst sich hier, ähnlich wie in den Anfängen der Gattung, das Besondere der S.n-Form im übergeordneten Gestaltungsprinzip der Reihungsform auf.

Lit.: E. NOACK, Ein Beitr. z. Gesch. der älteren dt. S., in: AfMw 2 (1920); K. NEF, Gesch. der Sinfonie u. S. (L 1921); F. BLUME, Stud. z. Vorgesch. der Orchestersuite im 15. u. 16. Jh. (L 1925, Nachdr. 1973); H. BESSELER, Beitr. z. Stilgesch. der dt. S. im 17. Jh. (Diss. Fr 1923); G. OBERST, Engl. Orchestersuiten um 1600 (Diss. B 1928, Wb 1929); R. MÜNNICH, Die S. (B 1934, Nachdr. Wb 1958) (= Musikal. Formen in hist. Reihen o. Nr.); J. DIECKMANN, Die in dt. Lautentabulatur überlieferten Tänze des 16. Jh. (Kas 1931); E. EPSTEIN, Der frz. Einfluß auf die dt. Klaviersuite im 17. Jh. (Wü 1940); D. L. HEARTZ, Instrumental Music and the Dance in the French Renaissance (1957) (= Diss. Harvard Univ.); F. BLUME – H. HICKMANN – D. HEARTZ – H. KÜMMERLING, S., in: MGG XII; H. BECK, Die S. (Kö 1964) (= Das Musikwerk 26); D. HEARTZ, Hoftanz and Basse Dance, in: JAMS 19 (1966); L. SCHRADE, Die hsl. Überlieferung der ältesten Instrumentalmusik (Tutzing 1968); J. JOHNSON, The English Fantasia-suite ca. 1620–1660 (1971) (= Diss. Univ. of California, Berkeley); J. WEBSTER, Towards a History of Viennese Chamber Music in the Early Classical Period, in: JAMS 27 (1974); M. PARKER, Some Speculations on the French Keyboard Suites of the Seventeenth and Early Eighteenth Centuries, in: IRASM 7 (1976); D. FULLER, S., in: Grove[6] XVIII. E. PLATEN

SUITNER, Otmar, * 16. 5. 1922 Innsbruck; östr. Dirigent. Er studierte 1941–43 Klavier und Dirigieren (Cl. Krauss) am Salzburger Mozarteum, war anschließend bis 1945 Kapellmeister in Innsbruck, 1952–57 Städtischer Musikdirektor in Remscheid und 1957–60 GMD beim Pfalzorchester in Ludwigshafen. 1960–64 leitete er als GMD die Staatskapelle und die Staatsoper in Dresden. 1964–71 war und seit 1974 ist S. GMD und Chef der Deutschen Staatsoper Berlin. Gleichzeitig leitet er eine Dirigentenklasse an der Musikhochschule in Wien. 1964–67 dirigierte er bei den Bayreuther Festspielen, wirkte als Gastdirigent häufig auch im Ausland und ist ein international renommierter Mozart-, Wagner- und Strauss-Interpret. In Berlin dirigierte er die UA von P. Dessaus Opern *Puntila* (1966) und *Einstein* (1974).

SUK, Josef, * 4. 1. 1874 Křečovice, † 29. 5. 1935 Benešov bei Prag; tschechischer Violinist und Komponist. Er studierte seit 1885 am Prager Konservatorium und seit 1891 bei A. Dvořák, dessen Tochter Ottilie († 1905) er 1898 heiratete. Mit Studienkollegen gründete er 1892 das Böhmische Streichquartett und war dessen 2. Violinist. 1922 wurde S. Kompositionslehrer am Konservatorium in Prag und 1930 dessen Leiter.

WW: Klv.-Quartett a-moll (1891); Klv.-Quintett g-moll (1893); Streichquartette B-Dur (1896) u. Des-Dur (1911). – Für Orch.: Symphonien E-Dur (1897) u. c-moll *Asrael* (1906); *Fantastické scherzo* (1905); symphonische Dichtungen: *Praga* (1904); *Pohádka léta* (Ein Sommermärchen) (1909); *Zrání* (Das Reifen) (1914); *Legenda o mrtvých vítězích* (Legende v. den toten Siegern) (1919); Fantasie für V. u. Orch. (1902). – *Křečovická mše* (Messe v. Křečovice) (1888) für Soli, Chor, Str., Org. u. Pk.

Im Vergleich zu anderen zeitgenössischen tschechischen Komponisten wie L. Janáček und V. Novák hat S. sich kaum von der nationalen Folklore inspirieren lassen. Einflüsse nahm er vor allem von Dvořák, aber auch von R. Strauss und den französischen Impressionisten auf. Insgesamt verfolgte er aber einen sehr eigenwilligen Weg von lyrisch-romantischer zu komplexer polyrhythmischer und polytonaler Schreibweise. Seine Werke berühren oft die großen Fragen des menschlichen Lebens.

Lit.: O. ŠOUREK, J. S. (Pr 1954); R. BUDIŠ, J. S. Výběrová bibliografie (Pr 1965); Z. SÁDECKÝ, Lyrismus v tvorbě J. S. (Pr 1966); J. BERKOVEC, J. S. (Pr 1969); V. ŠTĚDRON, J. S. a jeho žák, in: Opus musicum 4 (1972); J. TYRRELL, S., in: Grove[6] XVIII.

ŠULEK, Stjepan, * 5. 8. 1914 Zagreb; kroatischer Komponist, Dirigent und Violinist. Er studierte Violine und Komposition an der Musikakademie in Zagreb, wo er 1945 Lehrer und 1947 Professor für Komposition wurde. Außerdem leitete er 1958–62 das Kammerorchester von Radio Zagreb. Seine Kompositionen verbinden neobarocke Polyphonie, klassische Formenstrenge und romantische Expressivität.

WW: 6 Symphonien (1944; *Eroica*, 1946; 1948; 1954; 1963; 1966); 4 Klv.-Konzerte (1949, 1951, 1963, 1970); Konzerte für: Vc. (1950); V. (1951, 1959); Fag. (1958); Va. (1959); Konzert für Klar. u. Kammerorch. (1967); 3 Orch.-Konzerte. – Opern *Coriolan* (nach W. Shakespeare), UA: Zagreb 1958; *Oluja*, UA: ebd. 1969.

Lit.: K. ŠIPUŠ, S. Š. (Zagreb 1961).

SULLA TASTIERA, sul tasto (it.), ↗flautato.

SULLIVAN, Sir **Arthur Seymour,** * 13. 5. 1842 London, † 22. 11. 1900 ebd.; engl. Komponist. S. studierte in London und Leipzig und wurde 1866 Kompositionslehrer an der Royal Academy of Music in London und war 1876–81 Direktor der National Training School for Music. S. arbeitete seit 1871 mit dem Librettisten **William Schwenck Gilbert** (* 18. 11. 1836 London, † 29. 5. 1911 Harrow Weald/Middlesex) zusammen. Bereits ihr zweites gemeinsames Werk, die Operette *Trial by Jury* (1875), hatte einen überragenden Erfolg, und seit 1878, nach *H. M. S. Pinafore,* war das Team „Gilbert and S." eine Art Markenzeichen auf dem Gebiet der englischen Operette. Höhepunkt ihres Schaffens war der *Mikado* (1885). Später ließen die Erfolge S.s, der seit 1889 zeitweilig auch Libretti anderer Autoren vertonte, nach.

WW: Kammermusik u. Orch.-Werke; zahlr. Lieder; Oratorien u. geistl. Gesänge. – Operetten (außer den genannten; Libr., wenn nichts anderes angegeben, v. Gilbert): *Thespis,* UA: London 1871; *The Sorcerer,* UA: ebd. 1877; *The Pirates of Penzance,* UA: Paignton 1879; *Patience,* UA: London 1881; *Princess Ida,* UA: ebd. 1844; *Ruddigore,* UA: ebd. 1887; *Ivanhoe* (Libr.: J. Surgis), UA: ebd. 1891; *Utopia Limited,* UA: ebd. 1893; *The Grand Duke,* UA: ebd. 1896; *The Beauty Stone* (Libr.: A. W. Pinero), UA: ebd. 1898; *The Rose of Persia* (Libr.: B. Hood), UA: ebd. 1899; *The Emerald Isle* (Libr.: ders.), UA: ebd. 1901.

S. zählt zu den populärsten englischen Komponisten des 19. Jahrhunderts. Seine in Zusammenarbeit mit Gilbert entstandenen Operetten werden noch heute in England und in den USA aufgeführt. Sie repräsentieren eine spezifisch englische Stilrichtung der Operette. Gilberts Libretti behandeln exotische und aktuelle Themen. Sie boten S. nicht nur ein meisterhaftes formales Gerüst, sie inspirierten ihn auch zu seinen besten musikalischen Einfällen. Farbige Instrumentation und unkonventionelle Rhythmisierung der Gesangsmelodien sind für diese Musik ebenso charakteristisch wie ihre einfache Harmonik. Daß sich die Werke von Gilbert und S. auf dem europäischen Festland niemals recht durchsetzen konnten, hat seinen Grund einerseits in der großen stilistischen Eigenständigkeit von Libretto und Musik, andererseits in den über große Passagen hinweg unübersetzbaren Versen und Wortspielereien Gilberts.

Ausg.: The First Night Gilbert & S., hrsg. v. R. ALLEN (NY 1958, Lo ²1976); *The Mikado,* Faks. des Autographs, hrsg. v. G. JACOB (Farnborough 1968)

Lit.: A. H. LAWRENCE, Sir A. S. Life Story, Letters and Reminiscences (Lo 1899, Nachdr. NY 1973, 1980); I. GOLDBERG, The Story of Gilbert and S. (Lo 1929); R. ALLEN – G. R. D'LUNY, Sir A. S. Composer and Personage (NY 1975); C. BRAHMS, Gilbert and S. Lost Chords and Discords (Lo 1975); J. WOLFSON, Final Curtain. The Last Gilbert and S. Operas (Lo 1977); H. BENFORD, The Gilbert and S. Lexicon (NY 1978); A. HYMAN, S. and His Satellites. A Survey of English Operettas 1860–1914 (Lo 1978).

M. HERBSTMEIER

SUL PONTICELLO (it., = am Steg; frz.: au chevalet), bei Streichinstrumenten Spielanweisung, mit dem Bogen so dicht wie möglich am Steg zu spielen. Dabei werden bei hoher Grundgeschwindigkeit des Bogens Klangeffekte erzeugt, für die Obertonreichtum und Abschwächung des Grundtons charakteristisch sind. – ↗flautato.

SULZER, Johann Georg, * 16. 10. 1720 Winterthur, † 27. 2. 1779 Berlin; Schweizer Ästhetiker. Er studierte Theologie in Zürich, war 2 Jahre Vikar und ging 1743 als Hauslehrer nach Magdeburg. 1747 wurde er in Berlin Mathematiklehrer am Joachimsthalschen Gymnasium, 1750 Mitglied der Akademie der Wissenschaften, 1775 dort Direktor der philosophischen Klasse. – In seinem Hauptwerk, der lexikalisch konzipierten *Allgemeinen Theorie der schönen Künste,* entwickelte S. eine philosophische Ästhetik, die der Leibnizschen Monadenlehre, aber auch der Theorie der „sinnlichen Erkenntnis" von Alexander Gottlieb Baumgarten verpflichtet ist. In S.s Ästhetik bildet das Gefühl ein eigenständiges Gemütsvermögen zwischen Erkenntnis und Wollen. Für den musikal. Teil zog er J. Ph. Kirnberger und später auch dessen Schüler J. A. P. Schulz als fachkundige Mitarbeiter hinzu. Beide lieferten zwar das Material für musikalische Spezialartikel (ab Buchstabe S tritt Schulz auch als alleiniger Autor auf), jedoch ist es durchgängig S. selbst, der seine Kunsttheorie auch auf die Tonkunst überträgt: Musik hat den Zweck, die Leidenschaften zu erregen (↗Affektenlehre); zur Darstellung außermusikalischer Gegenstände ist sie nicht geeignet. So fällt z. B. die Anwendung bildhafter und deskriptiver musikalischer Mittel in den Oratorien G. Fr. Händels unter ein scharfes ästhetisches Verdikt Sulzers.

Schriften (ohne die nur philosophischen u. ästhetischen): *Allgemeine Theorie der schönen Künste in einzeln, nach alphabetischer Ordnung der Kunstwörter auf einander folgenden Artikeln abgehandelt,* 2 Bde. (L 1771–74, Nachdr. 1773–75 u. 1777, verbessert L ²1778–79), mit Zusätzen in 4 Bden. hrsg. v. F. VON BLANKENBURG (L ³1786–87), mit neuen Zusätzen (L ⁴1792–99); *Die schönen Künste in ihrem Ursprunge, ihrer wahren Natur u. besseren Anwendung betrachtet* (L 1772); *Lebensbeschreibung von ihm selbst aufgesetzt* (B – Stettin 1809) (postum).

Lit.: J. LEO, J. G. S. u. die Entstehung seiner allgemeinen Theorie der schönen Künste (B 1907); H. WILI, J. G. S. Persönlichkeit u. Kunstphilosophie (Diss. Freiburg/Schweiz 1954); W. SEIDEL, Über Rhythmustheorien der Neuzeit (Be – Mn 1975).

R. CADENBACH

SULZER, Salomon, * 30. 3. 1804 Hohenems (Vorarlberg), † 17. 1. 1890 Wien; östr. Kantor. Er war seit 1820 Kantor in Hohenems, 1825–81 Oberkantor der Wiener Synagoge und wurde mit der Reform und Vereinheitlichung des jüdischen Synagogalgesangs beauftragt. Neben Bearbeitungen traditioneller Gesänge schrieb er eigene Melodien, die Einflüsse seines Freundes Fr. Schubert erkennen lassen.

WW: Zahlr. Lieder; hebräische Hymnen. – *Denkschrift an die israelitische Cultusgemeinde* (W 1876). – S. gab heraus *Schir Zion. Gottesdienstliche Gesänge der Israeliten,* 2 Bde. (W 1839 u. 1866).

Lit.: E. WERNER, S., in: MGG XII; DERS., From Generation to

Generation. Studies on Jewish Mus. Tradition (NY 1968); A. L. RINGER, S. S., J. Mainzer and the Romantic a cappella Movement, in: FS B. Szabolcsi (Kas 1969), auch in: Studia musicologica 11 (1969).

SUMMSTIMME, Bz. für einen durch wortloses Singen mit geschlossenem Mund (daher frz.: bouche fermée; it.: bocca chiusa) erzeugten Gesangseffekt. Als Begleitstimmen vor allem in Opernchören (G. Verdi, *Rigoletto,* letzter Akt; G. Puccini, *Madame Butterfly,* 2. Akt) bereits im 19. Jh. beliebt, werden S.n heute in der Unterhaltungsmusik als wesentliches Untermalungsmittel (Background) eingesetzt. Innerhalb der Neuen Musik erhalten die S.n eine eigene Gestaltungsqualität (z. B. D. Schnebel, *Maulwerke*).

SUNNYLAND, Slim (eig. Albert Luandrew), * September 1907 Lambert (Mississippi); amerik. Jazz- und Bluesmusiker (Gesang, Klavier). Er spielte zuerst in Stummfilmkinos, wurde dann Boogie- und Bluespianist sowie Sänger und gesuchter Begleiter. 1964 warb ihn J. E. Berendt für das „American Folk Bluesfestival" in Deutschland an, was für S., in den USA nur von Eingeweihten beachtet, vermutlich die erste große Anerkennung als Musiker bedeutete. Charakteristisch für sein Spiel ist eine originelle Verbindung von archaisch wirkendem Folk blues und Swing Jazz im Stil von Count Basie.

SUÑOL (Sunyol) **y Baulenas,** Dom **Gregorio María,** OSB, * 7. 9. 1879 Barcelona, † 26. 10. 1946 Rom; span. Musikforscher. Er trat 1900 in das Kloster Montserrat ein und leitete 1907–28 dessen Chor. 1931 wurde er Leiter der Scuola Superiore di Canto Ambrosiano in Mailand und 1938 Präsident des Istituto Pontificio di Musica Sacra in Rom. S. war einer der namhaftesten Choralforscher in der 1. Hälfte des 20. Jh. in der Tradition der Schule von Solesmes.

Schriften: *Método completo de canto gregoriano* (Tournai 1905, Ba [5]1921, [10]1959, dt. Ba 1912); *Introducció a la paleografia musical gregoriana* (Montserrat 1925, frz. Tournai 1935); *Missale Ambrosianum* (Mi 1935); ferner weitere Choralausgaben.

Lit.: H. ANGLÉS, Il canto gregoriano e l'opera dell'Abate Dom G. M. S. (R 1948).

SUOR ANGELICA, Oper von G. Puccini; dt. Titel: ↗Schwester Angelica.

SUPERIUS (lat., = der höhere), im 15.–17. Jh. synonym zu ↗Cantus, ↗Discantus, ↗Dessus und ↗Treble gebrauchte Bz. für die höchste Stimme einer mehrstimmigen Komposition; spätere Bz. ↗Sopran.

SUPPAN, Wolfgang, * 5. 8. 1933 Irdning (Steiermark); östr. Musikforscher. S. studierte seit 1954 bei H. Federhofer und J. Marx an der Universität Graz (Promotion 1959). Nach freiberuflicher Tätigkeit in Österreich ging er 1961 an das Institut für ostdeutsche Volkskunde in Freiburg i. Br. und war 1963–74 Mitarbeiter am dortigen Deutschen Volksliedarchiv (zuletzt als Oberkonservator). 1971 habilitierte er sich an der Universität Mainz (1973 Professor) und leitet seit 1974 das Musikethnologische Inst. der Musikhochschule Graz.

Schriften: *H. E. J. von Lannoy* (Diss. Gr 1959), Teildruck (Gr 1960); *Steirisches Musiklexikon* (Gr 1962–66); *O. Siegl* (W 1966); *Das geistliche Lied in der Landessprache,* in: Gesch. der kath. Kirchenmusik I, hrsg. v. K. G. Fellerer (Kas 1972); *Deutsches Musikleben zw. Renaissance u. Barock* (Tutzing 1973) (= Mainzer Stud. z. Musikwiss. 4); *Lexikon des Blasmusikwesens* (Fr 1973, [2]1976); *Anthropologie der Musik* (Mz 1982). – S. war Hrsg. v.: *Gottscheer, GA* (Mz 1969 ff.) (zus. mit R.-W. Brednich); *Melodietypen des dt. Volksgesanges* I (Tutzing 1976) (zus. mit W. Stief); *Hdb. des Volksliedes,* 2 Bde. (Mn 1973–75) (zus. mit L. Röhrich u. R.-W. Brednich); *Alta musica* (Tutzing 1976 ff.) (zus. mit E. Brixel); *Musikethnolog. Sammelbände* (Gr 1977); *J. Takács* (Eisenstadt 1977).

J. DORFMÜLLER

SUPPÈ (Suppé), **Franz von** (eig. Francesco Ezechiele Ermenegildo Cavaliere Suppè Demelli), * 18. 4. 1819 Spalato (Dalmatien; heute Split), † 21. 5. 1895 Wien; östr. Komponist und Dirigent. Nach der Schulausbildung studierte er auf Wunsch seines Vaters Jura in Padua. In Italien, vor allem in Mailand, lernte er die zeitgenössische it. Opernproduktion kennen und traf mit G. Rossini, G. Donizetti und dem jungen G. Verdi zusammen. 1835 ging er nach Wien, entschied sich dort endgültig für den Musikerberuf und studierte bei I. von Seyfried und S. Sechter. 1840 wurde er Theaterkapellmeister am Theater in der Josefstadt. Daneben dirigierte er auch an den Bühnen in Baden, Ödenburg und Preßburg. An diesen Theatern begann er mit der Komposition von Begleitmusiken, Ouvertüren und Liedern für die damals sehr beliebten Lokalpossen und Volksstücke. 1845–62 war er Kapellmeister am Theater an der Wien, 1862–65 am Kaitheater und 1865–82 am Carltheater. Danach arbeitete er bis zu seinem Tod als freischaffender Komponist. Angeregt durch die Operetten J. Offenbachs, die seit 1858 auch in Wien aufgeführt wurden, schrieb S. selbst Werke dieser Art. 1860 debütierte er erfolgreich mit dem Einakter *Das Pensionat.* Zu seinen größten Erfolgen zählen die Operetten *Die schöne Galathee* (1865), *Fatinitza* (1876) und *Boccaccio* (1879; daraus das Lied *Hab' ich nur deine Liebe*). Seine Opern fanden dagegen nur geringe Resonanz.

WW: Etwa 200 Begleitmusiken zu Possen u. Volksstücken, u. a. zu *Dichter und Bauer* (1846) u. *'s Alraunl* (1849); Streichquartette; eine Symphonie; Chormusik u. Lieder sowie 3 Messen. – Bühnen-WW (UA meist in Wien): Operetten: *Die Kartenschlägerin* (1862), Neufassung als: *Pique Dame* (Graz 1864); *Zehn Mädchen und kein Mann* (1862); *Flotte Bursche* (1863); *Leichte Kavallerie* (1866); *Banditenstreiche* (1867); *Donna Juanita* (1880); *Die Afrikareise* (1883); *Die Jagd nach dem Glück* (1888); *Das Modell*, unvollendet, vervollständigt v. J. Stern u. A. Zamara (1895); aus nachgelassenen Kompositionen S.s wurden zusammengestellt die Operetten *Die Pariserin* (1898) u. *Die große Unbekannte* (bearb. v. K. Pauspertl) (1925). – Ferner 3 Opern.

S., der heute in erster Linie als Komponist brillanter Ouvertüren (z. B. zu *Dichter und Bauer*) populär ist, kann als Schöpfer der Wiener Operette bezeichnet werden. Neben J. Strauß und C. Millökker zählt er zu den großen Meistern des sog. „Goldenen Zeitalters" der östr. Operette. Ein wesentliches Kennzeichen seiner Werke ist die Verbindung von it. Melodik mit der tänzerischen Eleganz der Wiener Unterhaltungsmusik seiner Zeit.

Lit.: O. KELLER, F. von S. Der Schöpfer der dt. Operette (L 1905); J. KROMER, F. von S. Leben u. Werk (W 1941); H. HEPPENHEIMER, F. von S.-Gedenkstätte in Gars am Kamp. Erinnerungen an den Mitbegründer der Wiener Operette (Gars 1974); O. SCHNEIDEREIT, F. von S. Der Wiener aus Dalmatien (B 1977). M. HERBSTMEIER

SUPPER, Walter, * 9. 9. 1908 Esslingen am Nekkar; dt. Orgelforscher. Er studierte Architektur (1934 Dr.-Ing.) und Orgel in Stuttgart. Seit 1930 war er Organist der Frauenkirche in Esslingen, wurde 1938 Orgelsachberater beim Denkmalsamt Württemberg, 1951 bei der Vereinigung der Landesdenkmalpfleger und war 1956–73 Hauptkonservator beim Staatlichen Amt für Denkmalpflege in Stuttgart. Außerdem lehrte er seit 1951 an der Musikhochschule Stuttgart und an der Kirchenmusikschule in Esslingen. 1951 gründete er die Gesellschaft für Orgelfreunde, deren Vorsitz er übernahm, und gab 1952–74 die Zeitschrift *Ars organi* heraus.

Schriften: *Der Kleinorgelbrief* (Kas 1940, ²1950); *Barockorgeln in Oberschwaben* (Kas 1942) (zus. mit H. Meyer); *Die Orgeldisposition* (Kas 1950); *Lesebuch für Orgelleute* (1950); *Die Orgel im Kirchenraum* (B 1967) (= Veröff. der Ges. der Orgelfreunde 29); *Über die Arten zu registrieren*, in: Ars organi 9 (1961); *Ist die Barock-Orgel der Höhepunkt des Orgelbaues?*, in: ebd. 15 (1967); *Die wichtigsten Windladenarten* (1969) (= Acta organologica 3).

SURIANO, Francesco, ↗Soriano.

SUSANNENS GEHEIMNIS *(Il segreto di Susanna)*, Intermezzo in einem Akt von E. Wolf-Ferrari, Text von Enrico Golisciani. Ort und Zeit der Handlung: Salon im Hause des Grafen Gil, Piemont, Gegenwart. UA (dt. von M. Kalbeck): 4. 12. 1909 München.

Dieses im Aufbau an G. B. Pergolesis *La serva padrona* angelehnte Intermezzo wurde als „Loblied des Zigarettenrauchens" bekannt: Der eifersüchtige Graf „wittert" wegen des Geruchs von türkischem Tabak einen Nebenbuhler; die erschreckte Reaktion seiner Frau auf diesbezügliche Fragen verstärkt seinen Verdacht. Als Susanna bei Gils überraschender Rückkehr etwas hinter ihrem Rükken verbirgt, greift der Graf nach dem vermeintlichen Beweis für ihre Untreue und verbrennt sich an der brennenden Zigarette. – Wie in seinen früheren Opern erreicht der Komponist durch kammermusikalisch durchsichtige Führung der Orchesterstimmen ein hohes Maß an Textverständlichkeit. Die Übereinstimmung von Wort und Musik soll den Dirigenten F. Mottl zu der Charakterisierung als „wagnerischste aller Opern" veranlaßt haben. Das Werk hatte nach der UA großen Erfolg und fand weite Verbreitung. Die schwungvolle *Ouverture in miniatura a quattro temi* wurde zu einem beliebten Konzertstück. K. LANGROCK

SUSATO, Tylman (Thielman, Tielman), * um 1500, † zwischen 1561 und 1564; ndl. Musikdrukker vermutlich dt. Herkunft (aus Soest/Westf.?) und Komponist. Er war seit 1529 Notenschreiber und 1531–49 Stadtmusikus in Antwerpen. Dort errichtete er 1543 eine Notendruckerei, die erste von Bedeutung in den Niederlanden. S. veröffentlichte 1543–61 vor allem Werke franko-flämischer Komponisten, darunter auch die ↗Souterliedekens von Clemens non Papa (1556–57). Nach S.s Tod übernahm sein Sohn **Jacques** († 1564) die Offizin, die in dessen Todesjahr noch einen Band Chansons von O. di Lasso druckte.

WW: Eigene Kompositionen: 2 Bücher Chansons für 2–3 St. (1544, um 1552); in Sammeldrucken 30 frz. u. 6 flämische Chansons sowie 1 Messe, 7 Motetten u. 10 Souterliedekens. – Einzelne Individualdrucke von WW v. Th. Manchicourt u. Th. Crecquillon; zahlr. Sammeldrucke, u. a. 13 Bücher Chansons, 11 Bücher *Musyck boexken*, 3 Bücher Messen u. 14 Bücher *Sacrae cantiones*.

Ausg.: *Musyck boexken*, 1, hrsg. v. F. VAN DUYSE (A – L 1908) (= Uitgaven der Vereniging voor Nederlandse Muziekgeschiedenis 24), 3, hrsg. v. F. J. GIESBERT (Mz 1936), 4–7 = Souterliedekens 1–3 v. ↗Clemens non Papa; 8. Chansonbuch (Bru 1970) (= Corpus of Early Music in Fasc. I/11).

Lit.: U. MEISSNER, Der Antwerpener Notendrucker T. S., 2 Bde. (B 1967) (= Berliner Studien z. Musikwiss. 11); L. F. BERNSTEIN, The Cantus Firmus Chansons of T. S., in: JAMS 22 (1969); S. BAIN, S., in: Grove⁶ XVIII.

SUSPENSIO (lat.), im 15./16. Jh. Bz. für den ↗Vorhalt.

SUSPENSION (frz., = Aufschub). – **1)** ↗Vorhalt. – **2)** Bei Fr. Couperin und J.-Ph. Rameau (Verzierungstabelle zu den *Pièces de clavecin*) Bz. für das verzögerte Einsetzen eines Tones (Zeichen: ^), z. B.

SUSPIRATIO (lat., = Aufatmen, Seufzen), in der Kompositionslehre des 17. und 18. Jh. Bz. für eine musikalisch-rhetorische ↗Figur: das Zerschneiden (daher im 18. Jh. auch die synonyme Bz. „Tmesis") eines textlichen und musikalischen Zusammenhangs durch eine oder mehrere Pausen, um damit das Seufzen auszudrücken (über den terminologischen Zusammenhang Pause – Seufzen: ↗Suspirium). Beispiele finden sich sowohl direkt bei einem entsprechenden Wort, etwa

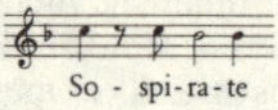

als auch häufig zum Ausdruck der Klage oder eines ähnlichen Affekts, wie bei dem letzten der *Sieben Worte ... Christi* von H. Schütz:

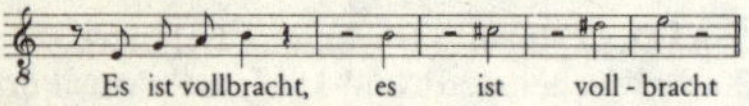

SUSPIRIUM (lat., = tiefes Atmen, Seufzen). – **1)** In der Psalmodie und der Modalnotation Bz. für eine Zäsur unbestimmter Dauer, die zugleich die letzte Note verkürzte. Wenn sie angezeigt wird, geschieht das durch die Divisio modi innerhalb eines ↗Ordo. – **2)** In der Mensuralnotation neben Pausa Bz. für jede kurze ↗Pause, deren Dauer sich aus der jeweiligen Notierung ergibt. Dies ist heute noch präsent in der frz. Bz. Soupir für die ↗Viertelpause.

SÜSSMAYR (eig. Süßmayr), **Franz Xaver,** * 1766 Schwanenstadt (Oberösterreich), † 17. 9. 1803 Wien; östr. Komponist. Er war 1779–87 Sängerknabe, später Musiker im Benediktinerstift Kremsmünster und wirkte dann als Musiklehrer in Wien. Hier erhielt er 1790–91 Unterricht bei W. A. Mozart, der ihn auch zu kompositorischen Hilfsarbeiten heranzog. Seit 1792 war er Kapellmeister am Nationaltheater und seit 1794 an der Hofoper in Wien. S. hatte als Opernkomponist beachtliche Erfolge, vor allem mit *Der Spiegel von Arkadien* (1794) und *Soliman der Zweite* (1799; darin das Terzett *Tändeln und scherzen,* über das L. van Beethoven seine Klaviervariationen WoO 76 schrieb). Sein Name ist aber bis heute hauptsächlich mit Mozarts *Requiem* verbunden, dessen Entstehung er unmittelbar miterlebte und das er nach dessen Tod auf Veranlassung Konstanzes ergänzte und vollendete. Sein eigener Anteil daran ist bis heute ungeklärt. Als sicher gilt dagegen, daß von S. die Secco-Rezitative zu Mozarts *La clemenza di Tito* stammen.

WW: Bühnen-WW: Vollständig erhalten sind hsl. 2 Opere buffe, 12 dt. Opern (meist Singspiele) u. 1 Ballett; zahlr. Einzelstücke daraus erschienen im Druck. – Zahlr. weltl. Kantaten, 5 Messen, davon gedruckt eine *Missa solemnis* (W um 1810), sowie einige weitere kirchenmusikal. Werke. – Instr.-WW: einige Kammermusikwerke; 2 Symphonien, einige Instr.-Konzerte u. Divertimenti; zahlr. Tänze.

Ausg.: Ouvertüre C-Dur, hrsg. v. I. KECSKEMÉTI (Budapest 1965, ²1972) (= Musica rinata 6); Kantate *Das Namensfest,* hrsg. v. DEMS. (ebd. 1965). – Vgl. auch Mozarts *Requiem,* hrsg. v. L. NOVAK (1965) (= Neue Mozart-Ausg. I/1/2, Teil-Bd. II).

Lit.: W. LEHNER, F. X. S. als Opernkomponist, in: StMw 18 (1931); K. MARGUERRE, Mozart u. S., in: Mozart-Jb. 1962/63; J. KECSKEMÉTI, S.-Hss. in der Nationalbibl. Széchényi, in: Studia musicologica 2 (1962) u. 8 (1966); F. GIEGLING, Zu den Rezitativen von Mozarts Oper „Titus", in: Mozart-Jb. 1967; W. PLATH, Zur Echtheitsfrage bei Mozart, in: ebd. 1971/72; W. WŁCEK, F. X. S. als Kirchenkomponist (Tutzing 1978) (Wiener Veröff. z. Musikwiss. 11).

SUTER, Hermann, * 28. 4. 1870 Kaiserstuhl am Rhein, † 22. 6. 1926 Basel; Schweizer Komponist und Chordirigent. Er studierte in Basel, Stuttgart und Leipzig (C. Reinecke). Seit 1902 dirigierte er in Basel die Symphoniekonzerte der Allgemeinen Musikgesellschaft und leitete bis 1925 auch den Gesangverein und die Liedertafel. 1918–21 war er Direktor des Basler Konservatoriums. S. zählt zu den namhaftesten Schweizer Komponisten seiner Zeit und wurde durch das Oratorium *Le laudi di S. Francesco d'Assisi* (1925) international bekannt.

WW: Sonate (1889) für Org. (unveröffentlicht); 3 Streichquartette (1901–21); Streichsextett; Symphonie d-moll; 2 Gesänge für SingSt, V., Va. u. Org.; *Die erste Walpurgisnacht* (nach J. W. von Goethe, 1910), symphonische Dichtung mit Solostimmen u. Chor; *Le laudi di S. Francesco d'Assisi* (1925) für Solostimmen, Chor u. Orch.

Lit.: W. MERIAN, H. S., 2 Bde. (Bas 1936) (mit Werk-Verz.).

SUTERMEISTER, Heinrich, * 12. 8. 1910 Feuerthalen bei Schaffhausen; Schweizer Komponist. S. studierte zunächst an der Univ. Basel dt. und frz. Philologie. Bei einem Studienaufenthalt in Paris 1929/30 lernte er Werke von Cl. Debussy, A. Honegger und D. Milhaud kennen, belegte daraufhin in Basel bei K. Nef Musikgeschichte und studierte seit 1931 bei W. Courvoisier an der Akad. der Tonkunst München, wo später C. Orff sein richtungweisender Lehrer wurde. Seit 1935 widmete sich S. fast ausschließlich seinem kompositorischen Schaffen. 1963–75 war er Kompositionslehrer an der Musikhochschule Hannover.

WW: **1) Instr.-WW:** Capriccio (1947) für Klar.; *Hommage à Honegger* (1955) für Klv.; *Modeste Mignon* (1974) für 10 Blasinstr. – Für Orch.: 2 Divertimenti (1936, 1960); *Poème funèbre* (1965) für Streichorch.; *Sérénade pour Montreux* (1970) für 2 Ob., 2 Hörner u. Streichorch. – Konzerte: 3 für Klv. (1943, 1953, 1962); 2 für Vc. (1955, 1973); für Klar. (1975); *Quadrifoglio* (1977), Konzert für Fl., Ob., Klar., Fag. u. Orch. – **2) Vokal-WW:** Zahlr. Lieder u. Chorwerke, darunter die Kantaten: *Andreas Gryphius* (1936); Kantate Nr. 2 (1944); *Dem Allgegenwärtigen* (1958); *Das Hohelied „Singen will ich den Hochgesang"* (1960); *Der Papagei aus*

Kuba (1961); *Erkennen und Schaffen* (1963); *Sonnenhymne des Echnaton „Anbetung dem Gotte"* (1965); *Omnia ad Unum* (1966). – **3) Bühnen-WW:** Opern: *Die schwarze Spinne* (Libr.: A. Roesler nach J. Gotthelf), UA: Radio Bern 1936; *Romeo und Julia* (Libr.: S. nach Shakespeare), UA: Dresden 1940; *Die Zauberinsel* (dass.), UA: ebd. 1942; *Niobe* (Libr.: P. Sutermeister), UA: Zürich 1946; *Raskolnikoff* (Libr.: ders. nach F. Dostojewski), UA: ebd. 1951; *Titus Feuerfuchs, oder „Liebe, Tücke und Perücke"* (Libr.: S. nach J. Nestroy), UA: Basel 1958; *Seraphine* (Libr.: S. nach François Rabelais), UA: Fernsehstudio Zürich 1959; *Das Gespenst von Canterville* (Libr.: S. nach Oscar Wilde), UA: ZDF 1964; *Madame Bovary* (Libr.: S. nach Gustave Flaubert), UA: Zürich 1967; *Der Flaschenteufel* (Libr.: S. nach Robert Louis Stevenson), UA: ZDF 1971.

Ausschlaggebend für S.s Erfolge als Komponist ist die Vielfalt der ihm zu Gebote stehenden Stilmittel, die er zu einer leicht verständlichen, auf Tonalität gegründeten, mit reizvollen Klangfarben angereicherten Musiksprache fügt. Seine erklärten Vorbilder sind gleichermaßen der späte G. Verdi (deutlich in *Romeo und Julia,* 1940) und C. Orff (Widmungsträger von *Madame Bovary,* 1967). In seinen Bühnenwerken bemüht sich S. um musikalische Lösungen librettoimmanenter Probleme wie in der *Zauberinsel* die Darstellung von „magischer Transparenz des Klanges".

Lit.: G. HAUSSWALD, H. S., Leben, Werk, Persönlichkeit, in: ZfM 109 (1942); J. JATON, H. S. Compositeur lyrique, in: SMZ 98 (1958); D. LARESE, H. S. (Amriswil 1972); A. BRINER, H. S. zu seinem 65. Geburtstag, in: Melos/NZ 1 (1975). K. LANGROCK

SUTHERLAND, Joan, * 7. 11. 1926 Sydney; austral. Sängerin (Sopran). Sie studierte an der Royal Academy of Music in London, debütierte 1947 in Sydney und ging 1952 an den Covent Garden in London. Als Koloratursängerin wurde sie rasch über England hinaus bekannt und gehörte in den 60er und 70er Jahren zu den gefragtesten Sängerinnen ihres Fachs. 1959 sang sie erstmals an der Metropolitan Opera in New York; Gastspiele führten sie außerdem an die Mailänder Scala, an die Wiener Staatsoper und zum Glyndebourne Festival. Schwerpunkte ihres Repertoires sind die Koloraturpartien in den Opern G. Rossinis, V. Bellinis, G. Donizettis und G. Verdis. J. S. ist mit dem Dirigenten Richard Bonynge verheiratet.

Lit.: R. BRADDON, J. S. (Lo – NY 1962, dänisch Kop 1966); E. GREENFIELD, J. S. (Lo 1972, NY 1973) (= Recordmasters 1).

SUVINI ZERBONI, Edizioni Suvini Zerboni, it. Musikverlag. Das aus einer Theatergesellschaft gleichen Namens hervorgegangene Unternehmen wurde 1930 in Mailand gegründet und 1932 von **Paolo Giordani** († 1948) erworben, der die Geschäfte bis zu seinem Tod führte. Ihm folgte **Ladislao Sugar** in der Unternehmensleitung. Der Verlag hat seine internationalen Geschäfte durch gegenseitige Vertretungsverträge geregelt und ist u. a. mit Faber Music Ltd., Nippon Gakki Co. Ltd. und der Wiener Universal Edition verbunden. In Deutschland wird er durch den Musikverlag B. Schott's Söhne in Mainz vertreten. Schwerpunkte des Verlagsprogramms sind Werke zeitgenössischer Komponisten, darunter L. Berio, N. Castiglioni, L. Dallapiccola, Fr. Donatoni, G. Fr. Ghedini, R. Malipiero, G. Manzoni, G. Petrassi, I. Pizzetti, G. Sinopoli und R. Vlad; der Katalog enthält ferner Hausmusik, Unterrichtswerke und Unterhaltungsmusik.

SVENDSEN, Johan Severin, * 30. 9. 1840 Christiania (heute Oslo), † 14. 6. 1911 Kopenhagen; norweg. Dirigent, Komponist und Violinist. Er unternahm 1862 als Violinist eine Konzertreise durch Schweden und Dänemark und kam nach Deutschland, wo er 1863–67 bei M. Hauptmann, Ferdinand David, E. Fr. Richter und C. Reinecke studierte. 1868–70 lebte er in Paris, 1870–72 in Leipzig und verbrachte den Sommer 1872 in Bayreuth bei R. Wagner. 1872–77 (bis 1874 neben E. Grieg) und 1880–83 wirkte er als Dirigent bei der neugegründeten Musikgesellschaft in Christiania und übte tiefgreifenden Einfluß auf das norwegische Musikleben aus. 1878–80 lebte er wieder in Paris, 1883–1908 war er Hofkapellmeister in Kopenhagen. S. galt als einer der bedeutendsten Dirigenten seiner Zeit. Obwohl er verhältnismäßig wenig komponiert hat, fanden seine Werke Eingang in das norwegische Konzertrepertoire und zeigen seine außergewöhnlichen Fähigkeiten, vor allem im Hinblick auf die Instrumentation.

WW: Oktett (1866). – Für Orch.: 2 Symphonien, 1: D-Dur (1867), 2: B-Dur (1876); *Karneval in Paris* (1872); *Norsk kunstnerkarneval* (1874); *Festpolonaise* (1873); 4 *Norwegische Rhapsodien* (1872–77); V.-Konzert (1869); Va.-Konzert (1870).

Lit.: Ø. ECKHOFF, Noen trekk ved J. S.s instrumentalstil, in: Dansk Aarbog for Musikforskning 5 (1966/67); DERS., Noen saerdrag ved J. S.s instrumentalstil, in: FS O. Gurvin (Drammen – Oslo 1968) (mit engl. Zusammenfassung).

SWAROWSKY, Hans, * 16. 9. 1899 Budapest, † 10. 9. 1975 Salzburg; östr. Dirigent. Er studierte bei R. Strauss, A. Schönberg und A. Webern, war Kapellmeister in Stuttgart, Hamburg (1932) und an der Staatsoper Berlin (1934), Dirigent am Opernhaus Zürich (1937–40), Dramaturg bei den Salzburger Festspielen (1940–44), Leiter der Krakauer Philharmonie (1944–45), Chefdirigent der Wiener Symphoniker (1945–47), Operndirektor in Graz (1947–50) und seit 1959 Dirigent an der Wiener Staatsoper, seit 1957 auch Chefdirigent des Scottish National Orchestra Glasgow. S. galt als herausragender Interpret vor allem der Werke von R. Strauss, G. Mahler, A. Berg und Webern. Seit

1946 lehrte er an der Wiener Musikakademie; zahlreiche bedeutende Dirigenten der Gegenwart waren seine Schüler, darunter Cl. Abbado, M. Caridis, G. Sinopoli und Z. Mehta. S. veröffentlichte auch Aufsätze u.a. zur Aufführungs- und Dirigierpraxis. Eine Auswahl erschien als *Wahrung der Gestalt* (hrsg. v. M. Huss, W 1979).

SWEELINCK, Jan Pieterszoon, * Mai 1562 Deventer, † 12. 10. 1621 Amsterdam; ndl. Organist und Komponist. Kurz nach seiner Geburt wurde sein Vater, Pieter Swibbertszoon, als Organist an die Oude Kerk in Amsterdam berufen, nach dessen Tode (1573) wurde Cornelis Boscoop sein Nachfolger, der ihn aber nur um wenige Monate überlebte. Anscheinend wurde seitdem der Posten für den jungen S. freigehalten, der in den folgenden Jahren bei Willem Janszoon Lossy in Haarlem studierte. Wahrscheinlich 1577 erhielt S. dann tatsächlich die Organistenstelle an der Oude Kerk, die er bis zu seinem Tode innehatte. Als Amsterdam 1578 zum Calvinismus übertrat, wurde die Kirche Eigentum der Stadt und S. städtischer Angestellter. Da das Mitwirken der Orgel am Gottesdienst untersagt war, veranstaltete S. seitdem täglich öffentliche Orgelkonzerte. Als Lehrer genoß er einen so hohen Ruf, daß zahlreiche Städte, nicht nur niederländische, sondern auch deutsche, ihren jungen Musikern, so z. B. H. Scheidemann, S. Scheidt und J. Praetorius, eine Ausbildung bei ihm finanzierten. S. unterhielt auch Verbindungen zu engl. Musikern (P. Philips und J. Bull). Möglicherweise wurde S. gegen Ende seines Lebens wieder katholisch, denn die 1619 entstandenen *Cantiones sacrae* enthalten einen für den calvinischen Glauben unannehmbaren Text. Jedenfalls ist bekannt, daß S. in beiden Konfessionen Freunde hatte. Obwohl er selbst die Niederlande niemals verlassen hat, sind seine Werke in zahlreichen Abschriften in fast ganz Europa verbreitet. Sein Ruhm wird in einer deutschen Fassung seiner Psalmvertonungen (B 1616) als „weltweit" bezeugt.

WW: **1) Instr.-WW** (hsl. erhalten): Für Org. oder Cemb. (die Zahl der Werke mit zweifelhafter Zuschreibung in Klammern): 19 (+6) Fantasien, 4 (+1) Echofantasien, 1 (+2) Ricercare, (1) Capriccio, 1 Praeludium, 13 (+2) Toccaten, 16 (+14 Variationszyklen über geistliche Lieder, 12 (+4) über weltliche Lieder u. a. Stücke; für Laute: 3 Psalmen, 3 Volten u. 1 Courante. – **2) Vokal-WW:** Chansons für 5 St. (An 1594) (mit 4 Chansons v. C. Verdonck); *Rimes françoises et italiennes* für 2–3 St. (Lei 1612); 4 Bücher *Pseaumes de David* für 4–8 St. (A 1604, 1613, 1614, Haarlem 1621), daraus Ausw. v. 30 bzw. 21 Psalmen mit den dt. Texten v. A. Lobwasser (B 1616, 1618); *Cantiones sacrae* für 5 St. u. B.c. (An 1619). Ferner ein Hochzeitsgesang für J. (II) Praetorius u. einige Kanons hsl. u. in RISM 1644³. – Die früher S. zugeschriebenen (hsl. erhaltenen, heute verschollenen) *Composition-Regeln* stammen nicht von ihm.

S.s Vokalschaffen, dessen Schwerpunkt die Psalmen und die *Cantiones sacrae* darstellen und das allein zu seinen Lebzeiten und fast vollständig gedruckt wurde, bildet das monumentale Ende der niederländischen Polyphonie. Dagegen markieren S.s Werke für Tasteninstrumente den Beginn einer neuen Epoche. S. war der erste, der eine Technik ausarbeitete, die geeignet war, homogene Stücke von großer Ausdehnung zu strukturieren. Die Fantasien beruhen auf einem einzigen Thema, zu dem nacheinander verschiedene Kontrasubjekte hinzutreten. So entsteht eine Reihe von Fugato-Sätzen, deren Einheit durch die ständige Präsenz des Hauptthemas verwirklicht ist. In seinen Variationszyklen wendet S. fast die gleiche Technik an. Die Toccaten und Echofantasien haben, obgleich in einem differenzierteren Stil geschrieben, nichts von der quasi improvisierten Schreibweise seiner it. Zeitgenossen. S.s Einfluß vor allem auf die dt. Orgelmusik (↗Orgel) war beträchtlich. Die Gründer der sog. Norddeutschen Orgelschule, H. Scheidemann, Jacob (II) Praetorius, M. Schildt, und darüber hinaus S. Scheidt waren seine Schüler.

S.s Sohn **Dirck Janszoon** (1591–1652) war ebenfalls Organist und erhielt nach dem Tod des Vaters auf Lebenszeit dessen Amt. Er gab eine Sammlung volkstümlicher ndl. Lieder heraus (= RISM 1644³), die auch 5 Gesänge von ihm selbst enthält. Ihm zugeschrieben werden ferner hsl. erhaltene Variationen über *Wie schön leuchtet der Morgenstern* (ed. in Bd. 1 der S.-GA).

Ausg.: GA, hrsg. v. M. SEIFFERT, 10 Bde. (Den Haag – L 1894–1901), Nachdr. in 8 Bden. (Farnborough 1968), 1: Instr.-WW, 2–5: *Pseaumes de David*, 6: *Cantiones sacrae*, 7: 5st. Chansons, 8: *Rimes françoises...*, 9: Sonstige Vokal-WW, 10: Kompositions-Regeln; Bd. 1 erweitert (A 1943 u. 1958); revidierte Editio altera, hrsg. v. R. LAGAS u.a. (A 1957ff.), bisher mit den Bden. 1, 2, 3 u. 6. – Zahlr. Ausw.- u. Einzelausg.

Lit.: B. VAN DEN SIGTENHORST MEYER, J. P. S. en zijn instrumentale muziek (Den Haag 1934, ²1946); DERS., De vocale muziek van J. P. S. (ebd. 1948); R. L. TUSLER, The Organ Music of J. P. S. (Bilthoven 1958); A. S. CURTIS, S.'s Keyboard Music. A Study of English Elements in Seventeenth Century Dutch Composition (Lo 1968, Lei ²1972); F. R. NOSKE, Forma formans. Een struktuuranalytische methode, toegepast op de instrumentale muziek van J. P. S. (A 1969); R. H. TOLLEFSEN, J. P. S. A Bio-Bibliography, 1604–1842, in: TVer 22 (1971/72); M. A. VENTE, S.s Orgelreisen, in: ebd.; J. D. BOWMAN, S.'s „Schwanengesang". A Study of Style and Transition in the „Cantiones sacrae" (1619) of J. P. S. (1972) (= Diss. Univ. of Cincinnati); M. C. BRADSHAW, The Toccatas of J. P. S., in: TVer 25 (1975); W. BREIG, Die Claviermusik S.s u. seiner Schüler im Lichte neuerer Forschungen u. Editionen, in: Mf 30 (1977); R. H. TOLLEFSEN, S., in: Grove⁶ XVIII.

F. NOSKE

SWEET CHARITY, amerik. Musical von Cy Coleman, Buch von Neil Simon, nach dem Film *Le notti di Cabiria* von Federico Fellini, Tullio Pinelli und Ennio Flaiano. Liedertexte von Dorothy

Fields. Ort und Zeit der Handlung: New York, in den sechziger Jahren. UA: 29. 1. 1966 New York (Palace Theater), 608 Vorstellungen; 1969 verfilmt. EA in dt. Sprache: 7. 2. 1975 Wiesbaden.

Neil Simon und Bob Fosse machten aus der römischen Prostituierten Cabiria die New Yorker Ballroom-Hostess Charity Hope Valentine. Trotz negativer Erfahrungen mit Männern bewahrt sie ihren Glauben an das Gute im Menschen. Dem neurotischen Buchhalter Oscar verheimlicht sie ihren Beruf in der Hoffnung auf eine bürgerliche Ehe, aber als er die Wahrheit erfährt, stößt er sie ins Wasser. Wieder einmal rettet sich Sweet Charity und hofft auf ein neues Wunder. Ein Schlager wurde der Song *Big Spender;* in den USA ist auch *If My Friends Could See Me Now* populär.

R. WALLRAF

SWETLANOW, Jewgeni Fjodorowitsch, * 6. 9. 1928 Moskau; sowjetruss. Dirigent und Komponist. Er studierte in Moskau am Gnessin-Musikinstitut und am Konservatorium. 1955–63 war er Dirigent, dann Chefdirigent des Bolschoi-Theaters. Seit 1965 leitet er das Staatliche Orchester der UdSSR, seit 1974 ist er auch Sekretär des sowjetischen Komponistenverbands. Als Komponist steht S. in der Tradition der russischen bzw. sowjetrussischen Musik, als Dirigent zeichnet er sich durch höchste Präzision und die Herausarbeitung eines äußerst differenzierten Orchesterklangs aus. Er propagierte in gleicher Weise Werke sowjetischer und westeuropäischer Komponisten (zahlreiche EA in der Sowjetunion).

WW: Kammermusik. – Für Orch.: Symphonie (1956); *Prasdnitschnaja poema* (Festliches Poem) (1951); symphonische Dichtungen *Daugawa* (1952) u. *Kalina krasnaja* (Roter Holunder) (1975); Praeludien (1966); *Romantitscheskaja ballada* (1974); Poem für V. u. Orch. (1974) (in memoriam D. Oistrach); Klv.-Konzert (1976). – Kantate *Rodnyje polja* (Heimatliche Felder) (1949). – S. schrieb *Musyka sewodnja* (Musik heute) (Mos 1976).

Lit.: E. RAZER, E. S., in: Sowjetskaja musyka (1963); W. TOLBA, „Dirischor" glasami dirischora, in: ebd. (1973). E. STÖCKL

SWIETEN, Gottfried Bernhard Freiherr **van,** * 29. 10. 1733 Leiden, † 29. 3. 1803 Wien; östr. Diplomat und Musikliebhaber ndl. Abkunft. Sohn von Gerhard van S., dem Leibarzt der Kaiserin Maria Theresia, absolvierte er die Ritterakademie Theresianum, wurde Verwaltungsbeamter und anschließend kaiserlicher Diplomat in verschiedenen europäischen Hauptstädten, so 1765–70 in Wien und 1770–77 in Berlin. 1777–1803 war er Präfekt der Wiener Hofbibliothek, 1781–91 auch Präsident der Studien- und Zensurkommission. S. erwarb sich große Verdienste um die Bibliothek und nahm entscheidenden Einfluß auf das geistige Leben und das Unterrichtswesen Österreichs. Als Autodidakt schrieb er u.a. einige Opéras-comiques und 10 Symphonien (1770–77; 3 davon verschollen). Angeregt durch seine Musikerlebnisse in Berlin, veranstaltete er in Wien seit 1782 zahlreiche Privataufführungen, gründete 1786 die „Gesellschaft der Associierten Cavaliers" zur Durchführung von Oratorienaufführungen (J. S. Bach, G. Fr. Händel u.a.) und veranlaßte W. A. Mozarts Bearbeitungen von Oratorien Händels. Für J. Haydn schrieb er nach englischen Vorlagen die Texte der *Schöpfung* und der *Jahreszeiten.* C. Ph. E. Bach widmete ihm 6 Quartettsymphonien (Wq 182, 1773) und *Sonaten für Kenner und Liebhaber* (3. Slg., Wq 57, 1781), L. van Beethoven die 1. Symphonie und J. N. Forkel seine Bach-Biographie (1802).

Lit.: M. FRIEDLAENDER, Van S. u. das Textbuch zu Haydns „Jahreszeiten", in: Jb. Peters 16 (1909); E. F. SCHMID, G. van S. als Komponist, in: Mozart-Jb. 1953; A. HOLSCHNEIDER, Die musikal. Bibliothek G. van S.s, in: Kgr.-Ber. Kassel 1962 (Kas 1963); D. OLLESON, Baron van S. and His Influence on Haydn and Mozart (Diss. O 1967); DERS., The Origin and Libretto of Haydn's „Creation", in: Haydn-Jb. 4 (1968); G. CROLL, Mitt. über die „Schöpfung" u. die „Jahreszeiten" aus dem Schwarzenberg-Arch., in: Haydn-Stud. 3 (1974). W. PFANNKUCH

SWING (engl., = Schwingen, Schwung). – **1)** Bz. für ein rhythmisches Schlüsselphänomen des Jazz (einschließlich der afroamerikanischen Musik). Der S. ist ein „schwingender" Rhythmus, deutbar als Ineinander von europäisch geprägtem ↗Beat und afrikanisch tradiertem ↗Off-beat, d.h. als Komplex aus einer regelmäßigen, gleichsam metronomischen Impulsfolge und antizipierenden oder retardierenden Abweichungsnuancen, als integrale Schichtung gleicher Zeitintervalle und kleinster Zeitverschiebungen des Gleichmaßes, über die der Musiker spontan verfügt. Dieses nicht rationalisierbare „Ineinander" erzeugt einen psychophysischen Spannungszustand mit sensomotorischen Reizen. Die Bewegungsreize wiederum lassen sich als Versuch des Unterbewußtseins deuten, den Spannungszustand zu lösen. Demnach ist das S. genannte rhythmische Phänomen in seinen ihm eigentümlichen Gesetzmäßigkeiten akkulturativ bedingt, von „magisch"-emotionaler Wirkung und notationsmäßig nicht faßbar. Es manifestiert sich im Verlauf der Jazzgeschichte sehr unterschiedlich. Seine historischen Erscheinungsweisen, seine Komponenten und seine Einzelmerkmale haben durchweg assoziativ-bildhafte Bezeichnungen gefunden (Beat, Bounce, Drive, Jump, Off-beat, Rock, Shuffle, Stomp u.a.). – **2)** Bz. für einen Abschnitt der Jazzgeschichte (30er Jahre), der zwischen dem frühen, folkloristischen und dem neueren, zur Artifizierung drängenden ↗Jazz vermittelt. Die durch die Binnenwanderung der afroamerikanischen Bevölkerung bedingte Verpflanzung des originären Jazz in die industriellen Ballungszentren im Norden der USA und seine davon unabhängige überregionale, ja internationale Verbreitung zwangen zur Anpassung an die Existenzbedingungen von Musik in der euroamerikanisch beherrschten Industriekultur. Der damit verbundene dialektische Austausch von „schwarz“ und „weiß“ führte zu einer Art „zweiter Akkulturation“ (M. Miller), d.h. zur völligen Verschmelzung der afro-euro-amerikanischen Traditionsstränge im Akkulturationsprozeß, allerdings mit starken Tendenzen zur Trivialisierung. – Die Wurzeln des S. liegen im avancierten ↗ New Orleans Jazz, wie er in den 20er Jahren in Chicago entwickelt worden ist, vor allem aber in dessen Pendants in New York (Harlem) und in Kansas City, dem Hauptschauplatz der afroamerikanischen Musik des Südwestens (↗ Kansas City Jazz). Waren die späten 20er Jahre Vorgeschichte, so dominierte das Neue seit 1930. Diese seit 1935 „Swing“ genannte Musik wurde um eben die gleiche Zeit zu einem Massenphänomen (1935 Sensationserfolge Benny Goodmans) und erregte dabei auch das Interesse des offiziellen Musiklebens. Anfang der 40er Jahre geriet der S. in eine Krise (1941 Kriegseintritt der USA), gegen Kriegsende war er endgültig vom ↗ Bebop verdrängt.

Die Repräsentanten des S. sind die Big Bands (↗ Band), die in den 20er Jahren – nach dem Vorbild weißer, jazzbeeinflußter Tanzorchester (Paul Whiteman) – für die Bedürfnisse großer Tanzhallen und der Renommierunternehmen im Gaststättengewerbe entstanden: insbesondere die schwarzen Orchester von Fletcher Henderson (1923), Duke Ellington (1926) und Jimmie Lunceford (1927) in New York und in Kansas City das Orchester von Bennie Moten (1926) sowie – in seiner Nachfolge – von Count Basie (1936), daneben die weißen Big Bands als die eigentlichen ökonomischen Nutznießer, vor allen anderen das Orchester des „King of Swing“, Goodman (1934). Innerhalb der Big Bands bildeten sich sog. Combos, d.h. solistisch besetzte und in ihrer Besetzung nicht genormte Kleinensembles der Stars eines Orchesters (Goodman), die nach dem Ende des S. die neuen Repräsentanten des Jazz wurden. Die S.-Ensembles nahmen mit Saxophon (und Vibraphon) neue Instrumente auf, elektrifizierten die Gitarre und erweiterten das Schlagzeug.

Lit.: **Zu 1):** A. M. DAUER, Jazz – die magische Musik (Bremen 1961); E. L. WAELTNER, Metrik u. Rhythmik im Jazz, in: Terminologie der Neuen Musik (B 1965) (= Veröff. des Inst. für Neue Musik u. Musikerziehung Darmstadt 5); E. JOST, Free Jazz. Stilkrit. Unters. z. Jazz der 60er Jahre (Mn 1975); D. J. NOLL, Zur Improvisation im dt. Free Jazz. Unters. z. Ästhetik frei improvisierter Klangflächen (H 1977). – **Zu 2):** M. MILLER, Die zweite Akkulturation. Ein musiksoziolog. Versuch z. Entstehung des S., in: Jazzforschung/Jazz Research 1 (Gr 1970); S. DANCE, The World of Swing (NY 1974); A. MCCARTHY, Big Band Jazz (Lo 1974). – ↗ Jazz. J. HUNKEMÖLLER

SWINGLE SINGERS, frz. Jazzgesangsgruppe, gegr. 1962 von **Ward Swingle** (* 21. 9. 1927), einem in Frankreich lebenden amerikanischen Sänger, Pianisten und Arrangeur. Die Gruppe mit der Solistin Christiane Legrand und in der Begleitung von Kontrabaß und Schlagzeug setzte die Musik von J. S. Bach und dann auch anderer Komponisten des Barock auf in sich stimmige Art und Weise in die Harmonien und Phrasierungen des Jazz um und hatte damit weltweiten Erfolg. Vorläufer der S. war die Gesangsformation „The Double Six of Paris“ (1959–62), die nach Art des anglo-amerikanischen Ensembles „Lambert-Hendricks Ross“ Instrumentaltitel des Jazz bzw. Chorusimprovisationen von Jazzmusikern wie Lester Young gesanglich interpretierte.

SWIRIDOW, Georgi (Juri) **Wassiljewitsch**, * 3. (16.) 12. 1915 Fatesch (heute Oblast Kursk); sowjetruss. Komponist. Er studierte 1937–41 bei Dm. Schostakowitsch am Konservatorium in Leningrad und lebte dann hier als freischaffender Komponist, seit 1956 in Moskau; 1962–74 war er Sekretär des Komponistenverbandes der UdSSR. Vorwiegend Schöpfer von Vokalwerken, knüpfte S. an die russische Tradition, insbesondere M. Mussorgski, an und entwickelte, indem er charakteristisches Tonmaterial des alten russischen Brauchtumslieds, des Kant (russ. Strophenlied des 17. Jh.), der russischen Kirchenmusik und des zeitgenössischen städtischen und des Massenlieds in seine Werke einschmolz, eine eigengeprägte Tonsprache. Gelegentlich begegnen pentatonische Strukturen, das für die russische Volksmusik typische Schwanken zwischen zwei tonalen Zentren und die sog. Kursker Tonfolge (ein aus Ganztönen bestehendes Tetrachord).

WW: Zahlr. Klv.-Stücke; Kammermusik, u.a. Klv.-Trio (1945); 2 Streichquartette (1945, 1947). – Für Orch.: Symphonie für Streichorch. (1940); Musik für Kammerorch. (1964); musikal. Illustrationen zu A. Puschkins *Metel* (Der Schneesturm) (1974); ferner 2 Klv.-Konzerte (1936, 1942). – Zahlr. Vokalwerke, u.a.: *Swetly gost* (Der prächtige Gast) (1965–76) (Text: S. Jessenin) für SingSt, Chor u. Orch. – Kantaten: *Derewjannaja Rus* (Das hölzerne Rußland) (1964) (Text: Jessenin); *Sneg idjot* (Es schneit) (1965) (Text: B. Pasternak); *Wessenjaja kantata* (Frühlingskantate) (1972) (Text N. Nekrassow); *Oda Leninu* (Ode auf Lenin) (1976) (Text: R. Roschdestwenski) für Sprecher, Chor u. Orch. – Musikal. Komödien: *Raskinulos morje schiroko* (Weithin dehnte sich das Meer), UA: Barnaul 1943; *Ogonki* (Lichtschimmer), UA: Kiew 1951.

Lit.: A. SOCHOR, G. S. (Mos 1964, [2]1972); D. PERSON, G. W. S. Notobibliografitscheski sprawotschnik (Mos 1974). E. STÖCKL

SYCHRA, Antonín, * 9. 6. 1918 Boskovice (Mähren), † 21. 10. 1969 Prag; tschechischer Musikforscher. Er studierte 1937–39 an der Universität Brünn (Vl. Helfert) Musikwissenschaft sowie 1945–48 an der Universität Prag Ästhetik, wurde nach der Promotion (1946) in Prag Dozent an der Pädagogischen Fakultät, 1948 an der Akademie der Musischen Künste, habilitierte sich 1952 an der Universität Prag und wurde dort im selben Jahr Professor für Ästhetik und Musikgeschichte. Schwerpunkte seiner Forschung waren das Problem des Realismus im Schaffen B. Smetanas, A. Dvořáks und L. Janáčeks sowie Theorie und Praxis marxistischer Musikwissenschaft.

Schriften: *Hudba a slovo v lidové písni* (Musik und Wort im Volkslied) (Diss. Pr 1948); *Stranická hudební kritika: spolutvůrce nové hudby* (Pr 1951), dt. Übers.: *Die Musikkritik der Partei als Mitschöpfer der neuen Musik* (B 1953); *L. Janáček* (Pr 1956); *Estetika Dvořákovy symfonické tvorby* (Habil.-Schrift Pr 1959), dt. Übers.: *Die Ästhetik in Dvořáks symphonischem Schaffen* (B 1973); *Möglichkeiten der Anwendung der Kybernetik und der Informationstheorie in der marxistischen Musikwissenschaft,* in: BzMw 7 (1965) u. 12 (1970).

SYLPHIDE, LA, Ballett in 2 Akten. Libretto: L. A. Nourrit, Musik: Jean Schneitzhoeffer (1785–1852). UA: 12. 3. 1832 Paris (Théâtre de l'Académie Royale de Musique); Choreographie: Filippo Taglioni (1777–1871). Dt. EA: 29. 5. 1832 Berlin (Hofoper).

Im wesentlichen folgt das Libretto dieser Ballettkomposition, die als Inbegriff der romantischen Ballett-Feerie gilt, dem von Charles Nodier verfaßten Roman *Trilby ou le Lutin d'Argail* (1822): Die unglückliche, tragisch endende Liebe des jungen schottischen Bauern James zu einem elfenhaften Zauberwesen, einer Sylphide, markiert das Zentrum der Handlung. – F. Taglioni, der sich von dem von ihm choreographierten Nonnen-Ballett in G. Meyerbeers Oper *Robert der Teufel* (1831) inspirieren ließ, erarbeitete die sublime choreographische Disposition. Das märchenhafte Ambiente des Szenariums, zudem die eindrucksvolle Gegenüberstellung von Ballet d'action (1. Akt) und Ballet blanc (2. Akt) galten als die entscheidenden Charakteristika dieses Balletts, das richtungweisend für andere Kompositionen *(Giselle, Schwanensee, Les Sylphides)* wurde. Als künstlerischer Attraktionspunkt erweist sich die Rolle der Sylphide, die maßgerecht für Maria Taglioni konzipiert worden war und von der Tänzerin als Perfektionierung des Spitzentanzes derartig virtuos, expressiv wie auch suggestiv dargeboten wurde, daß sie – vom Publikum fanatisch gefeiert – fortan als Sylphiden-Gestalt identifiziert wurde. – Die heute gültige Version des Werks wurde 1836 von A. Bournonville (Kopenhagen, Königl. Theater) erstellt; während er das von F. Taglioni entworfene Szenarium unverändert übernahm, bereicherte er hingegen die Choreographie um zahlr. tanztechnische Extravaganzen und fügte letztlich die von H. S. Baron von Løvenskjold komponierte, effektvoll instrumentierte Ballettmusik hinzu. – Wiederholt neu interpretiert, zählt insonderheit diese Fassung zum Repertoire aller namhaften Compagnien. G. LUDIN

SYLPHIDES, LES *(Chopiniana),* Ballett in einem Akt. Choreographie: M. Fokin, Musik: Fr. Chopin, instrumentiert von A. Glasunow und Maurice Keller, S. Tanejew, A. Ljadow, N. Tscherepnin u. I. Strawinsky. UA der 1. und 2. Fassung: 10. (23.) 2. 1907 und 8. (21.) 3. 1908 St. Petersburg (Marien-Theater); UA der 3. Fassung: 2. 6. 1909 Paris (Théâtre du Châtelet). Dt. EA: 1943 Berlin.

Diese vielzitierte, von Fokin als „rêverie romantique“ apostrophierte Komposition stellt sich als tänzerisch-musikalische Würdigung der klassisch-romantischen Ballettkunst des 19. Jh. dar. Nach bekannten Klavierstücken von Chopin disponierte Fokin dieses handlungslose „Ballet blanc“ als Suite (Prélude A-Dur op. 28, 7; Nocturne As-Dur op. 32, 2; Ges-Dur-Walzer op. 70,2; C-Dur-Mazurka op. 67,3; Prélude A-Dur op. 28,7; cis-moll-Walzer op. 64,2; Es-Dur-Walzer op. 18,1), mit der er „die Vermittlung reiner Poesie“ tänzerisch zu visualisieren suchte. Vermutlich von F. Taglionis märchenhaftem, ätherischen Feenballett *La Sylphide* (1832) inspiriert, kreierte Fokin dieses Werk, das er – in Anlehnung an die beiden älteren Fassungen *(Chopiniana)* – für die erste Pariser Saison der Ballets Russes neu choreographierte. – Neben der subtilen choreographischen Konzeption und der effektvoll orchestrierten Klavierkomposition begründete die exzeptionelle, sublime tänzerische Präsentation der Solisten (Anna Pawlowa, W. Nischinski, Tamara Karsawina, Alexandra Baldina) den triumphalen Erfolg des Balletts, das – auch in jüngerer Zeit – trotz zahlreicher Neuinterpretationen wiederholt in seiner Originalchoreographie aufgeführt wurde. G. LUDIN

SYLVIA oder Die Nymphe der Diana *(Sylvia ou la Nymphe de Diane),* Ballett in 3 Akten von L. Delibes. Libretto: Jules Barbier und Baron von Reinach. UA: 14. 6. 1876 Paris (Opéra); Choreographie: Louis Mérante. Dt. EA: 1884 Berlin (Königliches Hoftheater).

Das Libretto dieses mythologisch-pastoralen, im klassischen Stil choreographierten Handlungsballetts folgt im wesentlichen T. Tassos Schäferspiel *Aminta:* Die dem jungen Hirten Aminta von

Orion und Diana verwehrte Liebe zu der Nymphe Sylvia muß sich erst gegen die Willkür der Götter bewähren, ehe die beiden Liebenden zueinandergeführt werden. – Wurde das Handlungsgefüge dieses Balletts aufgrund seiner geringen dramaturgischen Sinnfälligkeit wiederholt kritisiert, erlangte die Musik hingegen derartige Berühmtheit, daß sie vorzugsweise sogar anderen Choreographien (L. Lawrowski, *Fadetta*, Leningrad 1934) zugeordnet wurde. Nachweislich inspirierte gerade die musikalische Komposition des Werks – besonders in jüngerer Zeit – die Choreographen zu vielbeachteten Neuinterpretationen (G. Balanchine, New York 1951; Fr. Ashton, London 1952 und auszugsweise 1967; E. Hanka, Wien 1952; E. Walter, Bregenz 1963; L. Seregi, Budapest 1972). G. LUDIN

SYMBOL (von griech. symbolon = Kennzeichen, Merkmal, Erkennungszeichen). Der Begriff wird in nahezu allen Natur- und Geisteswissenschaften verwendet, freilich terminologisch uneinheitlich und oft durch allzu weiten Begriffsumfang mehr verwirrend als erhellend; auch in der Musikwissenschaft ist ein tragfähiger S.-Begriff bisher nur ansatzweise entwickelt worden. Zumindest repräsentiert das musikalische S. in Notation und Klang einen außermusikalischen Sachverhalt, zumeist einen abstrakten Begriff, und gewinnt durch die nachträgliche Setzung von Bedeutung eine zusätzliche Dimension, die jedoch stets abhängig ist von Konventionen, die historisch vermittelt sind. Das musikalische S. kann innerhalb einer Komposition andere abbildhafte Bereiche der Musik überlagern oder durchdringen, z. B. musikalisch-rhetorische ↗Figuren, Ausdruckswerte oder auch Darstellungsbezüge (↗Tonmalerei, ↗Programmusik).

Bestimmte Instrumente, Tonarten, rhythmische oder formale Modelle und Zahlen bilden die Hauptbereiche musikalischer Symbolik im Wandel der Geschichte. Im antiken Griechenland sind der Aulos als Instrument und der Dithyrambus als Rhythmusträger dem Dionysos-Kult zugeordnet und werden ihrer schädlichen ekstatischen Wirkung wegen abgelehnt. Die Kithara und der Päan-Gesang stehen dagegen für den Gott Apollon. Mittelalterliche Bibelexegeten setzen Musikinstrumente zur symbolischen und allegorischen Deutung von Heilswahrheiten ein. Die Form des 10saitigen Psalteriums gilt als Sinnbild für den Leib Christi, die der Kithara als Zeichen seines Kreuzes. Die Orgel symbolisiert im Frühbarock die Geburt der Welt aus der Musik (A. Kircher). Trompeten als Zeichen von Herrschaft, Posaunen als Klang-S. der Unterwelt und des Jüngsten Gerichts oder Holzbläser für pastorale Szenerien behalten ihre S.-Eigenschaften bis ins 20. Jh; die Kirchentonarten werden im MA in Fortführung antiker Traditionen mit charakteristischen Merkmalen belegt, eine grundsätzliche Unterscheidung bahnt sich in der Deutung des Tongeschlechts von Dur und Moll an. Bis weit über L. van Beethoven hinaus werden einige Tonarten (vorwiegend in der Oper) als Bedeutungsträger eingesetzt (F-Dur/G-Dur = pastoral; Es-Dur = heroisch, kriegerisch; d-moll = unheilvoll, dämonisch). Die franko-flämische Musik des 15./16. Jh. parallelisiert die Trinität und die Unendlichkeit Gottes mit einem 3stimmigen Kanon, mit ternärer Rhythmik, mit Zirkelkanon und perfekter Mensur. In der „Augenmusik" der Zeit stehen die Schwärzung der Notenwerte für Totenklage, Schmerz und Trauer. Das rhythmische Modell des Siciliano kennzeichnet über Jahrhunderte vielfältige Formen der Pastorale. Auf der Grundlage eines naturphilosophisch-mystischen Verständnisses vom Schöpfungskosmos gilt die Zahl seit Urzeiten als S.-Träger und gewinnt, angeregt durch die biblischen S.-Zahlen 1, 3, 7, 12 in der Antike und im MA in der Musik, immer mehr an Bedeutung. Die Zahlensymbolik der Musik der Renaissance verbindet oft die Textidee mit einer bestimmten Kompositionsstruktur, so die Beziehung Gott Vater und Gott Sohn etwa mit einem 2stimmigen Kanon oder die der Gottesmutter zugeschriebene Zahl 7 mit 7-Stimmigkeit oder mit 7 Cantus firmi versehenen marianischen Kompositionen. Das Werk J. S. Bachs bildet nicht nur in bezug auf die Zahlen-S.e, sondern auch für den gesamten Bereich der musikalischen Symbolik einen vielschichtigen und dennoch in sich geschlossenen Höhepunkt. Bis in die Gegenwart bedienen sich die Komponisten häufig der überkommenen Klangsymbolik, der symbolhaften Verwendung von Instrumenten und Tonarten (W. A. Mozart, *Die Zauberflöte)* oder Akkorden (z. B. ↗mystischer Akkord), chiffrenhaften Tonfolgen (z. B. B-A-C-H) sowie der ↗Zahlensymbolik. Die Leitmotivtechnik in den Musikdramen R. Wagners läßt sich als eindrucksvolles Symbolgewebe deuten. Die Komponisten der Wiener Schule verbleiben zwar noch im Spannungsfeld zwischen Symboldenken und struktureller Absolutheit (A. Berg, Violinkonzert), doch mit dem Schwinden von Darstellungs- und Ausdruckshaftigkeit in der Musik wird auch den traditionellen S.en der Boden entzogen.

Die Musikwissenschaft hat sich im Anschluß an die Bachforscher J. N. Forkel, Ph. Spitta und A. Schweitzer zu Beginn des 20. Jh. durch H. Kretzschmar und A. Schering intensiv mit S.-Analyse und -Interpretation beschäftigt. Scherings

„Symbolkunde“, die wesentlich zur Erhellung der barocken Musiksprache beigetragen hat, ist freilich später einerseits durch eine zu umfassende Neutralisierung des S.-Begriffs (z. B. in der Anwendung auf Sachverhalte der musikalischen Figurenlehre), andererseits auch durch Scherings z.T. überzogene literarische „Deutungen“ (↗Hermeneutik) der Werke Beethovens wissenschaftlich in Verruf geraten. E. Schenk und sein Schülerkreis versuchten in den letzten Jahrzehnten, die Tonsymbolik als philologische Forschungsmethode zu rehabilitieren. Trotz zahlreicher neuerer Arbeiten fehlt aber bis heute eine historisch fundierte Systematik und Typologie musikalischer Symbole.

Lit.: H. ABERT, Die Musikanschauung des MA u. ihre Grundlagen (Hl 1905, Nachdr. Tutzing 1964); H. KRETZSCHMAR, Anregungen z. Förderung musikal. Hermeneutik, in: ders., Gesammelte Aufsätze über Musik II (L 1911); K. ZIEBLER, Das S. in der Kirchenmusik J. S. Bachs (Kas 1930); A. SCHERING, Das S. in der Musik (L 1941); A. SCHMITZ, Die Bildlichkeit der wortbezogenen Musik J. S. Bachs (Mz 1950, Laaber ²1970); W. S. HUBER, Motivsymbolik bei H. Schütz (Bas 1961); E. A. LIPPMAN, Symbolik, in: MGG XII; W. DANCKERT, Tonreich u. S.zahl in Hochkulturen u. in der Primitivenwelt (Bonn 1966); W. ELDERS, Stud. z. Symbolik in der Musik der alten Niederländer (Bilthoven 1968); H. KAYSER, Die Harmonie der Welt (W 1968); E. SCHENK, Ausgew. Aufsätze, Reden u. Vorträge (Gr – W – Kas 1968); A. ROSENBERG, Die Zauberflöte. Gesch. u. Deutung v. Mozarts Oper (Mn 1972); T. KNEIF, Musik u. Zeichen, in: Musica 27 (1973); R. DONINGTON, R. Wagners „Ring des Nibelungen“ u. seine S.e. Musik u. Mythos (St 1976); H. GIESEL, Stud. z. Symbolik der Musikinstr. im Schrifttum der alten u. ma. Kirche (Rb 1978); Wörterbuch der Symbolik, hrsg. v. M. LURKER (St 1979) (mit zahlr. Musikartikeln); H. JUNG, Die Pastorale. Stud. z. Gesch. eines musikal. Topos (Be – Mn 1980); DERS., Der S.begriff in der Musikwiss., in: Bibliogr. z. Symbolik, Ikonographie u. Mythologie 13 (1980); DERS., Zur Phänomenologie musikal. S.e, in: Kgr.-Ber. Bayreuth 1981.

H. JUNG

SYMMETRIE (von griech. symmetria = richtiges Verhältnis, Ebenmaß, Kommensurabilität) ist ein in der Natur, in der Kunst und besonders auch in der Musik erkennbares Strukturierungsprinzip, auf dem alle Rede von der Musik als ↗Harmonie bzw. als rational begründeter, auf Proportionen beruhender Ordnung basiert und das seit der Antike sowohl die Konstruktion der Tonsysteme als auch die Erklärung der zeitlichen Gestalt, mithin die ↗Form der Musik überhaupt, betrifft und leitet. Dabei übersteigt die Suche nach musikalischer S. in der Musikbetrachtung mitunter den rationalen Untergrund und kann (wie schon im Neupythagoreismus) in mystische Zahlenspekulationen umschlagen.

Außer in der allgemeinen Bedeutung (Wohlproportioniertheit und Konkordanz der Teile so, daß sie sich zu einem Ganzen fügen) begegnet S. in der Musik in verschiedenem speziellem Sinne. Insbesondere in der Musik des 20. Jh. (↗Zwölftonmusik, ↗serielle Musik u.a.), aber auch schon in früheren Satzformen und -techniken zeigt sich die bilaterale S. als einfachster Fall eines geometrischen S.-Begriffs auf der Ebene von Akkorden, Motiven (Themen), Formteilen und sogar ganzen Stücken. Hierher gehören etwa die rückläufige Anordnung von Formteilen (alle „Bogenformen“ wie ABCBA), die alten kontrapunktischen Verfahren ↗Krebsgang und ↗Umkehrung (Spiegelungen an einer Zeit- oder Tonhöhenachse, d.h. im Notenbild an einer Vertikalen oder Horizontalen) sowie der Aufbau von Klängen und Akkorden, sofern ihre Intervallstruktur spiegelsymmetrisch angeordnet ist, oder die Umkehrung von Rhythmen (z.B. ♩♩𝅗𝅥 wird 𝅗𝅥♩♩). Die symmetrischen Bildungen können in diesen Fällen hörbar sein, dienen jedoch als Kunstmittel eigentlich dazu, der Komposition Zusammenhang und Dichte bzw. der musikalischen Form ein architektonisches Gerüst zu verleihen, und erschließen sich in vielen Fällen nur der analytischen Versenkung in den Notentext. Sofern bestimmte Richtungen der Neuen Musik (z.B. die Gruppenkomposition) das Verhältnis von Klang und Form bzw. Zeit neu zu bestimmen versuchten, wurden außerdem höhere Fälle des mathematischen S.-Begriffs bestimmend (z.B. translative und rotative S.n bei M. Kagel, 1960).

Der „Nichtumkehrbarkeit“ der Zeit trägt in der Musik die Perioden-S. (Korrespondenz von Aufstellung und Beantwortung) Rechnung, deren einfachster Fall die Wiederholung ist. Diese von Tanz und Lied herkommende, auf dem neuzeitlichen (Akzent-)Taktbegriff beruhende und primär metrische Form musikalischer S. ist bei H. Riemann theoretisch ausgebaut zur „Grundlage des Aufbaus musikalischer Formen“ (1903, S. 198). Riemann betrachtet das aus 2 Zählzeiten bestehende (auftaktige) Taktmotiv ♩|♩ als „erste S.“, zu dem ein weiterer Takt als „ihm antwortend, zu ihm in S. tretend aufgefaßt wird“; den beiden Takten antworten wieder 2, diesen 4 erneut 4 Takte. Nachdem die Perioden-S. in der Musik der Wiener Klassik ihre reinste Ausprägung gefunden hat, büßte sie in der Kunstmusik im Laufe des 19. Jh. an Verbindlichkeit ein, indem die „Quadratur“ (R. Wagner) von einer musikal. „Prosa“ abgelöst wurde, die das Korrespondenzprinzip der musikal. Syntax aufkündigte. Eine über die Perioden-S. Riemanns hinausgehende umfassende und mathematisch fundierte Theorie der S. in der Musik fehlt noch.

Lit.: H. RIEMANN, System der musikal. Rhythmik u. Metrik (L 1903); W. WERKER, Stud. über die S. im Bau der Fugen ... des Wohltemperierten Klaviers v. J. S. Bach (L 1922); H. EIMERT, Lehrbuch der Zwölftontechnik (Wie ³1954, ¹⁷1973); H. WEYL, S. (Bas – St 1955); M. KAGEL, Translation-Rotation, in: Die Reihe 7 (W 1960); G. MASSENKEIL, Unters. z. Problem der S. in der Instrumentalmusik W. A. Mozarts (Wie 1962); E. WERNER, Grundsätzliche Betrachtungen über S. in der Musik des Westens, in: Studia musicologica 11 (1969); W. SEIDEL, Über Rhythmustheorien der Neuzeit (Be – Mn 1975). A. RIETHMÜLLER

SYMPHONIA (lat., von griech. syn = mit, zusammen und phonē = Schall, Klang), einer der wenigen originär musikalischen Begriffe der Musiktheorie. In der Antike und im MA bedeutet S. soviel wie Konsonanz, auch im Sinne einzelner, als konsonant geltender Intervalle (Oktave, Quinte, Quarte, Einklang), darüber hinaus auch Zusammenklang im realen oder übertragenen Sinne (↗Sphärenharmonie). Andererseits bezieht sich der Ausdruck auch auf ein Instrument, auf dem man Zusammenklänge produzieren kann: in erster Linie die ↗Drehleier, aber auch die ↗Sackpfeife und, nach 1500, das Clavichord bzw. jegliches Tasteninstrument. Seit dem 16. Jh. findet sich der Terminus S. als Bz. für mehrstimmige Kompositionen (G. Rhau, *Symphoniae iucundae,* 1538; H. Waelrant, *Symphonia angelica,* 1585), ohne auf besondere Stileigentümlichkeiten hinzuweisen. Auch hinsichtlich der *Symphoniae sacrae* von G. Gabrieli (1597, 1615) bzw. von H. Schütz (1629, 1647, 1650) ist noch umstritten, ob der Begriff sich hier wirklich speziell auf das Zusammenwirken von Instrumenten und Singstimmen bezieht. Im 17. Jh. nimmt der Ausdruck die Bedeutung einer rein instrumentalen Musik an und ist synonym mit dem Begriff ↗Sinfonia.

Lit.: H. J. MARX, Zur Bedeutung des Begriffs „S." im MA, in: Kgr.-Ber. Kopenhagen 1972 (Kop 1972).

SYMPHONIE, Sinfonie (engl.: symphony; it.: sinfonia; span.: sinfonía), ein mehrsätziges, in bezug auf Besetzung, zeitliche Ausdehnung und kompositorische Ausarbeitung verhältnismäßig groß und anspruchsvoll angelegtes Orchesterwerk. Die S. ist vom späten 18. bis ins 20. Jh. die repräsentative Gattung der Instrumentalmusik, das Medium, dessen sich die Komponisten stets bedienten, wenn sie musikalische Gedanken von besonderer Bedeutung zum Ausdruck bringen wollten.

Allgemeines. Es gibt kein zentrales Urbild der symphonischen Form. Im Verlauf ihrer Entwicklung hat die Gattung 2 Grundtypen ausgebildet, die in der äußeren Erscheinungsform eng miteinander verwandt sind, aber auf verschiedenen ästhetischen Konzeptionen beruhen. Der erste Typus, der beispielhaft in den späteren S.n J. Haydns verwirklicht ist, stellt die nach langer Entwicklungsphase erreichte Standardform dar. Es handelt sich um einen ausgewogenen Verbund von Satzcharakteren: einem markanten und lebhaften Anfangssatz folgt ein eher gesanglicher, langsamerer „Gegen-Satz"; am Ende steht ein schnelles Finale von heiterer oder auch ausgelassener Grundstimmung (als „Kehraus"). In diese statische Symmetrie von Formeröffnung, -zentrum und -abschluß wird ein weiteres Element auflockernd eingefügt, das die Balance zwar stört, aber nicht zerstört: das ↗Menuett. Es ist ein Satz mit episodischer Funktion, der in Ausdruck und Plazierung (an 2. oder 3. Stelle) dem Charakter des jeweiligen Zyklus angepaßt werden kann. Auch die formale Gestaltung der Teile läßt Normen erkennen: Für den ersten Satz gilt zwingend das Prinzip der ↗Sonatensatzform, die langsamen Sätze haben oft liedhafte periodische Reihungsform. Das Menuett weist unveränderlich die konventionelle 3teilige Struktur (Hauptteil – Trio – Wiederholung des Hauptteils) auf, und die Kehraus-Finali sind meist als ↗Rondo (oder auch als beschwingter, gleichsam schwereloser Sonatentypus) gestaltet. Die hier angeführten Merkmale hat die S. allerdings mit anderen Gattungen der Epoche (Sonate, Streichquartett u.a.) gemeinsam. Ihre spezifischen Eigenheiten ergeben sich aus der größerern Besetzung und den entsprechenden stärkeren Wirkungen in bezug auf Klangvolumen und Lautstärkedifferenzierung. Mit der Erweiterung der Klangfarbenskala (anfangs noch begrenzt auf Streicher, 2 Oboen und 2 Hörner) zur klassischen Standardbesetzung erschließt sich der Gattung eine weitere Dimension: das in der Oper früh entdeckte, in der Konzertmusik bis dahin jedoch wenig genutzte Instrumentalkolorit als Strukturelement. Der Grundfarbe des stark besetzten Streichorchesters treten nun je 2 Flöten, Oboen, Fagotte, Hörner, Trompeten und Pauken (gelegentlich auch 2 Klarinetten) gemeinsam als Komplementärfarbe oder auch als einzelne Farbwerte mit zahlreichen Möglichkeiten der Mischung gegenüber. In zunehmender Erweiterung und Vertiefung hat sich die S. im 18. Jh. zur repräsentativen Instrumentalform entwickelt, die „zum Ausdruck des Großen, des Feierlichen und Erhabenen vorzüglich geschickt" ist (J. A. P. Schulz, 1793). In den „Pariser" und „Londoner" S.n J. Haydns und den Meisterwerken von W. A. Mozart zeigt sich der klassische Typus der S. in seiner idealen Ausprägung. Mozarts symphonisches Vermächtnis, die letzten 3 seiner S.n (KV 543, 550, 551), weist in Einzelzügen auf eine neue Art der S. hin.

Mit L. van Beethovens nicht mehr typischen, sondern individuellen Realisierungen der symphonischen Form vollzog sich eine Umwertung der S. vom geistvollen, beziehungsreichen Klangspiel zur „tönenden Botschaft". Aus der Reflexion, zu der seine „Tondichtungen" anregen, entwickelte sich eine regelrechte Ästhetik der musikalischen Form.

Die Gattung galt nun als „anerkannt Höchstes in der Instrumentalmusik" (G. Schilling), als Inbegriff der „absoluten Musik". Der hohe Kunstanspruch zielt zunächst auf die Struktur: Man erwartet außergewöhnliche satztechnische Meisterschaft, vor allem hinsichtlich der ↗thematischen Arbeit, aber auch einen überzeugenden tektonischen Aufbau der Gesamtform. Charakteristisch für die S. des 19. Jh. ist ihre „finale", auf den alles zusammenfassenden Schlußsatz hinzielende Anlage. Gleichzeitig sieht man in der S. aber auch die musikalische Ausdrucksform bedeutender, überindividueller Ideen; Empfindungen werden vergrößert projiziert, Gefühlsausdruck wird zum Pathos stilisiert. Musik ist Mitteilung, Adressat ist nicht mehr der einzelne, sondern eine Gemeinschaft, die Allgemeinheit, bei Werken mit ideologischer Tendenz wohl auch „die Menschheit". Charakteristika dieses musikal. Monumentalstils sind große Entwicklungsphasen, ausgedehnte Klangflächen, dynamische Eruptionen und auch das Kunstmittel des Leerlaufs als Sammelstelle für neue Evolutionen. Die Entsprechungen zu der anderen Monumentalform dieser Epoche, der Oper, sind offensichtlich. Nach deren Vorbild wird die S., „die Oper der Instrumente" (E. Th. A. Hoffmann), nun auch als Kunstform institutionalisiert. Die Etablierung der S. als Ressort der offiziellen Kulturpflege brachte der Gattung den Vorteil der Existenzsicherung: Der „Apparat" benötigte für seine Konzertreihen ständig Material und bot daher Aufführungsmöglichkeiten für neue Werke dieses Genres. Doch der Zwang konstanter Orientierung am gleichen Formmodell leitete zugleich einen Abnutzungsprozeß ein. Seit der 2. Hälfte des 19. Jh. traten neben den als alternde Tradition betrachteten Typus der „Ideen-Symphonie" andere „symphonische Formen". Das Bestimmungswort „symphonisch" ist vieldeutig, es kann mit Bezug auf das Urbild weiterhin als Qualitätsprädikat für technisch und geistig höchst anspruchsvolle Musik gemeint sein, wodurch angezeigt wird, daß hier andere Gattungen (Suite, Konzert, Variationenzyklus) auf höchstem kompositorischem Niveau gestaltet sind, es kann aber auch in Verbindungen wie „Sinfonischer Kolo" (ein serbischer Tanz) oder „Symphonisches Nocturno" lediglich eine „Besetzung für großes Orchester" anzeigen und damit auf seine rein quantitative Bedeutung reduziert werden. – Das 20. Jh. hat keinen eigenen Typus der S. hervorgebracht, wohl aber eine Vielfalt symphonischer Kompositionen, die die traditionelle Form auf kritische oder affirmative, schöpferische oder eklektische Weise widerspiegeln.

Geschichtliches. Die Geschichte der S. im Sinne des beschriebenen Idealtypus beginnt eigentlich erst nach 1780 mit den reifen symphonischen Werken Haydns und Mozarts. Alles Voraufgegangene, also auch die zuvor entstandenen S.n dieser beiden Klassiker, zählt zur Vor- und Frühgeschichte der Gattung.

Ursprung. Die S., dieser Inbegriff der autonomen Instrumentalmusik, gehört ihrer Herkunft nach in den Bereich der Oper. Sie stammt unmittelbar von der (neapolitanischen) Opernsinfonia ab, genauer gesagt, von dem Typus der ↗Ouvertüre, der seit Ende des 17. Jh. vor allem durch A. Scarlatti geprägt wurde. Die Vielgliedrigkeit der älteren (venezianischen) Opernintroduktionen wird hier erweitert zu 3 relativ selbständigen Formteilen: einem energischen Allegro, einem kantablen, oft nur überleitenden Mittelteil und einem schnellen Tanzsatz im Dreiertakt. Wesentliche Merkmale des späteren S.-Zyklus sind hier schon deutlich erkennbar. (Dem akzentuierten Anfang mit volltönender Dreiklangmelodik ist seine Bestimmung anzumerken: in einer lebhaft plaudernden Gesellschaft sich durchsetzen und die allgemeine Aufmerksamkeit auf die Musik lenken zu müssen.) Das Formprinzip verbreitete sich rasch und wurde zum Muster für alle Ouvertüren italienischer Opern im frühen 18. Jahrhundert. Der Formtypus erwies sich aber auch als geeignet für eine rein konzertante Aufführung, so daß Ouvertüren dieser Art oft losgelöst aus ihrem ohnehin nur losen ursprünglichen Zusammenhang bei festlichen Musikdarbietungen eingesetzt wurden. Damit war der entscheidende Schritt zur Entstehung der Konzertsymphonie als Gattung getan.

Die Symphonie im 18. Jahrhundert. Die Entwicklung der S. ist Teil des allgemeinen Geschmackswandels seit etwa 1730, der mit der Abkehr vom Stil des Spätbarock eine neue Sprache der Einfachheit (mit durchsichtiger Setzweise, symmetrischen Perioden und durch die Kadenzharmonik geprägten Themen und Formen) ausbildet, ein Idiom, das schließlich im Gestaltungsprinzip der Sonatensatzform die ihm angemessene, allgemein verbindliche Form findet. Die Merkmale dieses klassischen Formtyps sind: 1. der harmonische

$$\text{Grundplan} \left\{ \begin{array}{ll} \text{in Dur:} & \text{T – D} \mid \text{Modulation – T} \\ \text{in Moll:} & \text{t – tP} \mid \text{Modulation – t} \end{array} \right\},$$

2. Die Verarbeitung bzw. „Entwicklung" des Themenmaterials durch Abwandlung (Durchführung), 3. Dreiteiligkeit der Form durch Wiederaufnahme (Reprise) des 1. Teils (Exposition) nach der Durchführung, 4. Einführung eines zweiten, kontrastierenden Themas (Seitenthema) in die Exposition. Weitere Aspekte der Entwicklung betreffen

die Satztechnik, das Klangbild, den Eigenwert der Dynamik und die Gestaltung der zyklischen Form. Die früheste Phase der Gattungsgeschichte ist dadurch gekennzeichnet, daß sich diese Merkmale der Sonatensatzform noch nicht zu einem einheitlichen Ganzen integriert, sondern nur in unterschiedlichen Einzelkombinationen finden. Die Entwicklung der S., die sich im Querschnitt als fortschreitende Annäherung an den klassischen Typus erweist, ist im einzelnen ein diskontinuierlicher Prozeß, an dem viele Komponisten der Epoche beteiligt waren, ohne daß ihr persönlicher Anteil daran exakt zu bestimmen wäre, zumal eine genauere Untersuchung der Gesamtproduktion (ein Katalog der überlieferten S.n des 18. Jh. registriert rund 10000 Werke; vgl. J. LaRue, 1959) noch fehlt. Die von der Musikgeschichtsschreibung allgemein als Fakten behandelten Rückschlüsse aus meist isolierten Forschungen sind nur Teilaspekte und daher hinsichtlich der Zuschreibung von Prioritäten oder wechselseitigen Einflußnahmen mit Vorbehalt aufzunehmen.

Unter den ungezählten S.-Komponisten des 18. Jh. ragen einige aufgrund ihrer Individualität oder der Wirkungskraft ihrer Werke heraus. Der Mailänder G. B. Sammartini gilt als der erste Verfasser von Konzert-S.n (vor 1740). Diese enthalten ansatzweise etliche Charakteristika der späteren Norm. Weitere it. Komponisten, die Beiträge zur Gattung lieferten, waren L. Boccherini und der in Spanien wirkende, kaum bekannte, aber originelle G. Brunetti. Die übliche Einteilung der „vorklassischen" S. nach regionalen Zentren geht oft nach äußerlichen Kriterien vor. In Mannheim haben jedoch die Gegebenheiten der kurfürstlichen Hofkapelle und die schöpferische Persönlichkeit ihres Begründers, J. Stamitz, zu einer wirklichen „Schule" geführt. Ihr Beitrag zur Entwicklung der S. besteht darin, die in hervorragendem Orchesterspiel erarbeiteten dynamischen und klangfarblichen Valeurs in die Struktur einbezogen zu haben. In 2 Generationen hat die ↗Mannheimer Schule eine erstaunliche Zahl von Komponisten hervorgebracht, die Wesentliches zur Gattung der S. beigesteuert haben: Fr. X. Richter, I. Holzbauer, A. Filtz sowie die Söhne Stamitz', Carl und Anton, E. Eichner und besonders Fr. Beck. In Wien haben nach den als Innovatoren wohl überschätzten „Vorklassikern" G. M. Monn und G. Chr. Wagenseil Zeitgenossen Haydns wie der produktive K. Ditters von Dittersdorf (ca. 150 S.n) oder die kaum bekannten, aber originellen C. d'Ordoñez und J. Vanhal den Boden für die Klassiker bereitet. Paris – bis zur Revolution der glanzvollste Aufführungsort für Konzertmusik – war auch als Produktionsstätte bedeutend mit S.n von Fr. J. Gossec, S. Leduc und I. Pleyel. Im nördlichen Deutschland führten die Theoretiker einen Disput über die Einbeziehung der Tanzform Menuett in die S., die als Stilvermischung abgelehnt wurde. In der Praxis setzen sich C. Ph. E. Bachs 18 S.n durch ihre individuelle Prägung vom allgemeinen Niveau (J. G. Graun, J. W. Hertel, J. A. Hiller) deutlich ab. In London dominierten der im it. Stil geschulte J. Chr. Bach und C. Fr. Abel. Beide Bach-Söhne hatten erheblichen Einfluß auf Haydn und Mozart und bilden so ein Bindeglied zur Wiener Klassik.

Die Symphonien Haydns und Mozarts. Von der kollektiven Leistung der Komponisten im 18. Jh. hebt sich das symphonische Werk der Wiener Klassiker deutlich ab. Zwar sind beide zunächst noch dem anspruchslosen Zeitgeschmack verhaftet, doch leuchten aus der liebenswürdigen Durchschnittlichkeit der Frühwerke etliche Glanzlichter auf. Dabei liegt Haydns Stärke in der formalen Phantasie, Mozarts Kunst im musikalischen Einfall. In Haydns Gesamtbestand von mehr als 104 S.n zählen dazu die „Tageszeiten-Trilogie" (Nr. 6, 7, 8) mit den Untertiteln *Le matin, Le midi* und *Le soire,* Nr. 28 A-Dur, Nr. 30 *Alleluja* und Nr. 31 (mit 4 obligaten Hörnern). Nach 1770 (etwa seit Nr. 43) gewinnt jedes einzelne Werk mehr an Profil, 1785/86 sind mit den „Pariser" S.n (Nr. 82–87) die Merkmale des klassischen symphonischen Stils voll ausgebildet: Durchführungstechnik, durchbrochene Arbeit, obligate Bläserführung. Dazu kommt Haydns persönlicher Stil: die harmonischen und dynamischen Überraschungen, die auch die derbe Pointe nicht scheuen (der berühmte Paukenschlag in Nr. 94), und die häufigen Störungen der metrischen Ebenmäßigkeit durch Verkürzungen oder Dehnungen, die im Gegensatz zu der eher naturhaft wirkenden Asymmetrie bei Mozart etwas Mutwilliges zu haben scheinen. 1791–95 schließt Haydn mit den 12 „Londoner" S.n sein symphonisches Schaffen ab. – Mozart war nur „nebenberuflich" Symphoniker. Seine S.n sind Gelegenheitswerke und stehen in seinem Gesamtwerk vereinzelt da. Die frühen S.n verraten wenig kompositorischen Ehrgeiz, dennoch weisen alle als Markenzeichen einen gewissen Mozartschen Charme auf. Das Clair-obscur-Kontrastpaar der S.n g-moll (KV 183) und A-Dur (KV 201) des 18jährigen zeigt allerdings deutlich die Handschrift des Genies. Die „Haffner"-S. (KV 385), eine auf 4 Sätze reduzierte Serenade, belegt die Identität von Divertimento- und S.-Stil dieser Schaffensperiode. „Linzer" und „Prager" S. (KV 425 u. 504) sind weitere Stufen zur Vollendung, die mit dem Dreigestirn Es-Dur (KV 543), g-moll (KV 550) und C-Dur (KV 551) erreicht ist.

Die Symphonien Beethovens. Das Neue und Besondere an Beethovens reifen Werken war, daß sie dem Hörer den Eindruck vermittelten, es müsse hinter ihrer Klangwirklichkeit ein höherer, ein „metaphysischer" Sinn stehen, den es zu begreifen galt. Dies betrifft allerdings noch nicht im vollen Umfang die beiden ersten S.n C-Dur (1800) und D-Dur (1802), die noch dem Geist der Musik des 18. Jh. verhaftet sind. In handwerklicher Beziehung ist Beethovens symphonischer Stil jedoch auch hier schon voll ausgebildet: Die Orchesterbesetzung mit je 2 Flöten, Oboen, Klarinetten, Fagotten, Hörnern, Trompeten und Pauken ist jetzt die Norm. Als lebhafter Binnensatz wird im Prinzip das Scherzo eingesetzt (der 3. Satz der 1. S. trägt noch die Bezeichnung Menuett, hat aber durchaus Scherzo-Charakter). Satztechnik und Instrumentation sind souverän gehandhabt. Haydns Überraschungstechnik ist hier aufgegriffen und weiterentwickelt. Die *Sinfonia eroica* (Es-Dur, Nr. 3, 1805) begründet den Typus der „Ideen-Symphonie", der in der 5. S. c-moll (1808) seine Weiterentwicklung und in der 9. S. d-moll mit Schlußchor über Fr. von Schillers Ode *An die Freude* (1824) seine äußerste Steigerung erfährt. Mit Einschränkungen läßt sich auch Nr. 7 A-Dur (1813) dieser Gruppe zuzählen. Die übrigen S.n, zeitlich jeweils dazwischen stehend, verhalten sich zu ihren dramatisch bewegten Nachbarwerken wie ausgleichende Kontrapostformen: die verhaltene 4. S. B-Dur (1807), die idyllische 6. S. *Pastorale* F-Dur (1808) und die humorvolle 8. S. F-Dur (1814). In diesem universellen Gesamtwerk mit seinen mannigfaltigen Gestaltungsideen hat Beethoven Generationen nachfolgender Komponisten Muster und Anregungen zur Nachahmung und Weiterführung gegeben. Die Erweiterung der Besetzung um Posaunen (Nr. 5, 6 und 9) und um weitere 2 Hörner (Nr. 9) wurde Ausgangspunkt des romantischen S.-Orchesters. Die für Beethoven typischen Ausdruckscharaktere des Adagio molto (in Nr. 9, auch 3 und 4), des Scherzos und des Apotheose-Finales (Nr. 3, 5, 7, 9), aber auch formale Innovationen wie ein 2.Trio im Scherzo oder die unmittelbare Ineinanderführung zweier Sätze wurden in der S. des 19. Jh. oft verwendete Kunstmittel.

Vor allem die 9. S. mit ihrem grenzüberschreitenden Chorfinale löste weitreichende Entwicklungen aus, von der Symphoniekantate (F. Mendelssohn Bartholdy) über die „Ode-Symphonie" in Frankreich (Félicien David) bis zu G. Mahlers vokal-symphonischen Mischformen. R. Wagner sah in seinem Musikdrama die konsequente Fortsetzung der im Schlußsatz der 9. S. eingeleiteten „Erlösung der Musik" durch das Wort. Aber auch formale Besonderheiten erwiesen sich als zukunftsweisend: die motivische „Rückblende" im Schlußsatz auf die vorhergehenden Sätze (A. Bruckner, A. Dvořák) oder der „Vorspann" einer allmählichen Entwicklung des Hauptthemas aus noch ungeformtem Tonstoff im 1. Satz (Bruckner). Doch waren dies alles Langzeitwirkungen, die Zeitgenossen blieben in respektvoller Distanz, hielten sich mehr zu Haydn und Mozart und folgten Beethoven allenfalls in Äußerlichkeiten (L. Spohr, C. M. von Weber).

Die Symphonie nach Beethoven: Deutschland bis 1870. Den Komponisten der Romantik wird häufig vorgeworfen, sie seien „eigentlich" keine Symphoniker gewesen. Die Kritik ist nicht unbegründet, wenn der symphonische Stil Beethovens als alleiniges und ausschließliches Kriterium angesehen wird. Eine große Form dieser Art zu schaffen, ist nicht nur eine Frage des Einfalls und des kompositorischen Handwerks, sondern auch eine Frage des Temperaments, dessen zweifellos dazugehörende feurige Komponente vielen Romantikern wohl abging. Der Vorwurf richtet sich selten gegen Fr. Schubert, vielleicht weil seine beiden entscheidenden Beiträge zur Geschichte der S. durch ihre Originalität die Kritik außer Kraft setzen (während seine früheren S.n – Nr. 1–6, 1813–18 – als Jugendwerke, die sich noch am Vorbild des 18. Jh. orientieren, aus der Wertung herausgenommen sind). An Schuberts „Großer S. C-Dur" (1828) rühmt ihr Entdecker R. Schumann neben der – allzuoft zitierten – „himmlischen Länge" die „völlige Unabhängigkeit zu den S.n Beethovens" und den „novellistischen" (d.h. epischen) Charakter. In der – nicht für die Entwicklung der S., aber für die Geschichte der Musik – noch bedeutenderen „Unvollendeten" (1822) hat Schubert vielleicht unbewußt den Typus einer „lyrischen Symphonie" schaffen wollen, ein in den beiden auskomponierten Sätzen hinreißend realisiertes Unterfangen, das wohl am Problem der zyklischen Form scheitern mußte, aber darin noch Größe beweist. – Wie bei Schubert, so war sicherlich auch bei R. Schumann und F. Mendelssohn Bartholdy die angeborene Begabung für andere Genres ausgeprägter, bei diesem für das charakteristische Orchesterstück und die Kammermusik, bei jenem für Klaviermusik und Lied. Dennoch haben beide in ihrem Bemühen um die „große Form" die Gattung bereichert. Ihre S.n entsprechen sich in der Einbeziehung eines „poetischen" Elements: Unveröffentlichte Untertitel zeigen an, daß hier Eindrücke von Landschaften oder Naturvorgängen in Musik umgesetzt worden sind. Dennoch sind sowohl Mendelssohn Bartholdys „Italienische“ S. A-Dur (1833) und die „Schottische“ a-moll (1834) als auch Schumanns „Frühlings“-S. B-Dur (1841) und seine „Rheinische“ Es-Dur (1850) eigenwertige symphonische Werke, bei denen die ausgelösten Assoziationen nicht von der Musik ablenken, sondern ihre Wirkung verstärken. Mendelssohn Bartholdys Formen haben vielfach tänzerischen oder balladenhaften Charakter; seine Satztechnik und Instrumentationskunst sind meisterhaft. Dagegen hat sich Schumann, vom Klavier herkommend, mit dem Orchester schwer getan (sein bestes Orchesterwerk ist bezeichnenderweise das Klavierkonzert). Die pastose, selten aufgelichtete Klangfärbung entspricht andererseits ganz dem öfters in versonnenes Grübeln versinkenden Grundton seiner Musik. Daneben gibt es aber auch den jubelnden emphatischen Aufschwung mancher Satzanfänge und mitreißende Schlußsteigerungen. Schumann wie Mendelssohn Bartholdy haben sich intensiv mit dem Problem einer einheitlichen Gestaltung des 4sätzigen Zyklus befaßt. Ersterer kam vor allem in der S. d-moll (1841 komponiert, als „Symphonische Phantasie“ aufgeführt, 1851/52 überarbeitet und als Nr. 4 bezeichnet) zu einer eigenwilligen, alle Sätze zu einem einheitlichen Zusammenhang verbindenden Lösung.

Die Programmsymphonie. Nach Schumanns letzter S. entstand in einem Zeitraum von fast 20 Jahren in dieser Gattung kein Werk von überragender Bedeutung.

Das Vakuum wurde ausgefüllt durch ein neues Genre, bei dem das geistige Konzept der Form als „dichterischer Vorwurf“ konkretisiert wurde: die „Programmsymphonie“. Das erste und grundlegende Werk dieser Art hatte H. Berlioz 1830 in Frankreich entworfen: die *Symphonie fantastique* mit 6 an der zyklischen Form der S. orientierten Sätzen nach einem bizarren, eigenes Erleben und Phantastik mischenden Programm *(Épisode de la vie d'un artiste: Rêveries, passions; Un bal; Scène aux champs; Marche au supplice; Songe d'une nuit du sabbat)*. In seinen weiteren programmatischen Werken bezog Berlioz auch andere Gattungen ein (*Harold en Italie* mit konzertierendem Bratschenpart und *Roméo et Juliette*, „Symphonie dramatique“ mit Solostimmen und Chor, 1839). Angeregt durch Berlioz' Grundidee entwickelte Fr. Liszt in Entsprechung zur Konzertouvertüre das Konzept einer Tondichtung in einem Satz, die sich als ↗symphonische Dichtung vor allem bei den Anhängern Liszts und Wagners zu einer eigenen Gattung entwickelte. Doch wurden auch weiter noch mehrsätzige Programm-S.n geschrieben (Liszt: *Faust-S.*, 1854; *Dante-S.*, 1856; J. Raff, 11 Programm-S.n; ein später Nachfahre ist R. Strauss mit *Aus Italien*, 1886, und der *Symphonia domestica*, 1903).

Deutschland nach 1870. Die historische Zäsur in der Geschichte der S. entspricht genau der Vorbereitungsphase für das symphonische Erstlingswerk von J. Brahms. Es ist symptomatisch, daß aus seinem noch zu Schumanns Lebzeiten 1853 begonnenem ersten Versuch einer Symphonie ein Klavierkonzert (d-moll, op. 15) entstand und daß ein zweiter Anlauf insgesamt 14 Jahre bis zur Vollendung brauchte. 1876 wurde die 1. Symphonie c-moll, op. 68 erstmals aufgeführt. Die Zeitgenossen empfanden sofort den besonderen Rang dieses Werkes. (E. Hanslick schrieb, es sei „kein Komponist dem Stil des späteren Beethoven so nahe gekommen“.) Brahms' folgende S.n – jede ein ausgeprägt individuelles Werk – halten diese Höhe in Form und Inhalt: Nr. 2 D-Dur, op. 73 (1877); Nr. 3 F-Dur, op. 90 (1883); Nr. 4 e-moll, op. 98 (1884/85).

Brahms hat keinen neuen symphonischen Baustil geschaffen, aber er hat den traditionellen Grundriß der S. auf eigenschöpferische Art von innen heraus erneuert. Allgemeine Merkmale seines Stils sind die allgegenwärtige Motivverarbeitung, eine daraus resultierende kompakte Setzweise, eine stufenreiche diatonische Harmonik und gedeckte, aber „von innen heraus“ leuchtende Klangfarben. Selbst die Ecksätze zeigen einen Anflug von Melancholie, hinter der aber eine ungeheure – gebändigte – Kraft spürbar wird. – Neben diesem bruchlos in die Tradition eingegliederten Brahmsschen Œuvre und seinem Widerschein in gediegenen symphonischen Werken seiner Zeitgenossen und Gefolgsleute (M. Bruch, J. Rheinberger, H. Goetz, F. Draeseke, H. von Herzogenberg u. a.) steht das etwa gleichzeitig entstandene symphonische Schaffen von A. Bruckner (2 frühe, 8 numerierte S.n; das Finale der 9. S. blieb unvollendet) wie ein erratischer Block in der Geschichte der Gattung. Deutliche Stileinflüsse von Beethoven (in Form und Kompositionstechnik), Wagner (in Harmonik und Orchesterklang) und in vieler Hinsicht auch von Schubert sind Bruckners eigener Sprache ohne Rückstände anverwandelt. Im Gegensatz zu allen anderen Komponisten des 19. Jh. war Bruckner nicht bemüht, individuelle Einzelwerke zu schreiben, er schuf sich einen spezifischen Grundtypus, den er in leichten Varianten immer wieder realisierte. Persönliche Stilmerkmale, etwa der geheimnisvoll raunende Beginn, die weitausholenden Steigerungswellen, der typische „Bruckner-Rhythmus“ (Duole + Triole, oder umgekehrt), die orgelmäßige Registerinstrumentierung und die choralartigen oder eruptiven Blechbläserapotheosen prägen jedem seiner Orchesterwerke seinen Stempel auf. Bruckners S.n sind Monumentalformen, die zu ihrer Entfaltung – ihrem Material und ihrem Aufbautempo gemäß – einem ausgedehnten Zeitraum benötigen, dem aber auch ein ausreichend langer symphonischer Atem entspricht. – Eine Tendenz zum Monumentalstil findet sich auch bei G. Mahler (9 S.n, 1888–1909; eine 10. S. blieb Fragment). Während Bruckner in naiver Gläubigkeit seine Vorstellung von der gegebenen Weltordnung in Klang umsetzt, sucht der so ambitionierte wie hypersensitive Mahler „mit allen Mitteln der vorhandenen Technik eine Welt zu bauen". Im Bestreben, die S. als Ideenkunstwerk weiterzuentwickeln, vergrößert er den Aufführungsapparat (die UA der 8. S. benötigte ein Orchester von 170 Musikern), vermehrt die Satzzahl bis auf 7 und sucht vor allem immer nachdrücklicher die „Idee" durch Einbeziehung des gesungenen Wortes zu konkretisieren. Die S.n Nr. 2, 3 und 4 enthalten Vokalformen für Chor und Solisten (Texte aus *Des Knaben Wunderhorn)*; die ausladende 8. S. („S. der Tausend") über den Hymnus *Veni Creator Spiritus* und den Schluß aus Goethes *Faust* II ist gattungsmäßig ein Großchorwerk und das ausdrücklich als „Eine S." bezeichnete *Lied von der Erde* ein symphonischer Liederzyklus. Mahlers letzte vollendete, rein instrumentale S. (Nr. 9, D-Dur, 1909), mit einer ungewöhnlich großen Orchesterbesetzung, die aber weitgehend auf differenzierte Weise kammermusikalisch eingesetzt ist, klingt aus mit einem breit ausgeführten Adagio in Des-Dur, als sei sie ein Epilog auf die Gattung, die wie keine andere Instrumentalform musikalisches Sinnbild ihres Jahrhunderts war.

Symphonie und Nationalstil. Die S. des 19. Jh. war anerkanntermaßen eine spezifisch deutsche Form. Soweit im übrigen Europa Orchestermusik geschrieben wurde, orientierten sich die Komponisten am klassischen Vorbild (L. Cherubini, G. Bizet, Ch. Gounod, W. St. Bennet, A. Rubinstein u.a.). Das von der Mitte des 19. Jh. an zunehmende Bewußtwerden eigener kultureller Werte der Völker – vor allem in den Randzonen Europas – wirkte sich auch auf die Instrumentalmusik aus, am deutlichsten in programmatischen Werken mit nationalem Sujet, aber auch auf die Symphonie. Hier ergibt sich die kompositionstechnische Schwierigkeit, folkloristisches Material symphonisch zu gestalten. Was bei den Binnensätzen mit liedhaft-balladesken oder tänzerischen Formen sinnvoll sein kann, bleibt bei Kopf- und Finalsätzen, wo es darum geht, den volkstümlichen Dialekt in die Hochsprache der Sonatensatzdialektik zu übertragen, problematisch. – *Nordische Länder.* Am frühesten entdeckten die skandinavischen Komponisten ihren nationalen Tonfall: in Dänemark J. P. E. Hartmann und vor allem N. Gade; in Schweden Fr. Berwald und in Norwegen J. Svendsen. Von der späteren Generation, die in Kenntnis der Musik Liszts, Wagners und Brahms' aufwuchs, sind der Däne C. Nielsen und der Finne J. Sibelius hervorzuheben. In ihren symphonischen Werken tritt das Folkloristische zugunsten motivischer Substanz zurück, was ihre stärkere übernationale Wirkung förderte. – *Osteuropa.* Das skandinavische Element blieb insgesamt etwas blaß, doch bekam die S. von seiten der slawischen Musik einen kräftigen und farbigen Akzent. Dabei wird Böhmen, ein Stammland der Musik, primär durch A. Dvořák repräsentiert, von dessen 9 S.n vor allem die 4 letzten (1880–93 entstanden) der älter und gesetzter gewordenen Gattung jugendlich-schwungvolle Impulse zuführten. Neben und nach ihm schufen Zd. Fibich und J. B. Foerster beachtenswerte S.n (während B. Smetana sich mehr der symphonischen Dichtung zuwandte). Aus den übrigen osteuropäischen Ländern sind zu nennen: für Polen J. Elsner zu Beginn und Z. Noskowski am Ende des 19. Jh., für das (nicht-slawische) Ungarn M. Mosonyi und der deutschbürtige R. Volkmann. Einen gewichtigen Beitrag leistete Rußland, vor allem durch die betont russisch „intonierten" S.n von A. Balakirew, N. Rimski-Korsakow und A. Borodin aus der Gruppe der Fünf. Dauernden Erfolg errang aber nur P. Tschaikowsky, dem es gelang, die Mitte zwischen dem heimatlichen Idiom und der von Zentraleuropa übernommenen symphonischen „Weltsprache" zu finden. Neu für die Gattung war an dieser russ. Symphonik die unvermittelte Gegenüberstellung von Melancholie und unbändiger Wildheit.

Die Symphonie im 20. Jahrhundert. Mahlers „Abgesang" auf die Gattung der S. hatte rein symbolischen Charakter. In der Realität wurde der S.-Typus des 19. Jh. bis weit ins 20. Jh. fortgeschrieben (außer durch J. Sibelius und C. Nielsen u.a. von E. Elgar, G. Ropartz, H. Pfitzner, R. Vaughan Williams, Fr. Schmidt, C. Szymanowski und A. Bax). Am beharrlichsten hielten russ. Komponisten die Tradition aufrecht – von A. Glasunow über A. Skrjabin, S. Rachmaninow bis zu A. Mjaskowski (27). Andererseits kündigte sich bei den fortschrittlicheren Komponisten ein Auflösungsprozeß an: im Ausweichen auf freiere „symphonische" Formen (Suite, Rhapsodie, Prolog, Konzert) oder im Zurückgehen auf das zumindest im Anspruch verkleinerte Format der Sinfonietta (M. Reger, L. Janáček). Die Hypertrophie der Riesenbesetzung findet ihr Gegenbild in der Kammer-S. (A. Schönberg, Fr. Schreker, D. Milhaud). Mit der antiromantischen Haltung der Neuen Musik seit dem 2. Jahrzehnt des 20. Jh. scheint das Ende der S. definitiv erreicht zu sein, man schreibt nun „Stücke", „Mouvements" oder einfach „Musik" für Orchester. Der Neoklassizismus der 30er Jahre bringt jedoch eine Neubelebung der Gattung, allerdings mit starkem Akzent auf der Faktur, wobei eine Tendenz zu monothematischer Gestaltung erkennbar wird. Zu den Komponisten der Neuen Musik mit zahlenmäßig oder qualitativ erheblichem symphonischem Schaffen zählen S. Prokofjew (der mit seiner *Symphonie classique*, 1917, die Wiederbelebung vorwegnahm), A. Roussel, A. Zemlinsky, I. Strawinsky, A. Honegger, G. Fr. Malipiero, B. Martinů, P. Hindemith, J. N. David, E. Krenek und K. A. Hartmann. Auffällig ist die große Zahl von S.n im Werk der Vertreter amerikanischer Musik, in der wohl ein Nachholbedarf für eine bodenständige repräsentative Form bestand: Ch. Ives (der mit seinen 4 eigenwilligen S.n zwischen allen Stilen steht), W. Piston (8), R. Sessions (8), R. Harris (12), A. Copland (4) und W. Schuman (9).

Manche als S. bezeichneten Kompositionen gehören nicht zur Gattung im engeren Sinne: Strawinskys *Symphonies pour d'instruments à vent* greifen auf den (prä-)historischen Sinfonia-Begriff des 17. Jh. zurück, A. Weberns *Sinfonie* op. 21 ist ein dodekaphonisches Nonett, O. Messiaens *Turangalîla-Symphonie* eine 10sätzige Suite und die *Symphonie pour un homme seul* ein Assoziationen weckender Titel für ein Werk der ↗Musique concrète von Pierre Henry und P. Schaeffer. Einen begrenzten Aufschwung erfuhr die Gattung noch einmal nach dem 2. Weltkrieg in Osteuropa, größtenteils im Zeichen des sozialistischen Realismus, der im pathetischen Gestus der symphonischen Form das adäquate Medium für seine ideologischen Botschaften sah: in der Sowjetunion A. Chatschaturjan (3), Dm. Kabalewski (4), Dm. Schostakowitsch (15) und S. Prokofjew (mit seiner 5.–7. S.); in der DDR M. Butting (10) und Johannes Paul Thilman (7), in der ČSSR K. B. Jirák (6) und Jan Hanuš (5), in Ungarn P. Kadosa (8) sowie in Polen u.a. W. Lutosławski (2), Grażyna Bacewicz (6), T. Baird (3) und Krz. Penderecki. Auch im ausgehenden 20. Jh. behauptet sich die S. weiterhin. Zwar scheint sie von ihrer Vorrangstellung als „anerkannt Höchstes" in der Instrumentalmusik endgültig suspendiert zu sein, doch zehrt sie noch von der früheren Reputation. Im Gesamtschaffen mancher „Arrivierten" bildet sie eine zentrale Werkgruppe (G. Klebe, H. W. Henze, P. R. Frikker, H. Searle), bei den Jüngeren wird sie zur Metamusik (Musik über Musik). In Formen dieser Art (etwa L. Berio, *Sinfonia*, 1968, oder V. D. Kirchner, *Sinfonie Nr. 1*, 1981) wird mit Techniken wie Parodie, Zitat, Collage, Paraphrase der Glanz der historischen S. in aktueller Brechung reflektiert.

Lit. (die Abk. „S." ist nach der jeweiligen Sprache aufzulösen): **1) Gesamtdarstellungen, Konzertführer und Sammelbände:** H. Kretzschmar, Führer durch den Konzertsaal, I: S. u. Suite (L 1887), bearb. v. F. Noack – H. Botstiber – H. Engel (^{7}1932); F. Weingartner, Die S. nach Beethoven (B 1897, ^{4}1926); P. Bekker, Die S. v. Beethoven bis Mahler (B 1918); K. Nef, Gesch. der S. u. Suite (L 1921, Nachdr. Wie 1970); D. F. Tovey, Essays in Musical Analysis, I: S.s (O 1935); R. Hill, The S. (Harmondsworth 1949); K. Blaukopf, Lexikon der S. (Kö 1952); E. Borrel, La s. (P 1954); R. Kloiber, Hdb. der klass. u. romant. S. (Wie 1964, ^{2}1976); S., in: MGG XII; R. Simpson, The S., I: Haydn to Dvořák, II: Elgar to the Present Day (Harmondsworth 1966–67, ^{2}1973); L. Hoffmann-Erbrecht, Die S. (Kö 1967) (= Das Musikwerk 29); Die Welt der S., hrsg. v. U. von Rauchhaupt (H 1972); L. Cuyler, The S. (NY 1973); R. Nadeau, The S. Structure and Style (Boston 1974); J. LaRue – N. Temperley – S. Walsh, S., in: Grove^{6} XVIII. – **2) Zu einzelnen Epochen, Schulen und Ländern: a)** 17.–18. Jahrhundert: A. Heuss, Die venetianischen Opern-Sinfonien, in: SIMG 4 (1902/03); H. Botstiber, Gesch. der Ouverture u. der freien Orchesterformen (L 1913, Nachdr. Wie 1969); W. Fischer, Zur Entwicklungsgesch. des Wiener klass. Stils, in: StMw 3 (1915); R. Sondheimer, Die formale Entwicklung der vorklass. S., in: AfMf 4 (1922); ders., Die Theorie der S. u. die Beurteilung einzelner Sinfoniekomponisten bei den Musikschriftstellern des 18. Jh. (L 1925), dazu Bibliogr. Index ..., in: AMl 37 (1965); A. Carse, Early Classical S.s, in: Proc. R. Mus. Assoc. 62 (1935/36); W. H. Reese, Grundsätze u. Entwicklung der Instrumentation in der vorklass. u. klass. S. (Diss. B 1939); A. Carse, 18th Century S.s. A Short Hist. (Lo 1951); C. L. Cudworth, The English S.s of the 18th Century, in: Proc. R. Mus. Assoc. 78 (1951/52); P. Stedman, Form and Orchestration in the Pre-classical S. (1953) (= Diss. Univ. of Rochester/N. Y.); J. LaRue, A Union Thematic Cat. of 18th Century S.s, in: FAM 6 (1959); ders., Major and Minor Mysteries of Identification in the 18th-Century S., in: JAMS 13 (1960); B. S. Brook, La s. française dans la 2de moitié du XVIIIe siècle, 3 Bde. (P 1962). – ↗Mannheimer Schule; J. ↗Haydn, W. A. ↗Mozart, L. van ↗Beethoven. – **b)** 19. Jahrhundert: S. Walin, Beitr. z. Gesch. der Schwed. Sinfonik (Sto 1941); T. L. Greenawalt, A Study of the S. in Russia From Glinka to the Early 20th Century (1972) (= Diss. Univ. of Rochester/N. Y.); A. Carse, The Orchestra from Beethoven to Berlioz (C 1948); P. H. Lang, The S. 1800 to 1900 (NY 1969); D. Pistone, La s. dans l'Europe du XIXe siècle (P 1977); C. Dahlhaus, Die Musik des 19. Jh. (Wie 1981) (= Neues Hdb. der Musikwiss. 6). – F. ↗Schubert, H. ↗Berlioz, F. ↗Mendelssohn Bartholdy, R. ↗Schumann, A. ↗Bruckner, J. ↗Brahms, P. I. ↗Tschaikowsky, A. ↗Dvořák, G. ↗Mahler, C. A. ↗Nielsen, J. ↗Sibelius; vgl. auch Lit. zu den übrigen genannten Komponisten. – **c)** 20. Jahrhundert: L. Biancholli, S. Prokofiev and His Orchestral Music (NY 1953); M. Gräter, Konzertführer Neue Musik (F – H 1955); A. N. Sochor, Sowjetskaja simfonitscheskaja musyka (Leningrad 1955); A. Brockhaus, Die Symphonik D. Schostakowitschs (1962) (= Diss. Humboldt-Univ. Berlin); E. S. Schwartz, The S.s of R. Vaughan Williams (1962) (= Diss. Columbia Univ., New York); R. J. Swickard, The S.s of D. Milhaud (1973) (= Diss. Univ. of California, Los Angeles); J. H. O. Maillard – J. Nahoum, Les s.s d'A. Honegger (P 1974); U. Klement, Probleme des Sinfonischen im DDR-Musikschaffen der letzten Jahre, in: MuGes 25 (1975); E. Voss, S.n als Bekenntnisse z. Humanität. Zur Sinfonik K. A.

Hartmanns, in: Melos NZ 2 (1976); CH. M. SCHMIDT, Über die Unwichtigkeit der Konstruktion. Anmerkungen zu H. W. Henzes 6. S., in: ebd.; P. ALTMANN, Sinfonia v. L. Berio. Eine analytische Studie (o. O. 1977); A. JASCHINSKI, K. A. Hartmann – Symphonische Tradition u. ihre Auflösung (Mn 1982). E. PLATEN

SYMPHONIE CONCERTANTE (frz., = konzertante Symphonie; it.: sinfonia concertante), Bz. für ein mehrsätziges Orchesterwerk mit mehreren (2–9) solistischen Partien. Dabei handelt es sich nicht, wie die Wortbildung vermuten läßt, um eine Symphonie mit gelegentlich hervortretenden „obligaten" Instrumenten (wie es bei einigen frühen symphonischen Werken J. Haydns der Fall ist). Nach ihrer auf dem Klangkontrast von Tutti und Solo beruhenden Struktur ist die S. eher eine Konzertform als eine Symphonie. Im Gegensatz zum Doppel- (Tripel- usw.) Concerto des Barocks mit seiner Ritornellstruktur hat die S. jedoch eine sonatenförmige Anlage; vom Concerto grosso, dessen konzertierende Stimmen mehr in das allgemeine Satzgefüge eingebettet sind, unterscheidet sie sich wiederum durch das deutlichere Absetzen von Concertino und Orchester. Allerdings waren die Komponisten in ihrer Bezeichnungsweise nie konsequent. Abgesehen von den zahlreichen synonymen Bezeichnungen wie Sinfonia concertante mit der Kurzform Concertante, Concertone (W. A. Mozart), Sinfonia Concertino (J. G. Albrechtsberger), Sinfonische Concertante (K. Ditters von Dittersdorf), Grand concerto concertant (L. van Beethoven) oder Concertantes Quartett (L. Spohr), weisen im ausgehenden 18. Jh. auch zahlreiche als Konzert, Divertimento, Serenade, Notturno u.a. bezeichnete Werke die Stilmerkmale der S. auf. Es ist kennzeichnend für die Gattung, daß die Gesamtform häufig auf nur 2 Sätze beschränkt ist, nicht selten unter Verzicht auf einen langsamen Satz, ein Zeichen dafür, daß gegenüber dem vorherrschenden Grundton problemloser Heiterkeit das expressive Element zurücktritt. Dies zeigt sich auch darin, daß die Gattung kaum Werke in Molltonarten kennt. Der dem Orchestertutti entgegengestellte konzertierende Part ist bei der S. gleichsam auf mehrere Instrumente verteilt. Anders als beim Solokonzert erscheinen die Anforderungen an die Virtuosität der Spieler weniger hoch, so daß die Partien auch von Orchestermusikern oder guten Amateuren übernommen werden können. Die Zusammenstellung der Sologruppen reicht von einfachen Paaren (2 Violinen, Violine und Viola, 2 Flöten usw.) über gängige Gruppierungen wie Streich- oder Bläserquartett bis zu bizarren Kombinationen, etwa 4 Fagotte (Fr. A. Kummer) oder Klavier, Mandoline, Trompete und Baß (L. Koželuch). – Im letzten Viertel des 18. Jh. herrschte eine fast manische Begeisterung für die S., die Hochburg dieser Form geistvoller musikalischer Konversation ohne sonderlichen Tiefgang war Paris. Als beliebteste Komponisten des Genres galten in Frankreich J.-B. Davaux, J.-B. Bréval, J. B. de Saint-Georges, S. Leduc, Fr. J. Gossec, die deutschstämmigen I. Pleyel und Jacques Widerkehr sowie der produktivste S.-Komponist, der Italiener G. M. Cambini (etwa 80 S.s). Deutsches Zentrum für die S. war Mannheim, dessen Komponisten auch das Pariser Konzertleben und die dortigen Musikverlage mit Kompositionen versorgten (I. Holzbauer, Chr. Cannabich, Fr. Danzi, A. u. C. Stamitz, vom letzteren sind über 3 Dutzend Werke der Gattung registriert). Die S. verbreitete sich schnell im übrigen Europa. Komponisten in Böhmen und Österreich (J. Mysliveček, A. Gyrowetz, J. Vanhal, K. Ditters von Dittersdorf, V. Pichl u.a.) leisteten ihren Beitrag ebenso wie die außer Landes wirkenden Italiener (P. Ricci, G. B. Viotti, I. Fiorillo, L. Boccherini), während in Italien selbst die S. kaum Interesse fand. Qualitativ weit über der zeitgenössischen Produktion stehen die 15 konzertanten Sinfonien von J. Chr. Bach in London, eine davon mit 9 Soloinstrumenten.

In Norddeutschland findet sich die S. zwar nicht im Titel, wohl aber als Gestaltungsprinzip vieler Konzerte mit mehreren Solopartien (Bach-Söhne und Brüder Graun). – In den höchsten Bereich klassischer Konzertmusik reicht die Gattung mit den Beiträgen von J. Haydn und W. A. Mozart. Dieser hat sich zeitweilig intensiv mit dem Genre befaßt, doch sind 2 Ansätze Fragment geblieben. Ein weiteres, für Paris geschriebenes Werk ist verschollen (das als dessen Umarbeitung geltende Konzertante Quartett, KV Anh. 9, ist wahrscheinlich unecht). Auf einsamer Höhe steht die S. für V. und Va. KV 364, die mit ihren zahlreichen Ausweichungen nach Moll der Gattung einen ganz neuen, elegisch-schwärmerischen Ausdrucksbereich erschließt. Neben diesem ausgereiften Werk stellt ein Concertone KV 190 mit 2 Soloviolinen einen älteren Typus dar, in dem einzelne Orchesterinstrumente (Oboe, Violoncello) sich dem Spiel der Protagonisten gelegentlich solistisch zugesellen. Die Posthorn-Serenade KV 320 enthält 2 Concertante-Sätze, die Mozart auch als selbständige Stücke benutzt hat. Im weiteren Sinne gehören auch das Konzert für Fl. und Harfe KV 299 sowie die Konzerte für 2 bzw. 3 Klv. KV 365 bzw. 242 zu dieser Gattung. J. Haydn hat neben weniger bedeutenden Stücken (Konzert für V. und Cemb. Hob. XVIII: 6; Konzerte und Notturni für 2 Liren Hob. VII^{h}: 1–5, Hob. II: 25–32) 1792 für London eine meisterliche Concertante (für Ob., V.,

Fag. und Vc. geschrieben, voller Einfallsreichtum und subtiler kompositorischer Kunst, ohne sich jedoch von der Konzilianz des Genres ganz zu lösen. – Nach 1800 ging die Serienproduktion der Gattung allmählich zurück. In L. Spohrs Gesamtwerk bilden 5 Concertanten (1803–33) und ein Konzertantes Quartett (1845) für Streichquartett und Orchester noch eine eigene Abteilung. Im übrigen wird der Typus der S. im 19. Jh. durch markante Einzelwerke als Parergon der Gattung Konzert weitergepflegt. Dazu zählen Beethovens Tripelkonzert für Klv., V. und Vc. (1803), F. Mendelssohn Bartholdys Jugendkonzerte für 2 Klv., As- und E-Dur, sowie für Klv. und V. (1822/23), R. Schumanns Konzertstück für 4 Hörner (1849) und insbesondere das im eigentlichen Wortsinne „symphonische" Konzert für V. und Vc. (1887) von J. Brahms. – Im 20. Jh. begegnet der Begriff der S. wieder häufiger, gelegentlich allerdings sinnverschoben in der Bedeutung einer „Symphonie mit großem Solopart" (G. Enescu, K. Szymanowski, W. Walton, S. Prokofjew u.a.), aber auch im ursprünglichen Sinne bei Kompositionen, die den lockeren Konversationston der Frühklassik wieder aufleben lassen. Dazu zählen neben Einzelwerken von M. Spisak, A. Panufnik, K. Serocki, M. Rózsa u.a. vor allem die konzertanten Formen von Fr. Martin (hier besonders die *Petite S.* für Harfe, Cemb., Klv. und Streichorch., 1945) sowie eine ganze Werkgruppe im Schaffen von B. Martinů, dessen *Sinfonia concertante* von 1949 in Klangbild und Geist der Komposition ausdrücklich auf Haydns Vorbild zurückgreift.

Lit.: M. BRENET, Les concerts en France sous l'ancien régime (P 1900, Nachdr. 1969); F. TUTENBERG, Die Sinfonik J. Ch. Bachs (Wb 1928); F. WALDKIRCH, Die konzertanten Sinfonien der Mannheimer (Diss. Hei 1931); E. J. SIMON, A Royal Manuscript. Ensemble Concertos of J. C. Bach, in: JAMS 12 (1959); B. S. BROOK, The S. An Interim Report, in: MQ 47 (1961); M. RASMUSSEN, A Bibliography of Symphonies concertantes, Concerti grossi …, in: Brass Quarterly 5 (1961); B. S. BROOK, La symphonie française dans 2de la moitié du XVIIIe siècle (P 1962); DERS., S., in: MGG XII; H. ENGEL, Das Instrumentalkonzert I (Wie 1971); M. STAEHELIN, Zur Echtheitsproblematik der Mozartschen Bläserkonzertante, in: Mozart-Jb. 1971/72 (1973); B. S. BROOK, The S. Its Musical and Sociological Bases, in: IRASM 6 (1975); A. D. MCCREDIE, Symphonie Concertante and Multiple Concerto in Germany (1780–1850). Some Problems and Perspectives for a Source-Repertory Study, in: Miscellanea musicologica 8 (1976); D. KLÖCKER, Konzertante Sinfonien, in: Tibia 5 (1980); B. S. BROOK, S., in: Grove[6] XVIII.

E. PLATEN

SYMPHONISCHE DICHTUNG (engl.: symphonic poem; frz.: poème symphonique; it. u. span.: poema sinfonico), Bz. für eine von Fr. Liszt begründete Gattung der ↗ Programmusik. Es handelt sich um selbständige, in der Regel einsätzige Orchesterwerke, denen außermusikalische, durch Überschriften bzw. zusätzliche Texte angedeutete oder näher bezeichnete Sujets zugrunde liegen. Ihre Blüte hatte die S. in der 2. Hälfte des 19. und in den beiden ersten Jahrzehnten des 20. Jahrhunderts. Vorläufer sind die mehrsätzige Programmsymphonie (wesentliche Anregungen gingen von L. van Beethovens *Sinfonia pastorale* und H. Berlioz' *Symphonie fantastique* aus) und vor allem die Ouvertüre, speziell die dramatischen Ouvertüren Beethovens und die Konzertouvertüren F. Mendelssohn Bartholdys. Der Begriff S. wurde 1854 von Liszt geprägt und von ihm als Sammeltitel für seinen 1856–61 im Druck erschienenen, 12 Orchesterwerke umfassenden Zyklus verwendet. In der Überzeugung, daß die Symphonie im Schaffen Beethovens ihre geschichtliche Vollendung erreicht habe, strebte Liszt mit der S. einen Neuansatz an, der einerseits durch die Intention einer Erneuerung der Musik durch ihre „alliance plus intime avec la poésie" (Liszt) und andererseits durch die Bewahrung des symphonischen Stils gekennzeichnet ist. Entscheidend für seine Konzeption der S. ist die Auffassung, daß Musik als Sprache höchste Ausdrucksform der Poesie sei. Die Orientierung an Sujets, die in Literatur (V. Hugo, *Ce qu'on entend sur la montagne;* W. Shakespeare, *Hamlet;* Fr. von Schiller, *Die Ideale*) und Malerei (Wilhelm von Kaulbach, *Die Hunnenschlacht*) vorgeprägt sind, bedeutet daher nicht, daß bekannte Werke gleichsam illustriert oder nacherzählt werden, vielmehr knüpft die S. an das dahinterstehende „Ideal von Geistesstimmungen" an, „welche … die Gebildeten aller europäischen Länder beseelen und beherrschen", und zielt in der musikalischen Gestaltung gerade auf das in Dichtung und Malerei nicht Darstellbare, auf die „Erzählung innerer Vorgänge" (Liszt), auf den „konkreten Gefühlsgehalt" (R. Wagner). Lehnte Liszt ein an der klassischen Symphonie orientiertes normatives Formschema ab, so blieb die Idee des Symphonischen für seine S. von zentraler Bedeutung: Ihre Form ist nicht rhapsodisch frei angelegt, wie sein Postulat, die Form müsse vom Inhalt bestimmt werden, vermuten lassen könnte, sondern wird durch thematisch-motivische Zusammenhänge und als Konfiguration divergierender Ausdruckscharaktere konstituiert. Wesentliches Element der musikalischen Sprache in der S. Liszts ist das Verfahren der Themen- und Motivtransformation, das Prinzip, entgegengesetzte und scheinbar heterogene Themen und Motive aus denselben diastematisch-melodischen und rhythmischen Grundstrukturen abzuleiten. Läßt sich die Projektion unterschiedlicher Satztypen (als Tempo- und Ausdruckscharaktere) in den z.T. bis zur Auflö-

Ph. Boehrer, Colmar © Photeb

STREICHINSTRUMENTE wurden gerne als „himmlische Instrumente" angesehen – wie hier auf dem Isenheimer Altar aus dem 16. Jahrhundert.

DIE ZAUBERFLÖTE: Bei der Uraufführung 1791 spielte Emanuel Schikaneder die Rolle des Papageno (Foto: Nina Brahms).

DIE ZAUBERFLÖTE: Mikael Melbye 1988 als Papageno an der Wiener Staatsoper (Foto: Österreichischer Bundestheaterverband / Axel Zeininger).

Antonio VIVALDI nach dem Gemälde eines anonymen italienischen Meisters (Foto: Michael Bamse, Wien).

sung modifizierten Grundriß der Sonatensatzform in der S. Liszts als Abstraktion des Formmodells der Symphonie begreifen (Mehrsätzigkeit in der Einsätzigkeit), so finden in der Entwicklung der S. nach Liszt daneben die verschiedensten Gestaltungsprinzipien Anwendung. So dient z. B. in *Till Eulenspiegels lustige Streiche* von R. Strauss die Rondoform, in V. d'Indys *Istar* die Variation der Gestaltung des poetischen Inhalts.
Zu den ersten Komponisten aus dem engeren Umkreis der Neudeutschen Schule, die die Gattungsidee der S. aufgriffen, gehören F. Draeseke *(Julius Caesar,* 1860) und H. von Bülow (*Des Sängers Fluch,* 1863). Die symphonische Programmusik von J. Raff, J. J. Abert, H. von Herzogenberg und H. Bronsart von Schellendorf hingegen ist zwar im Zusammenhang mit der ästhetischen Begründung der S. zu sehen, aber wie Liszts Faust- und Dante-Symphonie mehrsätzig angelegt. Als in den 1870er Jahren eine neue Blüte der Symphonie einsetzte (J. Brahms, 1. Symphonie, 1876), hatte sich die S. im ästhetischen Bewußtsein und im Konzertleben fest etabliert. Neben A. Ritter (6 S., darunter *Sursum corda,* 1894), Paul Geisler und Fr. Klose traten als Komponisten u. a. H. Wolf (*Penthesilea,* 1883), S. von Hausegger (*Dionysische Phantasie,* 1896), A. Schönberg (*Verklärte Nacht,* 1899/1917; *Pelleas und Melisande,* 1903) und M. Reger (*Vier Tondichtungen nach Böcklin,* 1913) hervor. Der bedeutendste Exponent der S. in Deutschland nach Liszt ist R. Strauss. Seinen zumeist als Tondichtung bezeichneten S. liegen teils an literarischen Werken orientierte Sujets (*Macbeth,* 1886/90; *Don Juan,* 1888; *Till Eulenspiegels lustige Streiche,* 1895; *Also sprach Zarathustra,* 1896), teils autobiographische Stoffe (*Ein Heldenleben,* 1898; *Sinfonia domestica,* 1903) zugrunde. Bei seinem letzten der Gattung zugehörigen Werk, der einsätzigen *Alpensymphonie* (1915), handelt es sich um eine monumentale Naturschilderung.
In Frankreich erwachte das Interesse an der S. nach Gründung der Société Nationale de Musique, die unter dem Motto „Ars Gallica" für eine eigenständige französische Instrumentalmusik eintrat. Eingeführt wurde die S. hier 1872 mit *Le rouet d'Omphale* von C. Saint-Saëns. Bis in die 1890er Jahre blieb die Société Nationale wichtige Pflegestätte der Gattung. Als Komponisten sind u. a. V. d'Indy, H. Duparc, C. Franck, A. Holmès, A. Messager, E. Chausson, Cl. Debussy und P. Dukas zu nennen. Eine Erweiterung der Ausdrucksmittel erfuhr die S. nicht selten durch die Einführung konzertierender Instrumente (Franck, *Les Djinns,* 1884) oder durch die Aufnahme von Chören (Franck, *Psyché,* 1888). In Kompositionen von A. Roussel, A. Honegger, E. Bondeville, Ch. Koechlin (*Le buisson ardent,* 1945), J.-L. Martinet (*Orphée,* 1945) und A. Jolivet behielt die Gattung bis weit ins 20. Jh. eine gewisse Aktualität.
Zum Träger nationaler Ideen wurde die S. in Böhmen und der späteren Tschechoslowakei. Mit seinen „Symphonischen Gedichten" *Richard III., Wallensteins Lager* und *Hakon Jarl* hatte sich B. Smetana 1858–61 noch an Stoffen der Weltliteratur orientiert, mit seinem aus 6 Symphonischen Dichtungen bestehenden Zyklus *Mein Vaterland* (darunter *Die Moldau*) schuf er 1874–79 der jungen tschechischen Bewegung in der Verherrlichung von Landschaft, Geschichte und Sagenwelt seiner Heimat gleichsam ein monumentales Nationalepos in Tönen. Spezifisch nationale Sujets nehmen auch in den S. seiner Landsleute Zd. Fibich, A. Dvořák, J. Suk, L. Janáček und O. Ostrčil eine bemerkenswerte Stellung ein.
In Rußland traten, anknüpfend an die Bestrebungen M. Glinkas, vor allem die ↗Gruppe der Fünf und der Beljajew-Kreis für eine eigenständige Musikkultur ein. Diese Intentionen spiegeln sich allgemein in der Stoffwahl der S. dieser Komponisten wider (M. Mussorgski, *Eine Nacht auf dem kahlen Berge,* 1867; A. Borodin, *Eine Steppenskizze aus Mittelasien,* 1880; A. Glasunow, *Stenka Rasin,* 1885), im besonderen aber im Typus der Märchenerzählung (A. Dargomyschski, *Baba Jaga,* 1862; N. Rimski-Korsakow, *Antar,* 1867–98; A. Ljadow, *Kikimora,* 1905). Demgegenüber ist die Konzeption der S. von A. Rubinstein (*Faust,* 1864), P. Tschaikowsky (*Romeo und Julia,* 1869; *Francesca da Rimini,* 1876), S. Rachmaninow (*Toteninsel,* 1909), A. Skrjabin (*Prométhée,* 1910) und Sergei Bortkjewitsch (*Othello,* 1914) deutlich von westlichem Einfluß geprägt. – Der Idee des Zyklus *Mein Vaterland* von Smetana nahe stehen die S. des finnischen Komponisten J. Sibelius, deren Sujets großenteils auf das finnische Volksepos *Kalevala* zurückgehen (*Kullerwo,* 1892; Zyklus *Lemminkäinen,* 1893–95; *Pohjolas Tochter,* 1906).
Von den Komponisten anderer Länder, in denen die S. eine ähnlich zentrale Bedeutung wie in Deutschland (sowohl was die Gattung selbst als auch was die zur Auflösung der Gattungsgrenzen tendierenden Wechselbeziehungen mit der Symphonie betrifft) oder in Frankreich, Böhmen, Rußland und Finnland (als Medium nationaler Identität) nicht erlangt hat, sind für Italien R. Pick-Mangiagalli, O. Respighi und V. de Sabata, für Ungarn B. Bartók, für Großbritannien W. Wallace, Fr. Delius, E. Elgar und Fr. Bridge, für die USA E. MacDowell und H. Hanson sowie für Brasilien H. Villa-Lobos zu nennen.

Lit.: E. ZÁDOR-ZUCKER, Über Wesen u. Form der s. D. Beitr. zu ihrer Entwicklungsgesch. v. Liszt bis Strauss (Diss. Mr 1921); R. W. S. MENDL, The Art of the Symphonic Poem, in: MQ 18 (1932); J. CHANTAVOINE, Le poème symphonique (P 1950); R. KLOIBER, Hdb. der S.n D. (Wie 1967); N. MILLER, Musik als Sprache. Zur Vorgesch. v. Liszts S.n D.en, in: Beitr. z. musikal. Hermeneutik, hrsg. v. C. Dahlhaus (Rb 1975) (= Stud. z. Musikgesch. des 19. Jh. 43); C. DAHLHAUS, Liszts „Bergsymphonie" u. die Idee der S.n D., in: Jb. des Staatl. Inst. für Musikforsch. Preußischer Kulturbesitz 1975 (B 1976); N. MILLER, Élévation bei V. Hugo u. F. Liszt. Über die Schwierigkeiten einer Verwandlung von lyrischen in s. D.en, in: ebd.; D. ALTENBURG, Eine Theorie der Musik der Zukunft. Zur Funktion des Programms im symphonischen Werk v. F. Liszt, in: Liszt-Studien 1 (Gr 1977); DERS., Stud. z. Musikdenken u. zu den Reformplänen v. F. Liszt (Habil.-Schr. Kö 1980); C. DAHLHAUS, Liszts Idee des Symphonischen, in: Liszt-Studien 2 (Mn – Salzburg 1981); A. SEIPT, C. Francks s. D.en (Rb 1981) (= Kölner Beitr. z. Musikforsch. 116). – ↗Programmusik; s. auch die Lit. zu den einzelnen genannten Komponisten.

D. ALTENBURG

SYNAGOGALER GESANG ↗Israel (in der Diaspora).

SYNÄSTHESIE, Bz. für die Mitempfindung einer Sinnessphäre mit einer anderen. Am häufigsten beobachtet wurde das Farbenhören (audition colorée), bei dem auf einen Schallreiz außer einer akustischen Wahrnehmung auch der Eindruck von Farbe (ein Photisma) auftritt. Es gibt jedoch auch andere synoptische Verknüpfungen, bei denen zu einem Gesichtseindruck eine akustische Begleiterscheinung tritt (Tönesehen, Phonismen). Synästhetische Doppelempfindungen variieren graduell im Realitätseindruck. Regelrechte Halluzinationen (etwas nicht Gegebenes wirkt real) sind jedoch selten; eher stellt sich der Zusammenhang zwischen einem akustischen und einem visuellen Eindruck nur als Anmutung, als etwas in der Vorstellung Gedachtes dar. Das häufig zitierte Beispiel, daß der Trompetenton rot sei, geht auf einen Bericht des Philosophen John Locke zurück, der allerdings von den Farberlebnissen eines Blinden handelt. In der Regel sind die erlebten Farbqualitäten bei Synästhetikern ohne große Übereinstimmung, allenfalls die Farbe Weiß wird mehrfach für die Tonart C-Dur erwähnt. Georg Anschütz unterschied eine analytische Form der Synopsie (ein Photismensystem für Einzeltöne) von einem synthetischen Typus (Bildeindrücke zu Musik) und einem komplexen Typus (Assoziationen von Tonarten mit Farben). Zur Erklärung von Doppelempfindungen wurde die Idee, daß ein Reiz auf verschiedene Nervenbahnen überspringt, herangezogen. Entwicklungspsychologisch und phylogenetisch hingegen argumentieren Autoren, die eine ursprünglich gegebene „Einheit der Sinne" annehmen. A. Wellek spricht von Ursynästhesien als allgemeinmenschlich gültigen Entsprechungen von Sinnesbereichen (z. B. hoch–tief und hell–dunkel). Sofern die Idee der ↗Farbenmusik als ästhetisches Programm auftaucht, werden als mathematische und physikalische Begründungen Zahlenverhältnisse der Schwingungen herangezogen. Solche Spekulationen finden sich bei A. Kircher und Alfred Newton. Den ersten Plan eines Farbenklaviers, bei dem dem Anschlag einer Taste das Aufleuchten einer Farbe zugeordnet werden sollte, entwickelte im 18. Jh. Louis Bertrand Castel. Das Clavier à lumière (realisiert 1915 in New York), das A. Skrjabin in seinem *Prométhée* vorsieht, koppelt Licht und harmonischen Verlauf. In den 20er Jahren löste Alexander Lazlo die technischen Probleme durch einen Projektor. Wechselnde Projektionen von farbigem Licht benutzte auch Ludwig Hirschfeld-Mack in seiner Farbsonatine (1923). Diese Versuche der Parallelisierung von Farbe und Ton münden in den abstrakten oder den Trickfilm (Oskar Fischinger, Gebrüder Withney, Walt Disney). Vage klingt dieser Gedanke von Entsprechungen in der ↗Multimedia-Kunst der 60er Jahre noch an. Jedoch ist hierbei die allseitige Stimulierung des Zuhörers oder Zuschauers wichtiger als die Idee einer durch einen Reiz ausgelösten doppelten Empfindung.

Lit.: A. W. RIMINGTON, Colour – Music (Lo 1912); A. LAZLO, Die Farblichtmusik (L 1925); Farbe-Ton-Forschung, hrsg. v. G. ANSCHÜTZ (H 1931); DERS., Psychologie (H 1953); A. WELLEK, Musikpsychologie u. Musikästhetik (F 1963, Bonn ²1975).

H. DE LA MOTTE-HABER

SYNCOPATIO, im 15.–18. Jh. Bz. sowohl allgemein für ↗Synkope wie speziell ihre Anwendung als vorbereiteten ↗Vorhalt im Kontrapunkt, z. B.:

Regelrecht aufgelöst, ist die S. eine „Figura fundamentalis" (Chr. Bernhard) kontrapunktischer Dissonanzbehandlung; abweichende Weiterführung (S. catachrestica), z. B.

weist sie, als Lizenz von der Norm, in den Bereich der musikalisch-rhetorischen ↗Figuren.

Lit.: J. MÜLLER-BLATTAU, Die Kompositionslehre H. Schützens in der Fassung seines Schülers Ch. Bernhard (L 1926, Kas ²1963).

SYNKOPE, Bz. für die Zusammenziehung einer leichten und der folgenden schweren Zählzeit im ↗Takt, die eine Verlagerung der Betonungen provoziert. In Kunstmusik, ↗Folklore und ↗Jazz gleichermaßen gebräuchlich, erzielt die S. einen spannungsvollen Konflikt zwischen ↗Metrum und ↗Rhythmus.

L. van Beethoven, Klaviersonate f-moll, op. 2/1, 1. Satz

Die Verwendung der S. geht bis in die Zeit der Ars nova (G. de Machaut) zurück, wo sich auch ihre erste theoretische Beschreibung findet; angezeigt wird sie u.a. durch Rotfärbung von Noten (↗Color). Im Kontrapunkt des 16.–17. Jh. ist die S. wesentlich bei der Einführung von Dissonanzen (↗Syncopatio). Die allmähliche Ausbildung des Taktes seit etwa 1600 schuf eine nach Schwerpunkten abgestufte Akzentordnung, gegen die die S. als bewußtes Kunstmittel opponieren konnte. Zumal im Werk L. van Beethovens kommt ihr hervorragende Bedeutung zu; bisweilen (z.B. 4. Symphonie, 1. Satz, T. 95ff.) findet sich bei ihm die gleichzeitige Synkopierung aller beteiligten Stimmen, seltener bei J. Haydn (Streichquartett op. 33/2, Es-Dur, 2. Satz) oder W. A. Mozart (Serenade c-moll für 8 Bläser, KV 388, 3. Satz, Trio). Im 19. Jh. kam der Einsatz der S. und anderer Mittel (z.B. ↗Hemiole) dem wachsenden Streben nach rhythmischer Differenzierung und Irritation entgegen. In dem Maße, wie seit dem 20. Jh. Taktprinzip und Metrum ausgehöhlt oder außer Kraft gesetzt werden, kann nicht mehr im eigentlichen Sinne von S. gesprochen werden, da ihr der Widerpart entzogen ist.

Lit.: C. DAHLHAUS, Zur Gesch. der S., in: Mf 12 (1959).

C. KÜHN

SYNTHESIZER (engl., von synthesize = durch Synthese verbinden, aufbauen), Bz. für Apparaturen zur Erzeugung elektronischer Klänge. Aus einer Vielzahl von Einzelfunktionen, die sehr genau bestimmbar sind, werden die unterschiedlichen Bestimmungsgrößen von Klängen zusammengefügt. Die zuerst (seit etwa 1964) von dem Amerikaner Robert A. Moog entwickelten S. sind die ersten Geräte der ↗elektronischen Musik, die ausschließlich zur Erzeugung elektronischer Klänge konstruiert wurden. Außerdem signalisiert die halbautomatische Produktionsmethode der S. den Beginn eines einschneidenden Entwicklungsprozesses in der elektronischen Musik. Unabhängig von ihrem Umfang und Fabrikat funktionieren alle S. auf der Basis der sog. Spannungssteuerung (engl.: voltage control), d. h., Veränderungen musikalischer Größen wie Tonhöhen, Lautstärken, Artikulation usw. können nicht nur durch manuelle Tätigkeit vorgenommen, sondern durch elektrische Spannungsverläufe halbautomatisch gesteuert werden. Die S. werden einerseits in den Studios für elektronische Musik als schallgenerierende und -transformierende Apparatur eingesetzt, andererseits in der Popmusik sowie in der avantgardistischen ↗Live Electronic als Musikinstrumente benutzt. Heute sind darüber hinaus S. aller Art und Größe, die sämtlich in Serienproduktion hergestellt werden, in beinahe populärem Ausmaß verbreitet: In den unterschiedlichsten Bereichen, in Rundfunkanstalten, Schallplattenstudios, Theatern, Hochschulen und Schulen sind sie anzutreffen. Man kann sagen, daß erst mit der Entwicklung der S. die elektronische Klangerzeugung auf den Stand technisch legitimer Musikproduktion gebracht wurde, die sich nicht im Imitieren herkömmlicher Instrumente erschöpft, sondern neue, bisher unbekannte Klangbereiche erschließt.

Lit.: J. CHADABE, Das elektronische Studio von Albany, in: Melos 38 (1971); A. STRANGE, Electronic Music. Systems, Techniques and Controls (Sacramento 1972); H. U. HUMPERT, Was ist u. wie funktioniert ein S., in: Melos 40 (1973); H. EIMERT – DERS., Das Lexikon der elektronischen Musik (Rb 1973, ²1977); E. KARKOSCHKA, Ein S. im Musikunterricht, in: Musik u. Bildung 6 (1974); J. O. MUNDIGL, Musik aus Strom (Lo 1975); H. U. HUMPERT, Elektronische Musik. Gesch., Technik, Kompositionen (Mz 1982).

H. U. HUMPERT

SYNTHÉTISTES (die Synthetiker), Gruppe von sieben jungen belgischen Komponisten, die sich 1925 in Brüssel zusammenschlossen mit dem Ziel, das Publikum auf die verschiedenen Strömungen der Neuen Musik hinzuweisen. Jedes der Mitglieder – M. Poot, Francis de Bourguignon, M. Schoemaeker, R. Bernier, G. Brenta, Jules Strens und Théo Dejoncker (der seine kompositorische Tätigkeit aufgab) –, sämtlich Schüler von P. Gilson, versuchte, seinem Temperament entsprechend eine Synthese dieser Richtungen zu verwirklichen. Sie arbeiteten dabei mit J. Absil zusammen, der aber der Gruppe nicht angehörte. Das Erbe R. Wagners, C. Francks und V. d'Indys ließen die S. unberücksichtigt, da es sich nach ihrer Meinung mit der belgischen Musik kaum mehr vertrage.

SYRINX (griech.), Name der antiken griech. ↗Panflöte mit 5–13 verschieden oder gleich langen, am oberen Rand angeblasenen Einzelrohren. Um verschiedene Tonhöhen hervorzubringen, wurden bei Instrumenten mit gleich langen Rohren diese unterschiedlich hoch mit geschmolzenem Wachs ausgefüllt (Pseudo-Aristot., Probl. XIX, 23). Die Pfeifen der S. bestanden aus Rohr, später auch aus Holz, Bein oder Metall. Die einzelnen Rohre der S. wurden mit Wachs, Harz, Flachs, Leder oder mit Querleisten aus Holz floßartig verbunden. Die S. war auch in Etrurien, im antiken Rom sowie in Ägypten bekannt. Einige oder alle Rohre hatten die den jeweiligen Tonhöhen entsprechenden Längen, so daß diese Instrumente am unteren Ende teilweise oder in ganzer Breite treppenförmig abgestuft waren. Es gab im Römischen Reich auch Instrumente aus einem Stück Holz, in das die einzelnen Rohre nebeneinander gebohrt wurden (Fund in Alésia). Die S. ist erstmals bei Homer erwähnt (*Ilias* X, 13; XVII, 526). Nach älteren Überlieferungen soll sie von Kybele (Diod. III 58), Marsyas (Ath. IV 184a) oder Hermes (Homerischer Hermes-Hymnos 511 f.), der sie seinem Sohn Pan vererbte, erfunden worden sein. Eine jüngere Überlieferung schreibt ihre Erfindung direkt dem Hirtengott Pan zu (Ovid, Metamorphosen I 688 ff.), der sie sich aus dem Schilfrohr herstellte, in das sich die von ihm verfolgte Nymphe Syrinx verwandelt hatte. Die S. wurde stets als das Instrument der Hirten und Bauern betrachtet und erschien daher in der antiken Literatur (häufig bei Euripides und Theokrit) auch nur in diesem Zusammenhang.

Lit.: M. WEGNER, Das Musikleben der Griechen (B 1949); H. HICKMANN, La flûte de Pan, in: Chronique d'Égypte XXX/60 (1955); DERS., Ägypten (L 1961, ²1975) (= Musikgesch. in Bildern II/1); M. WEGNER, Griechenland (L 1963, ²1970) (= ebd. II/4); B. AIGN, Die Gesch. der Musikinstr. des ägäischen Raumes bis um 700 v. Chr. (Diss. F 1963); G. FLEISCHHAUER, Etrurien u. Rom (L 1964, ²1978) (= Musikgesch. in Bildern II/5); H. BECKER, S. bei Aristoxenos, in: Musa – Mens – Musica. Gedenkschrift W. Vetter (L 1969); L. VORREITER, Bau u. Stimmung der antiken Syringe, in: Arch. für Musikorganologie 1 (1976); DERS., Musikinstr.e des Altertums in Moesien, Pannonien, Dakien u. Sarmatien, in: ebd. 2 (1977); G. HAAS, Die S. in der griech. Bildkunst (Kö – W 1982) (= Wiener Musikwiss. Beitr. 11).

M. BRÖCKER

SYSTEMA TELEION (griech., = vollständiges System), Bz. für das klassische Tonsystem der griech. Musiktheorie, das aus 2 zusammengehörigen Bauformen besteht und deshalb meist gemischt dargestellt wird (1 = Ganzton, ½ = Halbton; absolute Tonhöhe gab es nicht):

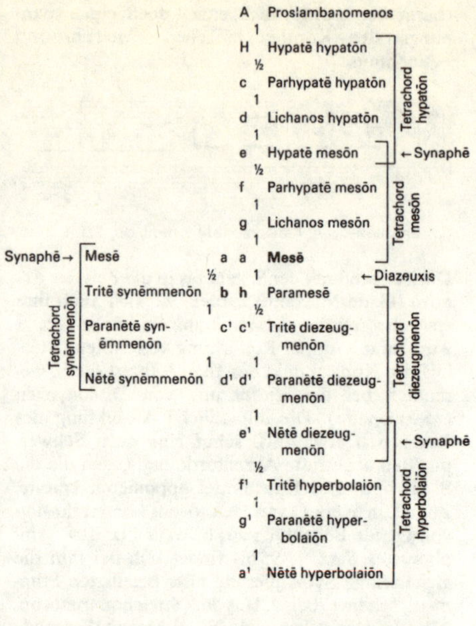

Erfaßt und benannt sind hier Elemente und Strukturen einer naturgegebenen, durch ein Zentrum (Mesē) bestimmten zahlhaften Ordnung, die einst weit über den Bereich der Töne und des Tönens hinaus auch im Kosmos zu walten schien. Von jener Zusammenschau her erklärt sich z. B. die unserem Empfinden entgegengesetzte musikalische Raumorientierung der Griechen, daß hochklingende Töne räumlich der Tiefe, tiefklingende räumlich der Höhe zugeordnet wurden.

Der Aufbau des S. – von dessen Zentrum ausgehend – beruht wesentlich auf dem ↗Tetrachord, einem charakteristischen (für die griech. Musik vielleicht grundlegenden) Viertonsystem, bei dem 2 feste Rahmentöne im Quartabstand 2 bewegliche Tonstufen umschließen. Das diatonisch angelegte S. läßt sich daher durch Umstimmen der beweglichen Tonstufen auch im Sinne der antiken Chromatik und Enharmonik modifizieren (↗Genos). Benachbarte Tetrachorde galten als durch Verknüpfung (Synaphē) oder Trennung (Diazeuxis) zusammengesetzt. Dies erklärt die beiden Bauformen: das kleinere (elatton) S. besteht aus 3 verknüpften Tetrachorden (Tetr. hypatōn, mesōn, synēmmenōn) und einer hinzugenommenen Tonstufe (Proslambanomenos); das größere (meizon) S., das 2 Oktaven umfaßt, setzt sich zusammen aus 4 paarweise verknüpften Tetrachorden und dem Proslambanomenos, wobei die mittleren Tetrachorde durch den bedeutsamen diazeuktischen Ganzton (Tonos) zwischen Mesē und Paramesē getrennt sind. Die Mischung beider Bauformen aus den 5 namentlich unterschiedenen Tetrachorden ergab das unveränderliche (ametabolon) S. Die Nomenklatur, gewöhnlich mit Verhältnissen auf der Leier in Verbindung gebracht, ist in ihren ältesten Teilen wahrscheinlich kosmologischer Herkunft (s. u.).

Vollständig (teleion) heißt das System, weil es alle Konsonanzen und die zugehörigen Systeme in sich enthält (Quart-, Quint- und Oktavsysteme, die sich jeweils durch die unterschiedliche Lage der Halbtöne unterscheiden). Geht man vom Stammtetrachord mesōn aus (a g f e), führen die Quartgattungen (wegen des Halbtons b a g f) zum Tetrachord synēmmenōn, die Quintgattungen hingegen (wegen des Tonos h a g f e) zum Tetrachord diezeugmenōn und die Oktavgattungen zum Tetrachord hyperbolaiōn. Das Tetrachord synēmmenōn scheint für die Modulation (Metabolē) wichtig gewesen zu sein. Einen Sonderfall bilden die 7 Oktavgattungen, die zunächst nichts weiter als stufenweise verschobene Oktavausschnitte aus einer diatonischen Skala sind. In der Anwendung auf das modifizierbare S. (mit feststehenden und beweglichen Tonstufen) mögen sie typische Eigenheiten der damaligen Tonarten angenommen haben, doch bleibt im einzelnen vieles unklar und umstritten (die feststehenden Tonstufen sind eingerahmt):

1.							h	a	g	f	e	d	c	H	Mixolydisch
2.						c^1	h	a	g	f	e	d	c		Lydisch
3.					d^1	c^1	h	a	g	f	e	d			Phrygisch
4.				e^1	d^1	c^1	h	a	g	f	e				Dorisch
5.			f^1	e^1	d^1	c^1	h	a	g	f					Hypolydisch
6.		g^1	f^1	e^1	d^1	c^1	h	a	g						Hypophrygisch
7.	a^1	g^1	f^1	e^1	d^1	c^1	h	a							Hypodorisch

Erneut drängt sich die Frage nach einer vom Zentrum (d.h. vom Dorischen) her bestimmten Ordnung auf, die sich mehr oder weniger auch in der Art der Namengebung spiegelt. Das S., seinem Wesen nach ein abstraktes System, ließ sich auf jede konkrete Tonlage beziehen und hieß dann Tonos (später auch Tropos). Aristoxenos unterschied 13 solche Tonoi, die jeweils durch einen Halbton gegeneinander verschoben und mit Namen benannt waren:

Hypermixolydisch oder Hyperphrygisch		Mesē e^1
Mixolydisch	höher auch: Hyperiastisch (-ionisch)	dis^1
	tiefer auch: Hyperdorisch	d^1
Lydisch		cis^1
	tiefer auch: Äolisch	c^1
Phrygisch		h
	tiefer auch: Iastisch (Ionisch)	b
Dorisch		a
Hypolydisch		gis
	tiefer auch: Hypoäolisch	g
Hypophrygisch		fis
	tiefer auch: Hypoiastisch (-ionisch)	f
Hypodorisch		e

Unter den Namen finden wir z.T. dieselben wie bei den Oktavgattungen, aber in anderer Bedeutung. Hypodorisch z.B. ist die höchste Oktavgattung im S., aber der tiefste Tonos des S. selbst. Dies erklärt sich daraus, daß die vom (dorischen) Zentrum abweichenden Oktavgattungen durch die Tonoi lagenmäßig ausgeglichen und in die normale Mittelstellung zurückgebracht werden (daher auch Transpositionsskalen genannt). Daß 13 (oder gar 15) Tonoi nötig waren, ist heute schwer nachzuvollziehen und wurde bereits von Ptolemaios bestritten.

Entstehung und Geschichte der Lehre vom S. sind voller Probleme. Dennoch zeichnen sich einige Umrisse ab. Die Hauptwurzel führt zu Pythagoras, dessen fast ganz verschollene Geheimlehre vermutlich die Kugelgestalt und die vollkommene Ordnung des Kosmos mit Beobachtungen anhand der musikalischen Saite in Verbindung brachte. Denkt man sich, im Sinne der rekonstruierten Lehre, eine von der Erde ausgehende Saite sukzessiv verlängert (nicht geteilt!), bilden die 7 Planeten mit der Sonne als Zentrum die Intervalle eines gigantischen Konsonanzensystems: unter- und oberhalb der Sonne jeweils das gleiche Quart-Quint-Oktavgefüge, oberhalb jedoch in doppeltem Maßstab.

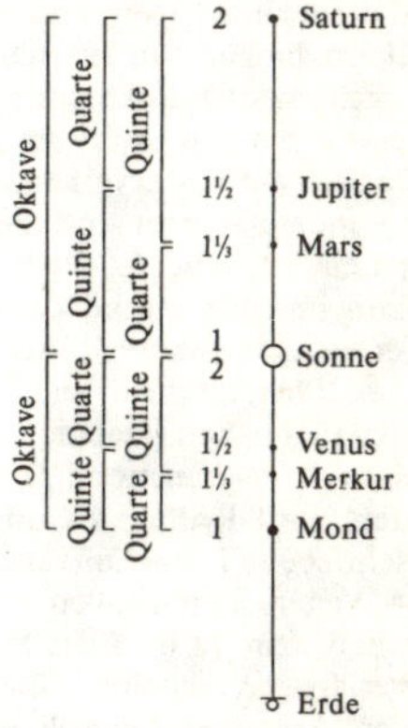

Als Abbild kosmischer Verhältnisse erklingt der räumlich unterste (nētē) Ton dann am höchsten und der räumlich höchste (hypatē) am tiefsten. So wichtig die Zahlenverhältnisse der 3 ersten Konsonanzen (symphoniai) waren – Oktave (dia pasōn) 2:1, Quinte (dia pente) $1\frac{1}{2}:1$, später 3:2 und Quarte (dia tessarōn) $1\frac{1}{3}:1$, später 4:3 –, die eigentliche Entdeckung dürfte die einfache Beobachtung gewesen sein, daß die untereinander gleichbleibenden Streckenverhältnisse sich von Oktave zu Oktave im Maßstab verdoppeln – das älteste Beispiel eines logarithmischen Systems. – Die kosmische Ordnung des Konsonanzsystems aus 2 separaten

Oktaven wurde brüchig, als Hippasos wenig später zum Doppeloktavsystem überging und nachwies, daß die Undezime (8:3) nicht in das auf den Zahlen 1 bis 4 aufgebaute Konsonanzkonzept paßt (Duodezime 3:1, Doppeloktave 4:1). Der naturgegebene Ganzton (9:8) als Differenz zwischen Quinte und Quarte bestimmte fortan (faßbar seit Philolaos) das mathematisch orientierte Systemdenken: der Ditonos als doppelter Ganzton (81:64), das Limma (kleiner Halbton) als Restintervall zur Quarte (256:243), dazu die spezifischen Systemprobleme des ↗Komma, der Apotome, des ↗Schisma. Schließlich kam, etwa bei Archytas, die Frage der variablen kleinen Intervalle hinzu (↗Enharmonik). In dieser Lage griff Platon das großartige Thema der ↗Sphärenharmonie von neuem auf (abstrakt im *Staat*, mit einer dunklen zahlenspekulativen Lösung im *Timaios*). Andere folgten ihm später, zwar mit physikalisch korrigierten, aber musikalisch blassen Lösungen der ursprünglichen Idee: 7 oder 8 Himmelssphären im diatonischen Intervallabstand und nunmehr umgekehrt angeordnet (z. B. entspricht dem Mond der tiefste Ton). Diese wohl von der Stoa (Poseidonios) ausgehende Revision, die u. a. Cicero und einige Neupythagoreer übernahmen, führte schließlich zum Umdenken auch in der Musiktheorie (Darstellung des Tonsystems von unten nach oben, Umkehr der Tonarten: Dorisch auf d, Phrygisch auf e, Lydisch auf f). – Eine andere Wurzel sind die praktischen Systeme der Leierinstrumente, für die es eine mit Skepsis aufzunehmende antike Genealogie gibt. Dem von Hermes „erfundenen" Viersaiter soll ein Lyder die 5., ein Phrygier die 6. und Terpander die 7. Saite hinzugefügt haben (Heptachord aus Tetrachord mesōn und synēmmenōn). Die Einführung des Achtsaiters wird Pythagoras oder einem Lichaon zugeschrieben (Tetrachord mesōn und diezeugmenōn). Weitere Saiten sollen im 5. Jh. v. Chr. hinzugekommen sein (z. B. Elfsaiter des Timotheos). Zuverlässiger scheint eine vereinzelte Nachricht von Aristeides Quintilianus über alte Harmoniai der Platonzeit, die zu dem späteren musiktheoretischen Normbild der Oktavgattungen und Tonoi offenbar nicht recht paßt (Intervallfolge abwärts): Dorisch 2 – ¼ – ¼ – 1 – 2 – ¼ – ¼ – 1, Ionisch 1 – 1½ – 2 – ¼ – ¼, Syntonolydisch 1½ – 2 – ¼ – ¼ u. a. Unklar bleibt der Ansatz für die griech. Notation, doch wird man ihn im Übergangsbereich zur Praxis vermuten dürfen.

Die Lehre vom S. in der eingangs umrissenen klassischen Form stammt im wesentlichen von Aristoxenos (aus seinen heute nur fragmentarisch bekannten Arbeiten zur Wissenschaft vom Melos). Historisch wurde sie möglich erst nach Preisgabe der pythagoreischen Idee, die Intervalle mathematisch exakt zu bestimmen, zugunsten eines schlichten musikalischen Intervalldenkens, dem zufolge z. B. die Oktave 5 Ganz- und 2 Halbtöne enthält. An der aristoxenischen Lehre vom S., zu der es keine Alternative gab, hat die Folgezeit bis ins MA hinein festgehalten – in Kreisen der Pythagoreer allerdings widerstrebend und mehr äußerlich. Schließlich war es Ptolemaios (2. Jh. n. Chr.), der ein letztes Mal den Versuch unternahm, die pythagoreische Idee in der Musiktheorie zu rehabilitieren, indem er die Anzahl der Tonoi aus rationalen Gründen auf 7 beschränkte, alle dort vorkommenden Intervalle in harmonischen Zahlenverhältnissen festlegte und zwischen der tatsächlichen Lage der erklingenden Töne (thesis) und ihrer musikalischen Funktion im S. (dynamis) unterschied. Anders als in Byzanz (z. B. Bryennios) fand dieser subtile Rettungsversuch im lat. MA – vermittelt durch Boëthius – wenig Verständnis. Statt dessen wurde die Lehre vom S. erst neu gefaßt (vgl. die Dasia-Notation in der ↗Musica enchiriadis) und dann zugunsten einer vereinfachten praktischen Lösung preisgegeben (Guido von Arezzo).

Lit.: D. B. MONRO, The Modes of Ancient Greek Music (O 1894); R. P. WINNINGTON-INGRAM, Mode in Ancient Greek Music (C 1936, Nachdr. 1968); O. J. GOMBOSI, Die Tonarten u. Stimmungen der antiken Musik (Kop 1939); G. JUNGE, Die Sphärenharmonie u. die pythagoreisch-platonische Zahlenlehre (Kop – L 1948); J. HANDSCHIN, The Timaeus Scale, in: MD 4 (1950); O. J. GOMBOSI, Key, Mode, Species, in: JAMS 4 (1951); J. CHAILLEY, L'imbroglio des modes (P 1960); W. BURKERT, Weisheit u. Wissenschaft. Stud. zu Pythagoras, Philolaos u. Platon (Nü 1962); J. CHAILLEY, Nicomaque, Aristote et Terpandre devant la transformation de l'heptacorde grec en octocorde, in: Yuval 1 (1968); J. LOHMANN, Musiké und Logos, Aufsätze z. griech. Philosophie u. Musiktheorie, hrsg. v. A. Giannarás (St 1970); M. MARKOVITS, Das Tonsystem der abendländ. Musik im frühen MA (Be – St 1977); B. L. VAN DER WAERDEN, Die Pythagoreer. Bruderschaft u. Schule der Wiss. (Z – Mn 1979); F. ZAMINER, Pythagoras u. die Anfänge des musiktheoret. Denkens bei den Griechen, in: Jb. des Staatl. Inst. für Musikforsch. 1979/80 (B 1981); DERS., Konsonanzordnung und Saitenteilung bei Hippasos von Metapont, in: ebd. 1981/82 (1982). F. ZAMINER

SZABELSKI, Bolesław, * 3. 12. 1896 Radoryż bei Lublin, † 27. 8. 1979 Kattowitz; poln. Komponist. S. studierte Orgel und Komposition (K. Szymanowski) am Warschauer Konservatorium, war 1929–39 Lehrer für Orgel am Konservatorium und 1945–67 Leiter der Orgel- und Kompositionsklassen der Musikhochschule in Kattowitz. S. pflegte einen sehr expressiven, neobarocken Stil und übernahm seit 1956 Techniken A. von Weberns.

WW: 1) **Instr.-WW:** Werke für Klv. u. Org.; 2 Streichquartette (1924, 1957). – Für Orch.: 4 Symphonien (1924–54), die 2. mit Sopran, Chor u. Orch.; Orch.-Suite (1938); Etüde (1938); Sinfonietta (1946) für Streichorch. u. Schlagzeug; *Concerto grosso* (1955); Sonette (1958); *Aphorismen 9* (1962) u. Präludien (1963) für Kammerorch.; Concertino (1954), Konzert (1956) u. *Verse* (1961) für Klv. u. Orch.; Konzert (1965) für Fl. u. Kammerorch. – **2) Vokal-WW:** Magnificat (1942) für Sopran, Chor u. Orch.; *Heroisches Poem* (1952) für gem. Chor u. Orch.; Improvisationen (1959) für Chor u. Kammerorch.

Lit.: B. SCHÄFFER, S., in: Grove[6] XVIII (mit Verz. der poln. Lit.).

SZABOLCSI, Bence, * 2. 8. 1899 Budapest, † 21. 1. 1973 ebd.; ung. Musikforscher. Er studierte 1917–20 an der Universität Budapest, 1921–23 an der Universität Leipzig (H. Abert), wo er 1923 promovierte, besuchte außerdem 1917–21 die Budapester Musikakademie (Z. Kodály) und 1921–23 das Leipziger Konservatorium (S. Karg-Elert). 1945 wurde er Lehrer für Musikgeschichte an der Budapester Musikakademie und 1961 Leiter des von ihm gegründeten Budapester Bartók-Archivs. S.s umfangreiches und weitgefächertes Œuvre, in dem Leben und Werke B. Bartóks und Kodálys Schwerpunkte sind, ist grundlegend für die Musikgeschichtsforschung in und über Ungarn. Zu seinem 70. Geburtstag erschienen die Festschriften *B. S. septuagenario* (hrsg. v. D. Bartha, Budapest 1969, = Studia musicologica 11) und *Magyar zenetörténeti tanulmányok S. B. 70. születésnapjára* (hrsg. v. F. Bónis, ebd.) (beide mit Bibliogr.).

Schriften: *Probleme der alten ung. Musikgesch.*, in: ZfMw 8 (1925/26); *Zenei lexikon* (Musiklexikon), 2 Bde. (Budapest 1930–31, [2]1935, revidiert 3 Bde. 1965) (zus. mit A. Tóth); *Über Kulturkreise der musikal. Ornamentik in Europa*, in: ZfMw 18 (1935); *La musique des Tziganes* (P 1938); *A zene története* (Budapest 1940, [5]1974); *Five-tone Scales and Civilization*, in: AMl 15 (1943); *Tre composizioni sconosciute di A. Vivaldi*, in: Quaderno dell'Accad. Chigiana 15 (Siena 1947); *A melódia története* (Budapest 1950), dt. Übers.: *Bausteine zu einer Gesch. der Melodie* (ebd. 1959); *F. Liszt an seinem Lebensabend* (ebd. 1959); *B. Bartók. Sa vie et son œuvre* (ebd. 1956, [2]1968, dt. 1957); *Beethoven* (ebd. 1970); *Aufstieg der klass. Musik v. Vivaldi bis Mozart* (Wie 1970); *Tanzmusik aus Ungarn im 16. u. 17. Jh.* (Kas 1970). – *Művei* (Werke), 3 Bde., hrsg. v. F. Bónis (Budapest 1977–82).

Lit.: S. B. 1899–1973, in: Magyar zene 14 (1973); F. BÓNIS, The Magnum Opus of B. S., in: New Hungarian Quarterly 15 (1974).

SZALONEK, Witold, * 2. 3. 1927 Czechowice; poln. Komponist. Er studierte an der Musikhochschule in Kattowitz, wurde dort 1956 Kompositionslehrer, 1961 Adjunkt und 1966 Professor und bildete sich 1962–63 noch bei Nadia Boulanger in Paris weiter. Seit 1972 ist S. Rektor der Musikhochschule in Kattowitz. Als Gastdozent lehrte er 1970 in Aarhus und 1974 an der Musikhochschule in (West-)Berlin. Nach folkloristisch orientierten Anfängen übernahm S. später auch neuere Kompositionstechniken (W. Lutosławski).

WW: Vc.-Sonate (1958); *Piernikiana* (1977) für Tuba; *Proporzioni* Nr. 3 (1977) für V., Vc. u. Klv. (oder Harfe); *Improvisations sonoristiques* (1968) für Klar., Pos., Vc. u. Klv.; *1 + 1 + 1 + 1* (1969) für 4 Streichinstr.; *Connections* (1972) für 5 Bläser u. 4 Str.; *Mutazioni* (1966) für Kammerorch.; *Les sons* (1965) für Orch. u. *Concerto* (1975) für Streichorch. – Ballade *Dzwon* (Die Glocke) (1953) (Text: F. García Lorca) für 2 Chöre a cap.; *Suita kurpiowska* (Kurpische Suite) (1955) für Alt u. 9 Instr. – S. schrieb ferner *C. Debussy* (Kattowitz 1962).

Lit.: B. SCHÄFFER, S., in: Grove[6] XVIII.

SZATHMÁRY, Zsigmond, * 28. 4. 1939 Hódmezővásárhely bei Szeged; ung. Organist und Komponist. Er studierte 1955–58 am Konservatorium und 1958–63 an der Fr.-Liszt-Musikakademie in Budapest, 1963–64 an der Akademie für Musik und darstellende Kunst in Wien und 1964–66 an der Frankfurter Musikhochschule. 1970–77 war er Kantor und Organist an der ev.-luth. Kirche in Hamburg-Wellingsbüttel, daneben seit 1972 Dozent für Orgelspiel an der Musikakademie in Lübeck. 1978 wurde er an der Musikhochschule in Freiburg i. Br. Professor für Orgelspiel. Konzertreisen machten S. international als stilistisch vielseitigen und virtuosen Interpreten bekannt. Seine Kompositionen, die aus einer „stark emotionellen Treibkraft" heraus verstanden werden sollen, beziehen auch improvisatorische und Geräuschelemente sowie neue Spielmethoden ein.

WW: Streichquartett (1970); *Dialog I* für Org. sowie ... *II* für Org. u. Tonband (1971); *Katharsis* (1972) für Klar., Org. u. Schlagzeug; *Con-tact-versation* (1972) für V. u. Tonband; *Mixtur* (1974) für Org.; *Fabel* (1977) für Org. zu 4 Händen u. Tonband; *Modell I* (1979) für Kammerensemble u. Tonband bzw. Org. u. Tonband. – *Disperazione* (1970) (Text aus der Bibel u. aus dem Tagebuch der A. Frank) für Sopran, Bar. u. Kammerensemble; *Air* (1978) für Org., Bar. u. Tonband. B. A. KOHL

SZELL, George (György), * 7. 6. 1897 Budapest, † 30. 7. 1970 Cleveland (Ohio); amerik. Dirigent ung. Herkunft. Er studierte in Wien (E. Mandyczewski) und Leipzig (M. Reger), wurde 1915 Korrepetitor an der Königlichen Oper in Berlin, wirkte seit 1917 als Dirigent in Prag, Darmstadt und Düsseldorf, war 1924–29 1. Kapellmeister an der Berliner Staatsoper und lehrte 1927–30 an der Berliner Musikhochschule. 1929–37 war er GMD an der Deutschen Oper und der Philharmonie in Prag, 1939 ließ er sich in den USA nieder. Dort arbeitete er 1941–42 mit dem NBC Symphony Orchestra, dirigierte 1942–46 das Orchester der Metropolitan Opera in New York und übernahm dann das Cleveland Orchestra, das unter seiner Leitung eines der international renommiertesten Orchester wurde.

Lit.: H. C. SCHONBERG, The Great Conductors (NY 1967); D. WOOLDRIDGE, Conductor's World (Lo 1970); H. J. HIRSH – J. SAUL, G. S. Discography, in: Grand Baton 9 (1972).

SZENE (von griech. skēnē = Zelt, Hütte), im griech. Theater der fassadenartige Aufbau, der die Orchestra (die dem amphitheatralischen Halbrund

gegenüberliegende Bühnenfläche) zum offenen Hintergrund hin abgrenzte; sie repräsentierte die für den dramatischen Zusammenhang erforderlichen Orte (Palast, Tempel, Felsen u.a.). Danach bezeichnete lat. scaena (it. scena) zunächst den äußeren Schauplatz der Handlung. In Schauspiel und Oper auch gleichbedeutend mit Auftritt, dem allgemein durch Auftritt und Abgang von Personen begrenzten Unterabschnitt eines Aktes. In manchen Opernpartituren ist auf die Einteilung nach S.n verzichtet, z.B. *Orfeo* (Cl. Monteverdi), *Parsifal* (R. Wagner), *Falstaff* (G. Verdi). Andererseits kann der S. als Aufbaueinheit musikalisch und dramaturgisch besondere strukturierende Bedeutung zukommen, z.B. *Wozzeck* (A. Berg), *Die Soldaten* (B. A. Zimmermann). Seit Ende des 18. Jh. werden auch musikalisch nicht geschlossene, aus rezitativischen und ariosen Teilen zusammengesetzte Partien, die ein geschlossenes Gesangsstück (Arie, Duett, Ensemble) vorbereiten, als S. bezeichnet (*Scena ed Aria, Scena e Duetto* usw.), z. B. bei W. A. Mozart, *Misera, dove son* KV 369; L. van Beethoven, *Ah, perfido,* op. 65; C. M. von Weber, *Der Freischütz* (Nr. 8); häufig auch in der it. und frz. Oper des 19. Jahrhunderts. – Im übertragenen Sinne wird der Begriff S. verwendet, wenn man von der „Jazzszene" spricht und damit einen bestimmten Bereich des Jazzwesens meint.
K. D. GRÄWE

SZENOGRAPHIE (von griech. skēnographia = Bühnenmalerei), **Theaterdekoration.** Das Theater des MA, das auch nach dem Auszug aus der Kirche auf den Marktplatz ein geistliches Spiel blieb (↗Liturgisches Drama, ↗Mystère), ereignete sich auf einer Simultanbühne mit „Orten" (loca), die Schauplätze nur symbolisch andeuteten. Die illusionistische Szenengestaltung, das moderne Bühnenbild also, ist erst um 1500 entstanden, bedingt nicht zuletzt durch die Wiederentdeckung des antiken Dramas. Die Geschichte der S. ist ein faszinierendes und umfangreiches Kapitel der Kultur-, Kunst- und Theatergeschichte; die folgenden Anmerkungen geben nur einige Hinweise auf Lösungen, die für die Entwicklung des Bühnenbildes bedeutsam waren, und auf diejenigen Bühnenbauer, die den szenischen Raum in ein Kunstwerk verwandelt haben.

Anfänge in Italien. Vitruvs *De architectura,* eine in augusteischer Zeit geschriebene Gesamtdarstellung der Architektur, die 1487 erstmals gedruckt worden ist, hat der Renaissance eine Vorstellung von Theaterbau und Bühnenform der Antike vermittelt. Die Kunst des späten 15. Jh. beherrschte die „costruzione legittima", die mathematisch konstruierte Zentralperspektive, und war damit imstande, diese antike Tradition neu zu beleben. Das war die wichtigste praktische Voraussetzung für die Entstehung des Bühnenbilds, das formal nur die Ablösung des ma. Verfahrens, eine Spielfläche zu organisieren, geistesgeschichtlich jedoch einen Bruch bedeutete: Die Unendlichkeit, in der Denkweise des MA ein Prädikat Gottes, wurde säkularisiert, erlebbar gemacht in fluchtenden Räumen, die die Erfahrungswelt und die Welterfahrung des Menschen spiegelten. Einer der großen Architekten der Hochrenaissance, Baldassare Peruzzi (1481–1536), hat die perspektivische Raumbühne nicht erfunden, aber als erster exemplarisch verwirklicht. Diese Bühne bestand aus einem Proszenium, auf dem die Handlung sich im wesentlichen abspielte, einem nach hinten ansteigenden Teil, der an den Seiten begrenzt war von plastisch geformten Häuserfronten, und einem gemalten Abschlußprospekt, der den realen Raum illusionistisch fortsetzte. Peruzzis Szene war, was die mit entsprechenden Mitteln arbeitende Malerei zu sein nur behauptete: ein dreidimensionales Bild, und sie war ein Rahmen, in dem die Handlung als Einheit von Raum und Zeit sich ereignete. Damit verfügte die Oper im Moment ihres Entstehens über eine praktikable Form der Bühne, die auch den Anforderungen des Musiktheaters genügte. Gegen Ende des 16. Jh. hat Bernardo Buontalenti (1536–1608), der die Ausstattung für die Intermezzi (↗Intermedium) entwarf, die im Rahmen der Florentiner Hoffeste aufgeführt wurden, diese bildhafte Form der Bühne weiterentwickelt zu einer bildmäßig organisierten. Seine flache Periaktenbühne (die dreiseitigen, bemalten Drehprismen ermöglichten die Verwandlung der Szene) entsprach den Anforderungen der von den Florentiner Humanisten erdachten Themen der Intermezzi: Der mythologische Aufwand verlangte eine optisch sinnfällige Darstellung. Die mit Vorliebe im Halbkreis aufgestellten Personen der antikisierenden Pantomimen sind in einen additiven Bildraum hineinkomponiert. Für blitzschnelle Dekorationswechsel verwendete Buontalenti kleine Drehbühnen, und beim Auftritt von Göttern setzte er effektvolle Flugmaschinen ein. Giulio Parigi (1580–1635/36), bei den Aufführungen von J. Peris *Euridice* und G. Caccinis *Il rapimento di Cefalo* (1600) Assistent Buontalentis und dann dessen Nachfolger als Intendant der Florentiner Hoffestlichkeiten, spielte virtuos mit den Verwandlungsmöglichkeiten dieser Bühne und erweiterte den Einsatz des technischen Apparats. Bei Parigi verwandelte Buontalentis spätmanieristischer, elliptisch ausschwingender Raum sich langsam in einen frühbarocken, durch die Betonung der Tiefenbewegung charakterisierten Aufbau der Szene. Inigo Jones (1573–1652), durch einen Italienaufenthalt mit Parigis Bühnengestaltung aus eigener Anschauung vertraut, verwendete bei der Ausstattung der Masques am engl. Hof die Florentiner Neuerungen – ein erster Höhepunkt des modernen Theaters nördlich der Alpen.

Fest und Oper in Frankreich. Das 17. Jh. begriff den Menschen, den Staat und selbst den Planetenhimmel im Bild der Maschine. Die Erfindung der Kulisse durch den Architekten Giovanni Battista Aleotti (1546–1636), theatergeschichtlich betrachtet der Beginn einer neuen Epoche, ermöglichte die Übertragung solcher mechanistischer Vorstellungen auf die Bühne: In einer Zeit, die die theatralische Scheinwelt für ein Spiegelbild der wirklichen Welt hielt, veranschaulichte die mittels eines zentralgesteuerten Kulissensystems hergestellte szenische Illusion die Mechanik der Welt. Giacomo Torelli (1608–78) hat Aleottis Erfindung perfektioniert. Torellis Bühne, ein zentralperspektivisch ausgerichteter Tiefenraum, ist charakterisiert durch eine Verbindung von Kulissensystem und Maschinentheater (*La finta pazza* von Fr. Sacrati, Venedig 1641). Torelli, 1645 von Venedig nach Paris berufen, begann hier, konfrontiert mit den Forderungen des klassischen frz. Dramas, eine Reihe von Bühnenbildtypen zu erarbeiten, die letztlich bis ins 19. Jh. gültig waren. Torellis Landsmann, Carlo Vigarani (1622/23–1713) erhielt 1663 von Ludwig XIV. den Auftrag, die Versailler Hoffeste zu gestalten. Diese „Fêtes galantes“, die die gesamte Parkfläche als Spielstätte für Oper, Drama, Ballett und Reiterspiel miteinbezogen, bildeten Höhepunkte der theatralischen Selbstinszenierung einer Gesellschaft, die ihr Leben als Komödie spielte – mit dem König als erstem Schauspieler. 1672 unterzeichnete Vigarani einen Gesellschaftsvertrag mit J.-B. Lully, der ihm das Alleinrecht an der Ausstattung von dessen Opern sicherte, die er in Dekorationen, die Torellis Gestaltungsweise fortsetzen und gleichzeitig das inzwischen gesteigerte Repräsentationsbedürfnis des Adels sichtbar machen, auf die Bühne brachte. Jean Bérain (1640–1711), der nach Beendigung des Vertrags zwischen Lully und Vigarani (1680) Ausstattungsleiter der Pariser Oper wurde, hat die klassizistische frz. Theaterdekoration auf den Punkt hingeführt, an dem Theorie und Praxis zusammenfielen. Sein Bühnenraum ist rational konstruiert, die Tiefenbewegung wird abgeschwächt, es entsteht eine Reliefbühne.

Der Triumph der Winkelperspektive. Während in Paris die königlichen Bühnenbildner den monumentalen „Style Louis XIV“ entwickelten, entwarf in Wien der „Theatralingenieur“ Kaiser Leopolds I., Ludovico Ottavio Burnacini (1636–1707), Ausstattungen, die die Szene in eine Phantasmagorie verwandelten, die Räume schufen, die jede Beziehung zu realer Architektur verloren hatten (*Il pomo d'oro* von M. A. Cesti, 1668). Ferdinando Galli Bibiena (1657–1743), nach Burnacinis Tod einige Jahre lang dessen Nachfolger, stellte mit seiner Perspektivbühne „di nuova invenzione“ eine der wichtigsten Neuerungen in der Geschichte der S. vor: Er ordnete die Elemente der Dekoration nicht längs einer Achse an, sondern stellte sie übereck, der Zuschauer blickte nicht mehr in einen Raum, der sich in die Tiefe bewegte, auf einen Fluchtpunkt zu, sondern auf eine Reihe von schrägwinklig angeschnittenen Räumen, deren tatsächliche Ausdehnung ihm verborgen blieb (*Angelica vincitrice di Alcina* von J. J. Fux, Wien 1716). Bibienas „scena per angolo“ verzichtete auf die Spiegelbildlichkeit von Zuschauerraum und Bühne zugunsten einer stärkeren Autonomie der Bühne, die durch die vielfältigen Möglichkeiten, Raumfluchten anzudeuten, unterschiedlich gestaltete Raumkompartimente aufeinander zu beziehen, an Lebendigkeit und Kontrastreichtum gewinnt. Bibienas Erfindung wurde von den Mitgliedern seiner Familie, einer Dynastie von Bühnenbildnern, die 3 Generationen lang das Theater beherrschte, in ganz Europa verbreitet. Filippo Juvarra (1676–1736), einer der großen spätbarokken Architekten, der häufig für das Theater arbeitete (*Ciro* von A. Scarlatti, Rom 1712), hat Bühnenarchitekturen entworfen, die den bibienesken an Eleganz sicher nicht nachstehen, die grandiosen Wirkungen jedoch, die sich mit dem winkelperspektivischen Verfahren erzielen ließen, hat selbst er nicht erreicht.

Grand Opéra und Historismus. Mit dem Ancien régime endeten auch das barocke Prunktheater und der barocke Theaterprunk. Karl Friedrich Schinkel (1781–1841), der letzte bedeutende Architekt, der zugleich Bühnenbildner war, hat mit der Ausstattung zu W. A. Mozarts *Zauberflöte* (Berlin 1816) noch einmal ein Kunstwerk von hohem Rang geschaffen. Danach kam die Zeit der geschickten und geschmackvollen Handwerker. Alessandro Sanquirico (1777–1849), 1817–32 der Chefbühnenbildner der Mailänder Scala, und Pierre-Luc-Charles Cicéri (1782–1868), seit 1810 in der gleichen Position an der Pariser Opéra, waren Könner, deren Entwürfe durchaus übereinstimmten mit den Erwartungen des Publikums, das Romantik und Pathos liebte. Spätestens mit Angelo Quaglio (1829–90), dem Ausstatter der „Musteraufführungen" der Opern R. Wagners in München, hielt die Historienmalerei Einzug auf der Bühne – Geschichtsgläubigkeit hatte über die Phantasie gesiegt. Adolphe Appias (1862–1928) Versuch, die Inszenierung und Ausstattung von Wagners Werken zu „reformieren", schlug fehl. Seine Ideen, die am Ende des 19. Jh. wohl unzeitgemäß waren, konnte er erst um 1910, zum Teil unzureichend, verwirklichen.

Raum und Farbe. Appias Vorstellung einer stilisierten Raumbühne, die die gemalten Kulissendekoration ablösen sollte, entstand aus der Überlegung, den musikalischen Ablauf und das szenische Geschehen miteinander zu verklammern. Alfred Roller (1864–1935) hat in den Jahren der Zusammenarbeit mit G. Mahler an der Wiener Hofoper (1903–1909) ähnliche Gedanken in die Praxis umgesetzt. Bei Roller, der von der Wiener Secessions-Kunst herkam, übernahm die Farbe eine dramaturgische Funktion, das Bühnenbild verstärkte die Absichten der Musik. Durch S. Diaghilew, der für die Aufführungen der Ballets Russes ausschließlich Maler und Bildhauer als Ausstatter verpflichtete (von Léon Bakst über Matisse und Picasso bis zu Max Ernst und Joan Miró), wurde die alte Verbindung von bildender Kunst und Bühne erneuert. Oskar Schlemmer (1888–1943) experimentierte am Bauhaus mit einer abstrakten Bühne, László Moholy-Nagy (1895–1946) übertrug in seinen Ausstattungen für die Berliner Krolloper Gestaltungsprinzipien des Konstruktivismus auf die Theaterpraxis. Von beiden sind wichtige Impulse ausgegangen für das Schaffen der professionellen Bühnenbildner. Aus der Fülle der Szenengestalter, die in der Auseinandersetzung mit aktuellen Strömungen und im Nachdenken über das Erbe einen wesentlichen Beitrag zum modernen Musiktheater geleistet haben, seien 4 herausgehoben: Caspar Neher (1897–1962), ein Bühnenbauer, der den szenischen Raum als eine auf den Horizont des Stücks bezogene, eigene Welt begriff; Wieland Wagner, der für das von ihm geprägte Neu-Bayreuth Appias Ideen fruchtbar machte (und sie mit C. G. Jungs Archetypenlehre verband); Josef Svoboda (* 1920), der mit konstruktivistisch-abstrakten Mitteln die Bühne in einen „psychoplastischen Raum" verwandelt; J.-P. Ponnelle, der mit Phantasie und Ironie Szenen entwirft, die das Geschehen übersetzen in Bilder von hoher visueller Prägnanz.

Lit.: H. KINDERMANN, Theatergesch. Europas, 10 Bde. (Salzburg 1958–73); R. ALEWYN – K. SÄLZLE, Das große Welttheater. Die Epoche der höfischen Feste in Dokument u. Deutung (H 1959); Das Bühnenbild im 19. Jh. Ausstellungs-Kat. (Mn 1959); A. M. NAGLER, Theatre Festivals of the Medici 1539–1637 (New Haven – Lo 1964); D. BABLET, Esthétique générale du décor de théâtre de 1870 à 1914 (P 1965); G. SCHÖNE, Bühnenbild u. Kostüm, in: Atlantisbuch des Theaters (Z – Fr 1966); Bühne u. bildende Kunst im 20. Jh., hrsg. v. H. RISCHBIETER (Velber 1968); H. H. BORCHERDT, Das europ. Theater im MA u. in der Renaissance (H 1969); Barockes Fest – Barockes Spiel. Ausstellungs-Kat. (Schwäbisch Hall 1973); H. CURJEL, Experiment Krolloper (Mn 1979); C.-F. BAUMANN, Bühnentechnik im Festspielhaus Bayreuth (Mn 1980). HELMUT SCHNEIDER

SZERYNG, Henryk, * 22. 9. 1918 Zelazowa-Wola bei Warschau; mexikanischer Violinist poln. Herkunft. Er studierte bei C. Flesch in Berlin, konzertierte 1933 erstmals in europäischen Hauptstädten und war anschließend mehrere Jahre Kompositionsschüler von Nadia Boulanger in Paris. Während des 2. Weltkrieges gab er Konzerte für die Soldaten der Alliierten und verhalf polnischen Flüchtlingen zur Emigration nach Mexiko, wo er 1946 die Staatsbürgerschaft erhielt. Seit 1948 lehrt er an der Universität in Mexico City und setzt sich tatkräftig für die Förderung mexikanischer Komponisten ein. 1954 nahm er seine internationale Konzerttätigkeit wieder auf und zählt heute, insbesondere als Bach-Interpret, zu den bedeutenden Violinisten seiner Generation.

SZIGETI, Joseph, * 5. 9. 1892 Budapest, † 20. 2. 1973 Luzern; amerik. Violinist ung. Herkunft. Er war in Budapest Schüler von J. Hubay und begann seine Karriere im Alter von 13 Jahren in Berlin, lebte 1907–13 in London und lehrte 1917–24 am Konservatorium in Genf. 1924 nahm er seine Solistentätigkeit wieder auf und errang nun auf vielen Reisen Weltruhm, nicht zuletzt als Interpret zeitgenössischer Musik. Besonders setzte er sich ein für Werke von B. Bartók, A. Berg, E. Bloch, F. Busoni, A. Casella, Fr. Martin, D. Milhaud, S. Prokofjew, M. Ravel, A. Roussel und I. Strawinsky. 1940 übersiedelte S. in die USA, seit 1960 lebte er in der Schweiz, wo er sich langsam vom Konzertieren zurückzog und seine künstlerische Erfahrung in einigen Büchern niederlegte.

Schriften: *With Strings Attached* (NY 1947, Lo 1949, erweitert NY ²1967) (mit Diskographie), dt. Übers. (erweitert): *Zwischen den Saiten* (Rüschlikon – Z 1962); *A Violinist's Notebook* (engl. u. dt. Lo 1964); *The Ten Beethoven Sonatas for Piano and Violin*, hrsg. v. P. Rolland (Urbana/Ill. 1965), dt. Übers. (erweitert): *Beethovens Violinwerke* (Z 1965); *S. on the Violin* (Lo 1969, ²1979).

Lit.: J. L. SOROKER, J. S. (Mos 1968); B. SCHWARZ, S., in: Grove⁶ XVIII.

SZYMANOWSKI, Karol, * 24. 9. (6. 10.) 1882 Tymoszówka (Ukraine), † 29. 3. 1937 Lausanne; poln. Komponist. Er studierte 1901–04 Komposition (Z. Noskowski) und Musiktheorie in Warschau. 1905 gründete er mit M. Karłowicz, Gr. Fitelberg, Apolinary Szeluto und L. Różycki die Gruppe „Młoda Polska" (Junges Polen) zur Förderung zeitgenössischer polnischer Musik. Nach

Aufenthalten in Berlin (1906–08), Warschau, Wien (1912–14), Tymoszówka und Jelisawetgrad (1917–19) lebte S. seit 1919 erneut in Warschau, wo er am Konservatorium lehrte, zog sich aber häufig nach Zakopane (Hohe Tatra) zurück. Mit der Musik der Bergbewohner vertraut geworden, begann er sich zunehmend für die polnische Folklore zu interessieren. 1927–29 leitete er das Warschauer Konservatorium und war 1930–31 Rektor der daraus hervorgegangenen Musikakademie.

WW: **1) Inst.-WW: a)** Für Klv.: 9 Präludien, op. 1 (1899–1900); Variationen, op. 3 (1901–03); 3 Sonaten: op. 8 (1903–04), op. 21 (1910–11) und op. 36 (1916–17); 4 Etüden, op. 4 (1906, 1913, 1951, 1952); *Wariacje na polski temat ludowi* (Variationen über ein poln. Volksthema), op. 10 (1900–04); Fantasie, op. 14 (1905); Präludium u. Fuge (1909); *Metopy* (Metopen), op. 29 (1915), 3 Dichtungen für Klv.; 12 Etüden, op. 33 (1916); *Maski* (3 *Masques*), op. 34 (1915–16); 20 Mazurken, op. 50 (1924–26); 4 poln. Tänze (1926); 2 Mazurken, op. 62 (1934). – **b)** Für V.: Violinsonate, op. 9 (1904); Romanze, op. 23 (1910); Nocturno u. Tarantella, op. 28 (1915); *Mity* (Mythen), op. 30 (1915); 4 Capriccios Paganinis, op. 40 (1918); *Kołysanka (La berceuse d'Aitacho Enia)* (1925). – **c)** Kammermusik: Trio, op. 16 (1907); 2 Streichquartette, op. 37 (1917) und op. 56 (um 1927). – **d)** Für Orch.: Konzertouvertüre, op. 12 (1904–05, neu instrumentiert 1912–13); 3 Symphonien, 1: op. 15 (1906–07); 2: op. 19 (1909–10): 3: *Das Lied v. der Nacht*, op. 27 (1914–16) für Tenor (oder Sopran), Chor u. Orch.; 4. Symphonie concertante, op. 60 (1932) für Klv. u. Orch.; 2 V.-Konzerte, op. 35 (1916) und op. 61 (1932–33). – **2) Vokal-WW:** 6 *Kurpische Lieder* (1928–29) für Chor a cap.; *Die Liebeslieder des Hafis*, op. 26 (1911) für Solost. u. Klv. (Orch.-Fassung 1914); *Demeter-Persephone* (nach Euripides) (1917, neu instrumentiert 1924); *Agave*, op. 38 (1917) für Alt, Frauenchor u. Orch.; Stabat mater, op. 53 (1925–26) für Soli, Chor u. Orch.; *Veni Creator*, op. 57 (1930) für Sopran, Chor, Orch. u. Org.; *Litanei zur heiligen Jungfrau Maria*, op. 59 (1930–33) für Sopran, Frauenchor u. Orch. – Ferner etwa 120 Lieder. – **3) Bühnen-WW:** Opern *Hagith*, UA: Warschau 1912, und *Król Roger* (König Roger) (Text v. K. S. u. J. Iwaszkiewicz), UA: Warschau 1926; Ballettgroteske *Mandragora* (3 Szenen zu J.-B. Molières *Le bourgeois gentilhomme*), UA: Warschau 1920; Ballettpantomime *Harnasie*, UA: Prag 1935. – **4) Schriften:** Zahlr. Aufsätze in Zeitschriften, u.a. über Fr. Chopin, M. Ravel u. zeitgen. Musik. Gesammelte Schriften erschienen Krakau 1947 u. 1958.

S. nahm Einflüsse Fr. Chopins und A. Skrjabins, später auch R. Wagners, R. Strauss' und M. Regers auf, wandte sich dann dem Impressionismus zu und versuchte schließlich, nach dem Vorbild von B. Bartók und I. Strawinsky einen eigenständigen nationalen Stil zu entwickeln. Trotz dieser intensiven Auseinandersetzung mit vielfältigen musikalischen Strömungen zeigt jede Phase seines Schaffens unverkennbar individuelle Züge. S.s besonderes Verdienst ist es, die polnische Musik wieder in Kontakt mit der allgemeinen europäischen Musikentwicklung gebracht und ihr damit auch die neueren Techniken bis hin zu Atonalität erschlossen zu haben.

Lit.: H. H. STUCKENSCHMIDT, K. S., in: ML 19 (1938) (engl.); K. MICHAŁOWSKI, K. S. Katalog tematyczny dzieł, 1: Bibliografia (Krakau 1967); J. M. CHOMIŃSKI, Studia nad twórczościa K. S. (ebd. 1969); K. SZYMANOWSKI – J. SMETERLIN, Correspondence and Essays (Lo 1969); Z. HELMAN, Zur Modalität im Schaffen S.s u. Janáčeks, in: Colloquium L. Janáček et musica europaea (Brünn 1970); T. CHYLIŃSKA, S. i jego muzyka (War 1971); A. R. WIGHTMAN, The Music of K. S. (Diss. York 1972–73); T. CHYLIŃSKA, S. (Bildmonographie) (Krakau 1973, engl. NY 1973); J. SAMSON, S. and Tonality, in: Studi musicali 5 (1976); DERS., S., an Interior Landscape, in: Proc. R. Mus. Assoc. 106 (1979/80); Z. LISSA, Vom Wesen des nationalen Stils in der Musik v. K. S., in: HJbMw 4 (1980).

T

T, t, Abk. für: **1)** Tenor; Tutti; Tonika. – **2)** Tempo in a t. = a tempo bzw. T. 1[mo] = tempo primo.

TABARRO, IL, Oper von G. Puccini; dt. Titel: Der ↗Mantel.

TABLĀ (arabisch). – **1)** Im arabischen Sprachraum Sammel-Bz. für verschiedene Trommeln und Pauken. – **2)** Bz. für den heute in ↗Indien wichtigsten Trommeltypus.

TABOUROT, Jehan, ↗Arbeau, Thoinot.

TABULA COMPOSITORIA (lat., = Komponiertafel), Bz. für eine seit dem späten 15. Jh. nachweisbare und bis zu Beginn des 17. Jh., in Frankreich bis weit ins 18. und in Italien vereinzelt (z. B. im Liceo Musicale, Bologna) sogar bis ins 19. Jh. gebrauchte Notationshilfe zum Entwurf und zur Ausarbeitung von mehrstimmigen Kompositionen, aber auch zur Spartierung von in Einzelstimmen oder Chorbüchern überlieferten Stücken anderer Komponisten zu Studienzwecken. Der allgemeine Gebrauch der T. – unter diesem Namen erstmals 1537 von Lampadius beschrieben, später auch bei M. Praetorius erwähnt – ist u.a. schon durch die vielen überlieferten Bezeichnungen (dt.: Löschtabell, Kartell; frz.: cartelle; it.: cartella, cartelletta di contrapunto; lat.: scala compositoria, carta; griech.-lat.: palimpsestus) verbürgt. Sie bestand aus dauerhaftem Material, das wiederholtes Beschriften und Löschen des Geschriebenen ermöglichte (Schiefer, lederbezogenes Holz, mit Gips und Firnis behandelte Pergament-, Leder- oder Leinwandstücke), und war von unterschiedlicher Größe, doch konnte die Fläche jedenfalls ein ganzes Stück bzw. von mehrteiligen Kompositionen einen einzelnen Teil (prima, secunda pars usw.) aufnehmen. Die Notenlinien waren gewöhnlich eingeritzt, entweder in Gestalt der ↗Scala decemlinealis, wobei der Tonsatz mit allen Stimmen in ein einziges Zehnliniensystem eingetragen wurde, oder als einzelne Fünfliniensysteme, von denen dann jeweils eine den Stimmen der Komposition entsprechende Anzahl nach Art einer ↗Partitur zusammengefaßt wurde. Beide Arten sind um 1500 sicher belegt. Von Anfang an ist die Verwendung senkrecht durchgezogener Orientierungsstriche (cancellae) nach Art des Taktstrichs, gewöhnlich im Abstand einer Brevis, anfangs auch oft einer Longa, bezeugt; sie sind mit der Notwendigkeit, das Satzgefüge zu ordnen und die Zusammenklänge zu kontrollieren, begründet. Die Komposition auf dem Zehnliniensystem wurde von Anfängern bevorzugt, weil hier die Intervallverhältnisse mit einem Blick zu überschauen sind, doch bereitete bei dieser Methode im dichten Satz oder bei Stimmkreuzungen mitunter die Unterscheidung der Einzelstimmen Mühe; man behalf sich dabei mittels unterschiedlicher Farben oder Notenformen (rund, rhombisch, herzförmig, dreieckig usw.). Das Komponieren „per systemata", also in Partituranordnung, galt als Verfahrensweise der Geübten (Lampadius zufolge u.a. von Josquin des Prés und H. Isaac angewandt). Fertige Stücke wurden vom Kopisten – nach Einzelstimmen getrennt – in Chor- oder Stimmbücher eingetragen (und zwar ohne Taktstriche, da sich deren Funktion als Orientierungshilfe in der T. erschöpft), danach die T. gelöscht. Daraus erklärt sich für das 16./17. Jh. u.a. das häufige Fehlen von Autographen.
Die heutige Kenntnis von der T. widerlegt die frühere Vorstellung, die Komponisten hätten ihre Werke – ohne Partitur – direkt in Einzelstimmen niedergeschrieben; außerdem stellt sie bestimmte Prinzipien moderner Edition (z. B. den Mensurstrich) in Frage. Darüber hinaus erhellt sie Besonderheiten kontrapunktischer Satz- und Schreibweise (z. B. die der ↗Chiavette) sowie die Umbildung des modalen Tonartbegriffs in die von der Akkordvorstellung geprägte Dur-Moll-Tonalität.

Lit.: S. HERMELINK, Dispositiones modorum (Tutzing 1960) (= Münchener Veröff. z. Musikgesch. 4); E. E. LOWINSKY, Early Scores in Manuscript, in: JAMS 13 (1960); S. HERMELINK, Die T., in: FS H. Besseler (L 1961); TH. GÖLLNER, Notationsfragment aus einer Organistenwerkstatt des 15. Jh., in: AfMw 24 (1967).

S. HERMELINK

TABULATUR (von lat. tabula = Tafel; engl., frz.: tablature; it.: intavolatura; span.: cifra). – **1)** Bz. für die Tafel oder das Buch, in denen die Regeln des ↗Meistersangs eingetragen waren. – **2)** Bz. für verschiedene Notierungsweisen früher Instrumentalmusik (14.–17. Jh.). Im engeren Sinne wird unter T. eine Notation verstanden, in der die Tonstufen nicht durch Noten, sondern durch Buchstaben, Ziffern oder bestimmte Symbole bezeichnet werden. T. bedeutet hier soviel wie Griffschrift, weil die zu spielenden Griffe und nicht die abstrakten Mensuralnoten aufgezeichnet sind. – Im weiteren Sinne bedeutet T. in der Musik für Tasteninstrumente die Zusammenfassung aller Stimmen einer Komposition auf 2 Liniensysteme (dieses Verfahren hat noch J. S. Bach in der *Kunst der Fuge* angewandt). Durch die Zusammenziehung auf 2 Systeme oder die Übertragung in eine Griffschrift hebt sich die T. sowohl von der Partituraufzeichnung als auch von der Notation in Chor- bzw. Stimmbüchern ab.

Die verbreitetsten Formen der T.-Aufzeichnung sind die Orgel- (bzw. Clavier-) und die Lautentabulatur. Seltener sind T.en für Gitarre, Harfe oder Viola da gamba anzutreffen, die, wie die noch heute gebräuchlichen T.en für Volksinstrumente, primär pädagogischen Zwecken dienten.

Orgeltabulaturen. Bei den Orgel-T.en lassen sich eine dt. und eine span. Form unterscheiden. Unter den dt. Orgel-T.en gibt es eine ältere Notationsweise und eine neuere. Die bis etwa 1550 gebrauchte ältere T. verwendet für die Unterstimmen einer Komposition Buchstaben, deren Oktavlage durch Groß- und Kleinschreibung oder durch besondere kleine Striche gekennzeichnet ist (C, c, c usw.). Die rhythmischen Werte sind durch Zeichen wiedergegeben, die der Mensuralnotation entnommen sind. Lediglich die Oberstimme ist in Noten auf einem Liniensystem aufgezeichnet:

Buxheimer Orgelbuch, fol. 47v *(Wach uff myn hort)*

Übertragung:

Die neuere dt. Orgel-T. verwendet (seit etwa 1550) auch für die Oberstimme die Buchstabennotierung:

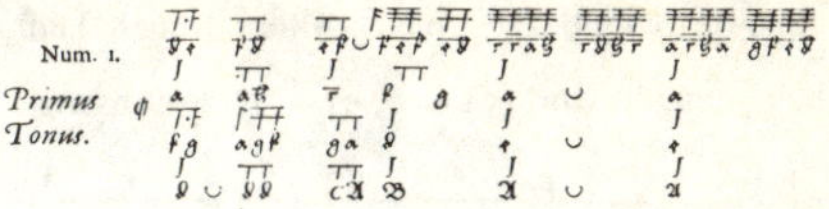

B. Schmid, *Tabulatur Buch,* 1607

Übertragung:

In beiden Aufzeichnungsweisen werden Tonerhöhungen (bzw. -erniedrigungen) durch kleine Schleifen angezeigt, die den Tonbuchstaben angehängt sind und die auf die lat. Silbe -is zurückzuführen sind (z. B. = gis oder as); Verzierungen werden in der Oberstimme durch einen abwärts gerichteten Stiel und einen kleinen spitzwinkligen Haken angegeben (,), deren Ausführung dem späteren Mordent ähnlich gewesen zu sein scheint.

Quellen deutscher Orgel-T.en: Robertsbridge-Fragment, um 1325 (London, British Library, Add. 28850); Ileborgh-T., 1448 (Philadelphia, Curtis Institute of Music Library); K. Paumann, *Fundamentum organisandi,* 1452 (Berlin, Staatsbibl. Preußischer Kulturbesitz, Mus. ms. 40613) (sämtliche hrsg. in: Corpus of Early Keyboard Music 1). – ↗Buxheimer Orgelbuch; A. Schlick, *Tabulaturen etlicher lobgesang* (Mz 1512; frühester T.-Druck) (hrsg. v. R. Walter, Mz 1970); J. Buchner, *Fundamentum,* nach 1524 (Zürich, Zentralbibl., Ms. 284b) (hrsg. in: EDM 55). – T.-Bücher von: J. Kotter, 1513–20/21 (Basel, Univ.-Bibl., F. IX. 22) (hrsg. in: SMD 6); L. Kleber, 1521–24 (Berlin, Staatsbibl. Preußischer Kulturbesitz, Mus. ms. 40026); Fr. Sicher, 1512–21, Nachtrag 1531 (St. Gallen, Cod. 530) (hrsg. in: SMD 8); Johannes von Lublin, 1537–48 (Krakau, Polska Akademia Nauk, Ms. 1716) (hrsg. in: Corpus of Early Keyboard Music 6); Chr. Löffeiholtz, 1585 (Berlin, Staatsbibl. Preußischer Kulturbesitz, Mus. ms. 40034); A. Nörmiger, 1598 (ebd., Mus. ms. 40089). – Sammelhss.: Pelplin, Biblioteka Seminarium, 304–8 (1620–30); Turin, Bibl. Nazionale Universitaria, Racc. Foà 1–8 (1637–40); Lüneburg, Stadtarch., Musikabt., KN 146–9, 207–10 (nach 1650). – T.-Drucke von: E. N. Ammerbach (Nü 1571 u. 1575); B. Schmid (Str 1576 u. 1607); J. Paix (Lauhingen 1583).

Die span. Orgel-T. verwendet statt der in Deutschland gebräuchlichen Buchstaben Ziffern; in ihr werden die einzelnen Tasten entweder von 1–42 durchgezählt (J. Bermudo, 1555), oder die weißen Tasten werden numeriert (c = 6, d = 7, e = 8 usw.), während die schwarzen durch Kreuze über den entsprechenden Ziffern als Alternationen kenntlich gemacht sind (cis = $\overset{\times}{6}$, es = $\overset{\times}{7}$, fis = $\overset{\times}{9}$ usw.):

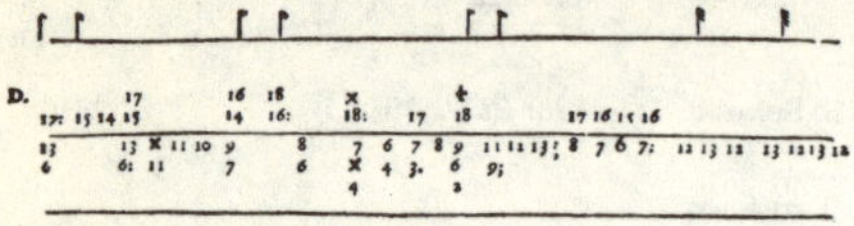

A. Valente, *Intavolatura de cimbalo,* 1576

Übertragung:

Eine weitere Vereinfachung des Systems besteht darin, daß lediglich die weißen Tasten zwischen f und e^1 mit 1–7 bezeichnet werden und die höher oder tiefer liegenden Oktaven durch zusätzliche Striche oder Punkte gekennzeichnet sind (f^1 = 1', f^2 = 1' usw.). Die Ziffernnotation ist in den T.-Drucken von J. Bermudo (1550 und 1555), L. Venegas de Henestrosa (1557; hrsg. in: MMEsp. 2), A. Valente (1576), A. de Cabezón (1578; hrsg. in: MMEsp 27–29) und Fr. Correa de Araujo (1626; hrsg. in: MMEsp 6 u. 12) verwendet worden.

Lautentabulaturen. Im 16. Jh. waren 3 verschiedene Lauten-T.en verbreitet: eine deutsche, eine italienisch/spanische und eine französische. Ihnen gemeinsam ist die Notation der Griffstelle (also der Kreuzungsstelle von Saite und Bund) durch Buchstaben, Ziffern oder eine Kombination von Buchstaben und Ziffern. Die zeitliche Aufeinanderfolge der Griffe wurde durch rhythmische Zeichen angegeben, die über der Griffschrift eingetragen waren (𝅗𝅥 oder | = Semibrevis, ♩ oder ⌈ = Minima usw.). Bei der Übertragung in moderne Notation bereitet dieses Prinzip der rhythmischen Aufzeichnung insofern Schwierigkeiten, als ein solches Zeichen nur den Anfang eines Tones (oder Akkordes) angibt und nicht dessen exakte Dauer. Meist wird heute eine lautengerechte Umschrift (siehe rechts: b) einer auf polyphone Stimmigkeit gerichteten Übertragung (rechts: a) vorgezogen. – Die dt. Lauten-T. sieht für jede Griffstelle ein eigenes Zeichen vor: die leeren Saiten (gewöhnliche Stimmung G c f a d^1 g^1) wurden, mit der zweittiefsten beginnend, mit 1–5, der 1. Bund mit a–e, der 2. mit f–k, der 3. mit l–p usw. bezeichnet; die tiefste Saite (G) wurde verschieden notiert, bei H. Neusidler etwa mit Großbuchstaben (A, B, C ..., ein Kreuz für die leere Saite).

H. Neusidler, *Ein neugeordent künstlich Lautenbuch,* 1536 *(Ach Lieb mit Leid).* - Der Strich rechts neben CC bedeutet: 1

Übertragung:

Hss. Quellen: Königsteiner Liederbuch, etwa 1470–73 (Berlin, Deutsche Staatsbibl., germ. qu. 719; älteste erhaltene Lauten-T.); T.en von: J. Thurner, etwa 1522 (Wien, Östr. Nationalbibl., Mus. Ms. 9704) (hrsg. in: Musik alter Meister 27); St. Crauss (ebd. Ms. 18688; teilw. hrsg. in: DTÖ 37); P. Fabricius, etwa 1605–08 (Kopenhagen, Kong. Bibl., Samling Thottske quart 841). – Drucke: A. Schlick (1512); H. Judenkönig (1515–19); H. Gerle (1532–52); Neusidler (1536–44); S. Ochsenkun (1558).

Die it./span. Lauten-T. bildet das Griffbrett des Instruments ab, indem den 6 Saiten die 6 Linien der T. entsprechen. Die Griffstellen wurden durch Ziffern angegeben (0 = Leersaite, 1 = 1. Bund, 2 = 2. Bund usw.). Da die Bünde in Halbtonabständen angebracht sind, bedeutet 1 (in G-Stimmung) von der tiefsten Saite aus gesehen: Gis cis fis b es^1 as^1.

L. de Milan, Pavane aus *El maestro,* 1535-36

Übertragung:

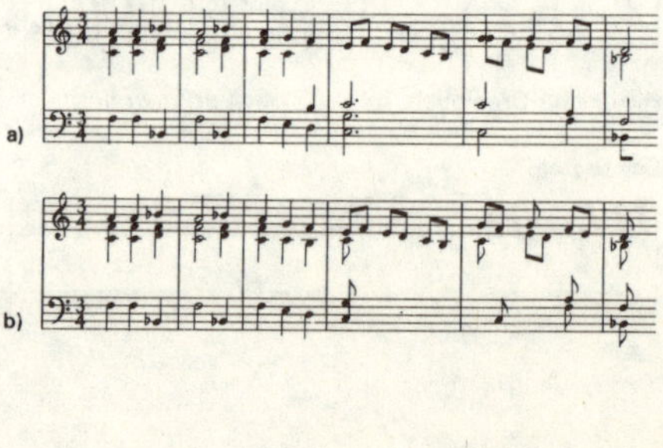

Hss. Quellen zur it./span. Lauten-T.: V. Capirola, um 1517 (Chicago, Newberry Library, Case MS VM C. 25) (hrsg. v. O. Gombosi, 1955); J. Fugger, 2. Hälfte 16. Jh. (Wien, Östr. Nationalbibl., MS. 18790); V. Galilei, 1584 (Florenz, Biblioteca Nazionale, Ms. Ant. de Galilei VI); Ph. Heinhofer, 1604 (Wolfenbüttel, Herzog-August-Bibl., Cod. Guelf. 18. 7/8). – Wichtige Drucke: F. Spinacino (1507); Francesco da Milano (1536–47); B. Bakfark (1553); M. de Fuenllana (1554); Fr. Tomás de Santa María (1565); E. Daza (1576).

Die frz. Lauten-T. hatte zunächst (Attaingnant, 1529) 5 Linien, seit dem T.-Druck von E. Adriaensen (1584) 6. Auf ihnen waren für alle Bünde gleichlautend Buchstaben notiert (a = Leersaite, b = 1. Bund, c = 2. Bund usw.); die Baß- oder Bordunsaiten wurden unter das System notiert und mit eigenen Zeichen versehen (a = F, ā = E, a̿ = D). Dieses T.-System fand in England weite Verbreitung.

Lautenbuch der Virginia Renata von Gehema, 17. Jh. (Proportio)

Übertragung:

Hss. Quellen zur frz. Lauten-T.: B. Amerbach, um 1520 (Basel, Univ.-Bibliothek, Ms. F.IX.56) (hrsg. in: SMD 6); Wickhambrook Ms. (New Haven, Yale Univ., Cod. Wickhambrook); J. Stobaeus, 1640 (London, British Library, Ms. Sloane 1021); D. Gaultier, um 1655 (Berlin, Kupferstichkabinett, Cod. 78 C 12) (hrsg. in: Publications de la Soc. Fr. de Mie 6/7); S. L. Weiß, um 1730–50 (Dresden, Sächs. Landesbibl., Ms. Mus. 2841 V. 1). – Drucke: P. Attaingnant (1529/30); P. Phalèse (1546–73); B. Bakfark (1564); E. Adriaensen (1584–92); J.-B. Bésard (1603–17); D. Gaultier (1669–72); J. Chr. Berger (1760); K. Kohaut (1761).

Ausg.: Spezielle Ausg.-Reihen: Corpus of Early Keyboard Music; Corpus des luthistes français; für Neuausg. vgl. die Art. über die genannten Komponisten. – ↗Gitarre, ↗Laute, ↗Orgel.

Lit.: **Zu 2):** J. WOLF, Hdb. der Notationskunde II (L 1919); W. APEL, The Notation of Polyphonic Music (C/M 1942, dt. L 1962). – **Orgeltabulaturen:** W. MERIAN, Der Tanz in den dt. T.büchern (L 1927); L. SCHRADE, Die hsl. Überlieferung der ältesten Instrumentalmusik (Lahr 1931, Tutzing ²1968); W. APEL, Die T. des A. Ileborgh, in: ZfMw 16 (1934); W. YOUNG, Keyboard Music up to 1600, in: MD 16/17 (1962/63); H. J. MARX, Der T.-Codex des Basler Humanisten B. Amerbach, in: FS L. Schrade (Kö 1963); H. R. ZÖBELEY, Die Musik des Buxheimer Orgelbuchs (Tutzing 1964); TH. GÖLLNER, Notationsfragmente aus einer Organistenwerkstatt des 15. Jh., in: AfMw 24 (1967); M. KUGLER, Die Tastenmusik im Codex Faënza (Tutzing 1972); J. EPPELSHEIM, Buchstaben, Notation, T. u. Klaviatur, in: AfMw 31 (1974); M. KUGLER, Die Musik für Tasteninstr. im 15. u. 16. Jh. (Wilhelmshaven 1975). – **Lautentabulaturen:** O. KÖRTE, Laute u. Lautenmusik bis z. Mitte des 16. Jh. (1901) (= BIMG I/3); O. CHILESOTTI, Notes sur les tablatures de luth et de guitare, in: Encyclopédie de la musique et Dictionnaire du Conservatoire I (1921); J. DIECKMANN, Die in dt. Lautentabulatur überlieferten Tänze des 16. Jh. (Kas 1931); L. SCHRADE, Das Problem der Lautentabulatur-Übertragung, in: ZfMw 14 (1931/32); O. GOMBOSI, Bemerkungen z. Lautentabulaturfrage, in: ZfMw 16 (1934); W. BOETTICHER, Stud. z. solistischen Lautenpraxis (Habil.-Schrift B 1943); K. DORFMÜLLER, Stud. z. Lautenmusik in der ersten Hälfte des 16. Jh. (Tutzing 1968); Le luth et sa musique, hrsg. v. J. JACQUOT (P 1958); R. FLOTZINGER, Die Lautentabulaturen des Stiftes Kremsmünster (W 1965); H. FEDERHOFER, Eine Angelica- u. Guitarrentabulatur, in: FS W. Wiora (Kas 1967); R. FLOTZINGER, Das Lautenbüchlein des J. Thurner (Gr 1971); H. RADKE, Zum Problem der Lautentabulaturübertragung, in: AMl 43 (1971); W. BOETTICHER, Hsl. überlieferte Lauten- u. Gitarrentabulaturen des 15.–18. Jh. (Mn 1978) (= RISM B VII). – ↗Gitarre, ↗Laute, ↗Orgel. H. J. MARX

TACET (lat., = es schweigt), Anweisung für längeres Aussetzen einer Instrumental- oder Vokalstimme.

TACTUS (lat., = Schlag), Bz. für die Bewegung der Hand oder des Fingers, durch die die musikalische Mensur im Gleichmaß gehalten wird. Eine tactusähnliche Schlagbewegung kannte schon die Spätantike; Augustinus nennt sie percussio und unterstellt ihr die Bewegung des rhythmischen Geschlechts, dem die Versfüße des Liedes angehören. Der Begriff T. kommt am Ende des 15. Jh. in den Blick der Musiktheorie. Er ist eine Kategorie der Aufführungspraxis und benennt die Schlagart, durch die die Bewegung einer Komposition beim Singen im Lot gehalten wird. Er besteht aus 2 Teilen: aus dem Nieder- und dem Aufschlag. Diese verhalten sich im egalen, geraden T. wie 1 zu 1, im inegalen, ungeraden wie 2 zu 1. Grundsätzlich bezieht man den T. im 16. Jh. auf die Semibrevis (C ◊ ◊). Daneben kann er auch auf die Brevis (↗Allabreve; ¢ ◊ ◊) und im T. minor auf die Minima bezogen werden (C ◊ ◊). Die Musiktheorie des 16. Jh. läßt erkennen, daß der T. keine feste Größe war, auf den die Mensuren bezogen worden wären. Schon um 1500 konnte er verschiedene Bewegungen annehmen.

Lit.: G. SCHÜNEMANN, Zur Gesch. des Taktschlagens u. der Textbehandlung in der Mensuralmusik, in: SIMG 10 (1909); DERS., Gesch. des Dirigierens (L 1913); H. BESSELER, Das musikal. Hören der Neuzeit (B 1959) (= Ber. über die Verhandlungen der Sächs. Akad. der Wiss. zu Leipzig, Phil.-hist. Klasse 104); C. DAHLHAUS, Zur Theorie des T. im 16. Jh., in: AfMw 17 (1960); DERS., Zur Entstehung des modernen Taktsystems im 17. Jh., in: ebd. 18 (1961); J. A. BANK, T., Tempo and Notation in Mensural Music from the 13th to the 17th Century (A 1972); C. DAHLHAUS,

Zur Gesch. des Taktschlagens im frühen 17. Jh., in: Studies in Renaissance and Baroque Music. FS A. Mendel (Kas 1974).

W. SEIDEL

TADDEI, Giuseppe, * 26. 6. 1916 Genua; it. Sänger (Bariton). Er studierte in Genua und Rom und debütierte 1936 an der Römischen Oper. Ein Konzert 1946 in Wien vor den amerikanischen Truppen führte zu seinem Engagement an die Wiener Staatsoper (bis 1948) und zu seinem Durchbruch zu internationaler Anerkennung. Er sang 1948–51 und 1955–61 an der Mailänder Scala und gastierte an den bedeutenden Opernbühnen Europas und der USA sowie bei den Salzburger Festspielen. T.s Repertoire und Darstellungskunst umfaßte gleichermaßen dramatische wie komische Rollen in den Opern von W. A. Mozart (u.a. Figaro, Leporello), G. Verdi (Rigoletto, Jago, Falstaff) und G. Puccini (Scarpia). In Italien war er auch in Wagnerpartien (in it. Sprache) erfolgreich (Holländer, Sachs).

TAFELKLAVIER ↗ Klavier.

TAFELMUSIK (engl.: table music; frz.: musique de table), Bz. für Musik, die während der Mahlzeiten erklingt. Die Lösung der Musik von ihrer Sozial- und Unterhaltungsfunktion ist erst eine Erscheinung der letzten beiden Jahrhunderte. Musik als Unterhaltung zu festlichen Mahlzeiten, aber auch als Ablenkung vom Genuß der Nahrungsaufnahme durch Hinwendung zu anderen Bewußtseinsinhalten ist aus dem alten Ägypten ebenso belegt wie aus dem biblischen Judentum, der griechisch-römischen Antike und dem frühen Christentum. Sie hielt sich auch das ganze Mittelalter über. Johannes de Grocheo wollte sogar die Form des Conductus vom Begriff des Gastmahls ableiten.
Hoch entwickelte Gesellschaftskunst und Repräsentationsbedürfnis ließen in der Renaissance die T. zu einer wichtigen Kunstform werden. Bildliche Darstellungen vom burgundischen Hof oder etwa der Hochzeit Herzog Wilhelms V. von Bayern (mit der Hofkapelle und O. di Lasso) überliefern diese Praxis ebenso wie ein detaillierter Bericht aus Ferrara, welche Madrigale zu den einzelnen Gängen eines Repräsentationsmahles vorgetragen wurden. Musizieren bei der und Komposition für die fürstliche Tafel gehörten seither zu den festen Bestandteilen der Anstellungsverträge von Hofmusikern (vgl. G. Ph. Telemann, Autobiogr. 1717). Mit dem Erstarken eines städtischen Bildungsbürgertums ging diese Musizierpraxis auch in bürgerliche Schichten über. Besondere Formen gab es für diese Musik nicht, vielmehr war jedes weltliche, vor allem moderne Werk zugleich Gesellschaftsmusik. Auch das Musiktheater brachte den Brauch der T. auf die Bühne (z. B. W. A. Mozart, *Don Giovanni,* Finale 2. Akt).
Seit dem 17. Jh. verwendeten Komponisten zunehmend den höfischen Brauch der T. als Sammeltitel für Drucke: J. H. Schein, *Banchetto musicale* (1617, Suiten); I. Posch, *Musicalische Tafelfreudt* (1621, Tänze); E. Reusner, *Musicalische Taffel-Erlustigung* (1668, Tänze) u.a. Doch sind derartige Titel eher barocker Manierismus als konkrete Zweckbestimmung des Inhalts. V. Rathgebers *Ohrenvergnügendes und Gemüth-ergötzendes Tafel-Confect* (1733–46) betont eher den Charakter der Lieder als süße „Nascherei", und Telemanns *Musique de table* (1733, je 1 Solosonate, Quartett, Suite und Konzert) stellt exemplarisch die Musizierformen der Zeit zusammen, die zwar auch als T. verwendet werden konnten, doch sind die Stücke zu Gängen geordnet. T. ist also von der Begleitung selbst zum festlichen Mahl geworden.
Das Divertimento war die letzte Form der Unterhaltungsmusik. Der Autonomieanspruch von Musik vertrug sich seit der Klassik nicht mehr mit einer Unterhaltungsfunktion. Musik wurde einem darauf mehr oder weniger konzentrierten Publikum frontal dargeboten. Wenn „eine vollständig zur Erscheinung gebrachte musikalische Idee ... Selbstzweck" ist, dann wird der Musik nur als Unterhaltung Konsumierende „die Würde der Musik am sichersten diskreditieren" (E. Hanslick, 1854). Der Begriff Unterhaltungsmusik wurde abgewertet und die Verwendung „ernster" Musik zur Unterhaltung und als T. geächtet.
Von T. zu unterscheiden ist das engl. Table entertainment, eine spezielle Form schauspielerischer Darbietung, die, frontal zum Publikum, hinter einem Tisch sitzend aufgeführt wird. S. KROSS

TAGELIED (mhd.: tageliet, morgensanc), Bz. für ein mehrstrophiges Lied der Minnesänger, das sich formal und inhaltlich an die südfrz. Alba und die nordfrz. Aube anschließt. Thematisch ist das T. auf den dialogisch gestalteten Abschied zweier Liebender im Morgengrauen gerichtet, die von einem Wächter vor dem Beginn des Tages gewarnt wurden. In ihrer konzentrierten, auf volkstümliche Ursprünge zurückweisenden Form bildet die Gattung damit auch die typische Situation des hochmittelalterlichen höfischen Liebenden ab, dessen Liebesgeheimnis ständig individuell und sozial – von Eifersucht und Verleumdung – bedroht ist. Bedeutende Albas sind von Giraut de Bornelh, Folquet de Marseille und Guiraut Riquier erhalten, als Aube ist das anonyme *Gaite de la tor* mit musikalischer Notation am bekanntesten. Unter den überlieferten T.ern ragen die von Wolfram von Eschenbach sowie musikalisch ein- und mehrstimmige Vertonungen von Hermann (Mönch) von Salzburg und Oswald von Wolkenstein hervor. Ph. Nicolais Choral *Wachet auf, ruft uns die Stimme* (1599) ist ein Beleg für die bereits von romanischen Beispielen geläufige Transposition des weltlichen Genres in den geistlichen Bereich. Die formale Bändigung der extremen Lebenssituation des Abschieds und der äußeren, auch sozialen Bedrohung privaten Glücks verleiht dieser Gattung neben ihrer lyrischen Intensität auch epische und dramatische Kraft. Im Liebesdialog Guenièvre – Lancelot aus Chrétien de Troyes' *Lancelot* wirkt sie ebenso fort wie in der Balkonszene Romeos und Julias *It was the nightingale ...* bei W. Shakespeare oder im Warnruf Brangänes *Habet acht! Schon weicht dem Tag die Nacht* aus R. Wagners *Tristan und Isolde.*

Lit.: F. NICKLAS, Unters. über Stil u. Gesch. des dt. T. (B 1929, Nachdr. Nendeln 1967); N. MAYER-ROSA, Stud. zum dt. T. (Diss. Tü 1938); F. H. OHLING, Das dt. T. vom MA bis z. Ausgang der Renaissance (Diss. Kö 1938); E. SCHEUNEMANN – F. RANKE, Texte z. Gesch. des T. (Be 1947); A. T. HATTO, Das T. in der Weltlit., in: DVfLG 36 (1962); A. JEANROY, Les origines de la poésie lyrique en France au moyen âge (P [4]1969); P. WAPNEWSKI, Wächterfigur u. soziale Problematik in Wolframs T., in: Der Berliner Germanistentag 1968 (Hei 1970); J. SAVILLE, The Medieval Erotic „alba". Structure as Meaning (NY – Lo 1973); U. KNOOP, Das mhd. T., Inhaltsangabe u. literarhist. Unters. (Marburg 1976); R. J. IMMELÉ, Étude comparée des aubes au moyen âge (1977) (= Diss. Michigan Univ.); A. WOLF, Variation u. Integration. Beobachtungen zu hochma. T.ern (Da 1979). W.-D. LANGE

TAGLIAVINI, Ferruccio, * 14. 8. 1913 Reggio nell'Emilia; it. Sänger (Tenor). Er studierte in Parma und Florenz, debütierte dort 1939 als Rodolfo in G. Puccinis *La Bohème* und wurde 1940 Mitglied der Mailänder Scala. Durch Gastspiele am Covent Garden in London, am Teatro Colón in Buenos Aires, an der Wiener Staatsoper, in Paris und an der Metropolitan Opera in New York profilierte er sich nach dem 2. Weltkrieg als einer der besten lyrischen Tenöre; 1970 zog er sich von der Bühne zurück. Schwerpunkte seines Repertoires waren die Opern G. Donizettis, V. Bellinis und Puccinis und einiger französischer Opern (J. Massenet, *Werther, Manon*). T. ist mit der italienischen Sopranistin Pia Tassinari verheiratet.

Lit.: C. TEDESCHI, F. T. (R 1942); G. GUALERZI, in: Le grandi voci, hrsg. v. R. Celletti (R 1964) (mit Diskographie).

TAGLIAVINI, Luigi Ferdinando, * 7. 10. 1929 Bologna; it. Organist und Musikforscher. Er studierte 1947–52 Orgel, Klavier und Komposition an den Konservatorien in Bologna und Paris (M. Dupré) und promovierte 1951 an der Universität Padua zum Dr. phil. Seitdem ist er in einer heute ungewöhnlichen Weise auf zwei Gebieten gleichzeitig und -gewichtig tätig: als Organist in ganz Europa konzertierend sowie lehrend an den Konservatorien Bologna (1952–54), Bozen (1959–64) und Parma (seit 1964) und als Musikforscher in Bologna (1953–60 Bibliothekar des Liceo musicale; 1959 Privatdozent an der Universität), seit 1965 in Freiburg/Schweiz (Direktor des Musikwissenschaftlichen Instituts der Universität, 1971 Professor). T.s besonderes Interesse gilt Fragen des Orgelbaus und der Orgelmusik sowie der Erforschung und Edition von Werken W. A. Mozarts.

Schriften: *Studi sui testi delle cantate sacre di J. S. Bach* (Diss. Padua 1951, gedruckt ebd. 1956); *L'opéra italien du jeune Mozart,* in: Les influences étrangères dans l'œuvre de Mozart (P 1956); *Un oratorio sconosciuto di Leopold Mozart,* in: FS O. E. Deutsch (Kas 1963); *Registrazione organistiche nel Magnificat dei „Vespri" monteverdiani,* in: RIMus 2 (1967); *Quirino Gasparini and Mozart,* in: New Looks at Italian Opera. FS D. J. Grout (Ithaca/N.Y. 1968); *J. G. Walther trascrittore,* in: Anal. Mus. 7 (1969); *Orgel u. Orgelmusik,* in: Gesch. der kath. Kirchenmusik I, hrsg. v. K. G. Fellerer (Kas 1972); *Orgel u. Orgelmusik im 16. Jh.,* in: ebd. II (1976). – Editionen: *D. Zipoli, Orgel- u. Cemb.-Werke,* 2 Bde. (Hei 1957); in der Neuen Mozart-Ausg. die Opern *Ascanio in Alba* (1956), *Betulia liberata* (1960) u. *Mitridate, Rè di Ponto* (1966). – T. ist Hrsg. (seit 1968 zusammen mit Oscar Mischiati) der von ihm und R. Lunelli 1960 gegründeten Zschr. *L'organo.*

TAGLIONI. – 1) Filippo, * 5. 11. 1777 Mailand, † 11. 9. 1871 Como; it. Tänzer und Choreograph. Er debütierte 1794 in Pisa, ging 1799 zu weiterer Ausbildung zu G. B. Coulon nach Paris, trat am Königlichen Theater in Stockholm auf und wirkte dann als Choreograph an den großen europäischen Bühnen, insbesondere in Paris (↗Ballett).

WW (Choreographien, UA in Paris): D. Auber, *Le dieu et la Bayadère* (1830) u. *Gustave III ou Le Bal masqué* (1833); J. M. Schneitzhoeffer, *La Sylphide* (1832); A. Adam, *La fille du Danube* (1836). – Balletteinlagen zu: F. Halévy, *La juive* (1835); G. Meyerbeer, *Les Huguenots* (1836).

2) Maria (Marianne Sophie), Tochter von 1), * 23. 4. 1804 Stockholm, † 22. 4. 1884 Marseille; it. Tänzerin. Sie wurde von ihrem Vater und von Coulon in Paris ausgebildet, debütierte 1822 an der Wiener Oper und wirkte in den meisten von ihrem Vater choreographierten Werken mit, so auch in der ballettgeschichtlich bedeutsamen *Sylphide* von Schneitzhoeffer. 1848 zog sie sich von der Bühne zurück, ging 1858 als Tanzlehrerin erneut nach Paris und wirkte seit 1860 als Ballettmeisterin an der Opéra. M. T. gehörte neben Fanny Elßler, Carlotta Grisi und Fanny Cerrito zu den großen Ballerinen des romantischen Balletts und galt vielen Zeitgenossen geradezu als dessen Inkarnation. Ihr Verdienst ist es, den Tanz zu einer in erster Linie expressiven Kunst erhoben zu haben. Sie führte den Spitzentanz ein. – **3) Paolo,** Sohn von 1), * 12. 1. 1808 Wien, † 6. 1. 1884 Berlin; it. Tänzer und Choreograph. T. war Schüler seines Vaters und von Coulon. Nach Anfangsjahren in Stuttgart (1825–30) wirkte er später viele Jahre als Direktor des Hofballetts und Choreograph in Berlin. Er schuf u.a. die Choreographie zu *Les plaisirs d'hiver (Les patineurs)*, wo er Rollschuhläufer auftreten ließ. Seine Tochter **Maria** (1833–1901) war ebenfalls eine namhafte Tänzerin. J. Strauß widmete ihr 1855 die *Marie-Taglioni-Polka.*

Lit.: ↗Ballett. – **Zu 2):** M. FABREGAS, M. T. (Ba 1958); L. HILL, La Sylphide. The Life of M. T. (Lo 1967); P. MIGEL, The Ballerinas from the Court of Louis XIV to Pavlova (NY 1972).

TAGORE, Rabindranath (Rabīndranāthā Ṭhākur), * 6. 5. 1861 Kalkutta, † 7. 8. 1941 Santiniketan bei Bolpura (Bengalen); indischer Dichter, Philosoph und Komponist. T. veröffentlichte zahlreiche Bücher, besonders Lyrik, in bengalischer Sprache und erhielt 1913 für seine Gedichtsammlung *Gītāñjali* den Nobelpreis für Literatur. Als Komponist war er von der indischen klassischen Musik und Folklore inspiriert, die er mit Elementen der europäischen Kunstmusik verband. Sein Gesang *Jana-gana-mana ...* wurde 1950 indische Nationalhymne. 1901 eröffnete T. auf seinem Familienbesitz in Santiniketan eine Schule (später Universität), in der die Musikerziehung einen führenden Platz einnimmt.

Schriften: *Hindu Music from Various Authors* (Kalkutta 1875, ²1882, Nachdr. 1965); *Short Notice of Hindu Musical Instruments* (ebd. 1877); *Universal History of Music, together with Various Original Notes on Hindu Music* (ebd. 1886, Nachdr. 1963).

Lit.: H. CH. WOLFF, R. T. u. die Musik, in: FS K. G. Fellerer (Rb 1962); F. BOSE, R. T. u. die moderne indische Musik, in: FS W. Wiora (Kas 1967); L. RAY, Rabindranath and Music, in: Journal of the Indian Musicological Soc. 3 (1972).

TAIL GATE (engl.), im Amerikanischen Bz. für die rückwärtige Ladeklappe eines Fuhrwerks, mit dem u.a. bei musikalischen Umzügen zur Zeit des New Orleans Jazz eine Band gefahren wurde. An der geöffneten Klappe saß meistens der Posaunist, um für den Zug seines Instrumentes ausreichend Platz zu haben. Davon abgeleitet ist T. die Bz. für eine Spielmanier der Posaune im frühen Jazz, für die aus afroamerikanischer Vokalmusik stammende Portamenti typisch sind.

TAILLE (frz.), im Frankreich des 16.–18. Jh. übliche Bz. für die ↗Tenor-Stimme (vokal und instrumental) sowie für die Instrumente dieser Mittellage (z.B. T. de violon), die im 5st. Instrumentalsatz zwischen ↗Haute-contre und ↗Quinte (3) lag. In ähnlicher Bedeutung verwendet auch J. S. Bach die Bz. T. für die Oboe in der Tenorlage (in F; auch für die Oboe da caccia).

TAILLEFERRE (eig. Taillefesse), **Marcelle Germaine,** * 19. 4. 1892 Parc-St-Maur bei Paris, † 7. 11. 1983 Paris; frz. Komponistin. Sie studierte am Pariser Conservatoire, wo sie verschiedene erste Preise errang und mit D. Milhaud, G. Auric und A. Honegger bekannt wurde. Mit ihnen zusammen verkehrte sie bei Ch. Koechlin, später bei E. Satie; mit ihnen gehörte sie auch zur ↗Groupe des Six. Ihre Werke stehen in der Tradition von G. Fauré, E. Chabrier und M. Ravel, von dem sie vor allem hinsichtlich der Instrumentierung Ratschläge empfing.

WW: **1) Instr.-WW:** Für Klv.: 6 leichte Stücke *Fleurs de France* (1930); *Scènes de cirque* (1951); Partita (1951); *Jeux de plein air* (1918) u. 2 Walzer (1948) für 2 Klv. – Solosonaten für Harfe (1954) u. für Klar. (1958); Sonatine für V. u. Klv. (1973); Streichquartett (1918); *Images* (1920) für 7 Instr. – Für Orch.: *Pavane, Nocturne, Finale* (1928); Ouvertüre (1932); *À l'exposition* (1937); Klv.- u. V.-Konzert (1919, 1936); Ballade für Klv. u. Orch. (1922); Concertinos für Harfe u. Orch. (1926) sowie für Fl., Klv. u. Kammerorch. – **2) Vokal-WW:** 6 Chansons (1929) u. *Cantate du Narcisse* (1937) für SingSt u. Orch.; *Concerto des vaines paroles* (1956) für Bar. u. Orch. – **3) Bühnen-WW:** Oper *Les mariés de la Tour Eiffel* (1921) (zus. mit den anderen Mitgliedern der Groupe des Six); Operette *Dolorès,* UA: Paris 1950; Comédie musicale *Parfums,* UA: Monte Carlo 1951; Satire lyrique *Il était un petit navire,* UA: Paris 1951; Opéra-comique *Parisiana,* UA: Kopenhagen 1955; Oper *La petite Sirène,* UA: ORTF 1958; Opéra-bouffe *Mémoires d'une bergère* (1959); Kammeroper *Le maître,* UA: ORTF 1961. – Ferner Filmmusik.

Lit.: C. CHAMFRAY, Hommage à G. T., in: Le courrier musical de France (1965) Nr. 9 (mit Werk-Verz.).

TAKÁCS, Jenö Eugen von, * 25. 9. 1902 Cinfalva (Ungarn; heute Siegendorf im Burgenland); östr. Komponist, Pianist und Volksmusikforscher ung. Abstammung. Er studierte 1921–26 Komposition (H. Gal, J. Marx) und Klavier (P. Weingartner) an der Musikakademie in Wien. 1927–32 und 1934–37 war er Professor für Klavier am Konservatorium in Kairo, 1932–34 für Klavier und Komposition an der Universität der Philippinen in Manila. Seit 1926 konzertierte er als Pianist und unternahm 1938 seine erste Konzertreise in die USA. 1939 kehrte er nach Ungarn zurück, war 1942–48 Direktor des Konservatoriums in Pécs und 1949–51 Gastdozent an den Konservatorien in Genf und Lausanne. 1952–70 lehrte er als Professor für Klavier und für Komposition am College-Conservatory der University of Cincinnati (Ohio). Seit 1926 mit B. Bartók befreundet, nahm T. dessen Werk als Vorbild hinsichtlich einer tonal erweiterten Tonsprache, die zuletzt auch Zwölftonordnungen verwendet.

WW: **1) Kompositionen:** Zahlr. Klv.-Stücke, u.a. *Klänge und Farben* (1974) u. *Le tombeau de F. Liszt* (1977). – Kammermusik, darunter: Trio-Rhapsodie für V., Vc. u. Klv. (1926); *Späte Gedanken* (1969) für V. u. Gitarre; Oktett für Bläser u. Str. (1975). – Für Orch.: *Philippine Suite* (1935); Tanzszenen *Napolitana* (1940);

Suite altungarischer Tänze (1946); Volkstänze aus dem Burgenland (1952); Passacaglia für Str. (1960); Serenade (1966); *Sinfonia breve* (1981); Concerto (1947), Neufassungen für Klv., Str. u. Schlagzeug (1956, 1977); Partita für Gitarre (oder Cemb.) u. Orch. (1950). – *Three Japonese Tanka* (1965) für 4st. Chor; Kantate *Das Lied von der Schöpfung* (1944) für Chor u. Orch.; *Toccata mistica* (1968) für Chor u. Org. – **2) Schriften:** *Aus meinem Leben*, in: Steirische Musikerjubiläen 1972 (Gr 1972); *Erinnerungen an B. Bartók* (W 1982).

Lit.: W. SUPPAN, J. T. – Dokumente, Analysen, Kommentare (Eisenstadt 1977) (= Burgenländische Forsch. 66). B. A. KOHL

TAKEMITSU, Toru, * 8. 10. 1930 Tokio; japanischer Komponist. Er studierte seit 1948 privat Komposition bei Yasuji Kiyose in Tokio, ist im übrigen aber Autodidakt. Seine unorthodoxe, von aller Tradition unabhängige Schreibweise zeichnet sich durch große klangliche Sensitivität aus. Während die frühen Werke den Einfluß der Wiener Schule (A. Schönberg, A. Berg, A. Webern) sowie französischer Musik zeigen, wandte sich T. in den folgenden Jahren fast allen avantgardistischen Techniken zu. Sehr häufig verwendet er traditionelle japanische Instrumente. 1964 hielt er mit J. Cage Gastvorträge am East-West-Center in Hawaii und beteiligte sich wiederholt an Festivals mit Neuer Musik. 1970 leitete T. das Space Theatre („Weltraumtheater") während der Weltausstellung „Expo '70" in Osaka.

WW: *Pause uninterrupted* (1959) u. *Far Away* (1973) für Klv.; *Folios* (1974) für Gitarre; *Landscape* (1960) für Streichquartett; *Waves* (1976) für Klar., Horn, 2 Pos. u. Schlagzeug. – Für Orch.: Ballett *Ikiru yorokobi* (Die Freude zu leben) (1951); *Solitude sonore* (1958); *Ki no kyoku* (Musik von Bäumen) (1961); *Greens (November-Steps II)* (1967); *Textures* (1967); *Gitimalya* (1975); *Marginalia* (1976); ferner *Arc* (1966) für Klv. u. Orch.; *Asterism* (1968) für Klv. u. Orch.; *November-Steps I* (1967) u. *Aki* (Herbst) (1973) für Biwa, Sakuhati u. Orch.; *Gemeaux* (1972) für Ob., Pos. u. 2 Orch. – *Kansho* (Koralleninsel) (1962) für Sopran u. Orch. – Ferner Filmmusik.

Lit.: M. KANAZAWA, T., in: Grove[6] XVIII. B. A. KOHL

TAKHT, Tacht (arab., = Bett, Sitz oder Podium), Bz. für das traditionelle Ensemble der ↗arabisch-islamischen Musik. Es besteht aus 4–6 Musikern, die ↗ʿŪd, ↗Qānūn, ein oder 2 ↗Kamānğe (heute oft europäische Violinen), ↗Nāy, ↗Riqq und ↗Darabukka spielen. Zum T. gehören für die vokal-instrumentalen Stücke auch ein Sänger oder eine Sängerin sowie eine Gruppe von 4–6 Chorsängern (so heute in Ägypten, Syrien, dem Libanon und in Jordanien). Das dem T. entsprechende tunesische (Auwadah genannte) Ensemble besteht aus ʿŪd, Qānūn, Darabukka und Riqq, ohne Streichinstrumente; zum irakischen Ensemble Dschalgi-Bagdadi gehören Sanṭūr, das irakische Streichinstrument Dschose, Darabukka und Riqq. Die kleine, sozusagen kammermusikalische Besetzung des T.-Ensembles, dessen Repertoire Instrumental- sowie instrumental begleitete Vokalformen umfaßt, wird in neuerer Zeit immer stärker von modernen großen Orchestern in den Hintergrund gedrängt, in denen neben wenigen traditionellen arabisch-islamischen Instrumenten viele moderne Orchesterinstrumente eingesetzt werden.

M. BRÖCKER

TAKT (von lat. tactus = Schlag), seit dem 17. Jh. Bz. für die Schlag- und Maßeinheit musikalischer Ereignisse. Der Begriff bezeichnet das Ordnungssystem, auf das die vielen verschiedenen Notengattungen und -werte, über die die europäische Musik seit dem MA verfügt, bezogen werden. Der T. gleicht die Werte und die elementaren Einheiten, die daraus gebildet worden sind, dadurch einander an und setzt sie dadurch zueinander ins Verhältnis, daß er sie einem konstanten metrischen Gesetz, der Mensur, und einem gleichbleibenden T.-Schlag unterordnet. Die ursprüngliche Bedeutung des T.s als eines 2teiligen, in Nieder- und Aufschlag gegliederten ↗Tactus, der durch die Hand, den Finger, den Fuß oder imaginär ausgeführt wird, ist noch im 18. Jh. lebendig. J. Mattheson definiert 1739 den T. als ein 2teiliges, aus Nieder- und Aufschlag bestehendes System, dessen „mensurale" Gliederung aus der Division und Subdivision der T.-Teile hervorgeht. Der 12/8-T. besteht demnach aus:

2 Teilen

und 12 Gliedern

Noch Mattheson verbindet den Akzent nicht unmittelbar mit der T.-Theorie. Aber seit 1600 pflegt man in Tänzen und in kunstreicher polyphoner Musik den T. dadurch sinnfällig zu machen, daß man seinen Beginn durch einen Akzent betont (R. Descartes). In der 2. Hälfte des 18. Jh. wird der Akzent zu einer zentralen Kategorie der T.-Theorie. Die von J. G. Sulzer 1774 zuerst entwickelte „Akzenttheorie" (H. Riemann) erklärt den T. über einer einförmigen Schlag- oder Tonreihe, die in regelmäßigen Abständen mehr innerlich als äußerlich durch Akzente abgeteilt wird:

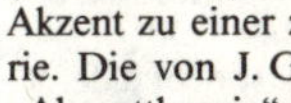 oder 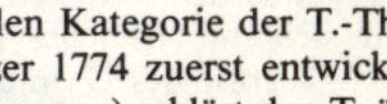

Das grobe Schema kann nuanciert werden. G. W. Fink erklärt 1808 den 4/4-T. als ein Kompositum aus 4 Akzentstufen:

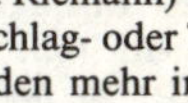

Das System der T.-Arten bildet sich im 17. Jh. aus. Der Prototyp des T.s ist der 4/4-T., der „ganze Takt". Die übrigen T.-Arten werden im Verhältnis zu ihm definiert. Der 2/4-T. ist z. B. ein T., in dem 2/4

eines ganzen T.s die T.-Einheit bilden. Meist unterscheidet man gerade und ungerade, einfache und zusammengesetzte, im 20. Jh. auch große und kleine Takte. Als gerade gelten der 4/4-, der 2/4-, der 2/2- und der Allabreve-T. (¢), als ungerade der 3/2-, der 3/4- und der 3/8-Takt. Die Natur der T.-Arten, die Dreier- und Zweiergruppen in verschiedenen Dimensionen vereinen, also etwa die des 6/8- oder des 12/8-Taktes, ist umstritten. Wer wie Mattheson grundsätzlich auf das Verhältnis der T.-Teile sieht, faßt sie als gerade T.e auf. Wer wie J. A. Scheibe auf die Notengattung sieht, die den musikalischen Prozeß bestimmt, im 6/8-T. auf das Achtel, der zählt diese und ähnliche T.-Arten zu den „Tripeltakten". Die Akzenttheorie schaut dagegen grundsätzlich auf die Einheit, über der die Akzentordnung errichtet wird. Das kann im 6/8-T. die punktierte Achtelnote oder das Achtel sein. Im einen Fall handelt es sich um einen geraden T., dessen metrische Glieder durch „Triolen" unterteilt werden, im anderen um einen ungeraden, aus 2 3/8-T.en zusammengesetzten Takt. Viele große T.-Arten gelten in diesem Sinne als Zusammensetzung zweier kleiner. Die einfachen T.-Arten werden von den zusammengesetzten vor allem in der Theorie des 18. Jh. unterschieden, weil sie im Satzbau unterschiedlich behandelt werden. Wo ein einfacher T. herrscht, zählt im Satzbau jeder T., im zusammengesetzten T. dagegen jede T.-Hälfte, so daß das Ende eines 4taktigen Satzes bereits in der Mitte des zweiten notierten T.s erreicht wird. Neuere Theorien nennen solche T.-Arten auch groß (E. Tetzel); klein dagegen T.e, die zu geschwind sind, als daß sie die rhythmische Formation eines T.s sein könnten. T.-Fragmente in diesem Sinne sind z. B. die schnellen 3/4-T.e, in denen die Scherzi des 19. Jh. notiert sind. Hier müssen mehrere notierte T.e zueinander ins Verhältnis gesetzt werden, wenn sich ein wirklicher T. ergeben soll.

Die T.-Theorie des 17. und 18. Jh. spricht jeder T.-Art einen bestimmten Charakter zu. Sie unterscheidet die T.-Arten nach Größe, Gewicht und Bewegung. Der 3/8-T., der zu den kleinsten T.-Arten zählt, ist demnach „von Natur" aus sehr leicht, geschwind und fröhlich, der größere 3/4-T. deutlicher, gemessener, aber gleichwohl heiter, der 3/2-T. – der in Kompositionen des 17. Jh. (z. B. bei H. Schütz) noch fröhlichen Charakter trägt – schwer, gravitätisch und lamentabel.

Den reinsten Ausdruck findet der klassische Akzentstufen-T. (H. Besseler) in einfachen Lied- und Tanzsätzen. In höher organisierten Formen wird die T.-Bewegung oft nur durch die metrischen Figuren der Begleitung unterhalten. Die Melodie setzt sich scheinbar frei davon ab, ist aber spannungsvoll darauf bezogen (singendes Allegro). Widersprüche gegen die regelmäßige Akzentuation des T.s sind häufig und gelten als Ausdrücke des pathetischen oder mutwilligen Widerspruchs gegen die Norm.

Im 19. Jh., schon im Werk L. van Beethovens, wird das schrittartige Gefälle des Akzentstufen-T.s dynamisiert. Der musikalische Prozeß geht vom Schritt in ein dynamisches Fließen über. Der T. wird innerlich dynamisiert, seine metrische Struktur nebensächlich und endlich bedeutungslos. Das konkrete Erscheinungsbild des dynamisierten T.s ist das T.-Motiv (Riemann), das den T.-Anfang weich überspielt:

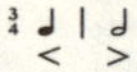

Die Emanzipation der Neuen Musik vom inneren und äußeren T.-Metrum läßt den T. weithin bedeutungslos werden. – ↗Taktarten.

Lit.: G. W. FINK, Über T., T.arten und ihr Charakteristisches, in: AmZ 13 (1808); H. RIEMANN, System der musikal. Rhythmik u. Metrik (L 1903); E. TETZEL, Rhythmus u. Vortrag (B 1926); H. BESSELER, Das musikal. Hören der Neuzeit (B 1959) (= Ber. über die Verhandlungen der Sächs. Akad. der Wiss., Phil.-hist. Klasse 104); C. DAHLHAUS, Zur Entstehung des modernen T.systems im 17. Jh., in: AfMw 18 (1961); G. HENNEBERG, Theorien z. Rhythmik u. Metrik (Tutzing 1974) (= Mainzer Stud. z. Musikwiss. 6); E. APFEL – C. DAHLHAUS, Stud. z. Theorie u. Gesch. der musikal. Rhythmik u. Metrik (Mn 1975); W. SEIDEL, Über Rhythmustheorien der Neuzeit (Be – Mn 1975) (= Neue Heidelberger Stud. z. Musikwiss. 7); C. DAHLHAUS, Stud. z. Gesch. der Rhythmustheorie, in: Jb. des Staatl. Inst. für Musikforsch. Preußischer Kulturbesitz 1979/80. W. SEIDEL

TAKTAKISCHWILI, Otar Wassiljewitsch, * 27. 7. 1924 Tiflis; sowjetgeorgischer Komponist. T. studierte bis 1947 am Konservatorium in Tiflis, war 1947–52 Dirigent und 1952–56 künstlerischer Leiter der Staatlichen Chorkapelle der Georgischen SSR. Seit 1949 lehrt er am Konservatorium in Tiflis Chorleitung und Instrumentation (1962–65 Rektor, 1966 Professor), wirkt seit 1957 als Sekretär des Sowjetischen Komponistenverbands, seit 1965 als Kulturminister der Georgischen SSR. T. zählt zu den führenden zeitgenössischen georgischen Komponisten. In seiner Musiksprache mischen sich Klangelemente der georgischen Musik mit vielfältigen Ausdrucksmitteln der modernen westeuropäischen Tonkunst. Besonders charakteristisch sind rhythmische Prägnanz und ein weitgespannter melodischer Duktus.

WW: *Rodnyje kartinki* (Heimatbilder) (1975) für Klv.; Sonate für Fl. u. Klv. (1960); Klv.-Trio (1947). – Für Orch.: 2 Symphonien (1949, 1953); symphonische Dichtung *Mzyri* (1956); 3 Ouvertüren (1950, 1951, 1955); 2 Klv.-Konzerte (1951, 1974); 2 Vc.-Konzerte (1948, 1977); V.-Konzert (1976); Concertino für die Jugend für Klv. u. Orch. (1973). – Oratorien: *Schiwoi otschag* (Herd des Lebens) (1964, Neufassung 1970); *Po sledam Rustaweli* (Auf den Spuren Rustawelis) (1964); *Nikolos Barataschwili* (1970). –

Opern: *Mindija,* UA: Tiflis 1961; *Nagrada* (Die Belohnung), UA: georgisches Fernsehen 1964; *Tri nowelly* (3 Novellen), UA: Tiflis 1967; *Pochischtschenije luny* (Der Raub des Mondes), UA: ebd. 1977); *Uchaschor* (Der Schürzenjäger), UA: ebd. 1978.

Lit.: L. POLJAKOWA, O. T. (Mos 1956, ^{2}1979). E. STÖCKL

TAKTARTEN. Das System der T. bildet sich im 17. Jh. aus. Die ↗Takt-Bz. wird im oder über dem Liniensystem durch Brüche angezeigt: Der Nenner gibt den rhythmischen Grundwert, der Zähler die Anzahl der Grundwerte innerhalb eines Taktes an. Unterschieden werden gerade ($\frac{2}{2}$, $\frac{2}{4}$, $\frac{4}{4}$), ungerade ($\frac{3}{2}$, $\frac{3}{4}$, $\frac{9}{8}$), einfache ($\frac{2}{2}$, $\frac{2}{4}$, $\frac{3}{2}$, $\frac{3}{4}$), zusammengesetzte ($\frac{4}{2}$, $\frac{4}{4}$, $\frac{6}{4}$, $\frac{6}{8}$) und unregelmäßige ($\frac{5}{4}$, $\frac{7}{4}$) T.; diese können im Verlauf eines gedruckten Worttextes auch als 2/2, 2/4, 4/4, 3/4 usw. angegeben werden.

TAKTSTOCK (engl.: baton; frz.: bâton; it.: baccetta; span.: batuta), ein seit dem Ende des 18. Jh. vom ↗Dirigenten bzw. Kapellmeister benutzter zylindrischer Stab aus Holz oder Elfenbein (Länge: etwa 30 cm). Bis dahin wurde in der Kirchenmusik, aber auch in der Theatermusik die Taktrolle bzw. der Taktierstab (an den Folgen einer Fußverletzung durch heftiges Aufstampfen starb J.-B. Lully) verwendet. Daneben diente häufig auch der Violinbogen als T. (↗Konzertmeister). Erst im Zusammenhang mit dem Stilwandel nach 1750 und der Aufgabe des Generalbasses (und damit der Direktion vom Cembalo aus) bedienten sich Kapellmeister des kurzen T.s (erster Beleg: 1775 J. Fr. Reichardt, später L. Spohr, 1817, G. Spontini, 1820, und F. Mendelssohn Bartholdy, 1835).

TAKTSTRICH, Bz. für den Strich, durch den seit dem 17. Jh. die Takteinheiten voneinander abgesetzt werden. Die Neigung, die Schrift polyphoner Kompositionen dadurch übersichtlich zu machen, daß man sie mehr oder weniger regelmäßig durch vertikale Striche abteilt, zeigt schon im 15. Jh. die Notation für Klavierinstrumente (↗Tabulatur); außerdem ist die T.-Setzung aus dem Gebrauch der ↗Tabula compositoria bekannt. Allgemein üblich wird sie mit dem Aufstieg der Instrumentalmusik im 17. Jh.; um 1600 werden Vokalstimmen ohne, Instrumentalstimmen mit T.en notiert (u.a. J. H. Schein, *Opella nova,* 1618). Grundsätzlich grenzt der T. eine Takteinheit ein; doch gibt es wichtige Ausnahmen von diesem Prinzip: zusammengesetzte Taktarten, in denen ein notierter Takt 2 einfache Takte zusammenfaßt, und „kleine Takte", die nur ein Teil des wirklich herrschenden Taktes sind (↗Takt). Der T. kann insofern als Spielanweisung gelten, als der Klang, der ihm folgt, durch einen Akzent hervorgehoben wird. – Bei der Übertragung älterer Musik werden in der Regel keine T.e gesetzt, sondern sog. Mensurstriche zwischen die Systeme (vgl. Bd. V, S. 272, das obere Bsp.).

Lit.: E. TETZEL, Der große Takt, in: ZfMw 3 (1920/21); DERS., Reform oder Entstellung? Eine Erwiderung in Sachen der T.frage, in: ebd. 7 (1924/25); R. CAHN-SPEYER, T. u. Vortrag, in: ebd.; H. KELLER, Großer Takt u. T.setzung, in: ebd.; E. APFEL – C. DAHLHAUS, Stud. z. Theorie u. Gesch. der musikal. Rhythmik u. Metrik (Mn 1974). W. SEIDEL

TAL, Josef, * 18. 9. 1910 Pinne bei Posen; israelischer Komponist und Pianist. Er studierte an der Berliner Musikhochschule (P. Hindemith), ging 1934 nach Palästina und wurde 1937 Lehrer an der Musikakademie in Jerusalem, die er 1948–52 leitete. Seit 1950 lehrt er Musikwissenschaft an der dortigen Hebrew University und leitet seit 1961 das von ihm gegründete Israel-Zentrum für elektronische Musik. Als Inbegriff des Schaffens von T. gelten seine Opern, von denen *Ashmedai,* eine Art Mysterienspiel über eine nachbiblische jüdische Legende mit Anspielungen auf die nationalsozialistische Judenverfolgung, und *Die Versuchung* in Deutschland uraufgeführt wurden (Hamburg 1971 bzw. München 1976). *Ashmedai* ist zwölftönig und für elektronische Musik geschrieben, rhythmisch komplex und bezwingend in Wortausdruck und Dramatik. Im Unterschied zu anderen Komponisten seines Landes benutzt T. die jüdische und israelische Musik nicht.

WW: **1) Instr.-WW:** 2 Streichquartette (1959, 1964); Holzbläserquintett (1966). – Für Orch.: 2 Symphonien (1953, 1960); *Festive Visionen* (1959); 2 Klv.-Konzerte (1944, 1953, mit Tenor 1956); ein Va.-Konzert (1954); Konzert für Vc. u. Streichorch. (1961); Doppelkonzert für V., Vc. u. Kammerorch. (1970). – Konzerte mit elektronischer Musik: für Klv. (1962, 1964, 1970); für Cemb. (1964); für Harfe (1971). – **2) Bühnen-WW:** Weitere Opern: konzertante Oper *Scha'ul b'En-Dor* (Saul zu En-Dor) für 3 Soli, Sprecher u. Kammerorch., UA: Tel Aviv 1957; Kurzoper *Amnon w'Tamar* (Amnon u. Tamar), UA: Jerusalem 1961; *Massada 967,* UA: ebd. 1973. – Ballette: choreographisches Poem *Exodus I* (1945–46); Ballett *Exodus II* mit elektronischer Musik (1960). – Ferner das Oratorium *The Death of Moses* (1967) für Alt, Tenor, Baß, Chor, Orch. u. elektronische Musik; Kantaten u.a. Vokalmusik.

TĀLA, Bz. für in der indischen Musik verwendete rhythmische Modelle. – ↗Indien.

TALEA (lat., = Stab; it.: taglia), in der Musiktheorie des 14. und 15. Jh. – im Zusammenhang mit einer isorhythmischen Komposition (↗Isorhythmie; ↗Motette) und im Unterschied zu ↗Color (2) – zum einen Bz. für einen rhythmisch festgelegten Abschnitt einer Stimme (dessen rhythmisches Schema als Modell wiederholt wird) sowie die Wiederholung des Modells, zum anderen die gesamte durch die mehrfache Wiederholung eines festen rhythmischen Schemas charakterisierte Stimme. Die Musikforschung des 20. Jh. verwendet T. als Terminus musicus nur in der ersten Bedeutung. Häufig läßt sich für das 14. und 15. Jh. eine synonyme Verwendung von T. und Color nachweisen, die sich daraus erklärt, daß Color als Oberbegriff jede Wiederholung melodisch und/oder rhythmisch gleicher Abschnitte benannte und somit als eine Differenzierung zwischen Color und T. nur dort erforderlich wurde, wo in einer einzigen Stimme sowohl melodische wie auch rhythmische Wiederholung bezeichnet werden mußten (vgl. das Bsp. aus *Speravi – Puisque – De bon espoir* von G. de Machaut [↗Motette], in dem das melodische Schema [= Color 1] einmal wiederholt wird [als Color 2 rhythmisch jedoch verändert], während das rhythmische Schema [= Talea 1] noch zweimal [als Talea 2 und 3] vorkommt). Gleichzeitiges Vorkommen von Color und T. in einer Stimme war zunächst nur für den ↗Tenor gebräuchlich, auf den anfangs die T.-Ordnung beschränkt blieb, später indessen auch für die Oberstimmen, seit sich Motetten mit streng beachteter T.-Ordnung auch der Oberstimmen vereinzelt bei Machaut, häufig bei J. Ciconia, J. Dunstable, G. Dufay u. a. finden.

Lit.: ↗Isorhythmie. B. R. SUCHLA

TALICH, Václav, * 28. 5. 1883 Kroměříž (Kremsier), † 16. 3. 1961 Beroun (Böhmen); tschechischer Dirigent. Er war ein Sohn des Komponisten Jan T. (1851–1915), studierte 1897–1903 Violine bei O. Ševčík und wurde 1904 Konzertmeister in Odessa. 1908 übernahm er die Leitung des Philharmonischen Orchesters Laibach, bildete sich in Leipzig 1910–11 bei A. Nikisch, M. Reger und H. Sitt weiter, ging 1912 als Operndirigent nach Pilsen und 1919 als 1. Kapellmeister zum Tschechischen Philharmonischen Orchester nach Prag. 1935–45 leitete er die dortige Nationaloper, 1932–45 unterrichtete er am Konservatorium und 1946–48 an der Musikakademie. 1949–52 war er in Preßburg Dirigent des Philharmonischen Orchesters und lehrte an der Musikhochschule Dirigieren. 1952–54 wirkte er als Dirigent der Tschechischen Philharmonie erneut in Prag. T. war der führende tschechische Dirigent seiner Zeit; K. Ančerl und V. Kašlík gehörten zu seinen Schülern.

Lit.: J. BURGHAUSER, Slavní čeští dirigent (Pr 1963); V. T. Dokument života a díla, hrsg. v. H. MASARYK (Pr 1967); M. KUNA, V. T. a SSSR, in: Hudební věda 14 (1977).

TALLIS, Thomas, * um 1505, † 23. 11. 1585 Greenwich bei London; engl. Komponist. T. war 1532 Organist in Dover, 1537–38 in London, 1540–42 an der Kathedrale von Canterbury und wurde 1542 Gentleman der Chapel Royal, wo er bis zu seinem Tod ebenfalls als Organist und Komponist wirkte. Seit 1570 war dort auch W. Byrd tätig, mit dem T. in enger Verbindung stand und mit dem zusammen er auch 1575 ein Druckprivileg für 21 Jahre erhielt. T. komponierte gleichermaßen für die reformierte Kirche Englands unter den Königen Heinrich VIII. und Eduard VI. (vor 1553) wie für den wiederhergestellten katholischen Ritus unter Königin Maria (1553–58) und schließlich erneut für die reformierte Kirche unter Königin Elisabeth (1558–1603) und war in dieser letzten Phase der Tudor-Zeit der führende englische Kirchenkomponist. Die lateinischen Werke der Frühzeit (vor 1547) – Antiphonen und eine Parodiemesse – sind der alten imitationslosen englischen Mehrstimmigkeit verpflichtet. Davon unterschieden sind die Werke zur Zeit Marias der Katholischen. Eigens für sie komponierte T. eine 7st. Messe *Puer natus est nobis,* die in ihrer reichen Kontrapunktik dem Stil der Niederländer nahesteht. Lateinische Kirchenmusik schrieb T. auch noch unter Königin Elisabeth, nun aber im imitierenden Stil. Hervorzuheben ist hier die 40st. Motette *Spem in alium,* deren ungewöhnliche Stimmenzahl vermutlich auf den 40. Geburtstag Elisabeths (1573) anspielt. Charakteristischer für T.' Spätstil sind indes die 5st. Lamentationen in ihrer ausgewogenen Klanglichkeit und ihrem verhaltenen Ausdruck. Als einer der ersten anglikanischen Kirchenkomponisten schrieb T. auch Services, Psalmen und Anthems mit englischem Text. Unter seinen wenigen Instrumentalwerken (ausschließlich für Tasteninstrumente und meist gottesdienstlich gebunden) ragen die Variationen über *Felix namque* für Virginal heraus (1562–64), deren virtuose Satzweise für ihre Zeit außergewöhnlich ist.

WW (hsl. u. in Sammeldrucken der Zeit; vgl. auch oben): 3 Messen für 4, 5 u. 7 St.; etwa 30 Motetten für 4–7 St.; je 2 Magnificats u. Lamentationen; engl. Kirchenmusik. – 4 weltliche Gesänge. – 12 Antiphonen u. Hymnen für Org.; einige Stücke für Virginal.

Ausg.: Lat. Kirchenmusik, hrsg. v. P. C. BUCK (Lo 1928, Nachdr. NY 1963) (= Tudor Church Music 6); Complete Keyboard Works, hrsg. v. D. STEVENS (Lo 1953); Motette *Spem in alium nunquam habui* für 40 St., hrsg. v. PH. BRETT (Lo 1966); Engl. Sacred Music, hrsg. v. L. ELLINWOOD, 2 Bde. (Lo 1971), 2. Aufl. revidiert v. P. DOE (1974) (= Early Engl. Church Music 12–13).

Lit.: B. SCHOFIELD, The Manuscripts of T.'s Forty-part Motet, in: MQ 37 (1951); D. STEVENS, The Keyboard Music of Th. T., in: MT 93 (1952); P. DOE, T. (Lo 1968, Lo – NY ²1976) (= Oxford Studies of Composers 4); DERS., T., in: Grove⁶ XVIII.

TALVELA, Martti, * 4. 2. 1934 Hitola (Finnland); finnischer Sänger (Baß). Er studierte in Lathi und Stockholm, debütierte 1960 in Helsinki als Sparafucile in G. Verdis *Rigoletto,* sang 1961–62 an der Königlichen Oper in Stockholm und wurde 1962 Mitglied der Deutschen Oper Berlin. Im selben

Jahr trat er erstmals bei den Bayreuther Festspielen auf (als Titurel im *Parsifal*). Als einer der führenden Vertreter seines Fachs gastierte T. seither vor allem als Wagner-Sänger an der Metropolitan Opera in New York, an der Mailänder Scala, in Rom und an anderen bedeutenden Bühnen Europas. 1972 übernahm er die Leitung der Festspiele von Savonlinna in Finnland.

TAMBOUR (frz.), ↗Trommel; Trommler.

TAMBOURIN (frz.). – **1)** T. de Provence ist eine zweifellige zylindrische Röhrentrommel, die meistens eine Länge von ca. 70 cm und einen Durchmesser von 30–35 cm hat. Die über beide Öffnungen gespannten Ziegen-, seltener Kalbs- oder Hundefelle lassen sich mit Hilfe der Schnurspannung stimmen. Das Instrument wird immer zusammen mit dem ↗Galoubet gespielt, das der Spieler in der linken Hand hält. Das T. hängt an einem Riemen in der Beuge seines linken Armes; mit einem Holzschlegel in der rechten Hand schlägt er das vordere Fell, über das eine Schnarrsaite gezogen ist. Das T. de Provence ist seit dem 15. Jh. nachweisbar und wird noch heute in der Provence vornehmlich bei Prozessionen und zum Tanz gespielt. In der Kunstmusik wird es (ohne Galoubet) gefordert u. a. von J.-Ph. Rameau (*Les fêtes d'Hébé,* 1739), G. Bizet (*L'Arlésienne,* 2. Suite), D. Milhaud (Konzert für Schlagzeug und kleines Orchester, 1929/30; *Suite française,* 1944) und A. Copland (*Appalachian Spring,* 1945). – ↗Farandole, ↗Fluviol. – **2)** Als T. du Béarn, T. de Gascogne, T. à cordes wird ein Schlaginstrument mit Saiten bezeichnet, das ebenfalls zur Begleitung des Galoubet verwendet wird. Es hat ein meist kastenförmiges Zargenkorpus, über dessen Decke 6 auf den Grundton und die Oberquinte des Galoubet gestimmte Saiten verlaufen, die mit einem Schlegel angeschlagen werden. Das T. du Béarn, seit dem späten Mittelalter nachzuweisen, war vor allem in der Gascogne, im Béarn und im span. Baskenland bekannt. Es erlebte während der Schäfermode des frz. Hofes eine kurze Blüte, die sich in entsprechenden, T. genannten Kompositionen (auch für Cembalo) niederschlug. Als Volksmusikinstrument erhielt es sich bis heute vor allem in den baskischen Regionen.

Lit.: ↗Galoubet. M. BRÖCKER

TAMBOURMAJOR, Leiter eines ↗Spielmannszuges.

TAMBURA (von arab. ↗Ṭanbūr), eine Langhalslaute mit meist bauchigem, kleinem Resonanzkörper, einem langen Hals mit Bünden und einem fast immer doppelchörigen Bezug von 2–8 Stahlsaiten. Das Instrument wird mit den Fingern oder mit einem Plektrum gezupft. Die T., im 14. Jh. von den Türken auf dem Balkan eingeführt, ist heute vor allem in Jugoslawien und in den östlich angrenzenden Gebieten verbreitet. Es gibt sie in verschiedenen Größen und mit mehr oder weniger Saiten. Die T. wird als einzelnes Instrument zur Gesangsbegleitung benutzt, häufiger aber setzt sich aus den verschieden großen Instrumenten ein ganzes T.-Orchester zusammen, das dann vorwiegend zur Begleitung von Tänzen gespielt wird. – ↗Tamburica. M. BRÖCKER

TAMBURICA, das kleinste Instrument der ↗Tambura-Familie, das vor allem in jugoslawischen Tambura-Orchestern für die Melodiestimme und in solistischen Passagen verwendet wird.

TAMBURIN, in Deutschland übliche Bz. für die ↗Schellentrommel, manchmal auch für die Rahmentrommel ohne Schellen.

TAMTAM (von malaiisch tammittam = Trommelinstrumente), Bz. für den im europäischen Orchester gebräuchlichen, vermutlich aus Ostasien stammenden ↗Gong mit unbestimmter Tonhöhe. Das T. ist eine runde, leicht gewölbte Scheibe aus Bronze oder Bronzeblech mit einem schmalen, umgebogenen Rand, die senkrecht in einem Rahmen oder an einem Ständer (meist mehrere T.s) aufgehängt wird. T.s gibt es in unterschiedlichen Größen (Durchmesser zwischen ca. 40 und 125 cm, seltener 150 cm). Das T. wird entweder mit einem schweren Schlegel, dessen Kopf mit Lammfell überzogen ist (T.-Schlegel), oder mit anderen Schlegeln, wie z. B. mit Trommel-, Paukenschlegeln, Trommelstöcken, Besen, angeschlagen. Weitere Möglichkeiten der Klangerzeugung sind das Reiben des Randes mit einem Stahlstab (I. Strawinsky, *Le sacre du printemps*) oder das Anstreichen mit einem Bogen. Das T. hat einen lang nachhallenden Klang, der mit der Hand oder seit einiger Zeit auch mit einem von P. Dohmen erfundenen Filzscheibendämpfer abgedämpft werden kann. Auf dem Instrument lassen sich sowohl düster-schauerliche (P. Tschaikowsky, 6. Symphonie; R. Strauss, *Tod und Verklärung*) als auch metallisch strahlende Klänge (M. Ravel, *La valse*) erzeugen. Das T. wurde erstmals von Fr. J. Gossec für den Trauermarsch zum Begräbnis von Mirabeau (1791) eingesetzt und fand bereits wenig später Eingang in das Orchester der Pariser Opéra (D. Steibelt, *Roméo et Juliette,* 1793; G. Spontini, *La Vestale,* 1807). Während es im 19. Jh. und bei einigen Komponisten des 20. Jh. nur vereinzelt vorgeschrieben wurde (Strawinsky, Ravel,

G. Holst, O. Messiaen, Krz. Penderecki, J. Cage), verwenden es andere Komponisten wie E. Varèse, P. Boulez und K. Stockhausen in ihren Orchesterwerken sehr häufig. – ↗Schlagzeug. M. BRÖCKER

ṬANBŪR (arabisiert, aus pers. tunbūr), Bz. für eine Langhals-↗Laute mit kleinem, bauchigem Korpus und einem langen, meist schmalen Hals mit zahlreichen Bünden. Der T. hat häufig keinen Wirbelkasten, sondern die Wirbel der 2–6 (selten 7) Metallsaiten sind direkt in das obere Ende des Halses gesteckt. Der T. wird entweder mit einem Plektrum oder mit den Fingern angezupft. Langhalslauten lassen sich seit dem 2. Jt. v. Chr. im Vorderen Orient nachweisen und waren, wenn auch selten, sowohl im antiken Griechenland als auch in Rom bekannt. Die Griechen bezeichneten die Laute vermutlich als P(h)andoura, Pandura, die in einigen Quellen als fremdländisches Instrument erwähnt wird. Aus Pandura soll durch Metathesis der Name Tanbur(a) entstanden sein. Eine nochmalige oder spätere metathetische Umstellung aus T. in Pandūr ist jedoch nicht auszuschließen. In Georgien z. B. heißt der T. Panduri (vgl. auch Bezeichnungen wie ↗Bandura, ↗Bandurria, ↗Pandora u. ä.). In Europa wurde der T. im Mittelalter erst wieder durch die Araber eingeführt und erstmals in den Miniaturen zu den *Cantigas de Santa Maria* des Königs Alfonso el Sabio (um 1280) bildlich dargestellt. Aus diesem vorderorientalischen T. ging später der ↗Colascione hervor.

Außerhalb Westeuropas verbreitete sich die Langhalslaute T. fast ausschließlich in den Ländern des Vorderen Orients und Mittelasiens bis nach ↗Indien (Tānpūrā) sowie in den ehemals islamisch beeinflußten Ländern der Balkanhalbinsel (↗Tambura). Wie aus den Beschreibungen der arabisch-persischen Autoren des MA hervorgeht, haben sich schon früh mehrere Typen des T.s herausgebildet, die sich durch unterschiedliche Größen, wechselnde Anzahl der Saiten und vor allem durch verschiedene, von den Bundabmessungen abhängige Stimmungen unterschieden. So beschreibt schon Al-Fārābī 2 verschieden große Instrumente mit unterschiedlichen Stimmungen, den T. mizānī oder T. baġdadi („gemessener" oder Bagdad-T.) und den persischen T. ḫorasani (T. aus Chorasan). Diese Art der genaueren Kennzeichnung eines T. durch ein hinzugefügtes Wort ist bis heute üblich, wie z. B. der T. Bağlama, der T. Šarki (östlicher T.) oder der T. kebir turki (großer türkischer T.) zeigen. Daraus geht hervor, daß der Name T. eine Sammel-Bz. für Langhalslauten ist. Dies trifft jedoch nicht für das ganze Verbreitungsgebiet zu, denn in manchen Gebieten genügt die Bz. T. oder Tanbura, Tambura, Tamūr, ↗Domra, in anderen werden Langhalslauten des T.-Typs ganz anders genannt, wie u. a. Saz, Komus oder ↗Tār.

Lit.: F. BEHN, Die Laute im Altertum u. frühen MA, in: ZfMw 1 (1918); H. G. FARMER, A Hist. of Arabian Music to the 13th Century (Lo 1929, Nachdr. 1967); W. STAUDER, Zur Frühgesch. der Laute, in: FS H. Osthoff (Tutzing 1961); B. AIGN, Die Gesch. der Musikinstr. des ägäischen Raumes bis um 700 v. Chr. (Diss. F 1963); R. A. HIGGINS – R. P. WINNINGTON-INGRAM, Lute Players in Greek Art, in: Journal of Hellenic Studies 85 (1965); H. G. FARMER, Islam (L 1966, [2]1976) (= Musikgesch. in Bildern III/2); G. WILLE, Musica Romana (A 1967); R. G. CAMPBELL, Zur Typologie der Schalenlanghalslaute (Str – Baden-Baden 1968) (= Slg. musikwiss. Abh.en. 47); K. REINHARD, Turquie (P 1969); M. SLOBIN, Kirgiz Instrumental Music (NY 1969); L. VORREITER, Typologische Nomenklatur u. Systematik der Musikinstr. des Altertums, in: Arch. für Musikorganologie 3 (1978) – 4 (1979); S. QASSIM HASSAN, Les instruments de musique en Irak et leur rôle dans la société traditionnelle (P 1980). M. BRÖCKER

TANCREDI, Opera seria in 2 Akten von G. Rossini, Text von Gaetano Rossi nach Voltaires gleichnamiger Tragödie. Ort u. Zeit der Handlung: Syrakus, 1005. UA: 6. 2. 1813 Venedig (Teatro La Fenice); dt. EA (it. Sprache): August 1816 München; EA in dt. Sprache: 26. 2. 1816 Darmstadt. Der erste Versuch des gerade 21 Jahre alten Komponisten auf dem Gebiet der Opera seria wurde sogleich zu einem Welterfolg. Nach der überaus positiven Aufnahme von *La pietra del paragone* in Mailand entschloß sich das Teatro La Fenice, Rossini den Auftrag zu dieser (seiner 10.) Oper zu erteilen. Die zeitgenössischen historischen Umstände (der Niedergang der napoleonischen Herrschaft und der in Europa erwachende Patriotismus) legten die Wahl des Tancredi-Stoffes, der von Vaterlandsliebe und Heldentum geprägt wird, nahe. Rossi änderte jedoch den Schluß der Voltaire-Tragödie ab und führte die Handlung zum lieto fine – ein Zugeständnis an die Opernkonvention jener Zeit. – Die Vertonung steht noch gänzlich in der von W. A. Mozart und D. Cimarosa beherrschten Seria-Tradition; ihre Originalität, ihre trotz gewisser Schwächen des Librettos mitreißende musikdramatische Wirkung, die überzeugende Charakterzeichnung und schließlich die musikalische Inspiration machen die Oper zu einem Meisterwerk. Berühmteste Nummer ist die Auftrittsarie des Tancredi (als Hosenrolle konzipiert) *Oh patria / Di tanti palpiti,* in der in nuce der patriotische wie auch der Liebeskonflikt dargestellt werden; zudem bietet diese Nummer eine der dankbarsten Partien für jede Altistin. R. QUANDT

TANEJEW, Sergei Iwanowitsch, * 13. (25.) 11. 1856 Wladimir an der Kljasma, † 6. (19.) 6. 1915 Djudkow (Gouvernement Moskau); russ. Komponist und Pianist. Er studierte 1866–75 am Moskauer Konservatorium bei N. Rubinstein (Klavier) und P. Tschaikowsky (Komposition). 1875 debütierte er als Pianist, woraufhin ihm Tschaikowsky im selben Jahr die Uraufführung seines Klavierkonzerts b-moll übertrug. Nach Konzertreisen (u.a. nach Paris) entfaltete er am Moskauer Konservatorium eine reiche Lehrtätigkeit (Komposition, Klavier), zog sich mehr und mehr vom Konzertieren zurück und widmete sich zunehmend dem Komponieren. Im Verlauf der politischen Wirren 1905 verließ er als engagierter Liberaler aus Protest das Konservatorium und wurde zum Mitgründer des Volkskonservatoriums, wo er nun meist kostenlos unterrichtete. Auch nahm er jetzt seine Konzerttätigkeit wieder auf. Mit Tschaikowsky und Rubinstein war T. eine zentrale Persönlichkeit im Moskauer Musikleben seiner Zeit. Zu seinen Schülern zählen u. a. A. Skrjabin, S. Rachmaninow und R. Glière.

WW: Zahlr. Klv.-Stücke; Kammermusik, darunter: 12 Streichquartette (1876–1911); 2 Streichquintette (1901/03, 1904). – Für Orch.: 4 Symphonien (1874, 1878, 1884, 1901); Ouvertüre auf ein russ. Thema (1882); Suite für V. u. Orch. (1909). – Zahlr. Chorwerke; 3 Kantaten, darunter: *Po prochtenii psalma* (Beim Durchlesen eines Psalms) (1915). – Operntrilogie *Oresteja* (nach Aischylos), UA: St. Petersburg 1895. – Ferner zahlr. Bearbeitungen von Werken Tschaikowskys. – T. schrieb *Podwischnoy kontrapunkt strogowo pisma* (Imitierender Kontrapunkt im strengen Stil), 2 Bde. (L 1909, Mos ^{2}1959, engl. Boston 1962).

T. war ein Mensch von außerordentlicher Intellektualität und vielseitigen Interessen (u.a. für Philosophie, Ästhetik, aber auch Esperanto). Seine Kompositionen – mit der Kammermusik im Zentrum – sind oft von konstruktivistischer Strenge und basieren vielfach auf alten kontrapunktischen Techniken; nur selten offenbaren sie künstlerische Spontaneität. Am erfolgreichsten war sein letztes Werk *Beim Durchlesen eines Psalms.* Zu den zeitgenössischen Bemühungen um eine national-russische Musik hielt er entschiedene Distanz.

Lit. (die Abk. „T." gilt für alle Transkriptionsformen): M. MONTAGU-NATHAN, Contemporary Russian Composers (NY 1917, Nachdr. Westport/Conn. 1970); G. B. BERNANDT, S.I.T. (Leningrad 1950, ^{2}1960) (mit Werk- u. Lit.-Verz.); J. WEINBERG, S.I.T., in: MQ 44 (1958); L. Z. KORABELNIKOWA, S.I.T. v Moskovskoj Konservatorii (Mos 1974).

TANGENTE (von lat. tangens = berührend), Bz. für ein Metallplättchen (Metallstift), das in der Mechanik des ↗Clavichords am Ende der wie ein Hebel wirkenden Taste angebracht ist. Die T. berührt die Saite von unten und bringt sie zum Klingen; gleichzeitig teilt sie diese im erforderlichen Maß ab.

TANGO, Bz. für einen aus den Vororten von Buenos Aires stammenden Paartanz im 2/4- oder 4/8-Takt, der sich seit etwa 1910 rasch in Nordamerika und Europa verbreitete. Vorläufer sind ↗Habanera und ↗Milonga, deren rhythmische Begleitfiguren  bzw. 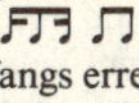 auch für den T. charakteristisch sind. Anfangs erregte die exotische Tanzweise (Schräglage der dicht aneinandergehaltenen Körper, zuckende Bewegungen, katzenartige Schritte; vgl. E. Nick) Anstoß, doch bald etablierte sich der T. als ↗Gesellschaftstanz und gehört bis heute zum festen Bestand der lateinamerikanischen Tänze auch beim internationalen ↗Turniertanz (Tempo: M. M. ♪ = 132). Bezeichnend für seine Beliebtheit ist seit J. Gilberts *Tangoprinzessin* (1913) und Fr. Lehárs *Tangokönigin* (1921) seine Aufnahme in viele Operetten. T.-Evergreens sind *La cumparsita* von G. M. Rodríguez, *Jalousie* von J. Gade, *Olé Guapa* von A. Malando, *Blue Tango* von L. Anderson und *Blauer Himmel* von J. Rixner. Eine witzige Parodie ist der von H. Osterwald produzierte *Kriminal-Tango.* Der T. gelangte auch in die Kunstmusik, so bei I. Albéniz *(Danzas españolas),* I. Strawinsky (*L'histoire du soldat;* T. für Orch.), W. Egk *(Peer Gynt)* und K. Weill *(Dreigroschenoper).*

Lit.: E. NICK, T., in: MGG XIII; G. BÉHAGUE, T., in: Grove^{6} XVIII (mit Verz. der südamerikanischen Lit.).

TANNHÄUSER und der Sängerkrieg auf Wartburg, Handlung in 3 Aufzügen, Text und Musik von R. Wagner. Ort und Zeit der Handlung: Wartburg und Umgebung (Thüringen), Anfang des 13. Jh.; UA: 19. 10. 1845 Dresden.

Elisabeth als Symbol umfassend-aufopfernder Liebe und Venus als Zeichen des sinnlichen Genusses repräsentieren die Pole des seelischen Spannungsfeldes, in dem sich Tannhäuser bewegt; zunächst dem stärkeren Einfluß der Venus unterliegend, ersucht er, gedanklich verhaftet dem christlichen Dogma von der Notwendigkeit einer Sündenvergebung, den Papst vergeblich um Absolution; erst nach Elisabeths und seinem Tod wird er erlöst. Zwei verschiedene Sagenkreise kombinierte Wagner beim Entwurf der Handlung; seine Hauptquellen waren die Dichtungen *Singerkriec uf Wartburc* (13. Jh.) und *Dannhuser* (16. Jh.); weiterer Einfluß wird u. a. der Lektüre von E. Th. A. Hoffmanns Novelle *Der Kampf der Sänger* zugeschrieben. Die musikalische Behandlung des Stoffes entspricht größtenteils der Tradition der großen romantischen Oper: Gefühle und Stimmungen werden weniger psychodramatisch in ihren Wandlungen denn eher plakativ-extrovertiert „dargestellt" in Szenen, die zwar durch ein fast ununterbrochenes Klangkontinuum des Orchesterparts verbunden sind, jedoch noch durch die relative Geschlossenheit von Arien und Chören ihren Nummerncharakter bewahren. Das Orchester ist weitgehend beschränkt auf die klassischen Funktionen der Begleitung und der Überleitung; lediglich in der Arbeit mit dem Venusbergmotiv und in den 1860 für die Pariser Fassung nachkomponierten Teilen zeigt sich eine größere und z.T. bereits leitmotivische Emanzipation des Orchesterparts. Zündende thematische Einfälle wie etwa Wolframs Arie *O du mein holder Abendstern,* der Einzug der Gäste auf der Wartburg und vor allem der Pilgerchor *Beglückt darf nun dich, o Heimat, ich schauen,* mit seiner dichten chromatischen Harmonik und subtilen Stimmführungstechnik bestimmend für spätere Phasen in Wagners Personalstil, machten *Tannhäuser* neben *Der fliegende Holländer* zu Wagners populärstem Werk.

W. A. MAKUS

TANSMAN, Alexandre, * 12. 6. 1897 Łódź; frz. Komponist polnischer Herkunft. Neben einem Jura- und Philosophiestudium an der Universität Warschau vervollständigte er seine musikalischen Kenntnisse bei P. Rytel und erhielt 1919 beim ersten polnischen nationalen Musikwettbewerb den 1. und 2. Preis für Komposition. Im selben Jahr ging er nach Paris, wo er seit 1920 aktiv am Musikleben teilnahm. Bedeutende Dirigenten wie S. Kussevitzky, W. Mengelberg, A. Toscanini und P. Monteux setzten sich für seine Werke ein. Als Pianist und Dirigent unternahm T. zahlreiche Tourneen, u.a. nach Österreich, in die USA und nach Japan. 1941–46 lebte er in den USA und kehrte dann nach Frankreich zurück. Obwohl T. stets seinen polnischen Wurzeln (Volksmusik, Mazurka) eng verbunden blieb, so hat er doch auch die verschiedenen Neuerungen der Pariser Avantgarde nach dem 1. Weltkrieg in sein Schaffen mit einbezogen. Andererseits erinnert sein harmonisches, bis zur Polytonalität gehendes Raffinement häufig an M. Ravel, und seine rhythmische Dynamik läßt den Einfluß I. Strawinskys erkennen.

WW: je 2 Streich- u. Klv.-Trios; 8 Streichquartette; *Musique à six* (1977) für Klar., Streichquartett u. Klv. – Für Orch.: 7 Symphonien (1925, 1926, 1931, 1939, 1942, 1943, 1944); *Diptyque* (1969); *Stèle* (1972) (auf den Tod Strawinskys); *Élégie (à la mémoire de D. Milhaud)* (1976); 2 Klv.-Konzerte (1926, 1927) u. ein V.-Konzert (1963). – Drame lyrique *La nuit kurde,* UA: frz. Rundfunk 1927; Opéra-bouffe *Le toison d'or,* UA: ebd. 1948; Épisode lyrique *Le serment* (nach H. de Balzac), UA: Brüssel 1955; Fresque lyrique *Sabbatai Lévi, le faux Messie,* UA: Paris 1961; Oper *Le rossignol de Boboli,* UA: Nizza 1965; Opéra-comique *Georges Dandin* (1974) (nach Molière). – Ballette: *Sextuor,* UA: New York 1925; *La grande ville,* UA: Köln 1932; *Bric à brac,* UA: Lyon 1956; *Train de nuit,* UA: London 1950; *Les habits neufs du roi* (nach H. Ch. Andersen), UA: Venedig 1959; *Résurrection* (nach L. Tolstoi), UA: Nizza 1962.

Lit.: I. SCHWERKE, A. T., compositeur polonais (P 1931).

TANTUM ERGO, Tantum ergo sacramentum veneremur (lat., = Darum laßt uns ein so großes Sakrament verehren), Beginn der 5. Strophe des Hymnus ↗ Pange lingua. Zusammen mit der 6. und letzten Strophe *Genitori* wird sie (in Verbindung mit dem Versikel *Panem de coelo* und einer Oration) seit dem 15. Jh. als Abschluß von Prozessionen und Sakramentsandachten unmittelbar vor dem eucharistischen Segen von der Gemeinde gesungen (↗ Sakramentsgesänge). Dieses Lob- und Danklied auf die Bundestreue Gottes, zeichenhaft dargestellt im „Brot des Lebens", wurde schon früh ins Deutsche übersetzt und von vielen kath. und ev. Gesangbüchern übernommen. In neueren Versuchen (so im *Gotteslob* von 1975) bemühte man sich darum, die „Segens"-Strophen als selbständige Lieder zu gestalten. Neben mehreren gregorianischen Fassungen hat die Melodie aus dem Anhang des Luxemburger *Kyriale* von 1768 vor allem im dt. Sprachraum weite Verbreitung gefunden. Die mehrstimmigen Vertonungen des T. (bes. mit lat. Text) sind meist einfache Gebrauchsmusik. Aus ihrer großen Zahl ragen Werke von A. Bruckner und Z. Kodály heraus.

Lit.: Hdb. der Liturgiewiss., hrsg. v. A.-G. MARTIMORT, I (Fr 1963).

TANZ. Als rhythmisch vielgestaltige Bewegung gehört der T. sowohl zu den elementaren als auch zu den künstlerisch hochstilisierten Ereignissen in allen Kulturen; er ist terminologisch je nach Sprachstand komplex oder differenziert umrissen. Schon bei den Anthropoiden (Menschenaffen) als Bewegungsrausch anzutreffen, entrückt die periodisch wiederkehrende Bewegung des Körpers oder einzelner Gliedmaßen auch den Menschen aus seinem alltäglichen in ein überalltägliches Dasein. Damit gehört das Tanzen zum wichtigsten Lust- und Rauschmittel, das in Primärkulturen unlöslich mit magischen Handlungen, Gesang und Zeremonie verbunden ist. Diese in ihrer einfachen Form musiklos oder von Schreien und Rufen begleiteten Stampf- und Schleiftänze, wie sie bei den Wedda auf Ceylon, den Semang auf den Philippinen, den Bambuti-Pygmäen des Iturigebietes, den Papua von Neuguinea, den Ureinwohnern Australiens oder in diversen Stämmen Afrikas beobachtbar waren, werden erst in Hochkulturen von ihrem ausschließlichen magischen Bezug gelöst und gewinnen als differenzierte Entäußerung ein Spektrum, das vom Springen auf der Stelle bis zum Kunst-T. oder T.-Drama asiatischer Kulturen sowie dem akademischen Ballett und Ausdruckstanz europäischer Prägung reicht, begleitet von professionellen Musikern in Hof- und Symphonieorchestern. Der T. nahm im Denken und in der Vorstellungswelt nahezu aller Hochkulturen einen zentralen Raum ein: Tanzend erschuf sich Schiwa die Welt, tanzend bewegt sich der Kosmos, tanzend beginnt und endet das Leben (↗Totentanz). Gemäß dieser Allgegenwart im menschlichen Leben sind folgende Funktionen zu umreißen: 1. zeremonieller, repräsentativer, sakraler T. einzelner Personen oder Gruppen (Tempeltänze, Kriegstänze, T.-Dramen, Kulttänze usw.); 2. mit magischem Sinn erfüllte Tänze und Heil-T. (Schamanen, Medizinmänner, Brauchtänze, Geburt, Mannbarkeit, Hochzeit, Tod); 3. aus abnormer Prädisposition oder abergläubisch motivierter T. (Tarantismus, Veits-T., Exorzismus); 4. mimetische Darstellung oder Zurschaustellung professioneller Tänzer (Pantomime, Ballett usw.); 5. geselliges Tun in allen Schichten und Altersstufen; 6. Ausüben und Erfüllen von Recht (T.-Gebot); 7. vorgestellter und gedachter T. (in Literatur und bildender Kunst). Getanzt wurde und wird allerorts. Beschränkte sich jedoch das Tanzen bei den Naturvölkern auf heilige Orte, T.-Plätze außer- oder innerhalb der Wohnstätte oder Orte der Initiation, nachts oder bei Tage, so erweitert sich die Zahl der Örtlichkeiten auf Kulturstufen mit urbanen Strukturen auf das Tanzen in Kultstätten, Tempeln, Kirchen, auf Begräbnisplätzen, in Palästen, T.-Häusern, T.-Lauben, Festsälen, Zelten, Theatern, Arenen, Tavernen, Privathäusern, Rathäusern, auf Gassen, Feldern usw. Man tanzte oder ließ tanzen sowohl zum luxuriösen Zeitvertreib beim Mahle als auch als unverzichtbaren Bestandteil von Gottesdienst, Totenkult und Herrschaftsrepräsentation. Dabei war die soziale Stellung des Tanzenden den gleichen Veränderungen unterworfen wie die des Musikers gemäß der herrschenden Moral. Sind im T. der Naturvölker alle Stammesangehörigen einbezogen, so bilden dagegen z. B. indische Tempeltänzer eine eigene Kaste. Mittelalterliche Spielleute waren gesuchte Vermittler von Tänzen, wiewohl sie meist rechtlos waren, während in hellenistischer Zeit das Tanzen als Teil des geselligen Lebens geschätzt und empfohlen wurde. T.-Handlungen können ichbezogen unorganisiert sein oder einer außerhalb liegenden Absicht dienen, zu der die Ausführenden mehrheitlich T.-Kleidung, Masken, Bemalungen, Vermummungen anlegen oder T.-Geräte mitführen, die seit dem 19. Jh. in Volks- und Völkerkundemuseen gesammelt werden. Als unverzichtbarer Teil magischer Tänze, wie sie sich etwa im Fastnachtsbrauch der Alpenländer gehalten haben, reicht der Vorrat von T-Stäben, Rasselumhängen, Schleiern, Klappern, Glocken, Symbolbeigaben, Bällen, Messern, Schwertern bis zur überhöhenden Totalmaskierung. Beides, T.-Gerät und T.-Begleitung, haben primär neben der Symbolfunktion den Zweck der rhythmischen Gliederung der Bewegung bis zur organisierten metrischen Strukturierung in der funktionalen T.-Musik, die gewöhnlich eine Koinzidenz von Bewegung und Musik fordert.

Systematik. Trotz zahlreicher Publikationen ist es seit der empirischen Erforschung des Tanzens und der Tänze im 19. Jh. bislang noch nicht gelungen, eine umgreifende Systematik sämtlicher Teilmomente des T.es und des Tanzens zu entwerfen, so daß die T.-Forschung als Wissenschaft noch in den Anfängen steckt. Nach wie vor ist mithin auf C. Sachs zu verweisen, der neben dem Versuch einer Gesamtdarstellung der T.-Geschichte einen wichtigen Entwurf (nach Bewegungsarten, Stoffen und Typen, Formen und Tanzmusik gegliedert) vorgelegt hat. Er teilt die Bewegungen ein in (A) „Tänze wider Körper und Musik" (pathogene Krampftänze von Geheimbünden und Schamanenkulturen) und (B) „körperbewußte Tänze", die er untergliedert in: (B a) engbewegte Tänze (Hand-, Augen-, Finger-, Kopf-, Bauch-, Sitz-, Wirbel- und Renktänze) und (B b) weitbewegte Tänze (Weitschritt-, Spring-, Hocke-, Schleuder-, Hüpf-, Ausfall-, Spitzen- und Einbeintänze). Als Stoffe und Typen sind an T.-Geräte gebundene bildhafte Tänze (Tier-, Werbungs-, Fruchtbarkeits-, Waffen-, Masken- und Astraltänze) von bildlosen Tänzen (Medizin-, Jugendweih-, Hochzeits-, Leichen-, Kriegs-, Gesellschaftstänze und die Mehrzahl der Kreisreigen) zu unterscheiden. An Formen nennt Sachs den Einzel- (oder Solo-)T., Paar-T., das Tanzen zu dritt, zu viert sowie in Gruppen. Diese Systematik berücksichtigt als Extreme sowohl die tanzfreudigen als auch die tanzunlustigen Kulturen mit dem Zweck, schriftlos überlieferte Praktiken klassifizieren und in ein Gesamtkonzept der Ethnologie als einen unverzichtbaren Teil einbringen zu können.

Tanzgeschichte: Prähistorie, antike Hochkulturen. Die primär durch Bildquellen zu belegende Geschichte des Tanzens beginnt mit den Höhlen- und Steinzeichnungen aus dem Paläo- und Neolithikum, auf denen Tiertänze, Einzeltänze und Kreisreigen erkennbar sind. Diese in großer Zahl gefundenen Zeugnisse in Frankreich, Spanien, der Türkei, Nord- und Südafrika, Skandinavien, Sibirien, Amerika, Australien und Ostasien harren noch einer umfassenden Auswertung.

Erste Zeugnisse der Lösung des Tanzens aus magischem wie mythischem Bezug in einen divertierenden finden sich in den Zentren Mesopotamiens (3400 bis ca. 400 v. Chr.), wo es neben den Fruchtbarkeitskulten zur Verehrung eigener Stadtgötter kam und man, wie im benachbarten ↗Ägypten, den Kult- vom Profan-T. unterschied. In Ägypten, dessen literarische und bildliche Quellen von der IV. Dynastie an (2723 v. Chr.) in großem Umfang erforscht sind, reicht das Spektrum der Tänze, die von professionellen Tänzern und Tänzerinnen vollzogen wurden, vom Bestattungsritus bis zum akrobatischen Schau-T., der über Griechenland ins europäische Mittelalter gelangte. Diese Tänze, die weitestgehend philologisch und choreographisch definiert sind, dürften bei anderen Kulturvölkern der unmittelbaren Nachbarschaft (Hethiter, Phrygier, Phöniker, Hebräer) ähnlich gewesen sein. In anderen funktionalen Bezügen ist die Entwicklung des Tanzens zu einer verfeinerten Kunstform in der östlichen Hemisphäre (Indien, China, Japan) verlaufen. T. als fester Bestandteil des Tempelkults und der Theaterpraxis hat sich in ↗Indien zu einem stilisierten Gebärdenspiel entwickelt, dessen älteste Quelle in den Gedichten des *Rigveda* vorliegt, auf dem das spätere Lehrbuch der T.- und Schauspielkunst, das dem Bharata zugeschriebene *Nāṭyaśāstra* (5./4. Jh. v. Chr.), basiert, das ein ausgebildetes Theaterwesen bereits voraussetzt. Der dort beschriebene strenge T., der 108 T.-Figuren (karana) umfaßt und als reiner T., T.-Drama und Ausdrucks-T. verstanden wird, lebt heute als Bharata und Kathākali fort. In T.-Schulen werden zu Tänzern bestimmte Kinder bereits mit 6 Jahren ausschließlich in die Kunst der Körperbeherrschung eingewiesen. Grundlage jeden dramatischen Ausdrucks sind T. und Gesänge auch in ↗China, dessen wechselvolle Geschichte des umfangreichen Rituals höfischer Musik und T.-Zeremonien 1500 v. Chr. bereits vollständig ausgebildet war. Weitaus jünger sind die ersten Quellen des höfischen und sakralen Tanzes in ↗Japan, des Kagura-Spieles, des Gigaku und Gagaku der Kaiserzeit, in denen chinesische Traditionen fortleben. Gemeinsam mit ihren Absenkern in die stilisierten T.-Dramen unterer Schichten setzten all jene Tänze ein Höchstmaß von Körperbeherrschung und Vorbildung voraus.

In der griech. Antike ist T. – unter einer Vielzahl von nahezu 200 Termini – Chorreigen zu Ehren der Götter, die als Erfinder des T.es galten, Schau-T. bei Symposien, Bestattungsritual sowie Element des Dramas und der Komödie, die den Höhepunkt des griech. T.es im 5. Jh. v. Chr. bildeten. Er wurde gezielt bei der Erziehung eingesetzt und war wie in allen Hochkulturen unverzichtbarer Teil des Kultlebens. Die Pyrrhichē etwa, ein aus Kreta stammender Kriegs-T., u. a. Waffentänze sollten die Mannhaftigkeit stärken, die friedliche Emmelaia blieb ein Kreisreigen vornehmlich der Frauen. Die akrobatischen Schautänze, Satyrtänze oder in der Orchestra (dem T.-Platz) vollzogenen Chorreigen der Tragödie wurden von professionellen Tänzern ausgeführt. Seit der minoischen Kultur sind Tänze, hier vornehmlich der feierliche Reigen während eines Bestattungsritus, beliebtes Thema im Bildrepertoire auf den archaischen, schwarz- und rotfigurigen Vasen. Früheste literarische Belege finden sich in Homers *Ilias* und *Odyssee*, später bei Platon, Athenaios, Xenophon und Lukian. Rückschlüsse auf konkrete T.-Musik lassen die wenigen erhaltenen Denkmäler aber nicht zu. In der Römischen Republik, die sich seit dem 2. Jh. v. Chr. im Einflußbereich von Griechenland befand, war T. zwar seit dem 3. Jh. v. Chr. eine in T.-Schulen gelehrte Kunst, wurde jedoch zunehmend den Professionellen, die sich zu einer Bühnengenossenschaft zusammengeschlossen hatten (Mimen, Pantomimen, Histriones und Joculatores, vielfach Sklaven), überlassen. Gemäß dem Ciceronischen Wort „Nemo fere saltat sobrius" (im allgemeinen tanzt kein Nüchterner) ist mithin römische T.-Geschichte bis in die Kaiserzeit eine von den benachbarten Ländern abhängige, abgesehen von den T.-Handlungen der Priestersodalitäten, etwa der Salier (salii = Springer).

Mittelalter bis 1600. Europäische T.-Geschichte ist bis zum Verfall der ständestaatlichen Ordnung während des 18. Jh. wie diejenige außereuropäischer Kulturen ein Spiegel geltender Konventionen, des geltenden Rechtes, das tanzend vollzogen wurde, wie der Pflichten. T. spielte hier wie in allen primär bäuerlichen Kulturen im Denken (Toten-T.) wie im realen Leben eine zentrale Rolle in magischen Riten (Fruchtbarkeitsheilzauber) und im jahreszeitlichen Ablauf. Nur z. T. konnten diese Reste heidnischen Aberglaubens durch die Christianisierung verdrängt werden, so daß sich selbst T.-Prozessionen um die Kirchen oder klerikaler T. allen T.-Verboten seit der Zeit des hl. Chrysostomos zum Trotz halten konnten. Neben den Tänzen zur Fastnacht, den diversen Schwertertänzen, gemischt- oder getrenntgeschlechtlichen, getretenen und gesprungenen ↗Reigen bestimmen bis zum Beginn des 15. Jh. die Schautänze der Joculatores, Spielleute (↗Spielmann) und Spielweiber als akrobatische Darbietungen das Bild. T. war allerorts präsent und vom 11. bis 15. Jh. sogar zu hysterischen T.-Besessenheiten gesteigert (Tarantismus). Bei der Erforschung des Tanzens ist das reiche Bildmaterial heranzuziehen, das in detaillierten Studien differenzierte Schrittabfolgen, Handfassungen, regional unterschiedliche Reigenformationen, den akrobatischen Schau-T. nach T.-Typen zu ordnen möglich gemacht hat. Terminologisch im Mittelhochdeutschen mit den Übersetzungen des lat. saltare, ballare und tripudiare wie springen, spiln, gan, swanzen, treten, laufen, tanzen usw. belegbar, führen diese Benennungen teilweise zu den präzisen T.-Anweisungen der ersten T.-Lehrer. Als T.-Begleitung diente gewöhnlich der Gesang (Carol, Virelai, Ballata), andernfalls die Vielfalt der zur Verfügung stehenden Instrumente: Fiedel, Schalmei, Trompeten, Schellentrommeln, Klappern in variierenden Besetzungen. Mit dem allmählichen Rückgang der Tanzliedpraxis beginnt die Geschichte der T.-Musik. ↗Estampie, Danse royale, Stantipes, Ductia, Nota, ↗Saltarello und ↗Rotta, als Notate in ihrer Funktionalität bisweilen angezweifelt, sind in einigen wenigen Quellen überliefert. Sie mußten bis dahin von den Spielleuten schriftlos adaptiert vorgetragen werden. Während erste Notate ins 13. Jh. datierbar sind, endet die Zeit ausschließlich mündlich tradierter T.-Praktiken mit dem Beginn des 15. Jh., als it. Hofhaltungen begannen, T.-Meister in festen Dienst zu nehmen, die hochgeachtete Lehrer, Organisatoren großer Feste nach geltendem Usus und Verfasser von ersten T.-Lehrwerken waren. Domenico da Piacenza (um 1390–1470), „saltatorum princeps" und „re dell'arte" der norditalienischen Familie Este, steht mit seinen Schülern am Beginn kommender Tänzergenerationen, deren Instruktionen fortan für alle Höfe verbindlich wurden. Ihre Traktate waren gegliedert in Beschreibungen der Schritte, Musikbegleitung, Ballsaalordnungen und Kleidung einerseits sowie Choreographien andererseits, die mit und ohne Musik vermittelt wurden. Die Notierungspraxis bestand aus in Blocknotation wiedergegebenen T.-Tenores. Im 15. Jh. vollzog sich auch aufgrund sozialer Umstrukturierungen die Trennung von ↗Volkstanz und ↗Gesellschaftstanz. Während sich die höfische Gesellschaft mit der Basse danse burgundischer und der Bassa danza italienischer Prägung präsentierte, wurde das Tanzen in den Städten u.a. von den Zünften, Gilden, Studenten und Burschenschaften, auf dem Lande von der gesamten Bevölkerung getragen. Alle diese am T. teilnehmenden Gruppen hatten eigene Tänze, die in T.-, Hochzeits- oder Zunfthäusern, streng geregelt, getanzt wurden. Als musikalische Besetzung hatte sich für den Gesellschafts-T. die standardisierte ↗Alta-T.-Kapelle herausgebildet, bestehend aus Schalmeien und einer Trompete, die bei prunkvollen T.-Veranstaltungen auf Emporen postiert war. Der 1450–1525 in allen T.-Quellen dominierende geschrittene offene Paar-T., die ↗Basse danse, wurde z.T. in ↗Tabulaturen vermittelt mit wenigen Anweisungen (R = Révérence, b = branle, ss = 2 einfache Schritte, d = Doppelschritt, r = reprise). Paarig mit raschen, ungeradtaktigen Springtänzen (Bassa danza, Saltarello) verbunden, konnte man sich so gravitätisch als geschlossene Gesellschaft darstellen, wiewohl zum Ablauf eines Festes auch bildhaft-dramatische Tänze, die exotische ↗Moresca, groteske Tänze englischer Wanderschauspieler, Darbietungs- und Schautänze, nach 1570 auch die tänzerischen Darbietungen der Commedia dell'arte gehörten. Abgelöst wurde die Basse danse von der ↗Branle und der ↗Pavane, denen mit 26 Arten im Haupttraktat des 16. Jh., der *Orchésographie* (1589) von Th. Arbeau, ein breiter Raum gegeben wird. Gemeinsam mit F. Caroso und C. Negri zählt Arbeau zu den Autoritäten, die in antikem Eingedenken höfische u.a. Gepflogenheiten zusammenfassen. Zum Repertoire gehörte neben der gravitätischen Pavane die ↗Galliarde im Tripeltakt, die den Herren den „grue" (hohen Stoß), den Damen den „pied en l'air" (schleifendes Vorstrecken des Fußes) abverlangte und mit der geschwinderen ↗Volta eine Einheit bildete, ferner die als Sprödenspiel mit pantomimischen Anspielungen gedachte ↗Courante, die mit Nach-T. gekoppelte ↗Allemande oder die exotische ↗Canarie. Die T.-Musik lag bis 1600 in den Händen sowohl der fahrenden Spielleute als auch der Hofkapellen und der Stadtmusici. Sie hatten das gängige T.-Repertoire zu begleiten, was durch Branlesuiten, später zyklisch angelegte ↗Suiten geschah, in denen das international gemischte Repertoire aneinandergereiht wurde. Im Laufe des 16. Jh. erschien eine Fülle von T.-Sammlungen im Druck. Neben Antonio Gardanos Edition einer *Intabolatura nova di varie sorte de balli* (1551) sind die Komponisten G. Gorzanis in Italien, Cl. Gervaise, A. Le Roy und E. Du Tertre in Frankreich, Michael Praetorius, E. N. Ammerbach, G. K. Wekker und B. Schmid in Deutschland, T. Susato in den Niederlanden, J. Dowland, Th. Morley und A. Holborne in England sowie A. de Cabezón und D. Ortiz in Spanien zu nennen.

17. Jahrhundert. In dieser Zeit absolutistischer Herrschaftsstrukturen wurde das Tanzen zunehmend das Privileg professioneller Tänzer. Nach 1580 sah man im ↗Ballet de cour die Vereinigung aller Elemente des höfischen Festzugs und des Maskenspiels, mit dem die frz. ↗Ballett-Kunst im Sinne einer theatralischen Gattung begann. Der T.-Stil, vor allem unter der Herrschaft König Ludwigs XIV., war durch den Raum gliedernde paarige Figurentänze gekennzeichnet unter Bevorzugung der eleganten „pliés" und „élevés". Der Reigen wurde in Frankreich abgelehnt, wiewohl er durch J. Playford (*The English Dancing Master,* 1651) im 17. Jh. mit engl. ↗Country dances wieder ins Bewußtsein gelangte und neben span., poln., dt. und ung. Tänzen in das Repertoire einging (↗Forlana, ↗Gigue, ↗Sarabande usw.). Aus der spätmittelalterlichen Tanzpraxis hatte sich deutlich der ungeradtaktige ↗Nachtanz verselbständigt, so daß seit etwa 1600 ungeradtaktige Tänze auch in der Kunstmusik überwiegen. – Äußeres Zeichen der Statusveränderung der Tänzer wurde die 1661 gegründete Académie de Danse in Paris, in der sich 13 T.-Meister, unter ihnen Charles-Louis Beauchamps, zusammenfanden und sich von der mittelalterlichen Zunft lösten, um freie Künstler zu werden. Es wurden die bis heute geltenden 5 Grundpositionen und die Schrittlänge auf „menu" (klein) festgelegt. Die von ihnen entworfene T.-Schrift mündete in der *Choregraphie* (1700) des Beauchamps-Schülers R. A. Feuillet, die nicht nur die präzise Notierung der Schritte möglich machte, sondern auch ihre Relation zur Musik (↗Choreographie). Zu Schautänzen auf der Bühne avanciert, gipfeln die T.-Darbietungen in der ↗Tragédie en musique von Ph. Quinault und J.-B. Lully und den selbständigen dreigeteilten Balletten (Ouvertüre – Entrées – Grand ballet). In Italien hatten sich die Intermedien mit Moresca und Teilen der Commedia dell'arte zu Teilen der reich ausgestatteten Opern verselbständigt. Die T.-Musik, die nunmehr in großer Zahl gedruckt wurde, mit ihren bedeutendsten Vertretern G. Frescobaldi, A. Corelli, Lully, den Couperins, W. Lawes, H. Purcell, J. J. Froberger und G. Muffat besteht aus Sammlungen von Instrumentalsuiten, denen nach Art der Bühnendarbietungen eine ↗Ouvertüre vorangestellt wurde. Viele dieser Kompositionen wurden jedoch als stilisierte Vortragsstücke genutzt.

18. Jahrhundert. Bis zum Beginn der Französischen Revolution und dem Untergang des Ancien régime war T. höfische Galanterie, Ballett und Teil bürgerlicher Kultur. Diese hatte bereits begonnen, vermittelt durch T.-Lehrer, nach frz. Vorbild adelige Exercitia anzunehmen (G. Taubert, *Rechtschaffener Tanzmeister,* 1717). Als Ausdruck dieses aristokratisch-bürgerlichen Lebensstils galten die 3 „Fundamentaltänze" ↗Bourrée, ↗Courante und ↗Menuett, die sich neben den favorisierten einfachen Country dances nach der Vorlage von J. Playford zu behaupten hatten. Ende des 18. Jh. wurde die Affinität zu Nationaltänzen durch die zunehmende Pflege fremder Tänze zum Ausdruck wachsenden Nationalbewußtseins: Polonaise und Mazurka kamen aus Polen, Polka und Schnellpolka aus Böhmen, Csárdás und Verbunkos aus Ungarn, Bolero, Habanera und Tango seit etwa 1830 aus Spanien, Schottischer Walzer und Ecossaise aus Schottland, Deutsche, Drehtänze, Ländler und Galopp mit zunehmender Beliebtheit aus Deutschland und Österreich. Der Kunst-T. drohte unterdes in seinen geschnürten Kostümen und seiner dekorativen Virtuosität zu erstarren und wurde allerorts einer gründlichen Reform unterzogen gemäß dem Natürlichkeitsideal J.-J. Rousseaus. Als eine der wichtigsten Autoritäten dieser Reform gilt J. G. Noverre, der das in England von John Weaver konzipierte Ballet d'action aufgriff und gemeinsam mit bedeutenden Tänzern (Gaetano Vestris, G. Angiolini) wie mit Musikern, unter ihnen Chr. W. Gluck, zur dramatischen Ballettpantomime formte. Seine große Zahl von Balletten, die mit raschem Erfolg an allen seinen Wirkungsstätten aufgeführt wurden, sollte den „mechanischen" T.-Ablauf durch natürliche Gesten ersetzen, ein Ideal, das freilich erst seit dem 19. Jh eine breite Resonanz fand. Gemeinsam mit Balletten, die das bürgerliche Leben zum Thema hatten (Jean Dauberval, *La fille mal gardée,* 1789), entfernte sich der Bühnen-T. immer mehr von seiner ursprünglich divertierenden Rolle und wurde zur Ausdruckskunst in der einfachen Tunique, abgesehen von seiner Funktion als Teil der Oper, der namentlich in Paris zwingend war. Die T.-Musik, die sich deutlicher als früher in die Musik zur T.-Praxis sowie diejenige für den Darbietungsbereich (Ballett, Oper) und die Konzertpraxis untergliedert, lag nach wie vor in den Händen der Hofmusiker, die sich jedoch die wachsende Nachfrage mit allen denjenigen Musikern teilten, die nicht bei Hofe waren. Eine Flut von Gebrauchsmusik entstand, Handstücke für das Clavichord u. ä. Das Menuett gelangte als Überbleibsel der Suite in die vorklassische und klassische Symphonie und Kammermusik, blieb zudem aber auch über die Französische Revolution hinaus fester Bestandteil in allen Ballsälen. Gebrauchsmusik schrieben auch die Wiener Klassiker und Fr. Schubert; so befinden sich z. B. unter den Werken J. Haydns 285 Tänze. Der Deutsche, der um die Mitte des 18. Jh. gesellschaftsfähig geworden war und gemeinsam mit ↗Ländler und Weller unbestimmter Herkunft im ↗Walzer mündete, löste als paariger Dreher endgültig die Gespreiztheiten und das Pathos höfischer Attitüde ab und wurde zum bürgerlichen T., der aus den Vorstädten Wiens kam.

19. Jahrhundert. Als derber Dreher seit dem Mittelalter als dem niederen Volke zugehörig apostrophiert, ist der Walzer seit Ende des 18. Jh. mit großer Durchschlagskraft ein Zeichen der sich nach der Revolution vollziehenden sozialgeschichtlichen Umstrukturierung. Durch den Wiener Kongreß (1814–15) fand er weltweite Verbreitung; Wien wurde zur T.-Stadt par excellence, eine Stadt, in der die Kluft zwischen Adel und Volk weniger kraß war als etwa in den Städten Frankreichs. Auch am preußischen Hof war noch um 1900 beim offiziellen Teil des Hofballes der Walzer streng untersagt, und von einzelnen Mitgliedern des hohen Adels wurde er überhaupt kritisiert. Bis heute gehört der Walzer in vielerlei Gestalt zu den Standardtänzen, als Wiener Walzer in den 20er Jahren des 19. Jh. geprägt von J. Lanner und J. Strauß Vater und Sohn, die die Wiener T.- und Unterhaltungsmusik bestimmten. Die Walzerkompositionen bestehen aus einer Introduktion, 5 Walzern und einer Coda. Als Bestandteil neben ↗Csárdás, ↗Tango, ↗Cancan oder ↗Polka, die bis zur Mitte des 19. Jh. als Nationaltänze Verbreitung gefunden hatten, geht der Wiener Walzer in die Operette des 19. Jh. ein, fand jedoch auch nachhaltigen Niederschlag in der Kunstmusik als hochstilisiertes Vortrags- und ↗Charakterstück. Neben dem Walzer und Deutschen beherrschten auch tschech., ung., norwegische und span. Volks- und Nationaltänze die T.-Praxis, bevor sich Europa den neuen mittel- und nordamerik. Tänzen anschloß, die seither das T.-Repertoire bestimmen. Eine Verlagerung der Zentren hatte sich während des 19. Jh. auch beim Bühnen-T. ereignet, dessen entscheidende Impulse seit 1801 aus St. Petersburg kamen, wo Ch.-L. Didelot zum Leiter der kaiserlichen Ballettschule bestellt worden war. Von der Französischen Revolution wenig tangiert, entwikkelte sich das Ballett zu einer Kunstrichtung, die ihre Stoffe u. a. aus der Feen- und Märchenwelt bezog, deren sich Literatur und Malerei schon zuvor angenommen hatten. Die Zeit der triumphierenden Ballerinen, der Fanny Elßler, Maria Taglioni, Carlotta Grisi, denen die Zuschauer zu Füßen lagen, gipfelte in den Balletten von A. Adam *(Giselle)*, L. Delibes *(Coppélia)* und P. I. Tschaikowsky *(Schwanensee)* sowie den Choreographien von A. Bournonville.

20. Jahrhundert. Die Akkulturationserscheinungen des 20. Jh. haben das Bild vom Tanzen wesentlich verändert. Trotz diverser Erhaltungsversuche gingen und gehen genuin tradierte Tänze auf allen Kontinenten aufgrund zunehmender Industrialisierung und Zivilisation unwiederbringlich verloren. Das Bild ist seit Beginn des 20. Jh. durch folkloristische Darbietungen, fortwährende Reformen im Kunst- und Gesellschafts-T. der westlichen Welt sowie Revitalisierungsversuche in und außerhalb Europas gekennzeichnet. Ausgehend von Isabella Duncan, erfuhr das akademische Ballett vor dem 1. Weltkrieg einen weiteren Angriff durch den von ihr proklamierten Ausdruckstanz. Dieser wurde von É. Jaques-Dalcroze in seiner „rhythmischen Gymnastik" und im „freien Tanz" R. Labans weitergetragen und gipfelte im musiklosen pantomimischen Solotanz von Mary Wigman und H. Kreutzberg, verlor sich jedoch nach dem 2. Weltkrieg wieder. Fast parallel dazu entstanden durch Synthese negroider mit amerikanischen T.-Elementen moderne Gesellschaftstänze wie ↗Cakewalk, ↗Onestep und ↗Twostep nach der schnellen, stark synkopierten Musik des ↗Ragtime. Gemeinsam mit den lateinamerik. Tänzen wie Tango, ↗Foxtrott und Quickstep waren sie längst Bestandteil des virtuosen New Yorker ↗Musical. Mit Walzer und Yale Blues wurden sie 1929 in der Londoner Great Conference auf Ausführung und Tempo festgelegt und zum Grundbestand seither durchgeführter T.-Turniere (↗Turniertanz) erklärt. Nach dem 1. Weltkrieg aus den USA importierte Tänze wie ↗Shimmy und ↗Boogie-Woogie, ↗Samba und ↗Rumba verloren nach dem 2. Weltkrieg an Popularität und wichen dem ↗Cha-cha-cha der 50er sowie dem Bossa nova der frühen 60er Jahre, die mit ↗Twist und ↗Rock and Roll immer noch getanzt werden. Diskotheken, in denen sich seit etwa 1960 in den Städten das T.-Geschehen vornehmlich der jüngeren Generation neben den T.-Schulen abspielt, verzichten weitestgehend auf reale Musikergruppen, und bedienen sich des Diskjockeys, der, der rasch wechselnden Mode folgend, jeweils aktuelle Schallplatten ansagt und abspielen läßt. Daneben erfreuen sich die aus dem Afroamerikanischen entlehnte Jazzgymnastik und der Jazz dance in Turn- und Gymnastikhallen seit den 70er Jahren großer Beliebtheit. Die zukünftigen Berufstänzer werden in den standardisierten Ballettschulen traditionell ausgebildet und haben sich sowohl das Repertoire des 19. Jh. wie neue Techniken (Akrobatik, Modern dance, Jazz, Action, spontane Bewegungsäußerung) anzueignen und sich experimentellen Zugängen der jüngsten Choreographengeneration offenzuhalten, die heute bisweilen extreme Wege geht, wie 1982 im Wiener Festival „Tanz 82" resümierend festzustellen war. Weltweit scheint seit den 60er Jahren der Trend zu sein, sich sowohl dem Volks-T. wieder anzunähern als auch höfische T.-Praktiken des 15.–18. Jh. wiederzubeleben. (Vergleichbare Tendenzen liegen z. B. in Indien vor, wo seit 1964 traditioneller, lange Zeit vernachlässigter Tempel-T. an geweihten Orten gelehrt wird. Abgesehen von folkloristischen Darbietungen, die in anderen asiatischen Ländern reisenden Touristen vorgeführt werden, scheint sich in Indien das System, in dem der T. ein Teil ist, bis heute erhalten zu haben.) Von einer zunehmend größer werdenden Zahl von Anhängern wird vereinsmäßig für öffentliche wie halböffentliche Veranstaltungen traditionelles Volkstanzgut gepflegt und geholfen, jahreszeitlich gebundenes Brauchtanzen zu erhalten. Die T.-Musik zeitigte im 1. Jahrzehnt des 20. Jh., angezogen von den Reformen der Ballets Russes unter S. Diaghilew, eine große Zahl bedeutender Ballettkompositionen von Komponisten wie I. Strawinsky, Cl. Debussy, M. Ravel, A. Honegger, Fr. Poulenc u. a., die in berühmt gewordenen Choreographien heute noch das Repertoire bestimmen. Die sich an diesem Standard orientierenden Ballette nach dem 2. Weltkrieg konnten sich bis auf wenige Ausnahmen nur schwer behaupten. T.-Musik im Bereich des Gesellschafts- und unterhaltenden Schau-T.es, auch im Fernsehen, ist heute weitestgehend professionellen Arrangeuren, Bands und der Rock- wie Popszene überlassen. Der Bezug zur neuen Musik, die sich bis zum 19. Jh. als funktionale Musik verstand, fehlt seither nahezu ganz. T.-Kapellen müssen sich zu einem großen Teil auf das Repertoire vergangener Jahrhunderte stützen.

Lit.: **1) Gesamtdarstellungen:** A. Czerwinski, Gesch. der Tanzkunst (L 1862, Nachdr. Mn 1975); F. M. Böhme, Gesch. des T. in Deutschland (L 1886, Nachdr. Hil 1967); V. Junk, Hdb. des T. (St 1930, Nachdr. Hil 1977); C. Sachs, Eine Weltgesch. des T. (B 1933, Nachdr. Hil 1976); P. Nettl, T. u. Tanzmusik (Fr 1962); Tanzbibliogr. Verz. des deutschsprachigen Schrifttums über den Volks-, Gesellschafts- u. Bühnentanz, hrsg. v. K. Petermann, 3 Bde. (L 1965–81); F. Rust, Dance in Society (Lo 1969); R. Lange, The Nature of Dance (Lo 1975). – **2) Zu einzelnen Epochen Ländern u. Aspekten:** M. Emmanuel, Essai sur l'orchestique grecque (P 1895, engl. 1916); F. Äppli, Die wichtigsten Ausdrücke für das Tanzen in den roman. Sprachen (Hl 1925) (= Zschr. für roman. Philologie Beih. 75); F. Weege, Der T. in der Antike (Hl 1926, Nachdr. Hil 1976); E. Brunner-Traut, Der T. im alten Ägypten (Glückstadt 1938); E. L. Backman, Den religiösa dansen inom kristen kyrke och folkmedizin (Sto 1945, engl. 1952); R. Wolfram, Die Volkstänze (Salzburg 1951); W. Wiora – W. Salmen, Die Tanzmusik im dt. MA, in: Zschr. für Volkskunde 50 (1953); M. Dolmetsch, Dances of Spain and Italy from 1400 to 1600 (Lo 1954, Nachdr. 1975); J. ten Bokum, De dansen van het Trecento (Utrecht 1967); W. Terry, Modern Dance, in: The Dance Encyclopaedia, hrsg. v. A. Chujoy (NY [2]1967); G. Wille, Musica Romana (A 1967); K. H. Taubert, Höfische Tänze. Ihre Gesch. u. Choreographie (Mz 1968); M. Wegener, Musik u. T., in: Archaeologia Homerica III (Gö 1968); A. Harding, An Investigation into Use and Meaning of Medieval German Dancing Terms (Göppingen 1973); M. Huet, Afrikan. Tänze (Kö 1979); Dance, in: Grove[6] V (mit ausführlicher Lit. zu den einzelnen Epochen u. Ländern); W. Salmen, Ikonographie u. Choreographie des Reigens im MA, in: AMl 52 (1980); R. Beck-Friis, Dansnöjen genom tiden, I: Västeuropeiska danser från medeltid och renässans (Sto 1980); E. Rebling, Die T.kunst Indiens (B 1981). – ↗Ballett, ↗Choreographie, ↗Gesellschaftstanz, ↗Volkstanz; vgl. auch die Lit. zu den genannten einzelnen Tänzen u. Personen sowie zu den Länderartikeln.

G. BUSCH-SALMEN

TANZMEISTERGEIGE ↗Pochette.

TAPISSIER, Jean (eig. Jean de Noyers), † vor August 1410; frz. Komponist. T. trat 1391 in den Dienst Herzog Philipps des Kühnen von Burgund in Dijon, in dessen Gefolge er Reisen nach Mailand, Avignon und Flandern unternahm. Nach Martin le Franc (*Champion des dames*, um 1440) gehörte er wie J. Carmen und J. Cesaris zu den Komponisten, die „ganz Paris in Erstaunen setzten". Doch sind die betreffenden Werke nicht erhalten, sondern nur 2 3st. Messesätze (Credo und Sanctus) und eine isorhythmische Motette.

Ausg.: GA in: Early Fifteenth-Century Music, hrsg. v. G. Reaney, 1 (1955) (= CMM 11/1); die Messesätze auch in: Fourteenth-Century Mass Music in France, hrsg. v. H. Stäblein-Harder (1962) (= CMM 29).

Lit.: H. Besseler, Carmen, in: MGG II; G. Reaney, T., in: MGG XIII; C. Wright, T. and Cordier. New Documents and Conjectures, in: MQ 59 (1973).

TĀR (persisch, = Saite). – **1)** Bz. für eine im Iran und in Kaukasien verbreitete Langhalslaute. Das Instrument hat ein tiefes bauchiges Korpus, das durch starke beidseitige Einschnürungen, von vorn wie eine 8 aussehend, in zwei ungleich große Hälften unterteilt ist. Die untere Hälfte ist dabei wesentlich größer als die obere. Die Decke besteht aus einer sehr zarten Tierhaut (Kuhherz, Fischblase, Leder aus dem Fell eines Lammembryos) oder seltener aus Pergament. An dem langen Hals sind bis zu 25 früher verschiebbare, heute meist feste Bünde angebracht. Die 4–6 oft doppelchörigen Saiten sind aus Messing und/oder Stahl. Der T. wird als Begleitinstrument zum Gesang, als Solo- und als Ensembleinstrument verwendet. Obwohl die Anzahl der Saiten auf den als T. bekannten Instrumenten wechselnd ist, ohne daß sich dadurch die Bz. ändert, gibt es verwandte Zupfinstrumente, bei denen durch einen entsprechenden Zusatz im Namen die Anzahl der Saiten angegeben ist, die allerdings nicht immer mit dem realen Saitenbezug übereinstimmt. Dazu gehören Langhalslauten wie der Du-tār = 2saitiger, Sē-tar = 3saitiger (davon Sitār, ↗Indien), Čar-tār = 4saitiger oder Pandž-tār = 5saitiger T.; die so bezeichneten Instrumente gehören jedoch nach ihren äußeren Merkmalen, vor allem wegen ihrer ganz anderen Korpusform, nicht zur Familie des T., sondern zu der des ↗Ṭanbūr. – **2)** Ṭār, Tarr (arab.), in den Ländern Nordafrikas Bz. für die ↗Schellentrommel; in Algerien auch als Bandar bekannt. – ↗Daira, ↗Riqq.

Lit.: **Zu 1):** R. G. Campbell, Zur Typologie der Schalenlanghalslaute (Str – Baden-Baden 1968); S. el Mahdi, La musique arabe (P 1972).

M. BRÖCKER

TARANTELLA (it.). – **1)** Bz. für einen rituellen it. Tanz, dessen Name sich von der Tarantel, einer nach der südit. Stadt Tarent (Taranto) genannten Spinne (Lycosa tarantula), ableitet. So wird u.a. noch 1787 von dort berichtet, daß sich seit dem 15. Jh. die Opfer des Tarantelbisses ihrer Heilung wegen einem zügellosen Tanz hingeben mußten, der manchmal länger als 12 Stunden dauerte (Ch. Compan, *Dictionnaire de la danse*). Im 16. Jh. hieß ein Fest, an dem alle teilnahmen, die an dieser Krankheit gelitten hatten, „Il Carnavaletto delle Donne". Heute ist nachgewiesen, daß der Biß dieser Spinne ungefährlich ist; man nimmt jedoch an, daß die ihn begleitenden Symptome (sog. Tarantismus) denselben Ursprung haben wie z.B. der Veitstanz. Der Kranke fiel in eine tiefe Melancholie, dann in eine Art völliger Gefühllosigkeit, aus der er nur mit musikalischen Rhythmen herausgerissen werden konnte, die in ihm eine wahre Tanzwut auslösten. Ähnliche Therapien finden sich auch außerhalb Italiens und haben sich bis in die neuere Zeit erhalten (z.B. in Dalmatien). Die Musik solcher Tänze, die u.a. von A. Kircher (*Magnes sive de arte magnetica,* 1641) überliefert ist, steht häufig im 6/8-Takt. – **2)** Unabhängig von dem beschriebenen rituellen und therapeutischen Sachverhalt gibt es die T., bezeugt seit dem 18. Jh. in Süditalien, vor allem in Neapel, als lebhaften Volkstanz generell im 3/8- oder 6/8-Takt. Von einem Melodieinstrument (Flöte) unter Begleitung von Tamburin und Kastagnetten ausgeführt, ist eine Melodik meist in Sekundschritten mit den Rhythmen ♪♪♪ ♪♪♪ und ♩♪♩♪ charakteristisch. Die formale Gliederung ist meist so, daß einem 1. Teil in Moll mit 2 oder 3 Reprisen ein gleich langer Teil in Dur folgt (wie in vielen neapolitanischen Volksliedern), darauf erklingt die Reprise des 1. Teils mit einer langen, immer schneller werdenden Coda. Die T. ist ein Werbetanz und wird von Paaren in 2 langen Reihen mit lokalen Unterschieden in der Choreographie getanzt. Häufig kommt es dabei zu einer geradezu bacchantischen Ekstase und Ausdauer. In die Kunstmusik hat die T. seit dem frühen 19. Jh. häufig Eingang gefunden, vor allem als Charakterstück für Klavier. Frühestes Beispiel ist das Finale der Klv.-Sonate e-moll von C. M. von Weber (1822); am bekanntesten wurden Fr. Chopins T. op. 43 und Fr. Liszts T. aus seinem Klavierwerk *Venezia e Napoli* (um 1840). Berühmte vokale T.s stammen von D. Fr. E. Auber (im 3. Akt von *La muette de Portici,* später für Klv. bearbeitet von Liszt, mit den charakteristischen Einleitungstakten im folgenden Beispiel)

und von G. Rossini (*La danza* für SingSt und Klv., ebenfalls bearbeitet von Liszt sowie von O. Respighi in dem Ballett *Der Zauberladen*). T.-Rhythmus als Ausdruck it. Lokalkolorits findet sich häufig in programmusikalischen Orchesterwerken, so bei F. Mendelssohn Bartholdy *(Italienische Symphonie),* R. Strauss *(Aus Italien)* und M. Reger (Ballettsuite op. 130). Eine bekannte T. im Bereich der Unterhaltungsmusik ist das *Chianti-Lied* von G. Winkler.

Lit.: M. SCHNEIDER, La danza de espadas y la t., in: Anuario Mus. 2 (1947); R. PENNA, La t. Napoletana. Storia e leggende (Neapel 1963); M. SCHNEIDER – A. WÜRZ, T., in: MGG XIII.

TARARE, Opéra in 5 Akten und einem Prolog von A. Salieri, Text von P.A.C. de Beaumarchais. Ort der Handlung: Palast des Königs Atar (Axur) von Ormus. UA: 8. 6. 1787 Paris (Opéra); EA in dt. Sprache: 1788 Preßburg; dt. EA: 23. 3. 1804 Hannover; UA der erweiterten Fassung: 3. 8. 1790 Paris; dt. EA (in dt. Sprache): 14. 8. 1790 Frankfurt am Main.

Salieris Meisterwerk bildet einen Meilenstein in der Entwicklung der frz. Tragédie lyrique zur Grand Opéra. Beaumarchais' theatralisches Konzept, die Musik dem Text unterzuordnen und so den revolutionären Charakter dieser dramatischen Darbietungsform deutlich hervorkehren zu können (von den Kritikern als „monstre dramatique" geschmäht), stützt Salieri mit einer Komposition, die ganz auf Situations- und Wortausdruck abgestellt ist: Auf geschlossene, für die Gattung „Oper" typische Gesangsformen verzichtete er nahezu völlig; an ihre Stelle treten variabel eingesetzte Formen des Accompagnato-Rezitativs. Die von V. Hugo in seiner *Préface de Cromwell* (1827) geforderte „confusion des genres" (Vermischung der Gattungen) ist in diesem Werk bereits antizipatorisch verwirklicht. – Das auf zahlreichen Verwicklungen basierende Intrigendrama erhält durch den mit allegorischen Figuren gearbeiteten Prolog Parabelcharakter. Der politisch brisante Inhalt war dem Pariser Publikum bereits Jahre vor der UA durch geschickt gesteuerte Lesungen Beaumarchais' bekannt. Man fieberte der Premiere entgegen; der Erfolg kannte (auch im entrüsteten Widerspruch) keine Grenzen. Schon im Juli/August 1787 wurden in Pariser Vorstadttheatern 12 Parodien gespielt. Mit einem die konstitutionelle Monarchie verherrlichenden Ballett-Schluß (ursprünglich geplant zum Jahrestag des Sturms auf die Bastille) wurde das Werk 1790 wiederaufgenommen. Für Salieris Wirkungsort Wien verfaßte L. Da Ponte eine vieraktige Adaptation in it. Sprache (*Axur, Rè d'Ormus;* UA: 8. 1. 1788 im Burgtheater; dt. EA: 1788 Leipzig; auf 2 Akte reduziert am 21. 11. 1789 in Dresden). Noch zu Beginn des 19. Jh. lief *Tarare* in neuer Übersetzung als *Atar* an mehreren dt. Bühnen. J. SCHLÄDER

TARDITI, Orazio, * 1602 Rom, † 18. 1. 1677 Forlì; it. Komponist. Er war Kamaldulensermönch und wirkte 1624–39 zunächst als Organist in Arezzo, Murano und Volterra, dann 1639–45 als Domkapellmeister in Forlì, Arezzo, Jesi sowie schließlich 1647–70 in Faënza. Sein enorm umfangreiches Schaffen (hauptsächlich Kirchenmusik), das sich über nahezu ein halbes Jh. erstreckt, ist bislang noch nicht eingehend untersucht worden. Auffällig ist, daß T. anders als die meisten seiner oberitalienischen Zeitgenossen weder Werke im A cappella-Stil noch solche mit der Gegenüberstellung von Concerto- und Ripienostimmen schrieb.

WW (alle in Venedig gedruckt): **1) Geistliche WW** (teilweise mit V.): 3 Slgen. Messen für 3–5 St. u. B.c.; Messen u. Psalmen für 2 St. u. B.c. (1668), 2 Slgen. für 3–4 St. (1640); 5 Slgen. Motetti a voce sola mit B.c. (1629, 1646, 1650, 1670 [2]); 12 Slgen. *Motetti concertati* bzw. *Sacri concentus* für 1–5 St. u. B.c. (1622–70); 6 Slgen. Psalmen und Litaneien für 3–8 St. u. B.c. (1643–54). – **2) Weltliche WW:** 2 Slgen. *Arie a voce sola* mit B.c. (1628, 1646); 2 Bücher *Canzonette amorose* für 2–3 St. u. B. c. (1642, 1647); Madrigale für 2–4 St. u. *Lettera amorosa* für 1 St. u. B. c. (1633), für 3 u. 5 St. (1639).

TARDO (it., = langsam), dem Wortsinn entsprechende, seltene Vortragsbezeichnung des 17. Jh. (z.B. bei H. Schütz).

TÁROGATÓ (ungarisch). – **1)** Seit 1533 bekannte Bz. für ein Rohrblattinstrument, wahrscheinlich für die Kegeloboe, die von den Türken im 16. Jh. in Ungarn eingeführt wurde. Das Instrument hatte 6–8 Grifflöcher und eine im oberen Teil zylindrische, dann bis zur ausladenden Stürze sich erweiternde konische Bohrung. Der Klang war laut und schrill, und das Instrument wurde hauptsächlich im militärischen Bereich, häufig zusammen mit der Trommel (↗ Davul), verwendet. In der 2. Hälfte des 19. Jh. war das T. nur noch vereinzelt anzutreffen und wurde schließlich ganz aufgegeben. – **2)** Weil das T. zu einem Symbol der ungarischen Unabhängigkeitsbewegungen geworden war, machte 1894–96 József V. Schunda in Budapest den Versuch, ein neues T. zu konstruieren. Daraus entstand ein T., das mit dem alten Instrument dieses Namens keine Ähnlichkeit mehr hatte, jedoch schnell Anklang fand und bis heute in Ungarn sehr beliebt ist. Es ist ein Holzsaxophon mit einem einfachen Rohrblatt, ähnlich dem der Klarinette, und mit einer langen, sich gleichmäßig erweiternden konischen Röhre. Statt der Grifflöcher hat das T. ein modernes Oboen-Klappensystem. Der in der Tiefe kräftige und leicht metallische, in der Höhe weiche Klang des Instruments ist von dem der alten Kegeloboe völlig verschieden. Das T. wird fast immer allein und wegen seines kraftvollen und weittragenden Klanges vor allem im Freien gespielt. Es eignet sich besonders für den Vortrag von langsamen, getragenen Weisen. Sein Repertoire besteht daher auch überwiegend aus den sog. Kurutzenliedern, die teils zu Beginn des 18. Jh., zur Zeit der Unabhängigkeitsbewegung der Kurutzen, teils auch erst im 19. Jh. entstanden.

Lit.: B. SÁROSI, Die Volksmusikinstr. Ungarns (L 1967) (= Hdb. der europ. Volksmusikinstr., Serie I/1); G. GÁBRY, Le „tárogató", ancien chalumeau hongrois, in: Studia musicologica Academiae Scientiarum Hungaricae 13 (1971). M. BRÖCKER

TARR, Edward Hankins, * 15. 6. 1936 Norwich (Connecticut); amerik. Trompeter und Musikforscher. Er studierte Trompete in Boston und Chicago und Musikwissenschaft an der Universität Basel (L. Schrade). 1968 gründete er das E.-T.-Blechbläser-Ensemble, das Musik des Barock und der Renaissance auf originalen und zeitgenössische Musik auf modernen Instrumenten spielt. 1968–70 unterrichtete er an der Rheinischen Musikschule Köln, wurde 1969 1. Trompeter des Orchestra della RAI in Rom, ist seit 1972 Lehrer für historische Blasinstrumente an der Schola Cantorum Basiliensis und seit 1973 Dozent für Blechbläser-Kammermusik an der Musikhochschule Freiburg i. Br. Nach Modellen der Nürnberger Trompetenhersteller Hainlein, Ehe und Haas (16./17. Jh.) gelang ihm die Rekonstruktion ventilloser Barocktrompeten. T. veröffentlichte *Die Trompete* (Be 1977, ²1978) u.a. einschlägige Aufsätze.

TARTINI, Giuseppe, * 8. 4. 1692 Pirano (Istrien), † 26. 2. 1770 Padua; it. Violinist, Komponist und Musiktheoretiker. Von seinen Eltern für einen geistlichen Beruf bestimmt, erhielt T. seine erste Ausbildung bei den von Mönchen geleiteten Scuole Pie in Capodistria. Einem Klosteraufenthalt entzog er sich durch ein Studium an der Universität Padua (seit 1708). Nach dem Tod des Vaters heiratete er 18jährig – vermutlich unter falschen Angaben – die 2 Jahre ältere Elisabeth Premazore und mußte die Stadt verlassen. Er flüchtete in das Minoritenkloster in Assisi, wo er 3 Jahre autodidaktisch Violine studierte und wahrscheinlich von B. Černohorský (Padre Boemo), dem Kapellmeister des Klosters, Kompositionsunterricht erhielt. 1716 hörte er in Venedig den Violinisten Fr. M. Veracini. Von dessen Technik beeindruckt, setzte er seine intensiven Violinstudien fort. 1721 erhielt er die Stelle eines „primo violino e capo di concerto" an der Basilica di S. Antonio in Padua. 1723–26 lebte er als Kammermusiker des

Grafen Kinsky in Prag, wo er bei den Krönungsfeierlichkeiten Kaiser Karls VI. mitwirkte. Nach Padua zurückgekehrt, gründete er 1727 eine in ganz Europa als „Scuola delle Nazioni" rasch berühmt gewordene Violinschule. Trotz mehrfacher Einladungen unternahm er keine Konzertreisen und wirkte lediglich bei religiösen Feierlichkeiten mit (u. a. in Parma, Bologna, Rom, Ferrara und Venedig). Während dieser Zeit beschäftigte er sich auch mit theoretischen Problemen der Musik. Gesprächspartner in diesen Fragen waren Padre A. Vallotti, Kapellmeister an S. Antonio, und der Astronom Graf Gian Rinaldo Carli; außerdem stand er in Korrespondenz u. a. mit Padre Martini, Fr. Algarotti, König Friedrich II. von Preußen (dem er eines seiner Flötenkonzerte widmete) und J.-J. Rousseau. Das Ergebnis seiner Forschungen faßte T. in dem anspruchsvollen und schwerverständlichen *Trattato di musica* (1754) zusammen. Die Abhandlung rief zum Teil heftige Polemiken hervor, die T.s letzte Lebensjahre überschatteten, und fand auch in einer leichter faßlichen Form (*De' principi dell'armonia musicale,* 1767) keine breitere Anerkennung. Nur d'Alembert und Rousseau, der den Traktat ins Französische übersetzte, standen seinen Theorien aufgeschlossen gegenüber. Zu T.s Schülern gehörten P. Nardini und J. G. Naumann.

WW: **1) Instr.-WW:** Im Druck erschienen (A, P, Lo 1728 – um 1763): 9 Slgen. Sonaten für V. u. B.c. oder Vc.; 4 Slgen. Triosonaten; 5 Slgen. V.-Konzerte; *L'arte del arco, ou L'art de l'archet,* 38 (später 50) Variationen über die Gavotte aus A. Corellis op. 5, Nr. 10 (P 1758, mit zahlreichen Nachdr.); hsl. erhalten sind etwa 165 V.-Sonaten, darunter die „Teufelstriller"-Sonate (1. Ausg. in: J. B. Cartier, L'art du violon, P 1798), etwa 40 Triosonaten, etwa 135 V.-Konzerte, je 1 Va.- u. Vc.-Konzert sowie einige weitere Ensemble-Sonaten u. -Concerti. – **2) Vokal-WW** (alle hsl.): 3 Miserere für 3, 4 u. 5 St.; ein Stabat mater für 3 St. u. Org.; 2 Tantum ergo für 3 St.; ein Salve Regina für 4 St.; 20 *Canzoncine sacre* für 1–3 St. – **3) Schriften:** *Trattato di musica secondo la vera scienza dell'armonia* (Padua 1754); *De' principi dell'armonia musicale contenuta nel diatonico genere* (ebd. 1767); *Risposta di G. T. alla critica al di lui Trattato di musica di Mons. Le Serre di Ginevra* (V 1767); *Traité des agréments de la musique* (P 1771); weitere Schriften sind hsl. erhalten.

Als Komponist wurde T. zunächst von A. Corelli beeinflußt, sowohl in formaler Hinsicht als auch in seinem Instrumentalstil. Den Schritt zu einer eigenständigeren Schreibweise vollzog T. vor allem durch eine individuellere thematische Gestaltung des 1. Satzes, durch eine ausdrucksmäßige Vertiefung des Adagio-Teiles und durch die Aufgabe des imitierenden Stils, der früher ganze Sätze beherrschte. Aber die Concerti und Sonaten seiner Reifezeit reflektieren nicht die allgemeine europäische Musikentwicklung zu Beginn der Klassik. Seit 1740 erhielten die langsamen Sätze ihre besondere Gestalt. Sie waren gleichsam der Angelpunkt für T.s. Streben nach intensiverem musikalischem Ausdruck. Ihnen sind häufig literarische Zitate oder didaktische Anmerkungen in Versform (häufig chiffriert) als eine Art Motto vorangestellt, und sie scheinen einer „teoria degli affetti" zu folgen. Die Melodik der Adagios ist weich und vielgestaltig. Sie erscheint in schlichter Form oder mit ausgeschriebenen Verzierungen. T.s *Trattato delle appogiature* (gedruckt als *Traité des agréments*) ist der erste Traktat seiner Art und wendet sich sowohl an Violinisten wie an Sänger. T.s Einfluß auf seine Zeitgenossen war beträchtlich. Er beruht auf seiner Persönlichkeit als Violinist und Komponist, auf seinem Beitrag zur Verbesserung der Violine (Verlängerung des Bogens), auf seinen Forschungen zur Harmonik und Akustik (Entdeckung der Differenztöne) und auf seiner Lehrtätigkeit. Dennoch ist sein Ruhm rasch verblaßt, wenn man von der Beliebtheit einiger seiner Violinsonaten wie der mit dem „Teufelstriller" absieht. Erst im 20. Jh. wurden seine musikalischen und theoretischen Werke in großem Umfang in Forschung und Praxis neu entdeckt.

Ausg.: Kompositionen: Le opere di G. T., 1. Reihe, hrsg. v. E. Farina – C. Scimone (Mi 1971 ff.), bisher 11 Bde. Sonaten u. Konzerte. – 5 *Canzoncine,* in: MS 83 (Mi 1959). – Schriften: *Trattato di musica,* Nachdr. (Padua 1971) (= Le opere II, 1), dt. Übers.: *Traktat über die Musik,* hrsg. v. A. Rubeli (Düsseldorf 1966) (= Orpheus-Schriftenreihe ... 6); *De' principi dell'armonia,* Faks.-Ausg. (Hil–NY 1970); dass. (Padua 1973) (= Le opere II, 2); *Traité des agréments,* Faks.-Ausg., hrsg. v. E. R. Jacobi (Celle – NY 1961).

Lit.: M. Dounias, Die Violinkonzerte G. T.s (Wb 1966, Nachdr. 1966) (mit themat. Verz.); M. Goldin, The Violinistic Innovations of G. T. (Diss. NY 1955); A. Rubeli, Das musiktheoretische System G. T.s (Diss. Z 1958, Winterthur 1958); P. Brainard, Die Violinsonaten G. T.s (Diss. Gö 1959) (mit themat. Verz.); A. Planchart, A Study of the Theories of G. T., in: JMTh 4 (1960); E. R. Jacobi, G. F. Nicolai's Manuscript of T.'s „Regole per ben suonare il violino", in: MQ 47 (1961) (mit Faks.-Ausg. u. dt. u. engl. Übers.); L. Petrobelli, T., Algarotti e la corte di Dresda, in: Anal. Mus. 2 (1965); P. Brainard, T., in: MGG XIII; P. Petrobelli, G. T. Le fonti biografiche (V – Mi – Lo 1968); P. Brainard, Le sonate a tre di G. T. Un sunto bibliografico, in: RIMus 4 (1969); L. Ginsburg, T. (Mos 1969, dt. Z 1976); M. Abbado, Presenza di T. nel nostro secolo, in: NRMI 4 (1970); M. Pincherle, Tartiniana (Padua 1972); M. Staehelin, G. T. Über seine künstlerische Entwicklung, in: AfMw 35 (1978).

TASCHNER, Gerhard, * 25. 5. 1922 Jägerndorf (Böhmen), † 21. 7. 1976 Berlin; dt. Violinist. Er studierte bei J. Hubay und Br. Huberman, war zunächst Konzertmeister im Stadttheater-Orchester in Brünn und 1941–45 1. Konzertmeister des Berliner Philharmonischen Orchesters. 1945–50 konzertierte er als Solist und wurde 1950 Professor an der Berliner Musikhochschule. W. Fortner widmete ihm sein Violinkonzert (1946).

TASSO, Torquato, * 11. 3. 1544 Sorrent, † 25. 4. 1595; it. Dichter. Nach einer bewegten Jugend stand er seit 1565 in Ferrara im Dienst der Familie d'Este, besonders des Herzogs Alfons II. Seit 1576 unter Verfolgungswahn leidend, befand er sich 1579–86 im Irrenhaus, führte dann ein unruhiges Wanderleben und starb kurz vor seiner Dichterkrönung durch Papst Clemens VIII. T., um dessen Leben sich viele Legenden rankten (etwa die Liebe zur Fürstin Leonore d'Este), erhielt durch J. W. von Goethe ein literarisches (Drama *Torquato Tasso,* 1790) und durch Fr. Liszt (symphonische Dichtung *Tasso. Lamento e trionfo,* 1849–54) ein musikalisches Denkmal gesetzt.

T. ist eine der genialen Dichtergestalten der ausgehenden Renaissance und erlangte auch in der Musikgeschichte große Bedeutung. Sein Schäferspiel *Aminta* (1573) markiert einen wichtigen Punkt in der Entwicklung der literarischen und musikalischen ↗Pastorale im Vorfeld der frühen Oper. Viele Gedichte T.s (vor allem aus den *Rime,* 1591) und Teile aus dem Epos *La Gerusalemme liberata* (1575) wurden als Madrigale vertont, u.a. von Ph. de Monte, Cl. Merulo, G. Wert, L. Marenzio und Cl. Monteverdi. Aus dem *Gerusalemme* stammt ferner der Text zu Monteverdis *Combattimento di Tancredi e Clorinda* (1624). Und das gleiche Werk diente vor allem als Vorlage für viele Opernlibretti: als Ganzes bei V. Righini (1803), einzelne Episoden daraus unter dem Titel *Armida* u.a. bei J.-B. Lully (1686), N. Jommelli (1750), A. Salieri (1771), L. Cherubini (1782), Chr. W. Gluck (1783), J. Haydn (1784), G. Rossini (1817) und A. Dvořák (1908), in *Erminia sul Giordano* von M. Rossi (1633) und in *Rinaldo* von G. Fr. Händel (1711).

Ausg.: GA, 2 Bde., hrsg. v. B. T. SOZZI (Tn 1955–56).

Lit.: L. FRATI, T. T. in musica, in: RMI 30 (1923); A. EINSTEIN, „Orlando furioso" and „La Gerusalemme Liberata", as Set to Music during the 16th und 17th Century, in: Notes 8 (1950/51); Bibliogr. essenziale tassina, hrsg. v. Comitato per le celebrazioni di T. T. (Mi 1957); P. NETTL, Bemerkungen zu den T.-Melodien des 18. Jh., in: Mf 10 (1957); A. A. ABERT, T., Guarini e l'opera, in: NRMI 4 (1970); N. PIRROTTA, Note su Marenzio e il Tasso, in: FS L. Ronga (Mi – Neapel 1973); P. FABBRI, T., Guarini e il „Divino Claudio". Componenti manieristiche nella poetica di Monteverdi, in: Studi musicali 3 (1974).

TASTE (engl.: key; frz.: touche; it.: tasto; span.: tecla), Bz. für den einzelnen Hebel einer Tastatur oder ↗Klaviatur (↗Manual, ↗Pedal), der beim Niederdrücken eine je nach Instrument verschiedene mechanische Vorrichtung in Bewegung setzt, die Saiten anreißt (Cembalo, Spinett, Virginal), anschlägt (Clavichord, Klavier) oder abdrückt (Drehleier), bei einigen Idiophonen Stahlplatten, -röhren oder Glocken anschlägt (Celesta, Glockenspiel) oder bei der Orgel die gewünschten Pfeifenventile öffnet. Auch viele der im 20. Jh. entwickelten Instrumente, deren Klangerzeugung auf elektro-mechanische oder auf elektronische Weise erfolgt, sind mit T.n ausgestattet (↗elektronische Orgel, ↗Elektrophone, ↗Hammondorgel, ↗Ondes Martenot, ↗Synthesizer). Die Anzahl der T.n ist je nach Instrument unterschiedlich groß. Sie sind meistens unterteilt in weiße Untertasten, die die Töne einer C-Dur-Skala ergeben, und in die etwas zurückliegenden, schmaleren schwarzen Obertasten für die fehlenden (Halb-)Töne der anderen Skalen. Die umgekehrte farbliche Anordnung ist vor allem bei Tasteninstrumenten des 18. Jh. üblich gewesen. M. BRÖCKER

TASTENINSTRUMENTE (engl.: keyboard instruments; frz.: instruments à clavier; it.: strumenti a tastiera; span.: instrumentos de tecla), Bz. für alle Instrumente, die mit ↗Tasten ausgestattet sind (↗Klaviatur), unabhängig von der Art ihrer Klangerzeugung. Zu den T.n gehören sowohl Saiteninstrumente (Cembalo, Clavichord, Klavier) als auch einige Idiophone (Glockenspiel, Celesta) und Blasinstrumente (Orgel, Regal) und seit einigen Jahrzehnten auch zahlreiche Instrumente, deren Klänge auf elektro-mechanische oder elektronische Weise erzeugt werden (↗Elektrophone, ↗elektronische Orgel, ↗Hammondorgel, ↗Ondes Martenot, ↗Synthesizer). Die Tatsache, daß die Tasten nahezu aller T. in gleicher Weise angeordnet sind, führte in der Unterhaltungsmusik dazu, daß häufig ein einziger Musiker für mehrere akustische und/oder elektronische T. zuständig ist, der in neuerer Zeit deshalb auch gern zusammenfassend als Spieler von „keyboards" bezeichnet wird. M. BRÖCKER

TASTO SOLO (it., = eine Taste allein; Abk.: t.s.), im ↗Generalbaß (gelegentlich auch durch die Zahlen 0 oder 1 angezeigte) Anweisung, die betreffenden Töne ohne Akkordaussetzung zu spielen.

TÁTRAI, Vilmos, * 7. 10. 1912 Kispest bei Budapest (heute Budapest); ung. Violinist. Nach dem Studium am Ungarischen Nationalkonservatorium (wo er 1946–53 selbst lehrte), war er seit 1933 Konzertmeister in verschiedenen Budapester Orchestern. Seit 1965 ist er Professor an der Fr.-Liszt-Musikakademie in Budapest. 1946 gründete er das T.-Quartett, das bis heute zu den renommiertesten Ensembles gehört. Seine Mitglieder waren bzw. sind: V. T., 1. Violine; *Albert Rényi,* seit 1955 *Mihály Szücs* (* 27. 10. 1922 Debrecen), seit 1968 *István Varkonyi* (* 16. 6. 1931 Budapest), 2. Violine; *Jozsef Iványi,* seit 1959 *György Konrád*

(* 18. 10. 1924 Szeged), Viola; *Vera Denes,* seit 1952 *Ede Banda* (* 6. 4. 1917 Budapest), Violoncello. Seit 1952 konzertiert das Quartett häufig bei internationalen Musikfestspielen. Es trat wiederholt mit Beethoven- und Bartók-Zyklen hervor, widmet sich aber generell allen historischen Epochen bis zur Gegenwart. 1957 gründete T. außerdem das Ungarische Kammerorchester, ein Streicher-Ensemble aus Mitgliedern der Nationalphilharmonie, das mit T. als Konzertmeister ohne Dirigenten spielt.

TATUM, Art, * 13. 10. 1910 Toledo (Ohio), † 5. 11. 1956 Los Angeles; amerik. Jazzmusiker (Pianist). In früher Kindheit fast völlig erblindet, spielte er in Nightclubs und im Radio und kam 1932 nach New York, wo er noch bei Fats Waller lernte. Nach kurzen Engagements in verschiedenen Bands war T. schon weltbekannt, als er 1943 ein eigenes Trio (mit Kontrabaß, Gitarre) gründete. Sein virtuoses Spiel gilt im Jazz bis heute als unerreicht.

Lit.: J. G. JEPSEN, Discography of A. T. / Bud Powell (Brande/ Dänemark 1961).

TAUBER, Richard (eig. Richard Denemy), * 16. 5. 1891 Linz, † 8. 1. 1948 London; östr. Sänger (Tenor). T. studierte in Freiburg i. Br. und debütierte 1913 in Chemnitz als Tamino in W. A. Mozarts *Zauberflöte.* 1913–25 war er Mitglied der Dresdner Staatsoper, 1926–28 der Wiener Staatsoper, seit 1919 auch der Berliner Staatsoper. In all diesen Jahren war er einer der führenden lyrischen Tenöre mit einem breiten Repertoire von W. A. Mozart bis R. Strauss. Mit Fr. Lehár befreundet, wandte sich T. Anfang der 20er Jahre zunehmend der Operette zu und trug maßgeblich zum Erfolg von dessen *Paganini, Der Zarewitsch, Friederike* und *Das Land des Lächelns* bei, in denen die tragenden Tenorrollen T. sozusagen auf die Stimme geschrieben sind. Daneben wirkte er auch in einigen frühen Tonfilmen mit. 1933 emigrierte er nach Wien, 1938 nach London; er trat am Covent Garden auf und gastierte in Amerika und Australien. T. komponierte selbst mehrere Operetten, die Musik zu seinen Filmen und Klavierlieder.

Lit.: W. KORB, R. T. (W 1966); C. CASTLE – D. N. TAUBER, This Was R. T. (Lo 1971); O. SCHNEIDEREIT, R. T. (B [2]1976).

TAUSCH, Franz, * 26. 12. 1762 Heidelberg, † 9. 2. 1817 Berlin; dt. Klarinettist. Er war Schüler seines Vaters und bereits mit 8 Jahren Mitglied der Mannheimer Hofkapelle, der er 1778 nach München folgte. 1799 wurde er an die Berliner Hofkapelle engagiert und gründete 1805 in Potsdam eine „Pflanzschule“ für Klarinettisten. T. war einer der bedeutendsten Klarinettisten seiner Zeit.

WW: Zahlr. Werke für Klar., u. a. 6 Duos für 2 Klar.; 3 Duos für Klar. u. Fag.; 2 Klar.-Konzerte u. 3 Concertanten für 2 Klar.

Lit.: F. G. RENDALL, The Clarinet (Lo 1954, [2]1957); P. CLINCH, Clarinet Concerto no. 3 by F. T. (1762–1817), in: Studies in Music 8 (1974).

TAUSIG, Carl, * 4. 11. 1841 Warschau, † 17. 7. 1871 Leipzig; poln. Pianist und Komponist. Er wurde als 14jähriger Schüler von Fr. Liszt und konzertierte seit 1858 öffentlich. Seit 1862 lebte er in Wien, mit J. Brahms bekannt, mit P. Cornelius eng befreundet und von R. Wagner geschätzt. 1865 wurde er, inzwischen eine europäische Berühmtheit, Hofpianist in Berlin und leitete dort 1866–70 eine Schule für „höheres Klavierspiel“. Er war hochgebildet, aber im Umgang schwierig. Sein Spiel, ohne virtuose Allüren, galt gleichermaßen als technisch vollendet und schön wie als seelenlos und kalt.

WW (sämtlich für Klv.): Salonkompositionen; *Tägliche Studien,* postum hrsg. v. H. Ehrlich; zahlr. Arrangements; Klv.-A. v. R. Wagners *Die Meistersinger.* – Er gab heraus J. S. Bachs *Wohltemperiertes Clavier* u. M. Clementis *Gradus ad Parnassum.*

Lit.: R. SIETZ, T., in: MGG XIII.

TAVERNER, John, * um 1490, † 18. 10. 1545 Boston (Lincolnshire); engl. Komponist. Er ist 1514 in London, 1525 als „clerus socius“ in Tattershall und seit Ende 1526 als „informator choristarum“ am Wolsey Cardinal College (heute Christ Church College) in Oxford nachweisbar. Eine Zeitlang ungerechtfertigt wegen Häresie im Gefängnis, verließ er 1530 Oxford und ging zurück in seine Heimatstadt, wo er nach kurzer kirchenmusikal. Tätigkeit im Rahmen der Guild of Corpus Christi mit wichtigen Verwaltungsaufgaben betraut wurde.

WW (hsl. überliefert): 8 Messen für 4–6 St. u. 9 einzelne Messesätze; 26 Motetten für 2–5 St.; 3 Magnificat; einige engl. Adaptionen lat. Werke; 1 In nomine; 4 Partsongs.

T.s Werke repräsentieren im wesentlichen die letzte bedeutende Phase der vorreformatorischen Kirchenmusik in ↗Großbritannien. Sie sind von großer klanglicher Farbigkeit und meist in einem dichten imitatorischen Kontrapunkt geschrieben, mit Soggetti, die in der Regel einen C.f. kunstvoll umspielen. Der chorale C.f. bei den Worten *„in nomine Domini“* im Benedictus von T.s Messe *Gloria tibi Trinitas* wurde zum Modell für die typisch englische instrumentale Gattung des ↗In nomine.

Ausg.: GA, hrsg. v. P. C. BUCK u. a. (Lo 1923–24, 1948, Nachdr. NY 1963) (= Tudor Church Music 1, 3 u. Anhang); The Six-part Masses, hrsg. v. H. BENHAM (Lo 1978) (= Early English Church Music 20).

Lit.: D. STEVENS, T., in: MGG XIII; H. R. BENHAM, The Music of J. T. A Study and Assessment (1970) (= Diss. Univ. of Southampton); D. S. JOSEPHSON, J. T. A Documentary Study of His

Life and Music (1972) (= Diss. Columbia Univ.); H. BENHAM, The Formal Design and Construction of T.'s Works, in: MD 26 (1972); DERS., The Music of T. A Liturgical Study, in: MR 33 (1972); D. JOSEPHSON, In Search of the Historical T., in: Tempo 101 (1972); I. SPECTOR, J. T. and the „Missa Gloria tibi Trinitas", in: MR 35 (1974); C. HAND, J. T., His Life and Music (Lo 1978); R. BOWERS – P. DOE, T., in: Grove[6] XVIII.

TAYLOR, Cecil Percival, * 25. 3. 1933 New York; amerik. Jazzmusiker (Klavier), Bandleader und Komponist. Er gründete 1956 ein eigenes Quartett, mit dem er unabhängig von Ornette Coleman und Don Cherry zur Entwicklung des Free Jazz beitrug, und spielte mit späteren Gruppen Hard Driving Jazz, u.a. 1958 mit John Coltrane. Anfang der 60er Jahre entwickelte er ein starkes eigenes Profil und gehört seither zur Spitze der Avantgarde im Free Jazz. Seit den 70er Jahren tritt er mit seiner Free Jazz-Gruppe „Unit" auf. T. hat zu einer neuen Behandlung des Klaviers im Jazz gefunden; er verbindet ekstatischen Free Jazz und Clusters mit Elementen der modernen europäischen Konzertmusik. Eine starke Tendenz zur Atonalität bekundet sich u.a. in der Aufgabe der traditionellen Funktionsharmonik, doch werden durch schwerpunktmäßige Umspielung noch tonale Zentren angedeutet.

Lit.: A. SPELLMAN, Four Lives in the Bebop Business (NY 1966, Lo 1967); R. ATKINS, C. T., in: Modern Jazz. The Essential Records, hrsg. v. M. HARRISON (Lo 1975); E. JOST, Free Jazz (Mz 1976).

TEAGARDEN, Jack (Weldon John), auch „Big T." genannt, * 20. 8. 1905 Vernon (Texas), † 15. 1. 1964 New Orleans; amerik. Jazzmusiker (Posaune), Sänger und Bandleader. T. erhielt 1921 sein erstes Engagement, spielte bei Ben Pollack und Paul Whiteman und leitete 1939–47 eine vorzügliche Swing-Big Band. 1947–51 trug er wesentlich zum Profil der „Louis Armstrong All Stars" bei, spielte während der 50er Jahre immer wieder mit Armstrong, führte aber vor allem eigene Gruppen, gelegentlich mit seinem Bruder **Charlie T.** („Little T.") als Jazztrompeter. T. gilt als der bedeutendste weiße Posaunist des traditionellen Jazz. Typisch für sein Spiel waren virtuose Beweglichkeit, ausgeprägtes Melos und ein lyrisch-wehmütiger Ton, den er auch als Sänger pflegte. Berühmt sind seine verschiedenen Einspielungen des *Basin Street Blues.*

Lit.: C. SMITH, J. T., in: Jazz Monthly 3 (1957); D. SMITH – L. GUTTRIDGE, J. T. The Story of a Jazz Maverick (Lo 1960, Nachdr. 1977).

TEBALDI, Renata, * 1. 2. 1922 Pesaro; it. Sängerin (Sopran). Sie studierte bei Carmen Melis in Parma und debütierte 1941 in Rovigo als Elena in A. Boitos *Mefistofele.* 1946 holte sie A. Toscanini an die Mailänder Scala, wo sie auch bei der Vorstellung zur Wiedereröffnung des Opernhauses sang (Solopartien in G. Verdis Te Deum und der Preghiera in G. Rossinis *Mose in Egitto*). Mit sensationellem Erfolg trat sie erstmals 1950 am Covent Garden in London und 1955 an der Metropolitan Opera in New York auf und war in ihrer Glanzzeit ständiger Gast an den großen Opernbühnen Europas und Amerikas. R. T., die eine der schönsten italienischen Stimmen dieses Jh. besitzt, wurde als führende lyrische Sopranistin vor allem in den Opernpartien Verdis und G. Puccinis gefeiert; sie verband Intonationsreinheit mit technischer Souveränität und Eleganz des Vortrags. Auch als Konzertsängerin fand sie große Resonanz.

Lit.: W. PANOFSKY, R. T. (B 1961); H. ROSENTHAL, R. T., in: Great Singers of Today (Lo 1966); K. HARRIS, R. T. An Authorised Biography (NY 1975).

TECHNIK. Im antiken Griechenland umfaßte der Ausdruck „technē" die Gesamtheit der Künste und Fertigkeiten in Handwerk, Gewerbe und Kunst. Im MA wurde dieser Begriff als „ars" übersetzt in der Bedeutung einer Synthese von scientia und usus, also von Wissenschaft und Praxis. Vom 18. Jh. an sah man in der T. als dem Erlernbaren und „Mechanischen" künstlerischer Tätigkeit einen Gegensatz zur „Kunst", d. h. einer auf Inspiration beruhenden, geistgetragenen Gestaltung.

Die T. im heutigen Sinne als derjenige Bereich menschlichen Denkens und Tuns, in dem die Erkenntnisse der Naturgesetze für das praktische Leben nutzbar gemacht werden, wirkt vor allem über das Instrumentarium auf die Musik ein: von der Knochenflöte über die handgefertigte Violine bis zur Maschinenpauke. Im 20. Jh. gewann die T. sowohl im Bereich der Tonerzeugung (↗Elektrophone) als auch auf dem Gebiet der Schallaufzeichnung, -wiedergabe und -verbreitung immer größere Bedeutung.

Die Musik kennt außerdem den Begriff der Instrumental-T. im Sinne der kunstfertigen, methodisch entwickelten Handhabung eines Instruments (Spiel-T.) oder der Beherrschung physiologischer Vorgänge bzw. motorischer Abläufe (Gesangs-, Atem-T. der Sänger und Bläser bzw. Schlag-T. des Dirigenten). Bei der ↗Interpretation von Musik wird nach heutigem Maßstab technische Perfektion zwar als Voraussetzung, aber nicht als absoluter Wert betrachtet.

T. schließlich im ursprünglichen Sinne als „Gesamtheit aller Regeln der Kunst" wird in der Musik als Kompositions-T. bezeichnet. Sie umfaßt die eher handwerkliche Seite des musikalischen

Schaffens, etwa Satz-T. und Instrumentation. Daneben wird der Ausdruck T. auch als Synonym für „Verfahren" auf spezielle kompositorische Stilmittel angewandt (z. B. Variations-, Stimmtausch-, Zwölfton-, imitatorische T.).

Lit.: H. MATZKE, Grundzüge einer musikal. Technologie (Breslau 1931); DERS., Unser techn. Wissen von der Musik (Lindau 1949, ²1950); F. K. PRIEBERG, Musik des techn. Zeitalters (Z – Fr 1956); DERS., Musica ex machina (B – F – W 1960). E. PLATEN

TE DEUM, Te Deum laudamus (lat., = Herr Gott, dich loben wir), ist der von der Legende den Kirchenvätern Ambrosius und Augustinus zugeschriebene „ambrosianische" Lobgesang, dessen aus verschiedenen Quellen kunstvoll geformter Prosatext im Antiphonar von Bangor (um 690, aus dem irisch-keltischen Bereich) erstmals aufgezeichnet wurde. Den Klosterregeln des Benedikt von Nursia sowie Caesarius und Aurelianus von Arles zufolge war das T. in der 1. Hälfte des 6. Jh. in Italien und Südfrankreich verbreitet und bildete den Abschluß des monastischen Nachtoffiziums. Aus diesen Anfängen wurde das T. als Abschluß Bestandteil der ↗Matutin, ausgenommen die Advents- und Fastenzeit. An besonderen Festtagen, bei Bischofs- und Abtsweihen, Fronleichnams-, Reliquien- und Dankprozessionen sowie bei Messen zu politischen Anlässen (Krönungen, Fürstentaufen usw.) bildete es als Lob-, Dank- und Bittgesang den Abschluß. Ungeklärt ist, ob Niketas von Remesiana († 441) der Autor des Textes ist. Inhaltlich gliedert sich das T. in 3 Abschnitte: 1. Der Lobpreis Gottvaters ist symmetrisch um das *Sanctus* gestaltet und wird von der (wahrscheinlich jüngeren) Doxologie beschlossen. 2. Der christologische Teil mündet in das Fürbittgebet *Te ergo quaesumus.* 3. Abschließende Psalmversikel krönen den Lobpreis. – Für das chorale T. sind 2teilige psalmodische Rezitationsformeln charakteristisch, die zum ältesten Bestand liturgischer Gesänge gehören. Zur Überlieferung der Melodien geben die *Musica enchiriadis* (Ende 9. Jh.) und Guido von Arezzo Hinweise mit Melodiezitaten. Verbreitung und die spätere Übernahme durch M. Luther führten zu Varianten und Neubildungen. In der römischen Kirche stehen heute 4 Melodien zur Verfügung: 1. Der Tonus simplex; 2. der melodisch reichere Tonus solemnis, der häufig mehrstimmigen Bearbeitungen als C.f. zugrunde liegt; 3. der Tonus juxta morem Romanorum; 4. der Tonus des monastischen Antiphonale. – Bereits für das 9. Jh. sind dt. Übersetzungen nachweisbar, die die Bedeutung des Gesanges für die Volksfrömmigkeit bezeugen; seit dem 16. Jh. gehört die Nachdichtung als Kirchenlied zum festen Bestand ev. und kath. Gesangbücher *(Großer Gott, wir loben dich; Herr Gott, dich loben wir).* Die älteste mehrstimmige Bearbeitung des T. ist ein als Fragment erhaltenes Ms. aus der 2. Hälfte des 13. Jh. aus Cambridge. Erst im 15./16. Jh. begegnet das mehrst. T. wieder und bildet mit Magnificat und Hymnen einen Sonderbereich motettischer Sätze. Von den zahlreichen nachweisbaren Kompositionen stammen die meisten von reformatorischen Komponisten. Die überwiegend hsl. Überlieferung läßt auf lokale Bestimmung schließen. In vielen motettischen T. ist die versweise Komposition gemäß dem 1st. T. beibehalten, die überwiegende Zahl der Kompositionen jener Zeit berücksichtigt im Sinne der Alternatim-Praxis nur jeden 2. Vers; Unterstützung (auch des choralen T.) durch Orgel oder andere Instrumente, besonders Trompeten, ist vielfach belegt. Im ev. Bereich waren Vertonungen des lat. Textes üblich, solche auf dt. Übersetzungen selten. Die 7 T. des M. Praetorius (in *Musae Sioniae* III, V, VII und *Urania*) folgen der lat. Tradition. Im Barock wird das T. zu einer der repräsentativ prunkvollen Kompositionen konzertanter Kirchenmusik, die im Zusammenhang mit dem politischen und gesellschaftlichen Leben standen; Sondereffekte wie Glocken oder Kanonen in einigen T. betonen dies. Herausragend sind die T. von M.-A. Charpentier (aus einem von ihnen stammt die Eurovisions-Fanfare), J.-B. Lully (zur Taufe seines Sohnes 1677 geschrieben, dessen Pate Ludwig XIV. wurde) und 4 von J. A. Hasse, davon eines zur Einweihung der Dresdner Hofkirche 1751. A. Caldaras T. entstand zur Taufe des späteren Kaisers Joseph II., H. Purcell und G. Fr. Händel vertonten die seit Mitte des 16. Jh. bekannte engl. Version. Von den T. W. A. Mozarts (KV 141) und der Brüder Haydn ist das für Maria Theresia komponierte Hob. XXIIIc: 2 von J. Haydn das bedeutendste. Neben historisierenden kleineren T. wie dem F. Mendelssohn Bartholdys von 1827 nahmen die T.-Kompositionen im 19. Jh. Dimensionen an, die an Pracht- und Klangentfaltung den Maßstab von Oper und Symphonik legten. Die wichtigsten stammen von H. Berlioz (1854), Fr. Liszt (1859), A. Bruckner, A. Dvořák (1892) und G. Verdi (1896). Im 20. Jh. haben veränderte kompositorische und kirchenmusikalische Auffassungen auch z. T. den Charakter des T. verändert. Neben größer besetzten Werken von G. Raphael (1930), J. Haas (1945) und E. Pepping (1956) entstanden das T. für Doppelchor und Bläser von S. Reda (1950) und das *T. laudamus deutsch* von K. Huber (1955/56) aus kirchenmusikalischer Neubesinnung. Das *Meißener T.* von W. Hufschmidt, zur 1000-Jahr-Feier des Bistums Meißen 1968 geschrieben, bezieht einen fragenden Gegentext von Günter Grass ein.

Lit.: **Das einstimmige T.:** W. BÄUMKER, Das kath. dt. Kirchenlied in seinen Singweisen I (Fr 1883, ²1886, Nachdr. Hil 1962); P. WAGNER, Das T., in: Gregor. Rundschau 7 (1907) (z. musikal. Form grundlegend); DERS., Einführung in die gregor. Melodien III (L 1921, Nachdr. Hil – Wie 1962); J. PASCHER, Das Stundengebet der röm. Kirche (Mn 1954); E. KÄHLER, Stud. zum T. u. zur Gesch. des 24. Psalms in der Alten Kirche (Gö 1958) (z. Textgesch. grundlegend), dazu: J. A. JUNGMANN, in: Zschr. für kath. Theologie 81 (1959); O. BRODDE, Ev. Choralkunde, in: Leiturgia. Hdb. des Ev. Gottesdienstes, IV: Die Musik des ev. Gottesdienstes (Kas 1961); P. RADÓ, Enchiridion liturgicum, 2 Bde. (R 1961, ²1966). – **Das mehrstimmige T.:** P. GRIESBACHER, Bruckners T. Studie u. Führer (Rb 1919); W. KIRSCH, Grundzüge der T.-Vertonungen im 15. u. 16. Jh., in: Kgr.-Ber. Kassel 1962 (Kas 1963); H. OSTHOFF, Das T. des Arnold von Bruck, in: FS F. Blume (Kas 1963); W. KIRSCH, Varianten u. Fragmente des liturg. T.-Textes in den mehrst. Kompositionen des 15. u. 16. Jh., in: KmJb 48 (1964); DERS., Die Quellen der mehrst. Magnificat- u. T.-Kompositionen bis z. Mitte des 16. Jh. (Tutzing 1966) (mit umfassender Bibliogr.); DERS., Zur Kompositionstechnik der mehrst. Alternatim-T. im 15. u. 16. Jh., in: Anuario Mus. 22 (1967); E. SCHMIDT, W. Hufschmidts „Meißener T.“, in: MuK 38 (1968).

G. SCHUHMACHER

TEICHMÜLLER, Robert, * 4. 5. 1863 Braunschweig, † 6. 5. 1939 Leipzig; dt. Pianist und Musikpädagoge. Er studierte am Leipziger Konservatorium Klavier (C. Reinecke) und Theorie (S. Jadassohn), verzichtete aus gesundheitlichen Gründen auf eine Virtuosenkarriere und wirkte seit 1897 als Leiter einer Klavierklasse am Leipziger Konservatorium (1908 Professor). T. gehörte zu den namhaftesten und einflußreichsten Klavierpädagogen seiner Zeit. Er gab Klavierwerke von C. Ph. E. und J. S. Bach, W. A. Mozart, E. MacDowell, M. Reger und A. Rubinstein heraus und veröffentlichte mit Kurt Herrmann *Internationale moderne Klaviermusik. Ein Wegweiser und Berater* (L 1927; Nachtrag 1934).

Lit.: A. BARESEL, R. T. u. die Leipziger Klaviertradition (L 1934).

TEILTÖNE, Partialtöne, in der Akustik Bz. für den ↗Grundton und die dazugehörigen, mehr oder weniger stark hervortretenden ↗Obertöne eines musikalischen Tones.

TE KANAWA, Kiri, * 6. 3. 1944 Gisborne (Neuseeland); neuseeländische Sängerin (Sopran). Sie studierte bei Vera Rosza am Opera Centre in London, wurde 1969 Mitglied der New Zealand Opera Company und gastierte mit diesem Ensemble 1970 bei der Weltausstellung in Osaka. Noch im selben Jahr kam sie an den Covent Garden in London und sang seither an den bedeutenden Opernbühnen Europas. 1974 wurde sie an die Metropolitan Opera in New York verpflichtet. Zu ihren erfolgreichen Rollen, mit denen sie zu einer der führenden Vertreterinnen ihres Fachs wurde, gehören die Mozartpartien der Gräfin, Fiordiligi und Elvira.

Lit.: M. BARICHELLA, Kiri te Kanawa, in: Opéra (1975).

TELEMANN, Georg Philipp, * 14. 3. 1681 Magdeburg, † 20. 6. 1767 Hamburg; dt. Komponist. Er war der Sohn des einer Pastorenfamilie entstammenden Magdeburger Diakons Heinrich T. (1646–1685) und besuchte die Gymnasien in Magdeburg, Zellerfeld und Hildesheim. Als Instrumentist und Komponist weitgehend Autodidakt, führte er bereits 1693 in Magdeburg eine (verschollene) Oper *Sigismundus* auf. Nach instrumentaler Weiterbildung und nach Kompositionsstudien in Zellerfeld schrieb er in Hildesheim (verschollene) Musik zu Schuldramen des Gymnasialdirektors Johann Christoph Lossius und vertonte dessen *Singende Geographie.* Auch leitete er die Kirchenmusik im Kloster St. Godehard. Reisen nach Braunschweig und Hannover brachten ihn mit frz. Instrumentalmusik und mit der it. Oper in Berührung. Über Magdeburg und Halle/Saale wandte sich T. im Herbst 1701 nach Leipzig und bezog die Universität. Das begonnene Jurastudium gab er jedoch bald auf, nachdem ihn der Leipziger Rat mit der Komposition von Kantaten für die Thomaskirche (im Wechsel mit J. Kuhnau) beauftragt hatte. 1702 gründete er ein studentisches Collegium musicum, das öffentlich musizierte; im selben Jahr übernahm T. auch die Leitung der Leipziger Oper, an der er mehrere eigene Bühnenwerke herausbrachte. 1704 wurde er zum Organisten und Musikdirektor an der Neuen Kirche bestellt. Im Sommer(?) 1705 ging er als Kapellmeister an den französisch orientierten Hof des Grafen Erdmann zu Promnitz nach Sorau in Brandenburg, für den er überwiegend Orchestersuiten komponierte; bei Reisen des Hofes nach Pleß in Oberschlesien und nach Krakau lernte er die „barbarische Schönheit“ polnischer Volksmusik kennen. Unter dem Druck der Kriegsereignisse wandte sich T. im Herbst 1706 nach Eisenach und wurde Konzertmeister, später Kapelldirektor der Hofkapelle; 1709 heiratete er hier Louise Eberlin († 1711). Außer vielen Kammermusikwerken, Konzerten und weltlichen Kantaten entstanden hier die ersten Jahrgänge geistlicher Kantaten. 1712 wurde T. städtischer Musikdirektor und Kapellmeister der Barfüßer-, dann auch der Katharinenkirche in Frankfurt am Main. Neben der Komposition von Kirchenkantaten und städtischer Gelegenheitsmusik widmete er sich der Reorganisation des Collegium musicum der Gesellschaft Frauenstein, mit dem er seit 1713 öffentliche Konzerte veranstaltete und außer zahlreichen eigenen Instrumentalwerken verschiedener Besetzung sein erstes Oratorium aufführte (*Brockes Passion,* 1716). 1714 schloß er mit Katharina Textor, die ihn 1736 verließ, seine wenig glückliche zweite Ehe. Zwischen 1715 und 1718 publizierte T. 4 Sammlungen Kammermusik. 1717 wurde er vom Eisenacher, 1723 vom Bayreuther Hof gegen die Lieferung von Kompositionen zum Kapellmeister „von Haus aus" ernannt; 1716 wurde ihm vom Gothaer, 1717 vom Weimarer Hof das Hofkapellmeisteramt angeboten. Im Sommer 1721 trat T. als Musikdirektor und Kantor am Johanneum in den Dienst der Stadt Hamburg: für die 5 Hauptkirchen hatte er regelmäßig Kantaten und alljährlich eine Passion, außerdem auch Kantaten zu besonderen kirchlichen Gelegenheiten zu schreiben und daneben für traditionelle Veranstaltungen der Stadt und für politische Anlässe Festmusik zu liefern. Auch hier reorganisierte er das (um 1660 von M. Weckmann gegründete) Collegium musicum und veranstaltete mit ihm öffentliche Konzerte. Eine 1722 erfolgte Bewerbung um das Leipziger Thomaskantorat zog er noch im selben Jahr zurück. 1722–37 leitete T. die Hamburger Oper und schrieb für sie zahlreiche Bühnenwerke. Die 1715 in Frankfurt begonnene Publikation einzelner Werkserien setzte er, beginnend mit dem Kantatenjahrgang *Der Harmonische Gottes-Dienst* (1725/26), in großem Stile fort. Im Herbst 1737 unternahm er eine längere Reise nach Paris, deren großer Erfolg ihm endgültig internationalen Ruhm sicherte. Nach der Herausgabe zahlreicher, z.T. pädagogisch ausgerichteter Kammermusikwerke beendete er 1740 seine Publikationstätigkeit. Gleichzeitig ging seine kompositorische Produktion merklich zurück: Erst nach 1755 trat T. mit großen Oratorien wieder an die Öffentlichkeit. Er starb als ein hochgeehrter Mann.

WW (die Drucke teilweise mit mehreren Aufl.): **1) Instr.-WW: a)** Für Klv.: *Sept fois sept et un menuet* (H 1728); *Zweytes Sieben mal Sieben* (H 1730); *XX kleine Fugen* (H 1731); *Fantaisies pour le clavessin* (H 1733); *Fugues légères & Petits jeux* (H 1738–39); *Fugirende und verändernde Choräle* (H 1735); *VI Ouverturen nebst zween Folgesätzen* (Nü vor 1750 u. 1749). – **b)** Kammermusik ohne B.c.: *12 Fantaisies* für Fl. (H 1732–1733); *Fantaisie* für V. (H 1735); Sonaten für 2 Fl. oder V. oder Blockfl. (H 1727 u. ö.); *Canons mélodieux ou VI sonates* für 2 Fl. oder V. oder Gamben (P 1738); *Duos* (second livre) für 2 Fl. oder V. oder Ob. (P 1752); 8 Sonaten für 2 Fl. hsl. – **c)** Kammermusik mit B.c.: Sonaten (F 1715) u. Sonatinen (ebd. 1718) für V. (F 1715); *Kleine Cammer-Music bestehend aus VI Parthien* für V. oder Fl. oder Ob. (F 1716); *Sonate metodiche, Continuation des sonates méthodiques* (1728 u. 1732); *XII Solos* für V. oder Fl. (H 1728, 1732 u. 1734); 17 weitere Sonaten hsl. – Trios für verschiedene Besetzungen (F 1718); *Musique héroïque ou XII Marches* für 2 Ob. (H 1728); *III Trietti metodici* für 2 Fl. oder V. (H 1731); *Six concerts et six suites* für Cemb. u. Fl. oder verschiedene andere Besetzungen (H 1734); *Scherzi melodici (Pyrmonter Kurwoche)* für V. u. Va. (H 1734); *Sonates corellisantes* für 2 V. oder Fl. (H 1735); 82 weitere Triosonaten (hsl). – *Quadri* für V., Fl. u. Va. da gamba oder Vc. (H 1730); *Six quatuors* für 2 Fl. (oder V.) u. 2 Vc. (oder Fag.) (H 1733); *Nouveaux quatuors en six suites* für Fl., V., Gambe oder Vc. (P 1738); *Quatrième livre de quatuors* für Fl., V. u. Va. (P nach 1739); 23 weitere Quartette und 9 Quintette hsl. – **d)** Für Orch.: Erhalten sind etwa 125 (von ca. 1000?) Suiten, darunter 6 *Ouvertures à 4 ou à 6* für Str. u. Hörner ad lib. (H 1736); 7 Sinfonien; 2 Divertimenti u. ca. 120 Solokonzerte oder Gruppenkonzerte. – **e)** Sammeldrucke: *Der getreue Music-Meister* (H 1728/29) (17 Stücke aus Opern, eine Kantate, 2 Lieder u. 2 Stücke für Klv., eine Sonate für Va. da gamba ohne B.c. sowie mit B.c., 2 Triosonaten u. 2 Trios, 10 Sonaten u. 7 Stücke u. eine Triosonate, außerdem 16 Stücke v. anderen Komponisten); *Musique de table* I–III (H 1733) (darin je eine Ouvertürensuite, ein Quartett, ein Konzert, eine Triosonate, eine Solosonate mit B.c. u. ein Orch.-*Conclusion*); *Essercizi musicali overo Dodeci soli e dodici trii a diversi stromenti* (H nach 1739) (2 Klv.-Suiten, 10 Sonaten mit B.c. u. 12 Triosonaten). – **2) Vokal-WW: a)** 114 Oden u. Lieder, darunter die Slgen. *Singe-, Spiel- u. Generalbass-Übungen* (H 1733/34), *24 theils ernsthafte, theils scherzende Oden* (H 1741) u. 35 Lieder, in: J. C. Lossius, *Singende Geographie* (Hil 1708). – **b)** *Fast allgemeines Evangelisch-musicalisches Liederbuch* (H 1730); *12 geistliche Canons mit 2, 3 u. 4 Stimmen* (H 1735 oder 1736). – **c)** Etwa 1400 geistliche Kantaten, darunter die Jahrgänge *Harmonischer Gottes-Dienst* (H 1725/26), *Auszug derjenigen musicalischen und auf die gewöhnlichen Evangelien gerichteten Arien* (H 1727), *Fortsetzung des Harmonischen Gottes-Dienstes* (H 1731/32), *Musicalisches Lob Gottes* (Nü 1744) sowie ein unbetitelter Jahrgang (Hermsdorf 1748); 51 geistliche Gelegenheitskantaten hsl. – **d)** 10 „Kapitänsmusiken" (jeweils Oratorium u. weltl. Serenade) für Hamburg (hsl. 1724–63); 6 weitere Serenaden. – Weltl. Kantaten: 3 gedruckte Slgen., z.T. *Moralische Kantaten* (H 1731, 1735–36, 1736–37); zahlr. weitere (auch Werke zu politischen Gelegenheiten) hsl., darunter *die Tageszeiten* (1759) u. *Ino* (1765). – **e)** Oratorien (hsl., meist für Frankfurt; mit Angabe des Textdichters): Im Druck: *Music vom Leiden und Sterben des Welt Erlösers* (Nü 1745–49). Hsl.: *Der für die Sünde der Welt gemarterte Jesu* (1716; B. H. Brockes); *Seliges Erwägen des Leidens und Sterbens Jesu Christi* (1728; Telemann); *Die gekreutzigte Liebe oder Tränen über das Leyden und Sterben unseres Heilandes* (1731; J. U. von König); *Der Tod Jesu* (1755; K. W. Ramler); *Betrachtung der 9ten Stunde ...* (1755; J. J. D. Zimmermann); *Donnerode* (1755, 1760; J. A. Cramer); *„Sing, unsterbliche Seele"* u. *„Mirjam, deine Wehmut"* (1759; F. G. Klopstock); *Das befreite Israel* (1759; Zacharias); *Die Auferstehung und Himmelfahrt Jesu* (1760; Ramler); *Die Auferstehung* (1761; Zacharias); *Der Tag des Gerichts* 1762; Ch. W. Alers). – **f)** 20 Passionen; zahlr. Messen, dt. Psalmen, Motetten u.a. liturg. Kompositionen. – **3) Bühnen-WW:** Opern (hsl., UA in Hamburg): *Der geduldige Socrates* (1721); *Sieg der Schönheit* (1722); *Der neumodische Liebhaber Damon* (1724); *Adelheid* (1727), Arien daraus (H 1727–28, ²1733); *Pimpinone, Miriways* u. *Die Lasttragende Liebe oder Emma und Eginhard* (1728); *Flavius Bertaridus* (1729); *Don Quichotte der Löwenritter* (1761). Einzelne Arien aus weiteren Opern, in: *Der getreue Music-Meister* (s.o.). – **4) Schriften:** *Beschreibung der Augen-Orgel, so P. Castel in Paris erfunden* (H 1739); *Neues musicalisches System,* in: L. C. Mizler, Neu-eröffnete musicalische Bibliothek 3 (L 1746), N. F., in: *Unterhaltungen* 3 (H 1767).

Mit seinem umfangreichen Schaffen, das alle Gattungen zeitgenössischer Kompositionspraxis einbezieht, dürfte T. der fruchtbarste Komponist des 18. Jh. gewesen sein; die Möglichkeit freilich, sein Œuvre gänzlich übersehen zu können, ist bis heute noch nicht gegeben. – Schon als 40jähriger genoß T., wie die Subskriptionsverzeichnisse seiner *Musique de table* (1733) und der während des erfolgreichen Pariser Aufenthaltes (1737/38) entstandenen *Nouveaux quatuors* beweisen, europäischen Ruhm. Die führenden dt. Theoretiker der Jahrhundertmitte (J. Mattheson, J. A. Scheibe, J. J. Quantz, Fr. W. Marpurg) schätzten ihn weit höher als z. B. J. S. Bach, der ihnen weniger bekannt war: Für sie war T. in allen Fragen der Komposition die große anerkannte Autorität. Vereinzelt galt er auch als Mitbegründer eines neuen Abschnitts der Musikgeschichte. Seinen Kompositionsstil beschreibend, bekannte T. 1729: „Erst war es der Polnische, dann folgte der Französische, Kirchen- und Cammer- und Opern-Styl und was sich nach dem Italiänischen nennt, mit dem ich denn itzo das mehreste zu tun habe.“ Auf der Basis der Kontrapunkttechnik des dt. Barock, des Formenreichtums der frz. Suite und der vergleichsweise modernen Technik des it. Concerto erstrebte T. in fast allen von ihm verwendeten Gattungen eine „natürlich“ wirkende Musik, die nicht nur für den professionellen Musiker und zur Erfüllung traditioneller Aufgaben bestimmt war, sondern mit der er auch unmittelbar die Öffentlichkeit erreichen wollte. Speziell an diese wendete er sich mit der reorganisierenden Gründung von Collegia musica wie mit öffentlichen Konzerten. Das offizielle Amt, das er jeweils bekleidete, diente ihm, indem er dessen traditionelle Grenzen bewußt überschritt, als Ausgangspunkt für ein unmittelbares Eingreifen in das Musikleben der Öffentlichkeit: Durch T.s Wirken wurde der Musik, die bisher überwiegend ausschließlich bestimmte kirchliche, städtische oder höfische Funktion gehabt hatte, ein neuer Wirkungsraum zugewiesen und auch großenteils erschlossen. Dieser neu gewonnenen Öffentlichkeit und den Bedürfnissen des diese tragenden musikliebenden und im besten Falle auch musikausübenden Bürgertums Rechnung tragend, ist T.s Musik weitgehend geprägt von zahlreichen auf die weltoffene Sprache der Klassik vorausweisenden Details. T. ist ein Hauptvertreter der „galanten“ Schreibart. Das beginnende 19. Jh. hatte ihn vergessen, und nach der Jahrhundertmitte stand er noch bis in das 20. Jh. hinein fast gänzlich im Schatten J. S. Bachs und wurde als ein „Vielschreiber“ abgetan. Gekennzeichnet durch eine neuartige, nicht mehr dem Barock verpflichtete Klangstruktur, steht seine Musik für die Gegenwart ebenbürtig und gleichrangig neben der Musik J. S. Bachs und G. Fr. Händels.

Ausg.: G. Ph. T., *Musikalische Werke* (Kas 1944ff.), bisher sind erschienen 1: *12 Methodische Sonaten;* 2–5: *Der Harmonische Gottes-Dienst;* 6–8: 24 Fantasien, 3 Konzerte, 24 Duosonaten ohne B.c.; 9: 6 Triosuiten; 10: 6 Orch.-Ouverturen; 11: 6 Konzerte für Fl. u. konzertierendes Cemb.; 12–14: *Musique de table;* 15: *Lukas-Passion 1728;* 18/19: 12 Pariser Flötenquartette; 20: *Der geduldige Socrates;* 21: *Der neumodische Liebhaber Damon;* 22: *Das befreite Israel* u. *Donnerode;* 23: 12 V.-Konzerte; 24: *Pyrmonter Kurwoche* u. *Corellisierende Sonaten;* 25: 6 Quartette oder Trios. – Einzel-Ausg.: **1) Instr.-WW:** *Fantaisies pour le clavessin, 3 Douzaines,* hrsg. v. M. SEIFFERT (B 1923, Kas [3]1936, NY 1945). – 6 Sonaten für 2 Fl. oder V. ohne B.c. (1727), 2 Bde., hrsg. v. F. RIKKO (NY 1944); 6 Triosonaten, hrsg. v. W. KOLNEDER (Mz 1958); 12 Fl.-Sonaten, hrsg. v. G. HAUSSWALD (Kas o.J.); Corellisierende Sonaten für 2 V. oder Fl. u. B.c., hrsg. v. A. HOFFMANN, 2 H.e (Kas 1975) (= Nagels MA 248–249). – V.-Konzert F-Dur aus der *Tafelmusik,* in: Instrumentalkonzerte dt. Meister, hrsg. v. A. SCHERING (L 1907) (= DDT 29/30); *Musique de table,* hrsg. v. M. SEIFFERT (L 1927) (= ebd. 61/62); Konzert B-Dur für 2 Fl., 2 Ob., V., Vc., Kb. u. B.c., in: Gruppenkonzerte der Bachzeit, hrsg. v. W. KRÜGER (L 1939) (= EDM, RD 11); Konzert a-moll (= Ouvertüre zu *Emma u. Eginhard*), hrsg. v. H. CH. WOLFF (Kas o.J.) (= Hortus Mus. 32); Ouvertüre D-Dur u. tragikomische Suite, hrsg. v. W. HOBOHM (Wie 1981); Konzert c-moll für Ob. u. V., hrsg. v. K. BECKMANN (ebd.). – **2) Vokal-WW:** *Singe-, Spiel- u. Generalbaßübungen,* hrsg. v. M. SEIFFERT (B 1914, Kas [3]1935); 24 Oden (1741), hrsg. v. W. KRABBE – J. KROMOLICKI (L 1917) (= DDT 57); Lieder u. Arien aus *Der getreue Musikmeister* (1728), hrsg. v. D. DEGEN (Kas 1951) (= Hortus Mus. 13). – Motette *Werfet Panier auf,* in: Thüringische Motetten der ersten Hälfte des 18. Jh., hrsg. v. M. SEIFFERT (L 1915) (= DDT 49/50). – Singgedicht *Der Tag des Gerichts* u. die Kantate *Ino,* hrsg. v. M. SCHNEIDER (L 1907) (= DDT 28) (mit Autobiographien T.s); *Die Tageszeiten,* hrsg. v. A. HEILMANN (Kas 1934); Weihnachtskantate *Lobt Gott, ihr Christen, allzugleich,* hrsg. v. A. ADRIO (B 1946); Schulmeisterkantate, hrsg. v. F. STEIN (Kas 1951); Weihnachtskantate *In dulci jubilo,* hrsg. v. DEMS. (B 1957); Kanarienvogelkantate, hrsg. v. W. MENKE (Kas 1952); Kleines Magnificat, hrsg. v. E. PACCAGNELLA (R 1958); *Singende Geographie,* hrsg. v. A. HOFFMANN (Wb 1960). – **3) Bühnen-WW:** *Pimpinone* (1725), hrsg. v. TH. W. WERNER (Mz 1936) (= EDM, RD 6, Abt. IV/1).

Lit.: **1) Dokumente, Briefwechsel, Biographien u. umfassende Darstellungen:** Selbstbiographien dt. Musiker des XVIII. Jh., hrsg. v. W. KAHL (Kö 1948, Nachdr. A 1970); Beitr. zu einem neuen Telemannbild, hrsg. v. G. FLEISCHHAUER – G. LANGE (Magdeburg 1963) (mit Ausw.-Verz. des T.-Schrifttums v. W. Hobohm); Magdeburger T.-Stud. (ebd. 1966ff.); G. Ph. T. Ein bedeutender Meister der Aufklärungsepoche, 2 Teile, hrsg. v. G. FLEISCHHAUER – W. SIEGMUND-SCHULTZE (ebd. 1969) (= Konferenzber. der 3. Magdeburger T.-Festtage 1967); M. RUHNKE, Beziehungen zw. dem Leben u. dem Schaffen G. Ph. T.s, in: ebd.; K. GREBE, G. Ph. T. in Selbstzeugnissen u. Bilddokumenten (Reinbek 1970); J. ALLIHN, G. Ph. T. u. J. J. Quantz (Magdeburg 1971); G. Ph. T., Briefwechsel, hrsg. v. H. GROSSE – R. JUNG (L 1972); Musikal. Erbe u. Gegenwart. Musiker-GA in der Bundesrepublik Deutschland, hrsg. v. H. BENNWITZ u.a. (Kas 1972); G. FLEISCHHAUER, T. u. Klopstock, in: T. u. seine Dichter (Magdeburg 1978); E. THOM, T. u. Praetorius, in: ebd.; C. OEFNER, T. in Eisenach, in: Eisenacher Schriften z. Heimatkunde 8 (Eisenach 1980); G. Ph. T. Singen ist das Fundament z. Music in allen Dingen. Eine Dokumentenslg., hrsg. v. W. RACKWITZ (L 1981). – **2) Stud. zu Werkgruppen u. den einzelnen Werken:** M. SEIFFERT, G. Ph. T., „Musique de table“ (L 1927) (= Beih.e zu DDT 2); W. MENKE, Das Vokalwerk G. Ph. T.s (Kas 1942) (= Erlanger Beitr. z. Musikwiss. 3); W. BRAUN, B. H. Brokkes' „Irdische Vergnügungen in Gott“ in den Vertonungen G. Ph. T.s u. G. Fr. Händels, in: Händel-Jb. 7 (1955); E. VALENTIN, T. in seiner Zeit (H 1960) (= Veröff. der Hamburger T.-Ges. 1); G. GODEHART, T.s „Messias“, in: Mf 14 (1961); M. RUHNKE, T. im Schatten v. Bach?, in: Gedenkschrift H. Albrecht (Kas 1962); G. FLEISCHHAUER, Die Musik G. Ph. T.s im Urteil seiner Zeit, in: Händel-Jb. 13/14 (1967/68) – 15/16 (1969/70); W. MAERTENS, G. Ph. T.s Hamburger „Kapitänsmusiken“, in: FS W.

Wiora (Kas 1967); R. PETZOLDT, G. Ph. T. (L 1967, NY 1974); G. VON DADELSEN, T. u. die sog. Barockmusik, in: Musik u. Verlag. FS K. Vötterle (Kas 1968); L. FINSCHER, Corelli u. die „corellisierenden" Sonaten T.s, in: Studi Corelliani. Kgr.-Ber. Fusignano 1968; A. HOFFMANN, Die Orchestersuiten G. Ph. T.s TWV 55 (Wb 1969) (mit thematisch-bibliogr. Werk-Verz.); S. KROSS, Das Instrumentalkonzert bei G. Ph. T. (Tutzing 1969) (mit thematischem Verz.); H. CH. WOLFF, Das Tempo bei T., in: BzMw 11 (1969); L. FÜREDI – D. VULPE, T. (Bukarest 1971); W. RACKWITZ, G. Ph. T.s Stellung in der Epoche der Aufklärung, in: Händel-Jb. 17 (1971); M. A. PECKHAM, The Operas of G. Ph. T. (1972) (= Diss. Columbia Univ.); H. FREDERICHS, Das Verhältnis v. Text u. Musik in den Brockespassionen Keisers, Händels, T.s u. Matthesons (Mn 1975); B. BASELT, G. Ph. T.s Serenade „Don Quichotte auf der Hochzeit des Comacho", in: HJbMw 3 (1978); M. RUHNKE, T., in: Grove[6] XVIII; W. MENKE, Themat. Verz. der Vokalwerke v. G. Ph. T., 2 Bde. (F 1982–83); M. RUHNKE, T. Themat.-System. Verz. seiner Werke. T.-Werkverz. (TWW) (Kas usw. 1984) W. PFANNKUCH

TELEPHON, DAS *(The Telephone)*, Opera buffa in einem Akt von G. C. Menotti, Text vom Komponisten. Ort u. Zeit der Handlung: Lucys Wohnung, Gegenwart. UA: 18. 2. 1947 New York (Heckscher Theater); dt. EA (in dt. Sprache): 20. 1. 1952 Hamburg.
Der witzige Einakter wurde für die New Yorker Ballet Society geschrieben und erlebte (als heiteres Gegenstück) seine erfolgreiche UA zusammen mit der ein Jahr älteren, schaurig-unheimlichen Menotti-Oper *The Medium.* Mit sparsamsten Mitteln (instrumentatorisch, personell, satztechnisch) erzielt Menotti den größtmöglichen Effekt – mehr als das mit einem einzigen Einfall auskommende Libretto erwarten läßt: Ein junger Mann, Ben, versucht, seiner ständig telephonierenden Geliebten Lucy einen Heiratsantrag zu machen. Als es ihm nicht gelingt, zu Wort zu kommen, versucht er es per Telephon – und hat Erfolg. Dem ernsten Problem der Kommunikationslosigkeit in einer hochtechnisierten Welt weicht Menotti im Grunde aus. Seine Musik bleibt auf der einmal gewählten Stilebene der Parlando-Oper nach it. Vorbild, so daß dem Zuschauer stets die Möglichkeit offengehalten wird, das Werk als kleines Unterhaltungspektakel zu goutieren. Der außerordentliche Erfolg bestätigte Menottis Konzept. In einer dt. Fernsehverfilmung spielten Anja Silja und Eberhard Wächter die beiden Rollen. R. QUANDT

TEMPELBLOCK (engl.: temple, Chinese oder Korean block), Bz. für ein aus Ostasien stammendes Aufschlag-↗Idiophon aus einem ausgehöhlten Kampferholzblock in Form eines stilisierten Fischkopfes mit einem Schlitz an der Vorderseite als Fischmaul. Die nach hinten abgeflachte Holzkugel endet in einem Griff, mit dem der T. an einem Spezialständer befestigt wird. An diesem Ständer befinden sich in der Regel 4–5 verschieden große, annähernd gestimmte T.s, die mit Holzschlegeln oder solchen, deren Köpfe mit Gummi oder Filz überzogen sind, angeschlagen werden. Den Namen T. erhielt das Instrument wegen seiner Verwendung in ostasiatischen Tempeln. Der T. wurde zu Beginn des 20. Jh. zuerst durch Jazzbands bekannt und ist seit den 20er Jahren Bestandteil vieler Tanz- und Unterhaltungsorchester. Er hat einen schönen, runden und vollen Klang und sollte, wenn er gefordert wird, nicht durch den ↗Holzblock ersetzt werden, dessen Klang scharf und spitz ist. Vorgeschrieben werden T.s u.a. von A. Berg *(Lulu)*, B. Britten *(Let's Make an Opera)*, A. Copland *(Music for a Great City)*, L. Foss *(Time Cycle)* und A. Ginastera (Violinkonzert).
M. BRÖCKER

TEMPERATUR im musikalischen Sinn bedeutet Ausgleich zwischen den Intervallen einer ↗Stimmung. Die Prinzipien der pythagoreischen, der mitteltönigen und der reinen Stimmung lassen jeweils verschiedene Realisierungen zu, die insbesondere auch problematische Intervalle durch Ausgleich reiner machen. Somit haben Temperaturen den Charakter nicht theoretisch zu begründender praxisnaher Kompromisse und nicht grundsätzlicher Systeme. Dabei ist zu berücksichtigen, daß jede Einstimmung eines Instruments gewisse Ungenauigkeiten gegenüber der intendierten T. aufweist, so daß eine theoretisch formulierte T. nicht voll identisch ist mit der Stimmpraxis. So können sich verschiedene T.en in der Praxis weitgehend gleichen. Die heute übliche sog. gleichschwebende T. hat eine nach ihrer Einführung auch theoretisch durch die Theorie der Zwölftonmusik begründete Eigenständigkeit erreicht, so daß sie ebenso als Stimmung bezeichnet werden könnte. Die historische Einführung sowie die akustisch-systematische Einordnung rechtfertigen aber auch die Bezeichnung als Temperatur. – Die Systematik der T.en deckt sich nicht ohne weiteres mit ihrer historischen Verwendung. Der folgende kurze historische Überblick wird durch die Tabelle der wichtigsten T.en bzw. Stimmungen ergänzt. Für die praktische Einstimmung mit elektronischen Stimmgeräten sind die Centwerte genannt; sie können als Abweichung von der gleichschwebenden Temperatur leicht eingestimmt werden. In der mitteltönigen Stimmung (P. Aaron 1523 u.a.) ist das Intervall GIS/AS – ES unbrauchbar (Wolfsquinte). A. Schlick (1511), M. Praetorius (1619), M. Mersenne (1648) u.a. haben T.en zur Verteilung dieses Quintenfehlers auf mehrere Intervalle gemacht. Auch die Kirnberger-III-T. ist zumindest als Mischform teilweise mitteltönig (s.u.). Die T.en des Barock, von denen es eine relativ große Anzahl gibt, unterscheiden sich in 2 wesentlichen Punkten von der mitteltönigen Stimmung: sie versuchen sowohl Terzen als auch Quinten möglichst rein zu stimmen, und dies nicht nur in dem Tonartenbereich um C-Dur, sondern auch in den Tonarten bis mindestens 4 Vorzeichen. Dabei erhält jede Tonart einen typischen Reinheits- bzw. Unreinheitscharakter, der zugleich zu einer Tonartencharakteristik führt, eine Tatsache, die mit Einführung der sog. gleichschwebenden T. hinfällig wird. Von besonderem Interesse für die historische Aufführungspraxis der Musik des Barock sind zwei historische und zwei in unserer Zeit vorgeschlagene T.en: Die sog. Werckmeister-III-T. (1691) teilt den Fehlbetrag der pythagoreischen Wolfsquinte auf 4 Quinten auf; die übrigen Quinten sind rein. Bis zu 3 Vorzeichen sind die Tonarten relativ rein, besonders unter Berücksichtigung der Terzen.

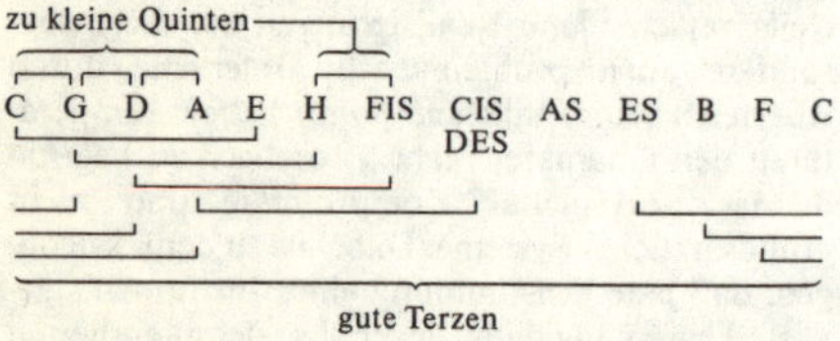

Die sog. Kirnberger-III-T. ist in ihrem Ansatz eher mitteltönig, gehört aber dennoch zu den wichtigsten T.en des Barock. Sie gewährleistet große Reinheit der Tonarten um C-Dur, macht aber alle anderen Tonarten spielbar bei unterschiedlichen Tonartencharakteristiken.

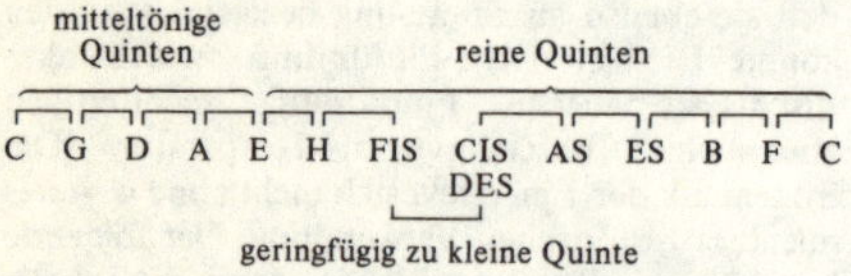

Die von J. S. Bach bevorzugte T. kann nicht mit Sicherheit angegeben werden. Neben der Kirnberger-III-T. gibt es 2 Vorschläge aus neuerer Zeit: H. A. Kellner macht einen Vorschlag aus dem Geiste der Musikanschauung des Barock, J. Barnes legt statistische Untersuchungen am *Wohltemperierten Clavier* von J. S. Bach zugrunde. – Die sog. gleichschwebende T. unterscheidet sich im Grunde radikal von den genannten T.en, weil sie nur eine Art von Quinten, Terzen usw. kennt und damit alle Tonarten in ihrer Stimmungsreinheit identisch macht, eine Tonartencharakteristik gibt es hier nicht mehr; sie ermöglicht andererseits beliebige Modulationen und eröffnet so neue Spannungsfelder der Musik. Sie leitet sich – systematisch betrachtet – als T. der pythagoreischen Stimmung ab, indem sie den Fehler der Wolfsquinte auf alle 12 Quinten verteilt; es gibt keine schlechten Intervalle in dieser T., aber auch keine wirklich reinen Intervalle. Gleiche Intervalle sind nicht gleichschwebend, wie der Name der T. fälschlicherweise sagt; die Anzahl der Schwebungen hängt vielmehr von der Tonhöhenlage des Intervalls ab. Diese T. wurde bereits im 16. Jh. bei der Laute praktisch verwendet und auch theoretisch annähernd genau beschrieben (G. M. Lanfranco, V. Galilei). Sie begann sich im 18. Jh. durchzusetzen.

Temperatur / Ton	Praetorius (1619)	Werckmeister III (1691)	Kirnberger III (1779)	Barnes (1977)	Kellner (1977)	gleichschwebende Temperatur
C	10	12	10	6	8	0
CIS	86	102	100	100	98	100
D	203	204	203	202	203	200
ES	321	306	304	304	302	300
E	397	402	397	398	397	400
F	514	510	508	508	506	500
FIS	590	600	601	598	596	600
G	707	708	707	704	705	700
AS	783	804	802	802	800	800
A	900	900	900	900	900	900
B	1017	1008	1006	1006	1004	1000
H	1093	1104	1099	1100	1099	1100

Centwerte der verschiedenen T.en, bezogen auf a' (440 Hz) entsprechend 900 Cent. Bei tiefer Stimmung a' (415 Hz) sind von den Werten 101 Cent abzuziehen (H. J. Schugk, 1980).

Lit.: F. ERNST, Über das Stimmen v. Cemb., Spinett, Clavichord u. Klv. (F 1977); H. A. KELLNER, Eine Rekonstruktion der wohltemperierten Stimmung v. J. S. Bach, in: Das Musikinstrument 26 (1977); J. BARNES, Bach's Keyboard Temperament, in: Early Music 7 (1979); B. BILLETER, Anweisung z. Stimmen v. Tasteninstr. in verschiedenen T.en (B 1979); H. A. KELLNER, Wie stimme ich selbst mein Cemb.? (F 1979); H. J. SCHUGK, Praxis barocker Stimmungen (B 1980).
M. DICKREITER

TEMPERIERTE STIMMUNG, im engeren Sinne und im heutigen allgemeinen Sprachgebrauch die sog. gleichschwebend temperierte ↗Stimmung oder gleichschwebende ↗Temperatur, die aber nur eine der vielen vorgeschlagenen und realisierten Temperaturen darstellt.

TEMPLER UND DIE JÜDIN, DER, Romantische Oper in 3 Akten von H. Marschner, Text von Wilhelm August Wohlbrück nach W. Scotts Roman *Ivanhoe* (1820). Ort u. Zeit der Handlung: Grafschaft York, 1194. UA: 22. 12. 1829 Leipzig. Das Libretto stellt eine geschickte Straffung der in Scotts Roman erzählten Handlung unter Hervorkehrung des von Haß und Abscheu einerseits und glühendem Begehren anderseits geprägten Verhältnisses zwischen der Jüdin Rebecca und dem Tempelritter Bois-Guilbert dar. Die verwickelte Fabel ist durch frei erfundene typische Einlagen komischer und poetisch-sentimentaler Art aufgelockert. Marschner gelang mit teilweise drastischen Mitteln die treffende musikalische Charakterisierung der handelnden Figuren. Der für seine Opern kennzeichnende deklamatorische Stil, in variabel gestalteten rezitativischen Passagen text- und situationsadäquat eingesetzt, findet sich häufiger verwendet als in *Vampyr* und der späteren Oper *Hans Heiling* und prägt über weite Strecken die musikalische Faktur des Werkes. Die in der ersten Fassung als störend empfundenen überlangen Sprechdialoge hat Marschner später als Rezitative nachkomponiert. – Ivanhoes Romanze *Wer ist der Ritter hochgeehrt* (3. Akt), nach einem alten schottischen Schlachtgesang komponiert, erlangte einen hohen Bekanntheitsgrad. J. SCHLÄDER

TEMPO (it., = Zeit; Plur.: tempi), Bz. für das (bei notierter Musik meist auf einen bestimmten Notenwert bezogene) Grundzeitmaß eines Musikstücks. – Immer standen T. und auch Dauer in direkter Abhängigkeit zum formalen und funktionalen Rahmen von Musik; so bestimmte sich z.B. das T. bei einem Ruderlied an der Funktion, beim Trauergesang an der Stimmung oder bei unterschiedlichen Tanzformen an der jeweiligen Gattung. Daß schon lange vor der exakten schriftlichen Fixierung der relativen Dauer von Notenzeitwerten in der Musica mensurata schnellere oder langsamere Ausführung z.B. von Choralgesängen üblich und angebracht war, belegen die seit dem 10. Jh. nachweisbaren T.-Bezeichnungen im Zusammenhang mit rhythmisch sonst kaum gebundener Neumennotation: *c* für „celeriter" (schnell), *m* für „mediocriter" (mittleres T., mäßig) und *t* für „tarde" (langsam). Es läßt sich zwar nicht mit Sicherheit sagen, ob mit den Mensurzeichen, aus denen sich im 17. Jh. die Taktzeichen entwickelten, neben dem rhythmisch-metrischen Verhältnis der verschiedenen Notenwerte zueinander auch schon in gewissem Rahmen das absolute T. (der „Zählzeit") geregelt war, jedoch finden sich in den Musiktraktaten des 13.–16. Jh. immerhin recht häufig Zuordnungen der verschiedenen Notenwerte zu den ihnen entsprechenden Tempi. So parallelisiert z.B. N. Vicentino (*L'antica musica,* 1555) folgendermaßen: 𝆷 moto tardissimo (in sehr langsamer Bewegung); 𝆷 tardo (langsam); 𝆸 naturale, non sarà ne presto ne tardo (normal, weder schnell noch langsam); 𝆹 mediocre (mittleres T.); 𝆹𝅥 più mediocre (mehr als mittleres Tempo); 𝆺𝅥 presto (schnell); 𝆺𝅥𝅮 veloce (geschwind); 𝆺𝅥𝅯 velocissimo (sehr geschwind). Aus solchen und ähnlichen Anfängen entwickelten sich um 1600 regelrechte T.-Vorschriften, die dem einzelnen Musikstück vorangestellt wurden und die zum großen Teil noch heute gebräuchlich sind. Seit ihrem ersten Auftreten in der it. Musik des frühen 17. Jh. gelten diese Satzüberschriften nicht bloß dem T., sondern auch dem Charakter des jeweiligen Stücks: Mit der Bz. von Thema, Gattung oder Stimmung wird ein T.-Rahmen festgelegt, oder aber es wird durch einen allgemeinen Hinweis auf das zu wählende T. der Charakter des Satzes näher bestimmt. So bezeichnen Adagio (gemächlich) oder Allegro (lustig, munter) den musikalischen Charakter direkt und nur indirekt ein T., dagegen Lento (langsam) und Presto (schnell) nicht nur Tempi, sondern indirekt auch Stimmungen. Dieser enge Zusammenhang zwischen T.-Angabe und charakterisierender Überschrift, wie er sich durch die Jahrhunderte in T.-Bezeichnungen wie Largo e dolce, Adagio molto e mesto, Allegro bizarro oder Allegretto piacevole spiegelt, fand seinen Ausdruck vom Anfang an auch in den landessprachigen Satzbezeichnungen, wie sie schon früh einige Komponisten bevorzugten: geschwinde (C. Farina, 1627), langsam (H. Schütz, 1629) oder doucement, avec discrétion (J. J. Froberger, 1650). R. Schumann, der im 19. Jh. auf diese Tradition zurückgriff, wählte nicht selten das Mittel der Übersetzung traditioneller italienischer Satzbezeichnungen (z.B.: schnell, mit Feuer; mit Energie und Leidenschaft; langsam, mit inniger Empfindung; mit Humor). – Ein ebenso natürlicher Zusammenhang wie zwischen T. und Stimmung besteht auch zwischen T. und manchen Gattungen oder Formen: meist genügt die Angabe eines in seiner Schrittfolge bekannten Tanzes, um das T. weitgehend zu bestimmen: T. di gavotta, T. di menuetto, Walzertempo usw. Auch der Hinweis auf andere körperliche Bewegungsformen findet sich oft: Andante, T. di marcia, Alla marcia funebre, Langsam wie ein Kondukt u.ä. – Mit der

Erfindung und Popularisierung des ↗Metronoms ergab sich einerseits die Möglichkeit der exakten T.-Bestimmung. Andererseits hatten die Komponisten schon immer vor allzu mechanischer Takt- und T.-Auffassung gewarnt: in Cl. Monteverdis 8. Madrigalbuch (1638) heißt es, man solle nach dem T. der Empfindungen der Seele und nicht nach dem der (dirigierenden) Hand singen („a tempo dell'affetto del anima, e non a quello della mano"), und C. Ph. E. Bach formuliert in seinem *Versuch über die wahre Art, das Klavier zu spielen* (1753): „Der Grad der Bewegung läßt sich sowohl nach dem Inhalt des Stückes überhaupt, den man durch gewisse italiänische Kunst-Wörter anzuzeigen pflegt, als besonders aus den geschwindesten Noten und Figuren darinnen beurteilen. Bei dieser Unterscheidung wird man sich in den Stand setzen, weder im Allegro übereilend, noch im Adagio zu schläfrig zu werden" (Bd. I, 3. Hauptstück, § 10; Orig.-Ausg. S. 107). Da im 19. Jh. das Mittel der T.-Modifikation (ritardando, rallentando, meno allegro, meno mosso, accelerando, stringendo, più allegro, più presto u.ä.) so gebräuchlich war, daß z.B. Fr. Liszt von „leisen crescendi und diminuendi des Rhythmus" sprechen konnte, ist es verständlich, daß sich viele Komponisten so dezidiert gegen den Gebrauch des Metronoms aussprechen wie z.B. C. M. von Weber: „Der Takt (Tempo) soll nicht ein tyrannisch hemmender oder treibender Mühlenhammer sein, sondern dem Musikstück das, was Pulsschlag dem Leben des Menschen ist. Es gibt kein langsames T., in dem nicht Stellen vorkämen, die eine raschere Bewegung forderten, um das Gefühl des Schleppenden zu verhindern. Es gibt kein Presto, das nicht ebenso im Gegensatz den ruhigen Vortrag mancher Stellen verlangte." Auch J. Brahms äußerte sich ähnlich ablehnend gegen den Gebrauch des Metronoms. – Im 20. Jh. tritt mit dem Verfall der musikalischen Gattungen auch die Bedeutung der traditionellen T.-Bezeichnungen zurück. Einerseits geht die Entwicklung in z.B. der seriellen oder der elektronischen Musik auf exakte Dauern (in sec) zu, ohne daß von einem durchgängigen Grundzeitmaß gesprochen werden kann, und andererseits ist in der aleatorischen Musik das Extrem der zeitlich gar nicht mehr gebundenen Notation erreicht. Im Grunde handelt es sich bei diesen beiden Extremen um die Verschärfung des Gegensatzes zwischen rhythmisch-metrisch strikt gebundener und tempofreier Musik, wie er immer schon bestanden hat und in Bezeichnungen wie „à discrétion", „freies Tempo", „senza tempo", „liberamente" bzw. „tempo primo", „a tempo", „in tempo" auch immer seinen Ausdruck fand.

Lit.: R. KOLISCH, T. and Character in Beethoven's Music, in: MQ 29 (1943); R. ELVERS, Unters. zu den Tempi in Mozarts Instrumentalmusik (Diss. B 1952); W. GERSTENBERG, Die Zeitmaße u. ihre Ordnungen in Bachs Musik (Einbeck 1952); C. SACHS, Rhythm and T. (NY 1953); W. GURLITT, Form in der Musik als Zeitgestaltung (Wie 1955) (= Abh.en der Geistes- u. Sozialwiss. Klasse der Akad. der Wiss. u. der Lit. Mainz 13); F. J. MACHATIUS, Die Tempocharaktere, in: Kgr.-Ber. Köln 1958 (Kas 1959); I. HERRMANN-BENGEN, T.bezeichnungen. Ursprung u. Wandel im 17. u. 18. Jh. (Tutzing 1959) (= Münchner Veröff. z. Musikgesch. 1); E. BARTHE, Takt u. T. (H 1960); C. DAHLHAUS, Zur Entwicklung des modernen Taktsystems, in: AfMw 18 (1960); S. GULLO, Das T. in der Musik des 13. u. 14. Jh. (Be 1964) (= Publikationen der Schweizerischen musikforschenden Ges. I, 10); H. CH. WOLFF, Das T. bei Telemann, in: BzMw 9 (1969); J. A. BANK, Tactus, T. and Notation in Mensural Music from the 13th to the 17th Century (A 1972); R. LEIBOWITZ, T. and Character in the Music of Verdi, in: 3° Congresso int. di Studi Verdiani (Mi 1972); CH. WAGNER, Experimentelle Unters. über das T., in: ÖMZ 29 (1974); W. S. NEWMAN, Freedom of T. in Schubert's Instrumental Music, in: MQ 61 (1975); DERS., Das T. in Beethovens Instrumentalmusik. Tempowahl u. Tempoflexibilität, in: Mf 33 (1980).

R. CADENBACH

TEMPO RUBATO (it., = gestohlene Zeit), Bz. für die musikalische Vortragsart, bei der der Ausführende das Mittel der Temposchwankung nach eigenem Ermessen einsetzt, um den Ausdruck zu modifizieren. Genaugenommen besteht ein prinzipieller Unterschied zwischen einer tempofreien Vortragsweise (z.B. von vielen Toccaten, Fantasien oder Praeludien), die mit „liberamente" oder „con discrezione" (G. Frescobaldi, J. J. Froberger) bezeichnet wird, und dem T. im strengen Sinn, das nämlich den Temporahmen und das Grundzeitmaß unverändert festhält und nur innerhalb desselben die Verteilung der rhythmischen Werte modifiziert. Auf diese Weise ist es den ↗Notes inégales vergleichbar, bei denen ebenfalls gleichmäßig notierte Tonfolgen ungleichmäßig auszuführen sind (z.B. bei L. Couperin). Zwar tritt die ausdrückliche Vortragsbezeichnung Rubato oder T. im Notentext erst seit dem 19. Jh. auf (z.B. bei Fr. Chopin, der für sein T.-Spiel berühmt war), jedoch ist der Ausdruck schon seit 1723 belegt (z.B. bei P. Fr. Tosi). – W. A. Mozart beschreibt in einem Brief an seinen Vater (23.–25. 10. 1777) anschaulich Technik und Effekt des Rubatospiels: „daß ich immer accurat im tact bleybe, über das verwundern sie sich alle. Das Tempo rubato in einem Adagio, daß die lincke hand nichts darum weiß, können sie gar nicht begreifen."

Lit.: L. KAMIENSKY, Zum T., in: AfMw 1 (1918/19); B. BRUCK, Wandlungen des Begriffs T. (Diss. Erl 1928); J. B. MCEWEN, T. (Lo 1928); A. A. JOHNSON, Rubato (Lo 1931); A. KREUTZ, Das T. bei Chopin, in: Das Musikleben 2 (1949); H. H. EGGEBRECHT, Stud. zur musikal. Terminologie (Wie ²1968); M. YESTON, Rubato and the Middleground, in: JMTh 19 (1975).

R. CADENBACH

TEMPUS (lat., = Zeit). – **1)** Seit der Antike

als metrischer Terminus Bz. für die Quantität (↗Prosodie, ↗Metrum, ↗Vers). – **2)** Als Terminus der ↗Musica mensurabilis im 13. Jh. zunächst Bz. für den kleinsten Zeitwert der rhythmisch geregelten Musik. Dieser wird bestimmt durch die Brevis recta, die den 3. Teil einer Perfektion darstellt. Seitdem die ↗Semibrevis, die noch bei Johannes de Garlandia als Sonderform der Brevis, d.h. als ihr halber Wert (■ = ◆◆; ♩ = ♪♪), angesehen wurde, durch Franco von Köln als selbständiger Notenwert in das System der Mensuralnotation aufgenommen worden ist, bezeichnet T. auch die Dauer der Brevis und das Verhältnis von Brevis zu Semibrevis, ähnlich wie Prolatio das Verhältnis von Semibrevis zu Minima. T. perfectum liegt vor, wenn die Brevis in 3, T. imperfectum, wenn sie nur in 2 Semibreven unterteilt wird (also ■ = ◆◆◆ bzw. ■ = ◆◆). Seit dem 14. Jh., vor allem unter dem Einfluß von Johannes de Muris, bedeutet T. bis zum 17. Jh. den Mensurgrad der Notenwerte Brevis und Semibrevis, d.h. deren Verhältnis zueinander (3:1 im T. perfectum, 2:1 im T. imperfectum). Als Mensurzeichen des T. gelten O für T. perfectum, C für T. imperfectum bzw. ¢ für Tempus perfectum diminutum. Während der Kreis im 17. Jh. durch die Vorzeichnung $\frac{3}{1}$ ersetzt wurde, entwickelten sich aus den beiden anderen Zeichen die modernen Taktvorzeichnungen für den 4/4- und ↗Alla breve-Takt. – ↗Notenschrift.

Lit.: **Zu 2):** R. BOCKHOLDT, Semibrevis minima u. Prolatio temporis, in: Mf 16 (1963). – Vgl. auch Ausg. u. Lit. zu den genannten Theoretikern. B. R. SUCHLA

TENDUCCI, Giusto Ferdinando, * um 1735 Siena, † 25. 1. 1790 Genua; it. Sänger (Kastrat) und Komponist. Er debütierte 1756 in Venedig und ging 1758 nach London, wo er um 1764 W. A. Mozart und J. Chr. Bach kennenlernte. T. erzielte große Erfolge in London und Dublin, mußte jedoch 1776 England wegen Schulden verlassen. 1778 kam er nach Paris, 1779 wieder nach London, wo er 1780 am Drury Lane Theatre engagiert wurde. Seit 1784 leitete er in Westminster die Händel-Festivals. T. war wegen seiner sängerischen Virtuosität und seiner Darstellungskunst, aber auch als Lehrer, Dirigent und Komponist (einiger Songs und Cembalostücke) angesehen.

Lit.: A. HERIOT, The Castrati in Opera (Lo 1956); C. B. OLDMAN, Mozart's Scene for T., in: ML 42 (1961).

TENEBRAE (lat. = Finsternis; Kurzform von matutina tenebrarum), seit dem MA Bz. für die Matutinen des Offiziums der drei letzten Kartage (sie wurden gewöhnlich nach Auslöschen der Kerzen in völliger Dunkelheit beschlossen). Musikgeschichtlich bedeutsam wurden sie deswegen, weil sie der liturgische Ort der ↗Lamentationen (die frz. auch Leçons de ténèbres heißen) und des ↗Miserere sind.

TENNSTEDT, Klaus, * 6. 6. 1926 Merseburg a. d. Saale; dt. Dirigent. Er war nach seinem Studium an der Leipziger Musikhochschule (1942–45) an den Städtischen Bühnen in Halle/Saale 1948–51 1. Konzertmeister und 1951–54 2. Kapellmeister. 1954–58 wirkte er als 1. Kapellmeister an den Städtischen Bühnen in Karl-Marx-Stadt (Chemnitz), 1958–62 in Dresden und 1962–70 in Schwerin als GMD. Nach einer einjährigen Tätigkeit an der Komischen Oper Berlin wurde T. 1972 GMD in Kiel, 1979 Chefdirigent des NDR-Sinfonie-Orchesters Hamburg. 1974 schloß er einen Vertrag mit dem Toronto Symphony Orchestra. Mit Wirkung von 1983 wurde er als Chefdirigent an das London Philharmonic Orchestra berufen.

TENOR (von lat. tenere = halten, tragen). – **1)** In der Psalmodie Bz. für den Ton, auf dem die Psalmverse rezitiert werden (auch Rezitationston und Tuba genannt). Der T. ist in den einzelnen ↗Psalmtönen verschieden. – **2)** In der Lehre von den ↗Kirchentönen Bz. für diejenige Tonstufe, die zusammen mit der ↗Finalis für die einzelnen Modi konstituierend ist. Der Zusammenhang zwischen den Psalmtönen und den Kirchentönen ist derart, daß die jeweiligen T.es gleich sind, und zwar in der folgenden Zuordnung: 1. Ton: a; 2. Ton: f; 3. Ton: c; 4. Ton: a; 5. Ton: c; 6. Ton: a; 7. Ton: d; 8. Ton: c. – **3)** Seit dem 13. Jh. Bz. zunächst für die aus dem Choral entnommene tiefste Stimme im ↗Organum, ↗Discantus bzw. Clausula (↗Klausel 2), und in der ↗Motette der Notre-Dame-Epoche. Diese Verwendung des Terminus, der die ältere Bz. vox principalis ablöst, entspricht der zeitgenössischen Auffassung, daß der T. die übrigen Stimmen gleichsam als Fundament „trägt". Das solchermaßen ursprünglich doppelte Wesen des T.s – seine Präexistenz und seine tragende Funktion im Stimmenverband – führt dazu, daß man für die Folgezeit zwei Bedeutungen unterscheiden muß: a) T. als vorgegebene Melodie (Choral, Chanson, Lied) im mehrstimmigen Satz; in diesem Sinn bestimmt der T. die Struktur der frühen Motette (↗Pes) und ist konstituierend für die sog. Tenormesse (↗Messe; hier ist T. Synonym für ↗Cantus firmus) und für das ↗Tenorlied des 15./16. Jh.; t.es heißen ferner die Gerüstmelodien in it. Tänzen dieser Zeit und gelegentlich die Soggetti in der Kontrapunktlehre. b) T. als Stimme (in einem mittleren Tonhöhenbereich) des mehrstimmigen Satzes. In diesem Sinn bleibt der T. bis zum 14. Jh. die tiefste Stimme, die auch dann T. heißt (etwa beim ↗Conductus), wenn sie keine Choralmelodie trägt. Im 15. Jh. kommt es zu der Entstehung des ↗Contratenors und seiner Aufspaltung in die später so genannten Stimmen ↗Alt und ↗Baß. Der T. ist seitdem im regulären 4st. Satz die nächsthöhere Stimme über dem Baß. Im Verlauf des 15.–16. Jh. verliert er in dem Maße seine „tragende" Funktion, in dem die vokale Mehrstimmigkeit ihre Bindung an den Choral aufgibt und die prinzipielle Eigenständigkeit der einzelnen Stimmen das Hauptmerkmal der vokalen ↗Polyphonie wird (↗Stile antico, ↗Palestrinastil). Eine der wenigen Stellen, an denen der T. nach dem 16. Jh. noch in seiner alten Dominanz erscheint, sind die *Sieben Worte* von H. Schütz. Hier ist der „T. primus" ausschließlich den Worten Christi vorbehalten, während die übrigen Worte auf die anderen Stimmen verteilt sind. Der T. wird vom 15. bis zum 19. Jh. generell im C-Schlüssel auf der 4. Linie notiert, der deshalb auch T.-Schlüssel genannt wird; seitdem wird er im Violinschlüssel notiert, eine Oktave höher als klingend, mit oder ohne daruntergesetzte 8 (sog. oktavierter Violinschlüssel; ↗Notenschlüssel). – Die frz. Bz. für T. war im 17. Jh. Taille mit der Unterscheidung Haute-taille und Basse-taille. – **4)** Bz. für die hohe Männerstimme. Ihr Regelumfang reicht von c bis a^1. In der Geschichte des ↗Gesangs seit 1600, der Oper und der von ihr geprägten Gattungen hat der T. und der professionelle T.-Sänger – ebenfalls kurz T. genannt – eine ähnlich große Bedeutung wie der Sopran. So etwa ist der Orfeo sowohl in der *Euridice* von J. Peri und G. Caccini (1600) als auch im *Orfeo* von Cl. Monteverdi (1608) eine T.-Partie. Seit der 2. Hälfte des 17. Jh. tritt jedoch der T. in der Oper hinter dem Sopran zurück, da die männlichen Hauptpartien der neapolitanischen Oper in der Regel für ↗Sopran geschrieben sind. Aufführungspraktisch interessant ist die Tatsache, daß in der solistischen Kammer- und Kirchenmusik des 17. Jh. Werke für Sopran oft auch eigens für T. bestimmt sind. Eigenes Gewicht erhält der T. im Oratorium und in der Passion des 17.–18. Jh.: ihm ist hier in der Regel die Partie des Testo bzw. des Evangelisten anvertraut. In der Oper beginnt dann um 1800 mit der Ausprägung der it. und frz. Großen Oper und der dt. romantischen Oper die eigentliche Glanzzeit des T.s als Stimmlage und des T.s als Sängerpersönlichkeit. Dabei zeichnet sich bereits in der 2. Hälfte des 18. Jh. eine Differenzierung der T.-Partien in musikalischer und dramaturgischer Hinsicht ab. Diese läßt im Laufe des 19. Jh. mehrere T.-Stimmfächer entstehen, die sich jeweils durch Stimmtimbre, -charakter, -reife und Spielvermögen unterscheiden. Im dt. Sprachgebrauch sind dies (mit den bekanntesten Rollen; Abgrenzung und Zuordnung sind wie bei allen anderen ↗Stimmfächern oft problematisch): a) lyrischer T.: Don Ottavio (W. A. Mozart, *Don Giovanni*), Tamino *(Zauberflöte)*, Almaviva (G. Rossini, *Barbier*), Alfred Germont (G. Verdi, *La Traviata*); b) jugendlicher Helden-T. („jugendlicher Held"): Florestan (L. van Beethoven, *Fidelio*), Stolzing (R. Wagner, *Meistersinger*), Don José (G. Bizet, *Carmen*), Don Carlos (G. Verdi), Rodolfo (G. Puccini, *La Bohème*), Alwa (A. Berg, *Lulu*); c) schwerer Helden-T. („schwerer Held"), wesentlich erst durch die Anforderungen der Opern Wagners entstanden: Tristan, Siegmund, Siegfried, ferner Otello (Verdi); d) T.-Buffo: Pedrillo (Mozart, *Entführung*), Monostatos *(Zauberflöte)*; dieses Fach verschwindet während des 19. Jh. fast völlig aus der Oper, gehört aber seit J. Strauß als Pendant zur ↗Soubrette fest zur Operette. Spezielle T.-Partien, die sich der genannten Einordnung entziehen, sind u.a.: David (Wagner, *Meistersinger*), Mime *(Ring)*, Wenzel (B. Smetana, *Die verkaufte Braut*), Herodes (R. Strauss, *Salome*). – **5)** T. bezeichnet in Verbindung mit bestimmten Instrumentennamen ein Instrument, dessen Tonlage in seiner Familie der Stellung des T.s im vokalen Verband entspricht, z.B. T.-Blockflöte, T.-Saxophon; dagegen ist ↗Tenorhorn eine isolierte Bezeichnung.

Lit.: **Zu 3)**: D. HOFFMANN-AXTHELM, T., in: HMT (1973).

G. MASSENKEIL

TENORA, Bz. für ein in B stehendes Doppelrohrblattinstrument in Tenorlage mit ↗Pirouette (↗Bomhart, ↗Schalmei), das im 19. Jh. mit Klappen ausgestattet wurde. Die T. mit ihrem lauten, durchdringenden, leicht nasalen Klang eignet sich bes. gut als Freiluftinstrument. Sie ist noch heute das Hauptmelodieinstrument der ↗Cobla, zu der stets T.s gehören. – ↗Sardana, ↗Tiple.

Lit.: J. COLL, Método de tiple y t. (Ba 1950); A. BAINES, Shawms of the Sardana Cobla, in: GalpinJ 5 (1952).

TENORGEIGE ↗Viola tenore.

TENORHORN, dt. Bz. für ein ↗Bügelhorn in B mit aufwärts gerichtetem Schalltrichter in ovalen Windungen oder in Tubaform oder trompetenförmig mit nach vorn gerichtetem Schallstück. In Großbritannien und den USA wird das T. Baritone genannt, während engl. tenor horn das Althorn in Es, eine moderne Form des Alt-↗Saxhorns, bezeichnet.

TENORLIED, moderne Bz. für einen mehrstimmigen Liedsatz des 16. Jh. mit dem C.f. im Tenor als spezifisch deutsche Form der Mehrstimmigkeit innerhalb der Gattung ↗Lied. Hervorgegangen aus einem von Instrumenten begleiteten Sololied, entwickelte sich das T. über die Dreistimmigkeit (Tenor oft oberste Stimme) um 1530 zu einem ausgewogenen a cappella-Satz. Die Tenores stammen z.T. aus dem Volksliedbereich, häufiger aus dem höfischen Liedgut (Hofweise) oder sind direkt für den mehrstimmigen Satz komponiert. Der Aufbau richtet sich nach den Liedzeilen des Tenors, der Satz ist zumeist akkordisch-syllabisch, gelegentlich finden sich melismatische oder imitatorische Abschnitte nach Art der Motette, die Begleitstimmen können instrumental oder vokal ausgeführt werden. Die Liedmelodie kann zusätzlich auch im Diskant erklingen (Diskant-Tenor-Satz). Die Geschichte des T.s beginnt mit den im ↗Glogauer Liederbuch überlieferten Sätzen und wird in zahlreichen gedruckten Sammlungen (u.a. von E. Öglin, A. von Aich, Chr. Egenolff, G. Forster) sowie von Komponistengenerationen vorwiegend aus dem süddt. Raum (H. Finck, H. Isaac, P. Hofhaymer; L. Senfl, S. Dietrich, L. Lemlin; G. Forster, C. Othmayr) fortgeführt. Senfl als überragender Liedmeister läßt den C. f. durch alle Stimmen wandern oder arbeitet mit 2 Tenores (z. B. *O Elslein – Es taget vor dem Walde,* 1544). Die Liedmelodien treten in den Dienst einer kunstvollen polyphon-kontrapunktischen Setzweise nach Art des it. Madrigals und nach der Art, wie O. di Lasso später seine durchimitierte Liedmotette gestaltet. Die ev. ↗Choralbearbeitung behält Strukturen des T.s bis ins 18. Jh. bei.

Lit.: K. GUDEWILL, Zur Frage der Formstrukturen dt. Liedtenores, in: Mf 1 (1948); CH. PETZSCH, Hofweisen der Zeit um 1500 (Diss. Fr 1957); K. GUDEWILL, Beziehungen zw. Modus u. Liedtenores, in: AfMw 15 (1958); W. SEIDEL, Die Lieder L. Senfls (Be – Mn 1969); W. WIORA, Das dt. Lied (Wb – Z 1971); Das T. Mehrstimmige Lieder in dt. Quellen 1450–1580, I: Drucke (Kas 1979) (= RISM Sonderbd. Catalogus musicus IX), II: Hss. (Kas 1982) (= ebd. X).
H. JUNG

TENSO (frz.: tenson; it.: tenzone; port.: tenção), provenzalische Bz. für ein mehrstrophiges Streitlied, das als Sonderform und im Gegensatz zum ↗Jeu-parti im allgemeinen nur 2 Dialogpartner kennt (z.B. Raimbaut de Vaqueiras' Streitgespräch mit einer Genueserin *Domna, tant vos ai preiada,* um 1190). Die T., deren Entwicklung über die mittellat. Conflictus und Altercationes bis auf die Eklogen Vergils und die Idyllen Theokrits zurückverfolgt werden kann, widmet sich polemisch und kunstvoll zugleich individualpsychologischen, sozialen und politischen Fragen, im besonderen Problemen der Liebe und ihrer Kasuistik. Im Zusammenhang mit der Einrichtung von Dichterzünften und -wettkämpfen in Nord- und Südfrankreich im 13.–14. Jh. gewann die zumeist mit bekannten Melodien vertonte T. nach Ausweis der Überlieferungsgeschichte an Ansehen und grenzte sich auch durch die Praxis des in einer oder 2 Tornadas vorgetragenen entscheidenden Richterspruches immer weniger von den anderen volkssprachlichen Streitgedichttypen ab.

Lit.: D. J. JONES, La tenson provençale (Diss. P 1935); F. GENNRICH, Der Gesangswettstreit im Parfait du Paon, in: Romanische Forsch. 58/59 (1947); E. KÖHLER, Zur Entstehung des altprovenzal. Streitgedichts, in: Trobadorlyrik u. höfischer Roman (B 1962); S. NEUMEISTER, Das Spiel mit der höfischen Liebe. Das altprovenzal. Partimen (Mn 1969) (= Diss. Konstanz 1966); I. KASTEN, Stud. zu Thematik u. Form des mhd. Streitgedichts (Diss. H 1973); The Interpretation of Medieval Lyric Poetry, hrsg. v. W. T. JACKSON (NY 1980).
W.-D. LANGE

TENUTO (it., = gehalten; Abk.: ten.), dem Wortsinn entsprechende Vortrags-Bz. bei einzelnen Tönen und Akkorden, d.h. das Aushalten für die volle Dauer des angegebenen Wertes.

TERMEN, Lew, ↗Thérémine, Léon.

TERPANDROS (Terpander) von Antissa (Lesbos); griech. Kitharode des 7. Jh. vor Chr. Er war besonders in der Gegend um Sparta berühmt, wo einige seiner Gesänge noch bis ins 4. Jh. nach Chr. gesungen wurden. T. soll die 4saitige Phorminx durch die 7saitige ↗Lyra ersetzt und im kitharodischen ↗Nomos die Aufteilung in 7 Abschnitte eingeführt haben.

Lit.: M. WEGNER, T., in: MGG XIII; J. CHAILLEY, Nicomaque, Aristote et Terpandre devant la transformation de l'heptacorde grec en octocorde, in: Yuval 1 (1968).

TERRADELLAS, Domingo Miguel Bernabé (it.: Domenico Terradeglias), getauft 13. 2. 1713 Barcelona, † 20. 5. 1751 Rom; span. Komponist. Er erhielt seine erste musikalische Ausbildung vermutlich in seiner Heimatstadt und war 1732–38 in Neapel Schüler von Fr. Durante. 1736 wurde dort sein Oratorium *Giuseppe riconosciuto* aufgeführt und 1739 in Rom seine erste (nicht erhaltene) Oper. Bekannt wurde er 1743 mit *Merope,* der eine Reihe weiterer Opern folgte. 1743–45 war er Kapellmeister an S. Giacomo degli Spagnuoli in Rom, brachte 1746/47 zwei Opern in London zur Aufführung und kehrte über Paris 1750 nach Italien zurück. T.s nicht sehr umfangreiches Schaffen erweist ihn als einen beachtenswerten Meister des neapolitanischen Stils. J.-J. Rousseau, der um 1747 mit ihm zusammentraf, berichtet über ihn in seiner *Lettre sur la musique française* (1753).

WW: Bühnenwerke: Von den 13 nachweislich aufgeführten Opern sind (hsl. oder als *Favourite songs* gedruckt) erhalten: *Merope* (Libr.: A. Zeno), UA: Rom 1743; *Artaserse* (Libr.: P. Metastasio), UA: Venedig 1744; Pasticcio *Annibale in Capua* u. *Mitridate*, UA: London 1746; *Bellerofonte*, UA: London 1747; *Didone abbandonata*, UA: Turin 1750; *Sesostri re d'Egitto*, UA: Rom 1751. – Oratorium *Giuseppe riconosciuto* (Text: Metastasio) (1736). – Ferner Arien, ein Te Deum, Messen u. Motetten.

Ausg.: *La Merope*, hrsg. v. R. GERHARD (Ba 1951); eine Solomotette in: DAVISON-APEL Anth.

Lit.: J. R. CARRERAS Y BULBENA, D. T. (B 1908); H. VOLKMANN, D. T., in: ZIMG 13 (1911/12); M. F. ROBINSON, T., in: Grove[6] XVIII.

TERRY, Charles Sanford, * 24. 10. 1864 Newport Pagnell (Buckinghamshire), † 5. 11. 1936 Westerton of Pitfodels bei Aberdeen; engl. Historiker und Musikforscher. Er war Professor für Geschichte an der Universität Aberdeen und veröffentlichte Studien über J. S. Bach und seine Familie, die teilweise noch heute grundlegend sind. 1935 erhielt er die Würde eines Dr. phil. h. c. der Univ. Leipzig.

Schriften (wenn nichts anderes angegeben, in London erschienen): *J. S. Bach's Cantata Texts, Sacred and Secular* (1926, Nachdr. 1966); *Bach. A Biography* (1928, Nachdr. 1962); *J. Ch. Bach* (1929, [2]1967); *The Origin of the Family of Bach Musicians* (1929); *Bach. The Historical Approach* (1930); *Bach's Orchestra* (1932, Nachdr. 1958 u. St. Clair Shores 1972). – *The Mass in B Minor* (1924, [2]1947); *The Passions*, 2 Bde. (1926–28, Nachdr. Westport/Conn. 1971); *The Magnificat, Lutheran Masses, and Motets* (1929). – Editionen: *Bach's Chorals*, 3 Bde. (C 1915–21); *J. S. Bach's Original Hymntunes for Congregational Use* (1922); *Coffee Cantata* (1924); *Bach's Four-part Chorals* (1929).

Lit.: P. M. YOUNG, T., in: MGG XIII.

TERRY, Clark, * 14. 10. 1920 St. Louis; amerik. Jazzmusiker (Trompete, Flügelhorn, Bandleader). Er begann 1945 bei Lionel Hampton, spielte Swing und Bebop bei verschiedenen Bands, ging 1948 zu Count Basie und trug 1951–59 wesentlich zum Klangbild der Band von Duke Ellington bei. Seit 1960 tritt T. mit eigenen Gruppen und Tourneebands auf, er gründete eine Big Band, die er seither immer wieder neu formiert. In den USA ist T. auch ein gesuchter Interpret für zeitgenössische Konzertmusik. Typisch für ihn sind Witz, Esprit und Virtuosität, was ihm den Titel „Maurice André der Jazztrompete" eingetragen hat. Gelegentlich nutzt T. seine Leichtatmigkeit zugunsten bloßer Darstellung von Kunstfertigkeit aus.

TERRY, Sir **Richard Runciman,** * 3. 1. 1865 Ellington (Northumberland), † 18. 4. 1938 London; engl. Organist und Musikforscher. Er war 1901–24 Organist und Musikdirektor an der neuerbauten (katholischen) Westminster Cathedral und setzte sich für Kirchenmusik der englischen Renaissance ein. Sein *Westminster Hymnal* (Lo 1912, [7]1937) war lange das offizielle Gesangbuch der römisch-katholischen Kirche in England.

Schriften: *Catholic Church Music* (Lo 1907), 2. Aufl. als *The Music of the Roman Rite* (Lo 1931); *Voodooism in Music and Other Essays* (Lo 1934, Nachdr. Freeport/N.Y. 1968). – Editionen: *Calvin's First Psalter 1539* (Lo 1932) (Faks.-Ausg. v. J. Calvins *Aulcuns pseaulmes*).

TERTIAN, Terzian, Bz. für ein in der Regel zweifach besetztes, eng mensuriertes Aliquotregister der Orgel, das als 4. und 5. Oberton erklingt, überwiegend als 1⅗′ + 1⅓′ gebaut und zur Soloregistrierung verwendet wird.

TERZ. – **1)** Bz. für die 3. Stufe der diatonischen ↗Tonleiter. – **2)** Bz. für das Intervall mit dem Frequenzverhältnis 4:5 (große Terz) bzw. 5:6 (kleine Terz). In der musikalischen Praxis unterscheidet man die große T. (z. B. c – e) und kleine T. (c – es), die das Tongeschlecht als ↗Dur bzw. ↗Moll bestimmen, sowie die übermäßige T. (c – eis) und verminderte T. (c – eses). – Bis in das 16. Jh. hinein galt das Intervall der T. als unvollkommene ↗Konsonanz: im pythagoreischen System widersprach ihr kompliziertes Verhältnis 64:81 bzw. 27:32 der pythagoreischen Auffassung, daß konsonante Intervalle auf einfachen Proportionen beruhen. In Schlußklängen wurde sie deshalb ausgespart. Ihre Vermeidung sollte zudem einen absoluten Ruheklang als Schluß garantieren, da der Dur- bzw. Moll-T. harmonisch eine „latente Spannkraft" (E. Kurth) auf- bzw. abwärts eigen ist (↗Leitton). Erst im 16. Jh. wurde, neben der ↗Quinte, die T. im natürlichen Verhältnis 4:5 bzw. 5:6 als konstitutives Intervall des ↗Tonsystems aufgefaßt. Sie ist, wie J.-Ph. Rameau (1722) darlegte, Baustein für den ↗Dreiklang und ↗Akkord. Bis in das 18. Jh. schließen Werke in Moll bevorzugt mit der Dur-T. (↗Picardische Terz), da sie einen höheren Konsonanzgrad aufweist. Die fallende kleine T., die u. a. bei spontanem kindlichem Singen zu beobachten ist, wird auch als Ruf-T. (umgangssprachlich auch: Kuckucks-T.) bezeichnet. – Terzverwandt heißen Akkorde und Tonarten, deren Grundtöne zueinander im Verhältnis einer großen oder kleinen T. stehen; in der Romantik wird die klang- und farbbetonte Terzverwandtschaft zu einem besonderen harmonischen Ausdrucksmittel. – **3)** Ursprünglich die 2. der ↗Horen im ↗Offizium der römisch-katholischen Kirche. Mit Sext und Non ist sie heute zu den sog. kleinen Horen zusammengefaßt.

Lit.: **Zu 1):** E. KURTH, Die Voraussetzung der theoret. Harmonik u. der tonalen Darstellungssysteme (Be 1913, Nachdr. Mn 1973).

C. KÜHN

TERZETT (engl. terzet; frz. trio; it. terzetto; span.: terceto, trio), im Unterschied zum instrumentalen ↗Trio Bz. für eine Komposition für 3 Singstimmen mit oder ohne Instrumentalbegleitung sowie auch für das entsprechende Vokalensemble. In der Oper wird gelegentlich ein ↗Ensemble oder eine Szene für 3 Sänger mit Orchesterbegleitung T. genannt.

TERZGEIGE ↗Violino piccolo.

TESCHEMACHER, Frank, * 14. 3. 1906 Kansas City, † 29. 2. 1932 Chicago; amerik. Jazzmusiker (Klarinette, Altsaxophon). Er gründete mit Jimmy McPartland, Bud Freeman und Jim Lannigan in Chicago eine Band, die, in veränderter Besetzung als „Austin High School Gang", anfangs der 20er Jahre Aufsehen erregte. Im Laufe der 20er Jahre spielte er bei Red Nichols, Jan Garber, Ted Lewis und zuletzt bei Wild Bill Davison. T. gehörte zu den führenden Musikern des ↗Chicago-Stils.

TESCHEMACHER, Margarete, * 3. 3. 1903 Köln, † 19. 5. 1959 Bad Wiessee; dt. Sängerin (Sopran). Sie studierte am Kölner Konservatorium und debütierte 1924 am dortigen Opernhaus als Micaëla in Bizets *Carmen.* Über Aachen (1925–27), Dortmund (1927/28), Mannheim (1928–30) und Stuttgart (1931–34) kam sie 1934 an die Dresdener Staatsoper, der sie bis 1946 angehörte; sie sang dort bei den Uraufführungen der Opern *Daphne* (1938) von R. Strauss und *Die Zauberinsel* von H. Sutermeister. Zuletzt gehörte sie 1947–52 dem Opernhaus in Düsseldorf an. Insbesondere als Interpretin von Mozart- und Strauss-Partien erlangte M. T., die in allen Musikmetropolen Europas und Amerikas gastierte, Weltgeltung, war aber auch in Rollen der it. und frz. Oper des 19. Jh. erfolgreich.

TESSARINI, Carlo, * um 1690 Rimini, † nach 1766; it. Violinist und Komponist. Er war in Venedig Konzertmeister am Konservatorium SS. Giovanni e Paolo und wurde 1720 Violinist an S. Marco. 1733–43 und wieder 1756–58 wirkte er als Violinist am Dom von Urbino. Vermutlich lebte er 1744–56 in Paris; 1746, 1747 und 1761 hielt er sich in den Niederlanden, 1752 in Frankfurt am Main auf. Nach einem Konzert am 15. 12. 1766 in Arnheim verliert sich seine Spur. T.s Werke, ausschließlich für Streicher mit B.c. und mit ausgesprochen virtuosem Einschlag, stehen in der Tradition A. Vivaldis und zeigen auch Züge der galanten Schreibweise.

WW: Im Druck erschienen (meist in Paris, 1729 – um 1763) zahlr. Slgen. V.-Sonaten; einige V.-Duos, zahlr. Triosonaten; Concerti u. Sinfonien für 3 u. 4 Str. u. B.c.; 12 V.-Konzerte; *L'arte di nova modulacione, capriccio musicale a 7.* – Ferner das Lehrwerk *Gramatica di musica* (R 1741) (in mehrere Sprachen übers.).

Ausg.: V.-Konzert G-Dur, op. 1 Nr. 3, hrsg. v. H. MÜLLER (Bonn 1970); V.-Konzert G-Dur, op. 1 Nr. 4, hrsg. v. DEMS. (Adliswil – Z 1973).

Lit.: A. DUNNING, Some Notes on the Biography of C. T. and his Musical Grammar, in: StMw 25 (1962); DERS., T., in: MGG XIII.

TESTO (it. = Text), Bz. für die Vertonung des erzählenden Textes, im übertragenen Sinn gelegentlich auch für die Rolle des Erzählers im it. ↗Oratorium des 17.–18. Jh.; er entspricht dem ↗Historicus im lat. Oratorium und dem ↗Evangelisten in der dt. protestantischen ↗Passion und ↗Historia. Mit der Angleichung des Oratoriums an die Oper im Umkreis der Neapolitanischen Schule wurde der T., da er wesenhaft der dramatischen Struktur entgegengesetzt ist, weithin abgeschafft (z.B. in den Oratorienlibretti P. Metastasios).

Lit.: ↗Oratorium.

TESTORE, Carlo Giuseppe, * um 1660 Novara (Piemont), † nach 1727 Mailand; it. Geigenbauer. Er war Schüler insbesondere von G. Grancino in Mailand, wo er sich um 1687 niederließ. Seine Instrumente zeigen den Einfluß der Guarneri-Schule. – Seine Söhne **Carlo Antonio** (um 1688 bis nach 1764) und **Paolo Antonio** (um 1690 – nach 1750) führten die Werkstatt weiter und bauten Instrumente ähnlicher Art.

Lit.: A. FUCHS, Taxe der Streichinstr.e (L 1907, NA F 1955); R. VANNES, Dictionnaire universel des luthiers, 2 Bde. (Bru ²1951).

TETLEY, Glen, * 3. 2. 1926 Cleveland (Ohio); amerik. Tänzer und Choreograph. Er studierte seit 1948 Modern Dance bei Hanya Holm und Martha Graham sowie klassisches Ballett bei Margaret Craske und Anthony Tudor in New York und gehörte dann verschiedenen amerik. Ballettkompanien an, bevor er 1962 eine eigene Truppe gründete. Für dieses Ensemble schuf T. eines seiner bekanntesten Ballette, *Pierrot lunaire,* nach der Musik von A. Schönberg (UA: New York 1962), mit dem ihm endgültig der Durchbruch gelungen war. 1969–74 leitete er (zus. mit H. van Manen) das Nederlands Dans Theater und übernahm 1975 die Nachfolge J. Crankos als Direktor und Chefchoreograph des Balletts der Württembergischen Staatstheater in Stuttgart. Seit 1976 ist T. nur noch als Gastchoreograph in Europa und den USA tätig. Eine seiner eigenwilligsten Produktionen der letzten Jahre war die Choreographie zu A. Nordheims *The Tempest* anläßlich der UA in Schwetzingen 1979. – T. arbeitete zunächst im Stil des amerik. Modern Dance und gelangte dabei zu einer persönlichen, von starker Formkraft und Expressivität geprägten, klassizistisch-abstrakten Bewegungssprache. Durch seine Arbeit mit dem Stuttgarter Ballett wurde er vom Handlungsballett Crankoscher Ausprägung beeinflußt und übernahm dessen Elemente. Seine neuesten Ballette zeigen sich der Eleganz und dem tänzerischen Schwung der Choreographien Jiří Kylians verwandt.

Lit.: Pierrot in Two Worlds, Interview, in: Dance and Dancers (1967) Dezember-H.; J. PERCIVAL, G. T., in: Experimental Dance (Lo 1971). B. A. KOHL

TETRACHORD (von griech. tetra = vier und chordē = Saite), in der antiken und mittelalterlichen Musiktheorie Bz. für das typische Viertonsystem (Quartsystem), auf dessen Struktur die jeweiligen Tonsysteme beruhten. Bei den Griechen erhielt das T. vor allem wegen seiner Variabilität besondere Bedeutung, so daß es einerseits der Lehre von den Tongeschlechtern (↗Genos) und andererseits der Lehre vom gesamten Tonsystem (↗Systema teleion) eine feste Basis bot. In seiner (später ausschließlich gültigen) diatonischen Form enthält es 2 Ganztöne und 1 Halbton in beliebiger Anordnung (etwa a g f͜e oder g f͜e d oder f͜e d c). Wie weit das T. in der Antike auch für die musikalische Praxis bestimmend war, läßt sich schwer nachprüfen; doch mag es in der älteren Zeit eher eine Rolle gespielt haben als später. Es gibt aber keine Anhaltspunkte dafür, daß irgendeine der T.-Formen im Sinne einer bestimmten Tonart festgelegt gewesen wäre (ein „dorisches T." ist nirgends bezeugt). Die antike T.-Lehre hat im Mittelalter weitergewirkt, zumal in der frühmittelalterlichen Tonartenlehre seit Aurelianus (protus, deuterus, tritus, tetrardus) und in den neuen Darstellungen des Tonsystems, besonders der ↗Musica enchiriadis. Mit dem Aufkommen der ↗Hexachord-Lehre, der ↗Solmisation und der Guidonischen Buchstaben (↗Guido von Arezzo) verlor die T.-Lehre ihre frühere zentrale Aufgabe und trat fortan in den Hintergrund. F. ZAMINER

TETRARDUS ↗Kirchentöne.

TEUFELS ANTEIL, DES *(Carlo Broschi ou La part du diable)*, Opéra-comique in 3 Akten von D. Fr. E. Auber, Text von E. Scribe. Ort u. Zeit der Handlung: Madrid u. Aranjuez, während der Regierung Ferdinands VI. 1746–59. UA: 16. 1. 1843 Paris (Opéra-Comique); EA in dt. Sprache: 8. 7. 1843 Wien (Theater auf der Wieden); dt. EA (in dt. Sprache): 17. 9. 1843 Frankfurt am Main.
Das Leben des berühmten Kastraten C. Broschi, der unter dem Namen Farinelli bekannt wurde, regte Scribe zu seinem Libretto an. Einige Episoden aus der legendären Karriere des Künstlers flossen in die amüsante Liebesgeschichte ein, in welcher der junge Rafael d'Estuniga mit dem vermeintlichen Teufel Carlo Broschi einen Pakt schließt, um seine Angebetete, Casilda, Broschis Schwester, wiederzufinden. Broschi, ein begnadeter Sänger, heilt den gemütskranken König durch seine musikalische Kunst und gelangt so in eine Position bei Hofe, die es ihm ermöglicht, das junge Paar zusammenzuführen. – Die von den Zeitgenossen gerühmte „douce mélancholie", die dem Werk eigen ist, war sicherlich ebenso Grund für den dauerhaften Erfolg des Werkes wie die publikumswirksame Teufelsbeschwörung, in der das parodistische Element auf die großen Vorbilder für diesen Operntopos (z. B. in C. M. von Webers *Freischütz*) zurückverweist. Effektvolle Koloraturpartien schuf Auber für den Part des Broschi – eine Hosenrolle. R. QUANDT

TEUFELSKÄTHE, DIE *(Čest a Káča)*, Oper in 3 Akten von A. Dvořák, op. 112, Text von Adolf Wenzig. Ort der Handlung: Böhmen u. die Hölle. UA: 23. 11. 1899 Prag; dt. EA (in dt. Sprache): 27. 4. 1909 Bremen.
Das Libretto fußt auf einem böhmischen Volksmärchen mit der für diese Gattung typischen assoziativen Verknüpfung verschiedener Handlungsstränge, dem charakteristischen Handlungsmuster „Bedingung – Erfüllung" und einigen bekannten Motiven: das mit einem losen Maul begabte heiratslustige Mädchen; die böse Herrscherin, die Bestrafung fürchtet; der dumme Teufel und der standhafte junge Bursche aus dem Volk. In der Libretto-Fassung (die beim Wettbewerb des Nationaltheaters Prag für Opernlibretti 1898/99 mit dem 1. Preis ausgezeichnet wurde) wird die Geschichte zur Parabel über die Freiheit, die dem Volk von einer einsichtigen Herrscherin geschenkt wird. – Dvořáks Komposition basiert auf einigen wenigen Motiven (das Personalmotiv des Teufels wird vom „diabolischen" Tritonus-Schritt geprägt), deren Charaktervarianten zu einem leitmotivisch organisierten symphonischen Geflecht verbunden sind. In diesen die musikalische Handlung tragenden Orchestersatz sind meist liedhafte, geschlossene Gesangsformen eingelagert. Elemente slawischer Folklore dominieren in der Themenerfindung; auch das Höllenballett (2. Akt) ist ein wilder slawischer Volkstanz. – Seit der dt. Wiederaufnahme 1956 in Berlin (Komische Oper) ist auch der Titel *Katinka und der Teufel* gebräuchlich. J. SCHLÄDER

TEUFEL VON LOUDUN, DIE, Oper in 3 Akten von Krz. Penderecki, Text vom Komp. nach John Whitings (von E. Fried ins Deutsche übertragenem) Drama *The Devils* (1961) und dessen Vorlage, Aldous Huxleys aktualisierend-interpretierender Dokumentation *The Devils of Loudun* (1952). Ort u. Zeit der Handlung: Loudun (bei Poitiers), während des Regimes Ludwigs XIII. und Kardinal Richelieus. UA: 20. 6. 1969 Hamburg.
Der weltgewandte, durchaus sinnenfrohe Priester

Urbain Grandier war in Verruf geraten, die um sich greifende Besessenheit der Nonnen eines Ursulinenklosters verschuldet zu haben. Weil seine Verurteilung zudem den staatlichen Machthabern opportun erschien, machte man ihm den Prozeß und ließ den Kleriker am 18. 8. 1634 lebendig verbrennen. Diesen prominenten historischen Fall von Hexenwahn erkor Penderecki zum publikumswirksamen Vorwurf seines ersten, inzwischen bereits oftmals inszenierten Bühnenwerks. Grandiers Imitatio Christi, die exaltierte Haßliebe der Priorin Jeanne gleichwie den Inquisitionsgreuel und die Exorzismushysterie suchte der Komponist in jener „postseriellen", von virtuos genutzten Cluster-Techniken und instrumentatorischem Raffinement geprägten Tonsprache zu präsentieren, die er schon in der Lukaspassion so erfolgreich zu beherrschen wußte. Daß seine Opernmusik nicht nur einen Klanghintergrund für das szenische Geschehen bildet, sondern daß ihr auch genuin dramatische Qualitäten eignen, machte (zwei Tage nach der UA) erst die Stuttgarter Produktion unter G. Rennerts Regie und János Kulkas Stabführung deutlich.

E. FISCHER

TEYBER (Täuber, Tauber u. zahlr. andere Namensformen), östr. Musikerfamilie, deren erstes bekanntes Mitglied, **Matthäus** (um 1711–1781), seit 1741 Violinist am Wiener Hof war. Von Bedeutung wurden seine vier Kinder: **1) Elisabeth,** * 16. 9. 1744 Wien, † 9. 5. 1816 ebd. Sie war Schülerin von J. A. Hasse und Vittoria Tesi und sang mit Erfolg in Italien, Deutschland und Rußland. – **2) Anton,** * 8. 9. 1756 Wien, † 18. 11. 1822 ebd.; östr. Komponist. Er war Schüler von G. B. Martini in Bologna und wurde 1787 1. Hoforganist in Dresden, 1791 stellvertretender Dirigent und Komponist der Wiener Hofoper. Als Nachfolger W. A. Mozarts trat er 1793 als Komponist und Musikmeister in den Dienst der kaiserlichen Familie. Von ihm sind Klavierstücke, Kammermusik, Symphonien, Konzerte, Lieder, 2 Oratorien, Messen u. a. Kirchenwerke erhalten. – **3) Franz,** * 25. 8. 1758 Wien, † 21. 10. 1810 ebd.; östr. Dirigent und Komponist. Er war Schüler von G. Chr. Wagenseil (Klavier) und 1786–88 Dirigent der Theatertruppe E. Schikaneders in Salzburg. Nachdem er verschiedene Ämter in Deutschland bekleidet hatte, war er 1796–98 in Bern als Dirigent tätig, kehrte 1798 nach Wien zurück und arbeitete mit seinem Bruder und Schikaneder zusammen. 1801 wurde das Theater an der Wien mit seiner Oper *Alexander* eröffnet. Seit 1807 schrieb er für das Theater in der Wiener Leopoldstadt, wurde 1809 zum Domorganisten an St. Stephan und 1810 zum Hoforganisten ernannt. Von ihm sind Sonaten und Tänze für Klv., eine Messe (1806) sowie mehrere Opern und Singspiele erhalten. – **4) Therese,** * 15. 10. 1760 Wien, † 15. 4. 1830 ebd.; östr. Sängerin (Sopran). Sie debütierte 1778 an der Wiener Hofoper, sang 1782 bei der Uraufführung von W. A. Mozarts *Die Entführung aus dem Serail* die Partie des Blondchens und unternahm zusammen mit ihrem Gatten, dem Tenor **Ferdinand Arnold,** Konzertreisen.

Lit.: **Zu 2):** K. PFANNHAUSER, Wer war Mozarts Amtsnachfolger?, in: Acta Mozartiana III/3 (Au 1956). – **Zu 3):** A. BAUER, Opern u. Operetten in Wien (Gr – Kö 1955).

THAILAND. Der Überlieferung nach stammt das Volk der Thai aus dem Süden des heutigen China. Der erste bekannte Ort war die Stadt Nan-chao (Provinz Honan), die um 600 n. Chr. ihre Blütezeit erlebte. Seit dieser Zeit und bis zur Invasion der Mongolen in China im 13. Jh. bestanden Beziehungen zwischen Thai und den chinesischen Völkern im Norden. Heute noch lassen sich in nahezu der gesamten Musik Th.s chinesische Elemente nachweisen, insbesondere pentatonische Skalen mit kleiner Terz und der Gebrauch des Quartintervalls. Aufgrund der mongolischen Invasion begannen die Thai nach Süden in das heutige Th. auszuwandern und eroberten bis etwa 1450 das Gebiet des heutigen Kambodscha mit der Hauptstadt Angkor, das von den Khmer besetzt war. Durch Vermittlung der Khmer bereits in einer früheren Zeit – wahrscheinlich über die Handelswege, die von Indien aus durch Nan-chao führten – nahm die Thai-Musik Elemente indischer Musik auf.

Die traditionelle Thai-Musik verwendet 3 hauptsächliche Instrumentengruppen: 1. Pī phāt, ein Ensemble aus Xylophonen, Metallophonen, Gongspielen, Becken, Einzelgong, einer Trommel und einem Doppelrohrblattinstrument (Pī); 2. Khrūang sāi, ein Ensemble aus verschiedenen Saiten- und Schlaginstrumenten sowie einer Bambusflöte; 3. Mahōrī, ein Ensemble aus melodie- und rhythmustragendem Schlagwerk, Saiteninstrumenten und einer Flöte. Die Instrumente sind auf 7 Stufen innerhalb der Oktave mit ungefähr gleichem Intervallabstand gestimmt:

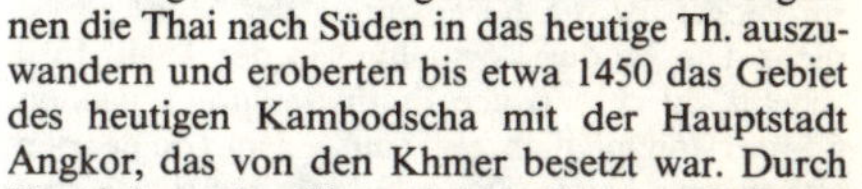

Ein Modus kann auf jeder dieser Stufen beginnen. Einige Formen der Vokalmusik weichen von den 7 festen Stufen der Instrumente ab.

Wie die Musik Javas und Balis ist die instrumentale Kunstmusik Th.s vielschichtig: eine Hauptmelodie wird gleichzeitig mit ihren verschiedenen Versionen und Variationen kombiniert (Heterophonie). Jede Stimme wird von einem einzelnen Instrument in der diesem eigenen Weise gespielt. Die Hauptmelodie, vom wichtigsten Gongensemble (Khōng wong yai) vorgetragen, ist traditionell diatonisch und setzt sich aus einer bestimmten Anzahl melodischer Standardmotive und Kadenzformeln zusammen. Die Takteinteilung ist binär, und die Melodien werden durch sich abwechselnde gedämpfte (laute) und nicht gedämpfte (leise) Schläge gestützt, die jeweils einer Schlageinheit entsprechen und auf einem Paar kleiner Becken ausgeführt werden. Die zeitliche Abfolge dieser Schläge bestimmt die Form des ganzen Stückes. Die metrische und rhythmische Betonung fällt – ähnlich wie in der Musik Javas und Balis – auf den 2. und 4. Schlag jeder Vierergruppe (nicht so sehr auf den 1. und 3. wie in der westlichen Musik; s. Bsp.: ○ = nicht gedämpft, + = gedämpft, ⊕ = gedämpfter Gongschlag). Die Stufen, die mit dem 4. Schlag jeder Vierergruppe zusammenfallen, nehmen einen besonderen Rang ein, der auf den Quintbeziehungen gründet; sie bilden den Modus (den „Geist") eines Stückes. Eine eigene Thai-Terminologie für die Bezeichnung der Modi gibt es nicht. Die Modus-Vorstellung in der Thai-Musik scheint auf chinesische Einflüsse zurückzugehen: 5 Modi sind möglich, einer auf jedem Ton der pentatonischen Leiter. Dieses System hat sich jedoch in der Thai-Musik aufgelöst, denn mehr als die Hälfte aller überlieferten Stücke steht klar in dem Modus, der auf der 1. Stufe endet bzw. diese weitgehend benutzt. Die 4. und 7. Stufe dienen als Durchgangstöne, Verzierungen oder ermöglichen einen Moduswechsel (meist im Quintabstand). Hierauf beruht der typische Thai-Stil, der durch die folgende Melodie (im 6. Modus: 6 123 56) verdeutlicht wird:

Ein anderer Stil, Mōn genannt (nach dem Volk der Mōn), ist noch mehr diatonisch und umfaßt 6 oder 7 Stufen, obgleich die durch Beckenschläge akzentuierten Stufen eher denen der pentatonischen Leiter entsprechen. Hier ein Teil eines Stückes im Mōn-Stil (2. Modus: 23 56 12):

In der Thai-Musik findet sich nur eine begrenzte Anzahl von Formen. Die meisten Stücke, vor allem das ziemlich alte Repertoire des 19. Jh., bestehen aus Aneinanderreihungen einzelner Teile und aus Wiederholungen und Sequenzen. Gegen Ende des 19. Jh. und zu Beginn des 20. Jh. entwickelte sich die Variationsform Thao: eine vorhandene Komposition („Mittelfassung") wird auf die doppelte Länge gebracht, dann auf die Hälfte der ursprünglichen Fassung verkürzt; dabei bleiben in jeder Fassung die wesentlichen Elemente der modalen Struktur erhalten. Das oben angeführte 1. Bsp. stellt eine „Mittelfassung", das 2. die ausgeweitete Fassung einer Thao-Komposition dar. In jeder Fassung geht ein vokaler Abschnitt einem gleich langen instrumentalen Teil voraus. Die Thao-Form kann auch als eine rein instrumentale Folge ohne vokalen Teil ausgeführt werden.

Obwohl sie nur ziemlich begrenzte Mittel verwendet, bietet die traditionelle Thai-Musik eine große Vielfalt. Infolge der Restriktionen und der Abschaffung zahlreicher königlicher Residenzen (1932), an denen diese Musik seit etwa 100 Jahren gefördert wurde, hat die traditionelle Musik Th.s sich nicht weiterentwickelt und wird nur selten gespielt. Von Zeit zu Zeit entsteht eine begrenzte Zahl von Kompositionen und Bearbeitungen, vor allem für die Theatervorstellungen des Department of Fine Arts in Bangkok. Praktisch jedoch ist die Thai-Musik eine tote Tradition geworden.

Lit.: PHRA CHEN DURIYANGA, Siamese Music (Bangkok 1948), 4. Aufl. als: Thai Music (ebd. 1956); S. MOORE, Thai Songs in ⅞ Meter, in: Ethnomusicology 13 (1969); D. MORTON, Music in Th. The Traditional System and Foreign Influences, in: Musikkulturen Asiens, Afrikas u. Ozeaniens im 19. Jh., hrsg. v. R. Günther (Rb 1973); DERS., The Traditional Music in Th. (Berkeley 1976); DERS., Th., in: Grove[6] XVIII (mit weiterer, auch in Th. erschienener Lit.).

D. MORTON

THAÏS, Comédie lyrique in 3 Akten (7 Bildern)

von J. Massenet, Text von Louis Gallet nach dem gleichnamigen Roman von Anatole France. Ort u. Zeit der Handlung: Theben, Alexandrien u. eine Oase, im 12. Jh.; UA: 16. 3. 1894 Paris (Opéra). Mit diesem weltweit erfolgreichen Werk reihte sich Massenet unter die Fin-de-siècle-Komponisten ein; literarische Werke wie P. Mérimées *Carmen,* O. Wildes *Salome* und G. Flauberts *Versuchungen des hl. Antonius* stecken in etwa den motivischen Rahmen für *Thaïs* ab. Psychologisches und dramatisches Zentrum der Oper ist nicht die Titelheldin, sondern der Mönch Athanael, dem es zwar gelingt, die schöne Kurtisane Thaïs auf den Pfad der Tugend zurückzuführen, der aber an der in ihm selbst erwachten Liebe zu ihr zerbricht. Über dem Sterbelager der bekehrten Heldin verflucht Athanael Gott. Feinfühlig hat Massenet versucht, den Bereich jenseits moralischer Maßstäbe, den schmalen Grat zwischen Heiligkeit und Laster, zwischen religiöser und erotischer Ekstase, musikalisch sinnfällig werden zu lassen – ein Gedanke, auf den schon Anatole France in seinem Roman *Thaïs* (1890) hinwies. Wie später auch R. Strauss in *Salome,* so vertraut schon Massenet der reinen Instrumentalmusik die Aufgabe an, nicht verbalisierte psychische und gedankliche Prozesse (Bekehrung/Verführung) anzudeuten, ohne daß die für den Stil des Komponisten charakteristische Akzentuierung der fließenden Melodik eingeschränkt würde. Die berühmte *Méditation* im 2. Akt, nach der unglaubhaft plötzlichen Bekehrung der „Priesterin des Bösen", ist dafür exemplarisch. R. QUANDT

THALBERG, Sigismund Fortuné François, * 8. 1. 1812 Genf, † 27. 4. 1871 Posillipo bei Neapel; östr. Pianist und Komponist. Er erhielt seine Ausbildung bei J. N. Hummel und S. Sechter in Wien und bildete sich in Paris noch bei Fr. Kalkbrenner weiter. Seine erste Konzertreise 1830 durch Deutschland machte ihn rasch bekannt. 1836 trat er mit sensationellem Erfolg in Paris auf, der zu einer Parteienbildung von Anhängern Fr. Liszts und Anhängern Th.s führte. 1837 kam es zu einem Wettspiel mit Liszt, bei dem Th. unterlag. Er feierte zwischen 1837 und 1848 zwar weiterhin Triumphe, geriet aber zunehmend in den Schatten Liszts als des genialeren und universelleren Musikers. 1855 reiste er nach Brasilien und Kuba, 1856 nach Nordamerika; 1858 ließ er sich in Neapel nieder. Th.s Vorzüge waren eine außergewöhnliche Technik, kultiviertes Spiel und eine tadellose, überlegene Spielhaltung, doch war sein Vortrag nach Meinung mancher Kritiker zu wenig beseelt und gleichförmig, es fehlte der zündende Funke. Als Klavierkomponist war Th. ohne Bedeutung.

Lit.: E. MÜHSAM, S. Th. als Klv.-Komponist (Diss. W 1937); V. VITALE, S. T. a Posillipo, in: NRMI 6 (1972).

THAYER, Alexander Wheelock, * 22. 10. 1817 South Natick bei Boston (Massachusetts), † 15. 7. 1897 Triest; amerik. Musikforscher. Er studierte an der Harvard University, wurde 1843 Assistent an der dortigen Bibliothek. 1854–56 und 1858 besuchte er Deutschland, um Material für eine geplante Beethoven-Biographie zu sammeln. Seit 1862 war er Botschaftsattaché in Wien und 1865–82 amerikanischer Konsul in Triest. Th.s hsl. Beethoven-Biographie hat durch Fülle und sorgfältige Auswertung des Materials neue Maßstäbe gesetzt und ist vor allem in der Übersetzung und Bearbeitung durch Hermann Deiters und H. Riemann grundlegend geworden.

Schriften: *Ein chronologisches Verz. der Werke L. van Beethovens* (B 1865); *Ludwig van Beethoven's Leben.* Nach dem Original-Ms. dt. bearbeitet v. H. Deiters – H. Riemann, 5 Bde. (B – L 1866–1908) (bibliographische Details bei ↗Beethoven, Lit. 3), engl. Übers.: E. H. Krehbiel, Life of Beethoven, 3 Bde. (NY 1921, Neudr. 1959), revidierte engl. Ausg.: Thayer's Life of Beethoven, hrsg. v. E. Forbes, 2 Bde. (Lo – Princeton 1964, NA 1970); *Ein kritischer Beitr. z. Beethoven-Lit.* (B 1877).

Lit.: CH. MATCH, The Education of W. Th., in: MQ 42 (1956).

THEILE, Johann, * 29. 7. 1646 Naumburg, begraben 25. 6. 1724 ebd.; dt. Komponist. Nach früher Musikausbildung bei J. Scheffler in Magdeburg studierte er seit 1666 in Leipzig Jura, betätigte sich als Sänger und Gambenspieler und wurde von hier aus Schüler von H. Schütz in Weißenfels. Anschließend lebte er als Musiklehrer in Stettin, dann in Lübeck. 1673 bis Februar 1675 wirkte er als holsteinischer Hofkapellmeister in Gottorf. 1676 ging er nach Hamburg, wo am 2. 1. 1678 die Gänsemarkt-Oper mit seinem (nicht erhaltenen) Singspiel *Der erschaffene, gefallene und auffgerichtete Mensch* eröffnet wurde. 1685 wurde Th. Hofkapellmeister in Wolfenbüttel, 1691 in Merseburg. Vermutlich 1694 kehrte er nach Naumburg zurück, wo er nach 1700 als Berater der jährlichen Opernaufführungen wirkte. Zeitweilig war Th. auch am Berliner Hof tätig. Th. war in seiner Zeit als Meister esoterischer kontrapunktischer Künste bekannt, wie dies besonders das *Musikalische Kunstbuch* bezeugt. Ein gattungsgeschichtlich bedeutsames Werk ist seine Passion (zu der D. Buxtehude ein Widmungsgedicht schrieb). Die monodischen Partien – die noch deutliche Elemente des choralen Passionstons enthalten und nach Anweisung des Komponisten auch a cappella vorgetragen werden können – und die Turbasätze sind sämtlich instrumental begleitet.

WW: **1) Kompositionen:** Messen für 4–5 St. mit oder ohne B.c. (F

– L 1673); *Passio … oder Das Leiden und Sterben unsers Herrn Jesu Christi nach … Matthäo* für Soli, Chor, 2 Va. u. 2 Gamben u. B.c. (Lübeck 1673); hsl. sind erhalten: 4 Messen; 7 lat. Psalmen für 4 St. u. Instr.; etwa 20 dt. Motetten für 1–5 St. u. Instr. – Weltliche Arien u. Kanzonetten für 1–4 St., Instr. u. B.c. (L 1667); hsl. ein dt. Madrigal u. 7 Arien aus der Oper *Orontes* (UA: Hamburg 1678). – Ferner 2 Sonaten für 3 bzw. 4 Instr. u. B.c. – *Musikalisches Kunstbuch* (überliefert in zahlr. Abschriften u.a. v. J. G. Walther) mit Kanons, Fugen, Sonaten, Suitensätzen u. Messesätzen für 2–6 St. im doppelten Kontrapunkt. – **2) Schriften:** 5 Kontrapunkt-Traktate (hsl.).

Ausg.: Matthäus-Passion, hrsg. v. F. ZELLE (L 1904) (= DDT 17); *Missa brevis*, hrsg. v. R. GERBER (Wb 1932) (= Chw 16); Suite für Str. u. Cemb., hrsg. v. M. SEIFFERT (Wb o.J.) (= Organum III/19); *Unser Matz hat einen großen langen Bart*, in: H. J. MOSER, Corydon (Brau 1933, Nachdr. Hil 1966); Arien aus *Orontes*, in: H. CH. WOLFF, Die Barockoper in Hamburg (H 1957); *Musikalisches Kunstbuch*, hrsg. v. C. DAHLHAUS (Kas 1965) (= Denkmäler norddt. Musik 1).

Lit.: F. ZELLE, J. Th. u. N. A. Strungk (B 1891); W. MAXTON, J. Th. (Diss. Tü 1926); W. SCHULZE, Die Quellen der Hamburger Oper (H 1938); E. SCHENK, J. Th.s „Harmonischer Baum", in: FS M. Seiffert (Kas 1938); DERS., Das „Musikal. Opfer" v. J. S. Bach, in: Anzeiger der phil.-hist.-Klasse der Östr. Akad. der Wiss. 90 (1953); M. GECK, Th., in: MGG XIII; W. BRAUN, Zwei Quellen für Ch. Bernhardts u. J. Th.s Satzlehren, in: Mf 21 (1968); E. J. MACKAY, The Sacred Music of J. Th. (1968) (= Diss. Univ. of Michigan). W. PFANNKUCH

THELIN, Eje, * 1937 in Schweden; schwedischer Jazzmusiker (Posaune). Th. spielte seit 1961 mit eigenen Gruppen, wurde 1967 Dozent für Jazz an der Hochschule für Musik und Darstellende Kunst in Graz, wo er großen Einfluß ausübte, und trat in den 70er Jahren wieder mit eigenen Formationen und als Gast prominenter Musiker des internationalen Free Jazz und New Jazz auf. Unabhängig von Albert Mangelsdorff in Deutschland, der ihn als sein erstes Vorbild bezeichnet, hat Th. wesentlich zur Erweiterung der Spiel- und Ausdrucksmöglichkeiten der Posaune beigetragen. Er ist ein souveräner Improvisator und zeigt in unbegleiteten Solostücken äußerste Reife; spielerische Merkmale sind Tonmächtigkeit, linear weiche Phrasierung sowie Verhaltenheit und Eleganz im Ausdruck.

THEMA, Bz. für den Gegenstand einer Komposition. Das Wort ist in der Musiktheorie seit dem 16. Jh. in Gebrauch. Es wurde zunächst nur gelegentlich verwandt, meist synonym mit Subjectum (lat.) und ↗Soggetto (it.). Bedeutsam wird der Begriff in der Sonatentheorie des 19. Jh., in der mit Th. die Gedanken großer instrumentaler Formen bezeichnet werden. Im Zusammenhang damit wird der Begriff auch auf ältere Gattungen, vor allem auch auf die ↗Fuge angewandt, ein Verfahren, das sich auf historische Vorbilder stützen kann. Gegenstand des *Musicalischen Opfers* von J. S. Bach ist das vom Komponisten so bezeichnete „Th. regium", das Friedrich der Große Bach gestellt hatte, damit er es in einer Fuge ausführte. Im 16. Jh. meint Th. (= Soggetto) den Wort und Ton vereinenden Vorwurf des polyphonen Satzes: den C.f. oder die zeilenartige Melodie, die dem Abschnitt einer Komposition, z.B. einer Motette, zugrunde liegt. Jeder Abschnitt einer solchen Komposition hat demnach grundsätzlich sein eigenes Thema. Die Fuge mit ihren Vorformen ist die erste Gattung, die, um den Verlust des sinnstiftenden Textes zu ersetzen, sich während ihrer ganzen Dauer auf ein einziges musikalisches Th. konzentriert. Die Gestalt des Fugen-Th.s ist in hohem Maße auf die Technik seiner Bearbeitung abgestellt. Es lädt zur kontrapunktischen Ergänzung ein und läßt dieser melodischen und rhythmischen Spielraum. Je weniger Stimmen eine Fuge hat, um so bewegter ist ihr Th., je mehr Stimmen sie hat, um so ruhiger ist es. Die Charaktere der Themen sind so verschieden wie die der Fugen. Man unterscheidet an den alten vokalen Stil erinnernde Ricercarthemen, modernere Kanzonenthemen, Tanz-, Spiel- und pathetische Themen.

Die Eigenständigkeit der bedeutenden instrumentalen Gattungen bekundet sich im 18. und 19. Jh. auch in der musikalischen Beredsamkeit ihrer Themen. Die Frage nach der Eigenschaft eines geglückten Th.s hängt in einem so hohen Maße vom Epochen- und Gattungsstil ab, daß man sie losgelöst davon nicht bestimmen kann. Eine Fuge verlangt ein anderes Th. als ein Sonatensatz; eine Symphonie ein anderes als ein Konzert oder eine Sonate, eine große Sonate ein anderes als eine Sonatine, der erste Satz eines zyklischen Werkes ein anderes als der letzte usw. Im allgemeinen sind Melodie und Rhythmus die bestimmenden Faktoren der Themen. Andere können hinzukommen oder diese in den Hintergrund drängen: die Harmonie, metrische Figuren oder die Klangfarbe. Mehr als in den übrigen Partien bekundet sich in der Thematik der Einfallsreichtum und die Erfindungskraft des Komponisten.

In Werken großen Formats werden den Hauptthemen Nebenthemen beigegeben oder entgegengestellt. Die Prägnanz der Themen wächst mit dem Format der Werke. Sie ist gering in kleinen Stükken, in Tänzen und liedhaften Sätzen, so gering oft, daß man zögert, von Th. zu sprechen. Sie ist groß in den hochorganisierten ↗Sonatensatz- und Rondo-Formen. Die dominierende thematische Einheit wird grundsätzlich zu Beginn eines Satzes exponiert. Sie beherrscht ferner den Beginn der großen formbildenden Abschnitte, oft den Beginn der Durchführung und grundsätzlich den der Reprise. Zu Beginn der Exposition und der Reprise steht das Th. in der Tonika, zu Beginn der Durchführung gegebenenfalls häufig in der Dominante. Themen sind im 18. Jh. meist symmetrisch angelegt und satzartig in sich geschlossen. In der Exposition werden sie oft wiederholt. Dies alles läßt sie im Organismus eines Satzes als Phasen der Stabilität und Ruhe erscheinen. Die Nebenthemen können Varianten des Hauptsatzes sein (J. Haydn) oder damit kontrastieren (L. van Beethoven). Dem Anfangs-Th. folgt meist ein unthematischer Zwischen- oder Überleitungssatz, der allerdings Motive des Th.s fortspinnen kann, dem Seiten-Th. meist eine mehr oder weniger weitschweifige Ausbreitung, die in förmlichen Kadenzen endet. Die Durchführung der Sonatensatzform hat oft, seit Beethoven regelmäßig, Motive der Themen zum Gegenstand; sie ist der Ort der ↗thematischen Arbeit. Manche Komponisten wandeln darin die Themen ab (Fr. Schubert). Der Charakter der Themen hängt in hohem Maße von der Besetzung ab. Die Themen des ersten Symphoniesatzes sind einfach, glänzend und feurig, die Themen des solistischen Sonatensatzes nuancenreich und individuell. Die Themen des Streichquartetts haben das höchste gedankliche Niveau, das Instrumentalmusik zu erreichen imstande ist.

Im 19. Jh., schon in manchen Werken Beethovens, tritt die Bedeutung der satzförmigen thematischen Einheiten hinter die der dynamisch bestimmten elementaren Einheiten, der Motive, zurück. E. Th. A. Hoffmann hat das erste 2taktige Motiv der 5. Symphonie von Beethoven zu ihrem Hauptgedanken erklärt. W. Riezler stellt fest, daß der erste Satz der 3. Symphonie ein „Hauptmotiv", nicht aber ein „Hauptthema" habe. Und auch dort, wo sich die Motive noch zu thematischen Sätzen vereinen, ist ihre Gestaltqualität geringer als in der Klassik. An die Stelle faßlicher charakteristischer musikalischer Gedanken treten weiche, schwer greifbare Gebilde, deren Eigenart weniger in der melodisch-rhythmischen Zeichnung als in der organisch-dynamischen Entwicklung eines musikalischen Bewegungselementes besteht (J. Brahms).

In klassischen Instrumentalzyklen überschreitet ein Th. die Satzgrenzen grundsätzlich nicht. Im 19. Jh. wird dieses Prinzip vielfach aufgegeben. Man bindet mehrere oder alle Sätze an ein Thema. Diese Themen sind grundsätzlich nicht mehr an das Prinzip der metrischen Symmetrie gebunden. Sie sprechen die Sprache der musikalischen Prosa (Fr. Liszt).

Lit.: A. HALM, Zur Phänomenologie der Thematik, in: Von Grenzen u. Ländern der Musik (Mn 1916); W. SENN, Das Hauptthema in den Sonatensätzen Beethovens, in: StMw 16 (1930); F. BRAND, Wesen u. Charakter der Thematik im Brahmsschen Kammermusikwerk (Diss. Be 1937); H. BESSELER, Bach als Wegbereiter, in: AfMw 12 (1955); K. H. WÖRNER, Das Zeitalter der themat. Prozesse in der Gesch. der Musik (Rb 1969) (= Stud. z. Musikgesch. des 19. Jh. 18). W. SEIDEL

THEMATISCHE ARBEIT, motivisch-thematische Arbeit, Bz. für die Ausarbeitung eines zentralen musikalischen Gedankens (↗Thema), vor allem in der ↗Sonatensatzform, bei der die in der ↗Exposition aufgestellten Themen in der ↗Durchführung eine mehr oder minder ausgiebige Abwandlung erfahren. Th. A. ist ein Umgestaltungsprozeß, der, im Gegensatz zu additiver Reihung oder kontrastierender Gegenüberstellung, durch systematische oder zumindest folgerichtige „Ableitung" melodischer Gestalten den Zusammenhang eines musikalischen Verlaufs sinnfällig macht. (A. Schönberg hat die allmähliche Transformation der thematischen Substanz in andere Erscheinungsformen als „entwickelnde Variation" bezeichnet.) Ihrem Prozeßcharakter entsprechend findet sich th. A. überwiegend in formdynamischen Abschnitten (z. B. Durchführungen, Überleitungen, Steigerungen, Schlußabschnitten). Die Verfahren der Abwandlung sind systematisch nicht zu erfassen – sie hängen von der jeweiligen Struktur des Themas und vor allem von der schöpferischen Phantasie des Komponisten ab –, doch lassen sich einige allgemeine Techniken aufzeigen. In der Musik der Wiener Klassik (als frühes Beispiel auch schon in den thematischen Zwischenspielen mancher Fugen J. S. Bachs) findet sich th. A. als Zergliederung, als Abspaltung oder Herauslösung von Motiven aus dem Verbund des Themas. Deren selbständige Weiterentwicklung kann als Auflösungsvorgang (L. van Beethoven, Ouvertüre zu *Coriolan*, Schlußtakte) oder als ein neue Formeinheiten schaffender morphologischer Prozeß erscheinen.

Thema (a), Abspaltung (b,c) und Neuformung (d) von Motiven in L. van Beethoven, 6. Symphonie *(Pastorale)*, 1. Satz

Daneben findet sich auch die „Variantenbildung" (besonders bei Fr. Schubert und G. Mahler).

Th. A. im definierten Sinn gibt es primär im melodisch-diastematischen Bereich, doch haben sich auch innerhalb des mehrstimmigen Satzgefüges bestimmte Abwandlungsverfahren ausgebildet: die satztechnische Auflösung von Themen durch dialogische Setzweise, „durchbrochene Arbeit“ oder ↗obligates Akkompagnement sowie die andersartige „Beleuchtung“ eines Themas durch neue Gegenstimmen oder kontrapunktische (imitatorische) Techniken.

Entwickelnde Variation in J. Brahms, 1. Symphonie, 1. Satz

Über die spezielle Bedeutung im Bereich der Sonatenform hinaus werden im weiteren Sinne auch andere Kompositionstechniken, bei denen ein musikalischer Grundgedanke systematisch abgewandelt wird, als th. A. bezeichnet. Dies betrifft sowohl kontrapunktische Formen, bei denen die Verarbeitung des ↗Soggettos (oder ↗Subjekts) sich auf bestimmte Erscheinungsformen (wie Umkehrung, Krebsgang, Augmentation u.a.) beschränkt, als auch die Abwandlung eines Themas in einer Variationenfolge. Th. A. setzt ein Thema voraus, doch finden sich auch in athematischen Kompositionsstilen wie Zwölftontechnik und serieller Musik, bei denen ein vorgeordnetes Bezugssystem von Toneigenschaften an die Stelle eines Themas tritt, bestimmte, aus der Tradition thematischer Abwandlung stammende Verfahren wieder.

Lit.: R. RETI, The Thematic Process in Music (NY 1951, ^{4}1966); K. H. WÖRNER, Das Zeitalter der themat. Prozesse in der Gesch. der Musik (Rb 1969) (= Stud. z. Musikgesch. des 19. Jh. 18).

E. PLATEN

THEMATISCHER KATALOG, Bz. für ein Verzeichnis einer bestimmten Gruppe musikalischer, meist mehrstimmiger Kompositionen nach ihren Themen bzw. ersten Noten (Incipit) im Particell, Klavierauszug oder einstimmig (instrumentale oder vokale Melodiestimme oder B.c.). Es gibt auch thematische Verzeichnisse von gregorianischen Gesängen und von Volksliedern. Aus dem 18. und frühen 19. Jh. kennen wir nach Gattungen und Komponisten geordnete hsl. Verzeichnisse von Musiksammlungen, z.B. des Musikarchivs im Stift Göttweig (Wondratsch, 1830, hrsg. von Fr. W. Riedel, 1979). Zu den ersten gedruckten thematischen Archivkatalogen gehören die des päpstlichen Kapellarchivs in Rom (Fr. X. Haberl, 1888) und der großherzoglichen Sammlung in Schwerin (O. Kade, 1893), zu den neueren die der Oettingen-Wallersteinschen Sammlung in Schloß Harburg und der Thurn- und Taxisschen Bibliothek in Regensburg (beide von G. Haberkamp, 1976 und 1981). Der erste thematische Verlagskatalog war der von J. J. Hummel in Amsterdam (1768–74, neu hrsg. von C. Johansson, 1972). Von 1762–87 erschienen Kataloge der von Breitkopf in Leipzig käuflich vertriebenen Abschriften (neu hrsg. von B. S. Brook, 1966). Thematische Kataloge, die das Œuvre eines einzelnen Komponisten verzeichnen, gab es ansatzweise schon im 17. und 18. Jh.; im 19. Jh. erschienen gedruckte Kataloge wie die der Werke von F. Mendelssohn Bartholdy (1843, ^{3}1882), R. Schumann (^{4}1868), Fr. Liszt (1855, ^{2}1877), J. Brahms (1887) und C. Saint-Saëns (1897). Sie sollten hauptsächlich anzeigen, welche Werke im Handel waren. Bahnbrechend für die Musikwissenschaft war das Mozart-Verzeichnis von L. von Köchel (1862), das seit 1964 in 6., bearbeiteter Auflage vorliegt. Eine beachtliche Leistung ist auch Fr. W. Jähns' Weber-Katalog (1871), während A. Wotquennes Verzeichnisse der Werke von Chr. W. Gluck (1904) und C. Ph. E. Bach (1905) heutigen Ansprüchen weniger genügen. Diese richten sich auf die Incipits und Taktzahlen für alle Sätze jedes Werkes, den Werktitel, die Besetzung, die Datierung, den Verfasser des vertonten Textes, den Auftraggeber, die Widmung, die erste Aufführung, früheste Erwähnungen, abweichende Fassungen, die authentischen Quellen (Autograph, Skizzen, beglaubigte Abschriften, Originalausgabe), kritische Neuausgaben, wichtige Literatur, Werke zweifelhafter Echtheit.

Während Köchel die Werke chronologisch ordnete, sichtet sie W. Schmieder in seinem BWV (1950) nach Gattungen und zählt sie durch wie Köchel. Der Schubert-Katalog von O. E. Deutsch und anderen (1951, ^{2}1978) zählt die Werke wie Köchel chronologisch; die undatierbaren Werke stehen in fortlaufender Weiterzählung am Schluß. Das Beethoven-Verzeichnis von G. Kinsky und H. Halm (1955) folgt den Opus-Nummern und bringt die Werke ohne Opuszahl (WoO) im 2. Teil. A. van Hoboken folgt in seinem Haydn-Verzeichnis (1957–78) den Gattungen, numeriert diese römisch und die Werke jeder Gattung arabisch, jeweils mit 1 beginnend. Werke zweifelhafter Echtheit oder unechte Werke stehen bei Köchel, Schmieder und Deutsch im Anhang, bei Hoboken am Ende der einzelnen Gattungen.

Thematische Kataloge gibt es auch von Werken zahlreicher anderer Komponisten, darunter C. Fr. Abel (W. Knape, 1971), L. Boccherini (Y. Gérard, 1969), A. Bruckner (R. Grasberger, 1977), F. Busoni (J. Kindermann, 1971), D. Buxtehude (G. Karstädt, 1974), Fr. Chopin (M. Brown, 1960; K. Kobylanska, 1979), M. Clementi (A. Tyson, 1967), J. Coprario (R. Charteris, 1977), Fr. Couperin (M. Cauchie, 1949), A. Dvořák (J. Burghauser, 1960), J. Eybler (H. Herrmann, 1976), E. Th. A. Hoffmann (G. Allroggen, 1970), G. Holst (I. Holst, 1974), J. N. Hummel (D. Zimmerschied, 1971), Fr. Kuhlau (D. Fog, 1977), S. von Neukomm (R. Angermüller, 1977), C. d'Ordoñez (A. P. Brown, 1978), G. B. Pergolesi (M. Paymer, 1977) I. Pleyel (R. Benton, 1977), A. Reicha (O. Šotolová, 1977), J. Rheinberger (H.-J. Irmen, 1975), G. B. Sammartini (B. D. Churgin – N. Jenkins, 1976), R. Strauss (E. H. Müller von Asow, 1955–68), A. Vivaldi (A. Fanna, 1968; P. Ryom, 1974). Mancher Th. erscheint im Anhang einer Biographie des betreffenden Komponisten, so bei W. Fr. Bach (M. Falck, 1913), J. Chr. Bach (Ch. S. Terry, [2]1967), C. Franck (W. Mohr, [2]1969), J. J. Fux (Köchel, 1872), G. Gabrieli (E. F. Kenton, 1967), oder als Teil einer Werkausgabe, z. B. bei J. Chr. Fr. Bach (G. Schünemann, 1917). Thematische Kataloge der Musik bestimmter Schulen oder Stilrichtungen sind H. Riemanns Verzeichnis der Mannheimer Symphonien und Kammermusik (1902–06 und 1915), Brooks Verzeichnis frz. Symphonien aus der 2. Hälfte des 18. Jh. (1962) und der Katalog des dt. ↗Tenorliedes. Auch andere RISM-Bände sind als Thematische Kataloge angelegt. Nachschlagewerke für die Bestimmung von Werken des gängigen Repertoires sind die von Barlow und Morgenstern (*Dictionary of Musical Themes,* 1948; *Dictionary of Vocal Themes,* 1950).

Lit.: A. OTT, Themat. Verzeichnisse, in: MGG XIII; B. S. BROOK, Thematic Catalogues in Music. An Annotated Bibliogr. (Hillsdale/N. Y. 1972) (Standardwerk); H. WETTSTEIN, Bibliogr. musikal. themat. Werkverzeichnisse (Laaber 1978); B. S. BROOK, Thematic Catalogue, in: Grove[6] XVIII. G. FEDER

THEODORAKIS, Mikis (Mikes Georgiu), * 29. 7. 1925 Insel Chios; griechischer Komponist. Er studierte 1943–50 am Odeion in Athen, war während des 2. Weltkrieges Widerstandskämpfer gegen die deutsche Besatzung und 1947–49 im Zusammenhang mit dem Bürgerkrieg in politischer Haft. 1953–59 setzte er seine Musikausbildung am Pariser Conservatoire bei O. Messiaen und R. Leibowitz fort. Nach Athen zurückgekehrt, wurde Th. seit 1961 erneut politisch aktiv (u. a. als Führer der linksorientierten „Demokratischen Jugend Lambrakis") und nach dem Militärputsch 1967 erneut inhaftiert; seine Musik wurde verboten. 1970 freigelassen, lebte er bis zum Sturz der Militärregierung 1974 in Paris im Exil.

WW: Kammermusik. – Für Orch.: *Idipus tirannos* (1946), Fassung für Str. (1955); Symphonie (1950); Klv.-Konzert (1958); Suite I (1954) für Klv. u. Orch.; Suite II für Orch.; Suite III (1956) für gem. Chor u. Orch. – Liederzyklen u. Chorwerke. – Ballett *Antigone,* UA: London 1959; Bühnenmusik; Filmmusik, u. a. zu: *Elektra* (1962); *Alexis Sorbas* (1964); *Z* (1969). – Th. schrieb: *Jin tin elliniki musiki* (Für eine griechische Musik) (Athen 1961); *Journal de Résistance* (P 1971), dt. Übers.: *Mein Leben für die Freiheit* (Be 1972); *Musik für die Massen* (Athen 1972).

Th.' ideelles Hauptziel, die politische Aktivierung des Volkes, suchte er durch die Ausbildung einer besonderen Form des „symphonischen Liedes" zu fördern, das in pathetisch-sentimentaler Weise griechische Folklore mit harmonischen Mustern romantischer Symphonik verbindet. In den letzten Jahren tritt dieser politische Anspruch zugunsten einer mehr auf Unterhaltung ausgerichteten Popularmusik zurück.

Lit.: G. GIANNARIS, M. Th. Music and Social Change (NY 1972) (mit Werk-Verz. u. Diskographie); Y. FLESSAS, M. Th., das Lied eines Volkes (Athen 1974); G. PIERRAT, Th. Le roman d'une musique populaire (P 1977); G. HOLST, Th. Myth & Politics in Modern Greek Music (A 1980). B. A. KOHL

THEORBE (engl.: theorbo; frz.: théorbe; it., span.: tiorba), Bz. für eine ↗Erzlaute (Baßlaute) mit sehr großem Lautenkorpus und in der Regel 2 Wirbelkästen (Krägen), die nicht, wie bei der ↗Laute, nach hinten abgeknickt sind. Der erste befindet sich in direkter Verlängerung des mit Bünden versehenen Halses. An ihm sind 6–8 einfache oder doppelchörige Griffbrettsaiten befestigt. Mit diesem Wirbelkasten ist der 2. Kragen durch einen kurzen, leicht geschweiften Zwischenhals seitlich versetzt verbunden. Zum 2. Wirbelkasten sind 8 ein- oder doppelchörige Baßsaiten gezogen, die neben dem Griffbrett verlaufen und daher nur in ganzer Länge schwingen. Gewöhnlich bestand der Bezug der Th. aus Darmsaiten, aber schon im frühen 17. Jh. erwähnt M. Praetorius auch Stahl- und Messingsaiten. Er beschreibt 2 verschiedene Th.n (*Syntagma musicum* II, 1619), die mit dem ↗Chitarrone identische Römische oder Romanische Th. und die mit Messing- und Stahlsaiten bezogene Paduanische Th. mit 8 auf D_1 E_1 F_1 G_1 A_1 H_1 C D gestimmten Baßsaiten und 8 Griffbrettsaiten E F G c f a d g. Die beiden obersten Saiten sind bei Praetorius – anstatt in d^1 und g^1 – eine Oktave tiefer gestimmt, weil ein Höherstimmen dieser Saiten die Saitenspannung so erhöht hätte, daß die Th. dieser Belastung nicht standgehalten hätte. Diese Stimmung hatte zur Folge, daß die beiden äußersten, von den Fingern am einfachsten zu greifenden Saiten nicht die Hauptmelodiesaiten waren, sondern zur Ausfüllung in der Mittellage benutzt wurden, während die 3. (auf a gestimmte) Saite die eigentliche Melodiesaite war. Eine andere Stimmung, aber auch mit tiefer gestimmten oberen Saiten, gibt M. Mersenne (*Harmonie universelle* III, 1636) für eine 14saitige Th. (8 Baß-, 6 Griffbrettsaiten) an. Die Anzahl der Saiten einer Th. sowie deren Stimmung war je nach Zeit und Ort sehr unterschiedlich. So läßt sich nur sagen, daß in der Regel die Griffbrettsaiten in Quarten mit Terzen in der Mitte, die Baßsaiten dagegen diatonisch gestimmt waren. Bei 8 Griffbrettsaiten hatten die tiefsten oft in Fortsetzung der Baßsaiten diatonische Stimmung. Im 18. Jh. war die Th., vor allem in Deutschland, mit 6 doppelchörigen unisono gestimmten Griffbrettsaiten und 8 doppelchörigen jeweils im Oktavabstand gestimmten Baßsaiten ausgestattet und hatte auf den Griffbrettsaiten meistens die gleiche Stimmung wie die Laute.

Die Th. entstand in der 2. Hälfte des 16. Jh. in Italien. Die Herkunft des Namens ist trotz zahlreicher Deutungsversuche bisher nicht geklärt. Sie wurde im 17. Jh. und in der 1. Hälfte des 18. Jh. vor allem als Fundamentinstrument im Generalbaß eingesetzt. Aber auch als Soloinstrument war sie im 17. Jh. sehr beliebt, wie einige gedruckte und hsl. Tabulaturen zeigen (Verz. in: Grove[6] XVIII).

Zu den Baßlauten gehört auch die sog. „theorbierte Laute“, deren Griffbrettsaiten zwar an den Wirbeln eines zurückgebogenen Knickhalses wie bei der Laute enden, die daneben aber einen weiteren, je nach Anzahl der Baßsaiten verschieden langen und breiten geraden Wirbelkasten in Verlängerung des Halses hat. Auch dieses Instrument erfreute sich, wie aus vielen Darstellungen ersichtlich, im 17./18. Jh. großer Beliebtheit. Alle Baßlauten verloren jedoch in der 2. Hälfte des 18. Jh. ihre Bedeutung und wurden zugunsten anderer Instrumente aufgegeben.

Lit.: H. NEEMANN, Laute u. Th. als Generalbaßinstr.e im 17. u. 18. Jh., in: ZfMw 16 (1934); E. WINTERNITZ, On Archlutes, in: Guitar Review 9 (1949); H.-E. BACH, Die Th., in: ZfIb 18 (1964); H. RADKE, Wodurch unterscheiden sich Laute u. Th.?, in: AMl 37 (1965); E. POHLMANN, Laute, Th., Chitarrone. Die Instr., ihre Musik u. ihre Lit. v. 1500 bis z. Gegenwart (Bremen 1968, [4]1976); R. SPENCER, Chitarrone, Theorbo and Archlute, in: Early Music 4 (1976); I. HARWOOD u.a., Th., in: Grove[6] XVIII; F. HELLWIG, The Morphology of Lutes with Extended Bass Strings, in: Early Music 9 (1981).

M. BRÖCKER

THEORIE DER MUSIK ↗Musiktheorie.

THÉRÉMINE, Léon (eig. Lew Termen), * 3. (15.) 8. 1896 St. Petersburg; russ. Physiker. Th. leitete in St. Petersburg seit 1919 das Laboratorium für Oszillographie. Er ist der Erfinder des ersten elektroakustischen Musikinstruments, des von ihm so genannten „Aetherophons“ (spätere Bz. Theremin bzw. Thereminovox). Die erste Komposition dafür schuf A. F. Paschtschenko (*Symphonisches Mysterium* für Theremin und Symphonieorchester); sie wurde 1924 in Leningrad uraufgeführt. In der Folge konstruierte Th. noch weitere elektronische Instrumente, mit denen er auch Konzerte gab. Zusammen mit H. Cowell entwickelte er 1931 ein „Rhythmicon“, das Überlagerungen komplizierter Rhythmen ermöglicht.

Lit.: W. MEYER-EPPLER, Elektrische Klangerzeugung (Bonn 1949); F. K. PRIEBERG, Musica ex Machina (B – F 1960).

THIBAUD, Jacques, * 27. 9. 1880 Bordeaux, † 1. 9. 1953 bei einem Flugzeugunglück in der Nähe von Barcelonnette; frz. Violinist. Er studierte 1893–96 bei M.-P.-J. Marsick am Pariser Conservatoire, spielte 1898–99 als Solo-Violinist bei den Concerts Colonne und machte sich durch Konzertreisen international bekannt. 1905 bildete er mit P. Casals und A. Cortot ein berühmt gewordenes Trio. 1943 gründete er mit Marguerite Long, an deren Musikschule er seit 1940 unterrichtete und mit der er viel konzertierte, den „Concours international de piano et violon Marguerite Long - J. Th.“

Lit.: J. P. DORIAN, Un violon parle (P 1947).

THIBAULT, Geneviève (La Comtesse Hubert de Chambure), * 20. 5. 1902 Neuilly-sur-Seine, † 31. 8. 1975 Straßburg; frz. Musikforscherin. Sie studierte bei Lazare Lévy (Klavier) und Nadia Boulanger (Fuge und Orgel) sowie bei A. Pirro an der Sorbonne, wo sie seit 1955 lehrte. 1925 gründete sie mit L. de La Laurencie, G. Le Cerf und E. Droz die Société de Musique d'Autrefois, die sie seit 1954 leitete, war seit 1955 Präsidentin der Groupe d'Études Musicales de la Renaissance, 1968–71 der Société Française de Musicologie und 1961–73 Konservatorin im Musée Instrumental du Conservatoire de Paris. Im Mittelpunkt ihrer Forschungen stand die französische Chanson des 15./16. Jahrhunderts.

Schriften (wenn nichts anderes angegeben, in Paris erschienen): *Un manuscrit de chansons françaises à la Bibl. royale de La Haye,* in: FS D. F. Scheurleer (Den Haag 1926); *Un chansonnier de Philippe le Bon,* in: RMie 6 (1926) (zus. mit E. Droz); *Chansons au luth et airs de cour* (P 1934) (Kommentar u. Quellenstudien); *Bibliogr. des poésies de P. de Ronsard mises en musique au XVIe siècle* (P 1941) (zus. mit L. Perceau); *Bibliogr. des éditions musicales publiées par N. du Chemin* (1549–1576), in: Ann. Mus. 1 (1953) (zus. mit F. Lesure); *Le concert instr. au XVIe siècle,* in: Musique instr. de la Renaissance (1955); *Bibliogr. des éditions d'A. Le Roy et R. Ballard (1551–1598)* (P 1955) (zus. mit F. Lesure); *Le concert instr. dans l'art flamand au XVe siècle et au début du XVIe siècle,* in: La Renaissance dans les provinces du Nord (1956); *La chanson française au XVe siècle de Dufay à Josquin* u. *La musique instr. au XVIe siècle,* in: Encyclopédie de la Pléiade, Histoire de la musique I (P 1960); *Les collections privées de livres et d'instruments de musique d'autrefois et d'aujourd'hui,* in: Music Libraries and Instruments (Lo 1961); *Les instruments du Moyen Age à la fin du XVIIIe siècle*, in: La musique: les hommes, les instruments, les œuvres (P 1965); *Eighteenth Century Musical Instruments, France and Britain. Catalogue of an Exhibition* (Lo 1973). – Editionen: *Poètes et musiciens du XVe* siècle (P 1924) (zus. mit E. Droz); *Trois chansonniers français du XVe siècle* (P 1927) (zus. mit A. Pirro – E. Droz – Y. Rokseth).

Lit.: J. JENKINS, G. T., Madame H. de Chambure. An Appreciation, in: Early Music 4 (1976).

THIBAULT DE COURVILLE, Joachim, * um 1535, † 8. 9. 1581 Paris; frz. Komponist. Th. gründete mit J. A. de Baïf 1570 die Académie de Poésie et de Musique, wo er als Lehrer der hier entwickelten ↗Musique mesurée à l'antique eine herausragende Rolle spielte. Von seinen Kompositionen sind nur wenige in zeitgenössischen Sammeldrukken erschienene Airs erhalten.

Ausg.: 4st. Air, in: Anthologie de la chanson parisienne au XVIe siècle, hrsg. v. F. LESURE (Monaco 1952); 2 Airs, in: Airs de cour pour violon et luth (1603–43), hrsg. v. A. VERCHALY (P 1961).

Lit.: F. A. YATES, The French Academies of the XVIth Century (Lo 1947); F. LESURE, Sur Th. d. C., in: RMie 42 (1959).

THIBAUT, Anton Friedrich Justus, * 4. 1. 1772 Hameln, † 28. 3. 1840 Heidelberg; dt. Jurist und Musikschriftsteller. Er studierte Jura in Göttingen, Königsberg und Kiel, wo er nach Promotion und Habilitation auch seine Lehrtätigkeit begann, die ihn später über Jena (1801 ordentlicher Professor) 1805 nach Heidelberg führte. Th., als Musiker Dilettant, begann bereits in Jena mit dem Erwerb einer umfangreichen Sammlung älterer geistlicher Musik (einer der größten ihrer Art; heute in der Bayerischen Staatsbibl., Reste auch im Musikwiss. Seminar der Univ. Heidelberg). Seit 1811 leitete er in Heidelberg einen „Singverein", mit dem er Werke des 16.–18. Jh. aufführte. Diese Konzerte waren weithin berühmt und wirkten maßgeblich auf die ↗Restauration der ev. und kath. Kirchenmusik in Deutschland und Frankreich. Th.s Schrift *Über Reinheit der Tonkunst* (Hei 1825, revidiert ²1826, ⁸1907) wurde, auch in ihrer teilweise rigorosen ästhetischen Position (z. B. Ablehnung der Instrumentalmusik in der Kirche), zu einem Schlüsselwerk dieser Bestrebungen.

Lit.: E. BAUMSTARK, A. F. Th. (L 1841); W. EHMANN, Der Th.-Behaghel-Kreis, in: AfMf 3 (1938) u. 4 (1939); W. KAHL, Heimsoeth u. Th., in: FS A. Orel (W 1960).

THIBAUT DE CHAMPAGNE, * 30. (?) 5. 1201 Troyes, † 7. (?) 7. 1253 Pamplona. Er war ein Sohn der Blanche de Navarre und des Grafen Thibaut III de Champagne und ein Enkel der Marie de Champagne. Seit 1234 war er König von Navarra. Durch sein in Hss. des 13. und 14. Jh. überliefertes literar. und musikal. Werk gehört er zu den herausragenden Gestalten der ma. Literaturgeschichte. Von den ihm zugeschriebenen 79 Texten stammen 61 sicher von seiner Hand. Sie gliedern sich auf in 36 Liebeslieder (Chansons d'amour), 9 Jeux-partis, 5 Débat-Gedichte, 2 Pastourellen, 3 Kreuzzugslieder (Chansons de croisade), 4 Marienlieder, ein religiöses Kampflied (Serventois religieux) und einen religiösen Lai (Lai religieux). Die Gedichte weisen Th. als bewußten Künstler aus, der das formale Raffinement und die stilistische Eleganz der Trouvèrelyrik ebenso sicher beherrscht, wie er den Reichtum geistesgeschichtlicher Strömungen des Okzidents kennt. Sein zentrales Thema ist die Liebe vom kasuistisch-rationalen Diskussionsgegenstand bis zur existentiellen Leiderfahrung des Individuums. Mit seinen Marienliedern fügt er sich in die neu entwickelten Formen des Marienlobes ein. Schon die *Grandes chroniques de la France* (3. Viertel des 13. Jh.) weisen auf die Einmaligkeit der Kunst Th.s hin; der Musiktheoretiker Johannes de Grocheo (um 1300) empfiehlt sein Liebeslied *Ausi conme l'unicorne sui* als Beispiel für die Perfektion der Übereinstimmung von Wort und Melodie im „cantus coronatus" bzw. im Conductus, und Dante stellt den Franzosen in *De vulgari eloquentia* (1304–08) neben den Provenzalen Giraut de Bornelh und den Italiener Guido Guinizelli als Exempel vollendeten Dichtens. Auch die folgenden Jahrhunderte haben diesen Rang nie in Frage gestellt.

Ausg.: Les chansons de Th., Roi de Navarre, hrsg. v. A. WALLENSKÖLD (P 1925) (krit. Ausg.).

Lit.: G. COHEN, Th., le roi chansonnier, in: Rev. des deux mondes (1954) Sept./Okt.-H.; M. R. DOLLY – R. R. CORMIER, „Aimer, souvenir, souffrir" – Les chansons d'amour de Th., in: Romania 99 (1978); J. G. KEITH, The Chansons of Th. (1979) (= Diss. Northwestern Univ.); TH. M. SCHEERER, Th., L'autrier par la matinée, in: Einführung in das Stud. der frz. Literaturwiss., hrsg. v. W.-D. Lange (Hei 1979); A. ARENS, Traditionelles u. Originelles bei Th., die Kanzone „por conforter ma pesance", in: Romania cantat. FS G. Rohlfs II (Tü 1980). W.-D. LANGE

THIELEMANS (eig. Tilmans), **Jean „Toots",** * 29. 4. 1922 Brüssel; belg. Jazzmusiker (Mundharmonika, Gitarre). Th. gehört seit Mitte der 40er Jahre zur Jazzszene. 1950 begleitete er Benny Goodman in Europa und wanderte 1951 in die USA aus. Dort spielte er im „George Shearing Quintet", gründete eine Combo und ist seither auf allen großen Jazzfestivals in den USA und in Europa zu hören. Bekannt geworden ist auch seine ¾-Takt-Komposition *Bluesette*. – Auf der chromatischen Mundharmonika war Th. über Jahrzehnte hinweg der einzige Musiker, der dieses Instrument mit unverfälschter Jazzphrasierung spielte, wobei er den Tenorsaxophonsound von Lester Young und Stan Getz auf die Mundharmonika übertragen hat. In den 70er Jahren ist ihm hierin der Brasilianer Mauricio Einhorn gefolgt. Tonbildung und Improvisation sind linear im Sinne des Cool Jazz, wodurch er sich grundlegend von den expressiven Harmonikaspielern des Folk-Blues unterscheidet.

THIERRY. – **1) Pierre,** * Ende 1604 Paris, † Oktober 1665 ebd.; frz. Orgelbauer. Er arbeitete bei Cr. Carlier und wurde 1644 Orgelbauer des Königs. Seine wichtigsten Werke waren die Orgeln des Hôtel-Dieu in Pontoise (1637–41) und von St-Paul in Paris (1644–46). Sein Hauptwerk aber war der Umbau der Orgel von St-Germain-des-Prés (1649–59) in Paris. – **2) Alexandre,** Sohn von 1), * 1646 oder 1647 Paris, † 1. 12. 1699 ebd.; frz. Orgelbauer. Er gründete 1671 eine eigene Werkstatt und profilierte sich mit der Fertigstellung der Orgel von St-Séverin (1675) als einer der führenden französischen Orgelbauer seiner Zeit. Durch den Auftrag zum Bau der Orgel von St-Louis-des-Invalides (1679–87, Prospekt verändert erhalten) wurde er Orgelbauer des Königs. Sein Hauptwerk war die Orgel von St-Eustache (1681). Weitere wichtige Werke sind die Orgeln von St-Germain-en-Laye (1684), St-Gervais (Umbau 1676–84) und St-Cyr (1685). Th. arbeitete später u.a. mit R. Cliquot zusammen (St-Quentin, 1697). – **3) François,** Enkel von 1), * Ende 1677 Paris, † 22. 5. 1749 ebd.; frz. Orgelbauer. Th. baute u.a. die Orgel von Les Innocents (1723, teilweise erhalten in St-Nicolas-du-Chardonnet); sein Meisterwerk war die vollkommen umgebaute Orgel von Notre-Dame (1730–33, nur Gehäuse teilweise erhalten).

Lit.: F. RAUGEL, Les grandes orgues des églises de Paris et du département de la Seine (P 1927); N. DUFOURCQ, Documents inédits relatifs à l'orgue français (P 1935); P. HARDOUIN, P. Th., in: Connaissance de l'orgue (1975/76) Nr. 14–18; DERS., A. Th., in: ebd. (1980/81) Nr. 34–41.

THIRD STREAM (engl., = dritter Strom), eine von G. Schuller geprägte Bz. für Versuche, Jazz (einschließlich afroamerikanischer Musik) und europäische Kompositionstradition in einer Synthese zu verschmelzen. Im weiteren Sinn sind das alle Konvergenzbemühungen von Cl. Debussy über I. Strawinsky bis zu B. A. Zimmermann; im engeren und eigentlichen Sinn will der „dritte Strom" jedoch mehr sein als nur die Addition der in ihm zusammengeführten Traditionsströme. Setzt dies vor allem den Erhalt der kategorialen Schriftlosigkeit des Jazz voraus, so hat der Th. seine zeitlichen und sachlichen Parallelen erst in der postseriellen Musik und im Free Jazz. Zu seinen Repräsentanten zählen außer Schuller u.a. P. Blatný und G. Gaslini.

THOMANERCHOR, Chor (Knaben- und Männerstimmen) der Thomasschule in Leipzig. Diese gehörte ursprünglich wohl zu einem 1212 gegründeten Augustiner-Chorherrenstift und wird 1254 erstmals erwähnt. Ihre vielfältigen Beziehungen zum geistigen Leben der Stadt sind u.a. durch die Mitwirkung des Chores bei den Gründungsfeierlichkeiten der Universität und bei anderen Gelegenheiten auch außerhalb des gottesdienstlichen Bereichs belegt. Seit Einführung der Reformation in Leipzig (1539) standen Th. und Thomasschule unter dem Patronat des Rates der Stadt, der zugleich Dienstherr des Lehrkörpers und Vorgesetzter des Thomaskantors war. Bereits im 16. Jh. hatte der Th. einen so hohen Standard erreicht, daß ihm zahlreiche Komponisten Werke widmeten. Heute besteht die Hauptaufgabe des Chores in der Ausgestaltung des Sonntagsgottesdienstes sowie einer Vesper am Vorabend, der „Motette", in der Thomaskirche. Das Amt des Thomaskantors, bis J. Kuhnau mit dem des Universitätsmusikdirektors verbunden und seit jeher herausragend im Leipziger Musikleben, genießt heute im In- und Ausland hohes Ansehen. Unter den nachreformatorischen 30 Kantoren befinden sich zahlreiche bedeutende Komponisten, darunter G. Rhau, S. Calvisius, J. H. Schein, J. Kuhnau, J. S. Bach, J. Fr. Doles, J. A. Hiller, M. Hauptmann, W. Rust. Die Thomaskantoren des 20. Jh. sind K. Straube, G. Ramin, K. Thomas, E. Mauersberger und H.-J. Rotzsch (seit 1972). Der Th. wurde von anfänglich 8–12 Mitgliedern allmählich erweitert und tritt heute mit bis zu 120 Sängern auf. Von besonderer Bedeutung waren die Impulse des Chores für die Bach-Renaissance im 19. und 20. Jh., insbesondere durch die Pflege der Bachschen Chorwerke (zusammen mit dem Gewandhausorchester). Bahnbrechend war die Gesamtaufführung der Kantaten als Direktübertragungen im Deutschlandfunk 1931–37 unter der Leitung Straubes.

Lit.: Aus der Gesch. der Thomanerschule (L 1937); B. KNICK – M. MEZGER, St. Thomas zu Leipzig. Schule u. Chor (Wie 1963); H. LIST, Der Th. zu Leipzig (L 1975); W. HANKE, Der Th. (L 1979); W. FELIX, Aus der Gesch. des Thomaskantorats zu Leipzig (Wie 1980). B. A. KOHL

THOMAS, Charles Louis Ambroise, * 5. 8. 1811 Metz, † 12. 2. 1896 Paris; frz. Komponist. Er studierte bei Fr. Kalkbrenner (Klavier) und J.-Fr. Le Sueur am Pariser Conservatoire und erhielt für seine Kantate *Hermann et Ketty* 1832 den Prix de Rome. 1836 nach Paris zurückgekehrt, spielte er als Violinist am Théâtre des Vaudevilles. Seit 1837 trat er, zunächst mit mäßigem Erfolg, als Opernkomponist hervor, gewann aber seit *Le Caïd* (1849) zunehmend an Ansehen, wurde 1851 Mitglied der Académie des Beaux-Arts und 1852 Lehrer am Conservatoire, das er nach D. Fr. E. Aubers Tod 1871–96 leitete.

WW: 20 Opern, meist Opéras-comiques, darunter (UA in Paris): *Le carnaval de Venise* (1857); *Mignon* (Libr.: J. Barbier u. M. Carré nach J. W. von Goethes *Wilhelm Meisters Lehrjahre*) (1866); *Hamlet* (Libr.: dies. nach W. Shakespeare) (1868); *Françoise de Rimini* (Libr.: dies. nach Dante) (1882). – Ballette: *La gypsy* (1839); *La tempête* (nach Shakespeare) (1869). – Ferner kirchenmusikal. Werke, Klv.-Lieder u. -Romanzen, Stücke für Klv. u. für Org., einige Kammermusik- u. Orch.-Werke.

Th.' Ruhm und seine Ausstrahlung weit über Frankreich hinaus und seine eigentümliche Stellung in der neueren Operngeschichte beruht vor allem auf *Mignon* (mit 1000 Aufführungen innerhalb von 28 Jahren allein an der Pariser Opéra-Comique) und *Hamlet*. Mit diesen Werken setzte er die von Ch. Gounod eingeleitete musikalische Popularisierung von Goethe- und Shakespeare-Stoffen *(Faust/Margarethe, Roméo et Juliette)* in Form von „lyrischen" Opern fort. Obwohl häufig kritisiert, hat gerade *Mignon* dank der eingängigen, oft sentimentalen Melodik von großer Kantabilität bis heute nicht an Wirkungskraft verloren.

Ausg.: 2 Stücke, in: La musique française de piano, hrsg. v. M. CAUCHIE (Monaco 1957).

Lit.: H. DE CURZON, A. Th. (P 1921); M. COOPER, A. Th. (Lo 1950); J. W. KLEIN, Th., in: MGG XIII; M. J. ACHTER, F. David, A. Th., and French „Opéra Lyrique" 1850–1870 (1972) (= Diss. Univ. of Michigan).

THOMAS, Georg Hugo Kurt, * 25. 5. 1904 Tönning (Schleswig-Holstein), † 31. 3. 1973 Bad Oeynhausen (Nordrhein-Westfalen); dt. Komponist und Chordirigent. Er studierte in Leipzig bei R. Teichmüller, H. Grabner und K. Straube und bei A. Mendelssohn in Darmstadt. 1925 wurde er Dozent für Musiktheorie am Konservatorium in Leipzig, 1934 Professor an der Berliner Musikhochschule und war 1939–45 Direktor des Musischen Gymnasiums in Frankfurt am Main. Seit 1947 wirkte er als Professor für Chorleitung an der Nordwestdeutschen Musik-Akademie Detmold. 1957 folgte er einem Ruf als Thomaskantor nach Leipzig, gab das Amt aber aufgrund kulturpolitischer Differenzen 1960 wieder auf. 1966 wurde er Dozent für Chorleitung an der Musikakademie Lübeck. Zum 65. Geburtstag wurde er mit einer Festschrift geehrt (hrsg. v. M. Kluge, Wie 1969).

WW: **1) Instr.-WW:** Versch. Klv.- u. Org.-Werke; Sonaten für V., für Fl. u. für Vc. u. Klv.; Klv.-Trio, op. 3; Streichquartett, op. 5. – Für Orch.: Serenade, op. 10; 2 Spielmusiken, op. 18a u. op. 22; Klv.-Konzert, op. 30. – **2) Vokal-WW:** Für Chor a cap.: Messe a-moll, op. 1 (1925); Psalm 137 *An den Wassern zu Babel*, op. 4; *Passionsmusik nach dem Evangelisten Markus*, op. 6; *Weihnachtsoratorium*, op. 17; *Kleine Geistliche Chormusik*, op. 25; 6 Chorlieder und Madrigale (nach Wilhelm Busch), op. 27; 5 Tierfabeln, op. 31. – Für Chor u. Orch.: Psalm 90 *Herr Gott, du bist unsere Zuflucht*, op. 15; *Auferstehungs-Oratorium*, op. 24; Kantaten, u. a. *Jerusalem, du hochgebaute Stadt*, op. 12, und *Eichendorff-Kantate*, op. 37; Chorzyklen, Motetten, Kanons, Lieder für SingSt u. Klv. – **3) Schriften:** *Lehrbuch der Chorleitung*, I (L 1935, [16]1970), II (L 1937, [11]1969), III (L 1948, [7]1967), engl. Übers.: *The Choral Conductor* (NY 1971).

Th. wurde schlagartig bekannt durch seine ersten Chorwerke (Messe a-moll, op. 1; *Passionsmusik*, op. 6), die entscheidend zum Wiederaufleben der a cappella-Musik in den 20er Jahren beitrugen. Gleichzeitig begann er eine ungewöhnlich erfolgreiche Tätigkeit als Chorleiter und -erzieher, die bald Mittelpunkt seines Wirkens wurde. Er gründete „Kantoreien" in all seinen Wirkungsstätten (u. a. Dreikönigskantorei in Frankfurt am Main) und übernahm später auch Oratorienchöre (Cäcilienverein Frankfurt am Main, Detmolder Singakademie, Bach-Verein Köln). Sein *Lehrbuch der Chorleitung*, ein didaktisches Spiegelbild seiner eigenen systematischen Arbeitsweise, wurde Ausbildungsgrundlage einer ganzen Generation von Dirigenten.

Lit.: W. WEISMANN, Eine moderne Motettenpassion von K. Th., in: ZfM 92 (1925); M. SCHNEIDER, Brief an K. Th. ..., in: MuK 24 (1954); A. KOERPPEN, K. Th., in: ZfM 115 (1954); C. GOTTWALD, K. Th., in: Gottesdienst u. Kirchenmusik (1964).

E. PLATEN

THOMAS, Jess Floyd, * 4. 8. 1927 Hot Springs (South Dakota); amerik. Sänger (Tenor). Er debütierte 1957 am Opernhaus von San Francisco. Nach weiterer Ausbildung bei Emmy Seiberlich in Deutschland wurde er 1958 nach Karlsruhe, 1962 nach Stuttgart und 1963 an die Bayerische Staatsoper in München engagiert. 1965 wurde er Mitglied der Wiener Staatsoper und 1969 der Deutschen Oper in Berlin. Th. gehörte bis in die 70er Jahre zu den großen Wagner-Tenören; mit außerordentlichem Erfolg sang er seit 1961 bei den Bayreuther Festspielen (Siegfried, Tannhäuser, Tristan), bei den Salzburger Osterfestspielen sowie an der Metropolitan Opera in New York.

THOMAS, Peter, * 1. 12. 1925 Breslau; dt. Komponist. Er studierte am Mohrschen Konservatorium in Berlin, volontierte bei den Unterhaltungsmusikern Hans Carste und Werner Eisbrenner und ist seit 1951 als freischaffender Komponist tätig (u. a. unter den Pseudonymen J. C. Noel, Sten Clift, N. Raskolikow, Raoul Voli). Th., der auch als Produzent und Dirigent für Schallplattenfirmen tätig war, wurde vor allem als Komponist von Film- und Fernsehmusiken bekannt. Für die Musik zu den Filmen *Flucht nach Berlin* (1961) und *Die endlose Nacht* (1963) erhielt er Bundesfilmpreise in Gold. Seine bekanntesten Kompositionen für das Fernsehen sind *Melissa* (1967), *Raum-*

patrouille (1968), *Babeck* (1969) und *Das Schmunzelkonzert* (1981). Erwähnenswert sind auch die beiden Musicals *Wodka für die Königin* (UA Hamburg 1968) und *Boeing-Boeing* (UA Oldenburg 1970).

THOMPSON, Randall, * 21. 4. 1899 New York, † 9. 7. 1984 Boston; amerik. Komponist. Er studierte an der Harvard University und privat bei E. Bloch und war 1922–25 Stipendiat der American Academy in Rom. 1927–29 und erneut 1936–37 unterrichtete er am Wellesley College, 1937–39 an der University of California in Berkeley, leitete 1939–41 das Curtis Institute of Music in Philadelphia und 1941–46 die Musikabteilung der School of Fine Arts der University of Virginia in Charlottesville. 1946–48 lehrte er an der Princeton University und 1948–65 an der Harvard University. Th. wurde in den USA vor allem durch seine Chorwerke bekannt. Trotz früher Ansätze zu dissonanter Schreibweise und gelegentlicher Verwendung jazzartiger Rhythmen ist seine Musik insgesamt konservativ; die Melodik ist an der amerik. Folklore, bes. an Kirchenliedern, orientiert.

WW: **1) Instr.-WW:** Suite (1940) für Ob., Klar. u. Br.; 1 Streichquartett (1941). – Für Orch.: *The Piper at the Gates of Dawn* (1924); 3 Symphonien (1929, 1929–31, 1949); *A Trip to Nahant* (1953–54); *Jazz Poem* (1928) für Klv. u. Orch. – **2) Vokal-WW** (erschienen in Boston): *Pueri Hebraeorum* (1928) für Frauenchor; *The Lark in the Morn* (1938) u. *Alleluia* (1940) für Chor a cap. – Für Chor u. Orch.: *Americana* (1932); *The Peaceable Kingdom* (1936); *The Testament of Freedom* (1943); *Requiem* (1958); *The Nativity According to Saint Luke* (1961) für Soli, Chor, Kirchenglocken, Org. u. Kammerorch.; *A Feast of Praise* (1962) für gem. Chor u. Klv.; *The Passion According to Saint Luke* (1965) für Soli, gem. Chor u. Orch.; *A Psalm of Thanksgiving* (1968) für Kinderchor u. Orch.; *The Eternal Dove* (1969) für gem. Chor a cap. – Ferner die Oper *Salomon and Balkis* (1942).

Lit.: Q. PORTER, R. Th., in: Modern Music 19 (1942); E. FORBES, The Music of R. Th., in: MQ 35 (1949).

THOMSON, Virgil, * 25. 11. 1896 Kansas City (Missouri); amerik. Komponist. Th. studierte an der Harvard University und bei Nadia Boulanger in Paris, wo er 1925–32 lebte. In Paris fand er Anschluß an maßgebliche Intellektuellen- und Künstlerkreise, war mit Pablo Picasso und Jean Cocteau befreundet und lernte E. Satie und die „Groupe des Six" kennen, deren ästhetisches Konzept ihn stark beeinflußte. In Paris wurde er auch mit der Dichterin Gertrude Stein bekannt, die für ihn die Texte zu den Opern *Four Saints in Three Acts* und *The Mother of Us All* schrieb. Der Erfolg von *Four Saints* (UA New York 1934) reihte ihn unter die führenden amerikanischen Komponisten seiner Zeit ein. Einen weiteren Höhepunkt seines Schaffens bildet die *Missa pro defunctis.* 1940–54 war Th. als einer der einflußreichsten amerik. Kritiker für die *New York Herald Tribune* tätig.

WW: **1) Instr.-WW:** Für Klv.: 5 *Two-Part Inventions* (1926); 3 Sonaten (1929–40); 9 Etüden (1940–51); 10 Etüden (1943–44). – Für Org.: Passacaglia (1922); *Variations and Fugues on Sunday School Tunes* (1926–27); *Pange lingua* (1962). – Kammermusik: *Sonata da chiesa* (1926) für Klar., Trp., Va., Harfe u. Pos.; Sonate (1930) für V. u. Klv.; Serenade (1961) für Fl. u. V.; 2 Streichquartette (1931–32); Sonate (1943) für Fl. solo. – Für Orch.: *Three Landscapes: The Seine at Night* (1947), *Wheat Field at Noon* (1948), *Sea Piece with Birds* (1952); Konzert für Fl., Streicher, Harfe u. Schlagzeug (1954). – **2) Vokal-WW:** 3 Messen (1924–59); 5 *Songs from William Blake* (1951) für Bar. u. Klv.; *If Thou a Reason Dost Desire to Know* (1958) für Bar. u. Klv.; *Missa pro defunctis* (1959–60). – **3) Bühnen-WW:** Opern *Four Saints in Three Acts* (Libr.: Gertrude Stein), UA: Hartford (Conn.) 1934; *The Mother of Us All* (Libr.: dies.), UA: New York 1947. – Ballett *Filling Station,* UA: Hartford 1938. – Filmmusik: *Louisiana Story* (1948); *Journey to America* (1964). – **4) Schriften:** *The State of Music* (NY 1939); *The Musical Scene* (NY 1945); *The Art of Judging Music* (NY 1948); *Music Right and Left* (NY 1951); *V. Th.* (NY 1966, Nachdr. 1977); *American Music since 1910* (NY 1971).

Lit.: P. GLANVILL-HICKS, V. Th., in: MQ (1949); K. HOOVER – J. CAGE, V. Th. (NY 1959).

THRĒNOS (griech., = das Klagen), in der griech. Antike im weiteren Sinn Bz. für die verschiedenen Arten von Klageliedern, im engeren für die Klage während der Aufbahrung eines Toten, die in der Regel vom ↗ Aulos begleitet wurde. Lateinisch findet sich der Begriff in der Vulgata als Überschrift der ↗ Lamentationen (*Threni, id est lamentationes Jeremiae;* so auch der Titel eines Werkes von I. Strawinsky). Gelegentlich wird in der Gegenwart auch die griech. Wortform verwendet, so von O. G. Blarr (*Threnos I, II* u. *IV* für verschiedene Instr., *III* für Baß u. Orgel, 1976–81) und in poln. Übertragung *Tren* von Krz. Penderecki (*Den Opfern von Hiroshima* für Orch.). *Threnodia* nennt B. Britten den letzten Akt seiner Oper *Albert Herring,* der Formelemente des antiken Th. enthält.

THUILLE, Ludwig Wilhelm Andreas Maria, * 30. 11. 1861 Bozen, † 5. 2. 1907 München; östr. Komponist. Er studierte in Innsbruck (J. Pembaur) und an der Musikhochschule in München (J. Rheinberger und K. Bärmann), wo er seit 1883 lehrte (seit 1888 Klavier und Harmonielehre, seit 1893 Komposition). Th. gilt als Begründer der gemäßigt modernen sog. Münchner Schule, deren bedeutendste Vertreter, darunter W. Braunfels und W. Courvoisier, zu seinen Schülern gehörten. Seine zus. mit R. Louis verfaßte *Harmonielehre* (St 1907) war lange ein Standardwerk.

WW: **1) Instr.-WW:** Klv.-Stücke; Org.-Sonate, op. 2 (1882); 2 Sonaten für V. u. Klv.; Sonate (1901–02) für Vc. u. Klv., op. 22; Klv.-Quintett, op. 20 (1897–1901); Sextett (1886–88) für Klv. u. Blasinstr., op. 6. – Für Orch.: Symphonie F-Dur (1885–86); *Romantische Ouvertüre* (Ouvertüre der Oper *Theuerdank*) (1896). – **2) Vokal-WW:** Etwa 40 Lieder, u. a. Zyklus *Von Lieb' u. Leid* u. op. 26 (1900) u. op. 27 (1903); Männerchöre (darunter op. 11 u. 21

nach J. Eichendorff); Frauenchöre (darunter op. 31 nach Eichendorff); *Traumsommernacht* (1902) für 4 St., V. u. Harfe. – **3) Bühnen-WW:** Opern: *Theuerdank* (Libr.: A. Ritter), UA: München 1897; *Lobetanz*, UA: Karlsruhe 1898; *Gugeline*, UA: Bremen 1901.

Lit.: F. MUNTER, L. Th. (Mn 1923) (mit Werk-Verz.); R. Strauss – L. Thuille, Briefe der Freundschaft, 1877–1907, hrsg. v. A. OTT (Mn 1969); V. S. DAVIDSON, The Songs of L. Th.: Some Observations (1973) (= Diss. Univ. of Tallahassee).

THURINGUS (Thüring), **Joachim;** aus Fürstenberg (Mecklenburg) stammender dt. Musiktheoretiker des 17. Jahrhunderts. Th. ist Verfasser des *Nucleus musicus de modis seu tonis* (B 1622, erweitert B 1625 als *Opusculum bipartitum de primordiis musicis*). Der Traktat stützt sich insbesondere auf J. Burmeister und J. Nucius und ist eine der Hauptquellen der Lehre von den musikalischen ↗Figuren. Sein Einfluß zeigt sich noch bei J. G. Walther.

Lit.: A. SCHMITZ, Die Figurenlehre in den theoretischen Werken J. G. Walthers, in: AfMw 9 (1952); F. FELDMANN, Das „Opusculum bipartitum" des J. Th. (1625), bes. in seinen Beziehungen z. J. Nucius (1613), in: AfMw 15 (1958).

TIBIA (lat., = Schienbeinknochen). – **1)** Bz. für den Doppel-↗Aulos, den die Römer wahrscheinlich nicht von den Griechen, sondern bereits von den Etruskern übernahmen. Die aus 2 gleichzeitig gespielten Röhren mit einfachen oder doppelten Rohrblättern bestehende T. gab es in 2 Hauptformen: als lydische T. mit geraden gleich oder ungleich langen Röhren ohne Schallstück und als phrygische T. (Elymos) mit einem hakenförmig aufgebogenen Schallbecher auf einer Röhre. Die T. war in Rom außerordentlich beliebt; man spielte sie im kultischen Bereich, bei Hochzeiten, Wettkämpfen, Begräbnissen, Theateraufführungen und bei der Arbeit. – **2)** Bz. für ein Flötenregister der Orgel.

Lit.: **Zu 1):** H. BECKER, Zur Entwicklungsgesch. der antiken und ma. Rohrblattinstr. (H 1966); G. WILLE, Musica Romana (A 1967).

TIECK, Johann Ludwig, * 31. 5. 1773 Berlin, † 28. 4. 1853 ebd.; dt. Dichter. T. gehört zu den bedeutenden Anregern der Romantik, auch der romantischen Musikästhetik. Sein Interesse an der Musik wurde durch W. H. Wackenroder und J. Fr. Reichardt geweckt. Nach Wackenroders Tod gab er dessen Nachlaß heraus (*Phantasien über die Kunst für Freunde der Kunst*, 1799), dem er mehrere eigene Beiträge zur Musik hinzufügte, so *Unmusikalische Toleranz* und *Die Töne und Symphonien.* Für Reichardt schrieb er das unvertont gebliebene Libretto *Das Ungeheuer und der verzauberte Wald* (1800). Die Zusammenarbeit an der Oper *Sakuntula* endete mit Reichardts Tod. Seit 1825 arbeitete er als dramaturgischer Berater für das Königliche Schauspielhaus in Dresden, wo er C. M. von Weber kennenlernte, und seit 1842 für die Berliner Bühnen; hier schrieb F. Mendelssohn Bartholdy mehrere Schauspielmusiken zu Textversionen von T. *(Sommernachtstraum, Antigone, Ödipus auf Kolonos).* – Zahlreiche Werke T.s wurden vertont, u.a. als Opern *Pietro con Albano* (L. Spohr, 1827), *Genoveva* (R. Schumann, 1850) und *Der gestiefelte Kater oder Wie man das Spiel spielt* (G. Bialas, 1975). Von den zahlr. Liedern auf Texte von T. erlangte besondere Berühmtheit J. Brahms' Vertonung der *Schönen Magelone.*

Lit.: K. SCHÖNEWOLF, L. T. u. die Musik (Diss. Marburg 1925); A. H. FOX STRANGWAYS, Brahms und T.'s „Magelone", in: ML 21 (1940); R. ERNY, Entstehung u. Bedeutung der romantischen Sprachmusikalität im Hinblick auf T.s Verhältnis z. Lyrik (Diss. Hei 1957); J. TRAINER, L. T. From Gothik to Romantik (Den Haag 1964); H. SCHMIDT-GARRE, Musik, die dunkelste aller Künste bei T. – eine Flammen- u. Wolkensäule bei Goethe, in: NZfM 123 (1972).

TIEFFENBRUCKER (Tiefenbrucker, Tuiffenbrugger, Duiffoprugcar, Duyfautbrocard, Deuffenbrugger u.ä.), Instrumentenbauerfamilie dt. Abstammung. Sie war ursprünglich im Weiler Tiefenbruck der Gemeinde Roßhaupten bei Füssen ansässig und verzweigte sich dann nach Frankreich und Italien. **Ulrich,** eines der ersten bekannten Mitglieder der Familie, wurde vermutlich in Füssen ausgebildet und ist 1513 in Tiefenbruck und 1521 in Venedig nachweisbar. In Roßhaupten wirkten **Michael** der Ältere (* um 1485) und sein Sohn, **Michael** der Jüngere (* um 1520, † 1585). **Gaspar** (Gaspard) der Ältere (* 1514 Tiefenbruck, † 16. 12. 1571 Lyon), vermutlich ein Sohn von Ulrich, ließ sich 1553 in Lyon nieder, wurde 1558 naturalisiert, verarmte aber 1564, als nach Enteignung seines Besitzes (Bau eines Festungsgrabens) der durch eine Finanzkrise geschwächte französische Staat keine Entschädigung zahlen konnte. Gaspar ist der bedeutendste Instrumentenbauer der Familie. Seine Gamben gehören zu den schönsten erhaltenen Instrumenten ihrer Art. Gaspars Söhne, **Johann** (Jean) und **Gaspar** der Jüngere, wirkten in Paris und Lyon. **Magno** (Magnus) der Ältere, der erste namhafte Instrumentenbauer der Familie, ist (vermutlich in hohem Alter) 1557 in Venedig nachweisbar. **Magno** (Magnus) der Jüngere, wahrscheinlich sein Sohn, führte dort um 1580–1621 ebenfalls eine Werkstatt, in der zahlreiche wertvolle Instrumente hergestellt wurden. Als Instrumentenbauer sind ferner **Leonardo** der Ältere Anfang 16. Jh. in Padua, **Leonardo** der Jüngere Ende 16. Jh. in Padua und Venedig nachweisbar. **Wendelin,** vermutlich ein Sohn von Leonardo dem Älteren, wirkte 1551–1611 ebenfalls in Padua; von ihm ist eine größere Anzahl von Instrumenten erhalten. **Jacob** († um 1564) wirkte in Genua und **Moises,** der letzte Instrumentenbauer der Familie, im 18. Jh. in Venedig.

Lit.: F. LESURE, Notes sur la facture du violon au XVIe siècle, in: RM (1955); A. LAYER, T., in: MGG XIII; F. HELLWIG, Makers' Marks on Plucked Instruments of the 16th and 17th Centuries, in: GalpinJ 24 (1971).

TIEFLAND, Musikdrama in einem Vorspiel und 2 Aufzügen von E. d'Albert, Text von Rudolph Lothar nach dem Schauspiel *Terra Baixa* (1896) von Angel Guimerá. Ort der Handlung: in den Pyrenäen und in Katalonien. UA: 15. 11. 1903 Prag (Dt. Theater); dt. EA: 9. 10. 1907 Berlin (Komische Oper).
Geographische Lebensräume stehen als Sinnbilder für moralische Bereiche: das Hochland, aus dem der arme Hirte Pedro kommt, als Sphäre der Reinheit und Einfachheit des Herzens, und das Tiefland als Ort raffiniert-hinterhältigen Egoismus; hier wohnt Pedros reicher Herr, der ihn aus eigennützigen Motiven mit seiner bisherigen Geliebten, der Müllerin Martha, verkuppelt und schließlich von Pedro umgebracht wird, als er weiterhin seine Rechte an der Frau, die inzwischen Pedro liebt, geltend machen will. Um das Lokalkolorit zu treffen, hatte sich d'Albert von einem Musikwissenschaftler spanische Tanzweisen und Hirtenrufe beschaffen lassen, die er mit großem musikalischem Geschick entweder in die von ihm selbst erfundene Thematik als Stimmungs- und Farbelemente eingehen ließ oder aber an szenisch wirksamer Stelle direkt zitierte. Klare Eindringlichkeit der Situations- und Figurencharakteristik ohne jegliche psychodramatische Hintergründigkeit sowie eindeutige Dominanz der oft zu „schönen" Kantilenen ausgestalteten Vokalstimmen rücken das Werk trotz des Titels „Musikdrama" und einer durchaus differenzierten Leitmotivik gattungstypologisch eher in den Bereich der veristischen Oper. Nach der UA standen schlechte Urteile der Fachkritik und freundliche Aufnahme durch das Publikum einander gegenüber. Auf Anraten seines Verlegers straffte der Komponist das Werk von ursprünglich 3 auf 2 Akte; die Neufassung wurde ein Welterfolg. W. A. MAKUS

TIENTO (span., = Befühlen, Stimmen [eines Instruments]), Bz. für eine im 16. und 17. Jh. in Spanien dem ↗Praeludium und ↗Ricercare nahestehende Komposition. Sie scheint ursprünglich dazu bestimmt gewesen zu sein, sich auf einem Tasteninstrument einzuspielen oder die Stimmung eines Saiteninstruments zu überprüfen. Bei M. de Fuenllana (*Orphenica lyra,* 1554) u. L. Venegas de Henestrosa (*Libro de cifra nueva,* 1557) ist T. gleichbedeutend mit Verseto oder Fantasia, bei D. P. Cerone (*El Melopeo,* 1613) mit Ricercare. Die Bz. T. begegnet erstmals bei L. de Milan (*El maestro,* 1535–36) als „tento" und wird später auch in Portugal von M. Rodrigues Coelho (*Flores de música,* 1620) übernommen. Der T. besteht aus einer Abfolge kurzer imitatorischer Partien, in denen verschiedene Soggetti verarbeitet werden. Unterschieden werden T. „de ballata", „de falsas", „llenos", „de mano derecha". T.s komponierten u. a. A. de Cabezón, B. Clavijo del Castillo, S. Aguilera de Heredia, Fr. Correa de Araujo und J. Cabanilles.

Lit.: M. C. BRADSHAW, J. Cabanilles. The Toccatas and T.s, in: MQ 59 (1973); A. GARCÍA-FERRERAS, J. B. Cabanilles. Sein Leben u. Werke (die T.s für Org.) (Rb 1973) (= Kölner Beitr. z. Musikforsch. 70); S. KASTNER, Orígenes y evolución del t. para instrumentos de tecla, in: Anuario Mus. 28 (1973) u. 29 (1974); L. JAMBOU, Les origines du „T." (Diss. P 1974).

TIERSOT, Jean-Baptiste Élisée Julien, * 5. 7. 1857 Bourg, † 10. 8. 1936 Paris; frz. Musikforscher. Er studierte am Pariser Conservatoire (J. Massenet, C. Franck) und war dort 1883–1921 Bibliothekar. An der Schola Cantorum brachte er mit Ch. Bordes Vokalwerke des 16. Jh. zur Aufführung und in den von ihm gegründeten Concerts historiques du cercle St-Simon Werke des 16.–18. Jh. auf historischen Instrumenten. Viele seiner Schriften zur frz. Musikgesch. sind bis heute grundlegend.

Schriften (erschienen in Paris): *Hist. de la chanson populaire en France* (1889); *Rouget de Lisle* (1892); *Ronsard et la musique de son temps,* in: SIMG 4 (1902/03); *H. Berlioz et la société de son temps* (1904); *Notes d'ethnographie musicale,* 2 Bde. (1905–10); *Les fêtes et les chants de la Révolution française* (1908); *Gluck* (1910); *J.-J. Rousseau* (1912); *Hist. de la Marseillaise* (1915); *Un demi-siècle de musique française ... 1870–1917* (1918, ^{2}1924); *La musique dans la comédie de Molière* (1922); *La damnation de Faust de Berlioz* (1924); *Les Couperin* (1926, ^{2}1975); *Smetana* (1926); *La musique aux temps romantiques* (1930); *La chanson populaire et les écrivains romantiques* (1931); *Don Juan de Mozart* (1933). – Editionen: Mehrere Volksliedsammlungen; Werke von Adam de la Halle, Fr. Couperin, A. Campra, Chr. W. Gluck; Briefe W. A. Mozarts, H. Berlioz' u. R. Wagners.

Lit.: S. WALLON, T., in: MGG XIII.

TIESSEN, Heinz, * 10. 4. 1887 Königsberg, † 29. 11. 1971 Berlin; dt. Komponist. Er studierte Jura an der Universität und Musik am Sternschen Konservatorium in Berlin. Dort war er 1911–17 Musikkritiker der *Allgemeinen Musikzeitung,* ging dann für ein Jahr als Assistent von R. Strauss und Korrepetitor an das Königliche Opernhaus und war 1918–21 Kapellmeister der Berliner Volksbühne, für die er auch Schauspielmusiken schrieb. 1920–22 dirigierte T. das Akademische Orchester der Universität Berlin und 1922–23 den „Jungen Chor". 1922–33 leitete er die deutsche Sektion der IGNM, lehrte 1925–45 (1930 Professor) und erneut 1949–55 an der Staatlichen Hochschule für Musik und war 1946–49 Direktor des Städtischen Konservatoriums in Berlin. 1955 wurde er Direktor der Musikabteilung der Akademie der Künste in West-Berlin. Zu seinen Schülern gehören E. Erdmann, Wl. Vogel und S. Celibidache. Seine gemäßigt modernen Kompositionen sind zunächst durch R. Strauss, später durch den musikalischen Expressionismus beeinflußt.

WW: **1) Instr.-WW:** Für Org.: Passacaglia u. Fuge. – Für Klv.: Sonate (1910); *Natur-Trilogie* (1913); Stücke (1919, 1924–28, 1930); Duo-Sonate (1925) für V. u. Klv. – Kammermusik: Streichquintett (1919–22); Divertimento (1942) für 5 Blasinstr.; *Amsel-Septett* (1918, Neufassung 1957) für Fl., Klar., Horn u. Streichquartett. – Für Orch.: 2 Symphonien: op. 15 (1913), *Stirb u. werde* (1914); Rondo (1918); Konzertante Variationen (1962) für Klv. u. Orch.; *Totentanz*-Suite (1928) für V. u. kleines Orch., Neufassung als *Visionen* (1954). – **2) Vokal- u. Bühnen-WW:** Lieder; Bühnenmusik; Tanzdrama *Salambo* (1924), UA: Duisburg 1929 (Neufassung 1957). – **3) Schriften:** *Zur Gesch. der jüngsten Musik* (Mz 1928); *Musik der Natur* (Z 1953); Autobiographie *Wege eines Komponisten* (B 1962).

Lit.: W. HUDER, Nekrolog für H. T., in: NZfM 133 (1972).

TIETJEN, Heinz, * 24. 6. 1881 Tanger, † 30. 11. 1967 Baden-Baden; dt. Opernregisseur und Dirigent. Er war Schüler von A. Nikisch, 1907–22 Opernintendant und -regisseur am Stadttheater in Trier, dann in Breslau und wirkte in Berlin 1925–27 als Intendant der Städtischen Oper und 1927–45 als Generalintendant des Preußischen Staatstheaters und war damit, obgleich kein Nationalsozialist, eine der einflußreichsten Persönlichkeiten des damaligen Kulturlebens. 1933–45 war er auch neben Winifred Wagner künstlerischer Leiter der Bayreuther Festspiele (in den ersten Jahren mit W. Furtwängler als „musikalischem Oberleiter") und schuf dort zusammen mit dem Bühnenbildner Emil Preetorius einen neuen, weniger naturalistischen als symbolistischen Inszenierungsstil. Regelmäßig dirigierte er auch in Bayreuth. 1948–55 war T. Intendant der Städtischen Oper Berlin und 1957–59 der Hamburgischen Staatsoper.

Lit.: M. KARBAUM, Stud. z. Gesch. der Bayreuther Festspiele (Rb 1976); E. VOSS, Die Dirigenten der Bayreuther Festspiele (Rb 1976).

TIMBRE (frz.), auch im dt. Sprachgebrauch übliche Bz. für die Klangfarbe der Gesangsstimme, gelegentlich auch für die eines Instruments.

TIMPANO (it.), ↗Pauke.

TINCTORIS (Tectoris), **Johannes,** * um 1435 Braine l'Alleud bei Nivelles (Brabant), † vermutlich vor dem 12. 10. 1511; franko-flämischer Komponist und Musiktheoretiker. Möglicherweise ist er mit einem 1460 in Cambrai nachweisbaren Chorsänger gleichen Namens identisch. 1463 immatrikulierte er sich an der Universität von Orléans. Eigenen Angaben zufolge war er eine Zeitlang Lehrer der Chorknaben an der Kathedrale von Chartres. Vermutlich um 1472 trat er in den Dienst König Ferdinands I. von Aragonien in Neapel, wo er in der Folge verschiedene Ämter bei Hofe versah. 1487 wurde er an den Hof von Burgund und König Karls VIII. von Frankreich entsandt, um Chorsänger anzuwerben. Möglicherweise besuchte er während dieser Zeit auch Nivelles, wo er eine kirchliche Präbende ohne Residenzpflicht besaß. Anläßlich der Inthronisation von Papst Alexander VI. Borgia (1492) hielt er sich wahrscheinlich in Rom auf. Nach Johannes Trithemius (1462–1516), seinem ersten Biographen, ist er 1495 in Italien nachweisbar; dort verbrachte er vermutlich auch seine letzten Lebensjahre.

T. war nach dem Zeugnis von L. Compère (im Text der Motette *Omnium bonorum plena,* um 1470) und A. Ornitoparchus (*Musice active micrologus,* 1517) einer der berühmtesten Musiktheoretiker seiner Zeit. Sein *Terminorum musicae diffinitorium* (Treviso um 1473) gilt als das früheste musikalische Lexikon, da die Definitionen gebräuchlicher musikalischer Termini alphabetisch angeordnet sind. Die übrigen Schriften (mit zahlreichen musikalischen Beispielen, auch von T. selbst) behandeln jeweils einzeln die wichtigen Gebiete der Musiklehre, darunter besonders ausführlich die Kunst des Kontrapunkts, sowie auch Fragen der musikalischen Praxis.

WW: Außer dem *Diffinitorium* wurde gedruckt: *De inventione et usu musicae* (Neapel um 1487); hsl. erhalten sind (entstanden etwa 1472–77): *Complexus effectuum musices; Proportionale musices; Liber imperfectionum notarum musicalium; Tractatus de regulari valore notarum; Tractatus de notis et pausis; Liber de natura et proprietate tonorum; Liber de arte contrapuncti; Tractatus alterationum; Scriptum super punctis musicalibus; Expositio manus.* – Kompositionen: 5 Messen für 3–4 St.; 3 Motetten für 2–3 St.; Lamentationen in dem Sammeldruck RISM 1506[1]; 8 frz. Chansons u. 1 it. Gesang für 2–4 St.

Ausg.: Opera theoretica, hrsg. v. A. SEAY, 2 Bde. (Neuhausen 1975) (= CSM 22); *Terminorum musicae diffinitorium,* mit frz. Übers. hrsg. v. A. MACHABEY (P 1951); dass., hrsg. v. C. PARRISH (Lo 1964). – Opera omnia (Kompositionen), hrsg. v. F. FELDMANN (R 1960), NA v. W. MELIN (1976) (= CMM 18).

Lit.: K. WEINMANN, J. T. u. sein unbekannter Traktat „De inventione et usu musicae" (Rb 1917, NA Tutzing 1961); F. FELDMANN, Musiktheoretiker in eigenen Kompositionen. Unters. am Werk des T., Adam v. Fulda u. Nucius, in: DJbMw 1 (1956); H. HÜSCHEN, T., in: MGG XIII; CH. VAN DEN BORREN, J. T., in: RBMie 21 (1967); W. E. MELIN, The Music of J. T. A Comparative Study of Theory and Practice, 2 Bde. (1973) (= Diss. Ohio State Univ.); G. GERRITZEN, Unters. z. Kontrapunktlehre des J. T. (Diss. Kö 1974); R. STROHM, Die Missa super „Nos amis" v. J. T., in: Mf 32 (1979); H. HÜSCHEN, T., in: Grove[6] XVIII.

TINEL, Edgar, * 27. 3. 1854 Sinay (Ostflandern), † 28. 10. 1912 Brüssel; belgischer Komponist. T. war Kompositionsschüler von Fr. A. Gevaert am Brüsseler Conservatoire und erhielt 1877 für seine Kantate *Klokke Roeland* den belgischen Prix de Rome. 1881 wurde er Direktor des Instituts Lemmens.in Mecheln, 1889 Inspecteur der Musikerziehung in Belgien, 1896 Professor für Kontrapunkt und Fuge am Brüsseler Conservatoire und 1909 dessen Direktor. 1910 erhielt er den Titel eines Maître de chapelle du Roi. Sein Oratorium *Franciscus* erlebte über 1000 Aufführungen.

WW: Te Deum (1887); *Messe pour Notre-Dame de Lourdes* (1892); Psalm 150 (1907); Liederzyklus *Loversken;* lyrisches Gedicht *Kollebloemen;* Chöre; *Marialiederen; Adventliederen.* – Oratorium *Franciscus* (1888); Musikdrama *Godelieve* (1897); geistliche Oper *Katharina,* UA: Brüssel 1909.

Lit.: P. TINEL, E. T. (Bru 1923); DERS., Le „Franciscus" de E. T. (Bru 1926); DERS., E. T. (Bru 1946); F. VAN DER MUEREN, E. T., in: MS 58 (1962).

TINTINNABULA (lat., = Klingel, Glöckchen), in der römischen Antike und im MA Bz. für kleine Glöckchen, auch für Tier-↗Schellen. Die Bz. ist allerdings nicht immer genau gegen andere gebräuchliche Glocken- und Schellennamen (↗Campana, ↗Cymbala, Nola, ↗Glockenspiel) abzugrenzen. Noch bei M. Praetorius (*Syntagma musicum* II, 1619) zeigt sich eine gewisse terminologische Unsicherheit, denn er zählt die T. ohne genauere Kennzeichnung zu den Instrumenten, die mit Klöppel (↗Glocke) oder Kügelchen (Schelle) angeschlagen werden.

Lit.: E. MORRIS, T. – Small Bells (Lo 1959).

TIPLE (span.; urspr. treble, von lat. triplum = Diskant), Doppelrohrblattinstrument in F mit ↗Pirouette und seit dem 19. Jh. auch mit Klappen. Die T. hat einen lauten, klaren, fast trompetenähnlichen Klang und eignet sich daher vorzüglich als Freiluftinstrument. Je 2 T.s und 2 ↗Tenoras gehören immer zum Ensemble der ↗Cobla. – ↗Sardana.

TIPPETT, Sir **Michael Kemp,** * 2. 1. 1905 London; engl. Komponist. Er studierte bei R. O. Morris am Royal College of Music in London, war 1940–51 Musikdirektor am Morley College in London und 1970–74 künstlerischer Direktor des Bath Festival. 1966 erhielt er den Adelstitel und wurde 1979 Companion of Honour. An klassische Formen gebunden, enthält T.s Musik einen sehr reichen persönlichen Ausdruck. Seine bevorzugt polyphone und polyrhythmische Schreibweise läßt Einflüsse der englischen Musik des 17. Jh. erkennen. Das *Concerto* für 2 Streichorchester und die *Ritual Dances* gehören trotz hoher technischer Anforderungen zu den in England meistgespielten Werken zeitgenössischer englischer Komponisten.

WW: **1) Instr.-WW:** 2 V.-Sonaten; 4 Inventionen für 2 Block-Fl. (1954); Suite in D (1948); Sonate für 4 Hörner (1955); 4 Streichquartette (1935, revidiert 1943; 1941–42; 1945–46; 1977–79). – Für Orch.: 4 Symphonien (1944–45; 1956–57; 1970–72; 1976–77); Praeludium für Blechbläser, Glocken u. Schlagzeug (1962); Concerto für 2 Streichorch. (1938–39); *Fantasia concertante* über ein Thema v. Corelli (1953) für Streichorch.; Fantasie über ein Thema von Händel (1939–41) für Klv. u. Orch.; Klv.-Konzert (1953–55). – **2) Vokal-WW:** 2 Madrigale für Chor a cap. (1942); Motette *Plebs angelica* (1943) für Doppelchor; Kantate *Boyhood's End* (1943) für Tenor u. Klv.; *The Weeping Babe* (1944) für Sopran u. gem. Chor; Liederzyklus *The Heart's Assurance* (1950–51); *Songs for Achilles* (1961) für Tenor u. Gitarre; 3 *Songs for Ariel* (1962) für SingSt u. Klv.; Oratorien: *A Child of Our Time* (1939–41) für 4 Soli, Chor u. Orch.; *Crown of the Year* (1958) für Frauenchor u. Instr.-Ensemble; *The Vision of Saint Augustine* (1965) für Bar., Chor u. Orch.; Magnificat u. *Nunc dimittis* (1961) für gem. Chor u. Org. – **3) Bühnen-WW:** Opern: *The Midsummer Marriage,* UA: London 1955; *King Priam,* UA: Coventry 1962. – Schriften: *Moving into Aquarius* (Lo 1959); *A Personal View of Music in England,* in: FS L. Strecker (Mz 1973); Aufsatz-Slg. *Music of the Angels,* hrsg. v. M. Bowen (Lo 1980).

Lit.: A. ATKINSON, M. T.'s Debt to the Past, in: MR 23 (1962); M. T., A Symposium on his 60th Birthday, hrsg. v. I. KEMP (Lo 1965); A. WHITTALL, A War and a Wedding. Two Modern British Operas, in: ML 55 (1974); M. SCHEPPACH, The Operas of M. T. in the Sight of Twentieth-Century Opera Aesthetics (1975) (= Diss. Univ. of Rochester); Rhythm in T.'s Early Music, in: Proc. R. Mus. Assoc. 105 (1978–79); E. W. WHITE, T. and his Operas (Lo 1979); M. TIPPETT, Sir M. T. (Austin o.J. [1979]); D. MATTHEWS, M. T.: An Introductory Study (Lo 1980).

TIRÉ (frz., = gezogen), ↗Abstrich, Aufstrich.

TITELOUZE, Jean (Jehan), * 1563 (1564?) St-Omer (Artois), † 24. 10. 1633 Rouen; frz. Organist und Komponist. Er studierte Theologie und wurde nach der Priesterweihe (1585) zum Suborganisten von Notre-Dame in St-Omer, im selben Jahr noch zum Titularorganisten von St-Jean in Rouen ernannt, wo er 1588 das gleiche Amt an der dortigen Kathedrale Notre-Dame erhielt. T. galt als Experte in Orgelbaufragen, so daß er seit 1588 mehrfach bei Neubauten und Restaurationen, u.a. in Amiens, Poitiers und Rouen, tätig war. 1610 wurde T. zum Kanonikus ernannt. Die in Rouen ansässige literarische Gesellschaft Puy de Palinods zeichnete T. 1613 mit der „Silbernen Lilie" aus und ehrte ihn 1630 mit dem Titel eines „Prince". Seit 1622 erörterte er mit M. Mersenne vorwiegend musiktheoretische Probleme.

WW: *Hymnes de l'église pour toucher sur l'orgue avec les fugues et recherches sur leur plain-chant* (P 1623); *Le Magnificat ou Cantique de la Vierge pour toucher sur l'orgue, suivant les huit tons de l'Église* (P 1626).

T. gilt als der erste namentlich bekannte französische Orgelkomponist. Seine 12 *Hymnes de l'église,* jeweils unterteilt in 3 oder 4 Versetten, praktizieren Techniken der ndl. Motette; Vorimitation, Zitat des C. f. im Baß, motivische Arbeit mit dem zugrunde gelegten Material bei logischer Gliederung und (wie in S. Scheidts *Tabulatura nova* III, 1624) Verzicht auf Kolorierung um der polyphonen Strenge willen kennzeichnen T.s Kompositionsweise. Dies gilt auch für die technisch weniger anspruchsvollen 8 Zyklen des Magnificat, die, zusammengesetzt jeweils aus 7 Versetten, jedoch differenzierteren Fugentechniken bis hin zu Augmentation, Engführung und doppeltem Kontrapunkt folgen; indem sie sich darüber hinaus u.a. von der Modalität zur Tonalität hin öffnen, bereiten sie den Übergang von der Renaissance zum Barock vor.

Ausg.: GA der Orgelwerke, in: GUILMANT-PIRRO 1; Ausw. v. Orgelstücken, in: Liber Organi 1–2, hrsg. v. E. KALLER (L 1931, Neudruck Mz 1954), u. in: Anthologia organi 8, hrsg. v. S. MARGITTAY (Mz 1980); *Hymnes de l'église pour toucher sur l'orgue*, hrsg v. N. DUFOURCQ (P 1965).

Lit.: N. DUFOURCQ, La musique d'orgue de J. T. à J. Alain (P 1941, ²1949); W. ELDERS, Zur Formtechnik in T.s „Hymnes de l'Église", in: Mf 18 (1965). J. DORFMÜLLER

TITTEL, Ernst, * 26. 4. 1910 Sternberg (Mähren), † 28. 7. 1969 Wien; östr. Organist, Komponist und Musikforscher. Er studierte 1928–32 an der Kirchenmusikabteilung der Wiener Musikakademie und promovierte 1935 an der Wiener Universität mit der Dissertation *S. Sechter als Kirchenkomponist.* Seit 1933 war er Organist der Franziskanerkirche und 1934–67 (mit Unterbrechung 1938–45) Organist der „Geistlichen Stunde" beim Wiener Rundfunk. Seit 1936 lehrte er Theorie und Komposition an der Musikakademie und wurde 1954 außerordentlicher, 1961 ordentlicher Professor. Seit 1965 hatte T. außerdem einen Lehrauftrag für Kirchenmusik an der kath.-theol. Fakultät der Wiener Universität. T., der als Lehrerpersönlichkeit wesentlich an dem hohen Niveau östr. Kirchenmusik des 20. Jh. beteiligt ist, komponierte mit sicherer Satzkunst in einem nachklassischen, teilweise von der Gregorianik ausgehenden kontrapunktischen Stil in einer bis zu freier Zwölftontechnik erweiterten tonalen Harmonik.

WW: **1) Kompositionen:** Zahlr. Org.-Stücke; Streichquartett e-moll (1930). – Für Orch.: Sinfonietta, op. 44 (1952); *Variationen u. Fuge über die Haydn-Hymne*, op. 4 (1934); Symphonie a-moll, op. 26 (1947); *Symphonia brevis*, op. 59 (1953); 2 Org.-Konzerte, op. 18 u. 20 (beide 1941). – Geistliche Vokalwerke, darunter etwa 30 Messen; Kantaten; Magnificat; Proprien; Ordinarien; Motetten; ferner zahlr. weltliche Vokalwerke. – **2) Schriften:** *Kontrapunktfibel* (W 1956); *Der neue Gradus*, 2 Bde. (W 1959); *Österreichische Kirchenmusik* (W 1961) (= Schriftenreihe des Allgemeinen Cäcilienverbandes ... 2); *Harmonielehre* (W 1965); *J. Lechthaler* (W 1966) (= Östr. Komponisten des 20. Jh. 7); *Die Wiener Musikhochschule* (W 1967) (= Publikationen der Wiener Musikakad. 1); *Wiener Musiktheorie von Fux bis Schönberg*, in: Beitr. z. Musiktheorie des 19. Jh. (Rb 1966) (= Stud. z. Musikgesch. des 19. Jh. 4).

Lit.: H. LEMACHER, in: MS 80 (1960); F. HABERL, in: MS 89 (1969); H. JANCIK, in: Singende Kirche 17 (1969/70) (mit Werk-Verz.). B.A. KOHL

TITUS, Opera seria von W. A. Mozart; Originaltitel: La ↗clemenza di Tito.

TOBIAS WUNDERLICH, Oper in 3 Akten von J. Haas, op. 90, Text von Hermann Heinz Ortner u. Ludwig Andersen (d.i. L. Strecker). Ort u. Zeit der Handlung: irgendwo in den dt. Alpenländern, Gegenwart. UA: 24. 11. 1937 Kassel.

Der Holzschuhschnitzer Tobias Wunderlich protestiert gegen den Verkauf einer wertvollen Heiligenstatue und bittet die in diesem Bild dargestellte Barbara um ein Wunder. Die Heilige steigt von ihrem Postament herab und folgt Tobias, um ihm, wie bereits im Jahre 1490 ihrem damaligen Herrn, als Magd zu dienen und gleichzeitig Modell zu stehen. Der Holzschnitzer gibt das Geheimnis jedoch preis, Barbara nimmt ihren Platz als Statue in der Kirche wieder ein; die Menschen pilgern zu diesem nun berühmten Wallfahrtsort. Tobias aber kann die unter Barbaras Anleitung begonnene Heiligenfigur höchst kunstvoll beenden. Diese Legende, in welcher der Geschäftstüchtigkeit des Dorfoberen die Rechtschaffenheit des Tobias gegenübergestellt wird, bot dem Komponisten Gelegenheit, den von ihm bevorzugten volkstümlichen Stil im Musiktheater anzuwenden. Zahlreiche Volksliedmelodien und Volksweisen prägen den musikalischen Ablauf; die Personen werden durch Erinnerungsmotive gekennzeichnet. Auf diese Weise schuf Haas ein musikalisch gefälliges Werk. K. LANGROCK

TOCCATA (von it. toccare = berühren, schlagen; urspr. auch: spielen [von Tasteninstrumenten]), seit dem 17. Jh. ein dem Wortsinn entsprechendes Instrumentalstück, häufig im Charakter eines Vorspiels oder Übungsstücks (mit solchen Überschriften wie „Praeludium", „Praeambulum", „Intonatione", „Intrata" oder „Etude", obwohl es sich stets um ein und dieselbe Gattung handelt) frei gestaltetes Spielstück, das weder im strengen Stil noch auf der Basis eines C. f. oder Tanzes gearbeitet ist. Zu unterscheiden ist zwischen der T. minor und der T. major. Die T. minor ist ein kurzes, vorwiegend aus geballten Akkordfolgen und schnellen Passagen bestehendes Vorspiel. Es kann sowohl zu liturgischen als auch zu profanen Zwekken dienen und ist oft in Verbindung mit Fugen- oder Tanzsätzen überliefert. Nach einzelnen Stükken in den Tabulaturbüchern des 15. und frühen 16. Jh. (K. Paumann, H. Buchner, H. Kotter, L. Kleber, Francesco da Milano u.a) stellen die *In-*

tonationi d'organo von A. und G. Gabrieli (1593) den frühesten Zyklus dieser Gattung dar. Entsprechende Stücke schrieben J. P. Sweelinck, J. E. Kindermann (1645), J. Pachelbel, J. K. Kerll (1686), A. Poglietti, Johann Speth (1693), Fr. X. A. Murschhauser (1696, 1703, 1707), J. K. F. Fischer (1696, 1702, um 1732), Karlmann Kolb (1733), Fr. A. Maichelbeck (1738), Marianus Königsperger (1755), G. Chr. Wagenseil, J. G. Albrechtsberger, J. Chr. Rinck und viele andere Komponisten des 17.–19. Jahrhunderts. Der improvisatorische Charakter, der diesen Stücken zumeist anhaftet, kommt weit stärker zur Entfaltung in der T. major. Hier vereinigen sich Virtuosität und Expressivität zu einem quasi rezitativischen Stilus fantasticus, den bereits A. Kircher (*Musurgia universalis*, Rom 1650) definiert hat. J. Mattheson (*Der vollkommene Capellmeister*, 1739) bezeichnet ihn als „die allerfreieste und ungebundenste Setz-, Sing- und Spiel-Art, die man nur erdenken kann". Die Wurzeln dieser Toccatenfantasie sind im expressiven Madrigalstil des späten 16. Jh. zu suchen. Aus der Praxis, Madrigale auf Zupf- und Tasteninstrumenten unter Hinzufügung von Verzierungen, Koloraturen und Passagen zu spielen, entwickelten sich selbständige Instrumentalstücke voller Kunstfertigkeit und Ausdrucksreichtum. So entstand parallel zu den Madrigalen von L. Marenzio, C. Gesualdo und Cl. Monteverdi eine für den Barock typische Gattung. Charakteristisch sind der rhapsodische Charakter ohne festes Formgefüge, der freistimmige Satz ohne ausgedehnte fugierte Abschnitte, der zwischen kompakter Vollstimmigkeit und feingliedriger Zweistimmigkeit wechselt, ferner die freie und oft bizarre Rhythmik sowie die spannungs- und kontrastreiche Harmonik. Diese freie, improvisatorische Kompositionsweise soll auch bei der Wiedergabe der Stücke zum Ausdruck kommen. G. Frescobaldi gibt in der Vorrede zu seinem ersten Toccatenbuch genaue Anweisungen für den Spieler. Dort heißt es beispielsweise: „Diese Spielweise darf nicht immer demselben Takt unterworfen werden ... Die Anfänge der Toccaten müssen langsam und arpeggiert gespielt werden ... Die Kadenzen, auch wenn sie schnell notiert sind, müssen sehr gedehnt werden; nähert man sich dem Schluß der Passage oder der Kadenz, muß das Tempo langsamer werden ..." Die ersten Zeugnisse dieser fantastischen Toccatae majores sind die *Toccate d'intavolatura d'organo* von Cl. Merulo (1589, 1604). Sie wurden im Notenkupferstich vervielfältigt, da sich der bis dahin gebräuchliche Notentypendruck bei derart virtuoser und freistimmiger Musik nicht anwenden ließ. Den Höhepunkt dieses Stilus fantasticus bilden die 2 Toccatenbücher von Frescobaldi (1615, 1627), denen in Italien die Toccaten von M. Rossi (um 1640), B. Pasquini (um 1700) und D. Zipoli (1716) folgen. Neben Venedig und Rom galt vor allem der Wiener Kaiserhof als Pflegestätte der Toccatenkomposition. Frescobaldis Schüler J. J. Froberger widmete 12 seiner großen Toccaten Kaiser Ferdinand III. Auch die Organisten Leopolds I., Poglietti und Kerll, schrieben Toccaten, demselben Kaiser ist der *Apparatus musico-organisticus* von Georg Muffat (1690) gewidmet, mit dem die Toccatenkomposition den Gipfel erreichte. In die Fußstapfen des Vaters trat Gottlieb Muffat mit 24 Toccaten und ebenso vielen, in ähnlicher Manier komponierten Capricci. Durch Albrechtsberger und die böhmischen Organisten mit J. Seger an der Spitze wurde der italienisch-süddeutsche Toccatenstil ins 19. Jh. tradiert. Ein äußeres Kennzeichen dieses südlichen Typus ist das Fehlen der obligaten Pedalstimme. Der recht anspruchsvolle Manualsatz ist meist auf jeder Art von Tasteninstrumenten spielbar. Selbst bei den ausdrücklich als Pedaltoccaten bezeichneten Stükken beschränkt sich das Pedal auf wenige, orgelpunktartig gehaltene Töne, auf die bei Frescobaldi sogar verzichtet werden kann, wenn kein Pedal vorhanden ist. Georg und Gottlieb Muffat bezeichneten dagegen genau die für das Pedal bestimmten Töne. Fast alle Stücke können auf einem einmanualigen Instrument ausgeführt werden. Entsprechend den andersgearteten, nach dem Prinzip des architektonischen und farblichen Kontrastes gebauten norddeutschen Orgeln sind auch die Toccaten oder Praeludien der norddeutschen Meister von denen der süddeutschen wesentlich verschieden. Der Manualsatz ist weniger vollgriffig und virtuos, statt dessen wird dem Pedal ein selbständiger, oft solistischer Part zugedacht. Dynamische und farbliche Kontraste können durch Manualwechsel erreicht werden. Beliebt ist die Echomanier bei Sweelinck und seinen Schülern. Im Gegensatz zu den italienischen und süddeutschen Meistern und zu den Prinzipien des fantastischen Stils fügten D. Buxtehude, J. A. Reinken und ihre Schüler fugierte Abschnitte in die T. ein. Offenbar haben hierbei Frobergers Variationskanzonen mit ihren toccatenhaften Einschüben als Vorbilder gedient. Bei J. S. Bach vollzieht sich eine Synthese zwischen südlichen und nördlichen Stilelementen. Seine Manualtoccaten wie auch die bekannte d-moll-T. (BWV 565) und vor allem die g-moll-Fantasie (BWV 542) repräsentieren den Stilus fantasticus des späten Barocks, der in den freien Fantasien von C. Ph. E. Bach seine Fortsetzung fand. Die Tendenz, anstelle plötzlicher Kontraste längere Abschnitte im rhythmischen Einheitsablauf zu notieren, macht sich bereits im letzten Drittel des 17. Jh. bemerkbar, besonders bei Kerll und Georg Muffat, ebenso bei den mitteldeutschen Komponisten wie J. Pachelbel und J. Ph. Krieger, schließlich in größeren Dimensionen bei J. S. Bach („dorische" Toccata, F-dur-Toccata), seinen Zeitgenossen und Schülern. Hieraus entwickelte sich der Typ der Etüden-T., eines virtuosen Perpetuum mobile, das im 19. Jh. in der Klavier- und Orgelmusik vorherrschend wurde (M. Clementi, J. B. Cramer, C. Czerny, R. Schumann, M. Balakirew), bis M. Reger und Cl. Debussy um die Jahrhundertwende durch Mittel impressionistischer Klanggestaltung einen neuen expressiven Toccatentyp schufen. Der Neoklassizismus mit seiner Anknüpfung an Formen und Setzweisen des Barocks hat schließlich das Interesse an der Gattung der T. im 20. Jh. neu belebt (F. Busoni, A. Honegger, J. N. David u.a.).

Lit.: L. SCHRADE, Die ältesten Denkmäler der Orgelmusik als Beitr. zu einer Gesch. der T. (Mr 1928); E. VALENTIN, Die Entwicklung der T. im 17. u. 18. Jh. (Mr 1928); W. GEORGII, Klaviermusik (Z – Fr 1950); H. HERING, Das Tokkatische, in: Mf 7 (1954); E. VALENTIN, Die T. (Kö 1958) (= Das Musikwerk 17); W. APEL, Gesch. der Orgel- u. Klaviermusik bis 1700 (Kas 1967); F. W. RIEDEL, Der Einfluß der it. Klaviermusik des 17. Jh. auf die Entwicklung der Musik für Tasteninstrumente in Deutschland während der ersten Hälfte des 18. Jh., in: Anal. Mus. 5 (1968).

F. W. RIEDEL

TOCH, Ernst, * 7. 12. 1887 Wien, † 1. 10. 1964 Los Angeles; amerik. Komponist und Pianist östr. Herkunft. Er studierte 1906–09 Medizin und Philosophie in Wien und Heidelberg, 1909–12 Klavier bei Willy Rehberg in Frankfurt am Main und wurde 1913 Lehrer für Klavier und Komposition an der Musikhochschule Mannheim. 1921 promovierte er im Fach Musikwissenschaft an der Univ. Heidelberg. Seit 1929 lebte er als Klavier- und Kompositionslehrer in Berlin, emigrierte 1933 über Paris und London in die USA und lehrte seit 1934 an der New School of Social Research in New York. 1936 ließ er sich in Los Angeles nieder, wo er auch an der University of Southern California lehrte.

WW: **1) Kompositionen:** Zahlr. Klv.-Stücke; Kammermusik, darunter 13 Streichquartette (1902–53). – Für Orch.: *Phantastische Nachtmusik,* op. 27 (1920); *Komödie in einem Satz* (1927); *Big Ben* (1935); *Notturno* (1953); *Three Pantomimes,* 1: *Capriccio,* 2: *Puppet Show,* 3: *The Enamoured Harlequin* (1963–64); 7 Symphonien (1950, 1951, 1953, 1957, 1962, 1963, 1964); Ouvertüren; Vc.-Konzert (1925) mit Kammerorch.; Klv.-Konzert (1926) sowie ein 2. Klv.-Konzert als: *Sinfonie* (1932). – Kantate *Das Wasser* (Text: A. Döblin) (1930) für Tenor, Bar., Sprecher u. Chor mit Instr.; *Cantata of the Bitter Herbs* (1938) (nach Psalm 126) für Sopran, Alt, Tenor, Baß, Sprecher u. Orch.; *Musik* (1932) (Text: R. M. Rilke) für Orch. u. Bar.; ferner zahlr. Chorwerke. – Märchenoper *Die Prinzessin auf der Erbse* (Libr.: B. Elkan nach H. Ch. Andersen), UA: Baden-Baden 1927; Opern-Capriccio *Der Fächer,* UA: Königsberg 1930; Oper *The Last Tale* (1960–62); Film- u. Bühnenmusik. – **2) Schriften:** *Beiträge zur Stilkunde der Melodie* (Diss. Hei 1921), gedruckt als: *Melodielehre* (B 1923); *The Shaping Forces in Music* (NY 1948, Nachdr. 1977); *Placed as a Link in this Chain* ..., hrsg. v. M. Hood (Los Angeles 1971).

T. begann in der Nachfolge von J. Brahms, näherte sich um 1925 durch freie Kontrapunktik und erweiterte Chromatik der Atonalität, kehrte aber etwa nach 1948 zu einer tonalen Schreibweise zurück. Seit den 30er Jahren ist eine Orientierung am Neoklassizismus unverkennbar, doch bleiben Expressivität und ein dramatisch-epischer Zug stets kennzeichnend für sein schon früh mit vielen Preisen bedachtes Schaffen. T.s Werke wurden in Deutschland vor 1933 sehr häufig aufgeführt; von den Nationalsozialisten wurde seine Musik dann als „entartet" gebrandmarkt.

Lit.: N. SLONIMSKY, E. T., 1887–1964, in: NZfM 128 (1967); C. JOHNSON, The Unpublished Works of E. T. (1973) (= Diss. Univ. of Southern California); L. WESCHLER, E. T., 1887–1964. A Biographical Essay (Los Angeles 1974).

B. A. KOHL

TOD IN VENEDIG, DER *(Death in Venice),* Oper in 2 Akten von B. Britten, op. 88, Text von Myfanwy Piper nach der gleichnamigen Novelle (1913) von Th. Mann. Ort und Zeit der Handlung: München u. Venedig, zu Beginn des 20. Jh.; UA: 16. 6. 1973 Aldeburgh; dt. EA (in dt. Sprache): 24. 9. 1974 West-Berlin.

Das Umschlagen von ästhetischer Bewunderung in ekstatisch-sinnliches Begehren des Schönen vollzieht sich in dem erfolgreichen Schriftsteller Aschenbach, dessen Fahrt nach Venedig zu einer Reise in den Tod wird; unter der Oberfläche scheinbar alltäglicher Begegnungen verbergen sich Vorboten der Katastrophe; Aschenbachs seelischer Alarmzustand steigert sich im Verlaufe seiner Bekanntschaft mit dem jungen Polen Tadzio, der sein Schönheitsideal verkörpert. Durch die Konzeption des Tadzio als reiner Tanz- und Pantomimenrolle gelang dem Librettisten ein Kunstgriff, der es Britten ermöglichte, gerade die Gehemmtheit und Panik des hypersensiblen Intellektuellen, der an den Jungen nicht wirklich „herankommt", eindringlich darzustellen: Gerade dort, wo gemäß der literarischen Vorlage die verbale Kommunikation eingeschränkt ist, wird die Musik zum idealen Ausdrucksmedium. Teils klangfarblich-instrumentatorisch, teils mit spätromantischer Themen-Metamorphose charakterisiert Britten in seiner letzten Oper die unterschiedlichen Lebensbereiche: Tadzio, Sinnbild für Schönheit, Kraft und Vitalität, agiert durchweg vor einem klanglichen Hintergrund, der von rhythmisch und farblich reich differenzierten Schlagwerk-Kombinationen dominiert wird; Aschenbachs seelische Entwicklung hingegen erhält in sensibler Charaktervariantentechnik ihre ästhetisch stimmige klangliche Präsentation. W. A. MAKUS

TOËSCHI (eig. Toesca della Castella-Monte), dt. Musikerfamilie it. Herkunft. – **1) Alessandro,** * vor 1700 Rom (?), begraben 15. 10. 1758 Mannheim. Er wurde nach Reisen durch England und Deutschland 1725 „second maître des concerts" am württembergischen Hof, wo seine Frau als Sängerin wirkte; um 1730 heiratete er zum 2. Mal, verließ nach dem Tod des Herzogs (1737) den Hof und wurde 1742 Konzertmeister, um 1750 auch Direktor der instrumentalen Kirchenmusik am Mannheimer Hof. Seine wenigen erhaltenen Werke stehen in der Tradition des it. Barock.

WW: Sonate für V. u. Cemb. (F 1720). – Hsl. sind erhalten: Sonate D-Dur für V. u. B.c.; Konzert für 2 V., Str. u. B.c. (Dresden).

2) Karl Joseph (Carlo Giuseppe), Sohn von 1), getauft 11. 11. 1731 Ludwigsburg, † 12. 4. 1788 München. Er war Schüler von J. Stamitz, trat 1752 in das Mannheimer Orchester ein, wurde 1759 Konzertmeister und dirigierte Ballette sowie dt. und frz. Opern. Mehrmals reiste er nach Paris, wo im Concert spirituel viele seiner Werke aufgeführt wurden. 1763 und 1777/78 traf er mit W. A. Mozart, 1774 mit Chr. W. Gluck zusammen. 1778 folgte er mit dem größten Teil des Orchesters dem Kurfürsten Karl Theodor nach München. T. ist neben Chr. Cannabich und K. Stamitz der bedeutendste Komponist in der 2. Generation der ↗Mannheimer Schule. Seine Symphonien prägen seit 1769 die Pariser Symphonik, in den Sonatensätzen erhält das 2. Thema mehr Gewicht als bei seinen Zeitgenossen.

WW: Im Druck erschienen zahlr. Duette, Trios, Quartette, Quintette u. Sextette für Str., teilweise mit Fl.; mindestens 66 Symphonien; 19 Fl.- u. 11 V.-Konzerte. – Hsl. erhalten über 30 Ballette, z.T. zus. mit Chr. Cannabich, F. Deller u. I. Fränzl.

3) Barbara Margaretha Sidonia, Tochter von 1), * 16. 7. 1733 Ludwigsburg, † nach 1763. Sie war Tänzerin am Mannheimer Hof und mit dem Violoncellisten Innozenz Danzi verheiratet; aus der Ehe ging Fr. ↗Danzi hervor. – **4) Johann Baptist Maria** (Giovanni Battista Maria, auch Johann Christoph Maria), Sohn von 1), * vor 1740, † 3. 3. 1800 München. Er war Schüler von J. Stamitz und Cannabich, wurde 1755 Violinist, 1758 auch Ballettdirigent, 1774 Konzertmeister in Mannheim; 1778 folgte auch er dem Kurfürsten Karl Theodor nach München.

WW: 6 Triosonaten für 2 V. u. Baß (P 1768). – Hsl. sind erhalten: Konzert für Va. d'amore (Entwurf); Quartett für Va. d'amore, Fl., V. u. Vc.; Sonata a-moll für Va. d'amore u. Baß (Paris, Wien).

5) Karl Theodor, Sohn von 4), * 7. 4. 1768 Mannheim, * 10. 10. 1843 München. Er wurde 1780 Violinist im Münchner Hoforchester und trat bereits 1785 als Solist hervor. 1799 trat er in den Ruhestand und ist danach nur noch mit Tänzen für die Hofbälle hervorgetreten. Wie sein Vetter Fr. Danzi gehört er zur 3. Mannheimer Generation.

WW: Je *6 Münchner Redoute Ländler* (Mn 1822, 1823, 1824); *6 Münchner Odeon Ländler* (Mn 1828); *6 Hofball Ländler* (Mn 1831); *Vergiß mein nicht* (Mn 1832); ferner 6 Wiener Walzer für Gitarre (Mn um 1830). – Hsl. sind erhalten: V.-Konzert; *Symphonia concertante* für V., Fl.; Symphonie C-Dur; *Sinfonia pastorale;* 2 Ouvertüren; Cantilena *O Maria* für 4 St., Solo-V. u. Orch.

Ausg.: **Zu 2):** Symphonie B-Dur, in: Sinfonien der Pfalzbayerischen Schule, hrsg. v. H. RIEMANN (1902) (= DTB 7/2); Fl.-Quartett u. Fl.-Quintett, in: Mannheimer Kammermusik des 18. Jh. I, hrsg. v. DEMS. (1914) (= DTB 15); Klv.-Trio G-Dur, in: ebd. II, hrsg. v. DEMS. (1915) (= DTB 16); Symphonie D-Dur, hrsg. v. A. CARSE (Lo 1936); Sinfonie D-Dur, hrsg. v. R. MÜNSTER (Lörrach 1958); Fl.-Konzert G-Dur, hrsg. v. DEMS. (Mn 1962) (= Alte Musik, Leuckartiana 31 b); Fl.-Konzert F-Dur, in: Fl.-Konzerte der Mannheimer Schule, hrsg. v. W. LEBERMANN (1964) (= EDM 51); 6 Fl.- u. 6 Fag.-Duette, hrsg. v. DEMS. (Mz 1969) (= Il flauto traverso 76–77). – **Zu 4):** Sonate für Va. d'amore u. Baß, hrsg. v. D. NEWLIN – K. STUMPF (W 1963) (= Diletto mus. 127).

Lit.: R. MÜNSTER, Die Sinfonien T.s (Diss. Mn 1956); W. LEBERMANN, Biographische Notizen über J. A. Fils, J. A. Stamitz, C. J. u. J. B. T., in: Mf 19 (1966); DERS., Zur Genealogie der T., in: ebd. 22 (1969); DERS., Giovanni Battista oder Johann Christoph? Ein Nachtrag z. Genealogie der T., in: Mf 27 (1974). – ↗Mannheimer Schule. G. SCHUHMACHER

TOLBECQUE, belg. Musikerfamilie, die sich nach der Restauration in Frankreich niederließ. In der 1. Generation waren 4 Brüder als Violinisten in Paris tätig: **Isidore Joseph** (1794–1871); **Jean-Baptiste Joseph** (1797–1869), er auch als Dirigent der Pariser Bälle; **Auguste Joseph** (1801–69), der später in London wirkte; **Charles Joseph** (1806–35). Größere Bedeutung erlangte in der 2. Generation **Auguste,** ein Sohn des letzteren, * 30. 3. 1830 Paris, † 8. 3. 1919 Niort. Er war Violoncellist, lehrte 1865 am Conservatoire in Marseille und spielte dann in Paris bei der Société des Concerts du Conservatoire und in verschiedenen Quartetten. Später unterhielt er eine Instrumentenwerkstatt in Niort. Seine 1. große Instrumentensammlung verkaufte er 1879 an das Conservatoire in Brüssel.

Schriften (von Auguste): *L'art du luthier* (Niort 1903, Nachdr. 1969); *Gymnastique du violoncelliste* (P 1875); *Quelques considérations sur la lutherie* (P 1890); *Souvenirs d'un musicien en province* (Niort 1896); *Notice hist. sur les instr. à cordes et à archet* (P 1898).

TOLL TRIEBEN ES DIE ALTEN RÖMER, dt. Filmtitel von St. Sondheimers Musical A ↗Funny Thing Happened on the Way of the Forum.

TOLSTOI, Lew Nikolajewitsch, * 28. 8. (9. 9.) 1828

TANZ: „Kettentanz“ in der Choreographie von Gerald Arpino mit Brigitte Stadler und Christian Rovny (Foto: Österreichischer Bundestheaterverband / Axel Zeininger).

TANZ: „Giselle“ von Adolphe Adam in der Choreographie von Alicia Alonso nach Marius Petipa (Foto: Österreichischer Bundestheaterverband / Axel Zeininger).

TANZ: „Apollo“ von Igor Strawinsky in der Choreographie von George Balanchine (Foto: Österreichischer Bundestheaterverband / Axel Zeininger).

auf dem Gut Jasnaja Poljana bei Tula, † 7. (20.) 11. 1910 Astapowo (Gouvernement Kaluga); russ. Schriftsteller. T., Verfasser der großen Romane *Woina i mir* (Krieg und Frieden, 1863–69) und *Anna Karenina* (1873–77), scharfer Kritiker sozialer Ungerechtigkeit, war von Jugend auf neben dem russ. Volkslied mit klassischen Klavierkompositionen vertraut, die seine Mutter vortrug. Als junger Mann studierte er Schriften über Musik und J.-J. Rousseaus *Dictionnaire de musique*. Unveröffentlichtes Fragment blieb eine Art enzyklopädisches Lehrbuch zum Studium der Grundlagen der Musik, an dem T. Ende der 50er Jahre arbeitete. 1849 nahm T. den in Moskau lebenden dt. Pianisten Rudolph (Vorname nicht überliefert) mit auf sein Gut und vervollkommnete sich bei ihm im Klavierspiel. Zusammen mit Wassili Botkin setzte er sich 1858 für die Gründung einer Kammermusikgesellschaft in Moskau ein. Die Tonkunst soll nach T. die sittliche Haltung der Menschen beeinflussen und muß daher auch von einfachen Menschen verstanden werden können. Von dieser Position kritisierte er die Musik seiner Zeit, in der er nur den auf Genuß gerichteten Zeitvertreib der Künstler und „gebildeten“ Müßiggänger erblickte. Er negierte fast alle nach L. van Beethoven entstandenen Kompositionen. Sein Urteil über Beethoven selbst war starken Schwankungen unterworfen, dagegen schätzte er J. Haydn, W. A. Mozart, Fr. Chopin, P. Tschaikowsky.

WW (Vertonungen nach T.): Kammermusik: L. Janáček, 1. Streichquartett (1923) u. Klv.-Trio (1909) nach *Krejzerowa sonata* (Kreutzer-Sonate). – Für Orch.: A. Roussel, symphonisches Prélude *Résurrection*, op. 4 (1903). – Vokalwerke: Ch. H. Parry, Ode *War and Peace* (1903) für Soli, Chor u. Orch.; L. Durey, Kantate *La guerre et la paix* (1949); N. N. Tscherepnin, *The Story of Ivan the Fool* für Rezitator, Soli, Chor, Orch. u. elektron. Geräte, UA: BBC London 1968. – Opern: F. Alfano, *Risurrezione*, UA: Turin 1904; L. Janáček, *Anna Karenina* (1907) (unvollendet); ders., *Živá mrtvola* (Der lebende Leichnam) (1916) (unvollendet); J. Hubay, *Anna Karenina*, UA: Budapest 1915; R. Réti, *Iwan und die Trommel* (1933); O. Ostrčil, *Honzovo království* (Hansens Königreich), UA: Brünn 1934; S. Prokofjew, *Woina i mir* (Krieg und Frieden), UA: Moskau 1944, 2. Fassung Leningrad 1955; R. Wagner-Régeny, *La légende de l'homme heureux* (1947) (unvollendet); B. Martinů, Pastoraloper *What Men Live By*, UA: NBC-Fernsehen New York 1953; J. Cikker, *Vzkříšení* (Auferstehung), UA: Prag 1962.

Lit.: R. HOHENEMSER, L. T. u. die Musik, in: ZfMw 2 (1919/20); G. ABRAHAM, T. and Mussorgsky, in: Studies on Russian Music (Lo 1936); L. T. i musyka, hrsg. v. S. G. PALJUCH – A. W. PROCHOROWA (Mos 1977). E. STÖCKL

TÖLZER KNABENCHOR, hervorgegangen 1957 aus dem 1956 gegründeten Singkreis Bad Tölz (Oberbayern) und geleitet von G. Schmidt-Gaden. Zentrale des als Privatunternehmen geführten Chores ist das Studio in München. Seine Ausbildungsstufen haben den Status einer staatlich anerkannten Musikschule. Der Großteil der Ausbildungskosten wird durch Einnahmen aus Konzerten, Opernauftritten, Fernsehsendungen und Schallplattenaufnahmen gedeckt. Das Repertoire des Chores umfaßt Volkslied, Folklore, Unterhaltungsmusik, Oper und Oratorium sowie ältere Musik. Der T. als Ganzes oder einzelne Solisten daraus wirkten u.a. bei den Festspielen in Bayreuth, Salzburg, Edinburgh und München, den Luzerner Musikfestwochen und den Berliner Festwochen mit, ebenso bei den Uraufführungen von Krz. Pendereckis Lukaspassion (1966) und *Utrenja* (1971).

TOMÁŠEK (Tomaschek), **Václav Jan Křtitel** (Johann Wenzel), * 17. 4. 1774 Skutsch (Böhmen), † 3. 4. 1850 Prag; böhmischer Pianist und Komponist. T., als Musiker im wesentlichen Autodidakt, machte sich früh als Klavierlehrer und -virtuose in seinem Heimatland einen Namen. Seit 1806 erhielt er von dem Grafen Georg Buquoy eine Pension auf Lebenszeit, die ihm freies Schaffen ermöglichte. 1824 gründete er in Prag als Alternative zum Konservatorium eine eigene Musikschule. Sein Haus in Prag wurde eine Stätte, die viele Künstler anzog, die Prag besuchten, so N. Paganini, R. Wagner, H. Berlioz und Clara Schumann. Auf vielen Reisen unterhielt T. Beziehungen u.a. zu J. W. von Goethe, J. Haydn und L. van Beethoven, und er war der Lehrer einer ganzen Generation von böhmischen Musikern, unter ihnen J. V. Voříšek, A. Dreyschock und E. Hanslick. Mit seinen Eklogen (seit 1807), Rhapsodien und Dithyramben zählt T. zu den Schöpfern des romantischen ↗Charakterstücks für Klavier und ist auf diesem Gebiet der unmittelbare Vorläufer von Fr. Schubert. Auch seine Klavierlieder über Texte von Goethe, Fr. von Schiller und A. Puschkin waren im 19. Jh. allgemein bekannt.

WW: Im Druck erschienen: Klv.-Sonaten; Slgen. mit Klv.-Stükken (Eklogen, Rhapsodien und Dithyramben), op. 35, 39, 40, 47, 51, 52, 63, 65, 66, 83, 110; Klv.-Trio, op. 7; Klv.-Quartett op. 22; Symphonien u. Klv.-Konzerte. – Goethe-Lieder, op. 53–61; Schiller-Lieder, op. 24, 29, 31; tschech. Lieder, op. 48, 50, 71, 82. – Einige geistliche u. weltliche Kompositionen hsl. – Oper *Seraphine*, UA: Prag 1811.

Ausg.: *Ecloga*, op. 63 Nr. 1 u. Rhapsodie, op. 41 Nr. 1, in: Čeští klasikové, hrsg. v. J. RACEK – J. SÝKORA (Pr 1954) (= MAB 20); *Tre ditirambi* für Klv., op. 65, hrsg. v. I. POHANKA (1956, ²1972) (= ebd. 29); *Églogues pour le pianoforte* (I: op. 35, 39, 47 u. 51), hrsg. v. A. BORKOVA – TH. STRAKOVA (1970) (= ebd. 73); *Lenore*, in: Balladen v. G. A. Bürger ..., hrsg. v. D. MANICKE (Mz 1970) (= EDM 46); Klv.-Werke, hrsg. v. D. ZAHN (Mn 1971).

Lit.: M. POSTLER, V. J. T., Bibliogr. (Pr 1960); J. KÁDNEROVÁ, V. J. T. Výberová bibliografie (Kladno 1974). – M. TARANTOVÁ, V. J. T. (Pr 1946); M. VYSLOUZILOVÁ, V. J. T.s Lieder zu tschech. Texten, in: Sborník prací filosofické fakulty brněnské university 22 (1974); A. SIMPSON, T., in: Grove⁶ XIX.

TOMASI, Henri Fredien, * 17. 8. 1901 Marseille, † 13. 1. 1971 Paris; frz. Komponist. Er studierte in Marseille und am Pariser Conservatoire, wo er 1927 einen Grand Prix de Rome erhielt, arbeitete 1930–35 am frz. Rundfunk und leitete 1946–50 die Oper von Monte Carlo. Seine überwiegend für das Theater geschriebene Musik spricht unmittelbar an, ist rhythmisch vielfältig und klanglich farbig.

WW: Drames lyriques: *L'Atlantide*, UA: Mülhausen 1954; *Sampiero corso*, UA: Bordeaux 1956; *Don Juan de Mañara* (nach O. Milosz), UA: München 1956, frz. Mülhausen 1967; *Il poverello*, UA: ORTF 1960; *Le silence de la mer*, UA: Toulouse 1964; ferner Opéras-bouffes u. Ballette.

TOMASINI. – 1) Aloisio Luigi (I), * 22. 6. 1741 Pesaro, † 25. 4. 1808 Eisenstadt; it. Violinist und Komponist. Er wurde 1757 Mitglied der Kapelle des Fürsten Esterházy in Eisenstadt, 1762 1. Violinist und bald Konzertmeister unter J. Haydn, der für ihn mehrere Violinkonzerte schrieb. Seit 1802 leitete er die höfische Kammermusik.

WW: *Duos concertants* für 2 V. (W 1800, P o.J.); 3 Streichquartette (W um 1807). – V.-Konzerte u. 24 Divertimenti für Baryton, V. u. Vc. sind hsl. erhalten.

2) Anton Edmund, Sohn von 1), * 17. 2. 1775 Eisenstadt, † 12. 6. 1824 ebd.; it. Bratschist. Er trat 1791 in die Kapelle der Esterházy ein, bei der er 1820 Konzertmeister wurde. – **3) Aloisio Luigi** (II), Bruder von 2), * um 1780, † 1858 Neustrelitz; it. Violinist. Er war seit 1796 Mitglied der Esterházyschen Kapelle, wurde 1808 wegen seiner Heirat mit der Sängerin Sophie Groll entlassen und trat im selben Jahr in die Hofkapelle in Neustrelitz ein, wo er 1825 Konzertmeister wurde. Von J. Haydn und J. N. Hummel hochgeschätzt, war T. vor allem in Wien ein angesehener Solist seines Instruments.

Ausg.: **Zu 1):** Ausgew. Instrumentalwerke, hrsg. v. E. SCHENK (1972) (= DTÖ 124); 2 Divertimenti für Baryton, V. u. Baß, hrsg. v. H. UNVERRICHT (Z 1970).

Lit.: H. WESSELY, in: MGG XIII. – **Zu 1):** F. KORCAK, L. T. ..., Konzertmeister der fürstlich Esterhazyschen Kapelle in Eisenstadt unter J. Haydn (Diss. W 1952); E. FRUCHTMAN, The Baryton Trios of T., Burksteiner and Neumann (1960) (= Diss. Univ. of North Carolina); J. HARICH, Das Haydn-Orch. im Jahre 1780, in: Haydn-Jb. 8 (1971).

TOMBEAU (frz., = Grabmal), in Frankreich Bz. für eine frz. Instrumental- oder Vokalkomposition zum Gedächtnis an einen verstorbenen Freund, Dichter oder Musiker, in der Regel ein gravitätischer, feierlicher Satz, häufig in Moll und in der Frühzeit im Charakter einer Pavane oder Allemande. T.x gibt es im 17. Jh. für Laute (E. Gaultier, *T. de Mézangeau;* D. Gaultier, *T. de Raquette* und *T. de l'Enclos;* J. Gallot, *T. d'Henriette d'Angleterre;* Ch. Mouton, *T. de Madame de Fontange),* Gitarre (R. de Visée, *T. de Fr. Corbette),* Cembalo (L. Couperin, *T. de Blancrocher;* J. H. d'Anglebert, *T. de Chambonnières;* J. J. Froberger, *Lamento sur la mort de Ferdinand IV)* und Viola da gamba (M. Marais, *T. de Lully* und *T. de Sainte-Colombe).* Zu Ende des 18. Jh. entstanden auch T.x für Klavier (Frédéric Auguste Lemière, *T. de Mirabeau le patriote,* 1791). Im 20. Jh. knüpfen wieder einige Werke an diese Tradition an. Dabei handelt es sich sowohl um Orchesterstücke (L. Aubert, *T. de Chateaubriand,* 1948) und Werke für Klavier (M. Ravel, *Le t. de Couperin,* 1917) oder Orgel (M. Dupré, *Le t. de Titelouze,* 1942) als auch um Kammermusik (M. Pinchard, *T. de Marin Marais* für Fl., V., Va. da gamba und Spinett, 1967) oder gemischtes Ensemble (Pinchard, *T. de Federico García Lorca* für Sprecher, Vokalensemble, Fl., Klar., Trp., Vc., Schlagzeug und Klv., 1960).

Lit.: M. ROLLIN, Le „t." chez les luthistes, in: Bull. de la Soc. d'études du XVIIe siècle 6 (1954) und 9 (1957); CH. VAN DEN BORREN, Esquisse d'une histoire des „t.x" musicaux, in: StMw 25 (1962).

TOMKINS (Thomkins, Tompkins, Tonkins), **Thomas,** * 1572 St. Davids, begraben 9. 6. 1656 Martin Hussingtree (Worcestershire). Er war der Sohn eines Organisten und erhielt seine Ausbildung wahrscheinlich in London bei W. Byrd. 1596–1646 wirkte er als Organist an der Kathedrale zu Worcester. Um 1620 wurde er daneben Gentleman der Chapel Royal in London, 1621 dort auch Organist.

WW: 1 Madrigal in Th. Morleys *Triumphs of Oriana* (1601); *Songs of 3, 4, 5 and 6 Parts* (Madrigale) (Lo 1622); *Musica Deo Sacra* (5 Services, Preces mit Psalmen u. 94 Anthems) für 4–10 St. u. Org. (Lo 1668); weitere geistliche Werke hsl. – Für Tasteninstr.: 8 In Nomine, 8 Miserere u. 1 Offertorium; einige Fantasien, Grounds u. Tanzsätze. – Für Consort: 2 In Nomine; Fantasien u. Tanzsätze.

T. ist der Hauptmeister des ↗ Anthem in der unmittelbaren Nachfolge von Byrd. Dabei handelt es sich je etwa zur Hälfte um Verse Anthems und um Full Anthems. Die Satzweise ist in der Regel kontrapunktisch dicht und zeigt nur wenig Einfluß des it. konzertierenden Stils. Das gilt auch für T.' Madrigale, die die Spätzeit der Gattung in England repräsentieren und in ihrer Qualität im Vergleich zu den Werken der älteren Madrigalisten heute unterschiedlich bewertet werden. Unter T.' Instrumentalwerken finden sich einige besonders ausdrucksvolle Stücke.

T.' Halbbruder **John** (um 1586–1638), dessen Brüder **Giles** (um 1587–1668) und **Robert** (Daten unbekannt) sowie sein Sohn **Nathaniel** (1599–1681) waren ebenfalls Organisten.

Ausg.: 5 Services u. 2 Psalmen, hrsg. v. P. C. BUCK (Lo 1928, NY [2]1963) (= Tudor Church Music 8); 73 Virginalstücke, hrsg. v. S. D. TUTTLE (Lo 1955) (= Mus. Brit. 5); Sämtliche Madrigale, hrsg. v. E. H. FELLOWES, revidiert v. Th. Dart (Lo 1961) (= The

Engl. Madrigalists 18); *Musica Deo sacra* I–III, hrsg. v. B. ROSE (Lo 1965–73) (= Early Engl. Church Music 5, 9 u. 14); 13 Anthems, hrsg. v. R. CAVANAUGH (New Haven 1968) (= RRMRen 4).

Lit.: D. W. STEVENS, Tudor Church Music (NY 1955 u.ö., Nachdr. 1973); DERS., Th. T. (Lo 1957, Nachdr. 1967); J. KERMAN, The Elisabethan Madrigal (NY 1962); P. LE HURAY, T., in: Grove[6] XIX.

TOM-TOM, Bz. für ein der ↗Trommel verwandtes Instrument mit zylindrischem Korpus und einem, heute meist 2 Fellen, die, einzeln mit Schrauben gespannt, annähernd auf bestimmte Tonhöhen gestimmt werden können. T.s gibt es in verschiedenen Größen mit Zargenhöhen zwischen 16–60 cm und Felldurchmessern von 15–50 cm. Sie werden mit Paukenschlegeln, Trommelstöcken oder seltener auch mit Jazzbesen gespielt. Im Orchester werden meist 2 oder 3, manchmal auch bis zu 7 verschieden große T.s verwendet. Einzelne kleinere, meist einfellige T.s lassen sich mit einem speziellen Halter an der Großen Trommel befestigen. An größeren Instrumenten sind verstellbare Beine angebracht, so daß sich die Schlagfelle aller T.s auf gleicher Höhe befinden. Das T. wurde aus der lateinamerikanischen Tanzmusik der 20er Jahre in die Jazzensembles übernommen und wird seitdem häufig auch im Orchester vorgeschrieben, so von I. Strawinsky, B. Maderna, C. Orff und K. Stockhausen – ↗Schlagzeug.

TOMYRIS, Oper von R. Keiser; dt. Titel: Die ↗großmütige Tomyris.

TON. – 1) Das Ausgangselement der Musik als Tonkunst, dessen musikalische Erscheinung von der physikalischen Auffassung abzugrenzen ist.
Musikalisch ist ein T. bestimmt durch seine Eigenschaften ↗Tonhöhe, ↗Tondauer, ↗Tonstärke und ↗Klangfarbe; er unterscheidet sich damit vom ↗Klang, verstanden als das Zusammentreffen mehrerer Töne. Die musikalische Anschauung ist historischem Wandel unterworfen: War etwa ein T. in der dur-moll-tonalen Musik des 17.–19. Jh. eingebunden in ein funktionales und hierarchisches Beziehungssystem (↗Funktionsharmonik), so gehen ↗Atonalität und ↗Zwölftonmusik von der Gleichrangigkeit aller Töne und ihrer Relation zueinander aus.
Physikalisch beruht der T., im Gegensatz zum ↗Geräusch, auf periodischen Schwingungen. Anzahl pro Sekunde (↗Frequenz), Dauer und Weite (↗Amplitude) der Schwingung bestimmen seine Höhe, Dauer und Lautstärke; als T. für den Menschen wahrnehmbar sind Frequenzen zwischen 16 und 20000 Hz. Da aber jeder gespielte oder gesungene T. ein Komplex aus dem erklingenden T. und mitschwingenden Obertönen ist, wird er im physikalischen Sinne als Klang definiert (↗Obertöne). Der reine, nicht weiter zerlegbare T. ist hier der obertonlose Sinuston, der für die ↗elektronische Musik ein Grundmaterial darstellt. C. KÜHN

2) In der mhd. Literatur Bz. für die Melodie oder Weise einer strophischen Dichtung bzw. die Dichtung selbst im Hinblick auf ihre metrische Struktur. Ein Dichter war zugleich „Ton"-Setzer wie Sänger. Im ↗Meistersang war die Erfindung eines T.es, bei der strenge Regeln zu beachten waren, Voraussetzung für die Ernennung zum „Meister". Jeder neue T. erhielt einen eigenen Namen, z. B. „roter", „blauer" oder „grüner T.", „Schneckenton" oder „Pelikanweise".

TONADILLA (von span. tonada = Lied). Zunächst als Synonym von „canción" für ein Gesangstück gebraucht, bezeichnete T. seit der 2. Hälfte des 18. Jh. eine kurze heitere Oper, die, dem it. Intermezzo nahestehend, charakteristisch für das Madrider musikalische Theater war. In Spanien und Lateinamerika war sie bis zum Beginn des 19. Jh. obligatorisches Zwischenspiel bei jeder Aufführung von „Comedias", von Dramen und Tragödien. Es gab T.s „a solo", für 2, 3 oder mehr Personen, gelegentlich auch mit Chor. Anfangs gliederte sich die T. in 3 Hauptteile: Einleitung, Couplets (coplas) und Finale (meist ↗Seguidillas). Im Zusammenhang mit der schnellen Weiterentwicklung vergrößerte sich die Zahl der Musiknummern. Trug die T. ursprünglich komische, ironische, satirische und volkstümliche Züge, so griff sie nach und nach auch galante, pastorale und mythologische Themen auf. In einer ersten Periode (1751–57) stand die T. noch u.a. dem ↗Sainete nahe. Als wichtigster Vertreter dieses Typus gilt Antonio Guerrero. Später (1758–70) fand sie ihre eigentliche Ausprägung als volkstümliche, heiterkomische Gattung u.a. durch L. Misón, José und Antonio Palomino, P. Aranaz y Vides, Juan Marcolini, P. Esteve y Grimau, Antonio Rosales und Jacinto Valledor. 1771–90 erlebte die T. ihren Höhepunkt u.a. durch B. de Laserna, P. del Moral, Mariano Bustos und Guillermo Ferrer. In der Folgezeit unterlag die T. Einflüssen der Opéra-comique, vor allem aber der it. Oper (so z. B. bei Tomás Abril, Bernardó Álvarez Acero und M. García) und gab z. T. ihre national-volkstümlichen Sujets auf. Zu Anfang des 19. Jh. verlor sie an Bedeutung. Erst im 20. Jh. wieder schuf E. Granados eine Liedersammlung, die er *Tonadillas en estilo antiguo* nannte.

Fast alle T.s (etwa 2000 hsl. überlieferte und oft anonyme Stücke) werden in Madrid (Biblioteca municipal) aufbewahrt. Zu den namentlich bekannten Librettisten zählen T. de Iriarte, Ramón de la Cruz und Luciano Francisco Comella, zu den berühmtesten T.-Interpreten Diego Coronado, José Espejo, Miguel Garrido, Sebastián Briñoli, María Ladvenant, María Antonia Fernández (genannt La Caramba), María Mayor Ordóñez (genannt La Mayorita) und Lorenza Correa. Die T.s enthalten nicht nur die wichtigsten Tanztypen und populären Tanzlieder des 18. Jh., sondern sie sind auch durch die Schilderung des volkstümlichen Lebens mit seinen Soldaten, Ärzten, „majos", „majas", Handwerkern, Advokaten und Dienstboten ein Spiegelbild dieser Zeit.

Ausg. u. Lit.: J. ↗Subirá (Schriften-Verz.). – J. M. HAMBACH, Formunters. zur szenischen T. (Diss. Bonn 1955).

G. BOURLIGUEUX

TONALE BEANTWORTUNG, bei der ↗Fugen-Komposition Bz. für die abgewandelte Transposition des ↗Dux im ↗Comes, wobei der Comes zunächst die Tonart des Dux übernimmt und erst im weiteren Verlauf in die exakte Quintbeantwortung übergeht.

TONALITÄT, im weitesten Sinne Bz. für jegliche Beziehung von Tönen und Klängen zueinander, im einschränkenden Verständnis Bz. für das hierarchisch geordnete Bezugssystem von Tönen und Akkorden in der dur-moll-tonalen Musik des 17.–19. Jh., dessen – zeitlich nicht streng fixierbare – Entstehung an mehrere Voraussetzungen gebunden war: an die Ablösung der ↗Kirchentöne durch die neuzeitlichen Tongeschlechter ↗Dur und ↗Moll; an die moderne ↗Tonleiter mit ihrer Grundtonbezogenheit; an die Anerkennung vom ↗Akkord als unmittelbar gegebener klanglicher Einheit. Dementsprechend ist die Dur-Moll-T. auf dreifache Weise bestimmt: durch die melodische Bindung an die Dur-Moll-Tonleiter, durch die – in der Skalenform des Dur angelegte – Beziehung auf den Grundton und den auf ihm errichteten Dreiklang (↗Tonika) sowie, harmonisch gesehen, durch den tonalen Zusammenhang von funktional unterschiedenen Akkorden, wie er sich modellhaft in der ↗Kadenz (1) ausprägt. In dieser ↗Funktionsharmonik sind die Tonika – als das übergeordnete Zentrum aller harmonischen Vorgänge –, die ↗Dominante und die ↗Subdominante die Hauptfunktionen, die eine ↗Tonart eindeutig bestimmen; die anderen Akkorde sind ihnen als Nebenfunktionen untergeordnet (↗Harmonielehre). Vor allem die zunehmende Chromatisierung der Harmonik (↗Leitton) führte im späten 19. Jh. allmählich zum Zerfall der Tonalität. Übergangsstufen zur ↗Atonalität, die nicht mehr auf ein tonales Zentrum bezogen ist, benennt A. Schönberg in seiner Harmonielehre (1911): die „schwebende T." als mehrdeutiges Schwanken zwischen zwei oder mehr Tonarten und die „aufgehobene T.", deren „harmonische Ungebundenheit" eine Tonart nicht mehr befestigt. Für eine nicht mehr herkömmlich strikt tonale, jedoch nicht atonale Musik ist auch der – unscharfe – Sammelbegriff „erweiterte T." gebräuchlich. Als ↗Polytonalität wird das simultane Übereinander mehrerer Tonarten bezeichnet.

C. KÜHN

TONAR, Tonale (von lat. liber tonarius = Buch der Tonarten), Bz. für ein Buch, das das Repertoire des ↗Gregorianischen Gesangs (wie Antiphonen von ↗Offizium und ↗Messe, Responsorien, Gradualien, Alleluias, Offertorien usw.) in der Folge der ↗Kirchentöne anordnet. Innerhalb dieser Ordnung folgen die Gesänge zunächst der Einteilung des liturgischen Kalenders, später zuweilen auch der alphabetischen Ordnung. Handelt es sich um eine Sammlung von Antiphonen, so werden diese zusätzlich in der Reihenfolge der den einzelnen Kirchentönen zugewiesenen psalmodischen ↗Differentiae, die den Psalmvers mit dem Anfang der Antiphon verbinden, angeordnet. Die ursprüngliche Aufgabe des T.s bestand darin, dem Sänger eine Gedächtnisstütze beim Anstimmen (Intonieren) der Gesänge zu geben, da diese anfangs ohne Notation oder nur mit Hilfe von linienlosen Neumen notiert worden sind. Die ältesten Quellen sind das T. von St-Riquier aus dem späten 8. Jh., das T. von Metz, das um 830 kompiliert worden ist, ferner das T. des Aurelianus Reomensis von etwa 850. Seit dem 11. Jh. lassen sich 2 Gruppen unterscheiden: Das Voll-T. dient dem praktischen Gebrauch durch den Sänger und umfaßt das gesamte Repertoire. Das Kurz-T. ist für die Unterweisung bestimmt und führt lediglich einige Beispiele zur Darstellung der einzelnen Kirchentöne auf. T.e werden bis zum 16. Jh. überliefert, doch dienen sie nunmehr ausschließlich der Unterweisung in der Theorie der 8 Kirchentöne.

Lit.: W. LIPPHARDT, T., in: MGG XIII; C. T. RUSSELL, The Southern French Tonary in the Tenth and Eleventh Centuries (1966) (= Diss. Princeton Univ.); H. BECKER, Das Tonale Guidos I. (Mn 1975) (= Münchener Beitr. z. Mediävistik u. Renaissance-Forsch. 23); M. HUGLO, Tonary, in: Grove[6] XIX. – ↗Gregorianischer Gesang.

B. R. SUCHLA

TONARTEN, die Festlegung des Tongeschlechtes als ↗Dur oder ↗Moll auf einer bestimmten Tonstufe, wodurch für ein musikalisches Werk der Grundton mit seinem Dreiklang (↗Tonika) als tonales Zentrum sowie ein entsprechendes Bezugssystem zwischen Tönen und Akkorden fixiert sind. Melodisch prägen sich T. in der ihnen zugehörigen ↗Tonleiter aus, harmonisch durch die auf den Stufen der Tonleiter errichteten Akkorde; eindeutig ausgesprochen werden T. durch die Verbindung ihrer Hauptfunktionen Tonika, ↗Subdominante und ↗Dominante, den Dreiklängen der I., IV. und V. Stufe (↗Kadenz 1).

Grund-T. in der dur-moll-tonalen Musik des 17.–19. Jh. sind C-Dur und a-moll; in ihnen leben der ionische und äolische Modus der alten ↗Kirchentöne fort. Durch Transposition der C-Dur- und a-moll-Tonleiter werden alle übrigen Tonleitern und somit T. gewonnen; um jeweils die Identität der Intervallschritte zu garantieren, wird das Hinzutreten der Vorzeichen (♯ und ♭) erforderlich. Die Dur- bzw. Moll-T. folgen, von C bzw. a ausgehend, einander im Quintabstand ihrer Grundtöne; diese Distanz begründet die Quintverwandtschaft benachbarter T.:

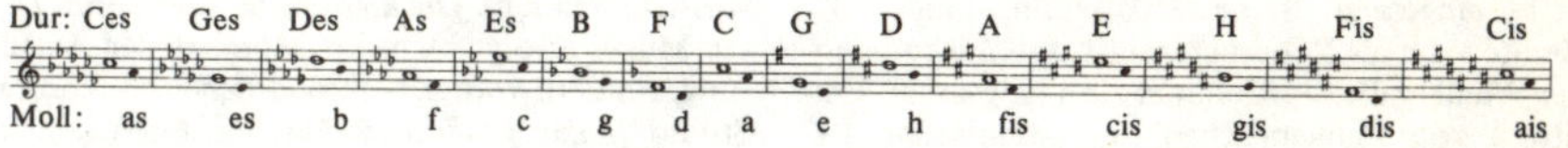

Prinzipiell unbegrenzt, ist in ↗temperierter Stimmung die Zahl der T. auf 12 Dur- und 12 Moll-T. beschränkt: da hier die 12stufige chromatische Tonleiter auf jedem Ton – der z. B. als cis und des zwar sinnhaft unterschieden, klanglich aber identisch ist – je eine Dur- und Molltonleiter ermöglicht, ergeben sich insgesamt nur 24 T.; nur das gleichschwebend temperierte System gestattet auch, die T. im geschlossenen ↗Quintenzirkel darzustellen.

Dur- und Moll-T., deren Grundtöne das Verhältnis einer kleinen Terz bilden, haben gleiche Vorzeichen (z. B. G-Dur und e-moll); sie heißen Paralleltonarten. War für Barock und Klassik die Quintverwandtschaft grundlegend, so wird in der Romantik Terzverwandtschaft (↗Terz 2) von T. zu einem bevorzugten Ausdrucksmittel. Voraussetzung für die Existenz von T. ist die ↗Tonalität; Musik der ↗Atonalität, die kein tonales Zentrum mehr kennt, ist nicht an bestimmte T. gebunden.

C. KÜHN

TONARTENCHARAKTER, Bz. für Ausdrucksgehalt, Stimmung oder musikalische Farbe, die einer bestimmten ↗Tonart zugeschrieben werden oder tatsächlich zugehören. Die – letztlich unentschiedene – Frage nach dem T. reicht zurück bis in die Ethoslehre der Antike, nach der die Musik sittliche Wirkungen verbürgt; das Dorische etwa ist für Platon, im Gegensatz zum weichen Lydischen, eine ernste, charakterfestigende Tonart. Diese Vorstellungen wirkten, ungeachtet aller musiktheoretischen Unterschiede, über die ↗Kirchentöne des MA bis in die modernen Tonarten nach; so wird d-moll, gleich dem Dorischen, ein ernst-erhabener T. zugesprochen, zumal unter dem Eindruck herausragender Werke (J. S. Bach, *Kunst der Fuge;* W. A. Mozart, *Requiem;* L. van Beethoven, 9. Symphonie; u. a.). Das gleichsam Wegweisende hochbedeutender Werke für die Einschätzung und Bestimmung vom T. steht ebenso hinter der personalen Zuordnung bestimmter Tonarten (Bachs h-moll, Mozarts g-moll, Beethovens c-moll). Andererseits kann die Wahl einer Tonart auch von praktischen Erwägungen diktiert sein: das in älterer Musik übliche D-Dur für Blechbläser, an das sich der T. des Festlichen heftet, nahm auf spieltechnische Vorgaben der Instrumente Rücksicht.

Daß dem Tongeschlecht ↗Dur seit dem 16. Jh. ein fröhlich-heller, dem ↗Moll ein dunkel-trauriger Charakter zugesprochen wird, ist musiktheoretisch begründbar: mit der Eigenart der großen bzw. kleinen Terz sowie der Nomenklatur (durus = hart, molle = weich), die sich der früheren Schreibweise der ↗Akzidentien verdankt. Ebenso dürfte der Ausdruck des Lichten bzw. Gedämpft-Weichen, der den Durtonarten mit ♯- bzw. ♭-Vorzeichnung zugewiesen wird, maßgeblich von bildhaften Vorstellungen beeinflußt sein: daß die ♯-Tonarten, vom neutralen C-Dur aus gesehen, aufwärts gerichtet sind, die ♭-Tonarten dagegen abwärts fallen (↗Quintenzirkel). Ob daher die Transposition in eine andere Tonart – wie z. B. bei Fr. Schuberts *Impromptu* G-Dur (1♯) aus op. 90, das ursprünglich in Ges-Dur (6♭) stand – den T. eines Werkes verletzt, bleibt als Frage bestehen.

Lit.: R. SCHUMANN, Charakteristik der Tonarten, in: ders., Gesammelte Schriften über Musik u. Musiker (L 1854, [5]1914); P. MIES, Der Charakter der Tonarten (Kö – Krefeld 1948).

C. KÜHN

TONAUFNAHME, Synonym für ↗Schallaufzeichnung.

TONBAND, Magnet(ton)band, ein als Tonträger dienendes, mit magnetisierbarer Auflage beschichtetes Kunststoffband. Unbespielt dient es professionellen und privaten Aufnahmezwecken (↗Schallaufzeichnung); bespielt ist es als Musi-

Cassette im Handel erhältlich. Bandbreiten sind 3,8 mm für MusiCassetten; 6,3 mm (¼ Zoll) für normale Spulen-Tonbandgeräte; 12,7 mm (½ Zoll), 25,4 mm (1 Zoll), 50,8 mm (2 Zoll) für Studio-Aufnahmen und industrielle Zwecke.
Als erster beschrieb Oberlin Smith 1888 ein funktionsfähiges Magnettongerät. W. Poulsen konstruierte 1898 das Stahldraht-„Telegraphon", das seit 1907 mit Gleichstromvormagnetisierung funktionierte. C. Lorenz baute eine Stahlbandmaschine. 1921 empfahl Nasarischwily die Verwendung von Papierbändern mit Magnetpulverschicht. 1928 stellte F. Pfleumer ein selbstgebautes Gerät mit solchen Papierbändern vor. Entscheidende Verbesserungen brachte jedoch das 1921 von W. L. Carlson und G. W. Carpenter entdeckte und 1937 von H. J. von Braunmühl und W. Weber im Reichsrundfunk weiterentwickelte Hochfrequenz-Vormagnetisierungsverfahren. 1942 wurde das erste Stereo-(Zweispur-)„Magnetophon" von AEG im Reichsrundfunk für Musikaufnahmeversuche eingesetzt. Breite Verwendung fanden T.-Geräte auch als Reportagegeräte und mit rotierender Wiedergabekopftrommel zum langsamen Entziffern von Funksprüchen im militärischen Bereich. Nach 1945 machten der Deutsche Rundfunk und deutsche Schallplattenfirmen als erste ausschließlich von der Magnettontechnik Gebrauch, während die gegen Kriegsende als Beutestücke in die USA gelangten T.-Geräte von Alexander Poniatowski als erste zu kommerzieller Serienreife gebracht (Ampex) wurden.
Heute besteht das T. fast ausschließlich aus einem PVC- oder ähnlichen Trägermaterial, das in breiten Bändern kalandriert, danach mit pulverisiertem Magnetit beschichtet und auf die gewünschte Breite geschnitten wird. Ausgangsmaterial für bespielte Bänder sind meist dieselben Aufnahmen wie für die Herstellung von ↗Schallplatten. Von den Aufnahmen wird ein Mutterband kopiert; in einen Schnellkopierautomaten gespannt, werden davon mit hoch übersetzter Geschwindigkeit elektromagnetisch Kassettenbandkopien auf Vorratsspulen gezogen. In Konfektioniermaschinen werden die Programme von den Vorratsspulen abgetrennt und in die MusiCassetten eingespult. Durch Verwendung verschiedener Bandsorten sind abgestufte Produktionsqualitäten möglich (Eisenoxyd, Chromdioxyd, Rein-Eisen).
Erste T.-Geräte für den Privatgebrauch erschienen in Deutschland um 1950 (AEG-Magnetophon). Die ersten bespielten Stereobänder „Stereosonic" (noch auf offenen Spulen) bot 1954 die Schallplattenfirma EMI an.
Der Wettstreit um cassettierte Ausführungen entschied sich 1963 zugunsten der Philips-Compact-Cassette (Handelsname MusiCassette). Wettbewerber waren im wesentlichen 3 M, Teldec und Saba. Das von Lear-Jet eingeführte Endlos-Kassetten-System konnte sich daneben bis Ende der 70er Jahre halten.
Bestimmte Verfahren (Dolby, Philips-DNL, dbx) führten seit 1970 zu besserer Unterdrückung des verbleibenden Bandrauschens. Im Herbst 1981 wurden erstmals Digital-Kassettengeräte vorgestellt. Während Video-Kassettengeräte mit Audio-Converter bereits eingeführt sind, befinden sich Digitalgeräte mit feststehender Speicherkarte als Tonträger noch in Entwicklung. P. K. BURKOWITZ

TONBANDMUSIK, zusammenfassende Bz. für Musik, die nur mit Hilfe der Tonbandtechnik klanglich realisiert werden kann (d.h. nicht allein mit live musizierenden Sängern oder Instrumentalisten) und deren Werke als bespielte Tonbänder fixiert sind (exakte Partituren zu T. gibt es nur in Ausnahmefällen). Die klangliche Realisierung dieser Musik erfolgt nicht im Moment der Aufführung, sondern vorher, während der Produktion im Studio. – Die grundlegenden Verfahren der Studioproduktion sind: Aufnahme, Schnitt und Montage, klangliche Verarbeitung. Das aufgenommene Material kann unterschiedlicher Herkunft sein. Alle Klangmaterialien, die sich auf akustischem Wege produzieren und mit Mikrophonen aufnehmen lassen, bezeichnet man als konkrete Klänge. Außerdem gibt es synthetische Klänge, die sich im Studio mit Hilfe von Generatoren (elektronische Klänge) oder von Computern (Computerklänge) realisieren lassen. Dementsprechend ergibt sich folgende Einteilung der T.: 1. konkrete Musik (ausgehend von Mikrophonaufnahmen – z.B. von Umweltschall, von Klängen bestimmter Klangerzeuger oder Musikinstrumente, von Sprache, von vorgefundener Musik); 2. ↗elektronische Musik (ausgehend von synthetischen, mit Generatoren bzw. Synthesizern erzeugten Klängen); 3. synthetische ↗Computermusik (d.h. Musik, deren Klangmaterial mit Hilfe von Computern produziert wird); 4. elektroakustische Musik (Musik, die Klänge verschiedener Kategorien verwendet). – Die Techniken der klanglichen Verarbeitung in der T. lassen sich, unabhängig vom Ausgangsmaterial, in Verfahren einteilen, die entweder den Verlauf der aufgenommenen Klänge (z.B. Zeitlupe oder Zeitraffer) oder die klanglichen Eigenschaften in einem bestimmten Augenblick verändern (z.B. Filterung) bzw. die eine wechselseitige Beeinflussung verschiedener Klänge ermöglichen (Intermodulation). – Die produzierten Klänge werden durch Schnitt und Montage kombiniert und über Lautsprecher wiedergegeben. Führende Vertreter der T. sind P. Schaeffer, Pierre Henry, J. Cage, H. Eimert, K. Stockhausen, I. Xenakis und François Bayle. Produktionen der T. gibt es seit 1951. Am Pariser Studio für ↗Musique concrète hatte Schaeffer seit 1948 zunächst mit technisch manipulierten Schallplatten gearbeitet, bis 1951 beim ORTF die Tonbandtechnik eingeführt wurde. Wenig später entstanden die ersten Produktionen der amerikanischen Tape music (Cage; unabhängig davon auch O. Luening und V. Ussachevsky) und der elektronischen Musik (Eimert, Stockhausen). Die elektroakustische Musik entwickelte sich seit 1955/56 (Stockhausen, *Gesang der Jünglinge)* aus Mischformen zwischen konkreter und elektronischer Musik. Musik mit computer-erzeugten Klängen wird seit den 60er Jahren produziert (Lejaren A. Hiller, Xenakis, Jean Claude Risset). Seit den späten 60er Jahren werden Techniken der T. auch in experimenteller Popmusik angewendet (u.a. The Beatles, *Revolution Nr. 9*). Die neueren Techniken der Spannungssteuerung und der Computerisierung von Klangproduktion und -verarbeitung sowie vielfältige Anwendung in reiner und angewandter Musik haben seitdem zu einer vielseitigen Weiterentwicklung der T. geführt.

Lit.: H. DAVIES, Répertoire int. des musiques électroacoustiques (P 1968); M. CHION – G. REIBEL, Les musiques électroacoustiques (Aix-en-Provence 1976); P. SCHAEFFER, Musique concrète – Elektroakustische Musik (St 1974); D. KEANE, Tape Music Composition (Lo 1980); M. CHION, La musique électroacoustique (P 1982). – ↗Elektronische Musik, ↗Musique concrète.

R. FRISIUS

TONBUCHSTABEN bilden das historisch älteste Mittel, die Tonhöhe anzugeben. In unterschiedlicher Notation für Vokal- und Instrumentalmusik waren bei den Griechen die fortlaufenden Buchstaben des Alphabets im Gebrauch (↗Notenschrift). Deren Ersatz durch lateinische Buchstaben im 6. Jh. (Boëthius) und die Beschränkung der T. auf den Raum der Oktave im 10. Jh. führten zu den heutigen ↗Tonnamen. Mit den vorgesetzten T. c und f, Vorläufern des heutigen C- und F-Schlüssels, bezeichnete im 11. Jh. Guido von Arezzo die Tonhöhe von Notenlinien. Fortgelebt haben T. einerseits in der ↗Tabulatur und andererseits, als Kürzel für Akkorde, im Jazz. – ↗Gitarre.

TONDAUER ist neben der ↗Tonhöhe eine zentrale Eigenschaft des musikalischen Tons. Akustisch gesehen, fällt die T. zusammen mit der Dauer der Schwingung eines elastischen Körpers (z.B. einer Saite). In der Musik ist die Festlegung von T.n und ihrer Beziehung zueinander das Mittel musikalisch-zeitlicher Ordnung (↗Rhythmus). Dabei ist T. eine relative, keine absolute Größe, da sie von Artikulation und Tempo abhängt: eine angestoßene Viertelnote ist kürzer als eine gehaltene, eine Viertelnote im Andante ist von längerer Dauer als eine im Allegro.
In der ↗seriellen Musik wird die T. wie die anderen ↗Parameter reihenmäßig behandelt. Das Streben aber der Neuen Musik nach äußerster Differenzierung der T. bis hin zu irrationalen Zeitwerten schlug andererseits vielfach in Verzicht auf exakte Angabe der T. um. – ↗Noten, ↗Notenschrift.

TONERHÖHUNG ↗Akzidentien.

TONERNIEDRIGUNG ↗Akzidentien.

TONGENERATOR, Oszillator, in der Elektroakustik Bz. für einen ↗Generator zur Erzeugung elektrischer Schwingungen im Hörbereich, die über Lautsprecher hörbar gemacht werden. In der Musikelektronik entspricht der T. den mechanisch schwingenden, tonerzeugenden Teilen der akustischen Instrumente (Saite, Mundstück usw.), wobei (neben Zwischenformen) im wesentlichen 3 Schwingungsformen zur Verfügung stehen: ↗Sinusschwingung (Schwingung ohne Obertöne); Sägezahn- (Klangspektrum mit allen Obertönen) und Rechteck-↗Schwingung (mit ungeradzahligen Teiltönen der Obertonreihe). T.en werden (ebenso wie Filter und Verstärker) meist in spannungsgesteuerten Ausführungen gebaut, um einen problemlosen und vielfältigen Zugriff zu erreichen. Damit können sie durch Manuale, andere Generatoren, Lichtschranken u.ä. gesteuert oder programmiert werden, was die nahezu unbegrenzten Gestaltungsmöglichkeiten des Synthesizers ermöglicht. Eine Sonderform des T.s findet sich in ausschließlich temperiert gestimmten ↗elektronischen Orgeln: dort werden in einer sehr hohen Oktave alle Halbtöne erzeugt und durch Frequenzteiler in die verwendeten Oktaven transponiert.

TONGESCHLECHT ↗Dur, ↗Moll.

TONHÖHE zählt neben ↗Tondauer zu den „zentralen“ Eigenschaften eines Tones gegenüber ↗Tonstärke und ↗Klangfarbe als „peripheren“ Eigenschaften (J. Handschin). Akustisch gesehen, ist die T. abhängig von der Anzahl der Schwingungen pro Sekunde (Frequenz) eines elastischen Körpers, z.B. einer Saite: die T. steigt mit wachsender Frequenz. Dabei zeigt T. 2 Komponenten: einerseits die linear sich verändernde Höhe, die an den Eindruck zu- bzw. abnehmender Helligkeit gekoppelt ist; andererseits die ↗Tonigkeit, die solcher Veränderung als zyklisch wiederkehrendes Moment ent-

gegensteht (G. Révész, E. M. von Hornbostel; ↗Gehör).
Im Einstimmen von Instrumenten orientiert man die T. am ↗Stimmton. Nicht nur dessen historische Schwankungen, sondern auch der Umfang von Instrumenten (das Klavier im 18. Jh. hatte F_1 als tiefsten Ton) sowie der sich wandelnde Stilwille (die Neue Musik entdeckte und nutzte auch extreme Lagen) beeinflussen Art und Einsatz der Tonhöhe. In der ↗Zwölftonmusik wird sie in Form von Reihen organisiert; die ↗serielle Musik ordnet neben der T. auch die anderen ↗Parameter vor.

TONI COMMUNES (lat., = allgemeine Töne), im ↗Gregorianischen Gesang Bz. der typischen Rezitations- und Singweisen für Gebete, Lesungen, Präfationen, das Pater noster usw., in allgemeinerem Sinne auch der ↗Psalmtöne. In den liturgischen Büchern (meist am Schluß) wird die Anwendung der T. auf verschiedenartige Texte durch Beispiele und Regeln erläutert.

TONIC SOL-FA, Bz. für eine auf Solmisationsprinzipien beruhende Gesangs- und Notationsmethode, die von Sarah Ann Glover Anfang des 19. Jh. erarbeitet und von J. Curwen um 1840 weiterentwickelt wurde und in der engl. Musikausbildung eine bedeutende Rolle spielte. Sie basiert auf der Dur-Tonleiter (c d e f g a h) und den zugeordneten 7 ↗Solmisations-Silben mit der engl. Schreibweise *doh, ray, me, fah, soh, lah, te,* die mit d r m f s l t notiert werden. Diese Silben (bzw. Buchstaben) bezeichnen keine feste Tonhöhe: In ihrer Relation zur transponierbaren Tonika (movable doh) sind sie jedoch stets gleich. Akzidentielle Erhöhung (♯) wird durch die Silben *de, re, (my), fe, se, le, (ty),* Erniedrigung (♭) durch die Silben *(du), ra, ma, (fu), (sa), la, ta* (die eingeklammerten Silben sind die Ausnahmen) angezeigt. Die Oktavierung nach oben wird mit d′ r′ m′ usw., die nach unten mit d, r, m, usw. bezeichnet. Die Tondauern werden mit Hilfe eines komplizierten Zeichensystems angegeben. – Die deutsche Weiterentwicklung der T. ist die ↗Tonika-Do-Methode.

Lit.: B. RAINBOW, The Land without Music (Lo 1967); DERS., in: Grove⁶ XIX.

TONIGKEIT, Bz. für die Eigenfarbe und den Eigencharakter eines Tones, die es gestatten, ihn unabhängig von seiner tatsächlichen Höhe als den gleichen Ton zu identifizieren. T. begründet die Ähnlichkeit von Tönen im Oktavabstand: die Tonqualität z. B. des Tones C, seine „C-igkeit", ermöglicht, etwa c^1 und c^2 als den Ton C wiederzuerkennen. Beim Ton gilt daher die T. als zyklisch wiederkehrendes Merkmal gegenüber der – entsprechend der Frequenz – linear sich ändernden ↗Tonhöhe.

TONIKA, Bz. der ↗Harmonielehre für die 1. Stufe einer Dur- oder Mollskala und den auf ihr errichteten Dreiklang. Der Begriff T. – in der ↗Funktionsbezeichnung als T (Dur) bzw. t (Moll) abgekürzt – geht auf J.-Ph. Rameau (1726) zurück (tonique). Für die Dur-Moll-↗Tonalität des 17.–19. Jh. ist der zentrale Rang der T. grundlegend: sie bildet das Zentrum, um das alle harmonischen Vorgänge gruppiert sind. Modellhaft zeigt dies die einfache ↗Kadenz (1): in ihrer Abfolge von ↗Subdominante, ↗Dominante und T., den 3 Hauptfunktionen einer Tonart, ist die T. das eigentliche Ziel. Erst aufgrund dieser Norm kann ein ↗Trugschluß als Besonderheit wahrgenommen werden. Da andererseits auch der Beginn mit der T. die Regel ist, vermitteln erst Abweichungen den Reiz des Ungewöhnlichen (z. B. L. van Beethoven, 1. Satz der Klaviersonate Es-Dur, op. 31,3). Solche im 19. Jh. zunehmende tonale Labilisierung führte in letzter Konsequenz zur ↗Atonalität, die nicht mehr auf eine übergeordnete T. bezogen ist.

TONIKA-DO, Bz. für die auf J. Wenz zurückgehende Gesangs- und Unterrichtsmethode, die aus der ↗Tonic Sol-fa abgeleitet wurde. Das lange im dt. Musikunterricht eine wichtige Rolle einnehmende T.-System basiert auf den abgewandelten ↗Solmisations-Silben *do re mi fa so la ti* zur Benennung der (auf verschiedene Grundtöne beziehbaren) diatonischen Stufen der Durtonleiter und einem Handzeichenvorrat zu deren Veranschaulichung.

TONLEITER, eine gewöhnlich durch den Rahmen der Oktave begrenzte, geordnete Aufeinanderfolge von Tönen als spezifischer Ausschnitt aus dem gesamten Tonvorrat eines ↗Tonsystems. Auf die dur-moll-tonale Musik des 17.–19. Jahrhunderts bezogen, grenzt sich T. begrifflich gegen die vormaligen ↗Kirchentöne ab. Für diese gilt die Bz. ↗Modus, noch im 18. Jh. synonym für T. gebraucht und später z. B. von O. Messiaen auf seine gleichnamigen Skalenbildungen übertragen. Die Begriffe Skala und T. hingegen, beide auch kurz als Leiter gebräuchlich, sind nicht verbindlich unterschieden. Einerseits jedoch ist Skala, ohne unbedingt an die Oktave gebunden zu sein, als ein übergreifend allgemeiner Terminus für geordnete Tonreihen zu verstehen; daher kann z. B. eine Dur-T., an die sich unwillkürlich der Begriff T. heftet, auch als Skala bezeichnet werden. Andererseits wird die Bz. Skala gewöhnlich auf außereuropäische Ordnungen angewandt (↗Arabisch-islamische Musik, ↗China, ↗Indien, ↗Indonesien, ↗Japan, ↗Korea).

Als historisch am ältesten gilt die 5stufige ↗Pentatonik, die nur Ganztöne und Terzen einschließt. Sie läßt sich auf die ↗Quinte als das Ausgangsintervall des pythagoreischen Systems zurückführen: Von einem Ton aus abwärts und aufwärts schreitende Quinten ([f] ← c ← g ← [d] → a → e) ergeben, zur Tonfolge gereiht, eine pentatonische Skala (d e g a c, oder mit dem Ton f statt e: d f g a c). Halbtöne kennt die ursprüngliche Pentatonik nicht. Doch liegt in dem latenten Halbtonschritt e–f bereits die allmähliche Erweiterung zur Sechsstufigkeit beschlossen (d e f g a c); aus ihr entwickelt sich durch Einbeziehung eines weiteren Quintschritts (e→h) die ↗Heptatonik: d e f g a h c (d).

Diese 7stufige Leiter ist bei den Kirchentönen mit dem zentralen Dorisch identisch. Schon in der griechischen Musik war das Dorische – dort allerdings vom Ton e ausgehend und abwärts gerichtet – der Mittelpunkt des ↗Systema teleion.

Aus den Kirchentönen gingen im 17. Jh. die Dur- und Moll-T. hervor. Jede Dur-T. – darin den griechischen Skalen verwandt – beruht auf 2 gleich gebauten Viertonfolgen (Tetrachord), z.B. die C-Dur-T.: c d e f ¦ g a h c; T.n in Moll dagegen lassen sich theoretisch in drei Erscheinungsformen unterscheiden (natürliches, harmonisches, melodisches ↗Moll). Durch Hoch- bzw. Tief-↗Alteration jedes einen Tons wird aus der 7stufigen ↗Diatonik die 12stufige chromatische T. (↗Chromatik). Auf jedem der 12 Töne kann eine Dur- und Moll-T. errichtet werden, die jeweils eine ↗Tonart ausprägt; die klangliche Identität von Tönen aufgrund der ↗Enharmonik in Rechnung gestellt, ergeben sich daher mit 12 Dur- und 12 Moll-T.n die 24 T.n und Tonarten des temperierten Systems (↗Temperatur).

Gleich der chromatischen T. teilt auch die ↗Ganz-Tonleiter die Oktave in gleiche Distanzen. Vor allem von Cl. Debussy wurde diese T. als kompositorische Möglichkeit genutzt, inspiriert vom Klangvorbild der javanischen Musik und ihrer Skalen (↗Pélog, ↗Sléndro). Wie Umfärbungen der Dur- und Moll-T. wirken dagegen das folkloristische sog. Zigeuner-Dur und -Moll (↗Zigeunertonleiter); bei großer Durterz bzw. kleiner Mollterz enthalten sie jeweils 2 übermäßige Sekundschritte. Kennzeichen für die ↗Blues-T. ist das intonationsmäßige Changieren der III. und VII. Stufe (c d es/e f g a b/h c). C. KÜHN

TONMALEREI. Im allgemeinen versteht man unter T. die Nachahmung außermusikalischer Gegebenheiten mit musikalischen Mitteln. L. van Beethoven, der in seiner 6. Symphonie von den Möglichkeiten der T. ausgiebigen Gebrauch machte (Bachesrauschen, Vogelgesang, Regen und Gewitter, Blitz und Donner), ließ im Programm der Uraufführung den bekannten programmatischen Satzüberschriften die Anmerkung folgen: „(mehr Ausdruck der Empfindung als Mahlerey)“. Vermutlich geht diese Unterscheidung auf das 1780 erschienene Werk *Ueber die musikalische Malerey* des Berliner Philosophen und Theatermannes J. J. Engel zurück, der zwischen einer objektiven und einer subjektiven T. unterschied. Während er die subjektive als Ausdruck (eigener) Empfindung bezeichnete, sah er in der objektiven die (nachahmende) Darstellung äußerer Gegebenheiten. Die systematische Tragfähigkeit dieser Unterscheidung Engels wie auch seiner ansatzweisen Einteilung gegenständlicher musikalischer Darstellung je nach dem Sinnesbereich, dem der dargestellte Sachverhalt zugehört, bewährt sich bei einem Blick auf die überaus reichhaltige Geschichte der Anwendung von T. in der Musik noch immer.

In erster Linie geht es wesensgemäß um die nachahmende Darstellung akustischer Gegebenheiten, der belebten und unbelebten Natur. Einige besonders häufig auftretende Sujets sind Gewitter (A. Vivaldi, *I quattro stagioni;* M. Mussorgski, *Die Nacht auf dem kahlen Berge*); Wind, Sturm (J. S. Bach, *Der zufriedengestellte Aeolus,* BWV 205; R. Strauss, *Don Quixote*); Erdbeben (J. Haydn, *Die 7 Worte des Erlösers*); Wasser, Gewässer (B. Smetana, *Die Moldau;* Cl. Debussy, *La mer*); und in der belebten Natur besonders der ↗Vogelgesang sowie sonstige Tierstücke (von Debussys *Poisson d'or* über zahllose Frosch- und Eselsstücke bis zu N. Rimski-Korsakows *Hummelflug*).

Daß T. als Mittel der musikalischen Darstellung sehr häufig nur akzidentell in größerem musikalischem Zusammenhang verwandt wurde, belegen Stellen wie Erdbeben und Hahnenschrei in Bachs *Johannespassion,* die Einbeziehung von Posthornsignalen in W. A. Mozarts gleichnamiger Serenade (KV 320) sowie das Auftreten einer blökenden Schafherde in *Don Quixote* von R. Strauss. In einigen Fällen kam es zur Ausbildung regelrechter Gattungen, so beispielsweise bei der musikalischen Abschilderung von Schlachten- oder Jagdlärm (↗Battaglia, ↗Chasse, ↗Jagdmusik, ↗Jagdsignale), Glockengeläut (↗Carillon) oder von gleichmäßig sanfter Wiegen- und Wellenbewegung (↗Barkarole, ↗Berceuse).

Im Zusammenhang der T. als Mittel der Textausdeutung bei Vokalmusik sei auch auf die enge Verbindung zwischen ↗Musik und Sprache sowie auf die Bedeutung musikalischer Rhetorik (↗Figuren) besonders im 17. und 18. Jh. hingewiesen (↗Symbol). Noch die musikalische Nachahmung von Tonfall und Sprachmelodie z. B. in Beethovens Streichquartett op. 135 („Muß es sein? Es muß sein!") sowie, theoretisch fundiert und durchaus substantiell, bei L. Janáček hängt zwar mit der Technik der T. zusammen, stellt dort aber einen Grenzbereich dar. Auch die Komposition aufgrund akustischer „Anlässe" (wie z. B. in den beiden Cembalostücken *Le tic-toc-choc* von Fr. Couperin oder in D. Scarlattis berühmter „Katzenfuge", deren Thema durch den Lauf einer Katze über die Tastatur inspiriert sein soll) bildet einen solchen Grenzfall, denn Inhalt und Anlaß einer Komposition sind zu unterscheiden.

Zum Zwecke der T. wurden nicht selten auch neue Musikinstrumente konstruiert (↗Amboß, ↗Peitsche, ↗Windmaschine) bzw. auch erweitert (bes. bei der Orgel, z. B. ↗Donnerzug, ↗Kuckucksruf, ↗Nachtigallenruf, ↗Zimbelstern), auch die Einbeziehung von Glocken in das übliche Orchesterinstrumentarium gehört hierher. Andererseits kam es jedoch noch häufiger zum tonmalerischen Mittel der Imitation von bestimmten Musikinstrumenten durch andere (↗Tambourin).

Der Streit um den ästhetisch-künstlerischen Wert von ausschließlich der T. gewidmeten Kompositionen, der sich Ende des 19. Jh. auch auf die ↗Programmusik übertrug, entstand durch die Begriffsverwirrung, in der T. weniger eine Technik als eine Gattung zu sehen und aus ihr das Prinzip für ableitbar zu halten, Musik sei ihrem Wesen nach eine darstellende Kunst. So kam es bisher nur ansatzweise zu dem Versuch, die musikalische Darstellung in einem primär „ikonographischen" Interesse zu beschreiben und historisch zu werten, wobei besonderes Augenmerk auf die Technik musikalischer Darstellung von räumlicher Bewegung (Beschleunigung, Höhe, Tiefe, Aufstieg, Fall, Bewegungslosigkeit u. ä.) sowie auf die T. zu legen ist, die auf dem psychologischen Phänomen der Synästhesie beruht.

Lit.: J. J. ENGEL, Ueber die musikal. Malerey (B 1780); J. G. SULZER, Gemälde, in: Allgem. Theorie der schönen Künste II (F – L [3]1798, Nachdr. Hil 1966); G. WEBER, Über T., in: Caecilia 3 (Mz 1825); A. B. MARX, Über Malerei in der Tonkunst (B 1828); H. BERLIOZ, De l'imitation musicale, in: Revue et Gazette musicale de Paris 4 (1837), dt. Übers.: T., in: Mk 12 (1912/13); W. WOLF, Über T., in: Gesammelte musik-ästhetische Aufsätze (St 1894); H. RIEMANN, Programmusik, T. u. musikal. Kolorismus, in: Präludien u. Studien I (F 1895); E. VON WÖLFFLIN, Zur Gesch. der T., in: Sb. der bayer. Akad. der Wiss. (1897) Nr. 2; P. MIES, Über T., in: Zschr. für Ästhetik u. allgem. Kunstwiss. 7 (1912); F. SCHWABE, Über T. in Schuberts Winterreise (Z 1920); A. SANDBERGER, Zu den geschichtl. Voraussetzungen der Pastoralsinfonie, in: Ausgew. Aufsätze zur Musikgesch. II (Mn 1924); CH. VAN DER BORREN, La musique pittoresque au XVe siècle, in: Kgr.-Ber. Bas 1924 (L 1925); H. UNVERRICHT, Hörbare Vorbilder in der Instrumentalmusik bis 1750, 2 Bde. (Diss. B 1954); C. DAHLHAUS, Musica poetica u. musikal. Poesie, in: AfMw 23 (1966); H. RÖSING, Musikal. Stilisierung akust. Vorbilder in der T. (Mn – Salzburg 1977) R. CADENBACH

TONMEISTER, Bz. für den verantwortlichen Leiter für die aufnahmetechnische Realisation einer primär musikalisch-künstlerischen Darbietung. Er ist Mittler zwischen künstlerischem und technischem Gestaltungsbereich; von ihm wird Stilkenntnis vorausgesetzt, um die technischen Mittel entsprechend einsetzen zu können. Er hat dafür zu sorgen, daß Live-Übertragungen und Produktionen bei Rundfunk, Fernsehen, Theater und in der Phono-Industrie in musikalisch-interpretatorischer und klanglich-technischer Hinsicht ein Optimum darstellen. Deshalb muß der T. mit allen technischen Mitteln (Limitern, Verzögerern, Halleinheiten, Mikrophonen, Mehrspurmaschinen, Digitalgeräten) vertraut sein und deren Einsatzmöglichkeiten und Effektwirkungen kennen. Er muß die Einwirkungsursachen raumakustischer Parameter auf seine Aufnahme quantitativ abschätzen können, um dementsprechend Mikrophonart und -aufstellung auszuwählen. Da die Speicherung eines musikalisch-künstlerischen Ereignisses ein transformatorischer Prozeß ist, hat der T. entscheidenden Einfluß auf die Qualität des Endproduktes (Schallplatte, Tonband). An ihm liegt es, ob die Intentionen des Interpreten bzw. Komponisten vollkommen zur Wirkung kommen. In dieser Eigenschaft ist der T. als Co-Interpret zum eigentlichen Interpreten zu sehen. Sein stilistisches Einfühlungsvermögen und der daraus resultierende Einsatz technischer Mittel entscheiden mit über die Qualität einer Aufnahme. Eigene Ausbildungsstätten für T. gibt es an der Staatl. Hochschule für Musik Westfalen-Lippe in Detmold und an der Staatl. Hochschule für Musik und Darstellende Kunst Berlin. W. CZESLA

TONNAMEN, hervorgegangen aus den ↗Tonbuchstaben, sind die Namen für die 7 Stammtöne, mit denen die heutige Notenschrift rechnet: ↗A, ↗H, ↗C, ↗D, ↗E, ↗F, ↗G; als 8. Ton folgt, mit demselben T. versehen, die Oktave des jeweiligen Ausgangstons. Diese T. entsprechen – mit Ausnahme des H, das jedoch früher ↗B hieß – dem Anfang des lateinischen Alphabets.

Um in ihrer tatsächlichen ↗Tonhöhe eindeutig benannt zu sein, erhalten die Töne, im Rahmen der Oktave jeweils vom Ton C ausgehend, zusätzliche Bezeichnungen; die „eingestrichene" Oktave etwa

beginnt mit dem „eingestrichenen" C, kurz als c^1 (auch als c̄ oder c′) notiert.

↗Alteration eines Tones ändert den T.: chromatisch erhöhten Tönen wird die Silbe -is, chromatisch erniedrigten die Silbe -es angehängt, wobei die Töne E, A und H erniedrigt Es, As und B heißen. Zweifache Alteration wird entsprechend durch -isis bzw. -eses ausgedrückt, wobei hier die Töne E, A und H erniedrigt Eses, Asas und Doppel-B heißen.

TONPSYCHOLOGIE, ältere Bz. für ↗Musikpsychologie. Sie verbindet sich mit dem gleichnamigen Werk von C. Stumpf. E. Kurth sprach in Abhebung von Stumpf von Musikpsychologie, ein Begriff, der sich aus Gründen der Entsprechung zum frz. und angelsächsischen Sprachgebrauch durchgesetzt hat. Die Unterscheidung von A. Wellek, T. sei Gehörpsychologie, Musikpsychologie hingegen Kulturpsychologie, gilt heute als veraltet.

TONQUALITÄT ↗Tonigkeit.

TONSATZLEHRE ↗Satzlehre.

TONSIGNET, Bz. für ein thematisches Kürzel, ein einprägsames Motiv, das in den Medien Hörfunk, Film und Fernsehen eine Reihe von Funktionen erfüllt: 1. hat es Ankündigungs-, Erkennungs- und Wiedererkennungsfunktion; 2. stimmt es den Zuschauer auf den folgenden Film emotional ein („Sportstudio"-Signet = dynamisches Geschehen); 3. sorgt es als Element der Periodizität für Zuverlässigkeit und Konstanz; 4. signalisiert es einen Schein von Wichtigkeit (Nachrichten-Fanfaren); 5. suggeriert es bei Serien-Sendungen, wo der Abspann = Vorspann ist, weitere Fortsetzungen; 6. gilt es bei großen Spielfilmen als Handelsmarke (trade mark), z. B. das MGM- oder David O. Selznick-Signet; 7. peilt es per musikalische Stilistik einen gewünschten Rezipiententyp an (Rockmusik = jugendlicher Zuschauer, Kinderlied = Kleinkind, Barockmusik = Senioren usw.); 8. hat das T. gelegentlich einen programmatischen Bezug zum Inhalt der Sendung („Hier und heute" – R. Schumanns *Rheinische Symphonie*, Radio Bremen – „Et in terra pax" aus der h-moll-Messe von J. S. Bach, „Eurovision" – Sinfonia zu M.-A. Charpentiers Te Deum); 9. leistet es eine Zuschauer-Dynamisierung („Kommissar" und Jazz-Klanglichkeit). In Ankündigungsfunktion und als Erkennungsmarke darf ein T. relativ abstrakt sein (vgl. WDR- und NDR-Signet). Gelegentlich zeichnet es Sendestrecken besonders aus (NDR III: B-A-C-H) oder hat Lokalkolorit (Bayerischer Rundfunk: *So lang der alte Peter*).

Lit.: G. HECHT u. a., „Tagesschau" – ein notwendiges Ritual?, in: Mediendidaktische Modelle. Fernsehen, hrsg. v. D. Baacke (Mn 1973); A. RIETHMÜLLER, Das T., in: AfMw 30 (1973); H.-CH. SCHMIDT, Musikal. Titel von Seriensendungen des Fernsehens, in: Musik in den Massenmedien Rundfunk u. Fernsehen (Mz 1976); DERS., Filmmusik (Kas 1982).
H.-CH. SCHMIDT

TONSPRACHE, Musiksprache, musikalische Sprache und ähnliche Begriffsbildungen verweisen als Metapher bzw. Topos auf Analogien oder Gemeinsamkeiten zwischen Sprache und Musik. Bereits seit der Antike sind vielfältige Beziehungen zwischen Sprache und Musik erkannt bzw. hergestellt worden (↗Griechenland, ↗Musik und Sprache, ↗Trivium). Im 16. Jh. kam es mit der Übertragung von Prinzipien und Techniken der Textgestaltung auf die Musik zur Ausbildung einer musikalischen Rhetorik (↗Figuren), deren Darstellung im musiktheoretischen Schrifttum zur terminologischen Fixierung des Topos von der Musiksprache (Musik als Sprache der Affekte) führte. Seit dem 18. Jh. hat die Formel von der Sprachhaftigkeit oder der Sprachähnlichkeit mit ganz unterschiedlicher Akzentsetzung gleichermaßen der Erläuterung von Gemeinsamkeiten wie der Verdeutlichung der Unterschiede zwischen Sprache und Musik gedient (z. B. als Zeichen- bzw. Kommunikationssystem).

Lit.: H.-H. UNGER, Die Beziehungen zw. Musik u. Rhetorik im 16.–18. Jh. (Wü 1941); H. H. EGGEBRECHT, Musik als T., in: AfMw 19 (1961), wieder abgedruckt in: DERS., Musikal. Denken (Wilhelmshaven 1977); M. BIELITZ, Musik u. Grammatik. Stud. z. ma. Musiktheorie (Mn – Salzburg 1977) (= Beitr. z. Musikforsch. 4); F. RECKOW, T., in: HMT (1979); G. ALBERSHEIM, Die T. (Tutzing) (= Mainzer Stud. z. Musikwiss. 15); K. W. NIEMÖLLER, Der sprachhafte Charakter der Musik (Opladen 1980).
D. ALTENBURG

TONSTÄRKE ist neben ↗Tonhöhe, ↗Tondauer und ↗Klangfarbe eine Eigenschaft des musikalischen Tons. Akustisch gesehen, hängt die T. ab von der Schwingungshöhe (↗Amplitude) eines elastischen Körpers, z. B. einer Saite. Als musikalisches Moment ist T. keine fixierte Größe, auch wenn sie sich als Skala von Graden angeben läßt: zum einen fehlt ein absoluter Bezugspunkt, zum anderen prägt sich ein und dieselbe T. bei verschiedenen Instrumenten unterschiedlich aus. – ↗Dynamik, ↗Lautstärke.

TONSYSTEM. Jede Musikkultur benutzt aus dem unendlich großen Vorrat denkbarer Tonhöhen eine ganz bestimmte Auswahl, die im allgemeinen durch die Anzahl der Tonstufen pro Oktavraum gekennzeichnet ist; die Tonhöhen sind nur relativ zu einem Stimmton festgelegt, nicht absolut. Die einzelnen Töne sind untereinander durch Verwandtschaftsgrade in Beziehung gesetzt. Auswahl und Ordnung sind also die beiden Merkmale eines Tonsystems. T.e sind einerseits kulturspezifisch, andererseits aber auch historisch veränderlich. Dabei kann ein bestimmter Tonvorrat gleichbleiben, während sich die Prinzipien der Ordnung ändern; umgekehrt kann ein bestimmtes Ordnungsprinzip unterschiedliche Tonauswahlen erklären. Ein T. ist stets Theorie. Sie bestimmt nicht, zumindest nicht immer, die exakte Tonhöhe der einzelnen Töne (die die ↗Stimmung bzw. die ↗Temperatur festlegt). Für den jeweiligen musikalischen Gebrauch wird im allgemeinen eine von verschiedenen möglichen Tonauswahlen aus dem T. benutzt, eine sog. ↗Tonleiter. Ist diese auf einen Hauptton zentriert, handelt es sich um eine ↗Tonart. Das Tongeschlecht bezieht sich auf die Anordnung unterschiedlicher Tonstufen innerhalb einer Tonart. In der abendländischen Musik sind vor allem folgende Ordnungsprinzipien und die damit verbundenen Tonauswahlen von Bedeutung: 1. Das Prinzip der Quintverwandtschaft – auch pythagoreisches Prinzip genannt – legt den Tonverwandtschaften das Intervall der Quinte zugrunde. Es ist nach der Oktave (Schwingungsverhältnis 2:1) das nächst einfache Intervall (Schwingungsverhältnis 3:2) und das zugleich einfachste Intervall, das ein T. begründen kann. Die Oktave führt ja stets zu einem Ton mit demselben Charakter (z. B. von C nach c, c^1 usw.); eine Aneinanderreihung von Quinten führt hingegen stets zu einem neuen Ton (z. B. von C nach G, sodann nach d, a, e^1, h^1 usw.). Zugleich ist die Quinte durch den höchsten Sonanzgrad nach dem Einklang und der Oktave ausgezeichnet. Die Aneinanderreihung von 4 Quinten (z. B. C – G – d – a – e^1) ergibt nach entsprechender Oktavversetzung der Tonstufen das 5stufige oder pentatonische T. (↗Pentatonik). Die Aneinanderreihung von 6 Quinten (z. B. F_1 – C – G – d – a – e^1 – h^1) ergibt das 7stufige oder heptatonische T. (↗Heptatonik); mit seinem charakteristischen Wechsel von Ganz- und Halbtönen wird es Diatonik genannt. Weiterhin kann das Prinzip der Quintreihung das T. der Neuzeit mit seinen 12 Stufen begründen; dabei werden an die Quintenreihe der Diatonik 5 weitere Quinten (oben fis^2 – cis^3 – gis^3 und unten B_2 – Es_2) angehängt. Durch Hinzufügen weiterer Quinten entstehen zunächst doppelte Bestimmungen der Halbtonstufen (z. B. gis/as, dis/es, ais/b usw.), sodann dreifache Bestimmungen aller Tonstufen (z. B. c/des es/His, cis/des/Hisis usw.). Diese durch das T. sich ergebenden Dreifachbestimmungen kennt zwar die Notenschrift mit 35 Tonstufen, die Musizierpraxis hingegen nicht oder nur teilweise; diese Tatsache wird mit Enharmonik bezeichnet. Der Name des neuzeitlichen T.s ist demnach diatonisch-chromatisch-enharmonisches Tonsystem. Die ↗Stimmung des pythagoreischen T.s, d. h. die akustische Realisierung, ist entweder die pythagoreische Stimmung, vor allem beim 7stufigen T. des MA, oder die gleichschwebend temperierte Stimmung (↗Temperatur) beim 12stufigen T. seit dem ausgehenden 18. Jahrhundert. – 2. Das Prinzip der harmonischen Oktavteilung führt zunächst zur Diatonik: Die Oktave 2:1 (= 4:2) wird in Quinte 3:2 und Quarte 4:3 geteilt, die Quinte 3:2 (= 6:4) in die große Terz 5:4 und die kleine Terz 6:5, die große Terz 5:4 (= 10:8) in den großen Ganzton 9:8 und den kleinen Ganzton 10:9. Die übrigen Intervalle ergeben sich aus den genannten als Ergänzungen zur Oktave oder als Differenzen zwischen zwei Intervallen. Dieses Prinzip des T.s begründet die an sich unrealisierbare reine Stimmung, die zu einer ganzen Reihe von Temperaturen, letztlich historisch auch zur gleichschwebenden Temperatur geführt hat. – 3. Als „natürliche" Erklärung erschien seit der Entdeckung der Obertonreihe (↗Obertöne), aber insbesondere seit J.-Ph. Rameau, die Ableitung des T.s aus den Tönen dieser jedem musikalischen Ton innewohnenden Tonreihe. Die Obertonreihe liefert zunächst die diatonische Tonleiter; die Schwingungszahlen ergeben sich unmittelbar aus dem Verhältnis der jeweiligen Ordnungszahlen der Teiltöne:

1	2	3	4	5	6	7	8	9	10	11	12	13	14	15	16	…
C	c	g	c^1	e^1	g^1	b^1	c^2	d^2	e^2	fis^2	g^2	a^2	b^2	h^2	c^3	…

B, Fis und A sind anders bestimmt als bei der harmonischen Teilung bzw. der reinen Stimmung. Die übrigen Intervalle bestimmen sich entweder aus höheren Obertönen oder aus einer fiktiven, physikalisch nicht existenten „Untertonreihe", die spiegelbildlich zur Obertonreihe gedacht wird.

Lit.: J. HANDSCHIN, Der Toncharakter (Z 1948); H. E. LAUER, Die Entwicklung der Musik im Wandel des T. (Kö [2]1960); W. DANCKERT, Tonreich u. Symbolzahl (Bonn 1966).

M. DICKREITER

TONTRÄGER, zusammenfassende Bz. für Mittel (Medien), auf denen Schallereignisse aufgezeichnet und für eine beliebige Zeit zu beliebig häufiger späterer Wiedergabe gespeichert werden können. Die gebräuchlichsten Typen der T. sind die ↗Schallplatte, das ↗Tonband (Magnettonband, Compact-Cassette) und die Video-Cassette, deren Tonträgerteil mit einem Bildträger synchron verbunden ist. Alle diese T. haben ihre eigene Geschichte, die in erster Linie eine Geschichte der rasch fortschreitenden technischen Vervollkommnung im physikalisch-akustischen Bereich wie bei der großindustriellen Herstellung ist. Zusammen haben die T. unter soziologischen wie ästhetischen Aspekten vor allem im Bereich der Musik eine durchgreifende Veränderung der gemeingesellschaftlichen Funktion von Musik, ihrer mengenmäßigen öffentlichen wie privaten Präsenz und Greifbarkeit sowie ihrer Wirkungsfähigkeit als eines Mittlers von musikalisch-akustischen Erfahrungen jedweder Art verursacht. Die Zwangsläufigkeit der großtechnischen Herstellung und damit Industrialisierung des Mediums T. machte die auf einem Konsumartikel „transportierte" Musik weitgehend ebenfalls zu einem Konsumartikel, der sich den entsprechenden marktwirtschaftlichen Gesetzen unterworfen fand: gewisse Musikformen, speziell im Bereich der reinen Unterhaltung (↗Schlager, ↗Popmusik), aber auch des ↗Jazz und vor allem der ↗Rock music, etablierten sich als ausgesprochene „Schallplattenmusiken", die fast ausschließlich auf T.n präsent sind und sich von deren Technik wie kommerziellen Zwängen ihren Stil („Sound") und ästhetischen Habitus bestimmen lassen. Daraus erklärt sich teilweise die andauernde Diskussion um die Bestimmung des öffentlichen Status der T., ob sie etwa als „Kulturträger" (wie Bücher) anerkannt oder als „reine Industrieprodukte" weiterhin definiert bleiben sollen. Gravierend sind die Rückwirkungen der T. auf das traditionelle öffentliche Musikleben (Konzert, Musiktheater). Zwar ist die Befürchtung eines konkurrierenden Nebeneinanders von zwei öffentlichen „Musikkulturen" nicht Wirklichkeit geworden, doch sind die Einflüsse der „Schallplatten-Kultur" (zusammen mit der „Rundfunk-Kultur" als einem ihrer wichtigsten Multiplikatoren) auf die „Konzert-Kultur" eindeutig greifbar, von der Herausbildung internationaler Interpreten-Hierarchien und der Förderung von Interpreten-Karrieren bis in die subtilen ästhetischen Fragen der Interpretation (Klangbildung, spieltechnische Perfektionierung) hinein. Enorm gefördert haben die T. die Erweiterung des Repertoires. Sie haben die Neuentdeckung und Durchforschung entlegener Musikepochen und Musikregionen vorangetrieben und überhaupt die praktisch dauernde Präsenz und „Abhörbarkeit" eines großen Teils der komponierten Musik überall in der Welt ermöglicht. Unabsehbar sind die bedeutenden Umwälzungen, die T. in Methodik und Praxis der musikwissenschaftlichen Forschung wie der Musikpädagogik in allen ihren Teilgebieten bewirkt haben.

Lit.: C. RIESS, Knaurs Weltgesch. der Schallplatte (Z 1966); R. FRISIUS, Musik als Konsumartikel, in: Perspektiven der kommunalen Kulturpolitik, hrsg. v. H. Hoffmann (F 1974); S. BORRIS, Kulturgut Musik als Massenware (Wie 1978).

H. G. SCHÜRMANN

TONUS (lat.; von griech. tonos = Ton, Klang, urspr.: Spannung), ma. Bz. für Tonart (↗Kirchentöne), gleichbedeutend gebraucht mit ↗Modus.

TONUS PEREGRINUS, Bz. für einen Psalmton, der später entstand als die regulären 8 ↗Psalmtöne. Der Zusatz peregrinus (= fremd, ausländisch) kann sich darauf beziehen, daß dieser Ton in der Regel dem Ps. 113 *In exitu Israel* vorbehalten ist, oder eben darauf, daß er den anderen Tönen gegenüber „fremd" ist. Von diesen unterscheidet er sich wesenhaft durch das Vorhandensein von 2 versch. Rezitationstönen für die Vershälften:

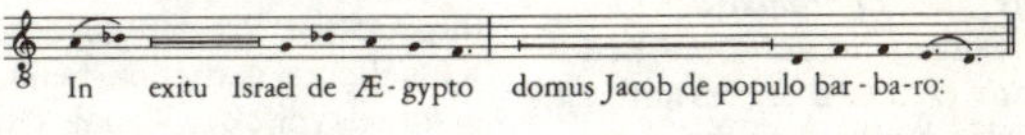

Auf den T. in seiner „germanischen" Version (↗Germanischer Choraldialekt) mit der charakteristischen Terz im Initium wird seit der Reformation das dt. ↗Magnificat *Meine Seele erhebt den Herrn* gesungen (siehe die Melodie dort). In rhythmisierter Form erklingt die gleiche Version des T. im Introitus des *Requiem* von W. A. Mozart (Solosopran bei den Psalmworten *Te decet*):

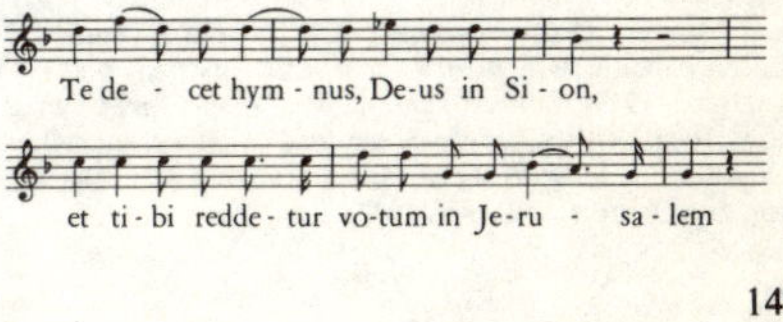

Vereinzelt ist die Verwendung dieses Tons in der 4. Orgelsonate („Tonus peregrinus“) von J. Rheinberger.

Lit.: ↗Psalmtöne. G. MASSENKEIL

TONUS RECTUS (lat., = schlichter Ton), Bz. für das Rezitieren eines Textes mit erhobener Stimme auf einer Tonhöhe. Das Lesen im T. ist eine traditionelle Form insbesondere des Vorlesens zu den Mahlzeiten in Klöstern und religiösen Gemeinschaften. Es soll gute Textverständlichkeit gewährleisten, affekthaftem Vortrag vorbeugen und den Vorleser hinter den Text zurücktreten lassen. Im weiteren Sinne wird auch die Verwendung liturgischer Lektions- und Orationstöne, vor allem deren Übertragung auf den Vortrag volkssprachlicher Texte, als Vortrag im T. bezeichnet.

TONWORTSYSTEM, Bz. für eine von C. Eitz erfundene Solmisationsmethode. Für den Gesangsunterricht an Schulen bestimmt, sollte das T. über ein auf Konsonanten und Vokalen aufgebautes Lautsystem die diatonischen und chromatischen Tonbezeichnungen einer Tonleiter genauer als die bisher bekannten Solmisationsmethoden vermitteln. Die 12 Halbtöne wurden mit folgenden Silben ausgedrückt:

	ro		mu			pa		de		ki		
bi		to		gu	su		la		fe		mi bi.
	ri		mo			pu		da		ke	

TÖPFER, Johann Gottlieb, * 4. 12. 1791 Niederroßla (Thüringen), † 8. 6. 1870 Weimar; dt. Organist und Komponist. Er wurde 1817 Seminarmusiklehrer und 1830 Stadtorganist in Weimar und war schon früh als Orgelbauautorität, Virtuose, Improvisator und Komponist allgemein anerkannt. Sein Hauptwerk, das *Lehrbuch der Orgelbaukunst* (1855), das weitgehend auf Dom Bédos de Celles' Werk *L'Art du facteur d'orgues* aufbaut, bietet zum ersten Mal eine mathematische Theorie des Orgelbaus. Von seinen Kompositionen sind besonders die Choralfantasien für Orgel zu nennen, die maßgeblich zur Entwicklung der Choralfantasie im 19. u. 20. Jh. beitrugen.

WW: *Die Orgel. Zweck u. Beschaffenheit ihrer Teile* (Erfurt 1843, ^{2}1862); *Lehrbuch der Orgelbaukunst nach den besten Methoden älterer u. neuerer … Orgelbaumeister …*, 4 Bde. (Wr 1855), völlig umgearb. v. M. Allihn (ebd. ^{2}1888), neu bearb. v. P. Smets (Mz ^{3}1936, ^{4}1955–60).

Ausg.: Ausgew. Orgelwerke, hrsg. v. H. J. BUSCH (Bonn 1978); Concert-Fantasie *Was mein Gott will, das g'scheh'*, hrsg. v. W. SYRÉ (ebd. 1979); Concert-Fantasie *Jesu, meine Freude*, hrsg. v. DEMS. (ebd. 1979). – *Lehrbuch der Orgelbaukunst*, umgearbeitet von Allihn, hrsg. v. W. L. SUMNER (Buren 1972); *Die Orgel*, hrsg. v. A. REICHLING (Kas 1982).

Lit.: F. FRIEDRICH, J. G. T., in: BzMw 19 (1977); M. VON HINTZENSTERN, J. G. T. – Organist, Komponist, Orgelbautheoretiker, in: MuK 51 (1981). H. J. BUSCH

TOPOS (griech., = Ort, Stelle, Gegend; auch Thema, Stoff), in der antiken Rhetorik (Aristoteles, Cicero) Bz. für den sprachlichen Allgemeinplatz. Die Topoi gehören in die Lehre von der rednerischen Findung bzw. Erfindung (Ars inveniendi). Im Rückgriff darauf spielt der Begriff auch in der musikalischen Rhetorik des Barock eine Rolle (vor allem bei J. Mattheson). „Loci topici“ sind hier Erfindungshilfen bei der Komposition; es gibt z. B. einen Locus notationis (melodische Grundelemente), einen Locus descriptionis (vokale und instrumentale Affektdarstellung) und einen Locus testimoniorum (Zitatcharakter einer Melodie). Diese Topik ist eng verbunden mit den musikalischen ↗Figuren und gebunden an die Erlernbarkeit innerhalb einer handwerklichen Kunstlehre. Im Anschluß an die „historische“ bzw. „poetische Topik“ von E. R. Curtius und Anregungen von W. Gurlitt folgend spricht man neuerdings auch in der Musikwissenschaft verstärkt und gelegentlich in einem sehr weiten Sinn von Topoi. Die T.-Forschung sieht ihre Aufgabe darin, schematisiert oder gar klischeehaft erscheinende Denk-, Vorstellungs- und Ausdrucksformen der musikalischen Produktion durch die Geschichte zu verfolgen, ihre Kontinuität und Wandlung, ihr Auftauchen und Versinken sowie individuelle, personalstilistische Ausprägungen zu beschreiben. Gegenstand dieser Untersuchungen sind u.a. die autonom musikalischen Elemente, die „topischen“ Charakter angenommen haben (Taktarten, rhythmische und metrische Muster, harmonische und melodische Eigenheiten), geprägte Formeln mit sprachähnlichem Bezeichnungscharakter (Affekte, Naturphänomene im Jahresablauf, Naturgewalten, Vorstellung des Todes), die Topik des Klanglichen (situationsbedingte Instrumentation), gattungstypische Topoi (Requiem-Vertonungen, Arientypik), technisch-topische Darstellungsweisen (Variation, Ostinato, Kanon), Zitat-T. (Übernahme oder Verpflanzung musikalischer Stile, „Musik über Musik“) oder von der Literatur angeregte topische Felder wie Krieg (↗Battaglia), Jagd (↗Jagdmusik), ↗Pastorale (Locus amoenus, Ideallandschaft).

Lit.: W. GURLITT, Nachwort, in: A. Schering, Das Symbol in der Musik (L 1941); E. R. CURTIUS, Europäische Lit. u. lat. MA (Be – Mn 1948, ^{6}1967); T.forschung, hrsg. v. M. L. BAEUMER (Da 1973); W. JAKSCH, H. I. F. Biber, Requiem à 15. Unters. z. höfischen, liturg. u. musikal. Topik einer barocken Totenmesse (Mn – Salzburg 1977); E. LANG-BECKER, Szenentypus u. Musik in Rameaus tragédie lyrique (ebd. 1978); H. JUNG, Vom literar. z. musikal. T., in: Kgr.-Ber. Berlin 1974 (Kas – Bas – Lo 1980); DERS.,

Die Pastorale. Stud. z. Gesch. eines musikal. T. (Be – Mn 1980); Topik. Beitr. z. interdisziplinären Diskussion, hrsg. v. D. BREUER – H. SCHANZE (Mn 1981). H. JUNG

TÖPPER, Hertha, * 19. 4. 1924 Graz; östr. Sängerin (Alt). Sie studierte am Konservatorium in Graz, debütierte am dortigen Opernhaus 1945 als Ulrica in G. Verdis *Un ballo in maschera* und ist seit 1952 Mitglied der Bayerischen Staatsoper in München (1955 Bayerische Kammersängerin). H. T. gastierte mehrfach bei den Bayreuther und Salzburger Festspielen, an der Staatsoper in Wien, an der Mailänder Scala, in Brüssel, London, Amsterdam und Rom sowie an der Metropolitan Opera in New York. Ihre großen Erfolge feierte sie in Opern von W. A. Mozart und R. Strauss (Oktavian im *Rosenkavalier*) und R. Wagner; auch als Lied- und Oratoriensängerin genießt sie hohes Ansehen.

TORCHI, Luigi, * 7. 11. 1858 Mordano bei Bologna, † 18. 11. 1920 ebd.; it. Musikforscher. Er studierte an den Konservatorien in Bologna, Neapel und Leipzig (S. Jadassohn, C. Reinecke), war 1885–91 Lehrer für Musikgeschichte und Bibliothekar am Liceo Rossini in Pesaro und anschließend bis 1916 am Liceo musicale in Bologna, wo er seit 1895 auch Komposition unterrichtete (1906 Professor). 1894–1904 war er Chefredakteur der *Rivista Musicale Italiana.* T. hat sich besonders für die Verbreitung der Opern R. Wagners in Italien eingesetzt; wichtig sind bis heute seine Forschungen zur älteren italienischen Instrumentalmusik und seine Editionen.

WW: *R. Wagner* (Bol 1890, ²1913); *La musica strumentale in Italia nei secoli XVI, XVII e XVIII,* in: RMI 4–8 (1897–1901), auch separat (Tn 1901, Nachdr. Bol 1969). – Editionen: *Eleganti canzoni ed arie it. del secolo XVII* (Mi 1894); *L'arte musicale in Italia* (ebd. 1897–1907, Nachdr. 1968).

Lit.: F. VATIELLI, Necrologia di L. T., in: RMI 27 (1920).

TORCULUS, Neume, ↗Notenschrift.

TORELLI, Giuseppe (Iseppo, Gioseffo), * 22. 4. 1658 Verona, † 8. 2. 1709 Bologna; it. Violinist und Komponist. T. war Kompositionsschüler von G. A. Perti in Bologna, wurde dort 1684 Mitglied der Accademia Filarmonica, 1686 Violetta- und 1689 Tenorviola-Spieler im Orchester an San Petronio, dem er bis zu dessen Auflösung 1696 angehörte. Im Titel seiner *Concerti musicali,* op. 6 (Au 1698) bezeichnet er sich als Konzertmeister des Markgrafen von Brandenburg. Zusammen mit dem Sänger Fr. A. Pistocchi ist er von Ende 1699 bis März 1700 in Wien nachweisbar, wo sein Oratorium *Adam auss dem Irdischen Paradiess verstossen* aufgeführt wurde (Musik verschollen, gedruckter Text erhalten). Vermutlich über Ansbach kehrte er 1701 nach Bologna zurück. Dort wirkte er im neugegründeten Orchester unter Perti bei besonderen Anlässen als Violinist mit.

WW: *Sonate a tre stromenti con il b. c.,* op. 1 (Bol 1686); *Concerti da camera a due violini e basso,* op. 2 (Bol 1686); *Sinfonie a 2, 3, e 4 istromenti,* op. 3 (Bol 1687); *Concertino per camera a violino e violoncello,* op. 4 (Bol o. J.); *Sinfonie a tre* sowie *Concerti a quattro,* op. 5 (Bol. 1692); *Concerti musicali a quattro,* op. 6 (Au 1698); *Capricci a violino o viola overo arciliuta,* op. 7 (o. O., o. J.); *Concerti grossi con una Pastoral per il Santissimo Natale,* op. 8 (postum Bol 1709); Sonata D-Dur a 3 für 2 V. u. Violone, in: Autori diversi (o. O., o. J. [Bol 1700]). – Hsl. sind erhalten: 11 Sinfonie (Sonaten) für Trp., Str. u. B. c.; 9 Sinfonie (Sonaten) für 2 Trp., Str. u. B. c.; Sonate G-Dur für Vc. u. B. c.; 8 Sinfonie (Concerti) für Ob., Trp., Str. u. B. c.; Sinfonia für Ob., Str. u. B. c.; Sinfonia F-Dur für 2 Hörner, Str. u. B. c.; 8 Ripienkonzerte für Str. u. B. c.; 3 Concerti grossi für Str.; Sonate e-moll für V. u. B. c.; Sinfonia d-moll für V. u. Vc.; 3 Perfidien; 4 Konzerte; Cantata *Lumi dolenti* für Alt u. B. c.

T. hat entscheidenden Anteil an der Ausprägung instrumentaler Formen des Hochbarock. Durch motivische Trennung zwischen Tutti und Solo vertieft er das bereits von A. Stradella entwickelte Concerto grosso-Prinzip und erweitert es zur Doppelchörigkeit. T. gilt als der Schöpfer des Soloviolinkonzerts, in dem er prägnante Tuttiteile von virtuosen, spielerischen und verzierungsreichen Solopassagen trennt. Die Herkunft aus Canzone, Kirchensonate, Ritornell und Perfidia wird in den neuen Formen mit dem hochbarocken (heutigen) Streichorchester als Grundlage aufgehoben. Während in op. 5 die *Sinfonie a tre* noch Beispiele alter Kirchensonaten sind, stehen die *Concerti a quattro* im neuen orchestralen Stil. Sein Hauptwerk, op. 8, ist mit je 6 ausgereiften Concerti grossi und Violinkonzerten einheitlich und läßt die Erfahrungen aus der Spielpraxis erkennen.

Ausg.: Concerto a-moll für 2 Solo-V., Streichorch. u. Gb., op. 8 Nr. 2, hrsg. v. B. PAUMGARTNER (Mz 1956) (= Antiqua 107); *Sonata a cinque* Nr. 7 u. Nr. 1 für Trp., Streichorch. u. B. c. bzw. Sinfonia D-Dur für 2 Trp., 2 Ob., Streichorch. u. B. c., hrsg. v. F. SCHROEDER (W 1965 bzw. 1971) (= Diletto musicale 164–165 bzw. 310); V.-Konzert e-moll, op. 8 Nr. 9, hrsg. v. M. ABBADO (Mi 1968); Trp.-Konzert u. 2 Sonaten für Trp., Streichorch. u. B. c., 3 H.e, hrsg. v. E. H. TARR (Lo 1968, 1973); Sinfonia für Trp., 2 Konzerte für eine Trp., 2 Konzerte für 2 Trp. u. Sinfonia für 2 Trp. u. 2 Ob. mit Streichorch. u. B. c., hrsg. v. E. SEIDEL (H 1971, 1973) (= Ars instr. 56–58 u. 67).

Lit.: F. GIEGLING, G. T. Ein Beitr. z. Entwicklungsgesch. des Instrumentalkonzerts (Kas 1949) (mit Werk-Verz.); B. MAZZAFERRATA, G. T., in: Musicisti della Scuola emiliana, hrsg. v. A. Damerini – G. Roncaglia (Siena 1956); R. E. NORTON, The Chamber Music of G. T. (1967) (= Diss. North Western Univ.); U. ZINGLER, Stud. z. Entwicklung der it. Vc.-Sonate v. den Anfängen bis z. Mitte des 18. Jh. (Diss. F 1967); R. C. VAN NUYS, The History and Nature of the Trumpet as Applied to the Sonatas of G. T. (1969) (= Diss. Univ. of Illinois); E. J. ENRICO, G. T.'s Music for Instrument Ensemble with Trumpet (1970) (= Diss. Univ. of Michigan). G. SCHUHMACHER

TORNADA ↗Canso, ↗Cobla.

TORREFRANCA, Fausto (eig. Fausto Acanfora Sansone dei duchi di Porta e Torrefranca), * 1. 2. 1883 Monteleone Calabro (heute Vibo Valentia), † 26. 11. 1955 Rom; it. Musikforscher. T. absolvierte 1905 ein Ingenieurstudium an der Universität in Turin und studierte dann autodidaktisch Musikwissenschaft. Seit 1907 redigierte er die *Rivista Musicale Italiana,* wurde 1913 Dozent an der Universität Rom, 1914 Lehrer für Musikgeschichte und 1915 auch Bibliotheksdirektor am Konservatorium in Neapel. 1924–38 war er Bibliotheksdirektor am Mailänder Konservatorium, lehrte 1930–35 an der Katholischen und 1934–36 an der Staatlichen Universität. 1941 erhielt er einen Ruf für Musikgeschichte an die Universität Florenz. T. widmete sich besonders stilgeschichtlichen Untersuchungen (z.B. Entwicklung der Sonate), wobei er die Bedeutung bis dahin weniger beachteter italienischer Komponisten, darunter A. Della Ciaja, G. B. Sammartini, G. Platti, insbesondere aber A. Vivaldi, hervorgehoben hat.

Schriften: *G. Puccini e l'opera internazionale* (Tn 1912); *L'impressionismo ritmico e le sonate del Cavaliere Della Ciaja* (Mi 1913); *Le origini it. del romanticismo musicale. I primitivi della sonata moderna* (Tn 1930, Nachdr. Bol 1969); *Il segreto del Quattrocento* (Mi 1939); *Firenze musicale* (Fi 1943); *La musica strumentale it.* (ebd. 1949); *G. B. Platti e la sonata moderna,* postum hrsg. v. A. BONACCORSI (Mi 1963) (= Istituzioni e monumenti dell'arte musicale it., N. S. 2).

Lit.: R. PAOLI, F. T., in: Mf 9 (1956).

TORRES Y MARTÍNEZ BRAVO, José (Joseph) **de,** * 1665 Madrid, † 4. 7. 1738 ebd.; span. Komponist. Er wurde 1697 1. Organist der königlichen Kapelle in Madrid und eröffnete dort wenig später die bedeutendste spanische Musikdruckerei seiner Zeit. 1724 wurde er Hofkapellmeister und Leiter der Chorknaben.

WW: Messen für 4–6 St. (Ma 1703). – Hsl. erhalten sind 14 Messen, Requiem, 4 Passionen, 4 Magnificat, Sequenzen, Litaneien, 2 Te Deum, über 30 Motetten. – *Reglas generales de acompañar en organo, clavicordio y harpa* (Ma 1702, ²1736). – Er gab heraus (mit einigen eigenen Werken) F. de Montanos, Arte de canto llanb (1592) (Ma 1705, ⁴1734).

Lit.: J. E. DRUESEDOW, The „Missarum Liber" (1703) of J. de T. (1663–1738) (1971) (= Diss. Univ. of Indiana); Y. LEVASSEUR-DE-REBOLLO, The Life and Works of J. de T. (1975) (= Diss. Univ. of Pittsburgh); F. J. LEÓN TELLO, La teoría española de la música en los siglos XVII y XVIII (Ma 1974).

TORRI, Pietro, * um 1650 Peschiera bei Verona, † 6. 7. 1737 München; it. Komponist. T. wirkte 1667–84 als Hoforganist bzw. Hofkapellmeister in Bayreuth und wurde 1689, vermutlich auf Empfehlung von A. Steffani, Organist am Münchner Hof, wo er in Kurfürst Max Emanuel einen großzügigen Förderer fand. T. folgte ihm 1692 als Maître de chapelle nach Brüssel, 1699 wieder an den Münchener Hof, 1704 wegen des Spanischen Erbfolgekrieges erneut nach Brüssel (diesmal in die Verbannung) und begleitete ihn auch in den unsteten Jahren der Flucht 1706–14. 1715 kehrte der Kurfürst endgültig nach München zurück, wo T. 1732 zum Hofkapellmeister avancierte. In T.s Bühnenwerken ist der wachsende Einfluß der französischen Oper gegenüber der venezianischen und neapolitanischen Tradition deutlich (u. a. in der Einbeziehung von Balletten und in der Instrumentation). Seine Duette mit Generalbaßbegleitung nach dem Vorbild A. Steffanis weisen ihn als Meister dieser Gattung aus.

WW (hsl. erhalten, hauptsächlich in München, Bayer. Staatsbibl.): Etwa 100 it. Kammerduette mit B.c.; 25 Opern, darunter für München *L'innocenza difesa* (1715); *Astianatte* (1716); *La Merope* (1719); *Eumene* u. *Lucio Vero* (1720); *L'amor d'amico vince ogni altro amore* (1721); *Griselda* (1723); *Amadis aus Griechenland* (1724); *Wenceslao* (1725); *L'Epaminonda* (1727); *Nicomede* (1728); *Edippo* (1729); *L'Ippolito* (1731); *Ciro* (1733); *Catone in Utica* (1736). – Ferner 16 Festkantaten, Serenaden u.ä. – Einige kirchenmusikal. Werke; 10 it. Oratorien. – Ferner 2 Sonaten für 4 Instr.

Ausg.: Ausgew. Werke, hrsg. v. H. JUNKER (1920) (= DTB 19/20) (mit dem 3. Akt v. *Merope* u. Stücken aus anderen Opern).

Lit.: K. KREMER, P. T. u. seine Kammermusikwerke (Diss. Mn 1956); O. KAUL, T., in: MGG XIII; R. MÜNSTER, Neu aufgefundene Opern, Oratorien u. szenische Kantaten v. P. T., in: Musik in Bayern 13 (1976).

TORRIANI, Vico Oxens, * 21. 9. 1920 Genf; Schweizer Sänger und Schauspieler. T. lernte während des Militärdienstes Gitarre und Akkordeon, siegte 1947 mit Tessiner Liedern in einem Gesangswettbewerb und erhielt bald darauf erste Engagements bei Radio Zürich und Radio Basel sowie erste Schallplatten- und Filmverträge. In den 50er und 60er Jahren einer der beliebtesten Schlagersänger in Deutschland, unternahm er Tourneen im In- und Ausland, trat als Bühnenschauspieler und Operettensänger auf, wirkte in zahlreichen Musikfilmen mit und errang vor allem durch seine Fernsehshows große Popularität, u. a. *Grüezi, Vico; Hotel Victoria* (1959–69; in dieser Reihe stellte sich T. auch als Hobbykoch vor); *Der goldene Schuß; Veni Vidi Vici; Musik kennt keine Grenzen.* Erfolgreiche Schlager wurden: *Ananas aus Caracas, Café oriental, Bella bella Donna, Schön und kaffeebraun, In der Schweiz, Kalkutta liegt am Ganges.* Eigenes künstlerisches Gewicht hat T. auch als Sänger Schweizer Volkslieder.

Lit.: E. GAA, V. T., der Künstler u. Mensch (Nü 1957).

TORTELIER, Paul, * 21. 3. 1914 Paris; frz. Violoncellist. Nach seiner Ausbildung am Pariser Conservatoire spielte er 1937–39 im Boston Symphony Orchestra und 1945/46 im Orchestre de la

Société des Concerts du Conservatoire in Paris. 1947 begann er seine solistische Laufbahn, die ihn seit Beginn der 50er Jahre in die Musikzentren der ganzen Welt führte. Seit 1956 lehrt er am Pariser Conservatoire. T. ist auch als Komponist hervorgetreten. Er veröffentlichte auch Lehrwerke, darunter *How I Play, How I Teach* (Lo 1975).

TOSCA, Musikdrama in 3 Akten von G. Puccini, Text von G. Giacosa und L. Illica nach dem Drama *La Tosca* (1887) von Victorien Sardou. Ort und Zeit der Handlung: Rom, im Juni 1800. UA: 14. 1. 1900 Rom; dt. EA (in dt. Sprache): 21. 10. 1902 Dresden.
Treue zum politischen Ideal und zum geliebten Menschen erweisen sich als moralische Postulate, die, gleichzeitig und konsequent zu erfüllen gesucht, zur persönlichen Katastrophe der Sängerin Tosca und des Malers Cavaradossi führen. Das private Schicksal der Hauptfiguren spielt vor dem Hintergrund der Ereignisse um die Schlacht von Marengo am 14. 6. 1800, in der Napoleon die Österreicher schlug – ein Sieg, der von der jungen italienischen Intelligenz, zu der auch Cavaradossi zählt, als ein Schritt auf dem Weg zur „Befreiung" Italiens freudig begrüßt wurde. Die von der Handlung vorgegebenen Situationen der Härte, die Folterung und Hinrichtung Cavaradossis, der Tod des Polizeipräsidenten Scarpia durch die Hand Toscas und Toscas Selbstmord, ließen Puccini anfangs vor einer Vertonung zurückschrecken, boten ihm jedoch andererseits ideale Möglichkeiten für musiktheatralische Wirkungen. Vor allem die Äußerung des greisen Verdi, er schriebe selber eine Oper über *La Tosca,* wenn er nicht schon zu alt dazu wäre, mag Puccini zur Aufnahme der Arbeit bewogen haben. – Meisterhaft sicher verstand es der Komponist, die sehr dichte und an äußerer Aktion reiche und dadurch nicht leicht vertonbare Handlung musikalisch zu einem differenzierten und stets schlüssig begründeten Wechsel von lyrischen und dramatischen Szenen aufzulockern, bei dem höchste Ausdrucksintensität und subtile Situationscharakteristik vor allem zurückzuführen sind auf den nahtlosen, melodisch und satztechnisch virtuosen Übergang zwischen den beiden Hauptfunktionen des Arioso als Gefühlsausdruck und „gesungener Aktion"; die kompositorischen Mittel einer musikalischen Gestik erscheinen in *Tosca* gleichermaßen in der Vielfalt bereichert und bis zu ausdrucksmäßigen Extremen erweitert.

W. A. MAKUS

TOSCANINI, Arturo, * 25. 3. 1867 Parma, † 16. 1. 1957 New York; it. Dirigent. Er studierte Violoncello und Komposition am Konservatorium in Parma und schloß sich als Violoncellist und 2. Chorleiter einer italienischen Operntruppe an. Auf einer Tournee durch Brasilien (1886) sprang er mit glänzendem Erfolg bei einer *Aida*-Aufführung in Rio de Janeiro als Dirigent ein und wurde danach an italienische Bühnen geholt. 1892 dirigierte er in Turin die Uraufführung von R. Leoncavallos *Pagliacci* und 1896 von G. Puccinis *La Bohème.* 1898 wurde er an die Mailänder Scala verpflichtet, wo er bereits 1887 als Violoncellist bei der Uraufführung von G. Verdis *Otello* mitgewirkt hatte. An der Scala bis 1902 sowie 1906–08 engagiert, ging er 1908 als künstlerischer Direktor an die Metropolitan Opera in New York (1910 UA von Puccinis *La fanciulla del West*), kehrte aber 1915 nach Italien zurück und wirkte 1920–27 erneut als künstlerischer Leiter der Mailänder Scala (1926 UA von Puccinis *Turandot*). Anschließend leitete er 1927–36 (1933 GMD) die New York Philharmonic, die mit ihm 1930 erstmals auf Europa-Tournee ging, und 1937–54 das NBC Orchestra. 1930 und 1931 war er Dirigent bei den Bayreuther und 1935–37 bei den Salzburger Festspielen (u. a. mit R. Wagners *Meistersingern* und W. A. Mozarts *Zauberflöte*). 1946 dirigierte er die Vorstellung zur Wiedereröffnung der Mailänder Scala.
T. war einer der überragenden Dirigenten seiner Zeit. Gegenüber einer subjektiven Auslegung des Notentextes vertrat er kompromißlos eingehendes Studium und exakte Umsetzung der Partitur, womit er wichtige Impulse für das Ideal der werkgetreuen Interpretation gegeben hat. Gleichzeitig wurde T. der große Vermittler der italienischen Tradition mit ihrem Höhepunkt in Verdis Schaffen. Gerade bei Verdi bewies T. durch die genaueste Beachtung der geforderten Tempo- und dynamischen Vorschriften, daß schriftliche Fixierung und Wiedergabe eng korrespondieren. Als Operndirigent gleichermaßen von hoher Bedeutung bei Werken etwa von Mozart, L. van Beethoven, Wagner und Puccini, wurde T. auch einer der führenden Konzertdirigenten, dessen Repertoire sich hauptsächlich auf die Musik seit der Wiener Klassik konzentrierte. Mit der Interpretation von Beethovens Symphonien und von dessen *Missa solemnis* setzte er bis heute kaum erreichte Maßstäbe.

Lit.: H. TAUBMANN, The Maestro. The Life of A. T. (NY 1951, dt. Be 1951); S. CHOTZINOFF, T. An Intimate Portrait (NY 1956, Nachdr. NY 1976, dt. Wie 1956); A. LEZNO-PANDOLFI, T., ein Leben für die Musik (Z 1957); R. C. MARSH, T., der Meisterdirigent (Z 1958); P. C. HUGHES, The T. Legacy. A Critical Study of A. T.'s Performances of Beethoven, Verdi and Other Composers (Lo 1959, NY [2]1969) (mit Diskographie); S. THIEMANN SOMMER, T. Memorial Archives, in: FAM 16 (1969); S. ANTEK, So war T. (Z – St – W 1970); G. BARBLAN, T. e la Scala (Mi 1972); R.

C. MARSH, T. and the Art of Orchestral Performance (Westport/Conn. 1973); B. W. WESSLING, T. in Bayreuth (Mn 1976); H. SACHS, T. (NY 1978, dt. Mn 1980). D. THOMA

TOSI. – 1) Giuseppe Felice, it. Komponist des 17. Jahrhunderts. Er war Organist an S. Giovanni in Monte in Bologna und 1679 Präsident der Accademia Filarmonica, zu deren Gründungsmitgliedern er gehörte, wirkte 1680–83 als Kapellmeister an der Accademia della Morte und 1682–83 auch am Dom von Ferrara. 1683 nach Bologna zurückgekehrt, war er 1692–93 2. Organist an S. Petronio. T. veröffentlichte ein Buch *Salmi concertati* für 3–4 St. (Bol 1683) und ein Buch Kammerkantaten (Bol 1688). Er schrieb auch zahlreiche, zumeist nicht erhaltene Opern. – **2) Piero Francesco,** Sohn von 1), * um 1653/54 Cesena, † 1732 Faenza; it. Sänger (Kastrat) und Komponist. Er war Schüler seines Vaters und machte sich als Sänger in ganz Europa bekannt. Von 1692 an lebte er mehrere Jahre in London, wo er später Gesang unterrichtete, und wirkte 1705–11 als Hofkomponist sowie – ähnlich wie A. Steffani – als diplomatischer Beauftragter des Kurfürsten Johann Wilhelm von der Pfalz in Wien. Von ihm stammen *Opinioni de' cantori antichi e moderni* ... (Bol 1723), eine wichtige Gesangsschule mit aufschlußreichen Hinweisen zur Vortragskunst seiner Zeit.

Ausg.: **Zu 2):** *Opinioni* ..., hrsg. v. A. DELLA CORTE, in: Canto e bel canto (Tn 1933).

Lit.: **Zu 2):** K. WICHMANN, Der Ziergesang u. die Ausführung der Appoggiatura (L 1966); R. CELLETTI, La vocalità al tempo del T., in: NRMI 4 (1967); T. THOMAS, Belcanto: die Lehre des Kunstgesanges nach der altit. Schule (B 1968).

TOTEN AUGEN, DIE, Oper in einem Prolog und einem Akt von E. d'Albert, Text von Marc Henry (frz. Urfassung) und Hanns Heinz Ewers (dt. Fassung). Ort und Zeit der Handlung: Jerusalem, am Tag des Einzugs Jesu. UA: 5. 3. 1916 Dresden.
Die menschliche Neigung, ein schön gestaltetes Gesicht und einen guten Charakter als untrennbare Einheit zu empfinden, wird der blinden Myrtocle zum Verhängnis: Durch Jesus von ihrer Blindheit geheilt, hält sie statt des häßlichen Senators Arcesius einen schönen Offizier für ihren Gatten; Arcesius bringt den Soldaten aus Eifersucht um; als Myrtocle die Wahrheit erfährt, läßt sie sich vom Sonnenlicht blenden und lebt weiter mit Arcesius. D'Alberts zweitgrößter Bühnenerfolg weist im Vergleich zu seinem „genialen Wurf" *Tiefland* eine kühnere harmonische Sprache auf; das spätromantische Klangbild wurde nun durch impressionistische Elemente wie etwa freitonale Reizdissonanzen angereichert. Differenziert ausgestaltet ist das Verhältnis von orchestralem Zwischenspiel und Vokalpart, das nicht in einfachem Wechsel besteht, sondern in satztechnisch geschickter Verzahnung, wobei die Agogik des Orchesterparts in sensibler Anpassung aufs engste dem szenisch-gestischen Spiel folgt – ein Stilelement, das gleichermaßen von R. Wagner und G. Puccini bis zur Perfektion ausgeprägt worden war. W. A. MAKUS

TOTENTANZ (frz.: danse macabre). Der vielfach sehr weit gefaßte Begriff bezeichnet im engeren Sinne die bildliche und/oder textliche Darstellung eines Tanzes, den der Tod oder auch mehrere Todesgestalten mit menschlichen Ständevertretern ausführen. Totentänze sind seit dem 15. Jh. vor allem im dt. und frz. Sprachraum auf Fresken, in Hss. und Drucken überliefert. Während die ältere Forschung den Ursprung des T.es in volkstümlich-germanischen Vorstellungen von einem nächtlichen Gräbertanz Verstorbener erkennen wollte, sieht man heute den engen Zusammenhang mit geistlichen Traditionen, vor allem der Bußpredigt in der Zeit der großen Pestepidemien, in deren Mittelpunkt das Thema von Gericht und Verdammnis stand. In vielen Totentänzen sieht man am Anfang einen Prediger. Der Tanz selbst führt als Warnung vor dem „unbereiten tod" in die Hölle. Allmählich mildert sich dieser Charakter im Sinne einer nur noch allgemeinen Mahnung an den Tod und das Sterbenmüssen. Tanzgeschichtlich entsprechen die älteren Darstellungen dem (Ketten-)Reigen bzw. dem Branle, die jüngeren dem paarigen Aufzug bzw. der Basse danse und der Pavane. Musikinstrumente begegnen in der Regel am Anfang, entweder in Gestalt eines Todesspielmanns mit Dudelsack am Fuß der Predigerkanzel oder mehrerer Todesmusikanten vor einem Beinhaus. Auch innerhalb der Tanzreihe finden sich häufig Instrumente, sei es als Standesattribut beim Spielmann, sei es in der Hand des Todes. In der Auswahl, der Formgebung und der Spielweise manifestieren sich beziehungsreiche Zusammenhänge organologischer, sozialgeschichtlicher und symbolischer Art. Die ursprünglich für die Gattung konstituierenden Tanzszenen und Instrumentenmotive treten später vielfach zurück zugunsten von anderen Szenen, in denen der Tod seine Opfer aufsucht, so schon in Hans Holbeins Holzschnittfolge (vor 1526). Originale Musik zum T. ist nicht überliefert, doch gibt es Berichte aus dem 15. Jh., die auf szenische Aufführung schließen lassen. T.-Motive sind noch lange im Volks- und Kunstlied lebendig geblieben bis hin zu Fr. Schuberts *Der Tod und das Mädchen* und dem *Leiermann* aus der *Winterreise.* Bereits in Tabulaturbüchern des 16. Jh. gibt es Stücke mit Titeln wie *Mattasin oder Toden Tantz* (A. Nörmiger, 1598), *Der schwarze Knab* (H. Kotter, 1513). Fr. Liszts *Totentanz* (1849 u. ö.) für Klv. und Orchester ist ein freier Variationenzyklus über den ersten Teil der Sequenz *Dies irae*. J. G. Kastners *La danse macabre* für Soli, Chor und Orchester (1852) enthält gesungene Dialoge zwischen Tod und Ständevertretern. C. Saint-Saëns komponierte 1875 eine symphonische Dichtung *La danse macabre*. A. Honegger schrieb sein Oratorium *La danse des morts* 1940 auf einen Text von P. Claudel. W. Krafts *Lübecker Totentanz* für Soli, Chöre, 16 Soloinstr., Org. und Tänzer entstand 1954.

Lit.: G. KASTNER, Les danses des morts (P 1852); I. S. KOZÁKY, Gesch. der Totentänze, 3 Bde. (Budapest 1936–44); H. ROSENFELD, Der ma. T. (Kö 1954, ³1974); S. COSACCHI, Makabertanz (Meisenheim 1965); E. KOLLER, T. (I 1980); R. HAMMERSTEIN, Tanz u. Musik des Todes. Die ma. Totentänze u. ihr Nachleben (Be – Mn 1980). R. HAMMERSTEIN

TOTE STADT, DIE, Oper in 3 Akten von E. W. Korngold, op. 12, Text vom Komponisten und seinem Vater Julius Korngold (unter dem Pseudonym Paul Schott) nach George Rodenbachs Roman *Bruges-la-Morte* (Das tote Brügge, 1892). Ort und Zeit der Handlung: Brügge, Ende des 19. Jh.; UA: 4. 12. 1920 Hamburg und Köln (am selben Abend).

Klangliche Ästhetisierung des Alten und Vergangenen, eine Atmosphäre der Versunkenheit und des Schwebens zwischen Traum und Realität sind Hauptcharakteristika des musikalischen Bildes, das von Korngold in seiner erfolgreichsten Oper entworfen wird. Paul lebt zurückgezogen in Brügge, der „toten" Stadt, passiv und mutlos seiner verstorbenen Frau nachtrauernd. Deren Ebenbild glaubt er in der jungen Tänzerin Marietta zu sehen; durch einen Traum erkennt er jedoch, daß seine Gefühle für Marietta nur der krampfhafte Versuch waren, seine Frau zu neuem Leben zu erwecken: Als Marietta sich über Pauls Ergriffenheit und beinahe sakralen Ernst belustigt, erwürgt er sie; mit dem Erwachen ist Paul von seinen Zwangsvorstellungen befreit und beginnt ein neues Leben. – Nicht nur die unheimlich-groteske Parodie auf die Auferstehungsszene aus Meyerbeers Oper *Robert der Teufel* ist die Ursache für die einstige Berühmtheit des Werkes; Korngolds Treffsicherheit in der Auswahl kompositorischer Mittel von Spätromantik und Impressionismus sowohl in der Affektdarstellung als auch in der Situationscharakteristik, vor allem jedoch die Beherrschung des klanglich „überwältigenden" Orchesterapparats (u. a. dreifaches Holz, Celesta, Orgel und Glockenspiel) weisen die Oper als musikalisches Meisterstück aus. W. A. MAKUS

TOURDION, Tordion, im 16. Jh. verbreiteter frz. Hoftanz im schnellen Dreiertakt. Der T. wurde als Nachtanz zur Basse danse getanzt. Unter anderem von Th. Arbeau (*Orchésographie,* 1589) als eine Abart der Galliarde beschrieben, sollte der T. jedoch im Unterschied zu dieser nicht gesprungen, sondern mit leicht angehobenen Beinen geschritten werden. – ↗Suite.

TOURNEMIRE, Charles Arnaud, * 22. 1. 1870 Bordeaux, † 3. 11. 1939 Arcachon; frz. Organist und Komponist. Er studierte bei Ch.-M. Widor und C. Franck am Conservatoire in Paris, war dort von 1898 bis zu seinem Tod Organist an St-Clotilde und seit 1919 auch Lehrer für Ensemblespiel am Conservatoire. T., ein international anerkannter Virtuose und Improvisator auf der Orgel, hat als Komponist vor allem die geistliche Orgelliteratur durch liturgisch gebundene Werke (über gregorianische Melodien) bereichert. Beispielhaft ist seine Sammlung *Orgue mystique* mit Orgelmusik für die 51 Sonntagsoffizien des Jahres.

WW: **1) Instr.-WW:** Klv.-Musik; Kammermusik. – Für Org.: *Triple Choral* (1910); *L'orgue mystique,* 3 Bde. (1927–32); 7 *Poèmes-Chorals pour les sept paroles du Christ* (1935); *Postludes libres* (1935); *Symphonie-Choral* (1935); *Symphonie sacrée* (1936); *Suite évocatrice* (1938); 2 *Fresques symphoniques sacrées* (1938–39). – Für Orch.: 8 Symphonien; die 6. mit Soli, Chor u. Org. (1900–24). – **2) Vokal-WW:** Lieder; *Pater noster* u. *Salutation angélique* (1896); *Sagesse* (1908); *Le sang de la sirène* (1904) für Soli, Chor u. Orch.; *Psaume LVII* (1908–09) für Chor u. Orch. Ferner mehrere Opern, darunter *Les dieux sont morts,* Antikes Drama in 2 Akten, UA: Paris 1924. – **3) Schriften:** *César Franck* (P 1931); *Précis d'exécution, de régistration et d'improvisation* (ebd. 1936); *Petite méthode d'orgue* (ebd. 1949).

Ausg.: *L'orgue mystique* (P 1965).

Lit.: B. LESPINARD, L'„Orgue mystique" de Ch. T. Impressions plain-chantesques (P 1971); J.-M. FAUQUET, Catalogue des œuvres de Ch. T. (G 1979); F. PEETERS, Ein Poet der Orgel. Das Orgelschaffen v. Ch. T., 1870–1939, in: MS 99 (1979).

TOURTE, Bogenmacherfamilie aus der 2. Hälfte des 18. Jh., die bis 1835 in Paris arbeitete. **Louis** (?) **T.** père wirkte um 1740–80, sein Sohn **Xavier T.,** genannt der Ältere, 1770–86 in Paris; doch erreichte keiner von beiden die Perfektion der Bogen von **François T.,** Bruder des vorigen, * um 1747 Paris, † 26. 4. 1835 ebd., der der „Stradivari des Bogens" genannt wird. Er änderte auf Anregung von G. B. Viotti die Wölbung, den Aufsatz und die Metallzwinge am Frosch des Bogens. Dabei verwendete er ausschließlich in der Maserungsrichtung geschnittenes Pernambukholz. Seine Bogen sind selten und haben hohen Liebhaberwert.

Lit.: F. FARGA, Geigen u. Geiger (Z 1940, ³1950); J. RODA, Bows for Musical Instruments of the Violin Family (Ch 1959); H. WHISTLER, F. T., Bow Maker Supreme, in: Music Journal 23 (1965).

TOVEY, Sir **Donald Francis,** * 17. 7. 1875 Eton, † 10. 7. 1940 Edinburgh; engl. Pianist, Komponist und Musikforscher. Er absolvierte 1898 die Universität Cambridge und wurde 1914 Professor für Musik an der Universität Edinburgh. 1917 gründete er das nach dem Musikmäzen John Reid (1721–1807) benannte Reid Symphony Orchestra. T. komponierte Instrumentalmusik, Lieder, Chorwerke und eine Oper, doch beruht seine Bedeutung auf seinen musikologischen Publikationen. Seine Analysen zeitgenössischer und älterer Werke sind ein bedeutender Beitrag für das Musikverständnis in der angelsächsischen Welt, vergleichbar dem Einfluß von H. Riemann in Deutschland.

Schriften: *A Companion to the Art of Fugue* (Lo 1931); *Musical Form and Matter* (Lo 1934); *Essays in Musical Analysis*, 6 Bde. (Lo 1935–39, ^{14}1972); *A Musician Talks*, I: *The Integrity of Music*, II: *Musical Textures* (Lo 1941, Nachdr. St. Clair Shores/Mich. 1977); *Essays in Musical Analysis. Chamber Music* (Lo 1944); *Essays and Lectures on Music*, hrsg. v. H. J. Foss (Lo 1949).

Lit.: A. H. Fox Strangways, D. F. T., in: ML 21 (1940); E. J. Dent, D. T., in: MR 3 (1942); M. Grierson, A Biography Based on Letters (Lo 1952, Nachdr. Westport/Conn. 1970); G. L. Whatley, D. F. T. and His Contributions to the Study of Harmony and Counterpoint (1974) (= Diss. Indiana Univ.).

TOZZI, Giorgio, * 8. 1. 1923 Chicago; amerik. Sänger it. Herkunft (Baß). Nach seiner Gesangsausbildung in Chicago debütierte er 1949 am Ziegfield Theater in New York als Tarquinius in *The Rape of Lucretia* von B. Britten, studierte danach in Mailand bei Giulio Lorandi und gastierte an der dortigen Scala mit großem Erfolg; seit 1955 ist er Mitglied der Metropolitan Opera in New York. Gastspiele führen ihn regelmäßig nach Europa, vor allem zu den Salzburger Festspielen, nach Wien, London, Paris und an die großen Bühnen Italiens. Im Zentrum seines Repertoires stehen die Buffopartien der it. Oper und seriöse Rollen wie Sarastro, König Philipp, Fiesco, Mephisto oder Hans Sachs.

Tp, Abk. für Tonikaparallele.

tr, Zeichen für den ↗Triller, im Notendruck durch *tr* oder *tr*∼∼∼∼ wiedergegeben.

TRABACI (Trabacci), **Giovanni Maria,** * um 1575 Montepeloso (heute Irsina, Prov. Matera), † 31. 12. 1647 Neapel; it. Komponist. Er war Schüler von J. de Macque, trat 1594 als Sänger in die Kapelle der Santa Casa dell'Annunziata in Neapel ein und war gleichzeitig Organist am Oratorio dei Filippini. 1601 wurde er Organist, 1614 Kapellmeister der Königlichen Kapelle in Neapel. T. gilt in der Geschichte der italienischen Orgelmusik des frühen 17. Jh. als Vertreter der typischen neapolitanischen Kanzone. Seine Passionen sind ein für das 17. Jh. ungewöhnlich eigenständiger Beitrag zur Gattung in ihrer lateinischen Form.

WW: 2 Bücher *Ricercate, canzone francese, capricci* u.a. für Tasteninstr. (Neapel 1603, 1615). – Motetten für 5–8 St. (ebd. 1602); Messen u. Motetten für 4 St. (ebd. 1605, mit B.c. 1616); 2 Bücher Madrigale für 5 St. (ebd. 1606, 1611); Villanellen für 3–4 St. (ebd. 1606); 2 Bücher Vesperpsalmen u. Messe für 4 St. u. B.c. (V 1608, 1630); *Sylva harmonica*, Bearb. früherer Motetten für 1 St. u. B.c. (Neapel 1609); Passionen nach den 4 Evangelisten (ebd. 1634) (Evangelist 3st., die übrigen Personen 1st. choral, Turba 4st. mit zu verdoppelnden Instr. ad lib.).

Ausg.: 20 Motetten für 4–8 St. u. 2 Messen a due chori, in: L'oratorio dei Filippini ... di Napoli, hrsg. v. G. Pannain (Mi 1934) (= Istituzioni e monumenti dell'arte musicale italiana 5); Composizioni per organo e cembalo, hrsg. v. O. Mischiati (Brescia 1964) (= Monumenti di musica italiana I/3).

Lit.: R. J. Jackson, The Keyboard Music of G. M. T., 2 Bde. (1964) (= Diss. Univ. of California); M. Perrucci, G. M. T. ed E. R. Duni nella storia della musica italiana (Matera 1965).

TRACTULUS, Neume, ↗Notenschrift.

TRACTUS (lat.), Bz. für einen Gesang der römischen Meßliturgie an Bußtagen nach Epistel oder Lesung aus dem Alten Testament anstelle des Alleluia oder auch eines Graduales. Der Name ist möglicherweise eine Übersetzung des griech. heirmos, mittelalterliche Autoren haben ihn von „tractim" (in einem Zuge vorgetragen) oder von den Klagen der Heiligen abgeleitet, die aus tiefstem Herzen „hervorgezogen" („tractus") würden. Der T. scheint erst im 7. Jh. in die römische Liturgie aufgenommen worden zu sein. Die Texte sind den Psalmen entnommen, die Verse wurden ursprünglich wohl von einem Kantor solistisch vorgetragen, später wurde der Vortrag im Wechselchor geläufig. Allen T.-Melodien liegt eines von 2 psalmtonartigen Vortragsmodellen zugrunde, von denen das eine der 2. und das andere der 8. Tonart zugerechnet wird. In den einzelnen Versen der T. wurden diese Vortragsmodelle je nach den Voraussetzungen des Textes und der Phantasie des Kantors melodisch verschiedenartig ausformuliert. Die Aufzeichnung der T.-Melodien zu Beginn der schriftlichen Überlieferung des Gregorianischen Gesanges im 9./10. Jh. vermittelt durch die Varianten zwischen den einzelnen Versen und den verschiedenen T. ein lebendiges Bild von der Vortrags- und Improvisationskunst der mittelalterlichen Kantoren. In den ältesten Handschriften umfaßt das Repertoire der T. nur 14 Stücke, von denen 11 auf die Weise des 8. und 3 auf die Weise des 2. Tons gesungen werden; von den letzteren war der T. *Eripe me* vom Karfreitag nach dem Zeugnis des Amalar von Metz (um 775 bis um 850) erst jüngst geschaffen worden. Im Laufe des 9. Jh. wurde ferner die

Weise der T. des 8. Tons auf die Cantica der Osternachtsliturgie übertragen und dabei die Melodie des T. *Laudate Dominum* als Vorbild gewählt. Außerdem wird die Weise des 2. Tons von 3 Stücken benutzt (*De necessitatibus* vom Quatembermittwoch der Fastenzeit, *Domine exaudi* vom Mittwoch der Karwoche und *Domine audivi* vom Karfreitag), die in den ältesten Quellen als „Graduale" und erst später, offenbar aufgrund ihrer Melodien, als T. bezeichnet werden. Das Melodiemodell der T. ist in diesen 3 Stücken mit Rücksicht auf die abweichende Vortragsweise des Graduale (Wechselgesang zwischen Chor und Kantor) abgewandelt. Vom 10. Jh. bis zum Ausgang des Mittelalters wurde das älteste Repertoire der T. durch Texte aus verschiedenen Büchern der Heiligen Schrift erweitert. Das *Graduale Romanum* von 1908 enthält 87, das von 1974 noch 25 Tractus. Die Melodien der nachgeschaffenen T. lehnen sich an die der alten T. an und dokumentieren beispielhaft die Geschichte der „gregorianischen" Nachkompositionen im Mittelalter. Dabei wurden für Texte traurigen Charakters T. des 2. Tons, für Texte freudigen Charakters T. des 8. Tons als Modell genommen.

Lit.: H. RIEMANN, Der strophische Bau der T.-Melodien, in: SIMG 9 (1907/08); P. WAGNER, Einführung in die gregor. Melodien, III: Gregor. Formenlehre (L 1921); R.-J. HESBERT, Antiphonale missarum sextuplex (Bru 1935); H. SCHMIDT, Die T. des zweiten Tones in gregor. u. stadtröm. Überlieferung, in: FS J. Schmidt-Görg (Bonn 1957); DERS., Unters. zu den T. des zweiten Tones, in: KmJb 42 (1958); H. HUCKE, T., in: MGG XIII; DERS., T.-Stud., in: FS B. Stäblein (Kas 1967); L. TREITLER, Homer and Gregory. The Transmission of Epic Poetry and Plainchant, in: MQ 60 (1974).

H. HUCKE

TRÄDER, Willi, * 24. 3. 1920 Berlin, † 12. 11. 1981 Hannover; dt. Chordirigent. Er studierte 1939–42 Schulmusik an der Hochschule für Musikerziehung (u.a. bei H. Chemin-Petit) und 1945–46 Komposition bei P. Höffer am Internationalen Musikinstitut in Berlin. 1949 gründete er den Rupenhorner Singkreis Berlin sowie den Niedersächsischen Singkreis Hannover (auch Singkreis Willi Träder), mit denen er sich besonders für die zeitgenössische Chormusik einsetzte, sowie 1953 die von ihm bis 1958 geleitete Jugendmusikschule Hannover. Im selben Jahr wurde T. Dozent für Allgemeine Musikpädagogik und Chorleitung an der Hochschule für Musik und Theater Hannover (1964 Professor).

WW: Editionen: *Hustedter Singbuch* (Wb 1949); Liedblattreihe *Alle musizieren* (Mz 1952) (zus. mit F. Jöde); Chorbuch zu Musik in der Schule (Wb 1965) (zus. mit E. Kraus u. F. Oberborbeck); *Handbuch des Musikschulunterrichts* (Rb 1979) (zus. mit D. Wucher u. H.-W. Berg).

J. DORFMÜLLER

TRADITION. Versteht man unter T. die Form, in der Vergangenes in der Gegenwart fortwirkt, so ist man dem ursprünglichen terminologischen Sinn des Begriffs sehr nahe: Traditio bezeichnete im römischen Recht den Vorgang formlosen Eigentumserwerbs durch Übergabe. Durch die Differenzierung dieses denkbar weiten Begriffs von T. speziell im Zusammenhang mit dem Problem der Kontinuität der Kunstgeschichte (etwa in „wirkende" und „begriffene" T., vgl. dazu H. H. Eggebrecht, 1973) entsteht die Frage, inwieweit T. bewußt gewollt werden kann, ohne in kritisierbaren Traditionalismus überzugehen. Th. W. Adorno hat 1956 seinen Ideologieverdacht gegen jegliche restaurativ-traditionalistische Einstellung in der Kunst so präzisiert: „T. ist schlecht dort, wo man sie, gerade weil es an ihr gebricht, zur Gesinnung erhebt" (S. 136). In Wahrheit sei T. nur dann wirklich (und als Gegenbegriff zu jedem Fortschritt notwendig), wenn sie (in einer Formulierung Sigmund Freuds) „die Wiederkehr eines Vergessenen" sei. G. Mahlers oft zitiertes Wort „T. ist Schlamperei" bezieht sich auf diesen Ideologieverdacht, nach dem T. schlecht sei, „sobald sie sich auf die Macht des nun einmal Bestehenden gründet" (Adorno, 1956, S. 133).

Ein gutes Beispiel für die fundamentale Bedeutung des T.s-Begriffs als einer kunstgeschichtlichen Kategorie stellt das Verhältnis von ↗Notenschrift und ↗Aufführungspraxis dar: Hier nämlich wird der Abstand zwischen der nur andeutenden ↗Neumen-Notation und der exakten schriftlichen Fixierung aller Parameter der Komposition (z.B. in der ↗seriellen Musik) besonders deutlich: Exaktheit der schriftlichen Fixierung und die Macht bzw. lebendige Wirklichkeit von (Aufführungs-) T.en sind offenbar direkt aufeinander bezogen.

Auch im Falle des Nebeneinandertretens alter und neuer Kompositionstechniken (wie z.B. im frühen 17. Jh. ↗Prima pratica und ↗Seconda pratica) oder Musizierformen (z.B. in der ↗Folklore, wo zwischen traditioneller Musik und Autorenmusik unterschieden wird) dient der T.s-Begriff zur Charakterisierung der Bereiche gegeneinander; so z.B. auch der engl. Ausdruck „traditional", der (urspr. sogar in polemischem Sinn) zur Unterscheidung des New Orleans Jazz der 20er Jahre vom Swing der 30er Jahre gebraucht wurde und der sich von daher auf die Bezeichnung der älteren Jazzmusikergeneration in den 40er Jahren sowie auf (Amateur-) Gruppen, die nach wie vor den New Orleans-Stil kopieren, ausdehnte.

Lit.: TH. W. ADORNO, T., in: Dissonanzen (Gö 1956), Wiederabdruck in: Gesammelte Schriften XIV (F 1973); G. KRÜGER, Gesch. u. T., in: ders., Freiheit u. Weltverwaltung (Fr – Mn 1958); J. PIEPER, Über den Begriff der T. (Kö – Opladen 1958); H. H.

EGGEBRECHT, Neue Musik – T. – Geschichtsbewußtsein, in: Über das musikal. Geschichtsbewußtsein, hrsg. v. R. Stephan (Mz 1973). R. CADENBACH

TRADITIONAL JAZZ, Sammel-Bz. für heute noch gepflegte Stilformen des frühen Jazz von den Anfängen bis in die Swing-Ära (Dixieland-Jazz, New Orleans Jazz, Chicago-Stil, Swing, Ragtime).

Lit.: C. G. HERZOG ZU MECKLENBURG, Stilformen des Jazz, I: Vom Ragtime z. Chicago-Stil (W 1973) (mit Diskographie).

TRAËTTA, Tommaso Michele Francesco Saverio, * 30. 3. 1727 Bitonto bei Bari, † 6. 4. 1779 Venedig; it. Komponist. Er studierte 1738–48 bei Fr. Durante und L. Leo am Conservatorio di Loreto in Neapel und machte sich als Komponist von Kirchenmusik und Opern bekannt, von denen die ersten in Neapel aufgeführt wurden. 1758 wurde er Hofkapellmeister in Parma und Musiklehrer der Prinzessinnen. Hier blieb er bis 1765 und schrieb weitere erfolgreiche Opern für it. oder ausländische Theater. In Wien arbeitete er mit dem Grafen Durazzo und mit Marco Coltellini zusammen, die für ihre opernreformatorischen Ideen bekannt waren. 1765 reiste er nach Venedig, wo er die Leitung des Conservatorio dell'Ospedaletto SS. Giovanni e Paolo übernahm. Sein internationaler Ruf brachte ihm 1768 die Einladung der Zarin Katharina II. für eine Stellung als Kapellmeister und Musiklehrer in St. Petersburg ein. Außer seinen den Publikumsgeschmack befriedigenden Werken schrieb er sein Hauptwerk, die in St. Petersburg aufgeführte Oper *Antigona* (Text: Coltellini). Krank geworden, mußte er 1774 Rußland verlassen. In London erlangten 2 neue Opern mäßigen Erfolg. 1777 kehrte T. nach Italien zurück und ließ sich, nach kurzem Aufenthalt in Neapel, in Venedig nieder.

WW: Von den etwa 40 nachweislich aufgeführten Opern sind hsl. erhalten: *Farnace*, UA: Neapel 1751; *Didone abbandonata*, UA: Venedig 1757; *Olimpiade* u. *Buovo d'Antona*, UA: Verona bzw. Venedig 1758; *Ippolito ed Aricia*, UA: Turin 1759; *Enea nel Lazio*, UA: ebd. 1760; *I Tintaridi o Castore e Polluce*, *Le feste d'Imeneo* u. *Stordilano*, UA: Parma 1760 (das letzte Werk als *Il cavaliere errante* u. a. auch Esterháza 1782); *Armida*, UA: Wien 1761; *Sofonisba*, UA: Mannheim 1762; *Ifigenia in Tauride*, UA: Wien 1763; *Antigono*, UA: Padua 1764; *Le serve rivali*, UA: Venedig 1766; *Siroe re di Persia*, UA: München 1767; *Antigona*, UA: St. Petersburg 1772; *Lucio Vero*, UA: ebd. 1774; *Germondo*, UA (u. Druck als *Favourite Songs*): London 1776; *La disfatta di Dario*, UA: Venedig 1778. – *Italian Duets* (Lo 1762); einzelne Arien hsl. erhalten. – Messe, Passion, Stabat mater u. a. kirchenmusikal. Werke sowie Oratorium *Rex Salomone* (1766) hsl. überliefert. – Für Orch.: 3 Sinfonien.

Jeglichem fremden Einfluß gegenüber relativ unabhängig, zeigt das theatralische Schaffen T.s das Nebeneinander von traditionellen Elementen der ↗Neapolitanischen Schule und erneuernden Tendenzen, die auf ein Vertiefen der Ausdrucksmittel, Annäherung von Rezitativ und Arie und sinnvollere Integration von Balletten und Chören in die Handlung zielten. Diese Gestaltungsmerkmale, die Glucks Reformwerk vorbereiten, sind besonders in *Sofonisba*, *Ifigenia in Tauride* und *Antigona* wahrnehmbar. Mehr konventionell, konnten seine Opere buffe doch breiten Erfolg in ganz Europa erzielen, der auch nach T.s Tode fortwirkte. T.s Sohn **Filippo Trajetta** (1777–1854) war ebenfalls Komponist. Im it. Befreiungskampf gegen die Franzosen geriet er in Gefangenschaft und entfloh 1799 nach den USA, wo er in Boston, New York und Philadelphia eine erfolgreiche Lehrtätigkeit entfaltete.

Ausg.: Ausgew. Werke (aus den Opern), hrsg. v. H. GOLDSCHMIDT (1914–16) (= DTB 14/1 u. 17); Sinfonia D-Dur, hrsg. v. E. BONELLI (Padua 1959); Stabat mater, hrsg. v. A. ROCCHI (F 1966); *Ifigenia in Tauride*, hrsg. v. H. M. BROWN (NY 1978) (= It. Opera 1640–1770 47).

Lit.: H. BLOCH, T. T.'s Reform of Italian Opera, in: Collectanea historiae musicae 3 (1963); D. HEARTZ, Operatic Reform at Parma. „Ippolito ed Aricia", in: Kgr.-Ber. Parma 1968; D. BINETTI, T. e F. Trajetta (T.) nella vita e nell'arte (o. O. 1972).

TRAGÉDIE EN MUSIQUE, seit dem 18. Jh. auch **Tragédie lyrique** (das Adjektiv entspricht hier nicht dem deutschen „lyrisch", sondern ist synonym mit „en musique"), Bz. für die frz. Oper mit tragischem Sujet des 17./18. Jahrhunderts. Die Gattung entstand in dem Bemühen, die antike Tragödie wiederzuerwecken, und unter dem Vorbild der frühen it. Oper. Vorläufer sind in Frankreich die Pièces à machine (z. B. Pierre Corneille, *Andromaque*), die ↗Comédie-ballet, das ↗Ballet de cour, die durch Kardinal Mazarin eingeführten Aufführungen italienischer Opern, und die dramatische ↗Pastorale, wie sie R. Cambert erstmals in frz. Sprache realisierte. Aus diesen verschiedenen Gattungen schuf G.-B. Lully zus. mit dem Librettisten Ph. Quinault als Synthese die 5aktige T. mit vorausgehendem Prolog; frühestes Werk ist *Cadmus et Hermione* (1673). Wie die gesprochene Tragödie verarbeitet die T. Stoffe aus der antiken Mythologie sowie aus dem Sagenkreis des MA und der Renaissance (z. B. T. Tasso, *La Gerusalemme liberata*), läßt aber im Unterschied zum Sprechtheater die Forderung nach Einheit von Ort, Zeit und Handlung außer acht. Die Intrige beruht hauptsächlich auf verwikkelten Liebesbeziehungen, die in der Regel ein Deus ex machina zu einem glücklichen Ende führt. Träger der Handlung sind meist zweitrangige Gottheiten und Heroen der antiken Mythologie (z. B. Bacchus, Polyphème, Flore oder Hébé) oder Helden aus der Dichtung des MA und der Renaissance. Ihr Gefolge bilden die Genien und die Naturkräfte, als Vermittler zwischen Göttern und Protagonisten dienen Zauberer und Priester. Mit seiner relativen Einfachheit, seinem Aufbau, seiner Versifizierung und seiner Handlungsführung wirkte das Libretto wieder auf die gesprochene Tragödie, in mancher Beziehung auf die Dichtung im allgemeinen zurück; die Diskussion, die im 18. Jh. in Frankreich über die Operndichtung geführt wurde (↗Buffonistenstreit), ist auch Teil der Literaturgeschichte. Kernstück der T. bildet das ↗Rezitativ, dessen metrisch-rhythmische Gestaltung und dessen Intonation sich an der Deklamation der Tragödie in der Comédie-Française orientiert; es kann auch in kurze Ariosi übergehen. Die T. weist verschiedene Airtypen (2- und 3teilige und Refrain-Airs), Duette, Terzette und große Chorpartien, an Instrumentalstücken die sog. frz. ↗Ouvertüre, deskriptive Symphonies oder Préludes und große Ballettszenen auf. Der Prototyp der T. – Lully schrieb fast jedes Jahr eine T., zuletzt *Armide et Renaud* (1686) – blieb auch nach Lullys Tode bis in die Mitte des 18. Jh. hinein maßgebend, so u.a. für M.-A. Charpentier, A. Campra, H. Desmaret, M. P. de Montéclaire, A. C. Destouches und J.-J. Mouret. So stand auch J.-Ph. Rameau fest in der Tradition der Lullyschen T., wenn auch mit erweiterten musikalischen Mitteln (z.B. Steigerung des Ausdrucks im Rezitativ, differenziertere Behandlung des Orchesters). Nach Rameaus Tode trat die T. in der Gunst des Publikums gegenüber der neueren Gattung der Opéra-comique in den Hintergrund. Erst Chr. W. Gluck brachte mit seiner *Iphigénie en Aulide* (1774) die T. wieder zu Ehren; er übernahm Geist und Thematik der Gattung, die er musikalisch mit neuen Mitteln realisierte. Auch Glucks musikalische Gestaltung steht in enger Wechselwirkung mit Drama und Sprache; während jedoch bisher das Rezitativ Vers und Versbau peinlich genau berücksichtigt hatte, behandelt es Gluck nunmehr frei nach dem Vorbild des it. Recitativo accompagnato und streicht vor allem mit dem Orchester die expressiven Momente und dramatischen Höhepunkte heraus – das Rezitativ, das auf Einfachheit und Wahrheit zielt, wird zur musikalischen „Prosa“. Konform mit der neuen Auffassung von musikalischem Theater in Frankreich wird am Ende des 18. Jh. die T. durch das ↗Drame lyrique abgelöst.

Lit.: J. ÉCORCHEVILLE, De Lully à Rameau. L'esthétique musicale (P 1906); R. ROLLAND, Musiciens d'autrefois (P 1908, [18]1947), dt. Übers.: Musiker von ehedem (Mn 1925, NA Olten 1951); H. ABERT, W. A. Mozart I (L 1919, [8]1973); R. GUIET, L'évolution d'un genre. Le livret d'opéra en France de Gluck à la Révolution (P 1936); J. VIER, Histoire de la littérature française, II: XVIIIe siècle (P 1970); E. GIULIANI, Le public et le répertoire de l'Opéra à l'époque de J. J. Rousseau 1749–1757 (Diss. P 1971); C. GIRDLESTONE, La tragédie en musique considérée comme genre littéraire (1673–1750) (G 1972); J. R. ANTHONY, French Baroque Music from Beaujoyeulx to Rameau (Lo 1973, [2]1978 [revidiert]). – ↗Ballet de cour, ↗Oper.

TRAGÉDIE LYRIQUE (frz., = lyrische [= musikalische] Tragödie), seit dem 18. Jahrhundert Benennung für die ↗Tragédie en musique.

TRAKTUR, bei der ↗Orgel Bz. für die Verbindung zwischen Tasten und Tonventilen (Spieltraktur) oder Registerzügen und Registerventilen bzw. -schleifen (Registertraktur).

TRANSKRIPTION (engl. und frz.: transcription; it.: transcrizione). – **1)** In der Musikwissenschaft Bz. für das Übertragen alter, heute nicht mehr unmittelbar lesbarer musikalischer Zeichen (Neumen, Mensuralnotation, Tabulaturen) in die heutige Notenschrift, das praktischen oder wissenschaftlichen Zwecken dienen soll (↗Edition). Auch schriftlich nicht vorfixierte Musik wird – häufig nach einer Tonaufnahme – aus Gründen wissenschaftlicher Erfassung und Auswertung umgesetzt in Noten (↗Musikethnologie). Wichtig ist, daß die T. eine Bearbeitung darstellt, niemals einen vollgültigen Ersatz des Originals bietet. – **2)** In der Musik Bz. für die Umsetzung eines Stückes auf einen anderen als den ursprünglich vorgesehenen Klangkörper. Seit dem 14. Jh. sind Vokalwerke in Orgel-, später auch in Lauten-↗Tabulatur „abgesetzt“, „intavoliert“ (↗Intavolieren) worden. Eine neue Bedeutung gewann der Terminus T. im 19. Jh.: Fr. Liszt bezeichnete seine Klavierübertragungen – neben Fantasien, Reminiszenzen, Illustrationen, ↗Paraphrasen – besonders dann als T.en, wenn sie Lieder getreulich nachzeichnen. Fr. Schuberts Lieder etwa sind erst in den T.en Liszts einem breiteren Publikum zugänglich gemacht worden. Im Anschluß an Liszt wurden häufiger Stücke, die vorgegebene Kompositionen oder musikalisches Material reflektieren, T. genannt (z.B. O. Respighi, *Rossiniana*).

Lit.: **Zu 1):** O. ABRAHAM – E. M. VON HORNBOSTEL, Vorschläge für die T. exotischer Melodien, in: SIMG 11 (1909/10); E. GERSON-KIWI, Towards an Exact T. of Tone-Relations, in: AMl 25 (1953); D. STOCKMANN, Das Problem der T. in der musikethnolog. Forsch., in: Dt. Jb. für Volkskunde 12 (1966); M. HOOD, The Ethnomusicologist (NY 1971). – **Zu 2):** F. BUSONI, Entwurf einer neuen Ästhetik der Tonkunst (L 1916); P. RAABE, Liszts Schaffen (St – B 1931); L. LUETZEN, Die Violoncell-T.en F. Grützmachers (Rb 1974) (= Kölner Beitr. z. Musikforsch. 79); H. LOOS, Zur Klavierübertragung von Werken für u. mit Orch. des 19./20. Jh. (Diss. Bonn 1980). H. LOOS

TRANSMISSION (von lat. transmittere = überführen), bei der Orgel ein platzsparendes Umschaltsystem, durch das ein oder mehrere Register eines Manuals ohne Betätigung der Koppel im Pedal oder auf einem anderen Manual mitspielen. Diese Stimmen sind durch je einen besonderen Registerzug, oft mit anderen Namen, gekennzeichnet. Die so transmittierten Stimmen ersparen eine ganze Pfeifenreihe. T.en können auch in verschiedenen Tonhöhen auf einem Manual oder dem Pedal eingerichtet werden. – Beispiele: Bourdon 16′ erklingt im Pedal als Bourdonbaß 16′ (Einsparung von 30 Pedalpfeifen); Oktav 4′ erklingt im selben Manual auch als Oktav 2′ (anstatt 2 × 56 Pfeifen nur 67, Einsparung von 45 Pfeifen).

TRANSPONIERENDE INSTRUMENTE, Bz. für diejenigen Instrumente, für die die Musik in einer anderen Tonart notiert wird, als sie erklingt. Die Notierung erfolgt im Violinschlüssel mit c^1 als Grundton für jedes Instrument. Die Note c^1 stimmt jedoch beim Spiel auf einem transponierenden Instrument nicht mit dem real erklingenden Grundton überein, der – je nach Länge des Instrumentenkörpers – entsprechend höher oder tiefer erklingt. Daher ist immer die genaue Angabe des tatsächlichen Grundtons für T. nötig, so klingt z.B. auf einem Horn „in B“ das notierte c^1 als b, d.h. eine große Sekunde tiefer, auf einer Klarinette „in A“ als a, d.h. eine kleine Terz tiefer, auf einer Trompete „in hoch B“ als b^1, d.h. eine kleine Septime höher. Wenn z.B. eine Klarinette in A die folgenden Noten (W. A. Mozart, Rondo zu einem Quintett A-Dur, KV Anh. 88 = 581 a) spielt

so erklingen die Töne

Umgekehrt müßten, wenn die notierten Töne

erklingen sollen, folgende Noten gespielt werden

Zu den T. gehören ausschließlich Blasinstrumente, im weiteren Sinne aber auch alle Instrumente, die eine oder mehrere Oktaven höher oder tiefer klingen, als sie notiert sind, weil bei realer Notation zu viele Hilfslinien benötigt würden. Das gilt z.B. für die Piccoloflöte in c^2, das Kontrafagott, Tenor- und Baßsaxophon in c und C, den Kontrabaß, die Gitarre und die Laute. Für Blasinstrumente wurde die transponierende Notation im 17./18. Jh. eingeführt, zuerst für Hörner, dann auch für Trompeten. Weil auf diesen Instrumenten nur die Töne gespielt werden konnten, die zu den ↗Naturtönen des Instrumentengrundtons gehörten, benötigte man je nach vorgeschriebener Tonart mehrere Instrumente mit verschiedenen Grundtönen oder verschiedene ↗Stimmbogen für ein Instrument. Auch bei Holzblasinstrumenten wurden viele verschiedene Größen mit unterschiedlichen Grundtönen entwickelt, so daß ein Musiker, der meistens mehrere Instrumente der gleichen Familie spielte, bei klingender Notierung für jedes Instrument einen anderen Fingersatz hätte lernen müssen, so z. B. einen für die nichttransponierende Oboe in c^1, einen anderen für die Oboe d'amore in a oder für das Englisch Horn in F oder aber viele verschiedene für die insgesamt 12 Klarinettentypen. Dagegen kann er, bei immer gleicher Griffloch-, Klappen- oder Ventilanordnung und gleichbleibender Notierung in c^1 stets den gleichen Fingersatz anwenden. Die heute am häufigsten im Orchester verwendeten T. sind Englisch Horn in F, Klarinette in B und A, Baßklarinette in B und A, Horn in D, Es oder F, Trompete in B, D, Es und F und Kornett in B und in A. Einige Komponisten des 20. Jh. sind dazu übergegangen, die T. wieder klingend zu notieren, so u.a. A. Schönberg, A. Berg, A. Webern, S. Prokofjew oder A. Honegger. In diesem Zusammenhang ist auch die „Einheitspartitur“ von H. ↗Stephani zu erwähnen.

Lit.: N. HERZ, Theorie der transponierenden Musikinstr. (W 1911); H. ERPFF, Lehrbuch der Instrumentation u. Instrumentenkunde (Mz 1959); A. C. BAINES, Transposing Instruments, in: Grove^6 XIX.

M. BRÖCKER

TRANSPONIERENDE KLAVIATUR heißt bei Tasteninstrumenten (Orgel, Cembalo, Klavier) eine Klaviatur, die versetzt oder verschoben werden kann, um das Transponieren von einer Tonart in eine andere, z.B. bei der Gesangsbegleitung je nach Stimmlage des Sängers, zu erleichtern. Wird eine T. entsprechend benutzt, so erklingt eine andere Tonart als die auf der Tastatur gespielte. Transponierende Klaviaturen sind seit dem 16. Jh. nachzuweisen. Bereits A. Schlick (*Spiegel der Orgelmacher und Organisten,* 1511) erwähnt 2 Orgeln mit Klaviaturen, die sich um einen Ganzton seitwärts verschieben ließen. Eine andere Art der T. wurde besonders häufig bei Transpositionscembali benutzt, deren 2 Manuale um eine Quarte versetzt waren, so daß die Taste C auf dem einen Manual als C, auf dem anderen, transponierenden als F erklang. Für einmanualige Tasteninstrumente wurden zahlreiche verschieden transponierende Klaviaturen entwickelt, mit deren Hilfe die angeschlagenen Töne einen Halbton, einen Ganzton oder ein anderes Intervall höher oder tiefer klangen. Erst die Einführung der temperierten ↗Stimmung ermöglichte den Gebrauch der T. über die ganze Oktave. Seit der 2. Hälfte des 18. Jh. wuchs daher die Anzahl der neuentwickelten transponierenden Klaviaturen und führte vor allem in England und in Frankreich im 19. Jh. zu einer unübersehbaren Fülle von Konstruktionen, bis zu der von A. Wolff (Paris 1873) erfundenen T., die auf jedes Klavier aufgesetzt werden konnte. Heute ist man davon abgekommen.

Lit.: T. NORLIND, Systematik der Saiteninstr., II: Gesch. des Klv. (Hannover 1939); A. MENDEL, Devices for Transposition in the Organ before 1600, in: AMl 21 (1949); E. M. RIPIN, The Two-manual Harpsichord in Flanders before 1650, in: GalpinJ 21 (1968); DERS., Transposing Keyboard, in: Grove[6] XIX. M. BRÖCKER

TRANSPOSITION (von lat. transponere = versetzen), Bz. für die Versetzung musikalischer Strukturen auf eine andere Stufe eines Tonsystems; hierbei bleiben die ursprünglichen Relationen der Intervalle zueinander erhalten. Zwar spricht man bisweilen auch mit Bezug auf das Tonsystem der antiken Musiktheorie von T. (z.B. bei T.-Skalen oder -Modi), jedoch dann in anderem Sinn (↗Ptolemaios, ↗Systema teleion, ↗Oktoechos, ↗Kirchentöne). T. im oben definierten Sinn tritt als Praxis der musikalischen Ausführung, als Mittel der Bearbeitung von Musikwerken sowie als satztechnischer (meist formbildender) Sachverhalt auf.

In der musikalischen Aufführungspraxis ist es bei rein vokalen Besetzungen nicht üblich, von T. zu sprechen, wenn in anderen, der Stimmlage (z.B. eines Chores) angemessenen Tonarten gesungen wird. Treten jedoch Begleitinstrumente (z.B. Orgel oder Klavier) hinzu, so wird hier T. erforderlich, wie auch bei unterschiedlicher Höhe des ↗Stimmtons. Mechanische Transpositionsvorrichtungen (↗Transponierende Klaviatur) haben sich nicht durchsetzen können. Nicht selten ist zu transponieren, um die Klavierbegleitung an die Stimmlage des Sängers anzupassen; hier halten die Verlage häufig Ausgaben für hohe, mittlere oder tiefe Stimme bereit. Zwar wurde bisweilen über die ästhetische Problematik der Werktreue solcher T.en diskutiert, doch haben die Komponisten selbst diesem Verfahren meist bedenkenlos zugestimmt, erleichterte es doch die Verbreitung ihrer Lieder. Die neue Schubert-GA enthält für einige Liedsammlungen zusätzliche transponierte Ausgaben für unterschiedliche Stimmlagen.

In der Instrumentalmusik ist T. häufig ein Mittel der Bearbeitung, insbesondere bei Uminstrumentationen: W. A. Mozarts Konzert KV 314 steht für Flöte in D-Dur, für Oboe in C-Dur; L. van Beethoven transponierte die Streichquartettfassung seiner Klv.-Sonate E-Dur op. 14, 1 nach F-Dur (um die C-Saiten von Viola und Violoncello als Grundton der Dominanttonart C-Dur verwenden zu können), und Fr. Schuberts *Impromptu* op. 90, 3 (D 899) in Ges-Dur erschien seit der Erstausgabe häufig (mit zusätzlich erleichterter Taktvorzeichnung) nach G-Dur transponiert. Als Bearbeitungsmittel hat insbesondere J. S. Bach die T. fremder und eigener Werke überaus häufig und aus den unterschiedlichsten Gründen angewandt: seine Cembalofassung des V.-Konzerts G-Dur op. 3, 3 von A. Vivaldi steht in F-Dur (BWV 978); dasselbe T.s-Verhältnis besteht zwischen dem 3. Brandenburgischen Konzert (BWV 1049) in G-Dur und der Bearbeitung als Cemb.-Konzert in F-Dur (BWV 1057); der erste Satz der III.-Partita E-Dur (BWV 1006) erscheint in der *Sinfonia* der Kantate Nr. 29 für Orchester mit obligater Orgel (BWV 29) in D-Dur, und das Magnificat (BWV 243) stand zunächst in Es-Dur und wurde erst später nach D-Dur transponiert.

Als formbildendes Element tritt das satztechnische Mittel der T. z.B. in der Fugendurchführung (↗Fuge), in der Reprise der Sonatensatzform oder in der Reihentechnik der ↗Zwölftonmusik und der ↗seriellen Musik auf. Auch bestimmte Satztechniken wie ↗Sequenz oder ↗Imitation beruhen gelegentlich auf dem Mittel der T. (↗Rosalie).

TRAPP, Max Hermann Emil Alfred, * 1. 11. 1887 Berlin, † 31. 5. 1971 ebd.; dt. Komponist. Er studierte bei P. Juon und E. von Dohnányi und lehrte 1920–34 an der Berliner Musikhochschule, 1924–30 am Konservatorium in Dortmund sowie 1951–53 am Städtischen Konservatorium in Berlin. Außerdem leitete er 1934–45 eine Meisterklasse für Komposition an der Akademie der Künste in Berlin. In seinem spätromantischen Schaffen steht T. in der Nachfolge von M. Reger, R. Strauss und H. Pfitzner.

WW: Klv.-Stücke; Kammermusik. – 7 Symphonien; Konzerte für: V. (1925); Klv. (1931); Vc. (1938). – Vokalwerke, u.a. *Vom ewigen Licht* (1942) für Sopran, Bar., Chor u. Orch. – Ferner Musik zu einem Schattenspiel *Der letzte König von Orplid* (nach Mörike), UA: Königsberg 1922.

Lit.: E. KROLL, T., in: MGG XIII.

TRAQUENARD, Bz. für einen wenig bekannten raschen frz. Tanz im Vierertakt (4/4 oder C), für den der punktierte, den Trab eines Pferdes nachahmende Rhythmus ♫ ♫ ♫ ♩ charakteristisch ist. Der T. findet sich auch in dt. Instrumentalsuiten des 17. Jh., insbesondere bei von frz. Musik beeinflußten Komponisten wie Ph. H. Erlebach, Georg Muffat oder J. C. F. Fischer.

TRAUERMARSCH (engl.: funeral march; frz.: marche funèbre; it.: marcia funebre; span.: marcha fúnebre), Bz. für einen speziellen ↗Marsch-Typus, der durch seinen langsamen Schreitrhythmus mit einem tatsächlichen, bühnenmäßig dargestellten oder gedachten Trauerzug verbunden ist. Ein Vorläufer ist das frz. ↗Tombeau, ein frühes Beispiel der *Dead march* in G. Fr. Händels *Saul* (in C-Dur mit Streichern und Trompeten). Die Ausnahmestellung eines solchen Stückes entspricht der zeitgenössischen Auffassung, daß ein musikalischer Marsch eigentlich einen freudigen Charakter haben müsse; nach J. Mattheson (1739) soll er „niemals lustig genug seyn: traurig, kläglich, jämmerlich und weinend darff man ihn eben nicht machen". Das ändert sich jedoch im Laufe des 18. Jahrhunderts. Die *Marches lugubres* (nun in Moll und meist mit einer „düsteren" Instrumentation) gehören zum festen Bestand der frz. ↗Revolutionsmusik. Zu den bekannten Komponisten zählt Fr. J. Gossec. Möglicherweise empfing von dort L. van Beethoven Anregungen für seine Trauermärsche in der Klaviersonate op. 26 und in der *Sinfonia eroica.* Sie sind zusammen mit Fr. Chopins berühmter *Marche funèbre* aus der Klv.-Sonate b-moll Modelle geworden für die zahlreichen ähnlichen T.-Charakterstücke, vor allem in der Klaviermusik des 19./20. Jahrhunderts. Auch in Opern dieser Zeit erscheinen Trauermärsche, so in R. Wagners *Götterdämmerung* und in G. Puccinis *Turandot.*

Lit.: H. LEICHTENTRITT, Musikal. Formenlehre (L 1911, [8]1971) (= Hdb. der Musiklehre 8), erweiterte engl. Übers.: Musical Form (C/M – Lo 1951, NA C/M 1956, 1961). B. HÖFELE

TRAUTONIUM, Bz. für ein von dem Physiker Dr. Friedrich Trautwein (1888–1956, seit 1935 Professor an der Musikhochschule Berlin) konstruiertes elektronisches Musikinstrument mit Niederfrequenz-Kippschwingungsgenerator, elektrischen Formantkreisen und Spielmanual, dessen horizontal liegende Metallsaite als elektrische Widerstands- und Kontaktvorrichtung wirkt. Das Gerät wurde auf dem Berliner Fest „Neue Musik" 1930 vorgestellt, AEG und Telefunken bauten Modelle. P. Hindemith komponierte *Sechs Stücke* für 3 Trautonien (1930) und ein Konzertstück mit Streichorch. (1931). Sein und Trautweins Schüler Oskar Sala verhalf dem Instrument als Virtuose (u. a. mit den Berliner Philharmonikern), Komponist und Theoretiker zum Durchbruch und entwickelte es weiter zum 2manualigen Mixtur-T. (Patente in Deutschland, Frankreich und den USA), das zur Keimzelle seines Berliner elektronischen Studios wurde. Auf diesem Gerät ist die in der Natur nicht existierende Untertonreihe realisierbar. Es erlaubt eine Klangfarbensynthese von größter Variationsbreite. Abklingvorrichtung, Rauschgenerator und Frequenzumsetzer ermöglichen feinste Nuancierungen. Weitere Originalwerke schufen P. Höffer (*Kleine Kammermusik,* 1932), H. Genzmer (2 Konzerte mit Orchester, 1937, 1952; *Suite de danses,* 1964; *Cantate pour soprano et sons éléctroniques,* 1964), Hermann Ambrosius (Rhapsodie, 1941), J. Weismann (Variationen und Fuge mit Orch., 1943), Klaus Jungk (*Musik* für T. und Streichquartett, 1951), J. Baur (Concertino, 1956) und Helmut Riethmüller (Konzert mit Orch., 1957). P. Dessau zog das Instrument in der Oper *Lucullus* (1951) heran, C. Orff in der *Entrata* (1954). O. Sala komponierte und spielte Musik für zahlreiche Spiel-, Kultur- und Fernsehfilme, u. a.: *The Birds* (Alfred Hitchcock 1963); *Stahl,* Thema mit Variationen (Mannesmann 1960); *Der Fächer* (Musikpreis Industriefilm-Forum Berlin 1962); *A fleur d'eau* (Goldene Palme, Cannes 1963); *Resonanzen* und *Suite* für elektronisches Schlagwerk (1970); *Musique stereo* (1972); *Elektronische Impressionen* (1979).

Lit.: F. TRAUTWEIN, Elektrische Musik (B 1930); O. SALA, Experimentelle u. theoret. Grundlagen des T.s, in: Frequenz 2 (1948/49); F. TRAUTWEIN, Elektron. Klangerzeugung u. Musikästhetik, in: Jb. der Techn. Hochschule Aachen 6 (1954); DERS., Perspektiven der Musikelektronik, in: Gravesano, hrsg. v. Meyer-Eppler (Mz 1955); O. SALA, Elektron. Klanggestaltung mit dem Mixtur-T., in: ebd.; DERS., Subharmonische elektrische Klangsynthese, in: Klangstruktur u. Musik, hrsg. v. F. Winckel (B 1955); DERS., Mixtur-T. in der Studiotechnik, in: Gravesaner Blätter 7 (1962). S. GOSLICH

TRAUTWEIN, Friedrich, schuf das ↗Trautonium.

TRAVIATA, LA (dt. wörtlich: Die Entgleiste), Oper in 3 Akten von G. Verdi, Text von Fr. M. Piave nach dem Roman *La dame aux camélias* (Die Kameliendame) (1848) von Alexandre Dumas d. J. Ort u. Zeit der Handlung: Paris, um 1700. UA: 6. 3. 1853 Venedig (Teatro La Fenice); dt. EA (in dt. Sprache): 10. 11. 1857 Hamburg.

La Traviata beschließt nach *Troubadour* die berühmte Trias der mittleren Schaffensperiode Verdis, die seinen Weltruhm begründete. Mit einem Buckligen, einer Zigeunerin und einer tuberkulösen Lebedame macht der Komponist Randfiguren der Gesellschaft bühnenfähig. In *La Traviata* wagt er es, das unheldenhafte Sterben einer jungen Frau auf der Bühne darzustellen, das schmählich hilflose Dahinsiechen in einer Krankenstube. Zum ersten Male wird das Sterben künstlerisch ergreifend gestaltet anstelle der ekstatisch-heroischen Hingabe an den Tod. 1852 lernte Verdi die Bühnenfassung des Romans kennen, dessen Inhalt auf eine wahre Begebenheit zurückgeht und der zum Bestseller wurde. Er ist tief beeindruckt: Das Thema ist noch brandaktuell. „Ein anderer hätte das vielleicht nicht komponieren können", gestand Verdi später in einem Brief, „wegen der Zeit, wegen tausend anderer dummer Hemmungen. Ich tat es mit besonderem Wohlgefallen." – „Einfach und voll Leidenschaft": so charakterisiert Verdi den Stoff der Oper. Einfach und leidenschaftlich ist auch die Musik. Verdi experimentiert nicht, das Orchester begleitet. Nur gelegentlich, namentlich in den Vorspielen zum 1. u. 3. Akt, wird spürbar, daß er neben der Singstimme auch die Seelengewalt des Orchesters entdeckt. Verdi gelingt es, jede einzelne Nummer zu einem musikalischen Kabinettstück zu formen. Das bestimmt den anhaltenden Welterfolg der Oper. Dennoch wurde die UA zum Fiasko. Die unschuldig Schuldige ist Fanny Salvini-Donatelli, die erste Traviata, deren üppige Proportionen kaum denen einer erfolgreichen Lebedame und schon gar nicht dem körperlichen Habitus einer Lungenkranken entsprachen. Die Neubesetzung dieser Rolle brachte der Oper den durchschlagenden Erfolg. H. BECKER

TRAXEL, Josef Friedrich, * 29. 9. 1916 Mainz, † 8. 10. 1975 Stuttgart; dt. Sänger (Tenor). Er studierte in Mainz und Darmstadt und debütierte 1942 in Mainz als Don Ottavio in W. A. Mozarts *Don Giovanni.* Nach dem 2. Weltkrieg sang er zunächst am Stadttheater in Nürnberg und 1952–71 (1954 Kammersänger) an der Württembergischen Staatsoper in Stuttgart. Gastspielverträge banden ihn zeitweise auch an die Wiener Staatsoper, an die Bayerische Staatsoper in München und an die Deutsche Oper am Rhein Düsseldorf-Duisburg. 1952 wirkte er als Merkur in der Uraufführung von R. Strauss' *Liebe der Danae* erstmals bei den Salzburger Festspielen mit und 1953 erstmals in Bayreuth (1957–58 als Walther von Stolzing). In den 50er und 60er Jahren trat er häufig auch in anderen europäischen Musikzentren und seit 1957 in den USA auf. T., dessen Stimme besonders im Belcanto beeindruckte, beherrschte die großen Opernpartien seines Faches von W. A. Mozart bis R. Wagner und R. Strauss; auch als Konzert- und Oratoriensänger fand er weite Beachtung. Seit 1953 war er Gesanglehrer (1965 Professor) an der Musikhochschule in Stuttgart.

TREBLE (engl.; von lat. triplum), in England Bz. für eine hohe Vokal- oder Instrumentalstimme, insbesondere für eine Kinderstimme. Seit dem 14. Jh. wurde mit T. zunächst die oberste Stimme eines 3st. Satzes bezeichnet. Im 4st. Satz oder ↗Sight trat der Quatreble, meist eine Quinte höher als der T., darüber. Nach dem 15. Jh. blieb der Terminus T. neben den Synonymen Superius, Cantus und Discantus gebräuchlich. Im 18. Jh. wurden diese Termini durch die Bz. Sopran bzw. Soprano verdrängt; lediglich für Kinderstimmen und im Zusammenhang mit bestimmten Instrumenten blieb T. erhalten (z. B. T. recorder = Altblockflöte, im Unterschied zu Descant recorder = Sopranblockflöte). Der G- oder Violinschlüssel heißt im Englischen T. clef.

TRECENTO (it., = [1]300), auch im Deutschen verwendete kunstwissenschaftliche Bz. für das it. 14. Jahrhundert. Die Musik des T. ist in etwa zeitgleich mit der ↗Ars nova, die eigentlich lediglich Frankreich betrifft. Jedoch bezeichnet man im musikwissenschaftlichen Schrifttum in einem weiteren Sinne oft das T. als eine it. Ars nova. – Das T. ist charakterisiert durch eine Wiederbelebung der musikalischen Schaffenskräfte und manifestiert sich hauptsächlich auf weltlichem Gebiet mit der reichen und vielfältigen Entwicklung der mehrstimmigen Gattungen, während das interessanteste Phänomen der it. Musik im 13. Jh. die 1st. ↗Lauda ist. Diese Entwicklung vollzieht sich in Mittel- und Norditalien (Florenz, Padua, Bologna, Perugia) und wurde begünstigt durch die Umwandlung der sozialen Verhältnisse. Die wichtigsten musikalischen Hss., die dieses Repertoire überliefern, sind: Ms. Rossi 215 der Bibl. Vaticana in Rom (um 1370–80); Codex 299 987 des BrM (Ende 14. Jh.); Ms. italien 568 und Ms. français 6771 (Codex Reina) der Bibl. Nat. in Paris; Codex Panciatichiano 26 der Bibl. Nazionale in Florenz; Codex Pal. 87 (Codex Squarcialupi) der Bibl. Medicea-Laurenziana in Florenz. Außerdem finden sich Komponisten der letzten Phase der Musik des T. im Ms. 1047 des Musée Condé in Chantilly 1047, im Codex M.5.24 (Lat. 568) der Bibl. Estense in Modena, im Ms. J.II.9 der Bibl. Nazionale in Turin und im Ms. Q.15 des Civico Museo Bibliografico Musicale in Bologna. Aus diesen Hss. sind auch die Namen der Komponisten bekannt, die zwischen 1325 und 1425 wirkten: Giovanni da Cascia, Piero, Jacopo da Bologna, Laurentius de Florentia, Gherardello de Florentia, Vincenzo da Rimini, Donatus de Florentia, Nicolaus de Perugia, Bartolino da Padova, Paulus de Florentia, Gratiosus de Padua, Andreas de Florentia, Zacharias, Anthonello da Caserta, Bartolomeo da Bologna, Matteo da Perugia, Corrado da Pistoia und vor allem Fr. Landino, schließlich der Niederländer J. Ciconia, der durch die Musik des T. nachhaltig beeinflußt wurde.

Die Musik des T. steht in Zusammenhang mit der

Entwicklung einer eigenständigen Notation (↗Notenschrift, dort eigener Abschnitt im Kap. Mensuralnotation; vgl. auch ↗Divisiones, ↗Punctus 5). Die Hauptgattungen der T.-Musik sind ↗Madrigal, ↗Caccia und ↗Ballata. Diese Kunst, die in der älteren frz. und engl. Tradition wurzelt, scheint ziemlich plötzlich in Italien aufgebrochen zu sein. Zwei Traktate, die *Summa artis rytmici vulgaris dictaminis* von Antonio da Tempo (1332) und der *Trattato de li ritmi volgari* von Ghidino da Sommacampagna, geben darüber Aufschluß. Vorangegangen war der Entwicklung der T.-Musik die große literarische Blütezeit des „dolce stile nuovo", dessen zutiefst lyrische Inspiration in Formen einmündete, die – sogar terminologisch – eine Verbindung mit dem Gesang widerspiegeln (Ballade, Kanzone). Poesie und Musik sind in dem neuen mehrstimmigen Stil immer eng verbunden. Die größten Dichter erscheinen als Verfasser der Texte: Fr. Petrarcas *La fiera testa* wurde von Bartolino da Padova, *Non al suo amante più Diana piacque* von Jacopo da Bologna vertont, Giovanni Boccaccios *Non so qual'i mi voglio* von Laurentius de Florentia, Franco Sacchettis *Povero pellegrin* von Nicolaus de Perugia, *Altri n'arà la pena* von Landino. Dem höfischen Milieu entstammend, vermitteln die etwa 600 erhaltenen Kompositionen des T. eine Kunst von einfacher und spontaner Inspiration und nicht ohne Raffinement. Die Melodik der Gesänge ist reich und fließend, ihre Rhythmik frei und abwechslungsreich, ihre Harmonik tendiert bereits zur dominantischen Tonalität. Diese Kunst erschöpfte sich am Anfang des 15. Jh.; verschiedene politische Gründe trugen zu ihrem Niedergang bei, u.a. die Rückkehr des päpstlichen Hofes nach Rom 1377, die eine verstärkte Übernahme frz. Geschmacks und frz. Kompositionstechniken nach sich zog, sowie die Krise einiger der größten it. Signorien. Schließlich verbreiteten sich in Italien volkstümlichere Formen (↗Strambotto, Dialektballaden) und die Musik nahm teil an der europäischen Verbreitung des Stils der ↗franko-flämischen Schule.

Ausg. u. Lit.: Sammel-Ausg. v. Musik des T. u. die wichtigste Lit.: ↗Ballata, ↗Caccia, ↗Madrigal, ↗Italien; Ausg. von Werken der genannten Komponisten bei den entspr. Artikeln. – Neuere Lit.: M. L. MARTINEZ, Die Musik des frühen T. (Tutzing 1963) (= Münchner Veröff. z. Musikgesch. 9); K. VON FISCHER, Zum Wort-Ton-Problem in der Musik des it. T., in: FS A. Geering (Be – St 1972); F. A. GALLO, Marchetus in Padua u. die „franko-venetische" Musik des frühen T., in: AfMw 31 (1974); K. VON FISCHER, The Sacred Polyphony of the Italian T., in: Proc. R. Mus. Assoc. 100 (1973/74); D. BAUMANN, Die 3st. it. Lied-Satztechnik im T. (Baden-Baden 1979) (= Slg. musikwiss. Abh. 64); Italy, in: Grove[6] IX
M. CAPPELLI

TREDEZIME (von lat. tredecim = dreizehn), Bz. für das Intervall mit einer großen, kleinen, übermäßigen oder verminderten Sexte über der Oktave.

TREGIAN, Francis, * um 1574, † 1619 London; engl. Musikliebhaber. T. war Schüler der Jesuitenkollegien in Eu und Douai und 1592–94 Kammerherr von Kardinal Allen in Rom. 1605 nach England zurückgekehrt, wurde er 1609 wegen seines Glaubens eingekerkert. Während seiner Haft stellte T. das berühmte ↗Fitzwilliam Virginal Book zusammen, die wichtigste Quelle englischer Virginalmusik des 16. und beginnenden 17. Jahrhunderts. Von seiner Hand stammen vermutlich aber auch 2 weitere wichtige Hss. dieser Zeit, die Hs. Egerton 3665 (London, BrM) und deren Fortsetzung, die Hs. Sambrooke (Sammlung Drexel der New York Public Library). Insbesondere die beiden letztgenannten Sammlungen zeigen eine deutliche Vorliebe für Werke katholischer Komponisten. Neben englischen Komponisten sind auch die bedeutendsten italienischen und niederländischen Meister der Zeit vertreten. Mehrere Kompositionen stammen von T. selbst.

Lit.: TH. DART – R. MARLOWE, T., in: Grove[6] XIX.

TREMBLEMENT (frz.), ↗Triller.

TREMOLO (it., = zitternd). – **1)** Bz. für eine schnelle Tonwiederholung, die auf Streichinstrumenten durch kleine, rasche Bewegungen des Bogens im Ab- und Aufstrich, auf Blasinstrumenten als ↗Flatterzunge, auf Schlaginstrumenten als ↗Wirbel, auf Zupfinstrumenten (zum Aushalten langer Töne) mit einem Plektrum hervorgebracht wird. Zu unterscheiden sind das T. mit rhythmisch genauer Ausführung und das T. mit rhythmisch unbestimmter, schnellstmöglicher Ausführung. Die Notierung erfolgt in Sechzehnteln oder Zweiunddreißigsteln, meist mit Hilfe von Abbreviaturen (z.B. ). Bereits 1617 in einer Triosonate von B. Marini vorgeschrieben, wurde das T. erstmals zum Ausdruck kriegerischen Geschehens bei Cl. Monteverdi (*Il Combattimento di Tancredi e Clorinda*, 1624) eingesetzt (↗Stile concitato). – **2)** Bz. für einen raschen, mehrmaligen Wechsel zweier verschiedener Töne. Auch hier wird die Ausführung meist durch Abbreviaturen angezeigt, z.B. 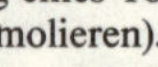. – **3)** Beim Gesang Bz. für eine dem Vibrato ähnliche (nicht mit ihm identische) Bebung eines Tones durch zu große Stimmintensität (Tremolieren).

TREMULANT, bei der Orgel Bz. für eine mechanische Vorrichtung (Wippventil) im Windkanal. Der ursprünglich vor einzelnen Windladen disponierte T. wurde nach 1700 in den Hauptkanal eingebaut. Insbesondere bei Flötenregistern und Regalen war im dt. und frz. Orgelbau der schwache T. (frz.: tremblant doux) mit sich langsam bewegendem Wippventil, das den gleichmäßigen Luftstrom in leichte Bebung (Tremolo) versetzt, üblich. Der starke T. oder „stoßende Bock", bei dem sich das mit Blei beschwerte Wippventil rasch bewegt und heftige Windstöße erzeugt, wurde vor allem zu kräftigeren Zungenstimmen disponiert, deren Intonationsunregelmäßigkeiten durch ihn abgemildert wurden. Im 19. Jh. wurde der T. weitgehend durch schwebende Register (↗Unda maris, ↗Vox coelestis) verdrängt; erhalten blieb er bei der ↗Vox humana. Im 20. Jh. werden auch regulierbare T.en gebaut.

TRENET, Charles, * 18. 5. 1913 Narbonne; frz. Chansonsänger, Komponist und Textdichter. Er studierte zunächst Kunst in Berlin und Paris und war seit 1930 als Filmdekorateur tätig. Zu dieser Zeit entstanden seine ersten Chansons *(Fleur bleue, La polka du roi).* 1937 debütierte er in Marseille mit dem Lied *Je chante* als Sänger eigener Chansons. 1938 folgte sein erster Auftritt in Paris (im Théâtre ABC). T.s *La mer* wurde ein Welterfolg. In Frankreich bekannt wurden besonders *Y'a d'la joie, La route enchantée, La vie qui va, C'est bon, Mes jeunes années, L'âme des poètes, Pauvre Georges André, Sacre farceur* und *Mon village englouti.*

Lit.: M. ANDRY, Ch. T. (P 1953); P. MICHEL, Ch. T. (P 1964); M. PEREZ, Ch. T. (P 1965) (= Poètes d'aujourd'hui 125).

TREPAK (von altruss. trepati = stampfen), ein altrussischer Bauerntanz, bei dem mit den Füßen gestampft wurde, im 2/4-Takt und schnellen Tempo. Er wurde entweder von einem Einzeltänzer oder als Paar- oder Gruppentanz ausgeführt. Im Gegensatz zur Kamarinskaja und Baryschnja, denen er im Charakter nahesteht, ist der T. an keine bestimmte Melodie gebunden. Ihm liegt die rhythmische Struktur 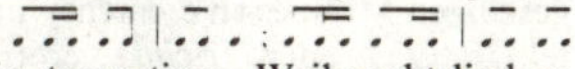 zugrunde, die in tanzartigen Weihnachtsliedern (koljadka), in den Gesängen der Skomorochen, in Scherz- und Tanzliedern sowie in Rundgesängen vorkommt. Der T. fand Eingang in die russische Kunstmusik, u.a. bei A. Rubinstein, P. Tschaikowsky (im *Nußknacker* und im V.-Konzert), N. Rimski-Korsakow *(Sadko),* M. Mussorgski *(Lieder u. Tänze des Todes)* und I. Strawinsky *(Petruschka).*

TRETJAKOW, Wiktor Wiktorowitsch, * 11. 10. 1946 Krasnojarsk; sowjetrussischer Violinist. T. studierte seit 1959 in Moskau und erhielt 1965 den 1. Preis beim Allunionswettbewerb für ausübende Musiker und 1966 beim Tschaikowsky-Wettbewerb und spielt seither als 1. Solist in der Moskauer Philharmonie. T. konzertiert in der Sowjetunion sowie u.a. in Österreich, Frankreich, Italien und in den USA. Er vereinigt brillante Technik und kantable Schönheit des Geigentons mit einer bis ins letzte Detail ausgefeilten Werkinterpretation und zählt zu den führenden sowjetischen Violinvirtuosen der Gegenwart.

TREXLER. – **1) Georg,** * 9. 2. 1903 Pirna an der Elbe, † 15. 12. 1979 Leipzig; dt. Komponist und Kirchenmusiker. T. studierte in Leipzig 1926–29 am dortigen Kirchenmusikalischen Institut Orgel (K. Straube), Tonsatz und Dirigieren und wirkte 1927–30 als Organist der katholischen Liebfrauenkirche und 1930–71 als Kantor und Organist an St. Trinitatis (Propsteikirche); 1947 wurde er KMD. 1935–70 lehrte T. am Konservatorium (seit 1942 Hochschule für Musik) die Fächer Orgel, Chorleitung und Partiturspiel für die Ausbildung katholischer Kirchenmusiker (1948 Professor). Die regelmäßig von ihm veranstalteten Konzerte mit dem Propsteichor fanden nach Zerstörung der Kirche seit 1945 hauptsächlich in der Universitätskirche statt. Insbesondere unter dem Einfluß A. Bruckners und J. S. Bachs sowie J. N. Davids schuf T. Kirchenmusik in einem tonal erweiterten, harmonisch herben und an der Gregorianik geschulten Stil. Rhythmische Vitalität und ein humorvoller Zug kennzeichnen besonders seine Instrumentalwerke.

WW: Für Org.: Toccata über ein Thema aus dem Gloria der e-moll-Messe von A. Bruckner (1949); Introduktion und Passacaglia über ein Thema der VIII. Symphonie von A. Bruckner (1949); Partita über ein eigenes Thema (1965); Partita für Orgelpositiv (1979). – Sonate (1953) u. Suite (1958) für Vc. u. Klv.; Trio für V., Va. u. Klv. (1953); Bläserquintett *(Spitzweg-Suite)* (1956); Sextett für Bläserquintett u. Klv. (1959). – Für Orch.: *Sinfonia breve* (1953); *Toccata maestoso* (1955); *Konzert in D* (1962); *Symphonische Burlesken* (1963); Konzerte für: Vc. (1952); Klv. (1953); Org., Str. u. Pauken (1959). – Motetten; Responsorien; Litaneien; Proprien; Psalmen; *Das Deutsche Te Deum* (1976) für gem. Chor u. Org.; zahlr. dt. u. lat. Messen; *Deutsches Ordinarium* (1956–67); Kantaten *Metanoeite* (1951) für Bar.-Solo, gem. Chor u. Orch. sowie *Assumpta est Maria* (1958) für 4 Soli, gem. Chor u. Orch. – T. schrieb *Liturgie und Kirchenmusik* (L 1951).

2) Roswitha, Tochter von 1), * Leipzig; dt. Sängerin (Sopran). Sie war Schülerin von Agnes Giebel und an der Musikhochschule in Dresden und debütierte in J. S. Bachs *Weihnachtsoratorium* in der Leipziger Thomaskirche. Seit Beginn der 70er Jahre arbeitet sie vor allem mit zeitgenössischen Komponisten zusammen, u.a. mit L. Dallapiccola,

P. Dessau, H. W. Henze, W. Lutosławski und L. Nono; internationale Anerkennung errang sie mit Liedern der Wiener Schule und H. Eislers sowie mit vertonten Songs von B. Brecht. R. T. betreute Interpretationskurse in den Niederlanden und in den USA und tritt in fast allen bedeutenden Musikzentren des Ostens und Westens auf.

Schriften: *Vorschläge, Eisler zu singen*, in: MuGes 28 (1978); *Was der Sänger von Brecht lernen kann oder Meine Auffassung von Weill*, in: Brecht-Jb. 1979; *Kritik als Spaß. Erfahrungen mit Gesangs-Satiren von DDR-Komponisten*, in: MuGes 29 (1979); *Erfahrungen mit Mozart und Mahler*, in: Eiserne Lerche (1980).

Lit.: **Zu 1):** R. WALTER, in: MuA 7 (1954/55); G. BERGER, Zum kirchenmusikal. Schaffen G. T.s, in: MuA 12 (1960); R. WALTER, in: MS 93 (1973); F. A. STEIN, Ein ganz Großer der Kirchenmusik ging heim. G. T. ..., in: MS 100 (1980). – **Zu 2):** W. SANDNER, Vom Charme der Wiener Schule gefesselt. Porträt R. T., in: Musik u. Medizin 5 (1979). B. A. KOHL

TRIANGEL (von lat. triangulum = Dreieck; engl., frz.: triangle; it.: triangolo; span.: triángulo), Bz. für ein Schlaginstrument, bestehend aus einer Stahlstange, die zu einem gleichseitigen Dreieck (Seitenlänge 30 cm) geknickt ist. An einer Schnur hängend, wird das T. (auch der bzw. die T.) mit einem Stahlstäbchen, dessen Länge und Dicke unterschiedlich sein kann, angeschlagen. Der helle, klingelnde Klang des T.s zeichnet sich durch großen Obertonreichtum aus, der eine genaue Tonhöhenbestimmung unmöglich macht. Das T. ist in Europa seit dem MA bekannt. Es wurde im 18. Jh. im Gefolge der ↗Janitscharenmusik in das Orchester eingeführt, z.B. im Zusammenhang mit der Hervorhebung von Orientalismen (↗Exotismus), wie etwa in der *Entführung aus dem Serail* von W. A. Mozart, oder als Nachahmung von Militärmusik, wie z.B. in der 9. Symphonie von L. van Beethoven. Seitdem gehört es fest zum Orchesterinstrumentarium und wird als ↗Schlagzeug-Instrument auch häufig solistisch eingesetzt.

TRIAS HARMONICA (mittellat., = harmonische Dreieinigkeit), in der dt. Musiktheorie des späten 16., 17. und frühen 18. Jh. Bz. für einen konsonierenden Dreiklang, und zwar entweder als T. maior bzw. perfecta oder naturalis (= konsonierender Dreiklang mit großer bzw. vollkommener oder natürlicher Terz) für den Durdreiklang oder als T. minor bzw. imperfecta oder mollis (= konsonierender Dreiklang mit kleiner bzw. unvollkommener oder weicher Terz) für den Molldreiklang. Trias anarmonica bezeichnet einen dissonierenden Dreiklang. – Nachdem vor allem J. Lippius (1612) die Anerkennung des Dreiklangs als vollkommenster Harmonie durchgesetzt hatte, wurde der Dreiklang in Anlehnung an die ma. Tradition, die die Zahl Drei von der hl. Dreieinigkeit ableitet und daher als vollkommen betrachtet, als Symbol der göttlichen Trinität gedeutet.

TRICARICO, Giuseppe, * 25. 6. 1623 Gallipoli (Apulien), † 14. 11. 1697 ebd.; it. Komponist. T. erhielt seine erste Ausbildung in Neapel, ließ sich später in Rom nieder und wurde 1654 Kapellmeister an der Accademia dello Spirito Santo in Ferrara, wo 1655 seine Oper *L'Endimione* zur Aufführung kam. Von etwa 1660 bis 1663 war er Kapellmeister der Kaiserin Eleonore in Wien, für deren Hof er Oratorien und Opern im Stil der römischen Schule schrieb. Anschließend zog er sich nach Gallipoli zurück.

WW: *Concentus ecclesiastici* für 2–4 St. u. B.c. (R 1649); weitere Motetten u. eine Messe hsl. bzw. in Sammeldrucken 1654–64; hsl. sind ferner erhalten: die Oratorien *La gara della Misericordia e Giustizia di Dio* u. *Adamo ed Eva;* einige it. Kantaten.

Lit.: A. CAVICCHI, T., in: MGG XIII.

TRICHET, Pierre, * 1586 oder 1587 Bordeaux, † 1644 ebd.; frz. Musiktheoretiker. T. war Advokat am Parlament in Bordeaux, sammelte daneben Instrumente und beschäftigte sich mit Organologie. Sein um 1640 vollendeter *Traité des instruments de musique* (hsl. Paris, Bibl. Ste-Geneviève) ist eine wichtige Ergänzung zu den organologischen Schriften von M. Praetorius und M. Mersenne, mit dem er in Briefwechsel stand.

Ausg.: *Traité des instruments de musique*, hrsg. v. F. LESURE (Neuilly-sur-Seine 1957), Suppl. in: GalpinJ 15 (1962) u. 16 (1963).

Lit.: E. M. RIPIN, The French Harpsichord Before 1650, in: GalpinJ 20 (1967).

TRICINIUM (lat., = Dreigesang), im 16. Jh. vor allem im dt. protestantischen Umkreis, wohl in Anlehnung an ↗Bicinium gebrauchte Bz. für eine 3st. Komposition im imitatorischen Stil, in der die Dreistimmigkeit als Kontrast zur regulären Vier- oder Fünfstimmigkeit gesehen wird. Insbesondere Kompositionssammlungen, die 3st. Vokal- und Instrumentalstücke unterschiedlicher Faktur und Komponisten enthielten und vor allem dem geselligen Musizieren dienten, wurden mit dem Titel *Tricinien* oder *Tricinia* veröffentlicht, so u.a. von G. Rhau, C. Othmayr, Gr. Aichinger, S. Calvisius und M. Franck.

TRIENTER CODICES, eine Gruppe von 7 Musik-Hss. aus dem 15. Jh., die im Castello del Buon Consiglio bzw. im Archivio Capitolare zu Trient aufbewahrt werden (Sigel: Tr 87–93). Von verschiedenen Schreibern um 1440 und 1475 in Trient und für den dortigen Gebrauch geschrieben, enthalten die T. 1864 mehrstimmige, zumeist lat. geistliche Gesänge (Meßordinarien, -proprien, Motetten, Hymnen u.a.). Als Komponisten sind u.a. die großen Meister ihrer Zeit vertreten: G. Binchois, G. Dufay, J. Dunstable, H. Isaac und J. Ockeghem. Die T. stellen nach Umfang und Inhalt die bedeutendste Quelle für die Kenntnis der mehrstimmigen geistl. Musik des 15. Jh. dar.

Ausg.: DTÖ 14/15 (mit themat. Verz. von Tr 87–92), 22, 38, 53, 61 (mit themat. Verz. von Tr 93), 76.

Lit.: H. FEDERHOFER, T., in: MGG XIII (ausführliche Bibliogr.).

TRILLER (engl.: trill, shake; frz.: trille; it.: trillo; span.: trino), Bz. für eine Verzierung, die in einem mehr oder weniger schnellen Wechsel zwischen einem Hauptton („Hauptnote") und seiner Obersekunde („Nebennote") besteht. Der Terminus ist in dieser Bedeutung üblich seit der 2. Hälfte des 17. Jh. und geht von Frankreich aus, wo synonym auch die Begriffe „Tremblement" und „Cadence" verwendet wurden. „Trillo" hieß in der it. Musiklehre des frühen 17. Jh. eine Gesangsmanier: die schnelle Tonrepetition, wie sie vor allem auf der Paenultima einer melodischen Kadenz ausgeführt werden konnte.
Der T. ist entstanden aus entsprechenden melodischen Formeln der ↗Kolorierungs- und ↗Diminutions-Praxis des 16. Jahrhunderts. Wie die meisten anderen ↗Verzierungen wird er durch besondere Zeichen angegeben; seit dem späten 18. Jh. sind dies die typographisch standardisierten Anfangsbuchstaben des Wortes T. ohne oder mit nachfolgender, den T.-Vorgang nachzeichnender Wellenlinie, deren Vorhandensein und Länge sich nach dem verfügbaren Notationsraum richtet: tr~~~~. Die leiterfremde Erhöhung oder Erniedrigung der Nebennote wird durch ein Akzidenz über oder vor dem Zeichen angegeben: z.B. ♭tr oder ♭tr. Es gibt kurze und lange Triller. Der kürzeste heißt ↗Pralltriller und wird durch ~ oder tr angezeigt. Für die Ausführung längerer T. (die sich von einer Zählzeit bis zu mehreren Takten erstrecken können) sind seit dem 18. Jh. bestimmte Arten des Beginns (der Vorbereitung) und des Endes zu unterscheiden, die jeweils durch Abbreviaturen oder kleinere Noten angezeigt werden: für den Beginn der einfache ↗Vorschlag von oben oder von unten, z.B. (in den Klv.-Variationen op. 34 von L. van Beethoven):

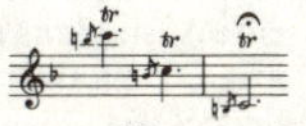

und der ↗Doppelschlag; für das Ende der ↗Nachschlag (vgl. dort die Beispiele, von denen c auch den anklingenden Doppelschlag zeigt). Ein nicht derart verzierter und notierter T. beginnt in der Regel mit dem Nebenton auf der Zeit (zumindest in der Musik bis zur Wiener Klassik), es sei denn, der vorangehende reguläre Ton ist bereits die Obersekunde, und er endet mit einem kurzen Anhalten auf dem letzten Ton. Es ist freilich zu beachten, daß die Lehre von den T.n höchst komplex und in ihrer Terminologie und ihren Ausführungsanweisungen von Autor zu Autor unterschiedlich ist. Gerade in diesem Fall widersprechen starre Regeln historisch und künstlerisch dem Wesen der Verzierungen insgesamt.
Eine Folge von T.n auf verschiedenen Tonstufen nennt man „Trillerkette" oder „Kettentriller".

Lit.: E. R. JACOBI, T., in: RIEMANN ML, Sachteil.

TRILLO (it.), ↗Triller.

TRIO (von it. tre = drei). – **1)** Als Satz-Bz. bei Tänzen (z.B. Menuett) und Märschen ein zwischen dem Hauptteil und seiner Wiederholung eingeschobener Mittelteil. Der Terminus weist darauf hin, daß es sich ursprünglich um einen im Unterschied zur Vollbesetzung der Rahmenteile 3st. Satz handelte, so bei J.-B. Lully um einen Abschnitt in der Besetzung für 2 Ob. oder 2 Fl. und Fag. innerhalb einer 5st. Streicherbesetzung. In ↗Menuett und ↗Scherzo hat das T. seit der Wiener Klassik vollere Besetzung, ist in der Regel jedoch ruhiger gehalten als der Hauptsatz und weist kantable Melodieführung, häufig auch Tonart- und Tempowechsel auf. – **2)** In einem umfassenderen Sinn im Unterschied zu ↗Terzett Bz. für eine Komposition für 3 solistische Instrumente, im allgemeinen auch für das entsprechende Instrumentalensemble. Während des Barock war die Triosonate (↗Sonate) eine weit verbreitete Form. Seit dem 18. Jh. wird eine Sonate für 3 Instrumente meist T. genannt. Ihre häufigste Besetzung ist die für Klavier, Violine und Violoncello (Klavier-T.). Die ersten Kompositionen dieser Art zeigen ein Übergewicht des Klaviers, so noch bei J. Haydn, während später bei W. A. Mozart und L. van Beethoven die 3 Instrumente gleichwertig behandelt werden. Mozarts späte Klavier-T.s und das sog. Kegelstatt-T. (mit Klar. statt V. und Va. statt Vc.), Beethovens Klavier-T. op. 11 sowie Fr. Schuberts späte Klavier-T.s bedeuten den Höhepunkt der Gattung überhaupt. Seit der Romantik blieb das Klavier-T. beliebt; so schrieben F. Mendelssohn Bartholdy, R. Schumann, Fr. Chopin, J. Brahms, A. Dvořák, P. Tschaikowsky, E. Chausson, C. Saint-Saëns, M. Reger, M. Ravel und G. Fauré bedeutende Werke dieser Gattung. – Andere wichtige T.-Besetzungen stellen das Streich- und das

Bläser-T. dar. Das Streich-T. in der Normalbesetzung mit Violine, Viola und Violoncello, das urspr. auch orchestral aufgeführt werden konnte (z. B. J. Stamitz, op. 1), ist seit Haydn und Mozart – ein Meisterwerk ist das Divertimento KV 563 – ausschließlich für solistische Besetzung bestimmt, so auch die Streich-T.s von Beethoven und Schubert. Während die Romantik diese Gattung vernachlässigte, schrieben im 20. Jh. Streich-T.s u. a. M. Reger, P. Hindemith, A. Roussel, D. Milhaud, A. Schönberg, A. Webern und B. Martinů. Einen besonderen Fall der Streich-T.-Besetzung bilden die zahlreichen Divertimenti für Baryton, Va. und Vc., die J. Haydn für den Fürsten Esterházy geschrieben hat. – Bläser-T.s gibt es mit oder ohne Mitwirkung des Klaviers. Zu nennen sind das T. für 2 Ob. und Englisch Horn von Beethoven, die Serenaden für Fl., V. und Va. von Beethoven und Reger, die T.s für Klv., Klar. und Vc. von Beethoven, Brahms und V. d'Indy, das T. für Klv., V. und Horn von Brahms sowie die Sonate für Fl., Va. und Harfe von Cl. Debussy. Bläser-T.s für Ob., Klar. und Fag. wurden im 20. Jh. vor allem in Frankreich beliebt; Werke in dieser Besetzung schrieben u. a. Ch. Koechlin, J. Ibert, Milhaud, G. Auric und J. Françaix. – **3)** Im besonderen Bz. für ein 3st. Orgelstück auf 2 Manualen und Pedal (Orgel-T.) nach dem Vorbild der T.-Sonate, wobei die beiden Oberstimmen auf die beiden Manuale verteilt sind. Bedeutende Werke dieser Art sind die Orgel-T.s BWV 583–584 von J. S. Bach.

Lit.: **Zu 2):** W. ALTMANN, Hdb. für Klaviertriospieler (Wb 1934); A. KARSCH, Unters. z. Frühgesch. des Klaviertrios in Deutschland (Diss. Kö 1943); W. FISCHER, Mozarts Weg v. der begleiteten Klaviersonate z. Kammermusik mit Klv., in: Mozart-Jb. 1956; R. CH. BLUME, Stud. z. Entwicklungsgesch. des Klaviertrios im 18. Jh. (Diss. Kiel 1962); E. PLATEN, Beethovens Streichtrio D-Dur, op. 9 Nr. 2, in: Colloquium Amicorum. FS J. Schmidt-Görg (Bonn 1967); H. UNVERRICHT, Gesch. des Streichtrios (Tutzing 1969) (= Mainzer Stud. z. Musikwiss. 2).

TRIOLE (engl.: triplet; frz. triolet; it.: terzina; span.: tresillo), Gruppe oder Folge von 3 Noten gleichen Werts, deren Dauer 2 oder 4 metrisch gleichwertigen Noten entspricht. Die T. wird in der Regel durch eine unter oder über die Noten gesetzte „3" gekennzeichnet. Beispiel für eine Achtel-T.:

TRIOSONATE, aus 2 thematisch gleichrangigen Melodiestimmen und B. c. bestehende Kammermusikgattung des 17./18. Jh. – ↗Sonate.

TRIPELFUGE ↗Fuge.

TRIPELKONZERT ↗Konzert.

TRIPELTAKT ↗Takt.

TRIPLUM ↗Duplum.

TRISTAN-AKKORD, der aus einer Schichtung von Tritonus, großer Terz und Quarte bestehende Vierklang, der in der Einleitung zum 1. Aufzug von R. Wagners ↗ *Tristan und Isolde* mit der werkimmanenten hohen Spannungsintensität als „umfassendstes Leitmotiv des ganzen Musikdramas" (E. Kurth) präsentiert wird.

In der Orthographie von Takt 2 (in Takt 83 notiert Wagner gleichzeitig enharmonisch f^1–ces^2–es^2–as^2; diese Akkordspannung nutzte auch L. van Beethoven im 1. Satz der Klaviersonate op. 31, 3) erscheint der Akkord als Umkehrung des gis-moll-Klanges mit sixte ajoutée (oder als Unterseptimakkord des nicht klingenden a) in subdominantischer Funktion. Mit den Termini der Funktionentheorie wird der T. an dieser Stelle als dominantischer „Doppelleittonklang" E-Dur gedeutet: Terz und Quinte erklingen, der Grundton e wird durch die auseinanderstrebenden Leittöne f und dis^2 vertreten (allerdings wird dis^2 nicht in den erwarteten Grundton e^2, sondern in dissonanter Septimparallele zum Baß in die Septime d^2 des Zielklanges geführt). Da der T. in einer „Grundstellung" nicht aus der Tradition der Terzenschichtung erklärbar ist, wird er häufig als Wendepunkt zur Quartenharmonik und damit zur Atonalität bezeichnet.

Lit.: K. GRUNSKY, Das Vorspiel u. der erste Akt v. „Tristan u. Isolde", in: R.-Wagner-Jb. 2 (1907); E. KURTH, Romantische Harmonik u. ihre Krise in Wagners „Tristan" (Be – L 1920, B ^{3}1923, Nachdr. Hil 1968); A. LORENZ, Der musikal. Aufbau v. R. Wagners „Tristan u. Isolde" (B 1927, Nachdr. 1968) (= Das Geheimnis der Form bei R. Wagner II); M. VOGEL, Der T. u. die Krise der modernen Harmonielehre (Düsseldorf 1962); H. SCHARSCHUCH, Gesamtanalyse v. Wagners „Tristan" (Rb 1963); C. DAHLHAUS, „Tristan"-Harmonik u. Tonalität, in: Melos/NZ 4 (1978).

K. LANGROCK

TRISTANO, Lennie (Leonard Joseph), * 19. 3. 1919 Chicago, † 18. 11. 1978 New York; amerik. Jazzmusiker (Klavier) und Bandleader. T., 1928 erblindet, erhielt seine Ausbildung am Conservatory of Music in Chicago, kam 1946 nach New York und führte ein eigenes Trio, das unabhängig von Miles Davis zur Entwicklung des Cool Jazz beitrug und insbesondere seit 1949 mit T.s Schülern Lee Konitz (Altsaxophon) und Warne Marsh (Tenorsaxophon) eines seiner Zentren wurde. Seit 1951 bildete T. mit großem Erfolg Jazzmusiker aus und trat kaum noch als Solist und Ensemblespieler hervor, fand aber 1965 bei den Berliner Jazztagen noch einmal starke Resonanz. Durch Erweiterung der Harmonien, kontrapunktische Satzgestaltung (insbesondere seit den 60er Jahren unter dem Einfluß der Musik J. S. Bachs) und einen Trend zur Atonalität zielte T. auf eine lineare und komplexe Form des Cool Jazz. Sein Stück *Intuition,* 1949 aufgenommen, gilt jazzhistorisch als Vorwegnahme des Free Jazz.

Lit.: N. SHAPIRO – N. HENTOFF, Jazz erzählt (Mn 1962); W. F. VAN EYLE, Discography of L. T. (Zaandam 1966); A. POLILLO, Jazz, Gesch. u. Persönlichkeiten der afro-amerik. Musik (Mn 1978); J. E. BERENDT, Das Große Jazzbuch (F 1981).

TRISTAN UND ISOLDE, Handlung in 3 Aufzügen, Text und Musik von R. Wagner. Ort und Zeit der Handlung: Cornwall u. Bretagne, frühes Mittelalter (fiktive Zeit der Sage). UA: 10. 6. 1865 München.
Die magische Kraft eines Zaubertranks verwandelt tödliche Feindschaft in leidenschaftliche Liebe, die ihre Erfüllung erst im Tod findet; die Stationen der seelischen Entwicklung, der die Hauptfiguren fast machtlos ausgeliefert sind, bilden das Gerüst der inneren Handlung, die das Werk beherrscht. Der Stoff geht auf einen alten keltischen Sagenkreis zurück; Wagners Hauptquelle war Gottfried von Straßburgs unvollendetes Versepos *Tristan und Isolt* (um 1210). Unter äußeren Schwierigkeiten hatte der Komponist im August 1857 nach dem 2. Akt des *Siegfried* die Arbeit am *Ring* abgebrochen, um zur Verbesserung seiner finanziellen Situation möglichst rasch ein leicht aufführbares Werk zu schreiben; im August 1859 wurde die Oper vollendet. Es gelang Wagner, in *Tristan und Isolde* eine Tonsprache zu entwickeln, die nicht nur in der Ausprägung seines eigenen Personalstils, nicht nur in der Geschichte des Wort-Ton-Verhältnisses, sondern in der gesamten Geschichte absolut-musikalischer Satzstruktur einen Meilenstein darstellt. Über die Integration voneinander klanglich und dramatisch gleichrangigem Vokal- und Orchesterpart sowie über die Erfindung charakteristischer Motive und deren Verbindung zu einem Leitmotivsystem hinausgehend, war es eine geniale Konzentration des Zusammenspiels von Harmonik, Rhythmik und Melodik, welche die für den „Tristan-Stil“ charakteristische permanent hohe Spannungsintensität konstituierte: Vorhaltsdissonanzen treten in verstärktem Maße stimmführungsmäßig unvorbereitet auf und werden nicht zu sofortiger Auflösung, sondern zu weiteren Dissonanzen geführt; beteiligt sind daran in freien Kombinationen und in unregelmäßigen Abständen alle Stimmen des Satzes, d.h., Mittelstimmen und Baß werden z.T. voll ausmelodisiert und können so relativ leicht dem leitmotivischen Beziehungsgeflecht eingefügt werden. Die dabei fast zwangsläufig entstehende Polyrhythmik und metrische Vielfalt gestattet allerfeinste Nuancierung in der Darstellung insbesondere von Gefühls- und Stimmungswandlungen; Wagner selbst empfand den 2. Akt des *Tristan* als sein Meisterstück in der von ihm als kompositorisches Ideal betrachteten „Kunst des Übergangs“. – Daß die Erweiterung der satztechnischen Mittel dem Wunsch der Hörer nach Intensivierung und Sensibilisierung des musikalischen Erlebens entsprach, beweist nicht nur der triumphale Erfolg der UA; der Tristan-Stil wurde – gleichermaßen durch Übernahme wie durch bewußte Ablehnung – bestimmend für die weitere Entwicklung von Instrumental- und Vokalmusik der Spätromantik bis zur Gegenwart. – ↗Tristan-Akkord. W. A. MAKUS

TRISTROPHA, Neume, ↗Notenschrift.

TRITĒ (griech., von tritos = dritter), ↗Systema teleion.

TRITONIUS, Petrus (latinisiert aus Peter Treibenreif), * um 1465 Bozen, † wohl 1525 Hall in Tirol (?); östr. Gelehrter und Komponist. Er studierte an den Universitäten Wien, Ingolstadt und Padua und lehrte seit etwa 1502 an der Litteraria Sodalitas Danubiana des K. Celtis in Wien. 1508, nach dessen Tod, kehrte er nach Bozen zurück, war dort Leiter der Lateinschule und ging in gleicher Funktion 1512 nach Hall, 1521 nach Schwaz und um 1524 wieder nach Hall. Aus T.' Zusammenarbeit mit Celtis entstanden seine *Melopoiae,* das erste bedeutende Zeugnis der humanistischen Odenkomposition (↗Ode; ebd. der Beginn eines Satzes von T.). Sein *Hymnarius* gehört in die Vorgeschichte der dt. kath. Gesangbuchtradition.

WW u. Ausg.: *Melopoiae* (detaillierter Titel: ↗Celtis) (Au 1507, [2]1507, F [3]1532, [4]1551), NA, hrsg. v. G. VECCHI (Bol 1967); *Hymnarius: durch das gantz Jar verteutscht* (Schwaz 1524) (mit gedruckten Notenlinien, aber ohne Noten).

Lit.: G. VECCHI, T., in: MGG XIII.

TRITONUS, Bz. für die aus 3 Ganztonschritten bestehende übermäßige ↗Quarte, z.B. c^1 – fis^1; sie bildet die Mitte der Oktave und markiert im ↗Quintenzirkel als Gegenpol (fis) den Punkt äußerster Entfernung vom Ausgangston (c). In ↗temperierter Stimmung sind T. (c^1 – fis^1) und verminderte ↗Quinte (c^1 – ges^1) zwar klanglich gleichlautend, jedoch sinnhaft unterschieden: fis ist ein aufwärts, ges ein abwärts strebender Leitton; als simultane Intervalle verlangen sie regulär die Weiterführung zur großen oder kleinen Sexte (b/h–g[1]) bzw. großen oder kleinen Terz (des[1]–f[1]/fes[1]). Dem MA galt der T. als „diabolus in musica" (Teufel in der Musik); sein Verbot als melodischer Schritt (↗mi) blieb im strengen Satz bis in die Romantik hinein wirksam, wurde aber im 17. Jh. im Sinne der Figurenlehre zugunsten ausdrucksstarker Auslegung gern durchbrochen (↗Saltus duriusculus, ↗Querstand).

TRITTICO, IL, Einakter-Trilogie von G. Puccini; ↗Gianni Schicci, Der ↗Mantel, ↗Schwester Angelika.

TRITTO, Giacomo, * 2. 4. 1733 Altamura bei Bari, † 18. 9. oder 17. 11. 1824 Neapel; it. Komponist. Er war Schüler von L. Fago, G. Abos und P. Cafaro am Conservatorio della Pietà dei Turchini in Neapel, wurde dort Maestrino, dann Assistent von Cafaro, 1785 Secondo maestro straordinario, 1793 Secondo maestro und war 1799 Primo maestro. Nach Umwandlung des Instituts in das Collegio Reale di Musica (1806) übernahm er mit G. Paisiello und F. Fenaroli dessen Leitung (bis 1813) und lehrte dort bis zu seinem Tod. Er war als Lehrer (u. a. von V. Bellini, Farinelli, G. Spontini und S. Mercadante) bedeutender als mit seinen Werken. – Sein Sohn **Domenico** (1776–1851), eines von 18 Kindern, wirkte als Kirchenkapellmeister und Lehrer am Collegio Reale in Neapel und schrieb Opern und Kirchenmusik von ebenfalls nur lokaler Bedeutung.

WW: 51 Opern, darunter: *Il convitato di pietra,* UA: Neapel 1783; *Arminio,* UA: Rom 1786; *Cesare in Egitto,* UA: ebd. 1805; *Marco Albinio in Siria,* UA: Neapel 1810. – Lehrwerke: Generalbaßschule *Partimento e regole generali* ... (Mi 1821); *Scuola di contrappunto* (Mi 1823).

Lit.: U. PROTA-GIURLEO, T., in: MGG XIII; S. KUNZE, Don Giovanni vor Mozart (Mn 1972) (= Münchener Univ.-Schriften, Reihe der Philos. Fakultät 10).

TRITUS ↗Kirchentöne.

TRIVIALMUSIK (von lat. trivialis = allgemein zugänglich, gewöhnlich, gemein), Bz. für minderwertige, massenhaft verbreitete Musik. In der Sache ist eine Abgrenzung der T. von ↗Salonmusik, ↗Unterhaltungsmusik und ↗Gebrauchsmusik kaum möglich. Terminologisch hebt sich der Begriff von diesen Termini durch seinen negativ wertenden Beigeschmack des ästhetisch Fragwürdigen ab und steht dem des musikalischen Kitsches nahe. T. und Kitsch berühren sich in der Verbindung von Simplizität und Emphase, wobei Kitsch (von kitschen = mit fabrikmäßiger Oberflächlichkeit herstellen) entweder als Steigerung von T. oder als T. mit besonderem Anspruch (W. Wiora) angesehen wird. T. und Kitsch können auch als Verfallsformen verschiedener Stile aufgefaßt werden. Während Kitsch als abgesunkene Romantik oder heruntergekommener Manierismus gilt, wird T. eher im Zusammenhang mit epigonalem Klassizismus gesehen (C. Dahlhaus).

Die Frage nach den Kriterien der T. berührt ein wertästhetisches Grundproblem: nämlich die kontrovers diskutierte Frage, ob Trivialität mittels Analyse am Notentext dingfest gemacht werden kann oder ob sich der Eindruck trivialer Momente erst aus dem rezeptionspsychologischen Kontext ergibt, d. h. aus der psychologischen oder soziologischen Situation des Hörers. Die musikästhetische Auffassung von Trivialität (Dahlhaus, H. Rauhe, K. M. Komma u. a.) geht davon aus, daß am Notentext gezeigt werden könne, worin sich Kunstmusik von T. unterscheidet. Als allgemeine Merkmale des Trivialen gelten u. a. der Potpourricharakter der Musik, d. h. die Reihung heterogener, zwar für sich reizvoller, aber zusammenhangloser musikalischer Details, falsches Pathos, isolierte Effekte, aufgesetzte Ornamente, Repetitions- und Sequenzierungszwang, Stilbrüche, Zehren von fremder Substanz, Verwischung der Gattungsgrenzen, kurz: das Mißverhältnis zwischen äußerem Aufwand und innerem Gehalt. Während H. Mersmann (1935) noch davon ausging, daß mit dem Wert des Kunstwerks auch die Haftpunkte der Analyse wachsen oder schwinden, hat Rauhe (1967) versucht, aus der statistischen Auswertung der 500 populärsten Lieder des 19. Jh. (vom Ständelied bis zum Gassenhauer) sowie einer Analyse moderner Schlager einen Katalog trivialer musikalischer Kriterien zu gewinnen (z. B. die ungewöhnliche Behandlung der melodischen 7. Stufe in Dur [unaufgelöster Leitton], emphatische Sext- und Septimensprünge, die Sexte als Spitzenton reizharmonischer Akkorde). Dagegen ist eingewendet worden, solche Wendungen kämen gelegentlich auch in der Kunstmusik vor (H. de la Motte-Haber). Der Unterschied dürfte darin liegen, daß trivialitätsanfällige Phrasen in klassisch-romantischer Kunstmusik in der Regel durch den Kontext (z. B. das Sekundganggesetz) gerechtfertigt oder aber funktional gebunden sind (Textausdeutung). Der Auffassung, ästhetische Werturteile ließen sich durch Sachurteile (Notentextanalyse) begründen, wird von musiksoziologischer Seite mit dem Hinweis begegnet, daß es objektivierbare Kriterien der T. nicht geben könne, da Werturteile von historischen und soziologischen Gegebenheiten abhängen (John H. Mueller u.a.). Aus den sich widersprechenden Standpunkten ist zu folgern, daß zwischen einem objektorientierten Trivialitätsbegriff (der beim Hörer eine durch Ausbildung erworbene Urteilskompetenz voraussetzt) und einem subjektorientierten unterschieden werden muß (Trivialität als situativ oder psychisch begründeter Eindruck). Leichte Musik hat es wohl zu allen Zeiten gegeben. Die Entstehung der T. im engeren Sinne hängt jedoch mit den politischen und wirtschaftlichen Umwälzungen des 18. und 19. Jh. zusammen, vor allem mit der industriellen Revolution. Die Folge der durch die soziale Umschichtung, aber auch durch die Labilität der politischen Lage bedingten allgemeinen Verunsicherung war ein starkes Bedürfnis nach Ablenkung und Zerstreuung. Der dem 19. Jh. eigene Sentimentalismus trug das Seine zur Entstehung einer neuen Gebrauchsmusik bei, deren einziger Zweck es war, zu amüsieren, und die sich daher durch Leichtigkeit, Gefälligkeit und Kürze auszeichnen mußte. Das rapide Anwachsen des musikalischen Interesses in breiten Bevölkerungsschichten äußerte sich in einem vermehrten Bedarf an leicht spielbarer, unterhaltender Musik. Schon um 1830 zeigten ⅔ der Verlagskataloge Unterhaltungsmusik an, vornehmlich Stücke für das Pianoforte. Klavierstücke wie *Das Gebet einer Jungfrau* von Tekla Badarzewska, *Les cloches du monastère* von Lefébure-Wély oder *Rendez-vous* von Wilhelm Aletter, auf sentimentale Rührung hin angelegte Salonpiècen, gelangten nach Erscheinen sogleich in den verschiedensten Ausgaben auf den Markt. Die fortschreitende Mechanisierung förderte die Etablierung eines eigenen Berufszweiges, der sich auf die simplifizierende Imitation konzerthafter Musik verstand (Nachahmung expressiver und virtuoser Effekte). Für die Verbreitung der T. sorgten neben zahlreichen Salonalben und reisenden Virtuosen auch ↗mechanische Musikwerke wie Spieldose, Spieluhr und Orchestrion. – Eine der T. vergleichbare sozialpsychologische Funktion erfüllt im 20. Jh. der ↗Schlager.

Lit.: R. HOHENEMSER, Das Triviale in der Musik, in: Mk 5 (1905/06); H. MERSMANN, Versuch einer musikal. Wertästhetik, in: ZfMw 17 (1935); T. KNEIF, Die geschichtlichen u. sozialen Voraussetzungen des musikal. Kitsches, in: DVfLG 37 (1963); J. H. MUELLER, Fragen des musikal. Geschmacks (Kö 1973) (= Kunst u. Kommunikation 8); M. GREINER, Die Entstehung der modernen Unterhaltungsliteratur (H 1964); E. EGGLI, Probleme der musikal. Wertästhetik im 19. Jahrhundert. Ein Versuch über schlechte Musik (Winterthur 1965); Stud. zur T. des 19. Jh., hrsg. v. C. DAHLHAUS (Rb 1967) (= Stud. z. Musikgesch. des 19. Jh. 8); H. RAUHE, Zum Wertproblem der Musik, in: Didaktik der Musik 1967 (H 1968); W. WIORA, Über die Zunahme trivialer Melodik im neueren Volkslied, in: FS W. Graf (W 1970) (= Wiener musikwiss. Beitr. 9); Das Triviale in Lit., Musik u. Bildender Kunst, hrsg. v. H. DE LA MOTTE-HABER (F 1972) (= Stud. z. Philos. u. Lit. des 19. Jh. 17); K. M. KOMMA, Vom Ursprung u. Wesen des Trivialen im Werk G. Mahlers, in: Musik u. Bildung 5 (1973); DERS., Kriterien des musikal. Kitsches, in: ebd. 8 (1976); N. J. SCHNEIDER, T., in: Brockhaus Riemann Musiklexikon II (Wie–Mz 1979).

W. FISCHER

TRIVIRGA, Neume, ↗Notenschrift.

TRIVIUM (lat., = Ort, an dem drei Wege zusammentreffen; Dreiweg), seit dem 9. Jh. Bz. für die Gruppe der sprachlichen Disziplinen (Grammatik, Rhetorik, Dialektik) der aus der griechischen Enkyklios paideia hervorgegangenen Septem artes liberales (↗Quadrivium). Im Zeitalter des Humanismus und der Renaissance gewannen die Fächer des T. besondere Bedeutung innerhalb der Studia humanitatis. Aufgrund ihrer Stellung im Lehr- und Bildungssystem und im Zusammenhang mit der Entwicklung von Techniken des musikalischen Vortrags bzw. der Vertonung von Sprache haben insbesondere Grammatik und Rhetorik sowohl mit ihren Denkkategorien und mit ihrer Terminologie (↗Distinctio, ↗Klausel, ↗Periode, ↗Punctus, ↗Stil) als auch mit ihren Prinzipien und Techniken der Gestaltung (↗Artikulation, ↗Figuren, ↗Musik und Sprache) die Musiktheorie und die Musik bis gegen Ende des 18. Jh. wesentlich mitgeprägt.

Lit.: E. R. CURTIUS, Europäische Lit. u. lat. MA (Be 1948, 9 1978); H. HÜSCHEN, Artes liberales, in: MGG I; DERS., Die Musik im Kreise der artes liberales, in: Kgr.-Ber. Hamburg 1956 (Kas 1957); Artes liberales. Von der antiken Bildung z. Wiss. des MA, hrsg. v. J. KOCH (Lei – Kö 1959); J. DOLCH, Der Lehrplan des Abendlandes (Ratingen 3 1971); M. BIELITZ, Musik u. Grammatik. Stud. z. ma. Musiktheorie (Mn–Salzburg 1977) (= Beitr. z. Musikforsch. 4).

D. ALTENBURG

TROCHÄUS ↗Metrum.

TROJAHN, Manfred, * 22. 10. 1949 Cremlingen bei Braunschweig; dt. Komponist. T. studierte 1966–70 Flöte an der Niedersächsischen Musikschule in Braunschweig und 1970–78 an der Musikhochschule in Hamburg, wo er auch Kompositionsschüler von D. de la Motte war. 1977 und 1979–80 lebte er als Stipendiat der Villa Massimo in Rom, 1978–79 zu weiterer Ausbildung in Paris, wo er heute als freischaffender Komponist seinen ständigen Wohnsitz hat. Von der Zwölftontechnik ausgehend, entwickelte T. eine freitonale Formensprache von stark emotionalem Charakter. In lyrischen und expressionistischen Zügen, vor allem orchestraler Art, knüpft er an G. Mahler und A. Berg an, während er bei Clustertechniken die ametrische Polyphonie G. Ligetis und bei der Verwendung musikalischer Zitate Verfahren von B. A. Zimmermann zum Vorbild nimmt.

WW: *Conduct I* (1977) für Org. mit 2 Spielern; *Objet trouvé* (1976) für Fl. u. Cemb.; *El cielo baja* (1982) für 2 Klv.; Streichquartett (1976); 2. Streichquartett (1981) (Text: G. Trakl) mit Klar. u. Mezzosopran; *Les couleurs de la pluie* (1971) für 5 Fl. u. Altfl.; Kammerkonzert für 8 Instr. (1973); *Notturni trasognati* (1977) für große Fl., Altfl. u. Kammerorch. – Für Orch.: 3 Symphonien (1974, 1978, 1982); *Abschied* (1978); *Berceuse* (1980); 5 *Seebilder* (1980–82) mit Mezzosopran; *Conduct II* (1978) für Streichorch. u. Schlagzeug. – *architectura caelestis* (1974–76) für 8 Frauenst. u. Orch.; „... *stiller Gefährt der Nacht*" (1978) (Text: F. G. Klopstock), Kammermusik für Sopran, Fl., Vc., Schlagzeug u. Celesta.

Lit.: C. KÜHN, Auf der Suche nach dem Eigenen. Der Komponist M. T., in: Musica 32 (1978); P. DANNENBERG, Ein Flötenspieler, der Sinfonien komponiert. Gespräch mit M. T., in: NMZ 28 (1978/79); D. DE LA MOTTE, Zur Situation junger dt. Komponisten, in: Avantgarde, Jazz, Pop (Mz 1978) (= Veröff. des Inst. für Neue Musik u. Musikerziehung 18). B. A. KOHL

TROJANER, DIE *(Les Troyens),* Oper in 2 Teilen (5 Akten) von H. Berlioz, Text vom Komponisten nach Vergils *Aeneis.* Ort u. Zeit der Handlung: 1. Teil: Troja, während des Trojanischen Kriegs; 2. Teil: Karthago, nach dem Trojanischen Krieg. UA des 2. Teils unter dem Titel *Les Troyens à Carthage* (Die Trojaner vor Karthago): 4. 11. 1863 Paris (Théâtre Lyrique); dt. EA (in dt. Sprache): 6. 12. 1890 Karlsruhe. UA des 1. Teils unter dem Titel *Die Eroberung Trojas* (La Prise de Troye) in dt. Sprache: 5. 12. 1890 Karlsruhe.

Dreiundzwanzig Jahre arbeitete Berlioz an diesem Monumentalwerk, zu dem er von Caroline von Sayn-Wittgenstein (Widmungsträgerin des Werkes) angeregt worden war. An den gewaltigen Dimensionen des Werks scheiterten jedoch alle Versuche, die Oper in Paris auf die Bühne zu bringen; die Direktion der Opéra gab Wagners *Tannhäuser* den Vorzug, was zum Bruch zwischen den beiden Komponisten führte. Erst 1863 entschloß sich das Théâtre Lyrique zur Annahme der drei Karthago-Akte für eine separate UA. Um das Segment zu einem sinnvollen Ganzen zu runden, wurde es in 5 Akte gegliedert, denen man einen die fehlenden Troja-Akte zusammenfassenden Prolog voranstellte. Im Dezember 1890 inszenierte Felix Mottl erstmals das gesamte Werk an zwei aufeinanderfolgenden Abenden – für den 1. Teil bedeutete dies eine deutschsprachige UA. – Die Handlung folgt zwar der Vorlage von Vergils Epos, doch bietet diese dramatische Umgestaltung nur einen schwachen Abglanz des klassischen Meisterwerks. Die beiden ersten Akte schildern die entscheidende Phase des Trojanischen Kriegs und schließen mit der Einnahme der Stadt durch die Griechen. Der 2. Teil ist eine Dramatisierung der in Karthago spielenden Liebesepisode zwischen Dido und Aeneas; als der Held nach Italien aufbricht, ersticht sich die karthagische Königin mit dessen Schwert. – Die Grand opéra, wie sie sich in Frankreich herausgebildet hatte, entsprach eigentlich nicht den musikdramatischen Vorstellungen des Komponisten, doch läßt sich dieser Operntypus in den *Trojanern* kaum verleugnen. Zu reichhaltig ist der Fundus an theatralischen Effekten (Verkündung des Untergangs Trojas durch den Geist Hectors; pantomimische Szene der Waldgötter vor Aeneas' Entscheidung, nach Italien aufzubrechen – beides dramatisch entscheidende Szenen), zu deutlich treten die musikalischen Gestaltungsmerkmale der Grand opéra hervor (szenischer u. musikalischer Kontrastreichtum, Erweiterung der Arien/Solonummern auf der einen, thematische Kleingliedrigkeit auf der anderen Seite). Volksmassen und Heere auf der Opernbühne geben Anlaß zu großen Chören, doch wirken diese nicht so überzeugend wie die rein instrumentalen, wesentlich „sprechenderen" Teile der Oper. R. QUANDT

TROMBA ↗Trompete.

TROMBONCINO (Trombonzin, Trombecin), **Bartolomeo,** * um 1470 Verona oder Umgebung, † um 1535 Venedig (?); it. Komponist. Er war Sohn und Schüler von Bernardino Piffaro, wirkte von etwa 1489 bis 1512 am Hof der Gonzaga in Mantua und hielt sich daneben zur Aufführung eigener Kompositionen auch in anderen Städten auf, zwischen 1501–12 vor allem am Hof der Este in Ferrara. 1499 ermordete er seine Frau und deren Liebhaber, scheint aber deshalb nicht in Ungnade gefallen zu sein. Nach 1512 wirkte er in Ferrara, Venedig, Vicenza und Norditalien. T. nahm wie M. Cara an den vor allem durch Isabella d'Este geförderten Bestrebungen teil, die it. Musik von franko-flämischen Einflüssen zu befreien, und zwar besonders durch Pflege von in der it. Volksmusik wurzelnden Gattungen wie der Frottola, zu deren bedeutendsten Vertretern T. gehört.

WW: 176 Frottolen in den dieser Gattung gewidmeten Sammeldrucken von O. de' Petrucci u. A. Antico 1504–31, auch in gedruckten u. hsl. Org.- u. Lautentabulaturen; 15 Lauden. – Lamentationen für 4 St. in RISM 1506[1].

Ausg.: ↗Frottola. – Die Lamentationen, in: Mehrst. Lamentationen aus der ersten Hälfte des 16. Jh., hrsg. v. G. MASSENKEIL (Mz 1965) (= Musikal. Denkmäler 6).

Lit.: A. EINSTEIN, A. Antico's „Canzoni nove" of 1510, in: MQ 37 (1951); G. CROLL, Zu T.s „Lamentationes Jeremiae", in: Collectanea historiae musicae 2 (1965); C. DAHLHAUS, Unters. z. Entstehung der harmonischen Tonalität (Kas 1968) (= Saarbrükker Stud. z. Musikwiss. 2); F. LUISI, Le frottole per canto e liuto di B. T. e M. Cara nella edizione adespota di A. Antico, in: NRMI 10 (1976).

TROMBONE ↗Posaune.

TROMMEL (engl.: drum; frz.: caisse, tambour; it.:

tamburo; span.: tambor), Sammel-Bz. für ↗Schlaginstrumente, in der Regel für Membranophone, fälschlich auch für einige Idiophone, wie die aus einem ausgehöhlten Holzstück oder Baumstamm bestehende Holz- und/oder Schlitz-T. der Südsee, Afrikas und Lateinamerikas, ebenso für einige ↗Membranophone, die nicht angeschlagen werden (↗Reibtrommel, ↗Mirliton). T.n sind weltweit verbreitet und haben ein hohes Alter. Sie lassen sich nach der Anzahl der Felle (aus gegerbter Kalbs-, Ziegen- oder Eselshaut, heute oft aus Kunststoff) und nach der Gestalt ihrer Resonanzkörper (aus Holz, Ton, Metall) einteilen. Instrumente mit 2 Fellen sind Röhren-T.n und haben entweder eine Sanduhr- oder Doppelbecherform (↗Tsuzumi), eine Faßform oder eine zylindrische Form. Zylinder-T.n können auch nur mit einem Fell bespannt sein ebenso wie Rahmen-T.n, deren ein oder zwei Felle über einen nur wenige Zentimeter hohen runden oder eckigen Holzreifen gezogen sind (↗Schellentrommel, ↗Pandero, ↗Daira). T.n mit nur einem Fell sind im allgemeinen unten offen, sie haben eine nach unten enger werdende konische Röhre, wie die Vasen- oder Becher-T.n aus Ton oder heute auch aus Metall (↗Darabukka), oder es sind Gefäß-T.n wie die ↗Pauke (↗Nacaires, ↗Naqqāra). Die T.-Felle werden je nach Herkunft der Instrumente unterschiedlich befestigt. Bei außereuropäischen T.n sind sie oft festgeleimt, festgenagelt, mit einer um die Zarge gewickelten Schnur gehalten oder mit einer Schnurspannung ausgestattet. Zwei Felle werden meistens durch eine Schnur- oder Leinenspannung miteinander verbunden (Tsuzumi). Dazu befestigt man die Felle an Fellwickelreifen, die über den Rand der Zarge gezogen werden. Über den Fellwickelreifen wird ein Felldruck- oder Fellspannreifen gelegt, durch den die meist im Zickzack von Reifen zu Reifen verlaufende Schnur (T.-Leine) gezogen ist. Die Spannung der Felle erfolgt durch Anziehen der Leine und durch Lederschlaufen, die über jeweils 2 benachbarte, ein V bildende Schnurteile gezogen sind und höher oder tiefer geschoben werden können.

In Europa scheinen zuerst 1- oder 2fellige Rahmen-T.n, vermutlich durch das ↗Tympanum der griech.-römischen Antike, bekannt geworden zu sein. Die schon im Alten Ägypten nachweisbare Zylinder-T. mit Leinenspannung kam wahrscheinlich erst durch die Kreuzzüge nach Europa, denn erst seit dem 14. Jh. sind meist ziemlich kleine 2fellige T.n belegt, die zusammen mit der Einhandflöte (↗Galoubet) gespielt wurden. Im 15./16. Jh. entstand eine wesentlich größere bis zu 1 m hohe 2fellige Zylinder-T., die in den europäischen Heeren zur ↗Querpfeife gespielt wurde und deshalb auch Landsknechts-T. hieß. Sie wird noch immer in ↗Spielmannszügen, in Südfrankreich mit dem Galoubet zusammen und seit dem 19. Jh. gelegentlich im Orchester gespielt (↗Tambourin).

Anfang des 18. Jh. trat neben die hohe Landsknechts- oder „Rühr"-T. die Große oder „Türken"-T., die durch die Türken in Europa bekannt wurde. Sie hatte im Verhältnis zu ihrem großen Felldurchmesser nicht nur eine ziemlich geringe Zargenhöhe, sondern sie wurde auch im Unterschied zu den anderen T.n auf beiden, senkrecht gehaltenen Fellen gespielt (↗Davul, ↗Tupan), wie es heute noch in engl. und amerik. Militärkapellen üblich ist. Im Orchester, in der Militärmusik anderer Länder und im Jazz wird die Große T. heute nur auf einem Fell geschlagen. Im Orchester ruht sie auf einem Bock, in der Unterhaltungsmusik und im Jazz ist sie mit einem Fußpedal (Fußmaschine) ausgestattet, mit dem der Spieler den Anschlag eines Schlegels auf einem Fell bewirkt. Die Große T. wurde in der Kunstmusik zuerst nur dann eingesetzt, wenn die Musik ein türkisches oder orientalisches Kolorit erhalten sollte (↗Janitscharenmusik), gehört jedoch heute zum festen Instrumentarium. Seit Ende des 18. Jh. werden T.n nicht mehr nur aus Holz, sondern auch aus Messing oder aus einem anderen Metall, heute auch aus Kunststoff hergestellt. Gleichzeitig wurde die Schnurspannung durch 6–10, bei der Großen T. bis 12 auf den Felldruckreifen wirkende Spannschrauben ersetzt.

Im Unterschied zur Großen T. mit meist 2 gleich starken Fellen haben die verschiedenen im 19. Jh. aus der Landsknechts-T. hervorgegangenen Kleinen T.n ein stärkeres Schlag- und ein dünneres Resonanzfell. Das wesentliche Merkmal dieser Kleinen T.n ist ihre Ausstattung mit Schnarrsaiten (engl.: snare; frz.: timbre; it.: corda; span.: bordón) aus Darm oder aus metallumsponnenem Kunststoff, die über das Resonanzfell gezogen sind. Beim Anschlag schwingt die Resonanzmembran gegen die Schnarrsaiten und erzeugt so den charakteristischen Schnarrton der Kleinen Trommel. Die Spannung der Schnarrsaiten läßt sich durch eine Schraube regulieren, sie können auch mit einem Hebelmechanismus ganz vom Fell entfernt werden, wodurch der Klang des Instruments dumpfer wird. Die im Orchester verwendeten Kleinen T.n haben meist 4–10 Darm-, die Militär- und Jazz-T.n bis zu 18 Metallsaiten. Je nach Verwendungszweck haben Große und Kleine T.n verschiedene Zargenhöhen und Felldurchmesser. Die Große T. hat als Orchesterinstrument eine Zargenhöhe von 35–55 cm (Felldurchmesser ca. 70 bis

100 cm), als Militärinstrument von 25–45 cm (36–76 cm), als Jazzinstrument von ca. 30–40 cm (45–70 cm). Die Kleine T. hat als Orchesterinstrument eine Zargenhöhe von 16–18 cm (Felldurchmesser ca. 35–38 cm), als Militärinstrument von 10–17 cm (ca. 30–38 cm) und als Jazz-T. von 12–14 cm, auch 8–10 cm (ca. 35 cm). Alle T.n werden je nach gewünschtem Klang mit unterschiedlichen Schlegeln, Rute, Besen u.a. gespielt. Die T.-Felle lassen sich zwar mehr oder weniger stark spannen und ergeben einen entsprechend differenzierten Klang, sie können jedoch nicht auf eine bestimmte Tonhöhe gestimmt werden. Zum Schlagwerk des modernen Orchesters gehören heute auch ↗Bongos, ↗Congas oder ↗Tom-Toms.

Lit.: H. BURGER, Das T.-Buch (Plauen 1934); F. BERGER, T.n u. Pfeifen, in: Musica aeterna 2 (Z 1948); U. FISCHER, Zu den mitteldt. T.n, in: Archaeologica geographica 2 (1951); H. HICKMANN, Die Gefäßtrommel der Ägypter, in: Mitt. des Dt. Archäologischen Inst., Abt. Kairo 14 (1956); DERS., Die altägyptische Röhrentrommel, in: Oriens 17 (1964); W. STAUDER – H. HICKMANN – CH. CASKEL, T.n u. Pauken, in: MGG XIII. – ↗Schlagzeug.

M. BRÖCKER

TROMPE (frz.). – **1)** Seit dem 12./13. Jh. verwendete Bz. für ein Blasinstrument in Frankreich, dessen genaue Beschaffenheit aus den Quellen nicht immer klar hervorgeht. Es scheint sich jedoch stets um ein Blechblasinstrument mit konischer Röhre gehandelt zu haben, meistens wohl um ein langgestrecktes, gerades, oft sehr langes Horn, das hauptsächlich als Signalinstrument diente. Später wurde der Name auch auf andere gewundene, gerade oder leicht bis halbmondförmig gebogene Horninstrumente übertragen. So gab es im 17. Jh. in Frankreich vor allem die T. de chasse mit 2½ Windungen, im 18. Jh. aber auch noch Instrumente gleichen Namens mit nur leicht gebogener Form. – ↗Horn. – **2)** Im 17./18. Jh. frz. Bz. für die ↗Maultrommel.

Lit.: E. A. BOWLES, Unterscheidung der Instrumente Busine, Cor, T. u. Trompete, in: AfMw 18 (1961).

TROMPETE (engl.: trumpet; frz.: trompette; it.: tromba; span.: trompeta). – **1)** Blechblasinstrument aus Messing, Goldmessing oder Neusilber, seltener aus Silber oder Gold, mit enger zylindrisch-konischer, schlaufenförmig gebogener Röhre (Bügelform) und einem wenig ausladenden Schalltrichter. Die moderne T. hat 3 Ventile mit verschieden langen, U-förmigen Ventilbogen, die beim Öffnen die Hauptröhre verlängern. Der Grundton wird dadurch um einen Ganzton (1. Ventil), Halbton (2. Ventil) oder um 1½ Töne (3. Ventil) erniedrigt. Durch Kombination mehrerer Ventile sind noch tiefere Töne spielbar. Der Tonvorrat einer Natur-T. ohne Ventile besteht nur aus den ↗Naturtönen. Dagegen können auf der Ventil-T. durch Veränderung der Rohrlänge verschiedene Naturtonreihen gespielt werden. Auf diese Weise ist die Ventil-T. ein voll chromatisch spielbares Instrument. Außer der C-T. gehören die T.n zu den ↗transponierenden Instrumenten.

T.n-Instrumente sind sehr alt und wurden aus Holz, Rinde, Rohr, Elfenbein oder später aus Metall hergestellt. Die obere Öffnung wurde zu einem Wulst ausgearbeitet und manchmal auch geweitet, denn das aus Elfenbein, Knochen oder Metall gefertigte, einsteckbare Mundstück ist jüngeren Datums. Langgestreckte T.n wurden bereits in Ägypten als Kult-, als militärische Signal- und als Symbolinstrumente königlicher Macht verwendet. Ähnliche Funktionen hatten sie auch in der griech.-römischen Antike (↗Salpinx, ↗Tuba, ↗Lituus). Im ma. Europa waren T.n vermutlich aus der Spätantike und aus Byzanz bekannt und wurden dann durch die Araber in Spanien und durch die Kreuzfahrer weiter verbreitet. Das arabisch-persische Wort für T. war annafīr, aus dem span. añafil wurde. Andere seit dem 12./13. Jh. geläufige Bz.en waren ↗Clairon, ↗Busine, aber auch Tromba, Trompa, ↗Trompe, von dem durch Diminutivbildung der heutige Name T. abgeleitet wurde (erstmals bei Dante, *Divina Commedia*, Inferno XXI, 47). Ende des 14. Jh. begann man, Metallröhren zu biegen, und die bisher langgestreckte T. wurde aus geraden Röhrenteilen oder Stangen mit verbindenden U-Bögen zusammengesteckt. Zuerst baute man sie in S-Form, im 15. Jh. legte man dann einen der beiden äußeren Röhrenabschnitte um, so daß die erste Stange sich neben dem Schallstückrohr befand. Neben diese handliche Natur-T. in Bügelform trat bald eine ebenfalls bügelförmige Zug-T., deren Mundstück an einem längeren, in der ersten Stange verschiebbaren Röhrenteil saß; dieser konnte unterschiedlich weit herausgezogen und somit der Grundton bis zu 3 Halbtönen erniedrigt werden. Noch im 18. Jh. wurde sie mit der Bz. Tromba da tirarsi von J. S. Bach vorgeschrieben. Neben der bügelförmigen Natur-T. und der Zug-T. gab es im 16.–18. Jh. mehrfach gewundene Jäger-T. bzw. italienische Trompeten. Im Gegensatz zu anderen Instrumenten wurde die T. im Laufe des 16. Jh. nicht zu einer ganzen Familie ausgebaut, sondern zur Veränderung des Grundtons wurden gerade „Setzstücke" oder Krummbögen benutzt, die zwischen Mundstück und Hauptrohr eingesetzt wurden. So erreichte man auch die Anpassung an verschiedene Tonarten.

Während des 16. Jh. wuchsen die Anforderungen an die Trompeter, die nun schon bis zum 13. Na-

turton blasen mußten. M. Praetorius schrieb einen Tonumfang vom 2.–8. bzw. 12. Naturton vor, notierte dazu jedoch als mögliche Töne den Grundton und die Naturtöne bis zum 16. bzw. 22. Für M. Mersenne galten der 1.–15. Naturton als spielbar. Im mehrstimmigen T.n-Satz, in dem jede Stimme ihren speziellen Namen hatte, war die Bz. für die höchste, vom 8. Naturton an aufwärts zu blasende Stimme ↗Clarino. Das sog. Clarinblasen entwickelte sich im 17./18. Jh. zu einer höchst virtuosen Kunst. Die Fertigkeit der Spieler bestand nicht nur darin, daß sie bis an die Grenzen der ansprechbaren Teiltöne zu blasen hatten, sondern sie konnten vor allem solche Töne der Naturtonreihe wie den 11. und den 13., die nicht rein sind, durch das sog. Treiben sauber blasen. Demgegenüber wurde seit der Mitte des 18. Jh. zunehmend eine größere chromatische Beweglichkeit in den unteren Lagen sowie eine stärkere Anpassungsfähigkeit an verschiedene Tonarten gewünscht. Bis zu diesem Zeitpunkt war für 3 Jahrhunderte Nürnberg das führende europäische Zentrum für den Bau von Blechblasinstrumenten. Dort wirkten u.a. so berühmte Hersteller wie Hans Neuschel, die Familien Ehe, Haas, Hainlein und Schnitzer. Diese Namen sind vor allem mit dem Bau von Natur-T.n verbunden. Mit den Veränderungen der T. in der 2. Hälfte des 18. Jh. sind die Namen anderer berühmter Hersteller verbunden, wie u.a. die Familien Leichambschneider und Kerner (Wien), M. Sauerle (München), I. Lorenz (Linz), Haltenhof (Hanau), Köhler (London) und Halary (Paris).
Der erste Versuch, die T. zu verbessern, war die in Anlehnung an das Stopfen beim ↗Horn von Michael Wöggel (Karlsruhe 1777) entwickelte Stopf-T.; dafür wurde die T. entweder so gebogen, daß die Hand in die Stürze eingeführt werden konnte, oder sie wurde halbmondförmig (frz.: trompette demilune) gebaut. Ebenfalls nach dem Vorbild des Horns wurde eine Inventions-T. entwickelt, die verschieden lange, auswechselbare U-förmige Stimmbögen hatte, die gleichzeitig als Stimmzüge zur feineren Einstimmung des Instruments dienten. In England entwickelte der Trompeter John Hyde (Instrumentenbauer Woodham) eine neue Art der Zug-T., die Slide Trumpet, die wie die Posaune einen U-förmigen, jedoch nach oben ausziehbaren Zug hatte. Die später verbesserte Slide Trumpet wurde während des ganzen 19. Jh. in England gespielt. Ein weiterer Verbesserungsversuch war die ↗Klappen-T. Bereits seit der Mitte des 18. Jh. wurde mit Klappen-T.n experimentiert, erfolgreich war jedoch erst der Virtuose Anton Weidinger, für den J. Haydn und J. N. Hummel ihre Konzerte schrieben. Die wichtigste Veränderung der T. bedeutete die Erfindung der ↗Ventile. 1818 ließen sich Blühmel und Stölzel (Berlin) ein Schub- oder Pumpventil patentieren, das bereits 1820 auf die T. übertragen wurde. Nach mehreren Verbesserungs- und Änderungsversuchen von Ventilen entwickelte 1839 E. F. Périnet (Paris) aus dem Schubventil das Périnet-Ventil, das neben dem 1832 von Joseph Riedl (Wien) konstruierten Dreh- oder Zylinder-Ventil bis heute benutzt wird. Die Ventil-T. (in B und Es) wurde zuerst in der Militärmusik eingesetzt; sie fand jedoch nur zögernd Eingang im Orchester (zuerst in F), wo sie sich erst gegen das leichter zu blasende ↗Kornett durchsetzen mußte, das besonders in Frankreich und in den USA bis zu Beginn des 20. Jh. bevorzugt wurde. Die heute im Orchester üblichsten Instrumente sind D-, C-, B/A- (umschaltbar; Umfang: f–d^3), F- und Es-T.n, außerdem besonders die Hoch-B-Trompete.

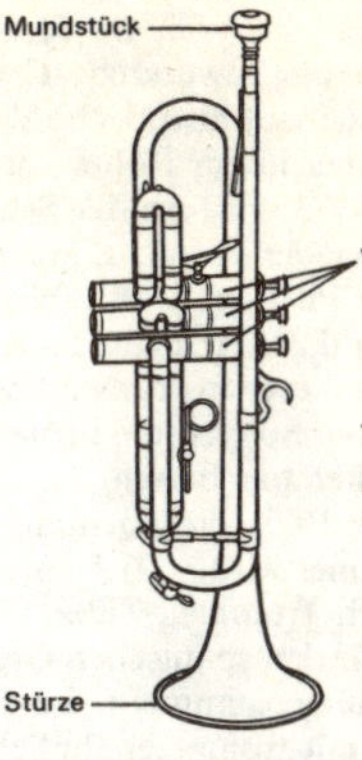

TROMPETE
20. Jh.

Für ein gedämpftes Spiel (con sordino) wurde schon im 17. Jh. (Cl. Monteverdi, *Orfeo*) ein entsprechender Dämpfer benutzt, der, aus Holz oder Pappe (heute auch aus Metall oder Kunststoff) bestehend, in die Stürze eingeführt wird. Noch heute werden zur Dämpfung und zur Erzielung bestimmter Effekte verschiedene Dämpfer benutzt.
Um 1880 setzten bereits die ersten Versuche ein, T.n zu entwickeln, auf denen die hohen Clarinpartien der Barockmusik zu spielen waren. Einer der ersten, die auf einer geraden 2ventiligen A-T. die T.n-Partien der h-moll-Messe von J. S. Bach in der richtigen Lage bliesen, war Julius Kosleck (Berlin). Seine wie auch die folgenden, der Natur-T. der Bach-Zeit nicht entsprechenden Konstruktionen (T.n in hoch D, F, G, A, B) wurden oft fälschlich als „Bach-T.n“ bezeichnet. Richtung-

weisend für die Wiederentdeckung der Clarinblastechnik war die von O. Steinkopf und H. Finke 1960 gebaute, gewundene T., deren Intonation durch 3 (nicht auf historische Vorbilder zurückgehende) Löcher in der Röhre korrigiert werden konnte. Seit 1973 wird (in der Schola Cantorum Basiliensis) wieder versucht, auf nachgebauten Natur-T.n die im 17./18. Jh. übliche Anblastechnik, vor allem das „Treiben", zu erlernen, um den Originalklang dieser Instrumente wiederzugewinnen. Die meisten Spieler, die heute die Clarinpartien dieser Literatur blasen, benutzen dazu noch die Hoch-A/B-T., die ebenfalls häufig als „Bach-T." bezeichnet wird. – **2)** Neben den Bz.en Tromba, Trummet, Trommet, Tuba, Clairon oder Clarin Bz. einer für den spanischen Orgelbau charakteristischen Zungenstimme (↗Lingualpfeifen) zu 16′, 8′ und 4′ mit trompetenähnlichem Klang und mit trichterförmigen Schallbechern, die waagerecht in den Raum ragen. M. BRÖCKER

Musik für Trompete. Bereits seit der 2. Hälfte des 12. Jh. war die T., abgesehen von ihrer traditionellen Funktion als ↗Signal-Instrument, vor allem im militärischen Bereich (↗Militärmusik), Instrument der höfischen und städtischen Repräsentation. Sie wurde zum einen im Ensemble mit Schlaginstrumenten (seit Mitte des 15. Jh. dann mit den neu aufkommenden großen Kessel-↗Pauken), zum anderen in der Gruppierung mit Holzblas- und Schlaginstrumenten (seit etwa 1300 in Deutschland nur noch selten mit Schlaginstrumenten, im 15. Jh. wurde diese Besetzung dann als ↗Alta bezeichnet), drittens im reinen T.n-Ensemble (spätere Bz.: Trompetercorps) verwendet. Der Tonumfang der Natur-T. war bis weit ins 15. Jh. auf wenige Töne aus dem unteren Bereich der Naturtonreihe beschränkt. (Die Trompetta- bzw. Tuba-Partien in Werken von E. Grossin, A. de Lantins, J. Fr. Gemblaco u.a. sowie G. Dufays *Et in terra* „ad modum tubae" lassen nur bedingt Rückschlüsse auf Ambitus, Idiomatik und Repertoire der Zug- und Natur-T. in dieser Zeit zu.) War die T. im MA vor allem Rechts- und Herrschaftszeichen bei der Wahrnehmung hoheitlicher Funktionen und in Prozessionen, so erhielt sie, davon kaum zu trennen, seit dem 15. Jh. zunehmend eine zentrale Rolle im höfischen und städtischen Fest, bei der Tafel ebenso wie beim Tanz, in allegorischen Spielen (später in der Oper) ebenso wie in der Kirche. Musik für T. gehörte gleichermaßen zu Krönungen, Hochzeiten, Trauerfeiern, Reichstagen und Friedensfeiern wie zu Ratsveranstaltungen, Zunftschmäusen und Fürstenbesuchen (↗Stadtpfeifer). Mit der im ausgehenden 15. Jh. einsetzenden Entwicklung der Clarinblastechnik (des Überblasens in die hohe Lage der Naturtonreihe vom 8. Naturton an) wurden die Voraussetzungen für einen neuen Typ der Musik für T. geschaffen. Im mehrstimmig improvisierten T.n-Satz wurde die ältere Technik des „Feldstückblasens", die u.a. durch das „Schmettern" sowie spätestens seit dem 16. Jh. durch die Verwendung der Doppelzunge gekennzeichnet ist, mit dem am Vorbild der menschlichen Singstimme orientierten Clarinblasen kombiniert. Die ältesten überlieferten Repertoiresammlungen für T. entstanden gegen Ende des 16. und zu Beginn des 17. Jh. (M. Thomsen, H. Lübeck, C. Bendinelli). Sie enthalten sowohl einstimmige Signale als auch einstimmig notierte Improvisationsvorlagen für das mehrstimmige Musizieren sowie Beispiele für die Ergänzung einer Clarin- zur vorgegebenen Quinta- bzw. Prinzipalstimme (Thomsen, Bendinelli). Konkrete Hinweise zur Improvisationspraxis gibt Bendinelli in seiner als Lehrwerk konzipierten Sammlung *Tutta l'arte della Trombetta.* Zu den ältesten mehrstimmig aufgezeichneten T.n-Stücken zählt die Toccata zu Cl. Monteverdis *Orfeo* (V 1609), die in der Tradition der bei Festveranstaltungen üblichen zeremoniellen Bläserstücke steht. In den ersten Jahrzehnten des 17. Jh. fand das Ensemble von T.n und Pauken u.a. in Kompositionen von H. Schütz und M. Praetorius Aufnahme in die Kirchenmusik.

Von der Virtuosität der Clarinblaskunst in der 1. Hälfte des 17. Jh. zeugt die Trompetenschule *Modo per imparare a sonare di tromba* (F 1638) von G. Fantini, die auch die ersten bekannten Stücke für T. und B.c. enthält. In zunehmendem Maße wurde die T. seit der Mitte des 17. Jh. in Opern, Kantaten und Oratorien als obligates Instrument verwendet, insbesondere zur Darstellung des heroischen Affekts bzw. als fürstliches Attribut. Daneben gewann sie seit den 1660er Jahren als Soloinstrument mehr und mehr Bedeutung in der Instrumentalmusik. Für den Hof des Fürstbischofs von Olmütz in Kremsier schrieben u.a. J. H. Schmelzer, P. J. Vejvanovský und H. I. Fr. Biber zahlreiche Suiten und Sonaten mit obligaten T.n. Die Mehrzahl der Sonaten, Sinfonien und Konzerte mit 1–4 konzertierenden T.n von M. Cazzati, P. Franceschini, G. Torelli (36 Werke), D. Gabrielli, G. M. Jacchini, G. B. Bononcini und G. B. Martini war für die Festmessen zu Ehren des Schutzheiligen an San Petronio in Bologna bestimmt. Ebenso hatte die T. als obligates Instrument in vielen dt. Städten im 17. Jh. Eingang in die Kirchenmusik gefunden. Ein Zentrum war Leipzig. Die T.n-Partien in den Motetten und Kantaten von S. Knüpfer, J. Schelle, J. Kuhnau und in den Kantaten von J. S. Bach stellten z.T. beachtliche

Anforderungen an die Leipziger Stadtpfeifer. Für fürstliche Auftraggeber schrieben in Deutschland u.a. G. Ph. Telemann. J.S. Bach (*2. Brandenburgisches Konzert*), Chr. Graupner, J. Fr. Fasch, J. M. Molter u. J. W. Hertel ihre Concerti grossi und Solokonzerte. Zentren der höfischen Clarinblaskunst waren im 17. und 18. Jh. neben Kremsier Wien, Salzburg, Dresden, Weißenfels, London und Versailles. Unabdingbar gehörten zu den großen Festopern des kaiserlichen Hofes in Wien heroische Arien und Chöre mit z.T. virtuosen T.n-Partien (M. A. Cesti, A. Bertali, J. J. Fux). Mittel höfischer Repräsentation war die Musik für T. auch am Hof in London (H. Purcell; G. Keller; G. Fr. Händel, *Wassermusik* und *Feuerwerksmusik*) und vor allem am Hof Ludwigs XIV. in Versailles (J.-B. Lully, M. R. Delalande). – Die Zeit von 1750 bis um 1800 ist gleichermaßen von einer letzten Blüte der Clarinblaskunst wie von ihrem Niedergang gekennzeichnet. Zu den letzten Konzerten für die Natur-T. zählen jene von J. Riepel, L. Mozart und J. M. Sperger, die z.T. die extreme Höhe bis zum 20. oder gar 24. Naturton (M. Haydn) fordern. Nicht mehr für die Natur-, sondern für die Klappen-T. sind die Konzerte von J. Haydn (1796) und J. N. Hummel (1803) geschrieben.

Im Orchester der Klassik und der Romantik wurde die T. fast ausschließlich als Tuttiinstrument, nur gelegentlich auch solistisch verwendet. Neben den neu aufkommenden Ventil-T.n (H. Berlioz, Ouvertüre zu *Les francs-juges*, 1826; H. A. Chelard, *Macbeth*, 1827) behaupteten sich im Orchester bis weit in die 2. Hälfte des 19. Jh. Natur-T.n, bis sich die ersteren endgültig durchsetzten. Zunehmend wurden in Opern und Orchesterwerken gegen Ende des 19. Jh. die spieltechnischen Möglichkeiten der Ventil-T. ausgeschöpft (N. Rimski-Korsakow, G. Mahler, Cl. Debussy, R. Strauss). In der neueren Musik, insbesondere nach 1945, hat die T., angeregt teils durch den Jazz, teils durch die Wiederentdeckung der T.n-Musik des Barock, auch als Soloinstrument wieder an Bedeutung gewonnen. Als Komponisten sind u.a. G. Enescu, B. Martinů, A. Honegger, P. Hindemith, H. Tomasi, A. Jolivet, Y. Baudrier, J. Françaix, B. A. Zimmermann, M. Kagel und V. Globokar zu nennen.

Eine zentrale Rolle kam zunächst dem Kornett, dann seit den 20er Jahren mehr und mehr der T. im Jazz zu. Einerseits wurde hier eine ganz charakteristische Idiomatik, Artikulation und Phrasierung geschaffen, andererseits eine der alten Clarinblastechnik vergleichbare Technik des Überblasens in die extrem hohe Lage (zunächst f^3, dann b^3 und höher) entwickelt. Richtungweisend war die Spieltechnik von L. Armstrong, daneben müssen u.a. B. Beiderbecke und aus der folgenden Generation D. Gillespie, M. Davis und M. Ferguson erwähnt werden. D. ALTENBURG

Lit.: **Geschichte u. Technik der T.:** Quellen: M. PRAETORIUS, Syntagma musicum, II: De organographia (Wb 1618, [2]1619), Faks.-Ausg. v. W. Gurlitt (Kas 1958–59); M. MERSENNE, Harmonie universelle 3 (P 1636), Faks.-Ausg. v. F. Lesure (P 1963); G. FANTINI, Modo per imparare a sonare di tromba (F 1638, Faks.-Ausg. Mi 1934); J. E. ALTENBURG, Versuch einer Anleitung z. ... Trompeter- u. Paukerkunst (Halle 1795, Faks.-Ausg. Bilthoven 1966). – Studien: W. STAUDER – H. HICKMANN – A. BERNER, Trompeteninstrumente, in: MGG XIII (mit ausführlichem Verz. der älteren Lit.); F. KÖRNER, Stud. z. T. des 20. Jh. (Diss. Graz 1963); J. M. BARBOUR, Trumpets, Horns and Brass (East Lansing/Mich. 1964); H. HEYDE, T. u. T.-Blasen im europäischen MA (Diss. L 1965); PH. BATE, The Trumpet and Trombone (Lo 1966); H. ZORN, Die T. in der dt. Orch.-Musik v. ca. 1750 bis ins 20. Jh. (Diss. I 1972); D. L. SMITHERS, The Music and History of the Baroque Trumpet before 1721 (Lo 1973); D. ALTENBURG, Unters. z. Gesch. der T. im Zeitalter der Clarinblaskunst (1500–1800), 3 Bde. (Rb 1973) (= Kölner Beitr. z. Musikforschung 75); R. DAHLQVIST, The Keyed Trumpet and Its Greatest Virtuoso, Anton Weidinger (Nashville 1975) (= Brass Research Series, Nr. 1); D. KRICKEBERG – W. RAUCH, Kat. der Blechblasinstr. ... Musikinstr.-Museum Berlin (B 1976); A. BAINES, Brass Instr. (Lo 1976); E. H. TARR, Die T. (Be – St [2]1978); DERS., Trumpet, in: Grove[6] XIX; J. H. VAN DER MEER, Die europäischen Musikinstr. im Germanischen Nationalmuseum Nürnberg, I: Hörner u. T.n, Membranophone, Idiophone (Wilhelmshaven 1979) (= Quellenkat. zur Musikgesch. 16); H. HEYDE, T. – Posaune – Tuben. Musikinstr.-Museum der Karl-Marx-Univ. Leipzig, Kat. III (L 1980). – **Musik für T.:** W. OSTHOFF, Trombe sordine, in: AfMw 13 (1956); M. RASMUSSEN, A Bibliogr. of Chamber Music Including Parts for Trumpet or Cornetto, in: Brass Quarterly 3 (1959/60); R. C. VAN NUYS, The Hist. and Nature of the Trumpet as Applied to the Sonatas of G. Torelli (1969) (= Diss. Univ. of Illinois); E. J. ENRICO, Giuseppe Torelli's Music for Instr. Ensemble with Trumpet (1970) (= Diss. Univ. of Michigan); M. MORISSET, Étude sur la musique française pour trompette de Lully à Rameau, in: Rech. Mus. 13 (1973); P. L. CIURCZAK, The Trumpet in Baroque Opera, Its Use as a Solo, Obbligato, and Ensemble Instr. (1974) (= Diss. North Texas State Univ.); C. BENDINELLI, Tutta l'arte della Trombetta (1614), hrsg. v. E. H. Tarr (Kas 1975) (= Documenta musicologica II/5); D. ALTENBURG, Zum Repertoire der Hoftrompeter im 17. u. 18. Jh., in: Alta Musica 1 (Tutzing 1976); E. H. TARR – T. WALKER, „Bellici carmi, festivo fragor". Die Verwendung der T. in der it. Oper des 17. Jh., in: HJbMW 3 (1978); D. ALTENBURG, Zum Repertoire der Türmer, Stadtpfeifer u. Ratsmusiker im 17. u. 18. Jh., in: Alta Musica 4 (Tutzing 1979); J. HÖFLER, Der „Trompette de menestrels" und sein Instr., in: TVer 29 (1979); S. ŽAK, Musik als „Ehr u. Zier" im ma. Reich (Neuss 1979); E. H. TARR, Die Musik u. die Instr. der Caramela Real in Lissabon, in: Basler Stud. z. Interpretation der Alten Musik (Z 1980) (= Forum Musicologicum 2). M. BRÖCKER – D. ALTENBURG

TROMPETTE MARINE ↗Trumscheit.

TROPAR, Troparium, Tropharium, spätmittelalterliche Bz. für eine Hs., die eine Sammlung von Tropen (↗Tropus) enthält. Die aus der Zeit vor und um 1000 erhaltenen Quellen mit Tropen sind nicht als abgrenzbarer Hss.-Typus anzusehen, da sie auch andere Gattungen der älteren und jüngeren liturgischen Monodie enthalten, in erster Linie ↗Sequenzen, daneben Prozessionsantiphonen und Litaneien, das Ordinarium in griech. Sprache (ostfränkischer Bereich), Verse zum Introitus und zum Offertorium, Alleluiamelodien, die 8 Kirchentöne u.a., so daß Verbindungslinien zum Sequentiar/Prosar (in der Regel mit dem T. verbunden), zum späteren Prozessionar, zum ↗Cantatorium und zum ↗Tonar gezogen werden können. Aus der Tatsache, daß viele der als T.-Prosare einzustufenden Quellen des 10. und 11. Jh. aus Lagen zusammengebunden sind, denen jeweils Tropen zu einzelnen Choralgattungen entsprechen, wurde geschlossen, daß den Sammlungen des 10. Jh. separate Libelli vorausgingen, deren Repertoire geschlossen oder ausgewählt kopiert wurde oder, auf die zugehörigen Feste und Choralgesänge verteilt, in ein ↗Graduale (mit Tropen) einging.

Lit.: ↗Tropus. K. SCHLAGER

TROPARION (griech., von tropos = Melodie), in Dichtung und Musik der byzantinischen Kirche Bz. für ein kurzes, einstrophiges Gebet oder einen kurzen Hymnus. Es ist eine der ältesten Formen der griech. Hymnographie und hat sich wahrscheinlich aus kurzen Refrains entwickelt, die nach jedem Psalmvers gesungen wurden. Die Kirchenhistoriker zählen zu den ersten Verfassern von Troparien, ebenso die Dichter Anthimos und Timokles (um 464), deren Werke nicht erhalten sind. Die ältesten bekannten Troparien stammen von dem Syrer Auxentios (5. Jh.). Sie sind nicht sehr umfangreich und paraphrasieren Psalmverse oder Abschnitte des NT. Dem Kaiser Justinian (527–565) wird das T. *Ho monogenēs* zugeschrieben, das Teile des Symbolum Nicaenum paraphrasiert. Unter den ältesten Troparien ist ferner das berühmte Oster-T. *Christos anestē ek nekrōn* zu nennen. Seine Ausführung ist gebunden (in Refrainform) an die der Psalmverse 67, 2–4 und 117, 24. Mehrere Handschriften schreiben dem Patriarchen Sophronios von Jerusalem († 638) 3 Zyklen von je 12 Troparien zu, die für die Horen an Weihnachten, Epiphanie und Karfreitag bestimmt sind. Die 4 für die Vespern an Weihnachten und Epiphanie bestimmten Troparien im *Asmatikon* müssen ebenfalls ziemlich alt sein. Der Begriff T. bezeichnet auch die verschiedenen Strophen, die die Oden des ↗Kanon bilden. Die Handschriften des 9. Jh., die Troparien enthalten, heißen Tropologia. Offen bleibt, ob und in welchem Maße ein Zusammenhang zwischen T. und ↗Tropus besteht.

Lit.: M. STÖHR, Troparia, in: MGG XIII; O. STRUNK, Tropus and T., in: FS H. Husmann (Mn 1970); H. HUSMANN, Hymnus u. T., in: Jb. des Staatl. Inst. für Musikforschung 4 (1971).

TROPUS (lat.; von griech. tropos = Wendung, Ausdrucksweise, auf Sprache und Musik bezogen), im Bereich der Musik des MA Sammelbegriff für freie Texte und Melodien, die einzelne Gattungen des ↗Gregorianischen Gesangs einleiten, unterbrechen oder fortführen, ohne daß der Choral verändert wird. (Man spricht hier auch vom Verfahren der Tropierung oder des Tropierens.) Der Zusammenhang mit der schon in der Antike geläufigen Verwendung des Begriffs in der Rhetorik, im Sinne des Gebrauchs von Bild und Figur im Dienst des sprachlichen Ausdrucks, stellt sich ein, wenn man die frei gedichteten T.-Texte als ornamentale Fassungen und als ausdeutende Umschreibungen des biblischen Wortes versteht, dem sie hinzugefügt werden. Die sprachlichen Mittel, mit denen der altüberlieferte sanktionierte Text der Heiligen Schrift vergegenwärtigt wird, und die Deutungen, die er mit den neu gesehenen und formulierten Bildern und Gedanken erfährt, öffnen einen Zugang zur Glaubenshaltung des mittelalterlichen Menschen. Als ein Spiegel des Liturgieverständnisses, der theologischen Gelehrsamkeit und der literarischen Kunstfertigkeit sind die T.-Dichtungen mit der gleichzeitig in die Geschichte eintretenden ↗Sequenz vergleichbar. Als gemeinsame Wurzeln können die schöpferische Aneignung der römischen Liturgie nördlich der Alpen und die Neubewertung von Sprache und Literatur durch die karolingische Renaissance betrachtet werden. Auch in seiner musikalischen Bedeutung ist der Begriff T. aus dem Altertum bekannt. Schon bei Pindaros wird damit nicht nur der Gesang allgemein, sondern eine näher bestimmte Art und Weise des Gesangs angesprochen, die in späteren Zitaten und in der mittelalterlichen Musiktheorie mit den Systemen der melodischen Tonalität verbunden ist. In der synonymen Verwendung von T. mit harmonia und den mittelalterlichen Bezeichnungen für die Kirchentöne, tonus und modus, setzt sich dieser Ansatz fort. In allgemeiner gehaltenen Beschreibungen von Musik, z.B. bei Venantius Fortunatus oder Cassiodorus im 6. Jh., kann T. auch im Sinne von Melodiewendung ohne Bezug auf Musiktheorie stehen, in diesen Fällen gleichbedeutend mit sonus und cantus.

In Form von unterschiedlichen Zusätzen zu den einzelnen Gattungen des Gregorianischen Gesanges sind die Tropen seit dem 9. Jh. überliefert, seit dem 10. Jh. gesammelt in sog. ↗Troparen oder vereinzelt in anderen Choralhandschriften innerhalb der Formulare für Messe und Offizium. Die 3 möglichen Arten der Tropierung werden, nach neuer Terminologie, als meloform, melogen und logogen bezeichnet.

Eine meloforme Tropierung besteht aus Melodieabschnitten, die einem vorhandenen Gesang an den Einschnitten und am Ende des Textes in der Art von Zwischen- und Nachspielen hinzugefügt werden. Ein Zeugnis dafür scheint der St. Galler Chronist Ekkehard (IV.) zu geben, wenn er dem vielseitig tätigen Tu(o)tilo, einem Zeitgenossen des Sequenzendichters Notker Balbulus, die Komposition von Neumata zuschreibt. Da an dieser Stelle auch von den beiden Saiteninstrumenten Psalterium und Rotta die Rede ist, wird man sich unter Neumata textlose Melodien vorzustellen haben, wie sie als konstante oder „wandernde“ Melismen mit verschiedenen liturgischen Gesängen überliefert sind. Es ist nicht auszuschließen, daß zumindest einige dieser meloformen Erweiterungen des Chorals einen gemeinsamen Ausgangspunkt für die Geschichte von Tropen und Sequenzen darstellen.

Unter der melogenen Tropierung ist die Textierung eines ursprünglich textfreien Melodieabschnitts zu verstehen. Es kann sich bei diesem Melodieabschnitt um ein freies Melisma handeln, von dem anzunehmen oder nachzuweisen ist, daß es seinerseits als meloformer Tropus bereits zum Gesang hinzugekommen ist, oder um ein Melisma, das dem Gesang als Eingangs-, als Binnen- oder Paenultima-Melisma angehört und in Form einer längeren Notenkette über einer Silbe des biblischen Textes gesungen wird. In beiden Fällen ist davon auszugehen, daß dem T.-Dichter eine Melodie vorgelegen hat: ein Melisma mit einer begrenzten Anzahl von Tönen, denen er bei syllabischer Textierung eine gleiche Anzahl von Silben unterlegen konnte. Die entstehende Textierung durfte die Länge des Melismas nicht überschreiten und hatte sich in den Sinnzusammenhang des ursprünglichen Textes einzufügen, d.h., Anfang und Schluß der eingeschobenen Betrachtung mußten aus dem Text hervorgehen und in ihn wieder einmünden.

Textierungstropus (Prosula) zum Melisma ce - drus aus dem Alleluiavers *Justus ut palma* (Corpus troporum II/1, S. 85, Nr. 40,1), Paris, Bibl. Nat. lat. 903, 99 v

Ein logogener T. entsteht, wenn Text und Melodie neu geschaffen werden. Bei der Wahl dieser Bezeichnung geht man davon aus, daß der neue Text am Anfang steht und mit einer Melodie versehen wird. Der entstehende Wort-Ton-Abschnitt verbindet sich mit einem überlieferten Gesang, in der Funktion als Einleitung oder als Interpolation. In diesen Beispielen wird man beobachten können, daß nicht nur der neue Text in den gegebenen Zusammenhang paßt, sondern auch der zu diesem Text erfundene Melodieverlauf auf die bestehende Choralmelodie abgestimmt ist. Trotz dieser doppelten Zuwendung des T. zum Choral bietet die logogene Tropierung den meisten Freiraum für die Erfindung von Texten (nicht selten in hexametrischer Form) und Melodien, da die äußere Beschränkung entfällt, die ein gegebenes Melisma auferlegt.

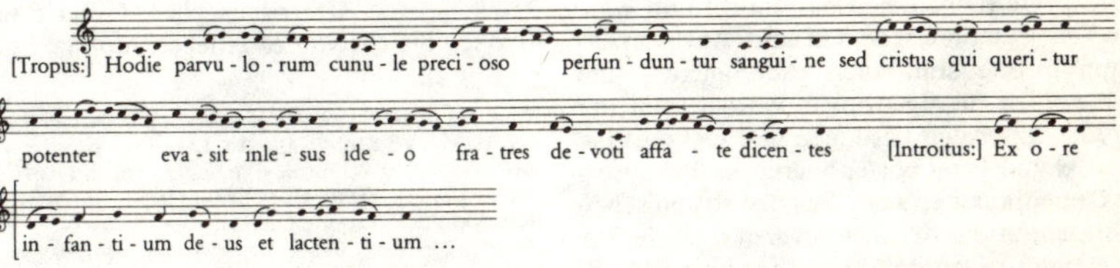

Einleitungstropus zum Introitus *Ex ore infantium* (Corpus troporum I/1, S. 111), Bamberg, Staatl. Bibl. Lit. 12, 46

Die einzelnen Gesangsgattungen der Messe und des Offiziums bieten unterschiedliche Ansatzpunkte für die Art der Tropierung. Die melismenreichen Propriumsgesänge wie Alleluia und Offertorium der Messe und die Responsoria prolixa aus der Matutin gewähren Raum für die syllabische

Austextierung der weitläufigen Notenketten, die sich über einzelne Silben des Textes wölben. Die antiphonalen Gesänge wie der Introitus oder die Communio der Messe zeigen – zumindest in ihrer ursprünglichen Ausführung mit mehreren Versen und Doxologie – Gliederungspunkte, Einschnitte und Zäsuren, die sich für Interpolationen eignen. Der Introitus, der als Eingangsgesang der Messe auf den Inhalt und die Bedeutung des Sonn- oder Feiertages einstimmt, kann mittels einer vorangestellten Introduktion erweitert werden, die den Festgedanken dem Vorstellungsvermögen der Gläubigen näherbringt. In Dialogform wird diese Einleitung zum Ausgangspunkt für Oster- und Weihnachtsspiele (↗Liturgisches Drama).

Während die Tropierung der genannten Propriumsgesänge im Verlauf des Mittelalters abnimmt, erhält sich der Gebrauch und die Verbreitung von Tropen zu den Gesängen mit gleichbleibendem Text, da bei diesen die Notwendigkeit der Interpretation in Richtung auf den jeweiligen liturgischen Anlaß offenkundig blieb. In erster Linie sind hier die Kyrietropen zu nennen. Zumindest einige aus dem älteren Repertoire sind als „Schein"-Tropen zu bezeichnen, da sie wahrscheinlich nicht zum Choral hinzugekommen, sondern schon mit ihm entstanden sind. Die Melismen dieser Kyriemelodien wären unter diesen Voraussetzungen aus einer Enttextierung entstanden. Musikalisch eigenständige Introduktionen und Interpolationen bilden unter den Kyrietropen eine Minderheit und sind nur mit wenigen Melodien des älteren Repertoires verbunden. Dagegen bestehen die Tropen zum wortreicheren Gloria aus selbständigen Text- und Melodiezeilen, die vor und zwischen die einzelnen Abschnitte des Hymnus angelicus eingefügt werden, wobei hinsichtlich der Reihenfolge und der Verbindung mit den verschiedenen Gloriamelodien beständige und wandernde Zeilen zu unterscheiden sind. Aus dem Ordinarium missae sind auch die Sanctus- und Agnusmelodien häufig tropiert worden, seltener das Credo. Unter den Lesungen und Gebeten haben Epistel und Pater noster begrenzte Bedeutung in der Tropenpraxis erlangt. Aus den strophischen Paraphrasen, in die der Schlußversikel *Benedicamus Domino – Deo gratias* eingegangen ist, entwickelten sich lateinische geistliche Lieder.

Liedhafte Form und Melodik kennzeichnet auch viele Tropen, die im Zusammenhang mit der spätmittelalterlichen Choraltradition stehen und u.a. in Verbindung mit Ordinariumsmelodien, mit gereimten Alleluiaversen, mit Sequenzen und den Marianischen Antiphonen überliefert sind. In diesen Beispielen geht die ursprünglich angestrebte Einheit zwischen Choral und T. verloren, wenn die T.-Melodik eine der neuen rhythmischen Dichtung entsprechende Form annimmt und in den weltlichen Bereich drängt, während gleichzeitig der Choral, auch in nachgestalteter Neukomposition, in der Tradition „prosaischer" Melodik mit zumindest neumatischem Wort-Ton-Verhältnis verbleibt. Kennzeichnend für dieses letzte Stadium in der Geschichte des T. ist einerseits der Nachweis von Cento-Tropen, die aus Sequenzenabschnitten und geistlich-nichtliturgischen Texten zusammengewürfelt sind, andererseits die Loslösung von Liedtropen aus dem Zusammenhang mit dem Choral und ihre Überlieferung in Form selbständiger Cantiones, deren Nachleben bis in das nationalsprachliche Kirchenlied beobachtet werden kann.

Nicht nur im Bereich des geistlichen Liedes, auch in der mehrstimmigen Musik, beginnend mit den Organa aus Winchester (Anfang des 11. Jh.) bis hin zu Meßfragmenten und Meßzyklen des 13.–15. Jh., haben die Tropen Spuren hinterlassen. Die solistisch vorgetragenen textlichen oder textlich-musikalischen Erweiterungen des Chorals waren Einbruchstellen für die Mehrstimmigkeit und gehören zu den frühesten Beispielen notierter mehrstimmiger Musik. Für Theorien hinsichtlich usueller Ausführungsmöglichkeiten und für Beobachtungen überlieferter mehrstimmiger Kompositionstechniken lassen sich Tropen als Beispiele heranziehen, mögen sie einstimmig als Melisma und Prosula oder im Satz als C.f. notiert sein.

In die Vatikanische Choralausgabe sind keine Tropen mehr einbezogen worden. Im *Kyriale* (1905) erinnern nur noch die das Kyrie begleitenden Textmarken (*Lux et origo, Kyrie fons bonitatis, Kyrie Deus sempiterne* u.a.) an das bewundernswerte Vermögen der Dichter und Musiker des Mittelalters, den Gregorianischen Gesang mit den Tropen gleichzeitig zu erneuern und zu bewahren (↗Kyrie).

Ausg. u. Lit.: H. HUSMANN, Tropen- u. Sequenzenhss. (Mn 1964) (= RISM B V[1]); DOM HESBERT, Le tropaire-prosaire de Dublin. Ms. Add. 710 de l'Univ. de Cambridge (Rouen 1966) (= Monumenta musicae sacrae 4); B. STÄBLEIN, T., in: MGG XIII; K. RÖNNAU, Die Tropen z. Gloria in excelsis Deo (Wie 1967); P. R. EVANS, The Early Trope Repertory of St-Martial de Limoges (Princeton/N.J. 1970); G. WEISS, Introitus-Tropen, I: Das Repertoire der südfrz. Tropare des 10. u. 11. Jh. (Kas 1970) (= Monumenta monodica medii aevi III); W. ARLT, Peripherie u. Zentrum. Vier Stud. z. ein- u. mehrst. Musik des hohen MA, 1. Folge, in: Forum musicologicum 1 (1975); J. BOE, Rhythmical Notation in the Beneventan Gloria Trope „Aureas Arces", in: MD 29 (1975); R. JONSSON, Tropes du propre de la messe, I: Cycle de Noël (Sto 1975) (= Corpus troporum 1); O. MARCUSSON, Prosules de la messe, I: Tropes de l'alleluia (Sto 1976) (= Corpus troporum 2); T. J. MCGEE, The Liturgical Placements of the Quem quaeritis Dialogue, in: JAMS 29 (1976); CH. M. ATKINSON, The

Earliest Agnus Dei Melody and Its Tropes, in: JAMS 30 (1977); TH. F. KELLY, New Music from Old. The Structuring of Responsory Prosas, in: ebd.; CH. ROEDERER, The Frankish Dies sanctificatus at St. Gall, in: ebd.; A. PLANCHART, The Repertory of Tropes at Winchester (Princeton 1977); B. STÄBLEIN, Pater noster-Tropen, in: FS F. Haberl (Rb 1977), Wiederabdruck in: Musik u. Gesch. im MA (Göppingen 1983); B. BARCLAY, Organa letitie, in: MD 32 (1978); M. HUGLO, Aux origines des tropes d'interpolation. Le trope méloforme d'introit, in: RMie 64 (1978); R. JONSSON, Corpus troporum, in: Journal of the Plainsong & Mediaeval Music Soc. 1 (1978); M. HUGLO, On the Origins of the Troper-Proser, in: ebd. 2 (1979); R. JONSSON, Quels sont les rapports entre Amalaire de Metz et les tropes liturgiques, in: Atti del XVIII convegno di studi ... Todi 1977 (Todi 1979); O. MARCUSSON, Comment a-t-on chanté les prosules?, in: RMie 65 (1979); D. A. BJORK, The Kyrie Trope, in: JAMS 33 (1980); DERS., Early Settings of the Kyrie eleison and the Problem of Genre Definition, in: Journal of the Plainsong & Mediaeval Music Soc. 3 (1980); N. SEVESTRE, The Aquitanian Tropes of the Easter Introit. A Musical Analysis, in: ebd.; G. IVERSEN, Tropes de l'Agnus Dei (Sto 1980) (= Corpus troporum 4); K. SCHLAGER, Zur Definition des T. im späten MA, in: Kgr.-Ber. Berlin 1974 (Kas 1980); R. STEINER, Prosula, in: Grove[6] XV; DIES., Trope, in: ebd. XIX; D. A. BJORK, The Early Frankish Kyrie Text. A Reappraisal, in: Viator. Medieval and Renaissance Studies 12 (1981); K. SCHLAGER, Die Neumenschrift im Licht der Melismentextierung, in: AfMw 38 (1981); W. ARLT, Zur Interpretation der Tropen, in: Forum musicologicum 3 (1983); L. TREITLER, Observations on the Transmission of Some Aquitanian Tropes, in: ebd.

K. SCHLAGER

TROESTER, Arthur, * 11. 6. 1906 Rostow am Don; dt. Violoncellist. Er studierte 1929–31 bei P. Casals, war 1935–45 1. Solovioloncellist des Berliner Philharmonischen Orchesters und 1946–74 Konzertmeister beim NDR Sinfonieorchester in Hamburg. 1949–78 unterrichtete er an der Hamburger Musikhochschule und wurde 1978 Lehrer an der Lübecker Musikhochschule. Bis 1970 bildete er mit C. Hansen und Erich Röhn ein Klaviertrio, mit Alexander Kaul spielte er im Duo und trat auch als Solist auf. Seine Programme enthielten vorzugsweise Werke zeitgenössischer Musik. G. Klebe widmete ihm ein Violoncellokonzert.

TRÖTSCHEL, Elfride, * 22. 12. 1913 Dresden, † 20. 6. 1958 Berlin; dt. Sängerin (Sopran). Sie studierte in Dresden und debütierte 1934 an der dortigen Staatsoper, der sie bis 1944 angehörte. 1947–53 sang sie an der Berliner Komischen Oper und war danach bis zu ihrem Tod Mitglied der Berliner Städtischen Oper. E. T., die u. a. auch bei den Salzburger Festspielen, in London und Florenz sowie beim Glyndebourne Festival auftrat, galt als bedeutende Vertreterin des lyrisch-dramatischen Sopranfachs.

TROUBADOUR, Trobador (von provenzalisch trobar = [er]finden; vielleicht zu vulgärlat. tropare statt spätlat. contropare = bildlich sprechen und griech.-lat. tropus = rhetorische Figur), frz. Bz. für den südfranzösischen, provenzalisch (altprovenzal., nach dem Bejahungsartikel Lengua d'oc, daher heute okzitanisch) schreibenden Dichter, den Schöpfer der volkssprachlichen Kunstlyrik des Abendlands, die um 1100 in vollkommener Form mit Guillaume IX d'Aquitaine beginnt und fortgeführt, differenziert und bereichert wird durch Autoren wie Marcabru, Bernart de Ventadorn, Giraut de Bornelh, Bertran de Born, Jaufré Rudel, Arnaut Daniel, Folquet de Marseille, Gaucelm Faidit, Arnaut de Mareuil, Raimbaut de Vaqueiras, Aimeric de Peguilhan, Peire Vidal, Peire Cardenal, Raimon de Miraval, Guiraut Riquier sowie den Italiener Sordel(lo) oder den Katalanen Cerveri de Girona (auch Guillem de Cervera). Überliefert sind die Namen von ca. 460 T.s, unter ihnen 20 Dichterinnen (trobairitz), 25 Italiener und 15 Katalanen, die etwa 2600 Texte (von denen 264 Melodien erhalten sind) hinterließen. Ihre literarisch-musikalischen Aktivitäten führten sie an Höfe Nordfrankreichs, Deutschlands, Ungarns, Italiens, Spaniens und Portugals.

Ein wesentlicher Teil der Forschungsdiskussion besteht aus Versuchen, den Ursprung dieser hochartifiziellen Kunst zu klären, deren Lösungen, die jeweils wesentlich von den geistesgeschichtlichen Tendenzen aus der Zeit des Interpreten mitgeprägt werden, sich nach den ihnen zugrunde liegenden verschiedenen Hypothesen gliedern lassen:
1. Verbindung der T.-Texte mit der Liedform des Zéjel und bestimmten, von den Arabern seit dem 9. Jh. entwickelten Motiven (A. Roncaglia). – 2. Verbindung der T.-Dichtung mit der literarischen, in Nordfrankreich durch die Romane Chrétiens de Troyes und die Lais der Marie de France bekannten Überlieferung der Kelten (J. Marx). – 3. Initiative der Katharer (D. de Rougemont). – 4. Einfluß bestimmter Elemente des aquitanischen ↗Versus, eines nicht liturgischen und daher auch nicht zwingend religiösen, im 11. Jh. im Umkreis des Klosters Saint-Martial in Limoges nachweisbaren gesungenen Textes in lat. Sprache (J. Chailley). – 5. Erklärung der hohen Liebeserfahrung der Provenzalen aus dem Vorbild der christlichen Liebe und dem durch Venantius Fortunatus propagierten frühmittelalterlichen dulcedo-Ideal (R. Bezzola). – 6. Zusammenhang zwischen den Dichtungen Ovids und denen der T.s (D. Scheludko). – 7. Übereinstimmungen zwischen der T.- und Vagantenlyrik, die allerdings über dem gelehrten Spiel den reinen Ton der Verzweiflung Liebender vergißt (R. Bezzola, H. Spanke). – 8. Soziologische Deutungen der provenzalischen Lyrik aus der speziellen Situation des Individuums in seiner feudalrechtlich geordneten, ständisch gegliederten

Welt (C. S. Lewis) bzw. fälschliche Zuschreibung der Erfindung dieser Dichtung einer spezifischen Gruppe, dem sog. Kleinadel (E. Köhler, U. Mölk), z. B. Anregung des hohen Ranges der Frau bei den T.s durch den Pagendienst der angehenden Ritter (I. Feuerlicht). – 9. Populäre Traditionen, die die provenzalische Lyrik in bestimmten Gattungen (Alba, Pastorela, Mai- und Tanzlieder) aufnimmt, eine auch auf dem Argument beruhende Überlegung, daß literarische Kunstformen stets aus volkstümlichen Spielarten des Literarischen herauswachsen (F. Diez). – Grundsätzlich ist davon auszugehen, daß die spezifische historische, geographische und kulturelle Gemengelage, deren Schichten die angeführten 9 Hypothesen umreißen, zur Herausbildung der provenzalischen Lyrik geführt hat.

Die soziale Herkunft der T.s ist im Gegensatz zu der der in ihren Diensten stehenden Spielleute niederen Standes (provenzal. joglars, frz. jongleurs) nach Auskunft ihrer Vidas (provenzal. Biographien) sehr unterschiedlich: Bernart de Ventadorn etwa war Sohn eines Mannes, der auf der Burg Ventadorn den Backofen heizte, der Vater des Aimeric de Peguilhan war Tuchhändler in Toulouse, von Giraut de Bornelh, den seine Vida als „meiller trobaire", den besten T., bezeichnet, teilt diese Quelle nur mit, er sei niederen Standes („hom de bas afar") gewesen, Bertran de Born war Vizegraf von Hautefort in der Dordogne und trat im Alter dem Zisterzienserorden bei, die Trobairitz Beatrix de Dia war Gräfin, Guillaume IX d'Aquitaine Herzog und Jaufré Rudel Fürst von Blaye (Saintonge). Daß sich auch Könige in dieser Kunst versuchten, beweist z. B. Alfonso el Sabio. Die Verschiedenheit der sozialen Herkunft wird aufgefangen durch Bildung und höfisches Verhalten des einzelnen T.s, seine dichterische und kompositorische Gewandtheit konzentriert sich im Rahmen der Liebeslieder wesentlich auf Darstellung, Diskussion und Erläuterung charakteristischer Aspekte der „höfischen Liebe" oder hohen Minne (fin' amors). Verfeinerung und Stilisierung der Liebesbeziehung ergeben sich aus Anmut und Artigkeit der Liebenden, die Sublimierung der sinnlichen Leidenschaft verleiht die höchste Erfüllung (joi d'amor). Geheimnis, Trauer, Freude und spirituelle Erleuchtung verleihen dieser Liebe die Außerordentlichkeit einer religiösen Erfahrung, die auch die Sprache der Dichter entscheidend prägt. Der christliche „amor perfectus" wird zum erreichbaren Absoluten innerweltlicher Existenz. Gestalt gewinnt dieses Thema vor allem in der ↗Canso; neben ihr überliefern die provenzalischen Texte noch Beispiele anderer Gattungen, u. a. ↗Descort, ↗Jeu-parti, Partimen, ↗Pastourelle, ↗Planctus, ↗Sirventes und ↗Tenso; die Bezeichnung „vers" umfaßte um 1100–50 neben der Canso auch andere Gattungen.

Die T.s bilden in ihren Dichtungen 4 Metaphernkreise aus, denen die okzidentale Kunstlyrik der Folgezeit ihre Spezifität verdankt, sie aufnimmt und bis in die Gegenwart verwandelt (z. B. Ezra Pound). Es sind dies der Kampf, das Feuer, der Vasallendienst und das Martyrium als charakterisierende, präpsychologische Symbole der Befindlichkeit des Liebenden. Diese Begriffsfelder gehen z. T. auf römische Vorstellungen (vgl. Ovid, *Amores,* I, 9 v. 1: „militat omnis amans et habet sua castra Cupido"; Vergil, *Aeneis,* IV, vv. 68 ff.: „... uritur infelix Dido") zurück oder sind wie der Vasallendienst vom Kontext der zeitgenössischen Gesellschaftsordnung und ihren Rechtsbegriffen oder wie das Martyrium von christlichen Vorstellungen bestimmt, das letztere aus seinem ursprünglichen Umfeld mit einer Kühnheit herausgelöst, die die heute empfundene Abgegriffenheit der Metapher nicht mehr vermittelt. Die literarische Technik der T.s geschieht in höchstem Maße bewußt, was nach H. van der Werf 1575 verschiedene, metrische, davon 1200 jedoch nur einmal auftretende Schemata belegen. Der Rang eines Dichters ergibt sich wesentlich aus seiner formalen Kunstfertigkeit, die sich besonders in der Verknüpfung der Strophen untereinander, ihrer Gliederung und der Verteilung der Reimwörter ausdrückt. Ziel des T.s ist (vgl. Dante Alighieri, *De vulgari eloquentia,* II, 9, 6) die Harmonie, die sich aus der melodischen Struktur der Strophe (cantus divisio), dem Verhältnis zwischen Verszeilen und Reimen (partium habitudo) und der Anzahl von Zeilen und Silben (numerus carminum et sillabarum) ergibt. Die Reflexion über ihre Kunst umschreiben die T.s mit Begriffen wie „trobar braus", „trobar clar", „trobar clus", „trobar leu", „trobar naturau", „trobar prim" und „trobar ric", die trotz ihrer Mehrdeutigkeit eine Skala von Ausdrucksmöglichkeiten erkennen lassen, die vom ungekünstelten, schlichten und natürlichen Stil bis zum hermetisch-verschlüsselten, esoterisch-manieristischen Sprachduktus reichen.

Die T.-Dichtung ist mit musikalischer Begleitung vorzustellen, wobei eine bestimmte einstimmige Melodie – und entsprechend eine bestimmte Strophenform – nicht zwingend an einen einzigen Text gebunden sein muß, wie z. B. das Lerchenlied des Bernart de Ventadorn *Can vei la lauzeta mover* zeigt, das zu mehreren anderen, geistlichen und weltlichen Liedern die strophisch-musikalische Grundlage abgab (↗Kontrafaktur). Grundsätzlich erschwert die Überlieferungslage im Zusammenhang mit den Melodien die musikalische Rekonstruktion erheblich. Zwar lassen sich durch die Kontrafakturen und durch den Vergleich mit nichtprovenzalischen Liedern und geistlichen Gesängen bestimmte Einsichten zu rhythmischer und modaler Struktur gewinnen, werden aber durch Varianten, die vermutlich auf der jeweils voraufgegangenen mündlichen Tradierung der Melodie beruhen, vielfach wieder in Frage gestellt. Während die ersten T.s offenbar die Form der durchkomponierten Strophe – wohl auch um sich von populären Liedern abzugrenzen – bevorzugten (nach Dante, *De vulgari eloquentia*, II, 10, 2–3, eine „oda continua usque ad ultimum progressive, hoc est sine iteratione modulationis cuiusquam et sine diesi"), gewinnen im Laufe der Zeit melodische Parallelismen an Einfluß, die auf die Doppelversikelordnung der Sequenz zurückzuführen sein könnten. Melodien, die sich an Psalmtöne anschließen und besonders nach 1170 eine stärkere Berücksichtigung von volkstümlichen – auch nordfranzösischen? – Weisen erkennen lassen, die herkunftsgemäß eine häufigere Zeilenwiederholung aufweisen, kennzeichnen die weitere Entwicklung der T.-Musik.

Mit dem Ende der Albigenserkriege endet die Kunst der Provenzalen. Die Toulouser Bürger, die sich 1323 zu einem Konsortium zur weiteren Pflege der provenzalischen Lyrik zusammenfanden, als neue gültige Dichtungsordnung von Guilhem Molinier die *Leys d'amors* redigieren ließen und die Blumenspiele stifteten, besiegelten den Untergang dieses einzigartigen höfisch-geistigen Abenteuers. Am romantischen Neubeginn der europäischen Literatur allerdings sind die T.s wieder beteiligt: als Helden der literarischen Fiktion und als Zeugen der schmerzlichen Spontaneität des Empfindens, die Klassik und Klassizismus verschütteten. Mme. de Staël oder August Wilhelm Schlegel bürgen für die Intensität dieser Rezeption.

Lit.: **1) Verzeichnisse:** A. PILLET – H. CARSTENS, Bibliogr. der T.s (Hl 1933) (= Schriften der Königsberger Gelehrten Ges., Sonderreihe 3); I. FRANK, Répertoire métrique de la poésie des t.s, 2 Bde. (P 1953–57) (= Bibl. de l'École des hautes études 302–303); D'A. S. AVALLE, La letteratura medievale in lingua d'oc nella sua tradizione manoscritta. Problemi di critica testuale (Tn 1961) (= Studi e ricerche 16), dt. Auszug in: Gesch. der Textüberlieferung II (Z 1964); A. VINCENTI, Bibliogr. antica dei trovatori (Mi – Neapel 1963). – **2) Anthologien:** J. BOUTIÈRE – A.-H. SCHUTZ, Biographies des t.s (P 1950, ²1964 [überarbeitet]); F. GENNRICH, Tis, Trouvères, Minne- u. Meistersang (Kö 1951, ²1960) (= Das Musikwerk 2); E. LOMMATZSCH, Leben u. Lieder der provenzal. T.s, 2 Bde. (B 1957–59); F. GENNRICH, Der musikal. Nachlaß der T.s, 3 Bde. (Da – Langen 1958–65) (= Summa musica medii aevi 3, 4, 15); R. NELLI – R. LAVAUD, Les t.s, II: Le trésor poétique de l'occitanie (P 1966); D. RIEGER, Mittelalterliche Lyrik Frankreichs, I: Lieder der Trobadors (St 1980) (provenzal./dt.). – **3) Einzelarbeiten:** J. B. BECK, La musique des t.s (P 1910, Nachdr. 1973); F. GENNRICH, Grundriß einer Formenlehre des ma. Liedes als Grundlage einer musikal. Formenlehre des Liedes (Hl 1932); A. JEANROY, La poésie lyrique des t.s, 2 Bde. (Toulouse – P 1934); H. SPANKE, Beziehungen zw. romanischer u. ma. Lyrik mit besonderer Berücksichtigung der Metrik u. Musik (B 1936); D. DE ROUGEMONT, L'amour et l'occident (P 1939, ²1956); R. R. BEZZOLA, Les origines et la formation de la littérature courtoise en occident, 500–1200, 3 Bde. (P 1944–63); J. MARX, La légende arthurienne et le Graal (P 1952); H. HUSMANN, Das Prinzip der Silbenzählung im Lied des zentralen MA, in: Mf 6 (1953); DERS., Die musikal. Behandlung der Versarten im Troubadourgesang, in: AMl 25 (1953); J. CHAILLEY, Les premiers t.s et le versus de l'école d'Aquitaine, in: Romania 76 (1955); E. HOEPFFNER, Les t.s (P 1955); H. HUSMANN, Époques de la musique provençale du moyen âge, in: 1er congrès int. de la langue et littérature du Midi de la France (Avignon 1955); H. ANGLÉS, El canto popular en las melodías de los trovadores provenzales, in: Anuario Mus. 14 (1959) – 15 (1960); E. KÖHLER, Trobadorlyrik u. höfischer Roman (B 1962); H. FRIEDRICH, Epochen der it. Lyrik (F 1964); M. LAZAR, Amour courtois et „fin" amors' dans la littérature du XIIe siècle (P 1964); E. KÖHLER, Esprit u. arkadische Freiheit (F 1966); B. STÄBLEIN, Zur Stilistik der T.-Melodien, in: AMl 38 (1966); Der provenzal. Minnesang. Ein Querschnitt durch die neuere Forschungsdiskussion, hrsg. v. R. BAEHR (Da 1967) (= Wege der Forsch. 6; bes. die Beitr. v. I. Feuerlicht u. A. Roncaglia), vgl. dazu: W.-D. LANGE, in: Roman. Forsch. 79 (1967); U. MÖLK, Trobar clus – trobar leu (Mn 1968); J. H. MARSHALL, The Donatz Proensals of Uc Faidit (Lo 1969); E. JAMMERS, Die Rolle der Musik im Rahmen der roman. Dichtungen des 12. u. 13. Jh., in: Grundriß der roman. Lit.en des MA, I: Généralités, hrsg. v. M. Delbouille (Hei 1972); J. H. MARSHALL, The Razos de Trobar of Raimon Vidal and Associated Texts (Lo 1972); H. VAN DER WERF, The Chansons of the T.s and Trouvères. A Study of the Melodies and Their Relation to the Poems (Utrecht 1972); L. T. TOPSFIELD, T.s and Love (C 1975); E. KÖHLER, Vermittlungen. Romanistische Beitr. zu einer historisch-soziologischen Literaturwiss. (Mn 1976); D. RIEGER, Gattungen u. Gattungsbezeichnungen der Trobadorlyrik. Unters. z. altprovenzal. Sirventes (Tü 1976) (= Beih.e z. Zschr. für roman. Philologie 148); J. A. FLEMING, The T.s of Provence (Folcroft/Pa. 1977); P. BEC, La lyrique française au moyen âge (XIIe–XIIIe siècles). Contribution à une typologie des genres poétiques médiévales, 2 Bde. (P 1977–78); DERS., Trobairitz occitanes et chansons de femmes françaises, in: Perspectives médiévales 5 (1979); M. u. M. RAUPACH, Französisierte Troubadourlyrik. Zur Überlieferung provenzal. Lieder in frz. Hss. (Tü 1979); J. STEVENS – TH. KARP, T.s, trouvères, in: Grove[6] XIX (weitere Lit.); U. MÖLK, Die provenzal. Lyrik, in: Neues Hdb. der Literaturwiss, VII: Europäisches Hochmittelalter (Wie 1981). – Zu einer Diskographie: A. ZERBY-CROS, Discographie occitane générale. Des t.s à la „Nouvelle Chanson" (Béziers 1979).

W.-D. LANGE

TROUBADOUR, DER *(Il trovatore),* Oper in 4 Akten von G. Verdi, Text von Salvatore Cammarano nach dem gleichnamigen Schauspiel (1836) von Antonio García Gutiérrez, nach dem Tode Cammaranos (1852) vollendet von Leone Emanuele Bardare. Ort u. Zeit der Handlung: Biskaya u. Aragón, 1409. UA: 19. 1. 1853 Rom (Teatro Apollo); dt. EA (in dt. Sprache): 20. 4. 1855 Braunschweig.

Obwohl Verdi noch ganz in der Traditionslinie V. Bellinis und S. Mercadantes steht, wird mit

Troubadour der Einfluß der frz. Grand opéra spürbar. Der *Troubadour* ist die „klingende Parabel" über die Rache einer Zigeunerin. Um den Feuertod ihrer Mutter zu rächen, warf Azucena in der Verwirrung ihrer Sinne den eigenen Sohn statt des Grafensprosses in das Feuer. Seither lebt sie in dumpfem Schuldgefühl. Nur sie weiß, daß Manrico in Wahrheit der Sohn des Grafen ist. In ihrer Liebe zu Leonore werden die Brüder, Graf Luna und der Troubadour Manrico, zu Rivalen, ohne um ihre Blutsverwandtschaft zu wissen. Erst als Graf Luna seinen Bruder auf das Schafott schickt, entdeckt ihm die Zigeunerin das Geheimnis: „Er war dein Bruder." Ein echter Bühneneffekt, ein Colpo di scena, wie ihn G. Meyerbeer in den *Hugenotten* und J. Fr. Halévy in der *Jüdin* vorgebildet hatten. Verdi erfüllt das grausame Geschehen mit zündender Musik, malt unbedenklich durch die Wahl plakativer Mittel die schroffen Gegensätze in glühenden Farben aus. Wenn Azucena ihre suggestive Arie *Stride la vampa (Lodernde Flamme)* kauernd hervorstößt, wenn Manrico seine berühmte Stretta *Di quella pira l'orrendo foco (Lodern zum Himmel seh' ich die Flamme)* anstimmt, dann vollzieht sich immer wieder Oper als Faszinosum, das alle Bedenken puritanischer Ästheten hinwegfegt. H. BECKER

TROUVÈRE (altfrz. troveor, zu frz. trouver = finden, erfinden; wahrsch. vom vulgärlat. tropare [statt spätlat. contropare = bildlich sprechen u. griech.-lat. tropus = rhetorische Figur]), Bz. für den nordfranzösischen, zumeist in anglonormannischer, champagnischer oder pikardischer Mundart schreibenden Lyriker des 12.–13. Jh., dessen Werk wesentlich durch die Kunst der ↗Troubadours und die regionalen Liedtraditionen geprägt ist. Zeitlich setzt die nordfranzösische Form der mittelalterlichen Liebesdichtung um 1160 ein, möglicherweise unmittelbar von Marie de Champagne, einer Tochter Eleonores von Aquitanien, angeregt. Als erste T.s gelten im allgemeinen Guiot de Provins (2. Hälfte 12. Jh. – Anfang 13. Jh.), Huon d'Oisy († 1190) und der bedeutende Epiker Chrétien de Troyes, von dem 2 große Liebeslieder erhalten sind. Auch der zum Jahrhundertende mit seinem *Vers de la mort* hervortretende Zisterziensermönch Hélinand de Froidmont könnte zu dieser Gruppe gehört haben. In ihrer Folge entfaltet sich die Dichtung der T.s aristokratisch-höfisch und bürgerlich-städtisch u. a. in Werken von Adam de la Halle, Audefroi le Bastart, Blondel de Nesle, Chastelain de Coucy, Colin Muset, Conon de Béthune, Gace Brulé, Gautier de Coinci, Gautier de Dargies, Raoul de Soissons oder Thibaut IV de Champagne. Von den 2130 bibliographisch erfaßten T.-Dichtungen sind mindestens zwei Drittel mit Melodien überliefert. In enger thematischer Anlehnung an die Provenzalen – allerdings kühler und rationaler als diese – pflegten die T.s als Gattungen besonders Aube (↗Tagelied), ↗Ballade, ↗Chanson (Kanzone), Chanson de croisade, Chanson d'histoire (auch Chanson de toile), ↗Descort, ↗Estampie, ↗Jeu-parti, ↗Lai, Motet, ↗Pastourelle, Rondel, ↗Rotrouenge, ↗Sirventes und ↗Virelai. Beleg für die vielfältige volkstümliche Inspiration der entsprechenden Texte ist der Einschub von textgliedernden, auch musikalisch strukturierenden Refrains. – Wie die Troubadours sind die T.s in höchstem Maße formbewußt, ja, ihre Kunst scheint sich in noch stärkerem Maße als die der Provenzalen bei stereotyper, diesen entlehnter Themenstellung in Vollendung und Variation des Formalen zu erfüllen, dessen ästhetische Gesamtheit die harmonische Symbiose von Sprache und Musik bedingt. Die einstimmigen Melodien der T.s weisen der historischen Abhängigkeit entsprechend viele Gemeinsamkeiten mit denen der Troubadours auf; allerdings schätzen sie die durchkomponierte Strophe weniger als das kunstreiche Wechselspiel von Wiederholung, Variierung und Kontrast und erweitern die musikalischen Ausdrucksmöglichkeiten besonders seit dem 13. Jh. durch die Einbeziehung von volkstümlichen Lied- und Tanzelementen. – Einzelne Genera der T.-Dichtung lebten – auch durch ihre Pflege in bürgerlichen Dichtergesellschaften (↗Puy) – bis in die Renaissance fort, die sie mit den neuen Vorbildern aus der griechischen und römischen Antike sowie dem italienischen Trecento zum Untergang bestimmte.

Lit.: **1) Verzeichnisse:** G. RAYNAUD, Bibliogr. des chansonniers français des XIIIe et XIVe siècles, 2 Bde. (P 1884, NY ^{2}1970); H. SPANKE, G. Raynauds Bibliogr. des altfrz. Liedes neu bearb. u. ergänzt (Lei 1955); U. MÖLK – F. WOLFZETTEL, Répertoire métrique de la poésie lyrique française des origines à 1350 (Mn 1972). – **2) Anthologien:** Altfrz. Romanzen u. Pastourellen, hrsg. v. K. BARTSCH (L 1870, Nachdr. Da 1967); Le chansonnier français de St-Germain-des-Prés, hrsg. v. P. MEYER – G. RAYNAUD (P 1892); J. BÉDIER – P. AUBRY, Les chansons de croisade (P 1909); Le chansonnier de l'Arsenal, hrsg. v. P. AUBRY – A. JEANROY (P 1909–10); Rondeaux, Virelais u. Balladen aus dem Ende des 12., dem 13. u. dem 1. Drittel des 14. Jh., hrsg. v. F. GENNRICH, I (Dresden 1921), II (Gö 1927), III (Langen 1963); Le chansonnier d'Arras, hrsg. v. A. JEANROY (P 1925); A. LÅNGFORS, Recueil général des jeux-partis français (P 1926); Le chansonnier Cangé, hrsg. v. J. BECK (P – Philadelphia 1927) (= Corpus cantilenarum medii aevi, I/1); Le manuscrit du roi, hrsg. v. J. u. L. BECK (Lo – O – Philadelphia 1938) (= ebd. 2); I. FRANK, T.s et Minnesänger, in: Recueil de textes (Saarbrücken 1952); N. H. J. VAN DEN BOOGAARD, Rondeaux et refrains du XIIe au début du XIVe siècle (P 1969). – **3) Einzelarbeiten:** F. GENNRICH, T.lieder u. Motettenrepertoire, in: ZfMw 9 (1926/27); H. SPANKE, Dt. u. frz. Dichtung des MA (St – B 1943); W. APEL, Rondeaux, Virelais and Ballades in French 13th Century Song, in: JAMS 7 (1954); J. CHAILLEY, Une nouvelle théorie sur la transcription des chansons des t.s, in: Romania 78 (1957); H. ANGLÉS, Die volkstümlichen Melodien bei den T.s, in: FS J. Müller-Blattau (Saarbrücken 1960); TH. KARP, Borrowed Material in T. Music, in: AMl 34 (1962); J. MAILLARD, Évolution et esthétique du lai lyrique, des origines à la fin du XIVème siècle (P 1963); J. SCHUBERT, Die Hs. Paris Bibl. Nat. fr. 1591. Kritische Unters. der Trouvèrehandschrift R (F 1963); H. VAN DER WERF, Deklamatorischer Rhythmus in den Chansons der T.s, in: Mf 20 (1967); DERS., Recitative Melodies in T. Chansons, in: FS W. Wiora (Kas 1967); P. DRONKE, The Medieval Lyric (Lo 1968, dt. Mn 1973); H. ORENSTEIN, Die Refrainformen im Chansonnier de l'Arsenal (Brooklyn/N. Y. 1970); TH. KARP, Interrelationships between Poetic and Music Form in „Trouvère" Song, in: FS M. Bernstein (NY 1977); H.-H. S. RÄKEL, Die musikal. Erscheinungsform der T.poesie (Be 1977); R. NELLI, Troubadours et t.s (P 1979); J. STEVENS – TH. KARP, Troubadours, t.s, in: Grove^6 XIX. – ↗Troubadour.

W.-D. LANGE

TROYANOS, Tatiana, * 9. 12. 1938 New York; amerik. Sängerin (Alt). Sie studierte an der Juilliard School of Music in New York und debütierte dort 1963 an der City Center Opera. 1965 ging sie an die Hamburgische Staatsoper, wo sie 1969 die Jeanne bei der UA von Krz. Pendereckis *Die Teufel von Loudun* sang. Gastspiele führten sie in die Musikzentren Europas und Amerikas. Eine ihrer Glanzpartien ist der Sesto in W. A. Mozarts *La clemenza di Tito,* den sie mit großem Erfolg bei den Salzburger Festspielen 1976–77 und 1979 sang.

TROYSEN, Jan, ↗Majewski, Hans Martin.

TRUGSCHLUSS, Bz. für eine Schlußwendung in dur-moll-tonaler Musik, bei der auf die ↗Dominante eine andere Funktion als die ↗Tonika folgt, so daß die Hörerwartung „betrogen" wird.

J. Haydn, Klaviersonate Nr.10, C-Dur (Hob. XVI: 1), 1. Satz

Die Musik des Barock und der Klassik setzt für den T. meist den Dreiklang der VI. Stufe ein (in C-Dur: a-moll, in a-moll: F-Dur; ↗Leittonwechselklang); bisweilen wird auch die VI. Stufe aus der gleichnamigen Moll- bzw. Durtonart entlehnt (in C-Dur dann: As-Dur, in a-moll: fis-moll). In spätromantischer Musik, sofern sie sich vom Kadenzgefüge und tonaler Eindeutigkeit lossagt, verliert der Begriff T. seinen Sinn.

TRUMBAUER, Frankie (Frank), * 30. 5. 1901 Carbondale (Illinois), † 11. 6. 1956 Kansas City; amerik. Jazzmusiker (Saxophon) und Bandleader. Mit 17 Jahren hatte er seine erste eigene Band, spielte in den 20er Jahren u.a. bei Phil Napoleon und hatte 1925–26 wieder eine Band, zu der auch Bix Beiderbecke gehörte. Danach spielte er bei Jean Goldkette und Paul Whiteman, hatte in den 30er Jahren nochmals ein eigenes Orchester und trat seit 1940 nur noch selten auf. T. gehörte zu den bedeutendsten Saxophonisten seiner Zeit, sein Einfluß reicht bis zu Lester Young. Seine Schallplatteneinspielungen mit Beiderbecke, aber auch mit Joe Venuti und Jack Teagarden haben jazzgeschichtlich hohen Rang.

TRUMSCHEIT (von trumme, trumpe = Trommel oder Trompete, und Scheit = Holz), **Nonnengeige, Marientrompete, Trompetengeige** (engl.: trumpet marine; frz.: trompette marine; it. u. lat.: tromba marina; im 16./17. Jh. auch tympanischiza), Bz. für ein seit dem 12. Jh. nachweisbares einsaitiges Streichinstrument mit schmalem, langem, am unteren Ende offenem Resonanzkasten, der, oft aus 3 Brettern zusammengesetzt, sich nach oben verjüngt und in einen Hals oder direkt in den Wirbelkasten übergeht. Die einzige dicke Saite ist vom unteren Ende der Decke über einen Steg zum Wirbelkasten gezogen. Der nicht festgeleimte, asymmetrisch geformte Steg hat 2 ungleich lange Füße; über den kurzen, senkrecht stehenden Fuß wird die Saite geführt, während der längere, lose auf der Decke ruhende Fuß beim Spiel die Schwingungen der angestrichenen Saite auf die Decke überträgt und durch das ständige Aufschlagen einen schnarrenden und knatternden, aus der Ferne trompetenähnlichen Klang erzeugt. Das Aufschlagen wird oft noch durch ein unter dem Fuß eingelegtes Stück Hartholz, Glas, Metall oder Elfenbein verstärkt. Auf dem T. wurden nur ↗Flageolett-Töne, d.h. nur Töne aus der Obertonreihe des Grundtons gespielt. Der Spieler berührte die Saite nur leicht mit den Fingern der linken Hand, während er mit dem Bogen in der rechten Hand die Saite oberhalb, zwischen Wirbelkasten und abgreifenden Fingern, anstrich. Kleine Instrumente wurden schräg nach oben gehalten. Die größeren hatten später eine Länge von ca. 2 m und wurden dann gegen die Schulter gelehnt und auf dem Boden aufgestützt. Seit dem 17. Jh. hatte das T. auch ↗Aliquotsaiten, 1–3 auf der Decke oder später bis zu 49 unter der Decke. Vom 16. bis ins 18. Jh. war das Instrument sehr beliebt und wurde sogar in öffentlichen Konzerten gespielt, wie 1675 in London, wo ein T.-Quartett auftrat. In Frankreich gehörte das T. 1679–1767 zu den Instrumenten der Grande Écurie. In dieser Zeit entstanden über 300 Kompositionen für T., u.a. von J.-B. Lully (Ballettmusik

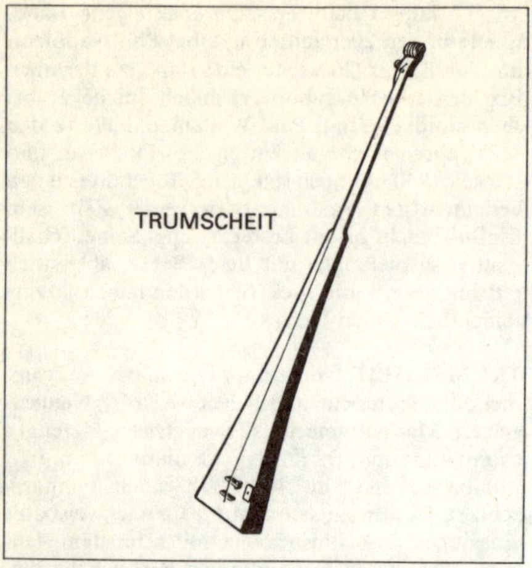

für Fr. Cavallis *Serse,* 1660), J. M. Gletle (*Musica genialis,* 1675) und A. Scarlatti (*Il Mitridate Eupatore,* 1707). Ein bekannter Virtuose dieser Zeit war Jean-Baptiste Prin (um 1669 – nach 1742), der 367 Stücke sowie eine Abhandlung über das T. schrieb (*Traité de la trompette marine,* Ly 1742). Um die Mitte des 18. Jh. begann der Niedergang des T.s; es hielt sich aber noch als Straßeninstrument bis Ende des 19. Jahrhunderts.

Lit.: P. GARNAULT, La trompette marine (Nizza 1926); F. W. GALPIN, M. Prin and his Trumpet Marine, in: ML 14 (1933); M. VOGEL, Zur Etymologie von „tromba marina", in: Kgr.-Ber. Kopenhagen 1972 (Kop 1974); C. ADKINS, New Discoveries in the Development of the Trumpet Marine, in: ebd.; DERS., Trumpet Marine, in: Grove[6] XIX; DERS. – A. DICKINSON, The Trumpet Marine (A; in Vorb.). M. BRÖCKER

TRUNK, Peter, * 17. 5. 1936 Frankfurt am Main, † 1. 1. 1974 New York; dt. Jazzmusiker (Kontrabaß). Er trat seit Mitte der 50er Jahre mit amerik. Jazzgrößen wie Kenny Clarke, Zoot Sims und Stan Getz auf und gehörte 1958–59 dem Albert-Mangelsdorff-Septett und danach dessen Quintett an. In den 60er Jahren war er Mitglied der Formationen von K. Edelhagen, Dusko Gojkovic und Kl. Doldinger und gründete später mit M. Schoof, mit dem er seit 1969 zusammenspielte, das „New Jazz Trio". T. galt als der führende dt. Jazzbassist, dessen Spiel sich durch melodische und rhythmische Ausgeglichenheit und höchste Differenzierung in der Begleitung auszeichnete. Seine stilistische Palette reichte vom herkömmlichen Modern Jazz bis zu Experimenten aus Free Jazz und Kammermusik; zuletzt wandte er sich einem gemäßigten, nicht auf Lautstärke bedachten Jazzrock zu.

TRUNK, Richard, * 10. 2. 1879 Tauberbischofsheim (Baden), † 2. 6. 1968 Herrsching am Ammersee; dt. Komponist. Seine künstlerische Heimat war München: hier studierte er bei J. Rheinberger an der Staatl. Akad. der Tonkunst, hier entfaltete er eine vielfältige Tätigkeit als Pädagoge, Dirigent, Konzertbegleiter und Musikreferent. Nur zweimal folgte er auswärtigen Berufungen: 1912–14 nach New York als Dirigent der berühmten Männerchorvereinigung „Arion Society" und 1925–34 nach Köln als Dirigent des Männergesangvereins, Direktor des Rheinischen Musikschule und Professor an der Musikhochschule. 1934 wurde T. Präsident der Akademie der Tonkunst in München; daneben leitete er den Hochschulchor, 1935–39 auch den Chor des Lehrergesangvereins sowie die Chorkonzerte der Musikalischen Akademie. 1945 trat er in den Ruhestand. Das kompositorische Schaffen T.s steht in der Tradition der deutschen Romantik und umfaßt neben Instrumentalmusik vor allem zahlreiche Klavierlieder und Chorwerke.

WW: **1) Instr.-WW:** Klv.-Stücke, Kammermusik. – Für Orch.: Serenade für Streichorch. (1925); Divertimento (1940/41); *Musik für Streichorchester* (1962). – **2) Vokal-WW:** Über 200 Klv.-Lieder, darunter *Eichendorff-Lieder* (1920); *Weihnachtslieder* (1920–30); *Geistliche Lieder* mit Klv. oder Org. (1945/46). – Zahlr. Chorwerke, u.a. für Männerchor: *Aus des Knaben Wunderhorn,* op. 30 (1910); Drei Männerchöre, op. 51 (1923); *Romantische Suite* (1930).

Lit.: A. OTT, R. T. (Mn 1964) (mit Werkverzeichnis).

t.s., Abk. für ↗tasto solo.

TSCHAIKOWSKY, Pjotr (Peter) **Iljitsch,** * 25. 4. (7. 5.) 1840 Wotkinsk im Ural (Gouvern. Wjatka, heute Udmurtische ASSR), † 25. 10. (6. 11.) 1893 St. Petersburg; russ. Komponist. Sohn des Bergwerkdirektors (seit 1858 Direktor des Technologischen Instituts in St. Petersburg) Ilja Petrowitsch und der französischstämmigen Alexandra Andrejewna T., besuchte er seit 1850 die Rechtsschule in St. Petersburg und erhielt 1859 eine Anstellung im Justizministerium. 1861 trat er in die Musikklasse der Russ. Musikgesellschaft ein, die 1868 in ein Konservatorium umgewandelt wurde. T. quittierte 1863 den Staatsdienst, widmete sich ausschließlich seinem Musikstudium und absolvierte das Konservatorium mit der Komposition einer Kantate über Fr. von Schillers Ode *An die Freude.* 1866–77 unterrichtete er als Professor für Musiktheorie am Moskauer Konservatorium, 1872–76 war er daneben Musikkritiker der *Russkije wedomosti;* 1876 besuchte er auch die ersten Bayreuther Festspiele. Nikolai Rubinstein, damals Direktor des Moskauer Konservatoriums, empfahl ihn der reichen und musikverständigen Nadeschda Filaretowna von Meck, die T. aus Begeisterung und Zuneigung eine jährliche Summe von 6000 Rubeln aussetzte, so daß er seit 1878 als freischaffender Komponist leben konnte. T.s Verhältnis zu Frauen war distanziert. Abgesehen von homosexueller Veranlagung war er ein introvertierter Individualist, der die persönliche Freiheit über alles schätzte. Eine kurzzeitige Verlobung mit der belgischen Sängerin Désirée Artôt (1868) wurde bald wieder gelöst. 1877 heiratete er die 28jährige Konservatoriumsschülerin Antonina Iwanowna Miljukowa, die sich ihm förmlich aufgedrängt hatte; er trennte sich bereits nach wenigen Wochen wieder von ihr, doch sie verfolgte und erpreßte ihn zeitlebens. Aus diesen Gründen vermieden T. und Frau von Meck verabredungsgemäß persönliche Begegnungen, pflegten aber einen intensiven Briefwechsel (1204 Briefe), dem wichtige Informationen über Leben, Schaffen und Ansichten T.s zu entnehmen sind. 1890 beendete Frau von Meck die Beziehung abrupt, ohne daß Gründe erkennbar wurden; T. war tief verletzt, da er seinen besten Freund zu verlieren glaubte. Finanziell war T. jetzt auf Zuwendungen nicht mehr angewiesen, da er über steigende Einkünfte aus seinen Kompositionen und seit 1887 auch durch Konzertverpflichtungen als Dirigent seiner Werke verfügte. Großzügig unterstützte er bedürftige Freunde, Verwandte und Musiker; in seinem Wohnort Maidanowo ließ er 1866 eine Schule einrichten.

T. war von Jugend an hypersensibel und psychisch labil, arbeitete aber intensiv. Er rang sich zum Dirigieren durch, um Unsicherheit zu bekämpfen, und hatte Erfolg. Schon zuvor hatte er mit Vorliebe Italien, Frankreich und die Schweiz besucht, nun entwickelte er eine rege Gastspieltätigkeit, die ihn in zahlreiche europäische Länder und in die USA führte. Sein persönlicher Einsatz trug zur erfolgreichen Verbreitung seiner Werke bei, deren sich auch führende Musiker seiner Zeit annahmen, unter ihnen H. Richter, H. von Bülow, A. Nikisch und G. Mahler. Als erfolgreichem Komponisten wurden T. in Rußland offizielle Ämter angetragen, denen er sich nicht entziehen konnte; das ihm 1881 angebotene Direktorat des Moskauer Konservatoriums lehnte er jedoch ab, übernahm aber die Betreuung einer fortgeschrittenen Kompositionsklasse. T.s Einfluß auf die nachfolgende russ. Komponistengeneration, so auf seinen Schüler S. Tanejew oder auf Dm. Schostakowitsch und I. Strawinsky, war groß. 1885 wurde T. Direktoriumsmitglied der Russ. Musikgesellschaft, später auch Ehrendoktor der Universität Cambridge und korrespondierendes Mitglied der Académie Française. Seine labile psychische Konstitution ließ ihn nur mit Mühe alle gesellschaftlichen Verpflichtungen ertragen, immer wieder floh er in die Einsamkeit; seit 1892 bewohnte er ein eigenes Landhaus in Klin bei Moskau, das heute als T.-Museum zugänglich ist. Frühzeitig gealtert, starb er 9 Tage nach der UA seiner 6. Symphonie an einer Cholerainfektion. Auf dem Friedhof des Alexander-Newski-Klosters in St. Petersburg wurde er beigesetzt.

WW: **1) Instr.-WW:** Für Klv.: Zahlr. Klv.-Stücke, darunter: op. 1: *Scherzo à la russe* (1864); op. 2: *Souvenir de Hapsal* (1867); op. 9 (1870); op. 10 (1872); op. 19 (1873); op. 21 (1873); op. 37a: *Wremena goda* (Die Jahreszeiten) (1876); op. 36: *Detski albom* (Kinderalbum) (1878); op. 40 (1878); op. 51 (1882) u. op. 72 (1893). – 4 Streichquartette: B-Dur (in einem Satz) (1865); D-Dur, op. 11 (1871); F-Dur, op. 22 (1874); es-moll, op. 30 (1876); *Souvenir d'un lieu cher*, op. 42 (1878) für V. u. Klv.; Klv-Trio a-moll, op. 50 „À la mémoire d'un grand artiste" (d. i. N. G. Rubinstein) (1882); Streichsextett d-moll, *Souvenir de Florence*, op. 70 (1890), Neufassung (1892). – Für Orch.: 6 Symphonien: 1: g-moll, op. 13 *Simnije grosy* (Winterstürme) (1866), Neufassung (1874); 2: c-moll, op. 17 (Kleinrussische) (1872), Neufassung (1879); 3: D-Dur, op. 29 (1875); 4: f-moll, op. 36 (1877); 5: e-moll, op. 64 (1888); 6: h-moll, op. 74 *(Pathétique)* (1893); Symphonie in 4 Bildern *Manfred*, op. 58 (1885) (nach Byron); 4 Suiten: d-moll, op. 43 (1879); C-Dur, op. 53 (1883); G-Dur, op. 55 (1884); 4: *Mozartiana* G-Dur, op. 61 (1887); Ouvertüre *Grosa* (Das Gewitter), op. 76 (1864) (zum gleichnamigen Drama v. A. Ostrowski); *Charakternyje tanzy* (Charaktertänze) (1865), als Tänze der Landmädchen in den 2. Akt der Oper *Wojewoda* aufgenommen; *Torschestwennaja uwertjura na datski gimn* (Festouvertüre auf die dänische Hymne), op. 15 (1866); symphonisches Poem *Fatum*, op. 77 (1868); Fantasieouvertüre *Romeo i Dschuljetta* (1869) (nach W. Shakespeare), 2. Fassung (1870), 3. Fassung (1880); *Burja* (Der Sturm), op. 18 (1873) (nach dems.); *Serbo-russki marsch* (Serbisch-russ. oder Slawischer Marsch), op. 31 (1876); Fantasie *Francesca da Rimini*, op. 32 (1876) (nach Dante); *Capriccio italien*, op. 45 (1880); Serenade für Streichorch., op. 48 (1880); Fantasieouvertüre *Hamlet*, op. 67 (1888); *Sérénade mélancolique*, op. 26 (1875) u. *Valse-Scherzo*, op. 34 (1877) für V. u. Orch.; Variationen über ein Rokoko-Thema, op. 33 (1877) u. *Pezzo capriccioso*, op. 62 (1887) für Vc. u. Orch.; Konzertfantasie, op. 56 (1884) für Klv. u. Orch. – Konzerte: 3 für Klv., b-moll, op. 23 (1875); G-Dur, op. 44 (1880), Neufassung (1893); Es-Dur, op. 75 (1893); für V. D-Dur, op. 35 (1878). – **2) Vokal-WW:** Lieder mit Klv.: je 6 Romanzen: op. 6 (1869); op. 16 (1872); op. 25 (1875); op. 27 (1875); op. 28 (1875); op. 38 (1878); op. 57 (1884); op. 63 (1887); op. 73 (1893); je 7 u. 12 Romanzen, op. 47 (1880) u. op. 60 (1886); ferner 6 Duette op. 46 (1880) u. ein Vokalquartett *Notsch* (Die Nacht) (1838); ferner Chöre u. Kantaten. – **3) Bühnen-WW:** Opern: *Wojewoda* (Der Heerführer), UA: Moskau 1868; *Undina* (1869); *Opritschnik* (Der Leibwächter), UA: St. Petersburg 1872; *Kusnez Wakula* (Wakula, der Schmied), UA: ebd. 1874, umgearb. als: *Tscherewitschki* (Die Pantöffelchen), UA: Moskau 1887; *Jewgeni Onjegin* (Eugen Onegin), UA: Moskau 1879; *Orleanskaja dewa* (Die Jungfrau von Orléans), UA: St. Petersburg 1881; *Mazeppa*, UA: Moskau 1884; *Tscharodejka* (Die Zauberin), UA: ebd. 1884; *Pikowaja dama* (Pique Dame), UA: St. Petersburg 1890; *Iolanta*, UA: ebd. 1892. – Ballette: *Lebedinoje osero* (Schwanensee), UA: Moskau 1877; *Spjaschtschaja krasawiza* (Dornröschen) (1889); *Schtschelkuntschik* (Der Nußknacker), UA: St. Petersburg 1893, daraus die Nußknackersuite, op. 71; ferner Bühnenmusik zu Ostrowskis *Der falsche Demetrius* (1867) u. *Snegurotschka* (Schneewittchen) (1873) sowie zu Shakespeares

Hamlet (1891). – **4) Schriften:** *Rubowodstwo k praktitscheskomu isutscheniju garmonii* (Mos 1872, engl. 1900, Nachdr. Canoga Park/Calif. 1970), dt. Übers.: *Leitfaden zum praktischen Erlernen der Harmonie* (L 1899).

T. ist der am häufigsten aufgeführte russ. Komponist, wenn auch – zumindest außerhalb seiner Heimat – nur einige Werke zum festen Repertoire gehören, wie die Opern *Eugen Onegin* und *Pique Dame,* die letzten 3 Symphonien, die Ballette *Schwanensee, Dornröschen* und *Nußknacker,* das 1. Klavier- und das Violinkonzert und nur weniges mehr. Die Einschätzung T.s ist unterschiedlich: Er gilt als Komponist des russ. Volkes, dessen Musik gesellschaftliche Zustände widerspiegelt, als europäisierter Salonrusse, als Kosmopolit, aber auch als Komponist, in dessen Musik Glätte und hohles Pathos vorherrschen. Jedoch verfälschen Pauschalurteile das Bild T.s, das nur durch differenzierte Analyse der Werke hinsichtlich ihres musikalischen Gehaltes unter Beachtung der geistigen und emotionalen Bezüge einigermaßen gerecht gewürdigt werden kann. Die Qualität der Kompositionen ist unterschiedlich, sie ist bedingt durch die natürliche Entwicklung des Komponisten, die kompositorischen Anlässe und die individuellen Fähigkeiten. T. war äußerst selbstkritisch; er vernichtete seine frühen Opern *Der Wojewode* und *Undine* und unterzog andere Werke Umarbeitungen. Auch zweifelte er an seinen Fähigkeiten als Opernkomponist, ließ aber von diesem Genre nicht ab, da er glaubte, auf diese Art mehr Menschen erreichen zu können als mit instrumentaler Musik. Ausgeprägt ist ein nationales, ja manchmal patriotisches Element, was vor allem, aber nicht nur in Bearbeitung und Verwendung russischer Volkslieder zum Ausdruck kommt. T. setzte sich für andere russ. Komponisten ein. Seine Haltung gegenüber der „Gruppe der Fünf" war durchaus positiv, aber differenziert; er bemängelte, besonders bei M. Mussorgski, den er für den begabtesten Komponisten dieser Gruppe hielt, Vernachlässigung der musikalischen Technik. Literarisch und philosophisch hoch gebildet, mit mehreren Sprachen vertraut, war T. als Komponist westeuropäischen Einflüssen gegenüber aufgeschlossen, besonders solchen der it., frz. und dt. Musik. W. A. Mozart war sein Idol, G. Bizets *Carmen* seine Lieblingsoper, L. van Beethovens Symphonie war sein Vorbild. Er erweiterte die symphonische Konzeption, kam zu fließenden Übergängen zwischen Symphonie und symphonischer Dichtung mit angegebenem oder heimlichem Programm. Auch stand er unter dem Einfluß von H. Berlioz (Idée fixe), R. Wagner (Instrumentation) und R. Schumann (Charakterstück). Er erkannte die Leistungen von Wagner und J. Brahms an, ohne deren Musik zu lieben, schätzte dagegen E. Grieg und A. Dvořák. Literarische Vorlagen fand er u. a. bei A. Puschkin, Nikolai Gogol, Alexander Ostrowski, Fr. von Schiller und W. Shakespeare. T. verfügte über eine fast unerschöpfliche musikalische Phantasie; aufgrund subjektiver emotionaler Erfahrungen lotete er das gesamte Spektrum der menschlichen Gefühlssphäre aus und fiel häufig von einem Extrem ins andere. Sein unverwechselbarer Personalstil besteht nicht nur in Virtuosität und Perfektion, sondern beinhaltet auch Widersprüche und Zweifel. Das dürfte um so mehr erkennbar werden, je mehr sich die Interpreten auch jenen Werken T.s zuwenden, die bisher nicht oder kaum bekannt sind.

Ausg.: GA der musikal. Werke, auf ca. 70 Bde. geplant (Mos 1946ff.). – Musykalnye feljetony i sametki, hrsg. v. G. A. LAROSCH (Mos 1898), dt. Übers.: Musikal. Erinnerungen u. Feuilletons, hrsg. v. H. STÜMEKE (B 1899), NA als: Erinnerungen u. Musikkritiken (L 1974) (= Reclams Universal-Bibl. 554); Polnoje sobranije sotschineni Literaturnyje proiswedenija i perepiska, hrsg. v. A. N. ALEXANDROW u. a. (Mos 1953ff.).

Lit. (im folgenden Verz. gilt die Abkürzung „T." für alle Namensschreibungen, auch für „Čaikovski"): **1) Werk-Verz., Dokumente u. Briefwechsel:** P. I. JURGENSON, Cat. thématique des œuvres de P. T. (Mos 1897, Neudruck NY 1940, Nachdr. Lo 1965); Systematisches Verz. der Werke v. P. I. T. Ein Hdb. für die Musikpraxis (H 1973). – K. J. DAWYDOW, Awtografy P. I. Tschajkovskowo v arkiwe Domamuseja w Klinu (Mos – Leningrad 1950, Mos [2]1952), vgl. dazu: S. BERTENSSON, The T. Museum at Klin, in: MQ 30 (1944). – Wospominanija i pisma, hrsg. v. I. GLEBOW (Petrograd 1924); Perepiska s N. F. von Mekk, 3 Bde., hrsg. v. W. A. SCHDANOW – N. T. SCHEGIN – B. X. PSCHIBYSCHEVSKIJ (Mos – Leningrad 1934–36), Ausw. dt. als: Teure Freundin. P. I. T. in seinen Briefen an N. von Meck, hrsg. v. E. VON BAER – H. PEZOLD (L 1964); Briefe an F. Mackar, C. Saint-Saëns, É. Colonne u. a., in: V. FÉDOROV, T. et la France, in: RMie 54 (1968). – **3) Biographien u. umfassende Darstellungen:** I. KNORR, T. (B 1900); M. I. TSCHAIKOWSKI, Schisn P. I. Tschaikowskowo, 3 Bde. (Mos 1900–02, dt. Mos – L 1901–02); E. EVANS, T. (Lo 1906, Lo – NY 1957, 1966); B. W. ASSAFJEW (= I. Glebow), P. I. T. (Petrograd 1922); M. D. CALVOCORESSI – G. ABRAHAM, Masters of Russian Music (Lo 1936); H. WEINSTOCK, T. (NY – Lo 1943); A.-E. CHERBULIEZ, T. (Z 1948); R. PETZOLDT, P. T. Sein Leben in Bildern (L 1953); E. GARDEN, T. (Lo – NY 1973); E. HELM, P. I. T. in Selbstzeugnissen u. Bilddokumenten (Reinbek 1976); V. VOLKOFF, T. A Self-Portrait (Boston – Lo 1975). – **4) Zu einzelnen Werken und Werkgruppen:** B. W. ASSAFJEW, Instrumentalnoje twostschestwo Tschaikowskowo (Petrograd 1922); E. BLOM, T., Orchestral Works (Lo 1927, Nachdr. Westport/Conn. 1971); N. F. FINDEISEN, Kamernaja musyka Tschaikowskowo (Mos 1930); D. SCHITOMIRSKI, Balety P. Tschaikowskowo (Mos – Leningrad 1950); B. W. ASSAFJEW, Jewgeni Onegin (Mos 1944, dt. Pd 1949); S. FROLOWA, Fortepiannyje sonaty P. I. Tschaikowskowo (Mos 1955); J. A. KREMOLJOW, Simfonii P. I. Tschaikowskowo (Mos 1955); W. W. PROTOPOPOW – N. W. TUMANINA, Opernoje twortschestwo Tschaikowskowo (Mos 1957); R. THOMAS, T.s Es-Dur-Sinfonie u. Idee einer Sinfonie „Das Leben", in: NZfM 138 (1967); R. LEIBOWITZ, Une fantasmagorie lyrique. „La dame de pique", in: Les fantômes de l'opéra (P 1972); J. N. TJULIN, Proiswedenija Tschaikowskowo. Strukturny analiz (Mos 1973); U. NIEBUHR, Der Einfluß A. Rubinsteins auf die Klavierkonzerte P. T.s, in: Mf 27 (1974).

M. BOBÉTH

TSCHECHOSLOWAKEI. Der böhmisch/tschechische Staat entwickelte sich seit dem 10. Jh. gesondert von der kulturell verwandten Slowakei, die seit dieser Zeit zum Machtbereich Ungarns gehörte; ein gemeinsamer tschechoslowakischer Staat wurde erst 1918 geschaffen.

Die Musik in den böhmischen Ländern: Mittelalter. Der Gregorianische Gesang wurde in Böhmen gegen Ende des 10. Jh. aus Süddeutschland übernommen, die ältesten Quellen stammen jedoch erst aus dem 12. Jh., einheimisches Schaffen entfaltete sich seit dem 13. und besonders im 14. Jh., in dem die Entwicklung der institutionellen Basis des Choralgesanges gipfelt. Eine Sonderstellung scheint der böhmische Raum in der Geschichte des europäischen Liedes einzunehmen: schon im 11. Jh. entsteht hier das älteste slawische geistliche Lied in der Volkssprache, die Leise *Hospodine pomiluj ny*, und seit dem 14. Jh. wird Böhmen zu einem der wichtigsten Entwicklungszentren der lat. ↗Cantio, die von hier aus auch ins Ausland ausstrahlt. Vom 13. Jh. an wurde am Prager Königshof der dt. Minnesang gepflegt, dessen Wirkung im differenzierten – jedoch mehr nur textlich erhaltenen – Repertoire des böhmischen Kunstliedes des 14. Jh. nachzuweisen ist. Was die Mehrstimmigkeit betrifft, so kann man den Import 2st. Choralgesänge im Organal- und besonders Stimmtauschstil seit der Mitte des 13. Jh. voraussetzen; 100 Jahre später tauchen erste einheimische Benedicamus-Tropen in diesem Stil auf. Der Einfluß der Ars nova-Kunst, die wahrscheinlich in Böhmen keine entsprechenden kulturellen Voraussetzungen fand, ist nur in der Satztechnik einiger 2st. geistlicher Kantilenen erhalten. Zur wichtigsten Art mehrstimmiger Komposition in Böhmen wird seit dem Ende des 14. bis in die Mitte des 15. Jh. die mehrtextige Motette, die auch in ausländischen Quellen erscheint. Die wahrscheinlich rege Pflege der ma. Instrumentalmusik wird durch 2 Spielmannsweisen und zahlreiche literarische Quellen belegt.

Reformation. Die hussitische Bewegung eröffnet in Böhmen schon zu Anfang des 15. Jh. die 200 Jahre währende Epoche der Reformation. Die kulturelle Entwicklung dieser Zeit wird hauptsächlich von den bürgerlichen Mittelschichten getragen, deren evangelische Kantoreien (Fraternitates litteratorum) als Hauptzentren der böhmischen Kunstmusik anzusehen sind. Die vorwiegend auf den ausländischen Import orientierte Musikpflege der aristokratischen Kreise beginnt sich gegen Ende der Epoche breiter zu entfalten; 1576–1612 war Prag der Sitz der kaiserlichen Hofkapelle (unter Ph. de Monte, J. Regnart und K. Luyton), gleichzeitig wirkte in Böhmen der Slowene J. Gallus. – Das böhmische Musikschaffen dieser Zeit gehört größtenteils in den Bereich der geistlichen Musik; es fehlen hier völlig das Madrigal und verwandte Gattungen, auch Quellen der Instrumentalmusik tauchen erst spät und vereinzelt auf. Mit den Hussiten beginnt in Böhmen die Tradition nationalsprachiger Choralgesänge, die sich besonders im 16. Jh. entfaltet; als Spezifikum gelten reiche Liedinterpolationen des Chorals (besonders in den Rorate-Messen für Advent). Durch das Hussitentum angeregt, beginnt sich seit Anfang des 15. Jh. von der lat. Cantio das schnell anwachsende Repertoire des tschechisch-sprachigen Reformationsliedes abzuspalten (↗Hussitenlieder), das – im 16. Jh. besonders durch Verbreitung der Gesangbücher der Böhmischen Brüder – auch in die Nachbarländer dringt. – Die mehrst. Komposition findet in Böhmen ihre Hauptpflege in den kirchlichen Fraternitates litteratorum. Das traditionelle, noch ma. geprägte Repertoire, das hier z. T. bis zum 30jährigen Krieg weitergepflegt wird, beginnt von der 2. Hälfte des 15. Jh. an Einflüsse der niederländischen Polyphonie aufzunehmen. Die Reihe der erhaltenen, zunächst anonymen Kompositionen dieser Stilrichtung wächst zu einem relativ breiten und technisch anspruchsvollen Schaffen böhmischer Komponisten in der 2. Hälfte des 16. Jh. an (Pavel Spongopeus Jistebnický, Jiří Rychnovský, Krýštof Harant u. a.), das allerdings nur fragmentarisch erhalten ist.

Barock. Der mißlungene Aufstand gegen die Habsburger 1620 zog die Vertreibung der ev. Intelligenz und Oberschichten nach sich; die Folge war ein allgemeiner Niedergang des Landes (besonders der Städte) und die Ansiedlung eines fremden Militäradels ohne musikalische Tradition. Unter diesen Umständen konnte sich ein neuer Stil nur auf dem Gebiet der kath. Kirchenmusik ungehindert entwickeln, doch wirkten sich auch hier die Wirren des 30jährigen Krieges lähmend aus. Die Entwicklungskontinuität bewahrte damals – neben der Folklore – vor allem die stets anwachsende Gattung des nationalsprachigen geistlichen Liedes. Erst in der 2. Hälfte des 17. Jh. beginnt sich die böhmische Kirchenmusik stärker zu entfalten, wobei die heimische Tradition mit it. und süddt. Anregungen zusammenfloß. Unter den wenigen Komponisten des 17. Jh. ragt vor allem A. Michna hervor, und seinen Gipfel erreicht der böhmische Barock bei J. D. Zelenka und B. Černohorský. – Größere Lücken weist die Geschichte der barokken Instrumentalmusik auf, die noch in der 2. Hälfte des 17. Jh. nur in wenigen Zentren gepflegt wurde: Im Wirkungsfeld der bedeutenden bischöflichen Kapelle zu Kremsier (Kroměříž) führte u.a. J. P. Vejvanovský den an it. Vorbildern orientierten Stil eigenständig weiter; breiteres Schaffen entfaltete sich erst vom Anfang des 18. Jh. in den Schloßkapellen, deren Zahl seit dieser Zeit schnell zunahm. Unbekannt war in Böhmen im 17. Jh. die Oper, die hier erst 1724 eine ständige Bühne in Prag fand und sich fast ausschließlich auf it. Import beschränkte. Stärkeren Anteil hatten die einheimischen Komponisten auf dem Gebiet des lat. und it. Oratoriums. Insgesamt waren für die böhmische Musik des Barock eine begrenzte Entfaltung der prunkvollen Großformen sowie verstärkte Bindungen an die Volksmusik wichtige Kennzeichen, die auch den relativ kontinuierlichen Stilübergang zu einem neuen Stil in der Epoche der Wiener Klassik erklären.

Die Zeit der Wiener Klassik. Der neue Stil entsteht hier bereits früh aus der regen Wechselwirkung von Kunst- und Volksmusik, und zwar der ungünstigen sozialen Verhältnisse wegen nicht innerhalb der dünnen bürgerlichen Mittelschicht, sondern in den kirchlichen und höfischen Kapellen, die auch die intensive musikalische Erziehung mit ausschließlich einheimischen Kräften übernahmen. Die ersten typischen Formen des bürgerlichen Musiklebens erscheinen erst verspätet gegen Ende des 18. Jh., als auch der it. Einfluß vor dem dt. zurücktritt (beispielhaft dafür ist u.a. der außerordentliche Widerhall W. A. Mozarts in Böhmen). Die Zeit der Wiener Klassik gehört zum wichtigsten Abschnitt innerhalb des böhmischen Musikschaffens. In den böhmischen Ländern entwickelte sich die Kunstmusik weiterhin fast ausschließlich in der Sphäre der Kirchenmusik: die führende Persönlichkeit auf diesem Gebiet war Fr. X. Brixi; typisch ist das reiche, meist sozusagen halbprofessionelle Schaffen der Kantoren in der Provinz mit ihren kleinen Weihnachtskantaten im Volkston, sog. Pastorellen. Die einheimische Instrumentalkomposition konzentrierte sich meistens auf kleine Gattungen der Unterhaltungsmusik (Tänze). Die Entwicklung der nationalsprachigen Oper und des Singspiels hingegen war durch gesellschaftliche Verhältnisse gehemmt. – Die künstlerisch bedeutendste Musik böhmischer Komponisten (einschließlich der meisten in Böhmen selbst fehlenden Gattungen) entstand in der Emigration, zu der besonders seit den 40er Jahren des 18. Jh. sowohl die mißlichen Verhältnisse in Böhmen führten als auch der Anklang, den die volkstümlich inspirierte böhmische Musik im Ausland fand, in einer Zeit, für die das ästhetische Postulat der Natürlichkeit charakteristisch war. Böhmische Musiker, u.a. Fr. Benda, J. Mysliveček, J. Stamitz, J. L. Dussek, A. Reicha, Fr. X. Richter, L. Koželuch, P. Wranitzky, wirkten damals in verschiedenen europäischen Ländern und spielten eine international anregende Rolle, insbesondere als Wegbereiter des klassischen Stils (↗Mannheimer Schule). Erwähnenswert sind auch die Anregungen J. A. Bendas auf dem Gebiet des Melodramas und die Dusseks für die Entwicklung der musikalischen Romantik.

19. Jahrhundert. Erst im 19. Jh. beginnt sich gegen die zum Großteil deutschen Oberschichten das neu entstehende tschechische Bürgertum durchzusetzen. Inmitten der politischen und nationalen Diskriminierung benutzt es die Kultur als gewichtigstes Instrument der nationalen Wiedergeburt. Aus diesem Grunde spielt hier im 19. Jh. die Idee der Nationalmusik eine außerordentlich wichtige Rolle. Die neuen Musikinstitutionen entstehen anfangs noch aus deutscher Initiative (u.a. das Prager Konservatorium 1811). Die Entfaltung der zielstrebig tschechischen Musikorganisationen in der 2. Hälfte des 19. Jh. – besonders der schnell sich mehrenden Gesangvereine – gipfelt im Aufbau des Prager Nationaltheaters aus öffentlichen Sammlungen (Eröffnung 1881, Neubau 1883 nach einem Brand).

Im böhmischen Musikschaffen überwiegt bis in die Mitte des 19. Jh. ein mehr eklektizistischer Klassizismus, der neue stilistische Anregungen nur innerhalb des lyrischen Klavierstückes bringt (J. V. Tomášek, J. V. Voříšek; ↗Charakterstück). Die Ergebnisse der Bemühungen um die Nationalmusik sind vorerst nur von lokaler Bedeutung: es sind das meist dilettantische nationalsprachige Kunstlied (Editionsreihe *Věnec*, 1835–44), im Volkslied wurzelnde Chorlieder (am bedeutendsten die von Pavel Křižkovský, 1820–85) und vereinzelte Opernversuche in tschechischer Sprache, die mit dem singspielartigen *Dráteník* von Fr. Škroup (1826) beginnen. Die Idee der tschechischen Nationalmusik findet ihre eigentliche Realisierung erst nach 1860 im Schaffen von B. Smetana, A. Dvořák und Zd. Fibich, die von einer Reihe von Eklektikern begleitet werden (K. Bendl, Vilèm Blodek, Josef Richard Rozkošný u.a.). Das ältere konservative Ideal der Nationalmusik (Nachahmung des Volksliedes) wird hier durch eine Musik abgelöst, die auf eine national individuelle Art die Anregungen der europäischen Romantik und besonders der Neuromantik entfaltet. Solchermaßen werden alle Gattungen der damaligen Kunstmusik gepflegt; Inbegriff dieser Art sind die Werke Dvořáks, die auch internationalen Widerhall finden.

Die Zeit seit 1890. Im Zusammenhang mit dem gesellschaftlichen Aufstieg des Landes kommt es auch zur breiteren Entfaltung der professionellen

Musikensembles und Institutionen seit den 90er Jahren (1892 Böhmisches Quartett, 1901 Tschechische Philharmonie usw.). Nach der Gründung der Tschechoslowakischen Republik 1918 entwickelt sich das Musikleben auch außerhalb Prags intensiver, und internationale Kontakte werden angeknüpft und verstärkt. Die Wiederherstellung des Musiklebens nach dem 2. Weltkrieg wird 1948 in neue Bahnen gelenkt. Damit beginnt die Epoche der Bestrebungen in Richtung auf eine staatlich beeinflußte und durch den Staat unterstützte Musikkultur.

Im böhmischen Musikschaffen der ersten Jahrhunderthälfte waren – neben J. B. Foerster, als Lyriker vergleichbar mit G. Fauré – besonders V. Novák und J. Suk, zwei dem spätromantischen und mit impressionistischen Elementen bereicherten Stil verpflichtete Persönlichkeiten, führend. Ihre zahlreichen Schüler wurden die Repräsentanten einer überwiegend traditionalistischen Orientierung der böhmischen Musik zwischen den beiden Weltkriegen. Den Anregungen der nachromantischen Avantgarde hat sich u. a. O. Ostrčil selbständig genähert, und besonders – auf eine ganz individuelle, durch die Folklore inspirierte Art – L. Janáček, der wohl wichtigste böhmisch-mährische Komponist dieser Zeit. Seit den 20er Jahren kommt es zu einer begrenzten Entfaltung der modernen, besonders durch Paris vermittelten Anregungen (Groupe des Six, I. Strawinsky). Zum bedeutendsten und zugleich national charakteristischsten Resultat dieser Bestrebungen wurde das Werk des im Ausland wirkenden B. Martinů. Viel kleiner war demgegenüber in den böhmischen Ländern der Einfluß der 2. Wiener Schule: A. Hába hat zwischen den beiden Weltkriegen seine athematische und mikrointervallische Kompositionsmethode selbständig entwickelt; erst im Rahmen des verspäteten Eindringens der europäischen Neuen Musik in Böhmen seit den 60er Jahren werden die Prinzipien der Reihenkomposition folgerichtiger ausgenutzt.

Nach 1950 wurde die Entwicklungskontinuität des Musikschaffens vorübergehend durch die offiziell geförderte Welle eines traditionalistischen Eklektizismus unterbrochen. Erst gegen Ende der 50er Jahre wird an den Nachlaß der Vorkriegsavantgarde wieder breiter angeknüpft, und um 1960 kommen Kontakte mit der europäischen Neuen Musik hinzu. Diese neuesten Stilrichtungen werden hier jedoch folgerichtig nur auf einer relativ schmalen Basis entwickelt: die Mehrheit der zeitgenössischen tschechischen Komponisten – an die Musiksprache von A. Honegger, B. Bartók, S. Prokofjew, Martinů, an Neoklassizismus u. a. anknüpfend – orientiert sich meist nur frei an Elementen der Reihenkomposition, der Aleatorik u. a. Zu nennen sind hier namentlich M. Kabeláč, Klement Slavický (* 1910), Vladimír Sommer und Jan Novák (* 1921), Otmar Mácha (* 1922), Viktor Kalabis (* 1923), Peter Eben (* 1929), Jan Klusák (* 1934), Luboš Fišer (* 1935). – Musikwissenschaft wurde seit 1869 an der dt. Universität in Prag gelehrt (A. W. Ambros, G. Adler, J. Rietsch, G. Becking, P. Nettl), seit 1877 an der tschech. Universität (O. Hostinský, Zd. Nejedlý). Seit 1921 existiert ein musikwiss. Lehrstuhl auch in Brünn (Brno), seit 1945 in Olmütz (Olomouc). 1962 wurde das Musikwiss. Institut der Tschechoslowakischen Akademie der Wiss. gegründet.

Volksmusik. Im tschechischen Volkslied scheinen weniger archaische Elemente bewahrt worden zu sein als im Liedgut der übrigen Slawen. Die älteste Schicht der weltlichen Volksliedweisen ist in den geistlichen Kontrafakten des 15.–16. Jh. überliefert, wo sich wahrscheinlich das Volkslied und die mehr künstlichen, städtischen Liedgattungen wechselseitig beeinflußten. Der Großteil des Volksliedrepertoires, wie es in den Sammlungen des 19. Jh. zusammengetragen wurde, formte sich endgültig erst im 17. und 18. Jh., im ländlichen Milieu, allerdings auch in Wechselwirkung mit der damaligen Kunstmusik. Der Grundcharakter des tschechischen Volksliedes wurde durch seine enge Verbindung mit Tanz und Instrumentalmusik beeinflußt: es zeichnet sich aus durch periodischen Aufbau, durch vorwiegend Dur- und skalenakkordische Melodik und durch lose Verbindung von Text und Musik. In Ostmähren ist jedoch ein anderer Typus des wortgebundenen Liedes mit unregelmäßig gebauter, überwiegend modaler Ausdrucksmelodik verbreitet; dort ist auch die Folklore landschaftlich stärker differenziert und vielleicht in manchen Gattungen auch altertümlicher.

Die Musik der Slowakei. Volksmusik. Die slowakische Volksmusik hat lange ihre archaischen Züge (Terz- und Quartaufbau, absteigende Melodik usw.) bewahrt. Das neuere Volkslied beruht auf quintakkordalem Gerüst und weist z. T. Bezüge zur dur-moll-tonalen Funktionsharmonik auf. Zu den wichtigsten Instrumenten der slowakischen Volksmusik gehören Pfeifen, insbesondere Hirtenpfeifen (Fujara), Dudelsack, Hackbrett u. a., die solistisch und auch kombiniert mit verschiedenen Saiteninstrumenten verwendet werden.

Mittelalter und Renaissance. Die Anfänge des Chorals in lat. wie auch in sog. kirchenslawischer Sprache (diese wurde 885 durch Rom verboten) reichen bis ins 9. Jh. zurück, die ältesten Quellen stammen aber erst aus dem 12. Jh. (Evangelistarium aus Nitra), und Hss. des 14./15. Jh. bezeugen ein reiches heimisches Schaffen (Sequenzen, Reimoffizien, Hymnen, Tropen usw.). Die weltliche bzw. instrumentale Musik wird durch den slawischen Spielmann („Igric") repräsentiert, der seit dem 13. Jh. aus Urkunden verschiedener Art bekannt ist. Schwerpunkt der Musikpflege im 16. Jh. ist die Mehrstimmigkeit. Das Repertoire, das z.T. archaische Formen umfaßt (Organa, Conductus in Choralhandschriften, mehrtextige Motetten, Rondeaux), besteht bis ins 17. Jh. entweder aus anonym überlieferten Stücken – z. B. das Antiphonar der Anna Weiland aus Preßburg (1572) mit etwa 400 Kompositionen für 2–6 St. – oder aus Werken it., franko-flämischer und dt. Komponisten. Es ist ausschließlich geistlich (Motetten, Messen, Magnificats und sog. Schuloden) und wurde hauptsächlich in den Kirchen größerer Städte (Preßburg, Košice, Levoča, Bardejov, Kremnica usw.) gesungen.

Barock. Die Musikkultur dieser Zeit in der Slowakei ist mannigfaltig und vielschichtig. Die ältere Polyphonie wird wie in anderen Ländern zwar weiter gepflegt, doch setzen sich auch neuere Formen durch, u.a. bei Jan Šimbracký (Organist in Spišské Podhradie, † 1657), Zacharias Zarevutius (etwa 1625–65), S. Capricornus und J. Kusser, deren Kompositionen ausgeprägt moderne Züge tragen (mehrchörige Motetten u. Messen in venezianischem und römischem Stil u. geistliche Konzerte nach M. Praetorius, H. Schütz u.a.). Im Unterschied dazu ist die barocke Instrumentalmusik mehr einheimisch orientiert. Die bedeutendsten Denkmäler, wie das Tabulaturbuch aus Levoča (um 1670), der Vietoris-Kodex (um 1660), die Lied- und Tanzsammlung der Anna Szirmay Keczer (1730), die beiden Hss. aus Uhrovec (1730, 1742), enthalten neben internationalen Suiten-Sätzen zahlreiche instrumentale Volkslied- und Tanzbearbeitungen für verschiedene Instrumente und Instrumentengruppen. Dabei ist schriftlich oft die einzelne Komposition nur skizziert, so daß die Ausarbeitung (Harmonisation, melodische Ornamentierung) dem Interpreten überlassen ist. Das gilt auch für die Arien und Pastorellen. Die Weihnachtslieder und Messen für kleinere Solo-, Chor- und Instrumentalbesetzung und B.c. stehen ihrer melodischen Substanz nach in der bewußten Nähe zur Volksmusik. Kompositionen dieser Art stammen hauptsächlich von Franziskanermönchen, wie z.B. Paulinus Bajan (1721–92) und Edmund Pascha (1714–72). Jozef Pantaleon Roškovský (1734–89) und František Xaver Budinský folgen dagegen stark it. Vorbildern (Kantate, Da capo-Arie). – Im Zeitalter der Reformation und Gegenreformation spielte das einstimmige Gemeindelied eine bedeutende Rolle, und zwar nicht nur in der Auseinandersetzung zwischen den beiden Konfessionen, sondern auch in der Entwicklungsgeschichte der slowakischen Sprache und Literatur. Die Lieder wurden z.T. mündlich, z.T. durch hsl., meistens aber durch gedruckte Gesangbücher, wie z.B. *Cithara Sanctorum* (1636, ev.) und *Cantus Catholici* (1655, kath.), verbreitet.

Die Zeit der Wiener Klassik. Die Musik der Wiener Klassik fand in der Slowakei eine sehr günstige Aufnahme. In den großen Musikaliensammlungen in Preßburg, Trnava, Trenčín, Pruské, Kremnica, Košice, Rošňava, Humenné, Banská Bystrica, Uhrovec finden sich zahlreiche Werke in zeitgenössischen und z.T. auch autorisierten Abschriften von J. Haydn, W. A. Mozart, L. van Beethoven, die mehrmals in Preßburg, der damaligen Haupt- und Krönungsstadt des ehemaligen Ungarn, und in anderen Städten und Schlössern weilten und konzertierten. In kleineren Ortschaften konzentrierte sich das Musikleben weit bis ins 19. Jh. noch immer überwiegend auf Kirchenchöre und die städtischen Musik- und Gesangvereine, die der neueren, aus Österreich und Böhmen einströmenden Musik nicht verschlossen blieben. Zu den bedeutendsten, in der Slowakei tätigen Komponisten zählt A. Zimmermann. Sein Zeitgenosse Georg Družecký (1745–1819) ist hauptsächlich durch (Bläser-)Kammer- und Orchestermusik sowie durch Opern- und Ballettkompositionen bekannt geworden. In Preßburg wirkten außerdem die Komponisten Heinrich Klein (Leiter des 1828 gegründeten sog. Kirchenmusikvereins) und sein Nachfolger Jozef Kumlík; aus Preßburg stammte auch J. N. Hummel. Außerhalb Preßburgs wurden die Musikerfamilien Zomb (in Košice) und Skalmík (Ostslowakei), in Banská Bystrica Ján Čaplovič und in Trenčín Augustin Smehlítz als Kapellmeister und als Komponisten von Kirchenmusik bekannt.

Die slowakische Nationalmusik. Das Entstehen der slowakischen Nationalmusik im 19. Jh. wurde durch 2 Faktoren beeinflußt: durch die musikalische Romantik in den anderen europäischen Ländern und durch den Aufstieg des slowakischen Nationalbewußtseins. Die Anfänge sind sehr bescheiden, es handelt sich ausschließlich um Sammlungen und einfache Bearbeitungen (Harmonisierungen) von slowakischen Volksliedern (Martin Sucháň, 1832; Ladislav Füredy, 1837), z.T. durch musikalisch nicht geschulte Schriftsteller und Patrioten. Erst in der 2. Hälfte des 19. Jh. treten die eigentlichen Vertreter der slowakischen Nationalmusik auf. Die erste auch kompositorisch geschulte Persönlichkeit dieser Richtung ist J. L.

Bella, dem es freilich nur in wenigen ganz frühen und späten Werken vergönnt war, eine organische Synthese von romantischer Musiksprache und nationalen Elementen zu schaffen. Bella veröffentlichte auch einige Studien über die Problematik der slawischen und der slowakischen Nationalmusik. Mikulaš Schneider Trnavský (1881–1958), einer der jüngeren Repräsentanten der romantischen Nationalmusik, komponierte hauptsächlich Lieder, Mikulaš Moyzes (1872–1944) Kammer- und Orchesterwerke. Viliam Figuš-Bystrý (1875–1937) ist der Komponist der ersten slowakischen Nationaloper *Detvan* (nach einem Gedicht von A. Sládkovič), die, obwohl 1924 komponiert, ganz dem romantischen Stil verpflichtet ist. Als fortschrittlichster Vertreter dieser Gruppe gilt Frico Kafenda (1883–1963), der sich neben seiner Tätigkeit als Konzertpianist und Pädagoge überwiegend dem Kammermusikschaffen widmete.

Die moderne slowakische Musikkultur. Der Beginn einer musikalischen Neuentwicklung fällt 1918 mit der Entstehung der ersten tschechoslowakischen Republik und mit der nationalen Befreiung der Slowaken zusammen. Der breitangelegte Entwicklungsprozeß einer „Professionalisierung" der slowakischen Musikkultur, der die Gründung und den Aufbau verschiedener Musikinstitutionen nach sich zog und bald nach diesem Zeitpunkt begann, wurde erst nach dem 2. Weltkrieg beendet. Symptomatisch dafür ist, daß das erste slowakische Konservatorium 1919, das Opernhaus 1920, die slowakische Philharmonie aber erst 1948 und die Musikhochschule 1949 entstanden. Von großer nationaler Bedeutung ist auch die Tatsache, daß nach 1948 die gesamte Finanzierung des slowakischen Musikwesens durch den Staat gewährleistet wurde. Das zeitgenössische slowakische Musikschaffen wird durch 3 Komponistengenerationen repräsentiert. Zu der ersten gehören A. Moyzes, E. Suchoň und J. Cikker. Aus der 2. Generation ragen František Babušek (1905–54), Šimon Jurovský (1911–63), Andrej Očenáš (* 1911), Ladislav Holoubek (* 1913), Jozef Kresánek (* 1913), Dezider Kardoš (* 1914), Oto Ferenczy (* 1921) und Ján Zimmer (* 1925) heraus. Sie sind fast alle Schüler von Moyzes und suchen nach einem Ausgleich zwischen den Strömungen und Techniken der 1. Hälfte des 20. Jh. (Bartók, Strawinsky, Janáček, Novák u.a.) und dem nationalen slowakischen Musikerbe. Ihr Schaffen, wie auch das der 3. Generation mit Ladislav Burlas (* 1927), Ivan Hrušovský (* 1927), Roman Berger (* 1930), Ilja Zeljenka (* 1932), Duăn Martinček (* 1936), L. Kupkovič, Peter Kolman (* 1937) und Juraj Hatrík (* 1941), ist stilistisch nicht einheitlich; einige komponieren eher konservativ mit neoklassizistischen Tendenzen, andere experimentieren mit elektronischer und konkreter Musik. In der Slowakei wirken auch einige ungarische Komponisten, wie z.B. der Bartók-Schüler Alexander Albrecht (1885–1958). – Das Zentrum der musikwiss. Forschung in der Slowakei ist das Institut für Musikwiss. der Slowakischen Akademie der Wissenschaften (gegr. 1951) und das Seminar für Musikwiss. der Phil. Fakultät der Komenský-Universität in Preßburg (gegr. 1921). Denkmäler slowakischer Musikkultur werden in der Musikabteilung des Slowakischen Nationalmuseums in Preßburg und in der Sammlung Matica Slovenská in Martin (Mittelslowakei) sowie in anderen Archiven und Bibliotheken aufbewahrt.

Lit.: **1) Denkmälerausg.: a)** Böhmen: Musica Antiqua Bohemica (Pr 1943 ff.) (= MAB); Česká varhanní tvorba/Musica Bohemica per organo, hrsg. v. J. REINBERGER, 3 Bde. (Pr 1954–58); Documenta historica musicae/Hudebně historickí dokumenty (Pr 1955 ff.); Česká polyfonni tvorba/Musica polyphonica Bohemiae, hrsg. v. J. SNIŽKOVÁ (Pr 1958). – **b)** Slowakei: Fontes musicae in Slovacia (Pr [seit 1971: Pr – Bratislava] 1967 ff.); Monumenta musica Slovaca, hrsg. v. J. KRESÁNEK – R. RYBARIČ (Martin 1974 ff.). – **2) Musikgesch. Böhmens:** Z. NEJEDLÝ, Dějiny české hudby (Pr 1903); J. BRANBERGER, Musikgeschichtliches aus Böhmen (Pr 1906); P. NETTL, Musik-Barock in Böhmen u. Mähren (Brünn 1927); V. HELFERT – E. STEINHARD, Gesch. der Musik in der Tschechoslowakischen Republik (Pr 1936, [2]1938); R. NEWMARCH, The Music of Czechoslovakia (O 1942, Nachdr. 1969); F. ZAGIBA, Das tschech. u. slowakische Musikschaffen zw. den beiden Weltkriegen, in: Zschr. für Ostforsch. 4 (1955); R. QUOIKA, Die Musik der Deutschen in Böhmen (B 1956); K. M. KOMMA, Das böhmische Musikantentum (Kas 1960); P. ECKSTEIN, Czechoslovak Opera. A Brief Outline (Pr 1964); V. ŠTĚPÁNEK – B. KARÁSEK, An Outline of Czech and Slovak Music (Pr 1964); J. BUŽGA, Musiker u. musikal. Institutionen im Zeitalter des Barocks in den böhmischen Ländern, in: Beitr. z. Musikgesch. Osteuropas, hrsg. v. E. Arro (Wie 1977); J. VOLEK – S. JAREŠ, Dějiny české hudby v obrazech (Pr 1977). – **3) Musikgeschichte der Slowakei:** F. ZAGIBA, Geschichte der slowakischen Musik v. den frühesten Zeiten bis z. Gegenwart, in: Leipziger Vierteljahrsschrift für Südosteuropa 4 (1940); J. KRESÁNEK, The Work of Slovak Composers, in: Slavonic and East European Review 24 (1946); J. ŠÍP, Slowakische Musik (Pr 1959); R. RYBARIČ, Die Hauptquellen u. Probleme der slowakischen Musikgesch. bis zum Ende des XVIII. Jh., in: Musica antiquae Europae orientalis I (Bydgoszcz 1966); P. FALTIN, New Music in Slovakia, in: Slovenská hudba 11 (1967). – T., in: MGG XIII; Czechoslovakia, in: Grove[6] V.

J. KOUBA – R. RYBARIČ

TSCHEREPNIN. – 1) Nikolai Nikolajewitsch, * 3. (15.) 5. 1875 St. Petersburg, † 26. 6. 1945 Issy-les-Moulineaux (Seine); russ. Dirigent und Komponist. T. studierte bis 1898 bei N. Rimski-Korsakow am Konservatorium in St. Petersburg, war dort 1908–18 Professor für Orchesterleitung am Konservatorium und 1908–13 Kapellmeister des Opernhauses. 1909, 1911 und 1912 dirigierte er die Ballets Russes von S. Diaghilew auf Auslandstourneen. 1918–21 leitete er das Nationalkonservatorium und die Oper in Tiflis und lebte dann in Paris, wo er 1925–29 und 1938–45 das Russische Konservatorium leitete. 1922 bearbeitete er für die Oper in Monte Carlo M. Mussorgskis *Jahrmarkt von Sorotschinzy.* Seine Erinnerungen wurden postum veröffentlicht (Leningrad 1976). T.s Werke sind in ihren Grundlagen traditionell. Nach einer Auseinandersetzung mit der zeitgenössischen französischen Musik, insbesondere dem Impressionismus, zeigen die im Exil entstandenen Kompositionen zunehmend nationalen Charakter.

WW: Oper: *Vanka,* UA: Belgrad 1935. – Ballette: *Pavillon d'Armide,* UA: St. Petersburg 1908; *Narcisse et Echo,* UA: Monte Carlo 1911; *Le masque de la mort rouge,* UA: Moskau 1922; *Dionysus,* UA: London 1922; *Russian Fairy Tale,* UA: ebd. 1923; *Romance of the Mummy,* UA: ebd. 1924.

2) Alexander Nikolajewitsch, Sohn von 1), * 8. (20.) 1. 1899 St. Petersburg, † 29. 9. 1977 Paris; russ. Pianist und Komponist. Er studierte am St. Petersburger Konservatorium, dann am Konservatorium in Tiflis und in Paris (I. Philipp), von wo aus er eine internationale Solistenlaufbahn begann. 1934–37 bereiste er den Fernen Osten und unterrichtete 1938–45 am Russischen Konservatorium in Paris. 1949–64 war er Professor für Komposition an der DePaul University in Chicago und ließ sich dann in New York nieder. Zunächst von S. Prokofjew beeinflußt, experimentierte T. später mit neuen (u. a. mit der aus 3 gleichstrukturierten Tetrachorden bestehenden 9stufigen sog. T.-Tonleiter:

c des es e f g as a h c^1)

und kontrapunktischen Verfahren (Intrapunctus, Interpunkt). Andere konstitutive Elemente seines Werkes bildeten sich durch die Auseinandersetzung mit der Musik verschiedener außereuropäischer Kulturen (Ägypten, China) heraus.

WW: Für Orch.: 4 Symphonien: op. 42 (1927); op. 77 (1951); op. 83 (1952); op. 91 (1957); 6 Klv.-Konzerte: op. 12 (1920); op. 26 (1923); op. 48 (1932); Fantasie, op. 87 (1947); op. 96 (1963); op. 99 (1965); ferner ein Konzert für Mundharmonika u. Orch., op. 86 (1953). – Opern: *Ol" – Ol",* op. 35 (nach L. Andrejew), UA: Weimar 1928, Neufassung: New York 1934; *Die Hochzeit der Sobeide,* op. 45 (nach H. von Hofmannsthal), UA: Wien 1933; *Die Heirat,* op. 53 (nach M. Mussorgski), UA: Essen 1937; gesungenes Märchen *The Farmer and the Nymph* für Sopran, Tenor, Sprecher u. Orch., op. 72, UA: Aspen 1952. – Ballette: *Ajanta's Frescoes,* UA: London 1923; *Training,* op. 37 Nr. 3, UA: Wien 1934; *Trepak,* UA: New York 1938; *La légende de Rasin,* UA: Paris 1941; *Le déjeuner sur l'herbe* (nach J. Lanner), UA: ebd. 1945; *Chota Rostaveli* (Choreographie: S. Lifar), UA: Monte Carlo 1946 (nur 2. Akt v. T., 1. u. 3. Akt v. A. Honegger bzw. T. Harsányi); *La femme et son ombre,* op. 79 (nach P. Claudel), UA: Paris 1948; *Le gouffre* (nach L. Andrejew), UA: Nürnberg 1969.

Lit.: CH. PALMER, Tcherepnin, in: Grove^6 XVIII. – **Zu 1):** Wospominija musykant, hrsg. v. O. TOMAKOWA (Leningrad 1976). – **Zu 2):** W. REICH, A. T. (Bonn 1959, ^{2}1970); N. SLONIMSKY, A. T. Septuagenarian, in: Tempo (1968/69) Nr. 87; R. LAYTON, A. T. at 75, in: ebd. (1974) Nr. 130.

TSCHUDI, Burkhard (anglisiert: Burkat Shudi), ↗Broadwood & Sons.

TSUZUMI (japanisch), allgemeine Bz. für Trommel, im engeren Sinne speziell für die Sanduhrtrommel mit 2 Membranen, die durch eine Schnurspannung miteinander verbunden sind. Da der in der Mitte sehr schmale Instrumentenkörper sich bis zu den beiden, weit überstehenden Fellen erweitert, befinden sich die Spannschnüre in weitem Abstand vom Korpus, und der Spieler kann durch Zusammendrücken der Schnüre die Felle mehr oder weniger straffen und so deren Tonhöhe verändern. Es gibt 3 verschiedene T.-Größen, die sich in Funktion und Spielweise unterscheiden. Das *San-no-tsuzumi* ist koreanischen Ursprungs und wird im ↗Gagaku-Orchester gespielt. Es liegt waagerecht vor dem Spieler, der nur eine der Membranen mit einem einzelnen Schlegel anschlägt. Das kleinere *Ko-tsuzumi* ist Bestandteil des ↗Nō-Ensembles. Es wird mit der linken Hand auf die rechte Schulter gelegt, und die rechte Hand schlägt auf die vordere Membran. Der Spieler greift mit seiner linken Hand so in die Spannschnüre, daß er durch unterschiedlichen Druck die Tonhöhen der Membran verändern kann. Etwas größer ist das auch zum Nō-Ensemble gehörende *Ō-tsuzumi,* das mit dem linken Arm gegen die linke Hüfte gehalten und mit der rechten Hand geschlagen wird. Auf ihm werden unterschiedliche Tonhöhen durch den Druck des ganzen linken Arms gegen die Schnurspannung erzeugt.

Lit.: ↗Japan. M. BRÖCKER

TUBA (von lat. tubus = Röhre). – **1)** Bz. für das wichtigste Blechblasinstrument der römischen Antike. Die T. war ein langgestrecktes trompetenähnliches Instrument mit Kesselmundstück, metallener Röhre und ausladendem Schallstück. Beim Spiel meistens schräg nach oben gehalten, wurde sie bei feierlichen Prozessionen, Begräbnissen, bei Spielen in der Arena, vor allem aber als Militärinstrument benutzt. Die römische T. hatte vergleichsweise eine sehr viel größere Bedeutung für die altrömische Musik als die ihr entsprechende griech. ↗Salpinx. – **2)** Name der zur Gruppe der ↗Bügelhörner gehörenden Baßinstrumente mit weiter konischer Röhre, die im Unterschied zu ↗Helikon und ↗Sousaphon in länglich-ovaler Form gewunden ist und in einem wenig ausladenden, nach oben gerichteten Schallstück endet. Mit dieser ovalen Tubenform wurden auch Bügelhörner der Alt- bzw. Tenor- und der Bariton-Lage (↗Bariton 2, ↗Euphonium 1) gebaut. Die im Orchester am häufigsten eingesetzte T. ist die Baß-T. in F mit 4

Hauptventilen und 2 Kompensationsventilen zum Ausgleich der Intonationsunreinheiten bei der Kombination mehrerer Ventile. In der Blasmusik wird neben Helikon und Sousaphon vor allem eine Baß-T. in Es (↗Bombardon 2) verwendet. Die erste um 1840 ins Orchester eingeführte T. war die von W. Wieprecht und J. G. Moritz (Berlin) entwickelte, 1835 patentierte Baß-T. in F mit 5 Ventilen. Die größere, erst im letzten Drittel des 19. Jh. ins Orchester aufgenommene Kontrabaß-T. mit 3–4 Ventilen, sehr weitem Rohr und ausladendem, nach unten gerichtetem Schallstück entwickelte seit 1845 V. F. Červený (1883; Kaiserbaß). Außerdem gibt es noch eine Doppel-T., eine Kombination von Baß- und Kontrabaß-T., mit 6 Doppelventilen und einem Umschaltventil. Die T. gehört in Deutschland (anders in der Schweiz) nicht zu den ↗transponierenden Instrumenten. Die heute gebräuchlichsten Stimmungen sind für die Baß-T. in F und Es (Tonumfang je nach Anzahl der Ventile etwa Des_1 [H_1] – a^1 [f^1] / [C_1] A_1 – es^1), für die Doppel-T. in F/C und F/B (C_1 – f^1/B_2 – f^1) und für die Kontrabaß-T. in C oder B (C_1 – c^1/B_2 – b). Die Baß-T. wird heute im Orchester, in Tanz- und Unterhaltungsorchestern, in Jazzbands und in der Harmonie- und Blechblasmusik gespielt. Solowerke für Baß-T. schrieben R. Vaughan Williams (Konzert f-moll für Baß-T. und Orchester, 1954) und P. Hindemith (Sonate für Baß-T. und Klv., 1955). Die Kontrabaß-T., in Unterhaltungsorchestern selten zu finden, wird vor allem in der Harmonie- und Blechblasmusik, aber auch im Orchester benutzt. Sie wurde u.a. von R. Wagner *(Der Ring des Nibelungen),* A. Bruckner (7., 8., 9. Symphonie) und R. Strauss *(Elektra)* vorgeschrieben. – **3)** Wagner-T., Bz. für eine auf Anregung von R. Wagner um 1880 gebaute Mischform zwischen T. und Waldhorn. Die Wagner-T. hat 4 Ventile und wird in der gleichen ovalen Form wie die anderen Tuben gebaut, sie hat jedoch eine sehr viel engere konische Röhre. Als Tenor-T. in B und als Baß-T. in F haben sie den Tonumfang B_1 – f^2 bzw. F_1 – c^2. Die Wagner-T. wird transponierend notiert, und zwar von jedem Komponisten verschieden. Im Orchester vorgeschrieben wurde sie u.a. von Wagner *(Der Ring des Nibelungen),* Bruckner (7., 8., 9. Symphonie), Strauss *(Don Quixote, Ein Heldenleben, Elektra, Eine Alpensymphonie, Die Frau ohne Schatten),* A. Schönberg *(Gurre-Lieder)* und L. Janáček *(Sinfonietta).* In Frankreich werden meistens anstelle von Wagner-Tuben ↗Cornophone benutzt. – **4)** T. curva (gekrümmte T.), ein ventilloses, während der Frz. Revolution entwickeltes Blechblasinstrument für feierliche Anlässe. Es wurde von Fr. J. Gossec, L. Cherubini, aber auch von É. N. Méhul *(Joseph)* vorgeschrieben. – ↗Buccin. – **5)** In der Orgel ist T. eine Zungenstimme (↗Trompete) zu 32′ (als Kontra-T. auch im Pedal), 16′, 8′ und 4′. Als T. mirabilis war sie eine in der romantischen Orgel sehr beliebte, heute kaum noch gebaute Hochdruckzungenstimme zu 8′. – **6)** Im liturgischen Rezitativ und in der Psalmodie (↗Psalmtöne) ist T. die bereits in frühen Quellen überlieferte Bz. für den Rezitations- oder Reperkussionston, der heute im allgemeinen mit dem ebenfalls aus dem MA überlieferten Terminus ↗Tenor bezeichnet wird. – **7)** In der Vulgata und in späteren lat. Quellen allgemeine Bz. für Blechblasinstrumente, die als aus dem weltlichen Bereich abgeleitete Herrschaftsattribute innerhalb des Sakralen auf die himmlische Sphäre mit den musizierenden Engeln vor Gottes Thron übertragen wurden. In der Kunst des MA werden sie als Businen dargestellt. Später wird der literarische und musikalische Topos den ↗Trompeten und ↗Posaunen zugeordnet (so z. B. *Tuba mirum* im *Requiem* von W. A. Mozart).

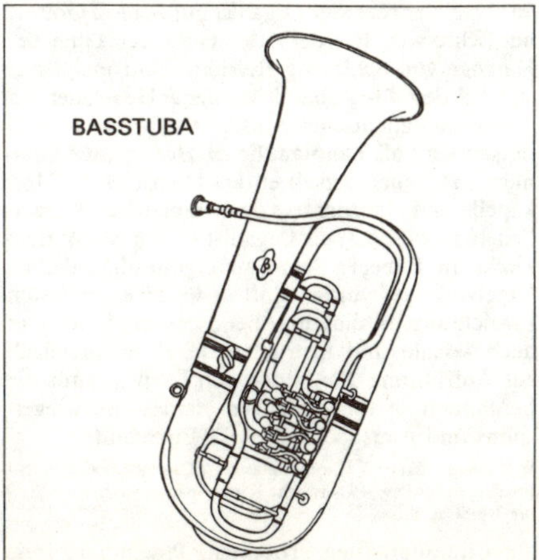

Lit.: **Zu 1):** G. FLEISCHHAUER, Etrurien u. Rom (L 1964, ^{2}1978) (= Musikgesch. in Bildern II/5); G. WILLE, Musica Romana (A 1967). – **Zu 2):** G. KASTNER, Manuel général de musique militaire (P 1848, Nachdr. G 1973); H. BOUASSE, Instr. à vent, 2 Bde. (P 1929–30); CH. KOECHLIN, Les instr. à vent (P 1948); H. KUNITZ, Tuba. Die Instrumentation (L 1968); A. BAINES, Brass Instr. Their History and Development (Lo 1976); C. J. BEVAN, The Tuba Family (Lo 1978); DERS. – J. W. MCKINNON, Tuba I u. II, in: Grove^{6} XIX. – **Zu 4):** D. CHARLTON, Tuba curva, in: Grove^{6} XIX.

M. BRÖCKER

TUCKER, Richard (eig. Reuben Ticker), * 28. 8. 1913 Brooklyn (New York), † 8. 1. 1975 Kalamazoo (Michigan); amerik. Sänger (Tenor). T. debütierte 1945 als Enzo in *La Gioconda* von A. Ponchielli an der Metropolitan Opera in New York und gehörte seither zu deren Stammkünstlern. Ebenfalls in der Rolle des Enzo gastierte er 1947 mit glänzendem Erfolg erstmals in Europa in der Arena von Verona als Partner von Maria Callas, ferner am Covent Garden in London, an der Wiener Staatsoper und an der Mailänder Scala. Vor allem in den Heldenrollen der it. und frz. Oper des 19. Jh. zählte er in den 50er und 60er Jahren zu den führenden Tenören der Nachkriegszeit.

Lit.: G. GUALERZI, Le grandi voci (R 1964) (mit Diskographie); J. B. STEANE, The Grand Tradition (Lo 1974).

TUCKWELL, Barry, * 5. 3. 1931 Melbourne; australischer Hornist. T. studierte am Konservatorium in Sydney und sammelte erste praktische Erfahrungen als Mitglied australischer Orchester. 1950 kam er nach England, war 1955–68 Mitglied des London Symphony Orchestra und Lehrer an der Royal Academy of Music, trat dann vor allem in Kammermusik-Ensembles und gelegentlich als Solist auf und gründete 1968 ein eigenes Bläserquintett. 1965 erhielt er den Orden des British Empire. T. gehört zu den führenden Hornisten seiner Generation. Sein Repertoire reicht vom Barock bis zur Moderne.

TUDOR, David Eugene, * 20. 1. 1926 Philadelphia; amerik. Pianist und Komponist. T. studierte Orgel, Klavier und Komposition und war 1938–48 als Organist und Lehrer tätig. Seither tritt er als Pianist avantgardistischer Musik auf, arbeitete längere Zeit mit J. Cage zusammen und lehrte mit ihm am Black Mountain College (North Carolina). 1951 gründete er mit Cage das „Project of Music for Magnetic Tape", mit dem erstmals Kompositionen mit Live Electronic realisiert wurden. 1953 schloß er sich der Merce Cunningham Dance Company an. 1956, 1958, 1959 und 1961 lehrte er bei den Internationalen Darmstädter Ferienkursen für Neue Musik und später an mehreren amerikanischen Universitäten. T. hat wichtige, z.T. ihm gewidmete Klavierkompositionen uraufgeführt, u.a. von Cage, K. Stockhausen und S. Bussotti; außerdem spielte er erstmals in Amerika P. Boulez' *Sonate* (New York 1950), die viele amerikanische Komponisten nachhaltig beeinflußte.

WW (für Tanz, Film, Theater, Fernsehen; = Multimedia): *Bandoneon!* (1966); *Reunion* (1968); *Video III* (1968); *Rainforest* (1968, Neufassung 1972); *Video/Laser I* (1969) u. *II* (1970). *Gymnastics* (1970). – Schrift: *From Piano to Electronics*, in: Music and Musicians 20 (1972).

Lit.: M. NYMAN, Experimental Music. Cage and Beyond (Lo 1974). B. A. KOHL

TUMA, Franz Seraf Ignaz Anton (František Ignác Antonín Tůma), * 2. 10. 1704 Adlerkosteletz (Böhmen), † 30. 1. 1774 Wien; böhmischer Komponist. Er war in Prag möglicherweise Schüler von B. Černohorský und kam wahrscheinlich 1722 nach Wien. Dort wirkte er von etwa 1731 bis 1741 als Komponist und Kapellmeister des Grafen Franz Ferdinand Kinsky, dann der Kaiserinwitwe Elisabeth Christine, nach deren Tod (1750) er eine Pension erhielt. Er lebte dann in hohem Ansehen auch als Gamben- und Theorbenspieler weiterhin in Wien, später im Prämonstratenserkloster Geras (Niederösterreich). T.s hauptsächlich kirchenmusikalischen Werke, die als Inbegriff des östr. Spätbarock gelten, sind teilweise im Stile antico in der unmittelbaren Tradition von J. J. Fux, teilweise in einem Mischstil nach der Art A. Caldaras geschrieben. Gelegentlich zeigen sich auch Elemente des galanten Stils.

WW (hsl. erhalten): 53 Messen; 29 Psalmen u. Vespergesänge; 13 Marianische Antiphonen; 5 Stabat Mater u. zahlr. weitere liturgische Werke. – 13 Sinfonien, 16 Sonaten u. 18 Partiten meist für Str. u. B.c.

Ausg.: Stabat mater für 4 St. u. Org., hrsg. v. J. PLAVEC (Pr 1959); Instr.-WW, hrsg. v. J. RACEK – V. BELSKÝ (Pr 1965 u. 1967) (= MAB 67 u. 69); 3 Partiten u. Sinfonia (Sonate), hrsg. v. R. LÜCK, 4 Hefte (Kö 1968).

Lit.: G. REICHERT, Zur Gesch. der Wiener Messenkomposition in der ersten Hälfte des 18. Jh. (Diss. W 1936); H. VOGG, F. T. als Instrumentalkomponist (Diss. W 1951); A. PESCHEK, Die Messen v. F. T., 2 Bde. (Diss. W 1957); TH. M. KLINKA, The Choral Music of F. I. T. (1975) (= Diss. Univ. of Iowa); M. POŠTOLKA, T., in: Grove[6] XIX.

TUNDER, Franz, * 1614 Burg auf Fehmarn, † 5. 11. 1667 Lübeck; dt. Komponist. Er wurde 1632 stellvertretender Organist auf Schloß Gottorf bei Schleswig, Residenz der Gottorfer Linie der Herzöge von Schleswig-Holstein. Dort machte er sich bei dem Frescobaldi-Schüler J. Hecklauer mit der neuen italienischen Musik vertraut, ehe er 1633 dessen Amt als hauptamtlicher Hoforganist übernahm. Daneben versah er den Dienst in der Hofkapelle und unterrichtete die herzoglichen Kinder. Seit 1641 wirkte T. als Organist an der St. Marienkirche in Lübeck. Seine außergottesdienstlichen Orgelvorträge wurden dort 1646 zu einer festen Einrichtung. In diesen „Abendspielen" brachte er auch vokale und instrumentale Ensemblemusik zur Aufführung. Sie bilden den Ursprung für die berühmten ↗Abendmusiken seines Schwiegersohns und Amtsnachfolgers D. Buxtehude.

WW (hsl. erhalten): 7 Choralfantasien, 2 Choralvariationen u. 4 Praeludien für Org. – 9 geistliche Konzerte bzw. Arien für 1 St., 9 für 3–6 St. u. B.c.

T.s Choralfantasien, Toccaten, Praeludien, freie Fantasien und Fugen nutzen den Klangreichtum der Orgel voll aus und betonen das improvisatorische Moment im Sinne des „Stylus phantasticus". Charakteristisch ist ferner die Kontrastwirkung von strengem kontrapunktischem und konzertierendem Stil in ein und demselben Orgelwerk. Die Ensemblemusik verdeutlicht, daß T. sich den modernen Gattungen, wie der Sonate, der Aria und dem geistlichen Konzert italienischen Stils, nicht verschloß. Unter seinen 18 erhaltenen Vokalwerken befinden sich sowohl Cantus firmus-freie Solomotetten und Arien wie auch Choralkantaten. Insgesamt sind seine Kompositionen zwischen dem Schaffen H. Scheidemanns und den Werken Buxtehudes einzuordnen. Die Toccatafugen T.s wie auch einzelne Vokalwerke *(Ein kleines Kindelein, An Wasserflüssen Babylons)* gehören schon lange zum Repertoire.

Ausg.: Gesangswerke, hrsg. v. M. SEIFFERT (1900) (= DDT 3); Choralbearb., in: Keyboard Music from Polish Manuscripts, hrsg. v. J. GOŁOS – A. SUTKOWSKI (R 1967) (= Corpus of Early Keyboard Music 10/2); Sämtliche Choralbearb. für Org., hrsg. v. R. WALTER (Mz 1956); Sämtliche Org.-Werke, hrsg. v. K. BECKMANN (Wie 1974).

Lit.: W. STAHL, F. T. u. D. Buxtehude, in: AfMw 8 (1926); P. WINZENBURGER, The Music of F. T. (1965) (= Diss. Univ. of Rochester); M. GECK, F. T., in: MuK 37 (1967); J. ROCHE, Rovetta and T. An Interesting Example of Plagiarism, in: Early Music 3 (1975). W. RICHTER

TUNSTEDE, Simon, * Norwich, † 1369 Bruisyard (Suffolk); engl. Franziskanermönch. T. ist nach einer nicht belegbaren Zuschreibung E. H. de Coussemakers Verfasser der 4teiligen Schrift *De quatuor principalibus musicae* (ed. in: Coussemaker Scr. IV), eines Musiktraktats der ↗Ars nova. Sie ist weitgehend eine Kompilation älterer Traktate und behandelt im letzten Buch die Mensuralnotation, die Kunst des Diskantierens und die Kompositionsgattungen Conductus, Organum, Hoquetus und andere.

Lit.: G. REANEY, The Question of Authorship in the Medieval Treatises on Music, in: MD 18 (1964); DERS., in: MGG XIII.

TUPAN, Tapan, Bz. für eine große zylindrische, manchmal auch leicht faßförmige ↗Trommel mit 2 unterschiedlich dicken Schaf- und Lammfellmembranen. Die Felle können mit Hilfe einer Schnurspannung gestimmt werden, und das Instrument wird so gehalten, daß die beiden Felle senkrecht oder etwas schräg für beide Hände des Spielers leicht zugänglich sind. Auf die dickere Membran wird meist mit der rechten Hand in weit ausholenden Bewegungen kräftig mit einem gekrümmten hakenförmigen Schlegel geschlagen, während auf das dünnere Fell mit einem Stöckchen in der linken Hand leichte, rhythmisch gliedernde Schläge ausgeführt werden. Das in den Balkanländern als T. oder Tapan, in der Türkei als ↗Davul bekannte Instrument wird immer zusammen mit der ↗Zurnā gespielt.

TURANDOT, Lyrisches Drama in 3 Akten von G. Puccini, Text von Giuseppe Adami und Renato Simoni nach Carlo Gozzis gleichnamigem Schauspiel (1762). Ort und Zeit der Handlung: Peking, in märchenhafter Vergangenheit. UA: 25. 4. 1926 Mailand (Scala); dt. EA (in dt. Sprache): 4. 7. 1926 Dresden.

Puccinis letztem Werk liegt ein Märchenstoff zugrunde: die Geschichte von der grausamen Prinzessin Turandot, die jeden, der sich um ihre Gunst bewirbt und drei schwierige von ihr gestellte Rätsel nicht zu lösen vermag, hinrichten läßt und erst durch die großmütig menschliche Haltung des persischen Prinzen Kalaf von ihrer Gefühlsstarre befreit wird. Nach *Madame Butterfly* ist *Turandot* Puccinis zweite Oper, in der spätromantische Kompositionstechniken verwoben werden mit Elementen fernöstlichen Kolorits; diese bestehen vor allem in reizvollen Klangkombinationen durch Mischung traditioneller Orchesterinstrumente mit charakteristischem Schlagwerk sowie im thematischen Material, das z. T. aus authentischen chinesischen Melodien entwickelt ist. Der musikalische und szenische Kontrastreichtum des Werkes resultiert vor allem aus dem dichten Nebeneinander von komischen Figuren – wie etwa den drei Ministern Ping, Pang und Pong – und tragischen Gestalten wie der Sklavin Liú, die Selbstmord begeht, um den von ihr heimlich geliebten Kalaf zu schützen; die Sterbeszene der Liú gilt als eine der ergreifendsten musikalischen Todesdarstellungen innerhalb der veristischen Oper. – Erste Bekanntschaft mit dem Stoff hatte Puccini in Berlin gemacht, wo er eine Aufführung der *Turandot* in der Inszenierung von M. Reinhardt und mit F. Busonis Bühnenmusik gesehen hatte. Vollenden konnte jedoch der Komponist das Werk nicht mehr; sein Schüler Fr. Alfano schrieb Schlußduett und Finale nach hinterlassenen Skizzen. Bei der UA brach A. Toscanini mit Erreichen des Endes von Puccinis Originalmanuskript ab und teilte dem Publikum mit, daß an jener Stelle der Tod dem Meister die Feder aus der Hand genommen hätte. Erst von der zweiten Aufführung an wurde das Werk in der heute bekannten komplettierten Fassung gespielt.

W. A. MAKUS

TURBA (lat., = Haufe, Menge), Sammel-Bz. für die Gruppen der Jünger, Hohenpriester, Juden, Soldaten u. dergleichen in der mehrstimmigen ↗Passion.

TURINA, Joaquín, * 9. 12. 1882 Sevilla, † 14. 1.

1949 Madrid; span. Komponist. Er studierte bei José Trago in Madrid und 1905–13 bei V. d'Indy an der Schola Cantorum in Paris. 1914 nach Madrid zurückgekehrt, wirkte er u.a. als Dirigent der Ballets Russes und bis 1925 als Chorleiter des Teatro Real, wurde 1931 Professor für Komposition am Konservatorium und 1941 Leiter der allgemeinen Musikabteilung im Erziehungsministerium. T. gilt neben I. Albéniz, E. Granados und M. de Falla als einer der bedeutendsten spanischen Komponisten im frühen 20. Jahrhundert. Mit de Falla, dem er auch als Freund lebenslang verbunden war, teilte T. das Ziel einer nationalspanischen Musik von allgemeingültigem Charakter, obwohl beide Musiker stilistisch verschiedene Wege gingen. T.s Musik spiegelt die Heiterkeit, Anmut und Farbigkeit der andalusischen Folklore, deren Reinheit und Ursprünglichkeit er zu erhalten suchte.

WW: **1) Instr.-WW:** Für Klv.: Suite *Sevilla* (1909); *Sonata romántica* (1909); *Rincones sevillanos* (1911); Klv.-Zyklus (1930); *Procesión del Rocío* (1913); *Danzas fantásticas* (1920). – Für Orch.: *Sinfonía sevillana* (1920); *Rapsodia sinfónica* für Klv. u. Streichorch. (1931). – **2) Schriften:** *Enciclopedia abreviada de la música*, 2 Bde. (Ma 1917, ²1947); *Tratado de composición* (ebd. 1946).

Lit.: F. SOPEÑA, J. T. (Ma 1943, ²1956); L. E. POWELL, The Piano Music of J. T. (1882–1949) (1974) (= Diss. Univ. of North Carolina); DERS., The Influence of Dance Rhythms on the Piano Music of J. T., in: MR 37 (1976); DERS., The Place of J. T. in Spanish Pianism, in: Anuario Mus. 31/32 (1976/77).

TÜRK, Daniel Gottlob, * 10. 8. 1750 Claußnitz bei Chemnitz, † 26. 8. 1813 Halle; dt. Komponist und Musiktheoretiker. Er war Schüler von G. A. Homilius an der Dresdner Kreuzschule, studierte seit 1772 in Leipzig und wurde 1774 Kantor in Halle, später auch Universitätsmusikdirektor. Als guter Organisator aktivierte er das Konzertleben in Halle und führte neben Oratorien von G. Fr. Händel auch zahlreiche Opern von W. A. Mozart sowie anderer Musiker nichtszenisch auf. Sein begabtester Schüler war C. Loewe. Neben Kantaten und anderen geistlichen und weltlichen Werken schrieb T. zahlreiche Sonaten und Stücke für Klavier, die zwischen 1776 und 1808 meist im Selbstverlag gedruckt wurden. In ihnen kommt weniger der künstlerische Ehrgeiz als vielmehr eine unverkennbare pädagogische Zielsetzung zum Ausdruck, die seine ganze musikalische Tätigkeit beherrschte. In dieser Hinsicht folgte T. als typischer Bildungsmusiker seiner Zeit unmittelbar den Bestrebungen J. A. Hillers. Seine musikgeschichtliche Bedeutung liegt eindeutig auf musiktheoretischem Gebiet. Die *Clavierschule* (1789), nach C. Ph. E. Bach, J. J. Quantz und L. Mozart das letzte der „Universallehrbücher" der Musik im 18. Jh., verbindet eine allgemeine Musiklehre mit der Behandlung einiger technischer Fragen des Klavierspiels. Trotz mancher Neuerungen ist dieses Werk retrospektiv orientiert, denn noch immer gibt er dem Clavichord vor dem Pianoforte den Vorzug; auch die praktische Seite der spezifischen Klaviertechnik kommt kaum zur Sprache. Von anderen Schriften T.s war die *Kurze Anweisung zum Generalbaß-Spielen* (1791, ⁵1841) weit verbreitet.

WW (gedruckt in Halle – Leipzig): **1) Kompositionen:** Für Klv.: 9 Slgen. Sonaten mit unterschiedlichen Titeln (1776–89); 5 Slgen. *Handstücke* bzw. *Tonstücke*, eine davon für Klv. zu 4 Händen (1792–1808). – Kantaten *Der Sieg der Maurerey* u. *Die Hirten bey der Krippe* (1780, 1782); ferner einige Klv.-Lieder. – **2) Schriften u. Lehrwerke:** *Von den wichtigsten Pflichten eines Organisten* (Hl 1787, ³1838); *Clavierschule, oder Anweisung zum Clavierspielen für Lehrer und Lernende ... nebst 12 Handstücken* (L – Hl 1789, ²1802); *Kurze Anweisung zum Klavierspielen* (ebd. 1792, ²1805); *Kurze Anweisung zum Generalbassspielen* (ebd. 1791, ⁵1841); *Anleitung zu Temperaturberechnungen* (Hl 1808).

Ausg.: 4 Klv.-Sonaten, hrsg. v. H. ALBRECHT (Lippstadt 1951–54) (= Organum V/9, 13, 19, 24); *Kleine Handstücke für angehende Klavierspieler*, hrsg. v. C. AUERBACH (Hannover 1933, ²1960) (= Nagels MA 93); dass., hrsg. v. W. SERAUKY (Hl 1948, ²1953); *30 Tonstücke für 4 Hände*, hrsg. v. DEMS. (Hl 1948). – *Clavierschule*, Faks.-Nachdr., hrsg. v. E. R. JACOBI (Kas 1962); *Von den wichtigsten Pflichten eines Organisten*, hrsg. v. B. BILLETER (Hil 1966); *Anweisung zum Generalbaßspielen*, hrsg. v. DEMS. (Hil 1971).

Lit.: G. E. HEDLER, D. G. T. (Diss. L 1936) (mit Werk-Verz.); W. SERAUKY, Musikgesch. der Stadt Halle II/2 (Hl 1942), dazu: Musikbeilage (1943, Hil ²1971); B. BILLETER, D. G. T.s Beitr. zur Kirchenmusik, in: MuG 17 (1963); L. HOFFMANN-ERBRECHT, T., in: MGG XIII; Catalogue of the Music Library of D. G. T., sold in Halle, 13 January 1817, hrsg. v. A. HYATT KING (A 1973).

L. HOFFMANN-ERBRECHT

TÜRKEI. Die wechselvolle Geschichte Kleinasiens – also nahezu des gesamten Gebietes der heutigen T. – ist gleichzeitig eine Geschichte der Auseinandersetzung und Symbiose östlicher und westlicher Kulturen. In ihrem Verlauf beherrschten dieses Gebiet (bzw. Teile davon) Hethiter, Perser, Griechen und Römer, später aus dem Osten vordringende türkische Stämme (1071 Sieg bei Mantzikert über Byzanz), schließlich Seldschuken (seit 1134) und Osmanen (seit 1300). 1922 schuf Kemal Atatürk ein republikanisches Staatssystem nach westeuropäischem Vorbild. Infolge ihrer bewegten Geschichte hatten die Türken engen Kontakt mit zahlreichen Kulturen, deren Einflüsse schwer zu bestimmen sind. Unterscheiden kann man in der türkischen Musik rituelle Elemente des asiatischen Schamanentums, eine gleichfalls asiatische Pentatonik mit absteigender Tonfolge, wie man sie noch bei den Tscheremissen findet, Modi, die aus dem phrygischen und lydischen Tonsystem hervorgegangen sind, bedeutende Spuren der alten persischen Musik, Teile der griech. Musiktheorie, Reste christlichen Hymnengesanges aus Kappadokien und den beherrschenden Einfluß des Islam sowie auch des Buddhismus, des Manichäismus und des Nestorianismus. Aus dem hethitischen Kulturbereich ist die Darstellung eines Hirsches auf Sistren bekannt, der auch in bestimmten Volksliedern eine große Rolle spielt. Auch die Form der auf hethitischen Fresken dargestellten Instrumente ähnelt der heutiger Instrumente. Wenig ist bekannt über die zur Zeit der Seldschuken am Beginn der Osmanenherrschaft gebräuchlichen Instrumente. Im 15. Jh. gibt der türkische Musiktheoretiker Ahmet Oğlu Şükrullah eine ziemlich präzise Beschreibung der Instrumente seiner Zeit: Iklıg" (2saitige Stachelgeige), Ud (5saitige Laute; ↗'Ūd), Rebab (Laute mit 3 Doppelsaiten; ↗Rabāb), Çeng (24saitige Harfe), Nüze (81saitige Harfe), Kanun (Zither mit unterschiedlicher Saitenzahl; ↗Qānūn), eine Flöte mit 7 oder 9 Löchern und die Schalmei Mizmār.

Im Verlauf ihrer Geschichte haben die Türken die empfangenen Einflüsse miteinander verbunden, und sie exportierten ihrerseits ihre eigene musikalische Konzeption in alle Teile Europas und des Orients, die ihnen durch die Ausbreitung des osmanischen Reiches zugänglich waren. Diese Musik wurde in all ihren Aspekten mündlich tradiert. Hinsichtlich Tonsystem, Techniken und Instrumenten lassen sich jedoch eine Volksmusik und eine Kunstmusik unterscheiden, die zahlreiche Elemente aus der religiösen Musik schöpfen und nicht ohne wechselseitige Beziehungen sind.

Die religiöse Musik. Die Musik des orthodoxen islamischen Kultes ist gänzlich vokal. Die Melodie dient vor allem als Stütze des Wortes, ist „Schmuck der Lesung“. Die Gebetszeremonien in der Moschee sind durch verschiedene Formen von Gesängen gekennzeichnet: die Aufforderung der Gläubigen zum Gebet, die vom Muezzin von der Höhe des Minaretts herab gesungen wird; die Rezitation des Korans, eine komplexe Kunst, die ein langes Studium der Tongebung, des Stimmtimbres und der Beziehungen zwischen Silben, Akzenten und Rhythmen erfordert; daneben „Dua“ und „Tesbih“, zwei Gebetsformen. Zahlreiche Gesänge sind an verschiedene Anlässe gebunden: die Feier der Geburt des Propheten, die Zeit des Ramadan, die Beschneidungszeremonien, die Begräbnisse. Die bedeutendsten dieser Gesänge sind der *Mevlût,* dessen Text Süleyman Çelebi (14. Jh.) zugeschrieben wird, und der *Miraciye,* komponiert von einem Musiker des 18. Jahrhunderts. Andere Arten von Musik entwickelten sich seit der Seldschuken-Zeit in den Bruderschaften (Tarikat), in denen die Musik eine wichtige Rolle spielt. Sie gilt hier als Bindeglied zwischen dem Menschen und seinem göttlichen Ursprung und bildet ein mächtiges Hilfsmittel in dem Bemühen um die Vervollkommnung des Daseins. Die Instrumente, die Gegenstand verschiedener Symbolismen sind, haben Anteil an den Riten, während die menschliche Stimme ihre ursprüngliche Bedeutung beibehält. Genannt seien hier bei dem Orden der Tanzenden Derwische der Ney (Flöte aus Schilfrohr mit 7 Löchern) und die Kudüm (kleine kupferne Pauken mit einem Fell aus Ziegenhaut). Diese Instrumente, zu denen zuweilen die Halile-Bekken hinzukommen, bilden zusammen mit einer Gruppe von Sängern das Ensemble Mıtrıb, das die Musik des Ayın, des Hauptritus des Mevlevî, ausführt; dabei handelt es sich um eine äußerst ausgearbeitete Musik, die sich seit dem 13. Jh. in Konya, einem der kulturellen Zentren dieser Epoche, entwickelte. Sie beruht auf dem System der Makam (↗Maqām), das den persischen Dastgah-s oder den indischen Rāga entspricht und das mit modalen, nicht temperierten Skalen und melodischen Formeln jedem Makam eine Entwicklungsstruktur, ein besonderes Ethos zukommen läßt. Darüber hinaus gibt es ein rhythmisches System, das auf dem Prinzip der zyklischen Wiederkehr beruht. Diese Systeme werden die Grundlage der türkischen Kunstmusik. – Die Musik des Bektashi-Ordens ist dagegen von volkstümlichem Wesen. Die Nefes-Gesänge, die im Verlauf der Zeremonien erklingen, werden von dem Saz begleitet, einer in der ganzen T. verbreiteten Lautenfamilie. Die Melodien dieser Gesänge besitzen einen eigentümlich befehlenden und energischen Charakter und einen klar hervortretenden Rhythmus. Diese Eigenschaften finden sich in unterschiedlichem Ausmaß auch in der Musik anderer Orden, die bestimmte Formen gemeinsam haben, wie z. B. Ilâhi, eine Vokalkomposition über mystische Gedichte in türk., pers., oder arab. Sprache.

Die Volksmusik. Die Volksmusik ist ein direkter Reflex der asiatischen Traditionen, die die Türken zur Zeit ihrer Wanderungen mitbrachten. Den Melodien liegen 7tönige Skalen mit einem absteigenden pentatonischen Gerüst zugrunde; diese Struktur ist erstaunlicherweise mit dem tetrachordalen System kombiniert, das phrygischer und lydischer Tradition entstammt. Die volkstümliche Rhythmik umfaßt u. a. den Aksak- (= hinkend) Rhythmus, von dem es mehrere Typen gibt und den die Türken auf dem Balkan, besonders in Bulgarien, eingeführt haben. Er wird, je nachdem ob er schnell oder langsam ist, verschieden aufgefaßt. Der schnelle Aksak erscheint als Kombination zweier untereinander irrationaler Werte (z. B. ♪ und ♪.), der langsame als eine Kombination unregelmäßiger Gruppen (2 oder 3) von regelmäßigem Grundrhythmus (z. B. 3+3+2 Achtel).

Instrumente. a) Chordophone: Der Oberbegriff Saz umfaßt eine Reihe von Langhalslauten verschiedener Dimensionen: Die kleinste heißt Cura mit 3 Saiten; es folgen Bağlama mit 3 Doppelsaiten (2 - 2 - 2), Bozuk mit 8 Saiten (3 - 2 - 3) und Âşık sazı mit 9 Saiten (3 - 3 - 3); das größte Instrument der Saz-Familie ist die Meydan sazı mit 12 Saiten (4 - 4 - 4). Ferner die 3saitige ↗Kamānğē. - b) Aerophone: Zurna (↗Zurnā), Ney (↗Nay; zylindrische Schalmei); Kaval (↗Kawal); Düdük, eine kleine Flöte. - c) Membranophone: Kup oder ↗Darabukka; ↗Davul, Dümbek (kleine Pauke); Zilli Def (Schellentrommel). - d) Idiophone: Zil (kleines Becken); Zilli masa (Metallklapper); Kaşık (Holzlöffel). Auch einige westliche Instrumente fanden Eingang: die Violine (Keman) und die Klarinette (Klârinet).

Die Volksmusik ist stets engstens an bestimmte Lebensumstände gebunden: Geburt, Hochzeit, Begräbnis, Arbeit, Feste sind Gelegenheiten zum Singen und zum Tanzen. In den Liedern spielt die Improvisation eine große Rolle; der momentanen Eingebung wird große Freiheit gelassen, insbesondere bei den Worten, die auch ein aktuelles Ereignis kommentieren können. Die Wiegen-, Hochzeits-, Liebes-, Abschieds-, Klage- und erzählenden Lieder haben verschiedene poetische Formen, bei denen 2 Stile unterschiedlich miteinander kombiniert werden können: als Uzun hava (langer Gesang) mit freiem Rhythmus im Charakter eines stark verzierten Rezitativs oder als Kırık hava (gebrochene Melodie), wenig verziert und mit gemessenem Rhythmus. Der Sänger begleitet sich dazu häufig auf der Saz bağlama. Der Tanz kann begleitet werden von Liedern oder von Instrumenten (Zurna, Davul, Saz, Kaşık). Die hauptsächlichen Tänze sind: im Westen der Türkei der Zeybek; an den Ufern des Schwarzen Meers der Horon; in Zentralanatolien der Halay; im Osten der Bar. Neben diesen von Männern ausgeführten Gruppentänzen gibt es auch Einzeltänze, etwa den Kaşık havaşı (Löffeltanz) oder den Çifte telli. - Gewisse Arten der Volksmusik sind eigentümlich für einen bestimmten Ausdruck oder gebunden an eine Gelegenheit: schildernde und Hirtenmusik, gespielt auf dem Kawal; Kampfmusik, gespielt auf dem Kaba zurnā (tiefe Zurna) und auf dem Davul. Auch heute noch gibt es sog. Âşık (= Verliebte), d.h. Sänger, die von Dorf zu Dorf ziehen und abends Lieder singen, in denen legendäre Helden der Vergangenheit verherrlicht werden, darunter besonders der populäre Köröglu.

Die Kunstmusik. Ihre Ursprünge bleiben ungewiß, denn die ersten rein türkischen Zeugnisse reichen nicht vor das 15. Jahrhundert. Sicher ist hingegen, daß sie ein Zweig einer den moslemischen Völkern des Mittleren Orients gemeinsamen Musik ist, die u. a. von al-Fārābī (10. Jh.), Avicenna (11. Jh.) und Safīaddīn (13. Jh.) auf der Grundlage der byzantinischen, griechischen und persischen Gegebenheiten kodifiziert wurde. Auf der Basis dieses Erbes schufen die Türken eine eigenständige und subtile Kunst, die in den jeweiligen Hauptstädten des Reiches ihre Blüte erlebte: in Konya im 13., in Bursa im 14. und in Istanbul im 15. Jahrhundert. Dabei läßt sich die folgende Chronologie aufstellen: 13.-14. Jahrhundert. Durch die Impulse des Ordens der Tanzenden Derwische erreichte die Musik ein hohes technisches und geistiges Niveau. - 15. Jahrhundert. Epoche der Gärung und gleichsam der Geburtswehen; verschiedene Traktate entstehen, u.a. von Yusuf bin Nizameddin, Hizir bin Abdullah und Abdul Kadir (sein *Mekacid-ul-elhan* enthält die älteste notierte türkische Melodie). - 17. Jahrhundert. Drei große Musiker bestimmen diese Periode: Hafiz Post, Osman Dede und vor allem Buhûrîzade Mustafa Itrî. Demetrius Cantemir erfand ein neues Notationssystem. - Im 18. Jh., dessen Beginn das „Zeitalter der Tulpen" genannt wird, kommt es vor allem unter dem kunstliebenden Sultan Selim III. zu einer intensiven Musikpflege. Unter den Musikern ragen Zaharya Efendi, Kara İsmail Ağa, Hacı Sâd-ullah Ağa hervor. - 19. Jahrhundert. Als bedeutendster Komponist gilt Hamamîzâde İsmail Dede (1. Hälfte des Jh.). Der armenischstämmige Hamparsum Limonciyan erfindet eine musikalische Notation, die es erlaubte, zahlreiche bis dahin nur mündlich überlieferte Werke schriftlich festzuhalten. - 20. Jahrhundert. An seinem Anfang beginnen Musikologen und Theoretiker, darunter Rauf Yekta Bey und Suphi Ezği, die Werke und das musikalische Wissen der Vergangenheit aufzuzeichnen, während ein Musiker, Tanburî Cemil Bey, der die ganze Größe der türkischen Kunstmusik verkörperte, Schallplatten einspielt, die musterhaft werden für die Kunst der Makam. Nach einer langen schwierigen Zeit besinnen sich heute manche junge türkische Musiker auf diese Tradition. Die Kunstmusik basiert auf dem System der Makam und der rhythmischen Zyklen nach Art der Musik des Mevlevî-Ordens. Im Laufe der Jahrhunderte wurden zahlreiche Makam erfunden, von denen jedoch nur wenige überdauerten; gegenwärtig sind etwa 30 Makam in Gebrauch. Sie werden unter der Bz. Fasl zusammengefaßt. Einige davon werden vokal (Beste, Kâr, Şarki), andere instrumental (Peşrev, Taksim) ausgeführt.

Die Musik westlicher Prägung. Musikalische Wechselbeziehungen zwischen Westeuropa und der Türkei gibt es seit dem 18. Jh. Bestimmte Instrumente, wie die Klarinette und das Fagott, wurden in der T. eingeführt. Im 19. Jh. wurden it. Musiker (u.a. Giuseppe, der Bruder G. Donizettis) vom Sultan ins Land gerufen und beauftragt, eine Militärmusik im europäischen Stil aufzubauen. Indessen, obwohl bereits 1831 eine erste westlich orientierte Musikschule und 1912 in Istanbul ein Konservatorium gegründet wurden, war es doch erst die Errichtung der Republik durch Atatürk, die – konform mit der gesamten politischen Ausrichtung der modernen T. – eine mächtige Bewegung des Interesses für die westliche Musik bedingte. Aus Anlaß der Gründung des Konservatoriums in Ankara (1925) wurden einige junge Musiker, A. A. Saygun, Ulvi Cemal Erkin (1906–73), Necel Kâzim Akses (* 1908), nach Paris und Wien geschickt, um dort ihre musikalischen Studien zu betreiben. Bezeichnend für die kulturelle Anbindung an den Westen war aber auch, daß 1934–37 P. Hindemith von der türkischen Regierung entscheidend zum Aufbau des gesamten Musiklebens im Lande herangezogen wurde. Ihm folgte in verantwortungsvoller Position am Konservatorium in Ankara, dann am Gazi-Institut (bis 1970) E. Zuckmayer.

Die genannten türkischen Musiker gelten zusammen mit Cemal Reşit Rey (* 1904) als die erste Komponistengeneration ihres Landes. Ein Großteil der Werke von Rey ist vom Impressionismus geprägt, mit dem er während seiner Jugend und seines Studiums in Paris in Berührung kam. Er schrieb u.a. Klavierwerke, Kammermusik, symphonische Dichtungen mit türkischen Sujets und Operetten. Saygun ist der bekannteste Komponist dieser Generation. Von Akses stammen hauptsächlich symphonische und kammermusikalische Werke. – Aus der nach 1914 geborenen Generation ragt Bülent Tarcan (* 1915) hervor. Er war Schüler von Rey und Saygun und vertritt mit seiner Kammermusik, mit Konzerten, Orchester- und Ballettmusik eine ausgeprägt nationale Richtung. – Bülent Arel (* 1919), der in New York lehrt, und Ilhan Usmanbas (* 1921) wandten sich der seriellen und elektronischen Musik zu. – Die nachfolgende Komponistengeneration kehrt wieder zu einer Konzeption zurück, die in starkem Maße Elementen der traditionellen türkischen Musik Raum gibt. Besonders bemerkenswert ist hier Nevid Kodallı (* 1924) mit Symphonien, Bühnenwerken sowie u.a. mit einem Oratorium *Atatürk.*

Die zunehmende musikalische Orientierung der T. nach dem Westen ist freilich nur ein Teil der Wechselbeziehungen. Ein anderer Teil ist der Einfluß in umgekehrter Richtung. Er prägt sich im 18./19. Jh. vor allem in der vielfältigen Verwendung der ↗Janitscharenmusik aus.

Lit.: G. ORANSAY, Die melodische Linie u. der Begriff Makam der traditionellen türk. Kunstmusik v. 15. bis zum 19. Jh. (Ankara 1966); K. REINHARD, Die gegenwärtige Praxis des Epengesanges in der T., in: Grazer u. Münchener balkanologische Stud. (Mn 1967); DERS., Cultivation and Encouragement of Traditional Music in Turkey, in: Creating a Wider Interest in Traditional Music (B 1969); B. MAUGUIN, L'utilisation des échelles dans la tradition musicale turque contemporaine (Diss. P 1969); K. REINHARD – U. REINHARD, Turquie (P 1969); J. P. REICHE, Stilelemente süd-türk. Davul-Zurna-Stücke, in: Jb. für musikal. Volks- u. Völkerkunde 5 (1970); C. AHRENS, Instr. Musikstile an der ost-türk. Schwarzmeerküste (Mn 1970); K. REINHARD, Grundlagen u. Ergebnisse der Erforschung türk. Musik, in: AMl 44 (1972); DERS., Die T. im 19. Jh., in: Musikkulturen Asiens, Afrikas u. Ozeaniens im 19. Jh., hrsg. v. R. Günther (Rb 1973); K. L. SIGNELL, The Turkish „Makam" System in Contemporary Theory and Practice (Diss. Seattle 1973); E. OKYAY, Die Schulmusikerziehung in der T. Ihre geschichtl. Entwicklung u. ihr heutiger Zustand, in: Mitt. der dt. Ges. für Musik des Orients 12 (1973/74); E. R. MEYER, „Turquerie" and Eighteenth-Century Music, in: Eighteenth-Century Studies 7 (1974); L. PICKEN, Folk Musical Instruments of Turkey (Lo 1975); B. BARTÓK, Turkish Folk Music from Asia Minor, hrsg. v. B. Suchoff (Princeton/N. J. 1976); W. D. PACK, P. Hindemith in Turkey (1977) (= Diss. Brigham Young Univ., Utah); C. ZIMMERMANN-KALYONCU, Dt. Musiker in der T. im 20. Jh. (F 1985). B. MAUGUIN

TURMMUSIK. Seit dem 15. Jh. entwickelte sich neben dem Stundenabblasen der Türmer, dem einstimmigen Signal oder Choral, das mehrstimmige Abblasen bei Tagesanbruch, zur Mittagszeit und am Abend. In vielen Städten wurde diese zur Ehre Gottes erklingende T., die zugleich als Mittel städtischer Repräsentation betrachtet wurde, von den ↗Stadtpfeifern ausgeführt. Zu den musikalischen Aufgaben der Türmer bzw. Stadtpfeifer gehörte ferner das Anblasen (Melden) Fremder, das Begrüßen von Hochzeitspaaren beim Kirchgang sowie das Musizieren vom Turm bei besonderen Anlässen (Fürstenbesuchen, Friedensfeiern, brauchtümlichen Festen, Weihnachten usw.). Bevorzugte Instrumente für die Stundensignale waren Horn, (Zug-)Trompete und Posaune; charakteristisch für das mehrstimmige Abblasen war der reine Trompetensatz und vor allem die Besetzung mit Zinken und Posaunen. Das mehrstimmige Repertoire umfaßte instrumental ausgeführte Vokalsätze (u.a. Motetten und Kantionalsätze), choralgebundene Instrumentalsätze sowie Fanfaren, „Turmsonaten", Intraden und Suitensätze. Unmittelbar aus der Stadtpfeiferpraxis hervorgegangen sind die Sammlungen von J. Chr. Pezel (1670 u. 1685) und G. Reiche (1696); daneben sind die Bicinia (1553) von J. Wannenmacher, die Sonaten von G. Chr. Störl (um 1700) und Fr. Schneider (1803) sowie die 3 *Equale* (1812) von L. van Beethoven zu nennen. Nachdem in der 2. Hälfte des 18. Jh. das Abblasen z.T. schon reduziert worden war, wurde ihm mit der Auflösung der Stadtpfeifereien und der Abschaffung des Türmeramtes im 19. Jh. in den meisten Städten die Grundlage entzogen. Im 20. Jh. kam es, ausgehend u.a. von den Bestrebungen von L. Plaß (1914) und A. Müller (1925), mancherorts zu einer Wiederbelebung des Turmblasens durch ↗Posaunenchöre und andere Vereinigungen. Neben Editionen regte diese Bewegung zahlreiche neue Kompositionen an (u.a. A. von Beckerath, W. Hensel, P. Hindemith, K. Marx, Heinrich Kaspar Schmid und Roland Würz).

Lit.: L. Plass, Blick in die Slg. musikal. Wahrzeichen dt. Städte, in: Zschr. für Schulmusik 6 (1933); H. J. Moser, Tönende Volksaltertümer (B 1935); L. Prautzsch, Das Soester Gloria u. die Turmmusik auf St. Petri (Soest 1958); E. A. Bowles, Tower Musicians in the MA, in: Brass Quarterly 5 (1961/62); L. Prautzsch, Das Christkindwiegen in Hessen, in: Beitr. z. Gesch. der ev. Kirchenmusik u. Hymnologie in Kurhessen u. Waldeck (Kas 1969); D. Altenburg, Zum Repertoire der Türmer, Stadtpfeifer u. Ratsmusiker im 17. u. 18. Jh., in: Alta musica 4 (Tutzing 1979).
D. ALTENBURG

TURNER, Tina (eig. Annie Mae Bullock), * 26. 11. 1938 Brownsville (Tennessee); amerik. Rock- und Soulmusikerin. 1956 begann sie als Wochenendsängerin im Bluesensemble „Kings of Rhythm" ihres späteren (1958) Ehemannes **Ike Turner** (* 5. 11. 1931 Clarksdale/Mississippi), mit dem sie seitdem stets zusammen auftrat. Durch ein Engagement für das Vorprogramm einer Amerikatournee der Rolling Stones wurde das Paar 1969 international bekannt. 1974 trennte sich T. T. von ihrem Mann und unternahm mit eigener Band und Tanzgruppe zahlreiche Tourneen, u.a. 1979 nach Deutschland. Besonderen Erfolg hatte sie mit Songs, in denen Frustrationen und sexuelle Wünsche des Publikums angesprochen wurden. Zu ihren erfolgreichsten Titeln gehören *River Deep – Mountain High* (1966) und *Nutbush City Limits* (1973).

TURNIERTANZ (engl.: competitive dancing) ist die bei Amateuren und Professionals dem Leistungssport zuzurechnende Wettkampfform des Tanzsports, ausgehend um 1910 von England. Es gibt Mannschafts-, Formations- (8 Paare) und Einzelwettbewerbe. Letztere werden in 3 Kategorien ausgetragen – Junioren (bis 18), Hauptgruppe (bis 35 Jahre), Senioren (männliche Partner über 35) –, jeweils in den Leistungsklassen E/D/C/B/A und S = Sonderklasse. Deutsche, Europa- und Welt-Meisterschaften (erstmals 1921 Berlin, 1927 Frankfurt am Main, 1909 Paris) finden jährlich statt in der Standard-Disziplin (Langsamer Walzer, Tango, Wiener Walzer, [Slow-]Foxtrott, Quickstep), in der Lateinamerikanischen Disziplin (Samba, Cha-Cha-Cha, Rumba, Paso doble, Jive) und der Allround-Disziplin (alle 10 Tänze). Allroundpaare ertanzen seit 1969 einen World-Cup (ab 1983 als Weltmeisterschaft). Figuren, Tempi, Kleidung sind durch eine Turnier- und Sportordnung, die international einheitlich ist, vorgeschrieben. Bewertet werden rhythmische Gestaltung und Takt, Bewegungsablauf und Fußarbeit sowie Körperlinien.

In der Bundesrepublik Deutschland ist der „Deutsche Tanzsport-Verband" (DTV) im „Deutschen Sportbund" (DSB) mit z.Z. rund 82000 Mitgliedern in etwa 800 Clubs für den T. der Amateure zuständig. Angeschlossen sind seit kurzem die „Föderation Deutscher Majoretten" und der „Deutsche Verband der Amateure im Rock 'n' Roll und Jazztanz". Der DTV ist Mitglied des „International Council of Amateur Dancers", dem z.Z. 27 nationale Verbände in allen Erdteilen angehören. In der DDR untersteht der T. der „Zentralen Arbeitsgemeinschaft Turniertanz". Im T. der Professionals gelten die Regeln des „International Council of Ballroom Dancing", dem in der Bundesrepublik Deutschland der „Allgemeine Deutsche Tanzlehrerverband" mit seinem „Professional-Turnieramt" angehört.

Lit.: Ph. Richardson, A Hist. of English Ballroom Dancing (1910–45) (Lo 1946); H. Günther – H. Schäfer, Vom Schamanentanz zur Rumba. Gesch. des Gesellschaftstanzes (St 1959); Tanzbibliogr. Verz. des deutschsprachigen Schrifttums über den Volks-, Gesellschafts- u. Bühnentanz, 3 Bde., hrsg. v. K. Petermann (L 1965–81); F. E. von Garnier, Bernhold, Beat u. Bossanova (Mn 1972); H. J. Schäfer, Gesch. des nat. u. int. Verbandes u. seiner Meisterschaften (Neu-Isenburg o.J.); Turnier- u. Sportordnung des Dt. Tanzsport-Verbandes (ebd. o.J.).
H. J. SCHÄFER

TUSCH (frz.: touche; wahrscheinlich hervorgegangen aus den älteren engl. Formen tuck, tucket; it.: toccata), Bz. für ein kurzes, in der Regel improvisiertes, ein- oder mehrstimmiges Signal, das ursprünglich von Trompeten ausgeführt wurde, heute auch von anderen Instrumenten bzw. vom ganzen Orchester, meist als stereotype Formel auf einem Akkord (häufig D-Dur) gespielt wird. Die traditionelle Funktion dieses Signals ist die von Hochrufen begleitete musikalische Bekräftigung eines Trinkspruchs und die Begrüßung hochgestellter Persönlichkeiten bei Festveranstaltungen.

TUTTI (it., = alle). – **1)** Im Unterschied zu Solo – im Concerto grosso zu Concertino – und z.T. synonym zu ↗Ripieno gebrauchte Bz. für den Einsatz aller Instrumente in Instrumentalwerken, in Werken gemischter Besetzung für den aller Instrumental- und Vokalstimmen bzw. auch für die Abschnitte in dieser Besetzung. – **2)** Bei der Orgel seit dem 19. Jh. Bz. für eine Vorrichtung, durch die alle Register gleichzeitig gezogen werden (im frz. Orgelbau synonym zu ↗Grand chœur). Im 17./18. Jh. wurde als T.-Registrierungsvorschrift der Terminus Plenum (↗Organo pleno) gebraucht. – **3)** Beim Klavier wird durch die Angabe tutte le corde die Dämpfungsvorschrift ↗una corda aufgehoben.

TWIST, amerik. Modetanz der frühen 60er Jahre des 20. Jh. aus dem Umfeld des Rhythm & Blues. Bei gelöster Tanzhaltung und leicht nach vorn gebeugtem Oberkörper werden Füße, Knie und Hüfte abwechselnd nach links und rechts gedreht (engl.: twisted), während die Arme eine Gegenbewegung in die jeweils andere Richtung ausführen (MM ♩ = ca. 152–192). Der T. kennt keinen Platzwechsel. Als besondere Figur gilt der sog. Korkenzieher (mit geschlossenen Knien wird nach links und rechts eine Kniebeuge ausgeführt). Geübte Tänzer neigen überdies ihren Rücken auf den Boden, ohne die T.-Bewegungen zu unterbrechen. Mit T.-Schlagern genoß der Sänger Chubby Chekker eine gewisse Popularität *(Let's Twist Again).*

TWO BEAT JAZZ (engl.), weniger gebräuchliches Synonym für ↗Traditional Jazz. Die Bz. weist darauf hin, daß im T. die metrische Struktur des frühen Jazz mit den Akzentuierungen der 1. und 3. Taktzeit durch die tiefen Instrumente hervorgehoben wird, ohne daß bei den häufigen halbtaktigen Harmoniewechseln im T. die Akzente auf der 2. und 4. Taktzeit an Lautheit und rhythmischer Bedeutung zurücktreten.

TWOSTEP (engl., = Zweischritt), amerik. Gesellschaftstanz der 90er Jahre. Entstanden aus der Polka, behält der T. aber nur deren Chasséschritte bei. Man tanzt ihn im Marschtempo. Als charakteristisches Musikstück gilt J. Ph. Sousas Komposition *The Washington Post* (1889). Das musikalische und choreographische Umfeld des T. kann man kaum exakt beschreiben. Der Name findet sich häufig in synonymer Verwendung mit Bz.en afroamerikanischer Tänze wie Cakewalk, Ragtime oder Turkey trott. Der T. zählt zu den Vorläufern des Foxtrotts. Um 1910 kommt als populärer Nachfolger des T. der Onestep auf.

TXISTU (baskisch), eine baskische Einhandflöte (mit 3 Grifflöchern, 2 vorderständigen und einem hinterständigen Daumenloch), die wie das kleinere provenzalische ↗Galoubet mit einer Trommel zusammen zur Tanzbegleitung gespielt wird (↗Tambourin), in neuerer Zeit auch im Ensemble von verschiedenen Spielern mit einem Baß-T., 2 T.s und einer Trommel.

Lit.: P. H. OLAZARAN DE ESTELLA, T. Tratado de flauta vasca (Bilbao [2]1951).

TYE, Christopher, * um 1500, † 1572; engl. Komponist. T. war vermutlich 1508–17 Chorknabe am King's College in Cambridge. Er erhielt 1536 den Grad eines Bachelor of Music, 1545 den eines Doctor of Music, ist dort seit 1537 als „lay clerk" nachweisbar und wurde 1547 Chancellor der Universität. Außerdem wirkte er seit 1543 als Magister choristarum an der Kathedrale von Ely und – ohne offizielles Amt – in den 50er Jahren als Sänger in der Königlichen Kapelle. 1544–50 war er Musiklehrer des Prinzen Edward. T. gehört zu den ersten Komponisten anglikanischer Kirchenmusik und schrieb auch als einer der ersten Stücke für Gamben-Consort, die den Beginn der englischen Instrumentalmusik markieren.

WW: Stücke für Gambenconsort, u.a. 21 4–6st. *In Nomine* u. 4 bis 5st. *Dum transisset.* – *The Actes of the Apostles, translated into English Metre to Synge and Play upon the Lute* für 4 St. (Lo 1553). – Hsl. erhalten sind: 3 4–6st. Messen u. einzelne Messesätze; ferner Anthems, Motetten u. Magnificat.

Ausg.: The Instrumental Music, hrsg. v. R. W. WEIDNER, u. The Latin Church Music, hrsg. v. J. R. SATTERFIELD, 2 Bde. (Madison/Wisc. 1967–72) (= RRMRen 3 u. 13–14); English Sacred Music, hrsg. v. J. MOREHEN, u. Messen, hrsg. v. P. DOE, 2 Bde. (Lo 1977–80) (= Early English Church Music 19 u. 24).

Lit.: R. W. WEIDNER, Instrumental Music of Ch. T., in: JAMS 17 (1964); J. R. SATTERFIELD, A Catalogue of T.'s Latin Music, in: Gedenkschrift G. Haydon (Chapel Hill 1969); N. DAVISON, The „Western Wind" Masses, in: MQ 57 (1971); J. LANGDON, T. and His Church Music, in: MT 113 (1972); R. W. WEIDNER, T.'s „Acts of the Apostles". A Reassessment, in: MQ 58 (1972).

TYMPANON (griech., = Trommel). – **1)** ↗Tympanum. – **2)** Frz. Bz. für das ↗Hackbrett.

TYMPANUM (lat.; von griech. tympanon), in der griech.-römischen Antike Bz. für die mit einer oder mit 2 Membranen bespannte Rahmen-↗Trommel, die mit einer Hand gehalten, mit der anderen gespielt wurde. Das fast nur in den Händen von Frauen oder Silenen dargestellte T. gehörte zu den Instrumenten der orgiastischen Kulte des Dionysos und der Kybele und wurde vermutlich mit ihnen in Griechenland und Rom eingeführt. Im MA bedeutete T. ebenfalls eine 1- oder 2fellige Rahmentrommel, während es später als Bz. für die Heerpauke benutzt wurde (S. Virdung, 1511; M. Praetorius, 1619; J. E. Altenburg, 1795). Die Bz. findet sich auch in der Vulgata-Übersetzung des AT, z.B. in Ps. 150,4: *Laudate eum in tympano et choro* (dt. in der Einheitsübersetzung: *Lobt ihn mit Pauken und Tanz*).

TYROLIENNE (frz.), im 19. Jh. Bz. für einen vom ↗Ländler abgeleiteten volkstümlichen frz. Rundtanz im synkopierten ¾-Takt. Er hat auch Eingang in die Kunstmusik (u.a. in G. Rossinis *Guillaume Tell*) und in die Salonmusik gefunden.

U

ÜBERBLASEN, bei Blasinstrumenten Bz. für das Anblasen eines höheren Teiltons anstatt des Grundtons (= 1. Teilton) durch Erhöhung von Anblasdruck oder Lippenspannung. Flageolett- und Überblastöne sind daher von der Erzeugung her gleich. Bei oktavierenden Instrumenten (Flöten-, Oboen- und Saxophoninstrumenten) entsteht der 2. Teilton (= Oktavteilton). Bilden die Grundtöne den Tonraum der 1. Oktave, so ermöglicht also das Ü. in den 2. Teilton den Tonraum der 2. Oktave. Ü. in eine 3. Oktave ist möglich, jedoch bei den einzelnen Instrumenten unterschiedlich, da dann in den 3., 4. und 5. Teilton überblasen werden muß (vielfach nur in Kombination mit Spezialgriffen). Bei quintierenden Instrumenten (alle Klarinetteninstrumente) wird in den 3. Teilton überblasen (= Quinte über der Oktave). Im Tonraum der 2. Duodezime erscheinen also als Überblastöne alle Grundtöne aus der 1. Duodezime. Auch eine 3. Duodezime ist möglich; durch Ü. in den 5. Teilton (= große Terz über Doppeloktave). – Bei ↗Naturtoninstrumenten wird der verfügbare Tonvorrat ausschließlich durch Ü. hervorgebracht. Gleichfalls sind bei der Orgel bestimmte Stimmen, wie Quer-, Rohr-, Dulzflöte oder Schweizerpfeife, bei doppelter Pfeifenlänge als überblasende Register disponiert. Baubedingt können bei zu starkem Winddruck jedoch auch z. B. eng mensurierte Labialpfeifen ↗überschlagen.

Lit.: A. HEINE, Akustische Phänomene (Mn 1978).

ÜBERLEITUNG, Bz. für die Partie innerhalb größerer musikal. Ereigniszusammenhänge, die zwischen Hauptteilen vermittelt. Die Eigenart einer Ü. hängt vom Verhältnis der Hauptteile zueinander ab. So gibt es Ü.s-Stücke zwischen tonal, zwischen thematisch, zwischen dynamisch und klanglich unterschiedlichen Kernsätzen. In Ü.en der klassischen Instrumentalformen wird meist die tonale Distanz zwischen den Themen überbrückt. In der Exposition eines Sonatensatzes ist der Ü.s-Satz ein wichtiges Moment. Er vermittelt zwischen der Tonart des Haupt- und des Seitensatzes. Oft geht er von Motiven des Hauptsatzes aus und spinnt sie fort, ist aber an sich nicht thematisch.

Lit.: B. SHMAGAR, On Locating the Retransition in Classic Sonata Form, in: MR 42 (1981); R. VAN DER LEK, Zum Begriff Übergang u. zu seiner Anwendung durch A. Lorenz auf die Musik v. Wagners „Ring", in: Mf 35 (1982). – ↗Sonatensatzform.

ÜBERMÄSSIG werden ↗Intervalle genannt, die sich durch Erhöhung bzw. Erweiterung reiner oder großer Intervalle um einen Halbton ergeben.

ÜBERSCHLAGEN. – **1)** Bei Blasinstrumenten und Orgelpfeifen Bz. für das ↗Überblasen. – **2)** Beim Klavierspiel Bz. für das Kreuzen der Hände aus spieltechnischen Gründen, z. B. beim ↗Arpeggio- und ↗Passaggio-Spiel, oder bedingt durch die Kompositionsanlage vieler Werke für Cembalo, die häufig eine Aufteilung für 2 Manuale vorsah. – Das Ü. eines Fingers über den Daumen wird in der Klaviertechnik Übersetzen genannt. – **3)** Bei der Singstimme umgangssprachliche Bz. für den Wechsel der Stimme von der Bruststimme ins Falsett, z. B. beim ↗Jodeln.

ÜBUNGSSTÜCK. Im Unterschied zur ↗Etüde dient das Ü. der Ausbildung bestimmter technischer Fertigkeiten, in der Regel ohne dabei auch nach ästhetischen Gesichtspunkten oder hinsichtlich möglicher Aufführungen komponiert zu sein. Meist sind Ü.e einem speziellen Problem gewidmet (z. B. Oktavpassagen, Akkordspiel, Staccato oder chromatischen Läufen). Daß D. Scarlatti seine Klaviersonaten 1738 als *Essercizi per gravicembalo* erscheinen ließ, zeigt ebenso wie M. Regers Sammlung von *Canons für Pianoforte durch alle Dur- und Molltonarten* (1895), daß sich der Typ des reinen Ü.s eher aus der Faktur selbst ergibt als aus dem Titel. Berühmte Sammlungen von Ü.en bilden K. Czernys zahlreiche *Schulen* für Klavier, O. Ševčiks *Schule der Violin-Technik* (1883) oder Fr. Grützmachers *Hohe Schule des Violoncellospiels* (1891).

UCCELLINI, Don **Marco,** *um 1603 Forlimpopoli, † 10. 9. 1680 ebd.; it. Violinist und Komponist. U. war Geistlicher, studierte Violine und Gesang in Assisi, war 1641–62 „capo degli strumentisti" am Hof der Este in Modena, 1647–65 Kapellmeister am Dom in Modena und seit 1665 am Hof in Parma, wo er auch mehrere (nicht erhaltene) Bühnenwerke schrieb. U. ist mit seinem fast ausschließlich instrumentalen Schaffen einer der Hauptvertreter der Soloviolinsonate des 17. Jahrhunderts. Seine Werke dieser Gattung führen in der Spieltechnik über B. Marini hinaus und bereiten den Weg für das Schaffen der ↗Bolognesischen Schule.

WW: 3 Slgen. *Sonate, sinfonie, et correnti* bzw. *Sonate, arie, et correnti* für 1–4 Instr. u. B.c. (V 1639–45); *Sonate over canzoni* für V. u. B.c. (V 1649); Sonaten für 1–3 V. u. B.c. (An 1668); *Sinfonie boscarecie, brandi, corrente* u.a. Tanzsätze für V. u. B.c. mit 2 V. ad lib. (An [2]1669); *Sinfonici concerti brievi e facili* für 1–4 V. u. B.c. (V 1667). – *Salmi concertati* für 1–5 St., 2 V. u. B.c. (V 1654).

Ausg.: 2 Sonaten, 3 Correnti u. 3 Arien, in: TORCHI, Arte Mus. VII (1907); Aria *Die Hochzeit der Henne und des Kuckucks,* hrsg. v. G. LENZEWSKI (B 1930); *Sinfonia à 3,* hrsg. v. E. SCHENK (W 1953) (= Hausmusik 151).

Lit.: F. GÖTHEL, U., in: MGG XIII; F. M. PAJERSKI, M. U. ... and His Music, 2 Bde. (NY 1979) (= Diss. New York Univ.).

'ŪD (von arab. al-'ūd = das Holz), Kurzhalslaute mit einem tiefen, aus vielen schmalen Spänen zusammengesetzten bauchigen Korpus mit Holzdecke, in der sich ein oder mehrere Schallöcher befinden. Der 'Ūd hat einen kurzen Hals ohne Bünde, der in einem nach hinten abgewinkelten Wirbelkasten endet (Knickhalslaute). Er wird mit einem Federkielplektrum (Adlerfeder) gespielt. Das Instrument hat heute 5 doppelchörige Saiten, von denen die 3 höchsten aus Darm oder Nylon, die 2 tiefsten aus mit Kupfer umsponnener Seide bestehen. Die Stimmung wechselt je nach Gebiet, ist jedoch am häufigsten in Quarten auf G A d g c^1. Manche Spieler benutzen auch noch eine 6., meist auf f^1 gestimmte Saite. Neben diesem bundlosen 'Ūd mit 5 Doppelsaiten gibt es in Tunesien auch einen 4saitigen mit Bünden. Der 'Ūd entstand im Gebiet des Irak und wurde von dort aus im 6./7. Jh. nach Mekka und dann nach Medina gebracht. Er verbreitete sich schnell in allen arabisch-islamischen Ländern und wurde bald das wichtigste Musikinstrument dieser Gebiete. Seine große Bedeutung bestand nicht nur darin, daß er das beliebteste Musikinstrument wurde, sondern daß er gleichzeitig auch als Demonstrationsinstrument der Musiktheorie, an dem das Tonsystem erklärt wurde, fungierte (dem ↗Monochord der Griechen vergleichbar). Deshalb behandelten ihn auch alle arabischen Musiktheoretiker in ihren Traktaten besonders ausführlich. Zuerst hatte der 'Ūd nur 4 Saiten, die 5. Saite erhielt er im 9. Jh. durch den berühmten arabischen, in Spanien wirkenden Lautenisten Ziryab, der auch das bis dahin gebräuchliche Holzplektrum durch einen Federkiel ersetzte. Später verbreitete sich der 'Ūd bis weit nach Zentralasien hinein und in die Gebiete südlich der Sahara. Es entwickelten sich auch in den arabischen Ländern verschieden geformte, besaitete und gestimmte Lauten, die sowohl mit als auch ohne Bünde gespielt wurden. In Europa wurde der 'Ūd von den Arabern in Spanien eingeführt und verbreitete sich von dort aus über ganz Europa. Aus dem arabischen Namen al-'ūd wurde al laud, laúd, lute, luth, liuto und ↗Laute.

Lit.: J. SPECTOR, Classical 'ūd Music in Egypt with Special Reference to Maqamat, in: Ethnomusicology 14 (1970); A. SHILOAH, Un ancien traité sur le 'ūd d'Abū Yūsuf al-Kindī, in: Israel Oriental Studies 4 (1974); H. G. FARMER, 'Ūd, in: Grove[6] XIX. – ↗Arabisch-islamische Musik. M. BRÖCKER

UdSSR, Sowjetunion, ↗Rußland.

'UGAB ↗Israel (Biblische Zeit).

UGOLINO DA ORVIETO, * um 1380, † 1457 Ferrara; it. Musiktheoretiker und Komponist. U. ist erstmals 1411 als Mitglied des Domkapitels in Forlì nachweisbar. 1415 vertrat er die Stadt beim Konzil in Konstanz, wurde im selben Jahr Kanonikus und 1425 Archidiakon an S. Croce. Wegen seiner Parteinahme für die Welfen mußte er 1430 Forlì verlassen und flüchtete nach Ferrara, von wo aus er sich vergeblich um seine früheren Ämter in Forlì bemühte. Etwa 1535 bis 1548 war er Dekan am Dom in Ferrara. U.s Traktat *Declaratio musicae disciplinae* (um 1430) ist eine der letzten Musikschriften in der Tradition des Mittelalters. Er umfaßt 5 Bücher und einen Anhang über das Monochord und behandelt den Gregorianischen Gesang, die Mensuralmusik, den Kontrapunkt, die mathematischen Relationen der Intervalle und die Chromatik. Von seinen Kompositionen sind lediglich 3 2st. Stücke erhalten.

Ausg.: *Declaratio musicae disciplinae,* hrsg. v. A. SEAY, 3 Bde. (1960–62) (= CSM 7).

Lit.: G. PIETZSCH, Die Klassifikation der Musik v. Boetius bis U. v. O. (Hl 1929, Nachdr. Da 1968); A. SEAY, U. of O., Theorist and Composer, in: MD 9 (1955) (mit 2 Stücken); DERS., The Declaratio musicae disciplinae of U. of O. Addenda, in: MD 11 (1957); A. HUGHES, U. The Monochord and Musica Ficta, in: MD 23 (1969).

UGRINO VERLAG ↗Jahnn, Hans Henny.

UHL, Alfred, * 5. 6. 1909 Wien; östr. Komponist. Er studierte 1927–31 an der Wiener Musikakademie Komposition (Fr. Schmidt), lebte anschließend bis 1938 freischaffend in Zürich, Paris, Berlin, Amsterdam und Istanbul und trat hauptsächlich mit Filmmusik hervor. Im 2. Weltkrieg schwer verwundet, lehrt U. seit 1945 als Professor für Komposition an der Musikakademie in Wien. 1970–74 war er Präsident der (östr.) Gesellschaft der Autoren, Komponisten und Musikverleger (AKM).

WW: Gitarrenstücke; *Kleine Suite* sowie 30 Etüden für Va. (1973); 2 Streichquartette (1946) u. *Jubiläumsquartett* (1961); *Humoreske* (1965) für Bläserquintett. – Für Orch.: *Vier Capricen* (1945); *Concertante Sinfonie* (1943) für Klar. u. Orch.; *Concerto a ballo* (1966); *Allerlei Spielmusik* (1970) für Spielmusik-Gruppen; Sinfonietta (1978); *Drei Skizzen* (1979). – Chöre a cap.; Kantaten; oratorisches Musikdrama *Gilgamesch* (1956, Neufassung 1968) für Soli, Sprecher, gem. Chor, Knabenchor u. Orch. – Oper *Der mysteriöse Herr X*, UA: Wien 1966.

Lit.: A. WITESCHNIK, A. U. (W 1966) (= Östr. Komponisten des 20. Jh. 8).

UHLAND, Johann Ludwig, * 26. 4. 1787 Tübingen, † 13. 11. 1862 ebd.; dt. Dichter, Germanist und Politiker. Nach dem Jurastudium (Promotion 1810) in Tübingen war er zeitweilig Advokat in Stuttgart, bis er 1819 in den württembergischen Landtag gewählt wurde. 1829 erhielt er eine Professur für deutsche Sprache und Literatur in Tübingen, die er jedoch politischer Auseinandersetzungen wegen nach wenigen Jahren niederlegte. Er lebte seither als Privatgelehrter; 1848/49 gehörte er der Frankfurter Nationalversammlung an. – U. gilt als einer der bedeutendsten Dichter der deutschen Spätromantik. Die Volkstümlichkeit seiner Sprache (beispielhaft im Lied vom guten Kameraden) führte zu besonders zahlreichen Vertonungen seiner Gedichte, zunächst durch C. Kreutzer und Fr. Silcher, dann im Rahmen des Kunstlieds u. a. durch J. Brahms, F. Busoni, A. Knab, Fr. Liszt, C. Loewe, O. Schoeck, Fr. Schubert, R. Schumann, R. Strauss u. H. Wolf. U. hat auch in seinen Dramen Gesangseinlagen und Bühnenmusik vorgesehen. Seine Sammlung *Alte hoch- und niederdeutsche Volkslieder mit Abhandlungen und Anmerkungen* (2 Bde., St 1844–45, Nachdr. 1968) machte ihn zu einem der ersten Erforscher deutscher Volkspoesie.

Lit.: M. FRIEDLAENDER, U.s Gedichte in der Musik, in: U.s Werke, hrsg. v. L. Fränkel, I (L – W 1893); H. FROESCHLE, L. U. u. die Romantik (Kö 1974). B. A. KOHL

UJFALUSSY, József, * 13. 2. 1920 Debrecen; ung. Musikforscher. Er studierte von 1938 bis zur Promotion 1944 an der Universität Debrecen klassische Philologie sowie 1946–49 an der Musikhochschule Budapest Komposition, Dirigieren und Musikgeschichte. Zunächst in der Musikabteilung des Kulturministeriums tätig, wurde U. 1955 Professor für Musikästhetik und Musiktheorie an der Musikhochschule Budapest (1980 Rektor) und 1961 Mitarbeiter des Bartók-Archivs (seit 1969 Institut für Musikwissenschaft) der Ungarischen Akademie der Wissenschaften, das er 1973–80 leitete. Seit 1959 ist er Mitglied des Präsidiums des Verbandes ungarischer Musiker. Für sein Schaffen erhielt er mehrfach Auszeichnungen, u. a. 1961 den Erkel- und 1966 den Kossuth-Preis.

Schriften: *Bartók breviarium* (Budapest 1958, ^{3}1980) (zus. mit V. Lampert); *Debussy* (ebd. 1959); *A valóság zenei képe* (Das musikal. Abbild der Wirklichkeit) (ebd. 1962, tschech. Pr 1967); *Béla Bartók*, 2 Bde. (ebd. 1965, ^{3}1976, engl. ebd. – Boston 1971, dt. Budapest 1973); *Einige inhaltliche Fragen der Brückensymmetrie in Bartóks Werken*, in: Studia Musicologica 5 (ebd. 1963); *A műfajkategória sorsa és jelentősége a zeneesztétikában* (Schicksal u. Bedeutung der Kategorie der Gattung in der Musikästhetik), in: Mitt. der Abt. für Sprach- u. Lit.-Wiss. der Ungarischen Akad. der Wiss. 29 (ebd. 1974); *Premisszák Bartók zenéjének megértéséhez* (Prämissen zum Verständnis der Musik Bartóks), in: Magyar Zene 22 (1981); *Zenéröl, eszetétikáról, cikkek, tanulmányok* (Aufsatzsammlung über Musik und Ästhetik) (ebd. 1980).

UKULELE (hawaiisch, = hüpfender Floh), Bz. für eine kleine Gitarre, die aus der Cavaquinho oder Machete genannten kleinen portugiesischen Gitarre entstand. Diese wurde 1879 von Portugiesen aus Madeira nach Hawaii mitgebracht. Das Instrument hat 4 Darm-, Nylon- oder manchmal auch Stahlsaiten, die von einem Querriegel zu hinterständigen Wirbeln gezogen sind. Es gibt verschiedene Stimmungen der 4 Saiten, am häufigsten sind sie in a^1 d^1 fis^1 h^1 gestimmt. Die Saiten werden nicht mit den Fingern, sondern mit einer Metallplatte abgegriffen und mit einem am Finger befestigten Plektrum angerissen. Die heute in verschiedenen Größen gebaute U. wurde auf den Hawaii-Inseln schnell populär und kam nach 1910 auch nach Nordamerika, wo sie ebenso wie in Westeuropa seit den 20er Jahren gelegentlich in Tanzmusikkapellen benutzt wird. Eine Weiterentwicklung der U. ist die ↗Hawaii-Gitarre.

Lit.: E. JACOVACCI, Méthode d'ukulele (P 1926); H. A. ROBERTS, Ancient Hawaiian Music (Honolulu 1926, Nachdr. 1967).

ULANOWA, Galina, * 8. 1. 1910 St. Petersburg; russ. Tänzerin und Ballettmeisterin. Sie war Tochter eines Ballettregisseurs und einer Tanzpädagogin, absolvierte 1928 die Ballettschule Waganowa, wurde Mitglied und alsbald Solistin des Kirow-Balletts in Leningrad. Seit 1935 gastierte sie beim Bolschoi-Ballett in Moskau, dessen Primaballerina assoluta sie 1944–61 war. Als ausdrucksstarke Interpretin sowohl klassisch-romantischer Paraderollen (A. Adam, *Giselle*) wie zeitgenössischer Partien (S. Prokofjew, *Romeo und Julia*) wurde sie in den 50er Jahren auf Tourneen auch im Westen gefeiert und mit Ballettfilmen bekannt (*Romeo und Julia; Giselle; Schwanensee* u.a.). 1962 trat sie letztmals auf. Seither widmete sie sich vornehmlich der Rolleneinweisung ausgewählter Nachwuchstänzerinnen.

Lit.: F. FÜHMANN, G. U. (B 1961); A. KAHN, Days with G. U. (NY 1962).

ULENBERG, Kaspar, * 1549 Lippstadt (Westfalen), † 16. 2. 1617 Köln; dt. Theologe, Dichter und Komponist. Nach Studien in Wittenberg war U. zunächst lutherischer Pfarrer, konvertierte 1572 zum katholischen Glauben und wirkte seit 1575 als Pfarrer in Köln. 1592–1615 war er dort Regens des Lorenz-Gymnasiums, 1610–12 Rektor der Universität und 1605–12 Pfarrer an der Universitätskirche St. Columba. U. wurde bekannt durch *Die Psalmen Davids,* d. h. den gesamten Psalter in dt. Liedparaphrasen mit 80 Melodien, die vermutlich ebenfalls von U. stammen. Diese Psalmlieder sind das kath. Gegenstück zum ↗Hugenottenpsalter und seinen dt. Übertragungen. Die Melodien wurden neuerdings eine wichtige Quelle für das kath. Gesangbuch *Gotteslob.* Eine 4st. Bearbeitung des U.-Psalters schuf K. ↗Hagius (1589 bzw. 1606).

WW: *Die Psalmen Davids in allerlei Teutsche gesangreimen bracht* (Kö 1582, mit mindestens 11 Aufl. bis 1710).

Lit.: J. OVERATH, Unters. über die Melodien des Liedpsalters v. K. U. (Kö 1960) (= Beitr. z. rheinischen Musikgesch. 33); W. LIPPHARDT, U., in: MGG XIII.

ULTIMA (lat.; Abk. von vox ultima = letzter Ton), seit der ma. Musiktheorie Bz. für den letzten Ton einer Ligatur oder einer Klausel. – ↗Paenultima.

ULTRASCHALL ↗Hörfläche.

UMDEUTUNG, Bz. für das Verfahren, einen Ton als einen gleich klingenden anderen Ton zu notieren und aufzufassen, z.B. ein – gegebenes oder im Kontext zu erwartendes – fis als ges zu schreiben. U. setzt die ↗temperierte Stimmung mit ihrer Möglichkeit zur ↗Enharmonik voraus. Wird ein ganzer Akkord umgedeutet, z.B. Ces-Dur zu H-Dur, spricht man von enharmonischer Verwechslung. Enharmonische U. und Verwechslung werden z.T. leichterer Lesbarkeit wegen vollzogen, gestatten aber vor allem, vom musikalischen Sinn her, die kühnsten harmonischen Verbindungen.

UMKEHRUNG, bei einem ↗Intervall die Oktavversetzung des oberen oder unteren Tones, bei einem ↗Akkord der Aufbau auf einem anderen Akkordton als dem Grundton, bei einer Tonfolge – wichtig vor allem in ↗Fuge, ↗Kanon und ↗Zwölftonmusik – die Richtungsänderung der einzelnen Intervallschritte: eine große Terz aufwärts wird zur großen Terz abwärts usw. Durch U. eines Intervalls entsteht jenes Intervall, das das gegebene zur Oktave ergänzt (Komplementärintervall), z. B. $c^1 - e^1$ / $e^1 - c^2$; dabei werden aus großen kleine, aus übermäßigen verminderte Intervalle und umgekehrt.

UMLAUF, Carl Ignaz Franz, * 19. 9. 1824 Baden bei Wien, † 13. 2. 1902 Wien; östr. Zithervirtuose. Nach seiner kaufmännischen Ausbildung wandte er sich der Musik zu, wurde Zitherspieler, unternahm Konzertreisen durch ganz Europa, war in Wien Hofmusiker und gründete dort als erster eine öffentlich konzessionierte Zitherschule. U. führte die „Wiener Stimmung" (a^1 d^1 g^1 g c, im Gegensatz zur sog. „Münchner Stimmung" a^1 a^1 d^1 g c) für die Zither ein, die heute jedoch nur noch historische Bedeutung hat. U. schrieb eine *Neue vollständige theoretisch-praktische Zitherschule* (über 100 Aufl. und mehrere Übersetzungen). Seit 1858 veröffentlichte er jährlich *Salon-Alben* mit eigenen Kompositionen und Bearbeitungen bekannter Stücke für Zither.

Lit.: J. E. BENNERT, Illustrierte Gesch. der Zither (Luxemburg 1881) (mit Autobiographie U.s); A. VON NIKL, Die Zither. Ihre hist. Entwicklung bis z. Gegenwart (W 1927); J. BRANDLMEIER, Hdb. der Zither (Mn 1963).

UMLAUFF. – 1) Ignaz, * 1746 Wien, † 8. 6. 1796 Meidling bei Wien; östr. Komponist. U. spielte seit 1772 als Bratschist im Wiener Hofopernorchester. 1778 wurde mit seinem Singspiel *Die Bergknappen* das Deutsche Nationalsingspiel in Wien eröffnet und U. noch im selben Jahr zum Kapellmeister des neuen Ensembles ernannt, das bis 1783 bestand. 1783 ging er als Substitut A. Salieris an die italienische Oper und vertrat ihn seit 1789 auch als Hofkapellmeister. In dieser Funktion wirkte er mit, als W. A. Mozart seine Bearbeitung von G. Fr. Händels *Messias* (1789) aufführte. Begabt mit Sinn für Theatereffekte und musikalischem Humor, war U. der erfolgreichste Singspielkomponist vor K. Ditters von Dittersdorf. Für sein populärstes Werk, *Die schöne Schusterin,* komponierte L. van Beethoven 1796 zwei Einlagen (WoO 91).

WW: Singspiele: *Die Apotheke,* UA: Wien 1778; *Die schöne Schusterin* UA: ebd. 1779; *Das Irrlicht* UA: ebd. 1782; *Die glücklichen Jäger,* UA: ebd. 1785; *Der Ring der Liebe oder Zemire u. Azors Ehestand,* UA: ebd. 1785. – Einige kirchenmusikal. Werke.

2) Michael, Sohn von 1), * 9. 8. 1781 Wien, † 20. 6. 1842 Baden bei Wien; östr. Dirigent und Komponist. Schüler seines Vaters und von J. Weigl, war er zunächst Violinist der Deutschen Oper in Wien und 1810–25 2. Kapellmeister beider Hoftheater. U. unterstützte Beethoven bei der UA der Oper *Fidelio* (1814) und der 9. Symphonie (1824).

WW: Singspiele *Der Grenadier* (1812); *Das Wirtshaus in Granada* (1812), etwa 10 Ballette.

Ausg.: **Zu 1)**: *Die Bergknappen*, hrsg. v. R. HAAS (1911) (= DTÖ 36).

Lit.: A. BAUER, Opern u. Operetten in Wien (Gr – Kö 1955); H. WILSDORF, Ber. über eine Auff. des Singspiels „Die Bergknappen", in: Dt. Jb. für Volkskunde 12 (1966); E. BADURA-SKODA, U., in: MGG XIII.

U-MUSIK ↗ Unterhaltungsmusik.

UNA CORDA (it., = eine Saite; Abk. u.c.), beim Klavierspiel Anweisung für die Bedienung des linken Pedals, mit dessen Hilfe Tastatur und Mechanik leicht nach rechts verschoben werden und somit nur noch eine statt der sonst 2 oder 3 Saiten angeschlagen werden. Die Bz. U. verwendete u.a. L. van Beethoven im langsamen Satz des Klv.-Konzerts G-Dur, op. 58. Aufgehoben wird diese Anweisung durch die Vorschrift „tutte le corde".

UNA COSA RARA o sia Bellezza ed onestà, Dramma giocoso in 2 Akten von V. Martín y Soler, Text von L. Da Ponte nach *La luna della sierra* von Luis Vélez de Guevara. Ort der Handlung: Adra, ein Dorf in der Sierra Morena. UA: 17. 11. 1786 Wien (Burgtheater); dt. EA (in dt. Sprache): Frühjahr 1787 Köln als *Lilla, oder Schönheit und Tugend.*

Das Werk, in dem das vergebliche Werben des span. Thronfolgers um ein schönes Dorfmädchen gezeigt wird, das in den Dorfjungen Lubino verliebt ist und diesen heiratet, erhält seine komischen Züge aus der Gegenüberstellung des tugendhaften Paares Lubino/Lilla und des sich ständig streitenden Ehepaares Tita und Ghita. Durch Zuordnung verschiedener musikalischer Stilebenen unterscheidet der Komponist die Figurengruppen in ihrem sozialen Status; so verwendet er in Verbindung mit Prinz und Königin zweiteilige, von Accompagnati eingeleitete Arien, während bei der Charakterisierung der Dorfbevölkerung einfache Weisen vorherrschen. Die durchgehend tänzerische musikalische Gestaltung schließt auch die Verwendung des Walzers ein, was wesentlich zur Verbreitung und Anerkennung des als anstößig geltenden Tanzes beitrug, als dessen „Erfinder" der Komponist lange fälschlich bezeichnet wurde. Der traditionellen Orchesterbesetzung gewinnt Martín gerade im Holzbläsersatz auffällige Effekte ab. Die heute fast vergessene Oper erzielte einen überwältigenden Erfolg, der den von Mozarts kurz zuvor aufgeführter *Hochzeit des Figaro* bei weitem übertraf. Innerhalb kurzer Zeit wurde das Werk in 9 europ. Sprachen aufgeführt; Teile daraus wurden besonders in engl. Pasticci immer wieder verwendet. Mozart läßt zu Beginn der Tafelmusik in *Don Giovanni* einen Satz aus dem 1. Finale der Oper *(O quanto un si bel giubilo)* anklingen.

TH. MENGER

UNDA MARIS (lat., = Meereswelle), Bz. für ein Orgelregister in 8′-Lage, dessen Pfeifen in Schwebung zu einem Salizional gestimmt werden.

UNDERGROUND MUSIC (engl.), Bz. für eine Rock music-Richtung in der 2. Hälfte der 60er Jahre, die als unmittelbarer Ausdruck von Gefühlen und Werten der damaligen protestierenden jugendlichen Subkultur galt. Die U. läßt sich nicht als einheitlicher musikalischer Stil beschreiben, denn sie besteht aus einem Konglomerat unterschiedlicher Idiome, die letztlich nur der rebellische Gestus einigt, und zwar sowohl in den Songtexten als auch in den musikalischen Abläufen. Es dominiert eine eher anarchische als konkret sozialrevolutionäre Haltung, die den Vorstellungen eines genußvollen Hier und Jetzt ohne Zwänge verbunden ist. Zu den Protagonisten zählen vor allem amerikanische Bands (The Fugs, Alice Cooper, Frank Zappa, Jefferson Airplane), aber auch englische (Jethro Tull) und deutsche (Amon Düül I und II).

Lit.: T. KNEIF, Rockmusik u. Subkultur, in: Rockmusik. Aspekte z. Gesch., Ästhetik, Produktion, hrsg. v. W. Sandner (Mz 1977).

UNDEZIME (von lat. undecima = die elfte), Bz. für das Intervall, das aus einer Oktave plus einer Quarte besteht. Man unterscheidet *reine U.* (z.B. c–f^1), *übermäßige* U. (c–fis^1) und *verminderte U.* (c–fes^1).

UNDINE, Zauberoper in 3 Akten von E. Th. A. Hoffmann, Text von Friedrich de la Motte Fouqué nach dessen gleichnamiger Erzählung (1811). Ort u. Zeit der Handlung: ein Fischerdorf, das Schloß in der Reichsstadt u. die Burg Ringstetten, um 1450. UA: 3. 8. 1816 Berlin (Schauspielhaus).

Indem Fouqué die trennungslose Vermischung der Handlungsebenen des Realen und Wunderbaren als Kennzeichen des wahrhaft Romantischen in der Bühnenhandlung umzusetzen versuchte, schuf er ein dramaturgisch wenig geschickt aufgebautes Libretto unter einer poetischen Idee, für deren musikalische Gestaltung Hoffmann (noch) nicht die adäquaten Mittel zur Verfügung standen. Basis der musikalischen Artikulation ist die formale klassische Ausgewogenheit des Kompositionsstils im

18. Jahrhundert. Hoffmann sprengt diese Einheit lediglich in der Durchbrechung von Periodengrenzen, der Erfindung bizarrer Themen und Motive und durch harmonische und instrumentatorische Effekte; diese werden zu Trägern charakteristischen musikalischen Ausdrucks (am prägnantesten für die dämonische Gestalt des Wasserfürsten Kühleborn ausgebildet). Die Einschmelzung der traditionell geformten Gesangssoli in die musikalische Szene, ariose Gestaltung von Rezitativen, die formalen Eigenwert gewinnen, und die großformale Gliederung der Szene durch symphonische Disposition des thematischen Materials (z. T. als Erinnerungs- und Leitmotiv ausgebildet) repräsentieren die modernen Züge des Werkes. Wahrung der Nummernabfolge u. Sprechdialoge weisen auf den älteren Operntypus. Ungeachtet der wenig homogenen Gestaltung erkannten Zeitgenossen die historische Bedeutung des Werkes, das zusammen mit L. Spohrs *Faust* als früheste dt. romantische Oper gilt. J. SCHLÄDER

UNDINE, Romantische Zauberoper in 4 Akten von A. Lortzing, Text von Lortzing nach Fr. de la Motte Fouqués gleichnamiger Erzählung (1811). Ort und Zeit der Handlung: ein Fischerdorf, das Schloß in der Reichsstadt und die Burg Ringstetten, um 1450. UA: 21. 4. 1845 Magdeburg.
Lortzing stellte eine in vielen Belangen dramaturgisch schlüssigere Bühnenfassung von Fouqués Erzählung her als der Autor selbst (in seinem Libretto für E. Th. A. Hoffmanns Oper). Insbesondere die Verquickung komplementärer dramatischer Ebenen, in denen die neu eingeführten komischen Figuren Hans und Veit für die Rezeption der Zauberhandlung dramaturgisch-funktional unentbehrlich sind, erhöht die Bühnenwirksamkeit der Fabel. Die musikalische Gestaltung der dramatischen Ebenen setzte Lortzing durch die konsequente Verwendung von Stilmitteln des Musikdramas (für die Zauberhandlung) und der dt. Spieloper (für die komische Handlung) gegeneinander ab und schuf sich durch die entstehenden Kontraste wirkungsvolle Pointierungsmöglichkeiten. Die bekannteste Nummer der Oper, Veits Lied *Vater, Mutter, Schwestern, Brüder,* die in ihrer schlichten Faktur das musikalische Komplement zum hochdramatischen Finale des 3. Aktes (mit Kühleborns Arioso *Oh kehr zurück*) bildet, mag für diese Technik als gelungenstes Beispiel dienen. Auf diese Weise repräsentiert *Undine* den Typus der romantischen Spieloper. – Für die Wiener EA (20. 10. 1847) unterzog Lortzing das Werk einer gründlichen Revision. J. SCHLÄDER

UNDINE, Ballett in 3 Akten und 5 Bildern. Musik: H. W. Henze. Libretto und Choreographie: Frederick Ashton (* 1904). UA: 27. 10. 1958 London (Covent Garden). Dt. EA: 1959 in München (Bayer. Staatsoper), Choreographie: Alan Carter.
Diese wohl jüngste tanztheatralische Interpretation der von Friedrich de la Motte Fouqué verfaßten Zaubernovelle *Undine* (1811) unterscheidet sich wesentlich von anderen sowohl für das Sprech- als auch für das Musik- oder Tanztheater konzipierten Gestaltungen des literarischen Sujets: Die im Libretto vorgezeichneten märchenhaft-atmosphärischen Valeurs wie auch das skizzierte Szenarium werden in eine mediterrane Landschaft transformiert; die ursprüngliche, in der literarischen Quelle dargestellte höfische Sozialordnung ist gegen die der Bauern und Fischer ausgetauscht. Überdies sind auch die Namen der Figuren entsprechend angeglichen: Ritter Huldbrand – Palemon; Bertalda – Beatrice; Kühleborn – Tirrenio. Die psychisch-emotionalen Stimmungen der Handlungsträger wie auch das südländisch-maritime Ambiente vermag die musikalische Komposition – aufgrund ihrer illustrativen gestischen Möglichkeiten – prägnant nachzuzeichnen. Rhythmische sowie instrumentatorische Akzente implizieren Assoziationen an namhafte Ballettmusiken bedeutender Komponisten (A. Borodin, P. Tschaikowsky, S. Prokofjew, I. Strawinsky). Bewußt für eine kammermusikalische Besetzung konzipiert, suchte der Komponist die Partitur so zu disponieren, daß die Ballettmusik von jedem beliebigen, auf Gastspielreisen befindlichen Ensemble aufgeführt werden könne. – Im Gegensatz zu Fr. Ashtons vielkritisierter Choreographie vermochte M. Fonteyn mit ihrer Gestaltung der Titelrolle eine wegweisende Interpretation zu präsentieren. G. LUDIN

UNENDLICHE MELODIE, eine von R. Wagner stammende Wortprägung, die nur einmal in seiner Schrift *Zukunftsmusik* (1860) erscheint. Wagner hat aber, wie Cosima Wagners Tagebücher bezeugen, den Ausdruck später noch im Gespräch gebraucht. Was Wagner darunter verstand, ist umstritten. Die Diskussion konzentriert sich auf die Frage, ob es sich um einen kompositionstechnischen, einen ästhetischen oder um einen geschichtsphilosophisch-weltanschaulichen Begriff handelt; möglich ist aber auch eine Verbindung verschiedener Bedeutungsaspekte. Am geläufigsten ist die kompositionstechnische Bedeutung, die allein durch die Kritik hervortrat, der Wagners Wortschöpfung begegnete (E. Hanslick): nicht zuletzt diese Kritik hat die U. im Sinne einer „ununterbrochenen Melodie“ verstanden und dabei deren angebliche Formlosigkeit attackiert. Wagner hingegen meinte wohl gerade die genuine Form melodischer Entfaltung. Sie war ihm Inbegriff musikalisch-dramatischer Gestaltung in der Verbindung von Ahnung, Vergegenwärtigung und Erinnerung (↗Leitmotiv), in der Korrespondenz von Versmelodie, Orchestermelodie und dramatischer Aktion – in der Verschränkung von Musik und dichterischer Absicht. In der U. sah Wagner die Verwirklichung einer bei L. van Beethoven vorgebildeten, aber erst durch das Musikdrama einzulösenden unbegrenzt melodischen Funktion und Verknüpfung. Die unbezweifelbare Emphase dieser Konzeption hebt den Ausdruck U. freilich selbst bei kompositionstechnischer Orientierung ins Ästhetisch-Philosophische. U. ist ein Begriff fluktuierender Bedeutung.

Lit.: E. HANSLICK, Vom Musikalisch-Schönen. Ein Beitr. z. Revision der Ästhetik der Tonkunst (L [9]1896) Vorwort; M. GECK, R. Wagner u. die ältere Musik, in: Die Ausbreitung des Historismus über die Musik (Rb 1969) (= Stud. z. Musikgesch. des 19. Jh. 14); F. RECKOW, Zu Wagners Begriff der „unendlichen Melodie", in: Das Drama R. Wagners als musikal. Kunstwerk, hrsg. v. C. Dahlhaus (Rb 1970) (= ebd. 23); DERS., U., in: HMT (1971); K. KROPFINGER, Wagner u. Beethoven. Unters. z. Beethoven-Rezeption R. Wagners (Rb 1975) (= Stud. z. Musikgesch. des 19. Jh. 29); Cosima Wagner. Die Tagebücher, hrsg. v. M. GREGOR-DELLIN – D. MACK, II: 1878–1883 (Mn – Z 1977).

K. KROPFINGER

UNGARESCA, Bz. für einen stilisierten ung. Tanz, erscheinend neben den Titeln *Ungarischer Tantz, Passamezzo ongaro* oder *Ballo ongaro* u.a. in den Tanzsammlungen von W. Heckel (1562), J. Paix (1583) und A. Nörmiger (1598). Die U. enthält in Form und Rhythmus Charakteristika, die in Beschreibungen des 16. und 17. Jh. mit dem Heiduckentanz, einem wilden, vom Dudelsack begleiteten Schäfer- und Soldatentanz, in Verbindung gebracht werden. Die seit dem 18. Jh. in die Kunstmusik (vor allem von den Wiener Klassikern) aufgenommenen Ungarismen haben mit der U. allerdings wenig zu tun. Die häufig darauf hinweisenden Satzbezeichnungen alla ungarese, all'ungherese, alla zingarese, all'ongarese (so z.B. bei den raschen Schlußsätzen in Streichquartetten und Klaviertrios von J. Haydn) beziehen sich vielmehr auf Stilelemente des im 18. Jh. entstandenen ↗Verbunkos, die in zahlreichen Werken Haydns, W. A. Mozarts, L. van Beethovens und vieler späterer Komponisten satz- und themenkonstitutiv verwendet werden.

Lit.: T. ISTVÁNFFY, All'ongarese. Stud. z. Rezeption ung. Musik bei Haydn, Mozart und Beethoven (Diss. Hei 1982).

UNGARISCHE HOCHZEIT, DIE, Operette in einem Vorspiel u. 3 Akten von N. Dostal (1895–1981), Text von Hermann Hermecke nach der ung. Erzählung *Szelistye* von Koloman Mikszáth. Ort u. Zeit der Handlung: Ungarn, um 1750. UA: 4. 2. 1939 Stuttgart.

Der Tradition der Wiener Operette von E. Kálmán und Fr. Lehár folgend, schuf Dostal ebenfalls eine „Magyaren-Operette". Die Liebe des Grafen Stefan Bardossy zu Janka, der Tochter des Stuhlrichters, findet dank des Urteilsspruches der Kaiserin Maria Theresia nach einem durch die Inspektionsreise verursachten Verwirrspiel ihre Erfüllung. Auch in dieser Operette dominieren die aus anderen Werken Dostals bereits bekannten künstlerischen Versatzstücke. Ohne die Publikumswirksamkeit von Fr. Lehárs Kompositionen zu erreichen, benutzt Dostal ähnliche Techniken, um die Handlung und die Rollen musikalisch zu gestalten. Charakteristische Melodien wie etwa im Csárdás *Ungarmädel lieben, daß Atem dir vergeht,* im Walzer *Du bist meines Lebens Seligkeit* oder im Tanzduett *Kleine Etelka, sag doch bitte ja* sowie lyrische Melodien untermalen das farbenprächtige Bild dieser Operette. Unter veränderten politischen Verhältnissen mußte auch Dostal die einst glänzende Operettentradition weiterführen, was ihm mit der unverfänglichen Thematik in *Ungarische Hochzeit* gelang. Dem Werk ist bis heute dauerhafter Erfolg beschieden.

B. DELCKER

UNGARN. Das ung. Volk, das zur Zeit der Eroberung (Ende des 9. Jh.) des heutigen ung. Territoriums aus 7 Volksstämmen bestand, hat zwei ethnische Wurzeln: die finno-ugrische und die altaische mit Vorherrschaft des Türkischen. Nachdem sich die – berittenen und nomadisierenden – U. im Donaubecken niedergelassen hatten, erfuhren sie von den Völkern, mit denen sie zusammenlebten, verschiedene Einflüsse. Nach mehreren aufeinanderfolgenden Einfällen in das westliche und südliche Europa wurden sie schließlich christianisiert und bildeten seither jahrhundertelang das östliche Bollwerk des christlichen Abendlandes. Die Sprache, Hauptfaktor der ung. Kultur, blieb im wesentlichen finno-ugrisch, trotz türkischer, slawischer, germanischer oder anderer Entlehnungen, auch trotz der lat. Strukturierung durch die Kleriker des Mittelalters.

Mittelalter. Die erhaltenen musikalischen Quellen gehören ausnahmslos der Kirchenmusik an. Sie sind in den Codices enthalten, die zum Gebrauch der seit dem 11. Jh. aufblühenden Klöster oder (wie das jüngst entdeckte Antiphonarium von Graz) für Weltpriester geschrieben wurden. Die Texte sind lat. mit vereinzelten ung. Passagen. Das erste bekannte ung. Gedicht, eine Klage der Hl. Jungfrau, ist die Adaption einer lat. Dichtung von Geoffroy de Breteuil. Das *Speculum musicae* von Jacobus Leodiensis und die Aufzeichnungen über Musik des Erzbischofs L. Szalkai (Ende 15. Jh.) deuten auf eine hochentwickelte Musikpraxis in den Klöstern hin, die mit einem methodischen Unterricht im Gregorianischen Gesang verbunden war. Die ersten Schritte zu einem eigenständigen Schaffen bekunden sich in der Hymne *Gaude, felix Hungaria,* deren Melodie im späten 14. Jh. von einem Dominikaner aus Kassa (Oberungarn) komponiert wurde. Zu Beginn des 16. Jh. erscheinen die ersten ung. Adaptionen liturgischer Gesänge (Codex Nádor) und, fast gleichzeitig, das erste Fragment eines weltlichen Gesangs.

Lediglich indirekte Zeugnisse geben Aufschluß über die weltliche Musikpflege im MA. Die Regierungszeit Bélas III. (Ende 12. Jh.) markiert den Höhepunkt der frz. Präsenz in Ungarn. Unter der Herrschaft seines Sohnes Imre findet der Besuch des Troubadours Peire Vidal statt. Zur Zeit der Anjou (14. Jh.) empfängt der Hof von Buda dt. Spielleute (Suchenwirt, Mügeln, Teichner), unter König Sigismund Minnesänger und Meistersinger (Oswald von Wolkenstein, M. Behaim), bis es schließlich in der 2. Hälfte des 15. Jh. zur Prachtentfaltung des Königs Matthias Corvinus (1458–90) kommt. Der ung. Hof ist nun eines der politischen und kulturellen Zentren Europas. Bedeutende it., frz. und dt. Musiker wie Stefano von Salerno, J. Barbireau und J. Stockem wirken in Buda. Die Vokalmusik genießt ihrer Vergangenheitsbindung und der mündlichen Überlieferung wegen das größte Interesse. Besonders bedeutend in diesem Zusammenhang sind die Zeugnisse der ersten bekannten *Gesta Hungarorum,* die eines anonymen Priesters König Bélas III. („P. dictus magister", um 1200) und die von Kézai (Ende des 13. Jh.). Der Magister, der mit Verachtung von den Volkssängern spricht, sie aber auch zitiert, enthüllt unfreiwillig die Aufteilung der ung. Kultur in einen schriftlichen und einen mündlichen Bereich. Nur der letztere repräsentiert die Kontinuität der Tradition mit der Vergangenheit, deren Spuren sich heute noch in der Folklore finden. Die Frage der epischen Gesänge bleibt damit eines der wesentlichsten Probleme der ma. ung. Musik. Die älteste Bz. für einen Sänger ist Regös (aus derselben Wurzel wie révül = in Ekstase fallen), was ein Beweis für den schamanenhaften Ursprung dieser Gesänge sein könnte. Nach Galeotto, dem Historiker Matthias Corvinus', hörte man an dessen Tafel epische Gesänge (sog. Historiengesänge), die den Mut der Helden der Türkenkriege priesen. Es ist dies etwa dieselbe Epoche, aus der die Texte der ersten bekannten epischen Gesänge stammen.

Volksmusik. Als Volksmusik wird in U. die gesamte Musik bezeichnet, die mündlich von einer Generation zur anderen weitergegeben wird, ohne die Schicht der Bauern zu verlassen, die ihrer relativen Isolierung wegen die einzige Bewahrerin der Tradition gewesen ist. Die ung. Volksmusik ist nicht nur reich und verschiedenartig, sondern bildet auch ein zusammenhängendes System. Die volkstümlichen Melodien gehören zu 3 Kategorien; es sind dies: 1. Der alte Stil, charakterisiert durch eine strophische Struktur von 4 isometrischen Versen (Abschnitte), durch das Nebeneinander von „parlando"- und „giusto"-(Tanz-) Rhythmen, durch das Vorhandensein einer pentatonischen Skala ohne Halbton – zumindest in den typischsten melodischen Wendungen – und durch eine absteigende melodische Struktur, die von einer genauen Wiederholung der ersten 2 Abschnitte eine Quinte tiefer bis zu einer Melodieführung reicht, die freier ist, in der aber die Schlußnote des letzten Abschnitts immer tiefer liegt als die des ersten:

Z. Kodály, *A magyar népzene*

2. Der neue Stil, bei dem die stets klare strophische Struktur in den meisten Fällen ebenfalls aus 4 isometrischen Abschnitten besteht; der Tanzrhythmus herrscht hier vor, doch auch das „Parlando" ist nicht völlig ausgeschlossen; die pentatonischen Wendungen zeigen sich immer in einer umfangreicheren und gemischten Skala; schließlich ersetzt eine melodische Struktur, die auf Wiederholung beruht, die absteigende Struktur des alten Stils:

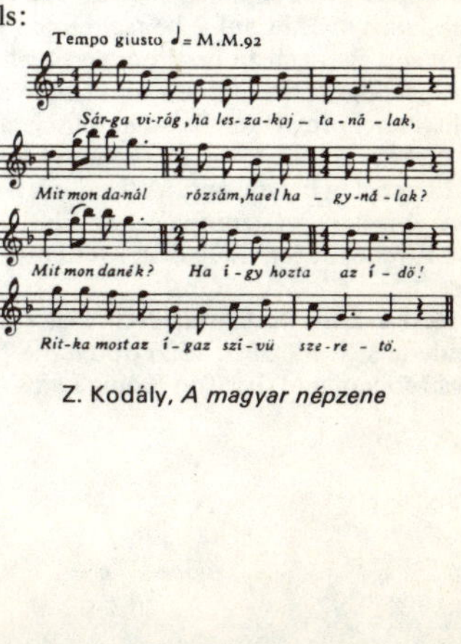

Z. Kodály, *A magyar népzene*

3. Eine gemischte Gruppe; sie vereinigte alle Melodien, die nicht unter die beiden ersten Kategorien fallen. Dabei ist zu berücksichtigen, daß die 4 hauptsächlichen musikalischen Dialekte (Transdanubien; Oberungarn und Slowakei; Puszta; Siebenbürgen und Teile der Bukowina und Moldau) eigene Verfahrensweisen in der Skalenverwendung (z. B. „neutrale" Terzen und Septen in Transdanubien) und in der Häufigkeit bestimmter beliebter Formeln haben, aber nicht in den allgemeinen Zügen der oben zitierten Typologie. Die Melodien der 1. und 2. Kategorie bilden den idiomatischen Teil der ung. Volksmusik. Die gemischte Gruppe vereinigt alle Melodien, die der Volksmusik des Auslands oder der Kunstmusik verschiedener Epochen entstammen und, aus welchen Gründen auch immer, nicht den ersten beiden Gruppen assimiliert wurden. Es gibt noch andere Arten: die Kolomeïkas (geradtaktige rhythmische Periode mit weiblicher Kadenz), die sich in einigen ↗Ungarescas des 16. und 17. Jh. finden, und die aus ihnen hervorgegangenen Tänze (z. B. der Hajdútánc). Schließlich findet man Lieder, die durch ihre Worte oder ihre Melodie Spuren der verschwundenen Welt der Riten bewahren. Die rituellen Gesänge und ihre Überreste heben sich übrigens ziemlich deutlich von den anderen Volksliedern ab. Sie sind verbunden a) mit Kinderspielen und -reigen, b) mit jahreszeitlichen Bräuchen und Gedenktagen, c) mit Bräuchen zu besonderen Anlässen (Verlobungen, Hochzeiten, Begräbnissen), d) mit bestimmten gemeinsamen Arbeiten. Die idiomatischen Melodien sind nach Meinung der Musikforscher eurasischer (vorherrschend altaischer) Herkunft. Das Material der anlaßgebundenen Gesänge ist heterogener. Die Kinderlieder basieren meist auf einer Hexachord-Skala, deren Reste sich auch bei den indo-europäischen und finno-ugrischen Völkern finden. Gebunden an die jahreszeitlichen Riten gibt es Regös-Gesänge (derselbe Ausdruck wie für die vermuteten alten epischen Gesänge) mit finno-ugrischen Elementen; der melodische Typus der Totenklagen (eine Art Maqām mit sukzessivem Halt auf 2 benachbarten Noten) zeigt Entsprechungen zu bestimmten rituellen Gesängen der Ugrier in Sibirien und sogar mit der melodischen Formel des finno-karelischen Kalewala. Neben diesen alten altaischen oder uralischen Elementen hat die ung. Volksmusik noch die Spuren jüngerer, westeuropäischer Einflüsse bewahrt: Kirchenlieder, Balladen, westeuropäische Tänze.

Vom 16. bis zum 18. Jahrhundert. Das Geschick U.s änderte sich plötzlich 1526 durch die Niederlage bei Mohács und den Tod König Lajos' II., der den Beginn langer innerer Kämpfe zwischen Parteigängern und Gegnern der östr. Könige markiert. Ins Jahr 1541, in dem Buda durch die Truppen Suleimans I. erobert wird, fällt auch die Dreiteilung des Landes: ein Teil wird von den Türken kontrolliert; ein Teil des Königreichs verbleibt unter habsburgischer Herrschaft; Siebenbürgen wird unabhängiges Fürstentum unter türkischem Protektorat. Diese Teilung bleibt bis 1718 erhalten (Frieden von Passarowitz).

1553 publiziert der Drucker Hoffgreff aus Klausenburg (Siebenbürgen; heute Cluj) eine Liedersammlung und 1554 die *Cronica* des Sebestyén Tinódi, die aus historischen Gesängen bestehen (die ihrerseits aus mündlichen epischen Traditionen resultieren) und mit Melodien und Texten veröffentlicht wurden. Sie bezeugen, vor allem bei Tinódi, ein weitgehendes Bemühen um Synthese: ung. und ausländische, volkstümliche und gelehrte Elemente sind in vollendetem Gleichgewicht vereint. Einige Gesänge davon wurden in der Volksmusik wiedergefunden, was ihre Beliebtheit beweist. Eine andere zeitgenössische epische Gattung ist die der „schönen Geschichten" (széphistóriák), eine Art Märchen oder moralisierender Geschichten mit fantastischen Elementen. Die Instrumentalmusik, vor allem für Laute, wird im 16. Jh. durch Meister von internationalem Ansehen repräsentiert: durch B. Bakfark aus Siebenbürgen und die Brüder Neusidler aus Sopron. Die Ungaresca findet in frz., dt. und poln. Tanzsammlungen (J. Paix, W. Heckel, P. Phalèse, B. Schmid, Johannes von Lublin) Aufnahme und bleibt bis ins 17. Jh. in Mode.

Im 16. Jh. drangen die lutherische, calvinische und unitarische Reformation aus dem Westen und Norden Europas in U. ein und veränderten rasch das geistliche und intellektuelle Leben. Gegen Ende des 16. Jh. ist U. ein vorherrschend protestantisches Land. Das erste prot. Graduale von István Gálszécsi erscheint 1536 in Krakau, wo schon 1518 mit den *Epithoma utriusque musices practice* von Stephan Monetarius ein musiktheoretisches Werk veröffentlicht wurde. Die ersten prot. Gesangbücher (G. Huszár, P. Bornemissza) enthalten noch viele Elemente des Gregorianischen Gesangs, daneben auch Melodien aus dem Umkreis des dt. luth. Chorals, Volkslieder und freie Paraphrasen biblischer Texte. Der erste ung. Musikdruck (1548), eine Sammlung mit Schuloden von J. Honterus, ist dem Reformgeist verpflichtet. Der Psalter wird ins Ung. übersetzt, den Melodien des Hugenottenpsalters angepaßt und 1607 von Albert Szenczi Molnár veröffentlicht. Das „Alte Graduale" (1636) von J. Keserüi Dajka und József Geleji

Katona offenbart die prot. Auffassung hinsichtlich der Musik. Auf kath. Seite findet im frühen 17. Jh. eine bedeutende Erneuerung statt: die bis dahin nicht zugelassenen Volksgesänge werden in der Sammlung *Cantus catholici* (Nagyaszombat 1651; Ausg. in slowakischer Sprache 1655) offiziell propagiert, die mehrere Male aufgelegt und durch ähnliche Sammlungen fortgeführt wird. Auf musikalischem Gebiet nutzt die kath. Kirche die Methoden der Protestanten zu ihren eigenen Zwecken – nicht ohne Erfolge, denn U. wird wieder mehrheitlich katholisch.

Unter den weltlichen Gesängen waren die „Blümchen“ (Liebeslieder) besonders lange beliebt. Ihr Ursprung liegt im MA, die ältesten bekannten Texte wurden aber erst im späten 17. Jh. aufgezeichnet. Ihre tatsächliche Bedeutung kann nur im Lichte der Lyrik des 16. Jh. bewertet werden, besonders in den Werken des Dichters und Humanisten Bálint Balassi (1554–94), die er zu bekannten it., dt., türkischen, poln., serbo-kroatischen u. a. Melodien schrieb.

Die Zeit nach dem Verlust der Unabhängigkeit ist durch das Fehlen eines Königshofes und eines städtischen Bürgertums mit ung. Kultur gekennzeichnet. Deren Rolle wird übernommen von den Herrschaftsresidenzen, deren Bedeutung 3 Jhh. lang zunimmt. Am Ende des 16. Jh. wirken am Hof der Báthory berühmte it. Musiker (G. Diruta, Pietro Busto), am Hof von Gábor Bethlen Deutsche, Italiener, Franzosen und Spanier; auch die Prinzen Rákóczi sind während 4 Generationen musikbegeistert. Im habsburgischen Teil U.s unterhalten die Esterházy und andere Adlige ständige Kapellen, deren Zusammensetzung interessant ist: neben den Instrumenten der Kunstmusik spielen dort türkische Blasinstrumente, später als ↗Tárogató bekannt, eine ziemlich große Rolle. 4 bedeutende Hss. vom Ende des 17. Jh., der *Codex Kájoni* aus Siebenbürgen, der *Codex Vietórisz* (Slowakei), die Tabulatur von Lőcse (Nordungarn) und die Sammlung Stark (Westungarn), ermöglichen es, die Musikpflege an diesen Residenzen zu beurteilen. Die 3 ersten Mss. sind in Orgeltabulatur, das letzte in moderner Notenschrift geschrieben. Obwohl sie aus 3 verschiedenen Gegenden stammen, enthalten sie analoge Stücke: ung. oder andere Tänze, Liebeslieder und Vokalstücke, sämtlich für ein Tasteninstrument bzw. einige Stücke im *Codex Vietórisz* für Trompete. Die ung. Tänze lassen deutlich eine rhythmische Verwandtschaft mit der Ungaresca erkennen. Weitere Zeugnisse adliger Musikpflege sind die geistlichen Werke von János Kájoni (17. Jh.) und die *Harmonia Caelestis* des Fürsten Paul Esterházy (1711).

Die Städte, die abseits von der türkischen Invasion lagen, zeigen eine überwiegend dt. beherrschte Kultur, deren Einfluß sich durch die Einwanderungen im 18. Jh. noch verstärkt und deren Nachwirkungen noch zu Beginn des 20. Jh. spürbar sind. Dieses Umfeld prägte eine Reihe hervorragender Musiker, wie A. Rauch, J. Wohlmut in Sopron, János Spielenberg in Lőcse, S. Capricornus und Johann Kusser in Preßburg (Bratislava), das eine Zeitlang auch die Wahlheimat von Fr. Liszt, E. von Dohnányi und B. Bartók werden sollte. Das Entstehen von Residenzorchestern, die Einwanderung und eigenständiges Musikleben in einigen Städten: diese Phänomene strömen im späten 18. Jh. zusammen und tragen wesentlich zur Bildung der ung. Nation bei. Es ist jene Epoche, in der J. Haydn als Kapellmeister der Fürsten Esterházy für etwa 30 Jahre in U. lebt; sein Bruder Michael, später K. Ditters von Dittersdorf sind Kapellmeister des Bischofs von Großwardein (Nagyvárad), J. G. Albrechtsberger wirkt in Győr.

Dem niederen prot. Adel kommt im 18. Jh. in einem relativ kleinen Gebiet die Rolle der Mittelschicht zu. In Debreczin (heute Debrecen) beginnt der junge G. Maróthy mit einer Erneuerung des Musikunterrichts am Calvinistischen Kolleg. Sein Chor und der von Sárospatak üben einen großen Einfluß auf die ganze Umgebung aus; ihre Funktion geht über das schulische und kulturelle Leben hinaus. Ihr Repertoire zeigt das Eindringen einer beträchtlichen Zahl westlicher Gesänge in Ungarn. Zusammen mit den nach diesem Vorbild gestalteten Liedern bilden diese die Grundlage eines ung. Rokoko, das durch eine neue Verbindung von Dichtung und Musik, das Eindringen der westlichen metrischen Dichtung, durch den Sinn für die Natur und das Natürliche und ein gesteigertes Interesse für die Sprache des Volkes gekennzeichnet ist. Aus dieser Zeit datieren auch hsl. Sammlungen (sog. Melodiarien) von mehr oder weniger traditionsreichen Gesängen, die ihrer Seltenheit oder ihrer allgemeinen Verbreitung wegen aufgezeichnet werden. Solche Sammlungen sind zwischen 1750 und 1850 sehr zahlreich. Das bekannteste Melodiarium ist das von Adam Pálóczi Horváth (1813), eine der Hauptquellen für das musikalische Erbe der vorangehenden Jahrhunderte. Dem musikalischen Rokoko folgt die Zeit der Wiener Klassik, die sich in U. ohne Zweifel in dem neuen Stil der Volksmusik (s. o.) manifestiert.

Die Epoche des Verbunkos. Über die Beziehungen zwischen U. und den Türken im 16. und 17. Jh. ist noch wenig bekannt. Später haben Zigeuner südasiatischer Herkunft in der ung. Musik als Komponisten (J. Bihari, Pista Dankó), Virtuosen oder Un-

terhalter eine wichtige Rolle gespielt; es sind vor allem Geiger und Cimbalomspieler von Mihály Barna, Panna Cinka (17. Jh.) bis zu A. Rácz und Béla Radics im 20. Jahrhundert. Die Instrumentalmusik des 18. Jh. ist nur durch einige wenig repräsentative Sammlungen bekannt. Manche davon führen den Stil des vorangehenden Jh. weiter (Sammlung von Susanne Lányi), andere enthalten Elemente einer Musikpraxis, die sich in voller Entwicklung befindet (Sammlung Linnus) und deren Vollendung ein Stil ist, der heute unter dem Namen ↗Verbunkos bekannt ist.
Um 1790 trat in Buda eine Theatertruppe auf; ihre musikalische Leitung versahen János Lavotta, danach Antal Csermák. Aufgeführt wurde *Pikkó Hertzeg és Jutka Perzsi,* ein nicht erhaltenes Drama mit Musik von József Chudy. Die erste bekannte Musik dieser Art ist die zu *György Cserny* von Gábor Róthkrepf (1812), der unter dem Namen Mátray ein Förderer der ung. Musikpflege und Musikforschung wurde. Das erste ständige Theater wird Anfang des 19. Jh. in Klausenburg gegründet. Dort werden 2 ung. Opern von József Ruzitska aufgeführt, von denen *Bélas futása* (Bélas Flucht, 1822) im ganzen Land anhaltenden Erfolg hatte. In ihr verschmelzen Verbunkos-Stil und konventionelle Operntechniken. In Pest wird 1812 das dt. Theater eröffnet; auf dem Spielplan stehen dt., it. und frz. Opern.
Der Verbunkos-Stil ist von Anfang an mit der Entstehung der Theaterkunst in U. verbunden. Die ersten Kompositionen (von János Babnik, Ferdinand Kauer, Joseph Bengraf) erscheinen seit 1790 und finden schnell nationales Gehör. Zu ihrer Verbreitung tragen hauptsächlich die Zigeuner-Ensembles bei. Um 1800 erreicht der neue Stil mit Bihari, Lavotta und Csermák seinen ersten Höhepunkt. In ihrer musikalischen Faktur vereinigen sich unter dem starken Einfluß der Wiener Klassik Elemente unterschiedlicher Herkunft zu einer vollendeten Ausgewogenheit. Doch dieser Einfluß ist nicht einseitig, denn bei J. Haydn, W. A. Mozart, L. van Beethoven, Fr. Schubert und später bei J. Brahms, Liszt, P. de Sarasate, G. Bizet, J. Massenet, L. Delibes, A. Messager und M. Ravel finden sich aus dem Verbunkos hervorgegangene ung. Elemente. In der Zeit der Romantik gewinnt der Verbunkos seine Apotheose als einer der Hauptfaktoren der nationalen Einheit. In diese Zeit fällt auch die Zentralisierung U.s; Pest wird die geistige Hauptstadt des Landes. Dort entsteht ein Nationaltheater (1837), in dem neben ausländischen vor allem ung. Opern (von F. Erkel, M. Rózsavölgyi, András Bartay, Fr. und K. Doppler, später von M. Mosonyi, György Császár, Károly Huber u. a.) aufgeführt werden; 1840 wird dort dank der großzügigen Unterstützung von Liszt eine Musikschule gegründet, die von Mátray geleitet wird; es entstehen Chöre, und es werden Instrumentenbauer und Verleger tätig. In Veszprém erscheint um 1830 die bedeutende Verbunkos-Sammlung von Ignác Ruzitska, der 1840 in Pest analoge Sammlungen folgen. In Pest wirkt auch M. Rózsavölgyi, der Hauptvertreter des Verbunkos dieser 2. Periode. Von dort aus erobern sich auch die aus dem Verbunkos hervorgegangenen und von professionellen Choreographen für das Volk geschaffenen ung. Tänze wie der ↗Csárdas das Land und sogar das Ausland. Diese stürmische Zeit führt zur nationalen Revolution von 1848 und zum Unabhängigkeitskrieg gegen Österreich (1848–49). Während der folgenden Periode der Unterdrückung behält der Verbunkos seine Bedeutung und findet Eingang in die symphonische Musik (Liszt, Mosonyi). Diese Epoche ist gezeichnet durch die Blütezeit der vermeintlich ung. Lieder, die den Schein des Volkstümlichen tragen und für die die Namen u. a. von Béni Egressy, József Szerdahelyi, Kálmán Simonffy, Elemér Szentirmay, Pista Dankó, Elek Erkel, József Dóczy, L. Serly bezeichnend sind.
Die letzte Periode des 19. Jh. beginnt 1867, im Jahr der Geburt der östr.-ung. Doppelmonarchie. Die Kunst mit nationaler Tendenz tritt nun deutlich zurück. Die bedeutendsten ung. Komponisten dieser Zeit, meist Schüler von Liszt, Mosonyi und Fr. R. Volkmann, geraten unter den ästhetischen und stilistischen Einfluß R. Wagners: Ö. Mihalovich, Károly Aggházy, Géza Zichy, Károly Szabados, Árpad Szendy, Ödön Farkas und J. Hubay. Der Verbunkos verschwindet allmählich und wird in Randgebiete oder so konventionelle Gattungen wie die Wiener Operette verdrängt, die ihren Glanz durch international berühmte ung. Komponisten (E. Kálmán, Fr. Lehár) erhält. Nur Sándor Bertha in Paris und Ede Poldini in der Schweiz arbeiten weiter im Geist von Mosonyi und schaffen eine gleichermaßen ung. und europäische Musik. Mosonyi stirbt 1870; seine Zeitgenossen finden kaum Gehör. Selbst Liszt steht am Ende seines Lebens isoliert da. Paradoxerweise entstehen zur selben Zeit, als Hunderttausende U. in die Neue Welt auswandern, in U. die glanzvollsten musikalischen Institutionen: so die Budapester Musikakademie, 1875 mit Liszt als Präsidenten gegründet, und die 1883 eröffnete Oper. Seit 1886 wird die Akademie von Mihalovich geleitet, deren Auftrag in der großen Expansion der ung. Pianistenschule (die Liszt-Schüler Árpád Szendy, István Thomán) und der Geigerschule (J. Hubay, J. Joachim, C. Flesch, Leopold Auer, Franz von Vecsey, J. Szigeti, Emil

Telmányi, Ede Zathureczky, André Gertler) bestimmt sein wird.

Gegenwart. Die große Erneuerung der ung. Musik im frühen 20. Jh. ist das Werk von B. Bartók und Z. Kodály. Ihre historische Bedeutung liegt darin, daß sie die Kontinuität der ung. Musik wiederhergestellt und diese endgültig in den europäischen Kontext eingeordnet haben. Auf die Erfahrungen von Bélar Vikár gestützt, sammelten sie systematisch die Volksmusik ihres Landes, stellten deren Charaktere und Typologien fest und zogen daraus ästhetische und pädagogische Schlüsse. Die Forschungen waren später bei Kodály historisch, bei Bartók vergleichend orientiert. Neben ihnen wurde L. Lajtha auf demselben Gebiet bedeutend, während sich A. Molnár, Aladár Tóth und B. Szabolcsi vor allem mit den theoretischen Grundlagen dessen beschäftigten, was man von nun an als die neue ung. Schule bezeichnen kann. Diese stützt sich vor allem auf Kodály, dessen Persönlichkeit die ung. Musik für mehr als ein halbes Jahrhundert beherrscht. Die Schülergeneration umfaßt Komponisten (Jenő Adám, Lajos Bárdos, Ferenc Szabó, F. Farkas, Pál Kadosa, Zoltán Horusitzky, Jenö Gaál, István Szelényi, János Viski, György Ránki, S. Veress, Gábor Darvas, András Mihály, Rudolf Maros, Rezsö Sugár, István Sárközi, E. Szervánszky, P. Járdányi) sowie Pädagogen, Musikwissenschaftler und Ethnomusikologen (Jenö Adám, Szabolcsi, Lajos Bárdos, Ervin Major, Benjamin Rajeczky, György Kerényi, S. Veress, Jenö Vécsey, Imre und Sándor Csenki). Zu dieser Schule zählen auch Komponisten und Interpreten, die sich im Ausland niederließen: G. Szell, T. Serly, M. Rózsa, A. Doráti, E. Ormandy, M. Seiber, T. Harsányi, Georges Sebastian, G. Frid und André Gertler sowie die Musikwissenschaftler O. Gombosi und P. H. Lang. Das Aufblühen der Kodály-Schule, die schon in den 30er Jahren mit der Reform des Chorgesangs begann, wuchs nach 1945 durch die Verstärkung eines Systems der Musikerziehung, das auf einer aktiven und einheitlichen Methode basiert und heute große internationale Autorität genießt. Das gilt auch für die ung. Musikwissenschaft und Ethnomusikologie, die in Europa eine wichtige Stellung einnimmt (D. Bartha, F. Bónis, Kálmán Csomasz-Tóth, János Demény, László Eösze, Zoltán Falvy, Zoltán Gárdonyi, János Kárpáti, István Kecskemeti, György Kroó, Dezsö Legány, Ernő Lendvai, Gábor Lukö, János Maróthy, György Martin, László Somfay, Péter Szöke, András Szöllösy, J. Ujfalussy, Péter Várnai, Lajos Vargyas und Vikár). Komponisten wie Attila Bozay, Zsolt Durkó, György Kurtág, György Láng, Kamilló Lendvai, Emil Petrovics, Zs. Szathmáry und – mit weltweitem Echo – G. Ligeti fanden inzwischen einen Durchbruch auch zu avantgardistischer Musik, in der erstmals seit einem halben Jahrhundert das musikalische Erbe Kodálys neueren und kosmopolitischeren Tendenzen weicht.

Lit.: **1) Denkmälerausg.:** Corpus musicae popularis Hungaricae, hrsg. v. B. BARTÓK – Z. KODÁLY, 5 Bde. (Budapest 1951 ff.); Régi magyar dallamok tára, 2 Bde. (ebd. 1958–70); Monumenta Hungariae musicae (Budapest – Graz 1963 ff.). – **2) Studien:** O. GOMBOSI, Die ältesten Denkmäler der mehrstimmigen Vokalmusik aus U., in: Ungarisches Jb. 11 (B 1931); Musicologia Hungarica (Budapest 1934–36, Budapest – Kas 1967 ff.); E. C. REARICK, Dances of the Hungarians (NY 1939, Nachdr. 1973); Zenetudományi tanulmányok, hrsg. v. B. SZABOLCSI – D. BARTHA, 10 Bde. (Budapest 1953–62); O. GOMBOSI, Music in Hungary, in: G. Reese, Music in the Renaissance (NY 1954, revidiert [2]1959); F. BÓNIS, A Vietóriszkodex szvit-tancai, in: Zenetudományi tanulmányok 6 (1957); Studia memoria B. Bartók sacra (Budapest – Lo 1958) (frz., engl. u. dt.); Magyar zenetudomány, hrsg. v. F. BÓNIS (Budapest 1959 ff.); Liszt-Bartók (Akten des 2. int. musikwiss. Kgr. Budapest) (ebd. 1963) (frz., engl., dt., russ.); Folk Music Research in Hungary (ebd. 1964); S. ERDELY, Methods and Principles of Hungarian Ethnomusicology (Den Haag 1965); B. RAJECZKY – B. SZABOLCSI – Z. GÁRDONYI – I. FABIAN, U., in: MGG XIII; L. VARGYAS, Researches into the Medieval Hist. of Folk Ballad (Budapest 1967); B. SÁROSI, Die Volksmusikinstrumente U.s (L 1967); B. SZABOLCSI, Tanzmusik aus U. im 16. u. 17. Jh. (Budapest 1970); J. MANGA, Musique et instruments populaires des Hongrois (ebd. 1971); B. SZABOLCSI, A Concise History of Hungarian Music (ebd. [2]1974); U. BÁRDOS, Volksmusikartige Variierungstechnik in den ung. Passionen (15.–18. Jh.) (ebd. 1975); J. VIGNE, La musique hongroise (P [2]1976); P. SANTARCANGELI, Cenni sulla storia della musica ungherese, in: NRMI 11 (1977); Contemporary Hungarian Composers (Budapest [4]1979).

J. GERGELY

UNGERADER TAKT ↗Takt.

UNGER(-SABATIER), Karoline (in Italien: Carlotta Ungher), * 28. 10. 1803 Stuhlweißenburg, † 23. 3. 1877 Florenz; östr. Sängerin (Alt). Sie studierte u. a. in Wien bei Aloysia Lange, der Schwägerin W. A. Mozarts, und bei J. M. Vogl, debütierte 1821 dort an der Hofoper als Dorabella in Mozarts *Così fan tutte.* K. U. war mit L. van Beethoven bekannt und wirkte zusammen mit Henriette Sontag 1824 bei der UA von dessen 9. Symphonie und von Teilen der *Missa solemnis* mit. 1825–27 war sie in Neapel, 1827–30 an der Mailänder Scala engagiert. Sie sang dann weiter in Italien, 1833–34 in Paris, 1837–40 in Wien und 1840–42 in Dresden, wo sie ihre Bühnenkarriere beendete. K. U. war die bedeutendste östr. Sängerin ihrer Zeit und feierte Triumphe vor allem im it. Fach; sie war aber auch eine hervorragende Schubert-Sängerin. G. Donizetti, V. Bellini, S. Mercadante u. a. schrieben für sie Opernpartien.

UNGHERESE, all'ungherese (it.), ↗Ungaresca.

UNGLEICHE HEIRAT, DIE, Lustiges Zwischenspiel von G. Ph. Telemann; Originaltitel: ↗Pimpinone.

UNISONO (it., = Einklang; engl.: unison; frz.: unisson; span.: unísono; Abk.: unis.) entsteht, wenn in 2 oder mehr Instrumenten oder Singstimmen gleichzeitig derselbe Ton oder derselbe Melodieabschnitt erklingt, sei es im Einklang oder im Abstand von einer oder mehr Oktaven (↗Oktave 2). Dabei lassen sich unterscheiden: U. als aufführungspraktischer Sachverhalt, z.B. beim Singen einer Melodie durch Frauen- und Männerstimmen (etwa beim kirchlichen Volksgesang), und U. als satztechnische Erscheinung: Episodische U.-Führung gehört seit dem 18. Jh. zu den elementaren Mitteln der instrumentalen Mehrstimmigkeit. So beginnen etwa ein Drittel der Symphonien W. A. Mozarts und zahlreiche Ouvertüren im Unisono. Im Vokalsatz dient U. gelegentlich zur emphatischen Hervorhebung bestimmter Worte, so z.B. in dem Turbasatz *Andern hat er geholfen* in J. S. Bachs *Matthäuspassion* bei den Schlußworten *(er hat gesagt:) Ich bin Gottes Sohn.*

UNIVERSAL EDITION (UE), östr. Verlag, gegr. 1901 in Wien, anfangs nur mit dem Zweck, durch Herausgabe von Klassikerausgaben und instruktiven Werken den östr. Bedarf zu decken. Seit 1904 gingen durch Ankäufe anderer Verlage, so des Münchner Musik-Verlags Josef Aibl, u.a. Werke von A. Bruckner, M. Reger, G. Mahler und R. Strauss in die UE über. Seit dem Eintritt Emil Hertzkas in die Firma (1907) verschob sich das Interesse des Verlages immer mehr zugunsten zeitgenössischer Musik. UE trat nun mit Komponisten wie Mahler, A. Schönberg, A. Berg, A. von Webern, Fr. Schreker, A. von Zemlinsky, K. Szymanowski, A. Casella, L. Janáček, B. Bartók, Z. Kodály, E. Krenek, D. Milhaud, Dm. Schostakowitsch, K. Weill, R. Wagner-Régeny in dauernde Verbindung. 1938–45 war die UE in dt. Hand und wurde danach als Aktiengesellschaft wiederhergestellt. Auch das Verlagsprogramm orientierte sich wieder an neuen Strömungen in der Musik. So erwarb das Haus nacheinander Werke von Fr. Martin, G. von Einem, G. Fr. Malipiero, R. Liebermann, L. Dallapiccola, P. Boulez, K. Stockhausen, L. Berio, M. Kagel, H. Pousseur, R. Haubenstock-Ramati, O. Messiaen, Gy. Ligeti, Fr. Cerha, Cr. Halffter, Edisson Denissow, G. Amy, A. Schnittke, Gy. Kurtág und W. Rihm. – Die in London bestehende *Universal Edition Ltd.* vervollständigte den Katalog der UE durch die Produktion von Werken angelsächsischer Komponisten wie H. Birtwistle, R. R. Bennett, D. Bedford, Bernard Rands, Nigel Osborne, St. Reich, Murray Schafer usw. – In der UE erscheinen ebenfalls quellenkritische Ausgaben klassischer Musik unter den Seriennamen *Wiener Urtext Edition* (zus. mit B. Schott's Söhne), *Wiener Querflötenedition, Universal Orgel Edition, Philharmonia-Taschenpartituren, A. Schönberg-GA* (zus. mit B. Schott's Söhne) u.a.

UNTERHALTUNGSMUSIK, U-Musik, Sammel-Bz. für alle Musikgattungen und Stilarten unterhaltenden Charakters. In diesem umfassenden Verständnis markieren analog auch in der Praxis bei den elektronischen Medien auf der einen Seite des Spektrums neben der Spieloper des 19. Jh. mancherlei populäre Werke des Konzertrepertoires des 17.–19. Jh. die Grenze („Kleine Stücke großer Meister"), auf der anderen Seite sind Pop und Rock (auch experimentelle Formen), Teile des Jazz und progressive U.-Werke, die sich der zeitgenössischen E-Musik nähern, anzusiedeln. Dazwischen liegen u.a. das Gebiet der sog. Semiklassik (beispielsweise Stücke von E. Elgar, E. Grieg, A. Dvořák oder P. Tschaikowsky, zus. mit den populären Stücken großer Meister auch als gehobene U. bezeichnet), Ouvertüren und Ballettmusik, zyklische und rhapsodische Werke, der große Walzer, das Charakterstück, Salonmusik, Volkslied und Folklore, Volksmusik und volkstümliche Musik, Operette, Musical und Filmmusik, Standard- und Modetänze, Schlager, Chanson und internationaler Song. Durch Stil- u. Gattungsfusionen ergeben sich ferner zahlreiche Zwischenfarben. Mit U. wird zugleich im engeren Sinn jener Teilbereich gekennzeichnet, der nicht eindeutig als Popmusik, Tanzmusik oder Folklore empfunden wird. In dieser Verwendung ist der Begriff etwa gleichbedeutend mit Light Music (engl.), wohingegen die Bezeichnungen Musique légère (frz.), Musica leggera (it.) oder Leichte Musik (dt., umgangssprachlich) umfassender sind.

Das Wort U. selbst und seine Definition zur Kennzeichnung einer speziellen Musikart läßt sich bereits im 19. Jh. nachweisen. Louis Köhler nennt in seinem *Führer durch den Klavierunterricht* (1865) U. als eigene von insgesamt 5 bei ihm unterschiedenen Gattungen. Er kennzeichnet sie als „zuckersüß aber charakterlos ... aufgeputzt freilich mit eitlem Flittergold". Das *Musikalische Conversations-Lexikon* von H. Mendel (1878) charakterisiert U. als „diejenige Musik, die keinen anderen Zweck verfolgt als den ..., angenehm die Zeit zu vertreiben". Bereits vor 1815 ist bei E. Th. A. Hoffmann die sprachliche Verbindung von Musik und Unterhaltung nachzuweisen. („Der Konzertmeister hatte mich zu einer musikalischen Unterhaltung ... eingeladen.") Bis etwa Ende des 18. Jh. war die der Unterhaltung des Adels oder der übrigen Bevölkerung dienende Musik an bestimmte Anlässe des höfischen, städtisch-bürgerlichen oder ländlichen Lebens gebunden und meist eher eine „Musik bei der Unterhaltung", etwa bei der Tafel. So beschreibt I. Kant 1790 in seiner *Kritik der Urteilskraft* Tafelmusik als „ein wunderliches Ding, welches nur als angenehmes Geräusch ... unterhalten soll und, ohne daß jemand auf die Komposition die mindeste Aufmerksamkeit verwendet, die freie Gesprächigkeit ... begünstigt". Die mit der Industrialisierung im Verlaufe des 19. Jh. einhergehenden, alle Bevölkerungsschichten erfassenden Veränderungen und die damit häufig verbundene Entwurzelung vieler Menschen, die sich bei der Suche nach Arbeit von den überkommenen lokalen und sozialen Bindungen lösten, führten zu einem grundlegenden Wandel der Lebensweise. Arbeitszeit und Freizeit standen sich nun oftmals anders als in der ständisch orientierten Gesellschaft noch des 18. Jh. weitestgehend ohne Bezug gegenüber. Das hatte auch entscheidende Auswirkungen auf die unterhaltende Musik. Sie erfuhr analog den gesellschaftlichen Veränderungen gleichfalls eine Verselbständigung und erhielt einen gleichsam autonomen Charakter im Sinne von „Musik als Unterhaltung". Konzerte zur Entspannung und Musik zum Amüsement wurden jetzt auch ohne spezielle Anlässe jederzeit erwartet. Die Stätten musikalischer Darbietungen waren öffentliche Parks und Plätze, Bier- und Weinlokale, Fabrik-, Festhallen und Konzertpaläste („Tonhallen"), Schiffe und Eisenbahnwaggons bei längeren Reisestrecken, Salons, Kaffee- und Kurhäuser sowie Etablissements für Vergnügungen aller Art vom Varieté und später der Music hall bis zum Zirkus und Eislaufpalast. Ein solcher Massenbedarf zog eine bis dahin nicht gekannte Kommerzialisierung der Musik nach sich. Komponisten, Arrangeure, Musiker, Konzertagenten, Verlage, Notendrucker und Musikalienhändler stellten sich rasch auf die Bedürfnisse einer wenig vorgebildeten Konsumentenschicht ein. Bei Autoren wie A. Czibulka oder É. Waldteufel waren Opuszahlen um 400 keine Seltenheit. Für alle Lebenslagen und Gelegenheiten wurde die passende Musik angeboten: für festliche Ereignisse, für gesellige Anlässe, Musik zur Entspannung, zur gefühlvollen Untermalung, Stücke für Anfänger oder Fortgeschrittene, für Kinder oder Erwachsene usw., Originalkompositionen und Bearbeitungen von Opernmelodien oder anderen bekannten Werken in Form von Potpourris, Fantasien, Paraphrasen oder Variationen in den unterschiedlichsten Besetzungen wetteiferten um die Gunst der Massen.

Die Breite des Repertoires spiegelt sich in Titeln der Kompositionen wider, wie etwa *Waldandacht* (Fr. Abt), *Gebet einer Jungfrau* (Tekla Badarzewska), *Stephanie-Gavotte* (Czibulka), *Heinzelmännchens Wachtparade* (Richard Eilenberg), *Poème* (Zd. Fibich), *Melodie in F* (Anton Rubinstein), *Gladiator-Marsch* (J. Ph. Sousa) oder *Schwungräder* (J. Strauß). Weitere häufig verwendete Titel waren „Romanze", „Idylle", „Serenade", „Ständchen" oder „Intermezzo". „Stoffliche", d.h. außermusikalische Assoziationen wurden durch meist an charakteristische Spielfiguren gebundene Lautmalerei unterstrichen. Auch folkloristisches und exotisches Kolorit war beliebt und sollte die Phantasie auf Länder wie Spanien, Italien, Schottland, Tirol, Ungarn, Rußland, Persien, Japan oder China lenken. Ganz allgemein bediente sich die U. der Gestaltungsmittel des Charakterstücks, des Liedes, des Tanzsatzes und der zyklisch oder rhapsodisch angelegten Komposition. Sehr beliebt war zudem bereits seit der Zeit der großen Virtuosen das oft nur auf vordergründige Brillanz ausgerichtete konzertante Element. Für die klangliche Realisierung kamen neben Klavier und kammermusikalischen Kombinationen aller Art vor allem Salonorchester Wiener, Berliner und Pariser Prägung in Betracht (↗Salonmusik), daneben auch das klassisch-romantische Symphonieorchester, gelegentlich, wie bei USA-Reisen von Johann Strauß, mit mehreren hundert Musikern besetzt.

Entwicklungsgeschichtlich sind bei der U. nach stilistischen Kriterien 3 Phasen zu unterscheiden. Die erste reicht von der Mitte des 19. Jh. bis etwa 1924, dem Jahr der Uraufführung von G. Gershwins *Rhapsody in Blue*. Die bis dahin verbreitete U., wie sie zuvor charakterisiert wurde, stand klanglich eindeutig in der „klassisch-romantischen" Tradition. Musik dieser Art war auch noch weiterhin erfolgreich, beispielsweise Kompositionen von R. Stolz, sie wurde jedoch in der 2. Phase zunehmend ergänzt durch Werke, die unter Einbeziehung impressionistischer Klangfarben in Melodik, Rhythmik, Harmonik u. Instrumentation vom Jazzidiom und von Merkmalen der modischen Tanzmusik geprägt waren. In den USA schrieben Musical- und Filmkomponisten solche Stücke, größere Werke stammen u.a. von M. Gould und Larry Coleman, in Großbritannien machten sich Komponisten wie Ronald Binge und Robert Farnon einen Namen, in Frankreich etwa Paul Bonneau oder Pierre Devevey, und in Deutschland profilierten sich in dieser bis etwa 1955 währenden

2. Phase „moderner U." u. a. Ernst Fischer (besonders einflußreiche Komposition *Südlich der Alpen*), Hans Bund, Erich Börschel, G. Winkler, H. Carste, G. Haentzschel oder Siegfried Merath. Formal blieb es bei den bereits zuvor gebräuchlichen Typen, z. T. wurden Orchestersuiten bevorzugt. Ihre Verbreitung fand U. nun vor allem im inzwischen etablierten Rundfunk, in Unterhaltungs- und Kurkonzerten sowie mit Einschränkungen auch auf Schallplatte. Bereits seit etwa 1950 zeichnete sich die 3. Phase mit einem deutlichen Trend zur kürzeren, 2 bis 5 Minuten dauernden U.-Komposition ab, zugleich verstärkte sich die Ausrichtung auf die aktuelle Tanzmusik. Das tänzerische Intermezzo *Holiday for Strings* des Amerikaners David Rose verkörperte diesen Typ ebenso wie vergleichsweise viele der populären Kompositionen Leroy Andersons, beispielsweise *Blue Tango* oder *Sleigh Ride*. Satztechnisch fallen in dieser 3. Phase die Emanzipation der Reizakkorde sowie die gezielte, durch charakteristische Nebenstimmen noch hervorgehobene Verwendung der harmonischen Nebenstufen und die damit verbundenen typischen Vorhaltbildungen auf. Ein weiteres Merkmal ist der meist durchlaufende modisch-tänzerische Rhythmus. Seit Anfang der 60er Jahre finden auch Rockelemente Eingang in die U., ein frühes Beispiel ist H. Mancinis *Baby Elephant's Walk*. Als „Soft-Rock" war Anfang der 80er Jahre *Ballade pour Adeline* mit Richard Clayderman erfolgreich. Eine Sonderform stellen die sog. „Classics" dar, an bekannte Originalkompositionen der E-Musik angelehnte Arrangements mit moderner Rhythmusgruppe. Der eigenständige instrumentale Teil der U. scheint seit Ende der 60er Jahre durch die sich immer stärker durchsetzende vorwiegend vokale Schlager- und Popmusik etwas in den Hintergrund des Interesses zu rücken. Von daher erklärt sich auch, daß immer seltener charakteristische Originalkompositionen entstehen und U. zunehmend in Form meist instrumentaler Arrangements bekannter Evergreens oder neuerer Vokaltitel in Erscheinung tritt. Auch das konventionelle Unterhaltungslied, etwa in der Art von Fr. Grothes *Postillion-Lied*, hat kaum moderne Entsprechungen gefunden. Als klangprägende Arrangeure, die überwiegend auch als Komponisten und Orchesterleiter bekannt wurden, sind u. a. H. Mancini, Percy Faith, Michel Legrand, Frank Chacksfield, Heinz Kiessling, Mladen Gutesha, Hans Hammerschmid oder Claus Ogerman zu nennen. Klangkörper für diese Art der U. sind heute weitestgehend an Rundfunkanstalten gebunden oder werden von Tonstudios für Produktionen gezielt zusammengestellt. Aus den USA und Europa erlangten Orchester wie die von P. Faith, H. Mancini, Franck Pourcel, Caravelli, H. Zacharias oder A. Mantovani international Geltung. Diese U.-Klangkörper können traditionell besetzt sein (Typ „Concert Orchestra", wie z. B. das lange Jahre von A. Fiedler geleitete Boston Pops Orchestra) oder bei Einbeziehung einer modernen Rhythmusgruppe die Big Band-Struktur der Bläserbesetzung bzw. den Streichorchestercharakter betonen. Hörner, Holzbläser, Harfe, aber auch Bandoneon, Mundharmonika, Panflöte und andere Spezialinstrumente einschließlich vielfältiger Perkussions- und elektronischer Instrumente dienen neben ungewöhnlichen Gruppierungen und satztechnischen Besonderheiten, wie u. a. dem „Mantovani-Effekt", der Erzielung des speziellen U.-Sounds. Ferner unterstützen die Mittel der elektronischen Klangbeeinflussung entscheidend das Streben nach klanglicher Brillanz.

Das Werturteil über U. war bisher stark an ästhetischen Kriterien orientiert, die eine „hohe" Bildungsmusik als Maßstab zugrunde legten. Die „niedere" Erscheinungsform der U. wurde unter dieser Voraussetzung meist abwertend beurteilt. Die typischen „U-Musik"-Merkmale, etwa die auf einfachen Entsprechungen beruhende Prägnanz musikalischer Vorgänge, die auf Vertrautheit und Eingängigkeit der gewählten Gestaltungsmittel basierende Breitenwirkung sowie die schwer wägbaren speziellen Reizelemente galten häufig als Beleg für Banalität. U. wurde daher nicht selten als eigentlich verwerflicher Zeitvertreib im Sinne der Ablenkung von vermeintlich Wichtigerem eingeschätzt. Erst neuerdings scheint sich eine eher funktionale Beurteilung durchzusetzen, die den Wert der U. am Grad des Unterhaltenden als „Verringerung eines gewissen emotionalen Defizits auf Zeit" (Harry Pross) bemißt. Dem Unterhaltenden wird so eine humanisierende Wirkung und damit ein Eigenwert zuerkannt, da es die Langeweile, den negativen Gegensatz von Unterhaltung, zu überwinden vermag.

Lit.: TH. W. ADORNO, Einleitung in die Musiksoziologie (F 1962); H. MANCINI, Sounds and Scores (o. O. 1962, ²1967); Stud. z. Trivialmusik des 19. Jh., hrsg. v. C. DAHLHAUS (Rb 1967); A. WÜRZ, U., in: MGG XIII; G. SCHMIDTCHEN, Die Bedeutung der leichten Musik für das Verhältnis des Hörers z. Radio, in: Int. Zschr. für Kommunikationsforsch. 1 (1974); M. PRAWY, J. Strauß (W 1975); K. KUHNKE – M. MILLER – P. SCHULZE, Gesch. der Pop-Musik I (Bremen 1976, ²1977); I. KELDANY-MOHR, „U." als soziokulturelles Phänomen des 19. Jh. (Rb 1977) (= Stud. z. Musikgesch. des 19. Jh. 47); R. M. ISHERWOOD, Popular Musical Entertainment in 18th-Century Paris, in: IRASM 9 (1978); C. DAHLHAUS, Die Musik des 19. Jh. (Wie 1980); A. LAMB – CH. HAMM, Popular Music, in: Grove⁶ XV. R. HESS

UNTERSATZ, Bz. für ein Orgelregister im Pedal, meist als 32′, seltener als 16′. Es ist in der Regel mit gedackten Pfeifen versehen, entspricht also dem ↗Subbaß. In großen Orgeln des 19. Jh. gibt es den U. 32′ ab c gelegentlich als Manualregister.

UNTERTÖNE heißen die Teiltöne, die – spiegelbildlich der aufsteigenden Obertonreihe (↗Obertöne) entsprechend – von einem Erzeugerton aus abwärts gerichtet sind. Die Annahme von U.n, deren natürliche Existenz nicht belegbar ist, dient dem ↗Dualismus zur theoretischen Erklärung des Moll.

UNTREUE LOHNT NICHT *(L'infedeltà delusa),* Burletta in musica in 2 Akten von J. Haydn, Text nach M. Coltellini. Ort u. Zeit der Handlung: Florenz, im 18. Jh.; UA: 26. 7. 1773 Esterháza.
Haydn schrieb diese Oper (der Textdichter ist nicht bekannt) zum Namenstag der verwitweten Fürstin Maria Anna Louise Esterházy. Eine weitere Aufführung erfolgte anläßlich eines Besuches der Kaiserin Maria Theresia; einige Forscher gründeten die Angabe des UA-Termins auf das zu diesem Ereignis gedruckte Textbuch. Das Material zu diesem nach heutigem Verständnis einfältigen Intrigenspiel mit possenhaften Verkleidungs- und Verwechslungsszenen war lange Zeit verschollen; eine deutschsprachige Fassung mit dem Titel *Liebe macht erfinderisch* gelangte 1930 in Wien zur Wiederaufnahme. 1959 erklang in Budapest die Originalfassung; der weitgehend komplettierte Notentext wurde 1961 von H. C. Robbins Landon veröffentlicht. Haydns Einfallsreichtum bei der Komposition führte zu internationaler Verbreitung der Oper, wobei der Text häufig bearbeitet wurde. Der heute gebräuchliche dt. Titel geht auf eine Fassung von Fr. Kühnelt (Hannover 1962) zurück.

K. LANGROCK

UNVERRICHT, Hubert Johannes, * 4. 7. 1927 Liegnitz; dt. Musikforscher. Er studierte in Berlin 1947–51 an der Humboldt-Universität und 1952 bis 1953 an der Freien Universität, an der er 1954 mit der Diss. *Hörbare Vorbilder in der Instrumentalmusik bis 1750* promovierte. Er war 1956 Wissenschaftlicher Mitarbeiter des Haydn-Instituts Köln, seit 1962 bis zur Habilitation (1967) Assistent an der Universität Mainz, wurde dort 1971 Professor und Wissenschaftlicher Rat und lehrt seit 1980 an der Kath. Universität Eichstätt. U. ist Mitglied u. a. des Herder-Forschungsrats Marburg sowie des Arbeitskreises für schlesisches Lied und schlesische Musik Bensberg. 1973–80 war er Vorsitzender der Arbeitsgemeinschaft für mittelrheinische Musikgeschichte. Schwerpunkte seiner Forschung sind die Musik der Klassik sowie die Musikgeschichte Schlesiens und des Rheinlands.

Schriften: *Die Eigenschaften u. die Originalausgaben v. Werken Beethovens in ihrer Bedeutung für die moderne Textkritik* (Kas 1960); *Die Simrock-Drucke v. Haydns Londoner Sinfonien,* in: Stud. z. Musikgesch. des Rheinlands 2 (K 1962); *Die beiden Hoffstetter* (Mz 1968) (zus. mit A. Gottron u. A. Tyson) (= Beitr. z. mittelrheinischen Musikgesch. 10); *Gesch. des Streichtrios* (Tutzing 1969) (= Mainzer Stud. z. Musikgesch. 2); *Die Kammermusik* (Kö 1972) (= Das Musikwerk 46); *Die orchesterbegleitete Kirchenmusik v. den Neapolitanern bis Schubert,* in: Gesch. der kath. Kirchenmusik II, hrsg. v. K. G. Fellerer (Kas 1976); *Beziehungen schlesischer Komponisten u. Musik z. Wiener Klassik,* in: Die musikal. Wechselbeziehungen Schlesien–Österreich (Dülmen 1977); *L. van Beethoven. Sinfonie Nr. 6. Einführung u. Analyse* (Mz 1980); *F. J. Fröhlich,* in: Musik in Bayern 22 (Tutzing 1981). – Editionen: Haydn-GA I/18 (= Symph. 102–104), XIV/2–4 (Barytontrios), IV (*Sieben letzte Worte;* Orch.-Fassung) u. XXVIII (dass., Vokalfassung) (Mn – Duisburg 1958 ff.); *L. Tomasini, Divertimenti* (Wb 1970). – Er gab heraus: *Musik u. Musiker am Mittelrhein* 1 u. 2 (Mz 1974, 1980) (zus. mit K. Oehl); *Musik des Ostens* 8 (Kas 1982) (zus. mit F. Feldmann).

URHEBERRECHT (engl.: copyright; frz.: copyright, droit d'auteur; it.: diretto d'autore; span.: derechos de autor, copyright), Bz. der Rechtsbestimmungen, die den Schutz des geistigen Eigentums, d. h. von Werken der Literatur, Wissenschaft und Kunst, zum Gegenstand haben. Die Anfänge der Entwicklung des U.s liegen im mittelalterlichen Privilegienwesen. So erhielt der Komponist O. di Lasso 1581 ein kaiserliches Privileg, das seine Werke gegen Nachdruck schützte. Die Idee vom geistigen Eigentum führte dann allmählich zum Erlaß von Gesetzen zum Schutz des Urhebers, so vor allem in Frankreich in der Zeit der Revolution (1791–93). Im 19. Jh. wurden in Deutschland Urhebergesetze erlassen. Das U.s-Gesetz von 1870 brachte zugunsten der musikalischen Urheber auch das Aufführungsrecht, machte es aber noch von einem Vorbehalt der Rechte abhängig. Das Literaturuhrhebergesetz von 1901 (zum Schutz von Kunstwerken wurde 1907 das Kunstschutzgesetz erlassen) gewährte dann neben dem Vervielfältigungs- und Verbreitungsrecht auch das Aufführungsrecht, ohne einen Vorbehalt zu verlangen. Nun konnten sich auch ↗Verwertungsgesellschaften bilden, die das Aufführungsrecht für die Urheber wahrnahmen. 1933 wurde durch Gesetz die STAGMA als einzige musikalische Verwertungsgesellschaft geschaffen, die 1945 in ↗GEMA umbenannt wurde. – In der 1. Hälfte des 20. Jh. führten große Erfindungen zu Verwertungen musikalischer Werke, die vom Literaturuhrhebergesetz von 1901 nicht berücksichtigt werden konnten, so vor allem die Entwicklung des Tonfilms und des Hörfunks sowie des Fernsehens. 1965 wurde das heute noch geltende U.s-Gesetz erlassen, das die modernen Werkverwertungsarten in das Urheberrecht einbezog.
Da nach dem Territorialitätsgrundsatz das U. an

den Grenzen des Schutz gewährenden Staates haltmacht, versuchte man, durch völkerrechtliche Verträge einen möglichst viele Länder umspannenden Schutz zu erreichen. 1886 haben 10 Staaten, darunter auch Deutschland, die Berner Übereinkunft abgeschlossen, die seitdem mehrfach revidiert wurde (daher RBÜ) und der inzwischen etwa 70 Staaten angehören. Nach ihr werden die Urheber in allen Vertragsstaaten wie Inländer geschützt, darüber hinaus werden ihnen aber noch gewisse Mindestrechte gesichert. Nach dem letzten Krieg wurde ein Welturheberrechtsabkommen abgeschlossen. Auch die ausübenden Künstler, die Schallplattenindustrie und der Rundfunk forderten einen internationalen Schutz ihrer Leistungen. 1961 wurde daher das Rom-Abkommen abgeschlossen, das ihrem Schutz dient. – Entsprechend diesem Abkommen enthält das dt. U.s-Gesetz von 1965 nicht nur einen Schutz der Urheber, sondern auch einen Leistungsschutz für die ausübenden Künstler, die Tonträgerhersteller und die Rundfunkanstalten. Es schützt die Urheber von Werken der Literatur, Wissenschaft und Kunst, wenn diese eine persönliche geistige Schöpfung darstellen; ferner aber auch Bearbeitungen solcher Werke, vorausgesetzt, daß diese nicht nur eine handwerkliche Leistung darstellen.

Das Gesetz gewährt dem Urheber ein umfassendes U. an seinem Werk, das seine ideellen Interessen (Urheberpersönlichkeitsrecht), aber auch seine Vermögensinteressen (Verwertungsrechte) sichert. Zu den Befugnissen des Urheberpersönlichkeitsrechts gehören das Veröffentlichungsrecht, das Recht auf Anerkennung der Urheberschaft und das Recht, Entstellungen des Werkes zu verhindern. Als Verwertungsrechte gewährt das Gesetz dem Urheber das alleinige Vervielfältigungsrecht, Verbreitungsrecht, Ausstellungsrecht, ferner das Vortrags-, Aufführungs- und Vorführungsrecht, aber auch das Senderecht, das Recht der Wiedergabe durch Bild- oder Tonträger und das Recht der Wiedergabe von Funksendungen. Die Verwertungsrechte kann der Urheber anderen, z.B. einem Verleger, aber auch einer Verwertungsgesellschaft, als Nutzungsrechte einräumen. Das U. wird allerdings zugunsten der Allgemeinheit eingeschränkt. Im Gegensatz zu manchen ausländischen Rechten kennt unser Gesetz aber keine Einschränkung des Melodienschutzes. Variationen, in denen eine fremde Melodie benutzt wird, bedürfen also der Zustimmung des Komponisten der Melodie. § 52 des Gesetzes läßt jedoch eine vergütungsfreie Aufführung musikalischer Werke zu, wenn die Aufführung keinem Erwerbszweck dient, die Teilnehmer ohne Entgelt zugelassen werden und den ausübenden Künstlern keine besondere Vergütung gezahlt wird. Unter denselben Voraussetzungen sollen auch Aufführungen bei kirchlichen Veranstaltungen frei sein. Letztere Bestimmung wurde jedoch vom Bundesverfassungsgericht für nichtig erklärt. Das Bundesjustizministerium bemüht sich zur Zeit, den § 52 neu zu fassen. Danach soll die Aufführungsfreiheit wesentlich eingeschränkt werden. Dagegen soll mit Recht nach wie vor der Gemeindegesang bei kirchlichen Veranstaltungen vergütungsfrei bleiben. Durch § 53 wird die private Tonbandüberspielung zugelassen, jedoch haben die Gerätehersteller an die Verwertungsgesellschaften eine Vergütung zu zahlen. Im Gespräch ist zur Zeit die Einführung einer Leerkassettenabgabe. – Die wesentlichste Beschränkung des U.s ist seine zeitliche Begrenzung. Die Schutzfrist betrug früher 30 Jahre (nach dem Tod des Urhebers), wurde dann 1934 auf 50 Jahre und 1965 auf 70 Jahre verlängert. – Einen geringeren Schutz gewährt das Gesetz wissenschaftlichen Ausgaben (z.B. Ausgaben alter Meister) und Ausgaben nachgelassener Werke. Auch dem ausübenden Künstler gewährt es nur einen geringeren Schutz.

Lit.: E.-J. MESTMÄCKER – E. SCHULZE, Kommentar z. dt. U. (F 1961); H. RIEDEL, Originalmusik u. Musikbearbeitung. Eine Einführung in das U. der Musik (Mn 1971); B. SAMSON, U. (Pullach 1973); H. HUBMANN, Urheber- u. Verlagsrecht (Mn [4]1978); E. ULMER, Urheber- u. Verlagsrecht (B [3]1980); E. SCHULZE, U. in der Musik (B [5]1981); C. MASOUYÉ, Kommentar z. Berner Übereinkunft ... (Kö 1981). H. HUBMANN

URSPRUNG, Otto, * 16. 1. 1879 Günzlhofen (Bayern), † 14. 9. 1960 Schondorf am Ammersee; dt. Musikforscher. Er wurde 1904 zum Priester geweiht und studierte nach einigen Jahren Tätigkeit in der Seelsorge Musikwissenschaft in München (1911 Dr. phil.). 1912–26 war er Chorvikar an St. Cajetan, später Ehrenkanonikus an der Allerheiligenhofkirche in München und lehrte 1932–49 als Honorarprofessor an der Universität. Schwerpunkt seiner Forschungen war die katholische Kirchenmusik in ihren geschichtlichen, theologischen und ästhetischen Grundlagen.

Schriften: *J. de Kerle. Sein Leben u. seine Werke* (Mn 1913); *Span.-katalanische Liedkunst des 14. Jh.*, in: ZfMw 4 (1921/22); *Die Gesänge der hl. Hildegard*, in: ebd. 5 (1922/23); Aufsätze zur Gesch. des dt. Liedes, in: AfMw 4 (1922) – 6 (1924); *Restauration u. Palestrina-Renaissance in der kath. Kirchenmusik der letzten zwei Jahrhunderte* (Au 1924); *Münchens musikal. Vergangenheit v. der Frühzeit bis z. R. Wagner* (Mn 1927); *Die kath. Kirchenmusik* (Pd 1931); *Hildegards Drama „Ordo virtutum": Gesch. einer Seele*, in: Miscelánea. ... FS H. Anglés II (Ba 1961). – Editionen: *J. de Kerle, Ausgew. Werke* I (1926) (= DTB 34); *L. Senfl, Messen* (1936) (= EDM 5) (zus. mit E. Löhrer).

URSULEAC, Viorica, * 26. 3. 1894 Czernowitz, † 22. 10. 1985 Ehrwald (Tirol); rumänische Sängerin (Sopran). Sie studierte an der Wiener Musikakademie und bei Lilli Lehmann in Berlin und debütierte 1924 in Frankfurt am Main. Über Dresden und Wien kam sie 1933 an die Berliner Staatsoper und 1937 an die Bayerische Staatsoper in München. Sie gastierte an allen bedeutenden europäischen Opernbühnen und bei den Salzburger Festspielen (1930–34 und 1942–43). V. U. war mit dem Dirigenten Cl. Krauss verheiratet; beide waren eng mit R. Strauss befreundet, und V. U. sang unter Krauss die weiblichen Hauptrollen bei den UA von *Arabella* (1933), *Der Friedenstag* (1938) und *Capriccio* (1943). Nach dem Tod ihres Mannes war sie als Gesangspädagogin, u. a. am Salzburger Mozarteum, tätig.

URUGUAY. Das heutige Territorium des Landes war im 16. Jh. von kriegerischen Indianerstämmen besiedelt, die von den Spaniern nur mit großer Mühe besiegt werden konnten. Als Streitobjekt zwischen den Kronen Spaniens und Portugals widerfuhr dem Land eine Periode blutiger Kämpfe, die eine Entwicklung künstlerischen Lebens kaum begünstigten. Die Musikgeschichte U.s setzt daher erst relativ spät ein. Dabei spielten die Jesuitenmissionare, die der Musik großen Wert beilegten, eine wichtige Rolle. Die Indianer waren musikalisch sehr begabt, und jedes Dorf besaß Gesangs- und Instrumentalgruppen, die sowohl religiöse als auch weltliche Musik spielten; selbst Opern wurden gelegentlich vorgetragen.
1793 wurde die „Casa de Comedias" von Montevideo eröffnet, wo span. Tonadillas und Zarzuelas sowie später it. Opern (als erste 1830 G. Rossinis *L'inganno felice*) aufgeführt wurden. Die Künstler, die hier auftraten, waren die gleichen wie in Buenos Aires und Rio de Janeiro: die span. Komponisten und Dirigenten Antonio Aranas und Antonio Sáenz, der Ungar Franz Joseph Deballi, der in Madrid geborene Sänger und Komponist Pablo Rosquellas. Sáenz war auch der Gründer der Sociedad Filarmónica, die in der Hauptstadt U.s 1831–35 bestand. Sie verfügte über ein Liebhaberorchester von 22 Mitgliedern aus den führenden gesellschaftlichen Kreisen der Stadt, die in Privathäusern, im Theater oder in der Kirche spielten. Deballi wurde zusammen mit dem kreolischen Schauspieler Fernando Quijano der Schöpfer der uruguayischen Nationalhymne. Auch der it. Violinist und Dirigent Santiago Massoni spielte im Musikleben dieser Zeit in Montevideo eine bedeutsame Rolle. – 1856 wurde das prächtige Teatro de Solís als Opernhaus eingeweiht, während die Casa de Comedias, seit 1855 in Teatro de San Felipe y Santiago umbenannt, die Pflegestätte der leichten Musik, d.h. der Zarzuela und der frz. Operette, war. In der Oper hatte der einheimische Komponist Luis Sambucetti (1860–1926), der Gründer des Nationalorchesters von U. (1908), Erfolg.
Die Pioniere der Moderne in U. waren Alfonso Broqua (1876–1946) und Carlos Pedrell (1878 bis 1941). Beide lebten in Paris, beschworen aber mit Vorliebe in ihren Partituren die typische Musik, die Traditionen und die Landschaften ihrer Heimat. Eine derartige Bindung an die traditionelle Musik ist noch deutlicher zu spüren bei Eduardo Fabini (1882–1950), der sie geradezu naiv in alle seine Werke übertrug. Erwähnt sei auch der französischstämmige Komponist Luis Clouzeau Mortet (1874–1957). Unter den Zeitgenossen ist Hector Tosar (* 1923) unbestritten der am meisten beachtete Komponist des Landes und einer der repräsentativsten Komponisten des gesamten südamerikanischen Kontinents. Vor ihm war Carlos Estrada (1909–1970) die beherrschende Figur des Musiklebens: Als Konservatoriumsdirektor in Montevideo bildete er eine Reihe jüngerer Komponisten aus, u.a. Ricardo Storm (* 1930), Luis R. Campodónico (* 1931), José Serebrier (* 1938), der als Dirigent international bekannt wurde, und Sergio Cervetti (* 1940). Internationale Karriere machte die Pianistin Dinorah Varsi (* 1939). – Von Interesse ist die Tatsache, daß der sog. argentinische ↗Tango gleichermaßen in Montevideo wie in Buenos Aires beheimatet ist. Zahlreiche berühmte Tangos, wie *La cumparsita* von Matos Rodrigues, wurden von Komponisten U.s geschrieben.
Montevideo ist Sitz des von Fr. C. Lange gegründeten Instituto Interamericano de Musicología. Das SODRE (Servicio Oficial de Difusión Radio-Eléctrica) besitzt ein hervorragendes Orchester und organisiert Konzerte, Festspiele und Wettbewerbe.

Lit.: **1) Denkmälerausg.:** I. PEREDA VALDÉS, Cancionero popular uruguayo (Montevideo 1947). – **2) Studien:** F. C. LANGE, La organización musical en el Uruguay, in: Bol. latino-americano de música (1935); Revista musical argentina 2/2 (1937) (Sonder-Nr. Uruguay); C. VEGA, Panorama de la música popular argentina (Buenos Aires 1944); L. AYESTARÁN, La música escénica en el Uruguay, in: Rev. Mus. Chilena 3 (1947); DERS., Fuentes para el estudio de la música colonial uruguaya (Montevideo 1947); DERS., La Música indígena en el Uruguay (ebd. 1949); DERS., La música en el Uruguay (ebd. 1953); DERS., El folklore musical uruguayo (ebd. 1967); DERS., Teoría y práctica del folklore (ebd. 1968); S. SALGADO, Breve historia de la música culta en el Uruguay (ebd. 1971).
L. H. CORRÊA DE AZEVEDO

USSACHEVSKY, Vladimir Alexis, * 21. 10. (3. 11.) 1911 Hailar (Innere Mongolei); amerik. Komponist russ. Herkunft. 1931 in die USA emigriert, studierte er bis 1935 am Pamona College (Calif.), dann bis zur Promotion (1939) an der Eastman School of Music der University of Rochester (N. Y.) Komposition (Bernard Rogers und H. Hanson). Seit 1947 lehrt er Komposition am Music Department der Columbia University in New York, wo er 1951 mit den ersten amerikanischen Versuchen einer Tonbandmusik mit elektronischen Mitteln begann. Zeitweise arbeitete er eng mit O. Luening zusammen, mit dem er (zus. mit M. Babbitt und R. Sessions) 1959 das Columbia Princeton Electronic Music Center gründete.

WW: **1) Kompositionen:** Für Tonband: *Sonic Contours* (1952); *Piece* (1956); *Metamorphoses* (1957); *Linear Contrasts* (1958); *Wireless Fantasy* (1960); *Of Wood and Brass* (1965); *Suite from Music for Films* (1967); *Piece for Computer* (1968); *Conflict* (1975). – *2 Dances* (1948) für Fl. u. Klv.; *Piece* (1947) für Fl. u. Kammerorch.; *Theme and Variations* (1936) für Orch.; *Jubilee Cantata* (1938) für Bar., Sprecher, Chor u. Orch.; *Missa brevis* (1972) für Sopran, Chor u. Orch. – **2) Schriften:** *Sound Materials in the Experimental Media of Musique concrète, Tape Music and Electronic Music,* in: Journal of the Acoustical Soc. of America 29 (1957); *The Process of Experimental Music,* in: Journal of the Audio Engineering Soc. 6 (1958); *Synthetic Means,* in: The Modern Composer and his World (Toronto 1961); *Applications of Modern Technology in Musicology, Music Theory and Composition,* in: Papers of the Yugoslav-American Seminar on Music (Bloomington/Ind. 1970).

U. gilt als der erste Komponist einer reinen ↗Tonbandmusik amerikanischer Prägung (tape music), die nach Art der „klassischen Studiotechnik" gearbeitet ist. Besonderen Wert legt er auf Manipulationen der Klangfarben und auf eine Verbindung von modaler mit tonaler Dur-Moll-Harmonik. Seine Vokalwerke sind stark von den Gesängen der russisch-orthodoxen Liturgie beeinflußt.

Lit.: Werk-Verz., in: Composers of the Americas 9 (Washington/D. C. 1963); L. M. CROSS, A Bibliogr. of Electronic Music (Toronto 1967).

B. A. KOHL

UT, die erste ↗Solmisations-Silbe (im 17. Jh. ersetzt durch ↗Do), die im mittelalterlichen ↗Hexachord-System je nach Transposition die Töne c, f oder g bezeichnet. – Im Französischen ist Ut der Ton ↗C.

UTENDAL, Alexander, * um 1530 in den Niederlanden, † 7. 5. 1581 Innsbruck; franko-flämischer Komponist. Er trat 1564 als Altist in die Prager Hofkapelle ein und folgte 1566 Erzherzog Ferdinand nach Innsbruck, wo er seit 1580 als Vizekapellmeister nachweisbar ist. Seine Werke stehen in der Tradition von O. di Lasso.

WW: *Psalmi poenitentiales* für 4 St. (Nü 1570); 3 Bücher *Sacrae cantiones* für 5–6 St. (Nü 1571–77); Messen für 5–6 St. u. Magnificat für 4 St. (Nü 1573); *Fröliche neue Teutsche und Frantzösische Lieder* für 4–5 u. mehr St. (Nü 1574); weitere Werke in Sammeldrucken 1568–89.

Ausg.: 1 Motette, in: Josquin u. a., Acht Lied- u. Choralmotetten, hrsg. v. H. OSTHOFF (Wb 1934, [2]1954) (= Chw 30); 3 Motetten, hrsg. v. H. KÜMMERLING, in: Fusa 7 (1982) Beilage.

Lit.: H. FEDERHOFER, U., in: MGG XIII; I. BOSSUYT, Die „Psalmi poenitentiales" (1570) des A. U., in: AfMw 38 (1981).

V

V, v, Abk. für: **1)** ↗Vox, ↗Violine, ↗Versett oder ↗Versus. – **2)** volti in v.s. = ↗volti subito.

VACCAI, Nicola, * 15. 3. 1790 Tolentino, † 5. oder 6. 8. 1848 Pesaro; it. Komponist. Er war 1812–15 Schüler von G. Paisiello in Neapel und debütierte dort 1815 als Opernkomponist. Nach weiteren mäßigen Erfolgen auf diesem Gebiet machte er sich jedoch einen hervorragenden Namen als Gesanglehrer und wirkte in dieser Eigenschaft in Venedig, Triest, Paris (1830) und London (1831–33). Er kehrte dann nach Italien zurück und lehrte seit 1837 Komposition am Konservatorium in Mailand, dem er 1838–44 auch als „Censore", d.h. amtsführender Direktor, vorstand. Während ihn von seinen Kompositionen (17 Opern, vokale Kammermusik, Kirchenmusik) nichts überlebt hat, ist V. heute noch weithin bekannt durch seine ↗Solfeggien (*Metodo pratico di canto italiano,* Lo 1832 u.ö.).

Lit.: F. LIPPMANN, V., in: MGG XIII.

VAGABOND KING, THE (dt. Titel: *König für einen Tag*), amerik. Operette von R. Friml, Buch von Brian Hooker, Russel Janney und W. H. Post nach dem Schauspiel *If I Were King* von Justin Huntley McCarthy. Liedertexte von Brian Hooker. Ort und Zeit der Handlung: Paris, zur Zeit König Ludwigs XI. UA: 21. 9. 1925 New York (Casino Theater), 511 Vorstellungen. Verfilmt 1930 u. 1956.

Frankreichs Herrscher Ludwig XI. erlaubt dem Vagabunden und Poeten François Villon für einen Tag seine Rolle als König einzunehmen. Das phantasievolle Spiel zeigt, wie es Villon gelingt, Paris vor den Truppen des Herzogs von Burgund zu retten und sich selbst in den aristokratischen Armen seiner Geliebten Catherine de Vaucelles zu finden. Populär wurden die Lieder *Song of the Vagabonds, Some Day* und *Only a Rose.*

R. WALLRAF

VAGANS (lat., Abk. für vox vagans = umherstreifende Stimme; auch vox quinta oder Quinta), in einer 5st. Komposition des späten 15. und 16. Jh. Bz. für die 5. Stimme, die zu dem als „vollkommen" angesehenen (G. Zarlino spricht 1558 in den *Istitutioni harmoniche* von der „perfettione dell'harmonia" eines 4st. Satzes) regelhaften 4st. Satz mit den Stimmen Diskant, Alt, Tenor und Baß hinzutritt. Da die Vierstimmigkeit in bezug auf Stimmführung, Klauselbildung u.ä. nicht erweitert werden konnte, kommt der V. jeweils als 2. Stimme einer der 4 Hauptstimmen (d.h. als Diskant II, Alt II usw.) vor. Stimmführung und Stimmumfang richten sich nach der jeweiligen Stimmlage. Diese 5. Stimme ohne feste Stimmlage muß somit von Komposition zu Komposition in eine andere Stimmlage „wandern" (daher der Name).

B. R. SUCHLA

VAGANTEN (von lat. vagari = umherschweifen). In mittellat. Sprache sind die Vagantes die schreibenden, der Schicht der weltlich Gebildeten angehörenden Dichter des europäischen MA (besonders des 12. und 13. Jh.). Seiner Herkunft entsprechend versieht der Vagant von Fall zu Fall das gewählte literarische Ausdrucksmittel mit volkssprachlichen Einschüben. Die sog. clerici vagantes oder vagi wurden als reisende Scholaren sozial offenbar höher eingestuft als die ebenfalls der Vagantendichtung zuzurechnenden Goliarden (von Golias = Goliath, Beiname des Teufels). Die diesseitige, sinnliche Dichtung der V. gliedert sich inhaltlich in Trink-, Spiel- und Liebeslieder, Bittgedichte, Parodien sowie persönliche und politische Satiren. Ihre bedeutendsten Autoren – im Wortsinn keine V. – sind Hugo von Orléans, der Archipoeta, Peter von Blois, Walther von Châtillon, Serlo von Wilton und Philipp der Kanzler; wichtige Quellen sind die Cambridger Lieder-Hs. (Mitte 11. Jh.) mit den *Carmina Cantabrigensia,* die Arundel-Sammlung (2. Hälfte 12. Jh.) und die ↗Carmina Burana (1. Hälfte 13. Jh.). Formales Kennzeichen ist die 13silbige, rhythmisch gegliederte V.-Zeile, die aus einem steigenden 7- und einem fallenden 6-Silbler besteht; die aus ihr gebildete V.-Strophe ist 4zeilig. Die in Archipoetas Loblied für Rainald von Dassel erwähnte „melodia musica" belegt die musikalische Begleitung der zum Vortrag bestimmten V.-Lyrik, deren Melodien im allgemeinen in linienlosen Neumen und in Kontrafakturen überliefert sind. Ihrer schwierigen Rekonstruktion hat C. Orff mit seiner Vertonung der *Carmina Burana* andere Auswege zu weisen versucht.

Ausg. u. Lit.: Himmel u. Hölle der Fahrenden. Dichtungen der großen V., hrsg. v. M. LÖPELMANN (B 1940, St ²1951); M. BECHTHUM, Beweggründe u. Bedeutung des Vagantentums in der lat. Kirche des MA (Jena 1941); W. SALMEN, Der fahrende Musiker im europäischen MA (Kas 1960); V.dichtung, lat. u. dt., hrsg. v. K. LANGOSCH (F – H 1963) (= Exempla classica 78); P. DRONKE, Die Lyrik des MA. Eine Einführung (Mn 1973). – ↗Carmina Burana. W.-D. LANGE

VALDERRÁBANO, Enríquez (Anriquez) **de,** * um 1500 Peñaranda de Duero, † nach 1557; span. Lautenist. V. ist der Verfasser eines *Libro de música de vihuela, intitulado Silva de sirenas* (Valladolid 1547). Das Werk enthält Intavolierungen von Messesätzen, Motetten und weltlichen Gesängen für Vihuela, für 2 Vihuelas und für Singstimme und Vihuela sowie Fantasías (u.a. von V. selbst), Sonetos u.a. Stücke für Vihuela. Von den namentlich genannten Komponisten sind zahlenmäßig am stärksten Josquin des Prés, Cr. de Morales, N. Gombert und A. Willaert vertreten.

Ausg.: *Libro de música*, hrsg. v. E. PUJOL 2 Bde. (Ba 1965) (= MMEsp 22–23).

Lit.: C. JACOBS, Tempo Notation in Renaissance Spain (Brooklyn/N. Y. 1964); J. J. REY, E. de V. Siete obras de C. de Morales para una y dos vihuelas, in: Tesoro sacro musical 59 (1976).

VALEN, Olaf Fartein, * 25. 8. 1887 Stavanger, † 14. 12. 1952 Haugesund; norwegischer Komponist. Er absolvierte 1909 ein Orgelexamen am Konservatorium in Oslo und studierte 1909–11 bei M. Bruch an der Musikhochschule in Berlin. 1927–35 war er Inspektor der Norsk Musiksamling in Oslo. 1935 erhielt er einen staatlichen Künstlerlohn, zog sich 1939 nach Valevåg zurück und widmete sich ausschließlich der Komposition. V. entwickelte einen eigenständigen, freitonalen, polyphonen Stil. Sein Violinkonzert gilt als Markstein in der neueren norwegischen Musikgeschichte.

WW: **1) Instr.-WW:** Stücke für Klv. u. Org.; 2 Streichquartette, op. 10 (1929) u. 13 (1931); Pastorale, op. 11 (1930); *Le cimetière marin*, op. 20 (1934); *La isla de las calmas*, op. 21 (1934); 5 Symphonien, op. 30 (1939), 40 (1944), 41 (1946), 43 (1949), 45 (1951); V.-Konzert, op. 37 (1940); Klv.-Konzert, op. 44 (1950). – **2) Vokal-WW:** Lieder nach Gedichten v. J. W. von Goethe, Michelangelo, E. Mörike; Motetten für gem. Chor, Frauen- u. Männerchor.

Lit.: O. GURVIN, F. V. (Oslo 1962); B. J. KORTSEN, F. V., Life and Music, 3 Bde. (ebd. 1965); F. L. WINDEBANK, The Music of F. V., 1887–1952 (Diss. Lo 1973).

VALENTE, Antonio, it. Organist und Komponist der 2. Hälfte des 16. Jh. Seit früher Kindheit erblindet, ist er 1565–80 als Organist an S. Angelo a Nido in Neapel nachweisbar. Seine *Intavolatura* enthält alle zeitgenössischen Gattungen der Musik für Tasteninstrumente. Im Unterschied zu dieser primär wohl cembalistisch bestimmten Sammlung sind die *Versi spirituali*, die in Partitur notiert sind, eher für den organistischen Gebrauch gedacht.

WW: *Intavolatura de cimbalo, recercate, fantasie et canzoni francese* (Neapel 1576); *Versi spirituali sopra tutte le note con diversi canoni spartiti per sonar ne gli organi, messe, vespere e altri officii divini* (ebd. 1580).

Ausg.: *Versi spirituali*, hrsg. v. I. FUSER (Padua 1958); *Intavolatura de cimbalo*, hrsg. v. CH. JACOBS (O 1973).

Lit.: J. A. BURNS, Neapolitan Keyboard Music from V. to Frescobaldi (1953) (= Diss. Harvard Univ.) (mit vollständiger Ausg. der „Intavolatura de cimbalo"); DERS., A. V. Neapolitan Keyboard Primitive, in: JAMS 12 (1959).

VALENTE, Caterina Germaine Maria, * 14. 1. 1931 Paris; dt. Sängerin span.-it. Abstammung. C. V. kommt aus einer Artistenfamilie, trat 1937 in Stuttgart erstmals öffentlich als Sängerin auf und erregte 1953 durch ihre Mitwirkung als Jazzsängerin beim Orchester K. Edelhagen großes Aufsehen. Durch Tourneen, Filme, Rundfunk- und Fernsehproduktionen (u.a. im deutschen Fernsehen *Bonsoir, Kathrin*, 1957–64) sowie zahlreiche Schallplattenaufnahmen wurde C. V., die auch virtuos Gitarre spielt, rasch zu einem der vielseitigsten und erfolgreichsten Stars im internationalen Showbusiness. Zu ihren bekanntesten Schlagern gehören *Melodia d'amore, Ganz Paris träumt von der Liebe, Malagueña, The Breeze and I, Fiesta cubana* und *Hawaiiana Melodie*. C. V.s Bruder, mit dem sie häufig zusammen auftritt, ist der Schlagersänger Silvio Francesco.

VALENTIN, Erich, * 27. 11. 1906 Straßburg; dt. Musikforscher. Er studierte bei A. Sandberger an der Universität München und promovierte dort 1928. Nach einer Tätigkeit als Musikkritiker in Magdeburg unterrichtete er 1939–45 am Mozarteum in Salzburg und leitete dort das Zentralinstitut für Mozartforschung. 1949 wurde er Dozent an der Nordwestdeutschen Musikakademie in Detmold und lehrte seit 1953 (1955 Professor) Musikwissenschaft an der Musikhochschule in München, deren Direktor er 1964–72 war. Zu seinem 70. Geburtstag wurde ihm eine Festschrift gewidmet (hrsg. v. G. Weiß, Rb 1976, mit Bibliographie).

Schriften: *Die Entwicklung der Tokkata im 17. u. 18. Jh.* (Mr

1930); *G. Ph. Telemann* (Burg 1931); *Wege zu Mozart* (Rb 1941, ^{4}1950); *Mozart* (Hameln 1947); *Mozart, Wesen u. Wandlung* (Salzburg 1953); *Hdb. der Chormusik*, 2 Bde. (Rb 1953–57, NA 1968); *Hdb. der Instrumentenkunde* (Rb 1954, erweitert ^{6}1974); *Musica domestica. Von Gesch. u. Wesen der Hausmusik* (Trossingen 1959); *Goethes Musikanschauung* (Olten 1960); *Telemann in seiner Zeit* (H 1960) (= Veröff. der Hamburger Telemann-Ges. 1); *Mozart and his World* (Lo – NY 1970); *Zeitgenosse Mozart*. 4 Vorträge (Au 1971). – V. gab heraus: *Hdb. der Schulmusik* (Rb 1962), NA als *Neues Hdb. der Schulmusik* (Rb 1975) (zus. mit H. Hopf); *Die ev. Kirchenmusik. Hdb. für Studium u. Praxis* (Rb 1967) (zus. mit H. Hofmann); *Hdb. des Musikunterrichts für Musikschullehrer u. freie Musikerzieher* (Rb 1970). – V. war 1950–55 Hauptschriftleiter der *ZfM* und 1955–59 Schriftleiter der *NZfM*.

VALENTINI, Giovanni, * 1582 oder 1583 Venedig, † 25. 4. 1649 Wien; it. Komponist. Er war Schüler von G. Gabrieli in Venedig und wirkte dann als Organist König Sigismunds III. in Polen. 1614 wurde er Organist der Hofkapelle Erzherzog Ferdinands in Graz, dem er nach dessen Kaiserkrönung (1619) nach Wien folgte; 1629 avancierte er dort zum Hofkapellmeister. V. führte in Wien den venezianischen Stil ein und legte die Grundlagen für die konservative Haltung, die bis J. J. Fux die Wiener Hofmusik prägte.

WW: 5 Bücher (2 davon unvollständig) Canzoni, Madrigale, *Musiche concertate* bzw. *Musiche da camera* für 1–11 St. u. B.c. (V 1609–25); *Musiche* für 2 St. (V 1622). – *Missae concertatae* für 4, 6 u. 8 St. u. B.c. (V 1617); *Salmi, hinni* u.a. für 1–4 St. u. B.c. (V 1618); *Messa, Magnificat et Iubilate* für 7 Chöre u. Trp. (unvollständig erhalten) u. Messen für 4 u. 8 St. u. B.c. ad lib. (V 1621); 5 geistliche Konzerte in RISM 1615^{13}. – Instr.-Kanzonen u. -Sonaten hsl. erhalten.

Lit.: H. FEDERHOFER, Musikpflege u. Musiker am Grazer Habsburgerhof der Erzherzöge Karl u. Ferdinand v. Inneröstr. (1564–1619) (Mz 1967); E. URBANEK, G. V. als Messenkomponist (Diss. W 1974).

VALENTINI, Giuseppe, * um 1680 Florenz oder Rom, † 1746 Florenz; it. Violinist und Komponist. V. war seit etwa 1708 bis 1712 Violinist des Fürsten Francesco Maria Ruspoli in Rom, dort vielleicht auch Schüler von A. Corelli und wirkte dann vermutlich im Dienst des Fürsten Michelangelo Caetani in Caserta. Seit 1735 scheint er in Florenz gelebt zu haben, trat aber in Rom bis 1746 als Komponist bei religiösen Anlässen in Erscheinung. Von V. haben sich nur Instrumentalwerke erhalten. Sie sind von Corelli beeinflußt und enthalten gelegentlich volkstümliche Elemente.

WW: *Idee per camera* u. *Allettamenti per camera* für V. u. B.c. (R 1706–07 u. 1714); für 2 V. u. B.c: *Sinfonie* (R 1701), *Bizzarrie per camera* (R 1703), *Fantasie musicali* (R 1706), *Villeggiature armoniche* (R 1707); Concerti grossi (Bol 1710); *Concerti* für Str. (A 1724).

Lit.: C. SARTORI, V., in: MGG XIII.

VALENTINI, Pier Francesco, * um 1570 Rom, † 1654 ebd.; it. Musiktheoretiker und Komponist. Er war ein Schüler von G. M. Nanino, blieb aber als Musiker Amateur. Er galt als einer der besten Kontrapunktisten seiner Zeit. Dies bezeugen vor allem seine Kanons, darunter *Illos tuos* (R 1629) mit mehr als 2000 Resolutionsmöglichkeiten und der *Canone nel Nodo* (= Knoten) *di Salomone* für 96 bzw. 512 Stimmen (R 1631), die in Anspielung auf die Apokalypse auf 144000 vermehrt werden können. Die Kanons gehören auch in geradezu spektakulärer Weise zum sog. römischen Kolossalbarock. Als Theoretiker beschäftigte sich V. mit vielen Themen, u. a. mit den Tonarten.

WW (in Rom gedruckt): 4 weitere einzelne Kanons, 2 davon für 5 Chöre (1631, 1645); postum erschienen: 4 Bücher *Motetti* bzw. *Letanie o concerti* für 2–4 St. u. B.c. (1654); je 2 Bücher Motetten für 1 St. u. B. c. (1654); *Motetti per processioni* für 4 St. (1655); Madrigale für 5 St. u. B. c. (1654); *Canzonette e arie* für 1–2 St. u. B.c. (1657); *Canoni musicali* (1655). – 17 musiktheoretische Schriften (hsl. erhalten).

Lit.: L. KUNZ, Die Tonartenlehre des römischen Theoretikers u. Komponisten P. F. V. (Kas 1937); S. MARTINOTTI – A. ZIINO, V., in: Grove^{6} XIX.

VALLOTTI (Valotti), **Francesco Antonio,** * 11. 6. 1697 Vercelli, † 10. 1. 1780 Padua; it. Komponist und Musiktheoretiker. Er trat 1716 in das Minoritenkloster in Crest (Dauphiné) ein (Priesterweihe 1720) und kam über Mailand 1721 nach Padua. Dort war Francesco Antonio Calegari sein Kompositionslehrer, und 1722 wurde er 3. Organist, 1727 Vizekapellmeister und 1730 Kapellmeister an S. Antonio. Hier wirkte er bis an sein Lebensende, teilweise zusammen mit G. Tartini, der das Orchester leitete. V.s Ruhm als Kirchenkomponist und Vertreter einer kunstvollen kontrapunktischen Schreibweise war weit verbreitet und nachhaltig. Friedrich der Große bestellte bei ihm für die Einweihung der St. Hedwigskathedrale in Berlin u.a. ein Te Deum. Es ist dasselbe Stück, das später G. Verdi stark beeindruckte. V.s Bedeutung als Theoretiker, zumal in seinem Verhältnis zu J.-Ph. Rameau und Tartini, ist noch nicht erschöpfend untersucht. Eine wichtige Quelle hierfür sind auch die zahlreichen Briefe (u.a. an G. B. Martini).

WW: Kompositionen (hsl. erhalten, meist für 4 St., auch mit Org. u. Str.): Einzelne Messesätze; zahlr. Psalmen, Antiphonen, Hymnen u. a. Offiziumsgesänge; Instrumentalfugen. – Schriften: *Della scienza teorica e pratica della moderna musica*, 4 Bücher, davon gedruckt nur Buch 1 (Padua 1779), NA als: *Trattato della moderna musica*, hrsg. v. B. RIZZI (ebd. 1950); die Bücher 2–4 u. weitere Traktate hsl. erhalten

Lit.: O. WESSELY, J. J. Fux u. F. A. V. (Gr 1967) (= Jahresgabe der J.-J.-Fux-Ges. 1966); S. HANSELL, V., in: Grove^{6} XIX.

VALLS, Francisco, * 27. 12. 1665 Barcelona, † 2. 2. 1747 ebd.; span. Komponist. Er wurde 1688 Kapellmeister an der Kathedrale von Gerona und

1696 stellvertretender sowie 1709 regulärer Kapellmeister an der Kathedrale in Barcelona. V. war einer der bedeutendsten Kirchenkomponisten seiner Zeit in Spanien. Bekannt wurde er auch durch die 20jährige Kontroverse (mit über 50 Stellungnahmen spanischer Autoren) um eine unvorbereitete Nonendissonanz in seiner *Missa Scala aretina,* in die auch A. Scarlatti eingriff (*Discorso di musica sopra un caso particolare,* nur erhalten in dt. Übersetzung in: J. Ph. Kirnberger, *Die Kunst des reinen Satzes,* 1779).

WW: 12 Messen für 2–16 St., teilweise mit Instr.; zahlr. Motetten, Psalmen, Responsorien, Magnificat u.a. Offiziumsgesänge. – Villancicos (Ba 1709), weitere mehr als 100 hsl. – Schriften: *Respuesta* ... (betr. die None in der *Missa Scala aretina*) (Ba 1716); *Mapa armónico práctico* (hsl., Verteidigung der span. gegen die it. u. frz. Musik).

Lit.: J. LÓPEZ-CALO, L'intervento di A. Scarlatti nella controversia sulla Messa „Scala Aretina" di F. V., in: Anal. Mus. 5 (1968); DERS., V. and the Spanish Baroque, in: MT 113 (1972); F. J. LEÓN TELLO, La teoría española de la música en los siglos 17 u. 18 (Ma 1974).

VALSE, LA, Choreographisches Gedicht in einem Akt. Musik: M. Ravel, UA: 12. 5. 1929 Monte Carlo. Libretto und Choreographie: Bronislawa Nischinska. Dt. EA: 1965 Stuttgart (Württembergisches Staatstheater).
Ursprünglich für die Ballets Russes komponiert, wurde Ravels Ballettmusik überraschenderweise von S. Diaghilew abgelehnt. Ida Rubinstein hingegen nahm die Komposition äußerst enthusiastisch auf und vermochte sie für ihre eigene Compagnie zu erwerben. Nach einem Gemälde von Eugène Lami (1800–90) wurden sowohl das Szenarium als auch das handlungslose Tanzgeschehen entworfen, das sich als „Danse macabre", als „phantastischer und unentrinnbarer Wirbel", als fiktiver, tödlich endender „Walzer im Rahmen eines kaiserlichen Hofes um 1855" (M. Ravel) vollzieht. In einem pointierten Arrangement künstlerisch-tänzerisch visualisiert, fand die Ballettmusik, die zuvor schon wiederholt mit großem Erfolg konzertant aufgeführt worden war, außergewöhnliche Anerkennung. Das Raffinement der Orchestrierung, die sublimen dynamischen Schattierungen sowie die kantablen melodischen Wendungen weisen das Werk als „Apotheose des Wiener Walzers" (M. Ravel) aus. – Neben der von Br. Nischinska kreierten Fassung erlangte vor allem die Version G. Balanchines (UA: 20. 2. 1951 in New York, City Center) wohlwollende Beachtung, in der zwei Werke Ravels *(La valse* und *Valses nobles et sentimentales)* zu einer Ballettkomposition zusammengefügt wurden. G. LUDIN

VAMPYR, DER, Romantische Oper in 2 Akten von H. Marschner, Text von Wilhelm August Wohlbrück nach der gleichnamigen Erzählung (1819) von John Polidori (nicht, wie oft angegeben, nach einem Prosaentwurf Lord Byrons). Ort u. Zeit der Handlung: Schottland, im 17. Jh.; UA: 29. 3. 1828 Leipzig.
Wohlbrück hat die schauererregenden Ereignisse, die in der literarischen Vorlage erzählt werden, durch die Hinzufügung eines Liebeskonflikts und die aus der Märchenmotivik bekannte Aufgabenstellung für den Vampir, innerhalb eines Tages der Hölle drei Jungfrauen ausliefern zu müssen, um ein weiteres Jahr leben zu dürfen, dramatisch zugespitzt. Der Änderung im Handlungsverlauf ist der (im Gegensatz zur Erzählung) glückliche Ausgang der Librettofassung gemäß. Marschners Partitur offenbart den musikdramatisch stilistischen Umbruch der Zeit: Im Nebeneinander von zündenden it. Opernmelodien und dt. Singspielweisen, mit der zumeist dreiteiligen Anlage der geschlossenen Nummern, mit der Wahrung des Formschemas „Rezitativ und Arie" und mit dem gesprochenen Dialog hält Marschner an Konventionen der Oper fest.
Der Aufbau musikalisch-szenischer Komplexe, die vielfältige Verwendung des Accompagnato-Rezitativs, die geschickte Einlagerung melodramatischer Passagen in Szenenkomplexe und ausgefallene Instrumentierungen zur Charakterisierung des Höllischen repräsentieren „moderne" Züge im Bestreben um eine psychologisierende Gestaltung von Handlung und Figuren. Markantestes Beispiel für diesen musikdramatischen Stil – wie für die eigentümliche Version des Vampir-Stoffes – ist die *Große Szene* Nr. 14, in der Lord Ruthven auf schauerliche Weise das Verdammtsein zum Vampir beschreibt. J. SCHLÄDER

VAN DAMME, Joseph, andere Namensform des Sängers José van ↗Dam.

VANDER LINDEN, Albert Charles Gérard, * 8. 7. 1913, † 22. 7. 1977 Löwen; belg. Musikforscher. Nach seiner Promotion an der Universität in Brüssel studierte er Musikwissenschaft in Lüttich, Brüssel und Basel. 1946 wurde er Sekretär der Société belge de Musicologie, lehrte 1948–53 Musikgeschichte am Athénée Royal d'Ixelles, seit 1956 am Institut Supérieur d'Histoire de l'Art et l'Archéologie und seit 1965 an der Universität in Brüssel. Außerdem wurde er 1951 Bibliothekar am Brüsseler Conservatoire und 1956 Vorsitzender der Internationalen Kommission der wissenschaftlichen Musikbibliotheken. Seit 1967 gehörte er auch der Académie Royale de Belgique an. V. redigierte seit

1958 die *Revue Belge de Musicologie,* in der er zahlreiche eigene Beiträge veröffentlichte.

Schriften: *O. Maus et la vie musicale belge* (Bru 1950) sowie zahlr. Art. in Zschr.en u. Sammelwerken, u. a. in: *Hommage à Ch. van den Borren* (An 1945) u. *Mélanges E. Closson* (Bru 1948).

VANHAL (Vaňhall, Wanhal), **Johann Baptist** (Jan Křtitel), * 12. 5. 1739 Neu-Nechanitz (Ostböhmen; heute Nové Nechanice), † 20. 3. 1813 Wien; böhmischer Komponist, Violinist und Organist. V. entstammte einer leibeigenen Bauernfamilie. Ersten Musikunterricht erhielt er mit 7 Jahren von einem Schullehrer in Marschendorf und Orgelunterricht seit etwa 1752 vom Schulrektor in Neu-Nechanitz. 1757 wurde er Organist in Opočno, 1759 Chorregent in Hněvčeves. Durch die Gräfin Schaffgotsch, die auf ihn aufmerksam geworden war, kam er 1761 nach Wien, wo er sich als Klavier- und Violinlehrer schnell einen Namen machte und sich freikaufen konnte. Auch war er dort Schüler K. Ditters von Dittersdorfs. Auf einer Italienreise 1769–71 lernte er Chr. W. Gluck und Fl. Gaßmann kennen. Die ihm angebotene Kapellmeisterstelle in Dresden konnte er aus gesundheitlichen Gründen nicht annehmen; er verbrachte die folgenden Jahre auf den ung. Gütern des Grafen J. Erdödy, bis er 1780 nach Wien zurückkehrte.

WW: Im Druck erschienen: Sonaten (auch mit programmatischem Titel), Capricci u. a. für Klv.; Fugen u. a. für Org.; Duos für Fl., V. u. a. Instr. und für V. u. Klv.; Trios für Str., für Str. u. Bläser und mit Klv.; 72 Streichquartette, Quartette mit Bläsern u. mit Klv.; 6 Streichquintette; etwa 73 Symphonien; Konzerte für verschiedene Instr. – *Deutsche Kinderlieder* (W 1796) u. weitere Klv.-Lieder. – Etwa 60 Messen, davon 2 gedruckt (W 1818); etwa 60 Motetten u. weitere kirchenmusikal. Werke hsl. – Lehrwerk: *Anfangsgründe des Generalbasses* (W 1817).

V. war der erste Komponist, der vom Erlös seiner Kompositionen und des Unterrichts lebte. Von seinen Zeitgenossen wurde er hoch geschätzt; J. Haydn und W. A. Mozart führten Werke von ihm auf. Symphonien, Klavier- und Kammermusikwerke erschienen in Wien, London, Paris, Lyon, Mainz, Berlin, Bonn und Hamburg im Druck; andere Kompositionen wurden hsl. in ganz Europa verbreitet. Soweit sein Werk erforscht ist, liegt V.s Bedeutung in der Symphonik und Kammermusik, während vieles von seiner Klaviermusik zur Tagesproduktion für den Unterricht gehört. Seine Melodik ist zuweilen durch die böhmische Volksmusik geprägt.

Ausg.: Konzert für Kb. u. Orch., hrsg. v. H. HERMANN (Partitur) – M. SCHLENKER (Klv.-A.) (L 1957); Sinfonia g-moll, hrsg. v. H. C. R. LANDON (W 1965) (= Diletto musicale 38); Klar.-Sonate Es-Dur, hrsg. v. D. STOFER (Mz 1971) (= Klar.-Bibl. 14); *Trio a Serenade,* in: H. UNVERRICHT, Die Kammermusik (Kö 1972) (= Das Musikwerk 46); Org.-Konzert, hrsg. v. F. HASELBÖCK, u. Va.-Sonate Es-Dur, hrsg. v. A. WEINMANN (W 1973) (= Diletto musicale 562 u. 544).

Lit.: P. R. BRYAN, The Symphonies of J. V., 2 Bde. (1956) (= Diss. Univ. of Michigan) (mit thematischem Verz.); C. SCHOENBAUM, Die böhmischen Musiker in der Musikgesch. Wiens v. Barock bis z. Romantik, in: FS E. Schenk (1962) (= StMw 25); L. MEIEROTT, Die Schlacht bei Würzburg 1796 als Vorlage musikal. Kompositionen, in: Mainfränkisches Jb. für Gesch. u. Kunst 23 (1971); M. POŠTOLKA, V., in: Grove[6] XIX (mit der tschech. Lit.). G. SCHUHMACHER

VARADY, Julia, * 1. 9. 1941 Oradea (Siebenbürgen); rumänische Sängerin (jugendlich dramatischer Sopran). Sie erhielt ihre Ausbildung bei Emilia Popp in Klausenburg, debütierte dort 1962, war 1972–73 Mitglied der Oper in Frankfurt am Main und gehört seitdem der Bayerischen Staatsoper in München an. Auftritte beim Edinburgh Festival (1974), bei den Salzburger Festspielen (1976) und an der Metropolitan Opera in New York (1977) machten sie international als prominente Sängerin vor allem in Mozart-, Verdi- und Puccini-Partien bekannt. 1978 sang sie bei der UA der Oper *Lear* von A. Reimann die Rolle der Cordelia. J. V. ist mit dem Sänger D. Fischer-Dieskau verheiratet.

VARÈSE, Edgard (Edgar) **Victor Achille Charles,** * 22. 12. 1883 Paris, † 6. 11. 1965 New York; amerik. Komponist frz. Herkunft. V. studierte in Paris seit 1904 an der Schola Cantorum (V. d'Indy, A. Roussel) und seit 1905 am Conservatoire (Ch.-M. Widor), arbeitete dann als Komponist und Dirigent in Paris und Berlin (1908–13). Er wurde von Cl. Debussy, F. Busoni und R. Strauss gefördert, der ihm in Berlin 1910 die Uraufführung der symphonischen Dichtung *Bourgogne* für großes Orchester ermöglichte. Fast alle seine bis 1913 entstandenen Partituren sind verschollen (u. a. die *Rhapsodie romane* für Orchester, 1906, und die Oper *Ödipus und die Sphinx* nach H. von Hofmannsthal; die Partitur *Bourgogne* hat V. 1961 vernichtet). 1915 wanderte V. in die USA aus und erhielt 1927 die amerik. Staatsbürgerschaft. In New York wirkte er als Dirigent (z. B. 1919 mit dem auf Neue Musik spezialisierten New Symphonic Orchestra) und als einflußreicher Veranstalter von Konzerten mit Neuer Musik in der International Composer's Guild (ICG), die 1922–27 u. a. Werke von M. Ravel, I. Strawinsky, A. Schönberg, A. Webern und V. aufführte; nach der Auflösung der ICG war V. 1928 Mitbegründer der Pan American Association of Composers.

WW: *Amériques* für großes Orch. (1920–21); *Offrandes* für Sopran u. Kammerorch. (1921); *Hyperprism* für kleines Orch. u. Schlaginstr. (1922–23); *Octandre* für 6 Bläser u. Kontrabaß (1923); *Intégrales* für kleines Orch. u. Schlaginstr. (1923–25); *Arcana* für großes Orch. (1926–27); *Ionisation* für 13 Schlagzeuger (1930–31); *Ecuatorial* für Baß u. Instr.-Ensemble (rev. Fassung für Chor aus Baßstimmen u. Instr. 1961); *Density 21.5* für Fl. (1936); *Déserts* für Orch. (1950–54) u. Tonband-Interpolationen

(1954, 3 Neufassungen 1959–61); *Poème électronique* (1957 bis 1958, für die Brüsseler Weltausstellung 1958) für 3 Tonbandgeräte, 425 Lautsprecher und 20 Verstärkerkombinationen; *Nocturnal* für Sopran, Chor aus Baßstimmen u. Orch. (1960–61) (unvollendet, nach Skizzen ergänzt v. Chou Wen-chung).

Die meisten Werke V.s entstanden in den Jahren 1920–36. Sie sind gekennzeichnet durch kompliziert-aperiodische Rhythmik, durch konsequent chromatische Melodik und Harmonik sowie durch markante Geräuschstrukturen (meistens realisiert mit stark besetztem Schlagzeug). In den Werken für großes Orchester tritt das Schlagzeug gleichwertig neben die Tonhöheninstrumente *(Amériques, Arcana).* In verschiedenen Ensemblestücken treten Sirenen- und Geräuschstrukturen zunehmend in den Vordergrund (in *Hyperprism* werden 16 Schlaginstrumente verwendet, in *Intégrales* 17; in *Ionisation* für 36 Schlaginstrumente mit 13 Spielern kommen fast ausschließlich Geräusche vor). Nur 2 Kompositionen aus dieser Zeit kommen ohne Schlagzeug aus (*Octandre* für 6 Bläser und Kontrabaß, *Density 21.5* für Flöte). In den vokal-instrumentalen Werken vollzieht sich eine Umorientierung von der illustrierenden Textvertonung *(Offrandes)* zur Komposition musikalisierter Sprachlaute (*Ecuatorial;* noch wesentlich weiter geht er hierin später im unvollendeten *Nocturnal*). In *Ecuatorial* verwendete V. erstmals elektrogene Instrumente (Theremin-Instrumente, die in der revidierten Fassung von 1961 durch 2 Ondes Martenot ersetzt wurden). Damit löste er ein, was er schon 1907 als ästhetische Forderung Busonis kennengelernt und selbst 1916 öffentlich vertreten hatte. Zu der damals von V. avisierten interdisziplinären Zusammenarbeit bei der klanglichen Weiterentwicklung der Musik kam es aber nicht. Vergeblich bemühte sich V. um die Einrichtung eines Experimentalstudios mit Hilfe der Bell Telephone Laboratories (1927) oder der Filmindustrie (1940). Er geriet in eine lang andauernde Schaffenskrise, die erst in den 50er Jahren durch zwei große Werke mit elektroakustischer Ausstattung überwunden wurde: *Déserts* und *Poème électronique.* In seiner geradlinigen Entwicklung, die traditionelle Ton- und Klangordnungen Schritt für Schritt überwand, hat V. die Musik nach 1945 nachhaltig beeinflußt.

Lit.: E. VARÈSE, Erinnerungen u. Gedanken, in: Darmstädter Beitr. z. neuen Musik 3 (1960); G. CHARBONNIER, Entretiens avec E. V. (P 1970) (mit einem analytischen Essay v. H. Halbreich); K. BOEHMER, Über E. V., in: Kgr.-Ber. Bonn 1970 (Kas 1972); R. BRINKMANN, Anmerkungen zu V., in: ebd.; H. JOLIVET, V. (P 1973); F. OUELLETTE, E. V. (P 1973); L. VARÈSE, V., A Looking-glass Diary, I: 1883–1928 (NY 1973); O. VIVIER, V. (P 1973); E. V. Rückblick auf die Zukunft, hrsg. v. H. K. METZGER – R. RIEHN (Mn 1978) (= Musik-Konzepte 6) (mit Werk-Verz., Bibliogr. u. Diskographie).

R. FRISIUS

VARGA, Tibor, * 4. 7. 1921 Györ (Raab); ung. Violinist. Er studierte 1931–38 an der Musikakademie in Budapest bei J. Hubay und C. Flesch, debütierte mit 10 Jahren und begann 2 Jahre später seine internationale Karriere. 1949 wurde er Professor an der Nordwestdeutschen Musikakademie (heute Musikhochschule) in Detmold. Dort gründete er 1954 ein eigenes Kammerorchester, mit dem er auch seit 1964 jährlich bei dem Festival T. V. in Sion (Schweiz) auftritt. V. gilt als engagierter Interpret besonders zeitgenössischer Werke. Die Solokonzerte von B. Bartók, A. Berg und A. Schönberg verdanken V. ihren eigentlichen Durchbruch in Deutschland.

Lit.: R. CANTIENI, Une leçon d'authenticité. Cours T. V. à Sion, in: SMZ 107 (1967).

VARIABLE METREN, erstmals von B. Blacher gebrauchte Bz. für übergeordnete metrische Einheiten, die nach mathematischen Gesetzen gebildet werden. So sind z. B. in seinem Klv.-Stück *Ornament* die Takteinheiten als arithmetische Reihe aufgebaut (2/8, 3/8, 4/8 usw.). V. als formstiftendes Mittel wurden außer von Blacher (Klv.-Konzert op. 42, *Ornament* op. 44 für Orch.) auch von K. A. Hartmann (Konzert für Klv., Bläser und Schlagzeug, 1954) und H. W. Henze (Streichquartett, 1952) verwendet.

VARIANTE bezeichnet im philologischen Sinn eine Stelle oder einen Abschnitt eines Musikstücks in einer von der originalen Lesart abweichenden Fassung. Zum Unterschied von „Version", bei der es sich auch um die völlige Neukomposition eines Satzes handeln kann (so hat z. B. W. A. Mozart für seine Symphonie D-Dur, KV 297, 2 langsame Sätze komponiert, von denen aber nur einer gespielt werden soll), bezieht sich die V. stets auf eine nur in geringem Maße vom Original abweichende Aufzeichnung. Liegen von einer Komposition mehrere als original anzusehende, aber durch leichte Abweichungen gekennzeichnete Quellen vor (z. B. ein Autograph und ein Originaldruck), so ist im Falle einer Neuedition seitens des Herausgebers im Kritischen Bericht darauf hinzuweisen. – Eine V. nennt man auch die vereinfachte Fassung einer im Originaltext schwer auszuführenden Stelle. Die vereinfachte V. wird in den Noten durch die Bz. *ossia* (it., = oder) angezeigt. – In der Harmonielehre H. Riemanns wird die nicht durch eine Modulation erzielte Wendung eines Dur-Dreiklangs nach Moll als Moll-V. bezeichnet. – In satztechnischem Sinn bezeichnet V. die Variation eines Themas in Details bei gleichzeitiger Wahrung seiner Gestalt als Ganzes. Diese Art der Variantenbildung drang aus der Liedkomposition (V.n einer Melodiezeile bei wechselndem Text) in die Instrumentalmusik ein (Fr. Schubert, G. Mahler); in ihrem lyrisch-epischen Charakter ist sie dem „dramatischen“ Prinzip der ↗thematischen Arbeit entgegengesetzt.

VARIATION (von lat. variatio = Verschiedenheit), in der Musik Bz. für die Veränderung einer vorgegebenen musikalischen Substanz hinsichtlich ihrer melodischen, rhythmischen, harmonischen oder satztechnischen Erscheinung. Dabei gilt es, der vorgegebenen Substanz ihren Modellcharakter dadurch zu bewahren, daß jede ihr folgende V. herausragende Elemente des Vorgegebenen beibehält, um diesem so auch bei weiterreichenden Abwandlungen seine stete Gegenwärtigkeit zu sichern. Die beiden musikalischen Urprinzipien Wiederholung und Kontrast bestimmen somit auch das Wesen des Variierens. Da die vorgegebene musikalische Substanz auch seitens des Hörers als ein den V.en zugrunde liegendes Modell erkannt werden und in Erinnerung bleiben soll, wird sie einen gewissen äußeren Umfang nicht überschreiten dürfen. Es gibt Fälle, in denen die zu variierende Substanz nur aus ganz wenigen Einzeltönen besteht, so z. B. das absteigende Tetrachord:

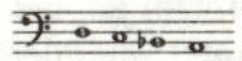

oder auch das oft bearbeitete BACH-Thema:

Nur in Ausnahmefällen geht das abzuwandelnde Modell über den Umfang eines Volkslieds hinaus. – Das Verfahren, eine vorgegebene Tonfolge in veränderter Erscheinungsweise zu wiederholen, ist vermutlich so alt wie die Musik überhaupt. Es ist weder an einen bestimmten kulturellen Entwicklungsstand gebunden (setzt also nicht das Vorhandensein einer Tonschrift voraus), noch gehört es festumgrenzten gesellschaftlichen Bereichen an. Wir begegnen dem V.s-Prinzip bei Naturvölkern und in Hochkulturen aller musikgeschichtlich erfaßbaren Epochen, und es gehört sowohl der sakralen als auch der weltlich-profanen Musikausübung an.

Die ältesten Schriftdokumente für die Anwendung des V.s-Verfahrens finden wir im Zusammenhang mit den Notre-Dame-Organa und bei der frühen Motette. So konnten innerhalb eines Organums des beginnenden 12. Jh. nebeneinander mehrere Clausulae erscheinen, die zueinander in variativer Beziehung stehen, und in der isorhythmischen ↗Motette des 14. Jh. ist die mehrmalige Wiederholung eines feststehenden rhythmischen Modells bei wechselnder melodischer Materie (↗Talea) zu beobachten, wodurch sich ebenfalls ein V.s-Zusammenhang ergibt. In der polyphonen ↗Messe des 15.–16. Jh. gewinnt das V.s-Verfahren besonders dann an Bedeutung, wenn den 5 Ordinariumsteilen ein gemeinsamer C. f. oder eine vorgegebene mehrstimmige Komposition zugrundeliegt, also bei Tenor-Messen und Parodie-Messen. Seit dem 15. Jh. begegnen wir auch im Bereich der weltlichen Musik erstmals in größerem Umfang schriftlich aufgezeichneten V.en, wobei aber nicht daran zu zweifeln ist, daß es auch in der älteren schriftlosen Sphäre der europäischen Spielmannsmusik schon immer eine reiche, auf Improvisation beruhende V.s-Praxis gegeben hat. In der vorzugsweise instrumental ausgeführten Tanzmusik des 15.–16. Jh. (↗Basse danse) war es üblich, eine zumeist in primitiver Notation festgehaltene Gerüstmelodie improvisierend auszuzieren (zu kolorieren) und bei der folgenden Wiederholung des Stücks metrisch zu verändern. Die so entstehende Abfolge eines im geraden Takt ausgeführten Vortanzes und eines nachfolgenden, im Dreiertakt (Proportio tripla) stehenden Nachtanzes stellt eine wichtige Stufe auf dem Wege zur ↗Suite des 17. Jh. dar, in der wir ebenfalls des öfteren eine auf gleicher melodischer und harmonischer Materie fußende zyklische Bindung von 2 oder mehr metrisch unterschiedlichen Sätzen finden (z. B. Pavane – Galliarde, Passamezzo – Saltarello, Allemande – Courante). Daneben ist auf die im 15.–16. Jh. übliche Übertragung vokaler Vorlagen (Motetten, Liedweisen u. a.) auf zu polyphonem Spiel befähigte Instrumente (Tasteninstrumente, Laute, Gitarre) hinzuweisen. Das künstlerische Ziel des ↗Intavolierens bestand einerseits darin, die präexistente Vokalkomposition auch in der kolorierten Fassung durchscheinen zu lassen, zugleich aber galt es, sich so weit von ihr zu lösen, daß auch der Spielfreude des Instrumentalisten Genüge getan wurde, um so eine eigenständige und auf ihre Weise „originale“ Instrumentalmusik entstehen zu lassen. In der ↗Versetten-Praxis des 15.–18. Jh. ist bis zu einem gewissen Grade noch die Möglichkeit gegeben, den direkten V.s-Zusammenhang von vokalem Modell und instrumentaler Variation nebeneinander zu hören. – Seit dem 16. Jh. begegnen wir dem V.s-Begriff in der uns geläufigen Bedeutung von „Thema mit Variationen“ (auch „Aria con variazioni“, „Aria variata“, „Air varié“, „Variationes super ...“, „Veränderungen über ...“). Es handelt sich dabei stets um eine Aneinanderreihung mehrerer in sich abgeschlossener Stücke, denen ein gemeinsames musikalisches Modell, eben das „Thema“, zugrunde liegt, das sie auf unterschiedliche Weise verändern.

Im Regelfall wird das Thema bei der praktischen Ausführung des Zyklus in originaler Gestalt der 1. V. vorangestellt, doch gibt es auch Fälle, in denen auf das einleitende Zitat des noch unveränderten Themas verzichtet wird. Die um diese Zeit in Italien, Spanien, England, seit 1600 auch in den Niederlanden und in Deutschland entstehenden V.s-Zyklen weisen bereits die Mehrzahl der bis zum 20. Jh. wesentlichen V.s-Mittel auf: So kann z. B. eine V.s-Reihe dadurch entstehen, daß ein Choral- oder Lied-C.f. in allen Sätzen beibehalten wird, während die Zusatzstimmen verändert werden. In der Basso ostinato-V. verändern sich die Oberstimmen über der aus einer feststehenden Tonfolge gebildeten Baßstimme (↗Passacaglia, ↗Chaconne, ↗Ground). Es kann aber auch die Themenmelodie selbst einer steten Modifizierung unterworfen werden, wobei dann häufig die Harmoniefolge in allen Sätzen unverändert bleibt. Das kompositionsästhetische Problem, den reinen Reihungscharakter einer V.s-Folge zu überwinden und den Eindruck einer zyklisch in sich abgeschlossenen Großform zu erzielen, suchten die Komponisten auf verschiedene Weise zu lösen. Neben dem eher vordergründigen Verfahren, die Bewegtheit der Sätze sukzessiv zu steigern bzw. zu reduzieren, neigte man schon bald dazu, zyklusbildende Formungsschemata, die bereits im Rahmen anderer Gattungen entwickelt und erprobt worden waren, auch auf dem Gebiet der V. anzuwenden. So wurde z. B. das Da capo-Modell der neapolitanischen Opernarie auf den V.s-Zyklus übertragen, indem das Thema nach der letzten V. noch einmal in seiner Originalgestalt wiederkehrt. Im späten 18. und im 19. Jh. versuchte man auch, Elemente der Sonate in den V.s-Zyklus zu integrieren (langsame Einleitung, Takt-, Tempo- und Charakterwechsel von Satz zu Satz, Ausgestaltung der letzten V. zu einem „Finale" u. a.). Auch wurde versucht, eine Verbindung von Rondoform und V.s-Zyklus zu erzielen durch eine variative Behandlung des Rondothemas (sog. Variationsrondo). Seit dem 18. Jh. wurden gelegentlich auch ganze Sonatensätze als V.s-Zyklus gestaltet (so z. B. W. A. Mozart, Sonate KV 331; L. van Beethoven, Sonate op. 26). – V.en über Choralmelodien erhielten oft die Bz. Choralpartita. – Ein besonderer V.en-Typus wurde von den engl. Virginalisten um 1600 entwickelt. In ihrem umfangreichen Klavierwerk finden wir neben „normalen" V.s-Zyklen (z. B. die „Walsingham"-V.en von W. Byrd und J. Bull) auch V.s-Reihen, bei denen jede V. nochmals in sich eine Variierung erfährt, indem in jedem Satz eine zeilenweise Veränderung vorgenommen wird, das heißt: Innerhalb jedes Satzes findet ein Variierungsprozeß nach dem Schema a-a'/b-b'/c-c' usw. statt. Allein das ↗Fitzwilliam Virginal Book enthält über 200 V.en oder Tänze mit variierten Teilwiederholungen. Diesem Schema folgen später J. P. Sweelinck und sein Schülerkreis in ihren weltlichen Lied-V.en. – Die sog. Goldberg-V.en (BWV 988) von J. S. Bach stellen ein Gipfelwerk der V.s-Gattung (und der Klaviermusik insgesamt) dar. Dieser nach einem symmetrischen Gesamtplan angelegte Zyklus von 30 V.en über einem vorgegebenen Baßgerüst vereinigt in sich nahezu alle denkbaren Variierungsmöglichkeiten, indem in ihm tänzerische, virtuos-klavieristische und kontrapunktische Gestaltungsmittel in höchster Vollendung eingesetzt und zu einer in sich geschlossenen Großform von geradezu enzyklopädischer Gesamtschau vereinigt werden. Sowenig ein solches Werk als zeittypisch bezeichnet werden kann, so wenig konnte es als Vorbild für die nachfolgende Komponistengeneration dienen. Dasselbe gilt für Bachs weiteres spätes V.s-Schaffen: für die *Canonischen Veraenderungen über das Weynacht-Lied: Vom Himmel hoch da komm ich her* (BWV 769), für das *Musicalische Opfer* (BWV 1079) und für *Die Kunst der Fuge* (BWV 1080). – Die zumeist für das Klavier bestimmten V.en des späteren 18. Jh. gehören fast ausnahmslos dem Typus der Melodie-V. (mit konstanter Harmoniefolge) an, bei dem das vorgegebene Thema figurativ verändert wird. Die auffallende Bevorzugung dieses V.s-Typus hatte neben musikalischen und stilistischen Gründen auch eine gesellschaftsgeschichtliche Ursache: Die sich während der 2. Hälfte des 18. Jh. in Deutschland vollziehende Emanzipation des Bürgertums hatte die Schaffung einer eigenständigen Hausmusikkultur zur Folge. Dazu gehörte neben der zunehmenden Pflege des ↗vierhändigen Klavierspiels das Spielen von V.en über beliebte und modische Themen (Lieder, Arietten usw.) in einer dem dilettierenden Spieler angepaßten Machart. Der seit etwa 1770 zu beobachtende Brauch, grundsätzlich geläufige Themen zu variieren, erleichterte sowohl dem Spieler als auch dem Hörer von vornherein den „Einstieg", daneben aber kam das kompositorische Verfahren, jeder V. eine spezifische Spielformel zugrunde zu legen, mittels deren die betreffende V. sodann nahezu allein ausgearbeitet wurde, dem technischen Vermögen des Laien überaus entgegen – hatte er die Formel erst einmal im Griff, war sogleich auch der weitere Verlauf der jeweiligen V. spieltechnisch erfaßt. Diese Zugehörigkeit zur Gesellschaftskunst des späten 18. Jh., und das bedeutet: die Zugehörigkeit zum Typus der figurativen V., ist der wichtigste gemeinsame Bezug, der die V.s-Zyklen vorklassischer Kleinmeister mit denen von J. Haydn und Mozart verbindet. Unter den zahllosen V.s-Reihen, die zwischen dem Ende des Barock und dem Beginn der Wiener Klassik komponiert wurden, ragen die 1778 entstandenen V.en über *Les folies d'Espagne (La follia)* von C. Ph. E. Bach besonders heraus. Mozart dürfte der erste gewesen sein, der seine V.s-Zyklen durch die bewußte Einbeziehung von Elementen der klassischen Sonate (Adagio-V. an vorletzter Stelle, Ausformung der letzten V. als Finale) anreicherte und ihnen damit, erstmals seit J. S. Bach, wieder die Geschlossenheit einer den Reihungscharakter überwindenden Großform garantierte. Seinem Vorbild folgten Beethoven, C. M. von Weber und der junge Fr. Schubert. Dabei muß freilich darauf hingewiesen werden, daß – wie im Falle der Goldberg-V.en – Werke wie Beethovens Diabelli-V.en oder das V.s-Finale seiner Sonate op. 111, erst recht die V.en op. 34 u. 35 und die Finali der *Sinfonia eroica* und der 9. Symphonie sich einer gattungsgeschichtlichen Einordnung weitgehend entziehen. – Dem romantischen Streben nach einer poetisierenden Verklanglichung von Seelenzuständen kam das V.s-Prinzip insofern entgegen, als es die Möglichkeit bot, mit der Abfolge der einzelnen Sätze zugleich den ständigen Wechsel psychischer Situationen zu spiegeln. Ohne dabei gleich an Programmusik zu denken, lassen sich solche mittels einer V.en-Reihe geschaffenen musikalischen Psychogramme bei Werken wie den *Études symphoniques,* op. 13 von R. Schumann (1834) oder den *Variations sérieuses,* op. 54 von F. Mendelssohn Bartholdy (1841) durchaus erkennen. Die demgegenüber eher klassizistische Haltung J. Brahms' bestimmt auch seine V.s-Werke, von denen die V.en über ein Thema von G. Fr. Händel, op. 24 (1862) im besonderen genannt seien. Seinem Vorbild folgten vornehmlich A. Dvořák, M. Reger, C. Franck, G. Fauré u.a.

Wenngleich die Mehrzahl der V.s-Zyklen seit 1600 für das Klavier bestimmt ist, so darf nicht übersehen werden, daß auch die Kammermusik, die symphonische Musik und gelegentlich auch die Vokalmusik V.s-Werke allerersten Ranges aufweisen. Doch erscheinen die V.en hier zumeist nicht als separate Werke wie in der Klaviermusik, sondern im Rahmen einer übergeordneten Gattung, z.B. innerhalb eines Streichquartetts, einer Violinsonate oder einer Symphonie; die Opern- und Kantatenliteratur des Barock enthält bedeutende Beispiele für Arien, die auf der Grundlage eines ostinaten Baßthemas gebaut sind. Zu den großen eigenständigen symphonischen V.s-Zyklen gehören etwa die Orchestervariationen von Brahms (Haydn-V.en, op. 56a), M. Reger (Beethoven-V.en, op. 86; Hiller-V.en, op. 100; Mozart-V.en, op. 132), A. Schönberg (V.en für Orch., op. 31) und P. Hindemith (*Philharmonisches Konzert,* 1932; *Der Schwanendreher,* 1935; *Symphonische Metamorphosen über Themen von C. M. von Weber,* 1943). – Unübersehbar sind all die nicht als V.s-Zyklus gekennzeichneten, aber gleichwohl auf dem V.s-Prinzip beruhenden Gestaltungen innerhalb anderer Gattungen. Es gibt in der Instrumentalmusik der zurückliegenden 200 Jahre ungezählte Beispiele, deren Wesensmerkmal ein unausgesetztes Variieren ist. Das gilt für das Schaffen des späten Haydn und das von Beethoven in gleichem Maße wie für das gesamte Instrumentalwerk von Brahms und nicht zuletzt für die Klavierparaphrasen von Fr. Liszt. Für die Vertreter der Zwölftonmusik seit Schönberg und die der seriell strukturierten Musik seit A. Webern, O. Messiaen und P. Boulez gewann das V.s-Prinzip und mit ihm die alte Gerüsttechnik wieder eine geradezu existentielle Bedeutung. In der Musik seit etwa 1970 beansprucht überdies das improvisierte Variieren einer vorgegebenen musikalischen Substanz wieder zunehmende Beachtung, wobei die Einbeziehung asiatischer Musizierpraktiken, vor allem indischer, zweifellos richtungweisende Anstöße gegeben hat.

Lit.: M. FRIEDLAND, Zeitstil u. Persönlichkeitsstil in den Variationswerken der musikal. Romantik (L 1930); J. MÜLLER-BLATTAU, Gestaltung – Umgestaltung. Stud. z. Gesch. der musikal. V. (St 1950); H. CH. WOLFF, Die Variationstechnik in den frühen Messen Palestrinas, in: AMl 27 (1955); K. VON FISCHER, Die V. (Kö 1956) (= Das Musikwerk 11); B. HANSEN, V. u. Varianten in den musikal. Werken F. Liszts (Diss. H 1959); A. ALBRECHT, Die Klaviervariation im 20. Jh. (Diss. Kö 1961); E. APFEL, Ostinato u. Kompositionstechnik bei den engl. Virginalisten der elisabethanischen Zeit, in: AfMw 19/20 (1962/63); K. VON FISCHER, Zur Entstehungsgesch. der Orgelchoral-V., in: FS F. Blume (Kas 1963); K. GEIRINGER, Bemerkungen z. Bau von Beethovens Diabelli-V.en, in: FS H. Engel (Kas 1964); P. S. ODEGAR, The V. Sets of A. Schönberg (Berkeley 1964) (= Diss. Univ. of California).
H. WOHLFARTH

VARNAY, Astrid Ibolyka Maria, * 25.4. 1918 Stockholm; amerik. Sängerin ung. Herkunft (Sopran). Als Tochter eines Sängerehepaares, das seit 1920 in den USA lebte, erhielt sie ersten Gesangsunterricht bei ihrer Mutter, später in New York bei Hermann Weigert, mit dem sie sich 1944 verheiratete. 1941 debütierte sie an der Metropolitan Opera in New York als Sieglinde in *Die Walküre* von R. Wagner, wobei sie für die erkrankte Lotte Lehmann einsprang. Erst 1948 trat sie erstmals in Europa auf, anfangs an der Covent Garden Opera in London und in Florenz; 1951–67 zählte sie zu den Stammkünstlern der Bayreuther Festspiele, u.a. als Senta, Brünhilde und Isolde. 1952 wurde sie Mitglied der Münchner Staatsoper und sang vor allem auch in Berlin und Wien. 1970 erhielt sie eine Professur am Düsseldorfer Konservatorium. A. V. zählt zu den herausragenden Wagner-Interpretinnen des 20. Jahrhunderts.

Lit.: B. W. WESSLING, A. V. (Bremen 1965).

VARVISO, Silvio, * 26. 2. 1924 Zürich; Schweizer Dirigent. Er studierte am Konservatorium seiner Heimatstadt bei P. Müller-Zürich, wurde 1946 am Stadttheater St. Gallen Kapellmeister und wirkte 1950–58 am Stadttheater Basel (seit 1956 als musikalischer Oberleiter), wo er u.a. die Uraufführungen von H. Sutermeisters Opern *Die schwarze Spinne* und *Titus Feuerkopf* dirigierte. Später war er als Gastdirigent tätig, u.a. 1958–61 an der Städtischen Oper Berlin und 1962 an der Covent Garden Opera in London. Im selben Jahr wurde er ständiger Dirigent der Metropolitan Opera New York, wo er auch die letzte Aufführung in der alten „Met" leitete. 1965–72 war er Musikdirektor der Königlichen Oper Stockholm und 1972–79 GMD der Württembergischen Staatsoper Stuttgart. Heute ist V., der u.a. auch beim Glyndebourne Festival und bei den Bayreuther Festspielen dirigierte, künstlerischer und musikalischer Leiter der Pariser Opéra.

VARVOGLIS, Marios, * 10. (22.) 12. 1885 Brüssel, † 30. 7. 1967 ebd.; griech. Komponist. Er lebte 1902–20 in Paris, wo er bei X. Leroux, G. Caussade und V. d'Indy studierte, dazwischen in Wien und Düsseldorf und unterrichtete nach seiner Rückkehr in die Heimat 1920–24 in Athen am Odion Athinon, dann am Hellenekon Odeion, das er seit 1937 zusammen mit A. Evangelatos leitete. 1957 wurde er Präsident des griech. Komponistenverbands.

WW: Klv.- u. Kammermusik, u.a. ein Streichquartett (1912); *Pimeniki suita* (Pastoralsuite) für Streicher (1912). – Für Orch.: *To panijiri* (Die Kirmes) (1909); symphonisches Vorspiel *Daphnes kä kiparissia* (Lorbeerbäume u. Zypressen) (1950); *Elliniko kapritsio* (Griech. Capriccio) (1914) für Vc. – Opern: *Ajia Varvara* (Heilige Barbara) (1912) (fragmentarisch erhalten); *Apojewma tis agapis* (Nachmittag der Liebe), UA: Athen 1944.

VASQUEZ, Juan, * um 1500 Badajoz (Estremadura), † um 1560 Sevilla; span. Komponist. Er ist 1551 als Musiker bei Don Antonio de Zúñiga in Osuna (Andalusien) nachweisbar, wurde 1556 zum Priester geweiht und stand um 1560 im Dienst von Don Gonzalo de Moscoso y Cásceres Penna in Sevilla. V. ist der Hauptvertreter des ↗Villancico in der 2. Hälfte des 16. Jahrhunderts.

WW: *Villancicos y canciones* für 3–5 St. (Osuna 1551); *Agenda defunctorum* (Gesänge der Totenliturgie) für 4 St. (Sevilla 1556); *Recopilación de sonetos y villancicos* für 4–5 St. (ebd. 1560); Villancicos für u. mit Vihuela auch in den Tabulaturen v. E. Valderrábano, D. Pisador u. M. de Fuenllana.

Ausg.: *Recopilación de sonetos* ..., hrsg. v. H. Anglés (Ba 1946) (= MMEsp 4); für die Tabulaturen siehe die genannten Autoren.

Lit.: M. SCHNEIDER, Ein heute noch lebendes Volkslied bei J. V., in: Anuario Mus. 15 (1960); E. A. RUSSELL, Villancicos and Other Secular Polyphonic Music of J. V. A Courtly Tradition in Spain's „siglo del oro" (1970) (= Diss. Univ. of Southern California); DIES., The Patrons of J. V. A Biographical Contribution, in: Anuario Mus. 26 (1971); J. V. Polifonista pacense del siglo XVI, hrsg. v. F. PEDRAJA MUÑOZ (Badajoz 1974).

VAET, Jacobus, * 1529 Courtrai oder Harelbeke (Westflandern), † 8. 1. 1567 Wien; franko-flämischer Komponist. Er wurde 1543 Chorknabe an Notre-Dame in Courtrai, wo N. Gombert eine Pfründe besaß. 1547 immatrikulierte er sich an der Universität Löwen. 1550 ist er als Tenor bei der Flämischen Kapelle von Kaiser Karl V. nachweisbar, aber schon 1553 stand er in Diensten des Erzherzogs Maximilian, dessen Kapellmeister er auch blieb, als dieser Kaiser wurde. In seinem Schaffen schließt er sich Gombert an.

WW: *Modulationes* (Motetten) für 5–6 St. (V 1562); zahlr. weitere Motetten in Sammeldrucken 1553–68 u. hsl.; 9 Messen (meist Parodiemessen) für 4–8 St.; je 8 Hymnen, Magnificat u. Salve Regina hsl.; 3 Chansons in Sammeldrucken 1556–68.

Ausg.: GA, hrsg. v. M. STEINHARDT, 7 Bde. (1961–68) (= DTÖ 98, 100, 103/104, 108/109, 113/114, 116 u. 118).

Lit.: M. STEINHARDT, J. V. and His Motets (East Lansing/Mich. 1951) (mit Werk-Verz.); DERS., Addenda to the Biography of J. V., in: The Commonwealth of Music. Gedenkschrift C. Sachs (NY 1965); W. PASS, J. V.s u. G. Prenners Vertonungen des „Salve Regina" in Joanellus' Sammelwerk v. 1568, in: FS E. Schenk (Kas 1975).

VAUDEVILLE, im 16./17. Jh. auch **Voix de ville** (frz., = Stimme der Stadt), Bz. für ein leichtes Lied, das in Frankreich im 15.–19. Jh. seinem Namen gemäß auf den Straßen der Stadt erklingt und dessen Couplets auf eine und dieselbe Melodie gesungen werden. Sein Ursprung ist umstritten, desgleichen der Zusammenhang mit dem „Vau-de-vire" (Vaudevire), einer normannischen Gedichtart des 15. Jh. Der Terminus begegnet zuerst in der Moralité *La condamnation de bancquet* (1507) von Nicole de La Chesnaye, in der von Chansons „tant de musique que de vaul de ville" die Rede ist. In ähnlichem Sinn unterscheidet L. Bourgeois im Titel und im Inhalt seines 1. Psalmenbuchs (1547) Gesänge in einer ungezwungenen V.-Satzweise („familiere ou vaudeville") und solche in einer kunstvolleren Art („plus musicales"). Gemeint ist hier der syllabisch deklamierende Satz Note gegen Note (↗Homophonie) mit der Hauptstimme im Superius, wie er nach Bourgeois u.a. bei D. Lupi (*Chansons spirituelles,* 1548) und dann musterhaft bei Cl. Janequin (*Proverbes de Salomon,* 1558; *82* *pseaumes de David,* 1559) zu beobachten ist. Als früheste Veröffentlichung von V.s hat das 1. Chansonbuch von P. Certon (1552) zu gelten. Den 4st. Sätzen liegen Melodien zugrunde, die im Titel des Tabulaturdrucks *Second livre de guiterre* von A. Le Roy ([2]1555) auch ausdrücklich als *Chansons en formes de voix de ville* bezeichnet werden. Die Satzweise solcher V.s ist die gleiche wie die des frühen ↗Air de cour. Bezeugt wird dies unmittelbar in der ersten dieser Gattung gewidmeten Sammlung von Le Roy (1571), in der es heißt, daß man diese Lieder früher Voix de ville genannt habe. Die Hauptquelle des V. im 16. Jh. ist dann der *Recueil des ... chansons* von J. Chardavoine (1588). Noch um 1600 lassen sich Air de cour und V. kaum unterscheiden; gemeinsame Charakteristika sind außer ihrer satztechnischen Einfachheit die Verwendung bekannter Melodien (frz.: timbres) und die mündliche Überlieferung. Diese Kennzeichen grenzen jedoch im 17. Jh. das V. gegenüber dem Air de cour ab. Es wird nun das Lied des gemeinen Volkes („peuple commun", so bei A. Oudin, *Curiosités françoises,* 1656) in den Straßen, nimmt dabei eine Wendung zum Satirischen und Politischen und erhält einen ziemlich munteren, manchmal auch trivialen Ton. Eine zentrale Quelle hierfür ist Ballards *La clef des chansonniers* (1717), eine Sammlung von 300 – wie es dort heißt: „in der Öffentlichkeit seit mehr als 100 Jahren verbreiteten" – Vaudevilles. Sie wird in der Folgezeit erweitert durch das Repertoire des 1733 gegründeten Pariser literarisch-kulinarischen Clubs „Caveau", in dem auch V.s gesungen wurden, und durch das Repertoire ähnlicher Vereinigungen zu der Sammlung *Clé du caveau* von O. Capelle (P 1811; 2350 Gesänge mit Noten), die als die bedeutendste ihrer Art anzusehen ist.

V.s wurden seit dem späten 17. Jh. häufig auch in den Darbietungen von Comédies in den Pariser Vorstadttheatern (Théâtres de la foire) gesungen. Es entwickelte sich daraus eine eigene Comédie en vaudevilles, die ein Vorläufer der ↗Opéra-comique ist. Mit zunehmender Bedeutung der ↗Ariette wurde das V. in der 2. Hälfte des 18. Jh. aus der Opéra-comique verdrängt und konstituierte seinerseits eine neue Form des gesprochenen Lustspiels, Comédie-vaudeville oder einfach V. genannt, mit eigenen Theatern. Es wurde in Frankreich im ganzen 19. Jh. gepflegt und unter demselben Namen auch in anderen Ländern übernommen, bis hin nach Rußland. Im angelsächsischen Raum wurde daraus eine bis ins 20. Jh. existierende, ebenfalls als V. bezeichnete Varieté-Veranstaltung.

Die Verwendung von V.s am Ende von Comédies der 2. Hälfte des 18. Jh. führte dazu, daß der Terminus V. auch für einen speziellen Typ von Finale in der Opéra-comique verwendet wurde (sog. V. final): alle Sänger tragen, zum Publikum gewendet, die Moral des Stückes in einer Art Strophenlied vor. Solche V.s gibt es auch außerhalb Frankreichs; das bekannteste Beispiel ist das (eigens so bezeichnete) V. am Schluß von W. A. Mozarts *Entführung aus dem Serail.*

Lit.: K. J. LEVY, V., vers mesurés, airs de cour, in: Poésie et musique au XVIe siècle (P 1954); D. HEARTZ, V., in: MGG XIII; M. HONEGGER, Les chansons spirituelles de D. Lupi et les débuts de la musique protestante en France au XVIe siècle, 2 Bde. (Lille 1971); C. BARNES, V., in: Grove[6] XIX.

VAUGHAN, Denis Edward, * 6. 6. 1926 Melbourne; austral. Dirigent. Er studierte Orgel in London und Paris sowie Kontrabaß in Wien, wurde 1950 Mitglied des Royal Philharmonic Orchestra London, 1953 Assistent von Sir Th. Beecham, später von V. Gui beim Glyndebourne Festival und von H. Knappertsbusch in Bayreuth und war an den Opernhäusern von Hamburg und München tätig. Mit dem von ihm gegründeten Orchestra of Naples unternahm V. Tourneen durch Europa. Die Stockholmer Konferenz für eine Revision der Berner Konvention aus dem Jahre 1967 zum Schutz von Originaltexten ist durch V.s Entdeckung von Widersprüchen zwischen Handschriften und gedruckten Partituren der Werke G. Verdis und G. Puccinis ausgelöst worden. 1970 dirigierte V. erstmals nach dem Originaltext Verdis *La Traviata* an der Sadler's Wells Opera in London.

VAUGHAN WILLIAMS, Ralph, * 12. 10. 1872 Down Ampney (Gloucestershire), † 26. 8. 1958 London; engl. Komponist. Er erhielt seine Ausbildung in Charterhouse, an der Royal Academy of Music in London sowie am Trinity College in Cambridge, setzte sie als Schüler von M. Bruch an der Akademie der Künste in Berlin fort und vervollkommnete sie in Paris bei M. Ravel. 1901 promovierte er in Cambridge zum Doctor of Music. Seit 1920 lehrte er am Royal College of Music in London. Ein privates Einkommen ermöglichte V. ein weitgehend freies Schaffen.

WW: **1) Instr.-WW:** *Prelude and Fugue* c-moll (1930) für Org.; V.-Sonate a-moll (1957); *Six Studies in English Folk Songs* (1927) für Vc. (V., Va., Klar.) u. Klv.; 2 Streichquartette, g-moll (1908, revidiert 1921) u. a-moll (1945). – Für Orch.: *In the Fen Country* (1904, revidiert 1905 u. 1907, Instrumentation revidiert 1935); Symphonien: 1: *Sea Symphony* (1909) mit Bar., Sopran u. Chor; 2: *London Symphony* (1914, revidiert 1918–34); 3: *Pastoral Symphony* (1922) mit Sopran; 4: f-moll (1935); 5: D-Dur (1940) (J. Sibelius gewidmet); 6: e-moll (1945); 7: *Sinfonia antarctica* (1953) mit Sopran u. Frauenchor; 8: d-moll (1956); 9: *Fantasia on a Theme by Th. Tallis* (1909). – Konzerte für: Klv. (1933), bearb. v.

V. Lasker für 2 Klv. u. Orch. (1946); Ob. (1944); Baßtuba f-moll (1954); ferner *The Lark Assending* (1921) u. *Concerto accademico* d-moll (1925) für V. u. Orch. u. *Concerto grosso* für Str. (1950); *Five Variants of „Dives and Lazarus"* (1939) für Streichorch. u. Harfe; Partita für doppeltes Streichorch. (1948); *Romance* (1951) für Mundharmonika, Streichorch. ad lib. u. Klv. – **2) Vokal-WW:** Lieder u. Volksliedbearb.en; *Toward the Unknown Region* (1907, revidiert 1918) u. Messe g-moll (1923) sowie das Oratorium *Sancta Civitas* (1926) für Chor. – *Five Mystical Songs* (1911) für Bar., gem. Chor u. Orch.; *Fantasia on Christmas Carols* (1912) für Bar., gem. Chor u. Orch.; *Flos campi* (1925) für Va., Kammerchor u. Kammerorch.; *Five Tudor Portraits* (1936) für Soli, Chor und Orch.; *Serenade to Music* (1938) für 16 Solo-St. oder Chor u. Orch.; dass. bearb. für Orch. (1940); Kantate *The Sons of the Light* (1950) für gem. Chor u. Orch.; *An Oxford Elegy* (1952) für Sprecher, Chor u. Orch.; Weihnachtskantate *Hodie* (1954) für Sopran, Tenor, Bar., gem. Chor, Knabenchor, Org. ad lib. u. Orch. – **3) Bühnen-WW:** Opern: *Hugh the Drover,* UA: London 1924; *Sir John in Love,* UA: ebd. 1929; *Riders to the Sea,* UA: ebd. 1937. – „Romantic Extravaganza" *The Poisoned Kiss,* UA: Cambridge 1936; Morality *The Pilgrim's Progress,* UA: London 1951. – Ballett *Old King Cole,* UA: Cambridge 1923. – **4) Schriften:** *English Folksongs* (Lo 1912, NA 1966); *National Music* (Lo 1934, Neudruck 1963, [2]1972); *Some Thoughts on Beethoven's Choral Symphony, with Writings on Other Musical Subjects* (Lo 1953); *The Making of Music* (Ithaca/N.Y. – Lo 1955, Nachdr. 1965).

V. ist der Vertreter des musikalischen Nationalismus in England; seine Grundauffassungen in dieser Hinsicht legte er in *National Music,* seinem schriftstellerischen Hauptwerk, dar. Er strebte nach einer nationalen Musik, die sich von der langen it. und dt. Hegemonie befreien sollte. Sein Stil, den man als neomodal bezeichnen könnte, orientiert sich an den engl. Volksliedern (die er selbst bei Volkssängern sammelte), am elisabethanischen Madrigal, an H. Purcell (dessen *Welcome Odes* er edierte) und am Choral (er leitete die Publikation des *English Hymnal* von 1906). V.s erstes bedeutendes Werk, die Kantate *Toward the Unknown Region,* wurde 1907 auf dem Festival in Leeds aufgeführt; vorher hatte er bereits einige Lieder geschrieben, darunter die *Songs of Travel* (1904). Mit der *Fantasia on a Theme by Th. Tallis* (1909) und mit der *Sea Symphony* (1910) wurde er international bekannt. Das letztgenannte Werk, 4sätzig und mit Chören auf einen Text von Walt Whitman, ist die 1. von 9 Symphonien, die den wesentlichen Kern von V.s Schaffen darstellen. 3 weitere von ihnen tragen programmatische Titel (2., 3. und 7.), und auch die 4., 5. und 6. Symphonie lassen sich programmatisch deuten. Nur die beiden letzten Symphonien sind als absolute Musik anzusehen. Die Konzerte sind in ihrer Ausdehnung wie in ihrer Substanz kleiner und geben der Virtuosität wenig Raum. – V.s erster musikdramatischer Versuch entstand 1909 für eine Aufführung von Aristophanes' *Wespen* in griech. Sprache in Oxford; die Ouvertüre hat sich im engl. Konzertrepertoire gehalten. Auf *Hugh the Drover,* für das V. einige Volkslieder umgearbeitet hat, folgte *Sir John in Love* nach *The Merry Wives of Windsor* von W. Shakespeare, später das für seine reife Zeit sehr typische Ballett *Job,* die „Romantic Extravaganza" *The Poisoned Kiss* mit Sprechtexten (1936) und *Riders to the Sea,* das Wort für Wort auf einem Stück von John Millington Synge beruht. Keines der Ballette ist auf traditionelle Choreographie hin angelegt, keine der Opern, mit Ausnahme von *Sir John in Love,* folgt den gewohnten Opernkonventionen. V. war sicher kein Konservativer, jedoch vereinigte er in seiner Person und in seiner Kunst auf merkwürdige Weise Traditionalismus und Radikalismus. Während des 2. Weltkrieges schrieb er die Musik zu 7 Filmen, u.a. *Scott of the Antarctic,* was auf die spätere 7. Symphonie hinweist. V.s letztes Ballett, *Epithalamion,* wurde 1953 für das Fernsehen geschrieben. – In seiner Chormusik, so in der Messe g-moll, dem Oratorium *Sancta Civitas,* den *Five Tudor Portraits* (1936), *An Oxford Elegy* und der Weihnachtskantate *Hodie* steht V. fest in der englischen Tradition. Er schrieb auch zahlreiche Gelegenheitswerke für Festspiele, Krönungen, Gottesdienste u.a., so die *Serenade to Music* zum 50jährigen Dirigentenjubiläum von H. Wood, die für 16 bekannte Solisten bestimmt war. Das Stück überschreitet freilich den Rahmen eines Gelegenheitswerkes und kann als der Inbegriff lyrischen Ausdrucks bei V. angesehen werden. Sein Leben lang schrieb V. auch Volksliedbearbeitungen für Chor. Er war der Meinung, daß die Musik ihren Platz im Leben der Gemeinschaft hat, und kein Anlaß erschien ihm für sie zu unwichtig oder zu niedrig.

Lit.: R. V. W. (Lo 1961) (mit Werk-Verz. u. Diskographie); P. R. STARBUCK, R. V. W. A Bibliography (Lo 1967); F. F. CLOUGH – G. J. CUMING, Discography, 1964–71, in: The Music Yearbook 1972/73; L. FOREMAN, V. W. A Bibliography of Dissertations, in: MT 113 (1972). – Heirs and Rebels. Letters Written to Each Other and Occasional Writings on Music by R. V. W. and G. Holst, hrsg. v. U. VAUGHAN WILLIAMS – I. HOLST (Lo 1959). – A. E. F. DICKINSON, An Introduction to the Music of V. W. (Lo 1928); H. FOSS, R. V. W. (Lo 1950, Nachdr. Westport/Conn. 1974); P. M. YOUNG, V. W. (Lo 1953); F. HOWES, The Music of R. V. W. (Lo 1954); S. PAKENHAM, R. V. W. (Lo 1957); J. DAY, V. W. (Lo 1961, NA 1972); A. E. F. DICKINSON, V. W. (Lo 1963); M. KENNEDY, The Works of R. V. W. (Lo 1964) (mit Werk-Verz. u. Bibliogr.); E. S. SCHWARTZ, The Symphones of R. V. W. (Amherst/Mass. 1964); U. VAUGHAN WILLIAMS, R. V. W. (Lo 1964); M. HURD, V. W. (Lo 1970); R. DOUGLAS, Working with R. V. W. (Lo 1972).

F. HOWES

VECCHI, Orazio Tiberio, getauft 6. 12. 1550 Modena, † 19./20. 2. 1605 ebd.; it. Komponist und Dichter. Er war Priester und erhielt seine musikalische Ausbildung bei dem Servitenmönch Salvatore Essenga. 1577 ist er in Bergamo, 1578 in Brescia bezeugt und wirkte 1581–84 als Domkapellmeister in Salò, 1584–85 in Modena, wo er wegen familiärer Probleme entlassen wurde. Anschließend war er bis 1592 Domherr, später Archidiakon in Correggio und nahm von hier aus zusammen mit G. Gabrieli und L. Balbi an der Revision eines von A. Gardano (V 1591) veröffentlichten *Graduale Romanum* teil. 1592 wurde er wieder Kapellmeister am Dom von Modena und 1598 dort auch Maestro am Hof des Herzogs Cesare d'Este. 1600 reiste er mit dem Kardinal Alessandro d'Este nach Rom und mit dem Grafen Fontanelli nach Florenz, wo er der Aufführung der *Euridice* von J. Peri beiwohnte. Im folgenden Jahr lehnte V. eine Berufung als Hofkapellmeister Kaiser Rudolfs II. und Nachfolger Ph. de Montes ab. Intrigen seines Schülers G. Capilupi und die Mißgunst des Bischofs von Modena führten 1604 zu seiner Amtsentlassung, die er nur wenige Monate überlebte.

WW (in Venedig gedruckt, teilweise mit zahlr. Aufl.): **1) Geistliche WW:** 2 Bücher Motetten für 4–8 St. (1579, 1590); *Sacrae cantiones* für 5–8 St. (1597); Lamentationen für 4 St. (1587); Messen für 6 u. 8 St. (1607); Hymnen für 4 St. (1604). – **2) Weltliche WW:** *Canzonette:* 4 Bücher für 4 St. ([2]1580, 1580, 1585, 1590), in 1 Bd. (Nü 1593), mit dt. Texten (Nü 1610); für 6 St. (1587); für 3 St. (1597), dt. (Nü 1606); Madrigale für 6 St. (1583), für 5 St. (1589); *Selva di varia ricreatione ... madrigali, capricci, balli, arie* u.a. für 3–10 St. (1590); *Convito musicale ... soggetti, et capricci* für 3–8 St. (1597); *L'Amfiparnaso, Comedia harmonica* für 5 St. (1597); *Le veglie di Siena overo i vari humori della musica moderna* für 3–6 St. (1604); *Dialoghi* für 7–8 St. u. B.c. (1608) – Weitere geistl. u. weltl. Werke in Sammeldrucken der Zeit erhalten.

V., der auch eine große Zahl von kirchenmusikalischen Werken in einem den Vorschriften des Trienter Konzils entsprechenden einfachen Stil komponierte, erlangte seine Originalität und seinen geschichtlichen Rang auf dem Gebiet der weltlichen Musik: nicht in der gelehrten Form des Madrigals (das er nur wenig pflegte), sondern in jener heiteren Unterhaltungsmusik, die während der Renaissance üblich war und die in seinen Werken genial erstrahlt. Die *Selva di varia ricreatione,* der *Convito musicale* und *Le veglie di Siena* mit ihrer Aufeinanderfolge von heiteren Stücken – Kanzonetten, Villotte, Giustiniane, Tedesche, Mascherate, Dialoge – stehen in der Nähe zu ähnlichen Stücken von G. Croce und sind Erben des spöttischen Geistes von Cl. Janequin und der humoristischen Stücke mit Dialekttexten von O. di Lasso u.a. zahlreichen it. Komponisten des 16. Jahrhunderts. Im *Amfiparnaso* sind die Gesänge sogar nach Art der Commedia dell'arte disponiert, und es fehlt ihnen auch nicht ein gewisses Pathos, das durch die Mittel des Madrigals ausgedrückt wird. So kommen in dieser – wie man sie nennen kann – Madrigalkomödie nach V.s eigenen Worten „der ernste mit dem heiteren, der schwere mit dem scherzhaften und tänzerischen Stil" zu einer besonders glücklichen Synthese zusammen, die bereits altertümlichen Gestaltungstendenzen einen neuen Sinn und eine neue Daseinsberechtigung verleiht.

Ausg.: 21 Stücke aus *Selva* ... (1590), hrsg. v. O. CHILESOTTI (Mi 1892, Nachdr. Bol 1968) (= Bibl. musica Bononiensis IV/26); *Le veglie di Siena,* hrsg. v. B. SOMMA (R 1941, NA 1958); *Amfiparnaso,* hrsg. v. DEMS. (R 1953); dass., hrsg. v. C. ADKINS (Chapel Hill 1977); *Convito musicale,* hrsg. v. W. R. MARTIN (R 1966); *Missa in Resurrectione Domini,* hrsg. v. R. RÜEGGE (Wb 1967) (= Chw 108).

Lit.: J. C. HOL, O. V.s weltliche Werke (Str 1934, Nachdr. Baden-Baden 1974) (= Slg. musikwiss. Abh.en 13); B. RODGERS, The Madrigals of O. V. (1954) (= Diss. Univ. of California); R. RÜEGGE, O. V., geistl. Werke (Be 1967) (= Publ. der Schweizer Musikforsch. Ges. II/15); C. SARTORI, O. V. e T. Massaino a Salò. Nuovi documenti inediti, in: Renaissance-muziek. 1400–1600. FS R. B. Lenaerts (Löwen 1969); A.-P. TORELLI, O. V., „Poetica musicale" (Modena 1969); W. KIRKENDALE, Franceschina, Girometta, and Their Companions in a Madrigal „A Diversi linguaggi" by L. Marenzio and O. V., in: AMl 44 (1972).

E. BARASSI

VEERHOFF, Carlos (Carlo) **Heinrich,** * 3. 6. 1926 Buenos Aires; dt. Komponist argentinischer Herkunft. Er studierte Komposition bei H. Grabner (1943–44) und B. Blacher (1952) an der Berliner Musikhochschule und privat bei K. Thomas und H. Scherchen. 1948–51 lehrte er Musiktheorie an der Universidad Nacional de Tucumán, war dann Assistent von F. Fricsay in Berlin und lebt seit 1952 als freischaffender Komponist in München.

WW: Klv.-Stücke; Streichquartette; Bläserquintette. – Für Orch.: 5 Symphonien: *Panta rhei* (1953); *Sinfonie in einem Satz* (1956); *Spirales* (1966, revidiert 1969); Nr. 4 (1974); Nr. 5 (1981); *Mirages* (1966); *Akróasis* (1966) für 24 Bläser u. Schlagzeug; *Textur* (1969, revidiert 1971); *Torso* (1971); *Sinotrauc* (1973); *Concertino da camera* (1979); *Dorefamie* (1981); je ein V.- u. Klv.-Konzert. – *Gesänge für Sangsára* (1976) für Mezzo-Sopran, Tonbänder, St. u. Orch. – Opern: *Targusis* (1958); *Die goldene Maske* (1968); *Es gibt doch Zebrastreifen* (1970) für 2 Sänger u. 8 Instr.; Kammeroper *Der Grüne* (1972). – Ballette: *Pavane royale* (1953) (mit Chor); *El porquerizo del rey,* UA: Buenos Aires 1963.

VÉGH, Sándor, * 17. 5. 1912 Klausenburg (heute: Cluj, Rumänien); frz. Violinist ung. Herkunft. Er studierte an der Musikhochschule in Budapest, wurde 1935 Mitglied des Ungarischen Streichquartetts und gründete 1940 das V.-Quartett, mit dem er 1946 in den Westen ging und das in den 50er und 60er Jahren Weltruf erlangte, u.a. mit der zyklischen Aufführung der Streichquartette L. van Beethovens und B. Bartóks. V., der in der Schweiz lebt, konzertierte häufig auch mit P. Casals beim Festival de Prades und im Duo mit den Pianisten K. Engel, W. Kempff und R. Serkin. Er lehrte an der Musikakademie der Stadt Basel, an der Musikhochschule Freiburg i. Br. (1955–62) und am Konservatorium Düsseldorf (1962–79). Seit 1978 leitet er auch die Salzburger Camerata Academica.

VEICHTNER, Franz Adam, * 10. 2. 1741 Regensburg, † 3. 3. 1822 Klievenhof (Kurland); dt. Violinist und Kapellmeister. Nach seiner Ausbildung bei J. Riepel (Musiktheorie) und Fr. Benda (Violine) in Potsdam trat er in die Dienste des baltischen Grafen Hermann von Keyserling. 1765 berief ihn Erbprinz Peter als Konzertmeister an den kurländischen Hof in Mitau. Er komponierte dort u.a. auch Singspiele für das höfische Liebhabertheater und viele Tafelmusiken und gilt als der Repräsentant der Vorklassik im Baltikum. Nachdem Kurland 1795 zu Rußland gekommen war (3. Polnische Teilung), wirkte V. 1795–1820 als Kammermusikus der kaiserlichen Kapelle in St. Petersburg.

WW: Im Druck erschienen: 3 Slgen. Fantasien u. Sonaten für V. u. Baß; 3 Streichquartette; 4 Symphonien (Mitau 1770); *Symphonie russienne* (Riga 1771); V.-Konzert (ebd. 1775). – Opern: *Cephalus und Prokris*, UA: Mitau 1779; *Cyrus und Cassandra*, UA: Libau 1784.

Lit.: W. SALMEN, J. F. Reichardt (Fr 1963); E. GERCKEN, F. A. V. u. das Musikleben am kurländischen Hof, in: Baltische Hefte (1965) Nr. 11; J. MÜLLER-BLATTAU, Benda, V., Reichardt, Amenda. Zur Gesch. des nordostdt. Violinspiels in der Frühklassik, in: Musik des Ostens 4 (Kas 1967). E. STÖCKL

VEJVANOVSKÝ, Pavel Josef (Weiwanowski, Paul Joseph), * um 1633 oder um 1639 Hochwald (heute Hukvaldy) oder Hultschin (heute Hlučín), begraben 24. 6. 1693 Kremsier (heute Kroměříž); böhmischer Komponist. Er wirkte als Trompeter von 1664 bis zu seinem Tod in der Kapelle des Erzbischofs in Kremsier und versah daneben auch das Amt eines Chori praefectus an der St. Mauritiuskirche. V. ist einer der wichtigsten böhmischen Instrumentalkomponisten des 17. Jahrhunderts. Seine Werke lassen das Vorbild J. H. Schmelzers erkennen, zeigen aber in der Melodik auch volkstümliche Züge.

WW (hsl. in Kremsier erhalten): Serenaden, Balletti u. Sonaten verschiedenster instrumentaler Besetzung, häufig mit Trp. solistisch oder chorisch. – Zahlr. Messen u.a. kirchenmusikal. Werke.

Ausg.: Serenate e sonate sowie Composizioni per orchestra, 4 Bde., hrsg. v. J. POHANKA (Pr 1958–61) (= MAB 36, 47–49).

Lit.: J. BUŽGA, V., in: MGG XIII; J. SEHNAL, Die Musikkapelle des Olmützer Bisch. Karl Liechtenstein-Castelkorn in Kremsier, in: KmJb 51 (1967); D. SMITHER, V., in: Grove[6] XIX.

VENANTIUS FORTUNATUS Honorius Clementianus, * um 530 bei Treviso, † um 600 Poitiers; lat. Dichter. V. verließ 565 Italien zu einer 2jährigen Pilgerreise an das Grab des hl. Martin in Tours, reiste dann durch Gallien, wo sich sein Ruhm als Dichter rasch verbreitete, und ließ sich schließlich in Poitiers nieder. Dort wurde er 576 zum Priester und 599 zum Bischof geweiht. Geschult an Vergil und anderen Dichtern der Antike, schrieb V. zahlreiche Gedichte, Heiligenviten und Hymnen, von denen ↗*Pange lingua* und *Vexilla regis* bis heute in der röm.-kath. Liturgie verwendet werden.

VENATORINI, Giuseppe, ↗Mysliveček, Joseph.

VENEGAS DE HENESTROSA (Hinestrosa), **Luis,** * zwischen 1500 und 1510 Hinestrosa (Burgos), † nach 1557 vermutlich Toledo; span. Komponist. Er stand von etwa 1534/35 bis 1545 im Dienst des Kardinals Juan de Tavera in Toledo. 1543 ist er als Pfarrer in Hontova bei Toledo bezeugt. V. veröffentlichte ein *Libro de cifra nueva para tecla, harpa y vihuela* (Alcalá de Henares 1557) in Orgeltabulatur (mit Ziffern). Es enthält als die bedeutendste span. Sammlung ihrer Art im 16. Jh. Intavolierungen von geistlichen und weltlichen Gesängen sowie zahlreiche Tientos, Fantasien (für Vihuela) und Falsobordoni *(Fabordones)*. Viele Stücke sind mit Verzierungen versehen. Als Komponisten sind ndl. und span. Meister genannt; am häufigsten ist A. de Cabezón vertreten.

Ausg.: *Libro de cifra nueva*, in: H. ANGLÈS, La música en la corte de Carlos V (Ba 1944, [2]1965) (= MMEsp 2).

Lit.: J. MOLL ROQUETA, Músicos de la corte de Cardenal Juan Tavera, in: Anuario Mus. 6 (1951); J. WARD, The Editorial Methods of V. de H., in: MD 6 (1951); C. JACOBS, V., in: Grove[6] XIX.

VENEZIANA ↗Giustiniana.

VENEZIANISCHE SCHULE. – 1) Bz. für eine Gruppe von Komponisten, die in Venedig zwischen 1530 und 1630 vor allem an San Marco gewirkt und die Entwicklung der bedeutendsten vokalen und instrumentalen Formen des 16. und 17. Jh. beeinflußt hat. Die überragende Persönlichkeit der V. ist A. Willaert, der am 12. 12. 1527 in der Nachfolge Petrus de Fossis' zum Kapellmeister an San Marco berufen worden war. Unter seinem 3½ Jahrzehnte währenden Wirken als Kapellmeister, Komponist, Theoretiker, Lehrer und Organisator wurde Venedig, das bis dahin bereits eine wichtige Rolle vor allem in der Entwicklung des ↗Notendrucks gespielt hat, zu einem Zentrum oberitalienischer Musikkultur, das weitgehend unabhängig von der gleichzeitig wirkenden ↗Römischen Schule eine charakteristische Ausprägung und europäische Geltung gefunden hat. Der eigenwertige Stil der V. manifestierte sich zunächst in den Kompositionen Willaerts, wurde aber bald allgemeingültig in dem großen Kreis seiner Schüler, Anhänger und Freude, zu denen u.a. Annibale Padovano, A. Barges, L. Barre, J. Brumel, J. Buus, M. A. Cavazzoni, B. Donato, A. Gabrieli, G. Guami, Cl. Merulo, G. Parabosco, C. Porta, A. Romano,

C. de Rore, N. Vicentino, G. Zarlino gehörten, ferner unter seinen Nachfolgern im Amt des Kapellmeisters (de Rore 1563, Zarlino 1565–90, Donato 1590–1603, G. Croce 1603–09, C. Martinengo 1609–13, Cl. Monteverdi 1613–43). Willaert, als Schüler J. Moutons dem Erbe der ↗franko-flämischen Schule verpflichtet, widmete sein Schaffen vor allem der ↗Motette, mit der er zwischen traditionellem polyphonem Stil der franko-flämischen Schule und Satz- und Klangstrukturen bodenständiger it. Musik vermittelte. An ältere Musizierpraktiken knüpfte die ↗Doppelchor-Technik an, die Willaert zunächst in seinen 8st. *Salmi spezzati* (1550), später auch in seinen Motetten anwendete und die in der Folge zur ↗Mehrchörigkeit weiterentwickelt wurde. Diese gelangte von Venedig aus nach 1580 in alle Teile Europas und wurde u. a. ein wesentlicher Bestandteil der Festmusik des Barock. Mit seinen ↗Psalmvertonungen leitete Willaert eine Tradition ein, die von Venedig aus im Laufe des 17. Jh. zu einer bedeutenden Gattung der kath. und ev. Kirchenmusik vor allem in Deutschland (↗Vesper) wurde. Willaert wirkte aber auch auf dem Gebiet der volkstümlichen Vokalmusik seiner Zeit zukunftsweisend: Seine ↗Villanellen brachten dieser ursprünglich lokal auf Neapel beschränkten Gattung internationale Geltung (O. di Lasso, L. Marenzio, J. Regnart, H. Schein u. a.) und seine mehrst. Lied-↗Kanzonen, stilistisch der Villanella nahestehend und wie diese als bewußte Nachbildungen volkstümlicher Lieder komponiert, fanden gemeinsam mit denen von A. Gabrieli, Donato, Merulo u. a. ihre Weiterentwicklung einerseits in der ↗Kanzonette (Croce, Monteverdi), andererseits in der ↗Monodie (↗Camerata Fiorentina), der Opern-↗Arie und in der ↗Madrigal-Komödie. Willaerts Vokalmusik ist vor allem durch sorgfältige Textdeklamation und einen durch diese erst wirksamen musikalischen Ausdruck der im Text objektivierten Affekte (↗Affektenlehre) gekennzeichnet. Das zeigt sich besonders ausgeprägt in Willaerts ↗Madrigalen, mit denen er nachhaltig auf seine Schüler, vor allem auf de Rore mit dessen charakteristischem, durch ↗Chromatik gekennzeichnetem Stil (↗Musica reservata, ↗Seconda pratica), Einfluß ausübte und somit Venedig neben Florenz und Rom zu einem wichtigen Zentrum der Madrigal-Komposition machte (Vicentino u. a.). Neben der Vokalmusik entwickelte die V. auch die selbständige Instrumentalmusik weiter: In der Orgelmusik, deren wichtigstes Lehrbuch *Il Transilvano* von G. Diruta stammt, wurde neben dem intonierenden ↗Ricercar (M. A. Cavazzoni) und der ↗Toccata (Padovano, A. und G. Gabrieli, Diruta, Merulo) vor allem das Imitations-Ricercar (Willaert, Padovano, G. Cavazzoni, Merulo, A. und G. Gabrieli) gepflegt. In der Musik für Instrumentengruppen (z. B. Posaunen-, Cornetto-, Streicherensemble) gelangten Ricercar (Buus, Willaert) und Kanzone (A. und G. Gabrieli, Guami, Merulo) zu fortwirkender Bedeutung: Mehrchörige Setzweise und häufige, durch Tripeltaktteile erreichte Gliederung in Abschnitte führten zur Entwicklung von ↗Sonate und ↗Symphonie. Großformen vokal-instrumentaler Mischbesetzung gipfelten im Zusammenwirken von Singstimmen und Instrumenten, Chören und Solisten über meist instrumentalem Klangfundament (A. und G. Gabrieli, *Concerti*, 1587) im ↗Concerto und ↗geistlichen Konzert. Kodifiziert wurde der Stil der V. vor allem in den Schriften von Zarlino, der als Schüler Willaerts die „vollkommene" Kunst seines Lehrers rühmt und in seinen *Istitutioni harmoniche* mehr als 40 Sätze Willaerts nennt, und Vicentino, der die chromatisch expressive Klangkunst Willaerts lehrend weiterentwickelte. – Die kulturelle Blüte Venedigs wurde 1630 durch die Pest, die zahlreiche Musiker dahinraffte, abrupt beendet. Das Wirken der V. hat in hohem Maße die Musik Europas, vor allem des dt. Raumes, bis weit in das Barock hinein beeinflußt (H. I. Fr. Biber, J. K. Kerll, J. H. Schmelzer). Das zeigen z. B. die Kompositionen der oft als „Deutschvenezianer" bezeichneten Komponisten J. Gallus, H. L. Haßler, Gr. Aichinger, H. und M. Praetorius und nicht zuletzt von H. Schütz, der 4 Jahre lang in Venedig bei G. Gabrieli studiert hat und am Ende dieser Lehrzeit in der Widmungsvorrede seines Opus 1 seinen Lehrer enthusiastisch als „Woge" beschreibt, „die ganz Italien mit gewaltigerem Rauschen als jede andere … mit sich reißt" („onda, che tutta l'Italia, con mormorio più d'ogni altro … và illustrando"). – **2)** Bz. für die Venezianische Opernschule (↗Oper).

Lit.: C. von Winterfeld, J. Gabrieli u. sein Zeitalter, 3 Bde. (B 1834, Nachdr. Hil 1965); W. B. Kimmel, Polychoral Music and the Venetian School, 2 Bde. (1954) (= Diss. Univ. of Rochester/ N. Y.); F. Fano – F. Blume, Venedig u. venezian. Hss. A. die Musikgesch. Venedigs, I: Von den Anfängen bis um die Mitte des 16. Jh., in: MGG XIII; D. Arnold, dass., II: Von 1560 bis 1797, in: ebd.; W. Gerstenberg, Willaert, in: MGG XIV; H. Beck, Grundlagen des venezian. Stils bei A. Willaert u. Cipriano de Rore, in: Renaissance-muziek. 1400–1600. FS R. B. Lenaerts (Löwen 1969); W. Gerstenberg, Um den Begriff einer V., in: ebd.; D. Kämper, Stud. z. instr. Ensemblemusik des 16. Jh. in Italien (Kö – W 1970) (= Anal. Mus. 10); S. Schmaltzried, H. Schütz u. a. zeitgen. Musiker in der Lehre G. Gabrielis. Stud. zu ihren Madrigalen (Neuhausen 1972) (= Tübinger Beitr. z. Musikwiss. 1); E. Selfridge-Field, Venetian Instrumental Music from Gabrieli to Vivaldi (O 1975); D. Arnold, Venice, in: Grove[6] XIX.

B. R. Suchla

VENEZIANO (Veneziani), **Gaetano,** * 1656 Bisceglie, † 15. 7. 1716 Neapel; it. Komponist und Organist. V. war 1666–76 Schüler von Fr. Provenzale am Conservatorio S. Maria di Loreto in Neapel und wirkte 1679–1716 als Organist in der Königlichen Kapelle. 1703 siegte er in einem Wettbewerb um die Nachfolge A. Scarlattis als Hofkapellmeister, verlor aber nach dem Einmarsch der Österreicher 1707 diese Stellung. Er lehrte auch seit 1684 am Conservatorio S. Maria di Loreto, das er 1695–1716 leitete. Von ihm sind zahlreiche kirchenmusikalische Werke, meist im a cappella-Stil, darunter 5 Passionen, erhalten. – V.s Sohn **Giovanni** (1683–1742), ebenfalls Organist der Königlichen Kapelle in Neapel und Kapellmeister am Conservatorio S. Maria di Loreto, war einer der ersten Komponisten heiterer Opern mit Dialekttexten, die sich jedoch nicht erhalten haben.

VENEZUELA. Als wirtschaftlich arme Kolonie der span. Krone besaß V. in den ersten Jahrhunderten seiner Existenz kein so bedeutendes musikalisches Leben wie etwa das Nachbarland Kolumbien. In einem Teil seiner Volksmusik spiegelt V. den Einfluß der Afrikaner, der in allen Küstenregionen der Antillen nachweisbar ist. Selbst der Nationaltanz ↗Joropo mit seinem span. Charakter enthält Spuren der Negerkultur, die in der Gegenüberstellung von selbständiger Melodiebewegung und polyrhythmischer Begleitung deutlich werden. Seit 1591 gab es in der Hauptkirche von Caracas eine Orgel, die von Melchior Quintela gespielt wurde. Der erste Kapellmeister der Kathedrale, Gonzalo Cordero, wurde 1671 ernannt. Ihm folgten Buenaventura de Los Angeles (1678), Francisco Pérez de Camacho (1687) – der Professor für Musik an der 1725 gegründeten Universität wurde –, Silvestre Media-Villa († 1737), Jacob de Mirando, Ambrosio Carreño (1770), Gabriel Liendo (1775) sowie Alejandro und Cayetano Carreño (1789 und 1791). Der Familie Carreño entstammen zahlreiche Musiker des Landes, u.a. die am Ende des 19. Jh. zu den bedeutendsten Pianisten zählende Teresa Carreño. C. Carreño (1774 bis 1836) gehörte zum Kreis junger begabter Musiker, die der Pater Pedro Palacios y Soja auf seiner Besitzung in Chacao (heute Stadtteil von Caracas) versammelte, damit sie musizierten und die zahlreichen Partituren seiner Bibliothek studierten. Zu dieser Gruppe gehörten auch Juan Manuel Olivárez (1760–97), José Francisco Velásquez d. Ältere († 1805), José Antonio Caro de Boesi († 1814), Pedro Nolasco Colón, José Angel Lamas (1775 bis 1814), Juan José Landaeta (1780–1814) und José Francisco Velásquez d. Jüngere († 1822), die heute als die „Klassiker" V.s gelten. Ihre Werke umfassen geistl. Kompositionen mit lat. Texten oder der span. Tradition zugehörige Tonos, Pésames und Villancicos in der Volkssprache. Einige engagierten sich im Kampf für die Unabhängigkeit der span. Kolonien, der von Simón Bolívar ausgelöst wurde, und schrieben patriotische Lieder zur Unterstützung der revolutionären Begeisterung. Landaeta und Caro de Boesi wurden erschossen. Landaeta komponierte zahlreiche Lieder dieser Art, von denen das zu Beginn des Unabhängigkeitskrieges 1810 entstandene *Gloria al bravo pueblo* rasch populär und später die Nationalhymne V.s wurde. 1819 gründete der ebenfalls als Komponist patriotischer Gesänge bekannte Lino Gallardo (um 1770–1837) im damals noch von den Spaniern besetzten Caracas eine Musikakademie und eine Philharmonische Gesellschaft. Aber Institutionen, die unter solchen Umständen entstanden waren, hatten wenig Überlebenschancen. In den Jahren nach der Unabhängigkeitserklärung verschwanden musikalische Aktivitäten fast völlig. Einzig José María Montero (1782–1869), der in der Tradition der älteren Komponisten stand, hielt den Sinn für die Musik lebendig und gab ihn an die Jüngeren weiter. Sein berühmtester Schüler war sein Sohn José Angel (1839–81), der Schöpfer der ersten venezolanischen Nationaloper. Montero war auch der Lehrer des Politikers und Schriftstellers Felipe Larrazábal (1816–73), der ein ausgezeichneter Amateurpianist und -komponist war. Auf ihn geht die Gründung eines Konservatoriums in Caracas (1868) zurück, das jedoch nur kurz bestand. Die erste feste Einrichtung dieser Art gründete die Regierung 1877 als Abteilung des Instituto Nacional de Belas Artes (heute Consejo Nacional de la Cultura). Die der span. Tradition verpflichtete Zarzuela wurde von mehreren Komponisten gepflegt, u. a. von Montero, José G. Núñez und Federico Villena.

In der ersten Hälfte des 20. Jh bemühten sich Vicente Emilio Sojo (1887–1974), Juan Bautista Plaza (1898–1965) und Juan Lecuna (1899–1954) um die Erneuerung des Musiklebens in ihrem Lande. Sojo war einer der Gründer des Orfeón Lamas und der Orquesta Sinfónica Venezuela. Plaza veröffentlichte die Werke von Komponisten der Kolonialzeit. Angel Sauce (* 1911) und Antonio Estévez (* 1916) gehören zu den heute führenden Komponisten, ebenso die Ethnologin und Komponistin Isabel Aretz (* 1909 in Buenos Aires); sie ist die Frau des Musikethnologen und Leiters des Instituto Nacional de Folklore, Luis Felipe de Ramón y Rivera.

Von dem Mäzen Inocente Palacios gefördert, wurden erstmalig 1954 Festivals lateinamerik. Musik in Caracas durchgeführt. Caracas wurde dadurch eine Zeitlang ein bedeutendes musikalisches Zentrum, von dem Impulse für ganz Lateinamerika ausgingen. An der dortigen Oper gab es glänzende Spielzeiten mit im Ausland zusammengestellten Ensembles unter der Schirmherrschaft der Regierung. Die venezolanische Hauptstadt ist auch der Sitz des Instituto Interamericano de Etnomusicología y Folklore, an dem junge Wissenschaftler aus allen Staaten Südamerikas ausgebildet werden.

Lit.: Archivo de música colonial venezolana, hrsg. v. J. B. PLAZA, 12 Bde. (Montevideo 1943); DERS., Music in Caracas during the Colonial Period (1770–1811), in: MQ 29 (1943); J. A. CALCAÑO, La ciudad y su música. Crónica musical de Caracas (Caracas 1958); I. ARETZ, Instrumentos musicales de V. (Cumaná 1967); L. F. RAMÓN Y RIVERA, La música folklórica de V. (Caracas 1969); DERS., La música afrovenezolana (ebd. 1971); DERS. – G. BÉHAGUE, V., in: Grove[6] XIX..

L. H. CORRÊA DE AZEVEDO

VENI CREATOR SPIRITUS (lat., = Komm, Schöpfer Geist), Beginn des bekanntesten, Hrabanus Maurus (9. Jh.) zugeschriebenen Pfingsthymnus. Er steht im klassischen ambrosianischen Versmaß und zeigt wörtliche Anklänge an den Adventshymnus *Veni redemptor gentium.* Die im 16. Jh. von den Humanisten vorgenommenen Textkorrekturen wurden im Zuge der vatikanischen Liturgiereform zurückgenommen. Die überflüssige 7. (doxologische) Strophe kam später hinzu. Die 4teilige Melodie (im 8. Kirchenton), der 4zeiligen Textstrophe entsprechend, gehörte ursprünglich zum Osterhymnus *Hic est dies verus Dei* des Ambrosius und wurde erst später auf das V. übertragen (früheste Aufzeichnung im Hymnar von Kempten um 1000). In der Liturgie hat der Hymnus als Gebet um den Hl. Geist und seine Gaben seinen Platz in der 1. und 2. Vesper von Pfingsten, bei verschiedenen Weihe- u. Profeßriten, in Predigt- und Wortgottesdiensten sowie bei Besinnungstagen. Bereits im 12. Jh. gibt es Versuche, das V. ins Deutsche zu übertragen, später u. a. von M. Luther, Angelus Silesius, J. W. von Goethe, H. Bone. In neuerer Zeit vertonte G. Mahler den lat. Text im 1. Teil seiner 8. Symphonie.

W. BRETSCHNEIDER

VENI SANCTE SPIRITUS (lat., = Komm, Heiliger Geist). – **1)** Versbeginn des 2. Alleluja-Gesangs vom Pfingstfest. Die ma. dt. Übertragung *Chum heiliger Geist, herre got* wurde von M. Luther 1524 erweitert und in den ev. Gottesdienst übernommen, wo es als Introitus-, Gradual- und Predigtlied große Bedeutung erlangt hat *(Komm, Heiliger Geist, Herre Gott).* – **2)** Pfingstsequenz der römischen Liturgie, eine von den 4 Sequenzen, die 1570 ins Römische Meßbuch aufgenommen wurde. Text (dem lange in Paris lehrenden Engländer Stephen Langton zugeschrieben) und Melodie dürften in Paris um 1200 entstanden sein. Die Dichtung, Ausdruck ma. Hl.-Geist-Frömmigkeit, umfaßt 10 Strophen im trochäischen Versmaß mit je 3 regelmäßig akzentuierten Versen. Die Melodie im 1. Modus besteht aus 5paarig wiederholten Strophen mit deutlichen Binnenzäsuren. Von den mehrstimmigen Vertonungen ist bemerkenswert eine 4st. isorhythmische Motette von J. Dunstable mit dem Sequenztext in der Oberstimme und einem Tenor, der aber auf der choralen Melodie des Hymnus ↗Veni Creator Spiritus beruht. J. Walter verbindet das V. in einem 6st. Satz mit der im 13./14. Jh. entstandenen Pfingstleise *Nun bitten wir den Heiligen Geist.* W. BRETSCHNEIDER

VENTIL (engl.: valve; frz.: piston, cylindre; it.: pistone; span.: pistón, cilindro), Bz. für eine mechanische Vorrichtung, mit deren Hilfe die Länge der Schallröhre bei Blechblasinstrumenten verändert werden kann. Auf Druck verlängert ein V. durch Öffnen eines Zusatzbogens die Gesamtlänge der Röhre und vertieft damit den Grundton des Instruments. Durch die Erfindung der V.e wurden die Blechblasinstrumente (Horn, Kornett, Trompete, Tuba, seltener Posaune) voll chromatisch spielbar. Das erste Pump-V. (frz.: piston) ließen sich 1818 Blühmel und Stölzel (Berlin) patentieren. Es wurde 1830 von L. Uhlmann in Wien (Wiener V., Schub- oder Stechbüchsen-V.), dann 1835 von Moritz und Wieprecht in Berlin (Berliner Pumpen) und 1839 von Périnet in Paris (Périnet-V.) verbessert. Das Pump-V. sowie das 1832 von J. Riedl in Wien entwickelte Dreh- oder Zylinder-V. (frz.: cylindre) werden bis heute verwendet. Im allgemeinen haben die Instrumente 3 V.e, die den Grundton um einen Ganzton (1. V.), einen Halbton (2. V.) oder 1½ Töne (3. V.) vertiefen. Nur bei Baßinstrumenten wird häufig noch ein 4. V. (Vertiefung um 2½ Töne) benutzt. Die bei Kombination mehrerer V.e auftretenden Intonationsdifferenzen lassen sich durch ein oder mehrere sog. Kompensations-V.e ausgleichen. Außerdem werden noch Umschalt-V.e verwendet, um die Gesamtstimmung einiger Instrumente zu verändern (Doppelhorn, Doppeltuba, Trompete).

Lit.: H. HEYDE, Zur Frühgesch. der V.e u. V.instrumente in Deutschland 1814–1833, in: Brass Bulletin 24 (1978) – 27 (1979); PH. BATE, Valve, in: Grove[6] XIX; R. DAHLQVIST, Some Notes on the Early Valve, in: GalpinJ 33 (1980). M. BRÖCKER

VENTO, Ivo de, * um 1544, † 1575 München; Komponist vermutlich flämischer Herkunft. Er wurde 1556 Chorknabe der bayerischen Hofkapelle Herzog Albrechts V. und ging 1560 auf Kosten des Herzogs zu weiterer Ausbildung nach Venedig, wo er wahrscheinlich Schüler von Cl. Merulo war. 1564 nach München zurückgekehrt, wirkte V. unter O. di Lasso als Organist der Hofkapelle. 1568 beteiligte er sich mit an den Festlichkeiten anläßlich der Heirat des Herzogs Wilhelm VI. mit Renate von Lothringen und folgte dem Herzog an seinen Hof in Landshut. 1569 kehrte er in seine frühere Stellung in München zurück. V. erlangte große Bedeutung als Komponist deutscher weltlicher und geistlicher Lieder, die auch noch lange nach seinem Tod verbreitet waren.

WW (in München gedruckt): *Latinae cantiones* für 4 St. (1569), für 5 St. (1570); 2 weitere Slgen. 4st. Motetten (1571, 1574); *Quinque motetae* mit einigen Madrigalen, Chansons u. dt. Liedern für 5–9 St. (1576); 3 Messen (hsl.). – *Neue Teutsche Lieder* (mit unterschiedlichen Titeln) für 3 St. (1572), für 4 St. (1570, 1572), für 5 St. (1573), für 4–6 St. (1570). Weitere Madrigale in Sammeldrucken 1564–75.

Ausg.: 2 dt. Motetten in: Acht Lied- u. Choralmotetten, hrsg. v. H. OSTHOFF (Wb 1934, ²1974) (= Chw 30); 4st. weltl. Chorlieder, hrsg. v. H. KULLA (Fr 1955) (= Christophorus Chorwerk 6); 2 Lieder in: P. WINTER, Lob des Weines (F 1969).

Lit.: K. HUBER, I. de V. (Diss. Mn 1918); H. OSTHOFF, I. de V., in: MGG XIII.

VENUTI, Joe (Giuseppe), * 19. 3. 1894 Lecco am Comer See, † 14. 8. 1978 Seattle (Washington); amerik. Jazzmusiker (Violine). V. wuchs in den USA auf, erhielt 1923 zusammen mit dem Gitarristen Eddie Lang, seinem langjährigen Gefährten, das erste Engagement, spielte in bedeutenden Bands wie denen von Red Nichols, Paul Whiteman, Frank Trumbauer und bei den Dorsey-Brüdern. In die 2. Hälfte der 20er Jahre fallen seine jazzgeschichtlich bedeutsamen Duos mit E. Lang; ihr kammermusikalischer Swing-Jazz fand später in V.s Gruppe „Blue Four“ eine Fortsetzung. Seit den 30er Jahren trat V. mit eigenen Bands auf und hatte bis in die 70er Jahre großen Erfolg. V. gilt neben Stéphane Grappelly als der erste bedeutende Geiger des Jazz. Er spielte mit ebensoviel Schmelz wie Expressivität und liebte gelegentlich auch das Virtuose, das er mit Akkordspiel auf allen 4 Saiten verband.

VERACINI, Francesco Maria, * 1. 2. 1690 Florenz, † 31. 10. 1768 ebd.; it. Violinist und Komponist. Er war Schüler u. a. seines Onkels **Antonio** (* 17. 1. 1659 Florenz, † 25. 10. 1733 ebd.), der als Violinist und Kapellmeister seit 1682 in Florenz wirkte und von dem 3 Sammlungen Sonaten für 1–3 V. u. B. c. erhalten sind (Fi bzw. Modena 1692–96). V. erregte schon als Kind Aufsehen durch sein virtuoses Spiel. Seit etwa 1711 unternahm er Konzertreisen, spielte 1714 als Solist in den Zwischenakten der italienischen Oper in London, 1715 am Hof des Kurfürsten Johann Wilhelm von Pfalz-Neuburg in Düsseldorf und 1716 in Venedig, wo ihn G. Tartini bewunderte. 1717–22 war V. 1. Violinist der Hofkapelle in Dresden, kehrte aber bald nach Italien zurück. 1735–45 hielt er sich mit Unterbrechungen in London auf, wo er einige Werke für die mit dem Opernunternehmen G. Fr. Händels rivalisierende Opera of Nobility schrieb. 1745–50 lebte er in Pisa, zuletzt in Florenz.

WW: Sonaten u. *Sonate accademiche* für V. u. B. c. (Dresden 1721, Lo 1744); 3 V.-Konzerte in Sammeldrucken etwa 1719–36. – Hsl. erhalten: Sonaten für V. od. Blockfl. u. B. c. (1716); *Dissertazioni* (Sonaten) ... *sopra l'opera quinta del Corelli;* weitere V.-Sonaten; 2 *Concerti.* – Opern (hsl. oder gedruckt als Favourite Songs): *Adriano in Siria,* UA: London 1735; *Partenio,* UA: ebd. 1738; *Rosalinda,* UA: ebd. 1744; ferner einige Kantaten. – Traktat *Il trionfo della pratica musicale* (hsl.)

V. war einer der großen Violinvirtuosen seiner Zeit, dessen Spiel und exzentrischer Charakter oft kontrovers diskutiert wurden. Als Komponist gilt er als einer der letzten Vertreter der barocken Violinsonate. Vor allem seine *Sonate accademiche* zeigen eine für die damalige Zeit (u. a. nach dem Urteil Ch. Burneys) ungewohnte Kühnheit und Ausdruckskraft.

Ausg.: V.-Konzert D-Dur, hrsg. v. B. PAUMGARTNER (Kas 1959) (= Hortus Mus. 169); 12 Sonaten (1716), hrsg. v. W. KOLNEDER (L 1959); 12 Sonaten nach Corelli, hrsg. v. DEMS., 3 Hefte (Mz 1961); 3 *Sonate accademiche,* hrsg. v. DEMS., 3 Hefte (L 1962–71); 3 Sonaten (1716), hrsg. v. F. BÄR (1973) (= Hortus Mus. 215).

Lit.: M. GRAY WHITE, The Life of F. M. V., in: ML 53 (1972); F. C. RICCI, Note sull'opera violinistica di F. M. V. (R 1973); J. W. HILL, The Life and Works of F. M. V. (Ann Arbor 1979) (= Studies in Musicology 3).

VERA COSTANZA, LA, Dramma giocoso in musica von J. Haydn; dt. Titel: ↗List und Liebe.

VERBÄNDE ↗Musikorganisationen.

VERBONNET, Jean, ↗Ghiselin.

VERBUNKOS (ung.; von dt. Werbung), Bz. für einen volkstümlichen Instrumentalstil in ↗Ungarn. Charakterisiert wird der V. durch den Wechsel langsam (lassú)–schnell (friss), eine mit übermäßigen Sekunden durchsetzte Dur- und Moll-Heptatonik (↗Zigeunertonleiter) und einen typischen rhythmisch-melodischen Formelschatz (punktierte Rhythmen innerhalb binärer Metren, Triolengirlanden, eine spezifische, aus der ↗Cambiata entstandene „Bokázó“-Kadenzformel). Der Ursprung des V. liegt in den Burschentänzen, die bei der Rekrutenwerbung für das Habsburgerheer seit 1715 ausgeführt wurden; geprägt wurde er durch das virtuose Spiel der Zigeunermusikanten, in dem die ung. Volksmusiktradition mit islamisch-nahöstlichen, balkanischen, slawischen und kunstmusikalischen (dt. und it.) Elementen organisch durchsetzt erscheint. Auf den „frühen V." (1780–1810) folgte seine Glanzperiode (1810–40), in der Virtuosen wie J. Bihari, János Lavotta und Antal Csermák breitere Formen schufen und der V. dabei zum repräsentativen Musikstil Ungarns schlechthin wurde; eine 3. Zeitspanne (1840–80) schloß die Entwicklung ab. Der schnelle Teil des V. wurde im ↗Csárdás weitergeführt. Eine der wichtigsten Sammlungen mit 135 V. gab Ignác Ruzitska heraus: *Magyar Nóták Veszprém Vármegyélböl* (15 Bde., 1823–32). Der V. hat im 19. Jh. befruchtend auf das ungarische Kunstliedschaffen (Béni Egressy, Elemér Szentirmay u.a.) eingewirkt, hat den nationalen Zug des angehenden ung. Opernschaffens (József Ruzitska, F. Erkel u.a.) geprägt und die Orchesterwerke von Fr. Liszt und schließlich das frühe Schaffen von B. Bartók beeinflußt.

Lit.: P. P. DOMOKOS, Beziehungen der Musik des 18. Jh. in Ungarn z. ung. Volksmusik von heute, in: Studia musicologica 4 (1964); B. SZABOLCSI, Gesch. der ung. Musik (Budapest 1964); F. BÓNIS, Bartók u. der V., in: ÖMZ 27 (1972); B. RAJECZKY, V., in: MGG XIII; B. SÁROSI, Zigeunermusik (Z – Fr 1977).

G. HABENICHT

VERDECKUNG (engl.: masking), in der Akustik Bz. für einen Effekt, der beim gleichzeitigen Hören zweier Töne mit verschiedener Lautstärke und Tonhöhe auftritt. Dabei wird der leisere Ton nicht wahrgenommen, also vom lauteren Ton verdeckt. Ob eine V. eintritt, hängt jedoch nicht nur von den Amplituden beider Töne ab, sondern auch von ihren Frequenzen. Tiefe Töne (bis etwa 500 Hz) lassen sich kaum verdecken. Sie sind wahrzunehmen, sobald ihre Amplitude oberhalb der Hörschwelle liegt, unabhängig von der Tatsache, ob und wie laut ein zweiter Ton gleichzeitig erklingt. Hohe Töne dagegen werden leicht verdeckt, und zwar um so eher, je niedriger die Frequenz des verdekkenden Tones ist. Aus diesem Grund mag es vorkommen (und wird häufig kritisiert), daß die zahlenmäßig schwächer besetzten Bässe eines Orchesters die an Zahl überlegenen Mittel- und Oberstimmen verdecken. Die zahlenmäßige Verteilung der Orchesterinstrumente erklärt auch umgekehrt die Tatsache, daß eine V. tiefer Instrumente durch höhere weitgehend ausgeschlossen ist. In der elektronischen Musik wird die V. als kompositionstechnisches Mittel bewußt eingesetzt.

VERDELOT (Verdelotto), **Philippe,** * zwischen 1470 und 1480 Verdelot, Les Loges (Seine-et-Marne), † vor 1552 Florenz (?); frz. Komponist. Er kam wahrscheinlich in sehr jungen Jahren nach Italien und ist 1523–27 als Kapellmeister am Baptisterium von S. Giovanni in Florenz nachgewiesen. 1524 sang er vor Papst Clemens VII. in Rom. Weitere biographische Zeugnisse existieren nicht; aus dem Text einzelner Werke, die auf bestimmte Ereignisse oder Umstände hinweisen, und aus ihrer Überlieferung sowie aus indirekten Quellen läßt sich schließen, daß V. sich auch in Bologna (vgl. das Madrigal *O singular dolcezza del sangue bolognese*), Rom (1529–33), Venedig (1533–42) und schließlich wieder in Florenz aufgehalten hat.

WW: 3 Bücher Madrigale für 4 St. (V 1533, 1534, 1537), das 1. Buch für SingSt u. Laute bearb. v. A. Willaert (V 1536); Madrigale für 5 St. (V 1535); zahlr. weitere Madrigale für 4–6 St. in zahlr. Sammeldrucken des 16. Jh., auch in Tabulaturdrucken; 3 Chansons. – 2 Messen u. etwa 50 Motetten in Sammeldrucken des 16. Jh. u. hsl. erhalten.

Mit C. Festa ist V. der prominenteste Vertreter des ↗Madrigals am Beginn seiner neuen Blüte im 16. Jahrhundert. Seinen internationalen Ruhm und Nachruhm auch als Motettenkomponist bezeugt nicht zuletzt die Verwendung einiger seiner Werke als Vorlagen zu Parodiemessen (u.a. von J. Arcadelt, G. P. da Palestrina, N. Gombert, O. di Lasso, Cr. Morales).

Ausg.: Opera omnia, hrsg. v. A.-M. BRAGARD (R 1966ff.) (= CMM 28), bisher 3 Bde.; weitere Ausg. s. Grove[6] XIX.

Lit.: D. L. HERSH (HARRAN), Ph. V. and the Early Madrigal, 2 Bde. (1963) (= Diss. Univ. of California); A.-M. BRAGARD, Étude bio-bibliographique sur P. V. ... (Bru 1964); N. BÖKER-HEIL, Die Motetten v. Ph. V. (Diss. F 1967); H. C. SLIM, V., in: Grove[6] XIX.

VERDI, Giuseppe (Fortunino Francesco), * 9. (oder 10.) 10. 1813 Roncole bei Busseto (Parma), † 27. 1. 1901 Mailand; it. Komponist. Er wuchs in bescheidenen Verhältnissen auf; sein Vater Carlo führte ein Wirtshaus in Roncole und betrieb nebenher einen Weinhandel, die Mutter Luigia Uttini stammte wie V.s Vater aus alteingesessener Familie von Gastwirten mit kleinem Landbesitz. Frühzeitig erhielt V. Musikunterricht und war mit 9 Jahren bereits als Kirchenorganist von Roncole angestellt. Seit 1823 besuchte er das Gymnasium in Busseto, seine musikalische Ausbildung übernahm der städtische Musikdirektor Ferdinando Provesi. Entscheidende Förderung erfuhr V. durch den wohlhabenden Kaufmann Antonio Barezzi, einen rührigen Musikliebhaber, der die Musikgesellschaft von Busseto präsidierte. 1831 siedelte V. in das Haus seines Gönners über, und mit dessen Unterstützung – neben einem Stipendium des Monte di pietà – konnte er seine Ausbildung in Mailand fortsetzen. Am dortigen Konservatorium, das später seinen Namen tragen sollte, wurde er im Juni 1832 abgewiesen. So wurde er Privatschüler des erfahrenen Theaterpraktikers Vincenzo Lavigna, der jahrzehntelang als Maestro al cembalo an der Mailänder Scala wirkte, für die er auch 5 seiner Opern geschrieben hatte. Nach fast 3jährigem Studium bei Lavigna kehrte V. nach Busseto zurück, wo er als Nachfolger Provesis im März 1836 zum Maestro di musica gewählt wurde, was ihn zur Einstudierung und Leitung der Musikgesellschaftskonzerte und zum Unterricht an der Musikschule verpflichtete. Im Mai dieses Jahres heiratete er Margherita Barezzi, die Tochter seines Gönners. Für die Akademien der Società Filarmonica schrieb V. zahlreiche Kompositionen, die außer einem *Tantum ergo* verschollen sind. Ferner arbeitete er an einer Oper unter den Titeln *Lord Hamilton* und *Rocester*, vermutlich Vorstufen zu *Oberto*. Im Februar 1839 kündigte V. seinen Vertrag und kehrte mit Frau und Sohn nach Mailand zurück. Die Tochter Virginia war anderthalbjährig bereits im August 1838 gestorben, und auch der Sohn Icilio verstarb noch vor der Aufführung von *Oberto conte di San Bonifacio* (1839), der ein Erfolg wurde und V. die dauerhafte Zusammenarbeit mit dem Verlagshaus Ricordi wie auch weitere Aufträge des Impresario Bartolomeo Merelli brachte. Bedeutete die Annahme des Erstlings an der Mailänder Scala einen verheißungsvollen Beginn, so mußte die 2. Oper, *Un giorno di regno* (1840), in einer Zeit ablehnender Haltung gegenüber der Opera buffa und des Zerfalls dieser Gattung fast zwangsläufig zum Fiasko führen. Noch während der Komposition hatte V. im Juni auch seine Frau Margherita verloren, das Unglücksjahr 1840 brachte ihm die tiefste Lebenskrise. Doch auf Drängen Merellis vollendete er die 3. Oper, *Nabucodonosor*, bald zu *Nabucco* verkürzt, schon im Herbst 1841. Die Premiere an der Mailänder Scala (1842), an der V.s spätere Lebensgefährtin Giuseppina Strepponi als Abigaille beteiligt war, gestaltete sich zu einem Triumph, der den Komponisten über Italiens Grenzen hinaus bekannt machte. Ein Jahr später gelang ihm mit *I Lombardi alla prima crociata* eine Wiederholung des Erfolgs. Von Aufträgen überhäuft, folgten für V. Jahre angestrengtester Arbeit, die er Anni di galera (Galeerenjahre) nannte, von denen V.s einziger Schüler, Emanuele Muzio, in Briefen an Barezzi eine Vorstellung vermittelt. Zunächst gewann sich V. die bedeutendsten Opernhäuser Italiens, La Fenice in Venedig (*Ernani*, 1844; *Attila*, 1846), das Teatro Argentina in Rom (*I due Foscari*, 1844) und das Teatro S. Carlo in Neapel (*Alzira*, 1845). Seine erste Shakespeare-Vertonung führte ihn ferner an das Teatro della Pergola in Florenz (*Macbeth*, 1847), während es bei einer weiteren Oper für Mailand (*Giovanna d'Arco*, 1845) zum Bruch mit Merelli und der Scala gekommen war. Dann versuchte V. im Ausland Fuß zu fassen, in London mit *I masnadieri* (1847) und in Paris mit *Jérusalem* (1847), einer erweiterten Umarbeitung der *Lombardi* und sein erster Kontakt mit der Opéra (1847). Mit den Erträgen seiner Opern gewann V. rasch finanzielle Unabhängigkeit und erwarb 1848 Ländereien in Sant'Agata bei Busseto. Die 1851 bezogene Villa blieb bis zu seinem Tod bevorzugter Wohnsitz, doch lebte er in diesen Jahren noch vorwiegend in Paris, wo Giuseppina Strepponi als Gesangspädagogin tätig war. Dort entstand neben *Il corsaro* (1848) und Teilen von *Luisa Miller* (1849) die bewußt als patriotisches Bekenntnis angelegte *Battaglia di Legnano* (1849). Das Publikum hatte schon frühere Opern V.s politisch aufgefaßt, aber mit den Aufständen von 1848 gegen die östr. Fremdherrschaft wurde er selbst zum Sinnbild des Risorgimento. 1859 diente sein Name gar als politisches Akronym: V(ittorio) E(manuele) R(è) D'I(talia). Nach dem erfolgsarmen *Stiffelio* (1850), der später in *Aroldo* (1857) umgewandelt wurde, schrieb V. jene 3 Werke, die zur ständigen Stütze des internationalen Repertoires wurden: *Rigoletto* (1851), *Il Trovatore* (1853) und *La Traviata* (1853). Dann folgten *Les vêpres siciliennes* (1855), die erste Originalkomposition im Genre der großen frz. Oper, und *Simon Boccanegra* (1857), auf dessen Neuerungstendenzen das Publikum verständnislos reagierte. Darauf befaßte sich V. mit W. Shakespeares *King Lear*, einem schon früher erwogenen Opernprojekt, das ihn noch bis ins Alter begleitete, ohne je verwirklicht zu werden. Statt dessen komponierte er für Neapel *Un ballo in maschera*, ließ das Werk aber nach Kontroversen mit der Zensur in Rom aufführen (1859). Nach dieser Oper konnte V. sich erstmals vom Produktionszwang befreien und sich seinem landwirtschaftlichen Betrieb in Sant'Agata widmen. Im Winter lebte er mit Giuseppina Strepponi, die 1859 seine Gattin wurde, meist in Genua, wo er sich 1866 im Palazzo Sauli einmietete. Seit 1861 versah er zudem für 4 Jahre ein politisches Amt als Abgeordneter des ersten it. Parlaments in Turin. Die folgenden Werke waren wieder ausländischen Bühnen zugedacht; für St. Petersburg schrieb V. *La forza del destino* (1862) und für Paris *Don Carlos* (1867), der wie zuvor die frz. Neufassung von *Macbeth* (1865) wenig Anklang fand. 1867 wurde für V. ein weiteres Unglücksjahr: Anfang des Jahres starb sein Vater und im Juli, noch schmerzvoller für ihn, der väterliche Freund Barezzi. Dann kehrte V. nach 24 Jahren Abwesenheit mit einer 2. Version von *La forza del destino* (1869) an die Mailänder Scala zurück. Hier erlebte auch die für Kairo komponierte *Aida* (1871) unter V.s Leitung 1872 ihre brillante europäische Erstaufführung. Die Titelpartie sang Teresa Stolz, die V. bis zu seinem Tod auch persönlich eng verbunden war. *Aida* blieb V.s letztes Auftragswerk, und es sollten 15 Jahre vergehen, bevor er dann auf eigene Initiative mit neuen Bühnenwerken nochmals hervortrat. In der Zwischenzeit entstanden freilich mehrere Kompositionen: In Neapel schrieb er 1873 das Streichquartett e-moll, und nach dem Ableben des von ihm zuhöchst verehrten Dichters A. Manzoni vollendete V. ein *Requiem,* dessen Finalsatz *Libera me* er schon 1869 komponiert hatte, damals als Teil einer im Kollektiv verfaßten Totenmesse für G. Rossini bestimmt. Die Uraufführung des *Requiem* (1874) in der Mailänder Kirche S. Marco stand unter V.s Leitung. Wie zu Beginn der Karriere waren Mailand und die Scala wieder Mittelpunkt seines Wirkens, wo 1880 auch 2 kleinere Werke zuerst Gehör fanden, ein *Pater noster* für 5st. Chor und das *Ave Maria* für Sopran und Streicher. Bis zum Zerwürfnis (1871) hatte Angelo Mariani, der erste it. Dirigent modernen Stils und Vorkämpfer R. Wagners, seinem Freund V. als Interpret unschätzbare Dienste geleistet. In den 1870er Jahren widmete sich V. nun selbst vermehrt der musikalischen und szenischen Wiedergabe der neueren Werke; von *Aida* leitete er Einstudierungen in Parma, Neapel, Wien und Paris, mit dem *Requiem* gab er Konzerte in Paris, London, Wien und 1877 auf dem Niederrheinischen Musikfest in Köln. 1879 begann die Zusammenarbeit mit A. Boito, dessen *Inno delle nazioni* V. 1862 für die Londoner Weltausstellung vertont hatte. Im November dieses Jahres erhielt V. die erste Fassung von *Otello,* doch legte er zunächst Revisionen von *Simon Boccanegra* (1881) und *Don Carlos* (1884) vor. Im Laufe der 80er Jahre schränkte V. das Reisen ein und lebte zunehmend zurückgezogen, den Sommer hindurch in Sant'Agata, während des Winters in Genua, wo er 1874 in den Palazzo Doria umzog. Seit 1882 wurde V. der alljährliche Besuch des Kurorts Montecatini zur Gewohnheit, wo er jeweils im Frühsommer einige Zeit verbrachte. Mit *Otello* begann V. im März 1884, Anfang Oktober 1885 war die mehrmals unterbrochene Arbeit im wesentlichen abgeschlossen. Orchestrierung und Korrekturen sowie Diskussionen über Ausstattung und Darsteller nahmen jedoch ein weiteres Jahr in Anspruch. V. leitete auch die Proben, während eine weltweite Presse das Werk mit Spannung erwartete. Die Mailänder Uraufführung am 5. Februar 1887 erzielte bei Publikum und Kritik einen Erfolg ohnegleichen. Zeitlebens hatte sich V. für wohltätige Zwecke verwendet. 1888 wurde das von ihm gestiftete Krankenhaus in Villanova unweit Sant'Agata eröffnet, und 1889 entwickelte er aufwendige Pläne zum Bau eines Altersheims für Musiker in Mailand. In das Jahr 1889 fiel auch die erste Beschäftigung mit *Falstaff,* der auf eine Anregung Boitos zurückging. Im August nahm V. die Komposition auf, die sich freilich bis Ende 1892 hinzog. Die Premiere dieser Commedia lirica am 9. 2. 1893 hatte wie alle späteren Werke V.s überragenden Erfolg. Trotzdem ließ sich der nun 80jährige Komponist nicht mehr zu weiteren Bühnenwerken bewegen. Nur für die frz. Aufführung von *Otello* schrieb V. 1894 noch die Ballettmusik. Den Abschluß seines Schaffens bildeten ein *Te Deum* und ein *Stabat mater,* die er mit den älteren *Laudi alla Vergine Maria* und *Ave Maria (sopra una scala enigmatica)* zu den *Quattro pezzi sacri* vereinte. Am 27. Januar 1901 erlag der greise V. in Mailand einem Schlaganfall und wurde an der Seite Giuseppinas, die im November 1897 gestorben war, in der von ihm gegründeten Casa di riposo per musicisti beigesetzt.

WW: **1) Instr.-WW:** Streichquartett e-moll (1873). – **2) Vokal-WW:** Lieder für SingSt u. Klv.: *Sei romanze* (1838); *L'esule* (1839); *La seduzione* (1839); *Chi i bei dì m'adduce ancora* (1842); *Album di sei romanze* (1845); *Il poveretto* (1847); *L'abandonnée* (1849); *Barcarola* (1850); *Fiorara* (1853); *La preghiera del poeta* (1858); *Il brigidin* (1863); *Stornello* (1869); *Pietà, Signor* (1894). – Weitere Vokalwerke: Scena lirica *Io la vidi e a quell'aspetto* (1832–35?); Notturno *Guarda che bianca luna* (1838); Inno popolare *Suona la tromba* (1848); *Inno delle nazioni* (1862). – **3) Geistl. Werke:** Tantum ergo (1836); *Messa da Requiem* (1874) für 4 Solost., Chor u. Orch.; Pater noster, Ave Maria (1880); *Quattro pezzi sacri* (1889–97). – **4) Bühnen-WW:** Opern: *Oberto, conte di San Bonifacio* (Libr.: A. Piazza, revidiert v. T. Solera), UA: Mailand 1839; *Un giorno di regno (Il finto Stanislao)* (Libr.: F. Romani, revidiert v. Solera?), UA: ebd. 1840; *Nabucodonosor (Nabucco)* (Libr.: Solera), UA: ebd. 1842; *I Lombardi alla prima crociata* (Libr.: ders.), UA: ebd. 1843, revidiert frz. als: *Jérusalem* (Libr.: A. Royer u. G. Vaëz), UA: Paris 1847; *Ernani* (Libr.: F. M. Piave nach V. Hugo), UA: Venedig 1844; *I due Foscari* (Libr.: ders. nach Lord Byron), UA: Rom 1844; *Giovanna d'Arco* (Libr.: Solera nach F. von Schiller), UA: Mailand 1845; *Alzira* (Libr.: S. Cammarano nach F.-M. Voltaire), UA: Neapel 1845; *Attila* (Libr.: Solera u. Piave), UA: Venedig 1846; *Macbeth* (Libr.: Piave u. A. Maffei nach W. Shakespeare), UA: Florenz 1847, revidiert frz. (Libr.: C. Nuitter u. A. Beaumont), UA: Paris 1865; *I masnadieri* (Die Räuber) (Libr.: Maffei nach Schiller), UA: London 1847; *Il corsaro* (Der Korsar) (Libr.: Piave nach Byron), UA: Triest 1848; *La battaglia di Legnano* (Die Schlacht von Legnano) (Libr.: Cammarano), UA: Rom 1849; *Luisa Miller* (Libr.: ders. nach Schiller), UA: Neapel 1849; *Stiffelio* (Libr.: Piave), UA: Triest 1850, revidiert als: *Aroldo,* UA: Rimini 1857; *Rigoletto* (Libr.: ders. nach Hugo), UA: Venedig 1851; *Il Trovatore* (Libr.: Cammarano u. L. E. Bardare), UA: Rom 1853; *La Traviata* (Libr.: Piave nach A. Dumas fils), UA: Venedig 1853; *Les vêpres siciliennes* (Libr.: E. Scribe u. C. Duveyrier), UA: Paris 1855; *Simon Boccanegra* (Libr.: Piave u. G. Montanelli), UA: Venedig 1857, revidiert (Libr.: A. Boito), UA: Mailand 1881; *Un ballo in maschera* (Ein Maskenball) (Libr.: A. Somma nach Scribe), UA: Rom 1859; *La forza del destino* (Die Macht des Schicksals) (Libr.: Piave), UA: St. Petersburg 1862, revidiert (Libr.: A. Ghislanzoni), UA:

Mailand 1869; *Don Carlos* (Libr.: J. Méry u. C. du Locle nach Schiller), UA: Paris 1867, revidiert als: *Don Carlo* (it. Fassung), UA: Mailand 1884; *Aida* (Libr.: Ghislanzoni), UA: Kairo 1871; *Otello* (Libr.: Boito nach Shakespeare), UA: Mailand 1887; *Falstaff* (Libr.: ders. nach Shakespeare), UA: ebd. 1893.

Im Werk V.s findet die von Rossini eingeleitete Reform, die den Opera seria-Typ metastasianischer Prägung endgültig überwunden hatte, eine kontinuierliche Fortsetzung. Fast konkurrenzlos beherrscht V. 50 Jahre lang die Oper in Italien. Beginnend mit den Frühwerken, die vielerorts schlagartig G. Donizetti und V. Bellini von der Spitze des Spielplans verdrängen, kann V. diese Stellung bis zu den beiden Spätwerken behaupten, während der Oper zur gleichen Zeit in G. Puccini und im Verismo neue Impulse erwachsen. – Zu Recht betrachtete V. *Nabucco* als eigentlichen Beginn seiner Karriere. *Oberto* zeigt, was schon zeitgenössische Kritiker aufhorchen ließ, Ansätze zu persönlichem Stil; das von den Vorgängern übernommene Nummernprinzip bleibt aber weithin leeres Formschema, sichtbar an statischen, funktionsarmen Introduktionschören und Arien, denen ein vermittelnder szenischer Zwischenteil fehlt. An *Un giorno di regno* ist bemerkenswert, wie sich V. den geschmeidigen Buffostil Rossinis zu eigen macht, etwa in den Duetten für die beiden Bässe, doch erschöpft sich die Oper in vordergründig brillantem Spiel. Die sentimentalen, wenn nicht tragischen Züge von Donizettis wenig späterem *Don Pasquale* sind ihr fremd. Mit *Nabucco* setzt sich V. indes deutlich von den Vorgängern ab. Die Nummern sind vor allem gegenüber Bellini stark gestrafft, vermehrt von Aktion durchdrungen, und der gesamte Handlungsablauf wird strikt vorangetrieben. Die Melodielinie gewinnt mit ausgreifenden Intervallsprüngen, die innerhalb eines weitgespannten Ambitus häufig in die Grenzbereiche vorstoßen (Abigaille), schärfste Konturen. Eine aufpeitschende (Polaccarhythmus) und schroffe (Synkopen-)Rhythmik zielt in schnellen Tempi auf äußerste Schlagkraft, demselben Zweck der krassen Effekte dienen abrupte dynamische Kontraste und wuchtige Orchesterschläge mit oft grellen Blechbläserakzenten. Bezeichnend ist ferner ein schlichtes und starres, am Strophenbau orientiertes Harmoniegerüst mit bereits im Text angelegten, festen Modulationsstellen (häufige Molleintrübung im Arienmittelteil; Moll-Dur-Wechsel im Schlußteil von Romanzen). Diese Merkmale bleiben bestimmend für V.s Frühwerk. *Nabucco* und *I Lombardi,* noch stärker als dann *Giovanna d'Arco* und *Attila,* werden in Zusammenarbeit mit dem Librettisten Temistocle Solera zu ausgesprochenen Monumentalopern, in deren Zentrum gewaltige Chorszenen und breit angelegte Ensembles stehen. Während hier die Konflikte der Figuren nur Teil einer übergreifenden Staatsaktion sind, tritt mit den (von V. entscheidend vorgeformten) Textbüchern Fr. M. Piaves eine Wendung zum persönlichen, verinnerlichten Drama ein. Das Schlußterzett aus *Ernani,* eine in ihrer musikalisch eindringlichen Personencharakterisierung und ihrer Situationsausdeutung singuläre Finalszene, ist dafür beispielhaft. Neben dem intimeren Liebesdrama, mit dem sich V.s Ausdrucksmittel verfeinern, steht das für seine Entwicklung letztlich bedeutendere Machtdrama, das markante Gestalten in neuartiger Personenkonstellation auf die Bühne bringt. In diesem Operntyp verblaßt der Tenor zum schwächlichen Liebhaber (Ismaele, Oronte, Foresto), doch gewinnt zugleich der Sopran an Kraft (Abigaille, Odabella, Lady Macbeth). Vor allem aber rücken die tiefen Männerstimmen als machtbesessene – hybride oder skrupellose – Charaktere (Nabucco, Attila, Macbeth, Francesco Moor) in den Brennpunkt der Aktion. An diesen psychologisch differenzierten Gestalten entwickelt V. einen deklamationsnah profilierten Charaktergesang, der nach dramatischer Wahrheit strebt und dem früheren Belcantoideal der reinen Gesangsoper eine Absage erteilt. Richtungweisend ist darin *Macbeth,* in dem die von V. zahlreich beigegebenen Ausdrucksbezeichnungen geradezu konstitutiver Bestandteil der Partitur werden. Für die formale Entwicklung ist die szenische Auflockerung und Dramatisierung der starren Nummernkonstruktion bedeutsam, vornehmlich der 4teiligen Standardform, einer kombinierten Kontrast- und Steigerungsanlage, die in Solonummern (bes. den als Cavatina bezeichneten Auftrittsarien) folgenden Aufbau hat: einleitendes Rezitativ *(Scena)* – langsamer erster Ariensatz *(primo tempo, cantabile)* – szenischer Zwischenteil *(tempo di mezzo)* – schneller zweiter Ariensatz *(cabaletta).* Den Schematismus durchbricht V. etwa in der Arie Luisa Millers: Durch stärkste Beteiligung Wurms wird die Solonummer dialogisch ausgeweitet; das dramaturgisch entscheidende Briefdiktat fällt in die traditionell handlungsarme Scena; 2 Orchestergesten versinnlichen sigelartig die polare psychologische Grundsituation, Luisas Verzweiflung und Wurms Diabolie; ein *Andante agitato* mit rhythmisch markanter Begleitfigur und eine es-moll-Cabaletta verleihen den musikalischen Sätzen individuelles Gepräge. Weiterhin treten häufiger frei geformte, großflächige Szenenkomplexe auf wie die als Einheit geschlossen vertonte Tempesta in *Rigoletto.* Oder es begegnen Nummern wie das Duett zwischen Rigoletto und Sparafucile, deren Konstruktion von einer eigenständigen Orchestermelodie ausgeht, über der sich der Gesang rhythmisch freier entfalten kann, während die Komposition gewöhnlich bei der Vokalebene ansetzt und die Gesangsphrasen, die als versabhängige rhythmische Modelle erscheinen, in periodischen Ablauf bringt. Der Aufsplitterung der Oper in isolierte Nummern tritt V. entgegen, indem er die Werkeinheit durch Herstellung szenischer Bezüge verstärkt. Dies geschieht durch jeweils den Auftritt begleitende Personenmotive *(I due Foscari)* oder durch wiederholt zitierte Kernmotive, in denen sich dramatische Ideen verkörpern (Hornmotiv in *Ernani;* Fluchmotiv in *Rigoletto*). Hinzu kommen die gerade in Orchestervorspielen vielfach verwendeten Erinnerungsmotive. So findet sich eine eindrucksvolle motivische Verarbeitung in der Einleitung zum Schlußakt von *Luisa Miller.* Drohend erklingt zunächst das variierte Schicksalsmotiv der Sinfonia, dem sich dann das Liebesthema der ersten Introduktion, nur vom gläsernzerbrechlichen Klang zweier Flöten getragen, als blassester Abglanz vergangenen Glücks anschließt. Die typisierten Formen der Nummernoper bleiben, wenn auch zunehmend verarbeitet, beherrschend bis *La Traviata.* Erst unter frz. Einfluß kommt es mit *Simon Boccanegra* zu einschneidenden Neuerungen in Richtung eines individuell gestalteten und in kontinuierlichen Fluß gebrachten musikalischen Dramas. Allein ein Beginn, der auf den konventionellen Introduktionschor verzichtet und inmitten eines Dialogs ansetzt, dessen Verse stark aufgebrochen sind (sog. versi spezzati), läßt die veränderte Haltung erkennen. Bezeichnend ferner, daß V. gerade bei dieser Oper den zu jener Zeit verwegenen Wunsch nach einem Prosalibretto äußerte, was ihm selbst Boito später versagte, denn auch diesem galt die Versifikation noch als unverzichtbar. Erfolgreicher sind, wie etwa die 3 Textfassungen von Amelias Auftrittsarie in *Un ballo in maschera* belegen, V.s Forderungen nach einem neuen Sprachstil, den er später unter dem Begriff der Parola scenica zusammenfaßt. Im Gegensatz zum abstrakt reflektierenden, gehobenen, aber phrasenhaften Darstellungsstil versteht V. darunter eine direkt auf die konkrete Handlung und gegenwärtige Situation bezogene szenische Sprache. V.s Vorstellung richtet sich auf einen Aktionscharakter der Librettosprache, womit das Geschehen an unmittelbarer Präsenz gewinnen soll. Überhaupt findet die szenische Dimension immer stärkere Beachtung. Wiederum auf frz. Vorbild hin wird seit *Simon Boccanegra* ein Regiebuch („disposizione scenica") angefertigt und den Theatern für ihre Inszenierungen zur Verfügung gestellt. Ein klares Indiz, daß die szenische Darstellung als integraler Bestandteil der Komposition verstanden wird. Daneben finden weitere Verschiebungen in dem einst nach strenger Hierarchie geregelten Sängerpersonal (compagnia di canto) statt. Nach den Männerstimmen werden die tiefen Stimmlagen der Frauen aufgewertet. Mußte sich V. in *Luisa Miller* für die Gestalt der Federica noch mit einer mittleren Rolle (parte comprimaria) begnügen, so erhalten Mezzo und Alt jetzt erste Partien. Sie bereichern die Personenkonstellation um eine schillernd komplexe Charakterrolle, die wie schon Rigoletto nicht geradlinig angelegt ist, sondern eine in Haßliebe tief gespaltene Persönlichkeit zeigt (Azucena, Eboli, Amneris). Überdies erweitert sich das Handlungsgerüst, das vormals wesentlich auf 3–4 Personen abgestützt war, um eine Vielzahl in die Aktion verflochtener Gestalten mit eigenem Gepräge, die gewichtige Akzente setzen und V.s Verlangen nach „varietà" nachkommen. Die Auffächerung der tragenden Rollen gilt namentlich für *Un ballo in maschera* (Ulrica, Oscar) und *La forza del destino* (Preziosilla, Guardiano, Melitone), wo selbst die Randfigur des Trabuco zur konzisen Charakterstudie gerät, ferner für *Don Carlos* (Großinquisitor). Auch in szenischer Hinsicht ist den späteren Werken eine höhere Komplexität eigen, und zwar durch Aufteilung der Bühne in Aktionsräume mit simultan geführten Teilhandlungen (Terzettino dialogato in *Don Carlos).* Mitunter sind solche Szenen schon durch das Bühnenbild vorgegeben (Finalakt von *Rigoletto;* das als Scena divisa angelegte Schlußbild von *Aida*). Entscheidend ist die Aufspaltung in Aktionsräume für die beiden Alterswerke und ihre musikalische Gestaltung, vorab für die mittleren Akte von *Otello* und das Gartenbild in *Falstaff.* Einen Höhepunkt bildet das Concertato im Hause Fords, wo V. 3 räumlich getrennte Gruppen zu einem geschlossenen Aktionsensemble verschweißt. Mit der gesteigerten Differenzierung des Librettos, dramaturgisch wie formal, gehen entsprechende Änderungen in V.s Kompositionsstil einher. An die Stelle großflächiger, einfacher Harmoniegerüste tritt eine reicher entfaltete, nuanciert chromatisierende Harmonik, die mit ihrem feinrastigen und durchbrochenen Bau ein subtiles Eingehen auf die Personencharakteristik und Situationsdramatik erlaubt. Unter Verzicht auf schematische Begleitfiguren wird der Orchestersatz aufgelockert und beweglicher, die Instrumentalebene erhält durch stark motivische Prägung eigene Ausdruckskraft. Über die Bedeutung der Klangfarbe selbst in früheren Werken täuscht V.s Gewohnheit hinweg, die Opern nachträglich, meist erst während der Proben, zu instrumentieren. Doch bezeugen seine Anweisungen für die Orchestrina in *Macbeth* eine sensible Klangvorstellung, und im stehenden Klang aus leeren Quinten der Violoncelli und darüberliegendem Oboenton, mit dem die Unwetterszene in *Rigoletto* anhebt, spiegelt sich eine spezifische Klangabsicht, wobei die Instrumente schon in der Kompositionsskizze vermerkt sind. Die Klangfarbe wird dann zunehmend raffiniert eingesetzt, so etwa in der „Litanei" am Schluß von *Falstaff*, wenn V. durch Bläsermischklang die Assoziation von Orgelklang hervorruft. Für den Spätstil grundlegend ist ein Bedeutungsverlust des Verses für die Vertonung, die sich kaum noch mit der Umsetzung des Akzentschemas in rhythmische Modelle bescheidet. Maßgeblich sind vielmehr die unregelmäßigen Sinneinheiten des Textes sowie einzelne Wortbetonungen, die als musikalisch-rhetorische Akzente hervorgehoben werden, womit sich die Periodik verliert und die Vokalphrasen dem natürlichen Tonfall folgen. Besonders für *Falstaff* gilt, daß eine flexiblere Sprachvertonung die frühere Verskomposition ersetzt. Auf diesen Sachverhalt dürfte sich Boito hauptsächlich beziehen, wenn er in V.s letztem Bühnenwerk eine „völlig neue Kunstform" verwirklicht sieht.

Lit.: **1) Werk-Verzeichnisse u. Bibliographien:** C. HOPKINSON, A Bibliography of the Works of G. V. 1813–1901, 2 Bde. (NY 1973–78); M. CHUSID, A Cat. of V.'s Operas (Hackensack/N. J. 1974); E. SURIAN, Lo stato attuale degli studi verdiani. Appunti e bibliografia ragionata (1960–1975), in: RIMus 12 (1977). – **2) Briefe u. Dokumente:** A. PASCOLATO, Re Lear e Ballo in maschera, lettere die G. V. ad A. Somma (Città di Castello 1902); G. CESARI – A. LUZIO, I copialettere di G. V. (Mi 1913, Nachdr. Bol 1968) (= Bibl. musica Bononiensis V/23); G. MORAZZONI, Lettere inedite di G. V. (Mi 1929); A. ALBERTI, V. intimo, carteggio di G. V. con il conte Opprandino Arrivabene (1861–1886) (Verona 1931); L. A. GARIBALDI, G. V. nelle lettere di E. Muzio ad A. Barezzi (Mi 1931); R. DE RENSIS, F. Faccio e V., Carteggi e documenti inediti (Mi 1934); Carteggi verdiani, 4 Bde., hrsg. v. A. LUZIO (R 1935–47); C. GATTI, V. nelle immagini (Mi 1941); A. OBERDORFER, G. V., autobiografia dalle lettere (Mi 1951); W. WEAVER, V. A Documentary Study (Lo 1977, dt. B 1980); H. BUSCH, V.'s Aida, the History of an Opera in Letters and Documents (Minneapolis 1978); M. MEDICI – M. CONATI, Carteggio V.–Boito (Parma 1978); F. WALLNER-BASTÉ, V. aus der Nähe, ein Lebensbild in Dokumenten (Z 1979); H. BUSCH, G. V. Briefe (F 1979); M. CONATI, Interviste e incontri con V. (Mi 1980). – **3) Veröff. des Istituto di Studi Verdiani, Parma:** Bollettino: I/1–3, *Un ballo in maschera* (1960); II/4–6, *La forza del destino* (1961–66); III/7–9, *Rigoletto* (1969–82). – Quaderni: I, *Il corsaro* (1963); II, *Gerusalemme e I Lombardi alla prima crociata* (1963); III, *Stiffelio* (1968); IV, *Genesi dell'Aida* (1971). – Atti: Venedig 1966 (1969), II: Verona 1969 (1971), III: Mailand 1972 (1974); Studi verdiani (1982 ff.). – **4) Biographien u. umfassende Darstellungen:** A. POUGIN, V., vita aneddotica (Mi 1881, frz. Original P 1886, dt. L 1887); G. MONALDI, G. V. (Tn 1899, 4 1951, dt. St 1898); C. GATTI, V. (Mi 1931, 3 1953); F. TOYE, G. V., His Life and Works (Lo 1931, Nachdr. Lo 1962, 2 1964); H. GERIGK, G. V. (Pd 1932); K. HOLL, V. (B 1939, erweitert 2 1943, Lindau 3 1947, Wien 4 1948, Neudruck Z 1948); D. HUSSEY, V. (Lo 1940, NY 1949, 2 1962, revidiert Lo – NY 1963, Nachdr. Lo 1973); M. MILA, G. V. (Bari 1958); F. ABBIATI, G. V., 4 Bde. (Mi 1959); H. KÜHNER, G. V. (Reinbek 1961); F. WALKER, The Man V. (Lo 1962); G. MARTIN, V. (NY 1963, Lo 1965); G. MARCHESI, V. (Tn 1970); W. WEAVER – M. CHUSID, The V. Companion (NY 1979); J. BOURGEOIS, G. V. (dt. H 1980); C. CASINI, V. (Mi 1981); D. R. KIMBELL, V. in the Age of It. Romanticism (C 1981); H. GAL, G. V. (F 1982). – **5) Zu einzelnen Werken u. Werkgruppen:** A. BASEVI, Studio sulle opere di G. V. (Fi 1859); G. RONCAGLIA, G. V. (Neapel 1914); M. MILA, Il melodramma di V. (Bari 1933); F. I. TRAVIS, V.'s Orchestration (Diss. Z 1956); G. RONCAGLIA, Galleria verdiana, Studi e figure (Mi 1959); L. K. GERHARTZ, Die Auseinandersetzungen des jungen V. mit dem literarischen Drama (B 1968) (= Berliner Stud. z. Musikwiss. 15); CH. OSBORNE, The Complete Operas of V. (Lo 1969); G. BALDINI, Abitare la battaglia. La storia di G. V. (Mi 1970); J. BUDDEN, The Operas of V., 3 Bde. (Lo 1973–81); M. MILA, La giovinezza di V. (Tn 1974); F. NOSKE, The Signifier and the Signified. Studies in the Operas of Mozart and Verdi (Den Haag 1977); G. V. (1979) (= Musik-Konzepte 10); M. MILA, L'arte di V. (Tn 1980).

P. ROSS

VERDONCK (Verdonch, Verdonk), **Cornelis,** * 1563 Turnhout, † 5. 7. 1625 Antwerpen; ndl. Komponist. Er wurde 1572 zusammen mit Ph. Rogier Sängerknabe in der Hofkapelle König Philipps II. in Madrid und kehrte nach der Mutation in die Heimat zurück, wo er Schüler von S. Cornet wurde. 1579–98 wirkte er wieder in der Madrider Hofkapelle. Dann stand er in Antwerpen bis zu seinem Tod in den Diensten des Gouverneurs von Wicheln und Ceeskamp. V. ist deswegen bemerkenswert, weil von ihm Werke überliefert sind (sog. Bildmotetten), die zu den ersten Zeugnissen des Notenstichs gehören.

WW: *Poésies françoises* für 5 St. (An 1599); Madrigale für 6 St. (An 1603); weitere Chansons u. Madrigale in zahlr. Sammeldrukken der Zeit. – 5 lat. Gesänge, darunter *Ave gratia plena* u. *Magnificat* auf Kupferstichen v. J. Sadler (nach Gemälden v. M. de Vos).

Ausg.: Die genannten Motetten in: Ndl. Bildmotetten v. Ende des 16. Jh., hrsg. v. M. SEIFFERT (L 1929) (= Organum I/19 u. 20); *Ave gratia*, hrsg. v. J. CHRIST (Bonn 1956).

Lit.: M. SEIFFERT, Bildzeugnisse des 16. Jh. für die instr. Begleitung des Gesangs u. den Ursprung des Musikkupferstiches, in: AfMw 1 (1918/19); G. MASSENKEIL, V., in: MGG XIII.

VEREINIGTE STAATEN VON AMERIKA. Da in Amerika eine Nation aus Einwanderern entstanden ist, ist die einzige wirklich amerik. Musik die der ↗ Indianer. Doch erst nach mehreren Jahrhunderten begannen sich die Musikethnologen für die präkolumbischen Modi und Rhythmen zu interessieren. Die Spanier brachten Hymnen und Gesänge der kath. Kirche auf den amerik. Kontinent. Die weltliche span. Musik folgte erst später und hinterließ Spuren in den Volksliedern der alten span. Besitzungen in Nord- und Südamerika. Die engl. Siedler kamen im Laufe des 17. Jh. nach

Amerika und ließen sich an der Atlantikküste nieder. Das erste in Nordamerika herausgegebene Buch war das *Bay Psalm Book,* das 1640 gedruckt wurde. Seine 9. Ausgabe enthielt 13 Melodien, auf die die Psalmen gesungen werden konnten. Um die Mitte des 18. Jh. kam eine Gruppe deutschsprachiger Missionare, die sich in Pennsylvania niederließen und als „Moravians" (Mähren) bekannt wurden und einen großen kulturellen Widerhall erfuhren. Drei ihrer Mitglieder, Conrad Beissel (1690–1768), John Antes (1740–1811) und Johann Friedrich Peter (1746–1813) waren allgemein bekannte Komponisten. Die Engländer Alexander Reinagle (1756–1809) und Benjamin Carr (1768–1831) wanderten nach der Revolution in die V. aus und widmeten sich der Praxis, der Komposition und dem Unterricht von Musik.

Der erste in Amerika geborene Komponist ist Fr. Hopkinson, einer der Unterzeichner der Unabhängigkeitserklärung. Im Vorwort seiner Slg. mit Cembalostücken, die 1788 in Philadelphia erschien, bezeichnet er sich als erster Kolonist amerik. Herkunft, der ein musikalisches Werk hervorgebracht habe. Es gab mehrere Amateurmusiker unter den amerik. Staatsmännern. Benjamin Franklin wird die Erfindung der ↗Glasharmonika zugeschrieben; Thomas Jefferson, der 3. Präsident der V., war ein passionierter Musikliebhaber und spielte Violine und Cembalo. Andere Amateure schrieben Hymnen und unterrichteten im Gesang, vor allem William Billings (1746–1800) aus Boston, der geistreiche „fugierte Lieder" vertonte.

Die Entstehung der Musikinstitutionen. Das erste amerik. Orchester, das regelmäßige Konzerte gab, war die Pierian Sodality of Harvard University, die 1808 in Boston gegründet wurde. Die Handel and Haydn Society entstand 1815 in Boston mit dem Ziel, Chorwerke von G. Fr. Händel, J. Haydn u.a. Komponisten aufzuführen. Allmählich wurde die Musikerziehung in das Programm der amerik. Schulen aufgenommen. Die Initiative hierzu ging auf L. Mason, den Gründer der Bostoner Musikakademie (1832) und Komponisten sehr zahlreicher religiöser Gesänge, zurück. Die amerik. Gesellschaft des 19. Jh. hatte eine ausgeprägte Vorliebe für großartige Unternehmungen: Phineas Taylor Barnum, der berühmte amerik. Zirkus-Impresario, ließ den Dirigenten Louis Antoine Jullien in die V. kommen, der eine Reihe spektakulärer Aufführungen leitete, einige im Stil der *Fireman's Quadrille,* zu der die Darstellung eines Brandes gehörte. Anläßlich der Beendigung des Bürgerkrieges wurden 1869 und 1872 zwei Jahresfeiern für den Frieden veranstaltet. 100 Bostoner Feuerwehrmänner wurden engagiert, um während der Aufführung des Schmiedechors aus G. Verdis *Troubadour* bei einem Monsterkonzert echte Ambosse zu schlagen. Die Hundertjahrfeier der Unabhängigkeit (1876) wurde in Philadelphia mit einem Galakonzert unter der Leitung von Th. Thomas gefeiert, der R. Wagner dazu bewogen hatte, für diese Gelegenheit einen *Großen Festmarsch* zu komponieren. Beseelt von dem gleichen emphatischen und bombastischen Gefühl, hatte schon früher der in Böhmen geborene A. Ph. Heinrich eine *Grand American Chivalrous Symphony* und eine *Grand National Heroic Fantasia* für 44stimmiges Orchester komponiert. Eine andere typisch amerik. Gestalt war Silas Gamaliel Pratt (1846–1916). Er schrieb Oratorien, die die amerik. Geschichte illustrieren. William Henry Fry (1813–64), dem es nicht an Beredsamkeit fehlte, amerik. Komponisten zur Vertonung von Opern anzuregen, war selbst der Autor einer Oper *Leonora,* einer schwächlichen Imitation V. Bellinis und G. Donizettis. Unter den Verfechtern der Musik „made in USA" ist George Frederick Bristow (1825–98) erwähnenswert: seine Oper *Rip van Winkle* und seine *Niagara Symphony* sind zumindest dem Titel nach amerikanisch. Ihre Musik jedoch ist eine Mischung aus it. Melos und dt. Harmonik. Die Werke von L. M. Gottschalk, einem in New Orleans geborenen Pianisten, der in Europa und Amerika eine glänzende Karriere machte, sind wesentlich interessanter: es handelt sich meist um Klaviermusik, die durch lateinamerik. Rhythmen geprägt ist. Gottschalk bearbeitete auch Gesänge seiner Heimat im Stil der Pariser Salonmusik.

Im 19. Jh. besaßen die Deutschen das Monopol auf den Gebieten der Musikaufführung und -veröffentlichung und der Musikerziehung sowie des Instrumentenbaus. So wurde z. B. das Boston Symphony Orchestra seit seiner Gründung (1881) bis zur Verhaftung von K. Muck am Ende des 1. Weltkrieges von dt. Dirigenten geleitet. Diesen folgten die Franzosen H. Rabaud und P. Monteux, dann für ein Vierteljahrhundert der Russe S. Kussewitzky, der Franzose Ch. Münch, der Österreicher E. Leinsdorf und der Deutsche W. Steinberg, schließlich 1973 der Japaner S. Ozawa. Aus der Geschichte der anderen, im 19. Jh. gegründeten amerik. Orchester von Weltruf (↗New York Philharmonic, ↗Philadelphia Orchestra, ↗Chicago Symphony Orchestra) ist zu erwähnen, daß das New Yorker mit L. Bernstein 1957–69 erstmals einen gebürtigen Amerikaner als Chef hatte. Was die führende Rolle der Deutschen im amerik. Musikleben des 19. Jh. angeht, so sind für New York L. Damrosch und seine Söhne Frank und Walter zu nennen, die als Dirigenten und Pädagogen

wirkten, für Chicago Th. Thomas, der Gründer des dortigen Symphony Orchestra. Auf dt. Einwanderer gehen auch die meisten amerik. Klavierbaufirmen (insbesondere ↗Steinway) und Musikverlage (u.a. ↗Schirmer) zurück. Zu den in Amerika geborenen bedeutenden Verlagsgründern zählt Theodore Presser (seit 1883 in Philadelphia).
Es waren die it. Sänger, die auf der amerik. Szene erschienen, seitdem die Oper ein „big business" war. An der ersten Opernbühne in den V., dem 1883 gegründeten Metropolitan Opera House in New York, versammelte sich eine glänzende Konstellation it. Sänger, darunter E. Caruso, B. Gigli, E. Pinza und T. Schipa. Die seit 1944 bestehende New York City Opera brachte mehrere moderne Opern, die der Metropolitan nicht rentabel genug erschienen, zur Aufführung. Ein eigenes Opernensemble hatte New Orleans, das sich vor allem dem frz. Repertoire widmete. San Francisco verpflichtete bis zur Gründung der San Francisco Opera Company 1923 reisende Operntruppen. Die Chicago Grand Opera Company erlebte einen Wechsel von Erfolg und Mißerfolg. 1954 wurde die Lyric Opera of Chicago gegründet, die zu einer vielversprechenden Zukunft bestimmt ist. Da die musikalischen Aktivitäten in den V. nicht von der Regierung getragen werden, ist die Existenz von Operncompagnien, Orchestern und Kammermusikvereinigungen abhängig von privater Initiative und Großzügigkeit. So gründete Elizabeth Sprague Coolidge 1925 bei der Library of Congress in Washington eine nach ihr benannte Stiftung, die Festivals und Konzerte veranstaltet und Kompositionsaufträge vergibt. Bedeutende Impulse für die moderne Musik sind auch von S. Kussewitzky, seinem Berkshire Music Festival in Tanglewood (Mass.) und seiner Stiftung ausgegangen. Vor dem 1. Weltkrieg gingen die jungen amerik. Musiker zum Studium nach Deutschland, obwohl es in den V. keineswegs an hervorragenden musikalischen Ausbildungsstätten fehlte. Das 1865 in Boston gegründete New England Conservatory zog seit jeher junge Talente an. Das National Conservatory in New York lud 1892 A. Dvořák ein, in den V. zu lehren. Er komponierte dort 1893 seine 9. Symphonie mit dem bezeichnenden Titel *Aus der neuen Welt.* 1920 finanzierte Augustus Juilliard die Gründung der Juilliard Music School in New York. 1921 dotierte George Eastman, der Erfinder des Kodak-Fotoapparates, die Eastman School of Music in Rochester (N. Y.). In Philadelphia entstand 1924 eine weitere herausragende Ausbildungsstätte, das Curtis Institute of Music. Zu erwähnen ist schließlich, daß in den V. jedes College und jede Universität eine eigene Musikabteilung hat.

Die Suche nach einer nationalen Identität. In ihrem Bemühen, eine typisch amerik. Schreibweise zu schaffen, widmeten sich die Komponisten auch der Erforschung der Musik der ersten Bewohner des Landes. So inspirierten die Indianer die *Indian Suite* für Orchester von E. MacDowell sowie die Opern *Poia* von Arthur Newin und *Shanewis* von Ch. W. Cadman. Fasziniert war man auch von der Musik der Schwarzen. St. Forster, der erste große amerik. Liederkomponist, erklärte, der erste Komponist „äthiopischer" Gesänge (wie man die Lieder der Schwarzen allgemein nannte) werden zu wollen. G. Gershwins Oper *Porgy and Bess* (1935) ist das bedeutendste durch das Leben der Neger angeregte Werk in der 1. Hälfte des 20. Jahrhunderts. Gershwin ist auch Schöpfer einer Gattung, die unter dem Namen „symphonischer Jazz" bekannt wurde und für die die *Rhapsody in Blue* (1924) beispielhaft ist. *Of Thee I Sing* (1931), eine politische Satire, erhielt als erste amerik. Operette den begehrten Pulitzer-Preis. Lange vor Gershwin hatten amerik. Komponisten aus der Opéra-comique und der europäischen Operette eine eigene Gattung geschaffen, das ↗Musical, mit dem New Yorker Broadway als Zentrum. Besonders erfolgreiche Werke sind bis heute: *Rose-Marie* von R. Friml (1924), *No, No, Nanette* von V. Youmans (1925), *Show Boat* von J. Kern (1927), *Oklahoma!* und *South Pacific* von R. Rogers (1943 bzw. 1949) und *Kiss me Kate* von C. Porter (1948). Am Broadway glänzten darüber hinaus I. Berlin, dessen patriotischer Song *God Bless America* bald eine inoffizielle amerik. Nationalhymne wurde, G. M. Cohan – sein *Over There* war das Kernlied des amerikanischen Expeditionskorps in Frankreich während des 1. Weltkrieges – und der unter dem Pseudonym Vernon Duke schreibende Russe Vladimir Dukelsky (1903–69) mit dem Chanson *April in Paris.* Geradezu ein Klassiker auf der amerik. Bühne wurde die *Dreigroschenoper* des in die V. emigrierten K. Weill.
Der erste amerik. Komponist von internationaler Weite ist E. MacDowell. Er erhielt seine Ausbildung in Deutschland, aber seine Werke zeigen den Geist der amerik. Volksmusik und der typisch amerik. Rhythmen. Seine Klavierstücke sind charakteristisch für eine amerik. Romantik. Um die Jahrhundertwende bildete sich in New England eine Gruppe von Komponisten, die alle ebenfalls in Deutschland studiert hatten: J. K. Paine, der erste Professor für Musik an der Harvard University, mit eingängiger, romantisch inspirierter Musik; A. Foote, Spezialist lyrischer Melodik in Werken nach Art des dt. romantischen Klavierlieds; G. W. Chadwick mit Orchesterwerken, die eine merk-

würdige Mischung der Tonsprachen von J. Brahms, A. Dvořák und R. Wagner aufweisen; H. Parker, herausragend als Chorkomponist; H. Hadley, der eine Anzahl von Stücken in orientalischem Stil schrieb; Frederick S. Converse (1871–1940) mit mehreren Symphonien und gefälligen Ouvertüren; D. Gr. Mason, ebenfalls ein geschickter Symphoniker. In diesen Zusammenhang gehören auch drei Frauen: Amy Mary Beach (1867–1944), die erste Amerikanerin, die für sich ein Klavierkonzert schrieb, sowie die in Deutschland ausgebildete Mabel Daniels (1878–1971; Chorkomponistin) und Margaret Ruthven Lang, die 1972 im Alter von 104 Jahren starb. Ein umfangreiches Œuvre hinterließen Edgar Stillman Kelley (1857–1944), doch ist seine Musik trotz solider dt. Schulung und der Verwendung amerik. Sujets heute nur noch von retrospektivem Interesse. Weniger kurzlebig scheinen die Werke von Arthus Sheperd (1880–1958) zu sein. Von ihm stammt das „musikalische Panorama" *Horizons,* das den amerik. Westen zum Thema hat. Paradoxerweise schrieb der Autodidakt H. Fr. Gilbert beachtenswertere Kompositionen als seine professionell in Deutschland ausgebildeten amerik. Zeitgenossen. Von regionaler Bedeutung ist John Powell (1882–1936) mit vielen Klavier- und einigen Orchesterwerken, die Elemente der Volksmusik seiner Heimat Virginia enthalten.

Ein Komponist hielt sich abseits von dieser allgemeinen Strömung: Ch. Ives, der seit seinem Tode als der bedeutendste amerik. Komponist des 20. Jh. gilt. Seine Musik, von außergewöhnlicher Art, bekundet ein profundes Gespür für das amerik. Melos und bereitet den Weg für die modernen Techniken. Zu Beginn dieses Jh. geschrieben, enthält sie im Keim Polytonalität, Atonalität, Polyrhythmik, ja sogar Aleatorik und experimentelle Verwendung von Vierteltönen. Fast alle Werke Ives' haben als Themen amerik. Sujets. Die *Concord*-Sonate, durch Schriften der großen Transzendentalisten, der Vertreter einer bestimmten philosophischen Richtung in Concord (Mass.), inspiriert, ist so schwierig, daß sich erst Pianisten einer späteren Generation daran gewagt haben. Das Orchester-Triptychon *Three Places in New England* malt das ewige Amerika, geboren in der nationalen Revolution und gereift in der Freiheit. Das Werk ist eine Anthologie moderner Kompositionsverfahren, enthält aber Elemente amerik. Kirchenlieder, Balladen und Volkslieder, die Ives in seiner Kindheit in New England gehört hatte. Sein Altersgenosse C. Ruggles war ebenfalls Individualist, der komponierte, ohne Rücksicht auf die Aufführungskonventionen und -schwierigkeiten zu nehmen. Sein Interesse richtete sich mehr auf die mystischen Aspekte der Kunst im allgemeinen. Eng mit Ives und Ruggles zusammen arbeitete John Becker (1886–1961); seine Musik voller Klangkraft und Dissonanzen harrt noch der Entdeckung und Anerkennung. In der hier besprochenen Zeit begannen die in Frankreich entwickelten neuen Techniken und Ideen die amerik. Komponisten zu beeinflussen, die sich den dt. musikalischen Ausdrucksmöglichkeiten zu entziehen suchten. Zu ihnen zählen E. B. Hill, Ch. M. Loeffler, ein Elsässer, der sich in Boston niederließ, und Ch. T. Griffes, dessen Klavierstücke am besten den modernen amerik., von Cl. Debussy und M. Ravel inspirierten Stil wiedergeben.

Die amerikanischen Komponisten und die Tendenzen des 20. Jahrhunderts. Zahlreiche amerik. Komponisten wurden angezogen durch den Aspekt der Mechanisierung des modernen Lebens. Das bezeugen Werke wie das Ballett *Skyscrapers* (Wolkenkratzer) von J. A. Carpenter (1926), eine zu Ehren des zehnmillionsten Ford-Autos geschriebene Fantasie von Emerson Whitborne (1884–1958) und vor allem das *Ballet mécanique* für 8 Klaviere, Pauken und Flugzeugpropeller von G. Antheil (1925). Der Kult des Primitivismus wurde auch eine Ausdrucksform der amerik. Moderne. Einer der ersten, der das Bedürfnis nach Flucht aus der jetzigen Zivilisation musikalisch ausdrückte, war Leo Ornstein (* 1892), der 1915 das Publikum mit einem *Wild Men's Dance* für Klavier schockierte. Aus der Überzeugung, daß der Ausdruck des modernen Lebens neue technische Mittel erfordere, verwendete H. Cowell zum ersten Mal Ton-↗Cluster und Glissandi auf den Saiten des Klaviers. J. Cage, der zusammen mit Cowell studierte, erfand das ↗Prepared piano und verwendete die Stille als dynamisches Element der Komposition (in dem Stück *4′ 33″* mit der provozierenden Angabe „Tacet, any instrument"). Wenn überhaupt ein Komponist die Realitäten des modernen Zeitalters auszudrücken wußte, dann E. Varèse; dieser franko-amerikanische Musiker realisierte eine Synthese zwischen der cartesianischen Logik seines Heimatlandes und der Technologie seiner Wahlheimat. Sein Ziel definiert er mit dem Ausdruck „organisierter Klang". Er kümmert sich wenig um die Vorstellung von Konsonanz und Dissonanz, von Durchführung oder thematischer Arbeit; allein bedeutend ist für ihn die logische Abfolge der Töne. In *Arcana* setzt er die Suche nach dem Stein der Weisen in präzise Klänge um; *Hyperprism* und *Intégrales* suggerieren das Zusammentreffen mathematischer und klanglicher Konzepte in einer klanglichen Geometrie. *Ionisa-*

tion ist für Schlagzeug ohne bestimmte Tonhöhe und 2 Sirenen geschrieben. *Déserts* ist das erste Werk, in dem gleichzeitig die elektronischen Tonbandklänge und die instrumentalen Klänge des Orchesters verwendet werden, *Poème électronique*, für den Philips-Pavillon auf der Brüsseler Weltausstellung von 1958 geschrieben, das erste Beispiel für „Weltraum“-Musik. Wenige amerik. Komponisten haben versucht, Varèse in der musikalischen Ausnutzung mathematischer Disziplinen zu folgen: 2 Sätze des *Symphonic Poem after Descartes* von John Vincent haben als Titel *Vortex* und *Folium*, d.h. 2 Begriffe, die der analytischen Geometrie entlehnt sind. Nach den Versuchen von Varèse hat sich die elektronische Musik in den V. am Rande der musikalischen Komposition weiterentwickelt, zumal durch O. Luening und Vl. Ussachevsky und ihre Tape music (↗Tonbandmusik). Die Verbesserung des ↗Synthesizers ermöglichte es amerik. Komponisten wie M. Babbitt, Charles Wuorinen (* 1938) und Mario Davidovsky (* 1934), sich auch der ↗Computer-Musik zu widmen.

Mit der Änderung der musikalischen Blickrichtung von Deutschland nach Frankreich machte eine ganze Generation junger Komponisten aus Paris sozusagen eine Wiege mit N. Boulanger als „Amme“. Zu dieser amerik. „Boulangerie“ gehörten Persönlichkeiten wie W. Piston, R. Harris, A. Copland und V. Thomson, die dazu berufen waren, den nationalen Charakter der amerik. Musik endgültig zu etablieren. Piston, bedeutend als Symphoniker, verwendet eine tonale Schreibweise und klassische Formen, weiß aber das traditionelle musikalische Material in sehr persönlicher Weise zu variieren. Harris erweist sich als national eingestellt. Die Titel seiner Symphonien spielen oft auf amerikanische Persönlichkeiten, vor allem auf Abraham Lincoln, und Ereignisse an. Sein Kompositionsstil beruht vertikal wie horizontal auf einem eigenen modalen System, bei dem jeder Modus an einen bestimmten Geisteszustand, ein „Ethos“ gebunden ist. Wenn Piston amerik. Volkslieder verwendet, behandelt er sie rhythmisch, melodisch und harmonisch so, daß sie eine originale Prägung erhalten. Copland zögerte nicht, sich in seinem Klavierkonzert (1926) eine aus dem Jazz stammende Rhythmik anzueignen, was das Publikum in einer heilsamen Weise schockierte. Seine späteren Werke sind durch das amerik. Leben inspiriert: die Ballette *Billy the Kid, Rodeo* und *Appalachian Spring*, das Orchesterwerk *El salón Mexico* (über mexikan. Gesänge) und *Lincoln Portrait* für Sprecher und Orchester wurden außerordentlich populär. Seine symphonischen und kammermusikalischen Werke sind eine Art geschickter Erforschung der modernen Polyphonie mit gelegentlicher Dodekaphonie. Thomson lebte viele Jahre in Paris, wo er sich eine einzigartige Kunst der musikalischen Arbeit erwarb, eine Komposition gleichsam zu ziselieren. Nach Libretti von Gertrude Stein schrieb er 2 Opern, *Four Saints in Three Acts* und *Mother*. D. Diamond schrieb mehrere Symphonien in einem sehr ausgedehnten, neoromantischen Stil sowie Ballette und viel Kammermusik, bevor er sich mit der Zwölftonmusik beschäftigte. M. Blitzstein wurde durch kurze Opern bekannt nach Art des proletarischen Theaters, von denen *The Cradle Will Rock* in den V. einen beträchtlichen Erfolg hatte. Die Musik von John Vincent (* 1902) ist charakterisiert durch eine romantische Inspiration und eine Schreibweise von großer Logik und Kohärenz. Elie Siegmeister (* 1909) folgte zu Beginn seiner Karriere der Tradition der Folkloristen. Seine ersten Orchesterwerke malen das musikalische Amerika von Region zu Region. In seinen 5 Symphonien und seiner Kammermusik zeigt er konstruktives Bemühen und erprobt kühnste Dissonanzen, während seine Oper *The Plough and the Stars* (Der Pflug und die Sterne) (1963) in einem dramatisch-impressionistischen Stil geschrieben ist. Joseph Wagner (1900–74) hinterließ Symphonien, Kammermusik, Oratorien, Ballette und Opern in einem gleichsam rhapsodischen Stil, harmonisch sehr modern und mit polytonalen Kombinationen. Bernard Rogers (1893–1968) komponierte Kammermusik und symphonische Dichtungen von beschwörendem Ausdruck. Arthur Berger (* 1912) eignete sich einen neoklassizistischen Stil an, verwendet aber auch serielle Techniken.

Der europäische Neoklassizismus war für die amerik. Komponisten von großem Reiz, und sie wandten sich ihm in verschiedener Weise zu. W. Riegger folgte den Formprinzipien der klassischen Musik, gebrauchte aber auch moderne dissonanzreiche Techniken. Seine Symphonien sind Muster eines aufgeklärten Modernismus. R. Sessions ist ein Meister des polyphonen Satzes, der wiederum oft auf die Zwölftontechnik zurückgreift. Seine 8 Symphonien beleuchten am besten den amerik. Neoklassizismus. Auch die 9 Symphonien von W. Schuman können als neoklassizistisch bezeichnet werden, doch sind sie in ihrer melodischen Struktur und ihrem rhythmischen Elan vor allem amerikanisch. Ross Lee Finney (* 1906) verdankt seinen Ruf seiner Kammermusik, die in einem gewissermaßen kompakten Stil geschrieben ist. Leo Sowerby (1895–1968) war ein Meister des neobarocken Stils. W. Q. Porter folgte ebenfalls den neobarocken Prinzipien unter häufiger Verwendung von Polytonalität. In den zahlreichen Orchester- und Kammermusikwerken von P. Creston erscheint der rhapsodische Geist des modernen Amerika in eine sehr strukturierte Form gegossen. N. Dello Joio machte sich einen Namen gleicherweise als Komponist von Instrumental- und Vokalwerken. Peter Mennin (* 1923), wie Creston und Dello Joio it. Abstammung, gehört zu den bedeutendsten amerik. Symphonikern. Zu weiteren Komponisten der neoklassischen Richtung zählen auch R. Thomson, Halsey Stevens (* 1908), V. Persichetti, George Rochberg (* 1918), L. Kirchner, Benjamin Lees (* 1924), G. Schuller und A. Hovhaness.

Die moderne amerik. Musik ist nicht frei von ausgesprochener Orientierung an der Romantik. H. Hanson bezeichnet seine 2. Symphonie ganz offen als „romantisch". Für seine Oper *Merry Mount*, eines der wenigen Auftragswerke der Metropolitan Opera Company, die an amerik. Komponisten ergingen, wählte er ein amerik. Sujet. Eine der großen Persönlichkeiten des Landes in diesem Zusammenhang ist S. Barber mit einer lyrischen Grundhaltung. All seine symphonischen, kammermusikalischen, instrumentalen (Klavier) oder vokalen (Oper) Werke sind durch strömende Melodik von großer Natürlichkeit und Kantabilität gekennzeichnet. Zwei seiner Opern wurden an der Metropolitan Opera in New York uraufgeführt. Lyrischen und rhapsodischen Charakter haben auch die Werke von Ernst Bacon (* 1898), Gardner Read (* 1913), Irving Fine (1914–62), Ellis Kohs (* 1916) und Easley Blackwood (* 1933). Die moderne amerik. Musik hat eine starke Tendenz, sich Elemente verschiedener Kulturen und Rassen anzueignen. Das bezeugen etwa der farbige Komponist W. Gr. Still mit einer *Afro-American Symphony* und einer Oper *Troubled Island*, die den Aufstand der Farbigen auf der Insel Haiti zum Thema hat, während die Werke von Ulysses Kay (* 1912), eines anderen farbigen Komponisten, nicht unbedingt von solchen Sujets angeregt sind; Louis Ballard (* 1931), ein indianischer Komponist aus dem Stamm der Cherokee-Quapow, schrieb Orchester- und Chorwerke, die von der Volksmusik seiner Vorfahren beeinflußt wurden. In diesen Zusammenhang gehört auch eine wenigstens kurze Erwähnung des ↗Jazz als eines der bedeutendsten Phänomene in der Musik des 20. Jh., das von den V. seinen Ausgang nahm.

Zahlreich sind die europäischen Komponisten, die in Amerika Zuflucht suchten: S. Rachmaninow, I. Strawinsky, A. Schönberg, B. Bartók, die Österreicher E. Toch, E. Krenek, E. W. Korngold und Ernst Kanitz, die Deutschen Werner Josten, Erich Itor Kahn, K. Weill, St. Wolpe, Jan Meyerowitz und Gene Gutche, der Ungar Eugen Zador, die Tschechen J. Weinberger und Paul Reif, die Russen L. Saminsky, J. Schillinger, der Schweizer E. Bloch und der Italiener M. Castelnuovo-Tedesco. Auch P. Hindemith emigrierte in die V. und nahm die amerik. Staatsbürgerschaft an, kehrte aber einige Jahre vor seinem Tod nach Europa zurück. B. Martinů und D. Milhaud hielten sich lange in Amerika auf, und A. Tscherepnin ließ sich schließlich nach einer Tätigkeit in Paris in New York nieder. In seinen Werken blieb er seinem russ.-romantischen Stil treu. N. Lopatnikow machte in Europa Karriere und emigrierte kurz vor dem 2. Weltkrieg in die V., wo er weiterhin in einem aufgeklärt neoklassizistischem Stil komponierte. N. Nabokov spielte eine wichtige Rolle auf der internationalen Ebene, behielt aber in den V. seinen Wohnsitz. Ein einzigartiger Fall in der amerik. Musik ist G. C. Menotti, der bereits in seiner Jugend in die V. kam, aber seine it. Staatsangehörigkeit beibehielt. Paradoxerweise erreichten seine Opern über eigene engl. Libretti auf den amerik. Opernbühnen einen unvergleichlichen Erfolg.

Von besonderer Bedeutung unter den amerik. Komponisten ist E. Carter, der ein eigenes serielles System der „metrischen Modulation" entwickelt hat, wie vor allem seine 3 Streichquartette belegen. Strawinsky hielt Carters Doppelkonzert für Cemb., Klv. und 2 Kammerorchester (1961) für ein amerik. Meisterwerk. L. Foss begann seine Karriere als Pianist und ist auch ein bekannter Dirigent. Als Komponist gilt er als Erfinder der organisierten Improvisation, eines Verfahrens, das darin besteht, in einer vorgegebenen Komposition unbestimmte Passagen offen zu lassen. In seinem Œuvre ist der Einfluß von I. Xenakis spürbar. Der bekannteste amerik. Musiker der Gegenwart ist zweifellos L. Bernstein, der große Dirigent und gefeierte Komponist der *West Side Story* (1957) u.a. Broadway-Musicals. Von ihm stammen aber auch bedeutende symphonische Werke wie *The Age of Anxiety* für Klv. und Orchester (1949), in dem ihm eine besonders eindrucksvolle Kombination von modernen und Jazz-Techniken gelang.

Neue Musik und Avantgarde. In den V. sind nahezu alle avantgardistischen Strömungen vertreten, und einige sind auch dort entstanden (↗Prepared piano, ↗Tonbandmusik). Eine originelle Persönlichkeit war H. Partch. Er konstruierte Instrumente für eine 43tönige nichttemperierte Skala und schuf mit seinen Bühnenwerken, die meist auf amerik. Sujets basieren, unterhaltsame Kuriositäten. Zu den älteren Vertretern der amerik. Avantgarde zählen auch L. Harrison, der wie Partch eigene Instrumente herstellt, Bernard Herrmann (* 1911), Henry Brant (* 1913), Robert Erickson (* 1917) und der 1923 in China geborene Chou Wen-Chung, ein Schüler von Varèse. Er schuf einen Stil, in dem sich chinesische Rhythmen von einer fast kalligraphisch anmutenden Subtilität verbinden mit fein ausgewogenen Strukturen, die für die aktuellen Strömungen in den V. charakteristisch sind. An die alten Modi der japanischen Hofmusik erinnern die instrumentalen Skizzen von Paul Chihara (* 1938), einem Amerikaner japanischer Herkunft. Einer der ersten amerik. Komponisten, die eine graphische Notation verwenden, ist E. Brown (↗Notenschrift; dort auch ein Beispiel). Von ihm stammt auch die Idee der offenen Form, mit der sich in Europa K. Stockhausen beschäftigte: die verschiedenen Teile eines Werkes können in beliebiger Reihenfolge gespielt werden. La M. Young geht noch weiter: seine Klangmaterialien sind nicht mehr spezifisch musikalisch, wie u.a. das *Poem for Chairs, Tables and Benches* bezeugt. *Ancient Voices of Children* (1970) von G. Crumb gilt als eines der bezeichnendsten Werke der modernen amerik. Musik. Weitere Komponisten mittleren und jüngeren Alters der Avantgarde in den V. sind: A. de la Vega (* 1925), Salvatore Martirano (* 1927), Kenneth Gaburo (* 1927), Jacob Druckman (* 1928), Larry Austin (* 1930), Robert Ashley (* 1930), Alvin Lucier (* 1931), Michael Colgrass, der Bulgare Henri Lazarof und der Koreaner N. J. Paik (* 1932), Morton Subotnick und Eric Salzman (* 1933), Robert Reynolds (* 1934), Gordon Mumma (* 1935), Robert Moran (* 1937), Lowell Cross (* 1938), Charles Boone (* 1939), Charles Doge (* 1942) und David Rosenboom (* 1947).

Während die meisten Komponisten der Avantgarde elektronische Klänge mit Lautstärken oft bis an die Grenzen des Erträglichen verwenden, experimentieren andere mit einem Klangniveau an der untersten Grenze der Hörbarkeit (u.a. M. Feldman, Christian Wolff, * 1934, und Harold Budd, * 1936). T. Riley macht Monotonie und Uniformität zum stilistischen Prinzip. Die Aufführung seines Orchesterstückes *In C* dauert so lange, wie die Musiker oder Zuhörer die ständige Wiederholung von C-Dur-Skalen ertragen. Pauline Oliveros (* 1932) steht im Gefolge des Dadaismus und des Surrealismus. Die „soundpieces" von Charles Amirkhanian (* 1945) verwenden Esperanto oder andere künstliche Sprachen.

Musikwissenschaft. Die Musikwissenschaft bildet in den USA eine relativ junge Disziplin. Der erste Lehrstuhl wurde 1930 an der Cornell University in Ithaca (N.Y.) für O. Kinkeldey eingerichtet, der in Berlin studiert hatte. Neben ihm wurden bes. G. Reese (New York Univ.), O. Strunk (Princeton Univ./N. J.) und W. Rubsamen (Univ. of California in Santa Barbara) sowie der Musikethnologe Ch. Seeger (Univ. of California in Los Angeles und Harvard Univ. in Cambridge/Mass.) für die amerik. Musikwissenschaft von Bedeutung. Nach 1933 etablierten sich Emigranten aus Europa, vor allem aus Deutschland, an amerik. Universitäten, die später schulbildend werden sollten; so lehrten P. H. Lang und C. Sachs an der Columbia Univ. in New York, W. Apel und O. Gombosi an der Harvard Univ., L. Schrade an der Yale Univ. in New Haven (Conn.), Dr. Plamenac an der Univ. of Illinois in Urbana, A. Einstein am Smith College in Northampton (Mass.), M. Bukofzer an der Univ. of California in Berkeley, K. Geiringer an der Boston Univ., später an der Univ. of California in Santa Barbara, P. Nettl an der Univ. of Indiana in Bloomington sowie E. Lowinsky an der Columbia Univ., der Univ. of California in Berkeley und der Univ. of Chicago. Heute sind die V. ein Kernland der Musikwissenschaft. Schwerpunkte der Forschungen sind die Musik des MA und der Renaissance sowie die Neue Musik. – 1934 wurde die American Musicological Society gegründet. Als ihr Publikationsorgan veröffentlicht die Gesellschaft seit 1948 das *Journal of the American Musicological Society* (JAMS). Ein weiteres wichtiges Periodikum ist die Zeitschrift *The Musical Quarterly* (MQ), deren 1. Jahrgang 1915 erschienen ist. Die bedeutendste von den V. ausgehende Publikationsreihe ist das *Corpus Mensurabilis Musicae* (CMM) mit bisher 250 Einzelbänden.

Lit.: **1) Bibliographien:** D. L. HIXON, Music in Early America. A Bibliography of Music in Evans (Metuchen/N. J. 1970); J. V. HATCH, Black Image on the American Stage. A Bibliography of Plays and Musicals, 1770–1970 (NY 1970); R. H. MEAD, Doctoral Dissertations in American Music. A Classified Bibliography (Brooklyn/N. Y. 1974); P. S. HEARD, American Music, 1698–1800. An Annotated Bibliography (Waco/Tex. 1975); B. RUST, The American Dance Band Discography, 1917–1942, 2 Bde. (New Rochelle/N. Y. 1975); H. W. HITCHCOCK, American Music before 1865 in Print and on Records. A Biblio-Discography (ebd. 1976). – **2) Studien:** D. G. SONNECK, Early Opera in America (NY 1915); American Composers on American Music, hrsg. v. H. D. COWELL (NY ^{2}1962); E. E. HIPSCHER, American Opera and Its Composers (Philadelphia/Pa. 1934); J. T. HOWARD, Our American Music (NY 1946, revidiert ^{2}1965); D. EWEN, American Composers Today (NY 1949); G. CHASE, America's Music (NY 1955, ^{2}1960); D. EWEN, Complete Book of the American Musical Theater (NY 1958, ^{2}1970); 100 Years of Music in America, hrsg. v. P. H. LANG (NY 1961); J. MATTFELD, A Handbook of American Operatic Premieres, 1731–1962 (Detroit/Mich. 1963); W. H. MELLERS, Music in a New Found Land. Themes and Developments in the Hist. of American Music (Lo 1964, NY 1965); E. B. BIRGE, History of Public School Music in the United States (Washington 1966); E. C. EDWARDS – W. T. MARROCCO,

Music in the United States (Iowa City 1968); B. C. MALONE, Country Music U.S.A. A Fifty-Year History (Austin/Tex. 1968); R. F. CAMUS, The Military Band in the United States Army Prior to 1834 (Ann Arbor/Mich. 1969); H. W. HITCHCOCK, Music in the United States. A Historical Introduction (Lo 1969, ²1974); B. KATZ, The Social Implications of Early Negro Music in the United States (NY 1969); H. C. LAHEE, Annals of Music in America. A Chronical Record of Significant Musical Events, from 1640 to the Present Day (NY 1969); G. S. MACPEEK, Musicology in the United States. A Survey of Recents, in: FS G. Haydon (Chapel Hill/N. C. 1969); I. SABLOSKY, American Music (Chicago – Lo 1969); D. EWEN, New Complete Book of the American Musical Theatre (NY 1970); J. HOPKINS, Festival! The Book of American Music Celebrations (NY – Lo 1970); W. S. B. MATHEWS, A Hundred Years of Music in America (NY 1970); F. L. RITTER, Music in America (NY 1970); E. BORROFF, Music in Europe and the United States (Englewood Cliffs/N. J. 1971); P. HEMPHILL, Nashville Sound. Die Welt der Country u. Western Music (dt. Tü – St 1971); J. MATTFELD, Variety Music Cavalcade, 1620–1961. A Chronology of Vocal and Instr. Music Popular in the United States (Englewood Cliffs/N. J. ³1971); J. A. MUSSULMAN, Music in the Cultured Generation. A Social History of Music in America, 1870–1900 (Evanston/Ill. 1971); K. ROBBERTS, Music in America. A Proper View before Howard, in: MR 32 (1971); N. SLONIMSKY, Music Since 1900 (NY ⁴1971); V. THOMSON, American Music since 1910 (NY 1971); D. EWEN, Great Men of American Popular Song (Englewood Cliffs/N. J. 1972); A. WILDER, American Popular Song. The Great Innovators, 1900–1950 (NY 1972); H. E. COOK, Shaker Music. A Manifestation of American Folk Culture (Lewisburgh/Pa. 1973); M. V. DAVISON, American Music Periodicals, 1853–1899, 2 Bde. (Diss. Minneapolis/Minn. 1973); P. HART, Orpheus in the New World. The Symphony Orchestra as an American Cultural Institution (NY 1973); R. LEWINE – A. SIMON, Song of the American Theatre. A Comprehensive Listing of More than 12000 Songs (NY 1973); K. H. MUELLER, Twenty-Seven Major American Symphony Orchestras. A History and Analysis of their Repertoires, Seasons 1842–43 through 1969–70 (Bloomington/Ind. 1973); M. ROACH, Black American Music. Past and Present (Boston/Mass. 1973); R. SCHICKEL, The World of Carnegie Hall (Westport/Conn. 1973); S. GREEN, The World of Musical Comedy (South Brunswick – Lo ³1974); W. T. MARROCCO – H. GLEADSON, Music in America (NY 1974); W. C. HANDY, Negro Authors and Composers of the United States (NY 1976, Nachdr. einer Ausgabe v. 1938); W. L. HUBBARD, History of American Music (NY 1976); B. C. L. JACOBS, Musica. The First Guide to Classical Music on American Radio Stations (Edison/N. J. 1976); B. NETTL, Folk Music in the United States (Detroit/Mich. ³1976); L. ROWELL, American Organ Music on Records (Braintree/Mass. 1976); R. J. WOLFE, Early American Music Engraving and Printing (Urbana/Ill. 1980); B. A. ZUCK, A History of Musical Americanism (Ann Arbor/Mich. 1980); S. C. FARRELL, Directory of Contemporary American Musical Instr. Makers (Columbia/S. C. 1981).

N. SLONIMSKY

VERESS, Sándor, * 1. 2. 1907 Klausenburg (heute Cluj, Rumänien); ung. Komponist und Musikforscher. Er war Schüler von B. Bartók (Klavier) und Z. Kodály (Komposition) an der Musikakademie Budapest, an der er später (1943–48) selbst Komposition lehrte. 1929–33 war er Mitarbeiter der Musikabteilung des Ethnographischen Museums, 1936–40 Assistent Bartóks an der Akademie der Wissenschaften in Budapest. Seit 1949 lebt er in Bern (1975 Schweizer Staatsbürger), wo er seit 1950 am Konservatorium lehrt. 1968 wurde er Extraordinarius an der dortigen Universität. Als Gastdozent lehrte er an mehreren amerikanischen Universitäten. V. war eine der tragenden Persönlichkeiten im ungarischen Musikleben in der Generation nach Bartók. In seinen Werken verbindet er Elemente moderner Techniken mit einem national-ungarischen Idiom.

WW: **1) Kompositionen:** Je eine V.- u. Vc.-Sonate (1935, 1967); Trio für Cemb., V. u. Vc. (1972); 2 Streichquartette (1935, 1937); Bläserquintett (1968). – *Exposition, Variation, Recapitulation* (1964) für Kammerorch. – Für Orch.: Symphonie (1936); *Sinfonia Minneapolitana* (1954); Variationen über ein Thema v. Kodály (1962); je ein V.- u. Klv.-Konzert (1939, 1954); Concertino für Streichquartett u. Orch. (1961); *Erinnerungen an Paul Klee* (1952) für 2 Klv. u. Streichorch. – Ballette: *Csodafurulya* (Die Wunderschalmei), UA: Rom 1937; *Térszili Katica*, UA: Stockholm 1949. – **2) Schriften:** *B. Bartók, the Man and the Artist* (Lo 1948); *La raccolta della musica popolare ungherese* (R 1949); *Einführung in die Streichquartette v. B. Bartók*, in: SMZ 90 (1950); *B. Bartóks 44 Duos für zwei Violinen*, in: FS E. Doflein (Mz 1970).

Lit.: E. DOFLEIN, S. V., in: Melos 21 (1954); A. TRAUB, Melodische Artikulation. Zur „Sonata per Violoncello solo" v. S. V., in: SMZ 120 (1980); J. DEMÉNY, V., in: Grove⁶ XIX (mit Verz. auch der ung. Schriften).

VERETTI, Antonio, * 20. 2. 1900 Verona, † 13. 7. 1984 Rom; it. Komponist. Er studierte in Verona und am Konservatorium von Bologna bei Fr. Alfano. 1926 ließ er sich in Mailand nieder, wo er in avantgardistischen literarischen Kreisen verkehrte, Musikkritiker der *Fiera letteraria* war, Konzerte gab und musikgeschichtliche Vorlesungen hielt. In Rom gründete er die Accademia della Gioventù Musicale Italiana, die er bis Ende 1943 leitete. In der Folge war er Direktor der Konservatorien in Pesaro (1950–52), Cagliari (1953–55) und in Florenz (1956). V., Mitglied verschiedener Musikakademien, seit 1956 auch Präsident der Accademia L. Cherubini di Musica, Lettere e Arti figurative in Florenz, wandte sich in seinem späteren Schaffen der Zwölftontechnik zu.

WW: Für Orch.: *Sinfonia italiana* (1929); *Sinfonia epica* (1938); *Ouverture della campana* (1950); Klv.-Konzert (1949); Concertino für Fl., Klv. u. Str. (1957); Fantasia für Klar. u. Orch. (1958). – Oratorium *Il figliuol prodigo* (1942); *Prière pour demander une étoile* (1966) für Kammerchor, revidiert für Chor u. Orch. (1967). – Opern: *Il favorito del re*, UA: Mailand 1932, revidiert als: *Burlesca*, UA: Rom 1955; *Una favola di Andersen* (1934); Azione coreografica *Il galante tiratore*, UA: San Remo 1933; Mistero musicale e coreografico *I sette peccati*, UA: Mailand 1956.

Lit.: N. COSTARELLI, A. V. e la sua Prière pour demander une étoile, in: Chigiana 23 (1966).

VERGLEICHENDE MUSIKWISSENSCHAFT ↗Musikethnologie.

VERGRÖSSERUNG ↗Augmentation.

VERHULST, Johannes Joseph Hermann, * 19. 3. 1816 Den Haag, † 17. 1. 1891 ebd.; ndl. Dirigent und Komponist. Nach musikalischen Studien in

Den Haag trat er 1832 als Organist und Violinist in die Hofkapelle ein. Anschließend verbrachte er einige Zeit in Deutschland und übernahm 1842 nach seiner Rückkehr in die Niederlande die Leitung der Königlichen Kapelle in Den Haag und der Chöre der Maatschappij tot Bevordering der Toonkunst in Rotterdam. 1886 zog er sich vom öffentlichen Leben zurück. Sein kompositorisches Schaffen war von R. Schumann und F. Mendelssohn Bartholdy beeinflußt.

WW: Streichquartette; Ouvertüren; Symphonien; geistliche Werke sowie Lieder u. Chöre.

Ausg.: Symphonie op. 46, hrsg. v. J. TEN BOKUM (A 1971) (= Exempla musica Neerlandica 5).

Lit.: G. WERKER, in: Mens en melodie 21 (1966).

VERISMO (it., von vero = wahr), auch im Deutschen (hier mitunter auch Verismus) und in anderen Sprachen gebräuchliche Bz. für eine dem Naturalismus (Émile Zola) verwandte Richtung der it. Literatur, die in einem sehr vagen Sinn auf die it. Oper des ausgehenden 19. Jh. übertragen wurde. Wichtigster Vertreter des literarischen V. war Giovanni Verga, der für eine Theatertruppe mit Eleonora Duse seine Novelle *Cavalleria rusticana* als Theaterstück bearbeitete und mit diesem einen sensationellen Erfolg erzielte (UA: Turin 1884). Die veristische Dramaturgie, die vor allem von Luigi Capuana theoretisch formuliert wurde, ersetzte die damals auf dem Theater noch übliche versgebundene Sprache durch Prosa, vermied moralisierende Elemente oder Stellungnahmen des Autors zu dem dargestellten Geschehen, das meist in einem niederen sozialen Milieu spielte; der Alltag des einfachen Volkes mit seinen Konflikten wurde nicht verklärt, aber auch nicht als Ergebnis politischer Verhältnisse kritisiert (metodo impersonale). Nach der Emphase des Risorgimento war der V. eine Reaktion der Ernüchterung in einem Land, das sich in der Phase forcierter Industrialisierung wiederfand. – Das Modell der veristischen Oper, das wegen seines Erfolges viele Nachahmer fand, war P. Mascagnis Vertonung von *Cavalleria rusticana* (1890); in seinem Gefolge wurde der Einakter zu einer beliebten Sonderform der Oper (z. B. R. Leoncavallo, *Pagliacci;* U. Giordano, *Mala vita*). Die Gliederung abendfüllender Opern in Bilder (quadri) anstelle der klassischen Einteilung in Akte unterstreicht den Bildcharakter der veristischen Operndramaturgie, der sich von der Milieuzeichnung des literarischen V. herleitet. Auch der Verzicht auf eine Ouvertüre oder ein längeres Orchestervorspiel, durch den der Blick zu Beginn der Oper sofort auf die Bühne freigegeben wird, kann in diesem Zusammenhang als ein veristisches Moment interpretiert werden, während der Verzicht auf eine Einteilung der Oper in Nummern zwar notiert ist, kompositorisch aber selten eingelöst wird. Die Intentionen des literarischen V. sind bis auf Relikte (Leoncavallo betont im Vorwort zu *Pagliacci,* daß sein Werk eine wahre Begebenheit schildere, die er selbst erlebt habe) der Oper weitgehend verlorengegangen: Sie bildete keine „musikalische Prosa“ aus (Mascagnis Libretto von *Cavalleria rusticana* ist wieder in Verse zurückübersetzt), die Schilderung sozialen Milieus wird zur „sozialen Exotik“ (E. Voss, 1978); überhaupt wird, anders als im V., zeitlich oder räumlich entferntes Kolorit – vor allem dann von G. Puccini – bevorzugt. Dies macht den Begriff des V. in der Oper fragwürdig. Als werbewirksames Schlagwort ist er Produkt des Konkurrenzkampfes zwischen den beiden großen it. Musikverlagen Ricordi (mit Puccini, später mit R. Zandonai als Komponisten) und Sonzogno, der die Giovane scuola italiana (Mascagni, Leoncavallo, Giordano, Fr. Cilea) unter Vertrag hatte (E. Wolf-Ferrari veröffentlichte bei beiden). – Außerhalb Italiens gelten als Vertreter der veristischen Oper in Frankreich G. Charpentier *(Louise)* und A. Bruneau (*Messidor,* Libretto von Zola!), in Deutschland u.a. E. d'Albert *(Tiefland).*

Lit.: G. VERGA, Vorwort zu „L'amante di Gramigna“, in: Le opere di G. Verdi, I (Mi 1940); L. CAPUANA, Gli „Ismi“ contemporanei (Mi 1973); CH. DURAND, Der Verismus in der frz. Opernmusik, in: Antares 7 (1958); U. ECKART-BÄCKER, Frankreichs Musik zw. Romantik u. Moderne (Rb 1965) (= Stud. z. Musikgesch. des 19. Jh. 2); R. MARIANI, V. in musica e altri studi (Fi 1976); Die „Couleur locale“ in der Oper des 19. Jh., hrsg. v. H. BECKER (Rb 1976) (= Stud. z. Musikgesch. des 19. Jh. 42); E. VOSS, V. in der Oper, in: Mf 31 (1978); C. DAHLHAUS, Musikal. Realismus. Zur Musikgesch. des 19. Jh. (Mn 1982). H. WEBER

VERKAUFTE BRAUT, DIE *(Prodaná nevěsta),* Komische Oper in 3 Akten von B. Smetana, Text von Karel Sabina. Ort u. Zeit der Handlung: ein Dorf in Böhmen, im Jahre 1866. UA: 30. 5. 1866 Prag (Interimstheater); EA in dt. Sprache: 2. 4. 1893 Wien (Theater an der Wien); dt. EA: 1. 7. 1893 Berlin (Theater Unter den Linden).

Aus einer Trotzreaktion heraus komponierte Smetana dieses Werk, das heute als tschechische Nationaloper schlechthin gilt. Nach seinem Bühnenerstling *Die Brandenburger in Böhmen* (1862) mußte sich der Komponist den Vorwurf gefallen lassen, als offenkundiger Wagnerianer nicht in der Lage zu sein, eine tschech. Oper zu komponieren. In der Musik der *Verkauften Braut* nun traf Smetana das nationale musikalische Idiom so vortrefflich, daß die gesamte Oper als Adaptation slawischer Volksweisen angesehen wurde, obgleich nicht ein einziges Thema nach einer originalen Melodie entstanden ist. Der volkstümliche Einschlag der Musik findet sich gleichermaßen in den lebendigen tänzerischen wie in den lyrisch-elegischen Szenen. Im Rahmen der motivisch sparsam ausgestatteten komödiantischen Handlung entwarf Smetana stilsicher charakterisierte Typen, von denen die Partie des Heiratsvermittlers Kezal eine der wirkungsvollsten aller Baßbufforollen ist. – Bei der UA hatte das Werk in einer zweiaktigen Version mit gesprochenen Dialogen zunächst keinen großen Erfolg. Für eine Aufführung in St. Petersburg (1871) arbeitete Smetana die Partitur um, komponierte u. a. den Furiant (2. Akt) und Maries Rezitativ und Arie *Endlich allein!* (3. Akt) hinzu und gab der Oper die heute gültige dreiaktige Fassung.

J. SCHLÄDER

VERKLEINERUNG ↗Diminution.

VERLAINE, Paul, * 30. 3. 1844 Metz, † 8. 1. 1896 Paris; frz. Dichter. Er entstammte einer Familie, in der viel musiziert wurde, und war mit Mathilde Mauté, der Tochter einer hervorragenden Pianistin verheiratet. Mit zahlreichen Musikern war er befreundet, u. a. mit E. Chabrier. V. gehörte zu den Dichtern des *Parnasse contemporain* (u. a. mit Th. Gautier, Ch. Baudelaire und St. Mallarmé), die sich als Reaktion gegen die Romantik verstanden (charakteristisch ihre Auffassung des L'art pour l'art), und teilte ihre Schwärmerei für R. Wagner. Die Titel seiner Gedichtsammlungen *La bonne chanson* (1870) und *Romances sans paroles* (1873) und der Anspruch seiner *Art poétique* (1882) „de la musique avant toute chose" zeigen V.s ständiges Bemühen um Musikalität der Sprache. Die dichterischen Formen stehen bei V. oft dem Chanson nahe (Strophe mit Refrain), die Klangqualitäten der Sprache sind geschickt eingesetzt, die Rhythmen subtil differenziert. Er schrieb jedoch keine Texte der Vertonung wegen. Gleichwohl ist die Zahl der Komponisten groß, die Gedichte von ihm in Musik setzten. Zu nennen sind Cl. Debussy, E. Chausson, G. Fauré, J. Massenet, Ch. Koechlin, M. Ravel, Fl. Schmitt, außerhalb Frankreichs u. a. C. von Pászthory. Für Chabrier schrieb V. die Libretti zu 2 Operetten (*Vaucochard et fils I*er, 1863; *Fish-ton-Kan,* 1865) und einer Opéra bouffe (*L'étoile,* 1877), und verschiedene Ballette sind von seinen Gedichten inspiriert.

Lit.: L. MAURICE-AMOUR, V., in: MGG XIII; M. MÜLLER, Musik u. Sprache. Zu ihrem Verhältnis im frz. Symbolismus (Diss. Bonn 1982).

VERLOBUNG IN SAN DOMINGO, DIE, Oper in einem Akt von W. Zillig, Text vom Komponisten nach der Novelle (1811) von H. von Kleist. Ort u. Zeit der Handlung: San Domingo, 1803, Erstsendung (Funk): 26. 6. 1957; UA (szenisch): 25. 2. 1961 Bielefeld.

In Kleists Erzählung vom Aufstand der Neger gegen die Weißen, in dessen Verlauf ein frz. Offizier seine Retterin, eine Farbige, tötet und sich in Erkenntnis seines tragischen Fehlverhaltens selbst richtet, wird die innere Entwicklung der Personen in dramatischer Rede dargestellt; an Höhepunkten wird unvermittelt der nüchterne Bericht von den Ereignissen fortgesetzt. Zillig vertraute den epischen Teil einem Erzähler (Journalisten) an, während er die Dialoge als Opernszene gestaltete. Das musikalische Material entwickelt der Komponist aus Keimzellen der Begleitmusik zum melodramatischen Erzählertext, so daß der Hörer auf die musikalischen Elemente in den Opernszenen vorbereitet ist. Das Werk ist mit den Techniken der Dodekaphonie gestaltet: Eine Zwölftonreihe (die das Zitat der Marseillaise erlaubt) erhält für den formalen Ablauf ordnende Funktion; die kämpfenden Rassen werden musikalisch durch rhythmische Reihen verdeutlicht (wodurch sich eine Art rhythmischer Polyphonie ergibt), und auch in der Instrumentation wird Zwölftöniges symbolhaft und schulmeisterlich-vordergründig in Klang umgesetzt: Zu den zwölf Solostreichern treten solistisch je sechs Holz- und Blechbläser, zwölf Instrumente (einschließlich Celesta, Cembalo, Harfe und Klavier) werden zum Schlagwerk gezählt.

K. LANGROCK

VERLOBUNG IN SAN DOMINGO, DIE, Oper in 2 Akten von W. Egk, Text vom Komponisten nach der Novelle (1811) von H. von Kleist. Ort u. Zeit der Handlung: ein Pflanzerhaus im frz. Teil der Insel San Domingo, 1803; Ort u. Zeit des Vor- und Zwischenspiels: Port-au-Prince, Gegenwart. UA: 27. 11. 1963 München (Staatsoper).

Egk wurde von der literarischen Vorlage durch die „betäubende Dosis von Brutalität, Exotik, Liebe und Haß … und dazu ein nicht zu übersehendes höchst aktuelles Element" gefesselt. Kleists nüchternen Tatsachenbericht voller Dramatik formte der Komponist in eine stimmungsvolle, poetisch verdichtete Bühnenhandlung um; diese wird im Rückblick aus der Gegenwart (in Vor- und Zwischenspiel) durch die Herren Schwarz und Weiß aus der jeweiligen Sicht der 1803 im Kampf liegenden Parteien berichtet. Die Schatten der vier handelnden Personen kommentieren diese Berichte und ziehen die Lehre daraus: „Sie müssen lernen, miteinander zu leben, sonst werden sie aneinander sterben so wie wir." In der musikalischen Gestaltung des Stoffes verzichtet Egk weitgehend auf folkloristische Elemente. Farbige Instrumentation, phantasievolle Harmonik und dem Sprachfluß folgende expressive Gesangspartien bewirken die beklemmende Faszination dieser Oper. K. LANGROCK

VERLORENE PARADIES, DAS *(Paradise Lost),* Sacra Rappresentazione in 2 Akten von Krz. Penderecki, Text von Christopher Fry nach J. Miltons gleichnamigem Epos (1667). UA: 29. 11. 1978 Chicago; dt. EA (in dt. Sprache): 28. 4. 1979 Stuttgart.
Penderecki und der engl. Dramatiker Fry gingen durchaus unbefangen daran, den tiefgründigen Sündenfall-Mythos für das Musiktheater zu adaptieren, ihn ins Szenisch-Unmittelbare zu übersetzen. Der Librettist, der als Drehbuchautor von Hollywood-Filmen wie *Ben Hur* oder *Die Bibel* bereits über einschlägige Erfahrungen verfügte, kompilierte aus Miltons voluminösem, die theologisch-philosophische Problematik eigenwillig interpretierendem Epos die Textgrundlage des Himmel und Hölle umspannenden Spectaculums; der Komponist entschied sich beim Ausgestalten der stark zum Oratorischen hin tendierenden Schau-Bilder für eine Tonsprache, die kaum noch auf den ehemals radikalen Avantgardisten Penderecki schließen läßt, sondern pointiert das stilistische Repertoire der Spätromantik einbezieht. Gerade das Assimilieren vertrauter musikalischer Idiome wird dazu beigetragen haben, daß dieses von der Chicagoer Lyric Opera (ursprünglich zum Bizentenarium der USA) in Auftrag gegebene Werk bislang wenn nicht bei den Rezensenten, so doch beim Publikum vorbehaltlose Zustimmung gefunden hat.

VERLORENE SOHN, DER *(L'Enfant prodigue),* Scène lyrique in einem Akt von Cl. Debussy, Text von E. Guinand. Ort und Zeit der Handlung: ein Dorf am See Genesareth, in biblischer Zeit. UA: 28. 2. 1910 London (Covent Garden); EA in dt. Sprache: 9. 11. 1910 Zürich; dt. EA: Dezember 1910 Magdeburg.
Das biblische Gleichnis vom verlorenen Sohn bildet die stoffliche Grundlage zu diesem Werk. Guinand gestaltete das Libretto schlicht, stellenweise sentimental und wies der Mutter, die um den Verlust ihres Sohnes trauert, eine tragende Rolle zu. Die Niedergeschlagenheit der Eltern steht in wirkungsvollem Kontrast – den Debussy auch musikalisch reflektiert – zur Schönheit der Natur (Sonnenaufgang) und zum heiteren Fest der Dorfbewohner. Debussy erfüllte, indem er den Text als Kantate vertonte, eine Bedingung für den Prix de Rome, den er 1884 mit diesem Werk gewann; szenische Aufführungen folgten erst später. Die kompositorischen Schulregeln, von der Harmonik bis zum unvermeidlichen Unisono bei der Wiedervereinigung der Familie, befolgt der Komponist hier relativ streng, und Wagnerismen wie die leitmotivische Arbeit mit dem „Azael"-Ruf der Mutter lassen noch den Bayreuth-Pilger erkennen, doch verweisen Parallelakkordik, Klangflächen und differenzierte Instrumentation (Klangfarben) bereits auf den meist fälschlich als „Impressionismus" bezeichneten Debussy-Stil. R. QUANDT

VERLORENE SOHN, DER *(Bludny syn),* Ballett in 3 Szenen. Libretto: Boris Kochno (* 1904), Musik: S. Prokofjew (op. 46). UA: 21. 5. 1929, gemeinsam mit I. Strawinskys *Renard,* Paris (Théâtre Sarah Bernhardt) mit den Ballets Russes, Choreographie: G. Balanchine; dt. EA: 1931 Essen (Folkwangschule), Choreographie: K. Jooss.
Das Sujet dieser Ballettkomposition, die sowohl vom Publikum als auch von den Kritikern enthusiastisch aufgenommen wurde, folgt jener Version der biblischen Geschichte vom verlorenen Sohn (Lukas-Evangelium, Kapitel 15, Vers 11–24), die auf alten byzantinischen Ikonen dargestellt ist. – Während G. Balanchine eine raffinierte, von Stilelementen der neoklassizistischen Moderne geprägte choreographische Disposition präsentierte, suchte S. Prokofjew ein nahezu absolut musikalisches Werk zu komponieren, in dem er viel mehr um die Transparenz des Satzes, die polyphone Führung der Stimmen sowie um eine einfache Melodik und Harmonik bemüht war als um die mimetische Qualität einer tanzgerechten Ballettmusik. Gerade den konzertanten Charakter seiner eher experimentellen Ballettkomposition akzentuierte S. Prokofjew nachträglich, indem er das thematische Material seines Werkes auch in die Symphonische Suite, op. 46a (1929), des weiteren in die 4. Symphonie, op. 47 (1929/30, revidiert als op. 112), und letztlich in die Sechs Stücke für Klavier, op. 52 (1930/31), aufnahm. G. LUDIN

VERMINDERT werden ↗Intervalle genannt, die sich durch Erniedrigung bzw. Verkleinerung reiner oder kleiner Intervalle um einen Halbton ergeben.

VERS (von lat. versus = Wendung [des Pfluges], Furche, Reihe), Bz. für die durch ↗Metrum und ↗Rhythmus gegliederte Textzeile, die einen verwandt organisierten Kontext (z. B. den Reim im Gedicht) verlangt, auch die Einzelzeile in gebundener Rede. Der V. erhält seine unterschiedlichen Charakteristika durch die verschiedenen Formen von quantitierender, alternierender und akzentuierender Dichtung: a) Die *quantitierende* Dichtung kennzeichnet eine in einem bestimmten System festgelegte Folge von kurzen und langen Silben. Sie bestimmt als Ordnungsprinzip die Dichtung der griech. und römischen Antike sowie die ihr imitatorisch folgenden poetischen Formen von Mittelalter und Renaissance, Barock, Klassik und Romantik (z.B. der daktylische Hexameter oder Pentameter, der jambische Senar oder der trochäische Septenar zu den sie jeweils konstituierenden Grundelementen von Daktylus, Jambus und Trochäus; ↗Metrum). Das antike Prinzip der quantitierenden Dichtung erfährt eine späte Wiederbelebung im 16. Jh. in der humanistischen Odenkomposition (↗Ode) in Deutschland und in der ↗Musique mesurée à l'antique in Frankreich. Man spricht dort ausdrücklich von den V. mesurés. – b) Die *alternierende* Dichtung (von lat. alternare = abwechseln) ist durch den regelmäßigen Wechsel von einsilbiger Hebung und einsilbiger Senkung bestimmt. Entsprechend finden sich in ihr nur „jambische" (steigend alternierende) oder „trochäische" (fallend alternierende) V.-Maße. Dieses Gliederungssystem, das die romanischen Literaturen des Mittelalters auch unter dem Einfluß mittellat. Dichtungsformen (↗Hymnus, ↗Vaganten) entwickelten und an germanische Nachahmer weitergaben, prägt die numerische Gliederung (z.B. in Acht-, Zehn-, Elf- [it.: Endecasillabo] oder Zwölfsilbler [Alexandriner]). – c) Die *akzentuierende* Dichtung charakterisiert der Zusammenfall von Metrum und natürlichem Sprachduktus, von V.-Akzent und Wortbetonung. Sie ist auf den germanischen Sprachraum beschränkt und wurde in Deutschland durch M. Opitz (*Das Buch von der deutschen Poeterey,* 1624) verbindlich.

Die in den beschriebenen Formen verfaßten Dichtungen sind musikalisch höchst unterschiedlich und differenziert verarbeitet worden. Dies gilt nicht nur für die quantitierenden Hymnen oder die akzentuierenden Sequenzen des lat. Mittelalters, sondern ebenso auch für die alternierenden romanischen Texte wie z.B. die ↗Chansons de geste oder die Lyrik der ↗Troubadours, die sich allein aus der Einheit von Wort und Musik (son e vers) versteht. Wie intensiv die Beziehung zwischen V. und Musik ist, zeigen besonders das Kunstlied (↗Lied), in dem sich Rhythmus der Sprache und Bewegung der Melodie im idealen Entwurf harmonisch vermählen, oder die Operntexte R. Wagners, die auf die Konstituierung einer Totalität im Gesamtkunstwerk abzielen (↗Musik und Sprache). – St. Mallarmés Essay *La musique et les lettres* geht dieser Möglichkeit zu absoluter Verschmelzung und Steigerung aus der Perspektive des Wortkünstlers nach, der Rhythmus und Melodie der Sprache als Teile der im Universum der Töne entworfenen Symbolik erfaßt. Der V. wird so über seine von Symbolisten und Futuristen erkannte phänomenologische Beschränkung hinaus, die zur Entwicklung des modernen Vers libre und der Parole in libertà führte, zum denkbaren Absoluten, das das Schweigen allein einholt.

Lit.: T. S. ELIOT, Der V. Vier Essays (B – F 1952); W. SUCHIER, Frz. V.lehre auf hist. Grundlage (Tü 1952), 2. Aufl. bearb. v. R. Baehr (Tü 1963); M. BURGER, Recherches sur la structure et l'origine des v. romans (G 1957); W. KAYSER, Gesch. des dt. V.es (Mn 1960, ²1971); F. CALIRI, Ritmi e stile. Compendio di versificazione italiana e nozioni di stilistica (Fi 1961); R. BAEHR, Span. V.lehre auf hist. Grundlage (Tü 1962); M. GRAMMONT, Petit traité de versification française (P 1965); W. M. LINDSAY, Early Latin Verse (O 1968); J. V. STUMMER, V., Reim, Strophe, Gedicht. Ein Lehr- u. Lesebuch über das Handwerkliche der dt. Dichtkunst (Thun – Mn 1968); R. BAEHR, Einführung in die frz. V.lehre (Mn 1970); F. LIPPMANN, Der it. V. u. der musikal. Rhythmus. Zum Verhältnis von V. u. Musik in der it. Oper des 19. Jh. ..., in: Anal. Mus. 12, 14 u. 15 (1973–75); H. J. DILLER, Metrik u. V.lehre (Düsseldorf – Be – Mn 1978); M. GAUTHIER, Promenade autour de la musique des v., in: Bull. de l'Association G. Budé 1 (1978).

W.-D. LANGE

VERSCHMELZUNG, in der Tonpsychologie Bz. für die Wahrnehmung zweier gleichzeitig erklingender und in bestimmten Intervallen zueinander stehender Töne als ein einzelner Ton. Am deutlichsten wird die V. bei einer Oktave: Der Grundton und alle Obertöne der Oktave fallen mit den Obertönen des tieferen Tones zusammen, sie verschmelzen vollständig. Bei Quinten, Quarten usw. ist die Zahl der gemeinsamen Obertöne und damit die V. geringer, während bei Dissonanzen nicht mehr von V. gesprochen werden kann. Der Grad der V. wird als wichtigstes Merkmal bzw. sogar als Definition von Konsonanz angesehen.

Lit.: H. HUSMANN, Eine neue Konsonanztheorie, in: AfMw 9 (1952); DERS., V. u. Konsonanz, in: DJbMw 1 (1956); E. TERHARDT, Ein psychoakustisches Konzept der musikal. Konsonanz, in: Acustica 36 (1976).

VERSCHRÄNKUNG entsteht, wenn im harmonischen Satz zwei Phrasen oder Motive ineinandergreifen, d.h., wenn der Schlußton einer Phrase oder eines Motivs gleichzeitig Anfangston des nächsten ist. Ein häufig vorkommender Fall von V. bildet im Wiener klassischen Satz die Verknüpfung des Schlußakkords einer Periode mit dem Beginn eines den Satzverlauf weiterführenden, gegenüber der Periode andersartigen Gerüstbauabschnitts.

VERSETT, Versetl (von frz. verset, Diminutiv zu vers; engl.: verset; it.: versetto; span.: versículo, verso), Bz. für ein kurzes Orgelstück, das auf die Gepflogenheit zurückgeht, wonach seit Ende des 14. Jh. im Gottesdienst Organist und Sängerchor, jener mit kunstreichem polyphonem Spiel, dieser mit choralem Unisono alternatim die Verse (↗Versus) liturgischer Gesänge ausführten, „ad levandos animos fidelium" (Benedikt XIV., Bulle *Annus qui,* 1749). Die Entwicklungsgeschichte dieser V.en führte einerseits zum choralgebundenen Typ der frz. ↗Orgelmesse bzw. zum ev. Choralvorspiel und zur Choralpartita. Andererseits entstanden im Laufe des 17. Jh. choralfreie V.en von praeludienhaftem, fugiertem oder tanzhaftem Charakter, die nach dem Vorbild der Psalmen- und Magnificat-V.en zyklisch „per omnes tonos" angelegt wurden, jeweils mehrere Stücke pro Tonart. Neben einer großen Zahl verflachter Gebrauchsmusik ragen einige Meisterwerke hervor (u.a. J. K. Kerll, *Modulatio organica,* 1686; J. C. F. Fischer, *Ariadne musica,* 1702), die J. S. Bachs *Wohltemperiertem Clavier* den Weg bereiteten.

Lit.: F. P. CONSTANTINI, Die Entwicklung der Versettenkomposition vom ausgehenden Mittelbarock bis z. Rokoko (Diss. W 1967); DERS., Zur Typusgesch. von J. S. Bachs Wohltemperiertem Klavier, in: Bach-Jb. 55 (1969). F. P. CONSTANTINI

VERSETZUNGSZEICHEN ↗Akzidentien.

VERSFUSS ↗Metrum.

VERSIKEL (von lat. versiculum = kleiner Vers; engl.: versicle), insbesondere in der kath. und anglikanischen Liturgie Bz. für einen liturgischen Ruf, auf den eine liturgisch ebenso festgelegte Antwort (lat.: responsum; engl.: response) der Gemeinde folgt, z.B. *Der Herr sei mit euch* mit dem Responsum *Und mit deinem Geiste.*

VERSTÄRKER, in der Elektroakustik Bz. für einen „aktiven", d.h. mit Röhren bzw. Transistoren bestückten Baustein, der die ↗Amplitude elektrischer Signale vergrößert (Spannungs-V.) bzw. die für einen Verbraucher (z.B. ↗Lautsprecher) erforderliche Leistung liefert (Leistungs-V.); für letztere Anwendung ist ein niedriger Innenwiderstand des als Spannungsquelle fungierenden V.s notwendig. Qualitätskriterien sind insbesondere ↗Frequenzgang, ↗Verzerrungen und ↗Fremdspannung (↗elektroakustische Übertragungskette). Eine besondere, im Synthesizer und in der elektronischen Orgel verwendete Bauform ist der spannungsgesteuerte V. (Voltage Controlled Amplifier, VCA), dessen Verstärkung durch eine Steuerspannung geregelt wird. Diese kann von einem Tasten- oder Saiten-Manual, aber auch von anderen V.n herrühren. Hierdurch erst (und durch spannungsgesteuerte ↗Generatoren und ↗Filter) wurde die Entwicklung der heute gebräuchlichen ↗Synthesizer möglich, wie sie vor allem von Robert A. Moog initiiert wurde.

VERSTELLTE EINFALT, DIE, Opera buffa von W. A. Mozart; meist gespielt als: Die ↗Heuchlerin aus Liebe.

VERSTELLTE GÄRTNERIN, DIE, Dramma giocoso von W. A. Mozart; meist gespielt als: Die ↗Gärtnerin aus Liebe.

VERSUS (von lat. vertere = umwenden). – **1)** In übertragenem Sinn Bz. für die Zeile, in der Poesie für den Vers, in der Bibel für die Unterteilung der Psalmen und der Kapitel der Bücher (die Verseinteilung der lat. Vulgata geht auf die Bibelausgabe des Pariser Druckers Robert Estienne, 1551 und 1555, zurück und stimmt nicht durchgehend mit der bei der Psalmodie üblichen und den Gesängen des Gregorianischen Gesangs zugrunde liegenden Gliederung überein). – **2)** Im Gregorianischen Gesang Bz. für die im Wechselgesang von 2 Chören vorzutragenden textlichen und melodischen Abschnitte und Vortragsanweisung für den Einsatz des 2. Chores; in ↗Responsorium, ↗Graduale, ↗Alleluia und ↗Offertorium für die dem Kantor zufallenden Teile des Wechselgesangs (Zeichen: ℣); in ↗Introitus und ↗Communio für den Psalmvers zur Antiphon; außerdem für das ↗Versikel; ferner im 9./10. Jh. für den in metrischen Versen abgefaßten Hymnus, zum Unterschied von nichtmetrischen Lobgesängen (z.B. Gloria und Te Deum) und von dem dem hl. Ambrosius zugeschriebenen Grundrepertoire metrischer Hymnodie. Über die Alternatimpraxis, d.h. die Stellvertretung eines von 2 psalmodierenden Chören durch Vortrag und mehrstimmige Bearbeitung des C.f. auf der Orgel, ging der Begriff V. in die Instrumentalmusik über (↗Versett).

VERTRETUNGSKLANG, in der ↗Harmonielehre Bz. für jene Akkorde, die vertretungsweise die Stelle anderer Akkorde einnehmen können. Die Dreiklänge der I. (↗Tonika), IV. (↗Subdominante) und V. Stufe (↗Dominante) sind Hauptfunktionen, die eine Tonart eindeutig bestimmen. Die Dreiklänge der II., III., VI. und VII. Stufe, auch als Nebendreiklänge oder Nebenfunktionen bezeichnet, gelten daher jeweils als V. (↗Funktionsharmonik). Zu unterscheiden vom V. ist die ↗Klangvertretung, welche die wechselnde Funktion einzelner Töne meint.

VERURTEILUNG DES LUKULLUS, DIE, Oper in 12 Szenen von P. Dessau u. B. Brecht. Ort u.

Zeit der Handlung: Rom im Altertum, das Schattenreich. UA: 12. 10. 1951 Berlin (Staatsoper).
In seinem Radiostück *Das Verhör des Lukullus* (1939) zeigt Brecht die Rechtfertigung des heldenhaften Feldherrn vor einem unbestechlichen Gericht, das die vielen Toten der Feldzüge gegen die kulinarische Bereicherung der Speisekarte und die Einführung des Kirschbaums in Mitteleuropa abwägen muß. Bei der Umarbeitung zu einem Libretto wurde neben „organisatorischen" Änderungen insbesondere die Verkündung des Urteils aufgenommen: *Ins Nichts mit ihm!* Am 17. 3. 1951 fand in der Berliner Staatsoper eine Probeaufführung unter dem alten Titel statt; Anregungen aus der anschließenden Diskussion führten zu weiteren Umarbeitungen, deren Ergebnis als endgültige Fassung veröffentlicht wurde. In Zusammenarbeit mit Dessau und H. Scherchen (Dirigent der UA) nahm Brecht dennoch weitere Veränderungen vor. Dessau bezeichnete dieses Werk als „Friedensoper"; in seiner Komposition erhellt er die gesellschaftspolitische Bedeutung des Textes durch teils hintersinnige (Form, Harmonik), teils signalhaft einfache (Instrumentation, Melodik) Karikierungen von Topoi der „kulinarischen" Oper. Die musikalisch größte Bedeutung kommt den Chören zu, deren wuchtige Textdeklamation in der Orchesterbesetzung (als Holzbläser nur Flöten, Verzicht auf Geigen und Bratsche, Schlagwerk mit zehn Spielern) seine Entsprechung findet. K. LANGROCK

VERWERTUNGSGESELLSCHAFT (VerwGes), Bz. für juristische Personen, die nach dem *Gesetz über die Wahrnehmung von Urheberrechten und verwandten Schutzrechten* vom 9. 9. 1965 (WahrnG) Nutzungs-, Einwilligungsrechte oder Vergütungsansprüche nach dem Urheberrechtsgesetz vom 9. 9. 1965 (UrhG) für Rechnung mehrerer Urheber oder Inhaber verwandter Schutzrechte zur gemeinsamen Auswertung wahrnehmen. Vorläufer der V.en war eine Organisation in Frankreich, die „Société des Auteurs, Compositeurs et Éditeurs de Musique" (SACEM), die bereits 1850 anläßlich eines Streitfalles im musikalischen Bereich gegründet worden ist. In Deutschland entstand erstmals mit der „Genossenschaft Deutscher Tonsetzer" (GDT) und der „Anstalt für musikalisches Aufführungsrecht" (AFMA) eine V., aus der sich die heutige GEMA entwickelte. In anderen Bereichen entstanden V.en erst sehr viel später (etwa seit 1950): ↗GEMA. Die „V. Wort" (VG Wort) nimmt treuhänderisch die Rechte der Wortautoren wahr und umfaßt heute 6 Berufsgruppen (1. Autoren und Übersetzer schöngeistiger und dramatischer Literatur, 2. Journalisten, Autoren und Übersetzer von Sachliteratur, 3. Autoren wissenschaftlicher und Fachliteratur, 4. Verleger von schöngeistigen Werken und von Sachliteratur, 5. Bühnenverleger, 6. Verleger von wissenschaftlichen Werken und Fachliteratur). – Die „Gesellschaft zur Verwertung von Leistungsschutzrechten mbH" (GVL) nimmt treuhänderisch die Rechte der ausübenden Künstler und die Rechte der Tonträgergesellschaften wahr. Gesellschafter der GmbH sind die „Deutsche Orchestervereinigung e. V." und die „Deutsche Landesgruppe der internationalen Vereinigung der phonographischen Industrie e. V." – Die „Zentralstelle für private Überspielungsrechte" (ZPÜ) ist ein Zusammenschluß der GEMA, GVL und VG Wort und zieht die Vergütungen nach dem UrhG ein und verteilt diese nach einem bestimmten Schlüssel an die GEMA, VG Wort und GVL. – Die „Interessengemeinschaft musikwiss. Herausgeber und Verleger" (IMHV) nimmt die Rechte (Schutz bestimmter Ausgaben) im musikalischen Bereich wahr. Die V. Bild-Kunst vertritt die Rechte für bildende Künstler sowie Fotografen und Grafikdesigner. Bei der „Gesellschaft zur Übernahme und Wahrnehmung von Filmaufführungsrechten mbH" (GÜFA) handelt es sich um einen Zusammenschluß von Filmproduzenten. – ↗AKM, ↗CISAC, ↗SUISA. M. HOHMANN

VERZERRUNG, Bz. für die Veränderung einer Schwingung bei einer elektrischen oder mechanischen Übertragung. Ein Übertragungssystem, das außer einer allgemeinen Verstärkung oder Abschwächung keine Änderung des Schwingungsverlaufes bewirkt, wäre verzerrungsfrei; es heißt linear, da der Schwingungsverlauf am Ende des Übertragungsweges eine (in mathematischem Sinne) lineare Funktion des ursprünglichen Schwingungsverlaufes ist. Tatsächlich aber treten bei jeder Übertragung mehr oder weniger starke Nichtlinearitäten und damit V.en auf. Im menschlichen Ohr wird ein wahrgenommenes akustisches Signal bei der Übertragung durch das Trommelfell und die Gehörknöchelchen erheblich verzerrt; zur ursprünglichen Frequenzstruktur kommen zusätzliche Kombinations- und Obertöne hinzu. Bei elektroakustischen Übertragungssystemen ist eine möglichst von V. freie Wiedergabe äußerst wichtig. Die hier typischen V.en treten als unharmonische Obertöne auf, die schon bei geringer Intensität (neben der von einem Gerät erzeugten Störspannung wie Rauschen und Brummen) deutlich und unangenehm hörbar werden und deren Maß (anteilig in % ausgedrückt) der Klirrfaktor ist. Apparaturen in

Tonstudios arbeiten mit Werten unter 1,5%, Tonbandgeräte der HiFi-Norm lassen 5% zu; Verstärker dagegen liegen heute meist unter 0,1%.

VERZIERUNGEN, Ornamentik (engl.: ornamentation; frz.: ornementation; it.: ornamentazione; span.: ornamentación). – **1)** Allgemein Bz. für sämtliche Formen und Spielarten „ausschmückender Abwandlung" einer melodischen Linie oder eines Satzgefüges. V. dienen nicht allein dem Bedürfnis nach Abwechslung, sondern haben auch die Funktion der Bereicherung statischer Tonfolgen, der Intensivierung rasch verklingender Töne; sie verdeutlichen durch Akzentuierung die Gliederung der Linien und stehen als emphatische Hervorhebungen von Details im Dienste des Ausdrucks. Das Prinzip des Verzierens ist nah verwandt mit dem der ↗Variation – in der ornamentalen Umspielung kann man den Ausgangspunkt der Variationstechnik sehen –, doch unterscheiden sich beide dadurch, daß die Variation eine formgestaltende Verfahrensweise darstellt, während die V. nur akzidentellen Charakter haben. Sie können allerdings für die musikalische Form relevant werden; etwa als modifizierte Wiederholung von Phrasen oder von größeren Formabschnitten (so bei C. Ph. E. Bachs Sonaten „mit veränderten Reprisen"). – Die Belebung regulierter musikalischer Abläufe durch mehr oder minder spontane Unregelmäßigkeiten gehört zum Wesen jeglichen Musizierens. In der schriftlich fixierten abendländischen Musik sind Spuren solcher Praxis schon in den „Zierneumen" des Gregorianischen Gesangs nachweisbar. Im MA werden die verschiedenen Formen der Verzierung als „Flores" bezeichnet. Von besonderer Bedeutung ist das ornamentale Prinzip bei der Ausfüllung von C.f.-Haltenoten eines Gerüstsatzes durch ↗Kolorierung. Die gleichartige Praxis der ↗Diminution, der Aufgliederung von langgehaltenen Tönen in kleinere Notenwerte, dient in der Instrumentalmusik des 17. Jh. sowohl der akzidentellen Verzierung als auch der systematischen Variation eines gegebenen Melodiemodells (↗Glosas). In der Musik für Tasteninstrumente bilden sich seit dem 16. Jh. häufig wiederkehrende, voll ausgeschriebene Verzierungsfloskeln aus. Vereinzelt werden sie in der Musiklehre der Zeit schon mit Namen belegt: Mordant bei E. N. Ammerbach (1571); Redoble (= Doppelschlag) und Quiebro (= Triller) bei Tomás de Santa María (1565), doch gibt es für sie noch keine abstrakten Zeichen.

Im 17. und 18. Jh. erreicht die Verzierungskunst ihren Höhepunkt. Verzierung bedeutet nun lebendige Vortragskunst schlechthin. Sie umfaßt nicht nur das Verschnörkeln melodischer Linien, sondern schließt auch die Kategorien des Rhythmus und der Dynamik ein: durch lebendige rhythmische Spielweisen wie das ↗Tempo rubato oder die „zierliche" Ausführung bestimmter rhythmischer Figuren (↗Notes inégales, ↗Lombardischer Rhythmus, ↗punktierter Rhythmus) auf der einen, durch Lautstärkeschattierungen von Einzeltönen (↗Messa di voce) oder Phrasen (Echowiederholungen) auf der anderen Seite. Die einzelnen Stilbereiche entwickeln jetzt bestimmte Charakteristika: Die „italienische Art" bevorzugt improvisatorische Ornamentik (bes. deutlich in den ↗Koloraturen der Sänger), sie stellt die freien über die formelhaften V. und ist nach J. J. Quantz, „willkürlich, ausschweifend, gekünstelt ... auch öfters frech und bizarr". Das folgende Notenbeispiel zeigt im Ausschnitt einen Vergleich der Notierung des Erstdrucks der *Sonate a Violino,* op. 5, von A. Corelli (R 1700) mit einer Amsterdamer Ausgabe von etwa 1715, „où l'on a joint les agréments des Adagio de cet ouvrage, composez par Mr. Corelli comme il les joue".

Französische Verzierungskunst ist dagegen formelhaft und stärker reguliert. Quantz findet sie „sklawisch, doch modest, deutlich, nett und reinlich im Vortrage". Im Extrem wirkt der italienische Geschmack überladen, der französische eher manieriert. Die deutschen Komponisten nahmen Elemente beider Stile auf und pflegten bewußt einen „vermischten Geschmack". So finden sich italienische Diminutionspassagen häufig unvermittelt neben den Agréments französischer Provenienz. Musiktheorie und -didaktik der Zeit befassen sich ausgiebig mit diesem Problem: Die normierten, zur Floskel verfestigten V. werden als „wesentliche Manieren", die freien, meist improvisierten Ornamente als „willkürliche Veränderungen" bezeichnet. J. S. Bach hat im 2. Teil seiner *Clavier-Übung bestehend in einem Concerto nach Italienischem Gusto und einer Ouverture nach Französischer Art* nicht nur die typischen Formen, sondern auch die Verzierungstechniken der beiden Stilarten exemplarisch vorgestellt. In seinem Gesamtschaffen zeigt sich deutlich die Tendenz, V., die über das rein Dekorative hinausgehen, nicht mehr dem Interpreten zu überlassen, sondern verbindlich in die Komposition einzubeziehen. Diese Haltung setzt sich seit dem späten 18. Jh. allgemein durch. Als V. gelten hinfort nur noch einige „wesentliche" Standardornamente (s. u.). Allerdings zeigen vor allem gewisse Klavierkompositionen freieren, improvisatorischen Charakters (Fantasien, Impromptus, manche langsame Sätze) in ihrem oft in kleinen Noten gestochenen Passagenwerk noch deutlich Elemente des ornamentalen Stils (z. B. L. van Beethoven, Sonate c-moll, op. 10 Nr. 1, Adagio molto; Fr. Chopin, Nocturne op. 9, Nr. 3 [s. nachstehendes Bsp.]).

2) Im engeren Sinn (auch: Manieren, Ornamente; engl.: embellishment, ornaments, graces; frz.: ornements, broderies, agréments; it.: abbellimenti, fioriture; span.: adornos, floreos) Bz. für bestimmte, zur Formel verfestigte ornamentale Figuren oder Spielweisen, hauptsächlich in Gestalt der Belebung einer „Hauptnote" durch kürzere Notenwerte, die im Schriftbild durch spezielle Zeichen oder kleinere Noten angezeigt werden. Schon das frühe MA kennt bei der Notierung des Gregorianischen Gesanges Zeichen mit rein ornamentalem Charakter wie ↗Plica, Quilisma und Oriscus (↗Notenschrift). Seit dem frühen 17. Jh. beginnt man damit, die Ausführung von V. wie Trillo oder Groppo (= ↗Doppelschlag) häufig durch hinzugefügte Wortabkürzungen (t oder g) zu fordern, anstatt sie auszuschreiben. Im 17. und 18. Jh. entwickelt sich, vor allem in Frankreich, mit den „wesentlichen Manieren" eine differenzierte Verzierungskunst von kaum überschaubarer Vielfalt. Eine gewisse systematische Klassifizierung der V. ergibt sich aus ihrer Funktion: 1. Akzentuierung der Hauptnote durch rhythmische oder harmonische Schärfung (↗Pralltriller, ↗Schneller, ↗Mordent, ↗Schleifer, ↗Vorschlag). – 2. Intensivierung oder Belebung der Hauptnote durch rhythmische oder dynamische Mittel (↗Triller ohne Nachschlag, ↗Ribattuta, ↗Bebung, ↗Vibrato, ↗Tremolo, ↗Messa di voce). – 3. Intensivierung der Hauptnote durch Umspielung (Triller mit ↗Nachschlag, ↗Doppelschlag). – 4. Verbindung zweier Hauptnoten durch Intervallausfüllung (↗Nachschlag, ↗Schleifer, ↗Coulade, Tirata, Cascada).

Die Herkunft der V. aus dem Bereich der musikalischen Improvisation wirkt sich auf ihre Wiedergabe aus: Ein Vergleich der in zeitgenössischen Lehrwerken aufgezeichneten Beispiele zeigt, daß bei der Ausführung dieser Floskeln eine beträchtliche Variabilität möglich war. Die durch keine allgemeine Übereinkunft geregelte Vielfalt der V. zeigt sich auch in ihrer Benennung und den entsprechenden Siglen. Einerseits treten viele Begriffe synonym auf (z. B. Trille, Cadence, Tremblement), andererseits kann eine Bezeichnung verschiedene Bedeutung haben („accent" kann als Vorschlag, aber auch als Nachschlag gemeint sein). Desgleichen kann eine Verzierung durch verschiedene Zeichen angegeben werden (↗Triller), jedoch auch ein bestimmtes Zeichen unterschiedlich interpretierbar sein (𝆖 als Triller oder Pralltriller). Über ihre rein dekorative Bestimmung hinaus sind V. im 17./18. Jh. gelegentlich auch Mittel des Ausdrucks, was ihre Einbeziehung in die Lehre von den musikalisch-rhetorischen ↗Figuren bezeugt (↗Koloratur).

Aus der großen Zahl von „wesentlichen Manieren" der Barockzeit wurden nur Triller, Vorschlag und Doppelschlag als Standardverzierungen in die Musik des 19. Jh. übernommen. Der ausgeschriebene Doppelschlag gewinnt in der Musik R. Wagners und der Spätromantik eine gewisse Bedeutung als melodischer Ausdruck pathetischer Emotionen. In der Musik des 20. Jh. haben akzidentelle V. kaum noch Bedeutung. Gelegentlich finden sich noch traditionelle ornamentale Floskeln, doch dienen sie nun nicht mehr als Ausschmückung, sondern sind, wie auch das neuentdeckte ↗Glissando, Mittel des Ausdrucks oder haben motivische Funktion.

Quellen: Prinzipien u. Zeichen der Verzierungskunst enthalten viele Lehrwerke des 16.–18. Jh.; als Autoren kommen vor allem in Betracht: A. Agazzari, A. Agricola, J. R. Ahle, J. E. Altenburg, J.-Fr. d'Andrieu, C. Ph. E. Bach, B. de Bacilly, E. G. Baron, Chr. Bernhard, G. M. Bononcini, J.-B. Cartier, M. Clementi, G. L. Conforti, M. Corrette, Fr. (II) Couperin, G. Diruta, G. Fantini, Hermann Finck, S. Ganassi, Fr. S. Geminiani, J. A. Hiller, J. M. Hotteterre, J. N. Hummel, É. Loulié, Th. Mace, Fr. W. Marpurg, J. Mattheson, M. Mersenne, M. P. de Montéclair, L. Mozart, L. de Narváez, D. Ortiz, J. (I) Playford, M. Praetorius, W. C. Printz, J. J. Quantz, J.-Ph. Rameau, Fr. W. Riedt, J. Rousseau, L. Spohr, G. Tartini, P. Fr. Tosi, D. G. Türk.

Lit.: **1) Allgemein:** E. D. WAGNER, Musikal. Ornamentik (B 1869); H. GERMER, Die musikal. Ornamentik (L 1878); E. DANNREUTHER, Musical Ornamentation, 2 Bde. (Lo 1893–95); F. KUHLO, Über melodische V. in der Tonkunst (Diss. B 1896); M. KUHN, Die Verzierungs-Kunst in der Gesangs-Musik des 16. bis 17. Jh. (L 1902, Nachdr. Wie 1969) (= BIMG I/7); A. SCHERING, Zur instrumentalen Verzierungskunst im 18. Jh., in: SIMG 7 (1905/06); H. GOLDSCHMIDT, Die Lehre von der vokalen Ornamentik I (Charlottenburg 1907); J. DODGE, Ornamentation as Indicated by Signs in Lute Tablature, in: SIMG 9 (1907/08); A. BEYSCHLAG, Die Ornamentik der Musik (L 1908, Nachdr.

1953); H. LEICHTENTRITT, Zur Verzierungslehre, in: SIMG 10 (1908/09); A. DOLMETSCH, The Interpretation of the Music of the 17th and 18th Centuries (Lo 1915, Nachdr. Seattle/Wash. 1969); J. ARGER, Les agréments et le rythme (P 1917); P. BRUNOLD, Traité des signes et agréments employés par les clavecinistes français des XVIIe et XVIIIe siècles (Ly 1925, Nachdr. Nizza 1965); P. C. ALDRICH, The Principal Agréments of the Seventeenth and Eighteenth Centuries (1942) (= Diss. Harvard Univ.); H.-P. SCHMITZ, Die Kunst der Verzierung im 18. Jh. (Kas 1955); W. GEORGII, Die V. in der Musik. Theorie u. Praxis (Z – Fr 1957); W. SMIGELSKI, Zur Aesthetik des musikal. Ornaments (Diss. B 1957); K. WICHMANN, Der Ziergesang (L 1966); E. DERR, Zur Zierpraxis des späten 18. Jh., in: ÖMZ 32 (1977); J. E. SMILES, Directions for Improvised Ornamentation in Italian Method Books of the Late Eighteenth Century, in: JAMS 31 (1978); R. DONINGTON, Ornaments, in: Grove[6] XIII. – **2) Einzelfragen:** H. EHRLICH, Die Ornamentik in Beethovens Klavierwerken (L 1897); M. SEIFFERT, Die V. der Sologesänge in Händels „Messias", in: SIMG 8 (1906/07); H. SCHENKER, Ein Beitr. z. Ornamentik als Einführung zu Ph. E. Bachs Klavierwerken ... (W o. J., [2]1908, Nachdr. 1954); E. DANNREUTHER, Die V. in den Werken v. J. S. Bach, in: Bach-Jb. 6 (1909); J. P. DUNN, Ornamentation in the Works of F. Chopin (Lo 1921); P. C. ALDRICH, Ornamentation in J. S. Bach's Organ Works (NY 1950); A. KREUTZ, Die Ornamentik in J. S. Bachs Klavierwerken. Suppl. z. Urtext-Ausg. der Engl. Suiten (L 1950); W. EMERY, Bach's Ornaments (Lo 1953); R. STEGLICH, Das Auszierungswesen in der Musik W. A. Mozarts, in: Mozart-Jb. 1955; E. BADURA-SKODA, Über die Anbringung von Auszierungen in den Klavierwerken Mozarts, in: ebd. 1957; J. u. M. V. HALL, Handel's Graces, in: Händel-Jb. 3 (1957), dt. Übers.: Händels V., in: ebd.; W. KOLNEDER, G. Muffat z. Aufführungspraxis (Str – Baden-Baden 1970); H. M. BROWN, Embellishing Sixteenth-century Music (Lo 1976); F. NEUMANN, Ornamentation on Baroque and Post-Baroque Music, with Special Emphasis on J. S. Bach (Princeton 1978).

E. PLATEN

VESPER, Vesperae (von lat. vespera = Abend), die vorletzte der ↗Horen im Offizium der kath. Kirche und das liturgische Abendgebet. Sie hat heute den folgenden Aufbau: Eröffnung – Hymnus – Psalmen mit Antiphonen (Pss. 110, 111 oder 112, 113) – neutestamentliches Canticum (Offb. 19,1–2) – Lesung – Homilie – Magnificat – Fürbitten – Vaterunser – Entlassung. Die V. kann an Hochfesten, Sonntagen und Herrenfesten auch am Vorabend gefeiert werden. Dies entspricht der Tatsache, daß vor der Neuordnung der Liturgie durch das 2. Vatikanische Konzil bestimmte Feste 2 Vespern hatten: für den Vorabend und für den Abend selbst. Für den Gesang der V. sind im *Antiphonale Romanum* die entsprechenden choralen Melodien vorgesehen, im Gebet- und Gesangbuch *Gotteslob* auch eine Adaption mit dt. Text. – Der mehrstimmige Gesang der lat. V. führte im 16.–17. Jh. zu einer Hochblüte der ↗Psalmvertonung und des ↗Magnificat. Beteiligt daran war auch in der 1. Hälfte des 16. Jh. der ev. Gottesdienst (bedeutend hier vor allem die *Vesperarum precum officia* von G. Rhau, 1540). Aus der immensen Zahl gedruckter und hsl. V.-Psalmen bedeutender und unbedeutender Komponisten des 16.–18. Jh. haben nur wenige Werke ihre Zeit überdauert, so Cl. Monteverdis monumentale Marienvesper von 1610 und die *Vesperae de Dominica* bzw. die *Vesperae solennes de confessore* von W. A. Mozart (KV 321 und 339).

Lit.: A. SCHARNAGL, V., in: MGG XIII; Werkbuch z. Gotteslob, hrsg. v. J. SEUFFERT, 9 Bde. (Fr 1975–79).

VESPRI SICILIANI, I, Oper von G. Verdi; dt. Titel: Die ↗Sizilianische Vesper.

VESQUE VON PÜTTLINGEN, Johann (Pseudonym: J. Hoven), * 23. 7. 1803 Opole, † 30. 10. 1883 Wien; östr. Komponist. Er studierte Rechtswissenschaft in Wien und war dort 1827–72 als Jurist (seit 1838 im diplomatischen Dienst) tätig. Seine musikalische Ausbildung erhielt er u.a. bei I. Moscheles und seit 1833 bei S. Sechter. 1866 wurde er zum Baron erhoben und 1876 Mitglied des Deutschherrenhauses. Als einflußreicher Musiker war V. maßgeblich an der Gründung des Konservatoriums der Gesellschaft der Musikfreunde in Wien beteiligt. Sein Liedschaffen gilt als bedeutendster österreichischer Beitrag zwischen Fr. Schubert und J. Brahms, während seinen Opern nur wenig Erfolg beschieden war. V. schrieb außerdem ein grundlegendes Werk über *Das musikalische Autorrecht* (W 1864).

WW: Instr.- u. Orch.-Werke; 2 Messen; 300 Lieder. – Opern: *Turandot*, UA: Wien 1838; *Liebeszauber*, UA: ebd. 1845; *Der lustige Rath*, UA: Weimar 1852.

Lit.: H. SCHULTZ, J. V. von P. (Rb 1931) (mit Werk-Verz.); H. IBL, Stud. zu J. V. von P.s Leben u. Opernschaffen (Diss. W 1950).

VESTALIN, DIE *(La vestale)*, Tragédie lyrique in 3 Akten von G. Spontini, Text von V. J. É. de Jouy. Ort u. Zeit der Handlung: Rom, in der Antike. UA: 16. 12. 1807 Paris (Opéra); EA in dt. Sprache: 12. 11. 1810 Wien (Kärntnerthor-Theater); dt. EA (in dt. Sprache): 18. 1. 1811 Berlin.

Die Handlung ist auf die im Zwiespalt zwischen Liebe und Pflichterfüllung stehende Priesterin der Vesta, Julia, zugeschnitten, welche ihren Geliebten Licinius in den Tempel hereinläßt und damit das Verlöschen des Heiligen Feuers bewirkt; daraufhin zum Tode verurteilt, wird sie erst durch das Eingreifen der Göttin selbst gerettet, die durch einen Lichtblitz das Feuer im Tempel wieder entzündet. Der Text war bereits von Fr. A. Boieldieu, L. Cherubini u. É. N. Méhul abgelehnt worden, bevor er Spontini angeboten wurde, der sogleich seine innere Spannung bemerkte. Die dramaturgische Konzentration auf die Protagonistin ermöglicht den Aufbau eines psychologischen Dramas, als dessen Höhepunkte die Soloszenen Julias im 1. und 2. Akt sich durch besondere Dichte der menschlichen Empfindung auszeichnen, durch die Musik wirkungsvoll unterstützt. Die Mischung frz.

und it. Opernelemente trug wohl wesentlich zum triumphalen Erfolg der Oper bei, die nur unter großen Schwierigkeiten und mit nachdrücklicher Unterstützung der Kaiserin Josephine zur Aufführung gebracht werden konnte. Der Erfolg machte Spontini zu einem der führenden Opernkomponisten Europas; im Juli 1810 erhielt er für die *Vestalin* den am 28. 11. 1809 gestifteten Preis für die beste Oper des vergangenen Dezenniums.

TH. MENGER

VETTER, Hermann Walther, * 10. 5. 1891 Berlin, † 1. 4. 1967 ebd.; dt. Musikforscher. Er absolvierte ein Dirigentenstudium in Leipzig und studierte anschließend Musikwissenschaft an der Universität Leipzig (H. Abert), wo er 1920 promovierte. 1927 habilitierte er sich in Breslau und wurde nach Lehrtätigkeiten in Hamburg und Greifswald 1941 Ordinarius an der Universität Posen und 1946 als Nachfolger von A. Schering an der Humboldt-Universität in Berlin. V. stand in der wissenschaftlichen und geistesgeschichtlichen Tradition von Abert, mit dem er u.a. auch die Vorliebe für die Musik der Antike gemeinsam hatte. Wie dieser war er ein Gegner purer „Musik-Philologie" und vertrat die Auffassung, daß Künstler und Werk in der Musikgeschichte eine Einheit bilden. Manche seiner Arbeiten sind bis heute grundlegend.

Schriften: *Die Arie bei Gluck* (Diss. Halle 1920); *Das frühdt. Lied,* 2 Bde. (Münster 1928) (Habilitationsschrift); *Der humanistische Bildungsgedanke in Musik u. Musikwissenschaft* (Langensalza 1928); *F. Schubert* (Pd 1934); *J. S. Bach, Leben u. Werk* (L 1938, ²1943); *Der Kapellmeister Bach* (Pd 1950); *Der Klassiker Schubert,* 2 Bde. (L 1953); *Mythos – Melos – Musica. Ausgew. Aufsätze z. Musikgesch.,* 2 Bde. (L 1957–61); *Ch. W. Gluck* (L 1964); *Tschech. Opernkomponisten. Ein stilkundlicher Versuch,* in: FS J. Racek (Brünn 1965). Ferner zahlr. Artikel zur Musik der Antike in der Realenzyclopaedie der Class. Altertumswissenschaften u. in MGG. – V. war Hrsg. des DJbMw (1956–66) u. edierte J. N. Forkel, *Über J. S. Bachs Leben, Kunst und Kunstwerke* (B 1966, Kas 1968).

Lit.: H. BECKER, W. V. in memoriam, in: Mf 20 (1967).

VETTER AUS DINGSDA, DER, Operette in 3 Akten von E. Künneke, Text von Hermann Haller u. Fritz Oliven nach einem Lustspiel von Max Kampner-Hochstädt. Ort u. Zeit der Handlung: Schloß de Weert in Holland, um 1920. UA: 15. 4. 1921 Berlin (Theater am Nollendorfplatz). Verfilmt 1934 u. 1954.

Von den sieben handelnden Personen sind vier als Hauptakteure an dieser harmlosen Verkleidungskomödie beteiligt. Julia de Weert fühlt sich, obwohl in einen „Wandergesellen" verliebt, an ihren vor sieben Jahren nach Batavia ausgewanderten Vetter Roderich gebunden, der sich seinerseits, nach Holland zurückgekehrt, in Julias Freundin verliebt. Die Komposition der Operette fällt in jene Schaffensphase, in der Künneke zwischen großer Operette und kleiner Musikkomödie als Werktypus eine Entscheidung treffen wollte. Dem Komponisten gelingt eine geschickte Verschmelzung: ein intimer Handlungsrahmen wird mit den glanzvollen musikalischen Mitteln der großen Operette gefüllt. *Ich bin nur ein armer Wandergesell* wurde ein Schlager und ragt aus der Fülle der Melodien heraus. Die heiteren, primär rhythmisch geprägten Lieder und Ensemblesätze dominieren gegenüber den weichen, lyrischen Melodien, wobei allen das Volkstümlich-Schlichte eigen ist – was das Publikum ansprach und einer der Gründe für den damaligen Welterfolg war. Bis heute ist *Der Vetter aus Dingsda* eine häufig gespielte Operette an dt. Bühnen.

B. DELCKER

VETTER MICHEL ↗ Rosalie.

VIADANA (Grossi da V.), **Lodovico,** OFM, * um 1560 Viadana/Po, † 2. 5. 1627 Gualtieri bei Viadana; it. Komponist. V.s Bezugnahme auf Tommaso Gratiani läßt vermuten, daß auch er (in Ravenna?) Schüler C. Portas war. Nachweisbar ist er 1594–97 als Domkapellmeister in Mantua, war es aber vielleicht schon früher. 1594 war er Hofakten zufolge in München, um 1596/97 nach eigenem Zeugnis in Rom und 1597/98 vermutlich in Padua. 1602 wirkte V. als Maestro di cappella für ein Jahr in Cremona, 1608–09 an der Kathedrale in Concordia und 1610–12 an der Kathedrale in Fano. Vor seiner Rückkehr nach Viadana war er 1614–17 Ordensdefinitor der Franziskanerprovinz Bologna. 1623 wurde er nach Busseto bestimmt. Im Konvent von Gualtieri ist er gestorben.

WW (gedruckt in Venedig, teilweise mit mehreren Aufl.): 2 Bücher Vesperpsalmen für 5 St., 1 (1588), mit B.c. (⁶1609), 2 mit B.c. (1604); *Canzonette* für 4 bzw. 3 St. (1590, 1594); 2 Bücher *Falsi bordoni* für 5 St. (1596) u. für 4 od. 8 St. u. B.c. (R 1612); Messen für 4 St. (1596), mit B.c. (1612); 2 Bücher *Completorium Romanum* für 8 St. (1597), für 8 St. u. B.c. (1606), ein Buch für 4 St. u. B.c. (1609); Motetten für 8 St. (1597); *Missa defunctorum* für 3 St. (1598), mit B.c. (1667); *Officium defunctorum* für 4 St. (1600), für 5 St. (1604); *Cento concerti ecclesiastici* für 1–4 St. u. B.c. (1602), 2. u. 3. Buch als *Concerti ecclesiastici* für 1–4 St. u. B.c. bzw. für 2–4 St. u. B.c. (1607, 1609); *Letanie ... di Loreto* für 3–8 u. 12 St. u. B.c. (1605); Psalmen für 4 St. u. B.c. (1608); *Lamentationes Hieremiae* für 4 gleiche St. (1609); Karwochen-Responsorien für 4 St. (1609); *Sinfonie musicali* für 8 St. u. B.c. (1610); *Salmi campagnoli* für 4 u. 8 St. u. B.c. (1612); *Salmi a quattro chori per cantare e concertare* mit B.c. (1612); *Centum sacri concentus* für 1 St. u. B.c. (F 1615); 24 *Credo a canto fermo* für 1 St. (1619).

V.s musikgeschichtlicher Rang beruht in erster Linie auf seinen *Cento concerti ecclesiastici,* von denen die Entwicklung der ↗ Motette und des ↗ Concerto im 17. Jh. in Italien sowie im katholischen und evangelischen Deutschland (↗ geistliches Konzert) maßgeblich bestimmt ist. Doch sind diese Concerti im Schaffen V.s nicht isoliert und nicht nur gattungsgeschichtlich zu sehen. Wesentlich ist auch, daß er in seinem gesamten (fast ausschließlich kirchenmusikalischen) Œuvre im Sinne der nachtridentinischen Reformbestrebungen um Verständlichkeit und Ausdeutung der lateinischen Texte bemüht ist. Er erreicht dies durch stilistische Synthese von motettischer Kurzgliedrigkeit und anfänglich unbegleitetem, vorwiegend homorhythmischem 4st. Satz, der durch die Reduktion oberitalienischer Vielchörigkeit gewonnen wurde. Die 4 Messen von 1596 sind Missae breves (der Titel der letzten, *L'hora passa,* spielt analog P. Cerones *Melopeo y Maestro* [S. 688] darauf an) und zunächst ohne B.c., aber bereits nach demselben Satzprinzip konzipiert, das V.s von einem „Basso per l'organo" (↗Generalbaß) begleitete *Cento concerti* von 1602 auszeichnet. Sein Generalbaßsatz führte zur Betonung der Außenstimmen und zu einer geregelten Harmonisierung der Füllstimmen. V. schuf in seinen vielgestaltigen *Falsi bordoni* die Mittel zur Aussetzung dieses (unbezifferten) Orgelbasses. Sie bilden den Vorrat an deutlich dreiklangsorientierten dominantischen Kadenzformeln. V.s Generalbaß erlaubte die Befreiung der Oberstimme bis zur Abstraktion in der Einstimmigkeit – nicht nur in den Concerti, sondern auch in dem Sonderfall der *Missa dominicalis* (im 2. Buch der *Concerti,* 1607) – ebenso im Triosatz, erlaubte aber auch die Erweiterung zum konzertanten Klangreichtum der vokal und instrumental besetzten 4chörigen Psalmen von 1612, in denen er die neuen stilistischen Möglichkeiten zusammenfaßte. V. legte seine Neuerungen dar in den Vorreden zu den *Cento concerti,* zu den Lamentationen und zu den 4chörigen Psalmen. Sie zeigen ihn als jenen äußerst pragmatischen und zielstrebigen Modernisten, für den ihn bereits seine Zeitgenossen hielten (u. a. A. Banchieri und M. Praetorius).

Ausg.: Opere, hrsg. v. C. GALLICO (Mantua – Kas 1964ff.) (= Monumenti Musicali Mantovani), bisher 1 Bd. erschienen; *Missa dominicalis,* hrsg. v. A. SCHARNAGL (Rb 1954, ²1964) (= Musica divina 10); 3 geistliche Konzerte für Alt u. B.c., hrsg. v. R. EWERHART (Kö 1969) (= Cantio sacra 40).

Lit.: F. MOMPELLIO, L. V. Musicista fra due secoli (Fi 1967) (mit Werk-Verz.). – M. SCHNEIDER, Die Anfänge des B.c. u. seiner Bezifferung (L 1918, Nachdr. Farnborough 1971) (mit 11 Concerti); F. T. ARNOLD, The Art of Accompaniment from a Thorough-Bass as Practised in the 17th and 18th Century (Lo 1931, Nachdr. 1961); A. ADRIO, Die Anfänge des geistl. Konzerts (B 1935); H. H. EGGEBRECHT, Arten des Generalbasses im frühen u. mittleren 17. Jh., in: AfMw 14 (1957); S. KUNZE, Die Instrumentalmusik G. Gabrielis, 2 Bde. (Tutzing 1963); DERS., Die Entstehung des Concertoprinzips im Spätwerk G. Gabrielis, in: AfMw 21 (1964); C. GALLICO, L'arte dei „Cento Concerti Ecclesiastici" di L. V., in: Quaderni della Rass. Mus. 3 (1965); J. J. SOLURI, The Concerti ecclesiastici of L. Grossi da V. (1967) (= Diss. Univ. of Michigan); F. BURKLEY, Priest Composers of the Baroque. A Sacred-secular Conflict, in: MQ 54 (1968); H. HAACK, Anfänge des Generalbaßsatzes. Die „Cento Concerti Ecclesiastici" (1602) v. L. V. (Tutzing 1974); J. LESTER, Root-Position and Inverted Triads in Theory around 1600, in: JAMS 27 (1974).

H.-W. KÜTHEN

VIARDOT-GARCÍA, Pauline, ↗García 4).

VIBRAPHON, ein Anfang der 1920er Jahre in Nordamerika entwickeltes Metallstabspiel (↗Metallophon) mit 2 Reihen auf einem Gestell klaviaturmäßig angeordneter Leichtmetallplatten, unter denen sich abgestimmte Aluminiumröhren als Resonatoren befinden. Am oberen Ende der Röhren sind auf einer Welle Metallscheiben angebracht, die sich mit Hilfe eines Elektromotors um die Längsachse drehen lassen, so daß die Resonatoren abwechselnd geschlossen und geöffnet werden. Die Schnelligkeit der Rotation, die als Vibrato empfunden wird, läßt sich stufenlos einstellen. Das V. hat einen weichen Klang mit langem Nachhall, der sich durch eine mit einem Fußpedal verbundene Dämpfung regulieren läßt. Gewöhnlich hat das V. einen Tonumfang von 3 Oktaven, von f bis f³, und wird mit sehr weichen Schlegeln, oft jeweils 2 in jeder Hand, angeschlagen. Für bestimmte Effekte werden andere Schlegelarten benutzt. Es gibt auch elektronische V.e, die statt der Resonatoren elektromagnetische Tonabnehmer haben. Das V. wurde vor allem durch Jazzmusiker wie Lionel Hampton und Milt Jackson (Modern Jazz Quartet) bekannt. Seit den 30er Jahren wird es, zuerst selten, seit 1945 immer häufiger, auch in Kompositionen vorgeschrieben, u. a. solistisch von D. Milhaud (Konzert für Marimba, V. und Orchester, 1947). – ↗Schlagzeug. M. BRÖCKER

VIBRATO (it.), Bz. für periodische Tonhöhen- und Lautstärkeschwankungen (↗Modulation) bei Singstimmen, Streich-, Zupf-, Blas- und Perkussionsinstrumenten. Im engeren Sinne wird der Begriff V. nur für Tonhöhenmodulationen angewendet; Lautstärkemodulationen dagegen nennt man ↗Tremolo. Diese Unterscheidung kann allerdings zu Mißverständnissen führen, da beim V. Tonhöhenschwankungen fast immer von Veränderungen der Lautstärke begleitet werden. Auch wenn Lautstärkeschwankungen vermieden werden sollen (was perfekt nur mit elektronischen Mitteln durchführbar ist), so führen Tonhöhenschwankungen mehrerer gleichzeitig erklingender Stimmen zu ↗Schwebungen und damit wieder zu Lautstärkeschwankungen.

Die Entstehung des V.s scheint auf die Lautenmusik des 16. Jh. zurückzugehen, wo man den Ton der gezupften Saite durch schnelle Wiederholungen zu verlängern suchte. Die Lautenisten und

Gambisten des 17. Jh. unterschieden 2 Arten von V.: die erste Art, wie heute durch Verändern des Aufsetzwinkels eines Fingers ausgeführt, wurde in der Lautenmusik verre cassé (engl.: sting) und in der Gambenmusik langueur oder plainte genannt; die zweite (eher als Verzierung zu verstehende), mit 2 Fingern ausgeführte Art, bei der ein Finger auf der Saite blieb und der andere die Saite dicht daneben rasch und leicht berührte, hieß battement, pincé, balancement, flatté, flattement oder tremblement serré (engl.: closed shake; it.: tremolo, ondeggiamento). Im 17. und 18. Jh. wurde – insbesondere bei der Violine – ein regelmäßig langsames oder schnelles und ein beschleunigendes V. (von G. Tartini und L. Mozart Tremolo genannt) unterschieden, das der Ausschmückung vorerst nur einzelner Stellen diente. Im 19. Jh. bereicherte diese Arten L. Spohr durch das verlangsamende V. (auch Bebung genannt, die jedoch von der ↗Bebung auf dem Clavichord zu unterscheiden ist). Während seitdem das V. auf Streichinstrumenten allgemein üblich und bis zu Beginn des 20. Jh. zur Ausdruckssteigerung gebraucht wurde, wird heute häufig die Spielweise senza v. (it., = ohne V.) oder der Kontrast zwischen Tönen mit und ohne V. als kompositorisches Mittel eingesetzt (z. B. B. Bartók, 4. Streichquartett). Das heute auch auf Blasinstrumenten ausgeführte V. ist mittels einer besonderen Atemtechnik oder durch leichtes Öffnen und Schließen der Grifflöcher möglich. – ↗Vibraphon.

VICENTINO, Nicola, * 1511 Vicenza, † vermutlich 1576 Mailand; it. Komponist und Musiktheoretiker. V. war Schüler von A. Willaert in Venedig, später Hofkapellmeister in Ferrara, trat 1549 als Musiklehrer in den Dienst des Kardinals Nicholas Ridolfi in Rom und ist seit 1551 im Dienst des Kardinals Ippolito II. d'Este nachweisbar. In das Jahr 1551 fällt eine berühmt gewordene Kontroverse mit V. Lusitano über die 3 antiken Tongeschlechter, in der V. unterlag. Seine Theorien, die im Geiste des Humanismus auf eine kompositorische Wiederbelebung des chromatischen und enharmonischen Genus zielten, stellte er in seinem Traktat *L'antica musica ridotta alla moderna prattica* (1555) dar. Im 5. Buch dieser Abhandlung beschreibt er ein von ihm entwickeltes 31töniges Cembalo (↗Archicembalo) zur Demonstration dieser Tongeschlechter, deren Durchsetzung er auch mit eigenen Kompositionen zu fördern suchte. Später konstruierte er dafür auch ein Arciorgano. 1563–65 war V. Domkapellmeister in Vicenza. 1570 nennt er sich selbst „Rector" an S. Tommaso in Mailand.

WW: 2 Slgen. Madrigale für 5 St. (V 1546, Mi 1572); Motetten für 5 St. (Mi 1571). – Schriften: *L'antica musica ridotta alla moderna prattica* (R 1555); *Descrizione dell'arciorgano* (V 1561).

Ausg.: Opera omnia, hrsg. v. H. W. KAUFMANN (R 1963) (= CMM 26); *L'antica musica*, Faks.-Ausg., hrsg. v. E. E. LOWINSKY (Kas 1959) (= DMl I/17); *Descrizione*, engl. Übers. in: H. W. KAUFMANN, *V.'s Arciorgano*, in: JMTh 5 (1961).

Lit.: H. W. KAUFMANN, V. and the Greek Genera, in: JAMS 16 (1963); DERS., The Life and Works of N. V. (1966) (= MSD 11); DERS., More on the Tuning of the Archicembalo, in: JAMS 23 (1970); D. HARRAN, V. and his Rules of Text Underlay, in: MQ 59 (1973); M. R. MANIATES, V.'s „Incerta et occulta scientia" Reexamined, in: JAMS 28 (1975); G. CATTIN, Nel quarto centenario di N. V., teorico e compositore, in: Studi musicali 5 (1976); V. RIPPE, N. V. – sein Tonsystem u. seine Instrumente, in: Mf 34 (1981); C. DAHLHAUS, Musikal. Humanismus als Manierismus, in: ebd. 35 (1982).

VICKERS, Jon (Jonathan) **Stewart,** * 29. 10. 1926 Prince Albert (Saskatchewan); kanadischer Sänger (Tenor). Er studierte am Konservatorium in Toronto, debütierte 1954 bei der Canadian Opera Company, kam 1957 an den Covent Garden in London, wo er als Riccardo in G. Verdis *Un ballo in maschera* auf sich aufmerksam machte, 1959 an die Wiener Staatsoper und wurde 1960 Mitglied der Metropolitan Opera in New York. In seinen Glanzrollen, bes. in Opern R. Wagners und als Otello (Verdi), Canio (R. Leoncavallo, *Pagliacci*) und Florestan (L. van Beethoven, *Fidelio*), gastierte er in den Musikmetropolen der Welt, u. a. bei den Bayreuther (1958) und Salzburger Festspielen (1966), an der Wiener Staatsoper und an der Mailänder Scala. V. gehört zu den derzeit prominentesten Sängern im schweren Heldenfach.

Lit.: N. GOODWIN, J. V., in: Opera 4 (1962); D. CAIRNS, Responses (Lo 1973); J. ARDOIN, J. V., in: The Tenors, hrsg. v. H. H. Breslin (NY 1974); H. LUDWIG, J. V. Interview, in: Opernwelt (1975).

VICTIMAE PASCHALI LAUDES (lat., = dem Osterlamme singet Lob), ↗Sequenz, die in der abendländischen Liturgie an jedem Tag der Osterwoche gesungen wird. Wipo von Burgund († um 1048) gilt als Verfasser von Text (und Melodie?). Der ursprünglich regelmäßige Aufbau (einstrophige Einleitung, 3 Doppelstrophen, einteiliger Schluß) ging durch die im Meßbuch von 1570 erfolgte Weglassung der 6. Strophe, die als antisemitisch empfunden wurde, verloren. Während der 1. Teil der Sequenz (in Assonanz) den theologischen Inhalt der Osterbotschaft entfaltet, bringt der 2. Teil (in Reimen) den Dialog zwischen den Jüngern und der Maria von Magdala, gefolgt von einem Lobpreis der Gemeinde. Die weitgespannten Melodien (im bevorzugten 1. und 2. Kirchenton) könnten aus dem Alleluia-Gesang des 5. Ostersonntags entwickelt worden sein. Bereits seit 1100 finden sich zahlreiche lat. und dt. Nachdichtungen, die für die Osterspiele große Bedeutung erlangten. Die aus dem V. hervorgegangene, auf das 12. Jh. zurückgehende ↗Leise *Christ ist erstanden* wurde häufig vom Volk zwischen den Strophen-Paaren gesungen, ein Brauch, der heute wieder belebt wird (vgl. auch die Ostermesse des J. Galliculus).

Lit.: J. HANDSCHIN, Gesungene Apologetik, in: Miscellanea liturgica. FS L. C. Mohlberg (R 1949); Lat. Osterfeiern u. Osterspiele, hrsg. v. W. LIPPHARDT, 5 Teile (B – NY 1975–76).

VICTORIA, Tomás Luis de (Ludovico da Vittoria), * um 1548/50 Ávila, † 27. 8. 1611 Madrid; span. Komponist. Er war Chorknabe an der Kathedrale von Ávila, ging 1565 nach Rom, um Theologie zu studieren, insbesondere aber auch um seiner „natürlichen Neigung" zur Musik zu folgen, und wurde Schüler des Collegium Germanicum. Möglicherweise erhielt er in dieser Zeit Unterricht von G. P. da Palestrina am benachbarten Seminario Romano, vielleicht auch von J. von Kerle, der um 1562–68 in Rom lebte. 1569–74 wirkte V. als Sänger und Organist an S. Maria di Monserrato und 1573–76 als Kapellmeister am Collegium Germanicum und an S. Apollinare. 1575 zum Priester geweiht, war er, nachdem er sich der Gemeinschaft des hl. Filippo Neri angeschlossen hatte, 1578–85 Kaplan an deren Kirche S. Girolamo della Carità. Spätestens 1587 kehrte er nach Spanien zurück und wurde Kaplan der Kaiserin Maria, der Tochter Kaiser Karls V. und Witwe Maximilians II., die sich 1581 in das Kloster der Descalzas Reales in Madrid zurückgezogen hatte. 1592 ging V. wieder für einige Jahre nach Rom und wurde 1595 Organist und Titularkapellmeister der Kaiserin. Er war auch nach deren Tod 1603, zu dem er ein Requiem komponierte, in dem genannten Kloster tätig.

WW (jeweils mit zahlr. Aufl. u. Nachdr.): 2 Bücher Messen für 4–8 St. (R 1583, 1592); 2 Slgen. Motetten für 4–8 St. (V 1572, R 1585); 2 Slgen. Messen, Psalmen, Magnificat u.a. für 4–8 St. (V 1576, Ma 1600); Hymnen für 4 St. (R 1581); Magnificats für 4 St. (R 1581); *Officium hebdomadae sanctae* für 3–8 St. (R 1585) (mit 2 Passionen u. 9 Lamentationen); *Officium defunctorum* für 6 St. (Ma 1605).

Als einer der ganz wenigen Komponisten seiner Zeit hat V. ausschließlich kirchenmusikalische Werke geschrieben. Obwohl diese zahlenmäßig weniger umfangreich sind als das Schaffen Palestrinas und Lassos, kommt er an Bedeutung ihnen gleich und hat als der größte spanische Vertreter der klassischen Vokalpolyphonie zu gelten. Unvergleichlich in ihrer Art sind V.s *Officium hebdomadae sanctae* und das *Officium defunctorum*. Seine Messen, von schlichtem und natürlichem Ausdruck, stehen dem Palestrinastil nahe, berücksichtigen aber auch die spanische Tradition. Zugrunde liegen ihnen chorale Cantus firmi oder eigene Motetten, oft mit Marientexten. Wie die mystischen Schriftsteller, Maler und Bildhauer seiner Epoche verband auch V. künstlerische Strenge und Emotion zu harmonischer Einheit, ohne aus dem Blick zu verlieren, daß die Musik die Seelen zu Gott erheben soll.

Ausg.: GA, hrsg. v. F. PEDRELL, 8 Bde. (L 1902–13, Nachdr. Farnborough 1965–66); Opera omnia, hrsg. v. H. ANGLÉS, 4 Bde. (Ba 1965–68) (= MMEsp 25, 26, 30, 31); 15 Motetten u.a., in: Antología polifónica sacra, hrsg. v. S. RUBIO (Ma 1954–56); *Missa pro defunctis*, hrsg. v. R. WALTER (Rb 1962) (= Musica divina 15).

Lit.: F. PEDRELL, T. L. de V. (Valencia 1918); T. N. RIVE, V.'s „Lamentationes Geremiae", in: Anuario Mus. 20 (1965); J. A. KRIEWALD, The Contrapunctal and Harmonic Style of T. L. de V. (1968) (= Univ. of Wisconsin, Madison); H. ANGLÉS, Problemas que presenta la nueva edición de las obras de Morales y de Victoria, in: FS R. B. Lenaerts (Löwen 1969); T. N. RIVE, An Examination of Victoria's Technique of Adaption an Reworking in his Parody Masses, in: Anuario Mus. 24 (1969); E. C. CRAMER, The Officium Hebdomadae Sanctae of T. L. de V., 2 Bde. (1973) (= Diss. Boston Univ.); G. B. SHARP, Byrd and V. (Sevenoaks 1974); K. VON FISCHER, Unbekannte Kompositionen V.s in der Bibl. Nazionale in Rom, in: AfMw 32 (1975). J. SUBIRÁ

VICTORIA UND IHR HUSAR, Operette in einem Vorspiel und 3 Akten von P. Abraham, Text von Alfred Grünwald u. Fritz Löhner-Beda nach dem ungarischen Original von Emmerich Földes. Ort u. Zeit der Handlung: Sibirien, Japan u. Ungarn, nach 1918. UA (in ung. Sprache): 21. 2. 1930 Budapest; dt. EA (in dt. Sprache): 15. 8. 1930 Berlin (Metropol-Theater).

Die wirkungsvolle, bunte Mischung aus verschiedenen Schauplätzen vermittelt in diesem Werk ein ansprechendes exotisches Kolorit. Den kontrastreichen Wechsel dieser klischeehaften Versatzstücke zeichnet Abraham musikalisch nach. Neben Tänzen wie dem Csárdás übernimmt er auch Tanzrhythmen wie Foxtrott, English Waltz u.a.; gestopfte Trompetenklänge, virtuose Klavierpassagen, enggeführte Saxophonstimmen und eine farbige, sehr „modern" anmutende Harmonik tragen zur Kolorierung des Geschehens bei. Bekannteste Nummern sind *Meine Mama war aus Yokohama* und das Duett *Reich mir zum Abschied noch einmal die Hände.* – Das Publikum war von dieser Operette fasziniert; sie gehörte zu den großen Operettenerfolgen ihrer Zeit, sicherlich nicht zuletzt wegen der Anklänge an Nachkriegswirren, in denen viele Zuschauer eigene Erlebnisse nach Ende des Ersten Weltkriegs wiedererkannten. Heute sind einige der Melodien populärer als die Operette insgesamt. B. DELCKER

VIELLE (frz.), ↗Drehleier, ↗Fiedel, ↗Orgelleier.

VIERA, Joe, * 4. 9. 1932 München; dt. Jazzmusiker (Sopran- und Altsaxophon) und Bandleader. V. gehört seit 1955 zur deutschen Jazzszene, tritt bis heute mit eigenen Bands auf und kreiert als Bandleader und Arrangeur einen Modern Jazz, der meist handwerklich gelungen, bisweilen aber überladen wirkt. Daneben wirkt V. seit den frühen 60er Jahren als Jazz-Dozent (Remscheid, Burkhausen), ist seit 1968 Direktor des Education Center der Europäischen Jazzföderation in München und seit 1972 Leiter des Jazzstudios an der Musikhochschule in Hannover. In Wien gibt V. seit 1970 die *reihe jazz* heraus, in der er als eigenen Beitrag *Der Free Jazz, Formen und Modelle* (1974) veröffentlichte. Er schrieb ferner *Jazz in Europa* (Mn 1965) und *Grundlagen der Jazzrhythmik* (W 1970).

VIERDANK (Fierdanck, Feyerdanck u.ä.), **Johann,** * um 1605 wahrsch. bei Dresden, begraben 1.4.1646 Stralsund; dt. Komponist. Er gehörte seit 1615 zunächst als Chorknabe, dann als Violinist der Dresdner Hofkapelle unter H. Schütz an. 1631–32 Instrumentalist der Hofkapelle in Güstrow, war er seit 1635 Organist an der Marienkirche in Stralsund. V. ist ein eigenständiger Vertreter des dt. geistlichen Konzerts in der Schütz-Nachfolge. Seine Instrumentalwerke enthalten Violinduette, die zu den frühesten dieser Gattung zählen.

WW: *Neue Pavanen, Gagliarden, Balletten und Correnten* für 2 V. u. B.c. (Greifswald 1637), 2. Teil mit *Capricci, Canzonen und Sonaten* für 2–5 Instr. mit u. ohne B.c. (Rostock 1641). – 2 Bücher *Geistliche Concerte* für 2–9 St., Instr. u. B.c. (Greifswald 1641, Rostock 1643); einige weitere Werke hsl. erhalten.

Ausg.: Triosuite, hrsg. v. M. SEIFFERT (L 1925) (= Organum III/4); 5 Instr.-Stücke u. 2 geistliche Konzerte, in: Denkmäler der Musik in Pommern I/3 u. 4, hrsg. H. ENGEL (1930–33); Weihnachtskonzert *Ich verkündige euch große Freude,* hrsg. v. DEMS. (Kas 1933, ²1949); *Capricci,* hrsg. v. DEMS. (Kas 1950) (= Hortus Mus. 21); 2 geistl. Konzerte, hrsg. v. H. ERDMANN (Kas 1950).

Lit.: W. VETTER, Altpommersche Variationskunst, in: Musik in Pommern (1937), Wiederabdr. in: Mythos – Melos – Musica II (L 1961); G. WEISS, J. V. ..., Sein Leben u. sein Werk (Diss. Marburg 1956); DERS., V., in: MGG XIII.

VIERFUSS, Tonhöhen-Bz. bei Orgelregistern, die sich auf die theoretische Länge der tiefsten Pfeife bezieht, nämlich 4 Fuß (4′ = etwa 1,30 m). Alle Register, die beim Anschlagen der Taste C die obere Oktave c erklingen lassen, heißen 4′-Register. In diesem Sinne wird der Begriff auch beim Cembalo gebraucht. Ferner spricht man von der 4′-Lage, wenn ein Instrument oder eine Pfeife eine Oktave höher klingt als notiert. Andererseits können 8′-Register als ↗gedackte Stimmen in 4′-Länge gebaut sein.

VIER GROBIANE, DIE *(I quattro rusteghi),* Musikalisches Lustspiel in 3 Akten von E. Wolf-Ferrari, Text von G. Pizzolato nach der gleichnamigen Komödie (1760) von C. Goldoni. Ort u. Zeit der Handlung: Venedig, um 1800. UA (in dt. Sprache): 19.3.1906 München.

Das Sujet dieses Werkes ähnelt in hohem Maße dem der Erfolgsoper *Die neugierigen Frauen* (1903), mit der Wolf-Ferrari in Deutschland seinen Ruhm begründet hatte. Hier wird allerdings das polternde Wesen der vier Haustyrannen, die über ihre Frauen und Kinder beliebig verfügen zu können glauben, gegenüber den weiblichen Ränkespielen in den Vordergrund gerückt. Mit kleiner Orchesterbesetzung, eingängigen und mitreißenden Melodien unter Verwendung venezianischer Volksmusik und überraschenden harmonischen, den tonalen Bereich kaum verlassenden Wendungen schuf Wolf-Ferrari eine Musik, die in ihrer Leichtigkeit dem Sujet angemessen ist. Zahlreiche humorvolle musikalische Charakterisierungen von Personen und Situationen führten zu großer Anerkennung dieser Oper; der Komponist wurde einmal mehr als Erneuerer der Opera buffa gefeiert. Das Intermezzo zwischen den beiden ersten Akten wurde von Kritikern als das reizvollste Stück im Gesamtwerk des Komponisten bezeichnet.

K. LANGROCK

VIERHÄNDIGES KLAVIERSPIEL, Bz. für das gemeinsame Musizieren zweier Personen auf einem (Primo- und Secondospieler im Diskant- bzw. Baßbereich), in weiterem Sinne auch auf 2 Tasteninstrumenten. In der Regel handelt es sich um 1 bzw. 2 Klaviere, aber auch andere gleich- oder verschiedenartige Tasteninstrumente und deren Kombination sind möglich. – Bereits im 10. Jh. berichtet der Mönch Wulstan vom Spiel zweier Brüder auf der Orgel zu Winchester. Erste Kompositionen für Virginal zu 4 Händen stammen aus dem 17. Jh. (u.a. von Th. Tomkins). Diese Spielart konnte sich jedoch zunächst nicht durchsetzen, denn 2 Personen hatten kaum Platz an den kleinen Instrumenten jener Zeit. Erst der erweiterte Umfang des Hammerklaviers im 18. Jh. schuf die notwendigen räumlichen Voraussetzungen für V., wie es in exemplarischer Satzweise in W. A. Mozarts Sonate KV 19d, die er gern mit seiner Schwester Maria Anna spielte, begegnet. Ein Gemälde von J. N. de la Croce hat diese Szene festgehalten, wie an dem charakteristischen Übergreifen zu erkennen ist. 5 weitere Sonaten (KV 375a, 123a, 186c, 497, 521) und ein Andante mit Variationen (KV 501) schuf Mozart in den Jahren 1772–87. Die neue Spielart verbreitete sich schnell. J. Chr. Bach und eine Reihe seiner Zeitgenossen komponierten für Klv. zu 4 Händen; zu den ersten Drucken zäh-

len Ch. Burneys *Four Sonatas or Duets for Two Performers on One Pianoforte or Harpsichord* (1777). Während L. van Beethoven für V. nur wenige unbedeutendere Werke schuf, bildet neben einigen Stücken C. M. von Webers einen Höhepunkt das umfangreiche Werk Fr. Schuberts mit Märschen, Ouvertüren, Rondos, Variationen, Divertissements, Fantasien, Polonaisen, Ländlern, einer Fuge und 2 Sonaten. V. entfaltete sich in der Folgezeit insbesondere im Kreis des häuslichen Musizierens und wurde von den Komponisten zunehmend berücksichtigt. R. Schumann ist hier zu nennen und J. Brahms, dessen *Ungarische Tänze* zu den beliebtesten Stücken der Gattung gehörten. Gegen Ende des 19. Jh. erreichte V. so große Popularität, daß nahezu alle Komponisten der Zeit entsprechende Werke schufen; dazu setzte eine große Produktion an Salonmusik und erleichterten Ausgaben ein. Vierhändig vermochte man auf dem Klavier selbst mit geringen technischen Mitteln geradezu orchestrale Wirkungen hervorzubringen; dadurch erlangte V. auch besondere Bedeutung im Bereich der Orchestermusik, die in zahllosen derartigen Arrangements von Musikern und Liebhabern studiert wurde (↗Klavierauszug). Im 20. Jh. hat V. auf einem Instrument wie die Arrangements weitgehend an Interesse verloren. Eines der wenigen neueren Stücke schrieb Siegrid Ernst (*Quattro mani dentro e fuori*).
Eher für Musiker bestimmt war V. auf 2 Instrumenten. Die größeren technischen Möglichkeiten wurden genutzt zu freier musikalischer Entfaltung; sie machten es auch in gesteigertem Maße geeignet für die Darstellung von Orchestermusik. Die Symphonien Bruckners etwa wurden zunächst als Arrangements für 2 Klaviere vor einem größeren Publikum aufgeführt, und selbst A. Schönberg arbeitete in den Konzerten des Vereins für musikalische Privataufführungen auf diese Weise. Nähe zur Orchestermusik und Eignung zum öffentlichen Vortrag charakterisieren auch die Originalkompositionen. Nach vereinzelten frühen Werken von G. Farnaby und Fr. Couperin schrieb J. S. Bach Konzerte für 2 Klv. (BWV 1060, 1061, 1062), C. Ph. E. und W. Fr. Bach folgten seinem Beispiel, ebenso Mozart (KV 316a) und F. Mendelssohn Bartholdy (2 Konzerte und ein *Duo concertant*, das in Zusammenarbeit mit I. Moscheles entstand). *Concerto pathétique* nannte Fr. Liszt ein größeres Werk für 2 Klaviere. Gleichberechtigt nebeneinander stehen die beiden Fassungen von Brahms' Haydn-Variationen, op. 56 (für Orchester bzw. für 2 Klv.), ähnlich verhält es sich mit M. Regers *Variationen und Fuge über ein Thema von Mozart*, op. 132. Im 20. Jh. blieb die Komposition für 2 Klaviere aktuell. Neben Reger, M. Ravel, I. Strawinsky, D. Milhaud, P. Hindemith, W. Lutosławski, K. Serocki und K. Stockhausen sind als Komponisten bedeutender Werke zu nennen Cl. Debussy *(En blanc et noir)*, B. Bartók (Sonate für 2 Klv. und Schlagzeug) und P. Boulez *(Structures)*. V. zu pädagogischen Zwecken wird in beiden Arten im Klavierunterricht genutzt, um Ensemblemusizieren vorzubereiten und durch größere Klangfülle das musikalische Interesse zu stärken. Auf diese Verwendung verweisen J. Haydns *Il maestro e lo scolare*, Stücke Strawinskys mit leichtem Primo- bzw. Secondo-Part sowie die Hinzufügung eines 2. Parts zu bekannter Sololiteratur (z. B. zu Mozart-Sonaten durch E. Grieg).

Lit.: M. W. EBERLER, Stud. zur Entwicklung der Setzart für Klv. zu vier Händen von den Anfängen bis zu F. Schubert (Diss. Mn 1922); TH. W. ADORNO, Vierhändig, noch einmal (1933), in: Impromptus (F 1968); K. GANSER – L. KUSCHE, Vierhändig (Mn 1937); J. MÜLLER-BLATTAU, Zur Gesch. u. Stilistik des 4händigen Klaviersatzes, in: Jb. Peters 47 (1940); A. ROWLEY, Four Hands, One Piano (Lo 1940); H. M. MILLER, The Earliest Keyboard Duets, in: MQ 29 (1943); W. GEORGII, Klaviermusik (Z 1950); H. MOLDENHAUER, Duo-Pianism (Ch 1950); E. LUBIN, The Piano Duet. A Guide for Pianists (NY 1976); H. HERING, Bemerkungen z. Zusammenspiel im Klavierduo, in: Mf 30 (1977); H. KÜHN, Ist das v. K. ein überflüssig gewordenes Hilfsmittel?, in: Musik u. Bildung 12 (1980). H. LOOS

VIERNE, Louis Victor Jules, * 8. 10. 1870 Poitiers, † 2. 6. 1937 Paris; frz. Organist und Komponist. Blind geboren, erhielt er durch eine Operation 38 Jahre lang einige Sehkraft. Er studierte hauptsächlich bei C. Franck und Ch.-M. Widor am Pariser Conservatoire. Seit 1892 bzw. als Substitut Widors an St-Sulpice und am Conservatoire, war er von 1900 bis zu seinem Tod (der ihn auf der Orgelbank ereilte) Organist an Notre-Dame in Paris. 1916–20 lebte er in der Schweiz. Seit 1911 unterrichtete er auch an der Schola Cantorum. V., dessen Spiel ideal auf die räumlichen Gegebenheiten von Notre-Dame abgestimmt war, gilt als einer der großen Organisten seiner Zeit und genoß durch zahlreiche Konzertreisen vor allem als Improvisator Weltruhm. Von seinen Kompositionen sind die Orgelwerke, vor allem die aparten Fantasiestücke, seit langem fester Bestand im internationalen Repertoire. Auch als Lehrer (u. a. von M. Dupré, M. Duruflé, A. Schweitzer und Nadia Boulanger) hatte er entscheidenden Einfluß.

WW: Préludes u. a. Stücke für Klv.; Sonaten für V. bzw. Vc. u. Klv., Streichquartett. – Für Org.: 24 *Pièces en style libre* (1913); *Pièces de fantaisie*, 4 Bde. (1926–27); *Triptyque* (1929–31); 6 Symphonien (1898–30); *Messe basse* (1912); *Messe basse pour les défunts* (P 1934). – Für Orch.: symphonische Dichtung *Les djinns* (1925); *Poème* (1926) für Klv. u. Orch.; Orchestergesänge *Eros* (1916), *Dal vertice* (1917), *Psyché* (1926). – Ferner Klv.-Lieder u. eine *Messe solennelle* für 4 St. u. 2 Org. (1900).

Lit.: B. GAVOTY, L. V. (P 1943).

VIERTELNOTE (amerik.: quarter-note; engl.: crotchet; frz.: noire; it.: semiminima; span.: negra), Bz. für eine Note, deren Wert ¼ einer ganzen Note ausmacht. Das Notenzeichen der V. (♩) ist aus dem Zeichen für die ↗Semiminima entstanden. Die der V. entsprechende Pause ist die Viertelpause.

VIERTELPAUSE (amerik.: quarter-note rest; engl.: crotchet rest; frz.: soupir; it.: pausa di semiminima; span.: silencio de negra), Bz. für eine Pause (𝄽), die der Dauer einer Viertelnote entspricht. Sie ist aus der ↗Semiminima-Pause der Mensuralnotation hervorgegangen.

VIERTELTONMUSIK. Die neuzeitliche V., die sich als 24stufige Temperatur realisiert, hat zwei Wurzeln: 1. akustische Versuche im Anschluß an H. von Helmholtz mit dem Ziel der Tondifferenzierung, 2. Erkenntnis von Mikrointervallen in der Volksmusik verschiedener Länder. Die Versuche, Tasteninstrumente zu konstruieren, auf welchen sich Vierteltöne (oder andere Mikrointervalle) intonieren lassen, und dann entsprechende Kompositionen beizustellen, sind u.a. mit den Namen R. H. Stein, W. Möllendorff (Patent: 1915), J. Mager (Gebrauchsmusterschutz 1912) verknüpft. – Entsprechende Versuche gab es auch in den USA, in Rußland und in Paris, wo I. Wyschnegradsky früh mit V. hervortrat. A. Hába, der bekannteste Komponist von V., ging von der Volksmusik seiner (ostmährischen) Heimat aus, schrieb V. seit 1920 (2. Quartett, op. 7), später auch Sechsteltonmusik (seit 1923, 5. Quartett, op. 15) und sogar Fünfteltonmusik (16. Quartett, op. 98, 1967), daneben aber auch weiter chromatische und diatonische Werke. Er ließ Viertel- und Sechsteltonklaviere (und Harmonien) bauen, auch entsprechende Blasinstrumente und konnte so eine Vierteltonoper *(Matka)* realisieren. Auch A. Berg (*Kammerkonzert* 1924) und B. Bartók verwendeten gelegentlich Vierteltöne (Sonate für V. solo, 1944), desgleichen P. Boulez (*Le visage nuptial,* 1946), L. Nono u.a. Die V. ging, wie alle Musik in Mikrointervallen, in der elektronischen Musik auf.

Lit.: A. HÁBA, Mein Weg z. Viertel- und Sechsteltonmusik (Düsseldorf 1971) (mit Lit.-Verz.); L. KALLENBACH-GRELLER, Die hist. Grundlagen der Vierteltöne, in: AfMw 8 (1926); S SCHNEIDER, Mikrotöne in der Musik des 20. Jh. (Bonn 1975) (mit Bibliogr.).

R. STEPHAN

VIER TEMPERAMENTE, DIE, Klassisches Ballett in fünf Sätzen, Musik: P. Hindemith. UA: 20. 11. 1946 New York (Ballet Society, Central High School of Needle Trades), Choreographie: G. Balanchine; dt. EA: 1952 Düsseldorf. Von Hindemiths Konzert *Thema und vier Variationen für Klavier und Streicher* (1940) angeregt, entwarf Balanchine das handlungslose Ballett *The Four Temperaments,* das sich als konstruktivistische Komposition des traditionellen klassischen Tanzes darbietet. Die medizinischen Theorien der Antike nutzte Balanchine lediglich als inspiratorisches Moment, um die vier Temperamente, die den vier Elementen zugeordnet werden, künstlerisch-tänzerisch zu interpretieren. Parallel zu Hindemiths fünfsätziger Kammermusik *(Theme, Melancholy, Sanguine, Phlegmatic, Choleric)* im Stile der „neuen Sachlichkeit" gestaltete Balanchine eine Choreographie neoklassizistischer Prägung, in die er auch Elemente des Modern Dance einfügte.

G. LUDIN

VIERUNDSECHZIGSTELNOTE (amerikanisch: sixty-fourth note; engl.: hemidemisemiquaver; frz.: quadruple croche; it.: semibiscroma; span.: semifusa), Bz. für eine Note, deren Wert $\frac{1}{64}$ einer ganzen Note ausmacht. Die alleinstehende V. wird mit 4 Fähnchen (𝅘𝅥𝅲), gruppenweise „gebalkte" V.n mit 4 Balken notiert. Die der V. entsprechende Pause ist die Vierundsechzigstelpause.

VIERUNDSECHZIGSTELPAUSE (amerikanisch: sixty-fourth note rest; engl.: hemidemisemiquaver rest; frz.: seizième de soupir; it.: pausa di semibiscroma; span.: silencio de semifusa), Bz. für eine Pause (𝅁), die der Dauer einer Vierundsechzigstelnote entspricht.

VIETNAM. In musikalischer Hinsicht bildet V. zusammen mit China, Korea, Japan und der Mongolei eine große Familie. In allen diesen Ländern weisen die musikalische Terminologie, die Notationssysteme und die Instrumente deutliche Spuren des chinesischen Einflusses auf. So sind die vietnames. Tonstufen ho, xu, xang, xê, công, liu, u nichts anderes als vietnames. ausgesprochene chinesische Tonnamen (↗China). Mehrere Namen von rituellen Gesängen sowie die meisten Instrumente sind chinesischen Ursprungs. Aufgrund seiner geographischen Lage stand V. aber auch in Kontakt mit dem alten der indischen Kultursphäre zugehörigen Königreich Champa. Der Einfluß von dort macht sich bemerkbar in der Verwendung einiger Rhythmusinstrumente, so der Doppelfelltrommel Trông com, die der indischen Mṛdaṅga (↗Indien) mit der in der Mitte des Fells aufgetragenen sog. Stimmpaste entspricht, ferner in der Bedeutung der Improvisation und der reichen melodischen Ornamentierung sowie in der Lehre rhythmischer Formeln durch Lautmalereien. Die

Vietnamesen haben sich diese beiden Kulturen assimiliert und eigene Instrumente geschaffen, z. B. Dàn bâu oder Dàn dôc huyên, ein einsaitiges Instrument nur mit Obertönen, und Sinh tiên, eine Klapper aus Geldmünzen.
Die Geschichte der vietnames. Musik läßt sich seit der Gründung der 1. (Dinh-)Dynastie (968–980) in 4 große Perioden gliedern (über die Musik vorher hat sich kein Zeugnis erhalten): Die 1. Periode (10.–14. Jh.) ist charakterisiert durch den gemeinsamen Einfluß der chinesischen und Champa-Musik auf die vietnames., die 2. Periode (15.–18. Jh.) durch das Überwiegen des chinesischen Einflusses, die 3. Periode (19. Jh. bis zum Ausbruch des 2. Weltkriegs) durch die Sicherung der Originalität der vietnames. Musik und den Beginn eines ziemlich oberflächlichen Einflusses der weltlichen Musik, vor allem zu Beginn des 20. Jahrhunderts, die 4. Periode durch Versuche einer Restauration der vom völligen Aussterben bedrohten traditionellen Musik, durch das Entstehen einer neuen Musik westlichen Stils und den Beginn eines Eindringens der westlichen Musik.
In der vietnames. Musik gibt es 2-, 3-, 4- und 5tönige Skalen mit oder ohne Nebenstufen. Die Grundskala ist die folgende:

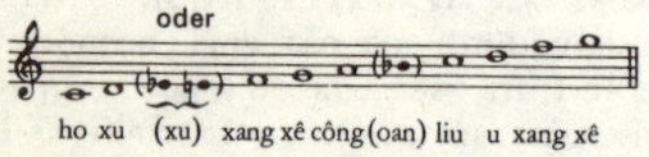

Diese Stufen stellen keine absoluten Tonhöhen dar. Der Grundton (ho) kann auf c, d, f, g usw. liegen. Die Instrumente werden nach Bedarf, nach dem Stimmumfang der Sänger, gestimmt. Die Grundskala kann in mehreren Gestalten erscheinen, je nach dem zugrunde liegenden Diêu (= Modus). In der Kunstmusik unterscheidet man 2 Diêu-Gruppen, Bac und Nam, mit „modalen Nuancen" (hoi). Die Hauptcharakteristika dieser Diêu sind: 1. eine bestimmte modale Skala: pentatonisch, ähnlich der Grundskala, für Bac; 3-, 4- oder 5tönig „unregelmäßig" für Nam:

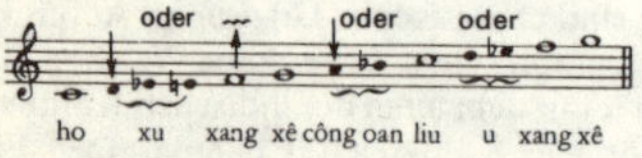

2. eine Hierarchie der Tonstufen: ho als Fundament-Stufe, danach xang und xê sind die wichtigsten Stufen. In beiden Diêu können sie als Anfangs-, Schluß- und Ruheton dienen. Im Bac können die Stufen xu und công gegebenenfalls als erster oder letzter Ton erscheinen; 3. das Vorhandensein von spezifischen Verzierungen für die wichtigen Stufen, vor allem für xang; 4. im allgemeinen ist das Tempo des Bac von Moderato bis Presto, das des Nam von Lento bis Moderato; 5. Bac drückt Freude, Fröhlichkeit, bisweilen Feierlichkeit aus, Nam hingegen Melancholie, Trauer, manchmal Ruhe. Der Diêu Bac enthält die modalen Nuancen Bac (im eigentlichen Sinn), Nhad (im Süden), Thiên oder Thuyên (in Zentral-V.) und Quang, der Diêu Nam die Nuancen Xuân, Ai, Dao und in einem bestimmten Maß Oan.
Eine enge Verbindung besteht zwischen der Melodie und der sprachlichen Intonation. Der Vietnamese kennt 6 verschiedene Sprechtöne. Die Melodie eines Stückes kann Veränderungen im Tempo und in der Dauer unterworfen sein. Für den Bereich des Rhythmus ist zu erwähnen das Fehlen oder die extreme Seltenheit von Dreierrhythmen, die Häufigkeit von Synkopierungen und das Vorhandensein von rhythmischen Zyklen und Polyrhythmik.
Es gibt mehrere Arten von Volksmusik: Arbeitsgesänge (ho), Gesänge zu ländlichen Festen (hat hôi), die hauptsächlich Wechselgesänge sind (co, la, trông quân, quân ho), Blindengesänge (hat xâm), Besitzgesänge (châu van), Volkstheatergesänge (hat chèo, hat bôi) und von Tanz begleitete Gesänge (xoe).
Die Kunstmusik wird von der rituellen Hofmusik gebildet: Musik des Himmelsplatzes, der Tempel, der Fünf Opfer, der großen und der einfachen Audienzen, der Festessen, des Palastes usw. Diese Musik ist wie die, die früher von professionellen Sängerinnen ausgeführt wurde, im Aussterben begriffen.
Es gibt auch noch eine Art kammermusikalischer Unterhaltungsmusik (ca huê in Zentral-V., dàn tài tu im Süden), ein traditionelles Theater (hat tuông, hat bôi), ein Volkstheater (hat chèo) und ein sog. erneuertes Theater (hat cai luong). In jüngerer Zeit führte der Einfluß westlicher Musik zur sog. erneuerten (nhac cai cach) oder neuen Musik (tân nhac). Hierbei handelt es sich vor allem um Gesänge im Stil der Tanz- und Varieté-Lieder und um einige Werke für Symphonieorchester. Diese Musik ist im Kommen und beginnt die Gunst des Publikums zu gewinnen.

Lit.: TRÂN VAN KHÊ, La musique vietnamienne traditionnelle (P 1962); DERS., V. Les traditions musicales (P 1967); DERS., La musique vietnamienne ..., in: Musikkulturen Asiens, Afrikas u. Ozeaniens im 19. Jh. (Rb 1973); J. BALABAN, Vietnamese Folk Poetry (Greensboro/N. C. 1974); PHAM DUY, Musics of Vietnam (Carbondale/Ill. – Lo 1975); VO PHAN THANH GIAO TRINH, Ca-dao. Vietnamese Popular Songs (Bru 1975); TRÂN VAN KHÊ, Situation de la musique en république socialiste du Viêt-Nam, in: AMl 49 (1977); DERS., V., in: Grove[6] XIX (mit weiterer Lit. desselben Autors).
TRÂN VAN KHÊ

VIEUXTEMPS, Henri Joseph François, * 17. 2.

1820 Verviers, † 6. 6. 1881 Mustapha (Algerien); belgischer Violinist und Komponist. Nach erstem Unterricht u. a. bei seinem Vater, der nach Beendigung seiner Offizierslaufbahn als Instrumentenbauer und Klavierstimmer tätig war, wurde Ch. A. de Bériot auf ihn aufmerksam und unterrichtete ihn 1829 privat und 1830/31 am Conservatoire in Paris. Auf Reisen bildete V. sich bei L. Spohr in Kassel und W. B. Molique in Stuttgart weiter; bei S. Sechter in Wien und A. Reicha in Paris studierte er Komposition. 1834 traf er in London mit N. Paganini zusammen. 1846 wurde V. Solist von Zar Nikolaus I. und Professor in St. Petersburg, löste aber 1851 seinen Vertrag entgegen dem Wunsch des Zaren. Nach vielen erfolgreichen Reisen, davon drei in die USA, wurde er 1871 Professor am Conservatoire in Brüssel. 1873 erlitt er einen Schlaganfall und konnte seine Unterrichtstätigkeit danach nur noch vorübergehend ausüben. V. war einer der bedeutendsten Violonisten seiner Zeit und ein hervorragender Pädagoge, zu dessen Schülern u. a. J. Hubay gehörte. Seine Kompositionen sind vom 4. Violinkonzert an in mancher Hinsicht den Werken Fr. Liszts gleichzustellen.

WW: Für V. u. Klv.: Sonate, op. 12; *Duo concertant* über *Don Giovanni*, op. 20; *Caprice-hommage à Paganini*, op. 9 (auch für V. u. Orch.). – Für V. u. Orch.: 7 V.-Konzerte (op. 10, 19, 25, 31, 37, 47, 49); *Fantasia appassionata*, op. 35; *Ballade et polonaise*, op. 38; *Fantaisie-Caprice* u. a.; 2 Vc.-Konzerte. – Ouvertüre über die belgische Nationalhymne für Chor u. Orch.

Lit.: M. KUFFERATH, V., sa vie et son œuvre (Bru 1882) (mit der Autobiographie V.'); E. H. MÜLLER VON ASOW, Ein ungedruckter Brief v. H. V. an W. A. Mozart Sohn, in: FS E. Schenk (Kö 1962) (= StMw 25); E. YSAYE, H. V., mon maître, hrsg. v. P. André (Bru 1968); A. VANDER LINDEN, L'exotisme dans la musique de Ch. de Bériot (1802–70) et d'H. V., in: Bull. de la Classe des Beaux-Arts de l'Acad. Royale de Belgique 52 (1970).

G. SCHUHMACHER

VIGANÒ, Salvatore, * 25. 3. 1769 Neapel, † 10. 8. 1821 Mailand; it. Tänzer und Choreograph. V. war ein Sohn des bekannten Ballettmeisters Onorato V. (1739–1811) und ein Neffe von L. Boccherini, von dem er wahrscheinlich Kompositionsunterricht erhielt. 1786 debütierte er in Rom als Tänzer in dem von ihm komponierten Intermezzo *La vedova scoperta*. 1788 wirkte er zusammen mit seinem Onkel Giovanni bei den Krönungsfeierlichkeiten für Karl VI. in Madrid mit, wo er die Tänzerin María Medina († 1833 Paris) heiratete. Beide wurden Schüler des Choreographen Jean Dauberval, eines Schülers von J. G. Noverre, der dessen ästhetische Konzepte in die Praxis umzusetzen versuchte. Auf zahlreichen Tourneen wurde das Ehepaar in ganz Europa gefeiert, insbesondere auch in Wien, wo sie erstmals 1793 mit überwältigendem Erfolg auftraten und V. 1799–1803 als Ballettmeister wirkte. In Wien schrieb V. das Libretto zu L. van Beethovens Ballett *Geschöpfe des Prometheus*, durch das er noch heute bekannt ist. 1811 ging er nach Mailand, wo er nur noch als Choreograph tätig war.

Lit.: C. SARTORI, V., in: MGG XIII; G. WINKLER, Das Wiener Ballett v. Noverre bis F. Elßler (Diss. W 1967); F. REYNA, V. e le sue creature, in: L'opera 5 (1969).

VIHUELA, wie it. ↗Viola und von dem gleichen provenzalischen Wort (viula oder viola) abgeleitet, span. Sammel-Bz. für Streichinstrumente. V. de péñola war bis zum 15. Jh. die span. Bz. für die ↗Chitarra battente, V. de arco für die ↗Fiedel bzw. im 16. Jh. für die ↗Viola da gamba. Die V. de mano, die V. im engeren Sinn, ist das span. Zupfinstrument der Kunstmusik des 16. Jh. und in dieser Zeit von ähnlich großer Bedeutung wie die ↗Laute in den übrigen europäischen Ländern. Die Bauweise der V. entspricht weitgehend der der ↗Gitarre (vgl. die Beschreibung bei J. Bermudo, 1555): ovaler Korpus mit nur leicht eingezogenen Flanken, Decke mit Schallöchern und einem Querriegel zur Saitenbefestigung. Anders als die Gitarre hatte die V. 6, seltener 7 doppelchörige Saiten in der gleichen Regelstimmung wie bei der Laute: G c f a d^1 g^1. Das V.-Repertoire umfaßte Intavolierungen von geistlicher und weltlicher Vokalmusik (auch für Singstimme und V.), Fantasías, Tientos, Glosas, Romances, Sonetos und Tanzsätze. Die Notierung erfolgte in der it. Lauten-↗Tabulatur. Die Blütezeit der V.-Musik wird repräsentiert durch die 1535–76 erschienenen Sammlungen (die meist auch Spielanweisungen für V. enthalten) von L. Milan, L. de Narváez, A. Mudarra, E. de Valderrábano, D. Pisador, M. de Fuenllana, L. Venegas de Henestrosa, T. de Santa María und E. Daza. Am Ende des 16. Jh. wurde die V. mehr und mehr durch die Gitarre, die Viola da gamba und die Tasteninstrumente abgelöst.

Ausg.: Siehe bei den genannten Komponisten.

Lit.: J. WARD, The V. da mano and its Music (1953) (= Diss. New York Univ.); M. PRYNNE, A Surviving V. da mano, in: GalpinJ 16 (1963); A. BERNER, V., in: MGG XIII; D. POULTON, V., in: Grove⁶ XIX. – Vgl. Lit. zu den einzelnen Komponisten.

VILLA-LOBOS, Heitor (Héctor), * 5. 3. 1887 Rio de Janeiro, † 17. 11. 1959 ebd.; brasilianischer Komponist. Er studierte bei Agnelo França (Harmonielehre) und Benno Niederberger (Violoncello). Seit 1915 organisierte er in Rio de Janeiro regelmäßig Konzertveranstaltungen mit eigenen Werken. 1923–24 und 1927–30 hielt er sich in Paris auf, wo seine Werke großes Aufsehen erregten, und reiste auch nach Brüssel, Lissabon und Barcelona. 1930 nach Brasilien zurückgekehrt, widmete er sich der musikalischen Jugend- und Volksbildung und wurde 1932 Leiter des Musikschulwesens von Rio de Janeiro und 1942 von Brasilien. 1942 gründete er das Conservatório Nacional de Canto Orfeônico. 1944 besuchte er erstmals die USA und hielt sich seitdem abwechselnd dort, in Brasilien und in Frankreich auf. V. war u.a. Präsident der von ihm 1945 gegr. Academia Brasileira de Música, korrespondierendes Mitglied des Institut de France und anderer Akademien.

WW: **1) Instr.-WW:** 12 Etüden (1929) u. 6 Praeludien für Gitarre; 2 Duette: für V. u. Br. (1945) u. Ob. u. Fag. (1957); 17 Streichquartette (1915–57); Quintette (1928) für Blasinstr.; Nonett (1923) für Blasinstr., Harfe, Schlagzeug u. Chor; 14 *Chôros* (1920–29) für einzelne Instr., versch. Ensembles u. mit Orch.; *Bachianas brasileiras* (1930–44) für Klv. u. versch. Ensembles. – Für Orch.: 12 Symphonien (1916–56); 2 Sinfoniettas (1915, 1947); mehrere symphonische Dichtungen; *Suite sugestiva* (1929); 4 Suiten *Descobrimento do Brasil* (1936–42); Konzerte: 5 für Klv. (1945–54), 2 für Vc. (1915, 1953), für Gitarre (1951), für Harfe (1953), für Mundharmonika (1955). – **2) Vokal-WW:** Lieder; Oratorium *Vidapura*, UA: Rio de Janeiro 1922; *Missa São Sebastião* (1937). – **3) Bühnen-WW:** Opern *Izath*, UA: Rio de Janeiro 1958; *Yerma*, UA: Santa Fé 1971. – Ballette *Amazonas* (1917), UA: Paris 1929; *Uirapuru* (Der verzauberte Vogel), UA: Buenos Aires 1935.

Das Œuvre von V. ist umfangreich, aber ungleich. Nur wenige Werke entstanden vor seinem 25. Lebensjahr. Danach setzt eine erste Schaffensphase ein (1912–19), in der man noch nichts von der starken Identifizierung mit der Seele seines Landes, mit seiner Natur und seinen Gesängen spürt. Das ist erst in der zweiten Phase mit den *Chôros* als Zentrum (1920–29) der Fall. In dieser monumentalen Werkgruppe, vom Solostück für Gitarre bis zur Komposition für Chor und Orchester reichend, huldigt V. den Volksmusikanten seiner Jugend; das gemeinsame Improvisieren mit ihnen versuchte er hier kompositorisch wieder aufleben zu lassen. In einer dritten Phase (1930–44) entdeckt V., gleichsam überwölbt von J. S. Bach, die Affinitäten von dessen Musik zur brasilianischen Volksmusik, in der jede Instrumentalstimme eine große melodische Selbständigkeit besitzt. Diese Affinitäten verwirklicht er in den *Bachianas brasileiras*, die wie die *Chôros* für verschiedene instrumentale Besetzungen bestimmt sind (Nr. 9 für Chor und Streicher). Die letzte Phase, von Virtuosität gekennzeichnet, ist den Konzerten gewidmet.

Lit.: V. MARIZ, H. V. (Rio de Janeiro 1949, engl. Gainsville/Fla. 1963, Washington/D. C. ²1970, frz. P 1967) (mit Werk-Verz.); C. PAULA BARROS, O romance de V. (Rio de Janeiro 1951); J. C. DE ANDRADE MURICY, V. Uma interpretação (ebd. 1960); M. BEAUFILS, V. Musicien et poète du Brésil (P 1967); A. M. DE GIACOMO, V. Alma sonora do Brasil (São Paulo ⁶1972); L. M. PEPPERCORN, H. V. Leben u. Werk des brasilian. Komponisten (Z – Fr 1972); V. FARMER, An Analytical Study of the Seventeen String Quartets of H. V. (Ann Arbor 1973); E. NOGUEIRA FRANÇA, V. Sintese crítica e biográfica (Rio de Janeiro ²1973); A. NOBREGA, Os chôros de V. (ebd. 1975); T. SANTOS, H. V. e lo violão (ebd. 1975); L. M. PEPPERCORN, Le influenze del folklore brasiliano nella musica de V., in: NRMI 10 (1976); F. B. DASILVA, Misleading Discourse and the Message of Silence. An Adornian Introduction to V.'s Music, in: IRASM 10 (1979); L. M. PEPPERCORN, H. V. Il burlone, in: NRMI 14 (1980).

L. H. CORRÊA DE AZEVEDO

VILLANCICO (span.; Diminutiv zu villano = der Bauer), Bz. für eine – vermutlich auf das ↗Virelai zurückgehende – literarische und musikalische Gattung volkstümlich weltlichen oder geistlichen Inhalts, die sich im 16. Jh. in Spanien besonderer Vorliebe erfreute. In seiner einfachsten Form besteht der V. aus einem 2–3zeiligen Estribillo (Refrain) und einer Folge von 4zeiligen Strophen (Copla), deren letzte sich mit dem Refrain reimt (Vuelta). Im *Cancionero musical de Palacio* (↗Cancionero) sind etwa 400 höfische, volkstümliche oder religiöse V.s u.a. von J. Urreda, J. Cornago und J. del Encina überliefert. Die V.s Encinas sind z.T. der strengen mehrstimmigen Satzweise der franko-flämischen Liedkunst verpflichtet, zeigen in der Mehrzahl jedoch eine schlichte Homophonie, vergleichbar mit der der it. ↗Frottola. Im 16. Jh. war der V. eine Art span. Gegenstück zum Madrigal; häufig sind V.s auch für Singstimme mit Instrumentalbegleitung oder rein instrumental. Die Hauptquellen dieser Zeit sind der Cancionero von Medinaceli und der Sammeldruck *Villancicos de diversos autores* (= RISM 1556³⁰, sog. Cancionero von Uppsala) sowie die ↗Vihuela-Sammeldrucke. Im 16. Jh. entstand auch die Praxis, in den span. Kirchen volkssprachige geistliche V.s zu singen, und zwar vor allem in den Matutinen von Weihnachten und Epiphanie. Dieser Usus wurde zwar 1596 von König Philipp II. aus Sorge um die Reinheit der Kirchenmusik verboten, lebte aber unter Philipp III. wieder auf. Der geistliche V. erfreute sich nun im 17.–18. Jh. einer enormen Beliebtheit in allen span. und lateinamerik. Kirchen. Er entwickelte sich in dieser Zeit zu einer Art Kirchenkantate mit Chören, Rezitativen, Arien, Duetten und Terzetten mit instrumentaler Begleitung. Sein Aufbau: Kurze Einleitung (Tonada) für Solostimme (meist Sopran), Estribillo für Chor oder Doppelchor (6–12stimmig), kurze Coplas für 1, 2 oder 3 Stimmen und Reprise des Estribillo. Mehr und mehr trat der V. an die Stelle der liturgischen Gesänge, und zahlreiche Kathedralen hatten eigene Dichter in ihrem Dienst, die V.-Texte für die jeweiligen Kapellmeister schreiben mußten. Die Texte von ziemlich mittelmäßiger Qualität wurden in Heften veröffentlicht und den Gläubigen in die Hand gegeben. Solche V.s schrieben u. a. Gregorio Silvestre, Ph. Rogier, J. Pujol, M. Romero, G. de Ghersem, J. B. Comes, J. Cererols, S. Durón, Fr. Valls, P. Fuentes, J. de Nebra, A. Soler, Fr. Morera, P. Aranaz und J. Lidón.

Heutzutage ist der V. ein traditionelles Weihnachtslied von volkstümlichem und pastoralem Charakter und von Volksinstrumenten begleitet, wie man ihn in Spanien auf den Straßen und in den Kirchen in der Weihnachtszeit hören kann.

Ausg.: ↗Cancionero.

Lit.: H. ANGLÉS, Die spanische Liedkunst im 15. u. am Anfang des 16. Jh., in: FS Th. Kroyer (Rb 1933); I. POPE, Musical and Metrical Form of the V., in: Ann. Mus. 2 (1954); P. LE GENTIL, Le virelai et le v. (P 1954); A. SÁNCHEZ ROMERALO, El v. (Ma 1969); J. MOLL, Los v.s cantados en la Capilla Real a fines del siglo XVI y principios del siglo XVII, in: Anuario Mus. 25 (1970); F. u. J. HARRISON, A V. Manuscript in Ecuador: Musical Acculturations in a Tri-Ethnic Society, in: FS K. von Fischer (Mn 1973); E. T. STANFORD, El v. y el corrida mexicano (Mexiko 1974); I. POPE – E. T. STANFORD, V., in: Grove⁶ XIX.

G. BOURLIGUEUX

VILLANELLA (von it. villano = Bauer), Bz. für eine it. Liedform des 16. Jh., die ihrer Herkunft nach alla napolitana genannt wird. Zunächst gebrauchte man die Termini Villanesca, Canzon villanesca und Aria napolitana, um 1565 setzte sich – neben ↗Villotta und Canzon napolitana bzw. Canzonetta alla napolitana – die Bz. V. durch. Außer auf die geographische Herkunft weisen die Namen auch auf den vorwiegend ländlichen Charakter einer Form hin, die mit ihrer großen Einfachheit von Text und Musik zur Nachfolgerin der ↗Frottola wird und die – zusammen mit anderen volkstümlichen Liedformen wie Mascherata, Moresca, Giustiniana, Todesca, Greghesca, Canti carnascialeschi und später Canzonetta und Balletto – in deutlichem Gegensatz zu der höfischen und gelehrten Eleganz des Madrigals steht. Wahrscheinlich stammt die poetisch-musikal. Form der V. vom ↗Strambotto ab (ab ab ab cc) mit Hinzufügung eines Refrains nach jedem Zeilenpaar (abR abR abR ccR). Ursprünglich war die Villanesca-V. 3st., im Unterschied zur 4st. Frottola. Die gelegentliche Verwendung von parallelgeführten Dreiklängen, wie in dem folgenden Beispiel, verlieh ihr einen bewußt antiakademischen archaischen Gusto.

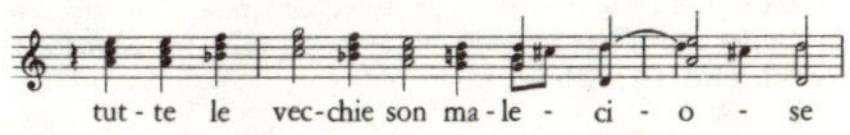

Den Übergang von der Frottola und dem Strambotto zur V. markiert das Schaffen des Neapolitaners Giovan Tommaso di Maio, der zunächst an dem Sammeldruck *Fioretti di frottole* (Neapel 1519) mitarbeitete und später ein Buch eigener *Canzon villanesche* (V 1546; daraus das voranstehende Beispiel) veröffentlichte. Vorher waren Villanellen schon in Sammeldrucken erschienen (RISM 1537⁵ und 1537⁸). Bedeutendster Vertreter der Gattung in dieser Zeit ist (mit seiner ersten Sammlung 1541) G. D. Del Giovane. In der frühen V. erscheinen häufig volkstümliche und mundartliche Texte; charakteristisch ist eine homorhythmische Satzweise (volkstümlicher Herkunft?) mit kurzen imitatorischen Abschnitten. Del Giovane ist auch in der folgenden Phase der V. vertreten, die inzwischen auch in Norditalien heimisch wurde und nun eine Sprache von größerem Raffinement aufweist und manchmal auch 4stimmig ist (vgl. die Sammlung von 1567). Wahrscheinlich geht diese Wandlung der V. auf A. Willaert zurück, der die V. aus provinzieller Enge in die Weite einer universell geschätzten Gattung versetzte (*Canzoni villanesche,* 1545). Weiterhin berühmt waren in der Mitte des 16. Jh. auch die Villanellen-Drucke von B. Donato, Perissone Cambio (1545 und 1551), O. di Lasso und G. Nasco.

Zwischen 1565 und 1574 gibt es eine Gruppe neapolitanischer Komponisten, die zwar die oberitalienischen Neuerungen übernahmen, aber doch stärker in der älteren Tradition (Dreistimmigkeit, strikt syllabische Deklamation im homorhythmischen Satz, Quintenparallelen) standen: G. L. Primavera, M. Troiano und vor allem Gian Leonardo Mollica (genannt dell'Arpa). Dieser Typus der V. eignete sich auch für eine Ausführung mit Solostimme und Instrumentalbegleitung (Laute oder Gitarre, Colascione, Viole und Violine, Cembalo, Harfe, ja sogar Kastagnetten und Tambourin) und wurde manchmal zum Tanz verwendet. Insgesamt jedoch nähert sich in dieser Zeit die V. in Textinhalt und -struktur (u.a. durch Aufgabe des Refrains) und in der musikalischen Satzweise immer mehr dem Madrigal. Bezeichnend hierfür sind die 3st. Villanellen von L. Marenzio (5 Bücher 1584–87) und die 5–6st. von G. Ferretti (1567–85) und G. de Wert (1589). Von nun an werden die Grenzen zu Madrigal und ↗Kanzonette fließend. Mit ihnen zusammen wird die V. auch in Deutschland heimisch und fließt in den Stil des schlichten Gesellschaftsliedes ein, so vor allem bei J. Regnart, L. Lechner und Fr. Lindner, im 17. Jh. bei J. H. Schein. Für Frankreich ist zu nennen J.-B. Bésard.

Ausg. (nur Sammelausg.): H. ENGEL, Villanellen für 3 St. (Kas 1928); S. A. LUCIANI, Villanelle alla napolitana a 3 voci di musicisti baresi del secolo XVI (1574) (R 1941); A. Willaert and His Circle, Canzone villanesche alla napolitana (with Villotte), hrsg. v. D. G. CARDAMONE (Madison/Wis. 1978) (= RRMRen 30). – Vgl. die Verz. bei den genannten Komponisten.

Lit.: F. NICOLINI, La Villanelle napoletana, in: RMI 54 (1952); B. M. GALANTI, Le v. alla napolitana (Fi 1954); W. H. RUBSAMEN, V., in: MGG XIII; E. FERRARI BARASSI, La v. napoletana nella testimonianza di un letterato, in: NRMI 2 (1968); D. G. CARDAMONE, The Debut of the „Canzone villanesca alla napolitana", in: Studi Musicali 4 (1975); DIES., The „Canzone villanesca alla napolitana" and Related Forms, 1537–1570 (Ann Arbor 1981).

E. FERRARI BARASSI

VILLANESCA ↗Villanella.

VILLOTTA, um 1530 in Italien Bz. für einen 4st. Gesang, dem ein venezianisches Volkslied oder Straßenlied zugrunde liegt. Solche Gesänge sind schon vorher bekannt, u.a. von Josquin des Prés, L. Compère, H. Isaac und M. Pesenti, und zwar im Rahmen der ↗Frottola. Das Volkslied, stets im Tenor, wird allein intoniert und von den anderen Stimmen imitatorisch oder homorhythmisch weitergeführt. Die V. schließt in der Regel mit einem Abschnitt in lebhaftem Dreierrhythmus, der als Nio (= Nest) bezeichnet wird. Die Texte haben einen heiter-volkstümlichen Charakter und eine sehr unregelmäßige metrische Struktur; häufig erscheinen sinnlose Textsilben wie *li-lo-le*. Beliebt ist auch die „Incatenatura", die „Verkettung" mehrerer Volkslieder, die einen bestimmten Typus des ↗Quodlibet bildet (vgl. bereits die Frottola *Fortuna d'un gran tempo* von L. ↗Fogliano). Komponisten der V. in ihrer sozusagen klassischen Phase um 1530 sind u.a. M. Cara und Sebastiano Festa. In der Folgezeit verliert der Begriff V. seine feste Bedeutung. Er begegnet im 16. Jh. bei Gesängen unterschiedlichen textlichen und musikal. Charakters bes. bei Alvise Castellino, genannt Varoter (1541), Matthias Werrekoren (1549) und F. Azzaiolo (1557–69) und wird auch synonym mit ↗Villanella und Canzone villanesca gebraucht.

Ausg.: Sämtl. Villotte vor 1530, in: F. TORREFRANCA, Il segreto del Quattrocento (Mi 1939). – Vgl. die Verz. zu den genannten Komponisten.

Lit.: B. BECHERINI, Tre incatenature del Codice Fiorentino Magl. XIX 164–167, in: Collectanea historiae musicae I (1953); W. H. RUBSAMEN, V., in: MGG XIII; E. APFEL, F. Azzaiolos Villotten (1557, 1559), Ostinato u. volkstümliches Lied, in: Aufsätze u. Vorträge (Saarbrücken 1977). – ↗Frottola.

VĪṆĀ, Bz. für ein im Norden ↗Indiens auch Bīn genanntes und seit dem 15. Jh. nachgewiesenes Saiteninstrument mit 4 Melodie- (häufig C b c f) und 3 Resonanzsaiten (rechts c c^1, links c^1); als Resonanzkörper dienen 2 Kürbisse. Die südindische Abart der V. hat die Form einer vergrößerten Mandoline.

VINCENTIUS (Vincent), **Caspar,** * um 1580 St-Omer, † vor Juni 1624 Würzburg; franko-flämischer Organist und Komponist. Er war Chorknabe an der Kathedrale von St-Omer, an der Hofkapelle des Erzherzogs Ernst von Österreich und nach dessen Tod 1595 an der Kaiserlichen Kapelle in Wien unter Ph. de Monte. Um 1602 wurde er Stadtorganist in Speyer, wo er mit dem Rektor der Lateinschule, A. Schadaeus, befreundet war. 1615 ging er als Organist an St. Andreae nach Worms und 1618 als Domorganist nach Würzburg. V. ist vor allem wichtig durch seinen Beitrag (25 Motetten und Generalbaß) zum *Promptuarium musicum* von Schadaeus. V. schrieb auch einen Generalbaß (*Bassus ad organum nova methoda dispositus,* Wü 1625) zu O. di Lassos *Magnum opus musicum.*

Lit.: W. BOETTICHER, O. di Lasso u. seine Zeit (Kas 1958); M. A. VENTE, Die Brabanter Orgel (A 1958, ²1963); M. SACK, Zur Würzburger Musikgesch. am Anfang des 17. Jh., in: Mainfränk. Jb. für Gesch. u. Kunst 11 (1959); J. G. KRANER, V., in: MGG XIII.

VINCI, Leonardo, * zwischen 1690 und 1696 Strongoli (Kalabrien) oder Neapel, † zwischen 27. und 29. 5. 1730 Neapel; it. Komponist. Er war seit 1708 Schüler von Gaetano Greco am Conservatorio dei Poveri di Gesù Cristo in Neapel. 1719 brachte er dort mit großem Erfolg seine erste Commedia musicale (im neapolitanischen Dialekt), *Lo cecato fauzo* (nicht erhalten), zur Aufführung und konnte sich 1722 mit seiner ersten Opera seria, *Publio Cornelio Scipione,* ebenso auf dem Gebiet der Opera seria durchsetzen. Nach dem Tod A. Scarlattis 1725 wurde er Pro-Vicemaestro der Hofkapelle in Neapel, wirkte daneben als Kapellmeister und Komponist auch an auswärtigen Bühnen. 1728 wurde er Kapellmeister am Conservatorio dei Poveri di Gesù Cristo. V. gehört zu den führenden Komponisten der Neapolitan. Schule. Melodiebildung und Ornamentik zeigen deutlich den Einfluß der Kastratenvirtuosen dieser Zeit.

WW: Arien u. Kammerkantaten. – Etwa 50 Bühnenwerke, darunter Commedie musicali auf neapolitanische Texte (davon nur erhalten *Le zite 'n galera,* 1722) u. zahlr. Opere serie, u.a. auf Libretti v. P. Metastasio: *Didone abbandonata,* UA: Rom 1726; *Siroe, re di Persia,* UA: Venedig 1726; *Catone in Utica,* UA: Rom 1728; *Alessandro nelle Indie,* UA: ebd. 1729; *Artaserse,* UA: ebd. 1730. – Ferner *Solos* für Fl. oder V. u. B.c. (Lo um 1746); *Overtures* für 7 Instr. (ebd. 1748).

Ausg.: 2 Fl.-Sonaten, hrsg. v. J. Bopp (Bas 1949, 1951).

Lit.: K. GEIRINGER, Eine Geburtstagskantate v. P. Metastasio u. L. V., in: ZfMw 9 (1926/27); U. PROTA-GIURLEO, L. V., in: Il convegno musicale 2 (1965); R. B. MEIKLE, L. V.'s „Artaserse". An Edition with an Editorial and Critical Commentary (1970) (= Diss. Cornell Univ.); H. HELL, Die neapolitanische Opernsinfonie in der ersten Hälfte des 18. Jh. (Tutzing 1971) (= Münchner Veröff. z. Musikgesch. 19).

VINCI, Pietro, * um 1535 Nicosia (Sizilien), † 1584 ebd. oder Piazza Armerina; it. Komponist. V. war 1568–80 Kapellmeister an S. Maria Maggiore in Bergamo und 1581 am Dom von Nicosia. Er gilt als der früheste einer Gruppe von bedeutenderen sizilianischen Komponisten und war als Madrigalist besonders geschätzt.

WW (gedruckt in Venedig): Messen für 5–8 St. (1575), für 4 St. (1581); Motetten für 4 St. (1578), 2 Bücher für 5 St. (1558, 1572), für 8 St. (1582); Lamentationen für 4 St. (1583); *Sonetti spirituali* für 5 St. (1580). – Madrigale für 3 St. (1583), für 4 St. (1583), 7 Bücher für 5 St. (1561–84), 2 Bücher für 6 St. (1571, 1579). – Instr.-WW: *Musica a due voci* (Ricercari) (1560); weitere Ricercari bei den 3st. Madrigalen u. in RISM 1591[2a].

Ausg.: Die Instr.-Werke in den Drucken v. 1560 u. 1591, hrsg. v. P. E. CARAPEZZA (R 1971–72) (= Musiche rinascimentali siciliane 2–3).

Lit.: F. MOMPELLIO, P. V. Madrigalista siciliano (Mi 1937) (mit 8 Madrigalen); DERS., V., in: MGG XIII; D. KÄMPER, Stud. z. instr. Ensemblemusik des 16. Jh. in Italien (Kö – W 1970) (= Anal. Mus. 10); H. A. MAGLIOCCO, The „Ricercari a Tre" of P. V. and Antonio Il Verso (Diss. Norman 1972).

VIOLA. – **1)** Sammel-Bz. für Streichinstrumente. Die Sprachwissenschaft leitet den Terminus vom altprovenzalischen viola bzw. viula als onomatopoetische Bildung ab und kann ihn seit dem 12. Jh. belegen, von wo aus er sich über vielle zum frz. viole wandelt, während in Spanien die Entwicklung zu vihuela führt, in Italien dagegen bei V. bleibt. C. Sachs führt V. über das mittellat. vialla auf das ahd. fidula und diese „Mittler"-Form auf asiatische Sprachen zurück.

Im MA ist V. (samt den geographisch bedingten Varianten) als generelle Bz. der Streichinstrumente anzusehen. Erst im 16. Jh. entwickelt sich eine durch unterschiedliche Bauweise bedingte Aufteilung in die Familie der Violininstrumente (↗Viola da braccio) und die Familie der Violeninstrumente, deren bedeutendster Vertreter die ↗Viola da gamba (= Gambe) wurde. Die wichtigsten Baumerkmale dieser Violeninstrumente sind: zum Hals hin spitz zulaufender Korpus, flacher und im Oberteil leicht abgeknickter Boden, kein Randüberstand an den Zargen, C- oder flammenförmige Schallöcher, 5–7 Spielsaiten und (bei den Gamben) 7–8 Bünde um den Hals. Da die meisten Instrumente der Violinbauweise in Armhaltung gespielt wurden, war es im 16. Jh. üblich geworden, alle Instrumente der Violinfamilie als Viole da braccio zu bezeichnen (auch das zwangsläufig in Kniehaltung zu spielende Baßinstrument, das Praetorius z. B. „Bas-Geig de bracio" nennt). Dies sollte eine terminologische Unterscheidung von den eigentlichen Instrumenten der Violenbauweise ermöglichen, die ursprünglich für alle Stimmlagen prinzipiell für die Knie- (bzw. Schoß-)Haltung bestimmt waren und deshalb alle unter dem Sammelbegriff Viola da gamba liefen. Da sich beide Streichinstrumentenfamilien aber immer nahe berührten und auch öfters überschnitten (Violenbauweise für Armhaltung – Violinbauweise für da gamba-Haltung), entstand große terminologische Verwirrung, die auch die Komponisten kaum zu klären imstande waren zu einer Zeit, da die Austauschbarkeit der Instrumente allgemein üblich war. Klarheit kann aber oft die Untersuchung des musikalischen Textes bringen; Stimmlage und Schreibweise einer nicht genauer bezeichneten V.-Stimme des 17. oder frühen 18. Jh. erlauben meistens mit einiger Sicherheit eine Zuweisung zu einem bestimmten Instrument: Stimmen, die das c unterschreiten und Baß- und/oder Tenorschlüssel verwenden, weisen eindeutig auf eine Gambe hin. Der Diskant-Schlüssel (C-Schlüssel auf der 1. Linie) weist auf eine Diskant-Gambe hin; nur Stimmen, die Alt- (und für die hohen Lagen Violin-)Schlüssel verwenden, erlauben, V. als Bratsche zu betrachten.

Die Klassifizierung der Violeninstrumente, die uns die erhaltenen Exemplare und die Literatur liefern, ergeben folgendes Bild: Es wurden sämtliche Stimmlagen als Viole da gamba gebaut: Sopran, Alt, Tenor, Baß; die Kontrabaß-Gambe lebt in leicht abgewandelter Form heute noch als Kontrabaß weiter. In selteneren Fällen wurden Instrumente in Violenbauweise für die Armhaltung bestimmt: Discant- und Alt-Violen, die niedrigere Zargenhöhe aufweisen. Ferner deutet eine starke, kreisförmige Rundung des Halses auf die kugelartige Handformung der da braccio-Haltung, während ein Hals in Form einer abgeflachten Ellipse dem parallel zur Saitenebene ausgestreckten Daumen der da gamba-Haltung entspricht. In der Tenor-Baß-Lage finden wir noch die ↗Viola da spalla; sie ist Vorläufer der ↗Viola pomposa und trägt, wie diese, trotz Armhaltung die Baumerkmale der Violenfamilie. Zu den Violen gehört noch die ↗Viola d'amore, die ↗Viola bastarda und das ↗Baryton.

Für den heutigen Sprachgebrauch ist zu beachten, daß im Rahmen der praktischen Musikausübung das Wort V. und seine beiden gängigen Pluralformen Violen (dt.) und Viole (it.) nur noch für die Bratsche benutzt werden. Alle anderen Instrumente werden heute durch entsprechende Zusätze kenntlich gemacht: Viola da gamba (Plural Viole da gamba) usw. Im instrumentenkundlichen Rahmen jedoch kann die genaue Bedeutung nach wie vor nur aus dem Kontext entnommen werden; die größte Verwechslungsmöglichkeit besteht in der frz. Musik des 18. Jh.: hier bedeutet Viole (Plural Violes) prinzipiell die Tenor-Baß-Gambe.

2) Bz. für das Altinstrument der Violinfamilie mit den 4 Saiten c g d^1 a^1. Das im dt. Sprachgebrauch gleichberechtigt verwendete Wort Bratsche für die V. leitet sich aus it. viola da braccio ab; in Frankreich hieß sie im 17. und 18. Jh. ↗Quinte (de violon), wurde aber seit dem letzten Drittel des 18. Jh. in der Regel Alto (aus it. alto viola), in England Tenor genannt. Der Bau der V. entspricht dem der Violine, allerdings in durchweg etwas größeren Maßen; insbesondere ist sie im Verhältnis meist auch breiter. Der Resonanzkörper hat eine Länge zwischen 37 und 43 cm. Die Spieltechnik entspricht im Prinzip der der Violine, doch sind vor allem die heute bevorzugten größeren Bratschen, besonders in virtuosen Passagen, erheblich schwerer zu spielen. Im 17. Jh. gab es zahlreiche Bratschen mit größeren Ausmaßen (bis zu 48 cm Korpuslänge), die dem Bedürfnis nach einem kraftvollen Tenorinstrument im 5stimmigen Streichersatz dieser Zeit entgegenkamen. Diese nie tiefer als c notierten Instrumente, die immer auf dem Arm gehalten wurden, trugen den Namen V. tenore (frz. ↗Taille [de violon]) im Unterschied zu V. alto (frz. Haute-contre [de violon]). Sie wurden im Tenorschlüssel, mitunter im Altschlüssel notiert. Mit der Verringerung der Stimmenzahl auf 4 im Streichersatz verschwanden diese Instrumente zu Beginn des 18. Jh. zugunsten der Bratsche. – Für die höfische und kirchliche Aufführungspraxis in den relativ kleinen Räumen des 18. Jh. waren Bratschen mit verhältnismäßig kleinen Korpuslängen von etwa 37–39,5 cm am häufigsten. Im Zusammenhang mit der Vergrößerung der Orchester und Konzertsäle zu Beginn des 19. Jh. wurden auch Bratschen mit größerem Klangvolumen benötigt, wie dies zahlreiche Neukonstruktionen aus dieser Zeit belegen: Violon-ténor von B. Dubois (1833), Grand V. von N. Paganini (1834), Contralto von J.-B. Vuillaume (1855), ↗Viola alta von H. Ritter (1876) und Violotta von A. Stelzner (1891). Da diese Instrumente meist unhandlich und schwer zu spielen waren, konnten sie sich jedoch nicht durchsetzen. Geigenbauern des späten 19. und 20. Jh. gelang es jedoch, im wesentlichen unter Beibehaltung traditioneller Maße, die Klangfülle der V. entscheidend zu verbessern, wobei sich die ideale Korpuslänge auf etwa 41,2–41,5 cm eingependelt hat.

Musik für Viola (Bratsche). Im 17. Jh. läßt sich das Violin- und V.-Spiel nicht trennen, da die Streichermusik den meist 5stimmigen Satz mit nahezu gleichberechtigten Partien bevorzugte. Erst die Entwicklung der Triosonate, des Concerto grosso und des Violinkonzerts trennten die hohen, mittleren und tiefen Streicher in deutlich unterschiedene Instrumentalgruppen, von denen die mittlere, die Bratschen, mehr und mehr vernachlässigt und zur harmonischen Ausfüllung degradiert wurde, so daß bereits um die Mitte des 18. Jh. das V.-Spiel im Orchester, den Quellen zufolge, zu sehr schwacher Qualität abgesunken war. In den seltenen Fällen, wo in Kammermusik und Konzert anspruchsvollere V.-Partien vorkamen (im letzten Viertel des 18. Jh. häufiger als davor und danach), wurden diese in der Regel von Geigern gespielt (auch deshalb die meist kleinen Mensuren zu jener Zeit): Sowohl C. Stamitz als auch A. Rolla (Paganinis Lehrer), die beiden berühmtesten Bratschisten vor bzw. um 1800, waren im Orchester Geiger. In der Nachfolge bürgerte es sich ein, daß Geigenvirtuosen gelegentlich auch V. spielten: F. Fiorillo, R. Kreutzer, Chr. Urhan (der die V.-Partie in H. Berlioz' *Harold en Italie* erstaufführte), N. Paganini (der sich früh mehrere V.-Kompositionen schrieb, u.a. weil der ihm ursprünglich zugedachte *Harold* nicht virtuos genug war), H. Vieuxtemps, H. Wieniawski u.a. Auch Komponisten wie J. S. Bach, W. A. Mozart und L. van Beethoven spielten gerne V., und A. Adam, A. Dvořák und É. Lalo waren zeitweise berufsmäßige Bratschisten.

Nachdem das solistische, von der Violine herkommende Bratschenspiel im 2. Drittel des 19. Jh. so gut wie ganz außer Gebrauch gekommen war, entstand genau zu gleicher Zeit ein neues V.-Spiel, das sich nach den Erfordernissen der gerade neu entstandenen romantisch-symphonischen Literatur richtete: bevorzugte mittlere und tiefe Lagen, schnelle und schwere Läufe und Passagen, jedoch unter Ausschluß der früher häufigen hohen Lagen und der früher durchaus üblichen Dezimengriffe. Dieses auch noch heute „moderne" V.-Spiel taucht zunächst bei Berlioz, dann aber vor allem bei R. Wagner (besonders im *Ring*) und R. Strauss auf und stellte die V.-Gruppe im Orchester in besonderer Weise heraus mit oft exponierten und schwierigen Aufgaben. – Erst aufgrund dieser kompositorischen Erfordernisse und der nun vorhandenen besser entwickelten Instrumente tauchten nach der Mitte des 19. Jh. zahlreiche bedeutende Bratschisten auf, aus denen auch bald Solisten hervortraten: H. Ritter, Cl. Meyer, Th. Laforge, H. Casadesus (der auch unter den Namen von J. Chr. Bach und G. Fr. Händel zwei V.-Konzerte schrieb). Im 20. Jh. wuchs die Zahl der V.-Solisten beständig, u.a. C. Aronowitz, R. Barschai, V. Borissowski, K. und P. Doktor, W. Forbes, B. Giuranna, P. Hindemith, U. Koch, W. Primrose, L. Tertis. W. Trampler, M. Vieux und E. Wallfisch. Solistisch bzw. konzertierend verwendeten die V. im 18. und beginnenden 19. Jh. u.a.: J. S. Bach (*6. Brandenburgisches Konzert;* obligat auch in Kantate BWV 5, 6, 16, 213), G. Ph. Telemann, J. Fr. Fasch, J. G. Graun, Chr. Graupner und J. J. Quantz, später C. Ph. E. und J. Chr. Fr. Bach, Fr. und G. A. Benda, L. Boccherini, J.-B. Bréval, Fr. X. Brixi, G. M. Cambini, J. Chr. Cannabich, Fr. Danzi, K. Ditters von Dittersdorf, Fr. J. Gossec, J. u. M. Haydn, Fr. A. Hoffmeister, I. Holzbauer, W. A. Mozart, P. Nardini, I. Pleyel, J. Reicha, J. Fr. Reichardt, Rolla, A., J. und C. Stamitz, J. B. Vanhal und C. Fr. Zelter. Diese Komponisten schrieben zahlreiche Konzerte für V. und Orchester, konzertante Symphonien (verschiedenster Besetzung mit V.), Sonaten (z.T. mit obligatem Klavierpart), aber auch Duos für V. und Violoncello (für diese Besetzung ist u.a. noch das *Duett mit 2 obligaten Augengläsern* (WoO 32) von L. van Beethoven komponiert). In der übrigen Kammermusik spielte die V. bis zum 19. Jh. eher eine untergeordnete Rolle. Ausnahme bildet hier jedoch das Spätwerk von Haydn (Streichquartette) und Mozart (Streichquartette und -quintette und die Trios KV 498 und 563). Seit Beethoven nimmt die V. in der Kammermusik indes eine mit den anderen Instrumenten gleichberechtigte Stellung ein. Während im 19. Jh. nur wenige Kompositionen für V. und Orchester entstehen (J. N. Hummel, *Potpourri* op. 94; Paganini, *Sonata per la gran viola e orchestra;* C. M. von Weber, *Andante und Rondo ungarese*), wird die V. öfters auch mit solistischen Partien innerhalb der Orchesterliteratur betraut (Berlioz, *Harold, La damnation de Faust;* Adam, *Giselle;* Weber, *Freischütz;* Strauss, *Don Quixote;* H. Wolf, *Italienische Serenade*). An speziellen kammermusikalischen Werken für V. und Klavier sind aus dem 19. Jh. zu nennen: Beethoven, *Notturno,* op. 42; J. Brahms, 2 Sonaten, op. 120 (für Klar. oder V. und Klv.); A. Glasunow, *Elegie;* M. Glinka, Sonate d-moll; Hummel, Sonate op. 5; Fr. Liszt, *Romance oubliée;* F. Mendelssohn Bartholdy, Sonate c-moll; R. Schumann, *Märchenbilder,* op. 113; Vieuxtemps, Sonate op. 36, und Wieniawski, *Rêverie.* Im 20. Jh. erlebt das Konzert bzw. -stück für V. und Orchester eine neue Blütezeit. Zu nennen sind u.a.: B. Bartók (op. post., 1945), C. Beck (1949), B. Blacher (1954), E. Bloch *(Suite hébraïque),* M. Bruch (*Concerto* für Klar. und V., 1913), J. N. David *(Melancholia),* G. Enesco *(Concertstück),* W. Fortner (*Concertino,* 1934), J. Françaix (*Rhapsodie,* 1944), H. W. Henze *(Compases),* K. A. Hartmann, Hindemith (3 Konzerte), G. Fr. Malipiero *(Fantasia concertante; Dialoghi Nr. 5),* B. Martinů (*Rhapsodie Concerto,* 1954), D. Milhaud (3 Konzerte), W. Piston, J. Rivier (*Concertino,* 1935) und W. Walton. Solosonaten für V. schrieben u.a.: M. Reger (3 Suiten, op. 131 d, 1915), Bloch (Suite), W. Burkhard, A. Chatschaturjan, J. N. David, H. Genzmer, Hindemith, E. Krenek, G. Raphael und I. Strawinsky *(Élégie).* Daneben entstanden auch zahlreiche Werke für V. und Klavier (u.a. von B. Britten, Hindemith, H. Genzmer, A. Honegger, Krenek, Martinů und Milhaud), aber auch die V. besonders herausstellende Kammermusikkompositionen wie etwa B. Smetanas Streichquartett *Z mého života,* die Streichquartette von Bartók, A. Schönberg, A. Berg und A. Webern, ferner Cl. Debussys *Sonate* für Flöte, V. und Harfe und Hindemiths Trio für Heckelphon, V. und Klavier.

Lit.: **Zu 1):** M. PRAETORIUS, Syntagma musicum, 3 Bde. (Wb 1614–1619, Nachdr. Kas 1958–59); C. SACHS, The History of Musical Instruments (NY 1940, Lo ²1942). – **Zu 2):** C. SACHS, Hdb. der Musikinstrumentenkunde (L 1930, Nachdr. Wie 1976); DERS., The History of ... (s.o.); B. TOURS – B. SHORE, The V. (Lo 1946); H. BESSELER, Zum Problem der Tenorgeige (Hei 1949); Die V., Jb. der int. V.-Forschungs-Ges., hrsg. v. W. SAWODNY (Kas 1980 ff.); Y. MENUHIN – W. PRIMROSE, Violine u. V. (F 1982) (= Y. Menuhins Musikführer). – **Musik für Viola:** W. ALTMANN – W. BORISSOWSKY, Lit.-Verz. für Bratsche u. Viola d'amore (Wb 1937); F. ZEYRINGER, Lit. für V. (Hartberg 1976); M. W. RILEY, The History of the V. (Ann Arbor 1980); U. DRÜNER, Das V.-Konzert vor 1840, in: FAM 28 (1981).

U. DRÜNER

VIOLA, Alfonso della, ↗Della Viola.

VIOLA ALTA (it.), eine Altvioline in der Stimmung c g d¹ a¹; sie wurde von Hermann Ritter zwischen 1872 und 1875 entworfen und von dem Würzburger Geigenbauer K. A. Hörlein gebaut. Sie ist in allen Maßen etwas größer als eine ↗Viola (Korpuslänge ca. 48 cm) und damit auch größer und dunkler im Ton. 1898 ließ Ritter eine 5. Saite e² hinzufügen, die die Spielbarkeit erheblich verbesserte. Trotz der Anerkennung durch R. Wagner und R. Strauss konnte sich die V. auf die Dauer nicht durchsetzen.

Lit.: H. RITTER, Die V. (Hei 1876); DERS., Die fünfsaitige Altgeige V. (Amberg 1898).

VIOLA BASTARDA, ein Streichinstrument der Tenor-Baß-Lage mit verbindenden Baumerkmalen der ↗Viola da gamba und der Lira da gamba (↗Lira): C- oder F-Löcher, Rosette, Schnecke, Stimmung in Quinten und Quarten. Das Korpus zeigt sonst überwiegend Baumerkmale der Viola da gamba. In England hieß die V. ↗Lyra Viol und ist erstmals 1652 belegt, während sie in Italien bereits seit 1589 nachgewiesen ist. Madrigale bzw. Ricercate für V. stammen u.a. von Girolamo dalla Casa u. Aurelio Virgiliano (hrsg. v. B. Thomas, Lo 1980).

VIOLA DA BRACCIO (von it. braccio = Arm). – **1)** Im 17. und frühen 18. Jh. übliche Bz. für die heutige ↗Viola (Bratsche), vor allem in Italien und auch in Deutschland. – **2)** Im 16. und 17. Jh. auch Sammelbegriff für alle Instrumente der Violinfamilie, deren Vertreter der Diskant- und Alt-Stimmlagen schon immer in Arm-(da braccio-)Haltung gespielt wurden (zur Unterscheidung von den Instrumenten der ↗Viola da gamba-Familie, deren sämtliche Stimmlagen in der Regel in Kniehaltung gespielt wurden). Während in Frankreich der Gattungsname Vyollons für die Violinfamilie bereits 1523 erstmals belegt ist, taucht in Italien die Familie (mit den Stimmlagen Alt, Tenor, Baß) erstmals 1535/36 in einem Fresko von Gaudenzio Ferrari auf. Einen noch 3saitigen Prototyp einer Violine hatte der gleiche Maler bereits 1529 dargestellt, so daß man annehmen darf, daß die ganze Familie der Violininstrumente sich etwa gleichzeitig (und nicht, wie bisher öfters behauptet, das Altinstrument zuerst) im frühen 16. Jh. aus der Vereinigung von Merkmalen des ↗Rebec und der ↗Lira (da braccio) entwickelt hat. Von Anfang an werden das Fehlen der Bünde und die Quintenstimmung als wichtigste Kennzeichen der V.-Instrumente beschrieben (M. Agricola 1528, G. M. Lanfranco 1533, S. Ganassi 1542), während die baulich heute als charakteristisch geltenden Merkmale der Violinfamilie sich erst in der 2. Hälfte des 16. Jh. unter dem Einfluß der Schulen von Gasparo da Salò und der Amati-Dynastie definitiv herausbilden.

VIOLA DA GAMBA (it.; dt. auch Gambe; engl. auch viol; frz.: viole de gambe). – **1)** Bz. für eine vom 16. bis ins 18. Jh. weitverbreitete Familie von Streichinstrumenten. Die einzelnen Instrumente dieser Familie hatten sehr unterschiedliche Größen, Formen und Stimmungen. Die gebräuchlichsten Größen waren die Diskant-V. (engl.: treble viol; frz.: dessus de viole), die Alt/Tenor-V. (engl.: tenor viol; frz.: taille de viole) und die Baß-V. (engl.: bass viol; frz.: basse de viole), die häufig auch einfach als V. bezeichnet wurde. Außerdem gab es noch die Großbaß-V. (↗Violone) und im 17./18. Jh. ein Kleindiskant-Instrument mit 6 oder 5 Saiten, das als pardessus de viole bezeichnet wurde (↗Quinton). Die Violen unterscheiden sich im Bau wesentlich von den Instrumenten der Violinenfamilie (↗Violine, ↗Viola da braccio). Sie haben einen flachen, zum Hals hin abgeknickten Boden, sehr hohe, sich nach oben hin verjüngende Zargen, vom Hals abfallende Schultern, weit geöffnete Mittelbügel, einen flachen Steg und am häufigsten C-förmige, mit der Öffnung nach außen weisende Schallöcher. Die 7 nicht fest eingelassenen, sondern beweglichen Darmbünde sind im Halbtonabstand um den Hals gewunden und verknotet. Ein 8. Bund in der Oktave der leeren Saiten konnte, nach Chr. Simpson (1659), angebracht werden. Der Wirbelkasten wird selten durch eine Schnecke, häufiger durch einen geschnitzten Frauen- oder Tierkopf (Löwe, Pferd usw.) abgeschlossen. In der Regel hat die V. 6 Saiten. Eine 7. tiefe Baßsaite, die bei frz. Baßviolen des 17. Jh. häufig anzutreffen ist, wurde nach J. Rousseau (*Traité de la viole*, 1687) erstmals von M. de Sainte-Colombe aufgezogen. Die 6 Saiten sind im allgemeinen in Quarten mit einer großen Terz in der Mitte gestimmt. Im 16./17. Jh. gab es eine Vielzahl verschiedener Stimmungen, die gebräuchlichsten waren jedoch die, welche S. Ganassi in seiner *Regola rubertina* (1542) angegeben hat: d g c^1 e^1 a^1 d^2 für die Diskant-V., G c f a d^1 g^1 für die Alt-/Tenor-V. und (A_1) D G c e a d^1 für die Baß-Viola da gamba. Die 6 Saiten des Pardessus de viole wurden in gleicher Weise gestimmt, jedoch lag die große Terz nicht mehr in der Mitte (g c^1 e^1 a^1 d^2 g^2), während der ↗Quinton die Quinten- und Quartenstimmung g d^1 a^1 d^2 g^2 (M. Corrette, *Méthode pour apprendre à jouer ... du pardessus*, 1748) hatte.

Die V. wird mit dem Hals nach oben weisend je nach Größe auf die Oberschenkel gestützt oder zwischen den Beinen gehalten. Sie ist ebenso wie die Laute ein mehrstimmig spielbares Instrument. Der Bogen wird mit Daumen und Zeigefinger der rechten Hand im sog. Untergriff gehalten (Handfläche nach oben), während Mittel- und Ringfinger sich an den Bogenhaaren befinden, so daß deren Spannung durch den entsprechenden Druck des Mittelfingers geändert werden kann. Der Klang der V. ist zart und leicht nasal.

Die V. erschien gegen Ende des 15. Jh. zuerst in Spanien und wurde von dort aus vermutlich nach Italien eingeführt. Von Italien aus kam das Instrument nach Deutschland und vor allem nach England, wo es sehr schnell Verbreitung fand. Auch in Frankreich wurde die V. gespielt, erhielt aber erst die entscheidenden Anregungen durch den berühmten frz. Spieler A. Maugars, der sich einige Jahre am engl. Hof aufgehalten hatte. In Italien erschien 1542 die erste Abhandlung über die V. von Ganassi, und das Instrument erreichte bereits im 16. Jh. eine Blütezeit, wurde aber bald durch die Violine in den Hintergrund gedrängt. In England war die V. besonders in der 1. Hälfte des 17. Jh. außerordentlich beliebt. Diese Vorliebe für die V. als ↗Consort- wie als Soloinstrument führte zu den engl. Entwicklungen der ↗Lyra Viol und der ↗Division Viol, die die gleiche Stimmung wie die Baß-V., aber ein etwas kleineres Korpus hatte und ein sehr virtuoses Spiel erlaubte. Gegen Ende des 17. Jh. jedoch wurde die V. auch in England von der Violinenfamilie verdrängt. Am längsten hielt sich die V. in Deutschland und Frankreich. Als erste Instrumente der Familie wurden die Diskant- und die Tenor-V. aufgegeben, während die Baß-V. noch bis ins 18. Jh. hinein in Gebrauch blieb. In Frankreich hatte nicht nur die Baß-V. begeisterte Anhänger, wie z. B. Hubert Le Blanc (*Défense de la basse de viole contre les entreprises du violon et les prétentions du violoncell,* 1740), sondern es entstanden auch Instrumente (z.B. Quinton), die wenigstens für einen Teil der Violinliteratur geeignet waren. Diese Bemühungen hatten jedoch keinen bleibenden Erfolg, und so wurden im 18. Jh. zahlreiche Instrumente in Violoncelli umgebaut. Bereits Ende des 19. Jh. versuchte A. Dolmetsch durch Nachbauten alter Instrumente die für V. komponierte Musik wieder aufzuführen. Seither, in den letzten Jahren zunehmend, wächst das Interesse für die V. ständig. Von den Initiatoren dieser Bewegung sind neben A. und N. Dolmetsch u.a. vor allem Chr. Döbereiner, A. Wenzinger, Johannes Koch und Wieland Kuijken zu nennen.

Musik für Viola da gamba. Im 16. Jh. bestehen die Kompositionen für V. im wesentlichen aus Stükken für Violen-Ensemble. Neben den Ricercari von A. Willaert und V. Galilei, den Fantasien von Cl. Le Jeune und E. Du Caurroy, die auch auf anderen Instrumenten gespielt werden können, gibt es vor allem zahlreiche engl. Werke, die für diese Besetzung geschrieben wurden (↗Consort). Die Brownings, ↗In nomine-Kompositionen und English fancies von W. Byrd, M. East, A. Ferrabosco, G. Coperario, O. Gibbons, T. Hume sind ausdrücklich für die V. bestimmt. Im 17. Jh. wurde diese Art von Musik vervollkommnet und durch die Fantasien von W. Laves, M. Locke und vor allem durch H. Purcell bereichert. Auch in Italien und in Spanien sind schon seit dem 16. Jh. solistische Werke für V. entstanden. In den Ricercari vermitteln Ganassi und D. Ortiz die Kunst der Diminution und Improvisation; die wenigen überlieferten it. Werke sind Improvisationsstücke. Die engl. ↗Divisions des 17. Jh. sind gleichfalls Improvisationen „ex tempore" über einen gegebenen Baß. Dazu zählen Kompositionen von J. Jenkins, Thomas Lupo und vor allem von Chr. Simpson (*The Division-violist,* 1659). In Frankreich und Deutschland wurde diese Art von Musik weniger gepflegt. Im wesentlichen bestehen die Kompositionen für V. aus Suiten und Sonaten u.a. von D. Funck, J. G. Ahle, J. Schenk und insbesondere A. Kühnel, der die V. als Harmonieträger einsetzte und nicht nur als Melodieinstrument. Diese charakteristische Schreibweise findet sich gleichermaßen auch in Frankreich. Von Maugars und M. de Hoffmann, den ersten Virtuosen auf der V., sind keine Kompositionen überliefert, da sie sich vor allem der Kunst der Improvisation in Anlehnung an die Italiener widmeten (Maugars, *Response faite à un curieux,* 1639). Die *Concerts à 2 violes égales* von Sainte-Colombe legen ein Zeugnis über dessen Unterricht ab: Die 1. V. ist fast immer sehr melodisch und relativ einfach, während die 2. – wohl die Partie des Lehrers, der seinen Schüler begleitet – akkordisch angelegt und schwierig ist. Der bedeutendste Gambist des 17. Jh. ist zweifellos M. Marais. Aber auch Komponisten, die keine Gambisten waren, schrieben für die V.: so etwa D. Buxtehude (Sonate, obligat in einer Kantate), M.-A. Charpentier (*Concert à quatre parties de violes* ohne B.c.) und Fr. Couperin (2 Sonaten für V. mit B.c.). Ansonsten wurde die V. als Baß- bzw. B.c.-Instrument eingesetzt. Während die V. in England im 18. Jh. an Bedeutung verlor, erlebte sie in Deutschland eine neue Blüte, nunmehr jedoch vorwiegend als Melodieinstrument – ähnlich dem inzwischen bevorzugten Violoncello –, z.B. in den Werken von C. Fr. Abel, G. Ph. Telemann, G. Fr. Händel, J. S. und C. Ph. E. Bach. In Frankreich wurde allerdings zu Beginn des 18. Jh. noch an der spezifischen Schreibweise für die V. festgehalten. Neben Kompositionen von J. de Caix d'Hervelois, J. Bodin de Boismortier, M. Corrette und Roland Marais stellt das Werk von A. Forqueray den Höhepunkt des V.-Spiels dar. J. B. Forqueray vollendete die nicht zum Abschluß gebrachten Suiten seines Vaters und gab sie heraus (z.T. in Transkription für Cembalo). In der Folge, als Violine, Bratsche und Violoncello die V. verdrängten, behielt sie noch eine Funktion im semantischen Bereich zum Ausdruck der Süße und des Schmerzes, wie z.B. in der Johannes- und Matthäuspassion und in einigen Kantaten (BWV 198, 205) von J. S. Bach. Zu neuer Bedeutung gelangte die V. erst wieder im 20. Jh.: so z.B. bei Gerald Bennett *(Studie),* David

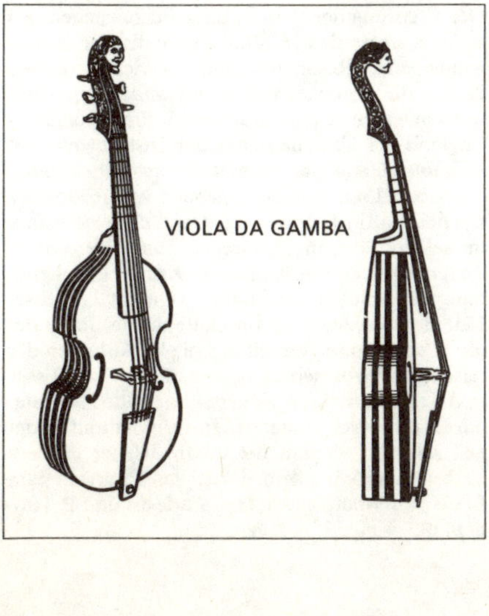

Loeb *(Canzona fantasia quasi sarabanda; Chaconne; Fantasia a due scherzi),* C. Beck *(Dialog),* Joseph Haselbach *(Mironton),* R. Vuataz *(Partita),* Peter Benary *(Kleine Kammermusik),* J. Fr. Zbinden *(Sonate en trio),* R. Kelterborn *(Inventionen und Intermezzi),* Z. Durkó *(Iconographia)* und M. Pinchard *(Tombeau de M. Marais).* Einige dieser Werke wurden für A. Wenzinger und Hannelore Müller aus Basel geschrieben. Andere Solisten haben mit ihrer Arbeit gleichfalls zur Wiederbelebung der V. beigetragen, darunter auch N. Harnoncourt. Schulen für V. schrieben u.a. P. Grümmer, Chr. Döbereiner, Wenzinger.

2) In der Orgel Bz. für eine offene, zylindrisch gebaute Labialstimme. Die V. ist der Hauptvertreter des ↗Streicherchores und wird meist in 8'-, seltener in 16'- oder 4'-Lage gebaut. Charakteristikum ist eine scharfe, schneidende Klangfarbe. Die V. findet sich schon im dt. Orgelbau des 17. Jh.; im 18. Jh. u.a. als Spitzflöte (G. Silbermann).

Lit.: A. Einstein, Zur dt. Lit. für V. im 16. u. 17. Jh. (1905) (= BIMG II/1); Ch. Döbereiner, Über die V. u. ihre Verwendung bei J. S. Bach, in: Bach-Jb. 8 (1911); E. van der Straeten, The History of the Violoncello, the V., their Precursors and Collateral Instruments (Lo 1915, Nachdr. 1971); G. Hayes, Musical Instruments and their Music, II: The Viols ... (Lo 1930); S. Bacher, Die V. (Kas 1932); R. Eras, Über das Verhältnis zw. Stimmung u. Spieltechnik bei Streichinstrumenten in Da-gamba-Haltung (Diss. L 1958); F. Lesure, Une querelle sur le jeu de la viole en 1688, J. Rousseau contre Demachy, in: RMie 46 (1960); Y. Gérard, Notes sur la fabrication de la viole et la manière d'en jouer ..., in: Rech. Mus. 2 (1961/62); N. Dolmetsch, The V., Its Origin and History, Its Technic and Musical Resources (Lo – NY 1962); S. Milliot, Réflexions et recherches à propos de la v. et du violoncelle en France, in: Rech. Mus. 4 (1964); A. Berner, Viola, in: MGG XIII; H. Bol, La basse de viole du temps de M. Marais et d'A. Forqueray (Bilthoven 1973) (= Utrechts Bijdragen tot de Muziekwetenschap 7); I. Harwood, An Introduction to Renaissance Viols, in: Early Music 2 (1974); C. A. Monson, Voices and Viols in England 1600–1650. The Sources and the Music (1974) (= Diss. Univ. of California); N. Harders, Die V. u. Besonderheiten ihrer Bauweise (F 1977) (= Das Musikinstr. 17); J. Rutledge, How Did the V. Sound?, in: Early Music 7 (1979); I. Woodfield – L. Robinson, Viol, in: Grove⁶ XIX (mit Verz. der Quellen für Bau und Spielweise des 16.–18. Jh.).

M. BRÖCKER – M. F. BLOCH

VIOLA D'AMORE (it.; frz.: viole d'amour), ein Streichinstrument, dessen Korpus meist die Baumerkmale der ↗Viola da gamba, in selteneren Fällen jedoch auch Abweichungen in geschwungener Form aufweist. Die Schallöcher sind flammenförmig, zusätzlich ist eine Rosette eingelegt. Die Korpuslänge schwankt zwischen 35 und 43 cm, die Zargenhöhe zwischen 4 und 7 cm. Die Besaitung besteht aus 7 (seltener 6) Spielsaiten und 7 (bei der Sonderform des Englisch Violett 14–20) Aliquotsaiten, die (neben dem Saitenhalterknopf an eigenen Pflöckchen oder Nägeln beginnend) unter dem Saitenhalter, durch kleine Löcher im Steg, weiter unter dem Griffbrett und in dem kräftigen Hals durchlaufen. Sie führen auf der Unterseite des Wirbelkastens vorbei und sind an dessen äußerem Ende auf eigene Wirbel gespannt. Beim Spielen schwingen sie mit und verleihen der V. einen hellen und silbrigen, lieblichen Klang. Während die oberen Saiten heute in der Regel im D-Dur- (d moll-) Akkord, A, d, a, d¹, fis¹ (f¹), a¹, d² gestimmt werden, waren früher sehr unterschiedliche Stimmungen üblich. Die Aliquotsaiten werden unisono mit den Spielsaiten oder chromatisch dazwischen gestimmt.

Der Ursprung der V. ist in England zu suchen, wo sie sich unter dem Einfluß orientalischer Instrumente mit Resonanzsaiten entwickelt haben dürfte, die durch den Kolonialhandel importiert worden waren. Während schon M. Praetorius 1619 England als Ursprungsland der Instrumente mit Aliquotsaiten angibt, stammt die erste Erwähnung der V. aus John Evelyns Tagebuch von 1679; 1687 erscheint sie in J. Rousseaus *Traité de la viole* und, im selben Jahr, in D. Speers *Grundrichtigem ... Unterricht der musikalischen Kunst.* Die Erhöhung der Spielsaitenzahl auf 7 schreibt J. P. Eisel 1738 den Italienern zu. Im Laufe des 18. Jh. findet die V. eine große Verbreitung, die im Auftreten der reisenden Virtuosen A. Ariosti, Ritter von Esser und C. Stamitz ihren Höhepunkt erfährt. Mit Stamitz' Tod verschwindet das Instrument und findet erst seit dem Beginn des 20. Jh. wieder größere Verbreitung, vor allem durch das Eintreten von Louis van Waefelghem, H. Casadesus und P. Hindemith.

TANZ: „Wien, Wien, nur du allein“ an der Wiener Staatsoper (Foto: Österreichischer Bundestheaterverband / Axel Zeininger).

TANZ: „Macbeth“ in einer Produktion des Bremer Theaters (Foto: Wiener Festwochen / Jörg Landsberg).

TANZ: „Orpheus“ von Hans Werner Henze wurde 1986 an der Wiener Staatsoper uraufgeführt (Foto: Österreichischer Bundestheaterverband / Axel Zeininger).

Werke für V. schrieben Ariosti (6 *Lezioni,* 1728), A. Vivaldi (8 Konzerte), J. S. Bach (obligat in den Kantaten BWV 152 und 205 und in der *Johannespassion*), G. Ph. Telemann (1 Konzert, Kantaten, Sonaten), Chr. Graupner (7 Konzerte, Triosonaten, Kantaten), Fr. Benda, Fl. Gaßmann, Fr. A. Hoffmeister, P. Locatelli, J. J. Quantz, Fr. W. Rust, C. Stamitz (3 Konzerte, 2 Sonaten). Im 19. Jh. wurde die V. öfters mit Soli in Opern betraut, u.a. bei G. Charpentier, G. Donizetti, W. Kienzl, J. Massenet, G. Meyerbeer *(Les Huguenots),* H. Pfitzner und G. Puccini *(Madama Butterfly),* während im 20. Jh. Komponisten wie J. N. David, G. F. Ghedini, Hindemith (Sonate op. 25 Nr. 2; Kammermusik Nr. 7, op. 46), L. Janáček, Ch. M. Loeffler *(La mort de Titangiles),* Fr. Martin *(Sonata da chiesa)* und O. G. Blarr *(Thrēnos II)* als Kammermusik-Instrument einsetzten.

Lit.: W. ALTMANN – W. BORISSOWSKY, Lit.-Verz. für Bratsche u. V. (Wb 1937); W. E. KÖHLER, Beitrag zur Gesch. u. Lit. der V. (Diss. B 1938); K. STUMPF, Neue Schule für V. (W 1957); K. GOFFERJE, Ariostis Lezioni für die V., in: DJbMw 6 (1961); J. H. VAN DER MEER, Zur Frühgesch. der V., in: Kgr.-Ber. Kopenhagen 1972 (Kop 1974); P. HINDEMITH, Über die V. (1937), in: Hindemith-Jb. 4 (1974/75). M. ROSENBLUM, Contributions to the History and Literature of the V. A Translation and Expansion of W. E. Köhler's Beitr. z. Gesch. u. Lit. der V. (1976) (= Diss. New York Univ.); H. DANKS, The V. (Halesowen 1976, ²1979).

U. DRÜNER

VIOLA DA SPALLA (it., = Schultergeige), ein Instrument der ↗Viola da braccio-Familie in Tenor-Baß-Lage. Die V. war lediglich im 17. und frühen 18. Jh. verbreitet. Nach J. Mattheson (1713), J. F. B. C. Majer (1732), J. P. Eisel (1738) und J. G. Walther (1732) wurde sie mit einem Band an der Brust befestigt und wie ein ↗Violoncello gestimmt. Sie gilt als Vorläufer der ↗Viola pomposa.

VIOLA DI BARDONE ↗Baryton.

VIOLA DI FAGOTTO ↗Fagottgeige.

VIOLA POMPOSA, ein 5saitiges Streichinstrument in Tenor-Baß-Lage und der Stimmung C G d a e¹. Die V. entspricht den verkleinerten Maßen und der Form des Violoncellos. Die Gesamtlänge beträgt etwa 75 cm, die Korpuslänge 45–47 cm, die Mensur etwa 42 cm und die Zargenhöhe 6–9 cm. Die Erfindung dieses Instruments wird seit J. N. Forkel *(Musikal. Almanach für Deutschland 1782)* und E. L. Gerber (*Historisch-Biographisches Lexicon der Tonkünstler,* 1790–92) J. S. Bach zugeschrieben, der den Geigenbauer J. Chr. Hoffmann 1724 mit dem Bau dieses Instruments beauftragt haben soll, um die Ausführung schwerer instrumentaler Tenor-Partien (die die damals noch wenig entwickelte Violoncello-Technik nicht gestattete) zu ermöglichen. Bei der Entwicklung der V. konnte Bach auf ähnliche Instrumente zurückgreifen, die schon vorher existierten: die ↗Fagottgeige und die ↗Viola da spalla. Bachs Neuerung ist demnach nur die Hinzufügung der 5. Saite. Da sich in Bachs Werken jedoch nirgends der Name V. finden läßt, hingegen ein Violoncello piccolo oft für obligate Instrumentalstimmen in Kantaten (u.a. BWV 6, 41, 183) verwendet wird, wurden Forkels und Gerbers Angaben bezweifelt. Die Tatsache aber, daß diese Violoncello piccolo-Stimmen sich in Bachs Hss. im Stimmheft des Soloviolinisten befinden, scheint zu beweisen, daß Bachs Violoncello piccolo auf dem Arm gespielt wurde und mit Forkel-Gerbers V. identisch ist.

Die V. war in Deutschland und Böhmen bis gegen Ende des 18. Jh. verbreitet und kommt außer bei Bach noch in Kompositionen von J. G. Graun, Johann Gottlieb Janitsch, Christian Joseph Lidarti und G. Ph. Telemann vor.

Lit.: E. T. ARNOLD, Die V., in: ZfMw 13 (1930/31) – 14 (1931/32); F. GALPIN, V., in: ML 12 (1931); H. ENGEL, Zur Lit. für die V., in: ZfMw 14 (1931/32), vgl. F. GALPIN, in: ebd., vgl. G. KINSKY, in: ebd.; H. HUSMANN, Die V., in: Bach-Jb. 33 (1936); H. BESSELER, Zum Problem der Tenorgeige (Hei 1949).

U. DRÜNER

VIOLA TENORE. – 1) Im 17. und frühen 18. Jh. eine größere Bratsche mit 44–48 cm Korpuslänge (gegenüber normalerweise 39–42 cm) und oft auch etwas höheren Zargen. Im meist 5stimmigen Streichersatz jener Zeit war der V. die 4. Stimme zugedacht, der sie, bei gleicher Stimmung wie die ↗Viola (c g d¹ a¹), dank des erheblich größeren Korpus die nötige Klangfülle zu geben vermochte. Diese Stimme wurde im Alt- oder Tenorschlüssel notiert. Die Praxis einer ausgesprochen tiefliegenden 2. Violastimme im geteilten Bratschensatz hat sich bis zu J. S. Bach (BWV 12 und 18), G. Fr. Händel und G. Ph. Telemann erhalten. In Frankreich wurde die Partie der V. als ↗Quinte (de violon) bezeichnet; dieser Terminus taucht später noch gelegentlich bis ins letzte Viertel des 18. Jh. auf, allerdings zur Bz. der gewöhnlichen Bratsche, bevor er gänzlich durch die Bz. Alto (bzw. alto viola) ersetzt wurde. Erhaltene Exemplare der V. sind heute äußerst selten, da viele von ihnen, vor allem die von Gasparo da Salò und aus der Werkstatt der Amati, zur Zeit der Reduzierung des Streichersatzes von 5 auf 4 Stimmen verkürzt worden sind. Das bekannteste Instrument dieser Art ist die Viola medicea von A. Stradivari von 1690 (Korpuslänge 47,8 cm; Zargenhöhe 4,3 cm). – **2)** 1905 bezeichnete Hermann Ritter in seiner Neuordnung des Streichquartetts (die sich freilich nicht durchsetzen konnte) das 3. Instrument als V. bzw. Tenorgeige; die übrigen waren Violine, ↗Viola alta und Viola bassa. Ritters V. hatte doppelte Violinmensur (Korpuslänge 71 cm, Zargenhöhe 6,2 cm) und wurde dementsprechend eine Oktave tiefer als die Violine gestimmt. Als einziger bekannterer Komponist hat S. Tanejew 1911 dieses Instrument in seinem Trio op. 31 für Violine, Bratsche und V. berücksichtigt.

Lit.: **Zu 1)**: H. BESSELER, Zum Problem der Tenorgeige (Hei 1949); D. D. BOYDEN, The Tenor Violin, in: FS O. E. Deutsch (Kas 1963).

U. DRÜNER

VIOLETTA, ein kleines Streichinstrument in Alt-Lage. Die Bz. V. wurde in verschiedener Bedeutung verwendet: Bei M. Praetorius (*Syntagma musicum* II, 1619) ist die V. picciola das höchste Instrument der Viola da gamba-Familie mit a^1 als höchster Saite. Im 18. Jh. kommt der Name V. wechselweise als kleine Gambe oder kleine Alt-Viola da braccio vor; in der sehr häufigen Besetzung „Due Violini, V. e Basso“ (spätes 18. Jh.) ist V. jedoch als Bratsche zu betrachten. Die V. all'inglese (Englisch Violett) ist eine größere Viola d'amore mit 7 Spiel- und 14 Resonanzsaiten. Die V. marina, die G. Fr. Händel in der Oper *Orlando* (1732/33) vorschreibt („per le Signori Castrucci“), wird allgemein als eine Art Viola d'amore oder Englisch Violett verstanden.

VIOLINE (Diminutiv von Viola; engl.: violin; frz.: violon; it.: violino; span.: violín; dt. auch ↗Geige), Bz. für das Diskantinstrument der ↗Viola da braccio-Familie, zugleich das wichtigste Streichinstrument der abendländischen Kunstmusik. Die V. ist aus vielen Einzelteilen zusammengesetzt. Das Korpus besteht aus einem gewölbten Boden und einer ebenfalls gewölbten Decke, beide mit Hohlkehle, die durch Zargen verbunden sind. Die Decke, in die 2 f-förmige Schallöcher geschnitten sind, besteht meist aus Fichtenholz, Zargen und Boden aus Ahorn. Decke und Boden werden in der Regel aus 2 Einzelteilen längs zusammengeleimt und stehen leicht über die Zargen hinaus. Die Zargen werden aus 6, über heißem Metall gebogenen Einzelteilen zusammengesetzt und mit Klötzen verbunden. Durch den Unterklotz, in dem auch der Knopf zur Befestigung des Saitenhalters sitzt, werden die beiden Zargenteile des Unterbügels, durch die 4 Eckklötze die Zargenteile des Mittelbügels mit denen des Unter- und Oberbügels verbunden. Die Zargen des Oberbügels sind am Oberklotz, dem Bindeglied zwischen Hals und Korpus, befestigt. Der Hals mit dem Griffbrett endet in einem Wirbelkasten mit 4 seitenständigen Wirbeln und der abschließenden Schnecke. Saitenhalter, Griffbrett und Wirbel sind gewöhnlich aus Ebenholz gefertigt. Die schwingende Länge der vom Saitenhalter über einen Steg auf der Decke zu den Wirbeln gezogenen Saiten ist begrenzt vom Steg und vom ↗Sattel am oberen Ende des Griffbretts. Im Innern des Korpus steht an der Seite des Steges, an der die höchste Saite aufliegt, zwischen Decke und Boden der ↗Stimmstock. Unter dem anderen Fuß des Steges ist längs der sich nach beiden Enden zu verjüngende ↗Baßbalken unter die Decke geleimt. Baßbalken und Stimmstock haben akustische wie statische Funktion.

Die 4 Saiten der V. mit der Stimmung g d^1 a^1 e^2 bestehen heute manchmal aus Kunststoff; früher wurde Darm, seit dem 18. Jh. für die G- und seit einigen Jahrzehnten auch für die D- und A-Saite (metall-)umsponnener Darm verwendet, für die E-Saite jedoch meist Stahl. Die Stahlsaiten bedingten – der besseren Einstimmung wegen – eine die ↗Wirbel-Funktion ergänzende Verwendung des sog. Feinstimmers am Saitenhalter.

Die V. hat sich zunächst mit nur 3 Saiten vermutlich im 2. Viertel des 16. Jh. aus verschiedenen Streichinstrumenten entwickelt. Sie besaß in ihrer Frühform vor allem Elemente des Rebec (bundloses Griffbrett, 3 Saiten in Quintstimmung, seitenständige Wirbel in einem Wirbelkasten) und Merkmale der Lira da braccio (Korpusform, abgesetzter Hals und f-Löcher). Einzelne charakteristische Merkmale der späteren V. (wie Schnecke, Viersaitigkeit, Wölbung und Hohlkehle sowie Randüberstand von Decke und Boden) lassen sich bereits in Darstellungen des ausgehenden 15. Jh. nachweisen. Obwohl die Bz. V. zuerst in frz. Quellen erscheint, entstand das Instrument selbst wohl in Oberitalien. Die V. wurde vermutlich nicht als Sopraninstrument eines bereits vorhandenen Altinstruments (der Viola da braccio) entwickelt, sondern es ist wahrscheinlicher, daß die ganze Familie mit Diskant-, Alt- und Baßinstrument ungefähr zur gleichen Zeit entstand, denn alle 3 Instrumente stellte bereits Gaudenzio Ferrari 1535/36 auf einem Fresko im Dom zu Saronno (bei Mailand) dar. Um 1550 erhöhte sich die Anzahl der Saiten auf 4, die in Quintstimmung erstmals von Ph. Jambe de Fer (*Épitome musical,* Ly 1556) erwähnt werden. Zu den frühesten erhaltenen Instrumenten gehören V.n von Gasparo da Salò (Brescia) und A. Amati (Cremona), auf den die klassische Form der V. zurückgeht. Ihre idealen, bis heute eingehaltenen Korpusmaße fand 1713 A. Stradivari (↗Geigenbauer), dessen Instrumente jedoch wie die meisten älteren V.n in anderen Teilen gegen 1800 umgebaut wurden. Die Saiten erhielten

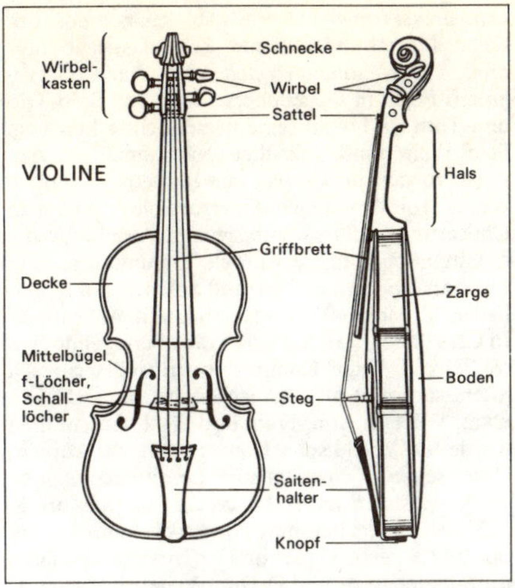

eine höhere Spannung und wurden länger, so daß Hals und Griffbrett ebenfalls verlängert werden mußten. Wegen des gleichfalls erhöhten und stärker gewölbten Steges änderte sich der Winkel der Saiten über dem Griffbrett, weshalb Hals und Griffbrett eine Neigung nach rückwärts erhielten. Zusätzlich mußte wegen des nun stärkeren Drukkes, den der Steg auf die Decke ausübte, der Baßbalken verstärkt werden.

Die V. wurde bis um 1750 in sehr unterschiedlicher Haltung gespielt. Man hielt sie waagerecht, leicht abwärts geneigt oder fast senkrecht gegen Brust oder Schulter, manchmal auch gegen den Hals gestützt. Im 18. Jh. benutzte man zunehmend auch das Kinn zum Festhalten des Instruments, meistens aber rechts vom Saitenhalter, während heute das Kinn links vom Saitenhalter auf einen aufgesetzten Kinnhalter gestützt ist. Dieser wurde jedoch erst von L. Spohr (1820) erfunden. Bis zur endgültigen Herausbildung des modernen ↗Bogens durch Fr. Tourte um 1785 wurden sehr unterschiedliche Bögen benutzt. Neben dem Legato-, Spiccato- und Staccato-Spiel ist auch schon früh das Pizzicato mit der rechten Hand nachzuweisen. Der Klang der V. verändert sich durch das Aufsetzen eines ↗Dämpfers, andere Möglichkeiten sind das Anstreichen der Saiten nahe dem Steg (↗sul ponticello) oder das Streichen bzw. Klopfen der Saiten mit dem Holz des Bogens (↗col legno). Da nahezu alle alten V.n, den späteren Anforderungen entsprechend, umgebaut wurden, läßt sich auf ihnen wie auf den modernen V.n die Musik aus der Zeit vor 1800 kaum spielen. Daher werden (vereinzelt bereits seit etwa 1930) in neuerer Zeit immer häufiger auch wieder V.n mit alten Mensuren gebaut. M. BRÖCKER

Musik für Violine. Die Entwicklung einer spezifischen Musik für V. liegt anfangs bei den ausübenden Geigern. Nach Ausbildung der V. in ihrer endgültigen Form und als Familie Mitte des 16. Jh. wird sie vorerst als Ensembleinstrument verwendet – sowohl im Homogenklang (z. B. die 24 Violons du Roi) als auch im Spaltklang (etwa der engl. Consorts). Als Literatur dienten die Balletti, Kanzonen und Fantasien, die nur ein allgemeines Gerüst zum „Spielen auf allerhand Instrumenten“ gaben. Hier wie auch bei der Mitwirkung in den großen, gemischt besetzten Kirchenwerken ist die Ausbildung eines spezifischen Violinstils durch improvisierte Auszierung vorauszusetzen. Sicher wurden die größeren dynamischen Schattierungsmöglichkeiten gegenüber anderen Instrumentenfamilien, der große Tonumfang, die rasche Beweglichkeit wie auch die Ausdrucksfähigkeit gehaltener Töne in Imitation der Vox humana ausgenützt. Anregungen zur Diminutionstechnik gibt G. Bassano 1585 in der *Fantasia per cantar e sonar con ogni sorte d'istrumenti;* R. Rognoni erwähnt in seinen *Passaggi per potersi esercitare nel diminuire* (1592) ausdrücklich auch die Armviole. Sicher wurden ähnlich der Gamben- und Lira da braccio-Technik Doppelgriffe und einfachste Akkorde improvisiert. Schon bei L. Zacconi wird 1592 auf den Lagenwechsel hingewiesen.

Ausdrücklich die V. fordern erstmals L. Marenzio in einem 5st. Satz und G. Gabrieli in der Sonate „con tre Violini“, in der die V. c^3 als höchsten Ton erreicht. Mit Cl. Monteverdi beginnt die lange Reihe von Musikern des 17.–19. Jh., die Berufsgeiger und hervorragende Komponisten waren; je nach ihrer Begabung trat die eine oder andere Komponente stärker hervor. Bei Monteverdi wird die V. u.a. im *Orfeo* und in der Marienvesper bis zum f^3 hinaufgeführt, und in *Il combattimento di Tancredi et Clorinda* verlangt er Tremolo, Pizzicato, forte, piano und morendo. Durch ihn wird die Violinfamilie zum eigentlichen Grundstock des Orchesters. Als erste Solostücke sind die *Sonate per istrumenti* von A. und G. P. Cima (1610) anzusehen. B. Marini verwendet in seinem op. 8 häufig Doppelgriffe und die Scordatura. Bei ihm tritt erstmals das Problem der Darstellung von Polyphonie auf: die Notation diente dem Auge. Er nützt bereits den ganzen Umfang der V. nach unten aus. G. B. Buonamente ist formgeschichtlich durch den Aufbau verschiedener Tanzsätze zur Suite in seinen op. 4 und 5 interessant. C. Farina verlangt bereits Portamento und Glissando. Das *Capriccio stravagante* aus op. 2 versucht humoristische Nachahmung anderer Instrumente, aber auch von Tierlauten. In Deutschland entwickelt sich ein eigener Stil. Violintabulaturen wie jene von 1613 im Germanischen Museum Nürnberg bringen die Tänze und Liedsätze mit variierter Wiederholung. Die dt. Sololiteratur des 17. Jh. ist im Doppelgriffspiel und der Verwendung hoher Lagen virtuoser als die italienische. D. Cramer bietet in seinen *Allerhand musikalischen Stücken* (1631) Affektstudien: „Melancholia", „Patientia" usw. Einen Sextentriller – die komplizierte rasche Bewegung des ersten Fingers zwischen 2 Saiten – fordert 1646 J. Schop. J. Rosenmüller ist für die formale Entwicklung der Triosonate in Deutschland wichtig. Mehrstimmige Sonaten mit konzertierender V. schrieb J. K. Kerll; J. H. Schmelzer stellt der V. große technische Aufgaben in seinen *Sonatae unarum fidium* (1664); in seinen 4–5st. Sonaten ist die V. konzertant den anderen Instrumenten gegenübergestellt. Der interessanteste Geiger-Komponist dieser Zeit ist H. I. Fr. Biber mit den *Mysterien-Sonaten* (um 1674), von denen jede programmatischen Inhalt hat und eine andere Scordatur erfordert, mit den 8 großen Violinsonaten von 1681 und den 3st. Suiten *Harmonia artificiosa-ariosa.* Seine Passacaglia für V. allein ist das bedeutendste Werk dieser Art vor J. S. Bach. Der *Hortulus chelicus* (1688) von J. J. Walther zeigt eine Fülle neuer technischer Einfälle: *Serenata a un coro di violini, organo tremolante, chitarrino, piva, due trombe e timpani, lira tedesca ed arpa smorzata per un violino solo.* J. P. von Westhoff läßt in seinen *Suites pour le violon sans basse* (1683) Bachs Werk vorausahnen. In Frankreich blieb der Violinstil lange Zeit technisch recht bescheiden. Seit 1626 spielten die 24 Violons du Roi als 5st. Streichorchester. 1646 kam J.-B. Lully nach Paris und wurde Hauptrepräsentant des frz. Violinstils. Die ersten namhaften engl. Geiger-Komponisten waren D. Mell und Th. Baltzar. N. Matteis wurde Wegbereiter des it. Violinstils in England. Von ihm und seinem Sohn N. Matteis sind Soli senza basso gedruckt. H. Purcell schrieb Triosonaten im it. Stil, aber die Fantasien können ebensogut der Violinliteratur wie der für Gambe zugezählt werden. Die Entwicklung führt in Italien zu einer formalen und technischen Abrundung des Violinstils (G. B. Vitali, G. Legrenzi, C. A. Lonati u.a.). Hauptmeister ist A. Corelli. Sein Werk, das größten Einfluß auf die Musik für V. des 18. Jh. hatte, teilt sich in 24 *Sonate da chiesa a tre* (op. 1 u. 3), 24 *Sonate da camera* (op. 2 u. 4), 12 *Sonate a Violino e Violone o Cimbalo* (op. 5) und 12 *Concerti grossi* (op. 6). Corelli gab den kompositorischen Bestrebungen seiner Zeit klassische Formung. Der Sonatenzyklus und die Concerto grosso-Form in Gegenüberstellung von Solo-Trio und Tutti sind wohl seine persönlichste Leistung. Sein Werk fand unzählige Nachahmer. In den *Concerti con un violino, che concerta solo* op. 8 von G. Torelli löst sich die erste Solo-V. aus dem Concertino heraus, womit sie zum Vorbild für alle späteren Solokonzerte wurden. Ein umfangreiches Opus an Konzerten, Trio- und Solosonaten hinterließen T. Albinoni, G. Valentini und A. Scarlatti. In Oberitalien war A. Vivaldi die überragende Persönlichkeit. Seine Kompositionen sind technisch interessant und oft zugleich höchst poetisch. Der klare Wechsel von Solo und Tutti-Abschnitten wurde als Vivaldische Konzertform viel kopiert. Unter seinen Konzerten sind *Le quattro stagioni, La tempesta di mare, La caccia* (alle aus op. 8, 1725) besonders berühmt, ebenso die Konzerte des op. 9 (*La cetra,* 1728); unter den vielen Sonaten die Sonaten in A- und D-Dur. Weitere bedeutende Komponisten sind: A. Marcello (Concerti grossi und Solosonaten), C. Tessarini (Konzerte, Trio- u. Solosonaten; die Violinschule *Gramatica di musica*), Fr. A. Bonporti (*Inventioni da camera* op. 10, 1712; *Concertini e serenate per violino e basso,* op. 12). P. A. Locatelli streut in sein op. 3, *L'arte del violino* (1733), das 12 Konzerte enthält, 24 thematisch dazugehörige Capricen ein, die zum Schwersten zählen, was vor N. Paganini geschrieben worden ist. Einer der glanzvollsten Geiger, Fr. M. Veracini, veröffentlichte Sonaten op. 1 und 2 in einem eigenwilligen Stil. Das Violinkonzert von 1717 gehört zu den größten jener Zeit. Wichtige Beiträge zur Violinmusik stammen von N. Porpora (Fugen in Doppel- und Tripelgriffen), G. B. Pergolesi, N. Jommelli, G. B. Somis und G. Pugnani. Das Werk G. Tartinis umfaßt etwa 135 Konzerte, 40 Triosonaten, 135 Sonaten mit B. c. und 30 ad lib. senza basso. Viele seiner Kompositionen tragen poetische Überschriften. Die „Teufelstrillersonate", die *Didone abbandonata* (op. 1/10) und *L'arte del arco* werden noch immer viel gespielt. P. Nardini, sein größter Schüler, vollzieht den Übergang zur Klassik. Seine frühen Konzerte und Sonaten von 1760 (darunter die berühmte in D-Dur) haben reichverzierte langsame Sätze und sind technisch sehr schwierig. Die späteren Konzerte (op. 1) und Sonaten (op. 2) sind bereits klassisch abgeklärt, seine Quartette herausragende Beispiele dieser Gattung.

In Deutschland setzt im 18. Jh. J. A. Birckenstock mit 12 *Sonate a violino solo* (op. 1, 1722) die große Tradition des 17. Jh. fort. J. G. Pisendel, Schüler

Torellis und Vivaldis, verlangt in seiner Solosonate a-moll größte Extensionen der linken Hand. Unter seinen Konzerten ist jenes in D-Dur formal besonders interessant. Daß J. S. Bach „bis in sein Alter die V. klar und durchdringend spielte", bestätigt sein Sohn Carl Philipp Emanuel. Neben den Violinkonzerten in E-Dur, a-moll und dem Doppelkonzert in d-moll verwenden auch die *Brandenburgischen Konzerte* Nr. 1–5 die V. solistisch. Weitere Konzerte mögen in den Cembalokonzerten umgearbeitet erhalten sein: das d-moll-Konzert (BWV 1052; es muß als Violinkonzert auch technisch zum Bedeutendsten der Zeit gezählt haben), das f-moll-Konzert (BWV 1056), das Doppelkonzert c-moll (ursprünglich wohl für V. u. Ob.) und das Tripelkonzert D-Dur. Die *Sei soli a violino solo senza basso,* um 1720 in Köthen entstanden, übertreffen an technischer Schwierigkeit alles, was davor komponiert wurde. Einer 4sätzigen Sonate mit Fuge im Stil der Corellischen Kirchensonaten folgt jeweils eine Partia mit einer Reihe von Tanzsätzen, darunter die große Ciaconna. Richtungweisend sind Bachs 6 *Sonate a cembalo concertato e violino solo,* die eine ideale Gleichwertigkeit zwischen beiden Instrumenten herstellen. Auch die vielen Violinsoli in den Vokalkompositionen (Kantaten, Passionen) sind musikalisch und technisch anregend. 3 große Sonaten mit B. c. und 2 Triosonaten mit Flöte (darunter die berühmte aus dem *Musicalischen Opfer*) runden das Violinwerk J. S. Bachs ab. G. Ph. Telemann hat 12 *Fantasie per il violino senza basso* geschaffen. Die ersten 6 der *Sonate metodiche,* op. 13 (1732), sind für V. und B.c.; sie stellen mit den Auszierungen der langsamen Einleitungssätze ein wichtiges didaktisches Werk dar. Die Sonaten in Kanonform, die Konzerte für 4 V. (senza basso) und das große Concerto F-Dur im „polnischen Stil" mit seiner durchbrochenen Instrumentation sind wichtige Beiträge zur Literatur. Von G. Fr. Händel stammen Sonaten, Triosonaten und Concerti grossi im it. Stil. Den bekannten 6 Sonaten in op. 1 sind mindestens noch 2 weitere in d- und g-moll zuzurechnen, als Flöten- bzw. Oboensonaten gedruckt, aber ursprünglich für die V. gedacht. Fr. Geminiani gab seine 12 Sonaten von 1716 in London 1739 nochmals in ausgezierter Fassung heraus. Interessant sind seine Bearbeitungen von Corellis Solo- und Triosonaten zu Concerti grossi, vor allem aber seine Violinschule. Der persönliche Stil C. Ph. E. Bachs gibt seinen Sonaten für V. und obligates Cembalo in c- und h-moll besonderes Gewicht. Auch seine Triosonaten und Streichersymphonien verdienen Beachtung. J. Stamitz schrieb Konzerte und Sonaten voll technischer Schwierigkeiten. Frankreich bewahrte Anfang des 18. Jh. seine eigene Tradition. L. Francœur verlangt in seinen Werken den Daumenaufsatz auf der Geige. Als Komponist ist sein Bruder Fr. Francœur bedeutender. Fr. Couperin setzte sich in den *Apothéoses de Corelli* und *de Lully* mit dem Stilunterschied zwischen frz. und it. Geigern auseinander und strebte eine Synthese beider an. Gleiches verfolgte J.-Ph. Rameau in seinem Opern- und Kammermusikschaffen. M. Corrette beschreibt die Stilunterschiede in seinen beiden Violinschulen *L'École d'Orphée* (1738) und *L'art de se perfectionner* (1740). J.-M. Leclair gelang es, in seinen zahlreichen Sonaten und Konzerten die beiden Stile glücklich zu verbinden. Sein berühmtestes Werk ist die Sonate *Le tombeau.* J.-J. Mondonville veröffentlichte als op. 4 *Les sons harmoniques* Sonaten mit Anwendung des natürlichen Flageoletts. Die *Pièces de clavecin en sonates, avec accompagnement de violon* op. 3 (1734) führen zur klassischen Violinsonate hin. P. Gaviniès komponierte die *24 matinées pour le violon.* Mit seinen 6 Konzerten op. 4 ist er der Begründer des „Concerto héroïque". L. Mozart ist sowohl als Violinkomponist wie auch als Pädagoge zu nennen, dessen *Versuch einer gründlichen Violinschule* (1756) alles technische Wissen seiner Zeit in ein didaktisches System ordnet. W. A. Mozart erhielt 1762 seine erste V. und wurde schon 1769 2. Konzertmeister in Salzburg. Seine Violinkonzerte und Soli schrieb er in erster Linie für sich selbst: 1766 das *Concertone* für 2 V. (KV 166), 1775 die 5 Konzerte in B-Dur, D-Dur, G-Dur, D-Dur und A-Dur (KV 207, 211, 216, 218 und 219), 1776 die „Haffner"-Serenade (KV 248b = 250) mit Solo-V. in 3 Sätzen, 1777 ein weiteres Konzert in D-Dur (KV 271a = 271i) sowie 1779 die reife Symphonie concertante Es-Dur für V. und Va. (KV 364), in der der Violapart in D-Dur notiert ist und das Instrument einen Halbton höher gestimmt wird (wie es Paganini bei der V. wiederholt hat). Virtuos sind auch die Divertimenti für Streicher und 2 Hörner F-Dur, B-Dur und D-Dur (KV 247, 287 und 334). Dazu kommen die zahlreichen Streicherkammermusikwerke vom Quintett bis zum Duo, die Klavierkammermusikwerke vom Quintett bis zur Sonate „mit Begleitung einer Violine". In allen seinen reifen Kammermusikwerken erreicht Mozart aber die schönste Gleichwertigkeit der Instrumente. J. Haydn hat in seinen vielen Quartetten, Klavier- und Streichtrios, Kassationen, Konzerten und Symphonien der Violintechnik in immer neuen Figuren neue Anregungen gegeben, vor allem aber den klassischen Quartettstil entwikkelt. Erhalten sind 3 Konzerte in C-Dur, G-Dur und A-Dur und das Konzert für V. und Klv. F-Dur. Ein reifes Meisterwerk der Spätzeit ist die *Sinfonia concertante* in B-Dur mit den Violinrezitativen des Finales. Als klassischer Geiger dominierte G. B. Viotti. Er ist nicht eigentlich Neuerer, sondern verbindet die Errungenschaften seiner Zeit zu einem geschlossenen Stil. Sein a-moll-Konzert Nr. 22 ist auch heute noch bekannt. Viottis Vorbild folgte R. Kreutzer; seine *Études ou Caprices* sind jedem Geiger ein Begriff, von seinen Konzerten ist am ehesten Nr. 19 (d-moll) bekannt. P. Rode war Schüler Viottis; seine Konzerte sind schön, Nr. 4 in A- und Nr. 6 in B-Dur werden noch im Studium gespielt, vor allem aber seine 24 Capricen durch alle Tonarten. Rodes und Kreutzers Stil beeinflußten selbst L. van Beethoven. Beethovens Konzert op. 61 verbindet als große Neuerung das Solokonzert mit dem symphonischen Stil. Weitere Solowerke sind die Romanzen G-Dur op. 40 und F-Dur op. 50 sowie das Tripelkonzert op. 56. Von den 10 Sonaten für V. sind die „Kreutzer"-Sonate op. 47 und die „Frühlings"-Sonate op. 24 am bekanntesten, wie bei den Klaviertrios das „Geister-Trio" op. 70/1 und das „Erzherzog Rudolph"-Trio op. 97. Die Streichquartette öffnen in Aussage und Stil der Musik neue Wege. Neben den frühen Streichtrios darf das Septett op. 20 nicht vergessen werden, das ein kleines Konzert für V. darstellt.

Die Inkarnation des Virtuosen stellt N. Paganini dar: er verkörpert noch den Geiger-Komponisten, der fast ausschließlich eigene Werke vorträgt, was im 19. Jh. allmählich als Einseitigkeit empfunden wird, während es im 17./18. Jh. selbstverständlich war. Mit dem Spiel auf einer Saite (*Mosè*-Variationen), Doppelflageoletts, Pizzicati der linken Hand in schnellsten Passagen, rapiden Doppelgriffläufen und weiten Streckgriffen sowie vollendeter Bogentechnik führt Paganini die Geigentechnik zur Vollendung. Seinen Einfallsreichtum beweisen die *24 Capricci per violino solo,* op. 1, die Sonaten op. 2 u. 3 für V. und Gitarre (deren berühmteste Nr. 12, e-moll, ist), die Variationen *Le streghe, I palpiti,* das *Moto perpetuo* und die Violinkonzerte. Paganinis Einfluß auf seine Zeitgenossen war überaus groß – er zeigt sich auch bei großen Komponisten wie Fr. Schubert, R. Schumann und Fr. Liszt. In Deutschland und England gewann auch L. Spohr als Geiger und Komponist große Bedeutung. Von seinen Kompositionen für V. blieben das Konzert Nr. 8 *In modo di scena cantante,* op. 47 (1816), das Nonett und die Doppelquartette lebendig. Er verfaßte eine wichtige Violinschule (1832). Spohrs Schüler Ferdinand David griff in der *Hohen Schule des Violinspiels* auf barocke Kompositionen zurück, wenn auch in einer der Romantik angepaßten Bearbeitung. Er wurde damit zum ersten Wiederbeleber älterer Musik unter den Geigern. Schubert schrieb 2 Konzertstücke für V. in D-Dur und A-Dur. Seine Kammermusik mit Streichern stellt einen Schwerpunkt in seinem Schaffen dar: das Streichquintett C-Dur, das Klavierquintett A-Dur („Forellenquintett"), die Streichquartette (insbesondere a-moll, d-moll, G-Dur, Quartettsatz c-moll) und seine beiden Klaviertrios B- und Es-Dur. Unter den Werken für V. und Klv. ragen die Fantasie C-Dur, die A-Dur-Sonate und das *Rondo brillant* h-moll durch virtuose Geigenbehandlung hervor; volkstümlich sind vor allem die 3 kleinen Sonaten op. 137. Im Oktett schuf er ein wichtiges Gegenstück zu Beethovens Septett.

Das 19. Jh. zeitigt die Zweiteilung von Komponisten und Interpreten der Violine. Die Mehrzahl großer Komponisten des 17./18. Jh. war geigerisch ausgebildet. Schon bei Beethoven und Schubert zeigt sich der Trend zum Tasteninstrument, während z. B. Bach oder Mozart noch gleicherweise auf beiden Instrumenten spielten. Neben den großen Geniewerken des 19. Jh. bleiben die Werke der Geiger-Komponisten zurück. Dazu gehören Ch. A. de Bériot – durch seine Konzerte und die *Scène de ballet* den Geigern noch bekannt – und H. Vieuxtemps, sein bedeutender Schüler (Vieuxtemps' *Ballade et polonaise* wird gleichwohl noch immer gerne gespielt). Auch die Kompositionen von H. Wieniawski, J. Joachim und vieler anderer teilen dieses Schicksal, sie mögen geigerisch noch so brillant und kompositorisch gediegen gearbeitet sein. Vielleicht werden die *Six sonates pour violon seul,* op. 27 (1924) von E. Ysaye überdauern. Eine Ausnahmestellung nimmt P. Sarasates Schaffen ein, das in seinen *Spanischen Tänzen* und den *Zigeunerweisen* op. 20 (1878) die Faszinationskraft dieses größten Virtuosen nach Paganini widerspiegelt. Zeitweilig großen Erfolg hatten die Kompositionen Fr. Kreislers, sein *Caprice viennois, Liebesfreud, Liebesleid* und seine genialen Fälschungen wie *Präludium und Allegro von Pugnani.*

Die großen Impulse für die Musik für V. kamen aber aus einer ganz anderen Richtung: Seit Paganini und unter dem Eindruck, daß auf der V. alles möglich sei, schrieben Komponisten, die selbst nicht Geiger waren, ungewohnte, oft schwer ausführbare Passagen und gaben so neue Anregungen. Dies gilt für die Orchesterliteratur – etwa C. M. von Webers, R. Wagners, R. Strauss', I. Strawinskys – wie für die Kammermusik und die Konzertliteratur. Die großen Konzerte sind nun Symphonien mit obligater V. und entstehen auf

Anregung und in Zusammenarbeit mit einem Geiger, aber keines mehr von einem Geiger selbst. Diese Entwicklung, die mit dem Violinkonzert Beethovens einsetzt, führt über F. Mendelssohn Bartholdy (1845), Schumann (Fantasie op. 131 und Konzert d-moll, 1853), M. Bruch (1866), P. Tschaikowsky (1878), A. Dvořák (1883), J. Brahms (1887, Doppelkonzert 1888) bis in das 20. Jh. zu J. Sibelius (1905), M. Reger (1908), A. Berg (1935), B. Bartók (1938) und E. Wellesz (1962). Nur in P. Hindemith findet sich wieder ein komponierender Geiger, und in der jüngeren Generation gibt es so manchen, der sich seine Kompositionen auf den Leib schreibt, wie Fr. Cerha. Neben den großen Standardwerken ist noch eine Reihe fast ebenso bedeutender Konzerte und Konzertstücke anzuführen: É. Lalo (*Symphonie espagnole*, op. 21, 1873), R. Strauss (op. 8, 1882), E. Chausson (*Poème*, op. 25, 1896), C. Saint-Saëns (Konzert h-moll), A. Glasunow (op. 82a, 1882), E. Elgar (1910), C. Nielsen (op. 35, 1911), K. Szymanowski (1917, 1933), O. Respighi (1921), H. Pfitzner (1923), M. Ravel (*Tzigane*, 1924), S. Prokofjew (1923 u. 1935), E. Krenek (1924), D. Milhaud (1927, 1934, 1946), Bartók (Rhapsodien, 1928), Strawinsky (1931), A. Schönberg (1935), B. Britten (1939), Walton (1939), A. Chatschaturjan (1940), B. Martinů (1943), Fr. Martin (1951) und Hindemith (1925 u. 1939). Fast jeder bedeutende Komponist hat somit die V. mit Solowerken bedacht. Die Kammermusik mit V. bildet bei den Romantikern einen bedeutenden Teil ihres Schaffens: Bei Mendelssohn sind es 2 Sonaten, Klaviertrios, Quartette u. das Doppelquartett op. 20, bei Schumann die 3 schwierigen Sonaten (die 3. mit 2 Sätzen der FAE-Sonate), 3 Streichquartette, 3 Klaviertrios, das Klavierquartett und -quintett; Brahms widmet der V. 3 Sonaten, 3 Klaviertrios, 3 Klv.-Quartette, 1 Klv.-Quintett, 3 Streichquartette, je 2 Quintette und Sextette. Ein weiterer Hauptmeister der Kammermusik mit V. im 19. Jh. ist Dvořák. Seine beiden Sonaten (davon bes. beliebt die Sonatine G-Dur, op. 100), die Klavierkammermusik vom Trio bis zum Quintett, seine Streichquartette und -quintette sind ein wesentlicher Bestandteil der Kammermusikliteratur.

Nur noch 3 Meister sind im 20. Jh. mit einem ähnlich reichen Opus nachgefolgt: M. Reger (9 Violinsonaten, 25 Solosonaten, darunter die romantischen op. 91, die je einem bestimmten Geiger seiner Zeit gewidmet sind, Streichtrios und -quartette, Klavierkammermusik, darunter das reife Klv.-Quartett op. 135), Hindemith (4 Sonaten, 2 Solosonaten, Streichtrios und -quartette) und Bartók (2 Sonaten, 2 Rhapsodien, die Folge der Streichquartette und die Solosonate von 1944, die Duos, die *Contrasts*). Eine Sonderstellung nehmen die Streichquartette Schönbergs ein, dessen Fantasie op. 49 auch die Literatur für V. und Klv. bereichert. Aber viele neuere Komponisten haben die Kammermusik mit V. nur um einzelne Werke bereichert: z. B. Strauss (Violinsonate op. 18), Bruckner (Streichquartett u. -quintett), G. Verdi (Streichquartett), C. Franck (u. a. die berühmte Violinsonate A-Dur, 1886). Von anderen Komponisten ist nur wenig im Repertoire erhalten geblieben, so einzelne Werke von G. Fauré (Sonate A-Dur, 1876), E. Griegs Violinsonaten, Tschaikowskys Klaviertrio und Streichquartette, B. Smetanas Violinstücke „Aus der Heimat“ und Streichquartett „Aus meinem Leben“, C. Nielsens Violinsonate, Cl. Debussys Sonate (1916) und Streichquartett, Ravels Sonate, Duo für V. und Vc., Streichquartett und Klaviertrio, Pfitzners Violinsonate e-moll und das Streichquartett cis-moll. Im allgemeinen sind es nur noch einzelne qualitätvolle Werke, die geschaffen werden, während es früher ganze Werkreihen waren: A. Bergs Streichquartett, A. Weberns *Vier Stücke*, von A. Wellesz eine Solosonate und die *Miniaturen* für V. und Klv. Ebenso wird auch in der lebenden Komponistengeneration noch Bedeutendes für die V. als Soloinstrument und in der Kammermusik geschaffen, so daß auch durch die neuesten Musikrichtungen der Violinstil und die -musik frische Impulse empfangen haben, wobei auch die Verbindung zur Elektronik beachtenswert ist.

Während das 19. Jh. nationale Geigerschulen zeitigte, hat die Emigration zahlreicher großer Künstler und Pädagogen in unserer Zeit zu einem international ziemlich einheitlichen Stil geführt. So führt die frz. Schule eines Baillot über Galamian zu P. Zukerman und I. Perlman, eines Marsick über Flesch zu M. Rostal, R. Odnoposoff, H. Szeryng, G. Neveu, N. Brainin, über J. Thibaud zu Z. Francescatti, über G. Enesco zu Y. Menuhin und Chr. Ferras.

Die belgische Schule führt über Ysaye zu A. Grumiaux und I. Stern, die Wiener Schule über Hellmesberger zu Kreisler und W. Schneiderhan, über Jakob Grün zu W. Boskowsky und F. Samohyl. Der Schule Joachims entstammen J. Szigeti, A. Busch, G. Kulenkampff, A. Gertler, S. Végh u. v. a. Die russische Schule eines A. Auer fand in J. Heifetz, M. Elman, N. Milstein ihre Fortsetzung, die tschechische eines O. Sevčík in G. Kremer und Josef Suk (* 1929).

Die V., seit ihrem Auftreten eng der Tanzmusik verbunden, hat auch im volkstümlichen Bereich vielfältige Anwendung gefunden. Neben den alpenländischen Ländlern und Walzern seien hier nur der eigenständige Violinstil der Zigeuner und die norwegische, schottische und amerik. Volksmusik erwähnt. Vieles davon wurde in der Tanz- und Unterhaltungsmusik des 19. und 20. Jh. aufgegriffen und führte u.a. auch zu einem speziellen Jazz-Stil für die Violine. E. MELKUS

Lit.: **Bau u. Spieltechnik:** W. J. VON WASIELEWSKI, Die V. u. ihre Meister (L 1869, $^{7-8}$1927); L. A. VIDAL, Les instruments à archet, 3 Bde. (P 1876–79, Nachdr. Lo 1961); DERS., La lutherie et les luthiers (P 1889); L. GRILLET, Les ancêtres du violon et du violoncelle, les luthiers et les fabricants d'archets, 2 Bde. (P 1901); W. L. VON LÜTGENDORFF, Die Geigen- u. Lautenmacher vom MA bis z. Gegenwart (F 1904, $^{5-6}$1922), Nachdr., 2 Bde. (Tutzing 1968); P. STOEVING, The Story of the Violin (Lo 1904); A. FUCHS, Taxe der Streich-Instrumente (L 1907, F ^{5}1955); A. LEFORT – M. PINCHERLE, Le violon, in: LAVIGNAC Techn. III; M. PINCHERLE, Feuillets d'hist. du violon (P 1927, ^{2}1935); E. BORREL, La technique du violon en France, in: Le monde musical 38 (1927); P. STOEVING, The Violin. Its Famous Makers and Players (Boston 1928); E. BORREL, La technique du violon en Italie, in: Le Monde Musical 40 (1929); O. HAUBENSACK, Ursprung u. Gesch. der Geige (Marburg 1930); G. R. HAYES, Musical Instruments and Their Music 1500–1750, II: The Viols and Other Bowed Instruments (O 1930); O. MÖCKEL, Die Kunst des Geigenbauers (B 1930, H ^{4}1977); E. BORREL, Notes sur la technique du violon, in: Le monde musical 43 (1932); R. VANNES, Dictionnaire universel des luthiers I (Bru 1932, ^{2}1951), II (mit Ergänzungen u. Korrekturen) (Bru 1959); F. FARGA, Geigen u. Geiger (Z 1940, ^{6}1965); F. CABOS, Le violon et la lutherie (P 1948); D. D. BOYDEN, The Violin and Its Technique in the 18th Century, in: MQ 36 (1950); A. ROUSSEL, Nouveau traité de lutherie (P 1956, ^{3}1966); W. HENLEY, Universal Dictionary of Violin and Bow Makers, 5 Bde. (Brighton 1959–60); D. D. BOYDEN, The Hist. of Violin Playing from Its Origin to 1761 (Lo 1965); E. LEIPP, Le violon (P 1965); F. WINCKEL – W. SENN – E. WINTERNITZ, V., in: MGG XIII; F. NEUMANN, Violin Left Hand Technique (Urbana/Ill. 1969); F. FRIEBE, Zur Frage der Entstehung des Wortes „violon", in: Mf 24 (1971); S. M. NELSON, The Violin and Viola (Lo 1972); E. MELKUS, Die V. (Be 1973, ^{4}1979); P. PETERLONGO, Strumenti ad arco – Les instruments à archet (Mi – Fi 1973) (it./frz.); B. GEISER, Stud. z. Frühgesch. der V. (Be – St 1974) (= Publikationen der Schweizerischen Musikforschenden Ges. II, 25); J. WECHSBERG, Zauber der Geige (F 1974); R. STOWELL, The Development of Violin Technique from L'Abbé le Fils to Paganini (1978) (= Diss. Univ. of Cambridge); Alte Meistergeigen. Beschreibungen u. Expertisen, 8 Bde. (F 1978 ff.); L. CREMER, Physik der Geige (St 1981); Y. MENUHIN – W. PRIMROSE, V. u. Viola (F 1982) (= Y. Menuhins Musikführer o. Nr.). – **Musik für Violine:** A. K. TOTTMANN, Führer durch den V.-Unterricht (L 1874), 4. Aufl. als: Führer durch die V.-Lit., bearb. v. W. Altmann (L 1935); G. HART, The Violin and Its Music (Lo 1881); R. HOFMANN, Führer durch die V.-Lit. (L 1904); A. SCHERING, Gesch. des Instrumentalkonzerts (L 1904, Nachdr. Hil – Wie 1972); B. STUDENY, Beitr. z. Gesch. der V.sonate im 18. Jh. (Mn 1911); M. GRUENBERG, Führer durch die Lit. der Streichinstr. (L 1913); L. DE LA LAURENCIE, L'école française de violon de Lully à Viotti, 3 Bde. (P 1922–24, Nachdr. G 1971); A. MOSER, Gesch. des V.spiels (B 1923); A. POUGIN, Le violon, les violonistes et la musique de violon du 16e au 18e siècle (P 1924); A. BONAVENTURA, Storia del violino, dei violinisti e della musica per violino (Mi 1925); E. VON REUTER, Führer durch die Solo-V.musik (B o.J. [1926]); E. H. MEYER, Die mehrst. Spielmusik des 17. Jh. in Nord- u. Mitteleuropa (Kas 1934); F. GÖTHEL, Zur Praxis des älteren V.spiels, in: FS A. Schering (B 1937); E. REESER, De klaviersonate met vioolbegeleiding in het Parijsche muziekleven ten tijde van Mozart (Rotterdam 1939); G. G. GELRUD, A Critical Study of the French Violin School 1782–1882 (1941) (= Diss. Cornell Univ., Ithaca/N. Y.); B. F. SWALIN, The Violin Concerto. A Study in German Romanticism (Chapel Hill 1941); H. MISHKIN, The Solo Violin Sonata of the Bologna School, in: MQ 29 (1943); H. LETZ, Music for Violin and Viola (NY – Toronto 1948); W. C. GATES, The Musical Literature for Unaccompanied Solo Violin (1950) (= Univ. of North Carolina); F. GIEGLING, Die Solosonate (Kö 1959) (= Das Musikwerk 15); W. S. NEWMAN, The Sonata in the Baroque Era (Chapel Hill 1959, ^{2}1966, Nachdr. 1972); A. HUTCHINGS, The Baroque Concerto (Lo 1961, ^{3}1973); R. ASCHMANN, Das dt. polyphone V.spiel (Z 1962); R. FUHRMANN, Mannheimer Klv.-Kammermusik, 2 Bde. (Diss. Marburg 1963); W. S. NEWMAN, The Sonata in the Classic Era (Chapel Hill 1963, ^{2}1972); M. K. FARISCH, String Music in Print (NY 1965, ^{2}1973); J. SZIGETI, Beethovens Violinwerke. Hinweise für Interpreten u. Hörer (Z 1965); W. S. NEWMAN, The Sonata since Beethoven (Chapel Hill 1969, ^{2}1972); A. LOFT, Violin and Keyboard. The Duo Repertoire (NY 1973).

VIOLINO PICCOLO (it., = kleine Violine), Bz. für eine Diskantvioline, deren Korpus kleiner und deren Stimmung höher war als die der ↗Violine. Der V. hatte im 17./18. Jh. gewöhnlich eine um eine Quarte (so die Klein Discant Geige bei M. Praetorius, *Syntagma musicum* II, 1619) oder um eine Terz (J. S. Bach, 1. *Brandenburgisches Konzert*) höhere Stimmung als die Violine und wurde daher auch Quart- bzw. Terzgeige genannt. Das Instrument wurde schon um 1750 nicht mehr gebraucht (L. Mozart, *Versuch einer gründlichen Violinschule*, 1756). Als V. bezeichnete man auch die in Violinform gebaute ↗Pochette.

Lit.: A. MOSER, Der V., in: ZfMw 1 (1918/19); D. D. BOYDEN, Monteverdi's „violini piccoli alla francese" u. „viole da brazzo", in: Ann. Mus. 6 (1958–63).

VIOLON. – **1)** Frz. Bz. für die ↗Violine. – **2)** Im 18. Jh. auch dt. Bz. für Kontrabaß (von ↗Violone). – **3)** Im Harmonium eine sanft streichende Stimme zu 16′, die oft mit Saxophon verbunden wird. – **4)** Im Orgelbau bezeichnet V. oder Violonbaß eine offene, eng mensurierte Labialstimme im Pedal zu 16′ und 8′, auch zu 32′.

VIOLONCELLO (it., Diminutiv von ↗Violone; dt. u. engl. Kurzform: Cello; frz.: violoncelle; span.: violoncelo). – **1)** Bz. für das Tenor-Baß-Instrument der ↗Viola da braccio-Familie (↗Violine). Der Name V. läßt sich erst in der 2. Hälfte des 17. Jh. nachweisen, das Instrument selbst entstand jedoch bereits um die Mitte des 16. Jahrhunderts. Bis ins 18. Jh. war die Benennung von Instrumenten dieser Stimmlage ebenso uneinheitlich wie ihre Größe (Korpuslängen zwischen 73 bis 80 cm), die Anzahl ihrer Saiten (3–5, manchmal auch 6) und deren Stimmung. So forderte noch J. S. Bach in der 6. Solosuite für V. ein 5saitiges Instrument. Mit den seit etwa 1710 von A. Stradivari gebauten Instrumenten erhielt das V. seine bis heute gültigen Maße (Korpuslänge 75–76 cm, Zargenhöhe 11,5 cm), nach denen im 18. Jh. dann zahlreiche ältere Violoncelli und Gamben umgebaut wurden. Nach 1750 wurde das V., den wachsenden klanglichen Anforderungen entsprechend, noch einmal verändert. Hals und Griffbrett wurden verlängert, der bisher gerade Hals nach rückwärts geneigt, und der Steg wurde erhöht und stärker gewölbt. Die heute gebräuchliche Quintstimmung C G d a läßt sich schon seit dem 16. Jh. nachweisen. Der moderne Tonumfang umfaßt etwas mehr als 4 Oktaven. Das V. kann wegen seiner Größe nur aufrecht gespielt werden. Wie bei der Viola da gamba wurde der Bogen zuerst mit Untergriff geführt, bald jedoch wie bei der Violine mit Obergriff (frz. Spielweise). Wie die Haltung des Bogens, so änderte sich auch die Haltung des Instruments. Zuerst stützte der Spieler das V. im Sitzen auf den Boden, im Stehen auf einen Hocker, oder er hängte es sich mit einem Gurt um. Dabei mußte er dem Instrument mit der linken Hand immer einen zusätzlichen Halt geben, so daß die Beweglichkeit und Reichweite der Finger auf dem Griffbrett sehr eingeschränkt war. Noch vor 1700 änderte sich die Haltung: Das V. wurde gegen den Körper gelehnt und auf die Waden des sitzenden Spielers gestützt, der seine Füße zusammenstellte oder leicht kreuzte. Dadurch konnten die Finger der linken Hand jetzt ungehindert die Saiten abgreifen. Seit etwa 1720, erstmals beschrieben von M. Corrette (*Méthode théorique et pratique de violoncelle,* 1741), wird auch der linke Daumen zum Aufsetzen auf die Saiten benutzt. Der Stachel zum Aufstützen des Instruments auf dem Boden wurde erst um 1860 allgemein gebräuchlich.

Das V. war zuerst ausschließlich ein Baßinstrument mit geringem Tonumfang. Mit dem Aufkommen von Monodie und Generalbaß wurde eine größere Beweglichkeit gefordert, und schon in der 2. Hälfte des 17. Jh. erschienen die ersten Solisten, wie P. Franceschini, G. Jacchini und D. Gabrielli, der mit seinen *Ricercari per v. solo* (um 1680) auch die erste Sololiteratur für das Instrument schrieb. In Frankreich und in England blieb das V. bis ins 18. Jh. das Baßinstrument der Violinen, und die Viola da gamba wurde als Soloinstrument vorgezogen. Von besonderer Bedeutung für die Entwicklung des V.-Spiels waren L. Boccherini (in Paris wirkend) und L. Duport (in Berlin), der als erster auch ein systematisch angelegtes Lehrwerk über den Fingersatz schrieb (*Essai sur le doigté du violoncelle,* 1806 u.ö.). In dieser und in der von B. Romberg verfaßten Schule (*Méthode de violoncelle,* 1840) sind die Grundlagen der heutigen V.-Technik niedergelegt. Im 19. Jh. entstand außer in Paris (J. H. Levasseur, Ch. N. Baudiot, L. P. M. Norblin, A. J. Franchomme) und Brüssel (A. F. Servais, J. de Swert) vor allem in Dresden mit Friedrich Dotzauer (1783–1860) eine V.-Schule, die u.a. durch K. Drechsler, C. Schuberth, Fr. A. Kummer und später durch J. Goltermann, Fr. Grützmacher, K. Davidov, D. Popper, W. Fitzenhagen, J. Klengel, H. Becker, P. Grümmer, E. Feuermann, Gr. Piatigorsky, E. Mainardi und L. Hoelscher bis in die Gegenwart wirkt. Zu den berühmten Virtuosen des 20. Jh. gehören vor allem P. Casals, G. Cassadó, P. Fournier, André Navarra, P. Tortelier, L. Rose, A. Janigro, M. Gendron, J. Starker und Mst. Rostropowitsch. Eine besondere Stellung nimmt S. Palm ein, der die Spielmöglichkeiten des V.s in der Neuen Musik erheblich erweiterte und auch als unspielbar geltende Werke aufführte. – **2)** In der Orgel Bz. für ein streichendes Labialregister (↗Streicherchor), das als 8′ oder 16′ meist im Pedal gebaut wird. M. BRÖCKER

Musik für Violoncello. Nicht nur wurde ein großer Teil der Musik für V. von Cellisten komponiert, sondern es gehört gerade zu den Besonderheiten des großen Repertoires für V., daß es fast durchgängig in enger Nähe zu Virtuosen entstand, für die es komponiert wurde. – In der Frühzeit der Musik für V. standen Stücke meist it. Cellisten für den eigenen Gebrauch; z.B. – neben den bereits genannten – von G. B. Bononcini, G. Cervetto, S. Lanzetti, A. Caporale oder J. M. Dall'Abaco. A. Kraft, der als 1. Cellist in der Esterházyschen Kapelle unter J. Haydn spielte, komponierte ebenso wie die Brüder Duport, J.-B. Bréval und Joseph Merk. Einen Sonderfall von Doppelbegabung stellte B. Romberg dar, der nur mit eigenen Werken öffentlich auftrat und weltberühmt wurde. Möglicherweise war seine ablehnende Haltung gegenüber Beethovens Musik (er war Beethoven aus dessen Bonner Jahren bekannt) mit Anlaß, daß dieser kein V.-Konzert geschrieben hat. Neben Dutzenden kleinerer Werke für V. und Orchester schrieb Romberg mindestens 10 Konzerte, Duport 6, Bréval 7, P. Ritter 10, Baudiot 2, N. Kraft 3 und Dotzauer 6. Dotzauer gehört zu den Komponisten, deren Schul- und Etüdenwerke noch heute benutzt und gespielt werden; dasselbe gilt für die Etüden und Capricen von Duport, Kummer, S. Lee (1805–85), Servais, Franchomme, Popper und Grützmacher. – Eine sehr große Zahl von Bearbeitungen älterer und zeitgenössischer Musik bereichert das typische V.-Repertoire des 19. Jh.; allein von Grützmacher sind neben seinen Kompositionen (op. 1–72) Hunderte von Transkriptionen und Bearbeitungen bekannt, u.a. das Konzert B-Dur von L. Boccherini, dessen Originalfassung erst neuerdings wieder mehr gespielt wird. – Für das 20. Jh. sind an komponierenden Cellisten zu nennen: J. Stutschewsky, Cassadó, Mainardi, Piatigorsky und Tortelier.

Die kontinuierliche Erweiterung und Verfeinerung der spieltechnischen Möglichkeiten des V.s – vom einfachen Doppelgriff- und Arpeggiospiel bis hin zum Spiel in der Diskantlage, zu Daumenaufsatz, Oktavpassagen und künstlichem Flageolett, zu Stricharten wie Spiccato, Sautillé und Ricochet –, wie sie diese umfangreiche Virtuosenliteratur aufweist und entwickelt, blieb nicht ohne Wirkung auf die Komponisten. Daher tritt das V. im Bereich der Kammermusik seit A. Vivaldi (z. B. 6 Sonaten, P 1740) neben Violine und Flöte in den Vordergrund. In Italien schreiben u. a. T. Albinoni, B. Marcello, Fr. Geminiani Sonaten, Suiten und Variationswerke für V. und B. c., während in Frankreich, Deutschland, England und in den Niederlanden bis in die 2. Hälfte des 18. Jh. hinein die Literatur für ↗Viola da gamba überwiegt. Allerdings weisen Kompositionen von J. S. Bach (Suiten für V. solo, BWV 1007–1012; obligate V.-Partien auch in zahlreichen Kantaten), W. de Fesch, J. E. Galliard und G. Ph. Telemann das V. bereits als anspruchsvolles Soloinstrument aus, während die V.-Werke von J. Bodin de Boismortier (1726) und M. Corrette (1740) die Verwendung des V. in Frankreich belegen.

Die hohe Wertschätzung des V.s durch den preußischen Prinzen und späteren König Friedrich Wilhelm II. wirkte sich auch auf das Interesse der Komponisten besonders in Deutschland und Österreich positiv aus. Nachdem der Monarch Boccherini den mit einer Rente verbundenen Titel eines Hofkomponisten verliehen hatte, widmeten ihm J. Haydn 1787 (6 „Preußische" Streichquartette op. 50), W. A. Mozart 1790 (3 Streichquartette KV 575, 589 u. 590) sowie L. van Beethoven 1796 (2 Sonaten op. 5) wichtige Werke, in denen auf dem V.-Part besonderes Gewicht liegt. Seit Beethovens 5 V.-Sonaten und seinen 3 Variationswerken für V. und Klavier gehören größere Kammermusikwerke für diese Besetzung zum Normalrepertoire im Œuvre eines Komponisten. Zu nennen sind hier namentlich: F. Mendelssohn Bartholdy (2 Sonaten, *Variations concertantes* u. a.), Fr. Chopin (Sonate g-moll, op. 65; *Introduction et Polonaise brillante* C-Dur; *Grand Duo* E-Dur, op. 33 über Themen aus G. Meyerbeers Oper *Robert le diable*), J. Brahms, E. Grieg (Sonate a-moll, op. 36), G. Fauré (Sonaten op. 109 u. 117; *Élégie* op. 24; *Sérénade*, op. 98), Cl. Debussy, R. Strauss (Sonate op. 6), J. Sibelius (*Fantasia; Malinconia*, op. 20; 4 Stücke op. 78), M. Reger, Z. Kodály, B. Martinů, S. Prokofjew, P. Hindemith, Dm. Schostakowitsch, B. Britten, H. W. Henze und B. A. Zimmermann.

Auch für das Repertoire für V. und Orchester gilt der enge Zusammenhang zwischen Interpret und Komponist, wie er seit den Konzerten C. Ph. E. Bachs und J. Haydns bis hin zu denen von W. Lutosławski und Zimmermann bestanden hat. Am Beispiel der intensiven Zusammenarbeit von Chopin und Franchomme, Schumann und Bockmühl, Prokofjew und Rostropowitsch oder Zimmermann und Palm wird deutlich, daß der nachweisbare Einfluß des Ausführenden nicht selten über bloß technische Fragen des V.-Parts hinausging. Jedenfalls ist das Beispiel der Adaptionswünsche des Cellisten und Widmungsträgers H. Wihan an den Komponisten A. Dvořák, auf die dieser mit Umbesetzung der UA seines V.-Konzertes statt mit Änderungen reagierte, für das V.-Konzert-Repertoire sicher nicht typisch, und die Personalunion von Cellist und Komponist, wie sie im Fall Boccherinis dessen 20 Sonaten und den 10 Konzerten ebenso zugute kam wie die virtuose Kenntnis des Instruments dem Komponisten H. Chemin-Petit, ist eben höchst selten. Zum Konzertrepertoire nach Vivaldi und Boccherini gehören die Konzerte von G. M. Monn (1740), C. Ph. E. Bach (Wotquenne [WQ] 170–172, 1750–53), Haydn (C-Dur u. D-Dur, um 1780; D-Dur, 1783), R. Schumann (1850), B. Molique (1853), C. Saint-Saëns (op. 33, 1873; op. 119, 1902), É. Lalo (1877), P. Tschaikowsky (Variationen über ein Rokokothema, 1876), Dvořák (1895), R. Strauss (*Don Quixote*, 1897), E. d'Albert (op. 26, 1900), E. Elgar (op. 85, 1919), Hindemith (1915 u. 1940), H. Pfitzner (1935 u. 1946), A. Chatschaturjan (1946), Prokofjew (op. 125 u. 132, 1952), Zimmermann (1953 u. 1966), A. Jolivet (1962 u. 1966), Britten (*Cello Symphony*, 1963), Krz. Penderecki (1964 u. 1972), B. Blacher (1964), H. Dutilleux (*Tout un monde lontain*, 1974), Lutosławski (1970) und I. Yun (1976).

Die Geschichte des Repertoires für V. solo verläuft nicht so geradlinig. Noch Schumann und Grützmacher versahen die Exempla classica dieser Gattung, die 6 Solosuiten von J. S. Bach, „für den Concertgebrauch" mit einer Klavierbegleitung: das 18. und 19. Jh. hatte – mit Ausnahme eines Solos von C. Ph. E. Bach, WQ 138 – an Sololiteratur ausschließlich Virtuosenstücke und Etüdenwerke produziert (s. o.). Erst nachdem Casals damit begonnen hatte, Bachs Suiten in der Originalgestalt öffentlich aufzuführen, folgten ihm sehr schnell andere Cellisten darin, und mit Regers 3 *Suiten für V. allein* op. 131 c, die erklärtermaßen an die Bachschen Vorbilder anknüpfen, setzt sich diese Gattung wieder durch. Es folgen Kompositionen von Hindemith, Kodály, J. Ibert, W. Fortner, L. Dallapiccola, Henze, Penderecki, I. Xenakis und T. Medek. Die 1976 von Rostropowitsch zum 70. Geburtstag angeregte Sammlung *12 Hommages à Paul Sacher pour violoncelle* enthält Stücke von C. Beck, L. Berio, P. Boulez, Britten, Dutilleux, Fortner, A. Ginastera, Cr. Halffter, Henze, H. Holliger, Kl. Huber und Lutosławski für V. solo.

Traditionellerweise gehören Bearbeitungen zum Repertoire der Musik für V., wie z. B. die *Concerti all'inglese* Vivaldis für V., J. S. Bachs Kompositionen für V. piccolo und ↗Viola pomposa, Haydns zahlreiche Baryton-Kompositionen, Fr. Schuberts Sonate für Arpeggione und Klavier und viele Werke der Gambenliteratur (z. B. Bachs Solo-Sonaten). – Neuerdings sorgen die V.-Ensembles der Berliner Philharmoniker sowie die Philharmonischen Cellisten aus Köln (jeweils mit bis zu 12 Spielern) durch ihre Einspielungen und Auftritte für ein rasches Anwachsen der Literatur für V.-Ensembles und -orchester; für derartige Besetzungen komponierten z. B. Corrette, Klengel, Tschaikowsky, J. de Swert, H. Villa-Lobos, Fr. Metzler, Fortner u. a. R. CADENBACH

Lit.: **Das Instrument und sein Spiel:** W. J. VON WASIELEWSKI, Das V. u. seine Gesch. (L 1889, ³1925, Nachdr. Walluf 1968); E. VAN DER STRAETEN, History of the V., the Viola da Gamba. Their Precursors and Collated Instruments (Lo 1915, Nachdr. 1971); F. VATIELLI, I primordi dell'arte del v. (Bol 1918); M. EISENBERG, Cello Playing of Today (Lo 1957); W. PAPE, Die Entwicklung des Violoncellspiels im 19. Jh. (Diss. Saarbrücken 1962); K. MARX, Die Entwicklung des V. u. seiner Spieltechnik bis J. Duport (1520–1820) (Rb 1963, ²1975) (= Forsch.-Beitr. z. Musikwiss. 13); L. A. POTTER, The Art of Cello Playing (Evanston/Ill. 1964); J. ECKHARDT, Die Violoncelloschulen von J. J. F. Dotzauer, F. A. Kummer u. B. Romberg (Rb 1968) (= Kölner Beitr. z. Musikforsch. 57); G. MANTEL, Cellotechnik. Bewegungsprinzipien u. Bewegungsformen (Kö 1972); E. COWLING, The Cello (NY 1975). – **Musik für Violoncello:** PH. ROTH, Führer durch die V.-Lit. (L 1888, ²1898); B. WEIGL, Hdb. der V.-Lit. (W 1911, ³1929); M. MERSEBURGER, Das V. u. seine Lit. (L 1920); W. ALTMANN, Zur Verbreitung von Bachs Sonaten u. Suiten für Violine bzw. Violoncell allein, in: Mk 15 (1922); E. NOGUÉ, La littérature du violoncell (P 1925); J. BÄCHI, Von Boccherini bis Casals (Z 1961), 2. Aufl. als: Berühmte Cellisten (Z – Fr 1973); E. COWLING, The Italian Sonata-Literature for the V. in the Baroque Era (1963) (= Diss. Northwestern Univ., Evanston/Ill.); G. J. KINNEY, The Musical Literature for Unaccompanied V., 3 Bde. (1962) (= Diss. Florida State Univ., Tallahassee); G. J. SHAW, The V. Sonata Literature in France During the 18th Century (1963) (= Diss. Cath. Univ. of America, Washington/D. C.); G. BLEES, Das Cello-Konzert um 1800. Eine Unters. der Cello-Konzerte zw. Haydns op. 101 u. Schumanns op. 129 (Rb 1973) (= Kölner Beitr. z. Musikforsch. 78); L. LÜTZEN, Die V.-Transkriptionen F. Grützmachers (Rb 1974) (= ebd. 79).
M. BRÖCKER – R. CADENBACH

VIOLONCELLO PICCOLO ↗Viola pomposa.

VIOLONE (it., Augmentativ von Viola), seit 1520 bekannte Bz. für Streichinstrumente der Baßlage. Der Name V. wurde sehr unterschiedlich verwendet, er bezeichnete entweder Baßinstrumente der ↗Viola da braccio-Familie oder solche der ↗Viola da gamba-Familie. In einigen Quellen scheint V. auch für das Violoncello benutzt worden zu sein. Entsprechend der unterschiedlichen Bedeutung des Namens sind auch Anzahl und Stimmung der Saiten sehr verschieden angegeben. Bei M. Praetorius (*Syntagma musicum* II, 1619) ist der V. eine Groß Viol de Gamba (oder Contrabasso da gamba), die größer und tiefer gestimmt ist als die Baßviola. Auch im 18. Jh. wurden noch unterschiedliche Instrumente als V. bezeichnet; so in Italien häufig das Violoncello, in Deutschland und in anderen Ländern dagegen allgemein die Instrumente, deren Stimmung unter jener der normalen Baßinstrumente lag. Zur selben Zeit wurden oft auch V. und Kontrabaß gleichgesetzt und als Großbaßgeige bezeichnet.

Lit.: H. BURNETT, The Various Meanings of the Term „V.", in: Journal of the Viola da Gamba Society of America 8 (1971); F. BAINES, What Exactly Is a V.?, in: Early Music 5 (1977); A. PLANYAVSKY, V. u. Violoncello im 17. Jh., in: Musica Austriaca 3 (1980). M. BRÖCKER

VIOTTI, Giovanni Battista, * 12. 5. 1755 Fontanetto da Po (Prov. Vercelli), † 3. 3. 1824 London; it. Violinist und Komponist. 1775 trat er in die Hofkapelle in Turin ein, die G. G. Pugnani leitete, der sein Lehrer wurde. 1780 unternahm er mit ihm Konzertreisen durch Deutschland, Polen und Rußland sowie nach London und Paris. Die großen Erfolge, besonders im Concert spirituel 1782/83, veranlaßten ihn, in Paris zu bleiben. Zunächst war er Akkompagnist der Königin Marie-Antoinette, dann Kapellmeister des Herzogs von Soubise. In dieser Zeit trat er immer seltener auf und widmete sich dem Unterrichten und Komponieren. 1788 wurde er zusammen mit dem Friseur L. Autié Leiter des Théâtre de Monsieur in Versailles; 1791 eröffnete er mit Feydeau de Brou ein eigenes Theater in Paris, floh jedoch vor den Revolutionswirren 1792 nach London, wo er erfolgreich konzertierte, u. a. 1795 mit J. Haydn. 1797 wurde V. Konzertmeister und Leiter des Orchesters der italienischen Oper am King's Theatre. Unter dem Verdacht, Agent der Revolution zu sein, floh er 1798 nach Schönfeld bei Hamburg. 1801 kehrte er nach London zurück, hielt sich aber vom Musikleben fern und wurde Teilhaber einer Weinhandlung; seine Werke ließ er in Paris verlegen. Nach Wiedereinführung der Monarchie in Frankreich ging er 1819 wieder nach Paris und wurde Direktor der Opéra und des Théâtre Italien, konnte aber den Niedergang beider Bühnen nicht aufhalten. Anfang 1823 zog er sich nach London zurück.

WW: V.-Stücke; 9 Klv.-Sonaten; V.-Duette, op. 1–7, op. 13 u. 18–21; 36 Streichtrios; 21 Streichquartette. – 29 V.-Konzerte, darunter Nr. 22 a-moll (L. Cherubini gewidmet); 10 Klv.-Konzerte (sämtlich Bearb. v. V.-Konzerten); 2 *Symphonies concertantes* für 2 V. u. Orch. – V.s Autobiographie *Précis de ma vie* ist hsl. erhalten.

Obgleich V. nur wenige Jahre öffentlich spielte, errang er ein ungewöhnlich hohes Ansehen. In London galt er als „wahrscheinlich jetzt der größte Violinist in Europa. Ein starker, voller Ton, unbeschreibliche Fertigkeit, Reinigkeit, Präcision, Schatten und Licht mit der reizendsten Einfachheit verbunden, machen die Charakteristik seiner Spielart aus" (*Berliner Musik-Zeitung,* 1793, Bericht aus London). P. Rode, P. Baillot und R. Kreutzer waren seine Schüler. V.s Stil leitet sich von verschiedenen italienischen Traditionen seit G. Tartini her und begründete die französische Violinschule, deren Spielweise L. van Beethoven stark beeinflußte. In seinen Kompositionen konnte er durch Erfahrungen der Praxis und durch Vorbilder mangelnde Ausbildung ausgleichen; die Rhythmik der frz. Revolutionslieder wurde stilbildend. Seine Kammermusik ist wertvolles Studienmaterial; von seinen 29 Violinkonzerten steht besonders Nr. 22 seit seiner Entstehung hoch in der Gunst der Solisten und des Publikums.

Ausg.: *Prima sinfonia concertante* für 2 V., 2 Ob., 2 Hörner u. Streichorch., hrsg. v. F. QUARANTA (Mi 1960); V.-Konzert Nr. 22 a-moll, hrsg. v. P. MUNTEANU (Bukarest 1966); Fl.-Quartett B-Dur op. 22 Nr. 1, hrsg. v. D. LASOCKI (Lo 1968); V.-Konzert Nr. 2 E-Dur, hrsg. v. W. LEBERMANN (Mz 1968) (= Concertino 158); V.-Konzert Nr. 19 g-moll, hrsg. v. R. GIAZOTTO (Mi 1969).

Lit.: R. GIAZOTTO, G. B. V. (Mi 1956); E. CH. WHITE, G. B. V. and His V. Concertos, 2 Bde. (1957) (= Diss. Princeton Univ.); B. SCHWARZ, Beethoven and the French V. School, in: MQ 44 (1958); M. RINALDI, Missione stor. di G. B. V., in: Musicisti piemontesi e liguri, hrsg. v. A. Damerini – G. Roncaglia (Siena 1959); M. F. BOYCE, The French School of V. Playing in the Sphere of V. (1973) (= Diss. Univ. of North Carolina); R. GIAZOTTO, Toward a More Accurate Chronology of V.'s Violin Concertos, in: FAM 20 (1973). G. SCHUHMACHER

VIRDUNG, Sebastian (Sebastian Grop, Wentzel Groppen son), * 19. oder 20. 1. 1465 (?) wahrsch. Amberg (Oberpfalz); dt. Komponist und Musiktheoretiker. V. wurde 1483 an der Universität Heidelberg immatrikuliert und war bis 1505 oder 1506 Sänger der kurpfälzischen Hofkantorei, wo er Unterricht von Johannes von Soest erhielt. Durch die Gunst des Kurfürsten erhielt er 1489 die Pfarrei in Lengenfeld (Oberpfalz) und 1500 die St. Peter-Altarspfründe auf Burg Stahleck. 1507–08 war er Succentor am Münster in Konstanz. In Basel veröffentlichte er 1511 die *Musica getutscht* (= „gedeutscht"), die erste gedruckte deutschsprachige Abhandlung über Musikinstrumente. Sie enthält auch eine Lehre des Intavolierens (für Clavichord, Laute und Blockflöte). 4 Lieder von V. hat P. Schöffer veröffentlicht (RISM 1513[2]).

Ausg.: *Musica getutscht,* Faks.-Ausg., hrsg. v. R. EITNER (1882) (= PGfM 11); dass., hrsg. v. L. SCHRADE (Kas 1931).

Lit.: F. KRAUTWURST, Bemerkungen z. S. V.s „Musica getutscht", in: FS B. Stäblein (Kas 1967); E. M. RIPIN, A Reevaluation of Virdung's „Musica getutscht", in: JAMS 29 (1976); C. MEYER, S. V. „Musica getutscht". Les instruments et la pratique musicale en Allemagne au début du XVIe siècle (P 1980); M. STAEHELIN, Bemerkungen z. geistigen Umkreis u. z. den Quellen des S. V., in: Ars musica, musica scientia. FS H. Hüschen (Kö 1980).

VIRELAI (frz.; von virer = sich drehen u. ↗Lai), Bz. für eine literarisch-musikalische Gattung des 13.–15. Jh. in Frankreich, die gleichzeitig mit ↗Ballade (1) und ↗Rondeau (1) ihre Blütezeit hatte und wie diese eine Refrainform ist. Das V. findet sich bereits bei Adam de la Halle, dann bei Eustache Deschamps und vor allem – für 1–3 St. – bei G. de Machaut (hier unter der Bz. Chanson balladée). Der textliche Aufbau in seinem eigentümlichen Wechsel zweier Reime (a, b; Großbuchstaben für den Refrain) und die musikalische Form (bestehend aus 3 verschiedenen Abschnitten: α, β, γ) mit der Wiederholung des Refrains am Schluß lassen sich an der nachstehenden 1. Strophe eines V.s von Machaut erkennen (Refrain kursiv).

	De tout sui si confortee	A	α
	que jamais n'iert hostelee	A	
	tristesse n'esmay	B	
	en mon cuer, aincois aray	B	β
	lie et jolie pensee,	A	
	tant com je vivray.	A	
I. a	Bien faire et avoir cuer gay,	b	γ
	c'est tout; plus n'emporteray,	b	
	quant seray finee;	a	
I. b	dont lie et loyaulz seray	b	γ
	et le contraire feray	b	
	de ma destinee.	a	
I. c	car lasse desconfortee,	a	α
	triste, dolente, esplouree	a	
	esté lonc temps ay.	b	
	Mais je me conforteray	b	β
	et celui qui tant m'agree	a	
	sur tous ameray.	b	
	De tout sui si confortee	A	
	usw.	usw.	

Die mehrstimmigen V.s Machauts sind satztechnisch dem ↗Kantilenensatz verpflichtet. Die charakteristische einrahmende Stellung des Refrains hat das V. mit anderen Liedformen der Zeit gemeinsam (Cantiga, Carol, Rodellus, Villancico);

eine weitgehende Entsprechung weist vor allem der Aufbau der it. ↗Ballata auf. Das V. wurde bis in die 1. Hälfte des 15. Jh. gepflegt und fand seinen Nachfolger in der ↗Bergerette.

Die wichtigsten Quellen, die V.s enthalten, sind Chantilly, Musée Condé, Ms. 564; Modena, Bibl. Estense, ms. α M. 5, 24; Oxford, Bodleian Library, Ms. Can. Misc. 213; Paris, Bibl. Nat., ms. it. 568; Paris, Bibl. Nat., der sog. Codex Reina, und Turin, Bibl. Nazionale, J. II. 9.

Ausg.: ↗Machaut. – F. GENNRICH, Rondeaux, Virelais u. Balladen, III: Das altfrz. Rondeau u. V. (Langen 1963). – Für die Hss. Chantilly u. Modena: ↗Ars subtilior; für Oxford: Early 15th-Century Music 2, hrsg. v. G. REANEY (1959) (= CMM 11/1); für Turin: The Cypriot-French Repertory ... 4, hrsg. v. R. H. HOPPIN (1963) (= CMM 21/4).

Lit.: F. GENNRICH – G. REANEY, V., in: MGG XIII. – ↗Ballade (1), ↗Rondeau (1), ↗Machaut.

VIRGA (lat., = Stab, Rute), urspr. eine einfache, graphisch nicht weiter zerlegbare Neume (*V. recta:* ein leicht geneigter oder senkrechter Strich; *V. jacens:* ein liegender Strich, = Tractulus). – ↗Notenschrift.

VIRGINAL (engl.; von lat. virga = Stöckchen, Docke; die Ableitung von lat. virgo = Jungfrau ist nicht haltbar), Bz. für ein rechteckiges, auf einem Gestell liegendes Instrument engl. oder it. Ursprungs (ungesichert), dessen quer zur Klaviatur angeordneter Saitenbezug wie beim Cembalo angerissen wird. Bei V.en it. Provenienz ist die Klaviatur vorspringend, also außerhalb der Umrisse des Rechtecks angeordnet, bei ndl. V.en befindet sich die Klaviatur innerhalb der Rechteckform. – Das V. ist in England bereits im 14. Jh. nachweisbar. In Italien entwickelt sich zu Beginn des 16. Jh. aus dem V. das Polygonalspinett, das für den it. Instrumentenbau bestimmend bleibt. In den Niederlanden und in England erlebt das V. zwischen 1550 u. 1650 seine Blütezeit. Hier handelt es sich um relativ große Instrumente, deren nicht vorspringende Klaviatur zur Erzielung unterschiedlicher Klangfarben durch Verlagerung des Anrißpunktes der Kiele entweder in der rechten oder linken Hälfte der Langseite des Korpus angeordnet war. Beim V. befinden sich beide Stege auf dem Resonanzboden, was dem Instrument besondere klangliche Eigenschaften verleiht. Seit etwa 1580 ist das Doppel-V. nachweisbar: Ein rechts oder links neben der Klaviatur in einem Fach unter dem Resonanzboden untergebrachtes Oktav-V. konnte nach Abnahme der Dockenleiste des Hauptinstrumentes auf diesem plaziert werden. Durch eine Aussparung im Boden des Oktav-V.s wurden dessen Docken durch die des Hauptinstrumentes mitbewegt. V.e dieser Konstruktion sind von Martin van der Biest und der in Antwerpen wirkenden Familie Ruckers überliefert; aus dieser Werkstatt sind außerdem zahlreiche V.e normaler Bauart erhalten. Für das V. sind in seiner Blütezeit zahlreiche Kompositionen entstanden, insbesondere in England. Th. Mulliner begründet mit seinem V.-Buch (*Mulliner Book,* zw. 1545 und 1570) die Reihe der in England üblichen hsl. Sammlungen von Musik für Tasteninstrumente. Läßt diese Slg. noch die Zuordnung der Stücke für V. oder Orgel offen, so handelt es sich bei der größten Sammlung engl. V.-Musik, dem ↗Fitzwilliam Virginal Book, um eindeutig für das V. geschriebene Kompositionen. Darüber hinaus verdient das 1591 entstandene und zwischen 1598 und 1600 der Königin Elisabeth I. dedizierte *My Ladye Nevells Booke* besondere Erwähnung, es enthält Werke von W. Byrd. Von den zahlr. anderen Sammlungen dieser Zeit erschienen nur *Parthenia* (um 1613, mit Werken von J. Bull, Byrd und O. Gibbons) und *Parthenia inviolata* (um 1614) im Druck. In der Regierungszeit König Karls II., nach 1658, verlor das V. an Bedeutung.

Ausg.: ↗Fitzwilliam Virginal Book; *Parthenia:* ↗Gibbons 3).

VIRTUOSE (engl., it. u. span.: virtuoso; frz.: virtuose), Bz. für einen ausübenden Musiker, der sich durch besondere technische Kunstfertigkeit auszeichnet. Wie das Adjektiv virtuos noch heute gebraucht wird, so wurden im 16./17. Jh. in Italien allgemein Personen, die sich durch Wissen, Fertigkeiten oder Lebensführung hervortaten, „virtuoso" genannt. Mit der it. Musik und Künstlern wie etwa dem Ehepaar Hasse kam der Terminus V. nach Deutschland und bezeichnete im 18. Jh. zunächst Musiker von außerordentlichen theoretischen, kompositorischen oder praktischen Fähigkeiten, ja eine umfassende Ausbildung gehörte unbedingt zu einem „wahren V.n" (J. Kuhnau). Schon ab etwa 1740 verengte sich der Begriff auf den ausübenden Musiker, auf den Concertisten, seit dem Ende des 18. Jh. traten auch negative Bedeutungen hinzu. Eine Zeit, die das Poetische, Geistige der Musik hervorhob, sah in ihrem „mechanischen" Teil (J. H. G. Heusinger) nur das Handwerkliche, das nicht Selbstzweck werden dürfe. „Virtuosengeklimper" (R. Schumann) wurde verachtet, aber andererseits unterstrichen, echte Virtuosität sei „nicht ein Auswuchs, sondern ein nothwendiges Element der Musik" (Fr. Liszt). V.n waren nicht nur berufene Mittler der Musik, sie eröffneten durch die Erweiterung der Instrumentaltechnik auch neue kompositorische Ausdrucksmöglichkeiten. In diesem Sinne wirkten etwa berühmte it. Geiger des 18. Jh. wie G. Tartini und P. A. Locatelli. Einen glänzenden Höhepunkt erreichte das Virtuosentum dann in N. Paganini und Liszt, der noch einmal das Ideal des ausübenden und schöpferischen Künstlers verkörperte. Die V.n der folgenden Zeit wurden immer mehr zu Spezialisten ihres Instruments, und je bestimmter Interpreten ihre Kunst in den Dienst am Kunstwerk stellten, desto eher mieden sie die Bezeichnung.

Lit.: I. AMSTER, Das Virtuosenkonzert in der 1. Hälfte des 19. Jh. (Diss. B 1931); M. PINCHERLE, Le monde des virtuoses (P 1961); R. WANGERMÉE, Tradition et innovation dans la virtuosité romantique, in: AMl 42 (1970); DERS., Les techniques de la virtuosité pianistique selon Fétis, in: RBMie 26/27 (1972/73); E. REIMER, Die Polemik gegen das Virtuosenkonzert im 18. Jh., in: AfMw 30 (1973); DERS., V., in: HMT; F. KRUMMACHER, Virtuosität u. Komposition im Violinkonzert, in: NZfM 135 (1974); M. STEGEMANN, Tugend u. Tadel. Gedanken z. Phänomen der instr. Virtuosität, in: ebd. 143 (1982). H. LOOS

VISCONTI, Luchino, Conte di Modrone, * 2. 11. 1906 Mailand, † 17. 3. 1976 Rom; it. Regisseur, Bühnenbildner, Kostümbildner und Choreograph. V. wurde 1935 Assistent des frz. Regisseurs Jean Renoir und machte sich mit gesellschaftskritischen Filmen im neo-realistischen Stil international bekannt. Nach dem Krieg schloß er sich 1946 der von ihm später geleiteten Schauspiel-Compagnie Morelli-Stoppa an. Vor allem durch seine Verehrung für Maria Callas, die auch in seiner ersten Inszenierung, *La vestale* (G. Spontini), an der Mailänder Scala mitwirkte, kam er 1954 auch zur Oper. Weiter inszenierte er an der Mailänder Scala *La Sonnambula* (V. Bellini), *Anna Bolena* (G. Donizetti) und *Iphigénie en Tauride* (Chr. W. Gluck), an der Covent Garden Opera in London *Don Carlos, Il Trovatore, La Traviata* (alle G. Verdi) und *Der Rosenkavalier* (R. Strauss), beim Festival von Spoleto *Macbeth* (Verdi) und *Salome* (R. Strauss) und an der Wiener Staatsoper *Falstaff* (Verdi).

Lit.: Venti spettacoli di L. V. con R. Morelli (Bol 1958); V. L'histoire et l'esthétique, hrsg. v. M. ESTÈVE (P 1963); Y. GUILLAUME, L. V. (ebd. 1966); G. N. SMITH, L. V. (Lo 1967); P. BALDELLI, L. V. (Mi 1973) (mit Bibliographie).

VISÉE, Robert de, * 2. Hälfte 17. Jh., † Anfang 18. Jh. Paris; frz. Gitarrist, Violist und Theorbist. Er war Schüler von Fr. Corbetta, zu dessen Ehren er ein Tombeau schrieb, und ist seit 1680 in Paris bezeugt. 1682 wurde er Gitarrenlehrer des Dauphin, 1708 Chantre ordinaire de la musique du roi, 1716 Ordinaire de la musique und 1719 Maître du guitare du roi. V.s Gitarrenbücher, in denen er häufig anstelle der Tabulatur die gewöhnliche Notation verwendet, enthalten 12 Suiten, meist mit der Satzfolge Prélude, Allemande, Sarabande, Courante, Gigue, und schließen mit einer Gavotte, Bourrée, Passacaille oder mit einem Menuett.

WW: *Livre de guitare* (P 1682); *Livre de pièces pour la guittarre* (P 1686); *Pièces de théorbe et de luth* (in Partitur) (P 1716).

Ausg.: Œuvres complètes pour guitare, hrsg. v. R. STRIZICH (P 1971).

Lit.: O. CHILESOTTI, Notes sur le guitariste R. de V., in: SIMG 9 (1907/08) (mit 12 Stücken); M. ROLLIN, Les tombeaux de R. de V., in: Bull. de la Soc. d'études du XVIIe siècle (P 1957) Nr. 34; F. LESURE, V., in: MGG XIII.

VITALI, Filippo, * um 1590 Florenz, † 1653 ebd. (?); it. Sänger und Komponist. Er lebte bis 1631 hauptsächlich in Florenz und führte 1620 in Rom seine *Aretusa* auf, die dem Stil J. Peris und G. Caccinis verpflichtet ist und mit der die römische Operngeschichte beginnt. 1633 wurde er Sänger der päpstlichen Kapelle in Rom und stand 1637–42 als Kammervirtuose im Dienst des Kardinals Antonio Barberini. 1642 übernahm er als Nachfolger M. da Gaglianos die Leitung der herzoglichen Kapelle von S. Lorenzo in Florenz. 1648–49 war er Kapellmeister an S. Maria Maggiore in Bergamo. V.s kirchenmusikalische Werke sind hauptsächlich im Stile antico geschrieben, während seine weltlichen den Übergang vom A cappella-Madrigal zur 1–3st. Kantate zeigen. Seine *Concerti* von 1629 stehen im Titel und in Einzelheiten der musikal. Gestaltung in der Nähe von Cl. Monteverdis 7. Madrigalbuch (1619).

WW: *Sacrae cantiones* für 6 St. u. B.c. (V 1625); *Sacrae modulationes* für 2–5 St. u. B.c. (R 1631); Hymnen für 4 St. (R 1636); Vesperpsalmen für 5 St. u. B.c. (R 1641); Messen u.a. für 4 St. u. B.c. (Florenz 1646). – 3 Bücher Madrigale für 5 St. (V 1616–26, z.T. unvollständig erhalten); *Concerto ... madrigali et altri generi di canti* für 1–6 St. u. B.c. (V 1629); 6 Bücher *Musiche* für 2–6 St. u. B.c. (Fi u. andernorts 1617–1647); 3 Slgen. *Arie* für 1–3 St. u. B.c. (Orvieto bzw. R 1632–39).

Ausg.: 3 Gesänge aus den *Musiche*, in: K. JEPPESEN, La Flora 2 u. 3 (Kop 1949); die Hymnen bei J. W. PRUETT (s. u. Lit.).

Lit.: J. W. PRUETT, The Works of F. V. (1962) (= Diss. Univ. of North Carolina) (mit Ausg. der Hymnen); DERS., V., in: MGG XIII; D. S. BUTCHART, The Madrigal in Florenz, 1560–1630 (Diss. O 1979); J. W. PRUETT, V., in: Grove[6] XX.

VITALI. – 1) Giovanni Battista, * 18. 2. 1632 Bologna, † 12. 10. 1692 Modena; it. Komponist. V. war Schüler von M. Cazzati in Bologna, wo er seit 1658 als Musico di violone da brazzo an S. Petronio wirkte. 1673 wurde er Kapellmeister an SS. Rosario und ging 1674 als Vizekapellmeister an den Hof von Francesco II. d'Este in Modena, wo er 1684 zum Kapellmeister avancierte.

WW: **1) Instr.-WW:** *Correnti e balletti da camera* für 2 V. u. B.c., op. 1 (Bol 1666); Sonaten für 2 V. u. B.c. für Org., op. 2 (Bol 1667); *Balletti, correnti ... e sinfonie da camera*, für 4 Instr., op. 3 (Bol 1667); *Balletti, correnti, gighe, allemande e sarabande* für V., Violone oder Spinett u. 2. V. ad libitum, op. 4 (Bol 1668); Sonaten für 2–5 Instr. mit B. c., op. 5 (Bol 1669); *Varie partite* ..., op. 7, u. *Balletti, correnti e capricci per camera* für 2 V. u. Violone, op. 8 (Modena 1683); *Sonate da chiesa*, op. 9, für 2 V. u. B.c., 2 Bde. (A 1684); *Varie sonate alla francese & all'italiana* für 6 Instr., op. 11 (Modena 1684); *Balli in stile francese* für 5 Instr., op. 12 (ebd. 1685); *Artifici musicali* (Kanons u.a.), op. 13 (ebd. 1689); *Sonate da camera a 3* für 2 V. u. Violone, op. 14 (ebd. 1692). – **2) Vokal-WW:** *Salmi concertati* für 2–5 St., Str. u. B.c. (Bol 1677); *Hinni sacri* für Solo-St., Str. u. B.c. (Modena 1684); ferner sind 2 Oratorien u. 10 it. Solokantaten mit Instr. hsl. erhalten.

V.s Instrumentalmusik bildet ein Bindeglied zwischen den Werken der in Bologna und Modena wirkenden Komponisten G. M. Cazzati, M. Uccellini, M. Bononcini und G. Colombi und den Kompositionen A. Corellis. Gegenüber seinen Vorgängern erscheint die Themenbildung bei V. fließender und lyrischer; der Wechsel von schnellen und langsamen Sätzen in den Sonaten ist stärker ausdrucksmäßig begründet, als daß sie stilistischen Konventionen folgt. V. pflegt gleichermaßen die kontrapunktische Schreibweise der Sonata da chiesa wie den homophonen Stil der Sonata da camera. Ab op. 6 ist deutlich der Einfluß der französischen Sonate erkennbar.

2) Tommaso Antonio, auch Vitalini genannt, Sohn von 1), * 7. 3. 1663 Bologna, † 9. 5. 1745 Modena; it. Violinist und Komponist. V. erhielt vermutlich ersten Violinunterricht von seinem Vater; in der Komposition war er Schüler von A. M. Pacchioni. 1675 wurde er Violinist der Hofkapelle der Este in Modena, wo er bis 1742 (seit 1707 als „Capo del concerto") nachweisbar ist. L. Predieri, J.-B. Senallié und E. F. Dall'Abaco gehörten zu seinen Schülern. V. schrieb Instrumentalmusik im Stil seines Vaters und A. Corellis.

WW: 3 Slgen. Triosonaten (Modena 1693–95); *Concerto di sonate* für V., Vc. u. Cemb. (ebd. 1701); Chaconne g-moll für V. u. B.c. (hsl., Autorschaft fraglich).

Ausg.: **Zu 1):** Kompositionen aus op. 2 u. op. 5, hrsg. v. J. W. WASIELEWSKI, in: Instrumental-Sätze vom Ende des 16. bis Ende des 17. Jh. (B 1874, ²1905); *Artifici musicali*, hrsg. v. L. ROOD – G. P. SMITH (Northampton/Mass. 1959); Sonaten, op. 2/3 u. 6, hrsg. v. E. SCHENK (W 1948). – **Zu 2):** *Concerto di sonate*, hrsg. v. L. ROOD – G. P. SMITH – D. SILBERT (Northampton/Mass. 1954), Nr. 11 daraus, hrsg. v. J. PH. HINNENTHAL (Kas 1959) (= Hortus Mus. 38); die Chaconne, hrsg. v. D. HELLMANN (Kas 1966) (= ebd. 100).

Lit.: J. G. SUESS, V., in: MGG XIII; DERS., V., in: Grove⁶ XX. – **Zu 1):** DERS., G. B. V. and The „Sonata da chiesa" (1963) (= Diss. Yale Univ.). – **Zu 2):** M. RINALDI, Sull'autenticità della ciaccona di T. A. V., in: Rass. Mus. 24 (1954); W. REICH, Die Chaconne g-moll von V.?, in: BzMw 7 (1965).

VITÁSEK (Wittaschek, Wittasek u. ä.), **Jan Matyáš** (Johann Matthias) **Nepomuk August,** * 23. 3. 1770 Hořín bei Melník, † 7. 12. 1839 Prag; böhmischer Pianist und Komponist. V. war in Prag Schüler von Fr. X. Duschek und vielleicht auch von J. A. Koželuch, dem er 1814 als Kapellmeister an der St. Veitskirche nachfolgte. 1830–39 leitete er außerdem die Orgelschule des von ihm 1826 mitgegründeten Vereins der Kunstfreunde für Kirchenmusik in Böhmen. V.s geistliche Werke und Klaviertänze waren zu seiner Zeit sehr verbreitet, doch zeigt er in seinem Liedschaffen (tschechische Texte) die größere Originalität.

VITO, Gioconda de, ↗De Vito.

VITRY, Philippe de (Philippus de Vitriaco), * 31. 10. 1291 Paris, † 5. 6. 1361 ebd.; frz. Musiktheoretiker und Komponist. V. stammte vermutlich aus Vitry in der Champagne, um 1320 ist er als Clerc notaire König Karls IV. (des Schönen) nachweisbar; dieses Amt bekleidete er auch unter Philipp VI. Er besaß zahlreiche Präbenden, hielt sich jedoch vorwiegend am Pariser Hof auf. Zwischen 1328 und 1329 trat er in das Parlament ein und ist 1340 und 1342 als einer der Maîtres clercs des requêtes du Palais nachweisbar. Spätestens 1346 wurde er Maître des requêtes à l'Hôtel du Roi und Maître des requêtes à l'Hôtel de l'héritier du trône. 1350 wurde er zu Papst Clemens VI. nach Avignon entsandt. 1351 wurde er Bischof von Meaux. Während der politischen Wirren zu Beginn der Regierung König Karls V. scheint V. für die Interessen der Bürger gekämpft zu haben, denn er gehört 1357 zu den 9 von den Generalständen gewählten Généraux réformateurs. Tiefe Freundschaft verband V. mit dem Dichter Fr. Petrarca, mit dem er das Interesse an humanistischen Studien und die Liebe zum Landleben teilte. Petrarcas Briefe aus den Jahren 1349 und 1351 bezeugen V.s literarische und philosophische Fähigkeiten und seine Reiselust. In enger Beziehung stand er auch zu dem Musiktheoretiker Johannes de Muris, der entscheidend zu seinem Nachruhm beitrug. – V. hat in mehrfacher Hinsicht Geschichte gemacht: zum einen mit seinem Traktat *Ars nova* (um 1320), der die Gleichwertigkeit der drei- und zweiteiligen Brevis in der Mensuralnotation lehrt (↗Notenschrift, ↗Prolatio) und einer eigenen musikgeschichtlichen Epoche den Namen gegeben hat (↗Ars nova); zum anderen durch seine Motetten, die eine wichtige Stufe in der Entwicklung der ↗Isorhythmie darstellen und (nach H. Besseler) zum ersten Mal in der Geschichte der Gattung als autonome Kunstwerke zu gelten haben.

WW u. Ausg.: *Ars nova*, hrsg. v. G. REANEY – A. GILLES – J. MAILLARD (R 1964) (= CSM 8), vgl. dazu: A. GILLES – G. REANEY, in: MD 12 (1958). – 15 Motetten (5 davon im ↗Roman de Fauvel, eine nur als Text erhalten), GA, hrsg. v. L. SCHRADE (Monaco 1956) (= Polyphonic Music of the Fourteenth Century 1); die Zuschreibung der Motetten ist problematisch u. umstritten, da sie in den musikal. Quellen keine Autorangabe tragen, sondern nur durch andere zeitgenössische Zeugnisse als Werke V.s erschlossen werden können (vgl. dazu besonders H. BESSELER, in: MGG XIII). – Ferner einige frz. u. lat. Dichtungen.

Lit.: H. BESSELER, Stud. z. Musik des MA, in: AfMw 7–8 (1925–26) (mit Ausg. v. 12 Motetten); A. GILLES, Contribution à un inventaire analytique des manuscrits intéressants l'Ars nova de Ph. de V., in: RBMie 10 (1956); L. SCHRADE, Ph. de V. Some New Discoveries, in: MQ 42 (1956); E. WERNER, The Mathematical Foundation of Ph. de V.'s „Ars Nova", in: JAMS 9 (1956); H. BESSELER, V., in: MGG XIII; H. BLACHLY, The Motets of Ph. de V. (1971) (= Diss. Columbia Univ.); L. PRISOR, Einzelanalysen früher Ars-nova-Motetten ... an den Ph. de V. zugeschriebenen Motetten (Diss. Fr 1971); S. THIELE, Zeitstrukturen in den Motetten des Ph. de V. u. ihre Bedeutung für zeitgen. Komponieren, in: NZfM 135 (1974); K. VON FISCHER, Ph. de V. in Italy. An Homage of F. Landini to Philippe, in: L'ars nova italiana del trecento III (Certaldo 1975); E. H. SANDERS, The Early Motets of Ph. de V., in: JAMS 28 (1975); DERS., V., in: Grove⁶ XX.

VITTORI, Loreto (Lauretus Victorius), getauft 5. 9. 1600 Spoleto, † 23. 4. 1670 Rom; it. Sänger (Kastrat) und Komponist. Vermutlich 1612–14 Sänger am Santuario della S. Casa in Loreto und 1614–17 am Dom in Spoleto, trat er dann in Rom in den Dienst des Kardinals Maffeo Barberini, des späteren Papstes Urban VIII. 1622–47 war er Mitglied der päpstlichen Kapelle und wurde 1643 zum Priester geweiht. Aus seinen letzten Lebensjahrzehnten ist kaum etwas bekannt. V. war einer der ersten in der großen Zahl von bedeutenden Kastratensängern des 17. Jh. und genoß bei seinen Zeitgenossen ein geradezu legendäres Ansehen. Von seinen Kompositionen haben sich lediglich eine Sammlung *Arie* für Solostimme und B. c. (V 1649) und 2 geistliche Sologesänge (in RISM 1640^2) erhalten.

Lit.: B. M. ANTOLINI, La carriera di cantante e compositore L. V., in: Studi musicali 7 (1978); J. WHENHAM, V., in: Grove⁶ XX.

VITTORIA, Ludovico da, ↗Victoria, Tomás Luis de.

VIVACE (it., = lebhaft), seit der 2. Hälfte des 17. Jh. gebräuchliche Tempo-Vortrags-Bz. (u. a. erstmals 1657 in den *Concerti ecclesiastici* von C. Grossi). Sie findet sich entweder allein oder – so etwa bei W. A. Mozart und L. van Beethoven – ähnlich wie ↗Presto adjektivisch in näher charakterisierendem Sinn als *Allegro vivace, Allegretto vivace* und *Andante vivace.* Bei Beethoven gibt es auch die Superlativformen *Vivace assai* und *Vivacissimamente* (Finale der Klaviersonate *Les adieux*).

VIVA LA MAMMA *(Le convenienze ed inconvenienze teatrali),* Farsa in 2 Akten von G. Donizetti, Text vom Komponisten nach 2 Komödien von Antonio Sografi. UA: 21. 11. 1827 Neapel (Teatro Nuovo); dt. EA (in dt. Sprache): 18. 2. 1969 München (Cuvilliéstheater).

Donizetti, durch den schier unmenschlichen Vertrag mit dem Theaterunternehmer D. Barbaja gezwungen, in 3 Jahren 12 Opern zu schreiben, veröffentlichte dieses Werk als vierte seiner Neuerscheinungen des Jahres 1827. Das Thema ist so alt wie die Gattung selbst: die Eitelkeiten und Eifersüchteleien der Sänger, die Halbherzigkeiten und Bosheiten der Impresari und die Tücken der Einstudierung und Organisation eines Bühnenwerkes – kurz: ein freches Sittengemälde des zeitgenössischen Theaterlebens. Die vom Ruin bedrohte Operntruppe kann sich nur dank der Freigebigkeit von Mamma Agata über Wasser halten; diese darf sich dafür den Traum ihres Lebens erfüllen: einmal eine Alt-Rolle auf der Bühne zu verkörpern. Donizettis Farce, mit einer spritzigen, unterhaltsamen Musik komponiert, hatte großen Erfolg. Horst Goerges und Karlheinz Gutheim schufen unter dem Titel *Viva la mamma* eine dt. Fassung mit optimistischem Schluß. Die Rolle der Mamma Agata wird hierin von einem Mann gespielt.

J. SCHLÄDER

VIVALDI, Antonio Lucio, * 4. 3. 1678 Venedig, † 28. 7. 1741 Wien; it. Violinist und Komponist. V. wurde vermutlich von seinem Vater Giovanni Battista V., Violinist an S. Marco, und möglicherweise auch von G. Legrenzi ausgebildet. 1703 wurde er zum Priester geweiht (daher und weil er rothaarig war, sein Beiname „il prete rosso", „der rote Priester"). Wegen eines Asthmaleidens mußte er jedoch auf das Messelesen verzichten. Auf Vorschlag Fr. Gasparinis wurde er Violinlehrer am Ospedale della Pietà in Venedig, wo er Gasparini auch als Dirigent und Hauskomponist vertrat und nach dessen Ausscheiden 1713 seine Funktionen übernahm. Nach 2 in Venedig erschienenen Sonatendrucken wurde V. durch seine 12 Konzerte *Estro armonico* (1711) eine europäische Berühmtheit, die zahlreiche Komponisten, J. S. Bach vor allem, tiefgehend beeinflußte. Um diese Zeit erfolgte seine Wendung zur Oper; sein Erstling *Ottone in villa* wurde 1713 in Vicenza aufgeführt. In der Folge übernahm V. als Impresario das venezianische Theater S. Angelo und schrieb über 50 weitere Opern. V.s außerordentliche pädagogische Begabung zeigt sich im Aufstieg des Pietà-Orchesters zu einem der ersten Ensembles seiner Zeit, dessen Spielkultur mit der Pariser Opéra verglichen wurde. Auch als Violinlehrer wurde er geschätzt. Keiner der Venedigreisenden aus dem Norden unterließ es, sich von ihm beraten zu lassen, so Daniel Gottlieb Treu (Fedele) und vor allem J. G. Pisendel, auf den die reichen Dresdener V.-Bestände zurückgehen. Andere Violinisten wie G. Benda und J.-P. Guignon sind an seinen Werken technisch gewachsen. Hinsichtlich seiner zahlreichen Beziehungen zu hohen Gönnern sind zu erwähnen sein persönlicher Kontakt mit Kaiser Karl VI., der ihn reich beschenkt hat, und mit König Friedrich IV. von Dänemark und Norwegen, ferner sein Spiel vor dem Papst (1724) und ein 3jähriger Aufenthalt in Mantua im Dienste des Markgrafen Philipp von Hessen-Darmstadt (1718 bis 1720).

1737 brach über V. eine Katastrophe herein, die ihn am Lebensnerv traf: Kardinal Ruffo, der Erzbischof von Ferrara, verbot eine Opernaufführung in dem zum Kirchenstaat gehörigen Gebiet, zu der V. das gesamte Personal mit 6000 Zechinen unter Kontrakt genommen hatte. Der Grund dafür nach V.s eigenen Worten: „weil ich Priester bin ohne Messe zu lesen und weil ich eine ‚amicizia' mit der Sängerin Girò habe". Von diesem Schlag hat er sich nicht mehr erholt. Im Ospedale war man wegen seiner vielen Abwesenheiten unzufrieden und seines sich nur wenig wandelnden Stiles überdrüssig geworden. 1740 verkaufte er „una molta portione di concerti" an die Anstalt und reiste, vielleicht über Graz, nach Wien, wo aber eben sein alter Gönner Karl VI. gestorben war und der Ausbruch des Österreichischen Erbfolgekriegs jede einträgliche Tätigkeit unmöglich machte. Er starb in Wien in ärmlichen Verhältnissen; sein Grab auf dem Bürgerspitals- oder Armensündergottesacker existiert nicht mehr.

WW: **1) Instr.-WW:** 344 Solokonzerte; 81 Konzerte mit 2 oder mehreren Soloinstr.; 61 Sinfonien u. Ripienokonzerte; 23 Kammerkonzerte (ohne Ripieno); 93 Solo- u. Triosonaten. – Im Druck erschienen (wenn nichts anderes angegeben, in Amsterdam): 12 Triosonaten, op. 1 (V 1705); 12 V.-Sonaten, op. 2 (V 1709); 12 Konzerte *L'estro armonico,* op. 3 (1711); 12 V.-Konzerte *La stravaganza,* op. 4 (um 1714); 4 V.- u. 2 Triosonaten, op. 5 (1716); 6 V.-Konzerte, op. 6 (1716–21); 10 V.- u. 2 Ob.-Konzerte, op. 7 (1716–21); 12 V.-Konzerte *Il cimento dell'armonia e dell'inventione,* op. 8 (1725); 12 V.-Konzerte *La cetra,* op. 9 (1727); 6 Fl.-Konzerte, op. 10 (um 1728); 5 V.-Konzerte sowie ein Ob.-Konzert, op. 11 (1729); 5 V.-Konzerte u. ein Ripienokonzert, op. 12 (1729); 6 Sonaten *Il pastor fido* für Musette, Vielle, Fl., Ob. (V.) u. B.c., op. 13 (1737). – **2) Vokal-WW:** je 1 Kyrie u. Credo, 2 Gloria; ca. 25 Psalmen, Hymnen u. Sequenzen; ca. 20 Motetten. – Oratorium *Juditha triumphans,* UA: Venedig 1716. – 39 Solokantaten, davon 9 mit Instr.; 3 Serenate. – **3) Bühnen-WW:** Von den etwa 50 nachweislich aufgeführten Opern sind vollständig erhalten (ohne die Pasticci): *Ottone in villa,* UA: Vicenza 1713; *Orlando finto pazzo,* UA: Venedig 1714; *L'incoronazione di Dario* u. *Arsilda regina di Ponto,* UA: ebd. 1716; *Il teuzzone* (Libr.: A. Zeno), UA: Mantua 1719; *La verità in cimento,* UA: Venedig 1720; *Ercole sul Termodonte,* UA: Rom 1723; *Giustino,* UA: ebd. 1724; *Dorilla in Tempe,* UA: Venedig 1726; *Farnace,* UA: ebd. 1727; *Orlando,* UA: ebd. 1727; *L'Atenaide* (Libr.: A. Zeno), UA: Florenz 1729; *La fida ninfa,* UA: Verona 1732; *L'Olimpiade* (Libr.: P. Metastasio), UA: Venedig 1734; *Griselda* (Libr.: Zeno u. C. Goldoni), UA: ebd. 1735.

V. wurde mehr als 20 Jahre nach G. Torelli und A. Corelli und 7 Jahre vor Bach geboren. Damit ist seine Stellung in der Musikgeschichte umrissen. Er hat in seinen Sonate da camera und Violinsonaten eine genaue Kenntnis des Corellischen Schaffens bewiesen und vielleicht auch Anregungen Torellis aufgenommen. Die sogenannte V.sche Konzertform stammt zwar nicht von ihm, aber der Ausdruck ist zutreffend, wenn man darunter die typische Ausprägung, die virtuose Gestik und die zahlenmäßig überquellende Produktion versteht, mit der er seine Vorgänger weit übertraf. Sein *Estro armonico* hat von Amsterdam aus einen Siegeszug durch die damalige Kulturwelt angetreten, die in der Wirkung auf Bach ihren sinnfälligen Ausdruck fand. Berichten zufolge wirkte V. auf seine Zeitgenossen vor allem durch sein Violinspiel; die bis in die höchsten Lagen funktionierende Grifftechnik, aber auch die Bogentechnik riefen Staunen und Verwunderung hervor und regten ihn selbst zu Klangbildern an, die bereits in Paganini-Nähe führten. V. hat Konzerte für fast alle Instrumente geschrieben und damit den Interpreten eine reichere Auswahl angeboten als seine Zeitgenossen. Den Konzerten ebenbürtig ist das kirchenmusikalische Schaffen: das „Sacrum Militare Oratorium" *Juditha triumphans devicta Holofernis barbarie* fällt durch die reiche Instrumentation auf; unter den Messensätzen und Psalmen ragt das als 12teilige Kantate angelegte Gloria hervor, das heute zum festen Bestand der konzertanten Kirchenmusik gehört. Sehr zwiespältig wurde in seiner Zeit das Opernschaffen beurteilt. Er selbst schrieb von 94 „von mir komponierten" Opern, hat damit aber sicherlich Neueinrichtungen und Umbearbeitungen wie Adaptierungen fremder Werke mit einbegriffen. Trotz aller gelegentlichen Kritik hat er den Standard der damaligen Opernproduktion gehalten und ist ein gesuchter, weil gewandt und schnell schreibender Meister gewesen.

Seit V. um die Mitte des vorigen Jahrhunderts mit dem Werk Bachs wiederentdeckt wurde, ist sein Ansehen in ständigem Wachsen begriffen; Rundfunk, Schallplatte und das Repertoire der vielen Kammerorchester sind heute ohne ihn undenkbar.

Ausg.: GA der Instr.-Werke, hrsg. v. G. F. MALIPIERO, fortgesetzt von A. Fanna, 16 Serien (Mi 1947–72). – La musica sacra di A. V., hrsg. v. R. FASANO (Mi 1969) (Ausw. v. geistl. Werken). – Dramma per musica *La fida ninfa,* hrsg. v. R. MONTEROSSO (Cremona 1964); *Aurilda e Alcondo,* hrsg. v. L. BETTARINI (Mi 1976). – Zahlr. weitere Einzelausgaben.

Lit.: **1) Werk-Verz., Dokumente, Kataloge u. Briefwechsel:** A. CASELLA – V. MORTARI – S. A. LUCIANI u.a., A. V., Note e documenti (Siena 1939); O. RUDGE, Lettere e dediche di A. V. (Siena 1942); M. PINCHERLE, A. V. et la musique instrumentale, II: Inventaire thématique (P 1948, Nachdr. NY 1968); L. CORAL, A Concordance of the Thematic Indexes to the Instr. Works of A. V. (Ann Arbor 1965, ²1972); A. V., Cat. numerico-tematico delle opere strumentali, hrsg. v. A. FANNA (Mi 1968); A. S. MARTIN,

V. Violin Concertos. A Handbook (Metuchen/N.J. 1972); A. V. Cat. delle opere, hrsg. v. A. GIRARD (Tn 1973) (mit Diskographie); P. RYOM, A. V., Table de concordances des œuvres (Kop 1973), dt. Übers.: Verz. der Werke A. V.s (= RV) (L 1974). – **2) Biographien u. umfassende Darstellungen:** A. GENTILI, V., in: RMI 24 (1917); M. PINCHERLE, A. V. et la musique instrumentale, 2 Bde. (P 1948, Nachdr. NY 1968) (s.o.); G. GUERRINI, V. (Fi 1951); M. PINCHERLE, V. (P 1955); G. F. MALIPIERO, A. V. (Mi 1958); R. GIAZOTTO, V. (Mi 1965); W. KOLNEDER, A. V. (Wie 1965); M. MARNAT, A. V. (P 1965); M. MEUNIER-THOURET, V. (P 1972); R. GIAZOTTO – G. ROSTIROLLA, A. V. (Tn 1973) (mit Werk-Verz. u. Diskographie); W. KOLNEDER, A. V., Dokumente seines Lebens u. Schaffens (Wilhelmshaven 1979). – **3) Stud. zu einzelnen Werken u. Werkgruppen:** W. KOLNEDER, A. V., Neue Stud. z. Biogr. u. Stilistik seiner Werke (Habil.-Schrift Saarbrücken 1956), Teildrucke als: Aufführungspraxis bei V. (L 1955, Nachdr. Adliswil 1973) sowie als: Die Solokonzertform bei V. (Str 1961) (= Slg. musikwiss. Abh.en 42); R. ELLER, Die Entstehung der Themenzweiheit in der Frühgesch. des Instrumentalkonzerts, in: FS H. Besseler (L 1961); DERS., V., Dresden, Bach, in: BzMw 3 (1961), wiederabgedruckt, in: J. S. Bach, hrsg. v. W. Blankenburg (Da 1970) (= Wege der Forsch. 170); O. RUDGE, Il „Choris" della „Juditha triumphans" di A. V., in: Musiche it. rare e vive ..., hrsg. v. A. Damerini – G. Roncaglia (Siena 1962); W. KOLNEDER, V.s Aria-Concerto, in: DJbMw 9 (1964); DERS., Die V.-Forsch. Gesch., Probleme, Aufgaben, in: Forsch. u. Fortschritt 40 (1966); dass., in: ÖMZ 22 (1967); H. CH. WOLFF, V. u. der Stil der it. Oper, in: AMl 40 (1968); H.-G. KLEIN, Der Einfluß der Vivaldischen Konzertform im Instrumentalwerk J. S. Bachs (Str 1970) (= Slg. musikwiss. Abh.en 54); K. HELLER, Die dt. Überlieferung der Instrumentalwerke V.s (L 1971); R. RÜEGGE, Die Kirchenmusik v. A. V., in: SMZ 111 (1971); W. KOLNEDER, Melodietypen bei V. (Z 1973); W. BRAUN, A. V., Concerti grossi, op. 8, Nr. 1–4 „Die Jahreszeiten" (Mn 1975) (= Meisterwerke der Musik 9); V. veneziano europeo, hrsg. v. F. DEGRADA (Fi 1980); E. CROSS, The Late Operas of A. V. 1727–1738, 2 Bde. (Ann Arbor/Mich. 1981).

W. KOLNEDER

VIVES, Amadeo Roig, * 18. 11. 1871 Collbató bei Barcelona, † 1. 12. 1932 Madrid; span. Komponist. Er studierte bei F. Pedrell in Barcelona und leitete dann eine Musikkapelle in Málaga. Nach Barcelona zurückgekehrt, war er dort zunächst Organist und Kapellmeister des Nonnenklosters Loreto und gründete 1891 mit Ll. Millet den Orfeó Català, der sich bald als führender katalanischer Chor etablierte und für den V. Kompositionen und Arrangements schrieb. Nach dem Erfolg seiner ersten Oper *Artus* (1895) ließ er sich als Bühnenkomponist in Madrid nieder, wo er auch eine Zeitlang am Konservatorium lehrte. V. hat maßgeblich zu einem neuen Aufschwung der span. Musik um die Jahrhundertwende beigetragen.

WW: Zarzuelas: *Don Lucas del Cigarral*, UA: Madrid 1899; *La balade de la luz*, UA: ebd. 1900; *Doloretes*, UA: ebd. 1901; *Bohemios*, UA: ebd. 1903; *Doña Francisquita*, UA: ebd. 1923. – Canciones epigramáticas (1915–16) für Gesang u. Klv.; Chorwerke, u.a. *L'émigrant* (1890).

Lit.: A. CARRIÓN, A. V. (Ba 1932); J. SUBIRÁ, Ideario estético y ético de A. V. (Ba 1933); D. P. THOMPSON, Doña Francisquita, a „Zarzuela" by A. V., Translation, Adaption, Musical Direction, and Production, 3 Bde. (= Diss. Univ. of Iowa 1970); T. BORRAS, A. V. (1871–1971) (Ma 1972).

VIVIANI, Giovanni Bonaventura, * 15. 7. 1638 Florenz, † 1692 oder später Pistoia(?); it. Komponist. Er war zwischen 1656 und 1660 Violinist und 1672–76 Direktor der Hofmusik in Innsbruck. 1677 brachte er in Venedig und 1679 in Neapel seine Oper *Astiage* zur Aufführung. In Neapel leitete er 1678–79 und 1681–82 eine Operntruppe. 1686 war er Kapellmeister des Fürsten Bisignano und 1687–92 an der Kathedrale in Pistoia. Bemerkenswert ist eine *Sinfonia cantabile* in V.s *Capricci*, die nach Art einer Solokantate geschrieben ist und auch Instrumentalrezitative enthält.

WW: *Suonate* für 2 V., Va. u. B.c. (V 1673); *Capricci armonici da chiesa e da camera* für V. mit einer Trp.-Sonate (V 1678); weitere Sonaten hsl. – *Salmi, motetti e litanie* u. *Veglie armoniche* für 1–3 St., V. u. B.c. (Bol 1688, Fi 1690); *Solfeggiamenti* für 2 St. (Fi 1693). – Oratorien: *La strage degli innocenti*; *L'Esequie del Redentore*; *L'Abramo in Egitto*; *Faraone*. – Opern: *Astiage*, UA: Venedig 1677; *Mitilene*, UA: Neapel 1681/82; *La vaghezza del fato*; ferner einige Kantaten.

Lit.: H. SEIFERT, G. B. V. Leben, Instrumental- u. vokale Kammermusikwerke (Diss. W 1970).

VLAD, Roman, * 29. 12. 1919 Czernowitz (Bukowina); it. Komponist rumänischer Herkunft. Er studierte Klavier am Konservatorium in Czernowitz, kam 1938 nach Rom und nahm an den Kursen von A. Casella an der Accademia di S. Cecilia teil. 1942 wurde er für seine *Sinfonietta* mit dem Enescu-Preis ausgezeichnet und ist seither als Komponist, Pianist und Musikkritiker tätig. 1954 und 1955 lehrte er bei den Sommerkursen in Dartington und wurde 1968 Professor für Komposition am Konservatorium in Perugia. 1955–58 und 1966–69 war er künstlerischer Leiter der Accademia Filarmonica Romana, 1964 des Maggio Musicale Fiorentino und seit 1968 des Teatro Comunale in Florenz, außerdem 1960–63 Präsident der italienischen Sektion der IGNM. In seinen Kompositionen verwendet V. undogmatisch neue Verfahren von der seriellen Technik bis zur elektronischen Musik und Aleatorik.

WW: **1) Instr.- u. Vokal-WW:** Klv.-Kompositionen, u.a. *Studi dodecafonici* (1943, rev. 1957) u. *Variazioni concertanti su una serie di 12 note dal „Don Giovanni" di Mozart* (1955); *Musica concertata* (1958) für Harfe; *Ode super „Chrysea Phorminx"* (1964) für Gitarre; *Sonatina* für Fl. u. Klv. (1945); Divertimento für 11 Instr. (1948); Serenade für 12 Instr. (1959). – *Sinfonia all'antica* (1947–48); *Meloritmi* (1955–57) für Streichorch. – 3 *Invocazioni* (1948–49) für hohe St. u. Orch. (oder Klv.); 5 Elegien (über biblische Texte) (1950–52) für St. u. Streichorch.; Kantaten *De profundis* (1942–46) u. *Le ciel est vide* (nach G. de Nerval, 1952–53) für Sopran, Chor u. Orch. – **2) Bühnen-WW:** Opern: *Storia di una mamma* (G. da Venezia nach Andersen), UA: Venedig 1951; Funkoper *Il dottore di vetro* (M. L. Spaziani nach Ph. Quinault), UA: RAI 1960, Bühnenfassung: UA: Berlin 1961. – Ballette: *La strada sul caffè* (1942–43); *La dama delle camelie*, UA: Rom 1945 (2. Version UA: ebd. 1956); *Masques ostendais*, UA: Spoleto 1959; *Die Wiederkehr*, UA: Köln 1962. – Ferner Bühnenmusik. – **3) Elektronische Musik:** *Ricercare elettronico* (1961). – **4) Schrif-**

ten: *Dallapiccola* (Mi 1957); *Storia della dodecafonia* (ebd. 1958); *Strawinsky* (Tn 1958, ²1973, engl. Lo 1960, poln. Krakau 1974); *A. Schönberg schreibt an G. F. Malipiero*, in: Melos 38 (1971); *Gli ultimi anni di Strawinsky*, in: NRMI 6 (1972); *Alcune osservazioni sulla struttura delle opere di Verdi*, in: Atti del III. Congresso int. di studi verdiani Mailand 1972 (Parma 1974).

VLADIGEROV, Pančo, ↗ Wladigerow, Pantscho.

VLIJMEN, Jan van, * 11. 10. 1935 Rotterdam; ndl. Komponist. Er war Kompositionsschüler von C. van Baaren am Konservatorium in Utrecht, leitete 1961–65 die Musikschule in Amersfoort, war 1965–67 Lehrer für Theorie am Utrechter Konservatorium und wurde 1967 2. Direktor am Konservatorium in Den Haag, das er seit 1971 leitet. In seinen Kompositionen verwendet V. serielle Techniken.

WW: *Costruzione* (1960) für 2 Klv.; Streichquartett (1955); Bläserquintett (1958); *Serie per 6 strumenti* (1960) für Klv., Fl., Ob., Klar., Fag. u. Trp.; *Serenata I* (1964) für 12 Instr. u. Schlagzeug u. *Serenata II* (1964) für Fl. u. 4 Instr.-Gruppen (1966); *Gruppi* (1962) für 20 Instr. u. Schlagzeug; Sonate für Klv. u. 3 Instr.-Gruppen (1966); *Dialogue* (1966) für Klv. u. Klar.; *Per diciasette* (1968) für 17 Bläser; *Omaggio a Gesualdo* (1971) für V. u. 6 Instr.-Gruppen. – 3 Lieder nach Gedichten v. Ch. Morgenstern (1958).

VOCES AEQUALES, ad voces aequales (lat., = zu gleichen Stimmen), auch it. Voci pari (= gleiche Stimmen) und Voci mutate (wörtlich: = veränderte Stimmen), in der Vokalmusik des 16. Jh. Besetzungs-Bz. für Kompositionen mit Knaben- und Männerstimmen ohne Discantus und mit reduziertem Stimmumfang. – ↗ Aequal, ↗ gleiche Stimmen.

VOGEL (Vogl), **Cajetan** (Caetano, Kajetan), * um 1750 Konjedy bei Leitmeritz (heute Litoměřice), † 27. 8. 1794 Prag; böhmischer Komponist und Chordirigent. Er studierte in Prag Theologie, trat 1769 dem Servitenorden bei und war von 1774 bis zur Auflösung des Klosters 1786 Chordirektor der Ordenskirche St. Michael. Anschließend wirkte er an der Dreifaltigkeitskirche in Prag-Neustadt. V. gilt als Repräsentant sakraler Musik des böhmischen Spätbarock.

WW: Vesperpsalmen u. Magnificat (Mn 1819); hsl. sind erhalten 20 Messen; 7 Requiem; einige Offertorien u. Motetten; weitere Psalmen u.a. kirchenmusikal. Werke; ferner ein Quintett für V., Klar., Fag., Horn u. Kb. sowie je ein Konzert für Cemb. u. für Horn.

Lit.: R. QUOIKA, V., in: MGG XIII; F. WEISS, C. V. ... sowie Thematisches Verz. der Werke des böhmischen Komponisten C. V., in: KmJb 60 (1976) u. 61/62 (1977/78).

VOGEL, Martin, * 23. 3. 1923 Frankfurt/Oder; dt. Musikforscher. Er studierte seit 1949 an der Universität Bonn, wo er 1954 promovierte und sich 1959 habilitierte. 1968 wurde er Wissenschaftlicher Rat und Professor. V. beschäftigt sich besonders mit Problemen der musikalischen Stimmung und konstruierte u.a. enharmonisch umstimmbare Trompeten, Tuben und Waldhörner, ein enharmonisch umstimmbares 2manualiges Cembalo (Ausführung Merzdorf), eine 48tönige Pfeifenorgel (Ausführung St. Schumacher), ein 171töniges elektronisches Tasteninstrument (Ausführung H. Scheid) sowie enharmonische Gitarren (Ausführung Höfner).

Schriften: *Die Zahl Sieben in der spekulativen Musiktheorie* (Diss. Bonn 1954); *Apollinisch u. Dionysisch. Gesch. eines genialen Irrtums* (Rb 1966) (= Stud. z. Musikgesch. des 19. Jh. 4); *Funktionszeichen auf akustischer Grundlage*, in: ZfMth 1 (1970); *Was hatte die „Liebesgeige" mit der Liebe zu tun?*, in: Musicae Scientiae Collectanea. FS K. G. Fellerer (Kö 1973). – V. begründete u. gibt heraus die *Orpheus-Schriftenreihe zu Grundfragen der Musik* (Düsseldorf 1961 ff., seit 1973 Bonn-Bad Godesberg), darin von ihm selbst: 1: *Die Intonation der Blechbläser* (1961); 2: *Der Tristan-Akkord u. die Krise der modernen Harmonielehre* (1962); 3–4: *Die Enharmonik der Griechen* (1963); 8: *Die Zukunft der Musik* (1968); 13–14: *Onos Lyras. Der Esel mit der Leier* (1973); 16: *Die Lehre v. den Tonbeziehungen* (1973); 25–26: *Chiron, der Kentaur mit der Kithara* (1978); 30–31: *Musiktheater* (1980–81); 34: *Schönberg u. die Folgen* (1983).

VOGEL, Wladimir Rudolfowitsch, * 29. 2. 1896 Moskau, † 19. 6. 1984 Zürich; Schweizer Komponist dt.-russ. Abstammung. Durch seine Bekanntschaft mit A. Skrjabin wandte er sich der Komposition zu. 1914–18 in Birsk (Ural) interniert, lernte er russische Vokalmusik kennen, die entscheidende Anregung für seine spätere Sprechchorkompositionen gab. Seit 1918 studierte er in Berlin bei H. Tiessen und F. Busoni Komposition und wurde 1925 Kompositionslehrer am Klindworth-Scharwenka-Konservatorium. 1933 emigrierte er nach Ascona und erhielt 1954 die Schweizer Staatsbürgerschaft; seit 1964 lebte er in Zürich. J. Wildberger, R. Liebermann und E. Rautavaara waren seine Schüler.

WW: Für Klv.: *Etude Toccata* (1926); *Variétude* (1932); *Epitaffio per A. Berg* (1936); *Dai tempi piu rimoti* (1922–41, revidiert 1968); *4 Versionen einer Zwölftonfolge* (1973); *Komposition* (1923) für 2 Klv. (auch für ein Klv.). – *La ticinella* (1941) für Fl., Ob., Saxophon, Klar. u. Fag.; 12 *Variétudes* (1942) für V., Fl., Klar., Vc.; *Arie* für Vc. u. Klv.; *Inspirée par J. Arp* (1965) für Fl., Klar., V., Vc.; *Turmmusik I–IV* (1958–59) für 4 Hörner, 3 Trp. u. 2 Pos.; *Ritmica ostinata* (1932) für 3 Trp., 3 Pos. u. Tuba; *Devise* (1934) für 2 Trp., 3 Pos. u. Tuba; Streichquartett (1974). – Für Orch.: *Sinfonia fugata in memoriam F. Busoni* (1924); 4 Etuden (1930–32); Tripartita (1934); Passacaglia (1946); *Sept aspects d'une série de douze sons* (1950); *Spiegelungen* (1952); *Interludio lirico* (1954); *Preludio, Interludio lirico, Postludio* (1954); *Hörformen I-VI* (1967); Konzerte für V. sowie für Vc. (1937, 1954); *Hörformen* (1973) für Klv. u. Streichorch.; *Abschied* u. *Meloformen* für Streichorch. – Lieder u. Gesänge für SingSt u. Klv. sowie SingSt u. Instr.; Werke für Chor a cap. u. Sprechchor a cap.; Kantaten u. Oratorien, darunter: *Thyl Claes* (daraus versch. Einzelstücke u. Suiten), 1. Teil (1938–42), 2. Teil (1943–45); *An die Jugend der Welt* (1954); *Jona ging doch nach Ninive* (1958); *Meditazione sulla maschera di A. Modigliani* (1960); *Worte*

(1962); *Flucht* (1963–64); *Wagadus Untergang durch die Eitelkeit* (1930, Neufassung 1955). – V. schrieb: *Der moderne Sprechchor,* in: NZfM 121 (1960); *Zur Idee des Prometheus von Skrjabin,* in: SMZ 112 (1972); *Grundsätzliches zum Dramma-Oratorio,* in: Musica 20 (1966).

V.s Entwicklung von Skrjabin über Busonis Idee einer neuen Klassizität führte zur Anwendung der Zwölftontechnik und zur schöpferischen Bewältigung immer neuer Aufgaben (Ostinato-Kompositionen, *Hörformen*). In seinen vielfältigen Kompositionen für Sprechchor und Solosprechstimmen, zu denen er eine Notation entwickelte, thematisiert V. allgemeinmenschliche Probleme oft in der Künstleridee *(Thyl Claes, Wagadu, Worte).*

Lit.: G. SCHUHMACHER, Gesungenes u. gesprochenes Wort in Werken W. V.s, in: AfMw 24 (1967), Neudr. in: Zur musikal. Analyse, hrsg. v. dems. (Da 1974); H. OESCH, W. V. Sein Weg zu einer neuen musikal. Wirklichkeit (Be – Mn 1967) (mit Werk-Verz.); G. WERKER, De componist W. V., in: Mens en melodie 23 (1968); G. SCHUHMACHER, Die musikal. Verwendung des Sprechchors im 20. Jh., in: Sprechen u. Sprache, hrsg. v. H. Geissner u. a. (Wuppertal 1969). G. SCHUHMACHER

VÖGEL, DIE, ein lyrisch-phantastisches Spiel in 2 Aufzügen nach Aristophanes, Dichtung u. Musik von W. Braunfels, op. 30. UA: 30. 11. 1920 München (Nationaltheater).

In seiner Textfassung hebt Braunfels – wie der Untertitel ausweist – das Lyrische in der Komödie des Aristophanes gegenüber dem satirischen Element hervor. Somit schafft er im Libretto die Voraussetzung dafür, bei der Darstellung der drei Bereiche (Menschheit, Phantasiewelt des Vogelstaates und Gottheit) die Musik in seinem Sinne an die Handlung zu binden. Die lautmalerische, eindrucksvoll Vogelstimmen imitierende Tonsprache läßt die Sehnsucht der Menschen nachempfinden, in dem „süßtönenden Reiche, wo nur Gefühltes Leben heißt, los uns lösen von der Last der Erde". Auch die vergeblichen Warnungen des Prometheus an die Vögel, sich nicht vermessen gegen die Götter zu erheben, sowie die Bestrafung der Vögel durch Zeus werden ausdrucksstark mit musikalischen Mitteln dargestellt. Die Verbindung von lyrischen Kantilenen und funktional erweiterter Harmonik ohne Sentimentalitäten und expressionistische Härten begründete den großen Erfolg dieser Oper, die in den zehn Jahren nach der UA häufiger als die Bühnenwerke etwa von R. Strauss zur Aufführung gelangte. K. LANGROCK

VOGELGESANG. Aus dem zoologischen Terminus für Singvögel (lat. oscines, was mit lat. omen canere = Anzeichen singen zusammenhängt) wird nicht nur die enge Verbindung zwischen V. und Musik ersichtlich, sondern auch der kultische Ursprung der – bei allen Naturvölkern noch immer beobachtbaren – Nachahmung von Vogelrufen in musikalischem Kontext. So ist es nicht verwunderlich, daß in der europäischen Musikgeschichte der V. stets zu den beliebtesten außermusikalischen Themen und Anspielungen darstellender Musik gehört hat. Die reiche Tradition der Adaption von Vogelrufen in der Musik durchzieht dabei die Gattungen – vom Volkslied *(Kuckuck, Kuckuck, ruft's aus dem Wald)* bis zur Symphonie (L. van Beethoven, *Pastorale*) –, die Jahrhunderte – vom Sommerkanon des Mönchs von Reading (*Sumer is icumen in,* 13. Jh.) und dem Mailied Oswalds von Wolkenstein (*Der mai mit lieber zal,* Anfang 15. Jh.) bis zu O. Messiaens *La fauvette des jardins* (1972) – sowie die mit der Tradition jeweils verbundenen kompositorischen Grundhaltungen – von der parodistischen Absicht bei C. Saint-Saëns („Grande fantaisie zoologique" *Le carnaval des animaux*) bis zur musikalischen Abbildung des Naturlauts aus pantheistischer Weltsicht heraus (z. B. bei G. Mahler oder Messiaen). Dementsprechend häufig treten, wiederum in den verschiedensten musikalischen Zusammenhängen, Kompositionen auf, in denen es zu regelrechten Vogelstimmen-Aufzählungen kommt: so z. B. bei Cl. Janequin (*Le chant des oyseaux,* 1537), H. I. Fr. Biber (*Repraesentatio aviorum* für V. u. B.c., um 1680), A. Vivaldi (*La primavera* und *L'estate* aus op. 8), L. Boccherini (das Streichquartett *L'uccelliera* op. 11/6, 1771), O. Respighi (Suite *Gli uccelli,* 1927, nach älteren Vorbildern für Vogelstimmen-Kompositionen) oder Messiaen (*Oiseaux exotiques* für großes Orch., 1956). Gerade die religiös motivierte Arbeit Messiaens, wie sie noch unmißverständlicher in seinem 1956–58 verfaßten *Catalogue d'oiseaux* hervortritt, hat die Auffassung der musikalischen Relevanz des V.es vor anderen Naturlauten bis zu einem Punkt bestärkt, an dem sogar eine musikwiss. Vogelkunde gefordert wurde. Neben der Tatsache, daß man sich dabei auf A. Kirchers *Musurgia universalis* (1650) berufen konnte, in der bereits einige Vogelrufe in musikalischer Notation festgehalten sind, wurde eine solche Entwicklung gewiß auch aus der Struktur des Vogelruf-Materials selbst begünstigt, dessen artspezifische Stereotypisierung der rhythmisch-melodischen Beschaffenheit nach weitgehend mit Termini der Musikwissenschaft beschrieben werden kann. So wurden, besonders in den USA, sogar neue Methoden der wissenschaftlichen Dokumentation und Analyse auch des sog. Gezwitschers entwickelt (u. a. von P. Szöke, W. H. Gum, J. Fasset), dessen Mikrostrukturen sich nach Bandaufnahme durch Zeitdehnungs- und Transpositionsverfahren „der menschlichen Musik erstaunlich weit annähern ließen". Die Ergebnisse einer derartigen „Ornithomusikologie" allerdings, soweit sie gar die Einteilung des gesamten Vogelrufmaterials in einen musikalischen und einen nichtmusikalischen Bereich betreffen, stehen ebenso wie Spezialuntersuchungen zu den musikalischen „Leistungen" einzelner Arten (Amsel, Nachtigall) im Widerspruch zur musikalischen Praxis: denn einerseits bezogen Biber (s.o.) oder Telemann (Suite F-Dur für 4 Hörner, 2 Ob., Str. u. B.c.) auch „concertierende Frösche und Krähen" in ihre Kompositionen mit ein, und andererseits räumen auch die Komponisten der Musique concrète bis hin zu J. Cage den Vogelrufen keinen prinzipiellen Vorrang im Reich des Akustischen ein.

Lit.: A. CHAPUIS, Les automates figures artificielles d'hommes et d'animaux (Neuchâtel 1950); W. H. THORPE, Bird-Song. The Biology of Vocal Communication and Expression in Birds (C 1961); E. A. ARMSTRONG, A Study of Bird Song (Lo 1963); P. SZÖKE – W. W. H. GUNN – M. FILIP, The Musical Microcosm of the Hermit Trush, in: Studia musicologica Academiae Scientiarum Hungaricae 11 (1969); G. THIELCKE, Vogelstimmen (B 1970); T. HOLD, Messiaens Birds, in: ML 52 (1971); C. HARTSHORNE, Born to sing. An Interpretation and World Survey of Bird Song (Bloomington/ Ind. 1973). R. CADENBACH

VOGELHÄNDLER, DER, Operette in 3 Akten von C. Zeller, Text von Moritz Nitzelberger-West u. Ludwig Held nach einer Idee von Biéville. Ort u. Zeit der Handlung: in der Rheinpfalz, zu Beginn des 18. Jh.; UA: 10. 1. 1891 in Wien (Theater an der Wien). Verfilmt: 1935, 1940 u. 1953.

Die Idee zum *Vogelhändler* kam C. Zeller während eines Ferienaufenthaltes in Tirol. Die Verwechslungskomödie, in der der falsche Graf Stanislaus der Briefträgerin Christl den Hof macht, während deren Bräutigam, der Vogelhändler Adam, darüber erbost, mit der als Bauernmädchen verkleideten Kurfürstin Marie flirtet, wird mit dem glücklichen Zusammenfinden von Christl und Adam beschlossen. Der volkstümliche Charakter der Handlung findet seinen Niederschlag auch in der musikalischen Gestaltung. Melodien wie *Grüß euch Gott, alle miteinander, Ich bin die Christl von der Post, Flix, Flux, Flax, Florian, Schenkt man sich Rosen in Tirol* und *Wie mein Ahn'l zwanzig Jahr* sind alle im Volksliedstil geschrieben und, losgelöst aus dem Werkrahmen, Evergreens geworden. Der große Erfolg des *Vogelhändler* – im Theater an der Wien 184 Aufführungen en suite – ist dem Werk bis heute wegen seines volkstümlichen Charakters (im Sinne C. Millöckers als „echte Volksoperette" zu bezeichnen) erhalten geblieben. B. DELCKER

VOGGENREITER VERLAG. Er wurde 1919 in Regensburg als *Der Weiße Ritter Verlag* von *Ludwig Voggenreiter* gegründet, siedelte 1922 nach Berlin und 1924 nach Potsdam über, wo er unter dem Namen *Verlag Ludwig Voggenreiter* bis 1948/49 seinen Sitz hatte. Nach Voggenreiters Tod 1948 führte *Heinrich Voggenreiter* die Firma in Bad Godesberg weiter; sie ist seit 1972 im Besitz von *Ernst Voggenreiter.* Die Verlagsgründung erfolgte in Zusammenhang mit der Deutschen Jugendbewegung. Aus Volksliedsammlungen entwickelte sich der eigenständige Zweig des Musikverlags, der auch Werke zeitgenössischer Komponisten (C. Bresgen, Fr. Jöde u.a.) herausbrachte und auf dem Gebiet der Schulmusik aktiv war. In den 60er Jahren nahm er sich der neuen Bewegung der Folksänger und Liedermacher an. Durch den verlagseigenen Label „Xenophon" kamen die ersten Aufnahmen u.a. von Reinhard Mey, Schobert & Black, Hannes Wader, Christop Stählin, Walter Hedemann und Ray Austin auf den Markt. Später wurden u.a. die Formationen Eddi & Finbar Furey, Earforce und The String Band in das Programm aufgenommen.

VOGL, Johann Michael, * 10. 8. 1768 Ennsdorf bei Steyr, † 20. 11. 1840 Wien; östr. Sänger (Bariton). V. kam 1785 mit Fr. X. Süßmayr nach Wien, absolvierte dort ein Jurastudium, ging aber 1794 als Sänger an die Hofoper, der er bis 1821 angehörte. Er sang dort über 130 Rollen, u.a. die des Pizarro bei der Uraufführung der 3. Fassung von L. van Beethovens *Fidelio* (1814) und die Haupt-(Doppel-)Rolle in Fr. Schuberts Oper *Zwillingsbruder,* zu deren Entstehung er maßgeblich beigetragen hatte. V., seit 1817 mit Schubert befreundet, hat große Verdienste vor allem um Interpretation und Verbreitung von dessen Liedern erworben.

Lit.: A. LIESS, J. M. V. (Gr – Kö 1954).

VOGLER, Georg Joseph (Abbé V.), * 15. 6. 1749 Würzburg, † 6. 5. 1814 Darmstadt; dt. Komponist, Musiktheoretiker und Organist. V. studierte seit 1763 in der Humanistenklasse der Universität Würzburg, dann Jura und Theologie an der Universität Bamberg. 1771 holte ihn der Kurfürst Karl Theodor als Almosenier und Kaplan an seinen Hof nach Mannheim (↗Mannheimer Schule). 1773 ging V. zum musikalischen Studium nach Italien und war in Bologna Schüler von Padre Martini, in Padua von Fr. A. Vallotti; Papst Pius VI. ernannte ihn zum Apostolischen Protonotar. 1775 nach Mannheim zurückgekehrt, wurde er dort Geistlicher Rat und 2. Kapellmeister und gründete 1776 eine musikalische Ausbildungsstätte, die „Mannheimer Tonschule", deren Unterrichtssystem er in mehreren Schriften exponierte. Nach der Verlegung des kurfürstlichen Hofes nach München 1778 blieb V. zunächst in Mannheim und hielt sich 1780–83 in Paris auf, trat als Cembalist im Concert spirituel auf und brachte mehrere Opern ohne sonderlichen Erfolg zur Aufführung. In dieser Zeit legte er auch sein musiktheoretisches System der Académie des Sciences in Paris und der Royal Society in London zur Prüfung vor. 1783 wurde er in München Hofkapellmeister und ging 1786 in gleicher Funktion an den schwedischen Königshof nach Stockholm, wo er wiederum eine Musikschule gründete. Von Stockholm aus führten Konzertreisen als Organist V. in viele europäische Länder. 1792–93 unternahm er eine Studienreise nach Portugal, Nordafrika und Griechenland, um die dortige Musik kennenzulernen. 1799 kehrte er endgültig nach Deutschland zurück und beschäftigte sich nun hauptsächlich mit dem Bau und der Erneuerung von Orgeln nach einem eigenen „Simplifikationssystem", bei dem die tiefsten Töne akustisch als Differenztöne und nicht durch eigene große Pfeifen erzeugt werden und bei dem nur wenige charakteristische Register verwendet werden. Das System stieß jedoch auf den Widerstand der meisten Orgelbauer. Ein unruhiges Wanderleben führte V. u.a. nach Kopenhagen, Berlin, Prag und Wien, wo er J. Haydn und L. van Beethoven kennenlernte, und 1805 nach München. 1807 ernannte ihn Großherzog Ludwig I. von Hessen-Darmstadt zum Hofkapellmeister. In Darmstadt eröffnete er wieder eine Musikschule und betrieb von hier aus weitere Orgelum- und -neubauten.

WW: **1) Instr.-WW:** Im Druck erschienen: Sonaten, Variationen u. a. Stücke für Cemb. oder Klv., für Klv. oder Org., für Klv. u. V.; Klv.-Trios; Klv.-Quartette, darunter *Der eheliche Zwist* (L 1796) u. *Polymelos ou Caractères de musique des différentes nations* (Speyer 1806). – Für Orch.: 3 Symphonien; 2 Ouvertüren; 9 Konzerte u. mehrere Variationen für Klv. u. Orch. – **2) Vokal-WW:** Über 100 kirchenmusikal Werke, darunter 11 Messen bzw. Requiems; Klv.-Lieder; Kantaten mit Klv. oder Orch.; Chorwerke mit u. ohne Instr.-Begleitung. – **3) Bühnen-WW:** 11 Opern, Singspiele u. Operetten (nach dt., frz., it. u. schwed. Libretti) (hsl. oder als Klv.-A. erhalten), darunter: *Der Kaufmann von Smyrna,* UA: Mannheim 1771; *La kermesse,* UA: Paris 1783; *Gustave Adolph och Ebba Brahe,* UA: Stockholm 1788; *Samori,* UA: Wien 1804; 3 Ballette; Melodram *Lampedo;* ferner Schauspielmusiken, darunter zu *Hermann v. Unna* (L um 1800). – **4) Schriften:** *Tonwissenschaft u. Tonsezkunst* (Mannheim 1776, Nachdr. Hil 1970); *Churpfälzische Tonschule* (ebd. 1778 mit separaten Beispielen); *Betrachtungen der Mannheimer Tonschule,* 3 Jahrgänge (ebd. 1778–81, Nachdr. Hil 1971); *Choral-System* (Kop 1800); *Hdb. der Harmonielehre u. für den Generalbass* (Pr 1802); *System für den Fugenbau* (Offenbach 1811); weitere Schriften u.a. z. musikal. Akustik u. z. Fragen des Orgelbaus; Musikartikel z. *Deutschen Enzyklopädie,* A–K, 23 Bde. (F 1778–1804); ferner Analysen *(Zergliederungen)* von eigenen Werken u. von Werken anderer Komponisten.

V. erlangte zeitgenössischen Ruhm vor allem durch seine Bemühungen auf dem Gebiet des Orgelbaus, die sich aber nicht entscheidend durchsetzen konnten, und durch seine Konzerte als Improvisator auf einer eigens für ihn konstruierten tragbaren Orgel („Orchestrion" genannt). Sie besaß 4 Manuale, aber nur 14 Register mit 900 durchschlagenden Zungenpfeifen, die V.s Vorstellung von orgelmäßiger Expressivität und Kantabilität entsprachen. Auf diesem Instrument bot er geradezu spektakuläre Programme dar unter Einbeziehung von Schlachtengemälden und Gewittergeräuschen. Als Musiktheoretiker unter dem Einfluß Vallottis stehend, war die Harmonielehre sein Hauptanliegen; er entwickelte hier ein eigenes kompliziertes System der Wertung und Deutung der Akkorde. Das brachte ihn auch dazu, Werke anderer Komponisten, darunter Choräle J. S. Bachs, zu „zergliedern" und sie nach seiner Vorstellung zu „verbessern" und trug ihm heftige Kritik ein. V.s eigene Kompositionen haben ihn kaum überlebt und sind auch noch nicht eingehend untersucht worden. Bedeutend war V. schließlich als Lehrer. Aus der großen Zahl seiner Schüler seien hier nur P. von Winter, J. M. Kraus, Fr. Danzi, C. M. von Weber und G. Meyerbeer genannt. Mit seinem gesamten Wirken ist V. eine der vielseitigsten, originellsten und anregendsten Persönlichkeiten in der Musikgeschichte zwischen der ausgehenden Mannheimer Vorklassik und der beginnenden Romantik.

Ausg.: Fl.-Quartett, in: Mannheimer Kammermusik des 18. Jh. 1, hrsg. v. H. RIEMANN (1914) (= DTB 15); dass., hrsg. v. K. ZÖLLNER (H 1958); Cemb.-Konzert C-Dur, hrsg. v. G. LENZEWSKI (B o.J.); Variationen für Klv. u. Orch., hrsg. v. F. SCHROEDER (Mz 1951); *Gustave Adolph,* hrsg. v. M. TEGEN (Sto 1973) (= Monumenta musicae Svecicae 7).

Lit.: K. E. VON SCHAFHÄUTL, Abt G. J. V. (Au 1888, Nachdr. Hil 1979); H. SCHWEIGER, Abbé V.'s Orgellehre (W 1938) (mit Schriften-Verz.); H. KREITZ, Abbé G. J. V. als Musiktheoretiker (Diss. masch. Saarbrücken 1957); W. RECKZIEGEL, V., in: MGG XIII; D. J. BRITTON, Abbé G. J. V. His Life and his Theories on Organ Design (1973) (= Diss. Univ. of Rochester); W. LEBERMANN, Zur Authentizität v. G. J. Voglers Geburtsort, in: Mf 34 (1981).

VOGT, Hans, * 14. 5. 1911 Danzig; dt. Komponist. Er studierte 1929–34 an der Preußischen Akademie der Künste in Berlin, seit 1930 auch an der Akademie für Kirchen- und Schulmusik, war 1934–44 als Kapellmeister und Opernchef in Bielefeld und Detmold und (seit 1938) als Städtischer Musikdirektor in Stralsund tätig. 1951 wurde er Kompositionslehrer (1971 Professor) an der Musikhochschule in Mannheim.

WW: Klv.-Stücke; Kammermusik, u.a.: *Dialoge* (1961) für Klv.-Trio; Streichquartette (1960, 1975); Streichquintett (1967). – Für Orch.: *Sinfonie in C* (1940); Klv.-Konzert (1952); *Monologe* (1964); Vc.-Konzert (1968); *Azioni sinfoniche* (1971). – Lieder mit Klv. u. Orch.; Kammeroratorium *Historie der Verkündigung* (1954) für 3 Solost., Chor u. 13 Instr.; *Requiem* (1970) für Sopran,

Baß, Chor, 2 Trp. u. Schlagzeug; *Strophen* (1975) für Bar. u. Orch. – Opern: *Die Stadt hinter dem Strom*, UA: NWDR 1953, szenisch Wiesbaden 1954; *Athenerkomödie*, UA: Mannheim 1964. – V. schrieb *Neue Musik seit 1945* (St 1972, ²1975).

Lit.: W. STEGER, Vom Eigenwert der Musik, H. V., in: Musica 25 (1971).

VOIGTLÄNDER, Gabriel, * um 1596 Reideburg bei Halle, † 22. oder 23. 1. 1643 Nykøbing bei Kopenhagen; dt. Instrumentalist. V. ist 1626 als Stadttrompeter in Lübeck nachweisbar und war 1633–36 Hoftrompeter Herzog Friedrichs III. von Schleswig-Holstein in Gottorf. Anschließend wurde er Hofmusiker König Christians V. von Dänemark in Nykøbing und Kopenhagen. V. veröffentlichte *Ersther Theil Allerhand Oden und Lieder, welche auf allerley als Italianische, Frantzösische, Englische und anderer Teutschen guten Componisten Melodien und Arien gerichtet ...*, der 93 Sololieder mit Generalbaßbegleitung zu eigenen Texten enthält. Die Melodien sind Vokal- und Instrumentalwerken (ohne Angabe der Quellen und bislang meist nicht identifiziert) entnommen. Mit 4 Neuauflagen (1647–64) hatte das Werk einen ähnlich nachhaltigen Erfolg wie 100 Jahre später Sperontes' nach demselben Prinzip zusammengestellte *Singende Muse an der Pleisse* und beeinflußte die Entwicklung des dt. Liedes.

Lit.: K. FISCHER, G. V. (Diss. B 1910); DERS., G. V., in: SIMG 12 (1910/11); J. HENNINGS, Neues über G. V., in: Mf 2 (1949); G. MÜLLER, Gesch. des dt. Liedes vom Barock bis zur Gegenwart (Bad Homburg 1959).

VOKALISE, Vocalise, Bz. für ein Sologesangstück mit und ohne Begleitung, dessen Vokalpart nur auf einem oder mehreren Vokalen gesungen wird. Zu unterscheiden ist zum einen die V. als reines Übungsstück, das in der Gesangsausbildung einem ähnlichen Zweck dient wie das ↗Solfeggio. Solche V.n mit Klavierbegleitung gibt es seit dem frühen 19. Jh. in großer Zahl, teils als Bearbeitung von älteren Werken bekannter Komponisten, teils als Neuschöpfung, teils im Rahmen von Gesangschulen, teils separat. Das kompositorische Niveau ist entweder nur auf den Übungszweck abgestimmt oder zeigt eigenes Profil (z.B. in dem *Répertoire moderne de vocalises-études*, hrsg. v. A. L. Hettich, 6 Bde., P 1907 ff.; darin auch eine V. von G. Fauré und die *Vocalise-étude en forme de Habanera* von M. Ravel).
Zum anderen entsteht im 19. Jh. auch die V. als vokales Konzertstück ohne unmittelbare Bindung an die Gesangsausbildung. Bereits 1848 schrieb L. Spohr eine Sonatine für Singstimme und Klavier. Aber erst nach 1900 wird diese Gattung beliebter; dies bezeugen Werke u.a. von I. Strawinsky (*Pastorale*, 1908), S. Rachmaninow und R. Vaughan Williams. Vereinzelt gibt es in unserem Jh. auch eigens so bezeichnete V.n für mehrere Stimmen oder für Chor, so von G. Migot (*Suite pour piano principal et chœurs en vocalises*, 1949) und A. Schnittke (V. für 10 Frauenstimmen u. Vibraphon, 1973). Eine wichtige Rolle kommt den V.n in M. Kagels *Staatstheater* zu.

Lit.: O. JANDER, V., in: Grove⁶ XX.

VÖLKER, Franz, * 31. 3. 1899 Neu-Isenburg bei Frankfurt am Main, † 4. 12. 1965 Darmstadt; dt. Sänger (Tenor). V. war zunächst Bankbeamter, siegte 1925 bei einem Gesangwettbewerb des Frankfurter Rundfunks, nahm dann eineinhalb Jahre Gesangunterricht, wurde 1926 von Cl. Krauss an die Frankfurter Oper engagiert und debütierte als Florestan in L. van Beethovens *Fidelio*. 1931–35 war er Mitglied der Wiener Staatsoper, 1931–39 sang er bei den Salzburger und 1933–42 bei den Bayreuther Festspielen, wo er vor allem als Lohengrin bewundert und weltweit bekannt wurde. 1935–45 gehörte er der Berliner Staatsoper und dann bis zum Ende seiner Laufbahn 1952 der Münchener Staatsoper an. 1958 erhielt er eine Professur an der Stuttgarter Musikhochschule. V. war auch im Konzertsaal und auf dem Gebiet der Unterhaltungsmusik sehr populär. Er vereinigte die Merkmale eines dramatischen Heldentenors mit einer klangschönen lyrischen Stimme.

VOLKMANN, Friedrich Robert, * 6. 4. 1815 Lommatzsch bei Meißen, † 29. 10. 1883 Budapest; dt. Komponist. Er studierte 1836–39 in Leipzig bei C. F. Becker, ging dann als Gesanglehrer nach Prag und war 1840–41 Musikmeister des Grafen Wilczek in Szemeréd. Anschließend lebte er mit Ausnahme eines Wien-Aufenthaltes (1845–58) bis zu seinem Tod in Budapest, wo er 1875–83 als Professor für Komposition an der neugegründeten Musikakademie wirkte, deren Präsident Fr. Liszt war. V.s Werke stehen stilistisch zwischen R. Schumann und J. Brahms und weisen häufig Anklänge an die ung. Volksmusik auf. V.s Violoncellokonzert war lange Zeit ein beliebtes Repertoirestück.

WW: Für Klv.: *Phantasiebilder* (1837); *Souvenir de Marot* (1851); *Nocturne* (1852); Sonate (1840–53); *Buch der Lieder* (1854–56); *Visegrád*, 12 musikal. Dichtungen (1855); 4 Märsche (1855); *Variationen über ein Thema v. Händel* (1856); *Improvisationen* (1858); Ballade u. Scherzetto (1860–66); Kompositionen für Klv. zu 4 Händen u. für 2 Klv.; 2 Sonaten u. 2 Sonatinen (1868) für V. u. Klv.; Romanze für Vc. u. Klv. (1852); 2 Klv.-Trios (1842–43, 1850); 6 Streichquartette (1846–61). – Für Orch.: 3 Serenaden für Streichorch. (1869–70); 2 Symphonien (1862–65); V.-Konzert (1855). – Ferner 11 Slgen. Klv.-Lieder; Orchestergesänge; Chorwerke.

Lit.: H. VOLKMANN, R. V. (L 1915, ²1922); DERS., Thematisches

Verz. der Werke v. R. V. (Dresden 1937); TH. M. BRAWLEY, The Instrumental Music of R. V. (1975) (= Diss. Northwestern Univ., Evanston/Ill.).

VOLKONSKY, André (Andrei Michailowitsch Wolkonski), * 14. 2. 1933 Genf; russ. Komponist, Cembalist und Dirigent. Er studierte 1944–47 Klavier bei D. Lipatti in Genf und Komposition bei N. Boulanger in Paris sowie anschließend bis 1954 am Moskauer Konservatorium. 1964 gründete er dort das (Vokal-)Ensemble „Madrigal" zur Aufführung von Renaissance- und Barockmusik, mit dem er auch außerhalb der UdSSR gastierte. 1973 übersiedelte V. nach Frankreich. Er gilt als führender Komponist der sowjetischen Avantgarde.

WW: Klv.-Stücke; Kammermusik, darunter: ein Klv.-Quintett (1955); ferner *Concerto itinérant* (1967) für 3 Solisten u. 26 Instr.; *Les mailles du temps* (1969) für 13 Instr. – Für Orch.: *Serenade* (1953); *Capriccio* (1954); *Konzert* (1954); Kantaten *Rus'* (Rußland) (nach N. Gogols *Die toten Seelen*) (1952); *Obraz mira* (Das Bild der Welt) (1953) f. Mezzosopran, Chor, Org. u. Orch.

VOLKSLIED. Der entscheidende Anstoß zur Erforschung des V.s ging von J. G. Herder aus. Den von Michel de Montaigne in seinen *Essais* (1580) geprägten Begriff „poésie populaire" führte er als „Volkspoesie" in die dt. Sprache ein. Auch der Begriff V. ist eine Prägung Herders. Er gebrauchte ihn zum ersten Mal 1773 in seinem Aufsatz *Auszug aus einem Briefwechsel über Ossian und die Lieder alter Völker.* V.er waren für Herder jene Lieder, die die Natur eines Volkes, seine Denkart und die nationale Eigenart und damit zugleich das alle verbindende Natürlich-Menschliche überhaupt in historisch-konkreter Gestalt charakteristisch zum Ausdruck bringen: „lebendige Stimme der Völker, ja der Menschheit selbst". Seine eigene Slg. veröffentlichte Herder 1778–79 unter dem Titel *Stimmen der Völker in Liedern.* Auf Herders Anregung sammelte Goethe 1771 ein Dutzend dt. V.er aus mündlicher Überlieferung im Elsaß und steht damit am Beginn authentischer V.-Aufzeichnungen. Die wichtigste V.-Slg. der dt. Romantik ist Achim von Arnims und Clemens Brentanos 3bändige Slg. *Des Knaben Wunderhorn* (1805–08). Nur z.T. handelte es sich hierbei um historische und authentische Volkslieder. Ausgelöst durch die Anregungen Herders und der Romantik brachte das 19. und 20. Jh. eine Fülle von landschaftlichen und nationalen V.-Slgen. hervor. Die erste historisch-philologische Ausgabe bot L. Uhland mit seiner Slg. *Alte hoch- und niederdeutsche Volkslieder* (1844–45). Der erfolgreichste Sammler des 19. Jh. war L. Erk, von dem 20000 Aufzeichnungen erhalten sind. Aufgrund seiner Sammlungen gab dann Fr. M. Böhme den *Deutschen Liederhort* (1893–94) heraus, der noch immer als umfassendste Kompilation dt. V.er gilt. 1914 gründete J. Meier das Dt. Volksliedarchiv (DVA) in Freiburg i. Br., in dem bis heute über 300000 Liedaufzeichnungen zusammengetragen worden sind. Seitdem ist es das Zentralinstitut für die Sammlung und Erforschung des deutschsprachigen V.es und seiner fremdsprachlichen Parallelen. Neben die Veröffentlichung von gedruckten V.-Slgen. ist in den letzten Jahrzehnten die Tondokumentation authentisch aufgezeichneter Lieder auf Schallplatten getreten. Hier sind insbesondere die Veröffentlichungen des Instituts für Ostdeutsche Volkskunde in Freiburg i. Br. hervorzuheben. Neuere Forscher haben den Begriff V. in Frage gestellt und verwenden dafür Ausdrücke wie „das populare Lied" (Popularlied), „Gruppenlied". Der Begriff V. erweist sich bei näherer Betrachtung als Oberbegriff für ein Bündel recht unterschiedlicher Gruppen und Untergruppen von Liedern mit jeweils eigenen Begriffsprägungen. Vorzugsweise geht die textologische Begriffsbildung von Stoffen und Inhalten aus (weltliches, geistliches Lied, Liebes-, Heimat-, erzählendes Lied, historisches Ereignislied). Aussagen über Strophenbau, Aufbau und Form von Liedern machen Begriffe wie Einstropher, Zeilenlied, Zwei-, Vier-, Achtzeiler, Gerüststrophen- und Kettenlied. Differenzierungen nach sozialen Gruppen bieten Begriffe wie Seemanns-, Landsknechts-, Auswanderer-, Soldaten-, Studenten-, Bergmanns-, Arbeiterlied. Zu dieser Gruppe der berufsständischen Lieder gehören insbesondere die Gruppe der Zunft- und Handwerkerlieder (Weber-, Schneider-, Müllerlied usw.) und die Lieder der wandernden Handwerksgesellen. Träger und Sänger des V.s können Gruppen (Gemeinschaften, Kollektive) der verschiedensten Art sein: soziale und berufliche, familiäre, politische, vereinsmäßige Gruppen, siedlungs- oder sprachbedingte Gemeinschaften.

Die Ausübung des Singens, d.h. die Realisierung und Reproduktion eines V.s, ist nicht an eine Gruppe gebunden. Der Gesang kann von einem einzelnen oder von einer Gruppe (Gemeinschaft, Kollektiv) ausgeübt werden. Doch es gibt auch das individuelle Vor-sich-hin-Singen.

Eine weitere Gruppe von Begriffen nennt Anlässe des Singens. Häufig ist eine Gruppierung der Lieder nach Singgelegenheiten und Daten im Jahres- oder Tagesablauf (Morgen-, Abend-, Spinnstubenlied). Brauchtums- oder Brauchlieder bilden den umfangreichsten Bestand (wie z.B. Dreikönigs-, Advents-, Fronleichnams-, Neujahrs-, Oster-, Passions-, Weihnachtslied). Daneben stehen die Brauchanlässe des Lebenslaufes (z.B. Geburtstags-, Hochzeitslied, das Singen bei Totenfeiern und Totenwachen: Totenlied und Totenklage).

Eng verbunden mit dem Anlaß ist die Funktion von Liedern, die zur Bildung einer speziellen V.-Terminologie geführt hat. Nach Funktion und Verwendungszweck der Lieder lassen sich z.B. Wander-, Marsch-, Tanz-, Schunkel-, Trink- und Schlaflieder ausgliedern. Im Grunde hat jedes V. eine Funktion – sei es eine unterhaltende, eine rügende, eine didaktisch-moralisierende, eine zum Kampf animierende, aggressive, eine entspannende, einschläfernd-besänftigende (Wiegenlied), eine den Arbeitsprozeß rhythmisierende, eine erheiternde, zum Lachen bringende, eine erotisierende, eine Funktion der Selbstdarstellung usw. Ganz offensichtlich gibt es nicht nur *die* Funktion eines Liedes oder einer Liedgruppe, sondern viele Arten oder ein System von Funktionen: psychomentale, emotionale, didaktische, soziale, brauchtümliche und materielle usw. Diese Funktionen sind eng an den Akt der Darbietung oder des Singens gebunden.

Zum V. gehört die mündliche Tradition, die durch das Erscheinen eines Liedes in einer Hs. oder im Druck nicht unterbrochen zu sein braucht. Ein V. wird gesungen. Es existiert nicht nur als bloßer Text – wie ein Gedicht –, sondern als Gesang. Es kann auch Melodien ohne Text geben (z.B. Jodelgesang). Sogar an der bloßen rhythmischen Struktur läßt sich noch ein Lied erkennen. Die musikalische Seite ist dabei in der Regel dominierend; ihr hat sich oft genug der Text anzupassen. Selbst abgeschmackte, sentimentale, d.h. geistesgeschichtlich überständige Texte werden akzeptiert, wenn die dazugehörige Melodie noch immer zündet und gefällt.

Um Verfasserschaft, Herkunft oder um Gründe der Rezeption von Liedern kümmert sich die mündliche Überlieferung nicht. Dennoch kennt man eine stattliche Reihe von Verfassern, die volksläufige Lieder geschaffen haben. Die Absetzung vom individuellen Kunstlied ist nicht unproblematisch. Meiers zum Terminus technicus gewordener Buchtitel *Kunstlieder im Volksmunde* deutet den Vorgang der Folklorisierung an. Soweit heute noch in der Schule und in weiteren Kreisen ältere V.er gesungen werden, sind diese Erscheinungen des Singens fast immer Auswirkungen von künstlicher V.-Pflege. Es gibt dabei Umgestaltungen der verschiedensten Art. Diese Prozesse lassen sich charakterisieren durch die Termini Wiederbelebung, Bearbeitung, Weiterentwicklung, Umfunktionierung und Folklorismus. Man hat in diesem Sinne von einem zweiten oder dritten Dasein des V.s gesprochen.

Zum V. gehört eine gewisse Wandlungsfähigkeit. Fast jeder Sänger verändert ein Lied (Varianten). Erst das Weitersingen macht ein Lied zum Volkslied. Merkmal eines V.s ist schließlich seine Popularität wenigstens für eine Reihe von Jahren oder Jahrzehnten. Die Neigung zur Kontinuitätsbildung ist von Lied zu Lied, von Liedgattung zu Liedgattung sehr verschieden. Sogar Schlager können Kontinuitäten bilden; sie werden dann zum Evergreen; und nicht erst heute sind Hits und Top-Hits auf Jahre und Jahrzehnte hinaus zu populären Liedern geworden.

Lit.: **1) Sammlungen:** Stimmen der Völker in Liedern, hrsg. v. J. G. HERDER, 2 Teile (L 1778–79), abgedruckt in: Sämtliche WW, hrsg. v. B. Suphan, 25 (B 1885, Nachdr. Hil 1968, [2]1982), neu hrsg. v. H. Rölleke (St 1975) (= Reclam Universalbibl. 1371); Des Knaben Wunderhorn. Alte dt. Lieder, gesammelt u. hrsg. v. L. A. VON ARNIM – C. BRENTANO, 3 Teile (Hei 1806–08), neu hrsg. v. H. Rölleke, in: C. Brentano, Sämtliche Werke u. Briefe. Hist.-krit. Ausg. 6–9 (St 1975–78); Die dt. V.er mit ihren Singweisen, gesammelt u. hrsg. v. L. ERK – W. IRMER, 3 Bde. (Krefeld 1838–45); L. ERK, Dt. Liederhort (B 1853–55), neu bearb. u. fortgesetzt v. F. M. BÖHME, 3 Bde. (L 1893–94, Nachdr. Hil 1963, [2]1972); Dt. V.er mit ihren Melodien (B 1935ff.), bisher 6 Bde.; L. RÖHRICH – R. W. BREDNICH, Dt. V.er, I: Erzählende Lieder (Düsseldorf 1965), II: Lieder aus dem Volksleben. Brauch u. Arbeit, Liebe, Geselligkeit (ebd. 1967); Hdb. des V.es, hrsg. v. R. W. BREDNICH – L. RÖHRICH – W. SUPPAN, I: Die Gattungen des V.es (Mn 1973), II: Historisches u. Systematisches, Interethnische Beziehungen, Musikethnologie (Mn 1975); Melodietypen des dt. Volksgesanges, hrsg. v. H. BRAUN – W. SUPPAN – W. STIEF, 3 Bde. (Tutzing 1976–80). – **2) Zeitschriften:** Das dt. V., hrsg. v. Dt. Volksgesang-Verein Wien (W 1899–1949); Jb. für V.forschung, hrsg. v. Dt. V.archiv (B 1928ff.); Jb. des östr. V.werkes, hrsg. v. L. SCHMIDT – L. NOWAK – K. M. KLIER (W 1952ff.); Journal of the International Folk Music Council (C 1949ff.); Jb. für musikal. Volks- u. Völkerkunde (B 1963ff.). – **3) Einzelstudien:** J. MEIER, Kunstlieder im Volksmunde. Materialien u. Unters. (Hl 1906, Nachdr. Hil 1976); P. LEVY, Gesch. des Begriffes V. (B 1911); J. VON PULIKOWSKI, Gesch. des Begriffes V. im musikal. Schrifttum. Ein Stück dt. Geistesgesch. (Hei 1933); W. STEINITZ, Dt. V.er demokratischen Charakters aus sechs Jhh., 2 Bde. (B 1954–62), gekürzte Ausg., hrsg. v. H. Strobach (B 1978); W. WIORA, Der Untergang des V.es u. sein zweites Dasein, in: Das V. heute (Kas 1959) (= Musikal. Zeitfragen 7); W. SUPPAN, V. (St 1966, [2]1978) (= Slg. Metzler 52); E. KLUSEN, V. Fund u. Erfindung (Kö 1969); H. STROBACH, Dt. V. in Gesch. u. Gegenwart (B 1980); D.-R. MOSER, Verkündigung durch Volksgesang. Stud. z. Liedpropaganda u. -katechese der Gegenreformation (B 1981).

L. RÖHRICH

VOLKSMUSIK. In Anlehnung an den Begriff ↗Volkslied geprägt und während des 20. Jh. erst allgemein in Gebrauch gekommen, bezeichnet V. im engeren Sinne die dem Volkslied entsprechende Instrumentalmusik, ↗Volkstanz und brauchtümliche Umgangsmusik. Im weiteren Sinne werden als V. häufig vokale und instrumentale Formen bezeichnet, die, aus älterer Zeit anonym und schriftlos überliefert, bei einfachen Strukturen in ungekünstelter Schönheit sich darstellen. Diese von J. G. Herder ausgehende Wesensbestimmung erwies sich bei fortschreitender V.-Forschung schon im Laufe des 19. Jh. als unhaltbar. Von immer mehr anonym umlaufenden Stücken wurden Verfasser ermittelt, und die romantische Produktionstheorie der Entstehung einer solchen Musik im Volke als einer kreativen Gemeinschaft mußte aufgegeben werden. Um den Begriff der „echten“ V. zu retten, löste man das Problem verbal, indem man die Produkte bekannter Verfasser als „volkstümliche Musik“ bezeichnete – zuerst A. H. Hoffmann von Fallersleben in seiner Slg. *Volkstümliche Lieder* (1857). Doch wurde die Scheidung zwischen V. und volkstümlicher Musik nie eingehalten. Einerseits zeigte sich, daß die volkstümliche Musik genauso in der Bevölkerung umlief wie die V., andererseits wollte man auf das Gütezeichen V. auch bei neueren Schöpfungen aus ideologischen und kommerziellen Gründen nicht verzichten. Die patriotischen und moralischen Lieder des 19. Jh. wurden ebenso als V. bezeichnet wie bis heute jene Instrumentalstücke des Unterhaltungsgenres, die sich als Stilkopie von V. darbieten. Auch ein weiteres Wesensmerkmal von V., die mündliche Tradition, erwies sich nicht als wesentlich. Sehr viele umlaufende Lieder stehen in Liederbüchern und werden von professionellen Liedvermittlern (Lehrern, Kantoren, Medien) direkt oder indirekt verbreitet. Wollte man nur noch solche Musik als V. gelten lassen, die im Volke anonym und mündlich tradiert von alters her lebt und sich bei aller Einfachheit der Mittel durch besondere ästhetische Qualität auszeichnet, müßte geschlossen werden, daß „eigentliche“, „echte“ V. in ihrer ursprünglichen Existenz (dem „ersten Dasein“) untergegangen wäre und nur noch gedruckt, absichtsvoll vermittelt, gepflegt in hochstilisierter Form ein „zweites Dasein“ führt. Seit Beginn des 20. Jh. hat die V.-Forschung Ansätze zu einer Definition von V. gefunden, die der unübersehbaren Tatsache Rechnung trägt, daß Menschen nach wie vor in spontaner, unprofessioneller Weise Musik zum konstitutiven Bestandteil ihres individuellen und sozialen Lebens machen. Für J. Meier waren weniger die Strukturen der Lieder, sondern der Umgang mit ihnen als Definitionselement wichtig: breite Rezeption („Volkläufigkeit“) und verändernde Eingriffe („Herrenrecht“) durch die Menschen. Die Schwietering-Schule wandte ihre Aufmerksamkeit sozialen Vorgängen zu, indem sie den „Lebenszusammenhang“ von V. und „Gemeinschaft“ als wesentliches Kriterium für V. herausstellte. E. Klusen wies auf die Funktion des Liedes als „dienender Gegenstand“ in der Gruppe und auf die Formen der Interaktion hin: die Gruppe stellt die benötigte Musik selbst her (Immanenz und immanente Stellvertretung), oder die musikbedürftige Gruppe bedient sich anderer Gruppen, deren Tätigkeit durch die Initiativgruppe festgelegt wird (emanente Stellvertretung). Auf diese Weise unter dem Aspekt des „sozialen Handelns“ (M. Weber) definiert, ist es für V. unwesentlich, ob sie anonym überliefert und mündlich tradiert wird. Der Gegensatz von V. und volkstümlicher Musik in der hergebrachten Form wird gegenstandslos. Jedoch ist V. sowohl von Kunst- wie von Unterhaltungsmusik zu scheiden. Kunstmusik, als Musik professioneller Musiker, wendet sich mit ihrem elaborierten Stil an ein hörerfahrenes, aufgeschlossenes Publikum als eine Musik, die um ihrer selbst willen entgegengenommen, als „opus perfectum et absolutum“ (Listenius, 1533) aufgefaßt, „per artem“ und nicht „per usum“ dargestellt, als „Werk“ und nicht als „Werkzeug“ betrachtet wird. ↗Unterhaltungsmusik, gleichfalls von professionellen Musikern ausgeführt, ist als Genre anspruchsloser Musik zu definieren, die keinen Bedarf musikbedürftiger Gruppen deckt, sondern ihn aus kommerziellen Gründen bei einem anonymen, passiven Publikum erst weckt.

Austausch zwischen diesen Gattungen findet in allen Richtungen statt. Das Eindringen der Terzenkonsonanz in die frühe Mehrstimmigkeit (↗Gymel), ebenso die Entwicklung fester Taktmetren mit paartaktiger Periodik (beim ↗Tanz) und die Entfaltung des Dur-Moll-Systems sind ohne die Einwirkung volkläufiger Praktiken kaum denkbar. Immer nutzten die Komponisten der Kunstmusik Materialien der V.: Meßkompositionen über volkläufige Lieder als C.f. sind während des ganzen MA anzutreffen; volkläufige Tanzmusik beeinflußt die Instrumentalmusik der Barockzeit; Einflüsse des „Volkstons“ finden sich bei J. Haydn, W. A. Mozart und Fr. Schubert; Volkslieder oder Volkstänze als thematisches Material werden von J. H. Schein, J. S. Bach über W. A. Mozart und L. van Beethoven bis zu J. Brahms, A. Bruckner, G. Mahler, im 20. Jh. von M. de Falla, M. Ravel, A. Berg und L. Nono genutzt. Die Verwendung von Materialien der V. ist verschiedenartig. In der einfachsten Form „bearbeitet“ der Komponist die von ihm nicht veränderte, einstimmige Volksmelodie, indem er sie harmonisiert und instrumentiert (z.B. Haydns und Beethovens Bearbeitungen irischer, schottischer und engl. Volkslieder). Darüber hinaus ergibt sich als 2. Möglichkeit die „Verarbeitung“ volkläufigen Materials, das dann als Thema einer selbständigen Komposition (häufig Variationenform) dient (Mozarts Klaviervariationen über *Ah, vous dirai-je, Maman,* Beethovens Rasumowski-Quartette, op. 59, 1 und 2). Eine 3., sublimere Form der Verwendung von V. hat statt, wenn nicht konkret Melodien, sondern elementare Eigentümlichkeiten der Melodiebildung (Perihilese), der Rhythmik (volkläufige Tanzrhythmen, wie bei Polka und Mazurka, oder Taktwechsel beim Zwiefachen) verwendet werden. Dazu gehört auch die Nachahmung von Volksinstrumenten (Umstimmen der Solovioline um einen Ganzton in Mahlers 4. Symphonie, um den scharfen Klang der böhmischen Fiedel zu erzeugen). Solche Einflüsse sind vor allem auch im Werk I. Strawinskys und B. Bartóks nachweisbar. Die 4., sehr abstrakte und konkret kaum noch nachzuweisende Verwendung von V. ist gegeben, wenn Komponisten, durchaus mit den Mitteln ihres persönlichen, elaborierten Stils, die Stimmung oder die Atmosphäre von V. herstellen (E. Grieg, J. Sibelius, Mahler). Bartók kann als der Komponist gelten, der alle Möglichkeiten der Nutzung von V. in seinem Werk realisierte. Aber auch die Kunstmusik befruchtete ständig die Volksmusik. Dies ist nicht nur daran zu erkennen, daß V. die stilistische Entwicklung der Kunstmusik durch die Epochen der Musikgeschichte – wenn auch angepaßt an ihre eigenen, beschränkten Möglichkeiten – mitvollzieht. Auch in vielen Einzelfällen findet sich in der V. „gesunkenes Kulturgut". Manche volkmäßig umlaufende Melodie war ursprünglich Kunstmusik (z.B. *Innsbruck ich muß dich lassen; Mein Gmüt ist mir verwirret; Am Brunnen vor dem Tore*). Zwischen Unterhaltungsmusik und V. sind die Grenzen gleichfalls offen. Die kommerzielle Unterhaltungsmusik nutzt stilistische Eigentümlichkeiten von V. zu Kopien bei eigenen Produktionen, die dann als volkstümliche Musik oder V. verkauft werden. Von diesen Stilkopien lebt eine ganze Industrie. Umgekehrt geschieht es auch, daß Stücke der musikalischen Unterhaltungsindustrie – etwa Schlager – „dienende Gegenstände" immanenter oder stellvertretend emanenter Gruppenaktionen werden, wenn die musikbedürftige Gruppe sie zur Bewältigung akuter Gruppensituationen selbst ausführt. Denn nicht das musikalische Objekt, sondern seine soziale Handhabung entscheidet über den Charakter von V.; insofern ist der Schlager nicht das Volkslied unserer Tage, sondern aus Schlagern können unter gewissen sozialen Voraussetzungen Volkslieder werden und umgekehrt.

Das bisher Dargestellte betrifft die europäische V.; bei der Betrachtung außereuropäischer V. kommen andere Gesichtspunkte ins Spiel. Mit der Entdeckung außereuropäischer Länder wurde auch deren Musik seit dem 17. Jh. Gegenstand der Forschung. M. Mersenne und A. Kircher machten zuerst auf diese Musik aufmerksam. J.-J. Rousseau veröffentlichte im Anhang seines *Dictionnaire* (1768) Musikbeispiele aus China, Persien und Kanada. Die zuerst noch sehr unvollständige Kenntnis außereuropäischer Musik und ihre Beurteilung nach europäischen Maßstäben führte zunächst durchwegs zu einer Interpretation als „Musik der Wilden", Musik in ihrem Urzustand, Musik der „Naturvölker". Und man war bis weit ins 19. Jh. hinein geneigt, jegliche außereuropäische Musik als V. anzusehen. Erst gegen Ende des 19. Jh. bahnte sich mit der Etablierung der Vergleichenden Musikwissenschaft, die auch als Musikalische Völkerkunde bezeichnet wurde, in der Berliner Schule (C. Stumpf, E. von Hornbostel und C. Sachs) eine differenzierte Betrachtung an (↗Musikethnologie). Man unterschied zwischen Natur- und Kulturvölkern und entdeckte auch in der außereuropäischen Musik die Kunstmusik mit hochentwickelten Tonsystemen, reichen Formen und differenzierter Instrumentationstechnik. Neuere Entwicklungen der Wissenschaft, die sich nach der Mitte des 20. Jh. vorzugsweise Ethnomusikologie nennt, führten dazu, in allen musikalischen Kulturen Abstufungen verschieden stark elaborierter, an soziale Schichten gebundener Musikstile aufzudecken. Wichtige Anregungen gehen dabei von den Ländern der Dritten Welt aus. Dort wächst eine neue Generation selbstbewußter Musikforscher in staatlich unterhaltenen Forschungsinstituten heran, die ihr eigenes Erkenntnisinteresse mit eigenen Forschungskonzeptionen und -methoden artikulieren. Der europäische Musikethnologe wird dies akzeptieren und sich künftig eher als Mitarbeiter denn als allein Maßgebender auf diesem Gebiet der V.-Forschung betrachten.

Lit.: R. LACHMANN, Die Musik der außereuropäischen Natur- u. Kulturvölker (Pd 1929); J. SCHWIETERING, Das Volkslied als Gemeinschaftslied, in: Euphorion 30 (St 1929); C. SACHS, The Wellsprings of Music. An Introduction to Ethnomusicology, hrsg. v. J. Kunst (Lei – Den Haag 1962, Nachdr. 1977); E. KLUSEN, Das Gruppenlied als Gegenstand, in: Jb. für Volksliedforschung 12 (1967); M. WEBER, Soziologische Grundbegriffe, in: Gesammelte Aufsätze z. Wissenschaftslehre (Tü 1973); E. KLUSEN, Zwischen Symphonie u. Hit: Folklore?, in: Musikpädagogik heute, hrsg. v. H. Antholz – W. Gundlach (Düsseldorf 1975); W. WIORA, Ergebnisse u. Aufgaben vergleichender Musikforsch. (Da 1975) (= Erträge der Forschung. Wiss. Buchgemeinschaft 44); E. KLUSEN, Funktionen, Strukturen u. Traditionen der Popularmusik: „Der Schneewalzer", in: FS E. Valentin (Rb 1976); M. TIBBE – M. BONSON, Folk – Folklore – Volkslied. Zur Situation in- u. ausländischer V. in der Bundesrepublik Deutschland (St 1981); W. HEIMANN, Musikal. Interaktion. Grundzüge einer analytischen Theorie des elementar-rationalen Handelns, dargestellt am Beispiel Lied u. Singen (Kö 1982) (= Musikal. Volkskunde. Materialien u. Analysen 9). – ↗Volkslied. E. KLUSEN

VOLKSTANZ, im Gegensatz zu Kunsttanz (↗Ballett) und ↗Gesellschaftstanz Bz. für „in der anonymen Grundschicht des Volkes durch direkte Tradition ... in funktionaler Verbindung mit dem traditionellen Leben des Volkes gewachsenen" Tanz (F. Hoerburger). Der politisch-sozialgeschichtliche Hintergrund, der mit dieser Bz. verbunden ist, entspricht der Nationalbewegung des 18. und 19. Jh., in der nicht nur Hymnen, sondern auch Nationaltänze zum Selbstverständnis gehörten (Polonaise, Mazurka = Polen; Polka = Tschechoslowakei; Csárdás = Ungarn; Bolero, Habanera, Tango = Spanien u.ä.). Außerhalb ihrer funktionalen Eingebundenheit wurden sie in sentimentalem Eingedenken der eigenen Herkunft gepflegt oder als Teil von Balletten auf der Bühne vorgeführt. Seit 1702, beginnend mit Samuel Rudolph Behr *(Anleitung zu einer wohlgegründeten Tanzkunst)*, gehen diese Tänze modifiziert auch in Tanzsachbücher und Lehrwerke ein, die in kurzen Abständen zahlreich erschienen. Dort werden sie synonym mit V. reflektiert und finden auch in Kunstmagazinen als „Ausdruck des Charakters eines Volkes" ihren Ort (J. Fr. Reichardt, *Musikalisches Kunstmagazin*, 1782–91). Bäuerliche Prototypen unterdes sind schon früher, namentlich am frz. Hofe, aufgegriffen und buchstäblich hoffähig gemacht worden und stilisiert in die ↗Branle, ↗Bourrée, das ↗Menuett, die ↗Gavotte oder ↗Sarabande eingegangen. Die Sache V. ist mithin weitaus älter und gehört im MA zum Gebaren der „Dörperlichen" (*Dörpertantz* bei Neidhardt von Reuenthal), im 15./16. Jh. zumeist diskriminierend zum ungeschlachten, heidnischen Tun der unteren Schichten, die sich von der Stadtbevölkerung und vom Hofe unterschieden zu bewegen hätten. Die somit von der herrschenden Ideologie untrennbare Sach-Bz. ist nur mit Vorbehalt auf Klassifizierungen außerhalb Europas übertragbar, da sich Tanz nicht notwendig im Spannungsfeld sozialer Zugehörigkeit und schichtenspezifischen Reflektierens bewegen muß. Derzeit fehlt eine umfassende Begriffsbestimmung, wie sie für das ↗Volkslied längst vorliegt. Zur ältesten Form des V.es gehören die ↗Reigen- und ↗Rundtänze neben all jenen, die in der Klassifikation von C. Sachs (↗Tanz, Systematik) als brauch- und jahreszeitgebunden (bildhafte und bildlose Tänze) beschrieben werden. Freilich ist die Anzahl der Typen seither dank umfassenderen Aufzeichnungen durch C. J. Sharp, R. Wolfram, K. Horak, R. Zoder oder H. von der Au differenzierter zu betrachten, so daß die Zuordnung zu einer der gültigen 4 Gruppen nicht immer eindeutig ist: 1. Brauchtanzen (z.B. Bandeltanz um den Maibaum, Tänze der Fastnacht), 2. Geschicklichkeitstänze (z.B. Eiertanz, Schwerttänze), 3. Werbetänze (z.B. Ländler, Schuhplattler), 4. Geselligkeitstänze. Für die historische V.-Forschung gilt, wie für die Tanzforschung im allgemeinen, die ikonographisch auszuwertende bildliche Quelle als unverzichtbarer Bestandteil, auch wenn diese Sphäre erst im Verlaufe des 15. Jh. auf Monatsbildern, Abbildungen mit christlicher Thematik (Hirtentanz) oder in Illustrationen zu chronikartigen Werken zur Darstellung gelangte. Um die Wende zum 16. Jh. wird Bauern- und Landleben vollends in das künstlerische Schaffen einbezogen, so daß erst um diese Zeit jahreszeitliches Brauchtum, Geschicklichkeits-, Werbe-, Männer-, Frauen- und Kindertänze bildlich belegbar sind. Einer der ersten, die – nach dem gänzlichen Verfall im Verlaufe des 19. Jh. – den V. organisiert zu betreiben begannen, war Arthur Hazelius. 1893 rief er die Folk Dance Society in Stockholm ins Leben (Svenska Folkdansens Vänner), deren Tanzrepertoire aus den Archivbeständen des Nordiska Museet stammte. Diesem Vorbild folgten Sharp 1911 in England und Anna Helms-Blasche 1925 in Deutschland, um nur einige Ansätze herauszugreifen, die die museale V.-Bewegung einleiteten, die sich heute in Trachtenvereinen oder staatlichen V.-Ensembles als folkloristische Vorführkunst fortsetzt. In den Ostblockstaaten gehören diese Ensembles zum festen Bestandteil des Kulturprogrammes, mit dem auf höchstem technischem Niveau Austauch betrieben wird. Lediglich in europäischen Randgebieten hat sich V. vereinzelt als unverzichtbarer Teil der eigenen Identität gehalten, die in allen V.-Vereinen verlorengegangen ist. Hier wachsen Tänze bisweilen seit frühester Kindheit mit und werden stumm oder unter gesungenen Balladenlangzeilen, Tanzliedern oder auswendig vorgetragener genuin erhaltener Tanzmusik in kleinen Gruppen dem Anlaß gemäß getanzt (z.B. in Jugoslawien der ↗Kolo, in Griechenland der Syrtos oder Sustra, in Katalonien die ↗Sardana sowie in einigen Teilen der Alpenländer das Brauchtanzen vornehmlich zur Fastnacht). Die Geschichtlichkeit des V.es ist derzeit schwer untersuchbar, jedoch leben als altmodisch verdrängte Gesellschaftstänze vielfach abgesunken in der V.-Überlieferung noch lange Zeit nach, so z.B. ↗Morris dance, ↗Mazur, ↗Polka, ↗Rheinländer oder ↗Schottisch, die bis heute Grundbestand von V.-Gruppen sind.

Lit.: L. u. D. JANKOVIĆ, Narodne igre, 7 Bde. (Belgrad 1934–52); V. ALFORD – R. GALLOP, The Traditional Dance (Lo 1935); E. VAN DER VEN-TEN BENSEL – J. VAN DER VEN, De volksdans in Nederland (Naarden 1942); Hdb. of European National Dances, hrsg. v. V. ALFORD (Lo 1948 ff.); D. KENNEDY, England's Dances (Lo 1949); R. WOLFRAM, Die Volkstänze in Österreich u. verwandte Tänze in Europa (Salzburg 1951); R. KACAROVA-KUKUDOVA, Dances of Bulgaria (Lo 1951); J. LAWSON, European Folk Dance (Lo 1953, Nachdr. 1959); J. KOVALČÍKOVA – F. POLOCZEK, Slovenské l udové tance (Preßburg 1955); F. HOERBURGER, Die Zwiefachen (B 1956); M. MOURGUES, La danse provençale (Cannes 1956); J. BURDET, La danse populaire dans le pays de Vaud (Bas 1958); H. DIECKELMANN, Kleines V.lexikon (H 1958); L. LEKIS, Folk Dances of Latin America (NY 1958); F. HOERBURGER, Volkstanzkunde, 2 Bde. (Kas 1961–64); DERS., Beobachtungen z. V. in Nordgriechenland, in: Zschr. für Volkskunde 62 (1966); H. GÜNTHER, Grundphänomene u. Grundbegriffe des afrikan. u. afro-amerik. Tanzes (Gr 1969); G. MARTIN, Les danses populaires hongroises (Budapest 1974); K. HORAK, Systematik des dt. V.es, in: Östr. Zschr. für Volkskunde (1975); R. LANGE, The Nature of Dance. An Anthropological Perspective (Lo 1975) (mit umfangreicher Bibliogr.). – Weitere Lit. bei vielen Länderartikeln. – ↗Tanz.

G. BUSCH-SALMEN

VOLPE, Giovanni Battista, genannt Rovettino, ↗Rovetta, Giovanni.

VOLTA (it.). – **1)** In der ↗Ballata Bz. für den abschließenden Teil der Stanza, der musikalisch der Ripresa, also dem Refrain, entspricht. – **2)** Bz. für einen höfischen Tanz (frz.: volte) provenzalischen Ursprungs im Dreiertakt, der zwischen 1550 und 1650 in ganz Europa beliebt war. Charakteristikum dieses schnellen Paartanzes sind Sprünge und Drehungen. Überliefert ist er in Tanzbüchern des 16. Jh. (z. B. bei J. d'Estrées), in Lautentabulaturen u. a. von G. C. Barbetta, G. A. Terzi, R. Ballard und in Suiten des beginnenden 17. Jh. (Th. Simpson, *Opusculum neuwer Pavanen,* 1610; M. Praetorius, *Terpsichore,* 1612). – **3)** ↗Prima volta.

VOLTAIRE (anagrammatisch aus [François Marie] Arouet l[e] J[eune]), * 21. 11. 1694 Paris, † 30. 5. 1778 ebd.; frz. Dichter und Philosoph der Aufklärung. Er interessierte sich auf musikalischem Gebiet vor allem für die Oper. In der Hoffnung, an die Zusammenarbeit anzuknüpfen, wie sie zwischen J.-B. Lully und Ph. Quinault bestanden hatte, schrieb V. einige Libretti für J.-Ph. Rameau, woraus aber keine dauernde Zusammenarbeit erwuchs. Auch eine Mitarbeit mit anderen Komponisten, so mit P. Royer, J. B. de Laborde, Fr.-A. Philidor und A.-E.-M. Grétry schlug fehl. Von Bedeutung wurde dagegen V.s dichterisches Schaffen als Grundlage für zahlreiche Kompositionen.

WW: Libretti für J.-Ph. Rameau: *Samson* (Musik verloren) u. *Pandore* (1740); *La princesse de Navarre* (1745); *Le temple de la gloire* (1745). – WW nach V. (wenn nichts anderes angegeben, Opern; ohne Angabe des Librettisten und des Grades der Anlehnung; in chronologischer Reihenfolge der Dramen V.s; nach dem Komponisten Jahr der UA): *Zaïre* (1732): Bellini (1829); *Adélaide Du Guesclin* (1734): S. Mayr (1794); *Alzire* (1736): G. Verdi (1845); *Mérope* (1743): C. H. Graun (1756); *Sémiramis* (1748): Ch. S. Catel (1802) u. Rossini (1823); *Candide* (1756): M. Castelnuovo-Tedesco (Klv.-Werk, 1944) u. L. Bernstein (Musical, 1956); *Tancrède* (1760): Rossini (1813); *Ce qui plaît aux dames* (1764): E. R. Duni (*La fée Urgèle,* 1765) u. I. Pleyel (*Die Fee Urgèle,* 1776); *Olympie* (1764): G. Spontini (1819); *Charlot* (1767): J. Stuntz (*Heinrich IV. zu Givry,* 1820); *L'ingénu* (1767): A.-E.-M. Grétry (*Le huron,* 1768); *La princesse de Babylon* (1768): A. Salieri (1788); *La Bégueule* (1722): P.-A. Monsigny (*La belle Arsène,* 1773).

Lit.: E. VAN DER STRAETEN, V. musicien (P 1878, Nachdr. NY 1978); E. HIRSCHBERG, Die Encyclopädisten u. die frz. Oper im 18. Jh. (L 1903); R. NAVES, Le goût de V. (P 1938); F. GARRECHT, V. u. die Musik, in: Musica 10 (1956); H. G. FARMER, V. as Music Critic, in: MR 21 (1960); H. CH. WOLFF, V. u. die Oper, in: Mf 31 (1978).

D. THOMA

VOLTI SUBITO (it., = schnell umblättern!; Abk.: v. s.), Anweisung, die sich in älteren Notendrucken und Hss. am Schluß einer Seite findet, als Signal dafür, daß das betreffende Stück unmittelbar auf der Rückseite fortgesetzt wird.

VOLUNTARY (engl., = freiwillig), Bz. für eine Orgelkomposition oder -improvisation, die in England ad libitum beim Gottesdienst gespielt werden kann. Wie der Name andeutet, ist das V. nicht an die liturgische Handlung gebunden, sondern bildet eine „freiwillige" musikalische Umrahmung vor oder nach dem Gottesdienst, ehemals auch vor der Predigt. Schon frühe Belege aus dem *Mulliner Book* (16. Jh.) – ein 4stimmiger kontrapunktischer Satz von Richard Alwood und ein äußerst knappes, aus verzierten Klauseln bestehendes Stück von R. Farrant – lassen die breite Bedeutung des Begriffs erkennen. Im 17. Jh. werden die Bz.en V. und Fantasia synonym gebraucht (O. Gibbons). Das spätere V. assimiliert Züge anderer instrumentaler Formen: Intrada, Praeludium und Fuge, Hymnenvariation, Sonate und Suite.

VOMÁČKA, Boleslav, * 28. 6. 1887 Jungbunzlau (Böhmen; heute Mladá Boleslav), † 1. 3. 1965 Prag; tschechischer Komponist. Er studierte Orgel und Komposition (V. Novák) am Konservatorium und Jura an der Universität in Prag, war 1919–50 im Arbeits- und Kulturministerium tätig und schrieb Musikkritiken u. a. für die Zeitschrift *Listy hudební matice* (1922–35). V. gehörte zu den einflußreichsten Persönlichkeiten des tschechischen Musiklebens und war Mitglied vieler Musikvereinigungen. Als Komponist pflegte er einen national orientierten Stil und wurde 1955 als „Verdienter Künstler" geehrt.

WW: **1) Instr.-WW:** Kompositionen für Klv., u. a. 2 Sonaten, op. 7 u. op. 40; Kammermusik; Symphonie, op. 47. – **2) Vokal-WW:** Lieder u. Chöre; symphonische Dichtung *Mládí* (Die Jugend), op. 20 für gem. Chor u. Orch. (1932); Kantate *Strážce majáku* (Der Leuchtturmwächter), op. 24 für Soli, gem. Chor u. Orch. (1934); *Živí mrtvým* (Die Lebendigen an die Toten), op. 16 für gem. Chor u. Orch. (1935); Kantate für Solo-Sopran, gem. Chor u. Kinderchor (1944); *Cesta z bojiště* (Rückkehr vom Schlachtfeld) für Gesang u. Orch. (1957). – Opern *Vodník* (Der Wassermann), UA: Prag 1937, u. *Boleslav I,* UA: ebd. 1957.

Lit.: H. DOLEŽIL, B. V. (Pr 1941) (tschech.).

VOM BLATT, im dt. Sprachgebrauch Bz. für das

erstmalige (↗Prima vista-)Singen oder Spielen eines Parts.

VOORMOLEN, Alexander Nicolaas, * 3. 3. 1895 Rotterdam, † 12. 11. 1980 Den Haag; ndl. Komponist. Er studierte bei J. Wagenaar in Utrecht und bei A. Roussel in Paris, wirkte bis 1940 als Musikkritiker und 1938–45 als Bibliothekar des Konservatoriums in Den Haag. Seine Kompositionen vor allem der Anfangszeit sind deutlich vom französischen Impressionismus beeinflußt.

WW: Für Klv.: *Tableaux des Pays-Bas* 1 (1919–20), 2 (1924); *Livre des enfants* 1 (1924) u. 2 (1925); Sonate (1944); Nocturne *Eline* (1951); 2 Sonaten für V. u. Klv., 1 (1917) u. 2 (1934); Kompositionen für Vc. u. Klv. – Für Orch.: *De drie ruitertjes* (1927), Variationen über ein niederländisches Chanson; *Baron Hop Suites* 1 (1923–24) u. 2 (1931); *Arethuza* (1947); *Chaconne et Fugue* (1958). – Konzerte für 2 Ob. (1933), für Ob. (1938), für Vc. (1941), für 2 Cemb. (oder 2 Klv.) u. Streichorch. (1950); *Sinfonia concertante* (1951) für Klar., Horn u. Streichorch. – Ferner *La sirène* (1949) für Sopran u. Orch.; zahlr. Lieder.

Lit.: E. REESER, A. V., in: Sonorum Speculum 8 (1965).

VOPELIUS, Gottfried, * 28. 1. 1645 Herwigsdorf bei Zittau, † 3. 2. 1715 Leipzig; dt. Komponist. Er studierte an der Universität Leipzig und wurde dort 1671 Lehrer an der Nikolaischule und 1677 Nikolaikantor. Sein Gesangbuch ist eine wichtige Quelle für den evangelischen Gemeindegesang in Leipzig im 17. Jh.; es enthält auch eigene Melodien, von denen J. S. Bach eine – zu *Also hat Gott die Welt geliebt* – in seiner gleichnamigen Kantate 68 verarbeitet hat.

WW: *Neu Leipziger Gesangbuch* für 1–6 St. (L 1682), teilweise entnommen aus dem *Cantional* v. J. H. Schein, u. a. mit einer Passion nach J. Walther u. der Auferstehungshistorie nach A. Scandello.

Ausg.: 17 Lieder (14 mit zweifelhafter Zuschreibung), in: J. ZAHN, Die Melodien der dt. ev. Kirchenlieder, 6 Bde. (Gütersloh 1889–93, Nachdr. Hil 1963).

Lit.: J. GRIMM, Das Neu Leipziger Gesangbuch des G. V. (B 1969) (= Berliner Stud. z. Musikwiss. 14).

VORAUSNAHME ↗Antizipation.

VORBEREITUNG, Bz. für die – im Kontrapunkt des 15. und 16. Jh. verbindliche – Praxis, eine Dissonanz auf schwerer Zählzeit nicht frei eintreten zu lassen. Durch Überbindung eingeführt, mußte der dissonierende Ton auf der vorhergehenden leichten Zählzeit in derselben Stimme eine Konsonanz bilden:

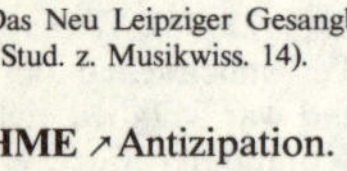

Die freiere Dissonanzbehandlung seit dem 17. Jh. bis hin zur „Emanzipation der Dissonanz" (A. Schönberg) im 20. Jh. löste den Zwang zu ihrer V. auf.

VORDERSATZ ↗Periode, ↗Satz.

VORHALT, Bz. für jene dissonante Nebennote, die – in der Regel stufenweise abwärts – in den eigentlich erwarteten Melodie- oder Akkordton aufgelöst wird. In der Harmonielehre zählt der V. zu den ↗harmoniefremden Tönen; unter ihnen ist seine ausdrucksstarke Wirkung aber dadurch ausgezeichnet, daß er auf betonterer Zeit als sein Auflösungston und gleichzeitig mit dem Klang eintritt. V.e nicht nur in einer, sondern in zwei oder mehr Stimmen können die harmonische Spannung intensivieren; zumal in der Klassik finden sich dafür zahlreiche Beispiele:

L. van Beethoven, Klaviersonate op. 2,1

Durch doppelten V. der Sexte und Quarte ergibt sich im Rahmen der Kadenz der kadenzierende ↗Quartsextakkord.

Historisch am ältesten ist der Quart-V. (1), dem im folgenden Bsp. ein Nonen-V. (2) vorangeht; beide V.e lösen sich in die Terz bzw. Oktave des Bezugstons auf:

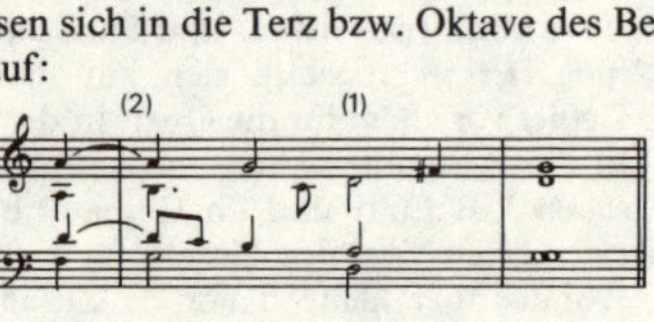

G. P. da Palestrina, *Missa Papae Marcelli*

Der kontrapunktischen Regel der alten ↗Syncopatio folgend, sind beide V.e in diesem Bsp. vorbereitet: der V.s-Ton wird aus dem vorhergehenden Akkord in derselben Stimme übernommen; bei einem freien V., der im freien Satz seit dem 17. Jh. möglich wird, tritt der V.s-Ton vorher nicht auf; erscheint er vorher, jedoch in einer anderen Stimme, wird er als halbfreier V. bezeichnet.

Unter den V.en ist allein der Sext-V. vor der Quinte konsonant; er kann aber je nach Zusammenhang als Auffassungs-Dissonanz verstanden werden. Ungewöhnlich ist die berühmte Wendung im Thema des 1. Satzes von W. A. Mozarts „Jupiter"-Symphonie KV 551 (Takt 4), in dem die (konsonante) Oktave durch „Auflösung" in die (dissonante) Septime wie ein V. behandelt wird:

Daß unter dem Auflösungston des V.s eine andere Harmonie erscheint, ist ebenso möglich wie die ersatzweise Auflösung des V.s in einer anderen Stimme. Verzögerte Auflösung eines V.s durch Einschub eines oder mehrerer Töne begegnet häufig im Kontrapunkt J. S. Bachs,

J. S. Bach, *Invention* D-Dur

während vor allem die Spätromantik auch unaufgelöste V.e als Klangreiz einsetzt.

VOŘÍŠEK (Woržischek), **Jan Václav** (Hugo), * 11. 5. 1791 Wamberg (Böhmen; heute Vamberk), † 19. 11. 1825 Wien; böhmischer Organist und Komponist. Er studierte 1811–13 an der Prager Universität und erhielt seit 1812 Musikunterricht von V. J. Tomášek. 1813 ging er nach Wien, wo er ein Jurastudium absolvierte, 1822 in den Staatsdienst trat, noch im selben Jahr 2. und 1823 1. Hoforganist wurde. V.s Werke bekunden die außerordentliche Begabung, die wegen seines frühen Todes jedoch nicht voll zur Entfaltung kam. Am bedeutendsten sind die Klavierwerke mit ihrer schon ausgeprägt romantischen Tonsprache, die vor allem in der Harmonik auf Fr. Chopin und Fr. Schubert hinweisen. Bei V. begegnet zum ersten Mal das ↗Impromptu als Charakterstück für Klavier. Seine heute oft gespielte Symphonie zeigt deutlich Einflüsse L. van Beethovens.

WW (mit Opuszahlen: in Wien gedruckt): Für Klv.: Rhapsodien, op. 1; Sonaten, op. 5 u. 20; Impromptus, op. 7; Rondos, op. 6, 17, 22; Rondos für V. u. Klv., op. 2 u. 8; Sonate für V. u. Klv., op. 5; Variationen für Vc. u. Klv., op. 9; Rondo für Streichquartett, op. 11. – Für Orch.: Symphonie, op. 24; Variationen, op. 6 u. 14; Rondos, op. 17 u. 22 mit Klv.; *Grand rondeau concertant*, op. 25 mit Klv., V. u. Vc. – Einige kirchenmusikal. Werke sind hsl. erhalten; Klv.-Lieder, op. 10, 15 u. 21; Duett, op. 26; *Gott im Frühling* für 4 St., op. 13.

Ausg.: Zahlr. Klavierwerke in: MAB 1 (1934, [2]1956), 4 (1949), 17 (1954), 20 (1954) u. 52 (1961); V.-Sonate in: MAB 30 (1956); Symphonie in: MAB 34 (1956); ein Impromptu in: K. STEPHENSON, Romantik in der Tonkunst (Kö 1961) (= Das Musikwerk 21). – Lieder, hrsg. v. M. POŠTOLKA (Pr 1961).

Lit.: W. KAHL, Das lyrische Klavierstück Schuberts u. seiner Vorgänger, in: AfMw 33 (1921); B. ŠTĚDROŇ, V., in: MGG XIV; Z. PILKOVÁ, Charakteristische Züge im Klavierschaffen der tschech. Komponisten an der Wende des 18. zum 19. Jh., in: Kgr.-Ber. Bonn 1970 (Kas 1973).

VORKLASSIK, Bz. für die Epoche zwischen ↗Barock und ↗Wiener Klassik. Für gewöhnlich wird J. S. Bachs Todesjahr 1750 als Ende des Barock, das Erscheinungsjahr von J. Haydns Streichquartetten op. 33, 1781, als Beginn der Wiener Klassik angesehen. Der Zeitraum 1750–81 ist jedoch für die vielfältigen Strömungen der V. zu eng bemessen. Einerseits sind vorklassische Tendenzen schon vor 1750 feststellbar (G. Ph. Telemann, W. Fr. Bach, selbst bei J. S. Bach), andererseits reichen Werke und Wirken von typischen Vertretern der V. über 1781 hinaus (so z. B. J. Chr. Fr. Bach). Es empfiehlt sich daher, der V. rund 50 Jahre, etwa die Zeit zwischen 1735 und 1785 zuzubilligen.

„Vor"-Klassik suggeriert die Vorstellung von Übergangszeit. Das ist nur z. T. richtig; dann nämlich, wenn man die V. von der späteren Wiener Klassik aus rückblickend betrachtet. Andererseits will nicht einleuchten, warum einer Musikergeneration, deren Zeitgenossen Voltaire, J.-J. Rousseau, I. Kant, Johann Joachim Winckelmann, G. E. Lessing u. a. eine überragende Epoche der Geistesgeschichte geformt haben, nicht auch die Würde einer musikgeschichtlich selbständigen Epoche zugesprochen werden soll. – Gesellschaftlich gesehen, ist die V. jedoch in der Tat eine Übergangsepoche, nämlich die zwischen feudalem Absolutismus und Bürgertum. Zwar waren auch die Musiker im feudal-absolutistischen Barock in der Mehrzahl Bürger, jedoch nicht Kulturträger der Epoche. In der V. bahnt sich hier der Umschwung zur kulturellen Machtergreifung des Bürgertums an. Dies geschieht in mehreren Stufen, für die die Schlagworte Rokoko, Rationalismus/Irrationalismus, ↗Empfindsamkeit und Sturm und Drang einstehen mögen. – Mit dem musikalischen Rokoko verbindet sich das Begriffspaar gelehrt/galant. Unter gelehrt verstand man im 18. Jh. eine streng gearbeitete, vorwiegend kontrapunktische Musik, meist für die Kirche, unter galant dagegen eine gefällig höfische, homophone, wie sie vor allem im Menuett, überhaupt in tanzartiger Musik (Suite) und deren ein wenig stereotyp manierierten Wendungen zum Ausdruck kam. Diesem ↗galanten Stil haben fast alle Komponisten im 2. Drittel des 18. Jh., von J. S. Bach und seinen Söhnen über Telemann und Haydn bis zum jungen W. A. Mozart, ihren Tribut gezollt. Dabei ist Rokoko nicht nur höfisch. Vielmehr reicht es in die bürgerliche Hausmusik wie in die geistliche Musik (z. B. Bachs Schemelli-Gesangbuch) hinein. – Ist die gelehrte wie die galante Musik dem Rationalismus, d. h. der Vernunft, der Aufklärung, verpflichtet, so sind die spezifisch bürgerlichen Strömungen Empfindsamkeit und Sturm und Drang von irrationaler Tendenz: nicht der Verstand, sondern das Gefühl, das Gemüt sind angesprochen (C. Ph. E. Bach: „Aus der Seele muß man spielen, und nicht wie ein abgerichteter Vogel"). Die Musik soll zu Natürlichkeit und Einfachheit zurückkehren. Das Volkslied, „am Klavier zu singen" (J. Fr. Reichardt; C. Fr. Zelter; J. A. P. Schulz, *Der Mond ist aufgegangen*), die intime Zwiesprache mit dem Klavier (D. Schubart), Einfachheit und Natürlichkeit der Melodie (Rousseau) sind in der Musik das, was in der Literatur Empfindsamkeit heißt (C. Ph. E. Bach: „Indem ein Musikus nicht anders rühren kann, er sei denn selbst gerührt, so muß er notwendig sich selbst in alle Affekten setzen können, welche er bei seinen Zuhörern erregen will; er gibt ihnen seine Empfindungen zu verstehen und bewegt sie solchergestalt am besten zur Mit-Empfindung"). – Sturm und Drang, ein aus der Literaturgeschichte entlehnter Begriff (Titel eines Schauspiels von M. Klinger), ist der Aufstand der „Original-Genies" gegen die erstarrten Formen der rationalistischen Aufklärung (Fr. von Schillers *Räuber* und J. W. von Goethes *Götz von Berlichingen*). In der Musik ist damit vergleichbar: die neue Orchestersprache der ↗Mannheimer Schule oder der frei schweifende Phantasiestil in den Klavierwerken J. Schoberts oder C. Ph. E. Bachs. Sturm und Drang ist zugleich diejenige Strömung der V., die gleichsam unter der Klassik hindurch Verbindung zur Romantik hat, ihre Gefühlsbetonung und ihren „Weltschmerz" (Jean Paul, Lord Byron) teilt. V. wird daher auch Vor-Romantik genannt.

Die an der V. beteiligten Komponisten, Theoretiker, Schulen und Orte sind: die Bach-Söhne Wilhelm Friedemann, Carl Philipp Emanuel (einflußreiche Klavierschule), Johann Christian (mit C. Fr. Abel Konzertunternehmer in London, größter Einfluß auf Mozart) und Johann Christoph Friedrich (Zusammenarbeit mit J. G. Herder); die Mannheimer Schule und G. J. Vogler; die ↗Wiener Schule (1), die ↗Berliner Schule, in Paris Schobert, J. G. Eckard und Fr. Beck; in Italien G. B. Sammartini, L. Boccherini und als Theoretiker G. B. Martini; in Stuttgart Schubart und N. Jommelli; die Verfasser von Instrumentalschulen L. Mozart, J. J. Quantz, G. Türk und J. G. Sulzer; schließlich auch die Berichterstatter Ch. Burney, Reichardt und Fr. M. von Grimm; als typische Instrumente der V. gelten Clavichord, Hammerflügel, Glasharmonika und Baryton.

Lit.: H. RIEMANN, Hdb. der Musikgesch. II/3 (L 1913, Nachdr. NY 1972); H. A. KORFF, Geist der Goethezeit, I: Sturm u. Drang (L 1923, [4]1957); E. BÜCKEN, Der galante Stil, in: ZfMw 6 (1923/24); DERS., Musik des Rokoko u. der Klassik (Pd 1927) (= Hdb. der Musikwiss., hrsg. v. dems.); E. REBLING, Die soziolog. Grundlagen der Stilwandlung der Musik in Deutschland um die Mitte des 18. Jh. (Diss. B 1935); L. BALET – E. GERHARD, Die Verbürgerlichung der dt. Kunst, Lit. u. Musik im 18. Jh. (Str 1936), Nachdr., hrsg. v. G. Mattenklott (B 1973); H. H. EGGEBRECHT, Das Ausdrucksprinzip im musikal. Sturm u. Drang, in: DVfLG 29 (1955); B. SZABOLCSI, Aufstieg der klass. Musik v. Vivaldi bis Mozart (Wie 1970); R. KRÜGER, Das Zeitalter der Empfindsamkeit. Kunst u. Kultur des späten 18. Jh. in Deutschland (W – Mn 1972); P. RUMMENHÖLLER, Die musikal. Vorklassik (Kas 1983).

P. RUMMENHÖLLER

VORSCHLAG (frz.: appogiature; it. und engl.: appoggiatura; span.: apoyatura), Bz. für eine Gruppe von ↗Verzierungen, bei welchen dem auszuschmückenden Ton eine einzelne Ziernote – in der Regel die obere oder untere diatonische Nebennote – vorausgeht. Man unterscheidet lange (Bsp. 1–4) und kurze Vorschläge. Letztere gliedern sich nach ihrer metrischen Qualität in vor oder auf dem Taktschlag ausgeführte, „antizipierende" oder „anschlagende" Vorschlagsnoten (Bsp. 5 bzw. 6).

Bsp. 1-6

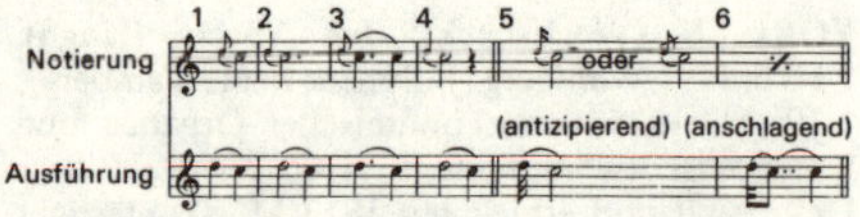

Die Dauer des V.s richtet sich nach dem Wert der zu verzierenden „Hauptnote". Sie macht bei 2zeitigen Notenwerten die Hälfte (Bsp. 1), bei 3zeitigen 2 Drittel aus (Bsp. 2) und kann unter Umständen sogar den gesamten Wert der Hauptnote einnehmen und diese auf eine nachfolgende Pause verdrängen (Bsp. 4). Doch ist die Ausführungsweise nicht streng festgelegt, sondern abhängig vom Zeit-, Gattungs- und Personalstil der Musik und richtet sich innerhalb dieser Grenzen wiederum nach dem Affekt und dem musikalischen Kontext des jeweiligen Musikstückes sowie nicht zuletzt nach dem „Geschmack" bzw. dem Stilgefühl des Interpreten (Bsp. 7 zeigt verschiedene gleichberechtigte Ausführungsmöglichkeiten).

Bsp. 7

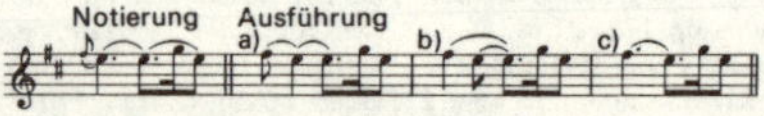

Aus der Notierungsform sind Dauer und Betonungsqualität des V.s nicht abzuleiten. Im 17./18. Jh. kennt man verschiedene andersartige Bezeichnungen für diese Art der Verzierung, in Deutschland: Accent (nicht zu verwechseln mit dem ↗Accent des frz. Vokalstils), in Frankreich: ↗Chute (in späterer Zeit auch ↗Port de voix), in England: Forefall bzw. Backfall, und verwendet dafür bestimmte Zeichen.

Bsp. 8

Daneben findet sich aber auch schon die später allgemein übliche Bezeichnungsweise in Form von kleinen, stets nach oben gestielten Ziernoten (♪ ♪ ♪ ♩), die als Tondauerwert unbestimmt bleiben und bei der Taktzählung nicht berücksichtigt werden. War schon im 18. Jh. der lange Vorschlag gelegentlich genau ausgeschrieben (Bsp. 9), so verschwindet er im 19. Jh. als Verzierungsnote gänzlich und wird von den Komponisten vollständig in den geschriebenen Notentext integriert. (Eine Ausnahme bildet die Vokalmusik, vor allem das Liedschaffen Fr. Schuberts.) Der kurze antizipierende V. bleibt in der Schreibweise ♪ jedoch erhalten und ist damit eindeutig definiert.

Als eine der wichtigsten „wesentlichen Manieren" wird der V. in unterschiedlicher Funktion im Satzgefüge verwendet: 1. melodisch als überbrückender Füllton bei Terzintervallen oder als abfedernder Puffer bei großen Sprüngen; 2. rhythmisch als Mittel, die fließende Bewegung einer Phrase aufrechtzuerhalten, einen gleichförmigen Ablauf durch Impulse zu beleben oder einen abrupten Abschluß durch eine sog. „weibliche Endung" zu mildern (ein rein rhythmischer V. ist gelegentlich als Bewegungsantrieb in Schlagzeugpartien anzutreffen: ♪♩ oder ♫ ♩); 3. harmonisch als (Vorhalts-) Dissonanz, wodurch der V. eine Akzentuierung hervorruft, die oft noch durch verstärkte Tongebung unterstrichen wird.

Bsp. 9

J. S. Bach, *Matthäuspassion,* Schlußchor

Bsp. 10

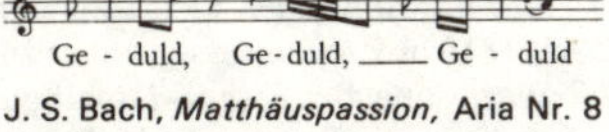

J. S. Bach, *Matthäuspassion,* Aria Nr. 8

Neben seiner Bedeutung für die kompositorische Struktur hatte der V. schon frühzeitig in der Musik einen bestimmten Ausdruckswert. Insbesondere diente der lange V. als musikalisches Zeichen für Trauer und Schmerz (Bsp. 9), ein Sinnbild, das sich in anderem Kontext, vor allem im „empfindsamen" Stil, zum Seufzer-Motiv (Bsp. 10) abschwächte. Der anschlagende kurze V. (↗Lombardischer Rhythmus) gibt der Musik einen keck-fröhlichen Charakter, während der antizipierende, kurze V. in der illustrativen Musik des 19. Jh. als Mittel der Karikatur (Beckmesser, Mime, Falstaff), in extremer Form auch zur Darstellung des „Infernalischen" (H. Berlioz, *Songe d'une nuit de Sabbat;* Fr. Liszt, Faust-Symphonie, *Mephisto*) eingesetzt wird.

Aufgrund einer aufführungspraktischen Konvention werden im Rezitativ des 18. Jh. bei bestimmten Schlußformeln der Singstimme Vorschläge (Appoggiaturen) eingefügt, als Terzausfüllung oder als fallende Quarte (↗Rezitativ, Bsp.):

Bsp. 11

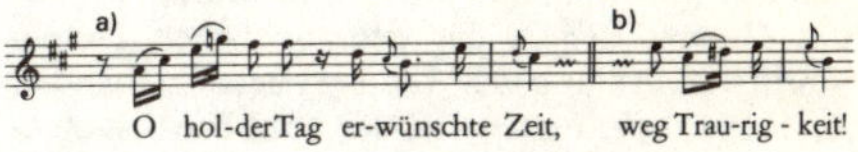

J. S. Bach, Rezitativ aus Kantate BW 210

Wendungen dieser Art sind auch ohne Hinweis im Notentext entsprechend auszuführen. – Zur Gruppe der Vorschläge im weiteren Sinne zählen auch der Doppelvorschlag (Anschlag) und der ↗Schleifer sowie spezielle Verzierungsformen wie ↗Cercar della nota und ↗Port de voix.

Lit.: K. WICHMANN, Der Ziergesang u. die Ausführung der Appoggiatura (L 1966); F. NEUMANN, Couperin and the Downbeat Doctrine for Appoggiaturas, in: AMl 41 (1969); DERS., The Appoggiatura in Mozart's Recitative, in: JAMS 35 (1982). – ↗Verzierungen.

E. PLATEN

VORSPIEL, Bz. für das Verfahren, einem Musikstück eine vorbereitende Einleitung voranzustellen. So ist seit dem MA bezeugt, daß es üblich war, einem instrumental begleiteten Vokalstück (z.B. einer Chanson) ein V. vorausgehen zu lassen. Dieses im Regelfall improvisierte V. hatte im Gegensatz zur nachfolgenden Komposition anfangs noch keine festumrissene formale Anlage. Es diente vielmehr dazu, die Tonart zu festigen und die Melodie des nachfolgenden Stücks vorzubereiten und wurde oft mit dem Vorgang des Saitenstimmens verbunden. Aus diesem Verfahren gingen später die vorbereitenden Spielstücke ↗Praeludium, Praeambulum, ↗Toccata, Intonatio u.a. hervor. – Als Gattungs-Bz. erscheint V. bei R. Wagner seit dem *Lohengrin* (1850) anstelle der bewußt vermiedenen Bz. Ouvertüre. Gegenüber der mit dem „Makel" der Unverbindlichkeit und der Austauschbarkeit behafteten Ouvertüre (vor allem der der it. Oper) will Wagner entsprechend seinem neuen Verständnis von der Funktion des Orchesters im musikalischen Drama das V. als einen unablösbaren Bestandteil des Dramas verstanden wissen – vergleichbar etwa der Klaviereinleitung eines Schumannschen Liedes.

VORTRAG, die Realisierung, ↗Interpretation eines musikalischen Kunstwerkes. Es gibt hierzu seit dem 17. Jh. spezielle Vortragsbezeichnungen: Worte und Zeichen, die einen Notentext näher bestimmen. Sie können auf den Affekt- und Stimmungsgehalt hinweisen, sie bestimmen vor allem aber ↗Tempo und ↗Agogik, ↗Lautstärke (↗Dynamik), ↗Phrasierung, ↗Artikulation und Spieltechnik (↗Anschlag, ↗Bogenführung u. a.).

VORZEICHEN ↗Akzidentien, ↗Vorzeichnung.

VORZEICHNUNG (engl.: key armature; frz.: armature; it.: armatura; span.: armadura), Bz. für das Gesamt der in der gebräuchlichen Notenschrift am Anfang des Liniensystems stehenden Zeichen für die Festlegung der Tonhöhe (↗Notenschlüssel), der ↗Tonart und der ↗Mensur bzw. ↗Taktart.

VOX (lat., = Stimme). – **1)** ↗Sonus. – **2)** In der ma. Musiktheorie Bz. für den Einzelton einer Tonfolge. – **3)** In der Terminologie der frühen Mehrstimmigkeit Bz. für eine Stimme des musikalischen Satzes, z. B. als V. principalis und V. organalis beim frühen ↗Organum. – **4)** Im Orgelbau Bz. für bestimmte Register (↗Vox angelica, ↗Vox coelestis u. a.).

VOX ANGELICA (lat., = Engelsstimme), bei der Orgel Bz. für ein Zungenregister, das insbesondere von der Orgelbauerfamilie Stumm als 2′-Register gebaut wurde.

VOX COELESTIS (lat., = himmlische Stimme), **Geigenschwebung,** bei der Orgel Bz. für ein dem Streicherchor angehörendes Register. Es besteht in der Regel aus 2 Pfeifenreihen, die geringfügig derart gegeneinander verstimmt sind, daß sich eine akustische ↗Schwebung ergibt. Die V. ist charakteristisch für den Orgelbau des 19. Jh. und wurde im Umkreis der Orgelbewegung unseres Jh. als sentimental gelegentlich scharf abgelehnt.

VOX HUMANA (lat., = menschliche Stimme). – **1)** Im it. Orgelbau Bz. für ein Register (it. auch piffaro), das aus 2 in ↗Schwebung gestimmten Prinzipalen besteht und in erster Linie als Solostimme eingesetzt wird. Ebenfalls als V. bezeichnet wird ein Flötenregister mit doppelten, leicht gegeneinander verstimmten Pfeifen. – **2)** Im frz. und dt. Orgelbau Bz. für eine kurzbecherige Zungenstimme in überwiegend 8′-Lage, oft auch halbgedackt. In der „klassischen" frz. Orgel ist die V. einziger Vertreter der ↗Regale. Die V. wird meist als Solostimme verwendet und oft mit einem eigenen ↗Tremulanten versehen. In dt. Orgeln steht sie häufig im Brustwerk, in frz. Orgeln in der Regel im Hauptwerk.

VOX PRINCIPALIS – VOX ORGANALIS (lat.), in der frühen Mehrstimmigkeit Bz. für die beiden Stimmen eines ↗Organum.

VRANICKÝ, Anton und **Paul,** ↗Wranitzky.

VRONSKY, Vitya, ↗Babin, Victor.

v. s., Abk. für ↗volti subito.

VUATAZ, Roger, * 4. 1. 1898 Genf; Schweizer Komponist. Er war Schüler von O. Barblan u. lernte mehrere Instrumente, Dirigieren und Komposition. 1917–76 wirkte er in Genf als Chorleiter, Organist an der Église Nationale Protestante, Kritiker, Musiklehrer und Dirigent. 1942–65 leitete er die Musikabteilung von Radio Genf. 1962–69 war er Präsident des Concours international d'exécution musicale in Genf. Von den rund 500 Werken V.' sind viele Ausdruck eines tiefen calvinistischen Glaubens; bei ihnen ist sowohl der Einfluß der Psalmvertonungen der Reformationszeit wie der von J. S. Bach spürbar.

WW: **1) Instr.-WW:** Klv.-Werke, u.a. 36 Etüden (1932); *Suite d'après Rembrandt* (1958) für Cemb.; *18 Pièces cultuelles* (1931, 1941–43) für Org. – Sonate für Vc. u. Klv. (1928); Sonatine für V. u. Klv. (1934). – Für Orch.: *Petit concert* (1932); *Poème méditerranéen* (1950); Ricercar für 24 Blasinstr., Klv. u. Schlaginstr. (1959); V.-Konzert (1948); Klv.-Konzert (1964); *Fantaisies I–III* (1973) für Harfe u. Orch. – **2) Vokal-WW:** Chöre; *Psalm 33* (1936) für 1st. Chor, 2 Trp. u. Org. (1960); *8 Poèmes d'Orient* (1925) für Sopran u. Orch.; Oratorien: *Abraham* (1936); *Moïse* u. *Jésus* (1949); *Hymne à la paix* (1951) für Chor u. Orch. – **3) Bühnen-WW:** Oper *Monsieur Jabot,* UA: Genf 1958; Ballett *Solitude* (1962). – Instrumentation v. J. S. Bachs *Musicalisches Opfer* (1936) u. *Die Kunst der Fuge* (1936–37). – V. schrieb *Calvin face à la musique de son temps* (Diss. G 1968).

Lit.: H. GAGNEBIN, V., in: 40 Comp. suisses; DMS (mit Werk-Verz.).

VUILLAUME, Jean-Baptiste, * 7. 10. 1798 Mirecourt, † 19. 3. 1875 Paris; frz. Geigenbauer. Er entstammte einer lothringischen Geigenbauerfamilie und war seit 1818 in Paris ansässig, wo er zunächst bei Fr. Chanot, dann bei Joseph-Dominque Lété lernte und 1825 dessen Sozius wurde. 1828 machte er sich in Paris selbständig und wurde einer der bedeutendsten Geigenbauer und der größte Geigenhändler seiner Zeit. Er spezialisierte sich auf Kopien it. Instrumente, besonders von Stradivari-Geigen, und besaß ein überragendes Wissen auf diesem Gebiet. Aus seiner Werkstatt kamen etwa 3000 Instrumente. V. konstruierte auch eine spezielle Viola, die er Contr'alto nannte, und einen überdimensionalen Kontrabaß (↗Octobasse), ferner einen Bogen mit einer Metallstange. Er stand in Verbindung mit dem Akustiker F. Savart, dem er für seine Versuche Instrumente zur Verfügung stellte. – V.s Bruder **Nicolas-François** (1802–76) und sein Neffe **Sébastien** (1835–75) wurden ebenfalls als Geigen- und Bogenmacher berühmt.

Lit.: W. SENN, V., in: MGG XIV; R. MILLANT, J.-B. V. Sa vie et son œuvre (Lo 1972).

VULPIUS (eig. Fuchs), **Melchior,** * um 1570 Wasungen bei Meiningen, begraben 7. 8. 1615 Weimar; dt. Komponist. Er war 1589–96 Schullehrer und seit 1591 auch Kantor in Schleusingen (Thüringen), 1596–1615 Stadtkantor in Weimar. V., der sein gesamtes Schaffen dem ev. Gottesdienst widmete, ist ein Meister der dt. Evangelienmotette, der responsorialen ↗Passion (aus ihr übernahm 1667 Chr. Flor die einstimmigen Partien) und des homophonen Choralsatzes (↗Kantionalsatz). Er steht fest in der kirchenmusikalischen Tradition des 16. Jh. und macht von den neuen Stilmitteln des Generalbasses und der Monodie keinen Gebrauch. In den Chorälen verwendet er auch eigene Melodien, von denen 7 noch heute im evangelischen, 5 seit geraumer Zeit auch im katholischen Kirchengesang gebräuchlich sind: *Christus, der ist mein Leben* (mit dem Text *Beim letzten Abendmahle*); *Die helle Sonn leucht' jetzt herfür; Hinunter ist der Sonnen Schein; Lobt Gott den Herrn, ihr Heiden all* (mit dem Text *Zieh an die Macht, du Arm des Herrn*); *Gelobt sei Gott im höchsten Thron.* Das zuletzt genannte Lied ist zugleich ein Beispiel für eine Melodik, bei der sich V. an der it. Kanzonette des frühen 17. Jh. orientiert hat.

WW (teilweise mit mehreren Aufl.): *Cantiones sacrae* für 6–8 u. mehr St., 2 Teile (Jena 1602, Erfurt 1603); *Kirchen Geseng u. Geistliche Lieder* für 4–5 St. (L 1604), NA als *Ein schön Geistlich Gesangbuch* (Jena 1609) (mit 31 eigenen Melodien); *Canticum Beatissimae Virginis* für 4–6 u. mehr St. (ebd. 1605); *Deutsche Sonntägliche Evangelische Sprüche* für 4 St., 2 Teile (ebd. 1612, 1614), 3. Teil als *Fest- und Aposteltägige Evangelische Sprüche* für 4–8 St. (Erfurt 1621); Matthäuspassion (ebd. 1613); ferner einige Gelegenheitsgesänge. – V. gab heraus eine erweiterte lat.-dt. Ausg. des *Compendiolum musicae* v. H. Faber (Jena 1610).

Ausg.: *Cantiones sacrae* (1602), hrsg. v. M. EHRHORN (Kas 1968); Evangeliensprüche (1612), hrsg. v. H. H. EGGEBRECHT (Kas 1950); dass. (1612, 1614), hrsg. v. H. NITSCHE – H. STERN (St 1960); 2 Motetten, hrsg. v. H. H. EGGEBRECHT (St. Louis/Mo. 1953); Matthäuspassion, hrsg. v. K. ZIEBLER (Kas 1934); ferner praktische Einzelausg.

Lit.: H. H. EGGEBRECHT, M. V. (Diss. masch. Jena 1949), Auszüge daraus: Die Matthäus-Passion v. M. V. (1613), in: Mf 3 (1950), Die Kirchenweisen v. M. V., in: MuK 23 (1953), Das Leben des M. V., in: FS M. Schneider (L 1955); W. BLANKENBURG, V., in: Grove[6] XX.

VUOTA (it.; von corda vuota = leere Saite), bei Streichinstrumenten Spielanweisung für die Verwendung der ↗leeren Saite.

W

WAECHTER, Eberhard, * 9. 7. 1929 Wien; östr. Sänger (Bariton). Er studierte Klavier und Musiktheorie an der Wiener Musikhochschule sowie privat Gesang und debütierte 1953 an der Wiener Volksoper als Silvio in *Pagliacci* von R. Leoncavallo; seit 1955 ist er Mitglied der Wiener Staatsoper. Gastspiele führten ihn u. a. an die Mailänder Scala, die Covent Garden Opera in London sowie nach München, Stuttgart, Berlin, Rom und New York; regelmäßig trat er auch bei den Salzburger und Bayreuther Festspielen auf. Internationales Ansehen genießt W. bes. als Mozart-Interpret und Sänger des deutschsprachigen Repertoires.

WACKENRODER, Wilhelm Heinrich, * 13. 7. 1773 Berlin, † 13. 2. 1798 ebd.; dt. Schriftsteller. Anfangs Schüler von Chr. Fr. C. Fasch, später auch von Fr. Zelter, studierte er zusammen mit L. Tieck Jura in Erlangen und wurde 1794 Kammergerichtsreferendar in Berlin. Ein Nervenleiden führte zu Depressionen und damit zum frühen Tod. Zutiefst davon überzeugt, daß „die himmlischen Dinge zu begreifen" nur durch „die wunderbaren Sprachen der Natur und der Kunst" möglich sei, erlebte W. das Überirdisch-Heilige in der Musik. Seine Schriften wurden entscheidend für die Entstehung und Prägung der dt. literarischen ↗Romantik.

Schriften: *Herzensergießungen eines kunstliebenden Klosterbruders,* hrsg. v. L. Tieck (B 1797); *Phantasien über die Kunst für die Freunde der Kunst,* hrsg. v. dems. (B 1799).

Lit.: G. LOHMANN, W., in: MGG XIV; E. HERTRICH, J. Berglinger. Eine Studie zu W.s Musiker-Dichtung (B 1969); J. KIELHOLZ, W. H. W., Schriften über die Musik (Be 1972); K. SCHLAGER, Der Fall Berglinger. Stufen einer romantischen Biographie am Beispiel W., in: AfMw 29 (1972).

WACKERNAGEL, Karl Eduard Philipp, * 28. 6. 1800 Berlin, † 20. 6. 1877 Dresden; dt. Hymnologe. Er studierte Germanistik und Mineralogie in Berlin, Breslau, Halle/Saale, promovierte 1829 in Erlangen als Mineraloge und war Lehrer in Nürnberg (seit 1824, neben Karl von Raumer und Leopold Ranke), Berlin (seit 1829), Stetten (1839–43), Wiesbaden (1845–49) und Elberfeld (1849–61). Während des Ruhestands in Dresden widmete er sich seinen begonnenen Forschungen. Angeregt durch die literarische Romantik (Achim von Arnim) und die Restaurationsbestrebungen der ev. Kirche, erforschte W. das vorreformatorische und reformatorische Kirchenlied, aus dessen Wiederbelebung er die Erneuerung christlicher Lebensformen erwartete. Während seine Vorstellungen von einer Erneuerung des Kirchengesangs damals allgemein nicht zu verwirklichen waren (ein privat ediertes Gesangbuch erschien Stuttgart 1860), gehören seine Bibliographien mit genauer Beschreibung heute z. T. verschollener Quellen sowie seine Textausgaben zu den Standardwerken der Hymnologie und Literaturwissenschaft.

Schriften: *M. Luthers geistliche Lieder mit den zu seinen Lebzeiten gebräuchlichen Singweisen* (St 1848, Nachdr. Hil 1970); *Bibliographie zur Geschichte des deutschen Kirchenliedes im 16. Jh.* (F 1854–55, Nachdr. Hil 1961); *J. Heermanns Geistliche Lieder* (St 1856); *Das deutsche Kirchenlied von der ältesten Zeit bis zum Anfang des 17. Jh.,* 5 Bde. (L 1864–77, Nachdr. Hil 1964) (darin 6783 Liedtexte).

Lit.: L. SCHULZE, Ph. W. nach seinem Leben u. Wirken (L 1879).

G. SCHUHMACHER

WAFFENSCHMIED, DER, Komische Oper in 3 Akten von A. Lortzing, Text vom Komponisten nach Friedrich Wilhelm Zieglers Lustspiel *Liebhaber und Nebenbuhler in einer Person* (1790). Ort u. Zeit der Handlung: Worms, im 16. Jh.; UA: 30. 5. 1846 Wien (Theater an der Wien); dt. EA: 29. 11. 1846 Dresden.

Der Rückgriff auf „verschollenes Mittelgut" der Sprechbühnendramatik als Vorlage für eine Opernkomposition (wie zuvor schon bei *Zar und Zimmermann, Wildschütz* u. a.) erwies sich erneut als erfolgreiches künstlerisches Konzept. Lortzing ließ die Handlung der literarischen Vorlage weitgehend unangetastet, zeichnete aber die Charakterbilder der einzelnen Figuren mit größerer Schärfe. Die Anlage der Partitur unterscheidet sich nicht von früheren Werken; die kompositorischen

Mittel, die den Spieloperntypus prägen, finden sich auch in dieser Oper, doch tragen zahlreiche musikalische Nummern Einlagencharakter, so daß das Werk Züge des Singspiels aufweist. Ausgebaute Finali (deren erstes entgegen der Tradition mit einem Soloauftritt Maries schließt) stehen neben typischen Opernliedern. Unter ihnen wurde Stadingers *Auch ich war ein Jüngling* (3. Akt) am bekanntesten. – Lortzing wurde nach der erfolgreichen Aufführung des *Waffenschmied* als Kapellmeister ans Theater an der Wien engagiert.

J. SCHLÄDER

WAGENAAR, Johan, * 1. 11. 1862 Utrecht, † 17. 6. 1941 Den Haag; ndl. Komponist. Er war Schüler von Richard Hol in Utrecht, Samuel de Lange in Den Haag (Orgel) und H. von Herzogenberg in Berlin, war seit 1888 als Domorganist in Utrecht tätig und leitete dort seit 1904 die Musikschule sowie in Den Haag 1919–37 das Königliche Konservatorium. W. war ein vorzüglicher Pädagoge, ein bedeutender Bach-Interpret und ein bemerkenswerter Improvisator an der Domorgel in Utrecht. Sein von H. Berlioz und R. Strauss beeinflußtes Werk zeichnet sich durch eine brillante Instrumentation aus.

WW: Ouvertüren *Cyrano de Bergerac*, op. 23 (1905) u. *De getemde feeks*, op. 25 (1909); symphonische Dichtung *Saul en David*, op. 24 (1906); Sinfonietta, op. 23 (1917). – Kantaten *De schipbreuk*, op. 8a (1889), *Ode aan de vriendschap* (1897) u. *Jupiter amans* (1925). – Opern: *De doge van Venetie*, op. 20, UA: Utrecht 1904; *De Cid*, op. 27, UA: ebd. 1916.

Lit.: De muziek, Sonder-H. (1932); E. REESER, Een eeuw Nederlandse muziek (A 1950); DERS., Anth. of Music from the Netherlands I (A 1963).

WAGENSEIL, Georg Christoph, * 29. 1. 1715 Wien, † 1. 3. 1777 ebd.; östr. Komponist. Er wurde als Schüler und auf Empfehlung von J. J. Fux 1739 Hofkomponist und war 1741–50 Organist an der Kapelle der Kaiserinwitwe Elisabeth Christine. Als bedeutendster Wiener Komponist der ↗Vorklassik der galant-empfindsamen Epoche zugehörig, wurde W. der erste Vollender der Symphonie im unmittelbaren Vorfeld J. Haydns; gleichzeitig bereitete er den Weg für Chr. W. Glucks Opernreform. Zu seinen Schülern zählte Fr. X. Duschek.

WW: **1) Instr.-WW:** Im Druck erschienen: Parthien u. Divertimenti für Cemb.; Sonaten für V. u. Cemb. u. Triosonaten; *Quartetti concertanti* mit Cemb.; für Orch.: Symphonien, Konzerte für Cemb.; hsl. erhalten sind weitere Kammermusik- u. Orchester-Werke, darunter zahlr. Solokonzerte, u.a. für Pos. – **2) Vokal- u. Bühnen-WW** (hsl.): Zahlr. Messen u.a. kirchenmusikal. Werke; weltliche Kantaten u. Arien; 3 Oratorien; 13 Opern.

Ausg.: 2 Symphonien, in: Wiener Instrumentalmusik vor u. um 1700, hrsg. v. K. HORWITZ – K. RIEDEL (W 1908) (= DTÖ 31); Pos.-Konzert Es-Dur, hrsg. v. K. JANETZKY (Hei 1963); Vc.-Konzert C-Dur, hrsg. v. F. RACEK (W 1963) (= Diletto mus. 121); Triosonate op. 1/3, hrsg. v. E. SCHENK (W 1969) (= ebd. 443); Sinfonie D-Dur für Streichorch., hrsg. v. G. KEHR (Mz 1969) (= Concertino 167); Fl.-Sonate D-Dur, hrsg. v. R. SCHOLZ (W 1972) (= Diletto mus. 536); 2 Konzerte für Cemb. u. Streichorch., hrsg. v. G. M. SCHMEISER (Gr 1975) (= Musik Alter Meister 42).

Lit.: Thematische Kataloge: H. SCHOLZ-MICHELITSCH, Das Klavierwerk bzw. das Orch.- u. Kammermusikwerk v. G. Ch. W. (W 1966–1972) (= Tabulae Musicae Austriacae 3 bzw. 6). – G. HAUSSWALD, Der Divertimento-Begriff bei G. Ch. W., in: AfMw 9 (1952); W. VETTER, It. Opernkomponisten um G. Ch. W. Ein stilkundlicher Versuch, in: FS F. Blume (Kas 1963); J. KUCABA jr., The Symphonies of G. Ch. W., 2 Bde. (1967) (= Diss. Boston Univ.); H. SCHOLZ-MICHELITSCH, G. Ch. W. als Klavierkomponist. Eine Stud. zu seinen zyklischen Soloklavierwerken (Diss. W 1967).

WAGENSEIL, Johann Christoph, * 26. 11. 1633 Nürnberg, † 9. 10. 1705 Altdorf bei Nürnberg; dt. Gelehrter. Er immatrikulierte sich 1649 an der Nürnbergisch reichsstädtischen Universität in Altdorf und war 1654–67 Hofmeister österreichischer Adliger; so bereiste er seit 1661 als Begleiter des Grafen Ferdinand Ernst von Thun Süd- und Westeuropa. 1665 promovierte er in Orléans zum Dr. jur., 1667 wurde er an der Universität Altdorf Professor für öffentliches Recht und Geschichte, 1674 für orientalische Sprachen und 1697 für kanonisches Recht. Aus W.s Buch über die Meistersinger mit dem Abdruck von Melodien im „langen Thon" von Heinrich von Mügeln, Heinrich von Meißen, dem Marner und Barthel Regenbogen bezog R. Wagner entscheidende Kenntnisse über den Meistersang und verwertete sie in seinen *Meistersingern von Nürnberg*. Den „langen Thon" von Heinrich von Mügeln verwendete er für die Meistersingerfanfare.

WW: *Buch von Der Meister-Singer Holdseligen Kunst. Anfang/Fortübung/Nutzbarkeiten/und Lehr-Sätzen*, in: *De Sacri Rom. Imperii libera civitate Noribergensi commentatio* (Altdorf 1697), Nachdr., hrsg. v. H. Brunner (Göppingen (1975).

Lit.: H. THOMPSON, Wagner and W. (Lo 1927); H. ZOHN – M. C. DAVIS, J. Ch. W., Polymath, in: Monatshefte für dt. Unterricht 46 (Madison/Wis. 1954).

D. THOMA

WAGNER, Peter Joseph, * 19. 8. 1865 Kürenz bei Trier, † 17. 10. 1931 Freiburg/Schweiz; dt. Musikforscher. Er erhielt seine musikalische Ausbildung an der Dommusikschule in Trier und studierte Musikwissenschaft in Straßburg (G. Jacobsthal), wo er 1890 promovierte. Nach neuerlichen Studien in Berlin (H. Bellermann, Ph. Spitta) habilitierte er sich 1893 an der neugegründeten Universität Freiburg/Schweiz. Hier wirkte er zeitlebens (seit 1897 als Extraordinarius, seit 1902 als Ordinarius, 1920/21 auch als Rektor), und hier eröffnete er auch die päpstlich approbierte „Gregorianische Akademie", die die Aufgabe hatte, die Reform des

Gregorianischen Gesangs zu fördern. 1904 wurde W. Mitglied der internationalen Kommission zur Herausgabe der *Editio Vaticana.* Er verstand sich darin als Vertreter der „lebendigen Tradition" des Chorals und befand sich damit im Widerstreit zu Dom A. Mocquereau, der sich für die Rückkehr zur „ursprünglichen Reinheit" einsetzte. W.s Schriften haben fast ausschließlich den Gregorianischen Gesang in seinen Formen und seiner Überlieferung sowie die ältere Kirchenmusik zum Gegenstand und sind bis heute auf diesen Gebieten weithin grundlegend. Zu seinem 60. Geburtstag erschien eine Festschrift, hrsg. von A. Weinmann (L 1926, Nachdr. Farnborough 1969).

Schriften: *Palestrina als weltlicher Komponist* (Diss. Str. 1890); *Das Madrigal u. Palestrina,* in: VfMw 8 (1892); *Einführung in die gregor. Melodien,* I: *Ursprung u. Entwicklung der liturg. Gesangsformen bis z. Ausgang des MA* (Freiburg/Schweiz 1895, L ^{2}1901, ^{3}1911), II: *Neumenkunde. Paläographie des liturg. Gesanges* (L 1905, ^{2}1912, ^{3}1921), III: *Gregor. Formenlehre. Eine choralische Stilkunde* (L 1921), Nachdr. aller Bde. (Hil – Wie 1962); *Gesch. der Messe,* 1. Teil: Bis 1600 (L 1913, Nachdr. Hil – Wie 1963, ^{2}1972); *Germanisches u. Romanisches im frühmittelalterlichen Kirchengesang,* in: Kgr.-Ber. Leipzig 1925 (L 1926); *Der mozarabische Kirchengesang u. seine Überlieferung,* in: Gesammelte Aufs. z. Kulturgeschichte Spaniens, hrsg. v. H. Finke (Mr 1928) (= Span. Forschungen der Görres-Gesellschaft I/1). – Editionen: *Das Graduale der St. Thomaskirche zu Leipzig (14. Jh.) als Zeuge dt. Choralüberlieferung,* 2 Bde. (L 1930, 1932, Nachdr. Hil – Wie 1967) (= PäM 5 u. 7); *Die Gesänge der Jakobusliturgie zu Santiago de Compostela aus dem sog. Codex Calixtinus* (Freiburg/Schweiz 1931).

Lit.: J. HANDSCHIN, P. W. u. die Choralwissenschaft, in: SMZ 71 (1931), wiederabgedruckt in: Gedenkschrift J. Handschin (Be 1957); K. G. FELLERER, P. W. z. Gedächtnis des 50. Todestages, in: MS 101 (1981).

WAGNER, Wilhelm **Richard,** * 22. 5. 1813 Leipzig, † 13. 2. 1883 Venedig (begraben 18. 2. 1883 im Garten der Villa Wahnfried in Bayreuth). W.s Jugend wurde wesentlich bestimmt durch den frühen Tod des Vaters, des Polizeiaktuars Carl Friedrich Wilhelm Wagner (1770–1813), und den 8 Jahre späteren Tod des Stiefvaters, des Porträtmalers, Schauspielers und Dichters Ludwig Geyer (1779–1821), den die Mutter, Johanna Rosina, geborene Pätz (1774–1848), 1814 in Dresden geheiratet hatte. Unter 7 überlebenden Geschwistern war W., sieht man von seiner Halbschwester Caecilie Geyer ab, das jüngste Kind. War der Vater ein Liebhaber des Theaters, so verkörperte Geyer Theaterwelt durch Bildung und tätige Begabung. Der für W.s Jugend charakteristische häufige Ortswechsel (Dresden 1814–20; Possendorf 1820–21; Eisleben 1821–22; Dresden 1822–27; Leipzig 1827–33) sollte zu einem die spätere Lebensform bestimmenden Moment werden. – In der Jugend hatte die Fluktuation der Lebenssphären ihre Entsprechung in turbulenter Selbstfindung. Schulwechsel (Kreuzschule Dresden: Begeisterung für die Antike; Nikolaus-Gymnasium, Thomasschule und Universität Leipzig), Phasen der Unlust, der Abschweifung und des abirrenden Interesses komplizierten den Weg. W.s musikalische Studien begannen autodidaktisch mit J. B. Logiers *System der Musikwissenschaft,* ehe sie durch Th. Weinligs Kontrapunktunterweisung Richtung und Fundament erhielten. Daneben prägten ihn Kompositionen C. M. von Webers und L. van Beethovens, schulten Partiturabschriften Beethovenscher, aber auch Haydnscher Werke. – Überwogen bei W.s ersten kompositorischen Ansätzen Instrumentalformen, so gewannen nach der unvollendeten Oper *Die Hochzeit* bald Bühnenkompositionen das Übergewicht *(Feen, Liebesverbot, Rienzi),* verbunden mit dem Weg des Kapellmeisters (Chordirektor in Würzburg, 1833/34; Lauchstädt, Rudolstadt, Magdeburg, 1834–36; Königsberg, 1837; Riga, 1837–39). In diese Zeit fällt auch die Heirat mit Minna Planer (24. 11. 1836), eine von Divergenzen der Lebensperspektive und von Existenzkrisen gezeichnete Verbindung.

Einen entscheidenden Einschnitt brachte W.s erster Parisaufenthalt (Sept. 1839 – April 1842); die Reiseroute (Riga – Pillau – London – Boulogne-sur-Mer) schloß eine abenteuerliche Seefahrt (Fliegender Holländer!) und in Boulogne einen Besuch bei G. Meyerbeer ein. Trotz dessen Fürsprache wurde Paris ein Ort der Mißerfolge (Scheitern der Aufführungszusage für *Das Liebesverbot,* Durchfall der *Columbus-Ouvertüre);* W. mußte Minna und sich mit musikalischen Lohnarbeiten mühsam durchbringen. Aktivposten der Zukunft aber waren die Pariser Prosaschriften (kritische Feuilletons wie *Der Virtuos und der Künstler,* bekennende Künstlernovellen wie *Eine Pilgerfahrt zu Beethoven*), die *Faust-Ouvertüre, Rienzi* und der *Fliegende Holländer.* – Diese entbehrungsvollen Pariser Jahre haben W. im Zwiespalt an die frz. Metropole gebunden (1849 und 1850 nach der Flucht aus Dresden; 1853 im Beisein Fr. Liszts; 1858 während der Arbeit am *Tristan* und sich abzeichnender Spannungen in den Beziehungen zu Mathilde Wesendonk; 1859–62 mit Blick auf die Aufführung von *Tannhäuser, Lohengrin* und/oder *Tristan;* 1867 nach Beendigung der *Meistersinger,* vor Schluß der Weltausstellung; einen peinlichen, späten Akzent setzte W. schließlich mit der niederträchtigen Posse *Die Kapitulation,* 1870). Paris als Domizil der Wanderschaft stehen Orte längerer Wirksamkeit gegenüber, an erster Stelle Dresden (1842–49), wohin W. von Paris aus übersiedelte. Auslösend war die auf Empfehlung Meyerbeers erfolgte Annahme des *Rienzi* (UA 1842). Nach der

UA des *Fliegenden Holländer* (1843) wurde W. zum Königlich Sächsischen Hofkapellmeister ernannt. Seine vergeblichen Anstrengungen, „eine echte künstlerische Reorganisation des hiesigen Musikwesens“ zu erreichen, führten zum Konflikt, zur Teilnahme an den revolutionären Umtrieben von 1848, am Aufstand von 1849. W. flieht aus Dresden, mit Hilfe Liszts gelangt er über Weimar, Jena, Lindau und Rorschach nach Zürich. Bis zur Amnestierung (1862) blieb W. als steckbrieflich Gesuchtem Deutschland bzw. Sachsen verschlossen. Trotz des Scheiterns verdankte W. dem Dasein als Hofkapellmeister viel. Neben *Tannhäuser* und *Lohengrin,* dem Dramenentwurf *Friedrich I.,* dem Aufsatz *Die Wibelungen, Weltgeschichte aus der Sage* legte Dresden den Grund zu allen späteren Werken: erste Prosaaufzeichnung zum *Ring des Nibelungen,* Prosaentwurf zu *Siegfrieds Tod,* Prosaskizze der *Meistersinger,* Tristan- und Parzival-Stoff, Vertiefung des Verhältnisses zu L. van Beethoven, das W.s Vorstellung einer musikalisch-dramatischen Bühnenkunst durch die Verbindung von Text und Musik bestimmte.

Diese Vorstellungen gewannen zu Beginn des Zürcher Exils (1849–58) in den großen Kunstschriften Gestalt (*Die Kunst und die Revolution,* 1849; *Das Kunstwerk der Zukunft,* 1849; *Oper und Drama,* 1851). Die Schriften begleitete ein intensiver Briefwechsel mit Theodor Uhlig, aber auch mit Liszt, der finanziell und künstlerisch half (UA des *Lohengrin* in Weimar). Außerdem wirkte W. als Dirigent (Beethoven-Symphonien), 1855 dirigierte er in London auf Einladung 8 Konzerte. Das kompositorische Vakuum (1848–53) war mit dem Beginn der *Rheingold*-Vertonung (1853) beendet. Doch gelangte die Komposition des *Ring* über die *Walküre* (1854–56) hinaus nur bis zum Ende des 2. *Siegfried*-Aktes (1857). 1857–59 entwirft und komponiert W., in Verbindung mit Schopenhauer- und Calderón-Studien, *Tristan und Isolde,* ein Schlüsselwerk des Zukünftigen, von weitreichender Komplizierung der Lebenskonstellation begleitet (Intensivierung und Krise der Freundschaft zu Mathilde Wesendonk, Trennung von Minna, Auflösung des 1857 bezogenen „Asyls“ im Gartenhaus der Wesendonks, damit Aufhebung Zürichs als „Wohnsitz“ und Fluktuation der Refugien: Venedig, 1857–59; Luzern, 1859, schließlich Paris).

Paris steigerte den Erfahrungszwiespalt. 3 Konzerte mit eigenen Werken (1860) fanden ein starkes Echo (Ch. Baudelaire u.a.), endeten aber im Defizit. Die von Napoleon III. befohlene Einstudierung des überarbeiteten *Tannhäuser* ging nach 164 Proben und 3 Aufführungen (1861) in Intrige und Skandal unter (Jockey-Club, der das Ballett im 2. Akt vermißte). Doch erwiesen sich die Pariser Ereignisse als negatives Moment mit positiver „Fernwirkung“ (frz. Literatur, „Wagnérisme“). – Von Paris aus verzweigten sich W.s Wege erneut. Einer Konzertreise nach Brüssel und einer Deutschlandreise folgten u.a. mehrere Besuche in Karlsruhe und Wien (1861), ein Abstecher nach Triest und Venedig (1861) initiierte die *Meistersinger*-Komposition, und in Biebrich bei Wiesbaden, dem neuen Domizil auf Zeit (1862–63), wo dieses Werk fortschritt, studierte W. mit dem Ehepaar Schnorr von Carolsfeld die Titelpartien von *Tristan und Isolde* (1862). – Hatte W. bereits in Riga (1838–39), Dresden, Zürich, London und Brüssel (1860) als Konzertdirigent fungiert, so folgte 1862–63 eine Serie von Konzertfahrten (Wien, Budapest, Prag, Karlsruhe, Löwenberg, Breslau, St. Petersburg, Moskau); doch nur Rußland (1863) brachte einen Gewinn (4000 Taler). Er verleitete Wagner zur luxuriös-ruinösen Ausstattung einer Wohnung in Penzing. Die Folge war eine neue Kettenreaktion geplatzter Wechsel und erneute Flucht (1864).

Am 5. Mai 1864 widerfährt ihm das ersehnte „hilfreiche Wunder“: Kabinettssekretär Hofrat von Pfistermeister überbringt in Stuttgart die Botschaft König ↗Ludwigs II., er wolle W. künftig die weitere Entfaltung seiner Kunst sicherstellen. – Die Befreiung von den „niederen Sorgen des Alltagslebens“ bedeutete jedoch nicht die Eliminierung aller Konflikte; sehr bald schon zeigten sich im Verhältnis König – Komponist die ersten Risse, breiteten sich Neid, wechselseitige Intrige und selbstverschuldete Mißhelligkeiten aus. Nur knapp 14 Monate bewohnte W. das ihm vom König überschriebene Haus in München. 1865 mußte er München verlassen, ein neuer Asylwechsel war die Folge: Über Bern, Lyon, Marseille (Nachricht vom Tode Minnas) und Genf ergab sich schließlich Tribschen bei Luzern als neues Domizil auf Zeit (1866–72), anfangs in noch schwankender, dann sich festigender Gemeinschaft mit Cosima von Bülow (25. 8. 1870 Trauung in Luzern).

Das Werk gewann neue Impulse. 1864 nahm Wagner *Siegfried* wieder auf (bis zur Partiturerstschrift des 2. Aktes, 2. 12. 1865). Danach bewirkten die *Meistersinger* nochmals Aufschub. Bereits zwischen München und Tribschen wiederaufgenommen (1866), wurden sie 1867 beendet. Die Arbeit an *Siegfried,* 1869 wiederaufgegriffen, gedieh im selben Jahr bis zur Partiturniederschrift (3. Akt; beendet 1871); im Oktober begann W. noch mit der *Götterdämmerung,* die nach 5 Jahren abgeschlossen wurde. – Viele Schriften dieser Zeit (*Über Staat und Religion,* 1864; *Bericht… über eine in München zu errichtende deutsche Musikschule,* 1865; *Erinnerungen an L. Schnorr von Carolsfeld,* 1868) spiegeln die veränderte Konstellation wider. Jetzt ging es um Stilbildung und Traditionssicherung, um künstlerische und kunstpolitische Konsolidierung. Der Stilbildung sollten „Musteraufführungen" dienen, die – gefördert vom König – W.s Werke gerade im Falle von Uraufführungen (*Tristan,* 1865; *Meistersinger,* 1868) traditionsverpflichtend darboten. Als Ludwig II. *Rheingold* und *Walküre* gegen W.s Willen in München uraufführen ließ, verkehrte sich diese Intention freilich ins Gegenteil. Hier lag einer der entscheidenden Anstöße, an einen eigenen Festspielort zu denken, wo Planung, Vorbereitung und Durchführung ganz in der Hand des Komponisten lagen. – Tribschen brachte trotz aller Probleme eine Zentrierung des Lebens. Mit den zu Bülows Töchtern Blandine und Daniela hinzukommenden Kindern W.s (Isolde, Eva, Siegfried) wurde es ein Leben in der Familie. Der Konsolidierung im Privaten entsprach eine zunehmende Wendung nach innen, wie sie sich seit W.s Schopenhauer-Kenntnis immer deutlicher – und namentlich in seiner *Beethoven*-Schrift (1870) ausgeprägt, aufs Philosophisch-Ästhetische angewandt – findet. Einen besonderen Akzent erhielt diese Tendenz seit 1869 durch den Umgang mit Fr. ↗Nietzsche.

Wohl beim Diktat der Autobiographie (1865–80) tauchte Bayreuth als möglicher Festspielort auf; der Entschluß zum Bau des Festspielhauses fiel nach Prüfung des Markgräflichen Opernhauses, die Grundsteinlegung erfolgte am 22. 5. 1872, symbolisch überhöht durch die Aufführung der 9. Symphonie Beethovens. Biographisch deutend der Name des mit königlicher Hilfe erbauten, 1874 bezogenen Bayreuther Heimes: „Wahnfried". – Trotz einer von Ludwig II. zugeschossenen Summe von 100000 Talern mußte W. Konzertreisen zur Sicherstellung des Festspielhausbaues unternehmen. Die Proben zum *Ring des Nibelungen* setzten 1874 (Sänger) ein, sie wurden 1875 mit Sängern und Orchester weitergeführt, 1876 mit 3 Gesamtproben beendet. Die am 13. 8. beginnenden und bis zum 30. 8. 1876 dauernden Festspiele brachten 3 Aufführungen des gesamten *Ring*-Zyklus (Dirigent: H. Richter).

Das Echo reichte weit, aber es war gespalten. Gravierend war das Defizit von 147851 Mark, das eine Wiederholung im nächsten Jahr blockierte. Nach einer Italienreise (1876) dirigierte W. 1877, assistiert von Richter, in London 8 Konzerte; doch erst ein neues Darlehen Ludwigs II., gebunden an einen Tantiemenvertrag, tilgte das Defizit (1878). Im Schatten der den ersten Festspielen folgenden Probleme ging auch der Plan einer „Hochschule für dramatisch-musikalische Darstellung" unter, wie die Probleme und Defekte der ersten Festspiele wohl zudem eine gewisse Darbietungsallergie – erkennbar in der Schrift *Publikum und Popularität* (1878) – und den Ausspruch vom „unsichtbaren Theater" zeitigten. – Zuvor schon hatte W. dem Tief indes den Antrieb zum *Parsifal* abgewonnen (2. Prosaentwurf 1877; Vollendung 1882). In den Jahren des *Parsifal* entstehen auch späte Schriften wie *Über das Dichten und Komponieren* (1879) und *Über das Operndichten und Komponieren im Besonderen* (1879), in sie fallen 2 weitere Italienreisen (1880, 1882), in ihnen entwickelt sich W.s Herzkrankheit bedrohlich. Nach der UA des *Parsifal,* für die, wie auch für die folgenden 15 Vorstellungen, Ludwig II. Chor und Orchester der Münchener Hofbühne zur Verfügung gestellt hatte, reist die Familie noch einmal nach Venedig, bezieht den Palazzo Vendramin. W. beendet den Aufsatz *Das Bühnenweihfestspiel in Bayreuth,* führt seine Jugendsymphonic in C-Dur auf und beginnt *Über das Weibliche im Menschlichen;* am 13. 2. 1883 erliegt er einem Herzanfall.

WW: **1) Instr.-WW: a)** Für Klv.: Sonate B-Dur, op. 1 (1831); Polonaise, D-Dur (1831–32); Polonaise D-Dur, op. 2 (1832?) für Klv. zu 4 Händen; Fantasie fis-moll, op. 3 (1831); Sonate A-Dur, op. 4 (1832); *Albumblatt* (Lied ohne Worte) E-Dur (1840); Polka G-Dur (1853); *Eine Sonate für das Album von Frau M(athilde) W(esendonk)* As-Dur (1853); *Züricher Vielliebchen: Walzer, Polka oder sonst was* Es-Dur (1854); *Albumblatt* (In das Album der Fürstin M[etternich]) C-Dur (1861); *Ankunft bei den schwarzen Schwänen,* Albumblatt (1861); *Albumblatt für Frau Betty Schott* Es-Dur (1875). – Übertragungen: L. van Beethoven, 9. Symphonie (1830); H. Herz, *Grande fantaisie,* op. 111 für Klv. 4händig (1840). – **b)** Für Orch.: Orchesterwerk e-moll (1830?); *Szene* (1830?) (nach Goethes *Laune der Verliebten*); Ouvertüre d-moll (1831) (2 Versionen); Ouvertüre zu Raupachs *König Enzio* e-moll (1831); *Entreacte tragique* Nr. 1 D-Dur (1832) u. Nr. 2 c-moll (1832); Ouvertüre C-Dur (1832); Symphonie C-Dur (1832); *Columbus-Ouvertüre* Es-Dur (1835); *Polonia-Ouvertüre* C-Dur (1836); Ouvertüre *Rule Britannia* D-Dur (1837); *Musik zu Die letzte Heldenverschwörung in Preußen* (1837); *Ouvertüre zu Faust* (1840), neu instrumentiert (1843–44), revidiert als: *Eine Faust-Ouvertüre* (1855); *Trauermusik* (1844) (nach Motiven v. Webers *Euryanthe*); *Träume* (1857) (Arrangement des Wesendonk-Liedes für kleines Orch.); *Huldigungsmarsch* (1864) für Militärkapelle, Fassung für großes Orch. v. J. Raff (1871); *Siegfried Idyll* (1870); *Kaisermarsch* (1871); *Großer Festmarsch* (1876) (z. Jahrhundertfeier der amerik. Unabhängigkeit). – **2) Vokal-WW: a)** Lieder: *Sieben Kompositionen zu Goethes Faust,* op. 5 (1831, revidiert 1832); *Karnevalslied* (1835–36) (aus *Das Liebesverbot); Der Tannenbaum* (1838); *Tout n'est qu'images fugitives* (1839); *Trois mélodies* (1839); *Adieux de Marie Stuart* (1840); *Les deux grenadiers* (1840); *Extase* (1839) (Fragment); *La tombe dit à la rose* (1839) (Fragment); *Fünf Gedichte für eine Frauenstimme (= Wesendonk-Lieder)* (1857–58); *Scherzlied für Louis Kraft* (1871). – **b)** Chorwerke: *Neujahrs-Kantate* (1834); *Nicolai,* Volkshymne (1837); *Descendons, descendons* (1840); *Weihegruß zur feierlichen Enthüllung des Denkmals Königs Friedrich August I („des Gerechten") von Sachsen* (1843); *Das Liebesmahl der Apostel* (1843); *Gruß seiner Treuen an Friedrich August den Ge-*

liebten (1844); *Hebt an den Sang (An Webers Grabe)* (1844); *Wahlspruch für die deutsche Feuerwehr* (1869); *Kinderkatechismus zu Kosels Geburtstag* (1873). – **c)** Arien: *Doch jetzt wohin ich blicke* (1833) (für H. A. Marschners *Der Vampyr*); *Sanfte Wehmut will sich regen* (1837) (für K. Blums *Marie, Max und Michel); Norma il prédesse* (1839) (für V. Bellinis Oper Norma). – **3) Bühnen-WW: a)** Opern und Musikdramen (alle Libretti v. R. W.): Fragment *Die Hochzeit*, Introduktion, Chor, Septett, UA: Würzburg 1833; *Die Feen* (nach C. Gozzi, *La donna serpente)*, UA: München 1888; *Das Liebesverbot, oder Die Novize von Palermo* (nach W. Shakespeare, *Measure for Measure)*, UA: Magdeburg 1836; *Rienzi, der letzte der Tribunen* (nach E. Bulwer Lytton u. M. R. Mitford), UA: Dresden 1842; *Der fliegende Holländer* (nach H. Heine, *Aus den Memoiren des Herrn Schnabelewopski*), UA: Dresden 1843, neu orchestriert (1846), revidiert (1852, 1860); *Tannhäuser und der Sängerkrieg auf Wartburg* (modifizierende Verbindung der Sagenstoffe Tannhäuser, 16. Jh., u. Sängerkrieg/Wartburgkrieg, 13. Jh.), UA: Dresden 1845, revidiert (1845–46, 1847), Pariser Fassung (1860–61), weitere Revisionen (1865, 1875), UA der Pariser Fassung: Paris 1861; *Lohengrin* (nach dem Lohengrin-Epos, 13. Jh.), UA: Weimar 1850; *Der Ring des Nibelungen* (Verschmelzung mehrerer nordischer Sagenkreise, u. a. Edda- u. Völsunga-Saga, aber auch Nibelungenlied. Ausgangspunkt: *Der Nibelungen-Mythus*), erste Dichtung: *Siegfrieds Tod* (Erstentwurf der *Götterdämmerung*), als Tetralogie ausgearb. (1851/52): *Das Rheingold*, UA: München 1869; *Die Walküre*, UA: ebd. 1870; *Siegfried*, UA: Bayreuth 1876; *Götterdämmerung*, UA: ebd. 1876; *Tristan und Isolde* (nach Gottfried von Straßburg), UA: München 1865; *Die Meistersinger von Nürnberg* (nach J. Ch. Wagenseil, *Buch von der Meister-Singer Holdseligen Kunst* u. a. Quellen), UA: ebd. 1868; *Parsifal* (nach Wolfram von Eschenbach), UA: Bayreuth 1882. – Ferner Bearbeitungen u. a. von Opern v. Ch. W. Gluck, G. Donizetti u. a. sowie Klv.-Auszüge. – **4) Literarische WW: a)** Etwa 130 kleinere u. größere Schriften, Aufsätze, Berichte, Rezensionen u. a., von denen die wichtigsten (mit Entstehungszeit) im Haupttext genannt sind. Zu erwähnen sind hier eigens die sog. Pariser Novellen (1840–41) *Eine Pilgerfahrt zu Beethoven, Ein Ende in Paris* u. *Ein glücklicher Abend.* W. selbst veröffentlichte die meisten Schriften usw. unter Einbeziehung der Texte seiner Opern u. der genannten Entwürfe zum *Ring* (s. o.) in chronologischer Anordnung als *Gesammelte Schriften u. Dichtungen*, 9 Bde. (L 1871–83), 10. Bd. postum (L 1883); die ganze Reihe erschien in zahlr. Aufl. sowie in engl. u. frz. Übersetzung. Nicht darin enthalten ist u. a. W.s Autobiographie *Mein Leben* (Privatdruck 1870–81), 1. öff. Ausg., gekürzt (Mn 1911), 1. authentische Veröff., hrsg. v. M. Gregor-Dellin (Mn 1976). – **b)** Entwürfe u. Projekte zu nicht komponierten Dramen (s. auch oben), davon in den *Gesammelten Schriften* enthalten: *Wieland der Schmied* (1850); *Eine Kapitulation. Lustspiel in antiker Manier* (1870). – Ferner zahlreiche kleinere Huldigungs- und Gelegenheitsgedichte.

Die schwierige Frage nach dem Verhältnis von Biographie und Werk ist gerade bei W. ebenso unumgänglich wie kompliziert. Sie verlangt eine Einbeziehung der Schriften, die nicht nur Kontrapunkt der Reflexion zum kompositorischen Schaffen sind, sondern auch zwischen Leben und Werk vermitteln: 1. durch Spiegelung existentieller Problematik und künstlerischer Intention (z. B.: *Ein Ende in Paris*, 1841; *Eine Pilgerfahrt zu Beethoven*, 1840); 2. durch offenen oder eher verdeckten Reflex auf aktuelle Konstellationen und/oder grundsätzliche Fragen des Werkes und seiner Wirkung *(Zukunftsmusik*, 1860; *Publikum und Popularität);* 3. als Darstellung der eigenen Entwicklung (*Eine Mitteilung an meine Freunde*, 1851; *Mein Leben*, 1865–80); 4. wegen „motivischer" Verflechtung mit Biographie und Werk (*Die Kunst und die Revolution; Oper und Drama*); 5. mit der diffamierenden Umsetzung persönlicher Frustration (Paris – Meyerbeer) in ein negatives Gegenbild (*Das Judentum in der Musik*, 1850). Der in den Schriften auf verschiedene Weise und in unterschiedlichem Kontext zutage tretende biographische Aspekt wird jedoch in den Werken selbst ins Künstlerisch-Allgemeine transformiert. Dafür steht der Begriff des „Reinmenschlichen" ein, in dem das Persönliche als ins Essentielle der menschlichen Natur und ihrer existentiellen Problematik überhöht erscheint. W. hat diesen Begriff namentlich in *Oper und Drama* entwickelt, auf *Oper und Drama* hat er sich später unter verschiedenem Blickwinkel mehrfach bezogen, wie in *Zukunftsmusik, Beethoven, Über die Bestimmung der Oper* (1871) und *Über die Anwendung der Musik auf das Drama* (1879). – Eine Einteilung des kompositorischen Schaffens nach Perioden ist insofern nicht unproblematisch, als damit nur zu leicht verdeckt wird, daß die dramatischen Kompositionen als Werke sui generis sich einer Klassifizierung entziehen (W. lehnte die Bezeichnung „Musikdrama" ab). Das kündigt sich schon mit dem *Fliegenden Holländer* an, der sich – wie *Tannhäuser* und zumal *Lohengrin* – von den Jugendopern W.s einschließlich *Rienzi* als Werk neuer Qualität abhebt. Die instrumentalen Kompositionen als früheste Phase von den Bühnenkompositionen zu sondern, scheidet aus, weil W. schon sehr bald auch Opern komponierte.

Vorbild für W.s B-Dur-Sonate waren W. A. Mozart und I. Pleyel, Beethoven beeinflußte nicht nur die A-Dur-Sonate und fis-moll-Fantasie für Klv., sondern auch Ouvertüren und die C-Dur-Symphonie. Weber und H. Marschner gewannen für die *Feen*, V. Bellini, G. Donizetti und D. Fr. E. Auber für das *Liebesverbot*, Meyerbeer und namentlich G. Spontini für *Rienzi* Bedeutung. W. hat seine ersten Bühnenkompositionen später sehr distanziert gesehen. Doch werden hinter der Anhäufung verschiedener Stilelemente im *Liebesverbot* (Melodik nach Bellini und Auber, thematische Arbeit deutscher Symphonietradition) bereits bestimmte Aspekte späterer Synthese sichtbar: Bellinis Melodik, die W. – bei allen Vorbehalten – bis ins Alter beeindruckt hat, wurde offenbar das Stimulans eines Gegenentwurfes, einer Melodik neuer, episch-symphonischer Qualität, die wesentlich Beethovens strukturelle Verdichtung in Symphonie und Streichquartett zum Vorbild nahm – natürlich in einer dem Drama angemessenen Form. – Diese melodische Integration war freilich nur Bauelement einer übergreifenden Synthese der Künste, die das antike Drama auf einer neuen historischen Stufe regenerieren sollte: als „Gesamtkunstwerk“. Bei der Umsetzung dieser Idee wurde W.s besondere schöpferische Disposition, Text, Handlung und Musik aus einem komplexen Empfindungs- und Eingebungsbereich zu gewinnen, bedeutsam. Diese Konzentration nach innen schlug eine Brücke zum Mythos, d.h. zum Reinmenschlichen als Ausgangspunkt der inneren dramatischen Motive, von denen sich wiederum die zentralen musikalischen Motive herleiten. Für W. ergab sich dabei ein zwingender entwicklungsgeschichtlicher Zusammenhang mit Beethovens Symphonien, für die er einen dem „Reinmenschlichen“ entsprechenden „dichterischen Gegenstand“ annahm. – Die Bedeutung des Mythos, seine struktur- und formbildende Funktion und die von ihm ausgehende Motivverzweigung, wurde W. freilich erst während der ersten Exiljahre in der Schweiz ganz bewußt, eine Entwicklung, die sich im Verhältnis der Opern *Fliegender Holländer – Tannhäuser – Lohengrin* zueinander, dann aber vor allem im Unterschied dieser Werke zum *Ring* ausdrückt. Die „Verdichtung“ der dramatischen Motive steigerte die strukturelle Funktion der „melodischen Momente“ in zunehmendem Maße und schon vor der *Ring*-Tetralogie. Ausdruck dieser neuen Entwicklung ist einmal die Einteilung in Szenen (und nicht in Nummern) und die zentrierende Funktion der Senta-Ballade im *Fliegenden Holländer,* dann aber vor allem die besondere Funktion des „Frageverbot“-Motivs zu Ende des 2. *Lohengrin*-Aktes, das hier nicht nur „Erinnerung“, sondern im Moment der handlungsbedingten Vergegenwärtigung des Erinnerten auch „Ahnung“ bewirkt; das mit dem Erklingen des „Frageverbots“ sich abzeichnende Frageverlangen Elsas steigert nicht nur die Spannung, sondern bedingt auch den 3. Akt. Hier liegt bereits eine Motivfunktion vor, wie sie W. in *Oper und Drama* den ↗Leitmotiven zuschreibt. Gleichwohl sind im Unterschied zum *Ring* die Motive im *Lohengrin* noch an geschlossene Perioden gebunden, während die Leitmotivtechnik des *Ring* in der umfassenden Verknüpfung der Motive durch Ahnung, Vergegenwärtigung und Erinnerung selbst formtragend wird. Für die Realisierung dieser neuen Qualität des dramatisch-musikalischen Motivgewebes war zum einen der Umfang des *Ring*-Stoffes maßgebend, der eine Erweiterung der ursprünglichen Einteiligkeit *(Siegfrieds Tod)* zum 4teiligen Zyklus und damit eine epische Verzweigung, ausgehend von den zentralen musikalischen Motiven, erforderte; zum anderen hatten die Erfahrungen der Weimarer *Lohengrin*-UA W. von der Notwendigkeit einer möglichst umfassenden musikalisch-dramatischen Verknüpfung auf der Basis der Leitmotivstruktur überzeugt; schließlich spielte aber auch W.s Kritik an den geschlossenen Formen der Oper (Arie, Duett usw.) wie an der Reprise im Sonatensatz eine wesentliche Rolle. Die Leitmotivtechnik im *Ring* öffnete die Form und strukturierte sie motivisch (nicht streng architektonisch, wie A. Lorenz annahm), in der Verknüpfung von „Versmelodie“, „Orchestermelodie“ und szenischer Aktion („Gebärde“ des Sängers). – Für *Tristan und Isolde* gelten, wie in jeweils anderer Weise auch für *Meistersinger* und *Parsifal,* deutliche und weitreichende Unterschiede zum *Ring.* Gleichwohl kann weder wegen zurückgenommener Motivzahl und -dichte in Verbindung mit weitgespannten chromatischen Entwicklungszügen *(Tristan)* noch wegen der Wiedereinführung von Chor- bzw. Ensembleszenen *(Meistersinger, Parsifal),* von Liedern und Tänzen *(Meistersinger),* aber auch nicht aufgrund einer Reduktion oder Auflösung des Stabreims von einer Aufhebung der Leitmotivtechnik in den Werken nach dem *Ring* gesprochen werden. Tatsächlich bleibt in allen diesen Werken die Leitmotivstruktur weiterhin konstitutiv – allerdings in jeweils stoffbedingter Modifikation und in einer Konzentration auf zentrale Handlungsmotive. Im *Tristan* entfaltet sie sich – gemäß der die Handlung bewegenden Liebesverewigung durch Liebestod – an einem Leitmotivkomplex (Leidens- + Sehnsuchtsmotiv [= ↗Tristan-Akkord], Verhängnis-, Blickmotiv). Seine modifizierte Wiederkehr, verbunden mit den anderen Gefühls- und Handlungsebenen im Sinne der ↗unendlichen Melodie und durch die „Kunst des Überganges“, repräsentiert den Kern der „Handlung“. Auch in den *Meistersingern* findet sich – verbunden mit Motivverknüpfung und motivischer Arbeit – die Zeitstruktur der Leitmotivtechnik, die – ausgehend von der zentralen Verbindung von Triumph der Liebe und neu-meisterlicher Kunst – allein an der subtilen Veränderung des „lyrischen Motivs“ und seiner schließlichen Einbindung ins Preislied erkennbar wird. Im *Parsifal,* dem „Bühnenweihfestspiel“, verdeutlicht wiederum allein die fortschreitende Komplettierung des „Torenspruchs“ den Verheißung und Rückblick, Ahnung und Erinnerung einschließenden Weg des Protagonisten.

Gemessen an seinen Bühnenwerken ist W.s rein instrumentales Schaffen marginal. Nicht nur trotz der frühen C-Dur-Symphonie, sondern auch angesichts der *Faust-Ouvertüre* und des *Siegfried Idylls* sowie der späteren Absicht, einsätzige, die Melodie „ausspinnende" Symphonien zu komponieren, erscheint ein nicht dramatisch gebundener, im Gesamtœuvre eigenständiger instrumental-symphonischer Bereich kaum in Umrissen. Ohnehin war W. die symphonische Instrumentalmusik nach Beethoven – abgesehen von Liszt und trotz A. Bruckner – dort Verirrung, wo sie historisch als Hauptrichtung der Entwicklung verstanden wurde. Von hier aus erklärt sich seine Ablehnung von J. Brahms, H. Berlioz und R. Schumann, sein zwiespältiges Verhältnis zu F. Mendelssohn Bartholdy. Den wahren Fortschritt repräsentierte für ihn das musikalische Drama, das die „Erlösung der Musik" durch Beethovens 9. Symphonie erst historisch umsetzte. Es ist W.s Erlösungsbegriff, durch den er ins Zwielicht gerät. „Erlösung" war für ihn eine über das Werk hinausreichende conditio sine qua non, eng verbunden mit einem Mangel an Kompromißbereitschaft. Hier überschneiden sich Licht und Schatten einer überdimensionierten Erscheinung. Die Doppelwertigkeit des Erlösungsgedankens tritt auf bestürzende Weise zutage, wo dieser sich – wie in W.s Einstellung zum „Judentum" – mit der Vorstellung existentieller Annullierung verbindet. Offenbar war es W.s verabsolutierter Erlösungsbegriff, der späterer ideologischer Annexion des Werkes Vorschub leistete.

Ausg.: **1) Musikal. WW:** R. W.s musikal. Werke, hrsg. v. M. Balling, 10 Bde. (unvollständig) (L 1912–29), Nachdr. in 7 Bden. (NY 1971); R. W. Sämtliche Werke, hrsg. v. C. Dahlhaus, 2 Reihen (Noten-Bde. u. Dokumenten-Bde.) (Mz 1970ff.), bisher 22 Bde. – **2) Literarische WW:** Die Gesammelten Schriften (s. o.) erschienen erweitert als *Sämtliche Schriften u. Dichtungen,* hrsg. v. H. von Wolzogen – R. Sternfeld, 12 bzw. 14 Bde. (L [5]1911 bzw. L [6]1914). – **3) Briefe, Tagebücher u. ä.:** R. W.s Briefe in Originalausg., 2 Folgen (L 1912–14); zahlr. weitere ältere Briefausg. (Verz. u. a. in Brockhaus Riemann Musiklexikon II, Wie – Mz 1979); Sämtliche Briefe, hrsg. v. G. Strobel – W. Wolf (L 1967ff.), bisher 2 Bde.; R. W., Das braune Buch, hrsg. v. J. Bergfeld (Z 1976); Cosima W., Die Tagebücher, hrsg. v. M. Gregor-Dellin – D. Mack, 2 Bde. (Mn 1976–77).

Lit.: **1) Bibliographie u. Werk-Verz.:** E. Kastner, W.-Cat. Chronologisches Verz. der v. u. über R. W. erschienenen Schriften, Musikwerke... (Offenbach 1878, Nachdr. Hilversum 1966); N. Oesterlein, Kat. einer R. W.-Bibl. (L 1882–95, Nachdr. Wie 1970); Int. W.-Bibliogr. 1945–55, hrsg. v. H. Barth (Bayreuth 1956); dass., 1956–60 (ebd. 1961); dass., 1961–66 (ebd. 1968); J. Deathridge – M. Geck – E. Voss, W. Werk-Verz. (WWV) (Mz 1986). – **2) Periodica:** Bayreuther Blätter 1–61 (1878–1938); Rev. wagnérienne 1–3 (1885–1888, Nachdr. G. 1970); R. W.-Jb. I (1886); R. W.-Jb., 5 Bde. (L 1906–08, 1912–13). – **3) Ikonographie:** M. Geck, Die Bildnisse R. W.s (Mn 1970). – **4) Zeitgen. Stud. u. persönliche Erinnerungen:** F. Liszt, Lohengrin et Tannhaeuser de R. W. (L 1851, dt. 1852); ders., R. W.s Rheingold, in: NZfM 43 (1855); H. von Bülow, Über R. W.s Faust-Ouvertüre (L 1860); Ch. Baudelaire, R. W. et Tannhaeuser à Paris (P 1861); H. von Wolzogen, Erinnerungen an R. W. (W 1883, [2]1891); A. Neumann, Erinnerungen an R. W. (L 1907); S. Wagner, Erinnerungen (St 1923, [2]1935). – **5) Biographien:** C. F. Glasenapp, Das Leben R. W.s, 6 Bde. (L [5]1923); M. Koch, R. W., 3 Bde. (B 1907–18); E. Newman, The Life of R. W., 4 Bde. (NY 1933–46, NA 1970); E. Bücken, R. W. (Pd 1934); M. Fehr, R. W.s Schweizer Zeit, 2 Bde. (Aarau – L 1934 u. Aarau – F 1953); O. Strobel, Neue Wagnerforsch. (Karlsruhe 1943); H. Gal, R. W. (F 1963); H. Mayer, R. W.s geistige Entwicklung (Düsseldorf – H 1954); C. von Westernhagen, R. W. Sein Werk, sein Wesen, seine Welt (Z 1956); M. Gregor-Dellin, R. W. Sein Leben, sein Werk, sein Jh. (Z 1980). – **6) Umfassende Darstellungen: a)** Ästhetik, Philosophie, Gesch.: F. Nietzsche, Der Fall W. (L 1888); H. Lichtenberger, R. W. Poète et penseur (P 1898, dt. Dresden – L 1899, [2]1904); P. Moos, R. W. als Ästhetiker. Versuch einer kritischen Darstellung (B – L 1906); A. Schmitz, Der Mythos der Kunst in den Schriften R. W.s, in: Beitr. z. christlichen Philosophie 3 (Mz 1948); L. Siegel, W. and the Romanticism of E. T. A. Hoffmann, in: MQ 51 (1965); K. Kropfinger, W.s 9. Symphonie. Das ambivalente Werk, in: Report of the Eleventh Congress (= Kgr.-Ber. Kopenhagen 1972), 2 Bde. (Kop 1974). – **b)** Allgem. Unters. u. Analysen: H. E. Krehbiel – A. Seidl, Wagneriana (B 1901–02); P. Bekker, R. W. Das Leben im Werke (St 1924); A. Lorenz, Das Geheimnis der Form bei R. W., 4 Bde. (Tutzing [2]1966); Th. W. Adorno, Versuch über W. (F 1952); J. M. Stein, R. W. and the Synthesis of the Arts (Detroit 1960, Nachdr. 1973); C. Dahlhaus, W.s Begriff der „dichterisch-musikal. Periode", in: Beitr. z. Gesch. der Musikanschauung im 19. Jh., hrsg. v. W. Salmen (Rb 1965) (= Stud. z. Musikgesch. des 19. Jh. 1); E. Voss, Stud. z. Instrumentation R. W.s (Rb 1970) (= ebd. 24); C. Dahlhaus, W.s Konzeption des musikal. Dramas (Rb 1971) (= Arbeitsgemeinschaft „100 Jahre Bayreuther Festspiele" 5); K. Kropfinger, W. u. Beethoven (Rb 1975) (= Stud. z. Musikgesch. des 19. Jh. 29); P. Wapnewski, Der traurige Gott. R. W. in seinen Helden (Mn 1978); D. Ingenschay-Goch, R. W.s neu erfundener Mythos. Zur Rezeption und Reproduktion des germanischen Mythos in seinen Operntexten (Bonn 1981). – **7) Zu einzelnen Werken, Werkgruppen und Aspekten: a)** Bis Lohengrin: W. Golther, Rienzi. Ein musikal. Drama, in: Mk 1 (1901/02); H. Dinger, Zu R. W.s „Rienzi", in: R. W.-Jb. 3 (1908); E. Istel, R. W.s Oper „Das Liebesverbot" auf Grund der hsl. Originalpartitur dargestellt, in: Mk 8 (1908/09); ders., W.s erste Oper „Die Hochzeit" auf Grund der autographen Partitur dargestellt, in: Mk 9 (1909/10); W. Krienitz, R. W.s „Feen" (Mn 1910); E. Istel, Autographe Regiebemerkungen W.s zum „Fliegenden Holländer", in: Mk 12 (1912/13); J. G. Robertson, The Genesis of W.'s Drama „Tannhäuser", in: Modern Language Rev. 18 (1923); M. Geck, Rienzi-Philologie, in: Das Drama R. W. als musikal. Kunstwerk, hrsg. v. C. Dahlhaus (Rb 1970) (= Stud. z. Musikgesch. des 19. Jh. 23); C. Hopkinson, Tannhäuser. An Examination of 36 Ed.s (Tutzing 1973); J. Deathridge, W.'s Rienzi. A Reappraisal Based on a Study of the Sketches and Drafts (O 1977). – **b)** Der Ring des Nibelungen: G. B. Shaw, The Perfect Wagnerite. A Commentary on the Nibelung's Ring (Lo 1898, [4]1923, Nachdr. NY 1972, dt. F 1973); C. Dahlhaus, Formprinzipien in W.s „Ring des Nibelungen", in: Beitr. z. Gesch. der Oper, hrsg. v. H. Becker (Rb 1969) (= Stud. z. Musikgesch. des 19. Jh. 15); R. Brinkmann, „Drei Fragen stell ich mir frei". Zur Wanderer-Szene im 1. Akt v. W.s „Siegfried", in: Jb. des Staatl. Inst. für Musikforsch. Preußischer Kulturbesitz 1972; Dokumente z. Entstehungsgesch. des Bühnenfestspiels der Ring des Nibelungen, hrsg. v. W. Breig – H. Fladt, in: R. W. Sämtliche Werke 29/1 (Mz 1976); J. Culshaw, Reflections on W.'s Ring (NY 1976). – **c)** Tristan u. Isolde: W. Golther, Zur Entstehung v. R. W.s Tristan, in: Mk 5 (1905/06); E. Kurth, Romantische Harmonik u. ihre Krise in W.s „Tristan" (B 1920, Nachdr. Hil 1975); S. Anheisser, Das Vorspiel zu „Tristan u. Isolde" u. seine Motivik, in: ZfMw 3 (1920/21); K. Kropfinger, W.s Tristan u. Beethovens Streichquartett op. 130. Funktion u. Strukturen des Prinzips der Einleitungswiederholung, in: Das Drama R. W.s als musikal. Kunstwerk, hrsg. v. C. Dahlhaus (Rb 1970) (= Stud. z. Musikgesch. des 19. Jh. 23); H. POOS, Zur Tristanharmonik, in: FS E. Pepping (B 1971); E. VOSS, W.s Striche im Tristan, in: NZfM 132 (1971); R. JACKSON, Leitmotive and Form in the Tristan Prelude, in: MR 36 (1975); ↗Tristanakkord. – **d)** Meistersinger: W. ALTMANN, Zur Gesch. der Entstehung u. Veröff. v. R. W.s „Die Meistersinger von Nürnberg", in: R. W.-Jb. 5 (1913); K. GRUNSKY, Reim u. musikal. Form in den Meistersingern, in: ebd.; F. ZADEMACK, Die Meistersinger v. Nürnberg. R. W.s Dichtung u. ihre Quellen (B 1921); R. M. RAYNER, W. and „Die Meistersinger" (Lo 1940). – **e)** Parsifal: W. GOLTHER, Parsifal u. der Gral in dt. Sage des MA u. der Neuzeit (L 1911); W. ALTMANN, Zur Entstehungsgesch. des „Parsifal", in: R. W.-Jb. 4 (1912); A. HEUSS, Die Grundlagen der Parsifal-Dichtung, in: Mk 12 (1912/13); H. VON WOLZOGEN, Parsifal-Varianten. Eine Übersicht, in: R. W.-Jb. 4 (1912); TH. W. ADORNO, Zur Partitur des „Parsifal", in: Moments musicaux (F 1964); Dokumente z. Entstehung u. ersten Aufführung des Bühnenweihfestspiels Parsifal, in: R. W. Sämtliche Werke 30 (Mz 1970); H.-J. BAUER, W.s Parsifal. Kriterien der Kompositionstechnik (Mn 1977). – **f)** Andere Werke: R. M. BREITHAUPT, R. W.s Klaviermusik, in: Mk 3 (1903/04); W. KLEEFELD, R. W. als Bearbeiter fremder Werke, in: Mk 4 (1904/05); R. STERNFELD, Die erste Fassung v. Wagners Faust-Ouvertüre, in: Mk 15 (1922/23); O. STROBEL, Das „Porazzi"-Thema. Über eine unveröff. Melodie R. W.s u. deren seltsamen Werdegang, in: Bayreuther Festspielführer 1934; E. VOSS, W.s fragmentarisches Orchesterwerk in e-moll. Die früheste der erhaltenen Kompositionen?, in Mf 23 (1970); DERS., R. W. u. die Instrumentalmusik. W.s symphon. Ehrgeiz (Wilhelmshaven 1977). – **8) Aufführungspraxis:** A. HEUSS, Musik u. Szene bei W. Ein Bsp. aus „Tristan u. Isolde" u. zugleich ein kleiner Beitr. z. Charakteristik G. Mahlers als Regisseur, in: Mk 12 (1912/13); A. BAHR-MILDENBURG, Darstellung der Werke R. W.s aus dem Geiste der Dichtung u. Musik. Tristan u. Isolde. Vollständige Regiebearb. sämtlicher Partien mit Notenbeispielen (L 1936); K. F. RICHTER, Die Antinomien der szenischen Dramaturgie im Werk R. W.s (Diss Mn 1956); Wieland Wagner inszeniert R. W., hrsg. v. K. H. RUPPEL (Konstanz 1960); D. STEINBECK, Inszenierungsformen des „Tannhäuser", 1845–1904. Unters. z. Systematik der Opernregie (Rb 1964) (= Forschungsbeitr. z. Musikwiss. 14); M. u. D. PETZET, Die R.-W.-Bühne König Ludwigs II. (Mn 1970) (= Stud. z. Kunst des 19. Jh. 8); W. E. SCHÄFER, Wieland Wagner. Persönlichkeit u. Leistung (Tü 1970); L. LUCAS, Die Festspiel-Idee R. W.s (Rb 1973) (= Arbeitsgemeinschaft „100 Jahre Bayreuther Festspiele" 2); D. MACK, Der Bayreuther Inszenierungsstil (Rb 1975) (= ebd. 9); Theaterarbeit an W.s Ring, hrsg. v. DEMS. (Mn 1978) (= Schriften zum Musiktheater 3); O. G. BAUER, R. W. Die Bühnenwerke von der UA bis heute (B 1982). – **9) Rezeption:** M. CHOP, R. W. im Spiegel der Kritik seiner Zeit, in: R. W.-Jb. 1 (1906); R. PARK, Das Bild von R. W.s Tristan u. Isolde in der dt. Lit. (Kö 1935); TH. MANN, W. u. unsere Zeit, hrsg. v. E. Mann (F 1963); H. KIRCHMEYER, Das zeitgen. Wagnerbild, 3 Bde. (Rb 1967–72); E. KOPPEN, Dekadenter Wagnerismus (B 1973) (= Komparatistische Stud. 2); Wie antisemitisch darf ein Künstler sein?, hrsg. v. H.-K. METZGER – R. RIEHN (Mn 1978) (= Musikkonzepte 5). K. KROPFINGER

WAGNER, Siegfried Helferich Richard, Sohn von Richard W., * 6. 6. 1869 Tribschen/Luzern, † 4. 8. 1930 Bayreuth; dt. Komponist, Dirigent und Regisseur. Er studierte 1889–90 Komposition bei E. Humperdinck, dann Architektur. 1892, auf einer Orientreise, erfolgte sein Entschluß, sich der Musik zuzuwenden. 1906 übernahm er die Leitung der ↗Bayreuther Festspiele, deren finanzielle Durchführung er durch Konzert- und Vortragsreisen, bis nach Amerika, ermöglichte; sein besonderes Verdienst war die Wiedereröffnung der Festspiele nach 10jähriger, kriegsbedingter Unterbrechung (1924).

WW: Zahlr. Orch.- u. Vokal-Werke. – Opern: *Der Bärenhäuter,* UA: München 1899; *Herzog Wildfang,* UA: ebd. 1901; *Der Kobold,* UA: Hamburg 1904; *Bruder Lustig,* UA: ebd. 1905; *Sternengebot,* UA: ebd. 1908; *Banadietrich,* UA: Karlsruhe 1910; *An allem ist Hütchen schuld,* UA: Stuttgart 1917; *Schwarzschwanenreich,* UA: Karlsruhe 1918; *Sonnenflammen,* UA: Darmstadt 1918; *Rainulf und Adelasia,* UA des Vorspiels: Rostock 1922; *Der Schmied von Marienburg,* UA: Rostock 1923; *Die heilige Linde,* UA des Vorspiels: Bayreuth 1924; *Der Friedensengel,* UA: Karlsruhe 1926; *Der Heidenkönig,* UA: Köln 1933. – Unvollendete Opern: *Walamund* (1928); *Wahnopfer* (1928); *Das Flüchlein, das Jeder mitbekam* (1929), UA des Vorspiels: Bayreuth 1934, vollendet v. H.-P. Mohr (1982), UA der Schlußszene: Bayreuth 1980.

Als Inszenator war W. der Mitbegründer einer sorgfältig geplanten Musiktheaterregie in teilweise abstrahierten Bühnenräumen mit dramaturgischer Lichtregie, in dem Bestreben, die Werke „dem modernen Empfinden" anzupassen. Sein kompositorisches Schaffen zeichnet sich durch eine unverkennbar eigene, nachromantische Tonsprache mit zunehmend impressionistischem Einfluß aus. W. bewahrte sich Originalität, indem er bei den Vorgängern und Antipoden seines Vaters und bei der Symphonik seines Großvaters Fr. Liszt anknüpfte. A. Schönberg betonte bereits 1912, W. sei „ein tieferer und originellerer Künstler als viele, die heute sehr berühmt sind". W.s eigene Libretti folgen jener „Architektonik", die sich auch im Kompositionsstil nachweisen läßt. Die Märchenopern *Der Bärenhäuter* und *An allem ist Hütchen schuld* wurden seine populärsten Werke, wenngleich die übrigen Opern interessanter, aber schwieriger zu rezipieren sind. Im Dritten Reich aufgrund der liberalen Aussage verpönt und nach dem 2. Weltkrieg vergessen, zeichnet sich seit 1975 (*Der Friedensengel* in London) eine begrenzte Renaissance von W.s Opernschaffen ab.

Lit.: Mitteilungsblätter der Int. S.-W.-Ges. (1972ff.). – C. F. GLASENAPP, S. W. (B 1906); DERS., S. W. u. seine Kunst (L 1911); P. PRETZSCH, Die Kunst S. W.s (L 1919, Nachdr. Aachen 1980) (= Schriftenreihe der Int. S.-W.-Ges. 2); O. DAUBE, S. W. u. sein Werk (Bayreuth 1925); DERS., S. W. u. die Märchenoper (L 1936); F. STASSEN, Erinnerungen an S. W. (Detmold 1942); L. KARPATH, S. W. als Mensch u. Künstler (L o.J.); TH. E. REIMERS, S. W. as Innovator (Lo 1972); P. P. PACHL, S. W.s musikdramatisches Schaffen (Tutzing 1979); K. SÖHNLEIN, Erinnerungen an S. W. u. Bayreuth (Bayreuth 1980) (= Schriftenreihe der Int. S.-W.-Ges. 1). P. P. PACHL

WAGNER, Wieland Adolf Gottfried, Sohn von Siegfried W., * 5. 1. 1917 Bayreuth, † 17. 10. 1966 München; dt. Regisseur und Bühnenbildner. Er studierte 1938–43 Malerei in München (Ferdinand Staeger) und seit 1940 Musik (bei Kurt Overhoff). 1935 schuf er erste Bühnengestaltungen in Lübeck,

Köln *(Rheingold),* Altenburg und 1937 seine erste Ausstattung des *Parsifal* sowie 1943 erste Entwürfe zu den *Meistersingern* in Bayreuth. Zusammen mit seinem Bruder Wolfgang (s. u.) leitete er die ↗ Bayreuther Festspiele seit ihrer Wiederaufnahme nach dem 2. Weltkrieg. Er setzte dabei selbst die Zeichen für eine Neuorientierung, eine „Entrümpelung" der Inszenierung und des Bühnenbildes. Auslösendes Moment war der *Parsifal* von 1951. Die Stilisierung des Werks brachte die riesige Bühne erst voll zur Geltung, und das versenkte Orchester ermöglichte eine Lichtregie, mit der W. neue Dimensionen des Bühnenbildes erschloß. Dieser *Parsifal* wurde mit kleinen Veränderungen, die den „Werkstattcharakter" von „Neubayreuth" bekundeten, jährlich bis 1966 gegeben. In gleicher Weise bezeichnend für W.s „Neubayreuth" waren seine Inszenierungen des *Ring* (1951–58), des *Tristan* (1952–53; neu 1961–62, nachgespielt 1964–66), der *Meistersinger* (1956–61; neu 1963–64), *Lohengrin* (1958–60 und 1962) und des *Fliegenden Holländer* (1959–61 und 1965). – W.s Regiearbeit läßt sich in eine geometrische Phase, eine Periode der Signale und eine Epoche der Symbole gliedern. Beeinflußt durch die Expressionisten der 20er Jahre – weniger durch Adolph Appia und Emil Preetorius –, zielte er stets auf eine szenische Gestaltung, in der das Bühnenbild Sinnbild, nicht mögliche Wirklichkeit war. Er wählte „eine mit modernen choreographischen Mitteln und Erkenntnissen arbeitende, den Sänger schauspielerischen Gesetzen unterwerfende Wagner-Regie, die die Möglichkeit der Beleuchtung als dramaturgisches Hilfsmittel einsetzt und die Stilelemente der zeitgenössischen Kunst – visionäre ‚Zeichen', geometrische Abstraktion, Symbolfarben und -formen – zur Raumgestaltung benützt" (Wieland Wagner). Außer in Bayreuth inszenierte W. vor allem an der Stuttgarter Staatsoper, und zwar neben den genannten Werken R. Wagners *Rienzi,* L. van Beethovens *Fidelio* (1954), C. Orffs *Antigonae* (1956) und *Comoedia de Christi Resurrectione* (1957), R. Strauss' *Salome* (1962) und *Elektra* (1962) sowie A. Bergs *Lulu,* meist mit der Sopranistin Anja Silja in einer der Hauptrollen. Wichtige Impulse gaben auch seine Arbeiten in München, Hamburg, Berlin, Frankfurt am Main und Köln.

Lit.: I. MILLER, W. W.s Tannhäuser-Inszenierung in Bayreuth 1954, in: Bühnentechnische Rundschau 44 (1954); K. H. RUPPEL, W. W. inszeniert R. Wagner (Konstanz 1960); W. PANOFSKY, W. W. (Bremen 1964); A. GOLÉA, Entretiens avec W. W. (P 1967, dt. Salzburg 1968); W. E. SCHÄFER, W. W. (Tü 1970); G. SKELTON, The Positive Sceptic (NY – Lo 1971).

H.-J. BAUER

WAGNER, Wolfgang Manfred Martin, Sohn von Siegfried W., * 30. 8. 1919 Bayreuth; dt. Regisseur und Bühnenbildner. Er begann seine Theaterarbeit 1940 an der Berliner Staatsoper unter H. Tietjen und übernahm 1951 mit seinem Bruder Wieland die Leitung der Bayreuther Festspiele, bei denen er 1953 *Lohengrin,* 1955 den *Fliegenden Holländer,* 1957 *Tristan und Isolde* und 1960 den *Ring des Nibelungen* inszenierte. Nach dem Tod seines Bruders übernahm er 1966 allein die Festspielleitung. 1967 inszenierte er *Lohengrin* neu, 1968 und 1981 die *Meistersinger,* 1970 den *Ring* und 1975 *Parsifal.* Außerdem trat W. als Gastregisseur in Braunschweig (*Don Giovanni,* 1955), Rom (*Meistersinger,* 1956), Venedig (*Ring,* 1957), Bologna (*Siegfried,* 1957), Palermo (*Die Walküre,* 1962) und an der Mailänder Scala (*Tristan,* 1978) auf. In Abkehr von der musealen Heroendarstellung der Vorkriegszeit hatte W. 1955 im *Holländer* die nihilistischen Vorstellungen des ruhelosen Seefahrers mit dem Atombombenkomplex unserer Zeit in Beziehung gesetzt. Die Zusammenarbeit mit seinem Bruder und die gemeinsamen Arbeitsbedingungen in Bayreuth ergaben auch für W. ähnliche Inszenierungskonzeptionen. W. versucht jedoch, symbolische Vieldeutigkeiten mehr in die Nähe menschlicher Wirklichkeit zu rücken und nützt neuartige Lichtquellen. Seit dem Tod seines Bruders gibt er auch auswärtigen Regisseuren vermehrt Gelegenheit, mit anderen stilistischen Mitteln in Bayreuth zu arbeiten.

Lit.: W. W. zum 50. Geburtstag, hrsg. v. H. BARTH (Bayreuth 1965); O. G. BAUER, W. W. Arbeitsprinzipien eines Regisseurs (Mn 1979). H.-J. BAUER

WAGNER-RÉGENY, Rudolf, * 28. 8. 1903 Sächsisch-Regen (Siebenbürgen; heute Reghin), † 18. 9. 1969 (Ost-)Berlin; dt. Komponist. Nach kurzem Klavierstudium in Leipzig wechselte W. 1920 an die Musikhochschule Berlin und legte 1923 das Kapellmeisterexamen ab. Nach einer Anstellung an der Volksoper Berlin war er als Kapellmeister und Komponist für die Tanzgruppe R. von Labans tätig. Seit 1930 freischaffender Künstler, fand er allgemeine Anerkennung nach der Uraufführung seiner Oper *Der Günstling* (1935 in Dresden unter K. Böhm). 1947 übernahm W. die Leitung der Musikhochschule Rostock, war 1950–68 Professor für Komposition an der Deutschen Hochschule für Musik (Ost-)Berlin und führte darüber hinaus bis zu seinem Tod die Meisterklasse, aus der u. a. T. Medek und S. Matthus hervorgingen.

WW: **1) Instr.- u. Vokal-WW:** Klv.-Musik; Kammermusik; Orchesterwerke; mehrere Kantaten, u. a. *An die Sonne* (1968) (Text: I. Bachmann) für Alt u. Orch.; 10 Lieder auf Texte von B. Brecht (1946); *Hermann-Hesse-Lieder* (1968) für Bar. u. Klv.; *Gesänge des Abschieds* (H. Hesse) (1968) für Bar. u. Klv. (1969 mit Orch.-Begleitung). – **2) Bühnen-WW:** Opern: *Sganarelle oder Der*

Schein trügt (Libr. nach J.-B. Molière), UA: Essen 1929; *Moschopulos* (Libr. nach F. Pocci), UA: Gera 1928; *Der nackte König* (Libr.: V. Braun nach H. Ch. Andersen), UA: ebd. 1928; *Der Günstling* (Libr.: C. Neher nach V. Hugo), UA: Dresden 1935; *Die Bürger von Calais* (Libr.: ders. nach J. Froissart), UA: Berlin 1939; *Johanna Balk* (Libr.: ders. nach einer transsylvan. Chronik), UA: Wien 1941; *Persische Episode* (Libr.: ders. mit B. Brecht nach Märchen aus 1001 Nacht), UA: Rostock 1963; *Das Bergwerk zu Falun* (Libr.: H. v. Hofmannsthal), UA: Salzburg 1961; Biblische Szene *Esau und Jakob*, UA: Gera 1930; Musikal. Szene *La sainte courtisane* (Libr. nach O. Wilde), UA: Dessau 1930; *Die Fabel vom seligen Schlächtermeister* (Libr.: H. v. Savigny), UA: Dresden 1964. – Ballette: *Moritat*, UA: Essen 1929; *Der zerbrochene Krug* (L. Maudrik nach Kleist), UA: Berlin 1937; *Ballet blanc = Mythologische Figurinen*, UA: ebd. 1952.

W. integrierte in seine einfache, klare Tonsprache seit etwa 1948 die Technik der Dodekaphonie und die der variablen Metren. In den Opern strebte er die Einheit von Wort, Musik und Szene an und propagierte die Kongruenz von Stimmgattung und Charakter der Rollen. Durch Verzicht auf „typische" Instrumenten-Effekte lenkte W. die Aufmerksamkeit des Zuhörers auf Wesentliches.

Lit.: A. BURGATZ, R. W. Bildnis eines Schaffenden (B 1935); D. HÄRTWIG, R. W., Der Opernkomponist (B 1965); F. K. PRIEBERG, Musik im anderen Deutschland (Kö 1968); R. WAGNER-RÉGENY, Begegnungen (autobiograph. Notizen, Briefwechsel mit C. Neher), hrsg. v. T. Müller-Medek (B 1968); E. WALLNER, Musik gewordene Meditation, in: Musica 26 (1972).

K. LANGROCK

WALCHA, Helmut, * 27. 10. 1907 Leipzig; dt. Organist. Er studierte 1922–27 bei G. Ramin in Leipzig und war 1926–29 stellvertretender Thomasorganist. 1929 wurde er in Frankfurt am Main Organist der Friedenskirche, 1946 der Dreikönigskirche. Daneben wirkte er seit 1933 am Hochschen Konservatorium, 1938–72 an der Staatlichen Frankfurter Musikhochschule. 1946 gründete W. das Institut für Ev. Kirchenmusik. Mit den Frankfurter Bachstunden und den Kirchenmusiktagen bereicherte er das Musikleben dieser Stadt.

W., der auch als Cembalist und Komponist hervortrat, ist einer der bedeutendsten Organisten des 20. Jahrhunderts. Mit 16 Jahren erblindet, lernte er sein Repertoire (J. S. Bach, aber auch Werke des 17. Jh. und moderne Kompositionen, u.a. von P. Hindemith und K. Hessenberg) stimmenweise auswendig, was zu einer vokal-linearen und vergeistigten Interpretation, aber auch zur Ablehnung mancher Komponisten, bes. M. Regers, führte.

WW: **1) Kompositionen:** Choralvorspiele für Org. (F 1945–78); *Lobet den Herren, den mächtigen König der Ehren*, Kantate für Chor, Blechbläser u. Org. (1932). – **2) Schriften:** *Kirchenmusik ohne Wort?*, in: MuK 8 (1936); *Das Gesetz der Orgel. Ihre Begrenzung*, in: ebd. 10 (1938); *M. Regers Orgelschaffen kritisch betrachtet*, in: ebd. 22 (1952) (dazu W. Fortner u. a., in: ebd.); *Noch ein Wort zur Aussprache*, in: ebd.; *Über die Bedeutung der Konzentration für die musikal. Gestaltung, dargestellt an der Passacaglia c-Moll von J. S. Bach*, in: 1843–1968 Hochschule für Musik Leipzig. FS z. Jubiläum, hrsg. v. M. Wehnert u. a. (L 1968); *Die Wunder der Polyphonie*, in: Musikal. Selbstporträt, hrsg. v. J. Müller-Marein – H. Reinhardt (H 1973). – **3) Editionen:** *G. F. Händel, Orgelkonzerte, op. 4 u. op. 7* (Mz 1940, 1943); *J. S. Bach, Ricercare für 6 St.* aus dem *Musicalischen Opfer*, Übertragung für Org. (F 1964) (mit ausführlicher Analyse); *Die Kunst der Fuge*, Übertragung für Org. (F 1967).

Lit.: Bachstunden. FS H. W., zum 70. Geburtstag, hrsg. v. W. DEHNHARDT – G. RITTER (F 1978); G. SCHUHMACHER, Lobet den Herren, den mächtigen König der Ehren. Bachs Kantate als Vorbild und Belastung, in: MuG 35 (1980).

G. SCHUHMACHER

WALCKER, dt. Orgelbaufirma mit Sitz in Ludwigsburg. Sie wurde 1780 von **Johann Eberhard W.** (1756–1843) in Cannstatt gegründet. Von ihm stammen u.a. die Orgeln der ehemaligen Garnisonskirche in Ludwigsburg (1780/81) und der Stadtkirche zu Cannstatt (zwischen 1787 und 1794). Sein Sohn **Eberhard Friedrich W.** (1794–1872) verlegte das Unternehmen 1820 nach Ludwigsburg, assoziierte sich 1842 mit Heinrich Spaich und führte das Unternehmen zu internationalem Ansehen. Er baute u.a. die Paulskirchenorgel in Frankfurt am Main (1833; 3 Man., 74 Reg.), aufgebaut nach Abbé Voglers Simplifikationssystem, und nicht zuletzt die Orgel für die Ausstellung 1863 in Boston (4 Man., 89 Reg.), die heute noch steht und in Amerika als bedeutendste Orgel jener Zeit gilt. 1840 erfand er die Kegellade, beschäftigte sich mit der Verbesserung der Winderzeugung und Windregulierung und entwickelte die Kastenbälge und verschiedene Gebläsekonstruktionen in Verbindung mit Wasser-, Gas- und Dampfmotoren. Als erster Orgelbauer ließ er sich einen kirchenähnlichen hohen Montagesaal bauen. 1850 konstruierte er eine Zinnhobelmaschine. Er führte das Doppelpedal und die Stimmschlitze im Orgelbau ein. Mit Cavaillé-Coll, der von ihm die Erfindung der Kegellade übernahm, pflegte er einen engen Gedankenaustausch. Aus dieser deutsch-französischen Zusammenarbeit entwickelte sich später die elsässisch-neudeutsche Orgelbewegung. Nach seinem Tod 1872 übernahmen die Söhne **Heinrich, Fritz, Paul** und **Karl W.** die Firma. Sie bauten größere Orgeln, u.a. für den Dom zu Riga (1883; 4 Man., 124 Reg.) und für den Stephansdom in Wien (1886; 3 Man., 90 Reg.). **Paul W.** leitete seit 1906 die Firma W. ↗Sauer in Frankfurt an der Oder. Zu Beginn des 20. Jh. trat **Oscar W.** (1869–1948) in die Geschäftsleitung der Firma W. ein. Er erwarb 1916 die Firma W. Sauer, die dann von Karl Ruther geleitet wurde. 1921 baute er auf Anregung von W. Gurlitt die Praetorius-Orgel in der Universität Freiburg, die zu einem Fanal der ↗Orgelbewegung der 1920er Jahre wurde; W. erhielt für sie 1921 die Würde

eines Dr. phil. h.c. der Freiburger Universität. In den folgenden Jahren wurden unter seiner Leitung mehrere bedeutende Orgelwerke geschaffen: Stockholm, Stadthalle (1925; 4 Man., 115 Reg.), Gelsenkirchen, Hans-Sachs-Haus (1927; 4 Man., 92 Reg.), Barcelona, Weltausstellung (1929; 5 Man., 154 Reg.), Oslo, Domkirche (1930; 4 Man., 103 Reg.). Auch die Orgeln der Dortmunder Reinoldikirche (1909; 5 Man., 105 Reg.) und der Hamburger Michaeliskirche (1912; 5 Man., 164 Reg.) stammen aus dieser Zeit.
Nach dem Tode von Oscar W. ging die Firma auf **Werner W.-Mayer** (* 1. 2. 1923) über (der Firmensitz wurde 1974 von Ludwigsburg nach Murrhardt verlegt; in Guntramsdorf bei Wien besteht ein selbständiger Zweigbetrieb). Unter seiner Leitung wurden bisher etwa 3200 Orgeln gebaut, u.a. Berlin, Matthäuskirche (1958), Stuttgart, Stiftskirche (1958), Bogotá, Konzertsaal (1966), Budapest, Ferenc-Liszt-Hochschule (1967; 4 Man., 86 Reg.), Wien, Konzertsaal der Gesellschaft der Musikfreunde (1968; 4 Man., 100 Reg.), Ulm, Münster (Neugestaltung 1969; 5 Man., 95 Reg.), Zagreb, Konzertsaal (1972), Murrhardt, Klosterkirche (1976), Salzburg, Mozarteum (1979; 3 Man., 41 Reg.). Besondere Beachtung finden die Freiorgel in Kufstein (1970) sowie die Orgel der Kirche St. Peter in Sinzig (1972), die mit ganz neuartigen Klangelementen ausgestattet wurde. Werner W.-Mayer rief 1965 die W.-Stiftung für orgelwissenschaftliche Forschung ins Leben; sie publiziert die *Schriftenreihe der W.-Stiftung für orgelwissenschaftliche Forschung* und die *Veröffentlichungen der W.-Stiftung für orgelwissenschaftliche Forschung*. 1980 wurde W.-Mayer Dr. phil. h.c. der Universität Freiburg im Breisgau.

Lit.: W. GURLITT, Die Paulskirchen-Orgel in Frankfurt a.M., in: Zschr. für Instrumentenbau 60 (1940); O. WALCKER, Erinnerungen eines Orgelbauers (Kas 1948); J. FISCHER, Das Orgelbauergeschlecht Walcker. Die Menschen, die Zeiten, das Werk (Kas 1966); H. M. BALZ, Orgeln und Orgelbauer im Gebiet der ehemaligen hessischen Provinz Starkenburg (Marburg 1969); G. KLEEMANN, Die Orgelmacher und ihr Schaffen im ehemaligen Herzogtum Württemberg (St 1969); H. J. BUSCH, Zwischen Tradition und Fortschritt – zu Orgelbau, Orgelspiel und Orgelkomposition in Deutschland im 19. Jh., in: Mundus Organorum, FS W. Supper (B 1978); B. SULZMANN, Mitteilungen über das Wirken schwäbischer Orgelmacher in badischen Landen v. 16. bis 19. Jh., in: ebd.; H. G. KLAIS, War die Kegellade ein Irrtum?, in: ebd.; Orgelwissenschaft u. Orgelpraxis. FS zum 200jährigen Bestehen des Hauses W., hrsg. v. H. H. EGGEBRECHT (Murrhardt-Hausen 1980).
W. WALCKER-MAYER

WALDHORN ↗Horn.

WALDSTEIN, Ferdinand Ernst Joseph Gabriel, Graf von W. und Wartenberg zu Dux, * 24. 3. 1762 Wien, † 29. 8. 1823 ebd.; östr. Musikliebhaber. Er war Mitglied des Deutschen Ritterordens und lebte 1787–93 am Hof seines Hochmeisters, des Kurfürsten Max Franz, in Bonn, dann in Wien. Später stand er auch als Offizier in englischen Diensten und starb in Armut. W. war einer der ersten Förderer L. van Beethovens in Bonn und in Wien. Zum Abschied von Bonn schrieb ihm W. ins Stammbuch: „Durch ununterbrochenen Fleiß erhalten Sie: Mozart's Geist aus Haydens Händen." Beethoven komponierte für W. *Musik zu einem Ritterballett*, das 1791 in Bonn unter W.s Namen aufgeführt wurde, sowie Variationen über ein Thema von W. für Klavier zu 4 Händen (WoO 67) und widmete ihm 1805 die Klaviersonate op. 53, die „Waldstein-Sonate". Von W. selbst sind eine Symphonie und 3 Kantaten erhalten.

Ausg.: Symphonie D-Dur, hrsg. v. L. SCHIEDERMAIR (Düsseldorf 1951) (= Denkmäler rheinischer Musik 1).

Lit.: J. HEER, Der Graf v. W. u. sein Verhältnis z. Beethoven (L 1933) (= Veröff. des Beethovenhauses in Bonn 9); Die Stammbücher Beethovens u. der Babette Koch, Faks.-Ausg., hrsg. v. M. BRAUBACH (Bonn 1970).

WALDTEUFEL, Emil (eig. Charles Émile Lévy dit W.), * 9. 12. 1837 Straßburg, † 12. 2. 1915 Paris; frz. Komponist. Er studierte bei A. Fr. Marmontel am Pariser Conservatoire. Der Erfolg von zwei im Selbstverlag veröffentlichten Walzern veranlaßte ihn, sich ganz der Unterhaltungsmusik zu widmen. 1865 wurde W. Kammerpianist der Kaiserin Eugénie und Kaiserlicher Hofballdirektor, dirigierte u.a. die großen Bälle in der Pariser Opéra und im Élysée-Palast und wurde in ganz Europa als Walzerkomponist berühmt. Zu seinen bekanntesten Walzern gehören *Sirenenzauber* (1878), *Die Schlittschuhläufer* (1882), *Estudiantina* (1883) und *España* (1886, nach A. E. Chabrier). Insgesamt schrieb er mehr als 300 Tänze.

Lit.: P. HERING, E. W. (1837–1915), in: La musique en Alsace (Str 1970); A. LAMB, E. W. (1837–1915): The Parisian Waltz King (Littlehampton 1979); J. P. ZEDER, Les W. et la valse française (Str 1980).

WALKER, T-Bone (Aaron Thibeaux), * 28. 5. 1910 Linden (Texas), † 16. 3. 1975 Los Angeles; amerik. Jazzmusiker (Gesang, Gitarre). Schon als Jugendlicher begleitete W. Größen des Blues wie Ma Rainey und Blind Lemon Jefferson, trat dann seit 1934 selbst als Bluessänger auf und wurde 1939–40 durch die Band von Les Hite populär, mit der er den berühmten *T-Bone Blues* (1940) aufnahm. Zwischen 1940 und Ende der 1960er Jahre unternahm er häufig als Solist Tourneen durch die USA; 1962 trat er in der Tourneeveranstaltung „American Folk Blues Festival" auf. W. hat in hervorragender Weise den Folk-Blues mit Jazzelementen verbunden und auf der Gitarre die Entwicklung des virtuosen Bluesspiels gefördert.

WALKÜRE, DIE, Musikdrama von R. Wagner; 1. Tag der Tetralogie Der ↗Ring des Nibelungen.

WALLBERG, Heinz, * 16. 3. 1923 Herringen (Westfalen); dt. Dirigent. Er studierte in Düsseldorf und Köln, begann zunächst als Violinist und Trompeter in Köln und Darmstadt und wirkte dann als Kapellmeister in Münster, Trier, Hagen, Augsburg, Bremen und Hamburg. 1955–61 war er GMD in Bremen, 1961–74 am Staatstheater in Wiesbaden und leitete 1964–75 das Niederösterreichische Tonkünstlerorchester in Wien, wo er als ständiger Gastdirigent auch an der Staatsoper verpflichtet war. Seit 1975 ist W. GMD in Essen und Chef des Rundfunkorchesters des BR.

WALLER, Fats (Thomas Wright), * 21. 5. 1904 New York, † 15. 12. 1943 Kansas City (Kansas); amerik. Jazzmusiker (Klavier, Orgel), Bandleader und Komponist. W. betrat 1922 die Jazzszene, spielte in verschiedenen Bands und seit 1930 mit eigenen Gruppen und als Solist. Er setzte zunächst die Tradition des Ragtime-Pianos fort, kam aber in den 30er Jahren zum Swing und wurde der bedeutendste Pianist dieses Stils. Kennzeichnend für sein Spiel ist das nur kurze Anspielen eines Themas mit sofortigem Übergang zu einer souveränen, temperamentvollen Improvisation. W., ein humorvoller Charakter, wurde vom Musikmanagement planmäßig als „Musik-Clown" aufgebaut und als Jazzsänger mit kabarettistischer Note vermarktet. Von seinen über 400 Liedern wurden vor allem *Ain't Misbehavin'* und *Honeysuckle Rose* sowie *Black and Blue, Wild Cat Blues, Squeeze Me* und *Keeping out of Mischief* populär.

Lit.: C. FOX, F. W. (Lo 1960); W. KIRKEBY – D. SCHIEDT – S. TRAILL, Ain't Misbehavin'. The Story of F. W. (NY – Lo 1966, NY [2]1975); M. WALLER – A. CALABRESE, F. W. (NY 1977); A. POLILLO, Jazz. Gesch. u. Persönlichkeiten der afroamerik. Musik (Mn 1978).

WALLISER (Wallisser, Waliser, Walleser), **Christoph Thomas,** * 17. 4. 1568 Straßburg, † 26. 4. 1648 ebd.; elsässischer Komponist. Er unternahm 1584–98 eine Studienreise durch die Schweiz, Deutschland, Böhmen, Ungarn und Italien und war 1588 Schüler von M. Vulpius in Speyer. 1600 wurde er in Straßburg Musicus Vicarius an St. Thomas sowie Lehrer, später auch Musicus ordinarius, am protestantischen Gymnasium, der späteren Universität, 1606 auch Kantor für die Figuralmusik am Münster. 1634 aus dem Schuldienst entlassen, starb er in großer Armut.

WW: *Teutsche Psalmen und Geistliche Kirchengesäng* für 5 St. (Nü 1602); *In festum nativitatis Domini sacrae cantiones* für 5 St. (Str 1613); *Ecclesiodiae,* Psalmen für 4–7 St., 2 Teile (Str 1614, 1625); *Te Deum ... Teutsch* für 5–6 St. (Str 1617); einige Motetten in Sammeldrucken 1611–21; ferner Chöre zu Schuldramen, Kanons u. a.

W. ist die bedeutendste Persönlichkeit im Musikleben Straßburgs während der 1. Hälfte des 17. Jahrhunderts. Als Lehrer reorganisierte W. den Musikunterricht nach humanistischen Zielsetzungen und leistete einen wichtigen Beitrag zur ↗Schuloper. In seinen Chorsätzen vermied er die antiken Versmaße zugunsten einer freieren Deklamation nach dem Vorbild des zeitgenössischen italienischen Stils. Seine geistlichen Werke verbinden den konservativen Figuralstil mit dem Kantionalsatz L. Osianders.

Lit.: U. KLEIN, W., in: MGG XIV (mit Verz. älterer Ausg.); DIES., Ch. Th. W. ... Ein Beitrag zur Musikgeschichte Straßburgs (1964) (= Diss. Univ. of Texas).

WALLMANN, Margarethe (Margherita), * 22. 6. 1904 Wien; östr. Tänzerin, Tanzpädagogin, Choreographin und Opernregisseurin. An der Ballettschule der Wiener Oper ausgebildet, studierte sie seit 1920 klassischen Tanz in Berlin und Ausdruckstanz bei M. Wigman in Dresden. 1927 eröffnete sie in Berlin ein Wigman-Studio. 1932–39 übernahm sie die Choreographie bei den Salzburger Festspielen und war gleichzeitig Chefin des Balletts und der Ballettschule an der Wiener Staatsoper. In diese Jahre fallen auch ihre ersten Choreographien für Hollywoodfilme (*Anna Karenina,* 1935) und Ballett- und Operninszenierungen an der Mailänder Scala. Nach der Annektion Österreichs lebte sie in Buenos Aires, kehrte 1948 nach Europa zurück und wirkte, zunehmend als Opernregisseurin, erneut an der Scala und bei den Salzburger Festspielen. Für Salzburg inszenierte sie u. a. die Uraufführungen von A. Honeggers *La danse des morts* (1954), Fr. Poulencs *Dialoge der Karmeliterinnen* (1957), I. Pizzettis *Assassinio nella Cattedrale* (1958) und Fr. Martins *Mystère de la Nativité* (1960).

Lit.: Festspiele in Salzburg, hrsg. v. J. KAUT (Salzburg 1965).

H. LINDLAR

WAELRANT (Waelrand), **Hubert** (Hubertus Waelrandus), * 1516 oder 1517, † 19. 11. 1595 Antwerpen; franko-fläm. Komponist. Er war vielleicht Schüler von A. Willaert in Venedig und ist 1544 als Tenorist an Notre-Dame in Antwerpen nachweisbar. 1553–56 unterrichtete er dort in einer Musikschule und betrieb 1554–66 mit dem Drucker Jean de Laet (um 1525 – um 1567) einen Musikverlag. W.s musikalische Werke zeigen eine besonders enge Verbindung von Wort und Ton und können als für ihre Zeit ausgesprochen fortschrittlich gelten. Die von W. und Laet (hauptsächlich 1555–56) veröffentlichten 16 Werke sind in der Mehrzahl Sammeldrucke. W. soll in der ↗Solmisation dem Hexachord die beiden Silben si und ut hinzugefügt haben; er gilt auch (neben anderen ndl. Zeitgenossen) als Erfinder der Bocedisation.

WW: *Madrigali & canzoni francezi* für 5 St. (An 1558); *Le canzon napolitane* für 4 St. (V 1565). – Etwa 30 Motetten, 8 Marot-Psalmen, 23 Chansons, 5 Madrigale u. 18 weitere Canzoni napolitane in Sammeldrucken 1552–89 u. hsl. erhalten; ferner einige Stücke in Tabulaturen.

Lit.: H. J. SLENK, The Music School of H. W., in: JAMS 21 (1968); W. PIEL, Stud. z. Leben u. Schaffen H. W.s unter bes. Berücksichtigung seiner Motetten (Kas 1969) (= Marburger Beitr. z. Musikforschung 3); R. L. WEAVER, The Motets of H. W. (1971) (= Diss. Univ. of Syracuse); DERS., W., in: Grove⁶ XX.

WALSH, John, * vermutlich 1665 oder 1666, † 13. 3. 1736 London; engl. Instrumentenbauer und Musikverleger. Er ließ sich um 1690 in London nieder und wurde 1692 Königlicher Instrumentenbauer. 1695 begann er mit der Publikation von Musikwerken, blieb lange ohne Konkurrenz und wurde rasch einer der größten Musikverleger seiner Zeit. Er veröffentlichte hauptsächlich Werke englischer Komponisten sowie auch Sonaten von A. Corelli. Der Verlag wurde nach seinem Tod von seinem Sohn **John** (1709–66), dann von W. Randell, H. Wright und R. Birchall fortgeführt. W. war seit 1730 der Hauptverleger G. Fr. Händels, nachdem bei ihm bereits 1711 dessen *Rinaldo* erschienen war.

Lit.: F. KIDSON, Handel's Publisher, J. W., His Successor and Contemporaries, in: MQ 6 (1920); W. C. SMITH, A Bibliogr. of the Musical Works Published by J. W. during the Years 1695–1720 (Lo 1948); dass. für die Jahre 1721–1766 (Lo 1968).

WALTER, Bruno (eig. Bruno Walter Schlesinger), * 15. 9. 1876 Berlin, † 17. 2. 1962 Beverly Hills (California); amerik. Dirigent dt. Herkunft. W. debütierte nach seiner Ausbildung am Sternschen Konservatorium in Berlin 1894 in Köln, wurde im selben Jahr Assistent G. Mahlers in Hamburg, war seit 1896 Opernkapellmeister in Breslau, Preßburg und Riga, 1900/01 in Berlin und danach bis 1912 1. Kapellmeister an der Wiener Hofoper unter Mahler. Dort dirigierte er die Uraufführungen von dessen *Lied von der Erde* (1911) und der 9. Symphonie. 1913–22 war W. GMD am Münchener Nationaltheater, wo er u.a. H. Pfitzners *Palestrina* 1917 zur UA brachte. 1925 wurde er GMD an der Städtischen Oper Berlin, 1929 Gewandhauskapellmeister in Leipzig und nach seiner Emigration 1936 Direktor der Wiener Staatsoper. Zwischen 1922 und 1938 trat er als Gastdirigent in ganz Europa und in den USA auf, wohin er 1939 über Frankreich emigrierte. Nach 1945 gab er wieder vielbeachtete Konzerte in Europa. W. widmete sich vor allem der Musik von W. A. Mozart, A. Bruckner und Mahler, als dessen Erbe er sich verstand. Der Moderne stand er mit deutlicher Zurückhaltung gegenüber.

Schriften: *Theme and Variations* (engl. Übers. NY 1946, dt. Sto 1947, F 1950 u. ö.); *G. Mahler* (W 1936, F – B ²1957); *Von der Musik und vom Musizieren* (F 1957).

Lit.: P. STEFAN, B. W. (W 1936); A. HOLDE, B. W. (B 1960); *Briefe 1894–1962*, hrsg. v. L. WALTER LINDT (F 1969); Die Seele wechselt das Gewand. Briefwechsel B. W.s mit L. Lehmann, hrsg. v. B. W. WESSLING (1980); R. C. MARSH, The Heritage of B. W., in: High Fidelity 14 (1964) (mit Diskographie); Große Deutsche Dirigenten (B 1981).

B. A. KOHL

WALTER, Erich, * 30. 12. 1927 Fürth; dt. Tänzer und Choreograph. 1942–46 besonders an der Ballettschule Olympiada Alperova-Helken, Nürnberg, in klassischem Tanz ausgebildet, war er 1947–53 in Nürnberg, Göttingen und Wiesbaden engagiert. 1953–64 wirkte er als Ballettmeister an den Wuppertaler Bühnen, die er zu einem Zentrum der Ballettszene in Westdeutschland machte (41 Neueinstudierungen). Schwerpunkte seiner Choreographien lagen bei I. Strawinsky, der französischen und deutschen Moderne (Cl. Debussy, H. W. Henze), aber auch bei Cl. Monteverdi. 1964 wechselte er mit dem gesamten Ensemble an die Deutsche Oper am Rhein Düsseldorf-Duisburg, wo er auch ein operneigenes Corps aufbauen konnte. Zu Neuversionen der Wuppertaler Einstudierungen erschienen zunehmend auch Adaptionen konzertanter Musik aus Klassik, Romantik und Moderne. In vielerlei Strömungen des zeitgenössischen Tanztheaters ausgewiesen, hat W. besonders für expressiv-symbolhaltige und musikalisch-literarische Tendenzen Maßstäbe gesetzt.

Lit.: G. BARFUSS – K. GEITEL – H. KOEGLER, Ein Ballett in Deutschland. Die dt. Oper am Rhein (Düsseldorf 1971).

H. LINDLAR

WALTER (Walther; Adoptivname, eig. Blankenmöller oder Blankenmüller), **Johann** (Johannes, Hans), * 1496 Kahla (Thüringen), † Frühjahr 1570 Torgau/Elbe; dt. Kantor und Komponist. Nach Besuch der Lateinschulen in Torgau und Rochlitz (Sachsen) sowie der Universität Leipzig (seit 1517) trat er spätestens 1521 in Altenburg in die kursächsische Hofkapelle als Bassist ein. W. schloß sich früh der Reformation an und blieb zeitlebens ein überzeugter Anhänger M. Luthers. Bereits 1524 veröffentlichte er als erste mehrstimmige Bearbeitung lutherischer Lieder das *Geystliche gesangk Buchleyn* und half 1525 dem Reformator in Wittenberg bei der Fertigstellung von dessen *Deudscher Messe*. Im gleichen Jahr wurde die zuletzt in

Torgau ansässige Hofkapelle durch Johann den Beständigen, den Bruder und Nachfolger von Friedrich dem Weisen, aufgelöst. W. gründete daraufhin in Torgau in Verbindung mit der Lateinschule eine stadtbürgerliche Kantorei, die erste ihrer Art. Das Repertoire ist in den sog. Torgauer W.-Hss. überliefert, die neben deutschen Liedsätzen viele lateinische Kompositionen von Meistern um Josquin des Prés enthalten. Zwischen 1530 und 1545 lag der Höhepunkt von W.s Wirken, das danach durch den für die Protestanten unglücklichen Ausgang des Schmalkaldischen Krieges (1546–47) ein Ende fand. Zwar wurde er von Moritz von Sachsen, an den die Kurwürde übergegangen war, zum Hofkapellmeister in Dresden bestellt; er kam aber bereits 1554 nach 6jähriger Tätigkeit um seine Pensionierung ein und verbrachte in Torgau seine letzten Jahre, die infolge der beginnenden innerprotestantischen konfessionellen Auseinandersetzungen von der Sorge um das geistige Erbe Luthers überschattet waren.

WW: 1) **Kompositionen:** *Geystliche gesangk Buchleyn* (Wittenberg 1524, Nachdr. Worms 1525), 1. Neubearb. (wahrsch. Wittenberg 1527/28, Nachdr. Str 1534 u. 1537), 2. Neubearb. (Wittenberg 1544), 3. Neubearb. (ebd. 1550, Nachdr. 1551), seit 1534 als: *Wittembergisch deudsch Geistlich Gesangbüchlein; Cantio septem vocum* (Wittenberg 1544); *Ein schöner geistlicher … Berkreyen … Herzlich tut mich erfreuen* (ebd. 1552); *Magnificat octo tonorum* für 4–6 St. (Jena 1557); *Ein newes Christlichs Lied (= Wach auf, wach auf, du deutsches Land)* (Wittenberg 1561); *Das Christlich Kinderlied D. Martini Lutheri, Erhalt uns Herr … in 6 St. gesetzt* … (ebd. 1566); 8 Magnificats (im Falsobordone-Satz), in: G. Rhau, Vesperarum precum officia (ebd. 1540); mehrere Sätze auch in Rhaus Tricinia u. Bicinia (1542 u. 1545). – Hsl. erhalten je eine Passion nach Matthäus u. Johannes in 5 der 6 Torgauer W.-Hss.; 26 *Fugen auff die 8 Tonos a 2 u. a 3 v.* (L 1542). – 2) **Schriften:** *Lob u. Preis der löblichen Kunst Musica* (Wittenberg 1538) (mit Luthers *Vorrede auff alle gute Gesangbücher*); *Lob u. Preis der himmlischen Kunst Musica* (ebd. 1564) (mit freier Übersetzung von Luthers Vorrede zu den Symphoniae iucundae von Rhau, 1538); *Epitaphium auf M. Luther* (ebd. 1546); *Ein gut New Jar zur Seligkeit* (Eisleben 1568) (gesammelte Gedichte); ferner versch. Einzelblattdrucke; *Verba des alten J. W.*, in: M. Praetorius, Syntagma musicum I (1614–15).

W.s musikgeschichtliche Hauptbedeutung liegt in der Begründung einer eigenständigen deutschsprachigen Kirchenmusik für den lutherischen Gottesdienst. Er knüpfte an den weltlichen Tenorliedsatz seiner Zeit an, den er einerseits zum meist 4st., zur Homophonie tendierenden, andererseits zum polyphon entfalteten 5- bis 6st. Satz weiterentwikkelte. Den letzteren hat er in seinem Spätwerk von 1566 in den Bereich der Liedmotette, in der der Cantus firmus weithin nur noch als motivisches Material bei starker Textbezogenheit dient, überführt. Mit W. beginnt ferner die Geschichte der deutschen responsorialen ↗Passion, bei der er zwar den spätmittelalterlichen Passionston beibehielt, den mehrstimmigen Priestergesang jedoch bei den Turbae durch die 4st. Kantorei ersetzte. Bereits 1524 hat W. mehrere Weisen zu Lutherliedern beigesteuert, so die zu *Ach Gott vom Himmel sieh darein* (heute zu *Der Herr ist mein getreuer Hirt* gesungen), *Mit Fried und Freud ich fahr dahin* und *Wär Gott nicht mit uns diese Zeit.* Später kamen weitere Lieder hinzu; um eine Vertonung seiner eigenen Dichtung handelt es sich bei *Wach auf, wach auf, du deutsches Land.* Von allgemeiner Bedeutung ist W. als Begründer einer stadtbürgerlichen Musikpflege in Verbindung mit der vornehmlich dem Gottesdienst verpflichteten Schulmusik. Schließlich hat er in den beiden Lehrgedichten *Lob und Preis der löblichen* bzw. *himmlischen Kunst Musica* die Grundgedanken der reformatorischen Musikanschauung dargelegt.

Ausg.: GA, hrsg. v. O. SCHRÖDER – M. SCHNEIDER – W. BRAUN – J. STALMANN, 6 Bde. (Kas 1943–73); die Passionen auch in: Hdb. der dt. ev. Kirchenmusik I/3–4 (Gö 1974); *Geystliche gesangk Buchleyn* v. 1524, hrsg. v. O. KADE (B 1878) (= PGfM 7); dass., Faks.-Nachdr. der Ausg. v. 1525, hrsg. v. W. BLANKENBURG (Kas 1979) (beide Ausg. mit ausführlichem Vorwort); *Ein newes Christlichs Lied,* Faks.-Ausg. (Kas 1933); *Lob und Preis der löblichen Kunst Musica,* Faks.-Ausg. mit Nachwort hrsg. v. W. GURLITT (Kas 1938); J. W., *Vier geistliche Chorsätze,* hrsg. v. J. STALMANN (Kas 1972).

Lit.: W. GURLITT, J. W. u. die Musik der Reformationszeit, in: Luther-Jb. 15 (1933); O. SCHRÖDER, Zur Biographie J. W.'s, in: AfMw 5 (1940); C. GERHARDT, Die Torgauer W.-Hss. … (Kas 1949); H. J. MOSER, Musikgesch. in 100 Lebensbildern (St 1952); W. E. BUSZIN, J. W. Composer, Pioneer … (Valparaiso/Ind. 1954) (Church Music Series, Nr. 3); J. STALMANN, J. W.s Cantiones latinae (Diss. Tü 1960); DERS., J. W.s Versuch einer Reform des gregor. Chorals, in: FS W. Gerstenberg (Wb 1964); E. BRINKEL, Zu J. W.s Stellung als Hofkapellmeister in Dresden, in: JbLH 5 (1960); E. SCHMIDT, Der Gottesdienst am kurfürstlichen Hof zu Dresden … von J. W. bis zu H. Schütz (B – Gö 1961); E. SOMMER, J. W.s Weise z. Luthers Vom Himmel hoch …, in: JbLH 10 (1965); M. BENDER, Allein auf Gottes Wort. J. W., Kantor der Reformation (B 1971); W. BLANKENBURG, J. W.s Chorgesangbuch v. 1524 in hymnologischer Sicht, in: JbLH 18 (1973/74); W. STEUDE – O. LANDMANN – D. HÄRTWIG, Musikgesch. Dresdens in Umrissen (Dresden 1978).

W. BLANKENBURG

WALTER, Rudolf, * 24. 1. 1918 Großwierau (Schlesien); dt. Organist und Musikforscher. Er studierte Kirchen- und Schulmusik und Musikwissenschaft in Breslau und Mainz (1949 Dr. phil.) und Orgel in Berlin (J. Ahrens) und Paris (M. Dupré). 1948 wurde er KMD in Bad Kissingen, 1951 in Heidelberg (Jesuitenkirche). Seit 1951 lehrte er am Hochschulinstitut in Mainz Orgel und war 1967–83 Professor und Leiter der Abteilung für Kath. Kirchenmusik an der Musikhochschule Stuttgart. Seit 1964 lehrt er auch Musiktheorie an der Universität Mainz (1971 Honorarprofessor). W. hat sich als international anerkannter Organist besonders für das Schaffen M. Regers eingesetzt, dem neben der Orgelkunde und der Orgel- und Kirchenmusik auch sein Interesse als Forscher gilt.

Schriften: *M. Regers Choralvorspiele für Orgel* (Diss. masch. Mz 1949); *Beziehungen zwischen süddeutscher u. italienischer Orgelkunst ...*, in: Acta organologica 5 (1971); *J. A. Silbermanns Orgelbaugrundsätze*, in: L'organo 9 (1971); *M. Regers Beziehungen zur kath. Kirchenmusik*, in: M. Reger. Ein Symposion (Wie 1974); *Zu J. C. F. Fischers geistlicher Vokalmusik*, in: AfMw 32 (1975); *Religiöse Orgelinschriften aus 7 Jhh.*, in: MS 98 (1978); *Schlesische Orgelkompositionen aus der 1. Hälfte des 20. Jh.* (Dülmen 1980); *Die Breslauer Dommusik von 1805–1945* (Dülmen 1981). – W. gab ferner zahlr. Orgelwerke des 16.–18. Jh. heraus, u. a. die Reihe *Süddt. Orgelmeister des Barock* (Altötting 1956ff.) (bisher 14 H.e).

WALTERSHAUSEN, Herrmann Wolfgang Sartorius, Freiherr **von,** * 12. 10. 1882 Göttingen, † 13. 8. 1954 München; dt. Musikpädagoge und Komponist. Er war Schüler von M.-J. Erb in Straßburg und setzte seine Ausbildung trotz schwerer körperlicher Behinderung (Amputation des linken Armes und Beines) 1901 bei L. Thuille (Komposition) und A. Sandberger (Musikwissenschaft) in München fort. Dort gründete er 1917 ein Praktisches Seminar für fortgeschrittene Musikstudierende. 1920–33 war er Professor an der Staatlichen Akademie der Tonkunst, die er seit 1923 leitete. 1933 gründete er ein Seminar für Privatmusiklehrer, das 1948 in das staatlich anerkannte W.-Seminar umgewandelt wurde. Als Komponist pflegte W. eine stark durch die barocke Polyphonie geprägte spätromantische und neoklassizistische Schreibweise.

WW: **1) Instr.-WW:** *Orch.-Partita über 3 Kirchenlieder* (1928); *Lustspielouvertüre* (1930); symphonische Dichtung *Hero u. Leander* (1925). – **2) Bühnen-WW:** Opern (auf eigene Texte): *Else Klapperzehen*, UA: Dresden 1909; *Oberst Chabert* (nach Balzac), UA: Frankfurt 1912; *Richardis*, UA: Karlsruhe 1915. – **3) Schriften:** *Die Zauberflöte* (Mn 1920); *Das Siegfried-Idyll* (Mn 1920); *Der Freischütz* (Mn 1920); *Orpheus u. Euridike* (Mn 1923); *Musik, Dramaturgie, Erziehung* (Mn 1926) (Art.-Slg.); *Dirigenten-Erziehung* (L 1929); *Die Kunst des Dirigierens* (B 1942, ²1954).

Lit.: R. SAILER, W. u. die Oper (Diss. Kö 1957); K. R. DANLER, H. W. S. v. W. in der Musikgeschichte, in: Gedenkschrift zum 10. Todestag (Mn 1964).

WALTHER, Johann Gottfried, * 18. 9. 1684 Erfurt, † 23. 3. 1748 Weimar; dt. Komponist und Musiktheoretiker. Er war über seine Mutter mit J. S. Bach verwandt und erhielt ersten Klavier- und Orgelunterricht von J. B. Bach. 1702–07 wirkte er als Organist an St. Thomas in Erfurt, wo er sich bei H. Buttstett weiterbildete, und seit 1707 an St. Peter und Paul in Weimar. Kurz nach seiner Ankunft wurde er Musiklehrer des Prinzen Johann Ernst und erhielt 1721 den Titel eines Hof-Musicus. Zu J. S. Bach unterhielt er während dessen Weimarer Zeit freundschaftliche Beziehungen. Nach der bei J. Mattheson, *Grundlage einer Ehrenpforte* (1740), überlieferten Autobiographie schrieb W. zahlreiche Vokalwerke, doch sind fast ausschließlich Orgelkompositionen überliefert, die seine Anlehnung an die norddeutsche Schule und J. Pachelbel belegen. W.s *Musicalisches Lexicon*, angeregt durch S. de Brossards *Dictionnaire de musique*, ist das erste deutschsprachige und das erste biographische Musiklexikon und eine wichtige Quelle für die musikalische Terminologie und die Musiklehre der Bach-Zeit.

WW: Kompositionen: Kyrie für 4 St. u. B.c.; Kanon *A solis ortus cardine* für 4 St. (hsl. erhalten). – Für Tasteninstr. (überwiegend hsl.): 65 zyklische u. 51 einzelne Choralbearbeitungen; 4 Präludien mit Fugen, Toccata mit Fuge, je 1 Fuge u. Concerto; ferner 14 Übertragungen (Concerti) v. Werken anderer Komponisten. – Schriften: *Alte und neue musicalische Bibliothec* (Weimar – Erfurt 1728) (enthält Buchstabe A des folgenden Werkes); *Musicalisches Lexicon, oder Musicalische Bibliothec* (L 1753); *Praecepta der musicalischen Composition* (1708) (hsl. erhalten).

Ausg.: Gesammelte Werke für Org., hrsg. v. M. SEIFFERT (1906) (= DDT 26/27); Ausgewählte Orgelwerke, hrsg. v. H. LOHMANN, 3 Bde. (Wie 1966). – *Musicalisches Lexicon*, hrsg. v. R. SCHAAL (Kas 1953) (= DMl I/3); *Praecepta*, hrsg. v. P. BENARY (L 1955).

Lit.: O. BRODDE, J. G. W. Leben u. Werk (Kas 1937); A. SCHMITZ, Die Figurenlehre in den theoretischen Werken v. J. G. W., in: AfMw 9 (1953); H. EGGEBRECHT, W.s Musikal. Lexikon in seinen terminologischen Partien, in: AMl 29 (1957); W. BREIG, W., in: MGG XIV.

WALTHER, Johann Jakob, * um 1650 Witterda bei Erfurt, † 2. 11. 1717 Mainz; dt. Violinist und Komponist. Nach einem längeren Italienaufenthalt kehrte er Ende 1673 nach Deutschland zurück und wurde 1674 1. Kammerviolinist am kurfürstlich-sächsischen Hof in Dresden. Um 1680 ging er nach Mainz, wo er 1681 in den Dienst des Kurfürsten trat und das Amt eines „italienischen Expeditionssecretarius" versah. 1683 erhielt er ein Kanonikat bei St. Victor. W. war einer der führenden dt. Violinisten seiner Zeit. In seinen Kompositionen forderte er hohes virtuoses Können und die Beherrschung schwieriger Techniken, so durch Doppelgriffe und Arpeggien vor allem das Spiel polyphoner Stimmführung.

WW: *Scherzi da violino solo* mit B.c. (L – F 1676); *Hortulus chelicus uni violino duabus, tribus et quatuor subinde chordis simul sonantibus harmonice modulanti* (Mz 1688), 2. Aufl. als: *Hortulus chelicus. Das ist: Wohl: gepflantzter Violinischer Lust-Garten ...* (Mz 1694).

Ausg.: *Scherzi*, hrsg. v. G. BECKMANN (1941) (= EDM, RD 17).

Lit.: F. GÖTHEL, J. J. W., in: Das Musikleben 3 (1950); A. GOTTRON, Mainzer Musikgesch. v. 1500–1800 (Mz 1959); R. ASCHMANN, Das dt. polyphone Violinspiel im 17. Jh. (Diss. Z 1962); I. SASLAV, Three Works from J. J. W.'s „Hortulus chelicus" (1969) (= Diss. Indiana Univ.).

WALTHER VON DER VOGELWEIDE, * um 1170, † um 1230 Würzburg. Seine Herkunft ist unbekannt; nach eigenem Bekunden lernte er „singen unde sagen" in Österreich. Seit etwa 1190 lebte er in Wien am Hof Herzog Leopolds V., dann Herzog Friedrichs I. von Babenberg, der ihn sehr förderte. Bezeugt ist 1198 in Wien eine öffentliche Sängerfehde mit Reinmar dem Alten. Danach verließ W. Wien und führte ein 20jähriges Wanderleben. Er hielt sich an verschiedenen Höfen auf, u.a. bei Landgraf Hermann von Thüringen auf der Wartburg, wo er mit Wolfram von Eschenbach zusammentraf. Dieses Ereignis, der „Sängerkrieg auf der Wartburg", wurde bekannt und dichterisch (bereits im 13. Jh.) und musikalisch (R. Wagner, *Tannhäuser und der Sängerkrieg auf Wartburg*) gestaltet. 1212–13 lebte W. in der Umgebung Kaiser Ottos IV. und nahm in seinem Sinne gegen den Papst Stellung, wandte sich aber 1214 dem späteren Kaiser Friedrich II. zu. Auf dessen Kreuzzug 1228–29 nimmt W.s *Palästinalied* Bezug. Begraben wurde W. in dem Kollegiatsstift Neumünster in Würzburg.

WW: 86 Lieder, einige davon mit unsicherer Zuschreibung; etwa 140 Spruchdichtungen zu 22 verschiedenen Tönen. Zu folgenden Liedern sind Melodien überliefert bzw. können mit hinreichender Sicherheit erschlossen werden: *Der Reichston (Ich saz uf eime steine); Der Wiener Hofton (Mit saelden müeze ich hiute uf sten); Der erste Atzeton (Mir hat her Gerhart Atze ein pfert), Der zweite Philippston (Mir hat ein liet von Franken); Der Ottenton (Her keiser, sit ir willekomen); Der König Friedrichston (Vil wol gelobter got); Palästinalied (Nu alrest lebe ich mir werde).* – Zu der überaus komplizierten Quellenlage vgl. vor allem U. Aarburg (s. u. Lit.) u. Ch. Petzsch (s.u. Ausg.).

Das Schaffen W.s bedeutet die Blüte des dt. ↗Minnesangs. Ausgehend von der höfischen Lyrik Reinmars, schuf W. den Typ des sog. Mädchenliedes, das Elemente der lat. Vagantenpoesie und der romanischen Pastourelle in sich aufnahm, und – in Anlehnung an das ↗Sirventes – den politischen Sangspruch (↗Spruch).

Ausg. (Transkription der Melodien rhythmisch unterschiedlich): Die Gedichte W.s, hrsg. v. K. LACHMANN (B 1827), NA v. H. Kuhn (B [13]1965) (mit Darstellung der Melodieüberlieferung v. Ch. Petzsch); Die Lieder W.s. Unter Beifügung erhaltener u. erschlossener Melodien hrsg. v. F. MAURER, 2 Bde. (Tü 1955–56, [3]1967–69) (= Altdt. Textbibl. 43 u. 47); H. MOSER – J. MÜLLER-BLATTAU, Dt. Lieder des MA v. W. bis zum Lochamer Liederbuch (St 1968).

Lit.: M. G. SCHOLZ, Bibliogr. zu W. (B 1969) (= Bibliogr. z. dt. Lit. des MA 4). – F. GENNRICH, Zur Liedkunst W.s, in: Zschr. für dt. Altertum u. dt. Lit. 85 (1954/55); J. A. HUISMAN, Neue Wege zur dichterischen u. musikal. Technik W.s (Utrecht 1950); U. AARBURG, Melodien zum frühen dt. Minnesang, in: Der dt. Minnesang, hrsg. v. H. Fromm (Da 1963); W.-H. BRUNNER, W.s Palästinalied als Kontrafaktur, in: Zschr. für dt. Altertum u. dt. Lit. 92 (1963); F. MAURER, Ton u. Lied bei W., in: Dichtung u. Sprache des MA (Be 1963, [2]1971); U. AARBURG, in: MGG XIV; B. KIPPENBERG, W., in: Grove[6] XX. B. A. KOHL

WALTON, Sir **William,** * 29. 3. 1902 Oldham, † 8. 3. 1983 Forio d'Ischia; engl. Komponist. Er sang als Knabe im Chor der Kathedrale von Oxford und erhielt dort am Christ Church College 1920 den Grad eines Bachelor of Music. Eine öffentliche Stellung als Musiker bekleidete er nicht; auch schloß er sich nicht der national-englischen Richtung von R. Vaughan Williams an. Seit dem 1. Musikfest der IGNM in Salzburg 1923, auf dem ein Streichquartett von ihm aufgeführt wurde (das er später vernichtete), wurde er international bekannt; dies auch deswegen, weil er anders als die meisten anderen englischen Komponisten sich eher zur Instrumentalmusik als zur Vokalmusik hingezogen fühlte. W.s früheste Werke entstanden im Zusammenhang mit den sprachlich-rhythmischen Experimenten der Dichterin Edith Sitwell und ihrer Brüder. Aufsehen erregte 1923 *Façade,* eine vergnügliche Komposition für ein instrumentales Kammerensemble über Verse von E. Sitwell, die durch ein Sprachrohr deklamiert wurden. In W.s folgendem Werk, der *Symphonie concertante* mit Klavier (1927) bekundet sich dagegen eine Hinwendung zur Romantik, die ihren vollen Ausdruck in dem Viola-Konzert findet; den Solopart bei der UA 1929 spielte P. Hindemith. Der Erfolg dieses Werkes brachte W. den Auftrag, für J. Heifetz ein Violinkonzert und für Gr. Piatigorsky ein Violoncellokonzert zu schreiben. Das bedeutendste Vokalwerk W.s ist *Belshazzar's Feast* (1931) über einen Text von Osbert Sitwell; der darin verwendete Orchesterapparat erinnert eher an H. Berlioz als an die englische Oratorientradition. Von ähnlich großer Bedeutung ist W.s wirkungsvolle, von romantischem Geist erfüllte Oper *Troilus and Cressida.* W. schrieb nur wenige Lieder. Erst im Alter von fast 60 Jahren komponierte er zwei Liederzyklen. Von seriellen Techniken hat er in gemäßigter Weise nur in drei späten Werken Gebrauch gemacht. Insgesamt ist W. ein eher skrupulöser als weitschweifiger Komponist, der es verstanden hat, die Palette seiner musikalischen Ausdrucksmittel stets zu erweitern und zu bereichern.

WW: **1) Instr.-WW:** Sonate (1949) für V. u. Klv.; Klv.-Quartett (1918–19); Streichquartett a-moll (1945–47). – Für Orch.: *Siesta* (1926) für kleines Orch.; 2 Symphonien (1932–35 u. 1960); *Music for Children* (1940); *Partita* (1957); *Variations on a Theme by Hindemith* (1962–63). – Ouvertüren: *Portsmouth Point* (1925); *Scapino* (1940); *Johannesburg Festival Overture* (1956); 2 Krönungsmärsche: *Crown Imperial* (1937); *Orb and Sceptre* (1953); Konzerte für V. (1938–39); Va. (1928–29, revidiert 1961); Vc. (1956). – **2) Geistliche Vokal-WW:** *A Litany* (nach Texten v. Ph. Fletcher) (1916); Oratorium *Belshazzar's Feast* (1931); *Set me as a seal upon thine heart* (1938); *Coronation Te Deum* (1953) für Chor u. Orch.; *Gloria* (1961). – **3) Weltliche Vokal-WW:** *Façade* (nach Texten von E. Sitwell) (1921) für Sprecher u. Kammerorch.; *Make we joy in this fest* (1931) für Chor; *Three Songs* (nach Texten von Sitwell) (1932) für Solo-St. u. Klv.; *Under the Greenword Tree* (aus dem Film *As you like it* nach W. Shakespeare) (1936) für Solo-St. u. Klv.; *In Honour of the City of London* (1937) für Chor u. Orch.; *Where does the uttered music go?* (nach Texten von J. Masefield) (1946) für Chor; *Anon. in Love* (1959), 6 Lieder für Tenor, Gitarre u. Orch. (anon. Texte des 16. u. 17. Jh., zusammengestellt von Ch. Hassall); *A Song for the Lord*

Mayor's Table (1962), 6 Lieder für Sopran u. Klv.; *What cheer?* (1961) für Chor. – **4) Bühnen-WW:** Oper *Troilus and Cressida* (Libr. nach Texten von Hassall), UA: London 1954. – Ballette *The Wise Virgins* (Bearbeitung von 6 Kompositionen Bachs) (1940); *The Quest* (1943). – **5) Filmmusik:** *The First of the Few* (1942); *Heinrich V.* (1943–44); *Hamlet* (1947); *Richard III.* (1955).

Lit.: F. HOWES, The Music of W. W., 2 Bde. (Lo 1965, ²1974); H. HOLLANDER, Sir W. W. siebzigjährig, in: NZfM 133 (1972); H. OTTAWAY, W.s First Symphony. The Composition of the Finale, in: MT 113 (1972); C. PALMER, W.s Film Music, in: MT 113 (1972); S. R. CRAGGS, W. W. A Thematic Catalogue of his Musical Works (Lo – NY 1977); H. OTTAWAY, W., in: Grove⁶ XX.

F. HOWES

WALZE. – **1)** Bei der Orgel Bz. für eine über dem Pedal liegende und mit dem Fuß zu bedienende Spielhilfe (↗Crescendowalze). – **2)** Bestandteil verschiedener ↗mechanischer Musikwerke. – **3)** Bz. für das für die Werke der ↗Mannheimer Schule typische Crescendo.

WALZER (von walzen = [sich] drehen, rollen, schleifen; engl.: waltz; frz.: valse; it.: valzer; span.: vals), Bz. für einen Volks- und Gesellschaftstanz im ¾-Takt. Der Begriff weist auf die Unabhängigkeit von der ↗Volta und auf die Herkunft aus dem östr.-bajuwarischen Raum ebenso, wie er die tänzerische Grundhaltung (enger Drehtanz) treffend beschreibt. Drehtänze sind beim Volke seit dem 14. Jh. literarisch immer wieder (meist durch Verbote) bezeugt (z. B. unter den Namen „Dreher" oder „Weller"). „Walzen" oder „walzerisch tanzen" ist dagegen erst seit etwa 1750 belegt (Kurz Bernadon, *Bernadon auf der Felseninsel,* um 1750, und *Der aufs neue begeisterte und belebte Bernadon,* 1754; Ph. Hafner, *Scherz und Ernst in Liedern,* 1763/64; J. M. Chavanne, *Principes du menuet,* 1767; J. W. von Goethe, *Hochzeitslied,* 1772; J. Chr. Adelung, *Wörterbuch der hochdeutschen Mundart,* 1786), und zwar im Zusammenhang mit den Deutschen Tänzen und vor allem als die abschließende Figur des Ländlers: die Einzelpaare umtanzen in enger Umfassung mit einer Sechsschrittdrehung um die eigene Achse nach rechts oder links (mit Betonung der Schritte 1 und 4) den Tanzplatz. Diese für die bürgerliche und noch mehr für die höhere Gesellschaft neue, interessante Figur (Paartanz, enge Haltung) wurde in Wien im Zuge der allgemeinen, seit der Mitte des 18. Jh. zu beobachtenden Durchdringung des Geistes- und Gesellschaftslebens mit volkstümlichen Elementen in Verbindung mit ländlerisch-menuettartigen Melodien von diesen Schichten aufgenommen, verselbständigt und zur spezifischen Form des Wiener W.s (1811 ist dies in Campes *Wörterbuch der dt. Sprache* bereits ein Begriff) ausgestaltet. Er wird dabei der Ländlerfigur gegenüber etwas beschleunigt und melodisch gerundet, behält jedoch den charakteristischen sog. Gitarrebaß bei, wobei durch leichte Vorwegnahme und Dehnung des 2. Taktteils die bekannte wiegende Bewegung und der drängende Schwung entsteht; gleichzeitig werden die weiten Bewegungen gemildert und die Schritte nun (in Zusammenhang mit dem glatten Parkett des Tanzsaales, gegenüber dem natürlichen Boden oder den rohen Brettern beim Volkstanz) vollends geschliffen (statt getreten). Die Ablösung des Menuetts durch den W. spiegelt aber nicht nur diejenige der Noblesse durch die Bourgeoisie wider, sondern läßt geradezu von einem demokratisierenden, alle Schichten vereinenden Zug sprechen. Nicht nur die Haupt- und Residenzstadt Wien, sondern in Anlehnung daran auch zahlreiche weitere Höfe und Städte wurden in der unmittelbaren Vorrevolutionszeit beinahe von einem Tanzfieber erfaßt, das neben dem Deutschen, Ländler und Langaus in zunehmendem Maße vom W. getragen wurde. Dies schlägt sich natürlich in den Kunstgattungen (z. B. das bekannte 2. Walzerfinale in V. Martín y Solers Oper *Una cosa rara,* 1786, oder das sogar noch frühere *Air pour valser* in A.-E.-M. Grétrys Ballett *Colinette à la cour,* 1784) ebenso nieder wie in der meist rasch folgenden volksläufigen Umformung aktueller Opernmelodien (z. B. W. A. Mozarts) in diesem Sinne sowie in der überaus reichen Originalproduktion. Die zweite große Verbreitungswelle des W.s über ganz Europa, in deren Verlauf er auch allmählich endgültig gesellschaftsfähig wurde, ging vom Wiener Kongreß (1814–15) aus. Dabei entstanden auch gewisse lokale Sonderformen: Bereits 1816 unterscheidet Th. Wilson *(Description of the Correct Method of Waltzing)* 2 Arten, eine französische und eine deutsche, die sich besonders durch die Vorwärtsschritte unterschieden; heute heben sich der sog. „Pariser" und „Wiener W." vor allem aber auch durch einen sentimentaleren Grundton des ersteren und durch das sich steigernde bzw. gleichbleibende Tempo der einzelnen (3 bzw. 5) Teile voneinander ab. Im übrigen ist aber speziell der Wiener W. wohl der verbreitetste und nach der dritten großen Verbreitungswelle im Vormärz fast in der ganzen Welt einer der beliebtesten Gesellschaftstänze geworden und geblieben.

Darüber hinaus hat der W. seit dem späten 18. Jh. mehrfache Stilisierungen bis hin zu vom Tanzgebrauch völlig unabhängigen Formen erfahren, die aber ihrerseits dann wieder auf diesen zurückwirkten. Vom Gebrauchstanz her kommt die Periodisierung in zweimal 8taktige Reprisen (die zweite meist entweder in dominantischem oder Variationsverhältnis zur ersten stehend; später wurden sie auf 16 und mehr Takte erweitert) und auch die Zusammenstellung mehrerer Stücke (bis zu 12 oder mehr) gleicher oder verwandter Tonart zu Tanzketten. Diesem Typus haben gelegentlich sogar die Wiener Klassiker gehuldigt; unter den Zeitgenossen deckten aber vor allem A. E. Förster, A. Eberl, Fr. X. Duschek, N. von Kruft, K. Ditters von Dittersdorf, I. Moscheles, A. Diabelli und J. Eybler den großen Bedarf der Zeit. Die frühesten Drucke stammen von D. Steibelt (1800), J. Bach (1803), J. Hörmann (1803), K. Kreith (1804), M. Clementi (1804), Ph. Eder (1805), Fr. Tandler (1806), A. Gyrowetz (1807), M. Graf Dietrichstein (1807) und M. Giuliani (1809/10). Um diese Zeit setzte bereits die erste entscheidende Stilisierungswelle ein, in deren Zuge der Tanz allgemein veredelt, die Form in mehreren Schritten erweitert, dafür aber die Anzahl der Nummern verringert wurde: J. N. Hummel fügte seiner 1808 für die Wiener Apollosäle geschriebenen W.-Serie mit Trios erstmals eine abschließende Coda an. In den 1810 erschienenen *6 großen Walzern für Liebhaber* von Fr. H. Himmel ist die später von J. Lanner und Johann Strauß endgültig fixierte Fünfteiligkeit sowie die Da capo-Form weitgehend vorweggenommen. Die Einleitungstakte wurden 1819 durch C. M. von Webers *Aufforderung zum Tanz* zur großen, quasi symphonischen Einleitung ausgebaut, ebenso wegweisend wurde die den Anfang wiederaufgreifende, formabrundende Coda und die planvolle Melodie-, Tempo- und Tonartenabfolge. Mit diesem entscheidenden Werk und der allgemeinen Qualitätssteigerung durch Fr. Schubert liegt also seit 1820 jener zwischen Tanz- und Konzert-W. stehende Typus vor, der durch die Großmeister des W.s im Vormärz: Lanner, Johann Strauß (Vater), dessen Söhne Johann (Sohn, genannt der „Walzerkönig"), Joseph und Eduard Strauß, zur höchsten Vollendung gebracht und nochmals in alle Welt getragen wurde. Seither hat der W. kaum mehr entscheidende formale, sondern nur mehr gewisse stilistische (Bereicherung der Harmonik und chromatisierte Melodik, Tempo rubato, Synkopierungen und Gegenrhythmen; programmatische Ausnutzung der beiden Teile usw.) und technische Veränderungen (besonders die schrittweise Angleichung an den üblichen symphonischen Orchesterstil und -apparat der Zeit bis zum vorimpressionistischen bei Fr. Lehár) erfahren: Introduktion – 5 Walzer in tonaler Beziehung zueinander, Reihen-, Lied- oder Rondoform – Finale/Coda: Aufzugssuiten in einem neuen Geist. Diese Form ist daher nur mehr in ihren Mittelteilen für die Tanzpraxis geeignet. Gänzlich von dieser weg führten die Hochstilisierung zum Kunstwalzer durch Fr. Chopin, Fr. Liszt, R. Schumann, J. Brahms und G. Fauré, der symphonische Walzer von H. Berlioz über A. E. Chabrier, C. Saint-Saëns und G. Fauré zu Fl. Schmitt und M. Ravel, von Anton Rubinstein bis P. Tschaikowsky, von Liszt bis R. Strauss usw., ebenso der W. als Mittel allgemeiner Milieuschilderung in Oper und Ballett (z. B. Ch. Gounod, R. Wagner, R. Strauss, G. Puccini, A. Berg, I. Strawinsky u. a.). Genuine Bedeutung kommt dem Wiener W. auch in der Entwicklung der Wiener ↗Operette nach 1860 zu, für deren Erfolg nicht zuletzt der W. verantwortlich ist, wie umgekehrt durch die Operette der W. weithin verbreitet wurde. Der W. hat hier seine entscheidende Stellung bis ins 20. Jh. behalten; von hier sind aber auch immer wieder Stücke in den Tanzgebrauch zurückgeflossen. Der Wiener W. gehört auch zu den Standardtänzen im Turniertanz (mit dem Tempo M. M. ♩ = 180).

Aus den USA (Boston, daher auch „Boston valse") kam schließlich seit den frühen 1920er Jahren der (zweifellos auf frühe Absenker des Wiener W.s zurückgehende) „English Waltz" oder „Langsame Walzer" nach Europa zurück, der zwar trotz der etwas abweichenden Begleitung den Grundschritt des Wiener W.s beibehält, aber durch eine Hoch-Tief-Bewegung des Fußes (Ferse–Spitze) und vor allem wiederum durch zahlreiche kunstvolle Figuren erweitert wurde; dieser ist inzwischen ebenfalls zu einem der Standardtänze des modernen Gesellschaftstanzes aufgerückt. Für den Turniertanz gilt dabei das Tempo M. M. ♩ = 90.

Lit.: B. WEIGL, Die Gesch. des W.s (Langensalza 1910); F. LANGE, Der Wiener W. (W 1917); H. WEISSE, Der instr. Kunstwalzer (Diss. W 1919); P. NETTL, Zur Vorgesch. der süd-dt. Tänze, in: Bull. de la Soc. „Union Musicologique" 3 (1923); I. MENDELSOHN, Zur Entwicklung des W.s, in: StMw 13 (W 1926); W. HERRMANN, Der W. (B 1931) (= Musikal. Formen in hist. Reihen 8); F. KLINGENBECK, Unsterblicher W. (W 1943); G. ANDREJKA, Die Vorläufer des W.s (W 1944); M. CARNER, The History of the Waltz (Lo 1948); F. KLINGENBECK, Das Walzerbuch (W 1952); E. NICK, Vom Wiener W. z. Wiener Operette (H 1954); M. SCHÖNHERR – K. REINÖHL, J. Strauß Vater. Ein Werkverz. (W 1954) (= Das Jh. des W.s 1); L. NOWAK, Ländler, W. u. Wiener Lieder im Klavierbuche einer preußischen Prinzessin, in: Jb. des Östr. Volksliedwerkes 6 (1957); A. KOSZEWSKI, Das Walzerelement im Schaffen Chopins, in: DJbMw 5 (1961); H. WEIGEL, Das kleine Walzerbuch (Sálzburg 1965); F. EIBNER, Die Kulmination der Form im Wiener W., in: ÖMZ 23 (1968); R. FLOTZINGER, Und walzen umatum … Zur Genealogie des Wiener W.s, in: ÖMZ 30 (1975); M. SCHÖNHERR, Modelle der Walzerkomposition. Grundlagen z. einer Theorie des W.s, in: ebd.; DERS., Ästhetik des W.s, in: ÖMZ 31 (1976); M. CARNER, W., in: Grove[6] XX. – ↗Gesellschaftstanz, ↗Tanz.

R. FLOTZINGER

WALZERTRAUM, EIN, Operette in 3 Akten von O. Straus, Text von Felix Dörmann u. Leopold Jacobson nach einer Novelle aus Hans Müllers *Buch der Abenteuer;* Neubearbeitung des Textes von

Armin L. Robinson u. Eduard Rogati. Ort u. Zeit der Handlung: Fürstentum Flausenthurn, um 1905. UA: 2. 3. 1907 Wien (Carltheater); EA der Neufassung: 1951 München. Verfilmt 1927 u. 1931 unter dem Titel *Der lächelnde Leutnant.*

Leutnant Niki wird durch Walzerklänge einer Wiener Damenkapelle, in deren Dirigentin Franzi er sich verliebt, von seiner ihm soeben angetrauten Erbprinzessin weggelockt. Als das Inkognito gelüftet wird, zieht Franzi weiter; Niki kehrt zu seiner Frau zurück, und der Walzertraum ist zu Ende. Die wohl populärste Operette von Straus war nach Ansicht der Kritiker „eine Apotheose des Wienertums". Noch einmal erstrahlt die Welt der Prater-Seligkeit, eine fröhliche Fassade, hinter der sich der Verfall mühsam verbirgt. Die Weise *Leise, ganz leise* durchzieht wie eine Leitmelodie die Komposition. Neben den alles bestimmenden lyrischen Walzermelodien finden sich scherzhafte, beinahe parodistische und auch dramatische Musiknummern. Der Operette war ein triumphaler Erfolg beschieden; mit 1000 Aufführungen in Wien wurde der Rekord des künstlerischen Vorbildes *(Die lustige Witwe)* weit übertroffen. Heute gehört *Ein Walzertraum* auch in der textlichen Neufassung zum Standardrepertoire der Operettenbühnen. B. DELCKER

WAND, Günter, * 7. 1. 1912 Elberfeld; dt. Dirigent. Er studierte in Köln an der Universität und an der Musikhochschule sowie in München an der Akademie für Tonkunst und wurde 1939 Kapellmeister an der Kölner Oper, 1944 Opernchef in Salzburg und Leiter des Mozarteum-Orchesters. Nach dem 2. Weltkrieg ging er nach Köln zurück, wo er bis 1973 als Gürzenich-Kapellmeister und GMD den Wiederaufbau des städtischen Musiklebens entscheidend prägte. Seine Programme waren außergewöhnlich klug disponiert, und seine Arbeit als Orchestererzieher war vorbildlich. 1946–53 leitete W. auch die Kapellmeisterklasse der Kölner Musikhochschule (1948 Professor) und erhielt dort 1963–65 erneut einen Lehrauftrag. Seit 1973 lebt W. in der Schweiz und wirkt vielerorts als Gastdirigent von großem internationalem Ansehen.

WANDELKONZERT, Bz. für eine Form der musikalischen Darbietung, wie sie im 18.–19. Jh. vornehmlich auf Kurpromenaden stattfand. Neuerdings hat in einem anderen Sinn das W. in der Bedeutung einer alternativen Musikdarbietung das Interesse zeitgenössischer Komponisten wie L. ↗Kupkovič, J. A. Riedl oder W. Haupt gefunden.

WANGERMÉE, Robert, * 21. 9. 1920 Lodelinsart (Hennegau); belgischer Musikforscher. Er studierte an der Universität Brüssel, an der er 1946 promovierte und 1948 Dozent, 1962 außerordentlicher sowie 1965 ordentlicher Professor wurde. Seit 1946 ist er Mitarbeiter der Radiodiffusion-Télévision Belge, wo er seit 1953 die Musikabteilung leitet und seit 1960 Generaldirektor für die Sendungen in frz. Sprache ist. 1965 gründete er an der Univ. Brüssel ein Centre de Sociologie de la Musique.

Schriften: *J. S. Bach. Esquisse historique* (Bru 1944); *Le goût musical depuis le XIXe siècle* (Diss. Bru 1946); *La musique flamande dans la société des XVe et XVIe siècles* (Bru 1965, dt. ebd. 1965, engl. NY 1968); *Tradition et innovation dans la virtuosité romantique,* in: AMl 42 (1970); *Le ballet de cour,* in: Gattungen der Musik ..., Gedenkschrift L. Schrade I (Be 1973); *Rundfunkmusik gegen die Kulturmoralisten verteidigt* (Karlsruhe 1975).

WANHAL, Johann Baptist, ↗Vanhal.

WARD, John, getauft 8. 9. 1571 Canterbury, † vor dem 31. 8. 1638; engl. Komponist. Er war vermutlich Küster an der Canterbury Cathedral und kam dann nach London, wo er im Hause von Sir Henry Fanshawe (1569–1616) lebte und beim Finanzgericht beschäftigt war. Später ist er noch in Ilford Magna (Essex) nachweisbar.

WW: Madrigale für 3–6 St. (Lo 1613). – Fantasien für Violen, Stücke für Virginal, Services u. Anthems in Sammeldrucken der Zeit sowie hsl. erhalten.

Ausg.: Die Madrigale, hrsg. v. E. H. FELLOWES (1922), revidiert u. hrsg. v. Th. Dart (Lo 1968) (= The Engl. Madrigalists 19).

Lit.: M. W. FOSTER, The Sacred Music of J. W. (1971) (= Diss. Univ. of Durham); G. J. DODD, Thematic Index of Music for Viols I (Lo 1980).

WARLOCK, Peter, ↗Heseltine, Philip Arnold.

WASCHBRETT (engl.: washboard), Bz. für ein dem gleichnamigen Gebrauchsgegenstand nachgebildetes Perkussionsinstrument, das neben anderen Gegenständen des täglichen Gebrauchs, z. B. Kämmen oder Krügen, in einfachen Formen afroamerikanischer Volksmusik Eingang gefunden hat. Der Spieler verwendet Fingerhüte aus Metall oder Stäbe, reibt über die Rillen oder schlägt darauf. Bisweilen werden am W. noch zusätzliche Klangerzeuger, z. B. kleine Becken, befestigt. Darüber hinaus gehört das W. zum typischen Instrumentarium der Skiffle-Musik (skiffleboard) sowie seit den 1920er Jahren zum Schlagwerk jener Dixieland- und Revival-Jazzbands, die auf der Bühne zu exzentrischen Mitteln greifen.

WASIELEWSKI, Wilhelm Joseph von, * 17. 6. 1822 Großleesen bei Danzig, † 13. 12. 1896 Sondershausen; dt. Violinist, Dirigent und Musikforscher. Er war Schüler von F. Mendelssohn Bartholdy, M. Hauptmann und Ferdinand David am

Leipziger Konservatorium und wurde 1846 Violinist beim Gewandhausorchester. 1850 rief ihn R. Schumann als Konzertmeister nach Düsseldorf, wo er sich rasch als Violinist, Lehrer und Musikkritiker einen Namen machte. 1852–55 war er Chordirigent in Bonn und kam 1855 nach Dresden, wo er sich vor allem musikhistorischen Forschungen widmete. 1869 kehrte er nach Bonn zurück. Er wurde Städtischer Musikdirektor und bekleidete dieses Amt bis 1884. Danach siedelte er nach Sondershausen über und unterrichtete am dortigen Konservatorium.

Schriften: *R. Schumann* (Dresden 1858, L [4]1906); *Die Violine u. ihre Meister* (L 1869, [2]1927, Nachdr. Wie 1968); *Die Violine im 17. Jh. u. die Anfänge der Instrumentalkomposition* (Bonn 1874, Nachdr. Bol 1969) (= Bibl. musica Bononiensis III/21); *Gesch. der Instrumentalmusik im XVI. Jh.* (B 1878, Nachdr. Niederwalluf 1972); *Das Violoncell u. seine Gesch.* (L 1889, [3]1925, Nachdr. Wie 1968).

Lit.: R. FEDERHOFER-KÖNIGS, J. W. von W. (1822–1896) im Spiegel seiner Korrespondenz (Tutzing 1975) (= Mainzer Stud. z. Musikwiss. 7).

WASSENAER, Unico Wilhelm, Graf **van,** * 2. 11. 1692 Schloß Twickel zu Delden (Prov. Overijssel), † 9. 11. 1766 Den Haag; ndl. Komponist. Er hatte in der Republik der Vereinigten Niederlande zahlreiche hohe Ämter inne. Seine politische und diplomatische Karriere dürfte sowohl seiner kompositorischen Produktivität Schranken gesetzt als ihn auch auf Grund der niederländischen Standesgesinnung der damaligen Zeit veranlaßt haben, seine musikalische Tätigkeit der Öffentlichkeit gegenüber zu verhüllen. Die heutzutage beliebten, ehemals zu Unrecht G. B. Pergolesi und C. Ricciotti zugeschriebenen *Concerti armonici* konnten 1980 auf Grund eines sich im Schloß Twickel befindlichen Manuskripts als Werke W.s gesichert werden, die stilistisch einer spätbarocken Tradition angehören. Das frühere Rätselraten nach ihrem Autor, das Namen grundverschiedener Richtungen (Pergolesi, G. Fr. Händel, W. de Fesch, A. Vivaldi, F. Chelleri, J. A. Birkenstock) zutage förderte, wurde wesentlich dadurch erschwert, daß W. in seinem kompositorischen Denken diverse Stilelemente zu einer höchstpersönlichen Musiksprache verschmelzen ließ.

Ausg. (unter den Namen Pergolesi/Ricciotti): Sei Concertini per strumenti ad arco, hrsg. v. F. CAFFARELLI (R 1940); Concertino Nr. 4 f-moll, hrsg. v. S. FRANKO (NY o.J.); Concertino Nr. 3 A-Dur, hrsg. v. E. ANSERMET (G 1944); Concertini 1–6, hrsg. v. J. PH. HINNENTHAL (Kas 1951–58) (= Hortus Mus. 150, 82, 159, 144, 154, 155).

Lit.: A. DUNNING, Count U. W. van W. (1692–1766). A Master Unmasked. or The Pergolesi-Ricciotti Puzzle Solved (Buren 1980).

A. DUNNING

WASSERORGEL ↗Hydraulis.

WASSERTRÄGER, DER *(Les deux journées),* Opéra lyrique in 3 Akten von L. Cherubini, Text von J. N. Bouilly. Ort u. Zeit der Handlung: Paris u. Umgebung, 1647. UA: 16. 1. 1800 Paris (Théâtre Feydeau); dt. EA (in dt. Sprache): 5. 6. 1801 Frankfurt am Main.

Dieses Werk gilt als Hauptbeispiel für die frz. Rettungsoper. Goethe nannte das auf Tatsachen beruhende Textbuch von der Rettung des verfolgten Grafen durch den Wasserträger Micheli ein „wahres Muster des Stils der komischen (des glücklichen Ausgangs wegen) Oper"; Beethoven war – wie viele bedeutende zeitgenössische Komponisten (C. M. von Weber, L. Spohr, A.-E.-M. Grétry) – voller Hochachtung für die musikalische Arbeit. Als wegweisend in der Operngeschichte gelten in diesem Werk die deutliche Steigerung des Anteils von Chor- und Ensembleszenen sowie die Stimmungsmalerei durch Mittel der Instrumentation. Den triumphalen Erfolg dieser Oper, der schon mit der UA begann und in 200 Vorstellungen in Folge in Paris bestätigt wurde, bewirkten ferner die – gelegentlich mit Kritik bedachten – rührend-naiven Melodien; die wirkungsvolle Ouvertüre ist noch heute beliebtes Repertoirestück.

K. LANGROCK

WASSILENKO, Sergei Nikiforowitsch, * 18. (30.) 3. 1872 Moskau, † 11. 3. 1956 ebd.; sowjetrussischer Komponist und Dirigent. Nach einer Juraausbildung an der Moskauer Universität (1895) studierte er bis 1901 Musik bei S. Tanejew, M. Ippolitow-Iwanow und W. Safonow am Moskauer Konservatorium, an dem er dann 1907–50 als Professor für Instrumentation und Komposition lehrte. W. war der Organisator und Dirigent der 1907–17 veranstalteten historischen Konzerte, für die er selbst ältere Musik bearbeitete. 1938–43 lebte er in Taschkent.

WW: **1) Instr.-WW:** 2 Streichquartette (1899, 1927); Quartett über turkmenische Volkslieder für Holzbläser u. kleine Trommel (1930); Klv.-Trio (1932). – Für Orch.: 5 Symphonien (1906–54); 7 Suiten (1928–46); symphonische Dichtung *Sad smerti* (Der Garten des Todes) (1908) (nach O. Wilde); Konzerte für: V. (1913, 1952); Balalaika (1931); Vc. (1944); Trp. (1945); Klv. (1949); Harfe (1949); Klar. (1953); Horn (1953). – **2) Vokal-WW:** Über 200 Romanzen für Gesang u. Klv.; zahlr. Volksliedbearb. – **3) Bühnen-WW:** Opern: *Skasanie o grade welikom Kitesche i tichom osere Swetojare* (Die Sage von der großen Stadt Kitesch u. dem stilien See Swetojar), UA: Moskau 1903; *Syn solnza* (Der Sohn der Sonne), UA: ebd. 1929; *Christofor Kolumb* (1933); *Buran* (Der Schneesturm) (zus. mit M. Aschrafi), UA: Taschkent 1939; *Ulug kanal* (Der große Kanal) (zus. mit dems.), UA: ebd. 1941; *Suworow*, UA: Moskau 1942. – Ballette: *Noja* (1923); *Josif Prekrasny* (Der schöne Josef), UA: Moskau 1925; *W solnetschnych lutschach* (In den Strahlen der Sonne), UA: Odessa 1926; *Karussel*, UA: Moskau 1933; *Zygany* (Die Zigeuner) (nach A. Puschkin), UA: ebd. 1937; *Lola*, UA: ebd. 1943; *Akbiljak*, UA: Taschkent 1943.

Eine äußerst vielseitige Musikerpersönlichkeit, hat sich W. als Komponist, Dirigent und Lehrer in gleicher Weise verdient gemacht. In seinen Werken knüpfte er an die russ. Musik, insbesondere P. Tschaikowsky, und an den frz. Impressionismus an. Sein Studium des altruss. Neumengesangs fand seinen Niederschlag in der 1. Symphonie, sein frühes Interesse für die orientalische Musik äußerte sich in exotischer Stilisierung *(Exotische Suite)*, ästhetisierende und symbolistische Tendenzen treten u.a. in der symphonischen Dichtung *Der Garten des Todes* zutage. Die unmittelbare Bekanntschaft mit der Musik mittelasiatischer Völker wirkte sich äußerst fruchtbar auf sein Werk aus *(Turkmenische Bilder, Der sowjetische Orient, Usbekische Suite, Akbiljak)*. In Zusammenarbeit mit dem Usbeken M. Aschrafi schuf er die ersten nationalen usbekischen Opern *Der Schneesturm* und *Der große Kanal.*

Lit.: G. A. POLJANOWSKI, S. N. W. (Mos – Leningrad 1947); G. K. IWANOW, S. N. W. Notografitscheski sprawotschnik (Mos 1973); D. GOJOWY, Neue sowjetische Musik der 20er Jahre (Laaber 1980). E. STÖCKL

WATERS, Ethel, * 31. 10. 1900 Chester (Pennsylvania), † 1. 9. 1977 Los Angeles; amerik. Jazz- und Popsängerin. Sie trat viel in Revuetheatern und Nachtclubs auf, wurde anfänglich oft vom Orchester Fletcher Henderson begleitet und machte während ihrer Laufbahn Songs wie *Dinah, Memories of you* und *Stormy Weather* bekannt.

WATSON, Claire, * 3. 2. 1928 New York, † 16. 7. 1986 Utting (Ammersee); amerik. Sängerin (Sopran). Sie studierte bei Elisabeth Schumann in New York sowie am Konservatorium in Amsterdam und debütierte 1951 in Graz als Desdemona in G. Verdis *Otello*. Nach 2 Spielzeiten (1956–58) in Frankfurt am Main wurde sie 1958 Mitglied der Bayerischen Staatsoper in München und gastierte von dort aus in allen großen Opernhäusern Europas sowie an der Metropolitan Opera in New York. Als ausgezeichnete Mozart-Interpretin trat sie auch bei den Salzburger Festspielen auf.

Lit.: G. ROTHON, C. W., in: Opera 21 (1970).

WEATHERS, Felicia, * 13. 8. 1937 St. Louis; amerik. Sängerin (Sopran). Sie studierte seit 1957 an der Indiana University in Bloomington, promovierte 1961 mit einer Dissertation über *Vocal Reactions in Comparison to Electronic Simulation* und hatte im selben Jahr als Königin der Nacht in W. A. Mozarts *Zauberflöte* ihr Europadebüt in Zürich. Über Kiel (1962/63) kam sie 1963 an die Hamburgische Staatsoper (bis 1970). Sie gastierte u.a. an der Metropolitan Opera in New York und an der Covent Garden Opera in London. Ihr Repertoire umfaßt über 70 Rollen in 5 Sprachen. Auch als Liedsängerin hat sie sich einen internationalen Namen gemacht.

WEBB, Chick (eig. William), * 10. 2. 1902 Baltimore, † 16. 6. 1939 ebd.; amerik. Jazzmusiker (Schlagzeuger, Bandleader). W., der mißgestaltet zur Welt kam, spielte zuerst auf Ausflugsdampfern und in verschiedenen Bands, kam 1924 nach New York und leitete eigene Bands. 1934 entdeckte er Ella Fitzgerald, die sein Star wurde. W. gehört zu den vitalsten und wichtigsten Schlagzeugern der Swing-Ära. Die Vitalität von W. hat sich auf seine Bands übertragen, weshalb diese bei musikalischen Wettbewerben in Harlem, den sog. „Battles", gefürchtet waren.

WEBBE. – 1) Samuel (I), * 1740 London (?), † 25. 5. 1816 ebd.; engl. Organist und Komponist. Er war zunächst Kopist im Verlagshaus Welcker, wurde 1776 Organist an der Kapelle der port., 1793 der sardischen und 1798 der span. Gesandtschaft. 1787 wurde er Bibliothekar des neugegründeten Catch Club, bei dem er 1794–1812 als Sekretär tätig war.

WW: 9 Bücher *Catches, Canons and Glees* (Lo 1764–96) (darin auch Stücke von Samuel II W.); *The Ladies Catchbook* (Lo 1778); *A Selection of Glees* (Lo 1812). – Ferner Lieder, Motetten, Messen, Klv.-Stücke, weitere Glees u. Catches sowie Kanons in Sammeldrucken der Zeit.

2) Samuel (II), Sohn von 1), * 1770 London, † 25. 11. 1843 ebd.; engl. Pianist, Organist und Komponist. Er wurde um 1798 Organist an der Unitarian Chapel in Liverpool, 1817 an der Kapelle der span. Gesandtschaft in London sowie später an der St. Nicholas Church in Liverpool und an St. Patrick's Roman Catholic Chapel im Toxteth Park.

WW: *A Book of Glees* (Liverpool 1807); *Convito armonico* (Glasgow o.J.).

Ausg.: **Zu 1) u. 2):** Ein Glee für 3 St. u. ein Catch für 5 St., in: DAVISON-APEL Anth.

Lit.: J. M. KNAPP, S. W. and the Glee, in: ML 33 (1952).

WEBER, Bernhard Anselm, * 18. 4. 1764 Mannheim, † 23. 3. 1821 Berlin; dt. Komponist. Er studierte an der Universität Heidelberg Theologie, Philosophie und Jura und widmete sich dann als Schüler von G. J. Vogler und I. Holzbauer der Musik. 1787 wurde er Musikdirektor der Großmannschen Theatertruppe in Hannover, wo er außer Opern und Singspielen auch geistliche Konzerte und Oratorien leitete. 1790–92 begleitete er Vogler bei einer Skandinavienreise. Nach seiner Rückkehr wurde er am Nationaltheater Berlin 1792 zum

2. und 1796 zum 1. Musikdirektor ernannt. Diesen Posten bekleidete er bis zu seinem Tod. 1795 dirigierte er in Berlin mit *Iphigénie en Tauride* die erste Aufführung einer Oper von Chr. W. Gluck. 1818 trat er in den Ruhestand. Sein Schaffen, das vor allem der Bühne gewidmet war, lehnt sich dem Gluckschen Stil an, geriet aber bald in Vergessenheit. Allein das Lied *Mit dem Pfeil, dem Bogen* aus Fr. von Schillers *Wilhelm Tell* hält die Erinnerung an ihn wach.

WW: Zahlr. Klv.-Stücke; Orch.-Werke; Lieder; Kantaten. – Opern u. Singspiele, u.a.: *Mudarra*, UA: Berlin 1800; *Die Wette*, UA: ebd. 1805; ferner Musik zu etwa 40 Bühnenstücken, u. a. F. von Schillers *Die Jungfrau von Orleans*, *Wallenstein* u. *Wilhelm Tell*.

Lit.: H. FISCHER, B. A. W. (Diss. B 1923); G. MEYERBEER, Briefwechsel u. Tagebücher I, hrsg. v. H. Becker (B 1959).

WEBER, Carl Maria Friedrich Ernst von, * 18. oder 19. 11. 1786 (getauft 20. 11.) Eutin (Holstein), † 5. 6. 1826 London; dt. Komponist. Als ältestes Kind des späteren Wanderbühnendirektors Franz Anton von W. (1734–1812) aus dessen 2. Ehe mit Genovefa Brenner (1764 1798) erhielt er den ersten Musikunterricht bei seinem Stiefbruder Fridolin von W. (1761–1833); später wurden Johann Peter Heuschkel in Hildburghausen (1796/97), M. Haydn in Salzburg (1797–98 und 1801–02) sowie Johann Nepomuk Kalcher und Johann Evangelist Valesi in München (1798–1800) seine Lehrer. 1803–04 setzte W. seine Studien bei G. J. Vogler in Wien fort. Sein erstes Engagement führte ihn 1804–06 als Theaterkapellmeister nach Breslau. Anschließend ging er als „Musikintendant" Herzog Eugens von Württemberg nach Carlsruhe (Oberschlesien) und 1807 als „Sekretär", dann als Musiklehrer zu Herzog Ludwig von Württemberg nach Stuttgart; durch seinen Vater schuldlos in einen Korruptionsskandal verwickelt, mußte er 1810 das Land verlassen. Über Mannheim, wo er G. Webers kurzlebigem progressiven Harmonischen Verein beitrat, wandte er sich nach Darmstadt, um erneut bei Vogler zu studieren. Von hier aus lernte er in Frankfurt am Main die Sängerin Caroline Brandt (1794–1852) kennen, die er 1817 in Dresden heiratete. 1811 begann W. als konzertierender Künstler zu reisen (Gießen, Aschaffenburg, Nürnberg, Bamberg, München, Schweiz, Prag, Dresden, Leipzig, Gotha, Weimar, Frankfurt, Berlin, Leipzig, Dresden). 1813–16 wirkte er als Operndirektor am deutschen Ständetheater in Prag. 1816 wurde er zum Musikdirektor der neueingerichteten dt. Oper in Dresden bestellt, 1817 zum Königlichen Kapellmeister ernannt und noch im selben Jahr auf Lebenszeit angestellt. Seine eigenen Opern erlebten ihre UA jedoch nicht hier, sondern in Berlin (*Der Freischütz*, 1821) bzw. Wien (*Euryanthe*, 1823). W.s letzte Oper entstand als Auftragswerk der Covent Garden Opera in London (*Oberon*, 1826). Seit Jahren bereits an Schwindsucht leidend, reiste W. noch 1826 schwerkrank über Paris nach London zur Premiere. 1844 veranlaßte R. Wagner die Überführung seiner sterblichen Hülle nach Deutschland und ihre feierliche Beisetzung in Dresden (15. 12.).

WW: **1) Instr.-WW:** Für Klv.: Variationen: op. 2 (1800); op. 5 (1804); op. 7 (1807); op. 9 (1808); op. 28 (1812); op. 40 (1815); op. 55 (1817); *Momento capriccioso*, op. 12 (1808); *Grande polonaise* Es-Dur, op. 21 (1808); Sonaten: C-Dur, op. 24 (1812); As-Dur, op. 39 (1816); d-moll, op. 49 (1816); e-moll, op. 70 (1822); *Rondeau brillant* Es-Dur, op. 62 (1819); *Aufforderung zum Tanz*, op. 65 (1819); *Polacca brillante* E-Dur, op. 72 (1819). – Für Klv. zu 4 Händen: 6 kleine leichte Stücke, op. 3 (1801); 6 Stücke, op. 10 (1809); 8 Stücke, op. 60 (1818/19). – 9 Variationen für V. u. Klv., op. 22 (1808); Divertimento für Gitarre u. Klv., op. 38 (1816); *Grand duo concertant*, op. 48 (1816) für Klar. u. Klv.; Trio für Fl., Vc. u. Klv., op. 63 (1819); Klv.-Quartett (1809); Klar.-Quintett, op. 34 (1815). – Für Orch.: 2 Symphonien (1807); Ouvertüre zu *Turandot* (1809); *Jubel-Ouvertüre* (1818). – Konzerte für: Fl., *Romanza siciliana* g-moll (1805); Horn e-moll, op. 45 (1806, revidiert 1815); Vc., *Grand pot-pourri* D-Dur, op. 20 (1808); Va., *Andante e Rondo ungarese* c-moll (1809), bearb. für Fag., op. 35 (1813); Fag. F-Dur, op. 75 (1811, revidiert 1822); Harmonichord oder Harmonium F-Dur (1811); Klar. Es-Dur, op. 26 (1811), f-moll, op. 73 (1811), Es-Dur, op. 74 (1811); Klv. C-Dur, op. 11 (1810) u. Es-Dur, op. 32 (1812), *Konzertstück*, op. 79 (1821). – **2) Vokal-WW:** Zahlr. Klv.-Lieder; Lieder mit Gitarre-Begleitung; Kanons. – Für SingSt u. Klv.: Gesänge aus Th. Körners *Leyer und Schwerdt*, op. 41 u. 43, dass. für 4st. Männerchor, op. 42 (1814–16); it. Arien mit Orch. – 3 Messen: *Große Jugendmesse* Es-Dur (1799) u. 2 *Missae sanctae* Es-Dur (1818) u. G-Dur, op. 76 (1819); 2 Offertorien; Kantaten: *Der erste Ton*, op. 14 (1808) für Deklamation, Chor u. Orch.; *In seiner Ordnung schafft der Herr*, op. 36 (1812) für 4 Solost., gem. Chor u. Orch.; *Kampf und Sieg*, op. 44 (1815); *Jubel-Kantate*, op. 58 (1818) für Sopran, Alt, Tenor, Baß, gem. Chor u. Orch.; *Natur und Liebe*, op. 61 (1818). – **3) Bühnen-WW:** Opern: *Das stumme Waldmädchen*, UA: Freiberg 1800; *Peter Schmoll und seine Nachbarn*, UA: Augsburg 1803; *Rübezahl* (1804/05) (Fragment); *Silvana*, UA: Frankfurt 1810; *Abu Hassan*, UA: München 1811; *Der Freischütz* (Libr.: F. Kind), UA: Berlin 1821; *Die drei Pintos* (1820), vollendet v. G. Mahler, UA: Leipzig 1888; *Preziosa*, UA: Berlin 1821; *Euryanthe*, UA: Wien 1823; *Oberon*, UA: London 1826; zahlr. Bühnenmusik. Ferner mehrere Schriften, Autobiographie, Rezensionen u. a.

W.s bis 1820 in seiner Vielseitigkeit durchaus stetiges Schaffen umgreift nahezu alle zeitüblichen Möglichkeiten des Komponierens. Gleichwohl beruht seine musikhistorische Bedeutung primär auf seinem Opernschaffen und mehr oder weniger ausschließlich auf seiner von den Zeitgenossen spontan umjubelten Oper *Der Freischütz*, mit der er (nach E. Th. A. Hoffmanns *Undine* und L. Spohrs *Faust*) der romantischen dt. Oper schlagartig zum Durchbruch verhalf. Während seine frühen Bühnenwerke noch ganz dem konventionellen Mischstil aus Singspiel und Opéra-comique huldigen, tritt in *Silvana* und mehr noch in *Abu Hassan* erstmals ein persönlicher Stil ans

Licht. Auf dem Singspiel fußend, stieß W. mit dem *Freischütz*, der nicht als das Werk eines Opernkomponisten in herkömmlichem Sinne, sondern vielmehr als der große Wurf des Musikdramatikers W. genommen sein will, in einen neuen Stilbereich vor. Mit den Mitteln eigenwertiger Klangfarbigkeit und romantisch-koloristischer Instrumentationskunst erhob er die Musik zu einer Symbolsprache und überhöhte das vordergründig bloßer Schauerromantik verhaftete Sujet ins Allgemeingültig-Volkstümliche. Mit der durchkomponierten großen Oper *Euryanthe* scheiterte W. an der Diskrepanz zwischen Wollen und Vermögen; gleichwohl führt von diesem Werk aus ein direkter Weg zu den Frühwerken R. Wagners. Ebensowenig hat sich W.s *Oberon* auf den Bühnen halten können. – Sein Leben lang hat W., überwiegend für den eigenen Gebrauch, für das Klavier komponiert. Seine Variationsreihen gipfeln in den virtuosen Méhul-Variationen op. 28 und im *Air russe* op. 40 („Schöne Minka"). Brillanz und Virtuosität tragen die *Grande polonaise* op. 21, das *Rondeau brillant* op. 62, die *Aufforderung zum Tanz* op. 65 und die *Polacca brillante* op. 72, wogegen die 4 Sonaten von W.s Auseinandersetzung mit der Polarität von traditioneller klassischer Form und romantisch-virtuosem Bewegungselan zeugen. W.s Lieder und Chöre sind überwiegend Gelegenheitswerke ohne sonderlich individuelles Gepräge und, sofern durchkomponiert, etwa mit Liedern Fr. Schuberts nicht vergleichbar. Eine Ausnahme bilden die unmittelbar patriotischer Begeisterung entsprungenen Körner-Lieder op. 41–42. Innerhalb der gleichfalls für bestimmte Gelegenheiten entstandenen Kirchenmusik und der weltlichen Kantaten nimmt *Kampf und Sieg* op. 44 eine ähnliche Sonderstellung ein. W.s Solokonzerte sind ausschließlich für Instrumentalvirtuosen geschrieben, die Klarinettenwerke für H. J. Bärmann; bedeutsam ist das mit der traditionellen Konzertform brechende *Konzertstück* für Klv. op. 79. Seine Kammermusik setzt mit klavierorientierten Werken ein und endet mit dem in *Freischütz*-Nähe stehenden, um instrumentale Gleichberechtigung bemühten Trio op. 63. – Sowohl musikalisch als auch literarisch begabt, steht W. gemeinsam mit Hoffmann am Anfang einer spezifisch „romantischen" Musikschriftstellerei, die einerseits in dichterische Bereiche vorstößt *(Tonkünstlers Leben)* und andererseits von hoher Verantwortung gegenüber der Kunst, dem Künstler und dem Publikum getragen ist. Als Organisator (Prag, Dresden) wurde W. ein unmittelbarer Vorgänger seines Nachfolgers R. Wagner.

Ausg.: Musikal. Werke. Erste kritische GA, hrsg. v. H. J. MOSER (Au – Brau 1926–39), nur 3 Bde. erschienen: Reihe II/1: *Das stumme Waldmädchen* u. *P. Schmoll und seine Nachbarn*, hrsg. v. A. Lorenz (1926); II/2: *Rübezahl* u. *Silvana*, hrsg. v. W. Kaehler (1933); II/3: *Preziosa*, hrsg. v. L. K. Mayer (1939). – **1) Instr.-WW:** Klv.-WW, hrsg. v. L. KÖHLER – A. RUTHARD, 3 Bde. (L 1954–58); Adagio u. Rondo für 2 Klar., 2 Hörner u. 2 Fag., hrsg. v. W. SANDNER (Mz 1973); Symphonie Nr. 2 C-Dur, hrsg. v. H.-H. SCHÖNZELLER (Lo 1970). – Konzerte für: Klar. Es-Dur, op. 26, hrsg. v. G. HAUSSWALD (L 1953, NA 1973, Wie 1964); Klar. Nr. 1 f-moll, op. 73 sowie Nr. 2 Es-Dur, op. 74, hrsg. v. DEMS. (L 1954, Wie 1966); Vc., op. 20, hrsg. v. F. BEYER (Lo 1969). – **2) Bühnen-WW:** *Der Freischütz*, Faks.-Ausg. der Partitur, hrsg. v. G. SCHÜNEMANN (B 1942); *Der Freischütz*, Nachdr. der Ausg. v. 1848 (Farnborough 1969); *Euryanthe*, Nachdr. der Ausg. v. 1866 (ebd. 1969); *Oberon*, Nachdr. der Ausg. 1872 (ebd. 1969); *Abu Hassan*, hrsg. v. W. W. GÖTTIG (Offenbach 1925, Nachdr. Farnborough 1968) (mit einem Vorwort v. J. Kapp).

Lit.: **1) Werk-Verz. u. Bibliographie:** F. W. JÄHNS, C. M. von W. in seinen Werken. Chronologisch-thematisches Verz. (B 1871, NA B 1967); H. DÜNNEBEIL, Schrifttum über C. M. von W. (B 1947, 4 1957). – **2) Schriften u. Briefe:** C. M. von W., Sämtliche Schriften, hrsg. v. G. KAISER (B 1908); C. M. von W. in seinen Schriften u. in zeitgen. Dokumenten, hrsg. v. M. HÜRLIMANN (Z 1973); Kunstansichten. Ausgew. Schriften (Wilhelmshaven 1978) (= Taschenbücher z. Musikwiss. 23). – E. RUDORFF, Briefe v. W. an Lichtenstein (Brau 1900); C. M. von W., Briefe an den Grafen von Brühl, hrsg. v. G. KAISER (L 1911); C. M. von W.s Briefe an Gottfried Weber, hrsg. v. W. BOLLERT – A. LEMKE, in: Jb. des Staatlichen Inst. für Musikforsch. (1972); H. JOHN, C. M. von W. Unveröff. Briefe, in: BzMw 20 (1978). – **3) Biographien u. umfassende Darstellungen:** M. M. VON WEBER, C. M. von W., 3 Bde. (L 1864–66, engl. Lo 1865, Nachdr. NY 1968, Westport/Conn. 1970); E. KROLL, C. M. von W. (Pd 1934); H. J. MOSER, C. M. v. W. (L 1940, 2 1955); H. SCHNOOR, W. auf dem Welttheater (Dresden 1942, H 4 1963); DERS., W. (ebd. 1953); H. DÜNNEBEIL, W.s Leben u. Wirken in chronologischen Tafeln (B 1953); K.-H. KÖHLER, C. M. von W.s Beziehungen zu Berlin. Stud. am Berliner W.-Nachlaß, in: FS H. Besseler (L 1961); K. LAUX, C. M. von W. (L 1966); J. WARRACK, C. M. von W. (NY – Lo 1968, dt. H 1972). – **4) Zu einzelnen Werken und Werkgruppen:** W. GEORGII, K. M. von W. als Klavierkomponist. (L 1914); H. PFITZNER, Was ist uns W.? (Mn 1926); P. R. KIRKY, W.'s Operas in London 1824–26, in: MQ 32 (1946); H. BECKER, Meyerbeers Ergänzungsarbeit an W.s nachgelassener Oper „Die drei Pintos", in: Mf 7 (1954); G. MAYERHOFER, „Abermals vom Freischützen". Der Münchener „Freischütz" v. 1812 (Rb 1959) (= Forschungsbeitr. z. Musikwiss. 7); W. BECKER, Die dt. Oper in Dresden unter der Leitung v. C. M. von W. 1817–26 (B 1962) (= Theater u. Drama 22); H. WIRTH, Natur u. Märchen in W.s „Oberon" ..., in: FS F. Blume (Kas 1963); TH. W. ADORNO, Bilderwelt des Freischütz, in: Moments musicaux (F 1964); K. LAUX, C. M. von W.s Münchner Beitr. z. dt. Oper, in: FS H. Engel (Kas 1964); A. A. ABERT, W.s „Euryanthe" u. Spohrs „Jessonda" als große Opern, in: FS W. Wiora (ebd. 1967); H. HEUER, Unters. z. Struktur, Tonart u. zum Begleitpart der Sololieder C. M. von W.s (Diss. Gr 1967); W. SANDNER, Die Klar. bei C. M. von W. (Wie 1971) (= Neue musikgesch. Forsch. 7); H. KÜHN, Von dt. Nationaloper. W.s Freischütz u. der Fall Woyzeck, in: NZfM 133 (1972); G. G. JONES, W.'s „Secondary Worlds", in: IRASM 7 (1976).

W. PFANNKUCH

WEBER, Jacob Gottfried, * 1. 3. 1779 Freinsheim (Pfalz), † 21. 9. 1839 Bad Kreuznach; dt. Musiktheoretiker und Komponist. Im Hauptberuf Jurist, lebte W. 1802–14 als Anwalt in Mannheim, anschließend als Richter 1814–18 in Mainz und 1819–39 in Darmstadt. In Mannheim leitete er

1804–14 die „Liebhaberconcerte“ und gründete 1806 die musikalische Vereinigung „Conservatorium“ sowie 1810 den kurzlebigen „Harmonischen Verein“, dem u. a. J. B. Gänsbacher, G. Meyerbeer und C. M. von Weber als Mitglieder angehörten. Von Darmstadt aus gründete W. 1824 die von ihm herausgegebene Zschr. *Caecilia,* in der er in der Folgezeit viele Rezensionen sowie musikwissenschaftliche und musiktheoretische Artikel veröffentlichte. Großes Echo hatte sein Streit mit dem Abbé Stadler um die Echtheit des *Requiem* von W. A. Mozart, bei dem er sich auch die hämische Verachtung von L. van Beethoven zuzog.

WW: 1) **Kompositionen:** Klaviersonate; Kammermusik; *Triumphmarsch für volle Feldmusik.* – Zahlr. Liederslgen. u. Chorwerke, darunter Requiem für Männerst. u. 3 Messen mit Soli u. Orch. – 2) **Schriften:** *Versuch einer geordneten Theorie der Tonsetzkunst,* 3 Bde. (Mz 1817–21); dass., 4 Bde. (Mz ³1830–32); *Über chronometrische Tempobezeichnung* (Mz 1817); *Allgemeine Musiklehre zum Selbst-Unterricht für Lehrer und Lernende* (Da 1822, Mz ³1831); *Ergebnisse der bisherigen Forschungen über die Echtheit des Mozartschen Requiems* (Mz 1826); *Weitere Ergebnisse der weiteren Forschungen ...* (Mz 1827); *Der Streit zwischen der alten und der neuen Musik* (Breslau 1826); *Die Generalbaßlehre zum Selbstunterricht* (Mz 1833).

Lit.: A. FLEURY, Die Musikzschr. „Caecilia“ (1824–48) (Diss. F 1953); A. LEMKE, J. G. W. Leben u. Werk (Mz 1968) (= Beitr. z. mittelrheinischen Musikgesch. 9); L. U. ABRAHAM, Die Allgemeine Musiklehre v. G. W. im Lichte heutiger Musikdidaktik, in: FS A. Volk (Kö 1974). W. PFANNKUCH

WEBER, Ludwig, * 29. 7. 1899 Wien, † 9. 12. 1974 ebd.; östr. Sänger (Baß). Er studierte bei Alfred Boruttau in Wien und debütierte 1920 an der Wiener Volksoper. Über Wuppertal (1925–27), Düsseldorf (1927–30) und Köln (1930–33) kam er 1933 an die Bayerische Staatsoper in München und nach 1945 an die Wiener Staatsoper. Er trat an den großen Opernhäusern sowie über viele Jahre regelmäßig bei den Bayreuther Festspielen auf, u. a. 1951–56 als Gurnemanz, und erlangte als Interpret des deutschsprachigen Repertoires, besonders W. A. Mozarts und R. Wagners, internationales Ansehen. Eine seiner Glanzpartien war der Baron Ochs im *Rosenkavalier* von R. Strauss. Seit 1961 lehrte W. als Professor am Salzburger Mozarteum.

WEBERN, Anton Friedrich Wilhelm (von), * 3. 12. 1883 Wien, † 15. 9. 1945 Mittersill (Pinzgau); östr. Komponist. Sohn eines Beamten, besuchte er in Wien, Graz und Klagenfurt die Schule und schrieb sich im Herbst 1902 an der Universität Wien für das Studium der Musikwissenschaft ein. Seit 1904 nahm er Kompositionsunterricht bei A. Schönberg, dessen Schüler er bis 1908 blieb. 1906 promovierte er bei G. Adler mit der Edition von H. Isaacs *Choralis Constantinus* (W 1909, = DTÖ 32). 1908 eröffnete sich ihm die Laufbahn eines Theaterkapellmeisters, die ihn nach Bad Ischl, Wien, Teplitz, Danzig, Stettin und Prag führte. 1915–17 leistete er seinen Militärdienst beim östr. Heer ab. 1920 ließ er sich in Wien nieder, siedelte jedoch bald nach Mödling bei Wien über und entfaltete eine rege Tätigkeit als Lehrer, Dirigent und Mitwirkender in dem von Schönberg gegründeten Verein für musikalische Privataufführungen. W. gab die ihm innerlich fremd gebliebene Arbeit am Theater auf und betätigte sich als Chorleiter. 1922–34 dirigierte er in Wien im Rahmen der „Arbeiter-Symphonie-Konzerte“. Sein Leben spielte sich im engen Kreis der Familie und der Gruppe um Schönberg ab. 1920 erwarb die Universal Edition in Wien die Rechte an seinen ersten Werken, von denen die *Orchesterstücke* op. 6 bei ihrer UA einen heftigen Skandal hervorgerufen hatten. Seinen ersten großen Erfolg erlebte W., als er 1921 auf dem Düsseldorfer Tonkünstlerfest seine Passacaglia op. 1 dirigierte. 1924 wurden seine Bagatellen op. 9 für Streichquartett in das Programm der Donaueschinger Musiktage aufgenommen; seit 1926 wurden seine Werke regelmäßig auf den Musikfesten der IGNM aufgeführt. 1924 verlieh ihm die Stadt Wien den Großen Musikpreis. 1926 wurde W. Ehrenmitglied der Composer's Guild in New York. Radio Österreich ernannte ihn 1927 zum ständigen Dirigenten. Zu dieser Tätigkeit trat 1930 noch die eines Lektors für Neue Musik bei Radio Wien. Die wachsende Politisierung des Musiklebens setzte seinem Wirken jedoch immer engere Grenzen. Seit 1935 lebte er zurückgezogen als privater Musiklehrer in seiner Mödlinger Wohnung und wurde nur gelegentlich noch zu Gastkonzerten als Dirigent nach Großbritannien und in die Schweiz eingeladen. 1941 schlug er aus weltanschaulichen und künstlerischen Gründen das Angebot aus, an der Wiener Musikakademie zu lehren. Bei der Universal Edition betätigte er sich nur noch selten als Lektor und Korrektor. Aufführungen seiner Musik fanden zu dieser Zeit nur im Ausland oder in privatem Kreis statt. Ostern 1945 verließ W. das bei Luftangriffen zerstörte Wien und zog sich nach Mittersill, einem Dorf im Land Salzburg, zurück. Hier wurde er von einem amerikanischen Besatzungssoldaten erschossen, als er trotz der abendlichen Ausgangssperre eine Zigarette vor seinem Haus rauchte.

WW: 1) **Instr.-WW:** Variationen für Klv., op. 2 (1938); *4 Stücke* für V. u. Klv., op. 7 (1910); *3 kleine Stücke* für Vc. u. Klv., op. 11 (1914); Streichtrio, op. 20 (1927); 5 Sätze für Streichquartett, op. 5 (1909) (auch für Streichorch.); Quartett für V., Klar., Tenorsaxophon u. Klv., op. 22 (1930); Streichquartett, op. 28 (1938); Quintett für Str. u. Klv. (1906); Symphonie für Klar., Baßklar., 2 Hörner, Harfe, 2 V., Va. u. Vc., op. 21 (1928); Konzert für Fl., Ob., Klar., Horn, Trp., Pos., V., Va. u. Klv., op. 24 (1934). – Für Orch.:

Passacaglia, op. 1 (1908); *6 Stücke*, op. 6 (1910); *5 Stücke*, op. 10 (1911–13); Variationen, op. 30 (1940). – **2) Vokal-WW:** Für SingSt u. Klv.: 5 Lieder, op. 3 (1907) (Text: S. George); 5 Lieder, op. 4 (1908–09) (Text: ders.); 4 Lieder, op. 12 (1915–17); 3 Lieder, op. 23 (1934) (Text: H. Jone); 3 Lieder, op. 25 (1935) (Text: ders.); 2 Lieder, op. 8 (1911–12) (Text: R. M. Rilke) für SingSt u. 8 Instr.; 4 Lieder für SingSt u. 13 Instr., op. 13 (1914–18); 6 Lieder für SingSt, Klar., Baßklar., V. u. Vc., op. 14 (1917–21); 5 geistl. Lieder für Sopran, Fl., Klar., Trp., Harfe u. V. (oder Va.), op. 15 (1917–22); 5 lat. Kanons für Sopran, Klar. u. Baßklar., op. 16 (1924); *3 Volkstexte* für SingSt, V. (oder Va.), Klar. u. Baßklar., op. 17 (1924); 3 Lieder für SingSt, Klar. u. Gitarre, op. 18 (1925); *Entflieht auf leichten Kähnen*, op. 2 (1908) (Text: S. George) für Chor a cap.; 2 Goethe-Lieder für Chor, Klar., Baßklar., Celesta, Gitarre u. V., op. 19 (1926); *Das Augenlicht*, op. 26 (1935) (Text: H. Jone) für Sopran, Chor u. Orch.; 1. Kantate für Sopran, Chor u. Orch., op. 29 (1939) (Text: ders.); 2. Kantate für Sopran, Baß, Chor u. Orch., op. 31 (1941–43). – **3) Verschiedenes: a)** Instrumentationen: J. S. Bach, Ricercar für 6 St. aus dem *Musicalischen Opfer* (1934–35); F. Schubert, 6 Deutsche Tänze. – **b)** Arrangements: A. Schönberg, Kammersymphonie, op. 9, bearb. für Fl., Klar., V., Vc. u. Klv.

W. ist neben A. Berg der bedeutendste Vertreter der 2. Wiener Schule. Während die frühesten erhaltenen Werke, z.B. die Ballade *Jung-Siegfried*, noch den starken Einfluß einer Reise nach Bayreuth (1902) erkennen lassen, tritt W.s unabhängige Persönlichkeit in dem von J. Brahms beeinflußten Klavierquintett (1906), besonders aber in der Passacaglia zutage. Gleichzeitig mit seinem Lehrer Schönberg überschritt W. um 1908 in seinen Liedern op. 3 und 4 die Grenzen der Tonalität; 1924 übernahm er in seinen *3 Volkstexten* op. 17 die Zwölftontechnik. Seine Neigung zu verhaltener lyrischer Expressivität und seine Introvertiertheit führten ihn zu den komprimierten Formen, die für sein Werk bis zum Streichtrio op. 20 (1927) charakteristisch sind. In seinen Bagatellen, den *4 Stücken* für V. und Klv. und in den *3 kleinen Stücken* für Vc. und Klv. erweist sich W. als Meister knappster Formen, gleichzeitig als begabt mit äußerster Sensibilität für melodische Linien und für Klänge und Klangfarben. Mehr als die Hälfte seines Gesamtwerks gehört dem Gebiet der Vokalmusik an. Ihren Ausgangspunkt bildete die Auseinandersetzung mit der esoterischen Lyrik St. Georges; später gewannen R. M. Rilke, Georg Trakl und Karl Kraus mit ihrer vergeistigten Dichtung an Bedeutung, die sie bis etwa 1924 behalten sollten. Für W.s Kompositionen während aller Schaffensperioden bestimmend sind knappe, oft nur 3 oder 4 Töne umfassende melodische Motive; die Vertikale wird durch Imitation und Kanon in ihrem Verlauf geprägt. Durch die Übernahme der Zwölftontechnik komplizierte sich zwar der Kompositionsprozeß, das Resultat jedoch vereinfachte sich. In W.s letzten Werken gewann das in der Musik neuartige „räumliche" Prinzip an Bedeutung. Auf die Komponistengeneration nach 1945 übte besonders die Integration von Melodik, Rhythmik, Klangfarbe, Harmonik und Dynamik in reihenähnliche Strukturen einen tiefgreifenden Einfluß aus. Zu Unrecht hat man einen Gegensatz zwischen dem Werk Schönbergs und dem W.s konstruieren wollen und letzteren zu einem bloßen Epigonen, der den von seinem von ihm vergötterten Meister vorgezeichneten Weg konsequent beschritten habe, abgestempelt. In Wahrheit führte seine eigene künstlerische Entwicklung zu einer überragenden Klarheit und Einfachheit der Musik, die besonders in Frankreich, Deutschland und den USA schulbildend wirken sollte. In Seattle (Wash.) wurde eine Internationale Webern-Gesellschaft gegründet.

Ausg.: Wege zur neuen Musik, hrsg. v. W. REICH (W 1960, NA 1963) (mit den Briefen an H. Jone u. J. Humplik); Sketches (1926–45), Faks. mit Kommenar v. E. KRENEK – H. MOLDENHAUER (NY 1968).

Lit.: R. LEIBOWITZ, Schoenberg et son école (P 1937); A. W. Dokumente, Bekenntnisse, Erkenntnisse, Analysen, hrsg. v. H. EIMERT – K. STOCKHAUSEN (W 1955) (= die Reihe 2); H. MOLDENHAUER, The Death of A. W. (NY 1961); A. W., Weg u. Gestalt, hrsg. v. W. REICH (Z 1961); F. WILDGANS, A. W. (Lo 1966, dt. 1967); H. MOLDENHAUER – D. IRVINE, A. W. Perspectives (Seattle/Wash. – Lo 1966); C. ROSTAND, A. W. (P 1969); W. KOLNEDER, A. W. (W 1974); H. KRELLMANN, A. W. in Selbstzeugnissen u. Bilddokumenten (Reinbek 1975); E. M. MURRAY, New Approaches to the Analysis of W. (1979) (= Diss. Yale Univ.); H. u. R. MOLDENHAUER, A. W. Chronik seines Lebens und Werkes (Z – Fr 1980); R. SCHULZ, Über das Verhältnis von Konstruktion u. Ausdruck in den Kompositionen A. W.s (Mn 1981) (= Stud. z. Musik 1). H. H. STUCKENSCHMIDT

WEBERSINKE, Amadeus, * 1. 11. 1920 Braunau (Broumov, ČSR); dt. Pianist und Organist. Er studierte 1938–40 bei K. Straube (Orgel), J. N. David (Theorie), O. Weinreich und C. Martienssen (Klavier) am Kirchenmusikalischen Institut des Leipziger Konservatoriums, an dem er 1946 Dozent, 1953 Professor für Klavier wurde. 1966 ging er als Professor und Leiter der Klavierabteilung an die Musikhochschule in Dresden. Bis 1953 konzertierte W. ausschließlich als Organist, seither tritt er im In- und Ausland auch als Pianist und Clavichordspieler hervor. W. ist regelmäßig Juror internationaler Wettbewerbe und Dozent bei den Sommerkursen in Weimar.

WEBSTER, Ben (Benjamin) **Francis,** * 27. 2. 1909 Kansas City, † 20. 9. 1973 Kopenhagen; amerik. Jazzmusiker (Tenorsaxophon). W. spielte in den 20er Jahren in verschiedenen Bands, u.a. auch als Pianist, und kam in den 30er Jahren zu Bennie Moten, Fletcher Henderson und Benny Carter. 1938–43 spielte er in der Band von Duke Ellington, wo er sich als Solist profilierte und wesentlich zum großen Format des Ensembles in dieser Zeit beitrug. Danach wechselte W. wieder häufiger die Bands, bildete auch eigene Ensembles, spielte u.a. in der Tourneereihe „Jazz at the Philharmonic" und seit 1963 fast ständig in Europa, wo er sich 1964 niederließ. W. gehört in die von Coleman Hawkins angeführte Reihe der großen Tenorsaxophonisten mit voluminösem Ton. Schnelle, swingend-jumpende Titel spielte er wie Hawkins sehr rauh, entfaltete aber in Balladen eine sehr eigene Spielweise, die durch weichen Atem und zarten Hauch charakterisiert ist.

WECHSELDOMINANTE ↗Dominante.

WECHSELGESANG ↗responsorialer Gesang.

WECHSELKLANG, Bz. von H. Erpf für die Beziehung „zwischen gleichnamigem Dur- und Molldreiklang": z.B. ist c e g W. zu c es g und umgekehrt. Neben Parallelklängen (aus c e g wird c e a) und ↗Leittonwechselklang (aus c e g wird h e g) bildet der W. die dritte Möglichkeit, einem Dreiklang durch Ersatz eines Tones das gegenteilige Tongeschlecht zu geben. Von H. Riemann wurde der W. zunächst, in Konsequenz des ↗Dualismus, als Quintwechsel, später als Variante bezeichnet.

Lit.: H. ERPF, Stud. z. Harmonie- u. Klangtechnik der neueren Musik (L 1927, Nachdr. Wie 1969).

WECHSELNOTE, Bz. für einen harmoniefremden Ton einer oder mehrerer Stimmen, der als obere oder untere ↗Nebennote wieder zum Ausgangston zurückkehrt (*):

W. A. Mozart, Klaviersonate A-Dur, KV 331

Die W. steht – wie ↗Durchgang und ↗Antizipation, anders aber als der ↗Vorhalt – auf unbetonter Zählzeit. Sie dient der figurativen Belebung einer Melodie oder Harmonie; der wieder erreichte Ausgangston kann aber auch einer neuen Harmonie zugehören. Wechselharmonien, so am Anfang des Sanctus aus J. S. Bachs h-moll-Messe, sind durch W.n entstehende Klänge; zu ihnen zählt der Wechselquartsextakkord, bei dem Quarte und Sexte eines liegenden Baßtones als W.n eintreten.

WECKER, Georg Caspar, getauft 2. 4. 1632 Nürnberg, † 20. 4. 1695 ebd.; dt. Organist. W. war Schüler von J. E. Kindermann und wirkte seit 1651 als Organist an verschiedenen Nürnberger Kirchen, 1658–86 an der St. Ägidienkirche und von 1686 bis zu seinem Tod an St. Sebald. Er war der Lehrer von J. Pachelbel und J. Krieger und einer der führenden Nürnberger Komponisten seiner Zeit.

WW: *Geistliche Concerten* für 2–4 St., Instr. u. B.c. und *Geistliche Arien* für SingSt u. B.c. (Nü 1695).

Ausg.: 3 *Geistliche Konzerte,* in: Nürnberger Meister ..., hrsg. v. M. SEIFFERT (1905) (= DTB 6/1).

Lit.: H. E. SAMUEL, The Cantata in Nuremberg during the Seventeenth Century (1963) (= Diss. Cornell Univ., Ithaca/N. Y.).

WECKMANN, Matthias, * 1621 Niederdorla bei Mühlhausen (Thüringen), † 24. 2. 1674 Hamburg; dt. Komponist. Er wurde 1630 Chorknabe der Dresdener Hofkapelle unter H. Schütz und setzte seine Ausbildung 1637–39 bei J. Praetorius (II) und H. Scheidemann in Hamburg fort. 1641–42 war er Hoforganist der kurprinzlichen Kapelle in Dresden, anschließend bis 1647 auf Schloß Nykøping bei Kopenhagen und seit 1655 an St. Jacobi in Hamburg, wo er 1660 das Collegium musicum gründete.

WW (hsl. erhalten): 8 Choralvariationen u. einige weitere Stücke für Tasteninstr.; 11 *Sonate a 3* bzw. *a 4* für Cornettino u. a. Instr. – 12 geistliche Konzerte für 1–5 St. mit Instr. u. B.c.; ferner 9 Lieder mit B.c. in Sammeldrucken.

W. hat anders als der gleich bedeutende Chr. Bernhard weniger die it. als die dt. Elemente im Schaffen des gemeinsamen Lehrers Schütz übernommen. In seinen Vokalwerken zeigt sich dies in einer „sprachlich-gestischen Dichte und einer von spontanen geistigen Impulsen gesteuerten Sensibilität in der Gestaltung des musikalischen Verlaufs" (M. Geck).

Ausg.: Solokantaten u. Chorwerke, hrsg. v. M. SEIFFERT (1901) (= DDT 6); Gesammelte Werke, hrsg. v. G. ILGNER (1942) (= EDM, LD Schleswig-Holstein u. Hansestädte 4); 2 einzelne geistliche Konzerte u. 14 Praeludien, Fugen u. Toccaten, hrsg. v. M. SEIFFERT (L 1924–29) (= Organum I/1, I/17 u. IV/3); *Dialog von Tobia und Raguel,* als Werk v. J. Rosenmüller hrsg. v. DEMS. (1930) (= Organum I/21).

Lit.: M. SEIFFERT, M. W. u. das Collegium Musicum in Hamburg, in: SIMG 2 (1900/01); F. DIETRICH, Gesch. des dt. Orgelchorals im 17. Jh. (Kas 1932); G. ILGNER, M. W. Sein Leben u. seine Werke (Wb – B 1939); F. KRUMMACHER, Zur Quellenlage v. M. W.s geistlichen Vokalwerken, in: FS F.-W. Krummacher (B 1961); B. ROTH, Zur Echtheitsfrage der M. W. zugeschriebenen Klavierwerke ohne C.f., in: AMl 36 (1964); M. GECK, W., in: MGG XIV; G. B. SHARP, M. W., in: MT 115 (1979).

WEELKES, Thomas, getauft 25. 10. 1576, † 30. 11. 1623 London; engl. Organist und Komponist. Er war 1598 bis 1601 oder 1602 Organist am Winchester College und erhielt in Oxford den Grad eines Bachelor of Music. Seit 1602 war er Organist und Informator choristarum an der Kathedrale in Chichester, bis er 1617 wegen Trunksucht entlassen wurde. W.' Bedeutung in der englischen Musikgeschichte gründet sich gleichermaßen auf ↗Madrigale (vgl. den Abschnitt über das außerit. Madrigal) wie auf die Kirchenmusik. Mit Th. Morley, auf dessen Tod er die Elegie *Death hath desprived me of my dearest friend* (1608) komponierte, war er auch der Hauptvertreter des englisch adaptierten ↗Balletto.

WW: Madrigale für 3–6 St. (Lo 1597); *Balletts and Madrigals* für 5–6 St. (Lo 1598); Madrigale für 5–6 St. *apt for the viols and voices* (Lo 1600); *Ayeres or Phantasticke spirites* für 3 St. (Lo 1608). – Hsl. erhalten: 9 Services für 4–7 St. u. Org.; zahlr. Anthems. – Ferner einige Stücke für Tasteninstr. u. für Violen.

Ausg.: Die genannten Drucke, hrsg. v. E. H. FELLOWES (Lo 1916), revidiert v. TH. DART (1956) (= The English Madrigalists 9–13); Pieces for Keyed Instruments, hrsg. v. M. H. GLYN (Lo 1924); 2 Sätze in: Jacobean Consort Music, hrsg. v. TH. DART – W. COATES (Lo 1955) (= Mus. Brit. 9); Collected Anthems, hrsg. v. D. BROWN – W. COLLINS – P. LE HURAY (1966) (= ebd. 23).

Lit.: D. BROWN, Th. W. A Biographical and Critical Study (Lo 1969, NY ²1979); P. BRETT, The Two Musical Personalities of Th. W., in: ML 53 (1972); T. J. MACCANN, The Death of Th. W. in 1623, in: ML 55 (1974); G. A. PHILIPPS, Patronage in the Career of T. W., in: MQ 62 (1976).

WEERBEKE ↗Gaspar van Weerbeke.

WEGELER, Franz Gerhard, * 22. 8. 1765 Bonn, † 7. 5. 1848 Koblenz; dt. Arzt. Er war seit 1789 Professor für Gerichtsmedizin und Geburtshilfe an der Universität Bonn und 1793 deren Rektor. 1794 floh er der politischen Unruhen wegen nach Wien, kehrte aber 1796 zurück und ließ sich 1807 als praktischer Arzt in Koblenz nieder. W. und seine Frau Eleonore von ↗Breuning waren seit der Bonner Zeit eng und dauerhaft mit L. van Beethoven befreundet. Dessen Briefe an W. sind sehr persönliche Zeugnisse seines Lebens und Wirkens; sie enthalten auch die erste Kunde von der beginnenden Taubheit (1800). Die *Biographischen Notizen über L. van Beethoven* von W. und F. Ries zählen zu den frühesten und wichtigsten Quellen der Beethovenforschung (bibliographische Details siehe im Lit.-Verz. ↗Breuning).

Lit.: J. SCHMIDT-GÖRG, W., in: MGG XIV; W., in: Landeskundliche Vierteljahresblätter 12 (1972) Sonder-H. (= Kurzbiographien v. Mittelrhein u. Moselland); E. TRIER, Der Beethoven-Schrein in der Julius-Wegeler-Familienstiftung, in: Divertimento für H. J. Abs (Bonn 1981). H. SCHMIDT

WEIBLICHE ENDUNG, Bz. für eine melodische Phrase, die nicht auf dem Taktschwerpunkt, der ersten Zählzeit im Takt, endet, z. B. ♩ | ♩ ♩ statt ♩ | 𝅗𝅥 (männlicher Schluß). In der Wiener Klassik wird sie in der Regel durch einen ↗Vorhalt gebildet:

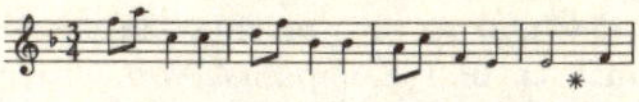

W. A. Mozart, Menuett, KV 2

Lit.: H. RIEMANN, Große Kompositionslehre I (B – St 1902).

WEIGL. – **1) Joseph Franz,** * 19. 5. 1740 Bayern, † 25. 1. 1820 Wien; östr. Violoncellist. Er spielte seit 1761 in der Kapelle des Fürsten Esterházy in Eisenstadt unter J. Haydn, seit 1769 in Wien an der italienischen Oper und seit 1792 in der Hofkapelle. Seine Frau, **Josepha Anna Maria,** geborene Scheffstoss, sang am Burgtheater in Wien, wo sie vor allem in Opern Chr. W. Glucks auftrat. – **2) Joseph,** Sohn von 1), * 28. 3. 1766 Eisenstadt, † 3. 2. 1846 Wien; östr. Komponist. Er war Schüler von J. G. Albrechtsberger und A. Salieri, durch den er auch in das Hoftheater eingeführt wurde. Er wirkte dort bei der Einstudierung von W. A. Mozarts *Figaro* (1786) und *Don Giovanni* (Wiener Premiere 1788) mit. 1792 wurde W. am Hoftheater als Komponist und Kapellmeister angestellt. Seine Opern und Singspiele machten ihn zunehmend in ganz Europa bekannt. 1807 hielt er sich in Italien auf und führte an der Mailänder Scala 2 Opern auf. Nach mehr als 30jähriger erfolgreicher Tätigkeit zog sich W. 1823 vom Hoftheater zurück. 1827–39 war er Vizehofkapellmeister der Wiener Hofburgkapelle und widmete sich nun nur noch der Kirchenmusik.

WW: **1) Instr.-WW:** Kammermusik mit Bläsern; Cemb.-Konzerte; einige Stücke für Harmoniemusik. – **2) Vokal-WW:** 11 Messen; Gradualien u. Offertorien; 2 Oratorien. – Etwa 20 dt. u. it. Festkantaten; *Landwehrlieder* (Text: H. von Collin) für Chor u. Orch. (W 1809). – **3) Bühnen-WW:** 12 it. Opern, darunter *La Principessa d'Amalfi,* UA: Wien 1794; *L'amor marinaro ossia Il corsaro* (dt. als: *Der Korsar aus Liebe*), UA: ebd. 1797; *L'uniforme,* UA: Schönbrunn 1800; *Il rivale di se stesso,* UA: Mailand 1808; 20 dt. Opern u. Singspiele, darunter *Vestas Feuer* (Libr.: E. Schikaneder), UA: Wien 1805; *Das Waisenhaus* (Libr.: G. F. Treitschke) u. *Die Schweizerfamilie* (Libr.: I. F. Castelli), UA: ebd. 1808; *Der Bergsturz* (Libr.: A. F. Reil); *Die Jugend Peters des Großen* (Libr.: Treitschke nach J. N. Bouilly), UA: ebd. 1814 (anläßlich des Wiener Kongresses). – Ferner 18 Ballette sowie Bühnenmusik.

W. war einer der letzten Meister des Wiener Singspiels am Vorabend der Romantik. Sein bekanntestes Werk dieser Gattung, *Die Schweizerfamilie,* entsprach in besonderer Weise dem Gefallen des Publikums an der musikalischen Darstellung des Idyllischen. Weithin populär waren auch manche Melodien aus W.s it. Opern, so namentlich *Pria ch'io l'impegno* aus *L'amor marinaro.* L. van Beethoven schrieb darüber Variationen als Finale seines Klaviertrios B-Dur, op. 11 (das daher auch als „Gassenhauer"-Trio bezeichnet wird).

3) Thaddäus, Bruder von 2), * 8. 4. 1776 Wien,

† 10. 2. 1844 ebd. Auch er machte sich zunächst als Kapellmeister und Komponist von Opern und Balletten in Wien einen Namen, widmete sich seit 1803 aber vor allem einem eigenen Musikverlag, der bis 1832 bestand. Er veröffentlichte Werke zeitgenössischer Wiener Komponisten, darunter auch einige Lieder von Fr. Schubert.

Lit.: **Zu 2):** H. H. HAUSNER, J. W., Daten aus seinem Leben u. Schaffen, in: Mitt. der Int. Stiftung Mozarteum 14 (1966); F. GRASBERGER, W., in: MGG XIV; R. ANGERMÜLLER, Zwei Selbstbiographien v. J. W. (1766–1846), in: DJbMw 16 (1971); DERS., W., in: Grove[6] XX.

WEIGLE, dt. Orgelbaufirma. Sie wurde 1845 in Stuttgart von **Carl Gottlieb Weigle** (1810–82) gegründet. Sein Sohn **Friedrich** (1850–1906) verlegte das Unternehmen nach Echterdingen bei Stuttgart. Nach ihm übernahmen die Enkel des Gründers, **Friedrich** (1882–1958) und **Karl** (1884–1937), die Leitung der Firma, die 1952 an den Urenkel **Fritz** (* 1925) überging. Um 1890 trat die Firma mit neuartigen Pfeifen- und Ladenkonstruktionen hervor (Hochdruckregister, Taschenladen). Die Firma baute insgesamt etwa 1500 Orgeln, darunter: Stuttgart, Liederhalle (1895; 3 Man., 56 Reg., zerstört, Neubau 1956; 3 Man., 67 Reg.); Rundfunkorgeln in Frankfurt am Main (1928), München (1929) u. Berlin (1931); Mannheim, Konkordienkirche (1952–59; 4 Man., 51 Reg.); Geislingen-Altenstadt (1962–63; 3 Man., 42 Reg.); Berlin-Steglitz, Markuskirche (1963; 3 Man., 41 Reg.); Badenweiler, Stadtkirche (1963; 3 Man., 38 Reg.); Schwabach, Stadtkirche (1964; 3 Man., 51 Reg.); Tübingen, Stiftskirche (1965; 3 Man., 58 Reg.); Heidelberg, Universität (1966; 4 Man., 54 Reg.); Stuttgart, Musikhochschule (1972; 3 Man., 38 Reg.); Metzingen, Ev. Kirche (1979; 3 Man., 42 Reg.).

WEIHNACHTSMUSIK. Das Weihnachtsfest ist bereits im MA vielfältig von Musik umgeben. In der Liturgie der röm.-kath. Kirche ist das Weihnachtsgeschehen in besonderer Weise dadurch präsent, daß mit dem Engellob nach Luk. 2 das ↗Gloria der Messe beginnt und die Menschwerdung Christi im ↗Credo seinen Platz hat *(Et incarnatus est)* und im Laufe der Messengeschichte oft musikalisch eigens hervorgehoben wird. Liturgisch ist das Weihnachtsfest auch insofern reich bedacht, als es als einziges Hochfest über eine Folge von drei Messen verfügt. Im späten MA entsteht dazu eine große Zahl von Tropen und Sequenzen und – unter dem Vorbild der Osterspiele – eine Reihe von ↗liturgischen Dramen und Mysterienspielen (↗Mystère). Speziell aus dem weihnachtlichen Brauchtum wachsen dann im 14./15. Jh. besonders in Deutschland geistliche Lieder in der Volkssprache heraus (teilweise auch gemischtsprachig lat.-dt.), die zu einer wichtigen Vorstufe des katholischen und evangelischen ↗Kirchenlieds werden. Zu nennen sind aus dieser frühen Zeit vor allem *Dies est laetitiae* (mit den dt. Strophen *Der Tag der ist so freudenreich* und *Ein Kindelein so löbelich*) und Wiegenlieder wie *Quem pastores laudavere – Den die Hirten lobeten sehre, In dulci jubilo – Nun singet und seid froh* und *Resonet in laudibus – Joseph, lieber Joseph mein.* M. Luther selbst hat mit *Vom Himmel hoch* eines der bekanntesten Weihnachtslieder geschaffen, und aus dem Umkreis der Katholischen Reform des 17. Jh. stammt *Zu Bethlehem geboren* von Fr. Spee. Seitdem ist eine Fülle von Liedern entstanden, die vielfältig das Verständnis des Weihnachtsgeschehens in den verschiedenen Epochen widerspiegelt. In vielen europäischen Ländern gibt es eigene volkstümliche Formen und Traditionen, so in Frankreich das ↗Noël, in England das ↗Carol, in Rumänien die ↗Colinda, in den slawischen Ländern die ↗Kolęda u. a. m. In Deutschland nimmt im 16.–17. Jh. das Weihnachtslied an der Blüte der vokalen und instrumentalen ↗Choralbearbeitung teil (exemplarisch dafür ist das Schaffen von L. Schröter, M. Vulpius und M. Praetorius), die mannigfach in unserem Jahrhundert wiederbelebt wurde (so etwa bei E. Pepping, H. Distler, H. Schroeder).

Einen neuen Schritt in der Geschichte der W. bedeutet es, wenn im 17.–18. Jh. das Weihnachtsgeschehen nach dem Vorbild der ↗Passion (aber viel seltener) als ↗Historia und ↗Oratorium vertont wird. Aber nur wenige Werke haben sich einen überzeitlichen Rang bewahrt: aus der frühen Zeit die Weihnachtshistorie von H. Schütz, der weihnachtliche Teil des *Messiah* von G. Fr. Händel und das *Weihnachts-Oratorium* von J. S. Bach; aus dem 19. Jh. kommen in Betracht *L'Enfance du Christ* von H. Berlioz (1858), *Oratorio de Noël* (mit lat. Text) von C. Saint-Saëns (1858), *Der Stern von Bethlehem* von J. Rheinberger (1891); aus dem 20. Jh. *Christnacht* von J. Haas (1932), *Lauda per la Natività del Signore* von O. Respighi (1939), *Cantate de Noël* von A. Honegger (1953), *Mystère de la Nativité* von Fr. Martin (1959; auch szenisch aufzuführen), *Ludus de nato infante mirificus* von C. Orff (1960).

Seit dem 19. Jh. findet Weihnachten auch im Klavierlied seinen Niederschlag. Neben dem bekanntesten Werk aus diesem Bereich, den *Weihnachtsliedern* von P. Cornelius (1856), sind hier vor allem Lieder von W. Kienzl, R. Trunk, W. Courvoisier, K. Hessenberg und H. Schroeder zu nennen.

Eine eigene Bewandtnis hat es schließlich mit der

instrumentalen Weihnachtsmusik, soweit es sich nicht um Choralbearbeitungen oder um die spezifische Gattung des Noël für Orgel handelt. Charakteristisch ist seit dem 17. Jh., daß hier häufig satztechnische Mittel der ↗Pastorale, vor allem der Siciliano-Rhythmus, erscheinen. Solche W. findet sich in verschiedenen, auch heute viel gespielten Concerti grossi von J. Chr. Pez (um 1700), G. Torelli (op. 8, Nr. 6), A. Corelli (op. 6, Nr. 8) und Fr. Manfredini (op. 3, Nr. 10) sowie als Einzelsätze in J. S. Bachs *Weihnachts-Oratorium* und in Händels *Messiah,* dort mit der auf eine eigene Tradition hinweisenden Bezeichnung *Pifa* (↗Piva). W. für Klavier schrieben im 18. Jh. V. Rathgeber (*Pastorellen für die Weihnachtszeit,* 1750), im 19./20. Jh. Fr. Liszt (*Weihnachtsbaum,* 1874–76), B. Bartók (*Rumänische Weihnachtslieder,* 1915), F. Busoni (*Sonatina in diem Nativitatis Christi,* 1917), W. Burkhard (*Weihnachtssonatine,* 1940). Einzig in ihrer Art sind die *Weihnachtsmusik* von A. Schönberg für 2 V., Vc., Harmonium und Klv. (1921) und *La Nativité du Seigneur* für Orgel von O. Messiaen (1935).

Lit.: F. MARKMILLER, Der Tag der ist so freudenreich. Advent u. Weihnachten (Rb 1981) (= Bairische Volksfrömmigkeit Brauch u. Musik 1). G. HARTMANN

WEIKERT, Ralf, * 10. 11. 1940 St. Florian bei Linz; östr. Dirigent. Er studierte am Konservatorium in Linz Klavier, Musiktheorie und Dirigieren und seit 1960 an der Wiener Musikakademie Tonsatz (H. Jelinek) und Werkanalyse (H. Swarowsky). 1965 erhielt er den 1. Preis beim Internationalen N. Malko-Wettbewerb in Kopenhagen. 1966 wurde er 1. Kapellmeister und 1968 Chefdirigent am Stadttheater Bonn. 1972 verpflichtete ihn die Königliche Oper in Kopenhagen als Gastdirigent. Seit 1981 ist er Opernchef am Landestheater in Salzburg. Er dirigiert auch u. a. in Berlin, Hamburg, Frankfurt am Main, Venedig und München. Ab Spielzeit 1984/85 ist er zum musikal. Oberleiter des Zürcher Opernhauses berufen.

WEIKL, Bernd, * 29. 7. 1942 Wien; östr. Sänger (Bariton). Er studierte am Konservatorium in Mainz und an der Musikhochschule in Hannover, wo er 1968 debütierte. Von dort ging er 1970 an die Deutsche Oper am Rhein Düsseldorf-Duisburg und wurde 1973 Mitglied der Hamburgischen Staatsoper. Daneben gastierte W. an den bedeutenden Opernbühnen Europas, u.a. auch bei den Salzburger Festspielen, und machte sich besonders als Interpret des deutschsprachigen Repertoires (R. Wagner, A. Lortzing, C. M. von Weber, O. Nicolai) im Ausland einen Namen und gehört seit einigen Jahren zu den herausragenden Künstlern der Bayreuther Festspiele (u.a. neuerdings auch als Hans Sachs).

WEILL, Kurt, * 2. 3. 1900 Dessau, † 3. 4. 1950 New York; amerik. Komponist dt. Herkunft. Er studierte bei E. Humperdinck an der Berliner Musikhochschule und setzte seine Ausbildung 1921–24 noch bei F. Busoni fort. Nach mehreren Vokal- und Instrumentalwerken wandte er sich 1925 der Oper zu, wobei er vor allem mit dem Dramatiker Georg Kaiser zusammenarbeitete. Ausschlaggebend für W.s weitere Entwicklung wurden seine Zusammenarbeit mit B. Brecht und das gemeinsame Konzept eines epischen Theaters. *Die Dreigroschenoper* (darin: *Und der Haifisch, der hat Zähne; Kanonensong; Seeräuberjenny*) und *Aufstieg und Fall der Stadt Mahagonny* wurden Welterfolge (↗Lehrstück). W. schuf in diesen Opern den Typ eines neuen sozialkritisch-sentimentalen ↗Songs, der Merkmale der Ballade, der Moritat und des Kabarettchansons vereint und Elemente des Jazz und moderner Tanzmusik verarbeitet. 1933 verließ W. Deutschland und kam über Paris 1935 nach New York, wo er zahlreiche Stücke für das Broadway-Theater schrieb; 1943 erhielt er die amerikanische Staatsbürgerschaft. W. war mit der Schauspielerin Lotte Lenya verheiratet, die in seinen Stücken oft als Hauptdarstellerin auftrat.

WW: Opern: *Der Protagonist* (Libr.: G. Kaiser), UA: Dresden 1926; *Na und?* (Libr.: E. Joachimson), UA: Berlin 1926; *Der Zar läßt sich photographieren* (Libr.: Kaiser), UA: Leipzig 1928; *Die Dreigroschenoper* (nach *The Beggar's Opera* v. J. Gay in der Bearbeitung v. B. Brecht), UA: Berlin 1928. – Weitere Bühnenwerke: Songspiel *Mahagonny* (Text: Brecht), UA: Baden-Baden 1927, umgearbeitet als *Aufstieg u. Fall der Stadt Mahagonny,* UA: Leipzig 1930; Lehrstück *Der Ja-Sager* (Text: Brecht), UA: Berlin 1930; *Die Bürgschaft* (nach C. Neher), UA: ebd. 1932; *Der Silbersee* (nach Kaiser), UA: ebd. 1933; *Marie galante,* UA: Paris 1933; *A Kingdom for a Cow,* UA: London 1935; *Knickerbocker Holiday,* UA: Hartford/Conn. 1938; *The Lady in the Dark,* UA: New York 1942. – Ballett *Die sieben Todsünden* (nach Brecht), UA: Paris 1933. – Radiolehrstück *Der Flug Lindberghs* (nach Brecht) (1929) für Tenor, Bar., Baß, gem. Chor u. Orch.

Ausg.: Ausgew. Schriften, hrsg. v. D. DREW (F 1975).

Lit.: P. BEKKER, Briefe an zeitgenössische Musiker (B 1932); B. BRECHT, Schriften z. Theater, hrsg. v. S. Unseld (B – F 1957, frz. P 1963); H. HARTUNG, Zur epischen Oper Brechts u. W.s, in: Wiss. Zschr. der Martin-Luther-Univ. Halle-Wittenberg (1959); H. U. ENGELMANN, K. W. – heute, in: Darmstädter Beitr. z. Neuen Musik 3 (1960); H. CURJEL, Erinnerungen um K. W., in: Melos 37 (1970); A. L. RINGER, W., Schönberg u. die „Zeitoper", in: Mf 33 (1980); R. SANDERS, The Days Grow Short. The Life and Music of K. W. (NY 1980), dt. Übers.: K. W. (Mn 1980); C. PICCARDI, „Happy End". Al crocevia di due itinerari, in: SMZ 121 (1981). – B. ↗Brecht.

WEINBERGER, Jaromír, * 8. 1. 1896 Prag, † 8. 8. 1967 St. Petersburg (Florida); tschechischer Komponist. Er studierte am Prager Konservatorium Komposition und Klavier und 1916 kurze Zeit auch bei M. Reger in Leipzig. 1922–23 lehrte er Komposition am College of Ithaca in den USA und wurde dann Dramaturg am Nationaltheater in Preßburg. Seine Oper *Švanda* machte ihn 1927 international bekannt. Seit 1932 lebte er als freischaffender Komponist abwechselnd in Prag und in Baden bei Wien. 1939 emigrierte er in die USA, wo besonders sein Orchesterstück mit Klavier *Under the Spreading Chestnut Tree* (1939) eine starke Resonanz fand. Er lebte zuletzt in St. Petersburg (Florida). Insgesamt sind seine Instrumental- und Vokalwerke vielfältig von der slawischen, österreichischen und amerikanischen Volksmusik inspiriert.

WW: Einige Klv.- u. Orgelwerke; Kammermusik mit Klv.; zahlr. Stücke für Orch., darunter *Czech Rhapsody* (1941); *The Lincoln Symphony* (1941); *Aus Tirol* (1959); *A Waltz Overture* (1961). – Geistliche u. weltliche Sololieder mit Org. u. mit Klv. -- 5 Opern, darunter *Švanda dudák*, UA: Prag 1927, dt. als *Schwanda. der Dudelsackpfeifer*, UA: Breslau 1928; ferner die Operette *Frühlingsstürme*, UA: Berlin 1933. – Aufsätze *Was mir blieb* u. *Neubeginn in Amerika*, in: Musik der Zeit 8, hrsg. v. H. Lindlar (1954) (dort auch Werk-Verz.).

Lit.: B. ŠTĚDROŇ, W., in: MGG XIV.

WEINER, Leó, * 16. 4. 1885 Budapest, † 13. 9. 1960 ebd.; ung. Komponist. Er studierte 1901–06 an der Franz-Liszt-Akademie in Budapest, wo er 1908 Theorielehrer, 1912 Professor für Komposition und 1920 Professor für Kammermusik wurde. W. setzte seine einflußreiche Lehrtätigkeit auch nach seiner Emeritierung (1949) bis zu seinem Tod fort. W.s Schaffen ist in der dt. Romantik verwurzelt und zeigt kaum Berührung mit modernen Tendenzen. Nur selten verwendet er melodische Elemente aus der ungarischen Volksmusik.

WW: Für Klv.: 3 Kompositionen (1910); *Miniaturbilder* (1917); 5 Reihen ungarische Bauernlieder (1932–50); *Lakodalmas* (Hochzeitstanz), op. 21 (1936) für V. u. Klv.; Streichtrio (1908); 3 Streichquartette (1906, 1921, 1938). – Für Orch.: Serenade (1906); *Farsang* (Karneval) (1907); *Csongor és Tünde* (1913); Concertino (1923) für Klv.; *Soldatenspiel* (1924); Suite (1931); *Pastorale, Fantaisie et Fugue* (1934) für Streichorch.; 5 Divertimenti (1934–51) für Streichorch.; Ballade (1949) für Klar. – W. schrieb auch mehrere musiktheoretische Werke.

WEINGARTNER, Felix Paul von, Edler von Münzberg, * 2. 6. 1863 Zara (Dalmatien), † 7. 2. 1942 Winterthur; östr. Dirigent und Komponist. Nach Klavier- und Kompositionsstudien in Leipzig wurde er schnell bekannt, nicht zuletzt dank der Förderung durch Fr. Liszt (1884 UA der Erstlingsoper *Sakuntala* in Weimar). Noch größeres Ansehen genoß W. als Dirigent, dessen klare, sparsame Zeichengebung man hochschätzte. Nach verschiedenen Engagements, u.a. in Königsberg und Mannheim, wurde er 1891 Hofkapellmeister in Berlin, leitete 1908–11 (Nachfolger G. Mahlers) die Wiener Hofoper und dirigierte bis 1927 die Wiener Philharmoniker, dann die Konzerte der Allgemeinen Musikgesellschaft in Basel, wo er bis 1933 auch Direktor des Konservatoriums war. 1935 kehrte er kurzfristig an die Wiener Staatsoper zurück. Der Weltruhm der Wiener Philharmoniker ist nicht zuletzt W.s Verdienst. – Als Komponist von Liszt und R. Wagner beeinflußt, erarbeitete er sich eine spätromantisch-eklektizistische Schreibweise. Seine besondere Neigung galt der Komischen Oper und dem Lied.

WW: **1) Kompositionen:** 5 Streichquartette; ein Streichquintett. – 7 Symphonien (1899–1937); symphonische Dichtungen: *König Lear* (1897); *Frühling* (1930). – Zahlr. Klv.- u. Orch.-Lieder. – Opern: *Sakuntala*, UA: Weimar 1884; *Malawika*, UA: München 1886; *Genesius*, UA: Berlin 1892; Trilogie *Orestes* (nach Aischylos), UA: Leipzig 1902; *Dame Kobold*, UA: ebd. 1916; *Die Dorfschule*, UA: Wien 1920; *Meister Andrea*, UA: Wien 1920. – **2) Schriften:** *Die Lehre von der Wiedergeburt und das musikalische Drama* (Kiel – L 1895); *Über das Dirigieren* (B 1896, L ^{5}1920); *Die Symphonie nach Beethoven* (B 1897, L ^{4}1926); *Ratschläge für die Aufführung klassischer Symphonien*, 3 Bde. (L 1906–23); *Die Stellung der großen Leonoren-Ouvertüre im Fidelio*, in: AMZ 63 (1936). – W. war ferner Hrsg. der Berlioz-GA, 20 Bde. (L 1900–07) (zus. mit Ch. Malherbe).

Lit.: C. WEINGARTNER-STUDER, G. Mahler u. F. von W., in: ÖMZ 15 (1960); H. C. SCHONBERG, The Great Conductors (NY 1967); C. DYMENT, F. von W. Recollections and Recordings (Rickmansworth 1976). W. A. MAKUS

WEINLIG. – 1) Christian Ehregott, * 30. 9. 1743 Dresden, † 14. 3. 1813 ebd.; dt. Organist und Komponist. Er war in Dresden Schüler von G. A. Homilius, dann Organist in Leipzig (reformierte Kirche), Thorn und Dresden (Frauenkirche), wo er auch als Akkompagnist an der it. Oper wirkte. 1785 wurde er Kreuzkantor. Bekannt wurde er hauptsächlich durch zahlreiche Oratorien. – **2) Christian Theodor,** Neffe von 1), * 25. 7. 1780 Dresden, † 7. 3. 1842 Leipzig. Er war 1800–03 Advokat in Dresden, studierte dann Musik bei seinem Onkel und (1806) bei Stanislao Mattei in Bologna. 1814–17 war er ebenfalls Kreuzkantor, seit 1823 Thomaskantor in Leipzig. R. Wagner studierte 1831/32 bei ihm Kontrapunkt, wurde sich aber unter seinem Einfluß vor allem seiner „Neigung zum Sangbaren" bewußt *(Mein Leben)*. Zu W.s Schülern gehörte auch Cl. Schumann.

WW: Oratorium *Die Feier der Erlösung* (1814–16); 2 dt. Magnificat; Psalmen; Motetten; zahlr. Kirchenkantaten. – W. schrieb *Theoretisch-praktische Anleitung z. Fuge* (Dresden 1845, ^{2}1852).

Lit.: D. HÄRTWIG, W., in: MGG XIV.

WEISMANN, Julius, * 26. 12. 1879 Freiburg i. Br., † 22. 12. 1950 Singen am Hohentwiel; dt. Komponist. Er studierte Komposition bei J. Rheinberger und L. Thuille in München. Seit 1906 lebte er als freischaffender Komponist in Freiburg im Breisgau, wo er auch als Pianist und Klavierbegleiter auftrat. 1930 gründete er u. a. mit E. Doflein das Musikseminar der Stadt Freiburg, an dem er bis 1939 als Lehrer für Tonsatz und Leiter einer Klavier-Meisterklasse unterrichtete. W. hat ein überaus reiches Schaffen hinterlassen, das nahezu alle Gattungen mit Ausnahme der Kirchenmusik umfaßt und das hauptsächlich in den 20er bis 40er Jahren viel aufgeführt wurde. Sein größtes Interesse galt der Oper; das Hauptwerk auf diesem Gebiet ist *Leonce und Lena*. Während in den frühen Kompositionen der phantasievolle Einfall dominiert, strebte W. im letzten Lebensjahrzehnt nach höchster formaler Konzentration, wie vor allem der Klavierzyklus *Fugenbaum* bekundet. Seit 1954 existiert ein J. W.-Archiv in Duisburg, das von Wieland Wagner initiiert wurde.

WW: **1) Instr.-WW:** Zahlr. Klv.-Kompositionen, u. a. *Fugenbaum*, 24 Präludien u. Fugen (1947); zahlr. Kammermusikwerke, u. a. Sonate für Solo-V. (1909–10); Duos für 2 V. (1930); 4 Sonaten für V. u. Klv. (1909–21); Sonate für Fl. u. Klv. (1941); Sonate (1918) u. *Sonatina concertante* (1941) für Vc. u. Klv. (oder Orch.); 3 Klv.-Trios (1908–21); 11 Streichquartette, darunter *Fantastischer Reigen* (1913). – Für Orch.: *Sinfonietta giocosa* (1932); *Sinfonietta severa* (1932); Serenade (1933); *Sinfonia brevis* (1934); 2 Symphonien (1940); 3 Klv.-Konzerte; 4 V.-Konzerte. – **2) Vokal-WW:** Zahlr. Lieder; Chorwerke mit u. ohne Begleitung, einige mit Orch. – **3) Bühnen-WW:** 6 Opern; darunter *Schwanenweiß*, UA: Duisburg 1923; *Leonce u. Lena*, UA: Mannheim 1925; *Regina del Lago*, UA: Karlsruhe 1928; *Die Gespenstersonate*, UA: München 1930; *Die pfiffige Magd*, UA: Leipzig 1939. – 3 Ballette: *Tanzphantasie* (1910); *Die Landsknechte* (1936); *Sinfonisches Spiel* (1937).

Lit.: E. DOFLEIN, J. W. Gesammelte Beitr. über Persönlichkeit u. Werk (Fr 1925); J. MÜLLER-BLATTAU, Leben u. Werk, in: J. W. z. 60. Geburtstag (Fr 1939); Verz. sämtlicher Werke v. J. W., hrsg. v. W. FALCKE (Duisburg 1955) (mit Bibliogr.); J. W. Mensch u. Werk, hrsg. v. J.-W.-Archiv (ebd. 1960); F. GOEBELS, Das Klv.-Werk v. J. W. in neuer Sicht (Düsseldorf 1968); W. FALCKE, Bewahren u. Bewegen. 25 Jahre J.-W.-Archiv, in: Duisburger Forsch. 27 (1979); F. HIRTLER, J. W. Zum 100. Geburtstag des dt. Komponisten, in: ebd.

WEISMANN, Wilhelm, * 20. 9. 1900 Alfdorf (Württemberg), † 14. 5. 1980 Leipzig; dt. Komponist und Musikschriftsteller. W. studierte 1919–21 am Stuttgarter Konservatorium und 1921–23 Komposition (S. Karg-Elert) und Musikwissenschaft (A. Schering, H. Abert) an der Universität in Leipzig. Dort war er 1924–28 Schriftleiter der *Zeitschrift für Musik* und 1929–65 Lektor, später Cheflektor im Musikverlag Peters. Als Kompositionslehrer wirkte er 1946–55 (1948 Professor) und 1961–76 an der Musikhochschule. W.s Kompositionen sind ein wichtiger Beitrag zum Vokalschaffen in der DDR. Ihre Wurzeln liegen im deutschen Volkslied.

WW: **1) Chorwerke:** *8 Weihnachtslieder* (1932); *30 geistliche Lieder ... a cap.* (1950) (auch mit Org.); *Der 23. Psalm* (1954); Kantate *Du bist als Stern uns aufgegangen* (J. Klepper) (1951) für Chor, Solo-V. u. Org.; *Die Auferstehung Christi* (1960) mit Org. – **2) Weltliche Vokal-WW:** *4 it. Madrigale* (1925); *Deutscher Minnesang*, 10 Lieder u. Madrigale (1928); 2 Motetten: *Prooemion* (J. W. von Goethe) für 4 St. u. *Bestimmung* (R. Billinger) (1949) für 5–6 St.; *Tagelied des W. v. Eschenbach* (1936) für Soli, Chor u. Orch.; *Mein schwäbisches Liederbuch* (1943) für Soli u. Chor; *Stufen* (H. Hesse) (1959); *4 Liebeslieder nach Dichtungen des 12. Jh.* (1960); *3 Hölderlin-Madrigale* (1964); Madrigalzyklus *Jahreszeiten* (1970); *Ode an das Leben* (nach P. Neruda) (1968) für Bar. u. Orch. – Ferner Solo-Gesänge mit Klv. oder Orch. – **3) Schriften:** *Die Madrigale des C. Gesualdo*, in: DJbMw 5 (1960); *Der Deus ex machina in Glucks Iphigenie in Aulis*, in: ebd. 7 (1962); *Ist komponieren lehrbar?*, in: ebd. 10 (1965); *Tradition u. Fortschritt*, in: FS Hochschule für Musik Leipzig 1843–1968 (L 1968).

Lit.: H. WEGENER, A. Knab u. W. W. in ihrem Briefwechsel, in: Musa – Mens – Musici. Gedenkschrift W. Vetter (L 1969); S. KÖHLER, Klarheit u. Ausdrucksreichtum. Betrachtungen z. W. W.s Vokalmusik, in: MuGes 6 (1956); L. STOLZENBACH, in: ebd. 30 (1980). B. A. KOHL

WEISS (eig. Weiß), **Silvius Leopold,** * 12. 10. 1686 Breslau, † 16. 10. 1750 Dresden; dt. Lautenspieler und Komponist. Er war vermutlich Schüler seines Vaters, des Düsseldorfer Hoflautenisten Johann Jakob W. (1662–1754), wurde 1706 Musiker des Pfalzgrafen Carl Philipp in Breslau und stand 1708–14 im Dienst des polnischen Prinzen Alexander Sobieski in Italien. Nach Deutschland zurückgekehrt, wurde er 1715 Kammermusiker am Hof von Hessen-Kassel und 1718 Mitglied der Dresdner Hofkapelle, der er bis zu seinem Tod angehörte. Daneben unternahm er noch Konzertreisen, u. a. nach Wien und Berlin. W. ist einer der letzten großen Lautenisten des Barock. Seine Werke, ausschließlich für und mit Laute und in zahlreichen Hss. überliefert, umfassen vor allem Partiten. Ihr Stil zeichnet sich durch harmonischen Reichtum und eine kantable, gelegentlich galante Melodik aus.

Ausg.: 6 Stücke, in: Lautenmusik des 17.–18. Jh., hrsg. v. H. NEEMANN (1939) (= EDM 12); 28 Suiten, hrsg. v. R. CHIERA, 2 Bde. (Mi 1967–68); 34 Suiten, Faks.-Ausg. (L 1977) (mit quellenkundlichen Beiträgen ... v. W. Reich).

Lit.: J. KLIMA – H. RADKE, W., in: MGG XIV; J. KLIMA, S. L. W. Kompositionen für Laute. Quellen u. Themenverz. (Maria Enzersdorf 1975); D. A. SMITH, The Late Sonatas of S. L. W. (1977) (= Diss. Stanford Univ.) (mit themat. Verz. sämtlicher Werke für Laute solo); DERS., S. L. W. Master Lutenist of German Baroque, in: Early Music 8 (1980); L. HOFFMANN-ERBRECHT, Der Lautenist S. L. W. u. J. S. Bach, in: Ars musica, musica scientia. FS H. Hüschen (Kö 1980).

WEISSE (eig. Weiße), **Christian Felix,** * 28. 1. 1726 Annaberg (Erzgebirge), † 16. 12. 1804 Leipzig; dt. Dichter und Schriftsteller. Er studierte 1745–48 an der Universität Leipzig und wurde, angeregt auch durch eine Studienreise nach Paris, bald als Verfasser von Singspiel- (bzw. „Operetten"-)Texten für die Leipziger Schauspiel-Gesellschaft H. G. Kochs bekannt. Mit J. A. Hiller, der seit 1767 alle seine Texte vertonte, begründete W. die deutsche Singspielepoche und hat so wesentliche Impulse zu einer neugestalteten dt. Oper gegeben. W. schrieb auch zahlreiche Kinderlieder.

WW: Singspieltexte (UA in Klammern): *Der Teufel ist los* (nach *The Devil to pay* v. Ch. Coffey) (1752); *Lottchen am Hofe* (1767); *Die Liebe auf dem Lande* (1768); *Die Jagd* (1770); *Der Aerndtekranz* (1772); *Die Jubelhochzeit* (1773). – Lieder: *Kleine Lieder für Kinder...* (Flensburg 1766); *Lieder für Kinder. Mit neuen Melodien v. J. A. Hiller* (L 1769, ²1772). – Ferner die Jugend-Zschr. *Kinderfreund*, 24 Bde. (L 1775–82), Nachdr. v. Bd. 1 (Reutlingen 1966). – Selbstbiographie, hrsg. v. C. E. Weisse – S. G. Frisch (L 1806).

Lit.: H. KRETZSCHMAR, Gesch. des neuen dt. Liedes I (L 1911, Nachdr. 1970). – J. A. ↗Hiller.

WEISSE DAME, DIE *(La dame blanche)*, Opéra-comique in 3 Akten von Fr. A. Boieldieu, Text von E. Scribe nach W. Scotts Romanen *Guy Mannering* und *The Monastery*. Ort und Zeit der Handlung: Schloß Avenel in Schottland, 1759. UA: 10. 12. 1825 Paris (Opéra-Comique); EA in dt. Sprache: 6. 7. 1826 Wien; dt. EA: 1. 8. 1826 Berlin (Königliches Opernhaus).
Boieldieus bekannteste Oper ist einer der größten Opéra-comique-Erfolge aller Zeiten. Bereits 1862 fand in Paris die 1000. Aufführung des Werkes statt. Zahlreiche Parodien belegen den hohen Bekanntheitsgrad der Oper. – Die Handlung ist reich an Topoi des typischen engl. Romans gegen Ende des 18. Jh.; historisches Milieu und Übersinnliches (als ein Element des Schauerromans) werden miteinander verknüpft, wenn der verschollene Erbe von Schloß Avenel, der Offizier George Brown, rechtzeitig heimkehrt, um seinen Besitz mit Hilfe einer geheimnisvollen „weißen Dame" zu ersteigern. Schließlich erkennt er auch in der Helferin die langgesuchte Geliebte wieder: eine Krankenschwester, die ihn im Lazarett gesundgepflegt hat. – Boieldieu verwendet in seiner Musik Elemente der schottischen Folklore und verbindet sie mit den Ausdrucksmitteln der musikalischen Romantik. Dramatische Ensemblesätze und anspruchsvolle Solopartien trugen zum Erfolg des Werkes schon in der Uraufführung bei. Bekannt sind insbesondere die Ouvertüre, die Tenor-Kavatine *Komm, o holde Dame*, das Trinklied *Mit Lust füll ich den Becher dann* und die mit geheimnisvollem Flüstern angereicherte Ballade der weißen Dame. Die Ouvertüre wurde von A. Adam nach Skizzen seines Lehrers ausgeführt. R. QUANDT

WEISSENBERG, Alexis, * 26. 7. 1929 Sofia; frz. Pianist bulgarischer Herkunft. W. studierte am Konservatorium in Sofia bei P. Wladigerow und seit 1946 bei Olga Samaroff an der Juilliard School in New York, außerdem bei Wanda Landowska und A. Schnabel. Mit einer Serie erfolgreicher Konzerte Ende der 40er Jahre begann er seine Karriere und genießt seither als Interpret klassischer und romantischer Klaviermusik international höchstes Ansehen.

WEISSENBORN, Günther Albert Friedrich, * 2. 6. 1911 Coburg; dt. Pianist und Dirigent. Er studierte an der Musikhochschule und an der Akademie für Kirchen- und Schulmusik in Berlin, wo er 1934–37 als Organist und Chorleiter tätig war. 1937–42 wirkte er als Kapellmeister am Stadttheater Halle, 1944 in Hannover und 1945–47 als Dirigent des Symphonieorchesters in Göttingen. W. machte sich einen bedeutenden Namen als Liedbegleiter und unterrichtet seit 1960 Liedgestaltung und Kammermusik an der Nordwestdeutschen Musikakademie Detmold. Er war außerdem 1960–80 künstlerischer Leiter der Göttinger Händel-Gesellschaft und seit 1972 auch der Sommerlichen Musiktage Hitzacker.

WEISSES RAUSCHEN, Bz. für ein Geräusch, bei dem alle im höheren Bereich liegenden Frequenzen mehr oder weniger gleich häufig auftreten. Der Begriff W. ist in Analogie zum weißen Licht gebildet, in dem alle Farben des sichtbaren Spektrums vorhanden sind. Beispiele für W. sind Meeresrauschen, Zischlaute der Sprache oder Beifallsklatschen bei einem Konzert.

WEITCHOR, Bz. für die Gruppe der Orgelregister mit weiter Mensur. Charakteristisch ist für ihn die geringe Obertonbildung, aber auch eine hohe Verschmelzungsfähigkeit mit anderen Stimmen. Zum W. gehören u. a. Flöten und Aliquoten.

WEIT IST DER WEG *(Lost in the Stars)*, Musical Tragedy von K. Weill, Text von Maxwell Anderson nach Alan Patons Roman *Cry, the Beloved Country* (dt.: *Denn sie sollen getröstet werden*). Ort u. Zeit der Handlung: Johannesburg, zur Zeit der UA. UA: 30. 10. 1949 New York (Music Box); dt. EA (in dt. Sprache): 7. 5. 1961 Nürnberg (als: *Der weite Weg*).
Apartheidsproblematik und Kriminalität unter Arbeitern sind, entsprechend der literarischen Vorlage, im Libretto zu einer ergreifenden Anklage gegen die gesellschaftlichen Zustände in Südafrika gestaltet. Mit genau kalkulierten Effekten wird die Handlung anschaulich und theaterwirksam dargeboten. Weill fand in seinem letzten Bühnenwerk – von vielen als das reifste seiner amerik. Zeit apo-

strophiert – zu einer volkstümlichen Musik im besten Sinne des Wortes, der es auch, dem Stoff angemessen, nicht an pathetischen Zügen mangelt. Spiritual-, Song- und Volksliedelemente sind zur stilistischen Synthese verschmolzen; gleichwohl nahmen einige Kritiker Anstoß an schlagerhaft-populären Musiknummern, etwa auch am Titelsong *Lost in the Stars.* Der Orchesterklang (im Original werden nur 17 Musiker gefordert) erhält sein charakteristisches Kolorit durch den Einsatz der Saxophone anstelle von Violinen. J. SCHLÄDER

WELITSCH (eig. Veličkova), **Ljuba,** * 10. 7. 1913 Borissowo (Bezirk Plewen); östr. Sängerin (Sopran) bulgarischer Herkunft. Sie studierte am Konservatorium in Sofia und an der Wiener Musikakademie und debütierte 1936 in Graz. 1940–43 sang sie an der Hamburgischen Staatsoper, 1943–46 an der Bayerischen Staatsoper in München und 1946–62 an der Wiener Staatsoper. Lj. W. begann nach dem Krieg einen geradezu kometenhaften Aufstieg, trat aber nach 1955 nur noch selten auf. Die Salome in R. Strauss' gleichnamiger Oper galt als ihre überragende Rolle; weitere Glanzpartien waren Donna Anna (*Don Giovanni,* W. A. Mozart), Aida (G. Verdi), Desdemona (*Otello,* Verdi) und Tosca (G. Puccini). Sie wirkt bis heute als Charakterdarstellerin in Filmen mit.

WELLE, in der Physik Bz. für die Ausbreitung von ↗Schwingungen in Raum und Zeit. Anschaulichstes Beispiel sind W.n, die durch einen in ruhiges Wasser geworfenen Stein hervorgerufen werden. Charakteristische Größen sind die Abstände zwischen W.n-Bergen (W.n-Länge), ihre Höhe (Amplitude), die Häufigkeit, mit der sie an einem bestimmten Punkt eintreffen (Frequenz), und die Ausbreitungsgeschwindigkeit. Auch kompliziertere Begriffe der W.n-Lehre, wie ↗Interferenz und Beugung, lassen sich in diesem Beispiel darstellen: man lege den W.n ein Hindernis in den Weg und beobachte, wie sich die W.n dahinter verhalten. Beugung z. B. läßt sich deutlich machen, wenn das Hindernis einen Spalt besitzt. Es zeigt sich, daß jeder Punkt der auf den Spalt treffenden W.n Ausgang einer neuen, kreisförmigen W. ist, wie aus dem Muster der W.n hinter dem Spalt abgelesen werden kann. – Schall-W.n, der Untersuchungsgegenstand der Akustik, gehorchen denselben Gesetzmäßigkeiten. Anstelle von W.n-Bergen auf einer Wasseroberfläche breiten sich beim ↗Schall Druckunterschiede in Luft oder einem anderen Material räumlich aus. Ohne den Effekt der Beugung wäre es nicht möglich, Schall wahrzunehmen, wenn sich zwischen Schallquelle und Hörer ein Hindernis befindet. – Ein anderes Beispiel sind elektromagnetische W.n, aus denen nicht nur das sichtbare Licht, sondern u. a. auch Radio-(Funk)-W.n bestehen. Im Unterschied zu den bisher genannten W.n findet man hier kein schwingungsfähiges Medium, in dem sich die W.n ausbreiten können.

Der Begriff W. ist von zentraler Bedeutung in der Physik. Darüber hinaus ist er eines der gar nicht so seltenen Beispiele dafür, daß von der Akustik und direkt oder indirekt von der Musik Denkanstöße an die Physik ausgegangen sind.

WELLEK, Albert Josef Oskar, * 16. 10. 1904 Wien, † 27. 8. 1972 Mainz; dt. Psychologe und Musikforscher östr. Herkunft. Er studierte Musikwissenschaft in Prag und Wien bei G. Adler, R. Lach, R. von Ficker und E. Wellesz, gleichzeitig Komposition und Dirigieren. 1928 promovierte er mit der Dissertation *Doppelempfinden und Programmusik* und wurde 1933 Assistent F. Kruegers am Psychologischen Institut der Universität Leipzig, wo er sich 1938 habilitierte. 1943–45 war er Professor für Psychologie und Pädagogik in Breslau, danach in Mainz Ordinarius für Philosophie, Psychologie und Pädagogik sowie Direktor des Psychologischen Instituts der Universität, zusätzlich mit einem Lehrauftrag für Systematische Musikwissenschaft. Als Vertreter der Ganzheitspsychologie der Leipziger Schule Kruegers hat W. deren Ansätze in die Musikpsychologie und Musikästhetik übertragen.

Schriften: *Das Absolute Gehör u. seine Typen* (L 1938, F ²1963); *Typologie der Musikbegabung im dt. Volke* (M 1939, ²1970); *Musikpsychologie u. Musikästhetik. Grundriß einer Systematischen Musikwiss.* (F 1963, Bonn ²1975 [erweitert]); *Tonale u. dodekaphonische Musik im experimentellen Vergleich* (zus. mit H. Federhofer), in: Mf 26 (1971).

Lit.: W. WIORA, A. W.s Grundriß der Systematischen Musikwiss. u. die Verbindung v. systemat. mit hist. Denken, in: Mf 19 (1966); O. EWERT, A. W., in: Arch. für Psychologie 74 (1972); G. ALBERSHEIM, A. W., in: Mf 26 (1973).

WELLER, Walter, * 30. 11. 1939 Wien; östr. Dirigent und Violinist. Er studierte an der Wiener Musikakademie Violine und Dirigieren (K. Böhm), wurde 1956 Tuttigeiger und 1962 Konzertmeister der Wiener Philharmoniker und war auch Mitglied des Staatsopernorchesters. Mit dem 1958 von ihm gegründeten W.-Quartett unternahm er bis Ende der 60er Jahre Konzertreisen durch Europa, Amerika und Asien. Seit 1969 ist W. ausschließlich als Dirigent tätig, begann an der Staatsoper und Volksoper in Wien, war 1971–72 GMD in Duisburg und übernahm 1975 die Leitung des Niederösterreichischen Tonkünstlerorchesters in Wien. 1977 wurde er Chefdirigent des Royal Philharmonic Orchestra Liverpool und 1980 (für 3 Jahre) Chefdirigent des Royal Philharmonic Orchestra London.

WELLESZ, Egon Joseph, * 21. 10. 1885 Wien, † 9. 11. 1974 Oxford; östr. Musikforscher und Komponist. Er studierte bei G. Adler (Musikwissenschaft) und A. Schönberg (Musiktheorie) in Wien, promovierte dort 1908, habilitierte sich 1913 und war 1929–38 Professor an der Wiener Universität. Die 1915 begonnene Erforschung der Musik des christlichen Orients führte zur Entzifferung der mittelbyzantinischen Neumen. Mit anderen Gelehrten gründete W. 1931 die *Monumenta Musicae Byzantinae* (MMB). 1938 emigrierte er nach England, wurde Fellow des Lincoln Department Oxford und des Music Department der Universität Oxford und war dort 1945–56 Reader für byzantinische Musik. Zu seinem 80. Geburtstag wurde er mit einer Festschrift (hrsg. v. J. A. Westrup, Lo 1966) geehrt. Autobiographisches erschien posthum unter dem Titel *E. W., Leben und Werk* (hrsg. v. F. Endler, W 1981).

WW: **1) Instr.-WW:** Klv.- u. Orgelmusik. – Kammermusik: Streichtrio, op. 86; 9 Streichquartette (1911–66); Klar.-Quintett, op. 81; Oktett, op. 67. – Für Orch.: 9 Symphonien (1945–71); *Prosperos Beschwörungen*, op. 53 (1936); Klv.-Konzert (1931); V.-Konzert (1961). – **2) Vokal-WW:** Zahlr. Lieder mit Klv. u. mit anderen Instr.; 4 Messen; *Sonette der Elisabeth Barrett-Browning* (nach R. M. Rilke) für Sopran u. Streichquartett (1934); Geistl. Chorwerke; zahlr. Orch.-Gesänge; Kantaten, u. a. *Mitte des Lebens* (1931–32). – **3) Bühnen-WW:** Opern: *Die Prinzessin Girnara* (Libr.: J. Wassermann), UA: Hannover 1921; *Alkestis* (Libr.: H. v. Hofmannsthal, nach Euripides), UA: Mannheim 1924; Kultisches Drama *Die Opferung des Gefangenen* (Libr.: E. Stucken), UA: Köln 1926; Singspiel *Scherz, List und Rache* (Libr.: J. W. von Goethe), UA: Stuttgart 1928; *Die Bakchantinnen* (Libr.: W., nach Euripides), UA: Wien 1931; *Incognita* (Libr.: E. Mackenzie, nach W. Congreve), UA: Oxford 1951. – Ballette: *Das Wunder der Diana* (nach B. Balász), UA: Mannheim 1924; *Persisches Ballett* (nach E. Tels), UA: Donaueschingen 1924; *Achilles auf Sykros* (nach Hofmannsthal), UA: Stuttgart 1927; *Die Nächtlichen* (nach M. Terpis), UA: Berlin 1924. – **4) Schriften:** Arbeiten über den ↗Byzantinischen Gesang. – *Die Opern u. Oratorien in Wien von 1660–1708*, in: StMw 6 (1919); *A. Schönberg* (W 1921, Nachdr. Hil 1982); *Der Beginn des musikal. Barock u. der Anfänge der Oper in* Wien (W 1922); *Die neue Instrumentation*, 2 Bde. (B 1928–29); *Eastern Elements in Western Chant* (Boston 1947); *Essay on Opera* (Lo 1950); *Early Christian Music, Music in the Eastern Churches*, in: New Oxford History of Music II (Lo 1954); *J. J. Fux* (Lo 1965). – W. gab heraus *Studies in Eastern Chant*, 2 Bde. (1966–71) (zus. mit M. Velimirović).

Als Komponist dem weiteren Umkreis der Wiener Schule zugehörig, war W. auch von Cl. Debussy und I. Strawinsky beeinflußt, suchte aber eigene Wege. Neben tonsprachlich schlichten entstanden auch sehr anspruchsvolle Werke (Kammermusik). Zunächst als Bühnenkomponist erfolgreich, erreichte sein Schaffen in Gesängen und Kantaten sowie in den Orchesterstücken *Prosperos Beschwörungen*, op. 53 (1936) einen Höhepunkt. 1943 begann (mit op. 60) eine neue Periode, in der Symphonie und Streichquartett dominieren (Hauptwerke: 5. Symphonie, op. 75; Violinkonzert, op. 84). Seine wohl erstaunlichsten Arbeiten, die stets 3sätzigen späten Symphonien (seit der 6.), sind dem späten G. Mahler verpflichtet, verzichten auf einen Sonatensatz und legen das größte Gewicht auf das stets langsame Finale.

Lit.: R. SCHOLLUM, E. W. (W 1964); Ergänzungen (über neuere Werke), in: ÖMZ 10 (1965), 23 (1968), 27 (1972); D. SYMONS, E. W. and Early Twentieth Century Tonality, in: Studies in Music 6 (Perth/Austral. 1972); E. W., hrsg. v. O. KOLLERITSCH (Gr – W, in Vorb.) (= Stud. z. Werteforschung). R. STEPHAN

WELT AUF DEM MONDE, DIE *(Il mondo della luna)*, Dramma giocoso in 3 Akten von J. Haydn, Text von einem unbekannten Bearbeiter nach C. Goldoni. Ort und Zeit der Handlung: Venedig, um 1750. UA: 3. 8. 1777 Esterháza; dt. EA (in dt. Sprache): 20. 3. 1932 Schwerin (in einer textlichen und musikalischen Einrichtung von W. M. Treichlinger und M. Lothar).

Der gutgläubige Buonafede, Vater zweier begehrenswerter Töchter, ist Anhänger der Astronomie. Dies nutzen die ihm unerwünschten Liebhaber der Mädchen, um ihm eine Reise auf den Mond vorzugaukeln, wo er seine Töchter deren verkleideten Verehrern zuspricht. Nach Aufdecken der Täuschung macht Buonafede gute Miene zum bösen Spiel; alle gemeinsam singen eine Hymne auf den Mond. Die Harmlosigkeit des Textes führte zu zahlreichen Umarbeitungen, in welchen insbesondere der Ausklang dramatischer gestaltet wurde: der betrogene Vater gibt den Verbindungen seinen Segen erst unter der Drohung, andernfalls dem Gespött der Öffentlichkeit preisgegeben zu werden. Von Haydns Musik sind vor allem die tonmalerischen Partien (schimmerndes Mondlicht, Einzug des Mondkaisers) hervorzuheben. In Deutschland wurde das Werk in der Bearbeitung von 1932 beliebt. K. LANGROCK

WELTE, Michael, * 28. 9. 1807 Vöhrenbach (Schwarzwald), † 17. 1. 1880 Freiburg i. Br.; dt. Spieluhrenmacher. Er gründete 1832 in Vöhrenbach eine Musikwerkfabrik und entwickelte 1845 das bis ins 20. Jh. weitverbreitete, von G. N. Mälzel konstruierte Orchestrion entscheidend weiter. Das Orchestrion besitzt eine mechanisch- bzw. elektrisch-automatische Vorrichtung, mit der Metallzungen und Pfeifen mittels einer gelochten Papierrolle oder einer Stiftwalze zum Klingen gebracht werden. Die 1872 nach Freiburg verlegte

Firma Welte & Söhne baute 1904 das „Welte-Mignon-Reproduktions-Piano“ und 1913 auch die „Welte-Philharmonie-Orgel“. Einige dieser Instrumente sind erhalten. W.-Rollen wurden in den ersten Jahrzehnten von berühmten Komponisten und Interpreten bespielt (u.a. von E. Grieg, F. Busoni, Cl. Debussy und M. Reger). Ihre Wiedergabe auf den entsprechenden Instrumenten und ihre neuerliche Aufnahme auf heute übliche Tonträger erlauben originelle Rückschlüsse auf aufführungs- und spieltechnische Einzelheiten. Die Firma W. erlosch 1954.

WENDLING. – 1) Johann Baptist, * 17. 6. 1723 Rappoltsweier (Elsaß), † 27. 11. 1797 München; dt. Flötist. Er spielte 1747 in der Hofkapelle in Zweibrücken und war seit etwa 1752 Mitglied des Mannheimer Orchesters (↗Mannheimer Schule) und dort einer der herausragenden Virtuosen. W. A. Mozart, der ihn sehr schätzte, verkehrte während seines Mannheimer Aufenthalts 1777–78 in seinem Haus und konzertierte 1778 mit ihm in Paris. Nach der Übersiedelung des kurfürstlichen Hofs blieb W. weiterhin in Mannheim. Er veröffentlichte zahlreiche Duette, Trios und Quartette für und mit Flöte und mehrere Flötenkonzerte. – **2) Dorothea,** geborene Spurni, Frau von 1), * 21. 3. 1736 Stuttgart, † 20. 8. 1811 München; dt. Sängerin (Sopran). Sie wirkte seit 1752 am Mannheimer Hoftheater und galt dort seit 1760 als Primadonna. Mozart schrieb für sie 1778 die Konzertarie *Basta, vincesti – Ah non lasciarmi* (KV 486a = 295a); bei der UA des *Idomeneo* 1781 in München sang sie die Ilia. Seit 1790 war sie als Gesanglehrerin tätig. – **3) Elisabeth Augusta** (II), Tochter von 1) und 2), * 4. 10. 1752 Mannheim, † 18. 2. 1794 München; sie war gleichfalls als Sopranistin am Mannheimer Hoftheater tätig und wurde von ihren Zeitgenossen (u.a. von Chr. M. Wieland) auch wegen ihrer Schönheit verehrt. Mozart schrieb für sie die Arietten *Oiseaux, si tous les ans* (KV 284d = 307) und *Dans un bois solitaire* (KV 295b = 308). – Weitere Familienmitglieder waren ebenfalls hauptsächlich in Mannheim tätig: **Franz-Anton,** Bruder von 1) (1729–86) als Violinist; seine Frau **Elisabeth Augusta** (I), geborene Sarselli (1746–86) als Sängerin (Sopran), auch sie wirkte (als Elettra) bei der UA von Mozarts Idomeneo mit; **Johann Karl** (1750–1834), Neffe von 1), als Violinist und Dirigent.

Ausg.: **Zu 1):** Fl.-Quartett, op. 10 Nr. 6, in: Mannheimer Kammermusik des 18. Jh. I, hrsg. v. H. RIEMANN (1914) (= DTB 15).

Lit.: R. MÜNSTER, W., in: MGG XIV; R. WÜRTZ, W., in: Grove[6] XX. – ↗Mannheimer Schule, W. A. ↗Mozart (Biographien).

WENZINGER, August, * 14. 11. 1905 Basel; Schweizer Violoncellist und Gambist. Er studierte am Basler Konservatorium und an der Musikhochschule Köln und war 1929–34 1. Solo-Violoncellist im Städtischen Orchester Bremen. Mit der 1933 von ihm mitgegründeten Schola Cantorum Basiliensis, an der er 1968 ein Gambentrio bildete, bereiste er das In- und Ausland und leitete 1936–43 mit G. Scheck den Kammermusikkreis Scheck-Wenzinger. 1938–70 war er Solo-Violoncellist im Orchester der Allgemeinen Musikgesellschaft Basel und Lehrer am Konservatorium und leitete 1954–58 die Cappella Coloniensis des WDR Köln. 1958–66 wirkte er als Dirigent barokker Opern bei den Sommerspielen in Herrenhausen (Niedersachsen). 1968 wurde er Leiter des Barock Performance Institute am Oberlin-College in Ohio und unterrichtete 1976–82 als Professor an der Hochschule für Musik und darstellende Kunst in Wien.

Schriften: *Gambenübung,* 2 Bde. (Kas 1935–38); *Gambenfibel* (Kas 1943) (zus. mit M. Major); *Der Ausdruck in der Barockmusik u. seine Interpretation,* in: Alte Musik in unserer Zeit (Ka 1968) (= Musikal. Zeitfragen 13). – Editionen: *J. S. Bach, 6 Suiten* für Solo-Vc. (Kas 1950); *J. Haydn, Concerto D,* Nr. 1 für Vc. u. Streichorch. (Mn – Bas 1950); *C. Monteverdi, Orfeo* (Kas – Bas 1955); *J. Ch. F. Bach, Sonate A* für Vc. u. B.c. (ebd. 1961).

WERBA, Erik, * 23. 5. 1918 Baden bei Wien; östr. Pianist und Musikschriftsteller. W. studierte Klavier und Komposition (J. Marx) an der Musikakademie und Musikwissenschaft (E. Schenk) an der Universität in Wien, wo er 1940 promovierte. 1949 wurde er an der Musikakademie Lehrer für die Fächer Lied und Oratorium (1965 Professor) und war 1964–71 Gastprofessor an der Grazer Musikakademie. W. ist ein international angesehener Liedbegleiter und leitet Kurse für Liedgesang. Er redigierte die *Österreichische Musikzeitschrift* und *Die Musikerziehung.* Als Komponist ist er mit Liederzyklen, Kammer- und Orchestermusik sowie Werken für Bühne und Film hervorgetreten.

Schriften: *J. Marx* (W 1964) (= Östr. Komponisten des 20. Jh. 1); *H. Wolf oder Der zornige Romantiker* (W 1971) (als Taschenbuch W 1978); *E. Marckhl* (W 1972) (= Östr. Komponisten des 20. Jh. 20). – Ferner zahlr. Aufsätze.

WERBEMUSIK. Werbung in Form von „Spots“ begegnet überwiegend im Hörfunk, Fernsehen und Kinofilm, weniger auf Schallplatten. Der Funktion von Musik wird dabei in mehrfacher Hinsicht große Bedeutung zugesprochen. Sie soll: einzelne Spots gegeneinander abheben; für passende, d.h. dem gezeigten Ort angemessene Hintergrundausstattung sorgen; signalartig Aufmerksamkeit erwecken; die Einprägsamkeit des Markennamens besser garantieren, wenn der Name rhythmisiert gesprochen auftaucht; die durch Wiederholung gestützte Gedächtniswirkung steigern („Viele, viele bunte Smarties"); dem Artikel eine Art Aura, ein Image mitgeben (exklusive Sektmarke in Verbindung mit „exklusiver" symphonisch-romantischer Musik); aus früher Kindheit bekannte, vage Erinnerungsmuster reaktivieren; auch dem banalen Artikel (z. B. Körperseife) einen Schein von Bedeutung verleihen; dem potentiellen Käufer mit Musik, die ihm angenehm ist, Sympathie für diesen und keinen anderen Artikel einreden; mittels gezielter musikalischer Stilistik eine Art grober Zielgruppenbestimmung leisten. Schließlich hat sie noch die allgemeine Funktion, den überwiegend statisch vorgestellten Gegenständen einen Schein von Dynamik zu verleihen. Doch das nicht nur allein: der Bedeutungsgehalt von rezeptionsgeschichtlich ausgebildeten musikalischen Vokabeln und Signets (↗Tonsignet) geht als Informations-„Aufrundung" in den sprachlich oder visuell vorgestellten Werbeinhalt mit ein: Waschmittelwerbung verzichtet, unter dem Druck von Konkurrenz, nie auf die pompöse Sieger-Attitüde, welche sich durch Marschmusik vermittelt. Und selbst dort, wo Kennmelodien verwendet werden, wird oft ein verdeckter Informationsgehalt mitgeliefert, z. B. in „Odol gibt sympathischen Atem", wo die Marseillaise fast wörtlich zitiert ist. Kennmelodien, soweit sie sich mit kindbezogenen Artikeln verbinden, verwenden häufig pentatonisches Material, um kindertümelnd zu wirken. Ähnlich eine versteckte Spekulation in der „Camel"-Werbung: die gepfiffene Melodie ist eine exakte Umkehrung des Hauptthemas aus *Peter und der Wolf* von S. Prokofjew:

nicht der „Camel"-Mann geht meilenweit, sondern ein erwachsener Peter. Empirisch ist bislang nicht geklärt, ob der musikalische Zusatz in Werbespots die Kaufbereitschaft erhöht. Soweit Ergebnisse vorliegen, melden sie Zweifel an, ob sich der Markenname mit Hilfe der Musik besser und längerfristig einprägt. Indessen scheint es auf eine Steigerung der Merkleistung weniger anzukommen als auf eine diffuse, sozusagen „klimatische Erwärmung" während der Werbespot-Wahrnehmung, die sich später, im Augenblick der Kaufentscheidung, mittels Erinnerung wieder einstellt. Überdies ist die Wirkung von Musik wahrscheinlich sehr abhängig von der Prädisposition des Zuschauers bzw. Käufers: hat dieser eine bereits gefestigte Vorstellung von diesem oder jenem Artikel und ist er obendrein fähig, den manipulativen Vorgang zu durchschauen (d. h. als musikalischer Kenner), dann dürfte die psychologische Wirkung von Musik vermutlich sehr gering sein. Die Umkehrung freilich ist ebenso wahrscheinlich: die suggestive Wirkung von Musik dürfte bei Entscheidungsunsicherheiten und bei musikalisch Naiven gegeben sein; auf punktuelle musikalische Reize trainiert, ist ihnen eine musikalische Botschaft von wenigen Sekunden ein verläßlicher Hinweis. Insofern mutet es befremdlich an, daß in der Musikerziehung der letzten 10 Jahre diese Art von Funktionsmusik zum bevorzugten Inhalt avancierte. Dem pädagogischen Ziel einer Unanfälligkeit gegen musikalische Manipulation wäre wohl mit musikalischer Urteilsfähigkeit näher zu kommen als mit der Kenntnis von Reizen, welche diese Urteilsfähigkeit zu unterlaufen trachten.

Lit.: H. DE LA MOTTE-HABER, Musikpsychologie (Kö 1972); DIES., Angewandte Musikpsychologie (F 1981) (= Funkkolleg Musik 2); S. HELMS, Musik in der Werbung (Wic 1981).

H.-CH. SCHMIDT

WERCKMEISTER, Andreas, * 30. 11. 1645 Beneckenstein (Harz), † 26. 10. 1706 Halberstadt; dt. Organist, Komponist und Musiktheoretiker. 1658–60 von seinem Onkel Johann Christian W. in Bennungen und 1662–64 von seinem Onkel Victor W. in Quedlinburg ausgebildet, war er seit 1664 Organist in Hasselfelde, seit 1674 Organist und Stadtschreiber in Elbingerode und wirkte 1675–95 als Organist an der Hof- und Stiftskirche St. Servatius und 1677–95 auch an St. Wiperti in Quedlinburg. 1696 wurde er an die Orgel von St. Martin in Halberstadt berufen. W. genoß einen guten Ruf als Orgelsachverständiger und wurde kurz vor seinem Tode zum Inspektor aller Orgeln im Fürstentum Halberstadt bestellt. Er besaß den schriftlichen Nachlaß von M. Praetorius.

WW: *Musicalische Privatlust* für V. u. B.c. (Quedlinburg 1686); einige Kompositionen für Org. (hsl.). – Schriften: *Orgel-Probe* (F – L 1681); *Musicalische Temperatur* (F – L 1686–87); *Musicae mathematicae Hodegus curiosus oder richtiger musicalischer Weg-Weiser* (F – L 1687); *Der Edlen Music-Kunst Würde, Gebrauch u. Mißbrauch* (F – L 1691); *Hypomnemata Musica* (Quedlinburg 1697); *Die nothwendigsten Anmerckungen u. Regeln, wie der Bassus continuus … könne tractiret werden* (Aschersleben 1698, erweitert [2]1715); *Erweiterte u. verbesserte Orgel-Probe* (F – L 1698); *Cribrum musicum oder musicalisches Sieb* (Quedlinburg – L 1700); *Organum Gruningense redivivum* (Quedlinburg – Aschersleben 1705, Nachdr. Mz 1932); *Harmonologia musica* (F – L 1702); *Musicalische Paradoxal-Discourse* (Quedlinburg 1707).

Als Komponist weniger bedeutend, wurde W. durch seine musiktheoretischen Schriften berühmt, die eine wertvolle Quelle nicht nur für die Kenntnis des älteren Orgelbaus (etwa über die 1596 gebaute Orgel des Schlosses in Gröningen), sondern auch für die Musiktheorie und Musikpraxis im späten 17. und frühen 18. Jh. in Deutsch-

Johann STRAUSS hat mit „Die Fledermaus" eine der berühmtesten, klassisch gewordenen Operetten geschaffen (Foto: Fayer, Wien).

TANNHÄUSER von Richard Wagner an der Wiener Staatsoper (Foto: Österreichischer Bundestheaterverband / Axel Zeininger).

WOZZECK von Alban Berg mit Heinz Zednik und Franz Grundheber (Foto: Österreichischer Bundestheaterverband / Axel Zeininger).

land sind. In seiner Schrift *Musicalische Temperatur* gibt W. mehrere Lösungsvorschläge zum Problem der Temperatur und beschreibt in *Hypomnemata Musica* erstmals eine gleichschwebend temperierte Stimmung. J. S. Bach hat W.s Arbeiten vielleicht durch seinen Vetter J. G. Walther kennengelernt, der 1704 in Halberstadt W.s Schüler war.

Ausg.: *Hypomnemata Musica, Erweiterte u. verbesserte Orgel-Probe, Cribrum musicum ..., Harmonologia musica* u. *Musicalische Paradoxal-Discourse,* Faks.-Ausg. (Hil – NY 1970); *Erweiterte u. verbesserte Orgel-Probe,* hrsg. v. D.-R. MOSER (Kas 1970) (= DMl I/30); *Musicae mathematicae Hodegus curiosus ...,* Faks.-Ausg. (Hil – NY 1972).

Lit.: W. DUPONT, Gesch. der musikal. Temperatur (Nördlingen 1935); W. SERAUKY, A. W. als Musiktheoretiker, in: FS M. Schneider (Hl 1935); H. PFROGNER, Der Clavis in A. W.s „Nothwendigsten Anmerckungen u. Regeln ...", in: Kgr.-Ber. Bamberg 1953 (Kas 1954); R. DAMMANN, Zur Musiklehre des A. W., in: AfMw 11 (1954); H. KELLETAT, Zur Tonordnung (Wohltemperierung) im Werke J. S. Bachs, in: Annales Univ. Saraviensis 9/1 (1960); G. J. BUELOW, W., in: Grove[6] XX.

WERFEL, Franz, * 10. 9. 1890 Prag, † 26. 8. 1945 Beverly Hills (California); östr. Dichter. Er studierte in Prag und lebte seit 1917 als freier Schriftsteller vorwiegend in Wien. Dort lernte er Alma Mahler-Gropius, Witwe G. Mahlers und Frau des Architekten Walter Gropius, kennen, die er 1929 heiratete. 1938 emigrierte er nach Frankreich, dann über Spanien und Portugal 1940 in die USA. Er war Mitgründer des literar. Expressionismus, wandte sich später aber stärker dem Realismus zu. W.s eher emotionaler Zugang zur Musik wandelte sich zu einem kritisch-sachkundigen Verständnis durch seine Beschäftigung mit den Opern G. Verdis. Sein „Roman der Oper" *Verdi* (B 1924 u. ö.), die Nachdichtungen mehrerer Libretti von Verdi-Opern sowie einige Abhandlungen haben entscheidend zur Verdi-Rezeption in Deutschland und Österreich beigetragen. W. besorgte auch eine Ausgabe von Briefen Verdis (übersetzt von Paul Stefan, W 1926).

WW: Kompositionen auf Texte W.s: C. Orff, *Des Turmes Auferstehung* (1920) für Solo, Chor u. Orch. u. die Kantaten *Veni Creator, Der gute Mensch* u. *Fremde sind wir* (1921); E. Krenek, Oper *Die Zwingburg* (1924); D. Milhaud, Oper *Maximilien* (nach *Juarez u. Maximilian*) (1930); K. Weill, Musik zum Drama *Der Weg der Verheißung* (The Eternal Road) (1937); H. W. Henze, Arie *Der Vorwurf* (1948); G. Klebe, Oper *Jakobowsky und der Oberst* (1965).

Ausg.: Gesammelte Werke, hrsg. v. A. D. KLARMANN (B – Sto 1948 ff., F 1950–59); *Zwischen Oben u. Unten, ...* aus dem Nachlaß hrsg. v. DEMS. (Mn 1976) (Prosa, Tagebücher, Aphorismen, Lit.-Nachträge).

Lit.: A. D. KLARMANN, Musikalität bei W. (1931) (= Diss. Univ. of Philadelphia); J. MITTENZWEI, W.s Bedürfnis nach einer musikal. „unio mystica", in: Das Musikal. in der Lit. (H 1962); W. MÜLLER-BLATTAU, F. W. u. die Musik, in: FS E. Valentin (Rb 1976).

B. A. KOHL

WERK. Die umgangssprachliche Bestimmung, ein Musikwerk sei ein von einem oder mehreren Komponisten geschaffenes, schriftlich vorliegendes, einmaliges und in sich geschlossenes musikalisches Gebilde von einem gewissen Umfang und Wert, birgt an allen Stellen Probleme, die unter den verschiedensten Gesichtspunkten hervortreten. Ein juristisch tragfähiger W.-Begriff unterstreicht den Aspekt der Autorschaft des Urhebers und bildet somit z. B. einen Gegensatz zum Begriff der ↗Bearbeitung; ein philologischer Werkbegriff (↗Edition) subsumiert wertfrei auch Fragmente u. verworfene Produktionen eines Autors; unter musikhistorischem Aspekt läßt sich werkhafte Musik von improvisierter (nach dem Prinzip der schriftlichen Fixierung) ebenso klar unterscheiden wie von Volksmusik (nach dem Prinzip individueller Autorschaft).

Die um 1950, angeregt auch durch Th. W. Adorno, einsetzende Diskussion des W.-Begriffs in der Musik (bes. innerhalb der Musikästhetik u. der systematischen Musikwiss.; vgl. Lit.-Verz.) entzündete sich zunächst an dem Problem, daß kein Musikwerk schon – wie z. B. ein W. der Bildenden Künste – als sinnlich erfahrbares Endprodukt vorliegt, sondern stets nur als Anweisung zur Realisierung an einen Ausführenden. Erst im Zusammenwirken aller Instanzen entfaltet es sich zu der vom Autor vorgesehenen Realität. Nach dem Verhältnis zwischen Autor, schriftlicher Fixierung und Realisation lassen sich unter systematischem Aspekt zumindest drei W.-Typen unterscheiden: das „imperative" W., dessen Fixierung (z. B. eine konventionelle Partitur) Vorschriften zur Realisierung enthält, sowie – als sich um dieses gruppierende Extremfälle – das „offene" W., das dem Interpreten die Aufgabe der „Komposition" anhand vorgegebener Materialien weitgehend überträgt, und das „synthetische" W., dessen z. B. auf Klangmontage beruhendes Endprodukt einen im eigentlichen Sinn musizierenden Ausführenden ausschließt. – ↗Opus, ↗Res facta.

Lit.: TH. W. ADORNO, Philos. der neuen Musik (Tü 1949); DERS., Über den Fetischcharakter in der Musik u. die Regression des Hörens, in: Dissonanzen (Gö 1956); R. INGARDEN, Unters. z. Ontologie der Kunst. Musikwerk, Bild, Architektur, Film (Tü 1962); W. BENJAMIN, Das Kunstwerk im Zeitalter seiner technischen Reproduzierbarkeit (F 1963); TH. W. ADORNO, Musikal. Warenanalysen, in: Quasi una fantasia (F 1963); K. BLAUKOPF, Werktreue u. Bearbeitung (Karlsruhe 1968); A. FEIL, Musikmachen u. Musikwerk, in: Mf 21 (1968); Z. LISSA, Über das Wesen des Musikwerkes, in: ebd., Wiederabdruck in: Neue Aufsätze z. Musikästhetik (Wilhelmshaven 1975) (= Taschenbücher z. Musikwiss. 38); C. DAHLHAUS, Plädoyer für eine romantische Kategorie. Der Begriff des Kunstwerks in der neuesten Musik, in: NZfM 130 (1969); DERS., Über den Zerfall des musikal. Werkbegriffs, in: Beiträge 1970/71 (Kas 1971); U. DIBELIUS, Das verfemte Opus. Zur Problematik des Werkbegriffs in der Kunst der

Gegenwart, in: Musica 26 (1972); H. H. EGGEBRECHT, Opusmusik, in: SMZ 115 (1975), Wiederabdruck in: Musikal. Denken (Wilhelmshaven 1977) (= Taschenbücher z. Musikwiss. 46); DERS., Musikal. W. u. ästhetischer Wert, in: ebd.; R. CADENBACH, Das musikal. Kunstwerk (Rb 1978) (= Perspektiven z. Musikpädagogik u. Musikwiss. 5); S. NACHTSHEIM, Die musikal. Reproduktion (Bonn 1981) (= Aachener Abh.en z. Philos. 1); Systematische Musikwiss., hrsg. v. C. DAHLHAUS – H. DE LA MOTTE-HABER (Wie 1982) (= Neues Hdb. der Musikwiss. 10).

R. CADENBACH

WERNER, Gregor Joseph, getauft 29. 1. 1693 Ybbs an der Donau (Niederösterreich), † 3. 3. 1766 Eisenstadt; östr. Komponist. Er wirkte seit 1728 als Kapellmeister des Fürsten Esterházy in Eisenstadt. Seit 1761 wurde er durch J. Haydn als Vizekapellmeister unterstützt, hatte aber von dem „Gsanglmacher", wie er ihn nannte, keine hohe Meinung. Haydn seinerseits veröffentlichte noch 1804 eine Sammlung von Präludien und Fugen aus Oratorien seines einstigen Vorgesetzten.

WW: *Symphoniae sex senaeque sonatae,* Kirchensinfonien u. Kammersonaten für 2 V. u. B.c. (Au 1735); ... *Musicalischer Instrumental-Calender, Parthien-weiss* für 2 V. u. B.c., *in die zwölff Jahr-Monat eingetheilet und ... mit Bizzarien und seltzamen Erfindungen herausgegeben* (Au 1748); *Zwey ... lustige musicalische Tafel-Stücke, I: Der Wiennerische Tändlermarckt, II: Die Bauren-Richters-Wahl* für 4–5 St., 2 V. u. B.c. (Au o.J), das 1. Stück separat (W 1779). – Hsl. erhalten: weitere Triosonaten; Pastorellen für Org. u. Str. u.a. Instr.; Org.-Konzerte. Ferner zahlr. Messen u.a. kirchenmusikal. Werke, darunter 75 Marianische Antiphonen; Pastorellen für 4 St., Instr. u. B.c. – 20 dt. Oratorien für Eisenstadt.

W.s Werke zeigen außergewöhnliche satztechnische und formale Vielfalt: strenge Kontrapunktik in den A cappella-Messen, neapolitanischer Mischstil in den Kantaten-Messen und Oratorien, programm-musikalische Buntheit in den Suiten des *Instrumental-Calenders,* volkstümliche Elemente in den weihnachtlichen vokalen und instrumentalen Pastorellen.

Ausg.: Instr.-WW: Kleine Hirtenmusik u. 2 Pastorellen für Org. u. Str., hrsg. v. E. F. SCHMID (Kas 1934–39); *Musicalischer Instrumental-Calender,* hrsg. v. F. STEIN (1956) (= EDM 31); *6 Präludien u. Fugen* für Streichquartett oder -orch. nach der Erstausg. v. Haydn, hrsg. v. E. F. SCHMID (Au 1957); dass., hrsg. v. W. HÖKKER (Wilhelmshaven 1963); *Symphonia da chiesa* für Str. u. B.c., hrsg. v. I. SULYOK (Budapest 1969); *Concerto per la camera a 4,* hrsg. v. R. MODER (H – Lo 1971). – *Pastorella de Nativitate Domini* sowie *Puer natus* u. *In dulci jubilo* für Chor, Instr. u. B.c., hrsg. v. E. F. SCHMID (Kas o.J.); *Der Wiennerische Tändlmarckt,* hrsg. v. R. MODER (W 1961) (= Diletto musicale 81); Te Deum u. Requiem für Soli, Chor u. Orch., hrsg. v. I. SULYOK (W 1968 u. 1969).

Lit.: H. DOPF, Die Messenkompositionen G. J. W.s (Diss. masch. I 1956); CH. J. WARNER, A Study of Selected Works of G. J. W. (1965) (= Diss. Catholic Univ. of America); H. UNVERRICHT, W., in: MGG XIV; DERS., W., in: Grove⁶ XX.

WERSTOWSKI, Alexei Nikolajewitsch, * 18. 2. (1. 3.) 1799 auf dem väterlichen Gut Seliwjorstowo (Gouvernement Tambow), † 5. (17.) 11. 1862 Moskau; russ. Komponist. W. studierte 1816–17 Ingenieurwissenschaften in St. Petersburg und nahm gleichzeitig Unterricht in Klavier (D. Steibelt, J. Field), Gesang und Komposition. Er befreundete sich mit vielen Schriftstellern, u.a. mit A. Puschkin, übersetzte französische Theaterlibretti, wirkte in Liebhaberaufführungen mit und schrieb Musik zu Schauspielen. Ersten kompositorischen Erfolg hatte er bereits 1819 mit dem Vaudeville *Babuschkiny popugai* (Großmutters Papageien). 1823–25 arbeitete er in der Kanzlei des Moskauer Gouverneurs D. W. Golizyn, wurde 1825 Musikinspektor der Moskauer Kaiserlichen Theater, 1830 Repertoire-Inspektor und leitete 1848–60 das Moskauer Theaterbüro. 1833 absolvierte er als Externer die Moskauer Universität. W. war der bedeutendste Vertreter der russischen Oper vor M. Glinka. Obwohl fast gleichaltrig, blieb er musikgeschichtlich zeitlebens nur dessen Vorläufer. Gleichwohl genossen seine Werke, vor allem die Oper *Askolds Grab,* außerordentliche Popularität. Sie beruhte vorwiegend darauf, daß W. Elemente des bäuerlichen und städtischen Liedes und Tanzes sowie der Romanze und des Zigeunerlieds zu einer volkstümlichen Musiksprache mit einfacher Faktur und meist akkordischer Begleitung verschmolz. Zahlreiche Lieder aus seinen Opern und Couplets wurden in das städtische Liedgut übernommen. W.s Verdienst ist ferner, neben A. Aljabjew und F. Scholtz das aus Paris übernommene Vaudeville (in Rußland auch „operawodewil") gepflegt, weiterentwickelt und dem russischen Geschmack angepaßt zu haben.

WW: Etwa 800 Lieder u. Romanzen; Messe; 3 geistl. Konzerte; Kantaten u. Chöre. – Opern: *Pan Twardowski,* UA: Moskau 1828; *Wadim,* UA: ebd. 1832; *Askoldowa mogila* (Askolds Grab), UA: ebd. 1835; *Toska po rodine* (Heimweh), UA: ebd. 1839; *Son na jawu ili Tschurowa dolina* (Im Wachen geträumt oder Das Tschur-Tal), UA: ebd. 1844; *Gromoboi* (Das Gewitter), UA: ebd. 1857. – Musik zu 32 Vaudevilles, z.T. in Zusammenarbeit mit anderen Komp.en (A. Aljabjew, F. Scholtz u. Mich. Wielgorski).

Lit.: B. W. DOBROCHOTOW, A. N. W. (Mos – Leningrad 1949); A. GOSENPUD, Russki operny teatr XIX weka (1836–56) (Leningrad 1969); A. W. WOINOWA, Vorwort u. Kommentar zu: A. N. W., Romansy, pesni i kuplety is musyki k wodewiljam i pjesam (Mos 1971).

E. STÖCKL

WERT (Vuert, Werth), **Giaches de** (Jaches de), * 1535 Antwerpen oder Weert bei Antwerpen, † 6. 5. 1596 Mantua; flämischer Komponist. Er war Chorknabe am Hofe der Maria di Cardona, Marchesa della Padula, in Avellino bei Neapel. Um 1550 ging er möglicherweise für einige Zeit nach Ferrara und ist 1558 als Kapellmeister des Herzogs Alfonso Gonzaga in Novellara bei Modena nachgewiesen. 1561 wurde er Mitglied der

Hofkapelle in Parma unter C. de Rore und 1563 Kapellmeister des Herzogs Gonsalvo Fernández de Cordua, des Statthalters von Mailand. Seit 1565 wirkte er in Mantua als Kapellmeister der herzoglichen Kapelle S. Barbara und als Komponist und Kapellmeister des Herzogs Guglielmo Gonzaga. Vielen Anfeindungen ausgesetzt und durch seine Frau, die sich mit einem seiner Gegner eingelassen hatte, in einen Skandal verwickelt, blieb ihm gleichwohl die Gunst des Herzogs erhalten, der ihm 1580 das Bürgerrecht von Mantua verlieh.

WW (teilweise mit zahlr. Aufl.): 11 Bücher Madrigale für 5 St. (V 1558–95), ein weiteres Buch *senza nome* (V 1604); Madrigale für 4 St. (V 1561), für 6 St. (V 1567); *Canzonette villanelle* für 5 St. (1589). – 2 Bücher Motetten für 5 St. (V 1566, 1581); *Modulationes* für 6 St. (V 1581); diese 3 Slgen. in 1 Bd. (Nü 1583); *Nova metamorfosi*, Motetten für 5 St. u. B.c. (Mi 1600). Zahlr. weitere Motetten, 8 Messen, Magnificats u. 1 Markus-Passion (Turbasätze) für 2–5 St. hsl.; weltliche u. geistliche Werke auch in Sammeldrucken des 16. u. frühen 17. Jh. – Instrumentale *Fantasias* hsl. erhalten.

W. ist der letzte der im 16. Jh. in Italien wirkenden großen niederländischen Komponisten. Sein Rang gründet insbesondere auf den zahlreichen Madrigalen. In der Tradition C. de Rores stehend, ist ihr Stil ungewöhnlich ausdrucksstark, hat entscheidend vor allem auf die jüngeren Zeitgenossen am Hof zu Mantua eingewirkt, so auch auf Cl. Monteverdi, und ließ W. im 17. Jh. als einen Meister der ↗Seconda pratica erscheinen.

Ausg.: GA, hrsg. v. C. MacClintock – M. Bernstein (1961 ff.) (= CMM 24), bisher 1–10, 12: die 11 Bücher 5st. Madrigale, 14: *Canzonette*, 15: 4st. Madrigale (1561), 11 u. 13: 5st. Motetten (1566 u. 1581), 17: Messen, Magnificats u. Passion.

Lit.: A.-M. Bautier-Regnier, J. de W., in: RBMie 4 (1950); M. Bernstein, The Sacred Vocal Music of G. de W. (1964) (= Diss. Univ. of North Carolina); C. MacClintock, G. de W. ... Life and Works (R 1966) (= MSD 17); M. Bernstein, The Hymns of G. de W., in: Gedenkschrift G. Haydon (Chapel Hill 1969); A. Newcomb, Form and Fantasy in W.'s Instrumental Polyphony, in: Studi musicali 7 (1978); C. MacClintock – I. Fenlon, W., in: Grove[6] XX.

WERTHER, Drame lyrique in 4 Akten von J. Massenet, Text von E. Blau, P. Milliet und G. Hartmann nach J. W. von Goethes Briefroman *Die Leiden des jungen Werthers.* Ort und Zeit der Handlung: Wetzlar, in den 80er Jahren des 18. Jh.; UA (in dt. Sprache): 16. 1. 1892 Wien (Hofoper), dt. EA: 13. 11. 1892 Weimar, EA der frz. Originalfassung: 16. 1. 1893 Paris (Opéra-Comique).

Massenets zweifellos beste Oper stand nicht von Beginn an unter einem guten Stern. Die für 1887 vorgesehene UA an der Pariser Opéra-Comique fiel aus, weil das Theater abbrannte, und so begann die Aufführungsgeschichte erst 1892 mit der UA in dt. Sprache. Der wachsende Erfolg spiegelt sich in den beachtlichen Aufführungszahlen; allein zwischen den beiden Weltkriegen stand das Werk 55mal pro Jahr auf dem Programm der Opéra-Comique. – Goethes Roman erfuhr gravierende Änderungen durch die Librettisten, denen an bühnenwirksamen Effekten gelegen war: Die Zeitverhältnisse „stimmen" nicht mehr, die Schlußszene (Werther erlangt noch einmal das Bewußtsein und singt mit Lotte das Schlußduett, bevor er in ihren Armen stirbt) wird von vielen Kritikern (darunter auch Cl. Debussy) wegen ihrer „Unglaubwürdigkeit" getadelt, und schließlich erfährt der Charakter Alberts in vergröbernder Schwarz-Weiß-Zeichnung eine Wendung zum Negativen (Albert überläßt Werther die Pistolen, obwohl er die Selbstmordabsicht erkennt). Beeindruckend ist Massenets musikalische „Farbgebung" in den einzelnen Szenen, die – jede mit einem Titel versehen – zu einer überzeugenden Folge von Stimmungsbildern gereiht werden. Richtungweisend in bezug auf spätere Ausprägungen des Monodrams ist das rein symphonische Bild *La nuit de Noël* (4. Akt, 1. Tableau): Charlotte eilt, von Angst um Werther getrieben, durch die weihnachtlich-winterlichen Straßen Wetzlars.

R. QUANDT

WESLEY. – **1) Charles,** * 11. 12. 1757 Bristol, † 23. 5. 1834 London; engl. Organist und Komponist. Er war der Sohn des Methodisten-Predigers Charles W. und der Neffe des Gründers der Methodisten, John W. (1703–91), dessen Ansichten über die Kraft der Musik im Dienste der Evangelisation von großer Reichweite waren. W. zeigte früh eine außerordentliche musikalische Begabung, doch konnte diese nicht recht zur Entfaltung kommen, weil sein Vater aus religiöser Überzeugung seine Söhne an einer Karriere am Hof hinderte. So konnte W. nur unbedeutende Stellungen als Organist an verschiedenen Kirchen ausüben. Von ihm erschienen u.a. Orgelkonzerte und Streichquartette im Druck. – **2) Samuel,** Bruder von 1), * 24. 2. 1766 Bristol, † 11. 10. 1837 London; engl. Organist und Komponist. Auch er erregte bereits als Kind musikalisches Aufsehen als eine Art engl. Mozart und komponierte mit 8 Jahren ein Oratorium *Ruth* (hsl. erhalten). Mit seinem Bruder zusammen veranstaltete er zwischen 1778 und 1785 Subskriptionskonzerte im väterlichen Haus, unternahm Konzertreisen durch England und wurde einer der bedeutendsten Organisten seiner Zeit. Entscheidend war er nach der Jahrhundertwende an der Entstehung der engl. Bachpflege beteiligt. Als Komponist war W. vielseitig und in seiner Gesamtpersönlichkeit eine romantische Erscheinung. Bemerkenswert ist die große Zahl seiner lateinischen Kirchenmusik, meist Werke in einem höchst differenzierten und harmonisch aparten A cappella-Stil und damit ein origineller Beitrag zur kirchenmusikalischen Restauration des frühen 19. Jahrhunderts.

WW: **1) Instr.-WW:** Sonaten, Rondos u. a. Stücke für Cemb. oder Klv.; Voluntaries, Fugen u. a. für Org.; Streichquartette u. Kammermusik mit Klv.; für Orch.: 4 Symphonien, 5 Ouvertüren, Konzerte für V., für Klv. u. für Org. – **2) Vokal-WW:** 5 Messen u. etwa 50 kirchenmusikal. Werke mit lat. Text; zahlr. Services, Anthems u. Kirchenlieder. – Lieder für 1–4 St. u. B. c. oder Klv.; weltliche A cappella-Werke. – Er gab heraus: *J. S. Bach, A New and Corrected Edition of the Preludes and Fugues* (= Wohltemperiertes Clavier) (Lo 1810–13) (zus. mit K. F. Horn).

3) Samuel Sebastian, Sohn von 2), * 14. 8. 1810 London, † 19. 4. 1876 Gloucester; engl. Organist und Komponist. Er wirkte seit 1826 als Organist an verschiedenen Kirchen, wurde 1839 Bachelor und Doctor of Music in Oxford, 1850 Lehrer für Orgel an der Royal Academy of Music in London und war seit 1865 Organist an der Kathedrale in Gloucester. W. ist der wichtigste Vertreter der ↗Cathedral Music zwischen H. Purcell und H. Stanford.

WW: Einige Klv.-, Org.- u. Orch.-Werke. – Zahlr. Services u. Anthems. – Klv.-Lieder, Glees, Partsongs u. a. weltliche Chorwerke. – Mehrere Slgen. von Kirchenliedern, darunter *A Selection of Psalms and Hymns* (Lo 1864); ferner die Schrift *A Few Words on Cathedral Music* (Lo 1849).

Ausg.: The Wesleys, hrsg. v. G. PHILIPS – P. F. WILLIAMS (Lo um 1960 u. um 1961) (Org.-Musik). – **Zu 2):** Symphonie in D-Dur, hrsg. v. R. PLATT (Lo 1976); *Ave maris stella*, hrsg. v. J. MARSH (Lo 1977).

Lit.: G. W. SPINK, S. S. W. Biogr. Sketch, in: MQ 78 (1937); E. ROUTLEY, The Musical Wesley's (Lo 1968); H. AMBROSE, The Anglican Anthems and Roman Catholic Motets of S. W., 2 Bde. (1968–69) (= Diss. Univ. Boston); A. W. SCALES, Selected Unpublished Anthems of C. W. jr. (1969) (= Diss. Univ. of South California); B. MATTHEWS, C. W. on Organs, in: MT 112 (1971); J. T. LIGHTWOOD, S. W., Musician, the Story of his Life (NY 1972); J. SCHWARZ, S. and S. S. W., The English „Doppelmeister", in: MQ 59 (1973); W. SHAW, The Achievement of S. S. W., in: MT 117 (1976); P. CHAPPELL, Dr. S. S. W. (Great Wakering 1977); N. TEMPERLEY, W., in: Grove[6] XX.

WESSELY, Othmar, * 31. 10. 1922 Linz; östr. Musikforscher. Er studierte am Bruckner-Konservatorium in Linz, an der Musikakademie Wien und an der Wiener Universität (E. Schenk), wo er 1947 mit der Dissertation *A. Bruckner in Linz* promovierte und sich 1958 habilitierte. 1963–71 war er Professor und Direktor des Instituts für Musikwissenschaft in Graz. 1971 wurde er Ordinarius an der Universität Wien und 1974 Präsident der Gesellschaft zur Herausgabe von Denkmälern der Tonkunst in Österreich. W. ist mit der Musikforscherin **Helene W.,** geborene Kropik, verheiratet (* 29. 7. 1924 Wien).

Schriften: *Musik in Oberöstr.* (Linz 1951); *J. J. Fux u. J. Mattheson* (Gr 1966); *J. J. Fux u. A. Vallotti* (Gr 1967); *Zur ars inveniendi im Zeitalter des Barock*, in: Orbis musicae 1 (Tel Aviv 1971–72); *Musik* (Da 1973); *Über den Hoquetus in der Musik zu Madrigalen des Trecento*, in: De ratione in musica. FS Erich Schenk (Kas 1975). – Er gab heraus: *Ergänzungen, Berichtigungen u. Nachträge zu E. L. Gerbers Tonkünstler-Lexika* (Gr 1969); *Bruckner-Studien* (W 1975) (darin v. ihm selbst *Bruckners Mendelssohn-Kenntnis*). – Editionen: In der Fux-GA die Bde. I/2, IV/2, V/2, VI/1 u. VII/1 (1964–76); *Frühmeister des Stile nuovo in Östr.* (1973) (= DTÖ 125).

WEST, Lucretia, * 13. 11. 1922 Virginia (Minnesota); amerik. Sängerin (Alt). Sie studierte an der Howard University in Washington und bei Mae Browner in New York, außerdem in Paris und Wien. 1952 wurde sie an die City Center Opera in New York engagiert, profilierte sich dann aber als Lied- und Oratoriensängerin. Vor allem mit Liedern J. Brahms', G. Mahlers und M. Regers gastierte sie in den 50er und 60er Jahren in den Musikmetropolen der Welt.

WEST COAST JAZZ, Sammel-Bz. für die verschiedenen Idiome des Jazz, die in den 50er Jahren an der Westküste der USA entstanden sind. Repräsentanten des W. sind überwiegend Euroamerikaner mit einer akademischen Musikausbildung. Im Gegensatz zum East Coast Jazz oder Hardbop bezeichnet der Terminus W. keinen einheitlichen Stil, denn er schließt heterogene Tendenzen ein, denen lediglich der Verzicht auf die Emphase des Blues sowie die Orientierung an einem europäischen, geglätteten Klangideal gemeinsam ist. Eine Gruppe von Musikern, zu der Chet Baker und Gerry Mulligan zählen, setzt die Combo-Tradition des Swing fort (Mainstream Jazz) und berücksichtigt auch die harmonischen Neuerungen des Bebop, Modern Jazz und des Cool Jazz. Andere, z. B. der Pianist Dave Brubeck sowie die Arrangeure Ralph Burns und Pete Rugolo, experimentieren mit Formen und Techniken europäischer Kunstmusik des 18., 19. und 20. Jahrhunderts. Als bedeutendste Big Band des W. gilt das Orchester Stan Kenton, dessen Manier auch ↗Progressive Jazz genannt wurde.

Lit.: C. G. HERZOG ZU MECKLENBURG, Stilformen des modernen Jazz. Vom Swing z. Free Jazz (Baden-Baden 1979) (= Slg. musikwiss. Abh.en 63); U. KURTH, Als der Jazz „cool" wurde, in: Musik 50er Jahre, hrsg. v. H. W. Heister – D. Stern (B 1980).

WESTERGAARD, Peter Talbot, * 28. 5. 1931 Champaign (Illinois); amerik. Komponist und Musiktheoretiker. Er studierte 1949–53 Komposition bei W. Piston an der Harvard University in Cambridge (Mass.), 1953–54 bei D. Milhaud in Paris, 1954–56 bei R. Sessions an der Princeton University (N. J.) und 1956–58 bei W. Fortner in Detmold und Freiburg im Breisgau. Danach lehrte er bis 1966 an der Columbia University in New York, 1967–68 am Amherst College und seit 1968 an der Princeton University.

WW: **1) Kompositionen:** Quartett (1960) für Klv., Vibraphon, V. u. Vc.; *Moto perpetuo* (1976) für Fl., Ob., Klar., Trp. u. Horn; Variationen für 6 Instr. (1963); *Symphonic Movement* (1954) u. *Five Movements* (1958) für (kleines) Orch. – Kantaten: *The Plot Against the Giant* (1956) (Text: W. Stevens) für Frauenchor, Klar., Vc. u. Harfe; *A Refusal to Mourn the Death* ... (1958) (Text: D. Thomas) für Baß u. 10 Instr.; *Leda and the Swan* (1961) (Text: W. B. Yeats) für Mezzosopran, Klar., Vibraphon u. Marimba. – Opern: *Charivari*, UA: Cambridge 1953; *Mister and Mistress Discobbolos*, UA: New York 1966; *The Tempest* (1974). – **2) Schriften:** *Some Problems in Rhythmic Theory and Analysis*, in: Perspectives of New Music 1 (1962/63); *Toward a Twelve-Tone Polyphony*, in: ebd. 4 (1965/66); *On the Problems of „Reconstruction from a Sketch": Webern's „Kunfttag 3" and „Leise Düfte"*, in: ebd. 11 (1972/73); *An Introduction to Tonal Theory* (NY 1974). – W. ist Mit-Hrsg. v. *Perspectives of New Music*.

WESTERN MUSIC, Country music, Country & Western music, Bz. für eine in den 20er und 30er Jahren in den USA entstandene Art der Unterhaltungsmusik. Die W. knüpft an die Folklore der weißen Südstaaten-Siedler an. Diese wiederum besitzt britische Wurzeln, hat aber im Laufe ihrer eigenen Entwicklung afro-, franko- und hispanoamerik. Elemente assimiliert (↗Hillbilly music). Ihre wichtigsten Instrumente sind Geige, Gitarre und Five-String-Banjo. Ihr Gesangsstil leitet sich von der religiösen Praxis des „shape-note-singing" her. – Mit zunehmender Industrialisierung veränderte die Volksmusik ihren Charakter. Sie wurde zur Ware. Die Musiker professionalisierten sich und bezogen die gerade herrschenden Moden ein, in den 30er Jahren etwa den Swing, später den Rockabilly, Rock and Roll und die Rock music. Deren Combo-Besetzungen prägen bis heute den Sound der W., wobei Elektrogitarre und die Steelguitar hervortreten. Auch die Liedertexte haben längst Abschied vom ländlichen Alltag genommen. Die Protagonisten der W., z.B. Johnny Cash und Gene Autrey, wählen überwiegend Themen, die eine vorindustrielle, heile Welt verklären. Ihre Helden sind u.a. Cowboys, intakte Familien, enttäuschte Liebende. Medien der W. sind Wildwest-Filme (daher der Name), Radiostationen, Schallplatten und selbstverständlich auch das Fernsehen. Ihr geographisches und kommerzielles Zentrum liegt in Nashville. In den USA gilt sie als bevorzugte Musik der konservativen sog. schweigenden Mehrheit. Daneben hat sich eine Tendenz über die Zeiten gerettet, die den rebellischen Charakter der Ursprünge bewahrt. Ihre bedeutenden Vertreter, z.B. Pete Seeger und Woodie Guthrie, haben vor allem die Protestsong-Bewegung der 60er und 70er Jahre maßgeblich beeinflußt, etwa Sänger wie Bob Dylan und Joan Baez.

Lit.: B. C. MALONE, Country Music, USA. A Fifty-Year History (Austin/Tex. 1968); G. LANDON – I. STAMBLER, Encyclopedia of Folk, Country and Western Music (NY 1969); S. D. PRICE, Take me Home. The Rise of Country and Western Music (NY 1974); K. KUHNKE – M. MILLER – P. SCHULZE, Gesch. der Pop-Musik I (NA Lilienthal – Bremen 1976). U. KURTH

WESTRUP, Sir **Jack Allan,** * 26. 7. 1904 London, † 21. 4. 1975 Headley (Hampshire); engl. Musikforscher. Er studierte am Dulwich College und am Balliol College in Oxford. 1933–45 gab er den *Monthly Musical Record* heraus und war 1934–39 Musikkritiker des *Daily Telegraph*. 1944–46 war er Lehrer für Musikgeschichte an der Universität Birmingham und 1947–71 Professor of Music an der Universität Oxford, die ihm 1946 die Ehrendoktorwürde verliehen hatte. W. wurde durch die Gedenkschrift *Essays on Opera and English Music* (hrsg. v. Fr. W. Sternfeld u. a., O 1975, mit Bibliogr.) geehrt. W. hat auf vielen Gebieten, zumal im Bereich der Erforschung der Oper und der englischen Musik, grundlegende Arbeiten veröffentlicht.

Schriften: *Purcell* (Lo 1937 u.ö., revidierte NA 1975); *Haendel* (Lo 1938); *Liszt* (Lo 1939); *Sharps and Flats* (Gesammelte Schriften) (Lo 1940, Freeport/N.Y. 1970); *British Music* (NY – Lo 1943, [3]1949); *An Introduction to Musical History* (Lo 1955); *Bach Adaptations*, in: Studia Musicologica Academiae Scientiarum Hungaricae 11 (1969); *Schubert Chamber Music* (Lo 1969); *The Paradox of Eighteenth-Century Music*, in: Gedenkschrift G. Haydon (Chapell Hill 1969); *Musical Interpretation* (Lo 1971); *An Introduction to Musical Hist.* (Lo [2]1973); *Parodies and Parameters*, in: Proc. R. Mus. Assoc. 100 (1973/74).

Lit.: P. DENNISON, W., in: Grove[6] XX.

WEST SIDE STORY, amerik. Musical von L. Bernstein. Buch von Arthur Laurents; Songtexte von Stephen Sondheim. Ort und Zeit der Handlung: New York, in den 50er Jahren. UA: 26. 9. 1957 New York (Winter Garden Theater; 734 Vorstellungen); Idee, Regie und Choreographie: Jerome Robbins. EA in dt. Sprache: 25. 2. 1968 in Wien (Volksoper). Verfilmt 1961.

Angelehnt an W. Shakespeares *Romeo und Julia*, werden hier die Capulets und Montagues zu verfeindeten Halbstarken-Banden, den einheimischen Jets und den eingewanderten puertoricanischen Sharks. Der New Yorker Tony liebt Maria, die Schwester des Anführers der Sharks, und versucht Frieden zwischen den Halbstarken zu stiften. Er wird bei einer Messerstecherei getötet. Mit seiner Mischung von lyrischen Liebesszenen, Kritik an der modernen Großstadtgesellschaft, mitreißenden Ballettnummern und anspruchsvoller Musik, wurde die W. zum bis dahin kühnsten Werk des amerik. Musiktheaters. Zu Evergreens wurden: *Tonight, Maria, America, I Feel Pretty, Somewhere.* R. WALLRAF

WEYRAUCH, Johannes, * 20. 2. 1897 Leipzig, † 1. 5. 1977 ebd.; dt. Komponist und Kirchenmusiker. Er studierte 1919–22 Komposition am Leipziger Konservatorium (S. Karg-Elert) und Musikwissenschaft (H. Abert, H. Riemann, A. Schering) an der Universität. 1924–36 wirkte er in Leipzig als Musiklehrer und Chorleiter, studierte dann noch Orgel bei Fr. Högner am Konservatorium und war bis 1961 Kantor und Organist an verschiedenen Leipziger Kirchen. 1946–67 lehrte er Theorie und Tonsatz an der Musikhochschule (1953 Professor, 1962 Emeritus mit Lehrauftrag).

WW: **1) Instr.-WW:** Für Org.: *Praeludium, Aria e Fuga* (1935); 7 Partiten auf das Kirchenjahr (1938); *Missa per organum* (1952); Sonate (1954); *Sonate in F* für Klv. (1959); *Partita über „All mein' Gedanken"* (1949) für V. u. Klv.; *Eine kleine Spielmusik* (1972) für Fl., V., Va. u. Vc.; Sonatina (1966) für Streichorch.; Doppelkonzert (1964) für Fl., Ob. u. Streichorch. – **2) Vokal-WW:** Zahlr. Liederzyklen mit Klv.; *Vier Evangelienmotetten* (1950–64) für Chor a cap. bzw. mit 2 Einzelst. u. Org.; *Johannespassion* (1958) für 3st. Chor u. Org. (Str. ad lib.); *Kantate vom Reich Gottes* (1969) für 4–5st. Chor., Org. u. Str.; *Kantate von der Liebe* (1971); *Spruchgesang* (1972) für 3st. Chor u. Org. – W. schrieb *Zusprüche* (L 1977).

Lit.: W. ORF, J. W. Biogr. u. Unters. über die Einflüsse traditioneller u. zeitgen. Musik auf seinen Personalstil (Diss. L 1969) (mit Werk-Verz.); DERS., J. W. zum 75. Geburtstag, in: MuK 42 (1972).

WEYSE, Christoph Ernst Friedrich, * 5. 3. 1774 Altona, † 8. 10. 1842 Kopenhagen; dänischer Komponist. Er war seit 1789 Schüler von J. A. P. Schulz in Kopenhagen, wurde 1792 Hilfsorganist und 1794 1. Organist an der Reformierten Kirche und versah von 1805 bis zu seinem Tod das Organistenamt an der Domkirche. 1817 wurde er Titularprofessor an der Universität, die ihm 1842 die Ehrendoktorwürde verlieh, und 1819 Hofkomponist.

WW: **1) Instr.-WW:** Klv.-Stücke, u.a. Etüden u. *Allegri di bravura* (B 1796 u. Z 1804); Präludien u. Fugen für Org. – 7 Symphonien (1795–99). – **2) Vokal-WW:** Miserere (1818) u. Te Deum (1826) für Chor u. Orch.; *Choral-melodier til den evangelisk-christelige psalmebog* (Kop 1839); geistl. u. weltl. Kantaten; Chöre; Klavierlieder, u.a. 8 *Morgensange* (Kop 1837), 7 *Aftensange* (Kop 1838); postum erschien die umfangreiche Slg. *Romancer og Sange* (Kop 1852–60). – **3) Bühnen-WW:** Singspiele *Sovedrikken* (Schlaftrunk), UA: Kopenhagen 1809; *Faruk*, UA: ebd. 1812; *Ludlams kule*, UA: ebd. 1816. – Bühnenmusik.

W. war in seiner Zeit als Kirchenkomponist und Organist die beherrschende Persönlichkeit des dänischen Musiklebens und international namentlich durch seine Klavierwerke bekannt. Sein eigentlicher Nachruhm beruht in Dänemark indessen bis heute auf dem Singspiel *Sovedrikken* mit seiner reizvollen Verbindung von dänischem Naturgefühl und Elementen der italienischen und französischen Oper des späten 18. Jh., auf den Kirchen- und Universitätskantaten sowie ganz besonders auf den überaus populären 3st. Liedern (darunter der Weihnachtsgesang *Julen har bragt velsignet Bud*) und auf den Klavierliedern und -romanzen. Mit der volksnahen Melodik seiner Lieder steht W. in der unmittelbaren Tradition von Schulz und hat damit seinerseits die Entwicklung der Vokalmusik seiner Wahlheimat maßgeblich bestimmt.

Lit.: Kompositionen v. C. E. F. W., Thematisch-bibliogr. Kat., hrsg. v. D. FOG (Kop 1979). – J. P. LARSEN, W.s Sange (Kop 1952); G. COCKSHOTT, Some Songs of Ch. E. F. W., in: MT 91 (1950); N. M. JENSEN, Den danske romance 1800–50 og dens mus. forudsaetninger (Kop 1964) (mit dt. Zusammenfassung); J. P. LARSEN, W., in: Grove[6] XX.

WHITE (Whyte), Robert, * um 1535, begraben 11. 11. 1574 London; engl. Komponist. Er wurde 1560 Bachelor of Music der Universität Cambridge, wirkte als Chormeister 1562–66 an der Kathedrale in Ely, seit 1566 vermutlich in Chester und seit 1570 an der Westminster Abbey. W.s Instrumentalfantasien gehören zu den frühesten Beispielen dieser Gattung in England. Von seinen geistlichen Werken verdienen die Lamentationen und das *Miserere mei Deus* (51. Psalm) wegen ihrer expressiven Textausdeutung besondere Erwähnung.

WW (hsl. erhalten): 6 In Nomine u.a. Stücke für Violenconsort; 2 Sätze für Tasteninstr. – 20 lat. u. einige engl. kirchenmusikal. Werke.

Ausg.: Vokalmusik, hrsg. v. P. C. BUCK u.a. (Lo 1926, Nachdr. NY 1963) (= Tudor Church Music 5); The Instrumental Music, hrsg. v. I. SPECTOR (Madison/Wis. 1972) (= RRMRen 12).

Lit.: I. SPECTOR, The Music of R. W., in: The Consort 23 (1966); F. HUDSON, R. W. and his Contemporaries. Early Elizabethan Music and Drama, in: FS E. H. Meyer (L 1973); D. MATEER, A Comparative Study and Critical Transcription of the Latin Sacred Music of R. W. (1976) (= Diss. Queen's Univ., Belfast).

WHITEMAN, Paul, * 28. 3. 1890 Denver (Colorado), † 29. 12. 1967 Doylestown (Pennsylvania); amerik. Bandleader. W. gründete 1919 seine erste Band und unternahm vor allem in den 20er und 30er Jahren mit einem großen Ensemble zahlreiche Tourneen durch die USA. Bei seinem ersten und gleichzeitig bedeutendsten Konzert 1924 brachte er G. Gershwins *Rhapsody in Blue* zur Uraufführung. Für sein aufwendig besetztes Orchester engagierte er immer wieder namhafte Jazzmusiker, u.a. Bix Beiderbecke; der Sänger Bing Crosby begann hier seine Laufbahn. Während der 30er Jahre verlegte sich W. zunehmend auf Unterhaltungsmusik. 1940 wurde er musikalischer Leiter der Rundfunkstation ABC in New York. Der von ihm entwickelte sogenannte „symphonische Jazz" verbindet Elemente des Jazz und der amerikanischen Populärmusik mit abendländischer Kunstmusik und blieb stets umstritten. Seinen Ehrennamen „King of Jazz“ hat W. stets strikt abgelehnt, zumal er seine Musik nicht so sehr als Jazz, sondern allgemein als „amerikanische Musik“ verstand.

Lit.: T. PALMER, All you need is love. Vom Blues z. Swing, von Afrika z. Broadway, vom Jazz z. Soul u. Rock 'n' Roll (dt. Mn – Z 1977).

WICH, Günther, * 23. 5. 1928 Bamberg; dt. Dirigent. Er studierte an der Musikhochschule in Freiburg i. Br. und begann seine Laufbahn 1952 zunächst als Volontär, dann als 1. Kapellmeister an den dortigen Städtischen Bühnen. 1959 wurde er musikalischer Oberleiter am Opernhaus in Graz, 1961 GMD in Hannover und war 1965–82 GMD der Deutschen Oper am Rhein Düsseldorf-Duisburg. 1969–73 (1970 Professor) leitete er eine Dirigentenklasse an der Folkwang-Hochschule in Essen und wurde 1982 Professor an der Musikhochschule in Würzburg, wo er auch das dortige Hochschulorchester leitet. Als Gastdirigent trat er im In- und Ausland auf.

WIDERSPENSTIGEN ZÄHMUNG, DER, Komische Oper in 4 Akten von H. Goetz, Text von Joseph Victor Widmann und dem Komponisten nach W. Shakespeares gleichnamiger Komödie *(The Taming of the Shrew).* Ort und Zeit der Handlung: Padua und Verona, im frühen MA. UA: 11. 10. 1874 Mannheim.
Katharina, weibliche Hauptfigur der Oper, ist übellaunig und herrisch; erst als ihr Gatte Petruccio keine Scheu vor ihr zeigt und sie in humorvoll-erzieherischer Übertreibung unter ihren eigenen Charakterschwächen leiden läßt, wird sie „geheilt“. Die innere Wandlung der Katharina wird von Goetz – in Einklang mit Shakespeares Stück – nicht in der Art eines feinnetzigen Psychogramms, sondern eher drastisch-bildhaft durch Reihung theatralisch effektvoller und spannungsgeladener Situationen dargestellt. Obwohl das Werk weitgehend durchkomponiert ist, bleibt dabei eine klare Szenen- und Nummernfolge erkennbar. Die musikalische Sprache wird nicht zu einer zusätzlichen Ebene ästhetischer Sinngebung; vielmehr erscheint sie größtenteils auf die einfachen Funktionen der Stimmungsmalerei und des unmittelbaren Affektausdrucks beschränkt: So ist auch die satztechnisch sehr geschickte Verwebung der melodisch selbständigen Oberstimme des Orchesterparts mit den Vokalstimmen in der Regel absolut-musikalischer Zusatz ohne Semantisierung, wird jedoch in Höhepunktsphasen zu einem virtuos beherrschten kompositorischen Mittel der Steigerung. W. A. MAKUS

WIDHALM, Leopold, * wahrsch. 2. 10. 1722 Horn (Niederösterreich), † 11. 6. 1776 Nürnberg. Er ist neben M. Alban, M. Klotz und J. Stainer – dessen Instrumente seine Vorbilder waren – der bedeutendste dt. Geigenbauer seiner Zeit. Die genaue Eingrenzung der von ihm gebauten Instrumente ist schwierig, da mit seinem Namen signierte Firmenzeichen von seinen Söhnen noch lange nach seinem Tod verwendet wurden. – W.s Söhne **Martin Leopold** (1747–1806) und **Gallus Ignaz** (1752–1822) führten die Werkstatt fort. Ein weiterer Sohn, **Veit Anton** (* 16. 1. 1756 Nürnberg, † wahrscheinlich 1801 Stadtamhof bei Regensburg), war ebenfalls Geigenbauer, wurde von seinem Vater ausgebildet und arbeitete seit etwa 1774 bei Joseph Buchstetter in Stadtamhof, wo er später eine eigene Werkstatt gründete. Auch er zählte in seiner Zeit zu den besten Vertretern seines Metiers; seine Vorbilder waren Stainer und Stradivari. Sein Sohn **Johann Martin Leopold** (1799 – nach 1825) wurde 1822 sein Nachfolger.

Lit.: W. L. VON LÜTGENDORFF, Die Geigen- u. Lautenmacher v. MA bis zur Gegenwart (F 1904, $^{5-6}$1922), Nachdr., 2 Bde. (Tutzing 1968); R. VANNES, Dictionnaire universel des luthiers, 2 Bde. (P 1932, Bru ^{2}1951); F. HAMMA, Meisterwerke dt. Geigenbaukunst (St 1948, ^{2}1961).

WIDMANN, Erasmus, getauft 15. 9. 1572 Schwäbisch-Hall, † 31. 10. 1634 Rothenburg ob der Tauber; dt. Komponist. Er studierte seit 1589 an der Universität Tübingen und ist als Organist 1595 in Eisenerz (Steiermark) und 1596–98 in Graz nachweisbar. 1599 wurde er Kantor in Schwäbisch-Hall und 1602 Präzeptor und Organist am Hof in Weikersheim, wo er 1607 zum Kapellmeister avancierte. 1613 ging er als Präzeptor und Kantor nach Rothenburg und versah seit 1614 das Organistenamt an der St. Jakobskirche. 1627 bezeichnete er sich als „Poeta laureatus caesareus“. W. ist einer der letzten Meister des chorischen Gesellschaftslieds in Deutschland. In dieser Gattung und in seinen geistlichen Werken pflegt er den traditionellen A cappella-Stil und verzichtet auf den Generalbaß. Seine Instrumentalkanzonen gehören zu den ersten ihrer Art.

WW (gedruckt in Nürnberg): *Geistliche Psalmen und Lieder* für 4 St. (1604); *Neue Geistliche Teutsche und Lateinische Moteten* für 3–8 St. (1619); *Piorum suspiria,* Motetten für 3–4 St. (1629). – 5 Slgen. *Neue teutsche Gesänglein* mit unterschiedlichen Titeln für 4–5 St. *auch auff allerley Musicalischen Instrumenten zu gebrauchen* (1606, 1611, 1613, 1618, 1623); einige Gelegenheitsgesänge. – *Gantz Neue Cantzon, Intraden, Balletten und Courranten* für 4–5 Instr. (1618). – Lehrwerk: *Musica praecepta latino-germanica* (1615).

Ausg.: Ausgew. Werke, hrsg. v. G. REICHERT (1959) (= EDM, Sonderreihe 3); zahlr. praktische Einzelausg.

Lit.: W. VETTER, Das frühdt. Lied, 2 Bde. (Mr 1928); G. REI-

CHERT, E. W. (St 1951) (mit einigen Kompositionen u. Werk-Verz.); D. HÄRTWIG, W. in: MGG XIV.

WIDOR, Charles-Marie-Jean-Albert, * 24. 2. 1845 Lyon, † 12. 3. 1937 Paris; frz. Komponist und Organist. Er war Schüler von Fr.-J. Fétis und J. N. Lemmens in Brüssel und 1869–1933 Organist an St-Sulpice in Paris und mehr als 6 Jahrzehnte eine überragende Persönlichkeit im frz. Musikleben. Am Conservatoire lehrte W. als Nachfolger von C. Franck 1890–96 Orgel, als Nachfolger von Th. Dubois 1896–1904 Kontrapunkt und Fuge und seit 1905 Komposition. 1910 wurde er Mitglied der Académie des Beaux-Arts in Brüssel und 1914 deren Sekretär. Zu W.s Schülern gehören Ch. Tournemire, L. Vierne, A. Schweitzer (den W. zu seiner Bach-Monographie anregte) und M. Dupré, sein Nachfolger an St-Sulpice und künstlerischer Erbe.

WW: **1) Instr.-WW:** Für Klv.: Sonaten; Fantaisie italienne *Le corricolo* (1877); *Valses; Conte d'automne* (1904). – Für Org.: 8 Sonaten; *Suite latine*, op. 86 (1927); 3 *Nouvelles pièces* (1934); 8 Symphonien (1876–80) sowie *Symphonie gothique* (1895) u. *Symphonie romane* (1900). – Für Kammermusik: *Sérénade* für Fl., V., Vc. u. Harmonium, op. 10; Streichquartett (1891), 2 Quintette. – Für Orch.: 4 Symphonien, u.a. *Sinfonia sacra* mit Org., op. 81 (1908) u. *Symphonie antique* mit Org. u. Chor (1911); symphonische Dichtung *La nuit de Walpurgis* (1887?) mit Chor, op. 60; *Ouverture espagnole* (1898); *Fantaisie* mit Klv., op. 62 (1889); *Choral et Variation* mit Harfe u. Vc. (1900); Konzerte für: Klv., op. 39 u. 77 (1876, 1906) u. Vc., op. 41 (1882). – **2) Vokal-WW:** Über 40 Lieder; Messe für Doppelchor u. 2 Org., op. 36; Psalm 112; *Chant séculaire* für Soli, Chor u. Orch., op. 49. – **3) Bühnen-WW:** Drames lyriques *Maître Ambros*, UA: Paris 1886, *Les pêcheurs de Saint-Jean*, UA: ebd. 1905 u. *Nerto*, UA: ebd. 1924. – Ballett *La korrigane*, UA: ebd. 1880; Ballett-Pantomime *Jeanne-d'Arc*, UA: ebd. 1890. – Bühnenmusik: *Conte d'avril* (nach W. Shakespeare), UA: Paris 1885; *Les Jacobites*, UA: ebd. 1885. – **4) Schriften:** *La technique de l'orchestre moderne* (P 1904, [2]1906), dt. Übers. v. H. Riemann (L 1905, engl. Lo 1906 u. 1946); *Initiation musicale* (P 1923); *L'orgue moderne. La décadence dans la facture contemporaine* (P 1928). – W. gab heraus: *J. S. Bach, Complete Organ Works*, 5 Bde. (v. insgesamt 8) (NY 1912–14) (zus. mit A. Schweitzer).

W. steht als Organist in einer besonderen Weise in der Tradition J. S. Bachs. Sein Lehrer Lemmens war Schüler von A. Fr. Hesse, der seinerseits bei J. N. Forkel, dem hervorragenden Kenner der Musik Bachs, studiert hatte. Recht eigentlich ist er aber der Repräsentant der symphonischen Orgel und der Schöpfer der Orgelsymphonie. Seine Schreibweise tendiert zu Virtuosität und dekorativer Gestaltung, wie sie in bestimmten Werken Francks erscheint. Ein Meister koloristischer Mittel, hat bei W. die Gegenüberstellung von Klangfeldern eine elementare Bedeutung, so in dem Wechsel von strengstem Legato und vehementestem Staccato. Generell erweist sich die Orgel für W. mehr als ein Konzertinstrument, als daß sie der Liturgie dient. Seine Werke gehören zum festen Bestand der konzertanten Orgelmusik in aller Welt, berühmt ist als Einzelstück besonders die Toccata aus der Symphonie Nr. 5.

Lit.: I. PHILIPP, Ch.-M. W., in: MQ 30 (1944); J. HANDSCHIN, Ch.-M. W., in: Gedenkschrift J. Handschin (Be–St 1957); E. MARHEFKA, W.s Orgelkompositionen, in: MuK 29 (1959); H. ALBRECHT, C. Franck, Ch.-M. W. u. A. Guilmant als Orgellehrer. Aus den Erinnerungen ihres Schülers L. Vierne, in: MuG 29 (1975); F. RAUGEL, W., in: Grove[6] XX. – ↗Orgel (Musik für Orgel).

R. BERNARD

WIECHOWICZ, Stanisław, * 27. 11. 1893 Kroczyce bei Kielce, † 12. 5. 1963 Krakau; poln. Organist, Dirigent und Komponist. Er studierte am Krakauer Konservatorium, am Dalcroze-Institut in Dresden, am Konservatorium in St. Petersburg und an der Schola Cantorum in Paris. 1921 wurde er Lehrer für Theorie, 1930 Lehrer für Komposition in Posen und 1945 Professor für Komposition an der Musikhochschule in Krakau. Gleichzeitig war er als Musikkritiker tätig. Seine Werke sind von der polnischen Folklore geprägt.

WW: **1) Instr.-WW:** Für Orch.: Symphonische Dichtung *Babie lato* (Altweibersommer) (1922); symphonisches Scherzo *Chmiel* (Der Hopfen) (1926); *Koncert staromiejski* (Altstädtisches Konzert) (1948–49). – **2) Vokal-WW:** Zahlr. Kantaten, u.a. *Pastorałki* (Weihnachtskantate) (1929) für Solo-St., Chor u. Schlagzeug; *Mruczkowe bajki* (Katermärchen) (1930) für Chor a capp.; *Kantata romantyczna* für Sopran, Chor u. Orch. (1930); *Kantata żniwna* (Erntekantate) (1948) für Chor a capp.; *Kantata Mickiewiczowska* (1950) für Chor u. Orch.; *List do Marc Chagalla* (Brief an Marc Chagall) (1961) für 2 Solo-St., Chor u. Orch. – **3) Geistliche WW:** Über 100 Chöre a capp. oder mit Begleitung sowie für kirchlichen Gebrauch umgearbeitete Volkslieder. – Schrift *Podstawowe uwagi dla dyrygentów chórowych* (Grundsätzliche Bemerkungen für Chordirigenten) (Krakau 1951).

Lit.: Z. LISSA – J. CHOMIŃSKI, Zagadnienie folkloru w twórczości współczesnych kompozytorów polskich (Das Problem der Folklore im Schaffen zeitgenössischer polnischer Komponisten), in: Muzyka (1951) Nr. 5–6; J. PROSNAK, S. W., Leben u. Chorwerk, in: Życie Śpiewacze (1954) Nr. 10; T. KACZYŃSKI, „List do Marc Chagalla" Stanisława Wiechowicza, in: Ruch muzyczny 5 (1961); S. KISIELEWSKI, S. W. 1893–1963, in: ebd. 7 (1963).

WIECK, Johann Gottlob Friedrich, * 18. 8. 1785 Pretzsch bei Wittenberg, † 6. 10. 1873 Loschwitz bei Dresden; dt. Musikpädagoge. Er studierte bis 1807 Theologie an der Universität Wittenberg und war 9 Jahre Hauslehrer in mehreren Adelsfamilien. In der Musik vorwiegend Autodidakt, gründete er um 1817 in Leipzig eine Pianofortefabrik und eine Musikalienleihanstalt, die jedoch nur kurze Zeit bestanden. 1840 ging er nach Dresden, studierte dort Gesangspädagogik bei Johann Aloys Miksch und war dann mit großem Erfolg als Klavierlehrer tätig, wobei er nach einer am System von J. B. Logier orientierten Methode unterrichtete. W.s Ansehen wuchs besonders durch seine Töchter **Clara,** die spätere Frau seines Schülers R. Schumann (↗Schumann, Clara), und **Marie**

(1832–1916), eine bekannte Konzertpianistin und Musikpädagogin. Ein weiterer bedeutender Schüler war H. von Bülow.

Schrift: *Klv. u. Gesang* (L 1833, [3]1878); *Musikal. Bauernsprüche aus dem Tagebuch eines alten Musikmachers,* hrsg. v. MARIE WIECK (Dresden 1871, [2]1876).

Lit.: V. JOSS, Der Musikpädagoge F. W. u. seine Familie (L 1902); M. WIECK, Aus dem Kreise W.-Schumann (Dresden 1912, [2]1914); K. WALCH-SCHUMANN, F. W. Briefe aus den Jahren 1830–1838 (Kö 1968); F. GOEBELS, W., in: MGG XIV.

WIEDERHOLUNG, Bz. für das wichtigste Prinzip der musikalischen Rhythmus-, Prozeß- und Formbildung. Poesie und Literatur wiederholen grundsätzlich nichts. Allenfalls die Gattungen der Lyrik, die der Musik nahestehen, wie das Lied, kennen Refrains. Anders die Musik: hier beherrscht die W. alle Epochen und Stile, Folklore und Kunstmusik, auch wenn sie nicht überall in gleicher Weise manifest wird. In Kunstproduktionen des 16. und 20. Jh. ist das im allgemeinen weniger sinnfällig als in solchen des 17. und 18. Jahrhunderts. Die Arten der W. sind so mannigfaltig, daß es schwerfällt, sie zu systematisieren. Unterscheiden kann man erstens W.en, die einen bereits erklungenen Abschnitt Ton für Ton wiederholen, von auskomponierten, die das Vorbild mehr oder weniger abwandeln und variieren. Mechanische W.en werden meist nicht eigens ausgeschrieben, sondern durch W.s-Zeichen (↗Abbreviaturen) oder wörtliche Anweisungen (da capo) angezeigt.
Unterscheiden kann man zweitens verschiedene Formen der W.: Die einfachste ergibt sich aus der Fortsetzung eines Modells (a a^1 a^2 ...); diese Form realisieren meist Variationszyklen (sie wiederholen im 17. und 18. Jh. ein harmonisches Modell, oft auch den Baß). Etwas komplizierter ist die Form, die Haydns Klaviervariationen f-moll verwirklichen; hier wechseln 2 gegensätzliche Modelle miteinander ab (a b a^1 b^1 a^2 b^2 ...). Eine andere Variante der einfachen Form ist die Verdoppelung verschiedener, aufeinander folgender Einheiten (aa bb cc ...), eine Form, die etwa die Sequenz kennzeichnet und infolgedessen auch manche Motette, so etwa Josquin des Prés' Vertonung der Sequenz *Veni, sancte Spiritus.* Eine geschlossene Form ergibt sich, wenn ein erster Abschnitt nach einem zweiten, davon verschiedenen wiederkehrt (a b a). Dieses Schema realisieren viele Kompositionen und Kompositionstypen. Josquin schon gebraucht es in der Chanson *Tenez moy,* die barocke Arie hat es zur Grundlage (↗Da capo-Arie), das Menuett und das Scherzo ebenfalls. Sogar die Sonatensatzform kann als eine hochorganisierte Variante dieses Schemas angesehen werden. Die Erweiterung dieser Form läßt rondoartige Abläufe entstehen (a b a c a ...). Ihr klarster Ausdruck ist das Rondo der klassischen Instrumentalmusik (↗Rondeau 2). Sie wird jedoch auch in anderen, lockerer gefaßten Gebilden verwendet. J.-B. Lully etwa neigt dazu, lange Reden dadurch musikalisch zu konzentrieren, daß er darin eine oder mehrere Zeilen öfters wiederholt. Zu den aufgezählten W.s-Modellen kommen viele andere, so die komplizierten Schemata des ma. Liedes, deren einfachstes und bekanntestes die Barform aab ist.
Unterscheiden kann man drittens die gänzliche von der teilweisen W.: Gänzliche W.en, mechanische und auskomponierte, findet man dort, wo der ganze Satz mit all seinen wesentlichen Komponenten wiederholt wird. Hier entstehen sinnfällige Symmetrien. Von teilweisen W.en kann man sprechen, wenn nur Satzteile repetiert werden, einzelne Stimmen wie der Tenor in Meßzyklen des 15. Jh., ein rhythmisches Modell wie in isorhythmischen Motetten oder ein Materialfeld wie in Zwölftonkompositionen.
Unterscheiden kann man W.en viertens im Blick auf die Dimensionen, die sie erfassen: sie reichen von der elementaren Sinneinheit bis zu riesigen Komplexen. Die kunsthafte W. elementarer Einheiten (auch im Austausch zwischen Stimmen) ist schon in der Notre-Dame-Polyphonie üblich. Man findet sie in der Ornamentation der franko-flämischen Schule und im Barock im Zusammenhang mit den musikalisch-rhetorischen ↗Figuren. Einer eigenartigen Kunst der Motiv-W. und -verschränkung verdanken viele Themen der klassischen und romantischen Musik ihren Rhythmus und organischen Charakter. Weitere eigentümliche Beispiele für das Verfahren der Motiv-W. sind die Figurationstechnik der Instrumentalmusik, so wie sie sich etwa in Fr. Chopins Etüden darstellt, oder R. Wagners Leitmotivik. Zeilen- und Satz-W.en dienen der Bekräftigung wichtiger formaler Positionen, des Anfangs und des Schlusses; in Vokalmusik werden dadurch wichtige Aussagen auch im Innern eines Werkes hervorgehoben. Aus der W. größerer und großer Satzkomplexe ergeben sich die musikalischen Formen im engeren Sinne. Dabei gilt: je höher eine Form stilisiert und organisiert ist, um so höher ist der Grad, in dem W.en auskomponiert werden; es sei denn, es handle sich um große Satzteile, wie die Exposition einer Sonatensatzform, die unverändert wiederholt wird.
Endlich und fünftens kann man die W.en im Blick auf die Techniken unterscheiden, denen sie ihr Dasein verdanken. Die Kanon-, die Imitations-, die Fugentechnik, die Technik der motivischen Fortspinnung, der thematischen Arbeit, der entwikkelnden Variation, die Zwölftontechnik und die se-

rielle Kompositionsweise zeitigen jeweils eigene W.s-Arten.

Lit.: F. L. BÜHRLEN, Über W.en in der Musik, in: AmZ 46 (1823); R. LACH, Das Konstruktionsprinzip der W. in Musik, Sprache u. Lit. (W 1925) (= Sitzungsber.e der Akad. der Wiss. in Wien 201/2); C. A. HARRIS, The Element of Repetition in Nature and the Arts, in: MQ 17 (1931); G. MASSENKEIL, Die Wiederholungsfiguren in den Oratorien G. Carissimis, in: AfMw 13 (1956); W. HESS, Die Teilwiederholung in der klass. Sinfonie u. Kammermusik, in: Mf 16 (1963); N. TEMPERLEY, Tempo and Repeats in the Early Nineteenth Century, in: ML 47 (1966).

W. SEIDEL

WIEGENLIED, Bz. für eine einfache, durch die Verwendung eines wiegenden ¾- oder ⁶⁄₈-Rhythmus als Schlummerlied charakterisierte Volks- bzw. volkstümliche Liedgattung. Als populärstes Lied dieser Art gilt J. Brahms' *Guten Abend, gut Nacht* (op. 49, Nr. 4); auch Kompositionen wie das weltbekannte Weihnachtslied *Stille Nacht, heilige Nacht* sind dieser Gattung zuzuzählen. Besondere Bedeutung kommt dem W. durch die Übernahme in die Instrumentalmusik zu. In diesem Zusammenhang wurde es vor allem als ↗Berceuse von vielen Komponisten vertont.

WIELAND, Christoph Martin, * 5. 9. 1733 Oberholzheim bei Biberach an der Riß, † 20. 1. 1813 Weimar; dt. Schriftsteller. W., aus dem schwäbischen Pietismus hervorgegangen, ist der wohl bedeutendste deutsche Rokoko-Dichter. Nach Universitätsstudien in Erfurt (Philosophie) und Tübingen (Jurisprudenz) wurde er 1760 Senator in Biberach, 1769 Professor für Philosophie in Erfurt und 1772 Prinzenerzieher in Weimar. 1775 als Hofrat pensioniert, widmete er sich ganz seiner literarischen Tätigkeit, die auch das Singspiel in der Leipziger Tradition Chr. F. Weißes und J. A. Hillers einschloß. Seine Sammlung *Dschinnistan oder Auserlesene Feen- und Geistermährchen* (1786 bis 1789) wirkte auf das Wiener Volkstheater und beeinflußte auch den Text von W. A. Mozarts *Zauberflöte.* Nach Texten von W. komponierten A. Schweitzer *Alceste* (UA Weimar 1773), Fr. X. Süßmayr *Idris und Zenide* (UA Wien 1795) und C. M. von Weber *Oberon* (UA London 1826); Gedichte wurden u.a. von C. Ph. E. Bach, J. H. Knecht und J. Fr. Reichardt vertont. 1773–1810 gab W. die erste bedeutende deutsche literarische Zeitschrift, *Der teutsche Merkur* (seit 1790 *Der neue teutsche Merkur*), heraus.

Ausg.: Werke, 5 Bde., hrsg. v. F. MARTINI – H. W. SEIFFERT (Mn 1964–68).

Lit.: E. VALENTIN, „... er kennt mich aber noch nicht so". Mozart-Spuren bei W., in: Acta Mozartiana 8 (1961); C. SOMMER, Ch. M. W. (St 1971) (= Slg. Metzler 95); H.-A. KOCH, Das dt. Singspiel (1974) (= ebd. 133).

WIENER, Otto, * 13. 2. 1913 Wien; östr. Sänger (Baß-Bariton). Er studierte in Wien und debütierte 1939 als Konzertsänger. Seine Bühnenlaufbahn begann er 1953 mit einem Engagement am Opernhaus in Graz. 1956–59 war er Mitglied der Deutschen Oper am Rhein Düsseldorf-Duisburg, seit 1957 der Wiener Staatsoper (1964 Österreichischer Kammersänger) und 1960–70 auch der Bayerischen Staatsoper (1962 Bayerischer Kammersänger). W. gastierte an den Musikzentren Europas, sang in den 50er Jahren regelmäßig bei den Bayreuther Festspielen, u.a. als Hans Sachs, und trat 1963 erstmals an der Metropolitan Opera in New York auf. Er ist international vor allem als Wagner-Sänger bekannt.

WIENER KLASSIK, seit dem Ende des 19. Jh. Bz. für die Musik der „Wiener Klassiker" J. Haydn, W. A. Mozart und L. van Beethoven, die als Epochen- und Stil-Bz. in Analogie zur „Weimarer Klassik" J. W. von Goethes und Fr. von Schillers und in Abhebung von ↗Vorklassik und ↗Romantik gebraucht wird. – ↗Klassik.

WIENER SÄNGERKNABEN, östr. Knabenchor. Chorknaben in Wien werden 1498 in einer Urkunde Kaiser Maximilians I. als Teil der Wiener Hofmusikkapelle erwähnt. Zu ihren Aufgaben gehörte die feierliche Gestaltung des Hochamts in der Hofburg, später auch die Mitwirkung bei Opernaufführungen. Nach dem Ende der Donaumonarchie 1918 wurde der Chor aufgelöst, aber 1924 als Institut der W. als private Einrichtung von Joseph Schnitt, dem Rektor der Hofburgkapelle, erneut ins Leben gerufen. Das von Schnitt bis zu seinem Tod 1955 geleitete Institut wurde von Walter Tautschnig (* 14. 1. 1917) weitergeführt. Als künstlerischer Leiter wirkte zunächst (1939–45 und 1956–66) F. Grossmann, dann H. Gillesberger. Seit 1948 im Augartenpalais (nicht mehr in der Hofburg) untergebracht, unterhalten die W. eine Volksschule (mit Öffentlichkeitsrecht) und eine (private) Mittelschule mit Internat. Die Finanzierung wird durch Konzerte und Tourneeverträge gesichert. Schon seit 1924 unternehmen die W. regelmäßig Auslandsreisen und wirken außerdem bei Opernaufführungen in der Wiener Staatsoper mit. Seit den 50er Jahren werden vier Chöre von jeweils 24 bis 28 Sängerknaben unterhalten, von denen zwei ständig auf Reisen sind. Die musikalische Arbeit liegt in den Händen von vier Kapellmeistern. – Die Geschichte der W. zeigt Berührungspunkte mit vielen berühmten Musikern. So wurde beispielsweise W. A. Mozart durch die Darbietungen in der Hofburgkapelle zu seinen Messen angeregt. Fr. Schubert, F. Mottl, Cl. Krauss u. a. gehörten zu den W., aus denen sich auch die Choralschola der Hofmusikkapelle rekrutiert. Das Repertoire der W. umfaßt Werke des 16.–20. Jh.

Lit.: F. J. GROBAUER, Die Nachtigallen aus der Wiener Burgkapelle. Chronik der k.u.k. Hofsängerknaben (Horn/N.Ö. 1954); F. ENDLER, Die W. (Salzburg 1974). B. A. KOHL

WIENER SCHULE. – **1)** Als *erste* W. Bz. für einen Teil der ↗Vorklassik. Der Begriff ist oft dem Mißverständnis ausgesetzt, einerseits mit der ↗Wiener Klassik, andererseits mit der zweiten W. eines A. Schönberg und seiner Schüler verwechselt zu werden. Seit G. Adlers und H. Riemanns polemisch geführter Auseinandersetzung darüber, welche musikgeschichtliche Strömung des 18. Jh. die Musik der ↗Klassik vorbereitet habe, versteht man unter W. eine Gruppe von Musikern, die in Wien unter den Habsburgern Karl VI. und seiner Tochter Maria Theresia gewirkt haben: J. J. Fux, A. Caldara, Fr. Conti, G. Muffat, G. Chr. Wagenseil, G. Reutter d. J., Fl. Gaßmann, M. G. Monn, J. Starzer, Fr. Tuma, Fr. Aspelmayr, L. Hoffmann u.a. Ob es nun diese waren, die die Wiener Klassik vorbereiteten, wie Adler meinte, oder die ↗Mannheimer Schule, wie es Riemann vertrat, der die Werke dieser Komponisten neu entdeckt und herausgegeben hatte, kann eindeutig nicht entschieden werden. Der Ausdruck W. taucht bereits beim Zeitgenossen D. Schubart auf, der ihr im Gegensatz zur ↗Berliner Schule „Gründlichkeit ohne Pedanterey, Anmuth im Ganzen, noch mehr in einzelnen Theilen, immer lachendes Colorit, großes Verständnis der blasenden Instrumente, vielleicht etwas zu viel komisches Salz" bescheinigte. Während die ältere Generation der W. (Fux, Caldara, Conti) die Tradition des ↗Palestrinastils, der Kantate und der Neapolitanischen Oper pflegte, bereitete die jüngere vor allem die klassische ↗Sonatensatzform bzw. die der Symphonie vor, die sie aus der Opernsinfonia, der Sonata da chiesa (Caldara) und der Suite entwikkelte. Dabei bildete sich im Sonatensatz sowohl ein 2. (kantables) Thema wie auch der Formteil ↗Durchführung mit ansatzweise motivisch-thematischer Arbeit heraus (Monn, Wagenseil). Auch die Viersätzigkeit des späteren klassischen Zyklus ist durch die Einfügung des Menuetts (Monn, 1740) bereits vorbereitet. Die Vorliebe der W. für die symmetrisch 8taktige ↗Periode und liedhaft volkstümliche Melodik insgesamt und Wagenseils Faible für das Klavierkonzert haben einen kaum zu überschätzenden Einfluß auf die Wiener Klassiker J. Haydn und W. A. Mozart ausgeübt.

P. RUMMENHÖLLER

2) Die *zweite* W. entstand, als Schönberg seine ersten Schüler, darunter A. Webern, annahm, also 1904. Schönberg selbst war zwar Autodidakt, hatte aber doch von A. von Zemlinsky, der noch mit J. Brahms bekannt war und diesem in seiner Instrumentalmusik folgte, freie Unterweisung erhalten. Brahms' Erbe und das damals die Jugend Faszinierende von R. Wagner sollten auf höherer Ebene verschmolzen werden. Erstrebt wurde dabei höchste Ausdruckskraft mit Dichte der Beziehung aller Einzelheiten zueinander. Der bloß gefällige Wohlklang wurde der „Wahrheit" und Konzentration des Ausdrucks geopfert. An die Stelle der Konvention trat deren Negierung („Kritik"), das, was bislang als natürliche Grundlage der Tonkunst galt, die harmonische Tonalität, wurde von Schönberg (in der *Harmonielehre,* 1911) als bloßes Kunstmittel betrachtet, auf dessen Anwendung gegebenenfalls verzichtet werden kann. 1906 steigerte sich in Schönbergs *Kammersymphonie* op. 9 die Polyphonie aufs außerste, 1908 löste sich Schönberg von der Tonalität und von der bis dahin, trotz aller Erweiterungen, verbindlichen Tonsatzstruktur. 1909 wurde die Atonalität erreicht, das was gelegentlich Musikstil der Freiheit genannt wurde und dessen Grundlagen die Emanzipation der Dissonanz, d.h. die Aufhebung des Gegensatzes von Konsonanz und Dissonanz (die Freiheit vom Terzenaufbau der Harmonie), und die musikalische Prosa ist (Schönberg: 3 Klavierstücke, op. 11, 5 Orchesterstücke, op. 16, Monodram *Erwartung,* op. 17 [alle 1909]; Webern: 5 Stücke für Streichquartett, op. 5, 6 Orchesterstücke, op. 6; Berg: Streichquartett, op. 3). Die Abwendung von der musikalischen Konvention ließ die Werke zu aufs äußerste verdichteten Miniaturen schrumpfen (Schönberg: 6 kleine Klavierstücke, op. 19 [1911]; Webern: Bagatellen für Streichquartett, op. 9, 3 kleine Stücke für Vc. und Klv., op. 11), die bisweilen an der Grenze zum Verstummen standen. Um überhaupt wieder komponieren zu können, wurde versucht, ältere Satzcharaktere als musikalischen „Außenhalt" zu erneuern – so Schönberg, wenn auch in ironischer Distanz, in *Pierrot lunaire* op. 21 (1912) – und innere Konstruktionen zu realisieren, in denen bestimmte Tonkonstellationen als für ein ganzes Werk verbindlich erklärt wurden, seien dies nur „Motive" oder „Rhythmen" (beides besonders deutlich in Bergs Oper *Wozzeck*). Alle diese Versuche führten zu Schönbergs Methode der „Komposition mit 12 nur aufeinander bezogenen Tönen", die es erlaubt, eine konsequente ↗Zwölftonmusik zu komponieren. Die erste Zwölftonkomposition Schönbergs war das Präludium (1921) der Suite für Klv. op. 25, das erste große Zwölftonwerk war das Quintett für Blasinstrumente, op. 26 (1923/24), ihre klassische Ausprägung erhielt sie im 4. Streichquartett op. 37 (1936). In allen diesen Werken finden sich an der Tradition orientierte Satzcharaktere und -architekturen bei gänzlich neuer Tonhöhenorganisation, einer Organisation, die grundsätzlich keinen Gegensatz von Konsonanz und Dissonanz mehr kennt. Schönbergs ehemalige Schüler, die längst seine Freunde geworden waren, übernahmen ebenso diese Methode, die sie freilich modifizierten und in jeweils verschiedener Richtung entwikkelten, ohne jedoch den Anspruch auf Neuheit, Originalität und Expressivität aufzugeben. – Als „Schule“ trat die Komponistengruppe vor allem zur Zeit der Existenz des Vereins für musikalische Privataufführungen in Wien (1919–22) in Erscheinung, in dessen (der Öffentlichkeit unzugänglichen) Veranstaltungen auch eine neue Art der Interpretation erstrebt wurde: mehrmalige Vorführung der Werke nach ausreichender Probenzahl in größtmöglicher Vollendung der Darstellung des musikalischen Inhalts. Hervorragende Musiker, wie der Geiger R. Kolisch und der Pianist E. Steuermann, standen als Interpreten zur Verfügung. Das Ideal dieser Interpretationsart haben dann später insbesondere Webern als Dirigent und Kolisch als Primarius seines Quartetts (Neues Wiener Streichquartett, später: Kolisch-Quartett, in den USA Pro Arte Quartet) realisiert. – Nach dem 1. Weltkrieg vergrößerte sich die Schule. Schönberg unterrichtete erneut in Mödling (bei Wien), dann in Berlin – u.a. H. Eisler, W. Zillig, N. Skalkottas –, aber auch Berg und Webern hatten Schüler, die alle im selben Geist unterwiesen wurden (Webern: L. Spinner, L. Zenk; Berg: Th. W. Adorno, H. E. Apostel). Fand sich die W., durch ihr unbedingtes Festhalten am (höchstmöglichen) Kunstanspruch, in den 20er Jahren in Opposition zum herrschenden Betrieb (der Tagesbedürfnisse zu befriedigen trachtete), so löste sie sich seit den 30er Jahren mehr und mehr auf. Schönbergs Emigration (1933), Bergs Tod (1935), Weberns Vereinsamung und Tod (1945) bezeichnen die Stationen. Schönberg, der an seiner Aufgabe nie irre wurde, konnte gerade noch den Anfang der Zeit erleben, die das Werk der W. in seiner großen Bedeutung nicht nur für die Entwicklung der Kunst, sondern für diese selbst erkennen sollte. – Weberns Werk stimulierte die Entwicklung der seriellen Musik, Bergs Opern leben auf der Bühne, seine Konzerte im Konzertsaal, Schönbergs Universalität wird als die des letzten großen Meisters der Tonkunst gewürdigt. Eisler schließlich gilt den Freunden politisch engagierter Musik als Vorbild. Und selbst Zemlinskys Werke, die grundsätzlich der Tonalität verpflichtet sind, finden heute breite Anerkennung.

R. STEPHAN

Lit: **Zu 1):** D. SCHUBART, Ideen zu einer Ästhetik der Tonkunst (W 1806); G. ADLER, Einleitung, in: Wiener Instrumentalmusik vor u. um 1750 (1908) (= DTÖ 15); H. RIEMANN, Hdb. der Musikgesch. II/3 (L 1913); W. FISCHER, Zur Entwicklungsgesch. des Wiener klass. Stils, in: StMw 3 (1915); R. SONDHEIMER, Die formale Entwicklung der vorklass. Sinfonie, in: AfMw 1 (1922); W. FISCHER, Instrumentalmusik von 1750 bis 1828, in: Hdb. der Musikgesch., hrsg. v. G. Adler (F 1924); G. ADLER, Musik in Östr., in: StMw 16 (1929); W. H. REESE, Grundsätze u. Entwicklung der Instrumentation in der vorklass. u. klass. Sinfonie (B 1940); E. APFEL, Zur Vor- u. Frühgesch. der Symphonie (Baden-Baden 1972); R. FLOTZINGER – G. GRUBER, Musikgesch. Östr.s II (Gr – W 1979); P. RUMMENHÖLLER, Die musikal. Vorklassik (Kas 1983). – **Zu 2):** R. LEIBOWITZ, Schoenberg et son école (P 1947), engl. Übers.: Schoenberg and His School (NY 1949, ²1975); L. ROGNONI, Espressionismo e dodecafonia (Tn 1954), 2., erweiterte Aufl.: La scuola musicale di Vienna (Tn ²1966); E. WELLESZ, A. Schönberg u. die Anfänge der W., in: ÖMZ 15 (1960); Die W. u. ihre Bedeutung für die Musikentwicklung im 20. Jh., in: ÖMZ 16 (1961) Sonderheft; R. SCHOLLUM, Die W., Entwicklung u. Ergebnis (W 1969); Schönberg – Webern – Berg. Bilder – Partituren – Dokumente (W 1969) (= Museum des 20. Jh., Kat. 36); Die Streichquartette der W. Eine Dokumentation, hrsg. v. U. VON RAUCHHAUPT (Mn – H o.J. [1971]).

WIENIAWSKI. – 1) Henryk (Henri), * 10. 7. 1835 Lublin, † 19. (31.) 3. 1880 Moskau; poln. Violinist. Er studierte seit 1843 bei J.-L. Massart am Pariser Conservatoire, debütierte 1848 in St. Petersburg, bildete sich 1849–50 noch in Harmonielehre weiter und ging dann mit seinem Bruder Joseph auf Konzertreisen. 1859 wurde er Kammersolist des Zaren und lehrte 1862–67 am Konservatorium in St. Petersburg. Eine Konzertreise, teilweise mit Anton Rubinstein, führte ihn 1872–74 durch die USA. 1874–77 vertrat er H. Vieuxtemps am Conservatoire in Brüssel. W. gilt als einer der bedeutendsten Violinvirtuosen seiner Zeit. Seine Bogentechnik mit dem frei geführten Oberarm wurde wesentlicher Bestandteil des modernen Geigenspiels. Seine Kompositionen sind durch Virtuosität und slawische Elemente gekennzeichnet. – In Posen findet jetzt alle 5 Jahre ein W.-Wettbewerb für Violine statt.

WW: *Études-Caprices* für 2 V., op. 18 (1863). – Für V. u. Klv. oder Orch.: Polonaise, op. 4 (1853); *Scherzo-Tarantelle*, op. 16 (1856); *Légende*, op. 17 (1860); 2 Mazurkas, op. 19 (1870); *Fantaisie brillante* über Themen aus Ch. Gounods *Faust*, op. 20 (1868); *Polonaise brillante*, op. 21 (1870); 2 Konzerte fis-moll, op. 14 (1853), u. d-moll, op. 22 (1862). – Ferner *École moderne* (Etüden), op. 10 (1854).

2) Józef (Joseph), Bruder von 1), * 23. 5. 1837 Lublin, † 11. 11. 1912 Brüssel; poln. Pianist und Komponist. Er studierte 1847–50 am Pariser Conservatoire und 1855–56 bei Fr. Liszt in Weimar. Später lehrte er kurze Zeit am Konservatorium in Moskau, leitete dort eine eigene Musikschule, war

1875–76 Direktor der Warschauer Musikgesellschaft und wirkte dann am Brüsseler Conservatoire. Seine Kompositionen, vor allem für und mit Klavier, sind stark von Fr. Chopin beeinflußt. – **3) Adam Tadeusz,** Neffe von 2), * 27. 11. 1879 Warschau, † 21. 4. 1950 Bydgoszcz; poln. Komponist. Nach Studien in Berlin und Paris wirkte er in Warschau seit 1923 als Musikkritiker und Leiter einer Klavierklasse der Hochschule Fr. Chopin, deren Direktor er 1928 wurde. 1928 wurde er auch Direktor der Warschauer Musikgesellschaft und 1932 Präsident des poln. Komponistenverbandes.

Ausg.: **Zu 1):** H. W., Œuvres, hrsg. v. I. DUBISKA – E. UMIŃSKA (Krakau 1962 ff.).

Lit.: B. SCHWARZ, W., in: Grove[6] XX. – **Zu 1):** J. REISS, H. W. (War 1931, NA Krakau 1963, [2]1970); W. DULĘBA, H. W. Kronika życia (ebd. 1967, [2]1974) (mit Werk-Verz. u. Diskographie); E. GRABOWSKI, The International H. W. Competitions (Posen 1971). – **Zu 2):** H. HARLEY, Z korespondencij J. Wienawskiego, in: Muzyka 8 (1963). G. SCHUHMACHER

WIESENTHAL, Grete, * 9. 12. 1885 Wien, † 22. 6. 1970 ebd.; östr. Tänzerin und Choreographin. Sie wurde an der Ballettschule der Wiener Hofoper ausgebildet und 15jährig in das Ballettcorps der Oper aufgenommen. Frühzeitig trat sie mit ihren Schwestern **Elsa W.** und **Bertha W.** in Walzer-Arrangements auf, dann solistisch mit großem Erfolg in Strauß-Walzern und in Liszt-Rhapsodien. M. Reinhardt und H. von Hofmannsthal setzten sie als Choreographin und Tänzerin volkstümlicher Figuren ein *(Der Bürger als Edelmann).* 1930–59 war sie als choreographische Mitarbeiterin bei den Salzburger Festspielen tätig (Hofmannsthal, *Jedermann*). Die natürliche Gelöstheit ihres tänzerischen Schwungs, ursprünglich als ein Element des Wiener Jugendstils empfunden, wurde als Schwungtechnik in die Ausbildung der Wiener Ballettschule eingeführt.

Lit.: R. HUBER-WIESENTHAL, Die Schwestern W. (W 1934).

WIGMAN, Mary (eig. Marie Wiegmann), * 13. 11. 1886 Hannover, † 19. 9. 1973 Berlin; dt. Tänzerin, Tanzpädagogin und Choreographin. In Genf von É. Jaques-Dalcroze ausgebildet, war sie während des 1. Weltkriegs Assistentin bei R. von Laban in Zürich. 1920 gründete sie in Dresden eine eigene Schule für Ausdruckstanz (↗ Ballett), aus der u.a. Yvonne Georgi, Gret Palucca, Margarethe Wallmann und H. Kreutzberg hervorgingen. Auf Solo- und Gruppentourneen bereiste sie Europa, seit 1930 auch die USA. Im nationalsozialistischen Deutschland wurde ihre Schule geschlossen und sie an die Musikhochschule Leipzig verwiesen; nach dem 2. Weltkrieg baute sie ihre Schule zunächst in Leipzig, seit 1949 in West-Berlin wieder auf. Ziel ihrer Arbeit war die Befreiung vom Regelzwang des akademischen Tanzes hin zum Ausdruckstanz (German Dance, Modern Dance). Dieser wurde häufig ohne Musik, nur zu Schlagzeugrhythmen oder auch so getanzt, daß die rhythmischen Abläufe sich allein aus den Bewegungsabläufen des Tanzenden ergaben. Berühmte Choreographien von M. W. waren: *Ekstatische Tänze* (Dresden 1919), *Totenklage* (Olympiade Berlin 1936), *Carmina Burana* (C. Orff, Leipzig 1943) und *Le Sacre du Printemps* (I. Strawinsky, Berlin 1957). M. W. schrieb *Deutsche Tanzkunst* (Dresden 1935) und *Die Sprache des Tanzes* (St 1963).

Lit.: H. ZIVIER, M. W., Harmonie u. Ekstase (B 1956); H. KOEGLER, M. W., in: Musica 27 (1973). H. LINDLAR

WILBYE, John, getauft 7. 3. 1574 Diss (Norfolk), † zwischen September und November 1638 Colchester (Essex); engl. Komponist. W. war seit 1598 Musiker im Hause des Grafen Thomas Kytson und seiner Familie auf Schloß Hengrave Hall (Suffolk). Er ist einer der herausragenden Madrigalisten seiner Zeit in England. Seine Werke stehen in Satztechnik und Wortausdruck dem Stil Th. Morleys und dem engl. adaptierten it. Kanzonettenstil nahe. Als besonders charakteristisch für W.s Schaffen kann das Madrigal *Sweet hony sucking bees* aus der 2. Sammlung von 1609 gelten.

WW: 2 Bücher Madrigale für 3–6 St. (Lo 1598, 1609). – 2 Anthems in dem Sammeldruck v. W. ↗ Leighton (= RISM 1614[7]); weitere einzelne geistliche Gesänge sowie einige Fantasien für Consort hsl. erhalten.

Ausg.: Die beiden Drucke, hrsg. v. E. H. FELLOWES (Lo 1913), revidiert v. TH. DART (1966) (= The English Madrigalists 6–7); die beiden Anthems in der Ausg. v. RISM 1614[7] (1970) (= Early English Church Music 11).

Lit.: H. HEURICH, J. W. in seinen Madrigalen (Au 1931) (= Veröff. des musikwiss. Inst. der Dt. Univ. in Prag 2); D. BROWN, J. W. (Lo 1974); G. A. PHILIPPS, J. W.'s Other Patrons. The Cavendishes and Their Place in English Musical Life During the Renaissance, in: MR 38 (1977); D. BROWN, W., in: Grove[6] XX.

WILDBERGER, Jacques, * 3. 1. 1922 Basel; Schweizer Komponist und Musiktheoretiker. W. studierte 1940–44 Klavier an der Basler Musikakademie, 1948–52 privat Komposition bei Wl. Vogel in Ascona und war bis 1955 Korrepetitor am Basler Stadttheater. Nach Jahren freischaffender Tätigkeit wurde er 1959 Lehrer für Komposition, Instrumentation und Analyse an der Musikhochschule in Karlsruhe und 1966 an der Musikakademie in Basel. Sein von großer Klangphantasie und Konsequenz gekennzeichnetes kompositorisches Schaffen versucht auf unorthodoxe Weise zwischen subjektivem Ausdruck (A. Schönberg, A. von Webern) und strenger Konstruktion

(B. Blacher, P. Boulez) zu vermitteln. Besondere Bedeutung kommt seinen von Wl. Vogel beeinflußten und philosophisch-sozialkritisch angelegten Vokalwerken zu.

WW: 1) Instr.-WW: *Diario* (1975) für Klar.; *Schattenwerk* (1976) für Org.; Kammermusik, u.a. 2 Quartette für Klar., Fl., V. u. Vc. (1952) bzw. für Fl., Ob., Harfe u. Klv. (1967); *Tre mutazioni* (1953) für Kammerorch.; *Musik* (1960) für 22 Solo-Str.; *Movements* (1964) für Orch.; *Contratempi* (1969–70) für Solofl. u. 4 Orch.-Gruppen. – 2) Vokal-WW: *Nur solange Dasein ist* (1956) (Text: M. Heidegger u. T. S. Eliot) für Sopran u. 4 Instr.; *In My End is My Beginning* (1964) (Text: Eliot) für Sopran, Tenor u. Kammerorch.; *La notte* (1967) (Text: Michelangelo u. H. M. Enzensberger) für Mezzosopran, 5 Instr. u.Tonband; *... Die Stimme, die alte, schwächer werdende Stimme ...* (1973–74) (Text: F. Hölderlin, P. Celan, A. Camus, M. Heidegger, S. Beckett u. nach der Bibel) für Sopran u. Vc.-Solo sowie Orch. u. Tonband; *An die Hoffnung* (1979) (Text: Hölderlin, E. Fried, J. Becker) für Sopran, Sprecher u. Orch. – Action documentée *Épitaphe pour E. Galois* für Sopran- u. Bar.-Solo, Sprecher, Sprechchor, Tonband u. Orch., UA: Basel 1964.

Lit.: R. SUTER, Vom Avantgardisten zum Musiker, in: SMZ 108 (1968); H. PAULI, Für wen komponieren Sie eigentlich (F 1971).

B. A. KOHL

WILDERER, Johann Hugo von, * 1670 oder 1671 in Bayern, beerdigt 7. 6. 1724 Mannheim; dt. Komponist. Er war Schüler G. Legrenzis in Venedig, wurde 1687 Hoforganist, 1696 Vizekapellmeister und Kammerrat und 1703 Kapellmeister des Kurfürsten Johann Wilhelm von Pfalz-Neuburg in Düsseldorf, wo zur gleichen Zeit A. Steffani leitende Stellungen innehatte. In Düsseldorf wurden auch die erhaltenen Opern W.s aufgeführt. 1720 ging er als Hofkapellmeister nach Mannheim. W.s Opern sind stilistisch vor allem der venezianischen Schule, die *Modulationi* mit ihren nichtliturgischen, mystisch gefärbten lat. Texten der römischen Motettentradition (G. Carissimi und B. Graziani) verpflichtet. Bemerkenswert ist, daß J. S. Bach 2 Messensätze W.s (Kyrie – Gloria) kopierte, die in manchen Einzelheiten auf das Kyrie seiner h-moll-Messe vorausweisen.

WW: *Modulationi sacre* für 2–4 St., Str. u. B.c. (A um 1700); 2 Messesätze (s.o.); 2 lat. Gesänge; 1 Oratorium; 3 it. Solokantaten mit B.c. bzw. mit Instr. (sämtlich hsl.). – Von 11 nachweislich aufgeführten Opern sind hsl. erhalten: *Giocasta*, UA: 1696; *Il giorno di salute*, UA: 1697; *La monarchia risoluta*, UA: 1697 (?); *L'Armeno*, UA: 1698 (?); *La monarchia stabilita*, UA: 1703.

Ausg.: *Modulationi sacre*, hrsg. v. J. NEYSES (Düsseldorf 1973) (= Denkmäler rheinischer Musik 15).

Lit.: G. CROLL, Musikgeschichtliches aus Rapparinis Johann-Wilhelm-Ms. (1709), in: Mf 11 (1958); G. STEFFEN, J. H. v. W. (Kö 1960) (= Beitr. zur rheinischen Musikgesch. 40); DERS., J. H. von W., in: Rheinischer Musiker 2 (Kö 1962) (= ebd. 53); CH. WOLFF, Zur musikal. Vorgeschichte des Kyrie aus J. S. Bachs Messe in h-moll, in: FS B. Stäblein (Kas 1967).

WILDSCHÜTZ, DER, oder Die Stimme der Natur, Komische Oper in 3 Akten von A. Lortzing, Text vom Komponisten nach A. von Kotzebues Lustspiel *Der Rehbock*. Ort u. Zeit der Handlung: Dorf in der Nähe des Schlosses und Schloß, zu Beginn des 19. Jh.; UA: 31. 12. 1842 Leipzig.

Lortzing nahm gegenüber der literarischen Vorlage in der Intrige eine Akzentverschiebung vor, indem er zur Auflösung des Scheinkonflikts um den vermeintlichen Jagdfrevel 2 gleichberechtigte Handlungsstränge um den Dorfschulmeister Baculus einerseits und die beiden adeligen Paare anderseits entwarf. Mit der Rolle des Baculus gelang Lortzing eine ausgefeilte Charakterstudie, die in der berühmten Arie *Fünftausend Taler* (am Ende des 2. Aktes anstelle des traditionellen Finales) besonders scharfe Kontur gewinnt. Das Libretto ist auf wirkungssichere musikalische Szenen hin entworfen, so daß neben einzelnen, der Charakterisierung dienenden Solonummern vor allem in den Ensembles der Effekt der musikdramatischen Anlage liegt; den Höhepunkt bildet die Billard-Szene (Quintett) im 2. Akt. – Die Konzeption des Werkes beruht auf den signifikanten Elementen der dt. Spieloper: in geschlossenen Nummern wie in szenisch-durchkomponierten Passagen leicht faßliche, auf strophische oder refrainartige Gliederung abgestellte Formen; unkomplizierte Melodiebildung und Harmonik; Sprechdialoge und stilistische Angleichung dialogischer Abschnitte innerhalb geschlossener Nummern an deren Satzstruktur dank der konsequent beibehaltenen Periodik. Die Schlichtheit der Melodiebildung, Klarheit der musikalischen Disposition und Durchsichtigkeit der Orchestrierung führten dazu, daß man Lortzings beste Oper häufig im Rang mit W. A. Mozarts Kompositionen verglich.

J. SCHLÄDER

WILHELM TELL *(Guillaume Tell)*, Drame lyrique in 3 Akten von A.-E.-M. Grétry, Text von J. M. Sedaine. Ort und Zeit der Handlung: am Vierwaldstätter See, 1291. UA: 9. 4. 1791 Paris (Comédie-Italienne).

Obwohl diese Oper als eine der bedeutendsten Revolutionsopern (im Umfeld der Französischen Revolution entstandene musikdramatische Manifestationen der Freiheitsideale; ↗ Revolutionsmusik) gelten muß, läßt sich bis heute keine dt. Aufführung nachweisen. Geradezu programmatisch bemühte sich Grétry darum, die revolutionäre Idee, die der Tell-Stoff in sich birgt, mit musikalischen Mitteln spürbar werden zu lassen. Der Freiheitskampf der Schweizer, den Grétry analog zum Geschehen in der noch keine 2 Jahre zurückliegenden Französischen Revolution sieht, bot die Möglichkeit, eigene Erfahrung geschichtlicher Ereignisse und eigene idealistische Vorstellungen in die Oper einzubringen. Grétry legte in seinen Essays dar, daß er bei der Komposition danach strebte, „das Kolorit, d.h. die harmonische Arbeit und die Orchestrierung, zu vertiefen", um die Lauterkeit und Ehrbarkeit der Aufständischen kontrastiv zu vereinen mit ihrer Revolution. „Es ist, als wollten sie sagen: ‚Wir müssen uns erheben, um unsere Tugend zu bewahren.'" Besonders sinnfällig wird dieser Kontrast, wenn Tell den berühmten *Ranz des vaches* (Kuhreigen) auf seiner Cornemuse spielt.

R. QUANDT

WILHELM TELL *(Guillaume Tell)*, Oper in 4 Akten von G. Rossini, Text von V. J. Étienne de Jouy, H. Bis und A. Marrast nach dem gleichnamigen Drama Fr. von Schillers. Ort und Zeit der Handlung: am Vierwaldstätter See, 1291. UA: 3. 8. 1829 Paris (Opéra), dt. EA (in dt. Sprache): 24. 3. 1830 Frankfurt am Main.

Fast 40 Jahre nach A.-E.-M. Grétrys musikdramatischer Version des Tell-Stoffes setzte sich Rossini in seiner letzten Oper mit der gleichen revolutionären Materie auseinander. Das Werk wurde neben dem *Barbier* Rossinis größter Erfolg und verdrängte die ältere Revolutionsoper aus den Spielplänen. Bereits 1834 fand an der Opéra die 100. Aufführung statt. Weil der Stoff für die politische Situation in Europa nach wie vor voller Brisanz war, mußten bei Aufführungen im Ausland immer wieder der Titel des Werkes und die Namen der handelnden Personen geändert werden: In Berlin und London lief die Oper unter dem Titel *Andreas Hofer*, in Mailand als *Guglielmo Vallace*, in Rom als *Rodolfo di Sterlinga*, in St. Petersburg, Riga und Warschau als *Karl der Kühne (Karl Smily, Carlo il Temerario)*; östr. Aufführungen wurden von Metternich untersagt. – Mit sicherem Gespür für die Wirksamkeit musikalischer Tableaux schuf Rossini eine Folge von Situationsbildern, die in sich sich steigernd angelegt sind und deren dramaturgische Konfiguration jeweils die verschiedenen Handlungsstränge und Konflikte zu nahezu autonomen dramatischen Einheiten zusammenfaßt. Die äußerliche Brillanz, oft ein Charakteristikum von Rossinis Musik, tritt hier häufig zurück zugunsten eines intensiveren musikalisch-dramatischen Ausdrucks. Beispielhaft ist der Aufbau des Rütlischwur-Bildes, in dem kontinuierlich ein Spannungsbogen entsteht, bis endlich – aktionsfrei, rein musikalisch – der Kulminationspunkt erreicht ist, an dem die revolutionäre Gewalt der Situation frei wird und sich dem Publikum mitteilt.

R. QUANDT

WILHELM VON HIRSAU (Wilhelmus Hirsaugiensis), OSB, * in Bayern, † 4. 6. 1091 Hirsau (Schwarzwald); dt. Musiktheoretiker. Er war Mönch des Klosters St. Emmeram in Regensburg und wurde 1071 Abt des Klosters St. Aurelius in Hirsau, das unter seiner Leitung zum Mittelpunkt der cluniazensischen Reform in Deutschland wurde. W. schrieb außer einer Satzung für sein Kloster und einer astronomischen Abhandlung den Traktat *Musica* (vor 1069). Er behandelt hier, nach eigenem Bekunden christlich-antike und zeitgenössische Auffassungen verbindend, die Tonskala, die Tetrachorde, die Konsonanzen, die Modi und die Teilung des Monochords. Von W. stammen vermutlich auch 2 kurze Abhandlungen über die Mensur von Orgelpfeifen.

Ausg.: *Musica*, in: GERBERT Scr. II; dass., in: MIGNE PL 150; dass. bei Müller (s.u. Lit.).

Lit.: H. MÜLLER, Die Musik W.s v. H. ... (F 1883) (mit „Musica" lat. u. dt.); H. HÜSCHEN, W., in: MGG XIV; K. G. FELLERER, Unters. z. „Musica" des W., in: Miscelánea ... FS. H. Anglès I (Ba 1958).

WILHEM (eig. Bocquillon), **Guillaume Louis**, * 18. 12. 1781 Paris, † 26. 4. 1842 ebd.; frz. Musikpädagoge. Er war als Musiklehrer in Paris tätig und gründete 1819 den Männerchor „Orphéon", der der frz. Männerchorbewegung seinen Namen gab (↗Orphéon). Unter dem gleichen Titel gab er 1837–40 in Paris eine Sammlung von A cappella-Gesängen heraus. Außerdem komponierte er zahlreiche Lieder und veröffentlichte musikpädagogische Schriften

Lit.: B. RAINBOW, The Land without Music (Lo 1967).

WILLAN, James Healey, * 12. 10. 1880 Balham bei London, † 16. 2. 1968 Toronto; engl. Organist, Chordirigent und Komponist. Er war zunächst Organist an verschiedenen Londoner Kirchen, wurde 1913 Leiter der Abteilung für Musiktheorie am Konservatorium in Toronto, dessen Vizedirektor er 1920–36 war. 1914–50 (1936 Professor) lehrte er an der dortigen Universität und war 1932–64 Universitätsorganist. Seit 1921 wirkte er auch als Organist und MD an der Kirche St. Mary Magdalena. W. gründete die Gregorian Association of Toronto, war Präsident des Royal Canadian College of Organists und leitete die von ihm 1936 gegründeten Tudor Singers zur Pflege älterer englischer Musik bis zu deren Auflösung 1939. Als Kirchenkomponist und Musikpädagoge gehörte er zu den wichtigsten Musikerpersönlichkeiten im englischsprachigen Teil Kanadas. Seine Werke gründen in der Vokalpolyphonie des 16. Jh. und der Musik des späten 19. Jahrhunderts.

WW: **1) Instr.-WW:** Für Org.: *Introduction, Passacaglia and Fugue* (1919); *Passacaglia and Fugue No. 2 e* (1959); *36 Short Preludes and Postludes on Well-Known Hymn Tunes*, 3 Bde. (1960); 2 Symphonien; Klv.-Konzert. – **2) Vokal-WW:** 14 *Missae breves*,

18 Magnificat u. *Nunc dimittis;* zahlr. Motetten, Anthems u. Carols für Chor a cap.; Te Deum für Doppelchor u. Orch. (1937); *Coronation Suite* für Chor u. Orch. (1953); etwa 40 weltliche Chorwerke für gem. Chor a cap.; Bearbeitungen v. Volksliedern. – **3) Bühnen-WW:** Rundfunkopern *Transit through Fire,* UA: Toronto 1942; *Deirdre,* UA: ebd. 1946. – Ferner zahlr. Ballad Operas u. Bühnenmusiken.

Lit.: G. BRYANT, H. W. Catalogue (Ottawa 1972) (mit Bibliogr.).

WILLAERT, Adrian, * um 1490 Brügge (?), † 17. 12. 1562 Venedig; franko-flämischer Komponist. Die wenigen Nachrichten, die über seine Frühzeit vorliegen, stammen von G. Zarlino, seinem späteren Schüler; danach soll W. sein Jurastudium in Paris abgebrochen haben, um bei J. Mouton Musik zu studieren. Auch belegen zahlreiche Chansons zu französischen Texten und besonders einige stilistische Charakteristika seiner Werke den großen Einfluß der französischen Musik. Nach dem Studium soll sich W. für kurze Zeit in seiner flämischen Heimat aufgehalten und sich dann nach Italien gewandt haben. Seit 1515 werden seine Beziehungen zu den Este in Ferrara, die für ihr Mäzenatentum bekannt waren, für W.s zukünftiges Leben bedeutungsvoll. W. trat in den Dienst des Kardinals Ippolito I. d'Este, Erzbischof von Mailand und Esztergom (Ungarn), mit dem er 1517 für einige Zeit nach Ungarn reiste. Gegen 1520 kehrte er nach Italien zurück, stand nach dem Tod Ippolitos I. zeitweise im Dienste Herzog Alfonsos und war 1525–27 Sänger an der Kapelle des Erzbischofs Ippolito II. d'Este in Mailand. Danach folgten die entscheidenden Jahre und Jahrzehnte in Venedig, wo W. von 1527 bis zu seinem Tode als Kapellmeister an San Marco tätig gewesen ist. Durch die Vielseitigkeit seiner Begabung als Komponist und durch die Kraft seiner Persönlichkeit verlieh er diesem Amt Glanz und Würde. Die großen Verleger und Drucker seiner Zeit – in Venedig, Rom, Antwerpen, Lüttich, Paris, Lyon, Nürnberg und Augsburg – haben an der Veröffentlichung seiner geistlichen und weltlichen Musik starkes Interesse genommen. In einem großen Kreis von Schülern und Anhängern haben sich W.s Werke weithin verbreitet. Die damit begründete ↗Venezianische Schule umfaßt eine Reihe bedeutender Musiker, u.a. A. Gabrieli, Cl. Merulo, C. de Rore, N. Vicentino, G. Zarlino (besonders als Theoretiker) und später vor allem C. Monteverdi.

WW (teilweise mit mehreren Aufl. u. Nachdr.): Messen für 5 St. (V 1536); 2 Bücher Motetten für 4 St. (V 1539), je 1 Buch für 5 St. (V 1539) u. für 6 St. (V 1542); *Musica nova* für 4–7 St. (V 1559) (enthält Motetten u. Madrigale); Hymnen für 4 St. (V 1542); *I salmi ... parte a versi, e parte spezzati ...* für 1 u. 2 Chöre (V 1550) (= RISM 1550[1]); Psalmen für 3–4 St. (V 1542). – Madrigale für 4 St. (V 1563), für 5 St. (V 1642); *Canzoni villanesche* für 4 St. (V 1545); Chansons für 3 St. (P 1560); ... *Canzon francese* für 3 St. (V 1562). – *Fantasie, recercari, contrapunti* für 3 St. (V 1551). – Geistliche u. weltliche Werke sind ferner in überaus zahlr. Sammeldrucken – auch in Lauten- u. Org.-Tabulaturen 1519–1600 – u. hsl. erhalten.

W.s musikalisches Schaffen umfaßt nahezu alle Gattungen, die während der Renaissance gepflegt worden sind. Im Mittelpunkt steht dabei die 4–7st. Motette. Es lassen sich zwei gegensätzliche stilistische Strömungen unterscheiden: einerseits Motetten über einen Cantus firmus, häufig in Zusammenhang mit altertümlich kanonischer Satzanlage, andererseits Motetten, in denen W. auf französische Satztechniken zurückgreift und damit zu einer präzisen Textdeklamation, ohne Melismen und Imitationen, gelangt. Mehr und mehr wird die musikalische Erfindung abhängig von der Klangkraft und der Bedeutung der Worte. Ein besonderer Platz kommt den doppelchörigen, 8st. *Salmi spezzati* (1550) zu, mit denen W. zwar nicht die venezianische Praxis der Doppelchörigkeit begründet, aber alte Chorpraktiken Oberitaliens neu belebt hat, die auf der antiphonischen Lesung der Psalmen beruhen. Seine 9 Messen sind mit Ausnahme der *Missa sine nomine* Parodie-Messen, mehrfach auf Motetten seines Lehrers Mouton. In der weltlichen Musik zeigt sich die Vielseitigkeit W.s in besonderem Maße. Seine Chanson bevorzugt ältere polyphone Satztechniken (etwa den Kanon), gelangt später jedoch zu einem moderneren Stil. Die *Canzone villanesche alla Napolitana* folgen einer ähnlichen Entwicklungslinie und nähern sich einer von der Tanzmusik geprägten Homophonie an. Mit C. Festa, Ph. Verdelot und J. Arcadelt zählt W. zu den Schöpfern des Madrigals im 16. Jahrhundert. Hier vollendet sich die Verschmelzung seiner eigenen Stilmittel mit den klanglichen und expressiven Subtilitäten italienischer Chromatik. Seine kunstvoll gearbeiteten Madrigale sind für eine aristokratische Gesellschaft bestimmt, die für derartige Feinheiten des Wortes und der Musik empfänglich war. Es ist bezeichnend, daß die Madrigale W.s, die unter dem Titel *Musica nova* (1559) zusammen mit einer Reihe von Motetten veröffentlicht worden sind, mit einer Ausnahme nur auf Texte Petrarcas geschrieben wurden. Eine Reihe instrumentaler Ricercari rundet das Bild dieses Musikers ab. Ihm ist es gelungen, auf künstlerisch hoher Ebene Überliefertes und Neues zu verschmelzen. Die drei damals führenden Musikstile, der niederländische, der französische und der italienische, sind in W.s Musik zu einer Synthese von großer historischer Tragweite gelangt.

Ausg.: Opera omnia, hrsg. v. H. ZENCK – W. GERSTENBERG (1950ff.) (= CMM 3), 1–2: 4st. Motetten, 3: 5st. Motetten, 4:

6st. Motetten, 5 u. 8.: *Musica nova*, 7: Hymnen, 13: 4st. Madrigale; zahlr. weitere Ausg. in Sammelwerken und einzeln.

Lit.: H. ZENCK, Stud. zu A. W. (L 1929), Teildruck in: ZfMw 12 (1929/30); DERS., in: Numerus u. Affectus, hrsg. v. W. Gerstenberg (Kas 1959); E. HERTZMANN, A. W. in der weltlichen Vokalmusik seiner Zeit (L 1931, Nachdr. Niederwalluf 1973) (= Slg. musikwiss. Einzeldarstellungen 15); R. B. LENAERTS, Voor de biogr. van A. W., in: FS Ch. van den Borren (An 1945); A. CARAPETYAN, The „Musica Nova" of A. W., in: MD 1 (1948); H. ZENCK, A. W.s „Salmi spezzati", in: Mf 2 (1949); E. E. LOWINSKY, W.'s Chromatic Duo, in: TVer 18 (1956); H. BECK, A. W.s Messen, in: AfMw 17 (1960); DERS., Grundlagen des venezianischen Stils bei A. W. u. C. de Rore, in: Renaissance-muziek. 1400–1600. FS R. B. Lenaerts (Löwen 1969); W. GERSTENBERG, Um den Begriff einer Venezianischen Schule, in: ebd.; DERS., W., in: MGG XIV; B. MEIER, Zur Chronologie der „Musica nova" A. W.s, in: Anal. Mus. 12 (1973); A. NEWCOMB, Edition of W.'s „Musica Nova". New Evidence, New Speculations, in: JAMS 26 (1973); A. F. CARVER, The Psalms of W. and His North It. Contemporaries, in: AMl 47 (1975); L. LOCKWOOD, W., in: Grove[6] XX. W. GERSTENBERG

WILLIAMS, Cootie (Charles Melvin), * 24. 7. 1908 Mobile (Alabama), † 15. 9. 1985 Long Island; amerik. Jazzmusiker (Trompete). Er spielte bei Chick Webb und Fletcher Henderson und 1929–40 in der Band von Duke Ellington, wo er Growl im Stil von Trixy Sam Nanton einsetzte und in den 30er Jahren einer der führenden Solisten war. Danach schloß er sich für kurze Zeit Benny Goodman an, gründete 1941 eine Big Band, bevorzugte aber später Combos. 1962–66 spielte er erneut bei Ellington. Berühmt wurden W.' Einspielungen mit Ellington, vor allem von dessen *Concerto for Cootie*.

WILLIAMS, Joe (Joseph Goreed), * 12. 12. 1918 Cordele (Georgia); amerik. Jazzmusiker (Gesang). W. sang in den 40er Jahren u.a. in den Bands von Coleman Hawkins, Lionel Hampton und Count Basie, in dessen Ensemble er seit 1955 endgültig die Stelle von Jimmy Rushing einnahm. Bis heute tritt er immer wieder mit Mitgliedern oder der gesamten Basie-Band auf. Er gehört zu den großen Vertretern des Jazz-Blues, hat ein stark ausgeprägtes Timing und singt mit einem jazzspezifischen Rubato.

WILLIAMS, Mary Lou (eig. Mary Elfrieda Winn, geborene Burley), * 8. 5. 1910 Pittsburgh, † 30. 5. 1981 Durham (North Carolina); amerik. Jazzmusikerin (Klavier) und Komponistin. Sie begann 1925 in der Band ihres späteren Mannes John Williams, spielte 1929–42 bei Andy Kirk, leitete dann eigene Bands und trat 1968 mit Sonny Rollins und 1978 mit Benny Goodman auf. Sie war eine bedeutende Swingpianistin, gehörte nach dem Krieg zu den wichtigsten Exponenten des modernen Jazz und gelangte im Laufe der Jahre zu einem zeitlosen Mainstreamstil. Bedeutung hatten auch ihre Arrangements. Von ihren größeren Kompositionen, u.a. *The Zodiac Suite*, *St. Martin de Porres* und die Kantate *Black Christ of the Andes*, ist letztgenanntes Werk eine geglückte Verbindung von Jazz mit Elementen des Spirituals sowie populärer und kirchlicher Musik Südamerikas.

WILLSON, Meredith (eig. Robert Meredith Reiniger), * 18. 5. 1902 Mason City (Iowa), † 15. 6. 1984 Santa Monica (Calif.); amerik. Komponist, Librettist und Songtexter. W. studierte am Damrosch Institute of Musical Art in New York, spielte Flöte und Piccolo in der John Philip Sousa Concert Band (1921–23) und im New York Philharmonic Orchestra (1924–29). 1929 wurde er Musikdirektor einer Radiostation in San Francisco und dann bei der National Broadcasting Company. Sein erstes Musical, *The Music Man* (1957, auf eigenen Text), wurde ein großer Broadway-Erfolg, an den er 1960 mit *The Unsinkable Molly Brown* und 1963 mit *Here's Love* anknüpfte. Schlager wurden *Seventy-Six Trombones* und *Trouble*. Autobiographisches erschien unter den Titeln *And There I Stood with My Piccolo* (NY 1948), *Eggs I Have Laid* (NY 1952) und *But He Doesn't Know the Territory* (NY 1959).

WILSON, John, * 5. 4. 1595 Faversham (Kent), † 22. 2. 1674 London; engl. Lautenist, Violist, Sänger und Komponist. Er war 1635–41 Musiker am Hof König Karls I., dem er während des Bürgerkriegs 1642 nach Oxford folgte. 1644 promovierte er an der dortigen Universität zum Doctor of Music. Während des Interregnums (1646–56) stand er im Dienst von Sir William Walter in Sarsden, war 1656–61 Professor für Musik an der Universität Oxford und wurde nach der Wiedereinsetzung der Monarchie 1662 Gentleman der Chapel Royal. W. komponierte hauptsächlich Lautenlieder. Seine Lauten-Fantasien gehören zu den frühesten Instrumentalstücken, die nach den 24 Dur- und Molltonarten geordnet sind.

WW: *Psalterium Carolinum*, geistliche Gesänge für 3 St. u. B.c. (Lo 1657); *Cheerful ayres or ballads* für 3 St. (Lo 1660); weitere Songs u. zahlr. Lautenlieder hsl. u. in Sammeldrucken der Zeit. – 30 Fantasien für Laute sind hsl. erhalten.

Lit.: V. H. DUCKLES, The „Curious" Art of J. W., in: JAMS 7 (1954) (mit einem Air u. einer Fantasie); H. P. HENDERSON, The Vocal Music of J. W. (1962) (= Diss. Univ. of North Carolina); P. WALLS, New Light on Songs by William Lawes and J. L., in: ML (1976).

WILSON, Sandy (Alexander) **Galbraith,** * 19. 5. 1924 Sale; engl. Komponist, Librettist und Songtexter. W. studierte Literaturgeschichte am Oriel-College in Oxford, lernte Klavier und schrieb 1953

das Musical *Salad Days*, eine Parodie auf die musikalischen Komödien der 20er Jahre, die seit ihrer Premiere 1954 am Londoner Wyndham Theater dort über 2000 Vorstellungen erlebte. Auch am Broadway (Ambassador Theater) fand das Stück 1970 begeisterte Aufnahme. W. schrieb ferner *The Bucaneer* (1955), *Valmouth* (1958), *Divorce me, Darling!* (1964), *As Dorothy Parker Once Said* (1969) und *His Monkey Wife* (1971).

WILSON, Teddy, * 24. 11. 1912 Austin (Texas), † Juli 1986 New Britain (Connecticut); amerik. Jazzmusiker (Klavier). Er spielte seit 1929 in namhaften Bands, u. a. in der von Louis Armstrong, war 1936–39 Mitglied des Benny Goodman-Trio (später Quartett), leitete 1939–40 eine Big Band und trat dann meist mit eigenen kleineren Ensembles oder als Solist auf. In den 50er Jahren spielte er erneut mit Goodman, mit dem er 1962 eine Tournee durch die UdSSR unternahm, unterrichtete an der Juilliard School of Music in New York und war als Moderator im Rundfunk zu hören. Auf- und absteigende Dezimen und chromatische Wechselakkorde, verbunden mit prägnanter Melodik, kennzeichnen W.s trotz merklicher Einflüsse von Earl Hines und Art Tatum eigenständig entwickelten Stil.

Lit.: R. WANG, Jazz circa 1945. A Confluence of Styles, in: MQ 59 (1973).

WIMBERGER, Gerhard, * 30. 8. 1923 Wien; östr. Komponist und Dirigent. Er studierte Komposition (J. N. David) und Dirigieren (Cl. Krauss) am Salzburger Mozarteum, wurde 1947 Korrepetitor an der Volksoper in Wien, 1948 Kapellmeister am Landestheater in Salzburg und 1951 Mitarbeiter der Festspiele, deren Direktorium er heute angehört. 1953 übernahm er die Leitung der Dirigenten-Klasse am Mozarteum, 1957 auch des Akademieorchesters und -chors, und lehrte dort seit 1968 Komposition (1969 Professor). W. ist als Komponist keiner Schule verpflichtet; in seinen Werken verwendet er in oft humorvoll-parodistischem Ton auch Elemente des Jazz sowie neoklassizistische oder serielle Stilmerkmale und Techniken.

WW: **1) Instr.-WW:** Für Orch.: *Figuren und Phantasien* (1957); *Risonanze* (1966) für 3 Orch.-Gruppen; *Chronique* (1969); *Multiplay* (1973) für 23 Spieler; *Motus* (1976); *Plays* (1976) für 12 Vc., Bläser u. Schlagzeug; *Concertino* (1981). – Elektronische Kompositionen, u. a. *Klänge* u. *Natur-Musik* (1975). – **2) Vokal-WW:** Kantate *Ars amatoria* (1967) für Sopran, Bar., Chor u. Kammerorch.; *Mein Leben mein Tod* (1977) für Bar., Instr. u. Tonband. – **3) Bühnen-WW:** Heitere Oper *Schaubudengeschichte*, UA: Mannheim 1954; Opernkomödie *La Battaglia oder Der rote Federbusch* (Libr.: E. Spiess), UA: Schwetzingen 1960; musikal. Komödie *Dame Kobold*, UA: Frankfurt 1964; Kammermusical *Das Opfer Helena* (Libr.: W. Hildesheimer), UA: ebd. 1968; ferner Bühnenmusik. – **4) Schriften:** *Mozart und wir*, in: Mitteilungen der Int. Stiftung Mozarteum 19 (1971). B. A. KOHL

WINCHESTER-TROPAR, Bz. für eine Hs. aus der Kathedrale von Winchester. Das W. (heute Cambridge, Corpus Christi College, Ms. 473) gilt als früheste erhaltene Quelle mehrstimmiger Musik. Die Niederschrift erfolgte wahrscheinlich in der ersten Hälfte des 11. Jh., die Notation in engl. adiastematischen Neumen ist bis heute unübertragbar geblieben. Die späteren Faszikel der Hs. enthalten eine Sammlung 2stimmiger Organa: Kyrie mit und ohne Tropen, Gloria, Tractus, Sequelae und Alleluia sowie auch Offiziumsteile. Nur die Vox organalis (↗Organum) erscheint an dieser Stelle notiert. Die dazugehörigen Choralmelodien einiger Organa finden sich in einem tropierten Graduale aus Winchester, jetzt in Oxford (Bodleian Library, Ms. Bodley 775).

Lit.: W. H. FRERE, The Winchester Troper (Lo 1894) (= Publications of the H. Bradshaw Soc. 7); A. MACHABEY, Remarques sur le Winchester Troper, in: FS H. Besseler (L 1961); J. HANDSCHIN, The Two Winchester Tropers, in: The Journal of Theological Studies 37 (1963); A. HOLSCHNEIDER, Die Organa von Winchester (Hil 1968); A. PLANCHART, The Repertory of Tropes at Winchester (Princeton/N. J. 1977).

WINDGASSEN, Wolfgang Fritz Hermann, * 26. 6. 1914 Annemasse (Haute-Savoie), † 8. 9. 1974 Stuttgart; dt. Sänger (Heldentenor). Er erhielt seine Ausbildung bei seinem Vater, dem Tenor Fritz W. (1883–1963), und an der Musikhochschule in Stuttgart. 1939 trat er sein erstes Engagement in Pforzheim an. 1945 wurde er Mitglied der Württembergischen Staatsoper in Stuttgart, der er bis zu seinem Tode angehörte; er inszenierte dort seit 1970 auch Opern und wurde 1972 Operndirektor. W. zählte zu den bedeutendsten Wagner-Tenören der Nachkriegszeit und sang 1951–70 regelmäßig bei den Bayreuther Festspielen, aber auch an anderen großen europäischen und amerikanischen Opernhäusern.

Lit.: A. NATAN, W. W., in: Primo uomo (Bas – St 1963) (mit Diskographie); B. W. WESSLING, W. W. (Bremen 1967).

WINDKAPSEL (engl.: wind-cap; frz.: bocal, capsule; it.: capsula, custodia, copriancia; span.: tudel, bocal, canón), Bz. für eine Kapsel, die bei Holzblasinstrumenten, insbesondere bei solchen mit Doppelrohrblättern, so aufgesetzt wird, daß der Spieler durch eine Öffnung in der Kapsel bläst, ohne die Rohrblätter mit den Lippen zu berühren. Als W. kann auch die Mundhöhle dienen, wenn der Spieler die Lippen unterhalb der Rohrblätter aufsetzt, so daß diese frei im Mund schwingen können. Als Lippenstütze wird dazu oft eine ↗Pirouette angebracht. Dieser sog. W.-Ansatz hat wie die W. selbst zur Folge, daß das Instrument nicht überbläst und daß der Spieler weder den einzelnen Ton noch die Lautstärke beeinflussen kann.

WINDKAPSELINSTRUMENTE, Bz. für Holzblasinstrumente mit einer ↗Windkapsel. Seit dem MA bekannt, wurden sie vom 15. Jh. an häufiger verwendet und erreichten ihre Blütezeit im 16. und frühen 17. Jh. in der Ensemblemusik der Renaissance. Während des 17. Jh. verschwanden sie jedoch aus der Kunstmusik wegen ihres stets gleich lauten Klanges ohne dynamische Abstufungen und wegen des begrenzten Tonumfangs von meistens einer None (↗Cornamusa, ↗Kortholt, ↗Krummhorn). Noch heute sind jedoch vor allem Instrumente, die mit Windkapselansatz geblasen werden, in der Volksmusik vieler Länder anzutreffen (↗Schalmei, ↗Zurnā). Im weiteren Sinne gehört zu den W.n auch die ↗Sackpfeife.

Lit.: G. KINSKY, Doppelrohrblattinstrumente mit Windkapsel, in: AfMw 7 (1925/26).

WINDLADE, Bz. für den Teil der ↗Orgel, auf dem die Pfeifen stehen und in dem sich die Vorrichtungen zur Verteilung des Windes auf die einzelnen Register und Pfeifen befinden. – Eine mit einem Wasserbehälter verbundene W. besaß auch die antike ↗Hydraulis.

WINDMASCHINE, ein für Bühneneffekte verwendetes Geräuschinstrument. Die W. besteht aus einem mit einer Handkurbel versehenen, drehbaren Holzgerüst, das gegen einen darüber gespannten Stoff bzw. eine dicke Saite streicht. Der langsamen bzw. schnellen Drehung der W. entsprechend entsteht ein Rauschen bzw. Pfeifen oder Heulen, das zur Nachahmung von Wind und Sturm dient. Eigens vorgeschrieben wird die W. u.a. bei R. Strauss *(Eine Alpensinfonie, Don Quixote)* und M. Ravel *(Daphnis et Chloé).*

WINDSPERGER, Lothar, * 22. 10. 1885 Ampfing (Oberbayern), † 30. 5. 1935 Frankfurt a. M.; dt. Komponist. Er studierte seit 1900 bei J. Rheinberger und R. Louis (Komposition) an der Münchner Akademie der Tonkunst, wurde 1913 Lektor im Musikverlag B. Schott's Söhne in Mainz und unterrichtete daneben in Wiesbaden Klavier und Musiktheorie. 1933 übernahm er die Leitung der Städtischen Musikschule in Mainz. Seine Kompositionen zeichnen sich durch aparte Klanglichkeit und lyrische Expressivität aus und wurden seinerzeit als eigenständiger Beitrag zur Neuen Musik beachtet.

WW: **1) Instr.-WW:** Zahlr. Klv.-Stücke u. Kammermusik, u.a. Klv.-Trio, op. 18; Streichquartett, op. 21 (1920). – Für Orch.: Konzert-Ouvertüre, op. 17; Symphonie a-moll (1920); *Lützow-Ouvertüre* (1933); Klv.-Konzert f-moll (1925) u. V.-Konzert (1928). – **2) Vokal-WW:** Etwa 50 Klv.-Lieder; *Missa symphonica* (1926) u. Requiem, op. 47 (1930) für Soli, Chor, Org. u. Orch.

WINKLER, Gerhard, * 12. 9. 1906 Berlin, † 25. 9. 1977 Kempten; dt. Komponist. Er erhielt seine Ausbildung in Berlin, trat zunächst als Ensemblepianist auf und erzielte 1936 seine ersten Erfolge mit *O mia bella Napoli* und *Neapolitanisches Ständchen,* an die er später mit *Caprifischer* und *Chianti-Lied* anknüpfte. Bekannt wurden u.a. auch *Glaube mir (Answer me), Schützenliesel, Schütt die Sorgen in ein Gläschen Wein.* W. schrieb ferner die Operetten *Herzkönig* (1946), *Premiere in Mailand* (1950), *Die ideale Geliebte* (1957) und *Der Fürst von Monterosso* (1960). W. ist bis heute der populärste dt. Schlagerkomponist.

WINSCHERMANN, Helmut, * 22. 3. 1920 Mülheim (Ruhr); dt. Oboist. Er studierte in Essen und Paris, wurde 1939 Oboist im Städtischen Orchester Oberhausen und war 1945–51 Solooboist im Symphonieorchester des Hessischen Rundfunks. 1948 wurde er Lehrer an der Nordwestdeutschen Musikakademie in Detmold und übernahm 1951 dort eine Meisterklasse für Oboe und Kammermusik (1956 Professor). Mit K. Redel und der Cembalistin Irmgard Lechner gründete er das „Collegium Pro Arte", das er seit 1954 unter der neuen Bezeichnung „Collegium Instrumentale Detmold" auch leitete. 1960 rief W. das weltweit bekannt gewordene Kammerorchester „Deutsche Bachsolisten" ins Leben.

WINTER, Peter von, getauft 28. 8. 1754 Mannheim, † 17. 10. 1825 München; dt. Komponist. Er spielte schon mit 10 Jahren im Mannheimer Hoforchester, dem er seit 1776 als Violinist angehörte, und war kurze Zeit Kompositionsschüler von Abbé Vogler. 1778 siedelte er mit dem Kurfürstlichen Hof nach München über und wurde 1787 Vizekapellmeister und 1798 Hofkapellmeister. Reisen führten ihn u.a. zwischen 1791 und 1794 nach Neapel und Venedig und zwischen 1795 und 1798 nach Prag und Wien, wo er sich noch bei A. Salieri weiterbildete und 1796 mit dem *Unterbrochenen Opferfest* den entscheidenden Durchbruch als Opernkomponist erzielte. 1802 reiste er nach London und dann nach Paris. 1811 gründete er in München die Musikalische Akademie und lernte C. M. von Weber kennen. Weit über München hinaus bekannt geworden, zeichnen sich seine Werke durch einen am italienischen Belcanto geschulten

Gesangsstil und eindrucksvolle Chöre nach dem Vorbild Chr. W. Glucks aus; die Oper *Colmal*, sein bedeutendstes Werk, gehört zu den frühesten romantischen Opern. W. komponierte einen 2. Teil der *Zauberflöte* (*Das Labyrinth*, Text: E. Schikaneder). L. van Beethoven schrieb 1799 über das Quartett *Kind, willst du ruhig schlafen* aus dem *Opferfest* Klaviervariationen (WoO 75).

WW: Kammermusik; Symphonien; zahlr. Messen; weltliche Kantaten. – Von den etwa 40 nachweislich aufgeführten Opern, Singspielen u. Operetten sind hsl. oder als Klv.-A. erhalten: *Helena u. Paris*, UA: München 1782; *Bellerophon* u. *Der Bettelstudent*, UA: ebd. 1785; *I fratelli rivali*, UA: Venedig 1793; *Belisa*, UA: ebd. 1794; *Ogus*, UA: Prag 1795; *Das unterbrochene Opferfest* u. *I due vedovi*, UA: Wien 1796; *Babylons Pyramiden* (1. Akt v. J. Mederitsch) u. *Das Labyrinth*, UA: ebd. 1797; *Der Sturm*, UA: ebd. 1798; *Maria von Montalban*, UA: München 1800; *Tamerlan*, UA: Paris 1802; *La grotta di Calipso*, UA: London 1803; *Il trionfo dell'amor fraterno*, UA: ebd. 1804, Wiederaufnahme als *Castor et Pollux*, UA: Paris 1806; *Il ratto di Proserpina*, UA: ebd. 1804; *Zaïra*, UA: ebd. 1805; *Colmal*, UA: München 1809; *Maometto II*, UA: Mailand 1817. – Ferner 2 Melodramen u. 3 Ballette. – Lehrschrift *Vollständige Singschule*, 4 Teile (Mz 1825, L ²1874).

Ausg.: 10 Divertimenti, hrsg. v. R. MÜNSTER (Z 1965); Klar.-Quartett Es-Dur, hrsg. v. D. KLÖCKER (Lo 1969).

Lit.: Thematisches Verz. der Kammermusik, in: Mannheimer Kammermusik des 18. Jh. II, hrsg. v. H. RIEMANN (1915) (= DTB 16); A. WÜRZ, W., in: MGG XIV.

WINTERFELD, Carl Georg August Vivigens von, * 28. 1. 1784 Berlin, † 19. 2. 1852 ebd.; dt. Musikforscher. Nach seinem Jurastudium in Halle wurde er 1811 Kammergerichtsassessor in Berlin. 1816 kam er als Oberlandesgerichtsrat nach Breslau und arbeitete daneben als Kustos in der Musikabteilung der Universitätsbibliothek. 1832–47 lebte er als Geheimer Tribunalrat wieder in Berlin. W. war 1809–16 Mitglied der Berliner Singakademie. Auf einer Italienreise 1812 fertigte er Abschriften von zahlreichen it. Werken des 16.–18. Jh. (heute in Berlin, Dt. Staatsbibl.). Seine Schrift *J. Gabrieli … und sein Zeitalter* gehört zu den Standardwerken der frühen deutschen Musikforschung.

Schriften: *J. Gabrieli … u. sein Zeitalter*, 3 Bde. (B 1834); *Dr. M. Luthers dt. geistliche Lieder* (L 1840); *Der ev. Kirchengesang u. sein Verhältnis z. Kunst des Tonsatzes*, 3 Bde. (L 1843–47); *Zur Gesch. heiliger Tonkunst*, 2 Bde. (L 1850). – Faks.-Ausg.en sämtlicher Schriften (Hil 1965–66).

Lit.: B. STOCKMANN, C. von W. (Diss. Kiel 1958); DERS., Bach im Urteil C. von W.s, in: Mf 13 (1960); B. MEIER, C. von W. u. die Tonarten des 16. Jh., in: KmJb 50 (1966); K. G. FELLERER, Zum Gabrieli-Bild C. von W.s, in: FS L. Brandt (Kö – Opladen 1968).

WINTERFELD, Max, ↗Gilbert, Jean.

WINTERNITZ, Emanuel, * 4. 8. 1898 Wien, † 22. 8. 1983 New York; amerik. Musikforscher östr. Herkunft. Nach Jura-Studium (Promotion 1922) und Anwaltstätigkeit in Wien emigrierte W. in die USA, war 1938–41 Lektor am Fogg Museum der Harvard University, 1941–49 Kustos der Instrumenten-Sammlung des Metropolitan Museum of Art in New York und 1949–73 Leiter aller Musiksammlungen dieses Museums. 1947–60 lehrte er als Visiting Professor u.a. an der Yale University und an der City University New York.

Schriften: *Musical Autographs from Monteverdi to Hindemith* (Princeton 1955, Nachdr. 1965); *Keyboard Instruments in the Metropolitan Museum of Art* (NY 1961); *Die schönsten Musikinstrumente des Abendlandes* (Mn 1966), engl. Übers.: *Musical Instruments of the Western World* (Lo – NY 1967); *G. Ferrari, his School and the Early History of the Violin* (Mi 1967); Gesammelte Aufsätze *Musical Instruments and their Symbolism in Western Art* (NY – Lo 1967); *Über Musikinstrumentensammlungen des Frühbarock* (Nü 1970); *The Iconology of Music. Potentials and Pitfalls*, in: Perspectives in Musicology (NY 1972).

WINTERS (eig. Whisonant), **Lawrence,** * 15. 11. 1915 Kings Creek (South Carolina), † 24. 9. 1965 Hamburg; amerik. Sänger (Bariton). Er studierte bei Robert Todd Dunkan, begann seine Laufbahn zunächst als Konzertsänger und debütierte 1948 an der City Center Opera in New York. Anfang der 50er Jahre kam er nach Europa und war 1952 bis zu seinem Tod Mitglied der Hamburgischen Staatsoper. Zu W.' erfolgreichsten Rollen gehörten die Partien des Tonio (*Der Bajazzo*, R. Leoncavallo), des Escamillo (*Carmen*, G. Bizet) und des Amonasro (*Aida*, G. Verdi). Auch als Liedsänger fand er große Resonanz.

WIORA, Walter, * 30. 12. 1906 Kattowitz; dt. Musikforscher. Er studierte 1925–27 an der Berliner Musikhochschule und 1926–36 an den Universitäten Berlin und Freiburg i. Br. (Promotion 1937), wo er 1936–41 am Deutschen Volksliedarchiv tätig war. Nach seiner Habilitation 1941 lehrte er seit 1942 an der Universität Posen und war 1946–52 erneut Mitarbeiter am Deutschen Volksliedarchiv. 1958 wurde er Ordinarius an der Universität Kiel und 1964 in Saarbrücken (1972 Emeritierung). Daneben leitete er 1956–62 das Herder-Institut für Musikgeschichte, war 1961–64 Mitglied der Deutschen Kommission der UNESCO und 1955–80 Vorstandsmitglied des International Folk Music Council. Zu seinem 60. Geburtstag wurde er mit einer Festschrift geehrt (hrsg. v. L. Finscher – Chr.-H. Mahling, Kas 1967, mit vollständiger Bibliogr.). Schwerpunkte seiner Forschungen bilden Volkslied und Volksmusik, Musikästhetik und die Entwicklung der Musik bzw. des Musikbegriffs, wobei historische und systematische Aspekte der Musik verbunden werden.

WW: 1) **Schriften:** *Die Variantenbildung im Volkslied* (Diss.), Teildruck in: Jb. für Volksliedforsch. 7 (1940); *Zur Frühgesch. der Musik in den Alpenländern* (Bas 1949); *Die Herkunft der Melo-*

dien in Kretschmers und Zuccalmaglios Slg., erweitert gedr. als: *Die rheinisch-bergischen Melodien bei Zuccalmaglio u. Brahms* (Bad Godesberg 1953); *Das echte Volkslied* (Hei 1950, ^{2}1962); *Zur Grundlegung der allg. Musikgesch.*, in: DJbMw 1 (1956); *Europäische Volksmusik u. abendländische Tonkunst* (Kas 1957); *Die vier Weltalter der Musik* (St 1961, frz. P 1963, engl. NY 1965 u. Lo 1966); *Komponist u. Mitwelt* (Kas 1964); *Grenzen u. Stadien des Historismus in der Musik*, in: Die Ausbreitung des Historismus über die Musik (Rb 1969) (= Stud. z. Musikgesch. des 19. Jh. 14); *Das dt. Lied. Zur Gesch. u. Ästhetik einer musikal. Gattung* (Wb – Z 1971); *Hist. u. systematische Musikwiss.* (Ausgew. Aufsätze) (Tutzing 1972); *Der Trend z. Trivialen im 19. Jh.*, in: Das Triviale in Lit., Musik u. bildender Kunst (F 1972); *Ergebnisse u. Aufgaben vergleichender Musikforschung* (Da 1975); *Restauration u. Historismus*, in: Gesch. der kath. Kirchenmusik II (Kas 1976); *Ideen z. Gesch. der Musik* (Da 1980). – **2) Editionen:** *It. Madrigale v. A. Willaert* u. a. (1930, ^{2}1953) (= Chw 5); *Dt. Volkslieder mit ihren Melodien*, Bde. 2–4 (B – L 1939–59).

J. DORFMÜLLER

WIR BAUEN EINE STADT, Spiel für Kinder von P. Hindemith, Text von Robert Seitz. Ort und Zeit der Handlung: realer Spielraum und fiktive Spielwelt von Kindern in der Gegenwart. UA: 21. 6. 1930 Berlin.

Die Phantasiestadt, die in diesem Singspiel von Kindern errichtet wird, ist einerseits getreues Abbild der realen Kinderwelt mit ihren Sorgen und Nöten – wie etwa der Abhängigkeit von autoritären Erwachsenen –, trägt jedoch andererseits auch Züge eines Schlaraffenlandes: so soll es in der Stadt keine Schule geben. – Die Darstellung geschieht abwechselnd auf unterschiedlichen Handlungsebenen: einer ersten, nur partiell fiktiven, auf der Erwachsene, gleichsam Zuschauer des Spiels, die Kinder nach Eigenschaften ihrer Stadt fragen, und einer zweiten, auf der die Kinder ihre Antworten singen und dabei – nun gänzlich innerhalb der fiktiven Welt – szenisch illustrieren. Die musikalische Struktur des Werkes wurde bewußt so schlicht gehalten, daß auch kleinere Kinder an der Aufführung beteiligt werden können; die thematische Gestaltung bleibt durchweg an einfachen Marsch- und Liedmodellen orientiert; etwas schwierigere Singstimmeneinsätze werden geschickt im variabel zu besetzenden Instrumentalpart vorbereitet. – Neben dem *Plöner Musiktag* (1932) ist W. eines der beliebtesten pädagogischen Werke Hindemiths und hat seinen festen Platz in der schulmusikalischen Praxis. W. A. MAKUS

WIRBEL. – 1) Bei Saiteninstrumenten Bz. für einen drehbaren Stift (engl.: peg; frz.: cheville; it.: bischero; span.: clavija) aus Holz (Palisander, Ebenholz) oder Metall (mit und ohne Griffknopf), der in einen ↗Wirbelkasten oder in eine ↗Wirbelplatte eingelassen und mit dessen Hilfe die am ↗Saitenhalter – bei Verwendung von Stahlsaiten an dem dort angebrachten Feinstimmer, einem mit Schraubgewinde versehenen Hebelmechanismus – befestigte Saite aufgewickelt und somit gespannt und gestimmt wird. Instrumente der ↗Viola da braccio- und ↗Viola da gamba-Familie sowie Lauten sind mit seitenständigen, ↗Gitarre und ↗Fiedel mit hinterständigen, ↗Lira mit vorderständigen W.n ausgestattet. Die konischen W. der meisten Saiteninstrumente sind bei der Gitarre, Mandoline und beim Kontrabaß durch Metall-W. ersetzt, die über einen Zahnradmechanismus mit Stellschraube betätigt werden. Im Unterschied zu diesen Instrumenten sind bei besaiteten Klavierinstrumenten, Hackbrett, Harfe, Psalterium und Zither zylindrische Stimmnägel in den Stimmstock (bzw. Hals) eingelassen, die die Funktion der W. übernehmen und mit einem Stimmschlüssel gedreht werden. – **2)** Bz. für eine Spielart bei Schlaginstrumenten (Pauke, Trommel, Große Trommel), die durch eine Folge sehr schneller, gleichmäßig wechselnder Schläge der beiden Schlegel erzielt wird. Notiert wird der W. als Tremolo oder als Triller:

oder

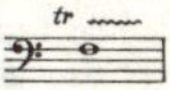

Diese Notierung wird auch für Becken und Triangel angegeben, jedoch ohne bestimmte Tonhöhenangabe.

WIRBELKASTEN (engl.: peg box; frz.: chevillier; it.: cavigliere; span.: clavijero), Bz. für das äußerste, in die ↗Schnecke auslaufende Ende des Halses bei Saiteninstrumenten. In den W. sind beidseitig konische Öffnungen gebohrt, durch die die ↗Wirbel gesteckt werden. Beim Kontrabaß ist häufig an dieser Stelle ein Zahnradmechanismus angebracht, durch den das Spannen der Saiten erleichtert wird. Besonders charakteristisch ist der W. der Laute, der zum Hals fast einen 90°-Winkel bildet. Einige Instrumente mit Resonanzsaiten (Erzlaute, Theorbe) haben 2 Wirbelkästen.

WIRBELPLATTE, Wirbelhalter, Bz. für das auslaufende Halsende bei zahlreichen Saiteninstrumenten (↗Rebec, ↗Fiedel, ↗Gitarre), in dem hinterständig (gelegentlich auch vorderständig, ↗Lira) ↗Wirbel eingelassen sind.

WIR ERREICHEN DEN FLUSS *(We Come to the River)*, „Actions für Musik“ in 2 Teilen von H. W. Henze, Libretto: Edward Bond. Ort und Zeit der Handlung: ein imaginäres Imperium, zu jeder beliebigen Zeit. UA: 12. 7. 1976 London (Covent Garden Theatre); dt. EA (in dt. Sprache): 18. 9. 1976 Berlin (Deutsche Oper).

Ein General, dem zunächst Gehorsam und Treue über alles gehen, zeigt plötzlich Mitgefühl für seine bestraften Untergebenen. Sein Staat erklärt ihn daraufhin für verrückt und isoliert ihn in einer Irrenanstalt, deren Insassen den Geblendeten für einen Spion halten und ihn unter ihren Tüchern ersticken. – Henze nutzt die Musik als erweiternde darstellerische Dimension; von 3 auf je einer Bühne sichtbar postierten Orchestern werden unterschiedliche Handlungsstränge, oft simultan, begleitet. Dabei verlangt der Komponist aus Gründen der Textverständlichkeit häufig Sprechgesang; trotz deutlicher Anleihen bei Kompositionen von J. S. Bach und anderen Komponisten läßt sich die musikalische Sprache als Summe von Henzes Schaffen aus der zurückliegenden Dekade deuten, erweitert um zarte, elegische Klänge. Er selbst nennt die Tonsprache „eine an den drei großen Realisten der Musik – Monteverdi, Mozart und Mahler – geschulte realistische Musik unserer Zeit". Die Betroffenheit des Publikums über das erschütternde, mit 113 Rollen groß besetzte Werk wird durch den hoffnungsvollen Schlußgesang der Irrenhäusler *(Unser Schritt ist so sicher jetzt; wir können nicht mehr untergehn)* kaum gemindert.

K. LANGROCK

WISSMER, Pierre, * 30. 10. 1915 Genf; frz. Komponist schweizerischer Herkunft. W. studierte am Conservatoire in Genf und 1935–39 am Conservatoire (Roger-Ducasse) und an der Schola Cantorum (Daniel-Lesur, Ch. Münch) in Paris. Nach Genf zurückgekehrt, wurde er Kompositionslehrer am Conservatoire und Leiter der Abteilung Kammermusik bei Radio Genf. 1949 ließ er sich in Paris nieder, wurde Lehrer für Komposition und Orchestrierung sowie Leiter der Schola Cantorum (1963 Directeur honoraire) und 1969 Direktor der École Nationale de Musique in Le Mans.

WW: 2 Streichquartette (1937–49); Saxophon-Quartett (1956); *Quadrige* (1961) für Fl., V., Vc., Klv.; Bläserquintett (1964). – Für Orch.: 4 Symphonien (1938–62); Divertimento (1953); Konzerte u. konzertante Werke für Klar., Trp., Gitarre, Klv., V. – Lieder, u. a. *La balle au bond* (1950), 5 Chansons mit Klv.; *Naïades* (1941) für Soli, Chor u. Orch. – Opern: *Marion* (1945), UA: Paris 1951; *Capitaine Bruno* (1952), UA: Bordeaux 1955; *Léonidas* (1958), UA: Mailand 1960; Ballette, u. a. *Le beau dimanche* (1939). – Ferner Film- u. Radiomusik.

Lit.: W. TAPPOLET, W. P., in: MGG XIV; C. CHAMFRAY, in: Le courrier musical de France (1969), Nr. 27 (mit Werk-Verz.).

WITHERSPOON, Jimmy (James), * 8. 8. 1923 Gurdon (Arkansas); amerik. Jazzsänger. Er sang in den 40er Jahren u.a. in der Band von Jay McShann, trat dann bald als Solist hervor, wandte sich in den 50er Jahren auch dem Rhythm & Blues zu und ist bis heute mit bedeutenden Bands des Swing und des Mainstream Jazz zu hören. W. gehört zu den führenden Vertretern der Richtung, die Blues und Jazz verbinden; besonders überzeugend verwendet er die Riffs des Blues und des Jump als Steigerungseffekte.

WITT, Franz Xaver, * 9. 2. 1834 Walderbach (Oberpfalz), † 2. 12. 1888 Landshut; dt. Kirchenmusiker. Er war Schüler von C. Proske und Joseph Schrems. 1856 zum Priester geweiht, wirkte er 1859–67 als Chorallehrer am Regensburger Priesterseminar, war 1870–71 Domkapellmeister in Eichstätt und 1873–75 Seelsorger in Schatzhofen bei Landshut. W. gründete 1868 den „Allgemeinen Deutschen Cäcilienverein" und wurde damit und mit seinem weiteren Wirken der Initiator des ↗Cäcilianismus in der katholischen Kirchenmusik.

Schriften: *Der Zustand der kath. Kirchenmusik zunächst in Altbayern* (Rb 1865); *Über das Dirigieren kath. Kirchenmusik* (Rb 1870); *Gestatten die liturg. Gesetze, beim Hochamt dt. zu singen?* (Rb 1873, [2]1886).

Ausg.: Ausgew. Aufsätze, hrsg. v. K. G. FELLERER (Kö 1934).

Lit.: A. WALTER, Dr. F. W. ... (Rb 1889, [2]1906); K. G. FELLERER, Grundlagen u. Anfänge der kirchenmusikal. Organisation F. X. W.s, in: KmJb 55 (1971); C. LICKLEDER, F. X. W. (2 Aufsätze), in: MS 100 (1980).

WITT, Friedrich, * 6. 11. 1770 Niederstetten (Württemberg), † 3. 1. 1836 Würzburg; dt. Komponist. W. war 1789 bis etwa 1796 Cammermusicus in der Kapelle des Fürsten von Oettingen-Wallerstein. Der Erfolg seines für Würzburg geschriebenen Oratoriums *Der leidende Heiland* brachte ihm 1802 die Stelle des Kapellmeisters am dortigen Fürstbischöflichen Hof ein. Von 1814 bis zu seinem Tod wirkte W. in Würzburg als Theaterkapellmeister. Eine Symphonie von ihm wurde von Fr. Stein 1911 als „Jenaer Symphonie" L. van Beethoven zugeschrieben. W. komponierte ferner einige Opern und Oratorien sowie 9 weitere Symphonien u.a. Orchester- und Kammermusikwerke.

Ausg.: Symphonie C-Dur (Jenaer Symphonie), hrsg. v. F. STEIN, Klv.-A. (2händig) v. C. SINGER, 4händig v. M. REGER (L 1911); Symphonie in a, hrsg. v. G. STAAR (L 1963).

Lit.: F. STEIN, Zum Problem der „Jenaer Symphonie", in: Kgr.-Ber. Köln 1958 (Kas 1959); H. C. R. LANDON, The Jena Symphony, in: MR 18 (1957), wiederabgedruckt in: Essays on the Viennese Classical Style (Lo 1970); R. LEAVIS, Die „Beethovenianismen" der Jenaer Symphonie, in: Mf 23 (1970).

WITTGENSTEIN, Paul, * 5. 11. 1887 Wien, † 3. 3. 1961 Manhasset (New York); amerik. Pianist östr. Herkunft. Er war Schüler von Th. Leschetizky und begann 1913 seine Laufbahn als Konzertpianist. Zu Beginn des 1. Weltkriegs verlor er den rechten Arm, vervollkommnete aber die Technik seiner linken Hand und setzte seine Karriere als Pianist fort. 1939 ging er in die USA, wo er noch bis in die 50er Jahre auftrat. Viele Komponisten, darunter Fr. Schmidt, E. W. Korngold, R. Strauss, M. Ravel (Konzert für die linke Hand), B. Britten und S. Prokofjew (4. Klavierkonzert B-Dur), haben Konzerte, Klavierstücke und Kammermusik für ihn bzw. auf seine Anregung hin geschrieben. W. veröffentlichte eine Klavierschule *School for the Left Hand* (3 Bde., Lo 1957).

Lit.: E. F. FLINDELL, Dokumente aus der Sammlung P. W., in: Mf 24 (1971); DERS., P. W. (1887–1961). Patron and Pianist, in: MR 32 (1971).

WITTINGER, Robert, * 10. 4. 1945 Knittelfeld (Steiermark); ung. Komponist. Er studierte seit 1963 Komposition bei Zs. Durkó in Budapest und übersiedelte 1965 in die Bundesrepublik Deutschland, wo er sich am Studio für Elektronische Musik in München weiterbildete. Bis 1968 war er jährlich Stipendiat bei den Darmstädter Ferienkursen für Neue Musik und hielt sich zu weiteren Studien 1972–73 in Rom und 1974 in Florenz auf. 1970–71 leitete er die Konzertreihe „Ars nova" in Stuttgart. Heute lebt er als freischaffender Komponist in der Nähe von Stuttgart. An der Wiener Schule A. Schönbergs und an B. Bartók orientiert, zeichnen sich W.s Werke durch reizvolle Instrumentation, temperamentvolle Musikalität und originelle Titel aus.

WW: *Polemica* (1974) für Vc. u. Klv.; *Confusione* (1975) für Org. u. Tonband; 3 Streichquartette (1964, 1966, 1970); Bläserquintett *Tensioni* (1970); *Tendenze* (1970) für Kammerensemble. – Für Orch.: Symphonien Nr. 1 (1963, revidiert 1976) u. Nr. 2 (1979); Ballettmusik *Espressioni* (1966); *Dissoziazioni* (1964); *Concentrazioni* (1966); *Om* (1968); *Divergenti* (1970); *Costellazioni* (1971); Sinfonia für Streichorch. (1970); Konzert für Ob., Harfe u. Streichorch. (1972); *Concerto polemico* (1975); *Concerto lirico* (1977); *Sinfonia Nr. 2* (1978). – *Catalizzazioni* (1970) für 24 Vokalisten u. 7 Instrumentalisten.

B. A. KOHL

WIXELL, Ingvar, * 7. 5. 1931 Luleå; schwedischer Sänger (Bariton). Er studierte in Stockholm und debütierte dort 1952 als Konzertsänger und 1955 als Opernsänger in der Rolle des Papageno in W. A. Mozarts *Zauberflöte* an der Königlichen Oper Stockholm, der er seither angehört. Seit den 60er Jahren gastiert er als einer der prominentesten Vertreter des it. Fachs an den bedeutenden Opernbühnen Europas und Nordamerikas. Gastverträge binden ihn an die Hamburgische Staatsoper und an die Deutsche Oper in Berlin. W.s Repertoire enthält vor allem Verdi-Rollen, darunter Posa *(Don Carlos)*, Simon Boccanegra und Rigoletto, sowie Graf Almaviva in W. A. Mozarts *Le nozze di Figaro*, Eugen Onegin in der gleichnamigen Oper P. Tschaikowskys und der Mandryka in R. Strauss' *Arabella*. Bei der Uraufführung von H. W. Henzes *Die Bassariden* in Salzburg 1966 sang er die Rolle des Pentheus.

WLADIGEROW (Vladigerov), **Pantscho** (Pančo Charalnov), * 13. 3. 1899 Zürich, † 8. 9. 1978 Sofia; bulgarischer Pianist und Komponist. Er studierte seit 1912 an der Musikhochschule in Berlin und arbeitete 1921–32 als Pianist, Dirigent und Komponist unter M. Reinhardt am Deutschen Theater in Berlin. Nach Bulgarien zurückgekehrt, war er 1932–72 Lehrer (1938 Professor) für Klavier und Komposition an der Musikakademie in Sofia. Anfangs durch die westliche Kunstmusik beeinflußt, übernahm W. zunehmend rhythmische, melodische und tonale Elemente der bulgarischen Folklore.

WW: Für Klv.: *10 Impressionen* (1920); 6 *Exotische Praeludien* (1924); *Klassisch u. Romantisch* (1931); *Sonatine concertante* (1934); *Schumen* (1934); 2 Improvisationen (1919) für V. u. Klv.; Trio für V., Vc. u. Klv. (1917). – Für Streichorch.: Improvisation u. Toccata (1942), *Maiska sinfonija* (Mai-Symphonie) (1949). – Für großes Orch.: Bulgarische Rhapsodie *Wardar* (1922); *Bulgarische Suite* (1927); 4 symphonische rumänische Tänze (1942); *Geroitschna uwertjura „9. Sept."* (Heroische Ouvertüre) (1949); *Ewreiska poema* (Jüdisches Poem) (1951); *Dramatitschna poema* (Dramatisches Poem) (1956); 5 Klv.-Konzerte (1918–63); 2 V.-Konzerte (1921 u. 1968). – Lieder, Chöre u. Volksliedbearbeitungen; Oper *Tsar Kalojan*, UA: Sofia 1936; Ballett *Legenda sa eseroto* (Die Legende vom See) (1946); Bühnenmusik.

Lit.: E. PAWLOW, P. W. (Sofia 1961) (bulgar.).

WOLF, Bz. für die Eigenart vieler Streichinstrumente (z. T. berühmter Geigenbauer), beim Spielen bestimmter Töne schwer anzusprechen. Die Klangfarbe ist dann von allen anderen Tönen verschieden, die Lautstärke kann kaum variiert werden, und im Extremfall, besonders wenn der Bogen nicht sorgfältig angesetzt wurde, erklingt lediglich ein pfeifendes Geräusch. Die Ursache sind ungedämpfte Resonanzen, d. h., Teile des Instrumentes schwingen bei ganz bestimmten Tonhöhen fast ungehindert mit. Durch Dämpfung dieser Resonanzen, z. B. mit kleinen Gewichten an den Saiten zwischen Steg und Saitenhalter, kann der W. (freilich mit unterschiedlichem Erfolg) abgeschwächt werden.

WOLF, Hugo Philipp Jakob, * 13. 3. 1860 Windischgraz (Steiermark; heute Slovenj Gradec, Jugoslawien), † 22. 2. 1903 Wien; östr. Komponist. Er entstammte einer deutschsprachigen Familie mit teilweise slowenischen, vielleicht auch it. Vorfahren. Der Vater, Philipp W., betrieb ein Ledergeschäft. Er war hochmusikalisch und ließ den Sohn früh Klavier und Violine lernen und am häuslichen Musizieren teilnehmen. Nach 4 Jahren erfolglosen Besuchs verschiedener Gymnasien erhielt W. 1875 die Erlaubnis, ins Wiener Konservatorium einzutreten, das er jedoch schon 1877 wieder verließ. Vom Kompositionsunterricht bei Franz Krenn fühlte er sich nicht angesprochen und betrieb seine weitere Ausbildung als Komponist autodidaktisch. W. blieb in Wien und versuchte, vom Unterrichten zu leben, blieb aber abhängig von einem stetig wachsenden Freundeskreis, der ihn – ungeachtet seines schwierigen Charakters – sein Leben lang unterstützte und förderte. Neben dem Komponisten Adalbert von Goldschmidt und dem Arzt Josef Breuer ist hier der große Kreis der Wiener und süddeutschen Wagnerianer zu nennen, zu dem W. durch seine früh erwachte Begeisterung für R. Wagner Kontakt bekam. Durch das Ehepaar Köchert – Melanie Köchert geborene Lang war der Mensch, von dem sich W. am besten verstanden fühlte – erhielt W. den Auftrag, Musikkritiken für das *Wiener Salonblatt* zu schreiben. 1884–87 schrieb W. insgesamt 112 Kritiken, in denen er kämpferisch für Wagner, Fr. Liszt und A. Bruckner eintrat. Scharfe Angriffe richtete der „wilde Wolf" gegen J. Brahms und E. Hanslick, was der Verbreitung seiner eigenen Werke sehr geschadet hat.

In den ersten Wiener Jahren waren neben zahlreichen Liedern auf Texte von Nikolaus Lenau, H. Heine u.a. das Streichquartett d-moll und die symphonische Dichtung *Penthesilea* entstanden. 1888 erschienen die ersten Liederhefte im Druck. Im selben Jahr komponierte W. die 53 Mörike-Lieder, in denen er sich schon als ganz eigenständiger Lyriker vorstellte. Die folgenden 10 Jahre sind gekennzeichnet durch den Wechsel von hochproduktiven Phasen mit langen, quälenden Zeiten der künstlerischen Unfruchtbarkeit. 1888 entstanden die Eichendorff-Lieder, es folgten bis 1891 die Goethe-Lieder, das *Spanische Liederbuch* und der 1. Teil des *Italienischen Liederbuchs.* Eine Schaffenspause von über 3 Jahren nutzte W. zu Reisen. Der Druck seiner Lieder hatte seinen Ruhm in ganz Deutschland begründet, in zunehmendem Maße wurden W.-Liederabende veranstaltet. Seit Jahren auf der Suche nach einem Opernstoff, entschied sich W. 1895 zur Komposition eines Librettos von Rosa Mayreder *(Der Corregidor).* Unterstützt durch eine Subvention des Barons von Lipperheide konnte er das Werk noch im selben Jahr abschließen. Die UA 1896 in Mannheim war erfolgreich, aber das nicht bühnenwirksame Werk konnte keinen Platz im Repertoire erringen.

1896 komponierte W. den 2. Teil des *Italienischen Liederbuchs.* Es zeigten sich die ersten Anzeichen von progressiver Paralyse, Folge einer luetischen Infektion, die W. sich wahrscheinlich schon im 18. Lebensjahr zugezogen hatte. 1897 entstanden noch die Michelangelo-Gesänge und Teile einer weiteren Oper, *Manuel Venegas.* Im September mußte W. in eine Wiener Nervenheilanstalt eingewiesen werden, die er im Januar 1898 für 10 Monate verlassen konnte. Im Oktober 1898 kam er in die niederösterreichische Landesirrenanstalt in Wien und blieb dort bis zu seinem Tode. Seinen Unterhalt bestritt u.a. der 1897 gegründete H. W.-Verein, dem auch das Verlagsrecht für die nachgelassenen Werke zugesprochen wurde.

WW: **1) Instr.-WW:** Klv.-Musik; Kammermusik, u.a.: Streichquartett d-moll *Entbehren sollst du, sollst entbehren* (1879–84); Intermezzo Es-Dur für Streichquartett (1882–86); Serenade G-Dur für Streichquartett (1887). – Für Orch.: Symphonische Dichtung *Penthesilea* (1883–85) (nach H. von Kleist); *Italienische Serenade* (1892) (nach der Serenade für Streichquartett). – **2) Vokal-WW: a)** Lieder für SingSt mit Klv.-Begleitung; von W. selbst veröffentlicht, einige davon auch mit Orch.: *6 Lieder für eine Frauenst.* (W 1888) (Text: R. Reinick u.a.); *6 Gedichte von Scheffel, Mörike, Goethe u. Kerner* (W 1888); (53) *Gedichte v. E. Mörike* (W 1889); (20) *Gedichte von J. von Eichendorff* (W 1889); (51) *Gedichte v. Goethe* (W 1890); *Spanisches Liederbuch nach Heyse u. Geibel* (Mz 1891); *Alte Weisen: 6 Gedichte v. G. Keller* (Mz 1891); *Italienisches Liederbuch nach P. Heyse,* 2 Teile (Mz 1892, Mannheim 1896); *3 Gedichte v. R. Reinick* (Mannheim 1897); *3 Gesänge aus Ibsens Das Fest auf Solhaug* (1891–96) u. 4 *Gedichte nach Heine, Shakespeare u. Lord Byron* (Mannheim 1897); *3 Gedichte v. Michelangelo* (ebd. 1898). – Weitere Klv.-Lieder postum gedruckt oder hsl. erhalten. – **b)** Chorwerke: *6 geistl. Lieder* (1881) (Text: J. von Eichendorff) für gem. Chor a cap.; *Christnacht* (1886–89) (Text: A. von Platen) für Soli, gem. Chor u. Orch.; *Elfenlied* (1889–91) (Text: Shakespeare u. A. W. von Schlegel) für Sopransolo, Frauenchor u. Orch.; *Dem Vaterland* (1890/91) (Text: Reinick) für Männerchor u. Orch.; *Morgenhymnus* (1897) (Text: ders.) für gem. Chor u. Orch.; Frühlingschor aus *Manuel Venegas* (1897/98) für gem. Chor u. Orch. – **3) Bühnen-WW:** Oper *Der Corregidor* (Libr.: R. Mayreder-Obermayer nach P. de Alarcón), UA: Mannheim 1896; Oper *Manuel Venegas* (1897) (unvollendet). – Ferner Bühnenmusik zu Ibsens *Das Fest auf Solhaug* (1890/91).

In einem Gedicht *An Hugo Wolf* hat Detlev von Liliencron die Wirkung der Mörike-Lieder auf W.s Freunde beschrieben: „Wie war das neu! Zum Erstarren neu!" Tatsächlich hat W. schon durch die Wahl seiner Texte dem Klavierlied ganz neue Bereiche erschlossen, u.a. auch den der Ironie und des Humors. In der Zeichnung der Situation durch die Klavierbegleitung knüpft W. an R. Schumann an. Schumanns Einfluß ist auch in den Vor- und Nachspielen spürbar. W. hat jedoch die Ausdrucksmöglichkeiten der Klavierbegleitung beträchtlich erweitert durch Anlehnung an die Harmonik R. Wagners. Der in sich geschlossenen, oft wie ein eigenes Klavierstück wirkenden Begleitung tritt in großer Selbständigkeit die Singstimme gegenüber. In der Singstimme vermeidet W. eine periodische Gliederung und erweckt dadurch den Eindruck des Unmittelbaren, Improvisierten. Die Wagnersche Deklamation hat er weiterentwickelt zu einem Instrument, das die feinsten Nuancen des Textes akzentuieren kann. In der Ehrfurcht vor dem Text steht W. unter den Liederkomponisten einzig da. Unbestritten ist sein Rang als wichtigster dt. Lyriker nach Fr. Schubert.

Ausg.: Nachgelassene Werke, hrsg. v. R. HAAS – H. SCHULTZ (L 1936–40) (unvollständig); Sämtliche Werke, Kritische GA, hrsg. v. H. JANCIK, bisher 14 Bde. (W 1960ff.). – H. W.s musikal. Kritiken, hrsg. v. R. BATKA – H. WERNER (L 1911).

Lit.: **1) Werk-Verz., Bibliographie u. Dokumente:** F. WALKER, H. W. A Biography (Lo 1951, dt. Gr – W – Kö 1953), 3. erweiterte Aufl. (NY 1968, 1974) (grundlegend; mit Werk-Verz. u. Bibliographie). – A. VON EHRMANN, H. W. Sein Leben in Bildern (L 1937). – F. GRASBERGER, H. W. Persönlichkeit u. Werk. Kat. der Ausstellung zum 100. Geburtstag (W 1960). – H. JANCIK, Die H.-W.-Autographen in der Musikslg. der Östr. Nationalbibl., in: Beitr. z. Musikdokumentation (Tutzing 1975). – **2) Briefwechsel:** H. W.s Briefe an E. Kauffmann, hrsg. v. E. HELLMER (B 1903); H. W.s Briefe an H. Faißt, hrsg. v. M. HABERLANDT (St 1904); H. W., Briefe an P. Müller, in: Jb. Peters (1904); H. W.s Briefe an O. Grohe, hrsg. v. H. WERNER (B 1905); H. W. Familienbriefe, hrsg. v. E. HELLMER (L 1912); H. W., Briefe an R. Mayreder, hrsg. v. H. WERNER (W 1921); H. W., Briefe an H. Lang, hrsg. v. DEMS. (Rb 1923); H. W., Briefe an H. Potpeschnigg, hrsg. v. H. NONVEILLER (St 1923); H. W., Briefe an M. Köchert, hrsg. v. F. GRASBERGER (Tutzing 1964); Ungedruckte Briefe an H. W., hrsg. v. R. SCHAAL, in: DJbMw 13 (1968); H. W., Briefe an F. Zerny, hrsg. v. E. HILMAR – W. OBERMAIER (W 1978). – **3) Biographien und Stud. zum Werk:** E. DESCEY, H. W., 4 Bde. (L 1903–06), 2. Aufl. als: Das Leben u. das Lied (L 1919); K. HEKKEL, H. W. in seinem Verhältnis zu R. Wagner (Mn – L 1905); E. SCHMITZ, H. W. (L 1906); E. NEWMAN, H. W. (Lo 1908, Nachdr. 1966, dt. L 1910); A. ABER, H. W.'s Posthumous Works, in: MR 2 (1941); H.-W.-H.e der ÖMZ: 8 (1953), 15 (1960), 28 (1973); R. STEPHAN, W. H., in: Die großen Deutschen 4 (B 1958); W. BOLLERT, H. W.s „Corregidor", in: Musica 14 (1960); E. SAMS, The Songs of H. W. (Lo 1961, ²1981); R. EGGER, Die Deklamationsrhythmik H. W.s in hist. Sicht (Tutzing 1963); J. M. STEIN, Poem and Music in H. W.'s Mörike Songs, in: MQ 53 (1967); B. R. KINSEY, Mörike Poems set by Brahms, Schumann and W., in: MR 29 (1968); H. THÜRMER, Die Melodik in den Liedern v. H. W. (Giebing 1970) (= Schriften z. Musik 2); E. WERBA, H. W. oder der zornige Romantiker (W – Mn 1971); I. FELLINGER, Die Oper im kompositorischen Schaffen v. H. W., in: Jb. des Staatlichen Inst. für Musikforsch. 1971 (1972); E. BUSSE, Die Eichendorff-Rezeption im Kunstlied. Vers. einer Typologie anhand v. Kompositionen Schumanns, W.s u. Pfitzners (Diss. Marburg 1973); H. J. IRMEN, H. W. u. seine rheinischen Freunde E. Humperdinck, H. Wette u. A. Mendelssohn, in: Beitr. z. rheinischen Musikgesch. 105 (Kö 1974); P. COOK, H. W.'s Corregidor, A Study of the Opera and Its Origins (Lo 1976); W. WERBA, H. W.s Liedschaffen aus der Sicht von heute, in: ÖMZ 33 (1978).

M. MARX-WEBER

WOLF, Johannes, * 17. 4. 1869 Berlin, † 25. 5. 1947 München; dt. Musikforscher. Er studierte an der Universität Berlin (Ph. Spitta und H. Bellermann) und besuchte gleichzeitig die Musikhochschule. 1893 promovierte er bei H. Riemann in Leipzig, unternahm dann Quellenstudien an it. und frz. Bibliotheken und habilitierte sich 1902 in Berlin. 1899–1903 war er Sekretär der von ihm mitgegründeten Internationalen Musikgesellschaft (Veröff. der ersten 4 Bde. der SIMG). 1907 wurde er zum Professor an der Universität Berlin ernannt und lehrte 1908–27 auch an der Akademie für Kirchen- und Schulmusik. Seit 1915 leitete er an der Preußischen Staatsbibliothek die alte Musiksammlung und 1927–34 die gesamte Musikabteilung. W. war einer der bedeutendsten Musikforscher seiner Generation. Er erschloß und edierte wesentliche Quellen der Musik und Musiktheorie des 11.–16. Jh. und stellte zum ersten Mal die ältere ↗Notenschrift umfassend dar. Seine Veröffentlichungen auf diesem Gebiet sind bis heute Standardwerke. Zu seinem 60. Geburtstag wurde W. durch eine Festschrift geehrt (B 1929, mit Bibliographie).

Schriften: *Ein anonymer Musiktraktat des 11. bis 12. Jh.*, in: VfMw 9 (1893); *Die Musiklehre des Johannes de Grocheo*, in: SIMG 1 (1899/1900); *Florenz in der Musikgesch. des 14. Jh.*, in: ebd. 3 (1901/02); *Gesch. der Mensuralnotation von 1250 bis 1460*, 3 Bde. (L 1904), Nachdr. 1. Bd. (Hil – Wie 1965); *Hdb. der Notationskunde*, 2 Bde. (L 1913, 1919, Nachdr. Hil – Wie 1963); *Die Tänze des Mittelalters*, in: AfMw 1 (1918/19); *Die Tonschriften* (Breslau 1924); *Gesch. der Musik in allgemeinverständlicher Form*, 3 Bde. (L 1925–29); *Die Rossi-Hs. 215 der Vaticana u. das Trecento-Madrigal*, in: Jb. Peters 45 (1938). – Editionen: *B. Ramos de Pareia, Musica practica* (L 1901) (= BIMG I/2); *J. R. Ahles ausgew. Gesangswerke* (L 1901) (= DDT 5); *H. Isaac, Weltliche Werke*, 2 Teile (1907–09) (= DTÖ 28 u. 32); *G. Rhau, Newe deudsche geistliche Gesenge* (1908) (= DDT 34); *J. Obrecht, Werken*, 30 Lieferungen (A – L 1908–21); *Musikal. Schrifttafeln*, 10 Hefte (1922–23, ²1927); *Der Squarcialupicodex*, hrsg. v. H. Albrecht (Lippstadt 1955).

Lit.: O. KINDELDEY, J. W., in: JAMS 1 (1948); H. OSTHOFF, J. W. z. Gedächtnis, in: Mf 1 (1948); O. GOMBOSI, J. W., in: MQ 34 (1948).

WOLFF, Albert Louis, * 19. 1. 1884 Paris, † 20. 2. 1970 ebd.; frz. Dirigent und Komponist. Er studierte am Pariser Conservatoire, wurde 1911 Dirigent an der Pariser Opéra-Comique und war 1922–23 deren Direktor. 1928 übernahm er als Nachfolger von P. Paray die Leitung der Concerts Lamoureux, 1934 die der Concerts Pasdeloup. W. unternahm zahlreiche Tourneen durch Europa und die USA; 1938–46 dirigierte er häufig am Teatro Colón in Buenos Aires. 1945 wurde er zum Directeur général der Opéra-Comique in Paris ernannt.

WW: Kammermusik; Symphonie a-moll (1951); Fl.-Konzert; Lieder; Requiem; Opern (nach Maeterlinck): *L'oiseau bleu*, UA: New York 1920, *Sœur Béatrice*, UA: Nizza 1948.

WOLFF, Auguste, ↗Pleyel & Co.

WOLFF, Christoph Johannes, * 24. 5. 1940 Solingen; dt. Musikforscher. Er studierte Kirchenmusik und Musikwissenschaft 1960–63 in Berlin sowie 1963–65 in Freiburg und Erlangen, wo er 1966 promovierte und dann bis 1968 Lektor war. 1968 wurde er Visiting Assistant Professor (1969 Associate Professor) an der Universität Toronto, 1970

Professor an der Columbia University in New York und 1976 an der Harvard University in Cambridge/Mass. (1980 Chairman). Seit 1967 ist W., heute einer der führenden Bachforscher, freier Mitarbeiter des J.-S.-Bach-Instituts Göttingen, seit 1979 auch Mitglied des Dozentenkollegiums der Sommerakademie „J. S. Bach" Stuttgart.

Schriften: *Zur musikal. Vorgeschichte des Kyrie aus J. S. Bachs Messe in h-moll*, in: FS B. Stäblein (Kas 1967); *Der stile antico in der Musik J. S. Bachs. Studien zu Bachs Spätwerk* (Wie 1968) (= Beih.e zum AfMw 6); *C. Paumanns Fundamentum organisandi u. seine versch. Fassungen*, in: AfMw 25 (1968); *Ordnungsprinzipien in den Originaldrucken Bachscher Werke*, in: Bach-Interpretationen. FS W. Blankenburg (Gö 1969); *New Research on Bach's Musical Offering*, in: MQ 57 (1971); *Überlegungen zum „Thema Regium"*, in: Bach-Jb. 59 (1973); *Bach's Handexemplar of the Goldberg Variations: A New Source*, in: JAMS 29 (1976); *Schubert's „Der Tod und das Mädchen"*, in: Schubert Studies (C 1982) (engl.); *Probleme u. Neuansätze der Bach-Biographik*, in: Ber. über das Marburger Bach-Symposium 1978 (Kas 1981). – W. ist seit 1974 Mithrsg. des Bach-Jb. – Editionen: *J. S. Bach, Kanons, Musikalisches Opfer* u. *Goldberg-Variationen* (Kas 1974 u. 1976) (= Neue Bach-Ausg. VIII/1 u. V/2); *W. A. Mozart, Klavierkonzerte* ... (Kas 1976) (= Neue Mozart-Ausg. V/15/2–3).

WOLFF, Hellmuth Christian, * 23. 5. 1906 Zürich; dt. Musikforscher und Komponist. Er studierte an der Universität Berlin (H. Abert, C. Sachs, E. M. von Hornbostel, A. Schering), promovierte dort 1932 und habilitierte sich 1942 in Kiel. 1947–71 lehrte er an der Universität Leipzig (1954 Professor). W.s musikologisches Hauptinteresse gilt der Oper des 17.–19. Jh., ihrer Aufführungspraxis und dem Bühnenbild. Als Komponist trat W. u. a. mit Kammermusik, Orchesterwerken *(Inferno 1944, Sinfonia da missa)*, Liedern, dem szenischen Oratorium *Esther* sowie Opern und Singspielen hervor. Als Maler war er mit Einzelausstellungen u. a. in Leipzig und Düsseldorf vertreten.

Schriften: *Die venezianische Oper in der zweiten Hälfte des 17. Jahrhunderts* (B 1937); *Die Barockoper in Hamburg (1678–1738)*, 2 Bde. (Wb 1957); *Bach und die Musik der Gegenwart* (L 1951); *Die Musik der alten Niederländer* (L 1956); *Die Händel-Oper auf der modernen Bühne* (L 1957); *Oper (1587–1900)* (L 1968, ²1979) (= Musikgesch. in Bildern IV/1); *Die Oper*, 3 Bde. (Kö 1971 ff.) (= Das Musikwerk 38–40); *Ordnung und Gestalt. Die Musik von 1900 bis 1950* (Bonn 1978); *Die Geschichte der komischen Oper von den Anfängen bis zur Gegenwart* (Wilhelmshaven 1981); *Die erste italienische Oper in Berlin. C. H. Graun*, in: BzMw 23 (1981).

WOLF-FERRARI, Ermanno, * 12. 1. 1876 Venedig, † 21. 1. 1948 Venedig; dt.-it. Komponist. Als Musiker wie als Maler gleichermaßen frühbegabt, besuchte er 1891 die Accademia di Belle Arti in Rom sowie 1902 die Malschule Holosy in München und studierte dort 1892–95 an der Akademie der Tonkunst Komposition bei J. Rheinberger. 1896–1900 lebte er in Italien, dann bis 1903 wieder in München. 1903–09 war er Direktor des Liceo Musicale B. Marcello in Venedig. Anschließend ließ er sich 1909 als freischaffender Komponist in München nieder. 1939 wurde W. als Professor für Komposition an das Mozarteum Salzburg berufen. Nach dem Ende des 2. Weltkrieges kehrte er über Zürich 1947 nach Venedig zurück.

WW: **1) Instr.-WW:** Einige Klv.-Werke; 2 V.-Sonaten (1895, 1901); 2 Klv.-Trios (1900–01); Streichquartett u. -quintett (1940, 1942); Kammersymphonie für Bläser u. Str. (1903). – Für Orch.: *Venezianische Suite* u. *Triptychon* (1936); *Divertimento* (1937); *Symphonia brevis* (1947); V.-Konzert (1944); Vc.-Konzert *Invocazione* (1947); *Idillio-Concerto* für Ob. u. Kammerorch., *Suite-Concertino* für Fag. u. Kammerorch. (1933); *Piccolo concerto* für Engl. Horn u. Kammerorch. (1953). – **2) Vokal-WW:** Für SingSt u. Klv.: *Rispetti* (1903); *Canzoniere italiano*, 44 Rispetti u. a. über toskanische Texte (1936); *La Passione* (1937) u. a. Werke für Chor a capp. – Oratorien: *La Sulamite* (1898) u. *Talitha kumi* (1900); Kantate *La vita nuova* (nach Dante) (1901). – **3) Bühnen-WW:** *La Cenerentola*, UA: Venedig 1900; *Le donne curiose* (nach C. Goldoni), dt. UA als: *Die neugierigen Frauen*, München 1903; *I quattro rusteghi*, dt. UA als: *Die vier Grobiane*, ebd. 1906; *Il segreto di Susanna*, dt. UA als: *Susannens Geheimnis*, ebd. 1909; *I giojelli della madonna*, dt. UA als: *Der Schmuck der Madonna*, Berlin 1911; *L'amore medico*, dt. UA als: *Der Liebhaber als Arzt*, Dresden 1913; *La vedova scaltra* (nach C. Goldoni), UA: Rom 1931, dt. EA als: *Die schalkhafte Witwe*, Berlin 1931; *Il Campiello* (nach dems.), UA: Mailand 1936; *La dama boba*, UA: ebd. 1939, dt. EA als: *Das dumme Mädchen*, Berlin 1939. – **4) Schrift:** *Considerazioni attuali sulla musica* (Siena 1943).

Seinen zeitgenössischen Ruhm verdankte W. den in einer oratorienfeindlichen Zeit entstandenen, von nach-Verdischer Vokalität ebenso wie von J. S. Bach nachempfundener polyphoner Dichte geprägten frühen Chorwerken *Talitha kumi* (1900) und *La vita nuova* (1903) sowie ganz entscheidend den Bühnenwerken, auf denen seine musik- und speziell opernhistorische Bedeutung beruht. Das buffoneske Intermezzo *Susannens Geheimnis* (1909) und die spätveristische Oper (↗Verismo) *Der Schmuck der Madonna* (1911) wurden Welterfolge. W.s 5 großbesetzte „ernste" Opern gipfeln in mosaikhafter Integration des szenisch-musikalisch-komischen Elements (*Sly*, 1927), die 8 kammermusikalisch gewirkten „heiteren" Opern in einem der Singstimme stets absoluten Vorrang einräumenden aphoristischen Klangbild (*Campiello*, 1936; *La dama boba*, 1939).

Lit.: L. HÜBSCH-PFLEGER, Unveröff. Briefe W.-F.s, in: ZfM 112 (1951); W. PFANNKUCH, Das Opernschaffen E. W.-F.s (Diss. Kiel 1953); P. HAMANN, Die frühe Kammermusik W.-F.s (Diss. Erl 1975); E. W.-F. Kat. der Ausstellung zum 100. Geburtstag, Bayerische Staatsbibl. (Mn 1976). W. PFANNKUCH

WÖLFL (Wölffl), Joseph, * 24. 12. 1773 Salzburg, † 21. 5. 1812 London; östr. Pianist und Komponist. Als Chorknabe am Salzburger Dom (1783–86) war er Schüler von L. Mozart und M. Haydn. 1790 ging er nach Wien, lernte dort W. A. Mozart kennen und wurde nach dessen Tod und noch durch dessen Vermittlung 1792 Kapellmeister des Grafen Ogińsky in Warschau. Wegen politischer Wirren kehrte er 1795 nach Wien zurück, wo er sich als Pianist einen Namen machte, nicht zuletzt durch die Rivalität zu L. van Beethoven. 1799–1801 unternahm W. eine Konzertreise nach Brünn, Prag, Dresden, Leipzig, Berlin und Hamburg. 1801–05 lebte er in Paris, seit 1805 in London, wo er mit großem Erfolg bis zu seinem Tode wirkte. W. zählt zu den führenden komponierenden Pianisten seiner Zeit. Mit seinen Klavierwerken wußte er den Geschmack des breiten Publikums gut zu treffen, so daß sie bis in die 1840er Jahre in ganz Europa gespielt wurden. Den Opern blieb dagegen der Erfolg versagt.

WW: Klv.-Werke, u.a. zahlr. Sonaten; 3 Klv.-Sonaten, op. 55 (1798) (Beethoven gewidmet); zahlr. Klv.-Sonaten haben V.-, Fl.- oder Vc.-Begleitung; *Grand duo* (vor 1805) für Vc. u. Klv.; zahlr. Trios mit Klv.; 15 Streichquartette; Sonaten für 2 Ob., 2 Hörner u. 2 Fag.; 2 Symphonien; Ouvertüre; 7 Klv.-Konzerte; *Concerto da camera* für Klv., Fl. u. Str.; Lieder. – Ferner 7 Opern, u.a. *L'amour romanesque,* UA: Paris 1804; *Fernando ou les Maures* (1805); 2 Ballette.

Ausg.: *Grand duo,* op. 31, für Vc. u. Klv., hrsg. v. F. LÄNGIN (Kas 1953) (= Hortus Mus. 111).

Lit.: R. BAUM, J. W. (1773–1812). Leben, Klavierwerke, Klavierkammermusik u. Klavierkonzerte (Kas 1928); H. W. HAMANN, W., in: MGG XIV; DERS., W., in: Grove[6] XX.

WOLFRUM, Philipp, * 17. 12. 1854 Schwarzenbach am Wald, † 8. 5. 1919 Samaden (Graubünden); dt. Musikforscher, Dirigent und Komponist. Er wurde nach Studien bei J. Rheinberger, Fr. Wüllner und K. Bärmann in München (1876–78) Seminarmusiklehrer in Bamberg, 1884 Gesanglehrer am Theologischen Institut der Universität Heidelberg, wo er 1885 den Bach-Verein gründete. 1891 promovierte er in Leipzig und wurde 1894 Universitätsmusikdirektor, 1898 Professor für Musikwissenschaft und 1907 GMD in Heidelberg. Mit dem Bach-Verein und dem ebenfalls von ihm gegründeten Akademischen Gesangverein führte er bis 1919 zahlreiche weithin beachtete Konzerte durch, u.a. die Musikfeste 1909, 1911 und 1913. W., der mit M. Reger befreundet war, hat die Bach-Renaissance und -Rezeption seiner Zeit mitgeprägt und sich ebenso für zeitgenössische Musik eingesetzt. Zu seinen Schülern zählten H. Erpf, K. Hasse und Fr. Stein. Einige seiner Kompositionen fanden vorübergehend größere Verbreitung.

WW: **1) Kompositionen:** Orgelwerke; Kammermusik. – Für Chor: *Das Weihnachtsmysterium,* op. 31 (1899); *Das große Hallelujah,* op. 22 (nach F. G. Klopstock). – **2) Schriften:** *Die Entstehung und erste Entwicklung des Evangelischen Kirchenliedes in musikalischer Beziehung* (L 1890, Nachdr. Walluf 1972); J. S. Bach, 2 Bde. (L 1910); *Die Evangelische Kirchenmusik* (Bremen 1914) (= Kirchenmusikal. Arch. 22).

Lit.: K. HASSE, Ph. W., in: ZfMw 2 (1919/20); H.-J. NIEDEN, Bach-Rezeption um die Jahrhundertwende, Ph. W. (Mn – Salzburg 1976) (= Beitr. z. Musikforsch. 1). G. SCHUHMACHER

WOLFSQUINTE ↗ Stimmung.

WOLKENSTEIN, Oswald von, ↗ Oswald von Wolkenstein.

WOLL, Erna, * 23. 3. 1917 St. Ingbert/Saar; dt. Komponistin. Sie studierte 1936–38 Orgel und bei W. Fortner Komposition am Ev. Kirchenmusikalischen Institut in Heidelberg, dann Kirchen- und Schulmusik an den Musikhochschulen in München und Köln. Seit 1962 lehrt sie als Dozentin für Musikerziehung (Honorarprofessor) an der Universität in Augsburg (früher Musikpädagogisches Seminar der Universität München). Das überwiegend vokale Schaffen von E. W. trägt als „Wortverkündigung" bekenntnishaften Charakter und spiegelt stilistisch die Auseinandersetzung mit der Vokalmusik J. N. Davids, H. Distlers, P. Hindemiths u.a. Es zeichnet sich in freier Tonalität und Rhythmik durch eine an der Gregorianik geschulte, modal-diatonische Melodik aus.

WW: *Gott, wir freuen uns* (1979), mit Kindern singen u. musizieren im Alltag u. beim Fest. – Für Chor a cap.: Zyklus *Tröstet die Finsternis* (1972) für 4st. gem. Chor; Motette *Eine Grenze haben sie gezogen* (1974) für 4st. gem. Chor. – Für Chor u. Instr.: *Kantate zur Heiligen Nacht* (1963); *Requiem für Lebende* (1977) für gem. Chor, Ob., Piccolofl. u. Kb., Schlagzeug ad lib.; Psalmvertonungen; *Licht und Liebe* (1982) für Chor, Fl., Ob., Sprecher u. Schlagzeug. – E. W. schrieb: *Komponieren für Frauenchor,* in: Lied u. Chor (1975).

Lit.: H. J. RÜBBEN, in: Lied u. Chor (1968); E. EMMERICH, in: ebd. (1978). B. A. KOHL

WOLLICK (Bolicius, Vollicius, Wolquier), **Nicolaus,** * um 1480 Sérouville (Meurthe-et-Moselle), † nach dem 23. 5. 1541 Nancy; lothringischer Musiktheoretiker. Er studierte 1498–1501 an der Universität Köln (1507 Dr. theol.), wo Melchior Schanppecher aus Worms sein Musiklehrer war. Anschließend wurde er Rektor der Kathedralschule in Metz. 1508 lehrte er an der Pariser Universität, bevor er endgültig nach Lothringen zurückkehrte. 1513 wurde er Sekretär und Historiograph bei Herzog Anton von Lothringen, der ihn 1520 in den Adelsstand erhob. Er veröffentlichte ein *Opus aureum musicae* (Kö 1501 u.ö., erweitert als *Enchiridion musices,* P 1509 u.ö.; 3. und 4. Teil stammen von Schanppecher). Das Werk zielt nicht mehr wie die ma. Musiktheorie auf die Musica speculativa, sondern auf die Musica practica, die Komposition und Ausübung von Musik.

Ausg. u. Lit.: Die Musica gregoriana des N. W. bzw. Die Musica figurativa des M. Schanppecher, hrsg. v. K. W. NIEMÖLLER (Kö

1955 u. 1961) (= Beitr. z. rheinischen Musikgesch. 11 u. 50); DERS., N. W. u. sein Musiktraktat (Kö 1956) (= ebd. 13).

WOLPE, Stefan, * 25. 8. 1902 Berlin, † 4. 4. 1972 New York; amerik. Komponist dt. Herkunft. Er studierte in Berlin (Fr. Schreker, P. Juon, F. Busoni) und Wien (A. Webern), war seit 1934 Kompositionslehrer am Konservatorium in Jerusalem und ließ sich 1938 in den USA nieder. Zu seinen Schülern zählen D. Tudor und M. Feldman. Sein dem musikalischen Expressionismus zuzurechnendes Schaffen, das seit 1933 auch Vertonungen politisch ausgerichteter Texte einbezieht, reicht von Atonalität über Elemente der Jazz- und Gebrauchsmusik der 1920er Jahre bis zu einer individuellen Zwölftontechnik, die W. mit seinen „organischen Modi" erweitert hat.

WW: Concerto für Kb., Klar. u. Klv. (1969); *Piece in Two Parts* (1962) für 6 Spieler; Stück für Trp. u. 7 Instr. (1969); *Chamber Piece* Nr. 1 (1964) u. Nr. 2 (1966) für 14 Instr.; Stücke für Klv. u. 16 Instr. (1960); Symphonie (1956, revidiert 1964). – Lieder; Kantaten; Chöre. – Kammeropern: *Zeus und Elida* (1928); *Schöne Geschichten* (1929); *Anna Blume* (1929); Ballett *The Man from Midian* (1942); ferner Bühnenmusik.

Lit.: M. BRODY, Sensibility Defined. Set Projection in S. W.'s „Form for piano", in: Perspectives of New Music 15 (1976/77).

WOLTZ, Johann, * um die Mitte des 16. Jh., † 10. 9. 1618 Heilbronn; dt. Organist. Er wirkte wahrscheinlich seit 1572 als Organist in Heilbronn, wo er 1598 Pfarrverweser wurde. Von W. stammt eine Orgeltabulatur mit 215 Werken (zum Teil Intavolierungen von lat. und dt. geistlichen Gesängen, zum Teil originale Instrumentalsätze). W. verzichtet darin fast völlig auf die ältere Praxis der Kolorierung. Als Komponisten sind am stärksten vertreten H. L. Haßler, G. Gabrieli, Cl. Merulo, M. Franck, C. Antegnati und A. Banchieri.

WW: *Nova musices organicae tabulatura. Das ist: ein newe art teutscher Tabulatur* (Bas 1617), Faks.-Ausg. (Bol 1970) (= Bibl. musica Bononiensis IV/53).

Lit.: M. HUG, J. W. u. seine Orgeltabulatur (Diss. Tü 1960).

WOLZOGEN. – 1) Hans Paul, Freiherr **von** W. und Neuhaus, * 13. 11. 1848 Potsdam, † 2. 6. 1938 Bayreuth; dt. Schriftsteller. Er studierte in Berlin Philologie und Philosophie. Außerordentlich stark beeindruckt durch Aufführungen von R. Wagners *Tannhäuser* und *Meistersinger* ging er seit 1872 mehrmals nach Bayreuth, wo ihm 1877 Wagner die Redaktion der *Bayreuther Blätter,* des Sprachrohrs für seine künstlerischen Anschauungen, übertrug. Als enger Vertrauter Wagners widmete er sich ganz der Verbreitung von Wagners Werken und Ideen.

Schriften: *Die Sprache in R. Wagners Dichtungen* (L 1878); *Erinnerungen an R. Wagner* (L 1888); *Wagneriana* (L 1888); *Großmeister dt. Musik* (Hannover 1897); *Aus R. Wagners Geisteswelt* (B – L 1908); *Wagner u. seine Werke* (Rb 1924).

2) Ernst Ludwig, Freiherr **von,** Halbbruder von 1), * 23. 4. 1855 Breslau, † 30. 7. 1934 München; dt. Schriftsteller. Er gründete 1901 zusammen mit Otto Julius Bierbaum und Frank Wedekind in Berlin das satirische Kabarett „Überbrettl", für das O. Straus und A. Schönberg komponierten. W. verfaßte das Libretto *Feuersnot* (1901) für R. Strauss. Seine Frau, **Elsa Laura von W.,** * 5. 8. 1876 Dresden, † 25. 4. 1945 Admont (Steiermark), erlangte als Sängerin zur Laute Berühmtheit.

Lit.: **Zu 1):** O. DAUBE, H. v. W., in: MGG XIV.

WOOD, Sir **Henry Joseph,** * 3. 3. 1869 London, † 19. 8. 1944 Hitchin (Hertshire); engl. Dirigent. Er studierte an der Royal Academy of Music in London und wurde 1895 von dem Impresario Robert Newman zum Leiter der Promenade Concerts in Queen's Hall ernannt, deren Programme aus Quadrillen, Potpourris u. ä. bestanden hatten. W. brach gründlich mit dieser Tradition. Als Freund von E. Colonne und Ch. Lamoureux führte er neben den bedeutenden Werken des klassischen Repertoires zum ersten Mal in Großbritannien auch zeitgenössische Musik – Cl. Debussy, M. Reger, A. Schönberg, R. Strauss, A. Skrjabin – auf. Ein halbes Jahrhundert hindurch dirigierte er 2 Monate der Saison 6 Tage pro Woche Konzerte, die eine Einführung in Musik jeder Art bedeuteten – und es unter heutiger Ägide der BBC geblieben sind. W. starb während der 50-Jahr-Feier der Promenade Concerts, die trotz der dt. Bombardements auf London fortgesetzt worden waren.

WORCESTER-FRAGMENTE, Bz. für Reste eines Repertoires von mehr als 100 mehrstimmigen engl. Gesängen, die vom Anfang des 13. Jh. bis gegen Mitte des 14. Jh. zu datieren sind. Von den bisher entdeckten 59 Blättern befinden sich 40 in der Chapter Library der Kathedrale von Worcester (Ms. Add. 68), weitere dazugehörige Blätter in Oxford, Bodleian Library (Ms. Lat. liturg. d 20), und London, Brit. Mus. (Ms. Add. 25031). Die ursprüngliche Provenienz der Blätter ist noch nicht endgültig geklärt, doch weist vieles auf Worcester als ein wichtiges Zentrum der Mehrstimmigkeit hin. Im 13. Jh. erlebte die benediktinische Klosterkathedrale eine Blütezeit infolge der Wallfahrt zu den Schreinen der heiligen Wulfstan und Oswald. Das Repertoire beinhaltet neben einstimmigen Stücken 2–4st. Sequenzen, Rondelli, Conductus, Meßsätze und Motetten mit C. f. und mit Pes. Die typisch engl. Klanglichkeit zeigt sich im häufigen Gebrauch von Ostinato- und Stimmaustauschtechniken, in der Vorliebe für die durähnliche Melodik der F-Tonart und in den vollen Dreiklängen und Terzsextakkorden.

Lit.: A. HUGHES, Worcester Medieval Harmony (Burnham 1928); L. A. DITTMER, An English Discantuum Volumen, in: MD 8 (1954); DERS., The Dating and the Notation of the Worcester Fragments, in: MD 11 (1957); DERS., The Worcester Fragments. A Catalogue Raisonné and Transcriptions (R 1957) (= MSD 2); DERS., Worcester Add. 68, Westminster Abbey 33327 ... (Brooklyn/N.Y. 1959) (= Publications of Medieval Musical Manuscripts 5); E. APFEL, Stud. z. Satztechnik der ma. engl. Musik (Hei 1959); E. H. SANDERS, Duple Rhythm and Alternative Third Mode in 13th Century Polyphony, in: JAMS 15 (1962); D. STEVENS, The Worcester Fragments, in: MT 116 (1975). G. NITZ

WORKSONG (engl., = Arbeitslied), Bz. für die älteste Gattung der afroamerikanischen Musik in den USA, die nach Funktion und sprachlichen wie musikalischen Eigentümlichkeiten afrikanischen Ursprungs ist und ihre originären Elemente außergewöhnlich gut bewahrt hat. Als von den Arbeitenden selbst gesungenes Arbeitslied ist der afroamerikanische W. Teil eines global verbreiteten Phänomens; er begleitet Arbeitsvorgänge und strukturiert dadurch die arbeitsspezifischen Bewegungsabläufe, was in der Regel rein chorisch oder im Wechsel von Vorsänger und Gruppe geschieht. (Solistische Versionen können als quantitativ unerheblich vernachlässigt werden.) – Die Aufgaben des W. sind vielschichtig: Er soll Arbeitsabläufe ordnen, Kooperation ermöglichen, stimulieren, produktionsfördernd wirken und unterhalten, also Arbeit (wie Holzfällen, Korndreschen, Wegebau, Verlegen von Eisenbahnschienen, Hafenarbeit u. a.) erleichtern und zugleich ihren Ertrag steigern. Seine sprachlich-musikalischen Ausprägungen spiegeln konsequent die Funktion der Gattung, weil jeder einzelne W. in seinen Eigenarten vom Bezug zur konkreten Arbeitssituation einer konkreten Gruppe lebt: thematisch, in Tempo und Rhythmus; architektonisch einfach und improvisatorisch-offen, einstimmig (zuweilen auch in rudimentärer Mehrstimmigkeit); auf der Grundlage einer durch Blue notes gekennzeichneten Tonalität, dem Call-and-Response-Pattern unterworfen, melodisch vom Sprechduktus geprägt, mit Shoutähnlichem Stimmeinsatz, in Off-beat-Rhythmisierung (Beat-Markierungen vielfach durch Werkzeuge und „Körperinstrumente"). – Zum W. im uneigentlichen Sinn zählen Cry, Call, Whoop und Holler, d.h. kurze halbmusikalische Artikulationen mit Signalfunktion, die an einzelne (etwa Straßenverkäufer, Flußlotsen, Hirten oder Arbeiter in der Landwirtschaft) gebunden sind.

Lit.: A. M. DAUER, Der Jazz. Seine Ursprünge u. seine Entwicklung (Kas – Eisenach 1958); DERS., Jazz – die magische Musik (Bremen 1961); H. COURLANDER, Negro Folk Music. USA (NY – Lo 1963); B. JACKSON, Wake Up Dead Man. Afro-American W.s from Texas Prisons (C/M 1972); J. HUNKEMÖLLER, Zur Gattungsfrage im Jazz, in: AfMw 31 (1979).

J. HUNKEMÖLLER

WÖRNER, Karl Heinrich, * 6. 1. 1910 Walldorf bei Heidelberg, † 11. 8. 1969 Heiligenkirchen bei Detmold; dt. Musikforscher. Er studierte seit 1928 in Berlin an der Musikhochschule und Musikwissenschaft an der Universität (1931 Dr. phil.), war dann als Kritiker und Theaterkapellmeister tätig und wurde 1946 Dozent an der Musikhochschule Heidelberg. 1954 wechselte er zur Zeitschriftenabteilung des Verlags B. Schott's Söhne in Mainz über (1956 Leiter) und wurde 1958 Dozent an der Folkwangschule in Essen, 1961 an der Nordwestdeutschen Musikakademie in Detmold (1966 Professor). International bekannt wurde W. durch seine Arbeiten zur zeitgen. Musik. Weit verbreitet als Studienhelfer ist W.s *Geschichte der Musik*.

Schriften: *Beiträge zur Geschichte des Leitmotivs in der Oper* (Diss. B 1931, Auszüge in: ZfMw 14 1931/32); *R. Schumann* (Z 1949); *Musik der Gegenwart* (Mz 1949), erweitert als: *Neue Musik in der Entscheidung* (Mz 1954, [2]1956); *Geschichte der Musik* (Gö 1954, [7]1980, erweitert v. E. Kreft); *Gottes Wort und Magie. Die Oper Moses und Aron von A. Schönberg* (Hei 1959); *K. Stockhausen. Werk u. Wollen* (Rodenkirchen 1963, erweitert engl. 1963); *Das Zeitalter der thematischen Prozesse in der Geschichte der Musik* (Rb 1969) (= Stud. z. Musikgesch. des 19. Jh. 18); *Die Musik in der Geistesgeschichte. Studien zur Situation um 1910* (Bonn 1970); *Prima la serie, dopo la musica?*, in: Aspekte der Neuen Musik. FS H. H. Stuckenschmidt (Kas 1968).

Lit.: W. BOLLERT, K. H. W., in: Musica 23 (1969).

J. DORFMÜLLER

WORŽISCHEK, Jan Hugo, ↗ Voříšek, Jan Václav.

WÖSS (eig. Wöß), **Joseph Venantius von**, * 13. 6. 1863 Cattaro (Dalmatien; heute Kotor), † 22. 10. 1943 Wien; östr. Komponist. Er studierte 1880–82 bei Franz Krenn am Wiener Konservatorium und war als Musiklehrer an Schulen sowie 1922–26 als Organist und Chorleiter in Wien tätig. 1908–31 war er Musikredakteur bei der Universal Edition, 1913–34 auch Schriftleiter der Zeitschrift *Musica divina*. 1925 wurde er wirkendes Mitglied der Kommission zur Herausgabe der DTÖ. W.' kompositorisches Schaffen hat seine Wurzeln im A cappella-Ideal des Cäcilianismus. Besondere Verdienste erwarb er sich auch um die Förderung der neueren Kirchenmusik in Österreich. Populär im kath. Gemeindegesang wurde W.' Melodie zu dem Lied *Gelobt seist du, Herr Jesu Christ* (*Gotteslob*, Nr. 560).

WW: 1) **Kompositionen**: Klv.- u. Orgelstücke; Kammermusik; Divertimenti; Serenaden; Symphonien. – Chorwerke; kirchenmusikal. Werke, u.a. 16 Messen. – Opern *Flaviennes Abenteuer*, UA: Breslau 1910; *Carmilhan*, op. 50. – 2) **Schriften**: *G. Mahler*,

Das Lied von der Erde. Thematische Analyse (L 1912); *Die Modulation* (W 1921); *Meine persönlichen Erinnerungen an A. Bruckner,* in: Gregoriusblatt 56 (1932).

Lit.: E. ROMANOVSKY, J. V. von W. als Messekomponist (Diss. W 1952) (mit Werk-Verz.); DERS., in: MS 83 (1963); J. V. von W. zum Gedenken, in: Singende Kirche 11 (1963) (mit Verz. der kirchenmusikal. Werke). B. A. KOHL

WOTQUENNE, Alfred-Camille, * 25. 1. 1867 Lobber (Hainaut), † 25. 9. 1939 Antibes; belg. Musikforscher. Er studierte bei Fr. Gevaert am Konservatorium in Brüssel, wo er 1894–1919 Bibliothekar und Studieninspektor war. 1921 wurde er Kapellmeister in Antibes. Außer seinen Veröffentlichungen erarbeitete W. einen Zettelkatalog, in dem er 18000 it. Kammerkantaten des 18. Jh. erfaßte.

Schriften: *Catalogue de la Bibliothèque du Conservatoire Royal de Musique de Bruxelles,* 5 Bde. (Bru 1898–1924); *B. Galuppi. Étude bibliographique* (Bru 1902); *Catalogue thématique des œuvres de Ch. W. Gluck,* mit dt. Übers. v. J. Liebeskind (L 1904, Nachdr. Hil – Wie 1967); *Catalogue thématique des œuvres de Ch. Ph. E. Bach,* frz. u. dt. (L 1905, Nachdr. Wie 1965 u. 1972); *Zeno, Metastasio et Goldoni. Table alphabétique des morceaux mesurés … œuvres dramatiques,* dt. u. frz. (L 1905).

WOYTOWICZ, Stefania, * 8. 10. 1925 Orynin; poln. Sängerin (Sopran). Schwester des Komponisten Bolesław W. (1899–1980), erhielt sie ihre Ausbildung an der Musikhochschule in Krakau. Sie gewann zu Beginn der 50er Jahre Gesangswettbewerbe in Posen, Leipzig und Prag (Musikwettbewerb des Prager Frühlings) und begann 1955 mit einer Tournee durch Österreich, die UdSSR und China ihre Laufbahn. Bekannt wurde sie vor allem auch durch ihre Mitwirkung bei den Uraufführungen von Werken Krz. Pendereckis (u. a. der Lukaspassion, 1966).

WOZZECK, Oper in 3 Akten von A. Berg, Text von Berg nach Georg Büchners Drama *Woyzeck* (1836). Ort und Zeit der Handlung: eine dt. Kleinstadt, um 1800. UA: 14. 12. 1925 Berlin (Staatsoper).
Berg wurde zu seiner einzigen vollendeten Oper durch die Theateraufführung in der von K. E. Franzos 1879 veröffentlichten Szenenfolge Büchners angeregt. Seine eigene Textgestaltung stimmt allerdings weitgehend mit der 1909 von A. P. Landau vorgelegten Fassung der Fragmente überein; Bergs Szenenfolge stellt eine weitere Interpretation von Büchners Text dar. – Diese Literaturoper gilt als Höhepunkt des musikalischen Expressionismus auf der Opernbühne. Leitmotivisch eingesetzte Klangmotive werden der dramatischen Situation gemäß oft so stark modifiziert, daß sie dem Hörer verborgen bleiben; auch die absoluten musikalischen Formen, in welchen die Musik streng immanenten, nicht am Text orientierten Bindungen unterworfen ist, dienen nach Bergs Vorstellung der Konzentration beim Hörer auf das Hauptanliegen des Komponisten: Darstellung der Leiden des erniedrigten Wozzeck. Innerhalb der affektgeladenen Diktion der Musik bleibt jedes Wort des Dialogs, teilweise unter Benutzung von Sprechgesang, verständlich. Das Werk wurde in einem Konzertzyklus als *3 Bruchstücke aus Wozzeck* am 11. 6. 1924 beim Musikfest des ADMV mit großem Erfolg vorgestellt; der szenischen UA gingen 137 Proben voraus. Innerhalb weniger Jahre wurde *Wozzeck* (in verschiedene Sprachen übersetzt) weltweit bekannt. K. LANGROCK

WRANITZKY (Vranický). – **1) Paul** (Pavel), * 30. 12. 1756 Neu-Reisch (Mähren; heute Nová Říše), † 26. 9. 1808 Wien; böhmischer Violinist und Komponist. W. war Schüler von J. M. Kraus in Wien, 1780–85 Violinist und seit 1785 Musikdirektor des Grafen Johann Nepomuk Esterházy in Eisenstadt. Seit 1795 leitete er das Wiener Hofopernorchester und spielte eine hervorragende Rolle im Musikleben Wiens. Ruhm erlangte er besonders durch seine Singspiele und Ballette, darunter die erste deutsche „Geisteroper" *Oberon,* die auch musikalisch bereits auf die Romantik vorausweist. Der Erfolg dieses Werkes war mit ausschlaggebend für die Entstehung von E. Schikaneders Libretto zu W. A. Mozarts *Zauberflöte.* Über den russ. Tanz aus dem Ballett *Das Waldmädchen* komponierte L. van Beethoven 1796 die Klaviervariationen WoO 71.

WW: **1) Instr.-WW:** Im Druck erschienen: Sonaten für Klv.; Duos für Fl. bzw. V. u. Klav.; Streichtrios u. Trios mit Klv.; zahlr. Streichquartette; Divertissements für Klv.-Quartett; Streichquintette sowie Quintette u. Sextette mit Bläsern. – Für Orch.: 51 Symphonien, darunter *La chasse* (Offenbach um 1807) u. *Grande sinfonie caractéristique pour la paix avec la République Françoise* (Au 1797); einige konzertante Symphonien; Konzerte für V. u. für Vc. – **2) Vokal- u. Bühnen-WW:** Einige geistliche u. weltliche Werke sowie zahlr. Kanons hsl. – Singspiele u. Opern (meist hsl. oder als gedruckte Klv.-A. erhalten; UA in Wien); *Oberon, König der Elfen* (1789); *Das Fest der Lazaronen* (1795); *Das Maroccanische Reich* (um 1795); *Die gute Mutter* (1795); *Der Schreiner* (1799); *Das Mitgefühl* (1804); 7 Ballette, darunter *Das Waldmädchen* (1796); *Der Tyroler Jahrmarkt* (1805) (zus. mit Th. Weigl u. M. Umlauf). Ferner Bühnenmusik.

2) Anton (Antonín), Bruder von 1), * 13. 6. 1761 Neu-Reisch, † 6. 8. 1820 Wien; böhmischer Komponist. Er war in Wien Schüler u. a. von J. G. Albrechtsberger und stand seit etwa 1790 im Dienst des Fürsten Fr. J. M. Lobkowitz (seit 1797 als Kapellmeister). 1814 wurde er auch Orchesterdirektor des Theaters an der Wien. Seine Werke sind an J. Haydn und Mozart orientiert und zeigen großen melodischen Reichtum.

WW: Im Druck erschienen: *Deutsche Tänze* u. Variationen für Klv.; Duos für u. mit Fl. u. V.; Streichquartette u. -quintette; ein V.-Konzert. – Hsl. erhalten: zahlr. weitere Kammermusik- u. Orch.-Werke, darunter 15 Symphonien u. 14 V.-Konzerte. – Ferner Kirchenmusik. – W. veröffentlichte eine Bearbeitung der *Schöpfung* v. J. Haydn für Streichquintett (W 1800), die den Beifall des Komponisten fand. – Unterrichtswerk: *Vorläufiges Violin Fondament* (W 1804 u. ö.).

Ausg.: **Zu 1):** Ein Klv.-Stück, in: MAB 14 (1953); Streichquartett, op. 15, Nr. 3 (Pr 1956) (= MAB 25). – **Zu 2):** V.-Konzert B-Dur (Pr 1954) (= MAB 16); Konzert für 2 Br., hrsg. v. P. GÜNTHER (L 1956).

Lit.: M. POŠTOLKA, Thematisches Verz. der Sinfonien P. V.'s, in: Miscellanea musicologica 20 (1971); DERS., W., in: MGG XIV; DERS., W., in: Grove[6] XX (mit ausführl. Verz. der tschech. Lit.).

WRIGHT, Robert, * 25. 9. 1914 Daytona Beach (Florida); amerik. Komponist und Songtexter. Er arbeitete ausschließlich mit dem Komponisten und Songtexter George Forrest zusammen, mit dem er sich auf die Bearbeitung „klassischer" Musik für Musical-Produktionen spezialisierte, die teilweise überaus erfolgreich wurden. Zu Evergreens wurden die Songs *Baubles, Bangles and Beads* und *Stranger in Paradise,* beide mit Melodien nach A. Borodin.

WW: Musicals: *Song of Norway* (1944) (nach E. Grieg); *Magdalena* (1948) (nach H. Villa-Lobos); *Kismet* (1953) (nach A. Borodin); *The Great Waltz* (nach Joh. Strauß); *Anya* (1965) (nach S. Rachmaninow).

WÜHRER, Friedrich, * 29. 6. 1900 Wien, † 27. 12. 1975 Mannheim; östr. Pianist. Er studierte 1915–20 an der Wiener Musikakademie, an der er 1921–32 dann selbst Klavier unterrichtete (1925 Professor). 1920–25 war er künstlerischer Leiter des Wiener Akademischen R.-Wagner-Vereins. Weitere Lehrtätigkeiten folgten in Berlin, Mannheim, Kiel und 1939–45 erneut in Wien. 1946–72 war er Dozent der Sommerakademie des Salzburger Mozarteums, 1952–58 Professor an der Musikhochschule in Mannheim, 1956–68 an der Akademie in München. W., der seit 1923 in Europa und Übersee konzertierte, pflegte besonders die Wiener Klassik, die Romantik und Spätromantik, aber auch die Neue Musik, und er gehörte zu den Mitbegründern der östr. Sektion der IGNM.

Lit.: K. UMBACH, in: NZfM 118 (1957); E. WERBA, in: ÖMZ 20 (1965) u. 25 (1970).

WÜLLNER. – 1) Franz, * 28. 1. 1832 Münster (Westf.), † 7. 9. 1902 Braunfels an der Lahn; dt. Dirigent und Komponist. Er studierte bei A. Schindler, dessen Nachfolger in Frankfurt am Main er 1848 wurde. 1850–54 unternahm er Konzertreisen; dabei lernte er 1853 in Hannover J. Joachim und J. Brahms kennen, mit dem er freundschaftlich verbunden blieb. 1854 wurde er Lehrer für Klavier am Konservatorium in München, 1858 Musikdirektor in Aachen und 1864 Chordirigent der Hofkapelle in München, verbunden mit dem Auftrag, Chor- und Orchesterklassen am Konservatorium, seit 1867 Königliche Musikschule, deren Leitung er übernahm, einzurichten. 1869 wurde W. als Nachfolger von H. von Bülow Dirigent der Hofoper und der Akademiekonzerte in München. Nach den von ihm dirigierten Uraufführungen von R. Wagners *Rheingold* (1869) und *Walküre* (1870) wurde er 1870 zum 1. Hofkapellmeister ernannt. 1877 übernahm er als Nachfolger von J. Rietz die Leitung des Dresdener Konservatoriums und, zusammen mit E. von Schuch, das Amt eines Hofkapellmeisters, das er 1882 zugunsten von Schuch aufgab. 1884 trat er die Nachfolge F. Hillers als Direktor des Konservatoriums in Köln und Leiter der Gürzenichkonzerte an. Als Komponist (hauptsächlich von Vokalmusik) dem Akademismus verpflichtet, hat W. kaum nachhaltiges Echo gefunden. Viel benutzt wurde bis zur Gegenwart seine Sammlung von A cappella-Gesängen *Chorübungen der Münchner Musikschule* (Mn 1876 u. ö., bearb. v. E. Schwickerath, Mn 1931 u. ö.). – **2) Ludwig,** Sohn von 1), * 19. 8. 1858 Münster, † 19. 3. 1938 Kiel; dt. Schauspieler und Sänger. Zunächst Privatdozent für Germanistik, gab er aber bald diese Laufbahn auf und war 1889–95 in Meiningen engagiert und trat dann als Liedersänger, seit 1914 vor allem als Rezitator auf. Großen Erfolg hatte er noch im hohen Alter mit M. von Schillings Melodram *Das Hexenlied.*

Lit.: **Zu 1):** E. WOLFF, J. Brahms im Briefwechsel mit F. W. (B 1922) (mit Werk-Verz.); D. KÄMPER, F. W. Leben, Wirken u. kompositorisches Schaffen (Kö 1963); R. Strauss u. F. W. im Briefwechsel, hrsg. v. DEMS. (Kö 1963); DERS., Über die UA v. „Rheingold" u. „Walküre", in: R. Wagner. Werk und Wirkung (Rb 1971) (= Stud. z. Musikgesch. des 19. Jh. 26).

WUNDERBARE MANDARIN, DER *(A csodálatos mandarin),* Pantomime in einem Akt von B. Bartók, op. 19. Libretto: Menyhert Lengyel, nach seiner gleichnamigen Kurzgeschichte (1919). UA der 1. Fassung: 27. 11. 1926 Köln (Städtische Bühnen); Choreographie und Inszenierung: Hans Strohbach. UA der 2. Fassung: 12. 10. 1942 Mailand (Teatro alla Scala); Choreographie: Aurel M. Milloss. Dt. EA der 2. Fassung: 1960 München (Bayerische Staatsoper).

Ebenso wie I. Strawinskys *Sacre du printemps* löste auch dieses höchst unkonventionelle, normensprengende, psychodramatische Handlungsballett eine lang andauernde Irritation der zeitgenössischen Kritiker aus; insonderheit wurde das schokkierende Libretto diskutiert: In einem ärmlichen Vorstadtzimmer wird ein Mädchen von 3 Betrügern gezwungen, Männer auf der Straße anzulokken, die ausgeraubt werden sollen. Nach einem Greis und einem Jüngling überwältigen die Betrüger einen seltsamen Mandarin und berauben ihn. Die auf ihn ausgeübten Mordanschläge überlebt der Fremdling. Erst als das Mädchen sich von ihm umarmen läßt, kann der verwundete Mandarin sterben. – Als Symbol für die „alles überwindende Liebe“ (Bartók) wird der Mandarin mittels pulsierender Rhythmen und pentatonischer Melodik musikalisch differenziert gezeichnet. Das Raffinement der Verbindung von Harmonik und Instrumentation, überdies die radikale Klangsprache wie auch die koloristischen Nuancen bestimmen das künstlerisch-musikalische Spannungsfeld. – Neben der extravaganten musikalischen Komposition verursachten auch das als verderbt apostrophierte Sujet sowie die in der Choreographie disponierte realistisch brutale Darstellung der Handlung bei der UA einen derartigen Skandal, daß weitere Aufführungen durch Konrad Adenauer, den Oberbürgermeister der Stadt Köln, verboten wurden. Erst 10 Jahre später vermochte eine neue Fassung, die Bartók und Milloss gemeinsam konzipiert hatten, zu überzeugen. G. LUDIN

WUNDERLICH, Fritz, * 26. 9. 1930 Kusel (Pfalz), † 17. 9. 1966 Heidelberg (nach einem Unfall); dt. Sänger (lyrischer Tenor). Er studierte 1950–55 in Freiburg im Breisgau und debütierte 1955 in Stuttgart als Tamino in W. A. Mozarts *Zauberflöte.* 1959 errang er bei den Salzburger Festspielen internationalen Ruf in der Rolle des Henry in *Die schweigsame Frau* von R. Strauss. Verpflichtungen an der Münchner (1960) und der Wiener Staatsoper (1962) sowie an zahlreichen in- und ausländischen Bühnen folgten. Auch als Oratorien- und Liedsänger war er überaus erfolgreich. W. war in kurzer Zeit zum bedeutendsten dt. lyrischen Tenor gereift, was den tragisch frühen Abbruch seines Wirkens besonders schmerzlich erscheinen läßt. Er beherrschte zahlreiche Rollen von Cl. Monteverdi bis I. Strawinsky, war jedoch vor allem ein idealer Mozart-Interpret; seine (zum Glück in Schallplatteneinspielungen erhaltenen) Gestaltungen von Partien wie Belmonte, Don Ottavio, Ferrando und Tamino waren in der ausgewogenen Verbindung dramatischer und lyrischer Elemente einmalig. Von Wagner-Partien hielt er sich bewußt (noch) zurück. Ein Höhepunkt seiner Liedkunst war die Interpretation von Fr. Schuberts Zyklus *Die schöne Müllerin* (ebenfalls auf Platten dokumentiert). W.s klar timbrierte, leuchtkräftige, in allen Registern und Registerübergängen bes. ausgeglichene Stimme war getragen von natürlicher Musikalität, hoher künstlerischer Sensibilität und wacher Selbstkritik. R. HAMMERSTEIN

WUNDERLICH, Heinz, * 25. 4. 1919 Leipzig; dt. Kirchenmusiker. Er studierte in Leipzig bei K. Straube (Orgel) und J. N. David (Komposition) und war 1943–58 in Halle/Saale als Kantor der Moritzkirche sowie als Lehrer für Orgel und Cembalo an der Kirchenmusikschule und Musikhochschule tätig. 1958–82 wirkte er als KMD an der Hauptkirche St. Jacobi in Hamburg, seit 1973 zugleich als Professor für Orgel an der Musikhochschule. Er ist als Dirigent, Organist und Cembalist konzertierend tätig, komponierte Kirchen- und Orgelmusik und publizierte Aufsätze zur Interpretation der Orgelmusik M. Regers (eine Gesamteinspielung auf Schallplatten ist im Entstehen).

WURLITZER INTERNATIONAL, Ltd., amerikanisches Instrumentenbau- und Vertriebsunternehmen in De Kalb (Ill.), gegr. 1856 von Rudolph Wurlitzer (1831–1914). Die Firma übernahm 1910 die Hope-Jones-Organ-Company und entwickelte in den folgenden Jahren The Mighty Wurlitzer Theatre Organ, eine Expressivorgel für Kinos und Music Halls. Charakteristisch für sie sind Register zur Nachbildung von Streich-, Blas- und Schlaginstrumenten, Tremulant und elektro-pneumatische Schwellkästen; orchesterähnliche Wirkungen von großer Klangfülle bilden das Resultat. Ein neuartiger, hufeisenförmiger Spieltisch erleichtert die komplizierte Handhabung. Von Hope-Jones übernommen wurde der Double touch (zweistufiger Tastenfall): im First touch wird die Taste nur bis zum ersten Druckpunkt, im Second touch bis zu ihrer tiefsten Position niedergedrückt. Aus dieser Theaterorgel entwickelte die Firma den Klang ihrer späteren elektronischen Orgeln. Auf den Markt kamen u.a. 1947 The Electric Organ, 1952 The Spinet Electric Organ, 1958 The Vacuum Tube Electric Organ, 1963 The Transistor Organ und 1971 The Orbit III Synthesizer. – 1960 wurde die Deutsche Wurlitzer GmbH in Hüllhorst (Westf.) gegründet, eine weitere Niederlassung entstand 1971 in Levern (Kreis Lübbecke).

Lit.: J. H. FAIRFIELD, Wurlitzer World of Music (Ch 1956).

S. GOSLICH

WURSTFAGOTT ↗ Rankett.

WÜSTLING, DER *(The Rake's Progress),* Oper in 3 Akten von I. Strawinsky, Text von W. H. Auden und Chester Kallman nach William Hogarths gleichnamiger Gemälde- bzw. Kupferstichfolge (1735). Ort und Zeit der Handlung: England, im 18. Jh.; UA: 11. 9. 1951 Venedig (Teatro La Fenice); dt. EA (in dt. Sprache): 4. 11. 1951 Stuttgart. Ausgehend von Hogarths „Moral Pictures", entwarfen Auden und Kallman eine konzis disponierte parabolische Handlung, in der durch typische Märchenelemente oder offenkundige „Faust"-Allusionen wohlbekannte literarische Motivtraditionen heraufbeschworen werden. Diese Vorlage taugte somit in hohem Maße als Libretto für Strawinskys Bühnenkomposition, die in seiner künstlerischen Entwicklung den Kulminationspunkt der neoklassizistischen Tendenzen markiert. Die Voraussetzungen musiktheatralischer Präsentation dienten nun nicht mehr kritischer Analyse; vielmehr sollte „die Oper" selbst zu einem neuen, gleichsam zweiten Leben erweckt werden. Daß dabei die vorgebliche Unmittelbarkeit der Ausdrucksmedien nur dank Reflexion und Distanz, durch die Wiederaufnahme konventionalisierter Formen und Stile möglich wurde, begründet den Reiz, aber auch die Fragilität dieses Werks.

WYSCHNEGRADSKY, Ivan Alexandrowitsch, * 4. (16.) 5. 1893 St. Petersburg, † 29. 9. 1979 Paris; frz. Komponist und Musiktheoretiker russ. Herkunft. Nach kurzem Jurastudium war W. 1911–14 Kompositionsschüler von Nikolai Sokolow am Konservatorium seiner Heimatstadt. Seinen eigenen schöpferischen Weg fand er jedoch durch die Bekanntschaft mit A. Skrjabin, dessen mystische und synästhetische Erfahrungen zur Grundlage seiner eigenen Vision eines kosmischen Bewußtseins wurden. 1918 verließ er Rußland und ließ sich im folgenden Jahr in Paris nieder, wo er seither in äußerster Zurückgezogenheit lebte und sich nur seinem Schaffen widmete.

WW: Zahlr. Komp.en in Halbtonstimmung sowie in ultrachromatischer Art. – Vierteltonwerke: *24 préludes dans tous les tons de l'échelle chromatique diatonisée à 13 sons* (1934, Neufassung 1958–60) für 2 Klv.; für 4 Klv.: *Premier fragment symphonique* (1934) (auch für Orch. 1967); *Deuxième ...* (1937); *Troisième ...* (1946); *Quatrième ...* (1956); *Transparences I* (1956) u. ... *II* (1963) für Ondes Martenot u. 2 Klv.; Streichquartette Nr. 1 u. 2 (1924, 1931). – *Cinq variations sans thème et conclusion* (1952) für Orch. – *L'Évangile rouge* (1918–20) für Baßbar. u. 2 Klv. (auch als Halbtonversion); *Acte chorégraphique* (1937–46) u. *L'éternel étranger* (1939–68) für Soli, gem. Chor, 4 Klv. u. Schlagzeug.

W. gilt neben A. Hába als der bedeutendste Schöpfer von Kompositionen in Mikrointervallen und war zugleich der entschiedenste Verfechter der Atonalität in Rußland. 1920 entwickelte er ein (von Pleyel erbautes) Vierteltonklavier mit 3 Manualen, für das er mehrere Werke komponierte. 1922–23 arbeitete er dann mit Hába u. a. zusammen, nachdem er zuvor selbständig schon mit Viertel-, Sechstel- und Zwölfteltönen komponiert hatte; 1924 entstand sein Begriff der Pansonorität (= Klangkontinuum der Vierteltöne), auch Pantonalität genannt. 1936 ging W. zur Komposition für verschieden gestimmte Instrumente über, etwa für 2 Klaviere mit gegeneinander um einen Viertelton verschobener Halbton-Stimmung oder der Stimmung in Sechsteltönen für 3 Klaviere. W. arbeitete auch mit 13tönigen Skalen.

Lit.: L. GAYEN, I. W. (F 1973); G. EBERLE, in: NZfM 135 (1974); S. SCHNEIDER, Mikrotöne in der Musik des 20. Jh. (Bonn 1975) (= Orpheus-Schriftenreihe 15). B. A. KOHL

WYTTENBACH, Jürg, * 2. 12. 1935 Bern; Schweizer Komponist und Pianist. Er studierte bei K. von Fischer und S. Veress am Berner Konservatorium sowie bei Yvonne Lefébure und J. Calvet am Pariser Conservatoire; 1958–59 besuchte W. die Klavierklasse von H. Engel an der Musikhochschule in Hannover. Dann unterrichtete er Klavier an den Konservatorien in Biel (1959–67) und Bern (1962–66). Seit 1967 ist W. Lehrer für Klavier und Interpretation Neuer Musik an der Musikakademie der Stadt Basel. Zusammen mit Ursula und H. Holliger, Eduard Brunner und A. Nicolet bildet er das Basler Ensemble für Neue Musik. W. machte sich als Interpret zeitgenössischer Klaviermusik einen weithin geachteten Namen. Sein kompositorisches Schaffen war zunächst von B. Bartók und I. Strawinsky geprägt; unter dem Einfluß von P. Boulez wandte er sich später seriellen Techniken zu. Seine neuesten Werke stehen dem „instrumentalen Theater" nahe.

WW: Sonate für Ob. solo (1963); *Nachspiel* (1967) für 2 Klv.; *Ad libitum* (1969) für eine oder 2 Fl.; *Exécution ajournée I* (1970), Gesten für 13 Musiker; ... *II* (1970), Gesten für Musiker; ... *III* (1973) für Streichquartett; *Divisions* (1964) für Klv. u. 9 Solo-Str.; *Anrufungen und Ausbruch* (1966) für Holz- u. Blechbläser; *Conteste* (1969) für Kammerorch. – *3 Liebeslieder* (1963) (Text: E. Lasker-Schüler) für Alt, Fl. u. Klv.; 4 Kanzonen (1965) für einen Sopran u. Vc.; *De metalli* (1965, revidiert 1966) (Text: L. da Vinci) für Bar. u. Orch.; *Paraphrase* (1967) (Text: G. Grass) für einen Sprecher, einen Flötisten u. Pianisten.

Lit.: J. HÄUSLER, in: SMZ 106 (1966); K. H. KELLER, J. W. (Be 1970) (= Der kleine Bund 183). B. A. KOHL

WYZEWA (eigentlich Wyzewski), **Théodore de,** * 12. 9. 1862 Kalusik (Russisch-Polen), † 7. 4. 1917 Paris; frz. Musikforscher poln. Herkunft. Er kam 1869 nach Frankreich, leitete 1884–88 mit Édouard Dujardin die von ihm gegründete *Revue wagnérienne* und rief 1901 mit A. Boschot und G. de Saint-Foix die Société Mozart ins Leben. W. wurde weithin bekannt durch die Mozart-Monographie, die er zus. mit G. de ↗Saint-Foix begonnen hatte und die dieser nach W.s Tod fortführte.

Schriften: *Beethoven et Wagner* (P 1898 [2]1914) (Aufsatz-Slg., nicht zur Beethovenrezeption Wagners); *W. A. Mozart. Sa vie musicale, de l'enfance à la pleine maturité (1756–1777),* 2 Bde. (P 1911, [2]1936).

XY

XENAKIS, Iannis, * 29. 5. 1922 Brăila (Rumänien); frz. Komponist und Architekt griech. Abstammung. Er lebte 1932–47 in Griechenland (Schulzeit; Ingenieurstudium in Athen 1940–46; Aktivitäten in Widerstandskampf und Bürgerkrieg, schwere Verwundung, zeitweise Haft), kam 1947 als politischer Flüchtling nach Paris, wo er bis 1960 als Mitarbeiter des Architekten Le Corbusier arbeitete und sich dann der Komposition zuwandte (Studium u. a. bei D. Milhaud und O. Messiaen). Seit seinem Orchesterstück *Metastaseis* (1954) hat X. zahlreiche neue Kompositionsmethoden nach mathematischen Prinzipien entwikkelt (u. a. Wahrscheinlichkeitsrechnung in *Pithoprakta,* Mengenlehre in *Herma,* Gruppentheorie in *Nomos alpha* und *Nomos gamma;* die Resultate der von ihm erfundenen formalisierten Kompositionsverfahren bezeichnet X. zusammenfassend als ↗stochastische Musik). Auf dieser Grundlage entwickelte er auch musikübergreifende Konstruktionsprinzipien: Strukturprinzipien zu *Metastaseis* wurden später auch architektonisch realisiert (Philips-Pavillon der Brüsseler Weltausstellung, 1958). Seit 1967 entstanden mehrere *Polytope* als Zusammenfassung von Architektur, Licht- und Farbstrukturen sowie Musik. X. arbeitet sowohl mit vielfältigen vokalen oder instrumentalen Besetzungen als auch mit elektroakustischem Klangmaterial. Er schrieb Computerprogramme zur Berechnung musikalischer Partituren (z. B. *ST 4* für Streichquartett und *ST 48* für Orch., 1956–62; *Analogiques A et B* für Tonband und Instrumente, 1959) und arbeitete mit computererzeugtem Klangmaterial (z. B. Basisklänge für *La légende d'Eer,* 1977). Sein Forschungszentrum CEMAMu realisierte 1976 das Computersystem UPIC, das graphische Strukturen in Klänge umsetzt (nach einem auch für elementarpädagogische Zwecke verwendbaren System).

WW: **1) Kompositionen:** *Metastaseis* (1954) u. *Pithoprakta* (1956) für Orch.; *Herma* (1961) für Klv.; *Nomos alpha* (1966) für Vc.; *Nomos gamma* (1968) für Orch.; *Polytopes: Polytope de Montréal* (1967), *Polytope de Cluny* (1972) u. *Diatope* (für das Centre Pompidou, mit der Tonbandmusik *La légende d'Eer); ST 4* für Streichquartett u. *ST 48* (1956–62) für Orch.; *Analogiques A et B* (1959) für 9 Instr. u. Tonband; *Persephassa* (1969) u. *Pleiades* (1978) für 6 Schlagzeuger; *Psappha* (1975) für Schlagzeug solo; *Erikthon* (1974) für Klv. u. Orch.; *Pour la paix* (1982) für Tonband. – *Hiketides* (1964), *Oresteia* (1966) u. *Medea* (1967) für St. u. Orch.; *Nuits* für 12 Solost. (1967); *Ais* (1980) für Schlagzeug solo, Bar. u. Orch.; *Nekuia* für Chor u. Orch. – **2) Schriften:** *La musique stochastique,* in: Rev. d'esthétique (1961); *Musiques formelles. Nouveaux principes formels de composition mus.,* in: RM 253/254 (1963), erweiterte engl. Übers. (Bloomington/Ind. – Lo 1971, ²1972), dt. Teilvorabdrucke in: Gravesaner Blätter (1955) Nr. 1, (1956) Nr. 6 *(Auf der Suche nach einer stochastischen Musik),* (1960/61) Nr. 18, 19/20, 21, 22 *(Grundlagen einer stochast. Musik I–IV),* (1966) Nr. 26 *(Freie stochast. Musik durch den Elektronenrechner)* u. Nr. 29 *(Zu einer Philosophie der Musik); Musique Architecture* (Tou 1971, ²1976); *Arts/Sciences. Alliages* (P 1979).

In der Musik von X. verbinden sich mathematisch-philosophische Strukturprinzipien einerseits mit musiksprachlichen Erweiterungen (Rhythmus als modifizierte Periodizität: *Persephassa, Psappha, Pleiades;* verallgemeinerte Melodik aus Verzweigungsstrukturen z. B. in *Erikthon*), andererseits mit politischen Aussageinhalten (*Nuits* als Memorial für politische Gefangene; *Pour la paix*) oder mit literarischen bzw. metaphysischen Bedeutungszusammenhängen (Bühnenmusik zu verschiedenen antiken Tragödien; *Ais* und *Nekuia* als Todesmusik). X. verarbeitet sowohl folkloristische Strukturelemente (z. B. *Oresteia, Medea*) als auch Prinzipien der vorsokratischen Philosophie im Spannungsfeld zwischen bruitistischer Expressivität u. mathematischer Experimentalkomposition.

Lit.: F. ATTNEAVE, Stochastic Composition Processes, in: Journal of Aesthetics 17 (1959); M. BOIS, I. X. (P 1966, dt. Bonn 1968); N. LACHARTRE, Les musiques artificielles (P 1969) Kap. 4 (I. X. et la musique stochastique); M. FLEURET, I. X. (P 1972); J. BARRAUD, Le dieu hasard ou la rencontre de deux mondes, in: Regards sur I. X. (P 1981); N. NATOSSIAN, I. X. (P 1981). R. FRISIUS

XERXES *(Serse),* Oper in 3 Akten von G. Fr. Händel; Libretto von Niccolò Minato nach einer 1654 von Fr. Cavalli vertonten älteren Vorlage. Ort und Zeit der Handlung: Persien und Lager am asiatischen Ufer der Dardanellen, um 481 v.Chr.; UA: 15. 4. 1738 London; dt. EA (in dt. Sprache): 5. 7. 1924 Göttingen.

Händels drittletzte Oper zählt zu seinen aktionsärmsten: Der Perserkönig Xerxes verliebt sich in Romilda, die wiederum dessen Bruder Arsamenes zugetan ist. Nach allerlei Verwechslungen und dem üblichen Intrigenspiel werden die Paare einander zugeführt: Xerxes versöhnt sich mit seiner Verlobten Amastris, und Romildas Liebesheirat erhält den Segen des Königs. Die Bevorzugung des lyrischen Elements läßt Raum für Parodie und Komik; Händel überzeichnet gelegentlich im freien Spiel mit konventionellen musikalischen Floskeln die Affekte ganz bewußt, besonders in den archaisierenden Arien des Xerxes, womit durch den parodistischen Grundzug ein Schritt von der Opera seria zur Opera buffa vollzogen ist. Auch die Integration einer typischen Buffofigur, des Dieners Elviro, und typischer komischer Situationen (Verkleidung und Verwechslung) verweist auf diese Entwicklung. Daneben stehen Arien, die deutlich der Tradition verpflichtet sind; das berühmteste Beispiel steht am Beginn der Oper, die Larghetto-Arie des Xerxes *Ombra mai fù* – das weltbekannte „Largo", das bereits bei der UA gefallen konnte. Dennoch wurde die Oper nach nur 5 Aufführungen abgesetzt, und auch die im Mai 1738 zur Subskription angebotene Partitur erbrachte nicht den erhofften finanziellen Gewinn.

TH. MENGER

XYLOPHON (von griech. xylon = Holz und phōnē = Stimme; engl., frz.: xylophone; it.: xilofono, silofono; span.: xilofón[o]), seit dem frühen 19. Jh. Bz. für ein Aufschlag-↗Idiophon, d.h. ein Stabspiel, das aus verschieden langen, abgestimmten Holzstäben besteht, die mit 2 löffelförmig aufgebogenen Holzklöppeln oder mit Schlegeln mit kugelförmigen Köpfen angeschlagen werden. Der Klang des X.s ist trocken-scharf und klappernd. X.e gibt es in vielen Größen und mit unterschiedlicher Anordnung der Holzstäbe. Die außereuropäischen X.e sind einreihig quer zum Spieler geordnet und entweder über einen Holztrog gelegt wie in Südostasien (↗Indonesien) oder wie in Afrika und Lateinamerika mit Kalebassen als Einzelresonatoren unter jedem Holzstab versehen (↗Balafon, ↗Marimba). In Afrika gibt es auch sehr einfache X.e, die aus nur wenigen über die Beine des Spielers oder über eine Erdgrube gelegten Holzstäben bestehen. Die europäischen X.e hatten meist eine diatonische Anordnung in einer oder in 2 Reihen, die entweder quer vor dem Spieler oder trapezförmig mit den größten Stäben vor ihm angeordnet waren. Die Lagerung der Klangstäbe ist unterschiedlich. Sie werden an beiden Seiten durchbohrt und an Schnüren in einem Rahmen aufgehängt oder sie liegen auf isolierenden Rollen aus Stroh, Filz oder Gummi. Im Orchester wurde zuerst ein in den Alpenländern gespieltes trapezförmiges chromatisches X. eingeführt, dessen Holzstäbe ineinander verschränkt in 4 Reihen angeordnet waren. Heute ist das Orchester-X. in der Regel 2reihig. Die Stäbe sind quer vor dem Spieler klaviaturmäßig mit den chromatischen Halbtonstäben in der 2. Reihe angeordnet. Sie werden entweder an Schnüren im Rahmen eines Kastens aufgehängt oder sind über einen wiegenförmigen Trog als Resonanzkasten gelegt. X.e mit Resonanzröhren unter den einzelnen Stäben werden als ↗Xylorimba bezeichnet. Orchester-X.e werden in verschiedenen Größen gebaut. Die gebräuchlichsten sind das Normal-X. mit einem Tonumfang von c^2–c^5, das Sopran-X. (c^2–g^3) und das Tenor-X. (a–d^3). C. Orff führte mit seinem *Schulwerk* das X. auch in die Schul- und Jugendmusik ein. Die Instrumente des *Orff-Schulwerks* sind Sopran-X. (c^2–fis^3/g^3), Alt-X. (c^1–a^2), Alt-Sopran-X. (c^1–f^3), Tenor-Alt-X. (c^1–c^3) und Baß-X. (c–a^1). X.e werden teils nichttransponierend, teils transponierend eine Oktave tiefer als klingend notiert.

Alter und Herkunft des X.s sind nicht geklärt. In Europa ist es seit dem 15. Jh. nachweisbar. Es war bis ins 19. Jh. ausschließlich ein Volksmusikinstrument und ein Instrument von Wandermusikern. Das X. hatte viele verschiedene Namen, darunter Holzharmonika oder nach der Strohunterlage Strohfiedel, Holz- und Strohinstrument oder einfach *Holz und Stroh* (so auch der Titel einer Polka mit einem X.-Solo von Fr. von Suppè) oder Hölzernes Gelächter (erstmals als *hültze glechter* bei A. Schlick, *Spiegel der Orgelmacher,* 1511); diese Bezeichnung soll auf oberdeutsch „glächel" oder „klachl" = Klöppel zurückgehen (C. Sachs). Angeregt von Totentanzdarstellungen (Hans Holbein d.J.), schrieb erstmals C. Saint-Saëns zur Charakterisierung von Knochenklappern ein diatonisches X. vor (*La danse macabre,* 1875, und *Le carnaval des animaux. Fossiles,* 1886). Im 19. Jh. wurde das X. durch reisende Virtuosen (Michail Gusikow) weiter bekannt und seit Ende des 19. Jh. auch zunehmend in der Kunstmusik verwendet, so u.a. von E. Humperdinck (*Hänsel und Gretel,* 1893), H. Pfitzner (*Die Rose vom Liebesgarten,* 1901), G. Mahler (6. Symphonie, 1904), G. Puccini (*Madama Butterfly,* 1904; *Turandot,* 1926), E. Elgar (*The Wand of Youth,* 1907), I. Strawinsky (*L'oiseau de feu,* 1909/10; *Les noces,* 1923), R. Strauss (*Der Rosenkavalier,* 1911), Cl. Debussy

(*Ibéria,* 1910), Fr. Delius (*Eventyr,* 1917), P. Hindemith (*Kammermusik Nr. 1,* op. 24, Nr. 1, 1924), B. Bartók (Sonate für 2 Klv. und Schlagzeug, 1937) und C. Orff (*Antigonae,* 1949). Schwierigere Partien für X. schrieben u.a. P. Boulez (*Le marteau sans maître,* 1953–55), H. W. Henze (*Ode an den Westwind,* 1953; Klavierkonzert Nr. 2, 1967), O. Messiaen (*Chronochromie,* 1960) und M. Tippett (*Concerto for Orchestra,* 1963; 3. Symphonie, 1972). – ↗Schlagzeug.

Lit.: P. R. KIRBY, The Musical Instruments of the Native Races of South Africa (O – Lo 1934, Johannisburg ²1953); O. BOONE, Les x.es du Congo Belge (Tervueren 1936); H. TRACEY, Chopi Musicians. Their Music, Poetry and Instruments (Lo 1948); M. GOLDENBERG, Modern School of X.e, Marimba, Vibraphone (NY 1950); K. M. KLIER, Volkstümliche Musikinstr.e in den Alpen (Kas 1956); A. M. JONES, Africa and Indonesia. The Evidence of the X.e and Other Musical and Cultural Factors (Lei 1964); L. A. ANDERSON, The African X.e, in: African Arts 1 (1967); P. H. ROBBINS, Modern Tutor for X.e and Vibraphone (Lo o.J.). M. BRÖCKER

XYLORIMBA, Xylomarimba (von Xylophon und Marimba), Bz. für ein Orchester-↗Xylophon mit 2 klaviaturmäßig angeordneten, abgestimmten Reihen von Holzstäben über zylindrischen Resonanzröhren und einem Tonumfang von 4 Oktaven (c^1 bis c^5). Das Instrument wurde u.a. von A. Berg (3 Orchesterstücke, op. 6, 1914), I. Strawinsky (*The Flood,* 1962), L. Dallapiccola (*Parole di San Paolo,* 1964) und O. Messiaen (verschiedene Werke) vorgeschrieben.

YAMAHA, Handelsname für Produkte einer japanischen Musikinstrumentenfirma, die 1887 von **Torakusu Y.** als *Yamaha Organ Manufacturing Co., Ltd.* gegründet und 1897 in *Nippon Gakki Manufacturing Co., Ltd.* umbenannt wurde. Die Firma baute und exportierte zunächst Orgeln, seit 1900 auch Klaviere und später noch Harmonika- und Akkordeoninstrumente. Nach dem 2. Weltkrieg konnte sie sich nicht zuletzt durch Fusionen mit anderen Unternehmungen und Programmerweiterungen einen entscheidenden Einfluß auf den Weltmarkt sichern. 1950 wurde der erste Flügel hergestellt. Seit 1959 kamen volltransistorisierte elektronische Orgeln und seit 1967 Blasinstrumente (inzwischen weitgehend maschinell gefertigt) auf den Markt. Das Unternehmen beschäftigt heute in Japan rund 26000 Mitarbeiter. – Parallel zur weltweiten Verbreitung der Instrumente erfolgte der Aufbau eines unter der Bz. „Yamaha Methode“ bekanntgewordenen Systems der Musikerziehung. Es geht davon aus, daß es keine wirklich unmusikalischen Menschen gibt. Die erste Y.-Schule wurde 1954 in Tokio eröffnet. Ihr folgten seit 1964 zahlreiche Schulen im Ausland. Seit 1966 ist Hamburg-Rellingen Sitz der Yamaha Europa GmbH.

YCART (Icart, Hicart, Hycaert), **Bernhard** (Bernar), Komponist des ausgehenden 15. Jh., katalanischer oder franko-flämischer Herkunft. Er war um 1480 Sänger in der Kapelle König Ferdinands I. von Neapel, wo er J. Tinctoris und Fr. Gaffori, der ihn in seinen Schriften mehrfach erwähnt, kennenlernte. Von Y. sind 2 4st. Lektionen in dem Lamentationsdruck von P. Petrucci (RISM 1501[1]) sowie ein Kyrie, ein Gloria, 3 Magnificat und eine Chanson hsl. erhalten.

Ausg.: Die Lamentationen in: Mehrst. Lamentationen aus der ersten Hälfte des 16. Jh., hrsg. v. G. MASSENKEIL (Mz 1965) (= Musikalische Denkmäler 6).

YEPES, Narciso, * 14. 11. 1927 Lorca (Murcia); span. Gitarrist. Er studierte Klavier bei Vicente Asencio am Konservatorium in Valencia, trat als Sologitarrist erstmals 1947 in Madrid auf und konzertiert seit 1948 in Europa, Süd- und Nordamerika und in Japan. Y. ist der gefragteste Interpret klassischer Gitarrenmusik. Seit 1964 spielt er ein 10saitiges Instrument, mit dem er Originalkompositionen für Laute oder Vihuela aufführen kann. Er widmet sich bes. vergessenen Kompositionen des 17. und 18. Jh., die er teilweise für Gitarre transkribiert hat. Y. schreibt auch Filmmusik.

Lit.: P. SENSIER, N. Y. and the Ten String Guitar, in: Guitar 3 (1975).

YOSHIDA, Hidekazu, * 23. 9. 1913 Tokio; japanischer Musikforscher und Musikpädagoge. Er studierte privat Musiktheorie und Romanistik an der Universität Tokio. 1948 richtete er mit H. Saitō und M. Iguchi die „Musikklassen für Kinder“ ein, gründete 1953 die private Tōhō-Musikschule und 1957 das Institut für Musikgeschichte des 20. Jahrhunderts. 1950–69 lehrte er Musikgeschichte an der Chuo-Universität Tokio (1954 Professor). Y.s umfassende Tätigkeit als Kritiker, Autor und Übersetzer (aus dem Englischen, Französischen und Deutschen) trug entscheidend zur kulturellen Verständigung zwischen Japan und der westlichen Welt bei.

Schriften: *Blick auf die japanische Musik der Gegenwart,* in: Melos 29 (1962); *Über die Musikentwicklung Japans in den letzten 100 Jahren,* in: Aspekte der Neuen Musik. FS H. H. Stuckenschmidt (Kas 1968); *Y. Z. zenshu* (H. Y., Gesammelte Schriften), 13 Bde. (Tokio 1975–79).

YOUMANS, Vincent Millie, * 27. 9. 1898 New York, † 5. 4. 1946 Denver; amerik. Komponist. Er nahm Klavierunterricht, betätigte sich im Börsengeschäft an der Wall Street und begann nach dem

1. Weltkrieg als „songplugger" beim Harms Musikverlag in New York. Später arbeitete er mit Victor Herbert als Korrepetitor am Broadway, trat seit 1921 als Musicalkomponist hervor und produzierte seit 1927 eigene Shows. Am erfolgreichsten waren die Musicals *No, No, Nanette!* (1925; darin *Tea for Two* und *I Want To be Happy*), *Hit The Deck* (1927) und die Filmmusik zu *Flying Down to Rio* (darin *Hallelujah*).

Lit.: D. DUNN, The Making of No, No, Nanette (Secaucus/N.J. 1972).

YOUNG, La Monte, * 14. 10. 1935 Bern (Idaho); amerik. Komponist. Er studierte 1957–58 Theorie, Komposition und Musikethnologie an der University of California in Los Angeles und 1958–60 in Berkeley und 1960–61 Elektronische Musik an der New School for Social Research in New York. 1959 war er Schüler von K. Stockhausen in Darmstadt. Später (seit 1970) nahm er bei Pandit Pran Nath Unterricht im klassischen indischen Kunstgesang. Nach anfänglicher Schönberg-Nachfolge wandte er sich 1960 der sogenannten Fluxus-Bewegung (Mixed-Media) zu und betrachtet die Zeit als sein eigentliches Medium. Seit seiner Heirat (1963) mit der Malerin und Licht-Künstlerin Marian Zazeela schrieb er für sie mehrere „Sound/Light-Environments". Seine Werke sind meist nicht schriftlich fixiert und entstehen für jede Aufführung jeweils neu als „Work in progress". Y. gilt als der Schöpfer einer hauptsächlich elektronisch erzeugten „Trance Music" für eine quasi-religiöse Versenkung. In dem 1962 von ihm gegründeten *Theatre of Eternal Music* kommt fast ausschließlich eigene Musik zur Aufführung.

WW: **1) Kompositionen:** *Vision* (1959) für 11 Instr.; *Poem for Chairs, Tables, Benches, etc.* (1960 ff.) (auch für andere Geräuschquellen); *Arabic Numeral (Any Integer)* (1960) für Gong oder Klv.; *Compositions 1960, No. 1–15* u. *1961, No. 1–29*; „A continuing performance Work" *The Tortoise, His Dreams and Journeys* (seit 1964 versch. Teilaufführungen) für eine oder mehrere St., Str. u. Brummtöne, Mikrophone, Mischgeräte, Verstärker, Lautsprecher u. Lichtprojektion; „Sound/Light Environment" *Dream House* für die Documenta V in Kassel 1972. – **2) Schriften:** *An Anthology of Chance Operations, Concept Art, Anti-Art* ... (o. O. 1963, [2]1970) (zus. mit J. MacLow); *Selected Writings* (Mn 1969).

Lit.: N. GLIGO, Ich sprach mit La M. Y. u. M. Zazeela, in: Melos 40 (1973); M. NYMAN, Experimental Music (Lo 1974).

B. A. KOHL

YOUNG, Lester Willis, genannt Pres bzw. Prez, * 27. 8. 1909 Woodville (Mississippi), † 15. 3. 1959 New York; amerik. Jazzmusiker (Saxophon). Er trat 1934 kurze Zeit in der Band von Fletcher Henderson auf, konnte sich aber wegen seines eigenwilligen Stils dort nicht halten. 1936–40 und erneut 1943–44 spielte er bei Count Basie, mit dem er 1936 seine ersten Aufnahmen machte und sich als einer der besten Jazzimprovisatoren neben Louis Armstrong und Charlie Parker profilierte. Später trat er in kleineren Ensembles auf. Im Gegensatz zur klangvoll timbrierten Spielweise Coleman Hawkins' nähert sich Y.s leichter, fast vibratoloser Ton schon dem Klangideal des Cool Jazz.

Lit.: J. G. JEPSEN, L. Y. (Kop 1957); W. BURKHARDT – J. GERTH, L. Y. (Wetzlar 1959) (= Jazz Bücherei 2); V. FRANCHINI, L. Y. (Mi 1961); M. WILLIAMS, Count Basie and L. Y. Style beyond Swing, in: The Jazz Tradition (NY 1970); H. WOODFIN, L. Y. Analysis, in: Jazz Monthly 19 (1973).

YSAYE (Ysaÿe), **Eugène-Auguste,** * 16. 7. 1858 Lüttich, † 12. 5. 1931 Brüssel; belgischer Violinist, Dirigent und Komponist. Er studierte 1865–68 und 1872–74 am Konservatorium in Lüttich, später bei H. Wieniawski in Brüssel und 1876–79 bei H. Vieuxtemps in Paris. 1879–81 war Y. Soloviolinist in der Bilseschen Kapelle in Berlin und unternahm ausgedehnte Konzertreisen, u. a. mit Anton Rubinstein und seit 1883 mit dem Pianisten R. Pugno. 1886–98 lehrte er am Konservatorium in Brüssel, 1888 gründete er ein eigenes Streichquartett (mit Mathieu Crickboom, Leo van Hout und Joseph Jacob) und leitete seit 1894 die von ihm gegründeten „Concerts E. Y.", die mit Unterbrechung (1914–18) bis 1940 weiterbestanden. 1894 trat er erstmals in den USA auf, wo er 1918–22 das Cincinnati Symphony Orchestra dirigierte. Seit 1922 lebte Y. wieder in Brüssel. Y.s Ruhm, der nach etwa 1910 allerdings rasch verblaßte, gründete sich auf einen ungewöhnlich großen und schönen geigerischen Ton, eine vor allem in intensivem Vibrato aufscheinende Empfindungsstärke und geniale nachschöpferische Fähigkeiten, denen er seine hochvirtuose Technik unterordnete. Sein Repertoire beschränkte sich lange Zeit auf französische Musik; viele zeitgenössische französische Komponisten schrieben auf seine Anregung hin, so C. Franck die Violinsonate A-Dur (1886) und Cl. Debussy das Streichquartett g-moll (1893), aber auch C. Saint-Saëns, G. Fauré, E. Chausson und V. d'Indy. Erst in späteren Jahren spielte Y. die großen Werke deutscher Komponisten, so etwa L. van Beethovens Violinkonzert erstmals mit 31 und das von J. Brahms mit 40 Jahren. Y. besaß bis 1908 eine berühmte Stradivari-Geige, danach eine Guarneri „del Gesù". Als Komponist folgte er Franck und Debussy. – Y.s Bruder **Théophile** (1865–1918) machte sich als Komponist (Schüler von Franck) und Pianist einen Namen.

WW: 6 V.-Sonaten (Bru 1924) u. weitere Kammermusik; für V. u. Orch.: symphonische Dichtungen: *Poème élégiaque* (L um 1895); *Scène au rouet; Chant d'hiver* u. *Extase* (Lo 1902); *Amitié* für 2 V. u. Orch.; ferner zahlr. Bearb. – Y. schrieb *H. Vieuxtemps, mon maître*, hrsg. v. P. André (Bru 1968).

Lit.: E. CHRISTEN, Y. (G 1946); M. BRUNFAUT, J. Laforge. Les Y. et leur temps (Bru 1961); A. YSAYE, Historique des six sonates pour v. seul op. 27 d'E. Y. (Bru 1967) (mit Werk-Verz. u. Diskographie); DERS., E. Y. (Bru 1972). B. A. KOHL

YUN, Isang, * 17. 9. 1917 Tongyŏng (Südkorea); dt. Komponist koreanischer Herkunft. Er studierte 1935–43 in Korea und Japan (Osaka, Tokio), lehrte 1946–52 an verschiedenen Musikschulen in Tongyŏng und Pusan und 1953–56 als Dozent für Komposition an der Universität in Seoul. 1955 erhielt er den Kulturpreis dieser Stadt, der mit einem Europa-Aufenthalt verbunden war, und setzte seine Ausbildung 1956–57 am Pariser Conservatoire und 1957–59 an der Musikhochschule in Berlin (B. Blacher, R. Schwarz-Schilling) fort. 1964 ließ er sich als Stipendiat der Ford Foundation in Berlin (West) nieder. 1967 wurde er durch den südkoreanischen Geheimdienst nach Korea verschleppt und erst 1969 wieder entlassen. Nach kurzer Tätigkeit an der Musikhochschule in Hannover (1969–70) wurde Y. Dozent (1974 Professor) für Komposition an der Berliner Musikhochschule. 1971 erhielt er die deutsche Staatsbürgerschaft.

WW: **1) Instr.-WW:** 5 Klv.-Stücke (1959); *Shao Yang Yin* (1966) für Cemb.; *Tuyaux sonores* (1967) u. *Fragment* (1975) für Org.; *Glissées* (1970) für Vc.; *Königliches Thema* (1976) für V. – *Images* (1968) für Fl., Ob., V. u. Vc.; Trio für Fl., Ob. u. V. (1973); *Sonata* (1979) für Ob., Harfe u. Va. oder Vc. – Für Orch.: *Réak* (1966); *Konzertante Figuren* (1972); *Pièce concertante* (1976); Tänzerische Fantasie *Muak* (1978); Konzerte für: Vc. (1960); Fl. (1977); V. (1980); Klar. (1981); Doppelkonzert für Ob. u. Harfe (1977). – **2) Vokal-WW:** *Memory* (1974) für 3 St. u. Schlaginstr.; *An der Schwelle* (1975) für Bar., Frauenchor, Org. u.a. Instr. – **3) Bühnen-W:** Opern: *Der Traum des Liu-Tung,* UA: Berlin 1965; *Die Witwe des Schmetterlings,* UA: Nürnberg 1969; *Geisterliebe,* UA: Kiel 1971; *Sim Tjong,* UA: München 1972.

Y. verbindet in seinem Schaffen fernöstliche und westeuropäische (Musik-)Kultur, u.a. frei angewandte Zwölftonmusik und serielle Techniken. Als Bauprinzip seiner dialoghaft angelegten, farbenreichen und atmosphärisch dichten Kompositionen dienen sogenannte „Haupttöne" (Y.), d.h. Akkorde, Klänge und Geräusche, die mit reich ornamentierten Figurationen und Glissandi umgeben und verbunden sind.

Lit.: L. RINSER, Der verwundete Drache. Dialog mit I. Y. (F 1977); K.-J. MÜLLER, Taoismus u. Atonalität. Zur Musik des Koreaners I. Y., in: Musik u. Bildung 11 (1979); M. ZENCK, I. Y., in: NZfM 142 (1981). B. A. KOHL

Z

ZABALETA, Nicanor, * 7. 1. 1907 San Sebastián; span. Harfenist. Er studierte am Konservatorium in Madrid und seit 1925 am Pariser Conservatoire und unternahm ausgedehnte Konzertreisen durch die ganze Welt. 1958–62 lehrte er bei den Sommerkursen der Accademia Musicale Chigiana in Siena. Z. hat wie kein anderer im 20. Jahrhundert die Harfe als Solo-Instrument herausgestellt und gilt als der derzeit bedeutendste Virtuose. Viele zeitgenössische Komponisten, darunter E. Krenek, D. Milhaud und H. Villa-Lobos, wurden durch ihn zu Kompositionen angeregt.

ZACAR ↗ Zachara.

ZACCONI, Lodovico (Ludovico; eig. Giulio Cesare), * 11. 6. 1555, † 23. 3. 1627 Fiorenzuola di Focara bei Pesaro; it. Musiktheoretiker. Z. trat 1568 in Pesaro in den Augustinerorden ein und empfing 1575 die Priesterweihe. 1577 ging er zu literarischen Studien nach Venedig, widmete sich aber hauptsächlich der Musik, wurde Schüler von A. Gabrieli und machte sich als Sänger und Gesangspädagoge einen Namen. Seit 1583 studierte er Literatur in Pavia, bewarb sich 1584 vergeblich um eine Stelle als Sänger an San Marco in Venedig und studierte Theologie in Padua. 1585 kam er als Tenorist in die Kapelle Erzherzog Karls von Österreich in Graz und nach dessen Tod 1591 in die Kapelle Herzog Wilhelms V. von Bayern in München, wo er bis 1595 blieb. Anschließend wirkte er als Priester in verschiedenen italienischen Städten, zuletzt als Prior in Pesaro. Sein Hauptwerk, die *Prattica di musica,* enthält Anleitungen für den improvisierten Figuralgesang, eine Darstellung der Mensuraltheorie, eine Kontrapunktlehre und eine Klassifikation der zeitgenössischen Musikinstrumente. Die *Canoni musicali* sind die umfangreichste Beispielsammlung ihrer Art.

WW: Theoretische WW: *Prattica di musica utile et necessaria si al compositore ... si anco al cantore,* 1. Teil (V 1592, [2]1596), 2. Teil (1622). – Kompositionen (hsl. erhalten): *Canoni musicali proprii e di diversi autori* (um 1621); *Canoni musicali sopra Ave Maris Stella di Fr. Soriani.*

Ausg.: 4 Bücher *Canoni musicali,* hrsg. v. F. Vatielli (Pesaro 1905); *Prattica di musica,* Faks.-Ausg., 2 Bde. (Bol 1967) (= Bibl. musica Bononiensis II/1–2).

Lit.: H. Kretzschmar, L. Z.s Leben auf Grund seiner Autobiographie, in: Jb. Peters 17 (1910); S. L. Astengo, Musici Agostiniani (Fi 1929); G. Singer, L. Z.'s Treatment of the „Suitability and Classification of All Musical Instruments" in the „Prattica di musica" of 1592 (1968) (= Diss Univ. of Southern California); C. V. Palisca, Z., in: MGG XIV; G. Gruber, L. Z. als Musiktheoretiker (W 1973).

ZACH, Jan (Johann), getauft 13. 11. 1699 Čelákovice bei Brandeis (Böhmen), † 24. 5. 1773 Ellwangen an der Jagst; böhmischer Komponist. Er wirkte seit 1725 als Violinist und Organist an Prager Kirchen, bewarb sich 1737 vergeblich um das Domorganistenamt und verließ Prag. 1745 zum Kapellmeister am kurfürstlichen Hof in Mainz berufen, wurde er 1756 wegen eines zunehmenden Gemütsleidens wieder entlassen und blieb weiterhin ohne längere feste Anstellung. Reisen, auf denen er auch Konzerte gab, führten ihn an verschiedene Höfe und Klöster, u. a. häufig an das Zisterzienserkloster in Stams in Tirol, für das er geistliche Werke schrieb. Anfang 1773 ist er am Hof des Grafen von Oettingen-Wallerstein nachweisbar.

WW: Sonaten für Cemb. u. V. oder Fl. (P 1767). – Hsl. erhalten: einige Werke für Cemb.; Präludien u. Fugen für Org.; Triosonaten; 28 Sinfonien sowie Partiten für Str. u. B.c.; zahlr. Konzerte für Cemb. – Etwa 30 Messen u. weitere kirchenmusikal. Werke.

Z. gehört mit seinem symphonischen Schaffen, das während seiner Mainzer Zeit einsetzt, zu den an keine Schule gebundenen Vertretern der musikalischen ↗ Vorklassik. Rhythmische und melodische Elemente der böhmischen Volksmusik verleihen manchen Werken einen spezifisch nationalen Charakter.

Ausg.: Mehrere Org.-Kompositionen u. eine Sonate a tre (Pr 1953, [3]1973) (= MAB 12); Cemb.-Konzert c-moll, hrsg. v. A. Gottron (Kas 1947) (= Nagels MA 165); Cemb.-Konzert C-Dur, hrsg. v. W. Höckner (L 1949); 2 Triosonaten, hrsg. v. A. Gottron (Kas – Bas 1956) (= Hortus Mus. 145); 5 Quartettsymphonien (Pr 1960) (= MAB 43).

Lit.: K. M. KOMMA, J. Z. u. die tschechischen Musiker im dt. Umbruch des 18. Jh. (Kas 1938) (mit thematischem Verz.), Ergänzungen dazu v. A. GOTTRON u. W. SENN, in: Mainzer Zschr. 1 (1955); A. GOTTRON, Mainzer Musikgesch. v. 1500–1800 (Mz 1959) (= Beitr. z. Gesch. der Stadt Mainz 18); R. MÜNSTER, Das Tantum ergo KV 142 – eine Bearbeitung nach J. Z.?, in: Acta Mozartiana 12 (1965); W. SENN, Z., in: MGG XIV; M. POŠTOLKA, Z., in: Grove[6] XX.

ZACHARA (Zacar), Name mehrerer im späten 14. und frühen 15. Jh. in Italien wirkender Komponisten. Unterscheiden lassen sich mit hinreichender Sicherheit: **1) Antonio Zachara da Teramo;** von ihm sind keine biographischen Einzelheiten bekannt. Überliefert sind 4 Messensatzpaare (Gloria – Credo), 5 einzelne Messesätze (Gloria, Credo), 8 Ballate und 1 Madrigal. Die weltlichen Gesänge waren im 15. Jh. weit verbreitet, dienten als Vorlage zu Parodiemessen und wurden auch für Tasteninstrumente intavoliert. – **2) Nicola Zacharie da Rimini;** er war Sänger und Geistlicher an S. Maria del Fiore in Florenz sowie 1420–24 und 1434 Sänger in der päpstlichen Kapelle. Von ihm stammen 2 Messesätze, 1 Antiphon und 2 Motetten. – Überliefert sind von einem **Magister Zacharias** (von dem nicht bekannt ist, ob es sich um einen der genannten Musiker oder um einen dritten Musiker handelt) 8 Ballate und 1 Caccia.

Ausg.: Opera omnia (der genannten Komponisten), hrsg. v. G. REANEY als: Early 15th Century Music 5 (1977) (= CMM 11/5).

Lit.: G. REANEY, Z. u. Zacharias, in: MGG XIV; K. VON FISCHER, Kontrafakturen u. Parodien it. Werke des Trecento u. frühen Quattrocento, in: Ann. Mus. 5 (1957); L'ars nova italiana del Trecento II (Certaldo 1969) (mit Beitr. v. U. Günther, M. Perz und G. Reaney); G. REANEY, Zacar, in: Grove[6] XX.

ZACHARIA (Zaccaria, Zachariis), **Cesare de,** it. Komponist des 16. Jahrhunderts. Er ist als Kapellmeister 1590 in München, 1594 in Scheer an der Donau und 1596–97 am Hof der Hohenzollern in Hechingen nachweisbar. Er veröffentlichte 4st. it. Kanzonetten mit hinzugefügtem dt. Text (Mn 1590) und *Intonationes Vespertinarum precum* mit 4st. Falsibordoni (Mn 1594).

Ausg.: 6 Falsibordoni u. *Ingressus,* hrsg. v. D. HELLMANN, in: Introiten u. Motetten z. Kirchenjahr (St 1958).

Lit.: M. C. BRADSHAW, The History of the Falsobordone from its Origins to 1750 (1969) (= Diss. Univ. of Chicago).

ZACHARIAS, Christian, * 27. 4. 1950 Jamshedpur (Indien); dt. Pianist. Er studierte bei Vlado Perlemutter in Paris und errang 1975 den 1. Preis beim Ravel-Wettbewerb der Union Europäischer Rundfunkanstalten in Paris. Seither konzertierte er in den wichtigsten Musikmetropolen Europas und gilt als einer der vielversprechenden Pianistenbegabungen der jüngeren Generation in Deutschland.

ZACHARIAS, Helmut (Pseud. Charly Thomas), * 27. 1. 1920 Berlin; dt. Violinist, Komponist und Arrangeur. Z. studierte 1936–39 an der Hochschule für Musik in Berlin und spielte bis 1941 im Berliner Kammerorchester unter H. von Benda. Nach dem 2. Weltkrieg machte er sich im Hörfunk, durch zahlreiche Schallplatten und in Fernsehshows auf dem Gebiet der Unterhaltungsmusik einen Namen, indem er einen eigenen, swingenden Jazz-Stil auf der Violine entwickelte. Aus der Fülle seiner Kompositionen seien erwähnt das *Concerto für Twens,* die *Fantasie über drei eigene Themen,* die *Rhapsodie in Jazz* sowie *Tokyo-Melody* und *Mexico-Melody.* Er schrieb auch ein Lehrbuch *Die Jazz-Violine* (Mz 1950).

ZACHARIE, Nicola, ↗Zachara.

ZACHER, Gerd, * 6. 7. 1929 Meppen (Emsland); dt. Organist und Komponist. Er studierte 1949–52 an der Nordwestdeutschen Musikakademie in Detmold Orgel (M. Schneider), Komposition (G. Bialas) und Dirigieren (K. Thomas). Bei den Darmstädter Ferienkursen wurde er nachhaltig von O. Messiaen beeindruckt. 1954–57 war er Kantor und Organist der deutschen evangelischen Kirche in Santiago de Chile und 1957–70 an der Lutherkirche in Hamburg-Wellingsbüttel (1968 KMD), daneben Dozent an der Musikakademie in Lübeck. 1970 wurde er Professor für Orgel und Leiter der Ev. Kirchenmusikabteilung der Folkwanghochschule in Essen. Z. gilt als einer der prominenten deutschen Interpreten moderner Orgelmusik und Anreger neuer Spiel- und Kompositionstechniken (u. a. Einbeziehung bestimmter Anschlagsarten, Veränderung des Winddrucks und Nutzung der Pfeifenobertöne). Führende Vertreter der Avantgarde widmeten ihm Werke.

Schriften: *Analyse der Orgel,* in: Darmstädter Beitr. z. neuen Musik 13 (Mz 1972); *Zur Orgelmusik seit 1960,* in: Orgel u. Orgelmusik heute (St 1968) (= Veröff. der Walcker-Stiftung für orgelwiss. Forschung 2); *Über eine vergessene Tradition des Legatospiels,* in: MuK 43 (1973); *Frescobaldi und die instr. Redekunst,* in: ebd. 49 (1975).

Lit.: R. LÜCK, Von der Neuentdeckung der Orgel, in: ders., Werkstattgespräche mit Interpreten Neuer Musik (Kö 1971); M. HORBERG, in: Der Kirchenmusiker 30 (1979). B. A. KOHL

ZACHOW (Zachau), **Friedrich Wilhelm,** getauft 14. 11. 1663 Leipzig, † 7. 8. 1712 Halle/Saale; dt. Organist und Komponist. Er erhielt eine Ausbildung als Stadtpfeifer (vermutlich von seinem Vater, der seit 1676 dieses Amt in Eilenburg versah) und Organist. Von 1684 bis zu seinem Tode war er dann Organist und Director musices an der Marienkirche in Halle. Als Kantatenkomponist steht

Z. am Übergang vom geistlichen Konzert in der Schütz-Tradition zur madrigalischen Kantate der Bach-Zeit. Der Nachwelt ist er vor allem als Lehrer G. Fr. Händels bekannt, der um 1692 bei ihm Orgel- und Kompositionsunterricht erhielt.

WW (hsl. erhalten): Etwa 50 Orgel-Choräle (Choralvariationen, -fugen u. -vorspiele); eine Suite u. einzelne Stücke für Tasteninstr. – 32 Kirchenkantaten für 3–6 St., Str. u. B.c.; ferner eine *Missa Christ lag in Todesbanden* für 4 St. u. B.c. sowie 3 lat. Gesänge.

Ausg.: Gesammelte Werke (vokal u. instr.), hrsg. v. M. SEIFFERT (1905) (= DDT 21/22); Werke für Klavier, hrsg. v. G. OCHS (Hl 1950); Choralvorspiele, hrsg. v. A. ADRIO (B 1952, Da 1953); Gesammelte Werke für Tasteninstr., hrsg. v. H. LOHMANN (Wie 1966); Kantate *Herr, wenn ich nur dich habe*, hrsg. v. M. SEIFFERT (1926) (= Organum I/5).

Lit.: G. THOMAS, F. W. Z. (Rb 1966) (= Kölner Beitr. z. Musikforschung 38); DERS., Z., in: MGG XIV; DERS., Z., in: Grove[6] XX.

ZAHLENSYMBOLIK. In den meisten Kulturen und Religionen wurden neben dem umgangsmäßigen Rechnen Versuche unternommen, Zahlen als Symbolträger kosmischer und menschlicher Ordnungen, von Naturgesetzen oder der Sphärenharmonie zu verwenden. Auch die Austauschbarkeit von Buchstabe und Zahl (Zahlenkabbalistik) spielt dabei eine gewisse Rolle. Die beiden wichtigsten Quellen für die abendländisch-christliche Tradition der Z. im Blick auf die Musiktheorie wie auf die klingenden Kompositionen sind die Lehre des Pythagoras (6. Jh. vor Chr.) und die Bibel. – ↗Symbol.

ZAHN, Johannes, * 1. 8. 1817 Eschenbach bei Nürnberg, † 7. 2. 1895 Neuendettelsau; dt. Theologe und Hymnologe. Er studierte 1837–39 und 1840–41 in Erlangen und 1839–40 in Berlin, wo er C. von Winterfeld kennenlernte. 1841 wurde er Lehrer am Predigerseminar in München und 1847 Präfekt des Lehrerseminars in Altdorf, das er 1854–88 leitete. Von den Ideen der Romantik und der evangelischen Restauration ausgehend, bemühte sich Z. um die Wiederbelebung des reformatorischen Kirchenliedes. Aus seinen Nachforschungen für seine Choral- und Melodienbücher, für die er die Lieder aus den historischen Quellen entnahm, ist sein wissenschaftliches Hauptwerk, *Die Melodien der deutschen evangelischen Kirchenlieder,* als Standardwerk der Hymnologie und Musikwissenschaft erwachsen. Seine umfangreiche Sammlung historischer Gesang- und Choralbücher befindet sich heute in der Bayerischen Staatsbibliothek in München.

Schriften: *Die Melodien der dt. ev. Kirchenlieder, aus den Quellen geschöpft,* 6 Bde. (Gütersloh 1889–93, Nachdr. Hil 1963). – Z. gab ferner Kirchenlieder in zahlr. Melodien- u. Chorgesangbüchern heraus, darunter *Vierstimmiges Melodienbuch z. Gesangbuch der ev.-luth. Kirchen in Bayern* (Erl 1855, [21]1907).

Lit.: R. FUCHS, D. J. Z., der Historiker der dt. ev. Kirchenmelodien, in: MGkK 22 (1917); K. AMELN, J. Z.s Bedeutung für die Erneuerung des ev. Kirchenliedes, in: MuK 24 (1954).

G. SCHUHMACHER

ZAJC, Ivan (Giovanni von Zaytz), * 3. 8. 1831 Fiume (heute Rijeka), † 16. 12. 1914 Agram (heute Zagreb); kroatischer Komponist. Er studierte 1850–56 am Mailänder Konservatorium, war dann Kapellmeister und Gesangslehrer in Fiume und ging 1862 nach Wien, wo er bald zu den bekanntesten Operettenkomponisten gehörte. 1870–89 wirkte er als Opernkapellmeister und 1870–1908 als Direktor der Musikschule in Agram. Z. war die wichtigste Musikerpersönlichkeit seiner Zeit in Kroatien. Seine Werke, darunter viele Opern und Operetten nach italienischem Vorbild, zeigen eine erstaunliche Leichtigkeit der melodischen Erfindung und eine brillante Instrumentation.

WW: Kompositionen für Klv.; Kammermusik; symphonische Dichtungen; Ouvertüren; Lieder; Chöre; etwa 50 Kantaten u. Oratorien; 19 Messen; über 50 Operetten u. Opern, u. a. *Nikola Šubić Zrinsjki* (1876); Bühnenmusik.

Lit.: H. PETTEN, Verz. der Werke I. Z.' (Zagreb 1956); L. ŽUPANOVIĆ, Iz korespondencije Zajca, in: Muzikolški zbornik 2 (1967); H. PETTEN, I. Z. (Zagreb 1971); K. MOS, Mjesto solopjesme u. stvaralaštvu I. Zajca, in: Artes Musices 3 (1972) (mit engl. Zusammenfassung); Z. BLAŽEKOWIĆ, I. Z. im Spiegel seiner Korrespondenz, in: ebd. 10 (1979).

ZALZAL MANṢŪR (eig. Manṣūr ibn Ǧa'far al-Ḍārib), * Kufa (?), † 791 (?) Bagdad (?); arabischer Lautenist und Musiktheoretiker. Zeitgenossen rühmten ihn als den größten Lautenisten aller Zeiten, daher auch sein Beiname „al-Ḍārib" (der Instrumentalist). Für die arabische Musikgeschichte wichtig ist sein Beitrag zur Neuordnung des Tonsystems der Laute durch Einführung einer sogenannten „neutralen" Terz zwischen kleiner und großer Terz (22 : 27, erstmals durch al-Fārābī berechnet) sowie durch die Entwicklung eines neuen Lautentyps, des 'Ūd al-šabbūt, der die persische Laute ablöste.

Lit.: H. HUSMANN, Grundlagen der antiken und orientalischen Musikkultur (B 1961).

ZAMBA ↗Cueca.

ZAMFIR, Gheorghe, * 1941 Găeşti bei Bukarest; rumänischer Panflötenspieler und Komponist. Er studierte an der Musikakademie und am Ciprian Porumbescu-Konservatorium in Bukarest und erhielt 1968 sein Dirigentendiplom. Schon während seiner Studentenjahre machte er sich als Panflötenspieler im In- und Ausland einen Namen. Nach seiner Ausbildung leitete er zuerst das Bukarester Folklore-Ensemble „Ciocirlia", später das 1970 von ihm gegründete eigene Orchester, dessen Repertoire heute über 2000 Titel (rumänische Folklore-Musik, Klassiker-Bearbeitungen und Kompositionen im Pop-sound) umfaßt. 1976 unternahm Z. seine erste Deutschland-Tournee.

ZAMPA oder die Marmorbraut *(Zampa ou La fiancée de marbre),* Opéra-comique in 3 Akten von F. Hérold, Text von A. H. J. Mélesville. Ort und Zeit der Handlung: bei Molazza in Sizilien, im 16. Jh.; UA: 3. 5. 1831 Paris (Opéra-Comique), dt. EA (in dt. Sprache): 17. 11. 1831 Mainz.
Diese überaus erfolgreiche Opéra-comique wurde innerhalb von 80 Jahren allein in Paris 700mal gespielt. Mélesville machte in seinem Libretto zahlreiche Anleihen bei W. A. Mozarts *Don Giovanni,* die weit über eine Übernahme des Topos vom steinernen Gast hinausgehen: Die Grafentochter Camilla soll Alfonso di Monza heiraten, dieser aber wird von dem Seeräuber Zampa (Alfonsos Bruder) gefangengenommen. Um den Bräutigam zu retten, muß Camilla in eine Ehe mit Zampa einwilligen. Bei einem Gelage steckt der Korsar einer Marmorstatue (der als Heilige verehrten Bianca Manfredini) spottend einen Verlobungsring an die Hand. Als Zampa schließlich Camilla zum Altar führen will, tritt ihm die Statue entgegen und zieht ihn hinab in das Feuer, das aus der Erde emporlodert. – Die leichte, oft auf äußere Brillanz angelegte Musik orientiert sich an den großen Vorbildern G. Rossinis und Fr. A. Boieldieus; klare Linien und melodischer Einfallsreichtum bestimmen das Werk. Neben glanzvollen Koloraturpartien für die Hauptrollen verdient die Ouvertüre, die auch als Orchesterstück sehr beliebt ist, besondere Beachtung. R. QUANDT

ZAMPIERI, Giuseppe, * 25. 5. 1921 Verona, † 11. 11. 1981 Verona; it. Sänger (Tenor). Nach seiner Ausbildung in Mailand debütierte er dort 1951 am Teatro Lirico. Seither war er Mitglied der Mailänder Scala, außerdem seit 1957 ständiger Gast der Wiener Staatsoper. Er sang 1961 erstmals an der Metropolitan Opera in New York, gastierte bei den Salzburger Festspielen, beim Holland Festival und am Covent Garden in London. Z. wurde vor allem in den lyrischen und lyrisch-dramatischen Partien der italienischen Oper des 19. Jh. (G. Verdi, G. Puccini) und in der Rolle des Florestan (*Fidelio,* L. van Beethoven) gefeiert.

ZAMPOGNA (it.; Herleitung von griech. symphōnia), Bz. für die ↗Sackpfeife Unteritaliens, die sich von den anderen Sackpfeifen dadurch unterscheidet, daß sie insgesamt 4–7 Pfeifen hat, die alle in eine einzige Tülle eingesteckt sind, und daß stets 2 Pfeifen, und zwar die längsten, als Melodiepfeifen benutzt werden. Die Z. kann mit einfachen und/oder Doppelrohrblättern ausgestattet sein. Die Z. hat einen weichen Klang, der durch das Zusammenspiel mit einer ↗Ciaramella geschärft wird. – ↗Piffero.

Lit.: M. BRÖCKER, Die Sackpfeifen Italiens, in: The Brussels Museum of Musical Instruments. Bulletin VIII, 1/2 (Buren 1978).

ZANDONAI, Riccardo, * 30. 5. 1883 Sacco di Rovereto, † 5. 6. 1944 Trebbiantico bei Pesaro; it. Komponist. Z. studierte 1898–1901 bei P. Mascagni in Pesaro und widmete sich dann entschieden der Opernkomposition. Nach dem Erfolg seiner Oper *Il grillo del focolare* wurde er vom Verlag Ricordi gefördert, wo er als Nachfolger G. Puccinis galt. Daneben machte er sich auch als Dirigent und Kapellmeister besonders eigener Werke einen Namen. 1940–43 leitete er das Liceo musicale in Pesaro. An P. Mascagni und Puccini anknüpfend, gehört Z. zu den letzten Vertretern des ↗Verismo. In seinen Werken erstrebt er eine Synthese zwischen traditionellen Formen und musikalischen Neuerungen, insbesondere dem Impressionismus.

WW: **1) Instr.-WW:** Symphonische Dichtungen: *Primavera in Val di Sole, Quadri di Segantini, Autunno fra i monti, Patria lontana, Fra gli alberghi delle Dolomiti; Concerto romantico* für V. u. Orch.; *Serenate medioevale* für Vc. u. Orch.; *Spleen* u. *Concerto andaluso* für Vc. u. kleines Orch.; *Il flauto notturno* für Fl. u. Orch. – **2) Bühnen-WW:** Opern: *Il grillo del focolare,* UA: Turin 1908; *Concita,* UA: Mailand 1911; *Melenis,* UA: ebd. 1912; *Francesca da Rimini,* UA: Turin 1914; *La via della finestra,* UA: Pesaro 1919; *Giulietta e Romeo,* UA: Rom 1922; *I Cavalieri di Ekebù,* UA: Mailand 1925; *Giuliano,* UA: Neapel 1928; *Una partita,* UA: Mailand 1933; *La farsa amorosa,* UA: Rom 1933. – Ferner Requiem für Chor a cap.

Lit.: V. BONAJUTI TARQUINI, R. Z. nel ricordo dei suoi intimi (Mi 1951); G. CETRANGOLO, Ricordo del maestro (Neapel 1954); T. ZANDONAI TARQUINI, Da „Via del Paradiso al n. 1". Ricordi vicini e lontani (Rovereto 1955); G. BARBLAN, R. Z. e la fede nel melodramma, in: Ricordiana (1956) November-H.; B. BECHERINI, Dal teatro alla produzione sinfonica di R. Z., in: Chigiana 14 (1957); G. BASTIANELLI, R. Z., in: NRMI 6 (1972); R. MARIANI, Verismo in musica e altri studi (Fi 1976); B. CAGNOLI, R. Z. (Trient 1978).

ZANGIUS, Nikolaus, * um 1570 Waltersdorf bei Königswusterhausen, † vor 1620 Berlin; dt. Komponist und Organist. Er ist erstmals 1597 als Kapellmeister am Hofe des Fürstbischofs Philipp Sigismund von Braunschweig-Wolfenbüttel in Iburg bei Osnabrück nachweisbar, dann 1599 als Kapellmeister der Marienkirche in Danzig. 1602–05 war er Hofdiener am kaiserlichen Hof in Prag. Nach Aufenthalten in Stettin und seit 1607 erneut in Prag wurde er 1612 Hofkapellmeister des Kurfürsten von Brandenburg in Berlin. Z. gehört zu den ersten deutschen Komponisten, die sich den italienischen Villanellenstil aneigneten.

WW (teilweise mit mehreren Aufl.): *Schöne Neue Auszerlesene Geistliche und Weltliche Lieder* für 3 St., 3 Teile (mit unterschiedlichen Titeln) (Frankfurt/Oder 1594, W 1611, B 1617); *Etliche Schöne Teutsche Geistliche unnd Weltliche Lieder* für 5 St. (Kö 1597); *Harmonia votiva* für Christian II. von Sachsen für 6–8 St. (Bautzen 1602); *Kurtz weilige Neue Teutsche Weltliche Lieder* für 4 St. (Kö 1603); *Cantiones sacrae* für 6 St. (W 1611); *Lustige Neue Deutsche Weltliche Lieder und Quodlibeten* für 5–6 St. (postum B 1620); ferner einige Gelegenheitsgesänge.

Ausg.: Geistliche u. weltliche Gesänge, hrsg. v. H. SACHS – A. PFALZ (1951) (= DTÖ 87); die 5st. Lieder v. 1597, hrsg. v. F. BOSE (B 1960); 1 Motette aus *Harmonia votiva*, in: Danziger Kirchenmusik, hrsg. v. F. KESSLER (Neuhausen – St 1973).

Lit.: J. SACHS, N. Zanges weltliche Lieder (Diss. masch. W 1934); F. BOSE, Z., in: MGG XIV.

ZANOTELLI, Hans, * 23. 8. 1927 Wuppertal; dt. Dirigent. Er studierte 1942–44 Dirigieren und Klavier an der Musikhochschule Köln, kam nach Verpflichtungen in Remscheid-Solingen, Wuppertal, Düsseldorf, Bonn und Hamburg 1957 als GMD nach Darmstadt und wirkte 1962–72 als GMD und stellvertretender Intendant in Augsburg. Seit 1971 ist er Chefdirigent der Stuttgarter Philharmoniker (1975 städtischer GMD), Leiter des Philharmonie-Vokalensembles und ständiger Dirigent der Württembergischen Staatstheater (1977 Professor). Z., der über ein ungewöhnlich breites Repertoire in Konzert und Oper verfügt, dirigiert regelmäßig im In- und Ausland, seit 1962 als ständiger Gastdirigent an der Deutschen Oper Berlin; 1964–67 war er außerdem bei der Staatskapelle Dresden und 1968–71 an der Bayerischen Staatsoper in München verpflichtet. Er gab eine reduzierte Orchesterfassung von H. Pfitzners *Palestrina* (Mz 1969) heraus.

ZAPATEADO (span.), Bz. für einen von Frauen ausgeführten span. Solotanz im raschen 6/8-Takt. Der vor allem aus der andalusischen Folkloretradition bekannte Z. wird häufig auch mit Gesang vorgetragen und von Gitarren begleitet. Ein weiteres Charakteristikum des Z. ist der synkopierte Rhythmus, der durch Händeklatschen und Schlagen auf die Schuhsohlen akzentuiert wird. In die Kunstmusik fand der Z. Eingang vor allem als Instrumentalstück für Violine und Violoncello. Auf den Z. gehen u.a. die Tänze ↗Guaracha und ↗Jarabe zurück.

ZAPFENSTREICH, Bz. für ein traditionelles militärisches Abendsignal. Der Z. ging aus dem Brauch hervor, das Ende des geselligen Zusammenseins der Landsknechte am Abend durch ein Zeichen (Schlag auf den Zapfhahn des Bierfasses) anzuzeigen. Bereits 1726 berichtet C. Fr. von Fleming, daß „Spielleute“ den „Profos“ bei seinem Gang am Abend durch das Lager begleiteten. In den Standorten der Kavallerieeinheiten war es ein Trompetensignal *(Retraite)*, das das Ende eines Tages bekanntgab. Zu Beginn des 19. Jh. wurden bei den Infanterietruppen festgelegte Märsche als Z.-Stücke verwendet (z. B. Altpreußischer, Sächsischer, Bayerischer, Russischer oder Tscherkessischer Z.). In Preußen kam auf Anordnung König Friedrich Wilhelms III. (Kabinettsordre von 1813) ein Gebet bzw. Abendlied hinzu. Aus den verschiedenen Z.-Gebrauchsstücken (Spielmannsmusiken, Signale, Märsche und Abendlieder) stellte W. Wieprecht den *Großen Zapfenstreich* zusammen. Eine um 1866 gedruckte Partitur enthält dafür folgenden Ablauf: 1. *Locken zum Z.*; 2. *Der Z.* (Marsch); 3. *Harmonische Retraite der Cavallerie*; 4. *Anschlagen der Tambours und Pfeifer zum Gebet*; 5. *Gebet* (Choral: *Ich bete an die Macht der Liebe*) und *Abschlagen der Tambours nach dem Gebet*; 6. *Schluß. Gewehr ein!* (Ruf nach dem Gebet). Dieser Aufbau ist noch im 20. Jh. weiterhin maßgeblich (seit 1922 mit der dt. Nationalhymne als Ausklang). Nach dem 2. Weltkrieg hat in Deutschland die Bundeswehr die Tradition des Großen Z.s wieder aufleben lassen. Er kann zu bestimmten Anlässen angeordnet werden, so z. B. zur Ehrung von Staatsgästen (mit deren Nationalhymne am Ende), an Staatsfeiertagen, zur Verabschiedung von hohen Offizieren und bei feierlichen Vereidigungen. Eine dem Z. entsprechende Einrichtung ist in der britischen und in der US-Armee das *Tattoo*, in der frz. Armee die *Retraite*.

Als Z.-Signal ist eine Melodie bekannt, die heute noch in manchen deutschen Kasernen zum Tagesabschluß erklingt:

Ausg.: Großer Z., hrsg. v. F. DEISENROTH (B – Wie 1980).

Lit.: L. DEGELE, Die Militärmusik (Wb 1937); G. KANDLER, Zur Gesch. der dt. Soldatenmusik, in: Die dt. Soldatenkunde, hrsg. v. B. Schwertfeger – O. E. Volkmann (L 1937); F. DEISENROTH, Dt. Militärmusik in fünf Jhh. (Wie 1961); G. KANDLER, Militärmusik, in: MGG IX. B. HÖFELE

ZAPHAROUSA (Zapharusa), Bz. für ein afrikanisches Holzidiophon, bestehend aus einem hohlen Korpus von nahezu rhombischer Form und einer Länge von etwa 28,5 cm. Charakteristisch sind 3–5 hölzerne Zungen unterschiedlicher Größe und Tonhöhe, die aus der (meist reichverzierten) Vorderseite herausragen. Auf der Rückseite sind an gekröpften Holzwirbeln 2, seltener 3 Schnarrsaiten gespannt. Die Z. ruht beim Spielen auf dem linken Arm, während die Zungen mit 3 Fingern der rechten Hand gezupft werden. Der Ton ist knarrendschnarrend. Das Instrument wird vor allem zu kultischen Zwecken verwendet (Initialriten u. ä.).

Lit.: Y. AEGÉR, La Z. et son rôle dans la culture préconienne, in: Bull. de la Soc. africaine d'organologie 34 (1978); M. EYER, Hist. des instruments mystiques de l'Afrique centrale (P 1980).

ZAPPA, Frank (eig. Francis Vincent), * 21. 12. 1940 Baltimore (Maryland); amerik. Rockmusiker. Er gründete 1964 die Gruppe „Mothers of Invention". Ihre Musik, die Elemente des Rock 'n' Roll, Jazz, neuerer Musik (I. Strawinsky, E. Varèse, J. Cage), des Vaudeville sowie Revue-Gags und technische Effekte (Elektronik, Verzerrungen, Übersteuerungen) zu sogenannten „musikalischen Müllskulpturen" (Z.) vermischt, wendet sich mit sozialkritischen Texten und teilweise obszön-provokativen Showeinlagen gegen den sogenannten „American way of life". 1969 löste Z. die Band auf, formierte sie später aber neu, drehte mit ihr 2 Filme und unternahm zahlreiche Tourneen, u. a. auch nach Deutschland (zuletzt 1982). Von seinen Schallplatteneinspielungen sind zu nennen: *Freak Out!* (1966), *Absolutely Free* (1967), *We're Only in It for the Money* (1967), *Cruisin' with Ruben & The Jets* (1968), *Burnt Weeny Sandwich* (1970), *Weasles Ripped My Flesh* (1970), *Fillmore East June 71* (1971), *Just Another Band from L. A.* (1972), *Over Nite Sensation* (1973), *Apostrophe* (1974) und *One Size Fits All* (1975).

ZARB (persisch), **Dombek, Dunbak,** Bz. für eine im ↗Iran und Irak gebräuchliche, mit der ↗Darabukka verwandte einfellige Bechertrommel aus Holz, Ton oder Metall. Sie wird zwischen einem Arm und dem Körper gehalten und mit den Fingern beider Hände auf dem Fell, auf dem Rand und auf dem Korpus selbst angeschlagen.

ZARĘBSKI, Juliusz (Jules), * 28. 2. 1854 Schitomir (Ukraine), † 15. 9. 1885 ebd.; poln. Pianist und Komponist. Er studierte seit 1872 Klavier und Komposition an den Konservatorien in Wien und St. Petersburg und wurde 1875 noch Schüler von Fr. Liszt in Weimar. Seit 1880 leitete er als Professor eine Meisterklasse für Klavier am Brüsseler Conservatoire. Z. konzertierte in ganz Europa, seit 1878 häufig auf dem Mangeot-Klavier mit 2 Tastaturen. Er gehört zu den originellsten Komponisten der 2. Hälfte des 19. Jh. in Polen. An Fr. Chopin und Fr. Liszt anknüpfend, verarbeitete er auch Elemente der polnischen Volksmusik.

WW: Zahlr. Klv.-Kompositionen; Klv.-Trio; Klv.-Quintett g-moll, op. 34 (1885); Lieder.

Lit.: T. STRUMIŁŁO, J. Z. (Krakau 1954); M. KARCZYŃSKA, Muzyka fortepianowa Juliusza Zarębskiego (Diss. Krakau 1962).

ZARENBRAUT, DIE *(Zarskaja newesta),* Oper in 4 Akten von N. Rimski-Korsakow, Text: Lew Meis gleichnamiges Drama (1849), modifiziert von I. Tjumenew. Ort und Zeit der Handlung: Alexander-Slobode, dorfartige Vorstadt Moskaus mit der Sommerresidenz des Zaren, 1572. UA: 22. 10. (3. 11.) 1899 Moskau (Privattheater); dt. EA (in dt. Sprache): 24. 3. 1923 Berlin (Theater des Westens).
Die Wahl dieses Opernsujets, dessen Vertonung zuvor bereits A. Borodin in Erwägung gezogen hatte, dokumentiert exemplarisch, daß Rimski-Korsakow während einer experimentellen – zwischen *Sadko* und dem *Märchen vom Zaren Saltan* angesiedelten – Schaffensphase nochmals darum bemüht war, seine Fähigkeiten auf dem Feld des im konventionellen Sinne „dramatischen" Bühnenwerks unter Beweis zu stellen. Die literarische Vorlage, eine Gift-und-Dolch-Tragödie in historischem Gewande, bot gewiß manche Anregung, bei musikalisch-dramaturgischen Konzeptionen M. Glinkas und des frühen 19. Jh. anzuknüpfen (ohne daß dabei freilich die Leitbilder A. Dargomyschskis oder R. Wagners gänzlich verblaßten); doch trotz der spannungsvollen Handlung und trotz der Bündelung menschlicher Emotivität, von bannendem Liebesempfinden bis zu selbstzerstörerischer Eifersucht, waren es auch hier wiederum primär die lyrischen und volkstümlichen Geschehnispartien, die den Komponisten zum Entfalten seiner spezifischen gestalterischen Kräfte inspirierten.

ZAREWITSCH, DER, Operette in 3 Akten von Fr. Lehár, Text von Béla Jenbach und Heinz Reichert, frei nach einer Erzählung von Gabryela Zapolska. Ort und Zeit der Handlung: St. Petersburg und Neapel, Ende des 19. Jh.; UA: 21. 2. 1927 Berlin (Deutsches Künstlertheater). Verfilmt 1928, 1933 und 1954.
Die Operette handelt von der Liebe des russ. Thronfolgers Alexei zur Tänzerin Sonja. Es begann als Spiel und führt über verzehrende Leidenschaft hin zum tragischen Verzicht. Lehár kam das russ. Ambiente der Vorlage sehr gelegen, konnte er doch seiner slawischen Abstammung entsprechend die im Stoff angelegte Schwermut durch eine sentimentale, slawische Farbgebung auch musikalisch gestalten, z. B. in dem melancholischen Lied *Allein, wieder allein – Es steht ein Soldat am Wolgastrand.* Melodien wie *Einer wird kommen, Warum hat jeder Frühling, ach, nur einen Mai?* u. a. zählen zu den bekanntesten Weisen. R. Tauber, für dessen stimmliches Differenzierungsvermögen vor allem im Piano-Bereich die Nummer *Hab nur dich allein* angelegt war, sang die Titel-

rolle; der Erfolg war programmiert. Das lyrische Pathos der tragischen Operette rückt das Werk in die Nähe der zeitgenössischen Opernproduktion. Auch heute hat der *Zarewitsch* nichts von seiner Beliebtheit eingebüßt und gehört zu den meistgespielten Operetten. B. DELCKER

ZARGEN (engl.: ribs; frz.: éclisses; it.: fascie; span.: aros), Bz. für die Seitenwände der Musikinstrumente. Bei Saiteninstrumenten sind die Z. die Verbindungsstücke zwischen Decke und Boden (Gitarre, Violine u.a.), bei Trommeln sind sie das Korpus zwischen meist 2 Membranen. Keine Z. – außer der ↗Chitarra battente – haben Instrumente mit bauchigem Korpus (Laute, Mandoline u.a.).

ZARLINO, Gioseffo (Gioseffe), OFM, * April 1517 Chioggia, † 14. 2. 1590 Venedig; it. Musiktheoretiker u. Komponist. Z. erhielt seine Ausbildung bei den Franziskanern in Chioggia, in deren Orden er eintrat. 1536 ist er an der Kathedrale von Chioggia als Sänger, 1539/40 als Organist nachweisbar; 1540 empfing er die Priesterweihe. 1541 wurde er in Venedig Schüler von A. Willaert, zugleich Kaplan an S. Severo und erhielt 1565 das Amt des Kapellmeisters an S. Marco. 1583 berief ihn das Kapitel in Chioggia als Kanonikus und schlug ihn sogar zum Bischof vor (Z. wurde jedoch nicht gewählt). Als Komponist und Theoretiker gehört Z. zur Venezianischen Schule. G. Diruta, V. Galilei, G. M. Artusi und G. Croce waren seine Schüler.

WW: Schriften: *Le istitutioni harmoniche* (V 1558, ^{3}1573); *Dimostrationi harmoniche* (V 1571); *Sopplimenti musicali* (V 1588); die 3 Schriften u. 1 Bd. nichtmusikal. Werke als *De tutte l'opere del … Z.*, 4 Bde. (V 1588–89). – Kompositionen: *Moduli* (Motetten) für 5 St. (V 1549); *Modulationes* für 6 St. (V 1566); weitere Motetten u. 13 Madrigale in Sammeldrucken 1549–70 erhalten.

Obwohl Z. zu seiner Zeit als Komponist hochberühmt war, ist von seinen geistlichen und weltlichen Werken (vor allem Motetten und Madrigale) nur ein Bruchteil erhalten. Nachhaltiger wirkte er als Theoretiker. In seinen Schriften zeigt er sich als typischer Gelehrter der humanistischen Renaissance: konservativ in der Berufung auf klassische Autoritäten wie Platon und Ptolemaios, renaissancehaft, indem er die Musik seiner Gegenwart, vor allem Willaerts, als Höhepunkt des historischen Fortschritts in der Musik feierte. Für die praktisch orientierte Musiktheorie sind die theoretischen Werke Z.s in zweierlei Hinsicht von Interesse. Zum einen systematisierte er die Lehre vom Kontrapunkt anhand der Satztechnik des Spätstils der franko-flämischen Schule, insonderheit Willaerts. Zum andern postulierte er, daß der Dur- und Moll-Dreiklang die Grundharmonien der modernen Musik seien, was Riemann dazu bewog, in Z. den Vater der dur-moll-tonalen Harmonielehre zu sehen. Z. begründete Dur- u. Molldreiklang aus den Zahlen 1 bis 6 der Saitenteilungsverhältnisse („Senario"), und zwar das Verhältnis $1 : \frac{1}{2} : \frac{1}{3} : \frac{1}{4} : \frac{1}{5} : \frac{1}{6}$ als „divisione armonica" = Durdreiklang und das Verhältnis 1 : 2 : 3 : 4 : 5 : 6 als „divisione aritmetica" = Molldreiklang (↗Harmonische Teilung).

Ausg.: Faks.-Ausg. der 3 Traktate (NY 1965–66) (= MMMLF II/1, 2 u. 15). – Drei Motetten u. ein geistliches Madrigal, hrsg. v. R. FLURY (Wb 1961) (= Chw 77).

Lit.: H. RIEMANN, Gesch. der Musiktheorie (L 1898, Nachdr. Hil 1961, ^{2}1971); H. ZENCK, Z.s „Istitutioni harmoniche" als Quelle zur Musikanschauung der it. Renaissance, in: ZfMw 12 (1929/30); C. DAHLHAUS, War Z. Dualist?, in: Mf 10 (1957); R. WIENPHAL, Z., The Senario and Tonality, in: JAMS 12 (1959); R. FLURY, G. Z. als Komp. (Winterthur 1962); R. L. CROCKER, Perchè Z. diede una nuova numerazione ai modi?, in: RIMus 3 (1968); C. V. PALISCA, in: G. Z. The Art of Counterpoint (engl. Übers. von Teil 3 der Istitutioni) (New Haven – Lo 1976); V. COHEN, Z. on Modes (1977) (= Diss. City Univ. of New York).

P. RUMMENHÖLLER

ZAR UND ZIMMERMANN oder die zwei Peter, Komische Oper in 3 Akten von A. Lortzing, Text vom Komponisten nach der dt. Bearbeitung der frz. Komödie *Le bourgmestre de Saardam ou Les deux Pierres* von Mélesville, Merle und Boirie (1818) durch Georg Friedrich Römer *(Der Bürgermeister von Saardam oder die zwei Peter).* Ort u. Zeit der Handlung: Saardam (= Zaandam), 1698. UA: 22. 12. 1837 Leipzig (mit Lortzing als Peter Iwanow).

Dieser wie einem runden Dutzend anderer Opern gleichen oder ähnlichen Titels liegt die historisch belegte Reise Zar Peters des Großen nach Holland (1697/98) zugrunde, wo er die Schiffsbaukunst zu erlernen gedachte. Lortzing hielt sich in den beiden ersten Akten recht streng an die literarische Vorlage, gestaltete aber den 3. Akt frei, wobei er vermutlich Anregungen aus G. Donizettis *Il borgomastro di Saardam* (am 2. 8. 1837 in Berlin in dt. Sprache aufgeführt) bezog. In diesem Werk finden sich bereits die charakteristischen musikalischen Stilmittel der dt. Spieloper: Konversationsstil im Dialog (neben der gesprochenen Wechselrede), ausgefeilte Ensemblesätze (etwa das Sextett im 2. Akt) und eine Reihe strophisch oder mit Refrain gegliederter Liedeinlagen. Sowohl die treffende Rollencharakteristik (der Bürgermeister van Bett ist eine der brillantesten Buffopartien der damaligen Zeit; seine Auftrittsarie *O sancta justitia!* zählt zu den bekanntesten Nummern) als auch die Liedmelodien machten dieses Bühnenwerk volkstümlich. Chateauneufs *Lebe wohl, mein flandrisch Mädchen* (2. Akt) und des Zaren *Sonst spielt' ich mit Zepter* (3. Akt) sind die beliebtesten Opernlieder; die Kantatenprobe und der Holzschuhtanz (beide 3. Akt) erlangten ähnliche Berühmtheit.

J. SCHLÄDER

ZARZUELA (Diminutiv von span. zarza = Brombeerstrauch), Bühnengattung, bei der Gesang und gesprochener Text abwechseln; so benannt nach dem Theater des Palacio Royal de la Zarzuela in Madrid, wo die ersten Z.s aufgeführt wurden. Die Gattung geht zurück auf P. Calderón de la Barca, den Hofdichter König Philipps IV. Anfangs war die Z. für königliche Feste bestimmt und wurde mit entsprechend großem Aufwand inszeniert. Ihre Sprache war vornehm und erhaben; ihre Stoffe entlehnte sie der Mythologie, der Geschichte und der Legende. Während die span. Comedia 3 Akte umfaßte, war die Z. auf 2 (sog. „jornadas") beschränkt. Wegen ihres Bezugs auf die Welt des Phantastischen und Wunderbaren bedurfte sie einer aufwendigen Bühnenmaschinerie. Als erste Z. gilt *El jardín de Falerina* von Calderón (1648), von dem auch *El golfo de las sirenas* u. *El laurel de Apolo* stammen. Schon bald erfreute sich die Gattung sehr großer Beliebtheit. Von der zweiten Hälfte des 17. Jh. bis um 1750 lieferten berühmte Schriftsteller Z.-Libretti: J. B. Diamante, A. Solis, A. de Salazar y Torres, A. de Zamora u. J. de Cañizares. Als Komponisten sind zu nennen: Juan Hidalgo (*El amor hace estrellas,* Libr.: J. Vélez de Guevara), José Marín, Antonio de Líteres (*Celos no guardan respeto,* Libr.: A. de Zamora), José San Juan, J. de Nebra, Francisco Courcelle, A. Duni, Francesco Coradini, G. B. Mele u. S. Durón *(Selva encantada de amor, Veneno de amor es la envidia, Apolo y Dafne, Las nuevas armas de amor).* – In einer späteren Phase befreit sich die Z. von der auf Calderón zurückgehenden Tradition und von dem italienischen Einfluß, der im 18. Jh. aufgetreten war. Sie wird volkstümlich, bezieht Anregungen aus dem Sainete u. bringt die Alltagswelt der einfachen Leute auf die Bühne. Insbesondere der Dichter R. de la Cruz und sein Komponist A. Rodríguez de Hita *(Las segadoras de Vallecas, Las labradoras de Murcia)* führen die Gattung zu neuer Blüte. Immer größeres Gewicht erhalten die nationalen u. folkloristischen Elemente, besonders bei P. Esteve, G. Brunetti, L. Boccherini, L. Misón, Antonio Palomino, Ventura Galván, Fabian García Pacheco, L. Lidón. Im Verlauf des 18. Jh. kommt es jedoch, bedingt durch den Triumph der italienischen Oper und das Auftreten des Melodrams zu einem Verfall der Z.: schon bald ist sie so gut wie völlig vergessen, und es entstehen nur wenige unbedeutende einaktige Stücke. Mit der UA von *Jugar con fuego* von Fr. A. Barbieri (Libr.: V. de la Vega) im Jahr 1851, der ersten *Z. grande* in drei Akten, setzt eine Wiederbelebung der Gattung ein, deren Erfolg angehalten hat. Um die Wende vom 19. zum 20. Jh. entwickelt sich, eingeführt von F. Chueca, das ↗Género chico; die berühmtesten Beispiele dieses Genres der Z. sind: *El valle de Andorra* und *Catalina* von J. Gaztambide, *El dominó azul* von E. Arrieta, *Los diamantes de la corona* u. *Pan y toros* von Barbieri, *El salto del Pasiego* u. *La Marsellesa* von M. Fernández Caballero und *La tempestad* von R. Chapí. Weitere Z.-Komponisten sind Rafael Hernando, Cristóbal Oudrid, José Inzenga, T. Bretón, Miguel Marqués, E. Movera, A. Vives, Pablo Luna, Francisco Alonso, J. M. Usandizaga, F. Moreno Torroba, Jacinto Guerrero, Pablo Sorozábal und J. Guridi.

Lit.: J. SUBIRÁ, Historia de la música teatral en España (Ba 1945); M. MUÑOZ, Historia de la z. española y del genere chico (Ma 1946); R. MINDLIN, Die Z. (Z 1965); J. SUBIRÁ, Z., in: MGG XIV; DERS., Temas musicales madrileños (Evocaciones históricas) (Ma 1971); R. STEVENSON, Espectáculos musicales en la España del siglo XVII, in: Rev. Mus. Chilena 27 (1973); K. PAHLEN, Aus der Gesch. v. Spaniens Oper u. Z., in: ÖMZ 30 (1975); J. SAGE – L. SALTER, Z., in: Grove⁶ XX.

G. BOURLIGUEUX

ZAUBERFLÖTE, DIE, dt. Oper in 2 Aufzügen von W. A. Mozart, KV 620, Text von E. Schikaneder. Ort u. Zeit der Handlung: Morgenland, in sagenhafter Zeit. UA: 30. 9. 1791 Wien (Theater an der Wien); dt. EA: 21. 1. 1793 Augsburg.

Mozarts letztes Bühnenwerk ist seit seiner Entstehung mit der Aura des Mystischen umgeben, u. a. hervorgerufen durch kritische Anwürfe gegen das Werk und bewußt gelenkte Falschaussagen über seine Verfasser sowie dadurch provozierte zahllose apologetische Stellungnahmen. Die offensichtlichen Brüche und Widersprüche in der Handlung sind nicht allein durch die angebliche Änderung des dramatischen Konzepts im 1. Akt zu erklären, sondern weisen mit aller Deutlichkeit auf den Gattungstypus „Maschinenkomödie", auf das aufwendige Bühnenspektakel, das Schikaneder vorschwebte, und nicht auf das vielfach vermutete Ideendrama. Maschinenzauber, Ausstattungsprunk und unterhaltsames (auch stoffliches) Vielerlei sind die Ingredienzien dieser „großen Oper" (so Schikaneders Gattungsbezeichnung); in Papageno schrieb sich der Textdichter eine Rolle, die ganz in der Tradition des Wiener Kasperle steht. Humanitätsgedanken wurden dem Werk durch seine Exegeten angedichtet, freimaurerisches Gedankengut nachträglich hineingelesen. Das Textbuch ist weniger revolutionär als vielmehr antiaufklärerisch und im besten Sinne konservativ. Mozart hat den Stilbruch zwischen Libretto und Komposition offenbar intendiert, indem er mit der musikalischen Ausführung die Grenzen des Gattungstypus „Wiener Singspiel" sprengte. Verschiedenen Figuren und Personengruppen ordnete er unterschiedliche Musikstile zu: der Königin der Nacht den von gleißender Virtuosität geprägten Stil der Opera seria, dem Priester Sarastro den Sakralstil des Barock, den 3 Damen und dem Sklaven Monostatos Elemente aus der Opera buffa; für Papageno wählte er die Stilebene des dt. Singspiels und für Pamina (deren Rolle auf ein neues Sopran-Stimmfach vorausweist) die romantische dt. Oper. Mozart setzte mit den konzeptionellen Stilbrüchen innerhalb der Partitur eigene Akzente – oftmals gegen das Libretto: nämlich wider die Priesterkaste und für die Frauen und die Nicht-Zugelassenen (wie Papageno und Monostatos). – Schon im Oktober 1791 wurde die *Zauberflöte* in Wien über 20mal aufgeführt; noch im November des gleichen Jahres erschienen Klavierauszüge einzelner Nummern. Das Werk wurde an den verschiedensten Bühnen zahllose Male umgearbeitet; J. W. von Goethe schrieb eine dramatische Fortsetzung. Nach dem Zweiten Weltkrieg ist die *Zauberflöte* die meistgespielte Oper an dt. Bühnen.

J. SCHLÄDER

ZAUBERGEIGE, DIE, Spieloper in 3 Akten von W. Egk, Text unter Verwendung von Barockdichtung nach Pocci von L. Andersen (L. Strecker) und Egk. Ort der Handlung: im Märchenland. UA: 22. 5. 1935 Frankfurt am Main.

Der ehemalige Knecht Kaspar schenkt Cuperus, dem als Bettler verkleideten Beherrscher der Elementargeister, sein geringes Vermögen. Als Belohnung für seine Großmut erhält er eine Zaubergeige, die ihm so lange höchste Anerkennung verschafft, wie er der Liebe entsagt. Als berühmter Violinvirtuose Spagatini wird Kaspar von der reichen Ninabella zu einem Kuß verführt. Cuperus bietet ihm nach diesem Fehltritt erneut die Geige an, doch Kaspar leistet Verzicht und bekennt sich liebevoll zu seiner Gretl, die ihm durch die Jahre des Ruhms die Treue gehalten hat. Egk wollte in seinem ersten Bühnenwerk „denen, die das Einfache lieben", ein Stück schreiben, „an dem sie sich freuen sollten". Die Musik enthält volkstümliche Weisen und Volkstänze (Zwiefacher), sie ist überwiegend diatonisch gehalten und somit leicht eingängig. Schon mit der UA setzte der große Erfolg ein (mit 104 Aufführungen 1935/36 die meistgespielte Oper in Deutschland). Eine Neufassung mit Änderungen in der Instrumentation und einigen hinzukomponierten Abschnitten kam in Stuttgart am 2. 5. 1954 zur Aufführung.

K. LANGROCK

ZAUBERLADEN, DER *(La boutique fantasque),* Ballett in einem Akt von O. Respighi nach Klavierkompositionen von G. Rossini. Libretto: André Derain. UA: 5. 6. 1919 London (Alhambra Theatre); Choreographie: L. Massine. Dt. EA: 1948 Berlin (Staatsoper); Choreographie: T. Gsovsky.

Wiederholt mit dem Erfolgsballett *Die Puppenfee* (1888) verglichen, präsentiert diese verwandte Komposition, in der auch die kontrastreiche Gegenüberstellung von Menschen und vitalisierten Puppen thematisiert ist, eine nahezu identische Konzeption des Librettos. – In einer fast kongruenten choreographischen Disposition, in die allerdings auch modernisierte Tanztechniken aufgenommen wurden, suchte Massine vielfältige stilistische Elemente – sowohl komisch-parodistische als auch lyrisch-pathetische – sinnfällig miteinander zu kombinieren. Entsprechend bemühte sich auch Respighi, die Ballettmusik besonders originell zu arrangieren; einfallsreich orchestrierte er einige Klavierpiècen Rossinis aus der Sammlung *Péchés de vieillesse* (Alterssünden). – Schon bei der UA wurde das von den Ballets Russes des S. Diaghilew dargebotene Werk enthusiastisch gefeiert; Massine brillierte in der Rolle des Cancantänzers.

G. LUDIN

ZAYTZ, Giovanni von, ↗Zajc, Ivan.

ZBINDEN, Julien François, * 11. 11. 1917 Rolle (Vaud); Schweizer Komponist. Er studierte Klavier 1934–38 am Konservatorium in Lausanne und 1940–45 bei Marie Panthès in Genf und 1942–45 Kontrapunkt bei René Gerber in Neuchâtel. 1938–47 war er als Jazzmusiker tätig, seit 1947 arbeitete er beim Rundfunk in Lausanne, zunächst als Pianist und Produzent, seit 1956 als Leiter der Musikabteilung, und wurde 1965 2. Direktor bei Radio Suisse Romande. 1973 wurde er Präsident des Schweizerischen Tonkünstlervereins. Seine rhythmisch stark vom Jazz geprägten Kompositionen sind von I. Strawinsky, A. Honegger und M. Ravel beeinflußt.

WW: Klv.-Kompositionen, u. a. *4 Solitudes* (1951); *Variations libres* über *Stille Nacht, heilige Nacht* (1960) für Org.; Kammermusikwerke, u. a. Sonate (1950) für V. u. Klv. – Für Orch.: 2 Symphonien, op. 18 (1953), op. 26 (1957); *Jazzific* 59–16 (1958) für Jazzgruppe u. Streichorch.; *Concerto da camera*, op. 16 (1950–51) für Klv. u. Streichorch.; V.-Konzert (1963); *Passage de l'Homme*, op. 24 (1956) für Chor a cap. (zus. mit C. Geoffray – K. Marx); *6 Proverbes en forme d'études* (1958) für Männerchor a cap.; *Espéranto* (1961), Konzert für Sprech-St., Sopran, Chor u. Orch.; Oper in einem Akt *Faits divers* (1960). – Ferner Kompositionen für den Rundfunk.

Lit.: H. JACCARD, Initiation à la musique contemporaine (Lau 1955); P. A. GAILLARD, Terra Dei, in: SMZ 107 (1967); J. F. Z. Liste des œuvres (Z 1974).

ZECCHI, Carlo, * 8. 7. 1903 Rom, † 31. 8. 1984 Salzburg; it. Dirigent und Pianist. Er studierte in Rom, setzte seine Klavierstudien bei F. Busoni und A. Schnabel in Berlin fort und trat 1920–39, auch als Duopartner von E. Mainardi, mit großem Erfolg in Europa und in den USA auf. Nach einer Dirigierausbildung (1938–41) bei H. Münch machte er sich als Gastdirigent namhafter Orchester, bes. des Wiener Kammerorchesters weltweit einen Namen. Mehrere Jahre unterrichtete er eine Meisterklasse für Klavier an der Accademia di Santa Cecilia in Rom und bei den Sommerkursen in Salzburg.

ZECHLIN, Dieter, * 30. 10. 1926 Goslar; dt. Pianist. Er studierte 1946–49 an der Musikhochschule in Weimar, wurde 1951 Dozent (1959 Professor) für Klavier an der Hochschule für Musik in Ost-Berlin, die er seit 1971 leitet, und 1972 Präsident des Musikrates der DDR. Der besonders mit zyklischen Aufführungen von Werken L. van Beethovens, Fr. Schuberts und B. Bartóks hervorgetretene Pianist unternahm als Solist und Kammermusiker Konzertreisen durch ganz Europa, Japan und Nord- und Südamerika. Außerdem widmet er sich auch zeitgenössischen Komponisten der DDR (J. Cilenšek, G. Kochan, E. H. Meyer u. a.), deren Werke er zum Teil uraufgeführt hat.

Lit.: D. BRENNECKE, D. Z., in: Musiker in unserer Zeit (L 1979) (mit Bibliographie u. Diskographie). B. A. KOHL

ZECHLIN, Ruth (geb. Oschatz), * 22. 6. 1926 Großhartmannsdorf (Sachsen); dt. Komponistin und Cembalistin. Sie studierte 1943–49 an der Musikhochschule in Leipzig Komposition (J. N. David), Orgel (K. Straube und G. Ramin) und Klavier und lehrt seit 1950 Tonsatz an der Hochschule für Musik in Ost-Berlin, wo sie 1969 eine Professur für Komposition übernahm. Außerdem leitet sie seit 1970 eine Meisterklasse für Komposition an der Akademie der Künste in Ost-Berlin und ist dort gleichzeitig stellvertretender Sekretär der Sektion Musik. Seit 1962 konzertiert sie als Cembalistin. R. Z. gehört zu den in der DDR führenden Komponisten. Ihr vielseitiges und umfangreiches Œuvre spiegelt besonders die fruchtbare Auseinandersetzung mit den wichtigsten Strömungen der neueren Musik. Als stilistische Eckpfeiler sind die Polyphonie J. S. Bachs und die lyrische Farbigkeit H. W. Henzes erkennbar. Sie war mit Dieter Z. verheiratet.

WW: Zahlr. Klv.- u. Org.-Stücke; Kammermusik, u. a.: 6 Streichquartette (1959, 1965, 1970, 1971, 1971, 1977); *Impulse* (1975) für Bläserquartett; *Beschwörungen* (1980) für Schlagzeug solo. – Für Orch.: 3 Symphonien (1965, 1966, 1971); *Emotionen* (1971); *Farbspiele* (1977); *Vita Nova* (1978); *Situationen* (1980); *Metamorphosen* (1982). – Konzerte für: V. (1963); 3 für Org. (1974, 1975, 1980); Klv. (1974). – Zahlr. Lieder mit Klv. bzw. mit Instrumentalbegleitung; *Lidice-Kantate* (1958) für Bar., Chor u. Kammerorch.; *Ode an die Luft* (1972) für Mezzosopran u. Orch.; *An Aphrodite* (1976) für Alt, Bar., 2 Pantomimen u. 7 Musiker; *Zauberlehrling* (1981) (nach J. W. v. Goethe) für 4st. Knabenchor, Klv. u. Bar. solo. – Funksingspiel u. Oper *Reineke Fuchs* (1962/67).

Lit.: E. KNEIPEL, in: Musiker unserer Zeit (L 1979) (mit Bibliogr.); U. STÜRZBECHER, Komponisten in der DDR (Hil 1979) (mit Werk-Verz.); G. ALTMANN, R. Z. Ein Komponistenporträt, in: Musik in der Schule 32 (1981). B. A. KOHL

ZEFFIRELLI, Franco, * 12. 2. 1923 Florenz; it. Regisseur und Bühnenbildner. Er studierte Architektur an der Universität in Florenz, arbeitete nach dem Krieg beim Rundfunk und schloß sich 1946 L. Viscontis Morelli-Stoppa-Truppe an, für die er auch Bühnenbilder entwarf. 1948 drehte er mit Visconti seinen ersten Film und inszenierte 1953 mit G. Rossinis *La Cenerentola* für die Mailänder Scala seine erste Oper. Besonders erfolgreich waren in der Folge *Falstaff* (G. Verdi; Holland-Festival, 1956), *Lucia di Lammermoor* (G. Donizetti; Covent Garden, London, 1959), *Aida* (Verdi; Mailänder Scala, 1962) und *Anthony and Cleopatra* (S. Barber; zur Eröffnung der neuen Metropolitan Opera in New York, 1966), *Orfeo* (Cl. Monteverdi; Rom, 1960), *Euridice* (G. Peri; Florenz, Maggio musicale, 1960) und *La Bohème* (G. Puccini; Mailand 1962 und Wien 1963).

ZELENKA, Jan Dismas (auch Lukas Ignatius), getauft 16. 10. 1679 Launowitz (Böhmen; heute Louňovice), † 23. 12. 1745 Dresden; böhmischer Komponist. Er erhielt seine Ausbildung am Jesuitenkolleg Clementinum in Prag, für das er später als Chorregent 3 Kantaten und zur Königskrönung 1725 sein *Melodrama de Sancto Wenceslao* schrieb. 1709–10 stand er im Dienst des Grafen Hartig und wurde dann Kontrabassist im Dresdner Hoforchester. 1715 wurde er auf eine Studienreise geschickt, während der er in Wien bei J. J. Fux und in Italien bei A. Lotti Kompositionsstudien betrieb. Über Wien (1717–19) kehrte er nach Dresden zurück, wurde 1721 Vizekapellmeister der Kirchenmusik, 1733 „Compositeur", 1735 „Kirchen-Compositeur", bewarb sich aber vergeblich um das Amt des Kirchenkapellmeisters.

WW (hsl. erhalten): 6 Triosonaten für 2 Ob. u. Baß. – Für Orch.: 5 Capricci für Bläser u. Str.; Sinfonia a-moll; *Concerto a 8* G-Dur; 2 Ouvertüren; 6 Märsche für 4 Trp. u. Pk. – Über 20 Messen; Requiem; 28 Gradualien; Offertorien; Hymnen; Lamentationen; Responsorien, Psalmen u. Antiphonen; 9 Litaneien; 18 Motetten für Chor a cap.; Te Deum; 30 Psalmkompositionen; 3 Oratorien.

Z.s kirchenmusikalisches Werk ist bisher kaum überschaubar, während seine nicht sehr zahlreichen Instrumentalwerke in Ausgaben vorliegen.

Obgleich kein Werk zu Lebzeiten gedruckt wurde, legen überlieferte Abschriften eine gewisse Verbreitung nahe. Melodik, Rhythmik und Harmonik sind stark von der böhmischen Bläser- und Volksmusik inspiriert. In formaler Hinsicht stand Z. zunächst der italienischen Musik nahe, ging aber in seinen Capricci auch in der Führung der Instrumente ungewöhnliche Wege. Von seiner kontrapunktisch profilierten, oft aber auch flächig angelegten Kirchenmusik sind das Requiem, Magnificat, De profundis, einige Psalmen und Messen besonders zu nennen. Von Zeitgenossen wie J. S. Bach, der Werke Z.s in Abschriften besaß, G. Ph. Telemann, C. Fr. Fasch und J. A. Hiller hoch geschätzt, stand er in Dresden jedoch im Schatten J. A. Hasses und geriet nach seinem Tod in Vergessenheit. In den letzten Jahren erfährt Z. zunehmendes Interesse als einer der bedeutendsten Komponisten seiner Zeit.

Ausg.: Triosonaten, hrsg. v. C. SCHOENBAUM, 6 H.e (Kas 1955–65) (= Hortus Mus. 126, 188, 177, 147, 157, 132); *Concerto in sol à 8 concertanti* u. *Ouverture à 7 concertanti*, hrsg. v. DEMS. (W 1960, 1961); *Composizioni per orchestra, hrsg. v.* DEMS. – J. RACEK (Pr 1963) (= MAB 66); *Lamentationes Jeremiae Prophetae*, hrsg. v. J. RACEK – V. BELSKÝ (1969) (= MAB III/4). – *Psalmi et Magnificat*, hrsg. v. DENS. (1971) (= MAB II/5); 6 einzelne Psalmen u. Magnificat für Soli, Chor u. Orch., hrsg. v. TH. KOHLHASE – W. HORN – V. KALISCH (St 1980–82); *Christe eleison* für Alt, Str. u. B.c., hrsg. v. TH. KOHLHASE (St 1981) (mit wichtiger Einführung in die Kirchenmusik Z.s).

Lit.: G. HAUSSWALD, J. D. Z. als Instrumentalkomponist, in: AfMw 13 (1956); C. SCHOENBAUM, Die Kammermusikwerke J. D. Z.s, in: Kgr.-Ber. Wien 1956 (Gr – Kö 1958); DERS. u. H. UNVERRICHT, verschiedene Beiträge in: Mf 13 (1960), 15 (1962), 22–23 (1969–70); H. UNVERRICHT, Z., in: MGG XIV; C. SCHOENBAUM, Z., in: Grove[6] XX; J. D. Z.-Sonderh., in: SMZ 120 (1980).

G. SCHUHMACHER

ZELLER, Carl Johann Adam, * 19. 6. 1842 St. Peter in der Au (Niederösterreich), † 17. 8. 1898 Baden bei Wien; östr. Komponist. Er war Sängerknabe der Wiener Hofkapelle, studierte Jura in Wien und Graz (1869 Dr. jur.) und war seit 1873 im k.k. Unterrichtsministerium tätig, wo er bis zum Ministerialrat (als Leiter des Kunstreferats) aufstieg. Seit 1876 trat er als Bühnenkomponist hervor. Weltberühmt wurde er durch seine Operette *Der Vogelhändler* (Wien 1891), die durch Reichtum der melodischen Einfälle und durch kunstvoll gebaute Ensembles und Finali eine der klassischen Wiener Operetten geworden ist.

WW: Komische Opern *Joconde*, UA: Wien 1876 u. *Die Fornarina*, UA: München 1878. – Operetten: *Die Carbonari*, UA: Wien 1880; *Der Vagabund*, UA: 1886; *Der Vogelhändler*, UA: ebd. 1891; *Der Obersteiger*, UA: 1894; *Der Kellermeister*, UA: 1901 (musikal. Einrichtung v. J. Brandl u. R. Raimann). – Liederspiel *Die Thomasnacht*, UA: ebd. 1868; Lieder u. Chöre.

Lit.: E. NICK, Vom Wiener Walzer z. Wiener Operette (H 1954); A. WÜRZ, Z., in: MGG XIV.

ZELLER, Wolfgang, * 12. 9. 1893 Biesenrode (Harz), † 11. 1. 1967 Berlin; dt. Komponist und Dirigent. Nach dem Musikstudium in München und Berlin war Z. 1921–29 Musikalischer Leiter der Berliner Volksbühne, für die er über 80 Bühnenmusiken schrieb, u.a. zu den ersten Inszenierungen Erwin Piscators. Danach war er als freischaffender Komponist tätig. Bekannt wurde er durch Filmmusiken, u.a. zu: *Die Geschichte des Prinzen Achmed* (1926); *Melodie der Welt* (1928); *Das Land ohne Frauen* (1929); *Die Herrin von Atlantis* (1932); *Fahrendes Volk* (1938); *Robert Koch* (1939); *Morituri* (1948); *Der Schatten des Herrn Monitor* (1950); *Die Lüge* (1950); *Zwei Menschen* (1952); *Mit 17 beginnt das Leben* (1953); *Die Landärztin* (1958). Außerdem schrieb Z. 2 Operetten, die Oper *Aus dem Leben eines Taugenichts* (nach J. von Eichendorff), Ballette, Orchesterstücke, Kammermusik und Lieder. Bis zu seinem Tode gehörte er dem Vorstand des Verbandes Deutscher Bühnenschriftsteller und Bühnenkomponisten an.

Lit.: H. A. THOMAS, Die dt. Tonfilmmusik (Gütersloh 1962) (= Neue Beitr. z. Film- u. Fernsehforsch. 3).

ZELTER, Carl Friedrich, * 11. 12. 1758 Berlin, † 15. 5. 1832 ebd.; dt. Komponist und Musikpädagoge. Er erlernte den Beruf seines Vaters, eines Maurermeisters, bildete sich aber nebenbei im Violinspiel und in der Komposition so beachtlich, daß 1786 bereits die ersten Klavierstücke und Lieder bei Rellstab in Berlin erschienen und im gleichen Jahr seine Trauerkantate auf den Tod Friedrichs des Großen in der Potsdamer Garnisonkirche uraufgeführt wurde. 1791 wurde er Mitglied des „Singvereins" unter C. Fr. Fasch, den er als Hilfsdirigent oft vertrat. Nach dessen Tod (1800) übernahm Z. die Leitung dieser jetzt als ↗Singakademie bezeichneten Institution. 1807 rief er in Berlin eine „Ripienschule" für die Heranbildung des Orchesternachwuchses ins Leben und stiftete 1809 die der geselligen Liedpflege dienende „Liedertafel", das Vorbild aller Männergesangvereine des 19. Jahrhunderts. Zur selben Zeit wurde er Professor und Ehrenmitglied der Kgl. Akademie. 1822 gründete er das Königliche Institut für Kirchenmusik. Wenige Jahre vor seinem Tode wurde er Musikdirektor an dem von ihm geschaffenen Seminarium an der Universität Berlin und gab den Anstoß für die Gründung einer Musikabteilung an der Königlichen Bibliothek. – Z. war in zweiter Ehe mit der Sängerin Juliane Pappritz (1767–1806) verheiratet. Ihr verdankte er manche Anregungen für die Komposition neuer Lieder.

WW: 2 Slgen. Variationen für Klv. (B 1786) u.a. Klv.-Werke;

Va.-Konzert (hsl.). – Klv.-Lieder: 2 Slgen. *Lieder am Klavier zu singen* (B – L 1796, B 1801); *Sammlung kleiner Balladen und Lieder* (H um 1802); *Sämmtliche Lieder, Balladen und Romanzen*, 4 H.e (B 1810–13); *Neue Liedersammlung* (Z – B 1821); *Deutsche Lieder* für Baß (B um 1826) u. für Alt (B um 1827); weitere Lieder einzeln oder in Sammeldrucken veröff. u. hsl. erhalten. – Geistliche u. weltliche Kantaten mit Klv. u. mit Orch., darunter *Johanna Sebus* (J. W. von Goethe) für 4 St. u. Klv. (L um 1810); Werke für Männerchor; kirchenmusikal. Werke. – Autobiographie (hsl.).

Z.s Bedeutung liegt mehr auf musik-organisatorischem als auf kompositorischem Gebiet. Immerhin erfreuten sich seine Lieder in Deutschland größter Beliebtheit. Einige von ihnen wurden volkstümlich, z. B. *Der König von Thule* und *Es ist ein Schuß gefallen*. Fast alle Lieder sind strophisch vertont und schließen sich im Stil der 2. Berliner Liederschule an. J. W. von Goethe schätzte Z.s einfache Gesänge, weil sie ganz in seinem Sinne den Stimmungsgehalt des Textes unterstrichen und das Eigenleben der Dichtung nicht störten. Die herzliche Freundschaft zwischen Z. und Goethe schlug sich in einem umfangreichen Briefwechsel nieder, der des Dichters Ansichten über Musik entscheidend beeinflußte. Als großer Organisator verfolgte Z. den Plan, das Musikwesen und die Musikerziehung in Staat, Kirche und Schule grundlegend zu reformieren. In 7 Denkschriften (1803–12) legte er seine Gedanken zur Neuordnung nieder, deren Keimzelle die Berliner Singakademie wurde. Viele seiner Anregungen wurden erst im Laufe des 19. Jh. verwirklicht. F. Mendelssohn Bartholdy, C. Loewe und G. Meyerbeer gehörten zu seinen Schülern.

Ausg.: 15 Lieder, hrsg. v. M. BAUER (B 1924) (= Veröff. der Musikbibl. P. Hirsch 6); 50 Lieder, hrsg. v. L. LANDSHOFF (Mz 1932); Lieder, Balladen u. Romanzen in Ausw., hrsg. v. F. JÖDE (Han 1930) (= Nagels MA 60); 7 Lieder, in: Gedichte v. Goethe in Kompositionen, hrsg. v. M. FRIEDLAENDER 2 (Wr 1916). – Autobiographie, hrsg. v. W. REICH (Z 1955); Briefwechsel Goethe – Z., hrsg. v. M. HECKER, 4 Bde. (L 1913–18).

Lit.: G. SCHÜNEMANN, C. F. Z. Der Mensch u. sein Werk (B 1937); C. SCHRÖDER, C. F. Z. u. die Akademie, in: Monographien u. Biographien der Akad. der Schönen Künste 3 (B 1959); M. GECK, Z., in: MGG XIV (mit ausführlicher Lit.); R. A. BARR, C. F. Z. A Study of the Lied in Berlin ... (1968) (= Diss. Univ. of Wisconsin).

L. HOFFMANN-ERBRECHT

ZEMLINSKY (Zemlinszky), **Alexander (von),** * 14. 10. 1871 Wien, † 15. 3. 1942 New York; östr. Komponist und Dirigent. Z. studierte seit 1885 am Konservatorium in Wien, wo er zu den begabtesten Schülern gehörte. Er errang rasch Erfolge – eine Oper *(Sarema)*, eine Symphonie (B-Dur) und Lieder von ihm wurden preisgekrönt. 1895 lernte er J. Brahms kennen, der erheblichen Einfluß auf sein Schaffen gewann und den ersten Verleger (N. Simrock) vermittelte (Trio op. 3, Quartett op. 4). 1896 befreundete er sich mit dem jungen A. Schönberg, den er unterwies und der 1901 Z.s Schwester Mathilde heiratete. 1900 führte G. Mahler an der Wiener Hofoper mit Erfolg eine Oper von ihm auf. Im selben Jahr war er als Kapellmeister am Carltheater (einer Operettenbühne) in Wien engagiert und seit 1904 an der neugegründeten Volksoper. Mahler holte ihn 1907 an die Hofoper, doch kehrte Z. nach dessen Abgang im Dezember 1907 an die Volksoper zurück. 1911 wurde er Opernleiter des Deutschen Landestheaters in Prag und leitete dort seit 1920 auch die Deutsche Musikakademie. In seiner Prager Zeit leistete Z. Außerordentliches (1924 UA der *Erwartung* von Schönberg) sowohl an der Oper als auch im Konzert; in Prag entstanden auch seine Hauptwerke (2. Quartett, *Florentinische Tragödie, Lyrische Symphonie*). 1927 ging Z., der sich seit einem Vierteljahrhundert am Vorbild Mahlers orientiert hatte, zu O. Klemperer an die Kroll-Oper nach Berlin, wo aber seine beschwingte Interpretationskunst nicht mehr gebührend gewürdigt wurde; Zeitgeschmack und Milieu hatten sich geändert. 1930 schied er aus und wirkte als Gastdirigent an der Berliner Staatsoper Unter den Linden und lehrte an der Berliner Musikhochschule Partiturspiel und Chorleitung. 1933 kehrte er nach Wien zurück. 1938 floh er über Prag in die USA, wo er nach längerer Krankheit vereinsamt starb.

WW: **1) Instr.-WW:** Kompositionen für Klv. – Kammermusik: Trio d-moll, op. 3 für Klv., Klar., Vc. (1896); 4 Streichquartette A-Dur, op. 4 (1896), op. 15 (um 1914), op. 19 (1924), op. 25 (1936); Streichquintett d-moll (1896). – Für Orch.: Symphonie d-moll (1893), B-Dur (1899); *Die Seejungfrau*, Phantasie (1905); Sinfonietta, op. 23 (1935). – **2) Vokal-WW:** Chorwerke, u. a. Psalmen für Chor u. Orch.; zahlr. Lieder, darunter *Sechs Gesänge für mittlere Stimme*, op. 13 (nach M. Maeterlinck) mit Klv. u. Orch. (1910–12); *Lyrische Symphonie* in 7 Gesängen, op. 18 (nach R. Tagore) (1924). – **3) Bühnen-WW:** Opern: *Sarema*, UA: München 1897; *Es war einmal ...*, UA: Wien 1900; *Der Traumgörge* (um 1905), UA: Nürnberg 1980; *Kleider machen Leute*, UA: Wien 1910, Neufassung: Prag 1922; *Eine florentinische Tragödie* (nach O. Wilde), UA: Stuttgart 1917; *Der Zwerg*, UA: Köln 1922; *Der Kreidekreis* (nach Klabund), UA: Zürich 1933. – Ballett: *Das gläserne Herz* (nach H. v. Hofmannsthal) (1903).

Z. war ein vielseitiger Musiker von außerordentlichen Qualitäten, dessen Meisterschaft früh allseitig anerkannt wurde. Er war auch ein erfolgreicher Lehrer, u. a. von Alma Mahler, A. Schönberg und E. W. Korngold. Als Komponist war er zunächst von J. Brahms und R. Wagner, die er bewunderte, beeinflußt; später folgte er Mahler und dem frühen Schönberg. In dieser Phase, etwa seit 1908, erreichte er seinen hohen Grad an Originalität, vor allem in den Maeterlinck-Liedern op. 13 und im 2. Quartett. Die *Florentinische Tragödie*, von R. Strauss' *Salome* inspiriert, hat in ihrer instrumentalen Differenzierung einen eigenen Ton. Die

Lyrische Symphonie, ein Zyklus von Orchestergesängen, ist der Gipfel seines Schaffens und zugleich der Schlußpunkt einer großen Tradition. Das spätere Werk (Sinfonietta, *Kreidekreis*) läßt Einflüsse von K. Weill und P. Hindemith erkennen, ohne jedoch die Brahms-Tradition und Mahlers Abgründigkeit zu verleugnen. Z. war und blieb stets der neuromantischen Moderne verpflichtet.

Ausg.: Briefwechsel Schönberg – Z., hrsg. v. H. WEBER (in Vorb.).

Lit.: H. WEBER, Z.s Maeterlinck-Gesänge, in: AfMw 29 (1972); DERS., A. Z. Eine Studie (W 1977) (= Östr. Komp. des 20. Jh. 23); A. Z., Tradition im Umkreis der Wiener Schule, hrsg. v. O. KOLLERITSCH (Gr 1976) (= Stud. z. Wertungsforschung 7); R. STEPHAN, A. Z., ein unbekannter Meister der Wiener Schule (Kiel 1978) (= Kieler Vorträge zum Theater 4). R. STEPHAN

ZENCK, Hermann, * 19. 3. 1898 Karlsruhe, † 2. 12. 1950 Freiburg i. Br.; dt. Musikforscher. Er studierte am Konservatorium in Karlsruhe und an den Universitäten München, Heidelberg und Leipzig, wo er 1924 bei Th. Kroyer promovierte und dessen Assistent wurde. 1929 habilitierte er sich in Leipzig und lehrte seit 1932 an der Universität Göttingen (1937 Ordinarius) und seit 1942 an der Universität Freiburg i. Br. Schwerpunkte seiner Forschungen waren die Musik des 15. und 16. Jh. und die Gesch. der Musikanschauung.

Schriften: *S. Dietrich* (L 1928) (= PäM III/2); *Zarlinos „Istitutioni harmoniche“ als Quelle z. Musikanschauung der it. Renaissance,* in: ZfMw 12 (1929/30); *Die Musik im Zeitalter Dantes,* in: Dt. Dante-Jb. 17 (N. F. 8) (1935); *Grundformen dt. Musikanschauung,* in: Jb. der Akad. der Wiss. Göttingen 1940/41; *A. Willaerts „Salmi spezzati“,* in: Mf 2 (1949); ausgew. Aufsätze erschienen postum als *Numerus u. Affectus. Stud. z. Musikgesch.,* hrsg. v. W. Gerstenberg (Kas 1959) (mit vollständigem Schriftenverz.). – Editionen: *M. Praetorius, Megalynodia Sionia* (1934) (= Praetorius-GA 14); *J. Schultz, Musicalischer Lüstgarte* (1937) (= EDM, LD Niedersachsen 1); *S. Dietrich, Ausgew. Werke 1* (1942) (= EDM 23); *Willaert, Opera omnia* (1950 ff.) (= CMM 3), fortgesetzt v. W. Gerstenberg.

ZENDER, Hans, * 22. 11. 1936 Wiesbaden; dt. Dirigent, Pianist und Komponist. Er studierte Klavier (E. Picht-Axenfeld), Dirigieren und Komposition (W. Fortner) an den Musikhochschulen in Frankfurt am Main und Freiburg i. Br. und privat Chorleitung bei K. Thomas. 1959–63 war er Korrepetitor und Kapellmeister an den Städtischen Bühnen Freiburg i. Br., 1964–68 Chefdirigent des Theaters der Stadt Bonn und 1968–71 GMD der Städtischen Bühnen in Kiel. Seither ist Z. Chefdirigent des Rundfunk-Sinfonieorchesters in Saarbrücken. 1982 wurde er zum GMD der Staatsoper und der Philharmonischen Konzerte in Hamburg berufen. 1975 dirigierte Z. erstmals bei den Bayreuther Festspielen *(Parsifal).* Er widmet sich besonders zeitgenössischer Musik. Als Komponist verarbeitet er Anregungen von B. Bartók, B. A. Zimmermann und P. Boulez. In den Vokalwerken konzentriert er sich auf ein „System von Mehrschichtigkeit“ von Wort und Ton, wobei die Sprache selbst einen Parameter bildet.

WW: **1) Instr.-WW:** Kammermusik, darunter Stücke für Ob., Cemb., 3 Vc., Fl. u. Klv., Fl.; Quartett (1965) für Fl., Vc., Klv. u. Schlagzeug; Bläser-Quintett (1950); *Lo-Shu I* (1977) für 3–9 Spieler. – Für Orch.: *Schachspiel* (1970); Konzerte für Saxophon (1952), für Fl. (1959), für Klv. (1956). – **2) Vokal-WW:** *Canto I–V* (1965–1974) für versch. Besetzungen; Kantate nach Worten von Meister Eckehart (1980); *Mujy no kyo* für 3 u. mehr Instr. u. Frauen- oder Männer-St. ad lib. (1975).

Lit.: H. VOGT, Neue Musik seit 1945 (St 1972, [2]1975); W. KONOLD, Kristallines Gebilde im musikal. Material, in: Musica 28 (1973); P. FIEBIG, Den Romantiker neu entdecken. Gespräch mit H. Z. über ... Reger u. Pfitzner, in: NZ 143 (1982).

B. A. KOHL

ZENO, Apostolo, * 11. 12. 1668 Venedig, † 11. 11. 1750 ebd.; it. Dichter und Librettist. Er gründete 1691 die Accademia degli Animosi, die sich 1698 der römischen Arcadia anschloß. Mit *Gl'inganni felici* trat er 1695 erstmals als Librettist hervor und hatte 1700 mit *Lucio Vero* (beide von Fr. Pollarolo vertont) seinen ersten Erfolg. 1710 gehörte er zu den Gründern des *Giornale dei letterati d'Italia.* 1718 wurde er Hofdichter in Wien. Nach Venedig zurückgekehrt (1729), schrieb er weiterhin Oratorientexte für den Wiener Hof, widmete sich aber zunehmend literarischen Studien und seiner umfangreichen Münzsammlung.

Z. ist einer der bedeutenden Librettisten des frühen 18. Jh. und der unmittelbare Wegbereiter von P. Metastasio. In seinen Operntexten – er schrieb ausschließlich Drammi per musica – ist gegenüber dem 17. Jh. neu, daß die Zahl der Arien geringer und ihre Stellung in den einzelnen Szenen wohldurchdacht ist, daß auch die Zahl der Szenen reduziert ist und die komischen Elemente weitgehend eliminiert sind. In Wien bemühte sich Z. besonders um eine Neuorientierung und religiöse Vertiefung der Oratorienlibretti, indem er sich auf biblische Stoffe konzentrierte. In diesem Bereich zeigt sich auch der Einfluß der frz. Tragödie. Libretti von Z. vertonten u. a. G. B. und A. M. Bononcini, A. Caldara, L. Cherubini, J. J. Fux, Fr. Gasparini, B. Galuppi, G. Fr. Händel, J. A. Hasse, A. Lotti, J. B. Pergolesi, N. Porpora, A. Scarlatti und A. Vivaldi.

Ausg.: Drammi scelti, hrsg. v. M. FEHR (Bari 1929); 4 Libretti in: Drammi per musica dal Rinuccini allo Z., 2 Bde., hrsg. v. A. DELLA CORTE (Tn 1958) (= Classici italiani 57).

Lit.: W. PIETZSCH, A. Z. in seiner Abhängigkeit von der frz. Tragödie (L 1907); M. FEHR, A. Z. u. seine Reform des Operntextes (Z 1912); R. FREEMAN, Opera without Drama, Currents of Change in Italian Opera, 1675–1725, and the Roles Played therein by Z., Caldara, and Others (1967) (= Diss. Princeton Univ.); S. KUNZE, Die Entstehung eines Buffo-Librettos. Don Quijote-Bearbeitungen, in: DJbMw 12 (1967); A. A. ABERT, Z., in: MGG XIV; R. FREEMAN, A. Z.'s Reform of the Libretto, in: JAMS 21 (1968); D. J. GROUT, La „Griselda" di Z. e il libretto dell'opera di Scarlatti, in: NRMI 2 (1968); S. MARTINOTTI, Un nuovo incontro con A. Z., in: Chigiana 25 (1968); H. E. SMITHER, A Hist. of the Oratorio I (Chapel Hill 1977).

ZIANI. – 1) Pietro Andrea, * vor dem 21. 12. 1616 Venedig, † 12. 2. 1684 Neapel; it. Komponist. Er war Geistlicher und seit 1641 Organist an S. Salvatore in Venedig. Seit 1654 trat er erfolgreich als Opernkomponist hervor, war 1657–59 Kapellmeister an S. Maria Maggiore in Bergamo und 1663–65 am Hof der Kaiserinwitwe Eleonora in Wien. Über Innsbruck und Dresden kehrte er 1667 nach Venedig zurück und übernahm 1669 die Nachfolge Fr. Cavallis als 1. Organist an S. Marco. Nach Cavallis Tod (1676) bewarb er sich vergeblich auch um das Amt des Kapellmeisters und wandte sich nach Neapel, wo er bereits 1673 Opern aufgeführt hatte. 1678–80 unterrichtete er am Conservatorio di S. Onofrio und wurde 1680 Hofkapellmeister.

WW: Sonaten für Str. u. B.c. (V 1678); *Airs or sonatas* für 2 V. u. B.c. (Lo 1703); weitere Sonaten hsl. – *Motetti a voce sola* mit Instr. u. B.c. (V 1640); *Sacrae laudes* für 5 St., 2 V. u. B.c. (V 1660); *Fiori musicali*, Madrigale für 2–4 St. u. B.c. (V 1640); *Canzonette a voce sola* mit B.c. (V 1670). – Hsl. erhalten: weitere geistliche u. weltliche Vokalwerke. – Oratorien: *San Pietro piangente* (1664); *L'Assalone punito* (1667); *Il cuore umano all'incanto* (1681); *Le stimate di San Francesco*. – 17 Opern, darunter für Wien: *La ricreazione burlesca* (1663 oder 1668); *L'invidia conculcata dalla Virtù, Merito, Valore ... di Leopoldo imperatore* (1664); *Cloridea* u. *La Circe* (1665); *L'Elice* (1666); *La Galatea* (1667).

Z. gehört zu den wichtigsten Vertretern der Venezianischen Oper. Zunächst von Cl. Monteverdi und Cavalli beeinflußt, orientierte er sich später stärker an M. A. Cesti, dessen Werke er in Wien kennenlernte. Besonders stark sind in seinen Opern komische Elemente vertreten. Durch seine Tätigkeit in Neapel bereitete er auch den Boden für die Entwicklung der Neapolitanischen Oper.
2) Marc'Antonio, Neffe von 1), * um 1653 Venedig, † 22. 1. 1715 Wien; it. Komponist. Z. war seit 1686 Kapellmeister an S. Barbara in Mantua und wirkte seit 1700 als Vizekapellmeister und seit 1712 als Kapellmeister am Wiener Hof.

WW (hsl. erhalten): 22 Messen (teilweise im A capp.-Stil, teilweise Kantatenmessen); 3 Requiem; etwa 100 weitere kirchenmusikal. Werke. – 9 Oratorien u. Sepolcri. – 20 (von etwa 50 nachweislich aufgeführten) Opern, darunter für Wien: *Il Giordano Pio* (1700); *Caio Popilio* (1704); *L'Ercole vincitor dell'Invidia*, *La Flora* u. *Il Meleagro* (1706); *Il Campidoglio ricuperato* u. *Chilonida* (1709); *Andromeda* u. *L'Atenaide* (1714).

Wie sein Onkel ist Z. einer der führenden Komponisten der Venezianischen Oper diesseits und jenseits der Alpen. Seine Bühnenwerke sind charakterisiert durch die vielfältige Verwendung obligater Instrumente in den Arien und durch eine insgesamt differenzierte Orchesterbesetzung.

Ausg.: **Zu 1):** Eine Fuge in: Orgelmusik an europäischen Kathedralen III, hrsg. v. E. KRAUS (Rb 1963) (= Cantantibus organis 11); 3 Arien aus *Candaule*, in: H. CH. WOLFF, Die Oper I (Kö 1971) (= Das Musikwerk 38). – **Zu 2):** 5 Motetten in: Geistliche Solomotetten des 18. Jh., hrsg. v. C. SCHOENBAUM (1962) (= DTÖ 101/102).

Lit.: TH. ANTONICEK, Z., in: MGG XIV; I. BARTELS, Die Instrumentalstücke in Oper u. Oratorium der frühvenezianischen Zeit. Dargestellt an Werken v. Cavalli, Bertali, P. A. Z. u. Cesti ... (Diss. W 1970); TH. ANTONICEK, Die Damira-Opern der beiden Z., in: Anal. Mus. 14 (1975); DERS., Z., in: Grove[6] XX; R. CLEMENCIC, Die Wiederbelebung eines Oratoriums aus dem leopoldinischen Wien. „Assalone Punito" v. Z., in: ÖMZ 35 (1980).

ZIEGFELD FOLLIES, THE, eine Serie von opulenten amerik. Ausstattungsrevuen, die Florenz Ziegfeld (1867–1932) am Broadway produzierte. Die Idee dazu hatten Ziegfeld und seine Frau, die Tänzerin Anna Held, 1906 in Paris beim Besuch der damals populären frz. Cabaret-Revuen. Ziegfeld bestand auf einem Titel mit 13 Buchstaben, und so hießen die Revuen 1907–10 *Follies of 1907, ... of 1908* usw. Später bekamen sie den Titel *Ziegfeld Follies* (1912–25, 1927, 1931) und wurden zu einer „nationalen Institution zur Verherrlichung des American Girl". Nach Ziegfelds Tod wurden die Namensrechte von den Shubert Brothers gekauft, die weitere 4 Folgen produzierten (1934, 1936, 1943, 1956). Bei der Filmversion mit Fred Astaire, Judy Garland u.v.a. von MGM (1946) führte Vincente Minelli Regie. Zu den berühmtesten Komponisten der *Ziegfeld Follies* gehören: I. Berlin, V. Herbert, R. Friml, Vernon Duke. Besonders ins Auge fielen die spektakulären szenischen Effekte, wie Treppentürme, Schlachtschiffe und Lokomotiven, die alle von Joseph Urban geschaffen wurden. Das berühmteste aller von Ziegfeld entdeckten Girls war Fanny Brice (↗ Funny Girl).

ZIEGLER, Klaus Martin, * 23. 2. 1929 Freiburg i. Br.; dt. Chorleiter und Organist. Nach Dirigier- und Kirchenmusikstudium in Karlsruhe und Heidelberg (W. Fortner) war er 1954–60 Kantor in Karlsruhe, seit 1957 auch Leiter der Abteilung für evangelische Kirchenmusik am Konservatorium. Seit 1960 wirkt er an St. Martin in Kassel (1967 KMD), wo er 1965 das Vocalensemble Kassel und die seither zweijährig stattfindenden „Wochen für geistliche Musik der Gegenwart. Neue Musik in der Kirche" ins Leben rief. Daneben war er 1968–70 künstlerischer Leiter der Kirchenmusikschule Schlüchtern, 1970–81 Dozent für Chorleitung an der Kirchenmusikschule Herford und ist seit 1981 auch Dirigent des Südfunkchors Stuttgart. Z. brachte als Chorleiter und Organist zahlreiche Werke zur Uraufführung. Sein Wirken hat in der Verbindung von kirchenmusikalischer, pädagogischer und künstlerischer Verantwortung über Deutschland hinaus Maßstäbe gesetzt.

Schriften: *„Kahle Sängerin" contra „Fußgänger der Luft"*, in: MuK 33 (1963); *Kirchenmusik zw. Avantgarde u. Gemeinde*, in: ebd. 35 (1965); *Abschied von Schlüchtern – zeitgemäße Betrachtungen z. kirchenmusikal. Ausbildung*, in: ebd. 40 (1970); *Zur Funktion der Musik im Gottesdienst heute*, in: ebd. 49 (1979).

Lit.: 10 Jahre Kantorei an St. Martin – 5 Jahre Vocalensemble Kassel (Kas 1970).

ZIEHHARMONIKA ↗ Akkordeon.

ZIEHRER, Carl Michael, * 2. 5. 1843 Wien, † 14. 11. 1922 ebd.; östr. Komponist und Dirigent. Nach Klavier- und Theorieunterricht war er Pianist in einer Tanzschule und debütierte 1863 als Dirigent einer Tanzkapelle. 1870–78 leitete er mehrere Regimentskapellen, trat dann mit einer eigenen Kapelle auch im Ausland auf und wurde zum königlich-rumänischen Hofkapellmeister ernannt. 1885–93 leitete er die Kapelle des Wiener Hausregiments Hoch- und Deutschmeister Nr. 4, mit dem er der österreichischen Militärmusik zu weltweitem Ansehen verhalf. Anschließend widmete er sich zunehmend der Komposition von Märschen, Walzern und zahlreichen Operetten, von denen jedoch nur *Die Landstreicher* (1899) einen anhaltenden Erfolg erzielten. 1908 wurde er 4. und zugleich letzter k.k. Hofballmusikdirektor. Z. war der letzte bedeutende Vertreter der klassischen Wiener Tanzmusik und Operette.

WW: Ca. 70 Märsche, u.a. *Hoch und Nieder* und *Der Zauber der Montur;* über 120 Walzer, u.a. *Faschingskinder; Weana Mad'ln; Wiener Bürger; Backfischerln; Gebirgskinder; Donausagen; Samt und Seide; Hereinspaziert;* etwa 240 andere Tänze. – 24 Operetten, u.a. *Ein Deutschmeister,* UA: Wien 1888; *Die Landstreicher,* UA ebd. 1899; *Die drei Wünsche,* UA: 1901; *Der Fremdenführer,* UA: ebd. 1902; *Der Schätzmeister,* UA: ebd. 1904; *Fesche Geister,* UA: ebd. 1905; *Am Lido,* UA: ebd. 1907; *Der Liebeswalzer,* UA: ebd. 1908; *Das dumme Herz,* UA: ebd. 1914.

Lit.: O. SCHNEIDEREIT, Operette v. Abraham bis Z. (B 1966); M. SCHÖNHERR, Inventar des C.-M.-Z.-Archivs in der Musik-Slg. u. Theater-Slg. der Östr. Nationalbibl. in Wien (W 1969); DERS., C. M. Z. (W 1973); DERS., C. M. Z. Sein Werk, sein Leben, seine Zeit (W 1975).

ZIELEŃSKI, Mikołaj, * um 1550, † um 1615; poln. Komponist. Er war von etwa 1608 bis 1615 Organist und Kapellmeister am Hofe des Erzbischofs Wojciech Baranowski in Łowicz. Z. übernahm als erster und zugleich namhaftester polnischer Komponist seiner Zeit die mehrchörige konzertierende Schreibweise.

WW: *Offertoria totius anni* für 6–8 St., Instr. u. B.c. u. *Communiones totius anni* für 1–6 St., Instr. u. B.c. (V 1611) (beide Slgen. enthalten auch Instr.-Sätze).

Ausg.: Opera omnia, hrsg. v. W. MALINOWSKY – Z. JACHIMECKI, 2 Bde. (Krakau 1966, 1971) (= Monumenta musicae in Polonia A II/1 u. A II/2).

Lit.: W. MALINOWSKY, Polifonia M. Zieleńskiego (War 1974); M. PERZ, Z., in: Grove[6] XX (mit Verz. der poln. Lit.).

ZIGEUNERBARON, DER, Operette in 3 Akten von J. Strauß (Sohn), Text von Ignaz Schnitzer nach Moritz Jokais Erzählung *Saffi.* Ort und Zeit der Handlung: im Temeser Banat und in Wien, um 1750. UA: 24. 10. 1885 Wien (Theater an der Wien); dt. EA: 25. 12. 1885 Breslau.

Die rührselige Geschichte um den jungen Ungarn Sándor Barinkay und das vorgebliche Zigeunermädchen Saffi ist auf vordergründige Weise mit dem attraktiven ungarisch-zigeunerischen Lokalkolorit ausgestattet. Eben dieses Milieu inspirierte J. Strauß zu einer seiner besten Operettenmusiken: Zimbalklänge und die Harmonienfolgen der Zeugeunertonleiter bestimmen die musikalische Sprache dieses Werkes ebenso wie der für eine Wiener Operette unvermeidliche Walzer. Mit geeigneten stilistischen Mitteln wie teilweise auskomponiertem Dialog, melodramatischen Abschnitten und durchkomponierten großen Finali nähert Strauß die Operette dem Typus der Spieloper an; sein Wunsch war es, gerade mit diesem Werk auch auf dem Gebiet der zeitgenössischen komischen Oper anerkannt zu werden. – Nach der *Fledermaus* ist der *Zigeunerbaron* die weltweit erfolgreichste Strauß-Operette. Neben dem Duett *Wer uns getraut* und Barinkays Entrée-Couplet *Als flotter Geist* (mit dem Walzer-Refrain *Ja das alles auf Ehr*) ist das Couplet des Schweinezüchters Zsupán *Ja, das Schreiben und das Lesen* die berühmteste Nummer aus diesem Werk. J. SCHLÄDER

ZIGEUNERMUSIK. Die in Europa, Asien und Amerika weitverstreuten Zigeuner bilden keine homogene Gruppe. Die meisten von ihnen sprechen keine eigene Sprache mehr, sondern die ihres Gastlandes. Sie übernahmen auch dessen Musik, veränderten sie aber oft in ganz spezifischer Art, wie z.B. die in Frankreich und Deutschland lebenden Manuš, die Unterhaltungsmusik von der Polka bis zum Jazz spielen. Unter diesen entwikkelten einige Sippen (z.B. die Reinhardts) ihren eigenen Stil. Es gibt jedoch auch Gruppen, die ihre Sprache, ihre Bräuche und ihre Musiktradition beibehielten. Am bekanntesten sind die ungarischen und rumänischen Zigeuner, deren Musik jedoch weder mit der ländlichen Volksmusik dieser Länder noch mit ihrer eigenen Musik etwas zu tun hat. Sie spielen meist instrumentale Weisen unterschiedlicher Herkunft, mit jeweils lokaler Färbung und mit einem bestimmten ihnen eigenen Vortragsstil. In Ungarn zeigen das besonders der Ende des 18. Jh. entstandene ↗Verbunkos, Tänze, die von Soldatenanwerbern getanzt und von Zigeunern instrumental begleitet wurden. Hinzu kamen im 19. und 20. Jh. entstandene, von Zigeunerkapellen in Cafés vorgetragene volkstümliche Kompositionen (magyar nóta). Diese Z. beeinflußte seit J. Haydn und W. A. Mozart die Komponisten, die „ungarische Musik" schrieben, im 19. Jh. vor allem H. Berlioz, J. Brahms und ganz besonders Fr. Liszt (↗Ungaresca). Die Musik der rumänischen Zigeuner ist anders, sie geht auf türkische und auf Quellen der Balkanländer zurück. In Ungarn und in den Balkanstaaten spielen Zigeuner vor allem Violine und Hackbrett (↗Cimbalom), in Rumänien auch ↗Panflöte, in Jugoslawien vor allem ↗Tamburica. Die Musik der russ. Zigeuner ist anders geartet. Hier treten sie vor allem als Sänger und Tänzer zur Begleitung von Gitarre, Akkordeon oder Balalaika auf, hauptsächlich in den berühmten Zigeunerchören, deren Repertoire vor allem aus Romanzen mit lokaler russ. Färbung, westlicher Harmonik und Zigeunergefühl im Vortrag besteht, aber auch aus Liedern in Zigeunersprache. Bei den Zigeunern Spaniens, Portugals und Südfrankreichs findet man vor allem Sänger, darunter insbesondere die südspan. Zigeuner, die bis heute als die besten Interpreten des Cante jondo (↗Flamenco) gelten. Alle bis jetzt genannten Musiktraditionen sind bei Gruppen zu beobachten, die seit langer Zeit in einem Lande leben. Andere Sippen hingegen wanderten länger und behielten bis jetzt ihre Sprache, ihren Glauben und ihre Sozialstruktur bei. Ihre Sippennamen sind zugleich die Bz.en ihrer früheren Berufe wie Lovara (Pferdehändler), Kolara (Teppichhändler), Khelderaša (Kesselflikker) u.a. Für die Musik sind die Lovari und die Khelderaši am bedeutendsten, denn sie haben noch ein eigenes, in ihrer Sprache vorgetragenes Repertoire. Die rein vokale Musik der Lovari besteht aus Liedern und Tanzliedern. Eine gesungene, oft textlos Instrumente nachahmende Melodie (im Vortrag sog. Wirbeln) wird mit Händeklatschen, Fingerschnipsen und vor allem mit Stimm- und Mundgeräuschen, dem sog. Mundbaß, rhythmisch begleitet. Dagegen ist die Musik der Khelderaša eine 2–3st. Vokalpolyphonie mit reich verzierter Melodik und Instrumentalbegleitung (Gitarren, Akkordeon). Trotz der Unterschiede zwischen der von Zigeunern übernommenen Musik der Gastländer und ihrer eigenen lassen sich bestimmte gemeinsame Elemente, den Stil und die Interpretation betreffend, herausfinden. Ein bestimmter Rubato-Vortrag, ein Wechsel zwischen schnellen schwungvollen Passagen und besonders lang ausgehaltenen Tönen, eine bestimmte Neigung zu virtuoser Verzierung, ein meist sehr gefühlsbetonter Vortrag und selbst eine kehlig rauhe Stimme ist fast jeder musikalischen Darbietung eigen, so daß sich trotz aller Unterschiede eine verborgene, aber grundlegende Einheitlichkeit des musikalischen Ausdrucks bei den Zigeunern feststellen läßt. Ein neuer Raum öffnete sich der Z. durch die Verbindung mit dem Jazz (Dj. Reinhardt, Z. Reinhardt, Schnuckenack Reinhardt).

Lit.: S. u. I. CZENKI, Bazsarozsa. 99 cigány népdal (Budapest 1955); A. HAJDU, Les tsiganes de Hongrie et leur musique, in: Études tsiganes 4 (1958); V. BOBRI, Gypsies and Gypsy Choruses in Old Russia, in: Journal of Gypsy Lore Soc. (Liverpool 1961); T. P. VUKANOVIC, Musical Culture among the Gypsies of Yougoslavia, in: ebd. (1962); A. HAJDU, La „Loki djili" des tsiganes Kalderash, in: Rev. des arts et traditions populaires 12 (P 1964); B. SÁROSI, Gypsy Musicians and Hungarian Peasant Music, in: YbIFMC 2 (1970); DERS., Cigányzene (Budapest 1971), dt. Übers.: Z. (Z – Fr 1977); DERS., Magyar parasztok és cigányzenészek, in: Magyar zene 13 (1972); G. LATERZA, La musica tzigana (R 1972); R. VÍG, Gypsy Folk Songs from the B. Bartók and Z. Kodály collections, in: Studia musicologica Acad. Scientiarum Hungaricae 16 (1974); B. SÁROSI, Geige u. Zigeunermusikanten in Ungarn, in: Die Geige in der europ. Volksmusik (W 1975); DERS., Gypsy Music, in: Grove[6] VII.

ZIGEUNERTONLEITER, Bz. für eine mit übermäßigen Sekunden durchsetzte 7tönige Tonleiter. Zu unterscheiden ist sie entweder als sog. Zigeuner-Moll

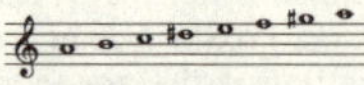

oder als sog. Zigeuner-Dur

Diese Z.n sind charakteristisch für die südslawische Volksmusik, die Zigeunermusik der Balkanländer und seit dem 18. Jh. für den davon beeinflußten ↗Verbunkos. Im Zusammenhang mit anderen sog. Ungarismen (↗Ungaresca) sind die Z.n in der Kunstmusik vor allem von Fr. Liszt verwendet worden.

ZILCHER, Karl Hermann Josef, * 18. 8. 1881 Frankfurt am Main, † 1. 1. 1948 Würzburg; dt. Komponist, Pianist und Dirigent. Er studierte 1897–1901 Klavier und Komposition am Hochschen Konservatorium in Frankfurt am Main, wo er 1905–08 selbst unterrichtete. Anschließend wurde er Professor an der Akademie der Tonkunst in München und wirkte 1920–44 als Direktor und Leiter einer Meisterklasse für Komposition am Staatskonservatorium in Würzburg. Z. genoß im Musikleben Würzburgs hohes Ansehen. 1922 war er maßgeblich an der Gründung der Deutschen Mozart-Feste beteiligt. Sein traditionsgebundenes, handwerklich solides Schaffen ist durch Volkstümlichkeit und gelegentliche Hinwendung zum Expressionismus gekennzeichnet.

WW: Für Orch.: 5 Symphonien, op. 1, 17, 27, 84, 112; 5 Suiten; 3 V.-Konzerte, op. 9, 11, 92; 2 Klv.-Konzerte, op. 20, 102; Akkordeon-Konzert, op. 114. – Zahlr. Klv.-Lieder; Chöre u. Oratorien. – Opern: *Fitzebutze*, UA: Mannheim 1903; *Dr. Eisenbart*, UA: ebd. 1922.

Lit.: H. OPPENHEIM, H. Z. (Mn 1921); R. MÜNNICH, in: AMZ 60 (1933); TH. HLOUSCHEK, H. Z. (Diss. Jena 1952) (mit Werk-Verz.).

ZILLIG, Winfried Petrus Ignatius, * 1. 4. 1905 Würzburg, † 18. 12. 1963 Hamburg; dt. Komponist und Dirigent. Z. studierte am Konservatorium in Würzburg und seit 1925 bei A. Schönberg in Wien, dem er 1926 nach Berlin folgte. Im letzten Jahr seines Kompositionsstudiums (1927) wurde er Assistent von E. Kleiber an der Staatsoper; es folgten Engagements als Solorepetitor und Kapellmeister in Oldenburg (1928), Düsseldorf (1932), Essen (1937) und Posen (1940–43). In den Nachkriegsjahren wirkte Z. als 1. Kapellmeister wiederum in Düsseldorf, 1947–51 als 1. Dirigent am Hessischen Rundfunk Frankfurt am Main. 1959 wurde er Leiter der Musikabteilung beim NDR Hamburg.

WW: **1) Instr.-WW:** 2 Streichquartette (1927, 1944); 4 Serenaden, Nr. 1 (1928) für 8 Blechbläser, Nr. 2 (1929) für 9 Soloinstr., Nr. 3 (1931) für Klv., Nr. 4 (1952) für 15 Soloinstr.; *Lustspielsuite* (1935) für Bläserquintett; *Tanzsymphonie* (1938); Konzert für Vc. u. Blasorch. (1952); *Fantasia Irica* (1953) für Harfe u. Streichorch.; V.-Konzert (1955); *Fantasia, Passacaglia u. Fuge über den Meistersingerchoral* (1963). – **2) Vokal-WW:** 13 Liederzyklen, u. a. *Vergessene Weisen* (P. Verlaine) (1958); *Lieder des Herbstes* (R. M. Rilke) (1959); Chorwerke: *Der Einsiedler* (J. von Eichendorff) (1923–24); *Chorfantasie* (F. Hölderlin) (1931). – **3) Bühnen-WW:** Opern: *Rosse* (Libr.: R. Billinger), UA: Düsseldorf 1933; *Das Opfer* (Libr.: R. Goering), UA: Hamburg 1937; *Die Windsbraut* (Libr.: R. Billinger), UA: Leipzig 1941; *Troilus u. Cressida* (Libr.: Z., nach W. Shakespeare), UA: Düsseldorf 1951; Fernsehoper *Bauernpassion* (Libr.: R. Billinger), UA: BR München 1955; Funkoper *Die Verlobung in St. Domingo* (nach H. von Kleist), UA: NDR Hamburg 1957; *Das Verlöbnis* (Libr.: R. Billinger), UA: Linz 1963.

Von den doktrinären Einflüssen seines Lehrers Schönberg löste sich Z. durch Aufnahme der Dirigententätigkeit. Die hier gewonnenen Erfahrungen mit der Opernbühne flossen in sein Schaffen ein. Als einer der ersten war Z. bemüht, für die neuen Medien Rundfunk und Fernsehen spezifische Musik zu schreiben. Seine Kompositionen sind von lyrischer Grundstimmung erfüllt; ausgeprägte Rhythmik hat häufig gliedernde Funktion, die dodekaphone Reihenbildung integriert Elemente der Tonalität. Als Dirigent förderte Z. insbesondere die Werke G. Mahlers und die der Wiener Schule (u. a. richtete Z. Schönbergs Oratorium *Die Jakobsleiter* ein und gab den Klavierauszug zu *Moses und Aron* heraus). In zahlreichen Aufsätzen und Rundfunksendungen erwies sich Z. als kundiger Deuter und Wegbereiter der Neuen Musik.

Schriften: *Var. über Neue Musik* (Mn 1959), 3. Aufl. als: *Die Neue Musik. Linien u. Porträts* (1963); *Schönbergs „Jakobsleiter"*, in: ÖMZ 16 (1961); *A. Schönberg*, in: Stilporträts der Neuen Musik (Da – B ²1965) (= Veröff. des Inst. für Neue Musik ... 2).

Lit.: U. DIBELIUS, W. Z., in: MS 12 (1958); S. GÜNTHER, W. Z., in: NZM 122 (1961); TH. W. ADORNO, Z.s Verlaine-Lieder, in: Moments musicaux (F 1964); G. SCHUHMACHER, Fortschritt, hist. betrachtet, in: MS 26 (1972); H. FEDERHOFER, W. Z.s Einführung in die Zwölftonmusik, in: FS 10 Jahre Hochschule für Musik ... Graz (Gr – W 1973). K. LANGROCK

ZIMBAL ↗Cimbalom.

ZIMBELN (von griech. ↗Kymbala; lat.: ↗Cymbala; engl.: cymbals; frz.: cymbales; it.: cimbali; span.: címbalos), Bz. für kleine, stets paarweise gespielte ↗Becken ohne bestimmte Tonhöhe. Finger-Z. sind dünne Metallscheiben mit breiten, leicht gewölbten Kuppen, in deren Mitte sich Öffnungen zum Durchziehen von Schlaufen befinden. Mit diesen Halteschlaufen wird je eine der Z. an Daumen und Zeige- oder Mittelfinger befestigt. Bei Gabel-Z. sind die Z. am offenen Ende einer federnden Gabel befestigt. Finger-Z. werden heute vor allem in den islamischen Ländern und auf der Iberischen Halbinsel als Tanzinstrumente benutzt. Von Komponisten werden Z. nicht oft vorgeschrieben, seit 1839 verschiedentlich die von H. Berlioz eingeführten Cymbales antiques (↗Crotales), sehr selten auch Finger-Z. (z. B. L. Berio, *Circles*, 1960).

ZIMBELSTERN, im Orgelbau Bz. für ein Nebenregister, dessen sichtbarer Teil am Prospekt als Stern, Sonnen- oder Flügelrad von einem Windrad angetrieben wird. In der Achse des Windrades befinden sich entweder kleine Schellen oder Metallhämmerchen, die durch die Drehung mehrere Glöckchen („Zimbeln") anschlagen. Der Z. war im Orgelbau des 17./18. Jh. sehr beliebt und wurde von den Organisten besonders an hohen Festtagen gebraucht. Das 19. Jh. verwarf ihn als „unkirchliche Spielerei". Neuerdings wird er wieder häufiger gebaut.

ZIMMERMANN, Anton, * um 1741, † 16. 10. 1781 Preßburg; östr. Komponist. Z. wirkte als Kapellmeister des Kardinals Joseph Batthyány in Preßburg und als Organist an der dortigen Domkirche. Er war nach G. Benda einer der ersten Komponisten von Melodramen.

WW: Zahlr. Instr.-Werke, u. a. *Die Belagerung von Valenciennes* für Klv. u. V.; 9 Sonaten für Cemb. u. V.; Streichquartette; zahlr. Symphonien; Konzerte; Melodram *Andromeda und Perseus*, UA: Wien 1781; Singspiel *Narcisse et Pierre*, UA: Preßburg 1772.

Ausg.: Symphonie C-Dur (J. Haydn zugeschrieben), hrsg. v. A. SANDBERGER, in: Münchener Haydn-Renaissance (Mn 1934); dass., hrsg. v. Z. FEKETE (W – Bas 1950); *Tance* (6 Tänze für 2 Solo-V. u. Vc.), hrsg. v. P. POLÁK (Preßburg 1966).

Lit.: Y. LACROISE, Un mélodrame du XVIIIe siècle, in: RM 5 (1924); P. POLÁK, Beitr. z. Biogr. v. A. Z., Kapellmeister des Fürsten Joseph Batthyány, in: StMw 30 (1979).

ZIMMERMANN, Bernd (Bernhard) **Alois,** * 20. 3. 1918 Bliesheim bei Köln, † 10. 8. 1970 Königsdorf bei Köln; dt. Komponist. H. Lemacher und Ph. Jarnach waren in Köln seine Kompositionslehrer; zudem besuchte Z. 1948–50 bei den Darmstädter Ferienkursen für Neue Musik die Kompositionskurse von W. Fortner und R. Leibowitz. Weit verzweigte Studien – in Germanistik, Philosophie, Psychologie und Musikwissenschaft – beschäftigten ihn 1937–1950; das Studium der Schulmusik, das er 1939 begann, konnte er wegen des Krieges erst 1947 abschließen. 1950–52 war Z. Lektor für Musiktheorie an der Kölner Universität und bis 1957 freier Mitarbeiter des WDR, hier vor allem im Bereich der Hörspielmusik, die ihm nach eigenem Bekenntnis „ungeahnte Möglichkeiten des ständigen Experimentierens" bot. Im gleichen Sinne bedeutsam waren seine Arbeiten für Film und Bühne und zahlreiche Arrangements für das Unterhaltungsorchester Hermann Hagestedt. Von 1957 bis zu seinem Tod leitete er an der Kölner Musikhochschule eine Kompositionsklasse sowie ein Seminar für Hörspiel-, Film- und Bühnenmusik. 1957 und 1963 war Z. Stipendiat der Villa Massimo in Rom, 1965 wurde er Mitglied der Berliner Akademie der Künste.

WW: **1) Instr.-WW:** Für Klv.: Improvisationen über Volks- u. Kinderlieder *Capriccio* (1947); Fünf Stücke *Extemporale* (1943); Kleine Stücke *Enchiridion* (1952); Acht Stücke *Konfigurationen* (1956); Musik zu einem imaginären Ballett *Perspektiven* (1955) für 2 Klv.; *Monologe* (1964) für 2 Klv. (= Fassung der *Dialoge* für 2 Klv. u. Orch.). – Kammermusik: Sonaten für V. u. Klv. (1950); V. solo (1951); Va. solo (1955); Fl. solo *Tempus loquendi* (1963); Vc. solo (1960); *Intercommunicazione per violoncello e pianoforte* (1967); Ballet blanc en cinq scènes pour violon, violoncelle et piano *Présence* (1961); Vier kurze Studien (1970) für Vc. solo. – Für Orch.: Ballett-Suite *Alagoana (Caprichios Brasileiros)* (1940–43), instrumentiert (1948–50); Konzert für Streichorch. (1948); Sinfonie in einem Satz (1947/51, Neufassung 1953); Musik zu einem imaginären Ballett *Kontraste* (1953); *Impromptu* (1958); Ballet noir en sept parties et une entrée *Musique pour les soupers du Roi Ubu* (1966); Prélude *Photoptosis* (1968); Orch.-Skizzen *Stille und Umkehr* (1970). – Konzerte für: V. u. großes Orch. (1950); Ob. u. kleines Orch. (1952); Trp. u. Orch. *Nobody knows the trouble I see* (1954); Vc. u. kleines Orch. *Canto di speranza* (1953/57); 2 Klv. u. großes Orch. *Dialoge* (1960), revidierte u. erleichterte Fassung (1965); Va. u. kleines Orch. *Antiphonen* (1961); *Concerto pour Violoncelle et orchestre en forme de „pas de trois"* (1965–66). – **2) Vokal-WW:** Burleske Kantate *Lob der Torheit* (1948) für Koloratur-Sopran, Tenor, Baß, gem. Chor u. großes Orch.; Kantate *Omnia tempus habent* (1957) für Sopransolo u. 17 Instr.; Vokal-Sinfonie *Die Soldaten* (1959) für 6 Gesangs-Solisten u. Orch.; *Requiem für einen jungen Dichter* (1967–69), Lingual für Sprecher, Sopran- u. Bar.-Solo, drei Chöre, elektronische Klänge, Orch., Jazzcombo u. Org.; Ekklesiastische Aktion *Ich wandte mich und sah an alles Unrecht, das geschah unter der Sonne* (1970) für 2 Sprecher, Baß-Solo u. Orch. – **3) Bühnen-WW:** *Die Soldaten,* Urfassung vernichtet (1958–60), Umarbeitung (1963–64), UA: Köln 1965. – **4) Schriften:** *Jenseits des Impressionismus. Von Debussy bis zur „Jeune France",* in: Musica 12 (1949); *Material und Geist,* in: Melos 1 (1951); *Unzeitgemäße Betrachtungen zur Musik der jungen Generation,* in: Melos 11 (1952); *Intervall und Zeit. Aufsätze und Schriften zum Werk,* hrsg. v. Ch. Bitter (Mz 1974).

Grundlegende Momente für Z.s Schaffen und geistige Position, von Religiosität, humanistischem Denken und kompromißlosem künstlerischem Anspruch getragen, wurzeln in seinem Werdegang: der Einbruch des Zweiten Weltkrieges spiegelt sich in der expressionistisch-eruptiven Haltung besonders der frühen Werke; seine umfassenden Studien stützten seinen Hang zu philosophischer Reflexion und zogen ihn – wie etwa die literarische Collage in den *Antiphonen* zeigen kann – immer wieder zu den Nachbarkünsten hin; seine vielfältigen kompositorischen Erfahrungen schlossen auch den Umgang mit populärer Musik und dem Jazz ein. Folgerichtig war die Kategorie des „Stils" für Z. ein ästhetischer Anachronismus. Zum – philosophisch fundierten – Gegenmodell wurde ihm der „Pluralismus": Antwort einerseits auf die Vielschichtigkeit der musikalischen Realität, Schlüsselbegriff andererseits für die zentrale Zeitphilosophie Z.s, die von der Simultaneität der verschiedenen Zeit- und Erlebnisschichten des Menschen ausgeht. Für Z. bildet u. a. das musikalische Zitat dieses erlebnishafte Zusammenfallen von Vergangenheit, Gegenwart und Zukunft ab; einzelne oder collagierte Zitate unterschiedlichster historischer und geistiger Herkunft versinnbildlichen im gegenwärtigen Erklingen die Gleichzeitigkeit, die „Kugelgestalt der Zeit" (Z.). Entsprechend ist auch z. B. der gleichzeitige Ablauf verschiedener Szenen in *Die Soldaten* zu deuten, jener Oper, die gemeinhin – entgegen dem Rang seiner Orchesterwerke – als Z.s Hauptwerk gilt. Ihrem immensen Aufgebot an musikalischen und theatralischen Mitteln steht bei Z., etwa in den Solosonaten, äußerste Beschränkung gegenüber. Solche Polarität – das Nebeneinander von Üppigkeit und Kargheit, von emphatischer Geste und lyrischer Verinnerlichung – ist insgesamt kennzeichnend für sein farbenreiches Werk, dessen intensive Ausdruckshaftigkeit stets rückgebunden ist an konstruktive Strenge.

Lit.: Sonderh. Musik u. Bildung 10 (1978) (mit Schriftenverz., Bibliogr. u. Diskographie). – R. SCHUBERT, in: Junge Komponisten, hrsg. v. H. Eimert – K. Stockhausen (W 1958) (= die Reihe 4); M. ROTHÄRMEL, Der pluralistische Z., in: Melos 35 (1968); U. STÜRZBECHER, in: Werkstattgespräche mit Komponisten (Kö 1971); H. J. HERBORT, B. A. Z., „Die Soldaten", in: Musik u. Bildung 3 (1971); H. HALBREICH, Requiem for a Suicide, in: Music and Musicians 31 (1972/73), dt. Übers. in: FS L. Strecker (Mz 1973); J. HÄUSLER, B. A. Z. u. sein Werk für die zeitgen. Musik, in: Universitas 28 (1973); M. KARBAUM, Zur Verfahrensweise im Werk B. A. Z.s, in: De ratione in musica. FS E. Schenk (Kas 1975); A. VON IMHOFF, Unters. zum Klavierwerk B. A. Z.s (Rb 1976) (= Kölner Beitr. z. Musikforsch. 83); C. KÜHN, Die Orchesterwerke B. A. Z.s Ein Beitr. z. Musikgesch. nach 1945 (H 1978) (= Schriftenreihe z. Musik 12); R. PETERS, B. A. Z., in: Stud. z. Musikgesch. des Rheinlandes 5 (Kö 1978) (= Beitr. z. rheinischen Musikgesch. 119). C. KÜHN

ZIMMERMANN, Heinz Werner, * 11. 8. 1930 Freiburg i. Br.; dt. Komponist. Z. studierte 1946–48 bei J. Weismann und 1950–54 bei W. Fortner. 1953 wurde er Fortners Assistent und 1954 dessen Nachfolger am kirchenmusikalischen Institut in Heidelberg, 1963 Direktor und Kompositionslehrer an der Kirchenmusikschule Berlin-Spandau und 1975 Professor für Komposition und Musiktheorie an der Musikhochschule Frankfurt am Main. 1967 erhielt er die Ehrendoktorwürde der Wittenberg University in Springfield (Ohio).

WW: **1) Kompositionen:** *Psalmkonzert* für Bar., Chor, Trp., Vibraphon u. Schlagbaß (1958); 3 Spirituals für 6–12st. Chor a cap. (1968); *Missa profana* (1973) für Soli, Chor, Jazzensemble u. Orch.; *Drei Fragen* (1978) (Text: G. Benn, H. M. Enzensberger, I. Bachmann) für Tenor, Chor u. Kammerorch. – **2) Schriften:** *Was ist neue Musik? Zur Kritik der Kriterien*, in: Gestalt und Glaube. FS O. Söhngen (B 1960); *Neue Musik und neues Kirchenlied*, in: MuK 33 (1963); *Über homogene und polystilistische Polyphonie*, in: MuK 41 (1971); *Neue Tonalität?*, in: ebd. 46 (1976); *E. Pepping und die Deutsche Evangelische Kirchenmusik des XX. Jh.s*, in: ebd. 51 (1981).

In seinem überwiegend kirchenmusikalischen Schaffen verbindet Z. traditionelle Formen und Techniken mit Rhythmik und Melodik des Negro Spirituals und des Jazz. Der klanglich abgestuften Deklamation steht vielfach ein jazzhaftes Instrumentarium gegenüber. In Vorträgen und Aufsätzen tritt er für eine Vitalisierung der evangelischen Kirchenmusik ein.

Lit.: K. M. ZIEGLER, H. W. Z. Eine Information, in: Gottesdienst u. Kirchenmusik (Mn 1964); A. DAVIDSON, I Will Sing A New Song Unto the Lord. The Works of H. W. Z. (Springfield 1969); H.-G. OERTEL, Kirchenmusik u. Jazz, in: Credo musicale. FS R. Mauersberger (Kas 1969); A. SCHÜTZ, Missa profana v. H. W. Z., in: MuK 51 (1981). G. SCHUHMACHER

ZIMMERMANN, Udo, * 6. 10. 1943 Dresden; dt. Komponist. Er war 1954–62 Mitglied des Kreuzchores, studierte anschließend in Dresden Gesang, Dirigieren und Komposition (Johannes Paul Thilmann) und wurde 1968 Meisterschüler an der Akademie der Künste der DDR. 1970 kam er als Komponist und Dramaturg an die Dresdener Staatsoper, wo er 1974 das Studio „Neue Musik" begründete. 1976 erhielt er an der Musikhochschule Dresden einen Lehrauftrag, 1978 wurde er dort Professor für Komposition.

WW: **1) Instr.-WW:** *Dramatische Impression* (1963) für Vc. u. Orch.; *Movimenti caratteristici* (1965) für Solo-Vc.; *Musik für Str.* (1968); *L'homme* (nach E. Guilleric) (1970), Meditationen für Orch. (auch als Kantate für Sopran u. 13 Spieler); *Sieh, meine Augen* (nach E. Barlach) (1970), Reflexionen für Kammerorch.; *Tänzerinnen* (1973), Choreographien nach E. Degas; *Sinfonia come un grande lamento* (1977); *Songerie* (1982) für Kammerorch. – **2) Vokal-WW:** *Sonetti amorosi* (1967) für Alt, Fl. u. Streichquart.; *Ode an das Leben* (nach Texten v. P. Neruda u. L. Carus) (1974) für Alt, 3–4st. Chor u. Orch.; *Psalm der Nacht* (1977) für Chor, Männerst., Schlagwerk u. Org.; *Pax questuosa* (1982) für Soli, 3 gem. Ch. u. Orch. – **3) Bühnen-WW:** Opern: *Weiße Rose* (Libr.: I. Zimmermann), UA: Dresden 1967; *Die zweite Entscheidung* (Libr.: ders.), UA: Magdeburg 1970; *Levins Mühle* (Libr.: ders., nach J. Bobrowski), UA: Dresden 1973; *Der Schuhu u. die fliegende Prinzessin* (Libr.: U. Z. u. E. Schmidt, nach P. Hacks), UA: ebd. 1976; *Die wundersame Schustersfrau* (Libr.: dies., nach F. García Lorca), UA: Schwetzingen 1982.

Z. hebt in seinen Werken die dramatische Funktion der Musik hervor; bezeichnenderweise sind die meisten seiner Instrumentalwerke von außermusikalischen Vorlagen geprägt. Z. neigt zum Konstruktivismus; Elektronik und Aleatorik integriert er in seine Tonsprache gemäß den jeweiligen dramaturgischen Erfordernissen.

Lit.: H.-G. OTTO, Werkstattgespräch mit U. Z., in: Theater der Zeit 27 (B 1972); W. LANGE – E. SCHMIDT, Levins Mühle, in: ebd. 28 (1973); D. GOJOWY, Affinität zu szenisch gebundener Musik, in: Musica 30 (1976); W. LANGE, Zum Opernschaffen U. Z.s (L 1982). K. LANGROCK

ZINGARELLI, Nicola (Niccolò) **Antonio,** * 4. 4. 1752 Neapel, † 5. 5. 1837 Torre del Greco; it. Komponist. Z. war Schüler von F. Fenaroli in Neapel, wo er auch 1768 als Opernkomponist mit dem Intermezzo giocoso *I quattro pazzi* debütierte. In der Folgezeit schrieb er Opern für verschiedene italienische Bühnen und erhielt auch einen Auftrag für Paris. 1793 bewarb er sich erfolgreich um die Stelle des Domkapellmeisters in Mailand, ging aber 1796 in gleicher Funktion nach Loreto und wurde 1805 Kapellmeister der Peterskirche in Rom. 1811 legte er aus Protest gegen die Eingriffe Napoleons in das liturgische Leben an San Pietro sein Amt nieder und wurde in Haft genommen. Kurz darauf erhielt er in Paris von Napoleon, dem Z.s „eiserne" Haltung imponierte, den Auftrag für eine Messe. 1813 wurde er in Neapel Direktor des Collegio di Musica und 1816 dort als Nachfolger von G. Paisiello Domkapellmeister. Nachdem er 1811 seine letzte Oper geschrieben hatte, widmete er sich bis zu seinem Tod fast ausschließlich der Kirchenmusik. In Neapel war u.a. V. Bellini sein Schüler.

WW: **1) Instr.-WW:** 11 Pastorale u.a. Werke für Org.; einige Kammermusik-Werke; etwa 70 Symphonien (1- oder 3sätzig) für Orch. – **2) Vokal-WW** (Verz. der römischen Bestände bei Kantner, s.u. Lit.): 168 Messen u. 30 Requiem, darunter 70 (20) für Männerst. u. Org.; viele weitere Messesätze; überaus zahlr. Psalmen, Vespern, Hymnen, Magnificats, Litaneien, Sequenzen, Karwochengesänge u. etwa 250 Motetten. – Etwa 40 it. geistliche Gesänge, u.a. Kompositionen der 7 Worte Christi *(Tre ore di agonia di Nostro Signore Gesù Cristo)*. Ferner 8 it. Oratorien, darunter *Gerusalemme distrutta*. – Einige Klv.-Lieder; Solfeggien; 20 it. weltliche Kantaten. – **3) Bühnen-WW:** Etwa 40 Opern, meist Opere serie, darunter *Antigone*, UA: Paris 1790; *Giulietta e Romeo*, UA: Mailand 1796.

Z. ist als Opernkomponist einer der letzten Vertreter der Neapolitanischen Schule. Sein enorm umfangreiches kirchenmusikalisches Œuvre steht teilweise dem neapolitanischen Stil nahe und umfaßt auch viele Gesänge im Stile antico. Es ist in der Harmonik einfach und in der Führung der Singstimmen, die auf Sinn und Affekt des Textes kaum Rücksicht nimmt, maßgeblich von der Buffamelodik bestimmt und hat deshalb bereits im 19. Jh. harte Kritik erfahren. Bemerkenswert ist Z. als Komponist volkssprachlicher Kirchenmusik.

Lit.: K. G. FELLERER, Der Palestrinastil u. seine Bedeutung in der vokalen Kirchenmusik des 18. Jh. (Au 1929); R. M. LONGYEAR, The Symphonies of N. Z., in: Anal. Mus. 19 (1979); L. M. KANTNER, „Aurea luce". Musik an St. Peter in Rom 1790–1850 (W 1979) (= Veröff. der Kommission für Musikforsch. der Österr. Akad. der Wiss. 18); DERS., Landessprachliche Kirchenmusik im 18. u. 19. Jh. in Italien, in: KmJb 63/64 (1979/80); M. MARX-WEBER, „Musiche per le tre ore di agonia di N.S.G.C." ..., in: Mf 33 (1980).

ZINGEL, Hans Joachim, * 21. 11. 1904 Frankfurt an der Oder, † 16. 11. 1978 Köln; dt. Harfenist und Musikforscher. Er studierte 1923–27 an der Berliner Musikhochschule (Harfe bei Max Saal), dann Musikwissenschaft (M. Schneider) an den Universitäten Berlin, Breslau und Halle, wo er 1930 promovierte. 1932 wurde er Harfenist im Städtischen Orchester Lübeck, 1934 in Halle und war 1938–69 Mitglied des Gürzenich-Orchesters in Köln, seit 1947 dort auch Dozent (1974 Professor) für Harfe an der Musikhochschule. Außerdem spielte er 1933–38 und 1951–56 im Orchester der Bayreuther Festspiele. Z. gab Harfenstücke u.a. von C. Ph. E. Bach, G. Fr. Händel, J. B. Krumpholtz, L. Spohr und G. Fr. Wagenseil heraus.

Schriften: *Harfe u. Harfenspiel vom Beginn des 16. bis zum zweiten Drittel des 18. Jh.* (Diss. Hl 1932); *Zur Gesch. des Harfenkonzerts*, in: ZfMw 17 (1935); *Die Harfe in der Musik unserer Zeit*, in: FS Max Schneider (L 1955); *Neue Harfenlehre*, 4 Bde. (L 1960–69); *König Davids Harfe in der abendländischen Kunst* (Kö 1968); *Lexikon der Harfe* (Laaber 1977).

ZINK (engl.: cornet; frz.: cornet à bouquin; it.: cornetto; span.: corneta). Merkmale aller Z.en-Instrumente sind die konische Bohrung des Klangkörpers, die Erzeugung des Tons durch die vibrierenden Lippen wie bei der Trompete und das Vorhandensein von Grifflöchern. Die ältesten Formen gehen zurück auf das Tierhorn (Büffel-, Widder-, Ziegenhorn). Instrumente dieser Art lassen sich im 2. Jt. v. Chr. in Ägypten, auf sassanidischen Silberkannen in Persien und im althebräischen Schofar nachweisen. Im MA (um 1000) treten die Grifflochhörner in Gruppen mit anderen Instrumenten auf, wie zahlreiche Miniaturen zeigen. Als Material wurde auch Elfenbein verwendet. Neben den Krummen Z.en kommen im MA auch gerade Formen in Gebrauch. Die Blütezeit der Z.en liegt im 17. Jh. (gelegentlich wird in dieser Zeit der Z. auch ↗Lituus genannt), wo sie zu einer ganzen Familie vom Sopran- bis zum Baßinstrument ausgebaut werden. Nach M. Praetorius gibt es den Geraden Z. (cornetto diritto) mit aufgesetztem Mundstück, einer Länge von 55–59 cm und einem Tonumfang von a–a². Mit einem in die Röhre eingedrehten Mundstück nennt er sich Stiller Z. (cornetto muto). Wegen seines sanften und lieblichen Tones ist er in der Kammermusik beliebt. Der am meisten verwendete Vertreter der Familie ist der Krumme Z. (cornetto curvo). Viele erhaltene Instrumente zeigen ihn als Instrument aus Holz oder Elfenbein in 6- oder 8kantiger Form mit aufgesetztem Mundstück. Zum Schutze gegen Stoß oder Witterungseinflüsse wurde dieser Z. mit Leder überzogen. Wie fast alle Z.en-Arten besitzt er 6 Grifflöcher vorn und auf der Rückseite ein Daumenloch. Der Tonumfang ist der gleiche wie beim Geraden Zink. Ein hoher Diskant-Z. in der Form des Krummen Z.en (cornettino curvo) steht zunächst eine Quinte, später (im 18. Jh.) eine Quarte über dem gewöhnlichen Zinken. Für die Tenorlage von d–d¹ entstand der S-förmig gebogene Tenor-Z. (corno vel cornetto torto). Für die Erweiterung des Umfangs besitzt er noch eine Klappe für den kleinen Finger. Das Baßinstrument der Z.en-Familie ist der ↗Serpent.

In den älteren Ensembles ist der Z. in der Kantorei- und Hofmusik und in kammermusikalischen

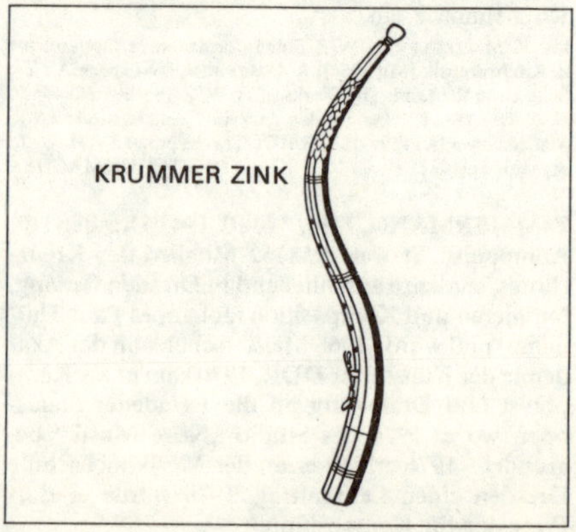

Besetzungen der verschiedensten Art vertreten. Als Soloinstrument besitzt er im 17. Jh. den Vorrang vor der Violine, so z. B. in den Sonaten von B. Marini, D. Castello, Cl. Merulo und J. Vierdanck. In der großbesetzten Chormusik von G. Gabrieli und H. Schütz gehören die Z.en mit den Posaunen zum festen Instrumentarium bei der Aufführung geistlicher Werke; noch J. S. Bach setzt in seinen Kantaten gelegentlich den Z. ein. In der frühen Oper dienen Z.en häufig zur Untermalung der Unterwelt (Cl. Monteverdi, M. A. Cesti, Fr. Cavalli und L. Rossi). In der Verbindung von 2 Z.en und 3 Posaunen werden Z.en häufig bei den Turmmusiken der Stadtpfeifer verwendet; in diesem Zusammenhang entsteht auch eine eigene Sololiteratur (J. Pezel und G. Reiche). Im Gebrauch der Stadtpfeifer hat sich der Z. bis ins 19. Jh. erhalten. Im 20. Jh. ist eine Wiederbelebung des Z.en mit Erfolg unternommen worden. In den Moeck-Werkstätten in Celle z. B. werden Z.en vom Cornettino bis zum Serpent nachgebaut, und zahlreiche Ensembles, die sich der Aufführung älterer Musik widmen, verwenden heute ein entsprechendes Instrumentarium. Für die historisch getreue Wiedergabe der Musik des Barock ist damit der Z., dessen charakteristischer, trompetenartiger Klang durch andere Instrumente schwer zu ersetzen ist, wiedergewonnen. Im Gefolge dieser Entwicklung ist Z.en-Spiel Unterrichtsfach an zahlreichen Institutionen für ältere Musik.

Lit.: G. KARSTÄDT, Zur Gesch. des Z.en u. seiner Verwendung in der Musik des 16.–18. Jh., in: AfMf 2 (1937); J. ZIMMERMANN, Von Z.en, Flöten u. Schalmeien (Düren 1967); G. KARSTÄDT, Z., in: MGG XIV; F. FARRINGTON, Dissection of a Serpent, in: GalpinJ 22 (1969); CH. F. GOUSE, The Cornett. Its Hist., Literature and Performance Practice Including a Practical Tutor for a Developing Performance Skills (1974) (= Boston Univ., School of Fine and Applied Arts 434); H. MÖNKEMEYER, Spielanleitung für Z.en in d' und a' (Celle 1978); R. OVERTON, Der Z. Ikonograph. Stud. zu seiner Gesch., Bauweise u. Spieltechnik an Instr.en in europ. Museen (Diss. Kö 1980); DERS., Der Z. Gesch., Bauweise u. Spieltechnik eines hist. Musikinstr.s (Mz 1981). G. KARSTÄDT

ZINZADSE, Sulchan Fjodorowitsch, * 23. 8. 1925 Gori (Georgien); sowjetgeorgischer Komponist. Er studierte bis 1942 an der Zehnjahresspezialmusikschule in Tiflis (Cello) und dann am Moskauer Konservatorium (Cello bis 1950, Komposition bis 1953). 1956 wurde er Leitungsmitglied des Georgischen Komponistenverbands und 1965 Rektor des Konservatoriums in Tiflis. Z.s Werke sind von Geist und Eigenart der georgischen Volksmusik durchdrungen, weisen aber auch über den nationalen Rahmen hinaus. Seine Instrumentalkonzerte brachten ihm breite Anerkennung und Auszeichnungen in der Sowjetunion; die Streichquartette (bes. das 5.) wurden international bekannt.

WW: 8 Streichquartette (1947–75); 3 Symphonien (1953, 1957 1970); 3 Suiten für Str. (1948, 1950, 1955); Konzerte für Klv. (1947); V. (1947); Vc. (1947). – Opern: *Solotoje runo* (Das goldene Vlies) (1953); *Otschelnik* (Der Eremit), UA: Tiflis 1972. – Operetten: *Pautina* (Das Spinngewebe), UA: ebd. 1963; *Pesnja w lesu* (Das Lied im Walde), UA: ebd. 1968. – Ballette: *Sokrowischtsche goluboi gory* (Der Schatz des blauen Berges), UA: ebd. 1957; *Demon*, UA: ebd. 1961; *Antitschnyje eskisy* (Antike Skizzen) (1974); *Poema*, UA: Moskau 1963.

Lit.: E. MESCHISCHWILI, S. Z. (Mos 1970). E. STÖCKL

ZIPOLI, Domenico, SJ, * 16. 10. 1688 Prato (Toscana), † 2. 1. 1726 Córdoba (Argentinien); it. Organist und Komponist. Er studierte bei G. M. Casini in Florenz, bei A. Scarlatti in Neapel und bei B. Pasquini in Rom, wo er 1715 Organist an der Jesuitenkirche Il Gesù wurde. 1716 trat er in Sevilla dem Jesuitenorden bei, ging 1717 in die Mission nach Córdoba und wirkte als Organist und Komponist der Jesuitenkirche. Z. war der berühmteste Komponist in den gemeinwirtschaftlichen Dörfern (sog. Reduktionen) des Jesuitenstaats in Paraguay, die viel zur Pflege europäischer Musikkultur beitrugen.

WW: *Sonate d'intavolatura per organe e cimbalo*, 2 Teile (R? 1716), Nachdr. des 1. Teils (Lo 1722), des 2. Teils (Lo 1725). Ferner einige weitere Org.- bzw. Cemb.-Stücke sowie 1 Messe u. 2 it. Kantaten hsl.

Ausg.: *Sonate d'intavolatura*, hrsg. v. L. F. TAGLIAVINI, 2 Bde. (Hei 1959); Ausgewählte Stücke, hrsg. v. W. FRICKERT (Mn – L 1957) (= Alte Musik 17).

Lit.: L. AYESTARAN, D. Z. Vida y obra (Montevideo 1962); V. DE RUBERTIS, Dove e quando nacque e morì D. Z.?, in: RMI 53 (1951); F. C. LANGE, Der Fall D. Z. Verlauf u. Stand einer Berichtigung, in: Musicae Scientiae Collectanea. FS K. G. Fellerer (Kas 1972); S. ERICKSON-BLOCH, The Keyboard Music of D. Z. (1975) (= Diss. Cornell Univ.).

ZIRKUSPRINZESSIN, DIE, Operette in 3 Akten von E. Kálmán, Text von Julius Brammer und Alfred Grünwald. Ort u. Zeit der Handlung: St. Petersburg und Wien, um 1912. UA: 26. 3. 1926 Wien (Theater an der Wien). Verfilmt: 1928.

Dramatischer Kern dieser sich an wechselnden Schauplätzen (Zirkus, russ. Salon, Wiener Hotel) abspielenden Tragikomödie um eine scheinbar unstandesgemäße Liebe ist die Intrige des Prinzen Sergius, die in überholten Ehrbegriffen wurzelt. Musikalisch erinnert die *Zirkusprinzessin* an Kálmáns größten Erfolg, *Gräfin Mariza;* auf das jeweilige Milieu der Handlung ist die Musik bestens abgestimmt. Leitmotivisch wird von der Ouvertüre an die Melodie des Mister X *Zwei Märchenaugen* verwendet, um die die Walzer *Leise schwebt das Glück vorüber* und *Im Boudoir der schönsten Frau* (mit dem Refrain *Darling, My Darling*) sowie die Lieder *Mädel, gib acht* und *Die kleinen Mäderln im Trikot* gruppiert werden. Heute ist das

Werk nur noch gelegentlich auf der Bühne zu sehen. B. DELCKER

ZITAT. Der Terminus „musikalisches Z." ist offensichtlich erst im 20. Jh. gebräuchlich geworden; wissenschaftlich erörtert wird der Begriff seit den 60er Jahren; das Phänomen an sich ist aber sehr viel älter. Für eine, noch fehlende, präzise Begriffsdefinition wäre eine umfassende Theorie der musikalischen ↗Semantik erforderlich. Als wichtiges Kriterium für das Vorhandensein eines Z.s gilt die erkennbare Absicht des Komponisten, Zeichenrelationen zu setzen. Die Forderung nach Wörtlichkeit erscheint im musikalischen Z. viel lockerer gehandhabt als im wissenschaftlichen und literarischen. Damit ist aber auch die Abgrenzung des Z.s von den vielfältigen anderen Verarbeitungstechniken erschwert. Um das Z. von jenen unter ihnen, die weiträumig angewandt werden und ebenfalls Zeichenrelationen zu setzen vermögen (wie besonders die ↗Parodie und die ↗Collage), abzusetzen, dürfte es zweckmäßig sein, vom Z. Engräumigkeit, vereinzeltes Auftreten und Auffälligkeit durch stilistischen Kontrast, also insgesamt einen hohen Grad an Pointierung, zu verlangen.
Wo die Anfänge eines musikalischen Z.-Gebrauchs zu finden sind, ist eine Definitionsfrage. Dies gilt besonders für melodische – und auch semantische – Analogien und Anspielungen im Rahmen des Gregorianischen Gesangs. In Liedsätzen der Ars nova und der ndl. Vokalpolyphonie (bes. in Huldigungs- und Trauermotetten, z. B. Jachets von Mantua *Dum vastos Adriae fluctus* für Josquin des Prés, um 1550) wurde gelegentlich in bedeutungsstiftender Absicht musikalisch (und z. T. auch gleichzeitig literarisch) zitiert.
Seit der Wiener Klassik wird das Z. zu einem gern gebrauchten, raffinierten und vielschichtigen Mittel musikalischer Aussage. Wenn W. A. Mozart im *Don Giovanni* zu Beginn des 2. Finales in der Tafelmusik 3 damals bekannte Opern zitiert, ergibt sich ein amüsanter Gegenwartsbezug, aber für den, der auch die dramatischen Situationen hinter den Opern-Z.en kennt, zugleich eine Andeutung des Geschicks, das Don Giovanni erwartet. Wenn R. Schumann in seiner C-Dur-Fantasie op. 17 am Schluß des 1. Satzes aus L. van Beethovens Liederkreis *An die ferne Geliebte* zitiert, huldigt er Beethoven und spielt zugleich auf die Ferne von seiner Braut Cl. Wieck an. Wenn R. Wagner im 3. Aufzug der *Meistersinger* zu den Worten des Sachs *Mein Kind, von Tristan und Isolde …* aus seinem *Tristan* zitiert, so illustriert er einerseits den literarischen Hinweis, enthüllt aber andererseits musikalisch die verbal eher unterdrückte Liebessehnsucht Sachsens. In der Musik des 20. Jh. (zuletzt bei B. A. Zimmermann, M. Kagel, K. Stockhausen u. a.) wird das Z. in einer Weise forciert verwendet, die Wege zu neuen ästhetischen Phänomenen eröffnet: durch gezielte Überinformation in Z.-Reihungen zur Collage, durch bewußte kompositorische Einschmelzung von fremden Materialien zu einer historischen Weitung der Tonsprache (G. Mahler), durch Z.-Verfremdung zu parodistischen Effekten oder zu faszinierenden Einzelfällen wie in L. Berios *Sinfonia* durch die Kombination von Z., Collage und alter Parodietechnik.

Lit.: Z. LISSA, Ästhetische Funktionen des musikal. Z.s, in: Mf 19 (1966); A. DUNNING, Josquini antiquos. Musae, memoramus, amores, in: AMl 41 (1969); H. GOLDSCHMIDT, Z. oder Parodie?, in: BzMw 12 (1970); E. BUDDE, Z., Collage, Montage, in: Die Musik der 60er Jahre (Mz 1972); C. KÜHN, Das Z. in der Musik der Gegenwart (H 1972); T. KNEIF, Zur Semantik des musikal. Z.s, in: NZfM 134 (1973); G. GRUBER, Das musikal. Z. als hist. u. systemat. Problem, in: Musicologica Austriaca 1 (1977); E. BUDDE, Z., in: Brockhaus Riemann Musiklexikon II (Wie – Mz 1979). G. GRUBER

ZITHER (von griech. kithara; lat.: cithara). – **1)** In der Systematik der Musikinstrumente (nach E. von Hornbostel und C. Sachs) Oberbegriff für alle einfachen, nicht zusammengesetzten Chordophone mit und ohne Resonanzkörper (im Gegensatz zu ↗Laute und ↗Harfe). Die wichtigsten Z.-Formen sind Stab- (↗Musikbogen), Röhren- und Brett-Z., zu der die Wölbbrett-Z. (↗K'in, ↗Koto) ebenso gehört wie die ↗Äolsharfe, das ↗Hackbrett, das ↗Psalterium oder die besaiteten Tasteninstrumente. Wichtigstes Merkmal aller Z.n ist das Fehlen eines Halses. – **2)** Im engeren Sinne Bz. für halslose Saiteninstrumente mit flachem Resonanzkasten, über dessen Decke die Saiten gezogen sind. Je nach Typ ist unter einigen oder unter allen Saiten ein Griffbrett mit Bünden aufgeleimt, oder die Bünde sind direkt in die Decke eingelassen. Das Instrument wird beim Spielen auf die Oberschenkel oder auf einen Tisch gelegt, und die Saiten werden mit einem Plektrum, mit einem Schlagring (Daumenring) und/oder mit den Fingern angezupft. Die meisten Z.n sind unter anderen Eigennamen bekannt (z. B. ↗Dulcimer, ↗Épinette des Vosges, ↗Hummel, ↗Scheitholz), so daß heute im allgemeinen nur das Instrument des Alpengebiets als Z. bezeichnet wird. Diese Gebirgs-Z. entwikkelte sich im 17./18. Jh. aus dem Scheitholz. Sie hatte 2–3 Melodie- und mehrere Begleitsaiten, die – in Grundton, Quinte und deren Oktaven gestimmt – als Bordunsaiten genutzt wurden. In der 2. Hälfte des 18. Jh. entstanden die sog. Salzburger Z., die an der dem Spieler und dem Griffbrett gegenüberliegenden Seite eine seitliche runde Ausbuchtung im Kasten aufweist, sowie die sog. Mit-

tenwalder Z., deren Korpus, von der ↗Cister und der Gitarre beeinflußt, an beiden Seiten ausgebuchtet war. Da die Z. nur 13–17 diatonisch angeordnete Bünde hatte, konnte nur in wenigen Tonarten gespielt werden. Deshalb entstanden schon im 18. Jh. Zwillings-, seltener auch Drillingsinstrumente mit 2 bzw. 3 unterschiedlich gestimmten Saitenbezügen. In der 1. Hälfte des 19. Jh. wurden die Z. und ihre Spielweise grundlegend verändert. Aus der bis dahin mit Tremoloschlag gespielten sog. Kratz-Z. entstand eine Schlag-Z. (in der Salzburger Form) mit Begleitsaiten, die, einzeln gezupft, nicht mehr als Bordunsaiten, sondern zur Melodiebegleitung eingesetzt wurden. Diese Entwicklung wurde gefördert durch den beginnenden Alpentourismus ebenso wie durch virtuose Spieler wie Johann Petzmayer (Wien), der von Herzog Maximilian von Bayern 1838 sogar zum Kammervirtuosen ernannt wurde. Um die Z. als Konzertinstrument einzusetzen, mußte die Zahl der Saiten erhöht werden. Nikolaus Weigel (*Theoretisch-practische Zitherschule,* Mn 1838) bezog als erster die Z. mit 5 in a^1 a^1 d^1 g c gestimmten Melodiesaiten (Münchner Stimmung), und C. Umlauf (*Neueste vollständige theoretisch-praktische Wiener Zitherschule,* W 1859) benutzte ebenfalls 5, aber in a^1 d^1 g^1 g c gestimmte Melodiesaiten (Wiener Stimmung). Diese Stimmungen werden bis heute gebraucht, dazu hat die Konzert-Z. 35–38 Begleitsaiten, die im Quinten- oder Quartenzirkel gestimmt werden. Für das Zusammenspiel wurde die Z. zu einer ganzen Familie ausgebaut mit Prim- oder Diskant-Z., Quint-, Alt- und Baß-Z.; außerdem entstand noch während des 19. Jh. eine große Anzahl von Sonderformen (↗Streichzither).
Mit der Entwicklung einer Konzert-Z. änderte sich auch das Repertoire. Bis zu dieser Zeit ein Volksmusikinstrument, wurde es jetzt zu einem Instrument der Salon- und Unterhaltungsmusik. Die Gründung von Z.-Vereinen führte seit der 2. Hälfte des 19. Jh. dazu, daß zahlreiche Neukompositionen für die Z. entstanden, aber auch dazu, daß viele Werke großer Komponisten für Z.-Ensembles transkribiert wurden. Berühmt in unserer Zeit wurde die Z. vereinzelt auch im Film, bes. durch das *Harry-Lime-Thema* von Anton Karas in *Der dritte Mann* (1950).

Lit.: E. VON HORNBOSTEL – C. SACHS, Systematik der Musikinstrumente, in: Zschr. für Ethnologie 46 (1914); A. V. NIKL, Die Z. Ihre hist. Entwicklung bis zur Gegenwart (W 1927); T. Norlind, Systematik der Saiteninstrumente, I: Gesch. der Z. (Sto 1936); K. M. KLIER, Volkstüml. Musikinstrumente in den Alpen (Kas 1956); J. BRANDLMEIER, Hdb. der Z. (Mn 1963); J. H. VAN DER MEER, Z., in: MGG XIV; F. STRADNER, Eine alte Scheitholz-Z., in: ÖMZ 21 (1966); DERS., Vom Scheitholz z. Kratz-Z., in: Jb. des östr. Volksliedwerks 18 (1969). M. BRÖCKER

ZOILO, Annibale, * um 1537 Rom, † 30. 6. 1592 Loreto; it. Sänger und Komponist. Er war in Rom 1558–61 Sänger in der Cappella Giulia der Peterskirche, 1561–66 Kapellmeister an San Luigi dei Francesi und 1567–70 an San Giovanni in Laterano und 1570–77 Mitglied der Cappella Sistina. Im Auftrag Papst Gregors XIII. begann er 1577 mit G. P. da Palestrina die Revision des *Graduale Romanum,* die jedoch nicht abgeschlossen wurde. 1581 wurde er Domkapellmeister in Todi bei Perugia und 1584 an der Santa Casa in Loreto. Von seinen Werken sind im Druck ein Buch 4st. *Madrigale* (R 1563) erhalten; 3 Messen und weitere kirchenmusikalische Werke sind hsl. überliefert. Sein Sohn **Cesare** (1584–1622) wirkte ebenfalls als Komponist und Kapellmeister in Rom und veröffentlichte ein Buch 5st. Madrigale (V 1620).

Ausg.: **Zu A. Z.:** 8 Responsorien, hrsg. v. C. PROSKE, in: Musica divina 4 (Rb 1863); 4 Madrigale für 5 St., in: TORCHI Arte Mus. I (Mi 1897).

Lit.: R. CASIMIRI, Z. e la sua famiglia ..., in: Note d'Archivio 17 (1940); H. B. LINCOLN, A. Z. The Life and Works of a 16th Century Italian Composer (1951) (= Northwestern Univ., Evanston/Ill.).

ZOLLER, Attila (Cornelius), * 13. 6. 1927 Visegrád; ung. Jazzmusiker (Gitarre) und Bandleader. Z. ging 1948 nach Wien, später nach Frankfurt am Main, spielte mit Jutta Hipp und Albert Mangelsdorff und gehörte bald zu den herausragenden Musikern der deutschen Jazzszene. Bis 1959 war er Mitglied der Gruppe von Hans Koller, übersiedelte im selben Jahr nach New York, spielte in namhaften Bands, u. a. bei Stan Getz und Herbie Mann, gründete eigene Gruppen und wandte sich schrittweise der Avantgarde und dem Free Jazz zu. Z. löst sich immer wieder von der amerikanischen Szene und tritt regelmäßig in Deutschland auf. Albert Mangelsdorff ist sein bevorzugter Partner. Als Meister des lyrisch ausgesparten Spiels entfaltet er sich besonders in kleiner Besetzung. Er schrieb und spielte die Musik zu den Filmen *Katz und Maus* und *Das Brot der frühen Jahre.*

ZÖLLNER. – 1) Carl Friedrich, * 17. 5. 1800 Mittelhausen (Thüringen), † 25. 9. 1860 Leipzig; dt. Chorleiter und Komponist. Er besuchte seit 1814 die Thomasschule in Leipzig, studierte Theologie und wurde 1820 Gesangslehrer. 1822 gründete er eine private Gesangsschule und 1833 den Z.-Verein, dem zahlreiche weitere, nach seinem Tod bis 1945 zum „Z.-Bund" zusammengeschlossene Vereinigungen folgten. Z. schrieb zahlreiche Lieder *(Das Wandern ist des Müllers Lust)* und Quartette für Männerchor, ferner Klavierlieder und gemischte Chöre. – **2) Heinrich,** Sohn von 1), * 4. 7.

1854 Leipzig, † 4. 5. 1941 Freiburg im Breisgau; dt. Komponist und Dirigent. Er studierte 1875–77 bei C. Reinecke und S. Jadassohn am Leipziger Konservatorium, wurde 1878 Universitätsmusikdirektor in Dorpat, 1885 Dirigent des Männergesangvereins und Lehrer am Konservatorium in Köln und 1890 Leiter des „Deutschen Liederkranzes" in New York. Seit 1898 wieder in Leipzig, war er dort Universitätsmusikdirektor, 1902–06 Lehrer (1905 Professor) am Konservatorium und seit 1903 auch Musikredakteur am *Leipziger Tagblatt.* 1907–12 wirkte er als 1. Kapellmeister an der flämischen Oper in Antwerpen.

WW: 5 Streichquartette; Orch.-Werke, u. a. 5 Symphonien, darunter Nr. 3 d-moll, op. 130, Nr. 4 e-moll (1917), Nr. 5 d-moll (1928); Lieder mit Klv. – Männerchöre, auch mit Orch., u. a. *Columbus,* op. 30 (1886), *Helden-Requiem,* op. 62 (1895), *Babylon,* op. 145. – 10 Opern, u. a. *Faust,* op. 40 (nach J. W. von Goethe), UA: München 1887; *Die versunkene Glocke,* op. 80 (nach G. Hauptmann), UA: Berlin 1899.

Lit.: **Zu 1):** R. HÄNSCH, Der Liedermeister C. F. Z. (Dresden 1927). – **Zu 2):** TH. KROYER, Die circumpolare Oper, in: Jb. Peters 26 (1919); G. v. GRAEVENITZ, Musik in Freiburg (Fr 1938).

ZORAS, Leonidas, * 23. 2. 1906 Sparta; griech. Komponist und Dirigent. Er studierte 1919–24 am Odeon in Athen und 1926–38 bei M. Kalomiris am Nationalen Odeon, außerdem Dirigieren bei D. Mitropoulos und Komposition bei D. Lavrangas. 1938–40 setzte er seine Ausbildung an der Musikhochschule Berlin (H. Grabner, B. Blacher) fort. 1940–58 war er Dirigent an der neugegründeten Athener Oper und 1958–68 an der Deutschen Oper und am Rundfunk in Berlin (RIAS und SFB). 1968 wurde er Direktor des Odeons in Athen. Zunächst deutlich durch die griechische Folklore beeinflußt, entwickelte Z. später eine weniger nationalgebundene, harmonisch bis zur Atonalität gehende Musiksprache.

WW: Kompositionen für Klv., Kammermusik; Orch.-Werke, u. a. Symphonie (1947, revidiert 1950); *Concertino* für V. u. Blasinstr. (1950); Lieder; Chöre; Oper *Elektra* (nach Sophokles) (1968–69).

Lit.: J. G. PAPAIOANNOU, Z., in: MGG XIV.

ZORTZIKO (span.), Bz. für ein baskisches Tanzlied im schnellen ⅝-Takt (gegliedert in ⅜ und 2/8) und mit häufiger Betonung des 2. und 4. Achtels (♪ ♪. 𝅘𝅥𝅯 ♪. 𝅘𝅥𝅯). Der Z., der heute Bestandteil des ↗Aurresku ist, wird meist auf dem ↗Txistu und dem Tamboril begleitet.

ZUCCALMAGLIO, Anton Wilhelm Florentin von, * 12. 4. 1803 Waldbröl, † 22. (23. ?) 3. 1869 Nachrodt bei Altena/Westf.; dt. Volksliedsammler. Z. studierte seit 1826 Jura und Staatswissenschaften in Heidelberg und kam dort in Berührung mit der Heidelberger Romantik. 1833–40 war er in Rußland als fürstlicher Hauslehrer, Publizist, Textautor und Sammler slawischen Liedgutes tätig. Anschließend wirkte er u. a. als Hauslehrer in Berlin, Frankfurt, Freiburg i. Br., Elberfeld, Grevenbroich und Nachrodt.

Editionen: *Bardale. Slg. auserlesener Volkslieder der versch. Völker der Erde alter u. neuer Zeit,* hrsg. v. E. BAUMSTARK – W. VON WALDBRÜHL, I (Brau 1829) Heft 1–6; *Auserlesene, ächte Volksgesänge der verschiedensten Völker* ... (zus. mit A. W. v. Z.), hrsg. v. E. BAUMSTARK, I/1–3 (Da 1835–36); *Dt. Volkslieder mit ihren Originalweisen* (zus. mit A. Kretzschmer), 2 Bde. (B 1838–40, Nachdr. Hil 1969); *Dt. Liederhalle, Slg. der ausgezeichnetsten Volkslieder,* 6 Hefte (Elberfeld – L 1846); *Das Maifest. Ein altdt. Volksfest mit Sprüchen u. Liederweisen* (zus. mit Vincenz v. Z.) (Krefeld 1876).

Z. war ein popularwissenschaftlich vielseitig aktiver Autor (unter verschiedenen Pseudonymen Mitarbeiter von R. Schumanns *Neuer Zeitschrift für Musik*), Librettist, Lieddichter und Mitherausgeber mehrerer Volksliedsammlungen. Diese waren wegen ihrer fallweisen Eingriffe in die Originalvorlagen sowie der Einbeziehung neueren Popularliedgutes und sekundärer Quellen zwar von teilweise umstrittener Authentizität, gewannen aber dauerhaften Einfluß auf das deutsche Volksliedrepertoire und Kunstliedschaffen.

Lit.: W. WIORA, Die rheinisch-bergischen Melodien bei Z. u. Brahms (Bad Godesberg 1953); E. KLUSEN, Vorwort u. Anmerkungen z. den Liedern, in: A. W. F. von Z, – W. von Waldbrühl (Düsseldorf 1962); J. KOEPP, Z. u. das bergische Volkslied, in: ebd.; R. GÜNTHER, A. W. F. von Z., in: Rheinische Musiker 5 (Kö 1967) (= Beitr. z. Rhein. Musikgesch. 69). W. SCHEPPING

ZUGPOSAUNE ↗Posaune.

ZUGTROMPETE ↗Trompete.

ZUKERMAN, Pinchas, * 16. 7. 1948 Tel Aviv; israelischer Violinist poln. Abstammung. Er war bereits mit 6 Jahren Schüler von Ilona Feher am Israel Conservatory in New York, studierte mit Unterstützung I. Sterns und P. Casals 1962–67 bei Ivan Galamian an der Juilliard School of Music in New York und erhielt 1967 den Leventritt-Preis. Seither konzertiert er als einer der bedeutendsten Violinisten der jüngeren Generation in den Musikzentren der ganzen Welt. 1980 übernahm er die Leitung des St. Paul Chamber Orchestra in St. Paul (Minn.). Z., dessen Spiel vor allem durch reiche, kantable Tongebung, expressive Phrasierung und brillante Technik besticht, ist häufig auch als Ensemblespieler, u. a. mit D. Barenboim und Jacqueline du Pré, hervorgetreten. Er spielt eine Guarneri „del Gesù".

ZUKUNFTSMUSIK, in Anspielung auf R. Wagners Schrift *Das Kunstwerk der Zukunft* (L 1850) gebildeter polemischer Begriff, mit dem im engeren Sinne die Musik Wagners und seine Idee des musikalischen Dramas gemeint waren, im weiteren Sinne aber auch von Anfang an die Werke von H. Berlioz, Fr. Liszt und seinen Schülern bzw. ganz allgemein die mit Tendenzen der ↗Neudeutschen Schule identifizierte neue Musik nach 1850. – Die Verwirklichung der Idee des Fortschritts in der Kunst und die Musik der Zukunft waren seit 1830, von ganz unterschiedlichen Geistesströmungen der Zeit beeinflußt (u.a. romantische Zukunftssehnsucht; Saint-Simonismus), mehrfach Gegenstand kunsttheoretischer Betrachtung gewesen (u.a. Liszt, *De la situation des artistes,* 1835). Schon 1847 spöttelte Karl Gaillard über den „musikalischen Hokuspokus" von Berlioz, genannt „die neue Musik" oder „die Musik der Zukunft" (*Berliner musikalische Zeitung,* 1847, Nr. 24). Zu Schlüsselbegriffen wurden „Fortschritt" und „Zukunft" in der Kontroverse zwischen Anhängern und Gegnern der musikalischen „Fortschrittspartei" um Wagner und Liszt nach Erscheinen von Wagners Schrift *Das Kunstwerk der Zukunft,* die wesentlich angeregt war durch die Philosophie Ludwig Feuerbachs (*Das Wesen des Christentums,* 1841; *Grundsätze der Philosophie der Zukunft,* 1843). Während Wagners Gegner dessen Ideal eines Kunstwerks der Zukunft, in dem Dichtung, Musik und Tanz gleichberechtigt zusammenwirken sollten, mit der Bz. Z. teils auf weltanschaulich-politische, teils auf kompositionstechnische Aspekte reduzierten, versuchten die Theoretiker der Neudeutschen Schule (u.a. Franz Brendel), die Konzeption zu modifizieren und im Hinblick auf andere Gattungen neben dem musikalischen Drama zu erweitern. – Das Wort Z. wurde wahrscheinlich nicht, wie Wagner später geäußert hat, von Ludwig Bischoff geprägt, sondern bereits 1852 in einem Bericht von August Ferdinand Riccius in der von Bischoff herausgegebenen *Rheinischen Musik-Zeitung* (Nr. 23) verwendet. Spätestens seit 1855 übernahmen auf Anregung von Liszt die Vertreter der „Fortschrittspartei" den Begriff Z. bzw. Zukunftsmusiker selbst im positiven Sinne eines Bekenntnisses zur neuen Musik der Zeit. In der polemischen Bedeutung hat das Wort Z. Eingang in den allgemeinen Sprachgebrauch gefunden (sprichwörtliche Redensart „das ist noch Zukunftsmusik" = das liegt noch in weiter Ferne, ist noch völlig ungewiß).

Lit.: F. BRENDEL, Die Musik der Gegenwart u. die Gesammtkunst der Zukunft (L 1854); DERS., F. Liszt's neueste Werke u. die gegenwärtige Parteistellung, in: NZfM 47 (1857); R. WAGNER, „Zukunftsmusik". An einen frz. Freund (F. Villot) als Vorwort zu einer Prosa-Übersetzung meiner Operndichtungen (L 1861), wieder abgedruckt in: Gesammelte Schriften u. Dichtungen VII (L [3]1898); W. TAPPERT, Ein Wagner-Lexicon (L 1877), 2. Aufl. als: R. Wagner im Spiegel der zeitgen. Kritik (L 1906), NA als: Wörterbuch der Unhöflichkeit (Mn 1967); O. LADENDORF, Historisches Schlagwörterbuch (Str – B 1906); Trübners dt. Wörterbuch, hrsg. v. W. MITZKA, VIII (B 1957).

D. ALTENBURG

ZULUETA, Jorge Nicolás, * 9. 1. 1934 Buenos Aires; argentinischer Pianist. Er studierte bei A. Ginastera in Buenos Aires, trat 1952 erstmals öffentlich auf und setzte seine Ausbildung 1954–56 bei Marguerite Long, J. Février und R. Leibowitz in Paris und bei H. Roloff in Berlin fort. 1957 spielte er bei der Erstaufführung von A. Schönbergs Klavierkonzert op. 42 in Buenos Aires den Solopart. 1958–62 lebte Z. in Berlin; 1963 wurde er Professor an der Universität in Tucumán, 1967 an der Universität in Santa Fé und gründete 1970 den „Grupo de Acción Instrumental de Buenos Aires", mit dem er in wechselnden instrumentalen und vokalen Besetzungen Formen des „instrumentalen Theaters", verknüpft mit Elementen von Fluxus und Happening, weiterzuentwickeln versuchte. Neben der Arbeit mit dieser international erfolgreichen Musikergruppe ist Z. weiterhin als Pianist und Interpret speziell der Neuen Musik tätig. Er gab heraus *A. Schönberg, La obra completa para piano* (Ma 1965) und *Cl. Debussy, La obra completa para piano* (Buenos Aires 1965).

ZUMSTEEG (eig. Zum Steeg), **Johann Rudolf,** * 10. 1. 1760 Sachsenflur bei Mergentheim, † 27. 1. 1802 Stuttgart; dt. Komponist. Er war Schüler der Karlsschule, wo er sich mit Fr. Schiller befreundete (Lieder aus den *Räubern,* 1782), und erhielt eine Ausbildung in Cellospiel und Komposition. 1781 wurde er Cellist in der Hofkapelle Stuttgart, war daneben 1785–94 Musiklehrer an der Karlsakademie, wurde 1791 Direktor der deutschen Hofmusik und 1793 Konzertmeister. In dieser Eigenschaft brach er mit der starren Stuttgarter italienischen Tradition und brachte W. A. Mozarts Opern auf die Hofbühne.

WW: 1) **Instr.-WW:** Einige Kammermusik- u. Orch.-Werke gedruckt u. hsl., darunter 10 Vc.-Konzerte. – 2) **Vokal-WW:** 2 Messen; 17 geistliche Kantaten für 4 St. u. Orch. (L 1803–05); 16 Gelegenheitskantaten (1782–1801); Ode *Die Frühlingsfeier* (Klopstock) für Sprecher u. Orch. (L 1804). – Klv.-Lieder u. -Balladen als Slgen.: *Die Gesänge aus dem Schauspiel Die Räuber* (F. Schiller) (Mannheim 1782); *Gesänge der Wehmut* u. *12 Lieder* (L 1797); 7 H.e *Kleine Balladen und Lieder* (L 1800–05 u.ö.); zahlr. Einzeldrucke, u.a. die Balladen *Colma* (J. W. von Goethe nach Ossian) (L 1793); *Die Entführung* (G. A. Bürger) (L 1794); *Hagars Klage in der Wüste Bersaba* (Schücking) (L 1797); *Lenore* (Bürger) (L 1798). – 3) **Bühnen-WW:** 12 Opern u. Singspiele; Bühnenmusik, u.a. zu W. Shakespeare, *Hamlet* u. *Macbeth.*

Z.s Instrumentalkompositionen (darunter 10 Violoncellokonzerte, 2 Flötenkonzerte) gehören überwiegend seiner frühen Zeit an. In der dramatischen Musik bewegte er sich zunächst ganz im Banne der „offiziellen“ Stuttgarter Jommelli-Tradition, experimentierte jedoch auch mit neuen Formen (Fr. G. Klopstocks *Frühlingsfeier* für Rezitation mit Orchester, 1770, und Monodram *Tamira,* 1788). Der Thronwechsel begünstigte dann seinen Übergang zur modernen Musikdramatik im Sinne Mozarts (*Die Geisterinsel,* 1798; *Das Pfauenfest,* 1801; *Elbondocani,* 1803) unter Anlehnung an die literarische Romantik. Die eigentliche musikhistorische Bedeutung Z.s liegt jedoch mit rund 300 Stücken auf dem Gebiet des Liedes und der Ballade, wo er die Mittelstellung zwischen der Berliner Liederschule und Fr. Schubert einnimmt. Das gilt insbesondere für seine großen Balladen (u.a. *Lenore* und *Hagars Klage*), in denen er Traditionen der Solokantate mit ihrem Wechsel von Rezitativ, Arioso und Arie mit seinen musikdramatischen Erfahrungen verband. Die Vielfalt dieser Elemente brachte jedoch gelegentlich die formale Einheit der Ballade in Gefahr, die er durch Substanzgemeinschaft der stilistisch auseinanderstrebenden Teile *(Lenore)* zu bannen suchte. Bis in Einzelheiten von Tonart, Rhythmik u.a. Elemente hinein hat er damit auf die Balladenkomposition des jungen Schubert gewirkt. – Z.s Sohn **Gustav Adolf,** * 22. 11. 1794 Stuttgart, † 24. 12. 1859 ebd., war Musikverleger in Stuttgart und gab vor allem Chormusik heraus. Er gründete auch den Stuttgarter Männergesangverein „Liederkranz“.

Ausg.: Ausgew. Lieder, hrsg. v. L. LANDSHOFF (B 1902); *Kleine Balladen u. Lieder,* in Ausw. hrsg. v. F. JÖDE (Hannover 1932) (= Nagels MA 82); *Kleine Balladen u. Lieder,* 7 H.e in 1 Bd., Faks.-Ausg. (Farnborough 1969); 3 Balladen, in: Balladen v. G. A. Bürger ..., hrsg. v. D. MANICKE, 2 Bde. (1970) (= EDM 45–46).

Lit.: Z.-Nekrolog, in: F. VON SCHLICHTEGROLL, Nekrologe der Deutschen für das 19. Jh. I (Gotha 1802), Nachdr. in: R. SCHAAL, Schlichtegroll, Musiker-Nekrologe (Kas 1954); A. SANDBERGER, J. R. Z. u. F. Schubert, in: Ausgew. Aufsätze z. Musikgesch. I (Mn 1921); F. SZYMICHOWSKI, J. R. Z. als Komponist v. Balladen u. Monodien (Diss. F 1932); J. VÖLCKERS, J. R. Z. als Opernkomponist (Mn 1944); E. G. PORTER, Z.'s Songs, in: Monthly Musical Record 88 (1958); J. KINDERMANN, Z., in: MGG XIV; G. MAIER, Die Lieder J. R. Z.s u. ihr Verhältnis zu Schubert (Diss. Tü 1970); DERS., Z., in: Grove[6] XX. S. KROSS

ZUNFT (von ahd. zumpft = geziemend), Bz. für den Zusammenschluß einer zunächst handwerklichen Berufsgruppe mit Ausbildungsvorschriften, Tätigkeitsmerkmalen und Lebenskonventionen. Solche Vereinigungen sind für die Musik schon aus der Antike bekannt. Im europäischen MA konnten sich die rechtlosen Spielleute (↗Spielmann) seit dem 12. Jh. einem regionalen Pfeiferkönig oder Spielgrafen unterstellen (z. B. dem Grafen von Rappoltstein; in diesem Zusammenhang wird heute noch in Ribeauvillé der sog. Pfeifertag gefeiert) und dadurch gewisse Rechte erwerben. Vielfach schlossen sich auch Spielleute in Bruderschaften zusammen, wurden seßhaft und waren dadurch gegen Diskriminierungen geschützt. – Eine besonders privilegierte Z. bildeten in Deutschland vom 17. bis ins frühe 19. Jh. die an Höfen, im Militärwesen und in Reichsstädten wirkenden Trompeter und Pauker; ihre Tätigkeit galt als Symbol der Macht ihres Dienstherrn. Die in den Städten entstehende ↗Stadtpfeifer-Z. hatte als Gegenleistung für Schutz und Unterkunft innerhalb der Gemeinwesen bestimmte Aufgaben, wie z.B. die Mitwirkung in der Kirchenmusik (Hamburg, Leipzig, Lübeck), zu erfüllen. Die Satzung einer Z. wurde vom jeweiligen Landesherrn bzw. der Stadt mit Gesetzeskraft erlassen; darin waren Ausbildungsregeln nach Handwerksart, berufliche Entfaltung und Abgrenzung gegen andere Zünfte enthalten. Die Regelungen der Arbeitsmöglichkeiten führten oft zu Streitigkeiten der Zünfte untereinander und mit den nicht organisierten Bierfiedlern. Seit dem 18. Jh. wurden zunehmend Virtuosen und Kunstgeiger die Konkurrenten der Stadtpfeifer. So wurden für die Gewandhauskonzerte in Leipzig (ab 1781) ursprünglich nur Streicher angestellt, die Bläser stellte die Ratsmusik. 1833 wurde dort erstmals eine freiwerdende Stelle der Ratsmusik nicht wieder besetzt, sondern dem ↗Gewandhausorchester zugeordnet. Auch in anderen Städten ist die Auflösung der Zünfte in dem Maße zu beobachten, wie die Instrumentalvereinigungen zu kommunalen Einrichtungen und die Ausbildungen durch Fachinstitute übernommen wurden.

Lit.: E. PREUSSNER, Die bürgerl. Musikkultur (H 1935, Kas [2]1950); G. FLEISCHHAUER, Die Musikergenossenschaften im hellenist.-röm. Altertum (Diss. Hl 1959); H. ENGEL, Musik u. Ges. (B – Wunsiedel 1960) (= Stimmen des 20. Jh. 3); W. SALMEN, Der fahrende Musiker im europ. MA (Kas 1960) (= Die Musik im alten u. neuen Europa 4); G. FLEISCHHAUER – H. W. SCHWAB, Zunftwesen, in: MGG XIV (mit ausführlichem Lit.-Verz.); Der Sozialstatus des Berufsmusikers vom 17. bis 19. Jh. Gesammelte Beitr., hrsg. v. W. SALMEN (Kas 1971) (= Musikwiss. Arbeiten 24). G. SCHUHMACHER

ZUNGE (engl.: reed; frz.: anche, languette; it.: ancia; span.: lengüeta), in der Instrumentenkunde Bz. für einen dünnen elastischen Körper (Blatt, Plättchen), der, auf einem Blasinstrument befestigt, beim Anblasen in Schwingung versetzt wird und den Luftstrom periodisch unterbricht. Die Frequenz der so entstehenden Schwingung ist abhängig von der Größe, der Masse und der Elastizität der Z. sowie von der Eigenfrequenz des Resonators. Drei verschiedene Arten von Z.n sind zu unterscheiden. Die *Aufschlag-Z.* ist eine einfache Z. (einfaches Rohrblatt), die, an einem Ende befestigt, auf die Kanten einer entsprechend großen Öffnung aufschlägt. Bei Volksmusikinstrumenten manchmal direkt in einen Instrumentenkörper aus Rohr oder in einen gesondert eingesetzten Rohrteil geschnitten, wird sie z. B. bei der Klarinette oder beim Saxophon auf dem unteren Ende eines schnabelförmigen Mundstücks mit einer Schnur oder Schraube befestigt. Aufschlag-Z.n haben auch die meisten Z.n-Pfeifen der Orgel (↗Lingualpfeifen). Die *Gegenschlag-Z.* besteht aus zwei einzelnen Blättern (Doppelrohrblatt), die, oft an einem Röhrchen, so zusammengebunden werden, daß zwischen ihnen eine elliptische, sich periodisch beim Blasen schließende Öffnung entsteht (Oboe, Fagott u. a.). Zu den Gegenschlag-Z.n werden auch die sog. Polster-Z.n gezählt, das sind die Stimmlippen des Kehlkopfes (↗Stimme) und die in einem Kessel- oder Trichtermundstück schwingenden Lippen des Bläsers von Blechblasinstrumenten (Horn, Trompete u. a.). *Durchschlagende oder freie Z.n* sind, an einem Ende befestigt, in eine Öffnung so eingepaßt, daß sie elastisch nach beiden Seiten hin durchschwingen können (↗Harmonika-Instrumente, ↗Mundorgel, ↗Shō, ↗Äoline). Viele Z.n werden aus dem Holz verschiedener Rohrarten angefertigt, darunter bevorzugt aus dem eines in Südfrankreich wachsenden Rohres (Arundo donax). Die Aufschlag-Z.n einiger Instrumente (Orgel, Regal) sowie gewöhnlich die Durchschlag-Z.n sind aus Metall, während Gegenschlag-Z.n heute gelegentlich aus Kunststoff angefertigt werden. – ↗Rohrblattinstrumente. M. BRÖCKER

ZUNGENCHOR, Bz. für die Gruppe der Orgelregister mit ↗Lingualpfeifen. Unterschieden wird nach der musikalischen Funktion zwischen Plenumzungen (Trompeten, Posaunen) und Solozungen, nach der Mensur der Aufsätze zwischen vollbecherigen (z. B. Dulzian) und kurzbecherigen Zungen (Regal, Geigendregal). Die chorische Verwendung von Zungenregistern ist besonders im frz. Orgelbau ausgeprägt. Als Batterie d'anches treten Trompeten 8′ und 4′ im Hauptwerk und Rückpositiv der klassischen Orgel auf; die frz. Orgel des 19. Jh. kennt Trompetenbatterien zu 16′, 8′ und 4′ in Hauptwerk, Positiv, Schwellwerk und im sog. Bombardenwerk (↗Bombarde 2).

ZUNGENPFEIFEN ↗Lingualpfeifen.

ZUNGENSTOSS, Bz. für die verschiedenen Arten der Zungenbewegung beim Blasinstrumentenspiel. Die Bz. Z. wird von alters her gebraucht, ist jedoch irreführend. Der Tonbeginn wird nämlich nicht durch den Z. bewirkt, sondern vielmehr durch ein Zurückziehen der Zungenspitze. Die Zunge wirkt also wie ein Ventil: abwechselnd verschließt sie den Weg für die Atemluft und gibt ihn wieder frei. Ansatzstellen der Zungenspitze sind je nach Instrument und Spieltechnik der Gaumen, die Zähne, die Lippen oder das Mundstück bzw. das Rohrblatt des Instrumentes. Die durch Zungenbewegung entstehenden Artikulationssilben können verschiedene Anfangs- und Schlußkonsonanten aufweisen (d oder t verschiedener Abstufungen; ↗Flatterzunge). Unterschiedliche Vokalvorstellungen (wie u in du oder a in ta) bewirken weitere Artikulationsnuancen. Die Artikulationssilben variieren je nach Instrument und Stil (z. B. di, du, da, te, ta, ti); durch den Wechsel verschiedener Artikulationssilben (z. B. te-ke, di-ke, tu-rú, tú-ru) entstehen weitere wichtige Unterschiede. Als ideal gilt ein Z., bei dem die Zungenmuskulatur möglichst wenig belastet wird.

ZUPFGEIGE, umgangssprachliche süddt. Bz. für Harfe (= große Z.) und Gitarre (= kleine Z.). Im gesamten deutschsprachigen Raum verbreitete sich die Bz. Z. für die Gitarre durch eine Slg. von Volksliedern mit Gitarrenbegleitung, die Hans Breuer erstmals 1909 mit dem Titel *Der Zupfgeigenhansl* herausgab und die weit über 100 Auflagen erlebte. – Irrtümlicherweise wird in der Literatur zur Wandervogel- und ↗Jugendbewegung die Z. mit der Laute gleichgesetzt. Dieses Mißverständnis rührt aus der Tatsache, daß damals in diesem Umkreis Gitarren mit einem robusten, leicht gebauchten Korpus, sog. Lautengitarren oder Gitarrenlauten, verwendet wurden.

ZUPFINSTRUMENTE (engl.: plucked instruments; frz.: instruments à cordes pincées; it.: strumenti a pizzico; span.: instrumentos punteados), Bz. für ↗Chordophone und ↗Idiophone, deren Klangerzeugung durch Anreißen einer Saite oder eines anderen schwingenden Materials (Zunge der ↗Maultrommel) mit den Fingern oder mit einem Plektrum (z. B. auch mit dem Kiel beim Cembalo) erfolgt. Dazu gehören u. a. Gitarre, Harfe, Laute, Mandoline und Zither, aber auch Instrumente mit Kielmechanik wie Cembalo, Claviziterium, Spinett und Virginal.

ZURNĀ (arabisch; von persisch surnay; türkisch: zurna; in Jugoslawien: surla, zurla; chinesisch: so-na), Bz. für ein Doppelrohrblattinstrument mit je nach Herkunftsgebiet zylindrischer oder konischer Röhre und mit konischem, weit ausladendem Schallstück. Das Instrument hat 6–8 vorderständige Grifflöcher, 1 Daumenloch und mehrere Schallöcher im unteren Teil der Röhre. Eine Pirouette als Lippenstütze erleichtert das Anblasen (↗Windkapsel-Ansatz). Der Klang des Instruments ist scharf und durchdringend. Der Z. ist im gesamten islamischen Einflußbereich (in Nordafrika, im Vorderen Orient, in den Balkanstaaten und bis nach Indien und Indonesien) und in China verbreitet. In den meisten Ländern gehört das bereits von al-Fārābī (10. Jh.) beschriebene Instrument heute zur Volksmusik und wird als Freiluftinstrument allein oder in Paaren zusammen mit einer Trommel (↗Davul, ↗Tupan) gespielt.

M. BRÖCKER

ZUSAMMENGESETZTER TAKT ↗Takt, ↗Taktarten.

ZWEIFUSS, Tonhöhen-Bz. bei Orgelregistern, die sich auf die theoretische Länge der tiefsten Pfeife bezieht, nämlich 2 Fuß (2′ = etwa 0,65 m). Alle Register, die beim Anschlagen der Taste C das 2 Oktaven höhere c^1 erklingen lassen, heißen 2′-Register. Ferner spricht man von der 2′-Lage, wenn ein Instrument 2 Oktaven höher klingt als notiert.

ZWEIG, Stefan, * 28. 11. 1881 Wien, † 22. 2. 1942 Petrópolis (Brasilien); östr. Schriftsteller. Nach dem Studium der Philosophie, Germanistik und Romanistik promovierte er 1904 in Wien (mit einer Arbeit über Hippolyte Taine), war dann als freier Schriftsteller tätig und unternahm weite Reisen. Seit 1919 lebte er meist in Salzburg; 1938 emigrierte er nach England, 1940 in die USA, 1941 nach Brasilien. – Z.s musikgeschichtliche Bedeutung liegt in erster Linie in seiner Zusammenarbeit mit R. Strauss, für den er das Libretto zu der Oper *Die schweigsame Frau* (1935) schrieb. Infolge dieser Zusammenarbeit mit einem jüdischen Schriftsteller mußte Strauss die Präsidentschaft der Reichsmusikkammer niederlegen. Von Z. stammen auch der Entwurf zu Strauss' *Friedenstag* und die Anregung zu *Capriccio.* Aufschlußreich für Z.s musikalische Ansichten sind seine Beiträge über verschiedene Komponisten und Dirigenten. Gedichte von ihm vertonten u.a. M. Reger, J. Marx und M. Seiber.

Schriften (speziell über Musiker, mit NA): *G. Mahlers Wiederkehr* (1915), in: Europäisches Erbe, hrsg. v. R. Friedenthal (F 1960); *R. Strauss u. Wien* (1924), in: R. Strauss. Dokumente seines Lebens u. Schaffens, hrsg. v. F. Trenner (Mn 1954); *A. Toscanini. Ein Bildnis* (1935) u. *Busoni,* in: S. Z., Begegnungen mit Menschen, Büchern, Städten (W 1937); *B. Walter. Kunst der Hingabe* (W – L – Z 1936), auch in: ebd.; *G. F. Händels Auferstehung. Eine historische Miniatur,* in: Kaleidoskop (W – L – Z 1936).

Lit.: Briefwechsel R. Strauss – S. Z., hrsg. v. W. SCHUH (F 1957); L. TRUDING, S. Z. u. die Musik (unveröff. Briefe), in: NZfM 119 (1959); A. A. ABERT, S. Z.s Bedeutung für das Alterswerk v. R. Strauss, in: FS F. Blume (Kas 1963); W. PFANNKUCH, Z., in: MGG XIV; K. W. BIRKIN, Strauss, Z., and Gregor. Unpublished Letters, in: ML 56 (1975).

B. A. KOHL

ZWEI HERZEN IM DREIVIERTELTAKT, Operette in 3 Akten von R. Stolz, Text von Paul Knepler und J. M. Welleminsky nach dem gleichnamigen Tonfilm von Walter Reisch und Franz Schulz. Ort und Zeit der Handlung: Wien, um 1930. UA: 30. 9. 1933 Zürich.

In dieser Komödie, auch unter dem Titel *Der verlorene Walzer* bekannt, wird die Welt des Theaters geschildert. Der Wiener Walzer, der dem Werk den Titel gab, war schon aus dem 2 Jahre zuvor entstandenen Tonfilm bekannt. Außer ihm findet sich eine Fülle weiterer Tanzmelodien in diesem Werk. Stolz verstand es, mit seinem Melodienzauber das Heitere neben dem Sentimentalen hörbar zu machen. Die bekanntesten Melodien dieser besonders in der Filmfassung zu Weltruhm gelangten Operette (allein in New York 14 Monate ohne Unterbrechung auf der Leinwand) sind *Heut besuch ich mein Glück* (English Waltz), *Meine kleine Schwester heißt Hedi* (Foxtrott), *Du bist meine schönste Träumerei* (Blues) und der in Variationen das gesamte Werk durchziehende Slowfox *Das ist der Schmerz beim ersten Kuß.* Von der Zensur betroffen, wurde diese Stolz-Operette in Deutschland nicht sehr populär; sie ist auch heute nur selten in den Spielplänen zu finden.

B. DELCKER

ZWEIKAMPF, DER *(Le Pré-aux-Clercs),* Opéra-comique in 3 Akten von F. Hérold, Text von F. A. E. de Planard. Ort und Zeit der Handlung: Paris, Ende des 16. Jh.; UA: 15. 12. 1832 Paris (Opéra-Comique); dt. EA (in dt. Sprache): 26. 9. 1833 Berlin.

Der Zweikampf gilt in Frankreich als Hérolds beste Oper und als einer der größten Erfolge auf dem Gebiet der Opéra-comique überhaupt. Am 10. 10. 1871 fand in Paris die 1000. Aufführung statt, bis zum Ende des 19. Jh. war die Zahl bereits auf fast 1600 angestiegen. Die Handlung ist Prosper Mérimées *Chronique du règne de Charles IX* entnommen und schildert, wie Marguerite von Valois die Ehe Isabelles von Béarn mit dem jungen Baron von Mergy ermöglicht; die Trauung des Paars findet heimlich in der Chapelle du Pré-aux-Clercs statt. Comminge, ein für Isabelle vorgesehener Bräutigam, fällt schließlich im Zweikampf mit Mergy. – Großer Beliebtheit auch als Konzertstück erfreute sich vom ersten Tage an die Ouvertüre, die für die damalige Zeit als originell galt. Als besonders wirkungsvoll empfand das Publikum den Schluß der Oper: Die Leiche des Rivalen wird feierlich auf einem Schiff fortgeführt – das Schiff auf der Bühne ist eigentlich ein echter Grand Opéra-Effekt. Trotz nur mittelmäßiger Besetzung in der UA konnte sich das von beeindruckendem Melodienreichtum geprägte Werk sofort durchsetzen, ein Erfolg, den der Komponist – er starb einen Monat nach der UA – nicht mehr erleben konnte.

R. QUANDT

ZWEIUNDDREISSIGFUSS, Tonhöhen-Bz. bei Orgelregistern, die sich auf die theoretische Länge der tiefsten Pfeife bezieht, nämlich 32 Fuß (32′ = etwa 10 m). Alle Register, die beim Anschlagen der Taste C das 2 Oktaven tiefere C_2 erklingen lassen, heißen 32′-Register. Ferner spricht man von der 32′-Lage, wenn ein Instrument 2 Oktaven tiefer klingt als notiert.

ZWEIUNDDREISSIGSTELNOTE (amerik.: thirty-second note; engl.: demisemiquaver; frz.: triple croche; it.: biscroma; span.: fusa), Bz. für eine Note, deren Wert 1/32 einer ganzen Note ausmacht. Das Notenzeichen für die alleinstehende Z. ist 𝅘𝅥𝅰; für Z.n mit Balken gilt Entsprechendes wie für Sechzehntelnoten (↗Noten). Die der Z. entsprechende Pause ist die Zweiunddreißigstelpause.

ZWEIUNDDREISSIGSTELPAUSE (amerik.: thirty-second-note rest; engl.: demisemiquaver rest; frz.: huitième de soupir; it.: pausa di biscroma; span.: silencio de fusa), Bz. für eine Pause (𝄿), die der Dauer einer Zweiunddreißigstelnote entspricht.

ZWIEBELFLÖTE ↗Mirliton.

ZWIEFACHER, Bz. für einen heute noch im Alpenländischen verbreiteten, gelegentlich auch „Mischlich" oder „Doppelbayrischer" genannten Tanz, dessen Ablauf durch Takt- und gleichzeitigen Schrittartenwechsel gekennzeichnet ist. 1827 erstmals von J. A. Schmeller als „nach dem bekannten Volksliede der Nagelschmied" ausgeführter Volkstanz definiert *(Bayerisches Wörterbuch)*, gilt diese Weise nach wie vor als älteste Quelle. Die geschichtliche Herkunft jedoch ist ungeklärt, wiewohl Wechselrhythmen innerhalb einer Melodiezeile etwa im altdt. Lied des 15. Jh., dessen tänzerische Realisation unbekannt ist, als Frühform diskutiert werden. In seiner auf Sammelergebnissen beruhenden Arbeit über den Z. weist F. Hoerburger 4 harmonische Grundgerüste nach: 1.: T D D T, 2.: T T D D, 3.: T T D T, 4.: D T D T. Diese werden in einem Wechsel von ↗Walzer-, ↗Ländler- und ↗Dreher-Figuren getanzt. – Der Z. fand auch Eingang in die Kunstmusik, so bei C. Orff *(Carmina Burana)*.

Lit.: V. JUNK, Die taktwechselnden Volkstänze (L 1938); F. HOERBURGER, Die Zwiefachen. Gestaltung u. Umgestaltung (B 1956); R. ZODER, Zur Entstehung der taktwechselnden Volkstänze, in: Volksmusik in Bayern (Mn 1978).

ZWINGLI, Huldrych (Ulrich), * 1. 1. 1484 Wildhaus (Toggenburg), † 11. 10. 1531 in der Schlacht bei Kappel am Albis; Schweizer Reformator. Er besuchte die Lateinschulen in Basel und Bern, studierte 1498–1502 in Wien, wo er K. Celtis kennenlernte, seit 1502 in Basel und erhielt dort 1506 den Magistertitel. 1506–16 war er Pfarrer in Glarus und nahm als Prediger an mehreren Feldzügen in die Lombardei teil. 1516–18 wirkte er als Leutpriester an der Wallfahrtskirche Maria Einsiedeln. Unter dem Einfluß des Erasmus von Rotterdam bemühte sich Z. um eine theologische Neuorientierung und wurde auch mit den Lehren M. Luthers vertraut. 1519 erhielt er einen Ruf an das Zürcher Großmünster und schloß sich im nächsten Jahr der Reformation an. Die von ihm geforderte Neugestaltung des Gottesdienstes beinhaltet eine kategorische Ablehnung aller Formen der traditionellen liturgischen Musik (1525 Beseitigung der Chorgesangbücher und Verbot des Orgelspiels, 1528 Abriß der Orgeln). Den Gemeindegesang lehnte er zwar nicht prinzipiell ab, setzte sich jedoch auch nicht für seine Beibehaltung ein. Dagegen musizierte Z. häufig im privaten Kreis und schrieb selbst auch Kirchenliedmelodien. Er übernimmt hier zum Teil den Stil der Hofweisen. Als Gründe für Z.s radikale Ablehnung liturgischer Musik gelten neben seiner spiritualistischen Konzeption des Gottesdienstes, die ihn auch dem Kirchenschmuck der bildenden Künste ablehnend gegenüberstehen ließ, u. a. auch politische Rücksichtnahmen (z. B. auf die Täufer).

WW: Erhalten sind die Tenorweisen zu den Liedern (Texte alle von Z.): *Hilff, Herr Gott, hilff in diser Not* (Pestlied, um 1520), *Hilff, Gott, das Wasser gat mir biss an d'Seel* (um 1525, nach dem 69. Psalm; v. einer 4st. Fassung sind Alt- und Tenorst. erhalten) u. *Herr, nun heb den Wagen selb* (Kappelerlied, 1529, nicht mit Sicherheit von Z.; zu diesem Lied ist auch eine 2. Tenorweise überliefert).

Ausg.: GA, hrsg. v. M. JENNY (B 1905 ff) (= Corpus Reformatorum 88–100). – Satzfragment, hrsg. v. DEMS., in: Z.s mehrst. Kompositionen (s. Lit.). – Liedtexte, in: PH. WACKERNAGEL, Das dt. Kirchenlied v. der ältesten Zeit bis zu Anfang des 17. Jh. III (L 1870, Nachdr. Hil 1964).

Lit.: O. FARNER, H. Z., 4 Bde. (Z 1943–60); M. JENNY, Z.s mehrst. Kompositionen, in: Zwingliana 11 (1960); DERS., Z.s Stellung z. Musik im Gottesdienst (Z 1966); J. V. POLLET, H. Z. et la Réforme en Suisse d'après les recherches récentes (P 1963); O. SÖHNGEN, Z.s Stellung z. Musik im Gottesdienst, in: Theologie in Gesch. u. Kunst (Witten 1968); M. JENNY, Die Lieder Z.s, in: JbLH 14 (1969); DERS., Gesch. u. Verbreitung der Lieder Z.s, in: FS Ch. Mahrenholz (Kas 1970); H. W. PIPKIN, A Z. Bibliography (Pittburgh 1972).

ZWISCHENAKTMUSIK, Entr'acte, Bz. für ein in der Oper oder einem anderen Bühnenwerk zwischen zwei Akte, Szenen oder Bilder eingeschobenes, in der Regel instrumentales Zwischenspiel, das auch eigens für eine bestimmte Inszenierung geschrieben sein kann. Die Z. steht somit in Zusammenhang mit den Intermedien (↗Intermedium) des 16. Jh. und der Musik zu Comédie-ballets. Eine klare terminologische Abgrenzung gegenüber ↗Interludium und ↗Intermezzo (1) ist nicht möglich. Bekannte Z.en sind z. B. die L. van Beethovens zu J. W. von Goethes *Egmont* oder die G. Bizets zu seiner *Carmen* bzw. A. Thomas' zu *Mignon*. Fr. Schuberts Z. für Helmina von Chezys *Rosamunde* ist schon lange nicht mehr im Zusammenhang mit dem betreffenden Theaterstück zu hören, sondern ist ein eigenständiges Werk geworden.

ZWISCHENDOMINANTEN, Bz. der Harmonielehre für eingeschobene Dominanten, die zu jeder Funktion einer Tonart auftreten können. Z. beziehen sich entweder nur auf den nachfolgenden Akkord, der vorübergehend – ohne die tonale Herrschaft der Ausgangs-↗Tonika anzutasten – wie eine Tonika bekräftigt wird,

W. A. Mozart, Klavierkonzert C-Dur, KV 467, 1. Satz

oder sie leiten eine ↗Ausweichung ein. In der ↗Funktionsbezeichnung werden Z. durch runde Klammern – (D) – kenntlich gemacht. Die Dominante der Dominante (in C-Dur: D-Dur) heißt Wechsel- oder Doppeldominante und wird als DD notiert; im klassischen Sonatensatz ist sie ein bevorzugtes Mittel, zum dominantischen Seitenthema hinzuführen.

Z., grundlegend schon für die Harmonik J. S. Bachs, führen zu einer Intensivierung der harmonischen Spannung und Farbe sowie zu bedeutsamer Erweiterung des tonalen Raumes; denn innerhalb einer Tonart bilden sie mit ihrem neuen ↗Leitton leiterfremde, zielstrebige Klänge, die auch zu entfernten Tonarten eine Brücke schlagen können. In den Z. läßt sich daher der historisch älteste Keim zur Weitung und schließlichen Auflösung der Dur-Moll-Tonalität sehen.

Lit.: E. KURTH, Romantische Harmonik u. ihre Krise in Wagners „Tristan" (Be – L 1920, ^{3}1923, Nachdr. Hil 1968) C. KÜHN

ZWISCHENSPIEL, ↗Divertimento 2), ↗Interludium, ↗Intermedium, ↗Intermezzo, ↗Zwischenaktmusik.

ZWÖLFTONKLANG, Bz. für einen Akkord, in dem alle 12 Töne der temperierten chromatischen Skala gleichzeitig erklingen. Der Z., in Werken seit Beginn des 20. Jh. öfter zu finden, ist als äußerste Konsequenz der fortschreitenden Chromatisierung, der Emanzipation der Dissonanz und der Bildung von Mehrtonklängen zu verstehen; während ein Zwölftonfeld alle 12 chromatischen Töne in beliebiger horizontaler Anordnung aufweist, wird im Z. das chromatische Total in der Vertikale zusammengedrängt. In der ↗Zwölftonmusik ist ein Z. prinzipiell jeder Zwölftonreihe zugehörig, da die Oktavlage der Reihentöne variabel ist.

ZWÖLFTONMUSIK, Bz. für eine Musik, die nach der von A. Schönberg entwickelten Methode der „Komposition mit zwölf nur auf einander bezogenen Tönen" (Dodekaphonie) oder nach einem ähnlichen Verfahren (etwa von J. M. Hauer) geschaffen wurde. Z. setzt 12stufige Temperatur, also die chromatische Skala (nicht als Notbehelf für die musikalische Praxis, sondern als Tonsystem), voraus. „Nur auf einander bezogen" sind die Töne der Z., indem sie jede (übergeordnete) Beziehung auf einen Grundton (eine Tonika) als grundsätzlich unerheblich vermeiden. Schönbergs (und seiner Schüler) Z. hat außer der vollständigen Chromatik zur Voraussetzung: 1. die Emanzipation der Dissonanz (die Dissonanz ist nicht mehr auflösungsbedürftig und überwiegt bedeutungsmäßig die Konsonanz), 2. Atonalität (d. h. Verzicht auf die Kunstmittel der Tonalität), 3. Empfindlichkeit gegenüber Wiederholungen (sei es von einzelnen Tönen [bevor die anderen zu Geltung gebracht worden sind], sei es von unveränderten Themen, Phrasen, Perioden usw.), 4. Panthematik (d. h. eine Kompositionsweise, die jedes musikalische Detail, auch das unscheinbarste, aus dem thematischen Material ableiten möchte).

Grundlage eines jeden Werkes der Z. ist eine (unveränderliche) Reihe, die sämtliche Töne der chromatischen Skala umfaßt, ohne daß sich einer wiederholt, eine sog. Zwölftonreihe. Die Reihe selbst ist weder bereits eine „Komposition" – sie ist deren Voraussetzung oder Grundlage –, noch ist sie ein „Thema", sie ist vielmehr ein abstraktes Gebilde, aus dem Themen abgeleitet werden können oder das selbst aus einem Thema (einem Einfall) gewonnen wurde. Die Reihe reguliert (in gewisser Weise) die Beziehungen zwischen den Tonqualitäten, nicht unmittelbar die der Tonhöhen. (Die Wahl der Tonhöhen, d.h. der Oktavlagen, ist melodisch, nicht systemlich bestimmt.) Da die Reihe Beziehungen zwischen den Tönen (Tonqualitäten) regelt, ist es gleichgültig, ob sie normal oder gegenläufig, d.h. gespiegelt (umgekehrt, krebsgängig, umgekehrt krebsgängig), verwendet wird; und auf welcher Tonstufe sie beginnt. Die Reihe existiert also in 4 Gestalten oder Modi: 1. Originalgestalt – Schönberg sagt: „Themaform" – (T), 2. Krebs (K), 3. Umkehrung (U), 4. Krebs der Umkehrung (KU).

Bsp. 1:

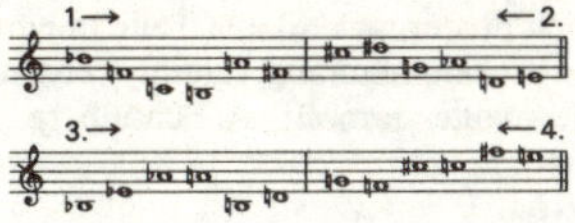

Alle Gestalten können auf jeder der 12 Tonstufen beginnen, so daß sich insgesamt 48 Reihengestalten ergeben. Jeweils 4 Reihengestalten bilden (bei Schönberg) einen musikalischen Raum. Um diesen einheitlich durchzuorganisieren, bezieht Schönberg (seit etwa 1930) die Gestalten so aufeinander, daß sich nicht nur die beiden Hälften (Sechstongruppen, Hexachorde) einer Reihenform zur Zwölftönigkeit ergänzen, sondern auch die jeweils ersten (und entsprechend jeweils zweiten) von T und U (bzw. K und KU). Dazu benötigt er eine transponierte Gestalt von U (bzw. KU); meist nimmt er die Transposition um eine Quint abwärts (wie z.B. im Klavierstück op. 33a):

Bsp. 2:

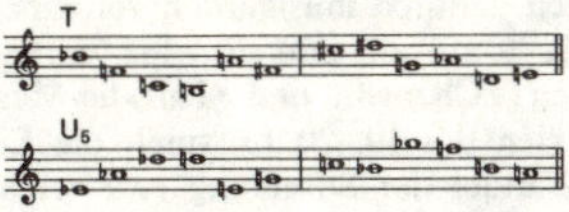

Zweck dieser Vorformung des musikalischen Materials ist die Ermöglichung großer musikalischer Formen in Analogie zu traditionellen Verfahrensweisen. Die neuen Methoden der Komposition sollen die Kunstmittel der Tonalität ersetzen und Faßlichkeit ermöglichen, das in der Phase der sog. freien Atonalität verlorene Formvermögen wiedergewinnen, um der Musik den allgemeinverbindlichen Kunstcharakter zu erhalten oder zurückzugewinnen. Das Verfahren bietet also, trotz der Mannigfaltigkeit seiner Anwendungsmöglichkeiten und verschiedenartigen Ausformungen, gewisse (freilich notwendige) Entlastungen. – Nicht nur die Verschiedenartigkeit der Reihen (und der Besetzungen) ermöglichte charakteristisch verschiedene Werke, auch der Reichtum an Satzarten: Die jeweilige Reihengestalt bestimmt die Melodie oder die Harmonie; die Reihe erscheint allein oder mit anderen Reihengestalten kombiniert. Ihre klassische Ausprägung fand die Z. in Schönbergs 4. Streichquartett op. 37 und dem Violinkonzert op. 36.

Schönbergs ehemalige Schüler A. Webern und A. Berg schrieben seit der Mitte der 20er Jahre ebenfalls Zwölftonmusik. Berg wich Anklängen an die Tonalität nicht aus, suchte sie vielmehr; Webern radikalisierte das Verfahren insofern, als er Binnenbeziehungen zwischen Reihenabschnitten herstellte.

Bsp. 3a:

Reihe von A. Berg, Violinkonzert
(Dur-und Molldreiklänge, Ganztonfolge)

Bsp. 3b:

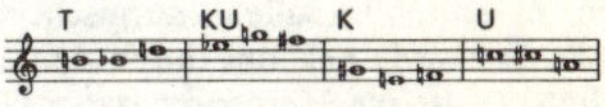

Reihe von A. Webern, Konzert für 9 Instrumente, op. 24
(Binnenbeziehung der Dreitongruppen)

Hatte bereits Schönberg, der die Methode in erstaunlich vielfältiger Weise zur Entwicklung seiner außerordentlichen musikalischen Gedanken nutzte, gelegentlich zusätzliche Reihenformen gebildet (in Gestalt eines 2. Nachsatzes, in dem die Töne des 2. Hexachords in andrer als normaler, etwa in einer skalenmäßigen Folge erscheinen), so hat Berg für seine Oper *Lulu* aus der Hauptreihe charakteristische Nebenreihen abgeleitet. E. Krenek, der die Methode um 1932 erstmalig anwandte, hat Reihenabschnitte (etwa Hexachorde) durch Rotationsverfahren verändert und so eine Art neuer Modalität begründet (vgl. sein Chorwerk *Lamentatio Jeremiae Prophetae*). Krenek hat auch als erster eine praktische Anleitung im Zwölftonsatz veröffentlicht (*Studies in Counterpoint*, NY 1940, dt. *Zwölfton-Kontrapunkt-Studien*, Mz 1952). In Weberns Orchestervariationen op. 30 findet sich die Andeutung einer reihenmäßigen Ordnung von Tondauern.

Die Z. von J. M. Hauer basiert nicht auf Reihen, sondern auf Tonkonstellationen (sog. „Tropen"), die sich dauernd verändern, deren Veränderung und Anordnung die Grundlage der Komposition ist. Die Z. Hauers will nicht subjektiv-expressiv sein (wie die Schönbergs), sondern objektiv, ein Abbild des Kosmos, ewigen, unveränderlichen

Gesetzen folgend. Sie klingt vergleichsweise harmonisch (konsonant). Eine spätere Weiterentwicklung der Z. bildet die ↗serielle Musik.

Lit.: R. LEIBOWITZ, Introduction à la musique de douze sons (P 1949); J. RUFER, Die Komposition mit zwölf Tönen (B 1952); H. JELINEK, Anleitung z. Zwölftonkomposition, 2 Bde. (W 1952–58, ²1967); L. SPINNER, A Short Introduction of Twelve-Tone Composition (Lo 1960); G. PERLE, Serial Composition and Atonality. An Introduction to the Music of Schoenberg, Berg and Webern (Berkeley/Calif. – Los Angeles 1962, ⁴1977); J. MAEGAARD, Stud. z. Entwicklung des dodekaphonen Satzes bei A. Schönberg (Kop 1972); R. BRINKMANN, Zur Entstehung der Zwölftontechnik, in: Kgr.-Ber. Bonn 1970 (Kas 1973); R. STEPHAN, Zur Entstehung der Z., in: Musik u. Zahl, hrsg. v. G. Schnitzler (Bonn 1976) (= Orpheus-Schriftenreihe 17). R. STEPHAN

ZWYSSIG, Alberik Johann Josef Maria, SOCist, * 17. 11. 1808 Bauen (Uri), † 19. 11. 1854 Kloster Mehrerau bei Bregenz; Schweizer Komponist und Musikpädagoge. Er trat 1820 in die Klosterschule der Zisterzienser in Wettingen (Aargau) ein, in der die musikalische Erziehung eine bedeutende Rolle spielte. 1827 legte er dort die Ordensgelübde ab. Nach der Aufhebung des Klosters (1841) suchte er mit seinem Abt Zuflucht in verschiedenen Klöstern. Z. schrieb vor allem liturgische Gebrauchsmusik. Er wurde bekannt durch den „Schweizerpsalm" *Trittst im Morgenrot daher* (1841; Text: Leonhard Widmer), der 1961 zur ↗Nationalhymne der Schweiz erklärt wurde.

Lit.: I. KAMMERER, Der Schweizerpsalm (Z 1942); J. HELBLING, P. A. Z. (Bauen 1956).

ZYKLISCHE FORM, Bz. für die Ordnung, die zwischen den Teilen einer mehrsätzigen Komposition und im besonderen zwischen den Sätzen der ↗Sonate herrscht. Die klassische Sonatenform unterscheidet sich von älteren zyklischen Formen durch ein größeres Format und einen höheren Grad der Organisation. Sie besteht im wesentlichen aus 3 Teilen: aus einem 1. Satz ernsten Charakters, der die Sonatensatzform, die höchstorganisierte Form, realisiert. Er ist schnell, aber gemessen. Ihm folgt ein langsamer Satz, der in Sonaten in Dur meist auf der Subdominante, in Sonaten in Moll meist auf der Tonikaparallele steht. Der Zyklus wird durch einen weiteren schnellen Satz auf der Tonika beschlossen; im Gegensatz zum 1. Satz ist er heiter. Oft hat er die Form eines Rondos. Zu den Kernsätzen kommt vielfach ein Menuett oder ein Scherzo. Es hat den Charakter eines Intermezzos, heißt gelegentlich auch so (J. Brahms, Klavierquartett g-moll, op. 25). Weitere Zusätze lockern die Z.; sie sind hauptsächlich für Divertimenti kennzeichnend. Das Schwergewicht des klassischen Zyklus liegt „naturgemäß" auf dem 1. Satz. J. Haydn und W. A. Mozart vergrößern bisweilen durch den Einsatz außerordentlicher Kompositionsmittel, vor allem des Kontrapunkts, das Gewicht des letzten Satzes und stellen zwischen dem 1. und letzten Satz ein Gleichgewicht her. L. van Beethoven legt manche Zyklen dynamisch an und läßt so das Finale zu ihrem Ziel und Höhepunkt werden (3., 5. und 9. Symphonie). Grundsätzlich gibt es zwischen den Teilen eines klassischen Instrumentalzyklus keine thematischen Gemeinsamkeiten (allenfalls verborgene Substanzgemeinschaften). – Im 19. Jh. wird diese Z. modifiziert. Die Bewegungscharaktere der Sätze werden einander dadurch angenähert, daß man die Seitensätze schneller Sonatensätze lyrisch und die Mittelteile langsamer Sätze stürmisch anlegt. Man läßt Themen von einem Satz in den anderen wandern und legt endlich die Grenzen zwischen den Sätzen gänzlich nieder, so daß alle Teile in einem großen Ereigniszusammenhang vereint werden (Fr. Liszt, Klaviersonate h-moll; A. Schönberg, 1. Streichquartett).

Lit.: ↗Zyklus. W. SEIDEL

ZYKLUS (von griech. kyklos = Kreis), Bz. für die Form mehrteiliger Kompositionen. Die Mittel der musikalischen Z.-Bildung sind mannigfaltig. In Vokalmusik, zumal in ihren Großformen, trägt die Poesie, ihr gedanklicher oder narrativer Zusammenhang und ihre Form, viel zur Einheit und Gliederung des Gesamtwerks bei. Nur im Verein mit Sprache vermag Musik Werke zu verwirklichen, deren Wiedergabe Stunden dauert. Dabei kann die Musik die formale Disposition der poetischen Vorlage verdeutlichen und festigen, beispielsweise indem sie große Ereigniseinheiten wie die Akte einer Oper tonal ordnet und eint. Ältere vokale Zyklen wie die Meßkompositionen des 15.–16. Jh. wurden vielfach dadurch musikalisch vereinheitlicht, daß alle Teile auf ein und dieselbe Vorlage bezogen wurden (↗Chanson- und ↗Parodie-Messe). In Liederzyklen des 19.–20. Jh. spielt die Einheit oder der Wandel der Stimmung eine wichtige Rolle. L. van Beethoven eint seinen Liederkreis *An die ferne Geliebte* dadurch, daß er im letzten Lied die Melodie des ersten wieder aufgreift. – In instrumentalen Zyklen werden meist mehrere Kunstmittel miteinander verbunden. Einheitsstiftend ist die Gleichheit oder Verwandtschaft der Tonart; grundsätzlich werden außer der Tonika nur naheliegende Tonarten verwendet. Zyklen, die entferntere Tonartenverhältnisse nützen, wie J. S. Bachs *Wohltemperiertes Clavier* oder Beethovens Klaviervariationen F-Dur, op. 34, sind selten. Den Zusammenhang zwischen den Teilen eines Z. fördert ferner die Einheit der Besetzung und des stilistischen Niveaus, mitunter auch eine besondere kompositorische Konzeption. Eine solche kann beispielsweise in der steten Zunahme der satztechnischen Kunsthaftigkeiten oder der virtuosen Partien bestehen. Verhältnismäßig selten werden alle Teile eines Z. an die gleiche Melodie gebunden; J. H. Schein tut dies in seinen Orchestersuiten. Kontrast- und einheitsstiftend ist der Wechsel der Bewegungen und Bewegungscharaktere, der sowohl die Suite als auch die Sonate und das Konzert kennzeichnet. Damit verbindet sich hier, gelegentlich auch in Variationswerken (so in Bachs Goldberg-Variationen), der Wechsel der Satzcharaktere. Auf dem Wechsel des Satzcharakters beruht auch die Folge von Praeludium und Fuge, die viele Werke von Bach bestimmt. Sind die älteren Zyklen vielmals locker gefügte Reihungen, die, wie die frz. ↗Suite zeigt, ins Unabsehbare gehen können, so ist die Sonatenform, die in der 2. Hälfte des 18. Jh. ausgebildet wird, ein hochorganisierter Z., gebildet im Kern aus 3 verschiedenen Satzcharakteren: der schnellen Sonatensatzform, einem langsamen Satz und einem geschwinden Finale: dazu kommt oft an 3. Stelle ein Menuett oder ein Scherzo. Noch im 19. und 20. Jh. wird diese ↗zyklische Form realisiert. Oft wird sie allerdings modifiziert: Die deutlichen Grenzen zwischen den Sätzen, die die Klassik gezogen hat, werden überspielt; man läßt Themen über die einzelnen Sätze hinauswirken, mindert die Bewegungskontraste zwischen den Sätzen und legt bisweilen sogar die Satzbegrenzungen nieder. Vollends eint die symphonische Dichtung die Bestandteile des instrumentalen Zyklus zu einem einzigen Ereigniszusammenhang. Andere Zyklen des 19. Jh. sind entweder locker gefügte, suitenartige Satzfolgen, deren Teile meist in einem durch den Werktitel angedeuteten poetischen Vorstellungsraum beheimatet sind (R. Schumann, *Papillons* und *Faschingsschwank*), oder es sind Werke, die wohl nach dem Formmodell des *Wohltemperierten Claviers* von Bach angelegt sind und meist das virtuose Klavierspiel und seine ästhetischen Qualitäten systematisieren (Fr. Chopin, Etüden). Eine neue Version dieser Idee bietet P. Hindemiths *Ludus tonalis,* ein Manifest des „Neuen Kontrapunkts". In seinem *Zyklus für einen Schlagzeuger* unternahm K. Stockhausen 1959 den Versuch, einen Prozeß in Gang zu setzen, der offene Dynamik fühlbar macht und zugleich eine kreisförmige, geschlossene Form herstellt.

Lit.: H. MERSMANN, Angewandte Musikästhetik (B 1926); H. J. MOSER, Das dt. Lied seit Mozart (B – Z 1937); L. MISCH, Die Faktoren der Einheit in der Mehrsätzigkeit der Werke Beethovens (Bonn – Mn 1958); R. RETI, The Thematic Process in Music (Lo 1961); G. VON NOÉ, Der Strukturwandel der zyklischen Sonatenform, in: NZfM 125 (1964); Bach-Interpretationen, hrsg. v. M. GECK (Gö 1969) (darin Beitr. über Prinzipien zyklischer Gestaltung v. W. Gerstenberg, R. Eller u. Ch. Wolf); W. BREIG, Bachs Goldberg-Variationen als zyklisches Werk, in: AfMw 32 (1975); Ch.-H. MAHLING, Zur Frage der „Einheit" der Symphonie, in: Über Symphonien. Beitr. zu einer musikal. Gattung. FS W. Wiora (Tutzing 1979).

W. SEIDEL

ZYLIS-GARA, Teresa, * 23. 1. 1936 Wilna; poln. Sängerin (Sopran). Sie studierte an der Musikakademie in Łódź und debütierte 1957 in Krakau als Halka in S. Moniuszkos gleichnamiger Oper. 1966–70 sang sie an der Deutschen Oper am Rhein in Düsseldorf-Duisburg und wurde 1972 Mitglied der Wiener Staatsoper; ein Gastvertrag bindet sie außerdem an die Deutsche Oper in Berlin. T. Z. gastierte an allen großen Bühnen Europas und Amerikas und trat bei den Salzburger Festspielen auf. Sie gilt als eine der gefragtesten Vertreterinnen ihres Fachs. Auch als Konzertsängerin ist sie hervorgetreten.